W0331247

CODE DE PROCÉDURE PÉNALE 2023

CODE
DE PROCÉDURE
PÉNALE

CODE DE PROCÉDURE PÉNALE

2023

TRENTE-CINQUIÈME ÉDITION

La présente édition a été réalisée sous la direction de

Philippe CONTE
Professeur à l'université Paris-Panthéon-Assas

avec la collaboration de

Amane GOGORZA
Professeur à l'université Toulouse-I Capitole

Camille de JACOBET de NOMBEL
Maître de conférences HDR à l'université de Bordeaux

Virginie PELTIER
Professeur à l'université de Bordeaux

LexisNexis

LexisNexis
141, Rue de Javel – 75015 Paris

Textes à jour au 20 mai 2022

Avertissement de l'éditeur

Toute utilisation ou traitement automatisé, par des tiers, de données personnelles pouvant figurer dans cet ouvrage sont formellement interdits.

DANGER

LE PHOTOCOPILLAGE TUE LE LIVRE

Le logo qui figure ci dessus mérite une explication. Son objet est d'alerter le lecteur sur la menace que représente pour l'avenir de l'écrit, tout particulièrement dans les domaines du droit, de l'économie et de la gestion, le développement massif du photocopillage.
Le Code de la propriété intellectuelle du 1er juillet 1992 interdit en effet expressément la photocopie à usage collectif sans autorisation des ayants droit. Or, cette pratique s'est généralisée dans les établissements d'enseignement supérieur, provoquant une baisse brutale des achats de livres, au point que la possibilité même pour les auteurs de créer des œuvres nouvelles et de les faire éditer correctement est aujourd'hui menacée.

Siège social : 141, rue de Javel – 75015 Paris

ISBN 978-2-7110-3714-8
ISSN 1622-6208

CODE À JOUR AU 20 MAI 2022

Les codes LexisNexis conjuguent les analyses d'auteurs prestigieux avec la richesse des produits et services LexisNexis :

- pour les textes : l'expertise légistique reconnue des équipes LexisNexis ;
- pour la jurisprudence : l'expertise JurisData avec plus d'un million de décisions sélectionnées et analysées par des experts juridiques au sein de 34 Ateliers Régionaux de Jurisprudence dirigés par des universitaires de renom, auteurs et directeurs scientifiques de collections et revues LexisNexis.

Pour vous informer sur nos parutions, rendez-vous sur :

http://boutique.lexisnexis.fr

LISTE DES ABRÉVIATIONS

Ann.	Annexe
Act. lég. D.	Actualité législative Dalloz
Act. jur. pén. D.	Actualité juridique pénal Dalloz
Adde	Ajouter
al.	Alinéa
Art.	Article
Ass. plén.	Assemblée plénière de la Cour de cassation
Bull. crim.* ou *Bull.	Bulletin des arrêts de la Chambre criminelle de la Cour de cassation
Bull. inf. C. cass.* ou *B.I.C.C	Bulletin d'information de la Cour de cassation
Ch. mixte	Chambre mixte de la Cour de cassation
Ch. réun.	Chambres réunies de la Cour de cassation
chron.	Chronique
C. civ.	Code civil
C. com.	Code de commerce
CE	Conseil d'État
CGI	Code général des impôts
CIC	Code d'instruction criminelle
CJCE	Cour de justice des communautés européennes
CJPM	Code de la justice pénale des mineurs
CJUE	Cour de justice de l'union européenne
C. pén.	Code pénal
C. proc. pén.	Code de procédure pénale
Cass. civ.	Chambre civile de la Cour de cassation
Cass. com.	Chambre commerciale de la Cour de cassation
Cass. crim.	Chambre criminelle de la Cour de cassation
Cass. soc.	Chambre sociale de la Cour de cassation
Comm. nat. répa. dét.	Commission nationale de réparation des détentions
Comm. réex. CEDH	Commission de réexamen consécutif à un arrêt de la Cour Européenne des Droits de l'Homme
Comm. rév.	Commission de révision
Comp.	Comparer
Concl.	Conclusions
Cons. const.	Conseil constitutionnel
Contra	En sens contraire
Contrats, conc., consom.	Contrats, concurrence, consommation
Crit.	Critique
D., DA, DC, DH, DP, DS	Recueil Dalloz, analytique, critique, hebdomadaire, périodique, Dalloz-Sirey
D.	Décret
D.-L.	Décret-loi
Dr. pénal	Revue mensuelle de droit pénal
Gaz. Pal.	Gazette du Palais
infra	Voir plus bas
inf. rap.	Informations rapides
JCP	Juris-Classeur Périodique (Semaine juridique)
JCl.	Juris-Classeur
JO	Journal officiel
JurisData	Éditions du Juris-Classeur (Banque de données juridiques)
L.	Loi
not.	Notamment
mod.	modifié(e)
Obs.	Observations
Ord.	Ordonnance
préc.	Précité(e)
QPC	Question prioritaire de constitutionnalité
RAP	Règlement d'administration publique
Rec. dr. pén.	Recueil de droit pénal
Req.	Chambre des requêtes de la Cour de cassation
Rev. pénit.	Revue pénitentiaire et de droit pénal
RSC	Revue de science criminelle et de droit pénal comparé
Rev. soc.	Revue des sociétés
RTD civ.	Revue trimestrielle de droit civil
somm.	Sommaire
supra	Voir plus haut
TPI	Tribunal de première instance
T. confl.	Tribunal des conflits
T. corr.	Tribunal correctionnel
TGI	Tribunal de grande instance
TJ	Tribunal judiciaire
T. pol.	Tribunal de police
V.	Voir
V°	Au mot
Cour rév.	Cour de révision et de réexamen des condamnations pénales

Table des matières

CODE DE PROCÉDURE PÉNALE	ARTICLES	PAGES
TITRE II – DES ENQUÊTES ET DES CONTRÔLES D'IDENTITÉ	53 à 78-7	175
Chapitre I – Des crimes et délits flagrants	53 à 74-2	176
Chapitre II – De l'enquête préliminaire	75 à 78	249
Chapitre III – Des contrôles, des vérifications et des relevés d'identité	78-1 à 78-7	267
TITRE III – DES JURIDICTIONS D'INSTRUCTION	79 à 230	282
Chapitre I – Du juge d'instruction : juridiction d'instruction du premier degré	79 à 190	282
Section I – Dispositions générales	79 à 84-1	282
Section II – De la constitution de la partie civile et de ses effets	85 à 91-1	311
Section III – Des transports, des perquisitions, des saisies et des interceptions de correspondances émises par la voie des télécommunications	92 à 100-8	329
Sous-section 1 – Des transports, des perquisitions et des saisies	92 à 99-5	329
Sous-section 2 – Des interceptions de correspondances émises par la voie de communications électroniques	100 à 100-8	349
Section IV – Des auditions de témoins	101 à 113-8	359
Sous-section 1 – Dispositions générales	101 à 113	359
Sous-section 2 – Du témoin assisté	113-1 à 113-8	367
Section V – Des interrogatoires et confrontations	114 à 121	372
Section VI – Des mandats et de leur exécution	122 à 136	393
Section VII – Du contrôle judiciaire, de l'assignation à résidence et de la détention provisoire	137 à 150	402
Sous-section 1 – Du contrôle judiciaire	138 à 142-4	412
Sous-section 2 – De l'assignation à résidence avec surveillance électronique	142-5 à 142-13	433
Sous-section 3 – De la détention provisoire	143-1 à 148-8	438
Sous-section 4 – De la réparation à raison d'une détention	149 à 150	505
Section VIII – Des commissions rogatoires	151 à 155	517
Section IX – De l'expertise	156 à 169-1	527
Section X – Des nullités de l'information	170 à 174-1	546
Section XI – Des ordonnances de règlement	175 à 184	571
Section XII – De l'appel des ordonnances du juge d'instruction ou du juge des libertés et de la détention	185 à 187-3	603
Section XIII – De la reprise de l'information sur charges nouvelles	188 à 190	624
Chapitre II – De la chambre de l'instruction : juridiction d'instruction du second degré	191 à 230	628
Section I – Dispositions générales	191 à 218	628
Section II – Pouvoirs propres du président de la chambre de l'instruction	219 à 223	689
Section III – Du contrôle de l'activité des officiers et agents de police judiciaire	224 à 230	691

CODE DE PROCÉDURE PÉNALE	ARTICLES	PAGES

CODE DE PROCÉDURE PÉNALE	ARTICLES	PAGES

CODE DE PROCÉDURE PÉNALE	ARTICLES	PAGES

CODE DE PROCÉDURE PÉNALE	ARTICLES	PAGES

CODE DE PROCÉDURE PÉNALE	ARTICLES	PAGES

CODE DE PROCÉDURE PÉNALE	ARTICLES	PAGES

CODE DE PROCÉDURE PÉNALE — PAGES

PARTIE LÉGISLATIVE

Art. préliminaire *(L. n° 2000-516, 15 juin 2000 ; L. n° 2011-392, 14 avr. 2011 ; L. n° 2013-711, 5 août 2013 ; L. n° 2019-222, 23 mars 2019 ; mod. à compter du 1er mars 2022, L. n° 2021-1729, 22 déc. 2021).* **– I. – La procédure pénale doit être équitable et contradictoire et préserver l'équilibre des droits des parties.**

Elle doit garantir la séparation des autorités chargées de l'action publique et des autorités de jugement.

Les personnes se trouvant dans des conditions semblables et poursuivies pour les mêmes infractions doivent être jugées selon les mêmes règles.

II. – L'autorité judiciaire veille à l'information et à la garantie des droits des victimes au cours de toute procédure pénale.

III. – Toute personne suspectée ou poursuivie est présumée innocente tant que sa culpabilité n'a pas été établie. Les atteintes à sa présomption d'innocence sont prévenues, réparées et réprimées dans les conditions prévues par la loi.

Elle a le droit d'être informée des charges retenues contre elle et d'être assistée d'un défenseur.

Si cette personne ne comprend pas la langue française, elle a droit, dans une langue qu'elle comprend et jusqu'au terme de la procédure, à l'assistance d'un interprète, y compris pour les entretiens avec son avocat ayant un lien direct avec tout interrogatoire ou toute audience, et, sauf renonciation expresse et éclairée de sa part, à la traduction des pièces essentielles à l'exercice de sa défense et à la garantie du caractère équitable du procès qui doivent, à ce titre, lui être remises ou notifiées en application du présent code.

Les mesures de contraintes dont la personne suspectée ou poursuivie peut faire l'objet sont prises sur décision ou sous le contrôle effectif de l'autorité judiciaire. Elles doivent être strictement limitées aux nécessités de la procédure, proportionnées à la gravité de l'infraction reprochée et ne pas porter atteinte à la dignité de la personne.

Il doit être définitivement statué sur l'accusation dont cette personne fait l'objet dans un délai raisonnable.

Au cours de la procédure pénale, les mesures portant atteinte à la vie privée d'une personne ne peuvent être prises, sur décision ou sous le contrôle effectif de l'autorité judiciaire, que si elles sont, au regard des circonstances de l'espèce, nécessaires à la manifestation de la vérité et proportionnées à la gravité de l'infraction.

Toute personne condamnée a le droit de faire examiner sa condamnation par une autre juridiction.

En matière criminelle et correctionnelle, aucune condamnation ne peut être prononcée contre une personne sur le seul fondement de déclarations qu'elle a faites sans avoir pu s'entretenir avec un avocat et être assistée par lui.

En matière de crime ou de délit, le droit de se taire sur les faits qui lui sont reprochés est notifié à toute personne suspectée ou poursuivie avant tout recueil de ses observations et avant tout interrogatoire, y compris pour obtenir des renseignements sur sa personnalité ou pour prononcer une mesure de sûreté, lors de sa première présentation devant un service d'enquête, un magistrat, une juridiction ou toute personne ou tout service mandaté par l'autorité judiciaire. Aucune condamnation ne peut être prononcée sur le seul fondement de déclarations faites sans que ledit droit ait été notifié.

Le respect du secret professionnel de la défense et du conseil, prévu à l'article 66-5 de la loi n° 71-1130 du 31 décembre 1971 portant réforme de certaines professions judiciaires et juridiques, est garanti au cours de la procédure pénale dans les conditions prévues par le présent code.

Bibliographie : *Répertoire.* É. Vergès, *Principes directeurs du procès pénal. Origine et force normative des principes directeurs : JCl. Proc. pén.*, art. préliminaire, Fasc. 20 ; *Principes directeurs du procès pénal. Principes communs aux parties*, Fasc. 30 ; *Principes directeurs du procès pénal – principes propres aux droits des victimes. Droits des victimes*, Fasc. 40 ; *Principes directeurs du procès pénal – principes propres aux droits de la personne suspectée ou poursuivie. Droits du suspect. Droits de la personne poursuivie*, Fasc. 50.

Généralités. A. Bergeaud-Wettervald, *Du bon usage du principe de loyauté des preuves ? : Dr. pén.* 2014, étude 7. • Ph. Bonfils et J. Lasserre Capdeville, *Tentative de clarification de la loyauté de la preuve en matière pénale* in *La réforme du Code pénal et du Code de procédure pénale, Opinio doctorum : Dalloz* 2009, p. 247. • J. Buisson, *Contrôle du respect, par les enquêteurs, de la loyauté dans l'administration des preuves : RSC* 2007, p. 014. • J. Buisson, *Droit à l'interprétation et à la traduction : Procédures* 2013, comm. 357. • D.-N. Commaret, *L'article préliminaire du Code de procédure pénale : simple rappel des principes directeurs du procès pénal, disposition créatrice de droit ou moyen de contrôle de la légalité de la loi ? : Le droit pénal à l'aube du troisième millénaire*, in *Mél. offerts à J. Pradel*, Cujas, 2006, p. 71. • P. Conte, *La loyauté de la preuve dans la jurisprudence de la chambre criminelle de la Cour de cassation : vers la solution de la quadrature du cercle ? : Dr. pén.* 2009, étude 8. • P. Conte, *La loyauté de la preuve en procédure pénale : fragile essai de synthèse : Procédures* 2015, Dossier « Loyauté de la preuve », n° 1. • J. Dannet, *Le nouvel alinéa de l'article préliminaire du Code de procédure pénale nous prémunit-il des erreurs judiciaires ? : AJ Pénal* 2011, p. 331. • E. Daoud et L Rennuit-Alezra, *Le droit à un interprète : la consécration d'un nouveau droit : AJ Pénal* 2013, p. 527. • E. Daoud et A. Talbot, *Procédure pénale : le droit au recours des parties au procès pénal : Constitutions* 2011, p. 520. • A. Decocq, *Réflexions sur l'article préliminaire du Code de procédure pénale, Principes de justice, in Mél. en l'honneur de J.-F. Burgelin, Dalloz,* 2008, p. 115. • S. Détraz, *La prétendue présomption d'innocence : Dr. pén.* 2004, chron. 3. • F. Fourment, *Du principe de loyauté de la preuve et de son application aux matières civile et pénale : D.* 2011, p. 562. • A. Giudicelli, *Les premières applications jurisprudentielles de l'article préliminaire du Code de procédure pénale : RSC* 2003, p. 122. • D. Guérin, *La loyauté de la preuve devant le juge pénal : Procédures* 2015, Dossier « Loyauté de la preuve », n° 11. • Ch. Guéry, *L'avenir du suspect : AJ Pénal* 2005, p. 232. • Ch. Guéry, *L'avenir du suspect (suite...) : AJ Pénal* 2013, p. 459. • H. Henrion, *L'article préliminaire du Code de procédure pénale : vers une « théorie législative » du procès pénal ? : Arch. pol. crim.* 2001, n° 23, p. 13 et s. • B. de Lamy, *De la loyauté en procédure pénale. Brèves remarques sur l'application des règles de la chevalerie à la procédure pénale, in Mél. Pradel,* Cujas, 2006, p. 101 ; *La loyauté, un principe perturbateur des procédures ? : JCP G* 2011, 988. • Ch. Lazerges, *De l'écriture à l'usage de l'article préliminaire du Code de procédure pénale : Le Champ pénal, in Mél. offerts à R. Ottenhof, Dalloz,* 2006, p. 71. • E. Molin, *La communication de pièces pénales dans une instance civile : entre loyauté et légalité : Procédures* 2015, dossier « Loyauté de la preuve », n° 26. • F. Molins, *L'appréciation du principe de la loyauté de la preuve : applications devant le juge pénal : Procédures* 2015, Dossier « Loyauté de la preuve », n° 20. • R. Ollard, *Quel statut pour le suspect au cours de l'enquête pénale ? : JCP G* 2014, doctr. 912. • B. de Poncheville, *La preuve illégale dans le procès équitable : Dr. pén.* 2017, étude 18. • J. Pradel, *La présomption d'innocence : un colosse aux pieds d'argile ? Droit de la France et droits d'ailleurs, in Mél. J.-H. Robert,* LexisNexis, 2012, p. 605. • M. Ract-Madoux, *La loyauté de la preuve en matière pénale : la liberté des preuves : Procédures* 2015, Dossier « Loyauté de la preuve », n° 15. • Th. Renoux, *Le droit au recours juridictionnel : JCP G* 1993, I, 3675. • J.-F. Renucci, *L'article préliminaire et la Convention européenne des droits de l'Homme : RSC* 2004, p. 964. • G. Royer, *L'article préliminaire du Code de procédure pénale, quand vient l'âge de la maturité... : D.* 2006, p. 3045. • P.-O. Sur et B. Ader, *La loyauté de la preuve en matière civile et pénale, le point de vue de l'avocat : Procédures* 2015, Dossier « Loyauté de la preuve », n° 16. • M. Touillier, *Le statut du suspect à l'ère de l'européanisation de la procédure pénale : entre « petite » et « grande » révolutions : RSC* 2015, p. 127. • P. Truche, *Introduction à l'article préliminaire du Code de procédure pénale : Arch. pol. crim.* 2001/1, n° 23, p. 7. • É. Vergès, *L'effet normatif de l'article préliminaire du Code de procédure pénale, in Mél. offerts à R. Gassin, PUAM,* 2007, p. 327 ; *Loyauté et licéité, deux apports majeurs à la théorie de la preuve pénale : D.* 2014, p. 407 ; *Le statut juridique du suspect : un premier défi pour la transposition du droit de l'Union européenne en procédure pénale : Dr. pén.* 2014, étude 15 ; *Émergence européenne d'un régime juridique du suspect, une nouvelle rationalité juridique : RSC* 2012, p. 635 ; *L'enquête pénale au cœur d'un changement de paradigme : le statut et les droits de la personne mise en cause dans la procédure pénale : RPDP* 2009, p. 837.

• *Sommaire*

I – GÉNÉRALITÉS

A – Conformité de l'article préliminaire aux principes constitutionnels

1) Délai raisonnable. L'article préliminaire n'est pas contraire à l'article 16 de la Déclaration des droits de l'homme et du citoyen, même s'il ne prévoit aucune sanction en cas de violation du droit à être jugé dans un délai raisonnable, car ce droit est sauvegardé par les autres principes directeurs du procès pénal énoncés par ce texte, assurant le respect des droits de la défense, qui sont garantis par de nombreuses autres dispositions du Code de procédure pénale visant à éviter tout retard de la procédure jusqu'à la décision définitive ; l'intéressé peut en outre, en cas de durée excessive de la procédure, engager la responsabilité de l'État à raison du fonctionnement défectueux du service public de la justice (■ Cass. crim., 14 déc. 2011, 4 arrêts n°s 11-90.092, 11-90.100, 11-90101 et 11-90.102 QPC. ■ Cass. crim., 3 déc. 2013, n° 13-90.027 QPC). En outre, le dépassement du délai raisonnable est sans incidence sur la validité de la procédure et, sous réserve des lois relatives à la prescription, il ne constitue pas une cause d'extinction de l'action publique (■ Cass. crim., 15 juin 2021, n° 21-80.496 QPC, § 3).

2) Assistance de l'avocat. Le fait que l'article préliminaire limite aux déclarations du seul prévenu l'impossibilité de prononcer une condamnation fondée sur des actes effectués sans l'assistance d'un avocat ne soulève pas une question sérieuse de constitutionnalité dès lors que, d'une part, la chambre de l'instruction a le pouvoir de relever d'office tout moyen de nullité à l'occasion de l'examen de la régularité des procédures qui lui sont soumises, d'autre part, la personne mise en examen a la faculté de contester la valeur probante des pièces de procédure devant la juridiction de jugement (■ Cass. crim., 2 oct. 2013, n° 13-85.036 QPC).

B – Domaine d'application de l'article préliminaire

3) Domaine d'application *ratione materiae*. L'article préliminaire est inapplicable à la procédure de rabat d'arrêt (■ Cass. crim., 24 avr. 2013, n° 10-85.076).

4) Domaine d'application *ratione personae*. Le ministère public ne saurait invoquer une prétendue atteinte au caractère équitable et contradictoire de la procédure au sens de l'article 6, § 1 de la Convention européenne des droits de l'Homme et de l'article préliminaire du Code de procédure pénale, qui ne garantissent que les droits et les libertés des parties privées (■ Cass. crim., 8 sept. 2015, n° 14-84.315).

C – Fonctions de l'article préliminaire (V. aussi *infra* II)

1° *Fonction pédagogique*

5) Illustrations. La chambre criminelle éclaire parfois certains articles du Code de procédure pénale par l'un des principes directeurs énoncés à l'article préliminaire, alors que ces articles justifient à eux seuls la solution retenue (■ Cass. crim., 2 févr. 2005, n° 04-86.805 : *JurisData* n° 2005-027069 ; *JCP* G 2005, II, 10111, note H. Henrion : art. 154, CPP et défaut d'information du juge par l'officier de police judiciaire. ■ Cass. crim., 6 janv. 2004, n° 02-88.468 : *JurisData* n° 2004-021881 ; *Dr. pén.* 2004, comm. 74, obs. A. Maron : art. 197 et absence de communication de pièces par le Parquet. – Pour l'action civile, V. ■ Cass. crim., 9 févr. 2010, n° 09-81.048 : art. 1382, C. civ., et principe de la réparation intégrale). La demande de traduction de pièces essentielles acceptée par le juge d'instruction doit être satisfaite dans un délai raisonnable, conformément aux dispositions générales de l'article préliminaire du Code de procédure pénale et aux dispositions particulières de l'article D. 594-8 du même code (■ Cass. crim., 12 sept. 2017, n° 17-83.874 : *Bull. crim.* n° 219).

2° Fonction interprétative

6) Illustrations. La chambre criminelle dégage parfois le sens d'une règle ou d'un texte par une interprétation effectuée à partir d'un principe directeur énoncé par l'article préliminaire. En application de l'article préliminaire, une présomption légale de culpabilité ne peut exister que sur prévision expresse d'un texte (■ Cass. crim., 4 mai 2004, n° 03-88.010 : *JurisData* n° 2004-024098 ; *RPDP* 2005, p. 974, obs. É. Vergès). En cas de renvoi devant une chambre de l'instruction après cassation, il résulte de l'article préliminaire et des articles 174 et 197 du Code de procédure pénale que la personne mise en examen, déboutée de son pourvoi, et son avocat doivent être avisés de la date de l'audience, afin d'être mis en mesure de déposer un mémoire et de présenter leurs observations (■ Cass. crim., 19 mars 2002, n° 01-88.240 : *JurisData* n° 2002-013696). En application des articles préliminaire et 398, les juridictions correctionnelles ne peuvent statuer que sur les faits relevés par l'ordonnance ou la citation qui les a saisies (■ Cass. crim., 10 juin 2008, n° 08-80.081). Il se déduit des articles préliminaire et 459 du Code de procédure pénale qu'il appartient au juge d'ordonner ou d'assurer la communication des conclusions aux autres parties (■ Cass. crim., 16 avr. 2019, n° 18-85.772. ■ Cass. crim., 2 juin 2021, n° 20-84.720, § 7). En application des articles 460 et 647 et suivants du Code de procédure pénale, et la procédure pénale devant préserver l'équilibre des droits des parties aux termes de l'article préliminaire dudit code, lorsque les énonciations d'un arrêt attaqué devant la chambre criminelle ont été arguées de faux par le demandeur, que l'autorisation de s'inscrire en faux ayant été accordée par le premier président de la Cour de cassation, et les significations prévues à l'article 647-2 du Code de procédure pénale ayant été effectuées, ni le ministère public ni les autres parties n'ont manifesté l'intention de soutenir l'exactitude des énonciations contestées, alors, en vertu des dispositions de l'article 647-4 du même code, les énonciations arguées de faux doivent être considérées comme inexactes, et, par suite, l'arrêt étant présumé ne pas remplir les conditions de son existence légale, la cassation doit être prononcée (■ Cass. crim., 18 juin 2019, n° 16-85.315. ■ Cass. crim., 18 juin 2019, n° 16-85.263).

3° Fonction créatrice

7) Sur le fondement de l'article préliminaire et, parfois, de l'article 6 de la Convention européenne des droits de l'Homme, la jurisprudence crée des règles de procédure en l'absence de tout autre fondement textuel. Sur le principe de loyauté de la preuve, V. *infra* n° 29 et s., p. 9.

• **Visa de l'article préliminaire**

8) Droit de présenter des observations devant une juridiction. La procédure pénale devant être équitable et contradictoire et préserver l'équilibre des droits des parties et l'autorité judiciaire devant veiller à l'information et à la garantie des droits des victimes au cours de toute procédure pénale, les parties civiles qui en font la demande peuvent, en audience publique devant la Commission de réexamen, présenter des observations orales ou écrites (■ Cass. comm. réex., 16 oct. 2003, n° 03-RDH005 : *Bull. comm. réex.*, n° 1).

9) Formes d'un recours. Une demande effectuée au moyen d'une simple télécopie par une personne détenue est recevable (■ Cass. crim., 30 oct. 2007, n° 07-85.170 : *JurisData* n° 2007-041358 ; *RSC* 2008, p. 365, obs. R. Finielz).

• **Visa de l'article préliminaire et de l'article 6 de la Convention européenne des droits de l'Homme**

10) Correspondance de l'avocat. Même si elle est surprise à l'occasion d'une mesure d'instruction régulière, la conversation téléphonique dans laquelle un avocat placé sous écoute réfère de sa mise en cause dans une procédure pénale à son bâtonnier ne peut être transcrite et versée au dossier de la procédure, à moins qu'elle ne révèle un indice de participation personnelle de ce dernier à une infraction pénale (■ Cass. crim., 22 mars 2016, n° 15-83.205 : *Bull. crim.* n° 93 ; *Dr. pén.* 2016, comm. 101, obs. M. Haas).

11) Droit à un recours. Toute personne ayant été condamnée par une juridiction répressive de première instance, sans avoir été partie au procès, a le droit de faire examiner sa condamnation par une juridiction supérieure (■ Cass. crim., 7 oct. 2003, n° 02-88.383 : *JurisData* n° 2003-020656 ; *Bull. crim.* n° 181 ; *RSC* 2004, p. 131, obs. A. Giudiccelli : assureur du prévenu n'ayant ni demandé à intervenir, ni été appelé en cause et condamné avec le prévenu à payer des dommages-intérêts à la partie civile. ■ Cass. crim., 3 nov. 2009, n° 08-88.176).

12) Formes d'un recours. Un détenu doit pouvoir adresser son mémoire à la chambre de l'instruction soit par lettre recommandée avec accusé de réception, soit par télécopie ou par l'intermédiaire du chef de l'établissement pénitentiaire (■ Cass. crim., 13 juin 2007, n° 07-82.392 : *JurisData* n° 2007-040095).

13) Droit de présenter des observations devant une juridiction. Il se déduit des articles préliminaire et 6 de la Convention européenne des droits de l'homme que le respect des principes du contradictoire et de l'équilibre des droits des parties interdit à la chambre de l'application des peines se prononçant sur une demande de révocation de libération conditionnelle de statuer sans que le condamné qui en fait la demande eût été mis en mesure de comparaître à l'audience (■ Cass. crim., 15 avr. 2015, n° 14-82.622 : *Bull. crim.* n° 92).

14) Débat contradictoire devant la chambre de l'application des peines. Selon l'article préliminaire du Code de procédure pénale, la procédure pénale doit être équitable et contradictoire et préserver l'équilibre des droits des parties ; en outre, il résulte de l'article 712-3 dudit Code que lors de l'examen en appel des jugements mentionnés aux articles 712-6 et 712-7 du même Code, la chambre de l'application des peines statue après débat contradictoire, le condamné, représenté par son avocat, n'étant pas entendu sauf si celle-ci en décide autrement ; une chambre de l'application des peines ne peut donc pas refuser le bénéfice d'une libération conditionnelle si elle fonde sa décision sur des éléments de fait et des pièces qui n'avaient pas été contradictoirement discutés devant le premier juge, sans recueillir les observations du condamné non représenté, en procédant à son audition, au besoin après réouverture des débats (■ Cass. crim., 17 juin 2020, n° 20-80.240, § 12 : publié au *Bull.*).

15) Respect d'un délai. Même en l'absence de texte lui impartissant un délai, la production tardive, par le procureur général, de son mémoire en demande à l'appui de son pourvoi en cassation est contraire aux principes du procès équitable, de l'équilibre des droits des parties et du délai raisonnable de jugement des affaires pénales (■ Cass. crim., 10 déc. 2002, n° 02-82.540 : *Bull. crim.* n° 221. ■ Cass. crim., 10 oct. 2006, n° 06-81.833 : *JurisData* n° 2006-035506 ; *Bull. crim.* n° 246. ■ Cass. crim., 16 janv. 2008, n° 07-83.132. V. depuis, art. 585-2, p. 1245).

16) Garantie de l'exercice effectif des droits de la défense. Il se déduit des articles 6, §§ 1 et 3, *a)* et *c)*, de la Convention européenne des droits de l'Homme et de l'article préliminaire du Code de procédure pénale que lorsque l'altération des facultés physiques et mentales d'un prévenu est telle qu'elle est incompatible avec sa participation personnelle à la procédure, il appartient aux juges de s'assurer de la mise en œuvre de garanties spéciales de procédure lui permettant d'exercer effectivement les droits de la défense (■ Cass. crim., 11 juill. 2017, n° 16-82.960 : *Bull. crim.* n° 201 ; *Dr. pén.* 2017, comm. 152, obs. A. Maron et M. Haas. ■ Cass. crim., 18 nov. 2020, n° 20-84.872, § 6). Il se déduit des articles, 6, § 3, de la Convention européenne des droits de l'homme, préliminaire, III, deuxième alinéa du Code de procédure pénale que tout prévenu, s'il ne souhaite pas se défendre lui-même, a droit à être assisté d'un avocat de son choix ou commis d'office, cette assistance devant constituer un droit concret et effectif (■ Cass. crim., 3 nov. 2020, n° 20-84.563, § 7).

4° Fonction de neutralisation

17) Signification. Le juge peut-il refuser de faire application d'un texte du Code de procédure pénale non conforme à l'un des principes directeurs de l'article préliminaire ? Un arrêt isolé avait paru l'admettre (■ Cass. crim., 27 mars 2002, n°s 00-81.712 et 00-88.111 : *JurisData* n° 2002-014064 ; *Bull. crim.* n° 70 ; *RSC* 2003, p. 122, obs. A. Giudicelli : « les dispositions de l'article 520 du Code de procédure pénale... ne sont contraires ni aux dispositions de l'article préliminaire du Code de procédure pénale... ni à celles de l'article 2-1 du protocole n° 7 de la Convention européenne des droits de l'Homme »). Depuis lors, la chambre criminelle a plusieurs fois jugé le contraire : en réponse à des pourvois invoquant la violation de l'article préliminaire et de la Convention européenne des droits de l'Homme, la chambre criminelle n'a vérifié la compatibilité des articles contestés qu'avec la Convention européenne (V., très net, ■ Cass. crim., 3 mai 2011, n° 10-81.529 : les juges ayant refusé de sanctionner le refus de se soumettre au prélèvement biologique destiné à l'identification de son empreinte génétique en raison de l'article préliminaire aux termes duquel les mesures de contrainte dont une personne suspectée peut faire l'objet doivent être strictement limitées aux nécessités de la procédure et proportionnées à la gravité de l'infraction reprochée, la chambre criminelle les approuve, mais sur le fondement de l'article 8, Conv. EDH. – V. aussi, dans le même sens, ■ Cass. crim., 17 mai 2006, n° 05-83.475. ■ Cass. crim., 10 févr. 2009, n° 08-83.837 : *Bull. crim.* n° 30. ■ Cass. crim., 25 sept. 2012, n° 11-84.428. ■ Cass. crim., 8 janv. 2013, n° 11-87.654 : *JurisData* n° 2013-000031. ■ Cass. crim., 9 mars 2016, n° 14-85.325. – V. aussi ■ Cass. crim., 1er sept. 2011, n° 11-90.070 QPC : la chambre criminelle examine une question prioritaire de constitutionnalité invoquant la violation de principes « repris dans l'article préliminaire » (principe d'impartialité et art. 723-2, CPP). Mais il arrive que la chambre criminelle censure l'application trop formaliste d'un texte du Code de procédure pénale, au nom du principe selon lequel la procédure pénale doit être équitable et contradictoire et préserver l'équilibre des droits des parties (V. ■ Cass. crim., 16 févr. 2021, n° 20-84.445. – V., dans le même sens, mais au seul visa de l'article 6 de la Convention européenne des droits de l'homme, ■ Cass. crim., 9 févr. 2021, n° 20-84.703).

II – L'ARTICLE PRÉLIMINAIRE HORS SES PRINCIPES DIRECTEURS

18) Dans certaines décisions, la Cour de cassation vise, outre un article de la Convention européenne des droits de l'Homme, « l'article préliminaire » sans préciser quel est le principe directeur sur lequel elle se fonde.

A – Droits de la défense

19) Au visa de l'article préliminaire, la Cour de cassation invoque les droits de la défense, non visés en tant que tels par l'article préliminaire.

20) Capacité de se défendre. Il se déduit des articles 6, §§ 1 et 3 de la Convention européenne des droits de l'Homme et de l'article préliminaire du Code de procédure pénale que lorsque l'altération des facultés d'une personne mise en examen est telle que celle-ci se trouve dans l'impossibilité absolue d'assurer effectivement sa défense, il doit être sursis à son renvoi devant la juridiction de jugement, fût-ce en présence de son tuteur ou de son curateur et avec l'assistance d'un avocat, jusqu'à ce qu'il ait été constaté que l'intéressé a recouvré la capacité à se défendre (■ Cass. crim., 11 juill. 2007, n° 07-83.056 : *Bull. crim.* n° 185 ; *Dr. pén.* 2017, comm. 152, obs. A. Maron et M. Haas. ■ Cass. crim., 18 nov. 2020, n° 20-84.872, § 6). C'est donc à tort qu'une chambre de l'instruction confirme une ordonnance de mise en accusation au motif que le débat porte non sur la déclaration de culpabilité, mais sur l'attribution du statut d'accusé ou de prévenu et qu'à ce stade la question du degré de compréhension de l'intéressé n'est pas déterminante, les arguments tirés des articles 706-119 et suivants du Code de procédure pénale étant inopérants (■ Cass. crim., 18 nov. 2020, préc.). Il se déduit de l'article 6, § 1, et § 3, a et c de la Convention européenne des droits de l'Homme ainsi que des articles préliminaire et 470 du Code de procédure pénale, qu'il ne peut être statué sur la culpabilité d'une personne que l'altération de ses facultés physiques ou psychiques met dans l'impossibilité de se défendre personnellement contre l'accusation dont elle fait l'objet, fût-ce en présence de son tuteur et assistée d'un avocat ; en l'absence de l'acquisition de la prescription de l'action publique ou de disposition légale lui permettant de statuer sur les intérêts civils, la juridiction pénale, qui ne peut interrompre le cours de la justice,est tenue de renvoyer l'affaire à une audience ultérieure et ne peut la juger qu'après avoir constaté que l'accusé ou le prévenu a recouvré la capacité à se défendre (■ Cass. crim., 5 sept. 2018, n° 17-84.402 : *Bull. crim.* n° 149 : *D.* 2018, p. 2076, note V. Tellier-Cayrol. V. dans le même sens ■ Cass. crim., 19 sept. 2018, n° 18-83.868 : *Bull. crim.* n° 161 ; *Procédures* 2018, n° 379, obs. A.-S. Chavent-Leclère). V. aussi, annot. n° 15, p. 7.

21) Contestation d'une pièce issue d'une autre procédure. En application des articles préliminaire et 6 de la Convention européenne des droits de l'Homme, le prévenu est recevable à contester la régularité d'une pièce issue d'une procédure distincte, dès lors qu'il invoque l'atteinte qu'elle porte à l'un de ses droits (■ Cass. crim., 15 déc. 2015, n° 15-80.733 : *Bull. crim.* n° 295).

22) Délai pour préparer sa défense. Il se déduit des articles préliminaire et 5 de la Convention européenne des droits de l'Homme qu'une personne recherchée aux fins d'exécution d'un mandat d'arrêt européen doit disposer du temps et des facilités nécessaires à la préparation de sa défense devant la chambre de l'instruction (■ Cass. crim., 12 mars 2008, 2 arrêts, n°s 08-81.178 et 08-81.179. ■ Cass. crim., 1er avr. 2008, n° 08-81.650. ■ Cass. crim., 22 juill. 2009, n° 09-84.775 : *Bull. crim.* n° 143. ■ Cass. crim., 6 août 2014, n° 14-84.867).

23) Délivrance de copies des pièces de la procédure. Toute personne ayant la qualité de prévenu ou d'accusé est en droit d'obtenir, en vertu des articles préliminaire et 427 du Code de procédure pénale, la délivrance à ses frais, le cas échéant par l'intermédiaire de son avocat, de la copie des pièces du dossier soumis à la juridiction devant laquelle elle est appelée à comparaître (■ Cass. crim., 5 mars 2013, n° 12-83.220).

24) Droit de connaître la nature et la cause de la prévention. Selon l'article 551, alinéa 2, du Code de procédure pénale, ensemble l'article 6, § 3 de la Convention européenne des droits de l'Homme et l'article préliminaire du Code de procédure pénale, tout prévenu a le droit d'être informé avec certitude et précision de la nature et de la cause de la prévention dont il est l'objet (■ Cass. crim., 23 janv. 2007, n° 05-85.893).

25) Requalification par le juge des faits dont il est saisi. S'il appartient aux juges répressifs de restituer aux faits dont ils sont saisis leur véritable qualification, c'est à la condition que le prévenu ait été en mesure de se défendre sur la nouvelle qualification envisagée (■ Cass. crim., 28 nov. 2018, n° 17-82.100 : visa des articles 6, § 1, de la Convention européenne des droits de l'Homme et préliminaire du Code de procédure pénale).

26) Durée excessive d'une enquête préliminaire. Le moyen selon lequel, durant plusieurs années ayant précédé sa mise en examen, une personne n'a pas pleinement bénéficié des droits de la défense en raison de la durée de l'enquête préliminaire au cours de laquelle elle était privée d'un accès au dossier de la procédure est inopérant, dès lors que ce grief n'est pas susceptible de constituer une cause de nullité (■ Cass. crim., 15 mars 2016, n° 15-85.362 : *Bull. crim.* n° 79).

27) Production de pièces de la procédure réclamées par la défense. En application de l'article préliminaire, pour assurer le respect des droits de la défense, une juridiction de jugement doit faire joindre à la procédure un document dont elle constate l'existence et dont la production est réclamée par la défense (▪ Cass. crim., 8 janv. 2013, n° 12-80.465 : *JurisData* n° 2013-000056 ; *Bull. crim.* n° 8 ; *Dr. pén.* 2013, comm. 43, obs. J.-H. Robert).

B – Délai raisonnable des privations de liberté

28) Droit à un recours juridictionnel effectif. Il résulte des articles 6 de la Convention européenne des droits de l'Homme et préliminaire du Code de procédure pénale qu'en matière de privation de liberté, le droit à un recours juridictionnel effectif impose que le juge soit tenu de statuer dans un délai raisonnable ; il appartient aux autorités judiciaires de veiller au respect de cette exigence, y compris lorsque il est statué sur renvoi de la Cour de cassation (▪ Cass. crim., 4 mars 2015, n° 14-88.150 : calcul de la durée d'une détention provisoire). Le fait que l'article 471 du Code de procédure pénale n'impose pas de délai pour statuer à la cour d'appel saisie de l'appel au fond d'un prévenu détenu n'est pas contraire aux principes constitutionnels dès lors que, pour respecter l'un des principes de l'article préliminaire et les exigences de l'article 144-1, les autorités judiciaires, sous le contrôle de la Cour de cassation, doivent veiller à ce que le jugement au fond du prévenu n'excède pas un délai raisonnable (▪ Cass. crim., 4 oct. 2016, n° 16-84.578 : *Bull. crim.* n° 258).

C – Principe de loyauté de la preuve

Voir : art. 427, *infra*, p. 958. Conv. EDH 4 nov. 1950, art. 6, p. 2631.

29) Fondement. La chambre criminelle consacre ce principe en référence au droit à un procès équitable qu'elle relie à l'article 6 de la Convention européenne des droits de l'Homme et à l'article préliminaire du Code de procédure pénale (▪ Cass. crim., 1er mai 2006, n° 05-84.837 : *Bull. crim.* n° 132. ▪ Cass. crim., 7 janv. 2014, n° 13-85.246 : *Bull. crim.* n° 1. ▪ Cass. crim., 4 juin 2008, n° 08-81.405 : *Bull. crim.* n° 141. ▪ Cass. crim., 20 sept. 2016, n° 16-80.820 : *Bull. crim.* n° 244 ; *RSC* 2016, p. 797, obs. F. Cordier).

30) Moyen invoqué pour la première fois devant la Cour de cassation. Le moyen tiré de la déloyauté d'une preuve ne peut être invoqué pour la première fois devant la Cour de cassation (▪ Cass. crim., 28 janv. 2015, n° 14-81.610 : *Dr. pén.* 2015, comm. 43, obs. A. Maron et M. Haas. ▪ Cass. crim., 12 sept. 2018, n° 15-86.288).

1° *Principes constitutionnels*

31) Rôle de l'autorité judiciaire. Il appartient à l'autorité judiciaire de veiller au respect du principe de loyauté dans l'administration de la preuve (▪ Cons. const., 18 nov. 2011, n° 2011-191/194/195/196/197 QPC).

32) Opérations fondées sur des éléments d'origine illégale. En permettant que le juge autorise l'Administration à procéder à des visites domiciliaires sur le fondement de documents, pièces ou informations de quelque origine que ce soit, y compris illégale, le législateur prive de garanties légales les exigences du droit au respect de la vie privée et, en particulier, de l'inviolabilité du domicile (▪ Cons. const., 4 déc. 2013, n° 2013-679 DC : *Dr. pén.* 2014, comm. 29, obs. J.-H. Robert et 33, obs. E. Bonis-Garçon).

2° *Principes européens*

33) Caractère globalement équitable de la procédure. La Cour n'a pas à se prononcer, par principe, sur l'admissibilité de certains éléments de preuve, par exemple des éléments obtenus de manière illégale au regard du droit interne. Elle doit examiner si la procédure, y compris la manière dont les éléments de preuve ont été recueillis, a été équitable dans son ensemble (▪ CEDH, 5 nov. 2002, n° 48539/99, *Allan c/ Royaume Uni*). La Cour ne saurait donc exclure par principe et *in abstracto* l'admissibilité d'une preuve recueillie de manière illégale ; il s'agit seulement de vérifier *in concreto* si, compte tenu des circonstances spécifiques de l'affaire en cause, le procès présente – au total – le caractère équitable requis par l'article 6, § 1 de la Convention européenne des droits de l'homme (▪ CEDH, 12 juill. 1988, n° 10862/84, *Schenk c/ Suisse*). Pour déterminer si la procédure dans son ensemble a été équitable, il faut notamment se demander si les droits de la défense ont été respectés. Il faut rechercher si le requérant s'est vu offrir la possibilité de remettre en question l'authenticité de l'élément de preuve et de s'opposer à son utilisation (▪ CEDH, GC, 10 mars 2009, n° 4378/02, *Bykov c/ Russie*). Il importe aussi de vérifier si les pièces litigieuses ont joué un rôle déterminant, et pas simplement accessoire, dans le verdict de culpabilité (▪ CEDH, GC, 1er juin 2010, n° 22978/05, *Gäfgen c/ Allemagne*). La Convention n'empêche pas de s'appuyer au stade de l'enquête préliminaire, et lorsque la nature de l'infraction peut le justifier, sur des sources telles que des indicateurs anonymes (▪ CEDH, 5 févr. 2008, n° 74420/01, *Ramanauskas c/ Litunie*).

3° *Principe de loyauté de la preuve et garde à vue*

34) Audition de la personne en garde à vue sans l'assistance d'un avocat. Il appartient à l'autorité judiciaire de veiller au respect du principe de loyauté dans l'administration de la preuve et d'apprécier la valeur probante des déclarations faites, le cas échéant, par une personne gardée à vue hors la présence de son avocat (■ Cons. const., 2 nov. 2011, n° 2011-191/194/195/196/197 QPC). N'est pas contraire au principe de la loyauté de la preuve l'audition d'une personne en garde à vue sans l'assistance de son avocat (■ Cass. crim., 22 janv. 2013, n° 10-87.021).

III – PRINCIPES DIRECTEURS DE L'ARTICLE PRÉLIMINAIRE, § I

A – Alinéa 1er. Respect du caractère équitable et contradictoire de la procédure et de l'équilibre des droits des parties

1° *Respect du caractère équitable et contradictoire de la procédure et de l'équilibre des droits des parties*

• Visa de l'article préliminaire

35) Appel du ministère public et droits des parties privées. Une cour d'appel, saisie de l'appel du ministère public contre un jugement, ne peut se prononcer sur la recevabilité de cet appel, sans que les parties civiles intimées aient été avisées de ce recours, ni citées à comparaître à l'audience (■ Cass. crim., 13 mars 2013, n° 12-85.004).

36) Formalisme d'une voie de recours : indications erronées du greffe. La procédure pénale devant être équitable et contradictoire et préserver l'équilibre des droits des parties, en application de l'article préliminaire du Code de procédure pénale, ne peut être déclaré irrecevable un mémoire déposé dans des formes irrégulières lorsqu'elles ont été conseillées et acceptées expressément par le greffe de la juridiction saisie qui en a également confirmé la recevabilité après sa réception (■ Cass. crim., 13 oct. 2021, n° 21-82.372).

37) Rejet d'une demande de réouverture des débats. Une cour d'appel ne peut rejeter une demande de réouverture des débats présentée par l'avocat du prévenu, sans que l'arrêt s'en explique (■ Cass. crim., 3 juin 2008, n° 07-86.751). Une juridiction ne peut refuser la réouverture des débats sans autrement s'expliquer sur l'urgence particulière qui imposait, en l'espèce, de ne point différer le jugement de l'affaire (■ Cass. crim., 21 févr. 2007, n° 06-85.750). Il se déduit des articles 568-1, alinéa 2, 574-2 et 587 du Code de procédure pénale que, s'agissant d'un pourvoi formé contre un arrêt statuant en matière de mandat d'arrêt européen, si le procureur général dispose en principe, pour déposer son mémoire, d'un délai de cinq jours à compter de la réception du dossier à la Cour de cassation, c'est à la condition que, à peine de déchéance, il ait lui-même, sauf circonstances insurmontables, transmis ce dossier au greffe de la chambre criminelle dans les 48 heures à compter de sa déclaration de pourvoi, ainsi que le lui impose le 2e alinéa de l'article 568-1 : à défaut, il est déchu de son pourvoi (■ Cass. crim., 23 janv. 2013, n° 13-80.444 : *Bull. crim.* n° 30).

38) Accès aux pièces de la procédure par les parties privées. Il résulte de l'article préliminaire du Code de procédure pénale, en ses I et II, que la procédure pénale doit être équitable et contradictoire et préserver l'équilibre des droits des parties ; méconnaît ce texte la cour d'appel qui dit injustifiée la demande des parties civiles d'ordonner la communication du procès-verbal d'audition du prévenu pratiquée le jour-même des faits, alors que les parties civiles justifiaient de ce qu'elles n'avaient pu accéder aux procès-verbaux de l'enquête préliminaire sur lesquels la cour, tenue de statuer sur les intérêts civils à partir des faits objet de la poursuite, allait prononcer elle-même (■ Cass. crim., 26 juin 2018, n° 17-86.008). Doit être cassé l'arrêt qui, pour rejeter la demande de mise en liberté du prévenu, retient, après avoir constaté qu'aucun élément de fond ne figurait au dossier de la procédure, mis à part le jugement du tribunal correctionnel, que les éléments de l'espèce justifient, en application des dispositions de l'article 144 du Code de procédure pénale, une mesure particulière de sûreté telle que la détention provisoire : il résulte de ses propres constatations que le dossier transmis ne comportait pas les pièces de la procédure, de sorte que celles-ci n'étaient pas mises à la disposition des parties qui auraient voulu y accéder au greffe de cette juridiction, alors que, selon l'article préliminaire du Code de procédure pénale, la procédure pénale doit être équitable et contradictoire et préserver l'équilibre des droits des parties (■ Cass. crim., 26 mars 2019, n° 19-80.141).

39) Débat contradictoire devant la chambre de l'application des peines. Selon l'article préliminaire du Code de procédure pénale, la procédure pénale doit être équitable et contradictoire et préserver l'équilibre des droits des parties ; en outre, il résulte de l'article 712-3 dudit Code que lors de l'examen en appel des jugements mentionnés aux articles 712-6 et 712-7 du même code, la chambre de l'application des peines statue après débat contradictoire, le condamné, représenté par son avocat, n'étant pas entendu sauf si celle-ci en décide autrement ; une chambre de l'application des peines ne peut donc pas refuser le bénéfice d'une libération conditionnelle si elle fonde sa décision sur des éléments de fait et des pièces qui n'avaient pas été contradictoirement discutés devant le premier juge, sans recueillir les observations du condamné non représenté, en procédant à son audition, au besoin après réouverture des débats (▪ Cass. crim., 17 juin 2020, n° 20-80.240, § 12 : publié au *Bull.*).

- **Visa de l'article préliminaire et de l'article 6 de la Convention européenne des droits de l'Homme**

40) Partialité de l'enquêteur. Si le défaut d'impartialité d'un enquêteur peut constituer une cause de nullité de la procédure, c'est à la condition que ce grief ait eu pour effet de porter atteinte au caractère équitable et contradictoire de la procédure ou de compromettre l'équilibre des droits des parties (▪ Cass. crim., 14 mai 2008, n° 08-80.483 : *Bull. crim.* n° 115. Rappr. ▪ Cass. crim., 8 janv. 2019, n° 18-80.685, sans visa).

41) Mémoire d'un détenu adressé à la chambre de l'instruction. Lorsqu'elle est détenue, la personne doit pouvoir adresser son mémoire à la chambre de l'instruction par lettre simple ou recommandée, par télécopie ou par l'intermédiaire du chef de l'établissement pénitentiaire (▪ Cass. crim., 25 juill. 2007, n° 07-84.058. ▪ Cass. crim., 26 sept. 2007, n° 07-84.630).

42) Refus d'accorder le renvoi d'une affaire sollicité par un prévenu en l'absence de son avocat. Il résulte de l'article préliminaire, alinéa 1 du Code de procédure pénale et de l'article 6, § 3, c de la Convention européenne des droits de l'Homme que toute personne poursuivie a droit à l'assistance d'un défenseur de son choix ; les juges ne peuvent donc, sans motiver leur décision, refuser le renvoi d'une affaire sollicité par le prévenu en l'absence de son avocat (▪ Cass. crim., 27 mars 2018, n° 17-80.657). Il se déduit de ces mêmes textes que toute personne poursuivie qui ne souhaite pas se défendre elle-même, a droit à l'assistance d'un avocat de son choix ou commis d'office et que les juges ne peuvent, sans motiver leur décision, refuser le renvoi d'une affaire sollicité par cette personne en raison de l'absence de l'avocat choisi (▪ Cass. crim., 13 janv. 2021, n° 20-85.782, § 7. ▪ Cass. crim., 9 févr. 2021, n° 20-86.464, § 7).

43) Violation par excès de formalisme du principe selon lequel la procédure pénale doit être équitable et contradictoire et préserver l'équilibre des droits des parties. Si le droit d'exercer un recours peut être soumis à des conditions légales, les tribunaux doivent, en appliquant des règles de procédure, éviter un excès de formalisme qui porterait atteinte à l'équité de la procédure ; doit donc être cassée la décision qui déclare irrecevable en la forme une opposition adressée, dans le délai légalement prévu, par courrier recommandé au procureur de la République, tout en retenant que ce dernier, à qui il était possible, selon l'article R. 41-8 alinéa 3 du Code de procédure pénale, de s'adresser pour initier un tel recours, était l'auteur de la notification de l'ordonnance pénale (▪ Cass. crim., 16 févr. 2021, n° 20-84.445). V., dans le même sens, mais au seul visa de l'article 6 de la Convention européenne des droits de l'homme. ▪ Cass. crim., 9 févr. 2021, n° 20-84.703.

2° *Respect du caractère équitable et de l'équilibre des droits des parties*

44) Texte prohibant le serment. Les prohibitions édictées par l'article 335 du Code de procédure pénale ne peuvent être étendues au-delà des cas fixés par ce texte et ne s'appliquent pas aux parents et alliés de la partie civile : l'audition sous serment des parents et alliés de la partie civile, partie poursuivante à l'instance, ne contrevient ni à l'article 6 de la Convention européenne des droits de l'Homme ni à l'article préliminaire du Code de procédure pénale (▪ Cass. crim., 13 févr. 2008, n° 07-84.592).

45) Instruction à charge. Il résulte de l'article 6, § 1 de la Convention européenne des droits de l'Homme, ensemble les articles préliminaire et 81 du Code de procédure pénale que le juge d'instruction doit effectuer tous les actes qu'il juge utiles à la manifestation de la vérité en veillant à l'équilibre des droits des parties et au caractère équitable de la procédure et en instruisant, de façon impartiale, à charge et à décharge. Encourt en conséquence la nullité une commission rogatoire ne visant qu'à établir les seuls éléments à charge des infractions poursuivies (▪ Cass. crim., 26 avr. 2017, n° 16-86.840 : *Bull. crim.* n° 128 ; *Dr. pén.* 2017, comm. 98, obs. A. Maron et M. Haas ; *Procédures* 2017, n° 168, obs. A.-S. Chavent-Leclère).

3° *Respect du contradictoire et de l'équilibre des droits des parties*

46) Partie civile non assistée d'un avocat. Il se déduit des articles préliminaire et 6 de la Convention européenne des droits de l'Homme que le respect des principes du contradictoire et de l'équilibre des droits des parties interdit à la chambre de l'instruction de statuer sur l'appel d'une ordonnance de refus d'informer du juge d'instruction sans que la partie civile qui a choisi de se défendre sans avocat ait été mise en mesure d'obtenir la délivrance, si elle en a fait la demande, d'une copie du réquisitoire définitif du procureur de la République (▪ Cass. crim., 19 nov. 2014, n° 13-07.965 : *Bull. crim.* n° 245).

47) Citation en matière de presse. Le juge peut écarter l'exception de nullité d'une citation introductive d'instance en ce qu'elle ne mentionnerait pas les dispositions de l'article 55 de la loi du 29 juillet 1881 relatives aux formes et délais dans lesquels le prévenu doit signifier l'offre de preuve de la vérité du fait diffamatoire, sans méconnaître le droit à un procès équitable, ni sacrifier l'équilibre des droits des parties dès lors qu'il ne résulte d'aucun texte l'obligation de mentionner les dispositions de l'article 55 dans la citation (■ Cass. crim., 8 juin 2004, n° 03-85.600).

4° Équilibre des droits des parties et respect des droits de la défense

48) Droit de se taire. Il se déduit des articles 6 de la Convention européenne des droits de l'homme et préliminaire du Code de procédure pénale qu'une juridiction prononçant un renvoi devant la juridiction de jugement ou une déclaration de culpabilité ne peut tenir compte, à l'encontre de la personne poursuivie, de déclarations sur les faits effectuées par celle-ci devant cette juridiction ou devant une juridiction différente sans que l'intéressé ait été informé, par la juridiction qui les a recueillies, de son droit de se taire, lorsqu'une telle information était nécessaire (■ Cass. crim., 24 févr. 2021, n° 20-86.537, § 11 : publié au *Bull.*).

49) Matière contraventionnelle – Accès au dossier. Le fait que le prévenu en matière contraventionnelle n'a pas accès au dossier à charge du ministère public n'est pas contraire à l'article 16, Constit., dès lors que la présomption de culpabilité instituée par l'article 537 du Code de procédure pénale ne revêt pas de caractère irréfragable, que le respect des droits de la défense est assuré devant la juridiction de jugement et que se trouve ainsi garanti l'équilibre des droits des parties, alors que, d'autre part, en vertu de l'article R. 155 du même code, toute personne ayant la qualité de prévenu ou d'accusé est en droit d'obtenir la délivrance, à ses frais, le cas échéant par l'intermédiaire de son avocat, de la copie des pièces du dossier soumis à la juridiction devant laquelle elle est appelée à comparaître (■ Cass. crim., 28 juin 2016, n° 16-82.741 QPC).

50) Juge d'instruction ne respectant pas sa saisine – Droits de la personne mise en examen. Il résulte des articles préliminaire, 80 et 81 du Code de procédure pénale, ensemble l'article 173 dudit code, d'une part que le juge d'instruction ne peut informer que sur les faits dont il est régulièrement saisi et que, lorsqu'il acquiert la connaissance de faits nouveaux, il doit communiquer le dossier au procureur de la République, le cas échéant après avoir procédé à des vérifications sommaires destinées à en apprécier la vraisemblance, d'autre part, que la personne mise en examen a qualité pour contester la régularité des actes accomplis par le juge d'instruction en méconnaissance des limites de sa saisine (■ Cass. crim., 8 juin 2017, n° 17-80.709 : *Bull. crim.* n° 159).

51) Opposition à un jugement de défaut. Il résulte des articles 489, 494 et 545 du Code de procédure pénale, ensemble l'article préliminaire dudit code que le prévenu qui a formé opposition à un jugement de défaut et qui n'a pas immédiatement reçu notification de la date à laquelle il sera statué sur ce recours doit être cité à sa dernière adresse connue à la date du mandement de citation. Doit donc être cassé le jugement, qualifié d'itératif défaut, qui, en l'absence d'une telle citation, déclare l'opposition non avenue : il appartenait à la juridiction de constater l'irrégularité de la citation délivrée et d'inviter le ministère public à faire citer le prévenu à l'adresse mentionnée dans sa déclaration d'opposition, qui était la plus récente figurant au dossier de la procédure (■ Cass. crim., 29 nov. 2017, n° 17-81.574).

5° Équilibre des droits des parties

52) Inscription de faux. Lorsque l'autorisation de s'inscrire en faux a été accordée et que les significations prévues à l'article 647-2 du Code de procédure pénale ont été effectuées, si le ministère public n'a pas manifesté l'intention de soutenir l'exactitude des énonciations contestées, celles-ci doivent être considérées comme inexactes ; dès lors un arrêt qui mentionne faussement que la prévenue était assistée d'un avocat doit être présumé ne pas remplir les conditions essentielles de son existence légale, la procédure pénale devant préserver l'équilibre des droits des parties (■ Cass. crim., 29 nov. 2016, n° 15-81.287 : *Bull. crim.* n° 313).

53) Pourvoi en cassation. Il résulte des articles préliminaire du Code de procédure pénale, articles 6, § 1 de la Convention européenne des droits de l'Homme et 58, alinéa 2, de la loi du 29 juillet 1881 sur la liberté de la presse, que le prévenu non condamné pénalement peut, comme la partie civile, quand il est demandeur au pourvoi, user du bénéfice de l'article 585 du Code de procédure pénale ; le mémoire personnel déposé dans le mois du pourvoi au greffe de la Cour de cassation sans le ministère d'un avocat à la Cour de cassation est, en conséquence, recevable (■ Cass. crim., 13 déc. 2016, n° 16-80.812 : *Bull. crim.* n° 336).

54) Opposition du ministère public à l'audition d'un témoin. L'autorisation donnée au ministère public de s'opposer à l'audition en appel d'un témoin déjà entendu en première instance ne crée aucune inégalité de traitement entre les parties qui serait contraire à l'article préliminaire du Code de procédure pénale prévoyant que la procédure pénale « doit être équitable et contradictoire et préserver l'équilibre des parties » (▪ Cass. crim., 8 janv. 2019, n° 18-80.685, sol. impl.).

6° *Respect du caractère équitable de la procédure et droit à un juge*

55) Personne sous tutelle. En application des articles 6, § 1 de la Convention européenne des droits de l'Homme et préliminaire du Code de procédure pénale, le droit à un procès équitable et le droit d'accès à un juge impliquent que le tuteur d'une personne majeure protégée soit avisé tant des poursuites pénales dirigées contre cette personne que de la décision de condamnation dont elle fait l'objet (▪ Cass. crim., 16 janv. 2008, n° 07-81.611. V. depuis art. 706-113, p. 1622).

7° *Respect du contradictoire*

• Questions prioritaires de constitutionnalité

56) Contestation de la recevabilité de la constitution de partie civile. Le fait qu'en cas de contestation de la recevabilité de la partie civile, les réquisitions du parquet ne doivent pas être notifiées à la partie civile ne soulève pas une question de constitutionnalité sérieuse dès lors qu'en application de l'article préliminaire, le juge d'instruction ne peut déclarer, d'office ou sur contestation, la constitution d'une partie civile irrecevable sans l'avoir mise en mesure, au préalable, de présenter ses observations (▪ Cass. crim., 3 juin 2014, n° 14-90.014 QPC : *Bull. crim.* n° 144).

57) Requête aux fins de renvoi de l'article 665. Le fait que l'article 665 du Code de procédure pénale ne prévoie pas que la requête aux fins de renvoi soit signifiée aux parties ni que celles-ci puissent déposer un mémoire au greffe de la Cour de cassation ne soulève pas une question de constitutionnalité sérieuse, dès lors qu'il appartient à la chambre criminelle, conformément à l'article préliminaire, de veiller, lors de l'examen de la requête, au respect du principe de la contradiction (▪ Cass. crim., 8 juill. 2010, n° 10-90.048 QPC).

• Visa de l'article préliminaire

58) Communication des pièces de la procédure. Il se déduit des articles préliminaire et 459 du Code de procédure pénale qu'il appartient au juge d'ordonner ou d'assurer la communication des conclusions aux autres parties (▪ Cass. crim., 16 avr. 2019, n° 18-85.772).

Une chambre de l'instruction méconnaît le principe du contradictoire si elle statue sur le fondement de pièces issues d'autres procédures civile et pénale, que le parquet s'est fait communiquer, mais non connues des parties privées (▪ Cass. crim., 6 janv. 2004, n° 02-88.468 : *JurisData* n° 2004-021881 ; *Dr. pén.* 2004, comm. 74, obs. A. Maron). Une juridiction d'instruction ne peut décider d'un refus d'informer en faisant état d'une procédure à laquelle la partie civile n'a pas accès, alors que selon l'article préliminaire la procédure pénale est contradictoire (▪ Cass. crim., 1er sept. 2009, n° 08-88.426 : *Bull. crim.* n° 146). Il résulte des articles préliminaire et 197 que si la chambre de l'instruction, lors de l'examen d'une voie de recours, peut fonder sa décision sur une pièce nouvelle ne figurant pas au dossier déposé au greffe, c'est à la condition de l'avoir préalablement soumise au débat contradictoire (▪ Cass. crim., 6 nov. 2013, n° 13-85.658 : *Bull. crim.* n° 214).

59) Décisions d'office. En application de l'article préliminaire, si la chambre de l'instruction, saisie d'une demande d'annulation sur le fondement de l'article 173 du Code de procédure pénale, tient de l'article 206 dudit code le pouvoir d'évoquer et de procéder directement au règlement de la procédure, c'est à la condition que les parties aient été mises en mesure d'en débattre contradictoirement (▪ Cass. crim., 19 sept. 2006, n° 05-85.941 : *JurisData* n° 2006-035383 : *Bull. crim.* n° 224 ; *D.* 2006, jurispr. p. 3045, note G. Royer). En application de l'article préliminaire, le juge ne peut relever d'office un moyen de droit sans avoir invité au préalable les parties à présenter leurs observations (▪ Cass. crim., 4 nov. 2008, n° 08-80.495 : *Bull. crim.* n° 224. ▪ Cass. crim., 9 janv. 2013, n° 11-80.746. ▪ Cass. crim., 14 nov. 2018, n° 17-85.734) ; il doit ressortir des énonciations de l'arrêt attaqué que les juges ont invité les parties à présenter leurs observations sur le moyen de droit soulevé d'office (▪ Cass. crim., 18 déc. 2019, n° 19-87.395, § 6). En application des articles préliminaire et 388 du Code de procédure pénale, s'il appartient aux juges répressifs de restituer aux faits dont ils sont saisis leur véritable qualification, c'est à la condition que les parties aient été mises en mesure de s'expliquer sur la nouvelle qualification envisagée (▪ Cass. crim., 27 janv. 2015, n° 14-81.723 : *Bull. crim.* n° 21. ▪ Cass. crim., 1er juin 2016, n° 14-87.173 : *Bull. crim.* n° 171. ▪ Cass. crim., 13 oct. 2020, n° 19-84.947, § 27. V. auparavant, ne visant que l'article 6, Conv. EDH, ▪ Cass. crim., 16 mai 2001, n° 00-85.066 : *Bull. crim.* n° 128). En application de l'article préliminaire, la forclusion résultant de la tardiveté de la présentation de l'exception fondée sur une cause de nullité ou sur une clause du contrat d'assurance ne peut être opposée à l'assureur sans débat contradictoire préalable (▪ Cass. crim., 27 mai 2003, n° 02-85.980). Sur le moyen relevé d'office par la chambre criminelle d'une violation de l'article 6 ou 13, Convention européenne des droits de l'homme, sans référence à l'article préliminaire, V. ▪ Cass. crim., 4 mars 1998, n° 96-86.236 : *Bull. crim.* n° 85. ▪ Cass. crim., 12 mai 2015, n° 14-83.905. ▪ Cass. crim., 13 janv.

2021, n° 20-80.230. Sur un moyen d'inconstitutionnalité relevé d'office par la chambre criminelle, sans référence à l'article préliminaire, V. ▪ Cass. crim., 12 janv. 2011, n° 10-81.151 : *Bull. crim.* n° 6. ▪ Cass. crim., 19 nov. 2014, n° 13-87.681.

60) Versement de pièces lors de l'audience devant la chambre de l'instruction. Les dispositions des articles préliminaire et 198 du Code de procédure pénale ne font pas obstacle à ce que celui qui comparaît en personne devant la chambre de l'instruction pour soutenir une demande de mise en liberté puisse verser, au cours de l'audience, les pièces qu'il juge utiles à sa défense (▪ Cass. crim., 12 déc. 2006, n° 06-87.545 : *Bull. crim.* n° 308).

- **Visa de l'article préliminaire et de l'article 6 de la Convention européenne des droits de l'Homme**

61) Communication des pièces de la procédure. En application des articles préliminaire du Code de procédure pénale et 6 de la Convention européenne des droits de l'Homme, le juge ne peut écarter une exception de procédure en se fondant sur des documents non soumis à la libre discussion des parties (▪ Cass. crim., 6 juin 2010, n° 09-84.503). Il se déduit des articles 6 de la Convention européenne des droits de l'homme, 1er du protocole additionnel n° 1 à la Convention européenne des droits de l'homme, préliminaire et 706-153 du Code de procédure pénale qu'en cas d'appel interjeté par le procureur de la République, en application de l'article 185 du Code de procédure pénale, à l'encontre de l'ordonnance du juge des libertés et de la détention rejetant sa requête aux fins de saisie de bien ou droit incorporel, le propriétaire du bien ou du droit saisi et, s'ils sont connus, les tiers ayant des droits sur ce bien ou sur ce droit, qui doivent être convoqués devant la chambre de l'instruction, peuvent prétendre dans ce cadre à la mise à disposition des pièces de la procédure se rapportant à la saisie (▪ Cass. crim., 17 févr. 2021, n° 20-81.397, § 7 : publié au *Bull.*).

62) Décisions d'office. En application des articles préliminaire du Code de procédure pénale et 6 de la Convention européenne des droits de l'homme, le juge ne peut relever d'office l'irrecevabilité de la constitution de partie civile sans avoir invité au préalable les parties à présenter leurs observations (▪ Cass. crim., 3 mai 2007, n° 06-82.149 : *JurisData* n° 2007-039027 ; *RSC* 2007, p. 836, obs. R. Finielz. ▪ Cass. crim., 12 sept. 2007, n° 06-89.238 : *JurisData* n° 2007-040913. ▪ Cass. crim., 25 févr. 2009, n° 08-82.062. ▪ Cass. crim., 14 mai 2014, n° 12-84.075 : *Bull. crim.* n° 133. ▪ Cass. crim., 14 avr. 2015, n° 14-80.647 : *Bull. crim.* n° 77. ▪ Cass. crim., 19 oct. 2021, n° 20-84.127, § 25). Même solution pour le relevé d'office du désistement d'une partie civile (▪ Cass. crim., 30 sept. 2008, n° 08-80.159) ; ... pour le relevé d'office de la prescription de l'action publique (juridiction d'instruction : ▪ Cass. crim., 8 janv. 2013, n° 12-81.405 : *Bull. crim.* n° 9. ▪ Cass. crim., 29 janv. 2020, n° 19-81.888, § 6. ▪ Cass. crim., 4 mars 2020, n° 19-81.800, § 11. – Juridiction de jugement : ▪ Cass. crim., 23 juin 2015, n° 14-83.836 : *Bull. crim.* n° 160) ;... pour l'annulation d'une mise en examen (▪ Cass. crim., 26 janv. 2012, n° 12-80.319 : *Bull. crim.* n° 158) ;... pour la décision de modifier le fondement d'une ordonnance de saisie (▪ Cass. crim., 17 févr. 2016, n° 14-87.845 : *Bull. crim.* n° 56) ;... pour la décision de déclarer une personne sans qualité pour contester une saisie pénale (▪ Cass. crim., 10 mars 2021, n° 20-83.604, §§ 5, 6). S'il appartient aux juges répressifs de restituer aux faits dont ils sont saisis leur véritable qualification, c'est à la condition que le prévenu ait été en mesure de se défendre sur la nouvelle qualification envisagée (▪ Cass. crim., 22 oct. 2014, n° 13-83.901 : *Bull. crim.* n° 215. ▪ Cass. crim., 4 mai 2016, n° 15-83.051), et ils ne peuvent relever d'office un moyen de droit sans avoir invité au préalable les parties à présenter leurs observations (▪ Cass. crim., 16 juin 2015, n° 14-86.387 : *Bull. crim.* n° 147 : disqualification envisagée étant apte à entraîner la prescription de l'action publique et par voie de conséquence l'irrecevabilité des demandes des parties civiles). S'il appartient aux juges répressifs de restituer aux faits dont ils sont saisis leur véritable qualification, c'est à la condition de n'y rien ajouter ou de ne pas substituer des faits distincts à ceux de la prévention, sauf acceptation expresse par le prévenu d'être jugé sur des faits ou circonstances aggravantes non compris dans la poursuite (▪ Cass. crim., 24 mai 2016, n° 14-85.665).

63) Déclarations anonymes. Les procès-verbaux dépourvus de force probante qui se bornent à consigner des déclarations d'une personne fournissant spontanément aux enquêteurs des renseignements destinés à permettre des investigations ultérieures ou à en faciliter l'exécution en cours, n'entrent pas dans les prévisions des articles 706-57 et suivants du Code de procédure pénale, ni ne contreviennent aux article préliminaire du Code de procédure pénale et 6 de la Convention européenne des droits de l'Homme (▪ Cass. crim., 6 oct. 2015, n° 15-82.247 : *Bull. crim.* n° 217).

64) Droit de contester l'authenticité de la preuve invoquée contre soi. Il se déduit des articles 6 de la Convention européenne des droits de l'homme, tel qu'interprété par la Cour européenne des droits de l'homme (▪ CEDH, 10 mars 2009, n° 4378/02, *Bykov c/ Russie*), et préliminaire du Code de procédure pénale que tout requérant doit se voir offrir la possibilité de remettre en ques-

M. coupable de viol, la cour d'assises énonce qu'il existe des similitudes entre les faits décrits par la victime et ceux évoqués par une personne à l'occasion d'une précédente enquête diligentée contre l'accusé ; en se fondant ainsi, pour reconnaître l'accusé coupable des faits pour lesquels il était mis en accusation, sur d'autres faits pour lesquels sa culpabilité n'avait pas été établie, la cour d'assises a méconnu les articles 6 de la Convention européenne des droits de l'homme et préliminaire du Code de procédure pénale (▪ Cass. crim., 14 oct. 2020, n° 19-86.435).

75) Le doute profite au prévenu. Selon l'article préliminaire du Code de procédure pénale, toute personne suspectée ou poursuivie est présumée innocente tant que sa culpabilité n'a pas été établie. Le corollaire de ce principe est que le doute doit profiter au prévenu (▪ Cass. crim., 14 déc. 2021, n° 20-86.969, § 8 : publié au *Bull.*). Il s'en déduit que, lorsque la personne ayant fait l'objet d'une vérification d'alcoolémie est soumise à un second contrôle en application de l'article R. 234-4 du Code de la route, seul le taux qui lui est le plus favorable doit être retenu, et elle se voit appliquer la marge d'erreur de 8 % (même arrêt, § 9).

76) Charge de la preuve. En application de l'article préliminaire du Code de procédure pénale et de l'article 6 de la Convention européenne des droits de l'Homme, toute personne soupçonnée ou poursuivie étant présumée innocente tant que sa culpabilité n'est pas établie, une juridiction de jugement ne peut condamner un prévenu au motif qu'il ne prouve pas son innocence (▪ Cass. crim., 10 nov. 2010, n° 10-83.684. ▪ Cass. crim., 23 mai 2012, n° 11-83.456). Toute personne suspectée ou poursuivie étant présumée innocente tant que sa culpabilité n'a pas été établie, une juridiction ne saurait entrer en voie de condamnation en inversant la charge de la preuve au détriment du prévenu (▪ Cass. crim., 19 juin 2019, n° 18-85.533). Le juge qui relève l'absence d'explication sérieuse ou satisfaisante du prévenu n'inverse pas la charge de la preuve et ne viole pas la présomption d'innocence (▪ Cass. crim., 23 mars 2011, n° 10-82.121. ▪ Cass. crim., 18 févr. 2014, n° 12-86.472). En l'absence de conclusions contestant l'existence d'un élément constitutif de l'infraction, un prévenu ne saurait reprocher à l'arrêt attaqué d'avoir inversé la charge de la preuve et méconnu la présomption d'innocence (▪ Cass. crim., 3 déc. 2002, 2 arrêts, n°s 02-81.473 et 02-81.474). Tout prévenu étant présumé innocent en application des articles 6, § 2 de la Convention européenne des droits de l'Homme et préliminaire du Code de procédure pénale, et la charge de la preuve de sa culpabilité incombant dès lors à la partie poursuivante, l'article L. 2141-5 du Code du travail concernant le délit de discrimination syndicale ne peut instituer aucune dérogation à la charge de la preuve en matière pénale (▪ Cass. crim., 11 avr. 2012, n° 11-83.816 : *Bull. crim.* n° 95).

77) Charge de la preuve. Présomptions légales. Lorsque les juges sont tenus de conclure à l'existence d'une composante de l'élément matériel d'une infraction en vertu d'une présomption légale irréfragable, il n'en résulte aucune atteinte à la présomption d'innocence si le prévenu peut prouver l'absence de l'élément moral requis (▪ Cass. crim., 25 mars 2003, n° 02-80.569 : *Bull. crim.* n° 75 ; *Dr. pén.* 2003, comm. 84, obs. M. Véron ; *RSC* 2003, p. 787, obs. Y. Mayaud : arrêt rendu au visa de l'art. 6, § 2, Conv. EDH, à propos de l'ancien art. 226-10, C. pén. Sur ce même article, V. ▪ CEDH, 30 juin 2011, n° 30754/03, *Klouvi c/ France*).

78) Mission d'expertise. Ne contrevient pas à la présomption d'innocence le médecin qui, à l'occasion d'une expertise psychiatrique relative à la recherche d'anomalies mentales susceptibles d'annihiler ou atténuer la responsabilité pénale du sujet, envisage la culpabilité de la personne mise en examen et apprécie son accessibilité à une sanction pénale (▪ Cass. crim., 29 oct. 2003, n° 03-84.617 : *Bull. crim.* n° 205 ; *Dr. pén.* 2004, comm. 27, obs. A. Maron). V. annot. n° 101, p. 22.

79) Préjugement de culpabilité. Ne méconnaît pas la présomption d'innocence l'arrêt où la personne mise en examen pour chantage est désignée par les termes de « malfaiteur » ou de « maître-chanteur » dès lors qu'il n'en résulte pas que la chambre de l'instruction a tenu pour établie la culpabilité de celle-ci (▪ Cass. ass. plén., 9 déc. 2019, n° 18-86.767, § 23 : publié au *Bull.*). La lettre polycopiée d'un gendarme indiquant l'objet des poursuites et invitant les destinataires à préciser s'ils avaient constaté, de la part de l'intéressé, « une attitude ou des gestes équivoques en rapport avec les motifs de l'enquête » ne comporte aucune affirmation de culpabilité et partant ne viole pas la présomption d'innocence (▪ Cass. crim., 1er févr. 2006, n° 05-86.579). La condamnation disciplinaire pour des faits pénalement poursuivis ne porte pas atteinte à la présomption d'innocence dès lors que la décision prise par l'autorité disciplinaire est dépourvue de toute autorité à l'égard de la juridiction pénale qui conserve son entière liberté d'appréciation (▪ Cass. crim., 11 févr. 2003, n° 02-81.918).

80) Privation de liberté avant jugement. Aucune atteinte n'est portée au principe de la présomption d'innocence, lorsqu'un arrêt, sans préjuger de la culpabilité de l'accusé, énonce que la détention provisoire du demandeur condamné par une cour d'assises du premier degré est l'unique moyen d'empêcher des pressions sur les témoins et la victime, ainsi que de garantir le maintien de l'intéressé à la disposition de la justice(▪ Cass. crim., 19 sept. 2001, n° 01-84.736 : *Bull. crim.* n° 185. ▪ Cass. crim., 21 août 2013, n° 13-84.056). Si les juridictions d'instruction, lorsqu'elles se prononcent sur une demande de mise en liberté, sur la prolongation de la détention provisoire ou le maintien en détention d'une personne mise en examen, ne sauraient présenter la personne détenue comme étant coupable des faits qui lui sont reprochés, il leur appartient, pour motiver concrètement la nécessité de la détention et l'insuffisance d'autres mesures de sûreté, de se référer aux indices, éléments de preuve et faits constants relevés dans la procédure à l'égard de la personne concernée, sans contrevenir au principe de la présomption d'innocence (▪ Cass. crim., 11 déc. 2018, n° 18-85.460 : *Bull. crim.* n° 208 ; *JCP* G 2019, 137, note J.-B. Perrier : référence également à la directive européenne 2016/343 du Parlement européen et du Conseil, du 9 mars 2016. – Pour la motivation d'un placement sous contrôle judiciaire, V. semblablement ▪ Cass. crim., 22 sept. 2009, n° 09-84.322). Rappr. ▪ CJUE, 19 sept. 2018, C-310/18-PPU, *Emil Milev* : l'article 3 et l'article 4, § 1 de la directive 2016/343/UE du Parlement européen et du Conseil, du 9 mars 2016, ne s'opposent pas à l'adoption de décisions préliminaires de nature procédurale, telle une décision de maintien d'une mesure de détention provisoire prise par une autorité judiciaire, qui se fondent sur des soupçons ou des éléments de preuve à charge, pourvu que ces décisions ne présentent pas la personne détenue comme étant coupable. ▪ CJUE, 12 févr. 2019, C-8/19, *R.H.* : les articles 4 et 6 de la directive (UE) 2016/343 du Parlement européen et du Conseil, du 9 mars 2016, portant renforcement de certains aspects de la présomption d'innocence et du droit d'assister à son procès dans le cadre des procédures pénales, lus en combinaison avec le considérant 16 de celle-ci, doivent être interprétés en ce sens que les exigences découlant de la présomption d'innocence ne s'opposent pas à ce que, lorsque la juridiction compétente examine les raisons plausibles permettant de soupçonner que le suspect ou la personne poursuivie a commis l'infraction reprochée, afin de se prononcer sur la légalité d'une décision de détention provisoire, cette juridiction procède à une mise en balance des éléments de preuve à charge et à décharge qui lui sont soumis et qu'elle motive sa décision non seulement en faisant apparaître les éléments retenus, mais aussi en se prononçant sur les objections du défenseur de la personne concernée, pourvu que cette décision ne présente pas la personne détenue comme étant coupable.

B – Alinéa 2. Droit d'être informé sur les charges et d'être assisté d'un défenseur

Voir : Conv. EDH, 4 nov. 1950, art. 6, p. 2631. Directive (UE) n° 2013/48/UE du Parlement européen et du Conseil, du 22 octobre 2013 relative au droit d'accès à un avocat dans le cadre des procédures pénales et des procédures relatives au mandat d'arrêt européen, au droit d'informer un tiers dès la privation de liberté et au droit des personnes privées de liberté de communiquer avec des tiers et avec les autorités consulaires. p. 2568.

81) Assistance d'un avocat au stade de l'enquête. Il résulte des articles 6, § 3, de la Convention européenne des droits de l'homme, 48, § 2, de la Charte des droits fondamentaux de l'Union européenne, 3, § 3, *a)* de la directive n° 2013/48/UE du Parlement et du Conseil du 22 octobre 2013, préliminaire, 63-3-1, 63-4 et 65 du Code de procédure pénale que pour que soit garanti le droit effectif et concret à l'assistance d'un avocat au stade de l'enquête, toute personne entendue sur des faits qu'elle est soupçonnée d'avoir commis ou tenté de commettre a le droit, si elle a demandé à être assistée d'un avocat, de s'entretenir au préalable et confidentiellement avec celui-ci ; il s'ensuit que la personne gardée à vue qui est entendue dans le cadre d'une procédure suivie du chef d'une infraction autre que celle ayant justifié le placement en garde à vue et à l'encontre de laquelle il existe des raisons plausibles de soupçonner qu'elle a commis ou tenté de commettre cette infraction bénéficie, après avoir été avertie de son droit d'être assistée d'un avocat et si elle a déclaré vouloir l'exercer, du droit de communiquer avec celui-ci dans des conditions qui garantissent la confidentialité de l'entretien, pour une durée ne pouvant excéder 30 minutes, avant toute audition sur les nouveaux faits (▪ Cass. crim., 2 mars 2021, n° 20-85.491, §§ 8 et 9 : publié au *Bull.*).

82) Assistance d'un avocat devant les juridictions. Dès lors que le prévenu a été informé, conformément aux prescriptions des articles 390-1, alinéa 2, et 533 du Code de procédure pénale, qu'il pouvait se faire assister d'un avocat, le moyen qui soutient qu'en application de la présomption d'innocence, le juge aurait dû le jour de l'audience aviser le prévenu de son droit d'être assisté d'un défenseur, ne peut être admis (▪ Cass. crim., 19 déc. 2006, n° 06-82.402). Aux termes des articles préliminaire et 197 du Code de procédure pénale, toute personne a droit à l'assistance d'un avocat et le procureur général notifie à chacune des parties et à son avocat la date à laquelle l'affaire sera appelée à l'audience ; lorsqu'aucune pièce de la procédure ne permet d'affirmer que les avocats, absents lors des débats, ont reçu notification de cette date, l'arrêt par lequel une chambre de l'instruction a refusé une demande de mise en liberté doit donc être cassé (▪ Cass. crim., 6 oct. 2020, n° 20-82.262. ▪ Cass. crim., 6 oct. 2020, n° 20-84.106).

83) Assistance par une association non habilitée. Une personne ne saurait se faire un grief de ce que les juges aient statué sur sa demande de mise en liberté sans l'entendre elle-même ou son avocat, dès lors qu'elle avait sollicité l'assistance d'une association non habilitée à défendre ses intérêts (▪ Cass. crim., 8 déc. 2004, n° 04-85.744).

84) Prévenu ne souhaitant pas se défendre lui-même. Il se déduit des articles, 6, § 3, de la Convention européenne des droits de l'homme, préliminaire, III, deuxième alinéa du Code de procédure pénale que tout prévenu, s'il ne souhaite pas se défendre lui-même, a droit à être assisté d'un avocat de son choix ou commis d'office, cette assistance devant constituer un droit concret et effectif (▪ Cass. crim., 3 nov. 2020, n° 20-84.563, § 7. ▪ Cass. crim., 7 sept. 2021, n° 21-83.509, § 6).

85) Avocat désigné d'office. Il résulte de l'article préliminaire du Code de procédure pénale et de l'article 6, § 3, *c)* de la Convention européenne des droits de l'Homme que tout accusé a droit à l'assistance d'un défenseur de son choix ou, au besoin, commis d'office (▪ Cass. crim., 28 juin 2006, n° 05-83.272 : refus par une cour d'appel de désigner un avocat commis d'office en l'absence du défenseur choisi).

86) Refus d'entendre l'avocat d'une partie qui en fait la demande. En application de l'article préliminaire, l'avocat qui se présente devant la cour d'appel pour assurer la défense d'une partie doit être entendu s'il en fait la demande (▪ Cass. crim., 31 mars 2010, n° 09-82.869).

87) Refus de renvoyer l'affaire. En application de l'article préliminaire du Code de procédure pénale et de l'article 6, § 3 de la Convention européenne des droits de l'Homme, toute personne poursuivie, qui ne souhaite pas se défendre elle-même, ayant droit à l'assistance d'un défenseur de son choix, les juges ne peuvent, sans motiver leur décision, refuser le renvoi d'une affaire sollicité par l'avocat ainsi choisi (▪ Cass. crim., 12 juin 2013, n° 12-83.007. ▪ Cass. crim., 15 sept. 2015, n° 15-80.121), ni refuser le renvoi sollicité par le prévenu en raison de l'absence de son avocat (▪ Cass. crim., 15 juin 2010, n° 09-88.193 : *Bull. crim.* n° 108. ▪ Cass. crim., 16 juin 2011, n° 10-86.934. ▪ Cass. crim., 19 févr. 2014, n° 13-81.327. ▪ Cass. crim., 20 janv. 2015, n° 14-82.468). Il se déduit des articles 6, § 3 de la Convention européenne des droits de l'homme et préliminaire du Code de procédure pénale que toute personne poursuivie, qui ne souhaite pas se défendre elle-même, a droit à l'assistance d'un défenseur de son choix et les juges ne peuvent, sans motiver leur décision, refuser le renvoi d'une affaire sollicité par cette personne en raison de l'absence de l'avocat choisi (▪ Cass. crim., 1er sept. 2020, n° 20-82.156, § 9). Selon les articles 6, § 3 de la Convention européenne des droits de l'homme et préliminaire du Code de procédure pénale, toute personne poursuivie, qui ne souhaite pas se défendre elle-même, a droit à l'assistance d'un défenseur de son choix ; les juges ne peuvent, sans motiver leur décision, refuser le renvoi d'une affaire sollicité par l'avocat ainsi choisi (▪ Cass. crim., 8 déc. 2020, n° 20-82.578, § 7). V. aussi, mais visant l'article préliminaire, alinéa 1 du Code de procédure pénale et de l'article 6, § 3, c de la Convention européenne des droits de l'Homme ▪ Cass. crim., 27 mars 2018, n° 17-80.657 : toute personne poursuivie a droit à l'assistance d'un défenseur de son choix ; les juges ne peuvent donc, sans motiver leur décision, refuser le renvoi d'une affaire sollicité par le prévenu en l'absence de son avocat.

C – Alinéa 3. Droit de la personne suspectée ou poursuivie à l'assistance d'un interprète

Voir : Conv. EDH 4 nov. 1950, art. 6, p. 2631.

88) Absence de traduction. Il résulte des articles préliminaire, 803-5 du Code de procédure pénale et 6, § 3 de la Convention européenne des droits de l'Homme que la personne suspectée ou poursuivie qui ne comprend pas la langue française a droit, dans une langue qu'elle comprend et jusqu'au terme de la procédure, à la traduction des pièces essentielles à l'exercice de sa défense ; ces formalités, non prévues à peine de nullité, ne sauraient avoir d'incidence sur la validité d'un acte régulièrement accompli, pourvu que n'aient pas été compromis les droits de la défense et dès lors que la personne poursuivie conserve, tout au long de la procédure suivie contre elle, le droit de demander la traduction écrite des pièces de procédure dans les conditions et les formes prévues par la loi (▪ Cass. crim., 26 janv. 2016, n° 15-80.299 : *JurisData* n° 2016-001037 ; *Bull. crim.* n° 16).

89) Refus d'une demande de traduction. Les juges peuvent refuser la traduction du procès-verbal constatant l'infraction, dès lors qu'il appartient au prévenu, s'il considère comme essentielle à sa défense une pièce ne figurant pas dans la liste de l'article D. 594-6 du Code de procédure pénale, pris en application de l'article 803-5 du même code, d'en solliciter la traduction (▪ Cass. crim., 31 mai 2016, n° 15-84.798). Vu l'article 6, § 3 de la Convention européenne des droits de l'Homme, ensemble l'article préliminaire, III, alinéa 3, du

Code de procédure pénale, tout mis en examen ne comprenant pas la langue française a le droit, s'il en fait la demande, de se faire assister gratuitement d'un interprète pour s'entretenir, dans une langue qu'il comprend, avec l'avocat commis ou choisi pour préparer, en temps utile, sa défense : il ne suffit pas qu'avant l'ouverture des débats, la personne mise en examen ait pu s'entretenir confidentiellement avec son avocat en présence de l'interprète régulièrement convoqué à l'audience de la chambre de l'instruction (■ Cass. crim., 14 juin 2016, n° 16-81.833 : *Bull. crim.* n° 179). Si l'avis sollicitant l'accord du prévenu pour comparaître devant la juridiction de jugement par visioconférence à l'occasion de son jugement sur le fond ne figure pas à l'énumération des paragraphes 1° à 4° de l'article D. 594-6 du Code de procédure pénale, il n'en constitue pas moins une pièce essentielle à la garantie du caractère équitable du procès, ce qui impose sa traduction, lorsque le prévenu ne comprend pas le français ; en refusant cette traduction, la cour d'appel a méconnu les articles préliminaire et 706-71 du Code de procédure pénale (■ Cass. crim., 9 mars 2022, n° 21-82.580). C'est à tort que pour dire un appel irrecevable, car tardif, une cour d'appel oppose à un détenu qu'il ne démontre pas que son défaut de lecture de la langue française ne lui a pas permis de se conformer au délai légal de l'appel : en application de l'article préliminaire, le jugement devant lui être notifié en application d'une disposition du Code de procédure pénale, il devait être traduit, tout comme sa notification, laquelle, informant l'intéressé des modalités d'exercice d'une voie de recours, est une pièce essentielle à l'exercice de sa défense et à la garantie d'un procès équitable ; en l'absence de cette traduction, le délai d'appel n'a pu courir (■ Cass. crim., 23 mars 2022, n° 21-83.064).

D – Alinéa 4. Autorité judiciaire et mesures de contraintes à l'encontre de la personne suspectée ou poursuivie. Mesures limitées aux nécessités de la procédure, proportionnées à la gravité de l'infraction reprochée et ne portant pas atteinte à la dignité de la personne

1° Autorité judiciaire et mesures de contrainte

90) Garde à vue. Selon les articles préliminaire et 154 du Code de procédure pénale tout retard, non justifié par une circonstance insurmontable, dans l'information donnée au juge d'instruction du placement en garde à vue fait nécessairement grief aux intérêts de la personne concernée (■ Cass. crim., 2 févr. 2005, n° 04-86.805 : *Bull. crim.* n° 41).

91) Perquisitions administratives ordonnées au titre de l'état d'urgence. Les mesures de contrainte devant être prises sur décision ou sous le contrôle effectif de l'autorité judiciaire (art. prél., CPP) et les juridictions pénales étant compétentes pour apprécier la légalité des actes administratifs, réglementaires ou individuels, lorsque, de cet examen, dépend la solution du procès pénal (art. 111-5, C. pén.), notamment lorsque de la régularité de ces actes dépend celle de la procédure, la chambre de l'instruction est compétente pour apprécier la légalité de perquisitions ordonnées par l'autorité administrative au titre de l'état d'urgence et à l'origine des poursuites pénales (■ Cass. crim., 13 déc. 2016, n° 16-84.794 : *JCP* G 2017, 206, note J.-H. Robert).

2° Limitation des mesures de contrainte

• Nécessité de la mesure

92) Mainlevée partielle d'un contrôle judiciaire. Ne méconnaît pas le principe de nécessité des mesures de contrainte la chambre de l'instruction qui, à l'occasion d'un contrôle judiciaire d'une durée supérieure à deux ans, rejette une demande de mainlevée partielle d'une mesure d'interdiction professionnelle en raison d'un risque de réitération de l'infraction (■ Cass. crim., 7 nov. 2006, n° 06-86.427. – V. aussi ■ Cass. crim., 30 sept. 2008, n° 08-81.433. ■ Cass. crim., 21 août 2013, n° 13-83.975).

93) Port de menottes pendant la garde à vue. Le port de menottes pendant la garde à vue n'est justifié que si des circonstances particulières imposent d'adopter une telle forme de contrainte physique (■ Cass. crim., 13 mai 2014, n° 13-82.005 : pourvoi invoquant la violation des articles 3 et 6, Conv. EDH, des articles préliminaire, 385, 591, 593 et 803, CPP).

94) Saisie pénale. Doit être rejeté un pourvoi contestant, sur le fondement de l'article préliminaire et du principe de nécessité des mesures de contrainte, une saisie pénale au motif que le juge n'avait pas caractérisé un quelconque risque de dissipation de l'immeuble saisi, ni recherché si l'intéressé ne possédait pas un patrimoine tel que la saisie pénale du bien en cause n'était pas nécessaire pour garantir l'exécution de la peine complémentaire de confiscation susceptible d'être prononcée par un juge du fond, dès lors que l'immeuble en cause encourt la confiscation sur le fondement des articles 324-7 et 324-9 du Code pénal, et que la saisie pénale est destinée à garantir l'éventuelle confiscation encourue (■ Cass. crim., 14 oct. 2015, n° 14-81.533).

• Proportionnalité de la mesure

95) Refus d'une mesure d'aménagement de peine. En refusant une mesure d'aménagement de peine, au motif qu'elle aurait pour effet de ne pas modifier les habitudes de vie du condamné et de vider la sanction de sa substance, les juges ont justifié leur décision, contrairement aux affirmations du prévenu prétendant que selon l'article préliminaire, les mesures de contrainte doivent être proportionnées aux difficultés propres à chaque justiciable (■ Cass. crim., 18 oct. 2006, n° 06-80.044).

96) Interdiction de diriger et gérer une entreprise prononcée au titre d'un contrôle judiciaire. En prononçant sur le fondement de l'article 138, alinéa 2, 12° du Code de procédure pénale, l'obligation générale de ne pas se livrer à la direction et la gestion de toute entreprise industrielle et commerciale, à l'encontre d'une personne mise en examen gérante de deux sociétés et âgée de 65 ans, et en la privant de toute possibilité de travailler, la chambre de l'instruction, qui a souverainement apprécié le bien-fondé des obligations du contrôle judiciaire au regard des impératifs de la sûreté publique et des nécessités de l'instruction a justifié sa décision sans méconnaître l'article préliminaire, ni l'article 23 de la Déclaration universelle des droits de l'homme qui garantit le droit au travail (■ Cass. crim., 8 sept. 2010, n° 10-84.142. – V. aussi ■ Cass. crim., 7 oct. 2009, n° 09-84.846).

• **Nécessité et proportionnalité de la mesure**

97) Saisie globale de documents. En considérant que la saisie globale et indifférenciée de plusieurs milliers de documents électroniques ne méconnaissait pas les exigences de nécessité et de proportionnalité, au motif qu'il n'est pas techniquement possible d'opérer leur tri, le juge a justifié sa décision, sans violer les articles L. 450-4 du Code de commerce, 6 et 8 de la Convention européenne des droits de l'Homme, 7, 48-2 et 51 § 1 de la Charte des droits fondamentaux, ni les articles préliminaire, 56 et 503 du Code de procédure pénale (■ Cass. crim., 24 avr. 2013, n° 12-80.335. – V. ■ CEDH, 2 avr. 2015, n°s 63629/10 et 60567/10, *Vinci construction et GTM génie civil et services c/ France*).

3° Dignité de la personne

98) Refus d'un placement sous surveillance électronique à un condamné invalide. En refusant que la peine d'emprisonnement soit exécutée sous le régime du placement sous surveillance électronique pour un condamné partiellement invalide, atteint d'obésité et de diabète, et souffrant d'un état anxio-dépressif sévère, les juges n'ont fait qu'user de la faculté qu'ils tiennent de l'article 723-7 du Code de procédure pénale sans porter atteinte à la dignité de l'intéressé (■ Cass. crim., 15 févr. 2005, n° 04-81.775 : *Bull. crim.* n° 58).

99) Conditions du déroulement d'une garde à vue. Ne méconnaît pas l'article préliminaire du Code de procédure pénale, ni l'article 3 de la Convention européenne des droits de l'Homme, la chambre d'instruction qui relève que la mesure de garde à vue, ordonnée à l'encontre du demandeur, a été exécutée dans le respect des dispositions des articles 63, 63-4, 64, 77 et 78 du Code de procédure pénale, en réponse à un pourvoi considérant que caractérise une atteinte à la dignité de la personne humaine la garde à vue d'une durée de 46 heures 45 au cours de laquelle sont intervenues 6 heures 20 d'interrogatoire et 2 heures 15 de perquisition sans possibilité de s'alimenter pendant 22 heures 30 (■ Cass. crim., 9 mars 2011, n° 09-81.138).

100) Atteinte à la dignité pendant la garde à vue : absence de nullité de la procédure de jugement. Une éventuelle violation des dispositions de l'article 3 de la Convention européenne des droits de l'Homme, de l'article 10 du Pacte international relatif aux droits civils et politiques et de l'article préliminaire du Code de procédure pénale, si elle est susceptible d'engager la responsabilité de la puissance publique en raison du mauvais fonctionnement du service public, ne saurait constituer une cause de nullité de procédure : les juges peuvent donc rejeter les exceptions de nullité de procédure tirées de ce que les prévenus auraient été soumis à des traitements dégradants et portant atteinte à la dignité humaine, en raison des conditions matérielles dans lesquelles ils avaient été détenus lors de leur garde à vue et, pour certains, lors de leur placement en détention (■ Cass. crim., 22 juin 2010, n° 09-86.658).

E – Alinéa 5. Décision sur l'accusation dans un délai raisonnable

101) Sursis à statuer et délai raisonnable. Si, par application des articles 384 et 427 du Code de procédure pénale notamment, le juge pénal conserve plénitude de juridiction et est tenu de statuer lui-même sur toute question dont dépend l'application de la loi pénale, il doit toujours statuer dans un délai raisonnable selon les articles préliminaire dudit code et 6 de la Convention européenne des droits de l'homme. En conséquence, même lorsque le prévenu de fraude fiscale justifie de l'existence d'une procédure pendante devant le juge de l'impôt tendant à une décharge de l'imposition pour un motif de fond, le juge pénal n'est pas tenu de surseoir à statuer jusqu'à ce qu'une décision définitive du juge de l'impôt soit intervenue ; mais, par exception, il peut prononcer, dans l'exercice de son pouvoir souverain, le sursis à statuer en cas de risque sérieux de contrariété de décisions, notamment en présence d'une décision non définitive déchargeant le prévenu de l'impôt pour un motif de fond (▪ Cass. crim., 11 sept. 2019, n° 18-81.980).

102) Violation du délai : absence de nullité de la procédure. Il se déduit des articles 6 de la Convention européenne des droits de l'Homme et préliminaire du Code de procédure pénale que la méconnaissance du délai raisonnable d'une procédure est sans incidence sur sa validité (▪ Cass. crim., 24 avr. 2013, n° 12-82.863 : *Bull. crim.* n° 100. ▪ Cass. crim., 25 juin 2013, n° 12-87.207).

103) Violation du délai : absence d'extinction de la prescription de l'action publique. La méconnaissance alléguée du délai raisonnable, pour être jugé sur une accusation en matière pénale, ne saurait constituer une cause d'extinction de l'action publique ni empêcher les juges de déterminer la peine en fonction des circonstances de l'infraction et de la personnalité de son auteur (▪ Cass. crim., 10 sept. 2003, n° 01-83.933).

F – Alinéa 7. Droit de faire examiner sa condamnation par une autre juridiction

104) Droit d'appel d'une personne condamnée n'ayant pas été partie à la procédure. Il résulte de l'article préliminaire du Code de procédure pénale et de l'article 6, § 1 de la Convention européenne des droits de l'Homme que toute personne ayant été condamnée par une juridiction répressive de première instance sans avoir été partie au procès a le droit d'interjeter appel devant la juridiction supérieure. Est recevable, en application de ce principe, l'appel de l'assureur du prévenu qui, n'ayant ni demandé à intervenir, ni été appelé en cause, a été condamné avec le prévenu à payer des dommages-intérêts à la partie civile (▪ Cass. crim., 7 oct. 2003, n° 02-88.383 : *Bull. crim.* n° 181). Il résulte de l'article préliminaire du Code de procédure pénale et de l'article 6, § 1 de la Convention européenne des droits de l'Homme, ensemble l'article 388 du Code de procédure pénale, que toute personne condamnée civilement par une juridiction répressive de première instance, alors qu'elle n'a pas été citée et n'a pas accepté de comparaître volontairement, a le droit de faire examiner sa condamnation par une juridiction supérieure ; son appel ne peut donc être déclaré irrecevable au motif que, n'étant ni prévenue ni partie civile devant le tribunal, elle n'avait pas la faculté de faire appel du jugement l'ayant déclaré coresponsable du dommage issu de l'infraction (▪ Cass. crim., 3 nov. 2009, n° 08-88.176).

G – Alinéa 8. Prohibition de la condamnation sur le seul fondement de déclarations faites sans l'assistance d'un avocat

105) Déclarations d'une personne mise en examen à un expert psychiatre en dehors de la présence d'un avocat. L'audition, par l'expert psychiatre, de la personne mise en examen sur les faits qui lui sont reprochés et la retranscription par cet expert, dans son rapport, des propos qui lui ont été tenus au cours de l'examen, réalisé dans les conditions de l'article 164, alinéa 3, du Code de procédure pénale, ne sont pas contraires aux droits de l'intéressée d'être assistée d'un avocat et de garder le silence, dès lors que les déclarations recueillies dans ces conditions, d'une part, seront, le cas échéant, soumises au débat contradictoire devant la juridiction de jugement dans le respect des droits de la défense, d'autre part, ne pourront, en application du dernier alinéa de l'article préliminaire du Code de procédure pénale, servir d'unique fondement à une déclaration de culpabilité. N'encourt en conséquence pas la censure, dès lors qu'il n'était pas soutenu que l'expert aurait manqué au devoir d'impartialité ou au respect de la présomption d'innocence, l'arrêt qui écarte l'exception de nullité d'un rapport d'expertise psychiatrique retranscrivant des propos tenus à l'expert par lesquels la personne mise en examen s'auto-incriminait (▪ Cass. crim., 11 juill. 2017, n° 16-87.660 : *Bull. crim.* n° 200).

106) Renseignements fournis par une mission diplomatique à l'étranger. Des renseignements transmis par les attachés de sécurité intérieure, réalisés en application des dispositions régissant l'organisation des services de sécurité intérieure au sein des missions diplomatiques à l'étranger, ne constituent pas des actes de police judiciaire et sont seulement destinés à guider d'éventuels actes d'investigation des autorités françaises, de sorte que ces éléments, le cas échéant soumis au débat contradictoire devant la juridiction de jugement dans le respect des droits de la défense, ne peuvent, en application du dernier alinéa de l'article préliminaire du Code de procédure pénale, servir d'unique fondement à une déclaration de culpabilité (▪ Cass. crim., 19 sept. 2017, n° 17-82.317 : *Bull. crim.* n° 223).

TITRE PRÉLIMINAIRE. – DISPOSITIONS GÉNÉRALES

(Titre rempl., L. n° 2011-939, 10 août 2011)

Sous-titre I. – De l'action publique et de l'action civile

(Division créée, L. n° 2011-939, 10 août 2011)

Art. 1er. – L'action publique pour l'application des peines est mise en mouvement et exercée par les magistrats ou par les fonctionnaires auxquels elle est confiée par la loi.

Cette action peut aussi être mise en mouvement par la partie lésée, dans les conditions déterminées par le présent code.

Voir : art. 31, p. 136 et textes reproduits ss art. 31.

Bibliographie : ***Répertoire.*** C. Ribeyre, *Action publique et action civile : JCl. Proc. pén.*, art. 1er.

Généralités. C. Cutajar, *Partiellement dévérouillé, le verrou de Bercy résiste : D.* 2018, p. 2029. • A. Decocq, *L'avenir funèbre de l'action publique : Mél. François Terré*, 1999, p. 781. • S. Detraz, *Les temps modernes de la poursuite fiscale : le ministère public et les engrenages du verrou de Bercy : Dr. pén.* 2018, n° 10. • J. Larguier, *L'action publique et l'action civile dans le Code de procédure pénale : JCP* G 1959, I, 1495. • P. Maistre du Chambon, *Ultime complainte pour sauver l'action publique : Mél. R. Gassin*, 2007, p. 283. • J. de Poulpiquet, *Le droit de mettre en mouvement l'action publique : conséquence de l'action civile ou droit autonome ? : RSC* 1975, p. 37. • G. Rabut-Bonaldi, *Les actions du ministère public et l'opportunité des poursuites : RPDP* 2018, p. 513.

• *Sommaire*

1) Conformité à la Constitution. Il n'y a pas lieu de renvoyer au Conseil constitutionnel une question prioritaire de constitutionnalité contestant la conformité des articles 1er, 40-1, 85 et 480-1 du Code de procédure pénale aux principes d'égalité devant la loi, d'égalité des armes, de respect des droits de la défense et de recours à un juge : d'une part, le pouvoir du procureur de la République d'apprécier l'opportunité d'engager ou non des poursuites est compensé par celui de la victime directe de l'infraction de se constituer partie civile ; d'autre part, en réservant au ministère public et à cette victime la faculté de mettre en mouvement l'action publique et en ne permettant pas au prévenu de mettre en mouvement l'action publique contre d'autres personnes impliquées, les textes critiqués ne méconnaissent aucun des principes invoqués, dès lors que le prévenu dispose toujours, devant la juridiction civile, d'une action contre les autres responsables du dommage, laquelle suffit à préserver ses intérêt (■ Cass. crim., 11 déc. 2013, n° 13-82.048 QPC).

2) Nécessité d'une infraction. L'action publique ne peut être valablement exercée qu'autant que le fait poursuivi est qualifié crime, délit ou contravention par une disposition de la loi pénale (■ Cass. crim., 12 déc. 1972, n° 72-91.880 : *Bull. crim.* n° 386).

I – MISE EN MOUVEMENT DE L'ACTION PUBLIQUE PAR LES MAGISTRATS OU PAR LES FONCTIONNAIRES

A – Mise en mouvement de l'action publique par le ministère public

1° Principe de liberté des poursuites

3) Opportunité des poursuites. Le procureur de la République reçoit les plaintes et dénonciations et apprécie la suite à leur donner (■ Cass. crim., 2 nov. 1820 : *Bull. crim.* n° 386).

4) Autonomie par rapport à la constitution de partie civile. L'action publique est valablement mise en mouvement par le réquisitoire introductif du procureur de la République alors même que la constitution de partie civile aurait été déclarée irrecevable (■ Cass. crim., 8 nov. 1983, n° 83-92.677 : *Bull. crim.* n° 290. ■ Cass. crim., 26 avr. 1983, n° 81-94.457 : *Bull. crim.* n° 187. ■ Cass. crim., 11 avr. 2002, n° 02-80.778 : *Bull. crim.* n° 87).

2° Limites à la liberté des poursuites

• Plainte préalable

5) Indifférence d'une plainte préalable. L'action publique étant indépendante de l'action civile, son exercice n'est assujetti à la nécessité d'une plainte préalable que lorsqu'un texte formel la soumet à cette condition (■ Cass. crim., 9 mai 1885 : *DP* 1886, 1, 89. ■ Cass. crim., 11 févr. 1923 : *DP* 1924, 1, 114).

6) Nécessité exceptionnelle d'une plainte préalable. L'absence de plainte préalable, quand celle-ci est légalement requise, entraîne la nullité des poursuites (■ Cass. crim., 6 janv. 1949 : *Bull. crim.* n° 5. ■ Cass. crim., 19 juin 1949 : *Bull. crim.* n° 216. ■ Cass. crim., 19 janv. 1983, n° 83-90.665 : *Bull. crim.* n° 336).

7) Plainte antérieure aux poursuites. La plainte préalable de la victime d'une atteinte à l'intimité de la vie privée, prévue par l'article 226-6 du Code pénal, est exigée par ce texte pour l'exercice, par le procureur de la République, de l'action publique, laquelle suppose la saisine d'une juridiction d'instruction ou de jugement. Sont dès lors réguliers les actes d'enquête requis par le procureur de la République sur des faits susceptibles de recevoir cette qualification qui lui ont été dénoncés préalablement au dépôt d'une plainte par la personne qui en serait victime (■ Cass. crim., 31 janv. 2012, n° 11-85.464 : *Bull. crim.* n° 27). Il résulte des textes combinés des articles 1741 du Code général des impôts et L. 228 et suivants du Livre des procédures fiscales que, sous peine d'irrecevabilité, les poursuites des chefs de fraude fiscale et des délits assimilés ne peuvent être engagées par le ministère public que sur plainte préalable de l'administration fiscale [...]. Encourt la cassation l'arrêt qui, constatant que le procureur de la République avait requis l'ouverture d'une information du chef de fraude fiscale à un moment où l'administration fiscale n'avait pas encore déposé de plainte, déduit la régularité de la saisine du juge d'instruction du fait qu'aucun acte d'instruction n'avait été effectué entre la signature du réquisitoire et la réception de la plainte (■ Cass. crim., 30 oct. 1989, n° 88-80.490 : *Bull. crim.* n° 386). Ne justifie pas sa décision la cour d'appel qui annule la procédure au motif que l'antériorité de la plainte de l'administration fiscale par rapport aux poursuites n'étant pas établie, le ministère public n'était pas régulièrement saisi au moment où il a diligenté l'enquête, alors qu'il résulte des constatations de l'arrêt que la plainte de l'Administration est datée du même jour que les réquisitions aux fins d'enquête du procureur de la République et qu'il n'importe que cette plainte n'ait été enregistrée (par les services de ce dernier) que postérieurement auxdites réquisitions (■ Cass. crim., 17 nov. 2004, n° 04-80.855 : *Bull. crim.* n° 290).

8) Plainte préalable de la victime en cas d'atteinte à l'intimité de la vie privée. Le délit de l'article 226-1 du Code pénal, qui réprime l'atteinte à l'intimité de la vie privée, ne peut, selon l'article 226-6 du même code, être poursuivi que sur plainte de la victime ou de ses ayants droit (■ Cass. crim., 14 janv. 1997, n° 96-82.901 : *Bull. crim.* n° 9).

9) Plainte préalable de la victime en cas de diffamation et d'injure. En matière de diffamation envers un particulier, la poursuite ne peut avoir lieu que sur la plainte préalable de la personne diffamée (■ Cass. crim., 22 mai 1990, n° 87-81.387 : *Bull. crim.* n° 211).

10) Plainte préalable de la victime en cas de non-insertion d'une réponse. Il résulte des articles 1er, 2 et 3 du Code de procédure pénale et 13 de la loi du 29 juillet 1881 que seule est recevable à mettre en mouvement l'action publique du chef du délit de refus d'insertion d'une réponse la personne, nommée ou désignée, dans un journal ou écrit périodique, qui a demandé en vain au directeur de publication l'insertion forcée de ladite réponse (■ Cass. crim., 1er sept. 2020, n° 19-84.600, § 20).

11) Plainte préalable de la victime en cas de délit commis à l'étranger par ou contre un

Français. Aux termes de l'article 691 du Code de procédure pénale [devenu l'article 113-8 du Code pénal], en cas de délit commis à l'étranger contre un particulier, la poursuite intentée par le ministère public doit être précédée d'une plainte de la partie offensée ou d'une dénonciation officielle de l'autorité du pays où le fait a été commis (▪ Cass. crim., 27 juin 1984, n° 82-94.281 : *Bull. crim.* n° 248).

12) Plainte préalable de l'Administration en cas de diffamation envers une administration publique. En cas de diffamation envers une administration publique, la poursuite a lieu sur la plainte du ministre duquel cette administration relève (▪ Cass. crim., 28 mai 2013, n° 12-83.225).

13) Plainte préalable de l'Administration en cas de fraude fiscale.

Voir : Article L. 228 du Livre des procédures fiscales.

14) Plainte préalable de l'Administration en cas de fraude fiscale – Conformité à la Constitution de l'article L. 228 LPF dans sa rédaction issue de la loi n° 2018-898 du 23 octobre 2018. Les dispositions de l'article L. 228 du Livre des procédures fiscales qui obligent l'Administration à dénoncer au procureur de la République les fraudes fiscales les plus graves (montant supérieur à 100 000 €) et sanctionnées par des majorations visées par ce texte et qui limitent aux autres la nécessité d'une plainte préalable de l'Administration ne méconnaissent pas le principe d'égalité devant la loi et la procédure pénale, dès lors que leur mise en œuvre repose sur des critères objectifs et rationnels (▪ Cons. const., 27 sept. 2019, n° 2019-804 QPC : *Dr. pén.* 2020, chron. 9, n° 6, obs. M. Brénaut).

15) Plainte préalable de l'Administration en cas de fraude fiscale – Conformité à la Constitution de l'article L. 228 LPF dans sa rédaction antérieure à la loi n° 2018-898 du 23 octobre 2018. Les dispositions de l'article L. 228 du Livre des procédures fiscales ne portent pas une atteinte disproportionnée au principe selon lequel le procureur de la République exerce librement, en recherchant la protection des intérêts de la société, l'action publique devant les juridictions pénales. Les griefs tirés de la méconnaissance du principe d'indépendance de l'autorité judiciaire et du principe de séparation des pouvoirs doivent donc être écartés (▪ Cons. const., 22 juill. 2016, n° 2016-555 QPC : *JurisData* n° 2016-014543 ; *AJDA* 2016, p. 1925, note A.-L. Cassard Valembois ; *Dr. fisc.* 2016, n° 490, note D. Guérin et n° 506, note É. Pichon ; *Dr. pén.* 2016, comm. 143, obs. J.-H. Robert ; *RSC* 2016, p. 529, obs. S. Detraz).

16) Plainte préalable de l'Administration en cas de fraude fiscale – Jurisprudence antérieure à la loi n° 2018-898 du 23 octobre 2018. Il résulte des textes combinés des articles 1741 du Code général des impôts et L. 228 et suivants du Livre des procédures fiscales que, sous peine d'irrecevabilité, les poursuites des chefs de fraude fiscale et des délits assimilés ne peuvent être engagées par le ministère public que sur plainte préalable de l'administration fiscale ; ces dispositions sont substantielles (▪ Cass. crim., 30 oct. 1989, n° 88-80.490 : *Bull. crim.* n° 386). Si la plainte de l'administration fiscale saisit nécessairement le procureur de la République de tous les faits qu'elle dénonce et si ce magistrat ne peut exercer de poursuites devant le tribunal correctionnel que pour ces seuls faits, il peut poursuivre toutes personnes, même non visées dans la plainte, contre lesquelles il estime qu'il existe des charges suffisantes d'avoir commis les délits dénoncés (▪ Cass. crim., 28 juin 2017, n° 16-81.697 : *Bull. crim.* à paraître).

17) Plainte préalable de l'Administration en matière cambiaire. Aux termes de l'article 458 du Code des douanes, la poursuite des infractions à la législation et à la réglementation des relations financières avec l'étranger ne peut être exercée que sur la plainte du ministre du Budget ou de l'un de ses représentants (▪ Cass. crim., 3 déc. 1990, n° 89-85.414 : *Bull. crim.* n° 410. ▪ Cass. crim., 8 janv. 1990, n° 88-86.262 : *Bull. crim.* n° 13). Aux termes de l'article 458 du Code des douanes, la poursuite des infractions à la législation et à la réglementation des relations financières avec l'étranger ne peut être exercée que sur la plainte préalable du ministre de l'Économie et des Finances ou de l'un de ses représentants habilités à cet effet. Justifie sa décision la chambre d'accusation qui annule l'ensemble des actes d'instruction relatifs à un délit cambiaire après avoir constaté qu'aucune plainte n'était parvenue au ministère public avant l'ouverture de l'information par celui-ci (▪ Cass. crim., 3 janv. 1985, n° 83-93.690 : *Bull. crim.* n° 4).

• **Mise en demeure préalable**

Voir aussi : Sur la nécessité d'une mise en demeure préalable pour les infractions en matière d'hygiène et de sécurité du travail, C. trav., art. L. 4721-4, en matière de sécurité sociale, CSS, art. L. 244-2.

• **Immunités**

18) Immunité familiale. L'article 380 du Code pénal [devenu l'article 311-12 du Code pénal] édicte un principe d'irrecevabilité de l'action pénale qui s'impose à la juridiction d'instruction comme à la juridiction de jugement (▪ Cass. crim., 30 déc. 1932 : *Bull. crim.* n° 268 ; *DP* 1933, 1,

127, note G. Leloir ; S. 1933, 1, 273, note Tortat). Il incombe aux prévenus qui soulèvent l'exception de l'article 380 du Code pénal [devenu l'article 311-12 du Code pénal] pour faire échec aux poursuites, de rapporter la preuve de son bien-fondé (▪ Cass. crim., 21 mars 1984, n° 82-90.535 : *Bull. crim.* n° 124).

19) Inviolabilité parlementaire. Ne constitue pas une arrestation ou une mesure privative ou restrictive de liberté, au sens de l'article 26, alinéa 2, de la Constitution, [nécessitant l'autorisation du bureau de l'assemblée à laquelle appartient le parlementaire], l'obligation faite à un parlementaire de comparaître en qualité de témoin, en application des articles 109 et 153 du Code de procédure pénale, dès lors que ce dernier n'y est pas contraint par la force publique (▪ Cass. crim., 19 sept. 2007, n° 06-85.003 : *Bull. crim.* n° 217).

20) Immunité parlementaire. Les propos constitutifs d'injure à l'égard de personnes en raison de leur orientation sexuelle n'ayant pas été tenus au cours de l'une des activités prévues aux titres IV et V de la Constitution, qui peuvent seules caractériser l'exercice des fonctions parlementaires, non plus qu'au sein de l'Assemblée nationale, c'est à bon droit que les juges du fond n'ont pas fait bénéficier le prévenu de l'immunité prévue par l'alinéa 1er de l'article 26 de la Constitution et par l'alinéa 1er de l'article 41 de la loi du 29 juillet 1881 (▪ Cass. crim., 12 nov. 2008, n° 07-83.398 : *Bull. crim.* n° 229). Ont justifiés leur propos les juges qui, pour refuser au prévenu le bénéfice de l'immunité parlementaire [prévue par l'article 26, alinéa 1er de la Constitution et l'article 41 de la loi du 29 juillet 1881], ont retenu que celle-ci n'est acquise que pour les propos tenus dans l'exercice de ses fonctions de député et qu'elle ne peut être invoquée s'agissant du délit de refus d'insérer une réponse dans un bulletin municipal dont l'intéressé est le directeur de publication (▪ Cass. crim., 19 sept. 2006, n° 06-80.180).

21) Immunité du président de la République.

Voir aussi : Sur l'irresponsabilité pénale du président de la République s'agissant des actes de sa fonction et sur son immunité, pendant la durée de son mandat s'agissant des actes accomplis en dehors de sa fonction, Const. art. 67 et 68.

22) Immunité judiciaire. Aux termes de l'article 41, alinéa 3, de la loi du 29 juillet 1881, ne donneront lieu à aucune action en diffamation, injure ou outrage, ni les discours prononcés ni les écrits produits devant les tribunaux. Cette expression doit s'entendre de toutes les juridictions devant lesquelles les droits de la défense peuvent s'exercer. Il en est ainsi de la juridiction des juges d'instruction (▪ Cass. crim., 23 déc. 1986, n° 85-96.046 : *Bull. crim.* n° 391). L'immunité accordée aux discours prononcés et aux écrits produits devant les tribunaux par l'article 41 de la loi du 29 juillet 1881, destinée à garantir aussi bien la liberté de la défense que la sincérité des auditions, est applicable, sauf le cas où ils sont étrangers à la cause, aux propos tenus et aux écrits produits devant les juridictions d'instruction comme de jugement (▪ Cass. crim., 4 juin 1997, n° 96-80.520 : *Bull. crim.* n° 223). Selon l'alinéa 4 (devenu al. 5) de l'article 41 de la loi du 29 juillet 1881, la partie qui s'estime atteinte par les injures ou les outrages d'une autre partie au procès ou de son conseil est admise à demander aux juges, saisis de la cause, la suppression des discours ou écrits injurieux ou outrageants et l'allocation de dommages-intérêts (▪ Cass. crim., 1er déc. 1992, n° 88-85.650 : *Bull. crim.* n° 397).

B – Mise en mouvement de l'action publique par certaines Administrations

Voir aussi : Sur la poursuite en matière d'infractions à la police de la conservation du domaine public routier, C. voirie routière, art. L. 116-4, en matière de discrimination, L. org. n° 2011-333, 29 mars 2011, art. 28, IV.

23) Compétence exclusive de l'Administration fiscale en matière de contribution indirecte s'agissant des peines pécuniaires. Il résulte des articles 1867 et 1868 du Code général des impôts qu'en dehors du cas où l'infraction fiscale donne lieu au prononcé d'une peine privative de liberté, il appartient exclusivement à l'administration des impôts de poursuivre devant les tribunaux correctionnels les infractions aux lois sur les contributions indirectes (▪ Cass. crim., 27 févr. 1979, n° 78-91.314 : *Bull. crim.* n° 86. ▪ Cass. crim., 14 mars 1994, n° 93-80.897 : *Bull. crim.* n° 95). En matière de contributions indirectes, sauf dispositions contraires, le ministère public n'a pas l'exercice des poursuites (▪ Cass. crim., 16 janv. 1995, n° 93-85.863 : *Bull. crim.* n° 19).

24) Compétence concurrente de l'Administration chargée des forêts en matière forestière.

Voir aussi : C. for., art. L. 161-22.

En matière forestière, l'action publique appartient tant à l'Administration chargée des forêts qu'au ministère public (▪ Cass. crim., 20 oct. 1993, n° 92-85.999 : *Bull. crim.* n° 302).

C – Mise en mouvement de l'action publique par les juridictions

25) Principe. Si l'action publique n'est pas régulièrement mise en mouvement [par le ministère public ou la partie civile], les juges ne peuvent se saisir d'office des faits objet de la plainte (■ Cass. crim., 24 mars 1992, n° 91-82.757).

26) Exception en matière d'infractions d'audience. Sous les réserves énoncées à l'article 675 du Code de procédure pénale, il résulte de la combinaison de ce texte avec les articles 676 et 677 du même code que les délits commis à l'audience d'un tribunal correctionnel ou d'une Cour sont jugés d'office ou sur les réquisitions du ministère public ; dans ce cas, la juridiction dresse procès-verbal du fait, entend le prévenu, les témoins, le ministère public, et, éventuellement le défenseur, et applique sans désemparer les peines prévues par la loi (■ Cass. crim., 14 sept. 1988, n° 88-84.390 : *Bull. crim.* n° 322).

27) Exception au bénéfice de la chambre de l'instruction.

Voir : art. 202, p. 663.

II – MISE EN MOUVEMENT DE L'ACTION PUBLIQUE PAR LES PARTIES PRIVÉES

A – Mise en mouvement de l'action publique par la partie civile

28) Principe. La plainte avec constitution de partie civile déposée entre les mains d'un juge d'instruction par la personne qui se prétend victime d'une infraction met en mouvement l'action publique (■ Cass. crim., 8 déc. 1906, *Placet dit Laurent-Atthalin* : *DP* 1907, 1, 207, note F. T., rapp. Laurent-Atthalin ; *S.* 1907, 1, 377, note R. Demogue).

29) Héritiers de la victime. Sauf exceptions légales, le droit de la partie civile de mettre en mouvement l'action publique est une prérogative de la victime qui a personnellement souffert de l'infraction. Dès lors, lorsque l'action publique n'a été mise en mouvement ni par la victime, ni par le ministère public, seule la voie civile est ouverte aux ayants droit de ladite victime pour exercer le droit à réparation reçu en leur qualité d'héritiers (■ Cass. ass. plén., 9 mai 2008, n° 06-85.751 : *Bull. ass. plén.* n° 2 ; *JCP* G 2008, II, 10124, note M. Sanchez).

30) Poursuite devant les juridictions financières. Les dispositions de l'article L. 242-1 du Code des juridictions financières, qui confient au ministère public le monopole des poursuites des comptables publics devant les chambres régionales des comptes, dont il résulte qu'elles font obstacle à ce qu'une collectivité publique puisse contester devant l'une de ces juridictions les manquements du comptable lui ayant causé un préjudice lorsque de tels manquements n'ont pas été visés dans le réquisitoire du ministère public, ne portent pas d'atteinte disproportionnée au droit des collectivités publiques victimes d'obtenir réparation de leur préjudice ni au droit à un recours juridictionnel effectif (■ Cons. const., 5 juill. 2019, n° 2019-79 QPC : *JurisData* n° 2019-012686).

31) Modalités de mise en mouvement de l'action publique. Dès lors qu'elle s'est constituée partie civile auprès du juge d'instruction, la victime d'une infraction n'a plus la possibilité de saisir par voie de citation directe le tribunal correctionnel de poursuites contre des personnes qui n'ont pas été renvoyées devant cette juridiction par le magistrat instructeur bien qu'elles aient été visées par la plainte et mises en cause lors de l'information sans toutefois avoir été inculpées (■ Cass. crim., 17 janv. 1983, n° 82-90.262 : *Bull. crim.* n° 1 ; *JCP* 1984, II, 20232, note W. Jeandidier). La partie civile constituée devant le juge d'instruction ne peut abandonner la voie de l'instruction préparatoire en cours pour traduire quiconque, en raison des mêmes faits, par voie de citation directe, devant la juridiction correctionnelle (■ Cass. crim., 4 janv. 1990, n° 89-80.778 : *Bull. crim.* n° 7).

32) Autonomie au regard de la demande en réparation. Même si la victime ne peut demander réparation de son préjudice au juge pénal, elle conserve la faculté de se constituer partie civile et, ainsi, de mettre en mouvement l'action publique (■ Cass. crim., 22 janv. 1953, *Randon* : *Bull. crim.* n° 21 ; *D.* 1953, 109, rapp. M. Patin ; *S.* 1953, 7, 150).

B – Mise en mouvement de l'action publique par le délinquant

33) Impossibilité pour le délinquant de mettre en mouvement l'action publique. La comparution volontaire suppose au préalable la mise en mouvement de l'action publique dans les conditions prescrites par l'article 1er du Code de procédure pénale ; justifie sa décision l'arrêt qui, pour retenir que l'action publique n'avait pas été mise en mouvement pour l'infraction dont s'agit, relève que le procureur de la République avait requis par écrit le premier juge de constater qu'il n'était pas saisi du délit pour lequel le comparant demandait à être jugé (■ Cass. crim., 19 mars 1997, n° 96-82.621 : *Bull. crim.* n° 110). La comparution volontaire suppose au préalable la mise en mouvement de l'action publique dans les conditions prescrites à l'article 1er du Code de procédure pénale ; encourt dès lors la cassation la décision par laquelle le juge s'est estimé saisi par la seule comparution volontaire du contrevenant quand le ministère public n'a pas pris ses réquisitions (■ Cass. crim., 7 juin 2000, n° 99-86.818).

Art. 2 *(Ord. n° 58-1296, 23 déc. 1958)*. **– L'action civile en réparation du dommage causé par un crime, un délit ou une contravention, appartient à tous ceux qui ont personnellement souffert du dommage directement causé par l'infraction.**

La renonciation à l'action civile ne peut arrêter, ni suspendre l'exercice de l'action publique, sous réserve des cas visés à l'alinéa 3 de l'article 6.

Bibliographie : ***Répertoire.*** B. Lapérou-Scheneider, *Action publique et action civile. – Action civile exercée devant les tribunaux répressifs. – Généralités : JCl. Proc. pén.*, art. 2 et 3, Fasc. 20. • L. Boré, *Action publique et action civile. – Action civile exercée devant les tribunaux répressifs. – Recevabilité : JCl. Proc. pén.*, art. 2 et 3, Fasc. 30. • L. Boré, *Action publique et action civile. – Action civile des groupements : JCl. Proc. pén.*, art. 2 et 3, Fasc. 40. • C. Ambroise-Castérot, Rép. pén. Dalloz, V° Action civile.

Généralités. F. Alt-Maes, *Le concept de victime en droit civil et en droit pénal : RSC* 1994, 35. • M. Blin, *L'intervention de l'assureur au procès pénal : Gaz. Pal.* 1985, 1, doctr. 141. • Ph. Bonfils, *La participation de la victime au procès pénal : une action innomée, Mélanges Pradel*, 2006, Cujas, p. 179. • Ph. Bonfils, *L'action civile 60 ans après : Dr. pén.* 2019, *Dossier Les 60 ans du Code de procédure pénale*, 5. • H. Bonnard, *La participation des victimes d'infractions au procès pénal, Mélanges Levasseur*, 1992, Litec, p. 287. • F. Boulan, *Le double visage de l'action civile exercée devant les juridictions répressives : JCP* 1973, I, 2563 ; *La situation du civilement responsable dans le procès pénal, Mélanges Weil*, 1993, Litec, p. 69. • J. Brouchot, *L'arrêt Laurent-Atthalin, sa genèse, ses conséquences, Mélanges Patin*, 1966, Cujas, p. 411. • J. Calais-Auloy, *Les actions en justice des associations de consommateurs : D.* 1988, chron. p. 193. • C. Campredon, *L'action collective ordinale : JCP* G 1979, I, 2943. • *L'action collective : D.* 1952, chron. 153. • Y. Capdepon, *L'action civile à fin vindicative de la victime : pour l'importation de l'intervention volontaire accessoire en procédure pénale : Les Nouveaux Problèmes Actuels de Sciences Criminelles, vol XXVIII : Extenso/LGDJ*, 2018, p. 115 et s. ; P. Cazalbou, *L'articulation des actions en réparation en matière répressive : RPDP* 2018, p. 527. • Ph. Conte, *La participation de la victime au processus pénal : de l'équilibre procédural à la confusion des genres : RPDP* 2009, 521. • J.-P. Delmas Saint-Hilaire, *La mise en mouvement de l'action publique par la victime de l'infraction*, in *Mél. Brèthe de la Gressaye*, 1967, éd. Bière, Bordeaux, p. 159. • J.-B. Denis, *L'action civile de la victime en situation illicite : D.* 1976, chron. 243. • N. Descot, *La participation effective du majeur protégé au procès pénal après la loi du 5 mars 2007 : AJ Pénal* 2008, 21. • A. d'Hauteville, *L'intervention des assureurs au procès pénal en application de la loi du 8 juillet 1983 : JCP* 1984, I, 3139. • G. Durry, *Une innovation en procédure pénale : l'intervention de certains assureurs devant les juridictions de jugement*, in *Mélanges Larguier*, 1993, PUG, p. 105. • J. Foyer, *L'action civile devant la juridiction répressive*, in *Quelques aspects de l'autonomie du droit pénal*, Études sous la direction de Stéfani, 1956, Dalloz, p. 319. • J. Granier, *Quelques réflexions sur l'action civile : JCP* 1957, I, 1386 ; *La partie civile au procès pénal : RSC* 1958, 1. • H. Groutel, *L'accès des tiers payeurs aux juridictions répressives : RCA* 1990, chron. 13. • Ch. Guéry, *Le juge d'instruction et le voleur de pommes : pour une réforme de la constitution de partie civile : D.* 2003, chron. 1575. • S. Guinchard, *Grandeur et décadence de la notion d'intérêt général : la nouvelle recevabilité des actions civiles en cas d'infractions à la législation économique, Mélanges Vincent*, 1981, Dalloz, p. 137 ; *L'action civile sauvegardée, Mélanges Chavannes*, 1990, Litec, p. 135. • J. Larguier, *L'action publique menacée : D.* 1958, 29 ; *L'action publique et l'action civile dans le Code de procédure pénale : JCP* 1959, I, 1495 ; *Action individuelle et intérêt général (Quelques réflexions sur le juge pénal et l'action civile)*, in *Mélanges Hugueney*, 1964, Sirey, p. 87 ; *Remarques sur l'action civile exercée par une personne autre que la victime*, in *Mélanges Patin*, 1964, Cujas, p. 383. • P. Maistre du Chambon, *Ultime complainte pour sauver l'action publique, Mélanges Gassin*, 2007, PUAM, p. 283. • R. Merle, *La distinction entre le droit de se constituer partie civile et le droit d'obtenir réparation du dommage causé par l'infraction : consolidation, mise au point ou fluctuations ?, Mélanges Vitu*, 1989, Cujas, p. 397. • X. Pin, *La privatisation du procès pénal : RSC* 2002, 245 ; *Le centenaire de l'arrêt Laurent-Atthalin : D.* 2007, 1025. • J. de Poupiquet, *Le droit de mettre en mouvement l'action publique : conséquence de l'action civile ou droit autonome ? : RSC* 1975, 37. • C. Roca, *De la dissociation entre la réparation et la répression dans l'action civile exercée devant les juridictions répressives : D.* 1991, 85. • M.-C. Sordino, *Le clair-obscur de l'action civile en droit pénal des affaires : AJ pénal* 2021, p. 11. • J. Vidal, *Observations sur la nature juridique de l'action civile : RSC* 1963, 481. • J. Volff, *La privatisation rampante de l'action publique : JCP* 2004, I, 146. • R. Vouin, *L'unique action civile : D.* 1973, 265.

• Sommaire

I – OBJET DE L'ACTION CIVILE

A – Action en réparation

1) Fondement de la réparation. Les règles de fond de la responsabilité civile s'imposent au juge pénal saisi par la victime de l'action civile (■ Cass. crim., 4 janv. 1995, n° 93-82.698 : *Bull. crim.* n° 3). L'action civile devant les juges répressifs est distincte de l'action civile en inexécution contractuelle ; justifie dès lors sa décision, la cour d'appel ayant fixé le montant du préjudice subi par la partie civile en écartant les demandes au titre des intérêts au taux contractuel et des indemnités conventionnelles (■ Cass. crim., 21 mars 2018, n° 17-80.058 : *Bull. crim.* à paraître).

2) Formes de la réparation – Réparation en nature. Les juridictions répressives peuvent ordonner la publication de leurs décisions à titre de réparation sur la demande de la partie civile (■ Cass. crim., 15 janv. 1991, n° 90-83.538 : *Bull. crim.* n° 25). Aucune disposition du Code de l'urbanisme ne s'oppose à ce que la remise en état des lieux soit ordonnée cumulativement au titre de l'action publique et au titre de l'action civile. Dès lors que la demande de remise en état n'est pas sollicitée à titre de mesure à caractère réel destinée à faire cesser une situation illicite, mais à titre de réparation du préjudice subi par les parties civiles, elle ne saurait être rejetée au motif que la mesure a déjà été prononcée sur l'action publique (■ Cass. crim., 8 déc. 2020, n° 19-84.245, §§ 35 à 38 : *Bull. crim.* à paraître ; *RDI* 2021, p. 93, obs. C. de Jacobet de Nombel).

3) Distinction de l'action civile et des actions à fin civile – Nullité d'un contrat. Statuant sur les conséquences dommageables d'une escroquerie à l'assurance, les juges répressifs ne sauraient, sans excéder leurs pouvoirs, statuer sur la validité du contrat au regard des règles du Code civil ou du Code des assurances (■ Cass. crim., 13 févr. 1995, n° 94-81.595 : *JurisData* n° 1995-00.0637 : *Bull. crim.* n° 63).

4) Étendue de la réparation – Réparation intégrale. Le préjudice résultant d'une infraction doit être réparé dans son intégralité, sans perte ni profit pour aucune des parties (■ Cass. ass. plén., 3 mai 2016, n° 14-84.246).

Méconnaît ce principe, la décision qui s'abstient de déterminer l'importance réelle du préjudice et alloue à la victime une somme forfaitaire d'un certain montant en se retranchant derrière une « jurisprudence bien établie » (■ Cass. crim., 10 févr. 2009, n° 08-85.167 : *Bull. crim.* n° 29), celle qui ordonne la publication d'une décision de condamnation, à la demande de la victime d'une diffamation, sans préciser le coût maximum de l'insertion (■ Cass. crim., 11 avr. 2012, n° 11-83.007 : *Bull. crim.* n° 91). Méconnaît également ce principe la cour d'appel qui, appelée à statuer sur les conséquences dommageables du délit de dégradations mobilières et immobilières par l'effet d'un incendie, limite la valeur de remplacement de certains des biens endommagés en leur appliquant un coefficient de vétusté, la déduction d'un tel coefficient ne replaçant pas la victime dans la situation où elle se serait trouvée si l'acte dommageable ne s'était pas produit (■ Cass. crim., 24 févr. 2009, n° 08-83.956 : *Bull. crim.* n° 43 ; *D.* 2009, p. 1021), celle qui, après avoir souverainement apprécié l'état d'abandon de l'immeuble et écarté à bon droit la valeur de reconstruction, ne s'explique pas sur l'adéquation entre la somme allouée (fixée au prix d'acquisition de l'immeuble) et la valeur vénale de l'immeuble au jour de l'incendie, actualisée au jour de la décision de l'indemnisation (■ Cass. crim., 15 janv. 2019, n° 17-87.480 : *Bull. crim.* à paraître), ou celle qui alloue des dommages-intérêts d'un montant supérieur à la valeur du véhicule endommagé au motif que la victime a droit à la remise en état de sa voiture (■ Cass. crim., 22 sept. 2009, n° 08-88.181 : *Bull. crim.* n° 157). La réparation du préjudice esthétique permanent, de nature extra-patrimonial et consistant en l'altération de l'apparence physique de la victime, ne saurait exclure par principe le droit à l'indemnisation de dépenses de santé futures destinées à acquérir et à renouveler une prothèse esthétique, ces deux chefs de préjudice étant distincts, de même que la réparation du préjudice d'agrément, de nature extra-patrimonial et consistant en l'impossibilité de pratiquer une activité sportive ou de loisirs dans les mêmes conditions qu'avant l'accident, ne saurait exclure, par principe, le droit à l'indemnisation de dépenses de santé futures, destinées à acquérir et à renouveler une prothèse de sport permettant la pratique d'activités physiques ; méconnaît en conséquence le principe de réparation intégrale la cour d'appel qui refuse d'indemniser la victime pour l'acquisition desdites prothèses au motif qu'elle l'a déjà été au titre du préjudice esthétique et du préjudice d'agrément (■ Cass. crim., 17 déc. 2019, n° 18-85.191 : *Bull. crim.* à paraître ; *RSC* 2020, 114, obs. N. Jeanne).

La circonstance que le conjoint ou le concubin survivant de la victime d'un accident ait reconstitué un foyer avec une tierce personne n'est pas de nature à dispenser le tiers responsable de réparer entièrement le préjudice qu'il a causé dès lors que cette circonstance n'est pas la conséquence nécessaire du fait dommageable (■ Cass. crim., 29 juin 2010, n° 09-82.462 : *Bull. crim.* n° 118). L'arrêt qui caractérise un préjudice d'affection causé par les conséquences pathologiques du deuil, distinct du préjudice résultant de l'atteinte à l'intégrité psychique consécutive au décès d'un frère, réparé au titre des souffrances endurées et du déficit fonctionnel permanent, n'indemnise pas deux fois le même préjudice et assure une réparation intégrale sans perte ni profit pour la victime (■ Cass. crim., 2 avr. 2019, n° 18-81.917 : *Bull. crim.* à paraître ; *D.* 2019, p. 1570, obs. A.-L. Méano).

Il se déduit des articles 1240 du Code civil et 2 du Code de procédure pénale que les dispositions relatives aux impôts sur le revenu sont sans incidence sur les obligations du responsable d'un dommage corporel et sur le droit à réparation de la victime ; encourt dès lors la cassation la cour d'appel qui évalue les pertes de gains professionnels actuels et futurs de la victime en se fondant sur son salaire après impôts (■ Cass. crim., 17 mars 2020, n° 19-81.332 : *Bull. crim.* à paraître). Justifie sa décision au regard du principe de réparation intégrale la cour d'appel qui exclut la TVA de la somme allouée en réparation d'un dommage, en constatant que la victime n'effectuera pas la reconstruction d'un ouvrage qui a été détruit (■ Cass. crim., 27 mai 2021, n° 20-81.804, §§ 6 et 7 : *Bull. crim.* à paraître).

5) Étendue de la réparation – Frais liés aux investigations nécessitées par l'infraction. Les frais liés aux investigations judiciaires nécessitées pas la commission de l'infraction restent à la charge de l'État et sans recours contre le condamné en application de l'article 800-1 du Code de procédure pénale. Ils ne peuvent donc être retenus pour évaluer l'étendue du préjudice de l'État, contrairement aux frais engendrés par les investigations spécifiques menées par l'administration fiscale (■ Cass. crim., 30 juin 2021, n°s 16-80.657 et 20-83.355, §§ 40, 41 et 50 : *Bull. crim.* à paraître).

6) Double réparation – Transaction civile. Dès lors qu'aux termes d'une transaction conclue avec l'assureur du responsable la partie civile déclarait être remplie de tous ses droits à indemnisation des conséquences de l'accident, la cour d'appel a justement retenu que les demandes présentées au titre des pertes de gains professionnels et du préjudice exceptionnel permanent étaient irrecevables comme se heurtant à l'autorité de chose jugée entre les parties à la transaction (■ Cass. crim., 13 juin 2017, n° 16-83.545 : *Bull. crim.* à paraître).

7) Double réparation – Majorations et amendes fiscales. Il se déduit des articles 2 du Code de procédure pénale et L. 232 du Livre des procédures fiscales du premier et du dernier de ces textes que si les juges répressifs, saisis de poursuites des chefs de fraude fiscale et blanchiment, peuvent indemniser l'État du dommage résultant du blanchiment, ils n'ont pas compétence pour réparer le préjudice subi par le Trésor public du fait du délit fiscal qui est indemnisé par les majorations fiscales et les intérêts de retard (■ Cass. crim., 29 janv. 2020, n° 17-83.577, § 42 : *Bull. crim.* à paraître ; *JCP* G 2020, 633, note S. Détraz ; *Dalloz actualité*, 12 févr. 2020, obs. O. Claude).

8) Double réparation – Répétition des sommes indûment versées par les caisses de sécurité sociale. Les dispositions des articles L. 133-4 et R. 133-9-1 du Code de la sécurité sociale, permettant aux caisses de sécurité sociale d'obtenir la répétition des sommes indûment versées aux professionnels de santé en cas d'inobservation des règles de tarification ou de facturation, ou bien en cas de facturation d'actes non effectués ou de prestations et produits non délivrés, ne font pas obstacle à ce que ces organismes exercent, en application de l'article 3 du Code de procédure pénale, l'action en réparation du préjudice qu'ils ont subi ; justifie dès lors sa décision, la cour d'appel qui alloue à ces organismes des sommes en réparation du préjudice de désorganisation et du préjudice financier qu'ils ont subi (■ Cass. crim., 16 janv. 2019, n° 17-86.581 : *Bull. crim.* à paraître).

9) Double réparation – Indemnité de sujétion spéciale des fonctionnaires de police. Justifie sa décision la cour d'appel qui, pour condamner le prévenu à indemniser le préjudice moral d'un policier victime d'outrages et de rébellion, retient que le complément de traitement dénommé indemnité de sujétions spéciales alloué aux fonctionnaires de police actifs compense de manière forfaitaire les risques que ceux-ci encourent dans l'exercice de leurs fonctions, c'est-à-dire la particulière pénibilité de leurs conditions de travail, et non pas les conséquences réelles de ces risques lorsqu'ils se réalisent par la faute d'un tiers (■ Cass. crim., 14 janv. 2020, n° 19-82.145 : *Bull. crim.* à paraître ; *RSC* 2020, 114, obs. N. Jeanne ; *Dalloz actualité*, 13 févr. 2020, L. Priou-Alibert).

10) Étendue de la réparation – Date d'évaluation du préjudice. L'évaluation du préjudice doit être faite par le juge, au moment où il rend sa décision, en tenant compte de tous les éléments connus à cette date (■ Cass. ass. plén., 3 mai 2016, n° 14-84.246), sauf circonstances propres à la cause (■ Cass. crim., 1er mars 2011, n° 10-85.965 : *Bull. crim.* n° 42). Encourt dès lors la cassation l'arrêt qui évalue le préjudice de la victime d'un vol à la date de l'infraction sans justifier la raison pour laquelle la prise en compte de la valeur, à cette date, de la marchandise volée était nécessaire pour que la réparation soit intégrale (■ Cass. crim., 1er mars 2011, préc.). Si le droit pour la victime d'obtenir réparation du préjudice subi existe dès que le dommage a été causé, l'évaluation de ce préjudice doit être faite par le juge à la date où il se prononce. Encourt la cassation l'arrêt qui, pour accorder aux ayants droit d'une personne blessée, puis décédée en cours d'instance, une somme au titre d'un déficit fonctionnel permanent, énonce que le jugement, constitutif de droits, a fait entrer cette indemnité dans le patrimoine de la victime, avant de tomber dans celui de ses héritiers (■ Cass. crim., 13 nov. 2013, n° 12-84.838 : *Bull. crim.* n° 223).

11) Étendue de la réparation – Méthode d'évaluation du préjudice. Justifie sa décision la cour d'appel qui, pour déterminer le montant des frais d'hospitalisation payés par la caisse de sécurité sociale à la victime que le prévenu est condamné à rembourser, se réfère à l'outil de calcul utilisé par le centre hospitalier ; en effet, ayant constaté l'inapplicabilité à l'espèce de textes réglementaires, il appartenait à la cour d'appel de déterminer souverainement le montant de la somme à allouer à la caisse au titre de son recours subrogatoire pour les prestations versées (■ Cass. crim., 23 juin 2020, n° 19-85.733, § 13 : *Bull. crim.* à paraître).

12) Étendue de la réparation – Partage de responsabilité. Lorsque plusieurs fautes ont concouru à la production du dommage, la responsabilité de leurs auteurs se trouve engagée dans une mesure dont l'appréciation appartient souverainement aux juges du fond. Encourt la cassation l'arrêt qui, après avoir relevé, de la part de la victime d'infractions volontaires contre les biens, des fautes ayant concouru au développement de la fraude et à ses conséquences financières, n'en tire pas les conséquences sur l'évaluation du montant de l'indemnité due par le prévenu (■ Cass. crim., 19 mars 2014, n° 12-87.416 : *Bull. crim.* n° 86 ; *D.* 2014, 912, note J. Lasserre-Capdeville ; *Dr. pén.* 2014, comm. 79, note A. Maron et M. Haas). Encourt, pour la même raison, la cassation l'arrêt qui, après avoir relevé, de la part de certaines victimes du délit d'abus de confiance, des fautes ayant concouru à la réalisation de leur préjudice, n'en tire pas les conséquences sur l'évaluation du montant de l'indemnité qui leur est due par les prévenus (■ Cass. crim., 25 juin 2014, n° 13-84.450 : *Bull. crim.* n° 163 ; *JCP* 2014, 893, note S. Detraz ; *Dr. pén.* 2014, comm. 121, note A. Maron et M. Haas). Ne peuvent caractériser une faute susceptible d'être imputable à la partie civile, les agissements de cette dernière intervenus postérieurement à la date de l'infraction et qui n'ont pas contribué à la commission de celle-ci (■ Cass. crim., 21 mars 2018, n° 17-80.058 : *Bull. crim.* à paraître).

13) Étendue de la réparation – Partage de responsabilité – Atteinte volontaire aux biens. Il résulte des articles 2 du Code de procédure pénale et 1382, devenu 1240 du Code civil, que lorsque plusieurs fautes ont concouru à la production du dommage, la responsabilité de leurs auteurs se trouve engagée dans une mesure dont l'appréciation appartient souverainement aux juges du fond. Est de nature à constituer une telle faute le fait, pour la victime (d'un vol), de ne pas avoir pris les précautions utiles pour éviter le dommage (■ Cass. crim., 20 oct. 2020, n° 19-84.641, § 7 : *Dr. pén.* 2020, comm. 216, note A. Maron et M. Haas). Si c'est à tort qu'une cour d'appel, saisie par le prévenu d'une demande tendant à voir juger que la victime d'une infraction volontaire contre les biens avait commis une faute justifiant un partage de responsabilité, énonce que le caractère volontaire de l'infraction exclut par définition que la victime ait pu commettre une faute d'imprudence, l'arrêt n'encourt pas pour autant la censure dès lors que la cour d'appel a néanmoins recherché si la partie civile avait commis une faute de nature à limiter son droit à indemnisation et qu'elle en a écarté l'existence (■ Cass. crim., 23 sept. 2014, n° 13-83.357 : *Bull. crim.* n° 194). *Contra, précédemment :* aucune disposition de la loi ne permet de réduire, en raison d'une négligence de la victime, le montant des réparations civiles dues à celle-ci par l'auteur d'une infraction intentionnelle contre les biens, le délinquant ne pouvant être admis à tirer un profit quelconque de l'infraction (■ Cass. crim., 4 oct. 1990, n° 89-85.392 : *Bull. crim.* n° 331 ; *JCP* 1992, I, 3572, obs. G. Viney).

B – Action vindicative

14) Refus de la victime d'obtenir une réparation. L'article 418, alinéa 3, du Code de procédure pénale énonce que la partie civile peut, à l'appui de sa constitution, demander des dommages-intérêts correspondant au préjudice qui lui a été causé. Il s'agit là d'une simple faculté dont elle est libre de ne pas user (■ Cass. crim., 10 oct. 1968, n° 67-92.262 : *Bull. crim.* n° 248).

15) Impossibilité pour la victime d'obtenir une réparation – Incompétence de la juridiction pénale. L'intervention d'une partie civile peut n'être motivée que par le souci d'établir l'existence de l'infraction et de corroborer l'action publique. Dès lors la constitution de partie civile est recevable quand bien même la réparation du dommage causé par l'infraction échapperait à la compétence de la juridiction répressive (■ Cass. crim., 30 avr. 2009, n° 08-85.954 ; *Bull. crim.* n° 139).

16) Impossibilité pour la victime d'obtenir une réparation – Incompétence de la juridiction pénale – Redressement ou liquidation judiciaire. S'il est vrai que, selon les dispositions des articles 35 et 40 de la loi du 13 juillet 1967, la victime d'une infraction ne peut faire valoir ses droits à réparation devant la juridiction répressive en raison de la mise en liquidation des biens de l'auteur de ladite infraction, cette victime n'en est pas moins recevable dans son action en vue d'établir la culpabilité de ce dernier concurremment avec le ministère public (■ Cass. crim., 10 déc. 1990, n° 90-80.282 : *Bull. crim.* n° 421).

17) Impossibilité pour la victime d'obtenir une réparation – Incompétence de la juridiction pénale – Infraction commise par un fonctionnaire ou un agent public. En cas de citation directe émanant de la victime, l'action publique est régulièrement mise en mouvement, comme l'action civile, et doit se poursuivre jusqu'à son terme quand bien même il serait allégué ou même démontré que les faits dénoncés, commis par des fonctionnaires, constituaient, au point de vue des intérêts civils, une faute non détachable du service et dont la réparation incomberait à l'Administration (■ Cass. crim., 22 janv. 1953, *Randon : Bull. crim.* n° 21 ; *D.* 1953, 109, rapp. M. Patin ; *S.* 1953, 7, 150). La constitution de partie civile motivée par le seul souci de corroborer l'action publique et d'obtenir que soit établie la culpabilité du prévenu est recevable quand bien même il serait allégué ou démontré que la réparation du dommage causé par l'infraction échapperait à la compétence de la juridiction répressive (■ Cass. crim., 8 juin 1971, n° 69-92.311 : *D.* 1971, 594, note J. Maury). Même dans le cas où la réparation du dommage échapperait à la compétence de la juridiction judiciaire, la personne qui, conformément à l'article 2 du Code de procédure pénale, prétend avoir été lésée par une infraction, est recevable à se constituer partie civile pour faire établir l'existence de cette infraction et possède, par l'effet de sa constitution, tous les droits reconnus à la partie civile, au nombre desquels celui d'interjeter appel (■ Cass. crim., 30 oct. 2006, n° 05-86.997 : *Bull. crim.* n° 257). Il se déduit des articles 2, 509 et 515 du Code de procédure pénale que la cour d'appel, saisie du seul appel de la partie civile, est compétente, même dans le cas où la réparation du dommage ressortirait à la compétence exclusive de la juridiction administrative, pour dire si le prévenu définitivement relaxé a commis une faute civile à partir et dans la limite des faits objet de la poursuite (■ Cass. crim., 14 nov. 2017, n° 17-80.934).

18) Impossibilité pour la victime d'obtenir une réparation – Incompétence de la juridiction pénale – Accident du travail. En matière d'accident du travail, la constitution de partie civile de la victime ou de ses ayants droit est, à bon droit, déclarée recevable contre l'employeur ou ses préposés lorsque cette partie civile n'use pas de la faculté, que lui accorde l'article 418, alinéa 3 du Code de procédure pénale, de demander réparation de son préjudice. C'est, en effet, cette seule action en réparation qu'interdit devant les juridictions de droit commun, l'article L. 466 du Code de la sécurité sociale (■ Cass. crim., 15 oct. 1970, n° 68-93.383 : *Bull. crim.* n° 268 ; *D.* 1970, 733, note J.-L. Costa). Même dans le cas où la réparation du dommage échapperait à la compétence de la juridiction pénale, la personne qui, conformément à l'article 2 du Code de procédure pénale, prétend avoir été lésée par un délit, est recevable à se constituer partie civile aux fins de faire établir l'existence de l'infraction et possède, par l'effet de sa constitution, tous les droits reconnus à la partie civile, au nombre desquels celui d'interjeter appel (■ Cass. crim., 30 avr. 2002, n° 01-85.219 : *Bull. crim.* n° 89).

19) Dissociation de l'action civile – Impossibilité pour la victime d'obtenir une réparation – Préjudice déjà réparé. L'accusé ne saurait faire obstacle à l'intervention, au cours du débat sur l'action publique, d'une partie civile régulièrement constituée et qui réclame la réparation d'un préjudice résultant de l'infraction poursuivie en la désintéressant. Cette partie a, jusqu'au jugement, la faculté de conclure et dès lors de modifier sa demande originaire (■ Cass. crim., 20 oct. 1966, n° 65-93.810 : *Bull. crim.* n° 235). La transaction passée par la partie civile avec le civilement responsable du prévenu ne saurait profiter à ce dernier. Dès lors, la partie civile est recevable à se constituer contre le prévenu (■ Cass. crim., 28 mai 1998, n° 97-80.970 : *Bull. crim.* n° 176). L'indemnisation de la victime par son assureur ne dispense pas le responsable du dommage de réparer le préjudice résultant de l'infraction dont il a été déclaré coupable (■ Cass. crim., 9 févr. 1994, n° 93-83.047 : *Bull. crim.* n° 59. ■ Cass. crim., 6 mars 1997, n° 96-80.944 : *Bull. crim.* n° 90).

II – DEMANDEURS À L'ACTION CIVILE

A – Personnes physiques et morales agissant pour la défense de leur intérêt personnel

20) Particularité de l'action civile exercée au stade de l'instruction. Aux termes de l'article 2 du Code de procédure pénale, l'action civile en réparation du dommage causé par un crime, un délit ou une contravention appartient à tous ceux qui ont personnellement souffert du dommage directement causé par l'infraction ; il suffit pour qu'une constitution soit recevable devant la juridiction d'instruction que les circonstances sur lesquelles elle s'appuie permettent au juge d'admettre comme possible le préjudice allégué et la relation directe de celui-ci avec une infraction à la loi pénale (■ Cass. crim., 5 mars 1990, n° 89-80.536 :

Bull. crim. n° 103. ▪ Cass. crim., 2 avr. 2003, n° 02-82.674 : *Bull. crim.* n° 83. ▪ Cass. crim., 27 mai 2009, n° 09-80.023 : *Bull. crim.* n° 107). Est donc recevable la constitution de partie civile de l'emprunteur, détenteur précaire, du chef de vol de la chose prêtée dès lors que la soustraction frauduleuse le mettant dans l'impossibilité de restituer au propriétaire est de nature à lui porter préjudice (▪ Cass. crim., 5 mars 1990, préc.). Est, pour le même motif, recevable devant la juridiction d'instruction la constitution de partie civile d'une commune des chefs d'ingérence, faux en écritures authentiques et usage, escroquerie dès lors que la demanderesse invoque la possibilité de l'existence d'un préjudice résultant des infractions dénoncées (▪ Cass. crim., 29 avr. 1986, n° 85-93.942 : *Bull. crim.* n° 144). Encourt, pour le même motif, la cassation l'arrêt qui, pour déclarer irrecevable une constitution de partie civile, énonce qu'est nécessairement indirect pour la sœur de la victime, le préjudice moral résultant de l'atteinte physique ou du trouble psychologique causé par des faits de viols et agressions sexuelles aggravés (▪ Cass. crim., 27 mai 2009, préc.).

21) Particularité de l'action civile exercée au stade de l'instruction – Conséquences. La décision de la juridiction d'instruction statuant sur la recevabilité d'une constitution de partie civile n'acquiert aucune autorité de chose jugée quant à l'exercice de l'action civile devant la juridiction de jugement. En conséquence, l'arrêt de la chambre d'accusation ayant déclaré irrecevable la constitution d'une partie civile ne s'oppose pas à ce que la même personne se constitue à nouveau devant la juridiction de jugement (▪ Cass. crim., 15 mai 1997, n° 96-81.496 : *Bull. crim.* n° 185). La décision de la chambre de l'instruction admettant la recevabilité d'une constitution de partie civile devant le juge d'instruction ne s'impose pas à la juridiction de jugement, devant laquelle le prévenu conserve entier son droit de contester la recevabilité de l'action civile (▪ Cass. crim., 17 févr. 2004, n° 03-85.119 : *Bull. crim.* n° 41).

1° Préjudice issu d'une infraction

22) Nécessité d'une infraction pénale. La juridiction répressive est incompétente, sauf exception légale, pour statuer sur une action en réparation de dommages résultant de fautes sans caractère pénal (▪ Cass. crim., 26 juill. 1972, n° 71-93.387 : *Bull. crim.* n° 258). Selon les articles 2 et 3 du Code de procédure pénale, le fait délictueux peut seul servir de fondement à l'action de la partie civile devant la juridiction répressive (▪ Cass. crim., 15 janv. 1985, n° 82-92.628 : *Bull. crim.* n° 24)

23) Exclusion de la constitution de partie civile en cas de légitime défense. La légitime défense de soi-même exclut toute faute et ne peut donner lieu à une action en dommages-intérêts en faveur de celui qui l'a rendue nécessaire par son agression (▪ Cass. crim., 5 oct. 1976, n° 76-90.116 : *Bull. crim.* n° 276. ▪ Cass. crim., 13 déc. 1989, n° 89-81.574 : *Bull. crim.* n° 478).

24) Nécessité d'un préjudice consécutif à l'infraction – Préjudice non consécutif à l'infraction. Le droit d'exercer l'action civile devant les juridictions répressives n'appartient qu'à ceux qui ont personnellement et directement souffert du dommage causé par l'infraction. Il s'ensuit qu'est irrecevable la constitution de partie civile de l'assureur de la victime d'un délit de vol en vue d'obtenir le remboursement des sommes versées par lui en vertu du contrat d'assurance, le préjudice invoqué n'étant que la conséquence du contrat conclu entre les parties (▪ Cass. crim., 26 mars 1990, n° 88-84.584 : *Bull. crim.* n° 130). Fait une exacte application de l'article 2 du Code de procédure pénale la chambre de l'instruction qui, pour confirmer l'ordonnance du juge d'instruction ayant déclaré irrecevable une constitution de partie civile, énonce notamment qu'il convient de distinguer le préjudice global né d'une ou plusieurs infractions du préjudice résultant de la saisie pénale d'un bien, dont tout tiers s'estimant victime peut faire appel en application de l'article 706-150 du Code de procédure pénale, dès lors que, dans sa plainte, la plaignante n'a allégué, pour seul préjudice, que la saisie de biens (▪ Cass. crim., 5 mars 2014, n° 13-84.978 : *Bull. crim.* n° 65). Est irrecevable à se constituer partie civile la caution de la société défaillante dès lors que l'obligation mise à sa charge résulte de son seul engagement contractuel et non de l'infraction dont a été victime la société cautionnée (▪ Cass. crim., 23 mars 2016, n° 15-81.448 : *Bull. crim.* n° 101).

25) Nécessité d'un préjudice consécutif à l'infraction – Préjudice consécutif à un élément constitutif de l'infraction. Selon l'article 2 du Code de procédure pénale, l'action civile n'appartient qu'à ceux qui ont personnellement souffert du dommage directement causé par l'infraction. En conséquence, le propriétaire d'un véhicule endommagé au cours d'un accident de la circulation est irrecevable à se constituer partie civile dans les poursuites qui ne sont exercées contre l'auteur de cet accident que pour les blessures involontaires causées à des tiers (▪ Cass. crim., 26 mars 1990, n° 94-83.119 : *Bull. crim.* n° 312). Les droits de la partie civile ne peuvent être exercés que par les personnes justifiant d'un préjudice résultant de l'ensemble des éléments constitutifs de l'infraction visée à la poursuite ; tel n'est pas le cas du préjudice découlant du comportement consistant, pour des participants à une compétition sportive, à s'entendre pour en fausser le résultat, ce comportement n'étant que l'un des faits constitutifs de l'infraction d'escroquerie (■ Cass. crim., 21 nov. 2018, n° 17-81.096 : *Bull. crim.* à paraître ; *Dr. pén.* 2019, comm. 13, note A. Maron et M. Haas ; *JCP* 2019, p. 495, obs. J.-B. Perrier).

26) Nécessité d'un préjudice consécutif à l'infraction – Préjudice consécutif à une circonstance aggravante de l'infraction. Aux termes de l'article 3 du Code de procédure pénale, l'action civile est recevable pour tous chefs de dommages, aussi bien matériels que corporels ou moraux, qui découlent des faits, objet de la poursuite. Encourt dès lors la censure la cour d'assises ayant déclaré irrecevable la constitution de partie civile des préposés de la Poste alors qu'en fonction dans les bureaux où ont eu lieu les vols et tentative de vol avec port d'arme dont les accusés ont été reconnus coupables, ils faisaient état à titre personnel de traumatismes physiques et psychologiques résultant de ces faits (■ Cass. crim., 7 avr. 1993, n° 92-83.858 : *Bull. crim.* n° 150). Aux termes de l'article 3 du Code de procédure pénale, l'action civile est recevable pour tous chefs de dommage, aussi bien matériels que moraux, qui découlent des faits, objet de la poursuite. Est dès lors recevable la constitution de partie civile de personnes victimes de faits caractérisant la préméditation d'une tentative de meurtre commise sur un tiers (■ Cass. crim., 24 janv. 1996, n° 95-84.250 : *Bull. crim.* n° 39). Tel n'est pas le cas de la commune invoquant, à la suite d'un attentat terroriste, le préjudice matériel résultant des dégradations occasionnées au mobilier urbain et le préjudice moral résultant de l'atteinte portée à son image, lesquels ne découlent pas de l'ensemble des éléments constitutifs des infractions à la législation sur les armes ou de l'un des crimes contre la vie ou l'intégrité des personnes, ou du crime de participation à un groupement en vue de la préparation d'un ou plusieurs crimes d'atteintes aux personnes, toutes infractions en relation avec une entreprise terroriste dont le juge d'instruction est saisi, une telle entreprise terroriste n'étant susceptible d'avoir porté directement atteinte, au-delà des victimes personnes physiques, qu'aux intérêts de la nation (■ Cass. crim., 12 mars 2019, n° 18-80911 : *Bull. crim.*, à paraître : *AJ pénal* 2019, p. 396, note C. Lacroix).

2° *Préjudice certain et actuel*

27) Exclusion du préjudice éventuel ou hypothétique. Est irrecevable la constitution de partie civile du demandeur dès lors que le préjudice allégué par celui-ci ne pouvait qu'être hypothétique (■ Cass. crim., 23 mai 1977, n° 75-92.338 : *Bull. crim.* n° 182).

28) Préjudice jugé inexistant – Travail dissimulé. Méconnaît l'article 2 du Code de procédure pénale l'arrêt déclarant recevable la constitution de partie civile de l'URSSAF au motif qu'elle a subi un préjudice résultant de l'ampleur de sa mission de contrôle et des démarches judiciaires qu'elle a dû engager pour constater les faits de travail dissimulé. En effet, les organismes de protection sociale nationaux ne sauraient prétendre avoir subi un préjudice lorsque, comme en l'espèce, la validité du certificat ne peut être contestée, faute de retrait dudit certificat par l'organisme qui l'a émis, ou faute d'établissement de la preuve d'une fraude et qu'en conséquence les salariés concernés ne peuvent qu'être regardés comme régulièrement affiliés au régime de sécurité sociale de l'État ayant émis le certificat (■ Cass. crim., 12 janv. 2021, n° 18-86.709, §§ 35 à 38 et n° 18-86.757, § 33 : *Bull. crim.* à paraître ; *Dr. pén.* 2021, comm. 53, note J.-H. Robert).

29) Admission du préjudice futur. Est réparable le préjudice qui apparaît au juge du fait comme la prolongation certaine et directe d'un état de chose actuel et comme étant susceptible d'estimation immédiate. C'est, par suite, dans l'exercice de son pouvoir souverain d'appréciation qu'une cour d'appel évalue le préjudice en état d'être causé aux propriétaires de chalutiers, titulaires d'une licence leur imposant des quotas de pêche, par l'action d'un autre chalutier dont le commandant ne respecte pas la réglementation régissant la zone concernée et porte ainsi atteinte aux ressources halieutiques (■ Cass. crim., 21 oct. 2003, n° 02-85.836 : *Bull. crim.* n° 196).

30) Admission de la perte de chance. L'élément de préjudice constitué par la perte d'une chance présente un caractère direct et certain chaque fois qu'est constatée la disparition, par l'effet de l'infraction, de la probabilité d'un événement favorable, encore que, par définition, la réalisation d'une chance ne soit jamais certaine (■ Cass. crim., 6 juin 1990, n° 89-83.703 : *Bull. crim.* n° 224. ■ Cass. crim., 4 déc. 1996, n° 96-81.163 : *Bull. crim.* n° 445). Encourt dès lors la cassation l'arrêt qui, pour rejeter la demande d'un éleveur de chevaux de course, victime de blessures par imprudence, tendant à l'indemnisation de la perte de chance de gains résultant de ce qu'il n'avait pu, en raison de son incapacité de travail, entraîner une jument de son élevage en vue de deux épreuves auxquelles cette jument devait participer, relève que seul peut être indemnisé le préjudice personnel et direct de la victime, et que le calcul de ce préjudice « ne saurait être fait sur le rapport de courses où les aléas doivent être pris en compte, même sur l'évolution physique » de la jument (■ Cass. crim., 6 juin 1990, préc.). Encourt également la censure l'arrêt qui, pour rejeter la demande d'une victime, enseignante, tendant à l'indemnisation d'une perte de chance découlant d'un manque à gagner au titre de sa retraite, en fonction d'une élévation d'indice à laquelle elle prétendait pouvoir accéder, retient, sans mieux s'en expliquer, que ce chef de préjudice, lié à la « perte des privilèges d'avancement », est hypothétique (■ Cass. crim., 4 déc. 1996, préc.). Dans des poursuites contre deux médecins du chef d'homicide involontaire, la juridiction répressive, qui a relaxé les prévenus au motif que le lien de causalité entre les fautes et le décès n'était pas établi avec certitude, ne peut débouter les parties civiles de leur demande de réparation en application des règles du droit civil au motif que, si les fautes des prévenus ont probablement fait perdre une chance de survie à la victime, il n'existe aucune certitude à cet égard, dès lors que la réalisation d'une chance n'est, par définition, jamais certaine (■ Cass. crim., 3 nov. 2010, n° 09-87.375 : *Bull. crim.* n° 170 ; *Dr. pén.* 2011, comm. 2, note M. Véron). Bien que par définition la réalisation d'une chance ne soit jamais certaine, sa perte, résultant directement d'une infraction, peut ouvrir droit à des réparations, à condition toutefois que son existence, antérieurement au fait dommageable, ne soit pas douteuse (■ Cass. crim., 16 févr. 1981, n° 80-92.326 : *Bull. crim.* n° 58). Justifie dès lors sa décision la cour qui, pour débouter X. de sa demande tendant à la réparation de son préjudice professionnel, tenant à sa qualité d'agent d'assurance et résultant, selon lui, de ce que le décès de son fils l'aurait privé d'une chance d'accroître ses revenus, énonce que « s'il apparaît établi que son fils A. lui apportait un soutien réel dans l'exercice de son activité professionnel et qu'un projet d'association existait entre eux, il n'est pas établi que la collaboration d'A. aurait procuré à son père un supplément de ressources ou une plus-value de son cabinet d'assurance » (■ Cass. crim., 16 févr. 1981, préc.).

3° *Préjudice direct et personnel*

• **Victimes directes – Préjudices qualifiés d'indirects**

31) Homicide involontaire – Franchiseur. Est indirect, pour le franchiseur exploitant une marque de restauration rapide, le préjudice résultant de l'atteinte que porterait à l'image de la marque la commission, imputée à l'exploitant de l'un des établissements franchisés, d'un homicide involontaire résultant d'un manquement aux règles d'hygiène et de sécurité (■ Cass. crim., 22 mai 2012, n° 11-85.507 : *Bull. crim.* n° 128).

32) Entrave à la liberté du travail – Employeur. Le droit d'exercer l'action civile devant les juridictions répressives n'appartient qu'à ceux qui ont personnellement et directement souffert du dommage causé par l'infraction. Le préjudice résultant pour l'employeur de la diminution de la production, interrompue en raison des entraves apportées par la violence ou la menace à la liberté du travail des salariés non grévistes, n'a qu'un caractère indirect qui rend irrecevable sa constitution de partie civile devant la juridiction répressive (■ Cass. crim., 15 mai 1987, n° 86-91.015 : *Bull. crim.* n° 198). Pour le même motif, le préjudice résultant pour une entreprise d'une perte commerciale due à la fermeture momentanée d'un magasin causée par l'existence de barrages ayant empêché ses salariés non grévistes de se rendre à leur poste de travail n'est que la conséquence indirecte de l'infraction prévue par l'article 431-1 du Code pénal, qui a pour seul objet la protection de la liberté du travail (■ Cass. crim., 23 avr. 2003, n° 02-84.375 : *Bull. crim.* n° 84).

33) Abus de bien sociaux – État ayant versé des subventions. Le préjudice causé à l'État ayant versé des aides à une société dont les dirigeants sont poursuivis pour avoir abusé des biens de ladite société ne peut qu'être indirect. Par conséquent, la constitution de partie civile de l'agent judiciaire du trésor de ce chef est irrecevable (■ Cass. crim., 28 févr. 2006, n° 05-83.461 : *Bull. crim.* n° 55).

34) Abus de bien sociaux – Comité d'entreprise. Est irrecevable la constitution de partie civile d'un comité d'entreprise du chef du délit d'abus de pouvoir et de voix prévu par l'article 437, 4° de la loi du 24 juillet 1966 sur les sociétés commerciales, pareille infraction ne pouvant causer un préjudice direct qu'à la société elle-même (■ Cass. crim., 7 juin 1983, n° 83-91.210 : *Bull. crim.* n° 172).

35) Infractions liées à la pratique du dopage. Est indirect, pour une société intervenant comme sponsor d'une équipe cycliste, le préjudice résultant de l'atteinte que porterait à son image de marque la commission, imputée à un coureur de cette équipe, d'infractions liées à la pratique du dopage (■ Cass. crim., 29 sept. 2009, n° 09-81.159 : *Bull. crim.* n° 160. ■ Cass. crim., 12 sept. 2000, n° 00-80.587 : *Bull. crim.* n° 264).

36) Infractions en relation avec une entreprise terroriste – Commune. Les droits de la partie civile ne peuvent être exercés que par les personnes justifiant d'un préjudice résultant de l'ensemble des éléments constitutifs de l'une des infractions visées à la poursuite ; ni le préjudice matériel résultant des dégradations occasionnées au mobilier urbain, ni le préjudice moral résultant de l'atteinte à l'image de la commune sur le territoire de laquelle les faits ont été commis ne découlent de l'ensemble des éléments constitutifs des infractions à la législation sur les armes ou de l'un des crimes contre la vie ou l'intégrité des personnes, ou du crime de participation à un groupement en vue de la préparation d'un ou plusieurs crimes d'atteintes aux personnes, toutes infractions en relation avec une entreprise terroriste dont le juge d'instruction est saisi, une telle entreprise terroriste n'étant susceptible d'avoir porté directement atteinte, au-delà des victimes personnes physiques, qu'aux intérêts de la nation (■ Cass. crim., 12 mars 2019, n° 18-80.911 : *Bull. crim.* à paraître : *AJ pénal* 2019, p. 396, note C. Lacroix).

37) Ingérence, escroquerie, faux – Contribuables et citoyens. Les délits d'ingérence, les escroqueries et les faux commis au préjudice d'une région ne causent de préjudice direct qu'à celle-ci, les citoyens et contribuables de cette collectivité publique n'éprouvant qu'un préjudice indirect (■ Cass. crim., 16 janv. 1990, n° 89-83.214 : *Bull. crim.* n° 24).

38) Provocation à la haine, la violence et la discrimination. Ne peut qu'être indirect le préjudice subi par une région en raison de propos, provoquant à la haine ou à la discrimination raciale, tenus par un de ses membres (■ Cass. crim., 14 févr. 2006, n° 05-83.899 : *Bull. crim.* n° 36).

39) Recel de malfaiteurs. Ne résulte pas directement de l'infraction de recel de malfaiteurs le préjudice invoqué par les propriétaires et le syndicat de copropriétaires de l'immeuble qui a subi des dégradations lors de l'assaut des forces de l'ordre, ni celui des occupants et voisins traumatisés par l'assaut, ni celui de la commune ayant exposé des frais pour prendre en charge les occupants chassés de chez eux et subi un préjudice d'image (■ Cass. crim., 15 févr. 2022, n° 19-82.651, §§ 26 à 30 : *Bull. crim.* à paraître).

40) Violation du secret professionnel – Médecin et société au sein de laquelle il exerce. L'infraction prévue à l'article 226-13 du Code pénal est destinée à protéger la sécurité des confidences qu'un particulier est dans la nécessité de faire à une personne dont l'état ou la profession, dans un intérêt général et d'ordre public, fait d'elle un confident nécessaire. En conséquence, la violation du secret professionnel ne porte directement préjudice qu'à l'intérêt général et à l'auteur de ces confidences. Ne peut être qu'indirect, pour un médecin ou la société dans le cadre de laquelle il exerce ses fonctions, le préjudice résultant de l'atteinte que porterait à sa réputation la violation du secret professionnel par une salariée de cette société (■ Cass. crim., 13 oct. 2020, n° 19-87.341, §§ 8, 9 et 11 : *Bull. crim.* à paraître ; *JCP* 2021, 151, note J.-C. Saint-Pau).

• Victimes directes – Préjudices qualifiés de directs et personnels

– Personnes victimes d'un fait correspondant à une circonstance aggravante

41) Recevabilité de l'action civile des personnes victimes d'un fait correspondant à une circonstance aggravante. Aux termes de l'article 3 du Code de procédure pénale, l'action civile est recevable pour tous chefs de dommages, aussi bien matériels que corporels ou moraux, qui découlent des faits, objet de la poursuite. Encourt dès lors la censure la cour d'assises ayant déclaré irrecevable la constitution de partie civile des préposés de la Poste alors qu'en fonction dans les bureaux où ont eu lieu les vols et tentative de vol avec port d'arme dont les accusés ont été reconnus coupables, ils faisaient état à titre personnel de traumatismes physiques et psychologiques résultant de ces faits (■ Cass. crim., 7 avr. 1993, n° 92-83.858 : *Bull. crim.* n° 150). Aux termes de l'article 3 du Code de procédure pénale, l'action civile est recevable pour tous chefs de dommage, aussi bien matériels que moraux, qui découlent des faits, objet de la poursuite. Est dès lors recevable la constitution de partie civile de personnes victimes de faits caractérisant la préméditation d'une tentative de meurtre commise sur un tiers (■ Cass. crim., 24 janv. 1996, n° 95-84.250 : *Bull. crim.* n° 39).

– Emprunteurs, utilisateurs et détenteurs du bien

42) Vol – Dépositaire du bien. Le crime de vol avec arme en bande organisée est de nature à causer à une société exerçant une activité de résidence hôtelière un préjudice direct et personnel découlant de l'obligation, pour l'hôtelier, d'indemniser, en vertu des articles 1952 et 1953 du Code civil, la personne qui loge chez lui et qui est victime d'une soustraction frauduleuse (■ Cass. crim., 25 juin 2019, n° 18-84.653 : *Bull. crim.* à paraître ; *AJ pénal* 2019, p. 510, obs. J.-B. Thierry).

43) Vol – Emprunteur du bien. L'emprunteur de la chose volée est recevable à se constituer partie civile dès lors que la soustraction frauduleuse le met dans l'impossibilité de restituer au propriétaire la chose prêtée (■ Cass. crim., 5 mars 1990, n° 89-80.536 : *Bull. crim.* n° 103).

44) Vol – Utilisateur du bien. La soustraction frauduleuse de la chose d'autrui n'est pas nécessairement préjudiciable au seul propriétaire de celle-ci. Les parents d'un enfant décédé subissent un dommage direct du fait de la soustraction frauduleuse commise, au détriment de la clinique où il avait été établi, du dossier médical concernant le décès de leur enfant (■ Cass. crim., 12 janv. 1994, n° 93-81.065 : *Bull. crim.* n° 16).

45) Abus de confiance – Détenteur du bien. Le délit d'abus de confiance cause un préjudice personnel et direct tant aux propriétaires, qu'aux détenteurs ou possesseurs des effets ou deniers détournés (■ Cass. crim., 5 mars 2003, n° 02-82.198 : *Dr. pén.* 2003, comm. 94. ■ Cass. crim., 17 déc. 2008, n° 07-87.611 : *Bull. crim.* n° 257). Ainsi une banque, en sa qualité de détentrice de deniers détournés par son préposé, est fondée à invoquer un préjudice direct dont elle doit être dédommagée (■ Cass. crim., 8 janv. 1998, n° 97-80.645 : *Bull. crim.* n° 7). De même, le transporteur, détenteur précaire des biens détournés par son chauffeur, est recevable à se constituer partie civile (■ Cass. crim., 20 mars 2019, n° 17-85.246 : *Bull. crim.*, à paraître ; *D.* 2019, p. 1858, obs. C. Mascala ; *RSC* 2019, p. 824, obs. H. Matsopoulou).

46) Destruction, dégradation, détérioration – Utilisateur du bien. Encourt la cassation la cour d'appel qui déclare irrecevable l'action civile de l'utilisateur du véhicule endommagé appartenant à autrui, sans rechercher s'il n'a pas souffert personnellement des faits, objet de la poursuite, alors que la détérioration d'un bien n'est pas nécessairement préjudiciable au seul propriétaire de celui-ci (■ Cass. crim., 21 janv. 1998, n° 97-80.506 : *Bull. crim.* n° 25).

– Autres personnes

47) Exhibition sexuelle – Ministre du culte. Fait l'exacte application des articles 2 et 3 du Code de procédure pénale la cour d'appel qui déclare recevable l'action civile du curé de la paroisse et desservant de l'église dans laquelle ont été commis, par une militante Femen, des faits d'exhibition sexuelle : en effet, le ministre du culte affectataire d'un édifice religieux au sens de l'article 5 de la loi du 2 janvier 1907, investi du pouvoir d'en organiser le fonctionnement, est recevable en cette qualité à réclamer réparation du dommage directement causé par les infractions y étant commises, qui en troublent l'ordre et le caractère propre (■ Cass. crim., 9 janv. 2019, n° 17-81618 : *Bull. crim.* à paraître ; *JCP* G 2019, 135, obs. B. Lapérou-Scheneider ; *D.* 2019, p. 738, note L. Saenko).

48) Présentation de comptes infidèles – Société et associés. L'infraction de présentation de comptes annuels infidèles est de nature à occasionner à la société un préjudice direct et personnel (■ Cass. crim., 8 mars 2006, n° 05-81.153 : *Dr. sociétés* 2006, comm. 133, obs. R. Salomon). Le délit de présentation ou publication de comptes infidèles peut causer un préjudice personnel direct aux associés ou porteurs de titres d'une société (■ Cass. crim., 30 janv. 2002, n° 01-84.256 : *Bull. crim.* n° 14).

49) Présentation de comptes infidèles – Tiers. L'infraction de présentation de comptes annuels infidèles est susceptible d'occasionner un préjudice personnel et direct à l'établissement bancaire qui a accordé un concours financier sur la base des comptes présentés (■ Cass. crim., 29 janv. 2019, n° 17-86.974 : *Dr. pén.* 2019, comm. 72, note J.-H. Robert ; *RSC* 2019, p. 358, note H. Matsopoulou), au partenaire commercial qui a maintenu ses relations contractuelles sur le fondement des comptes présentés (■ Cass. crim., 8 mars 2006, n° 05-81.153 : *Dr. sociétés* 2006, comm. 133, obs. R. Salomon), ainsi qu'à la personne sur le point d'acheter des actions dont la valeur a été évaluée sur la base du bilan falsifié (■ Cass. crim., 5 nov. 1991, n° 90-82.605 : *Bull. crim.* n° 394).

50) Terrorisme – Personne ayant tenté d'interrompre ou d'empêcher l'infraction. L'action dans laquelle l'intéressé s'est engagé pour interrompre la commission ou empêcher le renouvellement d'atteintes intentionnelles graves aux personnes, auxquelles il s'est ainsi lui-même exposé, est indissociable de ces infractions, de sorte que le préjudice pouvant en résulter pour lui peut être en relation directe avec ces dernières (■ Cass. crim., 15 févr. 2022, n° 21-80.264, § 16 : *Bull. crim.* à paraître. ■ Cass. crim., 15 févr. 2022, n° 21-80.670, § 13 : *Bull. crim.* à paraître).

51) Terrorisme – Personne tentant de prendre la fuite. Les circonstances, desquelles il ressort que l'intéressée s'est blessée en tentant de fuir le lieu d'une action criminelle ayant pour objet de tuer indistinctement un grand nombre de personnes, à laquelle, du fait de sa proximité, elle a pu légitimement se croire exposée, initiative indissociable de l'action criminelle qui l'a déterminée, suffisent à caractériser la possibilité du préjudice allégué et de la relation directe de celui-ci avec les assassinats et tentatives, objet de l'information (■ Cass. crim., 15 févr. 2022, n° 21-80.265, § 13 : *Bull. crim.* à paraître).

• **Victimes par ricochet**

– Irrecevabilité de l'action civile des victimes par ricochet

52) Associés de la victime. Une collectivité territoriale, agissant pour son compte, est irrecevable à se constituer partie civile en raison du délit d'abus de biens sociaux commis au préjudice de la société d'économie mixte dont elle est l'associée ou la créancière, sauf à démontrer l'existence d'un préjudice propre, distinct du préjudice social, découlant directement de l'infraction (■ Cass. crim., 3 déc. 2014, n° 13-87.224 : *Bull. crim.* n° 254). L'atteinte au capital ou aux intérêts d'une société susceptible de découler des délits d'abus de biens et de pouvoirs sociaux constitue, non pas un dommage propre à chaque associé, mais un préjudice subi par la société elle-même (■ Cass. crim., 9 mars 2005, n° 04-85.825). En cas de poursuites pour abus de biens sociaux, les associés, hors le cas d'exercice de l'action sociale *ut singuli*, ne peuvent demander à la juridiction correctionnelle réparation du préjudice résultant de la perte ou de la baisse de valeur de leurs titres, ou de la perte des gains escomptés. En effet, la dévalorisation des titres d'une société découlant des agissements fautifs de ses dirigeants constitue, non pas un dommage propre à chaque associé, mais un préjudice subi par la société elle-même (■ Cass. crim., 13 déc. 2000, n° 99-80.387 : *Bull. crim.* n° 373).

53) Créanciers de la victime. Le délit d'abus des biens ou du crédit d'une société ne cause de préjudice direct qu'à la société elle-même et à ses actionnaires. Les créanciers de la société ne peuvent souffrir à raison de cette infraction que d'un préjudice qui, à le supposer établi, est indirect et dont la réparation, dès lors, ne pouvait être demandée qu'aux juridictions civiles (■ Cass. crim., 9 nov. 1992, n° 92-81.432 : *Bull. crim.* n° 361. – *Adde*, ■ Cass. crim., 27 juin 1995, n° 94-84.648 : *Bull. crim.* n° 236). Le préjudice allégué par le plaignant, simple créancier des prévenus, n'est pas la conséquence directe de l'exercice illégale de la profession de banquier, de sorte que sa constitution de partie civile est irrecevable (■ Cass. crim., 7 nov. 1989, n° 88-84.058 : *Bull. crim.* n° 393).

54) Employeur de l'auteur. *Comp.* Justifie sa décision la cour d'appel qui, pour déclarer recevable la constitution de partie civile de la société Air France, relève que le délit de harcèlement moral dont M. X... a été déclaré coupable, de même que les agissements fautifs dont il a été reconnu responsable, ont directement causé à ladite société un dommage dès lors que, pour commettre ces faits, l'intéressé a outrepassé les pouvoirs hiérarchiques qui lui avaient été dévolus par son employeur et en déduit qu'en agissant ainsi, celui-ci a terni l'image de la compagnie auprès de ses autres salariés (■ Cass. crim., 14 nov. 2017, n° 16-85.161 : *Bull. crim.* à paraître).

– Recevabilité de l'action civile des proches de la victime

55) Proches de la victime – Dommage par ricochet. Il résulte des dispositions des articles 2 et 3 du Code de procédure pénale que les proches de la victime d'une infraction de blessures involontaires sont recevables à rapporter la preuve d'un dommage dont ils ont personnellement souffert et découlant directement des faits, objet de la poursuite (■ Cass. crim., 9 févr. 1989 : *Bull. crim.* n° 63 ; *D.* 1989, 614, note C. Bruneau ; *D.* 1989, somm. 389, obs. J. Pradel). Il résulte des articles 2 et 3 du Code de procédure pénale que les proches de la victime d'une infraction de coups ou violences volontaires sont recevables à rapporter la preuve d'un dommage dont ils ont personnellement souffert et découlant directement des faits, objet de la poursuite ; il en est ainsi du dommage causé par le spectacle de l'état physique ou psychique découlant des graves blessures infligées à un conjoint (■ Cass. crim., 23 mai 1991, n° 90-83.280 : *Bull. crim.* n° 220). *Contra* précédemment ■ Cass. ass. plén., 12 janv. 1979 : *Bull. ass. plén.* n° 20 ; *JCP* 1980, II, 19335, note E. Cartier ; *RTD civ.* 1979, p. 141, obs. G. Durry : Le droit d'exercer l'action civile devant les juridictions répressives, dont l'un des effets éventuels est la mise en mouvement de l'action publique, n'appartient qu'à ceux qui ont personnellement souffert du dommage causé directement par l'infraction. Il s'ensuit que la personne qui n'a pas été personnellement blessée et victime du délit défini par les articles 319 et 320 du Code pénal n'est pas recevable à saisir la juridiction répressive d'une demande de dommages-intérêts, même si elle est fondée à obtenir devant les tribunaux civils réparation du dommage résultant pour elle de la faute commise par l'auteur de ce délit.

56) Proches de la victime – Dommage direct. Il résulte des articles 2 et 3 du Code de procédure pénale que les proches de la victime d'une infraction sont recevables à rapporter la preuve d'un dommage dont ils ont personnellement souffert et découlant des faits, objet de la poursuite. Est par suite recevable la constitution de partie civile des grands-parents d'un enfant mineur, à la suite d'une prétendue infraction de manque de direction nécessaire à cet enfant qu'auraient commise ses parents (■ Cass. crim., 11 juill. 1994, n° 93-81.881 : *Bull. crim.* n° 269). Pour le même motif, est recevable la constitution de partie civile des sœurs de la victime d'un viol, qui ont subi un dommage moral, personnel, distinct de celui de leur jeune sœur, et en relation avec les infractions à caractère sexuel dénoncées par cette dernière (■ Cass. crim., 27 mars 2008, n° 07-85.076 : *Bull. crim.* n° 84). Il résulte également des articles 2 et 3 du Code de procédure pénale que les enfants d'une personne victime d'un abus de l'état d'ignorance et de faiblesse sont recevables à rapporter la preuve d'un dommage dont ils ont directement souffert et qui découle directement des faits objet de la poursuite (■ Cass. crim., 3 nov. 2009, n° 08-88.438 : *Bull. crim.* n° 182 ; *Dr. pén.* 2010, comm. 2, obs. M. Véron). Aux termes de l'article 3 du Code de procédure pénale, l'action civile est recevable pour tous chefs de dommages, aussi bien matériels que corporels ou moraux, qui découlent des faits, objet de la poursuite. Justifie sa décision la cour d'appel qui, pour déclarer recevable la constitution de partie civile faite au nom d'un enfant, né de relations incestueuses imposées par un père à sa fille, et bien fondée la demande de réparation du préjudice moral de l'enfant, retient notamment que l'enfant est privé du droit de faire établir sa filiation en vertu de l'article 310-2 du Code civil et que les circonstances de sa conception justifient la réparation de traumatismes psychiques (■ Cass. crim., 23 sept. 2010, n° 09-84.108 : *Bull. crim.* n° 141). Fait une exacte application des articles 2 et 3 du Code de procédure pénale, la cour d'appel qui accueille la constitution de partie civile d'une épouse, à raison du préjudice personnel par elle subi du fait du délit de harcèlement moral infligé à son époux (■ Cass. crim., 5 févr. 2013, n° 11-89.125 : *Dr. pén.* 2013, comm. 81, note A. Maron et M. Haas). Il résulte des articles 2 et 3 du Code de procédure pénale que le droit d'exercer l'action civile appartient à tous ceux qui ont personnellement souffert d'un dommage, aussi bien matériel que corporel ou moral, directement causé par l'infraction. Méconnaît ces textes, l'arrêt déclarant irrecevable la constitution de partie civile de parents à l'occasion des viols subis par leurs filles, alors que l'infraction visée aux poursuites était de nature à causer directement préjudice non seulement au mineur mais également à ses parents (■ Cass. crim., 26 févr. 2020, n° 19-82.119, §§ 10 et 13 : *Bull. crim.* à paraître ; *Dr. pén.* 2020, comm. 88, note A. Maron et M. Haas ; *JCP* 2020, 569, n° 17, obs. J.-B. Perrier ; *AJ pénal* 2020, 370, obs. C. Porteron ; *RSC* 2020 403, obs. J.-P. Valat).

57) Enfant à naître. Justifie sa décision la cour d'appel qui considère que, dès sa naissance, l'enfant peut demander réparation du préjudice résultant du décès accidentel de son père survenu alors qu'il était conçu et qui, pour caractériser son préjudice moral en lien de causalité avec le décès accidentel de son père, énonce qu'il devra se contenter des souvenirs de sa mère et de ceux de ses proches pour connaître son père et construire son identité, et qu'il souffrira de l'absence définitive de son père qu'il ne connaîtra jamais, toute sa vie (■ Cass. crim., 10 nov. 2020, n° 19-87.136, §§ 7 à 12 : *Bull. crim.* à paraître ; *Dr. pén.* 2021, comm. 33, note A. Maron et M. Haas ; *AJ pénal* 2021, p. 31, note Y. Mayaud).

• Héritiers de la victime

58) Distinction entre l'action personnelle et l'action successorale. Si c'est à bon droit que le demandeur a été déclaré irrecevable à mettre en mouvement l'action publique en réparation du préjudice subi par le défunt, en revanche, c'est à tort que la chambre de l'instruction ne s'est pas prononcée sur l'exercice du droit à réparation du préjudice personnel propre invoqué par le demandeur (■ Cass. crim., 27 mars 2013, n° 12-82.398). Le recel d'un bien, s'agissant d'une infraction continue, est de nature à causer un préjudice de jouissance personnel et direct aux héritiers du propriétaire auquel ce bien a été soustrait de façon délictueuse, dès lors que ce délit se poursuit à un moment où ils ont acquis cette qualité ; doit être cassé l'arrêt qui, pour déclarer irrecevables les plaintes avec constitution de partie civile, retient que le droit ne reconnaît pas à l'héritier la possibilité de mettre en mouvement l'action publique pour un préjudice autre que le sien propre, ce qui recouvre la situation dans laquelle se trouve le plaignant, dès lors que la victime potentielle mais directe des infractions dénoncées est sa mère, laquelle n'a pas mis en œuvre l'action publique (■ Cass. crim., 29 nov. 2016, n° 15-86.409).

59) Conditions d'exercice de l'action successorale – Engagement de l'action publique par le défunt ou le ministère public. Est irrecevable la constitution de partie civile du fils héritier de la victime de violence lorsque celui-ci n'a pas subi de préjudice personnel et que l'action publique n'a été mise en mouvement ni par le ministère public, ni par la victime elle-même avant son décès (■ Cass. crim., 27 avr. 2004, n° 03-87.065 : *Bull. crim.* n° 96 ; *JCP* 2004, II, 10157, note L. Boré et J. de Salve de Bruneteau). Sauf exceptions légales, le droit de la partie civile de mettre en mouvement l'action publique est une prérogative de la victime qui a personnellement souffert de l'infraction. Dès lors, lorsque l'action publique n'a été mise en mouvement ni par la victime, ni par le ministère public, seule la voie civile est ouverte aux ayants droit de ladite victime pour exercer le droit à réparation reçu en leur qualité d'héritiers (■ Cass. ass. plén., 9 mai 2008, arrêt n° 1, n° 06-85.751 : *Dr. pén.* 2008, étude 12, M. Sanchez). Par ailleurs, lorsque le ministère public a mis en mouvement l'action publique et que la victime n'avait pas renoncé à l'action civile, le droit à réparation des préjudices subis par celle-ci est transmis à ses héritiers qui sont recevables à l'exercer devant la juridiction saisie des seuls intérêts civils, peu important que leur auteur n'ait pas introduit d'action à cette fin avant son décès (■ Cass. ass. plén., 9 mai 2008, arrêt n° 1, n° 05-87.379 : *Dr. pén.* 2008, étude 12, M. Sanchez). *Contra* précédemment, ■ Cass. ch. mixte, 30 avr. 1976, n° 73-93.014 : *Bull. crim.* n° 2 ; *D.* 1977, 185, note M. Contamine-Raynaud. Toute personne victime d'un dommage, quelle qu'en soit la nature, a droit d'en obtenir l'indemnisation de celui qui l'a causé par sa faute. Le droit à réparation du dommage résultant de la souffrance morale éprouvée par des parents en raison de la mort de leur fils, victime d'un accident, dont la responsabilité incombe à un tiers, étant né dans leur patrimoine, se transmet à leur décès à leurs héritiers. Par suite les héritiers du père d'une victime décédée dans de telles circonstances peuvent demander l'indemnisation de la souffrance morale subie par ce père du fait de la mort accidentelle de son fils, et ce, même si ce père n'avait introduit aucune action à cette fin avant son décès.

60) Conditions d'exercice de l'action successorale – Existence de l'action civile au profit du défunt. C'est à bon droit qu'un arrêt écarte la prétention des héritiers de la victime d'un accident mortel de la circulation réclamant une indemnité pour la perte d'une espérance de vie qu'aurait subie personnellement cette victime au motif qu'aucun droit à indemnité de ce chef n'était entré avant sa mort dans le patrimoine du défunt et n'avait pu, dès lors, être transmis à ses successeurs (▪ Cass. crim., 30 oct. 1979, n° 78-93.267 : *Bull. crim.* n° 299).

61) Étendue de l'action successorale. Toute personne victime d'un dommage, quelle qu'en soit la nature, a droit d'en obtenir réparation de celui qui l'a causé par sa faute. Le droit à réparation du dommage résultant de la souffrance physique éprouvée par la victime avant son décès, étant né dans son patrimoine, se transmet à ses héritiers (▪ Cass. ch. mixte, 30 avr. 1976, n° 74-90.280 : *Bull. crim.* n° 3 ; *D.* 1977, 185, note M. Contamine-Raynaud. ▪ Cass. crim., 28 oct. 1992, n° 91-85.925 : *Bull. crim.* n° 349). Pour la même raison, le droit à réparation du dommage résultant de la souffrance morale éprouvée par des parents en raison de la mort de leur fils, victime d'un accident, dont la responsabilité incombe à un tiers, étant né dans leur patrimoine, se transmet à leur décès à leurs héritiers (▪ Cass. ch. mixte, 30 avr. 1976, n° 73-93.014 : *Bull. crim.* n° 2 ; *D.* 1977, 185, note M. Contamine-Raynaud).

• Tiers subrogés

62) Cas particulier des tiers subrogés.

Voir : pour l'assureur de la victime d'homicide ou d'atteinte à l'intégrité physique de la personne par imprudence autorisé à intervenir devant les juridictions pénales pour obtenir remboursement des sommes versées à la victime, art. 388-1, p. 888 et art. 533, p. 1171.

Voir : pour le fond de garantie des victimes d'accident de la circulation autorisé à intervenir devant les juridictions pénales, C. assur., art. L. 421-5.

Voir : pour le fond de garantie des victimes d'acte de terrorisme et d'autres infractions autorisé à se constituer partie civile devant les juridictions pénales, art. 706-11, p. 1505.

L'employeur de la victime est admis à intervenir devant les juridictions répressives afin d'obtenir, par subrogation aux droits de cette victime, remboursement des salaires et accessoires versés à son salarié pendant sa période d'inactivité (▪ Cass. crim., 10 mai 1990, n° 89-82.856 : *Bull. crim.* n° 183. ▪ Cass. crim., 30 juin 2009, n° 08-88.118).

• **Infraction dite d'intérêt général**

Voir : S. Guinchard, *Grandeur et décadence de la notion d'intérêt général : la nouvelle recevabilité des actions civiles en cas d'infraction à la législation économique*, in *Mél. Vincent* : Dalloz, 1981. S. Detraz, *La théorie des infractions d'intérêt général : moribonde ou assainie ?* : *Procédures* 2009, étude 10. J. Larguier, *Action individuelle et intérêt général*, in *Mélanges Hugueney*, 1964, Sirey, p. 87 et s.

63) Irrecevabilité de l'action civile en présence d'une infraction dite d'intérêt général. L'infraction d'atteinte au secret de la défense nationale a pour objet exclusif la protection de l'intérêt général qui s'attache au secret de la Défense nationale, qu'assure seul le ministère public (▪ Cass. crim., 1er oct. 1996, n° 95-85.529 : *Bull. crim.* n° 338 ; *Procédures* 1997, comm. 40, obs. J. Buisson). La constitution de partie civile d'un particulier du chef du délit prévu par l'article 434-25 du Code pénal (discrédit jeté sur une décision de justice) est irrecevable, cette incrimination ayant pour objet exclusif la protection de l'intérêt public qui s'attache à l'autorité de la justice et qui incombe au seul ministère public (▪ Cass. crim., 13 sept. 2005, n° 04-87.258 : *Bull. crim.* n° 221). L'infraction de financement d'entreprise terroriste incriminée par l'article 421-2-2 du Code pénal n'est pas susceptible de provoquer directement un dommage (▪ Cass. crim., 7 sept. 2021, n° 19-87.036, § 24 : *Bull. crim.* à paraître ; *JCP* G 2021, 1096, note S. Detraz).

64) Irrecevabilité de l'action civile en présence d'une infraction dite d'intérêt général – Infractions n'étant plus qualifiées d'intérêt général. Si les dispositions de l'article 63-2 du Code pénal relatives à la non-assistance à personne en danger ont pour objet l'intérêt général de la collectivité et répriment le trouble causé à l'ordre public par une abstention délictueuse, elles ont aussi pour but la protection des intérêts privés. Dès lors, l'action civile née de ce délit peut être régulièrement exercée devant la juridiction répressive dans les conditions prévues aux articles 2 et 3 du Code de procédure pénale et la victime du délit est en droit de demander réparation du dommage né de l'infraction (▪ Cass. crim., 16 mars 1972, n° 71-92.418 : *JCP* 1973, II, 17474, note Morel ; *D.* 1972, 394, note J.-L. Costa). S'il est vrai que le délit d'exercice illégal de la profession d'expert-comptable prévu et réprimé par les articles 2 et 20 de l'ordonnance du 19 septembre 1945 porte atteinte à l'intérêt général, il peut aussi causer à des particuliers un préjudice personnel de nature à servir de fondement à une action civile devant la juridiction répressive. Encourt, dès lors, la censure l'arrêt qui, pour déclarer irrecevable l'action de particuliers qui allèguent un préjudice personnel résultant de l'exercice illégal de la profession d'expert-comptable par le gérant d'une société, se borne à énoncer que ce délit ne peut porter atteinte qu'à l'intérêt général et à celui de la profession d'expert-comptable (▪ Cass. crim., 12 juill. 1994, n° 93-84.668 : *Bull. crim.* n° 275). S'il est vrai que les dispositions du Code de l'urbanisme relatives au permis de construire ont été édictées en vue de l'intérêt général, leur méconnaissance peut aussi causer à des particuliers un préjudice direct et personnel de nature à servir de fondement à une action civile devant la juridiction répressive (■ Cass. crim., 22 août 1994, n° 93-83.821 : *Bull. crim.* n° 290). L'action civile du travailleur clandestin contre son employeur est recevable car, si la législation sur le travail clandestin a été édictée en vue de l'intérêt général, elle tend également à la protection des particuliers, qui peuvent, lorsque sa méconnaissance leur a causé un préjudice personnel et direct, en obtenir réparation devant la juridiction pénale (■ Cass. crim., 6 févr. 2001, n° 00-81.526 : *Bull. crim.* n° 32). Si les dispositions de l'article 434-1 du Code pénal relatives à la non-dénonciation de crime ont pour objet l'intérêt général et répriment le trouble causé à l'ordre public par une abstention délictueuse, elles ont aussi pour but la protection des intérêts privés. Dès lors, justifie sa décision la chambre d'accusation qui, pour déclarer recevable la constitution de partie civile, à la suite d'une plainte portée pour non-dénonciation de crime, contre un évêque, par les parents d'enfants ayant, au temps de leur minorité, subi des viols et des atteintes sexuelles de la part d'un prêtre, retiennent qu'en ne révélant pas aux autorités judiciaires ou administratives le comportement sexuel du prêtre envers les enfants dont celui-ci avait la charge, l'évêque a privé les parents d'une information qui leur eût permis de comprendre le comportement de leurs fils et d'adopter envers eux une attitude propre à apaiser leurs difficultés à un âge difficile de leur existence et que ce silence a empêché les parents de faire obstacle à la poursuite des rencontres entre leurs enfants et le prêtre (■ Cass. crim., 27 févr. 2001, n° 00-84.532 : *Bull. crim.* n° 48). L'article 434-6 du Code pénal réprimant le recel de malfaiteur a également pour but la protection des intérêts privés et autorise, par voie de conséquence, l'exercice de l'action civile dans les conditions prévues par les articles 2 et 3 du Code de procédure pénale (■ Cass. crim., 17 sept. 2003 : *Bull. crim.* n° 165 ; *Dr. pén.* 2004, comm. 5, obs. M. Véron).

4° Cas particuliers

• Président de la République

65) Égalité des armes, indépendance et impartialité des magistrats. L'intervention d'un président de la République en tant que partie civile dans la procédure n'a pas eu pour effet de créer un déséquilibre dans les droits des parties et le déroulement de la procédure. Partant, il n'y a pas eu violation de l'article 6, § 1, s'agissant du principe d'égalité des armes. [...] La situation de partie demanderesse à un litige d'une personnalité ayant un rôle institutionnel dans le déroulement de la carrière des juges est susceptible de créer un doute légitime sur l'indépendance et l'impartialité de ceux-ci. Cependant, en l'espèce, la Cour n'aperçoit aucun motif de constater que les juges du fond appelés à statuer sur la cause du requérant n'étaient pas indépendants au sens de l'article 6, § 1, de la Convention (■ CEDH, 18 oct. 2018, n° 80018/12, *Thiam c/ France : AJ pénal* 2018, 587, obs. S. Lavric. – *Adde* A.-B. Caire, *Le point de vue de la CEDH sur la constitution de partie civile d'un président de la République : D.* 2019, 464).

• Intérêt légitime à agir de la victime

66) Intérêt légitime – Victime en situation illicite ou immorale. Justifie sa décision l'arrêt qui, après avoir constaté que les formalités de publication et d'affichage du mariage avaient été effectuées à la m230–19airie, que les alliances avaient été achetées, les invitations imprimées et envoyées, que les préparatifs au repas de mariage et au bal étaient terminés, enfin que l'appartement des futurs époux avait été loué et aménagé, a décidé qu'une fiancée avait éprouvé, du fait du décès de son fiancé, un préjudice direct, actuel et certain résultant d'une situation exactement appréciée (■ Cass. crim., 5 janv. 1956 : *JCP* 1956, II, 9146). L'auteur d'un homicide involontaire ne saurait se prévaloir, en vue de se soustraire aux conséquences civiles de sa propre responsabilité pénale, du caractère délictueux de la liaison ayant existé entre la victime de cet homicide et la concubine de celle-ci constituée partie civile (■ Cass. crim., 19 juin 1975 : *Bull. crim.* n° 161 ; *D.* 1975, 679, note A. Tunc). Justifie sa décision la cour d'appel qui, pour rejeter, dans une procédure suivie du chef d'homicide involontaire, les demandes de réparations civiles formées par deux femmes alléguant l'une et l'autre leur qualité de concubine de la victime, se fonde sur des constatations de fait d'où elle déduit implicitement le caractère précaire de la double liaison invoquée (■ Cass. crim., 8 janv. 1985, n° 82-92.753 : *Bull. crim.* n° 12). Justifie sa décision la cour d'appel qui, après avoir relevé que la concubine a droit, comme l'épouse légitime, à l'indemnisation du préjudice qu'elle subit du fait du décès de son compagnon, tient compte, pour évaluer ce préjudice, de la précarité et de l'instabilité s'attachant au concubinage (■ Cass. crim., 9 oct. 1996, n° 95-82.272 : *Dr. pén.* 1996, comm. 12, note A. Maron).

67) Intérêt légitime – Victime ayant participé à l'infraction. Si l'[ancien] article 1131 du Code civil déclare sans effet l'obligation sur cause illicite, il ne vise pas les obligations ayant leur source dans un délit caractérisé par la loi pénale et dont la somme allouée par les juges à la partie civile constitue une réparation ; en conséquence, la prostituée qui s'est portée partie civile contre son souteneur est recevable à demander remboursement des produits de la prostitution qu'elle lui a versés (▪ Cass. crim., 7 juin 1945 : *D.* 1946, 149, note R. Savatier ; *JCP* 1946, II, 2955, note J. Hémard). Le mari et les enfants d'une femme morte à la suite d'un avortement illicite sont recevables à exercer contre l'avorteuse l'action civile devant les juridictions répressives aux fins d'obtenir réparation du préjudice personnel à eux causé par le décès de leur épouse et mère (▪ Cass. crim., 7 juin 1952 : *JCP* 1952, II, 7074, rapp. J. Brouchot).

Comp., dès lors qu'il est constaté que le bénéficiaire d'un chèque ayant fait l'objet d'une défense au tiré de payer, non justifiée, avait accepté de le recevoir connaissant l'insuffisance de la provision, les infractions à la loi pénale, même non poursuivies, qui résultaient d'un concert frauduleux entre l'émetteur et ledit bénéficiaire, rendent celui-ci irrecevable à se constituer partie civile en vue de poursuivre la réparation du préjudice qu'il pourrait avoir subi du fait de leurs agissements communs (▪ Cass. crim., 28 juin 1982, n° 81-94.186 : *Bull. crim.* n° 175). L'auteur d'une infraction n'est pas recevable à se constituer partie civile à l'encontre des personnes qui l'auraient incité à commettre celle-ci, en alléguant le préjudice que lui auraient causé sa déclaration de culpabilité et sa condamnation (▪ Cass. crim., 28 oct. 1997, n° 96-85.880 : *Bull. crim.* n° 353 ; *D.* 1998, 268, note D. Mayer et J.-F. Chassaing. ▪ Cass. crim., 21 sept. 2016, n° 16-82.082 : *Dr. pén.* 2016, comm. 161, note A. Maron et M. Haas). La personne qui, de mauvaise foi, a remis une somme d'argent à l'auteur principal d'un délit de trafic d'influence ou à son complice, en vue d'obtenir une décision favorable d'une autorité publique, est irrecevable à se constituer partie civile contre eux (▪ Cass. crim., 7 févr. 2001, n° 00-83.023 : *Bull. crim.* n° 38 ; *Dr. pén.* 2001, comm. 82, obs. M. Véron). Si c'est à tort que, pour déclarer irrecevable une constitution de partie civile, les juges énoncent que le statut de mis en examen est incompatible avec celui de partie civile constituée dans la même procédure, l'arrêt n'encourt pas la censure dès lors qu'il résulte des mentions de celui-ci et des faits qu'il relève que le demandeur a directement participé à la commission des infractions dont il se plaint et qu'ainsi, il ne saurait bénéficier du droit d'exercer l'action civile (▪ Cass. crim., 13 juin 2018, n° 17-84.329).

• Capacité à agir de la victime

68) Débiteur placé en liquidation judiciaire – Intérêts patrimoniaux. Il résulte de l'article L. 641-9, I, du Code de commerce que le débiteur ne peut se constituer partie civile que dans le but de déclencher ou de soutenir l'action publique, le liquidateur disposant seul de la faculté d'exercer l'action civile afin d'assurer la défense des intérêts patrimoniaux de ce dernier. Ce principe s'applique lorsque sont en cause les seuls intérêts civils, mais également lorsque la constitution de partie civile est associée à l'action publique. Ni le représentant statutaire de la personne morale mise en liquidation judiciaire, ni son mandataire, désigné en lieu et place des dirigeants sociaux, ne sont en conséquence recevables à solliciter la réparation du préjudice subi par le débiteur (▪ Cass. crim., 24 juin 2020, n° 18-85.540, §§ 33 et 34 : *Bull. crim.* à paraître ; *D.* 2020, p. 1930, note R. Salomon ; *AJ pénal* 2020, 474, obs. M.-C. Sordino).

69) Comité d'entreprise – Représentant. L'action civile en réparation du dommage directement causé au comité d'entreprise par un crime, un délit ou une contravention doit être exercée par l'un de ses membres régulièrement mandaté à cet effet. En effet, si l'article R. 432-1 du Code du travail, qui disposait que le comité était valablement représenté par un de ses membres délégué à cet effet, a été abrogé par le décret n° 2008-244 du 7 mars 2008 relatif au Code du travail, cette abrogation, intervenue lors de la recodification du Code du travail, ne saurait être interprétée comme permettant que l'action civile du comité d'entreprise soit exercée par une personne qui n'en est pas membre, dès lors que, sauf dispositions expresses contraires, la recodification du Code du travail est intervenue à droit constant (▪ Cass. crim., 9 sept. 2020, n° 19-83.139, §§ 10 et 11).

B – Personnes morales agissant pour la défense de l'intérêt collectif

1° *Syndicats*

Voir : J. Calais-Auloy, *Les actions en justice des associations de consommateurs* : *D.* 1988, chron. p. 193. C. Campredon, *L'action collective* : *D.* 1952, chron. 153.

Code du travail

Art. L. 2132-3. – Les syndicats professionnels ont le droit d'agir en justice. Ils peuvent, devant toutes les juridictions, exercer tous les droits réservés à la partie civile concernant les faits portant un préjudice direct ou indirect à l'intérêt collectif de la profession qu'ils représentent.

Art. L. 2133-3. – Les unions de syndicats jouissent de tous les droits conférés aux syndicats professionnels par le présent titre.

70) Principe de recevabilité de l'action civile des syndicats. L'action civile exercée par le syndicat est recevable dès lors qu'elle a pour objet, non de donner satisfaction aux intérêts individuels d'un ou plusieurs de ses membres, mais d'assurer la protection de l'intérêt collectif de la profession envisagée dans son ensemble et représentée par le syndicat professionnel (■ Cass. ch. réunies, 5 avr. 1913 : *D.* 1914, 1, 65, rapp. Falcimaigne, concl. Sarrut, note Nast ; *S.* 1920, 1, 49, note Maistre).

71) Syndicat régulièrement constitué. Justifie sa décision la chambre d'accusation qui, pour déclarer irrecevable la constitution de partie civile d'un « syndicat des justiciables » énonce que selon les articles L. 411-1 et L. 411-2 du Code du travail, un syndicat ne peut être régulièrement constitué que pour la défense d'intérêts professionnels entre des personnes exerçant la même profession, des métiers similaires ou des métiers connexes concourant à l'établissement de produits déterminés et que tel n'est pas le cas du syndicat des justiciables, qui a pour but la défense de personnes dont il est évident qu'elles n'appartiennent pas à l'une des catégories ci-dessus visées (■ Cass. crim., 28 sept. 1993, n° 92-85.014).

72) Syndicat régulièrement constitué – Constitution régulière avant les faits. Pour exercer les droits réservés à la partie civile relativement aux faits portant un préjudice direct ou indirect à l'intérêt collectif de la profession qu'ils représentent, les syndicats professionnels doivent avoir une existence légale au moment où ces faits ont été commis. Est irrecevable la constitution de partie civile d'un syndicat concernant des faits antérieurs à sa constitution (■ Cass. crim., 22 mai 2007, n° 06-84.748 : *Bull. crim.* n° 132).

73) Absence de condition de représentativité. La Cour d'appel, qui constate l'existence d'un droit générateur en lui-même d'un préjudice subi par la profession à laquelle appartenait le personnel de l'entreprise, est fondée à recevoir l'action civile d'un syndicat, dès lors que les termes de l'arrêt impliquent que ce syndicat représentait cette profession, sans qu'il soit nécessaire en outre que ledit syndicat ait été reconnu comme représentatif dans ladite entreprise (■ Cass. crim., 22 nov. 1977, n° 76-93.162 : *Bull. crim.* n° 362).

74) Notion d'intérêt collectif – Intérêt qualifié de collectif. Les syndicats professionnels peuvent exercer tous les droits réservés à la partie civile concernant les faits portant un préjudice direct ou indirect à l'intérêt collectif de la profession qu'ils représentent. Justifie dès lors sa décision la cour d'appel qui déclare recevable l'action d'un syndicat à l'encontre d'une société des chefs d'omission de déclaration à la CNIL d'un système de vidéosurveillance et d'autres infractions à la loi du 6 janvier 1978, dès lors que les faits, commis par l'employeur au sein du site de production et à ses abords immédiats, avaient pour conséquence de permettre l'enregistrement illicite de l'image des salariés dans leur activité, et notamment dans l'exercice de leurs droits syndicaux, et d'en permettre le traitement et la conservation, sans le consentement des intéressés (■ Cass. crim., 9 févr. 2016, n° 14-87.753 : *Bull. crim.* n° 29). Est recevable l'action civile d'un syndicat qui s'était constitué partie civile à l'encontre de personnes poursuivies pour travail dissimulé par dissimulation d'activité et dissimulation d'emplois salariés dès lors que l'exercice d'un travail dissimulé est de nature à causer à la profession représentée par le syndicat demandeur un préjudice distinct de celui subi personnellement par les salariés concernés (■ Cass. crim., 6 déc. 2011, n° 10-86.829 : *Bull. crim.* n° 244). Des syndicats de personnel navigant peuvent valablement se constituer parties civiles dans l'information ouverte du chef d'homicides et blessures involontaires suite à l'effondrement du terminal d'un aérogare, dès lors que les manquements constitutifs des infractions poursuivies ont pu compromettre la sécurité des travailleurs, dont certains circulaient dans le terminal où est survenu l'accident, et causer ainsi un préjudice aux intérêts collectifs des professions représentées par ces syndicats (■ Cass. crim., 11 oct. 2005, n° 05-82.414 : *Bull. crim.* n° 254).

75) Notion d'intérêt collectif – Intérêt qualifié de non collectif. Un syndicat professionnel n'est recevable à se porter partie civile que pour la défense des intérêts collectifs de la profession qu'il représente. Tel n'est pas le cas d'une organisation syndicale qui s'est constituée partie civile à la suite d'un délit de harcèlement sexuel dont l'un des salariés du secteur de la profession qu'il représente aurait été victime sur le lieu de son travail de la part de son supérieur hiérarchique (■ Cass. crim., 23 janv. 2002, n° 01-83.559 : *Bull. crim.* n° 12). Si les syndicats professionnels peuvent, devant toutes les juridictions, exercer tous les droits réservés à la partie civile c'est à la condition que les faits déférés au juge puissent, par eux-mêmes, porter un préjudice direct ou indirect à l'intérêt collectif de la profession distinct aussi bien de l'intérêt privé de la victime que des intérêts généraux de la société. Tel n'est pas le cas s'agissant des faits de tentative d'évasion et d'homicide volontaire sur la personne d'un surveillant de l'administration pénitentiaire (■ Cass. crim., 22 déc. 1987, n° 87-81.130 : *Bull. crim.* n° 484).

76) Représentant du syndicat autorisé à agir. Il se déduit de l'article L. 2132-3 du Code du travail que seuls disposent du droit d'ester en justice les représentants des syndicats tirant ce pouvoir, soit des statuts, soit d'un mandat exprès régulier (▪ Cass. crim., 11 sept. 2018, nos 16-81.762, 16-81.764).

2° *Ordres professionnels*

Voir : C. Campredon, *L'action collective ordinale : JCP* G 1979, I, 2943 ; *L'action collective : D.* 1952, chron. 153.

• **Ordres bénéficiant d'une habilitation générale pour les infractions portant un préjudice direct ou indirect à l'intérêt collectif de la profession**

77) Ordre des avocats.

Voir aussi : L. n° 71-1130, 31 déc. 1971, art. 21-1, al. 3.

Aux termes de l'article 2 du Code de procédure pénale, l'action civile ne peut, sauf disposition légale particulière, être exercée devant la juridiction répressive que par la personne qui a subi, du fait de l'infraction poursuivie, un préjudice direct, personnel, actuel et certain. En conséquence, l'Ordre des avocats n'est pas recevable à intervenir dans une poursuite exercée à l'occasion du crime de tentative d'homicide volontaire et des délits de séquestration arbitraire, dégradation volontaire de bien immobilier, violences ou voies de fait aggravées dont a été victime un avocat inscrit à l'Ordre (▪ Cass. crim., 5 févr. 1992, n° 91-81.581 : *Bull. crim.* n° 54).

78) Ordre des notaires.

Voir aussi : V. Ord. n° 45-2590, 2 nov. 1945, art. 6, al. 2.

79) Ordre des huissiers. Aux termes de l'article 2 du Code de procédure pénale, sauf disposition légale particulière, l'action civile ne peut être exercée, devant la juridiction répressive, que par la personne qui a subi un préjudice résultant directement de l'infraction. En conséquence, la chambre régionale des huissiers de justice n'est pas recevable à se constituer partie civile dans une poursuite exercée à l'occasion de violences dont a été victime un huissier de justice dans l'exercice de ses fonctions (▪ Cass. crim., 14 nov. 1996, n° 96-80.350 : *Bull. crim.* n° 407 ; *JCP* G 1997, II, 22850, note L. Boré).

80) Ordre des experts-comptables.

Voir aussi : V. Ord. n° 45-2138, 19 sept. 1945, art. 37, 8°.

Il se déduit des articles 20, alinéas 4, 31 et 37 de l'ordonnance n° 45-2138 du 19 septembre 1945 que le droit de se constituer partie civile devant les juridictions répressives dans les poursuites intentées par le ministère public pour des infractions portant un préjudice direct ou indirect à l'intérêt collectif des professions relevant de sa compétence est exclusivement réservé au Conseil supérieur de l'ordre des experts-comptables et comptables agréés. Encourt la censure l'arrêt qui déclare recevable la constitution de partie civile du Conseil de l'ordre des experts-comptables d'Île-de-France (▪ Cass. crim., 18 mars 2020, n° 19-82.548, §§ 20 et 21).

• **Ordres bénéficiant d'une habilitation générale pour les infractions portant un préjudice direct ou indirect à l'intérêt collectif de la profession y compris en cas de menaces ou violences commises en raison de l'appartenance à la profession.**

81) Ordre des médecins.

Voir aussi : V. C. santé publ., art. L. 4122-1, al. 3. *Contra précédemment*, ▪ Cass. crim., 5 juin 1996, n° 95-83.374 : *Bull. crim.* n° 236 ; *Dr. pén.* 1996, comm. 231 : Aux termes de l'article 2 du Code de procédure pénale, l'action civile ne peut, sauf disposition légale particulière, être exercée devant la juridiction répressive que par la personne qui a subi, du fait de l'infraction poursuivie, un préjudice direct et personnel. En conséquence, le conseil départemental de l'Ordre des médecins n'est pas recevable à intervenir dans une poursuite exercée à l'occasion du délit de violences avec arme dont a été victime un médecin inscrit à l'Ordre.

Justifie sa décision la cour d'appel qui, pour déclarer recevable la constitution de partie civile du conseil départemental de l'ordre des médecins, retient qu'en refusant de se conformer à l'interdiction édictée par l'AFSSAPS, institution poursuivant des impératifs de santé publique, le prévenu a porté atteinte à l'image et à la profession de médecin que cette instance est chargée de défendre et de préserver, ce dont il ressort que les faits ont porté un préjudice aux intérêts collectifs représentés par le conseil départemental de l'ordre des médecins (▪ Cass. crim., 12 juin 2019, n° 17-81.235 : *Bull. crim.* à paraître).

82) Ordre des vétérinaires.

Voir aussi : V. C. rur. pêch. marit., art. L. 242-3-1, I, al. 3.

83) Ordre des infirmiers.

Voir aussi : V. C. santé publ., art. L. 4312-7, I, al. 3.

3° *Associations*

Voir : C. Campredon, *L'action collective : D.* 1952, chron. 153. B. Lapérou-Scheneider, *À la recherche d'une cohérence de l'exercice par les associations des « droits reconnus à la partie civile » : Dr. pén.* 2016, étude 13.

• **Irrecevabilité de l'action civile**

84) Principe. Si l'action civile est ouverte au profit de toute personne qui se prétend lésée par un crime, un délit, une contravention, cette action n'est recevable et ne peut mettre en mouvement l'action publique qu'autant que la partie qui l'intente a été personnellement et directement lésée par l'infraction. Est à bon droit jugée irrecevable l'action d'une association, aucun préjudice ne pouvant résulter pour elle de l'infraction. En effet, reconnaître à l'association dont il s'agit le droit d'exercer une telle action serait lui attribuer un droit qui n'appartient qu'au ministère public (▪ Cass. crim., 18 oct. 1913 : *S.* 1920, 1, 321, note L. Hugueney).

L'exercice de l'action civile devant les tribunaux répressifs est un droit exceptionnel qui, en raison de sa nature, doit être strictement renfermé dans les limites fixées par le Code de procédure pénale. Il en résulte qu'une association ne peut exercer les droits reconnus à la partie civile en vue de la réparation d'un préjudice porté à un intérêt collectif que dans les conditions prévues par les articles 2-1 et suivants du Code de procédure pénale. Fait dès lors l'exacte application de l'article 2 du Code de procédure pénale l'arrêt qui déclare irrecevables les constitutions de partie civile d'associations qui n'apportent aucun élément permettant de considérer qu'elles ont pu subir un préjudice présentant un caractère direct et personnel, autre que l'atteinte portée aux intérêts collectifs qu'elles ont pour mission de défendre (▪ Cass. crim., 7 sept. 2021, n° 19-87.031, §§ 15 et 19 : *Bull. crim.* à paraître ; *JCP* G 2021, 1096, note S. Detraz).

85) Illustrations. Aux termes de l'article 2 du Code de procédure pénale, et sauf dérogation législative, l'action civile ne peut être exercée devant les juridictions pénales que par celui qui a subi un préjudice personnel prenant directement sa source dans l'infraction poursuivie. Il n'en est pas ainsi d'une association qui, n'entrant pas dans les prévisions des articles 2-1 et suivants du Code précité, a pour objet « le respect du suffrage universel » et dont le préjudice moral allégué n'est pas distinct du préjudice social dont la réparation est assurée par l'exercice même de l'action publique (▪ Cass. crim., 6 mars 1990, n° 88-81.385 : *Bull. crim.* n° 104). L'action civile n'appartient, sauf dispositions contraires, qu'à ceux qui ont personnellement souffert du dommage découlant directement des faits, objet de la poursuite. Est irrecevable la constitution de partie civile d'associations dès lors que, d'une part, le préjudice allégué n'est pas distinct du préjudice résultant du trouble que causent les infractions poursuivies aux intérêts généraux de la société dont la réparation est assurée par l'exercice même de l'action publique et que, d'autre part, ces associations n'ont pas allégué l'existence d'un préjudice indirect aux intérêts collectifs des consommateurs entrant dans les prévisions limitatives des articles 2-1 à 2-10 du Code de procédure pénale ou de l'article 1er de la loi du 5 janvier 1988 permettant à certaines associations d'exercer les droits reconnus à la partie civile (▪ Cass. crim., 16 déc. 1992, n° 91-86.314 : *Bull. crim.* n° 426). Est irrecevable la constitution de partie civile d'une association de protection d'une appellation contrôlée qui ne figure pas parmi celles qui sont énumérées par les articles 2-1 à 2-21 du Code de procédure pénale, dès lors que l'association ne pouvait justifier d'un préjudice découlant directement des faits délictueux (▪ Cass. crim., 29 oct. 2013, n° 12-84.108 : *Bull. crim.* n° 208). Aucune disposition légale ne permet à une association de défense des citoyens de faire échec à l'article 2 du Code de procédure pénale en se substituant à ses membres pour réclamer la réparation d'un préjudice qui, à le supposer établi, aurait été causé, non à l'association elle-même, mais à chacun de ses membres pris individuellement (▪ Cass. crim., 16 janv. 1990, n° 89-83.214 : *Bull. crim.* n° 24). Est à juste titre déclarée irrecevable, sur le fondement de l'article 2 du Code de procédure pénale, la constitution de partie civile d'une association de défense de l'environnement dès lors que celle-ci n'est pas susceptible de subir un dommage propre directement causé par le délit de mise en danger d'autrui (▪ Cass. crim., 8 sept. 2020, n° 19-85.004, § 13 : *Bull. crim.* à paraître ; *Dr. pén.*, 2020, comm. 188, note J.-H. Robert ; *JCP* 2020, 1073 ; *AJ pénal* 2020, p. 471, obs. C. Liévaux). En application de l'article 2 du Code de procédure pénale, l'action civile en réparation du dommage causé par un délit appartient à tous ceux qui ont personnellement souffert du dommage directement causé par cette infraction et en application de l'article 2-23 du même code la recevabilité de la constitution de partie civile d'une association agréée de lutte contre la corruption est subordonnée à sa déclaration d'existence en préfecture depuis au moins cinq ans. Méconnaît ces textes la chambre de l'instruction qui déclare recevable la constitution de partie civile d'une association de contribuables se proposant par ses statuts de lutter contre la corruption, alors que cette association, d'une part, n'était ni agréée ni déclarée depuis au moins cinq ans à la date de sa constitution de partie civile, d'autre part, ne justifie pas d'un préjudice personnel directement causé par les délits poursuivis de blanchiment de fraude fiscale, corruption et blanchiment de corruption (▪ Cass. crim., 11 oct. 2017, n° 16-86.868 : *Bull. crim.* à paraître ; B. Lapérou-Scheneider, *Les associations non habilitées ne peuvent toujours pas se constituer parties civiles pour la défense d'intérêts collectifs* : *JCP* 2017, 1253). En vertu de l'article 2 du Code de procédure pénale, l'action civile en réparation du dommage causé par un délit appartient à tous ceux qui ont personnellement souffert du dommage directement causé par cette infraction et, selon l'article 2-23 dudit code, l'exercice de l'action civile par les associations agréées de lutte contre la corruption est limité aux seules infractions visées par ce texte. Encourt dès lors la cassation l'arrêt qui déclare recevable l'action civile d'une association alors que, d'une part, l'information judiciaire ne concerne aucune des infractions mentionnées à l'article 2-23 du Code de procédure pénale, d'autre part, l'association ne justifie pas d'un préjudice personnel directement causé par les délits poursuivis, au sens de l'article 2 du même code (▪ Cass. crim., 31 janv. 2018, n° 17-80.659 : *Bull. crim.* à paraître ; *JCP* 2018, 316, note B. Bouloc ; *Dr. pén.* 2018, comm. 54, note A. Maron et M. Haas ; *RSC* 2018, p. 136, obs. R. Parizot ; *JCP* 2018, 244, veille B. Lapérou-Scheneider). *Contra précédemment* : est recevable la constitution de partie civile d'une association ayant pour objet la prévention et la lutte contre la corruption à l'occasion de poursuites pour détournement de fonds publics, abus de biens sociaux et recel, dès lors que ces infractions seraient de nature à causer à cette association un préjudice direct et personnel en raison de la spécificité du but et de l'objet de sa mission (▪ Cass. crim., 9 nov. 2010, n° 09-88.272).

• Exceptions à l'irrecevabilité de l'action civile

86) Exceptions légales.

Voir : art. 2-1 et s., p. 50.

87) Exceptions légales – Associations agréées. Si, selon l'article 1er de la loi n° 88-14 du 5 janvier 1988, les associations régulièrement déclarées ayant pour objet statutaire explicite la défense des intérêts des consommateurs peuvent exercer les droits de la partie civile relativement aux faits portant un préjudice direct ou indirect à l'intérêt collectif des consommateurs, c'est à la condition d'avoir été agréées à cette fin. Encourt la cassation l'arrêt qui, dans une poursuite du chef de fraudes et falsifications, reçoit la constitution de partie civile d'une association sans rechercher si elle a été régulièrement agréée ou si cette association a personnellement subi un préjudice résultant directement de l'infraction (▪ Cass. crim., 23 janv. 1992, n° 89-82.111 : *Bull. crim.* n° 24). Les associations qui, par dérogation légale aux dispositions de l'article 2 du Code de procédure pénale, sont autorisées à exercer à l'encontre des auteurs de certaines infractions les droits reconnus à la partie civile, doivent être en mesure de justifier devant les juges de l'agrément auquel elles sont assujetties par la loi (▪ Cass. crim., 26 mai 1992, n° 89-83.536 : *Bull. crim.* n° 211).

88) Exceptions légales – Associations bénéficiant d'une habilitation spéciale. Le droit d'agir reconnu aux associations habilitées par l'article 48-1 de la loi du 29 juillet 1881 n'est prévu que pour les délits limitativement énumérés par ce texte (injure publique à caractère discriminatoire). Par suite, est irrecevable la constitution de partie civile d'une telle association dès lors que les faits poursuivis s'analysent en une contravention d'injure raciale non publique (▪ Cass. crim., 27 nov. 2012, n° 11-86.982 : *Bull. crim.* n° 261). Le délit prévu par l'article 63, alinéa 2, du Code pénal ne figurant pas parmi les infractions énumérées par les articles 2-2 et 2-3 du Code de procédure pénale, les associations visées dans ces deux textes ne sauraient se constituer parties civiles à raison d'un tel délit dont un tiers a été victime (▪ Cass. crim., 3 mai 1988, n° 87-84.365 : *Bull. crim.* n° 188).

89) Exceptions légales – Associations bénéficiant d'une habilitation générale. Les associations agréées de consommateurs tiennent de l'article L. 421-1 du Code de la consommation le pouvoir d'exercer les droits reconnus à la partie civile relativement aux faits portant un préjudice direct ou indirect à l'intérêt collectif des consommateurs. Tel est le cas d'une publicité de nature à induire en erreur sur les prestations de service offertes par une agence de voyage (▪ Cass. crim., 15 oct. 1997, n° 96-85.785 : *Bull. crim.* n° 337) ou encore d'une revente à perte (▪ Cass. crim., 10 oct. 1996, n° 95-80.226 : *Bull. crim.* n° 358).

90) Exceptions légales – Associations devant justifier de l'accord de la victime. L'exercice de l'action civile devant les juridictions pénales est un droit exceptionnel qui, en raison de sa nature, doit être strictement renfermé dans les limites fixées par le Code de procédure pénale ; si les associations se proposant de combattre le racisme peuvent exercer les droits reconnus à la partie civile, une telle action n'est recevable lorsque l'infraction aura été commise envers une personne considérée individuellement que si l'association justifie avoir reçu l'accord de la personne intéressée, lorsque cet accord peut être recueilli. Dans le cas d'une atteinte volontaire à la vie d'une personne en raison de son origine raciale, à défaut d'avoir pu recueillir l'accord de la victime elle-même, les associations entrant dans la catégorie de celles prévues par l'article 2-1, alinéa 1er, du Code de procédure pénale, sont irrecevables à exercer les droits reconnus à la partie civile. Dès lors, encourt la cassation l'arrêt de la chambre de l'instruction qui, pour infirmer l'ordonnance d'irrecevabilité de la constitution de partie civile du MRAP dans une information suivie pour meurtre à caractère racial, retient, d'une part, qu'en raison du décès de la victime antérieurement à l'intervention de l'association, la condition de l'accord de la personne ne peut être opposée à celle-ci, et, d'autre part, qu'en l'absence de disposition légale relative à la manifestation de la volonté des ayants droit de la victime, l'opposition manifestée par certains membres de la famille ne peut avoir d'effet juridique (■ Cass. crim., 25 sept. 2007, n° 05-88.324 : *Bull. crim.* n° 220 ; *JCP* 2007, II, 10205, note H. Matsopoulou ; *Dr. pén.* 2007, comm. 145, obs. A. Maron).

91) Exception jurisprudentielle. Une association qui n'a pas pour but la défense des intérêts de ses membres, qui a été spécialement créée pour conserver la mémoire des victimes de la déportation et qui a été reconnue d'utilité publique à cet effet subit un préjudice direct et personnel du fait de l'apologie des crimes de guerre, la déportation étant un de ces crimes. La recevabilité de son action découle de la spécialité du but et de l'objet de sa mission (■ Cass. crim., 14 janv. 1971, n° 70-90.558 : *Bull. crim.* n° 14 ; *D.* 1971, 101 ; *JCP* 1972, II, 17022, note Blin). L'association spécialement créée pour lutter contre le tabagisme subit un préjudice direct et personnel du fait d'une publicité clandestine en faveur du tabac et la recevabilité de son action découle de la spécificité du but et de l'objet de sa mission (■ Cass. crim., 7 févr. 1984, n° 82-90.338 : *Bull. crim.* n° 41). La possibilité, offerte par l'article L. 480-1, alinéa 5, du Code de l'urbanisme, aux associations agréées de protection de l'environnement d'exercer les droits de la partie civile en ce qui concerne les infractions en matière de permis de construire qui portent un préjudice direct ou indirect aux intérêts collectifs qu'elles ont pour objet de défendre, n'exclut pas le droit, pour une association non agréée, qui remplit les conditions prévues par l'article 2 du Code de procédure pénale, de se constituer partie civile à l'égard des mêmes faits. Satisfait à ces conditions, en raison de la spécificité du but et de l'objet de sa mission, une association, qui ne poursuit pas la défense des intérêts de ses membres mais dont l'objet statutaire est la protection de l'environnement, du cadre de vie, de la faune et de la flore d'un village (■ Cass. crim., 12 sept. 2006, n° 05-86.958 : *Bull. crim.* n° 217). V. égal., antérieurement à la loi du 6 décembre 2013 créant l'article 2-23 du Code de procédure pénale, ■ Cass. crim., 9 nov. 2010, n° 09-88.272 : est recevable la constitution de partie civile d'une association ayant pour objet la prévention et la lutte contre la corruption à l'occasion de poursuites pour détournement de fonds publics, abus de biens sociaux et recel, dès lors que ces infractions seraient de nature à causer à cette association un préjudice direct et personnel en raison de la spécificité du but et de l'objet de sa mission.

4° Personnes morales de droit public

92) Recevabilité de l'action civile fondée sur le préjudice matériel. L'État victime d'un préjudice est recevable en sa demande de dommages-intérêts à l'encontre des auteurs d'infractions pénales quand bien même il exercerait, parallèlement, une action en recouvrement de la taxe fraudée dès lors que l'action en réparation du dommage résultant du délit d'escroquerie à la TVA est distincte de l'action en recouvrement de la taxe fraudée dans le cadre d'une procédure fiscale (■ Cass. crim., 16 mai 2018, n° 17-81.151 : *Bull. crim.* à paraître).

93) Irrecevabilité de l'action civile fondée sur le préjudice moral. En matière de préjudice moral, l'État ne possède pas, en principe, de droit d'agir devant les tribunaux de la répression en réparation d'infraction à la loi pénale (■ Cass. crim., 1er mai 1925 : S. 1926, 1, 137). L'Office national de la chasse n'est pas recevable à se constituer partie civile à l'occasion de poursuites du chef d'outrages à un garde-chasse de l'Office, si n'est pas caractérisé son préjudice personnel résultant directement des faits (■ Cass. crim., 17 avr. 1985, n° 84-92.225 : *Bull. crim.* n° 148). L'action civile prévue par les articles 2 et 3 du Code de procédure pénale n'appartient qu'à ceux qui ont personnellement souffert d'un dommage directement causé par l'infraction, distinct de l'atteinte portée aux intérêts généraux de la société, dont la réparation est assurée par l'exercice de l'action publique. Est donc irrecevable l'action civile de l'État représenté par l'agent judiciaire du Trésor public en réparation du préjudice moral découlant de l'infraction de loterie publicitaire illicite, le préjudice moral allégué ne se distinguant pas du trouble social que réparait l'exercice de l'action publique (■ Cass. crim., 18 févr. 1998, n° 96-85.786 : *Dr. pén.* 1998, comm. 88). Le délit d'apologie de crimes ne peut occasionner pour la commune du lieu des faits, fût-il commis dans une école maternelle, un préjudice personnel et direct né de l'infraction, dont elle pourrait demander réparation (■ Cass. crim., 17 mars 2015, n° 13-87.358 : *Bull. crim.* n° 56).

94) Exceptions légales.

Voir : pour les communes s'agissant des infractions aux règles d'urbanisme, C. urb., art. L. 480-1, al. 6.

Voir aussi : pour certaines personnes morales de droit public s'agissant des infractions en matière d'environnement, C. env., art. L. 132-1, al. 1.

Voir aussi : pour le Centre national de la cinématographie s'agissant de l'infraction de contrefaçon d'une œuvre audiovisuelle, CPI, art. L. 331-3.

Voir aussi : pour l'administration fiscale, LPF, art. L. 232.

Justifie sa décision l'arrêt qui, pour déclarer recevable la constitution de partie civile en cause d'appel de la Direction générale des finances publiques, énonce que l'administration fiscale ne saurait être assimilée à une victime se constituant partie civile pour obtenir la réparation d'un préjudice personnel et direct occasionné par une infraction et que la nature spécifique de son action, qui n'est ni une action civile ni une action publique, trouve son fondement, non pas dans les articles 2 et 3 du Code de procédure pénale mais dans l'article L. 232 du Livre des procédures fiscales, cette action ne lui ouvrant pas, comme en droit commun, le droit de demander une réparation distincte de celle assurée par les majorations et amendes fiscales mais ayant pour but de lui permettre de suivre la procédure et d'intervenir dans les débats, étant rappelé qu'il incombe à l'administration fiscale, aux côtés du ministère public, d'apporter la preuve de l'élément intentionnel du délit de fraude fiscale, délit pour lequel elle est seule à pouvoir, par sa plainte, déclencher la mise en œuvre de l'action publique (▪ Cass. crim., 8 nov. 2017, n° 17-82.968 : *Bull. crim.* à paraître).

95) Atténuations jurisprudentielles. Les articles 2 et 3 du Code de procédure pénale ouvrent l'action civile à tous ceux qui ont personnellement souffert du dommage, matériel ou moral, découlant des faits, objet de la poursuite, sans en exclure les personnes morales de droit public. L'atteinte portée, par une contravention à la police de la chasse, aux intérêts qu'un parc national a pour mission légale de préserver, en application de l'article L. 241-1 du Code rural, caractérise, pour celui-ci, un préjudice personnel découlant directement des faits poursuivis, distinct du trouble social. Sa constitution de partie civile est dès lors recevable (▪ Cass. crim., 7 avr. 1999 : *Bull. crim.* n° 69 ; *Dr. pén.* 1999, comm. 101, note J.-H. Robert). L'État est fondé à se constituer partie civile dans les poursuites pénales exercées contre certains de ses agents des chefs de trafic d'influence et favoritisme, le préjudice moral invoqué, résultant du discrédit que le comportement des prévenus a jeté sur la fonction publique tout entière et de l'affaiblissement de l'autorité de l'État qui en est résulté, étant distinct de l'atteinte à l'intérêt général (▪ Cass. crim., 10 mars 2004, n° 02-85.285 : *Bull. crim.* n° 64). Le délit de corruption commis par son maire porte atteinte à la notoriété d'une ville et rend recevable l'action civile de celle-ci dès lors qu'est caractérisée l'existence d'un préjudice moral distinct de l'intérêt social (▪ Cass. crim., 14 mars 2007, n° 06-81.010 : *Bull. crim.* n° 83 ; *Dr. pén.* 2007, comm. 85, note M. Véron).

III – DÉFENDEURS À L'ACTION CIVILE

96) Héritiers de la personne poursuivie. La juridiction répressive reste compétente pour se prononcer sur l'action civile après le décès de la personne poursuivie à condition qu'une décision sur le fond concernant l'action publique ait été rendue au moment du décès (▪ Cass. crim., 15 sept. 2009, n° 08-86.830 : *Bull. crim.* n° 154). Au cas de décès du prévenu en cours d'instance en cassation, la Cour de cassation reste compétente pour statuer sur les intérêts civils. Doivent de ce fait être examinés tant les moyens de cassation qui portent sur l'action civile que ceux qui portent sur l'action publique, celle-ci servant de fondement à celle-là (▪ Cass. crim., 13 mars 1995, n° 93-84.299 : *Bull. crim.* n° 100).

97) Personnes civilement responsables de la personne poursuivie. Devant les juridictions répressives, le droit d'intervention comme le droit d'action ne peut être fondé que sur un texte formel ; il découle pour les personnes civilement responsables de l'article 182 du Code d'instruction criminelle (▪ Cass. crim., 5 avr 1949, B. 135).

98) Assureur de la personne poursuivie.

Voir : art. 388-1, p. 888.

99) Cas des personnes morales de droit public – Principe de l'action en réparation contre l'Administration devant les juridictions administratives. Il résulte de la loi des 16-24 août 1790 et du décret du 16 fructidor an III que, sauf dispositions contraires, les tribunaux judiciaires ne sont pas compétents pour réparer les conséquences dommageables d'une faute engageant la responsabilité d'une personne morale de droit public à l'occasion de la gestion d'un service public administratif (▪ Cass. crim., 24 oct. 2017, n° 16-85.975 : *Bull. crim.* à paraître).

100) Cas des agents publics – Principe de l'action en réparation contre l'Administration devant les juridictions administratives en cas de faute de service. Les conséquences dommageables d'une faute non détachable de la fonction ne peuvent être appréciées par une juridiction de l'ordre judiciaire dès lors que, la responsabilité de l'État se trouvant substituée à celle de l'auteur de cette faute, seuls les tribunaux administratifs sont compétents pour se prononcer sur la réparation du préjudice résultant de celle-ci (▪ Cass. crim., 3 févr. 1987, n° 85-91.598 : *Bull. crim.* n° 57. ▪ Cass. crim., 29 nov. 1988, n° 86-96.056 : *Bull. crim.* n° 403).

101) Cas des agents publics – Principe de l'action en réparation contre l'Administration devant les juridictions judiciaires en cas de dommages causés par un véhicule.

Voir : L. n° 57-1424, 31 déc. 1957, art. 1er.

102) Cas des agents publics – Principe de l'action en réparation contre l'Administration devant les juridictions judiciaires en cas de dommages causés ou subis par un élève.

Voir : C. éduc., art. L. 911-4.

Pour obtenir réparation de son préjudice, un élève ne peut jamais mettre en cause devant les tribunaux judiciaires la responsabilité des membres de l'enseignement public, à laquelle est substituée celle de l'État, par application de l'article 2 de la loi du 5 avril 1937 (devenu C. éduc., art. L. 911-4) (■ Cass. crim., 31 janv. 1995, n° 93-85.711 : *Bull. crim.* n° 38). Selon l'article L. 911-4 du Code de l'éducation, lorsque la responsabilité d'un membre de l'enseignement public se trouve engagée à la suite d'un fait dommageable commis au détriment des élèves qui lui sont confiés, la responsabilité de l'État est substituée à celle de l'enseignant, qui ne peut jamais être mis en cause devant les tribunaux civils par la victime ou ses représentants (■ Cass. crim., 7 nov. 2017, n° 16-84.329 : *Bull. crim.* à paraître. ■ Cass. crim., 20 sept. 2006, n° 05-87.229 : *Bull. crim.* n° 38. ■ Cass. crim., 3 nov. 2021, n° 21-80.749, § 7 : *Procédures* 2022, comm. 19, note A.-S. Chavent-Leclère).

Doit être considéré comme membre de l'enseignement public, au sens l'article L. 911-4 du Code de l'éducation, l'agent territorial spécialisé des écoles maternelles, qui appartient à la communauté éducative et remplit une mission d'accueil des élèves, d'assistance pédagogique et de surveillance, auquel est imputée une faute pénale commise à l'occasion d'activités scolaires ou périscolaires, d'enseignement ou de surveillance (■ Cass. crim., 2 févr. 2022, n° 21-82.535, § 8 : *Bull. crim.* à paraître).

103) Cas des agents publics – Principe de l'action en réparation contre l'Administration devant les juridictions judiciaires en cas de dommages causés par des infractions d'atteintes à la liberté individuelle ou de violation de domicile.

Voir : art. 136, al. 3, p. 402.

104) Cas des agents publics – Action en réparation contre l'agent public devant les juridictions pénales en cas de faute personnelle. La juridiction judiciaire est compétente pour statuer sur la réparation des conséquences dommageables de la faute commise par un agent public et revêtant le caractère d'une faute personnelle, détachable de la fonction (■ Cass. crim., 2 avr. 1992, n° 90-87.579 : *Bull. crim.* n° 140 ; *JCP* 1993, II, 22105, note Ch. Vallar. ■ Cass. crim., 15 mars 2016, n° 14-87.237 : *Bull. crim.* n° 81). Encourt dès lors la cassation l'arrêt par lequel une cour d'appel se déclare incompétente pour statuer sur la responsabilité civile d'un médecin attaché à un service public hospitalier, définitivement condamné pour non-assistance à personnes en péril, alors que la faute commise par celui-ci révélait un manquement volontaire et inexcusable à des obligations d'ordre professionnel et déontologique (■ Cass. crim., 2 avr. 1992, n° 90-87.579, préc.). Encourt également la cassation l'arrêt par lequel une cour d'appel se reconnaît compétente pour statuer sur la responsabilité civile d'un maire poursuivi du chef d'injure à caractère public, sans rechercher si la faute imputée à celui-ci présentait le caractère d'une faute personnelle détachable du service (■ Cass. crim., 15 mars 2016, préc.). L'agent d'un service public n'est personnellement responsable des conséquences dommageables de l'acte délictueux qu'il commet que si celui-ci constitue une faute détachable de ses fonctions (■ Cass. crim., 13 févr. 2007, n° 06-82.264 : *Bull. crim.* n° 45. ■ Cass. crim., 30 nov. 2010, n° 10-80.447 : *Bull. crim.* n° 191. ■ Cass. crim., 15 mars 2016, n° 14-87.237 : *Bull. crim.* n° 81). Ne commet pas une faute détachable du service, le médecin régulateur rattaché à un service public hospitalier, qui, informé téléphoniquement du péril auquel se trouve exposé un enfant par les questions détaillées qui lui sont posées, n'ordonne pas son transfert immédiat à l'hôpital et s'abstient ainsi volontairement, dans l'exercice de ses fonctions et avec les moyens mis à sa disposition, d'intervenir par les modes utiles qu'il lui était possible d'employer pour lui prêter assistance (■ Cass. crim., 30 nov. 2010, préc.). Encourt la cassation l'arrêt qui condamne le prévenu à verser des dommages-intérêts à la partie civile sans rechercher si la faute imputée à celui-ci présentait le caractère d'une faute personnelle détachable du service (■ Cass. crim., 15 mars 2016, préc.).

105) Retrait de provision de chèque. L'action civile, en remboursement de la créance que la remise d'un chèque est destinée à éteindre, ne peut être dirigée que contre le débiteur lui-même. Encourt dès lors la cassation l'arrêt condamnant le dirigeant d'une société, poursuivi pour infractions à la législation des chèques, à payer à la partie civile le montant des chèques impayés, les juges ordonnant ainsi le remboursement d'une créance contractuelle préexistante, dont la seule débitrice était la société dirigée par le prévenu (■ Cass. crim., 18 déc. 2019, n° 18-85.535 : *Bull. crim.* à paraître).

IV – RENONCIATION À L'ACTION CIVILE

106) Caractère non équivoque. Le désistement de la partie civile en cours d'information suppose l'existence d'une renonciation par laquelle le plaignant manifeste sans équivoque sa volonté d'abandonner l'action, sans condition et en l'état. Tel n'est pas le cas du désistement expressément subordonné à la condition impossible que le juge d'instruction s'abstînt de procéder au règlement de l'information, (■ Cass. crim., 17 oct. 2017, n° 16-83.643 : *Bull. crim.* à paraître).

Art. 2-1 *(Mod., L. n° 2016-1547, 18 nov. 2016)*. – **Toute association régulièrement déclarée depuis au moins cinq ans à la date des faits, se proposant par ses statuts de combattre le racisme ou d'assister les victimes de discrimination fondée sur leur origine nationale, ethnique, raciale ou religieuse, peut exercer les droits reconnus à la partie civile en ce qui concerne, d'une part, les discriminations réprimées par les articles 225-2 et 432-7 du Code pénal et l'établissement ou la conservation de fichiers réprimés par l'article 226-19 du même code, d'autre part, les atteintes volontaires à la vie et à l'intégrité de la personne, les menaces, les vols, les extorsions et les destructions, dégradations et détériorations qui ont été commis au préjudice d'une personne à raison de son origine nationale, de son appartenance ou de sa non-appartenance, vraie ou supposée, à une ethnie, une race ou une religion déterminée.**

Toutefois, lorsque l'infraction aura été commise envers une personne considérée individuellement, l'association ne sera recevable dans son action que si elle justifie avoir reçu l'accord de la personne intéressée ou, si celle-ci est mineure, l'accord du titulaire de l'autorité parentale ou du représentant légal, lorsque cet accord peut être recueilli.

Toute fondation reconnue d'utilité publique peut exercer les droits reconnus à la partie civile dans les mêmes conditions et sous les mêmes réserves que l'association mentionnée au présent article.

En cas d'atteinte volontaire à la vie, si la victime est décédée, l'association doit justifier avoir reçu l'accord de ses ayant-droits.

Voir aussi : s'agissant de l'action civile des associations ayant pour objet de combattre le racisme ou d'assister les victimes de discrimination en matière d'infractions de presse, L. 29 juill. 1881, art. 48-1, 48-4 à 48-6.

1) Indifférence des conditions de l'article 2 du Code de procédure pénale. Encourt la cassation l'arrêt de la chambre d'accusation qui a déclaré irrecevable la plainte avec constitution de partie civile pour infractions aux articles 187-1 et 416 du Code pénal d'une association, régulièrement déclarée, se proposant de combattre le racisme, au motif qu'elle n'a pas allégué avoir personnellement souffert d'un préjudice en relation avec ladite infraction. En effet, une telle association agissant conformément aux dispositions de l'article 2-1 du Code de procédure pénale tient, sans autre condition, le pouvoir d'exercer les droits reconnus à la partie civile (■ Cass. crim., 1er déc. 1981, n° 80-92.810 : *Bull. crim.* n° 317).

2) Infractions concernées. L'exercice de l'action civile devant les tribunaux de répression est un droit exceptionnel qui, en raison de sa nature, doit être strictement renfermé dans les limites fixées par le Code de procédure pénale. Est irrecevable la constitution de partie civile d'une association de lutte contre le racisme dès lors que le crime d'homicide volontaire, objet de l'information, n'est pas l'une des infractions prévues par l'[ancien] article 2-1 du Code de procédure pénale comme autorisant une telle association à exercer les droits reconnus à la partie civile (■ Cass. crim., 22 déc. 1975, n° 74-92.080 : *Bull. crim.* n° 291). Justifie sa décision l'arrêt qui déclare irrecevable la constitution de partie civile du MRAP, au motif qu'en dépit de propos méprisants tenus par certains mis en cause, seule la qualité de clandestins a été la cause des infractions dont les passagers clandestins ont été victimes, la question raciale étant absente du processus qui a conduit aux actes criminels (■ Cass. crim., 3 mai 1995, n° 95-80.725 : *Bull. crim.* n° 161).

3) Accord de la personne intéressée. Selon les articles 2 et 2-1 du Code de procédure pénale, d'une part, l'exercice de l'action civile devant les juridictions pénales est un droit exceptionnel qui, en raison de sa nature, doit être strictement renfermé dans les limites fixées par le Code de procédure pénale, d'autre part, si les associations régulièrement déclarées, se proposant par leurs statuts de combattre le racisme ou d'assister les victimes de discrimination fondée sur leur origine nationale, ethnique, raciale ou religieuse, peuvent, en ce qui concerne certaines infractions, exercer les droits reconnus à la partie civile, une telle action n'est recevable, lorsque l'infraction aura été commise envers une personne considérée individuellement que si l'association justifie avoir reçu l'accord de la personne intéressée, lorsque cet accord peut être recueilli. Encourt la cassation l'arrêt de la chambre de l'instruction qui déclare recevable la constitution de partie civile du MRAP dans une information suivie pour meurtre à caractère racial alors que l'accord de la victime, seule titulaire de ce droit, qui s'éteint à son décès, n'a pu être recueilli (■ Cass. crim., 25 sept. 2007, n° 05-88.324 : *Bull. crim.* n° 220 ; *RSC* 2008, 108, obs. A. Giudicelli ; *Dr. pén.* 2007, comm. 145, note A. Maron ; *Dr. pén.* 2009, chron. 1, D. Guérin). Lorsque l'infraction a été commise envers une personne considérée individuellement, l'accord de celle-ci est nécessaire pour rendre recevable la constitution de partie civile de l'association, que celle-ci ait été faite par voie d'action ou par voie d'intervention. Fait l'exacte application de l'article 2-1 du Code de procédure pénale la cour d'appel qui, pour déclarer irrecevable la constitution de partie civile par voie d'intervention de l'association SOS racisme dans l'information ouverte par le procureur de la République du chef de discrimination raciale envers sept personnes nommément désignées, retient que cette constitution a été faite sans l'accord préalable des personnes intéressées (■ Cass. crim., 25 nov. 2008, n° 07-88.006 : *Bull. crim.* n° 238 ; *Dr. pén.* 2009, comm. 27, note A. Maron et M. Haas).

4) Infractions de presse. Il résulte de la combinaison des articles 47, 48 et 48-1 de la loi du 29 juillet 1881 que seuls le ministère public et certaines associations se proposant par leurs statuts de combattre le racisme ou d'assister les victimes de discrimination fondée sur leur origine nationale, ethnique, raciale ou religieuse peuvent mettre en mouvement l'action publique en cas de délit prévu par l'article 24, alinéa 6, de cette loi. Encourt la cassation l'arrêt qui déclare recevable la constitution de partie civile d'une association alors que la mission de combattre le racisme ou d'assister les victimes de discrimination n'entre pas dans la défense de l'intérêt des familles, mission confiée par la loi à ladite association (■ Cass. crim., 17 déc. 2002, n° 01-85.650 : *Bull. crim.* n° 227).

Art. 2-2 ***(Mod., L. n° 2017-86, 27 janv. 2017).*** **– Toute association régulièrement déclarée depuis au moins cinq ans à la date des faits, dont l'objet statutaire comporte la lutte contre les violences sexuelles, contre le harcèlement sexuel ou contre les violences exercées sur un membre de la famille, peut exercer les droits reconnus à la partie civile, en ce qui concerne les atteintes volontaires à la vie et à l'intégrité de la personne, les agressions et autres atteintes sexuelles, l'enlèvement et la séquestration et la violation de domicile réprimés par les articles 221-1 à 221-4, 222-1 à 222-18, 222-23 à 222-33, 224-1 à 224-5, 226-4 et 432-8 du Code pénal lorsque la victime de ces infractions était majeure à la date des faits. Toutefois, l'association ne sera recevable dans son action que si elle justifie avoir reçu l'accord de la victime. Si celle-ci est un majeur en tutelle, l'accord doit être donné par son représentant légal.**

Toute fondation reconnue d'utilité publique peut exercer les droits reconnus à la partie civile dans les mêmes conditions et sous les mêmes réserves que l'association mentionnée au présent article.

En cas d'atteinte volontaire à la vie, si la victime est décédée, l'association doit justifier avoir reçu l'accord de ses ayant-droits.

1) Infractions concernées. Justifie sa décision la cour d'appel qui déclare irrecevable la constitution de partie civile d'associations au motif que celles-ci ne seraient recevables que dans les limites fixées par les articles 2-2 et 2-3 du Code de procédure pénale, sauf à démontrer sur la base de l'article 2 du même code, un préjudice direct et personnellement subi par elles du fait de l'infraction et qui relève qu'elles ne prouvent ni n'offrent de prouver un tel préjudice et que le délit de non-assistance à personne en danger ne fait pas partie de ceux qui sont limitativement énumérés par les articles 2-2 et 2-3 susvisés (■ Cass. crim., 3 mai 1988, n° 87-84.365 : *Bull. crim.* n° 188).

2) Objet statutaire de l'association. Il résulte des dispositions de l'article 2-2 du Code de procédure pénale que ce n'est qu'en ce qui concerne les infractions prévues par les articles 332, 333 et 333-1 du Code pénal que les associations régulièrement déclarées depuis au moins cinq ans, dont l'objet statutaire comporte la lutte contre les violences sexuelles, peuvent exercer les droits reconnus à la partie civile (■ Cass. crim., 11 mars 1987, n° 83-94.993 : *Bull. crim.* n° 121 ; *RSC* 1987, p. 911, obs. A. Braunshweig). Il appartient à la Cour de cassation de se reporter aux statuts des associations prétendant exercer les droits reconnus à la partie civile afin de s'assurer que ces statuts répondent, pour ce qui est de leur objet, aux exigences de l'article 2-2 du Code de procédure pénale et de contrôler à cet égard les appréciations des juges du fond (■ Cass. crim., 23 mars 1982, n° 82-90.318 : *Bull. crim.* n° 83).

3) Exception d'irrecevabilité. L'exception d'irrecevabilité de la constitution de partie civile d'une association, tirée de ce que l'obtention de l'accord préalable de victimes n'aurait pas été vérifiée par la cour d'appel, soulevée pour la première fois devant la Cour de cassation, est un moyen nouveau, mélangé de fait et de droit, et donc irrecevable (■ Cass. crim., 15 juin 2000, n° 99-84.171 : *Bull. crim.* n° 227).

Art. 2-3 *(Mod., L. n° 2016-1547, 18 nov. 2016)*. **– Toute association régulièrement déclarée depuis au moins cinq ans à la date des faits et dont l'objet statutaire comporte la défense ou l'assistance de l'enfant en danger et victime de toutes formes de maltraitance peut exercer les droits reconnus à la partie civile en ce qui concerne les atteintes volontaires à la vie et à l'intégrité, les agressions et autres atteintes sexuelles commises sur la personne d'un mineur et les infractions de mise en péril des mineurs réprimées par les articles 221-1 à 221-5, 222-1 à 222-18-1, 222-23 à 222-33-1, 223-1 à 223-10, 223-13, 224-1 à 224-5, 225-7 à 225-9, 225-12-1 à 225-12-4, 227-1, 227-2 et 227-15 à 227-27-1 du Code pénal, lorsque l'action publique a été mise en mouvement par le ministère public ou la partie lésée.**

Toute association, inscrite auprès du ministère de la Justice dans des conditions fixées par décret en Conseil d'État, est recevable dans son action même si l'action publique n'a pas été mise en mouvement par le ministère public ou la partie lésée en ce qui concerne l'infraction mentionnée à l'article 227-23 du Code pénal. Il en est de même lorsqu'il est fait application des dispositions du second alinéa de l'article 222-22 et de l'article 227-27-1 dudit code.

Toute fondation reconnue d'utilité publique peut exercer les droits reconnus à la partie civile dans les mêmes conditions et sous les mêmes réserves que l'association mentionnée au présent article.

Voir : s'agissant de l'inscription auprès du ministre de la Justice, art. R. 1er, p. 1901.

Infractions concernées. Justifie sa décision la cour d'appel qui déclare irrecevable la constitution de partie civile d'associations au motif que celles-ci ne seraient recevables que dans les limites fixées par les articles 2-2 et 2-3 du Code de procédure pénale, sauf à démontrer sur la base de l'article 2 du même code, un préjudice direct et personnellement subi par elles du fait de l'infraction et qui relève qu'elles ne prouvent ni n'offrent de prouver un tel préjudice et que le délit de non-assistance à personne en danger ne fait pas partie de ceux qui sont limitativement énumérés par les articles 2-2 et 2-3 susvisés (■ Cass. crim., 3 mai 1988, n° 87-84.365 : *Bull. crim.* n° 188). Un fait unique de violence commis en dehors du contexte d'une relation de responsabilité, de confiance ou de pouvoir, n'entre pas dans les prévisions de l'article 2-3 du Code de procédure pénale, lequel ne s'applique aux infractions qu'il énumère qu'à la condition qu'elles constituent une maltraitance (■ Cass. crim., 4 déc. 2018, n° 18-81.364 : *Bull. crim.* à paraître ; *AJ pénal* 2019, p. 95, note E. Gallardo).

Art. 2-4 *(Mod., L. n° 2016-1547, 18 nov. 2016)*. **– Toute association régulièrement déclarée depuis au moins cinq ans qui se propose, par ses statuts, de combattre les crimes contre l'humanité ou les crimes de guerre ou de défendre les intérêts moraux et l'honneur de la Résistance ou des déportés peut exercer les droits reconnus à la partie civile en ce qui concerne les crimes de guerre et les crimes contre l'humanité.**

Toute fondation reconnue d'utilité publique peut exercer les droits reconnus à la partie civile dans les mêmes conditions et sous les mêmes réserves que l'association mentionnée au présent article.

Objet statutaire de l'association. L'association qui s'est donné pour mission de promouvoir le droit international humanitaire, ce qui implique qu'elle entend combattre les crimes de guerre, est recevable à se constituer partie civile sur le fondement de l'article 2-4 du Code de procédure pénale (■ Cass. crim., 7 sept. 2021, n° 19-87.031, §§ 50 et 51 : *Bull. crim.* à paraître).

Art. 2-5 *(L. n° 83-466, 10 juin 1983)*. **– Toute association régulièrement déclarée depuis au moins cinq ans à la date des faits qui se propose, par ses statuts, de défendre les intérêts moraux et l'honneur de la Résistance ou des déportés peut exercer les droits reconnus à la partie civile en ce qui concerne soit l'apologie des crimes de guerre ou des crimes ou délits de collaboration avec l'ennemi, soit les destructions ou dégradations de monuments ou les violations de sépultures, soit les délits de diffamation ou injures, qui ont causé un préjudice direct ou indirect à la mission qu'elle remplit.**

(Al. aj., L. n° 2016-1547, 18 nov. 2016) **Toute fondation reconnue d'utilité publique peut exercer les droits reconnus à la partie civile dans les mêmes conditions et sous les mêmes réserves que l'association mentionnée au présent article.**

Infractions de presse. Justifie sa décision la chambre de l'instruction qui déclare irrecevable la plainte avec constitution de partie civile du chef d'apologie de crime de guerre portée par l'Union générale tunisienne du travail (UGTT) au motif qu'en application des dispositions des articles 47, 48 et 48-2 de la loi du 29 juillet 1881, seuls le ministère public et certaines associations, dont ne fait pas partie l'UGTT, peuvent mettre en mouvement l'action publique sur le fondement de l'article 24, alinéa 5, de la loi sur la liberté de la presse et que ces restrictions, qui s'appliquent sans distinction de l'origine nationale des parties, ne méconnaissent pas les dispositions de la Convention européenne des droits de l'Homme (■ Cass. crim., 28 févr. 2012, n° 11-81.402 : *Bull. crim.* n° 57). *Comp.* selon l'article 2-5 du Code de procédure pénale, les associations régulièrement déclarées depuis au moins cinq ans qui se proposent, par leurs statuts, de défendre les intérêts moraux et l'honneur de la Résistance ou des déportés peuvent exercer les droits reconnus à la partie civile en ce qui concerne l'apologie des crimes ou délits de collaboration avec l'ennemi ; ce texte attribue auxdites associations le droit de mettre en mouvement l'action publique. Encourt la cassation l'arrêt qui déclare nulles les poursuites engagées au motif qu'en vertu de l'article 48 de la loi du 29 juillet 1881 la partie civile ne peut, en matière de délits commis par la voie de la presse, mettre en mouvement l'action publique que dans les cas prévus par ce texte qui ne vise pas l'apologie des crimes ou délits de collaboration avec l'ennemi et que l'article 2-5 du Code de procédure pénale, qui permet à certaines associations d'exercer les droits reconnus à la partie civile en ce qui concerne ce délit, n'apporte aucune dérogation à l'article 48 précité (■ Cass. crim., 20 déc. 1988, n° 87-91.778 : *Bull. crim.* n° 442).

Art. 2-6 *(Mod., L. n° 2017-86, 27 janv. 2017 ; L. n° 2022-92, 31 janv. 2022).* **– Toute association régulièrement déclarée depuis au moins cinq ans à la date des faits, se proposant par ses statuts de combattre les discriminations fondées sur le sexe, sur les mœurs, sur l'orientation sexuelle ou sur l'identité de genre, peut exercer les droits reconnus à la partie civile en ce qui concerne les discriminations réprimées par les articles 225-2 et 432-7 du Code pénal et les articles L. 1146-1 et L. 1155-2 du Code du travail, lorsqu'elles sont commises en raison du sexe, de la situation de famille, des mœurs, de l'orientation sexuelle ou de l'identité de genre de la victime ou à la suite d'un harcèlement sexuel.**

Toutefois, en ce qui concerne les discriminations commises à la suite d'un harcèlement sexuel, l'association n'est recevable dans son action que si elle justifie avoir reçu l'accord écrit de la personne intéressée, ou, si celle-ci est mineure et après l'avis de cette dernière, celui du titulaire de l'autorité parentale ou du représentant légal.

L'association peut également exercer les droits reconnus à la partie civile en cas d'atteintes volontaires à la vie ou à l'intégrité de la personne et de destructions, dégradations et détériorations réprimées par les articles 221-1 à 221-4, 222-1 à 222-18, 225-4-13 et 322-1 à 322-13 du Code pénal, lorsque ces faits ont été commis en raison du sexe, de l'orientation sexuelle, de l'identité de genre ou des mœurs de la victime, dès lors qu'elle justifie avoir reçu l'accord de la victime ou, si celle-ci est un mineur ou un majeur protégé, celui de son représentant légal.

Toute fondation reconnue d'utilité publique peut exercer les droits reconnus à la partie civile dans les mêmes conditions et sous les mêmes réserves que l'association mentionnée au présent article.

En cas d'atteinte volontaire à la vie, si la victime est décédée, l'association doit justifier avoir reçu l'accord de ses ayant-droits.

Art. 2-7 *(L. n° 87-565, 22 juill. 1987 ; L. n° 2021-1520, 25 nov. 2021).* **– En cas de poursuites pénales pour incendie volontaire, les personnes morales de droit public peuvent se constituer partie civile devant la juridiction de jugement en vue d'obtenir le remboursement, par le condamné, des frais qu'elles ont exposés pour lutter contre l'incendie.**

Infraction concernée. Il résulte des articles 2-7 du Code de procédure pénale et L. 1424-42 du Code général des collectivités territoriales que les services départementaux d'incendie et de secours ne sont recevables à se constituer partie civile devant la juridiction de jugement en vue d'obtenir le remboursement des frais qu'ils ont exposés pour lutter contre un incendie que lorsque celui-ci est volontaire ; encourt dès lors la cassation l'arrêt de cour d'appel qui condamne le prévenu à rembourser les frais engagés par le SDIS alors que la condamnation a été prononcée pour destruction involontaire par incendie (■ Cass. crim., 14 janv. 2020, n° 19-80.186 : *Bull. crim.* à paraître).

Art. 2-8 *(Mod., L. n° 2016-1547, 18 nov. 2016).* **– Toute association régulièrement déclarée depuis au moins cinq ans à la date des faits ayant, en vertu de ses statuts, vocation à défendre ou à assister les personnes malades, handicapées ou âgées peut exercer les droits reconnus à la partie civile en ce qui concerne les discriminations réprimées par les articles 225-2 et 432-7 du Code pénal, lorsqu'elles sont commises en raison de l'état de santé, du handicap ou de l'âge de la victime. En outre, lorsque l'action**

publique a été mise en mouvement par le ministère public ou la partie lésée, l'association pourra exercer les droits reconnus à la partie civile en ce qui concerne les atteintes volontaires à la vie, les atteintes à l'intégrité physique ou psychique, les agressions et autres atteintes sexuelles, le délaissement, l'abus de vulnérabilité, le bizutage, l'extorsion, l'escroquerie, les destructions et dégradations et la non-dénonciation de mauvais traitements, prévues par les articles 221-1 à 221-5, 222-1 à 222-18, 222-22 à 222-33-1, 223-3 et 223-4, 223-15-2, 225-16-2, 312-1 à 312-9, 313-1 à 313-3, 322-1 à 322-4 et 434-3 du Code pénal lorsqu'ils sont commis en raison de l'état de santé, du handicap ou de l'âge de la victime. Toutefois, l'association ne sera recevable dans son action que si elle justifie avoir reçu l'accord de la victime ou, si celle-ci est un mineur ou un majeur protégé, celui de son représentant légal.

(Al. mod. à compter d'une date fixée par décret en Conseil d'État et au plus tard le 1er juillet 2021, Ord. n° 2020-71, 29 janv. 2020) **Toute association régulièrement déclarée depuis au moins cinq ans à la date des faits ayant, en vertu de ses statuts, vocation à défendre ou à assister les personnes handicapées peut également exercer les droits reconnus à la partie civile en ce qui concerne les infractions aux articles article L. 162-1 à L. 164-3 du Code de la construction et de l'habitation, prévues et réprimées par l'article L. 183-4 du même code.**

Toute fondation reconnue d'utilité publique peut exercer les droits reconnus à la partie civile dans les mêmes conditions et sous les mêmes réserves que l'association mentionnée au présent article.

Art. 2-9 ***(Mod., L. n° 2016-731, 3 juin 2016 ; L. n° 2016-1547, 18 nov. 2016).*** **– Toute association régulièrement déclarée depuis au moins cinq ans qui se propose, par ses statuts, d'assister les victimes d'infractions peut exercer les droits reconnus à la partie civile en ce qui concerne les infractions entrant dans le champ d'application de l'article 706-16 lorsque l'action publique a été mise en mouvement par le ministère public ou la partie lésée.**

Toute association régulièrement déclarée ayant pour objet statutaire la défense des victimes d'une infraction entrant dans le champ d'application du même article 706-16 et regroupant plusieurs de ces victimes peut, si elle a été agréée à cette fin, exercer les droits reconnus à la partie civile en ce qui concerne cette infraction lorsque l'action publique a été mise en mouvement par le ministère public ou la partie lésée. Les conditions dans lesquelles les associations mentionnées au présent alinéa peuvent être agréées, après avis du ministère public, compte tenu de leur représentativité, sont fixées par décret.

Toute fondation reconnue d'utilité publique peut exercer les droits reconnus à la partie civile dans les mêmes conditions et sous les mêmes réserves que l'association mentionnée au présent article.

Toute fondation reconnue d'utilité publique peut exercer les droits reconnus à la partie civile dans les mêmes conditions et sous les mêmes réserves que l'association mentionnée au présent article.

Voir : s'agissant de l'agrément, art. D. 1, p. 2123.

1) Infractions concernées. Toute association régulièrement déclarée depuis au moins 5 ans à la date des faits qui se propose, par ses statuts, d'assister les victimes d'infractions, tient de l'article 2-9 du Code de procédure pénale le pouvoir d'exercer les droits reconnus à la partie civile, pour les infractions entrant dans le champ d'application de l'article 706-16 du même code qui vise expressément le délit de participation à une association de malfaiteurs en vue de la préparation d'un acte de terrorisme, prévu par l'article 421-2-1 du Code pénal (▪ Cass. crim., 9 juill. 1998, n° 97-83.612).

2) Association ayant pour objet d'assister les victimes (al. 1). L'article 2-9 du Code de procédure pénale ne subordonne pas la recevabilité de la constitution de partie civile d'une association à la nécessité d'assister une victime dans l'affaire dans laquelle l'action civile est exercée, mais seulement à l'objet statutaire de l'association, qui doit tendre à l'assistance des victimes d'infractions, et à la date de sa déclaration (▪ Cass. crim., 22 avr. 2020, n° 19-81.273, § 9 : *Bull. crim.* à paraître ; *AJ pénal* 2020, 369, obs. M. Lacaze ; *RSC* 2020, 699, obs. R. Parizot. ▪ Cass. crim., 7 sept. 2021, n° 19-87.031, § 31 : *Bull. crim.* à paraître ; *JCP* G 2021, 1096, note S. Detraz).

3) Association ayant pour objet de défendre les victimes d'une infraction et regroupant plusieurs de ces victimes (al. 2). L'infraction de financement d'entreprise terroriste incriminée par l'article 421-2-2 du Code pénal n'est pas susceptible de provoquer directement un dommage. Il en résulte que les victimes que l'association requérante regroupe ne peuvent être regardées comme ayant pu subir un préjudice direct à raison des faits de financement d'entreprise terroriste, en sorte que ladite association n'a pas qualité à exercer les droits de la partie civile (▪ Cass. crim., 7 sept. 2021, n° 19-87.036, §§ 24 et 25 : *Bull. crim.* à paraître ; *JCP* G 2021, 1096, note S. Detraz).

Art. 2-10 *(Mod., L. n° 2017-86, 27 janv. 2017).* **– Toute association régulièrement déclarée depuis au moins cinq ans à la date des faits ayant, en vertu de ses statuts, vocation à lutter contre l'exclusion sociale ou culturelle des personnes en état de grande pauvreté ou en raison de leur situation de famille ou contre l'habitat insalubre et l'hébergement incompatible avec la dignité humaine, peut exercer les droits reconnus à la partie civile en ce qui concerne les discriminations réprimées par les articles 225-2, 225-14 et 432-7 du Code pénal. Toutefois, l'association ne sera recevable dans son action que si elle justifie avoir reçu l'accord de la victime ou, si celle-ci est un mineur ou un majeur protégé, celui de son représentant légal.**

Toute fondation reconnue d'utilité publique peut exercer les droits reconnus à la partie civile dans les mêmes conditions et sous les mêmes réserves que l'association mentionnée au présent article.

Art. 2-11 *(Mod., L. n° 2016-1547, 18 nov. 2016).* **– Toute association, régulièrement déclarée depuis au moins cinq ans à la date des faits et inscrite auprès de l'Office national des anciens combattants et victimes de guerre dans des conditions fixées par décret en Conseil d'État, qui se propose par ses statuts de défendre les intérêts moraux et l'honneur des anciens combattants et victimes de guerre et des morts pour la France peut exercer les droits reconnus à la partie civile en ce qui concerne les dégradations ou destructions de monuments ou les violations de sépultures, qui ont causé un préjudice direct ou indirect à la mission qu'elle remplit.**

Toute fondation reconnue d'utilité publique peut exercer les droits reconnus à la partie civile dans les mêmes conditions et sous les mêmes réserves que l'association mentionnée au présent article.

Voir aussi : s'agissant de l'action civile des associations d'anciens combattants en matière d'infractions de presse, L. 29 juill. 1881, art. 48-3.

Rédaction future. Art. 2-11 *(Mod., L. n° 2016-1547, 18 nov. 2016 ; mod. à compter du 1er janvier 2023, L. n° 2022-297, 2 mars 2022).* – Toute association, régulièrement déclarée depuis au moins cinq ans à la date des faits et inscrite auprès de l'Office national des combattants et des victimes de guerre dans des conditions fixées par décret en Conseil d'Etat, qui se propose par ses statuts de défendre les intérêts moraux et l'honneur des anciens combattants et victimes de guerre et des morts pour la France peut exercer les droits reconnus à la partie civile en ce qui concerne les dégradations ou destructions de monuments ou les violations de sépultures, qui ont causé un préjudice direct ou indirect à la mission qu'elle remplit.

Toute fondation reconnue d'utilité publique peut exercer les droits reconnus à la partie civile dans les mêmes conditions et sous les mêmes réserves que l'association mentionnée au présent article.

Art. 2-12 *(Mod., L. n° 2016-1547, 18 nov. 2016).* **– Toute association régulièrement déclarée depuis au moins cinq ans à la date des faits qui se propose par ses statuts de combattre la délinquance routière et de défendre ou d'assister les victimes de cette délinquance peut exercer les droits reconnus à la partie civile en ce qui concerne les délits d'homicide ou blessures involontaires commis à l'occasion de la conduite d'un véhicule automobile terrestre à moteur lorsque l'action publique a été mise en mouvement par le ministère public ou la partie lésée.**

Toutefois, l'association ne sera recevable dans son action que si elle justifie avoir reçu l'accord de la victime ou, si celle-ci est mineure, celui du titulaire de l'autorité parentale ou du représentant légal.

Toute fondation reconnue d'utilité publique peut exercer les droits reconnus à la partie civile dans les mêmes conditions et sous les mêmes réserves que l'association mentionnée au présent article.

Art. 2-13 *(Mod., L. n° 2018-938, 30 oct. 2018).* **Toute association régulièrement déclarée depuis au moins cinq ans à la date des faits et dont l'objet statutaire est la défense et la protection des animaux peut exercer les droits reconnus à la partie civile en ce qui concerne les infractions prévues par le Code pénal et aux articles L. 215-11 et L. 215-13 du Code rural et de la pêche maritime réprimant l'abandon, les sévices graves ou de nature sexuelle, les actes de cruauté et les mauvais traitements envers les animaux ainsi que les atteintes volontaires à la vie d'un animal.**

Toute fondation reconnue d'utilité publique peut exercer les droits reconnus à la partie civile dans les mêmes conditions et sous les mêmes réserves que l'association mentionnée au présent article.

1) Infractions concernées. Il résulte de l'article 2-13 du Code de procédure pénale que les associations de défense et de protection des animaux ne sont pas recevables à se constituer partie civile pour des infractions autres que celles réprimant les sévices graves ou actes de cruauté et les mauvais traitements envers les animaux, ainsi que les atteintes volontaires à la vie d'un animal prévues par le Code pénal. Encourt la cassation la cour d'appel qui déclare recevable la constitution de partie civile d'associations alors que le prévenu a été condamné pénalement pour la seule contravention de défaut de soins (■ Cass. crim., 30 mai 2012, n° 11-88.268 : *Bull. crim.* n° 136). Le délit d'atteinte à la conservation d'espèces animales non domestiques par destruction, qui constitue une infraction aux dispositions législatives relatives à la protection de la nature et de l'environnement, n'entre pas dans les prévisions de l'article 2-13 du Code de procédure pénale (■ Cass. crim., 1er juin 2010, n° 09-87.159 : *Bull. crim.* n° 96).

2) Représentant de l'association. Encourt la cassation l'arrêt qui, pour déclarer irrecevable l'action civile d'une association, relève que ses statuts n'habilitent pas son président à agir en justice et ajoute que ce dernier ne dispose pas d'un mandat exprès, sans rechercher si lesdits statuts, qui autorisent son président à la représenter en justice, n'emportent pas pour ce dernier, en l'absence de stipulations contraires, le pouvoir d'agir en justice (■ Cass. crim., 2 déc. 2008, n° 08-83.759 : *Bull. crim.* n° 242).

Art. 2-14 *(Mod., L. n° 2016-1547, 18 nov. 2016).* **– Toute association régulièrement déclarée se proposant par ses statuts la défense de la langue française et agréée dans les conditions fixées par décret en Conseil d'État peut exercer les droits reconnus à la partie civile en ce qui concerne les infractions aux dispositions des textes pris pour l'application des articles 2, 3, 4, 6, 7 et 10 de la loi n° 94-665 du 4 août 1994 relative à l'emploi de la langue française.**

Toute fondation reconnue d'utilité publique peut exercer les droits reconnus à la partie civile dans les mêmes conditions et sous les mêmes réserves que l'association mentionnée au présent article.

Art. 2-15 *(Mod., L. n° 2016-1547, 18 nov. 2016).* **– Toute association régulièrement déclarée ayant pour objet statutaire la défense des victimes d'un accident survenu dans les transports collectifs ou dans un lieu ou local ouvert au public ou dans une propriété privée à usage d'habitation ou à usage professionnel et regroupant plusieurs de ces victimes peut, si elle a été agréée à cette fin, exercer les droits reconnus à la partie civile en ce qui concerne cet accident lorsque l'action publique a été mise en mouvement par le ministère public ou la partie lésée.**

Les conditions dans lesquelles les associations visées au premier alinéa peuvent être agréées, après avis du ministère public, compte tenu de leur représentativité, sont fixées par décret.

Toute fédération d'associations, régulièrement déclarée depuis au moins cinq ans à la date des faits et inscrite auprès du ministère de la Justice, dans des conditions fixées par décret en Conseil d'État, dont l'objet statutaire est la défense des victimes d'accidents collectifs, peut exercer les droits reconnus à la partie civile, en ce qui concerne un accident collectif survenu dans les circonstances visées au premier alinéa, lorsque l'action publique a été mise en mouvement par le ministère public ou la partie lésée.

Les associations et fédérations d'associations prévues par le présent article peuvent demander réparation des frais exposés en lien avec l'accident et qui sont la conséquence directe ou indirecte de l'infraction pour laquelle elles ont exercé les droits reconnus à la partie civile.

Toute fondation reconnue d'utilité publique peut exercer les droits reconnus à la partie civile dans les mêmes conditions et sous les mêmes réserves que l'association mentionnée au présent article.

Voir : s'agissant de l'agrément, art. D. 1, p. 2123, s'agissant de l'inscription auprès du ministre de la Justice, art. R. 1er-1, p. 1901.

Art. 2-16 *(Mod., L. n° 2016-1547, 18 nov. 2016).* **– Toute association régulièrement déclarée depuis au moins cinq ans à la date des faits qui se propose, par ses statuts, de lutter contre la toxicomanie ou le trafic de stupéfiants peut exercer les droits reconnus à la partie civile en ce qui concerne les infractions prévues par les articles 222-34 à 222-40 et par l'article 227-18-1 du Code pénal lorsque l'action publique a été mise en mouvement par le ministère public ou la partie lésée.**

Toute fondation reconnue d'utilité publique peut exercer les droits reconnus à la partie civile dans les mêmes conditions et sous les mêmes réserves que l'association mentionnée au présent article.

Art. 2-17 *(Mod., L. n° 2017-86, 27 janv. 2017).* **– Toute association reconnue d'utilité publique régulièrement déclarée depuis au moins cinq ans à la date des faits et se proposant par ses statuts de défendre et d'assister l'individu ou de défendre les droits et libertés individuels et collectifs peut, à l'occasion d'actes commis par toute personne physique ou morale dans le cadre d'un mouvement ou organisation ayant pour but ou pour effet de créer, de maintenir ou d'exploiter une sujétion psychologique ou physique, exercer les droits reconnus à la partie civile en ce qui concerne les infractions contre l'espèce humaine d'atteintes volontaires ou involontaires à la vie ou à l'intégrité physique ou psychique de la**

personne, de mise en danger de la personne, d'atteinte aux libertés de la personne, d'atteinte à la dignité de la personne, d'atteinte à la personnalité, de mise en péril des mineurs ou d'atteintes aux biens prévues par les articles 214-1 à 214-4 221-1 à 221-6, 222-1 à 222-40, 223-1 à 223-15, 223-15-2, 224-1 à 224-4, 225-5 à 225-15, 225-17 « ... », 226-1 à 226-23, 227-1 à 227-27, 311-1 à 311-13, 312-1 à 312-12, 313-1 à 313-3, 314-1 à 314-3, 324-1 à 324-6 et 511-1-2 du Code pénal, les infractions d'exercice illégal de la médecine ou de la pharmacie prévues par les articles L. 4161-5 et L. 4223-1 du Code de la santé publique, et les infractions de publicité mensongère, de fraudes ou de falsifications prévues par les articles L. 121-6 et L. 213-1 à L. 213-4 du Code de la consommation.

Toute fondation reconnue d'utilité publique peut exercer les droits reconnus à la partie civile dans les mêmes conditions et sous les mêmes réserves que l'association mentionnée au présent article.

Objet de l'association. Est irrecevable la constitution de partie civile de l'Union nationale des associations pour la défense des familles et de l'individu, dès lors que l'association dont l'objet statutaire n'entre pas dans le champ d'application de l'article 2-17 du Code de procédure pénale, ne justifie d'aucun préjudice personnel directement causé par les infractions poursuivies (■ Cass. crim., 28 sept. 2004, n° 03-86.604 : *Bull. crim.* n° 224).

Art. 2-18 *(Mod., L. n° 2016-1547, 18 nov. 2016).* **– Toute association régulièrement déclarée depuis au moins cinq ans qui se propose, par ses statuts, de défendre ou d'assister les victimes d'accidents du travail ou de maladies professionnelles peut exercer les droits reconnus à la partie civile en ce qui concerne les infractions prévues par les articles 221-6, 222-19 et 222-20 du Code pénal commises à l'occasion d'une activité professionnelle, lorsque l'action publique a été mise en mouvement par le ministère public ou la partie lésée.**

Toutefois, l'association ne sera recevable dans son action que si elle justifie avoir reçu l'accord de la victime ou, si celle-ci est mineure, celui du titulaire de l'autorité parentale ou du représentant légal.

Toute fondation reconnue d'utilité publique peut exercer les droits reconnus à la partie civile dans les mêmes conditions et sous les mêmes réserves que l'association mentionnée au présent article.

Art. 2-19 *(Mod., L. n° 2016-1547, 18 nov. 2016).* **– Toute association départementale des maires régulièrement déclarée, affiliée à l'Association des maires de France, et dont les statuts ont été déposés depuis au moins cinq ans, peut exercer les droits reconnus à la partie civile dans toutes les instances introduites par les élus municipaux à la suite d'injures, d'outrages, de diffamations, de menaces ou de coups et blessures à raison de leurs fonctions.**

Toutefois, l'association ne sera recevable dans son action que si elle justifie avoir reçu l'accord de l'élu.

Toute fondation reconnue d'utilité publique peut exercer les droits reconnus à la partie civile dans les mêmes conditions et sous les mêmes réserves que l'association mentionnée au présent article.

Art. 2-20 *(Mod., L. n° 2016-1547, 18 nov. 2016).* **– Toute association régulièrement déclarée depuis au moins cinq ans à la date des faits qui se propose, par ses statuts, de défendre les intérêts moraux et matériels des locataires, propriétaires et bailleurs d'immeubles collectifs à usage d'habitation peut exercer les droits reconnus à la partie civile en cas d'atteintes volontaires à l'intégrité de la personne ou de destructions, dégradations et détériorations réprimées par les articles 222-1 à 222-18 et 322-1 à 322-13 du Code pénal lorsque l'action publique a été mise en mouvement par le ministère public ou la partie lésée et que l'infraction a été commise dans un immeuble faisant partie de son objet associatif.**

Toutefois, l'association ne sera recevable dans son action que si elle justifie avoir reçu l'accord de la victime ou, si celle-ci est un mineur ou un majeur protégé, celui de son représentant légal.

Toute fondation reconnue d'utilité publique peut exercer les droits reconnus à la partie civile dans les mêmes conditions et sous les mêmes réserves que l'association mentionnée au présent article.

Art. 2-21 *(Mod., L. n° 2016-925, 7 juill. 2016 ; L. n° 2016-1547, 18 nov. 2016)* **– Toute association agréée déclarée depuis au moins trois ans, ayant pour but l'étude et la protection du patrimoine défini à l'article L. 1 du Code du patrimoine, peut exercer les droits reconnus à la partie civile en ce qui concerne les faits réprimés aux articles 311-4-2 et 322-3-1 du Code pénal ainsi qu'à l'article L. 114-1 du Code du patrimoine et portant un préjudice direct ou indirect aux intérêts collectifs qu'elle a pour objet de défendre.**

Un décret en Conseil d'État fixe les conditions dans lesquelles les associations mentionnées à l'alinéa précédent peuvent être agréées (1).

Toute fondation reconnue d'utilité publique peut exercer les droits reconnus à la partie civile dans les mêmes conditions et sous les mêmes réserves que l'association mentionnée au présent article.

Voir : s'agissant de l'agrément, art. R. 1er-2, p. 1902.

Art. 2-21-1 *(L. n° 2014-790, 10 juill. 2014 ; mod., L. n° 2016-1547, 18 nov. 2016)*. **– Toute association, tout syndicat professionnel ou tout syndicat de salariés de la branche concerné régulièrement déclaré depuis au moins deux ans à la date des faits et dont l'objet statutaire comporte la défense des intérêts collectifs des entreprises et des salariés peut exercer les droits reconnus à la partie civile en ce qui concerne les infractions définies au livre II de la huitième partie du Code du travail même si l'action publique n'a pas été mise en mouvement par le ministère public ou par la partie lésée.**

Toute fondation reconnue d'utilité publique peut exercer les droits reconnus à la partie civile dans les mêmes conditions et sous les mêmes réserves que l'association mentionnée au présent article.

Art. 2-22 *(Rempl., L. n° 2016-444, 13 avr. 2016 ; mod., L. n° 2016-1547, 18 nov. 2016)*. **– Toute association régulièrement déclarée depuis au moins cinq ans à la date des faits dont l'objet statutaire comporte la lutte contre l'esclavage, la traite des êtres humains, le proxénétisme ou l'action sociale en faveur des personnes prostituées peut exercer les droits reconnus à la partie civile en ce qui concerne les infractions réprimées par les articles 224-1 A à 224-1 C, 225-4-1 à 225-4-9, 225-5 à 225-12-2, 225-14-1 et 225-14-2 du Code pénal, lorsque l'action publique a été mise en mouvement par le ministère public ou la partie lésée. Toutefois, l'association n'est recevable dans son action que si elle justifie avoir reçu l'accord de la victime. Si celle-ci est un mineur ou un majeur protégé, l'accord est donné par son représentant légal. Si l'association mentionnée au premier alinéa du présent article est reconnue d'utilité publique, son action est recevable y compris sans l'accord de la victime.**

Toute fondation reconnue d'utilité publique peut exercer les droits reconnus à la partie civile dans les mêmes conditions et sous les mêmes réserves que l'association mentionnée au présent article.

1) **Action par voie d'intervention.** La constitution de partie civile d'une association sur le fondement de l'article 2-22 n'est permise qu'après que l'action publique a été mise en mouvement, donc uniquement par voie d'intervention, à titre incident (■ Cass. crim., 7 sept. 2021, n° 19-87.031, § 42 : *Bull. crim.* à paraître ; *JCP* G 2021, 1096, note S. Detraz).

2) **Accord de la victime.** Il doit résulter de l'accord prévu par l'article 2-22 du Code de procédure pénale, qui ne se présume pas, que les personnes lésées acceptent sans équivoque que l'association exerce les droits reconnus à la partie civile en son propre nom. Justifie sa décision la chambre de l'instruction qui déclare irrecevable une constitution de partie civile dès lors qu'il ressort de ses énonciations qu'il ne résultait pas des pièces de la procédure que les personnes lésées aient donné leur accord (■ Cass. crim., 7 sept. 2021, n° 19-87.031, §§ 40 et 41 : *Bull. crim.* à paraître ; *JCP* G 2021, 1096, note S. Detraz).

Art. 2-23 *(Mod., L. n° 2016-1547, 18 nov. 2016)*. **– Toute association agréée déclarée depuis au moins cinq ans à la date de la constitution de partie civile, se proposant par ses statuts de lutter contre la corruption, peut exercer les droits reconnus à la partie civile en ce qui concerne les infractions suivantes :**

1° Les infractions traduisant un manquement au devoir de probité, réprimées aux articles 432-10 à 432-15 du Code pénal ;

2° Les infractions de corruption et trafic d'influence, réprimées aux articles 433-1, 433-2, 434-9, 434-9-1, 435-1 à 435-10 et 445-1 à 445-2-1 du même code ;

3° Les infractions de recel ou de blanchiment, réprimées aux articles 321-1, 321-2, 324-1 et 324-2 dudit code, du produit, des revenus ou des choses provenant des infractions mentionnées aux 1° et 2° du présent article ;

4° Les infractions réprimées aux articles L. 106 à L. 109 du Code électoral.

(1) V. T. appl. : D. n° 91-787, 19 août 1991.

Un décret en Conseil d'État fixe les conditions dans lesquelles les associations mentionnées au premier alinéa du présent article peuvent être agréées.

Toute fondation reconnue d'utilité publique peut exercer les droits reconnus à la partie civile dans les mêmes conditions et sous les mêmes réserves que l'association mentionnée au présent article.

1) Jurisprudence antérieure à la loi du 16 novembre 2016. Est recevable la constitution de partie civile d'une association ayant pour objet la prévention et la lutte contre la corruption à l'occasion de poursuites pour détournement de fonds publics, abus de biens sociaux et recel, dès lors que ces infractions seraient de nature à causer à cette association un préjudice direct et personnel en raison de la spécificité du but et de l'objet de sa mission (▪ Cass. crim., 9 nov. 2010, n° 09-88.272).

2) Déclaration en préfecture. En application de l'article 2 du Code de procédure pénale, l'action civile en réparation du dommage causé par un délit appartient à tous ceux qui ont personnellement souffert du dommage directement causé par cette infraction et en application de l'article 2-23 du même code la recevabilité de la constitution de partie civile d'une association agréée de lutte contre la corruption est subordonnée à sa déclaration d'existence en préfecture depuis au moins cinq ans. Méconnaît ces textes la chambre de l'instruction qui déclare recevable la constitution de partie civile d'une association de contribuables se proposant par ses statuts de lutter contre la corruption, alors que cette association, d'une part, n'était ni agréée ni déclarée depuis au moins cinq ans à la date de sa constitution de partie civile, d'autre part, ne justifie pas d'un préjudice personnel directement causé par les délits poursuivis de blanchiment de fraude fiscale, corruption et blanchiment de corruption (▪ Cass. crim., 11 oct. 2017, n° 16-86.868 : *Bull. crim.* à paraître ; B. Lapérou-Scheneider, *Les associations non habilitées ne peuvent toujours pas se constituer parties civiles pour la défense d'intérêts collectifs* : *JCP* 2017, 1253).

3) Infractions concernées. En vertu de l'article 2 du Code de procédure pénale, l'action civile en réparation du dommage causé par un délit appartient à tous ceux qui ont personnellement souffert du dommage directement causé par cette infraction et, selon l'article 2-23 dudit code, l'exercice de l'action civile par les associations agréées de lutte contre la corruption est limité aux seules infractions visées par ce texte (▪ Cass. crim., 31 janv. 2018, n° 17-80.659 : *Bull. crim.* à paraître ; *JCP* 2018, 316, note B. Bouloc ; *Dr. pén.* 2018, n° 54, note A. Maron et M. Haas ; *RSC* 2018, p. 136, obs. R. Parizot ; *JCP* 2018, 244, veille B. Lapérou-Scheneider. ▪ Cass. crim., 17 avr. 2019, n° 18-84.055). Encourt dès lors la cassation l'arrêt qui déclare recevable l'action civile d'une association alors que, d'une part, l'information judiciaire ne concerne aucune des infractions mentionnées à l'article 2-23 du Code de procédure pénale, d'autre part, l'association ne justifie pas d'un préjudice personnel directement causé par les délits poursuivis, au sens de l'article 2 du même code (▪ Cass. crim., 31 janv. 2018, préc.). Encourt également la cassation l'arrêt qui déclare recevable l'action civile d'une association alors que, d'une part, l'infraction prévue par l'article 432-16 du Code pénal du chef de laquelle le prévenu a été condamné, n'est pas visée par l'article 2-23 du Code de procédure pénale et que, d'autre part, l'association ne justifie pas d'un préjudice personnel directement causé par le délit poursuivi, au sens de l'article 2 du même code (▪ Cass. crim., 17 avr. 2019, préc.).

Art. 2-24 *(L. n° 2017-86, 27 janv. 2017).* **– Toute association régulièrement déclarée depuis au moins cinq ans à la date des faits et ayant pour objet statutaire la défense ou l'assistance des étudiants et élèves d'établissements d'enseignement victimes de bizutage peut exercer les droits reconnus à la partie civile en ce qui concerne les infractions prévues à la section 3 *bis* du chapitre V du titre II du livre II du Code pénal.**

Toutefois, l'association n'est recevable dans son action que si elle justifie avoir reçu l'accord de la victime ou, si celle-ci est un mineur ou un majeur protégé, celui de son représentant légal.

Code de l'action sociale et des familles

Art. L. 211-3. – L'union nationale et les unions départementales des associations familiales sont habilitées, sans préjudice de tous les droits et prérogatives pouvant résulter de leurs statuts, à :

[...] 4° Exercer devant toutes les juridictions, sans avoir à justifier d'un agrément ou d'une autorisation préalable de l'autorité publique, notamment de l'agrément prévu à l'article L. 621-1 du Code de la consommation, l'action civile relativement aux faits de nature à nuire aux intérêts moraux et matériels des familles, y compris pour les infractions prévues par l'article 227-24 du Code pénal.

Code de la consommation

Art. L. 621-1 *(Ord. n° 2016-301, 14 mars 2016)*. – Les associations régulièrement déclarées ayant pour objet statutaire explicite la défense des intérêts des consommateurs peuvent, si elles ont été agréées à cette fin en application de l'article L. 811-1, exercer les droits reconnus à la partie civile relativement aux faits portant un préjudice direct ou indirect à l'intérêt collectif des consommateurs. Les organisations définies à l'article L. 211-2 du Code de l'action sociale et des familles sont dispensées de l'agrément pour agir en justice dans les conditions prévues au présent article.

Art. L. 621-2 *(Ord. n° 2016-301, 14 mars 2016)*. – Les associations de consommateurs mentionnées à l'article L. 621-1 et agissant dans les conditions précisées à cet article peuvent demander à la juridiction civile, statuant sur l'action civile ou à la juridiction répressive, statuant sur l'action civile, d'ordonner au défendeur ou au prévenu, le cas échéant sous astreinte, toute mesure destinée à faire cesser des agissements illicites ou à supprimer une clause illicite dans le contrat ou le type de contrat proposé aux consommateurs ou dans tout contrat en cours d'exécution.

Elles peuvent également demander, selon le cas, à la juridiction civile ou à la juridiction répressive de déclarer que cette clause est réputée non écrite dans tous les contrats identiques en cours d'exécution conclus par le défendeur ou le prévenu avec des consommateurs et de lui ordonner d'en informer à ses frais les consommateurs concernés par tous moyens appropriés.

Art. L. 621-3 *(Ord. n° 2016-301, 14 mars 2016)*. – La juridiction répressive saisie dans les conditions de l'article L. 621-1 peut, après avoir déclaré le prévenu coupable, ajourner le prononcé de la peine en lui enjoignant, sous astreinte le cas échéant, de se conformer, dans un délai fixé, aux prescriptions qu'elle détermine et qui ont pour objet de faire cesser l'agissement illicite ou de supprimer une clause illicite dans le contrat ou le type de contrat proposé aux consommateurs.

Art. L. 621-4 *(Ord. n° 2016-301, 14 mars 2016)*. – Dans le cas où la juridiction répressive assortit l'ajournement d'une astreinte, elle en prévoit le taux et la date à compter de laquelle elle commence à courir.

L'ajournement, qui ne peut intervenir qu'une seule fois, peut être décidé même si le prévenu ne comparaît pas en personne.

Le juge peut ordonner l'exécution provisoire de la décision d'injonction.

Art. L. 621-5 *(Ord. n° 2016-301, 14 mars 2016)*. – À l'audience de renvoi, qui doit intervenir au plus tard dans le délai d'un an à compter de la décision d'ajournement, la juridiction statue sur la peine et liquide l'astreinte s'il y a lieu.

Elle peut, le cas échéant, supprimer cette dernière ou en réduire le montant.

L'astreinte est de plein droit supprimée à chaque fois qu'il est établi que la personne concernée s'est conformée à une injonction sous astreinte prononcée par un autre juge répressif ayant ordonné de faire cesser une infraction identique à celle qui fonde les poursuites.

Art. L. 621-6 *(Mod., L. n° 2017-203, 21 févr. 2017)*. – L'astreinte est recouvrée par le comptable public compétent comme une amende pénale. Elle ne peut donner lieu à contrainte judiciaire.

Code de l'environnement

Art. L. 132-1 *(Mod., L. n° 2019-773, 24 juill. 2019)*. – L'Agence de l'environnement et de la maîtrise de l'énergie, l'Office national des forêts, le Conservatoire de l'espace littoral et des rivages lacustres, l'Office français de la biodiversité, les parcs nationaux, les agences de l'eau, le Centre des monuments nationaux et l'Agence nationale pour la gestion des déchets radioactifs peuvent exercer les droits reconnus à la partie civile en ce qui concerne les faits portant un préjudice direct ou indirect aux intérêts qu'ils ont pour objet de défendre et constituant une infraction aux dispositions législatives relatives à la protection de la nature et de l'environnement, à l'amélioration du cadre de vie, à la protection de l'eau, de l'air, des sols, des sites et paysages, à l'urbanisme ou ayant pour objet la lutte contre les pollutions et les nuisances, ainsi qu'aux textes pris pour leur application.

Sans préjudice de l'indemnisation des autres dommages subis, les personnes morales de droit public mentionnées à l'alinéa précédent intervenues matériellement ou financièrement ont droit au remboursement, par le ou les responsables, des frais exposés par elles.

Les chambres d'agriculture, les parcs naturels régionaux, le Centre national de la propriété forestière, les personnes morales désignées par le décret en Conseil d'État prévu au premier alinéa de l'article L. 412-10 pour recueillir le consentement préalable donné en connaissance de cause des communautés d'habitants et les associations régulièrement déclarées exerçant des activités dans le domaine de la conservation des connaissances traditionnelles inscrites dans leurs statuts depuis au moins trois ans peuvent également exercer les droits reconnus à la partie civile dans les conditions définies ci-dessus.

Art. L. 142-2 *(Mod., L. n° 2016-1087, 8 août 2016)*. **–** Les associations agréées mentionnées à l'article L. 141-2 peuvent exercer les droits reconnus à la partie civile en ce qui concerne les faits portant un préjudice direct ou indirect aux intérêts collectifs qu'elles ont pour objet de défendre et constituant une infraction aux dispositions législatives relatives à la protection de la nature et de l'environnement, à l'amélioration du cadre de vie, à la protection de l'eau, de l'air, des sols, des sites et paysages, à l'urbanisme, à la pêche maritime ou ayant pour objet la lutte contre les pollutions et les nuisances, la sûreté nucléaire et la radioprotection, les pratiques commerciales et les publicités trompeuses ou de nature à induire en erreur quand ces pratiques et publicités comportent des indications environnementales ainsi qu'aux textes pris pour leur application.

Ce droit est également reconnu, sous les mêmes conditions, aux associations régulièrement déclarées depuis au moins cinq ans à la date des faits et qui se proposent, par leurs statuts, la sauvegarde de tout ou partie des intérêts visés à l'article L. 211-1, en ce qui concerne les faits constituant une infraction aux dispositions relatives à l'eau, ou des intérêts visés à l'article L. 511-1, en ce qui concerne les faits constituant une infraction aux dispositions relatives aux installations classées.

Art. L. 142-3. – Lorsque plusieurs personnes physiques identifiées ont subi des préjudices individuels qui ont été causés par le fait d'une même personne et qui ont une origine commune, dans les domaines mentionnés à l'article L. 142-2, toute association agréée au titre de l'article L. 141-1 peut, si elle a été mandatée par au moins deux des personnes physiques concernées, agir en réparation devant toute juridiction au nom de celles-ci.

Le mandat ne peut être sollicité. Il doit être donné par écrit par chaque personne physique concernée.

Toute personne physique ayant donné son accord à l'exercice d'une action devant une juridiction pénale est considérée en ce cas comme exerçant les droits reconnus à la partie civile, en application du Code de procédure pénale. Toutefois, les significations et notifications sont adressées à l'association.

L'association qui exerce une action en justice en application des dispositions des alinéas précédents peut se constituer partie civile devant le juge d'instruction ou la juridiction de jugement du siège social de l'entreprise mise en cause ou, à défaut, du lieu de la première infraction.

Code du travail

Art. L. 2132-3. – Les syndicats professionnels ont le droit d'agir en justice. Ils peuvent, devant toutes les juridictions, exercer tous les droits réservés à la partie civile concernant les faits portant un préjudice direct ou indirect à l'intérêt collectif de la profession qu'ils représentent.

Art. L. 2133-2. – Les syndicats professionnels régulièrement constitués peuvent se concerter pour l'étude et la défense de leurs intérêts matériels et moraux.

Code de l'urbanisme

Art. L. 480-1. – [...]

Toute association agréée de protection de l'environnement en application des dispositions de l'article L. 141-1 du Code de l'environnement peut exercer les droits reconnus à la partie civile en ce qui concerne les faits constituant une infraction à l'alinéa 1er du présent article et portant un préjudice direct ou indirect aux intérêts collectifs qu'elle a pour objet de défendre.

La commune ainsi que l'établissement public de coopération intercommunale compétent en matière d'urbanisme peuvent exercer les droits reconnus à la partie civile, en ce qui concerne les faits commis sur leur territoire et constituant une infraction à l'alinéa premier du présent article.

Art. L. 610-1. – [...]
Toute association agréée de protection de l'environnement en application des dispositions de l'article L. 141-1 du Code de l'environnement peut exercer les droits reconnus à la partie civile en ce qui concerne les faits constituant une infraction aux alinéas premier et second du présent article et portant un préjudice direct ou indirect aux intérêts collectifs qu'elle a pour objet de défendre.
La commune ainsi que l'établissement public de coopération intercommunale compétent en matière d'urbanisme peuvent exercer les droits reconnus à la partie civile, en ce qui concerne les faits commis sur leur territoire et constituant une infraction aux dispositions du présent article.

Art. 2-25 *(Créé, L. n° 2021-1109, 24 août 2021)*. **– Toute association régulièrement déclarée depuis au moins cinq ans à la date des faits et dont l'objet statutaire comporte la lutte contre les violences, les injures, les diffamations, le harcèlement moral, les discours de haine ou la divulgation d'informations dont sont victimes les agents chargés d'une mission de service public peut exercer les droits reconnus à la partie civile en ce qui concerne les atteintes volontaires à la vie et à l'intégrité de la personne et les agressions et autres atteintes, enlèvements et séquestrations réprimés par les articles 221-1 à 221-5-5, 222-1 à 222-18-3, 222-22 à 222-33-1, 223-1-1 et 224-1 à 224-5-2 du Code pénal, si elle justifie avoir reçu l'accord de la victime ou, si cette dernière est un majeur sous tutelle, de son représentant légal.**

Art. 3. – L'action civile peut être exercée en même temps que l'action publique et devant la même juridiction.
Elle sera recevable pour tous chefs de dommages, aussi bien matériels que corporels ou moraux, qui découleront des faits objets de la poursuite.

Bibliographie : B. Auroy, *Le caractère accessoire de l'action civile exercée devant le juge pénal : entre continuité et rupture : D.* 2020, p. 1823 et s. • B. Bouloc, *De la compétence du juge pénal pour statuer sur l'action civile après l'extinction de l'action publique*, in Études offertes à Geneviève Viney, LGDJ 2008, p. 173 et s. • S. Detraz, *La juridiction pénale saisie de la seule action civile : une situation en voie de généralisation : Procédures* 2008, étude 10.

1) Recevabilité de la constitution de partie civile.

Voir : sur l'appréciation par la jurisprudence de la recevabilité de l'action civile au visa des articles 2 et 3 du Code de procédure pénale, annotations ss art. 2, p. 28.

I – EXERCICE DE L'ACTION CIVILE DEVANT LA JURIDICTION PÉNALE

A – Conditions de l'exercice de l'action civile devant la juridiction pénale

1° *Existence de l'action civile*

2) Transaction sur l'action civile. Une transaction sur les intérêts civils résultant d'un délit a, entre les parties, l'autorité de la chose jugée en dernier ressort. Encourt donc la cassation, la juridiction pénale qui se prononce sur les intérêts civils nonobstant la transaction conclue entre les parties (■ Cass. crim., 25 nov. 2015, n° 14-84.985).

3) Prescription de l'action civile.

Voir : V. art. 10, p. 106.

4) Limite tenant à la dissociation de l'action civile. La transaction signée entre deux parties, aux termes de laquelle l'une d'elles renonce à toute action judiciaire ou extra-judiciaire contre l'autre, n'est pas de nature à lui interdire de se constituer partie civile dans une procédure pénale dirigée contre cette dernière, dès lors que cette constitution n'a pour objet que de venir au soutien de l'action publique (■ Cass. crim., 14 janv. 2014, n° 11-81.362 : *Bull. crim.* n° 5).

2° *Existence de l'action publique*

5) Principe. Les tribunaux répressifs ne sont compétents pour connaître de l'action civile en réparation du dommage né d'une infraction qu'accessoirement à l'action publique (■ Cass. crim., 9 sept. 2008, n° 07-87.207 : *JurisData* n° 2008-045169 ; *Bull. crim.* n° 177 ; *Dr. pén.* 2008, comm. 147, obs. A. Maron et M. Haas. ■ Cass. crim., 5 janv. 2017, n° 15-82.562 : *Bull. crim.* n° 5).

6) Prescription de l'action publique.

Voir : art. 7 et s., p. 83. V. art. 10, p. 106.

7) Chose jugée. Les tribunaux répressifs ne sont compétents pour connaître de l'action civile en réparation du dommage né d'une infraction qu'accessoirement à l'action publique. Il en résulte que ces tribunaux ne peuvent se prononcer sur l'action civile qu'autant qu'il a été préalablement statué au fond sur l'action publique. Encourt la censure l'arrêt qui, après avoir constaté que l'action publique était éteinte, déclare recevable une action civile portée devant la juridiction répressive par voie de citation directe à l'encontre d'un prévenu définitivement relaxé par une précédente décision ayant acquis force de chose jugée (■ Cass. crim., 18 nov. 2014, n° 13-88.240 : *Bull. crim.* n° 239 ; *JCP* G 2014, 1246, obs. A. Donnier). Il se déduit de l'article 3 du Code de procédure pénale que, lorsqu'elle est saisie du seul appel de la partie civile formé à l'encontre d'un jugement ayant constaté l'extinction de l'action publique et débouté l'intéressée de ses demandes, la cour d'appel n'est compétente pour prononcer sur le droit à réparation de la partie civile, à partir et dans la limite des faits objet de la poursuite, que si elle a préalablement constaté que c'est à tort que les premiers juges ont déclaré l'action publique éteinte (■ Cass. crim., 1er avr. 2020, n° 19-80.069, §§ 14 et 15 : *Bull. crim.* à paraître ; *JCP* 2020, 896, note L. Saenko ; *JCP* 2020, chr. 119, obs. J.-B. Perrier. *Adde* B. Auroy, *Le caractère accessoire de l'action civile exercée devant le juge pénal : entre continuité et rupture : D.* 2020, p. 1823 et s.).

8) Chose jugée – Limites. V. par ex. en cas de composition pénale, art. 41-2, p. 155, de comparution sur reconnaissance préalable de culpabilité, art. 495-13, p. 1070, d'ordonnance pénale, art. 495-6, p. 1065 et art. 528-2, p. 1155, d'appel limité aux intérêts civils, art. 497, p. 1076.

9) Amnistie. Selon l'article 24 de la loi du 20 juillet 1988, la juridiction de jugement ne reste compétente pour statuer sur les intérêts civils afférents à une contravention de police amnistiée par application de l'article 1er de ce texte, que si elle a été saisie de l'action publique avant la publication de ladite loi (■ Cass. crim., 18 oct. 1990, n° 89-84.318 : *Bull. crim.* n° 347). Selon l'article 24 de la loi du 20 juillet 1988 portant amnistie, si la juridiction de jugement a été saisie de l'action publique avant la publication de la loi, cette juridiction reste compétente pour statuer sur les intérêts civils. Tel est le cas lorsque la juridiction répressive a été saisie par l'ordonnance de renvoi du juge d'instruction, quelle que soit la date de sa notification à l'inculpé qui ne peut en interjeter appel (■ Cass. crim., 22 mai 1990, n° 89-85.044 : *Bull. crim.* n° 209). Selon l'article 21 de la loi du 6 août 2002 portant amnistie, la juridiction de jugement reste compétente pour statuer sur les intérêts civils afférents à une contravention amnistiée par application de l'article 1er de ce texte si elle a été saisie de l'action publique avant la publication de ladite loi (■ Cass. crim., 20 nov. 2007, n° 07-80.400 : *Bull. crim.* n° 283).

10) Abrogation de la loi pénale. Les juridictions correctionnelles ou de police restent compétentes pour statuer sur l'action civile lorsqu'elles ont été saisies, en même temps que l'action publique, antérieurement à l'abrogation de la loi pénale (■ Cass. crim., 15 mars 1995, n° 93-85.623 : *Bull. crim.* n° 104). Les juridictions pénales restent compétentes pour statuer sur les intérêts civils lorsqu'elles en ont été régulièrement saisies avant l'abrogation de la loi pénale (■ Cass. crim., 16 févr. 2011, n° 10-83.606 : *Bull. crim.* n° 31). L'abrogation, en cours d'instance devant la Cour de cassation, de l'arrêté préfectoral qu'il est reproché au prévenu d'avoir méconnu, n'est pas de nature à priver d'objet le pourvoi formé par la partie civile contre l'arrêt ayant prononcé sur les intérêts civils, dès lors que les juridictions pénales restent compétentes pour statuer sur l'action civile lorsqu'elles en ont été régulièrement saisies avant que la base légale de la poursuite ait cessé d'être applicable (■ Cass. crim., 8 avr. 2014, n° 11-84.722 : *Bull. crim.* n° 102). *Comp.* La juridiction répressive reste compétente pour statuer sur l'action civile dès lors qu'une décision sur le fond concernant l'action publique est intervenue au moment de l'abrogation de la loi pénale (■ Cass. crim., 22 mars 2011, n° 10-80.203 : *Bull. crim.* n° 58).

11) Décès du délinquant. Les tribunaux répressifs ne sont compétents pour connaître de l'action civile en réparation du dommage né d'une infraction qu'accessoirement à l'action publique ; il en résulte que ces tribunaux ne peuvent se prononcer sur l'action civile qu'autant qu'il a été préalablement statué au fond sur l'action publique. Méconnaît ce principe, la Cour d'appel qui après avoir constaté l'extinction de l'action publique consécutivement au décès du délinquant, statue sur l'action civile (■ Cass. crim., 9 sept. 2008, n° 07-87.207 : *Juris-Data* n° 2008-045169 ; *Bull. crim.* n° 177 ; *Dr. pén.* 2008, comm. 147, obs. A. Maron et M. Haas). La juridiction répressive reste compétente pour se prononcer sur l'action civile après le décès de la personne poursuivie à condition qu'une décision sur le fond concernant l'action publique ait été rendue au moment du décès (■ Cass. crim., 15 sept. 2009, n° 08-86.830 : *Bull. crim.* n° 154. ■ Cass. crim., 10 mai 2012, n° 12-82.810 : *Bull. crim.* n° 111). *Comp.* Les juridictions de jugement régulièrement saisies des poursuites avant l'extinction de l'action publique demeurent compétentes pour statuer sur l'action civile. Justifie dès lors sa décision la cour d'appel qui, sur renvoi après cassation, retient la compétence de la juridiction répressive pour connaître de l'action civile dirigée contre les ayants droit du prévenu décédé au cours de l'instance en cassation (■ Cass. crim., 25 oct. 2006, n° 05-85.998 : *Bull. crim.* n° 254 ; *D.* 2006, p. 2736, obs. A. Lienhard).

B – Exception à l'exercice de l'action civile devant la juridiction pénale

12) Irrecevabilité de l'action civile devant la Cour de justice de la République.

Voir aussi : V. L. org. n° 93-1252, 23 nov. 1993, art. 13, al. 2.

Aux termes de l'article 13, alinéa 2, de la loi organique du 23 novembre 1993, aucune constitution de partie civile n'est recevable devant la Cour de justice de la République. Cette disposition déroge aux règles qui ont été fixées par le Code de procédure pénale pour les débats en matière correctionnelle et qui sont applicables à la Cour de justice en vertu de l'article 26 de la loi précitée. Si ce même article exclut toute constitution de partie civile, il réserve aux victimes la possibilité de porter l'action en réparation de leurs dommages devant les juridictions de droit commun et de faire ainsi trancher toute contestation sur leurs droits civils. Le moyen tiré de la violation de l'article 6.1 de la Convention européenne des droits de l'Homme n'est donc pas fondé (■ Cass. ass. plén., 21 juin 1999, n° 99-81.927 : *Bull. ass. plén.* n° 6).

13) Irrecevabilité de l'action civile des victimes d'actes de terrorisme.

Voir : COJ, art. L. 217-6.

14) Irrecevabilité de l'action civile en matière de transport aérien. L'action en responsabilité contre le transporteur par air ou ses préposés, en raison des règles spéciales auxquelles elle est soumise notamment en ce qui concerne l'indemnisation du préjudice, ne peut, lorsque le dommage a pour cause une infraction pénale, s'identifier à l'action civile ouverte devant les juridictions répressives aux victimes d'un crime, d'un délit ou d'une contravention. Il s'ensuit qu'elle ne peut être exercée devant ces juridictions (■ Cass. ch. mixte, 24 févr. 1978, n° 74-14.340 ; *Bull. ch. mixte* n° 2. ■ Cass. crim., 8 sept. 2020, n° 18-82.150 : *Bull. crim.* à paraître).

Il se déduit de l'article L. 322-3 du Code de l'aviation civile devenu L. 6421-4 du Code des transports qu'une promenade aérienne, fût-elle effectuée par un particulier, à titre gratuit, avec un point de départ et d'arrivée identique, constitue un transport aérien soumis à la convention de Varsovie du 12 octobre 1929 et que l'action en réparation d'un tel accident aérien échappe à la compétence matérielle des juridictions répressives (■ Cass. crim., 10 sept. 2019, n° 18-83.858 : *Bull. crim.* à paraître).

15) Irrecevabilité de l'action civile en cas d'irresponsabilité pénale d'un mineur privé de discernement. Il se déduit des articles 122-8 du Code pénal, 3 du Code de procédure pénale et 6 de l'ordonnance n° 45-174 du 2 février 1945 relative à l'enfance délinquante qu'en l'absence de disposition spécifique le prévoyant, la juridiction pénale qui déclare un mineur pénalement irresponsable au motif qu'il était privé de discernement au moment de la commission des faits n'a pas compétence pour statuer sur sa responsabilité civile ni sur celle de ses ayants droit ; l'examen des conséquences civiles relève alors de la seule compétence des juridictions civiles (■ Cass. crim., 8 juin 2017, n° 16-83.345 : *Bull. crim.* à paraître).

II – DOMMAGES RÉPARABLES DEVANT LA JURIDICTION PÉNALE

16) Existence du dommage. Justifie sa décision la cour d'appel qui estime que le paiment de salaires versés à un policier municipal ne constitue pas un préjudice pour une commune puisque celle-ci a bénéficié en contrepartie du service rendu par l'intéressé au titre de son travail, dont l'exécution n'est pas entamée par le fait qu'il l'ait exercé sans en remplir les conditions légales (■ Cass. crim., 14 mai 2019, n° 17-87.259 : *Bull. crim.* à paraître).

17) Nature du dommage réparable. Justifie sa décision la cour d'appel qui accorde à l'épouse et aux enfants de la victime des dommages-intérêts en réparation du dommage moral que leur causait le spectacle des graves blessures infligées à leur mari et père, « considérablement diminué sur le plan physique et intellectuel » (■ Cass. crim., 9 févr. 1989 : *Bull. crim.* n° 63 ; *D.* 1989, 614, note C. Bruneau ; *D.* 1989, somm. 389, obs. J. Pradel). Encourt la cassation l'arrêt qui, rejetant les conclusions de la victime d'un accident du travail, s'abstient d'examiner si l'incapacité permanente dont la partie civile est atteinte entraîne un préjudice d'agrément de caractère personnel non réparé par les prestations de la caisse (■ Cass. crim., 4 mai 1979, n° 78-91.782 : *Bull. crim.* n° 161). Justifie sa décision la cour d'appel qui, sans procéder à une double indemnisation, a évalué séparément les préjudices distincts constitués par les souffrances endurées du fait des blessures et par l'angoisse d'une mort imminente (■ Cass. crim., 23 oct. 2012, n° 11-83.770 : *Bull. crim.* n° 225 ; *Dr. pén.* 2012, comm. 166, note M. Véron). Le préjudice d'angoisse de mort imminente ne peut exister que si la victime est consciente de son état (■ Cass. crim., 27 sept. 2016, n° 15-83.309 : *Bull. crim.* n° 249).

18) Caractères du dommage réparable – Dommage découlant des faits objets de la poursuite. Si les juges apprécient souverainement le montant du préjudice subi par la victime et qui résulte directement de l'infraction, ils ne peuvent faire entrer en ligne de compte, pour évaluer le montant du dommage, une partie des frais exposés par la victime en mettant en œuvre un service de surveillance, à la suite de vols antérieurs ou de soustractions qu'elle estime devoir se produire ultérieurement (■ Cass. crim., 9 avr. 1976, n° 75-92.623 : *Bull. crim.* n° 108). Justifie sa décision la cour d'appel qui, saisie d'une escroquerie ayant consisté à antidater la souscription d'une police d'assurances afin d'obtenir la prise en charge d'un sinistre déjà réalisé, limite l'indemnité devant revenir à l'assureur, partie civile, aux seules prestations versées au titre de cet accident, en retenant que les autres paiements effectués en exécution du contrat ainsi souscrit, pour un second accident survenu plusieurs mois après les faits, n'ont pas été provoqués par les agissements frauduleux des condamnés (■ Cass. crim., 13 févr. 1995, n° 94-81.595 : *JurisData* n° 1995-000637 ; *Bull. crim.* n° 63). La dépense résultant, pour l'héritier, de l'obligation légale d'acquitter les droits de mutation après décès ne constitue pas un élément du préjudice né directement de l'infraction ou des faits objet de la poursuite (■ Cass. crim., 28 févr. 1996, n° 95-84.589 : *Bull. crim.* n° 97). Aux termes de l'article 3 du Code de procédure pénale, l'action civile est recevable pour tous chefs de dommages, aussi bien matériels que corporels ou moraux, qui découlent des faits, objet de la poursuite. Justifie sa décision la cour d'appel qui, pour faire droit à la demande de la partie civile qui réclamait réparation du préjudice subi à la suite du vol de son véhicule, condamne le prévenu, déclaré coupable de recel de vol, à la réparation des dégradations subies par le véhicule lors de la commission du vol (■ Cass. crim., 7 sept. 1999, n° 98-87.561 : *Bull. crim.* n° 179). Aux termes de l'article 3 du Code de procédure pénale, l'action civile est recevable pour tous chefs de dommages, aussi bien matériels que corporels ou moraux, qui découlent des faits, objet de la poursuite. Justifie sa décision la cour d'appel qui, pour déclarer deux mineurs responsables des conséquences dommageables d'un vol de véhicule et de la destruction de celui-ci, retient que la perte du véhicule est la conséquence du vol (■ Cass. crim., 22 juin 1999, n° 98-84.749 : *Bull. crim.* n° 140).

19) Étendue de la réparation.

Voir : annotations ss art. 2, p. 28.

Art. 4 *(L. n° 2007-291, 5 mars 2007).* – **L'action civile en réparation du dommage causé par l'infraction prévue par l'article 2 peut être exercée devant une juridiction civile, séparément de l'action publique.**

Toutefois, il est sursis au jugement de cette action tant qu'il n'a pas été prononcé définitivement sur l'action publique lorsque celle-ci a été mise en mouvement.

La mise en mouvement de l'action publique n'impose pas la suspension du jugement des autres actions exercées devant la juridiction civile, de quelque nature qu'elles soient, même si la décision à intervenir au pénal est susceptible d'exercer, directement ou indirectement, une influence sur la solution du procès civil.

Bibliographie : *Répertoire.* L. Boré, *Action publique et Action civile. – Action civile exercée devant la juridiction civile. – Le criminel tient le civil en l'état. – Distinction de la faute pénale d'imprudence et de la faute civile. – Règle « Electa una via ». – Compétence du juge des référés : JCl. Proc. pén.*, art. 4 à 5-1, Fasc. 20.

Généralités. P. Bonfils, *L'action civile, Essai sur la nature juridique d'une institution*, th. Aix-Marseille, PUAM, 2000. • A. Botton, *Contribution à l'étude de l'autorité de la chose jugée au pénal sur le civil*, th. Toulouse, 2008. • M. Cachia, *La règle « Le criminel tient le civil en l'état » dans la jurisprudence : JCP* G 1955, I, 1245. • A. Chavanne, *Les effets du procès pénal sur le procès engagé devant le tribunal civil : RSC* 1954, p. 239. • M. Pralus, *Observations sur l'application de la règle « Le criminel tient le civil en l'état » : RSC* 1972, p. 322. • J.-H. Robert, *L'autorité de la chose jugée au pénal sur le civil : Procédures* 2007, étude 19. • V. Tellier, *En finir avec la primauté du criminel sur le civil : RSC* 2009, p. 797 et s.

I – EXERCICE DE L'ACTION CIVILE DEVANT LA JURIDICTION CIVILE

1) Exception : compétence exclusive de la juridiction pénale.

Voir : En matière de diffamation envers un homme politique, un fonctionnaire, un corps constitué, L. 29 juill. 1881, art. 46.

II – CONSÉQUENCES DE L'EXERCICE DE L'ACTION CIVILE DEVANT LA JURIDICTION CIVILE

A Sursis à statuer

1° Conditions du sursis à statuer

2) Nécessité d'une action civile en réparation du dommage causé par l'infraction – Actions n'ayant pas pour objet la réparation du dommage causé. Selon l'article 4 du Code de procédure pénale, dans sa rédaction issue de la loi n° 2007-291 du 5 mars 2007, la mise en mouvement de l'action publique n'impose pas la suspension du jugement des autres actions exercées devant les juridictions civiles, de quelque nature qu'elles soient, même si la décision à intervenir au pénal est susceptible d'exercer, directement ou indirectement, une influence sur la solution du procès civil. Il s'ensuit que le simple exercice par le juge civil de la faculté discrétionnaire que la loi lui ouvre de mener à son terme le procès porté devant lui exclut toute atteinte de sa part à la présomption d'innocence de la personne dont il est amené, le cas échéant, à sanctionner le comportement (■ Cass. 1re civ., 31 oct. 2012, n° 11-26.476 : *Dr. pén.* 2013, comm. 15, note A. Maron et M. Haas). *V. antérieurement à L. 5 mars 2007 :* le sursis à statuer doit être ordonné dès lors que la décision à intervenir sur l'action publique est susceptible d'influer sur celle qui doit être rendue par la juridiction civile ; encourt dès lors la censure la cour d'appel qui refuse de surseoir à statuer sur un appel en garantie alors que si le faux et l'abus de confiance devaient être retenus par la juridiction pénale, le détournement des fonds au préjudice des époux X. serait susceptible de justifier l'appel en garantie (■ Cass. 2e civ., 14 déc. 1992, n° 91-17.049 : *Bull. civ.* 1992, II, n° 318) ; encourt également la censure la cour d'appel qui refuse de surseoir à statuer alors que si le refus de vente devait être retenu par la juridiction pénale, l'illicéité du réseau de distribution sélective se trouverait établie ainsi que la nullité de plein droit des engagements s'y rapportant, de sorte que l'intermédiaire non agréé n'aurait pas commis de faute par le seul fait de mettre en vente les produits en cause, l'emballage eût-il fait mention qu'ils ne pouvaient être vendus que par des distributeurs agréé (■ Cass. com., 16 févr. 1988, n° 86-11.969 : *Bull. civ.* 1988, IV, n° 73) ; doit pareillement être cassé l'arrêt qui, statuant sur une action en paiement de salaires, rejette les conclusions du défendeur tendant à voir prononcer la nullité du contrat de travail invoqué par le demandeur et refuse de surseoir à statuer jusqu'au prononcé de la décision pénale devant intervenir à la suite de la plainte avec constitution de partie civile visant précisément les conditions de l'obtention même dudit contrat de travail alors que l'issue de ces demandes était susceptible d'être influencée par cette décision pénale (■ Cass. soc., 22 nov. 1978, n° 77-40.291 : *Bull.* V, n° 797) ; doit encore être censuré l'arrêt refusant le sursis à statuer de la demande de paiement d'une reconnaissance de dette originairement établie sans nom de bénéficiaire et dont l'utilisation a provoqué une plainte avec constitution de partie civile pour escroquerie (■ Cass. 1re civ., 4 déc. 1974, n° 73-12.540 : *Bull. civ.* 1974, I, n° 325). Viole l'article 4 du Code de procédure pénale, l'arrêt qui statuant sur une action en payement de salaires, rejette les conclusions du défendeur tendant à voir prononcer la nullité du contrat de travail invoqué par le demandeur et refuse de surseoir à statuer jusqu'au prononcé de la décision pénale devant intervenir à la suite de la plainte avec constitution de partie civile visant précisément les conditions de l'obtention même dudit contrat de travail alors que l'issue de ces demandes était susceptible d'être influencée par cette décision pénale.

3) Actions n'ayant pas pour objet la réparation du dommage causé – Sursis facultatif. Si l'alinéa 3 de l'article 4 du Code de procédure pénale dans sa rédaction issue de la loi n° 2007-291 du 5 mars 2007 n'impose pas la suspension du jugement des autres actions civiles que celles de la partie civile, il n'interdit pas au juge saisi de telles actions de prononcer le sursis à statuer jusqu'au prononcé définitif d'une action publique s'il l'estime opportun (■ Cass. soc., 17 sept. 2008, n° 07-43.211 : *Bull.* V, n° 5).

4) Actions non fondées sur l'infraction – Sursis facultatif. Une cour d'appel qui constate que l'action intentée devant la juridiction civile par le demandeur n'est pas fondée sur les infractions pour lesquelles une information est ouverte contre le défendeur des chefs de tromperie, homicides et blessures involontaires, mais sur la responsabilité sans faute de celui-ci au titre de la défectuosité du médicament dont il est le producteur, en déduit exactement que l'action dont elle est saisie est indépendante de l'action publique et décide, dans l'exercice de son pouvoir discrétionnaire, qu'il n'y avait pas lieu de surseoir à statuer dans l'attente de la décision à intervenir au pénal (■ Cass. 1re civ., 20 sept. 2017, n° 16-19.643 : *Bull. civ.* I à paraître).

5) Mise en mouvement de l'action publique : insuffisance d'une plainte simple. La seule plainte déposée au Parquet n'établit pas que l'action publique ait été mise en mouvement. Les juges du fond peuvent donc, en présence d'une telle plainte, refuser de surseoir à statuer dans l'attente d'une décision sur l'action publique (■ Cass. com., 8 févr. 1984, n° 81-16.228 : *Bull. civ.* 1984, IV, n° 60).

6) Mise en mouvement de l'action publique : plainte avec constitution de partie civile. Justifie sa décision l'arrêt refusant de surseoir à statuer sur une demande de divorce, dès lors que l'épouse, ayant déposé plainte avec constitution de partie civile entre les mains d'un juge d'instruction contre plusieurs personnes du chef de fausses attestations, ne justifie ni avoir consigné au greffe la somme fixée par le juge d'instruction lors du dépôt de la plainte ni avoir été dispensée de cette consignation, et que l'action publique n'a pas ainsi été mise en mouvement (■ Cass. 2e civ., 6 déc. 1991 : *JurisData* n° 1991-004011 ; *Bull. civ.* 1991, II, n° 332). Le sursis à statuer ne peut être ordonné en application de l'article 4 du Code de procédure pénale que si l'action publique est en cours ; il appartient à la partie qui sollicite une telle mesure, dans le cas du dépôt d'une plainte avec constitution de partie civile, de justifier de la consignation fixée ou de sa dispense (■ Cass. 2e civ., 20 mars 2003 : *JurisData* n° 2003-018260 ; *Bull. civ.* 2003, II, n° 70. *Adde* : ■ Cass. 2e civ., 26 juin 2003 : *JurisData* n° 2003-019630 ; *Bull. civ.* 2003, II, n° 209).

7) Mise en mouvement de l'action publique : indifférence d'une plainte contre X. Encourt la cassation l'arrêt qui déboute une partie d'une demande de sursis à statuer sur une action en paiement formée contre elle jusqu'à ce qu'il ait été statué par la juridiction répressive sur sa plainte avec constitution de partie civile contre X... pour faux et usage de faux au seul motif que la plainte n'avait pas été posée contre personne dénommée, alors que l'ouverture d'une information contre X... n'est pas de nature à faire échec à l'application de l'article 4 du Code de procédure pénale (■ Cass. 3e civ., 22 juin 1988, n° 87-11.587 : *Bull. civ.* 1988, III, n° 117). Doit être censuré l'arrêt qui, statuant en matière de paiement de prix d'une vente, refuse de surseoir à statuer en raison de l'existence d'une instance pénale pour abus de biens sociaux en retenant que la plainte ne vise que des personnes physiques non dénommées, alors que l'absence d'inculpation d'une personne dénommée ne fait pas échec à l'application de la règle, le criminel tient le civil en l'état (■ Cass. com., 8 nov. 1973, n° 72-11.999 : *Bull. civ.* 1973, IV, n° 316).

8) Absence de décision pénale définitive. L'article 4 du Code de procédure pénale n'a pas lieu de s'appliquer lorsque le tribunal correctionnel s'est définitivement prononcé sur l'action publique (■ Cass. 2e civ., 18 oct. 2007, n° 06-12.761). Est considérée comme définitive au sens de l'article 4 du Code de procédure pénale, une ordonnance de non-lieu (■ Cass. 2e civ., 26 oct. 1961 : *Bull. civ.* II, n° 705 ; *JCP* 1962, II, 12566, note P. Chambon).

2° Limites au sursis à statuer

9) Juridiction étrangère. La règle « le criminel tient le civil en l'état » ne s'applique dans les relations internationales qu'en vertu d'un traité. Ni la Convention du 19 juin 1990 d'application de l'Accord de Schengen, ni la Convention du 21 mars 1983 sur le transfèrement des personnes condamnées ne contiennent des dispositions qui imposeraient aux États signataires l'application de cette règle (■ Cass. 1re civ., 6 mai 2003, n° 00-16.822 : *Bull. civ.* I, n° 102). Si, aux termes de l'article 5 du Code de procédure pénale, la partie qui a exercé son action devant la juridiction civile compétente ne peut la porter devant la juridiction répressive, cette règle n'est pas applicable lorsque la juridiction civile préalablement saisie est un tribunal étranger. Cette disposition, tout comme celle de l'article 4, alinéa 2 dudit code, en ce qu'elle touche à l'ordre même des juridictions en même temps qu'aux règles de procédure et au fonctionnement des instances judiciaires, ne saurait, en effet, à défaut d'une convention expresse conclue avec l'État étranger, recevoir application dans les rapports judiciaires internationaux (■ Cass. crim., 22 nov. 1967, n° 66-93.880 : *Bull. crim.* n° 297).

10) Arbitrage international. En matière d'arbitrage international la règle « le criminel tient le civil en l'état » ne s'impose pas aux arbitres (■ Cass. 1re civ., 25 oct. 2005, n° 02-13.252 : *Bull. civ.* 2005, I, n° 378).

11) Action en référé devant le juge civil.

Voir : art. 5-1, p. 73.

L'article 4 du Code de procédure pénale est inapplicable devant la juridiction des référés dont les décisions, de caractère provisoire, sont dépourvues au principal de l'autorité de la chose jugée (■ Cass. 1re civ., 13 nov. 1996, n° 94-19.574).

12) Demande de provision adressée à une commission d'indemnisation des victimes d'infraction.

Voir : art. 706-7, al. 1er, p. 1501, C. assur., art. L. 422-3.

Le principe selon lequel « le criminel tient le civil en l'état » n'est pas applicable aux demandes de provision formées devant une commission d'indemnisation des victimes d'infraction (■ Cass. 2e civ., 15 nov. 2001, n° 00-12.506 : *Bull. civ.* II, n° 166 ; *Dr. pén.* 2002, comm. 64, obs. A. Maron).

3° Portée du sursis à statuer

13) Saisine de la juridiction civile. Si les dispositions de l'article 4 du Code de procédure pénale empêchent la juridiction civile de statuer elles ne mettent pas obstacle à sa saisine (■ Cass. soc., 22 mai 1970, n° 69-10.324 : *Bull.* V, n° 355). La règle « le criminel tient le civil en l'état » ne fait pas obstacle à ce que l'action civile soit intentée et n'a pour seul effet que d'en suspendre le jugement. Par suite, un assuré ne peut prétendre avoir été, du fait de la procédure pénale engagée contre lui, dans l'impossibilité d'agir contre l'assureur (■ Cass. 1re civ., 9 févr. 1999 : *Bull. civ.* 1999, I, n° 49).

14) Absence de caractère d'ordre public. La règle « le criminel tient le civil en état » n'est pas une fin de non-recevoir que le juge serait tenu de relever d'office en raison de son caractère d'ordre public (■ Cass. 1re civ., 28 avr. 1982, n° 80-16.546 : *Bull. civ.* I, n° 152). Justifie sa décision la cour d'appel qui, pour rejeter le sursis à statuer, constate que cette exception n'avait pas été soulevée avant toute défense au fond (■ Cass. com., 8 févr. 1982, n° 79-12.174 : *Bull.* IV, n° 49).

B – Autorité de la chose jugée

15) Principe. Les décisions rendues au criminel ont envers et contre tous autorité de la chose jugée (■ Cass. civ., 7 mars 1855, *Quertier* : *D.* 1855, 1, 81 ; *S.* 1855, 1, 49).

16) Source de l'autorité de la chose jugée – Décision définitive. En matière civile une ordonnance de non-lieu n'a aucune autorité de chose jugée (■ Cass. 1re civ., 18 juill. 2000, n° 99-12.135 : *Bull. civ.* I, n° 221 ; *JCP* G 2000, II, 10415, P. Sargos). Le rappel à la loi auquel procède le procureur de la République en application de l'article 41-1 du Code de procédure pénale est dépourvu de l'autorité de la chose jugée au pénal sur le civil et n'emporte pas par lui-même preuve du fait imputé à un auteur et de sa culpabilité (■ Cass. soc., 21 mai 2008, n° 06-44.948 : *Bull.* V, n° 107 ; *JCP* G 2008, II, 10135, note S. Detraz).

17) Source de l'autorité de la chose jugée – Décision émanant d'une juridiction française. La chose jugée par une juridiction étrangère n'a pas autorité en France (■ Cass. crim., 26 janv. 1966, n° 65-91.605 : *Bull. crim.* n° 23).

18) Source de l'autorité de la chose jugée – Décision statuant au fond. Seules les décisions définitives des juridictions pénales statuant au fond sur l'action publique ont au civil autorité à l'égard de tous. Viole ce principe l'arrêt qui retient que la décision de la chambre de l'instruction qui tranche un incident de procédure est revêtue de l'autorité de la chose jugée (■ Cass. ch. mixte, 10 oct. 2008, n° 04-16.174 : *Bull. ch. mixte* n° 2 ; *Dr. pén.* 2008, comm. 160, obs. A. Maron et M. Haas). L'autorité de la chose jugée ne s'attache pas à une décision avant dire droit ordonnant une expertise (■ Cass. crim., 11 juill. 1972, n° 72-90.788 : *Bull. crim.* n° 234).

19) Source de l'autorité de la chose jugée – Éléments pénaux de la décision. Si les décisions de la justice pénale ont au civil autorité absolue, à l'égard de tous en ce qui concerne ce qui a été nécessairement jugé quant à l'existence du fait incriminé, sa qualification, la culpabilité ou l'innocence de ceux auxquels le fait est imputé, il en est autrement lorsque les décisions statuent sur les intérêts civils (■ Cass. 2e civ., 3 mai 2006, n° 05-11.339 : *Bull. civ.* II, n° 112). Les mesures de restitution prévues par l'article L. 480-5 du Code de l'urbanisme ne constituant pas des sanctions pénales, c'est sans méconnaître le principe de l'autorité absolue de la chose jugée au pénal sur le civil que la cour d'appel a retenu qu'un syndicat de copropriétaires, qui n'était pas partie à l'instance pénale, était en droit de demander à la juridiction civile la remise en état des lieux (■ Cass. 2e civ., 9 oct. 2008, n° 07-17.482 : *Bull. civ.* II, n° 207).

20) Source de l'autorité de la chose jugée – Éléments de la décision sur lesquels il a été définitivement, nécessairement et certainement statué. L'autorité de la chose jugée au pénal sur le civil s'attache à ce qui a été définitivement, nécessairement et certainement décidé par le juge pénal sur l'existence du fait qui forme la base commune de l'action civile et de l'action pénale, sur sa qualification ainsi que sur la culpabilité de celui à qui le fait est imputé (■ Cass. 1re civ., 24 oct. 2012, n° 11-20.442 : *Bull. civ.* I, n° 209 ; *D.* 2013, 68, note N. Rias). Viole ce principe une cour d'appel qui, saisie d'une demande en annulation d'un testament pour insanité d'esprit de la testatrice, retient que l'autorité de la chose jugée au pénal ne s'impose pas à la juridiction civile, tout en constatant que, pour déclarer la légataire universelle instituée par le testament, coupable du délit d'abus de faiblesse commis au cours de la période pendant laquelle ce testament avait été rédigé, la juridiction pénale avait retenu, par un motif qui en était le soutien nécessaire, que la testatrice ne pouvait manifester sa volonté, caractérisant ainsi son insanité d'esprit lors de la rédaction du testament (■ Cass. 1re civ., 24 oct. 2012, préc.). Viole les dispositions de l'article 1351 du Code civil et le principe de l'autorité de la chose jugée au pénal la Cour d'appel qui, pour faire droit à l'action en garantie formée par un assuré contre sa compagnie d'assurance, retient que le jugement de relaxe du chef de défaut d'assurance s'imposait au juge civil alors que la décision de relaxe, qui était fondée sur le motif que la preuve du défaut d'assurance n'était pas rapportée, n'avait pas statué sur l'existence du contrat d'assurance invoqué dans l'instance civile (■ Cass. 1re civ., 1er juill. 1980, n° 78-15.300 : *Bull. civ.* I, n° 204). Encourt la cassation l'arrêt d'une cour d'appel qui, statuant sur les seuls intérêts civils, déboute la victime, propriétaire d'un véhicule volé, en énonçant qu'elle avait laissé son véhicule ouvert avec les clés sur le tableau de bord, de sorte que la garde de l'automobile n'avait pas été obtenue contre le gré de son propriétaire, alors que la déclaration de culpabilité du prévenu, du chef de vol, passée en force de chose jugée, excluait que la victime ait consenti à la soustraction de son véhicule (■ Cass. crim., 19 juin 2007, n° 06-88.454 : *Bull. crim.* n° 165). Encourt également la censure l'arrêt qui décide que n'est pas rapportée la preuve de l'existence d'un lien de causalité directe entre la tentative de suicide de X... et les appels malveillants commis par Y..., tandis que la juridiction pénale avait motivé sa décision en retenant que les agissements délictueux de Y... étaient de façon directe et certaine la cause du préjudice de la partie civile (■ Cass. 2e civ., 30 juin 2016, n° 14-25.070). En application du principe de l'autorité, au civil, de la chose jugée au pénal, si la responsabilité civile du prévenu reconnu définitivement coupable de contravention de violences est acquise, le lien de causalité entre ces violences et les préjudices dont la partie civile demande réparation reste en discussion, dans la limite des faits constatés qui constituent le soutien nécessaire de la condamnation pénale ; en s'interdisant de rechercher, comme cela lui était demandé par M. X..., si la fracture de la main droite subie par M. Y... lors de l'altercation ne résultait pas d'un coup de poing porté par lui à M. X..., et non des violences dont celui-ci avait été définitivement déclaré coupable, la cour d'appel a méconnu le principe ci-dessus rappelé (▪ Cass. crim., 5 déc. 2017, n° 17-80.688 : *Bull. crim.* à paraître ; *RSC* 2018, p. 125, obs. R. Parizot). L'autorité de la chose jugée appartenant aux décisions des juges répressifs devenues définitives qui s'impose aux juridictions administratives s'attache à la constatation matérielle des faits mentionnés dans le jugement et qui sont le support nécessaire du dispositif. La même autorité ne saurait, en revanche, s'attacher aux motifs d'un jugement de relaxe tirés de ce que les faits reprochés ne sont pas établis ou de ce qu'un doute subsiste sur leur réalité (▪ CE, 16 févr. 2018, n° 395371 : *Rec. à paraître*).

21) Source de l'autorité de la chose jugée – Éléments de la décision sur lesquels il a été définitivement, nécessairement et certainement statué.

Voir : s'agissant des décisions de relaxe ou d'acquittement fondées sur l'absence d'imprudence, art. 4-1, p. 69 ou d'intention, art. 372, p. 832.

22) Portée de l'autorité de la chose jugée – Portée quant aux personnes. Les décisions rendues au criminel ont envers et contre tous autorité de la chose jugée (▪ Cass. civ., 7 mars 1855, *Quertier : D.* 1855, 1, 81 ; *S.* 1855, 1, 49). Les décisions de la justice pénale ont au civil autorité absolue, à l'égard de tous (▪ Cass. 2e civ., 3 mai 2006, n° 05-11.339 : *Bull. civ.* II, n° 112). La chose jugée au pénal a autorité absolue au civil (▪ Cass. 2e civ., 9 oct. 2008, préc.). C'est à bon droit que, se fondant sur l'autorité de la chose jugée au pénal par une décision condamnant le conducteur d'un véhicule pour ses fautes de conduite, une cour d'appel a jugé que l'assureur, non partie à l'instance pénale, était irrecevable à réclamer une mesure d'instruction, dont l'objet qui était de remettre en cause une telle décision se trouvait dépourvu de motif légitime au sens de l'article 145 du nouveau Code de procédure civile (▪ Cass. 1re civ., 29 avr. 1985, n° 84-10.401 : *Bull. civ.* I, n° 131). *Contra*, la décision pénale n'a pu acquérir l'autorité de la chose jugée à l'égard de la personne qui n'a eu, ni la possibilité de se défendre contre la décision qui est intervenue, ni le moyen de l'attaquer par aucune voie de recours (▪ Cass. civ., 9 mai 1898, *Sainglas : D.* 1898, 1, 505). La chose jugée n'est pas opposable à des personnes qui n'ont pas été parties à l'instance (▪ Cass. 2e civ., 4 mars 1982 : *JCP* 1982, II, 20153, note FC).

23) Portée de l'autorité de la chose jugée – Caractère d'ordre public. Le moyen tiré de la méconnaissance de l'autorité de la chose jugée appartenant aux décisions des juges répressifs, qui présente un caractère absolu, est d'ordre public et peut être invoqué pour la première fois devant le Conseil d'État, juge de cassation. Il en va ainsi même si le jugement pénal est intervenu postérieurement à la décision de la juridiction administrative frappée de pourvoi devant le Conseil d'État (▪ CE, 16 févr. 2018, n° 395371 : *Rec. à paraître*). *Comp.* : la fin de non-recevoir tirée de la chose jugée, fût-ce au criminel, n'est pas d'ordre public lorsque sont seuls en cause les intérêts des parties. Elle ne peut donc pas être proposée pour la première fois devant la Cour de cassation (▪ Cass. 2e civ., 15 déc. 1980, n° 79-15.340 : *Bull. civ.* II, n° 264).

24) Limites à l'autorité de la chose jugée – Ordonnance pénale.

Voir : art. 495-5, al. 2, p. 1064 et art. 528-1, al. 2, p. 1154.

L'ordonnance pénale prononcée selon les articles 524 et suivants du Code de procédure pénale, et devenue définitive, n'a pas l'autorité de la chose jugée à l'égard de l'action civile en réparation des dommages causés par l'infraction (▪ Cass. crim., 3 févr. 1998, n° 97-80.847 : *Bull. crim.* n° 41).

25) Limites à l'autorité de la chose jugée. – Appel de la seule partie civile. Le principe de l'autorité de la chose jugée ne fait pas obstacle à ce que les juges du second degré, statuant sur le seul appel de la partie civile d'un jugement ayant définitivement condamné le prévenu pour défaut d'assurance et fait droit à l'exception de non-garantie de l'assureur mis en cause, recherchent, en application des règles du droit civil, si la garantie de ce dernier est due (▪ Cass. crim., 11 juill. 2017, n° 16-82.904 : *Bull. crim.* à paraître ; *Dr. pén.* 2017, comm. 153, obs. A. Maron et M. Haas).

26) Contrariété entre les décisions pénale et civile. Le pourvoi en cassation dirigé contre deux décisions dont l'une émane du juge pénal et l'autre du juge civil est recevable sur le fondement des articles 4 du Code civil et 618 du Code de procédure civile, lorsque, même non rendues en dernier ressort et alors qu'aucune d'elles n'est susceptible d'un recours ordinaire, elles sont inconciliables et aboutissent à un déni de justice (▪ Cass. ass. plén., 29 nov. 1996, n° 93-20.799 : *Bull. ass. plén.* n° 8. ▪ Cass. ass. plén., 3 juill. 2015, n° 14-13.205).

Art. 4-1 *(Mod., Ord. n° 2016-131, 10 févr. 2016).* **– L'absence de faute pénale non intentionnelle au sens de l'article 121-3 du Code pénal ne fait pas obstacle à l'exercice d'une action devant les juridictions civiles afin d'obtenir la réparation d'un dommage sur le fondement de l'article 1241 du Code civil si l'existence de la faute**

civile prévue par cet article est établie ou en application de l'article L. 452-1 du Code de la sécurité sociale si l'existence de la faute inexcusable prévue par cet article est établie.

Bibliographie : *Répertoire.* L. Boré, *Action publique et Action civile. – Action civile exercée devant la juridiction civile. – Le criminel tient le civil en l'état. – Distinction de la faute pénale d'imprudence et de la faute civile. – Compétence du juge des référés*, art. 4 à 5-1, Fasc. 20. • D. Caron, *Autorité de la chose jugée. – Autorité de la chose jugée au pénal sur le civil*, App. art. 6, Fasc. 20.

Généralités. Ch. Desnoyer, *L'article 4-1 du Code de procédure pénale, la loi du 10 juillet 2000 et les ambitions du législateur : l'esprit contrarié par la lettre : D.* 2002, chron. p. 979 et s.

1) Dissociation des fautes pénale et civile – Solutions antérieures à la loi du 10 juillet 2000. La déclaration par le juge répressif de l'absence de faute pénale non intentionnelle ne fait pas obstacle à ce que le juge civil retienne une faute civile d'imprudence ou de négligence (▪ Cass. 1re civ., 30 janv. 2001 : *Bull. civ.* I, n° 19 ; *D.* 2001, p. 2232, obs. P. Jourdain ; *JCP* G 2001, I, p. 338, obs. G. Viney ; *RTD civ.* 2001, p. 376, obs. P. Jourdain ; *RSC* 2001, p. 613, obs. A. Giudicelli ; *Dr. et patrimoine* nov. 2001, p. 96, obs. F. Chabas). *Contra, précédemment,* En l'état de l'autorité de la chose jugée attachée à un jugement pénal, devenu irrévocable, qui, statuant sur l'action publique, relaxe un piéton poursuivi pour homicide involontaire lors d'une collision avec un motocycliste et déboute les parties civiles de leur demande de réparation fondée sur les articles 1382 et 1383 du Code civil, encourt l'annulation l'arrêt rendu en référé qui, sur le fondement d'une faute commise par le piéton, accorde une provision à l'un des ayants droit de la victime (▪ Cass. 2e civ., 27 mai 1998, n° 95-22.066 : *Bull. civ.* 1998, II, n° 164). La faute pénale définie par l'article 319 du Code pénal étant identique à celle que prévoient les articles 1382 et 1383 du Code civil, le juge qui relaxe un prévenu du chef de blessures involontaires ne peut retenir à la charge de celui-ci une faute quasi délictuelle en relation de cause à effet avec l'accident à l'origine desdites blessures (▪ Cass. crim., 18 déc. 1986, n° 85-96.332 : *Bull. crim.* n° 343).

2) Dissociation de la faute pénale et de la faute inexcusable. L'article 4-1 du Code de procédure pénale dissocie la faute civile de la faute pénale non intentionnelle, notamment pour ce qui a trait à la reconnaissance de la faute inexcusable de l'employeur. En conséquence la juridiction de sécurité sociale n'est pas soumise à l'autorité de chose jugée attachée aux décisions de la juridiction répressive. Ainsi le jugement ayant relaxé l'employeur n'interdit pas de lui imputer une faute à l'origine de l'accident du travail (▪ Cass. 2e civ., 16 sept. 2003, n° 01-16.715). La déclaration par le juge répressif de l'absence de faute pénale non intentionnelle ne fait pas obstacle à la reconnaissance d'une faute inexcusable en application de l'article L. 452-1 du Code de la sécurité sociale. Justifie légalement sa décision une cour d'appel qui retient que l'employeur, tenu non seulement de mettre à disposition de ses salariés les dispositifs de sécurité et protection imposés par la loi ou les règlements, mais de leur en imposer l'usage, a commis une faute inexcusable, eu égard aux circonstances de l'accident, alors même qu'il avait été relaxé du chef de blessures involontaires pour avoir manqué de donner à son salarié une formation à la sécurité adaptée à son poste de travail (▪ Cass. 2e civ., 16 févr. 2012, n° 11-12.143 : *Bull. civ.* 2012, II, n° 28 ; *JCP* S 2012, 1278, obs. D. Asquinazi-Bailleux). Il résulte de l'article 4-1 du Code de procédure pénale que la faute pénale non intentionnelle, au sens des dispositions de l'article 121-3 du Code pénal, est dissociée de la faute inexcusable au sens des dispositions de l'article L. 452-1 du Code de la sécurité sociale. Il appartient dès lors à la juridiction de la sécurité sociale de rechercher si les éléments du dossier permettent de retenir la faute inexcusable de l'employeur, laquelle s'apprécie de façon distincte des éléments constitutifs de l'infraction d'homicide involontaire (▪ Cass. 2e civ., 15 mars 2012, n° 10-15.503 : *Bull. civ.* II, n° 46).

Art. 5. – La partie qui a exercé son action devant la juridiction civile compétente ne peut la porter devant la juridiction répressive. Il n'en est autrement que si celle-ci a été saisie par le ministère public avant qu'un jugement sur le fond ait été rendu par la juridiction civile.

Bibliographie : *Répertoire.* L. Boré, *Action publique et Action civile. – Action civile exercée devant la juridiction civile. – Le criminel tient le civil en l'état. – Distinction de la faute pénale d'imprudence et de la faute civile. – Règle « Electa una via ». – Compétence du juge des référés : JCl. Proc. pén.*, art. 4 à 5-1, Fasc. 20.

Généralités. C. Freyria, *L'application en jurisprudence de la règle Electa una via : RSC* 1951, p. 213 et s.

I – SIGNIFICATION DE LA RÈGLE DE L'IRRÉVOCABILITÉ

1) Interdiction de passer de la voie civile à la voie pénale. La partie qui a exercé son action devant la juridiction civile ne peut la porter devant la juridiction répressive (▪ Cass. crim., 9 avr. 1991, n° 90-83.429 : *Bull. crim.* n° 167. ▪ Cass. crim., 19 nov. 2013, n° 12-83.294 : *Bull. crim.* n° 228).

2) Possibilité de passer de la voie pénale à la voie civile. Lorsque le juge répressif n'a pas statué au fond sur l'action civile, la victime peut porter cette action devant la juridiction civile sans se heurter à la règle *una via electa* (■ Cass. 2e civ., 10 janv. 2002, n° 99-20.351 : *Bull. civ.* II, n° 1). La maxime *electa una via* ne s'applique que dans le cas où, selon les dispositions de l'article 5 du Code de procédure pénale, c'est la juridiction civile qui a été saisie en premier lieu, par la personne qui se prétend victime de faits susceptibles de recevoir une qualification pénale. Si, au contraire, elle a d'abord saisi de l'action civile la juridiction répressive, il lui est loisible de porter ultérieurement son action en réparation devant la juridiction civile (■ Cass. crim., 20 déc. 1966, n° 66-91.144 : *Bull. crim.* n° 296).

II – PORTÉE DE LA RÈGLE DE L'IRRÉVOCABILITÉ

A – Domaine de la règle de l'irrévocabilité

3) Inapplication en cas de saisine de la juridiction administrative. L'exception d'irrecevabilité de l'action civile tirée de l'article 5 du Code de procédure pénale suppose que les demandes aient été portées devant le juge civil et devant le juge pénal, ce qui exclut l'application du texte précité lorsque le demandeur à l'action civile devant le juge pénal saisit également le juge administratif (■ Cass. crim., 30 mars 2021, nos 17-82.096, 20-81.516, § 14 : *Bull. crim.* à paraître).

4) Inapplication en cas de saisine première de la juridiction pénale. L'exception d'irrecevabilité de l'action civile tirée de l'article 5 du Code de procédure pénale ne peut être utilement opposée devant le juge pénal lorsque celui-ci a été saisi le premier de l'action civile des parties civiles (■ Cass. crim., 30 mars 2021, nos 17-82.096, 20-81.516, § 13).

B – Conditions de la règle de l'irrévocabilité

5) Identité des parties, de cause et d'objet. La disposition de l'article 5 du Code de procédure pénale, aux termes de laquelle « la partie qui a exercé son action devant la juridiction compétente ne peut la porter devant la juridiction répressive », n'est susceptible de recevoir application qu'autant que les deux demandes respectivement portées devant le juge civil et devant le juge pénal possèdent la même cause, le même objet et mettent en cause les mêmes parties (■ Cass. crim., 9 avr. 1991, n° 90-83.429 : *Bull. crim.* n° 167. ■ Cass. crim., 25 mai 1992, n° 91-82.934 : *Bull. crim.* n° 207. ■ Cass. crim., 19 nov. 2013, n° 12-83.294 : *Bull. crim.* n° 228).

6) Identité d'objet. Tel n'est pas le cas, faute d'identité d'objet, lorsque l'instance engagée devant la juridiction civile avait pour unique objet de faire prononcer l'annulation d'un protocole litigieux alors que l'action portée devant le juge répressif avait pour objet de faire constater l'existence du délit d'extorsion de fonds et d'obtenir réparation du dommage occasionné par ce délit (■ Cass. crim., 9 avr. 1991, préc.). Tel n'est pas le cas, faute d'identité d'objet, lorsque l'instance engagée devant la juridiction civile avait pour objet la rétractation d'un jugement de divorce obtenu par fraude alors que l'action portée devant le juge répressif avait pour objet la réparation d'un préjudice causé par une infraction à la loi pénale (■ Cass. crim., 25 mai 1992, préc.). Tel n'est pas le cas, à défaut d'objet identique, de la plainte avec constitution de partie civile portée devant la juridiction pénale par un salarié à l'encontre de son employeur à raison d'atteintes personnelles résultant de faits constitutifs du délit de discrimination, alors que le salarié avait antérieurement saisi le juge prud'homal de demandes pour licenciement abusif (■ Cass. crim., 19 nov. 2013, préc.). Encourt la censure l'arrêt qui, dans une poursuite pour défaut d'assurance de responsabilité des constructeurs, accueille l'exception d'irrecevabilité de l'action civile fondée sur l'article 5 du Code de procédure pénale alors que les demandes dont était saisi le juge civil tendaient à la mise en œuvre de la garantie décennale et non à la réparation du dommage né de l'infraction (■ Cass. crim., 11 janv. 2011, n° 04-82.934 : *Bull. crim.* n° 11). La plainte avec constitution de partie civile du chef d'abus de confiance, tendant à la réparation du dommage résultant du détournement de biens confiés à titre de dépôt, diffère quant à son objet de l'action en restitution de ces mêmes biens, et ne saurait, dès lors, se voir opposer l'exception d'irrecevabilité prévue par l'article 5 du Code de procédure pénale (■ Cass. crim., 29 mars 1995, n° 94-85.464 : *Bull. crim.* n° 131). Encourt la cassation l'arrêt qui, dans des poursuites du chef de refus de vente, oppose la fin de non-recevoir tirée de l'article 5 du Code de procédure pénale à la partie civile qui avait engagé devant la juridiction civile une action en résolution pour inexécution d'une vente consentie (■ Cass. crim., 6 juin 1988, n° 86-91.355 : *Bull. crim.* n° 251). L'action en paiement des lettres de change, exercée par la partie civile à l'encontre de la société tirée, est distincte de l'action en réparation du préjudice résultant du délit de complicité d'escroquerie commis par le dirigeant de cette société (■ Cass. crim., 1er déc. 2002, n° 01-87.278).

7) Identité de parties. Il y a identité de parties lorsque la demande est d'abord portée devant la juridiction civile contre des personnes morales de droit public et ensuite devant la juridiction pénale contre leurs représentants dans une procédure en inscription de faux (■ Cass. crim., 18 sept. 2002, n° 01-84.552). L'identité de cause, d'objet et de parties des actions portées devant la juridiction civile et la juridiction répressive, exigée pour l'application des dispositions de l'article 5 du Code de procédure pénale, est établie dans le cas où un salarié cite devant le tribunal correctionnel le dirigeant de la société qui l'emploie afin d'obtenir la réparation du dommage résultant pour lui de délits d'entrave, de discrimination syndicale et de harcèlement moral, après avoir, pour les mêmes faits, assigné à des fins indemnitaires ladite société devant le conseil de prud'hommes (■ Cass. crim., 3 avr. 2007, n° 06-86.748 : *Bull. crim.* n° 99). Il n'existe pas d'identité de parties lorsque l'action portée devant le juge civil est dirigée contre une mutuelle et l'action portée devant le juge pénale contre un cadre salarié de cette mutuelle (■ Cass. crim., 1er déc. 2015, n° 14-85.059).

8) Identité de cause. L'exercice, par un salarié, d'une action devant le conseil de prud'hommes contre son employeur, pour licenciement abusif, ne fait pas obstacle à ce que le syndicat professionnel auquel il est affilié se constitue partie civile devant le juge correctionnel dans les poursuites engagées contre le même employeur, à l'occasion du même licenciement, pour atteinte à l'exercice régulier des fonctions de délégué du personnel. En effet, les deux actions n'ont pas la même cause juridique (■ Cass. crim., 13 mars 1984, n° 80-94.765 : *Bull. crim.* n° 103).

9) Action au fond devant la juridiction civile. Une assignation en référé ne saurait s'analyser en une action en justice au sens de l'article 5 du Code de procédure pénale (■ Cass. crim., 11 avr. 1991, n° 90-81.450 : *Bull. crim.* n° 173. ■ Cass. crim., 21 juin 2000, n° 99-83.979 : *Bull. crim.* n° 238). Pour l'application de la règle *electa una via*, il n'importe que l'instance civile ait été terminée par un jugement prononçant la nullité de l'assignation (■ Cass. crim., 17 févr. 2004, n° 03-84.798 : *Bull. crim.* n° 40).

C – Exceptions à la règle de l'irrévocabilité

10) Exception légale : saisine de la juridiction pénale par le ministère public. Aux termes de l'article 5 du Code de procédure pénale, *in fine*, la règle selon laquelle la partie qui a exercé son action devant la juridiction civile compétente n'est pas recevable à la porter devant la juridiction répressive n'est pas applicable lorsque le ministère public a saisi cette dernière avant qu'un jugement sur le fond ait été rendu par la juridiction civile. Est, dès lors, recevable la constitution de partie civile intervenante de celui qui a confié des fonds à une personne mise en examen pour abus de confiance portant sur les sommes en cause, dans une information qui a été ouverte sur réquisition du ministère public avant que la juridiction civile ait statué sur la demande en remboursement engagée par le remettant (■ Cass. crim., 22 nov. 2005, n° 04-86.758 : *Bull. crim.* n° 300). Selon l'article 5 du Code de procédure pénale, la partie qui a exercé son action devant la juridiction civile compétente peut la porter devant la juridiction répressive, si celle-ci a été saisie par le ministère public avant qu'un jugement sur le fond ait été rendu par la juridiction civile. Encourt la cassation la cour d'appel qui, ajoutant au texte une condition qu'il ne comporte pas, déclare irrecevable une constitution de partie civile effectuée conformément à l'article précité, mais qui n'aurait pas été précédée d'un désistement de l'action préalablement engagée devant la juridiction civile (■ Cass. crim., 20 mars 1989, n° 88-81.640 : *Bull. crim.* n° 134). Selon l'article 5 du Code de procédure pénale, la partie qui a exercé son action devant la juridiction civile compétente peut la porter devant la juridiction répressive, si celle-ci a été saisie par le ministère public avant qu'un jugement sur le fond ait été rendu par la juridiction civile, sans qu'il soit nécessaire qu'une décision constatant son désistement ait été prononcée par la juridiction civile (■ Cass. crim., 4 déc. 1997, n° 97-81.816 : *Bull. crim.* n° 414 ; *Dr. pén.* 1998, comm. 43, note A. Maron).

11) Exception légale : saisine de la juridiction pénale pendant le délai de l'article 85. V. art. 85, p. 311.

12) Exception jurisprudentielle : ignorance de la victime. La maxime *electa una via* ne peut être invoquée lorsque la partie civile ignorait, au moment où elle a saisi la juridiction civile, le délit qui avait été commis à son préjudice. Il est nécessaire en effet que les deux actions portées devant la juridiction civile et la juridiction répressive aient le même objet (■ Cass. crim., 22 mars 1955 : *Bull. crim.* n° 169. ■ Cass. crim., 10 déc. 1925 : *D.* 1927, 2, 79. ■ Cass. crim., 22 avr. 1958 : *JCP* G 1958, II, 10620, note M. R.).

13) Exception jurisprudentielle : juridiction civile étrangère. Si, aux termes de l'article 5 du Code de procédure pénale, la partie qui a exercé son action devant la juridiction civile compétente ne peut la porter devant la juridiction répressive, cette règle n'est pas applicable lorsque la juridiction civile préalablement saisie est un tribunal étranger (■ Cass. crim., 22 nov. 1967, n° 66-93.880 : *Bull. crim.* n° 297 ; *D.* 1968, 221 ; *JCP* 1968, II, 15363, note J. A.).

D – Régime de la règle de l'irrévocabilité

14) Absence de caractère d'ordre public. La règle posée par l'article 5 du Code de procédure pénale ne protégeant que les intérêts privés, sa violation ne peut être relevée par la juridiction d'instruction qu'à la demande de la partie concernée. Ne constitue pas une telle demande la lettre adressée au juge d'instruction par une personne mise en cause dans la plainte avec constitution de partie civile, cette personne n'ayant pas la qualité de partie à l'information (▪ Cass. crim., 10 oct. 2000, n° 99-87.639 : *Bull. crim.* n° 290). La fin de non-recevoir tirée de l'article 5 du Code de procédure pénale ne protégeant que des intérêts privés, sa violation ne peut être relevée par la juridiction d'instruction qu'à la demande de la partie concernée. Méconnaît ce principe la chambre d'accusation qui, saisie de l'appel d'une ordonnance du juge d'instruction ayant déclaré d'office irrecevable une plainte avec constitution de partie civile sur le fondement du texte précité, infirme l'ordonnance après avoir énoncé que les conditions d'application de la fin de non-recevoir n'étaient pas réunies, alors qu'elle aurait dû constater que le juge d'instruction avait statué à tort sur le bien-fondé de celle-ci. Toutefois, la censure n'est pas encourue, dès lors que la décision d'infirmation est justifiée par ce motif, substitué à ceux erronés de l'arrêt attaqué. Ainsi justifié, un tel arrêt ne saurait faire obstacle à ce que les personnes qui pourraient être mises en examen au cours de l'information invoquent la fin de non-recevoir tirée du texte précité (▪ Cass. crim., 5 déc. 2000, n° 00-85.346 : *Bull. crim.* n° 361). La fin de non-recevoir tirée de l'article 5 du Code de procédure pénale ne protégeant que les intérêts privés, sa violation ne peut être relevée par la juridiction d'instruction qu'à la demande de la partie concernée. Il s'ensuit que le ministère public ne peut saisir le juge d'instruction de réquisitions tendant à voir déclarer une plainte avec constitution de partie civile irrecevable sur le fondement de ce texte (▪ Cass. crim., 16 févr. 2010, n° 09-84.838 : *Bull. crim.* n° 23). La fin de non-recevoir tirée des dispositions de l'article 5 du Code de procédure pénale doit être proposée avant toute défense au fond, et le prévenu qui s'est défendu au fond devant le tribunal correctionnel doit être considéré comme ayant accepté le débat devant cette juridiction et renoncé à se prévaloir des dispositions précitées (▪ Cass. crim., 21 juin 1976, n° 75-92.178 : *Bull. crim.* n° 221). Le prévenu qui s'est défendu devant la juridiction répressive doit être considéré comme ayant accepté le débat devant cette juridiction et renoncé à se prévaloir des dispositions de l'article 5 du Code de procédure pénale (▪ Cass. crim., 5 juin 1984, n° 83-91.845 : *Bull. crim.* n° 204). La règle *electa una via*, fondée sur l'article 5 du Code de procédure pénale, constitue une fin de non-recevoir, laquelle, aux termes de l'article 385 dudit code, doit être présentée avant toute défense au fond, à peine d'irrecevabilité (▪ Cass. crim., 18 sept. 2018, n° 13-88.631 : *Bull. crim.* à paraître. *Adde*, ▪ Cass. crim., 16 oct. 2013, n° 12-83.947. ▪ Cass. crim., 27 mars 2013, n° 12-82.128).

Art. 5-1 ***(L. n° 83-608, 8 juill. 1983).*** **– Même si le demandeur s'est constitué partie civile devant la juridiction répressive, la juridiction civile, saisie en référé, demeure compétente pour ordonner toutes mesures provisoires relatives aux faits qui sont l'objet des poursuites, lorsque l'existence de l'obligation n'est pas sérieusement contestable.**

Bibliographie : *Répertoire.* L. Boré, *Action publique et Action civile. – Action civile exercée devant la juridiction civile. – Le criminel tient le civil en l'état. – Distinction de la faute pénale d'imprudence et de la faute civile. – Règle « Electa una via ». – Compétence du juge des référés : JCl. Proc. pén.*, art. 4 à 5-1, Fasc. 20.

Généralités. P. Bertin, *Juge des référés et juge d'instruction ou « Le criminel ne tient plus toujours le civil en état » : Gaz. Pal.* 1985, 1, doctr. p. 226. • J. Pradel, *Un nouveau stade dans la protection des victimes d'infractions : D.* 1983, chron. p. 241.

1) Condition. L'application de l'article 5-1 du Code de procédure pénale n'est pas soumise à d'autres conditions que celles fixées par ce texte, lequel n'exclut la compétence de la juridiction civile saisie en référé à aucun stade de la procédure devant la juridiction répressive (▪ Cass. 2e civ., 16 mai 1990, n° 88-18.025 : *Bull. civ.* II, n° 106 ; *Dr. pén.* 1992, comm. 160, note A. Maron et M. Haas).

2) Nature des mesures provisoires. S'agissant du versement d'une provision à valoir sur le montant des dommages et intérêts (▪ Cass. 2e civ., 16 mai 1990, préc.), de la saisie d'un document (▪ Cass. crim., 4 oct. 1983, n° 82-93.674 : *Bull. crim.* n° 237), d'une demande d'expertise aux fins d'évaluation du préjudice (▪ Cass. 2e civ., 16 mai 1990 : *Bull. civ.* 1990, II, n° 106), d'une expulsion (▪ Cass. 2e civ., 12 févr. 1992, n° 90-19.789 : *Bull. civ.* 1992, II, n° 48).

3) Conséquences de la saisine du juge des référés. L'assignation devant le juge des référés dont l'objet est de voir ordonner des mesures conservatoires ou de remise en état qui s'imposent pour prévenir un dommage imminent ou pour faire cesser un trouble manifestement illicite, ne saurait s'analyser en une action en justice au sens de l'article 5 du Code de procédure pénale. Une telle assignation ne saurait faire obstacle au droit de la victime d'une infraction de saisir le juge pénal. Dans une telle hypothèse, la recherche de l'identité des parties, de l'objet ou de la cause est juridiquement sans intérêt (■ Cass. crim., 4 oct. 1983, préc.). Une assignation en référé ne peut s'analyser en une action en justice au sens de l'article 5 du Code de procédure pénale et la juridiction répressive n'est pas dessaisie de l'action civile lorsqu'une instance en référé est engagée par la partie civile dans les conditions prévues par l'article 5-1 du Code précité. Justifie dès lors sa décision la juridiction correctionnelle qui, en pareil cas, sursoit à statuer sur l'indemnisation de la victime dans l'attente du résultat d'une expertise ordonnée par le juge des référés (■ Cass. crim., 11 avr. 1991, n° 90-81.450 : *Bull. crim.* n° 173). La règle selon laquelle le criminel tient le civil en l'état n'est pas applicable devant le juge des référés dont les décisions de caractère provisoire sont dépourvues au principal de l'autorité de la chose jugée (■ Cass. 3e civ., 7 janv. 2009, n° 07-21.501 : *Bull. inf. C. cass.* 2009, 694).

Art. 6 ***(Ord. n° 58-1296, 23 déc. 1958 ; L. n° 99-515, 23 juin 1999).*** **– L'action publique pour l'application de la peine s'éteint par la mort du prévenu, la prescription, l'amnistie, l'abrogation de la loi pénale et la chose jugée.**

Toutefois, si des poursuites ayant entraîné condamnation ont révélé la fausseté du jugement ou de l'arrêt qui a déclaré l'action publique éteinte, l'action publique pourra être reprise ; la prescription doit alors être considérée comme suspendue depuis le jour où le jugement ou arrêt était devenu définitif jusqu'à celui de la condamnation du coupable de faux ou usage de faux.

Elle peut, en outre, s'éteindre par transaction lorsque la loi en dispose expressément ; il en est de même en cas de retrait de plainte, lorsque celle-ci est une condition nécessaire de la poursuite ou par l'exécution d'une composition pénale.

Voir aussi : en matière d'environnement, C. env., art. L. 173-12, en matière de consommation et de concurrence, C. consom., art. L. 523-1 et s. et C. com., art. L. 310-6-1, art. L. 490-5, en matière de transport, C. transports, art. L. 1721-1 et s., au bénéfice du maire, art. 44-1, p. 166, du Défenseur des droits, L. org., n° 2011-333 du 29 mars 2011, art. 28 II.

Bibliographie : ***Répertoire.*** D. Caron, *Action publique. – Extinction. – Décès, amnistie et autres causes : JCl. Proc. pén.*, art. 6, Fasc. 10. • *Action publique. – Extinction. – Autorité de la chose jugée au pénal sur le pénal : JCl. Proc. pén.*, art. 6, Fasc. 20. • J. Danet, Rép. pén. Dalloz, V° Chose jugée.

Généralités. G. Beaussonie, *La fin de l'impunité des personnes morales absorbées et absorbantes : D.* 2021, p.167. • M. Dobkine, *La transaction en matière pénale : D.* 1994, chron. 137. • R. Gassin, *Les destinées du principe de l'autorité de chose jugée au criminel sur le criminel dans le droit pénal contemporain : RSC* 1963, 239. • C. Gavalda, *Aspects actuels du problème de l'autorité de la chose jugée au criminel sur le criminel : JCP* 1957, I, 1372. • A. Giudicelli, *Principe de l'autorité de la chose jugée du pénal sur le civil : RSC* 2003, 125. • R. Meurisse, *La cristallisation des qualifications et des peines et la loi d'amnistie : RSC* 1950, p. 667 et s. • J.-B. Perrier, *La transaction pénale*, LGDJ 2014. • J.-C. Saint-Pau, *La responsabilité pénale d'une société absorbante pour une infraction commise par la société absorbée – Revirement de jurisprudence ! : JCP G* 2021, doctr. 27.

• ***Sommaire***

I – CAUSES PARTICULIÈRES D'EXTINCTION DE L'ACTION PUBLIQUE

1) Transaction par l'administration compétente. Aux termes de l'article 350 du Code des douanes, l'administration est autorisée à transiger avec les personnes poursuivies pour infractions douanières avant ou après jugement définitif. Dans le cas où une transaction est intervenue avant toute poursuite judiciaire, le bénéficiaire de la transaction ne peut plus être mis en cause dans la poursuite (■ Cass. crim., 11 févr. 1980, n° 79-90.716 : *Bull. crim.* n° 54). La transaction prévue par l'article L. 141-2 du Code de la consommation n'éteint l'action publique que lorsque l'auteur a exécuté, dans le délai imparti, les obligations résultant pour lui de l'acceptation de la transaction (■ Cass. crim., 19 mai 2015, n° 14-85.885 : *Bull. crim.* n° 112 ; *D.* 2015, 1983, note J.-B. Perrier). L'action publique étant éteinte à la suite de la transaction douanière, les mêmes faits concernant la même personne ne peuvent plus être poursuivis sous une autre qualification juridique (■ Cass. crim., 7 mars 1984, n° 83-91.574 : *Bull. crim.* n° 96).

2) Mesures de l'article 41-1 du Code de procédure pénale.

Voir : annotations ss art. 41-1, p. 149.

3) Convention judiciaire d'intérêt public.

Voir : art. 41-1-2, p. 152.

4) Composition pénale.

Voir : art. 41-2 et s., p. 155.

5) Injonction thérapeutique.

Voir : C. santé publ., art. L. 3423-1.

La loi du 31 décembre 1970 (désormais art. L. 3423-1, C. santé publ.) prévoit, au profit de ceux qui se soumettent à une cure de désintoxication, une cause d'extinction de l'action publique, dont il incombe à l'intéressé de faire état devant le tribunal (■ Cass. crim., 4 mai 1972, n° 71-MI450 : *Bull. crim.* n° 156).

6) Amende forfaitaire.

Voir : art. 529 et s., p. 1155.

7) Retrait de plainte. Le délit de l'article 357-1, 1° du Code pénal qui réprime l'abandon de foyer entre dans les prévisions de l'article 6, alinéa 3 du Code de procédure pénale décidant que l'action publique s'éteint en cas de retrait de plainte lorsque celle-ci est une condition nécessaire de la poursuite. Dès lors, le tribunal qui constate que le plaignant a retiré sa plainte doit constater l'extinction de l'action publique (■ Cass. crim., 28 oct. 1965 : *D.* 1965, 803, rapp. R. Combaldieu). Le délit d'atteinte à l'intimité de la vie privée ne pouvant, selon l'article 226-6 du Code pénal, être poursuivi que sur plainte de la victime, le désistement de celle-ci a pour effet de mettre fin aux poursuites conformément aux dispositions combinées des articles 226-6 du Code pénal et 6, alinéa 3, du Code de procédure pénale (■ Cass. crim., 14 janv. 1997, n° 96-82.901 : *Bull. crim.* n° 9. ■ Cass. crim., 8 déc. 1992, n° 92-82.340 : *Bull. crim.* n° 406). Selon les articles 48 et 49 de la loi du 29 juillet 1881, le délit de diffamation envers un fonctionnaire public ne peut être poursuivi que sur sa plainte ou celle du ministre dont il relève, par le ministère public, et le désistement du plaignant ou de la partie poursuivante arrête la poursuite (■ Cass. crim., 10 mars 1998, n° 96-82.673 : *Bull. crim.* n° 93).

8) Désistement du ministère public. Il est de principe que le ministère public ne peut se désister de l'action publique régulièrement introduite (■ Cass. crim., 19 déc. 1872 : *Bull. crim.* n° 328). L'action publique, dont le ministère public ne peut disposer après l'avoir engagée, ne s'éteint que dans les conditions prévues à l'article 6 du Code de procédure pénale. Justifie dès lors sa décision la cour d'appel qui refuse de considérer, à l'instar de la prévenue, que la relaxe requise oralement par le ministère public équivaudrait à un abandon des poursuites dessaisissant le tribunal (■ Cass. crim., 24 sept. 2008, n° 08-80.872 : *Bull. crim.* n° 196 ; *Dr. pén.* 2009, comm. 28).

II – CAUSES GÉNÉRALES D'EXTINCTION DE L'ACTION PUBLIQUE

9) Prescription.

Voir : art. 7 et s., p. 83 et annotations ss art.

A – Décès du prévenu

10) Conséquence sur l'action publique. Aux termes de l'article 6 du Code de procédure pénale, l'action publique s'éteint par la mort du prévenu. Il ne peut plus être statué en ce qui concerne la peine et l'amende fiscale (■ Cass. crim., 9 déc. 1991, n°s 88-80.786 et 90-84.994 : *Bull. crim.* n° 465). Le principe de la personnalité des peines interdisant de poursuivre le délinquant après son décès ou de suivre la procédure contre ses héritiers, la chambre criminelle doit constater l'extinction de l'action publique en cas de décès du prévenu en cours d'instance de cassation (■ Cass. crim., 13 mars 1997, n° 95-85.034 : *Bull. crim.* n° 104). Le décès de la personne poursuivie n'éteint pas l'action publique à l'égard de tous, notamment à l'égard des complices (■ Cass. crim., 23 juill. 1974, n° 73-93.566 : *JCP* 1975, II, 18091, note P. Chambon). La mesure de confiscation ordonnée à l'occasion de poursuites correctionnelles et visant l'instrument du délit ou la chose produite par le délit constitue une sanction à caractère réel qui survit à l'extinction de l'action publique (■ Cass. crim., 25 juin 2013, n° 12-80.859). La confiscation visant l'instrument du délit ou la chose produite par le délit, sanction non personnelle à caractère réel, survit à l'extinction de l'action publique. Il en est ainsi de la confiscation prononcée en matière d'infractions à la législation sur les courses de chevaux (■ Cass. crim., 9 déc. 1991, préc.).

11) Conséquence sur l'action civile. L'action civile ne saurait être portée devant le juge pénal lorsque, au moment où elle y est portée, l'action publique se trouvait déjà éteinte par le décès de l'inculpé en cours d'instruction (■ Cass. crim., 22 déc. 1972, n° 71-90.924 : *Bull. crim.* n° 404). Lorsque le prévenu est décédé au cours de l'instance d'appel, l'action publique s'éteint, mais la Cour d'appel reste compétente pour statuer sur l'action civile (▪ Cass. crim., 15 juin 1977, n° 76-91.679 : *Bull. crim.* n° 221). En cas de décès du prévenu au cours de l'instance en cassation, la Cour de cassation reste compétente pour statuer sur les intérêts civils (▪ Cass. crim., 28 févr. 1974, n° 73-90.639 : *Bull. crim.* n° 87. ▪ Cass. crim., 8 avr. 1991, n° 88-81.542 : *Bull. crim.* n° 166).

12) Dissolution de la personne morale. Doit être approuvé l'arrêt qui, après avoir constaté la dissolution de la personne morale mise en cause, déclare l'action publique éteinte (▪ Cass. crim., 15 nov. 2005, n° 04-85.441).

13) Fusion-absorption de la personne morale. L'article 121-1 du Code pénal doit désormais être interprété comme permettant que la société absorbante soit condamnée pénalement pour des faits constitutifs d'une infraction commise par la société absorbée avant l'opération de fusion-absorption. L'article 6 de la Convention européenne des droits de l'homme ne s'oppose pas à cette interprétation, la continuité économique et fonctionnelle de la personne morale conduisant à ne pas considérer la première comme étant distincte de la seconde. L'article 6 du Code de procédure pénale, qui ne prévoit pas expressément l'extinction de l'action publique lors de l'absorption d'une société, ne s'oppose pas non plus à cette interprétation (▪ Cass. crim., 25 nov. 2020, n° 18-86.955, §§ 25 et 26 : *Bull. crim.* à paraître ; *JCP* G 2021, 17, note D. Rebut ; *Dr. pén.* 2021, comm. 2, note Ph. Conte ; *AJ pénal* 2020, p. 576, note D. Apelbaum et A. Battaglia. – *Adde* G. Beaussonie, *La fin de l'impunité des personnes morales absorbées et absorbantes* : *D.* 2021, p.167 ; J.-C. Saint-Pau, *La responsabilité pénale d'une société absorbante pour une infraction commise par la société absorbée – Revirement de jurisprudence !* : *JCP* G 2021, doctr. 27).

Cette interprétation nouvelle, qui constitue un revirement de jurisprudence, ne peut s'appliquer aux fusions antérieures à la présente décision sans porter atteinte au principe de prévisibilité juridique découlant de l'article 7 de la Convention européenne des droits de l'homme. Elle ne s'appliquera, en conséquence, qu'aux opérations de fusion conclues postérieurement au prononcé du présent arrêt (▪ Cass. crim., 25 nov. 2020, n° 18-86.955, préc., §§ 38 et 39).

Contra précédemment : par application de l'article 6 du Code de procédure pénale, l'action publique est éteinte à l'égard de la société, poursuivie du chef d'homicide involontaire, ayant fait l'objet d'une fusion-absorption par une autre société à une date postérieure à la décision frappée de pourvoi et ayant par conséquent perdu son existence juridique en qualité de personne morale (▪ Cass. crim., 7 janv. 2020, n° 18-86.293 : *Bull. crim.* à paraître).

V. égal. précédemment : Aux termes de l'article 121-1 du Code pénal, nul n'est responsable pénalement que de son propre fait. Il s'ensuit, dans le cas où une société, poursuivie pour blessures involontaires, fait l'objet d'une fusion-absorption, que la société absorbante ne peut être déclarée coupable, l'absorption ayant fait perdre son existence juridique à la société absorbée (▪ Cass. crim., 20 juin 2000, n° 99-86.742 : *Bull. crim.* n° 237 ; L. Gamet, *Le principe de personnalité des peines à l'épreuve des fusions et des scissions de sociétés* : *JCP* G 2001, I, 345. ▪ Cass. crim., 14 oct. 2003, n° 02-86.376 : *Bull. crim.* n° 189 ; *Dr. pén.* 2004, comm. 20, note M. Véron). *À rapp.* : L'article 121-1 du Code pénal ne peut s'interpréter que comme interdisant que des poursuites pénales soient engagées à l'encontre de la société absorbante pour des faits commis par la société absorbée avant que cette dernière perde son existence juridique (▪ Cass. crim., 25 oct. 2016, n° 16-80.366).

B – Amnistie

14) Amnistie – Conséquence sur l'action publique. L'amnistie éteint l'action publique à compter du jour de la promulgation de la loi qui l'accorde (▪ Cass. crim., 20 mai 1976, n° 75-92.036 : *Bull. crim.* n° 171. ▪ Cass. crim., 6 mars 1997, n° 96-82.392 : *Bull. crim.* n° 91. ▪ Cass. crim., 26 sept. 2006, n° 05-86.619 : *Bull. crim.* n° 235). L'amnistie s'oppose à ce que les faits amnistiés reçoivent une qualification autre que celle qui leur avait été donnée dans des poursuites clôturées par une décision définitive (▪ Cass. crim., 20 mai 1976, préc. ▪ Cass. crim., 6 mars 1997, préc. ▪ Cass. crim., 26 sept. 2006, préc.). Le ministère public ne peut faire état d'un délit douanier, non poursuivi, pour écarter du bénéfice de l'amnistie une condamnation prononcée pour la seule infraction à la législation sur les changes ; la qualification donnée aux faits ne pouvant être rectifiée (▪ Cass. crim., 16 mars 1964, n° 63-91.307 : *Bull. crim.* n° 95 ; *JCP* G 1964, II, 13720, note J. Michaud). Les faits d'usure d'une part, et d'autre part ceux consistant à recevoir habituellement du public, sous forme de dépôts, des fonds employés par le dépositaire pour son compte, en opérations de crédit, sont des faits nécessairement distincts qui, même s'ils coexistent, ne peuvent être confondus dans une seule inculpation ; dès lors, l'amnistie dont a pu bénéficier le délit d'usure ne s'étend pas au délit d'infraction à la loi sur la réglementation et l'organisation de la profession bancaire (▪ Cass. crim., 23 déc. 1969, n° 69-90.035 : *Bull. crim.* n° 359). L'amnistie a pour effet de faire disparaître la condamnation réputée non avenue ; ses effets sont d'ordre public, le bénéficiaire ne pouvant renoncer à l'avantage que la loi lui confère (■ Cass. crim., 6 déc. 1919 : *DP* 1920, 1, p. 21). Lorsque l'arrêt de la cour d'appel déclare amnistiés les faits poursuivis, en raison de la nature de l'infraction, le prévenu n'est pas admis à critiquer cet arrêt et son pourvoi est irrecevable (■ Cass. crim., 10 janv. 1983, n° 82-91.220 : *Bull. crim.* n° 9).

15) Amnistie en raison du quantum ou de la nature de la peine. L'amnistie, accordée par l'article 8 de la loi du 30 juin 1969 aux infractions punies de peines d'amende à titre définitif, ne saurait être constatée, à raison des peines prononcées, alors que la condamnation n'est pas devenue définitive (■ Cass. crim., 3 mars 1971, n° 70-90.333 : *Bull. crim.* n° 73). Le délit d'entrave au fonctionnement du comité d'entreprise prévu par l'article L. 483-1, alinéa 1er, du Code du travail, lorsqu'il est commis avant le 17 mai 2002, relève des dispositions de l'article 5 de la loi du 6 août 2002 portant amnistie en raison du quantum ou de la nature de la peine. En application de l'article 8 de ladite loi, l'amnistie d'un tel délit n'est acquise qu'après condamnation devenue définitive (■ Cass. crim., 22 juill. 2004, n° 04-83.258 : *Bull. crim.* n° 182).

16) Amnistie – Conséquence sur l'action civile. Le tribunal répressif reste saisi, après amnistie, de l'action civile intentée concurremment à l'action publique (■ Cass. crim., 22 janv. 1974, n° 73-92.960 : *Bull. crim.* n° 32). Selon l'article 24 de la loi du 20 juillet 1988, la juridiction de jugement ne reste compétente pour statuer sur les intérêts civils afférents à une contravention de police amnistiée par application de l'article 1er de ce texte, que si elle a été saisie de l'action publique avant la publication de ladite loi (■ Cass. crim., 18 oct. 1990, n° 89-84.318 : *Bull. crim.* n° 347).

C – Abrogation de la loi pénale

17) Abrogation de la loi pénale. Aux termes de l'article 6 du Code de procédure pénale, l'action publique s'éteint, notamment, par l'abrogation de la loi pénale. Tel est le cas lorsqu'en raison d'une modification législative, les faits poursuivis cessent d'être punissables avant qu'une décision définitive soit intervenue. En application de l'article 9 de la loi n° 91-1382 du 30 décembre 1991, modifiant l'article 66 du décret du 30 octobre 1935, l'émission de chèque sans provision n'est plus pénalement réprimée (■ Cass. crim., 30 janv. 1992, n° 91-81.917 : *Bull. crim.* n° 40). Une loi nouvelle qui abroge une incrimination s'applique aux faits commis avant son entrée en vigueur. Tel est le cas de la non-déclaration d'un état de cessation des paiements et de la tenue d'une comptabilité irrégulière ou incomplète, constitutives du délit de banqueroute simple au sens de l'article 128, alinéas 3 et 5, de la loi du 13 juillet 1967 qui a été abrogé à compter du 1er janvier 1986 par l'article 238 de la loi du 25 janvier 1985, laquelle ne contient aucune incrimination pénale applicable à ces faits ainsi qualifiés. Doivent dès lors être annulées d'office les dispositions de l'arrêt de la Chambre d'accusation renvoyant, de ces chefs, le prévenu devant le tribunal correctionnel (■ Cass. crim., 18 déc. 1986, n° 85-93.254 : *Bull. crim.* n° 377). Une loi déterminant autrement que la loi précédente les éléments d'une infraction est applicable aux faits commis avant son entrée en vigueur si ceux-ci entrent dans les prévisions de l'ancienne et de la nouvelle loi. Encourent dès lors la censure les juges du fond prononçant la relaxe au motif que la loi nouvelle n'est pas applicable aux faits antérieurs à son entrée en vigueur (■ Cass. crim., 4 sept. 1990, n° 89-85.962 : *Bull. crim.* n° 309). L'abrogation d'une loi à la suite de sa codification à droit constant ne modifie ni la teneur des dispositions transférées ni leur portée. Tel est le cas de la loi du 1er août 1905 sur les fraudes et falsifications transposée dans le Code de la consommation. Il s'ensuit que les décrets pris en application de l'article 11 de cette loi demeurent applicables et que leur méconnaissance est pénalement sanctionnée par l'article L. 214-2 du Code de la consommation qui s'est substitué à l'article 13 abrogé (■ Cass. crim., 4 mai 1995, n° 94-83.077 : *Bull. crim.* n° 163). Aucune peine ne saurait être prononcée lorsque les faits poursuivis, bien qu'entrant dans les prévisions de deux textes répressifs successifs, applicables respectivement à la date de commission desdits faits et à celle de leur jugement, ont échappé à toute incrimination entre l'abrogation du premier de ces textes et l'entrée en vigueur du second. Doit, dès lors, être cassé d'office et sans renvoi, l'arrêt qui condamne un prévenu pour défaut de maîtrise, alors que cette infraction n'a pas été réprimée entre l'entrée en vigueur du décret du 28 août 1991 et celle du décret du 23 novembre 1992, textes qui, en cours d'instance, ont successivement modifié l'article R. 232, 2° du Code de la route (■ Cass. crim., 2 mars 1994, n° 93-82.921 : *Bull. crim.* n° 86).

D – Chose jugée

18) Autorité des décisions de non-lieu.
Voir : art. 188 à 190, p. 624.

19) Autorité des arrêts d'acquittement.
Voir : art. 368, p. 830.

20) Caractère d'ordre public. Les juges doivent rechercher par un examen de la procédure qui a été soumise à la juridiction précédente, si les faits déjà jugés sont ceux-là mêmes dont ils sont saisis et vérifier si les jugements invoqués au soutien de l'exception sont définitifs (■ Cass. crim.,

2 juin 1992, n° 90-85.696 : *Bull. crim.* n° 215). Si l'exception *non bis in idem* peut être opposée pour la première fois devant la Cour de cassation, c'est à la condition que cette Cour trouve dans les constatations des juges du fond les éléments nécessaires pour en apprécier la valeur ; à défaut de telles constatations, le moyen mélangé de fait et de droit est nouveau et comme tel irrecevable (▪ Cass. crim., 3 juin 1997, n° 96-83.653 : *Bull. crim.* n° 217. – *Adde*, ▪ Cass. crim., 13 nov. 1989, n° 88-80.801 : *Bull. crim.* n° 408).

1° Décision revêtue de l'autorité de la chose jugée

21) Décision juridictionnelle – Classement sans suite. Le classement sans suite d'une plainte, d'un procès-verbal ou d'une procédure d'enquête préliminaire par le procureur de la République, bien que ressortissant, selon l'article 40 du Code de procédure pénale, à l'exercice de l'autorité judiciaire n'est pas un acte juridictionnel. Le procureur de la République peut, jusqu'à l'expiration du délai de prescription, revenir sur son appréciation première et exercer des poursuites sans avoir à s'en expliquer et sans avoir à justifier de la survenance de faits nouveaux (▪ Cass. crim., 5 déc. 1972, n° 72-92.579 : *Bull. crim.* n° 375).

22) Décision définitive. Il se déduit du premier alinéa de l'article 6 du Code de procédure pénale que l'autorité de la chose jugée ne s'attache qu'aux décisions statuant de manière définitive sur les poursuites (▪ Cass. crim., 29 janv. 2014, n° 12-88.337 : *JurisData* n° 2014-001095). Aucune autorité de chose jugée ne peut s'attacher à une décision frappée d'appel (▪ Cass. crim., 25 févr. 2003 : *JurisData* n° 2003-018161 ; *Bull. crim.* n° 51).

23) Décision étrangère – Faits commis en France. En dehors des cas où un texte spécial en dispose autrement, et sous réserve de la déduction, lors de l'exécution de la peine, de la détention subie à l'étranger de la peine qui pourrait être ensuite prononcée par la juridiction nationale, les décisions rendues par les juridictions pénales étrangères n'ont pas, en France, l'autorité de la chose jugée, lorsqu'elles concernent des faits commis sur le territoire de la République (▪ Cass. crim., 23 oct. 2013, n° 13-83.499 : *Bull. crim.* n° 201 ; *D.* 2013, 2950, note D. Rebut ; *RSC*, 857, obs. D. Boccon-Gibot). Justifient leur décision les juges du fond qui énoncent que les faits délictueux poursuivis en France, ayant été commis sur le territoire national, les dispositions de l'article 692 du Code de procédure pénale (devenu C. pén., art. 113-9), prévoyant en cas de condamnation par une juridiction étrangère, l'extinction de l'action publique pour des faits délictueux commis par un Français à l'étranger, ne sont pas applicables (▪ Cass. crim., 13 mai 1971, n° 70-92.059 : *Bull. crim.* n° 157. – *Adde* ▪ Cass. crim., 8 juin 2005 : *JurisData* n° 2005-029036 ; *Bull. crim.* n° 174). Les dispositions des articles 4 du protocole n° 7 à la Convention européenne des droits de l'Homme et 14-7 du Pacte international relatif aux droits civils et politiques, qui font obstacle à des doubles poursuites pour des faits uniques, ne trouvent à s'appliquer que dans le cas où les deux procédures ont été engagées sur le territoire du même État (▪ Cass. crim., 14 mars 2018, n° 16-82.117 : *Bull. crim.* à paraître).

24) Décision étrangère – Faits commis en France – Refus de transmission d'une question prioritaire de constitutionnalité. Il n'y a pas lieu de renvoyer au Conseil constitutionnel la question prioritaire de constitutionnalité portant sur l'interprétation jurisprudentielle de l'article 6 du Code de procédure pénale dès lors que, s'il résulte de l'article 6 du Code de procédure pénale, tel qu'interprété par la jurisprudence, que la dénonciation à l'État étranger aux fins de poursuites de faits commis en France par son ressortissant ne peut, au regard de l'article 113-2 du Code pénal, emporter renonciation par la France à l'exercice de poursuites pénales pour ces mêmes faits, ces poursuites ne risquent pas de porter atteinte au principe de stricte nécessité des peines en ce que, en cas de condamnation, d'une part, le montant global des sanctions éventuellement prononcées ne peut dépasser le montant le plus élevé de l'une des sanctions encourues, et, d'autre part, lors de l'exécution sur le territoire national d'une éventuelle peine privative de liberté prononcée en France, sera déduite intégralement de sa durée la détention subie à l'étranger pour les faits jugés en France (▪ Cass. crim., 15 avr. 2015, n° 15-90.001 : *Dr. pén.* 2015, comm. 119, note E. Bonis-Garçon).

25) Décisions étrangères – Faits commis à l'étranger.

Voir aussi : C. pén., art. 113-9 et art. 113-11.

Un étranger ayant commis hors du territoire de la République un crime ou un délit puni d'emprisonnement contre une victime de nationalité française ne peut échapper à toute poursuite en France que s'il justifie avoir été définitivement jugé à l'étranger pour les mêmes faits ; la décision prise par une juridiction étrangère ne peut être regardée comme un jugement définitif que si, à la date où elle a été rendue, l'action publique avait été engagée ; le classement sans suite par le ministère public près une juridiction étrangère, confirmée par cette juridiction, qui a dit n'y avoir lieu à l'exercice de l'action publique sauf survenance de faits nouveaux, n'a pas valeur de jugement définitif au sens des articles 113-9 du Code pénal et 54 de la Convention d'application des accords de Schengen (■ Cass. crim., 2 avr. 2014, n° 13-80.474 : *JurisData* n° 2014-006174 ; *Bull. crim.* n° 101). Une décision d'une juridiction étrangère, se bornant à déclarer irrecevable en la forme un recours contre un classement administratif d'une plainte, ne saurait constituer un jugement définitif faisant obstacle à la poursuite des mêmes faits en France (■ Cass. crim., 20 juin 2012, n° 12-81.729 : *Bull. crim.* n° 156).

26) Chose jugée de manière erronée. Il résulte de l'article 6 du Code de procédure pénale que le principe de l'autorité de chose jugée, fût-ce en méconnaissance de la loi, met obstacle à ce que des poursuites soient reprises devant une juridiction qui a précédemment épuisé sa saisine par une décision devenue définitive. Il s'ensuit qu'une cour d'appel ne saurait, même avec l'accord des parties et au prétexte de remédier à une méconnaissance de l'article 520 du Code de procédure pénale, procéder à un nouvel examen de poursuites définitivement jugées (■ Cass. crim., 18 déc. 1989, n° 88-83.519 : *Bull. crim.* n° 483). Il se déduit de l'article 6 du Code de procédure pénale que le principe de l'autorité de chose jugée, fût-ce de manière erronée, fait obstacle à ce qu'une chambre de l'instruction remette en cause le jugement définitif par lequel la juridiction correctionnelle s'est dessaisie sans statuer sur l'action publique et a renvoyé le ministère public à mieux se pourvoir (■ Cass. crim., 12 déc. 2012, n° 12-82.905 : *Bull. crim.* n° 275 ; *Dr. pén.* 2013, comm. 30, note A. Maron et M. Haas ; *Procédures* 2013, comm. 80, note A.-S. Chavent-Leclère). Il résulte des articles 6 et 509 du Code de procédure pénale que le principe de l'autorité de chose jugée, fût-ce en méconnaissance de la loi, met obstacle à ce qu'une cour d'appel, saisie de l'appel du prévenu limité aux dispositions civiles du jugement, réforme ce qui a été définitivement jugé sur l'action publique (■ Cass. crim., 24 mars 1999, n° 97-85.833 : *Bull. crim.* n° 54).

2° *Portée de l'autorité de la chose jugée*

• Procédures ayant les mêmes parties, cause et objet

27) Identité de parties. Si l'autorité de chose jugée fait obstacle à toute nouvelle poursuite fondée sur une qualification distincte de celle initialement retenue contre la personne déjà poursuivie et définitivement condamnée, relaxée ou acquittée à raison de mêmes faits à la suite du dépôt d'une première plainte, elle ne s'oppose pas à la mise en oeuvre ultérieure de l'action publique à l'égard d'autres personnes visées dans ladite plainte, qui n'ont pas en tant que telles la qualité de parties au procès précédemment élevé au sujet de ces faits auquel elles n'ont pas été appelées, et contre lesquelles il existerait des charges suffisantes d'y avoir apporté leur concours (■ Cass. crim., 7 nov. 2018, n° 16-86.377). Faute d'une identité entre la personne déjà poursuivie et celle susceptible de l'être, l'autorité de la chose jugée qui s'attache à la décision de condamnation ne saurait faire obstacle à la mise en mouvement de l'action publique qu'implique la constitution de partie civile (■ Cass. crim., 5 févr. 1985, n° 83-91.307 : *Bull. crim.* n° 59). La réponse négative apportée par la cour d'assises aux questions relatives à la culpabilité d'un complice de crime n'est pas nécessairement inconciliable avec des poursuites distinctes pour complicité de la même infraction, à l'égard d'une autre personne qui n'a pas été visée par les poursuites antérieures et n'a pas été mise hors de cause par une ordonnance de non-lieu devenue définitive (■ Cass. crim., 15 janv. 2008, n° 07-86.077 : *JurisData* n° 2008-042720 ; *Bull. crim.* n° 8). La relaxe devenue définitive du représentant légal d'une personne morale attrait devant la juridiction correctionnelle en son nom personnel ne peut mettre obstacle à ce que, conformément à l'article 706-43 du Code de procédure pénale, il soit appelé à représenter ultérieurement celle-ci dans les poursuites engagées contre elle à raison des mêmes faits (■ Cass. crim., 30 mai 2000, n° 99-84.212 : *Bull. crim.* n° 206).

28) Identité de cause – Définition. Le principe *ne bis in idem* ne peut s'appliquer que lorsque les faits poursuivis procèdent de manière indissociable d'une action unique caractérisée par une seule intention coupable. Viole ce principe, la cour d'appel qui fait droit à l'exception de chose jugée alors que l'usage des fausses factures auprès de l'administration fiscale pour obtenir une remise indue de TVA, élément matériel des manoeuvres caractérisant le délit d'escroquerie, constitue un nouveau fait d'usage au préjudice de l'État français, distinct de la production de ces mêmes factures par le prévenu au préjudice de la société qu'il gérait (■ Cass. crim., 16 janv. 2019, n° 18-81.566 : *Bull. crim.* à paraître).

29) Identité de cause – Faits identiques poursuivis sous des qualifications différentes. *Rapp. s'agissant d'une première décision rendue par la cour d'assises*, art. 368, p. 830 et annotations ss art. L'autorité de la chose jugée fait obstacle à la reprise de l'action publique sur les mêmes faits autrement qualifiés (■ Cass. crim., 10 déc. 2014, n° 14-80.230 : *Bull. crim.* n° 266 ; *Procédures* 2015, comm. 55, note J. Buisson). Selon l'article 4.1 du protocole n° 7 additionnel à la Convention européenne des droits de l'Homme et l'article 6, alinéa 1er, du Code de procédure pénale, l'action publique s'éteint par la chose jugée ; un même fait ne peut donner lieu contre le même prévenu à deux actions pénales distinctes ; la relaxe d'un prévenu du chef de harcèlement sexuel empêche une nouvelle poursuite de ce prévenu pour agression sexuelle, les faits visés par la seconde poursuite restant les mêmes (▪ Cass. crim., 19 janv. 2005, n° 04-81.686 : *Bull. crim.* n° 25 ; *RSC* 2005, p. 934, obs. J.-F. Renucci. ▪ Cass. crim., 10 déc. 2014, préc.). Il est de principe que le même fait ne peut donner lieu contre le même prévenu à deux actions pénales distinctes. Encourt la cassation l'arrêt de la chambre d'accusation qui admet de nouvelles poursuites du chef de vol à l'encontre d'une personne déjà condamnée pour recel : les faits incriminés ayant fait l'objet de poursuites successives sous des qualifications différentes étaient pour partie tout au moins, identiques dans leurs éléments légaux et matériels et les qualifications retenues étaient dans la même mesure exclusives l'une de l'autre (▪ Cass. crim., 6 juin 1979, n° 79-90.374 : *Bull. crim.* n° 193). Encourt, pour le même motif, la cassation l'arrêt qui sanctionne un prévenu pour un fait unique de revente d'héroïne déjà retenu à sa charge, dans le cadre d'un trafic de stupéfiants plus important, par un jugement antérieur ayant acquis l'autorité de la chose jugée (▪ Cass. crim., 13 déc. 1990, n° 90-80.108 : *Bull. crim.* n° 433). Est à juste titre déclarée irrecevable l'action introduite par la partie civile devant le tribunal correctionnel pour délit de blessures involontaires ayant entraîné une incapacité de travail pendant plus de six jours alors qu'un précédent jugement a définitivement condamné l'auteur des faits pour contravention de blessures involontaires ayant occasionné une incapacité de travail inférieure à six jours, la seconde poursuite étant à l'évidence fondée sur un fait identique dans ses éléments tant légaux que matériels à celui qui a été définitivement condamné par le tribunal correctionnel (▪ Cass. crim., 3 mars 1959 : *Bull. crim.* n° 143).

30) Identité de cause – Faits entièrement distincts. Justifie sa décision la cour d'appel ayant jugé qu'une relaxe du chef de faux n'exclut pas une condamnation ultérieure pour escroquerie réalisée à l'aide de ce faux, les faits sur lesquels étaient fondés la seconde poursuite pour escroquerie n'étant pas identiques, dans leurs éléments tant légaux que matériels, à ceux qui avaient motivé la première poursuite du chef de faux (▪ Cass. crim., 3 juin 1985, n° 83-95.073 : *Bull. crim.* n° 211). Aucune atteinte n'est portée à l'autorité de la chose jugée lorsque l'identité de cause, d'objet et de parties n'est pas totale entre une procédure close par un non-lieu [du chef d'abus de confiance] au bénéfice de l'inculpé et une action exercée ensuite contre la même personne [pour escroquerie], les faits poursuivis seraient-ils connexes (▪ Cass. crim., 17 déc. 1984, n° 83-94.891 : *Bull. crim.* n° 404). L'exception d'autorité de la chose jugée ne peut être valablement invoquée que lorsqu'il existe une identité de cause, d'objet et de parties entre les deux poursuites. La relaxe d'un prévenu du chef d'abus de confiance ne met pas obstacle à une nouvelle poursuite de ce prévenu pour des faits constitutifs d'un abus de biens sociaux (▪ Cass. crim., 2 avr. 1990, n° 88-81.264 : *Bull. crim.* n° 141).

31) Identité de cause – Faits partiellement distincts. Un individu condamné pour homicide involontaire par un tribunal correctionnel, qui a admis que la mort d'une tierce personne était due à une imprudence du prévenu, peut être poursuivi à nouveau pour homicide volontaire lorsqu'il résulte des circonstances de faits révélées postérieurement à la décision des juges que la mort de la victime a été la conséquence d'un acte intentionnel de son auteur (▪ Cass. crim., 25 mars 1954, *Aff. Thibaud* : *Bull. crim.* n° 121 ; *S.* 1955, 1, p. 39, note J. Brouchot ; *JCP* G 1954, II, 8272, note Verdier). Le crime d'homicide qui se commet par la détermination de la volonté, et le délit d'imprudence qui l'exclut sont deux infractions distinctes en leurs éléments de fait, aussi bien qu'en leurs éléments de droit ; un individu condamné pour homicide involontaire peut être poursuivi à nouveau pour homicide volontaire dès lors qu'il est fait état de circonstances révélées postérieurement au premier jugement et autres que celles qui avaient motivé ledit jugement (▪ Cass. crim., 19 mai 1983, n° 82-90.251, *Aff. Laurent* : *Bull. crim.* n° 149 ; *D.* 1984, jurispr. p. 51, note F. Chapar ; *JCP* G 1985, II, 20385, note W. Jeandidier). *Comp.* ▪ Cass. crim., 3 mars 1959, préc. note 26. ▪ Cass. crim., 6 juin 1979, préc. note 26.

• **Procédures de natures différentes**

32) Succession de procédures pénale et fiscale – Article 4 du protocole n° 7 additionnel à la Cour européenne des droits de l'homme. Il appartient au juge répressif d'appliquer l'article 4 du protocole n° 7 en faisant produire un plein effet à la réserve émise par la France en marge de ce protocole. L'interdiction d'une double condamnation en raison de mêmes faits, prévue par l'article 4 du protocole n° 7 ne trouve à s'appliquer, selon la réserve émise par la France, que pour les infractions relevant en droit français de la compétence des tribunaux statuant en matière pénale et n'interdit pas le prononcé de sanctions fiscales parallèlement aux peines infligées par le juge répressif (▪ Cass. crim., 11 sept. 2019, n° 18-81.067 : *Bull. crim.* à paraître ; *JCP* G 2019, 1086, note E. Detraz et E. Deleuze ; *JCP* G 2019, 944 ; *D.* 2019, p. 1712 ; *AJ pénal* 2019, p. 564, obs. M. Lassalle. ▪ Cass. crim., 11 sept. 2019, n° 18-82.430 : *Bull. crim.* à paraître ; *JCP* G 2019, 1086, note E. Detraz et E. Deleuze ; *JCP* G 2019, 944 ; *D.* 2019, p. 1712 ; *AJ pénal* 2019, p. 564, obs. M. Lassalle).

33) Succession de procédures pénale et douanière – Article 4 du protocole n° 7 additionnel à la Cour européenne des droits de l'homme. L'article 4 du protocole n° 7 à la Convention européenne des droits de l'homme

tion, le juge d'instruction procède à nouveau aux investigations précédemment annulées (▪ Cass. crim., 13 oct. 2020, n° 20-80.490 : *Bull. crim.* à paraître ; *AJ pénal* 2020, p. 598, note Y. Patouillard. ▪ Cass. crim., 19 oct. 2021, n° 20-82.172 : *Bull. crim.* à paraître).

Art. 7 *(Rempl., L. n° 2017-242, 27 févr. 2017 ; mod., L. n° 2018-703, 3 août 2018 ; L. n° 2021-478, 21 avr. 2021).* – L'action publique des crimes se prescrit par vingt années révolues à compter du jour où l'infraction a été commise.

L'action publique des crimes mentionnés aux articles 706-16, 706-26 et 706-167 du présent code, aux articles 214-1 à 214-4 et 221-12 du Code pénal et au livre IV *bis* du même code se prescrit par trente années révolues à compter du jour où l'infraction a été commise.

L'action publique des crimes mentionnés à l'article 706-47 du présent code, lorsqu'ils sont commis sur des mineurs, se prescrit par trente années révolues à compter de la majorité de ces derniers ; toutefois, s'il s'agit d'un viol, en cas de commission sur un autre mineur par la même personne, avant l'expiration de ce délai, d'un nouveau viol, d'une agression sexuelle ou d'une atteinte sexuelle, le délai de prescription de ce viol est prolongé, le cas échéant, jusqu'à la date de prescription de la nouvelle infraction.

L'action publique des crimes mentionnés aux articles 211-1 à 212-3 du Code pénal est imprescriptible.

Voir : annotations et bibliographie ss art. 9-3, CPP.

Art. 8 *(Rempl., L. n° 2017-242, 27 févr. 2017 ; L. n° 2021-478, 21 avr. 2021).* – L'action publique des délits se prescrit par six années révolues à compter du jour où l'infraction a été commise.

L'action publique des délits mentionnés à l'article 706-47 du présent code, lorsqu'ils sont commis sur des mineurs, à l'exception de ceux mentionnés aux articles 222-29-1 et 227-26 du Code pénal, se prescrit par dix années révolues à compter de la majorité de ces derniers.

L'action publique des délits mentionnés aux articles 222-12, 222-29-1 et 227-26 du même code, lorsqu'ils sont commis sur des mineurs, se prescrit par vingt années révolues à compter de la majorité de ces derniers.

Toutefois, s'il s'agit d'une agression sexuelle ou d'une atteinte sexuelle commise sur un mineur, en cas de commission sur un autre mineur par la même personne, avant l'expiration des délais prévus aux deuxième et troisième alinéas du présent article, d'une agression sexuelle ou d'une atteinte sexuelle, le délai de prescription de la première infraction est prolongé, le cas échéant, jusqu'à la date de prescription de la nouvelle infraction.

L'action publique du délit mentionné à l'article 434-3 du Code pénal se prescrit, lorsque le défaut d'information concerne une agression ou une atteinte sexuelle commise sur un mineur, par dix années révolues à compter de la majorité de la victime et, lorsque le défaut d'information concerne un viol commis sur un mineur, par vingt années révolues à compter de la majorité de la victime.

L'action publique des délits mentionnés à l'article 706-167 du présent code, lorsqu'ils sont punis de dix ans d'emprisonnement, ainsi que celle des délits mentionnés aux articles 706-16 du présent code, à l'exclusion de ceux définis aux articles 421-2-5 à 421-2-5-2 du Code pénal, et 706-26 du présent code et au livre IV *bis* du Code pénal se prescrivent par vingt années révolues à compter du jour où l'infraction a été commise.

Voir : annotations et bibliographie ss art. 9-3, CPP.

Art. 9 (1) *(Rempl., L. n° 2017-242, 27 févr. 2017).* – L'action publique des contraventions se prescrit par une année révolue à compter du jour où l'infraction a été commise.

Voir : annotations et bibliographie ss art. 9-3, CPP.

Art. 9-1 *(L. n° 2017-242, 27 févr. 2017 ; mod., L. n° 2018-703, 3 août 2018).* – Le délai de prescription de l'action publique du crime prévu à l'article 214-2 du Code pénal, lorsqu'il a conduit à la naissance d'un enfant, court à compter de la majorité de ce dernier.

Par dérogation au premier alinéa des articles 7 et 8 du présent code, le délai de prescription de l'action publique de l'infraction occulte ou dissimulée court à compter du jour où l'infraction est apparue et a pu être constatée

(1) Dispositions particulières ou dérogatoires résultant de l'état d'urgence sanitaire dû à l'épidémie de covid-19 : V. Ord. n° 2020-303 du 25 mars 2020. – NDLR.

dans des conditions permettant la mise en mouvement ou l'exercice de l'action publique, sans toutefois que le délai de prescription puisse excéder douze années révolues pour les délits et trente années révolues pour les crimes à compter du jour où l'infraction a été commise.

Est occulte l'infraction qui, en raison de ses éléments constitutifs, ne peut être connue ni de la victime ni de l'autorité judiciaire.

Est dissimulée l'infraction dont l'auteur accomplit délibérément toute manœuvre caractérisée tendant à en empêcher la découverte.

Voir : annotations et bibliographie ss art. 9-3, CPP.

Art. 9-2 *(L. n° 2017-242, 27 févr. 2017 ; L. n° 2021-478, 21 avr. 2021).* – Le délai de prescription de l'action publique est interrompu par :

1° Tout acte, émanant du ministère public ou de la partie civile, tendant à la mise en mouvement de l'action publique, prévu aux articles 80, 82, 87, 88, 388, 531 et 532 du présent code et à l'article 65 de la loi du 29 juillet 1881 sur la liberté de la presse ;

2° Tout acte d'enquête émanant du ministère public, tout procès-verbal dressé par un officier de police judiciaire ou un agent habilité exerçant des pouvoirs de police judiciaire tendant effectivement à la recherche et à la poursuite des auteurs d'une infraction ;

3° Tout acte d'instruction prévu aux articles 79 à 230 du présent code, accompli par un juge d'instruction, une chambre de l'instruction ou des magistrats et officiers de police judiciaire par eux délégués, tendant effectivement à la recherche et à la poursuite des auteurs d'une infraction ;

4° Tout jugement ou arrêt, même non définitif, s'il n'est pas entaché de nullité.

Tout acte, jugement ou arrêt mentionné aux 1° à 4° fait courir un délai de prescription d'une durée égale au délai initial.

Le présent article est applicable aux infractions connexes ainsi qu'aux auteurs ou complices non visés par l'un de ces mêmes acte, jugement ou arrêt.

Le délai de prescription d'un viol, d'une agression sexuelle ou d'une atteinte sexuelle commis sur un mineur est interrompu par l'un des actes ou l'une des décisions mentionnés aux 1° à 4° intervenus dans une procédure dans laquelle est reprochée à la même personne une de ces mêmes infractions commises sur un autre mineur.

Voir : annotations et bibliographie ss art. 9-3, CPP.

Art. 9-3 *(L. n° 2017-242, 27 févr. 2017).* – Tout obstacle de droit, prévu par la loi, ou tout obstacle de fait insurmontable et assimilable à la force majeure, qui rend impossible la mise en mouvement ou l'exercice de l'action publique, suspend la prescription.

Loi n° 2017-242 du 27 février 2017

portant réforme de la prescription en matière pénale

Art. 3. – I. – Le Code pénal est ainsi modifié :

1° Les articles 213-5, 215-4, 221-18 et 462-10 [C. pén.] sont abrogés ;

2° *(V. C. pén., art. 434-25).*

II. – Le Code de procédure pénale est ainsi modifié :

1° *(V. CPP, art. 85) ;*

2° Les articles 706-25-1 et 706-175 [CPP] sont abrogés ;

3° *(V. CPP, art. 706-31).*

III *(V. CJM, art. L. 211-12, L. 212-37 à L. 212-39).*

IV *(V. C. douanes, art. 351).*

Art. 4. – La présente loi ne peut avoir pour effet de prescrire des infractions qui, au moment de son entrée en vigueur, avaient valablement donné lieu à la mise en mouvement ou à l'exercice de l'action publique à une date à laquelle, en vertu des dispositions législatives alors applicables et conformément à leur interprétation jurisprudentielle, la prescription n'était pas acquise.

Voir également : Circ. 28 févr. 2017 présentant les dispositions de la loi n° 2017-242 du 27 février 2017 portant réforme de la prescription en matière pénale.

Bibliographie : E. Daoud, *La prescription des infractions occultes ou dissimulées en droit pénal des affaires : à la poursuite du temps perdu : Dr. pén.* 2017, dossier 3. • J. Buisson, *La réforme de la prescription en matière pénale par la loi n° 2017-242 du 27 février 2017 : Procédures* 2017, étude 20. • S. Detraz, *Le dédoublement des agressions sexuelles – Commentaire de certaines des dispositions de la loi du 21 avril 2021 visant à protéger les mineurs des crimes et délits sexuels et de l'inceste : Dr. pén.* 2021, étude 12. • L. Griffon-Yarka, *Aspects pratiques de la réforme de la prescription pénale : Dr. pén.* 2017, dossier 2. • J. Lasserre Capdeville, *Le droit régissant la prescription en matière pénale est réformé : AJCT* 2017, p. 120. • J. Leblois-Happe, *La réforme de la prescription, enfin ! : JCP G* 2017, doctr. 424. • A. Lepage et H. Matsopoulou, *La prescription de l'action publique entre pérennité et innovations. Présentation de la loi n° 2017-242 du 27 février 2017 portant réforme de la prescription en matière pénale : Dr. pén.* 2017, dossier 1. • J. Maillard, *La réforme de la prescription pénale : une « amnistie »... occulte et dissimulée ? : Gaz. Pal.* 18 avr. 2017, n° 15, p. 21. • H. Matsopoulou, *Les nouvelles règles de prescription applicables aux crimes et délits sexuels commis sur des mineurs : JCP G* 2021, p. 514. • A. Mihman, *La réforme de la prescription de l'action publique : Gaz. Pal.* 7 mars 2017, n° 10, p. 14. • P. Pailler, *Réforme de la prescription en matière pénale : RD bancaire et fin.* 2017, comm. 98. • S. Pellé, *Infractions sexuelles contre les mineurs : une sortie du droit commun, pour quelle efficacité ? À propos de la loi n° 2021-478 du 21 avril 2021 visant à protéger les mineurs des crimes et délits sexuels et de l'inceste : D.* 2021, p. 1391. • J.-B. Perrier, *L'essentiel et le détail de la réforme de la prescription en matière pénale : D.* 2017, p. 713. • E. Raschel, *Quelques remarques sur la prescription de l'action publique des infractions de presse : AJ pénal* 2021, p. 513. • C. Ribeyre, *Loi n° 2017-242 du 27 février 2017 portant réforme de la prescription en matière pénale : enfin adoptée mais bientôt adaptée ! : Lexbase Hebdo éd. privée* 23 mars 2017, n° 692. • L. Saenko, De l'art de compter en procédure pénale : *AJ Pénal* 2017, p. 156. • T. Scherer, *La réforme de la prescription en matière pénale sous l'angle du droit transitoire : AJ pénal* 2018, p. 303. • C. Sourzat et J. Olivier, *Réflexions pluridisciplibaires sur la prescription en matière d'agressions sexuelles après la présentation du projet de loi réformant la lutte contre les violences sexuelles et sexistes : Dr. pén.* 2018, étude 16. • E. Verges, *La prescription de l'action publique rénovée, À propos de la loi n° 2017-242 du 27 février 2017 portant réforme de la prescription en matière pénale : RSC* 2017, p. 91.

Bibliographie antérieure à la loi du 27 février 2017. B. Challe, *Action publique. – Prescription : JCl. Proc. pén.*, art. 7 à 9, Fasc. 20. • B. Bouloc, *Remarques sur l'évolution de la prescription de l'action publique, Mél. C. Gavalda*, Dalloz, 2002, p. 57. • C. Gavalda, *La théorie de la prescription des actions en procédure pénale* in *Quelques aspects de l'autonomie du droit pénal : D.* 1956, p. 77. • C. Guery, *La prescription des infractions contre les mineurs : nouvel état des lieux : D.* 1999, chron. p. 38. • C. Guery, *Kafka II ou pourquoi faire simple quand on peut faire... une nouvelle loi sur la prescription des infractions commises contre les mineurs : D.* 2004, chron. p. 3015. • C. de Jacobet de Nombel, *L'article 8, alinéa 3 nouveau cas de report fondé sur la clandestinité de l'infraction ? : Dr. pén.* 2013, étude 3. • G. Lecuyer, *La clandestinité de l'infraction comme justification du retard de la prescription de l'action publique : Dr. pén.* 2005, chron. 14. • P. Maistre du Chambon, *L'hostilité de la Cour de cassation à l'égard de la prescription de l'action publique : note ss Cass. crim., 20 févr. 2002 : JCP G* 2002, II, 10075. • Ch. Pigache, *La prescription pénale, instrument de politique criminelle : RSC* 1983, p. 55. • J.-F. Renucci, *Infractions d'affaires et prescription de l'action publique : D.* 1997, chron., p. 23. • A. Varinard, *La prescription de l'action publique (sa nature juridique, droit matériel, droit formel)*, th. Lyon, 1973. • A. Varinard, *La prescription de l'action publique : une institution à réformer* in *Le droit pénal à l'aube du troisième millénaire, Mél. offerts à Jean Pradel*, Cujas, 2006, p. 605. • K. Vartanian, *À propos de l'article 7 du Code de procédure pénale : D.* 1997, chron. p. 67. • M. Véron, *Clandestinité et prescription : Dr. pén.* 1998, chron. 16, p. 4. • M. Véron, *L'abus de confiance, son extension dans l'espace et dans le temps* in *Les droits et le droit, Mél. dédiés à Bernard Bouloc*: Dalloz, 2006, p. 1153.

• *Sommaire*

1) Nature de la prescription. L'écoulement du délai de prescription a pour effet d'ôter aux faits poursuivis tout caractère délictueux (■ Cass. crim., 27 oct. 1993, n° 92-82.374 : *Bull. crim.* n° 320. ■ Cass. crim., 30 oct. 2001, n° 00-87.981 : *Bull. crim.* n° 224).

Comp. cependant : L'obligation de dénonciation, prévue par l'article 434-3 du Code pénal, subsiste, même si les faits sur lesquels elle porte sont prescrits (■ Cass. crim., 14 avr. 2021, n° 20-81.196, § 23 : *Dr. pén.* 2021, comm. 102, note Ph. Conte).

2) Valeur de la prescription. La prescription de l'action publique ne revêt pas le caractère d'un principe fondamental reconnu par les lois de la République et ne procède pas des articles 7 et 8 de la Déclaration des droits de l'homme et du citoyen du 26 août 1789, ni d'aucune disposition, règle ou principe de valeur constitutionnelle (■ Cass. ass. plén., 20 mai 2011, n° 11-90.032 : *RSC* 2011, p. 611, obs. H. Matsopoulou, p. 656, obs. J. Danet ; *Dr. pén.* 2011, comm 95, note J.-H. Robert).

3) Domaine de la prescription – Infractions imprescriptibles. Loi n° 64-1326 du 26 décembre 1964 tendant à constater l'imprescriptibilité des crimes contre l'humanité

Art. unique. – Les crimes contre l'humanité, tels qu'ils sont définis par la résolution des Nations unies du 13 février 1946, prenant acte de la définition des crimes contre l'humanité, telle qu'elle figure dans la charte du tribunal international du 8 août 1945, sont imprescriptibles par leur nature.

Les crimes contre l'humanité sont imprescriptibles par nature ; leur imprescriptibilité se déduit tant des principes généraux de droit reconnus par l'ensemble des nations que du statut du tribunal militaire international annexé à l'accord de Londres du 8 août 1945 et la loi du 26 décembre 1964 s'est bornée à confirmer que cette imprescriptibilité était déjà acquise, en droit interne, par l'effet des textes internationaux auxquels la France avait adhéré. Ainsi, bien que commis plus de trente ans avant la mise en mouvement de l'action publique, des crimes contre l'humanité ne sont pas couverts par la prescription (■ Cass. crim., 26 janv. 1984, n° 83-94.425 : *Bull. crim.* n° 34 ; *JCP* G 1984, II, 20197, note Ruzie). Constituent des crimes imprescriptibles contre l'humanité, au sens de l'article 6 *(c)* du Statut du Tribunal militaire international de Nuremberg annexé à l'accord de Londres du 8 août 1945 – alors même qu'ils seraient également qualifiables de crimes de guerre selon l'article 6 *(b)* de ce texte – les actes inhumains et les persécutions qui, au nom d'un État pratiquant une politique d'hégémonie idéologique, ont été commis de façon systématique, non seulement contre des personnes en raison de leur appartenance à une collectivité raciale ou religieuse, mais aussi contre les adversaires de cette politique, quelle que soit la forme de leur opposition (■ Cass. crim., 20 déc. 1985 : *Bull. crim.* n° 407 ; *JCP* G 1986, II, 20655, rapp. Le Gunehec et concl. Dontenwille ; *D.* 1986, 500, note F. Chapar). Le principe d'imprescriptibilité résultant du statut du Tribunal militaire international de Nuremberg annexé à l'accord de Londres du 8 août 1945 et de la résolution des Nations unies du 13 février 1946, régit, en tous leurs aspects, la poursuite et la répression des crimes contre l'humanité et fait obstacle à ce qu'une règle de droit interne, tirée de la chose jugée, permette à une personne, poursuivie du chef de l'un de ces crimes, de se soustraire à l'action de la justice en raison du temps écoulé, que ce soit depuis les actes incriminés ou depuis une précédente condamnation prononcée sous une autre qualification (■ Cass. crim., 21 oct. 1993, n° 93-83.325 : *Bull. crim.* n° 307).

I – DÉLAIS DE PRESCRIPTION

4) Computation du délai. Le délai de prescription se calcule de quantième à quantième et expire le dernier jour à minuit (■ Cass. crim., 7 juin 2006, n° 05-84.148 : *Bull. crim.* n° 161. ■ Cass. crim., 9 janv. 2018, n° 16-86.735 : *Bull. crim.* à paraître ; *RSC* 2018, p. 131, obs. P.-J. Delage). Méconnaît cette règle l'arrêt qui, après avoir fixé au 27 mai 1999 le point de départ du délai de la prescription dans une poursuite sur plainte avec constitution de partie civile pour abus de faiblesse et vol, retient comme date d'expiration le 26 mai 2002 à minuit, au lieu du 27, à la même heure (■ Cass. crim., 7 juin 2006, préc.). Doit être censuré l'arrêt qui déclare l'action publique éteinte par la prescription alors que, la prescription ne commençant à courir que le lendemain du jour où l'infraction aurait été commise, soit le 21 février 1986, le délai n'avait pas pris fin à la date du dépôt de la plainte et n'aurait expiré que le 20 février 1989 à minuit (■ Cass. crim., 8 sept 1998, n° 98-80.742 : *Bull. crim.* n° 227). Le délai de prescription de l'action publique ne constitue pas un délai prévu pour l'accomplissement d'un acte ou d'une formalité au sens de l'article 801 du Code de procédure pénale. En conséquence, c'est à bon droit qu'une chambre d'accusation a refusé de proroger au lundi suivant le délai de prescription qui expirait un samedi (■ Cass. crim., 30 oct. 2001, n° 00-87.981 : *Bull. crim.* n° 224).

A – Durée du délai

5) Prolongation du délai – Infractions sexuelles commises sur un mineur.

Voir : S. Detraz, *Le dédoublement des agressions sexuelles – Commentaire de certaines des dispositions de la loi du 21 avril 2021 visant à protéger les mineurs des crimes et délits sexuels et de l'inceste* : *Dr. pén.* 2021, étude 12. – H. Matsopoulou,

Les nouvelles règles de prescription applicables aux crimes et délits sexuels commis sur des mineurs : *JCP* G 2021, p. 514. – S. Pellé, *Infractions sexuelles contre les mineurs : une sortie du droit commun, pour quelle efficacité ? À propos de la loi n° 2021-478 du 21 avril 2021 visant à protéger les mineurs des crimes et délits sexuels et de l'inceste* : *D.* 2021, p. 1391.

6) Délais abrégés. Voir aussi : s'agissant des infractions de presse, L. 29 juill. 1881, art. 65, 65-1 et 65-3, s'agissant des infractions électorales, C. élect., art. L. 114.

7) Effet de la connexité. Selon l'article 7 du Code de procédure pénale qui ne prévoit pas d'exception à la règle qu'il édicte, en matière de contravention la prescription de l'action publique est d'une année révolue. Encourt dès lors la censure l'arrêt d'une cour d'appel qui décide qu'une contravention, par sa connexité à un délit, n'est prescrite qu'après 3 ans (▪ Cass. crim., 16 févr. 1993, n° 92-84.083 : *Bull. crim.* n° 76). La loi ne prévoyant aucune exception au délai de prescription qu'elle édicte, mérite la censure l'arrêt qui, pour déclarer le prévenu irrecevable à invoquer la prescription de la contravention de blessures involontaires, retient que celle-ci est connexe au délit de blessures involontaires (▪ Cass. crim., 20 janv. 2009, n° 08-80.021 : *Bull. crim.* n° 21 ; *Dr. pén.* 2009, comm. 57, note A. Maron et M. Haas).

8) Effet de la requalification. En matière de contravention, la prescription de l'action publique est d'une année révolue à compter du jour où l'infraction a été commise si, dans cet intervalle, il n'a été fait aucun acte d'instruction ou de poursuite. Encourt la censure l'arrêt qui, après avoir rappelé que le tribunal a requalifié la prévention en contravention de violences, énonce que la prescription d'un an ne pouvait être acquise avant que le tribunal correctionnel n'ait disqualifié en contravention le délit de violence dont il avait été saisi par citation directe de la partie civile, malgré l'absence de tout acte d'instruction ou de poursuite, pendant plus d'un an, entre la date de cette citation et celle des faits imputés au prévenu (▪ Cass. crim., 7 mai 1996 : *Bull. crim.* n° 196 ; *Dr. pén.* 1996, comm. 205, 4e arrêt, note A. Maron).

B – Point de départ du délai

1° Détermination du point de départ du délai

9) Principe. La prescription ne commence à courir que le lendemain du jour où l'infraction aurait été commise (▪ Cass. crim., 8 sept 1998, n° 98-80.742 : *Bull. crim.* n° 227). Mais V. ▪ Cass. crim., 7 juin 2006, n° 05-84.148 : *Bull. crim.* n° 161, *supra* n° 4. Aux termes des articles 7 et 8 du Code de procédure pénale, l'action publique en matière de délit se prescrit après 3 années révolues à compter du jour où ces infractions ont été commises ; ce délai ne commence à courir que le lendemain du jour où l'infraction aurait été commise, le terme révolu excluant le jour où le délit a été perpétré du délai pendant lequel court le temps de la prescription (▪ Cass. crim., 9 janv. 2018, n° 16-86.735 : *Bull. crim.* à paraître ; *RSC* 2018, p. 131, obs. P.-J. Delage).

10) Preuve. Dès lors que la prescription des infractions continues ne court qu'à partir du jour où elles ont pris fin dans leurs actes constitutifs et dans leurs effets, et que ce point de départ, en l'état de la procédure, ne peut être déterminé, la chambre de l'instruction a justement retenu que la prescription de la séquestration n'a pas commencé à courir, l'infraction n'ayant pas pris fin (▪ Cass. crim., 24 mai 2018, n° 17-86.340 : *Bull. crim.* à paraître).

11) Infractions instantanées – Dénonciation calomnieuse. La dénonciation calomnieuse est une infraction instantanée dont la prescription commence à courir le jour où la dénonciation est parvenue à l'autorité ayant le pouvoir d'y donner suite ou de saisir l'autorité compétente (▪ Cass. crim., 17 oct. 2006, n° 05-85.519 : *JurisData* n° 2006-035628 ; *Bull. crim.* n° 250. – ▪ Cass. crim., 21 avr. 2020, n° 19-81.089, § 10 : *Bull. crim.* à paraître ; *RSC* 2020, 314, obs. Y. Mayaud).

12) Infractions instantanées – Détournement de correspondance. Le délit de détournement de correspondance prévu par l'article 226-15 du Code pénal étant entièrement consommé au jour du détournement, le délai de prescription a couru à compter de ce jour (▪ Cass. crim., 19 févr. 2013, n° 12-81.044 : *Dr. pén.* 2013, comm. 87, note M. Véron).

13) Infractions instantanées – Infraction de presse. Tout délit résultant d'une publication de presse est réputé commis le jour où la publication est faite (▪ Cass. crim., 13 oct. 1987, n° 86-96.686 : *Bull. crim.* n° 349). Il résulte de l'article 65 de la loi du 29 juillet 1881 que toute reproduction, dans un écrit rendu public, d'un texte déjà publié, est constitutive d'une publication nouvelle dudit texte, qui fait courir un nouveau délai de prescription ; une nouvelle mise à disposition du public d'un contenu précédemment mis en ligne sur un site internet dont le titulaire a volontairement réactivé ledit site sur le réseau internet, après l'avoir désactivé, constitue une telle reproduction (▪ Cass. crim., 7 févr. 2017, n° 15-83.439 : *Bull. crim.* n° 38). Pour le même motif, l'insertion, sur internet, par l'auteur d'un écrit, d'un lien hypertexte renvoyant directement audit écrit, précédemment publié, caractérise une telle reproduction (▪ Cass. crim., 2 nov. 2016, n° 15-87.163 : *Bull. crim.* n° 283). Ne saurait constituer une nouvelle publication sur le réseau internet, au sens de l'article 65 de la loi du 29 juillet 1881, d'un contenu déjà diffusé, la juxtaposition de mots, résultant d'un processus purement automatique et aléatoire issu d'une fonction intégrée dans un moteur de recherche, exclusive, en l'espèce, de toute volonté de son exploitant d'émettre, à nouveau, les propos critiqués (▪ Cass. crim., 10 janv. 2017, n° 15-86.019 : *Bull. crim.* n° 13). Lorsque des poursuites pour l'une des infractions prévues par la loi du 29 juillet 1881 sont engagées à raison de la diffusion, sur le réseau internet, d'un message figurant sur un site, le point de départ du délai de prescription de l'action publique prévu par l'article 65 de la loi précitée doit être fixé à la date du premier acte de publication ; cette date est celle à laquelle le message a été mis pour la première fois à la disposition des utilisateurs. Encourt dès lors la cassation une cour d'appel qui, pour fixer le point de départ de la prescription de l'action publique, à raison de textes diffusés sur internet, retient que, sur ce réseau, l'acte de publication devient continu (▪ Cass. crim., 27 nov. 2001, n°s 01-80.134 et 01-80.135 : *Bull. crim.* n° 246).

14) Infractions instantanées – Non-dénonciation de mauvais traitement sur mineur (incrimination antérieure à la loi n° 2018-703 du 3 août 2018). Le délit de non-dénonciation de mauvais traitement sur mineur, prévu et puni par l'article 434-3 du Code pénal, dans sa rédaction (antérieure à la L. n° 2018-703 du 3 août 2018) applicable en la cause, était un délit instantané dont la prescription courait à compter du jour où le prévenu avait eu connaissance des faits qu'il devait dénoncer (▪ Cass. crim., 14 avr. 2021, n° 20-81.196, § 14 : *Bull. crim.* à paraître).

15) Infractions instantanées – Organisation frauduleuse d'insolvabilité. Une procédure d'exequatur rendue nécessaire pour la saisie d'un bien à l'étranger ne modifie pas la date de la condamnation définitive, point de départ de la prescription du délit d'organisation frauduleuse d'insolvabilité. Justifie sa décision la chambre de l'instruction qui, pour retenir la prescription de faits d'organisation frauduleuse d'insolvabilité, énonce que ce délit est une infraction instantanée et que le point de départ de la prescription, fixé au jour de la condamnation devenue définitive, ne peut être retardé par l'exequatur de cette décision et par la prise en compte de décisions rendues par les juridictions civiles dans le cadre de procédures en recouvrement de la créance principale, dont n'était pas saisi le juge d'instruction (▪ Cass. crim., 12 juill. 2016, n° 15-80.923 : *Bull. crim.* n° 217).

16) Infractions instantanées – Fraude fiscale. Selon l'article L. 230 du Livre des procédures fiscales dans sa version applicable à la cause, s'agissant de l'exercice des poursuites pénales, les plaintes de l'administration fiscale peuvent être déposées jusqu'à la fin de la troisième année qui suit celle au cours de laquelle l'infraction a été commise. La prescription spéciale de l'action publique commence à courir du jour où l'infraction a été commise, soit, en cas d'omission de déclaration, le jour où celle-ci aurait dû être faite, en cas de dissimulation de sommes sujettes à l'impôt, le jour où une déclaration inexacte est produite auprès des services fiscaux. Il s'en déduit que le dépôt d'une déclaration, fût-il tardif au regard des dispositions fiscales le régissant, qui comporte des omissions, fait courir le délai de prescription spéciale dès lors qu'elle tend à permettre la liquidation et le paiement de l'impôt (▪ Cass. crim., 6 janv. 2021, n° 18-84.570, §§ 25 et 26 : *Bull. crim.* à paraître).

17) Infractions matérielles – Homicide et blessures par imprudence. Le délit d'homicide involontaire n'est constitué que du jour du décès. Encourt la cassation l'arrêt qui fixe le point de départ de la prescription de l'action publique non pas à la date du décès mais à celle, antérieure, du fait délictueux qui en aurait été la cause (▪ Cass. crim., 4 nov. 1985, n° 84-90.634 : *Bull. crim.* n° 339). L'infraction de blessure involontaire n'est caractérisée qu'au jour où existe l'incapacité. Encourt la cassation l'arrêt qui fixe le point de départ de l'action publique relative à des troubles de l'audition, contractés à l'occasion du travail, au jour du départ de l'ouvrier qui en est victime, de l'entreprise où il exerçait son activité, sans rechercher la date à laquelle s'est effectivement révélée ladite infirmité (▪ Cass. crim., 4 déc. 1990 : *Bull. crim.* n° 413).

18) Infractions continues – Conformité à la Constitution. L'article 7 du Code de procédure pénale, tel qu'interprété par la Cour de cassation, qui estime que la prescription des infractions continues, dont l'élément matériel se prolonge dans le temps par la réitération constante de la volonté coupable de l'auteur, ne court qu'à partir du jour où elles ont pris fin dans leurs actes constitutifs et dans leurs effets, est conforme à la Constitution : en vertu du principe de nécessité des peines et de la garantie des droits, protégés par les articles 8 et 16 de la Déclaration de 1789, il appartient au législateur, afin de tenir compte des conséquences attachées à l'écoulement du temps, de fixer des règles relatives à la prescription de l'action publique qui ne soient pas manifestement inadaptées à la nature ou à la gravité des infractions ; les dispositions contestées ont pour seul effet de fixer le point de départ du délai de prescription des infractions continues au jour où l'infraction a pris fin dans ses actes constitutifs et dans ses effets ; en prévoyant que ces infractions ne peuvent commencer à se prescrire tant qu'elles sont en train de se commettre, ces dispositions fixent des règles qui ne sont pas manifestement inadaptées à la nature de ces infractions (■ Cons. const., 24 mai 2019, n° 2019-785 QPC : *JurisData* n° 2019-008915 ; *D.* 2019, p. 1815, note J.-B. Perrier ; *D.* 2019, p. 1626, obs. J. Pradel).

19) Infractions continues – Association de malfaiteurs. La participation à une entente ou association en vue de commettre des infractions à la législation sur les stupéfiants est un délit continu qui ne commence à se prescrire qu'à partir de l'instant où le prévenu cesse d'en faire partie, soit en la quittant, soit parce qu'elle a cessé d'exister (■ Cass. crim., 16 oct. 1979, n° 79-90.762 : *Bull. crim.* n° 285).

20) Infractions continues – Conservation d'un enregistrement de paroles prononcées à titre privé ou confidentiel et conservation de données informatisées. La conservation d'un enregistrement de paroles prononcées à titre privé ou confidentiel, au sens de l'article 226-2 du Code pénal, ainsi que celle de données informatisées que réprime l'article 226-19, constituent des délits continus, à l'égard desquels la prescription de l'action publique ne commence à courir que lorsqu'ils ont cessé (■ Cass. crim., 4 mars 1997, n° 96-84.773 : *Bull. crim.* n° 83 ; *Procédures* 1997, comm. 188, obs. J. Buisson).

21) Infractions continues – Construction sans permis. Le délit prévu et réprimé par les articles L. 421-1 et L. 480-4 du Code de l'urbanisme s'accomplissant pendant le temps où les travaux non autorisés sont exécutés, le délai de prescription de cette infraction commence à courir à la date à laquelle lesdits travaux ont été achevés (■ Cass. crim., 10 déc. 1985, n° 84-92.105 : *Bull. crim.* n° 395. ■ Cass. crim., 20 mai 1992, n° 90-87.350 : *Bull. crim.* n° 202). Les juges du fond apprécient souverainement la date où l'immeuble est en état d'être affecté à l'usage auquel il est destiné, à laquelle les infractions de travaux sans permis de construire, de violation du plan local d'urbanisme et de construction dans une zone interdite par un plan de prévention des risques naturels commencent à se prescrire (■ Cass. crim., 16 janv. 2018, n° 17-81.896 : *Bull. crim.* à paraître).

22) Infractions continues – Recel de choses. Le recel étant une infraction continue, la prescription ne court que du jour où il a pris fin, alors même qu'à cette date l'infraction qui a procuré la chose serait déjà prescrite (■ Cass. crim., 16 juill. 1964, n° 63-91.919 : *Bull. crim.* n° 241). S'il est de principe que la prescription du recel de choses commence à courir du jour où leur détention a pris fin, le délit est punissable dès lors qu'il n'est ni établi ni allégué que le prévenu ait cessé de détenir les fonds recelés (■ Cass. crim., 28 mars 1996, n° 95-80.395 : *Bull. crim.* n° 142).

23) Infractions continues – Recel de cadavre. En matière de recel de cadavre, le délai de prescription ne court qu'à compter du jour où la dissimulation a cessé, peu important que le corps ait été déplacé ultérieurement à l'insu de l'auteur (■ Cass. crim., 13 déc. 2017, n° 17-83.330 : *Bull. crim.* à paraître ; *JCP* G 2018, 177, note J.-Y. Maréchal ; *JCP* G 2018, act. 46, obs. J.-M. Brigant ; *RSC* 2018, p. 129, obs. R. Parizot).

24) Infraction continue – Séquestration. Dès lors que la prescription des infractions continues ne court qu'à partir du jour où elles ont pris fin dans leurs actes constitutifs et dans leurs effets, et que ce point de départ, en l'état de la procédure, ne peut être déterminé, la chambre de l'instruction a justement retenu que la prescription de la séquestration n'a pas commencé à courir, l'infraction n'ayant pas pris fin (■ Cass. crim., 24 mai 2018, préc., spéc. n° 9).

25) Infraction d'habitude – Harcèlement moral. La prescription ne commence à courir, pour chaque acte de harcèlement incriminé, qu'à partir du dernier (■ Cass. crim., 19 juin 2019, n° 18-85.725 : *Bull. crim.* à paraître).

26) Infractions complexes – Escroquerie. En matière d'escroquerie, la prescription court du jour où le délit est consommé par la remise de la chose frauduleusement obtenue (■ Cass. crim., 30 juin 1999, n° 98-82.009 : *Bull. crim.* n° 170 ; *Dr. pén.* 2000, comm. 13, obs. M. Véron ; *RSC* 1999, p. 823, obs. R. Ottenhof).

27) Infractions d'omission – Non-dénonciation d'atteintes sexuelles sur mineurs. Le délit de non-dénonciation de mauvais traitements sur mineur de 15 ans, prévu et puni par l'article 434-3 du Code pénal, est un délit instantané dont la prescription court à compter du jour où le prévenu a eu connaissance des faits (■ Cass. crim., 7 avr. 2009, n° 09-80.655 : *Bull. crim.* n° 66 ; *Dr. pén.* 2009, comm. 91, M. Véron, implic.).

28) Infractions d'omission – Non-dénonciation de faits délictueux. Le délai de prescription du délit de non-dénonciation, prévu par l'article [C. com., L. 820-7], court du jour où le commissaire aux comptes a connaissance des faits délictueux, au plus tard à la certification des comptes, et l'obligation de les révéler au procureur de la République (■ Cass. crim., 9 mars 1999, n° 98-81.485 : *Bull. crim.* n° 32).

29) Infractions d'omission – Omission de porter secours. L'abstention délictueuse reprochée à un médecin, qui n'est pas intervenu auprès de son patient alors qu'il avait été informé par le centre de transfusion sanguine de la contamination par le virus VIH du sang qu'il lui avait antérieurement transfusé au cours d'une opération, a été commise au moment où le médecin a eu connaissance de la contamination et avait l'obligation de la révéler. La prescription du délit d'omission de porter secours poursuivi commence à courir à cette date (■ Cass. crim., 17 sept. 1997, n° 96-84.972 : *Bull. crim.* n° 300, implic.).

30) Complicité. La prescription ne court à l'égard du complice que du jour où a été consommé le délit auquel il a participé et non du jour où ont été commis les faits de complicité (■ Cass. crim., 8 janv. 1991, n° 80-92.844 : *Bull. crim.* n° 15).

31) Infractions de conséquence – Recel de choses. Le recel étant une infraction continue, la prescription ne court que du jour où il a pris fin, alors même qu'à cette date l'infraction qui a procuré la chose serait déjà prescrite (■ Cass. crim., 16 juill. 1964, n° 63-91.919 : *Bull. crim.* n° 241). Comp. Les dispositions des articles 203 du Code de procédure pénale et 321-3 à 321-5 du Code pénal impliquent que le recel ne saurait commencer à se prescrire avant que l'infraction dont il procède soit apparue et ait pu être constatée dans des conditions permettant l'exercice de l'action publique (■ Cass. crim., 27 oct. 1997, n° 96-83.698 : *Bull. crim.* n° 352. ■ Cass. crim., 7 mai 2002, n° 02-80.797 : *Bull. crim.* n° 108 ; *Dr. pén.* 2002, comm. 108, note M. Véron. ■ Cass. crim., 28 févr. 2017, n° 15-81.969 : *Bull. crim.* n° 61). Ainsi du recel consécutif à un abus de biens sociaux (■ Cass. crim., 27 oct. 1997, préc.), à un abus de confiance (■ Cass. crim., 7 mai 2002, préc.), à un détournement de fonds publics (■ Cass. crim., 28 févr. 2017, préc.).

2° *Report légal du point de départ du délai*

Voir aussi : en matière de banqueroute, C. com., art. L. 654-16, d'organisation frauduleuse d'insolvabilité, C. pén., art. 314-8, électorale, C. élect., art. L. 114, de désertion et d'insoumission, C. just. mil., art. L. 211-13.

32) Infractions contre les mineurs. En application des articles 7, alinéa 3, et 8 du Code de procédure pénale, la prescription de l'action publique est suspendue pendant la minorité de la victime sans qu'il soit nécessaire d'attendre pour agir l'échéance de sa majorité (■ Cass. crim., 30 nov. 1994, n°s 94-84.127 et 94-84.396 : *Bull. crim.* n° 389 ; *RSC* 1995, p. 367, obs. J.-P. Dintilhac).

33) Infractions occultes et dissimulés. V. s'agissant de la jurisprudence antérieure à la loi du 27 février 2017, *infra*, n° 33 et s.

34) Infractions occultes – Organisation frauduleuse d'insolvabilité. La fixation d'un point de départ spécifique de la prescription du délit d'organisation frauduleuse d'insolvabilité par l'article 314-8, alinéa 3, du Code pénal exclut son report en raison du caractère occulte d'éléments constitutifs du délit (■ Cass. crim., 12 juill. 2016, n° 15-80.923 : *Bull. crim.* n° 217).

35) Infractions dissimulées – Contrôle des comptes de campagne par le Conseil constitutionnel. Le contrôle par le Conseil constitutionnel des recettes déclarées par le candidat à une élection présidentielle n'exclut pas la dissimulation de leur origine, de sorte que la validation des comptes de campagne est, en l'espèce, sans effet sur le point de départ de la prescription de l'action publique ; la date de ce point de départ, appréciée par la commission, correspond à celle à laquelle les infractions dissimulées étaient apparues dans des conditions permettant l'exercice de l'action publique, les déclarations ultérieures de membres du Conseil constitutionnel émettant des doutes quant à la provenance des fonds étant, à cet égard, sans incidence (■ Cass. crim., 13 mars 2020, n° 19-86.609, §§ 42 et 43 : *Bull. crim.* à paraître)

36) Infractions dissimulées – Favoritisme. Justifie sa décision la cour d'appel qui constate qu'il y a eu dissimulation de nature à justifier le report du point de départ de la prescription des faits de favoritisme à la date où ils sont apparus ; il résulte en effet des motifs de l'arrêt que les conditions de passation des contrats litigieux, dont certains ont été soumis au conseil municipal postérieurement à la réalisation des prestations correspondantes, ont été dissimulées, le contenu de ceux-ci, comme des factures correspondantes, ayant été volontairement rendu opaque et imprécis et ne permettant pas ainsi aux personnes compétentes de connaître précisément la nature des prestations en cause et de déterminer si elles étaient susceptibles de tomber sous le coup des dispositions excluant toute publicité et mise en concurrence (■ Cass. crim., 24 juin 2020, n° 19-81.724 : *JCP* 2020, 889, obs. J.-M. Brigant).

3° *Report jurisprudentielle du point de départ du délai*

- **Infractions s'exécutant sous forme d'actes réitérés ou de remises successives**

37) Abus de faiblesse. La prescription, en matière d'abus de faiblesse, ne commence à courir qu'à partir du dernier prélèvement effectué sur le patrimoine de la victime lorsque l'abus frauduleux procède d'une opération délictueuse unique ; il en est ainsi dans le cas de prélèvements bancaires réalisés sur le compte de la victime, au moyen de la même procuration (■ Cass. crim., 27 mai 2004, n° 03-82.738 : *JurisData* n° 2004-024128 ; *Bull. crim.* n° 141). La prescription, en matière d'abus de faiblesse, ne commence à courir qu'à partir du dernier prélèvement effectué sur le patrimoine de la victime lorsque l'abus frauduleux procède d'une opération délictueuse unique ; il en est ainsi, en cas de prêts successifs obtenus, de manière frauduleuse, d'un de ses patients par un médecin, à l'occasion d'un traitement qui a duré plusieurs années (▪ Cass. crim., 5 oct. 2004, n° 02-86.522 : *JurisData* n° 2004-025253 ; *Bull. crim.* n° 233). Justifie sa décision la cour d'appel qui énonce qu'en matière d'abus de faiblesse, la prescription ne commence à courir qu'à partir du dernier prélèvement effectué sur le patrimoine de la victime lorsque l'abus frauduleux procède d'un mode opératoire unique et qui décide que la souscription d'un contrat d'assurance-vie, effectuée à l'instigation du prévenu, et la modification de la clause de ce contrat relative au bénéficiaire afin de le transférer aux petits-enfants du prévenu, procèdent d'une opération unique dès lors que la modification de la clause relative au bénéficiaire caractérise, au même titre que la souscription d'un contrat d'assurance-vie, le délit d'abus de faiblesse (▪ Cass. crim., 18 sept. 2019, n° 18-85.038 : *Bull. crim.* à paraître ; *D.* 2019 p. 2335, note A. Dejean de la Batie).

38) Corruption. Si le délit de corruption est une infraction instantanée, consommée dès la conclusion du pacte entre le corrupteur et le corrompu, il se renouvelle à chaque acte d'exécution dudit pacte si bien que c'est à juste titre que les juges du fond ont déclaré la prescription non acquise (▪ Cass. crim., 27 oct. 1997, n° 96-83.698 : *Bull. crim.* n° 352. ▪ Cass. crim., 6 mai 2009, n° 08-84.107 : *JurisData* n° 2009-048450).

39) Escroquerie. Lorsque les versements opérés par les différentes victimes ont été déterminés non par des manœuvres frauduleuses différentes mais par le même abus initial de qualité vraie, répété par la suite dans les mêmes conditions et qui, seul, a entraîné des remises successives de fonds, les faits reprochés au prévenu ne constituent pas une succession d'escroqueries distinctes mais une opération délictueuse unique dont la prescription n'a commencé à courir qu'à la date de la dernière remise de fonds (▪ Cass. crim., 22 juill. 1971 : *Bull. crim.* n° 237. – *Adde* ▪ Cass. crim., 20 juin 1994 : *Dr. pén.* 1994, comm. 260, note M. Véron ; *RSC* 1995, p. 103, obs. R. Ottenhof). La prescription, en matière d'escroquerie, ne commence à courir qu'à partir de la dernière remise lorsque les manœuvres frauduleuses constituent, non pas une série d'escroqueries distinctes, mais une opération délictueuse unique. Doit être censuré l'arrêt qui constate la prescription de l'action publique, alors que la rente d'accident du travail servie par une caisse d'assurance maladie a continué d'être versée après la découverte, par cet organisme, du caractère frauduleux des déclarations d'accident (▪ Cass. crim., 26 sept. 1995, n° 94-84.008 : *Bull. crim.* n° 288 ; *Dr. pén.* 1996, comm. 61, note M. Véron).

40) Recel. Les faits de recel du produit d'abus de biens sociaux résultant de l'exécution d'un seul et même contrat de travail fictif constituent une opération délictueuse unique. En conséquence, la prescription, qui n'a pu commencer à courir pour l'ensemble des faits, au plus tôt, qu'après la date de la dernière perception de revenus, ne saurait être acquise, dès lors qu'un acte interruptif de prescription est intervenu moins de 3 ans après cette date (▪ Cass. crim., 10 nov. 2020, n° 19-80.557, §§ 13 et 14 : *Bull. crim.* à paraître).

41) Usage de faux. Le délit d'usage de faux se prescrit à compter du dernier usage délictueux de la pièce arguée de faux. Doit être censuré l'arrêt qui, pour dire les faits prescrits, énonce que plus de trois ans se sont écoulés entre la confection de la pièce arguée de faux et la plainte des parties civiles (▪ Cass. crim., 30 janv. 2002, n° 00-86.605).

42) Prise illégale d'intérêts. Le délit de prise illégale d'intérêts se prescrit à compter du dernier acte administratif accompli par l'agent public par lequel il prend ou reçoit directement ou indirectement un intérêt dans une opération dont il a l'administration ou la surveillance (▪ Cass. crim., 4 oct. 2000, n° 99-85.404 : *Bull. crim.* n° 287 ; *D.* 2001, jurispr. p. 1654, note M. Segonds. ▪ Cass. crim., 10 avr. 2002, n° 01-84.286 : *Bull. crim.* n° 84 ; *D.* 2003, p. 246, note M. Segonds. ▪ Cass. crim., 29 juin 2005, n° 04-87.294 : *JurisData* n° 2005-029607 ; *Bull. crim.* n° 198). Constitue un tel acte le dernier versement d'honoraires effectué par un maire, au nom de la commune, au profit de son beau-frère, architecte, attributaire d'un marché de maîtrise d'œuvre pour l'extension et la rénovation d'un bâtiment communal (▪ Cass. crim., 29 juin 2005, préc.).

• **Infractions clandestines**

43) Constatation de l'infraction dans des conditions permettant l'exercice de l'action publique – Appréciation. Justifie sa décision la Cour qui déclare qu'il importe peu que certaines autorités publiques aient pu avoir connaissance de faits susceptibles de constituer des infractions dès lors que ces informations n'ont pas été portées à la connaissance du ministère public, lequel peut seul exercer l'action publique (▪ Cass. ass. plén., 4 juin 2021, n° 21-81.656, § 38 : *JCP* G 2021, 642, note J.-H. Robert).

44) Infractions clandestines par nature – Abus de biens sociaux. La prescription de l'action publique du chef d'abus de biens sociaux court, sauf dissimulation, à compter de la présentation des comptes annuels par lesquels les dépenses litigieuses sont mises indûment à la charge de la société (■ Cass. crim., 5 mai 1997, n° 96-81.482 : *Bull. crim.* n° 159 ; *Rev. sociétés* 1997, p. 127, note B. Bouloc. – *Adde* ■ Cass. crim., 30 janv. 2013, n° 12-80.107 : *RSC* 2013, p. 354, note H. Matsopoulou. ■ Cass. crim., 8 oct. 2003, n° 02-81.471 : *JurisData* n° 2003-020589 ; *Bull. crim.* n° 184 ; S. Jacopin, *La réévolution de l'abus de biens sociaux ou l'élaboration prétorienne d'un droit casuistique de la prescription : JCP* G 2004, II, 10028 ; Y. Mayaud, *Appel à la raison ou pour une approche cohérente de la prescription de l'abus de biens sociaux : D.* 2004, p. 194 ; J.-H. Robert, *Abus de biens sociaux, dribblage complexe : Dr. pén.* 2003, p. 12). Encourt dès lors la censure l'arrêt qui fait courir le point de départ de la prescription à compter de l'approbation, par les assemblées générales des sociétés, de conventions de versement d'honoraires à un tiers, en rémunération de prestations, pour partie fictives, alors que l'usage contraire à l'intérêt social résultait non des conventions mais de leurs modalités d'exécution et que celles-ci devaient faire l'objet, à la fin de chaque exercice, d'un rapport spécial des commissaires aux comptes dont la présentation aux assemblées générales constituait le point de départ du délai de prescription (■ Cass. crim., 8 oct. 2003, préc.). Doit être censuré l'arrêt qui omet de répondre aux chefs péremptoires des conclusions faisant valoir que les salaires reprochés figuraient dans les bilans et que, faute de dissimulation, la prescription avait commencé à courir à compter de la date de présentation des comptes annuels (■ Cass. crim., 13 oct. 1999, n°s 96-80.774, 96-83.874 et 98-80.044 : *Bull. crim.* n° 219 ; *Dr. pén.* 2000, comm. 17, note. J.-H. Robert ; *JCP* G 2000, II, 10386, note D. Ohl ; *JCP* E 2000, I, 1128, chron. E. Fortis et Y. Muller ; *Rev. sociétés* 2000, p. 360, note B. Bouloc ; *D.* 2001, n° 29, obs. R. Roujou de Boubée ; *RSC* 2000, p. 410, obs. J.-F. Renucci).

45) Infractions clandestines par nature – Abus de confiance. En matière d'abus de confiance le point de départ de la prescription se situe au moment où le détournement est apparu et a pu être constaté (■ Cass. crim., 16 mars 1970, n° 68-91.369 : *Bull. crim.* n° 104 ; *D.* 1970, p. 497, note J.-M. R. ■ Cass. crim., 7 mai 2002, n° 02-80.638 : *Bull. crim.* n° 108. ■ Cass. crim., 16 oct. 2002, n° 01-88.142. ■ Cass. crim., 5 avr. 2018, n° 17-83.166 : *Bull. crim.* à paraître ; *RSC* 2018, p. 457, obs. F. Cordier). Il appartient aux juges du fond de rechercher à quelle date ont pu être constatés les faits caractérisant un abus de confiance et leur appréciation est souveraine dès lors que les motifs ne contiennent ni insuffisance ni contradiction (■ Cass. crim., 7 mai 2002, préc.).

46) Infractions clandestines par nature – Abus de confiance – Conformité à la Constitution. Les règles qui reportent le point de départ de la prescription de l'abus de confiance et de l'abus de biens sociaux au jour de leur apparition dans des conditions permettant l'exercice de l'action publique ne portent pas atteinte au principe de prévisibilité de la loi pénale en ce qu'elles sont anciennes, connues, constantes et reposent sur des critères précis et objectifs (■ Cass. ass. plén., 20 mai 2011, n° 11-90.033 : *RSC* 2011, p. 611, obs. H. Matsopoulou, p. 656, obs. J. Danet ; *Dr. pén.* 2011, comm. 95, note J.-H. Robert).

47) Infractions clandestines par nature – Altération de preuves. Le point de départ de la prescription du délit d'altération de preuves en vue de faire obstacle à la manifestation de la vérité doit être fixé au jour où le délit est apparu et a pu être constaté dans des conditions permettant l'exercice de l'action publique (■ Cass. crim., 17 déc. 2002, n° 01-87.178 : *Bull. crim.* n° 233 ; *Dr. pén.* 2003, comm. 29, note M. Véron).

48) Infractions clandestines par nature – Atteinte à l'intimité de la vie privée. L'article 226-1 du Code pénal faisant de la clandestinité un élément constitutif essentiel du délit d'atteinte à l'intimité de la vie privée d'autrui, qui n'est caractérisé que lorsque la personne dont les paroles ont été enregistrées sans son consentement est informée de leur captation ou de leur transmission, sauf à retirer son effectivité à la loi, cette infraction ne peut être prescrite avant qu'elle ait pu être constatée en tous leurs éléments et que soit révélée, aux victimes, l'atteinte qui a pu être portée à leurs droits (■ Cass. crim., 4 mars 1997, n° 96-84.773 : *Bull. crim.* n° 83 ; *Dr. pén.* 1997, comm. 75, note M. Véron ; *Procédures* 1997, comm. 188, obs. J. Buisson). Justifie sa décision la cour d'appel qui énonce à bon droit que l'atteinte à l'intimité à la vie privée par des écoutes téléphoniques était une infraction par nature clandestine conduisant à faire courir le délai de prescription seulement à partir du moment où elle était révélée aux victimes dans tous ses éléments (■ Cass. crim., 30 sept. 2008, n° 07-82.249 : *JurisData* n° 2008-045277 ; *Bull. crim.* n° 197).

49) Infractions clandestines par nature – Blanchiment. Lorsqu'il consiste à faciliter la justification mensongère de l'origine de biens ou de revenus ou à apporter un concours à une opération de dissimulation du produit direct ou indirect d'un crime ou d'un délit, le blanchiment, qui a pour objet de masquer le bénéficiaire ou le caractère illicite des fonds ou des biens sur lesquels il porte, notamment aux yeux de la victime et de l'autorité judiciaire, constitue en raison de ses éléments constitutifs une infraction occulte par nature (■ Cass. crim., 11 sept. 2019, n° 18-83.484 : *Bull. crim.* à paraître ; *JCP* G 2019, 944 ; *D.* 2019, p. 1712).

50) Infractions clandestines par nature – Publicité trompeuse. En matière de publicité fausse ou de nature à induire en erreur, le point de départ du délai de prescription de l'action publique doit être fixé au jour où le délit est apparu et a pu être constaté dans des conditions permettant l'exercice de cette action (■ Cass. crim., 20 févr. 1986, n° 84-91.600 : *Bull. crim.* n° 70).

51) Infractions clandestines par nature – Simulation et dissimulation d'enfant. Les faits de simulation et de dissimulation d'enfant, prévus par l'article 227-13 du Code pénal, constituent des infractions clandestines par nature dont le point de départ de la prescription se situe au jour où elles sont apparues et ont pu être constatées dans des conditions permettant l'exercice de l'action publique (■ Cass. crim., 23 juin 2004, n° 03-82.371 : *JurisData* n° 2004-024337 ; *Bull. crim.* n° 173).

52) Infractions clandestines par nature – Tromperie. Mérite d'être approuvé l'arrêt qui énonce que, si la tromperie est une infraction instantanée, elle n'en constitue pas moins un délit clandestin par nature, en ce qu'il a pour but de laisser le contractant dans l'ignorance des caractéristiques réelles du produit ; dès lors, le délai de prescription de l'action publique de ce délit commence à courir du jour où il apparaît et peut être constaté dans des conditions permettant l'exercice de l'action publique (■ Cass. crim., 7 juill. 2005, n° 05-81.119 : *JurisData* n° 2005-029613 ; *Bull. crim.* n° 206 ; *Dr. pén.* 2004, comm. 143, note M. Véron ; *RSC* 2004, p. 883, obs. Y. Mayaud).

53) Infractions non clandestines par nature – Abus de faiblesse. C'est à tort que la cour d'appel a situé le point de départ de la prescription de l'abus de faiblesse au jour où la victime a été en mesure d'avoir connaissance des faits poursuivis (■ Cass. crim., 27 mai 2004, n° 03-82.738 : *JurisData* n° 2004-024128 ; *Bull. crim.* n° 141).

54) Infractions non clandestines par nature – Banqueroute. Dans l'hypothèse où il consiste dans le fait d'avoir détourné tout ou partie de l'actif du débiteur, le délit de banqueroute ne constitue pas, au regard de ses éléments constitutifs, une infraction occulte par nature (■ Cass. crim., 25 nov. 2020, n° 19-85.091, § 10 : *Bull. crim.* à paraître).

55) Infractions non clandestines par nature – Faux. Le faux étant un délit instantané, le délai de la prescription triennale avait commencé à courir dès le jour où avaient été établis les actes incriminés ; il n'importe que la partie civile n'en ait eu connaissance qu'ultérieurement dès lors que seul un obstacle de droit, survenu après la mise en mouvement de l'action publique, est de nature à suspendre le délai de prescription de celle-ci (■ Cass. crim., 21 févr. 1995, n° 94-83.038).

56) Infractions non clandestines par nature – Organisation frauduleuse d'insolvabilité. La fixation d'un point de départ spécifique de la prescription du délit d'organisation frauduleuse d'insolvabilité par l'article 314-8, alinéa 3, du Code pénal exclut son report en raison du caractère occulte d'éléments constitutifs du délit (■ Cass. crim., 12 juill. 2016, n° 15-80.923 : *Bull. crim.* n° 217).

57) Infractions non clandestines par nature – Recel. Les délits de violation du secret professionnel et de recel de violation du secret professionnel ne sont pas des infractions commises, par nature, de manière clandestine (■ Cass. crim., 8 nov. 2005, n° 05-80.370 : *Bull. crim.* n° 284). V. cependant *infra*, n° 50.

58) Infractions non clandestines par nature – Violation du secret professionnel. Les délits de violation du secret professionnel et de recel de violation du secret professionnel ne sont pas des infractions commises, par nature, de manière clandestine (■ Cass. crim., 8 nov. 2005, n° 05-80.370 : *Bull. crim.* n° 284).

59) Infractions non clandestines – Infanticide. Selon l'article 7 du Code de procédure pénale, en matière de crime, l'action publique se prescrit par dix années révolues à compter du jour où le crime a été commis si, dans cet intervalle, il n'a été fait aucun acte d'instruction ou de poursuite ; mérite dès lors d'être censuré l'arrêt qui, pour écarter l'exception de prescription de l'action publique et en reporter le point de départ au jour de la découverte fortuite des premiers corps d'enfants, énonce que le secret entourant les naissances et les décès concomitants, qui a subsisté jusqu'à la découverte des corps des victimes, a constitué un obstacle insurmontable à l'exercice de l'action publique qu'appelaient les origines criminelles de la mort des huit nouveau-nés et que ni un tiers ni une autorité n'était en mesure de s'inquiéter de la disparition d'enfants nés clandestinement, morts dans l'anonymat, et dont aucun indice apparent ne révélait l'existence physique (■ Cass. crim., 16 oct. 2013 : *Bull. crim.* n° 192 ; *JCP G* 2013, 1309, note S. Detraz ; *D.* 2013, 2673, note Y. Mayaud ; *RSC* 2013, 233, obs. X. Salvat). Comp. : Si, selon l'article 7, alinéa 1er, du Code de procédure pénale, l'action publique se prescrit à compter du jour où le crime a été commis, la prescription est suspendue en cas d'obstacle insurmontable à l'exercice des poursuites. Justifie sa décision la chambre de l'instruction qui, pour rejeter l'exception de prescription de l'action publique présentée par une personne poursuivie pour homicides volontaires aggravés commis sur ses enfants à leur naissance, retient que nul n'a été en mesure de s'inquiéter de la disparition d'enfants nés clandestinement, morts dans l'anonymat et dont aucun indice apparent n'avait révélé l'existence, caractérisant ainsi un obstacle insurmontable à l'exercice des poursuites, ce dont il résultait que le délai de prescription avait été suspendu jusqu'à la découverte des cadavres (■ Cass. ass. plén., 7 nov. 2014, n° 14-83.739 : *Dr. pén.* 2014, comm. 151, obs. A. Maron et E. Haas ; *RSC* 2014, p. 777, obs. Y. Mayaud. *Adde* A. Lepage, *La suspension, substitut ambigu du report du point de départ de la prescription pour cause de dissimulation de l'infraction : JCP* 2015, doctr. 69).

60) Infractions clandestines par dissimulation – Abus de biens sociaux – Cas de dissimulation. Caractérise une dissimulation de nature à retarder le point de départ du délai de prescription l'arrêt qui énonce que le montant des compléments de rémunérations que s'était octroyés X... n'avait pas été porté à la connaissance des associés et que les achats de meubles effectués par ce dernier n'apparaissaient pas dans les comptes soumis à l'approbation de l'assemblée générale, que les termes d'un protocole d'accord signé le 16 juillet 1997, à la suite de la révocation d'un cogérant, n'ont pas été autorisés et que le prévenu a agi à l'insu des autres associés, que la dissimulation des majorations de salaires aux organismes sociaux et les redressements qui en ont été la conséquence démontrent que ces compléments de rémunération ont été exclus des comptes et qui en déduit que les faits n'ont été connus, dans des conditions permettant l'exercice de l'action publique, qu'après les vérifications fiscale et sociale si bien qu'ils ne sont pas prescrits (■ Cass. crim., 25 oct. 2006, n° 05-86.993 : *Bull. crim.* n° 253). Caractérise la dissimulation de nature à retarder le point de départ de la prescription l'arrêt qui relève que certaines dépenses n'ont pas été enregistrées en comptabilité et que d'autres ont été présentées sous une fausse imputation ou sur la base de factures comportant de fausses indications quant au véritable redevable des sommes y figurant et quant à leur objet (■ Cass. crim., 14 mai 2003, n° 02-81.217 : *JurisData* n° 2003-019359 ; *Bull. crim.* n° 108). Caractérise la dissimulation de nature à retarder le point de départ de la prescription l'arrêt qui relève que les travaux réalisés sans facturation par une société au profit d'un élu n'ont pas été comptabilisés et que les dépenses de fournitures de bureau et de mobilier de jardin payées par deux sociétés pour le compte de cet élu ont été dissimulées par interposition d'une troisième société (■ Cass. crim., 28 mai 2003, n° 02-85.185 : *Bull. crim.* n° 108).

61) Infractions clandestines par dissimulation – Abus de biens sociaux – Absence de dissimulation. Justifie sa décision la chambre d'accusation qui, pour constater l'acquisition de la prescription du délit d'abus de biens sociaux, relève que les plaignants qui avaient pris en charge la société civile professionnelle le 22 juillet 1991 étaient en mesure de vérifier, dès cette date, les comptes de la société laissés par le prévenu et de découvrir les détournements de fonds imputés à ce dernier (■ Cass. crim., 6 sept. 2000, n° 99-87.412 : *RSC* 2001, p. 394, obs. J.-F. Renucci). La prescription de l'action publique du chef d'abus de biens sociaux court, sauf dissimulation, à compter de la présentation des comptes annuels par lesquels les dépenses litigieuses sont mises indûment à la charge de la société. Doit dès lors être censuré l'arrêt qui, pour écarter la prescription de l'action publique, énonce que si les charges indues figurent dans les comptes annuels des entreprises considérées, dans les rubriques où elles doivent trouver leur place, elles étaient noyées dans la masse, soit des frais soit des charges salariales et que rien ne permettait aux actionnaires, qui n'étaient pas en possession des comptes détaillés, de connaître les affectations des frais et salaires litigieux et de vérifier si ces dépenses avaient été effectuées dans le seul intérêt de la société car, ce faisant, il ne caractérise aucune dissimulation (■ Cass. crim., 27 juin 2001 : *Bull. crim.* n° 164 ; *JurisData* n° 2001-010843 ; *Dr. pén.* 2001, comm. 129, note. J.-H. Robert).

62) Infractions clandestines par dissimulation – Banqueroute. Lorsque le détournement constitutif du délit de banqueroute a été réalisé postérieurement au jugement ouvrant une procédure de sauvegarde, de redressement ou de liquidation judiciaire, le délai de prescription court, en application de l'article 8 du Code de procédure pénale dans sa rédaction antérieure à la loi du 27 février 2017, à compter de la date de commission des faits, sauf s'il est établi que l'infraction a été délibérément dissimulée (■ Cass. crim., 25 nov. 2020, n° 19-85.091, § 14 : *Bull. crim.* à paraître).

63) Infractions clandestines par dissimulation – Favoritisme. Le délit d'atteinte à la liberté d'accès et à l'égalité des candidats dans les marchés publics et les délégations de service public est une infraction instantanée qui se prescrit à compter du jour où les faits la consommant ont été commis ; toutefois, le délai de prescription de l'action publique ne commence à courir, lorsque les actes irréguliers ont été dissimulés ou accomplis de manière occulte, qu'à partir du jour où ils sont apparus et ont pu être constatés dans des conditions permettant l'exercice des poursuites (■ Cass. crim., 27 oct. 1999, n° 98-85.214 : *Bull. crim.* n° 238. ■ Cass. crim., 27 oct. 1999, n° 98-85.757 : *Bull.*

crim. n° 239. ▪ Cass. crim., 19 juin 2002, n° 01-84.116). Ne donne donc pas de base légale à sa décision la cour d'appel qui retarde le point de départ de la prescription au jour du dépôt de plainte, sans établir que les actes irréguliers avaient été dissimulés ou accomplis de manière occulte (▪ Cass. crim., 27 oct. 1999, préc.). Met la Cour de cassation en mesure de s'assurer que les faits imputés au prévenu, qui ont été dissimulés jusqu'au 31 août 2002, n'étaient pas prescrits le 22 août 2005, date des instructions du procureur général au procureur de la République, aux fins d'enquête, l'arrêt qui relève que, dès le 1er septembre 2002, le nouvel agent comptable a décidé de rompre avec la pratique antérieure et a alerté le nouveau président du dépassement du seuil et de l'impossibilité de régler les factures (▪ Cass. crim., 17 déc. 2008, n° 08-82.319 : *JurisData* n° 2008-046446 ; *Dr. pén.* 2009, comm. 36, obs. M. Véron ; *Procédures* 2009, comm. 92, obs. J. Buisson ; *AJ Pénal* 2009, p. 131, obs. J. Lasserre Capdeville).

64) Infractions clandestines par dissimulation – Corruption. Le point de départ du délai de prescription des faits de corruption qui ont été dissimulés est reporté à la date où ceux-ci sont apparus et ont pu être constatés dans les conditions permettant l'exercice de l'action publique (▪ Cass. crim., 6 mai 2009, n° 08-84.107 : *JurisData* n° 2009-048450).

65) Infractions clandestines par dissimulation – Détournement de fonds publics – Cas de dissimulation. En énonçant que l'affectation des fonds d'enquête et de surveillance, dont il importe peu que leur comptabilité n'ait pas été obligatoire, a été tenue secrète, leurs bénéficiaires demeurant anonymes et les sommes par eux perçues, non formellement justifiées en leur principe, ni quantifiables en leur montant, la cour d'appel a souverainement caractérisé la dissimulation imputée aux prévenus des flux d'espèces et de leurs allocataires (▪ Cass. crim., 16 janv. 2019, n° 17-81.529).

• Infractions de conséquence

66) Recel. Les dispositions des articles 203 du Code de procédure pénale et 321-3 à 321-5 du Code pénal impliquent que le recel ne saurait commencer à se prescrire avant que l'infraction dont il procède soit apparue et ait pu être constatée dans des conditions permettant l'exercice de l'action publique (▪ Cass. crim., 27 oct. 1997, n° 96-83.698 : *Bull. crim.* n° 352. ▪ Cass. crim., 7 mai 2002, n° 02-80.797 : *Bull. crim.* n° 108 ; *Dr. pén.* 2002, comm. 108, note M. Véron. ▪ Cass. crim., 28 févr. 2017, n° 15-81.969 : *Bull. crim.* n° 61). Ainsi du recel consécutif à un abus de biens sociaux (▪ Cass. crim., 27 oct. 1997, préc.), à un abus de confiance (▪ Cass. crim., 7 mai 2002, préc.), à un détournement de fonds publics (▪ Cass. crim., 28 févr. 2017, préc.).

II – INTERRUPTION DE LA PRESCRIPTION

A – Acte interruptif

1° *Jurisprudence fondée sur les dispositions issues de la loi du 27 février 2017*

• Acte d'enquête

67) Consultation du fichier national des permis de conduire. Il résulte de l'article 9-2 du Code de procédure pénale que la consultation du fichier national des permis de conduire constitue, dans tous les cas, un acte d'instruction ou de poursuite, interruptif de prescription de l'action publique. Il en est de même lorsque la consultation vise une infraction ne donnant pas lieu à retrait de points du permis de conduire (▪ Cass. crim., 1er sept. 2020, n° 19-87.157, § 6 : *Dr. pén.* 2020, comm. 173, note J.-H. Robert ; *Dr. pén.* 2020, comm. 180, note A. Maron et M. Haas).

• Jugements et arrêts

68) Ordonnance pénale. Selon le 4° de l'article 9-3 du Code de procédure pénale, le délai de prescription de l'action publique est interrompu par tout jugement, même non définitif, s'il n'est pas entaché de nullité ; tel est le cas de l'ordonnance pénale (▪ Cass. crim., 21 janv. 2020, n° 19-81.066 : *Bull. crim.* à paraître ; *JCP* G 2020, 491, note J.-H. Robert ; *JCP* 2020, 569, n° 16, obs. J.-B. Perrier).

• Autres causes d'interruption

69) Liste non limitative. L'énumération prévue à l'article 9-2 du Code de procédure pénale des actes qui interrompent la prescription de l'action publique n'est pas limitative (▪ Cass. crim., 21 janv. 2020, n° 19-84.450 : *Bull. crim.* à paraître ; *JCP* G 2020, 491, note J.-H. Robert ; *JCP* 2020, 569, n° 16, obs. J.-B. Perrier ; *RSC* 2020, 113, obs. P.-J. Delage.

70) Amende forfaitaire majorée – Réclamation contre le titre exécutoire. En vertu de l'article 530 du Code de procédure pénale, en matière de contraventions donnant lieu au recouvrement de l'amende forfaitaire majorée prévue par l'article 529-2, alinéa 2, du Code de procédure pénale, il suffit, pour que la prescription de l'action publique ne soit pas acquise, que le délai soit interrompu par la délivrance du titre exécutoire, qui fait courir la prescription de la peine, puis, après la réclamation du contrevenant, que la citation soit délivrée avant l'expiration du nouveau délai de prescription de l'action publique ouvert à la suite de cette réclamation (▪ Cass. crim., 24 mars 2020, n° 19-85.331 : *Dr. pén.* 2020, comm. 140, note

J.-H. Robert). *Comp. précédemment :* L'énumération prévue à l'article 9-2 du Code de procédure pénale des actes qui interrompent la prescription de l'action publique n'est pas limitative ; constitue dès lors un acte interruptif de la prescription la délivrance du titre exécutoire de l'amende forfaitaire majorée (■ Cass. crim., 21 janv. 2020, n° 19-84.450 : *Bull. crim.* à paraître ; *JCP* G 2020, 491, note J.-H. Robert ; *JCP* 2020, 569, n° 16, obs. J.-B. Perrier ; *RSC* 2020, 113, obs. P.-J. Delage).

Il résulte de l'article 530-1 du Code de procédure pénale qu'en cas de réclamation recevable du contrevenant, le ministère public ne peut que renoncer aux poursuites ou poursuivre l'intéressé par ordonnance pénale ou par citation devant la juridiction de jugement. Encourt dès lors la censure l'arrêt qui, pour écarter la prescription de l'action publique, considère comme réguliers le second titre exécutoire et le second avis d'amende forfaitaire majorée délivrés par l'officier du ministère public après la réclamation du contrevenant dirigée contre un premier avis d'amende forfaitaire majorée, y compris dans le cas où l'intéressé aurait indiqué renoncer à cette réclamation (■ Cass. crim., 9 avr. 2019, n° 18-83.215, : *Bull. crim.* à paraître).

2° Jurisprudence fondée sur les dispositions antérieures à la loi du 27 février 2017

71) Exclusion des actes émanant d'une autorité incompétente. La prescription de l'action publique n'est pas interrompue par les actes nuls d'un juge d'instruction incompétent (■ Cass. crim., 7 févr. 1980, n° 78-94.147 : *Bull. crim.* n° 52. ■ Cass. crim., 21 nov. 2000, n° 99-87.018 : *JurisData* n° 2000-007744). Dès lors que l'incompétence territoriale du ministère public n'est pas manifeste lors du dépôt de la plainte de l'administration des Impôts pour fraude fiscale, les instructions aux fins d'enquête du procureur de la République ainsi que tous les autres actes de poursuite de ce magistrat interrompent valablement la prescription (■ Cass. crim., 3 juin 2004, n° 03-87.113 : *Bull. crim.* n° 151).

72) Exclusion des actes nuls. Les actes annulés n'ont, à l'égard de quiconque, ni interrompu ni suspendu la prescription de l'action publique (■ Cass. crim., 21 juin 2005, n° 04-84.698 : *JurisData* n° 2005-029506 ; *Bull. crim.* n° 184). Justifie sa décision la chambre d'accusation relevant qu'ayant été annulés, les actes de l'information n'ont pu ni interrompre ni suspendre le délai de prescription (■ Cass. crim., 3 avr. 1997, n° 95-83.042 : *Bull. crim.* n° 134).

73) Exclusion des actes de pure administration interne. V. ordonnance de désignation d'un juge d'instruction (■ Cass. crim., 11 avr. 1959 : *D.* 1960, jurispr. p. 40), ordre donné à la gendarmerie d'extraire un détenu (■ Cass. crim., 28 août 1913 : *DP* 1918, jurispr. 27).

74) Actes déclarés interruptifs de la prescription par la loi.

Voir : Pour la composition pénale, art. 41-2, p. 155, pour la transaction par le maire, art. 44-1, al. 3, p. 166.

• Actes de poursuite

– Actes émanant du Ministère public

75) Instructions. Les instructions adressées par le procureur de la République à un officier de police judiciaire entrent dans la classe des actes d'instruction et de poursuite, interruptifs de la prescription de l'action publique, dès lors qu'elles constituent l'exercice des pouvoirs que ce magistrat du Ministère public tient des articles 41 et 75 du Code de procédure pénale pour l'exécution des enquêtes préliminaires (■ Cass. crim., 16 mai 1973 : *Bull. crim.* n° 224. ■ Cass. crim., 2 avr. 1998, n° 97-84.191 : *Bull. crim.* n° 131). Tel est le cas d'ordres donnés par le Parquet à un commissaire de police en vue de faire recevoir, par procès-verbal régulier, une plainte du chef d'usage de faux en écritures privées, de procéder à une enquête sur les faits dénoncés et de prendre photocopie des actes et documents incriminés (■ Cass. crim., 16 mai 1973, préc.). Tel est le cas des instructions adressées par le procureur de la République à un officier de police judiciaire à l'effet d'enquêter sur des faits révélés par la presse régionale (■ Cass. crim., 2 avr. 1998, préc.). Constituent un acte interruptif de la prescription de l'action publique, au sens de l'article 7 du Code de procédure pénale, les instructions données par le procureur de la République à la police judiciaire, aux fins d'enquête sur les faits dénoncés par la plainte du directeur des services fiscaux (■ Cass. crim., 22 janv. 1990, n° 88-85.361 : *Bull. crim.* n° 39). Les instructions données par le procureur général au procureur de la République, à l'effet de procéder à une enquête, constituent un acte de poursuite interruptif de prescription au sens des articles 7 et 8 du Code de procédure pénale (■ Cass. crim., 17 déc. 2008, n° 08-82.319 : *JurisData* n° 2008-046446 ; *Dr. pén.* 2009, comm. 36, obs. M. Véron ; *Procédures* 2009, comm. 92, obs. J. Buisson ; *AJ Pénal* 2009, p. 131, obs. J. Lasserre Capdeville). L'acte par lequel le procureur de la République transmet une procédure, pour compétence, en application de l'article 44 du Code de procédure pénale, à un officier du ministère public constitue un acte de poursuite interruptif de prescription (■ Cass. crim., 6 févr. 2007, n° 06-86.760 : *Bull. crim.* n° 30). Les instructions données par le procureur de la République à l'effet de procéder à des recherches en vue de découvrir l'adresse du prévenu, en application de l'article 560 du Code de procédure pénale, constituent un acte de poursuite interruptif de prescription au sens des articles 7 et 8 dudit code (■ Cass. crim., 3 juin 2004, n° 03-80.593 : *Bull. crim.* n° 152). Le soit-transmis par lequel le procureur de la République invite à remettre en état la construction dans un délai déterminé a le caractère d'un acte de poursuite interruptif de prescription en ce qu'il manifeste la volonté du ministère public de poursuivre, en l'absence de régularisation, l'exercice de l'action publique (■ Cass. crim., 13 janv. 2009, n° 08-84.459 : *JurisData* n° 2009-046822).

76) Demande de renseignement ou d'avis adressée à une autorité extérieure. Interrompt le cours de la prescription tout acte du procureur de la République tendant à la recherche et à la poursuite des infractions à la loi pénale. Il en est ainsi d'une demande adressée à une administration pour l'interroger sur le sort de personnes disparues de façon suspecte (■ Cass. crim., 20 févr. 2002, n° 01-85.042 : *Bull. crim.* n° 42 ; *JCP* G 2002, II, 10075 note P. Maistre du Chambon). La demande d'avis, adressée par le ministère public à la direction départementale de l'équipement pour recueillir ses observations en application de l'article L. 480-5 du Code de l'urbanisme, interrompt le délai de la prescription de l'action publique applicable au délit de construction sans permis (■ Cass. crim., 14 mai 2008, n° 07-87.776 : *JurisData* n° 2008-044192 ; *Bull. crim.* n° 116). Interrompt le cours de la prescription de l'action publique tout acte du procureur de la République tendant à la recherche et à la poursuite des infractions à la loi pénale. Il en est ainsi d'une lettre adressée par un procureur de la République au président d'une chambre départementale des huissiers de justice, pour lui demander de provoquer les explications d'un huissier de justice à la suite du dépôt d'une plainte et de les lui transmettre assorties d'un avis motivé (■ Cass. crim., 1er févr. 2012, n° 11-83.072 : *Bull. crim.* n° 35 ; *D.* 2012, 860, note C. Courtin ; *RSC* 2012, p. 391, obs. X. Salvat). Interrompt le cours de la prescription tout acte du procureur de la République tendant à la recherche et à la poursuite des infractions à la loi pénale. Il en est ainsi d'une demande adressée à la Direction générale de l'équipement pour solliciter son avis (■ Cass. crim., 12 déc. 2012, n° 12-80.707 : *Bull. crim.* n° 278).

77) Réponse de l'autorité à la demande du ministère public. Ne constitue pas un acte d'instruction ou de poursuite susceptible d'interrompre la prescription de l'action publique l'avis rendu par l'administration à la demande du ministère public (■ Cass. crim., 12 déc. 2012, préc.). Ne constituent pas des actes interruptifs de prescription les réponses apportées par l'administration aux instructions et demandes du Parquet (■ Cass. crim., 4 nov. 2014, n° 13-85.379 : *Bull. crim.* n° 224 ; *RSC* 2014, p. 807, obs. D. Boccon-Gibod).

78) Convocation. Une convocation envoyée par le procureur de la République à une personne en vue de l'entendre sur une plainte dont elle est l'objet constitue un acte interruptif de prescription au sens de l'article 7 du Code de procédure pénale (■ Cass. crim., 27 avr. 2000, n° 99-81.415 : *Bull. crim.* n° 173).

79) Réquisitions. Tout réquisitoire du ministère public constitue un acte interruptif de prescription au sens des articles 7 et 8 du Code de procédure pénale (■ Cass. crim., 27 avr. 2004, n° 03-85.328 : *Bull. crim.* n° 99). Tel est le cas, notamment, du réquisitoire du procureur général tendant à la confirmation d'une ordonnance de non-lieu (■ Cass. crim., 27 avr. 2004, préc.). Constituent des actes de poursuite interrompant par eux-mêmes la prescription les réquisitoires introductif, supplétif et définitif du Parquet, même si les actes du juge d'instruction, qui en sont la conséquence ou le support, ont été déclarés nuls (■ Cass. crim., 22 oct. 1990, n° 89-86.229 : *Bull. crim.* n° 350).

80) Autres actes interruptifs de la prescription. En application de l'article 8 du Code de procédure pénale, interrompt la prescription de l'action publique tout acte du procureur de la République tendant à la recherche ou à la poursuite des infractions. Tel est le cas de la requête en désignation d'un nouveau juge d'instruction présentée par le procureur de la République à la suite de l'annulation de l'ordonnance de renvoi devant le tribunal correctionnel, cette requête manifestant la volonté de son auteur de poursuivre l'exercice de l'action publique (■ Cass. crim., 22 janv. 2014, n° 12-88.211 : *Bull. crim.* n° 20). Est interruptive de la prescription la diffusion réitérée de fiches de recherches de personnes susceptibles d'avoir été victimes d'une infraction (■ Cass. crim., 18 janv. 2006, n° 05-85.858 : *Dr. pén.* 2006, comm. 76, note A. Maron).

81) Actes non interruptifs. Ne constituent des actes de poursuite interruptifs de prescription au sens des articles 7 et 8 du Code de procédure pénale ni les demandes de recherche de pièces de procédure adressées par le procureur de la République à son propre secrétariat ni le classement sans suite d'une procédure (■ Cass. crim., 19 févr. 2008, n° 07-84.894 : *JurisData* n° 2008-043265 ; *Bull. crim.* n° 41). Un mandement de citation rédigé et signé du procureur de la République, qui n'est pas transmis à un huissier en vue de sa délivrance, ne constitue pas un acte interruptif de prescription au sens de l'article 7 du Code de procédure pénale (■ Cass. crim., 2 sept.

2004, n° 04–81.660 : *Bull. crim.* n° 199 ; *Dr. pén.* 2004, comm. 167, note A. Maron). Ni le rapport de synthèse d'enquête, ni la transmission de celui-ci au Parquet ne constitue un acte de poursuite ou d'instruction interruptif du délai de prescription de l'action publique (▪ Cass. crim., 23 nov. 2016, n° 15-83.649 : *Bull. crim.* n° 307). Ni le compte rendu effectué par le service enquêteur au procureur de la République, ni la transmission de la procédure d'enquête à celui-ci, quand bien même il les aurait sollicités, n'interrompent la prescription de l'action publique (▪ Cass. crim., 5 avr. 2018, n° 17-83.166 : *Bull. crim.* à paraître ; *RSC* 2018, p. 457, obs. F. Cordier).

– Actes émanant de la victime

82) Plainte avec constitution de partie civile. La prescription de l'action publique, qui est interrompue par le dépôt d'une plainte avec constitution de partie civile lorsque la consignation prévue par l'article 88 du Code de procédure pénale est ultérieurement versée dans le délai imparti, a été entre-temps suspendue de la date du dépôt de la plainte à celle de ce versement (▪ Cass. crim., 7 juin 1990, n° 89-84.991 : *Bull. crim.* n° 235. ▪ Cass. crim., 7 sept. 1999, n° 98-86.219 : *Bull. crim.* n° 181). Le dépôt d'une plainte avec constitution de partie civile, sans qu'un délai soit fixé pour verser la consignation et suivi de l'obtention de l'aide juridictionnelle dispensant le plaignant de consigner, interrompt la prescription de l'action publique (▪ Cass. crim., 14 nov. 1995, n° 94-83.837 : *Bull. crim.* n° 347).

83) Constitution de partie civile par voie d'intervention. La constitution de partie civile par voie d'intervention revêt le caractère d'un acte de poursuite qui interrompt la prescription de l'action publique (▪ Cass. crim., 1er oct. 2003, n° 03-83.582 : *JurisData* n° 2003-020654 ; *Bull. crim.* n° 178).

84) Plainte simple de la victime. Une plainte non assortie d'une constitution de partie civile n'est pas un acte d'instruction ou de poursuite, même dans les matières, comme les infractions à la réglementation des changes, où la plainte de l'administration est la condition préalable et nécessaire de la mise en mouvement de l'action publique (▪ Cass. crim., 7 févr. 1980, n° 71-90.995 : *Bull. crim.* n° 52). Une plainte adressée au procureur de la République ne constitue pas un acte de poursuite ou d'instruction et n'a pas d'effet interruptif de la prescription de l'action publique (▪ Cass. crim., 11 juill. 1012, n° 11-87.583 : *Bull. crim.* n° 169 ; *Dr. pén.* 2012, comm. 135, note A. Maron et Haas. – ▪ Cass. crim., 8 janv. 2019, n° 18-82.235 : *Bull. crim.* à paraître).

85) Plainte simple de la victime – Nuance. Constitue un acte interruptif de prescription le procès-verbal contenant la dénonciation d'une infraction pénale (▪ Cass. crim., 9 juill. 2003, n° 03-82.063 : *Bull. crim.* n° 139 ; *JCP* G 2003, IV, 2668 ; *RSC* 2004, p. 136, obs. A. Giudicelli).

86) Plainte simple de la victime – Refus de transmission d'une question prioritaire de constitutionnalité. Les dispositions des articles 7 et 8 du Code de procédure pénale, dans leur version antérieure à la loi n° 2017-242 du 27 février 2017, qui, telles qu'interprétées par la jurisprudence constante de la chambre criminelle, dénient tout effet interruptif à la première plainte simple adressée au parquet par la victime d'une infraction ne portent pas une atteinte substantielle au droit des victimes d'exercer un recours effectif devant une juridiction, dès lors qu'il leur est loisible, selon les modalités prévues aux articles 85 et 88 du Code de procédure pénale, de porter plainte en se constituant partie civile auprès du juge d'instruction, une telle plainte étant interruptive de la prescription de l'action publique ; elles ne portent pas non plus atteinte au principe d'égalité, la différence de traitement qu'elles induisent étant justifiée par la différence de situation entre, d'une part, la victime qui dépose une plainte simple devant le procureur de la République, d'autre part, celle qui dépose une plainte avec constitution de partie civile et verse une consignation et celle dont la plainte est recueillie par procès-verbal par un agent ou un officier de police judiciaire (▪ Cass. crim., 27 nov. 2018, n° 18-82.235).

87) Citation directe de la victime. En cas de citation directe devant le tribunal correctionnel, le dépôt au greffe du montant de la consignation fixée conformément aux dispositions de l'article R. 236, alinéa 2, du Code de procédure pénale a pour seule conséquence de rendre recevable l'action de la partie civile et ne constitue pas un acte interruptif de prescription (▪ Cass. crim., 15 avr. 1991, n° 90-82.838 : *Bull. crim.* n° 177).

– Actes émanant d'une autorité extérieure

88) Dénonciation de l'autorité étrangère. En vertu des articles 113-8 du Code pénal, 7 et 8 du Code de procédure pénale, la dénonciation officielle adressée par l'autorité étrangère aux fins de jugement en France de délits commis par un Français à l'étranger est un acte de poursuite interruptif de la prescription de l'action publique (▪ Cass. crim., 12 oct. 2005, n° 05-80.189 : *Bull. crim.* n° 260).

89) Plainte de l'administration fiscale. La plainte de l'administration des impôts, préalable aux poursuites du chef de fraude fiscale, ne constitue pas un acte de poursuite ou d'instruction au sens de l'article 7 du Code de procédure pénale et n'a pas d'effet interruptif de la prescription de l'action publique (■ Cass. crim., 19 mai 2005, n° 04-85.076 : *Bull. crim.* n° 150).

90) Sommation d'une commune. Ne constitue pas un acte interruptif de prescription la sommation par huissier de justice adressée par une commune aux intéressés aux fins que ceux-ci vérifient si une régularisation de leur situation au regard des obligations du Code de l'urbanisme était possible et, à défaut, remettent en état les lieux (■ Cass. crim., 24 févr. 2015, n° 13-85.049 : *Bull. crim.* n° 33).

91) Réponse à une demande du ministère public. Ne constitue pas un acte d'instruction ou de poursuite susceptible d'interrompre la prescription de l'action publique l'avis rendu par l'administration à la demande du ministère public (■ Cass. crim., 12 déc. 2012, préc.). Ne constituent pas des actes interruptifs de prescription les réponses apportées par l'administration aux instructions et demandes du Parquet (■ Cass. crim., 4 nov. 2014, n° 13-85.379 : *Bull. crim.* n° 224 ; *RSC* 2014, p. 807, obs. D. Boccon-Gibod).

– Jugements et arrêts

92) Caractère interruptif des jugements et arrêts. La remise de cause prononcée par jugement ou arrêt en présence du ministère public constitue, qu'elle ait été ou non ordonnée en présence des autres parties, un acte de poursuite de nature à interrompre la prescription (■ Cass. crim., 4 mai 1995, n° 93-82.561 : *Bull. crim.* n° 164).

93) Audience. La prescription est interrompue par l'audience à laquelle ont lieu les débats, peu important que le jugement ait été ultérieurement annulé (■ Cass. crim., 19 juin 2018, n°s 15-85.073 et 17-85.742 : *Bull. crim.* à paraître ; *RSC* 2018, p. 724, obs. P.-J. Delage).

94) Signification. La signification, régulièrement faite à l'une quelconque des parties, d'un arrêt de la chambre criminelle de la Cour de cassation renvoyant l'affaire devant une nouvelle juridiction a le caractère d'un acte interruptif de la prescription (■ Cass. crim., 24 oct. 1989, n° 89-84.811 : *Bull. crim.* n° 378).

– Voies de recours

95) Caractère interruptif. Les actes de poursuite ou de procédure, y compris les voies de recours, interrompent par eux-mêmes la prescription de l'action publique. Il en est ainsi de l'appel formé par les parties civiles, avant l'écoulement du délai de prescription, contre l'ordonnance de non-lieu rendue par le juge d'instruction à la suite de la destruction par incendie de la quasi-totalité du dossier par lui instruit (■ Cass. crim., 25 janv. 1993 : *Bull. crim.* n° 39). L'opposition à un jugement par défaut interrompt la prescription de la peine et constitue le point de départ d'un nouveau délai de prescription de l'action publique, la poursuite ayant repris son cours (■ Cass. crim., 20 mai 2003, n° 02-85.403 : *JurisData* n° 2003-019360 ; *Bull. crim.* n° 100).

• Actes d'instruction

– Actes d'instruction *stricto sensu*

96) Commission rogatoire. Une commission rogatoire délivrée par un juge d'instruction, quel qu'en soit l'objet, constitue par elle-même un acte d'instruction au sens de l'article 7 du Code de procédure pénale, de nature à interrompre la prescription. Encourt la cassation l'arrêt qui, pour confirmer un jugement ayant fait droit à une exception de prescription de l'action publique, énonce que des commissions rogatoires qui ne tendaient qu'à vérifier l'adresse des mis en examen et à s'assurer du respect des obligations du contrôle judiciaire étaient des actes de pure forme dépourvus d'effet interruptif de la prescription (■ Cass. crim., 12 nov. 2008, n° 08-80.381 : *JurisData* n° 2008-046110 ; *Bull. crim.* n° 228).

97) Convocation. La convocation, adressée par un juge d'instruction, en vue de procéder à des auditions, interrogatoires ou confrontations, est un acte d'instruction qui interrompt la prescription (■ Cass. crim., 5 sept. 2006, n° 06-80.402 : *JurisData* n° 2006-034975 ; *Bull. crim.* n° 205).

98) Expertise. Constitue un acte interruptif de prescription la notification d'un rapport d'expertise, en application de l'article 167 du Code de procédure pénale (■ Cass. crim., 5 mai 2004, n° 04-81.269 : *Bull. crim.* n° 111).

99) Ordonnance. Toute ordonnance rendue par le juge d'instruction constitue un acte interruptif de prescription au sens de l'article 7 du Code de procédure pénale (■ Cass. crim., 10 févr. 2004, n° 03-87.283 : *Bull. crim.* n° 36). Justifie dès lors sa décision la chambre de l'instruction qui constate que la prescription de l'action publique a été valablement interrompue par l'ordonnance de restitution d'objets saisis rendue par le juge d'instruction (■ Cass. crim., 10 févr. 2004, préc.). Constitue un acte d'instruction au sens du premier alinéa de l'article 7 du Code de procédure pénale l'ordonnance de soit-communiqué délivrée par le juge d'instruction, dès lors qu'elle a pour objet de saisir le procureur de la République aux fins de réquisitions sur l'action publique (■ Cass. crim., 23 juin 1993, n° 93-81.849 : *Bull. crim.* n° 203).

100) Avis aux parties civiles. Est interruptif de prescription l'avis prévu à l'article 49 de la loi du 24 août 1993, avisant la partie civile de son droit de formuler une demande d'acte ou de présenter une requête en annulation sur le fondement des articles 81, alinéa 9, 82-1, 156 et 173, alinéa 3, du

Code de procédure pénale (■ Cass. crim., 9 juin 1998, n° 96-84.894 : *Bull. crim.* n° 188).

101) Avis de fin d'information. Constitue un acte interruptif de prescription l'avis de fin d'information donné par le juge d'instruction aux parties, en application de l'article 175 du Code de procédure pénale (■ Cass. crim., 11 janv. 2000, n° 98-86.269 : *Bull. crim.* n° 12 ; *Dr. pén.* 2000, comm. 67, obs. A. Maron. ■ Cass. crim., 3 avr. 2019, n° 18-84.468 : *Bull. crim.* à paraître ; *D.* 2019, p. 1626, obs. J. Pradel ; *AJ pénal* 2019, p. 456, note G. Roussel).

102) Avis de transport sur les lieux. Les avis donnés par le juge d'instruction au procureur de la République en application de l'article 92 du Code de procédure pénale sont interruptifs de prescription (■ Cass. crim., 19 déc. 2017, n° 17-83.867 : *Bull. crim.* à paraître).

103) Arrêt de la chambre de l'instruction. L'arrêt de la chambre de l'instruction statuant sur une requête en nullité de la procédure constitue un acte d'instruction ayant pour effet d'interrompre la prescription (■ Cass. crim., 5 mars 2002, n° 01-83.870 : *JurisData* n° 2002-013901 ; *Bull. crim.* n° 53). L'arrêt confirmatif d'une ordonnance de non-lieu rendue par un juge d'instruction interrompt la prescription de l'action publique à l'égard tant des faits visés par la décision de non-lieu partiel que de ceux qui leur sont connexes et qui ont fait l'objet d'un renvoi devant le tribunal correctionnel (■ Cass. crim., 27 mars 2002, n°s 00-81.712 et 00-88.111 : *JurisData* n° 2002-014064 ; *Bull. crim.* n° 70).

– **Actes d'enquête préliminaire ou de flagrance**

104) Procès-verbaux établis par la police judiciaire. Les procès-verbaux établis par les officiers et agents de police judiciaire pour l'exécution de la mission qui leur est confiée par l'article 14 du Code de procédure pénale constituent des actes d'instruction au sens du premier alinéa de l'article 7 du Code de procédure pénale. Tel est le cas du procès-verbal recueillant la plainte de la victime d'une infraction (■ Cass. crim., 23 juin 1998, n° 98-81.849 : *Bull. crim.* n° 203). Tel est le cas du procès-verbal d'audition d'une personne qui dénonce, à l'occasion d'une plainte portée contre elle, des infractions dont elle aurait été victime (■ Cass. crim., 7 juin 2001, n° 00-85.973 : *Bull. crim.* n° 142). Tel est également le cas du procès-verbal contenant la dénonciation d'une infraction pénale (■ Cass. crim., 9 juill. 2003, n° 03-82.063 : *Bull. crim.* n° 139 ; *JCP* G 2003, IV, 2668 ; *RSC* 2004, p. 136, obs. A. Giudicelli). Tel est également le cas du procès-verbal établi par un agent de police judiciaire procédant à une enquête préliminaire conformément à l'article 75 dudit code et relatant les recherches infructueuses effectuées pour identifier l'auteur d'une infraction (■ Cass. crim., 23 mars 1994, n° 93-83.719 : *Bull. crim.* n° 113).

– **Actes accomplis par des agents spécialement habilités**

105) Administration des Douanes. Les procès-verbaux de l'administration des Douanes, lorsqu'ils émanent d'agents compétents, constituent des actes d'instruction et de poursuite, interruptifs comme tels de la prescription, au sens des articles 7 et 8 du Code de procédure pénale (■ Cass. crim., 26 juill. 1988, n° 87-81.745 : *Bull. crim.* n° 305). Ainsi les procès-verbaux de constat de l'administration des Douanes, lorsqu'ils émanent d'agents compétents, constituent des actes de poursuite et d'instruction interruptifs de la prescription (■ Cass. crim., 1er déc. 2010, n° 09-88.459, *adde* ■ Cass. crim., 21 mars 1994, n° 93-82.974 : *Bull. crim.* n° 106), de même que les procès-verbaux de saisie de l'administration des Douanes, lorsqu'ils émanent d'agents compétents (■ Cass. crim., 21 mars 1994, préc.). Sauf à priver de toute portée les dispositions des articles 369, 4 et 377 *bis* du Code des douanes, 2 et 3 du règlement CEE n° 1697/79 du Conseil du 24 juillet 1979, permettant le recouvrement *a posteriori* des droits dus, les procès-verbaux dressés par l'administration des Douanes, en ce qu'ils visent à la fois à établir l'existence d'une infraction et à asseoir l'assiette des droits à recouvrer, ont un effet interruptif non seulement à l'égard de l'action en répression des infractions douanières mais encore à l'égard de celle tendant au recouvrement de ces droits (■ Cass. crim., 29 janv. 1998, n° 96-83.149 : *Bull. crim.* n° 35).

106) Inspection du travail. Les procès-verbaux dressés par les inspecteurs du travail, dans l'exercice de leurs attributions de police judiciaire, conformément aux dispositions des articles L. 611-1 et L. 611-10 du Code du travail, à l'effet de constater des infractions, doivent être regardés comme des actes d'instruction ou de poursuite, au sens de l'article 7 du Code de procédure pénale, par lesquels, en vertu des articles 8 et 9 du même code, la prescription se trouve interrompue (■ Cass. crim., 17 déc. 1991, n° 90-84.813 : *Bull. crim.* n° 483). Il se déduit des articles 7 et 9 du Code de procédure pénale, dans leur rédaction antérieure à la loi n° 2017-242 du 27 février 2017, que seul peut être regardé comme un acte d'instruction ou de poursuite, interruptif de prescription, le procès-verbal dressé par l'inspecteur du travail, dans l'exercice de ses attributions de police judiciaire et à l'effet de constater les infractions, à l'exclusion des actes de l'enquête administrative qui en ont constitué le prélude. Encourt la cassation l'arrêt qui énonce que le déplacement de l'inspecteur du travail dans les locaux de la société pour y constater les infractions était interruptif de prescription (■ Cass. crim., 21 mai 2019, n° 18-82.574 : *Bull. crim.* à paraître ; *RSC* 2019, p. 841, obs. A. Cerf-Hollender).

107) Autres administrations. Les procès-verbaux dressés par les agents de la direction de la concurrence, de la consommation et de la répression des fraudes ne constituent nullement de simples actes d'enquête administrative, mais sont par leur nature des actes de police judiciaire qui, ayant notamment pour objet, en application de l'article L. 141-1 du Code de la consommation, de constater les infractions à la réglementation des pratiques commerciales et d'en faire connaître les auteurs, interrompent la prescription de l'action publique au sens des articles 7 et 8 du Code de procédure pénale (■ Cass. crim., 9 mars 2010, n° 09-84.800 : *Bull. crim.* n° 48 ; *Dr. pén.* 2010, comm. 72, note J.-H. Robert).

B – Effet interruptif

108) Conséquence de l'interruption de la prescription. Un acte de poursuite ou d'instruction qui interrompt la prescription de 6 mois prévue par l'article L. 114 du Code électoral a pour effet de substituer à celle-ci la prescription de droit commun fixée, suivant la nature des infractions, par les articles 7 et 8 du Code de procédure pénale (■ Cass. crim., 27 juin 1967, n°s 67-90.455 et 67-90.456 : *Bull. crim.* n° 192. ■ Cass. crim., 18 déc. 1990, n° 90-83.392 : *Bull. crim.* n° 440). *Contra*, en matière de presse, art. 65, L. 29 juill. 1881.

109) Personnes concernées par l'effet interruptif. Tout acte de poursuite ou d'instruction régulier interrompt la prescription *erga omnes* (■ Cass. crim., 6 nov. 1984, n° 83-93.301 : *Bull. crim.* n° 334). Tout acte de poursuite ou d'instruction interrompt la prescription de l'action publique à l'égard de tous les participants à l'infraction (■ Cass. crim., 1er déc. 2004, n° 04-80.567 : *Bull. crim.* n° 301). Un acte d'instruction ou de poursuite interrompt la prescription à l'égard de tous les auteurs, coauteurs et complices de l'infraction, même s'ils ne sont pas personnellement impliqués dans cet acte (■ Cass. crim., 11 juill. 1972, n° 72-90.719 : *Bull. crim.* n° 235). Doit être approuvé l'arrêt qui, pour écarter l'exception de prescription, relève qu'il importe peu qu'aucun acte concernant personnellement X... n'ait été accompli, les actes interruptifs de prescription développent leurs effets à l'égard de toutes les personnes pouvant être concernées par la procédure (■ Cass. crim., 5 juill. 1993, n° 92-82.799 : *Bull. crim.* n° 239).

110) Infractions concernées par l'effet interruptif – Infractions connexes et indivisibles – Principe. Lorsque les infractions sont connexes, tout acte interruptif de la prescription de l'une a nécessairement les mêmes effets à l'égard des autres (■ Cass. crim., 3 oct. 2007, n° 06-87.849 : *Bull. crim.* n° 238. – *Adde* ■ Cass. crim., 25 févr. 1998, n° 97-82.887 : *Bull. crim.* n° 76. ■ Cass. ass. plén., 13 oct. 2017, n° 17-83.620 : *Bull. ass. plén.* à paraître). Les règles relatives à l'incidence que la connexité peut exercer sur la prescription de l'action publique sont conformes au principe de prévisibilité dans la mesure où elles sont anciennes, connues, constantes et reposent sur des critères précis et objectifs (■ Cass. ass. plén., 20 mai 2011, n° 11-90.042 : *RSC* 2011, p. 611, obs. H. Matsopoulou, p. 656, obs. J. Danet ; *Dr. pén.* 2011, comm 95, note J.-H. Robert).

111) Infractions connexes et indivisibles – Illustrations. Lorsque deux infractions sont connexes, un acte interruptif de prescription concernant l'une d'elles a nécessairement le même effet à l'égard de l'autre. Les faits reprochés au médecin qui n'a pas révélé la contamination par le virus VIH du sang antérieurement transfusé, lors d'une intervention chirurgicale, à son patient depuis décédé du sida, présentent un lien de connexité avec ceux d'homicide involontaire dénoncés par la partie civile qui, dans sa plainte, imputait notamment au médecin l'absence de contrôle, après l'opération, de la séropositivité du malade alors qu'il présentait des complications médicales (■ Cass. crim., 17 sept. 1997, n° 96-84.972 : *Bull. crim.* n° 300, implic.). Justifie sa décision l'arrêt qui constate que l'interruption de la prescription des infractions d'homicide et de blessures par imprudence étend son effet à la tromperie qui leur est connexe (■ Cass. crim., 7 juill. 2005, n° 05-81.119 : *Bull. crim.* n° 206). La plainte avec constitution de partie civile ou le réquisitoire introductif visant les agissements délictueux commis par les dirigeants d'une société met en mouvement l'action publique et interrompt la prescription à l'égard de toutes les infractions, même non visées par cette plainte ou ce réquisitoire, qui ont été commises dans le fonctionnement de la société (■ Cass. crim., 30 juin 1971, n° 70-91.929 : *Bull. crim.* n° 218).

112) Infractions connexes et indivisibles – Précisions. En cas d'infractions connexes faisant l'objet de procédures distinctes, un acte interruptif de prescription concernant l'une d'elles a nécessairement le même effet à l'égard de l'autre indépendamment de la jonction de ces procédures (■ Cass. crim., 1er déc. 2004, n° 03-87.883 : *Bull. crim.* n° 304 ; *Dr. pén.* 2005, comm. 31, obs. A. Maron). En cas d'infractions connexes, un acte interruptif de prescription concernant l'une d'elles a nécessairement le même effet à l'égard de l'autre. Il en est ainsi même si les infractions poursuivies n'ont pas le même auteur (■ Cass. crim., 6 juin. 1996, n° 95-85.919 : *Bull. crim.* n° 243). La plainte avec constitution de partie civile ou le réquisitoire introductif concernant l'une des infractions connexes étend ses effets aux autres, même non visées par cette plainte ou ce réquisitoire (▪ Cass. crim., 30 juin 1971, préc.). Les actes d'instruction et de procédure, même s'ils concernent des faits pour lesquels un non-lieu sera ultérieurement prononcé, interrompent la prescription de l'action publique à l'égard des autres faits connexes (▪ Cass. crim., 25 févr. 1998, préc., n° 97-82.887 : *Bull. crim.* n° 76).

113) Infractions connexes et indivisibles – Limite – Prescriptions déjà acquises. L'interruption de la prescription décennale de l'action publique applicable à un crime est sans incidence sur la prescription propre aux délits, seraient-ils connexes, indivisibles ou en concours, qui auraient été commis plus de 3 ans avant l'acte initial de poursuite (▪ Cass. crim., 22 sept. 1998 : *Bull. crim.* n° 232). Doit être censuré l'arrêt ordonnant le renvoi du mis en examen devant la cour d'assises pour non-dénonciation de mauvais traitement sur mineur, délit connexe aux crimes de viols aggravés, alors que la prescription de l'action publique concernant ces agressions sexuelles a été interrompue à une date où celle relative au délit instantané de non-dénonciation était acquise (▪ Cass. crim., 7 avr. 2009, n° 09-80.655 : *Bull. crim.* n° 66 ; *Dr. pén.* 2009, comm. 91, note M. Véron).

114) Infractions concernées par l'effet interruptif – Opération complexe. Une plainte avec constitution de partie civile faisant état d'une opération complexe déterminée met l'action publique en mouvement et interrompt la prescription à l'égard de toutes les infractions, même non expressément visées dans cette plainte, qui ont été commises à l'occasion de cette opération (▪ Cass. crim., 20 oct. 1993, n° 92-86.717 : *Bull. crim.* n° 303 ; *Dr. pén.* 2004, comm. 18, obs. A. Maron).

III – SUSPENSION DE LA PRESCRIPTION

A – Obstacles de droit à la poursuite

1° *Obstacles légaux*

115) Illustrations.

Voir : en cas d'action publique déclarée éteinte sur le fondement d'un faux, art. 6, p. 74, en présence d'une infraction impliquant la violation d'une disposition de procédure pénale, art. 6-1, p. 81, en cas de recours à une mesure alternative aux poursuites, art. 41-1, p. 149.

Le rappel à la loi n'est pas interruptif de la prescription, qu'il suspend seulement (▪ Cass. crim., 17 oct. 2017, n° 16-85.193 : *RSC* 2018, p. 126, P.-J. Delage).

Voir également : Antérieurement à la loi du 27 févr. 2017, en cas de dépôt préalable de la plainte auprès du ministère public, ancien art. 85, p. 311.

En application de l'article 85 du Code de procédure pénale dans sa version antérieure à la loi du 27 février 2017, la prescription est suspendue pendant un délai de 3 mois qui suit la plainte adressée au procureur de la République (▪ Cass. crim., 8 janv. 2019, n° 18-82.235 : *Bull. crim.* à paraître).

116) État d'urgence sanitaire lié à la Covid-19.

Ordonnance n° 2020-303 du 25 mars 2020

portant adaptation de règles de procédure pénale sur le fondement de la loi n° 2020-290 du 23 mars 2020 d'urgence pour faire face à l'épidémie de covid-19

Art. 3. – Les délais de prescription de l'action publique et de prescription de la peine sont suspendus à compter du 12 mars 2020 jusqu'au terme prévu à l'article 2 (à savoir à l'expiration d'un délai d'un mois à compter de la date d'expiration de l'état d'urgence sanitaire).

2° *Obstacles jurisprudentiels (jurisprudence fondée sur les dispositions antérieures à la loi du 27 février 2017)*

117) Principe. Selon le principe *contra non valentem agere non currit praescriptio*, la prescription est de droit suspendue à l'égard des parties poursuivantes dès lors que celles-ci ont manifesté expressément leur volonté d'agir et qu'elles se sont heurtées à un obstacle résultant de la loi elle-même (▪ Cass. crim., 23 déc. 1999, n° 99-86.298 : *Bull. crim.* n° 312).

118) Question préjudicielle. La prescription de l'action publique est suspendue lorsqu'un obstacle de droit met la partie poursuivante dans l'impossibilité d'agir. Encourt la cassation l'arrêt qui déclare prescrites l'action publique et l'action civile, alors que le délai de la prescription a été suspendu à compter de l'arrêt ayant sursis à statuer jusqu'à la date de l'arrêt de la juridiction administrative saisie d'une question préjudicielle (▪ Cass. crim., 28 mars 2000, n° 99-84.367 : *Bull. crim.* n° 139).

119) Obstacles lors de l'instruction. La prescription de l'action publique, qui est interrompue par le dépôt d'une plainte avec constitution de partie civile lorsque la consignation prévue par l'article 88 du Code de procédure pénale est ultérieurement versée dans le délai imparti, a été entre-temps suspendue de la date du dépôt de la plainte à celle de ce versement, quel que soit le délai mis par le juge d'instruction pour ordonner la consignation (■ Cass. crim., 7 juin 1990, n° 89-84.991 : *Bull. crim.* n° 235. – *Adde* ■ Cass. crim., 22 nov. 2005, n° 05-82.807 : *Bull. crim.* n° 304). La partie civile tient des articles 81, alinéas 9, 82-1, 156 et 173, alinéa 3, du Code de procédure pénale la faculté de demander à la juridiction d'instruction l'accomplissement de certains actes interruptifs, notamment son audition. Dès lors, elle ne saurait se prévaloir, pour faire échec à la prescription de l'action publique, de la suspension de celle-ci en raison de l'inaction du juge (■ Cass. crim., 26 mai 2009, n° 08-87.855 : *Bull. crim.* n° 106 ; *Procédures* 2009, comm. 375, obs. J. Buisson). Il résulte de la combinaison des articles 82-1 et 89 du Code de procédure pénale que la faculté de présenter une demande d'acte au juge d'instruction n'est offerte à la partie civile qu'après l'ouverture de l'information. Celle-ci ne dispose d'aucun moyen de droit pour obliger le juge d'instruction à accomplir un acte interruptif de prescription tant que le procureur de la République n'a pas pris ses réquisitions après communication de la plainte en application de l'article 86 du Code de procédure pénale. Entre-temps la prescription est nécessairement suspendue (■ Cass. crim., 22 nov. 2005, préc.). La prescription de l'action publique est suspendue lorsque, par l'effet d'une ordonnance du président de la chambre de l'instruction prise en application de l'article 187 du Code de procédure pénale, le juge d'instruction se trouve dans l'impossibilité de poursuivre son information (■ Cass. crim., 5 mars 2002, n° 01-83.870 : *Bull. crim.* n° 53). Justifie sa décision l'arrêt qui, pour écarter l'exception tirée de la prescription de l'action publique, retient qu'après l'envoi de l'avis de fin d'information, le délai prévu par l'article 175 du Code de procédure pénale doit être considéré comme un obstacle de droit pendant lequel la prescription de l'action publique est suspendue (■ Cass. crim., 25 oct. 2011, n° 11-80.017 : *Bull. crim.* n° 218. V. égal. ■ Cass. crim., 3 avr. 2019, n° 18-84.468 : *Bull. crim.* à paraître ; *D.* 2019, p. 1626, obs. J. Pradel ; *AJ pénal* 2019, p. 456, note G. Roussel).

120) Délibéré. La prescription est suspendue pendant la durée du délibéré, les parties poursuivantes étant alors dans l'impossibilité d'accomplir un acte de procédure avant le prononcé du jugement (■ Cass. crim., 19 juin 2018, n°s 15-85.073 et 17-85.742 : *Bull. crim.* à paraître ; *RSC* 2018, p. 724, obs. P.-J. Delage. ■ Cass. crim., 5 oct. 2021, n° 20-85.985, § 16 : *Bull. crim.* à paraître), peu important que celui-ci ait été ultérieurement annulé (■ Cass. crim., 19 juin 2018, n°s 15-85.073 et 17-85.742, préc.).

121) Pourvoi en cassation. En cas de pourvoi en cassation, la prescription de l'action publique est suspendue pendant la durée de l'instance en cassation et jusqu'à la signification aux parties, prescrite par l'article 614 du Code de procédure pénale, de l'arrêt rendu sur le pourvoi (■ Cass. crim., 5 mars 1979, n° 78-92.809 : *Bull. crim.* n° 94).

122) Saisine de la commission régionale de conciliation et d'indemnisation des accidents médicaux. Il résulte de l'article L. 1142-7 du Code de la santé publique que la saisine de la commission régionale de conciliation et d'indemnisation des accidents médicaux suspend le délai de prescription de l'action publique (■ Cass. crim., 8 janv. 2019, n° 18-82.235).

123) Dénonciation calomnieuse. En matière de dénonciation calomnieuse, la prescription est suspendue pendant tout le cours des poursuites dirigées contre la personne dénoncée tant que la fausseté des faits dénoncés n'est pas régulièrement établie, l'article 373 du Code pénal ordonnant que la juridiction saisie est tenue de surseoir à statuer si des poursuites concernant le fait dénoncé sont pendantes et instituant ainsi une exception préjudicielle au jugement qui constitue un obstacle légal à la prescription et en suspend le cours (■ Cass. crim., 1er déc. 1955 : *D.* 1956, p. 451, note J. Larguier). Il se déduit des articles 373 ancien et 226-11 nouveau du Code pénal que la prescription de l'action publique du chef de dénonciation calomnieuse est suspendue tant que les poursuites pénales exercées du chef du délit dénoncé sont en cours (■ Cass. crim., 27 oct. 1998, n° 97-86.698 : *Bull. crim.* n° 277. – *Adde* ■ Cass. crim., 17 oct. 2006, n° 05-85.519 : *Bull. crim.* n° 250). Selon l'article 226-11 du Code pénal, lorsque le fait dénoncé a donné lieu à des poursuites, la suspension de la prescription de l'action publique cesse au jour où la décision concernant le fait dénoncé est devenue définitive (■ Cass. crim., 21 avr. 2020, n° 19-81.089, § 11 : *Bull. crim.* à paraître).

124) Infractions de presse. Dès lors que l'article 85 du Code de procédure pénale exclut expressément les infractions en matière de presse de la condition de recevabilité de la plainte avec constitution de partie civile consistant en la justification du dépôt d'une plainte auprès du procureur de la République ou d'un service de police judiciaire, la suspension de la prescription de l'action publique, qui est le corollaire nécessaire de la condition de recevabilité précitée, n'est pas applicable lorsqu'est poursuivie l'une de ces infractions (■ Cass. crim., 14 mars 2017, n° 15-86.199 : *Bull. crim.* n° 69).

125) Mesure de tutelle et de curatelle. La mesure de curatelle dont fait l'objet une personne ne constitue pas, à la différence de la situation de la personne sous tutelle, un obstacle de droit à sa capacité d'agir en justice de nature à suspendre la prescription de l'action publique ou à reporter le point de départ du délai de celle-ci, seule étant requise l'assistance du curateur qu'il lui appartient de solliciter (■ Cass. crim., 7 juin 2017, n° 16-85.191 : *Bull. crim.* à paraître).

B – Obstacles de fait à la poursuite

1° *Jurisprudence fondée sur les dispositions issues de la loi du 27 février 2017*

126) Amnésie de la victime. Fait l'exacte application de l'article 9-3 du Code de procédure pénale la chambre de l'instruction qui énonce que l'amnésie traumatique invoquée par la partie civile ne peut être considérée comme constituant un obstacle de fait insurmontable et assimilable à la force majeure ayant pu suspendre le délai de prescription (Cass., 17 oct. 2018, n° 17-86.161 : *Bull. crim.* à paraître ; *D. Actu* 2018, 30, obs. S. Fucini ; RSC 2018, p. 895, obs. Y. Mayaud ; *RSC* 2019, p. 144, obs. P.-J. Delage). V. également avant la loi du 27 février 2017, *infra* n° 106.

2° *Jurisprudence fondée sur les dispositions antérieures à la loi du 27 février 2017*

127) Clandestinité de l'infraction. Si, selon l'article 7, alinéa 1er, du Code de procédure pénale, l'action publique se prescrit à compter du jour où le crime a été commis, la prescription est suspendue en cas d'obstacle insurmontable à l'exercice des poursuites. Justifie sa décision la chambre de l'instruction qui, pour rejeter l'exception de prescription de l'action publique présentée par une personne poursuivie pour homicides volontaires aggravés commis sur ses enfants à leur naissance, retient que nul n'a été en mesure de s'inquiéter de la disparition d'enfants nés clandestinement, morts dans l'anonymat et dont aucun indice apparent n'avait révélé l'existence, caractérisant ainsi un obstacle insurmontable à l'exercice des poursuites, ce dont il résultait que le délai de prescription avait été suspendu jusqu'à la découverte des cadavres (■ Cass. ass. plén., 7 nov. 2014, n° 14-83.739 : *Dr. pén.* 2014, comm. 151, obs. A. Maron et M. Haas ; *RSC* 2014, p. 777, obs. Y. Mayaud. – *Adde* A. Lepage, *La suspension, substitut ambigu du report du point de départ de la prescription pour cause de dissimulation de l'infraction* : *JCP* 2015, doctr. 69). Il résulte de l'article 7 du Code de procédure pénale, dans sa version antérieure à la loi du 27 février 2017, qu'en matière de crime, l'action publique se prescrit par dix années révolues à compter du jour où le crime a été commis si, dans cet intervalle, il n'a été fait aucun acte d'instruction ou de poursuite ; seul un obstacle insurmontable à l'exercice des poursuites peut entraîner la suspension du délai de prescription de l'action publique ; la seule dissimulation du corps ne caractérise pas un obstacle insurmontable à l'exercice des poursuites pouvant justifier la suspension de la prescription de l'action publique (■ Cass. crim., 13 déc. 2017, n° 17-83.330 : *Bull. crim.* à paraître ; *JCP* G 2018, 177, note J.-Y. Maréchal ; *JCP* G 2018, act. 46, obs. J.-M. Brigant ; *AJ pénal* 2018, p. 97, obs. M. Lacaze ; *RSC* 2018, p. 129, obs. R. Parizot).

128) Amnésie de la victime. Doit être approuvé l'arrêt qui déclare acquise la prescription au motif que l'amnésie traumatique dont a pu souffrir la victime de viols lorsqu'elle était enfant n'implique pas que celle-ci se serait trouvée pendant trente-deux années dans une situation de totale perte de conscience constituant un obstacle insurmontable suspendant la prescription de l'action publique (■ Cass. crim., 18 déc. 2013, n° 13-81.129). V. également, depuis la loi du 27 février 2017, *supra* n° 94).

129) Inaction des magistrats. En cas d'inaction du ministère public, il appartient à la partie civile de citer le prévenu à l'une des audiences de la juridiction de jugement pour interrompre la prescription. Faute d'avoir usé de ce droit, la partie civile ne saurait invoquer une prétendue suspension de la prescription de l'action publique (■ Cass. crim., 21 mars 1995, n° 93-81.642 : *Bull. crim.* n° 115). La partie civile tient des articles 81, alinéa 9, 82-1, 156 et 173, alinéa 3, du Code de procédure pénale la faculté de demander à la juridiction d'instruction l'accomplissement de certains actes interruptifs, notamment son audition. Dès lors, elle ne saurait se prévaloir, pour faire échec à la prescription de l'action publique, de la suspension de celle-ci en raison de l'inaction du juge (■ Cass. crim., 26 mai 2009, préc., n° 08-87.855 : *Bull. crim.* n° 106 ; *Procédures* 2009, comm. 375, obs. J. Buisson).

IV – RÉGIME DE LA PRESCRIPTION

A – Caractère d'ordre public

130) Caractère d'ordre public. La prescription de l'action publique constitue une exception péremptoire et d'ordre public qui doit être relevée d'office par les juges du fond (■ Cass. crim., 14 févr. 1995, n° 93-85.640 : *Bull. crim.* n° 66). La prescription de l'action publique constitue une exception péremptoire et d'ordre public qui peut être proposée pour la première fois devant la Cour de cassation, sous la seule condition que cette Cour trouve dans les constatations des juges du fond les éléments nécessaires pour lui permettre d'en apprécier la valeur (■ Cass.

crim., 20 oct. 1992, n° 91-86.924 : *Bull. crim.* n° 330. ▪ Cass. crim., 28 juin 2016, n° 15-84.968. ▪ Cass. ass. plén., 4 juin 2021, n° 21-81.656, § 31 : *JCP G* 2021, 642, note J.-H. Robert). La prescription constitue une exception péremptoire et d'ordre public qui peut être soulevée par le prévenu en tout état de la procédure, nonobstant la forclusion édictée par l'article 175 du Code de procédure pénale (▪ Cass. crim., 20 janv. 2009, n° 08-80.021 : *Bull. crim.* n° 21 ; *Dr. pén.* 2009, comm. 57, note A. Maron et M. Haas).

131) Respect du contradictoire. Il résulte des articles 6 § 1 de la Convention européenne des droits de l'Homme et préliminaire du Code de procédure pénale que la chambre de l'instruction ne peut prononcer d'office la prescription de l'action publique sans avoir permis aux parties d'en débattre (▪ Cass. crim., 8 janv. 2013, n° 12-81.045 : *Bull. crim.* n° 9).

B – Application dans le temps

1° Généralités

132) Principe. V. C. pén. art. 112-2, 4°. Une loi nouvelle régissant la prescription est applicable immédiatement aux situations en cours (▪ Cass. crim., 28 mai 1974, n° 73-93.260 : *Bull. crim.* n° 202).

133) Loi modifiant la computation du délai. La loi nouvelle modifiant la computation d'un délai de prescription n'est pas applicable aux actions déjà prescrites lors de son entrée en vigueur (▪ Cass. crim., 14 mai 1991, n° 90-83.783 : *Bull. crim.* n° 203).

134) Loi modifiant le point de départ du délai. Les lois nouvelles relatives à la réouverture du délai de prescription sont sans effet sur les prescriptions déjà acquises lors de leur entrée en vigueur (▪ Cass. crim., 3 nov. 1994, n° 94-80.010 : *Bull. crim.* n° 349 ; *RSC* 1995, p. 567, obs. B. Bouloc).

135) Loi modifiant la qualification de l'infraction. Lorsqu'une loi nouvelle fait une contravention d'une infraction antérieurement qualifiée de délit, le délai de prescription de l'action publique de 1 an ne se substitue à celui de 3 ans qu'à compter de la date d'entrée en vigueur de ladite loi, sans toutefois que ce délai puisse excéder celui de la prescription triennale (▪ Cass. crim., 25 févr. 1988, n° 87-82.625 : *Bull. crim.* n° 99 ; *RSC* 1989, p. 98, obs. A. Vitu).

2° Loi du 27 février 2017

136) Disposition modifiant la durée du délai. Méconnaît l'article 8 du Code de procédure pénale dans sa version applicable avant la loi du 27 février 2017 l'arrêt qui déclare les faits non couverts par la prescription alors que plus de 3 ans se sont écoulés avant l'entrée en vigueur de ladite loi (▪ Cass. crim., 31 mars 2021, n° 19-86.806, § 14 : *RDI* 2020, p. 461, obs. C. de Jacobet de Nombel).

Justifie sa décision l'arrêt qui, pour écarter l'exception de la prescription de l'action publique, énonce que la loi du 27 février 2017 a abrogé la prescription dérogatoire de 3 mois instaurée pour le délit prévu par l'article 434-25 du Code pénal, le législateur ayant estimé qu'il devait désormais être soumis au régime de prescription de droit commun de 6 ans, et que l'article 112-2, 4 °, de ce code prévoit l'application immédiate des lois de prescription de l'action publique et des peines, les nouveaux délais de prescription se substituant aux anciens lorsque la prescription n'est pas acquise. En effet, si l'action publique résultant du délit de l'article 434-25 du Code pénal, dans sa rédaction applicable antérieurement à l'entrée en vigueur de la loi du 27 février 2017, se prescrit après 3 mois révolus à compter du jour où l'infraction a été commise, ou du jour du dernier acte d'instruction ou de poursuite s'il en a été fait, la prescription est interrompue par l'audience à laquelle ont lieu les débats et suspendue pendant la durée du délibéré, les parties poursuivantes étant alors dans l'impossibilité d'accomplir un acte de procédure avant le prononcé du jugement, peu important que celui-ci ait été ultérieurement annulé (▪ Cass. crim., 19 juin 2018, nos 15-85.073 et 17-85.742 : *Bull. crim.* à paraître ; *RSC* 2018, p. 724, obs. P.-J. Delage).

137) Disposition modifiant le point de départ du délai – Infraction occulte. Il résulte de l'article 4 de la loi du 27 février 2017 que l'entrée en vigueur des dispositions de cette loi relatives à la prescription des infractions occultes ne peut avoir pour effet de prescrire celles qui, au jour de cette entrée en vigueur, avaient valablement donné lieu à la mise en mouvement ou à l'exercice de l'action publique à une date à laquelle, en vertu des dispositions législatives alors applicables et conformément à leur interprétation jurisprudentielle, la prescription n'était pas acquise. Justifie dès lors sa décision la cour d'appel qui écarte la prescription de l'action publique après avoir relevé que les détournements opérés par le prévenu, qui bénéficiait de la confiance totale des clients, ne sont apparus, dans des conditions permettant l'exercice de l'action publique, qu'après la plainte déposée à la suite d'une enquête interne, déclenchée sur signalement du service Tracfin en raison des manœuvres déployées par lui pour les dissimuler notamment par utilisation anonyme et clandestine des codes et identifiants des conseillers en clientèle à des heures de fermeture de l'agence et par l'envoi aux titulaires de comptes de relevés ne mentionnant pas les évasions de fonds (■ Cass. crim., 20 avr. 2017, n° 16-80.091 : *Bull. crim.* n° 110).

138) Conformité de la Constitution de l'article 4 de la loi du 27 février 2017 dérogeant au principe d'application immédiate. L'article 4 de la loi du 27 février 2017, qui prévoit que ladite loi ne peut avoir pour effet de prescrire des infractions ayant valablement donné lieu, au moment de son entrée en vigueur, à la mise en mouvement ou à l'exercice de l'action publique, est conforme à la Constitution (■ Cons. const., 9 sept. 2021, n° 2021-926 QPC : *Dr. pén.* 2021, comm. 189, note A. Maron et M. Haas).

139) Portée de l'article 4 de la loi du 27 février 2017 dérogeant au principe d'application immédiate de la loi. Il résulte des travaux parlementaires que l'article 4 de la loi du 27 février 2017 a eu pour seule finalité, selon l'intention du législateur, de prévenir la prescription de certaines infractions occultes ou dissimulées par l'effet de la loi nouvelle, laquelle prévoit notamment que le délai de prescription de ces infractions, quand il s'agit de délits, ne peut excéder 12 années révolues à compter du jour où l'infraction a été commise, alors que selon la jurisprudence constante de la Cour de cassation, ces infractions ne se prescrivaient qu'à partir du moment où le délit est apparu et a pu être constaté dans des conditions permettant l'exercice de l'action publique. Dès lors, ce texte doit être interprété restrictivement et ne saurait avoir pour effet de déroger de façon générale aux dispositions de l'article 112-2, 4°, du Code pénal, selon lesquelles les lois relatives à la prescription de l'action publique sont applicables immédiatement à la répression des infractions commises avant leur entrée en vigueur, lorsque les prescriptions ne sont pas acquises (■ Cass. crim., 13 oct. 2020, n° 19-87.787, §§ 11 et 12).

C – Application dans l'espace

140) Infraction commise hors du territoire de la République. Lorsqu'un délit commis par un Français hors du territoire de la République est punissable en France en application des articles 689, alinéa 2, ancien du Code de procédure pénale et 113-6, alinéa 2, du Code pénal en vigueur depuis le 1er mars 1994, le point de départ de la prescription de l'action publique doit être fixé selon les règles prévues par la loi française en considérant la qualification donnée par elle aux faits délictueux. Méconnaît ce principe la cour d'appel qui, pour fixer le point de départ du délai de prescription, retient que le délit reproché au prévenu présente, selon la qualification qui lui est donnée dans le pays où il a été commis, le caractère d'une infraction instantanée (■ Cass. crim., 5 juin 1996, n° 94-84.642 : *Bull. crim.* n° 239).

Art. 10 (1) *(Mod., L. n° 2019-222, 23 mars 2019).* – **Lorsque l'action civile est exercée devant une juridiction répressive, elle se prescrit selon les règles de l'action publique. Lorsqu'elle est exercée devant une juridiction civile, elle se prescrit selon les règles du Code civil.**

Lorsqu'il a été statué sur l'action publique, les mesures d'instruction ordonnées par le juge pénal sur les seuls intérêts civils obéissent aux règles de la procédure civile.

Lorsque la juridiction répressive a omis de se prononcer sur une ou plusieurs demandes de la partie civile régulièrement constituée, celle-ci peut ressaisir la juridiction afin qu'il soit statué sur sa demande conformément aux articles 710 et 711. La présence du ministère public à cette audience est facultative.

Lorsque l'état mental ou physique d'une personne citée ou renvoyée devant une juridiction de jugement rend durablement impossible sa comparution personnelle dans des conditions lui permettant d'exercer sa défense et que la prescription de l'action publique se trouve ainsi suspendue, le président de cette juridiction peut, d'office, ou à la demande du ministère public ou des parties, décider, après avoir ordonné une expertise permettant de constater cette impossibilité, qu'il sera tenu une audience publique pour statuer uniquement sur l'action civile. La personne doit alors être représentée à cette audience par un avocat.

Bibliographie : L. Boré, *Action civile. - Prescription. - Mesure d'instruction, JCl. Proc. pén.*, art. 10, Fasc. 20. • M. Roger, *La réforme du délai de prescription de l'action civile : D.* 1981, chron. 175.

I – PRESCRIPTION DE L'ACTION CIVILE (AL. 1)

1) Exceptions à l'indépendance de la prescription civile – Infractions de presse. V. L. 29 juill. 1881, art. 65. La loi du 23 décembre 1980, qui a modifié les dispositions de l'article 10 du Code de procédure pénale et mis fin au principe de la solidarité des prescriptions de l'action publique et de

(1) Dispositions particulières ou dérogatoires résultant de l'état d'urgence sanitaire dû à l'épidémie de covid-19 : V. Ord. n° 2020-303 du 25 mars 2020. – NDLR.

l'action civile, n'a pas abrogé l'article 65 de la loi du 29 juillet 1881 qui, indépendamment de l'application dudit principe, dispose que l'action civile résultant des crimes, délits et contraventions prévus par ladite loi, se prescrira après trois mois révolus (▪ Cass. crim., 11 déc. 1984, n° 83-94.783 : *Bull. crim.* n° 398).

2) Exceptions à l'indépendance de la prescription civile – Crimes contre l'humanité. L'imprescriptibilité des crimes contre l'humanité s'applique tant à l'action publique qu'à l'action civile pouvant résulter de tels crimes (▪ Cass. crim., 1er juin 1995, nos 94-82590, 94-82.610 et 94-82.614 : *Bull. crim.* n° 202).

A – Prescription de l'action civile exercée devant le juge pénal

3) Conséquence de la prescription de l'action publique sur l'exercice de l'action civile devant le juge pénal. Selon l'article 10 du Code de procédure pénale, l'action civile ne peut plus être exercée devant la juridiction répressive après le délai d'expiration de l'action publique (▪ Cass. crim., 17 févr. 1986, n° 85-90.713 : *Bull. crim.* n° 62).

4) Conséquence de l'interruption de la prescription pénale sur la prescription civile. L'action civile ne pouvant plus être exercée, selon l'article 10 du Code de procédure pénale auquel ne déroge pas l'article 53 de la loi du 24 juillet 1966, devant la juridiction répressive après le délai d'expiration de l'action publique, tout acte de poursuite et d'instruction accompli dans ce délai interrompt la prescription des actions tant publiques que civiles non seulement à l'égard de tous les participants à l'action, mais encore à l'égard de toutes les victimes de celle-ci (▪ Cass. crim., 17 févr. 1986, préc.). Tout acte de poursuite et d'instruction accompli dans le délai de prescription de l'action publique interrompt la prescription de l'action civile exercée devant la juridiction répressive, non seulement à l'encontre de tous les participants à l'infraction mais encore à l'égard de leurs commettants, civilement responsables (▪ Cass. crim., 14 juin 2006, n° 05-82.900 : *Bull. crim.* n° 181). Il résulte de l'article 10 du Code de procédure pénale, issu de la loi n° 2008-561 du 17 juin 2008, que les actes qui interrompent ou suspendent le délai de prescription de l'action publique produisent les mêmes effets à l'égard de la prescription de l'action civile exercée devant la juridiction répressive, non seulement à l'encontre de tous les participants à l'infraction mais encore à l'égard des victimes des infractions commises par eux (▪ Cass. crim., 21 mars 2018, n° 17-80.058 : *Bull. crim.* à paraître ; *Dr. pén.* 2018, comm. 88, note A. Maron et M. Haas).

5) Conséquence de la suspension de la prescription pénale sur la prescription civile. Il résulte de l'article 10 du Code de procédure pénale, issu de la loi n° 2008-561 du 17 juin 2008, que les actes qui interrompent ou suspendent le délai de prescription de l'action publique produisent les mêmes effets à l'égard de la prescription de l'action civile exercée devant la juridiction répressive, non seulement à l'encontre de tous les participants à l'infraction mais encore à l'égard des victimes des infractions commises par eux (▪ Cass. crim., 21 mars 2018, préc.). En cas de pourvoi en cassation, la prescription de l'action publique et de l'action civile, prévue par l'article 65 de la loi du 29 juillet 1881, est suspendue pendant la durée de l'instance en cassation et jusqu'à la signification aux parties de l'arrêt rendu sur le pourvoi (▪ Cass. crim., 5 mars 1979, n° 78-92.809 : *Bull. crim.* n° 94. – *Adde* ▪ Cass. crim., 30 janv. 1996, n° 94-83.980).

B – Prescription de l'action civile exercée devant le juge civil

6) Prescription d'intérêt privé. Comp., avant L. 23 déc. 1980, ▪ Cass. 2e civ., 13 mars 1980 (n° 78-15.974 : *Bull. civ.* II, 59), il résulte de l'article 10 du Code de procédure pénale que si l'action civile ne peut être engagée après le délai de la prescription de l'action publique, elle est soumise à tous autres égards aux règles du Code civil. Et aux termes de l'article 2223 du Code civil, les juges ne peuvent pas suppléer d'office le moyen résultant de la prescription. Par suite, encourt la cassation la décision qui déclare d'office prescrite l'action civile engagée après le délai de prescription de l'action publique, alors que cette fin de non-recevoir n'avait pas été soulevée.

II – MESURES D'INSTRUCTION (AL. 2)

7) Application des règles de procédure civile. En application de l'article 10, alinéa 2, du Code de procédure pénale, la mesure d'expertise ordonnée par le juge pénal sur les seuls intérêts civils obéit aux règles de la procédure civile, et non à celles de l'article 156 du même code (▪ Cass. crim., 22 janv. 2014, n° 12-87.966). Fait une exacte application de l'article 10, alinéa 2, du Code de procédure pénale, l'arrêt énonçant que les articles 97 et 163 du Code de procédure pénale, qui prévoient l'établissement préalable d'un inventaire des scellés par le juge avant de les transmettre à l'expert, ne sont pas applicables, s'agissant d'une mesure d'expertise soumise aux règles de la procédure civile (▪ Cass. crim., 20 oct. 2010, n° 09-87.125 : *Bull. crim.* n° 168). Il résulte des dispositions combinées des articles 10 du Code de procédure pénale et 160 du

Code de procédure civile que l'expert commis par une juridiction pénale statuant sur les intérêts civils doit convoquer les parties par lettre recommandée avec demande d'avis de réception ou par remise à leur défenseur d'un simple bulletin. Ces dispositions, destinées à donner un caractère contradictoire à l'expertise, sont valables pour toutes les phases d'exécution de celle-ci lors desquelles sont fournis et discutés les éléments nécessaires à la solution du litige, leur méconnaissance entraînant la nullité de la mesure d'instruction dès l'instant où il est établi que cette méconnaissance a eu pour effet de faire grief à celle des parties qui l'invoque. En conséquence, ne donne pas une base légale à sa décision la cour d'appel qui s'abstient de rechercher si l'expert chargé d'effectuer une expertise comptable a observé à chacun des stades de ses travaux les formalités ci-dessus analysées (▪ Cass. crim., 3 mai 1988, n° 86-90.372 : *Bull. crim.* n° 190). Pour le même motif, ne donne pas de base légale à sa décision la cour d'appel qui a refusé d'annuler le rapport d'expertise déposé à la suite d'une réunion dite de synthèse clôturant les opérations d'expertise, organisée en méconnaissance de ces formalités, sans avoir vérifié s'il n'a pas été porté atteinte aux intérêts de la partie concernée (▪ Cass. crim., 23 mars 2010, n°s 08-83.688 et 09-82.385 : *Bull. crim.* n° 53). En application de l'article 10, alinéa 2, du Code de procédure pénale, l'expertise est soumise aux dispositions des articles 16 et 276 du Code de procédure civile concernant notamment l'obligation faite à l'expert de communiquer à une partie les pièces produites par la partie adverse ; par suite en ne répondant pas aux conclusions des prévenus faisant valoir que les pièces produites par la partie civile ne leur avaient pas été communiquées par l'expert, la cour d'appel n'a pas donné de base légale à sa décision (▪ Cass. crim., 13 déc. 1990, n° 87-83.532 : *Bull. crim.* n° 436 ; *Dr. pén.* 1991, comm. 124, note A. Maron). Si, en application de l'article 16 du Code de procédure civile, le juge doit, en toutes circonstances, faire observer et observer lui-même le principe de la contradiction, le prévenu ne peut prétendre être présent lors de l'examen médical de la victime par l'expert, compte tenu de son caractère intime (▪ Cass. crim., 27 juin 2017, n° 17-80.411 : *Bull. crim.* à paraître ; *D.* 2018, p. 196, 7, obs. G. Guého). En application de l'article 10, alinéa 2, du Code de procédure pénale, il appartient au juge pénal qui, après avoir statué sur l'action publique, ordonne une expertise sur les intérêts civils, de mettre la rémunération de l'expert à la charge de l'auteur de l'infraction, partie perdante, en application des articles 695 et 696 du nouveau Code de procédure civile (▪ Cass. crim., 19 juin 2007, n° 06-87.417 : *Bull. crim.* n° 167).

8) Application limitée aux mesures d'instruction. L'exception de péremption d'instance ne peut être accueillie en matière pénale dès lors que l'article 10, alinéa 2, du Code de procédure pénale ne rend applicables les règles de la procédure civile, après décision sur l'action publique, qu'aux mesures d'instruction ordonnées par le juge pénal sur les seuls intérêts civils (▪ Cass. crim., 27 sept. 2000, n° 99-88.024 : *Bull. crim.* n° 279*Adde*, ▪ Cass. crim., 2 mai 2018, n° 17-81.635 : *Bull. crim.* à paraître).

III – OMISSION DE STATUER (AL. 3)

9) Juridiction compétente. Il résulte des articles 10 du Code de procédure pénale, dans sa rédaction issue de la loi du 23 mars 2019, 710 et 711 du même code, que lorsque la juridiction répressive a omis de se prononcer sur une ou plusieurs demandes de la partie civile régulièrement constituée, celle-ci ne peut obtenir qu'il soit statué sur ces demandes qu'en ressaisissant cette juridiction (▪ Cass. crim., 9 mars 2021, n° 19-86.568 : *Dr. pén.* 2021, comm. 94, note A. Maron et M. Haas).

Sous-titre II. – De la justice restaurative

(Créé à compter du 1er oct. 2014, L. n° 2014-896, 15 août 2014)

Art. 10-1 ***(Créé à compter du 1er oct. 2014, L. n° 2014-896, 15 août 2014).*** **– À l'occasion de toute procédure pénale et à tous les stades de la procédure, y compris lors de l'exécution de la peine, la victime et l'auteur d'une infraction, sous réserve que les faits aient été reconnus, peuvent se voir proposer une mesure de justice restaurative.**

Constitue une mesure de justice restaurative toute mesure permettant à une victime ainsi qu'à l'auteur d'une infraction de participer activement à la résolution des difficultés résultant de l'infraction, et notamment à la réparation des préjudices de toute nature résultant de sa commission. Cette mesure ne peut intervenir qu'après que la victime et l'auteur de l'infraction ont reçu une information complète à son sujet et ont consenti expressément à y participer. Elle est mise en œuvre par un tiers indépendant formé à cet effet, sous le contrôle de l'autorité judiciaire ou, à la demande de celle-ci, de l'administration pénitentiaire. Elle est

confidentielle, sauf accord contraire des parties et excepté les cas où un intérêt supérieur lié à la nécessité de prévenir ou de réprimer des infractions justifie que des informations relatives au déroulement de la mesure soient portées à la connaissance du procureur de la République.

Bibliographie : R. Cario, *Rép. pén. Dalloz, V° Justice restaurative.* • R. Cario, *La justice restaurative en France, des normes et de leurs dévoiements : AJ pénal* 2021, 242. • G. Rabut-Bonaldi, *La mesure de justice restaurative, ou les mystères d'une voie procédurale parallèle : D.* 2015, p. 97. • J.-H. Robert, *La honte réintégrative, moteur de la justice restaurative : JCP* G 2015, doctr. 273.

Sous-titre III. – Des droits des victimes

(Ss-titre créé à compter du 15 nov. 2015, L. n° 2015-993, 17 août 2015)

Bibliographie : G. Beaussonie, *L'installation de la victime dans le procès pénal : AJ Pénal* 2015, p. 526.

Art. 10-2 *(Mod., L. n° 2020-936, 30 juill. 2020 ; L. n° 2021-1729, 22 déc. 2021).* – **Les officiers et les agents de police judiciaire informent par tout moyen les victimes de leur droit :**

1° D'obtenir la réparation de leur préjudice, par l'indemnisation de celui-ci ou par tout autre moyen adapté, y compris, s'il y a lieu, une mesure de justice restaurative ;

2° De se constituer partie civile soit dans le cadre d'une mise en mouvement de l'action publique par le parquet, soit par la voie d'une citation directe de l'auteur des faits devant la juridiction compétente ou d'une plainte portée devant le juge d'instruction ;

3° D'être, si elles souhaitent se constituer partie civile, assistées d'un avocat qu'elles peuvent choisir ou qui, à leur demande, est désigné par le bâtonnier de l'ordre des avocats près la juridiction compétente, les frais étant à la charge des victimes sauf si elles remplissent les conditions d'accès à l'aide juridictionnelle ou si elles bénéficient d'une assurance de protection juridique ;

4° D'être aidées par un service relevant d'une ou de plusieurs collectivités publiques ou par une association d'aide aux victimes agréée dans des conditions définies par décret ;

5° De saisir, le cas échéant, la commission d'indemnisation des victimes d'infraction, lorsqu'il s'agit d'une infraction mentionnée aux articles 706-3 ou 706-14 du présent code ;

6° D'être informées sur les mesures de protection dont elles peuvent bénéficier, notamment les ordonnances de protection prévues au titre XIV du livre Ier du Code civil. Les victimes sont également informées des peines encourues par les auteurs des violences et des conditions d'exécution des éventuelles condamnations qui pourraient être prononcées ;

7° Pour les victimes qui ne comprennent pas la langue française, de bénéficier d'un interprète et d'une traduction des informations indispensables à l'exercice de leurs droits ;

8° D'être accompagnées chacune, à leur demande, à tous les stades de la procédure, par leur représentant légal et par la personne majeure de leur choix, y compris par un avocat, sauf décision contraire motivée prise par l'autorité judiciaire compétente ;

9° De déclarer comme domicile l'adresse d'un tiers, sous réserve de l'accord exprès de celui-ci. Toutefois, lorsque la victime est une personne dépositaire de l'autorité publique ou chargée d'une mission de service public et que l'infraction a été commise en raison de ses fonctions ou de sa mission, elle est informée qu'elle peut déclarer, sans cet accord, son adresse professionnelle ;

10° S'il s'agit de victimes de violences pour lesquelles un examen médical a été requis par un officier de police judiciaire ou un magistrat, de se voir remettre le certificat d'examen médical constatant leur état de santé.

Voir : s'agissant du droit à l'assistance d'un interprète, art. D. 1er-2, p. 2125.

Art. 10-3 *(Créé à compter du 15 nov. 2015, L. n° 2015-993, 17 août 2015).* – **Si la partie civile ne comprend pas la langue française, elle a droit, à sa demande, à l'assistance d'un interprète et à la traduction, dans une langue qu'elle comprend, des informations qui sont indispensables à l'exercice de ses droits et qui lui sont, à ce titre, remises ou notifiées en application du présent code.**

L'autorité qui procède à l'audition de la partie civile ou devant laquelle cette personne comparaît s'assure que la personne parle et comprend la langue française.

À titre exceptionnel, il peut être effectué une traduction orale ou un résumé oral des informations mentionnées au premier alinéa.

Les modalités d'application du présent article sont précisées par un décret, qui définit notamment les pièces essentielles devant faire l'objet d'une traduction.

Voir : s'agissant du droit à l'assistance d'un interprète, art. D. 1er-2, p. 2125.

Art. 10-4 *(Créé à compter du 15 nov. 2015, L. n° 2015-993, 17 août 2015 ; L. n° 2021-1729, 22 déc. 2021).* – À tous les stades de l'enquête, la victime peut, à sa demande, être accompagnée par son représentant légal et par la personne majeure de son choix, y compris par un avocat, sauf décision contraire motivée prise par l'autorité judiciaire compétente.

Art. 10-5 *(Créé à compter du 15 nov. 2015, L. n° 2015-993, 17 août 2015).* – Dès que possible, les victimes font l'objet d'une évaluation personnalisée, afin de déterminer si elles ont besoin de mesures spécifiques de protection au cours de la procédure pénale.

L'autorité qui procède à l'audition de la victime recueille les premiers éléments permettant cette évaluation. Au vu de ces éléments, l'évaluation peut être approfondie, avec l'accord de l'autorité judiciaire compétente.

La victime est associée à cette évaluation. Le cas échéant, l'association d'aide aux victimes requise par le procureur de la République ou le juge d'instruction en application de l'article 41 y est également associée ; son avis est joint à la procédure.

Les modalités d'application du présent article sont précisées par décret.

Art. 10-5-1 *(L. n° 2020-936, 30 juill. 2020).* – Lorsque l'examen médical d'une victime de violences a été requis par un officier de police judiciaire ou un magistrat, le certificat d'examen médical constatant son état de santé est remis à la victime selon des modalités précisées par voie réglementaire.

Art. 10-6 *(L. n° 2019-774, 24 juill. 2019).* – À la suite d'accidents, de sinistres, de catastrophes ou d'infractions susceptibles de provoquer de nombreuses victimes, les administrations, au sens de l'article L. 100-3 du Code des relations entre le public et l'administration, intervenant dans la gestion de la crise, la prise en charge des victimes de ces événements, leur accompagnement ou la mise en œuvre de leurs droits, les parquets et les juridictions en charge de la procédure ainsi que les associations d'aide aux victimes agréées au sens du dernier alinéa de l'article 41 du présent code peuvent échanger entre elles les données, informations ou documents strictement nécessaires à la conduite de ces missions ainsi qu'à l'information des personnes présentes sur les lieux des événements et de leurs proches.

Toute personne recevant des données, informations ou documents en application du premier alinéa du présent article est tenue au secret professionnel dans les conditions et sous les peines fixées aux articles 226-13 et 226-14 du Code pénal.

Un décret en Conseil d'État pris après avis de la Commission nationale de l'informatique et des libertés fixe les modalités d'application du présent article.

LIVRE PREMIER

DE LA CONDUITE DE LA POLITIQUE PÉNALE, DE L'EXERCICE DE L'ACTION PUBLIQUE ET DE L'INSTRUCTION

(L. n° 57-1426, 31 déc. 1957 ; intitulé mod., L. n° 2013-669, 25 juill. 2013)

TITRE PREMIER. – DES AUTORITÉS CHARGÉES DE LA CONDUITE DE LA POLITIQUE PÉNALE, DE L'ACTION PUBLIQUE ET DE L'INSTRUCTION

(Intitulé mod., L. n° 2013-669, 25 juill. 2013)

Art. 11 (1) ***(Mod., L. n° 2000-516, 15 juin 2000 ; L. n° 2021-1729, 22 déc. 2021).* – Sauf dans le cas où la loi en dispose autrement et sans préjudice des droits de la défense, la procédure au cours de l'enquête et de l'instruction est secrète.**

Toute personne qui concourt à cette procédure est tenue au secret professionnel dans les conditions et sous les peines prévues à l'article 434-7-2 du Code pénal.

Toutefois, afin d'éviter la propagation d'informations parcellaires ou inexactes ou pour mettre fin à un trouble à l'ordre public ou lorsque tout autre impératif d'intérêt public le justifie, le procureur de la République peut, d'office et à la demande de la juridiction d'instruction ou des parties, directement ou par l'intermédiaire d'un officier de police judiciaire agissant avec son accord et sous son contrôle, rendre publics des éléments objectifs tirés de la procédure ne comportant aucune appréciation sur le bien-fondé des charges retenues contre les personnes mises en cause.

Bibliographie : *Répertoire.* F. Desportes, *Secret de l'instruction : JCl. Proc. pen.*, art. 11.

Généralités. C. Ambroise-Castérot, *Droit de la défense et secret de l'instruction* : Mél. S. Guinchard, 2010, Dalloz, p. 887. • A. Dejean de la Batie, *La juste place du journaliste dans l'enquête pénale : D.* 2022, 178. • J. Dematteis et N. Poulquet-Gibot-Leclerc, *Peut-on supprimer l'article 11 du Code de procédure pénale relatif au secret de l'instruction ? : JCP* 2002, I, 170. • J. Granier, *L'article 11 du Code de procédure pénale : JCP* G 1958, I, 1453. • J. Larguier, *Le secret de l'instruction et l'article 11 du Code de procédure pénale : RSC* 1959, p. 313. • H. Matsopoulou, *Le secret de l'enquête et de l'instruction : JCP* G 2012, supplément au n° 47, Actes du colloque de la Semaine juridique, p. 36. • V. Peltier, *Le traitement de l'information pendant l'instruction préparatoire : Exégèse de l'article 11, alinéa 3 du Code de procédure pénale : Dr. pén.* 2008, étude 16.

---

(1) Dispositions particulières ou dérogatoires résultant de l'état d'urgence sanitaire dû à l'épidémie de covid-19 : V. Ord. n° 2020-303 du 25 mars 2020. – NDLR.

1) Conformité à la Constitution. L'atteinte à l'exercice de la liberté d'expression et de communication qui résulte de l'article 11 du Code de procédure pénale est nécessaire, adaptée et proportionnée à l'objectif poursuivi, en sorte que le grief tiré de la méconnaissance de l'article 11 de la Déclaration de 1789 doit donc être écarté (▪ Cons. const., 2 mars 2018, n° 2017-693 QPC : *D.* 2018, 462).

I – PRINCIPE DU SECRET DE L'ENQUÊTE ET DE L'INSTRUCTION

A – Domaine du secret de l'enquête et de l'instruction

2) Durée du secret. À compter de la clôture de l'instruction, les articles 11 et 197 du Code de procédure pénale sont sans application et la partie civile est en droit de communiquer la copie de pièces de la procédure pénale à un tiers pour les besoins de sa défense dans une procédure commerciale (▪ Cass. 2e civ., 7 janv. 2010, n° 08-14.378 : *Bull. civ.* II, n° 3 ; *Dr. pén.* 2010, comm. 29, note A. Maron et M. Haas).

3) Personnes concourant à la procédure – Agents et fonctionnaires exerçant des pouvoirs de police judiciaire. Il résulte des articles 11 et 28 du Code de procédure pénale que les agents ou fonctionnaires auxquels les lois spéciales mentionnées au second de ces textes attribuent des pouvoirs de police judiciaire sont soumis au secret de l'enquête. La présence d'un tiers ayant obtenu d'une autorité publique l'autorisation de capter, par le son ou l'image, fût-ce dans le but d'informer le public, le déroulement des actes d'enquête auxquels procèdent ces agents ou fonctionnaires, constitue une violation de ce secret. Une telle violation porte nécessairement atteinte aux intérêts de la personne concernée. Encourt par conséquent la cassation l'arrêt qui, à propos du contrôle d'un restaurant au cours duquel une équipe de la direction départementale de la Protection de la population, composée d'inspecteurs de la santé publique vétérinaire, du ministère de l'Agriculture et de la Concurrence, de la Consommation et de la Répression des fraudes, a constaté les infractions au Code de la consommation poursuivies, énonce que la présence d'une équipe de télévision munie d'une caméra ne viole ni le secret de l'enquête ni aucune forme prescrite par la loi à peine de nullité et que la société exploitant le restaurant ne justifie d'aucun grief (▪ Cass. crim., 9 mars 2021, n° 20-83.304, §§ 8 à 11 : *AJ pénal* 2021, 377, obs. J.-B. Thierry).

4) Personnes concourant à la procédure – Exclusion des avocats. S'il ne concourt pas à la procédure au sens de l'article 11 du Code de procédure pénale, il résulte de l'article 160 du décret du 27 novembre 1991 que l'avocat ne doit commettre aucune divulgation contrevenant au secret professionnel et doit notamment respecter le secret de l'instruction en matière pénale. Caractérise le délit de violation du secret professionnel, la cour d'appel qui constate que l'avocat de la personne mise en examen a sciemment révélé à une personne étrangère à la procédure le contenu d'un acte couvert par le secret de l'instruction (▪ Cass. crim., 18 sept. 2001, n° 00-86.518 : *Bull. crim.* n° 179 ; *Dr. pén.* 2002, comm. 16, note A. Maron). Caractérise le délit de violation du secret professionnel, la cour d'appel qui constate que l'avocat a révélé à un tiers, fût-ce avec l'accord de son client, le contenu de leur entretien avant la première comparution devant le juge d'instruction. Caractérise encore le délit de violation de secret professionnel, la révélation par l'avocat à un tiers d'informations provenant du dossier de l'instruction (▪ Cass. crim., 27 oct. 2004, n° 04-81.513 : *Bull. crim.* n° 259). V. cependant, CEDH, 5e sect., 15 déc. 2011, n° 28198/09, *Mor c/ France* (*Procédures* 2012, comm. 40, note N. Fricero, comm. 46, note A.-S. Chavent-Leclère ; *RSC* 2012, 337, obs. Porteron) : la déclaration de culpabilité de la requérante pour violation du secret professionnel, qui s'exprimait en sa qualité d'avocate pour la défense des intérêts de ses clients, s'analyse en une ingérence disproportionnée dans le droit à la liberté d'expression de l'intéressée et viole en conséquence l'article 10 de la Conv. EDH.

5) Personnes concourant à la procédure – Exclusion de la partie civile. La personne qui se prétend lésée par un crime ou un délit et qui s'est constituée partie civile devant le juge d'instruction ne peut être considérée comme concourant à la procédure d'information au sens de l'article 11, alinéa 2, du Code de procédure pénale. Il en découle nécessairement qu'elle n'est pas tenue au respect du secret de l'instruction (▪ Cass. crim., 9 oct. 1978, n° 76-92.075 : *Bull. crim.* n° 263 ; *D.* 1979, p. 185, note P. Chambon).

6) Personnes concourant à la procédure – Journalistes. Justifie sa décision la cour d'appel qui, pour condamner le prévenu, journaliste, du chef de recel de violation du secret de l'enquête, retient qu'il a fait illustrer un article relatant l'arrestation d'une personne, par une photographie de celle-ci qu'il s'était fait remettre par un fonctionnaire de police, et ajoute qu'il ne pouvait ignorer que, prise par les policiers au cours de la garde à vue, elle provenait d'une enquête en cours et constituait un document protégé par le secret prévu par l'article 11 du Code de procédure pénale (▪ Cass. crim., 25 oct. 2005, n° 05-81.457 : *Bull. crim.* n° 268).

7) Droit de communication du ministère public. Seul le ministère public est investi du droit de communiquer sur une enquête en cours dans les conditions restrictives énoncées par le troisième alinéa de l'article 11 du Code de procédure pénale, de sorte que la communication de renseignements connus des seuls enquêteurs par un officier de police judiciaire à des journalistes est susceptible de constituer, le cas échéant, la violation du secret professionnel par une personne qui concourt à la procédure (▪ Cass. crim., 24 mars 2020, n° 19-80.909 : *Bull. crim.* à paraître ; *Dr. pén.* 2020, comm. 134, note Ph. Conte ; *Procédures* 2020, comm. 125, note A.-S. Chavent-Leclère ; *D.* 2020, p. 1643, obs. J. Pradel ; *RSC* 2020, p. 682, obs. P.-J. Delage).

B – Sanction du secret de l'enquête et de l'instruction

8) Absence de nullité. En l'état de la législation, la violation du secret de l'instruction ne peut être sanctionnée par aucune nullité (▪ Cass. crim., 24 avr. 1984 : *D.* 1986, p. 125, note J. Cosson).

9) Absence de nullité – Nuance. Encourt la cassation l'arrêt qui, pour dire n'y avoir lieu à annulation de pièces de la procédure, relève que la violation du secret de l'instruction n'est sanctionnée par aucune nullité sans répondre aux articulations du mémoire, déposé par une personne mise en examen, invoquant l'atteinte portée à ses intérêts par une violation du secret de l'instruction, non pas postérieure, mais concomitante à des actes de la procédure (▪ Cass. crim., 19 juin 1995, n° 94-85.915 : *Bull. crim.* n° 223 ; *Dr. pén.* 1995, comm. 239, note A. Maron). La violation du secret de l'instruction, non pas postérieure mais concomitante à l'accomplissement d'un acte de la procédure, ne peut conduire à son annulation que s'il en est résulté une atteinte aux intérêts d'une partie (▪ Cass. crim., 26 janv. 1996, n° 95-85.560 : *Bull. crim.* n° 51 ; *Dr. pén.* 1996, comm. 200, note A. Maron. – *Adde* ▪ Cass. crim., 11 juill. 2017, n° 17-80.313 : *Bull. crim.* à paraître). Justifie sa décision la chambre d'accusation qui, après avoir constaté que la présence d'un stagiaire de l'ENA non assermenté lors d'un interrogatoire de première comparution, constitue une violation du secret de l'instruction, relève que cette violation n'entraîne pas la nullité de l'acte, dès lors qu'aucune opposition à cette présence n'a été formulée par le mis en examen et qu'il n'a donc pas été porté atteinte à ses intérêts (▪ Cass. crim., 27 avr. 2000, n° 00-80.420 : *Bull. crim.* n° 170). Constitue une violation du secret de l'enquête ou de l'instruction concomitante à l'accomplissement d'une perquisition, portant nécessairement atteinte aux intérêts de la personne qu'elle concerne, la présence au cours de l'exécution de cet acte, d'un tiers étranger à la procédure, ayant obtenu d'une autorité publique une autorisation à cette fin, fût-ce pour en relater le déroulement dans le but d'une information du public (Cass. crim., 9 janv. 2019, n° 17-84.026 : *Bull. crim.* à paraître ; *JCP* 2019, 275, note J. Pradel).

10) Régime de la nullité. Est irrecevable l'exception de nullité tirée de la violation du secret de l'instruction soulevée pour la première fois devant la Cour de cassation (▪ Cass. crim., 17 oct. 2018, n° 18-84.409).

11) Application de l'article 9-1 du Code civil. Le manquement au secret de l'instruction peut ouvrir droit, pour celui qui s'en prétend victime, au recours prévu par l'article 9-1 du Code civil (▪ Cass. crim., 30 avr. 1996, n° 96-80.829 : *Bull. crim.* n° 183. ▪ Cass. crim., 24 nov. 2010, n° 10-86.713).

II – PORTÉE DU SECRET DE L'ENQUÊTE ET DE L'INSTRUCTION

12) Communication du dossier aux parties privées. Aucun texte n'interdit au juge d'instruction de délivrer à l'avocat d'une partie civile, avant l'audition de celle-ci, dont la constitution n'a pas été contestée par le ministère public, une copie de la procédure (▪ Cass. crim., 2 nov. 2016, n° 16-83.778).

13) Annexion de pièces à une autre procédure pénale. Aucune disposition légale n'interdit d'annexer à une procédure pénale des éléments tirés d'une autre procédure dont la production peut être de nature à éclairer le juge et à contribuer à la manifestation de la vérité à condition que cette jonction ait un caractère contradictoire et que les documents communiqués puissent être soumis à la discussion des parties (▪ Cass. crim., 23 juill. 1985, n° 85-92.574 : *Bull. crim.* n° 275. ▪ Cass. crim., 16 mai 2000, n° 00-80.905 : *Bull. crim.* n° 190). Aucune disposition légale n'interdit d'utiliser dans une procédure les éléments recueillis lors de l'exécution d'une commission rogatoire délivrée dans une autre information ; justifie dès lors sa décision la chambre de l'instruction qui rejette l'exception de nullité tirée de ce que le magistrat instructeur n'a pas préalablement autorisé le versement de ces éléments au motif que leur exploitation ne s'est accompagnée d'aucun acte de nature à remettre en cause l'impartialité ou la loyauté des enquêteurs dans la recherche de la preuve (▪ Cass. crim., 9 mai 2018, n° 18-80.088 : *Bull. crim.* à paraître ; *Dr. pén.* 2018, comm. 135, obs A. Maron et M. Haas ; *RSC* 2018, p. 461, obs. F. Cordier).

14) Communication de pièces à l'administration fiscale. V. aussi : LPF, art. L. 101. L'article

L. 82 C du Livre des procédures fiscales instaure un droit de communication de l'administration fiscale auprès des autorités judiciaires, auquel ne fait pas obstacle l'article 11 du Code de procédure pénale concernant le secret de l'instruction, et l'article L. 101 du Livre des procédures fiscales imposant à toute autorité judiciaire de communiquer à l'administration des finances toute indication qu'elle peut recueillir qu'il s'agisse d'une instance civile ou commerciale ou d'une information criminelle ou correctionnelle même terminée par un non-lieu, l'administration fiscale a pu obtenir régulièrement copies de pièces recueillies après mise en œuvre de son droit de communication (▪ Cass. crim., 10 avr. 2002, n° 00-30.122. ▪ Cass. crim., 10 avr. 2002, n° 00-30.138).

15) **Exécution d'un acte d'investigation en présence d'un tiers.** Il résulte de l'article 11 du Code de procédure pénale que constitue une violation du secret de l'enquête ou de l'instruction concomitante à l'accomplissement d'une perquisition, portant nécessairement atteinte aux intérêts de la personne qu'elle concerne, l'exécution d'un tel acte par un juge d'instruction ou un officier de police judiciaire en présence d'un tiers qui, ayant obtenu d'une autorité publique une autorisation à cette fin, en capte le déroulement par le son ou l'image (▪ Cass. crim., 10 janv. 2017, n° 16-84.740 : *Bull. crim.* n° 11. ▪ Cass. crim., 9 janv. 2019, n° 17-84.026 : *Bull. crim.* à paraître ; *JCP* 2019, 275, note J. Pradel), fût-ce pour en relater le déroulement dans le but d'une information du public (▪ Cass. crim., 9 janv. 2019, préc.) ; la nullité est dès lors encourue lorsqu'un journaliste, muni d'une autorisation, a assisté à une perquisition au domicile d'une personne gardée à vue et a filmé cet acte, y compris en ce qu'il a permis l'appréhension de documents utiles à la manifestation de la vérité, visibles à l'image et qui ont été immédiatement saisis et placés sous scellés (▪ Cass. crim., 10 janv. 2017, préc.) ; la nullité est également encourue lorsque des journalistes ont assisté, avec l'autorisation des enquêteurs, à une perquisition, ont pris connaissance de documents utiles à la manifestation de la vérité, qui ont été immédiatement saisis et placés sous scellés (▪ Cass. crim., 9 janv. 2019, n° 17-84.026 : *Bull. crim.* à paraître ; *JCP* 2019, 275, note J. Pradel).

De même, la présence d'un tiers ayant obtenu d'une autorité publique l'autorisation de capter, par le son ou l'image, fût-ce dans le but d'informer le public, le déroulement des actes d'enquête auxquels procèdent les agents ou fonctionnaires disposant de pouvoirs de police judiciaire en vertu des lois spéciales mentionnées à l'article 28 du Code de procédure pénale, constitue une violation de ce secret de l'enquête. Encourt par conséquent la cassation l'arrêt qui, à propos du contrôle d'un restaurant au cours duquel une équipe de la direction départementale de la protection de la population, composée d'inspecteurs de la santé publique vétérinaire, du ministère de l'Agriculture et de la Concurrence, de la Consommation et de la Répression des fraudes, a constaté les infractions au Code de la consommation poursuivies, énonce que la présence d'une équipe de télévision munie d'une caméra ne viole ni le secret de l'enquête ni aucune forme prescrite par la loi à peine de nullité et que la société exploitant le restaurant ne justifie d'aucun grief (▪ Cass. crim., 9 mars 2021, n° 20-83.304, §§ 8 à 11 : *AJ pénal* 2021, 377, obs. J.-B. Thierry).

16) **Exécution d'un acte d'investigation en présence d'un tiers – Limite.** La seule présence de tiers lors d'une interpellation sur la voie publique ne suffit pas à caractériser la violation du secret de l'instruction par les fonctionnaires de police (▪ Cass. crim., 19 oct. 2021, n° 21-81.569, § 13 : *Bull. crim.* à paraître).

17) **Envoi de lettres-plaintes par les enquêteurs aux victimes.** Justifie sa décision la cour d'appel qui, pour rejeter l'exception de nullité de l'enquête préliminaire prise de la violation de l'article 11 du Code de procédure pénale et tirée de l'envoi d'une lettre-plainte aux victimes des agissements des deux prévenus, énonce que les enquêteurs, qui ont explicité dans le courrier le mécanisme des rétrocessions et ont communiqué individuellement à chacune des 275 victimes identifiées le détail des sommes qu'elles ont ainsi été amenées à remettre à leur insu à leur cocontractant, ont agi en application de l'article 75 du Code de procédure pénale, et n'ont pas porté atteinte au secret de l'enquête (▪ Cass. crim., 18 janv. 2017, n° 15-85.209 : *Bull. crim.* n° 25).

Art. 11-1 *(L. n° 2004-204, 9 mars 2004).* **– Sur autorisation du procureur de la République ou du juge d'instruction selon les cas, peuvent être communiqués à des autorités ou organismes habilités à cette fin par arrêté du ministre de la Justice, pris le cas échéant après avis du ou des ministres intéressés, des éléments des procédures judiciaires en cours permettant de réaliser des recherches ou enquêtes scientifiques ou techniques, destinées notamment à prévenir la commission d'accidents, ou de faciliter l'indemnisation des victimes ou la prise en charge de la réparation de leur préjudice. Les agents de ces autorités ou organismes sont alors tenus au secret professionnel en ce qui concerne ces informations, dans les conditions et sous les peines des articles 226-13 et 226-14 du Code pénal.**

Art. 11-2 *(L. n° 2016-457, 14 avr. 2016)*. **– I. – Le ministère public peut informer par écrit l'administration des décisions suivantes rendues contre une personne qu'elle emploie, y compris à titre bénévole, lorsqu'elles concernent un crime ou un délit puni d'une peine d'emprisonnement :**

1° La condamnation, même non définitive ;

2° La saisine d'une juridiction de jugement par le procureur de la République ou par le juge d'instruction ;

3° La mise en examen.

Le ministère public ne peut procéder à cette information que s'il estime cette transmission nécessaire, en raison de la nature des faits ou des circonstances de leur commission, pour mettre fin ou prévenir un trouble à l'ordre public ou pour assurer la sécurité des personnes ou des biens.

Le ministère public peut informer, dans les mêmes conditions, les personnes publiques, les personnes morales de droit privé chargées d'une mission de service public ou les ordres professionnels des décisions mentionnées aux 1° à 3° du présent I prises à l'égard d'une personne dont l'activité professionnelle ou sociale est placée sous leur contrôle ou leur autorité.

II. – Dans tous les cas, le ministère public informe sans délai la personne de sa décision de transmettre l'information prévue au I. L'information est transmise à l'administration, ou aux personnes ou aux ordres mentionnés au dernier alinéa du même I.

Le ministère public notifie sans délai à l'administration, ou aux personnes ou aux ordres mentionnés au dernier alinéa dudit I, l'issue de la procédure et informe la personne concernée de cette notification.

L'administration, ou la personne ou l'ordre mentionné au dernier alinéa du même I, qui est destinataire de l'information prévue au même I ne peut la communiquer qu'aux personnes compétentes pour faire cesser ou suspendre l'exercice de l'activité mentionnée aux premier et dernier alinéas du même I.

Cette information est confidentielle. Sauf si l'information porte sur une condamnation prononcée publiquement et sous réserve de l'avant-dernier alinéa du présent II, toute personne qui en est destinataire est tenue au secret professionnel, sous les peines prévues à l'article 226-13 du Code pénal. Toute personne en ayant eu connaissance est tenue au secret, sous les mêmes peines. Le fait justificatif prévu au 1° de l'article 226-14 du même code n'est pas applicable lorsque la personne mentionnée à ce même 1° a eu connaissance des faits par la transmission prévue au I du présent article.

III. – Les condamnations dont la mention au bulletin n° 2 du casier judiciaire a été exclue en application de l'article 775-1 du présent code ne peuvent être communiquées à l'initiative du ministère public, sauf en application du deuxième alinéa du II du présent article à la suite d'une première information transmise en application du I. Dans ce cas, l'information fait expressément état de la décision de ne pas mentionner la condamnation au bulletin n° 2 du casier judiciaire.

IV. – Hors le cas où une décision prononçant une sanction a été légalement fondée sur l'information transmise par le ministère public, lorsque la procédure pénale s'est terminée par un non-lieu ou une décision de relaxe ou d'acquittement, l'administration, la personne ou l'ordre mentionné au dernier alinéa du I supprime l'information du dossier relatif à l'activité de la personne concernée.

V. – Les modalités d'application du présent article sont déterminées par décret. Il précise les formes de la transmission par le ministère public de l'information, les modalités de transmission des décisions à l'issue des procédures et les modalités de suppression de l'information en application du IV.

Voir : art. D. 1er-13, p. 2131.

CHAPITRE I. – DE LA POLICE JUDICIAIRE

Section I. – Dispositions générales

Bibliographie : J. Buisson, *Police judiciaire. – Dispositions générales. – Direction, surveillance et contrôle de l'autorité judiciaire. – Officiers de police judiciaire : JCl. Proc. pén.*, art. 12 à 19-1, Fasc. 20.

Art. 12. – La police judiciaire est exercée, sous la direction du procureur de la République, par les officiers fonctionnaires et agents désignés au présent titre.

Voir : art. R. 2-16 et s., p. 1909 et art. D. 2 et s., p. 2132.

1) **Rattachement de la police judiciaire à l'autorité judiciaire.** Il résulte de l'article 66 de la Constitution que la police judiciaire doit être placée sous la direction et le contrôle de l'autorité judiciaire (▪ Cons. const., 10 mars 2011, n° 2011-625 DC. ▪ Cons. const., 25 mars 2014, n° 2014-693 DC). L'article 12 du Code de procédure pénale confiant la direction de la police judiciaire au procureur de la République et l'article 13 plaçant la police judiciaire sous la surveillance du procureur général et sous le contrôle de la chambre de l'instruction contribuent à donner, à l'enquête de flagrance dans laquelle s'insère la perquisition contestée, un régime protecteur conforme aux articles 4 et 5 de la Déclaration des droits de l'Homme et 66 de la Constitution, l'enquête de flagrance étant assortie, dès son ouverture et tout au long de son exécution, des garanties appropriées comportant, au bénéfice de la personne contrainte, le droit à un recours effectif devant l'autorité judiciaire, à qui il appartient de vérifier la légalité des actes accomplis par les officiers et agents de police judiciaire (▪ Cass. crim., 24 mai 2016, n° 16-90.007 QPC).

2) **Direction du procureur de la République – Obligation d'information du procureur de la République.**

V. art. 19, p. 124 et art. 40, p. 142.

Les dispositions de l'article 151 du Code de procédure pénale, qui prescrivent à l'officier de police judiciaire recevant une commission rogatoire d'un juge d'instruction d'en aviser le procureur de la République, concernent les seuls rapports entre cet officier de police judiciaire et le procureur de la République, lequel, en vertu de l'article 12 du même code, exerce la direction de la police judiciaire ; il s'ensuit que leur inobservation, à la supposer établie, ne porte pas atteinte aux intérêts des parties et ne saurait entraîner la nullité des actes accomplis (▪ Cass. crim., 10 janv. 1989, n° 88-86.129 : *Bull. crim.* n° 8). Le défaut d'information du procureur de la République, par les officiers de police judiciaire, des infractions dont ils ont connaissance dans l'exercice de leurs fonctions, prévue par l'article 19 du Code de procédure pénale, est sans effet sur la validité des actes accomplis par ces derniers (▪ Cass. crim., 1er déc. 2004, n° 04-80.536 : *Bull. crim.* n° 302). Le défaut d'information immédiate du procureur de la République des actes accomplis par les officiers de police judiciaire est sans effet sur leur validité (▪ Cass. crim., 12 sept. 2018, nos 17-87.498 et 17-87.499).

3) **Direction du procureur de la République – Obligation de transmission au procureur de la République.**

Voir : art. 19, p. 124.

4) **Direction du procureur de la République – Obligation d'exécution des instructions du procureur de la République.** Justifie sa décision la chambre de l'instruction qui, pour rejeter la demande de nullité présentée par un mis en examen au motif que les fonctionnaires de police chargés de l'enquête, avisés par le procureur de la République qu'ils étaient dessaisis au profit d'un autre service, avaient néanmoins procédé aux formalités de prélèvement biologique et d'inscription au fichier national automatisé des empreintes génétiques ainsi qu'à la mise sous scellés d'objets placés sous main de justice, retient que ces actes ont été exécutés, sans opposition du ministère public, alors que la personne intéressée était encore sous la contrainte de la mesure de garde à vue prise par les fonctionnaires initialement saisis et avant la remise de la personne concernée au second service désigné (▪ Cass. crim., 18 janv. 2011, n° 10-84.980).

Art. 12-1 *(L. n° 2009-971, 3 août 2009).* **– Le procureur de la République et le juge d'instruction ont le libre choix des formations auxquelles appartiennent les officiers de police judiciaire.**

Art. 13 *(Mod., L. n° 2009-971, 3 août 2009).* **– La police judiciaire est placée dans chaque ressort de cour d'appel, sous la surveillance du procureur général et sous le contrôle de la chambre de l'instruction conformément aux articles 224 et suivants.**

Voir : art. D. 44 et s., p. 2164.

1) **Fondement de la surveillance du procureur général et du contrôle de la chambre de l'instruction.** L'article 12 du Code de procédure pénale confiant la direction de la police judiciaire au procureur de la République et l'article 13 plaçant la police judiciaire sous la surveillance du procureur général et sous le contrôle de la chambre de l'instruction contribuent à donner, à l'enquête de flagrance dans laquelle s'insère la perquisition contestée, un régime protecteur conforme aux articles 4 et 5 de la Déclaration des droits de l'Homme et 66 de la Constitution, l'enquête de flagrance étant assortie, dès son ouverture et tout au long de son exécution, des garanties appropriées comportant, au bénéfice de la personne contrainte, le droit à un recours effectif devant l'autorité judiciaire, à qui il appartient de vérifier la légalité des actes accomplis par les offi-

ciers et agents de police judiciaire (■ Cass. crim., 24 mai 2016, n° 16-90.007 QPC).

2) Contrôle de la chambre de l'instruction. Est soumis au contrôle de la chambre d'accusation tout acte d'un officier ou agent de police judiciaire se rattachant à l'exercice des fonctions de police judiciaire telles que définies par l'article 14 du Code de procédure pénale. Il en est ainsi de l'intervention d'un officier de police judiciaire ayant pour objet de vérifier si la tentative de suicide d'un détenu ne recelait pas une infraction à la loi pénale (■ Cass. crim., 12 mai 1992, n° 91-84.223 : *Bull. crim.* n° 185).

3) Cumul éventuel de sanctions. La police judiciaire étant, aux termes de l'article 13 du Code de procédure pénale, placée dans le ressort de chaque cour d'appel, sous la surveillance du procureur général et sous le contrôle de la chambre d'accusation, cette juridiction est compétente pour prendre, sous le contrôle de la Cour de cassation, les décisions disciplinaires prévues par l'article 227 dudit code, alors même que le procureur général aurait, à raison des mêmes faits, usé à l'égard de l'officier de police judiciaire des pouvoirs, différents par leur nature et par leur étendue, qu'il tient de l'article 16 du même code (■ Cass. crim., 4 mai 1988, n° 87-90.098 : *Bull. crim.* n° 191).

Art. 14. – **Elle est chargée, suivant les distinctions établies au présent titre, de constater les infractions à la loi pénale, d'en rassembler les preuves et d'en rechercher les auteurs tant qu'une information n'est pas ouverte.**

Lorsqu'une information est ouverte, elle exécute les délégations des juridictions d'instruction et défère à leurs réquisitions.

Bibliographie : M.-A. Granger, *La distinction police administrative/police judiciaire au sein de la jurisprudence du Conseil constitutionnel : RSC* 2011, p. 789.

1) Distinction entre police judiciaire et police administrative – Critère. Les fonctionnaires de police qui, agissant en vue de constater une infraction qui leur avait été signalée, appréhendent l'individu qu'ils suspectaient de l'avoir commise, doivent, lorsqu'ils se livrent à des sévices sur la personne de l'intéressé, être regardés comme ayant participé à une opération de police judiciaire. Il s'ensuit que l'action en responsabilité dirigée contre l'État par la victime de ces faits relève de la compétence des tribunaux judiciaires (■ T. confl., 7 mars 1994, n° 09-42.902, *Damez : Bull. civ.* 1994, T. confl., n° 1). Les pouvoirs de police administrative, s'ils permettent, quand des circonstances particulières l'exigent, de procéder à des vérifications d'identité, n'autorisent pas à retenir, fût provisoirement, des personnes qui n'ont commis aucune infraction ou qui ne sont pas soupçonnées d'en avoir commis ; néanmoins, l'arrêt n'encourt pas la cassation dès lors que la Cour de cassation est en mesure de s'assurer qu'après avoir été régulièrement interpellé en vue d'un contrôle d'identité que les circonstances justifiaient, X. a été maintenu temporairement à la dispositions des services de police judiciaire à l'occasion d'une recherche de police judiciaire, la carte d'identité détenue par X. et présentée à la police étant suspecte et sa possession laissant présumer que des infractions pouvaient être commises ; ainsi les services de police, en gardant X. à leur disposition n'ont pas excédé les pouvoirs que leur conféraient les articles 53, 61 et 63 du Code de procédure pénale (■ Cass. crim., 5 janv. 1973, n° 72-90.278, *Friedel : D.* 1973, jurispr. p. 541, note G. Roujou de Boubée).

2) Distinction entre police judiciaire et police administrative – Illustrations. En l'absence de mesure privative ou restrictive de liberté décidée par l'autorité judiciaire, la protection d'une personne, serait-elle inculpée ou mise en examen, ne relève pas de la police judiciaire, mais de la police administrative, chargée de préserver la sécurité des citoyens et l'ordre public. Dès lors, l'action formée par une veuve et tendant à la réparation du dommage causé par le défaut de protection de son mari, assassiné alors qu'il faisait l'objet d'une inculpation mais se trouvait en liberté, ressortit à la compétence de la juridiction administrative (■ T. confl., 19 oct. 1998, n° 98-03.088, *Bolle : Bull. civ.* 1998, T. confl., n° 11). Les agissements par lesquels un individu a été blessé lors de l'appréhension dont il était l'objet dans un bar restaurant où il s'était réfugié, par un agent de police municipale qui, informé de la commission de vols à la roulotte sur le parking attenant à l'établissement, avait remarqué sa présence à cet endroit et l'avait poursuivi, ayant été commis à l'occasion de la constatation d'infractions à la loi pénale et de la recherche de leurs auteurs effectuées en application des dispositions des articles 12 et 21 du Code de procédure pénale, se rattachent à une opération de police judiciaire. Par suite, les litiges relatifs aux dommages pouvant survenir lors de telles opérations et sans même qu'il soit besoin de déterminer si le dommage trouve son origine dans une faute personnelle de l'agent détachable du service, relèvent de la compétence des juridictions de l'ordre judiciaire (■ T. confl., 26 juin 2006, n° 06-03504 : *Bull. civ.* 2001,

T. confl., n° 20). Le prévenu poursuivi devant la juridiction de proximité pour contravention d'ivresse publique et manifeste ne saurait se faire un grief de ce que cette juridiction ait rejeté l'exception de nullité par lui présentée et prise de la durée, excessive selon lui, de son placement en chambre de dégrisement, dès lors qu'un tel placement, ordonné tant pour la protection de la personne concernée que pour la préservation de l'ordre public, est une mesure de police administrative relevant, pour les litiges survenant à l'occasion de son exécution, de la seule compétence des juridictions de l'ordre administratif (■ Cass. crim., 8 janv. 2013, n° 12-80.465 : *Bull. crim.* n° 8). Le recueil, par des officiers de liaison en poste à l'étranger, de renseignements relatifs à des projets d'importation en France de stupéfiants, et la prise de photographies ne constituent pas des actes de police judiciaire mais des informations utiles, dans la lutte contre la criminalité transfrontière, pour orienter d'éventuelles investigations accomplies en France par la police judiciaire (■ Cass. crim., 1er avr. 2015, n° 14-87.647 : *JCP* G 2015, 437, note O. Cahn ; *D.* 2015, 1880, note T. Herran ; *Procédures* 2015, comm. 174, note J. Buisson).

Art. 15 *(L. n° 78-788, 28 juill. 1978).* **– La police judiciaire comprend :**

1° Les officiers de police judiciaire ;

2° Les agents de police judiciaire et les agents de police judiciaire adjoints ;

3° Les fonctionnaires et agents auxquels sont attribuées par la loi certaines fonctions de police judiciaire.

Art. 15-1 *(Mod., L. n° 2003-239, 18 mars 2003).* **– Les catégories de services ou unités dans lesquels les officiers et agents de police judiciaire visés aux sections II et III du présent chapitre exercent leurs fonctions habituelles, les modalités de création de ces services ou unités ainsi que leurs critères de compétence territoriale sont déterminés par décret en Conseil d'État pris sur le rapport du ministre de la Justice et du ministre intéressé. La compétence territoriale de ces services ou unités s'exerce, selon les distinctions prévues par ce décret, soit sur l'ensemble du territoire national, soit sur une ou plusieurs zones de défense, ou parties de celles-ci, soit sur l'ensemble d'un département.**

Voir : art. R. 15-18 et s., p. 1916.

Art. 15-2 *(Mod., L. n° 2019-222, 23 mars 2019).* **– Les enquêtes administratives relatives au comportement d'un officier ou d'un agent de police judiciaire dans l'exercice d'une mission de police judiciaire associent l'inspection générale de la justice au service d'enquête compétent. Elles peuvent être ordonnées par le ministre de la Justice et sont alors dirigées par un magistrat.**

Art. 15-3 *(Mod., L. n° 2019-222, 23 mars 2019).* **– Les officiers et agents de police judiciaire sont tenus de recevoir les plaintes déposées par les victimes d'infractions à la loi pénale, y compris lorsque ces plaintes sont déposées dans un service ou une unité de police judiciaire territorialement incompétents. Dans ce cas, la plainte est, s'il y a lieu, transmise au service ou à l'unité territorialement compétents.**

Tout dépôt de plainte fait l'objet d'un procès-verbal et donne lieu à la délivrance immédiate d'un récépissé à la victime, qui mentionne les délais de prescription de l'action publique définis aux articles 7 à 9 ainsi que la possibilité d'interrompre le délai de prescription par le dépôt d'une plainte avec constitution de partie civile, en application de l'article 85. Si elle en fait la demande, une copie du procès-verbal lui est immédiatement remise. Les officiers ou agents de police judiciaire peuvent s'identifier dans ce procès-verbal par leur numéro d'immatriculation administrative.

Art. 15-3-1 *(Créé, L. n° 2019-222, 23 mars 2019).* **– Lorsque, dans les cas et selon les modalités prévues par décret, la plainte de la victime est adressée par voie électronique, le procès-verbal de réception de plainte est établi selon les modalités prévues à l'article 801-1 et le récépissé ainsi que, le cas échéant, la copie du procès-verbal peuvent être adressés, selon les modalités prévues par décret, à la victime dans les meilleurs délais.**

Le lieu de traitement automatisé des informations nominatives relatives aux plaintes adressées conformément au présent article est considéré comme le lieu de l'infraction. Il en est de même s'agissant des traitements des informations relatives au signalement des infractions.

La plainte par voie électronique ne peut être imposée à la victime.

Si la nature ou la gravité des faits le justifie, le dépôt d'une plainte par la victime selon les modalités prévues par le présent article ne dispense pas les enquêteurs de procéder à son audition. La date de celle-

ci peut alors être fixée au moment du dépôt de la plainte et la victime est avisée de ses droits énumérés à l'article 10-2.

Voir : D. n° 2020-1444, 24 nov. 2020.

Bibliographie : S. Sontag-Koenig, *Déposer plainte en ligne : simplifier, renforcer mais aussi repenser la physionomie de la plainte : AJ pénal* 2020, p. 14. • E. Vergès, *Réforme de la procédure pénale : une loi fleuve, pour une justice au gré des courants* : *Dr. Pén.* 2019, étude 12.

Art. 15-3-2 *(L. n° 2019-1480, 28 déc. 2019).* **– En cas de plainte déposée pour une infraction punie d'au moins trois ans d'emprisonnement commise par le conjoint de la victime, son concubin ou le partenaire lié à elle par un pacte civil de solidarité, y compris lorsqu'ils ne cohabitent pas, ou commise par l'ancien conjoint ou concubin de la victime ou par le partenaire ayant été lié à elle par un pacte civil de solidarité, l'officier ou l'agent de police judiciaire qui reçoit la plainte informe la victime, oralement et par la remise d'un document, qu'elle peut demander ou consentir à bénéficier du dispositif électronique mobile anti-rapprochement prévu à l'article 138-3 du présent code, l'article 132-45-1 du Code pénal ou l'article 515-11-1 du Code civil, qui est susceptible d'être ordonné par la juridiction compétente.**

Art. 15-3-3 *(L. n° 2020-766, 24 juin 2020).* **– Un tribunal judiciaire désigné par décret exerce une compétence concurrente à celle qui résulte de l'application des articles 43,52 et 382 du présent code pour l'enquête, la poursuite, l'instruction et le jugement des délits prévus au 6° du III de l'article 222-33 du Code pénal, lorsqu'ils sont commis avec la circonstance aggravante prévue à l'article 132-76 du même code, au 4° de l'article 222-33-2-2 dudit code, lorsqu'ils sont commis avec la circonstance aggravante prévue à l'article 132-76 ou 132-77 du même code, [*Dispositions déclarées non conformes à la Constitution par la décision du Conseil constitutionnel n° 2020-801 DC du 18 juin 2020*] lorsqu'ils ont fait l'objet d'une plainte adressée par voie électronique en application de l'article 15-3-1 du présent code.**

Art. 15-4 *(L. n° 2017-258, 28 févr. 2017 ; mod., L. n° 2019-222, 23 mars 2019).* **– I. – Dans l'exercice de ses fonctions, tout agent de la police nationale ou de la gendarmerie nationale peut être autorisé à ne pas être identifié par ses nom et prénom dans les actes de procédure définis aux 1° et 2° du présent I qu'il établit ou dans lesquels il intervient, lorsque la révélation de son identité est susceptible, compte tenu des conditions d'exercice de sa mission ou de la nature des faits qu'il est habituellement amené à constater, de mettre en danger sa vie ou son intégrité physique ou celles de ses proches.**

L'autorisation est délivrée nominativement par un responsable hiérarchique d'un niveau suffisant, défini par décret, statuant par une décision motivée. Copie en est transmise au procureur de la République territorialement compétent.

Cette autorisation permet à l'agent qui en bénéficie d'être identifié par un numéro d'immatriculation administrative, sa qualité et son service ou unité d'affectation dans tous les actes des procédures suivantes :

1° Les procédures portant sur un crime ou un délit puni d'au moins trois ans d'emprisonnement ;

2° Après autorisation délivrée pour l'ensemble d'une procédure dans les conditions prévues au deuxième alinéa du présent I, les procédures portant sur un délit puni de moins de trois ans d'emprisonnement lorsqu'en raison de circonstances particulières dans la commission des faits ou de la personnalité des personnes mises en cause, la révélation de l'identité de l'agent est susceptible de mettre en danger sa vie ou son intégrité physique ou celles de ses proches.

Le bénéficiaire de l'autorisation est également autorisé à déposer ou à comparaître comme témoin au cours de l'enquête ou devant les juridictions d'instruction ou de jugement et à se constituer partie civile en utilisant ces mêmes éléments d'identification, qui sont seuls mentionnés dans les procès-verbaux, citations, convocations, ordonnances, jugements ou arrêts. Il ne peut être fait état de ses nom et prénom au cours des audiences publiques.

Le présent I n'est pas applicable lorsque, en raison d'un acte commis dans l'exercice de ses fonctions, le bénéficiaire de l'autorisation est entendu en application des articles 61-1 ou 62-2 du présent code ou qu'il fait l'objet de poursuites pénales.

II. – Le I du présent article est applicable aux agents mentionnés aux articles 28-1 et 28-2.

III. – Les juridictions d'instruction ou de jugement saisies des faits ont accès aux nom et prénom de la personne identifiée par un numéro d'immatriculation administrative dans un acte de procédure.

Saisi par une partie à la procédure d'une requête écrite et motivée tendant à la communication des nom et prénom d'une personne bénéficiaire d'une autorisation délivrée en application du I, le juge d'instruction ou le président de la juridiction de jugement décide des suites à donner à cette requête, après avis du ministère public et en tenant compte, d'une part, de la menace que la révélation de l'identité de cette personne ferait peser sur sa vie ou son intégrité physique ou celles de ses proches et, d'autre part, de la nécessité de communiquer cette identité pour l'exercice des droits de la défense de l'auteur de la demande. Le procureur de la République se prononce dans les mêmes conditions lorsqu'il est fait application de l'article 77-2.

En cas de demande d'annulation d'un acte de procédure fondée sur la violation des formes prescrites par la loi à peine de nullité ou sur l'inobservation des formalités substantielles dont l'appréciation nécessite la révélation des nom et prénom du bénéficiaire d'une autorisation délivrée en application du I du présent article, le juge d'instruction, le président de la chambre de l'instruction ou le président de la juridiction de jugement statue sans verser ces éléments au débat contradictoire ni indiquer les nom et prénom du bénéficiaire de cette autorisation dans sa décision.

IV. – Hors les cas prévus au deuxième alinéa du III, la révélation des nom et prénom du bénéficiaire d'une autorisation délivrée en application du I ou de tout élément permettant son identification personnelle ou sa localisation est punie de cinq ans d'emprisonnement et de 75 000 € d'amende.

Lorsque cette révélation a entraîné des violences à l'encontre du bénéficiaire de l'autorisation ou de son conjoint, de ses enfants ou de ses ascendants directs, les peines sont portées à sept ans d'emprisonnement et à 100 000 € d'amende.

Lorsque cette révélation a entraîné la mort des personnes mentionnées au deuxième alinéa du présent IV, les peines sont portées à dix ans d'emprisonnement et à 150 000 € d'amende, sans préjudice, le cas échéant, de l'application du chapitre Ier du titre II du livre II du Code pénal.

V. – Un décret en Conseil d'État précise les modalités d'application du présent article.

1) Conformité à la Constitution. L'article 43 de la loi du 23 mars 2019 qui modifie les dispositions de l'article 15-4 afin d'autoriser les agents de la police nationale ou de la gendarmerie nationale à ne pas être identifiés dans certains actes de procédure « dans lesquels ils interviennent » est conforme à la Constitution dès lors que ces dispositions ne s'appliquent que si la révélation de l'identité de l'agent est susceptible de mettre en danger sa vie, son intégrité physique ou celles de ses proches, que l'autorisation est délivrée nominativement par un supérieur hiérarchique, que les juridictions d'instruction et de jugement ont accès à l'identité de l'agent et qu'une requête tendant à la communication de son identité peut être adressée au juge d'instruction ou au président de la juridiction de jugement (▪ Cons. const., 21 mars 2019, n° 2019-778 DC).

2) Nullité du procès-verbal – Compétence. Lorsque l'appréciation de la requête en annulation du procès-verbal tirée de ce que ses rédacteurs ont omis d'y indiquer leur nom et d'y apposer leur signature, ainsi que le prévoient les articles D. 9 et D. 10 du Code de procédure pénale, ne nécessite pas la révélation des nom et prénom des intéressés, la chambre de l'instruction demeure compétente pour constater que ces agents se sont régulièrement identifiés par leur matricule, ainsi que le permet l'article 15-4 du même code (▪ Cass. crim., 7 janv. 2020, n° 19-84.246, § 15 : *Bull. crim.* à paraître).

3) Nullité du procès-verbal – Appréciation. Aucun texte ne prévoit que la chambre de l'intruction saisie d'une requête en annulation d'un procès-verbal tirée de ce que ses rédacteurs ont omis d'y indiquer leur nom et d'y apposer leur signature ainsi que le prévoient les articles D. 9 et D. 10 du Code de procédure pénale soit tenue de vérifier si le recours à la procédure prévue à l'article 15-4 du Code de procédure pénale se justifie ni de faire état de l'autorisation délivrée à l'agent (▪ Cass. crim., 7 janv. 2020, n° 19-84.246, § 15 : *Bull. crim.* à paraître).

Section II. – Des officiers de police judiciaire

Bibliographie : J. Buisson, *Police judiciaire. – Dispositions générales. – Direction, surveillance et contrôle de l'autorité judiciaire. – Officiers de police judiciaire : JCl. Proc. pén.*, art. 12 à 19-1, Fasc. 20.

Art. 16 *(Mod., L. n° 2019-222, 23 mars 2019).* **– Ont la qualité d'officier de police judiciaire :**

1° Les maires et leurs adjoints ;

2° Les officiers et les gradés de la gendarmerie, les gendarmes comptant au moins trois ans de service dans la gendarmerie, nominativement désignés par arrêté des ministres de la Justice et de l'Intérieur, après avis conforme d'une commission ;

3° Les inspecteurs généraux, les sous-directeurs de police active, les contrôleurs généraux, les commissaires de police et les officiers de police ;

4° Les fonctionnaires du corps d'encadrement et d'application de la police nationale comptant au moins trois ans de services dans ce corps, nominativement désignés par arrêté des ministres de la Justice et de l'Intérieur, après avis conforme d'une commission.

La composition des commissions prévues aux 2° et 4° sera déterminée par un décret en Conseil d'État pris sur le rapport du ministre de la Justice et du ministre de l'Intérieur.

Ont également la qualité d'officier de police judiciaire les personnes exerçant des fonctions de directeur ou sous-directeur de la police judiciaire et de directeur ou sous-directeur de la gendarmerie.

Les fonctionnaires mentionnés aux 2° à 4° ci-dessus ne peuvent exercer effectivement les attributions attachées à leur qualité d'officier de police judiciaire ni se prévaloir de cette qualité que s'ils sont affectés à un emploi comportant cet exercice et en vertu d'une décision du procureur général près la cour d'appel les y habilitant personnellement. L'exercice de ces attributions est momentanément suspendu pendant le temps où ils participent, en unité constituée, à une opération de maintien de l'ordre.

Toutefois, les fonctionnaires visés au 4° ne peuvent recevoir l'habilitation prévue à l'alinéa précédent que s'ils sont affectés soit dans un service ou une catégorie de services déterminés en application de l'article 15-1 et figurant sur une liste fixée par arrêté des ministres de la Justice et de l'Intérieur, soit, à titre exclusif, dans une formation d'un service mentionnée par le même arrêté.

L'habilitation est délivrée par le procureur général près la cour d'appel dans le ressort de laquelle intervient la première affectation du fonctionnaire. Elle est valable pour toute la durée de ses fonctions, y compris en cas de changement d'affectation.

Les conditions d'octroi, de retrait et de suspension pour une durée déterminée de l'habilitation prévue aux neuvième et avant-dernier alinéas du présent article sont fixées par décret en Conseil d'État pris sur le rapport du ministre de la Justice et des ministres intéressés.

Voir : art. R. 2-16 à R. 15-15, p. 1909, art. D. 2 à D. 8-1, p. 2132, art. D. 9 à D. 12, p. 2137, art. D. 44 à D. 45-2, p. 2164.

1) Conformité à la Constitution. En prévoyant, à l'avant dernier alinéa de l'article 16 du Code de procédure pénale, que l'habilitation d'un officier de police judiciaire est délivrée par le procureur général près la cour d'appel dans le ressort de laquelle intervient la première affectation du fonctionnaire et que cette habilitation n'a pas à être renouvelée en cas de changement d'affectation, le législateur n'a, dès lors qu'il a maintenu la possibilité pour l'autorité judiciaire de retirer ou de suspendre cette habilitation, pas méconnu l'article 66 de la Constitution (▪ Cons. const., 21 mars 2019, n° 2019-778 DC).

2) Nature des décisions relatives à l'habilitation. Si c'est à tort que la commission de l'article 16-2 qualifie de mesure d'administration judiciaire le retrait de l'habilitation d'un officier de police judiciaire, la décision confirmative critiquée n'encourt pas la censure au regard de l'article 6, § 1, de la Convention européenne des droits de l'Homme, dès lors qu'il ressort de ses propres constatations que le demandeur a reçu notification du droit à l'assistance d'un avocat, dont il a refusé le bénéfice, préalablement à l'entretien réglementairement exigé, puis d'un arrêté de retrait motivé, contre lequel il a eu la faculté de former un recours, en application des dispositions des articles 16, dernier alinéa, 16-1 à 16-3 et R. 15-6 du Code de procédure pénale (▪ Cass. crim., 21 juin 2016, n° 15-84.172 : *Dr. pén.* 2016, comm. 131, note A. Maron et M. Haas). *Contra*, l'arrêté du procureur général prononçant le retrait ou la suspension de l'habilitation d'un officier de police judiciaire, acte qui doit être motivé, a le caractère d'un acte administratif exécutoire de plein droit dès qu'il a été procédé à sa notification à l'intéressé (▪ Cass. ass. plén., 1er juill. 1994, n° 94-82.593 : *Bull. ass. plén.* n° 263 ; *Dr. pén.* 1994, comm. 244, note A. Maron). *Contra*, les mesures prises par le procureur général en application de l'article 16, dernier alinéa, du Code de procédure pénale, qui ont essentiellement pour objet d'assurer le bon fonctionnement de la police judiciaire, sont des mesures d'administration judiciaire. Elles ne constituent donc pas des sanctions amnistiables au sens de l'article 14 de la loi du 3 août 1995 (▪ Cass. crim., 13 janv. 1998, n° 96-83.629 : *Bull. crim.* n° 14).

Art. 16-1 A *(Créé, L. n° 2022-52, 24 janv. 2022)*. **– Lorsqu'ils servent dans la réserve opérationnelle de la police nationale ou dans la réserve opérationnelle de la gendarmerie nationale, les fonctionnaires de la**

police nationale et les militaires de la gendarmerie nationale actifs ou à la retraite ayant eu durant leur activité la qualité d'officier de police judiciaire peuvent, après une actualisation de leurs connaissances et dès lors qu'est établi qu'ils réunissent les conditions d'expérience et d'aptitude requises, conserver la qualité d'officier de police judiciaire pour une durée de cinq ans à compter de la date de leur départ à la retraite.

Toutefois, ils ne peuvent exercer effectivement les attributions attachées à leur qualité d'officier de police judiciaire et se prévaloir de cette qualité que s'ils sont affectés à des missions comportant l'exercice de ces attributions et en application d'une décision du procureur général près la cour d'appel les y habilitant personnellement.

L'habilitation est délivrée par le procureur général près la cour d'appel dans le ressort de laquelle intervient la première affectation du réserviste. Sous réserve du premier alinéa, elle est valable pour toute la durée de l'engagement dans la réserve, y compris en cas de changement d'affectation. Le procureur général peut prononcer le retrait de l'habilitation ou sa suspension pour une durée déterminée.

Un décret en Conseil d'État définit les conditions d'application du présent article.

Art. 16-1 *(Mod., L. n° 2009-526, 12 mai 2009)*. **– Dans le mois qui suit la notification de la décision de refus, de suspension ou de retrait d'habilitation, l'officier de police judiciaire peut demander au procureur général de rapporter cette décision. Le procureur général doit statuer dans un délai d'un mois. À défaut, son silence vaut rejet de la demande.**

Art. 16-2 *(L. n° 75-701, 6 août 1975)*. **– Dans le délai d'un mois à partir du rejet explicite ou implicite de la demande prévue à l'article précédent, l'officier de police judiciaire peut former un recours devant une commission composée de trois magistrats du siège de la Cour de cassation ayant le grade de président de chambre ou de conseiller. Ces magistrats sont désignés annuellement, en même temps que trois suppléants, par le bureau de la Cour de cassation.**

Les fonctions du ministère public sont remplies par le parquet général près la Cour de cassation.

Voir : art. R. 15-7, p. 1914.

Art. 16-3 *(Mod., L. n° 2009-526, 12 mai 2009)*. **– La commission statue par une décision motivée. Les débats ont lieu et la décision est rendue en chambre du conseil. Le débat est oral ; le requérant peut être entendu personnellement sur sa demande ou celle de son conseil ; il peut être assisté de son conseil.**

La procédure devant la commission est fixée par un décret en Conseil d'État.

Voir : art. R. 15-7, p. 1914.

1) Conformité de la procédure disciplinaire à l'article 6.1 CEDH. D'une part, la procédure, prévue aux articles R. 15-2 et R. 15-6 du Code de procédure pénale et mise en oeuvre par le procureur général près la cour d'appel, si elle peut conduire ce magistrat à prononcer une mesure de suspension ou de retrait d'habilitation, constitue une procédure disciplinaire spécifique accordant à l'officier de police judiciaire concerné par ladite procédure, dans le respect du principe du contradictoire, l'assistance d'un avocat lors des auditions et l'accès au dossier, d'autre part, le recours formé contre la décision prise en première instance relève de la compétence d'une commission, composée par trois magistrats de la Cour de cassation, qui, conformément aux articles R. 15-7 à R. 15-16 du Code de procédure pénale, procède à un réexamen en fait comme en droit du dossier et exerce un contrôle de l'arrêté pris par le procureur général et dont la décision est elle-même soumise au contrôle de la Cour de cassation pour violation de la loi, de sorte que l'intéressé bénéficie de garanties suffisantes de nature à préserver ses droits, conformément à l'article 6, § 1, de la Convention européenne des droits de l'Homme, notamment eu égard à l'exigence d'impartialité (■ Cass. crim., 8 janv. 2019, n° 18-82.353 : *Bull. crim.* à paraître). *Comp. précédemment.* La Commission compétente en matière de retrait ou de suspension de l'habilitation des officiers de police judiciaire ne statuant ni sur des contestations relatives à des droits ou des obligations de caractère civil ni sur le bienfondé d'une accusation en matière pénale, ses décisions n'entrent pas dans le champ d'application des dispositions de l'article 6.1 de la Convention européenne des droits de l'Homme relatives à l'exigence d'un procès équitable (■ Cass. ass. plén., 1er juill. 1994, n° 94-82.593 : *Bull. ass. plén.* n° 263 ; *Dr. pén.* 1994, comm. 244, note A. Maron).

2) Recours contre les décisions de la commission. Le recours en cassation contre les décisions de la Commission, prévu par l'article R. 15-16 du Code de procédure pénale, régi par les dispositions supplétives du nouveau Code de procédure civile, spécialement l'article 579 de ce code n'a pas d'effet suspensif (■ Cass. ass. plén., 1er juill. 1994, préc.).

Art. 17. – **Les officiers de police judiciaire exercent les pouvoirs définis à l'article 14 ; ils reçoivent les plaintes et dénonciations ; ils procèdent à des enquêtes préliminaires dans les conditions prévues par les articles 75 à 78.**

En cas de crimes et délits flagrants, ils exercent les pouvoirs qui leur sont conférés par les articles 53 à 67.

Ils ont le droit de requérir directement le concours de la force publique pour l'exécution de leur mission.

Compétence matérielle des OPJ – Compétence générale. L'article 44-II de la loi du 27 décembre 1973 sur la publicité mensongère, qui énumère les fonctionnaires habilités à constater les infractions, n'exclut pas les agents et officiers de police judiciaire désignés par les articles 16 et 20 du Code de procédure pénale dont la compétence légale est générale (■ Cass. crim., 22 juin 1977, n° 76-91.465 : *Bull. crim.* n° 232).

Art. 18 *(Mod., L. n° 2019-222, 23 mars 2019 ; L. n° 2020-1672, 24 déc. 2020).* – **Les officiers de police judiciaire ont compétence dans les limites territoriales où ils exercent leurs fonctions habituelles.**

Les officiers de police judiciaire, mis temporairement à disposition d'un service autre que celui dans lequel ils sont affectés, ont la même compétence territoriale que celle des officiers de police judiciaire du service d'accueil.

Les officiers de police judiciaire peuvent se transporter sur toute l'étendue du territoire national, à l'effet d'y poursuivre leurs investigations et de procéder à des auditions, perquisitions et saisies, après en avoir informé le procureur de la République saisi de l'enquête ou le juge d'instruction. Ils sont tenus d'être assistés d'un officier de police judiciaire territorialement compétent si ce magistrat le décide. Le procureur de la République du tribunal judiciaire dans le ressort duquel les investigations sont réalisées est également informé par l'officier de police judiciaire de ce transport. L'information des magistrats mentionnés au présent alinéa n'est cependant pas nécessaire lorsque le transport s'effectue dans un ressort limitrophe à celui dans lequel l'officier exerce ses fonctions, Paris et les départements des Hauts-de-Seine, de Seine-Saint-Denis et du Val-de-Marne étant à cette fin considérés comme un seul département.

Avec l'accord des autorités compétentes de l'État concerné, les officiers de police judiciaire peuvent, sur commission rogatoire expresse du juge d'instruction ou sur réquisitions du procureur de la République, procéder à des auditions sur le territoire d'un État étranger.

Les officiers ou agents de police judiciaire exerçant habituellement leur mission dans les véhicules affectés au transport collectif de voyageurs ou dans les lieux destinés à l'accès à ces moyens de transport sont compétents pour opérer sur l'étendue de la zone de défense de leur service d'affectation, dans des conditions déterminées par décret en Conseil d'État. Lorsque les réquisitions prises par le procureur de la République en application de l'article 78-7 le prévoient expressément, ces officiers ou agents de police judiciaire sont compétents pour les mettre en œuvre sur l'ensemble du trajet d'un véhicule de transport ferroviaire de voyageurs.

Voir : art. D. 12, p. 2137.

I – COMPÉTENCE TERRITORIALE DE PRINCIPE DES OPJ

1) Précisions jurisprudentielles. Il résulte de l'article 18, premier alinéa, du Code de procédure pénale que, lorsqu'ils appartiennent à un service dont les limites territoriales excèdent celles du ressort de la cour d'appel, les officiers de police judiciaire, habilités conformément à l'article 16, alinéa 4, de ce code, sont compétents pour exercer leurs attributions non pas seulement dans le ressort de la cour d'appel, mais sur toute l'étendue territoriale de ce service. Il en est de même, selon l'article 21-1, des agents de police judiciaire et des agents de police judiciaire adjoints placés sous leur autorité (■ Cass. crim., 6 déc. 1995 : *Bull. crim.* n° 370 ; *Dr. pén.* 1996, chron. 29 V. Lesclous et C. Marsat). Les officiers de police judiciaire peuvent, sans méconnaître les règles de compétence territoriale et d'entraide judiciaire internationale, recueillir, notamment par un moyen de communication électronique, des renseignements en dehors de leur circonscription, fût-ce en adressant directement une demande à une personne domiciliée à l'étranger, celle-ci restant, dans ce cas, libre de ne pas y répondre (■ Cass. crim., 6 nov. 2013, n° 12-87.130 : *Bull. crim.* n° 217 ; *D.* 2013, 2826, note P. Hennion-Jacquet).

II – EXTENSION DE LA COMPÉTENCE TERRITORIALE DES OPJ

2) Extension aux départements limitrophes antérieurement à la loi du 23 mars 2019. Lorsqu'un crime ou un délit flagrant (tout crime ou délit depuis L. n° 2011-392 du 14 avr. 2011) leur est dénoncé, même s'il n'a pas été commis dans leur circonscription habituelle, les officiers de police judiciaire peuvent procéder dans cette circonscription aux premières constatations et investigations utiles, puis poursuivre celles-ci dans le ressort des tribunaux de grande instance limitrophes du tribunal ou des tribunaux auxquels ils sont rattachés (▪ Cass. crim., 26 févr. 1991, n° 90-87.360 : *Bull. crim.* n° 96). S'agissant d'une prolongation de garde à vue sollicitée et obtenue par un OPJ agissant dans le cadre de l'extension de compétence de l'article 18, alinéa 3 (▪ Cass. crim., 27 juin 1994, n° 93-82.168).

3) Extension au territoire national sur autorisation judiciaire antérieurement à la loi du 23 mars 2019. Selon les dispositions combinées des articles 18 et 151 du Code de procédure pénale, le juge d'instruction peut, en cas d'urgence (condition supprimée par L. n° 2004-204 du 9 mars 2004), donner commission rogatoire à tout officier de police judiciaire, et lui prescrire d'effectuer ses opérations sur l'ensemble du territoire national, quel que soit le lieu où les faits poursuivis ont été commis, et l'étendue du ressort territorial de l'enquêteur désigné. Les dispositions, de valeur réglementaire, de l'article D. 12 de ce code, réservant l'extension territoriale aux seuls officiers de police judiciaire du lieu de l'infraction, ne lient pas les magistrats instructeurs (▪ Cass. crim., 20 juin 1996, n°s 93-82.187 et 95-81.975). Un prévenu est sans qualité pour exciper de la nullité de l'audition d'un témoin effectuée, au cours de l'enquête préliminaire, hors ressort, sans l'assistance d'un officier de police judiciaire territorialement compétent, alors que le procureur de la République ayant délivré la réquisition aux fins d'extension de compétence en application de l'article 18 du Code de procédure pénale avait prescrit une telle assistance (▪ Cass. crim., 9 nov. 2004, n° 03-86.990 : *Bull. crim.* n° 276). L'obligation faite par l'article 18, alinéa 4, du Code de procédure pénale d'informer le procureur de la République territorialement compétent n'est pas prescrite à peine de nullité (▪ Cass. crim., 18 juill. 1989, n° 89-80.596 : *Bull. crim.* n° 290. – Cass. crim., 7 mai 2018, n° 17-86.775). L'officier de police judiciaire qui, en exécution d'une commission rogatoire ne visant pas l'extension de compétence territoriale, procède à l'interception, à l'enregistrement, et à la transcription de communications émises sur une ligne téléphonique attribuée à un abonné qui demeure hors de son ressort territorial, ne méconnaît pas les règles de sa compétence territoriale, dès lors que tous les actes d'exécution de la commission rogatoire ont été dressés au siège de son service, dans lequel une dérivation permettant l'écoute des conversations a été installée (▪ Cass. crim., 20 juin 1996, n°s 93-82.187 et 95-81.975 : *Bull. crim.* n° 270 ; *Dr. pén.* 1996, comm. 279, note A. Maron).

4) Extension au territoire national en cas de surveillance. V. art. 706-80, p. 1596.

5) Extension au territoire d'un État étranger. Selon l'article 18 du Code de procédure pénale, la compétence des officiers de police judiciaire ne peut s'exercer sur le territoire d'un État étranger en l'absence d'un traité international liant la France à cet État. Encourt la cassation l'arrêt qui, tout en reconnaissant que la personne concernée avait été interpellée et arrêtée en territoire helvétique, a cru pouvoir valider la procédure en raison notamment de la bonne foi des policiers (▪ Cass. crim., 21 sept. 1999 : *Bull. crim.* n° 189 ; *RSC* 2000, p. 221, obs. A. Giudicelli ; *Procédures* 2000, comm. obs. J. Buisson). Les dispositions de l'article 18, alinéa 5, du Code de procédure pénale ne s'appliquent pas aux renseignements transmis par un officier de liaison en poste à l'étranger et relatifs à une organisation d'approvisionnement de stupéfiants à destination de la France qui ne constituent pas des actes de police judiciaire mais sont seulement destinés à guider d'éventuelles investigations de la police judiciaire (▪ Cass. crim., 13 sept. 2011, n° 11-83.100).

Art. 19 ***(Mod., L. n° 2016-731, 3 juin 2016).*** **– Les officiers de police judiciaire sont tenus d'informer sans délai le procureur de la République des crimes, délits et contraventions dont ils ont connaissance. Dès la clôture de leurs opérations, ils doivent lui faire parvenir directement l'original ainsi qu'une copie des procès-verbaux qu'ils ont dressés ; tous actes et documents y relatifs lui sont en même temps adressés ; les objets saisis sont mis à sa disposition.**

Les procès-verbaux doivent énoncer la qualité d'officier de police judiciaire de leur rédacteur.

Le procureur de la République peut autoriser que les procès-verbaux, actes et documents lui soient transmis sous forme électronique.

1) Information du procureur de la République. Il résulte des articles 19 et 40 du Code de procédure pénale que les officiers de police judiciaire sont tenus d'informer, sans délai, le procureur de la République des infractions dont ils acquièrent la connaissance dans l'exercice de leurs fonctions (■ Cass. crim., 21 févr. 1995, n° 94-83.336 : *Bull. crim.* n° 75).

2) Sanction de l'obligation d'information. Le défaut d'information du procureur de la République, par les officiers de police judiciaire, des infractions dont ils ont connaissance dans l'exercice de leurs fonctions, prévue par l'article 19 du Code de procédure pénale, est sans effet sur la validité des actes accomplis par ces derniers (■ Cass. crim., 1er déc. 2004, n° 04-80.536 : *Bull. crim.* n° 302 ; *D.* 2002, 1336, note J.-L. Lennon ; *Dr. pén.* 2005, comm. 30, note A. Maron. – *Adde*, ■ Cass. crim., 12 sept. 2018, n° 17-87.499).

Voir également : annotation ss art. 40, p. 142.

3) Procès-verbaux – Disparition. Doit être écarté l'exception de nullité de la procédure dès lors que les procès-verbaux d'enquête préliminaire disparus ont été rétablis au dossier de la procédure par la production de leurs copies certifiées conformes (■ Cass. crim., 5 sept. 2018, n° 16-87.180 : *Bull. crim.* à paraître ; *Procédures* 2018, comm. 348, note J. Buisson ; *RSC* 2019, p. 141, obs. N. Jeanne ; *AJ pénal* 2018, p. 528, obs. E. Clément).

Art. 19-1 *(L. n° 93-2, 4 janv. 1993)*. **– La notation par le procureur général de l'officier de police judiciaire habilité est prise en compte pour toute décision d'avancement.**

Voir : art. R. 2-17, p. 1909 et art. D. 44 et s., p. 2164.

Section III. – Des agents de police judiciaire

Bibliographie : *Répertoire.* J. Buisson, *Police judiciaire. – Agents de police judiciaire. – Agents de police judiciaire adjoints. – Fonctionnaires et agents chargés de certaines fonctions de police judicaire : JCl. Proc. pén.*, art. 20 à 29, Fasc. 20.

Art. 20 *(Mod., L. n° 2016-731, 3 juin 2016)*. **– Sont agents de police judiciaire :**

1° Les élèves-gendarmes affectés en unité opérationnelle et les gendarmes n'ayant pas la qualité d'officier de police judiciaire ;

2° Les fonctionnaires des services actifs de la police nationale, titulaires et stagiaires, n'ayant pas la qualité d'officier de police judiciaire ;

3° *(Abr., L. n° 2006-64, 23 janv. 2006)* **;**

4° et 5° *(Abr., L. n° 2011-267, 14 mars 2011)* **;**

Toutefois, les fonctionnaires et militaires mentionnés aux 1° et 2° ci-dessus ne peuvent exercer effectivement les attributions attachées à leur qualité d'agent de police judiciaire et se prévaloir de cette qualité que s'ils sont affectés à un emploi comportant cet exercice ; l'exercice de ces attributions est momentanément suspendu pendant le temps où ils participent, en unité constituée, à une opération de maintien de l'ordre.

Les agents de police judiciaire ont pour mission :

De seconder, dans l'exercice de leurs fonctions, les officiers de police judiciaire ;

De constater les crimes, délits ou contraventions et d'en dresser procès-verbal ;

De recevoir par procès-verbal les déclarations qui leur sont faites par toutes personnes susceptibles de leur fournir des indices, preuves et renseignements sur les auteurs et complices de ces infractions.

Les agents de police judiciaire n'ont pas qualité pour décider des mesures de garde à vue.

Voir : art. R. 15-17, p. 1915, art. D. 2 et s., p. 2132, art. D. 13 à D. 15, p. 2138.

1) Compétence des APJ – Assistance aux OPJ. Si en matière contraventionnelle, et sauf disposition contraire de la loi, la saisie d'objets, dont la confiscation peut être ordonnée comme le permet l'article 464 du Code pénal, doit être pratiquée par un officier de police judiciaire, celui-ci peut être secondé par un agent de police judiciaire (■ Cass. crim., 25 mai 1992, n° 91-86.255 : *Bull. crim.* n° 205). Dans le cadre de la procédure prévue par l'article 74 du Code de procédure pénale, l'officier de police judiciaire qui doit se rendre sur les lieux, ne peut subdéléguer à un fonctionnaire (APJ) qui ne possède pas la qualité d'officier de police judiciaire, les prérogatives qui lui ont été spécialement attribuées par le procureur de la République (■ Cass. crim., 1er avr. 1987, n° 86-92.507 : *Bull. crim.* n° 155).

2) Compétence des APJ – Compétence propre. Selon les articles 20 et D. 14 du Code de procédure pénale, les agents de police judiciaire ont compétence pour constater tous crimes, délits ou contraventions et pour en dresser procès-verbal ; indépendamment de ces attributions, ils secondent les officiers de police judiciaire dans l'exercice de leurs fonctions. Encourt dès lors la cassation le jugement qui, pour prononcer la nullité du procès-verbal de constatation d'une infraction dressé par un agent de police judiciaire, relève qu'il n'est pas justifié que cet agent ait agi sous le contrôle d'un officier de police judiciaire, alors qu'un agent de police judiciaire dispose du pouvoir propre de constater les infractions et d'en dresser procès-verbal (▪ Cass. crim., 16 nov. 2016, n° 16-81.767. – *Adde* ▪ Cass. crim., 16 mars 2016, n° 15-84.0001). Selon les articles 20 et D. 14 du Code de procédure pénale, les agents de police judiciaire ont compétence pour constater tous crimes, délits ou contraventions et pour dresser procès-verbal ; indépendamment de ces attributions, ils secondent les officiers de police judiciaire dans l'exercice de leur fonction. Encourt ainsi la cassation le jugement qui, pour prononcer la nullité du procès-verbal de constatation d'une infraction dressé par un agent de police judiciaire, relève que celui-ci ne mentionnait pas l'identité de l'OPJ sous l'autorité duquel il avait été établi. En effet, en l'espèce, l'agent verbalisateur ne secondait pas un officier de police judiciaire dans l'exercice de ses fonctions (▪ Cass. crim., 10 mars 2015, n° 14-84.314. – *Adde* ▪ Cass. crim., 13 janv. 2016, n° 15-81.560. ▪ Cass. crim., 13 janv. 2016, n° 15-81.561 – Cass. crim., 13 nov. 2018, n° 18-80.957). Les agents de police judiciaire qui, dans le cours d'une enquête, organisent une « parade » aux fins de présenter aux témoins des personnes soupçonnées d'avoir participé à une infraction, n'excèdent pas les pouvoirs qui leur sont conférés par l'article 20 du Code de procédure pénale (▪ Cass. crim., 10 mars 1993, n° 92-83.663 : *Bull. crim.* n° 110).

3) Compétence des APJ – Contrôle des OPJ. Justifie sa décision la cour d'appel qui écarte l'exception de nullité d'une procédure d'enquête préliminaire, dès lors que les procès-verbaux constatant les actes accomplis par un agent de police judiciaire ont été adressés au procureur de la République par la voie hiérarchique, d'où se déduit l'existence du contrôle d'un officier de police judiciaire, conformément aux dispositions de l'article 75 du Code de procédure pénale (▪ Cass. crim., 24 mars 1999, n° 98-82.603 : *Bull. crim.* n° 56).

Art. 20-1 *(L. n° 2003-239, 18 mars 2003 ; L. n° 2022-52, 24 janv. 2022).* **– Lorsqu'ils n'ont pas la qualité d'officier de police judiciaire en application de l'article 16-1 A, les fonctionnaires de la police nationale et les militaires de la gendarmerie nationale actifs ou à la retraite ayant eu durant leur activité la qualité d'officier ou d'agent de police judiciaire peuvent bénéficier de la qualité d'agent de police judiciaire lorsqu'ils servent dans la réserve opérationnelle de la police nationale ou dans la réserve opérationnelle de la gendarmerie nationale. Un décret en Conseil d'État fixe les conditions d'application du présent article. Il précise les conditions d'expérience et les qualités requises pour bénéficier de la qualité d'agent de police judiciaire au titre du présent article.**

Voir : art. R. 15-17-1, p. 1915.

Art. 21 *(Mod., L. n° 2017-258, 28 févr. 2017 ; L. n° 2022-52, 24 janv. 2022).* **– Sont agents de police judiciaire adjoints :**

1° Les fonctionnaires des services actifs de police nationale ne remplissant pas les conditions prévues par l'article 20 ;

1° ***bis*** **Les volontaires servant en qualité de militaire dans la gendarmerie ; et les militaires servant au titre de la réserve opérationnelle de la gendarmerie nationale ne remplissant pas les conditions prévues par l'article 20-1 ;**

1° ***ter*** **Les policiers adjoints mentionnés à l'article L. 411-5 du Code de la sécurité intérieure et les membres de la réserve opérationnelle de la police nationale qui ne remplissent pas les conditions prévues aux articles 16-1 A ou 20-1 du présent code ;**

1° ***quater*** **Les contrôleurs relevant du statut des administrations parisiennes exerçant leurs fonctions dans la spécialité voie publique et les agents de surveillance de Paris ;**

1° ***quinquies (Abr., L. n° 2011-267, 14 mars 2011)*** **;**

1° ***sexies (Abr., L. n° 2017-258, 28 févr. 2017)*** **;**

2° Les agents de police municipale ;

3° Les gardes champêtres, lorsqu'ils agissent pour l'exercice des attributions fixées au dernier alinéa de l'article L. 2213-18 du Code général des collectivités territoriales.

Ils ont pour mission :

De seconder, dans l'exercice de leurs fonctions, les officiers de police judiciaire ;

De rendre compte à leurs chefs hiérarchiques de tous crimes, délits ou contraventions dont ils ont connaissance ;

De constater par procès-verbal les contraventions aux dispositions du Code de la route dont la liste est fixée par décret en Conseil d'État ainsi que les contraventions prévues à l'article 621-1 du Code pénal.

De constater par procès-verbal les contraventions aux dispositions du Code de la route dont la liste est fixée par décret en Conseil d'État ainsi que les contraventions prévues à l'article 621-1 du Code pénal.

Lorsqu'ils constatent une infraction par procès-verbal, les agents de police judiciaire adjoints peuvent recueillir les éventuelles observations du contrevenant.

1) Compétence des APJA. L'article 21 du Code de procédure pénale, dans ses deux derniers alinéas, confère aux agents de police judiciaire adjoints le pouvoir de constater par procès-verbal les infractions au Code de la route dans les limites fixées par l'article R. 130-2 du Code de la route. Est, dès lors, régulier le procès-verbal établi par un agent de police judiciaire adjoint, sans le contrôle d'un officier de police judiciaire, pour constater une contravention d'usage de téléphone tenu en main par le conducteur d'un véhicule en circulation (▪ Cass. crim., 27 mai 2015, n° 14-82.126).

2) Compétence des APJA – Sanction. L'emploi d'agents de police judiciaire adjoints en dehors du cadre de l'article 21 du Code de procédure pénale constitue un manquement professionnel grave ayant une incidence sur la capacité d'exercice des missions de police judiciaire, lequel est de nature à justifier, à l'égard de l'OPJ qui s'en rend coupable, une interdiction d'exercice de ces fonctions sur le fondement des articles 227 et 229-2 du Code de procédure pénale (▪ Cass. crim., 21 janv. 2020, n° 19-81.530 : *Bull. crim.* à paraître).

Art. 21-1 *(L. n° 85-1196, 18 nov. 1985).* **– Les agents de police judiciaire et agents de police judiciaire adjoints ont compétence dans les limites territoriales où ils exercent leurs fonctions habituelles ainsi que dans celles où l'officier de police judiciaire responsable du service de la police nationale ou de l'unité de gendarmerie auprès duquel ils ont été nominativement mis à disposition temporaire exerce ses fonctions. Lorsqu'ils secondent un officier de police judiciaire, ils ont compétence dans les limites territoriales où ce dernier exerce ses attributions en application des dispositions de l'article 18.**

Compétence territoriale des APJ – Précision jurisprudentielle. Il résulte de l'article 18, premier alinéa, du Code de procédure pénale que, lorsqu'ils appartiennent à un service dont les limites territoriales excèdent celles du ressort de la cour d'appel, les officiers de police judiciaire, habilités conformément à l'article 16, alinéa 4, de ce code, sont compétents pour exercer leurs attributions non pas seulement dans le ressort de la cour d'appel, mais sur toute l'étendue territoriale de ce service. Il en est de même, selon l'article 21-1, des agents de police judiciaire et des agents de police judiciaire adjoints placés sous leur autorité (▪ Cass. crim., 6 déc. 1995 : *Bull. crim.* n° 370 ; *Dr. pén.* 1996, chron. 29, V. Lesclous et C. Marsat).

Art. 21-2 *(L. n° 99-291, 15 avr. 1999).* **– Sans préjudice de l'obligation de rendre compte au maire qu'ils tiennent de l'article 21, les agents de police municipale rendent compte immédiatement à tout officier de police judiciaire de la police nationale ou de la gendarmerie nationale territorialement compétent de tous crimes, délits ou contraventions dont ils ont connaissance.**

Ils adressent sans délai leurs rapports et procès-verbaux simultanément au maire et, par l'intermédiaire des officiers de police judiciaire mentionnés à l'alinéa précédent, au procureur de la République.

Transmission au procureur de la République – Sanction. Caractérise le délit d'immixtion dans une fonction publique, plus précisément, dans l'exercice du pouvoir de classement sans suite conféré au seul procureur de la République par l'article 40-1 du Code de procédure pénale, le fait, pour un maire, qui ne bénéficie d'aucun titre au sens de l'article 433-12 du Code pénal pour ce faire, de décider, en violation de l'article 21-2 du Code de procédure pénale, de l'opportunité de transmettre certains procès-verbaux de contraventions à ce magistrat et de les conserver aux fins de les soustraire à toute poursuite judiciaire (▪ Cass. crim., 21 mars 2018, n° 17-81.011 : *Bull. crim.* à paraître).

Section IV. – Des fonctionnaires et agents chargés de certaines fonctions de police judiciaire

Bibliographie : ***Répertoire.*** J. Buisson, *Police judiciaire. – Agents de police judiciaire. – Agents de police judiciaire adjoints. – Fonctionnaires et agents chargés de certaines fonctions de police judicaire : JCl. Proc. pén.*, art. 20 à 29, Fasc. 20.

Généralités. *Les pouvoirs d'enquête des administrations : AJ Pénal* 2015, Dossier, p. 63 et s. et 115 et s. • H. Matsopoulou, *Les investigations de certains fonctionnaires dans les locaux des entreprises : LPA* 2001, n° 143.

§ 1. – Des ingénieurs, chefs de district et agents techniques des eaux et forêts et des gardes champêtres
(Intitulé rempl., L. n° 2014-1170, 13 oct. 2014)

Art. 22 *(Rempl., L. n° 2014-1170, 13 oct. 2014).* – Les agents des services de l'État chargés des forêts, les agents en service à l'Office national des forêts ainsi que ceux de l'établissement public du domaine national de Chambord, commissionnés à raison de leurs compétences en matière forestière et assermentés à cet effet, les gardes champêtres et les agents de police municipale exercent leurs pouvoirs de police judiciaire conformément au chapitre Ier du titre VI du livre Ier du Code forestier.

Art. 23 *(Rempl., L. n° 2014-1170, 13 oct. 2014).* – Les personnes mentionnées à l'article 22 peuvent être requises par le procureur de la République, le juge d'instruction et les officiers de police judiciaire afin de leur prêter assistance.

Art. 24 *(Rempl., L. n° 2014-1170, 13 oct. 2014).* – Outre les compétences mentionnées à l'article 22 du présent code et à l'article L. 521-1 du Code de la sécurité intérieure, les gardes champêtres recherchent et constatent par procès-verbal les délits et contraventions qui portent atteinte aux propriétés situées dans les communes pour lesquelles ils sont assermentés, dans les mêmes conditions que celles énoncées, en matière d'infractions forestières, aux articles L. 161-14 à L. 161-18 du Code forestier ainsi que, en matière environnementale, à l'article L. 172-8 du Code de l'environnement.

Art. 25 et 26 *(Abr, L. n° 2014-1170, 13 oct. 2014).*

Art. 27 *(Mod., L. n° 2003-239, 18 mars 2003).* – Les gardes champêtres adressent leurs rapports et leurs procès-verbaux simultanément au maire et, par l'intermédiaire des officiers de police judiciaire de la police ou de la gendarmerie nationales territorialement compétents, au procureur de la République.

Cet envoi au destinataire doit avoir lieu dans les cinq jours au plus tard, y compris celui où ils ont constaté le fait, objet de leur procès-verbal.

§ 2. – Des fonctionnaires et agents des administrations et services publics

Art. 28 *(Mod., L. n° 2019-222, 23 mars 2019 ; L. n° 2019-773, 24 juill. 2019 ; L. n° 2020-1672, 24 déc. 2020).* – Les fonctionnaires et agents des administrations et services publics auxquels des lois spéciales attribuent certains pouvoirs de police judiciaire exercent ces pouvoirs dans les conditions et dans les limites fixées par ces lois.

Lorsque la loi prévoit que ces fonctionnaires et agents peuvent être requis par commission rogatoire du juge d'instruction, ils exercent, dans les limites de la commission rogatoire, les pouvoirs qui leur sont conférés par les lois spéciales mentionnées au premier alinéa du présent article.

D'office ou sur instructions du procureur de la République, ces fonctionnaires et agents peuvent concourir à la réalisation d'une même enquête avec des officiers et agents de police judiciaire, le cas échéant, en les assistant dans les actes auxquels ils procèdent.

Ces fonctionnaires et agents peuvent, sur instruction du procureur de la République, procéder à la mise en œuvre des mesures prévues à l'article 41-1.

Lorsque ces fonctionnaires et agents sont autorisés à procéder à des auditions, l'article 61-1 est applicable dès lors qu'il existe à l'égard de la personne entendue des raisons plausibles de soupçonner qu'elle a commis ou tenté de commettre une infraction.

Nonobstant toute disposition contraire, lorsque les fonctionnaires et agents relevant du présent article doivent prêter serment avant d'exercer leur fonction, ce serment n'a pas à être renouvelé en cas de changement d'affectation.

1) Fonctionnaires et agents disposant de pouvoirs de police judiciaire.

Voir : en matière routière, C. route, art. L. 130-4, en matière de prix et concurrence, C. com., art. L. 450-1, en matière de travail, C. trav., art. L. 8271-7 et s., en matière d'environnement, C. env., art. L. 216-3, en matière d'urbanisme, C. urb., art. L. 480-1.

2) Compétence spéciale – Compétence limitée aux actes spécialement prévus. Aux termes de l'article 28 du Code de procédure pénale, les fonctionnaires et agents des administrations et services publics auxquels des lois spéciales attribuent certains pouvoirs de police judiciaire exercent ces pouvoirs dans les conditions et dans les limites fixées par ces lois. En application de l'article R. 221-17-6, alinéa 2, du Code de l'environnement, les agents de l'Office national de la chasse et de la faune sauvage sont tenus au port de signes distinctifs et d'un uniforme dans l'exercice de leurs fonctions. Sont nuls les procès-verbaux relatant les constatations opérées par ces agents alors qu'ils n'étaient pas revêtus de l'uniforme attaché à leurs fonctions (▪ Cass. crim., 20 sept. 2005, n° 05-82.072 : *Bull. crim.* n° 232). Il résulte de l'article L. 450-4 du Code de commerce qu'après avoir vérifié que la demande qui lui est soumise est fondée, le juge des libertés et de la détention peut autoriser des opérations de visite et saisie dans toute entreprise, quelle que soit son activité ; encourt dès lors la cassation, l'ordonnance du délégué du premier président qui soumet l'autorisation des opérations de visite et saisie dans des entreprises de presse à des conditions particulières (▪ Cass. crim., 11 janv. 2012, n° 10-85.446 : *JurisData* n° 2012-000198 ; *Contrats, conc. consom.* 2012, comm. 74, note G. Decocq ; *Dr. pén.* 2012, comm. 37, note J.-H. Robert).

3) **Compétence spéciale – Compétence limitée aux infractions spécialement prévues.** Les pouvoirs d'investigation conférés aux officiers et agents de police judiciaire ou à certains fonctionnaires par des lois spéciales ne peuvent être exercés que dans les conditions et dans les limites fixées par les textes qui les prévoient, sans qu'il leur soit permis de mettre en œuvre, par un détournement de procédure, des pouvoirs que la loi ne leur a pas reconnus. Si, pour l'application du Code des douanes et en vue de la recherche de la fraude, les agents des Douanes peuvent procéder à la visite des moyens de transport, ils ne peuvent cependant, sans commettre un détournement de procédure, procéder à la visite d'un véhicule pour la constatation d'une infraction à la circulation routière (▪ Cass. crim., 18 déc. 1989, n° 89-81.659 : *Bull. crim.* n° 485 ; *JCP* G, II, 21531, note P. Chambon). Il résulte de l'article 45, alinéa 3, de l'ordonnance du 1er décembre 1986, inséré dans l'(ancien) article L. 141-1, IV, du Code de la consommation, que des fonctionnaires de catégorie A du ministère chargé de l'Économie, spécialement habilités à cet effet, peuvent recevoir des juges d'instruction des commissions rogatoires, mais seulement pour enquêter sur les infractions visées par cette ordonnance. Justifie sa décision la chambre d'accusation qui prononce la nullité d'une commission rogatoire par laquelle un juge d'instruction a délégué des agents de la Direction générale de la concurrence, de la consommation et de la répression des fraudes pour enquêter sur des faits de favoritisme, délit prévu et réprimé par l'article 432-14 du Code pénal, dès lors que le juge d'instruction ne pouvait avoir recours à ces agents qu'en leur qualité de personnes qualifiées et après leur avoir fait prêter le serment indiqué à l'article 60 du Code de procédure pénale (▪ Cass. crim., 5 mai 1999, n° 98-85.589 : *JurisData* n° 1999-002715 ; *Bull. crim.* n° 88).

4) **Compétence non exclusive.** L'article 44-II de la loi du 27 décembre 1973 sur la publicité mensongère qui énumère les fonctionnaires habilités à constater les infractions n'exclut pas les agents et officiers de police judiciaire désignés par les articles 16 et 20 du Code de procédure pénale dont la compétence légale est générale (▪ Cass. crim., 22 juin 1977, n° 76-91.465 : *Bull. crim.* n° 232).

5) **Respect du secret de l'enquête.** Il résulte des articles 11 et 28 du Code de procédure pénale que les agents ou fonctionnaires auxquels les lois spéciales mentionnées au second de ces textes attribuent des pouvoirs de police judiciaire sont soumis au secret de l'enquête. La présence d'un tiers ayant obtenu d'une autorité publique l'autorisation de capter, par le son ou l'image, fût-ce dans le but d'informer le public, le déroulement des actes d'enquête auxquels procèdent ces agents ou fonctionnaires, constitue une violation de ce secret. Une telle violation porte nécessairement atteinte aux intérêts de la personne concernée. Encourt par conséquent la cassation l'arrêt qui, à propos du contrôle d'un restaurant au cours duquel une équipe de la direction départementale de la protection de la population, composée d'inspecteurs de la santé publique vétérinaire, du ministère de l'Agriculture et de la Concurrence, de la Consommation et de la Répression des fraudes, a constaté les infractions au Code de la consommation poursuivies, énonce que la présence d'une équipe de télévision munie d'une caméra ne viole ni le secret de l'enquête ni aucune forme prescrite par la loi à peine de nullité et que la société exploitant le restaurant ne justifie d'aucun grief (▪ Cass. crim., 9 mars 2021, n° 20-83.304, §§ 8 à 11 : *AJ pénal* 2021, 377, obs. J.-B. Thierry).

Art. 28-1 *(Mod., L. n° 2019-222, 23 mars 2019 ; Ord. n° 2019-1015, 2 oct. 2019).* **– I. – Des agents des douanes de catégories A et B, spécialement désignés par arrêté des ministres chargés de la justice et du budget, pris après avis conforme d'une commission dont la composition et le fonctionnement sont déterminés par décret en Conseil d'État, peuvent être habilités à effectuer des enquêtes judiciaires sur réquisition du procureur de la République ou sur commission rogatoire du juge d'instruction.**

Ces agents ont, pour l'exercice des missions prévues par le présent article, compétence sur l'ensemble du territoire national.

Ils sont compétents pour rechercher et constater :

1° Les infractions prévues par le Code des douanes ;

2° Les infractions en matière de contributions indirectes, d'escroquerie sur la taxe sur la valeur ajoutée et de vols de biens culturels ;

3° Les infractions relatives à la protection des intérêts financiers de l'Union européenne ;

4° Les infractions prévues par les articles L. 2339-1 à L. 2339-11, L. 2344-7 et L. 2353-13 du Code de la défense ;

5° Les infractions prévues par les articles 324-1 à 324-9 du Code pénal ;

5° *bis* Les délits d'association de malfaiteurs prévus à l'article 450-1 du Code pénal, lorsqu'ils ont pour objet la préparation de l'une des infractions mentionnées aux 1° à 5° et 6° à 8° du présent I ;

6° Les infractions prévues au Code de la propriété intellectuelle ;

6° *bis* Les infractions prévues aux articles L. 3512-23 à L. 3512-25 du Code de la santé publique et à leurs textes d'application ; ;

7° Les infractions prévues aux articles 56 et 57 de la loi n° 2010-476 du 12 mai 2010 relative à l'ouverture à la concurrence et à la régulation du secteur des jeux d'argent et de hasard en ligne, le cas échéant par le biais de la participation sous une identité d'emprunt à des échanges électroniques sur un site de jeux ou paris agréé ou non, et notamment à une session de jeu en ligne. L'utilisation d'une identité d'emprunt est sans incidence sur la régularité des constatations effectuées. Un décret en Conseil d'État précise les conditions dans lesquelles les agents habilités par le directeur général de l'Autorité procèdent dans ce cas à leurs constatations ;

8° Les infractions connexes aux infractions visées aux 1° à 7°.

Toutefois, sous réserve des dispositions du II, ils n'ont pas compétence en matière de trafic de stupéfiants.

II. – Pour la recherche et la constatation des infractions prévues par les articles 222-34 à 222-40, par le 6° de l'article 421-1 ainsi que par l'article 421-2-2 du Code pénal, et des infractions qui leur sont connexes, le procureur de la République ou le juge d'instruction territorialement compétent peut constituer des unités temporaires composées d'officiers de police judiciaire et d'agents des douanes pris parmi ceux mentionnés au I. Le procureur de la République ou le juge d'instruction désigne le chef de chaque unité qu'il constitue.

Les unités temporaires agissent sous la direction du procureur de la République ou du juge d'instruction mandant, conformément aux dispositions du présent code. Elles ont compétence sur toute l'étendue du territoire national.

III *(III abr. à compter du 1er oct. 2004, L. n° 2004-204, 9 mars 2004).*

IV. – Les agents des douanes désignés dans les conditions prévues au I doivent, pour mener des enquêtes judiciaires et recevoir des commissions rogatoires, y être habilités personnellement en vertu d'une décision du procureur général.

La décision d'habilitation est prise par le procureur général près la cour d'appel du siège de leur fonction. Elle est accordée, suspendue ou retirée dans des conditions fixées par décret en Conseil d'État.

Dans le mois qui suit la notification de la décision de suspension ou de retrait de l'habilitation, l'agent concerné peut demander au procureur général de rapporter cette décision. Le procureur général doit statuer dans un délai d'un mois. À défaut, son silence vaut rejet de la demande. Dans un délai d'un mois à partir du rejet de la demande, l'agent concerné peut former un recours devant la commission prévue à l'article 16-2. La procédure applicable devant cette commission est celle prévue par l'article 16-3 et ses textes d'application.

V. – Pour l'exercice des missions mentionnées aux I et II, les agents des douanes sont placés sous la direction du procureur de la République, sous la surveillance du procureur général et sous le contrôle de la chambre de l'instruction du siège de leur fonction dans les conditions prévues par les articles 224 à 230.

VI. – Lorsque, sur réquisition du procureur de la République ou sur commission rogatoire d'un juge d'instruction, les agents des douanes mentionnés aux I et II procèdent à des enquêtes judiciaires, ils disposent des mêmes prérogatives et obligations que celles attribuées aux officiers de police judiciaire, y compris lorsque ces prérogatives et obligations sont confiées à des services ou unités de police ou de gendarmerie spécialement désignés. Toutefois, ils ne peuvent disposer des prérogatives mentionnées à l'article 230-46 qu'après avoir été spécialement habilités à cette fin dans les conditions déterminées par le décret pris pour l'application de l'article 67 *bis* 1 du Code des douanes.

Ces agents sont autorisés à déclarer comme domicile l'adresse du siège du service dont ils dépendent.

Ils peuvent être assistés par les personnes mentionnées aux articles 706 et 706-2 agissant sur délégation des magistrats.

Par dérogation à la règle fixée au 2 de l'article 343 du Code des douanes, l'action pour l'application des sanctions fiscales peut être exercée par le ministère public, en vue de l'application des dispositions du présent article.

VII. – Les agents des douanes mentionnés aux I et II sont placés sous la direction administrative d'un magistrat de l'ordre judiciaire selon des modalités fixées par décret en Conseil d'État.

VIII. – Les agents de l'administration des douanes mentionnés aux I et II ne peuvent, à peine de nullité, exercer d'autres attributions ou accomplir d'autres actes que ceux prévus par le présent code dans le cadre des faits dont ils sont saisis par l'autorité judiciaire.

1) Compétence des agents des douanes – Absence d'atteinte au caractère équitable et contradictoire de la procédure et à l'équilibre des droits des parties. Est à juste titre écartée l'argumentation des prévenus soulevant le caractère inéquitable de la procédure en raison de l'intérêt financier qu'auraient les agents des douanes judiciaires à diligenter une enquête dès lors que le demandeur ne démontre pas que le défaut d'impartialité, qui résulterait de l'éventuel intérêt financier à l'enquête des agents du service national de la douane judiciaire saisis en application de l'article 28-1 du Code de procédure pénale, aurait eu pour effet de porter atteinte au caractère équitable et contradictoire de la procédure ou de compromettre l'équilibre des droits des parties (▪ Cass. crim., 17 janv. 2018, n° 16-83.612 : *Bull. crim.* à paraître).

2) Compétence des agents des douanes – Conditions. En vertu de l'article 28-1 du Code de procédure pénale, les agents des douanes habilités ne peuvent effectuer des enquêtes judiciaires que sur réquisition du procureur de la République ou sur commission rogatoire du juge d'instruction visant les infractions mentionnées par l'article 28-1, I, 1° à 7° du Code de procédure pénale. Méconnaît cette disposition, la cour d'appel qui, pour refuser de faire droit à la demande en nullité de la procédure diligentée par le service national de la douane judiciaire tirée de ce que celui-ci n'était pas compétent pour enquêter sur les éventuels faits d'abus de faiblesse signalés par la cellule TRACFIN, se prononce par des motifs qui font apparaître que ni les réquisitions du procureur de la République saisissant la douane judiciaire ni la note de TRACFIN à laquelle ces réquisitions renvoyaient ne visaient l'une des infractions mentionnées par l'article 28-1, I, 1° à 7° du Code de procédure pénale (▪ Cass. crim., 28 juin 2017, n° 16-83.372 : *Bull. crim.* à paraître).

3) Compétence des agents des douanes – Notification d'une convocation en justice. Aux termes de l'article 28-1, VI, du Code de procédure pénale, lorsque, sur réquisition du procureur de la République ou sur commission rogatoire d'un juge d'instruction, les agents des douanes habilités procèdent à des enquêtes judiciaires, ils disposent des mêmes prérogatives et obligations que celles attribuées aux officiers de police judiciaire, ce qui inclut la notification au prévenu, à l'issue de l'enquête, d'une convocation en justice en application de l'article 390-1 du même code (▪ Cass. crim., 17 févr. 2021, n° 19-83.707, § 15 : *Bull. crim.* à paraître).

Art. 28-2 *(Mod., L. n° 2018-898, 23 oct. 2018)*. – I. – Des agents des services fiscaux de catégories A et B, spécialement désignés par arrêté des ministres chargés de la justice et du budget, pris après avis conforme d'une commission dont la composition et le fonctionnement sont déterminés par décret en Conseil d'État, peuvent être habilités à effectuer des enquêtes judiciaires sur réquisition du procureur de la République ou sur commission rogatoire du juge d'instruction.

Ces agents ont compétence pour rechercher et constater, sur l'ensemble du territoire national, les infractions prévues par les articles 1741 et 1743 du Code général des impôts et le blanchiment de ces infractions lorsqu'il existe des présomptions caractérisées que les infractions prévues par ces articles résultent d'une des conditions prévues aux 1° à 5° du II de l'article L. 228 du Livre des procédures fiscales, ainsi que les infractions qui leur sont connexes.

II. – Les agents des services fiscaux désignés dans les conditions prévues au I doivent, pour mener des enquêtes judiciaires et recevoir des commissions rogatoires, y être habilités personnellement en vertu d'une décision du procureur général.

La décision d'habilitation est prise par le procureur général près la cour d'appel du siège de leur fonction. Elle est accordée, suspendue ou retirée dans des conditions fixées par décret en Conseil d'État.

Dans le mois qui suit la notification de la décision de suspension ou de retrait de l'habilitation, l'agent concerné peut demander au procureur général de rapporter cette décision. Le procureur général doit statuer dans un délai d'un mois. À défaut, son silence vaut rejet de la demande. Dans un délai d'un mois à partir du rejet de la demande, l'agent concerné peut former un recours devant la commission prévue à l'article 16-2 du présent code. La procédure applicable devant cette commission est celle prévue par l'article 16-3 et ses textes d'application.

III. – Les agents des services fiscaux habilités dans les conditions prévues au II sont placés exclusivement sous la direction du procureur de la République, sous la surveillance du procureur général et sous le contrôle de la chambre de l'instruction dans les conditions prévues par les articles 224 à 230.

IV. – Lorsque, sur réquisition du procureur de la République ou sur commission rogatoire d'un juge d'instruction, les agents des services fiscaux habilités dans les conditions prévues au II du présent article procèdent à des enquêtes judiciaires, ils disposent des mêmes prérogatives et obligations que celles attribuées aux officiers de police judiciaire, y compris lorsque ces prérogatives et obligations sont confiées à des services ou unités de police ou de gendarmerie spécialement désignés.

Ces agents sont autorisés à déclarer comme domicile l'adresse du siège du service dont ils dépendent.

V. – Les agents des services fiscaux habilités dans les conditions prévues au II du présent article ne peuvent, à peine de nullité, exercer d'autres attributions ou accomplir d'autres actes que ceux prévus par le présent code dans le cadre des faits dont ils sont saisis par le procureur de la République ou toute autre autorité judiciaire.

VI. – Les agents des services fiscaux habilités dans les conditions prévues au II ne peuvent participer à une procédure de contrôle de l'impôt prévue par le livre des procédures fiscales pendant la durée de leur habilitation. Ils ne peuvent effectuer des enquêtes judiciaires dans le cadre de faits pour lesquels ils ont participé à une procédure de contrôle de l'impôt avant d'être habilités à effectuer des enquêtes. Ils ne peuvent, même après la fin de leur habilitation, participer à une procédure de contrôle de l'impôt dans le cadre de faits dont ils avaient été saisis par le procureur de la République ou toute autre autorité judiciaire au titre de leur habilitation.

Art. 28-3 *(L. n° 2020-1672, 24 déc. 2020)*. – I. – Des inspecteurs de l'environnement de catégorie A et B compétents pour la recherche et la constatation des infractions portant atteinte à l'environnement en application de l'article L. 172-1 du Code de l'environnement affectés à l'Office français de la biodiversité, spécialement désignés par arrêté conjoint du ministre de la justice et du ministre chargé de l'environnement, pris après avis conforme d'une commission dont la composition et le fonctionnement sont déterminés par décret en Conseil d'État, disposent, pour les enquêtes judiciaires qu'ils diligentent sur réquisition du procureur de la République ou sur commission rogatoire du juge d'instruction, des mêmes prérogatives et obligations que celles attribuées aux officiers de police judiciaire, y compris lorsque ces prérogatives et obligations sont confiées à des services ou unités de police ou de gendarmerie spécialement désignés.

Pour les délits prévus à l'article L. 415-6 et au VII de l'article L. 541-46 du même code, ces inspecteurs ne sont compétents que lorsqu'ils concourent à la réalisation d'une même enquête avec des officiers et agents de police judiciaire ou des agents des douanes mentionnés à l'article 28-1 du présent code.

Pour l'exercice des missions prévues au présent article, ils ont compétence sur l'ensemble du territoire national.

Ils sont autorisés à déclarer comme domicile l'adresse de leur résidence administrative.

II. – Les inspecteurs de l'environnement désignés dans les conditions prévues au I sont habilités personnellement en vertu d'une décision du procureur général.

La décision d'habilitation est prise par le procureur général près la cour d'appel de leur résidence administrative. Elle est accordée, suspendue ou retirée dans des conditions fixées par décret en Conseil d'État.

Dans le mois qui suit la notification de la décision de suspension ou de retrait de l'habilitation, l'inspecteur de l'environnement concerné peut demander au procureur général de rapporter cette décision. Le procureur général doit statuer dans un délai d'un mois. Àdéfaut, son silence vaut rejet de la demande. Dans un délai d'un mois à compter du rejet de la demande, l'inspecteur de l'environnement concerné peut former un recours devant la commission prévue à l'article 16-2. La procédure applicable devant cette commission est celle prévue à l'article 16-3.

III. – Les inspecteurs de l'environnement habilités dans les conditions prévues au II du présent article sont placés exclusivement sous la direction du procureur de la République, sous la surveillance du procureur général et sous le contrôle de la chambre de l'instruction du siège de leur fonction dans les conditions prévues aux articles 224 à 230.

IV. – Les inspecteurs de l'environnement habilités dans les conditions prévues au II du présent article ne peuvent, à peine de nullité, exercer d'autres attributions ou accomplir d'autres actes que ceux prévus par le présent code dans le cadre des faits dont ils sont saisis par le procureur de la République ou toute autre autorité judiciaire.

§ 3. – Des gardes particuliers assermentés

Art. 29 *(Mod., L. n° 2016-1087, 8 août 2016).* – Les gardes particuliers assermentés constatent par procès-verbaux tous délits et contraventions portant atteinte aux propriétés dont ils ont la garde.

Les procès-verbaux sont remis ou envoyés par lettre recommandée directement au procureur de la République. Cet envoi doit avoir lieu, à peine de nullité, dans les cinq jours suivant celui de la constatation du fait, objet de leur procès-verbal.

Art. 29-1 *(Mod., L. n° 2011-267, 14 mars 2011).* – Les gardes particuliers mentionnés à l'article 29 sont commissionnés par le propriétaire ou tout autre titulaire de droits sur la propriété qu'ils sont chargés de surveiller. Ils doivent être agréés par le préfet du département dans lequel se situe la propriété désignée dans la commission.

Ne peuvent être agréés comme gardes particuliers :

1° Les personnes dont le comportement est incompatible avec l'exercice de ces fonctions, en particulier si elles ne remplissent pas les conditions de moralité et d'honorabilité requises, au vu notamment des mentions portées au bulletin n° 2 de leur casier judiciaire ou dans les traitements automatisés de *(Mots rempl. à compter de la date prévue à l'art. 29 de l'ord. n° 2018-1125 du 12 déc. 2018, et au plus tard le 1er juin 2019, Ord. n° 2018-1125, 12 déc. 2018)* « données personnelles » mentionnés à l'article 230-6 ;

2° Les personnes qui ne remplissent pas les conditions d'aptitude technique, fixées par décret en Conseil d'État, qui sont exigées pour l'exercice de leurs fonctions ;

3° Les agents mentionnés aux articles 15 (1° et 2°) et 22 ;

4° Les personnes membres du conseil d'administration de l'association qui les commissionne, ainsi que les propriétaires ou titulaires de droits réels sur les propriétés gardées. Les conditions d'application du présent article, notamment les modalités d'obtention de l'agrément, les conditions dans lesquelles celui-ci peut être suspendu ou retiré, les conditions d'assermentation des gardes particuliers, les principaux éléments de leur tenue ainsi que les conditions d'exercice de leurs missions, sont déterminées par décret en Conseil d'État.

Section V. – Des pouvoirs des préfets en matière de police judiciaire

(Abr., L. n° 93-2, 4 janv. 1993)

CHAPITRE I BIS. – DES ATTRIBUTIONS DU GARDE DES SCEAUX, MINISTRE DE LA JUSTICE

(L. n° 2004-204, 9 mars 2004)

Art. 30 *(Rempl., L. n° 2013-669, 25 juill. 2013).* – Le ministre de la Justice conduit la politique pénale déterminée par le Gouvernement. Il veille à la cohérence de son application sur le territoire de la République.

À cette fin, il adresse aux magistrats du ministère public des instructions générales.

Il ne peut leur adresser aucune instruction dans des affaires individuelles.

Chaque année, il publie un rapport sur l'application de la politique pénale déterminée par le Gouvernement, précisant les conditions de mise en œuvre de cette politique et des instructions générales adressées en application du deuxième alinéa. Ce rapport est transmis au Parlement. Il peut donner lieu à un débat à l'Assemblée nationale et au Sénat.

Ordonnance n° 58-1270 du 22 décembre 1958

portant loi organique relative au statut de la magistrature

Art. 5. – Les magistrats du parquet sont placés sous la direction et le contrôle de leurs chefs hiérarchiques et sous l'autorité du garde des Sceaux, ministre de la Justice. À l'audience, leur parole est libre.

....

Art. 58-1 *(Mod., L. org. n° 2010-830, 22 juill. 2010)*. – Le garde des sceaux, ministre de la justice, saisi d'une plainte ou informé de faits paraissant de nature à entraîner des poursuites disciplinaires contre un magistrat du parquet, peut, s'il y a urgence, après consultation des chefs hiérarchiques et avis de la formation du Conseil supérieur de la magistrature compétente pour les magistrats du Parquet, interdire au magistrat faisant l'objet d'une enquête administrative ou pénale l'exercice de ses fonctions jusqu'à décision définitive sur les poursuites disciplinaires. Les procureurs généraux près les cours d'appel et les procureurs de la République près les tribunaux supérieurs d'appel, informés de faits paraissant de nature à entraîner des poursuites disciplinaires contre un magistrat du parquet, peuvent également, s'il y a urgence, saisir la formation compétente du Conseil supérieur aux fins d'avis sur le prononcé, par le garde des sceaux, ministre de la justice, d'une telle interdiction. Le Conseil supérieur rend son avis dans un délai de quinze jours suivant sa saisine.

La décision d'interdiction temporaire, prise dans l'intérêt du service, ne peut être rendue publique ; elle ne comporte pas privation du droit au traitement.

Si, à l'expiration d'un délai de deux mois suivant la notification de l'interdiction temporaire prononcée par le garde des sceaux, ministre de la justice, le Conseil supérieur de la magistrature n'a pas été saisi dans les conditions prévues aux deux premiers alinéas de l'article 63, l'interdiction temporaire cesse de plein droit de produire ses effets.

Voir aussi : sur la discipline des magistrats du parquet, V. Ord. n° 58-1270, 23 déc. 1958, art. 58-1 et s.

Bibliographie : *Répertoire.* P. Lemoine, *Ministère public. – Organisation. Attributions du garde des Sceaux : JCl. Proc. pén.*, art. 30 à 44, Fasc. 20. • F. Molins, Rép. pén. Dalloz, V° Ministère public.

Généralités. E. Bonis-Garçon et O. Décima, *Le parquet et les sirènes de l'indépendance : JCP* G 2013, 460. • E. Bonis-Garçon et O. Décima, *Grâce et disgrâce des instructions hiérarchiques : JCP* G 2013, 955. • E. Bonis-Garçon, *L'indépendance des magistrats du parquet ou le difficile exercice d'équilibriste du Conseil constitutionnel : Dr. pén.* 2018, étude 3. • L. Favoreu, *Brèves observations sur la situation du parquet au regard de la Constitution : RSC* 1994, 675. • J.-P. Jean, *Le ministère public entre modèle jacobin et modèle européen : RSC* 2005, 670. • J.-L. Lennon, *L'indépendance du ministère public ou le supplice de Tantale : Dr. pén.* 2016, étude 25. • J. Pradel, *L'indépendance fonctionnelle du parquet français face aux interprétations divergentes des deux cours européennes : D.* 2020, p. 442. • J. Pradel, *Du ministère public en matière pénale, À l'heure d'une éventuelle autonomie : D.* 1997, p. 141. • M. Robert, *L'avenir du ministère public : AJ Pénal* 2011, p. 115. • E. Rubi-Cavagna, *Le parquet peut-il émettre un mandat d'arrêt européen ? : D.* 2019, p. 2122. • D. Soulez-Larivière, *Le problème du ministère public français : AJ Pénal* 2011, p. 112.

1) **Subordination hiérarchique et indépendance du parquet – Jurisprudence de la Cour européenne des droits de l'homme.** Le ministère public n'est pas une autorité judiciaire au sens que la jurisprudence de la cour donne à cette notion car il lui manque en particulier l'indépendance à l'égard du pouvoir exécutif (▪ CEDH, 10 juill. 2008, n° 3394/03, *Medvedyev et a. c/ France*). Le magistrat [chargé, en vertu de l'article 5 de la Conv. EDH, de contrôler la privation de liberté] doit présenter les garanties requises d'indépendance à l'égard de l'exécutif et des parties, ce qui exclut notamment qu'il puisse agir par la suite contre le requérant dans la procédure pénale, à l'instar du ministère public (▪ CEDH, gde ch., 29 mars 2010, n° 3394/03, *Medvedyev et a. c/ France : JCP* 2010, p. 454, note F. Sudre ; *D.* 2010, p. 1386, note J.-F. Renucci, p. 1890, note P. Hennion-Jacquet ; *Dr. pén.* 2010, étude 12, J.-B. Thierry). Du fait de leur statut (…), les membres du ministère public, en France, ne remplissent pas l'exigence d'indépendance à l'égard de l'exécutif (▪ CEDH, 23 nov. 2010, n° 37104/06, *Moulin c/ France : D.* 2011, p. 277, note J.-F. Renucci, p. 338, note J. Pradel).

2) **Subordination hiérarchique et indépendance du Parquet – Jurisprudence de la Cour de justice de l'Union européenne.** S'agissant de la question de savoir si les magistrats du Parquet agissent de manière indépendante dans l'exercice des fonctions inhérentes à l'émission d'un mandat d'arrêt européen, l'article 64 de la Constitution garantit l'indépendance de l'autorité judiciaire qui est composée des magistrats du siège et des magistrats du Parquet ; en vertu de l'article 30 du Code de procédure pénale, le

ministère public exerce ses fonctions de manière objective à l'abri de toute instruction individuelle émanant du pouvoir exécutif, le ministre de la Justice pouvant seulement adresser aux magistrats du Parquet des instructions générales de politique pénale afin d'assurer la cohérence de cette politique sur l'ensemble du territoire ; ces instructions générales ne sauraient en aucun cas avoir pour effet d'empêcher un magistrat du Parquet d'exercer son pouvoir d'appréciation quant au caractère proportionné de l'émission d'un mandat d'arrêt européen ; en outre, conformément à l'article 31 du Code de procédure pénale, le ministère public exercerait l'action publique et requerrait l'application de la loi dans le respect du principe d'impartialité. De tels éléments suffisent à démontrer que, en France, les magistrats du Parquet disposent du pouvoir d'apprécier de manière indépendante, notamment par rapport au pouvoir exécutif, la nécessité et le caractère proportionné de l'émission d'un mandat d'arrêt européen et exercent ce pouvoir de manière objective, en prenant en compte tous les éléments à charge et à décharge (▪ CJUE, 12 déc. 2019, aff. C-566/19 PPU : *D.* 2019, 2415, §§ 54 et 55 ; *D.* 2019, p. 2415. – V. J. Pradel, *L'indépendance fonctionnelle du parquet français face aux interprétations divergentes des deux cours européennes : D.* 2020, p. 442. – E. Rubi-Cavagna, *Le parquet peut-il émettre un mandat d'arrêt européen ? : D.* 2019, p. 2122).

3) **Subordination hiérarchique et indépendance du parquet – Jurisprudence du Conseil constitutionnel.** Les dispositions de l'article 5 de l'ordonnance du 22 décembre 1958 qui placent les magistrats du parquet sous l'autorité du garde des Sceaux assurent une conciliation équilibrée entre le principe d'indépendance de l'autorité judiciaire et les prérogatives que le Gouvernement tient de l'article 20 de la Constitution ; elles ne méconnaissent pas non plus la séparation des pouvoirs (▪ Cons. const., 8 déc. 2017, n° 2017-680 QPC : *JCP* G 2018, 51, note H. Matsopoulou). En vertu de l'article 20 de la Constitution, le Gouvernement détermine et conduit la politique de la nation, notamment dans le domaine de l'action publique ; l'article 5 de l'ordonnance du 22 décembre 1958 susvisée, portant loi organique relative au statut de la magistrature, place les magistrats du parquet sous l'autorité du ministre de la Justice ; l'article 30 nouveau du Code de procédure pénale (dans sa rédaction issue de la loi du 9 mars 2004), qui définit et limite les conditions dans lesquelles s'exerce cette autorité, ne méconnaît ni la conception française de la séparation des pouvoirs, ni le principe selon lequel l'autorité judiciaire comprend à la fois les magistrats du siège et ceux du parquet, ni aucun autre principe ou règle de valeur constitutionnelle (▪ Cons. const., 2 mars 2004, n° 2004-492). L'autorité judiciaire comprend à la fois les magistrats du siège et du parquet (▪ Cons. const., 17 déc. 2010, n° 2010-80 QPC).

4) **Subordination hiérarchique et indépendance du parquet – Jurisprudence de la Cour de cassation.** Le ministère public n'est pas une autorité judiciaire au sens de l'article 5 § 3 de la Convention européenne des droits de l'Homme, dès lors qu'il ne présente pas les garanties d'indépendance et d'impartialité requises par ce texte et qu'il est partie poursuivante (▪ Cass. crim., 15 déc. 2010, n° 10-83.674 : *D.* 2011, p. 338, note J. Pradel). Le ministère public, ne présentant pas les garanties d'indépendance et d'impartialité et étant partie poursuivante, n'est pas une autorité judiciaire au sens de l'article 5 § 3 de la Convention européenne des droits de l'Homme (▪ Cass. crim., 18 janv. 2011, n° 10-84.980 : *Bull. crim.* n° 8). *Contra précédemment* l'article 5 § 3 de la Convention européenne des droits de l'Homme prévoit que toute personne arrêtée ou détenue doit être aussitôt conduite, sinon devant un juge, en tout cas devant un autre magistrat habilité à exercer des fonctions judiciaires ; tel est le cas du procureur de la République, magistrat de l'ordre judiciaire qui a pour mission de veiller à l'application de la loi (▪ Cass. crim., 10 mars 1992, n°s 91-86944 et 92-80.389 : *Bull. crim.* n° 105).

CHAPITRE II. – DU MINISTÈRE PUBLIC

Bibliographie : *Répertoire.* P. Lemoine, *Ministère public. – Organisation. Attributions du garde des Sceaux : JCl. Proc. pén.*, art. 30 à 44, Fasc. 20 ; *Ministère public. – Attribution. Compétence : JCl. Proc. pén.*, Fasc. 30. • F. Molins, Rép. pén. Dalloz, V° Ministère public.

Généralités. E. Bonis-Garçon et O. Décima, *Le parquet et les sirènes de l'indépendance : JCP* G 2013, 460. • E. Bonis-Garçon et O. Décima, *Grâce et disgrâce des instructions hiérarchiques : JCP* G 2013, 955. • B. Bonzom, *De l'indépendance des magistrats des parquets à l'égard des tribunaux : RPDP* 1984, 47. • L. Favoreu, *Brèves observations sur la situation du parquet au regard de la Constitution : RSC* 1994, 675. • A. Gravelin-Rodriguez et F. Vadillo, *Les remontées d'informations, un révélateur d'une justice aux ordres ? : Dr. pén.* 2021, étude 16. • J.-P. Jean, *Le ministère public entre modèle jacobin et modèle européen : RSC* 2005, 670. • S. Jouniot, *Impartialité du ministère public : le serpent de mer de la procédure pénale refait surface : AJ pénal* 2021, 344. • H. Lehman, *Poser le parquet au bon endroit : AJ pénal* 2018, p. 356. • J.-L. Lennon,

L'indépendance du ministère public ou le supplice de Tantale : Dr. pén. 2016, étude 25. • V. Lesclous, *Le procureur : du mécanicien de la poursuite pénale à l'architecte d'un traitement social, une fonction républicaine : Dr. pén.* 2013, étude 13. • D. Mayer, *Le pouvoir propre du chef du parquet, tantôt pouvoir de désobéissance, tantôt pouvoir autonome de décision : D.* 1992, 426. • J. Pradel, *L'indépendance fonctionnelle du parquet français face aux interprétations divergentes des deux cours européennes : D.* 2020, p. 442. • J. Pradel, *Du ministère public en matière pénale, À l'heure d'une éventuelle autonomie : D.* 1997, p. 141. • M. Robert, *L'avenir du ministère public : AJ Pénal* 2011, p. 115. • E. Rubi-Cavagna, *Le parquet peut-il émettre un mandat d'arrêt européen ? : D.* 2019, p. 2122. • J.-C. Saint-Pau, *Le ministère public concurrence-t-il le juge du siège ? : Dr. pén.* 2007, étude 14. • D. Soulez-Larivière, *Le problème du ministère public français : AJ Pénal* 2011, p. 112.

Section I. – Dispositions générales

Art. 31. – **Le ministère public exerce l'action publique et requiert l'application de la loi** ***(L. n° 2013-669, 25 juill. 2013)*** **« , dans le respect du principe d'impartialité auquel il est tenu ».**

I – IMPARTIALITÉ DU MINISTÈRE PUBLIC

1) Inapplication traditionnelle de l'exigence d'impartialité au ministère public. Le ministère public ne décidant pas du bien-fondé de l'accusation en matière pénale, le moyen pris de la partialité éventuelle de ce magistrat est inopérant (▪ Cass. crim., 9 déc. 2016, n° 14-86.795 : *RSC* 2017, 81, obs. A. Giudicelli. ▪ Cass. crim., 6 janv. 1998, n° 97-81.466 : *Bull. crim.* n° 1 ; *D.* 1999, 246, note G. Yildirim ; *Dr. pén.* 1998, comm. 40, note A. Maron et M. Haas ; *Procédures* 1998, comm. 96, note J. Buisson). La garantie du droit à un tribunal indépendant et impartial, énoncée à l'article 6 paragraphe 1 de la Convention européenne de droits de l'homme et des libertés fondamentales ne vise que les juges et non pas le représentant de l'accusation ou celui de la défense (▪ Cass. crim., 6 mai 1996, n° 95-81.766 : *Bull. crim.* n° 187). *Rapp.* art. 669, p. 1324.

2) Impartialité du ministère public – Qualité de demandeur à l'action publique – Jurisprudence de la Cour européenne des droits de l'homme. Le magistrat [chargé, en vertu de l'article 5 de la Conv. EDH, de contrôler la privation de liberté] doit présenter les garanties requises d'indépendance à l'égard de l'exécutif et des parties, ce qui exclut notamment qu'il puisse agir par la suite contre le requérant dans la procédure pénale, à l'instar du ministère public (▪ CEDH, gde ch., 29 mars 2010, n° 3394/03, *Medvedyev et a. c/ France : JCP* 2010, p. 454, note F. Sudre ; *D.* 2010, p. 1386, note J.-F. Renucci, p. 1890, note P. Hennion-Jacquet ; *Dr. pén.* 2010, étude 12, J.-B. Thierry. – *Adde* ▪ CEDH, 23 nov. 2010, n° 37104/06, *Moulin c/ France : D.* 2011, p. 277, note J.-F. Renucci, p. 338, note J. Pradel).

3) Impartialité du ministère public – Qualité de demandeur à l'action publique – Jurisprudence de la Cour de justice de l'Union européenne. L'indépendance du ministère public n'est pas remise en cause par le fait que celui-ci est chargé de l'exercice de l'action publique (▪ CJUE, 12 déc. 2019, aff. C-566/19 PPU : *D.* 2019, p. 2415, § 57 ; *D.* 2019, p. 2415. – V. J. Pradel, *L'indépendance fonctionnelle du parquet français face aux interprétations divergentes des deux cours européennes : D.* 2020, p. 442. – E. Rubi-Cavagna, *Le parquet peut-il émettre un mandat d'arrêt européen ? : D.* 2019, p. 2122).

4) Impartialité du ministère public – Qualité de demandeur à l'action publique – Jurisprudence de la Cour de cassation. Le ministère public n'est pas une autorité judiciaire au sens de l'article 5 § 3 de la Convention européenne des droits de l'Homme, dès lors qu'il ne présente pas les garanties d'indépendance et d'impartialité requises par ce texte et qu'il est partie poursuivante (▪ Cass. crim., 15 déc. 2010, n° 10-83.674 : *D.* 2011, p. 338, note J. Pradel). Le ministère public, ne présentant pas les garanties d'indépendance et d'impartialité et étant partie poursuivante, n'est pas une autorité judiciaire au sens de l'article 5 § 3 de la Convention européenne des droits de l'Homme (▪ Cass. crim., 18 janv. 2011, n° 10-84.980 : *Bull. crim.* n° 8). *Contra précédemment* l'article 5 § 3 de la Convention européenne des droits de l'Homme prévoit que toute personne arrêtée ou détenue doit être aussitôt conduite, sinon devant un juge, en tout cas devant un autre magistrat habilité à exercer des fonctions judiciaires ; tel est le cas du procureur de la République, magistrat de l'ordre judiciaire qui a pour mission de veiller à l'application de la loi (▪ Cass. crim., 10 mars 1992, n°s 91-86.944 et 92-80.389 : *Bull. crim.* n° 105).

5) Impartialité du ministère public – Qualité de demandeur à l'action publique – Jurisprudence du Conseil constitutionnel. L'article 30 nouveau du Code de procédure pénale (dans sa rédaction issue de la loi du 9 mars 2004), qui définit et limite les conditions dans lesquelles s'exerce l'autorité du ministre de la Justice, ne méconnaît ni la conception française de la séparation des pouvoirs, ni le principe selon lequel l'autorité judiciaire comprend à la fois les magistrats du siège et ceux du parquet, ni aucun autre principe ou règle de valeur constitutionnelle (▪ Cons. const., 2 mars 2004, n° 2004-492). L'autorité judiciaire comprend à la fois les magistrats du siège et du parquet (▪ Cons. const., 17 déc. 2010, n° 2010-80 QPC).

II – INDÉPENDANCE DU MINISTÈRE PUBLIC

6) Indépendance du ministère public à l'égard du garde des Sceaux. V. art. 30, p. 133 et art. 33, p. 138 et annotations sous art.

7) Indépendance du ministère public à l'égard des juridictions – Indépendance quant au déclenchement des poursuites. Est irrecevable le moyen qui tend à mettre en cause l'appréciation faite par le procureur de la République de la suite qu'il lui appartenait de donner à une plainte selon les pouvoirs qui lui sont reconnus par l'article 40 du Code de procédure pénale. Les juridictions répressives ne sauraient, sans excès de pouvoirs, critiquer l'exercice que le ministère public fait de ses droits quant à l'opportunité d'engager ou non des poursuites (▪ Cass. crim., 21 mai 1979, n° 78-92.205 : *Bull. crim.* n° 178). Les juges du fond, saisis d'une poursuite en dénonciation calomnieuse, n'ont pas le pouvoir de remettre en question la décision de classement sans suite du procureur de la République, laquelle, dès lors qu'elle émane de l'autorité compétente au sens de l'article 373 du Code pénal, constitue la base légale de la poursuite (▪ Cass. crim., 21 avr. 1980, n° 78-93.689 : *Bull. crim.* n° 112). Le ministère public est seul juge de l'opportunité des poursuites et il ne peut, en raison de son indépendance à l'égard des juridictions, être contraint, par la chambre d'accusation d'exercer l'action publique (▪ Cass. crim., 24 mars 1992, n° 91-82.757). Lorsqu'il n'y est pas tenu, en vertu des dispositions de l'article 86 du Code de procédure pénale, du fait du dépôt d'une plainte avec constitution de partie civile recevable, le ministère public apprécie librement, en vertu de l'article 40 du même code, la suite à donner aux faits qui pourraient être constitutifs d'une infraction à la loi pénale ; lorsqu'il n'engage pas l'action publique, la juridiction d'instruction ne saurait, d'elle-même, s'en saisir (▪ Cass. crim., 7 nov. 1989, n° 88-84.058 : *Bull. crim.* n° 393).

8) Indépendance du ministère public à l'égard des juridictions – Indépendance quant à l'exercice des poursuites. En raison du principe d'indépendance du ministère public à l'égard des juridictions, celles-ci ne peuvent prescrire de modifications dans les actes émanant de celui-ci ; le réquisitoire définitif est un acte établi par le procureur de la République et quelles que soient les irrégularités constatées par elle dans ce document, la chambre d'accusation ne saurait, sans excéder ses pouvoirs, en ordonner la cancellation (▪ Cass. crim., 11 déc. 1984, n°s 84-90.238 et 84-90.560 : *Bull. crim.* n° 396 ; *JCP* 1986, II, 20626, note B. Bonzom). Les officiers du ministère public exerçant l'action publique devant les tribunaux de la justice répressive sont indépendants de l'autorité des magistrats devant lesquels ils exercent leur fonction ; dans les raisonnements qu'ils produisent et les documents qu'ils invoquent à l'appui de leurs réquisitions, ils ne peuvent être gérés ou arrêtés par le pouvoir du tribunal et n'ont d'autres règle que leur conscience et leurs lumières ; commet un excès de pouvoir la cour d'assises qui décide que le ministère public ne ferait point lecture d'un document que celui-ci croyait devoir invoquer à l'appui de ses réquisitions (▪ Cass. crim., 1er juill. 1847 : *DP* 1847, 1, 246).

Art. 32. – **Il est représenté auprès de chaque juridiction répressive.**
Il assiste aux débats des juridictions de jugement ; toutes les décisions sont prononcées en sa présence.
Il assure l'exécution des décisions de justice.

1) Présence du parquet à l'audience. Le ministère public doit être présent à toutes les audiences et doit être entendu en ses conclusions ; ces formalités sont substantielles et la preuve de leur accomplissement doit résulter du jugement ou de l'arrêt (▪ Cass. crim., 23 janv. 1957, n° 600/56 : *Bull. crim.* n° 75). Le ministère public, partie intégrante et nécessaire des juridictions répressives, doit, à peine de nullité, être présent lors des débats, être entendu dans ses réquisitions et assister au prononcé de la décision (▪ Cass. crim., 18 janv. 1995, n° 94-81.296 : *Bull. crim.* n° 27).

2) Présence du parquet à l'audience – Absence momentanée du représentant du parquet. Le ministère public fait partie essentielle et intégrante des tribunaux de répression qui ne peuvent procéder au jugement des affaires qu'en sa présence et avec son concours ; le procès-verbal des débats constatant que le ministère public s'est absenté au cours des débats, l'arrêt de la cour d'assises doit être cassé (▪ Cass. crim., 9 mai 1985, n° 84-92.130 : *Bull. crim.* n° 178). Il ne résulte aucun grief de l'absence momentanée du ministère public au cours des débats, dès lors que le président a pris toutes mesures utiles pour pallier une telle absence en suspendant l'audience dès qu'il s'est aperçu de l'absence du ministère public (▪ Cass. crim., 8 nov. 2000, n° 00-81.706 : *Bull. crim.* n° 332).

3) **Présence du parquet lors du prononcé de la décision.** Le ministère public, partie intégrante et nécessaire des juridictions répressives, doit, à peine de nullité, être présent lors des débats, être entendu dans ses réquisitions et assister au prononcé de la décision (▪ Cass. crim., 18 janv. 1995, n° 94-81.296 : *Bull. crim.* n° 27).

4) **Présence lors du prononcé de la décision – Chambre de l'instruction.** L'article 216 du Code de procédure pénale, propre aux chambres d'accusation, n'impose que la seule mention, dans leurs arrêts, des réquisitions prises par le représentant du ministère public à l'audience. Il n'importe en conséquence que l'arrêt ne mentionne pas la présence de ce magistrat à l'audience à laquelle la décision a été prononcée (▪ Cass. crim., 11 juin 1996, n° 96-81.312 : *Bull. crim.* n° 244). Il n'importe qu'il ne soit pas fait mention de la présence du ministère public lors du prononcé de la décision, dès lors que, selon l'article 592 du Code de procédure pénale, seules sont déclarées nulles les décisions rendues sans que le ministère public ait été entendu (▪ Cass. crim., 18 févr. 2015, n° 14-80.828).

5) **Présence du parquet à l'audience sur les intérêts civils.** Il résulte de l'article 464, alinéa 3, du Code de procédure pénale, issu de la loi du 15 juin 2000, que la présence du ministère public à l'audience de la juridiction correctionnelle n'est pas obligatoire lorsque le débat ne porte plus que sur les intérêts civils (▪ Cass. crim., 18 déc. 2001, n° 01-81.045 : *Bull. crim.* n° 274).

6) **Réquisitions du parquet.** Étant partie nécessaire au procès pénal, le ministère public doit, aux termes des articles 460, 512 et 592 du Code de procédure pénale, et à peine de nullité, être entendu dans ses réquisitions ; il s'agit là d'une exigence légale dont l'inobservation, lorsque l'action publique est en cause, porte atteinte aux intérêts de toutes les parties (▪ Cass. crim., 3 déc. 1991, n° 91-84.231 : *Bull. crim.* n° 456). Le ministère public, partie nécessaire au procès pénal, doit, à peine de nullité, être entendu en ses réquisitions. La preuve de l'accomplissement de cette formalité, dont l'inobservation, lorsque l'action publique est en cause, porte atteinte aux intérêts de toutes les parties, doit résulter de l'arrêt lui-même (▪ Cass. crim., 10 juill. 1995, n° 94-85.641 : *Bull. crim.* n° 251).

7) **Preuve.** La preuve que le ministère public a pris ses réquisitions doit résulter de l'arrêt lui-même (▪ Cass. crim., 10 juill. 1995, préc.). La mention dans un arrêt qu'à l'audience des débats, à laquelle était présent un substitut du procureur général, « les parties en cause ont eu la parole dans l'ordre prévu par les articles 513 et 460 du Code de procédure pénale » implique que le ministère public a été entendu en ses réquisitions (▪ Cass. crim., 4 févr. 1997, n° 96-81.227 : *Bull. crim.* n° 45). Si les articles 32, 486 et 510 du Code de procédure pénale exigent que le ministère public, partie nécessaire au procès pénal, soit présent à chaque audience des juridictions de jugement, il résulte de l'article 592 du même code qu'à l'instar des magistrats composant la juridiction, il est présumé avoir assisté à toutes les audiences de la cause, dès lors qu'il a été entendu en ses réquisitions à celle des débats (▪ Cass. crim., 4 sept. 1996, n° 93-83.764 : *Bull. crim.* n° 313). De la mention selon laquelle l'arrêt a été prononcé en présence du représentant du ministère public résulte que ce magistrat a été présent à toutes les audiences de la cause (▪ Cass. crim., 7 sept. 1999, n° 98-87.561 : *Bull. crim.* n° 179).

8) **Identification du représentant du parquet.** Il n'importe que les mentions contradictoires de l'arrêt ne permettent pas d'identifier le représentant du ministère public présent au prononcé de l'arrêt, dès lors que l'article 216 du Code de procédure pénale n'impose que la seule mention, dans les arrêts de la chambre de l'instruction, des réquisitions prises par ce magistrat à l'audience des débats (▪ Cass. crim., 26 mars 2002, n° 01-84.745).

Art. 33. – Il est tenu de prendre des réquisitions écrites conformes aux instructions qui lui sont données dans les conditions prévues aux articles 36, 37 et 44. Il développe librement les observations orales qu'il croit convenables au bien de la justice.

Bibliographie : P. Lemoine, *La liberté de parole des magistrats du ministère public, À propos de l'arrêt rendu par la Cour de cassation le 12 septembre 2007 : Dr. pén.* 2008, étude 7.

1) **Refus de transmission d'une question prioritaire de constitutionnalité.** Les dispositions de l'article 5 de l'ordonnance n° 58-1270 du 22 décembre 1958 et de l'article 33 du Code de procédure pénale, qui permettent au ministère public, dans le cadre de la procédure écrite d'appel devant la chambre de l'instruction, de se contredire à l'audience, sans qu'il soit soumis à l'obligation de notifier au mis en cause son changement de position, ne portent pas atteinte au principe d'une procédure pénale juste et équitable garantissant l'équilibre des droits des parties ainsi qu'au principe du contradictoire et aux droits de la défense dès lors que la parole du ministère public est libre et que, partie au procès, il est indépendant dans l'exercice de ses fonctions

et a le droit de dire à l'audience, nonobstant ses réquisitions écrites, tout ce qu'il croit convenable au bien de la justice, sauf le droit des parties de combattre les arguments présentés par lui (▪ Cass. crim., 17 janv. 2017, n° 16-86.077 : *Bull. crim.* à paraître).

2) Conformité des réquisitions aux instructions – Indépendance du ministère public. S'il est vrai que les magistrats du Parquet sont tenus de se conformer aux instructions émanant de leurs supérieurs hiérarchiques, l'exigence d'indépendance, qui exclut que le pouvoir décisionnel des premiers fasse l'objet d'instructions extérieures au pouvoir judiciaire, émanant notamment du pouvoir exécutif, ne prohibe pas les instructions internes qui peuvent être données aux magistrats du Parquet par leurs supérieurs hiérarchiques, eux-mêmes magistrats du Parquet, sur la base du lien de subordination qui régit le fonctionnement du ministère public (▪ CJUE, 12 déc. 2019, aff. C-566/19 PPU : *D.* 2019, p. 2415, § 56 ; *D.* 2019, p. 2415. – V. J. Pradel, *L'indépendance fonctionnelle du parquet français face aux interprétations divergentes des deux cours européennes : D.* 2020, p. 442. – E. Rubi-Cavagna, *Le parquet peut-il émettre un mandat d'arrêt européen ? : D.* 2019, p. 2122).

3) Liberté de parole du ministère public – Principe. La parole du ministère public à l'audience est libre ; il est indépendant dans l'exercice de ses fonctions ; il a le droit de dire tout ce qu'il croit convenable au bien de la justice, comme de produire tous les documents et de donner toutes les explications qui lui paraissent utiles sauf le droit des parties en cause d'examiner et de discuter les pièces produites et de combattre les arguments du ministère public (▪ Cass. crim., 7 juill. 1949 : *Bull. crim.* n° 230. ▪ Cass. crim., 28 mars 1966, n° 65-90.538 : *Bull. crim.* n° 117. ▪ Cass. crim., 13 mai 1976, n° 75-93.282 : *Bull. crim.* n° 157. ▪ Cass. crim., 12 sept. 2007, n° 07-80.755 : *Bull. crim.* n° 201 ; *Dr. pén.* 2008, étude 7, P. Lemoine).

4) Liberté de parole du ministère public – Conséquences. Développant librement les observations qu'il croit conformes au bien de la justice, le ministère public ne saurait être critiqué dans ses décisions, ni sa responsabilité pénale recherchée par les plaignants (▪ Cass. crim., 19 nov. 1981, n° 81-94.556 : *Bull. crim.* n° 308. ▪ Cass. crim., 9 déc. 1981, n° 81-94.848 : *Bull. crim.* n° 327 ; *D.* 1983, jurispr. 352, note W. Jeandidier). La parole du ministère public à l'audience étant libre et le ministère public ayant le droit de dire tout ce qu'il croit convenable au bien de la justice, il peut faire état de constatations personnelles et rapporter les propos tenus par des personnes présentes à l'audience (▪ Cass. crim., 13 mai 1976, n° 75-93.282 : *Bull. crim.* n° 157). Pour la même raison, il a le droit de rendre compte verbalement à la cour d'assises des démarches qu'il a entreprises pour sauvegarder les intérêts civils de la victime d'une infraction (▪ Cass. crim., 31 mai 1978, n° 77-93.786 : *Bull. crim.* n° 178). Le demandeur ne saurait se faire un grief de ce que l'avocat général, qui représentait également le ministère public devant la cour d'assises ayant jugé l'affaire en première instance, ait fait allusion au comportement de l'accusé devant cette juridiction dès lors, d'une part, que le ministère public, dont la parole est libre, peut, en application de l'article 33 du Code de procédure pénale, exprimer ce qu'il croit utile à l'accomplissement de sa mission et, d'autre part, que toutes les parties, notamment l'accusé et son avocat, ont pu lui répliquer (▪ Cass. crim., 2 juin 2016, n° 15-82.685). Lors du débat contradictoire organisé dans le cabinet du magistrat instructeur, à l'occasion d'une prolongation de la détention provisoire au-delà d'une année, si en application des articles 145-1 et 145 du Code de procédure pénale, les réquisitions du ministère public sont obligatoires, selon l'article 33 du même code sa parole est libre à l'audience, et il n'appartient à aucune juridiction de censurer ses réquisitions ; le juge d'instruction n'est tenu que de motiver l'ordonnance qu'il rendra après avoir entendu le ministère public, l'inculpé et le cas échéant son conseil (▪ Cass. crim., 22 mai 1985, n° 85-91.521 : *Bull. crim.* n° 199).

Section II. – Des attributions du procureur général près la Cour d'appel

Art. 34 *(Mod., L. n° 2014-1170, 13 oct. 2014).* – **Le procureur général représente en personne ou par ses substituts le ministère public auprès de la cour d'appel et auprès de la cour d'assises instituée au siège de la cour d'appel. Il peut, dans les mêmes conditions, représenter le ministère public auprès des autres cours d'assises du ressort de la cour d'appel.**

1) Indivisibilité du parquet – Principe. Le ministère public étant indivisible, il importe peu qu'il ait été représenté lors de l'audience des débats et lors du prononcé de la décision par l'un ou l'autre de ses membres (▪ Cass. crim., 14 juin 1988, n° 86-80.050 : *Bull. crim.* n° 192). Si l'article 380-2 du Code de procédure pénale réserve le droit d'appel des arrêts d'acquittement au procureur général, ce dernier peut exercer ce droit, en vertu du principe général posé par l'article 34 dudit code, en personne ou par ses substituts. En conséquence, est recevable l'appel interjeté contre l'arrêt de la cour d'assises de Paris par un avocat général près la cour d'appel de Paris (■ Cass. crim., 26 nov. 2003, n° 03-87.030 : *Bull. crim.* n° 223).

Voir également : annotations sous art. 39, p. 140.

2) Indivisibilité du parquet – Limite.

Voir : annotations sous art. 39, p. 140.

Art. 35 *(Mod., L. n° 2013-669, 25 juill. 2013)*. – **Le procureur général veille à l'application de la loi pénale dans toute l'étendue du ressort de la cour d'appel et au bon fonctionnement des parquets de son ressort.**

Il anime et coordonne l'action des procureurs de la République, tant en matière de prévention que de répression des infractions à la loi pénale. Il précise et, le cas échéant, adapte les instructions générales du ministre de la justice au contexte propre au ressort. Il procède à l'évaluation de leur application par les procureurs de la République.

Outre les rapports particuliers qu'il établit soit d'initiative, soit sur demande du ministre de la justice, le procureur général adresse à ce dernier un rapport annuel de politique pénale sur l'application de la loi et des instructions générales ainsi qu'un rapport annuel sur l'activité et la gestion des parquets de son ressort.

Il informe, au moins une fois par an, l'assemblée des magistrats du siège et du parquet des conditions de mise en œuvre, dans le ressort, de la politique pénale et des instructions générales adressées à cette fin par le ministre de la justice en application du deuxième alinéa de l'article 30.

Le procureur général a, dans l'exercice de ses fonctions, le droit de requérir directement la force publique.

Voir : art. D. 15-2, p. 2141.

Bibliographie : C. Miansoni, *L'information de l'assemblée générale des magistrats en matière de politique pénale d'après la loi du 25 juillet 2013 : AJ Pénal* 2013, 463. • A. Gravelin-Rodriguez et F. Vadillo, *Les remontées d'informations, un révélateur d'une justice aux ordres ? : Dr. pén.* 2021, étude 16.

1) Conformité à la Constitution des rapports particuliers. Les rapports particuliers adressés par les procureurs généraux au garde des Sceaux, à leur initiative ou à la demande de ce dernier, lui communiquant des informations pouvant porter sur certaines procédures judiciaires en cours dans les juridictions de leur ressort, ne heurtent les principes ni d'indépendance de l'autorité judiciaire ni de séparation des pouvoirs (■ Cons. const., 14 sept. 2021, n° 2021-927 QPC : *Dr. pén.* 2021, comm. 190, A. Maron et M. Haas ; *AJ pénal* 2021. 532, obs. A. Taleb-Karlsson).

2) Nature juridique des rapports particuliers. Les rapports particuliers adressés par les procureurs généraux au garde des Sceaux, mentionnés à l'article 35 du Code de procédure pénale, ne revêtent pas le caractère de documents administratifs pour l'application du droit de communication des documents mentionnés à l'article L. 300-2 du Code des relations entre le public et l'Administration. Il en résulte que le tribunal administratif a commis une erreur de droit en jugeant que les rapports particuliers présentaient un tel caractère et a ordonné avant dire droit qu'ils soient communiqués à la seule juridiction afin qu'elle détermine si une telle communication au requérant portait atteinte au secret de l'instruction protégé par l'article 11 du Code de procédure pénale et aux secrets visés par l'article L. 311-5 du Code des relations entre le public et l'Administration (■ CE, 31 mars 2017, n°s 408348 et 408354 : *JurisData* n° 2017-005843 ; *Dr. pén.* 2017, comm. 99, note A. Maron et M. Haas).

Art. 36 *(Rempl., L. n° 2004-204, 9 mars 2004)*. – **Le procureur général peut enjoindre aux procureurs de la République, par instructions écrites et versées au dossier de la procédure, d'engager ou de faire engager des poursuites ou de saisir la juridiction compétente de telles réquisitions écrites que le procureur général juge opportunes.**

Art. 37 *(Mod., L. n° 2004-204, 9 mars 2004)*. – **Le procureur général a autorité sur tous les officiers du ministère public du ressort de la cour d'appel.**

Art. 38. – **Les officiers et agents de la police judiciaire sont placés sous la surveillance du procureur général. Il peut les charger de recueillir tous renseignements qu'il estime utiles à une bonne administration de la justice.**

Section III. – Des attributions du procureur de la République

Art. 39 *(Mod., L. n° 2011-1862, 13 déc. 2011)*. – **Le procureur de la République représente en personne ou par ses substituts le ministère public près le tribunal judiciaire.**

procédure pénale, quelle que soit la qualification des faits portés à sa connaissance (▪ Cass. crim., 30 juin 2021, nos 16-80.657 et 20-83.355, § 19 : *Bull. crim.* à paraître).

2) Formes. Les renseignements fournis au procureur de la République (notamment un rapport de police), faisant présumer l'existence d'une infraction, ne sont astreints à aucune condition de forme (▪ Cass. crim., 38 janv. 1992, nos 90-84.940 et 90-84.941 : *Bull. crim.* n° 34).

3) Portée. Il résulte des articles 19 et 40 du Code de procédure pénale que les officiers de police judiciaire sont tenus d'informer, sans délai, le procureur de la République des infractions dont ils acquièrent la connaissance dans l'exercice de leurs fonctions (▪ Cass. crim., 21 févr. 1995, n° 94-83.336 : *Bull. crim.* n° 75). En vertu des articles 31 et 40 du Code de procédure pénale, le procureur de la République, qui exerce l'action publique et apprécie la suite à donner aux plaintes et dénonciations qu'il reçoit, n'est pas lié par la qualification donnée par les enquêteurs aux faits constatés dans leurs procès-verbaux ; il peut donc préférer à la qualification de fraude relevée par les agents de la Direction générale de la concurrence, de la consommation et de la répression des fraudes celle de publicité fausse ou de nature à induire en erreur (▪ Cass. crim., 23 janv. 2001, n° 00-84.439 : *Bull. crim.* n° 17 ; *Dr. pén.* 2001, comm. 68, obs. A. Maron ; *Procédures* 2001, comm. 133, obs. J. Buisson).

4) Sanctions. Si l'article 40 du Code de procédure pénale fait obligation à tout fonctionnaire ayant, dans l'exercice de ses fonctions, acquis la connaissance d'un crime ou d'un délit d'en donner avis sans délai au procureur de la République, l'exécution tardive de cette obligation n'est pas sanctionnée par la nullité (▪ Cass. crim., 20 sept. 2000, n° 00-84.328 : *Bull. crim.* n° 275. ▪ Cass. crim., 18 mars 2020, n° 19-81.001, § 25 : *Bull. crim.* à paraître). Les prescriptions de l'article 40, alinéa 2, du Code de procédure pénale ne sont assorties d'aucune sanction pénale (▪ Cass. crim., 13 oct. 1992, n° 91-82.456 : *Bull. crim.* n° 320).

II – OPPORTUNITÉ DES POURSUITES

Voir : art. 40-1, p. 143.

Art. 40-1 ancien *(Créé, L. n° 2002-1138, 9 sept. 2002 ; dénum., L. n° 2004-204, 9 mars 2004. – V. CPP, art. 40-4).*

Art. 40-1 *(Mod., L. n° 2016-1691, 9 déc. 2016).* – **Lorsqu'il estime que les faits qui ont été portés à sa connaissance en application des dispositions de l'article 40 constituent une infraction commise par une personne dont l'identité et le domicile sont connus et pour laquelle aucune disposition légale ne fait obstacle à la mise en mouvement de l'action publique, le procureur de la République territorialement compétent décide s'il est opportun :**

1° Soit d'engager des poursuites ;

2° Soit de mettre en œuvre une procédure alternative aux poursuites en application des dispositions des articles 41-1, 41-1-2 ou 41-2 ;

3° Soit de classer sans suite la procédure dès lors que les circonstances particulières liées à la commission des faits le justifient.

Bibliographie : C. Cutajar, *Partiellement déverrouillé, le verrou de Bercy résiste : D.* 2018, p. 2029. • S. Detraz, *Les temps modernes de la poursuite de la fraude fiscale : le ministère public et les engrenages du « verrou de Bercy » : Dr. pén.* 2018, dossier 10. • J. Leblois-Happe, *Plaidoyer pour la légalité des poursuites : JCP* 2010, 168. • G. Rabut-Bonaldi, *Les actions du Ministère public et l'opportunité des poursuites* : *RPDP* 2018, p. 513.

I – LIBERTÉ DE DÉCISION DU PROCUREUR DE LA RÉPUBLIQUE

A – Principe de l'opportunité des poursuites

1) Principe de l'opportunité des poursuites. Le législateur n'a pu vouloir astreindre les officiers du ministère public à diriger des poursuites d'office, et sans l'intervention des parties civiles, sur toutes les plaintes mêmes les plus légères et les plus insignifiantes (▪ Cass. crim., 8 déc. 1826 : *Bull. crim.* n° 250).

2) Conformité du principe à la Constitution. Le pouvoir du procureur de la République de choisir les modalités de mise en œuvre de l'action publique ou les alternatives aux poursuites ne méconnaît pas le principe d'égalité (▪ Cons. const., 26 sept. 2014, n° 2014-416 QPC). Il n'y a pas lieu de renvoyer au Conseil constitutionnel une question prioritaire de constitutionnalité contestant la conformité des articles 1, 40-1, 85 et 480-1 du Code de procédure pénale aux principes d'égalité devant la loi, d'égalité des armes et de respect des droits de la défense : en effet le pouvoir du procureur de la République d'apprécier l'opportunité d'engager ou non des poursuites est compensé par celui de la victime directe de l'infraction de se constituer partie civile (■ Cass. crim., 11 déc. 2013, n° 13-82.048). La question critiquant le pouvoir discrétionnaire offert, par les articles 40, alinéa 1er, 40-1, 75, alinéa 1er, 79 et 80, alinéa 1er, du Code de procédure pénale, au procureur de la République de choisir le mode de poursuite ne présente pas, à l'évidence, un caractère sérieux : en effet les dispositions légales critiquées, qui permettent au procureur de la République, lorsqu'il estime que les faits portés à sa connaissance constituent un délit, de décider que la poursuite se fera, après enquête préliminaire, par la voie de la citation directe devant le tribunal, sans ouverture d'information, ne modifient pas le déroulement du procès pénal, et ne privent pas la personne d'un procès juste et équitable, celle-ci quant au respect des droits de la défense ayant, devant la juridiction, des garanties équivalentes à celles dont elle aurait bénéficié si l'affaire avait fait l'objet d'une information (■ Cass. crim., 11 févr. 2014, n° 13-88.059 QPC : *Bull. crim.* n° 50).

3) **Conformité du principe à la Convention européenne des droits de l'Homme.** Le principe de l'opportunité des poursuites n'est pas contraire aux dispositions de l'article 6, alinéa 1er, de la Convention européenne des droits de l'Homme (■ Cass. crim., 21 sept. 1993, nos 92-85.854, 92-85.855 et 92-85.856).

4) **Liberté d'appréciation.** Le procureur de la République reçoit les plaintes et dénonciations et apprécie la suite à leur donner (■ Cass. crim., 2 nov. 1820 : *Bull. crim.* n° 386. ■ Cass. crim., 27 févr. 2001, n° 00-86.747 : *Bull. crim.* n° 50).

5) **Liberté d'appréciation du procureur de la République – Conséquences.** Est irrecevable le moyen qui tend à mettre en cause l'appréciation faite par le procureur de la République de la suite qu'il lui appartenait de donner à une plainte selon les pouvoirs qui lui sont reconnus par l'article 40 du Code de procédure pénale. Les juridictions répressives ne sauraient sans excès de pouvoirs, critiquer l'exercice que le ministère public fait de ses droits quant à l'opportunité d'engager ou non des poursuites (■ Cass. crim., 21 mai 1979, n° 78-92.205 : *Bull. crim.* n° 178). Les juges du fond, saisis d'une poursuite en dénonciation calomnieuse, n'ont pas le pouvoir de remettre en question la décision de classement sans suite du procureur de la République, laquelle, dès lors qu'elle émane de l'autorité compétente au sens de l'article 373 du Code pénal, constitue la base légale de la poursuite (■ Cass. crim., 21 avr. 1980, n° 78-93.689 : *Bull. crim.* n° 112). Le ministère public est seul juge de l'opportunité des poursuites et il ne peut, en raison de son indépendance à l'égard des juridictions, être contraint par la chambre d'accusation d'exercer l'action publique (■ Cass. crim., 24 mars 1992, n° 91-82.757). Le procureur de la République, à qui il appartient d'apprécier la suite à donner aux dénonciations qu'il reçoit, tient des articles 40, 41 et 80 du Code de procédure pénale, le droit de requérir l'ouverture d'une information, au vu de tout renseignement dont il est destinataire ; le réquisitoire introductif qui est ainsi délivré ne peut être annulé que s'il ne satisfait pas, en la forme, aux conditions essentielles de son existence légale (■ Cass. crim., 21 févr. 1995, n° 94-83.336 : *Bull. crim.* n° 75). Lorsqu'il n'y est pas tenu, en vertu des dispositions de l'article 86 du Code de procédure pénale, du fait du dépôt d'une plainte avec constitution de partie civile recevable, le ministère public apprécie librement, en vertu de l'article 40 du même code, la suite à donner aux faits qui pourraient être constitutifs d'une infraction à la loi pénale ; lorsqu'il n'engage pas l'action publique, la juridiction d'instruction ne saurait, d'elle-même, s'en saisir (■ Cass. crim., 7 nov. 1989, n° 88-84.058 : *Bull. crim.* n° 393). En vertu du principe constitutionnel qui garantit l'indépendance des magistrats du siège et en raison du secret du délibéré, une décision juridictionnelle n'est susceptible d'être critiquée que par le seul exercice des voies de recours prévues par la loi, et ne peut être considérée comme constitutive par elle-même d'un crime ou d'un délit. Il en résulte que ni les juges qui l'ont rendue, ni le magistrat du ministère public qui a pris des réquisitions conformes, selon lui, au bien de la justice, ne peuvent être inculpés des infractions que leur impute le justiciable mécontent de cette décision (■ Cass. crim., 19 nov. 1981, n° 81-94.556 : *Bull. crim.* n° 308. ■ Cass. crim., 9 déc. 1981, n° 81-94.848 : *Bull. crim.* n° 327 ; *D.* 1983, jurispr. 352, note W. Jeandidier). Caractérise le délit d'immixtion dans une fonction publique, plus précisément, dans l'exercice du pouvoir de classement sans suite conféré au seul procureur de la République par l'article 40-1 du Code de procédure pénale, le fait, pour un maire, qui ne bénéficie d'aucun titre au sens de l'article 433-12 du Code pénal pour ce faire, de décider, en violation de l'article 21-2 du Code de procédure pénale, de l'opportunité de transmettre certains procès-verbaux de contraventions à ce magistrat et de les conserver aux fins de les soustraire à toute poursuite judiciaire (■ Cass. crim., 21 mars 2018, n° 17-81.011 : *Bull. crim.* à paraître).

B – Limites à l'opportunité des poursuites

6) **Obligation d'engager les poursuites – Déclenchement des poursuites par la partie**

un officier de police judiciaire. Il peut toutefois également requérir directement tout officier de police judiciaire sur l'ensemble du territoire national de procéder à ces actes.

Le procureur de la République contrôle les mesures de garde à vue. Il visite les locaux de garde à vue chaque fois qu'il l'estime nécessaire et au moins une fois par an, il tient à cet effet un registre répertoriant le nombre et la fréquence des contrôles effectués dans ces différents locaux. Il adresse au procureur général un rapport concernant les mesures de garde à vue et l'état des locaux de garde à vue de son ressort ; ce rapport est transmis au garde des sceaux. Le garde des sceaux rend compte de l'ensemble des informations ainsi recueillies dans un rapport annuel qui est rendu public.

Il a tous les pouvoirs et prérogatives attachés à la qualité d'officier de police judiciaire prévus par la section II du chapitre Ier du titre Ier du présent livre, ainsi que par des lois spéciales.

Il peut se transporter dans toute l'étendue du territoire national. Il peut également, dans le cadre d'une demande d'entraide adressée à un État étranger et avec l'accord des autorités compétentes de l'État concerné, se transporter sur le territoire d'un État étranger aux fins de procéder à des auditions.

En cas d'infractions flagrantes, il exerce les pouvoirs qui lui sont attribués par l'article 68.

Le procureur de la République peut également requérir, suivant les cas, une personne habilitée dans les conditions prévues au sixième alinéa de l'article 81, le service pénitentiaire d'insertion et de probation ou le service de la protection judiciaire de la jeunesse de vérifier la situation matérielle, familiale et sociale d'une personne faisant l'objet d'une enquête, de vérifier la faisabilité matérielle de certaines peines ou aménagements de peine pouvant être prononcés et de l'informer sur les mesures propres à favoriser l'insertion sociale de l'intéressé. Ces réquisitions peuvent également être faites après le renvoi d'une personne devant le tribunal correctionnel par le juge d'instruction, lorsque celle-ci est en détention provisoire.

Ces diligences doivent être prescrites avant toute réquisition de placement en détention provisoire lorsque la peine encourue n'excède pas cinq ans d'emprisonnement et en cas de poursuites selon la procédure de comparution immédiate prévue aux articles 395 à 397-6 ou lorsque la personne est déférée devant le procureur de la République en application de l'article 393 et en cas de poursuites selon la procédure de comparution sur reconnaissance préalable de culpabilité prévue aux articles 495-7 à 495-13.

À l'exception des infractions prévues aux articles 19 et 27 de l'ordonnance n° 45-2658 du 2 novembre 1945 relative aux conditions d'entrée et de séjour des étrangers en France, en cas de poursuites pour une infraction susceptible d'entraîner à son encontre le prononcé d'une mesure d'interdiction du territoire français d'un étranger qui déclare, avant toute saisine de la juridiction compétente, se trouver dans l'une des situations prévues par les articles 131-30-1 et 131-30-2 du Code pénal, le procureur de la République ne peut prendre aucune réquisition d'interdiction du territoire français s'il n'a préalablement requis, suivant les cas, l'officier de police judiciaire compétent, une personne habilitée dans les conditions prévues au sixième alinéa de l'article 81 ou, en cas d'impossibilité matérielle, le service pénitentiaire d'insertion et de probation, afin de vérifier le bien-fondé de cette déclaration.

Le procureur de la République peut également recourir à une association d'aide aux victimes agréée par le ministre de la justice dans des conditions définies par décret, afin qu'il soit porté aide à la victime de l'infraction.

Voir : art. D. 15-4 et s., p. 2142.

1) Réalisation d'actes d'enquête – Actes non réglementés – Géolocalisation (jurisprudence antérieure à la loi du 28 mars 2014). Il se déduit de l'article 8 de la Convention européenne des droits de l'Homme que la technique dite de « géolocalisation » constitue une ingérence dans la vie privée dont la gravité nécessite qu'elle soit exécutée sous le contrôle d'un juge ; méconnaît ce texte la chambre de l'instruction qui retient que les articles 12, 14 et 41 du Code de procédure pénale confient à la police judiciaire le soin de constater les infractions à la loi pénale, d'en rassembler les preuves et d'en rechercher les auteurs, sous le contrôle du procureur de la République et que les mesures critiquées trouvent leur fondement dans ces textes (■ Cass. crim., 22 oct. 2013 : *Bull. crim.* n° 197 ; *D.* 2014, chron. 115, note H. Matsopoulou ; *Dr. pén.* 2013, comm. 177, note A. Maron et M. Haas ; *Procédures* 2013, comm. 358, note A.-S. Chavent-Leclère). Si la mise en œuvre du moyen technique de géolocalisation ne peut, en raison de sa gravité, être réalisée que sous le contrôle d'un juge, l'arrêt de la chambre de l'instruction, qui a refusé d'annuler les réquisitions délivrées au cours de l'enquête préliminaire aux fins de « géolocalisation », n'encourt pas pour autant la censure dès lors qu'à défaut d'exécution effecde ces réquisitions dans le délai qu'elles prévoyaient, ainsi que la Cour de cassation est en mesure de s'en assurer par le contrôle des pièces de la procédure, le demandeur n'a subi aucune ingérence dans sa vie privée au sens de l'article 8 de la Convention européenne des droits de l'Homme (■ Cass. crim., 14 janv. 2014, n° 13-84.909 : *Bull. crim.* n° 8 ; *Procédures* 2014, comm. 84, note A.-S. Chavent-Leclère). Est proportionnée, au regard de l'article 8 de la Convention européenne des droits de l'Homme, l'ingérence dans la vie privée constituée par la géolocalisation d'une personne, notamment par son téléphone portable, mise en œuvre antérieurement à l'entrée en vigueur de la loi du 28 mars 2014, sous le contrôle du procureur de la République, dès lors que cette mesure était justifiée par l'importance des infractions en cause et que sa durée n'a pas excédé celle au terme de laquelle le respect des dispositions conventionnelles imposait qu'elle fût exécutée sous le contrôle d'un juge en raison de sa gravité. Justifie sa décision la chambre de l'instruction qui, pour déclarer régulières des géolocalisations, relève que ces mesures, réalisées dans le cadre d'une enquête préliminaire concernant un important trafic international de stupéfiants, n'ont été placées hors du contrôle d'un juge que sur une période très limitée de quelques jours (■ Cass. crim., 6 janv. 2015, n° 14-84.822 : *Bull. crim.* n° 4 ; *RSC* 2015, 123, note A. Giudicelli).

2) Réalisation d'actes d'enquête – Actes non réglementés – Vidéosurveillance sur la voie publique. Le procureur de la République tient des articles 39-3 et 41 du Code de procédure pénale le pouvoir de faire procéder, sous son contrôle effectif et selon les modalités qu'il autorise s'agissant de sa durée et de son périmètre, à une vidéosurveillance sur la voie publique, aux fins de rechercher la preuve des infractions à la loi pénale. L'ingérence dans la vie privée qui résulte d'une telle mesure présentant par sa nature même un caractère limité et étant proportionnée au regard de l'objectif poursuivi, n'est pas contraire à l'article 8 de la Convention européenne des droits de l'homme (■ Cass. crim., 8 déc. 2020, n° 20-83.885, §§ 9 et 10 : *Bull. crim.* à paraître).

3) Réalisation d'actes d'enquête non réglementés – Vidéosurveillance de la voie publique depuis un lieu privé. Le procureur de la République tient des articles 39-3 et 41 du Code de procédure pénale le pouvoir de faire procéder, sous son contrôle effectif et selon les modalités qu'il autorise s'agissant de sa durée et de son périmètre, à une vidéosurveillance sur la voie publique, aux fins de rechercher la preuve des infractions à la loi pénale. La mise en œuvre d'un dispositif de captation d'images ne nécessite pas l'autorisation du juge des libertés et de la détention lorsque, placé dans un lieu privé, il ne vise qu'à capter, fixer, transmettre ou enregistrer l'image d'une ou de plusieurs personnes se situant sur la voie publique. En revanche, cette mise en œuvre nécessite l'accord du propriétaire du lieu dans lequel se trouve le dispositif (■ Cass. crim., 18 mai 2021, n° 20-86.266, §§ 13 à 15 : *Bull. crim.* à paraître ; *JCP G* 2021, 711, note Ph. Collet ; *AJ pénal* 2021. 326, obs. R. Mesa).

4) Réalisation d'actes d'enquête – Conséquence sur la prescription. Il résulte des articles 7, 8, 40 et 41 du Code de procédure pénale qu'interrompt le cours de la prescription de l'action publique tout acte du procureur de la République tendant à la recherche et à la poursuite des infractions à la loi pénale (■ Cass. crim., 1er févr. 2012, n° 11-83.072 : *Bull. crim.* n° 35. ■ Cass. crim., 20 févr. 2002, n° 01-85.042 : *Bull. crim.* n° 42). Il en est ainsi d'une lettre adressée par un procureur de la République au président d'une chambre départementale des huissiers de justice, pour lui demander de provoquer les explications d'un huissier de justice à la suite du dépôt d'une plainte et de les lui transmettre assorties d'un avis motivé (■ Cass. crim., 1er févr. 2012, préc.). Il en est de même d'une demande adressée à une Administration pour l'interroger sur le sort de personnes disparues de façon suspecte (■ Cass. crim., 20 févr. 2002, préc.). Les instructions adressées par le procureur de la République à un officier de police judiciaire sont des actes interruptifs de la prescription de l'action publique, lorsqu'elles constituent l'exercice des pouvoirs que ce magistrat tient des dispositions des articles 41 et 75 du Code de procédure pénale pour l'exécution des enquêtes préliminaires (■ Cass. crim., 2 avr. 1998, n° 97-84.191 : *Bull. crim.* n° 131).

5) Direction de l'enquête. Le procureur de la République tient des articles 40 et 41 du Code de procédure pénale le droit d'ordonner une enquête préliminaire au vu de tous renseignements dont il est destinataire (■ Cass. crim., 17 juin 2009, n° 08-84.482 : *Bull. crim.* n° 125). Le pouvoir d'ordonner une enquête préliminaire que le procureur de la République tient des articles 40, 41 et 75 du Code de procédure pénale ne comporte pas de restriction et concerne tous les faits qui parviennent d'une manière quelconque à la connaissance de ce magistrat (■ Cass. crim., 30 juin 1999, n° 99-81.426 : *Bull. crim.* n° 176). En donnant, lors de son arrivée sur les lieux de l'enquête de flagrance, des consignes particulières aux enquêteurs qui s'y sont référés pour accomplir certains actes, le procureur de la République n'a fait qu'user des pouvoirs généraux de direction d'enquête qu'il tient de l'article 41 du Code de procédure pénale et n'a pas dessaisit les officiers de police judiciaire, l'article 68 du Code de procédure pénale, disposant que si l'arrivée du procureur de la République sur les lieux dessaisit les officiers de police judiciaire, ceux-ci peuvent, en application du même texte, poursuivre les opérations sur prescription de ce magistrat, laquelle n'a pas à être formulée par écrit (▪ Cass. crim., 20 mars 1995, n° 95-80.027 : *Bull. crim.* n° 111). N'ont pas à être annulées, pour violation des articles 41 et 68 du Code de procédure pénale, les formalités de prélèvement biologique et d'inscription au fichier national automatisé des empreintes génétiques ainsi que la mise sous scellés d'objets placés sous main de justice réalisées par des fonctionnaires de police chargés de l'enquête qui ont été avisés par le procureur de la République qu'ils étaient dessaisis au profit d'un autre service dès lors que ces actes ont été exécutés alors que l'intéressé était encore sous la contrainte d'une mesure de garde à vue prise par les fonctionnaires initialement saisis et que le ministère public ne s'est pas opposé à l'achèvement des actes de procédure entrepris par les enquêteurs initialement saisis, préalablement à la reprise de l'enquête par un autre service (▪ Cass. crim., 18 janv. 2011, n° 10-84.980 : *Bull. crim.* n° 8).

6) Ouverture d'une instruction. Le procureur de la République tient des articles 40, 41 et 80 du Code de procédure pénale le droit de requérir l'ouverture d'une information au vu de tous renseignements dont il est destinataire et le réquisitoire introductif ne peut être annulé que s'il ne satisfait pas en la forme aux conditions essentielles de son existence légale (▪ Cass. crim., 5 juin 2002, n° 01-87.656).

Art. 41-1 *(Mod., L. n° 2020-936, 30 juill. 2020 ; L. n° 2021-401, 8 avr. 2021).* **– S'il lui apparaît qu'une telle mesure est susceptible d'assurer la réparation du dommage causé à la victime, de mettre fin au trouble résultant de l'infraction ou de contribuer au reclassement de l'auteur des faits, le procureur de la République peut, préalablement à sa décision sur l'action publique, directement ou par l'intermédiaire d'un officier de police judiciaire, d'un délégué ou d'un médiateur du procureur de la République :**

1° Procéder au rappel auprès de l'auteur des faits des obligations résultant de la loi ;

2° Orienter l'auteur des faits vers une structure sanitaire, sociale ou professionnelle ; cette mesure peut consister dans l'accomplissement par l'auteur des faits, à ses frais, d'un stage ou d'une formation dans un service ou un organisme sanitaire, social ou professionnel, et notamment d'un stage de citoyenneté, d'un stage de responsabilité parentale, d'un stage de sensibilisation à la lutte contre l'achat d'actes sexuels, d'un stage de responsabilisation pour la prévention et la lutte contre les violences au sein du couple et sexistes, d'un stage de lutte contre le sexisme et de sensibilisation à l'égalité entre les femmes et les hommes ou d'un stage de sensibilisation aux dangers de l'usage de produits stupéfiants ; en cas d'infraction commise à l'occasion de la conduite d'un véhicule terrestre à moteur, cette mesure peut consister dans l'accomplissement, par l'auteur des faits, à ses frais, d'un stage de sensibilisation à la sécurité routière ;

3° Demander à l'auteur des faits de régulariser sa situation au regard de la loi ou des règlements. Cette régularisation peut notamment consister à se dessaisir au profit de l'État de la chose qui a servi ou était destinée à commettre l'infraction ou qui en était le produit. Le dessaisissement peut également être fait au bénéfice d'une personne morale à but non lucratif désignée par le procureur de la République, lorsqu'il s'agit d'une chose dont l'auteur des faits est propriétaire et sur laquelle aucun tiers n'est susceptible d'avoir des droits ;

4° Demander à l'auteur des faits de réparer le dommage résultant de ceux-ci. Cette réparation peut notamment consister en une restitution, en une remise en état des lieux ou des choses dégradés ou en un versement pécuniaire au bénéfice de la victime ou de toute personne physique ou morale ayant eu à engager des frais pour remettre en état les lieux ou les choses dégradés ;

5° Faire procéder, à la demande ou avec l'accord de la victime, à une mission de médiation entre l'auteur des faits et la victime. En cas de réussite de la médiation, le procureur de la République ou le médiateur du procureur de la République en dresse procès-verbal, qui est signé par lui-même et par les parties, et dont une copie leur est remise ; si l'auteur des faits s'est engagé à verser des dommages et intérêts à la victime, celle-ci peut, au vu de ce procès-verbal, en demander le recouvrement suivant la procédure d'injonction de payer, conformément aux règles prévues par le Code de procédure civile. En cas de violences au sein du couple relevant de l'article 132-80 du Code pénal, il ne peut pas être procédé à une mission de médiation ;

6° En cas d'infraction commise soit contre son conjoint, son concubin ou son partenaire lié par un pacte civil de solidarité, soit contre ses enfants ou ceux de son conjoint, concubin ou partenaire, demander à l'auteur des faits de résider hors du domicile ou de la résidence du couple et, le cas échéant, de s'abstenir de paraître dans ce domicile ou cette résidence ou aux abords immédiats de celui-ci, ainsi que, si nécessaire, de faire l'objet

d'une prise en charge sanitaire, sociale ou psychologique ; les dispositions du présent 6° sont également applicables lorsque l'infraction est commise par l'ancien conjoint ou concubin de la victime, ou par la personne ayant été liée à elle par un pacte civil de solidarité, le domicile concerné étant alors celui de la victime. Pour l'application du présent 6°, le procureur de la République recueille ou fait recueillir, dans les meilleurs délais et par tous moyens l'avis de la victime sur l'opportunité de demander à l'auteur des faits de résider hors du logement du couple. Sauf circonstances particulières, cette mesure est prise lorsque sont en cause des faits de violences susceptibles d'être renouvelés et que la victime la sollicite. Le procureur de la République peut préciser les modalités de prise en charge des frais afférents à ce logement pendant une durée qu'il fixe et qui ne peut excéder six mois ;

7° Demander à l'auteur des faits de ne pas paraître, pour une durée qui ne saurait excéder six mois, dans un ou plusieurs lieux déterminés dans lesquels l'infraction a été commise ou dans lesquels réside la victime ;

8° Demander à l'auteur des faits de ne pas rencontrer ou recevoir, pour une durée qui ne peut excéder six mois, la ou les victimes de l'infraction désignées par le procureur de la République, directement ou par l'intermédiaire des personnes mentionnées au premier alinéa, ou ne pas entrer en relation avec cette ou ces victimes ;

9° Demander à l'auteur des faits de ne pas rencontrer ou recevoir, pour une durée qui ne peut excéder six mois, le ou les coauteurs ou complices éventuels désignés par le procureur de la République directement ou par l'intermédiaire des personnes mentionnées au même premier alinéa, ou ne pas entrer en relation avec eux ;

10° Demander à l'auteur des faits de s'acquitter d'une contribution citoyenne auprès d'une association d'aide aux victimes mentionnée aux articles 10-2 et 41 du présent code du ressort du tribunal judiciaire ou, à défaut, de la cour d'appel. Le montant de cette contribution, qui ne peut excéder le montant prévu au premier alinéa de l'article 131-13 du Code pénal, est fixé par le procureur de la République en fonction de la gravité des faits ainsi que des ressources et des charges de l'auteur des faits ;

11° Dans les cas prévus à l'article 44-1 du présent code et après avoir recueilli l'avis du maire, demander à l'auteur des faits de répondre à une convocation du maire en vue de conclure une transaction. Si l'auteur des faits ne se présente pas à la convocation ou si aucun accord n'est trouvé, le maire en informe le procureur de la République.

La procédure prévue au présent article suspend la prescription de l'action publique.

En cas de non-exécution de la mesure en raison du comportement de l'auteur des faits, le procureur de la République, sauf élément nouveau, met en oeuvre une composition pénale ou engage des poursuites.

Voir : art. R. 15-33-30 et s., p. 1928.

Bibliographie : D. Dechenaud, *Les voies alternatives*, in V. Malabat, B. de Lamy et M. Giacopelli, *Droit pénal. Le temps des réformes, actes du colloque des 7-9 octobre 2009*, Bordeaux IV, Litec 2011, p. 218. • F. Desprez, *L'illustration d'une insuffisance législative à propos des alternatives aux poursuites : D.* 2011, p. 2379. • M. Giacopelli, *Les procédures alternatives aux poursuites, Essai d'une théorie générale : RSC* 2012, p. 505. • F. Ludwiczak, *Procédures alternatives aux poursuites et action publique : entre apparence de conformité et quête de cohérence : JCP* 2011, 1453. • J.-P. Perrier, *Alternatives aux poursuites : l'orthodoxie juridique face à l'opportunité pratique : D.* 2011, p. 2349. • J.-B. Perrier, *L'efficacité de la justice et la simplification de la réponse pénale : JCP* G 2021, p. 662. • G. Blanc, *La médiation pénale : JCP* G 1994, I, 3760. • E. Dreyer, *La médiation pénale, objet juridique mal identifié : JCP* G 2008, I, 138. • C. Lazerges, *Médiation pénale, justice pénale et politique criminelle : RSC* 1997, p. 186. • J. Leblois-Happe, *La médiation pénale comme mode de réponse à la petite délinquance : état de lieux et perspectives : RSC* 1994, p. 525. • *Dossier Médiation pénale : AJ Pénal* 2011, 216 • F. Ludwiczak, *Les apports de la loi n° 2021-401 du 8 avril 2021 en matière d'alternatives aux poursuites* : *AJ pénal* 2021, 234. • C. Ribeyre, *La justice pénale de proximité en marche... à petits pas ! Loi du 8 avril 2021 améliorant l'efficacité de la justice de proximité et de la réponse pénale* : *Dr. pén.* 2021, étude 10.

1) Mineur.

Voir : CJPM, art. L. 422-1 et 2, p. 3080

2) Rappel à la loi – Absence d'autorité de la chose jugée – Jurisprudence antérieure à la loi n° 2021-1729 du 22 décembre 2021. Le rappel aux obligations résultant de la loi, auquel le procureur de la République peut procéder en application de l'article 41-1, 1, du Code de procédure pénale, n'établit pas la culpabilité de la personne poursuivie ou suspectée qui en fait l'objet ; dès lors, c'est à tort qu'une chambre de l'instruction énonce qu'une telle mesure implique la constitution d'un délit (■ Cass. crim., 6 déc. 2011, n° 11-80.419 : *Bull. crim.* n° 474). Le rappel à la loi auquel procède le procureur de la République en application de l'article 41-1 du Code de procédure pénale est dépourvu de l'autorité de la chose jugée au pénal sur le civil et n'emporte pas par lui-même preuve du fait imputé à un auteur et de sa culpabilité. Dès lors, n'encourt pas la censure la cour d'appel, statuant en matière prud'homale, qui, ayant apprécié souverainement les éléments de preuve produits, portant notamment sur les faits ayant donné lieu à un rappel à la loi, a estimé ces éléments insuffisamment probants (■ Cass. soc., 21 mai 2008 : *Bull. civ.* V, n° 107 ; *JCP* G 2008, II, 10135, note S. Detraz. – *Adde* ■ Cass. soc., 20 mai 2015, n° 14-11.603). Le rappel à la loi auquel procède le procureur de la République en application de l'article 41-1, 1°, du Code de procédure pénale, qui n'est pas un acte juridictionnel, n'a pas autorité de la chose jugée ; doit donc être rejeté le moyen par lequel les demandeurs soutiennent que la notification d'une telle mesure implique que sont établis les faits constitutifs de l'infraction et a nécessairement autorité de chose jugée à l'égard du juge civil (■ Cass. 2e civ., 7 mai 2009, n° 08-10.362 : *Bull. civ.* II, n° 112 ; *Procédures* 2009, comm. 244, obs. J. Buisson ; *JCP* G 2009, pan. 1947 ; *Resp. civ. et assur.* 2009, comm. 205, obs. S. Hocquet Berg).

3) **Médiation – Conséquences.** Le procès-verbal établi et signé à l'occasion d'une médiation pénale, qui contient les engagements de l'auteur des faits incriminés, pris envers sa victime en contrepartie de la renonciation de celle-ci à sa plainte et, le cas échéant, à une indemnisation intégrale, afin d'assurer la réparation des conséquences dommageables de l'infraction et d'en prévenir la réitération par le règlement des désaccords entre les parties, constitue une transaction, à l'exécution de laquelle peut être condamné le signataire défaillant (■ Cass. 1re civ., 10 avr. 2013, n° 12-13.672 : *Bull. civ.* I, n° 80 ; *D.* 2013, 1663, note J.-B. Perrier). La transaction signée entre deux parties, aux termes de laquelle l'une d'elles renonce à toute action judiciaire ou extra-judiciaire contre l'autre, n'est pas de nature à lui interdire de se constituer partie civile dans une procédure pénale dirigée contre cette dernière, dès lors que cette constitution n'a pour objet que de venir au soutien de l'action publique (■ Cass. crim., 14 janv. 2014, n° 11-81.362 : *Bull. crim.* n° 5).

4) **Médiation – Utilisation ultérieure des déclarations faites et documents remis lors de la médiation.** En vertu de l'article 26 de la loi du 8 février 1995, les dispositions de l'article 24 de cette même loi selon lesquelles les constatations du médiateur et les déclarations qu'il recueille ne peuvent être évoquées devant le juge saisi du litige qu'avec l'accord des parties, ne sont pas applicables aux procédures pénales (■ Cass. crim., 12 mai 2004, n° 03-82.098 : *Bull. crim.* n° 121. – *Adde* ■ Cass. soc., 2 déc. 2009, n° 07-45.698).

5) **Conséquence de la réussite des mesures – Absence d'extinction de l'action publique.** En application de l'article 41-1 du Code de procédure pénale, le procureur de la République peut, préalablement à sa décision sur l'action publique, prescrire l'une des obligations prévues par cet article, sans que son exécution éteigne l'action publique (■ Cass. crim., 21 juin 2011, n° 11-80.003 : *Bull. crim.* n° 141 ; *D.* 2011, p. 2379, note F. Desprez. ■ Cass. crim., 17 janv. 2012, n° 10-88.226 : *Bull. crim.* n° 12. ■ Cass. crim., 13 juin 2018, n° 17-81.849). Il en résulte qu'il a toujours la possibilité, en vertu de ses pouvoirs propres, d'engager des poursuites en cas d'exécution d'une mesure imposée en application de l'article 41-1 du Code de procédure pénale (■ Cass. crim., 13 juin 2018, préc.) et qu'encourt la cassation l'arrêt retenant l'inverse (■ Cass. crim., 21 juin 2011, préc.). Il en résulte également que la victime n'est pas privée de la possibilité de mettre en mouvement l'action publique par la voie d'une citation directe devant la juridiction de jugement quand bien même sa plainte avait été classée sans suite (■ Cass. crim., 17 janv. 2012, préc.).

6) **Suspension de la prescription.** Le rappel à la loi n'est pas interruptif de la prescription, qu'il suspend seulement (■ Cass. crim., 17 oct. 2017, n° 16-85.193 : *RSC* 2018, p. 126, P.-J. Delage).

Rédaction future. Art. 41-1 *(Mod., L. n° 2020-936, 30 juill. 2020 ; L. n° 2021-401, 8 avr. 2021 ; mod. à compter du 1er janvier 2023, L. n° 2021-1729, 22 déc. 2021).* – S'il lui apparaît qu'une telle mesure est susceptible d'assurer la réparation du dommage causé à la victime, de mettre fin au trouble résultant de l'infraction ou de contribuer au reclassement de l'auteur des faits, le procureur de la République peut, préalablement à sa décision sur l'action publique, directement ou par l'intermédiaire d'un officier de police judiciaire, d'un délégué ou d'un médiateur du procureur de la République :

1° Adresser à l'auteur de l'infraction qui a reconnu sa culpabilité un avertissement pénal probatoire lui rappelant les obligations résultant de la loi ou du règlement ainsi que les peines encourues et lui indiquant que cette décision est revue en cas de commission d'une nouvelle infraction dans un délai de deux ans, ce délai est fixe a un an en matière contraventionnelle. Cet avertissement ne peut être adressé que par le procureur de la République ou son délégué ; il ne peut intervenir à l'égard d'une personne qui a déjà été condamnée ou à la suite d'un délit de violences contre les personnes ou d'un délit commis contre une personne dépositaire de l'autorité publique ou investie d'un mandat électif public. Lorsque l'infraction a causé un préjudice à une personne physique ou morale, l'avertissement ne peut intervenir que si le préjudice a déjà été réparé ou s'il est également fait application de la mesure prévue au 4° ;

2° Orienter l'auteur des faits vers une structure sanitaire, sociale ou professionnelle ; cette mesure peut consister dans l'accomplissement par l'auteur des faits, à ses frais, d'un stage ou d'une formation dans un service ou un organisme sanitaire, social ou professionnel, et notamment d'un stage de citoyenneté, d'un stage de responsabilité parentale, d'un stage de sensibilisation à la lutte contre l'achat d'actes sexuels, d'un stage de responsabilisation pour la prévention et la lutte contre les violences au sein du couple et sexistes, d'un stage de lutte contre le sexisme et de sensibilisation à l'égalité entre les femmes et les hommes ou d'un stage de sensibilisation aux dangers de l'usage de produits stupéfiants ; en cas d'infraction commise à l'occasion de la conduite d'un véhicule terrestre à moteur, cette mesure peut consister dans l'accomplissement, par l'auteur des faits, à ses frais, d'un stage de sensibilisation à la sécurité routière ;

3° Demander à l'auteur des faits de régulariser sa situation au regard de la loi ou des règlements. Cette régularisation peut notamment consister à se dessaisir au profit de l'État de la chose qui a servi ou était destinée à commettre l'infraction ou qui en était le produit. Le dessaisissement peut également être fait au bénéfice d'une personne morale à but non lucratif désignée par le procureur de la République, lorsqu'il s'agit d'une chose dont l'auteur des faits est propriétaire et sur laquelle aucun tiers n'est susceptible d'avoir des droits ;

4° Demander à l'auteur des faits de réparer le dommage résultant de ceux-ci. Cette réparation peut notamment consister en une restitution, en une remise en état des lieux ou des choses dégradés ou en un versement pécuniaire au bénéfice de la victime ou de toute personne physique ou morale ayant eu à engager des frais pour remettre en état les lieux ou les choses dégradés ;

5° Faire procéder, à la demande ou avec l'accord de la victime, à une mission de médiation entre l'auteur des faits et la victime. En cas de réussite de la médiation, le procureur de la République ou le médiateur du procureur de la République en dresse procès-verbal, qui est signé par lui-même et par les parties, et dont une copie leur est remise ; si l'auteur des faits s'est engagé à verser des dommages et intérêts à la victime, celle-ci peut, au vu de ce procès-verbal, en demander le recouvrement suivant la procédure d'injonction de payer, conformément aux règles prévues par le Code de procédure civile. En cas de violences au sein du couple relevant de l'article 132-80 du Code pénal, il ne peut pas être procédé à une mission de médiation ;

6° En cas d'infraction commise soit contre son conjoint, son concubin ou son partenaire lié par un pacte civil de solidarité, soit contre ses enfants ou ceux de son conjoint, concubin ou partenaire, demander à l'auteur des faits de résider hors du domicile ou de la résidence du couple et, le cas échéant, de s'abstenir de paraître dans ce domicile ou cette résidence ou aux abords immédiats de celui-ci, ainsi que, si nécessaire, de faire l'objet d'une prise en charge sanitaire, sociale ou psychologique ; les dispositions du présent 6° sont également applicables lorsque l'infraction est commise par l'ancien conjoint ou concubin de la victime, ou par la personne ayant été liée à elle par un pacte civil de solidarité, le domicile concerné étant alors celui de la victime. Pour l'application du présent 6°, le procureur de la République recueille ou fait recueillir, dans les meilleurs délais et par tous moyens l'avis de la victime sur l'opportunité de demander à l'auteur des faits de résider hors du logement du couple. Sauf circonstances particulières, cette mesure est prise lorsque sont en cause des faits de violences susceptibles d'être renouvelés et que la victime la sollicite. Le procureur de la République peut préciser les modalités de prise en charge des frais afférents à ce logement pendant une durée qu'il fixe et qui ne peut excéder six mois ;

7° Demander à l'auteur des faits de ne pas paraître, pour une durée qui ne saurait excéder six mois, dans un ou plusieurs lieux déterminés dans lesquels l'infraction a été commise ou dans lesquels réside la victime ;

8° Demander à l'auteur des faits de ne pas rencontrer ou recevoir, pour une durée qui ne peut excéder six mois, la ou les victimes de l'infraction désignées par le procureur de la République, directement ou par l'intermédiaire des personnes mentionnées au premier alinéa, ou ne pas entrer en relation avec cette ou ces victimes ;

9° Demander à l'auteur des faits de ne pas rencontrer ou recevoir, pour une durée qui ne peut excéder six mois, le ou les coauteurs ou complices éventuels désignés par le procureur de la République directement ou par l'intermédiaire des personnes mentionnées au même premier alinéa, ou ne pas entrer en relation avec eux ;

10° Demander à l'auteur des faits de s'acquitter d'une contribution citoyenne auprès d'une association d'aide aux victimes mentionnée aux articles 10-2 et 41 du présent code du ressort du tribunal judiciaire ou, à défaut, de la cour d'appel. Le montant de cette contribution, qui ne peut excéder le montant prévu au premier alinéa de l'article 131-13 du Code pénal, est fixé par le procureur de la République en fonction de la gravité des faits ainsi que des ressources et des charges de l'auteur des faits ;

11° Dans les cas prévus à l'article 44-1 du présent code et après avoir recueilli l'avis du maire, demander à l'auteur des faits de répondre à une convocation du maire en vue de conclure une transaction. Si l'auteur des faits ne se présente pas à la convocation ou si aucun accord n'est trouvé, le maire en informe le procureur de la République.

La procédure prévue au présent article suspend la prescription de l'action publique.

En cas de non-exécution de la mesure en raison du comportement de l'auteur des faits, le procureur de la République, sauf élément nouveau, met en oeuvre une composition pénale ou engage des poursuites.

Art. 41-1-1 *(Abr., L. n° 2019-222, 23 mars 2019).*

Art. 41-1-2 ***(Mod., L. n° 2018-898, 23 oct. 2018 ; L. n° 2020-1672, 24 déc. 2020).*** **– I. – Tant que l'action publique n'a pas été mise en mouvement, le procureur de la République peut proposer à une personne morale mise en cause pour un ou plusieurs délits prévus aux articles 433-1, 433-2, 435-3, 435-4, 435-9, 435-10, 445-1, 445-1-1, 445-2 et 445-2-1, à l'avant-dernier alinéa de l'article 434-9 et au deuxième alinéa de l'article 434-9-1 du Code pénal et leur blanchiment, pour les délits prévus aux articles 1741 et 1743 du Code général des impôts et leur blanchiment, ainsi que pour des infractions connexes, de conclure une convention judiciaire d'intérêt public imposant une ou plusieurs des obligations suivantes :**

1° Verser une amende d'intérêt public au Trésor public. Le montant de cette amende est fixé de manière proportionnée aux avantages tirés des manquements constatés, dans la limite de 30 % du chiffre d'affaires moyen annuel calculé sur les trois derniers chiffres d'affaires annuels connus à la date du constat de ces manquements. Son versement peut être échelonné, selon un échéancier fixé par le procureur de la République, sur une période qui ne peut être supérieure à un an et qui est précisée par la convention ;

2° Se soumettre, pour une durée maximale de trois ans et sous le contrôle de l'Agence française anticorruption, à un programme de mise en conformité destiné à s'assurer de l'existence et de la mise en œuvre en son sein des mesures et procédures énumérées au II de l'article 131-39-2 du Code pénal.

Les frais occasionnés par le recours par l'Agence française anticorruption à des experts ou à des personnes ou autorités qualifiées, pour l'assister dans la réalisation d'analyses juridiques, financières, fiscales et comptables nécessaires à sa mission de contrôle sont supportés par la personne morale mise en cause, dans la limite d'un plafond fixé par la convention ;

Lorsque la victime est identifiée, et sauf si la personne morale mise en cause justifie de la réparation de son préjudice, la convention prévoit également le montant et les modalités de la réparation des dommages causés par l'infraction dans un délai qui ne peut être supérieur à un an.

La victime est informée de la décision du procureur de la République de proposer la conclusion d'une convention judiciaire d'intérêt public à la personne morale mise en cause. Elle transmet au procureur de la République tout élément permettant d'établir la réalité et l'étendue de son préjudice.

Les représentants légaux de la personne morale mise en cause demeurent responsables en tant que personnes physiques. Ils sont informés, dès la proposition du procureur de la République, qu'ils peuvent se faire assister d'un avocat avant de donner leur accord à la proposition de convention.

II. – Lorsque la personne morale mise en cause donne son accord à la proposition de convention, le procureur de la République saisit par requête le président du tribunal judiciaire aux fins de validation. La proposition de convention est jointe à la requête. La requête contient un exposé précis des faits ainsi que la qualification juridique susceptible de leur être appliquée. Le procureur de la République informe de cette saisine la personne morale mise en cause et, le cas échéant, la victime.

Le président du tribunal procède à l'audition, en audience publique, de la personne morale mise en cause et de la victime assistées, le cas échéant, de leur avocat. À l'issue de cette audition, le président du tribunal prend la décision de valider ou non la proposition de convention, en vérifiant le bien-fondé du recours à cette procédure, la régularité de son déroulement, la conformité du montant de l'amende aux limites prévues au 1° du I du présent article et la proportionnalité des mesures prévues aux avantages tirés des manquements. La décision du président du tribunal, qui est notifiée à la personne morale mise en cause et, le cas échéant, à la victime, n'est pas susceptible de recours.

Si le président du tribunal rend une ordonnance de validation, la personne morale mise en cause dispose, à compter du jour de la validation, d'un délai de dix jours pour exercer son droit de rétractation. La rétractation est notifiée au procureur de la République par lettre recommandée avec demande d'avis de réception. Si la personne morale mise en cause n'exerce pas ce droit de rétractation, les obligations que la convention comporte sont mises à exécution. Dans le cas contraire, la proposition devient caduque.

L'ordonnance de validation n'emporte pas déclaration de culpabilité et n'a ni la nature ni les effets d'un jugement de condamnation.

La convention judiciaire d'intérêt public n'est pas inscrite au bulletin n° 1 du casier judiciaire. Elle fait l'objet d'un communiqué de presse du procureur de la République.

L'ordonnance de validation, le montant de l'amende d'intérêt public et la convention sont publiés sur les sites internet des ministères de la justice et du budget.

La victime peut, au vu de l'ordonnance de validation, demander le recouvrement des dommages et intérêts que la personne morale s'est engagée à lui verser suivant la procédure d'injonction de payer, conformément aux règles prévues par le Code de procédure civile.

III. – Si le président du tribunal ne valide pas la proposition de convention, si la personne morale mise en cause décide d'exercer son droit de rétractation ou si, dans le délai prévu par la convention, la personne morale mise en cause ne justifie pas de l'exécution intégrale des obligations prévues, le procureur de la République met en mouvement l'action publique, sauf élément nouveau. Si la convention a été conclue dans le cadre d'une information judiciaire, le dernier alinéa de l'article 180-2 est applicable. En cas de poursuites et de condamnation, il est tenu compte, s'il y a lieu, de l'exécution partielle des obligations prévues par la convention.

Si le président du tribunal ne valide pas la proposition de convention ou si la personne morale exerce son droit de rétractation, le procureur de la République ne peut faire état devant la juridiction d'instruction ou de jugement des déclarations faites ou des documents remis par la personne morale au cours de la procédure prévue au présent article.

À peine de nullité, le procureur de la République notifie à la personne morale mise en cause l'interruption de l'exécution de la convention lorsque cette personne ne justifie pas de l'exécution intégrale des obligations prévues. Cette décision prend effet immédiatement. Le cas échéant, elle entraîne de plein droit la restitution de l'amende d'intérêt public versée au Trésor public prévue au 1° du I. Elle n'entraîne cependant pas la restitution des éventuels frais supportés par la personne morale et occasionnés par le recours par l'Agence française anticorruption à des experts ou à des personnes ou autorités qualifiées pour l'assister dans la réalisation d'analyses juridiques, financières, fiscales et comptables nécessaires à sa mission de contrôle.

IV. – La prescription de l'action publique est suspendue durant l'exécution de la convention.

L'exécution des obligations prévues par la convention éteint l'action publique. Elle ne fait cependant pas échec au droit des personnes ayant subi un préjudice du fait des manquements constatés, sauf l'État, de poursuivre la réparation de leur préjudice devant la juridiction civile.

Le président du tribunal judiciaire peut désigner, aux fins de validation de la convention judiciaire d'intérêt public, tout juge du tribunal.

V. – Les modalités d'application du présent article sont fixées par décret en Conseil d'État.

Voir : art. R. 15-33-60-1 et s., p. 1935.

Bibliographie : A.-S. Algadi, *Modalités d'application de la convention judiciaire d'intérêt public et du cautionnement judiciaire : Lexbase Hebdo éd. privée* n° 697 du 4 mai 2017. • C.-H. Boeringer et G. Courvoisier-Clément, *La convention judiciaire d'intérêt public en enquête préliminaire. Des améliorations souhaitables pour un meilleur équilibre des droits des parties : AJ pénal* 2020, p. 455. • M.-E. Boursier, *Anticorruption et anti-blanchiment, les nouveaux risques pesant sur les entreprises. – Loi Sapin II : les entreprises assujetties à un programme de conformité anticorruption : JCP* E 2016, 1622. • E. Dezeuze et G. Pellegrin, *Extension du domaine de la transaction pénale : la convention judiciaire d'intérêt public. – À propos de la loi n° 2016-1691 du 9 décembre 2016 : JCP* G 2017, doctr. 64. • P. Dufourq, *La convention judiciaire d'intérêt public : apports de ce nouveau dispositif transactionnel : Dalloz actualité* 12 mai 2017. • A. Gaudemet et A. Dill, *Convention judiciaire d'intérêt public : une première particulière : JCP* G 2017, 1331. • C. Ghrénassia, *La convention judiciaire d'intérêt public : en attendant la transaction pénale : Rev. Lamy dr. aff.* avr. 2017, n° 125. • A. Hukkelaas Gaustad et M.-A. Nicolas, *La convention judiciaire d'intérêt public – Quelle compatibilité entre intérêt public de la Société et intérêt privé des sociétés ? : CDE*, n° 2, Dossier 9. • J.-Y. Maréchal, *Propos hétérodoxes sur la convention judiciaire d'intérêt public : Dr. pén.* 2020, étude 16. • A. Mignon-Colombet, *La convention judiciaire d'intérêt public : vers une justice de coopération ? : AJ Pénal* 2017, p. 68. • A. Mignon-Colombet et S. Hannedouche-Leric, *Le nouveau dispositif anti-corruption de la loi Sapin 2 : quelles avancées et quelles zones d'ombre ? : JCP* G 2017, 128. • J.-B. Perrier, *La convention judiciaire pour les infractions environnementales : vers une compliance environnementale : D.* 2020, p. 396. • G. Poissonnier et J.-Ch. Duhamel, *Convention judiciaire d'intérêt public : le 23 février 2018 fera date ! : D.* 2018, p. 898. • B. Quentin et F. Voiron, *La victime dans la procédure de la CJIP : entre strapontin et siège éjectable ? : AJ pénal* 2021, p. 15. • E. Russo, *CJIP : ajustements apportés par la loi du 24 décembre 2020 et autres sujets de réflexion pour l'avenir : AJ pénal* 2021, p. 68. • M. Segons, *Les apports de la loi du 9 décembre 2016 à l'anticorruption : Dr. pén.* 2017, étude 4. • M. Segonds, *De l'art de l'ombre à l'art du clair-obscur : Dr. pén.* 2018, comm. 14. • E. Untermaier-Kerleo, *Les députés protecteurs de la déontologie. – À propos de la loi Sapin II : Dr. adm.* 2017, étude 3.

Art. 41-1-3 *(L. n° 2020-1672, 24 déc. 2020 ; L. n° 2021-1104, 22 août 2021).* **– Tant que l'action publique n'a pas été mise en mouvement, le procureur de la République peut proposer à une personne morale mise en cause pour un ou plusieurs délits prévus par le Code de l'environnement ainsi que pour des infractions connexes, à l'exclusion des crimes et délits contre les personnes prévus au livre II du Code pénal, de conclure une convention judiciaire d'intérêt public imposant une ou plusieurs des obligations suivantes :**

1° Verser une amende d'intérêt public au Trésor public. Le montant de cette amende est fixé de manière proportionnée, le cas échéant au regard des avantages tirés des manquements constatés, dans la limite de 30 % du chiffre d'affaires moyen annuel calculé sur les trois derniers chiffres d'affaires annuels connus à la date du constat de ces manquements. Son versement peut être échelonné, selon un échéancier fixé par le procureur de la République, sur une période qui ne peut être supérieure à un an et qui est précisée par la convention ;

2° Régulariser sa situation au regard de la loi ou des règlements dans le cadre d'un programme de mise en conformité d'une durée maximale de trois ans, sous le contrôle des services compétents du ministère chargé de l'environnement et des services de l'Office français de la biodiversité ;

3° Assurer, dans un délai maximal de trois ans et sous le contrôle des mêmes services, la réparation du préjudice écologique résultant des infractions commises.

Les frais occasionnés par le recours par les services compétents du ministère chargé de l'environnement ou les services de l'Office français de la biodiversité à des experts ou à des personnes ou autorités qualifiées pour les assister dans la réalisation d'expertises techniques nécessaires à leur mission de contrôle sont supportés par la personne morale mise en cause, dans la limite d'un plafond fixé par la convention. Ces frais ne peuvent être restitués en cas d'interruption de l'exécution de la convention.

Lorsque la victime est identifiée, sauf si la personne morale mise en cause justifie de la réparation de son préjudice, la convention prévoit également le montant et les modalités de la réparation des dommages causés par l'infraction dans un délai qui ne peut être supérieur à un an.

La procédure applicable est celle prévue à l'article 41-1-2 et aux textes pris pour son application. L'ordonnance de validation, le montant de l'amende d'intérêt public et la convention sont publiés sur les sites internet du ministère de la justice, du ministère chargé de l'environnement et de la commune sur le territoire de laquelle l'infraction a été commise ou, à défaut, de l'établissement public de coopération intercommunale auquel la commune appartient.

Art. 41-2 *(Mod., L. n° 2021-401, 8 avr. 2021 ; L. n° 2021-1729, 22 déc. 2021)*. – Le procureur de la République, tant que l'action publique n'a pas été mise en mouvement, peut proposer, directement ou par l'intermédiaire d'une personne habilitée, une composition pénale à une personne physique qui reconnaît avoir commis un ou plusieurs délits punis à titre de peine principale d'une peine d'amende ou d'une peine d'emprisonnement d'une durée inférieure ou égale à cinq ans, ainsi que, le cas échéant, une ou plusieurs contraventions connexes qui consiste en une ou plusieurs des mesures suivantes :

1° Verser une amende de composition au Trésor public. Le montant de cette amende, qui ne peut excéder le montant maximum de l'amende encourue, est fixé en fonction de la gravité des faits ainsi que des ressources et des charges de la personne. Son versement peut être échelonné, selon un échéancier fixé par le procureur de la République, à l'intérieur d'une période qui ne peut être supérieure à un an ;

2° Se dessaisir au profit de l'État de la chose qui a servi ou était destinée à commettre l'infraction ou qui en est le produit ;

3° Remettre son véhicule, pour une période maximale de six mois, à des fins d'immobilisation ;

4° Remettre au greffe du tribunal judiciaire son permis de conduire, pour une période maximale de six mois ;

4° *bis* Suivre un programme de réhabilitation et de sensibilisation comportant l'installation à ses frais d'un éthylotest anti-démarreur sur son véhicule, pour une période minimale de six mois et maximale de trois ans ;

5° Remettre au greffe du tribunal judiciaire son permis de chasser, pour une période maximale de six mois ;

6° Accomplir au profit de la collectivité, notamment au sein d'une personne morale de droit public ou d'une personne morale de droit privé chargée d'une mission de service public ou d'une association habilitées, un travail non rémunéré pour une durée maximale de cent heures, dans un délai qui ne peut être supérieur à six mois ;

7° Suivre un stage ou une formation dans un service ou un organisme sanitaire, social ou professionnel pour une durée qui ne peut excéder trois mois dans un délai qui ne peut être supérieur à dix-huit mois ;

8° Ne pas émettre, pour une durée de six mois au plus, des chèques autres que ceux qui permettent le retrait de fonds par le tireur auprès du tiré ou ceux qui sont certifiés et ne pas utiliser de cartes de paiement ;

9° Ne pas paraître, pour une durée qui ne saurait excéder six mois, dans le ou les lieux désignés par le procureur de la République et dans lesquels l'infraction a été commise ou dans lesquels réside la victime ;

10° Ne pas rencontrer ou recevoir, pour une durée qui ne saurait excéder six mois, la ou les victimes de l'infraction désignées par le procureur de la République ou ne pas entrer en relation avec elles ;

11° Ne pas rencontrer ou recevoir, pour une durée qui ne saurait excéder six mois, le ou les coauteurs ou complices éventuels désignés par le procureur de la République ou ne pas entrer en relation avec eux ;

12° Ne pas quitter le territoire national et remettre son passeport pour une durée qui ne saurait excéder six mois ;

13° Accomplir, le cas échéant à ses frais, un stage de citoyenneté ;

14° En cas d'infraction commise soit contre son conjoint, son concubin ou son partenaire lié par un pacte civil de solidarité, soit contre ses enfants ou ceux de son conjoint, concubin ou partenaire, résider hors du domicile ou de la résidence du couple et, le cas échéant, s'abstenir de paraître dans ce domicile ou cette résidence ou aux abords immédiats de celui-ci, ainsi que, si nécessaire, faire l'objet d'une prise en charge sanitaire, sociale ou psychologique ; les dispositions du présent 14° sont également applicables lorsque l'infraction est commise par l'ancien conjoint ou concubin de la victime, ou par la personne ayant été liée à elle par un pacte civil de solidarité, le domicile concerné étant alors celui de la victime. Pour l'application du présent 14°, le procureur de la République recueille ou fait recueillir, dans les meilleurs délais et par tous moyens, l'avis de la victime sur l'opportunité de demander à l'auteur des faits de résider hors du logement du couple. Sauf circonstances particulières, cette mesure est prise lorsque sont en cause des faits de violences susceptibles d'être renouvelés et que la victime la sollicite. Le procureur de la République peut préciser les modalités de prise en charge des frais afférents à ce logement pendant une durée qu'il fixe et qui ne peut excéder six mois ;

15° Accomplir, le cas échéant à ses frais, un stage de sensibilisation aux dangers de l'usage de produits stupéfiants ;

16° Se soumettre à une mesure d'activité de jour consistant en la mise en oeuvre d'activités d'insertion professionnelle ou de mise à niveau scolaire soit auprès d'une personne morale de droit public, soit auprès d'une personne morale de droit privé chargée d'une mission de service public ou d'une association habilitées à mettre en oeuvre une telle mesure ;

17° Se soumettre à une mesure d'injonction thérapeutique, selon les modalités définies aux articles L. 3413-1 à L. 3413-4 du Code de la santé publique, lorsqu'il apparaît que l'intéressé fait usage de stupéfiants ou fait une consommation habituelle et excessive de boissons alcooliques. La durée de la mesure est de vingt-quatre mois au plus ;

Accomplir, le cas échéant à ses frais, un stage de sensibilisation à la lutte contre l'achat d'actes sexuels ;

Accomplir, le cas échéant à ses frais, un stage de responsabilité parentale ;

18° Accomplir à ses frais un stage de responsabilisation pour la prévention et la lutte contre les violences au sein du couple et sexistes ;

19° Accomplir, le cas échéant à ses frais, un stage de lutte contre le sexisme et de sensibilisation à l'égalité entre les femmes et les hommes.

Lorsque la victime est identifiée, et sauf si l'auteur des faits justifie de la réparation du préjudice commis, le procureur de la République doit également proposer à ce dernier de réparer les dommages causés par l'infraction dans un délai qui ne peut être supérieur à six mois. Il informe la victime de cette proposition. Cette réparation peut consister, avec l'accord de la victime, en la remise en état d'un bien endommagé par la commission de l'infraction.

La proposition de composition pénale émanant du procureur de la République peut être portée à la connaissance de l'auteur des faits par l'intermédiaire d'un officier de police judiciaire. Elle fait alors l'objet d'une décision écrite et signée de ce magistrat, qui précise la nature et le quantum des mesures proposées et qui est jointe à la procédure.

La composition pénale peut être proposée dans une maison de justice et du droit.

La personne à qui est proposée une composition pénale est informée qu'elle peut se faire assister par un avocat avant de donner son accord à la proposition du procureur de la République. Ledit accord est recueilli par procès-verbal. Une copie de ce procès-verbal lui est transmise.

Lorsque l'auteur des faits donne son accord aux mesures proposées, le procureur de la République saisit par requête le président du tribunal aux fins de validation de la composition. Le procureur de la République informe de cette saisine l'auteur des faits et, le cas échéant, la victime. Le président du tribunal peut procéder à l'audition de l'auteur des faits et de la victime, assistés, le cas échéant, de leur avocat. Ce magistrat valide la composition pénale lorsque les conditions prévues aux vingt-cinquième à vingt-septième alinéas sont remplies et qu'il estime les mesures proposées justifiées au regard des circonstances de l'infraction et de la personnalité de son auteur. Il refuse de valider la composition pénale s'il estime que la gravité des faits, au regard des circonstances de l'espèce, ou que la personnalité de l'intéressé, la situation de la victime ou les intérêts de la société justifient le recours à une autre procédure, ou lorsque les déclarations de la victime entendue en application du présent alinéa apportent un éclairage nouveau sur les conditions dans lesquelles l'infraction a été commise ou sur la personnalité de son auteur.

Si ce magistrat rend une ordonnance validant la composition, les mesures décidées sont mises à exécution. Dans le cas contraire, la proposition devient caduque. La décision du président du tribunal, qui est notifiée à l'auteur des faits et, le cas échéant, à la victime, n'est pas susceptible de recours. Par dérogation aux huit premières phrases du présent alinéa, la proposition de composition n'est pas soumise à la validation du président du tribunal lorsque, pour une contravention ou pour un délit puni d'une peine d'emprisonnement

d'une durée inférieure ou égale à trois ans, elle porte sur une amende de composition n'excédant pas le montant prévu au premier alinéa de l'article 131-13 du Code pénal ou sur la mesure prévue au 2° du présent article, à la condition que la valeur de la chose remise n'excède pas ce montant. Si la personne n'accepte pas la composition pénale ou si, après avoir donné son accord, elle n'exécute pas intégralement les mesures décidées, le procureur de la République met en mouvement l'action publique, sauf élément nouveau. En cas de poursuites et de condamnation, il est tenu compte, s'il y a lieu, du travail déjà accompli et des sommes déjà versées par la personne.

Les actes tendant à la mise en oeuvre ou à l'exécution de la composition pénale sont interruptifs de la prescription de l'action publique.

L'exécution de la composition pénale éteint l'action publique. La victime peut toutefois demander au procureur de la République de citer l'auteur des faits à une audience devant le tribunal pour lui permettre de se constituer partie civile. Le tribunal, composé d'un seul magistrat exerçant les pouvoirs conférés au président, ne statue alors que sur les seuls intérêts civils, au vu du dossier de la procédure qui est versé au débat. La victime a également la possibilité, au vu de l'ordonnance de validation, lorsque l'auteur des faits s'est engagé à lui verser des dommages et intérêts, d'en demander le recouvrement suivant la procédure d'injonction de payer, conformément aux règles prévues par le Code de procédure civile. Le procureur de la République informe la victime de ses droits ainsi que, lorsqu'il cite l'auteur des faits devant le tribunal correctionnel, de la date de l'audience.

Les compositions pénales exécutées sont inscrites au bulletin n° 1 du casier judiciaire.

Les dispositions du présent article ne sont pas applicables en matière de délits de presse, de délits d'homicides involontaires ou de délits politiques. Elles sont applicables aux mineurs âgés d'au moins treize ans, selon les modalités prévues par l'article 7-2 de l'ordonnance n° 45-174 du 2 février 1945 relative à l'enfance délinquante.

Le président du tribunal peut désigner, aux fins de validation de la composition pénale, tout juge du tribunal ainsi que tout magistrat exerçant à titre temporaire ou tout magistrat honoraire exerçant des fonctions juridictionnelles dans les conditions prévues à la section II du chapitre V *bis* de l'ordonnance n° 58-1270 du 22 décembre 1958 portant loi organique relative au statut de la magistrature, exerçant dans le ressort du tribunal.

Les modalités d'application du présent article sont fixées par décret en Conseil d'État.

Voir : art. R. 15-33-30 et s., p. 1928 et art. R. 15-33-38 et s., p. 1930.

Bibliographie : D. Dechenaud, *Les voies alternatives*, in V. Malabat, B. de Lamy et M. Giacopelli, *Droit pénal. Le temps des réformes, actes du colloque des 7-9 octobre 2009*, Bordeaux IV, Litec 2011, p. 218. • F. Desprez, *L'illustration d'une insuffisance législative à propos des alternatives aux poursuites : D.* 2011, p. 2379. • M. Giacopelli, *Les procédures alternatives aux poursuites, Essai d'une théorie générale : RSC* 2012, p. 505. • F. Ludwiczak, *Procédures alternatives aux poursuites et action publique : entre apparence de conformité et quête de cohérence : JCP* 2011, 1453. • J.-B. Perrier, *L'efficacité de la justice et la simplification de la réponse pénale : JCP* G 2021, p. 662. • J.-B. Perrier, *Alternatives aux poursuites : l'orthodoxie juridique face à l'opportunité pratique : D.* 2011, p. 2349. • J. Pradel, *Notre procédure pénale à la recherche d'une efficacité à toute vapeur. L. n° 2019-222 du 23 mars 2019 : JCP* G 2019, doctr. 406. • J. Lebois-Happe, *De la transaction pénale à la composition pénale . JCP* G 2000, I, 198. • P. Poncela, *Quand le procureur compose avec la peine : RSC* 2002, p. 638 et *RSC* 2003, p. 139. • J. Pradel, *Une consécration du « Plea bargaining » à la française : la composition pénale instituée par la loi du 23 juin 1999 : D.* 1999, chron. p. 379. • C. Ribeyre, *La justice pénale de proximité en marche... à petits pas ! Loi du 8 avril 2021 améliorant l'efficacité de la justice de proximité et de la réponse pénale : Dr. pén.* 2021, étude 10. • C. Saas, *De la composition pénale au plaider-coupable : le pouvoir de sanction du procureur de la République : RSC* 2004, p. 827. • E. Vergès, *Réforme de la procédure pénale : une loi fleuve, pour une justice au gré des courants : Dr. pén.* 2019, étude 12.

1) Constitutionnalité. Comp. concernant l'article L. 173-12 du Code de l'environnement, le principe selon lequel nul n'est tenu de s'accuser, qui découle de l'article 9 de la Déclaration de 1789, ni aucune autre exigence constitutionnelle ne fait obstacle à ce qu'une personne suspectée d'avoir commis une infraction reconnaisse librement sa culpabilité et consente à exécuter une peine ou des mesures de nature à faire cesser l'infraction ou à en réparer les conséquences ; par suite, les dispositions contestées (C. env., art. L. 173-12) ne méconnaissent pas la présomption d'innocence (▪ Cons. const., 26 sept. 2014, n° 2014-416 QPC).

2) Mineur.

Voir : CJPM, art. L. 422-3 et 4, p. 3081.

3) Saisine du président du tribunal aux fins de validation. Il résulte de l'article 41-2 du Code de procédure pénale que, lorsque l'auteur des faits a donné son accord aux mesures proposées par le procureur de la République, ce dernier est tenu de saisir le président du tribunal aux fins de validation de la composition et ne recouvre la possibilité de mettre en mouvement l'action publique que si ce magistrat refuse de valider la composition ou si, une fois la validation intervenue, l'intéressé n'exécute pas intégralement les mesures décidées (■ Cass. crim., 20 nov. 2007, n° 07-82.808 : *Bull. crim.* n° 287 ; *D.* 2008, p. 1035, note Y. Joseph-Ratineau).

4) Exception à la saisine du président du tribunal aux fins de validation – Conformité à la Constitution. Le vingt-septième alinéa de l'article 41-2 du Code de procédure pénale, qui exempte certaines propositions de composition pénale de la validation d'un juge, ne méconnaît pas le principe de séparation des autorités de poursuite et de jugement dès lors qu'en vertu de ce principe, l'homologation d'une transaction est du seul ressort d'un magistrat du siège lorsque l'action publique a été mise en mouvement et que la composition pénale est exclue si l'action publique a déjà été engagée. Cette disposition ne méconnaît pas non plus le principe d'égalité devant la justice dès lors qu'elle ne concerne que les délits punis d'une peine d'emprisonnement d'une durée inférieure ou égale à 3 ans et les propositions de peine portant soit sur une amende de composition n'excédant pas le plafond des amendes contraventionnelles, soit sur la remise d'une chose dont la valeur ne dépasse pas ce même montant (■ Cons. const., 21 mars 2019, n° 2019-778 DC).

5) Effets de la composition pénale – Droit pour la partie civile de saisir la juridiction pénale. Selon l'article 41-2, alinéa 9, du Code de procédure pénale, la composition pénale, si elle éteint l'action publique, ne fait pas échec au droit de la partie civile de délivrer citation directe devant le tribunal correctionnel statuant sur les seuls intérêts civils ; justifie dès lors sa décision la cour d'appel qui, pour déclarer recevable la demande de la partie civile, retient qu'à supposer qu'elle ait perçu la somme versée par l'auteur des faits en exécution d'une composition pénale, aucune transaction, au sens des articles 2044 et suivants du Code civil, n'a été conclue (■ Cass. crim., 24 juin 2008, n° 07-87.511 : *Bull. crim.* n° 162 ; *Dr. pén.* 2008, comm. 147, note A. Maron et M. Haas).

6) Effets de la composition pénale – Absence d'autorité de la chose jugée. L'ordonnance aux fins de validation de la composition pénale rendue par le président du tribunal en application de l'article 41-2 du Code de procédure pénale, sans débat contradictoire à seule fin de réparer le dommage, l'action publique étant seulement suspendue, n'a pas autorité de chose jugée au pénal sur le civil (■ Cass. soc., 13 janv. 2009, n° 07-44.718 : *Bull. inf. C. cass.* 2009, 651).

7) Effets de la composition pénale – Récidive. Selon l'article 132-10 du Code pénal, seule une condamnation pénale définitive peut constituer le premier terme d'une récidive ; tel n'est pas le cas d'une mesure de composition pénale qui, en application des articles 40-1 et 41-2 du Code de procédure pénale, est une mesure alternative aux poursuites (■ Cass. crim., 30 nov. 2010, n° 10-80.460).

Art. 41-3 *(Mod., L. n° 2016-1547, 18 nov. 2016).* **– La procédure de composition pénale est également applicable aux contraventions.**

La durée de la privation du permis de conduire ou du permis de chasser ne peut dépasser trois mois, la durée du travail non rémunéré ne peut être supérieure à trente heures, dans un délai maximum de trois mois, et la durée d'interdiction d'émettre des chèques ne peut dépasser elle aussi trois mois. Les mesures prévues par les 9° à 12° de l'article 41-2 ne sont pas applicables. La mesure prévue par le 6° dudit article n'est pas applicable aux contraventions de la première classe à la quatrième classe. Il en est de même des mesures prévues par les 2° à 5° et 8° de cet article, sauf si la contravention est punie des peines complémentaires visées aux 1° à 5° de l'article 131-16 du Code pénal.

La requête en validation est portée devant le juge compétent du tribunal de police.

Voir : annotations sous art. 41-2, p. 155.

Art. 41-3-1 A *(L. n° 2019-222, 23 mars 2019).* **– Les dispositions des articles 41-2 et 41-3, en ce qu'elles prévoient une amende de composition et l'indemnisation de la victime, sont applicables à une personne morale dont le représentant légal ou toute personne bénéficiant, conformément à la loi ou à ses statuts, d'une délégation de pouvoir à cet effet reconnait sa responsabilité pénale pour les faits qui lui sont reprochés.**

Le montant maximal de l'amende de composition pouvant être proposée est alors égal au quintuple de l'amende encourue par les personnes physiques.

Art. 41-3-1 *(Mod., L. n° 2019-1480, 28 déc. 2019).* **– En cas de grave danger menaçant une personne victime de violences de la part de son conjoint, de son concubin ou de son partenaire lié par un pacte civil de**

solidarité, le procureur de la République peut attribuer à la victime, pour une durée renouvelable de six mois et si elle y consent expressément, un dispositif de téléprotection lui permettant d'alerter les autorités publiques. L'attribution peut être sollicitée par tout moyen. Avec l'accord de la victime, ce dispositif peut, le cas échéant, permettre sa géolocalisation au moment où elle déclenche l'alerte.

Le dispositif de téléprotection ne peut être attribué qu'en l'absence de cohabitation entre la victime et l'auteur des violences et :

1° Soit lorsque ce dernier a fait l'objet d'une interdiction judiciaire d'entrer en contact avec la victime dans le cadre d'une ordonnance de protection, d'une alternative aux poursuites, d'une composition pénale, d'un contrôle judiciaire, d'une assignation à résidence sous surveillance électronique, d'une condamnation, d'un aménagement de peine ou d'une mesure de sûreté ;

2° Soit en cas de danger avéré et imminent, lorsque l'auteur des violences est en fuite ou n'a pas encore pu être interpellé ou lorsque l'interdiction judiciaire d'entrer en contact avec la victime dans l'un des cadres prévus au 1° n'a pas encore été prononcée.

Le présent article est également applicable lorsque les violences ont été commises par un ancien conjoint ou concubin de la victime, ou par une personne ayant été liée à elle par un pacte civil de solidarité, ainsi qu'en cas de grave danger menaçant une personne victime de viol.

Art. 41-4 *(Mod., L. n° 2019-222, 23 mars 2019)*. – Au cours de l'enquête ou lorsque aucune juridiction n'a été saisie ou que la juridiction saisie a épuisé sa compétence sans avoir statué sur la restitution des objets placés sous main de justice, le procureur de la République ou le procureur général est compétent pour décider, d'office ou sur requête, de la restitution de ces objets lorsque la propriété n'en est pas sérieusement contestée.

Il n'y a pas lieu à restitution lorsque celle-ci est de nature à créer un danger pour les personnes ou les biens, lorsque le bien saisi est l'instrument ou le produit direct ou indirect de l'infraction ou lorsqu'une disposition particulière prévoit la destruction des objets placés sous main de justice ; la décision de non-restitution prise pour l'un de ces motifs ou pour tout autre motif, même d'office, par le procureur de la République ou le procureur général peut être déférée par l'intéressé au président de la chambre de l'instruction ou à la chambre de l'instruction, dans le délai d'un mois suivant sa notification, par déclaration au greffe du tribunal ou de la cour ou par lettre recommandée avec demande d'avis de réception ; ce recours est suspensif.

Si la restitution n'a pas été demandée ou décidée dans un délai de six mois à compter de la décision de classement ou de la décision par laquelle la dernière juridiction saisie a épuisé sa compétence, les objets non restitués deviennent propriété de l'État, sous réserve des droits des tiers. Il en est de même lorsque le propriétaire ou la personne à laquelle la restitution a été accordée ne réclame pas l'objet dans un délai d'un mois à compter d'une mise en demeure adressée à son domicile. Les objets dont la restitution est de nature à créer un danger pour les personnes ou les biens deviennent propriété de l'État, sous réserve des droits des tiers, dès que l'arrêt de non-restitution est devenu définitif.

1) **Constitutionnalité de la procédure de restitution – Conformité de l'article 41-4, alinéas 1 et 2.** Les dispositions de l'article 41-4, alinéas 1 et 2, ne violent pas le principe de nécessité des délits et des peines, le refus de restitution ne constituant ni une peine ni une sanction ayant le caractère d'une punition. Elles ne violent pas non plus le droit de propriété, la décision de non-restitution n'entraînant aucune privation de propriété, poursuivant l'objectif à valeur constitutionnelle de sauvegarde de l'ordre public et pouvant faire l'objet d'un recours (■ Cons. const., 3 déc. 2021, n° 2021-951 QPC).

2) **Constitutionnalité de la procédure de restitution – Conformité de l'article 41-4, alinéa 2.** Les dispositions de l'article 41-4 alinéa 2, qui ne prévoient pas que la notification de la décision de refus de restitution d'un objet placé sous main de justice doive faire mention des voies et délais de recours, ne méconnaissent pas le droit à un recours juridictionnel effectif (■ Cons. const., 18 févr. 2022, n° 2021-970 QPC).

3) **Constitutionnalité de la procédure de restitution – Réserve d'interprétation de l'article 41-4, alinéa 3.** Les personnes qui sont informées dans les conditions prévues par le Code de procédure pénale, selon le cas, de la décision de classement ou de la décision par laquelle la dernière juridiction saisie a épuisé sa compétence, sont ainsi mises à même d'exercer leur droit de réclamer la restitution des objets placés sous main de justice ; toutefois, la garantie du droit à un recours juridictionnel effectif impose que les propriétaires qui n'auraient pas été informés dans ces conditions soient mis à même d'exercer leur droit de réclamer la restitution des objets

placés sous main de justice dès lors que leur titre est connu ou qu'ils ont réclamé cette qualité au cours de l'enquête ou de la procédure ; par suite, les dispositions contestées porteraient une atteinte disproportionnée au droit de ces derniers de former une telle réclamation si le délai de six mois prévu par les dispositions contestées pouvait commencer à courir sans que la décision de classement ou la décision par laquelle la dernière juridiction saisie a épuisé sa compétence ait été portée à leur connaissance ; sous cette réserve, les dispositions contestées ne méconnaissent pas les exigences de l'article 16 de la Déclaration de 1789 (■ Cons. const., 9 juill. 2014, n° 2014-406 QPC : *Procédures* 2014, comm. 278, note J. Buisson).

4) Constitutionnalité de la procédure de restitution – Inconstitutionnalité de l'article 41-4, alinéa 4 ancien. En permettant la destruction de biens saisis, sur décision du procureur de la République, sans que leur propriétaire ou les tiers ayant des droits sur ces biens et les personnes mises en cause dans la procédure en aient été préalablement avisés et qu'ils aient été mis à même de contester cette décision devant une juridiction afin de demander, le cas échéant, la restitution des biens saisis, les dispositions du quatrième alinéa de l'article 41-4 du Code de procédure pénale ne sont assorties d'aucune garantie légale et méconnaissent les exigences découlant de l'article 16 de la Déclaration de 1789 (■ Cons. const., 11 avr. 2014, n° 2014-390 QPC : *Procédures* 2014, comm. 183, note J. Buisson).

5) Domaine d'application de la procédure de restitution – Objets susceptibles de restitution. La procédure en restitution prévue par l'article 41-4 du Code de procédure pénale n'est pas applicable aux biens dont la confiscation a été ordonnée (■ Cass. crim., 8 janv. 2014, n° 12-88.072 : *Bull. crim.* n° 4). Les prélèvements effectués sur le corps humain à des fins de recherches médico-légales pour les nécessités d'une enquête ou d'une information, qui ne peuvent faire l'objet d'un droit patrimonial aux termes de l'article 16-1 du Code civil, ne constituent pas des objets susceptibles de restitution au sens de l'article 41-4 du Code de procédure pénale (■ Cass. crim., 3 févr. 2010, n° 09-83.468 : *Bull. crim.* n° 18 ; *Procédures* 2010, comm. 161, obs. J. Buisson).

6) Domaine d'application de la procédure de restitution – Épuisement de la compétence de la juridiction saisie. Aux termes du premier alinéa de l'article 41-4 du Code de procédure pénale, le procureur de la République ou le procureur général n'est compétent pour décider de la restitution des objets placés sous main de justice que lorsque la juridiction saisie a épuisé sa compétence sans avoir statué sur cette restitution ; fait l'exacte application de ce texte l'arrêt qui prononce, pour cause d'incompétence, l'annulation des décisions du ministère public ayant statué sur une requête en restitution de biens saisis par le juge d'instruction en exécution d'une demande présentée par le procureur près le Tribunal pénal international pour le Rwanda, dans une procédure toujours pendante devant cette juridiction (■ Cass. crim., 16 sept. 2008, n° 07-85.108 : *JurisData* n° 2008-045272 ; *Bull. crim.* n° 187).

7) Requête en restitution – Point de départ du délai. La demande de restitution d'objets saisis ne peut être rejetée au motif de l'écoulement du délai de 6 mois prévu par l'article 41-4, alinéa 3, du Code de procédure pénale que s'il est constaté, d'une part, que la preuve de la notification de la décision, ainsi que de la date de celle-ci, est rapportée par le ministère public, d'autre part, qu'il s'est écoulé plus de 6 mois entre la date de la notification et celle de la demande de restitution. C'est donc à tort que la chambre de l'instruction a retenu que la connaissance du jugement par la demanderesse suffit à faire courir le délai de 6 mois. Pour autant, son arrêt n'encourt pas la censure, la demanderesse ne pouvant prétendre avoir été empêchée d'agir dans le délai (■ Cass. crim., 24 juin 2020, n° 19-84.961, §§ 14 à 18 : *Bull. crim.* à paraître).

Comp. précédemment : le délai de six mois, prévu par l'article 41-4, alinéa 3, du Code de procédure pénale, au terme duquel les objets saisis dont la restitution n'a pas été demandée ou décidée deviennent propriété de l'État, sous réserve des droits des tiers, court à compter du jour où le prévenu a eu connaissance de la décision sur l'action publique par laquelle la dernière juridiction saisie a épuisé sa compétence, de sorte que la requête en restitution qu'il présente après l'expiration de ce délai est irrecevable (■ Cass. crim., 19 janv. 2015, n° 13-86.775 : *Bull. crim.* n° 263).

Le juge ne peut rejeter une demande de restitution d'objet saisi au motif de l'écoulement d'un délai de six mois depuis une notification de décision de classement sans suite de la procédure qu'après avoir constaté que la preuve de l'envoi de l'avis de classement au propriétaire du bien saisi, ainsi que de la date de cette envoi, est rapportée par le ministère public, ce que la seule production d'une extraction de données du bureau d'ordre national informatisé Cassiopée n'établit pas (■ Cass. crim., 21 juin 2016, n° 15-83.175).

8) Requête en restitution – Terme du délai. La date à prendre en considération pour déterminer le terme du délai pendant lequel une demande de restitution peut être présentée par courrier est celle à laquelle la demande parvient à l'autorité compétente pour y donner suite (■ Cass. crim.,

26 févr. 2020, n° 19-82.425, § 10 : *Bull. crim.* à paraître ; *Dr. pén.* 2020, comm. 89, note A. Maron et M. Haas).

9) Décision de restitution – Compétence. Aux termes de l'article 41-1, alinéa 1er du Code de procédure pénale, lorsque la juridiction saisie a épuisé sa saisine sans avoir statué sur la restitution des objets placés sous main de justice, le procureur de la République ou le procureur général est compétent pour décider d'office ou sur requête de la restitution de ces objets. Le tribunal correctionnel ou la cour d'appel ne peuvent être saisis qu'en cas de contestation de décision de non-restitution, conformément à l'alinéa 2 de l'article précité (■ Cass. crim., 14 avr. 1992, n° 91-81.133 : *Bull. crim.* n° 163). Selon le premier alinéa de l'article 41-4 du Code de procédure pénale, lorsque la juridiction saisie a épuisé sa compétence sans avoir statué sur la restitution des objets placés sous main de justice, il appartient, selon le cas, au procureur de la République ou au procureur général de décider de leur restitution ; la juridiction compétente, en application de l'article 710 du même code, ne peut être saisie que de la difficulté d'exécution née de la décision prise par le magistrat du ministère public (■ Cass. crim., 20 juin 2006, n° 05-86.839 : *Bull. crim.* n° 186). Il résulte de l'article 41-4 du Code de procédure pénale que toute décision de non-restitution d'un objet placé sous main de justice, prise par le procureur de la République ou le procureur général dans les conditions prévues au premier alinéa, peut être déférée à la chambre de l'instruction par la personne intéressée, que le refus ou l'irrecevabilité opposée à la demande soit fondé sur l'un des motifs mentionnés au deuxième alinéa ou sur la circonstance que l'objet réclamé est devenu la propriété de l'État par suite de l'expiration du délai de six mois fixé au troisième alinéa ; méconnaît ce texte et ce principe, l'arrêt qui dit n'y avoir lieu à saisir la chambre de l'instruction au motif que le refus de restitution opposé par du procureur de la République, fondé sur l'expiration du délai de six mois, ne peut s'analyser qu'en une décision d'irrecevabilité, tenant à la tardiveté de la demande, et non en une décision de non-restitution, au sens du deuxième alinéa de l'article 41-4 du Code de procédure pénale (■ Cass. crim., 25 avr. 2017, n° 16-83.154 : *Bull. crim.* n° 120).

10) Condition de la restitution – Absence de contestation sérieuse de la propriété. Il appartient en principe au président de la chambre de l'instruction ou à cette juridiction à qui est déférée la décision de non-restitution d'objets saisis rendue par le procureur de la République ou le procureur général, non pas de rechercher si le demandeur justifie d'un droit lui permettant de détenir légitimement celui-ci, mais seulement de rechercher si la propriété est contestée ou susceptible de l'être. Néanmoins, lorsqu'aucune juridiction n'a été saisie au terme de l'enquête ou lorsque la juridiction saisie a épuisé sa compétence sans avoir statué sur la restitution des objets saisis, le président de la chambre de l'instruction ou la chambre de l'instruction est tenu de trancher la contestation relative à la propriété des objets réclamés si la décision sur la restitution en dépend (■ Cass. crim., 6 janv. 2021, n° 20-80.128 : *Bull. crim.* à paraître).

11) Refus de restitution – Proportionnalité de l'atteinte au droit de propriété. Hormis le cas où le bien saisi constitue, dans sa totalité, l'objet ou le produit de l'infraction ou la valeur de ceux-ci, le juge qui en refuse la restitution, doit apprécier le caractère proportionné de l'atteinte ainsi portée au droit de propriété de l'intéressé, au regard de la situation personnelle de ce dernier et de la gravité concrète des faits, lorsqu'une telle garantie est invoquée ou procéder à cet examen d'office lorsqu'il s'agit d'une saisie de patrimoine (■ Cass. crim., 18 mars 2020, n° 19-82.978, § 9 : *Bull. crim.* à paraître ; *AJ pénal* 2020, n° 372, obs. M. Hy).

12) Refus de restitution – Motifs de refus. Il résulte de l'article 41-1, alinéas 1 et 2, du Code de procédure pénale que si la propriété d'un objet placé sous main de justice n'est pas sérieusement contestée et que la confiscation n'en a pas été prononcée, sa restitution ne peut être refusée que lorsque celle-ci est de nature à créer un danger pour les personnes ou pour les biens, ou lorsqu'une disposition particulière en prévoit la destruction ; doit dès lors être cassé l'arrêt qui refuse la restitution d'objets saisis pour des motifs tenant aux circonstances du vol commis et aux antécédents judiciaires du requérant (■ Cass. crim., 10 juill. 1996, n° 95-85.629 : *Bull. crim.* n° 295 ; *RSC* 1997, p. 152, obs. J.-P. Dintilhac ; *Procédures* 1996, comm. 337). Pour la même raison, doit être censuré l'arrêt rejetant la requête en restitution au motif que le requérant n'établit pas la provenance de la somme de 110 000 francs détenue de manière équivoque à une époque où il se livrait à l'activité délictuelle pour laquelle il a été condamné et n'apporte pas la preuve de l'origine licite de ses économies, des sommes dont ses comptes bancaires ont été crédités et de l'immeuble dont le produit de la vente est réclamé (■ Cass. crim., 5 déc. 2001, n° 01-80.315 : *Bull. crim.* n° 254. ■ Cass. crim., 7 juin 2006, n° 05-84.193 : *Bull. crim.* n° 163). Pour la même raison, doit également être censuré l'arrêt rejetant la requête en restitution au motif que l'origine des fonds demeure indéterminée et qu'aucune présomption de propriété ne saurait découler de la procédure douanière à l'issue de laquelle M. X... a été condamné non pas comme le propriétaire mais comme le détenteur de sommes non déclarées en douanes, sommes dont il a constamment dit qu'il n'était pas le propriétaire et qu'elles ne lui avaient été remises que pour les passer en Turquie : en se prononçant ainsi, sans relever que les sommes saisies, qui n'étaient pas confisquées, étaient revendiquées par un tiers ou que leur restitution présentait un danger pour les personnes ou les biens la cour d'appel n'a pas donné de base légale à sa décision (■ Cass. crim., 20 avr. 2017, n° 16-81.679 : *Bull. crim.* n° 116). En revanche, justifie sa décision l'arrêt qui, pour rejeter la demande de restitution d'un bijou présentée par une personne antérieurement déclarée coupable d'infraction à la législation sur les stupéfiants, relève que, si celle-ci avait acquis le bijou en 1993, elle n'en avait plus la possession et ne justifie pas qu'elle était toujours propriétaire lors de sa saisie quatre ans plus tard entre les mains d'un bijoutier, le bijou ayant été trouvé dans la poche d'un vêtement acheté dans une braderie (■ Cass. crim., 15 févr. 2005, n° 04-81.060 : *Bull. crim.* n° 60). Il se déduit des impératifs tenant à la sauvegarde de l'ordre public ou à l'objectif de recherche des auteurs d'infractions, de la comparaison avec les articles 99 et 481 du Code de procédure pénale et de l'articulation avec l'article 56 du même Code que la demande de restitution présentée sur le fondement de l'alinéa 2 de l'article 41-4 du Code de procédure pénale et de l'alinéa 5 de l'article 41-5 du même code peut être repoussée lorsque la confiscation des biens est prévue par la loi ou lorsque la restitution est de nature à faire obstacle à la manifestation de la vérité ; justifie sa décision la chambre de l'instruction, statuant sur la contestation d'une décision du procureur de la République de remise à l'AGRASC d'un bien saisi, qui, après avoir infirmé celle-ci, refuse de restituer ledit bien au motif que le tribunal qui aura, le cas échéant, à apprécier la culpabilité du mis en cause, pourra en prononcer la confiscation encourue du chef des infractions poursuivies (■ Cass. crim., 6 nov. 2019, n° 18-86.921, §§ 20 à 26 : *Bull. crim.* à paraître ; *AJ pénal* 2010, p. 36, obs. M. Hy ; *D.* 2019, p. 2138).

13) Caractère facultatif du refus de restitution en cas d'épuisement de sa compétence par la juridiction de jugement. Il se déduit des articles 41-1 et 481, alinéa 3, du Code de procédure pénale et 131-21, alinéa 2, du Code pénal que lorsque la requête aux fins de restitution est présentée après que la juridiction de jugement saisie a épuisé sa compétence sans avoir statué sur la restitution des objets placés sous main de justice, la non-restitution de l'instrument de l'infraction ne saurait présenter un caractère obligatoire. Cette interprétation n'est pas contraire à l'article 4, § 2, de la directive 2014/42/UE du Parlement européen et du Conseil du 3 avril 2014, dont les dispositions du deuxième alinéa de l'article 41-4 du Code de procédure pénale constituent la transposition, dès lors que le premier de ces textes n'interdit pas la restitution de l'instrument de l'infraction.

Aussi, il appartient à la chambre de l'instruction à laquelle est déférée la décision de non-restitution de l'instrument de l'infraction rendue par le ministère public après que la juridiction de jugement saisie a épuisé sa compétence sans avoir statué sur la restitution des objets placés sous main de justice, d'apprécier, sans porter atteinte aux droits du propriétaire de bonne foi, s'il y a lieu ou non de restituer le bien au regard des circonstances de l'infraction, de la personnalité de son auteur et de sa situation personnelle (■ Cass. crim., 20 janv. 2021, n° 20-81.118, §§ 13 à 15 : *Bull. crim.* à paraître).

14) Recours contre la décision de non-restitution – Condition. Il résulte de l'article 41-4 du Code de procédure pénale que toute décision de non-restitution d'un objet placé sous main de justice peut être déférée à la chambre de l'instruction par la personne intéressée, que le refus ou l'irrecevabilité opposée à la demande soit fondé sur l'un des motifs mentionnés au deuxième alinéa ou sur la circonstance que l'objet réclamé est devenu la propriété de l'État par suite de l'expiration du délai de 6 mois fixé au troisième alinéa ; méconnaît ce principe l'arrêt qui retient que le courrier refusant la restitution au motif que l'État est devenu propriétaire du bien ne constitue pas une décision de non-restitution susceptible d'un recours devant la chambre de l'instruction (■ Cass. crim., 20 mars 2019, n° 18-82.198 : *Bull. crim.* à paraître ; *AJ pénal* 2019, p. 282, note M. Hy).

15) Recours contre la décision de non-restitution – Compétence du président de la chambre de l'instruction – Conformité la Constitution. L'article 41-4 du Code de procédure pénale, qui donne compétence au président de la chambre de l'instruction pour statuer à juge unique sur le contentieux relatif à la restitution d'objets placés sous main de justice, ne méconnaît ni les droits de la défense, ni le droit à un procès équitable, les modalités de composition des formations de jugement étant sans effet sur l'obligation de respecter ces droits (■ Cons. const., 21 mars 2019, n° 2019-778 DC).

Art. 41-5 *(Mod., L. n° 2019-773, 24 juill. 2019).* **– Lorsqu'au cours de l'enquête la restitution des biens meubles saisis et dont la conservation n'est plus nécessaire à la manifestation de la vérité s'avère impossible, soit parce que le propriétaire ne peut être identifié, soit parce que le propriétaire ne réclame pas l'objet dans un délai d'un mois à compter d'une mise en demeure adressée à son domicile, le procureur de la République peut,**

sous réserve des droits des tiers, autoriser la destruction de ces biens ou leur remise à l'Agence de gestion et de recouvrement des avoirs saisis et confisqués.

Le procureur de la République peut également autoriser la remise à l'Agence de gestion et de recouvrement des avoirs saisis et confisqués, en vue de leur aliénation, des biens meubles saisis dont la conservation en nature n'est plus nécessaire à la manifestation de la vérité et dont la confiscation est prévue par la loi, lorsque le maintien de la saisie serait de nature à diminuer la valeur du bien. S'il est procédé à la vente du bien, le produit de celle-ci est consigné. En cas de classement sans suite, de non-lieu ou de relaxe, ou lorsque la peine de confiscation n'est pas prononcée, ce produit est restitué au propriétaire des objets s'il en fait la demande.

Lorsque le maintien de la saisie serait de nature à diminuer la valeur du bien, le procureur de la République peut également ordonner, sous réserve des droits des tiers, de remettre au service des domaines, en vue de leur affectation à titre gratuit par l'autorité administrative et après que leur valeur a été estimée, à des services de police, des unités de gendarmerie, à l'Office français de la biodiversité ou à des services placés sous l'autorité du ministre chargé du budget qui effectuent des missions de police judiciaire, des biens meubles placés sous main de justice dont la conservation n'est plus nécessaire à la manifestation de la vérité et dont la confiscation est prévue par la loi. En cas de classement sans suite, de non-lieu, de relaxe ou d'acquittement, ou lorsque la peine de confiscation n'est pas prononcée, le propriétaire qui en fait la demande obtient la restitution du bien, assortie s'il y a lieu d'une indemnité compensant la perte de valeur qui a pu résulter de l'usage du bien.

Au cours de l'enquête ou lorsqu'aucune juridiction n'a été saisie ou que la juridiction saisie a épuisé sa compétence sans avoir statué sur le sort des scellés, le procureur de la République peut ordonner la destruction des biens meubles saisis dont la conservation n'est plus nécessaire à la manifestation de la vérité, s'il s'agit d'objets qualifiés par la loi de dangereux ou nuisibles, ou dont la détention est illicite.

Les décisions prises en application des quatre premiers alinéas sont motivées. Elles sont notifiées par tout moyen aux personnes ayant des droits sur le bien, si celles-ci sont connues, et aux personnes mises en cause. Ces personnes peuvent contester ces décisions devant la chambre de l'instruction afin de demander, le cas échéant, la restitution du bien saisi. Cette contestation doit intervenir dans les cinq jours qui suivent la notification de la décision, par déclaration au greffe du tribunal ou à l'autorité qui a procédé à cette notification ; en cas de notification orale d'une décision de destruction de produits stupéfiants prise en application du quatrième alinéa, le délai de contestation est de vingt-quatre heures. Ces délais et l'exercice du recours sont suspensifs.

Un décret en Conseil d'État détermine les modalités d'application du présent article.

Voir : art. R. 15-33-66-1 et s., p. 1938.

1) Constitutionnalité. Il n'y a pas lieu de renvoyer au Conseil constitutionnel la question prioritaire de constitutionnalité soutenant que l'article 41-5, alinéa 2, du Code de procédure pénale contreviendrait au principe de la présomption d'innocence, au droit de propriété et au principe du juge judiciaire gardien de la liberté individuelle : la question posée ne présente pas un caractère sérieux en ce que, d'une part, elle vise des dispositions justifiées par l'objectif à valeur constitutionnelle de bonne administration de la justice, consistant à faciliter la gestion des scellés et à éviter la dépréciation de biens meubles saisis dont la conservation n'est plus nécessaire à la manifestation de la vérité, d'autre part, la remise d'un bien saisi à l'agence de gestion et de recouvrement des avoirs saisis et confisqués, qui n'implique aucune appréciation des charges, ne porte pas atteinte à la présomption d'innocence, enfin, la décision du procureur de la République est motivée, notifiée aux personnes ayant des droits sur le bien et aux personnes mises en cause, et susceptible de recours devant la chambre de l'instruction qui peut ordonner la restitution du bien saisi (▪ Cass. crim., 7 oct. 2015, n° 15-90.015).

2) Cas de destruction ou de remise à l'AGRASC du bien saisi – Impossibilité de restitution. V. s'agissant de la remise ou de la destruction en cours d'instruction, ▪ Cass. crim., 5 janv. 2010 (n° 09-81.949 : *Bull. crim.* n° 2) : fait l'exacte application de ces dispositions (de l'article 99-2 du Code de procédure pénale), la chambre de l'instruction qui, d'une part, refuse la restitution d'un navire ayant transporté plusieurs tonnes de cocaïne, en retenant que la confiscation du bien ayant servi à la commission de l'infraction de trafic de stupéfiants est prévue par l'article 222-49 du Code pénal, à quelque personne qu'appartienne ce bien, et qui, d'autre part, ordonne la remise de ce navire au service des domaines, en vue de son aliénation, en relevant que le propriétaire de ce bien n'a pu être identifié.

3) Cas de destruction ou de remise à l'AGRASC du bien saisi – Risque de diminution de la valeur du bien. Justifie sa décision la chambre de l'instruction qui a ordonné la remise d'un véhicule saisi à l'AGRASC dès lors que ce véhicule a servi directement ou indirectement à commettre le délit de travail dissimulé ou été utilisé à cette occasion, de sorte qu'il était susceptible d'une confiscation en application de l'article L. 8224-3, 3°, du Code du travail, et, par voie de conséquence, d'une remise à l'AGRASC dans les conditions fixées par l'article 41-5, alinéa 2, du Code de procédure pénale dans sa rédaction alors en vigueur (■ Cass. crim., 14 avr. 2015, n° 14-80.896 : *Bull. crim.* n° 81).

4) Absence de notification de la décision de destruction – Nullité soumise à grief. Le défaut de notification à la personne mise en cause de la décision de destruction des scellés prise par le procureur de la République en vertu de l'article 41-5 du Code de procédure pénale n'est une cause de nullité que si la personne qui l'invoque justifie d'un grief (■ Cass. crim., 14 nov. 2019, n° 18-82.324, § 17 : *Bull. crim.* à paraître).

Art. 41-6 *(Créé à compter du 1er oct. 2014, L. n° 2014-640, 20 juin 2014).* **– Par dérogation aux articles 41-4 et 41-5, lorsqu'une procédure s'est achevée par une condamnation définitive prononcée par une cour d'assises, le procureur de la République ou le procureur général qui envisage d'ordonner la remise au service des domaines ou à l'Agence de gestion et de recouvrement des avoirs saisis et confisqués ou la destruction des objets placés sous main de justice dans le cadre de cette procédure en avertit au préalable par écrit le condamné. Celui-ci dispose, à compter de la notification de cet avertissement, d'un délai de deux mois pour lui faire part de son opposition. En cas d'opposition, si le procureur de la République ou le procureur général n'entend pas renoncer à la remise ou à la destruction des objets placés sous main de justice, il saisit par voie de requête** *(Mots aj., L. n° 2019-222, 23 mars 2019)* **« le président de la chambre de l'instruction ou » la chambre de l'instruction, qui se prononce dans un délai d'un mois. Dans les cas mentionnés au présent article, le procureur de la République ou le procureur général réexamine tous les cinq ans, dans les mêmes formes, l'opportunité de procéder à la remise ou à la destruction des objets placés sous main de justice.**

Compétence du président de la chambre de l'instruction en cas d'opposition – Conformité la Constitution. L'article 41-6 du Code de procédure pénale, qui donne compétence au président de la chambre de l'instruction pour statuer à juge unique en cas d'opposition du condamné, ne méconnaît ni les droits de la défense, ni le droit à un procès équitable, les modalités de composition des formations de jugement étant sans effet sur l'obligation de respecter ces droits (■ Cons. const., 21 mars 2019, n° 2019-778 DC).

Art. 42. – Le procureur de la République a, dans l'exercice de ses fonctions, le droit de requérir directement la force publique.

Art. 43 *(L. n° 2004-204, 9 mars 2004 ; L. n° 2005-1549, 12 déc. 2005 ; L. n° 2016-731, 3 juin 2016).* **– Sont compétents le procureur de la République du lieu de l'infraction, celui de la résidence de l'une des personnes soupçonnées d'avoir participé à l'infraction, celui du lieu d'arrestation d'une de ces personnes, même lorsque cette arrestation a été opérée pour une autre cause. et celui du lieu de détention d'une de ces personnes, même lorsque cette détention est effectuée pour une autre cause. Pour les infractions mentionnées à l'article 113-2-1 du Code pénal, est également compétent le procureur de la République, selon le cas, du lieu de résidence ou du siège des personnes physiques ou morales mentionnées au même article 113-2-1.**

(Al. conforme à la Constitution, Cons. const. n° 2011-156 QPC, 22 juill. 2011 : JO 23 juill. 2011 ; JurisData n° 2011-017945) **Lorsque le procureur de la République est saisi de faits mettant en cause, comme auteur ou comme victime, un magistrat, un avocat, un officier public ou ministériel, un militaire de la gendarmerie nationale, un fonctionnaire de la police nationale, des douanes ou de l'administration pénitentiaire ou toute autre personne dépositaire de l'autorité publique ou chargée d'une mission de service public qui est habituellement, de par ses fonctions ou sa mission, en relation avec les magistrats ou fonctionnaires de la juridiction, le procureur général peut, d'office, sur proposition du procureur de la République et à la demande de l'intéressé, transmettre la procédure au procureur de la République auprès du tribunal judiciaire le plus proche du ressort de la cour d'appel.** *(Mots aj., L. n° 2019-222, 23 mars 2019)* **« Si la personne en cause est en relation avec des magistrats ou fonctionnaires de la cour d'appel, le procureur général peut transmettre la**

procédure au procureur général près la cour d'appel la plus proche, afin que celui-ci la transmette au procureur de la République auprès du tribunal judiciaire le plus proche. » Cette juridiction est alors territorialement compétente pour connaître l'affaire, par dérogation aux dispositions des articles 52, 382 et 522. La décision du procureur général constitue une mesure d'administration judiciaire qui n'est susceptible d'aucun recours.

1) Titres de compétence territoriale – Lieu de l'infraction. Le procureur de la République est territorialement compétent lorsqu'un des éléments constitutifs du délit est commis dans son ressort. En cas de révélation téléphonique, par un auxiliaire de justice, d'éléments extraits du dossier d'une information, couverts par le secret dont il est dépositaire à l'occasion de son ministère d'avocat au sein de la juridiction où la procédure d'instruction est tenue secrète, le procureur de la République de ce tribunal est compétent (■ Cass. crim., 30 sept. 1998, n° 98-81.951 : *Bull. crim.* n° 243). Pour écarter le moyen de nullité pris de l'irrégularité de l'ouverture de l'information en raison de l'incompétence territoriale du procureur de la République et du juge d'instruction spécialisé de Paris, la chambre de l'instruction relève notamment que la remise de fonds dans cette ville entre les émissaires de deux mis en examen, destinée au financement d'un voyage au Maroc organisé par l'un d'eux au profit, entre autres, d'un commissaire de police, mis en examen, a révélé la réalité d'une entente par réunion des moyens nécessaires aux membres d'une association de malfaiteurs à des fins de corruption et a donné compétence à la juridiction de Paris ; en statuant ainsi, la chambre de l'instruction a justifié sa décision au regard des articles 43 et 52 du Code de procédure pénale, dès lors que cette remise de fonds, qui a concrétisé le dessein commun de corrompre une personne dépositaire de l'autorité publique par la réunion des moyens pour y parvenir, a caractérisé l'un des éléments constitutifs de l'association de malfaiteurs aux fins de corruption dont l'existence a été constatée dans le ressort du tribunal de grande instance de Paris (■ Cass. crim., 31 oct. 2012, n° 12-84.220).

2) Titres de compétence territoriale – Lieu d'arrestation. Dès lors qu'une personne soupçonnée d'être l'auteur d'un délit a été interpellée et déférée devant le procureur de la République, qui a utilisé la procédure prévue par l'article 394 du Code de procédure pénale, elle a été arrêtée au sens des articles 43 et 382 dudit code ; aussi bien le procureur de la République que le Tribunal correctionnel du lieu de cette arrestation sont compétents (■ Cass. crim., 27 mai 1986, n° 85-96.280 : *Bull. crim.* n° 175).

3) Titres de compétence territoriale – Infractions commises par une personne morale.

Voir : art. 706-42, p. 1537.

4) Règles particulières – Tribunal de police.

Voir : art. 522, p. 1149.

5) Règles particulières – Juridictions d'application des peines.

Voir : art. 712-10, p. 1714.

6) Règles particulières.

Voir : en matière économique et financière, art. 704, al. 1er, p. 1474, en matière de terrorisme, art. 706-17, p. 1516, en matière de criminalité organisée, art. 706-76, p. 1594.

7) Prorogation de compétence. En vertu des dispositions combinées des articles 43, 52 et 203 du Code de procédure pénale, applicables même en cas d'indivisibilité, la compétence du procureur de la République et du juge d'instruction, à raison du lieu de commission d'un crime ou délit quelconque, s'étend aux infractions connexes de toute nature commises en dehors de leur circonscription. N'encourt pas la cassation l'arrêt d'une chambre d'accusation qui déclare compétents pour connaître de faits, alors criminels, de soustraction, destruction ou enlèvement de pièces par un dépositaire public, commis en dehors de leur circonscription, le procureur de la République et le juge d'instruction du lieu de commission de délits connexes de faux et usage de faux en écriture privée (■ Cass. crim., 2 mai 1994, n° 94-80.218 : *Bull. crim.* n° 159). En vertu des dispositions de l'article 203 du Code de procédure pénale, la compétence du procureur de la République prévue par l'article 43, comme celle du juge d'instruction définie par l'article 52 du même code, s'étend aux infractions de toute nature, même commises en dehors de la circonscription de ces magistrats, lorsqu'elles sont connexes à celles dont ils sont déjà saisis (■ Cass. crim., 30 mai 1996, n° 95-85.954 : *Bull. crim.* n° 226 ; *Dr. pén.* 1996, comm. 174, note A. Maron).

8) Renvoi à une autre juridiction. L'article 43, alinéa 2, du Code de procédure pénale n'est contraire ni au principe d'égalité devant la loi, ni au droit au procès équitable dès lors que ses dispositions n'empêchent pas toute personne intéressée de porter à la connaissance du procureur de la République ou du procureur général le motif qui pourrait justifier la transmission de la procédure (■ Cons. const., 22 juill. 2011, n° 2011-156 QPC). Il résulte de l'article 43, alinéa 2, du Code de procédure pénale que, lorsque le procureur de la République est saisi de faits mettant en cause, notamment un magistrat, comme auteur ou victime, le procureur général peut transmettre la procédure au procureur de la République près le tribunal de grande instance le plus proche du ressort de la cour d'appel ; encourt dès lors la cassation, l'arrêt qui énonce que l'article 43, alinéa 2, du code précité fait obligation au procureur général de saisir le procureur de la République du tribunal le plus proche, dépendant d'un autre ressort de cour d'appel (■ Cass. crim., 21 nov. 2012, n° 12-82.768).

Art. 43-1 *(L. n° 2020-1672, 24 déc. 2020).* – **Lorsque le ministère public près le tribunal judiciaire dispose, en application du présent code, d'une compétence spécialisée et concurrente qui s'étend aux ressorts d'autres tribunaux judiciaires, spécialisés ou non, cette compétence s'exerce de façon prioritaire sur celle des parquets près ces tribunaux tant que l'action publique n'a pas été mise en mouvement. Lorsqu'il décide d'exercer sa compétence, les parquets près ces tribunaux se dessaisissent sans délai à son profit.**

Art. 44 *(Mod., L. n° 2011-1862, 13 déc. 2011).* – **Le procureur de la République a autorité sur les officiers du ministère public près les tribunaux de police de son ressort. Il peut leur dénoncer les contraventions dont il est informé et leur enjoindre d'exercer des poursuites. Il peut aussi, le cas échéant, requérir l'ouverture d'une information.**

Art. 44-1 *(Mod., Ord. n° 2012-351, 12 mars 2012).* – **Pour les contraventions que les agents de la police municipale sont habilités à constater par procès-verbal conformément aux dispositions des articles L. 511-1 et L. 512-2 du Code de la sécurité intérieure et qui sont commises au préjudice de la commune au titre de l'un de ses biens, le maire peut, tant que l'action publique n'a pas été mise en mouvement, proposer au contrevenant une transaction consistant en la réparation de ce préjudice.**

La transaction proposée par le maire et acceptée par le contrevenant doit être homologuée par le procureur de la République.

Les actes tendant à la mise en œuvre ou à l'exécution de la transaction sont interruptifs de la prescription de l'action publique.

L'action publique est éteinte lorsque l'auteur de l'infraction a exécuté dans le délai imparti les obligations résultant pour lui de l'acceptation de la transaction.

La transaction peut également consister en l'exécution, au profit de la commune, d'un travail non rémunéré pendant une durée maximale de trente heures. Elle doit alors être homologuée, selon la nature de la contravention, par le juge compétent du tribunal de police.

Lorsqu'une de ces contraventions n'a pas été commise au préjudice de la commune mais a été commise sur le territoire de celle-ci, le maire peut proposer au procureur de la République de procéder à une des mesures prévues par les articles 41-1 ou 41-3 du présent code. Il est avisé par le procureur de la République de la suite réservée à sa proposition.

Les dispositions du présent article s'appliquent aux contraventions de même nature que les agents de la ville de Paris chargés d'un service de police et les agents de surveillance de Paris sont habilités à constater par procès-verbal conformément aux dispositions des articles L. 531-1 et L. 532-1 du Code de la sécurité intérieure. Ces dispositions s'appliquent également aux contraventions de même nature que les gardes champêtres sont habilités à constater par procès-verbal conformément à l'article L. 2213-18 du Code général des collectivités territoriales.

Un décret en Conseil d'État précise les conditions d'application du présent article.

Voir : art. R. 15-33-61 et s., p. 1937.

Constitutionnalité. L'article 51 de la loi du 31 mars 2006 créant l'article 44-1 du Code de procédure pénale est conforme à la Constitution. En effet, en premier lieu, le maire ne peut mettre en œuvre une procédure de transaction que si l'action publique n'a pas été mise en mouvement ; l'autorité judiciaire, qui homologue l'accord intervenu entre le maire et l'auteur des faits, n'est liée ni par la proposition du maire ni par son acceptation par la personne concernée ; aucune des mesures pouvant faire l'objet de la transaction n'étant de nature à porter atteinte à la liberté individuelle au sens de l'article 66 de la Constitution, il était loisible au législateur de confier ce pouvoir d'homologation à un magistrat du parquet ou à un magistrat du siège ; dans ces conditions, le législateur n'a pas méconnu le principe de la séparation des pouvoirs. En deuxième lieu, les dispositions contestées n'organisent pas un procès mais une procédure de transaction, qui suppose l'accord libre et non équivoque, avec l'assistance éventuelle d'un avocat, de l'auteur des faits ; la transaction homologuée par l'autorité judiciaire ne présente, par elle-même, aucun caractère exécutoire ; dès lors, le grief tiré de la violation des droits de la défense et du droit à un procès équitable est inopérant. Enfin, le principe de la séparation des pouvoirs ne saurait être méconnu par une disposition qui, dans les cas où les contraventions ne causent pas de préjudice à la commune, se borne à reconnaître au maire la faculté de proposer au procureur de la République des mesures alternatives aux poursuites, sans affecter le choix, qui n'appartient qu'à ce dernier, d'engager des poursuites, de recourir à de telles mesures ou de classer la procédure sans suite (▪ Cons. const., 30 mars 2006, n° 2006-535 QPC).

Section IV. – Du ministère public près le tribunal de police

(Intitulé mod. à compter du 1er juill. 2017, L. n° 2011-1862, 13 déc. 2011 mod.)

Art. 45 *(Mod., L. n° 2016-1547, 18 nov. 2016).* **– Le procureur de la République près le tribunal judiciaire occupe le siège du ministère public devant le tribunal de police pour les contraventions de la 5e classe ne relevant pas de la procédure de l'amende forfaitaire. Il peut l'occuper également en toute matière devant le tribunal de police, s'il le juge à propos, aux lieu et place du commissaire de police qui exerce habituellement ces fonctions sous le contrôle du procureur de la République.**

Toutefois, dans le cas où les infractions forestières sont soumises aux tribunaux de police, les fonctions du ministère public sont remplies par le directeur régional de l'administration chargée des forêts ou par le fonctionnaire qu'il désigne, sauf si le procureur de la République estime opportun d'occuper ces fonctions.

Art. 46 *(Mod., Ord. n° 2019-964, 18 sept. 2019).* **– En cas d'empêchement du commissaire de police, le procureur général désigne, pour une année entière, un ou plusieurs remplaçants qu'il choisit parmi les commissaires et les commandants ou capitaines de police en résidence dans le ressort du tribunal judiciaire.**

Désignation par le procureur général. La composition d'un tribunal de police est irrégulière lorsque les fonctions du ministère public sont exercées par un inspecteur principal de la police nationale qui n'a pas été désigné par le procureur général près la cour d'appel conformément aux dispositions des articles 46 et suivants du Code de procédure pénale (▪ Cass. crim., 22 oct. 1987, n° 87-80.955 : *Bull. crim.* n° 366).

Art. 47 *(Mod., L. n° 2005-47, 26 janv. 2005 ; L. n° 2011-1862, 13 déc. 2011).* **– S'il y a plusieurs commissaires de police au lieu où siège le tribunal de police, le procureur général désigne celui qui remplit les fonctions du ministère public.**

Art. 48 *(Mod., L. n° 2011-1862, 13 déc. 2011).* **– S'il n'y a pas de commissaire de police au lieu où siège le tribunal de police, le procureur général désigne, pour exercer les fonctions du ministère public, un commissaire ou un commandant ou capitaine de police en résidence dans le ressort du tribunal judiciaire ou, à défaut, d'un tribunal judiciaire limitrophe situé dans le même département.**

Section V. – Du bureau d'ordre national automatisé des procédures judiciaires

(L. n° 2004-204, 9 mars 2004)

Art. 48-1 *(L. n° 2007-291, 5 mars 2007 ; L. n° 2016-731, 3 juin 2016 ; L. n° 2016-1547, 18 nov. 2016 ; L. n° 2019-222, 23 mars 2019).* **– Le bureau d'ordre national automatisé des procédures judiciaires constitue une application automatisée, placée sous le contrôle d'un magistrat, contenant les informations nominatives relatives aux plaintes et dénonciations reçues par les procureurs de la République ou les juges d'instruction et aux suites qui leur ont été réservées, et qui est destinée à faciliter la gestion et le suivi des procédures judiciaires par les juridictions compétentes, l'information des victimes et la connaissance réciproque entre les juridictions des procédures concernant les mêmes faits ou mettant en cause les mêmes personnes, afin notamment d'éviter les doubles poursuites.**

Cette application a également pour objet l'exploitation des informations recueillies à des fins de recherches statistiques.

Les données enregistrées dans le bureau d'ordre national automatisé portent notamment sur :

1° Les date, lieu et qualification juridique des faits ;

2° Lorsqu'ils sont connus, les nom, prénoms, date et lieu de naissance ou la raison sociale des personnes mises en cause et des victimes ;

3° Les informations relatives aux décisions sur l'action publique, au déroulement de l'instruction, à la procédure de jugement et aux modalités d'exécution des peines ;

4° Les informations relatives à la situation judiciaire, au cours de la procédure, de la personne mise en cause, poursuivie ou condamnée.

Les informations contenues dans le bureau d'ordre national automatisé sont conservées, à compter de leur dernière mise à jour enregistrée, pendant une durée de dix ans ou, si elle est supérieure, pendant une durée égale au délai de la prescription de l'action publique ou, lorsqu'une condamnation a été prononcée, au délai de la prescription de la peine.

Les informations relatives aux procédures suivies par chaque juridiction des premier et second degrés sont enregistrées sous la responsabilité, selon les cas, du procureur de la République, du procureur général ou des magistrats du siège exerçant des fonctions pénales de la juridiction territorialement compétente, par les greffiers ou les personnes habilitées qui assistent ces magistrats.

Ces informations sont directement accessibles, pour les nécessités liées au seul traitement des infractions ou des procédures dont ils sont saisis, par les magistrats du ministère public et les magistrats du siège exerçant des fonctions pénales de l'ensemble des juridictions ainsi que leur greffier ou les personnes habilitées qui assistent ces magistrats. Elles sont également directement accessibles aux agents de greffe du service d'accueil unique du justiciable prévu à l'article L. 123-3 du Code de l'organisation judiciaire, pour les seuls besoins de fonctionnement de ce service, sous réserve que ces agents aient été habilités à cette fin dans des conditions fixées par décret en Conseil d'État.

Elles sont également directement accessibles aux procureurs de la République et aux magistrats du siège exerçant des fonctions pénales des juridictions mentionnées aux articles 704, 706-2, 706-17, 706-75, 706-107 et 706-108 du présent code pour le traitement de l'ensemble des procédures susceptibles de relever de leur compétence territoriale élargie.

Elles sont de même directement accessibles aux procureurs généraux pour l'application des dispositions des articles 35 et 37.

Elles sont en outre directement accessibles, pour l'exercice de leur mission, aux magistrats chargés par une disposition législative ou réglementaire du contrôle des fichiers de police judiciaire, du fichier national automatisé des empreintes génétiques et du fichier automatisé des empreintes digitales, ainsi qu'aux personnes habilitées qui les assistent.

Sauf lorsqu'il s'agit de données non nominatives exploitées à des fins statistiques, d'informations relevant de l'article 11-1 ou de données nominatives exploitées à des fins statistiques par des services de la statistique publique dépendant du ministère de la justice, les informations figurant dans le bureau d'ordre national automatisé ne sont accessibles qu'aux autorités judiciaires. Lorsqu'elles concernent une enquête ou une instruction en cours, les dispositions de l'article 11 sont applicables.

Un décret en Conseil d'État, pris après avis de la Commission nationale de l'informatique et des libertés, détermine les modalités d'application du présent article et précise notamment les conditions dans lesquelles les personnes intéressées peuvent exercer leur droit d'accès.

Voir : art. R. 15-33-66-4 et s., p. 1938.

CHAPITRE III. – DU JUGE D'INSTRUCTION

Bibliographie : ***Répertoire.*** J.-C. Valat, *Le juge d'instruction : JCl. Proc. pén.*, art. 49 à 52-1, Fasc. 20.

Bibliographie générale. J. Buisson, *Réforme de la procédure pénale – décret n° 2008-54 du 16 janvier 2008 modifiant le Code de procédure pénale et relatif aux pôles de l'instruction : Procédures* 2008, comm. 87. • P. Conte, *Les galeux de la République, À propos de l'affaire d'Outreau : JCP* G 2006, doctr. 101. • M. Dorwling-Carter, *Faut-il supprimer le juge d'instruction ? : JCP* G 1990, I, 8458. • M. Garrec, *La juridiction d'instruction est-elle indispensable ? : JCP* G 1986, I, 3266. • D. Karsenty, *Réflexions sur la mise en œuvre des pôles de l'instruction au regard des droits fondamentaux : JCP* G 2008, I, 121. • R. Koering-Joulin, *Le juge impartial : Justices* 1998, n° 10, p. 1. • J. Leblois-Happe, *Continuité et discontinuité dans les nouvelles réformes de la procédure pénale : JCP* G 2007, I, 181. • H. Matsopoulou, *Pôles de l'instruction et cosaisine : en attendant la collégialité... À propos du décret n° 2008-54 du 16 janvier 2008 : JCP* G 2008, act. 106. • J. Pradel, *Les suites législatives de l'affaire dite d'Outreau. À propos de la loi n° 2007-291 : JCP* G 2007, I, 138.

Art. 49 *(Ord. n° 2006-673, 8 juin 2006).* **– Le juge d'instruction est chargé de procéder aux informations, ainsi qu'il est dit au chapitre Ier du titre III.**

Il ne peut, à peine de nullité, participer au jugement des affaires pénales dont il a connu en sa qualité de juge d'instruction.

Le juge d'instruction exerce ses fonctions au siège du tribunal judiciaire auquel il appartient.

Voir : Sur la question générale de la séparation des fonctions, V. sous art. Préliminaire, p. 3. Sur la question de l'impartialité, V. également, Récusation sous art. 668, p. 1321.

I – INTERDICTION DU CUMUL DES FONCTIONS D'INSTRUCTION ET DE JUGEMENT

1) Juge d'instruction. En application de l'article 49 alinéa 2, du Code de procédure pénale, ne peut, à peine de nullité, participer au jugement des affaires pénales, le magistrat qui en a connu en qualité de juge d'instruction. Encourt donc la cassation l'arrêt de la chambre d'accusation (de l'instruction) rejetant une demande de confusion des peines où siégeait un magistrat ayant accompli des actes d'instruction dans la procédure ayant abouti à l'une des condamnations en cause (▪ Cass. crim., 21 sept. 1989, n° 89-80.676 : *Bull. crim.* n° 325 ; *RSC* 1990, p. 593, obs. A. Braunschweig). Le magistrat qui a délivré une commission rogatoire à titre de juge d'instruction ne saurait en vertu de l'article 49, alinéa 2, du Code de procédure pénale, siéger au tribunal correctionnel ayant à juger les faits (▪ CA Pau, 12 janv. 2006, n° 05/00713 : *JurisData* n° 2006-296432).

2) Juridictions d'instruction du second degré. Il résulte des articles 49, 591 du Code de procédure pénale et 6 § 1 de la Convention européenne des droits de l'Homme que ne peuvent faire partie de la Chambre correctionnelle d'une cour d'appel les magistrats qui, dans l'affaire soumise à cette juridiction, ont participé à un arrêt de la Chambre d'accusation dans lequel a été examinée la valeur des charges pouvant justifier le renvoi devant le tribunal correctionnel (▪ Cass. crim., 6 nov. 1986, n° 85-93.055 : *Bull. crim.* n° 328. ▪ Cass. crim., 7 avr. 1992, n° 91-86.396 : *JurisData* n° 1992-001268 ; *Bull. crim.* n° 148. ▪ Cass. crim., 27 juin 1996, n° 96-80.079 : *JurisData* n° 1996-003458 ; *Bull. crim.* n° 279. ▪ Cass. crim., 15 sept. 2004, n° 03-86.110 : *JurisData* n° 2004-026782 ; *Bull. crim.* n° 210). Le conseiller siégeant à la chambre d'accusation ayant connu de l'affaire au fond au stade de l'instruction ne peut présider la juridiction de jugement (▪ Cass. crim., 24 janv. 1985, n° 84-93.030 : *Bull. crim.* n° 41).

II – EXCLUSIONS DE L'INTERDICTION DU CUMUL DES FONCTIONS D'INSTRUCTION ET DE JUGEMENT

3) Interprétation stricte. La disposition de l'article 49 du Code de procédure pénale, qui interdit au juge d'instruction, à peine de nullité, de participer au jugement des affaires pénales dont il a connu en cette qualité, ne saurait être étendue à un cas qu'elle ne prévoit pas (▪ Cass. crim., 21 févr. 1968, n° 65-92.680 : *Bull. crim.* n° 54). Les articles 49 et 253 du Code de procédure pénale sont restrictifs et ne sauraient être étendus par analogie à des cas que ces textes ne prévoient pas (▪ Cass. crim., 27 juill. 1970, n° 69-92.968 : *Bull. crim.* n° 249). L'article 49 du Code de procédure pénale, d'application stricte, vise uniquement l'interdiction faite au juge d'instruction de participer au jugement des affaires qu'il a instruites (▪ Cass. crim., 2 oct. 1980, n° 80-90.268 : *Bull. crim.* n° 245). Aucune disposition légale ou conventionnelle n'interdit aux membres de la chambre d'accusation (de l'instruction) qui s'est prononcée sur une nullité de procédure de faire ensuite partie de la chambre des appels correctionnels saisie de l'affaire. En effet, les articles 49 du Code de procédure pénale et 6 de la Convention européenne des droits de l'Homme s'opposent seulement à ce qu'un magistrat participe à la décision au fond, après avoir statué sur les faits et charges justifiant le renvoi devant la juridiction de jugement (▪ Cass. crim., 9 nov. 1995, n° 94-84.204 : *Bull. crim.* n° 346).

4) Procédures distinctes. Justifie sa décision la cour d'appel retenant que l'article 49, alinéa 2, du Code de procédure pénale est d'interprétation stricte et que son application ne saurait être étendue au cas où le magistrat ayant la charge d'instruire une plainte avec constitution de partie civile déposée par le prévenu, a concouru au jugement des infractions reprochées à celui-ci, alors au surplus qu'il s'agit d'affaires distinctes et indépendantes (▪ Cass. crim., 17 déc. 2002, n° 02-81.586 : *JurisData* n° 2002-017820). L'interdiction prévue par l'article 49, alinéa 2, du Code de procédure pénale, d'interprétation stricte, ne s'applique pas à des procédures distinctes et indépendantes. Ainsi deux magistrats de la chambre d'accusation qui sur plainte de la partie civile, du chef de dénonciation calomnieuse, ont rendu l'arrêt de non-lieu attaqué, peuvent avoir antérieurement siégé à la chambre des appels correctionnels qui, dans une précédente poursuite à son encontre du chef d'une autre infraction fondée sur des faits différents, a, statuant au fond, prononcé condamnation à son égard (■ Cass. crim., 22 nov. 1990, n° 87-80.989). L'article 49 du Code de procédure pénale n'est pas applicable lorsque le jugement auquel le magistrat mis en cause avait concouru en qualité de juge, était distinct et indépendant de l'affaire que ce même magistrat avait par la suite instruite (■ Cass. crim., 2 oct. 1980, préc.).

5) **Fonctions du Ministère public.** Aucune atteinte à l'indépendance et à l'impartialité de la chambre d'accusation (de l'instruction) ne résulte du fait que le représentant du ministère public présent lors du prononcé de l'arrêt ait précédemment connu, en tant que juge d'instruction, de l'affaire dont elle est saisie (■ Cass. crim., 3 nov. 1992, n° 92-84.052 : *Dr. pén.* 1993, comm. 99, obs. A. Maron).

6) **Révocation du sursis.** L'article 49, alinéa 2, du Code de procédure pénale étant d'interprétation stricte, la connaissance qu'un magistrat a eue, en qualité de juge d'instruction, d'une procédure terminée par une condamnation assortie du sursis, ne met pas obstacle à ce que ce même magistrat participe ultérieurement au jugement de la requête en dispense de révocation de ce sursis présentée par le condamné en application de l'article 735 du Code de procédure pénale (■ Cass. crim., 19 janv. 1983, n° 82-92.535 : *Bull. crim.* n° 23 ; *RSC* 1983, p. 686, obs. Robert).

7) **Magistrat ne participant pas au jugement.** Il n'importe que le magistrat qui avait instruit l'affaire ait assisté au prononcé de la décision dès lors qu'il n'a participé ni aux débats ni au délibéré (■ Cass. crim., 20 juin 1996, n° 95-82.078 : *JurisData* n° 1996-003203 ; *Bull. crim.* n° 271).

8) **Supplément d'information.** Le demandeur ne saurait se faire un grief de ce que le président de la chambre des appels correctionnels, après avoir procédé à l'exécution d'un supplément d'information, a participé au jugement de l'affaire. En effet le supplément d'information ordonné en application de l'article 463 du Code de procédure pénale n'est pas contraire aux dispositions de l'article 6.1 de la Convention européenne des droits de l'Homme dès lors que son exécution n'implique pas que le magistrat commis acquiert, à l'occasion de cette mesure, une conviction sur la culpabilité des prévenus (■ Cass. crim., 19 janv. 2000, n° 99-80.655).

9) **Détention.** Le simple fait qu'un juge ait pris, avant le procès, une décision relative à la détention provisoire – en l'occurrence participation à la chambre de l'instruction ayant confirmé l'ordonnance de placement en détention provisoire – ne peut, en soi, suffire à justifier que soit contestée son impartialité. Le grief d'impartialité pris en violation des articles 6 de la Convention européenne des droits de l'Homme, 49 et 137-1 du Code de procédure pénale demeure alors à l'état de simple allégation (■ Cass. crim., 28 mars 2012, n° 11-85.225 : *JurisData* n° 2012-006949 ; *Bull. crim.* n° 85 ; *Procédures* 2012, comm. 190, A.-S. Chavent-Leclère). Aucune disposition légale n'interdit aux membres de la chambre d'accusation (de l'instruction) qui se sont prononcés sur la détention provisoire d'une personne mise en examen, de faire ensuite partie de la chambre des appels correctionnels saisie du fond de l'affaire, cette participation n'étant contraire ni à l'article 49 du Code de procédure pénale ni à l'exigence d'impartialité énoncée par l'article 6 de la Convention européenne des droits de l'Homme (■ Cass. crim., 16 oct. 1997, n° 96-84.460 : *JurisData* n° 1997-004641). Si l'un des conseillers composant la chambre correctionnelle a participé à un précédent arrêt de la chambre d'accusation qui, dans la même procédure, a confirmé une ordonnance du juge d'instruction ayant rejeté une demande d'actes, la Cour de cassation est en mesure de s'assurer que cette décision n'a pas porté sur la valeur des charges pouvant justifier le renvoi des intéressés devant le tribunal correctionnel (■ Cass. crim., 19 févr. 1998, n° 96-83.423 : *Bull. crim.* n° 74 ; *RSC* 1998, p. 581, obs. J.-P. Dintilhac). Aucune disposition légale n'interdit au magistrat ayant ordonné, selon les dispositions de l'article 235 de la loi du 4 janvier 1993, le placement en détention du prévenu, de faire ensuite partie de la chambre des appels correctionnels saisie de l'affaire. Cette participation n'est contraire ni à l'article 49 du Code de procédure pénale, ni à l'exigence d'impartialité énoncée par l'article 6 de la Convention européenne des droits de l'Homme (■ Cass. crim., 2 févr. 2000, n° 98-87.352 : *Bull. crim.* n° 55).

Art. 50 (1) ***(Ord. n° 58-1296, 23 déc. 1958 ; L. n° 87-1062, 30 déc. 1987).* – Le juge d'instruction, choisi parmi les juges du tribunal, est nommé dans les formes prévues pour la nomination des magistrats du siège.**

En cas de nécessité, un autre juge peut être temporairement chargé, dans les mêmes formes, des fonctions de juge d'instruction concurremment avec le magistrat désigné ainsi qu'il est dit au premier alinéa.

(1) Dispositions particulières ou dérogatoires résultant de l'état d'urgence sanitaire dû à l'épidémie de covid-19 : V. Ord. n° 2020-303 du 25 mars 2020. – NDLR.

Si le premier président délègue un juge au tribunal, il peut aussi, dans les mêmes conditions, charger temporairement celui-ci de l'instruction par voie d'ordonnance.

Si le juge d'instruction est absent, malade ou autrement empêché, le tribunal judiciaire désigne l'un des juges de ce tribunal pour le remplacer.

I – NOMINATION DU JUGE D'INSTRUCTION

1) Annulation. Le magistrat instructeur irrégulièrement nommé aux fonctions qu'il occupe doit être regardé comme légalement investi desdites fonctions tant que sa nomination n'a pas été annulée. C'est donc à bon droit que la chambre d'accusation (de l'instruction) a rejeté une demande de mise en liberté fondée sur l'inexistence du titre de détention émanant d'un juge d'instruction dont la nomination a été ultérieurement annulée (■ Cass. crim., 31 mars 1993 : *JurisData* n° 1993-000877 ; *Bull. crim.* n° 140 ; *Gaz. Pal.* 1993, 2, jurispr. p. 446).

2) Renouvellement. En l'absence de tout renouvellement de ces fonctions à l'issue de la période pour laquelle il a été nommé, tous les actes accomplis par le magistrat instructeur sont entachés de nullité (■ Cass. crim., 5 juin 1984, n° 84-91.677 : *Bull. crim.* n° 207).

3) Pluralité de juges. Lorsqu'il existe dans un tribunal plusieurs juges d'instruction, le président du tribunal ou en cas d'empêchement le magistrat qui le remplace désigne pour chaque information le juge qui en sera chargé qui ne peut être qu'un magistrat titulaire ou régulièrement délégué. L'absence de désignation constitue une nullité substantielle touchant à l'organisation et à la composition des juridictions qui sont d'ordre public (■ Cass. crim., 10 mai 1983, n° 81-91.572 : *Bull. crim.* n° 13). Toutefois, n'affectant pas la compétence, la requête en nullité doit être présentée avant toute défense au fond en application des dispositions de l'article 385 du Code de procédure pénale (■ Cass. crim., 18 mai 1983, n° 82-93.410 : *Bull. crim.* n° 148 ; *D.* 1984, p. 188, note W. Jeandidier).

II – DÉLÉGATION

4) La délégation décidée pour les nécessités du service, conformément aux exigences des articles 50, alinéa 3, du Code de procédure pénale et R. 213-27 du Code de l'organisation judiciaire n'est pas entachée d'illégalité, sans qu'il y ait à chercher s'il y avait d'autres juges disponibles dans le tribunal concerné (■ Cass. crim., 23 avr. 1992, n° 92-80.801 : *Bull. crim.* n° 177).

5) Continuité de l'information. S'il est vrai que l'article 50 du Code de procédure pénale, qui prévoit la délégation d'un juge pour être chargé de l'instruction, n'emporte pas dérogation aux prescriptions de l'article 83 du même code, il ne saurait y avoir méconnaissance de ce dernier texte dès lors que le magistrat ainsi délégué est celui qui, sans interruption, poursuit l'instruction de l'affaire dont il avait initialement été chargé (■ Cass. crim., 20 nov. 1990, n° 90-84.121 : *JurisData* n° 1990-703773 ; *Bull. crim.* n° 394).

6) Contestation. Le mode de désignation du juge d'instruction chargé d'une affaire déterminée constitue un acte d'administration judiciaire qui n'intéresse pas les droits des parties, lesquelles ne sauraient, dès lors, en discuter ni la régularité ni l'existence. Il en est ainsi lorsque, en application de l'article 50 du Code de procédure pénale, le premier président a chargé temporairement un juge délégué par lui des fonctions de juge d'instruction (■ Cass. crim., 17 nov. 1993, n° 93-83.531 : *Bull. crim.* n° 343). Toutefois, lorsque le président d'une cour d'appel délègue un juge de son ressort auprès d'un autre tribunal et le charge de l'instruction, la mesure de simple administration judiciaire touchant à la compétence doit être vérifiée, même d'office par la chambre d'accusation (■ Cass. crim., 10 mai 1983, préc.).

III – EMPÊCHEMENT

7) Compétence. Il ressort des articles 50, alinéa 4 du Code de procédure pénale et R. 212-36 du Code de l'organisation judiciaire que lorsque le juge d'instruction est absent, malade, ou autrement empêché, l'assemblée générale des magistrats du siège du tribunal de grande instance désigne l'un des juges de ce tribunal pour le remplacer (■ Cass. crim., 11 sept. 2019, n° 19-83.878). Ainsi, une ordonnance du président du tribunal de grande instance ne peut se substituer à une désignation de l'assemblée générale pour procéder à la désignation du magistrat du siège chargé de remplacer l'unique juge d'instruction d'un tribunal (même arrêt).

Il se déduit des articles 50, alinéa 4 et 86, alinéas 2 et 3 tels qu'interprétés de manière constante par la chambre criminelle (■ Cass. crim., 18 avr. 1991, n° 91-80.238. ■ Cass. crim., 14 févr. 2001, n°s 00-86.724 et 00-86.725. ■ Cass. crim., 18 mars 2009, n° 08-88.486) que le président du tribunal de grande instance n'est compétent, lorsque le juge d'instruction saisi du dossier est empêché, pour désigner celui des juges du tribunal qui le remplacera que si, d'abord, il n'a pu désigner un autre juge d'instruction pour le remplacer si, ensuite, un autre juge d'instruction n'a pas été désigné en application des dispositions de l'article 50 susvisé, et si, enfin, l'urgence et l'impossibilité de réunir l'assemblée générale des magistrats du tribunal ont été constatées (■ Cass. crim., 15 nov. 2016, n° 16-82.709 : *Bull. crim.* n° 295). Si l'article 50, dernier alinéa, du Code de procédure pénale donne compétence au tribunal de grande instance, lorsque le juge d'instruction est empêché, pour désigner celui des juges qui le remplacera, il appartient au président, en cas d'urgence et d'impossibilité de réunir l'assemblée générale des magistrats du siège, de procéder à ce remplacement ou d'accomplir lui-même les actes d'instruction utiles (■ Cass. crim., 18 avr. 1991, n° 91-80.238 : *Bull. crim.* n° 186. ■ Cass. crim., 14 févr. 2001, n°s 00-86.724 et 00-86.725 : *Bull. crim.* n° 43). Le président du tribunal de grande instance ne saurait se désigner lui-même pour remplacer le juge d'instruction saisi du dossier dont il a constaté l'empêchement, sans vérifier, d'une part, qu'il n'a pu désigner un autre juge d'instruction pour le remplacer ni, d'autre part, qu'un autre juge n'a pas été désigné en application des dispositions de l'article 50 susvisé, et si, enfin, l'urgence et l'impossibilité de réunir l'assemblée générale des magistrats du tribunal ont été constatées (■ Cass. crim., 18 mars 2009, n° 08-88.486 : *JurisData* n° 2009-047756 ; *Bull. crim.* n° 56 ; *Procédures* 2009, comm. 213, obs. J. Buisson).

8) Présence du Ministère public. Le remplacement d'un magistrat empêché, conformément aux dispositions de l'article 50 du Code de procédure pénale n'exige ni la présence ni l'avis du ministère public (■ Cass. crim., 5 janv. 1989, n° 88-86.198 : *JurisData* n° 1989-702721 ; *Bull. crim.* n° 1).

9) Contestation. Les demandeurs ne peuvent se faire un grief de ce que la chambre d'accusation (de l'instruction) aurait laissé sans réponse les chefs de leur mémoire tendant à ce que soit constatée l'absence de désignation régulière du magistrat instructeur, dès lors que le mode de désignation du juge d'instruction chargé d'une affaire déterminée constitue un acte d'administration judiciaire qui n'intéresse pas les droits des parties, lesquelles ne sauraient en discuter ni la régularité ni l'existence (■ Cass. crim., 11 juin 1996, n° 96-81.312 : *JurisData* n° 1996-003200 ; *Bull. crim.* n° 244). L'absence de contestation devant la chambre d'accusation (de l'instruction) de la désignation du remplaçant du juge d'instruction entraîne présomption que cette désignation a été régulièrement faite en application des dispositions de l'article 50 du Code de procédure pénale (■ Cass. crim., 4 déc. 1990, n° 90-85.837 : *Bull. crim.* n° 414).

Art. 51. – Le juge d'instruction ne peut informer qu'après avoir été saisi par un réquisitoire du procureur de la République ou par une plainte avec constitution de partie civile, dans les conditions prévues aux articles 80 et 86.

En cas de crimes ou délits flagrants, il exerce les pouvoirs qui lui sont attribués par l'article 72.

Le juge d'instruction a, dans l'exercice de ses fonctions, le droit de requérir directement la force publique.

1) Réquisitoire du procureur de la République. Dès lors que le réquisitoire répond, en la forme, aux conditions essentielles de son existence légale, l'action publique est mise en mouvement, par ce même acte de poursuite, contre toute autre personne ayant pu participer aux mêmes faits (■ Cass. crim., 30 mai 1996, n° 95-85.954 : *JurisData* n° 1996-002196 ; *Bull. crim.* n° 226). La possibilité de mettre en cause toute personne ne saurait être mise en échec lorsque, par l'article 1741 et suivants du Code général des impôts, l'exercice de la poursuite est subordonné à une plainte préalable de l'administration (■ Cass. crim., 6 nov. 1978, n° 78-90.180 : *Bull. crim.* n° 301). Toutefois lorsque la mise en mouvement de l'action publique est subordonnée au dépôt d'une plainte préalable, l'irrecevabilité de la plainte assortie de constitution de partie civile entraîne la nullité du réquisitoire introductif qui s'y réfère, ainsi que des actes subséquents (■ Cass. crim., 16 avr. 2013, n° 12-81.027 : *JurisData* n° 2013-007326 ; *Bull. crim.* n° 87 ; *Dr. pén.* 2014, chron. 1, V. Georget).

2) Exigences de forme. Il résulte de la combinaison des dispositions des articles 51 et 80 du Code de procédure pénale que le juge d'instruction est saisi des faits dénoncés par les réquisitoires introductif ou supplétif indépendamment des textes de loi visés par le ministère public. Une erreur dans les textes visés ne saurait donc remettre en cause la saisine du juge d'instruction pour les faits dénoncés (■ Cass. crim., 16 nov. 1987, n° 87-85.176 : *JurisData* n° 1987-002032 ; *Bull. crim.* n° 405).

La signature, signe personnel, lisible ou non, a par elle-même pour effet d'identifier l'auteur des réquisitions. Doit dès lors être considéré comme valable le réquisitoire supplétif portant une signature écrite manifestement de la même main et avec la même encre que le texte qui la précède et où figure immédiatement au-dessous de la mention « au parquet le... » (■ Cass. crim., 11 juill. 1973, n° 73-91.530 : *Bull. crim.* n° 326).

3) Plainte avec constitution de partie civile. Lorsque l'action publique est mise en mouvement par une constitution de partie civile régulière en la forme, c'est la plainte qui détermine la saisine du juge (■ Cass. crim., 28 oct. 1980, n° 79-94.231 :

Bull. crim. n° 277). Il n'importe que le réquisitoire introductif n'ait visé qu'une des qualifications proposées par le plaignant (▪ Cass. crim., 11 févr. 1992, n° 91-86.067 : *Bull. crim.* n° 66). Il résulte des articles 593, 51, 80 et 86 du Code de procédure pénale que le juge d'instruction a l'obligation d'informer sur tous les faits résultant de la plainte et des pièces y analysées, sous toutes leurs qualifications possibles, sans s'en tenir à celle proposée par la partie civile (▪ Cass. crim., 19 déc. 2012, n° 12-81.043 : *JurisData* n° 2012-029945 ; *Bull. crim.* n° 285). Si l'action publique est mise en mouvement par la plainte avec constitution de partie civile dès que la consignation a été faite, encore faut-il, en cas d'infraction à la loi du 29 juillet 1881, que ladite plainte réponde aux exigences de l'article 50 de la loi précitée, lesquelles sont prescrites à peine de nullité de la poursuite. Si une plainte incomplète ou irrégulière peut être validée par le réquisitoire introductif, c'est à la double condition qu'il soit lui-même conforme aux dispositions de l'article 50 de la loi sur la liberté de la presse et qu'il soit intervenu dans le délai de la prescription que la plainte entachée de nullité n'a pas interrompu (▪ Cass. crim., 2 juin 1992, n° 91-86.437).

4) Recours à la force publique. Selon l'article 51, alinéa 3, du Code de procédure pénale, le juge d'instruction a le droit de requérir directement la force publique. Il est donc autorisé après avoir convoqué et procédé à l'interrogatoire de la personne mise en examen, de la faire conduire devant le juge des libertés et de la détention en requérant la force publique (▪ Cass. crim., 3 mai 2011, n° 11-80.889 : *Bull. crim.* n° 88). Ne méconnaît pas les articles 5 de la Conv. EDH et 7 de la DDHC et justifie sa décision au regard des articles 51, alinéa 3, et 145, alinéas 1 et 2, du Code de procédure pénale, l'arrêt de la chambre de l'instruction qui, écartant l'argumentation du mis en examen tendant à l'irrégularité de sa privation de liberté dans l'attente de sa présentation au juge des libertés et de la détention, relève que le juge d'instruction peut recourir à la force publique en vertu de l'article 51, alinéa 3, du Code de procédure pénale et que le mis en examen a été momentanément et légitimement retenu dans un lieu sécurisé pour une durée n'excédant pas un délai raisonnable, compte tenu de la disponibilité nécessaire du magistrat auquel il devait être présenté (▪ Cass. crim., 22 juill. 2015, n° 15-82.749 : *Bull. crim.* n° 182).

Art. 52 ***(L. n° 2004-204, 9 mars 2004 ; mod., L. n° 2016-731, 3 juin 2016).*** **– Sont compétents le juge d'instruction du lieu de l'infraction, celui de la résidence de l'une des personnes soupçonnées d'avoir participé à l'infraction, celui du lieu d'arrestation d'une de ces personnes, même lorsque cette arrestation a été opérée pour une autre cause et celui du lieu de détention d'une de ces personnes, même lorsque cette détention est effectuée pour une autre cause. Pour les infractions mentionnées à l'article 113-2-1 du Code pénal, est également compétent le juge d'instruction, selon le cas, du lieu de résidence ou du siège des personnes physiques ou morales mentionnées au même article 113-2-1.**

1) Applicabilité de l'article 52 du Code de procédure pénale. Les faits dénoncés étant commis sur le territoire de la République, l'article 52 du Code de procédure pénale est seul applicable à l'exclusion de l'article 693 du même code (▪ Cass. crim., 20 janv. 2000, n° 99-80.528).

2) Obligation d'informer et déclaration d'incompétence. La chambre d'accusation ne peut, sans méconnaître l'obligation d'informer imposée aux juridictions d'instruction par les articles 85 et 86 du Code de procédure pénale, déclarer territorialement incompétent un juge d'instruction saisi d'une plainte avec constitution de partie civile, faisant état de ce que l'une des personnes soupçonnées d'avoir participé aux infractions dénoncées réside dans son ressort, tant que ce magistrat n'a pas effectué les investigations de nature à lui permettre de vérifier sa compétence (▪ Cass. crim., 26 févr. 1997, n° 95-86.088 : *Bull. crim.* n° 77).

3) Lieu de résidence des personnes soupçonnées. La résidence attributive de compétence, au sens des articles 43 et 52 du Code de procédure pénale, est celle déclarée par l'inculpé (personne mise en examen) au temps de la plainte ou de la poursuite, serait-elle contestée ultérieurement par celui-ci (▪ Cass. crim., 17 déc. 1991 : *Bull. crim.* n° 480. – CA Saint-Denis de la Réunion, ch. acc., 20 avr. 1993, *Payet* : *JCP G* 1994, II, 22228, note W. Jeandidier). Il ressort des articles 52 et 85 du Code de procédure pénale que toute personne qui se prétend lésée par un crime ou un délit peut, en portant plainte, se constituer partie civile devant le juge d'instruction compétent à raison, notamment, du lieu de l'infraction ou de la résidence de l'une des personnes soupçonnées d'avoir participé, en qualité d'auteur ou de complice, à l'infraction (▪ Cass. crim., 21 févr. 2006, n° 05-82.993 : *Bull. crim.* n° 48). Encourt donc la cassation l'arrêt de la chambre de l'instruction confirmant une ordonnance d'incompétence rendue par le juge d'instruction, au motif que le lieu de consommation de l'infraction ainsi que celui de résidence des personnes soupçonnées se trouvaient en dehors de son ressort. En effet, il lui appartenait de vérifier si l'association mise en cause comme complice, domiciliée dans le ressort de la juridiction saisie, n'avait pas facilité la préparation de l'infraction alléguée ou donné des instructions pour la commettre (même arrêt). La chambre de l'instruction ne saurait déclarer l'incompétence du juge d'instruction sur le seul examen abstrait de la plainte qui ne permettait, en l'état, ni de dénier la localisation de la résidence de la personne soupçonnée, ni d'affirmer qu'aucune infraction n'était imputable à celle-ci (■ Cass. crim., 26 févr. 1997, préc.).

4) Lieu de commission de l'infraction. Dès lors qu'il apparaît que l'un des éléments constitutifs de l'infraction a été commis dans le ressort de la juridiction saisie, la compétence du juge d'instruction trouve à se justifier (■ Cass. crim., 30 sept. 1998, n° 98-81.951 : *Bull. crim.* n° 243). Est territorialement compétent le juge d'instruction dans le ressort duquel a été accompli un acte caractérisant l'un des éléments des manœuvres frauduleuses perpétrées (■ Cass. crim., 11 févr. 1992 : *JurisData* n° 1992-001913 ; *Bull. crim.* n° 63). Il n'importe que le réquisitoire introductif ait visé un autre délit, dès lors que la plainte avec constitution de partie civile qui saisit le juge des faits dénoncés leur donne la qualification justifiant sa compétence (même arrêt). En matière de non-représentation d'enfant, la compétence du juge d'instruction au regard des critères définis par l'article 52 du Code de procédure pénale se détermine en tenant compte du lieu de domicile du parent lésé et où devait s'exercer son droit d'hébergement (■ Cass. crim., 16 déc. 2008, n° 08-86.375 : *JurisData* n° 2008-046512).

5) Indétermination du lieu de l'infraction. La partie civile soutenant dans ses conclusions que l'infraction dont elle a été victime a pu être commise dans le ressort du juge d'instruction saisi et que deux des personnes sur qui pesaient des soupçons y avaient leur résidence, les juridictions d'instruction ne pouvaient écarter leur compétence, sans investigations préalables (■ Cass. crim., 19 mai 1987, n° 86-94.720 : *D.* 1987, jurispr. p. 579, note Calvet). C'est à bon droit que pour rejeter le moyen de nullité, pris de l'incompétence territoriale du juge d'instruction lors de l'ouverture de l'information, la chambre de l'instruction retient que les éléments recueillis par le procureur de la République faisaient présumer que trois membres d'une même famille, ayant leur résidence habituelle dans le ressort de cette juridiction, étaient victimes d'une séquestration et que le juge d'instruction était tenu, eu égard à l'incertitude sur le lieu de commission de l'infraction, de procéder à des investigations afin de vérifier sa compétence (■ Cass. crim., 21 mai 2003, n° 02-86.819 : *JurisData* n° 2003-019690). Seuls peuvent être annulés les actes accomplis par un juge manifestement incompétent. Justifie donc sa décision l'arrêt de la chambre de l'instruction rejetant une requête en annulation du réquisitoire introductif et de la procédure subséquente, en invoquant l'incompétence territoriale du procureur de la République et du juge d'instruction au motif que si le lieu du rapport constitutif de faux et de dénonciation calomnieuse diffusé par internet restait à déterminer il appartenait au juge d'instruction de vérifier plus exactement les conditions dans lesquelles ledit rapport avait été diffusé (■ Cass. crim., 15 janv. 2008, n° 07-86.944 : *JurisData* n° 2008-042506 ; *JCP G* 2008, act. 122 ; *Dr. pén.* 2009, chron. 1, D. Guérin).

6) Connexité-indivisibilité. En vertu des dispositions combinées des articles 43, 52 et 203 du Code de procédure pénale, applicables même en cas d'indivisibilité, la compétence du procureur de la République et du juge d'instruction, à raison du lieu de commission d'un crime ou délit quelconque, s'étend aux infractions connexes de toute nature commises en dehors de leur circonscription (■ Cass. crim., 2 mai 1994, n° 94-80.218 : *JurisData* n° 1994-001106 ; *Bull. crim.* n° 159. – *Adde*, ■ Cass. crim., 1er déc. 1976, n° 76-91.393 : *Bull. crim.* n° 348). En vertu des dispositions de l'article 203 du Code de procédure pénale, la compétence du procureur de la République prévue par l'article 43, comme celle du juge d'instruction définie par l'article 52 du même code, s'étend aux infractions de toute nature, même commises en dehors de la circonscription de ces magistrats, lorsqu'elles sont connexes à celles dont ils sont déjà saisis (■ Cass. crim., 30 mai 1996 : *JurisData* n° 1996-002196 ; *Bull. crim.* n° 226). Aucune prorogation de compétence ne peut cependant être demandée par la partie civile, en dépit de la connexité existant entre les faits, dès lors que l'action publique a été déclarée éteinte pour l'infraction relevant de la compétence du juge d'instruction (■ Cass. crim., 9 nov. 2004 : *JurisData* n° 2004-025623 ; *Bull. crim.* n° 274).

7) Renvoi par la chambre de l'instruction. Lorsqu'en application de l'article 206 du Code de procédure pénale, la chambre d'accusation (chambre de l'instruction) renvoie l'affaire à un juge d'instruction afin de poursuivre l'information, elle a le droit de désigner l'un quelconque des juges d'instruction du ressort de la cour d'appel, nonobstant les dispositions de l'article 52 du Code de procédure pénale (■ Cass. crim., 11 avr. 1964, n° 64-90.795 : *Bull. crim.* n° 110).

Art. 52-1 *(L. n° 2007-291, 5 mars 2007 ; L. n° 2021-1729, 22 déc. 2021).* **– Il y a un ou plusieurs juges d'instruction dans chaque département.**

Lorsqu'il existe plusieurs tribunaux judiciaires dans un département, un décret peut fixer la liste des tribunaux dans lesquels il n'y a pas de juge d'instruction. Ce décret précise quel est le tribunal judiciaire dont le ou les juges d'instruction sont compétents pour connaître des informations concernant des infractions relevant, en application de l'article 43, de la compétence du procureur de la République du tribunal dans lequel il n'y a pas de juge d'instruction.

Dans certains tribunaux judiciaires, les juges d'instruction sont regroupés au sein d'un pôle de l'instruction.

Les juges d'instruction composant un pôle de l'instruction sont seuls compétents pour connaître des informations donnant lieu à une cosaisine dans les conditions prévues aux articles 83-1 et 83-2.

Ils sont également seuls compétents pour connaître des informations en matière de crime et le demeurent en cas de requalification des faits au cours de l'information ou lors du règlement de celle-ci. Toutefois, s'il s'agit d'un crime puni de quinze ans ou de vingt ans de réclusion criminelle, lorsqu'il n'est pas commis en état de récidive légale et si le procureur de la République considère qu'il résulte des circonstances de l'espèce et de son absence de complexité que le recours à la cosaisine, même en cours d'instruction, paraît peu probable, il peut requérir l'ouverture de l'information auprès du juge d'instruction du tribunal judiciaire dans lequel il n'y a pas de pôle de l'instruction.

La liste des tribunaux dans lesquels existe un pôle de l'instruction et la compétence territoriale des juges d'instruction qui le composent sont déterminées par décret. Cette compétence peut recouvrir le ressort de plusieurs tribunaux judiciaires. Un ou plusieurs juges d'instruction peuvent être chargés, en tenant compte s'il y a lieu des spécialisations prévues par les articles 704, 706-2, 706-17, 706-75-1 et 706-107, de coordonner l'activité des juges d'instruction au sein du pôle, dans des conditions fixées par décret.

1) Sens de l'article 52-1 du Code de procédure pénale. Il ne saurait se déduire de l'article 694-3 du Code de procédure pénale dont il résulte que les commissions rogatoires internationales adressées à la France sont exécutées selon les règles prévues par le Code de procédure pénale, que sont applicables à l'exécution des actes délégués celles édictées par l'article 52-1 du même code, relatives à la compétence exclusive du pôle de l'instruction en matière de crime, qui ne concernent que la désignation du magistrat en charge d'une information (▪ Cass. crim., 12 mars 2014, n° 13-87.254 : *Bull. crim.* n° 80).

2) Caractère d'ordre public des règles de compétence. Fait l'exacte application des articles 52-1 et 90 du Code de procédure pénale, la chambre de l'instruction qui confirme une ordonnance d'incompétence rendue par le juge d'instruction saisi par la partie civile au motif que les faits, de nature criminelle, relevaient de la compétence du pôle d'instruction. En effet, en raison du caractère d'ordre public des règles de compétence, le magistrat instructeur doit relever, même d'office, son incompétence et renvoyer la partie civile à se pourvoir devant telle juridiction qu'il appartiendra (▪ Cass. crim., 19 mai 2016, n° 15-84.284).

TITRE II. – DES ENQUÊTES ET DES CONTRÔLES D'IDENTITÉ

(L. n° 83-466, 10 juin 1983)

Bibliographie : A. Billaud, *Quel contrôle du JLD sur les enquêtes : AJ Pénal* 2005, 233. • A. Botton, *Entre renforcement et érosion des garanties de la procédure pénale, À propos du Titre II de la loi n° 2016-731 du 3 juin 2016 : JCP* G 2016, p. 777 ; *Le droit à un recours juridictionnel effectif dans le cadre de l'enquête pénale : Constitutions* 2014, p. 471 ; *Contrôle de la loi de programmation justice : le Conseil constitutionnel entre « moustiques et chameaux » de procédure pénale ; JCP* G 2019, n° 14, p. 359. • A. Botton et G. Taupiac-Nouvel, *La réforme du droit à l'information en procédure pénale : JCP* G 2014, 802 ; Y. Capdepon, *60 ans d'influence de la Convention européenne des droits de l'Homme sur la procédure pénale française : Dr. pén.* 2019, dossier 4, n° 4. • P. Conte, *Les propositions du pré-rapport du comité de réflexion sur la justice pénale : Dr. pén.* 2009, étude 11. • B. de Lamy, *La loi n° 2004-204 du 9 mars 2004 portant adaptation de la justice aux évolutions de la criminalité : D.* 2004, chron. 1910 et 1982 ; *La constitutionnalisation de la procédure pénale : Dr. pén.* 2019, dossier 2, n° 4. • F. Fourment, *Le procureur de la République, le juge d'instr. et le préfet, 60 ans après : Dr. pén.* 2019, dossier 6, n° 4 ; A. Gogorza, *L'autorisation judiciaire pendant la phase policière : RSC* 2017, p. 247. • L. Langlois, *L'enquête de flagrant délit : son point de départ et sa durée : JCP* G 1961, I, 1611. • J.-L. Lennon, *L'affaiblissement du pouvoir de direction de la police judiciaire par le procureur de la République : D.* 2005, jurispr. 1336. • C. Marie, *La montée en puissance de l'enquête : AJ Pénal* 2004, 221. • J.-Y. Maréchal, *Les droits de la défense durant l'enquête de police. Avis de la CNCDH du 29 avr. 2014 : JCP* G 2014, 605. • H. Matsopoulou, *Une nouvelle réforme de la procédure pénale ? : JCP* G 2014, p. 1666-1669. • R. Ollard,

Quel statut pour le suspect au cours de l'enquête pénale ? À propos de la loi du 27 mai 2014 : JCP G 2014, doctr., p. 912. • J. Pradel, *L'enquête pénale aujourd'hui : vers une stabilisation dans l'équilibre ? : D.* 2014, 1647 ; *Notre procédure pénale à la recherche d'une efficacité à toute vapeur : L. n° 2019-222 du 23 mars 2019 : JCP* G 2019, n° 15, p. 40. • C. Ribeyre, *Loi portant adaptation de la procédure pénale au droit de l'Union européenne : tout ça pour ça ? : Dr. pén.* 2015, étude 21 ; *L. n° 2016-731 du 13 juin 2016 renforçant la lutte contre le crime organisé, le terrorisme et leur financement, et améliorant l'efficacité et les garanties de la procédure pénale – Et maintenant ? : Dr. pén.* 2016, étude 17. • G. Roussel, *La délicate simplification de l'enquête de police*, Lexbase pénal 3, 2018. • F. Saint-Pierre, *Le véritable enjeu des contrôles juridictionnels de la légalité des procédures pénales : la « sûreté » des justiciables : AJ Pénal* 2005, 177. • D. Thomas-Taillandier, *L'enquête-instruction : focus sur l'évolution de la mise en état des affaires pénales : Gaz. Pal.* 18 juill. 2017, p. 74. • E. Vergès, *L'enquête pénale au cœur d'un changement de paradigme : Le statut et les droits de la personne mise en cause dans la procédure pénale : RPDP* 2009, p. 837 ; *Le statut juridique du suspect : un premier défi pour la transposition du droit de l'Union européenne en procédure pénale : Dr. pén.* 2014, étude 15. • H. Wlamynck, *La théorie de l'apparence : enquêtes préliminaire, de flagrance et enquêtes spécifiques de mort suspecte et de disparition inquiétante : AJ Pénal* 2005, 322.

CHAPITRE I. – DES CRIMES ET DÉLITS FLAGRANTS

Art. 53 *(L. n° 2004-204, 9 mars 2004).* **– Est qualifié crime ou délit flagrant, le crime ou le délit qui se commet actuellement, ou qui vient de se commettre. Il y a aussi crime ou délit flagrant lorsque, dans un temps très voisin de l'action, la personne soupçonnée est poursuivie par la clameur publique, ou est trouvée en possession d'objets, ou présente des traces ou indices, laissant penser qu'elle a participé au crime ou au délit.**

À la suite de la constatation d'un crime ou d'un délit flagrant, l'enquête menée sous le contrôle du procureur de la République dans les conditions prévues par le présent chapitre peut se poursuivre sans discontinuer pendant une durée de huit jours.

Lorsque des investigations nécessaires à la manifestation de la vérité pour un crime ou un délit puni d'une peine supérieure ou égale à cinq ans d'emprisonnement ne peuvent être différées, le procureur de la République peut décider la prolongation, dans les mêmes conditions, de l'enquête pour une durée maximale de huit jours.

Bibliographie : *Répertoire.* J. Buisson, *Crimes et délits flagrants : JCl. Proc. pén.*, art. 53 à 73, Fasc. 20.

Généralités. P. Chambon, *L'ouverture forcée du coffre de véhicules automobiles : JCP* G 1980, I, 2983. • P. Conte, *Un aspect de l'apparence vraisemblable au stade policier de la procédure pénale : RSC* 1985, p. 477. • S. Détraz, *Enquête de flagrance : nécessité de faits apparents et insuffisance des simples soupçons : JCP* G 2009, n° 50, p. 535 ; *La mutation de l'enquête préliminaire en enquête de flagrance : D.* 2011, n° 40, p. 2775. • N. Jeanne, *De l'extension de la procédure de flagrance aux infractions connexes à l'infraction flagrante et autres précisions sur les actes de l'enquête : RSC* 2018, p. 145. • D. Mayer, *Plaidoyer pour une redéfinition du flagrant délit : D.* 1980, chron. p. 99. • M. Sanchez, *Flagrance, apparence et provocation ou la souplesse des règles de preuve : D.* 2004, p. 1845.

1) Recours à des interceptions téléphoniques, constitutionnalité. Sont contraires à la Constitution les dispositions autorisant le recours à des mesures d'interception de correspondances émises par voie de communications électroniques dans le cadre d'une enquête de flagrance ou préliminaire, en vue de constater toute infraction punie d'au moins 3 ans d'emprisonnement, quelle que soit la nature de l'atteinte résultant de cette infraction et quelle que soit la complexité de l'infraction. En effet, si une infraction d'une particulière gravité et complexité est de nature à justifier le recours à de telles mesures, tel n'est pas nécessairement le cas d'infractions ne présentant pas ces caractères. Le recours aux interceptions téléphoniques avait été prévu, à la requête du procureur de la République, sur autorisation du juge des libertés et de la détention. Toutefois, alors que son autorisation était donnée pour une durée d'un mois, les dispositions légales ne prévoyaient pas l'accès du juge des libertés et de la détention à l'ensemble des éléments de la procédure. Ainsi, il n'avait pas accès aux procès-verbaux dressés dans le cadre de l'enquête en cours autres que ceux pris en application des articles 100-3 à 100-8 du Code de procédure pénale et il n'était pas informé du déroulé de l'enquête en ce qui concerne les investigations autres que la mesure d'interception de correspondances. Enfin, les dispositions législatives ne prévoyaient pas que le juge pouvait ordonner la cessation de la mesure d'interception, notamment s'il estimait que celle-ci n'était plus nécessaire à la manifestation de la vérité. À cet égard, le législateur avait autorisé le recours à des mesures d'interception de correspondances émises par voie de communications électroniques pour des infractions ne présentant pas nécessairement un caractère de particulière gravité et complexité, sans assortir ce recours des garanties permettant un contrôle suffisant par le juge du maintien du caractère nécessaire et proportionné de ces mesures durant leur déroulé (■ Cons. const., 21 mars 2019, n° 2019-778 DC, § 138-148 : A. Botton, *Contrôle* *de la loi de programmation Justice : le Conseil constitutionnel entre « moustiques et chameaux » de procédure pénale : JCP* G 2019, n° 4, p. 359).

I – NOTION DE FLAGRANCE

A – Composante sensorielle

1° *Indices apparents d'un comportement délictueux*

2) Exigence d'indices apparents d'un comportement délictueux. Il résulte de l'article 53 du Code de procédure pénale que pour pouvoir agir en enquête de flagrance les officiers de police judiciaire doivent se prévaloir d'indices apparents d'un comportement délictueux. À défaut, les investigations doivent suivre le régime de l'enquête préliminaire, ce qui leur interdit de faire usage de la contrainte (▪ Cass. crim., 22 janv. 1953, *Isnard* : *JCP* G 1953, II, 7456 ; *D.* 1953, p. 533).

3) Indices apparents d'un comportement délictueux : illustrations. Le seul marquage du chien spécialisé dans la recherche de stupéfiants devant la porte d'un appartement constitue l'indice objectif et apparent d'un comportement suspect, caractérisant la flagrance (▪ Cass. crim., 11 déc. 2019, n° 19-82.457). Les fonctionnaires de police, qui ont tout d'abord remarqué la présence du prévenu, accroupi entre deux véhicules, utilisant la lampe torche de son téléphone pour regarder à l'intérieur d'un véhicule qui n'était pas en état de circuler, ont agi, à juste titre, selon la procédure de flagrance dès lors qu'ils ont aperçu, depuis l'extérieur, à hauteur du coffre, un rectangle marron d'environ cinq sur six centimètres entouré d'un film plastique pouvant s'apparenter à un conditionnement de résine de cannabis (▪ Cass. crim., 11 déc. 2019, n° 19-83.183, § 8). La découverte d'une arme, visible dans la boîte à gants disloquée, constitue un indice apparent d'un délit imputable au conducteur du véhicule, entrant dans les prévisions de l'article 53 du Code de procédure pénale (▪ Cass. crim., 2 mars 1993, n° 91-81.033 : *Bull. crim.* n° 93). Les allers et retours des différents protagonistes, les transactions et la présence de clients porteurs de barrettes brunes constatés par les enquêteurs constituent les indices apparents d'un comportement délictueux (▪ Cass. crim., 5 sept. 2018, n° 16-87.180 : *JurisData* n° 2018-014960 ; *Procédures* 2018, comm. 348, J. Buisson). Sont également autorisés à agir en flagrance les policiers, alertés par un dispositif de lecture automatisé de plaques d'immatriculation régulièrement renseigné à la suite de soupçons d'activité illicite de transport et de travail dissimulé, et connaissant le conducteur qui avait fait l'objet d'un contrôle au cours duquel il avait reconnu exercer l'activité de chauffeur en utilisant l'application Uberpop, dès lors qu'après avoir repéré et suivi ce véhicule, ils ont constaté qu'un passager y était transporté (▪ Cass. crim., 11 sept. 2018, n° 16-81.764). Des renseignements non anonymes relatifs à l'infraction de travail dissimulé et d'emploi illégal d'étrangers, corroborés par des constatations visuelles ultérieures des policiers, révèlent l'existence d'indices apparents d'infractions en train de se commettre (▪ Cass. crim., 25 juin 2014, n° 14-81.647 : *Bull. crim.* n° 164). Agissent en flagrance des policiers qui, après avoir interpellé un individu en vertu d'un mandat d'arrêt, recueillent ses aveux spontanés relativement à une détention de stupéfiants et procèdent à la constatation des faits après ouverture par le suspect du coffre de son véhicule (▪ Cass. crim., 18 janv. 2011, n° 10-84.980, 356 : *JurisData* n° 2011-000648 ; *Bull. inf. C. cass.* 15 mai 2011, n° 603). Il en va de même des agents des douanes se présentant dans une salle communale ouverte au public pour contrôler la vente de boissons lors d'un loto organisé au nom d'associations de parents d'élèves et constatant que l'exploitant d'une enseigne d'animations avait mis le personnel et le matériel de son entreprise à la disposition de cette manifestation, qu'il avait organisée et qu'il animait sans avoir fait de déclaration préalable d'ouverture de maison de jeux et de hasard (▪ Cass. crim., 5 nov. 2014, n° 13-85.423 : *JurisData* n° 2014-026533). Constitue également une situation de flagrance celle par laquelle des officiers de police, après avoir intercepté un véhicule en excès de vitesse, aperçoivent en son intérieur un sac en plastique d'où dépasse une grosse liasse de billets de banque, cette découverte ayant suscité des réactions physiologiques de peur des deux occupants du véhicule et des explications contradictoires sur l'origine de ces espèces (▪ Cass. crim., 26 mai 2004, n° 04-82.053 : *JurisData* n° 2004-024423).

4) Dénonciation anonyme. Ne constitue pas un indice apparent d'un comportement délictueux un coup de téléphone anonyme indiquant que des jeunes gens se trouvant à l'intérieur d'un véhicule sont susceptibles de se droguer (▪ Cass. crim., 2 févr. 1988 : *JurisData* n° 1988-000526 ; *Bull. crim.* n° 52) ; ni un appel téléphonique anonyme signalant un véhicule dissimulant une quantité importante de drogue (▪ Cass. crim., 11 juill. 2007, n° 07-83.427 : *Bull. crim.* n° 183 ; *JCP* G 2007, II, 101068, note J. Buisson ; *RPDP* 2008, p. 108, note C. Ambroise-Castérot). En revanche, les indices recueillis à la suite d'une opération de surveillance mise en place sur la foi d'une dénonciation anonyme autorisent l'ouverture d'une enquête de flagrance dès lors qu'ils constituent des indices apparents d'un comportement délictueux (▪ Cass. crim., 9 nov. 2011, n°s 05-87.745 et 09-86.381 : *Bull. crim.* n° 230. ▪ Cass. crim., 24 oct. 2012, n° 11-84.709 : *JurisData* n° 2012-026489). Il en va de même lorsque ladite dénonciation est confortée par des renseignements obtenus auprès de tiers identifiés (■ Cass. crim., 18 mars 2008, n° 07-83.342 : *Bull. crim.* n° 66).

5) **Absence d'indices apparents d'un comportement délictueux.** Les seuls faits relevés, à savoir le transport d'une importante somme d'argent en espèces dissimulée au niveau de l'entrejambe entre la gare de [Localité 2] et la gare de [Localité 1] à [Localité 3], ne permettent pas de caractériser une opération financière illicite avec l'étranger et donc de révéler l'existence d'un flagrant délit douanier puni d'une peine d'emprisonnement (■ Cass. crim., 26 janv. 2022, n° 21-84.228, § 16). Le fait pour une personne d'avoir été signalée comme suspecte lors de l'achat de souffre ne constitue pas un indice apparent de plantation illégale de cannabis autorisant les enquêteurs à lui imposer une perquisition. Seule une enquête préliminaire peut être ouverte (■ Cass. crim., 21 avr. 2020, n° 19-85.521, §§ 20-23). Le fait pour un individu, connu des services de police pour avoir été impliqué dans une affaire de stupéfiants et ayant fait l'objet d'une dénonciation anonyme, de quitter son domicile pour habiter une chambre d'hôtel, ne constitue pas un indice apparent d'un comportement délictueux (■ Cass. crim., 30 mai 1980, n° 80-90.075 : *Bull. crim.* n° 165). Doit être cassé l'arrêt de la chambre de l'instruction énonçant que la constatation matérielle par les fonctionnaires de l'administration fiscale du placement « en catimini », dans des sacs de plastique, de 572 notes de restaurant destinées à la comptabilité d'une société faisait apparaître un élément de l'abus de biens sociaux consistant en l'appropriation privée de recettes et présentait les caractères d'un indice apparent du délit qui était en train de se commettre. En effet, le seul fait relevé ne caractérise en aucune manière un élément constitutif de l'abus de biens sociaux et ne peut révéler l'existence d'une infraction répondant à la définition donnée des crimes et délits flagrants par l'article 53 du Code de procédure pénale (■ Cass. crim., 6 févr. 1997 : *JurisData* n° 1997-001207 ; *Bull. crim.* n° 49). Ne permet pas non plus d'agir dans le cadre de l'enquête de flagrance d'abus de biens sociaux, la découverte chez le prévenu, ainsi qu'au siège de la société dont il est le gérant, de divers documents relatifs à des biens appartenant à la société et détenus par son gérant ainsi que des relevés bancaires comportant des versements de fonds de la société au prévenu et à une autre société (■ Cass. crim., 7 févr. 2001 : *JurisData* n° 2001-008611 ; *Bull. crim.* n° 40). La circulation en tous sens de jeunes gens non identifiés dans un endroit fréquenté ne constitue pas un indice suffisant d'une infraction de trafic de stupéfiants, même après dénonciation anonyme. L'indication, sans autre précision, du nombre ou de la durée des visites à l'étage de l'appartement surveillé puis la sortie au balcon d'un individu, repartant, la capuche baissée sur la tête, avec un air méfiant ne permet pas d'établir qu'une infraction est en train de se commettre ou que l'intéressé tente d'échapper à la surveillance des policiers (■ Cass. crim., 19 août 2009, n° 09-83.296 : *JCP G* 2009, n° 50, p. 535, note S. Détraz).

2° *Moment d'apparition des indices apparents d'un comportement délictueux*

6) Il résulte de l'article 53 du Code de procédure pénale que pour pouvoir agir en enquête de flagrance, les officiers de police judiciaire doivent avoir eu connaissance, au préalable, d'indices apparents d'un comportement révélant l'existence d'une infraction en train de se commettre ou qui vient d'être commise (■ Cass. crim., 21 avr. 2020, n° 19-85.521, § 18). L'état de flagrance doit s'apprécier au moment de l'intervention de l'officier de police judiciaire agissant dans le cadre d'une procédure visant un délit passible d'une peine d'emprisonnement. Il n'importe que, par la suite, les faits aient reçu une qualification contraventionnelle (■ Cass. crim., 9 janv. 1990 : *JurisData* n° 1990-700297 ; *Bull. crim.* n° 16. ■ Cass. crim., 11 mars 1992 : *JurisData* n° 1992-001455 ; *Bull. crim.* n° 110 ; *Dr. pén.* 1992, comm. 215, obs. A. Maron. ■ Cass. crim., 3 sept. 2002 : *JurisData* n° 2002-015948 ; *Dr. pén.* 2003, comm. 14, obs. A. Maron). Des vérifications régulièrement opérées pour les besoins d'un contrôle routier, hors de toute flagrance, peuvent révéler l'existence d'indices apparents d'un comportement délictueux en train de se commettre. Tel est le cas lorsque l'ouverture d'un véhicule circulant dangereusement laisse dégager de l'intérieur une forte odeur de résine de cannabis (■ Cass. crim., 4 nov. 1999, n° 99-85.397 : *Bull. crim.* n° 247). Des officiers de police judiciaire intervenant en exécution de réquisitions prises sur le fondement de l'article 78-2-1 du Code de procédure pénale et découvrant des indices apparents d'un comportement délictueux peuvent procéder selon les règles prévues pour l'enquête de flagrance (■ Cass. crim., 15 févr. 2005, n°s 04-87.191, 04-87.192 et 04-87.193 : *Bull. crim.* n° 57). Il en va de même lorsque, exécutant un mandat d'arrêt pris en application de l'article 74-2 du Code de procédure pénale, les services de police constatent des infractions flagrantes. Ils peuvent alors procéder à des opérations distinctes de l'article 74-2 susmentionné (■ Cass. crim., 11 mai 2016, n°s 13-85.368 et 15-83.633 : *JurisData* n° 2016-008898 ; *Bull. crim.* n° 144). La flagrance peut semblablement résulter d'un contrôle d'identité réalisé selon l'article 78-1 du Code de procédure pénale, lequel fait apparaître les délits flagrants de travail illégal (■ Cass. crim., 2 mai

2007 : *JurisData* n° 2007-039024 ; *Bull. crim.* n° 112). L'enquête de flagrance peut également être ouverte alors que plusieurs personnes ont préalablement été placées sous surveillance policière (■ Cass. crim., 18 déc. 2012, n° 12-85.735 : *Bull. crim.* n° 281).

3° *Mutation de l'enquête*

7) Enquête préliminaire et enquête de flagrance. Des officiers de police judiciaire agissant initialement dans le cadre d'une enquête préliminaire peuvent poursuivre les investigations en flagrance dès lors qu'ils relèvent des indices apparents d'un comportement délictueux révélant l'existence d'une infraction répondant à la définition de l'article 53 du Code de procédure pénale (■ Cass. crim., 17 mai 1993 : *Dr. pén.* 1994, chron. 2, note V. Lesclous et C. Marsat. ■ Cass. crim., 17 nov. 1998, n° 98-82.068 : *JurisData* n° 1998-005074 ; *Bull. crim.* n° 302. ■ Cass. crim., 9 janv. 2002, n° 01-86.964 : *JurisData* n° 2002-012798 ; *Procédures* 2002, comm. 105, note J. Buisson).

8) Constatation de la flagrance. Il résulte de l'article 53 du Code de procédure pénale que les juges ne peuvent, pour justifier la mise en oeuvre des pouvoirs prévus par ce texte, substituer leurs propres déductions aux constatations initiales des officiers ou agents de police judiciaire desquelles il résulte que ceux-ci ont entendu procéder à un contrôle routier en application du Code de la route (■ Cass. crim., 7 janv. 2020, n° 19-83.774, § 8, F. Charlant : *Dalloz actualité*, 7 févr. 2020).

Les magistrats ne peuvent se substituer aux officiers de police judiciaire pour la constatation de la flagrance (■ Cass. crim., 22 févr. 1996, n° 95-85.861 : *Bull. crim.* n° 87).

Contra : Les officiers de police judiciaire sont autorisés à agir en flagrance dès lors que des indices objectifs apparents rendent probable la commission d'infractions. Il importe donc peu qu'ils aient cru agir en enquête préliminaire et aient forcé la serrure d'un bagage sans le consentement de l'intéressé dès lors que la chambre de l'instruction est en mesure de s'assurer que des indices apparents d'un comportement délictueux existaient antérieurement à l'ouverture de ladite valise (■ Cass. crim., 5 oct. 2011, n° 11-81.125 : *JurisData* n° 2011-021077 ; *Bull. inf. C. cass.* 2012, n° 167 ; *D.* 2011, p. 2775, note S. Détraz ; *Procédures* 2011, comm. 379, A.-S. Chavent-Leclère).

9) Enquête administrative et enquête de flagrance. La découverte des indices de commission d'infractions ayant résulté de la tentative de dissimulation par l'une des personnes poursuivies, avant l'entrée des forces de police, sur l'ordre du préfet, dans les lieux de la perquisition, de certains objets ultérieurement saisis en dehors de ces lieux, autorisait les officiers de police judiciaire à agir selon le mode de l'enquête de flagrance, la légalité de l'ordre de perquisition et des modalités de son exécution étant sans conséquence sur la régularité de la procédure (■ Cass. crim., 24 janv. 2017, n° 16-85.577 : *JurisData* n° 2017-000898).

B – Proximité temporelle avec l'infraction

10) Ne peut être considérée comme tardive et exclure tout recours à une enquête de flagrance, la plainte de la victime intervenue deux jours après les faits, dès lors que cette dernière a été impressionnée par les menaces de représailles proférées à son encontre par l'auteur de l'extorsion de fonds avec arme, et ne s'est résolue à agir que sur incitation d'un membre de sa famille (■ Cass. crim., 8 avr. 1998, n° 97-80.610). Justifie sa décision la chambre de l'instruction estimant que le délai de 28 heures séparant le moment des faits du dépôt de la plainte était « suffisamment bref » pour permettre aux officiers de police judiciaire d'agir dans le cadre d'une enquête de flagrance (■ Cass. crim., 26 févr. 1991 : *JurisData* n° 1991-700967 ; *Bull. crim.* n° 96 ; *JCP* G 1991, IV, p. 218). En revanche, ne peut être qualifiée de crime flagrant une infraction révélée six jours après sa commission (■ Cass. crim., 11 févr. 1998, n° 97-85.542 : *Bull. crim.* n° 55).

II – CONSTATATION DE LA FLAGRANCE

11) Victime. L'avis donné par la victime d'une infraction qui vient d'être commise peut, avant l'enregistrement d'une plainte régulière, caractériser des indices apparents d'un comportement délictueux (■ Cass. crim., 11 mai 1991, n° 99-81.587 : *Bull. crim.* n° 248). La révélation faite par la victime d'une infraction qui est sur le point de se commettre caractérise des indices apparents d'un comportement délictueux. Il en va ainsi des déclarations d'un maire selon lesquelles les prévenus se sont adressés à lui pour le corrompre (■ Cass. crim., 22 avr. 1992, n° 90-85.125 : *Bull. crim.* n° 169) ou de la plainte déposée aussitôt par les victimes d'un vol (■ Cass. crim., 6 juill. 2011, n° 11-82.219 : *JurisData* n° 2011-019400).

12) Dénonciation d'un coauteur. Les déclarations non anonymes d'un coauteur recueillies par procès-verbal faisant état d'une infraction à la législation sur les stupéfiants qui se commet ou vient de se commettre (■ Cass. crim., 23 mars 1992, n° 90-85.217 : *Bull. crim.* n° 123).

13) Dénonciation d'un témoin. Constitue un indice objectif suffisant la dénonciation non anonyme faite aux policiers par un internaute qui révèle la détention, par un autre internaute, de photographies de mineurs à caractère pornographique (■ Cass. crim., 1er oct. 2003 : *JurisData* n° 2003-020653 ; *Bull. crim.* n° 176)

III – RÉGIME DE LA FLAGRANCE

14) Formalisme. Aucune prescription de la loi n'exige que les officiers de police judiciaire constatent par un procès-verbal spécial qu'il y a flagrant délit, cette notion se déduisant des circonstances (■ Cass. crim., 8 oct. 1985, n° 84-95.606 : *Bull. crim.* n° 301. ■ Cass. crim., 11 mai 1999, n° 99-81.587 : *Bull. crim.* n° 91).

15) Usage de la contrainte. La situation de flagrance doit être antérieure à l'usage de la contrainte si bien qu'elle doit être constatée avant toute perquisition réalisée sans le consentement de l'intéressé (■ Cass. crim., 30 mai 1980, n° 80-90.075 : *Bull. crim.* n° 165. ■ Cass. crim., 22 févr. 1996, n° 95-85.861 : *JurisData* n° 1996-001304 ; *Bull. crim.* n° 87). Étant assimilée à une perquisition, la fouille à corps ne peut non plus être pratiquée sans le consentement de l'intéressé dès lors qu'aucune information n'a été ouverte ou qu'il n'existe aucun indice apparent d'un comportement délictueux (■ Cass. crim., 22 janv. 1953, *Isnard*, préc. ■ Cass. crim., 2 févr. 1988, n° 87-81.147 : *Bull. crim.* n° 52). Une palpation de sécurité ne saurait être assimilée à une perquisition irrégulière dès lors qu'elle a été pratiquée sur deux individus tentant de se débarrasser d'un poste de radio qu'ils venaient de dérober dans une automobile (■ Cass. crim., 27 sept. 1988, n° 88-81.786 : *Gaz. Pal.* 1989, 1, somm. p. 75). Il se déduit des articles 53, 78-2, alinéa 2, 78-2-2 du Code de procédure pénale, qu'en l'absence de constatation préalable d'un indice apparent d'un comportement délictueux, excèdent les pouvoirs qu'ils tiennent de la réquisition du procureur de la République aux fins de contrôles d'identité visant les articles 78, alinéa 2, et 78-2-2 du Code de procédure pénale, les policiers qui, après s'être introduits dans un immeuble à usage d'habitation, procèdent à une opération assimilable à une perquisition à l'intérieur d'un domicile ou de ses dépendances, dans des conditions applicables à la seule flagrance (■ Cass. crim., 15 oct. 2014, n° 14-83.702 : *JurisData* n° 2014-024039). Lorsqu'une enquête est réalisée en flagrance, il n'importe que les conditions prévues par les articles 53 et 67 du Code de procédure pénale ne soient pas réunies, si les actes accomplis par la police judiciaire auraient pu l'être en enquête préliminaire (■ Cass. crim., 2 déc. 2009, n° 08-84.591 : *JurisData* n° 2009-049204). La même solution s'applique en présence de faits prétendument connexes au crime ou au délit flagrant (■ Cass. crim., 31 oct. 2017, n° 17-81.842, *A. Maron et M. Haas : Dr. pén.* 2017, n° 12, comm. 185).

16) Reconstitution et flagrance. La réalisation d'une reconstitution dans le cadre d'une enquête de flagrance n'est prohibée par aucun texte, sous réserve que des procédés déloyaux ne soient pas utilisés (■ Cass. crim., 26 févr. 2003, n° 02-88.074 : *JurisData* n° 2003-018243 ; *Bull. crim.* n° 56). Pour les droits pendant la reconstitution, V. art. 61-3, p. 207.

17) Durée de l'enquête de flagrance, constitutionnalité. Le législateur avait prévu d'une part, pour les crimes et les infractions relevant de la criminalité et de la délinquance organisées, de porter le délai de l'enquête de flagrance à un délai initial de 16 jours, non renouvelable. D'autre part, il avait permis que, pour toutes les infractions punies de 3 ans d'emprisonnement, l'enquête de flagrance puisse être prolongée de 8 à 16 jours. Or, lors d'une enquête de flagrance, les officiers et agents de police judiciaire peuvent procéder d'initiative à l'arrestation de l'auteur présumé de l'infraction. L'officier de police judiciaire peut également procéder à des perquisitions et à des saisies sans l'assentiment de l'intéressé et sans autorisation judiciaire, quelle que soit la peine d'emprisonnement encourue. Enfin, l'officier de police judiciaire peut, sans autorisation judiciaire, procéder à de nombreux actes qui, lors d'une enquête préliminaire, nécessiteraient l'accord du procureur de la République. Il en est ainsi, notamment, des opérations de prélèvements externes sur toute personne susceptible de fournir des renseignements ou soupçonnée, de la possibilité de recourir à toute personne qualifiée pour procéder à des constatations ou à des examens techniques ou scientifiques, de la possibilité de requérir toute personne ou tout établissement ou organisme public ou privé aux fins de communication de documents ou d'informations contenues dans un système informatique. Il résulte de ce qui précède que, compte tenu des pouvoirs attribués aux enquêteurs en flagrance, lesquels ne sont justifiés que par la proximité avec la commission de l'infraction, le législateur n'avait pas prévu des garanties légales de nature à assurer une conciliation équilibrée entre, d'une part, l'objectif de valeur constitutionnelle de recherche des auteurs d'infractions et, d'autre part, le droit au respect de la vie privée et l'inviolabilité du domicile (■ Cons. const., 21 mars 2019, n° 2019-778 DC, § 189-191 : A. Botton, *Contrôle de la loi de programmation Justice : le Conseil constitutionnel entre « moustiques et chameaux » de procédure pénale : JCP* G 2019, n° 4, p. 359).

18) Durée de l'enquête de flagrance, applications. L'enquête de flagrance menée sous le contrôle du procureur de la République peut se poursuivre sans discontinuer pendant une durée de huit jours et si des investigations nécessaires à la manifestation de la vérité pour un crime ou un délit puni d'une peine supérieure ou égale à cinq ans d'emprisonnement ne peuvent être différées, le procureur de la République peut décider la prorogation dans les mêmes conditions de l'enquête pour une durée maximale de huit jours (■ Cass. crim., 18 déc. 2013, n° 13-85.375 : *Bull. crim.* n° 264). À défaut de prorogation, les actes de recherche ne peuvent être accomplis que selon les règles de l'enquête préliminaire (même arrêt).

19) Continuité de l'enquête. La décision du parquet sur le sort de la personne gardée à vue à l'occasion d'une enquête de flagrant délit ne met pas un terme à cette enquête. En effet, l'article 53, alinéa 2, du Code de procédure pénale prévoit qu'à la suite de la constatation d'un flagrant délit, l'enquête de flagrance menée sous le contrôle du procureur de la République peut se poursuivre sans discontinuer pendant huit jours (■ Cass. crim., 12 mai 2009, n° 09-81.434 : *Bull. crim.* n° 90 ; *Dr. pén.* 2009, comm. 116, note A. Maron et M. Haas). L'enquête se poursuit en flagrance dès lors qu'elle ne subit aucune interruption. Peu importe que les procès-verbaux constatant les actes réalisés n'aient pas été dressés le jour même (■ Cass. crim., 11 févr. 1992, n° 91-86.502 : *Bull. crim.* n° 64. ■ Cass. crim., 3 mars 1992, n° 91-86.860). L'absence d'actes accomplis par les policiers pendant les deux jours suivant l'ouverture de l'enquête de flagrance à la suite de la révélation d'un indice de détention par M. X d'images à caractère pornographique de mineurs faisait obstacle à l'accomplissement postérieur d'actes coercitifs en flagrance relativement aux mêmes faits (■ Cass. crim., 5 oct. 2016, n° 16-81.521 : *JurisData* n° 2016-020399).

20) Connexité. Si à la suite de la constatation d'un crime ou d'un délit flagrant, l'enquête de flagrance peut être étendue à l'ensemble des infractions connexes à celui-ci, c'est encore à la condition qu'il existe entre les faits objet des investigations des rapports étroits, analogues à ceux que la loi a spécialement prévus. Tel n'est pas le cas de faits de nature similaire aux faits flagrants, imputés à un même individu et révélés concomitamment ou subséquemment à ceux-ci, mais commis antérieurement aux faits flagrants (■ Cass. crim., 31 oct. 2017, n° 17-81.842, *A. Maron et M. Haas : Dr. pén.* 2017, n° 12, comm. 185 ; N. Jeanne, *De l'extension de la procédure de flagrance aux infractions connexes à l'infraction flagrante et autres précisions sur les actes de l'enquête : RSC* 2018, p. 145).

Art. 53-1 ***(Abr. à compter du 15 nov. 2015, L. n° 2015-993, 17 août 2015).***

V. art. 10-2, p. 109.

Bibliographie : G. Beaussonie et A. Botton, *Analyse comparée des droits des parties privées durant l'enquête et l'instruction : Gaz. Pal.* 2017, n° 29999, p. 84. • P. Conte, *La participation de la victime au processus pénal : de l'équilibre procédural à la confusion des genres : RPDP* 2009, p. 521. • W. Roumier, *Renforcement du droit des victimes d'infractions pénales : Dr. pén.* 2016, alerte 25.

Art. 54 ***(Mod., L. n° 2010-768, 9 juill. 2010).*** **– En cas de crime flagrant, l'officier de police judiciaire qui en est avisé, informe immédiatement le procureur de la République, se transporte sans délai sur le lieu du crime et procède à toutes constatations utiles.**

Il veille à la conservation des indices susceptibles de disparaître et de tout ce qui peut servir à la manifestation de la vérité. Il saisit les armes et instruments qui ont servi à commettre le crime ou qui étaient destinés à le commettre ainsi que tout ce qui paraît avoir été le produit direct ou indirect de ce crime.

Il représente les objets saisis, pour reconnaissance, aux personnes qui paraissent avoir participé au crime, si elles sont présentes.

1) Avis au procureur de la République. L'obligation faite à l'officier de police judiciaire par l'article 54, alinéa 1er, du Code de procédure pénale d'informer immédiatement le procureur de la République du crime flagrant dont il est avisé, n'est pas prescrite à peine de nullité (■ Cass. crim., 26 févr. 1991, n° 90 87.360 : *Bull. crim.* n° 96).

2) Nature juridique des transports et constatations. Les transports et constatations réalisées en application de l'article 54 du Code de procédure pénale ne constituent pas des perquisitions au sens des articles 56 et suivants du Code de procédure pénale et ne sont donc pas soumis à leur régime juridique (■ Cass. crim., 14 sept. 2004, n° 04-83.754 : *Bull. crim.* n° 206 ; *RSC* 2005, p. 389, obs. J. Buisson).

3) Présentation des objets saisis pour reconnaissance. La présentation des objets saisis pour reconnaissance au sens de l'article 54 du Code de procédure pénale ne constitue pas un interrogatoire et ne requiert donc pas la présence de l'avocat (■ Cass. crim., 23 oct. 2013, n° 13-81.945 : *Bull. crim.* n° 196). C'est à bon droit que la chambre de l'instruction a estimé que la présentation d'objets en vue de leur reconnaissance ou précision quant à leur utilisation actuelle ne constitue pas une audition au sens de l'article 63-4-2 du Code de procédure pénale, mais entre dans les prévisions de l'article 54 du même code (■ Cass. crim., 6 févr. 2018, n° 17-84.380).

4) **Recueil de déclarations spontanées.** Aucune disposition législative non plus que réglementaire ne fait obstacle à ce que, en application de l'article 54 du Code de procédure pénale, l'officier de police judiciaire présent sur les lieux d'une infraction flagrante recueille les déclarations sommaires qui lui sont spontanément faites par les personnes qui se présentent à lui, préalablement à leur audition ultérieure. C'est donc à bon droit que la chambre de l'instruction a rejeté le moyen pris de la nullité du procès-verbal de compte-rendu d'infraction initial, tiré de ce que ce procès-verbal relate les déclarations de prostituées recueillies sur les lieux de l'infraction sans que n'aient été respectées les exigences de l'article 62 du Code de procédure pénale (■ Cass. crim., 31 oct. 2017, n° 17-81.842, *A. Maron et M. Haas : Dr. pén.* 2017, n° 12, comm. 185).

5) **Saisies autorisées.** Dans le cadre d'une enquête de flagrant délit diligentée contre les chefs d'infraction à la législation sur les étrangers, l'article 54 alinéa 2 autorise la saisie du passeport du suspect et son annexion au PV de transport sur les lieux, cette saisie n'étant pas soumise aux conditions de celles pratiquées lors d'une perquisition domiciliaire (■ Cass. crim., 13 janv. 1986, n° 84-90.041 : *Bull. crim.* n° 19).

6) **Saisie par un APJ.** L'agent de police judiciaire agissant selon la procédure de flagrance peut, sur instruction de l'officier de police judiciaire auprès duquel il a fait un rapport de la situation, appréhender matériellement l'objet suspect et le lui rapporter aux fins de saisie et de mise sous scellé (■ Cass. crim., 11 déc. 2019, n° 19-83.183, § 10).

7) **Caractère tardif de la saisie.** Si le caractère tardif de la fouille du véhicule (6 heures 15 après l'interpellation de son propriétaire) est susceptible de mettre en cause la valeur probante des objets saisis, laquelle relève de l'appréciation souveraine des juges du fond, il ne saurait avoir pour effet, à défaut de grief établi, d'entraîner la nullité de la saisie pratiquée dans les conditions visées par l'article 54 du Code de procédure pénale (■ Cass. crim., 8 mars 2017, n° 16-81.485).

8) **Exigence d'un grief.** L'article 54 du Code de procédure pénale n'est susceptible d'entraîner la nullité de la procédure que si le non-respect des formalités prescrites cause un grief à la personne faisant l'objet de l'enquête. Le prévenu n'est pas admis à contester que la totalité du produit stupéfiant n'a pas été saisie, dès lors que, celui-ci devant être détruit, un prélèvement a été effectué et placé sous scellé, par l'officier de police judiciaire, en présence du demandeur qui n'a formulé aucune observation, et que ce prélèvement a été réalisé dans les conditions relevées par la chambre de l'instruction garantissant l'identité entre le produit placé sous scellé et la substance appréhendée (■ Cass. crim., 24 janv. 2007, n° 06-88.351 : *Bull. crim.* n° 20).

Art. 55 *(L. n° 92-1336, 16 déc. 1992 ; L. n° 93-913, 19 juill. 1993).* **– Dans les lieux où un crime a été commis, il est interdit, sous peine de l'amende prévue par le 4° de l'article 131-13 du Code pénal pour les contraventions de la 4e classe, à toute personne non habilitée, de modifier avant les premières opérations de l'enquête judiciaire l'état des lieux et d'y effectuer des prélèvements quelconques.**

Toutefois, exception est faite lorsque ces modifications ou ces prélèvements sont commandés par les exigences de la sécurité ou de la salubrité publique, ou par les soins à donner aux victimes.

Art. 55-1 *(L. n° 2003-239, 18 mars 2003 ; L. 2004-204, 9 mars 2004 ; L. n° 2022-52, 24 janv. 2022).* **– L'officier de police judiciaire peut procéder, ou faire procéder sous son contrôle, sur toute personne susceptible de fournir des renseignements sur les faits en cause ou sur toute personne à l'encontre de laquelle il existe une ou plusieurs raisons plausibles de soupçonner qu'elle a commis ou tenté de commettre l'infraction, aux opérations de prélèvements externes nécessaires à la réalisation d'examens techniques et scientifiques de comparaison avec les traces et indices prélevés pour les nécessités de l'enquête.**

Il procède, ou fait procéder sous son contrôle, aux opérations de relevés signalétiques et notamment de prise d'empreintes digitales, palmaires ou de photographies nécessaires à l'alimentation et à la consultation des fichiers de police selon les règles propres à chacun de ces fichiers.

Le refus par une personne à l'encontre de laquelle il existe une ou plusieurs raisons plausibles de soupçonner qu'elle a commis ou tenté de commettre une infraction, de se soumettre aux opérations de prélèvement, mentionnées aux premier et deuxième alinéas ordonnées par l'officier de police judiciaire est puni d'un an d'emprisonnement et de 15 000 € d'amende.

Sans préjudice de l'application du troisième alinéa, lorsque la prise d'empreintes digitales ou palmaires ou d'une photographie constitue l'unique moyen d'identifier une personne qui est entendue en application des articles 61-1 ou 62-2 pour un crime ou un délit puni d'au moins trois ans d'emprisonnement et qui refuse de

justifier de son identité ou qui fournit des éléments d'identité manifestement inexacts, cette opération peut être effectuée sans le consentement de cette personne, sur autorisation écrite du procureur de la République saisi d'une demande motivée par l'officier de police judiciaire. L'officier de police judiciaire ou, sous son contrôle, un agent de police judiciaire recourt à la contrainte dans la mesure strictement nécessaire et de manière proportionnée. Il tient compte, s'il y a lieu, de la vulnérabilité de la personne. Cette opération fait l'objet d'un procès-verbal, qui mentionne les raisons pour lesquelles elle constitue l'unique moyen d'identifier la personne ainsi que le jour et l'heure auxquels il y est procédé. Le procès-verbal est transmis au procureur de la République, copie en ayant été remise à l'intéressé.

Bibliographie : C. Ambroise-Castérot, *Les empreintes génétiques en procédure pénale, Mélanges dédiés à B. Bouloc*, Dalloz, 2006, p. 19-32. • A. Giudicelli, *Sur la distinction du prélèvement et de l'analyse concernant les empreintes génétiques : RSC* 201, p. 607.

1) Réserve d'interprétation. En l'absence de voies d'exécution d'office du prélèvement et compte tenu de la gravité des faits susceptibles d'avoir été commis, le législateur n'a pas fixé un quantum disproportionné pour le refus de prélèvement. Il appartiendra toutefois à la juridiction répressive, lors du prononcé de la peine sanctionnant ce refus, de proportionner cette dernière à celle qui pourrait être infligée pour le crime ou le délit à l'occasion duquel le prélèvement a été demandé (▪ Cons. const., déc. 13 mars 2003, n° 2003-467 DC, consid. 57).

2) Notion de prélèvement externe. Il ressort des termes même de loi, éclairés par les débats parlementaires, que l'expression « prélèvement externe » fait référence à un prélèvement n'impliquant aucune intervention corporelle interne ; qu'il ne comportera donc aucun procédé douloureux, intrusif ou attentatoire à la dignité des intéressés (▪ Cons. const., préc., consid. 55). Entre dans cette catégorie un prélèvement bucco-salivaire (▪ CA Paris, 6 févr. 2009 : *JurisData* n° 2009-375276).

3) Sanction du refus de prélèvement. Il résulte de l'article 55-1 du Code de procédure pénale, ainsi que de la jurisprudence européenne et du décret n° 2015-1580 du 2 décembre 2015, tirant les conclusions de la sanction de la France, d'une part que l'obligation, pour une personne soupçonnée d'un crime ou d'un délit, de se soumettre au relevé de ses empreintes digitales, de même que la sanction prévue en cas de refus, ne constitue pas une ingérence excessive dans le droit au respect de sa vie privée et familiale, reconnu par l'article 8 de la Convention européenne des droits de l'homme ; d'autre part, la relaxe de l'infraction à l'occasion de laquelle le relevé a été effectué n'est pas contradictoire avec la condamnation pour refus de se soumettre à ce prélèvement (▪ Cass. crim., 28 oct. 2020, n° 19-85.812, §§ 32-35 : *Procédures* 2021, n° 1, comm. 20, J. Buisson).

Art. 56 ***(Mod., L. n° 2020-936 30 juill. 2020 ; L. n° 2020-1672, 24 déc. 2020).*** **– Si la nature du crime est telle que la preuve en puisse être acquise par la saisie des papiers, documents, données informatiques ou autres objets en la possession des personnes qui paraissent avoir participé au crime ou détenir des pièces, informations ou objets relatifs aux faits incriminés, l'officier de police judiciaire se transporte sans désemparer au domicile de ces derniers pour y procéder à une perquisition dont il dresse procès-verbal. L'officier de police judiciaire peut également se transporter en tous lieux dans lesquels sont susceptibles de se trouver des biens dont la confiscation est prévue à l'article 131-21 du Code pénal, pour y procéder à une perquisition aux fins de saisie de ces biens ; si la perquisition est effectuée aux seules fins de rechercher et de saisir des biens dont la confiscation est prévue par les cinquième et sixième alinéas de ce même article, elle doit être préalablement autorisée par le procureur de la République. Lorsque l'enquête porte sur des infractions de violences, l'officier de police judiciaire peut, d'office ou sur instructions du procureur de la République, procéder à la saisie des armes qui sont détenues par la personne suspectée ou dont celle-ci a la libre disposition, quel que soit le lieu où se trouvent ces armes.**

Il a seul, avec les personnes désignées à l'article 57 du présent code, les fonctionnaires et agents agissant dans les conditions prévues au troisième alinéa de l'article 28 et celles auxquelles il a éventuellement recours en application de l'article 60, le droit de prendre connaissance des papiers, documents ou données informatiques avant de procéder à leur saisie.

Toutefois, sans préjudice de l'application des articles 56-1 à 56-5, il a l'obligation de provoquer préalablement toutes mesures utiles pour que soit assuré le respect du secret professionnel et des droits de la défense.

Tous objets et documents saisis sont immédiatement inventoriés et placés sous scellés. Cependant, si leur inventaire sur place présente des difficultés, ils font l'objet de scellés fermés provisoires jusqu'au moment de leur

inventaire et de leur mise sous scellés définitifs et ce, en présence des personnes qui ont assisté à la perquisition suivant les modalités prévues à l'article 57.

Il est procédé à la saisie des données informatiques nécessaires à la manifestation de la vérité en plaçant sous main de justice soit le support physique de ces données, soit une copie réalisée en présence des personnes qui assistent à la perquisition.

Si une copie est réalisée, il peut être procédé, sur instruction du procureur de la République, à l'effacement définitif, sur le support physique qui n'a pas été placé sous main de justice, des données informatiques dont la détention ou l'usage est illégal ou dangereux pour la sécurité des personnes ou des biens.

Avec l'accord du procureur de la République, l'officier de police judiciaire ne maintient que la saisie des objets, documents et données informatiques utiles à la manifestation de la vérité, ainsi que des biens dont la confiscation est prévue à l'article 131-21 du Code pénal.

Le procureur de la République peut également, lorsque la saisie porte sur des espèces, lingots, effets ou valeurs dont la conservation en nature n'est pas nécessaire à la manifestation de la vérité ou à la sauvegarde des droits des personnes intéressées, autoriser leur dépôt à la Caisse des dépôts et consignations ou à la Banque de France ou sur un compte ouvert auprès d'un établissement bancaire par l'Agence de gestion et de recouvrement des avoirs saisis et confisqués.

Lorsque la saisie porte sur des billets de banque ou pièces de monnaie libellés en euros contrefaisants, l'officier de police judiciaire doit transmettre, pour analyse et identification, au moins un exemplaire de chaque type de billets ou pièces suspectés faux au centre d'analyse national habilité à cette fin. Le centre d'analyse national peut procéder à l'ouverture des scellés. Il en dresse inventaire dans un rapport qui doit mentionner toute ouverture ou réouverture des scellés. Lorsque les opérations sont terminées, le rapport et les scellés sont déposés entre les mains du greffier de la juridiction compétente. Ce dépôt est constaté par procès-verbal.

Les dispositions du précédent alinéa ne sont pas applicables lorsqu'il n'existe qu'un seul exemplaire d'un type de billets ou de pièces suspectés faux, tant que celui-ci est nécessaire à la manifestation de la vérité.

Si elles sont susceptibles de fournir des renseignements sur les objets, documents et données informatiques saisis, les personnes présentes lors de la perquisition peuvent être retenues sur place par l'officier de police judiciaire le temps strictement nécessaire à l'accomplissement de ces opérations.

Bibliographie : J. Buisson, *Perquisition, saisie, nullité à grief : RSC* 2008, p. 645. • F. Dupuis, *Les saisies en matière pénale, de l'opportun à l'opportunisme : Dr. pén.* 2014, étude 6. • C. Féral-Schuhl, *La collecte de la preuve numérique en matière pénale : AJ Pénal* 2009, p. 115. • A. Lepage, *Secret de l'enquête et de l'instruction, Vu à la télé : Comm. com. électr.* 2017, comm. 25. • L. Priou-Alibert, *Saisie pénale de sommes d'argent versées sur un compte bancaire : Dalloz actualité*, 28 oct. 2012. • G. Roussel, *Pas de perquisition en cas de remise volontaire des objets suspects : AJ Pénal* 2008, p. 244. • P. Roussel, *L'emploi de l'informatique dans l'administration de la preuve : Dr. pén. 2005*, étude 11. • H. Vlamynck, *Le policier et le principe d'inviolabilité du domicile : AJ Pénal* 2011, p. 352.

Voir : Pour les recours ouverts en cas de perquisition, V. art. 802-2, p. 1868.

• Sommaire

1) **Secret de l'enquête.** Il résulte de l'article 11 du Code de procédure pénale que constitue une violation du secret de l'enquête ou de l'instruction concomitante à l'accomplissement d'une perquisition, portant nécessairement atteinte aux intérêts de la personne qu'elle concerne, la présence

au cours de l'exécution de cet acte d'un tiers étranger à la procédure ayant obtenu d'une autorité publique une autorisation à cette fin, fût-ce pour en relater le déroulement dans le but d'une information du public (■ Cass. crim., 9 janv. 2019, n° 17-84.026, note J. Pradel, Une perquisition effectuée en la présence, même autorisée, d'un journaliste est-elle nulle ? : *JCP* G 2019, n° 11, p. 275). Comp : Constitue, en application de l'article 11 du Code de procédure pénale, une violation du secret de l'enquête ou de l'instruction concomitante à l'accomplissement d'une perquisition, portant nécessairement atteinte aux intérêts de la personne qu'elle concerne, l'exécution d'un tel acte par un juge d'instruction ou un officier de police judiciaire en présence d'un tiers qui, ayant obtenu d'une autorité publique une autorisation à cette fin, en capte le déroulement par le son ou l'image (■ Cass. crim., 10 janv. 2017, n° 16-84.740 : *JurisData* n° 2017-000198 ; RSC 2017, p. 334, obs. F. Cordier).

2) Présence de journaliste aux perquisitions. Sans que cela interdise au législateur d'autoriser la captation par un tiers du son et de l'image à certaines phases de l'enquête et de l'instruction dans des conditions garantissant le respect des exigences constitutionnelles de défense, l'article 11, alinéa premier du Code de procédure pénale au fondement de la jurisprudence de la Cour de cassation interdisant toute présence d'un journaliste ou d'un tiers lors d'une perquisition, pour en capter le son ou l'image, même lorsque cette présence a été autorisée par l'autorité publique et par la personne concernée par la perquisition, n'est pas contraire à l'article 11 de la Déclaration des droits de l'Homme et du citoyen. En effet, l'atteinte à l'exercice de la liberté d'expression et de communication qui en résulte est nécessaire, adaptée et proportionnée à l'objectif poursuivi à savoir le secret de l'enquête et l'instruction et la protection des intérêts de la personne qu'elle concerne (■ Cons. const., 2 mars 2018, déc. n° 2017-693 QPC, consid. 12). Il résulte des articles 56 et 76 du Code de procédure pénale, qu'à peine de nullité de la procédure, l'officier de police judiciaire a seul le droit, lors d'une perquisition, de prendre connaissance des papiers, documents ou données trouvés sur place, avant de procéder à leur saisie (■ Cass. crim., 10 janv. 2017, préc.). Doit donc être cassé l'arrêt de la chambre de l'instruction rejetant une demande de nullité de la perquisition et de la saisie de documents réalisées en présence de journalistes, aux motifs que la présence alléguée de ces derniers ne peut constituer à elle seule une raison d'annulation, sauf à ce que cette présence ait conduit les enquêteurs à ne pas respecter certaines règles procédurales définies par le Code de procédure pénale (■ Cass. crim., 9 janv. 2019, préc.).

3) Constitutionnalité du régime des perquisitions en flagrance. Le contrôle de l'enquête de flagrance, dont l'effectivité est assurée par l'organisation d'un pouvoir de sanction applicable, tant à l'acte de perquisition lui-même par son annulation éventuelle pour illégalité, qu'à son auteur au cas de violation délibérée de la loi, entre dans la compétence du juge judiciaire, d'office ou sur le recours dont dispose la personne arguant d'une atteinte à ses droits. Ainsi, aménagée dans le cadre d'un régime protecteur des libertés conçu conformément aux articles 4 et 5 de la Déclaration des droits de l'homme de 1789 ainsi qu'à l'article 66 de la Constitution, l'enquête de flagrance, dans l'exécution de laquelle prend place la perquisition contestée, est assortie, dès son ouverture et tout au long de son exécution, des garanties appropriées comportant, au bénéfice de la personne contrainte, le droit à un recours effectif devant l'autorité judiciaire, à qui il appartient de vérifier la légalité des actes accomplis par les officiers et agents de police judiciaire. Il n'y a donc pas lieu de renvoyer la question contestant la constitutionnalité de l'article 56 du Code de procédure pénale (■ Cass. crim., 24 mai 2016, n° 16-90.007 QPC : *JurisData* n° 2016-009865 ; *JCP* G 2016, 653, S. Detraz ; *Procédures* 2016, comm. 240, J. Buisson).

4) Secret du délibéré. En vertu du premier alinéa de l'article 56 du Code de procédure pénale, lors d'une enquête de flagrance, l'officier de police judiciaire peut saisir tout papier, document, donnée informatique ou autre objet en la possession des personnes qui paraissent avoir participé à l'infraction ou détenir des pièces, informations ou objets relatifs aux faits ; s'il est loisible au législateur de permettre la saisie d'éléments couverts par le secret du délibéré, il lui appartient de prévoir les conditions et modalités selon lesquelles une telle atteinte au principe d'indépendance peut être mise en œuvre afin que celle-ci demeure proportionnée. Les dispositions contestées se bornent à imposer à l'officier de police judiciaire de provoquer préalablement à une saisie « toutes mesures utiles pour que soit assuré le respect du secret professionnel et des droits de la défense ». Ni ces dispositions ni aucune autre disposition n'indiquent à quelles conditions un élément couvert par le secret du délibéré peut être saisi. Aussi, le législateur a méconnu l'étendue de sa compétence dans des conditions qui affectent par elles-mêmes le principe d'indépendance des juridictions. Par suite, le troisième alinéa de l'article 56 et les mots « Sous réserve de ce qui est dit à l'article 56 concernant le respect du secret professionnel et des droits de la défense » figurant à l'article 57 doivent être déclarés contraires à la Constitution (■ Cons. const.,

4 déc. 2015, n° 2015-506 QPC : *Dr. pén.* 2016, comm. 16, obs. M. Haas et A. Maron, consid. 15).

I – LES PERQUISITIONS DOMICILIAIRES

A – Notion de perquisition domiciliaire

1° *Le domicile*

5) Définition générale. Le terme domicile ne signifie pas seulement le lieu où une personne a son principal établissement mais encore le lieu où, qu'elle y habite ou non, elle a le droit de se dire chez elle, quels que soient le titre juridique de son occupation et l'affectation donnée aux locaux. Il en va ainsi d'un bureau du président d'une chambre des métiers, peu important que ce local soit mis à disposition ès qualités, et non « *intuitu personae* » (■ Cass. crim., 24 juin 1987, n° 87-82.333 : *Bull. crim.* n° 267). Toutefois, un appartement, partiellement détruit et devenu inhabitable, perd toute affectation de domicile, si bien que les opérations qui y sont effectuées ne peuvent être assimilées à une perquisition (■ Cass. crim., 31 mai 1994, n° 94-81.199 : *Bull. crim.* n° 213).

6) Applications. Ne peuvent être considérés comme un domicile, un véhicule (■ Cass. crim., 11 sept. 1933 : *Bull. crim.* n° 191 ; *DP* 1937, 1, p. 40, note GL) ou la pièce d'une maison où vit clandestinement le suspect afin de se soustraire aux recherches dont il fait l'objet (■ Cass. crim., 30 mars 1971, n° 70-92.957 : *Bull. crim.* n° 113), ni une cellule de maison d'arrêt (■ Cass. crim., 18 oct. 1989, n° 89-80.462 : *JurisData* n° 1989-704654). Ne constitue pas non plus un domicile la loge mise provisoirement, le temps d'un spectacle, à la disposition de son organisateur, fût-il chef d'orchestre (■ Cass. crim., 6 déc. 2005, n° 05-85.951 : *Bull. crim.* n° 315), ni une petite embarcation sans aménagements achetée cinq jours auparavant (■ Cass. crim., 20 nov. 1984, n° 84-91.829 : *JurisData* n° 1984-702326 ; *Bull. crim.* n° 365), pas plus qu'une cour d'immeuble lorsqu'elle n'est pas close (■ Cass. crim., 26 sept. 1990, n° 89-86.600 : *Bull. crim.* n° 321). N'est pas non plus assimilable à un domicile, un atelier, dès lors que ses locaux sont dépourvus d'équipements nécessaires à une habitation effective et que les personnes mises en cause n'y exercent pas une activité permanente (■ Cass. crim., 17 oct. 1995, n° 95-81.847 : *Bull. crim.* n° 310 ; *D.* 1996, somm. p. 256, obs. J. Pradel). Semblablement, la vérification faite par des officiers de police judiciaire dans le casier d'une consigne de gare ne saurait être assimilée à une perquisition effectuée au domicile d'un particulier et soumise aux conditions prévues par le Code de procédure pénale (■ Cass. crim., 12 oct. 1993, n° 93-83.490 : *Bull. crim.* n° 287). En revanche, est soumise aux règles de la perquisition, et requiert la présence de l'intéressé, la fouille d'une chambre occupée chez ses parents, même si les membres de la famille pouvaient aller à leur guise d'une pièce à l'autre, puisqu'au regard de l'intéressé, cette circonstance n'avait pas pour conséquence d'enlever à ce lieu son caractère de domicile (■ Cass. crim., 25 juin 2013, n° 13-81.977 : *Bull. crim.* n° 154). Est également assimilée à un domicile une chambre d'hôtel (■ Cass. crim., 18 mars 2008, n° 07-83.342 : *JurisData* n° 2008-043605), un box fermé destiné à abriter des véhicules (■ Cass. crim., 29 mars 1994, n° 93-84.995 : *Bull. crim.* n° 118) ou l'appartement occupé par le prévenu pour se livrer à des activités illicites (■ Cass. crim., 15 oct. 2014, n° 14-83.702 : *JurisData* n° 2014-024039).

2° *La fouille*

7) Action de fouiller. La perquisition implique la recherche, à l'intérieur d'un lieu normalement clos, notamment au domicile d'un particulier, d'indices permettant d'établir l'existence d'une infraction ou d'en déterminer l'auteur. Tel n'est pas le cas lorsqu'après avoir pris des photographies extérieures de garages abritant des véhicules volés, des gendarmes ont relaté leurs constatations dans un procès-verbal qu'ils ont joint à ceux concernant leurs autres investigations (■ Cass. crim., 29 mars 1994, n° 93-84.995 : *Bull. crim.* n° 118). Ne constitue pas une perquisition soumise aux règles édictées par le texte précité, la recherche en vue d'une remise aux services de police, par le propriétaire d'un local ou son représentant, d'objets introduits sans droit ni titre par un tiers n'y ayant pas son domicile (■ Cass. crim., 12 févr. 2008, n° 07-87.862 : *Bull. crim.* n° 35 ; *Bull. inf. C. cass.*, 1er juin 2008, 908). La simple opération de rassemblement dans une pièce unique, par les policiers, des armes visibles en différents endroits de la maison dans laquelle est recherchée une personne qui vient de prendre la fuite pour échapper à son interpellation, n'est pas assimilable à une perquisition et constitue une mesure nécessaire à assurer la protection de la sécurité des personnes (■ Cass. crim., 26 févr. 2014, n° 13-87.065 : *Bull. crim.* n° 61). Le fait pour des policiers de pousser le portail d'une propriété pour s'enquérir de l'état de santé d'un personne allongée au sol ne constitue pas une perquisition (■ Cass. crim., 24 sept. 2003, n° 02-84.190) ; pas plus que celui, pour des gendarmes, de s'être présentés au domicile d'une personne soupçonnée d'avoir conduit en état d'ivresse manifeste, dans le seul but d'inviter ce dernier à les suivre à la brigade, afin d'y être entendu (■ Cass. crim., 15 mars 1990, n° 87-84.629 : *Bull. crim.* n° 117). Ne procède à aucune recherche assimilable à une perquisition l'agent de police judiciaire qui pénètre au domicile d'un meurtre, à la demande des pompiers, et recueille le couteau tenu par la victime décédée pour le remettre à un officier de police judiciaire aux fins de saisie (■ Cass. crim., 15 juin 2000, n° 00-81.334 : *Bull. crim.* n° 229).

8) Remise volontaire. La remise volontaire d'objets par leur détenteur ne constitue pas une perquisition au sens de l'article 56 du Code de procédure pénale (▪ Cass. crim., 12 févr. 2008, n° 07-87.753 : *JurisData* n° 2008-042977 ; *Bull. crim.* n° 34. – *Adde.* ▪ Cass. crim., 22 mai 2002, n° 01-84.056 : *JurisData* n° 2002-015314, à propos de l'article 76 du Code de procédure pénale). L'officier de police judiciaire qui ne se livre à aucune recherche pour entrer en possession d'un dossier, lequel lui est remis à sa demande, en présence du directeur de l'hôpital concerné et du représentant du conseil de l'ordre des médecins, ne se livre pas à une perquisition (▪ Cass. crim., 20 sept. 1995, n° 95-81.140 : *Bull. crim.* n° 276).

9) Constatations visuelles. Les constatations visuelles opérées par des agents de l'URSSAF, dans l'enceinte d'un festival ouvert au public, ne constituent pas une perquisition (▪ Cass. crim., 15 nov. 2016, n° 15-85.839). Des constatations visuelles effectuées par des policiers dans un parking souterrain d'une résidence privée à laquelle un accès permanent leur a été autorisé par l'assemblée générale des copropriétaires échappent aux règles relatives à la perquisition (▪ Cass. crim., 14 oct. 2015, n° 15-81.765 : *Bull. crim.* n° 223). Les constatations effectuées lors d'un transport sur les lieux, sans aucune fouille, ne constituent pas une perquisition au sens de l'article 56 du Code de procédure pénale (▪ Cass. crim., 14 sept. 2004, n° 04-83.754 : *JurisData* n° 2004-025058 ; *Bull. crim.* n° 206 ; *Procédures* 2004, comm. 243, obs. J. Buisson).

10) Pouvoirs d'investigation spéciaux : douanes. Les agents des douanes peuvent, en vertu de l'article 60 du Code des douanes, visiter, notamment sur la voie publique, les marchandises, les personnes et les moyens de transport sans relever l'existence préalable d'un indice laissant présumer la commission d'une infraction (▪ Cass. crim., 5 avr. 2018, n° 17-80.285). Il résulte de l'article 60 du Code des douanes que l'exercice du droit de visite des marchandises, des moyens de transport et des personnes ne peut donner lieu au maintien des personnes concernées à la disposition des agents des douanes au-delà de ce qui est strictement nécessaire à l'accomplissement de cette mesure et à l'établissement du procès-verbal qui la constate. Ainsi, cette mesure de contrainte peut s'exercer le temps strictement nécessaire à la réalisation des opérations de visite, qui comprennent le contrôle de la marchandise, du moyen de transport ou de la personne, la consignation, dans un procès-verbal, des constatations faites et renseignements recueillis, ainsi que le cas échéant les saisies et la rédaction du procès-verbal afférent (▪ Cass. crim., 18 mars 2020, n° 19-84.372, §§ 6-7). L'annulation de la procédure de contrôle douanier ne respectant pas ces conditions ne joue qu'à compter du moment où la mesure de contrainte cesse d'être justifiée, de sorte que ne doivent être annulés ou cancellés que les procès-verbaux ou les mentions de procès-verbaux dressés par l'administration des douanes postérieurement à ce moment (▪ Cass. crim., 16 juin 2021, n° 21-80.614, §§ 15-16).

Le maintien irrégulier sous contrainte dans le cadre des opérations de contrôle effectuées sur le fondement de l'article 60 du Code des douanes ne suffit pas à lui seul à entraîner la nullité de la procédure judiciaire qui lui fait suite. En conséquence il appartient à la chambre de l'instruction de rechercher s'il subsiste dans la procédure douanière des éléments suffisants pour justifier l'enquête de flagrance et l'information judiciaire subséquentes (▪ même arrêt, §§ 17-18).

11) Pouvoirs d'investigation spéciaux : répression des fraudes. Les constatations et demandes de documents réalisées par des agents de la répression des fraudes dans des lieux professionnels ne s'analysent pas en des perquisitions, dès lors qu'elles sont autorisées par des dispositions spéciales, en l'occurrence l'article L. 215-3 du Code de la consommation – auj. art. L. 511-3 et suivants du Code de la consommation – (▪ Cass. crim., 6 mai 2002, n° 02-81.130 : *JurisData* n° 2002-015309. – *Adde*, ▪ Cass. crim., 15 oct. 2002, n° 01-88.172 : *JurisData* n° 2002-016675).

12) Perquisition et mandat d'arrêt. La perquisition réalisée en vue de l'exécution d'un mandat d'arrêt n'est fondée ni sur les articles 56 et suivants ni sur les articles 95 et suivants du Code de procédure pénale mais sur l'article 134 du même code, et constitue un acte procédural distinct d'une perquisition destinée à rechercher des preuves ou indices d'une infraction (▪ Cass. crim., 10 avr. 2019, n° 18-83.709). À cet égard, la présence d'un OPJ lors de la mise à exécution du mandat d'arrêt et de la fouille qui a pu en découler n'est pas nécessaire (même arrêt).

B – Conditions de régularité

1° *Conditions de fond*

13) Pertinence du lieu perquisitionné. Selon l'article 56 du Code de procédure pénale, en cas de constatation d'un délit flagrant, l'officier de police judiciaire peut procéder à une perquisition non seulement chez toute personne qui paraît avoir participé à l'infraction, mais aussi chez celle qui paraît détenir des pièces ou objets relatifs aux faits incriminés, sans qu'il soit nécessaire qu'une infraction flagrante soit caractérisée à son égard (▪ Cass. crim., 27 janv. 1987, n° 86-93.278 : *JurisData* n° 1987-000095 ; *Bull. crim.* n° 41).

14) Absence d'assentiment de l'intéressé. En cas de crime ou de délit flagrant, la perquisition peut se dérouler sans l'assentiment exprès de la personne chez qui l'opération a lieu (▪ Cass. crim., 30 mai 1980, n° 80-90.075 : *Bull. crim.* n° 165).

15) Droits de la défense. À défaut d'interrogatoire, de confrontation ou de reconstitution, la perquisition peut se dérouler en l'absence d'avocat (▪ Cass. crim., 2 févr. 2002, n° 01-88.335 : *Bull. crim.* n° 41). L'absence d'assistance de l'avocat à la perquisition n'est pas contraire à l'article 6 § 3 de la Conv. EDH dès lors que ce texte n'exige pas que la personne ayant reçu notification officielle du fait qu'elle est suspectée d'avoir commis une infraction soit assistée d'un avocat lorsqu'elle est présente à des actes au cours desquels elle n'est ni privée de liberté ni entendue sur les faits qui lui sont reprochés (▪ Cass. crim., 3 avr. 2013, n° 12-88.428 : *JurisData* n° 2013-007321 ; *Bull. crim.* n° 74).

2° *Conditions de forme*

16) V. sous art. 57 à 59, p. 199.

II – LES PERQUISITIONS NON DOMICILIAIRES

17) Fouilles de véhicules. La demande faite par un officier de police judiciaire agissant dans le cadre d'une enquête de flagrance relative à un crime de séquestration, d'ouvrir le coffre d'un véhicule ne constitue pas une perquisition et ne saurait donc être soumise à l'article 56 du Code de procédure pénale. Il s'ensuit que la condamnation du conducteur récalcitrant sur le fondement de l'article L. 4 du Code de la route trouve à se justifier (▪ Cass. crim., 8 nov. 1979 : *Bull. crim.* n° 311 ; *JCP* G 1980, II, 19337, note J. Davia ; *D.* 1980, chron. D. Mayer, p. 99 ; *D.* 1980, somm. p. 523, obs. critique J. Pradel ; *D.* 1980, inf. rap. p. 523, obs. M. Puech). Le pouvoir conféré aux officiers de police judiciaire par l'article 54 du Code de procédure pénale d'appréhender, dans le cadre d'une enquête de flagrance, le véhicule ayant pu servir à la réalisation de l'infraction afin d'y procéder à toutes les constatations utiles n'est pas assimilable à une perquisition (▪ Cass. crim., 18 oct. 2006, n° 06-85.823).

18) Fouilles à corps. La fouille à corps, assimilable à une perquisition est nulle, ainsi que les actes qui ont suivi, si elle a été pratiquée par un officier de police judiciaire alors qu'aucune information n'était ouverte et que l'existence d'un délit imputable à la personne fouillée n'était révélée par aucun indice apparent (▪ Cass. crim., 21 juill. 1982, n° 82-91.034 : *Bull. crim.* n° 196). À défaut d'indices apparents d'un comportement délictueux, insuffisamment caractérisés par une dénonciation anonyme, les fouilles à corps et perquisitions réalisées sur plusieurs individus et à leur domicile doivent être annulées (▪ Cass. crim., 2 févr. 1988, n° 87-81.147 : *Bull. crim.* n° 52). En revanche, la fouille de vêtements autorisée par l'article 60 du Code des douanes ne peut être assimilée à une fouille à corps, ni donc à une perquisition. Doit donc être écartée la requête en nullité de la palpation de sécurité révélant la dissimulation d'un sachet d'héroïne, immédiatement remis par le suspect aux agents des douanes (▪ Cass. crim., 31 mai 2011, n° 11-80.034 : *Bull. crim.* n° 113).

19) Palpation de sécurité, garde à vue. Les palpations de sécurité ne peuvent être assimilées à une perquisition dès lors qu'elles n'ont pour finalité que de vérifier que la personne contrôlée n'était porteuse d'aucun objet dangereux pour elle-même ou pour autrui (▪ Cass. crim., 11 déc. 2019, n° 19-82.454).

La palpation de sécurité réalisée lors du placement en garde à vue et l'appréhension ultérieure, par les officiers de police judiciaire, des sacs détenus par le suspect ne sauraient être assimilées à une perquisition (▪ Cass. crim., 1er mars 2006, n° 05-87.252 : *Bull. crim.* n° 60). La présence visible d'armes à feu à l'intérieur de véhicules, l'attitude de sept suspects, ayant pris la fuite, et la découverte d'une paire de ciseaux sur un des suspects permettaient aux agents de police judiciaire de craindre pour leur sécurité et de poursuivre la palpation de sécurité dans les poches intérieures de la veste d'un suspect, sans que cette mesure ne soit assimilée à une perquisition (▪ Cass. crim., 29 mars 2017, nos 09-82.511 et 16-82.763).

III – LES SAISIES

A – Saisies principales

20) Compétence des APJ. Un agent de police judiciaire, agissant selon la procédure de flagrance, peut, sur instruction de l'officier de police judiciaire auprès duquel il a fait un rapport de la situation, appréhender matériellement l'objet suspect et le lui rapporter aux fins de saisie et de mise sous scellé (▪ Cass. crim., 11 déc. 2019, n° 19-83.183, § 10).

21) Prise de connaissance des documents par des journalistes. Il résulte des articles 56 et 76 du Code de procédure pénale qu'à peine de nullité de la procédure, l'officier de police judiciaire a seul le droit, lors d'une perquisition, de prendre connaissance des papiers, documents ou données trouvés sur place, avant de procéder à leur saisie. Doit donc être déclarée nulle la saisie déroulée en présence d'un journaliste dûment autorisé au domicile d'une personne gardée à vue dès lors que ce dernier a filmé l'opération, y compris en ce

relatifs à d'autres infractions que celles mentionnées dans la décision précitée. Les dispositions du présent alinéa sont édictées à peine de nullité.

Le magistrat qui effectue la perquisition veille à ce que les investigations conduites ne portent pas atteinte au libre exercice de la profession d'avocat et à ce qu'aucun document relevant de l'exercice des droits de la défense et couvert par le secret professionnel de la défense et du conseil, prévu à l'article 66-5 de la loi n° 71-1130 du 31 décembre 1971 portant réforme de certaines professions judiciaires et juridiques, ne soit saisi et placé sous scellé.

Le bâtonnier ou son délégué peut s'opposer à la saisie d'un document ou d'un objet s'il estime que cette saisie serait irrégulière. Le document ou l'objet doit alors être placé sous scellé fermé. Ces opérations font l'objet d'un procès-verbal mentionnant les objections du bâtonnier ou de son délégué, qui n'est pas joint au dossier de la procédure. Si d'autres documents ou d'autres objets ont été saisis au cours de la perquisition sans soulever de contestation, ce procès-verbal est distinct de celui prévu par l'article 57. Ce procès-verbal ainsi que le document ou l'objet placé sous scellé fermé sont transmis sans délai au juge des libertés et de la détention, avec l'original ou une copie du dossier de la procédure.

Dans les cinq jours de la réception de ces pièces, le juge des libertés et de la détention statue sur la contestation par ordonnance motivée.

À cette fin, il entend le magistrat qui a procédé à la perquisition et, le cas échéant, le procureur de la République, ainsi que l'avocat au cabinet ou au domicile duquel elle a été effectuée et le bâtonnier ou son délégué. Il peut ouvrir le scellé en présence de ces personnes.

S'il estime qu'il n'y a pas lieu à saisir le document ou l'objet, le juge des libertés et de la détention ordonne sa restitution immédiate, ainsi que la destruction du procès-verbal des opérations et, le cas échéant, la cancellation de toute référence à ce document, à son contenu ou à cet objet qui figurerait dans le dossier de la procédure.

Dans le cas contraire, il ordonne le versement du scellé et du procès-verbal au dossier de la procédure. Cette décision n'exclut pas la possibilité ultérieure pour les parties de demander la nullité de la saisie devant, selon les cas, la juridiction de jugement ou la chambre de l'instruction.

La décision du juge des libertés et de la détention peut faire l'objet d'un recours suspensif dans un délai de vingt-quatre heures, formé par le procureur de la République, l'avocat ou le bâtonnier ou son délégué devant le président de la chambre de l'instruction. Celui-ci statue dans les cinq jours suivant sa saisine, selon la procédure prévue au cinquième alinéa du présent article.

Ce recours peut également être exercé par l'administration ou l'autorité administrative compétente.

Les dispositions du présent article sont également applicables aux perquisitions effectuées dans les locaux de l'ordre des avocats ou des caisses de règlement pécuniaire des avocats. Dans ce cas, les attributions confiées au juge des libertés et de la détention sont exercées par le président du tribunal judiciaire qui doit être préalablement avisé de la perquisition. Il en est de même en cas de perquisition au cabinet ou au domicile du bâtonnier.

***(Al. créé, L. n° 2019-222, 23 mars 2019)* Les dispositions du présent article sont également applicables aux perquisitions ou visites domiciliaires effectuées, sur le fondement d'autres codes ou de lois spéciales, dans le cabinet d'un avocat ou à son domicile ou dans les locaux mentionnés à l'avant-dernier alinéa.**

Bibliographie : P. Remillieux, *Perquisition d'un cabinet d'avocat : respect du secret professionnel ou efficacité de la justice ? : AJ Pénal* 2006, p. 304. • D. Roets, *Perquisition dans le cabinet d'un avocat ou à son domicile : la double européanisation de l'article 56-1 du Code de procédure pénale : RSC* 2011, p. 702. • F. Safi, *L'opposabilité du secret de l'avril : un pas en avant, deux pas en arrière : Dr. pén.* 2022, n° 1, étude 2.

JURISPRUDENCE ANTÉRIEURE À LA LOI N° 2021-1729 DU 22 DÉCEMBRE 2021 POUR LA CONFIANCE DANS L'INSTITUTION JUDICIAIRE.

1) Constitutionnalité. L'article 56-1 du Code de procédure pénale ne saurait être regardé comme portant une atteinte substantielle au droit des personnes intéressées d'exercer un recours effectif devant une juridiction, en ce qu'elles prohibent tout recours contre la décision du juge des libertés et de la détention ordonnant que soient versées au dossier de la procédure les pièces saisies lors d'une perquisition au cabinet ou au domicile d'un avocat. En effet, la perquisition dans le cabinet ou au domicile d'un avocat est exécutée par un magistrat à la suite d'une décision motivée indiquant la nature de l'infraction ou des infractions sur lesquelles portent les investigations ainsi que les raisons et l'objet de la mesure, le contenu de cette décision étant, dès le début de son exécution, communiqué au bâtonnier ou à son délégué dont l'assistance obligatoire à la perquisition se déroule ainsi en connaissance de cause. La confidentialité des documents susceptibles d'être saisis est assurée par la circonstance que leur consultation est réservée au magistrat et au bâtonnier ou à son délégué, et que ce dernier peut s'opposer à la mesure envisagée, toute contestation à cet égard étant alors soumise au juge des libertés et de la détention. Ne peuvent être saisis que des documents ou objets relatifs aux infractions mentionnées dans la décision de l'autorité judiciaire, sous réserve de ne pas porter atteinte à la libre défense. Le juge des libertés et de la détention ne rend sa décision qu'au terme d'une procédure de contestation contradictoire et suspensive, et cette décision est elle-même susceptible de faire l'objet d'un recours en excès de pouvoir devant la Cour de cassation. Enfin, la décision de verser des pièces saisies au dossier de la procédure n'exclut pas la possibilité pour les parties de demander ultérieurement la nullité tant de la perquisition que de la saisie, ou encore de solliciter la restitution des pièces placées sous main de justice (▪ Cass. crim., 7 janv. 2020, n° 19-82.011 : *Bull. crim.* à paraître).

2) Domaine de la protection. Les dispositions protectrices de l'article 56-1 du Code de procédure pénale n'ont vocation à s'appliquer que lorsque la perquisition a lieu au cabinet ou au domicile d'un avocat. Tel n'est pas le cas lorsque le local perquisitionné a bien été loué par un avocat qui n'y a cependant jamais installé son cabinet ou son domicile, situés à d'autres adresses et a, en réalité, agi comme simple prête-nom, pour les besoins exclusifs de la société dirigée par un tiers (▪ Cass. crim., 18 févr. 2015, n° 14-82.019 : *JurisData* n° 2015-002833 ; *Bull. crim.* n° 30). Aucune disposition législative, et spécialement l'article 56-1 du Code de procédure pénale, ne prévoit de formalité spécifique en matière de perquisition dans les locaux professionnels d'un mandataire judiciaire (▪ Cass. crim., 18 juin 2003, n° 03-81.979 : *Bull. crim.* n° 129). Le secret professionnel du conseil juridique et fiscal, devenu avocat, ne met pas obstacle à la saisie de documents lorsque ceux-ci sont étrangers à l'exercice des droits de la défense (▪ Cass. crim., 5 juill. 1993, n° 93-81.275 : *Bull. crim.* n° 236). La palpation de sécurité d'un avocat arrêté au sein du palais de justice dans le cadre de son activité professionnelle, qui est suivie par la saisie de certains de ses effets personnels lors de son placement en garde à vue ne s'analysent pas en une perquisition soumise à l'article 56-1 du Code de procédure pénale. La procédure demeure régulière dès lors que les actes décrits n'ont pas entamé les droits de la défense et le secret professionnel attachés à la qualité d'avocat (▪ Cass. crim., 1er mars 2006, n° 05-87.252 : *JurisData* n° 2006-032779 ; *Bull. crim.* n° 60).

I – CONDITIONS DES PERQUISITIONS ET SAISIES

3) Justification. La perquisition du cabinet d'un avocat est justifiée dès lors que ce dernier semble avoir participé aux faits poursuivis et qualifiés de faux, détournement de fonds publics, de complicité et recel de ces délits (▪ Cass. crim., 19 janv. 2016, n° 15-81.041 : *JurisData* n° 2016-000568). Il en va de même des saisies lorsqu'elles sont en relation directe avec l'infraction objet de la poursuite et sont destinées à établir la preuve de la participation de l'avocat à cette seule infraction, étant ainsi nécessaires à la manifestation de la vérité (▪ Cass. crim., 14 janv. 2003, n° 02-87.062 : *JurisData* n° 2003-017560 ; *Procédures* 2003, comm. 152, obs. J. Buisson ; *Bull. crim.* n° 6. ▪ Cass. crim., 1er mars 2006, n° 05-87.252 : *Bull. crim.* n° 60). En effet, le secret professionnel ne saurait faire obstacle aux investigations concernant des infractions commises par un avocat, ni à la saisie des dossiers concernant un de ses clients dès lors que lesdites pièces sont de nature à établir la preuve de la participation de l'avocat à une infraction (▪ Cass. crim., 27 juin 2001, n° 01-81.865 : *JurisData* n° 2001-010501 ; *Bull. crim.* n° 163).

4) Ordonnance motivée. Il résulte des articles 56-1 du Code de procédure pénale et de l'article 8 de la Conv. EDH que la décision de perquisition, portée à la connaissance de l'autorité ordinale, doit contenir les motifs précis justifiant la perquisition et décrire l'objet de celle-ci en mentionnant le lieu où doivent être effectuées les investigations. L'absence, dans la décision prise par le magistrat, des motifs justifiant la perquisition et décrivant l'objet de celle-ci, prive le bâtonnier, chargé de la protection des droits de la défense, de l'information qui lui est réservée, et interdit ensuite le contrôle réel et effectif de la mesure par le juge des libertés et de la détention. Cette irrégularité porte nécessairement atteinte aux intérêts de l'avocat concerné (▪ Cass. crim., 9 févr. 2016, n° 15-85.063 : *JurisData* n° 2016-001983 ; *Procédures* 2016, comm. 141, obs. A.-S. Chavent-Clavère. ▪ Cass. crim., 18 janv. 2022, n° 21-83.751, § 9, à propos de perquisitions dans les locaux des caisses de règlement pécuniaire des avocats). En revanche l'erreur contenue dans l'ordonnance du magistrat désignant un cabinet autre que celui dans lequel a effectivement eu lieu la perquisition ne porte pas à conséquence dès lors que les motifs de la perquisition ont été clairement exposés et que le délégué du bâtonnier, qui a eu connaissance, dès le début de cette mesure, du contenu de la décision écrite et motivée prise par le magistrat visant le lieu d'exercice erroné, a assisté aux opérations de perquisition. En pareil cas en effet, l'irrégularité invoquée n'a pas eu pour effet de porter atteinte aux intérêts du demandeur (■ Cass. crim., 9 févr. 2016, préc.).

5) Présence du bâtonnier. La décision ordonnant les perquisitions dans le cabinet et au domicile d'un avocat n'a pas à être portée à la connaissance du bâtonnier ou de son délégué par le magistrat préalablement à ces perquisitions. Est donc régulière la perquisition menée en présence du bâtonnier, lequel a eu connaissance, dès le début de la perquisition, du contenu de la décision écrite et motivée (■ Cass. crim., 25 juin 2013, n° 12-88.021 : *JurisData* n° 2013-013173 ; *Procédures* 2013, comm. 260, A.-S. Chavent-Leclère, à propos de la décision prise par le juge d'instruction).

6) Confidentialité. La confidentialité des documents susceptibles d'être saisis lors d'une perquisition au cabinet ou au domicile d'un avocat est assurée par la circonstance que leur consultation est réservée au magistrat ayant ordonné la perquisition et au bâtonnier ou à son délégué, et que ce dernier peut s'opposer à la mesure envisagée, toute contestation étant soumise au juge des libertés et de la détention. Doit donc être cassé l'arrêt écartant la demande d'illégalité de l'opération par laquelle les gendarmes présents sur les lieux ont photographié des documents et objets présents lors de la perquisition, dès lors que celles-ci ont été versées au dossier de la procédure sans qu'aient été mises en œuvre les garanties prévues par la loi (■ Cass. crim., 8 juill. 2015, n° 15-81.179 : *JurisData* n° 2015-017024).

7) Saisies informatiques. La copie du disque dur du système informatique, effectuée par un expert, assistant le magistrat pendant la perquisition au cabinet d'un avocat, est régulière dès lors qu'elle n'avait d'autre but que de perturber le moins possible le fonctionnement du cabinet collectif, qu'une copie a été placée sous scellés et que rien n'a été transcrit qui ne concernait la procédure (■ Cass. crim., 14 nov. 2001, n° 01-85.965 : *Bull. crim.* n° 238).

II – RÉFÉRÉ BÂTONNIER

8) Compétence territoriale du JLD. Aucun principe ni aucune disposition légale ne font obstacle, pour statuer, sur l'opposition du bâtonnier de l'ordre à la saisie d'un document dans le cabinet ou le domicile d'un avocat, à la compétence du juge des libertés et de la détention appartenant à la même juridiction que le juge d'instruction en charge de l'information qui a procédé à la perquisition litigieuse, quand bien même celle-ci aurait été effectuée dans un autre ressort (■ Cass. crim., 22 juin 2005, n° 05-82.759 : *JurisData* n° 2005-029600 ; *Bull. crim.* n° 190).

9) Rôle du JLD. Excède ses pouvoirs le juge des libertés et de la détention ordonnant le versement au dossier de la procédure de documents saisis au cours d'une perquisition irrégulière (■ Cass. crim., 8 juill. 2020, n° 19-85.491, § 16). Il résulte des article 56 et 56-1 du Code de procédure pénale que le juge des libertés et de la détention ne peut refuser de statuer sur la contestation faisant suite à l'opposition du bâtonnier de l'ordre des avocats à la saisie de documents ou de données informatiques effectuée au cabinet ou au domicile d'un avocat. Il ne saurait donc refuser de se prononcer sur la saisie d'un ordinateur portable et d'un disque dur d'ordinateur fixe, au motif que les textes susvisés ne prévoient que l'opposition à la saisie de documents (rédaction antérieure à la loi n° 2010-1 du 4 janv. 2010), non à du matériel informatique (■ Cass. crim., 8 août 2007, n° 07-84.252 : *JurisData* n° 2007-040325 ; *Bull. crim.* n° 188). Il appartenait au juge des libertés et de la détention, fût-ce en recourant lui-même aux mesures techniques nécessaires, de prendre personnellement connaissance des documents saisis et de décider s'ils doivent être restitués ou versés dans le dossier de la procédure. Doit donc être censurée la décision par laquelle le juge des libertés et de la détention, après avoir considéré que la restitution des matériels serait de nature à faire obstacle à la manifestation de la vérité, décide que l'ouverture des scellés et la lecture des documents seront effectuées par le magistrat chargé des investigations, assisté de l'expert qu'il aura commis préalablement, et en présence du bâtonnier ou de son délégué, en ajoutant que ne pourront être exploités que les documents en relation directe avec les faits objet de l'information en cours et que devront en etre exclus les correspondances ou courriels entre le mis en cause et ses avocats concernant sa défense dans les procédures civiles lancées contre lui relatives aux mêmes faits (■ Cass. crim., 25 juin 2013, n° 12-88.021 : *JurisData* n° 2013-013173 ; *Bull. crim.* n° 155 ; *Procédures* 2013, comm. 260, A.-S. Chavent-Leclère).

III – SANCTION DES PERQUISITIONS IRRÉGULIÈRES

10) Il résulte des articles 8 de la Cour européenne des droits de l'homme et 56-1 du Code de procédure pénale que les perquisitions dans le cabinet d'un avocat ou à son domicile ne peuvent être effectuées que par un magistrat et en présence du bâtonnier ou de son délégué, à la suite d'une décision écrite et motivée prise par ce magistrat, qui indique la nature de l'infraction ou des infractions sur lesquelles portent les investigations, les raisons justifiant la perquisition et l'objet de celle-ci. Le contenu de cette décision est porté dès le début de la perquisition à la connaissance du bâtonnier ou de son délégué. L'absence, dans la décision prise par le magistrat, des motifs justifiant la perquisition et décrivant l'objet de celle-ci, qui prive le bâtonnier, chargé de la protection des droits de la défense, de l'information qui lui est réservée et qui interdit ensuite le contrôle réel et effectif de cette mesure par le juge des libertés et de la détention éventuellement saisi, porte nécessairement atteinte aux intérêts de l'avocat concerné (▪ Cass. crim., 8 juill. 2020, n° 19-85.491, § 13 : *AJ pénal* 2020, p. 420, G. Roussel ; C. Ambroise-Castérot, *L'encadrement des perquisitions de cabinets d'avocats précisé par la chambre criminelle : JCP* G 2020, n° 38). *Adde* ▪ Cass. crim., 9 févr. 2016, n° 15-85.063 : *Bull.* n° 34.

Art. 56-1-1 *(Créé à compter du 1er mars 2022, L. n° 2021-1729, 22 déc. 2021).* **– Lorsque, à l'occasion d'une perquisition dans un lieu autre que ceux mentionnés à l'article 56-1, il est découvert un document mentionné au deuxième alinéa du même article 56-1, la personne chez qui il est procédé à ces opérations peut s'opposer à la saisie de ce document. Le document doit alors être placé sous scellé fermé et faire l'objet d'un procès-verbal distinct de celui prévu à l'article 57. Ce procès-verbal ainsi que le document placé sous scellé fermé sont transmis sans délai au juge des libertés et de la détention, avec l'original ou une copie du dossier de la procédure. Les quatrième à neuvième alinéas de l'article 56-1 sont alors applicables.**

Art. 56-1-2 *(Créé à compter du 1er mars 2022, L. n° 2021-1729, 22 déc. 2021).* **– Dans les cas prévus aux articles 56-1 et 56-1-1, sans préjudice des prérogatives du bâtonnier ou de son délégué prévues à l'article 56-1 et des droits de la personne perquisitionnée prévus à l'article 56-1-1, le secret professionnel du conseil n'est pas opposable aux mesures d'enquête ou d'instruction lorsque celles-ci sont relatives aux infractions mentionnées aux articles 1741 et 1743 du Code général des impôts et aux articles 421-2-2, 433-1, 433-2 et 435-1 à 435-10 du Code pénal ainsi qu'au blanchiment de ces délits, sous réserve que les consultations, correspondances ou pièces détenues ou transmises par l'avocat ou son client établissent la preuve de leur utilisation aux fins de commettre ou de faciliter la commission desdites infractions**

Art. 56-2 *(Rempl., L. n° 2010-1, 4 janv. 2010).* **– Les perquisitions dans les locaux d'une entreprise de communication audiovisuelle, d'une entreprise de communication au public en ligne, d'une agence de presse, dans les véhicules professionnels de ces entreprises ou agences ou au domicile d'un journaliste lorsque les investigations sont liées à son activité professionnelle ne peuvent être effectuées que par un magistrat.**

Ces perquisitions sont réalisées sur décision écrite et motivée du magistrat qui indique la nature de l'infraction ou des infractions sur lesquelles portent les investigations, ainsi que les raisons justifiant la perquisition et l'objet de celle-ci. Le contenu de cette décision est porté dès le début de la perquisition à la connaissance de la personne présente en application de l'article 57.

Le magistrat et la personne présente en application de l'article 57 ont seuls le droit de prendre connaissance des documents ou des objets découverts lors de la perquisition préalablement à leur éventuelle saisie. Aucune saisie ne peut concerner des documents ou des objets relatifs à d'autres infractions que celles mentionnées dans cette décision.

Ces dispositions sont édictées à peine de nullité.

Le magistrat qui effectue la perquisition veille à ce que les investigations conduites respectent le libre exercice de la profession de journaliste, ne portent pas atteinte au secret des sources en violation de l'article 2 de la loi du 29 juillet 1881 sur la liberté de la presse et ne constituent pas un obstacle ou n'entraînent pas un retard injustifié à la diffusion de l'information.

La personne présente lors de la perquisition en application de l'article 57 du présent code peut s'opposer à la saisie d'un document ou de tout objet si elle estime que cette saisie serait irrégulière au regard de l'alinéa précédent. Le document ou l'objet doit alors être placé sous scellé fermé. Ces opérations font l'objet d'un procès-verbal mentionnant les objections de la personne, qui n'est pas joint au dossier de la procédure. Si d'autres documents ou objets ont été saisis au cours de la perquisition sans soulever de contestation, ce procès-verbal est distinct de celui prévu par l'article 57. Ce procès-verbal ainsi que le document ou l'objet placé sous scellé fermé sont transmis sans délai au juge des libertés et de la détention avec l'original ou une copie du dossier de la procédure.

Dans les cinq jours de la réception de ces pièces, le juge des libertés et de la détention statue sur la contestation par ordonnance motivée non susceptible de recours.

À cette fin, il entend le magistrat qui a procédé à la perquisition et, le cas échéant, le procureur de la République, ainsi que la personne en présence de qui la perquisition a été effectuée. Il peut ouvrir le scellé en présence de ces personnes. Si le journaliste au domicile duquel la perquisition a été réalisée n'était pas présent lorsque celle-ci a été effectuée, notamment s'il a été fait application du deuxième alinéa de l'article 57, le journaliste peut se présenter devant le juge des libertés et de la détention pour être entendu par ce magistrat et assister, si elle a lieu, à l'ouverture du scellé.

S'il estime qu'il n'y a pas lieu à saisir le document ou l'objet, le juge des libertés et de la détention ordonne sa restitution immédiate, ainsi que la destruction du procès-verbal des opérations et, le cas échéant, la cancellation de toute référence à ce document, à son contenu ou à cet objet qui figurerait dans le dossier de la procédure.

Dans le cas contraire, il ordonne le versement du scellé et du procès-verbal au dossier de la procédure. Cette décision n'exclut pas la possibilité ultérieure pour les parties de demander la nullité de la saisie devant, selon les cas, la juridiction de jugement ou la chambre de l'instruction.

Bibliographie : P. Auvret, *Commentaire de la loi n° 2010-1 du 4 janvier 2010 relative à la protection du secret des sources des journalistes : Contrats, conc. consom.* 2010, étude 8. • P. Bonfils, *Loi n° 2010-1 du 4 janvier 2010 relative à la protection du secret des sources des journalistes : RSC* 2010, p. 457. • J. Bossan, *La protection du secret des sources des journalistes en procédure pénale : Dr. pén.* 2010, étude 14. • E. Dreyer, *Sur la nécessité de protéger les sources journalistiques : D.* 2012, p. 2282 ; *Perquisitions et protection des sources des journalistes : JCP* G 2008, II, 10008.

1) **Domaine de la protection.** Pour l'application de l'article 56-2 du Code de procédure pénale, ne peuvent être assimilées à une perquisition, relevant du seul office du juge, les mesures préparatoires qui sont nécessaires à son exécution dans le respect des dispositions spéciales de ce texte et qui sont mises en œuvre par délégation du magistrat et sous son contrôle. Tel est le cas, par exemple, d'actes qui s'imposent pour éviter la disparition des preuves et des indices dans l'attente de l'exécution d'une perquisition, en l'occurrence l'apposition de scellés antérieurement à la fouille (▪ Cass. crim., 29 nov. 1995, n° 95-83.951 : *Bull. crim.* n° 363 ; *Dr. pén.* 1996, comm. 49, obs. A. Maron).

2) **Nécessité et proportionnalité.** Les perquisitions réalisées dans une entreprise de presse doivent être nécessaires et proportionnées aux buts poursuivis. Tel est le cas lorsqu'il apparaît que, limités dans le temps et dans l'espace, ces actes d'investigation, en l'absence de tout autre élément permettant la manifestation de la vérité, étaient seuls susceptibles d'aider à la recherche des auteurs et des complices des faits poursuivis (▪ Cass. crim., 5 déc. 2000, n° 00-85.695 : *Bull. crim.* n° 362 ; *Dr. pén.* 2001, comm. 81, A. Maron ; *JCP* G, 2001, II, 10615, note P. Conte ; *RSC* 2001, p. 604, obs. J. Francillon). Répondent à l'exigence de nécessité et de proportionnalité les perquisitions réalisées au siège de deux entreprises de presse, motivées par des faits de violation du secret de l'instruction et de recel du même délit et compromettant le déroulement de l'enquête, dès lors qu'elles ont été décidées après que des investigations longues et approfondies eurent été réalisées en vain, et qu'elles ont été effectuées rapidement dans des conditions propres à éviter une atteinte au libre exercice de la profession de journaliste et un retard injustifié à la diffusion de l'information (▪ Cass. crim., 30 oct. 2006, n° 06-85.693 : *Bull. crim.* n° 258). L'accomplissement d'actes d'investigation postérieurement aux perquisitions diligentées dans une entreprise de presse ou au domicile d'un journaliste n'implique pas que ces dernières n'aient pas été indispensables au moment où elles ont été effectuées (même arrêt). De la même manière, l'exigence de proportionnalité n'implique pas la démonstration que les autorités nationales aient, préalablement à la perquisition, réalisé tous les actes d'investigation possibles (▪ CEDH, 12 avr. 2012, n° 30002/08, *Martin et a. c/ France*). Est nécessaire et proportionnée la perquisition réalisée au siège d'un organe de presse, à la suite de la publication, antérieurement à la perquisition, de tous les actes d'un rapport de la chambre régionale des comptes devant demeurer largement secret, dès lors que les recherches entreprises dans le cadre d'une commission rogatoire n'ont pas permis d'identifier les auteurs de la remise ou du renvoi du rapport aux journalistes, que la perquisition a été limitée dans le temps, que les investigations faites n'ont pas porté atteinte à la profession de journaliste et qu'elles n'ont pas entraîné d'obstacle ou de retard dans la diffusion de l'information. En effet, les mesures mises en œuvre sont justifiées tant par les impératifs d'intérêt public de protection des droits d'autrui, au nombre desquels figure la présomption d'innocence, que par la préservation d'informations confidentielles ainsi que par la nécessité de se prémunir contre des agissements de nature à entraver la manifestation de la vérité (▪ Cass. crim., 4 déc. 2007, n° 07-86.086 : *JurisData* n° 2007-042028 ; *Procédures* 2008, comm. 59, J. Buisson). Il appartient aux juges du fond de démontrer que les ingérences litigieuses (en l'occurrence une perquisition et une saisie au domicile d'un journa-

liste) procèdent d'un impératif prépondérant d'intérêt public, et que d'autres mesures que la perquisition et les saisies opérées au domicile de l'intéressé auraient été insuffisantes pour rechercher l'existence d'une éventuelle violation du secret professionnel, et en identifier les auteurs. Tel n'est pas le cas lorsque la chambre de l'instruction se contente de relever que la violation du secret de l'instruction à l'origine de la perquisition a gravement perturbé l'enquête, et ajoute que l'intérêt public nécessite que les enquêteurs ne commettent aucune violation du secret qui les lie, et que si une telle violation est suspectée, toutes mesures d'investigation utiles doivent être mises en œuvre pour en rechercher les auteurs (▪ Cass. crim., 25 févr. 2014, n° 13-84.761 : *Bull. crim.* n° 54).

3) **Protection européenne de la liberté d'expression.** Est disproportionnée et viole le droit des requérants à la liberté d'expression (CEDH, art. 10), la perquisition menée dans un établissement de presse, dans le but affiché d'identifier les auteurs de la violation d'un secret professionnel, dès lors que le Gouvernement n'est pas en mesure de démontrer qu'en l'absence de ladite perquisition, les autorités nationales n'auraient pas été en mesure de rechercher d'abord l'existence d'une éventuelle violation du secret professionnel et, ensuite, celle du recel de cette violation par les requérants (▪ CEDH, 12 avr. 2012, *Martin et a. c/ France*, préc.). Le droit des journalistes de taire leurs sources ne saurait être considéré comme un simple privilège qui leur serait accordé ou retiré en fonction de la licéité ou de l'illicéité des sources, mais un véritable attribut du droit à l'information, à traiter avec la plus grande circonspection (...). Ne sont pas nécessaires dans une société démocratique des perquisitions menées dans des établissements de presse de manière tardive (des mois après la révélation des informations constitutives d'une violation du secret de l'instruction) et avec des moyens impressionnants et spectaculaires, qui ne pouvaient que marquer profondément les professionnels qui y travaillaient et être perçues par eux comme une menace potentielle pour le libre exercice de leur profession (▪ CEDH, 28 juin 2012, nos 15054/07 et 15066/07, *Ressiot et a. c/ France*).

Art. 56-3 ***(L. n° 93-2, 4 janv. 1993 ; L. n° 2000-516, 15 juin 2000 ; mod., L. n° 2011-94, 25 janv. 2011).*** **– Les perquisitions dans le cabinet d'un médecin, d'un notaire ou d'un huissier sont effectuées par un magistrat et en présence de la personne responsable de l'ordre ou de l'organisation professionnelle à laquelle appartient l'intéressé ou de son représentant.**

1) **Notion de perquisition.** Ne constitue pas une perquisition et n'est donc pas soumise aux règles de l'article 56-1, alinéa 2 du Code de procédure pénale (désormais CPP, art. 56-3) la remise sur demande du dossier médical de la victime, faite à l'hôpital en présence du directeur de l'établissement et du représentant du conseil de l'ordre des médecins (▪ Cass. crim., 20 sept. 1995, n° 95-81.140 : *JurisData* n° 1995-002679).

2) **Lieu protégé.** La chambre d'hôtel occupée par le médecin d'une équipe cycliste ne peut être considérée comme un cabinet médical et entraîner la nullité de la perquisition menée, dès lors qu'il n'est pas allégué que l'officier de police judiciaire a procédé à la recherche et à la saisie de dossiers médicaux couverts par le secret professionnel (▪ Cass. crim., 8 juin 1999, nos 99-81.291 et 99-81.807 : *Bull. crim.* n° 124). Il en va de même des locaux de deux associations, situés dans les bâtiments d'une polyclinique, dès lors que leur activité, l'organisation de voyages pour l'une et la connaissance et le développement de traitements ainsi que les possibilités de prise en charge pour l'autre, ne peut être assimilée à celle d'un cabinet médical (▪ Cass. crim., 4 mai 2000, n° 00-80.104).

3) **Violation du secret médical.** C'est à bon droit que la chambre de l'instruction refuse d'annuler une perquisition, motif pris de la violation du secret médical dès lors que le document, dont la découverte et la saisie sont contestées, est un courrier, contenant l'indication de tarifs médicaux, émanant d'une Caisse primaire d'assurance maladie et adressé à une personne non identifiable (▪ Cass. crim., 4 mai 2000, préc.).

Art. 56-4 ***(L. n° 2009-928, 29 juill. 2009 ; mod., L. org. n° 2017-55, 20 janv. 2017).*** **– I. – Lorsqu'une perquisition est envisagée dans un lieu précisément identifié, abritant des éléments couverts par le secret de la défense nationale, la perquisition ne peut être réalisée que par un magistrat en présence du président de la Commission du secret de la défense nationale. Ce dernier peut être représenté par un membre de la commission ou par des délégués, dûment habilités au secret de la défense nationale, qu'il désigne selon des modalités déterminées par décret en Conseil d'État. Le président ou son représentant peut être assisté de toute personne habilitée à cet effet.**

La liste des lieux visés au premier alinéa est établie de façon précise et limitative par arrêté du Premier ministre. Cette liste, régulièrement actualisée, est communiquée à la Commission du secret de la défense nationale ainsi

qu'au ministre de la Justice, qui la rendent accessible aux magistrats de façon sécurisée. Le magistrat vérifie si le lieu dans lequel il souhaite effectuer une perquisition figure sur cette liste.

Les conditions de délimitation des lieux abritant des éléments couverts par le secret de la défense nationale sont déterminées par décret en Conseil d'État.

Le fait de dissimuler dans les lieux visés à l'alinéa précédent des procédés, objets, documents, informations, réseaux informatiques, données informatisées ou fichiers non classifiés, en tentant de les faire bénéficier de la protection attachée au secret de la défense nationale, expose son auteur aux sanctions prévues à l'article 434-4 du Code pénal.

La perquisition ne peut être effectuée qu'en vertu d'une décision écrite du magistrat qui indique au président de la Commission du secret de la défense nationale les informations utiles à l'accomplissement de sa mission. Le président de la commission ou son représentant se transporte sur les lieux sans délai. Au commencement de la perquisition, le magistrat porte à la connaissance du président de la commission ou de son représentant, ainsi qu'à celle du chef d'établissement ou de son délégué, ou du responsable du lieu, la nature de l'infraction ou des infractions sur lesquelles portent les investigations, les raisons justifiant la perquisition, son objet et les lieux visés par cette perquisition.

Seul le président de la Commission du secret de la défense nationale, son représentant et, s'il y a lieu, les personnes qui l'assistent peuvent prendre connaissance d'éléments classifiés découverts sur les lieux. Le magistrat ne peut saisir, parmi les éléments classifiés, que ceux relatifs aux infractions sur lesquelles portent les investigations. Si les nécessités de l'enquête justifient que les éléments classifiés soient saisis en original, des copies sont laissées à leur détenteur.

Chaque élément classifié saisi est, après inventaire par le président de la commission, placé sous scellé. Les scellés sont remis au président de la Commission du secret de la défense nationale qui en devient gardien. Les opérations relatives aux éléments classifiés saisis ainsi que l'inventaire de ces éléments font l'objet d'un procès-verbal qui n'est pas joint au dossier de la procédure et qui est conservé par le président de la commission.

La déclassification et la communication des éléments mentionnés dans l'inventaire relèvent de la procédure prévue par les articles L. 2312-4 et suivants du Code de la défense.

II. – Lorsqu'à l'occasion d'une perquisition un lieu se révèle abriter des éléments couverts par le secret de la défense nationale, le magistrat présent sur le lieu ou immédiatement avisé par l'officier de police judiciaire et informe le président de la Commission du secret de la défense nationale. Les éléments classifiés sont placés sous scellés, sans en prendre connaissance, par le magistrat ou l'officier de police judiciaire qui les a découverts, puis sont remis ou transmis, par tout moyen en conformité avec la réglementation applicable aux secrets de la défense nationale, au président de la commission afin qu'il en assure la garde. Les opérations relatives aux éléments classifiés font l'objet d'un procès-verbal qui n'est pas joint au dossier de la procédure. La déclassification et la communication des éléments ainsi placés sous scellés relèvent de la procédure prévue par les articles L. 2312-4 et suivants du Code de la défense.

III. – *(III abrogé à compter du 1er décembre 2011, Cons. const. n° 2011-192 QPC 10 nov. 2011, art. 1er et 2 : JO 11 nov. 2011).*

IV. – Les dispositions du présent article sont édictées à peine de nullité.

Bibliographie : J. Buisson, *Éléments couverts par le secret défense : Procédures* 2009, comm. 329. • A. Lepage, *Le secret de la défense nationale devant le Conseil constitutionnel : une décision mesurée : JCP G* 2012, p. 176.

1) **Lieux abritant des éléments couverts par le secret défense.** Les dispositions du paragraphe II de l'article 56-4 du Code de procédure pénale définissent le régime juridique des perquisitions au cours desquelles des éléments protégés par le secret de la défense nationale sont incidemment découverts. En pareille hypothèse, le magistrat présent ou immédiatement avisé par l'officier de police judiciaire en informe le président de la commission ; sans en prendre connaissance, le magistrat ou l'officier de police judiciaire qui les a découverts place sous scellés les éléments classifiés et les remet ou les transmet, par tout moyen, au président de la commission chargé d'en assurer la garde ; un procès-verbal, qui n'est pas joint à la procédure, est rédigé pour rendre compte des opérations relatives aux éléments classifiés et seule la commission, ou sur délégation de celle-ci son président, est habilitée à procéder à l'ouverture des scellés des éléments classifiés qui lui sont remis. La commission en fait mention dans son procès-verbal de séance et les documents sont restitués à l'autorité administrative par la commission lors de la transmission de son avis. Il résulte de l'ensemble de ces dispositions

que les perquisitions dans les lieux se révélant abriter des éléments couverts par le secret de la défense nationale s'accompagnent des garanties appropriées permettant d'assurer, entre les exigences constitutionnelles précitées, une conciliation qui n'est pas déséquilibrée de sorte que les dispositions du paragraphe II de l'article 56-4 du Code de procédure pénale sont conformes à la Constitution (▪ Cons. const., 10 nov. 2011, déc. n° 2011-192 QPC : *JurisData* n° 2011-017398 ; *Dr. pén.* 2011, comm. 158, M. Haas et A. Maron ; *JCP* G 2012, p. 176, note A. Lepage, consid. 31-32).

2) **Lieux classifiés.** La classification d'un lieu a pour effet de soustraire une zone géographique définie aux pouvoirs d'investigation de l'autorité judiciaire ; elle subordonne l'exercice de ces pouvoirs d'investigation à une décision administrative et conduit à ce que tous les éléments de preuve, quels qu'ils soient, présents dans ces lieux lui soient inaccessibles tant que cette autorisation n'a pas été délivrée. Par suite, en autorisant la classification de certains lieux au titre du secret de la défense nationale et en subordonnant l'accès du magistrat aux fins de perquisition de ces mêmes lieux à une déclassification temporaire, le législateur a opéré, entre les exigences constitutionnelles précitées, une conciliation qui est déséquilibrée. Ainsi, les dispositions du paragraphe III de l'article 56-4 du Code de procédure pénale, celles des articles 413 9 1, 413-10-1 et 413-11-1 du Code pénal, celles du troisième alinéa de l'article L. 2312-1, du quatrième alinéa de l'article L. 2312-4, celles de l'article L. 2312-7-1 du Code de la défense, ainsi que, par voie de conséquence, les mots : « et d'accéder à tout lieu classifié » figurant au deuxième alinéa de l'article L. 2312-5 du même code doivent être déclarées contraires à la Constitution (même décision, consid. 37).

Art. 56-5 ***(Crée à compter du 1er oct. 2016, L. n° 2016-731, 3 juin 2016).*** **– Les perquisitions dans les locaux d'une juridiction ou au domicile d'une personne exerçant des fonctions juridictionnelles et qui tendent à la saisie de documents susceptibles d'être couverts par le secret du délibéré ne peuvent être effectuées que par un magistrat, sur décision écrite et motivée de celui-ci, en présence du premier président de la cour d'appel ou du premier président de la Cour de cassation ou de son délégué. Cette décision indique la nature de l'infraction sur laquelle portent les investigations, les raisons justifiant la perquisition et l'objet de celle-ci. Le contenu de la décision est porté dès le début de la perquisition à la connaissance du premier président ou de son délégué par le magistrat. Celui-ci, le premier président ou son délégué ont seuls le droit de consulter ou de prendre connaissance des documents ou des objets se trouvant sur les lieux préalablement à leur éventuelle saisie. Aucune saisie ne peut concerner des documents ou des objets relatifs à d'autres infractions que celles mentionnées dans la décision précitée. Les dispositions du présent alinéa sont prévues à peine de nullité.**

Le magistrat qui effectue la perquisition veille à ce que les investigations conduites ne portent pas atteinte à l'indépendance de la justice.

Le premier président ou son délégué peut s'opposer à la saisie d'un document ou d'un objet s'il estime cette saisie irrégulière. Le document ou l'objet est alors placé sous scellé fermé. Ces opérations font l'objet d'un procès-verbal, qui n'est pas joint au dossier de la procédure, mentionnant les objections du premier président ou de son délégué.

Si d'autres documents ou objets ont été saisis au cours de la perquisition sans soulever d'opposition, ce procès-verbal est distinct de celui prévu à l'article 57. Le procès-verbal mentionné au troisième alinéa du présent article ainsi que le document ou l'objet placé sous scellé fermé sont transmis sans délai au juge des libertés et de la détention, avec l'original ou une copie du dossier de la procédure.

Dans un délai de cinq jours à compter de la réception de ces pièces, le juge des libertés et de la détention statue sur l'opposition par ordonnance motivée non susceptible de recours.

À cette fin, il entend le magistrat qui a procédé à la perquisition et, le cas échéant, le procureur de la République, ainsi que le premier président ou son délégué. Il ouvre le scellé en présence de ces personnes.

S'il estime qu'il n'y a pas lieu à saisir le document ou l'objet, le juge des libertés et de la détention ordonne sa restitution immédiate, ainsi que la destruction du procès-verbal mentionné au même troisième alinéa et, le cas échéant, la cancellation de toute référence à ce document ou à son contenu ou à cet objet figurant dans le dossier de la procédure.

Dans le cas contraire, il ordonne le versement du scellé et du procès-verbal au dossier de la procédure. Cette décision n'exclut pas la possibilité ultérieure pour les parties de demander la nullité de la saisie devant, selon les cas, la juridiction de jugement ou la chambre de l'instruction.

J.-P. Vauthier, *Le respect de l'intégrité corporelle à l'épreuve de l'administration de la preuve pénale* : *AJ pénal* 2020, p. 349).

Sur cette notion, V. également sous art. 77-1, p. 257.

4) Constatations techniques et scientifiques et expertises. Les dispositions des articles 156 et suivant du Code de procédure pénale réglementant l'expertise, et notamment l'article 159 relatif à l'obligation de désigner deux experts au moins lorsque l'expertise concerne le fond de l'affaire (abrogé par L. n° 93-1013 du 24 août 1993), ne concernent que les personnes chargées d'une mission par les juridictions d'instruction et de jugement et ne sont pas applicables à celles qui ont été appelées à faire des constatations et à donner leur avis dans les conditions prévues par l'article 60 du même code en cas de crime flagrant (■ Cass. crim., 24 mai 1984, n° 84-91.064 : *Bull. crim.* n° 168).

5) Perquisitions. Il résulte des articles 56 et 60 du Code de procédure pénale, qu'à peine de nullité de la procédure, l'officier de police judiciaire a seul le droit, lors d'une perquisition, de prendre connaissance des papiers ou documents trouvés sur place, avant de procéder à leur saisie. S'il y a lieu, cependant, de procéder à des constatations ou à des examens techniques qui ne peuvent être différés, l'officier de police judiciaire peut avoir recours, dans les conditions prévues à l'alinéa 2 de l'article 60 précité, à toute personne qualifiée, comme par exemple des agents des impôts (■ Cass. crim., 22 févr. 1996, préc. ■ Cass. crim., 6 févr. 1997, n° 96-84.018 : *JurisData* n° 1997-001207 ; *Bull. crim.* n° 49).

6) Personne qualifiée. Ne doivent pas être regardés comme des personnes qualifiées au sens de l'article 60 du Code de procédure pénale, et soumis à la prestation de serment, des fonctionnaires de police assistant un officier de police judiciaire dans des constatations techniques et scientifiques, dès lors qu'ils appartiennent au service de police judiciaire chargé par le procureur de la République desdits examens (■ Cass. crim., 4 nov. 2010, n° 10-84.389 : *JurisData* n° 2010-022614 ; *Bull. inf. C. cass.* 1er mars 2011, n° 276 ; *Dr. pén.* 2011, comm. 42, obs. A. Maron et M. Haas). Les agents de la Direction nationale des enquêtes de répression des fraudes, qui interviennent dans un domaine où la loi leur confie des pouvoirs de police judiciaire, en présence des officiers de police judiciaire, ne doivent pas être considérés comme des personnes qualifiées et soumises à l'obligation de prêter le serment au sens de l'article 60 du Code de procédure pénale (■ Cass. crim., 6 mai 2002, n° 02-81.130 : *JurisData* n° 2002-015309). Si le recours à toute personne qualifiée suppose, en vertu de l'article 60 du Code de procédure pénale, que chacune de ces personnes ait prêté serment, les agents des douanes procédant à une enquête judiciaire sur réquisition du procureur de la République, en application de l'article 28-1 du Code de procédure pénale, et chargés de veiller, comme le prévoit l'article 54 du même code, à la conservation des indices susceptibles de disparaître et de tout élément utile à la manifestation de la vérité, n'en disposent pas moins, à ce titre, de la possibilité de faire procéder à des opérations de détection et de mesure de produits stupéfiants sur les personnes interpellées ou sur les objets découverts au cours de leurs investigations en requérant, le cas échéant, le seul concours d'un service possédant les moyens techniques appropriés, même si ce dernier se trouve en dehors de leur ressort territorial (■ Cass. crim., 26 nov. 2008, n° 08-86.060).

7) Prestation de serment. Il résulte des articles 60 et 157 du Code de procédure pénale que les personnes qualifiées, auxquelles un officier de police judiciaire a recours pour procéder à des examens techniques ou scientifiques, doivent être inscrites sur l'une des listes d'experts prévues par le second de ces articles, ou, à défaut, doivent prêter serment, par écrit, d'apporter leur concours à la justice en leur honneur et leur conscience. Doit donc être annulé l'examen d'urine réalisé par une pharmacienne, exerçant dans un service distinct de celui requis pour l'examen, dès lors qu'elle ne figure pas non plus dans l'une des listes prévue par l'article 157 du Code de procédure pénale ou qu'elle n'a pas prêté serment (■ Cass. crim., 30 mai 2007, préc.). Des fonctionnaires de l'administration fiscale assistant l'officier de police judiciaire pendant une perquisition et signant le procès-verbal de perquisition et de saisie sont tenus de prêter serment (■ Cass. crim., 21 juin 2006, n° 06-82.774 : *JurisData* n° 2006-034524 ; *Bull. crim.* n° 193 ; *Procédures* 2006, comm. 216, obs. J. Buisson). Cette obligation ne joue cependant pas lorsque des agents des douanes requis pour des opérations de surveillance, d'interpellation et de perquisition menées dans un débit de boissons n'ont apporté aux policiers aucune assistance technique, qu'ils n'ont pas rédigé de rapport sur ces opérations et n'ont pas participé à celles qui ont suivi (■ Cass. crim., 27 mars 2012, n° 11-86.203 : *JurisData* n° 2012-005671). Remplit l'obligation de prestation de serment le médecin légiste qui, avant de commencer ses opérations, a certifié accomplir sa mission en honneur, conscience et objectivité, dans les termes du serment tel que prévu par l'article 60 du Code de procédure pénale (■ Cass. crim., 23 oct. 2013, n° 13-84.226 : *JurisData* n° 2013-023952).

8) **Prestation de serment, sanction.** En l'absence de prestation de serment la nullité ne saurait être écartée au motif que rien ne permet de dire que l'omission de cette formalité a préjudicié aux droits de l'intéressé (■ Cass. crim., 22 févr. 1996, n° 95-85.861 : *JurisData* n° 1996-001304 ; *Bull. crim.* n° 87. ■ Cass. crim., 21 juin 2006, préc.).

Art. 60-1 ancien *(Créé, L. n° 2003-239, 18 mars 2003 ; dénum., L. n° 2004-204, 9 mars 2004, art. 80, I. – V. CPP, art. 60-2).*

Art. 60-1 *(Mod., L. n° 2019-222, 23 mars 2019 ; L. n° 2022-299, 2 mars 2022).* **– Le procureur de la République ou l'officier de police judiciaire ou, sous le contrôle de ce dernier, l'agent de police judiciaire peut, par tout moyen, requérir de toute personne, de tout établissement ou organisme privé ou public ou de toute administration publique qui sont susceptibles de détenir des informations intéressant l'enquête, y compris, sous réserve de l'article 60-1-2, celles issues d'un système informatique ou d'un traitement de données nominatives, de lui remettre ces informations, notamment sous forme numérique, le cas échéant selon des normes fixées par voie réglementaire, sans que puisse lui être opposée, sans motif légitime, l'obligation au secret professionnel. Lorsque les réquisitions concernent des personnes mentionnées aux articles 56-1 à 56-5, la remise des informations ne peut intervenir qu'avec leur accord.**

À l'exception des personnes mentionnées aux articles 56-1 à 56-5, le fait de s'abstenir de répondre à cette réquisition dans les meilleurs délais et s'il y a lieu selon les normes exigées est puni d'une amende de 3 750 €.

À peine de nullité, ne peuvent être versés au dossier les éléments obtenus par une réquisition prise en violation de l'article 2 de la loi du 29 juillet 1881 sur la liberté de la presse.

Bibliographie : T. Lebreton, *Les réquisitions judiciaires* : *AJ pénal* 2022, p. 25.

1) **Refus de répondre à une réquisition.** Les termes des articles 60-1 et 71-1-1 du Code de procédure pénale, qui se distinguent, sans confusion ni contradiction, de ceux de l'article R. 642-1 du Code pénal, comme des règles applicables au témoin appelé à déposer devant une juridiction, et qui laissent au juge le soin d'apprécier les situations exceptionnelles, que le législateur ne peut énumérer *a priori* de façon exhaustive, dans lesquelles il est possible d'opposer le secret professionnel à une réquisition délivrée en vue d'obtenir une information intéressant une enquête de flagrance ou préliminaire menée sous le contrôle de l'autorité judiciaire, sont suffisamment clairs et précis pour que la personne requise ait connaissance de l'étendue de son obligation de communiquer l'information demandée et qu'en cas de poursuites, l'interprétation de ces textes, qui entre dans l'office du juge pénal, puisse se faire sans risque d'arbitraire. Il n'y a donc pas lieu de renvoyer la question prioritaire de constitutionnalité mettant en cause l'intelligibilité et l'accessibilité de l'infraction prévue par ces dispositions (■ Cass. crim., 15 mars 2016, n° 15-90.023 : *JurisData* n° 2016-004617).

2) **Code de déverrouillage d'un téléphone portable.** La réquisition délivrée par un officier de police judiciaire agissant en vertu des articles 60-1, 77-1-1 et 99-3 du Code de procédure pénale, par laquelle est demandé à un suspect, sous le contrôle de l'autorité judiciaire, le code de déverrouillage de son téléphone portable, entre dans les prévisions de l'article 434-15-2 du Code pénal. Toutefois, une simple demande formulée au cours d'une audition, sans avertissement que le refus d'y déférer est susceptible de constituer une infraction pénale, ne constitue pas une réquisition au sens du texte précité (■ Cass. crim., 13 oct. 2020, n° 20-80.150, §§ 9-10 : P. Conte, *Refus de remettre une convention secrète de déchiffrement d'un moyen de cryptologie – Élément matériel. – Droit de ne pas s'incriminer soi-même : Dr. pén.* 2020, comm. 27 ; C. Ribeyre, *Refus de remettre une convention secrète de déchiffrement : Dr. pén.* 2021, comm. 1 ; A Lepage, *Un an de droit pénal du numérique : Dr. pén.* 2019, chron. 10, n°s 7 à 10).

3) **Remise d'images de surveillance.** Il ressort de l'article 60-1 du Code de procédure pénale que les officiers de police judiciaire sont autorisés à obtenir la communication des enregistrements des caméras de surveillance installées par un propriétaire dans les parties communes de son immeuble. En effet, un tel mécanisme échappe aux dispositions de l'article 706-96 du Code de procédure pénale (■ Cass. crim., 6 mars 2013, n° 12-87.810 : *Bull. crim.* n° 62).

4) **Accord exceptionnel des personnes requises.** L'obligation d'obtenir l'accord des journalistes pour procéder aux réquisitions n'est nécessaire que si ces professionnels sont directement requis de fournir des informations. Tel n'est pas le cas d'un opérateur de téléphonie sollicité afin de déterminer les lignes téléphoniques attribuées à des journalistes et les facturations détaillées correspondant à ces lignes (■ Cass. crim., 14 mai 2013, n° 11-86.626 : *JurisData* n° 2013-009428 ; *JCP G* 2013, 676, E. Derieux ; *Procédures* 2013, comm. 220, A.-S. Chavent-

Leclère). L'accord de l'une des personnes mentionnées aux articles 56-1 à 56-3 du Code de procédure pénale, parmi lesquelles figurent les avocats, n'est requis que pour la remise des documents détenus par cette personne même (■ Cass. crim., 17 déc. 2013, n° 13-85.717 : *JurisData* n° 2013-029430 ; *Bull. crim.* n° 259, à propos d'une instruction). Mais désormais, V. autorisation du JLD pour les réquisitions portant sur des données de connexion, art. 60-1-1, p. 205.

5) **Articulation avec le Code de la sécurité intérieure.** Les dispositions du Code de la sécurité intérieure et les arrêtés pris en son application relativement à la désignation des agents habilités à recevoir les enregistrements effectués par les systèmes de vidéoprotection ne sauraient priver un officier de police judiciaire des pouvoirs qu'il tient de l'article 60-1 du Code de procédure pénale d'exploiter lesdites images (■ Cass. crim., 9 janv. 2018, n° 17-82.946).

Art. 60-1-1 *(Mod., L. n° 2022-299, 2 mars 2022).* **– Sous réserve de l'article 60-1-2, lorsque les réquisitions prévues à l'article 60-1 portent sur des données de connexion émises par un avocat et liées à l'utilisation d'un réseau ou d'un service de communications électroniques, qu'il s'agisse de données de trafic ou de données de localisation, elles ne peuvent être faites que sur ordonnance motivée du juge des libertés et de la détention, saisi à cette fin par le procureur de la République.**

Cette ordonnance fait état des raisons plausibles de soupçonner que l'avocat a commis ou tenté de commettre, en tant qu'auteur ou complice, l'infraction qui fait l'objet de la procédure ou une infraction connexe au sens de l'article 203 ainsi que de la proportionnalité de la mesure au regard de la nature et de la gravité des faits.

Art. 60-1-2 *(Créé, L. n° 2022-299, 2 mars 2022).* **– À peine de nullité, les réquisitions portant sur les données techniques permettant d'identifier la source de la connexion ou celles relatives aux équipements terminaux utilisés mentionnées au 3° du II *bis* de l'article L. 34-1 du Code des postes et des communications électroniques ou sur les données de trafic et de localisation mentionnées au III du même article L. 34-1 ne sont possibles, si les nécessités de la procédure l'exigent, que dans les cas suivants :**

1° La procédure porte sur un crime ou sur un délit puni d'au moins trois ans d'emprisonnement ;

2° La procédure porte sur un délit puni d'au moins un an d'emprisonnement commis par l'utilisation d'un réseau de communications électroniques et ces réquisitions ont pour seul objet d'identifier l'auteur de l'infraction ;

3° Ces réquisitions concernent les équipements terminaux de la victime et interviennent à la demande de celle-ci en cas de délit puni d'une peine d'emprisonnement ;

4° Ces réquisitions tendent à retrouver une personne disparue dans le cadre des procédures prévues aux articles 74-1 ou 80-4 du présent code ou sont effectuées dans le cadre de la procédure prévue à l'article 706-106-4.

Art. 60-2 *(Mod., L. n° 2019-222, 23 mars 2019 ; L. n° 2022-299, 2 mars 2022).* **– Sur demande de l'officier de police judiciaire, ou sous le contrôle de ce dernier, de l'agent de police judiciaire, intervenant par voie télématique ou informatique, les organismes publics ou les personnes morales de droit privé, à l'exception de ceux visés au *d* du 2 de l'article 9 du règlement (UE) 2016/679 du 27 avril 2016 précité et au 2° de l'article 80 de la loi n° 78-17 du 6 janvier 1978 relative à l'informatique, aux fichiers et aux libertés, mettent à sa disposition les informations utiles à la manifestation de la vérité, à l'exception de celles protégées par un secret prévu par la loi et sous réserve de l'article 60-1-2 du présent code, contenues dans le ou les systèmes informatiques ou traitements de données nominatives qu'ils administrent.**

L'officier de police judiciaire ou, sous le contrôle de ce dernier, l'agent de police judiciaire, intervenant sur réquisition du procureur de la République préalablement autorisé par ordonnance du juge des libertés et de la détention, peut requérir des opérateurs de télécommunications, et notamment de ceux mentionnés au 1 du I de l'article 6 de la loi n° 2004-575 du 21 juin 2004 pour la confiance dans l'économie numérique, de prendre, sans délai, toutes mesures propres à assurer la préservation, pour une durée ne pouvant excéder un an, du contenu des informations consultées par les personnes utilisatrices des services fournis par les opérateurs.

Les organismes ou personnes visés au présent article mettent à disposition les informations requises par voie télématique ou informatique dans les meilleurs délais.

Le fait de refuser de répondre sans motif légitime à ces réquisitions est puni d'une amende de 3 750 €.

Un décret en Conseil d'État, pris après avis de la Commission nationale de l'informatique et des libertés, détermine les catégories d'organismes visés au premier alinéa ainsi que les modalités d'interrogation, de transmission et de traitement des informations requises.

Art. 60-3 *(L. n° 2016-731, 3 juin 2016).* – Lorsqu'ont été placés sous scellés des objets qui sont le support de données informatiques, le procureur de la République ou l'officier de police judiciaire *(Mots aj., L. n° 2019-222, 23 mars 2019)* « ou, sous le contrôle de ce dernier, de l'agent de police judiciaire » peut, par tout moyen, requérir toute personne qualifiée inscrite sur une des listes prévues à l'article 157 ou ayant prêté par écrit le serment prévu à l'article 60 de procéder à l'ouverture des scellés pour réaliser une ou plusieurs copies de ces données, afin de permettre leur exploitation sans porter atteinte à leur intégrité. La personne requise fait mention des opérations effectuées dans un rapport établi conformément aux articles 163 et 166.

Art. 61 *(Mod., L. n° 83-466, 10 juin 1983 ; L. n° 2011-392, 14 avr. 2011, en vigueur le 1er juin 2011 ; mod., L. n° 2016-731, 3 juin 2016).* – L'officier de police judiciaire peut défendre à toute personne de s'éloigner du lieu de l'infraction jusqu'à la clôture de ses opérations.

Il peut appeler et entendre toutes les personnes susceptibles de fournir des renseignements sur les faits ou sur les objets et documents saisis.

Les personnes convoquées par lui sont tenues de comparaître. L'officier de police judiciaire peut contraindre à comparaître par la force publique les personnes visées au premier alinéa. Il peut également contraindre à comparaître par la force publique, avec l'autorisation préalable du procureur de la République, les personnes qui n'ont pas répondu à une convocation à comparaître ou dont on peut craindre qu'elles ne répondent pas à une telle convocation. Le procureur de la République peut également autoriser la comparution par la force publique sans convocation préalable en cas de risque de modification des preuves ou indices matériels, de pressions sur les témoins ou les victimes ainsi que sur leur famille ou leurs proches, ou de concertation entre les coauteurs ou complices de l'infraction.

L'officier de police judiciaire dresse un procès-verbal de leurs déclarations. Les personnes entendues procèdent elles-mêmes à sa lecture, peuvent y faire consigner leurs observations et y apposent leur signature. Si elles déclarent ne savoir lire, lecture leur en est faite par l'officier de police judiciaire préalablement à la signature. Au cas de refus de signer le procès-verbal, mention en est faite sur celui-ci.

Les agents de police judiciaire désignés à l'article 20 peuvent également entendre, sous le contrôle d'un officier de police judiciaire, toutes personnes susceptibles de fournir des renseignements sur les faits en cause. Ils dressent à cet effet, dans les formes prescrites par le présent code, des procès-verbaux qu'ils transmettent à l'officier de police judiciaire qu'ils secondent.

A **Art. 61-1** *(Rempl. à compter du 1er juin 2019, L. n° 2019-222, 23 mars 2019).* – Sans préjudice des garanties spécifiques applicables aux mineurs, la personne à l'égard de laquelle il existe des raisons plausibles de soupçonner qu'elle a commis ou tenté de commettre une infraction ne peut être entendue librement sur ces faits qu'après avoir été informée :

1° De la qualification, de la date et du lieu présumés de l'infraction qu'elle est soupçonnée d'avoir commise ou tenté de commettre ;

2° Du droit de quitter à tout moment les locaux où elle est entendue ;

3° Le cas échéant, du droit d'être assistée par un interprète ;

4° Du droit de faire des déclarations, de répondre aux questions qui lui sont posées ou de se taire ;

5° Si l'infraction pour laquelle elle est entendue est un crime ou un délit puni d'une peine d'emprisonnement, du droit d'être assistée au cours de son audition ou de sa confrontation, selon les modalités prévues aux articles 63-4-3 et 63-4-4, par un avocat choisi par elle ou, à sa demande, désigné d'office par le bâtonnier de l'ordre des avocats ; elle est informée que les frais seront à sa charge sauf si elle remplit les conditions d'accès à l'aide juridictionnelle, qui lui sont rappelées par tout moyen ; elle peut accepter expressément de poursuivre l'audition hors la présence de son avocat ;

6° De la possibilité de bénéficier, le cas échéant gratuitement, de conseils juridiques dans une structure d'accès au droit.

La notification des informations données en application du présent article est mentionnée au procès-verbal.

Si le déroulement de l'enquête le permet, lorsqu'une convocation écrite est adressée à la personne en vue de son audition, cette convocation indique l'infraction dont elle est soupçonnée, son droit d'être assistée par un avocat ainsi que les conditions d'accès à l'aide juridictionnelle, les modalités de désignation d'un avocat d'office et les lieux où elle peut obtenir des conseils juridiques avant cette audition.

Le présent article n'est pas applicable si la personne a été conduite, sous contrainte, par la force publique devant l'officier de police judiciaire.

Bibliographie : *Répertoire.* J. Leroy, *Personnes ne faisant pas l'objet d'une garde à vue : JCl. Proc. pén.*, art. 53 à 73, Fasc. 40.

Généralités. E. Allain, *L'audition du suspect libre : AJ Pénal* 2014, p. 549. • B. Chapleau, *L'audition libre des mineurs à l'aune de la loi n° 2014-535 du 27 mai 2014 : D.* 2014, Point de vue, p. 1506. • Y. Gaudemet, *Rapport du groupe de travail sur les aspects constitutionnels et conventionnels de la réforme de la procédure pénale : JCP G* 2010, 553. • A. Gogorza, *L'interrogatoire au stade policier. À propos d'un concept oublié : Dr. pén.* 2015, étude 16. • P. Hennion-Jacquet, *La consécration légale du statut du suspect libre : Gaz. Pal.* 2014, n° 210, p. 9. • J.-Y. Maréchal, *Loi du 27 mai 2014 : principales dispositions relatives aux droits de la personne suspectée : JCP G* 2014, 9 juin 2014, p. 649. • H. Marquetty et M. Picquet, *Le droit au silence de la personne soupçonnée se fait entendre ! : Dr. pén.* 2017, étude 15. • E. Mathias, *Pour une loi des suspects... libres (à propos du projet de loi relatif à la garde à vue : Dr. pén.* 2011, étude n° 6. • R. Ollard, *Quel statut pour le suspect au cours de l'enquête pénale ? À propos de la loi du 27 mai 2014 : JCP G* 2014, doctr., p. 912. • G. Taupiac-Nouvel et A. Botton, *La réforme du droit à l'information en procédure pénale : JCP G* 2014, doctr. p. 802. • E. Vergès, *Émergence européenne d'un régime juridique du suspect, une nouvelle rationalité juridique : RSC* 2012, p. 635 ; *Le statut juridique du suspect : un premier défi pour la transposition du droit de l'Union européenne en procédure pénale : Dr. pén.* 2014, étude 15.

1) Inconstitutionnalité, audition de mineurs (antérieurement à la loi du 23 mars 2019). L'audition libre se déroule selon les mêmes modalités prévues à l'article 61-1 du Code de procédure pénale lorsque la personne entendue est mineure et ce, quel que soit son âge. Or, ces garanties ne suffisent pas à assurer que le mineur consente de façon éclairée à l'audition libre ni à éviter qu'il opère des choix contraires à ses intérêts. Dès lors, en ne prévoyant pas de procédures appropriées de nature à garantir l'effectivité de l'exercice de ses droits par le mineur dans le cadre d'une enquête pénale, le législateur a contrevenu au principe fondamental reconnu par les lois de la République en matière de justice des mineurs. Par conséquent, l'article 61-1 du Code de procédure pénale doit être déclaré contraire à la Constitution (▪ Cons. const., 8 févr. 2019, n° 2018-762 QPC).

2) Inconventionnalité (régime antérieur à la loi du 27 mai 2014). L'audition du requérant qui a eu lieu sans placement en garde à vue alors qu'il avait été conduit au commissariat sous la contrainte est constitutive d'une privation de liberté qui ne s'est pas déroulée « selon les voies légales ». Partant, il y a eu violation de l'article 5 § 1 de la Convention (▪ CEDH, 9 déc. 2021, n° 56138/16, *Jarrand c/ France*, §§ 66-67).

3) Soupçons. Les droits prévus à l'article 61-1 du Code de procédure pénale, relatifs à l'audition libre et applicables à compter du 2 juin 2014, n'ont pas à être notifiés en l'absence de raison plausible de soupçonner que l'intéressé a commis ou tenté de commettre l'infraction pour laquelle l'audition a eu lieu (▪ Cass. crim., 4 oct. 2016, n° 16-81.200).

4) Droit au silence, interpellation sur la voie publique. Fait l'exacte application des dispositions de l'article 61-1 du Code de procédure pénale résultant de la loi n° 2014-535 du 27 mai 2014, la cour d'appel ayant considéré que, interpellé sur la voie publique à la suite d'un contrôle routier puis entendu sur les lieux dudit contrôle, et non dans des locaux de police ou de gendarmerie, le prévenu ne saurait invoquer le fait que ne lui a pas été notifié le droit de garder le silence (▪ Cass. crim., 22 janv. 2019, n° 18-82.026).

Art. 61-2 *(Créé à compter du 1er janv. 2015, L. n° 2014-535, 27 mai 2014).* **– Si la victime est confrontée avec une personne entendue dans les conditions prévues à l'article 61-1 pour un crime ou un délit puni d'une peine d'emprisonnement, elle peut demander à être également assistée, selon les modalités prévues à l'article 63-4-3, par un avocat choisi par elle ou par son représentant légal si elle est mineure, ou, à sa demande, désigné par le bâtonnier.**

La victime est informée de ce droit avant qu'il soit procédé à la confrontation. Elle est également informée que les frais seront à sa charge sauf si elle remplit les conditions d'accès à l'aide juridictionnelle.

Art. 61-3 *(Créé à compter du 15 nov. 2016, L. n° 2016-731, 3 juin 2016 ; mod., L. n° 2016-1547, 18 nov. 2016).* **– Toute personne à l'égard de laquelle existent une ou plusieurs raisons plausibles de soupçonner qu'elle a participé, en tant qu'auteur ou complice, à la commission d'un crime ou d'un délit puni d'emprisonnement peut demander qu'un avocat de son choix ou, si elle n'est pas en mesure d'en désigner un, qu'un avocat commis d'office par le bâtonnier :**

1° L'assiste lorsqu'elle participe à une opération de reconstitution de l'infraction ;

2° Soit présent lors d'une séance d'identification des suspects dont elle fait partie.

La personne est informée de ce droit avant qu'il soit procédé à ces opérations.

L'avocat désigné peut, à l'issue des opérations, présenter des observations écrites qui sont jointes à la procédure. Il peut directement adresser ces observations ou copie de celles-ci au procureur de la République.

Lorsque la victime ou le plaignant participe à ces opérations, un avocat peut également l'assister dans les conditions prévues à l'article 61-2.

Art. 62 *(Rempl. à compter du 2 juin 2014, L. n° 2014-535, 27 mai 2014).* – Les personnes à l'encontre desquelles il n'existe aucune raison plausible de soupçonner qu'elles ont commis ou tenté de commettre une infraction sont entendues par les enquêteurs sans faire l'objet d'une mesure de contrainte.

Toutefois, si les nécessités de l'enquête le justifient, ces personnes peuvent être retenues sous contrainte le temps strictement nécessaire à leur audition, sans que cette durée puisse excéder quatre heures.

Si, au cours de l'audition d'une personne entendue librement en application du premier alinéa du présent article, il apparaît qu'il existe des raisons plausibles de soupçonner qu'elle a commis ou tenté de commettre une infraction, cette personne doit être entendue en application de l'article 61-1 et les informations prévues aux 1° à 6° du même article lui sont alors notifiées sans délai, sauf si son placement en garde à vue est nécessité en application de l'article 62-2.

Si, au cours de l'audition d'une personne retenue en application du deuxième alinéa du présent article, il apparaît qu'il existe des raisons plausibles de soupçonner qu'elle a commis ou tenté de commettre un crime ou un délit puni d'une peine d'emprisonnement, elle ne peut être maintenue sous contrainte à la disposition des enquêteurs que sous le régime de la garde à vue. Son placement en garde à vue lui est alors notifié dans les conditions prévues à l'article 63-1.

I – AUDITION LIBRE, GÉNÉRALITÉS

1) **Exigences constitutionnelles.** Le respect des droits de la défense exige qu'une personne à l'encontre de laquelle il apparaît, avant son audition ou au cours de celle-ci, qu'il existe des raisons plausibles de soupçonner qu'elle a commis ou tenté de commettre une infraction pour laquelle elle pourrait être placée en garde à vue, ne puisse être entendue ou continuer à être entendue librement par les enquêteurs que si elle a été informée de la nature et de la date de l'infraction qu'on la soupçonne d'avoir commise et de son droit de quitter à tout moment les locaux de police ou de gendarmerie. Sous cette réserve applicable aux auditions réalisées postérieurement à la publication de la présente décision, les dispositions du second alinéa de l'article 62 du Code de procédure pénale ne méconnaissent pas les droits de la défense (■ Cons. const., 18 nov. 2011, n° 2011-191/194/195/196/197 QPC : *JO* 19 nov. 2011 ; *Gaz. Pal.* 14 janv. 2012, p. 46, note F. Fourment ; *D.* 2011, p. 3034, note H. Matsopoulou ; *JCP* G 2011, 1372, obs. B. Mathieu, p. 1452, note J. Pradel ; *AJ Pénal* 2012, p. 102, note J.-B. Perrier ; *RSC* 2012, p. 185, note J. Danet ; *RSC* 2012, p. 217, obs. B. de Lamy, consid. 20).

2) **Audition et déclarations spontanées.** Aucune disposition législative non plus que réglementaire ne fait obstacle à ce que, en application de l'article 54 du Code de procédure pénale, l'officier de police judiciaire présent sur les lieux d'une infraction flagrante recueille les déclarations sommaires qui lui sont spontanément faites par les personnes qui se présentent à lui, préalablement à leur audition ultérieure. C'est donc à bon droit que la chambre de l'instruction a rejeté le moyen pris de la nullité du procès-verbal de compte-rendu d'infraction initial, tiré de ce que ce procès-verbal relate les déclarations de prostituées recueillies sur les lieux de l'infraction sans que n'aient été respectées les exigences de l'article 62 du Code de procédure pénale (■ Cass. crim., 31 oct. 2017, n° 17-81.842, *A. Maron et M. Haas : Dr. pén.* 2017, n° 12, comm. 185).

3) **Audition à la suite d'un contrôle routier.** Interpellé sur la voie publique à la suite d'un contrôle routier et ne se trouvant pas dans des locaux de police ou de gendarmerie mais étant entendu sur les lieux du contrôle, le prévenu ne saurait invoquer le fait que ne lui ont pas été notifiés les droits de quitter les lieux, d'être assisté par un avocat ou de garder le silence (■ Cass. crim., 23 janv. 2018, n° 17-81.035).

4) **Agents des douanes.** Si les agents des douanes peuvent recueillir des déclarations en vue de la reconnaissance des objets découverts en application de l'article 60 du Code des douanes, ils ne disposent pas d'un pouvoir général d'audition de la personne contrôlée (■ Cass. crim., 18 mars 2020, n° 19-84.372, § 8).

II – RÉGIME DE L'AUDITION LIBRE AVANT LA LOI DU 27 MAI 2014

5) **Notion de contrainte.** Le mineur, conduit par les policiers auprès d'un officier de police judi-

ciaire pour être entendu sur une infraction qu'il était soupçonné d'avoir commise, se trouve nécessairement dans une situation de contrainte et doit bénéficier des droits attachés au placement en garde à vue, prévus par l'article 4 de l'ordonnance du 2 février 1945 (▪ Cass. crim., 13 nov. 2013, n° 13-84.320 : *JurisData* n° 2013-024914 ; *Bull. crim.* n° 220 ; *Procédures* 2015, comm. 55, A. S. Chavent-Leclère ; *D.* 2013, act. 21 nov. 2013, obs. Léna ; *AJ Pénal* 2014, p. 89, obs. L. Belfanti ; *RSC* 2014, p. 138, obs. J. Danet).

6) **Notification des droits.** La personne entendue librement sur la voie publique, non dans les locaux de police ou de gendarmerie, n'a pas à être informée des droits applicables à l'audition libre (résultant de l'article 62 et 78 dans leur version applicables au 22 septembre 2012) et spécialement de son droit de quitter les lieux (▪ Cass. crim., 1er mars 2016, n° 14-87.368 : *JurisData* n° 2016-003539 ; *Bull. crim.* n° 61). La notification du droit de se taire et de ne pas s'accuser n'est reconnue qu'aux personnes placées en garde à vue ou faisant l'objet d'une mesure de rétention douanière. Elle n'a donc pas vocation à s'appliquer à la personne librement entendue, sans que cela ne contredise l'article 6 de la Conv. EDH (▪ Cass. crim., 3 avr. 2013, n° 11-87.333 : *JurisData* n° 2013-006110 ; *Bull. crim.* n° 72 ; *Dr. pén.* 2013, comm. 82, note critique A. Maron). Est inopérant le moyen excipant de la nullité d'une audition libre réalisée sans que n'aient été notifiés le droit de garder le silence et celui d'être assisté d'un avocat dès lors que le prévenu n'était pas placé en garde à vue et que la déclaration de culpabilité ne s'est fondée ni exclusivement ni même essentiellement sur les déclarations recueillies lors de ladite audition (▪ Cass. crim., 22 janv. 2014, n° 13-81.289). *Comp.*, la Cour estime que, pour que le droit à un procès équitable consacré par l'article 6 § 1 demeure suffisamment « concret et effectif », il faut, en règle générale, que l'accès à un avocat soit consenti dès le premier interrogatoire d'un suspect par la police, sauf à démontrer, à la lumière des circonstances particulières de l'espèce, qu'il existe des raisons impérieuses de restreindre ce droit. Même lorsque des raisons impérieuses peuvent exceptionnellement justifier le refus de l'accès à un avocat, pareille restriction – quelle que soit sa justification – ne doit pas indûment préjudicier aux droits découlant pour l'accusé de l'article 6 (▪ CEDH, 27 nov. 2008, n° 36391/02, *Salduz c/ Turquie*, § 55).

7) **Audition libre et garde à vue, articulation.** Il peut être recouru à l'audition libre plutôt qu'à une garde à vue lorsque le prévenu a reconnu avoir suivi de son plein gré les gendarmes et n'avoir subi aucune contrainte (▪ Cass. crim., 18 févr. 2014, n° 13-80.343). Semblablement, il est permis, afin de vérifier la réalité des indices faisant présumer que l'intéressé aurait commis les crimes constatés, de procéder à son audition conformément à l'article 62 du Code de procédure pénale, avant de le placer en garde à vue et de recevoir notification des droits attachés à ce placement (▪ Cass. crim., 19 févr. 1997, nos 95-84.446 et 96-85.915 : *Bull. crim.* n° 66. ▪ Cass. crim., 7 janv. 1998, n° 97-85.623).

8) **Garde à vue et audition libre sur des faits distincts.** Aucune disposition légale ne fait obligation aux officiers de police judiciaire de placer en garde à vue la personne à l'audition de laquelle ils entendent procéder lorsqu'ils n'ont pris dans le cadre de l'enquête qui leur est confiée aucune mesure coercitive à l'encontre de cette personne qui se trouvait déjà en garde à vue dans le cadre d'une autre procédure (▪ Cass. crim., 23 janv. 2013, n° 12-83.798 : *JurisData* n° 2013-000704). Une nouvelle notification des droits ne s'impose pas dès lors que la personne gardée à vue a été régulièrement informée de la nature des faits sur lesquels porte l'enquête distincte et qu'ainsi les droits de l'intéressé ont été respectés (▪ Cass. crim., 17 sept. 2008, n° 07-86.706 : *JurisData* n° 2008-045442).

9) **Sanction des auditions irrégulières.** Une personne mise en examen ne saurait se prévaloir de la méconnaissance des formalités substantielles à l'occasion de l'audition libre d'une autre personne (▪ Cass. crim., 11 févr. 2014, n° 13-86.878 : *Bull. crim.* n° 38). La méconnaissance des formalités substantielles auxquelles est subordonnée l'audition d'une personne ne peut être invoquée à l'appui d'une demande d'annulation d'acte ou de pièce de la procédure que par la partie qu'elle concerne (▪ Cass. crim., 17 juin 2015, n° 14-80.886 : *Bull. crim.* n° 155). Peu importe que les droits du suspect aient été violés pendant l'audition libre dès lors que la Cour de cassation est en mesure de s'assurer que la déclaration de culpabilité ne s'est fondée ni exclusivement ni même essentiellement sur ses déclarations recueillies lors de ladite audition (▪ Cass. crim., 22 janv. 2014, n° 13-81.289. ▪ Cass. crim., 12 juin 2014, n° 13-80.974. ▪ Cass. crim., 18 févr. 2015, n° 13-88.453. ▪ Cass. crim., 19 mai 2016, n° 14-83.803). Si le suspect entendu à plusieurs reprises sous le régime de l'audition libre n'a pas été averti expressément de son droit de quitter à tout moment les locaux de la gendarmerie, la décision de condamnation n'encourt pas pour autant la censure, dès lors qu'il résulte de ses énonciations que la cour d'appel disposait d'éléments suffisants pour retenir sa culpabilité sans se référer aux déclarations recueillies au cours de ces auditions libres (▪ Cass. crim., 17 févr. 2016, n° 15-80.984 : *JurisData* n° 2016-002582).

Art. 62-1 *(L. n° 99-291, 15 avr. 1999 ; L. n° 2001-1062, 15 nov. 2001).* **– Les personnels visés aux articles 16 à 29 concourant à la procédure sont autorisés à déclarer comme domicile l'adresse du siège du service dont ils dépendent.**

G **Art. 62-2** *(L. n° 2011-392, 14 avr. 2011).* **– La garde à vue est une mesure de contrainte décidée par un officier de police judiciaire, sous le contrôle de l'autorité judiciaire, par laquelle une personne à l'encontre de laquelle il existe une ou plusieurs raisons plausibles de soupçonner qu'elle a commis ou tenté de commettre un crime ou un délit puni d'une peine d'emprisonnement est maintenue à la disposition des enquêteurs.**

Cette mesure doit constituer l'unique moyen de parvenir à l'un au moins des objectifs suivants :

1° Permettre l'exécution des investigations impliquant la présence ou la participation de la personne ;

2° Garantir la présentation de la personne devant le procureur de la République afin que ce magistrat puisse apprécier la suite à donner à l'enquête ;

3° Empêcher que la personne ne modifie les preuves ou indices matériels ;

4° Empêcher que la personne ne fasse pression sur les témoins ou les victimes ainsi que sur leur famille ou leurs proches ;

5° Empêcher que la personne ne se concerte avec d'autres personnes susceptibles d'être ses coauteurs ou complices ;

6° Garantir la mise en œuvre des mesures destinées à faire cesser le crime ou le délit.

Bibliographie : Ph. Conte, *Placement en garde à vue et nécessités de l'enquête : Dr. pén.* 2015, étude 12. • J.-L. Lennon, *Les raisons justifiant le placement en garde à vue du suspect : D.* 2006, p. 887.

I – DOMAINE DE LA GARDE À VUE

1) Gravité de l'infraction – séjour irrégulier des étrangers. Le placement en garde à vue n'est possible, en vertu des articles 63 et 67 du Code de procédure pénale, qu'à l'occasion d'enquêtes sur les délits punis d'emprisonnement ; qu'il s'ensuit que le ressortissant d'un pays tiers, entré en France irrégulièrement, par une frontière intérieure à l'espace Schengen, qui n'encourt pas l'emprisonnement prévu à l'article L. 621-2 du Code de l'entrée et du séjour des étrangers et du droit d'asile dès lors que la procédure de retour organisée par la directive 2008/115/CE n'a pas encore été menée à son terme, ne peut être placé en garde à vue à l'occasion d'une procédure de flagrant délit diligentée du seul chef d'entrée irrégulière (▪ Cass. 1re civ., 7 févr. 2018, n° 17-10.338 : *JurisData* n° 2018-001517 ; *Dr. pén.* 2018, comm. 91, A. Maron et M. Haas). Le rétablissement d'un contrôle à la frontière entre l'Espagne et la France, en raison d'une menace grave pour l'ordre public ou la sécurité intérieure, tel que prévu à l'article 25 du règlement 2016/399, ne modifie pas la nature intérieure de la frontière ; il s'en déduit d'une part, que la directive 2008/115/CE du Parlement européen et du Conseil, du 16 décembre 2008, relative aux normes et procédures communes applicables dans les États membres au retour des ressortissants de pays tiers en séjour irrégulier, s'oppose à la réglementation permettant, du seul fait de l'entrée irrégulière par une frontière intérieure, l'emprisonnement d'un ressortissant de pays tiers pour lequel la procédure de retour n'a pas encore été menée à son terme, et d'autre part, qu'à défaut d'infraction punie d'emprisonnement, la garde à vue doit être tenue pour irrégulière (▪ Cass. 1re civ., 13 juin 2019, n° 16-22.548). Il découle de l'article 62-2 du Code de procédure pénale issu de la loi n° 2011-392 du 14 avril 2011 qu'une mesure de garde à vue ne peut être décidée par un officier de police judiciaire que s'il existe des raisons plausibles de soupçonner que la personne concernée a commis ou tenté de commettre un crime ou un délit puni d'emprisonnement. En outre, la mesure doit obéir à l'un des objectifs nécessaires à la conduite de la procédure pénale engagée. À la suite de l'entrée en application de la directive 2008/115/CE du Parlement européen et du Conseil du 16 décembre 2008 relative aux normes et procédures communes applicables dans les États membres au retour des ressortissants d'États tiers en séjour irrégulier, telle qu'interprétée par la Cour de justice de l'Union européenne, le ressortissant d'un État tiers mis en cause, pour le seul délit prévu par l'article L. 621-1 du Code de l'entrée et du séjour des étrangers, n'encourt pas l'emprisonnement lorsqu'il n'a pas été soumis préalablement aux mesures coercitives visées à l'article 8 de ladite directive. Il ne peut donc être placé en garde à vue à l'occasion d'une procédure diligentée de ce seul chef (▪ Cass. crim., avis, 5 juin 2012, n° 11-19.250 : *JurisData* n° 2012-011915 ; *Dr. adm.* 2012, comm. 74, note V. Tchen). Il résulte de la jurisprudence de la Cour de justice de l'Union européenne (arrêts, 28 avr. 2011, C-61/PPU, *El Dridi*, et 6 déc. 2011, C-329/11, *Achughbabian*) que la directive 2008/115/CE s'oppose à une réglementation nationale réprimant le séjour irrégulier d'une peine d'emprisonnement, en ce que cette réglementation est susceptible de conduire, pour ce seul motif, à l'emprisonnement d'un ressortissant d'un pays tiers, lorsque ce dernier, non disposé à quitter le territoire national volontairement, soit n'a pas été préalablement soumis à l'une des mesures coercitives prévues à l'article 8 de cette directive, soit a déjà fait l'objet d'un placement en rétention, mais n'a pas vu expirer la durée maximale de cette mesure. En outre, en cas de flagrant délit, le placement en garde à vue n'est possible, en vertu des articles 63 et 67 du Code de procédure pénale, qu'à l'occasion d'enquêtes sur les délits punis d'emprisonnement. Il s'ensuit que le ressortissant d'un pays tiers, en séjour irrégulier en France, qui n'encourt pas l'emprisonnement prévu par l'article L. 621-1 du Code de l'entrée et du séjour des étrangers et du droit d'asile lorsqu'il se trouve dans l'une ou l'autre situation exposée par la jurisprudence européenne précitée, ne peut être placé en garde à vue à l'occasion d'une procédure de flagrant délit diligentée de ce seul chef (▪ Cass. 1re civ., 5 juill. 2012, nos 11-30.371, 11-30.530 et 11-19.250 : *Bull. crim.* n° 158). La directive 2008/115/CE du Parlement européen et du Conseil, du 16 décembre 2008, relative aux normes et procédures communes applicables dans les États membres au retour des ressortissants de pays tiers en séjour irrégulier, notamment ses articles 15 et 16, doit être interprétée en ce sens qu'elle s'oppose à une réglementation d'un État membre, telle que celle en cause dans l'affaire au principal, qui prévoit l'infliction d'une peine d'emprisonnement à un ressortissant d'un pays tiers en séjour irrégulier pour le seul motif que celui-ci demeure, en violation d'un ordre de quitter le territoire de cet État dans un délai déterminé, sur ledit territoire sans motif justifié (▪ CJUE, 28 avr. 2011, aff. C. 61/11, *El Dridi : Europe* 2011, étude 7, F. Kauff-Gazin ; *JCP* A 2012, 2026, note G. Marti ; *Dr. adm.* 2011, comm. 62, V. Tchen). La directive 2008/115/CE du Parlement européen et du Conseil, du 16 décembre 2008, relative aux normes et procédures communes applicables dans les États membres au retour des ressortissants de pays tiers en séjour irrégulier, doit être interprétée en ce sens qu'elle s'oppose à une réglementation d'un État membre réprimant le séjour irrégulier par des sanctions pénales, pour autant que celle-ci permet l'emprisonnement d'un ressortissant d'un pays tiers qui, tout en séjournant irrégulièrement sur le territoire dudit État membre et n'étant pas disposé à quitter ce territoire volontairement, n'a pas été soumis aux mesures coercitives visées à l'article 8 de cette directive et n'a pas, en cas de placement en rétention en vue de la préparation et de la réalisation de son éloignement, vu expirer la durée maximale de cette rétention (▪ CJUE, 6 déc. 2011, aff. C-329/11, *Achughbabian : JCP* G 2012, note 226, A. Levade ; *Dr. adm.* 2012, comm. 17, V. Tchen).

2) Infractions de presse. L'arrestation préventive de l'inculpé, au sens de l'article 52 de la loi du 29 juillet 1881, s'entend de la détention provisoire, autorisée pour les seuls délits prévus par la loi sur la liberté de la presse qu'il énumère, et non de la garde à vue, mesure prise, pour une courte durée, par un officier de police judiciaire, pour les nécessités de l'enquête ou l'exécution d'une commission rogatoire, à l'encontre d'une personne suspectée d'avoir commis une infraction punie d'un emprisonnement, telle que la provocation à la haine raciale. C'est donc à bon droit que les juges ont considéré que l'article 52 précité ne prohibe pas le placement en garde à vue lorsque celui-ci est autorisé par les dispositions générales régissant la garde à vue (▪ Cass. crim., 14 févr. 2012, n° 11-81.954 : *Bull. crim.* n° 44 ; *Dr. pén.* 2012, chron. 7, V. Lesclous).

II – NÉCESSITÉ DE LA GARDE À VUE

3) Motifs suffisants de la garde à vue. La garde à vue doit être l'unique moyen de parvenir à l'un au moins des objectifs prévus par l'article 62-2 du Code de procédure pénale (▪ Cass. crim., 28 mars 2017, n° 16-85.018 : *Bull. crim.* n° 84 ; *Dr. pén.* 2017, comm. 40, obs. A. Maron et M. Haas ; *Procédures* 2017, comm. 117, A.-S. Chavent-Leclère). Elle peut ainsi être décidée lorsqu'elle constitue le seul moyen de permettre l'exécution des investigations impliquant la présence ou la participation de la personne ou de garantir la présentation de la personne devant le procureur de la République afin que ce magistrat puisse apprécier la suite à donner à l'enquête (▪ Cass. crim., 18 nov. 2014, n° 14-81.332 : *JurisData* n° 2014-028047 ; *Bull. crim.* n° 241 ; *Dr. pén.* 2015, étude 15, P. Conte ; *Procédures* 2015, p. 21, A.-S. Chavent-Leclère. ▪ Cass. crim., 20 oct. 2015, n° 13-87.079 : *JurisData* n° 2015-023356. ▪ Cass. crim., 24 juin 2015, n° 14-86.731 : *JurisData* n° 2015-015463).

4) Motifs insuffisants de la garde à vue. Justifie sa décision au regard de l'article 62-2 du Code de procédure pénale la chambre de l'instruction qui estime que la garde à vue n'est pas nécessaire dès lors que le suspect a coopéré à l'enquête, répondant aux réquisitions aux fins de remise des pièces et aux convocations en vue d'auditions et, que disposant d'une famille et d'une situation connue, il n'existait pas de raisons objectives de penser que celui-ci ne se présenterait pas devant un magistrat, quelle que soit la décision du procureur de la République quant à la suite réservée à la procédure (▪ Cass. crim., 7 juin 2017, n° 16-87.588 : *JurisData* n° 2017-010990 ; *Procédures* 2017, comm. 210, A.-S. Chavent-Leclère ; *Gaz. Pal.* 24 oct. 2017, p. 56, F. Fourment). Aucune enquête n'étant nécessaire après que l'étranger en situation irrégulière ait reconnu les faits, son placement en garde à vue est contraire à l'article 63 du Code de procédure pénale (■ Cass. 1re civ., 25 nov. 2009, n° 08-20.294, (antérieurement à la prohibition de la garde à vue pour séjour irrégulier). Le placement en garde à vue n'a pas à intervenir avant les vérifications de l'état alcoolique du conducteur, conduit en application des dispositions du Code de la route, sans son consentement dans les locaux de la gendarmerie (■ Cass. crim., 21 juin 2006, n° 06-80.392 : *AJ Pénal* 2006, p. 449, C. Girault).

5) Contrôle des motifs de la garde à vue. Il appartient à la chambre de l'instruction de contrôler que la mesure de garde à vue remplit les exigences de l'article 62-2 du Code de procédure pénale. Dans l'exercice de ce contrôle, elle a la faculté de relever un autre critère que celui ou ceux mentionnés par l'officier de police judiciaire (■ Cass. crim., 28 mars 2017, préc.). *Contra* : La décision de placer en garde à vue une personne à l'encontre de laquelle il existe une ou plusieurs raisons plausibles de soupçonner qu'elle a commis ou tenté de commettre une infraction relève d'une faculté que l'officier de police judiciaire tient de la loi et qu'il exerce, dans les conditions qu'elle définit, sous le seul contrôle du procureur de la République ou, le cas échéant, du juge d'instruction (■ Cass. crim., 4 janv. 2005, n° 04-84.876 : *JurisData* n° 2005-026498 ; *Dr. pén.* 2005, comm. 49, note A. Maron ; *D.* 2005, p. 761, note J.-L. Lennon).

III – LOYAUTÉ DANS LA CONDUITE DE LA GARDE À VUE

6) Déloyauté et détournement de procédure. Est contraire à l'article 6 de la Convention européenne des droits de l'Homme, l'article préliminaire du Code de procédure pénale et le principe de loyauté des preuves, la conjugaison des mesures de garde à vue de deux suspects dans des cellules contiguës et de la sonorisation des locaux, en ce qu'elle participe d'un stratagème constituant un procédé déloyal de recherche des preuves ayant conduit à l'auto-incrimination de l'un des suspects (■ Cass. crim., 7 janv. 2014, n° 13-85.246 : *JurisData* n° 2014-025829 ; *Bull. crim.* n° 1 ; *Dr. pén.* 2014, comm. 32, A. Maron et M. Haas ; *Dr. pén.* 2014, étude 7, A. Bergeaud-Wetterwald ; *JCP* G 2014, p. 272, note A. Gallois). Au cours d'une mesure de garde à vue, le placement, durant les périodes de repos séparant les auditions, de deux personnes retenues dans des cellules contiguës préalablement sonorisées, de manière à susciter des échanges verbaux qui seraient enregistrés à leur insu pour être utilisés comme preuve, constitue un procédé déloyal d'enquête mettant en échec le droit de se taire et celui de ne pas s'incriminer soi-même et portant atteinte au droit à un procès équitable (■ Cass. ass. plén., 6 mars 2015, n° 14-84.339 : *JurisData* n° 2015-004033 ; *Dr. pén.* 2015, comm. 58, A. Maron et M. Haas ; *JCP* G 2015, nos 19-20, p. 558, E. Bonis-Garçon ; *D.* 2015, p. 711, note J. Pradel). En revanche la mesure de sonorisation de la cellule d'un prévenu n'est pas en soi contraire au principe de loyauté, même lorsque la cellule est partagée avec un codétenu, dès lors que cette mesure ne s'inscrit pas dans le cadre des auditions et interrogatoires mais dans celui des actes d'investigations, de la recherche de la preuve pour laquelle les dispositions légales autorisent l'utilisation d'une telle méthode technique (■ Cass. crim., 17 mars 2015, préc.).

IV – PROTECTION DE LA VIE PRIVÉE DE LA PERSONNE GARDÉE À VUE

7) L'enregistrement de la parole ou de l'image d'une personne placée en garde à vue est susceptible de constituer une atteinte à l'intimité de sa vie privée. Une personne faisant l'objet d'une garde à vue n'est pas en mesure de s'opposer à cet enregistrement (■ Cass. crim., 21 avr. 2020, n° 19-81.507, P. Conte, *Atteinte à l'intimité de la vie privée. Notion d'intimité* : *Dr. pén.* juill. 2020, nos 7-8, comm. 130 ; P.-J. Delage, *Enregistrement, par des journalistes, des paroles ou de l'image d'une personne placée en garde à vue : quelques remarques de procédure pénale* : *RSC* 2020, p. 679).

Art. 62-3 *(L. n° 2011-392, 14 avr. 2011).* **– La garde à vue s'exécute sous le contrôle du procureur de la République, sans préjudice des prérogatives du juge des libertés et de la détention prévues aux articles 63-4-2 et 706-88 à 706-88-2 en matière de prolongation de la mesure au-delà de la quarante-huitième heure et de report de l'intervention de l'avocat.**

Le procureur de la République apprécie si le maintien de la personne en garde à vue et, le cas échéant, la prolongation de cette mesure sont nécessaires à l'enquête et proportionnés à la gravité des faits que la personne est soupçonnée d'avoir commis ou tenté de commettre.

Il assure la sauvegarde des droits reconnus par la loi à la personne gardée à vue.

Il peut ordonner à tout moment que la personne gardée à vue soit présentée devant lui ou remise en liberté.

Art. 63 *(L. n° 2011-392, 14 avr. 2011, en vigueur le 1er juin 2011 ; L. n° 2014-535, 27 mai 2014).* **– I. – Seul un officier de police judiciaire peut, d'office ou sur instruction du procureur de la République, placer une personne en garde à vue.**

Dès le début de la mesure, l'officier de police judiciaire informe le procureur de la République, par tout moyen, du placement de la personne en garde à vue. Il lui donne connaissance des motifs justifiant, en application de l'article 62-2, ce placement et l'avise de la qualification des faits qu'il a notifiée à la personne en application du 2° de l'article 63-1. Le procureur de la République peut modifier cette qualification ; dans ce cas, la nouvelle qualification est notifiée à la personne dans les conditions prévues au même article 63-1.

II *(II mod., L. n° 2019-222, 23 mars 2019).* **– La durée de la garde à vue ne peut excéder vingt-quatre heures. Toutefois, la garde à vue peut être prolongée pour un nouveau délai de vingt-quatre heures au plus, sur autorisation écrite et motivée du procureur de la République, si l'infraction que la personne est soupçonnée d'avoir commise ou tenté de commettre est un crime ou un délit puni d'une peine d'emprisonnement supérieure ou égale à un an et si la prolongation de la mesure est l'unique moyen de parvenir à l'un au moins des objectifs mentionnés aux 1° à 6° de l'article 62-2 ou de permettre, dans les cas où il n'existe pas dans le tribunal de locaux relevant de l'article 803-3, la présentation de la personne devant l'autorité judiciaire.**

Le procureur de la République peut subordonner son autorisation à la présentation de la personne devant lui. Cette présentation peut être réalisée par l'utilisation d'un moyen de télécommunication audiovisuelle.

III. – Si, avant d'être placée en garde à vue, la personne a été appréhendée ou a fait l'objet de toute autre mesure de contrainte pour ces mêmes faits, l'heure du début de la garde à vue est fixée, pour le respect des durées prévues au II du présent article, à l'heure à partir de laquelle la personne a été privée de liberté. Si la personne n'a pas fait l'objet d'une mesure de contrainte préalable, mais que son placement en garde à vue est effectué dans le prolongement immédiat d'une audition, cette heure est fixée à celle du début de l'audition.

Si une personne a déjà été placée en garde à vue pour les mêmes faits, la durée des précédentes périodes de garde à vue s'impute sur la durée de la mesure

Bibliographie : *Répertoire.* J. Leroy, *Garde à vue : JCl. Proc. pén.*, art. 53 à 73, Fasc. 30.

Généralités. A.-S. Chavent-Leclère, *La garde à vue est morte, vive la garde à vue ! À propos de la loi n° 2011-392 du 14 avril 2011 : Procédures* 2011, étude 7. • F. Fourment, *Après l'affaire Moulin (CEDH, 5 sect., 23 nov. 2010), encore du grain à moudre : D.* 2010, p. 26. • F. Fournié, *Faut-il garder le silence ? : D.* 2010, p. 1850 et s. • A. Gogorza, *L'interrogatoire au stade policier. À propos d'un concept oublié : Dr. pén.* 2015, étude 16. • A. Giudicelli, *Garde à vue : vagues du fond avant la réforme : RSC* 2010, p. 183. • Ch. Guéry, *L'avenir du suspect : AJ Pénal* 2005, p. 232 ; *L'avenir du suspect (suite) : AJ Pénal* 2013, p. 459. • C. Lazerges, *Les désordres de la garde à vue : RSC* 2010, 275. • J. Leroy, *Le parquet peut-il contrôler la garde à vue ? Oui, mais... : JCP G* 2010, 214 ; *La décision du Conseil constitutionnel sur la nouvelle garde à vue : une décision dérangeante : Dr. pén.* 2012, n° 4. • A. Maron et M. Haas, *Tandis que les gardes à vue explosent, la garde à vue implose... : Dr. pén.* 2010, Dossier 3. • B. Mathieu, *Régulation. GAV : rapports entre les systèmes constitutionnels et conventionnels : JCP G* 2011, p. 705. • H. Matsopoulou, *Garde à vue : la Cour de cassation partagée entre conventionalité et constitutionnalité, à propos des arrêts de la chambre criminelle du 19 octobre 2010 : JCP G* 2010, 1104. • R. Merle, *La garde à vue : Gaz. Pal.* 1969, 2, doctr. p. 18 ; *Le problème du contrôle juridictionnel de la garde à vue : Mél. Couzinet*, 1974, p. 551 et *Mél. Merle*, Cujas, 1993, p. 159. • Y. Muller, *La réforme de la garde à vue ou la figure brisée de la procédure pénale française : Dr. pén.* 2011, étude, n° 4. • S. Pellé, *Garde à vue : la réforme de la réforme (acte 1) : D.* 2014, chron., p. 1508. • J.-P. Perrier, *Garde à vue II : l'excès de pragmatisme du Conseil constitutionnel, garant de la méconnaissance des droits fondamentaux : AJ Pénal* 2012, p. 102. • J. Pradel, *Vers une métamorphose de la garde à vue. Après la « décision pilote » du Conseil constitutionnel du 30 juillet 2010 et les arrêts de la chambre criminelle du 19 octobre 2010 : D.* 2010, p. 2783 ; *Un regard perplexe sur la nouvelle garde à vue ; L'enquête pénale aujourd'hui. Vers une stabilisation dans l'équilibre ? : D.* 2014, chron. p. 1647. • E. Vergès, *L'enquête pénale au cœur d'un changement de paradigme : Le statut et les droits de la personne mise en cause dans la procédure pénale : RPDP* 2009, p. 837 ; *Le statut juridique du suspect : un premier défi pour la transposition du droit de l'Union européenne en procédure pénale : Dr. pén.* 2014, étude 15. • H. Vlamynck, *Approche policière pratique du projet de loi relatif à la garde à vue : AJ Pénal* 2010, 474 ; *La garde à vue, du Code d'instruction criminelle à nos jours : AJ Pénal* 2008, 257.

I – PLACEMENT EN GARDE À VUE

1) Caractère facultatif. La personne qui se présente librement aux services de police peut être entendue sans être placée en garde à vue (■ Cass. crim., 28 juin 2000, n° 99-81.688 : *JurisData* n° 2000-003145). En effet, aucune disposition conventionnelle n'impose qu'une personne contre laquelle il existe des indices permettant de penser qu'elle a commis une infraction soit placée en garde à vue

(■ Cass. crim., 8 sept. 2004, n° 03-87.428). Il en va tout autrement lorsqu'une personne est maintenue sous la contrainte, à la disposition de la police judiciaire. En effet, privé de sa liberté d'aller et de venir, le suspect doit être considéré en garde à vue (■ Cass. crim., 6 déc. 2000, n° *JurisData* n° 2000-007689 ; *Procédures* 2001, comm. 115, J. Buisson). Mais les officiers peuvent entendre librement la personne placée en garde à vue la veille, puis remise en liberté, dès lors qu'elle s'est présentée librement au commissariat (■ Cass. crim., 28 juin 2000, n° 99-81.688 : *Bull. crim.* n° 251).

II – AVIS AU PROCUREUR DE LA RÉPUBLIQUE

2) Obligation. L'officier de police judiciaire qui, pour les nécessités de l'enquête, place en garde à vue une personne à l'encontre de laquelle il existe une ou plusieurs raisons plausibles de soupçonner qu'elle a commis ou tenté de commettre une infraction, doit en informer le procureur de la République dès le début de cette mesure. La mise en œuvre de cette obligation ne peut être retardée qu'en cas de circonstances insurmontables (■ Cass. crim., 12 avr. 2005, n° 04-86.780 : *Bull. crim.* n° 125).

3) Manquement à l'obligation, grief. Lorsque l'officier de police judiciaire informe le procureur de la République d'un placement en garde à vue, il doit lui donner connaissance des motifs de ce placement et en faire mention dans le procès-verbal. Le défaut d'accomplissement de ces formalités fait nécessairement grief à la personne concernée (■ Cass. crim., 25 juin 2013, n° 13-81.977 : *Bull. crim.* n° 154). Semblablement, tout retard dans l'accomplissement de cette obligation d'information, non justifié par des circonstances insurmontables, fait nécessairement grief aux intérêts de la personne concernée (■ Cass. crim., 10 mai 2001, n° 01-81.441 : *JurisData* n° 2001-009969 ; *Bull. crim.* n° 119 ; *Procédures* 2001, comm. 184, obs. J. Buisson. ■ Cass. crim., 23 juin 2004, n° 04-82.638 : *JurisData* n° 2004-024736. ■ Cass. crim., 24 mai 2006, n° 06-82.123 : *JurisData* n° 2006-034197. ■ Cass. crim., 23 août 2006, n° 06-83.790 : *JurisData* n° 2006-035110. ■ Cass. crim., 27 nov. 2007, n° 07-83.786 : *JurisData* n° 2007-042095). ■ Cass. crim., 24 mai 2016, n° 16-80.564 : *JurisData* n° 2016-009880).

4) Formalisme et preuve de l'avis. Il ne ressort pas des dispositions de l'article 63 du Code de procédure pénale que le procès-verbal d'avis au parquet doive, à peine de nullité, mentionner le moyen par lequel ce magistrat a été avisé (■ Cass. crim., 22 oct. 2019, n° 18-86.530). Aucune disposition légale ou conventionnelle n'impose que l'accomplissement de la formalité relative à l'information du procureur de la République d'un placement en garde à vue, soit consigné dans un procès-verbal dressé par l'officier de police judiciaire, toute pièce de la procédure pouvant servir à établir l'existence de cette formalité (■ Cass. crim., 14 févr. 2001 : *JurisData* n° 2001-009127 ; *Procédures* 2001, comm. 160, obs. J. Buisson). L'information peut être transmise grâce à « un billet de garde à vue » (■ Cass. crim., 14 avr. 2010, n° 10-80.562 : *JurisData* n° 2010-005957 ; *Bull. crim.* n° 73), une télécopie (■ Cass. crim., 22 janv. 2013, n° 10-87.021 : *JurisData* n° 2013-001636) à une auditrice de justice assistant le magistrat du ministère public (■ Cass. crim., 31 oct. 2001, n° 01-85.345 : *JurisData* n° 2001-011769 ; *Bull. crim.* n° 227) ou à tout membre du parquet de la juridiction compétente, en raison de l'indivisibilité du ministère public qui veut que les magistrats du parquet peuvent se substituer les uns aux autres (■ Cass. crim., 26 juin 2013, n° 11-81.296 : *JurisData* n° 2013-017285). Il faut cependant que les motifs de la garde à vue et la qualification juridique des faits soient portés à sa connaissance (■ Cass. crim., 25 juin 2013, n° 13-81.977 : *JurisData* n° 2013-014619 ; *Bull. crim.* n° 154). Le procureur de la République présent sur les lieux de l'arrestation ayant précédé la garde à vue, par la brigade qu'il a lui-même chargée de l'enquête, est nécessairement au courant de la mesure privative de liberté ainsi que de ses motifs et de la qualification juridique des faits (■ Cass. crim., 15 mars 2016, n° 15-86.023 : *JurisData* n° 2016-004619). Il en est de même lorsque, mettant fin à une retenue douanière, le procureur de la République ordonne lui-même le placement en garde à vue du suspect (■ Cass. crim., 23 nov. 2013, n° 12-86.951). La personne mise en examen ne saurait se faire grief de ce que le procès-verbal rendant compte de l'information du procureur de la République en application de l'article 63 du Code de procédure pénale ne comporte pas toutes les mentions exigées par ce texte, dès lors que la Cour de cassation est en mesure de s'assurer que ce magistrat, qui dirigeait l'enquête ouverte pour trafic de stupéfiants, avait ordonné, la veille, la comparution de l'intéressé, au besoin par la force publique, pour éviter la disparition des indices matériels, et avait sollicité du juge des libertés et de la détention une autorisation de perquisition sans assentiment en vue de rechercher des produits stupéfiants et d'identifier les auteurs de l'infraction. Il résulte en effet de ces circonstances que le procureur de la République était nécessairement informé de la qualification des faits et de la nécessité d'une mesure de garde à vue pour éviter la disparition des indices matériels (■ Cass. crim., 26 juin 2018, n° 18-80.596).

5) Moment de l'avis. Satisfait aux conditions de l'article 63 du Code de procédure pénale, le délai de 50 minutes entre le début de la garde à vue et l'information du procureur de la République s'expliquant par les conditions de l'interpellation (état d'excitation et d'énervement qualifié d'extrême par les militaires et gendarmes), le délai de route entre le lieu d'interpellation et la brigade de gendarmerie et par le temps nécessaire à la vérification du taux d'imprégnation alcoolique, ainsi qu'à la notification à l'intéressé de la mesure et de l'ensemble des droits qui y sont attachés (■ Cass. crim., 7 janv. 2020, n° 18-86.974, § 9). L'avis donné immédiatement et dans l'heure qui a suivi la garde à vue satisfait aux conditions de l'article 63 du Code de procédure pénale (■ Cass. crim., 22 janv. 2013, n° 10-87.021 : *JurisData* n° 2013-001636). La décision rejetant la requête en nullité de la garde à vue est justifiée dès lors que, d'une part, le procureur de la République a été avisé du placement en garde à vue du mineur dans le délai de 30 minutes ayant suivi le début de cette mesure et, d'autre part, que le mis en examen ne démontre aucun grief résultant de ce que, préalablement à cet avis, son représentant légal a été informé de ladite mesure (■ Cass. crim., 20 déc. 2017, n° 17-84.017 : *JurisData* n° 2017-026510 ; *Procédures* 2018, comm. 90, A.-S. Chavent-Leclère ; *Dr. famille* 2018, comm. 163, P. Bonfils). Une erreur matérielle dans la date et l'heure de l'avis donné au procureur de la République peut être corrigée au vu de l'ensemble des procès-verbaux (■ Cass. crim., 2 févr. 2016, n° 14-88.541 : *JurisData* n° 2016-001515).

6) Retard justifié. Un retard d'une heure et quinze minutes dans l'information du procureur de la République se trouve justifié par la nécessité de transférer le suspect à l'hôpital, qui refusant les soins, est à nouveau conduit au commissariat (■ Cass. crim., 27 nov. 2007, n° 07-83.786 : *JurisData* n° 2007-042095). Est semblablement justifié le retard de plus de deux heures apporté à l'information du procureur de la République dès lors, d'une part, que plusieurs tentatives d'appel ont été effectuées, dans le délai légal, depuis plusieurs lieux dépendant de parquets distincts où les policiers avaient été conduits par la nécessité de procéder à des interpellations successives, et, d'autre part, que ce n'est que par l'effet d'une erreur de transcription du numéro, en cours d'opération, que les appels n'avaient pas abouti, le parquet ayant pu finalement être joint depuis le siège du service enquêteur (■ Cass. crim., 26 mars 2014, n° 13-87.764).

7) Retard injustifié. Ne constitue pas une circonstance insurmontable justifiant le retard dans l'avis donné au procureur de la République le fait pour le suspect retenu de dissimuler son identité en donnant de fausses informations (■ Cass. crim., 18 mai 2005, n° 04-50.018). Un retard de 1 h 15 min doit être considéré comme tardif dès lors qu'aucune circonstance insurmontable n'est établie permettant de le justifier (■ Cass. crim., 20 mars 2000, n° 06-89.050 : *JurisData* n° 2007-038315 ; *AJ Pénal* 2007, p. 231).

III – PROLONGATION DE LA GARDE À VUE

8) Suppression de l'obligation de présentation au procureur de la République, constitutionnalité. Si l'article 63, II du Code de procédure pénale supprime le principe selon lequel le gardé à vue doit être présenté devant le procureur de la République avant que celui-ci autorise la prolongation de la garde à vue, il prévoit toutefois que le procureur de la République peut toujours subordonner son autorisation de prolongation à la présentation de la personne devant lui. D'autre part, en application de l'article 62-3 du Code de procédure pénale, le déroulement de la garde à vue demeure placé sous le contrôle du procureur de la République, à qui il appartient d'apprécier si le maintien de la personne en garde à vue et, le cas échéant, la prolongation de cette mesure, sont nécessaires à l'enquête et proportionnés à la gravité des faits que la personne est soupçonnée d'avoir commis. Par ailleurs, il lui incombe d'assurer la sauvegarde des droits reconnus par la loi à la personne gardée à vue. Enfin, le procureur de la République peut ordonner à tout moment que la personne gardée à vue soit présentée devant lui ou remise en liberté. Dès lors, la première phrase du dernier alinéa du paragraphe II de l'article 63 du Code de procédure pénale ne méconnaît pas l'article 66 de la Constitution (■ Cons. const., 21 mars 2019, n° 2019-778 DC, § 180-181 : A. Botton, *Contrôle de la loi de programmation Justice : le Conseil constitutionnel entre « moustiques et chameaux » de procédure pénale* : *JCP G* 2019, n° 4, p. 359).

9) Prolongation de la garde à vue sans présentation au procureur de la République, droit antérieur. Lorsqu'à titre exceptionnel, le procureur de la République accorde la prolongation de la garde à vue sans présentation préalable de la personne concernée, sa décision doit être écrite et motivée. L'omission de cette formalité porte nécessairement atteinte aux intérêts de la personne gardée à vue (■ Cass. crim., 9 mai 2001, n° 01-82.104 : *Bull. crim.* n° 115, à propos de l'enquête préliminaire applicable à la flagrance depuis la loi n° 2011-392 du 14 avril 2011). Si c'est à tort que les juges retiennent qu'il ne leur appartient pas d'apprécier les motifs pour lesquels le ministère public a autorisé la prolongation sans présentation préalable des intéressés, la cassation n'est cependant pas encourue, dès lors qu'il résulte des pièces de la procédure qu'à la suite des demandes des enquêteurs, invoquant des auditions et des investigations empêchant la présentation devant le magistrat, le procureur de la République a, aux termes de son autorisation écrite, accordé les prolongations pour procéder à de nouvelles auditions, sans présentation préalable, compte tenu des nécessités du service (▪ Cass. crim., 30 oct. 2001, n° 01-85.328 : *Bull. crim.* n° 222). Le caractère exceptionnel des circonstances permettant de prolonger la garde à vue sans présentation préalable de la personne concernée relève de l'appréciation souveraine de la chambre de l'instruction (▪ Cass. crim., 22 oct. 2013, n° 13-81.945 : *Bull. crim.* n° 196, à propos d'une instruction). Aucune disposition du Code de procédure pénale n'impose de préciser l'heure à laquelle est rendue l'autorisation de prolongation de la garde à vue dès lors qu'il résulte du procès-verbal que la présentation au magistrat compétent a bien été effectuée avant l'expiration du délai initial de 24 heures (▪ CA Douai, ch. d'acc., 16 janv. 1994 : *JurisData* n° 1994-040535).

IV – CONTRÔLE DE LA GARDE À VUE

10) Toute mesure de garde à vue, y compris celle menée sous la direction du procureur de la République étant soumise au contrôle d'une juridiction indépendante et impartiale, est compatible avec l'article 5 § 3 de la Conv. EDH (▪ Cass. crim., 6 mai 2014, n° 13-82.281). *Comp.* Si c'est à tort que la chambre de l'instruction a retenu que le ministère public est une autorité judiciaire au sens de l'article 5 § 3 de la Convention européenne des droits de l'Homme, alors qu'il ne présente pas les garanties d'indépendance et d'impartialité requises par ce texte et qu'il est partie poursuivante, le contrôle de la garde à vue par le procureur de la République n'en demeure pas moins possible, dès lors que le demandeur a été libéré à l'issue d'une privation de liberté d'une durée compatible avec l'exigence de brièveté imposée par le texte conventionnel précité (▪ Cass. crim., 15 déc. 2010, n° 10-83.674 : *JurisData* n° 2010-023523. ▪ Cass. crim., 18 janv. 2011, n° 10-84.980 : *JurisData* n° 2011-000648. ▪ Cass. crim., 20 mars 2013, n° 12-82.112 : *JurisData* n° 2013-007297). *Ou encore*, le pouvoir de contrôler les mesures de garde à vue, exercé en application de l'article 40, alinéa 3, du Code de procédure pénale, a été attribué au procureur de la République en raison de sa qualité d'autorité judiciaire, au sens des articles 64 et 66 de la Constitution. En rappelant cette qualité au considérant 26 de sa décision n° 2010-14/22 du 30 juillet 2010, le Conseil constitutionnel a reconnu la conformité à la Constitution des pouvoirs que le procureur de la République exerce à l'occasion des gardes à vue mises en œuvre au cours des enquêtes de crime ou délit flagrant et des enquêtes préliminaires. Il résulte ainsi des termes de la Constitution et de l'interprétation qui en est faite par le Conseil constitutionnel, que le pouvoir général de contrôle de la garde à vue conféré au procureur de la République n'est pas incompatible avec les prérogatives dévolues aux magistrats du ministère public par l'article 40-1 du Code de procédure pénale (▪ Cass. crim., 17 janv. 2012, n° 11-90.114 : *JurisData* n° 2012-000355. ▪ Cass. crim., 4 avr. 2012, n° 12-90.010 : *JurisData* n° 2012-006394).

V – DURÉE DE LA GARDE À VUE

A – Durée initiale

11) Début de la garde à vue, notion de contrainte. La personne qui, pour les nécessités de l'enquête, est, sous la contrainte, tenue à la disposition d'un officier de police judiciaire, doit immédiatement être placée en garde à vue et recevoir notification des droits attachés à cette mesure. Tel est le cas lorsque, interpellé, le suspect est privé de sa liberté d'aller et de venir (▪ Cass. crim., 6 déc. 2000, n° 00-86.221 : *Bull. crim.* n° 367 ; *Procédures* 2001, n° 115, obs. J. Buisson), ou lorsqu'il a été contraint de suivre les policiers dans les locaux du commissariat (▪ Cass. crim., 6 mai 2003, n° 02-87.567 : *JurisData* n° 2003-019167 ; *Bull. crim.* n° 93 ; *JCP* 2003, IV, p. 2176 ; *Procédures* 2003, comm. 178, J. Buisson). En revanche, celui qui a accepté de suivre les gendarmes jusqu'à leur brigade et qui n'est resté dans leurs locaux que pendant le temps nécessaire à son audition, n'a fait l'objet d'aucune mesure de coercition nécessitant son placement sous le régime de la garde à vue (▪ Cass. crim., 28 juin 2000, préc. ▪ Cass. crim., 12 oct. 2005, n° 05-81.848). Semblablement, ni la convocation à comparaître devant un magistrat ni la présence de l'intéressé lors d'une perquisition ne sont constitutives de contrainte justifiant le placement en garde à vue (▪ Cass. crim., 3 avr. 2013, n° 12-88.428 : *Bull. crim.* n° 74).

12) Déroulement de la garde à vue. Les personnes à l'encontre desquelles il existe des indices faisant présumer qu'elles ont commis ou tenté de commettre une infraction peuvent être gardées à vue pendant une durée n'excédant pas 24 heures. Tel est le cas encore qu'aucun acte n'ait été diligenté entre l'audition de l'intéressé quelques heures après le placement en garde à vue et la levée de cette mesure, effectuée le lendemain (▪ Cass. ch. mixte, 7 juill. 2000, n° 98-50.007 : *JurisData* n° 2000-002860 ; *Bull. crim.* n° 257 ; *JCP* G 2000, II,

10418, note C. Guérin ; *Procédures* 2001, comm. 17, obs. J. Buisson ; *RSC* 2001, p. 189, note Giudicelli).

B – Prolongation

13) Droits de la défense. Les dispositions de l'article 63 II du Code de procédure pénale, qui ne prévoient pas que l'avocat de la personne gardée à vue soit entendu en ses observations préalablement à la décision sur la prolongation de cette mesure, ne sont pas contraires aux articles 5 et 6 de la Convention européenne des droits de l'Homme qui n'exigent pas la présence de l'avocat à ce stade de la procédure, les droits de la défense de la personne concernée étant assurés par celui qu'elle a de s'entretenir avec un avocat à différents moments de la garde à vue et d'être assistée par ce conseil lors de ses auditions (▪ Cass. crim., 22 oct. 2013, n° 13-81.945, n° 196).

14) Compétences concurrentes. Aucune disposition légale ne fait obstacle à ce que, dans le cadre d'une enquête de flagrance, la prolongation d'une mesure de garde à vue soit autorisée par le procureur de la République saisi des faits en raison du domicile de la personne interpellée, même si la garde à vue se déroule dans le lieu, différent, de l'arrestation, les deux parquets étant alors conjointement compétents (▪ Cass. crim., 4 janv. 2006, n° 05-86.086 : *Bull. crim.* n° 5 ; *RSC* 2007, p. 604, obs. J. Buisson). La compétence concurrente que le procureur de la République sous la direction duquel l'enquête est menée et celui du lieu d'exécution de la mesure tirent de l'article 63-9 du Code de procédure pénale pour ordonner la prolongation de la garde à vue a pour conséquence que ces magistrats sont semblablement compétents pour saisir le juge des libertés et de la détention compétent aux fins de prolongation supplémentaire de la garde à vue en application de l'article 706-88 du Code de procédure pénale, ce texte ne comportant aucune restriction à cet égard (▪ Cass. crim., 23 nov. 2016, n° 16-81.904 : *Bull. crim.* n° 306).

C – Computation des délais

15) Gardes à vue portant sur des faits identiques. La durée totale de la garde vue ne saurait, sauf exceptions, excéder 48 heures. Le dépassement de ce délai, même si les mesures ont été successivement ordonnées en application de phases procédurales distinctes, constitue par lui-même une atteinte aux intérêts de la personne concernée (▪ Cass. crim., 13 févr. 1996 : *Bull. crim.* n° 174 ; *Dr. pén.* 1996, comm. 143 ; *D.* 1996, somm. 258, obs. J. Pradel).

16) Gardes à vue portant sur des faits distincts. Lorsque les gardes à vue concernent des faits distincts, leur durée n'a pas à être cumulée (▪ Cass. crim., 15 déc. 1999 : *Bull. crim.* n° 311 ; *Dr. pén.* 2000, comm. 50, obs. Maron. ▪ Cass. crim., 2 sept. 2004, n° 04-84.010 : *Bull. crim.* n° 196). Les officiers de police judiciaire, qui avaient le pouvoir de vérifier, dans le cadre d'une enquête préliminaire, les éléments relatifs aux faits distincts portés à leur connaissance au cours d'une enquête de flagrance, ont régulièrement procédé au placement en garde à vue ultérieur du demandeur du chef de ces faits nouveaux, sans qu'il n'y ait lieu de cumuler les durées des différentes mesures (▪ Cass. crim., 25 avr. 2017, n° 16-86.902 : *JurisData* n° 2017-022840). Toutefois, si la personne subit, même à l'occasion de faits distincts et indépendants, deux gardes à vue immédiatement successives, la durée totale de la retenue ininterrompue ne saurait excéder la durée légale de la garde à vue, le dépassement de cette durée portant nécessairement atteinte aux intérêts de la personne concernée (▪ Cass. crim., 17 mars 2004, n° 03-87.739 : *JurisData* n° 2004-023195 ; *Dr. pén.* 2004, comm. 96, A. Maron ; *RSC* 2005, p. 378, obs. J. Buisson ; *D.* 2005, pan. 686, obs. J. Pradel).

17) Gardes à vue et audition sans contrainte. La durée de la garde à vue qui suit immédiatement une audition sans contrainte est calculée à compter de l'heure de l'arrivée de l'intéressé dans le service de police (▪ Cass. crim., 6 mai 1997 : *Bull. crim.* n° 174). La computation suppose néanmoins que les mesures se succèdent sans interruption (▪ Cass. crim., 28 juin 2000 : *Bull. crim.* n° 251).

18) Gardes à vue et autres mesures de retenue. Si l'article 323 du Code des douanes prévoit la computation de la durée de la retenue douanière sur la durée de la garde à vue, cette imputation a seulement pour objet de limiter la durée maximale de privation de liberté de la personne en cause et est sans effet sur les régimes respectifs de ces mesures (▪ Cass. crim., 1er mars 1994, n° 94-80.571 : *JurisData* n° 1994-000541 ; *Bull. crim.* n° 59. ▪ Cass. crim., 1er avr. 1998, n° 97-84.372 : *JurisData* n° 1998-001853 ; *Dr. pén.* 1998, comm. 91 et 92, note A. Maron. ▪ Cass. crim., 25 avr. 2001, n° 01-81.180 : *JurisData* n° 2001-009716 ; *Dr. pén.* 2001, comm. 108, note A. Maron). La garde à vue et la rétention judiciaire résultant de l'exécution d'un mandat d'arrêt européen sont des mesures de nature distincte qui n'ont pas le même objet, même si l'article 695-27 du Code de procédure pénale prévoit que pendant le délai de rétention, les dispositions des articles 63-1 à 63-5 de ce code ont vocation à s'appliquer. Il en résulte que leurs délais cumulés peuvent excéder la durée maximale de la garde à vue (▪ Cass. crim., 13 avr. 2010, n° 10-81.810 : *Bull. crim.* n° 68 ; *D.* 2010, p. 1214, obs. C. Girault). Il en va de même de la garde à vue et d'une mesure de rétention judiciaire prise en application de l'article 716-5 du Code de procédure pénale (▪ Cass. crim., 23 juill. 2008, n° 08-81.832 : *Dr. pén.* 2009, chron. 8, obs. V. Lesclous). Semblablement le fait, à l'issue de la garde à vue, de déposer l'intéressé dans les geôles à la disposition du procureur de la République vaut présentation à ce magistrat. La durée du déferrement ne s'additionne pas à celle de la garde à vue (■ Cass. crim., 18 oct. 2000, n° 00-84.471 ; V. depuis L. 2004-204 du 9 mars 2004, art. 803-2 et s., p. 1871). Lorsque la personne est placée en garde à vue après avoir fait l'objet d'une mesure de privation de liberté en application du premier alinéa de l'article L. 3341-1 du Code de la santé publique, la protection constitutionnelle de la liberté individuelle par l'autorité judiciaire exige que la durée du placement en chambre de sûreté, qui doit être consignée dans tous les cas par les agents de la police ou de la gendarmerie nationales, soit prise en compte dans la durée de la garde à vue (■ Cons. const., déc. 8 juin 2012, n° 2012-253 QPC : *JurisData* n° 2012-012959 ; Procédures 2012, comm. 256, obs. A.-S. Chavent-Leclère).

19) Garde à vue et surveillance médicale. La garde à vue a pour objet l'audition de la personne retenue à la disposition d'un officier de police judiciaire. Tel n'est pas le cas d'une mesure de simple surveillance organisée sous le contrôle du juge d'instruction. Aussi, la durée d'une prise en charge médicale momentanée ne doit être imputée sur celle de la garde à vue qu'autant que cette mesure est toujours en cours pendant la période de soins (■ Cass. crim., 13 oct. 1998, n° 98-82.522 : *Bull. crim.* n° 254 ; *Procédures* 1999, comm. 45, obs. J. Buisson ; *Dr. pén.* 1999, obs. A. Maron. ■ Cass. crim., 11 juill. 1994, n° 94-82.220 : *Bull. crim.* n° 273).

VI – SANCTION DE LA GARDE À VUE

20) Qualité pour agir. La méconnaissance des formalités substantielles auxquelles est subordonnée la garde à vue ne peut être invoquée à l'appui d'une demande d'annulation d'acte ou de pièce de procédure que par la partie qu'elle concerne (■ Cass. crim., 14 févr. 2012, n° 11-84.694 : *JurisData* n° 2012-002124 ; *D.* 2012, p. 779, note H. Matsopoulou ; *AJ Pénal* 2012, p. 159, note C. Guery ; *RSC* 2012, p. 394, obs. D. Boccon-Gibod. ■ Cass. crim., 11 juill. 2012, n° 11-85.220 : *JurisData* n° 2012-015548 ; *Bull. crim.* n° 166. ■ Cass. crim., 12 sept. 2012, n° 11-87.281 : *JurisData* n° 2012-021453. ■ Cass. crim., 12 sept. 2012, n° 11-87.281 : *JurisData* n° 2012-021453 ; *Bull. crim.* n° 185. ■ Cass. crim., 11 déc. 2013, n° 12-83.296 : *JurisData* n° 2013-028464).

21) Grief. Se reporter à chacune des conditions de la garde à vue.

22) Portée de la nullité. La nullité de la garde à vue doit être étendue à tous les actes dont elle a été le support nécessaire, mais seulement à ceux-là (■ Cass. crim., 12 avr. 2005, n° 04-86.780 : *Bull. crim.* n° 125. ■ Cass. crim., 3 avr. 2007, n° 06-87.264 : *Bull. crim.* n° 104. ■ Cass. crim., 11 mars 2014, n° 13-86.965 : *Bull. crim.* n° 71). Sont ainsi hors de cause les procès-verbaux de l'interpellation antérieure à la garde à vue, le dépôt de plainte et l'audition de témoins (■ Cass. crim., 3 avr. 2007, préc.) ou le procès-verbal d'une saisie ne faisant aucune référence aux déclarations recueillies lors de la garde à vue irrégulière (■ Cass. crim., 11 mars 2014, préc.) La nullité de la garde à vue ne s'étend pas à la convocation délivrée au prévenu de comparaître devant le tribunal correctionnel dès lors que les constatations initiales effectuées dans le cadre de l'enquête de flagrance, l'audition de la victime et le certificat médical produit par elle justifiaient que des poursuites soient engagées (■ Cass. crim., 3 nov. 2010, n° 09-87.017 : *Bull. crim.* n° 171). La régularité du procès-verbal récapitulatif du déroulement de la garde à vue permettant de vérifier l'heure de la levée de cette mesure n'est pas affectée par l'absence de notification des droits aux personnes gardées à vue. Il peut donc servir à déterminer si les intéressés ont comparu le jour même devant le magistrat du parquet qui a ordonné son déferrement (■ Cass. crim., 24 mai 2014, n° 13-87.095 : *Bull. crim.* n° 140).

Art. 63-1 *(Mod., L. n° 2016-731, 3 juin 2016)*. **– La personne placée en garde à vue est immédiatement informée par un officier de police judiciaire ou, sous le contrôle de celui-ci, par un agent de police judiciaire, dans une langue qu'elle comprend, le cas échéant au moyen du formulaire prévu au treizième alinéa :**

1° De son placement en garde à vue ainsi que de la durée de la mesure et de la ou des prolongations dont celle-ci peut faire l'objet ;

2° De la qualification, de la date et du lieu présumé de l'infraction qu'elle est soupçonnée d'avoir commise ou tenté de commettre ainsi que des motifs mentionnés aux 1° à 6° de l'article 62-2 justifiant son placement en garde à vue ;

3° Du fait qu'elle bénéficie :

– du droit de faire prévenir un proche et son employeur, ainsi que, si elle est de nationalité étrangère, les autorités consulaires de l'état dont elle est ressortissante et, le cas échéant, de communiquer avec ces personnes, conformément à l'article 63-2 ;

– du droit d'être examinée par un médecin, conformément à l'article 63-3 ;

– du droit d'être assistée par un avocat, conformément aux articles 63-3-1 à 63-4-3 ;
– s'il y a lieu, du droit d'être assistée par un interprète ;
– du droit de consulter, dans les meilleurs délais et au plus tard avant l'éventuelle prolongation de la garde à vue, les documents mentionnés à l'article 63-4-1 ;
– du droit de présenter des observations au procureur de la République ou, le cas échéant, au juge des libertés et de la détention, lorsque ce magistrat se prononce sur l'éventuelle prolongation de la garde à vue, tendant à ce qu'il soit mis fin à cette mesure. Si la personne n'est pas présentée devant le magistrat, elle peut faire connaître oralement ses observations dans un procès-verbal d'audition, qui est communiqué à celui-ci avant qu'il ne statue sur la prolongation de la mesure ;
– du droit, lors des auditions, après avoir décliné son identité, de faire des déclarations, de répondre aux questions qui lui sont posées ou de se taire.

Si la personne est atteinte de surdité et qu'elle ne sait ni lire, ni écrire, elle doit être assistée par un interprète en langue des signes ou par toute personne qualifiée maîtrisant un langage ou une méthode permettant de communiquer avec elle. Il peut également être recouru à tout dispositif technique permettant de communiquer avec une personne atteinte de surdité.

Si la personne ne comprend pas le français, ses droits doivent lui être notifiés par un interprète, le cas échéant après qu'un formulaire lui a été remis pour son information immédiate.

Mention de l'information donnée en application du présent article est portée au procès-verbal de déroulement de la garde à vue et émargée par la personne gardée à vue. En cas de refus d'émargement, il en est fait mention.

En application de l'article 803-6, un document énonçant ces droits est remis à la personne lors de la notification de sa garde à vue.

Bibliographie : J. Alix, *Les droits de la défense au cours de l'enquête de police après la réforme de la garde à vue : état des lieux et perspectives* : *D.* 2011, 1699. • A. Botton, *Droit à l'information dans le cadre des procédures pénales : un projet de loi contrasté* : *D.* 2014, point de vue, p. 431. • G. Taupiac-Nouvel et A. Botton, *La réforme du droit à l'information en procédure pénale* : *JCP* G 2014, doctr. p. 802. Pour l'enregistrement sonore ou audiovisuel, à titre expérimental, de la notification des droits de la personne gardée à vue, voir l'article 50, II de la loi n° 2019-222 du 23 mars 2019 de programmation 2018-2022 et de réforme pour la justice. • Sur l'enregistrement audiovisuel de la notification des droits, V. D. n° 2019-1421, 20 déc. 2019, portant application de l'article 50 de la loi n° 2019-222 du 23 mars 2019 de programmation 2018-2022 et de réforme pour la justice.

1) Constitutionnalité du régime de la garde à vue (Décision antérieure à la loi n° 2011-392 du 11 avril 2011). Les articles 62, 63, 63-1, 63-4, alinéas 1er à 6, et 77 du Code de procédure pénale n'instituent pas les garanties appropriées à l'utilisation qui est faite de la garde à vue compte tenu des évolutions précédemment rappelées (à savoir les évolutions ayant contribué à banaliser le recours à la garde à vue, y compris pour des infractions mineures et qui ont renforcé l'importance de la phase d'enquête policière dans la constitution des éléments sur le fondement desquels une personne mise en cause est jugée). Ainsi la conciliation entre, d'une part, la prévention des atteintes à l'ordre public et la recherche des auteurs d'infractions et, d'autre part, l'exercice des libertés constitutionnellement garanties ne peut plus être regardée comme équilibrée. Ces dispositions méconnaissent donc les articles 9 et 16 de la Déclaration de 1789 et doivent être déclarées contraires à la Constitution. Si en principe, une déclaration d'inconstitutionnalité doit bénéficier à la partie qui a présenté la question prioritaire de constitutionnalité, l'abrogation immédiate des dispositions contestées méconnaîtrait les objectifs de prévention des atteintes à l'ordre public et de recherche des auteurs d'infractions et entraînerait des conséquences manifestement excessives. Il y a lieu, dès lors, de reporter au 1er juillet 2011 la date de cette abrogation afin de permettre au législateur de remédier à cette inconstitutionnalité ; que les mesures prises avant cette date en application des dispositions déclarées contraires à la Constitution ne peuvent être contestées sur le fondement de cette inconstitutionnalité (▪ Cons. const., 30 juill. 2010, n° 2010-14/22 QPC : *JurisData* n° 2011-025225 ; *Dr. pén.* 2010, comm. 113, obs. A. Maron et M. Haas ; *RSC* 2011, p. 135, note B. de Lamy ; *D.* 2010, pan 2259 et chron. 2783, obs. J. Pradel).

2) Garde à vue des mineurs, constitutionnalité. Le législateur n'ayant pas, à l'occasion des modifications qu'il a apportées à l'ordonnance du 2 février 1945, postérieurement à la Constitution du 4 octobre 1958 et antérieurement à 1984, prévu les garanties spécifiques devant être apportées à un mineur privé de liberté par une mesure de garde-à-vue, ce qu'il n'a fait que par la loi n° 93-1013 du 24 août 1993, en choisissant de les fixer dans ce texte et non dans le Code de procédure pénale, il y a lieu, pour le Conseil constitutionnel, de vérifier s'il a été porté atteinte, par cette abstention, au principe fondamental reconnu par les lois de la République du droit pénal spécial et protecteur des mineurs (■ Cass. crim., 11 sept. 2018, n° 18-83.360). Les dispositions applicables en 1984 permettaient que tout mineur soit placé en garde à vue pour une durée de 24 heures renouvelable avec comme seul droit celui d'obtenir un examen médical en cas de prolongation de la mesure. Dès lors, d'une part, le législateur, qui n'avait pas assuré une conciliation équilibrée entre la recherche des auteurs d'infractions et l'exercice des libertés constitutionnellement garanties, a méconnu les articles 9 et 16 de la Déclaration de 1789 et d'autre part, est contrevenu au principe fondamental reconnu par les lois de la République en matière de justice des mineurs. Par conséquent, les mots « soit dans les formes prévues par le chapitre 1er du titre III du livre 1er du Code de procédure pénale » figurant à la première phrase du deuxième alinéa de l'article 8 de l'ordonnance du 2 février 1945 et les mots « procédera à l'égard du mineur dans les formes du chapitre 1er du titre III du livre 1er du Code de procédure pénale et » figurant au premier alinéa de l'article 9 de cette même ordonnance doivent être déclarés contraires à la Constitution (■ Cons. const., 16 nov. 2018, n° 2018-744 QPC, J. Lasserre-Capdeville, Inconstitutionnalité du régime applicable en 1984 à la garde à vue des mineurs ; H. Matsopoulou, *La déclaration d'inconstitutionnalité du régime de garde à vue applicable au mineur : JCP* G 2019, n° 1, p. 39). La garde à vue d'un mineur réalisée en 1984 et les auditions effectuées au cours de cette mesure, en l'absence de notification du droit de se taire, d'assistance d'un avocat, de notification du droit à un examen médical et d'avis à sa famille doivent être annulées. En effet par décision n° 2018-744 QPC du 16 novembre 2018, ont été déclarés contraires à la Constitution, dans l'ordonnance n° 45-174 du 2 février 1945 relative à l'enfance délinquante, les dispositions permettant que le mineur soit placé en garde à vue pour une durée de vingt-quatre heures renouvelable avec comme seul droit celui d'obtenir un examen médical en cas de prolongation de la mesure. La décision prenant effet à compter de la date de publication, le 17 novembre 2018, et étant applicable à toutes les affaires non jugées définitivement à cette date, il convient de conclure à la nullité de la garde à vue subie par l'intéressée, mineure au moment des faits (■ Cass. crim., 19 févr. 2019, n° 18-83.360).

3) Conformité au droit de l'Union. L'article 6 de la directive du 22 mai 2012, dont le préambule précise qu'elle s'appuie sur les droits énoncés dans la Charte des droits fondamentaux de l'Union européenne en développant les articles 5 et 6 de la Convention européenne des droits de l'Homme tels qu'ils sont interprétés par la Cour européenne des droits de l'homme, prescrit aux États membres de veiller à ce que les personnes arrêtées soient informées de l'acte pénalement sanctionné qu'elles sont soupçonnées d'avoir commis mais précise que les informations détaillées sur l'accusation, notamment sur la nature de leur participation, doivent être communiquées au plus tard au moment où la juridiction est appelée à se prononcer sur le bien-fondé de l'accusation et non pas nécessairement dès le stade de l'arrestation. Il en résulte que l'article 63-1 du Code de procédure pénale constitue une transposition complète de l'article 6 de ladite directive (■ Cass. crim., 4 oct. 2016, n° 16-82.309 : *Bull. crim.* n° 255).

I – DOMAINE DE LA NOTIFICATION DES DROITS

4) Placement en garde à vue. La notification immédiate des droits implique que la garde à vue ait débuté. Tel n'est pas le cas lorsque l'intéressé accepte d'assister à une perquisition à son domicile (■ Cass. crim., 3 avr. 2013, n° 12-88.428 : *Bull. crim.* n° 74) puis de suivre, sans contrainte, les policiers jusqu'au commissariat de police et d'y être entendu avant son placement effectif en garde à vue (■ Cass. crim., 14 oct. 1998, n° 98-81.370 : *Bull. crim.* n° 260). L'officier de police judiciaire, procédant à une perquisition, tient de l'article 56 dernier alinéa du Code de procédure pénale, le pouvoir de maintenir à sa disposition une personne présente, susceptible de fournir des renseignements sur les objets ou documents saisis. Cette retenue ne constitue pas une garde à vue, laquelle peut, en revanche, intervenir ultérieurement en application de l'article 62-2 du Code de procédure pénale, en cas de découverte, au cours de ces opérations de recherche, d'indices rendant plausible la participation de l'intéressé à la commission d'une infraction, dès lors que les droits attachés à cette mesure lui sont immédiatement notifiés et qu'avis en est donné aussitôt au procureur de la République (■ Cass. crim., 12 juin 2013, n° 13-80.893 : *JurisData* n° 2013-013802).

5) Retenue douanière. Il se déduit de l'article 6, § 3 de la Convention européenne des droits de l'Homme que toute personne, placée en retenue douanière ou en garde à vue, doit, dès le début de ces mesures, être informée de son droit de se taire et, sauf exceptions justifiées par des raisons impérieuses tenant aux circonstances particulières de l'espèce, pouvoir bénéficier, en l'absence de renonciation non équivoque, de l'assistance d'un avocat. L'irrégularité des auditions constatée en violation de ce principe conduit à leur annulation (■ Cass. crim., 31 mai 2011, n° 10-88.809 : *JurisData* n° 2011-010288 ; *Bull. crim.* n° 115). Il résulte de l'article 60 du Code des douanes que l'exercice du droit de visite des marchandises, des moyens de transport et des personnes ne peut donner lieu au maintien des personnes concernées à la disposition des agents des douanes au-delà de ce qui est strictement nécessaire à l'accomplissement de cette mesure et à l'établissement du procès-verbal qui la constate. Ainsi, d'une part, cette mesure de contrainte peut s'exercer le temps strictement nécessaire à la réalisation des opérations de visite, qui comprennent le contrôle de la marchandise, du moyen de transport ou de la personne, la consignation dans un procès-verbal, des constatations faites et renseignements recueillis ainsi que, le cas échéant, les saisies et la rédaction du procès-verbal afférent. D'autre part, à l'issue du droit de visite, hors le cas où sont réunies les conditions permettant une retenue douanière, et sauf dispositions spécifiques, les agents des douanes ne sont pas autorisés à continuer à retenir la personne contrôlée contre son gré (■ Cass. crim., 13 juin 2019, n° 18-83.297. ■ Cass. crim., 18 déc. 2019, n° 19-81.643).

6) Retenue en mer et garde à vue. La résolution 1816 adoptée par le Conseil de sécurité des Nations unies le 2 juin 2008 autorise les autorités françaises à l'appréhension, en haute mer ou sur tout autre mer ne se trouvant pas sous leur juridiction, de personnes suspectées de se livrer à des actes de piraterie et à leur transfert sur le territoire de la République, où ils pourront, à leur arrivée, faire l'objet d'une garde à vue (■ Cass. crim., 17 févr. 2010, n° 09-87.254 : *Bull. crim.* n° 32). Il y a violation de l'article 5, § 3 de la Convention du fait qu'à leur arrivée en France, les requérants, retenus en mer le temps du transit, déjà privés de liberté depuis quatre jours et une vingtaine d'heures, ont été placés en garde à vue plutôt que traduits « sans délai » devant un « juge ou un autre magistrat habilité par la loi à exercer des fonctions judiciaires » (■ CEDH, 4 déc. 2014, n°s 17110/10 et 17301/10, *Ali Samatar et a. c/ France : JurisData* n° 2014-029446 ; *Dr. pén.* 2015, étude 5, O. Décima. ■ CEDH, 4 déc. 2014, n°s 46695/10 et 54588/10 : *JurisData* n° 2014-029445, *Hassan et a. c/ France* pour une retenue de six jours et seize heures). Selon l'article 5 § 3 de la Convention européenne des droits de l'homme, toute personne arrêtée ou détenue doit être aussitôt traduite devant un juge ou un autre magistrat habilité à exercer des fonctions judiciaires.

Selon l'article L. 1521-18 du Code de la défense, dès leur arrivée sur le sol français, les personnes faisant l'objet de mesures de coercition sur un bâtiment de la Marine nationale, en application des articles L. 1521-11 et suivants du même code, sont mises à la disposition de l'autorité judiciaire. Si elles font l'objet d'une mesure de garde à vue, elles sont présentées dans les plus brefs délais, soit, à la requête du procureur de la République, au juge des libertés et de la détention, soit au juge d'instruction, qui peuvent ordonner leur mise en liberté. Encourt la cassation l'arrêt qui écarte l'exception de nullité, soulevée par les membres de l'équipage d'un navire arraisonné en haute mer, qui, privés de liberté sur un bâtiment de la Marine nationale, ont été placés, dès leur arrivée au port, en rétention douanière puis à l'issue, en garde à vue sans avoir été présentés immédiatement au juge des libertés et de la détention ou au juge d'instruction (■ Cass. crim., 11 mars 2020, n° 18-84.307).

7) Retenue en chambre de dégrisement. L'individu en état d'ébriété, retenu en chambre de sûreté, en application de l'article L. 76 du Code des débits de boissons (C. santé publ., art. L. 3341-1) ne dispose pas des droits accordés aux personnes gardées à vue (■ Cass. crim., 9 sept. 1998, n° 98-80.662 : *JurisData* n° 1998-004871. ■ Cass. crim., 26 nov. 2003, n° 03-81.442 : *JurisData* n° 2003-021737). Sur la computation des délais avec une garde à vue, V. sous art. 63, p. 213.

8) Prolongation de la garde à vue. La notification à la personne concernée des droits attachés à la prolongation de la garde à vue est une condition d'effectivité de leur exercice. L'absence de notification fait nécessairement grief, même si l'audition de la personne gardée à vue a été réalisée en présence d'un avocat qui n'a formulé aucune observation (■ Cass. crim., 1er déc. 2015, n° 15-84.874 : *JurisData* n° 2015-026884 ; *Bull. crim.* n° 270 ; *RSC* 2016, p. 101, obs. A. Giudicelli).

II – MOMENT DE NOTIFICATION DES DROITS

9) Immédiateté – Exigence. Il résulte des articles 63 et 63-1 du Code de procédure pénale que la personne qui, pour les nécessités de l'enquête, est, sous la contrainte, mise à la disposition de l'officier de police judiciaire, doit immédiatement être placée en garde à vue et recevoir notification des droits attachés à cette mesure. Tout retard dans la mise en œuvre de cette obligation, non justifié par des circonstances insurmontables, porte nécessairement atteinte aux intérêts de la personne concernée (■ Cass. crim., 31 mai 2007, n° 07-80.928 : *JurisData* n° 2007-039748 ; *Bull. crim.* n° 146 ; *Dr. pén.* 2007, comm. 163, note A. Maron ; *AJ Pénal* 2007, p. 385, note G. Roussel). Selon l'article 63-1 du Code de procédure pénale, l'officier de police judiciaire ou, sous son contrôle, l'agent de police judiciaire, a le devoir de notifier les droits attachés au placement en garde à vue dès que la personne retenue se trouve en état d'en être informée. Tout retard injustifié dans la mise en œuvre de cette obligation porte nécessairement atteinte aux intérêts de la partie qu'elle concerne (■ Cass. crim., 30 avr. 1996, n° 95-82.217 : *JurisData* n° 1996-

005462 ; *Bull. crim.* n° 182, déjà sous l'empire de la loi n° 93-1013 du 24 août 1993. ■ Cass. crim., 29 avr. 1998, n° 98-80.121 : *Bull. crim.* n° 145. ■ Cass. crim., 14 déc. 1999, n° 99-84.148 : *Bull. crim.* n° 302).

10) Immédiateté – Illustrations. Conduite au commissariat :La notification des droits effectuée dans un intervalle de temps de 20 minutes après que l'intéressé ait été placé en garde à vue (temps nécessaire à la réalisation de tests sur les stupéfiants saisis lors de l'arrestation du suspect) n'est pas tardive (■ Cass. crim., 6 févr. 2018, n° 17-84.700). La notification des droits intervenue 15 minutes après l'interpellation du suspect gardé à vue ne saurait être considérée comme tardive (■ Cass. crim., 27 juin 2000, n° 00-80.411 : *Bull. crim.* n° 246). Le placement en garde à vue et la notification des droits dès l'arrivée de la personne dans les services de police et sa présentation à l'officier de police judiciaire, 25 minutes après l'arrestation du suspect sur la voie publique, ne présente pas de caractère tardif (■ Cass. 1re civ., 9 janv. 2008, n° 07-13.665 : *JurisData* n° 2008-042203). Il en va de même de la notification, avec ses droits, du placement en garde à vue, intervenue dès l'arrivée de la personne dans les services de police, 10 minutes après son interpellation (■ Cass. 1re civ., 27 mai 2010, n° 09-12.397 : *Bull. crim.* n° 122). La mise en œuvre de l'obligation de notification des droits ne pouvant se faire sur la voie publique, sa réalisation dès l'arrivée dans les locaux de la gendarmerie dans les minutes qui ont suivi l'interpellation ne méconnaît pas l'article 63-1 du Code de procédure pénale (■ Cass. crim., 23 mars 1999, n° 98-86.263 : *Bull. crim.* n° 51). La notification des droits mentionnés à l'article 63-1 du Code de procédure pénale a été effectuée sans retard, 15 minutes après le placement effectif en garde à vue, lequel pouvait intervenir à l'issue de la perquisition ayant permis l'identification de l'intéressé et la découverte d'éléments à charge (■ Cass. crim., 18 oct. 2000, n° 99-85.350). Ne peut être tenu pour excessif un délai de 1h35 entre l'interpellation et la notification des droits de la garde à vue, dans la mesure où le contrôle des intéressés par la police des Airs et des Frontières a été fait à plus de 70 kilomètres des locaux des services de police et a concerné trois personnes (Douai, Chambre des Libertés Individuelles, 26 déc. 2014, n° 14/00973 : *JurisData* n° 2014-034065).

11) Preuve de la notification des droits. Les mentions portées au procès-verbal de notification des droits émargées par l'officier de police judiciaire et la personne gardée à vue attestent de l'accomplissement, dans une langue comprise par le suspect, de l'information prévue par les articles 63-1 et 803-6 du Code de procédure pénale. Doit donc être approuvé l'arrêt de la chambre de l'instruction ayant rejeté le moyen tiré de la nullité, faute de relecture de la notification des droits par la personne gardée à vue qui ne savait pas lire, dès lors que, sous réserve d'une mention inappropriée de relecture personnelle, il paraît inexact de dire que les notifications n'ont pas été faites, alors que le contraire est attesté par les signatures de la personne concernée, que les droits demandés ont été mis en oeuvre et que la mention de l'information de la personne gardée à vue, donnée en application de l'article 63-1 du Code de procédure pénale a été portée sur le procès-verbal de déroulement de la mesure et émargée par la personne gardée à vue (■ Cass. crim., 21 févr. 2017, n° 16-85.224 : *JurisData* n° 2017-002924).

12) Preuve du caractère immédiat de la notification des droits. Il n'y a pas lieu d'annuler une garde à vue pour notification tardive des droits dès lors qu'il apparaît dans le procès-verbal de perquisition que l'intéressé a reçu ladite notification dès son placement en garde à vue (■ Cass. crim., 10 mai 2012, n° 12-81.274). Si le procès-verbal de notification des droits ne précise pas l'heure à laquelle les droits ont été notifiés à l'intéressé, la garde à vue n'encourt pas pour autant la nullité, dès lors que ledit procès-verbal mentionne que, placé en garde à vue à 8 h 30, avant toute audition, à compter de 7 h 00, heure de son interpellation, X... a déclaré avoir été immédiatement informé de ses droits, avoir expressément renoncé à les exercer, puis se ravisant, avoir demandé à l'officier de police judiciaire à s'entretenir avec un avocat, lequel, informé de cette demande, s'est présenté et a pu s'entretenir avec lui dès le lendemain (■ Cass. crim., 15 janv. 2002, n° 01-87.103).

13) Retard et circonstances insurmontables. Absence d'interprète : Le retard dans la notification de droits lié à la difficulté de trouver un interprète en langue chinoise n'est pas justifié dès lors que le suspect, retenu depuis 0h30, a été placé en garde à vue à 3h00 du matin et que les recherches de l'interprète n'ont débuté qu'à 5h45 (■ Cass. crim., 11 avr. 2002, n° 00-50.087 : *Bull. crim.* n° 62). N'est pas tardive la notification des droits réalisée une heure après l'arrivée d'un interprète *ad hoc*, la chambre d'accusation (chambre de l'instruction) estimant que compte tenu de l'impossibilité dans laquelle se trouvaient les policiers d'avoir recours à un interprète professionnel, il était nécessaire de vérifier les aptitudes du collègue ayant accepté de remplir cette mission (■ Cass. crim., 29 mai 1999, nos 98-84.997 et 99-81.457 : *Bull. crim.* n° 105). Un retard de plusieurs heures entre le placement en garde à vue et la notification des droits ne saurait être justifié à défaut d'impossibilité immédiate de trouver un traducteur en langue espagnole (■ Cass. 2e civ., 24 févr. 2000, n° 98-50.044 : *JurisData* n° 2000-000594).

État de santé : Constitue une circonstance insurmontable justifiant que soit différée la notification des droits de la garde à vue, le fait que les enquêteurs ont dû assurer la protection de la vie de l'individu découvert tétanisé par le froid et souffrant de graves gelures aux pieds en le conduisant à l'hôpital (■ Cass. crim., 17 mai 2000, nos 00-81.149 et 99-81.267 : *JurisData* n° 2000-002732). Les circonstances particulières de l'interpellation au milieu de la nuit, la nécessité de transporter l'intéressé à l'hôpital puis des difficultés de joindre un interprète à 5 heures du matin constituent des circonstances justifiant le retard dans la notification des droits (■ Cass. civ., 11 sept. 2013, n° 12-20.013).

État d'ébriété : L'état d'ébriété constitue une circonstance insurmontable justifiant qu'il soit différé à la notification des droits jusqu'à ce que l'intéressé retrouve sa lucidité (■ Cass. crim., 3 avr. 1995 : *Dr. pén.* 1995, comm. 187, obs. A. Maron. ■ Cass. crim., 4 janv. 2005 : *Dr. pén.* 2005, comm. 49, obs. A. Maron. ■ Cass. crim., 19 déc. 2007, n° 07-81.740 : *JurisData* n° 2007-042606. ■ Cass. crim., 1er avr. 2009, n° 08-83.199 : *JurisData* n° 2009-048066. ■ Cass. crim., 19 mai 2009, n° 08-86.466 : *JurisData* n° 2009-048842). Toutefois, c'est à bon droit que la chambre de l'instruction a accueilli l'exception de nullité tirée de la notification tardive des droits dès lors que le procès-verbal ne saurait, sans contradiction, admettre que la personne interpellée était apte à renoncer expressément à un droit relatif aux opérations de constatation de l'infraction puis considérer immédiatement après que, l'intéressé n'étant pas en état de comprendre la portée des droits afférents à son placement en garde à vue, il convenait d'en retarder la notification jusqu'à son complet dégrisement (■ Cass. crim., 27 oct. 2004, n° 04-81.150 : *JurisData* n° 2004-025778). Une personne retenue, dont le taux d'alcoolémie est passé de 0,75 à 0,22 mg par litre d'air expiré ne saurait voir retardée la notification de ses droits, sans explication aucune. En effet, méconnaît l'article 63-1 du Code de procédure pénale l'arrêt de la chambre de l'instruction qui ne s'explique pas sur le fait de savoir en quoi le dernier taux d'alcoolémie mesuré ne permettait pas au prévenu de comprendre la portée de la notification qu'il devait recevoir et nécessitait d'attendre pour qu'il y soit procédé (■ Cass. crim., 21 juin 2017, n° 16-83.599). La notification des droits doit en effet avoir lieu dès lors que les mentions du procès-verbal de notification permettent de s'assurer que l'intéressé a retrouvé sa lucidité et qu'il était en état de comprendre ses droits (■ Cass. crim., 21 juin 2017, n° 16-84.158 : *Bull. crim.*174). La seule référence à des taux d'alcoolémie, sans s'expliquer par des motifs concrets tirés des procès-verbaux d'enquête, sur l'état et le comportement de la personne gardée en vue et les raisons pour lesquelles l'alcoolémie relevée ne lui permettait pas de comprendre la portée de la notification de ses droits et nécessitait d'attendre pour qu'il y soit procédé, ne constitue pas une circonstance insurmontable justifiant le retard dans la notification des droits (■ Cass. crim., 5 juin 2019, n° 18-83.590).

Manifestation : Constitue une circonstance insurmontable justifiant le retard de notification des droits de la garde vue, le siège du commissariat par les manifestants, empêchant que les personnes interpellées ne soient conduites immédiatement dans les locaux de la division de la police judiciaire compétente (■ Cass. crim., 10 avr. 1996, n° 94-81.728 : *JurisData* n° 1996-002064 ; *Procédures* 1996, comm. 229, obs. J. Buisson).

Perquisitions : La nécessité de mener une perquisition au domicile de la personne arrêtée et immédiatement placée en garde à vue ne constitue pas une circonstance insurmontable justifiant de différer la notification des droits au retour au commissariat (■ Cass. crim., 24 mai 2016, n° 16-80.564 : *Bull. crim.* n° 155). Le retard de 55 minutes prétendument nécessaire au transfert d'un mineur à la brigade compétente n'est pas, à défaut d'autres précisions, justifié (■ Cass. crim., 19 déc. 2007, n° 07-83.340 : *JurisData* n° 2007-042604). C'est à tort que la chambre d'accusation (chambre de l'instruction) a estimé que le risque de disparition des preuves inhérent à l'ampleur des investigations imposait que les opérations soient menées dans la plus grande célérité, autorisant les enquêteurs à différer le moment de la notification des droits à la personne gardée à vue (■ Cass. crim., 14 déc. 1999, n° 99-84.148 : *Bull. crim.* n° 302). Dès lors que l'intéressé est retenu sous la contrainte pour les besoins de la perquisition, comme c'est le cas après son arrestation à domicile, il doit immédiatement être placé en garde à vue et recevoir notification des droits attachés à cette mesure (■ Cass. crim., 6 déc. 2000, n° 00-86.221 : *JurisData* n° 2000-007689 ; *Bull. crim.* n° 367 ; *Dr. pén.* 2001, comm. 39, A. Maron et M. Haas).

14) Sanction de l'absence ou du retard dans la notification des droits. Les auditions recueillies sans que le droit de garder le silence ou le droit d'être assisté d'un avocat n'aient été notifiés violent l'article 6 de la Conv. EDH. Il appartient à la chambre de l'instruction d'annuler ces actes puis de procéder ainsi qu'il est prescrit aux articles 174 et 206 du Code de procédure pénale (■ Cass. crim., 3 mai 2012, n° 11-88.725 : *JurisData* n° 2012-012440 ; *Bull. crim.* n° 105). La nullité est encourue sans qu'il n'y ait à s'expliquer sur le caractère incriminant des déclarations recueillies (■ Cass. crim., 14 mai 2014, n° 13-82.274 : *JurisData* n° 2014-009658 et n° 12-84.075 : *JurisData* n° 2014-009808 ; *Bull. crim.* n° 133 ; *Dr. pén.* 2014, chron. 8, V. Leclous). L'annulation des auditions réalisées en cours de garde à vue pour défaut de notification du droit au silence et du droit à l'assistance d'un avocat n'affecte pas la régularité d'une saisie de documents détenus par le gardé à vue, dès lors que ce dernier s'est rendu à la brigade financière de Paris muni de ces documents et qu'il a choisi de les communiquer aux policiers après notification de sa garde à vue. Une telle saisie n'avait pas en effet pour support nécessaire les déclarations recueillies en garde à vue (■ Cass. crim., 11 mars 2014, n° 13-86.965 : *Bull. crim.* n° 71). La notification tardive des droits que confèrent les articles 63-1 à 63-7 du Code de procédure pénale, et l'omission de la notification de certains d'entre eux sont inopérantes, dès lors que la validité de la procédure d'exécution d'un mandat d'arrêt européen ne peut être affectée par l'éventuelle annulation des procès-verbaux établis au cours de la rétention judiciaire de l'intéressé (■ Cass. crim., 23 sept. 2014, n° 14-86.162 : *Bull. crim.* n° 195).

III – CONTENU DES DROITS NOTIFIÉS

15) Exigences européennes. À défaut, à la date des mesures critiquées, de jurisprudence établie ayant déduit de l'article 6, § 1 de la Convention européenne des droits de l'Homme le droit pour la personne gardée à vue d'être assistée par un avocat lors de ses auditions et l'obligation de lui notifier le droit de garder le silence, l'exigence de prévisibilité de la loi et l'objectif de bonne administration de la justice font obstacle à ce que les auditions réalisées à cette date, sans que la personne gardée à vue ait été assistée d'un avocat pendant leur déroulement ou sans qu'elle se soit vue notifier le droit de se taire, soient annulées pour ces motifs. Toutefois, il ressort des stipulations de l'article précité que les déclarations incriminantes faites lors de ces auditions ne peuvent, sans que soit portée une atteinte irrémédiable aux droits de la défense, fonder une décision de renvoi devant la juridiction de jugement ou une déclaration de culpabilité (■ Cass. crim., 11 déc. 2018, n° 18-82.854).

A – Informations relatives à l'infraction

16) Faits et qualification. La personne placée en garde à vue est immédiatement informée de la qualification de l'infraction qu'elle est soupçonnée d'avoir commise ou tenté de commettre. Si la qualification criminelle tenant à l'existence d'une circonstance aggravante est connue dès le début de la mesure, elle doit donc être portée à la connaissance de l'intéressé (■ Cass. crim., 29 sept. 2020, n° 20-80.509, § 11). Le défaut de notification de cette qualification criminelle a nécessairement porté atteinte aux intérêts des personnes concernées dès lors que leurs auditions n'ont pas été enregistrées, comme elles auraient dû l'être en application de l'article 64-1 du Code de procédure pénale (*op. cit.*, § 18).

L'omission, dans la notification à la personne gardée à vue prévue à l'article 63-1 du Code de procédure pénale, d'une partie des faits qu'elle est soupçonnée d'avoir commis ou tenté de commettre, ne peut entraîner le prononcé d'une nullité que s'il en est résulté une atteinte effective à ses intérêts. La Cour de cassation étant en mesure de s'assurer qu'en répondant aux questions des enquêteurs, le demandeur n'a tenu aucun propos par lequel il s'est incriminé, c'est à bon droit que la chambre de l'instruction a rejeté le moyen pris de la nullité des procès-verbaux de la garde à vue (■ Cass. crim., 2 nov. 2016, n° 16-81.716 : *JurisData* n° 2016-022727 ; *Bull. crim.* n° 281. ■ Cass. crim., 15 oct. 2019, n° 19-82.380). Quand une personne a été placée en garde à vue du chef d'une infraction, l'omission, dans la notification prévue à l'article 63-1 du Code de procédure pénale, d'autres infractions qu'elle est soupçonnée d'avoir commises ou tenté de commettre, emporte l'annulation des seules auditions effectuées pendant la garde à vue lorsqu'il en est résulté pour elle une atteinte effective à ses intérêts, et des actes dont elles sont le support nécessaire (■ Cass. crim., 31 oct. 2017, n° 17-81.842, *A. Maron et M. Haas : Dr. pén.* 2017, n° 12, comm. 185. ■ Cass. crim., 16 juin 2015, n° 14-87.878 : *JurisData* n° 2015-014645). Une note d'information émanant de la DGSI, contenant des renseignements recueillis par la voie administrative, n'a pour objet que de porter à la connaissance de l'autorité judiciaire des informations propres à orienter les investigations relatives à un supposé réseau terroriste affilié à « l'État islamique ». Elle ne saurait donc être regardée en elle-même comme susceptible de commander la qualification des faits dont l'intéressé est soupçonné lors de son placement en garde à vue et n'a donc pas à être portée à sa connaissance (■ Cass. crim., 29 nov. 2016, n° 16-83.513 : *JurisData* n° 2016-025450 ; *Bull. crim.* n° 312). Le renvoi, lors de la notification de la nature et la date des infractions justifiant la garde à vue à l'existence d'un mandat de recherche est insuffisant si ledit mandat, avec les qualifications qui y sont attachées, n'a pas été notifié à l'intéressé (■ Cass. crim., 5 mai 2015, n° 14-88.179 : *JurisData* n° 2015-010455).

17) Circonstances aggravantes et régime dérogatoire. La circonstance aggravante de bande organisée doit être communiquée aux personnes gardées à vue dès lors qu'elle est retenue, sans qu'il n'y ait lieu d'attendre la prolongation de la mesure. La garde à vue ne doit cependant pas être annulée dès lors qu'il ressort de la procédure que les intéressés se sont entretenus avec leurs avocats qui ont été informés de la nature de l'infraction et n'ont pas formulé d'observations, avant d'être déférés devant le juge des libertés et de la détention et d'être entendus par ce dernier sur ladite circonstance aggravante (▪ Cass. crim., 7 juin 2006, n° 06-82.405 : *JurisData* n° 2006-034225 ; *Bull. crim.* n° 157). L'application des dispositions de l'article 706-88 du Code de procédure pénale peut être décidée, en cours de garde à vue, en fonction de l'évolution d'une enquête ou d'une instruction sur l'une des infractions mentionnées à l'article 706-73 dès lors que l'intéressé a été régulièrement informé, lors de son placement sous le régime de la garde à vue, de la nature de l'infraction qu'il était soupçonné d'avoir commise, de la durée alors prévisible de la mesure et, à chaque stade de celle-ci, de ses droits (▪ Cass. crim., 11 févr. 2014, n° 13-86.878 : *JurisData* n° 2014-002150 ; *Bull. crim.* n° 38 ; *Dr. pén.* 2014, chron. 8, V. Lesclous).

18) Lieu de l'infraction. Si aux termes de l'article 63-1 du Code de procédure pénale la personne gardée à vue est immédiatement informée, par un officier de police judiciaire, du lieu présumé de l'infraction qu'elle est soupçonnée d'avoir commise ou tenté de commettre, l'omission de cette précision lors de la notification de la garde à vue ne peut entraîner le prononcé d'une nullité que si elle a eu pour effet de porter atteinte aux intérêts de la partie concernée (▪ Cass. crim., 27 mai 2015, n° 15-01.142 : *JurisData* n° 2015-012537 ; *Bull. crim.* n° 126).

B – Avis à des tiers

19) Droit de faire prévenir un proche. V. art. 63-2, p. 227.

20) Droit d'être examiné par un médecin. V. art. 63-3, p. 228.

21) Droit de contacter les autorités consulaires (antérieurement à la loi n° 2016-731 du 3 juin 2016). Même si l'article 63-1 du Code de procédure pénale ne prévoit pas l'obligation d'informer la personne de nationalité étrangère de son droit de faire contacter les autorités consulaires de son pays, l'exercice de ce droit rappelé par l'article 63-2 du même code et résultant des engagements internationaux de la France implique, pour être effectif, que l'intéressé soit informé de cette faculté. Ainsi il n'y a pas lieu de renvoyer la question prioritaire de constitutionnalité mettant en cause la compatibilité de l'article 63-1 du Code de procédure pénale avec le principe de clarté de la loi garanti par l'article 34 de la Constitution et les principes du droit au procès équitable et des droits de la défense garantis par l'article 16 de la DDHC (▪ Cass. crim., 16 avr. 2013, n° 13-90.006 : *JurisData* n° 2013-007976 ; *Bull. crim.* n° 88).

C – Informations relatives à la défense

22) Droit à l'assistance de l'avocat. La mention dans le procès-verbal de garde à vue « il désire un avocat commis d'office » établit la preuve de la notification du droit à l'assistance d'un avocat (▪ Cass. crim., 18 juin 2008, n° 08-82.356 : *Dr. pén.* 2008, chron. 8, V. Lesclous). La notification, en cours de mesure, de l'application du régime de garde à vue spécifique – en l'occurrence en matière de stupéfiants – entraîne celle de s'entretenir avec un avocat au bout de 72 heures. Le manquement à cette notification, sauf circonstances insurmontables, porte nécessairement atteinte aux droits de l'intéressé (▪ Cass. crim., 24 juin 2009, n° 08-87.241 : *Bull. crim.* n° 136 ; *Dr. pén.* 2009, chron. 8, V. Lesclous). V. art. 63-4-5, p. 238.

23) Droit de se taire. Selon l'article 6 de la Convention européenne des droits de l'Homme, la notification du droit de se taire et de ne pas s'accuser n'est reconnue qu'aux personnes placées en garde à vue ou faisant l'objet d'une mesure de rétention douanière (▪ Cass. crim., 3 avr. 2013, n° 11-87.333 : *JurisData* n° 2013-006110 ; *Dr. pén.* 2013, comm. 82, note critique A. Maron, antérieurement à la loi n° 2014-535 du 27 mai 2104). Il se déduit de l'article 6, § 3 du Code de procédure pénale que toute personne gardée à vue doit, dès le début de la mesure, être informée de son droit de se taire. Ne répond pas à cette obligation l'officier de police judiciaire qui demande à la personne privée de liberté si elle accepte de répondre à ses questions, quand bien même celle-ci répondrait par l'affirmative (▪ Cass. crim., 17 janv. 2012, n° 11-86.797 : *Bull. crim.* n° 15). L'absence de notification du droit de se taire n'affecte pas la régularité des déclarations spontanées recueillies par les officiers de police judiciaire lorsqu'une personne se présente à eux, même si après ses déclarations l'intéressé est placé en garde à vue en raison des soupçons que ses propos ont fait peser sur elle (▪ Cass. crim., 17 janv. 2012, n° 11-86.471 : *JurisData* n° 2012-000353). *Contra.* À défaut de raison impérieuse tenant aux circonstances de l'espèce, les enquêteurs ne sont pas autorisés à recueillir les déclarations spontanées faites par la personne gardée à vue sur les faits, sans procéder à une audition dans le respect des règles légales l'autorisant à garder le silence et à être assistée d'un avocat (▪ Cass. crim., 25 avr. 2017, n° 16-87.518 : *Bull. crim.* n° 117). Le droit au silence et celui de ne pas contribuer à sa propre incrimination ne s'étendent pas au recueil de données qu'il convient d'obtenir indépendamment de la volonté de la personne concernée, tels des tests permettant de vérifier son état alcoolique (▪ Cass. crim., 6 janv. 2015, n° 13-87.652 : *JurisData* n° 2015-000055).

24) Absence de notification du droit de se taire, CEDH. Compte tenu de la nature du droit de ne pas témoigner contre soi-même et du droit de garder le silence, la Cour considère que, en principe, il ne peut y avoir de justification au défaut de signification de ces droits à un suspect. Toutefois, dans l'hypothèse où l'information a fait défaut, la Cour doit rechercher si, malgré cette lacune, la procédure dans son ensemble a été équitable. L'accès immédiat à un avocat à même de fournir des renseignements sur les droits procéduraux est vraisemblablement de nature à prévenir tout manque d'équité qui découlerait de l'absence de notification officielle de ces droits. Si l'accès à un avocat est retardé, la nécessité pour les enquêteurs de signifier au suspect son droit à un avocat et son droit de garder le silence et de ne pas témoigner contre soi-même prend une importance particulière (▪ CEDH, gr. ch., 13 sept. 2016, n° 50541/08, § 273, *Ibrahim et a. c/ Royaume-Uni* : *JurisData* n° 2016-018683 ; *JCP* G 2016, act. 1010, obs. L. Milano. ▪ CEDH, gr. ch., 9 nov. 2018, n° 71409/10, *Beuze c/ Belgique*, § 130, note F. Sudre, Droits de la défense – Confirmation du recul du droit à l'assistance d'un avocat : *JCP* G 2018, n° 48, p. 1249). Quelle que soit la restriction à l'accès à l'assistance d'un avocat, même si celle-ci découle directement de la loi applicable, la Cour procède à un examen en deux étapes : d'une part, en vérifiant l'existence ou non de raisons impérieuses de restreindre ce droit, puis, d'autre part, en examinant l'équité du procès dans son ensemble. Si l'absence de raisons impérieuses ne suffit pas à entraîner une violation de l'article 6, elle commande un contrôle très strict de la Cour, dès lors qu'une telle absence pèse lourdement dans la balance lorsqu'il s'agit d'apprécier globalement l'équité du procès. Tel est d'autant plus le cas lorsqu'il y a cumul du défaut d'accès à un avocat et du défaut de notification des droits, en particulier du droit de garder le silence. Le Gouvernement, à qui il incombe d'expliquer de façon convaincante pourquoi, à titre exceptionnel et au vu des circonstances particulières du cas d'espèce, la restriction à l'accès à un avocat n'a pas porté une atteinte irrémédiable à l'équité globale du procès, pourra alors plus difficilement prouver que le procès a été équitable (▪ CEDH, 11 juill. 2019, n° 62313/12, *Olivieri c/ France*, § 27, A.-S. Chavent-Leclère : *Procédures* 2019, comm. 268, n° 10).

IV – MODALITÉS DE LA NOTIFICATION DES DROITS

A – Formalisme

25) Formalités spécifiques, absence. Aucune disposition légale ou conventionnelle ne fait obligation de porter à la connaissance de la personne son placement en garde à vue selon une formalité spécifique (▪ Cass. crim., 9 févr. 2016, n° 15-84.277 : *Bull. crim.* n° 33).

B – Langue

26) Exigence de compréhension. La notification des droits prévue à l'article 63-1 du Code de procédure pénale doit être faite dans une langue comprise par la personne faisant l'objet de la garde à vue (▪ Cass. crim., 11 févr. 1998, n° 97-85.542 : *JurisData* n° 1998-001506 ; *Bull. crim.* n° 55. ▪ CA Paris, 12e ch. corr., 26 mai 2000, n° 00/01266 : *JurisData* n° 2000-121594. ▪ CA Toulouse, 3e ch., 23 févr. 2005, n° 04/00296 : *JurisData* n° 2005-271340. ▪ Cass. crim., 15 mars 2011, n° 10-88.767 : *JurisData* n° 2011-006159). Il importe peu que l'intéressé ait déclaré ne pas lire ni écrire le français, dès lors qu'il a déclaré le comprendre, fait constaté par les officiers de police judiciaire qui l'ont interrogé en français, sans qu'à aucun moment la personne gardée à vue n'invoque des difficultés de compréhension de cette langue (▪ Cass. crim., 22 juin 2010, n° 10-81.275 : *Bull. crim.* n° 112). Il ne saurait être fait grief à l'officier de police judiciaire d'avoir recouru à une personne présente sur le lieu de la perquisition pour assurer la traduction, lors de la notification verbale de ses droits à la personne gardée à vue, dès lors que l'heure tardive et l'éloignement ne permettaient pas la venue rapide d'un interprète et que cette notification a été réitérée avec l'interprète requis, une fois de retour au commissariat, dans des conditions permettant de s'assurer que la personne gardée à vue en avait compris la portée (▪ Cass. crim., 12 juin 2013, n° 13-80.893 : *Bull. crim.* n° 139).

27) Présence physique de l'interprète. Les droits de la personne placée en garde à vue peuvent lui être notifiés par un interprète intervenant au téléphone dès lors qu'il apparaît qu'aucun grief n'en est résulté, le prévenu ayant ultérieurement confirmé, dans des conditions d'interprétariat régulières, qu'il avait bien compris les droits qui lui étaient notifiés (▪ CA Paris, 10 févr. 2009, n° 08/07074 : *JurisData* n° 2009-002645).

C – Formulaire de droits

28) Moment de la remise. Il résulte des articles 63-1 et 803-6 du Code de procédure pénale que le formulaire, prévu par ces dispositions et destiné à chaque personne soumise à une mesure de privation de liberté, doit être remis, en cas de placement en garde à vue, lors de la notification des droits inhérents à cette mesure. C'est donc à juste titre que la chambre de l'instruction a écarté l'exception de nullité en énonçant que la remise de ce formulaire a été régulièrement faite lors de la notification de ses droits et n'avait pas à l'être préalablement (■ Cass. crim., 28 oct. 2020, n° 19-85.812).

29) **Liens entre notification des droits et formulaire des droits.** S'il ne peut être satisfait aux dispositions de l'article 63-1 du Code de procédure pénale que par la remise d'un formulaire, la nullité ne saurait cependant être prononcée, dès lors que la Cour de cassation est en mesure de s'assurer, par l'examen du procès-verbal de garde à vue, que les droits dont bénéficiait le demandeur en application dudit article lui ont été notifiés par un officier de police dans les conditions prévues par la loi (■ Cass. crim., 2 nov. 2016, n° 16-81.716 : *JurisData* n° 2016-022727 ; *Bull. crim.* n° 281). Le défaut de remise du document prévu à l'article 803-6 du Code de procédure pénale n'entraîne la nullité qu'à la condition de faire la preuve d'un grief (■ Cass. crim., 7 févr. 2017, n° 16-85.187 : *JurisData* n° 2017-001836 ; *Bull. crim.* n° 32. ■ Cass. 1re civ., 8 févr. 2017, n° 16-13.533). L'intéressé qui a bénéficié, par le truchement d'un interprète, de l'information de l'intégralité de ses droits mentionnés à l'article 63-1 du Code de procédure pénale aux différentes étapes de sa garde à vue et a renoncé de manière non équivoque à l'assistance d'un avocat, ne démontre aucun grief résultant du défaut de remise du document prévu par l'article 803-6 du Code de procédure pénale (■ Cass. crim., 7 févr. 2017, préc.).

D – **Enregistrement de la notification des droits**

30) **Constitutionnalité.** Le paragraphe II de l'article 50 de la loi n° 2019-222 du 23 mars 2019 prévoit que, à titre expérimental, il peut être procédé à l'enregistrement sonore ou audiovisuel des formalités prévoyant, pour les personnes entendues, arrêtées ou placées en garde à vue, la notification de leurs droits (...). L'enregistrement sonore ou audiovisuel des formalités de notification des droits lors du placement en garde à vue dispense les enquêteurs de constater par procès-verbal, conformément aux dispositions du Code de procédure pénale, le respect de ces formalités. Toutefois, le législateur a prévu que l'enregistrement doit être conservé dans des conditions sécurisées, exigence qui s'étend aux informations nécessaires à l'identification de l'enquêteur, et que, en cas de contestation, il pourra être consulté sur simple demande. Dès lors, le, paragraphe II de l'article 50 ne méconnaît pas les droits de la défense. Ce paragraphe, qui ne méconnaît par ailleurs aucune autre exigence constitutionnelle, est conforme à la Constitution (■ Cons. const., 21 mars 2019, n° 2019-778, DC, § 201-204 : A. Botton, *Contrôle de la loi de programmation Justice : le Conseil constitutionnel entre « moustiques et chameaux » de procédure pénale* : *JCP* G 2019, n° 4, p. 359).

V. art. 50, II de la loi n° 2019-222 du 23 mars 2019 de programmation 2018-2022 et de réforme pour la justice.

Art. 63-2 *(Mod. à compter du 15 nov. 2016, L. n° 2016-731, 3 juin 2016 ; L. n° 2019-222, 23 mars 2019).* **– I. – Toute personne placée en garde à vue peut, à sa demande, faire prévenir par téléphone, une personne avec laquelle elle vit habituellement ou l'un de ses parents en ligne directe ou l'un de ses frères et sœurs de la mesure dont elle est l'objet. Elle peut en outre faire prévenir son employeur. Lorsque la personne gardée à vue est de nationalité étrangère, elle peut faire contacter les autorités consulaires de son pays.**

Sauf en cas de circonstance insurmontable, qui doit être mentionnée au procès-verbal, les diligences incombant aux enquêteurs en application du premier alinéa doivent intervenir au plus tard dans un délai de trois heures à compter du moment où la personne a formulé la demande.

Le procureur de la République peut, à la demande de l'officier de police judiciaire, décider que l'avis prévu au premier alinéa du présent I sera différé ou ne sera pas délivré si cette décision est, au regard des circonstances, indispensable afin de permettre le recueil ou la conservation des preuves ou de prévenir une atteinte grave à la vie, à la liberté ou à l'intégrité physique d'une personne.

Si la garde à vue est prolongée au-delà de quarante-huit heures, le report de l'avis peut être maintenu, pour les mêmes raisons, par le juge des libertés et de la détention ou le juge d'instruction, sauf lorsque l'avis concerne les autorités consulaires.

II. – L'officier de police judiciaire peut autoriser la personne en garde à vue qui en fait la demande à communiquer, par écrit, par téléphone ou lors d'un entretien, avec un des tiers mentionnés au I du présent article, s'il lui apparaît que cette communication n'est pas incompatible avec les objectifs mentionnés à l'article 62-2 et qu'elle ne risque pas de permettre une infraction.

Afin d'assurer le bon ordre, la sûreté et la sécurité des locaux dans lesquels s'effectue la garde à vue, l'officier ou l'agent de police judiciaire détermine le moment, les modalités et la durée de cette communication, qui ne peut excéder trente minutes et intervient sous son contrôle, le cas échéant en sa présence ou en la présence d'une personne qu'il désigne. Si la demande de communication concerne les autorités consulaires, l'officier de police judiciaire ne peut s'y opposer au-delà de la quarante-huitième heure de la garde à vue.

Le présent II n'est pas applicable en cas de demande de communication avec un tiers dont il a été décidé en application des deux derniers alinéas du I du présent article qu'il ne pouvait être avisé de la garde à vue.

1) Avis au représentant légal, obligation. A justifié sa décision au regard de l'article 6 de la Convention européenne des droits de l'Homme, la chambre de l'instruction rejettant la requête en nullité de la procédure prise de ce que le curateur de M. X... n'a pas été informé du placement en garde à vue de l'intéressé, dès lors qu'il ne ressort pas des pièces de ladite procédure que les éléments recueillis au cours de la garde à vue étaient suffisants pour faire apparaître que le suspect bénéficiait d'une mesure de protection juridique en cours, laquelle aurait nécessité que son représentant légal fût avisé de la mesure par les enquêteurs (■ Cass. crim., 11 déc. 2018, n° 18-80.872 : *JurisData* n° 2018-022818 ; *Dr. famille* 2019, comm. 68, P. Bonfils ; *Dr. pén.* 2019, comm. 38, A. Maron et M. Haas). V. également ss art. 706-113, p. 1622.

2) Mise en œuvre temporelle des droits. Si c'est à tort que la chambre de l'instruction s'est référée à l'article 63-2 du Code de procédure pénale dans sa version issue de la loi n° 2016-731 du 3 juin 2016, alors qu'était applicable, à l'époque de la garde à vue, le texte issu de la loi n° 2011-392 du 14 avril 2011, l'arrêt n'encourt néanmoins pas la censure dès lors que la Cour de cassation, qui a le contrôle des pièces de la procédure, est en mesure de s'assurer que l'officier de police judiciaire s'en est référé au procureur de la République moins d'une heure quinze minutes après le placement en garde à vue de l'intéressé, et que ce magistrat ayant pris sa décision à la suite, avant l'expiration du délai de trois heures prévu au 3ᵉ alinéa de l'article 63-2 du Code de procédure pénale, il a été satisfait aux dispositions de ce texte dans sa version alors applicable (■ Cass. crim., 31 oct. 2017, n° 17-80.872 : *Bull. crim.* n° 239).

3) Désignation de l'avocat par un proche. Aux termes de l'article 63-2 du Code de procédure pénale, toute personne placée en garde à vue peut, à sa demande, faire prévenir de la mesure dont elle est l'objet, par téléphone, une personne avec laquelle elle vit habituellement ou l'un de ses parents en ligne directe ou l'un de ses frères et sœurs.

Il résulte des dispositions de l'article 63-3-1 du même code que seule la personne régulièrement avisée de la mesure de garde à vue en application de l'article 63-2 précité, à l'exclusion des autres qui y sont mentionnées, peut désigner un avocat pour assister la personne entendue dans ce cadre.

Une telle interprétation, conforme aux travaux parlementaires relatifs à la loi n° 2011-392 du 14 avril 2011, permet de garantir l'existence d'une relation de confiance entre ces personnes et ne porte pas une atteinte excessive au droit à l'assistance d'un défenseur tel qu'il est garanti par l'article 6, § 3, de la Convention européenne des droits de l'homme (■ Cass. crim., 19 oct. 2021, n° 21-81.569, §§ 17-19).

Art. 63-3 *(L. n° 93-2, 4 janv. 1993 ; L. n° 93-1013, 24 août 1993 ; mod., L. n° 2011-392, 14 avr. 2011, en vigueur le 1ᵉʳ juin 2011).* **– Toute personne placée en garde à vue peut, à sa demande, être examinée par un médecin désigné par le procureur de la République ou l'officier de police judiciaire. En cas de prolongation, elle peut demander à être examinée une seconde fois. Le médecin se prononce sur l'aptitude au maintien en garde à vue et procède à toutes constatations utiles. Sauf en cas de circonstance insurmontable, les diligences incombant aux enquêteurs en application du présent alinéa doivent intervenir au plus tard dans un délai de trois heures à compter du moment où la personne a formulé la demande. Sauf décision contraire du médecin, l'examen médical doit être pratiqué à l'abri du regard et de toute écoute extérieurs afin de permettre le respect de la dignité et du secret professionnel.**

À tout moment, le procureur de la République ou l'officier de police judiciaire peut d'office désigner un médecin pour examiner la personne gardée à vue.

En l'absence de demande de la personne gardée à vue, du procureur de la République ou de l'officier de police judiciaire, un examen médical est de droit si un membre de sa famille le demande ; le médecin est désigné par le procureur de la République ou l'officier de police judiciaire.

Le médecin examine sans délai la personne gardée à vue. Le certificat médical est versé au dossier.

Les dispositions du présent article ne sont pas applicables lorsqu'il est procédé à un examen médical en application de règles particulières.

Bibliographie : D. Thomas-Taillandier, *L'influence de l'examen médical sur la garde à vue* : *Gaz. Pal.* 5 févr. 2019, n° 5, p. 70.

1) Diligences à accomplir. La personne mise en examen, qui n'a, à aucun moment, sollicité un examen médical, ne saurait invoquer le non-respect du délai de trois heures fixé par l'article 63-3 du Code de procédure pénale, lequel n'est applicable qu'en cas de demande formulée par la personne gardée à vue (■ Cass. crim., 25 mai 2016, n° 16-80.379 : *JurisData* n° 2016-009877 ; *Bull. crim.* n° 159). L'irrégularité de la garde à vue pour défaut de versement du certificat médical prévu à l'article 63-3 du Code de procédure pénale n'affecte pas la mesure de rétention pour séjour irrégulier dès lors qu'elle ne la précède pas immédiatement (■ Cass. crim., 6 juin 2012, n° 11-11.384 : *Bull. crim.* n° 120).

2) Incompatibilité de l'état de santé avec la garde à vue, grief. Il résulte de l'article 63-3 du Code de procédure pénale que la poursuite de la garde à vue d'une personne dans des conditions qui sont, selon le constat médical, incompatibles avec son état de santé, porte nécessairement atteinte à ses intérêts (■ Cass. crim., 27 oct. 2009, n° 09-82.505 : *Bull. crim.* n° 179 ; *JurisData* n° 2009-050067 ; *Bull. crim.* n° 176 ; *Dr. pén.* 2010, chron. 1, n° 13, obs. D. Guérin ; *JCP* G 2010, 85, note M.-C. Guérin ; *D.* 2010, p. 245, obs. P.-J. Delage). La poursuite de la garde à vue d'une personne dans des conditions qui sont, selon le constat médical, incompatibles avec son état de santé, porte nécessairement atteinte à ses intérêts (■ Cass. crim., 14 mars 2017, n° 16-84.352 : *Juris-Data* n° 2017-004513). Doit donc être annulée la garde à vue menée en méconnaissance d'une prescription médicale indiquant que le suspect devait être conduit à l'hôpital quotidiennement, à 8 h00 puis à 20h00, dès lors que les enquêteurs n'ont pas suivi spontanément ces recommandations et ne sont intervenus qu'à la demande des sapeurs-pompiers venus secourir le suspect pris d'un malaise (même arrêt).

3) Compatibilité de l'état de santé avec la garde à vue. La non-administration de médicaments prescrits lors du premier examen médical de garde à vue n'affecte pas la régularité de la mesure dès lors que les examens médicaux pratiqués juste avant la présentation des prévenus devant le tribunal attestent que leur état de santé est toujours compatible avec une mesure de détention (■ Cass. crim., 1er févr. 2011, n° 10-83.017). Doit être écartée l'exception de nullité tirée d'une incompatibilité de la garde à vue et des auditions du requérant avec son état de santé, lorsque hospitalisé pour une intervention chirurgicale pendant la garde à vue, l'intéressé a été, à l'issue de l'intervention, déclaré apte à une audition par le service des urgences et que l'officier de police judiciaire lui a notifié ses droits, le demandeur n'ayant formulé aucune demande d'examen médical (■ Cass. crim., 11 juill. 2012, n° 12-82.136 : *Bull. crim.* n° 167 ; *Dr. pén.* 2013, chron. 8, V. Lesclous). Même si la personne gardée à vue n'a pas bénéficié du soutien psychiatrique qu'il était conseillé de lui apporter, sa garde à vue n'a pas été pour autant irrégulière, le médecin n'ayant pas subordonné la poursuite de cette mesure privative de liberté à l'examen par un psychiatre (■ Cass. crim., 30 mars 2016, n° 15-86.195 : *JurisData* n° 2016-005830).

Art. 63-3-1 *(L. n° 2011-392, 14 avr. 2011, en vigueur le 1er juin 2011)* **– Dès le début de la garde à vue, la personne peut demander à être assistée par un avocat. Si elle n'est pas en mesure d'en désigner un ou si l'avocat choisi ne peut être contacté, elle peut demander qu'il lui en soit commis un d'office par le bâtonnier.**

Le bâtonnier ou l'avocat de permanence commis d'office par le bâtonnier est informé de cette demande par tous moyens et sans délai.

L'avocat peut également être désigné par la ou les personnes prévenues en application du premier alinéa *(Mots aj., L. n° 2016-731, 3 juin 2016)* **« du I » de l'article 63-2. Cette désignation doit toutefois être confirmée par la personne.**

L'avocat désigné est informé par l'officier de police judiciaire ou, sous le contrôle de celui-ci, par un agent de police judiciaire de la nature et de la date présumée de l'infraction sur laquelle porte l'enquête.

S'il constate un conflit d'intérêts, l'avocat fait demander la désignation d'un autre avocat. En cas de divergence d'appréciation entre l'avocat et l'officier de police judiciaire ou le procureur de la République sur l'existence d'un conflit d'intérêts, l'officier de police judiciaire ou le procureur de la République saisit le bâtonnier qui peut désigner un autre défenseur.

Le procureur de la République, d'office ou saisi par l'officier de police judiciaire ou l'agent de police judiciaire, peut également saisir le bâtonnier afin qu'il soit désigné plusieurs avocats lorsqu'il est nécessaire de procéder à l'audition simultanée de plusieurs personnes placées en garde à vue.

Bibliographie : C. Ambroise-Castérot, *Quelle place pour l'avocat en garde à vue ?, Mélanges Robert*, 2013, LexisNexis, p. 1 et s. • J. Leroy, *Garde à vue : le droit à l'avocat : Gaz. Pal.* 2013, nos 211. • J.-Y. Liénard, *L'avocat et la garde à vue : le malaise : Gaz. Pal.* 2012, nos 78-80, p. 14. • J. Pradel, *Du droit de l'avocat d'accéder au dossier établi au cours d'une garde à vue : JCP* G 2012, doctr. 1223. • D. Roets, *Du droit à l'assistance d'un avocat dès le début de la garde à vue : RSC* 2010, 231. • E. Vergès, *Garde à vue : le rôle de l'avocat au cœur d'un conflit de normes nationales et européennes : D.* 2011, p. 3005.

1) Ampleur du droit. Il se déduit de l'article 63-3-1 du Code de procédure pénale que toute personne placée en garde à vue doit pouvoir bénéficier de l'assistance d'un avocat dès qu'elle en fait la demande. Doit donc être annulé l'arrêt de la chambre de l'instruction considérant que ce droit n'ayant pas été exercé lors de la notification de la garde à vue, il n'est à nouveau ouvert qu'au moment de la prolongation de la mesure (■ Cass. crim., 5 nov. 2013, n° 13-82.682 : *Bull. crim.* n° 213 ; *Procédures* 2014, comm. 23, obs. Chavent-Leclère ; *Gaz. Pal.* 9 févr. 2014, p. 40, note F. Fourment).

2) Libre choix de l'avocat. Le refus opposé au choix initial de l'avocat, en raison de son implication dans les faits, ne porte pas atteinte aux droits de l'intéressé si la personne gardée à vue a été en mesure de désigner un autre conseil et a bénéficié d'une défense effective, aussi bien pendant la garde à vue que pendant l'interrogatoire de première comparution devant le juge d'instruction (■ Cass. crim., 3 juin 2008, n° 08-81.771 : *JurisData* n° 2008-044397 ; *Bull. crim.* n° 138 ; *Dr. pén.* 2008, comm. 137, obs. A. Maron et M. Haas ; *Procédures* 2008, comm. 277, J. Buisson).

3) Avocat commis d'office – Légalité. Les obligations résultant pour les avocats de la mise en œuvre de la loi du 4 janvier 1993 tendant à renforcer les droits de la défense pendant la période de garde à vue ne sauraient être considérées ni comme un travail forcé et obligatoire, au sens de l'article 4 de la Convention européenne des droits de l'Homme, ni comme une réquisition. Ni les dispositions de l'article 63-4 du Code de procédure pénale, ni celles de l'article 9 de la loi du 31 décembre 1971, ne s'opposent à une désignation à l'avance par le bâtonnier, dans le cadre d'une permanence, des avocats commis d'office pour assister les personnes en garde à vue (■ Cass. 1er civ., 24 juin 1997, n° 95-13.100 : *JCP* G 1998, II 10035, obs. R. Martin).

4) Avocat commis d'office-désignation. À seul qualité pour commettre d'office un avocat, le bâtonnier du ressort dans lequel la personne a été placée en garde à vue (■ Cass. crim., 12 mars 1997, n° 96-86.596 : *Bull. crim.* n° 99). À peine de nullité, le bâtonnier doit être informé sans délai de la demande de la personne concernée de s'entretenir dès le début de la garde à vue avec un avocat commis d'office (■ Cass. crim., 26 mars 2008, n° 07-83.814 : *RPDP* 2008, C. Ambroise-Castérot). Toutefois ladite nullité ne saurait affecter la saisine du tribunal correctionnel dès lors que la garde à vue n'en était pas le support nécessaire (même arrêt).

5) Avocat désigné par un proche. Aux termes de l'article 63-2 du Code de procédure pénale, toute personne placée en garde à vue peut, à sa demande, faire prévenir de la mesure dont elle est l'objet, par téléphone, une personne avec laquelle elle vit habituellement ou l'un de ses parents en ligne directe ou l'un de ses frères et sœurs.

Il résulte des dispositions de l'article 63-3-1 du même code que seule la personne régulièrement avisée de la mesure de garde à vue en application de l'article 63-2 précité, à l'exclusion des autres qui y sont mentionnées, peut désigner un avocat pour assister la personne entendue dans ce cadre.

Une telle interprétation, conforme aux travaux parlementaires relatifs à la loi n° 2011-392 du 14 avril 2011, permet de garantir l'existence d'une relation de confiance entre ces personnes et ne porte pas une atteinte excessive au droit à l'assistance d'un défenseur tel qu'il est garanti par l'article 6, § 3, de la Convention européenne des droits de l'homme (■ Cass. crim., 19 oct. 2021, n° 21-81.569, §§ 17-19). Il se déduit de l'article 63-3-1 du Code de procédure pénale, d'une part, que tout mis en cause doit pouvoir, à tout moment, bénéficier de l'assistance d'un avocat choisi par lui-même ou désigné par une personne régulièrement avisée de son placement en garde à vue en application de l'article 63-2 du même code, et d'autre part, que cette dernière désignation doit corrélativement lui être aussitôt notifiée afin qu'il puisse la confirmer. Doit donc être annulé l'arrêt de la chambre de l'instruction refusant de faire droit à une demande de nullité, alors que la personne placée en garde à vue n'a pas été mise en mesure d'accepter l'avocat désigné par sa mère et entré en contact avec les officiers de police judiciaire en cette qualité (■ Cass. crim., 13 nov. 2018, n° 18-82.108). Il se déduit de l'article 63-3-1 du Code de procédure pénale que, d'une part, tout mis en cause doit pouvoir, à tout moment, bénéficier de l'assistance d'un avocat choisi par lui-même ou désigné par une personne régulièrement avisée de son placement en garde à vue en application de l'article 63-2 du même code, et d'autre part, que cette dernière désignation doit corrélativement lui être aussitôt notifiée afin qu'il puisse la confirmer. L'officier de police judiciaire, qui est averti de la désignation d'un avocat par un membre de la famille de la personne gardée à vue, doit donc, à peine de nullité, informer l'intéressé de cette désignation et le mettre en mesure de l'accepter ou pas (■ Cass. crim., 4 oct. 2016, n° 16-81.778 : *JurisData* n° 2016-020378 ; *Bull. crim.* n° 256 ; *Procédures* 2016, comm. 378, obs. A. S. Chavent-Leclère).

6) Désignation de l'avocat d'un mineur. Le mineur doit être assisté par un avocat dans les conditions prévues aux articles 63-3-1 à 63-4-3 du Code de procédure pénale. Il doit être immédiatement informé de ce droit. Lorsque le mineur n'a pas sollicité l'assistance d'un avocat, cette demande peut également être faite par ses représentants légaux, qui sont alors avisés de ce droit lorsqu'ils sont informés de la garde à vue. Lorsque le mineur ou ses représentants légaux n'ont pas désigné d'avocat, le procureur de la République, le juge chargé de l'instruction ou l'officier de police judiciaire doit, dès le début de la garde à vue, informer par tout moyen et sans délai le bâtonnier afin qu'il en commette un d'office. Doit être annulé l'arrêt de la chambre de l'instruction rejetant une requête en annulation de la seconde audition d'un mineur déroulée en présence d'un avocat commis d'office dès lors qu'il n'a pas été assisté par un avocat dès le début de sa garde à vue (ce dernier ayant refusé cette assistance lors de sa première audition) et que ses parents n'ont pas été informés qu'ils pouvaient lui en désigner un (■ Cass. crim., 16 oct. 2019, n° 19-81.084, § 20).

7) Grève. La décision prise collectivement par un barreau de suspendre toute participation des avocats au service des commissions d'office constitue une circonstance insurmontable de nature à empêcher l'assistance du gardé à vue par un avocat (■ Cass. crim., 9 mai 1994, n° 94-80.802 : *Bull. crim.* n° 174. ■ Cass. crim., 12 mars 1997, n° 96-86.596 : *Bull. crim.* n° 99). N'encourt donc pas la nullité une garde à vue déroulée en dehors de la présence de tout avocat dès lors que les officiers de police judiciaire, qui n'avaient pas d'autre diligence à effectuer, avaient eu la confirmation, par un contact téléphonique avec le service de la permanence du barreau, de ce qu'aucune assistance au titre de la commission d'office ne serait assurée (■ Cass. crim., 9 févr. 2016, n° 15-84.277 : *JurisData* n° 2016-001980 ; *Bull. crim.* n° 33).

8) Conflit d'intérêts. Il résulte de l'article 63-3-1 du Code de procédure pénale que si l'officier de police judiciaire doit informer de sa désignation l'avocat choisi par la personne placée en garde à vue, seul le bâtonnier a qualité pour désigner un autre défenseur en cas de conflit d'intérêts. Le refus opposé par l'officier de police judiciaire d'informer l'avocat choisi porte nécessairement atteinte aux intérêts de la personne concernée (■ Cass. crim., 21 oct. 2015, n° 15-81.032 : *JurisData* n° 2015-023343 ; *Bull. crim.* n° 229 ; *Dr. pén.* 2015, comm. 169, A. Maron et M. Haas ; *JCP* G 2015, 1206, S. Detraz).

9) Renonciation à l'avocat. La renonciation éclairée à l'assistance de l'avocat, faite en présence de l'interprète et après notification des droits résultant des textes en vigueur, n'est pas contraire à l'article 6 de la Conv. EDH (■ Cass. crim., 17 janv. 2012, n° 11-86.797 : *JurisData* n° 2012-001289). N'est pas fondé à critiquer l'absence d'assistance par un avocat lors des interrogatoires celui qui y a librement renoncé (même arrêt, *adde* ■ CA Agen, 18 févr. 2010, n° 10/00009-A : *JurisData* n° 2010-003487 ; *Dr. pén.* 2010, étude 25, Y. Capdepon). Dès lors que la Cour de cassation est en mesure de s'assurer de la renonciation non équivoque à l'assistance de l'avocat, indépendamment des mentions ambiguës figurant dans le formulaire relativement à l'antériorité de la renonciation par rapport à la notification de la qualification reprochée, l'atteinte aux intérêts du demandeur ne saurait être soutenue (■ Cass. crim., 18 oct. 2016, n° 16-81.117 : *JurisData* n° 2016-021512). L'intéressé peut se raviser à tout moment, sans avoir à attendre la prolongation de la garde à vue (■ Cass. crim., 5 nov. 2013, préc.).

10) Nullité. Nul ne saurait se faire un grief de ce que les procès-verbaux de ses auditions irrégulières pour absence de désignation de l'avocat choisi n'ont pas été annulés, alors que la Cour de cassation est en mesure de s'assurer que la décision de culpabilité ne s'est pas fondée sur les déclarations recueillies en garde à vue (■ Cass. crim., 6 mars 2012, n° 11-84.711 : *JurisData* n° 2012-003627 ; *Procédures* 2012, comm. 197, obs. J. Buisson).

Art. 63-4 (1) *(L. n° 2011-392, 14 avr. 2011, en vigueur le 1er juin 2011).* – **L'avocat désigné dans les conditions prévues à l'article 63-3-1 peut communiquer avec la personne gardée à vue dans des conditions qui garantissent la confidentialité de l'entretien.**

La durée de l'entretien ne peut excéder trente minutes.

Lorsque la garde à vue fait l'objet d'une prolongation, la personne peut, à sa demande, s'entretenir à nouveau avec un avocat dès le début de la prolongation, dans les conditions et pour la durée prévues aux deux premiers alinéas.

I – DROIT À L'AVOCAT

1) Constitutionnalité. En prévoyant que la personne gardée à vue peut s'entretenir avec son avocat pendant trente minutes, qu'elle peut demander que l'avocat assiste à ses auditions et confrontations et que la première audition de la personne gardée à vue ne peut avoir lieu moins

(1) Dispositions particulières ou dérogatoires résultant de l'état d'urgence sanitaire dû à l'épidémie de covid-19 : V. Ord. n° 2020-303 du 25 mars 2020. – NDLR.

de deux heures après que l'avocat a été avisé, le deuxième alinéa de l'article 63-4 et l'article 63-4-2 instituent des garanties de nature à assurer que la personne gardée à vue bénéficie de l'assistance effective d'un avocat. Il appartient en tout état de cause à l'autorité judiciaire de veiller au respect du principe de loyauté dans l'administration de la preuve et d'apprécier la valeur probante des déclarations faites, le cas échéant, par une personne gardée à vue hors la présence de son avocat. Par suite, en n'imposant pas un délai avant chacune des éventuelles auditions suivantes de la personne gardée à vue et en permettant que, sur autorisation écrite et motivée du procureur de la République, l'audition puisse commencer avant l'expiration du délai de deux heures lorsque les nécessités de l'enquête exigent une audition immédiate de la personne, le législateur a assuré, entre le droit de la personne gardée à vue à bénéficier de l'assistance d'un avocat et l'objectif de valeur constitutionnelle de recherche des auteurs d'infractions, une conciliation qui n'est pas déséquilibrée (■ Cons. const., déc. 18 nov. 2011, n° 2011-191/194/195/196/197 QPC, consid. 30).

V. sous art. 63-1, p. 218 pour le droit antérieur à la loi n° 2011-392 du 14 avril 2011.

2) Conventionalité (Jurisprudence antérieure à l'entrée en vigueur de la loi n° 2011-392 du 14 avril 2011 en vigueur le 1er juin 2011). Il résulte de l'article 6 de la Convention de sauvegarde des droits de l'homme et des libertés fondamentales et de l'article 63-4, alinéas 1 à 6, du Code de procédure pénale que les États adhérants à cette Convention sont tenus de respecter les décisions de la Cour européenne des droits de l'homme, sans attendre d'être attaqués devant elle ni d'avoir modifié leur législation. Pour que le droit à un procès équitable consacré par l'article 6 § 1 de la Convention de sauvegarde des droits de l'homme et des libertés fondamentales soit effectif et concret, il faut, en règle générale, que la personne placée en garde à vue puisse bénéficier de l'assistance d'un avocat dès le début de la mesure et pendant ses interrogatoires (■ Cass. ass. plén., 15 avr. 2011, n° 10-17.049 : *Bull. ass. plén.* n° 1). Aux termes de ses arrêts *Salduz c/ Turquie* et *Dayanan c/ Turquie*, rendus les 27 novembre 2008 et 13 octobre 2009, la Cour européenne des droits de l'homme a jugé que, pour que le droit à un procès équitable, consacré par l'article 6, § 1 de la Convention de sauvegarde, soit effectif et concret, il fallait, en règle générale, que la personne placée en garde à vue puisse bénéficier de l'assistance d'un avocat dès le début de la garde à vue et pendant ses interrogatoires. Est donc irrégulier l'interrogatoire qui se déroule immédiatement après le placement en garde à vue, sans attendre l'arrivée de l'avocat, alors que l'intéressé avait exprimé son souhait d'être assisté d'un conseil (■ Cass. ass. plén., 15 avr. 2011, nos 10-30.242, 10-30.316 et 10-30.313 : *Bull. ass. plén.* nos 2, 3 et 4). *Contra :* Le droit à l'assistance effective de l'avocat dans des conditions permettant au gardé à vue d'organiser sa défense et de préparer avec lui les interrogatoires ne peut s'appliquer immédiatement à une garde à vue conduite dans le respect des dispositions législatives en vigueur lors de sa mise en œuvre, sans porter atteinte au principe de sécurité juridique et à la bonne administration de la justice. Ces règles prendront effet lors de l'entrée en vigueur de la loi devant, conformément à la décision du Conseil constitutionnel du 30 juillet 2010, modifier le régime juridique de la garde à vue, ou, au plus tard, le 1er juillet 2011 (■ Cass. crim., 19 oct. 2010, n° 10-86.051 : *JurisData* n° 2010-018564. ■ Cass. crim., 19 oct. 2010, n° 10-82.902 : *JurisData* n° 2010-018565. ■ Cass. crim., 19 oct. 2010, n° 10-82.306 : *JurisData* n° 2010-018566 ; *Bull. crim.* n° 163 ; *Dr. pén.* 2010, Dossier 12, V. Georget ; *JCP* G 2011, II, 1104, note H. Matsopoulou). *Comp.* Si c'est à tort qu'une cour d'appel a prononcé la nullité de la garde à vue avant l'entrée en vigueur de la loi devant, conformément à la décision du Conseil constitutionnel du 30 juillet 2010, modifier le régime juridique de la garde à vue ou, en l'absence de cette loi, avant le 1er juillet 2011, l'arrêt n'encourt pas pour autant la censure dès lors qu'il a eu pour seule conséquence que les actes annulés n'ont pas constitué des éléments de preuve fondant la décision de culpabilité du prévenu (■ Cass. crim., 4 janv. 2011, n° 10-85.520 : *Bull. crim.* n° 3. ■ Cass. crim., 18 janv. 2011, n° 10-83.750 : *Bull. crim.* n° 9).

3) Contrôle européen du droit à l'avocat. L'accès immédiat à un avocat à même de fournir des renseignements sur les droits procéduraux est vraisemblablement de nature à prévenir tout manque d'équité qui découlerait de l'absence de notification officielle de ces droits. Si l'accès à un avocat est retardé, la nécessité pour les enquêteurs de signifier au suspect son droit à un avocat et son droit de garder le silence et de ne pas témoigner contre soi-même prend une importance particulière (■ CEDH, gr. ch., 13 sept. 2016, n° 50541/08, *Ibrahim et a. c/ Royaume-Uni*, § 273 : *JurisData* n° 2016-018683 ; *JCP* G 2016, act. 1010, obs. L. Milano. ■ CEDH, gr. ch., 9 nov. 2018, n° 71409/10, *Beuze c/ Belgique*, § 130, note F. Sudre, Droits de la défense – Confirmation du recul du droit à l'assistance d'un avocat : *JCP* G 2018, n° 48, p. 1249). Quelle que soit la restriction à l'accès à l'assistance d'un avocat, même si celle-ci découle directement de la loi applicable, la Cour procède à un examen en deux étapes : d'une part, en vérifiant l'existence ou non de raisons impérieuses de restreindre ce droit, puis, d'autre part, en examinant l'équité du procès dans son ensemble. Si l'absence de raisons impérieuses ne suffit pas à entraîner une violation de l'article 6, elle commande un contrôle très strict de la Cour, dès lors qu'une telle absence pèse lourdement dans la balance lorsqu'il s'agit d'apprécier globalement l'équité du procès. Tel est d'autant plus le cas lorsqu'il y a cumul du défaut d'accès à un avocat et du défaut de notification des droits, en particulier du droit de garder le silence. Le Gouvernement, à qui il incombe d'expliquer de façon convaincante pourquoi, à titre exceptionnel et au vu des circonstances particulières du cas d'espèce, la restriction à l'accès à un avocat n'a pas porté une atteinte irrémédiable à l'équité globale du procès, pourra alors plus difficilement prouver que le procès a été équitable (■ CEDH, 11 juill. 2019, n° 62313/12 *Olivieri c/ France*, § 27, A.-S. Chavent-Leclère : *Procédures* 2019, comm. 268, n° 10).

4) Droit à l'avocat et déclarations spontanées. À défaut de raison impérieuse tenant aux circonstances de l'espèce, les enquêteurs ne sont pas autorisés à recueillir les déclarations spontanées faites par la personne gardée à vue sur les faits, sans procéder à une audition dans le respect des règles légales l'autorisant à garder le silence et à être assistée par un avocat (■ Cass. crim., 25 avr. 2017, n° 16-87.518 : *JurisData* n° 2017-007759 ; *Bull. crim.* n° 117, Dossier d'actualité, 23 mai 2017, Lexis 360, J.-Y. Maréchal).

II – ENTRETIEN AVEC L'AVOCAT

5) Effectivité. Si l'article 63-4 du Code de procédure pénale impose à l'officier de police judiciaire de prévenir, par tous moyens, l'avocat choisi par la personne gardée à vue, il ne lui fait pas obligation de rendre effectif l'entretien avec cet avocat. Doit donc être écartée l'exception de nullité prise de ce que le demandeur n'aurait pas été mis en mesure de s'entretenir avec l'avocat de son choix, dès lors que l'officier de police judiciaire a tenté en vain de prendre attache téléphonique de l'avocat désigné, puis a pris celle de la permanence des avocats au barreau compétent pour l'informer que l'intéressé demandait à s'entretenir avec l'avocat de permanence, intervenu près de 2 heures plus tard (■ Cass. crim., 4 mai 2000, n° 99-86.924 : *Juris-Data* n° 2000-002724). Toutes les mesures ayant été prises pour que la personne gardée à vue puisse exercer effectivement ses droits, le déroulement de l'enquête ne saurait être conditionné par l'entretien avec l'avocat (■ Cass. crim., 4 nov. 2004, n° 00-81.652 : *JurisData* n° 2004-026016 ; *comp.* auj. avec l'article 63-4-2 du Code de procédure pénale et le délai de carence de 2 heures prévu pour débuter l'interrogatoire).

6) Effectivité – avis relatif aux heures des interrogatoires d'un mineur. Si les enquêteurs conservent la faculté de procéder à une première audition du mineur en garde à vue sans l'assistance de l'avocat, deux heures après le début de cette mesure, la chambre de l'instruction doit en revanche relever l'irrégularité d'une seconde audition ayant eu lieu en l'absence de l'avocat, dès lors qu'il n'apparaît pas dans le procès-verbal de garde à vue que l'avocat qui s'était présenté aux services de police et avait eu un entretien avec le mineur, avait été informé de l'horaire de la seconde audition (■ Cass. crim., 20 déc. 2017, n° 17-84.017 : *JurisData* n° 026510).

7) Début de l'interrogatoire (Jurisprudence antérieure à la loi n° 2011-392 du 14 avril 2011, en vigueur le 1er juin 2011). Aucune disposition légale ou conventionnelle n'impose à l'officier de police judiciaire, qui a tenté vainement de joindre, dès le début de la mesure de garde à vue, le bâtonnier de l'Ordre des avocats ou son délégataire, de différer l'audition de la personne qui fait l'objet de cette mesure (■ Cass. crim., 28 avr. 2004, n° 04-80.753 : *JurisData* n° 2004-023709 ; *Bull. crim.* n° 102 ; *JCP* G 2004, p. 2268).

8) Prolongation de la garde à vue. Lorsque la garde à vue fait l'objet d'une prolongation, la personne peut, à sa demande, s'entretenir avec un avocat dès le début de la prolongation (■ Cass. crim., 14 mars 2017, n° 16-84.352 : *Juris-Data* n° 2017-004513).

9) Confidentialité. Il résulte des articles 6, § 3, de la Convention européenne des droits de l'homme, 48, § 2, de la Charte des droits fondamentaux de l'Union européenne, 3, § 3, *a)* de la directive n° 2013/48/UE du Parlement et du Conseil du 22 octobre 2013, préliminaire, 63-3-1, 63-4 et 65 du Code de procédure pénale que pour que soit garanti le droit effectif et concret à l'assistance d'un avocat au stade de l'enquête, toute personne entendue sur des faits qu'elle est soupçonnée d'avoir commis ou tenté de commettre a le droit, si elle a demandé à être assistée d'un avocat, de s'entretenir au préalable et confidentiellement avec celui-ci (■ Cass. crim., 2 mars 2021, n° 20-85.491, § 8 : *Procédures* 2021, n° 4, comm. 111, A.-S. Chavent-Leclère).

10) Confidentialité de l'entretien en cas d'audition sur des faits nouveaux. La personne gardée à vue qui est entendue dans le cadre d'une procédure suivie du chef d'une infraction autre que celle ayant justifié le placement en garde à vue et à l'encontre de laquelle il existe des raisons plausibles de soupçonner qu'elle a commis ou tenté de commettre cette infraction bénéficie, après avoir été avertie de son droit d'être assistée d'un avocat et si elle a déclaré vouloir l'exercer, du droit de communiquer avec celui-ci dans des conditions qui garantissent la confidentialité de l'entretien, pour une durée ne pouvant excéder 30 minutes, avant toute audition sur les nouveaux faits (■ Cass. crim., 2 mars 2021, n° 20-85.491, § 9 : *Procédures* 2021, n° 4, comm. 111, A.-S. Chavent-Leclère).

11) Renonciation à la confidentialité de l'entretien. La personne gardée à vue peut renoncer à la confidentialité de l'entretien, expressément ou tacitement, notamment lorsqu'elle accepte, en présence de son avocat, qu'il soit immédiatement procédé à son audition sans entretien préalable. L'avocat peut aussi estimer qu'il n'y a pas lieu à entretien préalable et y renoncer tacitement, notamment lorsqu'il ne demande pas à communiquer confidentiellement avec la personne gardée à vue avant son audition (■ Cass. crim., 2 mars 2021, n° 20-85.491, §§ 10-11 : *Procédures* 2021, n° 4, comm. 111, A.-S. Chavent-Leclère). Toutefois, dès lors que le droit de la personne gardée à vue à un entretien confidentiel avec un avocat avant son audition dans le cadre d'une procédure suivie du chef d'une autre infraction ne résulte pas de façon évidente de la lettre des articles 65, 63-3-1 et 63-4 du Code de procédure pénale, le fait que, d'une part, l'avocat n'ait pas expressément demandé à s'entretenir confidentiellement avec son client, d'autre part, que celui-ci, en présence de son avocat, ait accepté d'être entendu sur les nouveaux faits sans entretien préalable, ne peut être interprété comme une renonciation tacite par l'avocat à cette prérogative de sa fonction ou par le suspect au bénéfice de ce droit (même arrêt, § 15).

12) Grief. Le grief pouvant résulter de l'absence de procès-verbal formalisant la tenue de l'entretien avec l'avocat n'est pas établi dès lors que les officiers de police judiciaire ont pris l'attache du conseil pour lui faire part du souhait exprimé par le gardé à vue de s'entretenir avec lui et que les auditions se sont tenues, 40 minutes après, en présence de ce même avocat (■ Cass. crim., 14 mars 2017, n° 16-84.352).

III – SANCTION DES DÉCLARATIONS RECUEILLIES SANS L'ASSISTANCE DE L'AVOCAT

13) N'est pas contraire à l'article 6 de la Conv. EDH, la déclaration de culpabilité qui ne se fonde ni exclusivement ni même essentiellement sur les déclarations recueillies au cours de gardes à vue irrégulières pour défaut d'assistance de l'avocat (■ Cass. crim., 6 déc. 2011, n° 10-84.251 : *JurisData* n° 2011-008318 ; *Procédures* 2011, comm. 241, obs. A.-S. Chavent-Leclère. ■ Cass. crim., 20 mars 2012, n° 11-83.638. ■ Cass. crim., 12 déc. 2012, n° 12-80.788 : *Bull. crim.* n° 275 ; *Dr. pén.* 2013, comm. 29). Si c'est à tort que la cour d'appel n'a pas cru devoir annuler les procès-verbaux d'audition établis au cours de la garde à vue du prévenu, notamment en raison de l'absence d'assistance de l'avocat, l'arrêt n'encourt pas pour autant la censure, dès lors que, pour retenir la culpabilité de ce dernier, les juges ne se sont fondés ni exclusivement ni même essentiellement sur les déclarations recueillies au cours de sa garde à vue (■ Cass. crim., 21 mars 2012, n° 11-83.637 : *JurisData* n° 2012-006425 ; *Bull. crim.* n° 78 ; *Dr. pén.* 2012, comm. 78, A. Maron et M. Haas ; *D.* 2012, p. 1063). À l'inverse, ne justifie pas sa décision la cour d'assises qui, par des motifs imprécis ne mettant pas la Cour de cassation en mesure de s'assurer que la cour et les jurés ne se sont fondés ni exclusivement ni essentiellement sur des déclarations incriminantes recueillies au cours de la garde à vue sans l'assistance d'un avocat et sans la notification du droit de se taire, a déclaré l'accusé coupable (■ Cass. crim., 16 déc. 2015, n° 15-81.160 : *JurisData* n° 2015-028166 ; *Bull. crim.* n° 307 ; *Dr. pén.* 2016, comm. 36, obs. A. Maron et M. Haas). Comp., Ne justifie pas sa décision la chambre des appels correctionnels qui fonde une déclaration de culpabilité pour atteinte sexuelle sur des déclarations enregistrées au cours de la garde à vue par lesquelles la personne a contribué à sa propre incrimination sans avoir pu être assistée d'un avocat, et ayant été rétractées par la suite (■ Cass. crim., 11 mai 2011, n° 10-84.25 : *JurisData* n° 2011-008318 ; *Procédures* 2011, comm. 241, obs. A.-S. Chavent-Leclère ; *RSC* 2011, p. 414, obs. J. Danet).

Art. 63-4-1 ***(L. n° 2011-392, 14 avr. 2011, en vigueur le 1er juin 2011 ; mod. à compter du 2 juin 2014, D. n° 2014-535, 27 mai 2014).*** **– À sa demande, l'avocat peut consulter le procès-verbal établi en application de l'avant-dernier alinéa de l'article 63-1 constatant la notification du placement en garde à vue et des droits y étant attachés, le certificat médical établi en application de l'article 63-3, ainsi que les procès-verbaux d'audition de la personne qu'il assiste. Il ne peut en demander ou en réaliser une copie. Il peut toutefois prendre des notes.**

La personne gardée à vue peut également consulter les documents mentionnés au premier alinéa du présent article ou une copie de ceux-ci.

Bibliographie : J. Pradel, *Du droit de l'avocat d'accéder au dossier établi au cours d'une garde à vue : JCP* G 2012, 1223.

Voir aussi : *Circ. CRIM PJ 1 -51 H11, 27 sept. 2012.*

1) Accès à l'entier dossier – Constitutionnalité. En vertu de l'article 14 du Code de procédure pénale, la police judiciaire est chargée de constater les infractions à la loi pénale, d'en rassembler les preuves et d'en rechercher les auteurs. La garde à vue est une mesure de contrainte nécessaire à certaines opérations de police judiciaire et comme le Conseil constitutionnel l'a jugé dans sa décision du 30 juillet 2010, les évolutions de la procédure pénale qui ont renforcé l'importance de la phase d'enquête policière dans la constitution des éléments sur le fondement desquels une personne mise en cause est jugée doivent être accompagnées des garanties appropriées encadrant le recours à la garde à vue ainsi que son déroulement et assurant la protection des droits de la défense. Les dispositions de l'article 63-4-1 limitant l'accès à certaines pièces de la procédure n'ont pas pour objet de permettre la discussion de la légalité des actes d'enquête ou du bien-fondé des éléments de preuve rassemblés par les enquêteurs, qui n'ont pas donné lieu à une décision de poursuite de l'autorité judiciaire et qui ont vocation, le cas échéant, à être discutés devant les juridictions d'instruction ou de jugement. Elles n'ont pas davantage pour objet de permettre la discussion du bien-fondé de la mesure de garde à vue enfermée par la loi dans un délai de vingt-quatre heures renouvelable une fois. Par suite, les griefs tirés de ce que les dispositions contestées relatives à la garde à vue (CPP, art. 63-4-1) n'assureraient pas l'équilibre des droits des parties et le caractère contradictoire de cette phase de la procédure pénale sont inopérants (▪ Cons. const., 18 nov. 2011, déc. n° 2011-191/194/195/196/197 QPC, consid. 28).

2) Accès à l'entier dossier – Conventionalité. Il résulte de l'article 63-4-1 du Code de procédure pénale que l'avocat assistant une personne gardée à vue peut consulter le procès-verbal constatant la notification du placement en garde à vue et des droits y étant attachés, le certificat médical établi à l'issue de l'examen éventuellement pratiqué, et les procès-verbaux d'audition de la personne qu'il assiste. Cette disposition n'est pas incompatible avec l'article 6, § 3 de la Convention européenne des droits de l'Homme, l'absence de communication de l'ensemble des pièces du dossier, à ce stade de la procédure, n'étant pas de nature à priver la personne d'un droit effectif et concret à un procès équitable, dès lors que l'accès à ces pièces est garanti devant les juridictions d'instruction et de jugement (▪ Cass. crim., 19 sept. 2012, n° 11-88.111 : *JurisData* n° 2012-020807 ; *Dr. pén.* 2012, comm. 151 ; *Procédures* 2012, comm. 331, obs. A.-S. Chavent-Leclère ; *JCP* G 2012, act. 1038 ; *JCP* G 2012, doctr. 1233, étude J. Pradel ; *JCP* G 2012, act. 1242, obs. F. Fourment ; *D.* 2012, p. 2246, obs. C. Girault, p. 2640, obs. F. Desprez ; *Gaz. Pal.* 30 sept.-2 oct. 2012, p. 10, obs. O. Bachelet. ▪ Cass. crim., 9 avr. 2015, n° 14-87.660 : *JurisData* n° 2015-007505. ▪ Cass. crim., 14 avr. 2015, n° 14-88.515 : *JurisData* n° 2015-008123. ▪ Cass. crim., 15 juin 2016, n° 15-86.043 : *JurisData* n° 2016-011568).

3) Droit de l'Union européenne. L'article 7, § 1, de la directive du 22 mai 2012, dont le préambule précise qu'elle s'appuie sur les droits énoncés dans la Charte des droits fondamentaux de l'Union européenne en développant les articles 5 et 6 de la Convention européenne des droits de l'Homme tels qu'ils sont interprétés par la Cour européenne des droits de l'homme, n'exige, à tous les stades de la procédure, qu'un accès aux documents relatifs à l'affaire en question détenus par les autorités compétentes qui sont essentiels pour contester de manière effective la légalité de l'arrestation ou de la détention. Par ailleurs, les § 2 et 3 de l'article 7 de ladite directive laissent la faculté aux États membres de n'ouvrir l'accès à l'intégralité des pièces du dossier que lors de la phase juridictionnelle du procès pénal, ce dont il résulte que l'article 63-4-1 du Code de procédure pénale constitue une transposition complète de l'article 7 de la directive (▪ Cass. crim., 4 oct. 2016, n° 16-82.309 : *JurisData* n° 2016-02038 ; *Bull. crim.* n° 255. ▪ Cass. crim., 31 janv. 2017, n° 16-84.623 : *JurisData* n° 2017-001441). Le grief, tiré de la contradiction entre l'article 63-4-1 du Code de procédure pénale et la directive européenne 2012/13/UE dont le délai de transposition n'était pas expiré à la date à laquelle le demandeur a été placé en garde à vue, est inopérant (▪ Cass. crim., 9 avr. 2015, préc.).

4) Demande d'accès aux pièces de la procédure. Il appartient à l'avocat de la personne gardée à vue qui peut consulter le procès-verbal établi en application de l'article 63-1 du Code de procédure pénale, le certificat médical établi en application de l'article 63-3 ainsi que les procès-verbaux d'audition de son client, d'en faire la demande expresse. La demande de communication de l'intégralité de la procédure est inopérante, faute d'une demande subsidiaire, conforme aux dispositions de l'article 63-4-1 du Code de procédure pénale (▪ Cass. crim., 18 déc. 2012, n° 12-85.735 : *JurisData* n° 2012-029944 ; *Bull. crim.* n° 281 ; *Procédures* 2013, comm. 79, A.-S. Chavent-Leclère).

5) Nullité. Il résulte de l'article 63-4-1 du Code de procédure pénale que l'avocat d'une personne gardée à vue peut, à sa demande, consulter le procès-verbal établi constatant la notification du placement en garde à vue et des droits y étant attachés, le certificat médical résultant de l'examen de la personne gardée à vue par un médecin ainsi que les procès-verbaux d'audition de la personne qu'il assiste. Toute méconnaissance de ces prescriptions porte nécessairement atteinte aux droits de la défense. Doit être cassé l'arrêt de la chambre de l'instruction rejetant une requête en annulation pour violation de l'article 63-4-1 du Code de procédure pénale au motif que la mise à disposition des documents demandés était impossible au lieu où cette demande avait été formulée (geôle se situant à 300 mètres du commissariat) dans la mesure où aucune circonstance insurmontable ne faisait obstacle à ce que la pièce demandée puisse être mise à sa disposition (■ Cass. crim., 17 nov. 2015, n° 15-83.437 : *Bull. crim.* n° 255).

Art. 63-4-2 (1) ***(Mod., L. n° 2016-731, 3 juin 2016).*** **– La personne gardée à vue peut demander que l'avocat assiste à ses auditions et confrontations. Dans ce cas, la première audition, sauf si elle porte uniquement sur les éléments d'identité, ne peut débuter sans la présence de l'avocat choisi ou commis d'office avant l'expiration d'un délai de deux heures suivant l'avis adressé dans les conditions prévues à l'article 63-3-1 de la demande formulée par la personne gardée à vue d'être assistée par un avocat. Au cours des auditions ou confrontations, l'avocat peut prendre des notes.**

Si l'avocat se présente après l'expiration du délai prévu au premier alinéa alors qu'une audition ou une confrontation est en cours, celle-ci est interrompue à la demande de la personne gardée à vue afin de lui permettre de s'entretenir avec son avocat dans les conditions prévues à l'article 63-4 et que celui-ci prenne connaissance des documents prévus à l'article 63-4-1. Si la personne gardée à vue ne demande pas à s'entretenir avec son avocat, celui-ci peut assister à l'audition en cours dès son arrivée dans les locaux du service de police judiciaire ou à la confrontation.

Lorsque les nécessités de l'enquête exigent une audition immédiate de la personne, le procureur de la République peut autoriser, par décision écrite et motivée, sur demande de l'officier de police judiciaire, que l'audition débute sans attendre l'expiration du délai prévu au premier alinéa.

À titre exceptionnel, sur demande de l'officier de police judiciaire, le procureur de la République ou le juge des libertés et de la détention, selon les distinctions prévues par l'alinéa suivant, peut autoriser, par décision écrite et motivée, le report de présence de l'avocat lors des auditions ou confrontations, si cette mesure apparaît indispensable pour des raisons impérieuses tenant aux circonstances particulières de l'enquête, soit pour permettre le bon déroulement d'investigations urgentes tendant au recueil ou à la conservation des preuves, soit pour prévenir une atteinte grave et imminente à la vie, à la liberté ou à l'intégrité physique d'une personne.

Le procureur de la République ne peut différer la présence de l'avocat que pendant une durée maximale de douze heures. Lorsque la personne est gardée à vue pour un crime ou un délit puni d'une peine d'emprisonnement supérieure ou égale à cinq ans, le juge des libertés et de la détention peut, sur requête du procureur de la République, autoriser à différer la présence de l'avocat, au-delà de la douzième heure, jusqu'à la vingt-quatrième heure. Les autorisations du procureur de la République et du juge des libertés et de la détention sont écrites et motivées par référence aux conditions prévues à l'alinéa précédent au regard des éléments précis et circonstanciés résultant des faits de l'espèce.

Lorsque, conformément aux dispositions des deux alinéas qui précèdent, le procureur de la République ou le juge des libertés et de la détention a autorisé à différer la présence de l'avocat lors des auditions ou confrontations, il peut également, dans les conditions et selon les modalités prévues par ces mêmes alinéas, décider que l'avocat ne peut, pour une durée identique, consulter les procès-verbaux d'audition de la personne gardée à vue.

1) Notion d'audition : présentation d'objets. La présentation d'objets saisis pendant une perquisition, en vue de leur reconnaissance conformément à l'article 54 du Code de procédure pénale, non d'un interrogatoire, ne constitue pas une audition au sens de l'article 63-4-1 du Code de procédure pénale. La présence de l'avocat n'est donc pas nécessaire (■ Cass. crim., 22 oct. 2013, n° 13-81.945 : *JurisData* n° 2013-023276 ; *Bull. crim.* n° 196). L'article 63-4-2 du Code de procédure pénale n'interdit pas qu'une audition portant uniquement sur des éléments d'identité intervienne avant l'expiration du délai de deux heures visé par le texte (■ Cass. crim., 12 mars 2013, n° 12-86.592 : *JurisData* n° 2013-004234).

2) Notion d'audition, exploitation d'un téléphone. Aucune disposition légale ne prévoit la présence de l'avocat lors de l'exploitation d'un téléphone portable, assimilable à une perquisi-

(1) Dispositions particulières ou dérogatoires résultant de l'état d'urgence sanitaire dû à l'épidémie de covid-19 : V. Ord. n° 2020-303 du 25 mars 2020. – NDLR.

tion. La communication à un officier de police judiciaire, sur sa sollicitation, d'une information permettant l'accès à un espace privé préalablement identifié, qu'il soit ou non dématérialisé, pour les besoins d'une perquisition, ne constitue pas une audition au sens de l'article 63-4-2 du Code de procédure pénale (▪ Cass. crim., 12 janv. 2020, n° 20-84.045, §§ 10-11 : *Comm. com. électr.* 2021, n° 4, comm. 32, E. A. Caprioli ; S. Pellé, *L'exclusion du droit à l'assistance par un avocat lors d'un acte d'enquête qui ne constitue pas une audition, Lexbase*, A96684BP).

3) **Délai de carence, applicabilité.** Le délai de 2 heures, prévu par l'article 63-4-2 du Code de procédure pénale, qui doit séparer l'avis donné à l'avocat de l'audition de la personne gardée à vue ne vaut que pour la première audition (▪ Cass. crim., 20 févr. 2019, n° 18-83.017).

4) **Délai de carence, mineur.** Si les enquêteurs conservent la faculté de procéder à une première audition du mineur en garde à vue sans l'assistance de l'avocat, 2 heures après le début de cette mesure, la chambre de l'instruction doit en revanche relever l'irrégularité d'une seconde audition ayant eu lieu en l'absence de l'avocat, dès lors qu'il n'apparaît pas dans le procès-verbal de garde à vue que l'avocat, qui s'était présenté aux services de police et avait eu un entretien avec le mineur, avait été informé de l'horaire de la seconde audition (▪ Cass. crim., 20 déc. 2017, n° 17-84.017 : *JurisData* n° 026510).

5) **Circonstances exceptionnelles autorisant le report de l'avocat.** La recherche d'une personne en péril et la nécessité d'accomplir des recherches immédiates sur les indications de la personne gardée à vue a constitué une raison impérieuse de retarder l'intervention de son avocat (▪ Cass. crim., 17 déc. 2013, n°s 12-84.297 et 13-86.565 : *JurisData* n° 2013-028766).

6) **Preuve de la présence de l'avocat aux auditions.** La présence de l'avocat aux auditions de la personne gardée à vue peut, à défaut de mention dans le procès-verbal, être prouvée grâce à l'enregistrement de ladite audition. Il appartient à la chambre de l'instruction de vérifier, au besoin en procédant à un supplément d'information, si la personne tierce dont elle constate la présence lors de l'audition est, malgré l'absence de mention du procès-verbal à cet égard, l'avocat de la personne gardée à vue et de chercher si la production des documents devant être joints à la demande de règlement de l'avocat commis d'office et énumérés à l'article 132-5 du décret du 19 décembre 1991 portant application de la loi du 10 juillet 1991 relative à l'aide juridique ne sont pas de nature à lui permettre cette vérification (▪ Cass. crim., 12 avr. 2016, n° 15-86.802 : *JurisData* n° 2016-007007).

Art. 63-4-3 *(L. n° 2011-392, 14 avr. 2011, en vigueur le 1er juin 2011).* **– L'audition ou la confrontation est menée sous la direction de l'officier ou de l'agent de police judiciaire qui peut à tout moment, en cas de difficulté, y mettre un terme et en aviser immédiatement le procureur de la République qui informe, s'il y a lieu, le bâtonnier aux fins de désignation d'un autre avocat.**

À l'issue de chaque audition ou confrontation à laquelle il assiste, l'avocat peut poser des questions. L'officier ou l'agent de police judiciaire ne peut s'opposer aux questions que si celles-ci sont de nature à nuire au bon déroulement de l'enquête. Mention de ce refus est portée au procès-verbal.

À l'issue de chaque entretien avec la personne gardée à vue et de chaque audition ou confrontation à laquelle il a assisté, l'avocat peut présenter des observations écrites dans lesquelles il peut consigner les questions refusées en application du deuxième alinéa. Celles-ci sont jointes à la procédure. L'avocat peut adresser ses observations, ou copie de celles-ci, au procureur de la République pendant la durée de la garde à vue.

1) **Confrontations multiples.** La confrontation d'une personne gardée à vue à plusieurs personnes la mettant en cause ne méconnaît à elle seule aucune des dispositions des articles préliminaire, 20, 54, 62-2, 62-3, 63-1, 63-4-3, 63-4-5, pas plus que l'article 6 de la Conv. EDH (▪ Cass. crim., 31 oct. 2017, n° 17-81.842 : *JurisData* n° 2017-021686 ; *Dr. pén.* 2017, n° 12, comm. 185, A. Maron et M. Haas).

2) **Recours au procureur de la République.** Les dispositions de l'article 63-4-3, alinéa 1er, du Code de procédure pénale qui permettent à l'officier de police judiciaire de saisir le procureur de la République ne s'appliquent que s'il a été mis un terme à l'audition à la suite de difficultés. Tel n'est pas le cas, lorsque l'officier de police judiciaire s'oppose aux questions de nature à nuire au bon déroulement de l'enquête que l'avocat pourrait poser en fin d'audition. Dans ce cas, il appartenait à l'avocat, s'il l'estimait utile à l'exercice des droits de la défense, de saisir lui-même le procureur de la République, en lui transmettant ses observations écrites et, s'il le souhaitait, les questions refusées, comme le permettent les dispositions de l'alinéa 3 du texte précité (▪ Cass. crim., 20 nov. 2013, n° 13-84.280 : *JurisData* n° 2013-026230 ; *Procédures* 2014, comm. 24, A.-S. Chavent-Leclère ; *Gaz. Pal.* 9 févr. 2014, p. 41, note F. Fourment).

Art. 63-4-3-1 *(L. n° 2016-731, 3 juin 2016).* **– Si la personne gardée à vue est transportée sur un autre lieu** *(Mots aj., L. n° 2019-222, 23 mars 2019)* **« où elle doit être entendue ou faire l'objet d'un des actes prévus à l'article 61-3 », son avocat en est informé sans délai.**

Les modifications apportées à l'article 63-4-3-1 du Code de procédure pénale maintiennent l'obligation pour les enquêteurs d'informer sans délai l'avocat d'une personne gardée à vue lorsque celle-ci est transportée sur un lieu où elle doit être entendue. Par ailleurs, dans les cas où cette obligation d'information n'est pas prévue, les enquêteurs ne peuvent, à l'occasion de ce transport, ni interroger le gardé à vue ni recueillir ses déclarations. Dès lors, les mots « où elle doit être entendue ou faire l'objet d'un des actes prévus à l'article 61-3 » figurant à l'article 63-4-3-1 du Code de procédure pénale, ne méconnaissent pas les droits de la défense. Ces dispositions, qui ne méconnaissent aucune autre exigence constitutionnelle, sont conformes à la Constitution (■ Cons. const., 21 mars 2019, n° 2019-778 DC, § 182 : A. Botton, *JCP* G 2019, n° 4, p. 359).

Art. 63-4-4 *(L. n° 2011-392, 14 avr. 2011, en vigueur le 1er juin 2011).* **– Sans préjudice de l'exercice des droits de la défense, l'avocat ne peut faire état auprès de quiconque pendant la durée de la garde à vue ni des entretiens avec la personne qu'il assiste, ni des informations qu'il a recueillies en consultant les procès-verbaux et en assistant aux auditions et aux confrontations.**

Art. 63-4-5 *(L. n° 2011-392, 14 avr. 2011, en vigueur le 1er juin 2011).* **– Si la victime est confrontée avec une personne gardée à vue, elle peut demander à être également assistée par un avocat choisi par elle ou par son représentant légal si elle est mineure ou, à sa demande, désigné par le bâtonnier.**

La victime est informée de ce droit avant qu'il soit procédé à la confrontation.

À sa demande, l'avocat peut consulter les procès-verbaux d'audition de la personne qu'il assiste.

L'article 63-4-3 est applicable.

Art. 63-5 *(L. n° 2011-392, 14 avr. 2011, en vigueur le 1er juin 2011).* **– La garde à vue doit s'exécuter dans des conditions assurant le respect de la dignité de la personne.**

Seules peuvent être imposées à la personne gardée à vue les mesures de sécurité strictement nécessaires.

1) État de santé. Le suspect étant hospitalisé, il appartient au médecin de se prononcer sur la compatibilité de son état de santé avec une audition et sur le fait de savoir si celle-ci peut se dérouler dans des conditions conformes à l'article 3 de la Conv. EDH (■ Cass. crim., 25 oct. 2011, n° 11-82.780 : *Bull. crim.* n° 216 ; *D.* 2012, 185, note C. Ravigneaux). Ne justifie pas sa décision au regard des exigences de l'article 3 de la Conv. EDH, la chambre de l'instruction qui, saisie de l'examen d'une garde à vue d'une personne tétraplégique et souffrant de graves troubles fonctionnels, s'abstient de vérifier les conditions précises dans lesquelles l'intéressé a été soumis au port des menottes ou d'entraves et d'analyser les circonstances particulières qui imposaient d'adopter une telle forme de contrainte physique à l'encontre d'une personne paralysée des bras et des jambes. Il revient également à la chambre de l'instruction, compte tenu des circonstances, de s'interroger sur l'adaptation des conditions de la garde à vue à la situation de l'intéressé et de rechercher si les conditions matérielles de son déferrement après la fin de la garde à vue, qui ayant nécessité l'intervention d'un service médical d'urgence pour procéder sur place à la pose d'une sonde urinaire, avaient été adaptées à ses besoins spécifiques (■ Cass. crim., 7 mai 2008, n° 08-81.419 : *JurisData* n° 2008-044228 ; *Dr. pén.* 2009, chron. 8).

2) Alimentation. Est irrégulière et porte atteinte à la personne, la garde à vue au cours de laquelle l'intéressé ne s'est vu proposer aucune nourriture de 14 heures 45 le jour de son placement en garde à vue, jusqu'à la levée de la mesure coercitive, le lendemain, 9 heures 30. Pareille irrégularité justifie le refus de prolongation de la rétention administrative ayant suivi la garde à vue (■ Cass. 1re civ., 1er juin 2011, n° 10-30.609 : *JurisData* n° 2011-010373).

3) Fatigue. Ne viole pas l'article 3 de la Conv. EDH, la garde à vue au cours de laquelle le suspect n'a pas été, malgré l'atmosphère de violence et la fatigue alléguées, ni privé de tout repos, ni l'objet de traitements inhumains et dégradants et que ses déclarations ne sont l'effet ni de la fatigue ni de la contrainte (■ Cass. crim., 10 mars 1992, nos 91-86.944 et 92-80.389 : *Bull. crim.* n° 105). Il en va de même de la garde à vue qui s'est déroulée dans une ambiance de tensions, dès lors que le suspect a refusé d'être examiné par un médecin, qu'il a subi un examen psychiatrique n'ayant pas relevé d'état d'épuisement et, qu'enfin, présenté au juge d'instruction, il a fait une longue déclaration ne révélant pas une intense fatigue (■ Cass. crim., 26 févr. 1991, n° 90-87.295 : *Bull. crim.* n° 97).

4) **Conditions matérielles de la garde à vue.** Porte atteinte à la dignité de la personne humaine le fait d'être gardé à vue dans une cellule comportant des toilettes bouchées d'excréments pendant huit heures (▪ TC Charleville-Mezières, 10 févr. 2010 : *Gaz. Pal.* 30 avr.-4 mai 2010, p. 17, note Y. Sygut). Cependant, une éventuelle violation des dispositions de l'article 3 de la Convention européenne des droits de l'Homme, de l'article 10 du Pacte international relatif aux droits civils et politiques et de l'article préliminaire du Code de procédure pénale, en raison des conditions matérielles de la garde à vue, si elle est susceptible d'engager la responsabilité de la puissance publique en raison du mauvais fonctionnement du service public, ne saurait constituer une cause de nullité de procédure (▪ Cass. crim., 22 juin 2010, n° 09-86.658, antérieurement à la loi n° 2011-392 du 14 avril 2011). Une garde à vue même brève (48 heures) dans un espace individuel largement en dessous des standards européens (1 à 2 m²) et ne répondant pas aux exigences minimales d'hygiène et d'intimité (sans toilette isolé, ni lumière naturelle, ni système d'aération adéquat) tombe sous le coup de l'article 3 de la Conv. EDH et constitue une violation du principe de dignité (▪ CEDH, 2 oct. 2014, n° 2871/11, *Fakailo (Safoka) et a. c/ France : JurisData* n° 2014-025502 ; *Dr. pén.* 2015, chron. 4, E. Dreyer).

Art. 63-6 *(L. n° 2011-392, 14 avr. 2011, en vigueur le 1er juin 2011).* **– Les mesures de sécurité ayant pour objet de s'assurer que la personne gardée à vue ne détient aucun objet dangereux pour elle-même ou pour autrui sont définies par arrêté de l'autorité ministérielle compétente. Elles ne peuvent consister en une fouille intégrale.**

La personne gardée à vue dispose, au cours de son audition, des objets dont le port ou la détention sont nécessaires au respect de sa dignité.

Le présent article est également applicable en cas de retenue intervenant en application des articles 141-4, *(L. n° 2014-896, 15 août 2014 ; réf. rempl. à compter du 1er octobre 2014)* **« ou 709-1-1 », 716-5 et 803-3.**

Arrêté du 1er juin 2011

relatif aux mesures de sécurité, pris en application de l'article 63-6 du Code de procédure pénale

Art. 1er. – De nature administrative, les mesures de sécurité susceptibles d'être mises en œuvre à l'égard d'une personne placée en garde à vue ou retenue en application des articles 141-4, 712-16-3, 716-5 et 803-3 du Code de procédure pénale ont pour finalité, dans le respect de la dignité de la personne, de s'assurer que celle-ci ne détient aucun objet dangereux pour elle-même ou pour autrui.

Dans ce cadre, la fouille intégrale avec mise à nu complète est interdite.

Art. 2. – Ces mesures de sécurité, mises en œuvre et renouvelées en tant que de besoin, comprennent :
- la palpation de sécurité, pratiquée par une personne du même sexe au travers des vêtements ;
- l'utilisation de moyens de détection électronique en dotation dans les services ;
- le retrait d'objets et d'effets pouvant constituer un danger pour la personne ou pour autrui ;
- le retrait de vêtements, effectué de façon non systématique et si les circonstances l'imposent.

Art. 3. – Lors de son audition, les objets dont le port ou la détention sont nécessaires au respect de la dignité de la personne lui sont restitués.

Arrêté du 4 février 2013

portant autorisation de traitements de données à caractère personnel dénommé « gestion du dépôt »

Art. 1er. – Le directeur général de la police nationale, le directeur général de la gendarmerie nationale et le préfet de police sont autorisés à mettre en œuvre des traitements de données à caractère personnel ayant pour finalité :
- d'assurer la gestion administrative des personnes déférées ou gardées à vue et placées sous la surveillance des fonctionnaires de la police nationale ou militaires de la gendarmerie nationale dans les dépôts des palais de justice ;
- de permettre le suivi comptable de ces missions.

Art. 2. – Les catégories de données à caractère personnel et informations enregistrées sont les suivantes :
- nom, prénoms, alias, date et lieu de naissance, sexe, adresse de la personne placée au dépôt ;
- informations relatives aux infractions et à l'enquête, nature de la décision à l'origine du placement au dépôt, mesures de sécurité ;

- identités et coordonnées des personnes avisées (médecin, avocat, famille, employeur).

Les numéros d'identification, grade, nom, prénom, unité d'affectation ou d'emploi des fonctionnaires de police ou militaires de la gendarmerie nationale sous la responsabilité desquels la personne est placée au dépôt peuvent également être enregistrés dans les traitements.

Art. 3. – Les données à caractère personnel sont conservées deux ans à compter de leur enregistrement.

Art. 4. – Ont seuls accès aux données et informations enregistrées, en fonction de leurs attributions et du besoin d'en connaître, les agents des services de la police nationale et les militaires des unités de la gendarmerie nationale chargés de l'encadrement et de la surveillance des personnes déférées ou gardées à vue dans les dépôts des palais de justice, individuellement désignés et spécialement habilités par leurs chefs des services.

Peuvent être destinataires des données et informations enregistrées dans la limite de leurs attributions et du besoin d'en connaître :

- les officiers et agents de police judiciaire de la police et de la gendarmerie nationales, individuellement désignés par leurs chefs de service, pour les recherches relatives aux infractions dont ils ont à connaître ;
- l'association de politique criminelle appliquée et de réinsertion sociale (APCARS).

Art. 5. – Pour les traitements automatisés, les consultations effectuées font l'objet d'un enregistrement comprenant l'identification du consultant, les dates et heures de la consultation. Ces données sont conservées trois ans.

Art. 6. – Conformément aux dispositions des articles 39 et suivants de la loi [n° 78-17] du 6 janvier 1978 susvisée, les droits d'accès et de rectification s'exercent de manière directe, auprès du responsable du service mettant en œuvre le traitement.

Le droit d'opposition prévu à l'article 38 de la loi [n° 78-17] du 6 janvier 1978 susvisée ne s'applique pas aux présents traitements.

Art. 7. – Les responsables des traitements prennent les mesures nécessaires pour préserver la sécurité des données tant à l'occasion de leur recueil que de leur consultation, de leur communication ou de leur conservation.

Art. 8. – La mise en œuvre des traitements mentionnés à l'article 1er est subordonnée à l'envoi préalable à la Commission nationale de l'informatique et des libertés, en application du IV de l'article 26 de la loi [n° 78-17] du 6 janvier 1978 susvisée, d'un engagement de conformité faisant référence au présent arrêté accompagné d'un dossier technique de présentation du traitement.

Art. 63-7 *(L. n° 2011-392, 14 avr. 2011, en vigueur le 1er juin 2011).* – **Lorsqu'il est indispensable pour les nécessités de l'enquête de procéder à une fouille intégrale d'une personne gardée à vue, celle-ci doit être décidée par un officier de police judiciaire et réalisée dans un espace fermé par une personne de même sexe que la personne faisant l'objet de la fouille. La fouille intégrale n'est possible que si la fouille par palpation ou l'utilisation des moyens de détection électronique ne peuvent être réalisées.**

Lorsqu'il est indispensable pour les nécessités de l'enquête de procéder à des investigations corporelles internes sur une personne gardée à vue, celles-ci ne peuvent être réalisées que par un médecin requis à cet effet.

Art. 63-8 *(L. n° 2011-392, 14 avr. 2011, en vigueur le 1er juin 2011).* – **À l'issue de la garde à vue, la personne est, sur instruction du procureur de la République sous la direction duquel l'enquête est menée, soit remise en liberté, soit déférée devant ce magistrat.**

Si la personne est remise en liberté à l'issue de la garde à vue sans qu'aucune décision n'ait été prise par le procureur de la République sur l'action publique, les dispositions de l'article 77-2 sont portées à sa connaissance.

Art. 63-9 *(L. n° 2011-392, 14 avr. 2011, en vigueur le 1er juin 2011).* – **Le procureur de la République compétent pour être avisé des placements en garde à vue, en contrôler le déroulement, en ordonner la prolongation et décider de l'issue de la mesure est celui sous la direction duquel l'enquête est menée.**

Toutefois, le procureur de la République du lieu où est exécutée la garde à vue est également compétent pour la contrôler et en ordonner la prolongation.

La compétence concurrente du procureur de la République sous la direction duquel l'enquête est menée et celle du procureur du lieu d'exécution de la mesure, issue de l'article 63-9 du Code de procédure pénale, a pour conséquence que ces magistrats sont semblablement compétents pour saisir le juge des libertés et de la détention aux fins de prolongation supplémentaire de la garde à vue en application de l'article 706-88 du Code de procédure pénale, l'article précité ne comportant aucune restriction à cet égard (▪ Cass. crim., 23 nov. 2016, n° 16-81.904 : *JurisData* n° 2016-024492 ; *Bull. crim.* n° 306).

Art. 64 ***(Rempl., L. n° 2011-392, 14 avr. 2011).*** **– I. – L'officier de police judiciaire établit un procès-verbal mentionnant :**

1° Les motifs justifiant le placement en garde à vue, conformément aux 1° à 6° de l'article 62-2 ;

2° La durée des auditions de la personne gardée à vue et des repos qui ont séparé ces auditions, les heures auxquelles elle a pu s'alimenter, le jour et l'heure à partir desquels elle a été gardée à vue, ainsi que le jour et l'heure à partir desquels elle a été soit libérée, soit déférée devant le magistrat compétent ;

3° Le cas échéant, les auditions de la personne gardée à vue effectuées dans une autre procédure pendant la durée de la garde à vue ;

4° Les informations données et les demandes faites en application des articles 63-2 à 63-3-1 et les suites qui leur ont été données ;

5° S'il a été procédé à une fouille intégrale ou à des investigations corporelles internes.

Ces mentions doivent être spécialement émargées par la personne gardée à vue. En cas de refus, il en est fait mention.

II. – Les mentions et émargements prévus aux 2° et 5° du I concernant les dates et heures du début et de fin de garde à vue et la durée des auditions et des repos séparant ces auditions ainsi que le recours à des fouilles intégrales ou des investigations corporelles internes figurent également sur un registre spécial, tenu à cet effet dans tout local de police ou de gendarmerie susceptible de recevoir une personne gardée à vue. Ce registre peut être tenu sous forme dématérialisée.

Dans les corps ou services où les officiers de police judiciaire sont astreints à tenir un carnet de déclarations, les mentions et émargements prévus au premier alinéa du présent II sont également portés sur ce carnet. Seules les mentions sont reproduites au procès-verbal qui est transmis à l'autorité judiciaire.

1) Mentions. Il résulte de la combinaison des articles 63-4, alinéas 1er et 2, du Code de procédure pénale, ensemble l'article 64 du même code, que les diligences accomplies par l'officier de police judiciaire, dès la demande à s'entretenir avec un avocat, doivent être mentionnées par procès-verbal. Encourt donc la cassation l'ordonnance du premier Président de la Cour d'appel refusant de faire droit à une demande d'annulation de la garde à vue au motif que la rencontre avec un avocat commis d'office ayant effectivement eu lieu environ deux heures après la demande, il pouvait se déduire que les services de l'Ordre avaient nécessairement été prévenus sans aucun retard (▪ Cass. 1re civ., 23 janv. 2003, n° 01-50.066 : *JCP* 2003, IV, 1426, D. IR, p. 667). Le procès-verbal doit mentionner les diligences accomplies par l'officier de police judiciaire à la suite de la demande faite par l'intéressé pour s'entretenir avec l'avocat qu'il avait choisi, dès le début de la garde à vue (▪ Cass. 1re civ., 14 juin 2005, n° 04-50.068 : *JurisData* n° 2005-028923 ; *Bull. crim.* n° 248).

2) Sanction. La mention dans le procès-verbal de notification de garde à vue que la rencontre a bien eu lieu, environ 4 heures après la demande, n'efface pas cette irrégularité (▪ Cass. 1re civ., 6 mai 2009, n° 08-12.358). Il résulte de l'article 4-IV de l'ordonnance du 2 février 1945, relative à l'enfance délinquante, ensemble l'article 64 du Code de procédure pénale, que doivent être mentionnées par procès-verbal, à peine de nullité, les diligences accomplies par l'officier de police judiciaire, dès la demande à s'entretenir avec un avocat formulée par un mineur de 16 ans, gardé à vue (▪ Cass. crim., 8 mars 2000, n° 99-87.319 : *Procédures* 2000, 176, obs. J. Buisson).

Art. 64-1 ***(Mod., L. n° 2011-392, 14 avr. 2011).*** **– Les auditions des personnes placées en garde à vue pour crime, réalisées dans les locaux d'un service ou d'une unité de police ou de gendarmerie exerçant une mission de police judiciaire font l'objet d'un enregistrement audiovisuel.**

L'enregistrement ne peut être consulté, au cours de l'instruction ou devant la juridiction de jugement, qu'en cas de contestation du contenu du procès-verbal d'audition, sur décision du juge d'instruction ou de la juridiction de jugement, à la demande du ministère public ou d'une des parties. Les huit derniers alinéas de l'article 114 ne sont pas applicables. Lorsqu'une partie demande la consultation de l'enregistrement,

cette demande est formée et le juge d'instruction statue conformément aux deux premiers alinéas de l'article 82-1.

Le fait, pour toute personne, de diffuser un enregistrement réalisé en application du présent article est puni d'un an d'emprisonnement et de 15 000 € d'amende.

À l'expiration d'un délai de cinq ans à compter de la date de l'extinction de l'action publique, l'enregistrement est détruit dans le délai d'un mois.

Lorsque le nombre de personnes gardées à vue devant être simultanément interrogées, au cours de la même procédure ou de procédures distinctes, fait obstacle à l'enregistrement toutes les auditions, l'officier de police judiciaire en réfère sans délai au procureur de la République qui désigne, par décision écrite versée au dossier, au regard des nécessités de l'enquête, la ou les personnes dont les auditions ne seront pas enregistrées.

Lorsque l'enregistrement ne peut être effectué en raison d'une impossibilité technique, il en est fait mention dans le procès-verbal d'audition qui précise la nature de cette impossibilité. Le procureur de la République en est immédiatement avisé.

(Al. abr. à compter du 7 avr. 2012, Cons. const. n° 2012-228/229 QPC, 6 avr. 2012 : JO 7 avr. 2012 ; JurisData n° 2012-006312).

Un décret précise en tant que de besoin les modalités d'application du présent article (1).

1) **Constitutionnalité.** En permettant l'enregistrement des auditions ou interrogatoires de personnes ayant commis un crime, le législateur a entendu rendre possible, par la consultation de ces derniers, la vérification des propos retranscrits dans les procès-verbaux d'audition ou d'interrogatoire des personnes suspectées d'avoir commis un crime. Par suite, au regard de l'objectif ainsi poursuivi, la différence de traitement instituée entre les personnes suspectées d'avoir commis un crime de droit commun – dont les auditions et les interrogatoires sont soumis à enregistrement – et un crime relevant de la qualification de criminalité organisée ou d'atteinte aux intérêts fondamentaux de la nation – qui en sont exclus – méconnait le principe d'égalité et doit être déclaréecontraire à la Constitution (▪ Cons. const., 6 avr. 2012, déc. n° 2012-228/229 QPC, consid. 9).

2) **Domaine de l'obligation.** L'obligation d'enregistrement des interrogatoires de garde à vue, prévue à l'article 64-1 du Code de procédure pénale, n'est applicable qu'en matière criminelle ; elle ne saurait, en application de l'article 67 du Code de procédure pénale, être étendue à des faits recevant la qualification délictuelle (▪ Cass. crim., 2 déc. 2009, n° 09-85.103 : *Bull. crim.* n° 201. ▪ Cass. crim., 22 mars 2011, n° 10-83.527). L'article 64-1 du Code de procédure pénale n'impose l'enregistrement audiovisuel des interrogatoires des personnes placées en garde à vue pour crime que lorsque ces actes sont réalisés dans les locaux d'un service ou d'une unité de police ou de gendarmerie (▪ Cass. crim., 11 juill. 2012, n° 12-82.136 : *JurisData* n° 2012-015587 ; *Bull. crim.* n° 167). Cette restriction n'est pas contraire à l'article 6 de la Conv. EDH qui permet de traiter différemment des personnes se trouvant dans des situations pratiques différentes (même arrêt). Le demandeur ne saurait se faire un grief de ce qu'aucun enregistrement audiovisuel n'a été effectué durant sa garde à vue qui s'est déroulée le 17 février 2016 entre 07 heures 50 et 21 heures 30 à bord de la frégate « Le Prairial », lieu non visé par l'article 64-1 du Code de procédure pénale. En effet, ce texte et l'enregistrement audiovisuel qu'il prescrit ne concernent que les auditions des personnes placées en garde à vue pour crime, réalisées dans les locaux d'un service ou d'une unité de police ou de gendarmerie exerçant une mission de police judiciaire (▪ Cass. crim., 20 déc. 2017, n° 17-84.085).

3) **Consultation des enregistrements.** La consultation de l'enregistrement des auditions ne peut être envisagée qu'en cas de contestation sur le contenu des procès-verbaux. Tel n'est pas le cas lorsque l'accusé entend faire valoir que le cédérom supportant les enregistrements des auditions de l'accusé en garde à vue ne comportait aucune piste de lecture, quand le directeur d'enquête a indiqué, devant la cour d'assises, qu'un cédérom supportant ces enregistrements avait bien été adressé au juge d'instruction et au procureur de la République (▪ Cass. crim., 18 juin 2014, n° 13-81.576).

(1) Toutefois, jusqu'au 1er juin 2008, le procureur de la République ou le juge d'instruction peut, d'office ou à la demande de l'officier de police judiciaire, ordonner qu'il soit procédé à un enregistrement audiovisuel conformément à l'article 64-1 du Code de procédure pénale dans sa rédaction résultant du I de l'article 14 de la loi 2007-291 du 5 mars 2007, et le juge d'instruction peut, d'office, sur réquisition du procureur de la République ou à la demande des parties, décider de procéder à un enregistrement audiovisuel conformément à l'article 116-1 du même code, dans sa rédaction résultant de l'article 15 de ladite loi.

4) Transcription erronée ou partielle des déclarations enregistrées. Le caractère partiel, voire erroné, de la retranscription par procès-verbal des déclarations d'une personne gardée à vue dont les auditions ont été enregistrées en application de l'article 64-1 du Code de procédure pénale n'est pas, en lui seul, une cause de nullité de ce procès-verbal, la personne mise en examen disposant, en application de ce même texte, de la faculté de solliciter une retranscription intégrale de ses déclarations dans un cadre contradictoire, en présence de son avocat le cas échéant, sous le contrôle du juge d'instruction et du greffier (▪ Cass. crim., 8 mars 2022, n° 21-84.524 : publié au *Bull.*).

5) Défaut d'enregistrement. Le demandeur ne saurait se faire un grief de ce que, par arrêt incident, la cour d'assises a rejeté sa requête aux fins de retrait ou de cancellation des procès-verbaux des auditions dont l'enregistrement n'a pu être consulté en raison d'un vice technique les ayant affectés, dès lors qu'en application de l'article 181 du Code de procédure pénale, les éventuelles nullités résultant d'un défaut d'enregistrement des auditions en garde à vue ne peuvent être invoquées après que la décision de mise en accusation est devenue définitive (▪ Cass. crim., 10 févr. 2016, n° 15-80.622 : *Bull. crim.* n° 42).

6) Atteinte aux intérêts du demandeur. Lorsque l'enregistrement des auditions a été fait en double, l'un dans un cédérom original, l'autre en copie, il importe peu qu'il ne soit pas fait mention, dans le procès-verbal, du placement sous scellé de l'original, en l'absence d'atteinte aux intérêts du demandeur (▪ Cass. crim., 8 juill. 2015, n° 15-81.025).

Art. 65 ***(Rétabli dans la version suivante à compter du 2 juin 2014, D. n° 2014-535, 27 mai 2014).*** **– Si, au cours de sa garde à vue, la personne est entendue dans le cadre d'une procédure suivie du chef d'une autre infraction et qu'il existe des raisons plausibles de soupçonner qu'elle a commis ou tenté de commettre cette infraction, elle doit faire l'objet des informations prévues aux 1°, 3° et 4° de l'article 61-1 et être avertie qu'elle a le droit d'être assistée par un avocat conformément aux articles 63-3-1 à 63-4-3.**

Il se déduit de l'article 65 du Code de procédure pénale que la notification à la personne gardée à vue d'une extension de la poursuite initiale, d'un autre chef, effectuée par application de ce texte n'a pas pour effet de générer une garde à vue distincte de celle en cours au moment de cette notification (▪ Cass. crim., 14 nov. 2019, n° 19-83.285, § 9). Dès lors que le droit de la personne gardée à vue à un entretien confidentiel avec un avocat avant son audition dans le cadre d'une procédure suivie du chef d'une autre infraction ne résultait pas de façon évidente de la lettre des articles 65, 63-3-1 et 63-4 du Code de procédure pénale, le fait que, d'une part, l'avocat n'ait pas expressément demandé à s'entretenir confidentiellement avec son client et, d'autre part, que celui-ci, en présence de son avocat, ait accepté d'être entendu sur les nouveaux faits sans entretien préalable ne peut être interprété comme une renonciation tacite par l'avocat à cette prérogative de sa fonction ou par l'intéressé au bénéfice de ce droit (▪ Cass. crim., 2 mars 2021, n° 20-85.491, § 15 : *Procédures* 2021, n° 4, comm. 111, A.-S. Chavent-Leclère).

Art. 66. – Les procès-verbaux dressés par l'officier de police judiciaire en exécution des articles 54 à 62 sont rédigés sur-le-champ *(Mots aj., L. n° 2019-222, 23 mars 2019)* « ou dès que possible » et signés par lui sur chaque feuillet du procès-verbal.

1) Nullité. Les dispositions de l'article 66 du Code de procédure pénale, selon lesquelles les procès-verbaux de visites domiciliaires et de perquisition doivent être rédigés sur-le-champ, ne sont pas prescrites à peine de nullité. Une telle sanction ne serait encourue que si l'inobservation des formalités prévues par ce texte avait été de nature à compromettre les droits de la défense ou à porter atteinte au respect du secret professionnel, tels qu'ils sont garantis par les articles 54 et suivants (▪ Cass. crim., 7 juin 1963, n° 63-90.694 : *Bull. crim.* n° 194. ▪ Cass. crim., 8 oct. 1995, n° 84-95.606 : *Bull. crim.* n° 301). Comp., La rédaction différée du procès-verbal de perquisition n'ayant pas affecté sa régularité, ni porté atteinte aux droits de la défense, ne saurait se solder par la nullité de la mesure (▪ Cass. crim., 9 janv. 2018, n° 17-82.946 : *Bull. crim.*n° 4). Si les procès-verbaux de police doivent, en vertu des dispositions combinées des articles 63-1, 64 et 66 du Code de procédure pénale, être rédigés sur-le-champ, l'irrégularité, consistant à ne consigner les diverses formalités relatives à l'exécution de la garde à vue que de manière différée, n'a pas pour effet de porter atteinte aux intérêts des personnes concernées, dans la mesure où elles ont été immédiatement avisées de leurs droits dont elles ont d'ailleurs fait usage en s'entretenant avec un avocat et en étant soumises à un examen médical. En déduisant l'atteinte aux intérêts des personnes concernées de la seule nécessité de conférer à leur placement en garde à vue un caractère solennel, la chambre d'accusation (chambre de l'instruction) a ajouté à la loi une condition qui n'est pas prévue et a ainsi méconnu le sens et la portée des textes susvisés

(■ Cass. crim., 6 déc. 1995, n° 95-84.701 : *Bull. crim.* n° 369). Le fait que la notification de la garde à vue ait été consignée par procès-verbal 7 heures plus tard n'entraîne pas la nullité de la garde à vue dès lors que l'intéressé a été immédiatement avisé de ses droits, conformément à l'article 63-1 du même code (■ Cass. crim., 21 mars 2000, n° 99-87.632 : *Juris-Data* n° 2000-001537 ; *Bull. crim.* n° 127).

2) Droit fiscal. En matière de contributions indirectes, aucun délai n'est exigé par la loi, à peine de nullité, pour la rédaction des procès-verbaux de constatations des infractions établis par les agents de l'administration fiscale (■ Cass. crim., 15 mars 2000, n° 99-81.465 : *Bull. crim.* n° 119).

3) Pollution maritime. Les articles 56 et 66 du Code de procédure pénale, relatifs aux conditions procédurales de saisie d'éléments détenus par un tiers ne sont pas applicables à des données numériques provenant d'équipements utilisés par les autorités nationales conformément aux préconisations internationales pour la recherche et le constat des infractions constitutives de pollution en mer (■ Cass. crim., 19 avr. 2017, n° 16-82.111).

Art. 67 ***(Mod., L. n° 2009-526, 12 mai 2009).*** **– Les dispositions des articles 54 à 66, à l'exception de celles de l'article 64-1, sont applicables, au cas de délit flagrant, dans tous les cas où la loi prévoit une peine d'emprisonnement.**

L'obligation d'enregistrement des interrogatoires de garde à vue, prévue à l'article 64-1 du Code de procédure pénale, n'est applicable qu'en matière criminelle. Elle ne saurait être étendue aux délits punis d'une peine d'emprisonnement sous l'effet de l'article 67 du Code de procédure pénale (■ Cass. crim., 2 déc. 2009, n° 09-85.103 : *Bull. crim.* n° 201. ■ Cass. crim., 22 mars 2011, n° 10-83.527).

Art. 68. – L'arrivée du procureur de la République sur les lieux dessaisit l'officier de police judiciaire.

Le procureur de la République accomplit alors tous actes de police judiciaire prévus au présent chapitre.

Il peut aussi prescrire à tous officiers de police judiciaire de poursuivre les opérations.

Si en vertu de l'alinéa 1er de l'article 68 du Code de procédure pénale, l'arrivée du procureur de la République sur les lieux dessaisit les officiers de police judiciaire, ceux-ci peuvent, en application des dispositions de l'alinéa 3 du même texte, poursuivre les opérations sur prescription de ce magistrat, laquelle n'a pas à être formulée par écrit (■ Cass. crim., 20 mars 1995 : *Bull. crim.* n° 111).

Art. 69 ***(Mod., L. n° 93-2, 4 janv. 1993 ; L. n° 93-1013, 24 août 1993).*** **– Si les nécessités de l'enquête l'exigent, le procureur de la République ou le juge d'instruction lorsqu'il procède comme il est dit au présent chapitre peut se transporter dans les ressorts des tribunaux limitrophes de celui où il exerce ses fonctions, à l'effet d'y poursuivre ses investigations. Il doit aviser, au préalable, le procureur de la République du ressort du tribunal dans lequel il se transporte. Il mentionne sur son procès-verbal les motifs de son transport.**

Art. 70 ***(Rempl., L. n° 2004-204, 9 mars 2004).*** **– Si les nécessités de l'enquête portant sur un crime flagrant ou délit flagrant puni d'au moins trois ans d'emprisonnement l'exigent, le procureur de la République peut, sans préjudice de l'application des dispositions de l'article 73, décerner mandat de recherche contre toute personne à l'encontre de laquelle il existe une ou plusieurs raisons plausibles de soupçonner qu'elle a commis ou tenté de commettre l'infraction.**

Pour l'exécution de ce mandat, les dispositions de l'article 134 sont applicables. La personne découverte en vertu de ce mandat est placée en garde à vue par l'officier de police judiciaire du lieu de la découverte, qui peut procéder à son audition, sans préjudice de l'application de l'article 43 et de la possibilité pour les enquêteurs déjà saisis des faits de se transporter sur place afin d'y procéder eux-mêmes, après avoir si nécessaire bénéficié d'une extension de compétence en application de l'article 18. Le procureur de la République ayant délivré le mandat de recherche en est informé dès le début de la mesure ; ce magistrat peut ordonner que, pendant la durée de la garde à vue, la personne soit conduite dans les locaux du service d'enquête saisi des faits.

Si la personne ayant fait l'objet du mandat de recherche n'est pas découverte au cours de l'enquête et si le procureur de la République requiert l'ouverture d'une information contre personne non dénommée, le mandat de recherche demeure valable pour le déroulement de l'information, sauf s'il est rapporté par le juge d'instruction.

Art. 71 à 71-3 ***(Abr., L. n° 81-82, 2 févr. 1981).***

Art. 72 *(Mod., L. n° 99-515, 23 juin 1999).* **– Lorsque le procureur de la République et le juge d'instruction sont simultanément sur les lieux, le procureur de la République peut requérir l'ouverture d'une information régulière dont est saisi le juge d'instruction présent, par dérogation, le cas échéant, aux dispositions de l'article 83.**

Art. 73 *(Mod., L. n° 2011-392, 14 avr. 2011, en vigueur le 1er juin 2011 ; mod. à compter du 2 juin 2014, L. n° 2014-535, 27 mai 2014).* **– Dans les cas de crime flagrant ou de délit flagrant puni d'une peine d'emprisonnement, toute personne a qualité pour en appréhender l'auteur et le conduire devant l'officier de police judiciaire le plus proche.**

Lorsque la personne est présentée devant l'officier de police judiciaire, son placement en garde à vue, lorsque les conditions de cette mesure prévues par le présent code sont réunies, n'est pas obligatoire dès lors qu'elle n'est pas tenue sous la contrainte de demeurer à la disposition des enquêteurs et qu'elle a été informée qu'elle peut à tout moment quitter les locaux de police ou de gendarmerie. Le présent alinéa n'est toutefois pas applicable si la personne a été conduite par la force publique, sous contrainte, devant l'officier de police judiciaire.

Bibliographie : A. Gogorza, *Arrestation et garde à vue : des fondements et de la régularité des interpellations pendant la phase policière : Dr. pén.* 2012, étude 23. • J.-L. Lennon, *L'arrestation flagrante du délinquant sur le fondement de l'article 73 du Code de procédure pénale : D.* 2005, p. 2920. • A. Maron, *Halte au feu ! : Dr. pén.* 2005, comm. 117.

I – AUTEURS DE L'ARRESTATION

1) Qualité pour arrêter. La victime d'un vol est autorisée à en appréhender l'auteur dès lors que lui demandant la restitution des objets volés, l'auteur présumé des faits sort un couteau et tente de porter un coup à son interlocuteur. Le délit de voies de fait avec arme, puni d'emprisonnement, venant de se commettre la victime peut appréhender l'auteur de ces violences et le conduire devant l'officier de police judiciaire le plus proche, conformément à l'article 73 du Code de procédure pénale (▪ Cass. crim., 7 avr. 1994 : *Bull. crim.* n° 139 ; *Gaz. Pal.* 1994, 2, chron. dr. crim. p. 416, obs. J.-P. Doucet). Un agent de la RATP est autorisé à arrêter une contrevenante agressant l'agent voulant l'empêcher de sortir du bus afin de la conduire devant l'officier de police judiciaire le plus proche (▪ Cass. crim., 2 juin 2004 : *JurisData* n° 2004-024129 ; *Bull. crim.* n° 143).

2) Policiers municipaux, qualité pour arrêter. Les policiers municipaux, qui ont la qualité d'agents de police judiciaire adjoints, peuvent sur le fondement de l'article 53 du Code de procédure pénale, poursuivre les auteurs d'un vol flagrant jusque dans la cour d'un immeuble dont l'accès, selon le procès-verbal, n'était pas clos, puis les interpeller en application de l'article 73 dudit code et appréhender matériellement les objets volés dissimulés par les intéressés, aux fins de les rapporter, pour saisie, à l'officier de police judiciaire devant lequel ils les ont présentés (▪ Cass. crim., 17 avr. 2019, n° 18-84.722).

3) Conduite devant l'OPJ le plus proche. Si aux termes de l'article 73 du Code de procédure pénale, dans les cas de crime flagrant et de délit flagrant puni d'une peine d'emprisonnement toute personne a qualité pour en appréhender l'auteur et le conduire devant l'officier de police judiciaire le plus proche, il est néanmoins satisfait aux exigences de ce texte et il n'est commis aucune arrestation ou détention illégale lorsqu'un individu s'assure de la personne du délinquant jusqu'à ce que celui-ci soit remis entre les mains de l'officier de police judiciaire qui en a été avisé dans les meilleurs délais que les circonstances permettent (▪ Cass. crim., 1er oct. 1979, n° 78-93.500 : *Bull. crim.* n° 263. ▪ Cass. crim., 16 févr. 1988, n° 87-84.107 : *Bull. crim.* n° 75). Tel n'est pas le cas lorsqu'il s'est écoulé 7 heures entre l'interpellation du suspect et l'avis donné aux gendarmes dont il n'est pas établi, ni même allégué, que les prévenus aient été empêchés de les informer au plus tôt (▪ Cass. crim., 16 févr. 1988, préc.). N'est pas non plus couvert par l'article 73 du Code de procédure pénale celui qui, pour arrêter des voleurs, tire des coups de feu depuis son domicile. En effet, les dispositions dudit texte imposent à celui qui s'en réclame, de s'assurer de la personne du délinquant et de le remettre à l'officier de police judiciaire le plus proche (▪ Cass. crim., 11 mai 1994 : *Dr. pén.* 1995, chron. 6, V. Lesclous et C. Marsat).

4) Compétence territoriale. Il résulte de l'article 18 du Code de procédure pénale que la compétence des officiers de police judiciaire ne peut s'exercer sur le territoire d'un État étranger en l'absence de traité international liant la France et l'État concerné. L'article 73 du Code de procédure pénale et la bonne foi des policiers qui ne s'étaient pas rendu compte des bornes frontalières pour procéder à une arrestation en Suisse ne sauraient pallier leur incompétence (▪ Cass. crim., 21 sept. 1999, nos 99-83.229 et 99-83.692 : *Bull. crim.* n° 189).

En revanche, des gendarmes de nationalité étrangère qui ne disposent pas d'un droit d'arrestation sur le territoire de la République peuvent, en application de l'article 73 du Code de procédure pénale, interpeller l'auteur d'une crime ou d'un délit flagrant qui a pris la fuite et s'est rendu en France (▪ CA Douai, ch. d'acc., 11 mai 1999 : *D.* 2000, p. 856).

II – CONDITIONS DE L'ARRESTATION

A – Conditions tenant à l'infraction

5) Infraction flagrante. Sur la notion de flagrance, V. sous art. 53, p. 176.

La fuite d'un suspect soumis à un contrôle d'identité de l'article 78-2-2 du Code de procédure pénale autorise les agents de police judiciaire, sur le fondement des dispositions de l'article 78-2, alinéa 1er, du Code de procédure pénale puis de l'article 53 du même code, à poursuivre l'intéressé jusque dans un immeuble dont l'accès, selon le procès-verbal, n'était pas clos, puis à l'arrêter en application de l'article 73 dudit code (▪ Cass. crim., 14 avr. 2015, n° 14-83.462 : *JurisData* n° 2015-008119). En revanche, l'article 73 du Code de procédure pénale n'autorise pas le surveillant d'un grand magasin à un contrôle systématique des clients dès lors que n'apparaissent ni une infraction flagrante ni des soupçons de commission d'une infraction (▪ CA Grenoble, 4 oct. 1978 : *JCP* G 1979, IV, 333).

6) Qualification. L'état de flagrance permettant l'appréhension des auteurs de l'infraction et leur conduite devant l'officier de police judiciaire le plus proche doit s'apprécier au moment de l'intervention de l'officier de police judiciaire agissant dans le cadre d'une procédure visant un délit passible d'emprisonnement et il n'importe que, par la suite, les faits aient reçu une qualification contraventionnelle (▪ Cass. crim., 11 mars 1992, n° 91-84.175 : *Bull. crim.* n° 110).

B – Conditions tenant aux circonstances de l'arrestation

7) Nécessité et proportionnalité. Si, aux termes de l'article 73 du Code de procédure pénale, toute personne est investie du pouvoir d'appréhender l'auteur présumé d'une infraction flagrante et de le conduire devant l'officier de police judiciaire le plus proche, l'usage, à cette fin, de la force doit être nécessaire et proportionné aux conditions de l'arrestation (▪ Cass. crim., 13 avr. 2005, *G. : JurisData* n° 2005-028284 ; *Bull. crim.* n° 131 ; *Procédures* 2005, comm. 215, obs. J. Buisson. ▪ Cass. crim., 28 mars 2006 : *JurisData* n° 2006-033033 ; *Bull. crim.* n° 88). N'est pas justifié l'usage de la force à l'encontre des tiers dès lors qu'il n'est pas nécessaire à l'arrestation du suspect (▪ Cass. crim., 1er déc. 1955 : *Bull. crim.* n° 535). La rébellion de l'auteur de menaces de mort qui oppose de la résistance à son arrestation justifie qu'il soit appréhendé dans l'attente de l'arrivée de la gendarmerie (▪ Cass. crim., 12 mars 2012, n° 11-85.936).

8) Loyauté, droit des étrangers. Les policiers qui utilisent une convocation en vue de l'examen d'un dossier de mariage nécessitant la présence personnelle de l'étranger en vue de son interpellation pour délit de séjour irrégulier se livrent à une arrestation dans des conditions déloyales (▪ Cass. crim., 11 mars 2009, n° 08-11.177 : *Bull. inf. C. cass.* 2009, 1051 ; *Dr. pén.* 2009, comm. 74, obs. A. Maron et M. Haas ; *JCP* G 2009, 10089, note N. Guimezanes ; *D.* 2009, p. 874, note C. de Gaudemont). Il en va de même en cas de convocation répondant à une demande d'asile formulée par l'étranger (▪ Cass. 1re civ., 25 juin 2008, n° 07-14.985 : *Bull. crim.* n° 181). En revanche, lorsque l'étranger s'est rendu à la préfecture sans y avoir été convoqué et sans que sa présence personnelle ne soit nécessaire, son interpellation, justifiée par l'infraction de séjour irrégulier, n'est pas déloyale (▪ Cass. 1re civ., 11 mars 2009 : *JurisData* nos 2009-047359 et 2009-047356 ; *Bull. inf. C. cass.* 2009, 1052, 1053 et 1054 ; *Dr. pén.* 2009, comm. 74, obs. A. Maron et M. Haas ; *JCP* G 2009, 10089, note N. Guimezanes ; *D.* 2009, p. 874, note C. de Gaudemont).

III – MOMENT DE L'ARRESTATION

9) L'arrestation de l'auteur présumé de l'infraction flagrante peut avoir lieu pendant toute la durée de l'enquête de flagrance (▪ Cass. crim., 22 janv. 1932 : *DH* 1932, p. 164. ▪ Cass. crim., 19 sept. 1990 : *JurisData* n° 1990-70259 ; *Bull. crim.* n° 318 ; *Dr. pén.* 1992, chron. 26, V. Lesclous, C. Marsat).

IV – RESPONSABILITÉS CONSÉCUTIVES À L'ARRESTATION

10) Responsabilité administrative. Un passant, blessé par un malfaiteur à la poursuite duquel il s'est spontanément lancé, doit être vu comme ayant apporté sa collaboration aux services de police. La responsabilité administrative de la collectivité en cause peut donc être invoquée (▪ CE, sect., 17 avr. 1953, *Pinguet : Rec. CE* 1953, 177 ; *S.* 1954, 3, 69, note G. Robert ; *D.* 1954, 7, note G. Morange).

11) Responsabilité pénale. Se rend coupable de complicité, par instructions données, des actes d'arrestation et de séquestration arbitraires commis par son subordonné, le directeur du service de surveillance du magasin en raison de la retenue de plus de 20 minutes d'une mineure de 14 ans interpellée dans un magasin, par un agent de surveillance, alors qu'elle avait réglé l'achat d'un objet d'une valeur de 120 francs avec un billet de 200 francs qui avait paru suspect à la caissière. En effet, en l'absence d'indices apparents d'un comportement délictueux, la détention de la personne appréhendée ne pouvait être justifiée au regard des dispositions de l'article 73 du Code de procédure pénale (■ Cass. crim., 26 mai 1999, n° 98-84.015).

12) Responsabilité civile. L'acte de violence commis sur la personne ou les biens du délinquant pour parvenir à son arrestation, conformément à l'article 73 du Code de procédure pénale, est légitimé par la loi et ne saurait engager la responsabilité de l'auteur de l'arrestation envers ledit délinquant, ni en application de l'article 1382, ni en application de l'article 1384, alinéa 1er du Code civil (■ Cass. 2e civ., 10 juin 1970, n° 69-10.153 : *RSC* 1971, p. 420, obs. G. Levasseur). Un grand magasin qui laisse ses surveillants procéder, en la présence du public, à la fouille du contenu du sac, des poches et des vêtements d'une cliente, exigeant d'elle la remise d'une pièce attestant de son identité et tardant à aviser les services de police, méconnaît les dispositions de l'article 73 du Code de procédure pénale et engage sa responsabilité sur le fondement de l'article 1382 du Code civil (■ Cass. crim., 1er avr. 1999, n° 97-17.951 : *Bull. crim.* n° 66 ; *Procédures* 1999, comm. 163, obs. J. Buisson ; *D.* 1999, p. 387, note D. Mayer).

Art. 74 *(Mod., L. n° 2009-526, 12 mai 2009).* **– En cas de découverte d'un cadavre, qu'il s'agisse ou non d'une mort violente, mais si la cause en est inconnue ou suspecte, l'officier de police judiciaire qui en est avisé informe immédiatement le procureur de la République, se transporte sans délai sur les lieux et procède aux premières constatations.**

Le procureur de la République se rend sur place s'il le juge nécessaire et se fait assister de personnes capables d'apprécier la nature des circonstances du décès. Il peut, toutefois, déléguer, aux mêmes fins, un officier de police judiciaire de son choix.

Sauf si elles sont inscrites sur une des listes prévues à l'article 157, les personnes ainsi appelées prêtent, par écrit, serment d'apporter leur concours à la justice en leur honneur et en leur conscience.

Sur instructions du procureur de la République, une enquête aux fins de recherche des causes de la mort est ouverte. Dans ce cadre et à ces fins, il peut être procédé aux actes prévus par les articles 56 à 62, dans les conditions prévues par ces dispositions. À l'issue d'un délai de huit jours à compter des instructions de ce magistrat, ces investigations peuvent se poursuivre dans les formes de l'enquête préliminaire.

Le procureur de la République peut aussi requérir information pour recherche des causes de la mort

Les dispositions des quatre premiers alinéas sont également applicables en cas de découverte d'une personne grièvement blessée lorsque la cause de ses blessures est inconnue ou suspecte.

Bibliographie : *Répertoire.* F. Defferrard, *Mort, blessures graves et disparitions suspectes : JCl. Proc. pén.*, art. 74 et 74-1, Fasc. 20.

Généralités. J. Buisson, *Enquête de recherche sur la mort dont la cause est inconnue ou suspecte : une enquête-décès susceptible d'ajout coercitif : Dr. pén.* 2019, étude 1. • F. Defferrard, *Le crime et le soupçon (réflexion sur la suspicion légitime d'infraction pénale) : D.* 2001, chron. p. 2692.

1) Mise en mouvement de l'action publique. Les réquisitions prises par le procureur de la République sur le fondement des dispositions exceptionnelles de l'article 74 du Code de procédure pénale afin qu'il soit informé pour rechercher les causes de la mort ne tendent pas à la poursuite d'une infraction à la loi pénale mais seulement à déterminer si une atteinte a pu y être portée. Elles ne peuvent donc avoir pour effet de mettre en mouvement l'action publique (■ Cass. crim., 26 juill. 1966, *Ben Barka : Bull. crim.* n° 215 ; *D.* 1967, jurispr., p. 58, note B. Edelman ; *RSC* 1967, p. 189, obs. J. Robert. ■ Cass. crim., 11 mai 1989, n° 89-81.416 : *Bull. crim.* n° 193 ; *D.* 1989, somm. p. 392). Il s'ensuit que la procédure d'instruction ouverte et poursuivie jusqu'à sa clôture sur l'unique fondement de l'article 74 du Code de procédure pénale exclut toute constitution de partie civile (■ Cass. crim., 26 juill. 1966, préc.).

2) Compétence. Selon l'article 74 du Code de procédure pénale, en cas de découverte de cadavre, le procureur de la République peut se rendre sur place et se faire assister de personnes capables d'apprécier la nature des circonstances du décès, ou déléguer aux mêmes fins un officier de police judiciaire de son choix. En revanche, l'officier de police judiciaire qui doit se rendre sur les lieux ne peut subdéléguer à un fonctionnaire, qui ne possède pas la qualité d'officier de police judiciaire, les prérogatives qui lui ont été spécialement attribuées par le procureur de la République (■ Cass. crim., 1er avr.

1987 : *JurisData* n° 1987-000834 ; *Bull. crim.* n° 155 ; *RSC* 1987, p. 731, obs. A. Braunschweig. ▪ Cass. crim., 15 févr. 2006, n° 05-86.773 : *Bull. crim.* n° 46). Il résulte de la combinaison des articles 49, 74 et 81 du Code de procédure pénale que si un juge d'instruction est requis d'informer sur les causes de la mort d'une personne et qu'il est dans l'impossibilité de procéder lui-même à tous les actes d'instruction, il peut donner commission rogatoire aux officiers de police judiciaire afin de leur faire exécuter les actes rendus nécessaires par cette information, et notamment des gardes à vue (▪ Cass. crim., 24 févr. 1987, n° 86-96.293 : *Bull. crim.* n° 93).

3) Pouvoirs. Le cadre procédural de l'article 74, alinéa 4 permet à des gendarmes de la brigade nautique saisis aux fins de recherche des causes de la mort de procéder à une perquisition (▪ Cass. crim., 3 mars 2015, n° 14-80.202 : *JurisData* n° 2015-2015-004058). Peuvent également être pratiqués à la demande du procureur de la République, une autopsie ainsi que des prélèvements d'échantillons biologiques et viscéraux de la victime (▪ Cass. crim., 13 oct. 2009, n° 09-83.669 : *Bull. crim.* n° 167 ; *D. act.* 27 oct. 2009, obs. C. Girault).

4) Prescription. Les actes réalisés en application de l'article 74 du Code de procédure pénale, que la procédure soit diligentée par le procureur de la République ou par le juge d'instruction, et qui ont pour but de renseigner sur les causes de la mort, sont interruptifs de la prescription (▪ Cass. crim., 6 juin 1991, n° 89-84.617 : *JurisData* n° 1991-001738 ; *Bull. crim.* n° 243).

Art. 74-1 ***(L. n° 2002-1138, 9 sept. 2002).*** **– Lorsque la disparition d'un mineur ou d'un majeur protégé vient d'intervenir ou d'être constatée, les officiers de police judiciaire, assistés le cas échéant des agents de police judiciaire, peuvent, sur instructions du procureur de la République, procéder aux actes prévus par les articles 56 à 62, aux fins de découvrir la personne disparue. À l'issue d'un délai de huit jours à compter des instructions de ce magistrat, ces investigations peuvent se poursuivre dans les formes de l'enquête préliminaire.**

Le procureur de la République peut également requérir l'ouverture d'une information pour recherche des causes de la disparition.

Les dispositions du présent article sont également applicables en cas de disparition d'un majeur présentant un caractère inquiétant ou suspect eu égard aux circonstances, à l'âge de l'intéressé ou à son état de santé.

Les dépenses diverses de reconstitution, d'exhumation ou de travaux techniques exposées pour l'instruction d'une affaire particulière et pour une enquête préliminaire ou de flagrant délit, à l'exclusion des dépenses de fonctionnement, sont des frais de justice criminelle, correctionnelle et de police. Il en résulte qu'un service de secours requis, en application des dispositions de l'article 74-1 du Code de procédure pénale, pour procéder à des actes de nature à permettre la découverte de personnes, dont un mineur, disparues dans des conditions inquiétantes ou suspectes, actes destinés à la recherche de la vérité, doit pouvoir obtenir de la justice une participation aux frais occasionnés par ces recherches (▪ Cass. crim., 20 juin 2017, n° 16-84.643).

Art. 74-2 ***(Mod., L. n° 2020-1672, 24 déc. 2020).*** **– Les officiers de police judiciaire, assistés le cas échéant des agents de police judiciaire, peuvent, sur instructions du procureur de la République, procéder aux actes prévus par les articles 56 à 62 aux fins de rechercher et de découvrir une personne en fuite dans les cas suivants :**

1° Personne faisant l'objet d'un mandat d'arrêt délivré par le juge d'instruction, le juge des libertés et de la détention, la chambre de l'instruction ou son président ou le président de la cour d'assises, alors qu'elle est renvoyée devant une juridiction de jugement ;

2° Personne faisant l'objet d'un mandat d'arrêt délivré par une juridiction de jugement ou par le juge de l'application des peines ;

3° Personne condamnée à une peine privative de liberté sans sursis supérieure ou égale à un an ou à une peine privative de liberté supérieure ou égale à un an résultant de la révocation d'un sursis assorti ou non d'une probation, lorsque cette condamnation est exécutoire ou passée en force de chose jugée ;

4° Personne inscrite au fichier judiciaire national automatisé des auteurs d'infractions terroristes ayant manqué aux obligations prévues à l'article 706-25-7 ;

5° Personne inscrite au fichier judiciaire national automatisé des auteurs d'infractions sexuelles ou violentes ayant manqué aux obligations prévues à l'article 706-53-5.

6° Personne ayant fait l'objet d'une décision de retrait ou de révocation d'un aménagement de peine ou d'une libération sous contrainte, ou d'une décision de mise à exécution de l'emprisonnement prévu par la juridiction

de jugement en cas de violation des obligations et interdictions résultant d'une peine, dès lors que cette décision a pour conséquence la mise à exécution d'un quantum ou d'un reliquat de peine d'emprisonnement supérieur à un an.

Si les nécessités de l'enquête pour rechercher la personne en fuite l'exigent, le juge des libertés et de la détention du tribunal judiciaire peut, à la requête du procureur de la République, autoriser l'interception, l'enregistrement et la transcription de correspondances émises par la voie des télécommunications selon les modalités prévues par les articles 100, 100-1 et 100-3 à 100-7, pour une durée maximale de deux mois renouvelable dans les mêmes conditions de forme et de durée, dans la limite de six mois en matière correctionnelle. Ces opérations sont faites sous l'autorité et le contrôle du juge des libertés et de la détention.

Pour l'application des dispositions des articles 100-3 à 100-5, les attributions confiées au juge d'instruction ou à l'officier de police judiciaire commis par lui sont exercées par le procureur de la République ou l'officier de police judiciaire requis par ce magistrat.

Le juge des libertés et de la détention est informé sans délai des actes accomplis en application de l'alinéa précédent.

1) Exploitation de renseignements anonymes. L'exploitation, pour la recherche et la découverte d'une personne en fuite, d'un renseignement anonyme destiné à orienter et faciliter les investigations des enquêteurs ne porte aucune atteinte aux droits de la défense dès lors que ce renseignement n'a pas pour finalité d'être utilisé comme moyen de preuve. Les dispositions de l'article 74-2 du Code de procédure pénale peuvent ainsi être mises en œuvre par le procureur de la République sur le fondement de renseignements anonymes parvenus aux services de police (▪ Cass. crim., 11 mai 2016, n°s 13-85.368 et 15-83.633 : *JurisData* n° 2016-008898 ; *Bull. crim.* n° 144). En outre, le demandeur ne saurait se faire un grief de ce que, à l'occasion de son arrestation pour l'exécution d'un mandat d'arrêt, les services de police, constatant des infractions flagrantes, aient aussitôt ouvert une enquête et procédé à des investigations distinctes de celles opérées sur le fondement de l'article 74-2 du Code de procédure pénale, en particulier des saisies incidentes (même arrêt).

2) Écoutes téléphoniques, qualité pour agir. Le demandeur ne saurait se faire un grief de l'irrégularité des écoutes téléphoniques, faute de contrôle de ces mesures par le juge des libertés et de la détention et de la violation de l'article 74-2 du Code de procédure pénale, dès lors que ces écoutes ne le concernent pas (▪ Cass. crim., 28 mars 2017, n° 16-84.853).

CHAPITRE II. – DE L'ENQUÊTE PRÉLIMINAIRE

Bibliographie : ***Répertoire.*** V. Leclous, *Enquête préliminaire : JCl.*, art. 75 à 78, Fasc. 20.

Généralités. M. Blondet, *La légalité de l'enquête officieuse : JCP* 1955, I, 1233 ; *Les ruses et les artifices de la police au cours de l'enquête préliminaire : JCP* 1958, 1419 ; *L'enquête préliminaire dans le nouveau Code de procédure pénale : JCP* G 1959, I, 151. • G. Denis, *L'enquête préliminaire, étude théorique et pratique*, éd. Police revue, 1974, p. 55 et s. • S. Detraz, *Les habits neufs de l'enquête préliminaire : Gaz. Pal.* 22 févr. 2022, n° 6. • J.-L. Lennon, *Les aspects coercitifs et intrusifs de l'enquête préliminaire ou l'effritement de la distinction entre enquête de flagrance et enquête préliminaire : Dr. pén.* 2007, étude 21. • P. Mimin, *La nouvelle enquête policière : JCP* G 1959, I, 1500. • B. Quentin, *Enquête préliminaire ne rime pas toujours avec procès équitable : JCP* G 2013, 323.

Art. 75 ***(Mod. à compter du 15 nov. 2015, L. n° 2015-993, 17 août 2015).*** **– Les officiers de police judiciaire et, sous le contrôle de ceux-ci, les agents de police judiciaire désignés à l'article 20 procèdent à des enquêtes préliminaires soit sur les instructions du procureur de la République, soit d'office.**

Ces opérations relèvent de la surveillance du procureur général.

1) Ouverture d'une enquête préliminaire. Le procureur de la République tient des articles 40 et 41 du Code de procédure pénale le pouvoir d'ordonner l'ouverture d'une enquête préliminaire sur les faits dont il a connaissance (▪ Cass. crim., 8 déc. 2004, n° 04.85-979). Cette possibilité demeure lorsqu'une partie des faits est prescrite (▪ Cass. crim., 6 nov. 2013, n° 12-87.130 : *JurisData* n° 2013-024912). Une enquête préliminaire peut être ouverte d'office par les officiers de police judiciaire, dès lors que ceux-ci sont avisés de l'existence possible d'une infraction pénale, quelle que soit la source de l'information (▪ Cass. crim., 9 nov. 2010, n° 10-82.918. ▪ Cass. crim., 23 janv. 2013, n° 12-85.056). Il en va ainsi d'une dénonciation anonyme dès lors que la poursuite n'est elle-même fondée que sur les seules investigations menées pendant l'enquête, à la suite de ladite information (■ Cass. crim., 9 nov. 2010, préc.).

2) Choix d'une enquête préliminaire. Le demandeur ne saurait se faire un grief du choix d'une enquête préliminaire et non de l'ouverture d'une information judiciaire, dès lors que les dispositions des articles 75, 79 et 80 du Code de procédure pénale qui confèrent au procureur de la République, lorsqu'il estime que les faits portés à sa connaissance constituent un délit, le pouvoir de choisir le mode de poursuite, ne modifient pas le déroulement du procès pénal et ne privent pas la personne d'un procès juste et équitable. En effet, s'agissant du respect des droits de la défense, celle-ci a devant la juridiction saisie, qui apprécie souverainement la valeur des éléments de preuve qui lui sont soumis, des garanties équivalentes à celles dont elle aurait bénéficié si l'affaire avait fait l'objet d'une information. Il n'y a pas donc pas lieu de renvoyer au Conseil constitutionnel une question prioritaire de constitutionnalité relative à l'article 75-1 du Code de procédure pénale (■ Cass. crim., 12 sept. 2018, n° 17-83.155 : *JurisData* n° 2014-016830).

3) Information au procureur de la République. Les officiers de police judiciaire peuvent procéder d'office à des enquêtes préliminaires ; le défaut d'information du procureur de la République est sans effet sur la validité des actes accomplis par ces derniers (■ Cass. crim., 1er déc. 2004, n° 04-80-536 : *JurisData* n° 2004-026136 ; *Dr. pén.* 2005, comm. 30, A. Maron ; *RSC* 2005, 375, obs. J. Buisson).

4) Impartialité des enquêteurs. Les enquêteurs, qui ont explicité dans un courrier adressé à des victimes d'une escroquerie le mécanisme des rétrocessions mis en place et ont communiqué individuellement à chacune d'elles (275 victimes identifiées) le détail des sommes qu'elles ont ainsi été amenées à remettre à leur insu à leur cocontractant, ont agi en application de l'article 75 du Code de procédure pénale, et n'ont pas porté atteinte au secret de l'enquête. Le contenu du courrier n'est pas non plus de nature à compromettre l'objectivité et l'impartialité de l'enquête, le caractère équitable et contradictoire de la procédure ainsi que les droits de la défense des prévenus, de sorte que la chambre de l'instruction a justifié le rejet de l'exception de nullité prise de la violation de l'article 11 du Code de procédure pénale et de l'atteinte portée au principe d'impartialité (■ Cass. crim., 18 janv. 2017, n° 15-85.209 : *JurisData* n° 2017-000585 ; *Bull. crim.* n° 25).

5) Caractères généraux de l'enquête préliminaire. L'enquête préliminaire est classiquement considérée comme une enquête non coercitive et consensuelle (■ Cass. crim., 19 juin 1957 : *D.* 1958, p. 263, note Le Pavec). Ainsi, le pouvoir d'ordonner des écoutes téléphoniques n'est en aucun cas conféré aux officiers de police judiciaire agissant en enquête préliminaire (■ Cass. crim., 27 févr. 1996, n° 96-95-81.366 : *Bull. crim.* n° 96 ; *JCP* G 1996, II, 22629, note M.-L. Rassat ; *D.* 1996, p. 346, note C. Guéry). Est également irrégulier le fait pour des enquêteurs de photographier clandestinement, au moyen d'un téléobjectif, les plaques d'immatriculation de véhicules se trouvant à l'intérieur d'une propriété privée non visible de la voie publique, aux fins d'identification des titulaires des cartes grises, alors que cette immixtion opérée en enquête préliminaire n'est prévue par aucune disposition de procédure pénale (■ Cass. crim., 21 mars 2007, n° 06-89.444 : *JurisData* n° 2007, n° 89 ; *Dr. pén.* 2007, comm. 91, note A. Maron ; *Procédures* 2007, comm. 201, note J. Buisson ; *D.* 2007, p. 1024, obs. A. Darsonville). Pour la criminalité organisée, V. désormais art. 706-96, p. 1609. Semblablement, la mise en place d'un système de vidéosurveillance dans un parc privé de garages est prohibée en enquête préliminaire (■ Cass. crim., 23 janv. 2013, n° 12-85.056, FS-D : *JurisData* n° 2013-000705).

6) Vidéosurveillance sur la voie publique. Le procureur de la République tient des articles 39-3 et 41 du Code de procédure pénale le pouvoir de faire procéder, sous son contrôle effectif et selon les modalités qu'il autorise s'agissant de sa durée et de son périmètre, à une vidéosurveillance sur la voie publique, aux fins de rechercher la preuve des infractions à la loi pénale. L'ingérence dans la vie privée qui résulte d'une telle mesure présentant par sa nature même un caractère limité et étant proportionnée au regard de l'objectif poursuivi, elle n'est pas contraire à l'article 8 de la Convention européenne des droits de l'homme (■ Cass. crim., 8 déc. 2020, n° 20-83.885, §§ 9-10, A. Maron et M. Haas : *Dr. pén.* 2021, n° 2, comm. 36, Stupéfiante culture ; *AJ pénal* 2021, p. 98, note G. Roussel).

7) Mutation de l'enquête préliminaire en enquête de flagrance. Les officiers de police judiciaire agissant initialement dans le cadre d'une enquête préliminaire peuvent basculer en enquête de flagrance (■ Cass. crim., 17 mai 1993, n° 92-81.496 : *Dr. pén.* 1994, chron. 2, note V. Lesclous et C. Marsat. ■ Cass. crim., 9 janv. 2002, n° 01-86.964 : *JurisData* n° 2002-012798 ; *Procédures* 2002, comm. 105, note J. Buisson). La mutation de l'enquête préliminaire en enquête de flagrance est acquise dès lors qu'il peut se déduire des constatations des officiers de police judiciaire l'existence d'indices apparents d'un comportement délictueux (■ Cass. crim., 5 oct. 2011, n° 11-81.125 : *JurisData* n° 2011-021077 ;

Procédures 2011, comm. 379, note A.-S. Chavent-Leclère ; *JCP* G 2011, n° 46, 1244 Matsopoulou ; *D.* 2011, 2775, S. Detraz).

8) Retour à l'enquête préliminaire. Une enquête de flagrance n'ayant pas fait l'objet d'une prolongation ne peut légalement se poursuivre au-delà d'un délai de 8 jours. Les actes de recherche doivent donc, passé ce délai, être réalisés conformément aux règles de l'enquête préliminaire (■ Cass. crim., 18 déc. 2013, n° 13-85.375 : *JurisData* n° 2014-006641).

9) Procès-verbaux de l'enquête. Les procès-verbaux d'enquête préliminaire disparus et rétablis au dossier de la procédure par la production de leurs copies certifiées conformes n'affectent pas la régularité de la procédure (■ Cass. crim., 5 sept. 2018, n° 16-87.180 : *Bull. crim.* n° 148).

10) Contrôle sur l'activité de l'AJP. L'article 75 du Code de procédure pénale prévoit que les officiers de police judiciaire et, sous le contrôle de ceux-ci, les agents de police judiciaire procèdent à des enquêtes préliminaires soit d'office, soit sur les instructions du procureur de la République.

Il se déduit de ce texte et de l'article 76 du même code que les agents de police judiciaire peuvent, en enquête préliminaire, et au contraire de l'enquête de flagrance, procéder à une perquisition dès lors qu'ils agissent sous le contrôle de l'officier de police judiciaire.

L'existence de ce contrôle est établie par une mention expresse au procès-verbal de perquisition ou peut résulter, à défaut, d'une mention spécifique dans les pièces de procédure.

L'exercice de ce contrôle est une condition de la régularité de la recherche de la preuve et son absence relève des dispositions de l'article 802 du Code de procédure pénale. L'existence du grief exigé par ce texte est établie lorsque l'irrégularité elle-même a occasionné au requérant un préjudice, qui ne peut résulter de sa seule mise en cause par l'acte critiqué (■ Cass. crim., 7 déc. 2021, n° 20-82.733, §§ 8-11).

Art. 75-1 *(L. n° 2000-516, 15 juin 2000).* **– Lorsqu'il donne instruction aux officiers de police judiciaire de procéder à une enquête préliminaire, le procureur de la République fixe le délai dans lequel cette enquête doit être effectuée. Il peut le proroger au vu des justifications fournies par les enquêteurs.**

Lorsque l'enquête est menée d'office, les officiers de police judiciaire rendent compte au procureur de la République de son état d'avancement lorsqu'elle est commencée depuis plus de six mois.

Durée de l'enquête préliminaire. Est inopérant le moyen tiré de la durée « exceptionnellement longue » d'une enquête préliminaire ayant privé le suspect d'un accès au dossier, dès lors que ce grief n'est pas susceptible de constituer une cause de nullité de la procédure (■ Cass. crim., 15 mars 2016, n° 15-85.362).

Art. 75-2 *(L. n° 2000-516, 15 juin 2000).* **– L'officier de police judiciaire qui mène une enquête préliminaire concernant un crime ou un délit avise le procureur de la République dès qu'une personne à l'encontre de laquelle existent des indices faisant présumer qu'elle a commis ou tenté de commettre l'infraction est identifiée.**

L'obligation d'informer le procureur de la République en application de l'article 75-2 du Code de procédure pénale n'est pas prescrite à peine de nullité. La méconnaissance de ladite obligation n'affecte donc pas la régularité d'une audition à l'issue de laquelle sont apparus des indices faisant présumer que l'intéressé a commis une infraction (■ Cass. crim., 23 août 2005, n°s 03-87.719, 04-84.771 et 05-83.529 : *JurisData* n° 2005-029711 ; *JCP* G 2005, IV, 3137 ; *D.* 2006, pan. 621, obs. Pradel). Le manquement à l'obligation d'information prévue par l'article 75-2 du Code de procédure pénale ne saurait non plus compromettre la régularité d'une opération de perquisition menée au domicile du suspect (■ Cass. crim., 11 janv. 2005, n° 04-84.468).

Art. 75-3 *(Créé, L. n° 2021-1729, 22 déc. 2021).* **– La durée d'une enquête préliminaire ne peut excéder deux ans à compter du premier acte de l'enquête, y compris si celui-ci est intervenu dans le cadre d'une enquête de flagrance.**

L'enquête préliminaire peut toutefois être prolongée une fois pour une durée maximale d'un an à l'expiration du délai mentionné au premier alinéa, sur autorisation écrite et motivée du procureur de la République, qui est versée au dossier de la procédure.

Les enquêteurs clôturent leurs opérations et transmettent les éléments de la procédure au procureur de la République en application de l'article 19 avant l'expiration du délai de deux ans ou, en cas de prolongation, du délai de trois ans, afin de permettre soit la mise en mouvement de l'action publique, le cas échéant par l'ouverture d'une information judiciaire, soit la mise en œuvre d'une procédure alternative aux poursuites, soit le classement

sans suite de la procédure. Tout acte d'enquête intervenant après l'expiration de ces délais est nul, sauf s'il concerne une personne qui a été mise en cause au cours de la procédure, au sens de l'article 75-2, depuis moins de deux ans ou, en cas de prolongation, de trois ans.

Lorsque l'enquête porte sur des crimes ou délits mentionnés aux articles 706-73 ou 706-73-1 ou relevant de la compétence du procureur de la République antiterroriste, les délais de deux ans et d'un an prévus au présent article sont portés respectivement à trois ans et à deux ans.

Pour la computation des délais prévus au présent article, il n'est pas tenu compte, lorsque l'enquête a donné lieu à une décision de classement sans suite puis a repris sur décision du procureur de la République, de la durée pendant laquelle l'enquête a été suspendue. Il n'est pas non plus tenu compte, en cas d'entraide judiciaire internationale, du délai entre la signature de la demande par le parquet émetteur et la réception par ce même parquet des pièces d'exécution. Lorsqu'il est procédé au regroupement de plusieurs enquêtes dans le cadre d'une même procédure, il est tenu compte, pour la computation des délais prévus au présent article, de la date de commencement de l'enquête la plus ancienne.

Art. 76 *(Mod., L. n° 2010-768, 9 juill. 2010 ; L. n° 2019-222, 23 mars 2019).* – Les perquisitions, visites domiciliaires et saisies de pièces à conviction ou de biens dont la confiscation est prévue à l'article 131-21 du Code pénal ne peuvent être effectuées sans l'assentiment exprès de la personne chez laquelle l'opération a lieu.

Cet assentiment doit faire l'objet d'une déclaration écrite de la main de l'intéressé ou, si celui-ci ne sait écrire, il en est fait mention au procès-verbal ainsi que de son assentiment.

Les dispositions prévues par les articles 56 et 59 du présent code sont applicables.

Si les nécessités de l'enquête relative à un crime ou à un délit puni d'une peine d'emprisonnement d'une durée égale ou supérieure à trois ans l'exigent ou si la recherche de biens dont la confiscation est prévue à l'article 131-21 du Code pénal le justifie, le juge des libertés et de la détention du tribunal judiciaire peut, à la requête du procureur de la République, décider, par une décision écrite et motivée, que les opérations prévues au présent article seront effectuées sans l'assentiment de la personne chez qui elles ont lieu. À peine de nullité, la décision du juge des libertés et de la détention précise la qualification de l'infraction dont la preuve est recherchée ainsi que l'adresse des lieux dans lesquels ces opérations peuvent être effectuées ; cette décision est motivée par référence aux éléments de fait et de droit justifiant que ces opérations sont nécessaires. Les opérations sont effectuées sous le contrôle du magistrat qui les a autorisées, et qui peut se déplacer sur les lieux pour veiller au respect des dispositions légales. Ces opérations ne peuvent, à peine de nullité, avoir un autre objet que la recherche et la constatation des infractions visées dans la décision du juge des libertés et de la détention ou la saisie des biens dont la confiscation est prévue à l'article 131-21 du Code pénal. Toutefois, le fait que ces opérations révèlent des infractions autres que celles visées dans la décision ne constitue pas une cause de nullité des procédures incidentes.

Pour l'application des dispositions de l'alinéa précédent, est compétent le juge des libertés et de la détention du tribunal judiciaire dont le procureur de la République dirige l'enquête, quelle que soit la juridiction dans le ressort de laquelle la perquisition doit avoir lieu. Le juge des libertés et de la détention peut alors se déplacer sur les lieux quelle que soit leur localisation sur le territoire national. Le procureur de la République peut également saisir le juge des libertés et de la détention du tribunal judiciaire dans le ressort duquel la perquisition doit avoir lieu, par l'intermédiaire du procureur de la République de cette juridiction.

Pour les visites domiciliaires en matière de travail dissimulé, V. C. trav., art. L. 8271-13 abrogé par Cons. const., 4 avr. 2014, n° 2014-387 QPC, à compter du 1er janvier 2015.

Pour les visites domiciliaires en matière fiscale, commerciale et environnementale, V. respectivement, LPF, art. L. 16 B, C. com., art. 450-4 et C. env., art. 171-2.

Pour les recours ouverts en cas de perquisition, V. art. 802-2, p. 1868.

Bibliographie : B. de Lamy, *Le juge des libertés et de la détention : un trompe-l'œil ? : Dr. pén.* 2007, étude 7. • P. Le Monnier de Gouville, *La mutation du juge des libertés et de la détention : AJ pénal* 2019, p. 131. • A. Gogorza, *La place et le rôle du JLD dans l'enquête pénale, Quelles mutations pour la justice pénale du 21e siècle : éd. Dalloz*, 2020, p. 97. • J. Pradel, *La motivation des décisions du juge des libertés et de la détention, vers une rigueur plus grande : JCP* G 2017, p. 82. • J.-H. Robert, *En attendant les répliques du séisme : Dr. pén.* 2014, comm. 96.

1) Perquisition réalisée par un AJP. L'article 75 du Code de procédure pénale prévoit que les officiers de police judiciaire et, sous le contrôle de ceux-ci, les agents de police judiciaire procèdent à des enquêtes préliminaires soit d'office, soit sur les instructions du procureur de la République. Il se déduit de ce texte et de l'article 76 du même code que les agents de police judiciaire peuvent, en enquête préliminaire, et au contraire de l'enquête de flagrance, procéder à une perquisition dès lors qu'ils agissent sous le contrôle de l'officier de police judiciaire. L'existence de ce contrôle est établie par une mention expresse au procès-verbal de perquisition ou peut résulter, à défaut, d'une mention spécifique dans les pièces de procédure. Le seul visa du commissaire de police, chef de service, apposé sur le soit-transmis de clôture de la procédure au procureur de la République, attestant de l'existence du contrôle d'un officier de police judiciaire sur les perquisitions litigieuses sans mentionner aucune autre pièce de nature à en établir la réalité est insuffisant (▪ Cass. crim., 7 déc. 2021, n° 20-82.733, §§ 8-12).

I – PERQUISITIONS SOUMISES À L'AUTORISATION DE L'INTÉRESSÉ

A – Champ d'application

2) Visites régies par des dispositions spéciales. Les visites que les inspecteurs des installations classées effectuent dans les locaux soumis à leur surveillance ne constituent pas une perquisition ou une visite domiciliaire au sens des articles 59 et 76 du Code de procédure pénale (▪ Cass. crim., 26 avr. 2000, n° 99-81.683 : *JurisData* n° 2000-002158, *JCP* G 2001, II, 10475, note D. Guihal). Sont également en dehors du champ d'application de l'article 76 du Code de procédure pénale les visites autorisées au titre de l'article L. 215-3 du Code de la consommation (▪ Cass. crim., 5 févr. 2008, n° 07-85.042 : *JurisData* n° 2008-042913 ; *RSC* 2009, p. 889, note J. Buisson) et celles régies par le Code rural afin que des agents habilités procèdent aux opérations de vérification et de contrôle en matière de protection animale (▪ Cass. crim., 27 mars 1996 : *Bull. crim.* n° 137). L'article 60 du Code des douanes confère aux agents des douanes le pouvoir de procéder, en vue de la recherche de la fraude, à la visite des marchandises et des moyens de transport. Dès lors, l'article 76 du Code de procédure pénale n'est pas applicable à ce type d'opération (▪ Cass. crim., 22 mai 1995, n° 93-85.654 : *Procédures* 1995, comm. 304, Buisson). Constitue en revanche une perquisition échappant aux dispositions de l'article 64 du Code des douanes, la fouille d'un portefeuille à laquelle ont procédé les agents des douanes (▪ Cass. crim., 15 oct. 1984 : *Bull. crim.* n° 298).

3) Palpations de sécurité. La palpation de sécurité opérée sur une personne faisant l'objet d'un contrôle d'identité n'autorise pas l'officier de police judiciaire à procéder, sans l'assentiment de l'intéressé, à la fouille de sa sacoche, dès lors que cette palpation n'a pas préalablement révélé l'existence d'un indice de la commission d'une infraction flagrante (▪ Cass. crim., 23 mars 2016, n° 14-87.370 : *JurisData* n° 2016-005329).

4) Fouilles carcérales. Les fouilles corporelles impliquant le dénudement, réalisées par l'administration pénitentiaire sur les visiteurs de détenus, sont assimilables à une perquisition. Elles doivent donc, hors hypothèse de flagrance, être réalisées conformément à l'article 76 du Code de procédure pénale (▪ Cass. crim., 5 janv. 2010, n° 08-87.337 : *AJ Pénal* 2010, 205, obs. M. Herzog-Evans).

5) Remise volontaire de documents. Ne constitue pas une perquisition nécessitant l'assentiment des intéressés, la remise volontaire de documents aux enquêteurs, lesquels n'ont procédé à aucune recherche (▪ Cass. crim., 5 mai 2009, n° 08-87.452).

B – Conditions de régularité de la perquisition

6) Nécessité du consentement. Il résulte des dispositions combinées des articles 56 et 76 du Code de procédure pénale que, s'il n'a pas reçu mandat du juge d'instruction, un officier de police judiciaire ne peut, sans l'assentiment exprès de la personne chez qui l'opération a lieu, légalement procéder à une perquisition ou à une saisie qu'en cas de crime ou de délit flagrants (▪ Cass. crim., 30 mai 1980 : *Bull. crim.* n° 165 ; *D.* 1981, 533, note W. Jeandidier. ▪ Cass. crim., 28 janv. 1987 : *Bull. crim.* n° 48 ; *D.* 1987, jurispr. p. 258, note G. Azibert. ▪ Cass. crim., 15 mars 2011, n° 10-88.767 : *JurisData* n° 2011-006159).

7) Appréciation du consentement. La validité de l'assentiment à la perquisition relève de l'appréciation souveraine des juges. C'est donc par une exacte application de l'article 76 du Code de procédure pénale qu'ils ont pu déduire que la forte émotion et les tremblements manifestés par le prévenu ne suffisent pas à établir qu'il n'a pas consenti à la fouille et qu'il a rédigé le document sous la contrainte des enquêteurs, dès lors que ledit assentiment a été réitéré par deux fois, à l'oral et à l'écrit (▪ Cass. crim., 16 janv. 2018, n° 16-87.168).

8) Irrévocabilité du consentement. Le consentement exprès à la perquisition n'est pas remis en cause par le fait que l'intéressée a manifesté, après coup, son désaccord avec la mesure et déchiré le document qu'il avait établi (■ Cass. crim., 5 déc. 2000, n° 00-85.041).

9) Consentement du majeur protégé. En ne prévoyant pas que l'officier de police judiciaire ou l'autorité judiciaire sous le contrôle de laquelle est réalisée la perquisition soit, en principe, tenu d'avertir le représentant d'un majeur protégé lorsque les éléments recueillis au cours de l'enquête préliminaire font apparaître que la personne fait l'objet d'une mesure de protection juridique révélant qu'elle n'est pas en mesure d'exercer seule son droit de s'opposer à la réalisation de cette opération, le législateur a méconnu le principe d'inviolabilité du domicile. Par conséquent, le premier alinéa de l'article 706-113 du Code de procédure pénale doit être déclaré contraire à la Constitution (■ Cons. const., 15 janv. 2021, n° 2020-873 QPC, *cons.* 9-10, J. Buisson : *Procédures* 2021, n° 3, comm. 83).

10) Formalisme. Il résulte des dispositions de l'article 76 du Code de procédure pénale que des perquisitions, visites domiciliaires et saisies peuvent être légalement faites au cours d'une enquête préliminaire, sans qu'il n'y ait flagrance, à la condition que la personne chez laquelle l'opération a lieu y donne son assentiment exprès, lequel doit faire l'objet d'une déclaration écrite de sa main ou, si elle ne sait pas écrire, qu'il en soit fait mention au procès-verbal (■ Cass. crim., 28 janv. 1987 : *Bull. crim.* n° 48 ; *D.* 1987, jurispr. p. 258, note G. Azibert). Si toute la mention n'est pas écrite de la main de l'intéressé, son assentiment à la perquisition peut néanmoins se déduire de la nature des passages manuscrits, de la mention « lu et approuvé » ainsi que de la présence de sa signature (même arrêt).

11) Pluralité de domiciliaires. L'assentiment exprès donné par l'un des prévenus dans les formes de la loi, en présence d'un magistrat du parquet et de l'autre prévenu, laisse présumer que ce dernier était pareillement consentant à la perquisition. Doit donc être rejetée l'exception de nullité de la perquisition pour défaut d'assentiment exprès de l'un des domiciliaires dès lors que ce dernier ne s'est pas opposé à la pénétration des enquêteurs au domicile fouillé et que le consentement exprès du domiciliaire a été obtenu (■ Cass. crim., 23 oct. 2013, n° 12-82.627 : *JurisData* n° 2013-023222).

12) Représentant du propriétaire. L'intervention des agents de police judiciaire dans un appartement, à la requête d'une personne habilitée à représenter le propriétaire, ne constitue pas une perquisition soumise aux règles de l'article 76 du Code de procédure pénale. Est donc régulière l'intervention des policiers dans un appartement à la demande du responsable d'une résidence HLM (■ Cass. crim., 23 juill. 2008, n° 08-81.832).

13) Lieux protégés. Sur la notion de domicile, V. art. 56, p. 183.

14) Parties communes d'un immeuble. Sauf signalement visible sur l'entrée d'un immeuble d'habitation en copropriété, l'accès à ses parties communes non soumis à une quelconque restriction apparente « in situ » est réputé se faire librement. Dès lors que les parties communes sont librement accessibles, les services de police peuvent donc y pénétrer et constater la commission d'une infraction (■ Cass. crim., 2 oct. 2013, n° 12-87.976 : *JurisData* n° 2013-023986 ; *Bull. crim.* n° 186).

15) Constatations visuelles. Autorisés à entrer dans un parking souterrain par le syndic de l'immeuble, les policiers sont habilités en enquête préliminaire à procéder à des constatations visuelles de ce lieu privé concernant un véhicule volé (■ Cass. crim., 23 janv. 2013, n° 12-85.059 : *JurisData* n° 2013-000715. ■ Cass. crim., 23 janv. 2013, n° 12-85.056, FS-D : *JurisData* n° 2013-000705 ; *Dr. pén.* 2013, comm. 49, A. Maron et M. Haas). Ces constatations visuelles n'entrent pas dans les prévisions de l'article 76 du Code de procédure pénale et ne sont pas assimilables à une perquisition (■ Cass. crim., 5 oct. 2016, n° 16-81.843 : *JurisData* n° 2016-020384). En outre, aucune irrégularité ne saurait résulter de l'introduction, en enquête préliminaire, de policiers dans le parking souterrain d'un immeuble avec l'accord, en connaissance de cause, d'une personne titulaire d'un droit d'accès à cette partie commune et en sa présence, après vaine recherche de l'identité du syndic, afin de procéder à de simples constatations visuelles sur les véhicules en stationnement, lesquelles n'entrent pas dans les prévisions de l'article 706-96 du Code de procédure pénale et ne sont pas assimilables à une perquisition (■ Cass. crim., 23 oct. 2013. ■ Cass. crim., 23 oct. 2013, n° 13-82.762 : *JurisData* n° 2013-023282).

16) Heures. Sauf réclamation faite de l'intérieur de la maison ou exceptions prévues par la loi, les perquisitions et les visites domiciliaires ne peuvent, à peine de nullité, être commencées avant 6 heures et après 21 heures, l'assentiment de l'intéressé n'ayant aucune incidence sur cette prohibition (■ Cass. crim., 3 juin 1991, n° 90-81.435 : *JurisData* n° 1991-003614).

C – Nullité de la perquisition

17) Conditions générales et portée de la nullité. V. sous art. 56, p. 183.

18) Perquisition non consentie, nullité. Il n'y a pas lieu à annulation de la perquisition réalisée sans assentiment de l'intéressé lorsque, d'une part, celle-ci n'a donné lieu à aucune investigation et constatation de nature à fonder les poursuites et que, d'autre part, la Cour de cassation est en mesure de constater que les photocopies de factures jointes au procès-verbal de perquisition n'ont pas été saisies dans le lieu de la perquisition contestée (■ Cass. crim., 30 janv. 2019, n° 17-85.304 : *JurisData* n° 2019-001028).

19) Titularité de l'action en nullité. La Cour de cassation juge que pour déterminer si le requérant a qualité pour agir en nullité, la chambre de l'instruction doit rechercher si la formalité substantielle ou prescrite à peine de nullité, dont la méconnaissance est alléguée, a pour objet de préserver un droit ou un intérêt qui lui est propre (■ Cass. crim., 7 sept. 2021, n°s 21.80-642 et 20.97-191). Les dispositions de l'article 76 du Code de procédure pénale, en ce qu'elles exigent l'assentiment de l'occupant des lieux à la perquisition, ont pour objet la protection de la vie et du domicile privés. Il en résulte que le moyen de nullité soulevé par M. [L] est irrecevable, en ce qu'il invoque la violation des prescriptions de ce texte pour des opérations effectuées dans un local sur lequel il ne peut se prévaloir d'aucun droit (■ Cass. crim., 9 nov. 2021, n° 21-83.095, §§ 20-22).

La nullité d'une perquisition effectuée dans un local ne peut être invoquée par celui qui ne peut se prévaloir d'aucun droit sur ledit local (■ Cass. crim., 6 févr. 2018, n° 17-84.380 : *Bull. crim.* n° 30). Tel est le cas du gérant d'un garage (■ Cass. crim., 6 oct. 2015, n° 15-82.247 : *JurisData* n° 022706).

II – PERQUISITIONS AUTORISÉES PAR LE JLD

20) Seuil de 3 ans, constitutionnalité. L'article 76 du Code de procédure pénale permet aux enquêteurs de procéder à des perquisitions, visites domiciliaires et saisies de pièces à conviction ou de biens dont la confiscation est prévue à l'article 131-21 du Code pénal sans l'assentiment de la personne chez qui elles ont lieu. Toutefois, ces actes d'investigation ne peuvent intervenir que sur autorisation du juge des libertés et de la détention du tribunal de grande instance à la suite d'une requête du procureur de la République. Cette autorisation est motivée par référence aux éléments de fait et de droit justifiant que ces opérations sont nécessaires. Enfin, les opérations sont effectuées sous le contrôle du magistrat qui les a autorisées et qui peut se déplacer sur les lieux pour veiller au respect des dispositions légales. Dès lors, en prévoyant que ces dispositions peuvent s'appliquer pour toute enquête relative à un crime ou à un délit puni d'une peine d'emprisonnement d'une durée égale ou supérieure à 3 ans, le législateur n'a pas opéré une conciliation déséquilibrée entre, d'une part, l'objectif de valeur constitutionnelle de recherche des auteurs d'infractions et, d'autre part, le droit au respect de la vie privée et l'inviolabilité du domicile (■ Cons. const., 21 mars 2019, n° 2019-778 DC, § 192-193 : A. Botton, *Contrôle de la loi de programmation Justice : le Conseil constitutionnel entre « moustiques et chameaux » de procédure pénale* : *JCP G* 2019, n° 4, p. 359).

21) Rôle et contrôle du JLD. Les perquisitions de l'article 76, alinéa 4 du Code de procédure pénale sont non seulement décidées par le juge des libertés et de la détention, mais doivent être effectuées sous son contrôle, le juge pouvant se déplacer sur les lieux en vue de veiller au respect des dispositions légales. Le juge des libertés et de la détention tire ainsi du contrôle effectif que lui confèrent les dispositions de l'article 76, alinéa 4, du Code de procédure pénale celui de fixer le délai dans lequel la mesure qu'il autorise doit être exécutée. Ces dispositions ne s'opposent pas à ce que la personne concernée saisisse le juge d'une requête en nullité tirée de la tardiveté des opérations de perquisition, si elle démontre qu'elles n'étaient plus nécessaires à la recherche et à la constatation des infractions en cause (■ Cass. crim., 9 avr. 2019, n° 19-90.010 : E. Clément, *L'art de se faire attendre* : *AJ pénal* 2019, p. 397. ■ Cass. crim., 2 oct. 2019, n° 19-81.577).

22) Domaine des perquisitions. Les opérations de perquisitions, visites domiciliaires et saisies autorisées par le juge des libertés et de la détention peuvent avoir pour objet la recherche et la constatation des infractions visées dans sa décision ou la saisie des biens dont la confiscation est prévue à l'article 131-21 du Code pénal. Elles peuvent donc être ordonnées à l'encontre d'une société encourant notamment une peine de confiscation, dans les conditions et selon les modalités prévues à l'article 131-21 du Code pénal (■ Cass. crim., 20 mai 2014, n° 13-83.063).

23) Motivation : interdiction de la motivation par renvoi. Il résulte de l'article 76, alinéa 4 et de l'article 8 de la Conv. EDH que l'ordonnance du juge des libertés et de la détention décidant, sur requête du procureur de la République à l'occasion d'une enquête préliminaire, que les opérations prévues par le premier de ces textes seront effectuées sans l'assentiment de la personne chez qui elles ont lieu, doit être motivée au regard des éléments de fait et de droit justifiant de leur nécessité. Cette exigence de motivation adaptée et circonstanciée s'impose au regard des droits protégés par la Convention européenne des droits de l'Homme et en tenant compte de l'évolution du statut et du rôle juridictionnel du juge des libertés et de la détention voulue par le législateur. Cette motivation constitue une garantie essentielle contre le risque d'une atteinte disproportionnée au droit au respect de la vie privée de la personne concernée et doit permettre au justiciable de connaître les raisons précises pour lesquelles ces opérations ont été autorisées. Ainsi, l'ordonnance du juge des libertés et de la détention, qui se borne à renvoyer à la requête présentée par le procureur de la République aux fins de perquisition, en application de l'article 76, alinéa 4, du Code de procédure pénale, n'est pas conforme aux exigences de ce texte (■ Cass. crim., 23 nov. 2016, n° 15-83.649, obs. J.-Y. Maréchal, Dossiers d'actualité 15 déc. 2016 : *Procédures* 2017, comm. 16, A.-S. Chavent-Leclère ; *JCP* G 2017, p. 82, note J. Pradel). *Comp.* : C'est à bon droit que la chambre de l'instruction a écarté le moyen de nullité tiré de l'insuffisante motivation de l'ordonnance du juge des libertés et de la détention ayant autorisé une perquisition, dès lors que l'arrêt relève que cette décision se réfère expressément à la procédure d'enquête dont la synthèse, jointe à la requête du parquet, expose les éléments de fait permettant de suspecter l'existence d'un trafic de stupéfiants, infraction punie d'une peine d'emprisonnement égale ou supérieure à cinq ans, qu'elle précise l'adresse du lieu dans lequel les opérations peuvent être effectuées et qu'elle expose le motif pour lequel il convient de recourir à cette procédure, à savoir éviter la disparition éventuelle des produits stupéfiants ainsi que de tous les éléments de preuve permettant de constater les infractions visées et d'identifier leurs auteurs (■ Cass. crim., 26 juin 2018, n° 18-80.596). *Contra.* Aucune disposition légale ne faisant obstacle à ce que l'ordonnance du juge des libertés et de la détention se réfère expressément à la requête présentée par le procureur de la République aux fins de perquisition, en application de l'article 76, alinéa 4, du Code de procédure pénale, lorsque celle-ci comporte toutes les indications exigées par ce texte à peine de nullité, la chambre de l'instruction a justifié sa décision (■ Cass. crim., 6 mars 2013, n° 12-87.810 : *JurisData* n° 2013-004870 ; *Bull. crim.* n° 62. ■ Cass. crim., 29 mai 2013, n° 13-80.908).

24) Motivation : reprise des motifs du procureur de la République. Il importe peu que les motifs de la décision du JLD autorisant une perquisition, analysant les éléments de fait et de droit rendant nécessaire la mesure, soient exactement repris des termes de la requête du procureur de la République, dès lors que l'ordonnance en cause répond aux prescriptions de l'article 76 du Code de procédure pénale (■ Cass. crim., 21 janv. 2020, n° 18-84.899 : *Bull. crim.* à paraître).

25) Motivation : contenu concret. Il résulte des articles 76 du Code de procédure pénale et 8 de Convention européenne des droits de l'homme que l'ordonnance du juge des libertés et de la détention décidant, sur requête du procureur de la République à l'occasion d'une enquête préliminaire, que les opérations prévues par le premier de ces textes seront effectuées sans l'assentiment de la personne chez qui elles ont lieu, doit être motivée au regard des éléments de fait et de droit justifiant de leur nécessité. Méconnaît les dispositions et le principe susvisés l'ordonnance du juge des libertés et de la détention qui n'explique pas en quoi la société propriétaire des locaux en cause était concernée par les faits objet de l'enquête, diligentée à l'encontre d'un tiers, et ne justifie donc pas de la nécessité de la mesure (■ Cass. crim., 26 mars 2019, n° 18-85.047). Le juge des libertés et de la détention doit motiver sa décision de façon concrète au regard des éléments de fait et de droit et justifier de la nécessité et de la proportionnalité des mesures autorisées. Il tire du contrôle effectif que lui confèrent les dispositions de l'article 76, alinéa 4, du Code de procédure pénale le droit de fixer le délai dans lequel la mesure qu'il autorise doit être exécutée (■ Cass. crim., 9 avr. 2019, n° 19-90.010, E. Clément, *L'art de se faire attendre* : *AJ pénal* 2019, p. 397). Une motivation faisant état de « la nécessité d'appréhender au plus tôt les éléments de preuve qui permettront de remonter aux auteurs des faits » est insuffisante (■ Cass. crim., 9 mai 2019, n° 18-85.619). L'ordonnance du juge des libertés et de la détention qui ne vise que les motifs de la requête du Procureur en les adoptant, et qui ne contient aucune motivation justifiant la nécessité de la mesure de perquisition doit être annulée (■ Cass. crim., 21 janv. 2010, n° 19-80.806).

26) Vices de forme des réquisitions du procureur de la République. L'absence de mention de la date de la requête du procureur de la République ne saurait constituer une cause de nullité si les mentions portées sur d'autres actes établissent que son existence était antérieure à la décision du juge des libertés et de la détention (■ Cass. crim., 26 mars 2019, n° 18-85.047).

Art. 76-1 ***(Abr., L. n° 2004-204, 9 mars 2004 ; rétabli à compter du 15 nov. 2016, L. n° 2016-731, 3 juin 2016).*** **– L'article 61-3 est applicable à l'enquête préliminaire.**

Art. 76-2 ***(L. n° 2003-239, 18 mars 2003 ; L. n° 2022-52, 24 janv. 2022).*** **– Le procureur de la République ou, sur autorisation de celui-ci, l'officier ou l'agent de police judiciaire peut faire procéder aux opérations de prélèvements externes prévues par l'article 55-1.**

Les dispositions des deuxième, troisième et dernier alinéas de l'article 55-1 sont applicables.

Art. 76-3 *(L. n° 2003-239, 18 mars 2003).* **– L'officier de police peut, pour les nécessités de l'enquête, dans les conditions prévues à l'article 76, recourir aux opérations prévues par l'article 57-1.**

Art. 77 *(L. n° 2011-392, 14 avr. 2011, en vigueur le 1er juin 2011 ; mod. à compter du 2 juin 2014, L. n° 2014-535, 27 mai 2014).* **– Les dispositions des articles 61-1 et 61-2 relatives à l'audition d'une personne soupçonnée ou d'une victime ainsi que celles des articles 62-2 à 64-1 relatives à la garde à vue sont applicables lors de l'enquête préliminaire.**

1) **Constitutionnalité (antérieurement à la loi n° 2011-392 du 14 avril 2011).** Les articles 62, 63, 63-1, 63-4, alinéas 1er à 6, et 77 du Code de procédure pénale n'instituent pas les garanties appropriées à l'utilisation qui est faite de la garde à vue compte tenu des évolutions précédemment rappelées (banalisation du recours à la garde à vue, y compris pour des infractions mineures et importance de la phase d'enquête policière dans la constitution des éléments sur le fondement desquels une personne mise en cause est jugée). Ainsi, la conciliation entre, d'une part, la prévention des atteintes à l'ordre public et la recherche des auteurs d'infractions et, d'autre part, l'exercice des libertés constitutionnellement garanties ne peut plus être regardée comme équilibrée. Par suite, ces dispositions méconnaissent les articles 9 et 16 de la Déclaration de 1789 et doivent être déclarées contraires à la Constitution. Toutefois, l'abrogation immédiate des dispositions contestées méconnaîtrait les objectifs de prévention des atteintes à l'ordre public et de recherche des auteurs d'infractions et entraînerait des conséquences manifestement excessives. Il y a lieu, dès lors, de reporter au 1er juillet 2011 la date de cette abrogation afin de permettre au législateur de remédier à cette inconstitutionnalité (■ Cons. const., 30 juill. 2010, n° 2010-14/22 QPC, consid. 29-30).

2) **Conventionnalité.** Les prescriptions de l'article 77 du Code de procédure pénale qui ont seulement pour objet le maintien à la disposition des enquêteurs de toute personne dont la présence ou l'audition est nécessaire à leurs investigations ne sont pas incompatibles avec les articles 5.1, 5.3 et 6.3 de la Convention européenne des droits de l'Homme (■ Cass. crim., 28 janv. 1992, n° 91-86.119 : *Bull. crim.* n° 32). En ce qui concerne le régime juridique de la garde à vue, V. ■ Cass. ass. plén., 15 avr. 2011, 4 arrêts, cités sous art. 63, CPP.

Pour les règles applicables pendant la garde à vue, V. sous art. 62-2 à 64-1, p. 210.

Art. 77-1 *(Mod., L. n° 2019-222, 23 mars 2019 ; L. n° 2020-1672, 24 déc. 2020).* **– S'il y a lieu de procéder à des constatations ou à des examens techniques ou scientifiques, le procureur de la République ou, sur autorisation de celui-ci, l'officier ou l'agent de police judiciaire, a recours à toutes personnes qualifiées.**

Les dispositions des deuxième, troisième et quatrième alinéas de l'article 60 sont applicables.

Le procureur de la République peut, par la voie d'instructions générales prises en application de l'article 39-3, autoriser les officiers ou agents de police judiciaire à requérir toutes personnes qualifiées afin de procéder à des examens médicaux ou psychologiques de la victime ou de procéder à des examens médicaux de la personne suspectée d'avoir commis une des infractions mentionnées à l'article 706-47 ou exigés en application de l'article 706-115. Le procureur est avisé sans délai de ces réquisitions. Ces instructions générales ont une durée qui ne peut excéder six mois. Elles peuvent être renouvelées.

Aucune autorisation n'est nécessaire lorsque l'officier de police judiciaire a recours à une personne qualifiée aux fins :

1° De procéder à la comparaison entre une empreinte génétique issue de trace biologique et l'empreinte génétique d'une personne à l'encontre de laquelle il existe une ou plusieurs raisons plausibles de soupçonner qu'elle a commis l'une des infractions mentionnées à l'article 706-55, ou à la comparaison entre plusieurs traces biologiques ;

2° De procéder à la comparaison entre une trace digitale ou palmaire et l'empreinte digitale ou palmaire d'une personne à l'encontre de laquelle il existe une ou plusieurs raisons plausibles de soupçonner qu'elle a commis un crime ou un délit, ou à la comparaison entre plusieurs traces digitales ou palmaires.

Bibliographie : J. Buisson, *Est d'ordre public la prestation de serment d'une personne qualifiée : Procédures* 2006, n° 10, comm. 216.

1) **Finalité de l'article 77-1 du Code de procédure pénale.** Les dispositions de ce texte, qui permettent au procureur de la République, ou, sur son autorisation, à l'officier de police judi-

ciaire, de confier des constatations ou des examens techniques et scientifiques à des personnes qualifiées, sont édictées en vue de garantir la fiabilité de la recherche et de l'administration de la preuve (■ Cass. crim., 18 juin 2019, n° 19-80.105, P.-J. Delage, *Vers un principe de fiabilité de la preuve pénale ? : RSC 2019, p. 653*).

2) Notion de constatation ou examen technique et scientifique. L'article 77-1 du Code de procédure pénale confère à l'officier de police judiciaire agissant en enquête préliminaire, avec l'autorisation du procureur de la République, le pouvoir de charger toutes personnes qualifiées de missions techniques ou scientifiques de même nature que celles qui peuvent être confiées aux experts par le juge d'instruction en application de l'article 156 du même code. Peuvent ainsi être requis deux docteurs, experts judiciaires, afin de formuler un avis sur les gestes d'un confrère au regard des pratiques médicales (■ Cass. crim., 19 mars 2014, n°s 10-88.725 et 13-88.616 : *JurisData* n° 2014-005285). V. également (■ Cass. crim., 15 mai 2007, n° 06-85.715. ■ Cass. crim., 14 sept. 2005, n° 05-84.021 : *JurisData* n° 2005-030053 ; *Bull. crim.* n° 226). Ne constitue pas un examen technique et scientifique l'intervention d'une société requise pour l'ouverture d'un coffre-fort découvert au cours d'une perquisition. Ce pouvoir propre de l'officier de police judiciaire demeure en dehors de l'article 77-1 du Code de procédure pénale (■ Cass. crim., 3 avr. 2013, n° 12-86.275 : *JurisData* n° 2013-006111 : *Procédures* 2013, comm. 195, A.-S. Chavent-Leclère), tout comme les opérations d'interception et de transcription de communications téléphoniques que seul le juge d'instruction peut décider (■ Cass. crim., 23 mai 2006, n° 06-81.705 : *JurisData* n° 2006-034215 ; *Procédures* 2006, comm. 189, J. Buisson). Diffère également des constatations ou examens techniques et scientifiques l'identification de numéros de téléphone entrant et sortant auprès de l'opérateur de téléphonie, cette demande relevant de l'article 77-1-1 du Code de procédure pénale (■ Cass. crim., 27 sept. 2005, n° 05-83.590 : *JurisData* n° 2005-030416 ; *Bull. crim.* n° 237).

3) Exemples de constatations ou examens techniques. Peut-être requis en application de l'article 77-1 du Code de procédure pénale tout agent qualifié pour examiner un véhicule et déterminer les causes de l'accident (■ Cass. crim., 16 déc. 2003, n° 03-83.555 : *JurisData* n° 2003-021899) ; un expert chargé de vérifier le respect de normes acoustiques (■ Cass. crim., 13 févr. 1991, n° 89-85.643 : *JurisData* n° 1991-002249) ; un expert psychiatre (■ Cass. crim., 10 juin 1998, n° 97-85.838). Entre également dans les prévisions de l'article 77-1 du Code de procédure pénale, la désignation d'un ébéniste qualifié pour déterminer l'originalité des meubles fabriqués par une entreprise mise en cause pour contrefaçon (■ Cass. crim., 19 mars 1997, n° 96-85.213 : *JurisData* n° 96-85.213). C'est à bon droit que la chambre de l'instruction a estimé que la recherche des normes techniques applicables à la fourniture et à la pose d'un système de fermeture impliqué dans un accident n'excède pas les limites d'un examen technique susceptible d'être donné à un professionnel du bâtiment. D'une part, la mission confiée, conformément à l'article 77-1 du Code de procédure pénale, à une personne qualifiée, de recenser l'ensemble des normes techniques applicables au dispositif mis en cause dans la survenance d'un décès, n'emporte aucune délégation de ses fonctions par le magistrat qui l'ordonne ; d'autre part, les parties peuvent en discuter les conclusions, qui ne lient ni le juge d'instruction ultérieurement saisi ni la juridiction de jugement susceptible de l'être (■ Cass. crim., 13 juin 2017, n° 17-80.641).

4) Examens techniques et scientifiques soumis à des textes spéciaux. L'officier de police judiciaire tire de l'article L. 235-2, cinquième alinéa, du Code de la route, le pouvoir de faire procéder à des vérifications consistant en des analyses ou examens médicaux, cliniques et biologiques, en vue d'établir si l'intéressé conduisait en ayant fait usage de substances ou plantes classées comme stupéfiants. Ces contrôles ne sont donc pas soumis à l'article 77-1 du Code de procédure pénale (■ Cass. crim., 21 juin 2016, n° 15-86.449 : *JurisData* n° 2016-012106 ; *Dr. pén.* 2016, comm. 127, J.-H. Robert). L'article 77-1 du Code de procédure pénale ne s'applique pas non plus au médecin effectuant la prise de sang prévue à l'article R. 3354-5 du Code de la santé publique afin que soit vérifié l'état d'alcoolémie d'un conducteur (■ Cass. crim., 10 juin 2015, n° 14-87.054 : *Bull. crim.* n° 143) ou intervenant au titre de l'article 63-3 du Code de procédure pénale pour apprécier l'aptitude du suspect à une mesure de garde à vue (■ Cass. crim., 17 févr. 1999, n° 98-80.557).

5) Personnes qualifiées. Ne doivent pas être considérés comme des personnes qualifiées au sens de l'article 77-1 du Code de procédure pénale, des fonctionnaires de police assistant un officier de police judiciaire dans des constatations techniques et scientifiques, dès lors qu'ils appartiennent au service de police judiciaire chargé par le procureur de la République desdits examens (■ Cass. crim., 4 nov. 2010, n° 10-84.389 : *Bull. crim.* n° 175).

6) Autorisation du procureur de la République : nécessité. Encourt la cassation l'arrêt de la chambre d'accusation (de l'instruction) écartant une demande de nullité pour violation de l'article 77-1 du Code de procédure pénale sans avoir vérifié que l'examen médico-psychologique pratiqué sur la victime de viols avait été autorisé par le procureur de la République (■ Cass., 14 mai 1998, n° 98-81.041 : *JurisData* n° 1998-002720 ; *Procédures* 1998, comm. 266, J. Buisson).

7) Autorisation du procureur de la République : caractères. Il résulte de l'article 77-1 du Code de procédure pénale que l'autorisation donnée par le procureur de la République aux officiers de police judiciaire de faire procéder à des examens techniques ou scientifiques doit être donnée dans le cadre de la procédure d'enquête préliminaire en cours et non par voie d'autorisation générale et permanente préalable ; cette interprétation est commandée par la nécessité de garantir la direction effective des enquêtes préliminaires par le procureur de la République (■ Cass. crim., 17 déc. 2019, n° 19-83.574). – S. Fucini, *Réquisitions durant l'enquête : irrégularité des autorisations générales et permanentes* : *Procédures* 2019, comm. 265, obs. J. Buisson ; *Dalloz actualité*, 24 janv. 2020.

8) Autorisation du procureur de la République : preuve. La mention « avec l'accord du magistrat » portée à l'acte de désignation de l'expert est suffisante dès lors que ce magistrat ne peut être, au stade de l'enquête préliminaire, que le procureur de la République (■ Cass. crim., 8 déc. 2010, n° 10-82.778).

9) Absence d'autorisation du procureur de la République : sanction. L'autorisation du procureur de la République est dictée dans l'intérêt d'une bonne administration de la justice et sa méconnaissance est constitutive d'une nullité à laquelle les dispositions de l'article 802 dudit code sont étrangères (■ Cass. crim., 14 oct. 2003, n° 03-84.539 : *JurisData* n° 2003-020786 ; *Procédures* 2004, comm. 10, J. Buisson ; *D.* 2004, p. 1265, P. Hennion-Jacquet). L'absence d'une telle autorisation peut être invoquée par toute partie y ayant intérêt (■ Cass. crim., 18 juin 2019, n° 19-80.105).

10) Prestation de serment. Les personnes qualifiées procédant, au cours d'une enquête préliminaire, à la demande du procureur de la République ou d'un officier de police judiciaire, à des constatations ou des examens techniques et scientifiques sont soumises à la prestation de serment prévue par l'article 60 du Code de procédure pénale et doivent devant la cour d'assises se soumettre au serment tel que réglementé par les articles 168 et 169-1 (■ Cass. crim., 19 oct. 2016, n° 15-83.937 : *JurisData* n° 2016-021507). Le défaut de prestation de serment entraîne la nullité de l'opération sans qu'il n'y ait à faire la démonstration d'un grief (■ Cass. crim., 21 juin 2006, n° 06-82.774 : *JurisData* n° 2006-034524 ; *Procédures* 2006, n° 10, comm. 216, J. Buisson ; *RSC* 2007, p. 553, note H. Matsopoulou).

11) Examens techniques et expertise. Les réquisitions des enquêteurs, si elles peuvent contenir des missions de même nature que celles pouvant être confiées aux experts par les juridictions d'instruction, prescrivent de simples mesures de recherche qui ne présentent pas le caractère d'une expertise et ne sont donc pas soumises aux prescriptions des articles 156 et suivants du Code de procédure pénale, s'agissant, notamment, des conditions dans lesquelles une contre-expertise peut être ordonnée. Il en va ainsi d'une demande d'expertise psychiatrique de la victime dès lors que les formalités de l'article 77-1 du Code de procédure pénale, seul applicable, ont été observées (■ Cass. crim., 6 déc. 2016, n° 15-86.859).

12) Respect du contradictoire. La personne requise ne peut recevoir pour mission que de procéder à des constatations ou à des examens techniques ou scientifiques. Dès lors, son rapport peut être établi sans avoir entendu ou recueilli les observations de la personne mise en cause, la discussion contradictoire des éléments de preuve ayant lieu devant la juridiction de jugement (■ Cass. crim., 13 déc. 2003, n° 03-83.555 : *JurisData* n° 2003-021899).

13) Qualité pour agir. La personne identifiée comme auteur d'une infraction au moyen d'une photographie contenue dans un téléphone que la police a trouvé dans les escaliers d'un immeuble a qualité et justifie d'un intérêt à contester les conditions dans lesquelles il a été découvert et saisi. C'est donc à tort que la cour d'appel énonce que le prévenu n'avait pas intérêt à contester les conditions dans lesquelles un téléphone dont il ne prétend pas être propriétaire a pu être saisi et examiné (■ Cass. crim., 24 nov. 2021, n° 21-80.346, §§ 10-11).

Art. 77-1-1 ancien *(Créé, L. n° 2003-239, 18 mars 2003 ; dénum., L. n° 2004-204, 9 mars 2004. – V. CPP, art. 77-1-2).*

Art. 77-1-1 *(Mod., L. n° 2019-222, 23 mars 2019 ; L. n° 2020-1672, 24 déc. 2020 ; L. n° 2022-299, 2 mars 2022).* **– Le procureur de la République ou, sur autorisation de celui-ci, l'officier ou l'agent de police judiciaire, peut, par tout moyen, requérir de toute personne, de tout établissement ou organisme privé ou public ou de toute administration publique qui sont susceptibles de détenir des informations intéressant l'enquête, y compris, sous réserve de l'article 60-1-2, celles issues d'un système informatique ou d'un**

traitement de données nominatives, de lui remettre ces informations, notamment sous forme numérique, le cas échéant selon des normes fixées par voie réglementaire, sans que puisse lui être opposée, sans motif légitime, l'obligation au secret professionnel. Lorsque les réquisitions concernent des personnes mentionnées aux articles 56-1 à 56-5, la remise des informations ne peut intervenir qu'avec leur accord.

En cas d'absence de réponse de la personne aux réquisitions, les dispositions du second alinéa de l'article 60-1 sont applicables.

Le dernier alinéa de l'article 60-1 et l'article 60-1-1 sont également applicables.

Le procureur de la République peut, par la voie d'instructions générales prises en application de l'article 39-3, autoriser les officiers ou agents de police judiciaire, pour des catégories d'infractions qu'il détermine, à requérir de toute personne, de tout établissement ou organisme privé ou public ou de toute administration publique, de leur remettre des informations intéressant l'enquête qui sont issues d'un système de vidéoprotection. Le procureur est avisé sans délai de ces réquisitions. Ces instructions générales ont une durée qui ne peut excéder six mois. Elles peuvent être renouvelées.

NB : Par une décision n° 2021-952 QPC du 3 décembre 2021, le Conseil constitutionnel a déclaré contraires à la Constitution les mots *« , y compris celles issues d'un système informatique ou d'un traitement de données nominatives, »* figurant à la première phrase du premier alinéa de l'article 77-1-1 du Code de procédure pénale, dans sa rédaction résultant de la loi n° 2020-1672 du 24 décembre 2020 relative au Parquet européen, à la justice environnementale et à la justice pénale spécialisée, et *« aux réquisitions prévues par le premier alinéa de l'article 60-2 »* figurant au premier alinéa de l'article 77-1-2 du même code, dans sa rédaction résultant de la loi n° 2019-222 du 23 mars 2019 de programmation 2018-2022 et de réforme pour la justice. L'abrogation de ces dispositions est toutefois reportée au 31 décembre 2022. Les mesures prises avant cette date en application des dispositions déclarées contraires à la Constitution ne peuvent être contestées sur le fondement de cette inconstitutionnalité.

Bibliographie : T. Lebreton, *Les réquisitions judiciaires : AJ pénal* 2022, p. 25.

Inconstitutionnalité de l'accès à un système informatique ou à un traitement de données nominatives (antérieurement à la loi du 2 mars 2022 visant à combattre le harcèlement scolaire). L'article 77-1-1 du Code de procédure pénale permet au procureur de la République ou, sur son autorisation, à un officier ou à un agent de police judiciaire, dans le cadre d'une enquête préliminaire, de requérir, par tout moyen, des informations détenues par toute personne publique ou privée y compris celles issues d'un système informatique ou d'un traitement de données nominatives, sans que puisse lui être opposée, sans motif légitime, l'obligation au secret professionnel [...]. En permettant de requérir des informations issues d'un système informatique ou d'un traitement de données nominatives, les dispositions contestées autorisent ainsi le procureur de la République et les officiers et agents de police judiciaire à se faire communiquer des données de connexion ou à y avoir accès. D'une part, les données de connexion comportent notamment les données relatives à l'identification des personnes, à leur localisation et à leurs contacts téléphoniques et numériques ainsi qu'aux services de communication au public en ligne qu'elles consultent. Compte tenu de leur nature, de leur diversité et des traitements dont elles peuvent faire l'objet, les données de connexion fournissent sur les personnes en cause ainsi que, le cas échéant, sur des tiers, des informations nombreuses et précises, particulièrement attentatoires à leur vie privée. D'autre part, en application des dispositions contestées, la réquisition de ces données est autorisée dans le cadre d'une enquête préliminaire qui peut porter sur tout type d'infraction et qui n'est pas justifiée par l'urgence ni limitée dans le temps. Si ces réquisitions sont soumises à l'autorisation du procureur de la République, magistrat de l'ordre judiciaire auquel il revient, en application de l'article 39-3 du Code de procédure pénale, de contrôler la légalité des moyens mis en œuvre par les enquêteurs et la proportionnalité des actes d'investigation au regard de la nature et de la gravité des faits, le législateur n'a assorti le recours aux réquisitions de données de connexion d'aucune autre garantie. Dans ces conditions, le législateur n'a pas entouré la procédure prévue par les dispositions contestées de garanties propres à assurer une conciliation équilibrée entre, d'une part, le droit au respect de la vie privée et, d'autre part, la recherche des auteurs d'infractions (■ Cons. const., 3 déc. 2021, n° 2021-952 QPC, cons. 8-14, A. Maron et M. Haas, *Big data is watching you* : *Dr. pén.* 2022, n° 1, com. 16 ; P. Collet, *La censure des réquisitions de données informatiques en enquête préliminaire !* : *JCP* G 2022, n° 4, p. 133).

Désormais, V. art. 60-1-2, p. 205.

I – NOTION DE RÉQUISITION

1) Remise de documents numériques. Constitue une remise de documents au sens de l'article 77-1-1 du Code de procédure pénale, la communication, sans recours à un moyen coercitif, de documents issus d'un système informatique ou d'un traitement de données nominatives, tels que ceux détenus par un opérateur de téléphonie (■ Cass. crim., 6 déc. 2005, n° 05-85.076 ; ■ Cass. crim., 22 nov. 2011, n° 11-84.308 : *JurisData* n° 2011-026053 ; *JCP* G 2012, 49, A. Bonnet) ou par le gestionnaire d'un système de messagerie électronique, hors le contenu des correspondances échangées (■ Cass. crim., 6 nov. 2013, n° 12-87.130 : *JurisData* n° 2013-024912).

2) Géolocalisation différée. Est régulièrement exécutée sur le fondement de l'article 77-1-1 du Code de procédure pénale une demande de fadettes auprès d'opérateurs de téléphonie mobile afin de géolocalisation, en temps différé, et reconstitution ultérieure d'un parcours (■ Cass. crim., 2 nov. 2016, n° 16-82.376 : *JurisData* n° 2016-022725). Les garanties prévues à l'article 77-1-1 du Code de procédure pénale permettant la géolocalisation en temps différé, pour être moins importantes que celles prévues en application de la loi du 28 mars 2014 sur la géolocalisation, n'en restent pas moins suffisantes au regard du droit conventionnel. En effet, il est pertinent de distinguer les méthodes d'investigations permettant de géolocaliser une personne *a posteriori* de celles qui permettent de la géolocaliser *en temps réel*, ces dernières étant davantage susceptibles de porter atteinte au droit d'une personne au respect de sa vie privée. La communication de la liste des cellules déclenchées par une ligne téléphonique permet certes de connaître, *a posteriori*, le positionnement géographique passé de l'utilisateur de cette ligne. Mais il s'agit de la transmission à l'autorité judiciaire de données existantes et conservées par un organisme public ou privé et non de la mise en place d'un dispositif de surveillance, consistant à repérer spécifiquement les déplacements qu'une personne est en train de réaliser, par le biais d'un suivi dynamique d'une ligne téléphonique ou au moyen de la pose d'une balise sur un véhicule (■ CEDH, 8 févr. 2018, n° 31446/12, *B. Faiza c/ France*, § 69-76).

3) Fichier LAPI (Lecture automatisée des plaques d'immatriculation). L'accès au fichier LAPI est réservé soit à un agent régulièrement habilité au sens des articles L. 232-3 et L. 234-2 du Code de la sécurité intérieure, soit à un enquêteur autorisé par le procureur de la République, pour les besoins d'une procédure pénale, en vertu d'une réquisition prise à cette fin en application de l'article 77-1-1 du Code de procédure pénale (■ Cass. crim., 19 févr. 2019, n° 18-84.671 : *JurisData* n° 2019-002398 ; A.-S. Chavent-Leclère, *La consultation du LAPI exige l'existence d'une habilitation : Procédures* 2019, comm. 130, n° 4). La consultation du fichier Lapi est régulière dès lors qu'elle est effectuée par un agent régulièrement habilité ou par une personne requise à cette fin par un enquêteur autorisé par le procureur de la République en application de l'article 77-1-1 du Code de procédure pénale, peu important que l'autorisation du ministère public ne vise pas spécifiquement la consultation dudit fichier. C'est donc à bon droit que la chambre de l'instruction a écarté la demande en nullité prise de ladite consultation dès lors que le procureur de la République avait demandé aux enquêteurs de poursuivre leurs investigations en faisant toutes réquisitions utiles à l'enquête, ce qui caractérise l'autorisation de consulter le fichier Lapi, laquelle n'est soumise à aucune forme particulière (■ Cass. crim., 10 déc. 2019, n° 19-84.141 : *Bull. crim.* à paraître).

4) Code de déverrouillage d'un téléphone portable. La réquisition délivrée par un officier de police judiciaire agissant en vertu des articles 60-1, 77-1-1 et 99-3 du Code de procédure pénale, par laquelle est demandé à un suspect, sous le contrôle de l'autorité judiciaire, le code de déverrouillage de son téléphone portable, entre dans les prévisions de l'article 434-15-2 du Code pénal. Toutefois, une simple demande formulée au cours d'une audition, sans avertissement que le refus d'y déférer est susceptible de constituer une infraction pénale, ne constitue pas une réquisition au sens du texte précité (■ Cass. crim., 13 oct. 2020, n° 20-80.150, §§ 9-10 : P. Conte, *Refus de remettre une convention secrète de déchiffrement d'un moyen de cryptologie – Élément matériel. – Droit de ne pas s'incriminer soi-même : Dr. pén.* 2020, comm. 27 ; C. Ribeyre, *Refus de remettre une convention secrète de déchiffrement : Dr. pén.* 2021, comm. 1 ; A. Lepage, *Un an de droit pénal du numérique : Dr. pén.* 2019, chron. 10, n°s 7 à 10).

5) Remise spontanée de documents. Ne constitue pas une réquisition, la communication spontanée de documents aux enquêteurs (■ Cass. crim., 28 mars 2006, n° 06-80.351. ■ Cass. crim., 12 mars 2008, n° 07-88.604 : *JurisData* n° 2008-043494). De même, la consultation sur place, par des policiers, d'images issues du système de vidéosurveillance équipant les lieux, et la communication de renseignements faite volontairement aux officiers de police judiciaire, sans moyen coercitif, par les représentants des concessionnaires d'autoroutes, ne constituent pas des réquisitions et n'exigent pas l'autorisation préalable du procureur de la République (■ Cass. crim., 9 févr. 2016, n° 15-85.070 : *JurisData* n° 2016-001982 ; *JCP* G 2016, 537, D. Rebut ; *Procédures* 2016, comm. 139, A.-S. Chavent-Leclère).

6) Informations en libre accès. Ne tombe pas sous le coup de l'article 77-1-1 du Code de procédure pénale la consultation d'informations et fichiers librement accessibles. Ainsi, de la consultation du fichier national des immatriculations et du fichier des véhicules volés (■ Cass. crim., 15 sept. 2009, n° 09-82.597 : *JurisData* n° 2009-049692).

II – RÉGIME JURIDIQUE DES RÉQUISITIONS

7) Conventionalité. Les réquisitions de l'article 77-1-1 du Code de procédure pénale constituent des actes d'ingérence autorisés par l'article 8 de la Convention européenne des droits de l'Homme (■ Cass. crim., 27 nov. 2012, n° 12-85.645 : *JurisData* n° 2012-032007) ; elles n'entrent pas dans le champ d'application de l'article 5 § 3 de la Convention européenne des droits de l'Homme relatif au contrôle de la privation de liberté, en sorte que le procureur de la République a qualité pour les autoriser (■ Cass. crim., 22 nov. 2011, n° 11-84.308). L'ingérence apportée par l'article 77-1 du Code de procédure pénale à l'exercice du droit au respect de la vie privée et familiale n'excède pas ce qui est nécessaire, dans une société démocratique, à la recherche et à la poursuite des infractions (■ Cass. crim., 6 nov. 2013, préc.).Les réquisitions correspondent à des actes d'investigation relevant de la compétence et des pouvoirs attribués au procureur de la République qui ne sont pas contraires à l'article 8 de la Conv. EDH, lequel prévoit des restrictions au principe posé par cet article, notamment pour la prévention des infractions. Doit donc être écarté le moyen de nullité reprochant le manque d'indépendance et d'impartialité du ministère public pour requérir la communication de renseignements relatifs à l'utilisation d'une ligne téléphonique en application de l'article 77-1-1 du Code de procédure pénale (■ Cass. crim., 8 juill. 2015, n° 15-81.731 : *JurisData* n° 2015-0164435 ; *Procédures* 2015, comm. 308, A.-S. Chavent-Leclère).

8) Autorisation du procureur de la République, constitutionnalité. L'article 77-1-1 du Code de procédure pénale a été modifié afin de permettre à un officier de police judiciaire ou à un agent de police judiciaire de requérir, sans autorisation du procureur de la République, tout organisme public de lui remettre des informations intéressant l'enquête sans que puisse lui être opposée, sans motif légitime, l'obligation au secret professionnel (...). Ces réquisitions pouvant porter sur toute information relative à la vie privée et être adressées à toutes personnes sans autorisation du procureur de la République, dans le cadre de l'enquête préliminaire, le législateur a méconnu l'exigence de direction et de contrôle de l'autorité judiciaire sur la police judiciaire résultant de l'article 66 de la Constitution (■ Cons. const., 21 mars 2019, n° 2019-778 DC, § 175 : A. Botton, *Contrôle de la loi de programmation Justice : le Conseil constitutionnel entre « moustiques et chameaux » de procédure pénale* : *JCP* G 2019, n° 4, p. 359).

9) Autorisation du procureur de la République, sanction. Il résulte de l'article 77-1-1 du Code de procédure pénale que les réquisitions qu'il prévoit ne peuvent être présentées par l'officier de police judiciaire que sur l'autorisation préalable du procureur de la République (■ Cass. crim., 21 oct. 2020, n°s 18-85.776 et 20-84.380, § 19).

Les dispositions de l'article 77-1-1 du Code de procédure pénale sont édictées dans l'intérêt d'une bonne administration de la justice et leur méconnaissance est constitutive d'une nullité à laquelle les dispositions de l'article 802 dudit code sont étrangères. Il en résulte que l'absence d'autorisation du procureur de la République entraîne une nullité d'office (■ Cass. crim., 1er sept. 2005, n° 05-84.061 : *JurisData* n° 2005-029801 ; *Dr. pén.* 2005, comm. 259, obs. J. Buisson. ■ Cass. crim., 6 déc. 2005, n° 05-85.076).

10) Formalisme. L'article 77-1-1 du Code de procédure pénale ne soumet l'autorisation du procureur de la République à aucune forme particulière (■ Cass. crim., 10 mai 2016, n° 15-84.266). Il suffit donc que lesdites réquisitions fassent état de la mention « sur autorisation du procureur de la République » (■ Cass. crim., 23 mai 2006, n° 06-83.241 : *JurisData* n° 2006-033989) ou « agissant sur les instructions de Monsieur le procureur de la République », sans qu'une autorisation écrite n'ait besoin d'y être jointe (■ Cass. crim., 1er févr. 2011, n° 10-83.523 : *JurisData* n° 2011-001693 ; *Procédures* 2011, comm. 147, note J. Buisson). C'est à bon droit que, pour refuser d'annuler l'autorisation générale de procéder à des investigations concernant des faits précis dénoncés par un commissaire aux comptes et délivrée par soit-transmis par le procureur de la République, l'arrêt et le jugement qui le confirme énoncent que les mesures contestées correspondent à des actes d'investigation techniques dans le cadre d'une enquête préliminaire ressortissant à la compétence et aux pouvoirs attribués par la loi au procureur de la République et que l'autorisation prévue par les articles 77-1 et 77-1-1 du Code de procédure pénale, qui n'obéit à aucun formalisme particulier, concerne un objet spécifique (■ Cass. crim., 31 mai 2017, n° 16-81.847). L'absence des réquisitions du dossier de la procédure ne saurait constituer une cause de nullité si les mentions portées sur d'autres actes établissent leur existence et en reproduisent la teneur (■ Cass. crim., 10 mai 2016, préc.). Le défaut d'autorisation délivré par le procureur de la République ne peut être invoqué par des personnes qui prétendent n'être ni titulaires ni utilisatrices des lignes téléphoniques soumises à investigation (■ Cass. crim., 6 févr. 2018, n° 17-84.380).

11) Consentement des personnes protégées – journalistes. L'accord des journalistes pour procéder aux réquisitions n'est nécessaire que si ces professionnels sont directement requis de fournir des informations. Tel n'est pas le cas lorsque les réquisitions sont faites à un opérateur de téléphonie mobile afin que soient produites les facturations détaillées de plusieurs journalistes (■ Cass. crim., 14 mai 2013, n° 11-86.626 : *Procédures* 2013, comm. 220, note Chavent-Leclerc ; *AJ Pénal* 2013, 467, obs. Lasserre Capdeville). Les opérateurs de téléphonie n'entrent dans aucune des catégories de personnes mentionnées aux articles 56-1 à 56-3 du Code de procédure pénale, dont l'accord est nécessaire pour que soient légalement remis, au procureur de la République ou à un officier de police judiciaire, agissant avec son autorisation, les documents visés dans une réquisition établie en application de l'article 77-1-1 du Code de procédure pénale (■ Cass. crim., 9 oct. 2013, n°s 13-85.228 et 11-81.148 : *JurisData* n° 2013-021951).

12) Consentement des personnes protégées – médecins. Le mis en examen, médecin, ne saurait se faire un grief de ce que la caisse primaire d'assurance maladie a été requise, en application de l'article 77-1-1 du Code de procédure pénale, de communiquer la liste de ses patientes sans qu'il ait préalablement donné son accord à la remise de ce document, dès lors qu'un tel accord n'est nécessaire que si l'un des professionnels visés aux articles 56-1 à 56-3 du Code de procédure pénale est directement requis de fournir les informations sollicitées (■ Cass. crim., 19 mars 2014, n°s 10-88.725 et 13-88.616 : *JurisData* n° 2014-005285).

13) Protection du secret des sources. Viole l'article 10 de la Conv. EDH ainsi que l'article 2 de la loi du 29 juillet 1881, la réquisition auprès d'opérateurs de téléphonie mobile afin d'identification des numéros de téléphone correspondant aux journalistes, dès lors que l'atteinte ainsi portée au secret des sources des journalistes n'était pas justifiée par l'existence d'un impératif prépondérant d'intérêt public et que la mesure n'était pas strictement nécessaire et proportionnée au but légitime poursuivi (■ Cass. crim., 6 déc. 2011, n° 11-83.970 : *JurisData* n° 2011-027405 ; *Procédures* 2012, comm. 47, obs. A.-S. Chavent-Leclère).

14) Nullité-qualité pour agir. Une personne mise en examen est sans qualité pour contester la régularité de réquisitions faites auprès d'opérateurs téléphoniques sur le fondement de l'article 77-1-1 du Code de procédure pénale, ayant pour seul objet d'identifier les lignes téléphoniques ayant déclenché des bornes-relais données, dès lors qu'elle ne prétend être ni le titulaire ni l'utilisateur de l'une des lignes identifiées et que sa vie privée n'est pas susceptible d'être mise en cause par cette recherche (■ Cass. crim., 6 févr. 2018 : *JurisData* n° 2018-001399 ; *Procédures* 2018, comm. 124, A.-S. Chavent-Leclère ; *Dr. pén.* 2018, comm. 69, A. Maron et M. Haas ; *JCP G* 2018, 469, J.-B. Perrier ; *AJ Pénal* 2018, p. 204, Y. Capdedon). Les demandeurs ne sauraient reprocher à la chambre de l'instruction d'avoir rejeté leur requête en annulation dès lors qu'il ressort des pièces de la procédure, dont la Cour de cassation a le contrôle, qu'ils ne justifient pas avoir établi, ni même allégué, devant la chambre de l'instruction, avoir été les titulaires ou les utilisateurs des lignes objet des réquisitions, ni, à partir des pièces de la procédure soumises à l'examen de cette juridiction, qu'il aurait été porté atteinte, à l'occasion des investigations litigieuses, à leur vie privée (■ Cass. crim., 27 mars 2018, n° 17-85.603 : *Bull. crim.* n° 53).

Art. 77-1-2 ***(Mod., L. n° 2019-222, 23 mars 2019 ; L. n° 2022-299, 2 mars 2022).*** **– Sur autorisation du procureur de la République, l'officier ou l'agent de police judiciaire peut procéder aux réquisitions prévues par le premier alinéa de l'article 60-2 sous réserve de l'article 60-1-2.**

Sur autorisation du juge des libertés et de la détention saisi à cette fin par le procureur de la République, l'officier ou l'agent de police peut procéder aux réquisitions prévues par le deuxième alinéa de l'article 60-2.

Les organismes ou personnes concernés mettent à disposition les informations requises par voie télématique ou informatique dans les meilleurs délais.

Le fait de refuser de répondre sans motif légitime à ces réquisitions est puni conformément aux dispositions du quatrième alinéa de l'article 60-2.

NB : Par une décision n° 2021-952 QPC du 3 décembre 2021, le Conseil constitutionnel a déclaré contraires à la Constitution les mots « *, y compris celles issues d'un système informatique ou d'un traitement de données nominatives,* » figurant à la première phrase du premier alinéa de l'article 77-1-1 du Code de procédure pénale, dans sa rédaction résultant de la loi n° 2020-1672 du 24 décembre 2020 relative au Parquet européen, à la justice environnementale et à la justice pénale spécialisée, et « *aux réquisitions prévues par le premier alinéa de l'article 60-2* » figurant au premier alinéa de l'article 77-1-2 du même code, dans sa rédaction résultant de la loi n° 2019-222 du 23 mars 2019 de programmation 2018-2022 et de réforme pour la justice. L'abrogation de ces dispositions est toutefois reportée au 31 décembre 2022. Les mesures prises avant cette date en application des dispositions déclarées contraires à la Constitution ne peuvent être contestées sur le fondement de cette inconstitutionnalité.

Inconstitutionnalité de l'accès à un système informatique ou à un traitement de données nominatives (antérieurement à la loi du 2 mars 2022 sur le harcèlement scolaire). L'article 77-1-2 prévoit que, sur autorisation du procureur de la République, l'officier ou l'agent de police judiciaire peut requérir d'un organisme public ou de certaines personnes morales de droit privé, par voie télématique ou informatique, la mise à disposition d'informations non protégées par un secret prévu par la loi, contenues dans un système informatique ou un traitement de données nominatives. En permettant de requérir des informations issues d'un système informatique ou d'un traitement de données nominatives, les dispositions contestées autorisent ainsi le procureur de la République et les officiers et agents de police judiciaire à se faire communiquer des données de connexion ou à y avoir accès. D'une part, les données de connexion comportent notamment les données relatives à l'identification des personnes, à leur localisation et à leurs contacts téléphoniques et numériques ainsi qu'aux services de communication au public en ligne qu'elles consultent. Compte tenu de leur nature, de leur diversité et des traitements dont elles peuvent faire l'objet, les données de connexion fournissent sur les personnes en cause ainsi que, le cas échéant, sur des tiers des informations nombreuses et précises, particulièrement attentatoires à leur vie privée. D'autre part, en application des dispositions contestées, la réquisition de ces données est autorisée dans le cadre d'une enquête préliminaire qui peut porter sur tout type d'infraction et qui n'est pas justifiée par l'urgence ni limitée dans le temps. Si ces réquisitions sont soumises à l'autorisation du procureur de la République, magistrat de l'ordre judiciaire auquel il revient, en application de l'article 39-3 du Code de procédure pénale, de contrôler la légalité des moyens mis en œuvre par les enquêteurs et la proportionnalité des actes d'investigation au regard de la nature et de la gravité des faits, le législateur n'a assorti le recours aux réquisitions de données de connexion d'aucune autre garantie. Dans ces conditions, le législateur n'a pas entouré la procédure prévue par les dispositions contestées de garanties propres à assurer une conciliation équilibrée entre, d'une part, le droit au respect de la vie privée et, d'autre part, la recherche des auteurs d'infractions (■ Cons. const., 3 déc. 2021, n° 2021-952 QPC, cons. 9-14).

Réquisitions de consultation de la plateforme nationale des interceptions judiciaires. Ne méconnaît pas les dispositions de l'article 77-1-2 du Code de procédure pénale, la chambre de l'instruction qui écarte le moyen pris de l'absence de preuve de l'autorisation donnée aux enquêteurs par le procureur de la République d'adresser des réquisitions à la PNIJ, en relevant que par la mention, dans le cadre « Magistrat » des formulaires de réquisition, du nom d'un vice-procureur de la République, l'enquêteur a indiqué agir en conformité avec les prescriptions du Code de procédure pénale, c'est-à-dire avec l'autorisation préalable de ce magistrat, dont il doit être rappelé qu'elle n'est soumise à aucun formalisme. En effet, il est permis au procureur de la République d'autoriser de façon générale sur le fondement de l'article 39-3 du Code de procédure pénale, dans le cadre de l'enquête préliminaire qu'il a ordonnée, les enquêteurs à procéder à des réquisitions auprès de la PNIJ. En outre, la mention du nom du magistrat figurant dans la réquisition informatique établie pour saisir la PNIJ, qui suit le visa des articles qui imposent son autorisation et serait sans objet si celle-ci n'avait pas été donnée préalablement, a la même valeur qu'une mention expresse en procédure par procès-verbal de l'enquêteur (■ Cass. crim., 30 mars 2021, n° 20-85.556, §§ 10-12).

Art. 77-1-3 *(L. n° 2016-731, 3 juin 2016).* **– Sur autorisation du procureur de la République, l'officier** *(Mots aj., L. n° 2019-222, 23 mars 2019)* **« ou l'agent » de police judiciaire peut procéder aux réquisitions prévues à l'article 60-3.**

Art. 77-2 *(Rempl., L. n° 2016-731, 3 juin 2016 ; L. n° 2021-1729, 22 déc. 2021).* **– I. – À tout moment de l'enquête préliminaire, le procureur de la République peut, lorsqu'il estime que cette décision ne risque pas de porter atteinte à l'efficacité des investigations, indiquer à la personne mise en cause, à la victime ou à leurs avocats qu'une copie de tout ou partie du dossier de la procédure est mise à la disposition de leurs avocats, ou à leur disposition si elles ne sont pas assistées par un avocat, et qu'elles ont la possibilité de formuler toutes observations qui leur paraîtraient utiles.**

Ces observations peuvent notamment porter sur la régularité de la procédure, sur la qualification des faits pouvant être retenue, sur le caractère éventuellement insuffisant de l'enquête, sur la nécessité de procéder à de nouveaux actes qui seraient nécessaires à la manifestation de la vérité et sur les modalités d'engagement éventuel des poursuites ou le recours éventuel à la procédure de comparution sur reconnaissance préalable de culpabilité.

II. – Sans préjudice du I, toute personne à l'encontre de laquelle il existe une ou plusieurs raisons plausibles de soupçonner qu'elle a commis ou tenté de commettre, en tant qu'auteur ou complice, une infraction punie d'une peine privative de liberté peut demander au procureur de la République, par lettre recommandée avec demande d'avis de réception ou par déclaration au greffe contre récépissé, de prendre connaissance du dossier de la procédure afin de formuler ses observations lorsqu'au moins l'une des conditions suivantes est remplie :

1° Si la personne a été interrogée dans le cadre d'une audition libre ou d'une garde à vue qui s'est tenue il y a plus d'un an ;

2° S'il a été procédé à une perquisition chez la personne il y a plus d'un an ;

3° S'il a été porté atteinte à la présomption d'innocence de la personne par un moyen de communication au public. Le présent 3° n'est pas applicable lorsque les révélations émanent de la personne elle-même ou de son avocat, directement ou indirectement, ou que l'enquête porte sur des faits relevant des articles 706-73 ou 706-73-1 ou relevant de la compétence du procureur de la République antiterroriste.

Lorsqu'une telle demande lui a été présentée et qu'il estime qu'il existe à l'encontre de la personne une ou plusieurs raisons plausibles de soupçonner qu'elle a commis ou tenté de commettre, en tant qu'auteur ou complice, une infraction punie d'une peine privative de liberté, le procureur de la République avise cette personne ou son avocat de la mise à la disposition de son avocat, ou à sa disposition si elle n'est pas assistée par un avocat, d'une copie de la procédure et de la possibilité de formuler les observations prévues au I du présent article, selon les formes mentionnées au premier alinéa du présent II.

Par dérogation au cinquième alinéa du présent II et pour une durée maximale de six mois à compter de la réception de la demande, le procureur de la République peut refuser à la personne la communication de tout ou partie de la procédure si l'enquête est toujours en cours et si cette communication risque de porter atteinte à l'efficacité des investigations. Il statue dans un délai d'un mois à compter de la réception de la demande, par une décision motivée versée au dossier. À défaut, le silence vaut refus de communication. La personne à l'origine de la demande peut contester un refus devant le procureur général, qui statue également dans un délai d'un mois à compter de sa saisine, par une décision motivée versée au dossier. Lorsque l'enquête porte sur des crimes ou délits mentionnés aux articles 706-73 ou 706-73-1 ou relevant de la compétence du procureur de la République antiterroriste, le délai de six mois prévu au présent alinéa est porté à un an.

Dans la période d'un mois qui suit la réception de la demande, le procureur de la République ne peut prendre aucune décision de poursuites hors l'ouverture d'une information, l'application de l'article 393 ou le recours à la procédure de comparution sur reconnaissance préalable de culpabilité prévue aux articles 495-7 à 495-13.

Le procureur de la République peut décider de ne pas mettre à la disposition de la personne certaines pièces de la procédure en raison des risques de pression sur les victimes, les autres personnes mises en cause, leurs avocats, les témoins, les enquêteurs, les experts ou toute autre personne concourant à la procédure.

III. – Lorsqu'une enquête préliminaire fait l'objet d'une demande de communication dans les conditions prévues au II, la victime, si elle a porté plainte, est avisée par le procureur de la République qu'elle dispose des droits prévus au I dans les mêmes conditions que la personne à l'origine de la demande.

IV. – Les observations formulées en application du présent article sont versées au dossier de la procédure. Le procureur de la République apprécie les suites à apporter à ces observations. Il en informe les personnes concernées. S'il refuse de procéder à un acte demandé, sa décision peut être contestée devant le procureur général.

V. – Lorsqu'une période de deux ans s'est écoulée après l'un des actes mentionnés aux 1° et 2° du II, l'enquête préliminaire ne peut se poursuivre à l'égard des personnes ayant fait l'objet de l'un de ces actes et à l'encontre desquelles il existe une ou plusieurs raisons plausibles de soupçonner qu'elles ont commis ou tenté de commettre, en tant qu'auteurs ou complices, une infraction sans que le procureur de la République fasse application du I à leur profit ainsi qu'à celui du plaignant.

Art. 77-3 *(Rempl., L. n° 2016-731, 3 juin 2016 ; L. n° 2021-1729, 22 déc. 2021)*. – La demande mentionnée au II de l'article 77-2 est faite au procureur de la République sous la direction duquel l'enquête est menée. À défaut, si cette information n'est pas connue de la personne, elle peut être adressée au procureur de la République du tribunal judiciaire dans le ressort duquel l'un des actes mentionnés au même article a été réalisé, qui la transmet sans délai au procureur de la République qui dirige l'enquête.

Art. 77-4 *(L. n° 2004-204, 9 mars 2004)*. – **Si les nécessités de l'enquête portant sur un crime ou un délit puni d'au moins trois ans d'emprisonnement l'exigent, le procureur de la République peut décerner un mandat de recherche contre toute personne à l'encontre de laquelle il existe une ou plusieurs raisons plausibles de soupçonner qu'elle a commis ou tenté de commettre l'infraction.**

Les dispositions des deuxième et troisième alinéas de l'article 70 sont alors applicables.

Art. 78 *(Mod., L. n° 2016-731, 3 juin 2016)*. – **Les personnes convoquées par un officier de police judiciaire pour les nécessités de l'enquête sont tenues de comparaître. L'officier de police judiciaire peut contraindre à comparaître par la force publique, avec l'autorisation préalable du procureur de la République, les personnes qui n'ont pas répondu à une convocation à comparaître ou dont on peut craindre qu'elles ne répondent pas à une telle convocation. Le procureur de la République peut également autoriser la comparution par la force publique sans convocation préalable en cas de risque de modification des preuves ou indices matériels, de pressions sur les témoins ou les victimes ainsi que sur leur famille ou leurs proches, ou de concertation entre les coauteurs ou complices de l'infraction.**

L'article 62 est applicable.

L'officier de police judiciaire dresse procès-verbal de leurs déclarations. Les agents de police judiciaire désignés à l'article 20 peuvent également, sous le contrôle d'un officier de police judiciaire, entendre les personnes convoquées.

Les procès-verbaux sont dressés dans les conditions prévues par les articles 61 et 62-1.

1) Audition libre, réserve d'interprétation constitutionnelle. Il résulte nécessairement des dispositions du premier alinéa de l'article 78 du Code de procédure pénale qu'une personne à l'encontre de laquelle il apparaît qu'il existe des raisons plausibles de soupçonner qu'elle a commis ou tenté de commettre une infraction peut être entendue par les enquêteurs en dehors du régime de la garde à vue dès lors qu'elle n'est pas maintenue à leur disposition sous la contrainte. Le respect des droits de la défense exige qu'une personne à l'encontre de laquelle il apparaît, avant son audition ou au cours de celle-ci, qu'il existe des raisons plausibles de soupçonner qu'elle a commis ou tenté de commettre une infraction, ne puisse être entendue ou continuer à être entendue librement par les enquêteurs que si elle a été informée de la nature et de la date de l'infraction qu'on la soupçonne d'avoir commise et de son droit de quitter à tout moment les locaux de police ou de gendarmerie (■ Cons. const., 18 juin 2012, n° 2012-257 QPC : *JurisData* n° 2012-012963 ; *RSC* 2013, p. 441, note B. de Lamy ; *Constitutions* 2012, p. 442, obs. A. Darsonville).

L'intéressé, qui a été informé de la nature et de la date de l'infraction, ne se trouvant pas dans des locaux de police ou de gendarmerie, mais sur la voie publique, lieu du contrôle routier, n'a pas à être informé des droits prévus aux articles 62 et 78, alinéa 1er du Code de procédure pénale, en particulier de son droit de quitter les lieux, au sens des réserves du Conseil constitutionnel (■ Cass. crim., 1er mars 2016, n° 14-87.368 : *Bull. crim.* n° 61).

2) Droits de la défense (régime applicable avant la loi n° 2014-535 du 27 mai 2014, entrée en vigueur en son article 3, le 2 janvier 2014). La notification du droit de se taire et de ne pas s'accuser n'est reconnue qu'aux personnes placées en garde à vue ou faisant l'objet d'une mesure de rétention douanière. Est donc conforme à l'article 6 de la Conv. EDH la décision par laquelle des juges du fond rejettent l'exception de nullité présentée par le prévenu se plaignant d'avoir été entendu sans que lesdits droits ne lui aient été notifiés, alors que cette audition s'est déroulée sans contrainte (■ Cass. crim., 3 avr. 2013, n° 11-87.333 : *JurisData* n° 2013-006110 ; *Dr. pén.* 2013, comm. 82, obs. A. Maron et M. Haas ; *Gaz. Pal.* 21 juill. 2013, p. 40, note F. Fourment ; *RSC* 2013, p. 842, note X. Salvat).

3) Comparution forcée, domaine. Il n'est pas fait application de l'article 78 du Code de procédure pénale lorsque le suspect s'est présenté à son domicile sur invitation des militaires de la gendarmerie et a accepté de se mettre à leur disposition (■ Cass. crim., 21 janv. 2020, n° 19-80.806).

4) Comparution forcée, conditions. L'autorisation de faire comparaître une personne sous la contrainte, donnée par le procureur de la République à un officier de police judiciaire, chargé d'une enquête préliminaire, n'est soumise à aucun formalisme particulier (■ Cass. crim., 29 mai 2013, n° 13-80.908 : *JurisData* n° 2013-012471). Les éléments de preuve recueillis pendant l'enquête, que l'intéressé savait défavorables, sont de nature à faire craindre qu'il ne réponde pas à la convocation et donc à justifier la comparution forcée (*même arrêt*). L'absence du suspect à son domicile et l'échec des tentatives des fonctionnaires de police pour entrer en contact avec lui peuvent faire craindre qu'il ne réponde pas à une convocation et ainsi autoriser l'usage de la contrainte pour assurer sa comparution (■ Cass. crim., 15 déc. 2015, n° 15-80.311 : *JurisData* n° 2015-028233). C'est à tort que, pour rejeter le moyen de nullité pris d'une violation de l'article 78 du Code de procédure pénale, l'arrêt de la chambre de l'instruction se borne à relever que ce texte n'exige pas que la justification des raisons de craindre que la personne concernée ne réponde pas à une convocation figure dans l'ordre donné à l'officier de police judiciaire de la faire comparaître par la contrainte et les procès-verbaux y afférents, alors que, s'agissant d'une privation de liberté, il appartient à la chambre de l'instruction de vérifier qu'elle avait été strictement nécessaire (■ Cass. crim., 29 nov. 2016, n° 16-83.513 : *D. act.* 2017, note D. Aubert). La décision n'encourt pas pour autant la censure, dès lors que les énonciations de l'arrêt font apparaître la gravité et la nature des actes que l'intéressé était susceptible de commettre à l'instigation d'une organisation terroriste basée à l'étranger, qu'il était, en outre, susceptible de vouloir rejoindre, ces éléments rendant majeur le risque d'un défaut de réponse à une convocation qui lui aurait été adressée (même arrêt).

5) Comparution forcée et vie privée. L'article 78 du Code de procédure pénale ne permet pas à l'officier de police judiciaire, autorisé par le procureur de la République à contraindre une personne à comparaître par la force publique, de pénétrer de force dans un domicile, une telle atteinte à la vie privée ne pouvant résulter que de dispositions légales spécifiques confiant à un juge le soin d'en apprécier préalablement la nécessité (■ Cass. crim., 18 sept. 2019, n° 18-84.885. ■ Cass. crim., 22 févr. 2017, n° 16-82.412 : *Bull. crim.* n° 50).

6) Motivation de l'ordre de comparaître. Si c'est à tort que les juges ont retenu que l'article 78 du Code de procédure pénale n'exige pas de motivation dans l'autorisation délivrée par le procureur de la République, la décision n'encourt pas la censure dès lors que ces mêmes juges ont contrôlé la nécessité du recours à la force publique et sa proportionnalité au regard de la gravité de l'infraction et caractérisé le risque majeur d'un défaut de réponse du prévenu à une convocation qui lui aurait été adressée (■ Cass. crim., 27 juin 2018, n° 17-84.245).

7) Portée de l'irrégularité d'une audition. Ne doit pas être mis en cause une condamnation, même si la personne reconnue coupable a été entendue à plusieurs reprises sous le régime de l'audition libre, sans être expressément avertie de son droit de quitter à tout moment les locaux de la gendarmerie, dès lors que les juges disposaient d'éléments suffisants pour retenir la culpabilité de l'intéressé sans se référer aux déclarations recueillies au cours de ces auditions libres (■ Cass. crim., 17 févr. 2016, n° 15-80.984).

8) Arrestation domiciliaire, constitutionnalité. Les dispositions contestées de l'article 78 du Code de procédure pénale permettaient au procureur de la République d'autoriser les agents chargés de procéder à la comparution d'une personne à pénétrer dans un domicile après 6 heures et avant 21 heures. Or, d'une part, cette autorisation pouvait être délivrée à l'encontre de toute personne soupçonnée d'avoir commis ou tenté de commettre un crime ou tout délit puni d'une peine d'au moins 3 ans d'emprisonnement. D'autre part, elle pouvait être délivrée non seulement si cette personne n'avait pas répondu à une convocation à comparaître ou en cas de risque de modification des preuves ou indices matériels, de pressions ou de concertation, mais également en l'absence de convocation préalable si on pouvait craindre que la personne ne réponde pas à une telle convocation. Enfin, elle autorisait les enquêteurs à pénétrer de force dans tout domicile où la personne soupçonnée était susceptible de se trouver, y compris s'il s'agissait du domicile de tiers. Dès lors, compte tenu du champ de l'autorisation contestée et de l'absence d'autorisation d'un magistrat du siège, le législateur n'avait pas assuré une conciliation équilibrée entre la recherche des auteurs d'infractions et le droit à l'inviolabilité du domicile (■ Cons. const., 21 mars 2019, n° 2019-778 DC, § 194-195 : A. Botton, *Contrôle de la loi de programmation Justice : le Conseil constitutionnel entre « moustiques et chameaux » de procédure pénale* : *JCP* G 2019, n° 4, p. 359).

CHAPITRE III. – DES CONTRÔLES, DES VÉRIFICATIONS ET DES RELEVÉS D'IDENTITÉ

(L. n° 83-466, 10 juin 1983 ; L. n° 93-992, 10 août 1993 ; intitulé rempl., L. n° 99-291, 15 avr. 1999)

Bibliographie : *Répertoires.* J. Buisson, *Contrôles, vérifications et relevés d'identité : JCl. Proc. pén.*, art. 78-1 à 78-6, Fasc. 10 et 20. ● C. Girault, *Contrôles et vérifications d'identité : Rép. Dalloz.*

Généralités. N. Ancel, *Contrôles d'identité : de l'aménagement de la charge de la preuve à la preuve partagée : JCP* G 2017, 116. ● J. Buisson, *Parution du nouvel arsenal de lutte contre le terrorisme : Procédures* 2016, comm. 239. ● E. Cornut, *Entre confusion et distinction : propos autour du contrôle d'identité : D.* 2002, p. 992. ● J.-Y. Maréchal, *Contrôles d'identité abusifs : les propositions du Défenseur des droits : JCP* G 2012, 1168. • F. Fourment, *Contrôles d'identité : contrôlez, contrôlez, il en restera toujours quelque chose : Gaz. Pal.* 13-14 janv. 2012, p. 8. • A. Maron, *Conditions d'exercice des contrôles et vérifications d'identité : JCP* G 1992, I, 3601. • D. Mayer, *Prévention et répression en matière de contrôles d'identité : une distinction trompeuse : D.* 1993, 272. • J. Pradel, *La loi du 2 février 1981 dite « Sécurité et liberté » et ses dispositions de procédure pénale : D.* 1981, chron. p. 101 ; *Les contrôles d'identité et la poursuite des délits flagrants depuis la loi du 10 juin 1983 : D.* 1984, chron. p. 75. • D. Turpin, *L'autorité judiciaire gardienne de la liberté individuelle : AJDA* 1983, I, p. 663 ; *Contrôles au faciès : les contrôleurs enfin contrôlés ! : JCP* G 2017, doctr. 126.

Voir également : A. 28 déc. 2018 : *JO* 30 déc. établissant la liste des ports où pourront être diligentés les contrôles d'identité en application de l'alinéa 10 nouveau de l'article 78-2 du Code de procédure pénale.

Art. 78-1 *(L. n° 83-466, 10 juin 1983 ; L. n° 86-1004, 3 sept. 1986)*. **– L'application des règles prévues par le présent chapitre est soumise au contrôle des autorités judiciaires mentionnées aux articles 12 et 13.**

Toute personne se trouvant sur le territoire national doit accepter de se prêter à un contrôle d'identité effectué dans les conditions et par les autorités de police visées aux articles suivants.

1) Autonomie des contrôles fondés sur la législation au droit des étrangers. Les articles 1er du décret du 18 mars 1946 et du décret du 30 juin 1946, pris en application de l'article 8 de l'ordonnance du 2 novembre 1945, disposent que les étrangers doivent être en mesure de présenter à toute réquisition des agents de l'autorité les documents sous le couvert desquels ils sont autorisés à séjourner en France. Lorsque les éléments déduits de circonstances extérieures à la personne même de l'intéressé sont de nature à faire apparaître celui-ci comme étranger, les agents de l'autorité ont la faculté, sans qu'il soit préalablement procédé à un contrôle d'identité dans les conditions déterminées à l'article 78-1 et suivants du Code de procédure pénale, de requérir la présentation de documents à raison desquels le séjour en France est régulier (■ Cass. crim., 25 avr. 1985, n° 85-91.324 : *Bull. crim.* n° 159. ■ Cass. crim., 14 déc. 2000, n° 99-50.089 : *Bull. crim.* n° 171). Le fait de s'exprimer en langueétrangère ne constitue cependant pas un élément objectif déduit de circonstances extérieures à la personne susceptible de présumer la qualité d'étranger (■ Cass. crim., 14 déc. 2000, préc.).

2) Articulation des contrôles d'identité et des contrôles des titres de séjour. Si le constat d'éléments objectifs, déduits de circonstances extérieures à la personne, de nature à faire apparaître sa qualité d'étranger n'a pas à être préalable à un contrôle effectué en application de l'article 78-2 du Code de procédure pénale, il peut cependant en résulter et justifier un contrôle de titres de séjour effectué sur le fondement de l'article 611-1 du Code de l'entrée et de séjour des étrangers et du droit d'asile (■ Cass. 1re civ., 13 juill. 2016, n° 15-22.854 : *Bull. civ.* I, n° 925. ■ Cass. 1re civ., 28 mars 2012, n° 11-11.099 : *Bull. civ.* I, n° 75). Il faut cependant que le contrôle réalisé en application de l'article 78-2 du Code de procédure pénale fasse ressortir la qualité d'étranger de la personne contrôlée, ce qui n'est pas le cas du seul fait d'être né à l'étranger et de ne pas répondre aux questions relatives à sa date de naissance (■ Cass. 1re civ., 28 mars 2012, n° 11-11.099, préc.). Si le constat des éléments objectifs, déduits de circonstances extérieures à la personne, de nature à faire apparaître sa qualité d'étranger, doit précéder le contrôle des titres de séjour intervenu sur le fondement de l'article L. 611-1 du Code de l'entrée et du séjour des étrangers et du droit d'asile, un tel constat n'a pas à être préalable au contrôle d'identité effectué en application de l'article 78-2 du Code de procédure pénale. Il peut cependant résulter de celui-ci. Aussi, en observant, selon le procès-verbal de contrôle d'identité, que l'élément d'extranéité ressortait des déclarations de l'étranger qui avait indiqué aux fonctionnaires de police, lors du contrôle, qu'il était de nationalité algérienne, le premier président de la cour d'appel a pu conclure à la régularité du contrôlé d'identité (■ Cass. 1re civ., 17 mai 2017, n° 16-15.229 : *Bull. crim.* n° 116).

Art. 78-2 *(Mod., L. n° 2017-256, 28 févr. 2017 ; L. n° 2017-1510, 30 oct. 2017 ; L. n° 2018-778, 10 sept. 2018)*. **– Les officiers de police judiciaire et, sur l'ordre et sous la responsabilité de ceux-ci, les agents de police judiciaire et agents de police judiciaire adjoints mentionnés aux articles 20 et 21-1° peuvent inviter à justifier, par tout moyen, de son identité toute personne à l'égard de laquelle existe une ou plusieurs raisons plausibles de soupçonner :**

– qu'elle a commis ou tenté de commettre une infraction ;

– ou qu'elle se prépare à commettre un crime ou un délit ;

– ou qu'elle est susceptible de fournir des renseignements utiles à l'enquête en cas de crime ou de délit ;

– ou qu'elle a violé les obligations ou interdictions auxquelles elle est soumise dans le cadre d'un contrôle judiciaire, d'une mesure d'assignation à résidence avec surveillance électronique, d'une peine ou d'une mesure suivie par le juge de l'application des peines ;

– ou qu'elle fait l'objet de recherches ordonnées par une autorité judiciaire.

Sur réquisitions écrites du procureur de la République aux fins de recherche et de poursuite d'infractions qu'il précise, l'identité de toute personne peut être également contrôlée, selon les mêmes modalités, dans les lieux et pour une période de temps déterminés par ce magistrat. Le fait que le contrôle d'identité révèle des infractions autres que celles visées dans les réquisitions du procureur de la République ne constitue pas une cause de nullité des procédures incidentes.

L'identité de toute personne, quel que soit son comportement, peut également être contrôlée, selon les modalités prévues au premier alinéa, pour prévenir une atteinte à l'ordre public, notamment à la sécurité des personnes ou des biens.

Dans une zone comprise entre la frontière terrestre de la France avec les États parties à la convention signée à Schengen le 19 juin 1990 et une ligne tracée à 20 kilomètres en deçà, ainsi que dans les zones accessibles au public des ports, aéroports et gares ferroviaires ou routières ouverts au trafic international et désignés par arrêté et aux abords de ces gares, pour la prévention et la recherche des infractions liées à la criminalité transfrontalière, l'identité de toute personne peut également être contrôlée, selon les modalités prévues au premier alinéa, en vue de vérifier le respect des obligations de détention, de port et de présentation des titres et documents prévues par la loi. Lorsque ce contrôle a lieu à bord d'un train effectuant une liaison internationale, il peut être opéré sur la portion du trajet entre la frontière et le premier arrêt qui se situe au-delà des vingt kilomètres de la frontière. Toutefois, sur celles des lignes ferroviaires effectuant une liaison internationale et présentant des caractéristiques particulières de desserte, le contrôle peut également être opéré entre cet arrêt et un arrêt situé dans la limite des cinquante kilomètres suivants. Ces lignes et ces arrêts sont désignés par arrêté ministériel. Lorsqu'il existe une section autoroutière démarrant dans la zone mentionnée à la première phrase du présent alinéa et que le premier péage autoroutier se situe au-delà de la ligne des 20 kilomètres, le contrôle peut en outre avoir lieu jusqu'à ce premier péage sur les aires de stationnement ainsi que sur le lieu de ce péage et les aires de stationnement attenantes. Les péages concernés par cette disposition sont désignés par arrêté. Le fait que le contrôle d'identité révèle une infraction autre que celle de non-respect des obligations susvisées ne constitue pas une cause de nullité des procédures incidentes. Pour l'application du présent alinéa, le contrôle des obligations de détention, de port et de présentation des titres et documents prévus par la loi ne peut être pratiqué que pour une durée n'excédant pas douze heures consécutives dans un même lieu et ne peut consister en un contrôle systématique des personnes présentes ou circulant dans les zones ou lieux mentionnés au même alinéa.

Dans un rayon maximal de dix kilomètres autour des ports et aéroports constituant des points de passage frontaliers au sens de l'article 2 du règlement (UE) 2016/399 du Parlement européen et du Conseil du 9 mars 2016 concernant un code de l'Union relatif au régime de franchissement des frontières par les personnes (Code frontières Schengen), désignés par arrêté en raison de l'importance de leur fréquentation et de leur vulnérabilité, l'identité de toute personne peut être contrôlée, pour la recherche et la prévention des infractions liées à la criminalité transfrontalière, selon les modalités prévues au premier alinéa du présent article, en vue de vérifier le respect des obligations de détention, de port et de présentation des titres et documents prévus par la loi. L'arrêté mentionné à la première phrase du présent alinéa fixe le rayon autour du point de passage frontalier dans la limite duquel les contrôles peuvent être effectués. Lorsqu'il existe une section autoroutière commençant dans la zone mentionnée à la même première phrase et que le premier péage autoroutier se situe au-delà des limites de cette zone, le contrôle peut en outre avoir lieu jusqu'à ce premier péage sur les aires de stationnement ainsi que sur le lieu de ce péage et les aires de stationnement attenantes. Les péages concernés par cette disposition sont désignés par arrêté. Le fait que le contrôle d'identité révèle une infraction autre que celle de non-respect des obligations susmentionnées ne constitue pas une cause de nullité des procédures incidentes. Pour l'application du présent alinéa, le contrôle des obligations de détention, de port et de présentation des titres et documents prévus par la loi ne peut être pratiqué que pour une durée n'excédant pas douze heures consécutives dans un même lieu et ne peut consister en un contrôle systématique des personnes présentes ou circulant dans les zones mentionnées au présent alinéa.

Dans une zone comprise entre les frontières terrestres ou le littoral du département de la Guyane et une ligne tracée à vingt kilomètres en deçà et sur une ligne tracée à cinq kilomètres de part et d'autre, ainsi que sur la route nationale 2 sur le territoire de la commune de Régina, l'identité de toute personne peut être contrôlée, selon les

modalités prévues au premier alinéa, en vue de vérifier le respect des obligations de détention, de port et de présentation des titres et documents prévus par la loi.

L'identité de toute personne peut également être contrôlée, selon les modalités prévues au premier alinéa du présent article, en vue de vérifier le respect des obligations de détention, de port et de présentation des titres et documents prévus par la loi :

1° En Guadeloupe, dans une zone comprise entre le littoral et une ligne tracée à un kilomètre en deçà, ainsi que sur le territoire des communes que traversent les routes nationales 1, 2, 4, 5, 6, 9, 10 et 11 ;

2° À Mayotte sur l'ensemble du territoire ;

3° À Saint-Martin, dans une zone comprise entre le littoral et une ligne tracée à un kilomètre en deçà ;

4° À Saint-Barthélemy, dans une zone comprise entre le littoral et une ligne tracée à un kilomètre en deçà ;

5° En Martinique, dans une zone comprise entre le littoral et une ligne tracée à un kilomètre en deçà, ainsi que dans une zone d'un kilomètre de part et d'autre de la route nationale 1 qui traverse les communes de Sainte-Marie, La Trinité, Le Robert et Le Lamentin, de la route nationale 2 qui traverse les communes de Saint-Pierre, Le Carbet, Le Morne-Rouge, l'Ajoupa-Bouillon et Basse-Pointe, de la route nationale 3 qui traverse les communes de Le Morne-Rouge, l'Ajoupa-Bouillon, Basse-Pointe, Fonds-Saint-Denis et Fort-de-France, de la route nationale 5 qui traverse les communes de Le Lamentin, Ducos, Rivière-Salée, Sainte-Luce, Rivière-Pilote et Le Marin, de la route nationale 6 qui traverse les communes de Ducos, Le Lamentin, Le Robert, Le François et Le Vauclin, Rivière-Salée, Sainte-Luce, Rivière-Pilote et Le Marin et de la route départementale 1 qui traverse les communes de Le Robert, Le François et Le Vauclin.

1) **Compétence, cadre constitutionnel.** Méconnaît l'article 66 de la Constitution, la disposition législative accordant aux agents de police municipale, qui relèvent des autorités communales, le pouvoir de procéder à des contrôles et des vérifications d'identité (■ Cons. const., déc. 10 mars 2011, n° 2011-625 DC : *JORF* 0062, 15 mars 2011, p. 4630, texte 3, consid. 60).

2) **Discrimination.** Le contrôle d'identité réalisé selon des critères tirés de caractéristiques physiques associées à une origine, réelle ou supposée, sans aucune justification objective préalable, présente un caractère discriminatoire et constitue une faute lourde engageant la responsabilité de la puissance publique. Il appartient à celui qui s'en prétend victime d'apporter des éléments de fait de nature à traduire une différence de traitement et laissant présumer l'existence d'une discrimination, et, le cas échéant, à l'administration de démontrer, soit l'absence de différence de traitement, soit que celle-ci est justifiée par des éléments objectifs étrangers à toute discrimination (■ Cass. 1re civ., 9 nov. 2016, nos 15-24.214 et 15-25.872 : *JurisData* n° 2016-023391. ■ Cass. 1re civ., 9 nov. 2016, n° 15-24.212 : *JurisData* n° 2016-023389. ■ Cass. 1re civ., 9 nov. 2016, n° 15-25.873 : *JurisData* n° 2016-023399. ■ Cass. 1re civ., 9 nov. 2016, n° 15-24.210 : *JurisData* n° 2016-023385 ; *JCP G* 2017, n° 5, p. 116, note N. Ancel ; D. Turpin, *Contrôles au faciès : les contrôleurs enfin contrôlés ! : JCP G* 2017, doctr. 126).

3) **Opération conjointe avec des agents des douanes.** Les fonctionnaires de police présents sur les lieux lorsque des agents des douanes réalisent une fouille de véhicule n'ont pas à signer le procès-verbal dressé par ces derniers, dès lors qu'ils n'ont personnellement réalisé aucun contrôle sur le fondement de l'article 78-2 du Code de procédure pénale, ni aucun autre acte, et ce malgré l'emploi du terme « contrôle conjoint programmé » (■ Cass. crim., 5 avr. 2018, n° 17-80.285).

I – CONTRÔLES DE POLICE JUDICIAIRE

A – Contrôles à l'initiative de la police judiciaire

4) **Nécessité d'indices objectifs justifiant le contrôle d'identité.** Il résulte de l'article 78-2, alinéa 1er du Code de procédure pénale que toute personne peut faire l'objet d'un contrôle d'identité dès lors qu'il existe à son égard un indice faisant présumer notamment qu'elle a commis ou tenté de commettre une infraction, ou qu'elle se prépare à commettre un crime ou un délit. L'existence de soupçons antérieurs aux indices justifiant le contrôle n'en affecte pas la régularité (■ Cass. crim., 1er févr. 1994, n° 93-82.933 : *Bull. crim.* n° 44). Il revient à la chambre de l'instruction de chercher si les circonstances particulières de l'espèce ne constituent pas des raisons plausibles de soupçonner objectivement un comportement délictueux (■ Cass. crim., 8 janv. 2013, n° 12-81.126). Doit ainsi être cassé l'arrêt par lequel il est fait droit à une demande d'annulation d'un contrôle d'identité nocturne contre un individu poussant, sur un trottoir, un scooter, et ce alors qu'il n'avait pas de casque avec lui, au motif général que pareil contrôle portait atteinte au droit de toute personne de cheminer sur un trottoir en poussant un cyclomoteur, fût-ce à une heure tardive, alors qu'il appartenait à la chambre de l'instruction de mieux rechercher si les circonstances particulières de l'espèce ne constituaient pas une ou plusieurs

raisons plausibles de soupçonner objectivement un comportement délictueux (même arrêt).

5) Contrôles d'identité et flagrance. Constitue une ou plusieurs raisons plausibles de soupçonner qu'un automobiliste a commis ou tenté de commettre une infraction, le constat d'une infraction d'excès de vitesse supérieur à 50 km/h. Le contrôle d'identité qui en découle est donc régulier, peu important que cette infraction n'ait pas fait l'objet de poursuites (■ Cass. crim., 11 juill. 2017, n° 16-86.907 : *JurisData* n° 2017-014052). Un contrôle d'identité peut résulter de la commission du délit flagrant de communication avec un détenu lors d'un procès d'assises hautement sécurisé (■ Cass. crim., 21 juin 2017, n° 16-81.743). Est un indice apparent d'un comportement délictueux permettant de conclure à la régularité d'un contrôle d'identité réalisé sur le fondement de l'article 78-2 du Code de procédure pénale, le « manège » de trois individus qui, à la nuit tombante, stationnent sans raison apparente à proximité d'un parking où sont garés des véhicules automobiles, et cela pendant plus d'une demi-heure, l'un d'entre eux s'approchant même des voitures en stationnement (■ Cass. crim., 13 janv. 1986, n° 84-90.041 : *Bull. crim.* n° 19 ; *RSC* 1987, p. 193, obs. J.-P. Delmas Saint-Hilaire). A suffisamment caractérisé l'existence d'un indice faisant présumer qu'une infraction vient d'être commise, et justement conclu à la régularité d'un contrôle d'identité réalisé dans les couloirs d'un RER, la chambre d'accusation (de l'instruction) retenant que l'intéressé déambulait « le regard voilé », dans un état d'ivresse manifeste susceptible de provenir notamment de l'utilisation de produits stupéfiants (■ Cass. crim., 7 avr. 1993, n° 92-82.151 : *Gaz. Pal.* 1993, 1, 447). L'existence d'indices apparents d'infractions en train de se commettre, déduite d'une dénonciation non anonyme et de renseignements recueillis par les officiers de police judiciaire, autorise ces derniers, agissant sur le seul fondement de l'article 53 du Code de procédure pénale à pénétrer dans le domicile du suspect et à procéder, notamment, à des contrôles d'identité (■ Cass. crim., 25 juin 2014, n° 14-81.647 : *JurisData* n° 2014-014269). Des manquements caractérisés à la réglementation sur la sécurité des travailleurs constatés par des policiers, tels qu'un chantier de construction non clôturé, l'utilisation d'un grue vétuste et l'absence de matériel de protection, autorisent un contrôle d'identité en application de l'article 78-2, alinéa 1er, du Code de procédure pénale (■ Cass. crim., 2 mai 2007, n° 07-81.517 : *JurisData* n° 2007-039024 ; *Dr. pén.* 2007, n° 9, p. 328, obs. 9, comm. 120, A. Maron ; *Dalloz actualité* 4 juin 2007, obs. C. Girault).

6) Attitude suspecte. Doit être rejetée la demande d'annulation du contrôle d'identité d'un individu qui, selon les constatations policières, est entré, après avoir sifflé, dans l'immeuble où demeurent des personnes soupçonnées de trafic de stupéfiants, pour en ressortir quelques instants plus tard, dès lors que la rapidité de son passage constitue des raisons plausibles de soupçonner que cet individu a acquis des produits stupéfiants ou, à tout le moins, qu'il est susceptible de fournir des renseignements utiles à l'enquête en cours (■ Cass. crim., 26 oct. 2010, n° 10-82.814 : *JurisData* n° 2010-021998). Constituent des raisons plausibles de soupçonner que les intéressés ont commis ou tenté de commettre une infraction, le demi-tour réalisé par deux véhicules circulant à vive allure sur l'autoroute en direction d'un campement de gens du voyage après s'être enquis de la présence de policiers en surveillance, ainsi que leur fuite rapide lorsque les véhicules de police ont actionné les signaux sonores et lumineux (■ Cass. crim., 2 nov. 2016, n° 16-81.716 : *JurisData* n° 2016-022727 ; *Bull. crim.* n° 281). La présence, dans un véhicule se trouvant à proximité du lieu d'un vol et de celui où brûle une voiture semblable à celle qui a permis la fuite des auteurs de l'infraction, de cinq individus qui modifient leur comportement à la vue des policiers, constitue une raison plausible de soupçonner que ces personnes ont commis ou tenté de commettre une infraction, ou qu'elles sont susceptibles de fournir des renseignements utiles à l'enquête (■ Cass. 1re civ., 28 sept. 2010, n° 10-83.756 : *JurisData* n° 2010-020170).

7) Droit des étrangers. Établit une ou plusieurs raisons plausibles de soupçonner la commission d'une infraction à la législation des étrangers le fait pour un individu de se présenter à la grille d'un square occupé par des sans-papiers pour se joindre à leur manifestation (■ Cass. 1re civ., 14 juin 2005, n° 04-50.068 : *JurisData* n° 2005-028923 ; *Dr. pén.* 2005, n° 9, comm. 133, A. Maron). Il en va de même lorsque l'intéressé est défavorablement connu des services de police et qu'il fait l'objet d'une fiche de recherche (■ Cass. crim., 16 juill. 1996, n° 96-81.139 : *Bull. crim.* n° 298). Les raisons plausibles de soupçonner qu'une personne se trouve en situation irrégulière peuvent s'inférer de la connaissance de l'individu, déjà appréhendé en France pour séjour irrégulier et méconnaissance d'un arrêté d'expulsion (■ Cass. crim., 17 mai 1995, n° 94-85.231 : *Bull. crim.* n° 177 ; *Dr. pén.* 1995, comm. 207, obs. A. Maron). En revanche, le seul fait d'avoir hésité à entrer dans un magasin et de faire rapidement demi-tour en voyant les policiers ne constitue pas une raison plausible de soupçonner une infraction à la législation du droit des étrangers (■ Cass. 1re civ., 24 oct. 2012, n° 11-24.569 : *JurisData* n° 2012-024115).

8) Dénonciation anonyme. Une dénonciation anonyme non corroborée par d'autres éléments d'information ni confortée par des vérifications apportant des éléments précis et concordants ne constitue pas une raison plausible de soupçonner qu'une personne a commis ou tenté de commettre une infraction, permettant à des officiers de police judiciaire ou, sur l'ordre et sous la responsabilité de ceux-ci, à des agents de police judiciaire, de procéder à son contrôle d'identité sur le fondement de l'article 78 du Code de procédure pénale (▪ Cass. 1re civ., 31 mai 2005, n° 04-50.033 : *JurisData* n° 2005-028676). Il en va différemment si la dénonciation anonyme, en l'occurrence de trafic de stupéfiants, a été corroborée par des renseignements recueillis par un officier de police judiciaire grâce à une opération de surveillance. Il y a lors une raison plausible de soupçonner que les personnes se préparaient à commettre le délit mentionné dans le renseignement, ce qui permet au policier de procéder au contrôle d'identité, conformément aux dispositions de l'article 78-2 du Code de procédure pénale (▪ Cass. crim., 8 avr. 2008, n° 07-87.718 : *JurisData* n° 2008-043954).

B – Contrôles sur réquisitions du procureur de la République

9) Réserve d'interprétation. Les dispositions permettant au procureur de la République d'autoriser des contrôles d'identité pour la recherche et la poursuite de certaines infractions déterminées ne sauraient, sans méconnaître la liberté d'aller et de venir, autoriser ce dernier à retenir des lieux et périodes sans lien avec la recherche des infractions visées dans ses réquisitions. Elles ne sauraient non plus autoriser, en particulier par un cumul de réquisitions portant sur des lieux ou des périodes différents, la pratique de contrôles d'identité généralisés dans le temps ou dans l'espace (▪ Cons. const., 24 janv. 2017, n° 2016-606/607 QPC : *JurisData* n° 2017-000702 ; *Dr. pén.* 2017, comm. 48, obs. A. Maron et M. Haas, consid. 23).

10) Mise en œuvre de la réserve d'interprétation. Si la réserve d'interprétation émise par le Conseil constitutionnel dans sa décision n° 2016-606/607 QPC du 24 janvier 2017, selon laquelle les dispositions contestées des articles 78-2 et 78-2-2 du Code de procédure pénale « ne sauraient, sans méconnaître la liberté d'aller et venir, autoriser le procureur de la République à retenir des lieux et périodes sans lien avec la recherche des infractions visées dans ses réquisitions », n'impose pas qu'un tel lien résulte nécessairement des mentions des réquisitions, il incombe au juge judiciaire, saisi d'une contestation, d'apprécier l'effectivité dudit lien sur la base de ces mentions ou, à défaut, des pièces au vu desquelles les réquisitions ont été prises.

Ayant retenu que ni les réquisitions du procureur de la République ni aucune autre pièce de la procédure ne permettaient d'établir l'effectivité, contestée, du lien entre le lieu des contrôles d'identité et la recherche des infractions visées par ces réquisitions, le premier président en a exactement déduit que la procédure était irrégulière (▪ Cass. 1re civ., 2 sept. 2020, n° 19-50.013, §§ 4-5). En application de cette réserve constitutionnelle, doit être considérée comme irrégulière la succession ininterrompue de réquisitions de contrôles d'identité réalisés dans les mêmes lieux, conduisant à un contrôle unique de 36 heures, généralisé dans le temps et dans l'espace (▪ Cass. 1re civ., 14 mars 2018, n° 17-14.424). Si la succession ininterrompue de réquisitions de contrôles d'identité dans les mêmes lieux peut caractériser un contrôle unique généralisé dans le temps et dans l'espace, contraire à la réserve d'interprétation émise par le Conseil constitutionnel dans sa décision n° 2016-606/607 du 24 janvier 2017, selon laquelle les dispositions de ce texte ne sauraient, sans méconnaître la liberté d'aller et de venir, autoriser le procureur de la République à requérir de tels contrôles d'identité, tel n'est pas le cas d'autorisations données pour des périodes limitées de 8 à 12 heures, qui sont espacées entre elles de plus de 24 heures. Ayant constaté que les réquisitions autorisaient un contrôle isolé, le 9 février 2017, de 12 heures à 20 heures et que la précédente réquisition prévoyait un contrôle le 6 février, le premier président de la cour d'appel en a exactement déduit que la réquisition litigieuse ne s'inscrivait pas dans un contrôle unique généralisé dans le temps et dans l'espace (▪ Cass. 1re civ., 5 sept. 2018, n° 17-22.507 : *Bull. civ.* I à paraître).

11) Indifférence du comportement. Les fonctionnaires de police ne sont pas tenus de caractériser le comportement de la personne contrôlée, dès lors qu'ils interviennent dans les circonstances de temps et de lieu déterminées dans des réquisitions du procureur de la République (▪ Cass. 1re civ., 23 nov. 2016, n° 15-27.812 : *Bull. civ.* I, n° 1317). Si le constat des éléments objectifs, déduits de circonstances extérieures à la personne, de nature à faire apparaître sa qualité d'étranger, doit précéder le contrôle des titres de séjour intervenu sur le fondement de l'article L. 611-1 du Code de l'entrée et du séjour des étrangers et du droit d'asile, un tel constat n'a pas à être préalable au contrôle d'identité effectué sur réquisitions du procureur de la République en application de l'article 78-2 du Code de procédure pénale, mais peut résulter de celui-ci (▪ Cass. 1re civ., 13 juill. 2016, n° 15-22.854 : *Bull. civ.* I, n° 925. ▪ Cass. 1re civ., 17 mai 2017, n° 16-15.229 ; *Bull. civ. I* n° 116).

12) Formalisme. N'affecte pas la régularité de la procédure l'absence de date des réquisitions du procureur de la République, dès lors que ces dernières, dûment signées, indiquent le motif, la date et le lieu du contrôle (■ Cass. 2e civ., 21 oct. 2004, n° 03-50.083 : *Bull. civ.* II, n° 467). L'irrégularité d'un contrôle d'identité ne saurait s'inférer du caractère illisible de la signature du procureur de la République, dès lors qu'en l'absence d'inscription de faux, la signature apposée sur des réquisitions est présumée avoir été portée par un magistrat du parquet habilité à le faire (■ Cass. 1re civ., 25 févr. 2009, n° 08-11.505 : *JurisData* n° 2009-047210 ; *Procédures* 2009, n° 7, comm. 246, J. Buisson).

13) Contrôle d'identité discriminatoire. Les dispositions de l'article 78, alinéa 7 n'instituent par elles-mêmes aucune différence de traitement dès lors que toute personne se trouvant sur les lieux et pendant la période déterminée par la réquisition du procureur de la République peut être soumise à un contrôle d'identité. En outre, la mise en œuvre des contrôles ainsi confiés par la loi à des autorités de police judiciaire doit s'opérer en se fondant exclusivement sur des critères excluant toute discrimination de quelque nature que ce soit entre les personnes. Dès lors, le grief tiré de la méconnaissance du principe d'égalité devant la procédure pénale doit être écarté (■ Cons. const., 24 janv. 2017, n° 2016-606/607 QPC : *JurisData* n° 2017-000702 ; *Dr. pén.* 2017, comm. 48, obs. A. Maron et M. Haas ; *JCP* 2017, doctr. p. 355, obs. C. Détraz, consid. 20). La seule référence à l'aspect « nord-africain » de la personne contrôlée ne constitue pas un motif licite de contrôle alors que les policiers étaient requis par le procureur de la République aux fins de recherche et de poursuite des infractions de trafic de stupéfiants, infractions à caractère terroriste, vols, vols aggravés et ports d'armes prohibées. De telles mentions dans le procès-verbal sont de nature à faire présumer que le contrôle d'identité a été motivé par l'appartenance ethnique, réelle ou supposée, de la personne contrôlée, en méconnaissance de l'article 14 de la Conv. EDH (■ Cass. crim., 3 nov. 2016, n° 15-85.548 : *JurisData* n° 2016-022722 ; *Dalloz actualité* 18 nov. 2016, obs. C. Benelli de Benazé ; *Procédures* 2016, comm. 19, A.-S. Chavent-Leclère).

14) Découverte d'infractions incidentes. Le législateur a confié au procureur de la République, magistrat de l'ordre judiciaire, la responsabilité de définir précisément les conditions dans lesquelles les procédures de contrôle et de vérification d'identité qu'il prescrit doivent être effectuées. La circonstance que le déroulement de ces opérations conduise les autorités de police judiciaire à relever des infractions qui n'auraient pas été visées préalablement par ce magistrat ne saurait, eu égard aux exigences de la recherche des auteurs de telles infractions, priver ces autorités des pouvoirs qu'elles tiennent de façon générale des dispositions du Code de procédure pénale. Par ailleurs celles-ci demeurent soumises aux obligations qui leur incombent en application des prescriptions de ce code, notamment à l'égard du procureur de la République. Dès lors, les garanties attachées au respect de la liberté individuelle sous le contrôle de l'autorité judiciaire ne sont pas méconnues (■ Cons. const., 5 août 1993, n° 93-323 DC, consid. 6).

II – CONTRÔLES DE POLICE ADMINISTRATIVE

15) Validité des contrôles de prévention. La prévention d'atteintes à l'ordre public, notamment d'atteintes à la sécurité des personnes ou des biens, est nécessaire à la sauvegarde de principes et de droits ayant valeur constitutionnelle. Toutefois la pratique des contrôles d'identité généralisés et discrétionnaires serait incompatible avec le respect de la liberté individuelle. S'il est loisible au législateur de prévoir que le contrôle d'identité d'une personne peut ne pas être lié à son comportement, il demeure que l'autorité concernée doit justifier, dans tous les cas, des circonstances particulières établissant le risque d'atteinte à l'ordre public qui a motivé le contrôle. Ce n'est que sous cette réserve d'interprétation que le législateur peut être regardé comme n'ayant pas privé de garanties légales l'existence de libertés constitutionnellement garanties (■ Cons. const., 5 août 1993, n° 93-323 DC, consid. 9).

16) Justification des contrôles. Si l'identité de toute personne peut être contrôlée pour prévenir une atteinte à la sécurité des personnes ou des biens, c'est à la condition que l'objectif de prévention soit réellement poursuivi par l'auteur du contrôle. La référence abstraite faite par ce dernier à la réalisation de « nombreuses infractions », dans le lieu du contrôle et la présence dans ce même lieu d'un groupe d'individus, dont l'un était en train de s'éloigner, ne sauraient, à défaut d'autres circonstances particulières, être de nature à motiver un contrôle d'identité au sens de l'article 78-2, alinéa 3 (aujourd'hui 8), du Code de procédure pénale (■ Cass. crim., 17 déc. 1996, n° 96-82.829 : *JCP* G 1997, n° 14, 789 ; *RSC* 1997, p. 401, J.-P. Dinthilhac). Ne justifie pas sa décision la chambre d'accusation qui déclare régulier un contrôle d'identité se bornant à énoncer une considération abstraite et générale, sans relever de circonstances particulières de nature à caractériser un risque d'atteinte à l'ordre public, notamment à la sécurité des personnes ou des biens (■ Cass. crim., 12 mai 1999, n° 99-81.153 :

Procédures 1999, comm. 279, obs. J. Buisson). Ainsi, la référence abstraite au plan Vigipirate et à l'état d'urgence ne permet pas, à elle seule, de justifier le contrôle d'identité, en l'absence de circonstances particulières constitutives d'un risque d'atteinte à l'ordre public (▪ Cass. crim., 13 sept. 2017, n° 16-22.967). Il résulte de l'article 78-2, alinéa 3 (aujourd'hui 8), du Code de procédure pénale que l'identité de toute personne, quel que soit son comportement, peut être contrôlée, selon les modalités prévues au premier alinéa de ce texte, pour prévenir une atteinte à l'ordre public, notamment à la sécurité des personnes ou des biens. Il appartient à la chambre d'accusation de rechercher si la nature et le nombre des infractions antérieures évoquées en termes généraux et abstraits dans les procès-verbaux de contrôle ne caractérisaient pas un risque d'atteinte à l'ordre public, notamment à la sécurité des personnes ou des biens (▪ Cass. crim., 10 oct. 1996, n° 96-83.079 : *Bull. crim.* n° 356). Établissent un risque sérieux et actuel de trouble à l'ordre public, les constatations selon lesquelles le lieu restreint du contrôle, en l'occurrence une gare ferroviaire importante, connaissait des interpellations quasi quotidiennes pratiquées pour des faits, non seulement d'entrée ou de séjour irrégulier en France mais aussi d'aide au séjour irrégulier, voire de trafics de stupéfiants, d'objets de valeur ou de faux documents administratifs organisés par des ressortissants français ou étrangers profitant de l'« intérêt stratégique des lieux », première gare française sur la ligne Genève-Paris (▪ Cass. crim., 15 janv. 2003, n° 02-81.008 : *JurisData* n° 2003-018127 ; *Dr. pén.* 2003, n° 5, comm. 67, obs. A. Maron). L'existence d'un trouble antérieur, et spécialement la commission d'une agression dans une station de métro, justifient également qu'un contrôle d'identité y soit pratiqué (▪ CA Paris, 15 juin 1993 : *JurisData* n° 1993-021987).

17) Comportement de la personne contrôlée. L'identité de toute personne peut être contrôlée, pour prévenir une atteinte à l'ordre public, notamment à la sécurité des personnes et des biens, quel que soit le comportement de la personne, même si celui-ci n'a aucun lien avec les infractions relevées précédemment dans le secteur du contrôle (▪ Cass. 1re civ., 26 avr. 2001, n° 99-50.038 : *Bull. civ.* 2001, II, n° 79 ; *D.* 2001, p. 1670).

18) Déloyauté des opérations de contrôle. Une opération de contrôle d'identité prescrite par le Préfet en application de l'article 78-2 du Code de procédure pénale, pour une durée de six heures, à laquelle succède, immédiatement après, une nouvelle opération de même durée, revêt un caractère manifestement déloyal ne permettant pas à la personne contrôlée, en l'occurrence un étranger, de bénéficier d'un procès équitable (▪ Cass. 1re civ., 3 févr. 2010, n° 08-21.419 : *JurisData* n° 2010-051393 ; *Dr. pén.* 2010, n° 5, comm. 62, M. Haas).

III – CONTRÔLES « SCHENGEN »

19) Légalité des contrôles (Jurisprudence antérieure à la loi n° 2011-267 du 14 mars 2011). L'article 67, paragraphe 2, TFUE ainsi que les articles 20 et 21 du règlement n° 562/2006 établissant un Code frontières Schengen s'opposent à une législation nationale conférant aux autorités de police de l'État membre concerné la compétence de contrôler, uniquement dans une zone de 20 kilomètres à partir de la frontière terrestre de cet État avec les États parties à la CAAS, l'identité de toute personne, indépendamment du comportement de celle-ci et de circonstances particulières établissant un risque d'atteinte à l'ordre public, en vue de vérifier le respect des obligations de détention, de port et de présentation des titres et des documents prévues par la loi, sans prévoir l'encadrement nécessaire de cette compétence garantissant que l'exercice pratique de ladite compétence ne puisse pas revêtir un effet équivalent à celui des vérifications aux frontières (▪ CJUE, gr.ch., 22 juin 2010, n° 22-06-2010, aff. 188/10 *(Melki)* et 189/10 *(Abdeli)*). La Cour de justice de l'Union européenne a, par un arrêt du 22 juin 2010 (nos C-188/10 et C-189/10), dit pour droit que l'article 67, paragraphe 2, TFUE ainsi que les articles 20 et 21 du règlement (CE) n° 562/2006 du Parlement européen et du Conseil du 15 mars 2006 s'opposaient à une législation nationale conférant aux autorités de police de l'État membre concerné la compétence de contrôler, uniquement dans une zone définie, l'identité de toute personne, indépendamment du comportement de celle-ci et de circonstances particulières établissant un risque d'atteinte à l'ordre public, en vue de vérifier le respect des obligations de détention, de port et de présentation des titres et des documents prévus par la loi, sans prévoir l'encadrement nécessaire de cette compétence garantissant que l'exercice pratique de ladite compétence ne puisse revêtir un effet équivalent à celui des vérifications aux frontières. Il en résulte que l'article 78-2, alinéa 4 (aujourd'hui al. 9), du Code de procédure pénale, dans sa rédaction antérieure à la loi n° 2011-267 du 14 mars 2011, qui n'est assorti d'aucune disposition offrant une telle garantie est contraire au droit de l'Union (▪ Cass. 1re civ., 18 mai 2011, n° 10-30.776. ▪ Cass. 1re civ., 6 juin 2012, n° 10-25.233 : *JurisData* n° 2012-011927 ; *JCP* A 2012, act. 410). L'article 78-2 du Code de procédure pénale étant, dans sa rédaction antérieure à la loi n° 2011-267 du 14 mars 2011, incompatible avec le droit de l'Union européenne, il appartient au juge des libertés et de la détention saisi d'une demande de prolongation de rétention en vue d'une reconduite à la frontière, de tirer les conséquences de l'irrégularité du contrôle d'identité, sans que la question de la constitutionnalité de l'article 78-2 mérite d'être soulevée (■ Cass. ass. plén., 29 juin 2010, n° 10-40.001 : *JurisData* n° 2010-010730).

20) Légalité des contrôles (jurisprudence postérieure à la loi n° 2011-267 du 14 mars 2011). Les contrôles « Schengen » effectués pour la prévention et la recherche des infractions liées à la criminalité transfrontalière ne peuvent être pratiqués que pendant une durée n'excédant pas six heures consécutives dans un même lieu ; ils ne peuvent consister en un contrôle systématique des personnes présentes ou circulant dans les zones comprises entre la frontière terrestre de la France avec les États parties à la Convention signée à Schengen le 19 juin 1990 et une ligne tracée à 20 kilomètres en deçà, ainsi que dans les zones accessibles au public des ports, aéroports et gares ferroviaires ou routières ouverts au trafic international et désignées par arrêté. En conséquence ces contrôles ne revêtent pas un effet équivalant à celui des contrôles aux frontières (■ Cass. 1re civ., 25 mai 2016, n° 15-50.063 : *Bull. civ.* I ; *JurisData* n° 2016-009975).

21) Caractère aléatoire des contrôles. Le contrôle, circonscrit à la partie de la gare où circulait un train utilisé par des filières d'immigration irrégulière, et réalisé pour la prévention et la recherche des infractions liées à la criminalité transfrontalière d'une manière ciblée, dans le temps et l'espace, suffit à garantir le caractère non systématique des opérations au sens de l'article 78-2 du Code de procédure pénale (■ Cass. 1re civ., 25 mai 2016, préc.). Les contrôles d'identité Schengen doivent être menés de manière aléatoire et non systématique (même arrêt).

22) Détournement de procédure. Les dispositions de l'article 78-2, alinéa 4 du Code de procédure pénale, autorisant le contrôle de toute personne située dans une zone accessible au public d'un port, aéroport ou d'une gare ouverts au trafic international de voyageurs et désignés par arrêté, ne sauraient permettre d'éluder les conditions de fond et de forme applicables aux autres types de contrôle d'identité prévus par le même article, en ses alinéas 1er à 3 (aujourd'hui 1 à 6), lorsque les opérations ne sont pas destinées à vérifier le respect des obligations de détention, de port et de présentation des titres et documents prévus par la loi mais relèvent, par leur objet, d'une autre catégorie légalement définie de contrôle. Un contrôle effectué, après dénonciation anonyme, dans une gare ferroviaire ouverte au trafic international sur une personne soupçonnée de détenir des stupéfiants ne répond pas à toutes les conditions posées à l'article 78-2 alinéa 4 (aujourd'hui 9), du Code de procédure pénale et entre dans d'autres types de contrôles dont les conditions doivent être vérifiées (■ Cass. crim., 3 mai 2007, n° 07-81.331 : *JurisData* n° 2007-039025 ; *Dr. pén.* 2007, comm. 120, A. Maron ; *Procédures* 2007, comm. 265, J. Buisson ; *RSC* 2008, p. 642, obs. J. Buisson).

23) Contrôle de la procédure. Au même titre que les autres contrôles d'identité, le contrôle prévu à l'article 78-2, alinéa 9, du Code de procédure pénale qui s'applique à toute personne se trouvant dans une zone accessible au public de gares ouvertes au trafic international et désignées par arrêté est soumis à des conditions, autres que celles relatives au lieu du contrôle, au respect desquelles le juge judiciaire doit veiller. Il incombe au Ministère public, afin de rendre possible ce contrôle, de fournir le procès-verbal du contrôle d'identité, les juges n'ayant pas à rechercher son existence éventuelle (■ Cass. 1re civ., 8 mars 2017, n° 15-86.160 : *Bull. crim.* n° 64).

Art. 78-2-1 *(L. n° 97-396, 24 avr. 1997).* **– Sur réquisitions du procureur de la République, les officiers de police judiciaire et, sur l'ordre ou la responsabilité de ceux-ci, les agents de police judiciaire et agents de police judiciaire adjoints mentionnés aux articles 20 et 21 (1°) sont habilités à entrer dans les lieux à usage professionnel, ainsi que dans leurs annexes et dépendances, sauf s'ils constituent un domicile, où sont en cours des activités de construction, de production, de transformation, de réparation, de prestation de services ou de commercialisation, en vue :**

– de s'assurer que ces activités ont donné lieu à l'immatriculation au répertoire des métiers ou au registre du commerce et des sociétés lorsqu'elle est obligatoire, ainsi qu'aux déclarations exigées par les organismes de protection sociale et l'administration fiscale ;

– de se faire présenter le registre unique du personnel et les documents attestant que les déclarations préalables à l'embauche ont été effectuées ;

– de contrôler l'identité des personnes occupées, dans le seul but de vérifier qu'elles figurent sur le registre ou qu'elles ont fait l'objet des déclarations mentionnées à l'alinéa précédent.

Les réquisitions du procureur de la République sont écrites et précisent les infractions, parmi celles visées aux articles L. 324-9 et L. 341-6 du Code du travail, qu'il entend faire rechercher et poursuivre, ainsi que les lieux dans lesquels l'opération de contrôle se déroulera. Ces réquisitions sont prises pour une durée maximum d'un mois et sont présentées à la personne disposant des lieux ou à celle qui la représente.

Les mesures prises en application des dispositions prévues au présent article font l'objet d'un procès-verbal remis à l'intéressé.

1) **Étendue des pouvoirs.** Il se déduit de l'article 78-2-1 du Code de procédure pénale qu'excèdent les pouvoirs qu'ils tiennent de la réquisition du procureur de la République aux fins de recherche et poursuite des infractions visées audit texte les policiers qui, après être entrés dans des lieux à usage professionnel, sans constater qu'une activité était en cours, effectuent néanmoins des actes d'investigation (▪ Cass. crim., 1er sept. 2020, n° 19-87.499, § 9). Si c'est à bon droit que la chambre de l'instruction a constaté, au vu des circonstances qu'elle a relevées, que les enquêteurs étaient entrés régulièrement dans les locaux de la société KDM autos, il se déduit du procès-verbal de contrôle qu'aucune activité de réparation n'était en cours, de sorte que lesdits enquêteurs ne pouvaient s'y maintenir et procéder à des actes d'investigation, hors le cas de flagrance (*op. cit.*, § 18).

2) **Lieux visités.** L'article 78-2-1 du Code de procédure pénale autorise, sur réquisitions du procureur de la République, l'entrée dans les locaux professionnels, leurs annexes et dépendances où sont en cours des activités de prestation de services, en vue de se faire présenter les pièces et documents relatifs à l'emploi ainsi que de rechercher et constater les infractions aux articles L. 324-9 *(L. 8221-1 et L. 8221-2 nouv.)* et L. 341-6 du Code du travail *(L. 5221-8, L. 5221-11 et L. 8251-1 nouveau)*. Est ainsi permise l'entrée dans une loge mise provisoirement, le temps d'un spectacle, à la disposition de son organisateur, ladite loge ne pouvant être considérée comme un domicile (▪ Cass. crim., 6 déc. 2005, n° 05-85.951 : *JurisData* n° 2005-031466 ; *Bull. crim.* n° 315 ; *Procédures* 2006, n° 3, comm. 57, J. Buisson).

3) **Personnes contrôlées.** L'article 78-2-1 du Code de procédure pénale n'autorise pas le contrôle d'identité d'une personne qui n'est *a priori* pas « occupée » à travailler dans l'établissement visité. Peu importe que des circonstances postérieures au contrôle d'identité aient fait apparaître que tel était le cas (▪ Cass. 1re civ., 6 janv. 2010, n° 08-15.513 : *JurisData* n° 2010-050959 ; *Bull. inf. C. cass.* 2010, n° 889 ; *Dr. pén.* 2010, comm. 28, obs. A. Maron et M. Haas). Doivent être considérés comme occupés des ouvriers en action de travail de rénovation d'un immeuble, que ces derniers se trouvent au sol ou sur les échafaudages (▪ Cass. crim., 31 oct. 2017, n° 16-86.894 : *JurisData* n° 2017-021592).

4) **Contrôles d'identité et pouvoirs d'enquête.** Les dispositions de l'article 78-2-1 du Code de procédure pénale qui permettent aux officiers de police judiciaire, sur réquisitions du procureur de la République, d'entrer dans des lieux à usage professionnel afin d'y procéder à certaines vérifications pour la recherche d'infractions en matière de travail dissimulé, n'excluent pas l'application de celles des articles 76 et 77-1 du même code (▪ Cass. crim., 21 nov. 2000, n° 00-81.443 : *JurisData* n° 2000-007682 ; *Bull. crim.* n° 346). Les faits constatés à la suite d'un contrôle d'identité mené en application de l'article 78-2-1 du Code de procédure pénale révélant une situation flagrante de travail dissimulé autorisent les enquêteurs à agir selon l'article 53 du Code de procédure pénale (▪ Cass. crim., 25 juin 2014, n° 14-81.647 : *Bull. crim.* n° 164 ; *JurisData* n° 2014-014269). Inversement, dès lors qu'une infraction flagrante apparaît dans l'enceinte d'un chantier, des contrôles d'identité peuvent régulièrement y être menés sur le fondement de l'article 78-2 du Code de procédure pénale, sans que les policiers n'aient préalablement reçu réquisition en application de l'article 78-2-1 dudit code (▪ Cass. crim., 2 mai 2007, préc. V. art. 78-2, p. 268).

5) **Contrôles d'identité et droit des étrangers.** Il résulte de l'article L. 611-1 du code précité qu'à la suite d'un contrôle d'identité effectué en application de l'article 78-2-1 du Code de procédure pénale, les personnes de nationalité étrangères peuvent être également tenues de présenter les pièces et documents sous le couvert desquels elles sont autorisées à circuler ou à séjourner en France, de sorte que les réquisitions du procureur de la République autorisant le contrôle d'identité n'ont pas à viser les dispositions de l'article L. 611-1 du Code de l'entrée et du séjour des étrangers et du droit d'asile (▪ Cass. crim., 11 mai 2016, n° 15-20.902).

6) **Nullité.** La présentation, à la personne disposant des lieux ou à son représentant, des réquisitions écrites du procureur de la République délivrées en application de l'article 78-2-1 du Code de procédure pénale n'est pas prévue à peine de nullité (▪ Cass. crim., 15 févr. 2005, n° 04-87.191 : *JurisData* n° 57).

Rédaction future. Art. 78-2-1 *(L. n° 97-396, 24 avr. 1997 ; mod. à compter du 1er janvier 2023, Ord. n° 2021-1189, 15 sept. 2021).* – Sur réquisitions du procureur de la République, les officiers de police judiciaire et, sur l'ordre ou la responsabilité de ceux-ci, les agents de police judiciaire et agents de police judiciaire adjoints mentionnés aux articles 20 et 21 (1°) sont habilités à entrer dans les lieux à usage professionnel, ainsi que dans leurs annexes et dépendances, sauf s'ils constituent un domicile, où sont en cours des activités de construction, de production, de transformation, de réparation, de prestation de services ou de commercialisation, en vue :

– de s'assurer que ces activités ont donné lieu à l'immatriculation au registre national des entreprises ou au registre du commerce et des sociétés lorsqu'elle est obligatoire, ainsi qu'aux déclarations exigées par les organismes de protection sociale et l'administration fiscale ;

– de se faire présenter le registre unique du personnel et les documents attestant que les déclarations préalables à l'embauche ont été effectuées ;

– de contrôler l'identité des personnes occupées, dans le seul but de vérifier qu'elles figurent sur le registre ou qu'elles ont fait l'objet des déclarations mentionnées à l'alinéa précédent.

Les réquisitions du procureur de la République sont écrites et précisent les infractions, parmi celles visées aux articles L. 324-9 et L. 341-6 du Code du travail, qu'il entend faire rechercher et poursuivre, ainsi que les lieux dans lesquels l'opération de contrôle se déroulera. Ces réquisitions sont prises pour une durée maximum d'un mois et sont présentées à la personne disposant des lieux ou à celle qui la représente.

Les mesures prises en application des dispositions prévues au présent article font l'objet d'un procès-verbal remis à l'intéressé.

Art. 78-2-2 *(Rempl., L., n° 2016-731, 3 juin 2016).* **– I. – Sur réquisitions écrites du procureur de la République, dans les lieux et pour la période de temps que ce magistrat détermine et qui ne peut excéder vingt-quatre heures, renouvelables sur décision expresse et motivée selon la même procédure, les officiers de police judiciaire et, sur l'ordre et sous la responsabilité de ceux-ci, les agents de police judiciaire et les agents de police judiciaire adjoints mentionnés aux 1°, 1° *bis* et 1° *ter* de l'article 21 du présent code, peuvent procéder aux contrôles d'identité prévus au septième alinéa de l'article 78-2, aux fins de recherche et de poursuite des infractions suivantes :**

1° Actes de terrorisme mentionnés aux articles 421-1 à 421-6 du Code pénal ;

2° Infractions en matière de prolifération des armes de destruction massive et de leurs vecteurs mentionnées aux 1° et 2° du I de l'article L. 1333-9, à l'article L. 1333-11, au II des articles L. 1333-13-3 et L. 1333-13-4 et aux articles L. 1333-13-5, L. 2339-14, L. 2339-15, L. 2341-1, L. 2341-2, L. 2341-4, L. 2342-59 et L. 2342-60 du Code de la défense ;

3° Infractions en matière d'armes mentionnées à l'article 222-54 du Code pénal et à l'article L. 317-8 du Code de la sécurité intérieure ;

4° Infractions en matière d'explosifs mentionnés à l'article 322-11-1 du Code pénal et à l'article L. 2353-4 du Code de la défense ;

5° Infractions de vol mentionnées aux articles 311-3 à 311-11 du Code pénal ;

6° Infractions de recel mentionnées aux articles 321-1 et 321-2 du même code ;

7° Faits de trafic de stupéfiants mentionnés aux articles 222-34 à 222-38 dudit code.

II. – Dans les mêmes conditions et pour les mêmes infractions que celles prévues au I, les officiers de police judiciaire, assistés, le cas échéant, des agents de police judiciaire et des agents de police judiciaire adjoints mentionnés aux 1°, 1° *bis* et 1° *ter* de l'article 21 du présent code peuvent procéder à la visite des véhicules circulant, arrêtés ou stationnant sur la voie publique ou dans des lieux accessibles au public.

Les véhicules en circulation ne peuvent être immobilisés que le temps strictement nécessaire au déroulement de la visite qui doit avoir lieu en présence du conducteur. Lorsqu'elle porte sur un véhicule à l'arrêt ou en stationnement, la visite se déroule en présence du conducteur ou du propriétaire du véhicule ou, à défaut, d'une personne requise à cet effet par l'officier ou l'agent de police judiciaire et qui ne relève pas de son autorité administrative. La présence d'une personne extérieure n'est toutefois pas requise si la visite comporte des risques graves pour la sécurité des personnes et des biens.

En cas de découverte d'une infraction ou si le conducteur ou le propriétaire du véhicule le demande ainsi que dans le cas où la visite se déroule en leur absence, il est établi un procès-verbal mentionnant le lieu et les dates et heures de début et de fin de ces opérations. Un exemplaire en est remis à l'intéressé et un autre exemplaire est transmis sans délai au procureur de la République.

Toutefois, la visite des véhicules spécialement aménagés à usage d'habitation et effectivement utilisés comme résidence ne peut être faite que conformément aux dispositions relatives aux perquisitions et visites domiciliaires.

III. – Dans les mêmes conditions et pour les mêmes infractions que celles prévues au I, les officiers de police judiciaire, assistés, le cas échéant, des agents de police judiciaire et des agents de police judiciaire adjoints mentionnés aux 1°, 1° *bis* et 1° *ter* de l'article 21 du présent code peuvent procéder à l'inspection visuelle des bagages ou à leur fouille.

Les propriétaires des bagages ne peuvent être retenus que le temps strictement nécessaire au déroulement de l'inspection visuelle ou de la fouille des bagages, qui doit avoir lieu en présence du propriétaire.

En cas de découverte d'une infraction ou si le propriétaire du bagage le demande, il est établi un procès-verbal mentionnant le lieu et les dates et heures de début et de fin de ces opérations. Un exemplaire en est remis à l'intéressé et un autre exemplaire est transmis sans délai au procureur de la République.

III *bis (III bis créé, L. n° 2019-222, 23 mars 2019).* – Dans les mêmes conditions et pour les mêmes infractions que celles prévues au I, les officiers de police judiciaire, assistés, le cas échéant, des agents de police judiciaire et des agents de police judiciaire adjoints mentionnés aux 1°, 1° *bis* et 1° *ter* de l'article 21, peuvent accéder à bord et procéder à une visite des navires présents en mer territoriale, se dirigeant ou ayant déclaré leur intention de se diriger vers un port ou vers les eaux intérieures, ou présents en amont de la limite transversale de la mer, ainsi que des bateaux, engins flottants, établissements flottants et matériels flottants se trouvant dans la mer territoriale ou en amont de la limite transversale de la mer, ainsi que sur les lacs et plans d'eau.

La visite se déroule en présence du capitaine ou de son représentant. Est considérée comme le capitaine la personne qui exerce, de droit ou de fait, le commandement, la conduite ou la garde du navire, du bateau, de l'engin flottant, de l'établissement flottant ou du matériel flottant lors de la visite.

La visite comprend l'inspection des extérieurs ainsi que des cales, des soutes et des locaux.

La visite des locaux spécialement aménagés à un usage d'habitation et effectivement utilisés comme résidence ne peut être faite que conformément aux dispositions relatives aux perquisitions et visites domiciliaires.

Le navire, le bateau, l'engin flottant, l'établissement flottant ou le matériel flottant ne peut être immobilisé que le temps strictement nécessaire au déroulement de la visite, dans la limite de douze heures.

L'officier de police judiciaire responsable de la visite rend compte du déroulement des opérations au procureur de la République et l'informe sans délai de toute infraction constatée.

IV. – Le fait que ces opérations révèlent des infractions autres que celles visées dans les réquisitions du procureur de la République ne constitue pas une cause de nullité des procédures incidentes.

1) Compétence. Associés à une fouille coercitive de véhicule, les contrôles d'identité réalisés en exécution de réquisitions prises par le procureur de la République en application de l'article 78-2-2 du Code de procédure pénale se distinguent des contrôles d'identité à unique objet mis en œuvre en exécution de réquisitions prises en vertu de l'article 78-2, alinéa 6, de ce code et exigent l'intervention d'officiers de police judiciaire, assistés, le cas échéant, d'agents de police judiciaire. La présence effective d'un officier de police judiciaire s'impose pour un contrôle d'identité effectué en exécution de réquisitions prises par le procureur de la République au visa de l'article 78-2-2 du Code de procédure pénale, dès lors qu'un tel contrôle, qui exige des garanties spécifiques, a pour objet de permettre, concomitamment au contrôle d'identité, la réalisation d'une visite de véhicule : qu'en ce sens, l'article 78-2-2 désigne les seuls officiers de police judiciaire, assistés, le cas échéant, d'agents de police judiciaire, afin de procéder à ces contrôles et n'opère aucune distinction selon que ce contrôle se limiterait, dans les faits, à celui de l'identité d'une personne ou serait associé à une visite de véhicule (▪ Cass. avis, 12 janv. 2016, n° 14-25.068 : *JurisData* n° 2016-004612). Seul un officier de police judiciaire, assisté le cas échéant par un agent de police judiciaire peut procéder à un contrôle d'identité ainsi qu'à la visite du véhicule associée au contrôle prévu à l'article 78-2-2 du Code de procédure pénale (▪ Cass. 1re civ., 16 mars 2016, n° 14-25.068 : *JurisData* n° 004928 ; *Dalloz actualité* 29 mars 2016, obs. R. Mésa).

2) Conditions de fond. L'article 78-2-2 du Code de procédure pénale n'exige pas que, pour prendre ses réquisitions, le procureur de la République démontre l'existence d'indices de commission, ou de risque de commission, des infractions visées par ledit article ou un risque d'atteinte à l'ordre public (▪ Cass. 2e civ., 19 févr. 2004, n° 03-50.025 : *Dr. pén.* 2004, comm. 56, obs. A. Maron).

3) Contrôles d'identité et perquisitions. En l'absence de constatation préalable d'un indice apparent d'un comportement délictueux, excèdent les pouvoirs qu'ils tiennent de la réquisition du procureur de la République aux fins de contrôles d'identité visant les articles 78, alinéa 2, et 78-2-2 du Code de procédure pénale, les policiers qui, après s'être introduits dans un immeuble à usage d'habitation, procèdent à une opération assimilable à une perquisition à l'intérieur d'un domicile ou de ses dépendances, dans des conditions applicables à la seule flagrance (■ Cass. crim., 15 oct. 2014, n° 14-83.702 : *JurisData* n° 2014-024039).

4) **Infractions incidentes.** La découverte d'infractions distinctes à celles visées par les réquisitions du procureur de la République n'est pas de nature à mettre en cause la régularité de la procédure dès lors que le contrôle d'identité a été régulièrement réalisé (■ Cass. 2e civ., 19 févr. 2006, n° 03-50.025 : *Bull. civ.* II, n° 70 ; *Dr. pén.* 2004, comm. 56, obs. A. Maron ; *D.* 2004, IR, p. 677).

5) **Détournement de procédure.** L'article 78-2-2 du Code de procédure pénale n'autorise pas le procureur de la République à organiser, par une réquisition unique, des contrôles d'identité répartis sur plusieurs jours, mais seulement sur une période maximum de 24 heures consécutives (■ Cass. crim., 13 sept. 2017, n° 17-83.986 : *JurisData* n° 2017-018131 ; *Dr. pén.* 2017, comm. 167, A. Maron et M. Haas ; *RSC* 2018, p. 142, P.-J. Delage).

6) **Articulation avec le droit douanier.** C'est à tort que la chambre de l'instruction a jugé que, compte tenu des prérogatives spécifiques qu'ils tiennent de l'article 60 du Code des douanes, les actes accomplis par les douaniers pour rechercher et constater des infractions douanières ne sont pas soumis au respect des conditions définies par les articles 78-2-2 et 78-2-3 du Code de procédure pénale qui s'appliquent à des enquêtes judiciaires et non à des opérations administratives. En effet, si les agents des douanes peuvent procéder à la visite des marchandises et des moyens de transport et à celle des personnes, en l'absence de toute garantie posée par la loi visant à s'assurer de l'authentification des recherches et découvertes effectuées, ces dispositions ne sauraient être interprétées comme autorisant les agents des douanes à procéder à la visite d'un véhicule stationné sur la voie publique ou dans un lieu accessible au public libre de tout occupant (■ Cass. crim., 23 févr. 2022, n° 21-85.050, §§ 6-11).

Art. 78-2-3 *(Mod., L. n° 2016-339, 22 mars 2016).* **– Les officiers de police judiciaire, assistés, le cas échéant, des agents de police judiciaire et des agents de police judiciaire adjoints mentionnés aux 1°, 1° *bis* et 1° *ter* de l'article 21, peuvent procéder à la visite des véhicules circulant ou arrêtés sur la voie publique ou dans des lieux accessibles au public lorsqu'il existe à l'égard du conducteur ou d'un passager une ou plusieurs raisons plausibles de soupçonner qu'il a commis, comme auteur ou comme complice, un crime ou un délit flagrant ; ces dispositions s'appliquent également à la tentative.**

Le II de l'article 78-2-2 est applicable au présent article.

Art. 78-2-4 *(Rempl. à compter du 24 mars 2016, L. n° 2016-339, 22 mars 2016 ; L. n° 2016-731, 3 juin 2016).* **– I. – Pour prévenir une atteinte grave à la sécurité des personnes et des biens, les officiers de police judiciaire et, sur l'ordre et sous la responsabilité de ceux-ci, les agents de police judiciaire et les agents de police judiciaire adjoints mentionnés aux 1°, 1° *bis* et 1° *ter* de l'article 21 peuvent procéder non seulement aux contrôles d'identité prévus au huitième alinéa de l'article 78-2 mais aussi, avec l'accord du conducteur ou du propriétaire du bagage ou, à défaut, sur instructions du procureur de la République communiquées par tous moyens, à :**

1° La visite des véhicules circulant, arrêtés ou stationnant sur la voie publique ou dans des lieux accessibles au public ;

2° L'inspection visuelle des bagages ou leur fouille.

II. – Pour l'application du 1° du I du présent article, le II de l'article 78-2-2 est applicable.

Dans l'attente des instructions du procureur de la République, le véhicule peut être immobilisé pour une durée qui ne peut excéder trente minutes.

III. – Pour l'application du 2° du I du présent article, le III de l'article 78-2-2 est applicable.

Dans l'attente des instructions du procureur de la République, le propriétaire du bagage peut être retenu pour une durée qui ne peut excéder trente minutes.

Art. 78-2-5 *(Créé, L. n° 2019-290, 10 avr. 2019).* **– Aux fins de recherche et de poursuite de l'infraction prévue à l'article 431-10 du Code pénal, les officiers de police judiciaire mentionnés aux 2° à 4° de l'article 16 du présent code et, sous la responsabilité de ces derniers, les agents mentionnés à l'article 20 et aux 1°, 1° *bis* et 1° *ter* de l'article 21 peuvent, sur réquisitions écrites du procureur de la République, procéder sur les lieux d'une manifestation sur la voie publique et à ses abords immédiats à :**

1° L'inspection visuelle des bagages des personnes et leur fouille, dans les conditions prévues au III de l'article 78-2-2 ;

2° La visite des véhicules circulant, arrêtés ou stationnant sur la voie publique ou dans des lieux accessibles au public, dans les conditions prévues au II du même article 78-2-2.

Le fait que les opérations prévues aux 1° et 2° du présent article révèlent d'autres infractions ne constitue pas une cause de nullité des procédures incidentes.

Art. 78-3 *(Mod., L. n° 2006-911, 24 juill. 2006).* – Si l'intéressé refuse ou se trouve dans l'impossibilité de justifier de son identité, il peut, en cas de nécessité, être retenu sur place ou dans le local de police où il est conduit aux fins de vérification de son identité. Dans tous les cas, il est présenté immédiatement à un officier de police judiciaire qui le met en mesure de fournir par tout moyen les éléments permettant d'établir son identité et qui procède, s'il y a lieu, aux opérations de vérification nécessaires. Il est aussitôt informé par celui-ci de son droit de faire aviser le procureur de la République de la vérification dont il fait l'objet et de prévenir à tout moment sa famille ou toute personne de son choix. Si des circonstances particulières l'exigent, l'officier de police judiciaire prévient lui-même la famille ou la personne choisie.

Lorsqu'il s'agit d'un mineur de dix-huit ans, le procureur de la République doit être informé dès le début de la rétention. Sauf impossibilité, le mineur doit être assisté de son représentant légal.

La personne qui fait l'objet d'une vérification ne peut être retenue que pendant le temps strictement exigé par l'établissement de son identité. La rétention ne peut excéder quatre heures, ou huit heures à Mayotte, à compter du contrôle effectué en application de l'article 78-2 et le procureur de la République peut y mettre fin à tout moment.

Si la personne interpellée maintient son refus de justifier de son identité ou fournit des éléments d'identité manifestement inexacts, les opérations de vérification peuvent donner lieu, après autorisation du procureur de la République ou du juge d'instruction, à la prise d'empreintes digitales ou de photographies lorsque celle-ci constitue l'unique moyen d'établir l'identité de l'intéressé.

La prise d'empreintes ou de photographies doit être mentionnée et spécialement motivée dans le procès-verbal prévu ci-après.

L'officier de police judiciaire mentionne, dans un procès-verbal, les motifs qui justifient le contrôle ainsi que la vérification d'identité, et les conditions dans lesquelles la personne a été présentée devant lui, informée de ses droits et mise en mesure de les exercer. Il précise le jour et l'heure à partir desquels le contrôle a été effectué, le jour et l'heure de la fin de la rétention et la durée de celle-ci.

Ce procès-verbal est présenté à la signature de l'intéressé. Si ce dernier refuse de le signer, mention est faite du refus et des motifs de celui-ci.

Le procès-verbal est transmis au procureur de la République, copie en ayant été remise à l'intéressé dans le cas prévu par l'alinéa suivant.

Si elle n'est suivie à l'égard de la personne qui a été retenue d'aucune procédure d'enquête ou d'exécution adressée à l'autorité judiciaire, la vérification d'identité ne peut donner lieu à une mise en mémoire sur fichiers et le procès-verbal ainsi que toutes les pièces se rapportant à la vérification sont détruits dans un délai de six mois sous le contrôle du procureur de la République.

Dans le cas où il y a lieu à procédure d'enquête ou d'exécution adressée à l'autorité judiciaire et assortie du maintien en garde à vue, la personne retenue doit être aussitôt informée de son droit de faire aviser le procureur de la République de la mesure dont elle fait l'objet.

Les prescriptions énumérées au présent article sont imposées à peine de nullité.

1) Impossible justification de son identité. La révélation spontanée de son identité, par un étranger, ne fait pas obstacle à une vérification d'identité dès lors qu'aucun élément permettant d'en justifier n'est avancé. En ces circonstances, les services de police n'ont eu d'autre ressource que de procéder à des photographies et des prises d'empreintes digitales aux fins de vérification de la réalité du nom dont se prévalait la personne contrôlée (▪ Cass. 1re civ., 10 juill. 2013, n° 12-23.463 : *Bull. civ.* I, n° 142 ; *Gaz. Pal.* 2013, n° 286-288, p. 40-41, note F. Fourment ; *Dalloz actualité* 29 juill. 2013, obs. Bombled).

2) Durée de la vérification d'identité. Les prescriptions de l'article 78-3 du Code de procédure pénale s'imposent dès lors qu'une mesure de rétention pour vérification d'identité est appliquée. Le fait que le prévenu ait décliné son identité et fourni les moyens permettant de la vérifier dès son arrivée au commissariat ne dispense pas de l'accomplissement des formalités prévues au Code de procédure pénale et spécialement de la présentation immédiate de l'intéressé à un officier de police judiciaire, qui l'informe aussitôt de son droit de faire aviser le procureur de la République de la vérification dont il fait l'objet et de prévenir à tout moment sa famille ou toute personne de son choix (■ CA Chambéry, 5 mars 2003, n° 02/01086). Il en va ainsi dès lors qu'après avoir été conduite au commissariat, la personne contrôlée demeure retenue le temps nécessaire à son audition *(même arrêt)*.

3) **Nullité.** La méconnaissance des garanties prévues par l'alinéa 1er de l'article 78-3 du Code de procédure pénale fait nécessairement grief à la personne dont l'identité est vérifiée et qui ne peut être retenue que pendant le temps strictement exigé pour l'établissement de son identité. Il appartient donc à la chambre de l'instruction de rechercher, au besoin en sollicitant que les procès-verbaux dressés par les services de police dans le cadre de la procédure de vérification d'identité soient joints au dossier de l'information judiciaire, si le demandeur a bénéficié des droits qu'il tient de l'article 78-3 du Code de procédure pénale et s'il n'a été retenu que le temps strictement nécessaire (■ Cass. crim., 2 nov. 2016, n° 16-81.716 : *JurisData* n° 2016-022727). Toutefois, la nullité édictée par l'article 78-3 du Code de procédure pénale ne saurait affecter la validité des poursuites exercées pour les infractions contre les autorités de police commises à cette occasion par la personne contrôlée. Ainsi, l'illégalité de l'acte accompli par les agents dans l'exercice de leurs fonctions, à la supposer établie, est sans incidence sur la régularité de la procédure dirigée contre le prévenu des chefs de rébellion et d'outrage (■ Cass. crim., 1er sept. 2004, n° 04-80.362. ■ Cass. crim., 11 mai 2005, n° 04-86.134 : *RSC* 2006, p. 401, obs. J. Buisson).

Art. 78-3-1 *(Mod., Ord. n° 2018-1125, 12 déc. 2018)*. **– I. – Toute personne faisant l'objet d'un contrôle ou d'une vérification d'identité prévus au présent chapitre peut, lorsque ce contrôle ou cette vérification révèle qu'il existe des raisons sérieuses de penser que son comportement peut être lié à des activités à caractère terroriste, faire l'objet d'une retenue sur place ou dans le local de police où elle est conduite pour une vérification de sa situation par un officier de police judiciaire permettant de consulter les traitements automatisés de données à caractère personnel relevant de l'article 31 de la loi n° 78-17 du 6 janvier 1978 relative à l'informatique, aux fichiers et aux libertés, selon les règles propres à chacun de ces traitements et, le cas échéant, d'interroger les services à l'origine du signalement de l'intéressé ainsi que des organismes de coopération internationale en matière de police judiciaire ou des services de police étrangers.**

La retenue ne peut donner lieu à audition.

Le procureur de la République territorialement compétent est informé dès le début de la retenue.

II. – La personne retenue est immédiatement informée par l'officier de police judiciaire ou, sous le contrôle de celui-ci, par un agent de police judiciaire, dans une langue qu'elle comprend :

1° Du fondement légal de son placement en retenue ;

2° De la durée maximale de la mesure ;

3° Du fait que la retenue dont elle fait l'objet ne peut donner lieu à audition et qu'elle a le droit de garder le silence ;

4° Du fait qu'elle bénéficie du droit de faire prévenir par l'officier de police judiciaire toute personne de son choix ainsi que son employeur.

Si l'officier de police judiciaire estime, en raison des nécessités liées à la retenue, ne pas devoir faire droit à cette demande, il en réfère sans délai au procureur de la République qui décide, s'il y a lieu, d'y faire droit.

Sauf en cas de circonstance insurmontable, qui doit être mentionnée au procès-verbal, les diligences incombant à l'officier de police judiciaire en application du premier alinéa du présent 4° doivent intervenir, au plus tard, dans un délai de deux heures à compter du moment où la personne a formulé sa demande.

III. – Lorsqu'il s'agit d'un mineur de dix-huit ans, la retenue fait l'objet d'un accord exprès du procureur de la République. Le mineur doit être assisté de son représentant légal, sauf impossibilité dûment justifiée.

IV. – La personne faisant l'objet d'une vérification de situation ne peut être retenue que pendant le temps strictement nécessaire à l'accomplissement des vérifications mentionnées au premier alinéa du I, pour une durée qui ne peut excéder quatre heures à compter du début du contrôle effectué.

Le procureur de la République peut mettre fin à tout moment à la retenue.

L'officier de police judiciaire mentionne dans un procès-verbal les motifs qui justifient la vérification de situation administrative et les conditions dans lesquelles la personne a été présentée devant lui, informée de ses droits et mise en mesure de les exercer. Il précise le jour et l'heure à partir desquels la vérification a été effectuée, le jour et l'heure de la fin de la retenue et la durée de celle-ci.

Ce procès-verbal est présenté à la signature de la personne. Si cette dernière refuse de le signer, mention est faite du refus et des motifs de celui-ci. Le procès-verbal est transmis sans délai au procureur de la République, copie en ayant été remise à la personne.

V. – Les prescriptions énumérées au présent article sont imposées à peine de nullité.

Bibliographie : J. Buisson, *Parution d'un nouvel arsenal de lutte contre le terrorisme : Procédures* 2016, comm. 239.

Art. 78-4 *(Mod., L. n° 2016-731, 3 juin 2016).* – La durée de la rétention prévue aux articles 78-3 et 78-3-1 s'impute, s'il y a lieu, sur celle de la garde à vue.

Art. 78-5 *(L. n° 86-1004, 3 sept. 1986).* – Seront punis d'un emprisonnement de dix jours à trois moistrois mois et d'une amende de 500 à 15 000 F3 750 € ceux qui auront refusé de se prêter aux prises d'empreintes digitales ou de photographies autorisées par le procureur de la République ou le juge d'instruction, conformément aux dispositions de l'article 78-3.

Art. 78-6 *(Mod., L. n° 2017-258, 28 févr. 2017).* – Les agents de police judiciaire adjoints mentionnés aux 1° *bis*, 1° *ter*, 1° *quater* et 2° de l'article 21 sont habilités à relever l'identité des contrevenants pour dresser les procès-verbaux concernant des contraventions aux arrêtés de police du maire, des contraventions au Code de la route que la loi et les règlements les autorisent à verbaliser ou des contraventions qu'ils peuvent constater en vertu d'une disposition législative expresse.

Si le contrevenant refuse ou se trouve dans l'impossibilité de justifier de son identité, l'agent de police judiciaire adjoint mentionné au premier alinéa en rend compte immédiatement à tout officier de police judiciaire de la police nationale ou de la gendarmerie nationale territorialement compétent, qui peut alors lui ordonner sans délai de lui présenter sur-le-champ le contrevenant ou de retenir celui-ci pendant le temps nécessaire à son arrivée ou à celle d'un agent de police judiciaire agissant sous son contrôle. À défaut de cet ordre, l'agent de police judiciaire adjoint mentionné au premier alinéa ne peut retenir le contrevenant. Pendant le temps nécessaire à l'information et à la décision de l'officier de police judiciaire, le contrevenant est tenu de demeurer à la disposition d'un agent mentionné au même premier alinéa. La violation de cette obligation est punie de deux mois d'emprisonnement et de 7 500 € d'amende. Lorsque l'officier de police judiciaire décide de procéder à une vérification d'identité, dans les conditions prévues à l'article 78-3, le délai prévu au troisième alinéa de cet article court à compter du relevé d'identité.

Art. 78-7 *(Créé à compter du 24 mars 2016, L. n° 2016-339, 22 mars 2016).* – Sans préjudice des prérogatives des procureurs territorialement compétents, le procureur de la République du lieu où se situe la gare de départ d'un véhicule de transport ferroviaire de voyageurs peut, en vue des contrôles et des vérifications mis en œuvre dans ce véhicule sur son trajet, prendre les réquisitions et les instructions prévues au sixième alinéa de l'article 78-2 et à l'article 78-2-2.

Lorsque la gare de départ se situe hors du territoire national, sans préjudice des prérogatives des procureurs territorialement compétents, les réquisitions et les instructions mentionnées au premier alinéa du présent article peuvent être prises par le procureur de la République du lieu où se situe la gare d'arrivée.

Les procureurs des lieux où le train marque un arrêt en sont informés.

Lorsque les gares de départ et d'arrivée se situent hors du territoire national, sans préjudice des prérogatives des procureurs territorialement compétents, les réquisitions et les instructions mentionnées au même premier alinéa peuvent être prises par le procureur de la République du lieu du premier arrêt du train en France. Les procureurs des autres lieux où le train marque un arrêt en sont informés.

TITRE III. – DES JURIDICTIONS D'INSTRUCTION

CHAPITRE I. – DU JUGE D'INSTRUCTION : JURIDICTION D'INSTRUCTION DU PREMIER DEGRÉ

Section I. – Dispositions générales

Bibliographie : *Répertoire.* J.-P. Valat, *Juge d'instruction. – Juridiction d'instruction du premier degré. – Dispositions générales : JCl. Proc. pén.*, art. 79 à 84, Fasc. 20. • L. Belfanti, *Rép. pén. Dalloz*, V° Juge d'instruction. • C. Guéry, *Rép. pén. Dalloz*, V° Instruction.

Généralités. F. Baillet, *Le juge d'instruction. Une institution en sursis : Gaz. Pal.* 13-14 janv. 2006, p. 2 et s. • Ph. Bonfils, *Faut-il changer notre procédure pénale ? : D.* 2010, 158. • Ph. Conte, *Les galeux de la République. À propos de « l'affaire d'Outreau » : JCP* 2006, n° 101 ; *Les propositions du pré-rapport du comité de réflexion sur la justice pénale : Dr. pén.* 2009, étude 11 ; *« L'action pénale » en lévitation (aperçu de l'avant-projet de Code de procédure pénale) : D.* 2010, 774. • J.-F. Coste, *L'instruction : à la recherche des fondamentaux : AJ Pénal* 2010, 422. • F. Defferrard, *Le juge d'instruction retrouvé : D.* 2006, 1908. • M. Dorwling-Caster, *Faut-il supprimer le juge d'instruction ? : JCP* 1990, I, 3458. • M. Garrec, *La juridiction d'instruction est-elle indispensable ? : JCP* 1986, I, 3266. • C. Giudicelli, *Le juge d'instruction évoluera ou disparaîtra : AJ Pénal* 2009, 68. • G. Giudicelli-Delage, *La juste distance... Réflexions autour de mauvaises (?) questions. À propos de la réforme de l'instruction et de la procédure pénale française, Mélanges Bouloc*, 2007, Dalloz, p. 389. • C. Guéry, *J'instruisais, tu instruisais... Nous instruisons : AJ Pénal* 2006, 340 ; *La loi du 5 mars 2007 et l'instruction préparatoire : AJ Pénal* 2007, 105 ; *De la vérité absolue à la clarification préalable : pour une nouvelle définition des missions du magistrat instructeur : AJ Pénal* 2010, 425. • S. Guinchard, *De l'irresponsabilité des juges d'instruction : pour combien de temps encore ?, Mélanges Pradel, Le droit pénal à l'aube du troisième millénaire*, 2006, Cujas. • G. Lucazeau, *Juge d'instruction : suite et fin ? : JCP* 2009, n° 209. • V. Malabat, *L'avant-projet du futur Code de procédure pénale : refonte, simplification ou confusion des phases de la procédure pénale ? : AJ Pénal* 2010, 162. • C. Mauro, *La suppression du juge d'instruction : éléments de droit comparé : AJ Pénal* 2010, Dossier 433. • J. Pradel, *Haro sur le juge d'instruction ! : D.* 2006, chron. 244 ; *Tous les péchés du juge d'instruction méritent-ils sa mort : D.* 2009, Point de vue 438 ; *La disparition du juge d'instruction dans l'avant-projet du futur Code de procédure pénale : D.* 2010, Point de vue 1293. • P. Truche, *Faut-il supprimer le juge d'instruction ? Ou l'histoire d'une opinion divergente, Mélanges Braunschweig*, 1990, Litec, p. 65.

Art. 79. – **L'instruction préparatoire est obligatoire en matière de crime ; sauf dispositions spéciales, elle est facultative en matière de délit ; elle peut également avoir lieu en matière de contravention si le procureur de la République le requiert en application de l'article 44.**

1) Caractère facultatif de l'instruction en matière délictuelle – Mineurs.

Voir : CJPM, art. L. 423-2, p. 3082.

2) Caractère exceptionnel de l'instruction en matière contraventionnelle – Nécessité d'un réquisitoire du ministère public. Il résulte de la combinaison des articles 79 et 85 du Code de procédure pénale qu'en matière de contravention, le procureur de la République a seul le droit de provoquer l'ouverture d'une information en application de l'article 44 dudit code. Il s'en déduit que la partie civile ne peut mettre l'action publique en mouvement pour une contravention ni en portant plainte de ce chef, ni en intervenant aux mêmes fins dans une instruction en cours portant sur des faits distincts (▪ Cass. crim., 20 nov. 1979, n° 79-91.409 : *Bull. crim.* n° 326). S'il résulte de l'article 79 du Code de procédure pénale que la victime d'une contravention ne peut, par une constitution de partie civile, provoquer l'ouverture d'une information, droit qui est réservé par cet article au procureur de la République, il demeure cependant qu'aucun texte légal n'interdit à la victime d'une contravention de se constituer partie civile au cours d'une information ouverte sur réquisition du procureur de la République. Il suit de là, en l'absence de dispositions contraires de la loi, que cette personne jouit alors de tous les droits reconnus à la partie civile par le Code de procédure pénale et notamment de ceux de relever appel d'une ordonnance de non-lieu et d'obtenir de la chambre d'accusation, si cet appel est bien fondé, le renvoi de l'inculpé devant le tribunal de police, pour qu'il soit statué tant sur l'action publique que sur l'action civile (▪ Cass. crim., 28 oct. 1974, n° 74-91.732 : *Bull. crim.* n° 304).

3) Caractère exceptionnel de l'instruction en matière contraventionnelle – Contraventions de 5e classe commises par des mineurs.

Voir : CJPM, art. L. 423-2, p. 3082.

4) Instruction en matière douanière. L'article 343 du Code des douanes n'interdit pas au procureur de la République de saisir le juge d'instruction de délits de droit commun et des infractions douanières qui leur sont connexes ; justifie dès lors sa décision la chambre de l'instruction qui rejette la demande d'annulation du réquisitoire introductif, prise de l'impossibilité pour le ministère public de saisir le juge d'instruction de contraventions douanières punies d'amende et de pénalités fiscales, l'article 79 du Code de procédure pénale permettant au procureur de la République de saisir le juge d'instruction de contraventions et les faits visés par le réquisitoire introductif étant connexes (▪ Cass. crim., 2 avr. 2008, n° 08-80.166 : *Bull. crim.* n° 91).

Art. 80 *(L. n° 93-2, 4 janv. 1993 ; L. n° 93-1013, 24 août 1993 ; L. n° 99-515, 23 juin 1999 ; L. n° 2007-291, 5 mars 2007 ; L. n° 2011-1862, 13 déc. 2011 ; L. n° 2021-1729, 22 déc. 2021).* – I. – **Le juge d'instruction ne peut informer qu'en vertu d'un réquisitoire du procureur de la République.**

Le réquisitoire peut être pris contre personne dénommée ou non dénommée.

Lorsque des faits, non visés au réquisitoire, sont portés à la connaissance du juge d'instruction, celui-ci doit immédiatement communiquer au procureur de la République les plaintes ou les procès-verbaux qui les constatent. Le procureur de la République peut alors soit requérir du juge d'instruction, par réquisitoire supplétif, qu'il informe sur ces nouveaux faits, soit requérir l'ouverture d'une information distincte, soit saisir la juridiction de jugement, soit ordonner une enquête, soit décider d'un classement sans suite ou de procéder à l'une des mesures prévues aux articles 41-1 à 41-3, soit transmettre les plaintes ou les procès-verbaux au procureur de la République territorialement compétent. Si le procureur de la République requiert l'ouverture d'une information distincte, celle-ci peut être confiée au même juge d'instruction, désigné dans les conditions prévues au premier alinéa de l'article 83.

En cas de plainte avec constitution de partie civile, il est procédé comme il est dit à l'article 86. Toutefois, lorsque de nouveaux faits sont dénoncés au juge d'instruction par la partie civile en cours d'information, il est fait application des dispositions de l'alinéa qui précède.

II. – En matière criminelle, lorsque la gravité ou la complexité de l'affaire le justifie ainsi que lorsqu'il requiert une cosaisine, le procureur de la République près le tribunal judiciaire au sein duquel il n'y a pas de pôle de l'instruction est compétent pour requérir l'ouverture d'une information devant les magistrats du pôle territorialement compétents pour les infractions relevant de sa compétence en application de l'article 43, y compris en faisant déférer devant eux les personnes concernées.

Dans les cas prévus au premier alinéa, le réquisitoire introductif peut également être pris par le procureur de la République près le tribunal judiciaire au sein duquel se trouve le pôle, qui est à cette fin territorialement compétent sur l'ensemble du ressort de compétence de ce pôle, y compris pour diriger et contrôler les enquêtes de police judiciaire.

Le procureur de la République près ce tribunal judiciaire est seul compétent pour suivre le déroulement des informations visées aux alinéas précédents jusqu'à leur règlement.

En cas de renvoi devant la juridiction de jugement, l'affaire est renvoyée, selon le cas, devant le tribunal de police, le tribunal correctionnel, le tribunal pour enfants ou la cour d'assises initialement compétents.

II *bis (II bis créé L. n° 2019-222, 23 mars 2019)*. – Le procureur de la République près le tribunal judiciaire dans lequel il n'y a pas de juge d'instruction est compétent pour requérir l'ouverture d'une information devant le ou les juges d'instruction du tribunal judiciaire compétents en application du deuxième alinéa ou des quatrième et avant-dernier alinéas de l'article 52-1, y compris en faisant déférer devant eux les personnes concernées.

Dans les cas prévus au premier alinéa du présent II *bis*, le réquisitoire introductif peut également être pris par le procureur de la République près le tribunal judiciaire au sein duquel se trouvent le ou les juges d'instruction et qui est à cette fin territorialement compétent sur l'ensemble du ressort de compétence de sa juridiction en matière d'information, y compris pour diriger et contrôler les enquêtes de police judiciaire.

Le procureur de la République près ce tribunal judiciaire est seul compétent pour suivre le déroulement des informations mentionnées aux deux premiers alinéas du présent II *bis* jusqu'à leur règlement.

En cas de renvoi devant la juridiction de jugement, l'affaire est renvoyée, selon le cas, devant le tribunal de police, le tribunal correctionnel, le tribunal pour enfants ou la cour d'assises initialement compétents.

III *(III mod., L. n° 2019-222, 23 mars 2019)*. – Si le procureur de la République près le tribunal judiciaire dans lequel il y a un ou plusieurs juges d'instruction ou dans lequel il y a un pôle de l'instruction constate qu'une personne est déférée devant lui en vue de l'ouverture d'une information en application du deuxième alinéa du II ou en application du deuxième alinéa du II *bis* et qu'il estime que ne doit être ouverte aucune information ou que ne doit être ouverte aucune information relevant de la compétence du pôle ne doit être ouverte, il peut, avant de transmettre le dossier de la procédure au procureur de la République territorialement compétent, requérir le placement sous contrôle judiciaire ou en détention provisoire de la personne selon les modalités prévues par le dernier alinéa de l'article 394 et l'article 396. Si la personne est placée en détention provisoire, elle doit comparaître devant le procureur de la République territorialement compétent au plus tard le cinquième jour ouvrable suivant. À défaut, elle est mise d'office en liberté.

Bibliographie : C. Guéry, *Aux confins du droit et de la procédure pénale : la relative liberté de qualification du juge d'instruction : D.* 1996, chron. 335 ; *Du cap à la péninsule... (la requalification par une juridiction pénale) : Dr. pén.* 2012, étude 12. • W. Jeandidier, *De la personne désignée par un réquisitoire introductif : JCP* G 1999, II, 10085.

1) Prohibition de l'autosaisine. La juridiction d'instruction ne peut se saisir d'elle-même (■ Cass. crim., 7 nov. 1989, n° 88-84.058 : *Bull. crim.* n° 393).

I – VALIDITÉ DU RÉQUISITOIRE À FIN D'INFORMER

2) Infraction future. Le procureur de la République tient des articles 40, 41 et 80 du Code de procédure pénale le droit de requérir l'ouverture d'une information au vu de tous renseignements dont il est destinataire, et le réquisitoire introductif ne peut être annulé que s'il ne satisfait pas en la forme aux conditions essentielles de son existence légale ; encourt dès lors la cassation l'arrêt annulant un réquisitoire fondé sur des pièces laissant à penser que, dans l'avenir, des infractions à la législation sur les stupéfiants pourraient être commises (■ Cass. crim., 5 juin 2002, n° 01-87.656 : *Bull. crim.* n° 129 ; *RSC* 2002, 840, obs. D. Commaret).

3) Formules imprimées. Aucune disposition de loi n'interdit pour les réquisitoires introductifs l'usage de formules imprimées (■ Cass. crim., 2 févr. 1927 : *Bull. crim.* n° 54).

4) Date. La date du réquisitoire introductif est une mention substantielle de cet acte et qui seule permet à la Cour de cassation de vérifier si les actes accomplis par le juge d'instruction l'ont été postérieurement à la délivrance du réquisitoire introductif, auquel cas ils sont réguliers, ou antérieurement, auquel cas ils sont nuls ; par conséquent, le réquisitoire introductif non daté est nul (■ Cass. crim., 23 avr. 1971, n° 70-92.577 : *Bull. crim.* n° 115). N'encourt pas la censure l'arrêt qui, pour refuser de prononcer, à raison de l'absence de date, la nullité du réquisitoire introductif, énonce que le numéro inscrit à la main sur le réquisitoire introductif, et qui correspond à l'enregistrement informatique de la procédure à son entrée au Parquet, permet de dater la pièce du 11 juillet 1990 et qu'il résulte des mentions des procès-verbaux de première comparution de Y et S. dressés le 11 juillet 1990 devant le juge d'instruction que ce magistrat a été saisi par un réquisitoire du procureur de la République en date du même jour (■ Cass. crim., 26 nov. 1990, n° 90-85.994).

5) Signature. Un réquisitoire introductif qui n'est revêtu d'aucune signature est nul (■ Cass. crim., 17 févr. 1987, n° 86-96.298 : *Bull. crim.* n° 77). Ne saurait encourir aucune critique le réquisitoire introductif portant une signature illisible après la mention « pour le procureur de la République ». En raison du principe de l'indivisibilité du ministère public, tout substitut du procureur de la République puise dans sa seule qualité, en dehors de toute délégation de pouvoirs, le droit d'accomplir tous les actes rentrant dans l'exercice de l'action publique. Sa signature, signe personnel lisible ou non, a par elle-même pour effet d'identifier l'auteur du réquisitoire (■ Cass. crim., 3 juill. 1990, n° 90-82.418 : *Bull. crim.* n° 275. – *Adde* ■ Cass. crim., 11 juill. 1973, n° 73-91.530 : *Bull. crim.* n° 326).

6) Énoncé des faits – Renvoi aux pièces jointes. Le visa dans le réquisitoire introductif de pièces qui y sont jointes équivaut à une analyse de ces pièces, qui déterminent, par les indications qu'elles contiennent, l'objet exact et l'étendue de la saisine du juge d'instruction, la chambre de l'instruction procédant souverainement à cette analyse (■ Cass. crim., 11 juill. 1972, n° 72-90.719 : *Bull. crim.* n° 235. ■ Cass. crim., 4 août 1998, n° 98-82.622 : *Bull. crim.* n° 222. ■ Cass. crim., 11 avr. 2002, n° 02-80.778 : *Bull. crim.* n° 288). Doit être annulée une instruction ouverte et poursuivie sans qu'aient été joints au réquisitoire introductif les procès-verbaux d'audition et de perquisition sur lesquels reposait la poursuite (■ Cass. crim., 6 juill. 1955 : *Bull. crim.* n° 339 ; *JCP* G 1955, II, 8912, note P. Chambon).

7) Mentions indifférentes – Désignation de la personne poursuivie. Le réquisitoire introductif ne peut être annulé au motif qu'il n'aurait pas nommément visé une personne mise en cause par l'enquête, dès lors que, quelles que soient les indications portées sur cet acte, les personnes à l'encontre desquelles il existe des indices graves et concordants d'avoir participé aux faits dont le juge d'instruction est saisi ne peuvent être entendues comme témoins conformément à l'article 105 du Code de procédure pénale (■ Cass. crim., 27 févr. 2001, n° 00-80.747 : *Bull. crim.* n° 50).

8) Perte du réquisitoire. Si, selon l'article 80 du Code de procédure pénale, le juge d'instruction ne peut informer qu'en vertu d'un réquisitoire du procureur de la République, la disparition de cette pièce ne saurait constituer une cause de nullité dès lors que les mentions portées sur d'autres actes établissent son existence et en reproduisent la teneur (■ Cass. crim., 15 nov. 1993, n° 93-83.322 : *Bull. crim.* n° 228).

9) Irrégularité du réquisitoire. Le juge d'instruction ne peut informer qu'en vertu d'un réquisitoire régulier du procureur de la République ; la nullité de cet acte substantiel qui seul pouvait mettre l'action publique en mouvement entraîne celle de tous les actes qui ont suivi (■ Cass. crim., 17 févr. 1987, préc. – *Adde* ■ Cass. crim., 23 avr. 1971, n° 70-92.577 : *Bull. crim.* n° 115).

10) Particularités en matière d'infractions de presse. V. L. 29 juill. 1881, art. 50.

II – CONSÉQUENCES DU RÉQUISITOIRE À FIN D'INFORMER

A – Conséquences sur l'action publique

11) Déclenchement des poursuites. L'action publique est valablement mise en mouvement par le réquisitoire introductif du procureur de la République alors même que la constitution de partie civile aurait été déclarée irrecevable (■ Cass. crim., 8 nov. 1983, n° 83-92.677 : *Bull. crim.* n° 290. ■ Cass. crim., 26 avr. 1983, n° 81-94.457 : *Bull. crim.* n° 187. ■ Cass. crim., 11 avr. 2002, n° 02-80.778 : *Bull. crim.* n° 87).

12) Interruption de la prescription. L'ouverture de l'instruction par réquisitoire introductif du procureur de la République interrompt la prescription (■ Cass. crim., 29 nov. 1983, n° 82-94.295 : *Bull. crim.* n° 323).

B – Conséquences sur le juge d'instruction

1° *Détermination de l'étendue de la saisine du juge d'instruction*

• Étendue de la saisine quant aux faits

13) Saisine *in rem* du juge d'instruction. Il résulte des articles préliminaire, 80 et 81 du Code de procédure pénale que le juge d'instruction ne peut informer que sur les faits dont il est régulièrement saisi (■ Cass. crim., 8 juin 2017, n° 17-80.709 : *Bull. crim.* à paraître). Les pouvoirs accordés au juge d'instruction par l'article 81, alinéa 1er, du Code de procédure pénale et qui lui permettent de procéder, conformément à la loi, à tous les actes d'information qu'il juge utiles à la manifestation de la vérité, sont limités aux seuls faits dont il est régulièrement saisi en application des articles 80 et 86 de ce code (■ Cass. crim., 30 mai 1996, n° 95-85.954 : *Bull. crim.* n° 226 ; *Dr. pén.* 1996, comm. 169 et 174, note A. Maron. ■ Cass. crim., 28 sept. 2005, n° 05-84.495 : *Bull. crim.* n° 246).

14) Saisine *in rem* du juge d'instruction – Sanction. Les actes accomplis par le juge d'instruction à l'égard de faits non compris dans sa saisine doivent être annulés, ainsi que tous les autres actes auxquels ils ont servis de base (■ Cass. crim., 6 févr. 1996, n° 95-84.041 : *Bull. crim.* n° 60 ; *JCP* G 1996, II, 22634, note P. Chambon ; *D.* 1996, p. 198, note J. Pradel ; *Dr. pén.* 1996, comm. 74, note A. Maron).

15) Détermination de l'étendue de la saisine – Inclusion des circonstances du fait principal. Les circonstances dans lesquelles les faits, dont le juge d'instruction est saisi, ont été commis ne constituent pas en elles-mêmes des faits nouveaux ; dès lors le juge d'instruction, saisi *in rem*, n'est pas tenu, en application de l'article 80 du Code de procédure pénale, de communiquer la procédure au parquet pour pouvoir les retenir.

Ainsi, saisi de faits d'homicide volontaire, il peut relever les circonstances de préméditation et de guet-apens sans réquisitoire supplétif préalable (■ Cass. crim., 27 juill. 1970, n° 69-92.968 : *Bull. crim.* n° 249), saisi de faits d'homicide involontaire, il peut procéder à une mise en examen pour meurtre dès lors que sa saisine s'étend à toutes les circonstances dans lesquelles la victime a trouvé la mort et sur lesquelles s'est fondé le réquisitoire introductif (■ Cass. crim., 16 déc. 2020, n° 20-83.773, § 10 : *Bull. crim.* à paraître).

De même, dans une information suivie pour abus de biens sociaux, après dénonciation de l'irrégularité d'une opération passée au nom d'une société avec un tiers, le juge d'instruction se trouve saisi de l'ensemble des conséquences financières de ladite opération. Il est, dès lors, en droit d'instruire sur tous les faits objet de cette opération, alors même que le réquisitoire ne viserait que partie d'entre eux (■ Cass. crim., 1er déc. 1998, n° 98-83.566 : *Bull. crim.* n° 323). Dans une information suivie pour abus de pouvoirs, détournement de fonds publics, recel et escroquerie en bande organisée, après dénonciation de l'irrégularité du processus ayant abouti à une procédure d'arbitrage et une sentence contestées, les juges d'instruction se trouvent saisis de l'ensemble des conséquences financières de l'opération (■ Cass. crim., 19 janv. 2016, n° 15-81.041).

Dans une information suivie pour favoritisme, après dénonciation de l'irrégularité d'un marché, le juge d'instruction se trouve saisi de l'ensemble des actes irréguliers, notamment des avenants, antérieurs à sa saisine et se rattachant par un lien d'indivisibilité à ce marché. Il est, dès lors, en droit d'instruire sur tous ces actes alors même que le réquisitoire introductif ne viserait que partie d'entre eux (■ Cass. crim., 20 sept. 2000, n° 00-84.328 : *Bull. crim.* n° 275). Le juge d'instruction est saisi des faits commis à l'étranger, indivisibles de ceux commis en France, seuls visés dans le réquisitoire, dont ils ne sont que le prolongement (■ Cass. crim., 13 oct. 2020, n° 20-81.199, § 10 : *Bull. crim.* à paraître). Ne saurait encourir la nullité la commission rogatoire qui, dans une information suivie des chefs de vols et tentatives de vols qualifiés et d'association de malfaiteurs, prescrit aux enquêteurs chargés de découvrir les individus coupables des vols, de rechercher les autres méfaits qu'ils pouvaient avoir commis, d'identifier les auteurs ou complices de ces autres infractions, de recueillir les preuves de leur culpabilité et d'en identifier tous receleurs ; de telles investigations qui avaient pour objet de déterminer le rôle de chaque individu compromis, la composition de la bande et le but envisagé par ses membres se rattachaient directement, par leur nature et leur étendue, à la répression de l'infraction prévue par l'article 265 du Code pénal (■ Cass. crim., 11 juin 1970, n° 70-90.400 : *Bull. crim.* n° 199 ; *D.* 1971, 321, note Robert). La nullité n'est pas encourue dès lors que les moyens coercitifs, à l'occasion desquels sont apparus les indices de commission de faits nouveaux, avaient été mis en œuvre régulièrement pour établir les délits d'infractions à la législation sur les stupéfiants, d'association de malfaiteurs et de non-justification de ressources dont le juge d'instruction était saisi, en vue d'identifier les auteurs de l'approvisionnement du réseau et de la chaîne d'écoulement du trafic de cocaïne à partir du renseignement initial recueilli par les services de police dont les faits d'infractions à la législation sur les stupéfiants et d'association de malfaiteurs, postérieurs aux réquisitoires introductif et supplétif, étaient le prolongement (■ Cass. crim., 10 avr. 2018, n° 17-85.301 : *Bull. crim.* à paraître).

16) Détermination de l'étendue de la saisine – Exclusion des faits distincts. Les pouvoirs accordés au juge d'instruction par l'article 81, alinéa 1er, du Code de procédure pénale et qui lui permettent de procéder, conformément à la loi, à tous les actes d'information qu'il juge utiles à la manifestation de la vérité, sont limités aux seuls faits dont il est régulièrement saisi en application des articles 80 et 86 de ce code. Justifie sa décision la chambre de l'instruction qui, dans une information ouverte contre personne non dénommée pour tentative d'extorsion de fonds, déclare irrégulière une commission rogatoire prescrivant des investigations totalement étrangères à l'instruction de ce délit (■ Cass. crim., 28 sept. 2005, n° 05-84.495 : *Bull. crim.* n° 246). Les chambres d'accusation, juridictions d'instruction du second degré, ne peuvent statuer sur des faits qui, ayant été commis postérieurement à la mise en mouvement de l'action publique, sont restés en dehors de la saisine du juge d'instruction (■ Cass. crim., 12 févr. 1969, n° 67-93.533 : *Bull. crim.* n° 69). V. cependant n'encourt pas la censure la chambre d'accusation qui, pour écarter l'argumentation du requérant selon laquelle le juge d'instruction a instruit sur des faits postérieurs à sa saisine en date du 25 avril 1997, sans réquisitoire supplétif, relève que, dès le 28 mars 1997, l'existence d'un trafic entre l'Espagne et la France était établie et que les filatures, les écoutes téléphoniques et les déclarations recueillies révèlent une action continue et qui en conclut que le juge d'instruction a été saisi d'une opération en l'état de préparation qui a abouti à la livraison et aux interpellations des intéressés (■ Cass. crim., 4 août 1998, n° 98-82.622 : *Bull. crim.* n° 222).

17) Découverte de faits nouveaux – Possibilité de procéder à des vérifications sommaires. Lorsqu'il acquiert la connaissance de faits nouveaux, le juge d'instruction doit communiquer le dossier au procureur de la République, le cas échéant après avoir procédé à des vérifications sommaires destinées à en apprécier la vraisemblance (■ Cass. crim., 8 juin 2017, n° 17-80.709 : *Bull. crim.* à paraître). Lorsque le juge d'instruction acquiert la connaissance de faits nouveaux, si l'article 80 ne lui interdit pas, avant toute communication au procureur de la République, d'en consigner la substance dans un procès-verbal et, le cas échéant, d'effectuer d'urgence des vérifications sommaires pour en apprécier la vraisemblance, il ne peut, sans excéder ses pouvoirs, procéder à des actes qui, présentant un caractère coercitif, exigent la mise en mouvement préalable de l'action publique (■ Cass. crim., 6 févr. 1996, n° 95-84.041 : *Bull. crim.* n° 60 ; *JCP* G 1996, II, 22634, note P. Chambon ; *D.* 1996, p. 198, note J. Pradel ; *Dr. pén.* 1996, comm. 74. ■ Cass. crim., 30 mai 1996, n° 95-85.954 : *Bull. crim.* n° 226 ; *Dr. pén.* 1996, comm. 169 et 174, note A. Maron. ■ Cass. crim., 1er déc. 1998, n° 98-83.566 : *Bull. crim.* n° 323 ; *Dr. pén.* 1999, comm. 49, note A. Maron).

18) Découverte de faits nouveaux – Possibilité de procéder à des vérifications sommaires – Applications. Le juge d'instruction peut ainsi procéder à l'audition d'un témoin (■ Cass. crim., 10 mai 1994, n° 93-81.522 : *Bull. crim.* n° 180), à l'audition de témoins et à des vérifications auprès de l'administration fiscale et obtenir des remises volontaires de documents (■ Cass. crim., 30 juin 1999, n° 99-81.426 : *Bull. crim.* n° 176). Présentent en revanche un caractère coercitif et sont donc prohibées les perquisitions, saisies, mises sous écoutes téléphoniques, interpellations, gardes à vue (■ Cass. crim., 6 févr. 1996, préc. ■ Cass. crim., 30 mai 1996, préc. ■ Cass. crim., 1er avr. 1998, n° 97-84.372 : *Bull. crim.* n° 124), l'audition en qualité de témoin d'un suspect alors que les questions posées par le juge d'instruction, auxquelles l'intéressé a répondu de manière circonstanciée, excèdent de simples vérifications sommaires, ce dernier étant conduit à confirmer, hors la présence d'un avocat, ses déclarations incriminantes antérieurement reçues par les services de police (■ Cass. crim., 8 juin 2017, préc.). *Comp.* si l'article 80 du Code de procédure pénale interdit au juge d'instruction d'informer sur des faits dont il n'a pas été saisi en vertu d'un réquisitoire du procureur de la République, ce texte ne met pas obstacle à ce qu'un inculpé soit entendu, dans les formes de la loi, sur des faits nouveaux apparaissant dans la procédure et dont il n'est ni établi ni soutenu qu'ils aient été l'objet de mesures d'instruction ; il importe seulement que ces faits ne donnent pas lieu à inculpation ou à poursuite en l'état contre quiconque et que le procès-verbal qui les constate soit adressé immédiatement au procureur de la République, pour lui permettre d'apprécier la suite à leur donner (▪ Cass. crim., 25 juin 1984, n° 83-94.199 : *Bull. crim.* n° 240). Le demandeur ne saurait se prévaloir d'une éventuelle exécution tardive de l'obligation faite au juge d'instruction de communiquer immédiatement au procureur de la République les procès-verbaux et plaintes qui constatent des faits non visés au réquisitoire introductif, dès lors que les actes de nature coercitive ont été régulièrement mis en œuvre sur commission rogatoire du juge d'instruction pour établir les faits visés au réquisitoire introductif et que l'intéressé n'a été mis en examen qu'après la communication au procureur de la République des procès-verbaux constatant la commission des faits nouveaux (▪ Cass. crim., 7 sept. 2021, n° 20-87.191, § 15 : *Bull. crim.* à paraître ; *JCP* G 2021, 1161, note H. Matsopoulou ; *AJ pénal* 2021, 484, obs. M. Recotillet. *Adde* J. Candela, *Recevabilité de l'action en nullité : évolution de la jurisprudence jusqu'au revirement du 7 septembre 2021* : *AJ pénal* 2020, 527). Dans le même sens s'agissant des précisions demandées par le juge d'instruction aux mis en examen concernant leur présence lors de la commission de certains faits de vols susceptibles de leur être imputés, sans procéder, consécutivement, à aucune mise en examen complémentaire (▪ Cass. crim., 6 janv. 2015, n° 14-85.528). V. également, s'agissant de la découverte de faits nouveaux par des OPJ agissant sur commission rogatoire, annotations ssart. 152, p. 520.

19) Découverte de faits nouveaux – Nécessité d'un réquisitoire supplétif. Selon l'article 80 du Code de procédure pénale, dans sa rédaction issue de la loi n° 99-515 du 23 juin 1999, une constitution de partie civile additionnelle, dénonçant des faits nouveaux, ne saisit le juge d'instruction que si le procureur de la République requiert qu'il soit instruit sur ces faits (▪ Cass. crim., 26 sept. 2000, n° 00-82.017 : *Bull. crim.* n° 277).

20) Requalification des faits. Le juge d'instruction est saisi des faits dénoncés par le réquisitoire introductif, indépendamment de la qualification provisoirement donnée à ces faits par le Ministère public (▪ Cass. crim., 20 mars 1972, n° 71-93.622 : *Bull. crim.* n° 111 ; *JCP* G 1972, II, 17247, note P. Chambon. ▪ Cass. crim., 29 janv. 1985, n° 84-95.197 : *Bull. crim.* n° 46. – *Adde*, ▪ Cass. crim., 11 févr. 1992, n° 91-86.066 : *Bull. crim.* n° 63).

21) Requalification des faits – Exception en matière d'infractions de presse. V. L. 29 juill 1881, art. 50. En matière d'infractions à la loi sur la presse, le réquisitoire introductif ou la constitution de partie civile ayant mis l'action publique en mouvement fixe irrévocablement la nature et l'étendue des poursuites. Il s'en déduit que la juridiction d'instruction doit rendre une décision de non-lieu, faute de pouvoir requalifier les faits, lorsque l'information a établi que les faits articulés et qualifiés ne constituaient pas, en droit, l'infraction poursuivie (▪ Cass. crim., 22 juin 1982, n° 80-95.334 : *Bull. crim.* n° 169. ▪ Cass. crim., 6 nov. 1984 : *Bull. crim.* n° 338).

22) Requalification des faits – Limite tenant à la saisine *in rem*. Dès lors que la requalification critiquée n'a pas ajouté aux faits compris dans la saisine du juge d'instruction ni privé le demandeur de la possibilité de préparer efficacement sa défense comme le prévoit l'article 6.3 *b* de la Convention européenne des droits de l'Homme, l'ordonnance de renvoi devant le tribunal correctionnel sous une nouvelle qualification n'encourt pas la nullité (▪ Cass. crim., 14 mai 1998, n° 97-82.442). Si le juge d'instruction n'est pas lié par la qualification donnée aux faits par le réquisitoire introductif ou la constitution de partie civile, il n'en demeure pas moins, qu'étant tenu d'informer, il ne saurait, par un simple examen abstrait des pièces à lui transmises, écarter certains de ces faits dans le but d'adopter une qualification différente (▪ Cass. crim., 18 janv. 1983, n° 80-93.631 : *Bull. crim.* n° 22 ; *D.* 1984, p. 5, note P. Chambon).

23) Requalification des faits – Limite tenant au respect des droits de la défense. Dès lors que la requalification critiquée n'a pas ajouté aux faits compris dans la saisine du juge d'instruction ni privé le demandeur de la possibilité de préparer efficacement sa défense comme le prévoit l'article 6.3 *b* de la Convention européenne des droits de l'Homme, l'ordonnance de renvoi devant le tribunal correctionnel sous une nouvelle qualification n'encourt pas la nullité (▪ Cass. crim., 14 mai 1998, préc.).

• **Étendue de la saisine quant aux personnes**

24) Absence de saisine *in personam* du juge d'instruction. Le réquisitoire introductif établi contre X. pour infractions à la législation sur les stupéfiants saisit le juge d'instruction de tout le trafic de stupéfiants et met ainsi en mouvement l'action publique contre tous ceux qui, à quelque titre que ce soit, ont participé à ce trafic (▪ Cass. crim., 11 juill. 1972, n° 72-90.719 : *Bull. crim.* n° 235).

2° *Irrévocabilité de la saisine du juge d'instruction*

25) Impossibilité de limiter la saisine du juge d'instruction. Dès lors que le juge d'instruction a été régulièrement saisi, il n'appartient pas au procureur de la République de restreindre ultérieurement l'étendue de cette saisine (■ Cass. crim., 24 mars 1977, préc.).

3° *Obligation d'instruire*

26) **Obligation d'instruire.** Le juge est tenu de statuer par ordonnance du règlement sur tous les faits dont il a été régulièrement saisi (■ Cass. crim., 24 mars 1977, n° 76-91.442 : *Bull. crim.* n° 112).

27) **Obligation d'instruire – Portée et limite.** V. art. 86, p. 315 et annotations ss art. 86, p. 315.

Art. 80-1 *(L. n° 2000-516, 15 juin 2000).* **– À peine de nullité, le juge d'instruction ne peut mettre en examen que les personnes à l'encontre desquelles il existe des indices graves ou concordants rendant vraisemblable qu'elles aient pu participer, comme auteur ou comme complice, à la commission des infractions dont il est saisi.**

Il ne peut procéder à cette mise en examen qu'après avoir préalablement entendu les observations de la personne ou l'avoir mise en mesure de les faire, en étant assistée par son avocat, soit dans les conditions prévues par l'article 116 relatif à l'interrogatoire de première comparution, soit en tant que témoin assisté conformément aux dispositions des articles 113-1 à 113-8.

Le juge d'instruction ne peut procéder à la mise en examen de la personne que s'il estime ne pas pouvoir recourir à la procédure de témoin assisté.

Bibliographie : C. Guéry, *La mise en examen par le juge d'instruction après l'entrée en vigueur de la loi du 15 juin 2000 : JCP* 2001, I, 359 ; *Les paliers de la vraisemblance pendant l'instruction préparatoire : JCP* G 1998, I, 140. • A. Guidicelli, *Le témoin assisté et la personne mise en examen. Vers un nouvel équilibre : RSC* 2001, 43. • J. Le Calvez, *L'article 80-1, alinéa 1er, du Code de procédure pénale et la nullité de la mise en examen : RSC* 2002, chron. 2277. • P. Lemoine, *De l'étendue du contrôle portant sur l'absence d'indices graves ou concordants fondant la mise en examen : RODP* 2017, 55. • R. Lorrain et P. Mallet, *Réflexions sur la liberté du magistrat délégué de ne pas mettre en examen : AJ pénal* 2018, p. 460. • C. Porteron, *Nullité de la mise en examen : AJ Pénal* 2005, 147.

Voir : pour la mise en examen en matière de diffamation, L. 29 juill. 1881, art. 51-1.

I – CONDITIONS DE LA MISE EN EXAMEN

A – Conditions de fond de la mise en examen

1) **Nécessité d'indices graves ou concordants.** Selon l'article 80-1 du Code de procédure pénale, le juge d'instruction peut mettre en examen une personne dès lors qu'il constate l'existence d'indices graves ou concordants rendant vraisemblable qu'elle ait pu participer, comme auteur ou complice, à la commission des infractions dont il est saisi (■ Cass. crim., 14 avr. 2015, nos 14-85.333, 14-85.334 et 14-85.335 : *Bull. crim.* nos 78, 79 et 84).

2) **Nécessité d'indices graves ou concordants – Applications.** Méconnaît l'article 80-1 du Code de procédure pénale la chambre de l'instruction qui, pour annuler la mise en examen d'une personne, dans une information ouverte notamment des chefs d'omission de porter secours, homicides et blessures involontaires, pour avoir contribué indirectement à la réalisation de dommages subis par des victimes exposées à l'amiante, énonce que le lien de causalité est certain entre les dommages soufferts par ces dernières et leur exposition à l'amiante, mais que la certitude du lien de causalité entre les fautes reprochées à cette personne et le dommage n'est pas rapportée, alors qu'il lui appartenait seulement, à ce stade de la procédure, de contrôler si, des éléments de l'information relatifs aux faits reprochés à l'intéressée, pendant la période de prévention, compte tenu de ses compétences, du pouvoir et des moyens dont elle disposait, pouvait être déduite l'existence ou non d'indices graves ou concordants rendant vraisemblable, y compris au regard du lien de causalité, qu'elle ait pu participer à la commission des infractions dont le juge d'instruction était saisi (■ Cass. crim., 14 avr. 2015, nos 14-85.334 et 14-85.335 : *Bull. crim.* nos 79 et 84). Justifie sa décision, au regard de l'article 80-1 du Code de procédure pénale, la chambre de l'instruction qui, pour annuler la mise en examen de plusieurs personnes, dans une information ouverte notamment du chef d'homicides et blessures involontaires, pour avoir contribué indirectement à la réalisation de dommages subis par des victimes exposées à l'amiante, énonce, par une appréciation souveraine des faits, d'une part qu'en l'absence de négligences leur étant imputables dans la surveillance de la réglementation, d'autre part, faute pour elles d'avoir pu, dans le contexte des données scientifiques de l'époque, mesurer le risque d'une particulière gravité auquel elles auraient exposé les victimes, il n'existe pas, en l'état de l'information, d'indices graves ou concordants contre ces personnes, rendant vraisemblable qu'elles aient pu participer, comme auteur ou complice, à la commission des infractions dont le juge d'instruction était saisi (■ Cass. crim., 14 avr. 2015, n° 14-85.333 : *Bull. crim.* n° 78). Justifie sa décision la chambre

de l'instruction qui, pour rejeter les demandes tendant à l'annulation des mises en examen des directeurs de cabinet successifs d'un maire des chefs de détournement de fonds publics, faux en écritures publiques par dépositaire de l'autorité publique et recel, au motif qu'ils n'auraient pas eu la qualité de comptable public ou de fonctionnaire public au sens des textes en vigueur au moment des faits, retient qu'ils auraient donné l'ordre de recruter des personnes chargées de mission et signé divers actes de gestion administrative ayant déterminé le comptable public à payer des rémunérations ne correspondant à aucun service fait, ce qui caractérise la réunion d'indices graves ou concordants rendant vraisemblable la participation des personnes mises en examen, à tout le moins comme complices, à la commission des infractions dont le juge d'instruction était saisi (▪ Cass. crim., 26 juin 2007, n° 07-81.895 : *Bull. crim.* n° 171).

3) Nécessité d'indices graves ou concordants – Application aux personnes morales. Si le juge d'instruction doit rechercher par quel organe ou représentant le délit reproché à la personne morale a été commis pour son compte, cette obligation ne s'impose pas préalablement au prononcé de la mise en examen de celle-ci, laquelle résulte de la seule existence d'indices graves ou concordants rendant vraisemblable sa participation à la commission de l'infraction, l'information ayant, notamment, pour objet l'identification de la personne physique ayant engagé la responsabilité pénale de la personne morale (▪ Cass. crim., 12 avr. 2016, n° 15-86.169).

4) Mise en examen d'une personne entendue en qualité de témoin. La circonstance qu'aucun élément nouveau n'ait été recueilli entre la date de l'audition de l'intéressé en qualité de témoin et celle de sa mise en examen ne saurait impliquer l'absence à son encontre d'indices graves ou concordants, dès lors qu'il se déduit de l'article 80-1 du Code de procédure pénale qu'une personne à l'encontre de laquelle il existe de tels indices peut être entendue comme témoin, sa mise en examen étant laissée à la seule appréciation du juge d'instruction (▪ Cass. crim., 14 mai 2002, n° 02-80.721 : *Bull. crim.* n° 111).

5) Mise en examen d'un témoin assisté. Est régulière la mise en examen d'un témoin assisté, décidée à tout moment de la procédure par le juge d'instruction, dès lors que la loi n'impose pas d'autre condition que l'existence, à l'encontre de la personne concernée, d'indices graves ou concordants de participation à la commission de l'infraction dont est saisi le magistrat et ne formule aucune exigence sur le moment auquel apparaissent de tels indices (▪ Cass. crim., 29 mars 2006, n° 06-80.273 : *Bull. crim.* n° 99. ▪ Cass. crim., 13 sept. 2011, n° 11-82.051 : *Bull. crim.* n° 176. ▪ Cass. crim., 11 juin 2013, n° 13-80.159 : *Bull. crim.* n° 133).

6) Disparition des indices graves ou concordants. V. art. 80-1-1, p. 291.

7) Liberté d'appréciation du juge d'instruction. La loi confie aux seules juridictions d'instruction l'appréciation souveraine tant de l'absence des indices graves ou concordants pouvant justifier une mise en examen que le choix entre le statut de témoin assisté et celui de mis en examen ainsi que, le cas échéant, la détermination du moment de la mise en examen (▪ Cass. crim., 28 juin 2016, n° 15-86.946). Le juge d'instruction demeure maître du moment où il estime opportun de notifier l'inculpation après avoir le cas échéant procédé à toutes investigations utiles (▪ Cass. crim., 14 févr. 1984, n° 83-94.762 : *Bull. crim.* n° 58. – *Adde* ▪ Cass. crim., 12 juin 1990, n° 90-81.775 : *Bull. crim.* n° 241). Le juge d'instruction a la faculté de ne mettre en examen une personne qu'après s'être éclairé, notamment en faisant procéder à son audition en qualité de témoin, sur sa participation aux agissements dont il est saisi, dans des conditions pouvant engager sa responsabilité pénale (▪ Cass. crim., 13 oct. 1998, n° 98-82.522 : *Bull. crim.* n° 254 ; *D.* 2000, 808, note V. Peltier).

8) Liberté d'appréciation du juge d'instruction – Limite. V. art. 105, p. 362.

9) Acquisition de plein droit de la qualité de mis en examen au bénéfice du témoin assisté qui en fait la demande. V. art. 113-6, al. 1er, p. 370.

10) Absence d'acquisition de plein droit de la qualité de mis en examen au bénéfice de la personne nommément visée dans le réquisitoire du parquet. V. art. 113-6, al. 1er, p. 370.

11) Absence d'acquisition de plein droit de la qualité de mis en examen au bénéfice de la personne visée dans un mandat délivré par le juge d'instruction. V. art. 122, al. 7, p. 393. V. cependant art. 134, al. 3, p. 398.

B – Conditions de forme de la mise en examen

12) Audition préalable de l'intéressé. V. art. 113-1 et s., p. 368 et art. 116, p. 382.

II – SANCTION DES CONDITIONS DE LA MISE EN EXAMEN

13) Annulation de la mise en examen. Lorsqu'elle relève qu'il a été procédé à une mise en examen en l'absence d'indices graves ou concordants rendant vraisemblable que la personne mise en cause ait pu participer, comme auteur ou complice, à la commission de l'infraction dont le juge d'instruction est saisi, la chambre de l'instruction est tenue d'en prononcer l'annulation (■ Cass. crim., 1er oct. 2003, n° 03-82.909 : *Bull. crim.* n° 177 ; *JCP* G 2003, IV, 2892 ; *D.* 2004, 1845, M. Sanchez). Est irrecevable la requête aux fins d'annulation d'une mise en examen présentée sur le seul fondement de l'article 80-1, alinéa 1er, du Code de procédure pénale, qui permet à la personne concernée de saisir la chambre de l'instruction, en application des articles 173 et suivants du Code de procédure pénale, d'une telle requête pour défaut d'indices graves et concordants, lorsque le juge d'instruction a procédé à cette mise en examen en exécution d'un arrêt de la chambre de l'instruction ordonnant un supplément d'information (■ Cass. crim., 19 nov. 2013, nos 12-82.818, 12-82.849 et 12-82.850 : *Bull. crim.* n° 229).

14) Absence d'annulation de la mise en examen prononcée dans le cadre d'un supplément d'information. Est irrecevable la requête aux fins d'annulation d'une mise en examen présentée sur le fondement de l'article 80-1, alinéa 1er du Code de procédure pénale lorsque le juge d'instruction a procédé à cette mise en examen en exécution d'un arrêt de la chambre de l'instruction ordonnant un supplément d'information ; cette irrecevabilité ne porte une atteinte disproportionnée au droit au recours juridictionnel effectif, la personne mise examen ne pouvant être renvoyée devant la juridiction de jugement qu'après avoir bénéficié d'un débat contradictoire devant la chambre de l'instruction sur les charges retenues contre elle (■ Cass. crim., 11 déc. 2018, n° 18-82.854 : *D.* 2019, p. 1626, obs. J. Pradel).

15) Attribution de la qualité de témoin assisté à la personne dont la mise en examen a été annulée. V. art. 174-1, p. 571.

Lorsque la chambre de l'instruction annule une mise en examen pour violation de l'article 80-1 du Code de procédure pénale, la personne concernée est, en application de l'article 174-1 dudit code, considérée comme témoin assisté, au regard de cette infraction, à compter de son interrogatoire de première comparution et pour l'ensemble de ses interrogatoires ultérieurs, jusqu'à l'issue de l'information, sous réserve des dispositions des articles 113-6 et 113-8 du Code de procédure pénale (■ Cass. crim., 1er oct. 2003, préc.). C'est à tort que les juges énoncent que le demandeur doit être considéré comme témoin assisté, au regard des faits objet de la mise en examen annulée, à compter de l'arrêt d'annulation et non de l'interrogatoire de première comparution (■ Cass. crim., 26 avr. 2017, n° 17-81.316 : *Bull. crim.* n° 127).

Art. 80-1-1 *(L. n° 2007-291, 5 mars 2007)*. **– Sans préjudice de son droit de demander l'annulation de la mise en examen dans les six mois de sa première comparution, conformément aux articles 173, 173-1 et 174-1, la personne mise en examen peut au cours de l'information, selon les modalités prévues par l'avant-dernier alinéa de l'article 81, demander au juge d'instruction de revenir sur sa décision et de lui octroyer le statut de témoin assisté si elle estime que les conditions prévues par les premier et troisième alinéas de l'article 80-1 ne sont plus remplies.**

Cette demande peut être faite à l'issue d'un délai de six mois après la mise en examen et tous les six mois suivants.

Cette demande peut également être faite dans les dix jours qui suivent la notification d'une expertise ou un interrogatoire au cours duquel la personne est entendue sur les résultats d'une commission rogatoire ou sur les déclarations de la partie civile, d'un témoin, d'un témoin assisté ou d'une autre personne mise en examen.

Le juge d'instruction statue sur cette demande après avoir sollicité les réquisitions du ministère public.

Si le juge d'instruction fait droit à la demande, il informe la personne qu'elle bénéficie du statut de témoin assisté. Si la personne est détenue, le juge ordonne sa mise en liberté d'office.

Si le juge d'instruction estime que la personne doit rester mise en examen, il statue par ordonnance motivée faisant état des indices graves ou concordants justifiant sa décision.

1) Contestation de la validité de la mise en examen – Cadre juridique. La validité de la mise en examen ne peut être critiquée que dans le cadre des procédures engagées sur le fondement des articles 80-1-1 et 170 du Code de procédure pénale. Il en résulte que le contrôle de l'existence d'indices graves ou concordants rendant vraisemblable la participation de la personne mise en examen aux faits reprochés, opéré par la chambre de l'instruction à l'occasion du prononcé ou du maintien d'une mesure de sûreté, propre à la matière des mesures de sûreté, est sans incidence sur la validité de la mise en examen (■ Cass. crim., 27 janv. 2021, n° 20-85.990, § 16 : *JCP* G 2021, 408, note J.-Y. Maréchal ; *Dr. pén.* 2021, comm. 58, note A. Maron et M. Haas ; *Bull. crim.* à paraître ; *AJ pénal* 2021, 154, obs. J. Boudot).

2) Domaine d'application de l'article 80-1-1 du Code de procédure pénale. N'encourt pas la censure l'arrêt qui déclare irrecevable la requête formulée par un mis en examen, tendant, en application de l'article 80-1-1 du Code de procédure pénale, à l'octroi de la qualité de témoin assisté, dès lors que la contestation soulevée, arguant de la non-conformité du texte répressif appliqué aux règles de l'Union européenne, était étrangère au domaine d'application de l'article 80-1-1 précité, lequel a pour objet de revenir sur la décision de mise en examen si, au jour de la demande, les indices la justifiant n'existent plus (■ Cass. crim., 8 déc. 2009, n° 09-80.080 : *Bull. crim.* n° 207).

3) **Délai d'application de l'article 80-1-1 du Code de procédure pénale.** La personne mise en examen ne dispose, après que lui a été délivré l'avis de fin d'information, que des droits limitativement énumérés par l'article 175 du Code de procédure pénale, ce qui exclut la requête prévue à l'article 80-1-1 du même code tendant à l'octroi du statut de témoin assisté (■ Cass. crim., 16 juin 2020, n° 19-86.760, § 11 : *Bull. crim.* à paraître. ■ Cass. crim., 9 juin 2009, n° 09-82.269 : *Bull. crim.* n° 116 ; *Dr. pén.* 2010, chron. 1, obs. D. Guérin ; *Procédures* 2009, comm. 238, obs. J. Buisson).

4) **Absence de réponse du juge d'instruction.** Il se déduit des dispositions combinées des articles 6 de la Convention européenne des droits de l'Homme, 80-1-1, 81, dernier alinéa, et 186 du Code de procédure pénale que, faute par le juge d'instruction d'avoir statué, par une ordonnance motivée susceptible d'appel de plein droit, dans le délai d'un mois, sur la requête par laquelle un mis en examen lui demande de revenir sur sa décision et de lui octroyer le statut de témoin assisté, la partie concernée peut saisir directement la chambre de l'instruction. Encourt, dès lors, la cassation l'arrêt par lequel une chambre de l'instruction, au motif que l'article 81-1-1 du Code de procédure pénale ne prévoit ni délai pour statuer, ni recours, déclare irrecevable la requête par laquelle un mis en examen, en l'absence de réponse du juge d'instruction, entend la saisir de sa demande d'octroi du statut de témoin assisté (■ Cass. crim., 6 oct. 2015, n° 15-82.700 : *Bull. crim.* n° 216).

Art. 80-2 ***(Mod., L. n° 2000-516, 15 juin 2000 ; L. n° 2002-1138, 9 sept. 2002).*** **– Le juge d'instruction peut informer une personne par lettre recommandée qu'elle est convoquée, dans un délai qui ne peut être inférieur à dix jours ni supérieur à deux mois, pour qu'il soit procédé à sa première comparution dans les conditions prévues par l'article 116. Cette lettre indique la date et l'heure de la convocation. Elle donne connaissance à la personne de chacun des faits dont ce magistrat est saisi et pour lesquels la mise en examen est envisagée, tout en précisant leur qualification juridique. Elle fait connaître à la personne qu'elle a le droit de choisir un avocat ou de demander qu'il lui en soit désigné un d'office, ce choix ou cette demande devant être adressé au greffe du juge d'instruction. Elle précise que la mise en examen ne pourra intervenir qu'à l'issue de la première comparution de la personne devant le juge d'instruction.**

Le juge d'instruction peut également faire notifier cette convocation par un officier de police judiciaire. Cette notification comprend les mentions prévues à l'alinéa précédent ; elle est constatée par un procès-verbal signé par la personne qui en reçoit copie.

L'avocat choisi ou désigné est convoqué dans les conditions prévues par l'article 114 ; il a accès au dossier de la procédure dans les conditions prévues par cet article.

Domaine. Le formalisme de la convocation et de l'information prévu par l'article 80-2 du Code de procédure pénale ne s'applique pas au témoin assisté. Il en résulte que le juge d'instruction, qui envisage de mettre en examen un témoin assisté lors d'un interrogatoire en application de l'article 113-8 dudit code, n'a pas à l'en informer dans la convocation (■ Cass. crim., 26 mai 2021, n° 21-81.320, §§ 12 et 13 : *Bull. crim.* à paraître).

Art. 80-3 ***(Mod., L. n° 2004-204, 9 mars 2004).*** **– Dès le début de l'information, le juge d'instruction doit avertir la victime d'une infraction de l'ouverture d'une procédure, de son droit de se constituer partie civile et des modalités d'exercice de ce droit. Si la victime est mineure, l'avis est donné à ses représentants légaux.**

L'avis prévu à l'alinéa précédent indique à la victime qu'elle a le droit, si elle souhaite se constituer partie civile, d'être assistée d'un avocat qu'elle pourra choisir ou qui, à sa demande, sera désigné par le bâtonnier de l'ordre des avocats, en précisant que les frais seront à sa charge, sauf si elle remplit les conditions d'accès à l'aide juridictionnelle ou si elle bénéficie d'une assurance de protection juridique. Lorsque le juge d'instruction est informé par la victime qu'elle se constitue partie civile et qu'elle demande la désignation d'un avocat, il en informe sans délai le bâtonnier de l'ordre des avocats.

Art. 80-4 ***(L. n° 2002-1138, 9 sept. 2002).*** **– Pendant le déroulement de l'information pour recherche des causes de la mort ou des causes d'une disparition mentionnée aux articles 74 et 74-1, le juge**

d'instruction procède conformément aux dispositions du chapitre Ier du titre III du livre Ier. Les interceptions des correspondances émises par la voie des télécommunications sont effectuées sous son autorité et son contrôle dans les conditions prévues au deuxième alinéa de l'article 100 et aux articles 100-1 à 100-7. Les interceptions ne peuvent excéder une durée de deux mois renouvelable.

Les membres de la famille ou les proches de la personne décédée ou disparue peuvent se constituer partie civile à titre incident. Toutefois, en cas de découverte de la personne disparue, l'adresse de cette dernière et les pièces permettant d'avoir directement ou indirectement connaissance de cette adresse ne peuvent être communiquées à la partie civile qu'avec l'accord de l'intéressé s'il s'agit d'un majeur et qu'avec l'accord du juge d'instruction s'il s'agit d'un mineur ou d'un majeur protégé.

Art. 80-5 *(Créé, L. n° 2019-222, 23 mars 2019).* – **Lorsqu'il requiert l'ouverture d'une information, le procureur de la République peut, si la recherche de la manifestation de la vérité pour un crime ou un délit puni d'une peine supérieure ou égale à trois ans d'emprisonnement nécessite que les investigations en cours ne fassent l'objet d'aucune interruption, autoriser les officiers et agents de police judiciaire des services ou unités de police judiciaire qui étaient chargés de l'enquête à poursuivre les opérations prévues aux articles 706-95** ***[Par la décision du Conseil constitutionnel n° 2019-778 DC du 21 mars 2019, la référence "60-4" doit être remplacée par la référence "706-95"], [La référence "77-1-4" est déclarée non conforme à la Constitution par la décision du Conseil constitutionnel n° 2019-778 DC du 21 mars 2019.],*** **230-32 à 230-35, 706-80, 706-81, 706-95-1, 706-95-20, 706-96 et 706-102-1 pendant une durée ne pouvant excéder quarante-huit heures à compter de la délivrance du réquisitoire introductif. Cette autorisation fait l'objet d'une décision écrite, spéciale et motivée, qui mentionne les actes dont la poursuite a été autorisée.**

Le juge d'instruction peut à tout moment mettre un terme à ces opérations.

L'autorisation délivrée par le procureur de la République n'est versée au dossier de la procédure qu'en même temps que les procès-verbaux relatant l'exécution et constatant l'achèvement des actes dont la poursuite a été autorisée et qui ont, le cas échéant, été prolongés par le juge d'instruction. (1)

1) Conformité à la Constitution sous réserve d'interprétation – Poursuite des actes d'enquête. L'article 80-5 permettant, sur autorisation du procureur de la République, la poursuite de certains actes d'enquête postérieurement à l'ouverture d'une information judiciaire ne méconnaît ni la liberté individuelle, ni les articles 9 et 16 de la Déclaration de 1789, ni aucune autre exigence constitutionnelle dès lors que qu'il vise à éviter que certains actes d'enquête soient interrompus du seul fait de l'ouverture d'une information judiciaire, que la prolongation des actes d'enquête ne peut être autorisée par le procureur de la République, pour une durée maximale de quarante-huit heures à compter de l'ouverture de l'information, que si la recherche de la manifestation de la vérité pour un crime ou un délit puni d'une peine supérieure ou égale à trois ans d'emprisonnement nécessite que les investigations en cours ne fassent l'objet d'aucune interruption, que cette autorisation doit faire l'objet d'une décision écrite, spéciale et motivée, qui mentionne les actes dont la poursuite est ainsi permise et que le juge d'instruction peut à tout moment mettre un terme à ces opérations. Toutefois, pour les actes d'enquête qui sont subordonnés à une autorisation préalable du juge des libertés et de la détention, la prolongation permise par les dispositions contestées ne saurait, sans méconnaître le droit au respect de la vie privée, l'inviolabilité du domicile et le secret des correspondances, conduire à excéder la durée initialement fixée par le juge des libertés et de la détention. Sous cette réserve, le premier alinéa de l'article 80-5 du Code de procédure pénale est conforme à la Constitution (■ Cons. const. 21 mars 2019, n° 2019-778 DC).

2) Non-conformité partielle à la Constitution – Actes d'enquête poursuivis. La référence « 77-1-4 » figurant à l'article 80-5 du Code de procédure pénale doit être déclarée contraire à la Constitution et la référence « 60-4 » doit être remplacée par la référence « 706-95 ». En effet, en autorisant, aux articles 60-4 et 77-1-4 du Code de procédure

(1) Par décision du Conseil constitutionnel n° 2019-778 DC du 21 mars 2019, le premier alinéa de l'article 80-5 du Code de procédure pénale, dans sa rédaction issue de l'article 53 de la loi du 22 mars 2019 a été déclaré conforme à la Constitution sous la réserve suivante : pour les actes d'enquête qui sont subordonnés à une autorisation préalable du juge des libertés et de la détention, la prolongation permise par les dispositions contestées ne saurait, sans méconnaître le droit au respect de la vie privée, l'inviolabilité du domicile et le secret des correspondances, conduire à excéder la durée initialement fixée par le juge des libertés et de la détention.

pénale, le recours à des mesures d'interception de correspondances émises par voie de communications électroniques pour des infractions ne présentant pas nécessairement un caractère de particulière gravité et complexité, sans assortir ce recours des garanties permettant un contrôle suffisant par le juge du maintien du caractère nécessaire et proportionné de ces mesures durant leur déroulé, le législateur n'a pas opéré une conciliation équilibrée entre l'objectif de valeur constitutionnelle de recherche des auteurs d'infractions et le droit au respect de la vie privée et le secret des correspondances (■ Cons. const. 21 mars 2019, n° 2019-778 DC).

Art. 81 (1) *(Mod., L. n° 2019-222, 23 mars 2019).* **– Le juge d'instruction procède, conformément à la loi, à tous les actes d'information qu'il juge utiles à la manifestation de la vérité. Il instruit à charge et à décharge.**

Il est établi une copie de ces actes ainsi que de toutes les pièces de la procédure ; chaque copie est certifiée conforme par le greffier ou l'officier de police judiciaire commis mentionné à l'alinéa 4. Toutes les pièces du dossier sont cotées par le greffier au fur et à mesure de leur rédaction ou de leur réception par le juge d'instruction.

Toutefois, si les copies peuvent être établies à l'aide de procédés photographiques ou similaires, elles sont exécutées à l'occasion de la transmission du dossier. Il en est alors établi autant d'exemplaires qu'il est nécessaire à l'administration de la justice. Le greffier certifie la conformité du dossier reproduit avec le dossier original. Si le dessaisissement momentané a pour cause l'exercice d'une voie de recours, l'établissement des copies doit être effectué immédiatement pour qu'en aucun cas ne soit retardée la mise en état de l'affaire prévue à l'article 194.

Si le juge d'instruction est dans l'impossibilité de procéder lui-même à tous les actes d'instruction, il peut donner commission rogatoire aux officiers de police judiciaire afin de leur faire exécuter tous les actes d'information nécessaires dans les conditions et sous les réserves prévues aux articles 151 et 152.

Le juge d'instruction doit vérifier les éléments d'information ainsi recueillis.

Le juge d'instruction procède ou fait procéder soit par des officiers de police judiciaire, conformément à l'alinéa 4, soit par toute personne habilitée dans les conditions déterminées par décret en Conseil d'État, à une enquête sur la personnalité des personnes mises en examen, ainsi que sur leur situation matérielle, familiale ou sociale. Toutefois, en matière de délit, cette enquête est facultative.

Le juge d'instruction peut également commettre, une personne habilitée en application du sixième alinéa, le service pénitentiaire d'insertion et de probation ou le service de la protection judiciaire de la jeunesse à l'effet de vérifier la situation matérielle, familiale et sociale d'une personne mise en examen et de l'informer sur les mesures propres à favoriser l'insertion sociale de l'intéressée. À moins qu'elles n'aient été déjà prescrites par le ministère public, ces diligences doivent être prescrites par le juge d'instruction chaque fois qu'il envisage de saisir le juge des libertés et de la détention aux fins de placement en détention provisoire de la personne mise en examen lorsque la peine encourue n'excède pas cinq ans d'emprisonnement.

Le juge d'instruction peut prescrire un examen médical, un examen psychologique ou ordonner toutes mesures utiles.

S'il est saisi par une partie d'une demande écrite et motivée tendant à ce qu'il soit procédé à l'un des examens ou à toutes autres mesures utiles prévus par l'alinéa qui précède, le juge d'instruction doit, s'il n'entend pas y faire droit, rendre une ordonnance motivée au plus tard dans le délai d'un mois à compter de la réception de la demande.

La demande mentionnée à l'alinéa précédent doit faire l'objet d'une déclaration au greffier du juge d'instruction saisi au dossier. Elle est constatée et datée par le greffier qui la signe ainsi que le demandeur ou son avocat. Si le demandeur ne peut signer, il en est fait mention par le greffier. La déclaration au greffier peut également être faite au moyen d'une lettre recommandée avec demande d'avis de réception. Lorsque la personne mise en examen est détenue, la demande peut également être faite au moyen d'une déclaration auprès du chef de l'établissement pénitentiaire. Cette déclaration est constatée et datée par le chef de l'établissement pénitentiaire qui la signe, ainsi que le demandeur. Si celui-ci ne peut signer, il en est fait mention par le chef de l'établissement. Ce document est adressé sans délai, en original ou copie et par tout moyen, au greffier du juge d'instruction.

(1) Dispositions particulières ou dérogatoires résultant de l'état d'urgence sanitaire dû à l'épidémie de covid-19 : V. Ord. n° 2020-303 du 25 mars 2020. – NDLR.

Faute par le juge d'instruction d'avoir statué dans le délai d'un mois, la partie peut saisir directement le président de la chambre de l'instruction, qui statue et procède conformément aux troisième, quatrième et cinquième alinéas de l'article 186-1.

Voir : sur les examens médical et médico-psychologique, art. R. 15-34 et s., p. 1946 et art. D. 16 et s., p. 2151, sur la copie numérisée du dossier, art. D. 15-7, p. 2151.

• *Sommaire*

I – FACULTÉ DE PROCÉDER, CONFORMÉMENT À LA LOI, À TOUS LES ACTES D'INFORMATION UTILES À LA MANIFESTATION DE LA VÉRITÉ (AL. 1)

A – Manifestations

1° *Liberté du juge d'instruction quant à la détermination des actes à accomplir*

1) Faculté de procéder à des actes non expressément prévus par la loi – Écoutes téléphoniques antérieurement à la loi du 10 juillet 1991. Dès lors que l'article 81 du Code de procédure pénale habilite le juge d'instruction à procéder à tous actes d'information jugés par lui utiles à la manifestation de la vérité, la mise sur écoutes téléphoniques du domicile d'un inculpé, à laquelle il a été procédé sur commission rogatoire du juge d'instruction, ne saurait constituer une cause de nullité de la procédure lorsque cette mesure d'investigation a été exécutée sous le contrôle de ce magistrat sans artifice ni stratagème et que rien ne permet d'établir que ce procédé ait eu pour résultat de compromettre les conditions des droits de la défense (■ Cass. crim., 9 oct. 1980, n° 80-93.140 : *Bull. crim.* n° 255 ; *D.* 1981, 332, note J. Pradel ; *JCP* G 1981, II, 19578, note di Marino ; *RSC* 1981, 144, obs. Robert et 879, obs. G. Levasseur).

2) Faculté de procéder à des actes non expressément prévus par la loi – Sonorisation antérieurement à la loi du 9 mars 2004. Par application des articles 81, alinéa 1er, 151 et 152 du Code de procédure pénale, le juge d'instruction peut prescrire, par commission rogatoire, l'écoute et l'enregistrement des conversations tenues par la personne mise en examen au parloir de la maison d'arrêt pourvu que ces mesures aient lieu sous son contrôle et dans des conditions ne portant pas atteinte aux droits de la défense (■ Cass. crim., 12 déc. 2000, n° 00-83.852 : *Bull. crim.* n° 369).

3) Faculté de procéder à des actes non expressément prévus par la loi – Géolocalisation antérieurement à la loi du 28 mars 2014. Caractérise la prévisibilité et l'accessibilité de la loi, et la proportionnalité de l'ingérence réalisée dans l'exercice, par les personnes concernées, du respect de leur vie privée, au regard de l'article 8 § 2 de la Convention européenne des droits de l'Homme, la chambre de l'instruction qui retient, d'une part, que l'apposition sur un véhicule automobile d'un dispositif technique dit de « géolocalisation » a pour fondement l'article 81 du Code de procédure pénale et, d'autre part, que la surveillance a été effectuée sous le contrôle d'un juge et que, s'agissant d'un trafic de stupéfiants en bande organisée portant gravement atteinte à l'ordre public et à la santé publique, elle était proportionnée au but poursuivi et nécessaire, au sens du texte conventionnel susvisé (■ Cass. crim., 22 nov. 2011, n° 11-84.308 : *Bull. crim.* n° 234 ; *Dr. pén.* 2012, comm. 12, note A. Maron et M. Haas ; *Procédures* 2012, comm. 18, note A.-S. Chavent-Leclère). Justifie sa décision au regard de l'article 8 de la Convention européenne des droits de l'Homme, la chambre de l'instruction qui, pour écarter le moyen de nullité pris du défaut de fondement légal de la mise en place, par les opérateurs de téléphonie, d'un dispositif technique, dit de « géolocalisation », permettant, à partir du suivi des téléphones de M. X..., de surveiller ses déplacements en temps réel, retient, notamment, que cette surveillance, fondée sur l'article 81 du Code de procédure pénale, répond aux exigences de prévisibilité et d'accessibilité de la loi et qu'elle a été effectuée sous le contrôle d'un juge constituant une garantie suffisante contre l'arbitraire (■ Cass. crim., 22 oct. 2013, n° 13-81.945). Justifie sa décision la chambre de l'instruction qui, pour écarter le moyen de nullité pris de ce que le juge d'instruction n'a pas expressément autorisé la mise en œuvre de la géolocalisation critiquée, retient que, d'une part, cette mesure a été exécutée sur le fondement l'article 81 du Code de procédure pénale, lequel répond aux exigences de prévisibilité et d'accessibilité de la loi imposées par la Cour européenne des droits de l'homme et que, d'autre part, elle a été effectuée sous le contrôle du juge et pour un temps limité (■ Cass. crim., 6 janv. 2015, n° 14-85.528).

4) Faculté de procéder à des actes non expressément prévus par la loi – Illustrations. Justifie sa décision la chambre d'accusation qui, pour écarter une requête en nullité, énonce que « le dispositif de surveillance dont Jean-Pierre X... a fait l'objet lors de son hospitalisation n'est pas assimilable à une arrestation ou à une privation de liberté contraire à l'article 5 de la Convention européenne des droits de l'Homme dans la mesure où, d'une part, il a été ordonné par le juge d'instruction, sur commission rogatoire, dans le cadre des pouvoirs qu'il tient de l'article 81, alinéa 1er, du Code de procédure pénale et où, d'autre part, il a consisté en un contrôle de l'identité des personnes extérieures au service où était hospitalisé Jean-Pierre X... » (■ Cass. crim., 11 juill. 1994, n° 94-82.220 : *Bull. crim.* n° 273 ; *Dr. pén.* 1994, comm. 246, note A. Maron). Le juge d'instruction tient des articles 81, alinéa premier, 151 et 152 du Code de procédure pénale le pouvoir de prescrire, en vue de la constatation des infractions, tous les actes d'information utiles à la manifestation de la vérité, y compris l'enregistrement de conversations privées, pourvu que, comme en l'espèce, ces mesures aient lieu sous son contrôle et dans des conditions ne portant pas atteinte aux droits de la défense (■ Cass. crim., 23 nov. 1999, n° 99-82.658 : *Bull. crim.* n° 269). Un magistrat instructeur peut, sur le fondement de l'article 81 du Code de procédure pénale, ordonner une expertise consistant exclusivement à révéler les caractères morphologiques apparents de l'auteur inconnu d'un crime à partir de l'ADN que celui-ci avait laissé sur les lieux, à seule fin de faciliter son identification (■ Cass. crim., 25 juin 2014, n° 13-87.493 : *Procédures* 2014, comm. 251, note A.-S. Chavent-Leclère). Si le juge d'instruction tire de l'article 81 du Code de procédure pénale, interprété à la lumière de l'article 8 de la Convention européenne des droits de l'Homme, le pouvoir de faire procéder à une vidéo-surveillance sur la voie publique aux fins de rechercher des preuves des infractions dont il est saisi, à l'encontre des personnes soupçonnées de les avoir commises, une telle ingérence dans la vie privée présentant, par sa nature même, un caractère limité et étant proportionnée au regard de l'objectif poursuivi, il doit résulter des pièces de l'information que la mesure a été mise en place sous le contrôle effectif de ce magistrat et selon les modalités qu'il a autorisées (■ Cass. crim., 11 déc. 2018, n° 18-82.365 : *Bull. crim.* n° 211 ; *RSC* 2019, p. 417, F. Cordier. ■ Cass. crim., 18 juin 2019, n° 18-86.421 : *Bull. crim.* à paraître. ■ Cass. crim., 9 sept. 2019, n° 18-86.421 : *Dr. pén.* 2019, comm. 158, note A. Maron et M. Haas) ; méconnaît ce principe la chambre de l'instruction qui écarte l'exception de nullité alors qu'il ne résulte d'aucune des pièces de la procédure que, préalablement à la mise en place de la vidéo-surveillance critiquée, le magistrat instructeur ait autorisé les officiers de police judiciaire, auxquels il avait délivré une commission rogatoire rédigée en des termes généraux, à y procéder et qu'il en ait fixé la durée et le périmètre (■ Cass. crim., 11 déc. 2018, préc.) ; doit en revanche être approuvée la chambre de l'instruction qui rejette l'exception d'illégalité dès lors que la mesure de vidéo-surveillance a été mise en place sous le contrôle effectif du juge d'instruction et selon les modalités qu'il a autorisées, ayant été spécialement autorisée par ce magistrat à qui il a été régulièrement rendu compte de l'état d'avancement des investigations, ce contrôle lui permettant d'apprécier la nécessité de son maintien (■ Cass. crim., 18 juin 2019, préc. ■ Cass. crim., 9 sept. 2019, préc.).

5) Faculté de procéder à des actes non expressément prévus par la loi – Autres illustrations. V. égal., mais sans référence expresse à l'article 81 du Code de procédure pénale, aucune disposition de la loi ne s'oppose à ce que le juge d'instruction procède, hors la présence de l'inculpé ou de son conseil, à un transport sur les lieux, à des vérifications matérielles ou à une reconstitution du crime ou du délit (■ Cass. crim., 8 déc. 1976, n° 76-90.868 : *Bull. crim.* n° 353) ; aucune disposition de la loi n'interdit, au cours de l'information, la confrontation de témoins entre eux (■ Cass. crim., 18 juin 1985 : *Bull. crim.* n° 232).

6) Faculté de procéder à des actes non expressément prévus par la loi – Limite : précision et clarté de la règle pénale. V. s'agissant de la sonorisation antérieurement à la loi du 9 mars 2004 : La Cour considère que dans le domaine des enregistrements des conversations tenues dans les parloirs des prisons, le droit français n'indique pas avec assez de clarté la possibilité d'ingérence par les autorités dans la vie privée des détenus, ainsi que l'étendue et les modalités d'exercice de leur pouvoir d'appréciation dans ce domaine (■ CEDH, 20 déc. 2005, n° 71611/01, *Wisse c/ France*).

2° Liberté du juge d'instruction quant à la motivation de ses décisions

7) Absence d'obligation de motivation à défaut de prévision de la loi. Fait l'exacte application des articles 81, 100 et suivants du Code de procédure pénale, la chambre d'accusation qui, pour rejeter la demande d'annulation d'actes de la procédure fondée sur l'irrégularité de commissions rogatoires prescrivant des écoutes téléphoniques, faute pour le juge d'instruction d'avoir indiqué les raisons nécessitant cette mesure, énonce que le juge d'instruction peut procéder à tous les actes d'information qu'il juge utiles sans avoir à motiver spécialement sa décision (▪ Cass. crim., 13 oct. 1999, n° 96-80.774 : *Bull. crim.* n° 219 ; *Procédures* 2000, comm. 74, obs. J. Buisson).

3° Liberté du juge d'instruction quant à l'exploitation des mesures d'instruction

8) Mesure accomplie dans le cadre d'une autre procédure. Aucune disposition conventionnelle ou légale n'interdit au juge d'instruction, agissant en application de l'article 81 du Code de procédure pénale, d'exploiter dans le cadre d'une procédure pénale une mesure de sonorisation ordonnée dans le cadre d'une autre procédure (▪ Cass. crim., 11 mai 2021, n°s 20-82.415 et 20-86.182, § 53 : *Bull. crim.* à paraître).

4° Autonomie du juge d'instruction quant à la conduite de l'instruction

9) Autonomie à l'égard de la chambre de l'instruction. Il résulte de la combinaison des articles 81, alinéa 1er, et 207, alinéa 2, du Code de procédure pénale que, lorsque, en toute autre matière que la détention provisoire, la chambre d'accusation infirme une ordonnance du juge d'instruction et que, n'usant pas de la faculté d'évoquer, elle renvoie le dossier au juge d'instruction ou à tel autre afin de poursuivre l'information, elle ne peut, sans excès de pouvoir, lui donner d'injonction quant à la conduite de l'information (▪ Cass. crim., 17 nov. 1998, n° 98-81.717 : *Bull. crim.* n° 301. ▪ Cass. crim., 25 juin 1996, n° 96-81.239). V. égal. au visa desart. 204 et 205, p. 669, Une chambre d'accusation, qui estime nécessaire l'inculpation d'une personne désignée dans la procédure, ne peut qu'ordonner un supplément d'information dans les conditions déterminées par les articles 204 et 205 du Code de procédure pénale et non enjoindre à un juge d'instruction d'inculper cette personne (▪ Cass. crim., 13 févr. 1984, n° 82-93.814 : *Bull. crim.* n° 50).

B – Limites

10) Limite à la liberté du juge d'instruction – Saisine *in rem*. Les pouvoirs accordés au juge d'instruction par l'article 81, alinéa 1er, du Code de procédure pénale et qui lui permettent de procéder, conformément à la loi, à tous les actes d'information qu'il juge utiles à la manifestation de la vérité, sont limités aux seuls faits dont il est régulièrement saisi en application des articles 80 et 86 de ce code (▪ Cass. crim., 30 mai 1996, n° 95-85.954 : *Bull. crim.* n° 226 ; *Dr. pén.* 1996, comm. 169 et 174, note A. Maron. ▪ Cass. crim., 28 sept. 2005, n° 05-84.495 ; *Bull. crim.* n° 246. ▪ Cass. crim., 8 juin 2017, n° 17-8.0709 : *Bull. crim.* à paraître). Sur les pouvoirs du juge d'instruction en cas de découverte de faits nouveaux, V. annotations ss art. 80, p. 283.

11) Limite à la liberté du juge d'instruction – Obligation de procéder à certains actes. V. s'agissant de l'obligation de procéder à une enquête de personnalité, art. 81, al. 6, p. 294 et annotations, de l'obligation d'entendre la personne mise en examen, art. 82-1, al. 3, p. 304, de procéder à la mise en examen en cas d'indices graves et concordants, art. 105, p. 362.

12) Limite à la liberté du juge d'instruction – Obligation d'instruire à charge et à décharge. Il résulte de l'article 6, § 1, de la Convention européenne des droits de l'Homme, ensemble les articles préliminaire et 81 du Code de procédure pénale que le juge d'instruction doit effectuer tous les actes qu'il juge utiles à la manifestation de la vérité en veillant à l'équilibre des droits des parties et au caractère équitable de la procédure et en instruisant, de façon impartiale, à charge et à décharge ; est entachée de nullité la commission rogatoire délivrée par le juge d'instruction et ne visant qu'à établir les seuls éléments à charge des infractions poursuivies (▪ Cass. crim., 26 avr. 2017, n° 16-86.840 : *Bull. crim.* n° 128 ; *Dr. pén.* 2017, comm. 98, note A. Maron).

13) Limite à la liberté du juge d'instruction – Obligation de loyauté. Si le juge d'instruction peut, en application de l'article 81 du Code de procédure pénale, procéder ou faire procéder à tous actes d'information utiles à la manifestation de la vérité, encore faut-il qu'il se conforme aux dispositions légales relatives au mode d'administration des preuves. Viole les dispositions légales relatives au mode d'administration des preuves et compromet ainsi l'exercice des droits de la défense l'audition effectuée par les gendarmes, sur commission rogatoire, d'un témoin placé, avec son consentement, sous hypnose, par un expert désigné par le juge d'instruction (▪ Cass. crim., 12 déc. 2000, n° 00-83.852 : *Bull. crim.* n° 369 : *JCP* G 2001, II, 10495, note C. Puigelier ; *D.* 2001, 1340, note D. Mayer et J.-F. Chassaing ; *Dr. pén.* 2001, comm. 38, note A. Maron). Ne porte pas atteinte au principe de loyauté des preuves l'exploitation, par le juge d'instruction, des interceptions, dûment autorisées, des communications passées clandestinement par un mis en examen à partir de son lieu de détention, dès lors que le recueil de ces preuves a été obtenu sans actes positifs de l'autorité publique susceptibles de caractériser un stratagème constituant un procédé déloyal (■ Cass. crim., 14 avr. 2015, n° 14-87.914 : *JCP* G 2015, 789, note O. Décima). Au cours d'une mesure de garde à vue, le placement, durant les périodes de repos séparant les auditions, de deux personnes retenues dans des cellules contiguës préalablement sonorisées, de manière à susciter des échanges verbaux qui seraient enregistrés à leur insu pour être utilisés comme preuve, constitue un procédé déloyal d'enquête mettant en échec le droit de se taire et celui de ne pas s'incriminer soi-même et portant atteinte au droit à un procès équitable (■ Cass. ass. plén., 6 mars 2015, n° 14-84.339 : *JCP* G 2015, 558, note E. Bonis-Garçon)

14) Limite à la liberté du juge d'instruction – Absence d'obligation de respecter le secret professionnel. L'obligation de garder le secret des faits dont il a eu connaissance dans l'exercice de sa profession, que l'article 378 du Code pénal impose au médecin, ne met pas obstacle à ce que le juge d'instruction procède à la saisie de tous documents, pièces ou objets utiles à la manifestation de la vérité, les pouvoirs que ce magistrat tient de l'article 81 du Code de procédure pénale ne souffrant en principe aucune restriction (■ Cass. crim., 24 avr. 1969, n° 68-93.507 : *Bull. crim.* n° 145 ; *JCP* 1969, jurispr. 637, rapp. F. Chapar). En vertu des articles 81, 156 et suivants du Code de procédure pénale, le juge d'instruction peut ordonner une expertise ayant pour objet des constatations d'ordre technique nécessitant la communication et l'examen de pièces utiles à la manifestation de la vérité, sans que les dispositions relatives au secret imposé aux professionnels de santé ne fassent obstacle à la désignation d'un expert pharmacien pour examiner un dossier contenant des renseignements médicaux, détenu par une fédération sportive investie de prérogatives de puissance publique en matière de lutte contre le dopage (■ Cass. crim., 24 nov. 2015, n° 15-83.349). L'obligation imposée au commissionnaire agréé de garder le secret des faits dont il a eu connaissance dans l'exercice de sa profession ne met pas obstacle à ce que le juge d'instruction procède à la saisie de tous documents, pièces ou objets utiles à la manifestation de la vérité, les pouvoirs que ce magistrat tient de l'article 81 du Code de procédure pénale ne souffrant en principe aucune restriction (■ Cass. crim., 23 mars 1977, n° 75-92.170 : *Bull. crim.* n° 109). En vertu de l'article 81 du Code de procédure pénale, l'obligation imposée aux ministres du culte de garder le secret des faits dont ils ont connaissance dans l'exercice de leur ministère ne fait pas obstacle à ce que le juge d'instruction procède à la saisie de tous documents pouvant être utiles à la manifestation de la vérité (■ Cass. crim., 17 déc. 2002, n° 02-83.679 : *Bull. crim.* n° 231).

15) Limite à la liberté du juge d'instruction – Obligation exceptionnelle de respecter le secret professionnel de l'avocat. Si le juge d'instruction est, selon l'article 96 du Code de procédure pénale, investi du pouvoir de saisir les objets et documents utiles à la manifestation de la vérité, ce pouvoir trouve sa limite dans le principe de la libre défense, qui domine toute la procédure pénale et qui commande de respecter les communications confidentielles des inculpés avec les avocats qu'ils ont choisis ou veulent choisir comme défenseurs ; la saisie des correspondances échangées entre un avocat et son client ne peut, à titre exceptionnel, être ordonnée ou maintenue qu'à la condition que les documents saisis soient de nature à établir la preuve de la participation de l'avocat à une infraction (■ Cass. crim., 12 mars 1992, n° 91-86.843 : *Bull. crim.* n° 112. ■ Cass. crim., 18 juin 2003, n° 03-81.979 : *Bull. crim.* n° 129).

16) Limite à la liberté du juge d'instruction – Encadrement des investigations susceptibles de porter atteinte au secret professionnel. V. s'agissant du secret professionnel des avocats, notaires, huissiers et médecins, art. 96, p. 335 et art. 99-3, p. 348, s'agissant du secret des sources journalistiques, V. L. 29 juill. 1881, art. 2, s'agissant du secret militaire, art. 698-3, p. 1464.

17) Limite à la liberté du juge d'instruction – Secret des délibérés. Le secret du délibéré constituant un principe indissociable des fonctions juridictionnelles, en tant que garantie de l'indépendance des juges et d'un procès équitable, il se déduit de l'article 6, § 1, de la Convention européenne des droits de l'Homme ainsi que des principes généraux du droit que l'atteinte que représente la saisie par un juge d'instruction de documents couverts par ce secret ne saurait être justifiée qu'à la condition qu'elle constitue une mesure nécessaire à l'établissement de la preuve d'une infraction pénale (■ Cass. crim., 22 mars 2016, n° 15-83.207 : *Dr. pén.* 2016, comm. 86, A. Maron et M. Haas).

II – TENUE DU DOSSIER DE L'INSTRUCTION (AL. 2 ET 3)

Voir : sur la copie numérisée du dossier, art. D. 15-7, p. 2151.

18) Certification des copies. Une photocopie sur laquelle n'est pas apposée la signature originale de l'auteur de l'acte et qui n'est pas certifiée conforme par le greffier est dépourvue de caractère authentique (▪ Cass. ass. plén., 17 juin 1988 : *Bull. crim.* n° 276). L'inobservation des prescriptions des articles 81, alinéas 2 et 3 du Code de procédure pénale ne saurait entraîner de nullité de procédure lorsque, comme en l'espèce, aucune atteinte n'a été portée aux intérêts de la partie concernée ni aux droits de la défense (▪ Cass. crim., 29 juill. 1989, n°s 89-83.113 et 89-83.114 : *Bull. crim.* n° 298).

19) Cotation des pièces. La cotation des pièces de la procédure postérieures à l'arrêt du 16 mai 1988 n'incombait pas au greffier du juge d'instruction, mais au greffier de la chambre d'accusation, en application des dispositions de l'article 586 du Code de procédure pénale, dont la méconnaissance, aussi regrettable soit-elle, ne saurait entraîner aucune nullité, dès lors qu'il n'est pas établi que le dossier transmis à la Cour de cassation serait incomplet, et qu'aucune observation sur la teneur du dossier mis à la disposition du conseil de l'inculpé n'a été faite par lui devant la chambre d'accusation (▪ Cass. crim., 18 juin 1991, n° 91-82.028 : *Bull. crim.* n° 263).

20) Cotation tardive. La cotation tardive d'un rapport d'enquête de la direction nationale des enquêtes fiscales, dont la chambre de l'instruction relève qu'aucune disposition légale n'impose au juge d'instruction de le faire figurer en procédure, n'est pas de nature à faire naître un doute objectivement justifié sur l'impartialité du magistrat ou à caractériser un comportement déloyal procédant de la volonté de porter atteinte aux droits de la défense (▪ Cass. crim., 7 août 2019, n° 18-86.418 : *Bull. crim.* à paraître).

21) Cotation – Sanction. La circonstance que, contrairement aux prescriptions du deuxième alinéa de l'article 81 du Code de procédure pénale, les pièces du dossier n'aient pas été cotées au fur et à mesure de leur rédaction ou de leur réception par le juge d'instruction n'est pas, en soi, une cause de nullité de la procédure (▪ Cass. crim., 11 mai 2021, n°s 20-82.415 et 20-86.182, § 38 : *Bull. crim.* à paraître).

III – DOSSIER DE PERSONNALITÉ (AL. 6 ET S.)

Voir : art. R. 15-34 et s., p. 1946 et art. D. 16 et s., p. 2151.

22) Enquête de personnalité – Caractère facultatif. La disposition de l'article 81, alinéa 5 (devenu al. 6) ne déroge pas à la règle fondamentale d'après laquelle les juridictions d'instruction ont le droit et le devoir de clore leur enquête lorsqu'elles estiment que celle-ci est complète ; en conséquence, lorsqu'il n'a pas été procédé à l'enquête de personnalité, il n'y a pas lieu à ordonner un supplément d'information si la juridiction estime suffisants les renseignements dont elle dispose sur la personnalité de l'inculpé (▪ Cass. crim., 29 avr. 1960 : *Bull. crim.* n° 223. ▪ Cass. crim., 1er déc. 1960 : *Bull. crim.* n° 566 ; *D.* 1961, jurispr. p. 385, note M.R.M.P.). La disposition de l'article 81, alinéa 5 ne déroge pas à la règle fondamentale d'après laquelle les juridictions d'instruction ont le droit et le devoir de clore leur enquête lorsqu'elles estiment que celle-ci est complète ; il suit de là que le juge d'instruction et la chambre d'accusation, de même qu'ils auraient eu le devoir de prescrire toutes mesures nouvelles d'information s'ils s'étaient estimés insuffisamment renseignés sur la personnalité de l'inculpé, ont pu ainsi considérer que les renseignements dont ils disposaient à cet égard étaient suffisants, en l'état du dossier (▪ Cass. crim., 7 nov. 1989 : *Bull. crim.* n° 399).

23) Enquête de personnalité – Nature. L'enquête de personnalité prévue par l'article 81 du Code de procédure pénale n'a pas pour objet l'examen de questions techniques et ne constitue pas une expertise au sens des articles 156 et suivants du Code de procédure pénale ; il n'importe à cet égard que l'intéressé ait été cité en qualité d'expert (▪ Cass. crim., 17 janv. 1990, n° 89-83.876 : *Bull. crim.* n° 31. ▪ Cass. crim., 27 mai 1981 : *Bull. crim.* n° 175 ; *D.* 1983, jurispr. p. 63, note F. Chapar).

24) Enquête de personnalité – Respect des droits de la défense. Il résulte des articles 6 de la Convention européenne des droits de l'Homme, 81, alinéa 6, D. 16 du Code de procédure pénale, ensemble l'article 114 de ce code que, si l'enquêteur désigné par le juge d'instruction pour faire rapport sur la personnalité et la situation matérielle, familiale ou sociale de la personne mise en examen peut, à cette fin, s'entretenir avec celle-ci, hors la présence de son avocat et sans que ce dernier ait été appelé, il ne peut lors de cet entretien recueillir aucune déclaration de l'intéressé sur les faits qui lui sont reprochés (▪ Cass. crim., 12 avr. 2016, n° 15-86.298 : *Procédures* 2016, comm. 211, note A.-S. Chavent-Leclère).

25) Examen médico-psychologique – Nature. À la différence de l'enquête de personnalité définie à l'article 81, alinéa 6 du Code de procédure pénale, l'examen médico-psychologique prévu par le dernier alinéa (devenu al. 8) du même article constitue une mesure d'expertise au sens des articles 156 et suivants du Code de procédure pénale ; par conséquent, les personnes ayant procédé à cet examen au cours de l'instruction préparatoire doivent, lorsqu'elles sont entendues à l'audience, prêter le serment exigé des experts (▪ Cass. crim., 28 janv. 1969, n° 68-92.493 : *Bull. crim.* n° 50. ▪ Cass. crim., 3 oct. 1979, n° 79-90.341 : *Bull. crim.* n° 270).

26) Autres mesures utiles – Nature des mesures. L'article 81 du Code de procédure pénale autorise le juge d'instruction à confier, à l'expert qu'il estime compétent, toute mesure qu'il croit utile à la manifestation de la vérité, notamment une expertise graphologique (▪ Cass. crim., 26 juill. 1993, n° 93-82.272). Est recevable au titre de l'article 81, alinéa 9 du Code de procédure pénale, la requête par laquelle le mis en examen, invoquant son ignorance du français et son impécuniosité, a demandé au magistrat instructeur que lui soit désigné un interprète (▪ Cass. crim., 6 déc. 1994, n° 94-84.235 : *Bull. crim.* n° 394 ; *Dr. pén.* 1995, comm. 74, note A. Maron). Antérieurement à la loi n° 2016-731 du 3 juin 2016 ayant introduit l'article 706-56-1-1 du Code de procédure pénale, les articles 81, 706-54 et suivants dudit code permettaient au juge d'instruction d'ordonner une expertise ayant pour objet l'identification et la recherche des auteurs des crimes et délits mentionnés par l'article 706-55 dudit code en sélectionnant, par une comparaison avec le profil génétique identifié comme étant celui de l'auteur de l'infraction, parmi les personnes enregistrées dans la base de données, celles qui étaient susceptibles de lui être apparentées en ligne directe, la liste proposée pouvant exceptionnellement comporter des collatéraux de l'auteur recherché, du fait que leurs profils génétiques auraient des caractéristiques analogues à celles d'ascendants ou de descendants (▪ Cass. crim., 28 juin 2017, n° 17-80.055 : *Bull. crim.* à paraître).

27) Demande d'actes – Actes autres que relatifs à la personnalité. V. s'agissant de la demande d'audition, d'interrogatoire, de confrontation, de transport sur les lieux, de production d'une pièce utile à l'information ou de tous autres actes nécessaires à la manifestation de la vérité, art. 82-1, p. 304, s'agissant de la demande d'assistance de l'avocat à la réalisation de l'acte sollicité, art. 82-2, p. 306 et s'agissant des expertises compléments d'expertise et contre-expertise, art. 156, p. 527 et art. 167, p. 539.

28) Demande d'actes relatifs à la personnalité – Forme de la demande. Selon l'article 81, alinéa 10, du Code de procédure pénale, une partie ne peut saisir le juge d'instruction d'une demande d'actes complémentaires que par déclaration au greffier ou, si elle-même ou son avocat ne réside pas dans le ressort de la juridiction compétente, par lettre recommandée avec demande d'avis de réception, adressée au greffier. Il s'agit là de formalités substantielles auxquelles il ne peut être suppléé, notamment par l'envoi d'une lettre par Chronopost (▪ Cass. crim., 10 juin 1997 : *JurisData* n° 1997-003444 ; *Bull. crim.* n° 230 ; *JCP* G 1998, IV, 1403). Il résulte des articles 82-1, alinéa premier, et 82-2 du Code de procédure pénale, qu'à peine de nullité, la demande écrite et motivée d'une partie civile tendant à ce qu'il soit procédé en présence de son avocat à l'interrogatoire d'une personne mise en examen, doit être présentée dans les formes prévues par le dixième alinéa de l'article 81 dudit code ; tel n'est pas le cas de la demande faite par lettre simple (▪ Cass. crim., 11 mai 2004, n° 04-81.039 : *Bull. crim.* n° 114).

29) Demande d'actes relatifs à la personnalité – Forme de la demande – Dérogation liée à l'état d'urgence sanitaire dû à la Covid-19.

Ordonnance n° 2020-303 du 25 mars 2020

portant adaptation de règles de procédure pénale sur le fondement de la loi n° 2020-290 du 23 mars 2020 d'urgence pour faire face à l'épidémie de covid-19

Rédaction antérieure. Art. 4 *(Mod., D. n° 2020-557, 13 mai 2020 ; annulé, Déc. n° 440037, 23 sept. 2021).* – Les délais fixés par les dispositions du Code de procédure pénale ou par la loi du 29 juillet 1881 sur la liberté de la presse pour l'exercice d'une voie de recours sont doublés sans pouvoir être inférieurs à dix jours.

Les dispositions de l'alinéa qui précède sont sans effet sur le délai de quatre heures mentionné à l'article 148-1-1 du même code.

Tous les recours et demandes peuvent être faits par lettre recommandée avec accusé de réception. Il en est de même pour le dépôt des mémoires ou de conclusions.

Par dérogation aux articles 502 et 576 du Code de procédure pénale, l'appel et le pourvoi en cassation peuvent être formés par lettre recommandée avec accusé de réception. Ils peuvent également être formés par courriel à l'adresse électronique communiquée à cette fin par la juridiction de première instance ou d'appel.

Par dérogation à l'avant-dernier alinéa de l'article 81 du Code de procédure pénale, les demandes prévues par ces articles peuvent toujours être adressées par lettre recommandée avec demande d'avis de réception. Elles peuvent également être adressées par courriel à l'adresse électronique communiquée à cette fin par la juridiction de première instance ou d'appel.

Les courriels adressés font l'objet d'un accusé de réception électronique par la juridiction. Ils sont considérés comme reçus par la juridiction à la date d'envoi de cet accusé, et cette date fait, s'il y a lieu, courir les délais prévus par les dispositions du Code de procédure pénale, modifiés le cas échéant par la présente ordonnance.

NB : Par décision du n° 440037, 440165 du 23 septembre 2021 du Conseil d'État statuant au contentieux, l'article 4 de l'ordonnance n° 2020-303 du 25 mars 2020 portant adaptation de règles de procédure pénale sur le fondement de la loi n° 2020-290 du 23 mars 2020 d'urgence pour faire face à l'épidémie de covid-19 est annulé en tant qu'il ne prévoit pas la suspension des délais fixés par les dispositions du Code de procédure pénale ou par la loi du 29 juillet 1881 sur la liberté de la presse pour l'exercice d'une voie de recours entre le 17 et le 26 mars 2020 lorsque le recours ne peut, en l'état des textes applicables, être exercé que par déclaration au greffe de la juridiction compétente, et que le délai de recours est échu au cours de cette période.

30) Demande d'actes relatifs à la personnalité – Destinataire de la demande. Il ne peut être suppléé aux formalités essentielles prévues par l'article 81, alinéa 10 du Code de procédure pénale par l'envoi d'une lettre au président de la chambre d'accusation (■ Cass. crim., 30 avr. 1996, préc.). Lorsque la chambre de l'instruction n'est pas saisie du règlement de la procédure, les demandes d'actes ne peuvent lui être adressées directement, hormis le cas où le juge d'instruction n'y aurait pas répondu dans le délai prévu. Le demandeur doit se conformer aux prescriptions de l'article 82-1 du Code de procédure pénale [lequel renvoie aux dispositions du dixième alinéa de l'article 81] (■ Cass. crim., 19 sept. 2001, n° 01-85.188 : *Bull. crim.* n° 184).

31) Demande d'actes relatifs à la personnalité – Sanction du non-respect des formes de la demande. Lorsqu'une demande d'interrogatoire de la personne mise en examen formée par l'avocat de la partie civile en vertu de l'article 82-2 du Code de procédure pénale n'a pas été faite selon les formes prévues par l'article 81, alinéa 10 dudit code et que la personne mise en examen ne renonce pas à se prévaloir de la méconnaissance de cette formalité substantielle, laquelle faisait en l'espèce grief à ses intérêts, il y a lieu d'annuler l'interrogatoire en question (■ Cass. crim., 11 mai 2004, préc.).

32) Demande d'actes relatifs à la personnalité – Demande formulée lors du règlement de l'instruction. Il se déduit des articles 81, alinéa 10, et 175, alinéa 4, du Code de procédure pénale que, si une partie ou son avocat qui ne réside pas dans le ressort de la juridiction compétente peut saisir le juge d'instruction d'une demande de mesure complémentaire d'instruction par déclaration au greffier au moyen d'une lettre recommandée avec demande d'avis de réception dans le délai d'un mois, lorsque la personne mise en examen est détenue, ou de trois mois, quand elle est libre, à compter de l'envoi de l'avis de fin d'information, la demande doit parvenir au greffier avant l'expiration de ce délai (■ Cass. crim., 28 mars 2017, n° 16-86.794 : *Bull. crim.* n° 89).

33) Demande d'actes relatifs à la personnalité – Absence de réponse du juge d'instruction. Il résulte de l'article 82-1 du Code de procédure pénale que, lorsque le juge d'instruction n'a pas statué dans le délai d'un mois sur une demande d'actes d'instruction présentée en application de ce texte, la partie a la faculté de saisir directement le président de la chambre d'accusation dans les conditions prévues par l'article 81, dernier alinéa, du même code. Il s'ensuit que la personne mise en examen qui n'a pas usé de cette faculté ne saurait être admise à contester le rejet implicite de sa demande d'actes en interjetant appel de l'ordonnance la renvoyant devant le tribunal correctionnel (■ Cass. crim., 30 nov. 1999, n° 99-80.679 : *Bull. crim.* n° 279 ; *Dr. pén.* 2000, comm. 51, obs. A. Maron ; *RSC* 2000, p. 423, obs. D. Commaret). Il résulte des articles 81 et 156 du Code de procédure pénale que lorsque le juge d'instruction n'a pas statué dans le délai d'un mois sur une demande d'expertise présentée en application du second de ces textes, la partie a la faculté de saisir directement le président de la chambre de l'instruction dans les conditions prévues par l'article 81, dernier alinéa, du même code. Il s'ensuit que la personne mise en examen qui n'a pas usé de cette faculté ne saurait être admise à interjeter appel de l'ordonnance la renvoyant devant le tribunal correctionnel au motif que celle-ci comporterait un rejet implicite de demande d'expertise (■ Cass. crim., 25 avr. 2006, n° 05-86.248 : *Bull. crim.* n° 109). Il résulte des articles 81, 82-1 et 187 du Code de procédure pénale que lorsqu'elle est directement saisie, par son président, d'une demande d'acte présentée par une partie au magistrat instructeur qui n'y a pas répondu dans le délai prévu par les articles 81, dernier alinéa, et 82-1 du Code de procédure pénale, la chambre de l'instruction ne peut prononcer sur une question étrangère à l'unique objet de la requête telle que présentée au juge d'instruction ; en ordonnant, à l'occasion de l'examen d'une demande d'audition sur laquelle le juge d'instruction n'avait pas statué dans le délai légal, la jonction de l'information en cours à d'autres procédures d'instruction dont elle n'était pas saisie, la chambre de l'instruction a excédé ses pouvoirs (■ Cass. crim., 25 juill. 2007, n° 07-84.152 : *Bull. crim.* n° 186). Si, selon l'article 186-1 du Code de procédure pénale, les ordonnances du président de la chambre de l'instruction disant s'il y a lieu de saisir ou non cette juridiction ne sont pas susceptibles de recours, il en est autrement lorsque cette décision est entachée d'excès de pouvoir ; commet un excès de pouvoir le président de la chambre de l'instruction qui, pour refuser de saisir cette juridiction d'une demande d'acte présentée par la partie civile en application de l'article 81, dernier alinéa, du Code de procédure pénale, se détermine par la seule référence à des difficultés de fonctionnement de la juridiction ainsi qu'à la nécessité, pour lui, d'opérer des choix entre les contentieux, et non au regard des spécificités de l'information en cause (■ Cass. crim., 8 janv. 2013, n° 12-84.953 : *Bull. crim.* n° 2).

Art. 81-1 *(L. n° 2000-516, 15 juin 2000).* **– Le juge d'instruction peut, d'office, sur réquisition du parquet ou à la demande de la partie civile, procéder, conformément à la loi, à tout acte lui permettant d'apprécier la nature et l'importance des préjudices subis par la victime ou de recueillir des renseignements sur la personnalité de celle-ci.**

Art. 82 *(Mod., L. n° 2004-204, 9 mars 2004).* **– Dans son réquisitoire introductif, et à toute époque de l'information par réquisitoire supplétif, le procureur de la République peut requérir du magistrat instructeur tous actes lui paraissant utiles à la manifestation de la vérité et toutes mesures de sûreté nécessaires. Il peut également demander à assister à l'accomplissement des actes qu'il requiert.**

Il peut, à cette fin, se faire communiquer la procédure, à charge de la rendre dans les vingt-quatre heures.

S'il requiert le placement ou le maintien en détention provisoire de la personne mise en examen, ses réquisitions doivent être écrites et motivées par référence aux seules dispositions de l'article 144.

Si le juge d'instruction ne suit pas les réquisitions du procureur de la République, il doit, sans préjudice de l'application des dispositions de l'article 137-4, rendre une ordonnance motivée dans les cinq jours de ces réquisitions.

À défaut d'ordonnance du juge d'instruction, le procureur de la République peut, dans les dix jours, saisir directement la chambre de l'instruction. Il en est de même si le juge des libertés et de la détention, saisi par le juge d'instruction, ne rend pas d'ordonnance dans le délai de dix jours à compter de sa saisine.

1) Demande d'actes utiles à la manifestation de la vérité (al. 1) – Mise en examen. Si c'est à tort que la chambre de l'instruction énonce que la mise en examen constitue un acte utile à la manifestation de la vérité et peut ainsi être demandée par le procureur de la République au juge d'instruction sur le fondement de l'article 82 du Code de procédure pénale, l'arrêt n'encourt pas pour autant la censure, dès lors que, le procureur de la République, qui exerce l'action publique, peut requérir à toute époque de l'information la mise en examen (■ Cass. crim., 12 avr. 2016, n° 15-86.074). Un réquisitoire introductif ou une requête pénale pris contre personne dénommée ne constituent pas, à eux seuls, des réquisitions de mise en examen (■ Cass. crim., 9 nov. 2005, n° 05-85.338 : *Bull. crim.* n° 290).

2) Assistance aux actes sollicités par le procureur de la République (al. 1). V. s'agissant de l'assistance aux transports sur les lieux, art. 92, p. 330, et s'agissant de l'assistance aux interrogatoires, confrontations et auditions, V. art. 119, p. 391.

3) Assistance aux actes sollicités par le procureur de la République (al. 1) – Égalité des armes. Le principe de l'égalité des armes en vertu duquel les parties au procès pénal disposent des mêmes droits impose que l'avocat d'une partie ait le droit d'assister à l'audition d'un expert effectuée par le juge d'instruction sur réquisitions du procureur de la République en présence de celui-ci ; encourt dès lors la cassation l'arrêt qui, pour écarter une exception de nullité, énonce que le procureur de la République tient de l'article 82, alinéa 1er, du Code de procédure pénale la faculté de demander au magistrat instructeur qu'il soit procédé en sa présence à l'audition d'un expert et qu'aucune disposition légale ne prévoit ni ne fait obligation au juge de convoquer les autres parties ou leurs avocats (■ Cass. crim., 11 mai 2010, n° 10-80.953 : *Bull. crim.* n° 78)

4) Demande de communication du dossier (al. 2). Le juge d'instruction se trouve dans l'obligation de déférer à une réquisition de communiquer le dossier de la procédure en application de l'article 82 du Code de procédure pénale, de sorte qu'une ordonnance de refus est frappée de nullité (■ Cass. crim., 5 févr. 1970, n° 69-92.892 : *Bull. crim.* n° 53).

5) Demande de placement ou de maintien en détention provisoire (al. 3) – Forme de la demande. Si, aux termes de l'article 82, alinéa 3, du Code de procédure pénale, dans sa rédaction issue de la loi du 30 décembre 1996, le procureur de la République, qui requiert le placement ou le maintien en détention, est désormais tenu de prendre des réquisitions écrites et motivées par référence aux seules dispositions de l'article 144 de ce code, la méconnaissance de cette obligation ne saurait avoir d'incidence sur la régularité de l'ordonnance du juge d'instruction statuant en matière de détention provisoire (▪ Cass. crim., 3 déc. 1997, n° 97-84.983 : *Bull. crim.* n° 411 : *Dr. pén.* 1998, comm. 42, obs. A. Maron ; *Procédures* 1998, comm. 124, obs. J. Buisson).

6) Demande de placement ou de maintien en détention provisoire – Saisine directe de la chambre de l'instruction (al. 4 et 5). Il résulte de l'article 82, alinéas 1er, 4 et 5, du Code de procédure pénale, que, lorsque le juge d'instruction, saisi de réquisitions aux fins de placement en détention provisoire ou sous contrôle judiciaire d'une personne, ne la met pas en examen et ne rend pas d'ordonnance, le procureur de la République peut saisir directement la chambre de l'instruction (▪ Cass. crim., 30 avr. 2002, n° 02-82.017 : *Bull. crim.* n° 91. ▪ Cass. crim., 1er mars 2016, n° 15-87.144). Même solution pour le juge des enfants (▪ Cass. crim., 1er mars 2016, préc.). Lorsque le juge d'instruction ou le juge des enfants, saisi de réquisitions aux fins de placement en détention provisoire ou sous contrôle judiciaire d'une personne, lui accorde le statut de témoin assisté, il est tenu de statuer, par une ordonnance motivée, sur l'absence de décision de mise en examen. À défaut d'une telle ordonnance, le procureur de la République peut saisir directement la chambre de l'instruction (▪ Cass. crim., 9 nov. 2005, n° 05-85.339 : *Bull. crim.* n° 290). Lorsqu'un juge d'instruction ou un juge des enfants, saisi de réquisitions du ministère public aux fins de placement en détention provisoire ou sous contrôle judiciaire d'une personne qui lui est déférée, ne procède pas à l'interrogatoire de première comparution de celle-ci et, en conséquence, ne rend pas d'ordonnance répondant à ces réquisitions, l'article 82 du Code de procédure pénale permet au procureur de la République de saisir directement la chambre de l'instruction, à qui il appartient de faire comparaître la personne, de l'entendre, assistée d'un avocat, à sa demande ou, au besoin, d'office s'il s'agit d'un mineur, puis de prononcer, après un débat contradictoire, sur la mise en examen et, le cas échéant, sur les mesures de sûreté requises (▪ Cass. crim., 1er mars 2016, n° 15-87.143 : *Bull. crim.* n° 60). Il résulte des articles 82, 179 et 207 du Code de procédure pénale que le juge d'instruction est tenu de statuer, par une ordonnance motivée, sur les réquisitions de maintien en détention provisoire du mis en examen dont il ordonne le renvoi devant le tribunal correctionnel ; à défaut d'une telle ordonnance, le procureur de la République peut, dans les dix jours, saisir directement la chambre de l'instruction (▪ Cass. crim., 9 juill. 2014, n° 14-82.761 : *Bull. crim.* n° 171 ; *Dr. pén.* 2014, comm. 120, note A. Maron et M. Haas).

7) Demande de placement ou de maintien en détention provisoire – Pouvoirs de la chambre de l'instruction (al. 4 et 5). Il résulte des articles 82, 137, 145-2, 181 et 186 du Code de procédure pénale que lorsque le juge d'instruction est saisi d'une information, la chambre de l'instruction ne peut statuer sur la prolongation de la détention provisoire d'un mis en examen qu'après que le juge du premier degré a prononcé sur cette mesure. Méconnaît ces dispositions la chambre de l'instruction qui, saisie du seul appel de l'ordonnance mettant en liberté la personne mise en examen, prononce la prolongation de sa détention alors que cette mesure de prolongation n'avait pas été soumise à l'appréciation d'une juridiction du premier degré (▪ Cass. crim., 27 juill. 2016, n° 16-83.026 : *Bull. crim.* n° 221. ▪ Cass. crim., 12 juill. 2016, n° 16-82.700 : *Bull. crim.* n° 213).

8) Demande d'actes utiles à la manifestation de la vérité – Saisine directe de la chambre de l'instruction (al. 4 et 5). Il résulte de l'article 82, alinéas 4 et 5, du Code de procédure pénale, que, s'il ne suit pas les réquisitions du ministère public tendant à l'accomplissement d'un acte paraissant utile à la manifestation de la vérité et à la mise en œuvre d'une mesure de sûreté, le juge d'instruction doit rendre une ordonnance motivée dans le délai de 5 jours, à l'expiration duquel, à défaut d'ordonnance, le procureur de la République peut, dans les 10 jours, saisir directement la chambre de l'instruction (▪ Cass. crim., 3 avr. 2002, n° 02-80.822 : *Bull. crim.* n° 72). Un réquisitoire introductif ou une requête pénale pris contre personne dénommée ne constituent pas, à eux seuls, des réquisitions de mise en examen. Justifie dès lors sa décision l'arrêt qui déclare irrecevable la saisine directe du procureur de la République aux fins de mise en examen de la personne visée dans le réquisitoire ou la requête pénale (▪ Cass. crim., 9 nov. 2005, préc.). Lorsqu'elle est saisie par le ministère public de l'appel d'une ordonnance du juge d'instruction disant n'y avoir lieu de mettre en examen une personne et de saisir le juge des libertés et de la détention, la chambre de l'instruction est tenue de statuer sur toutes les questions qui lui sont dévolues par l'appel du ministère public : encourt la censure l'arrêt de la chambre de l'instruction qui, pour confirmer une telle ordonnance, énonce que la question de la mise en examen est étrangère à l'unique objet de sa saisine (▪ Cass. crim., 2 sept. 2005, n° 05-83.117 : *Bull. crim.* n° 213).

Art. 82-1 *(Mod., L. n° 2000-516, 15 juin 2000 ; L. n° 2000-1354, 30 déc. 2000).* **– Les parties peuvent, au cours de l'information, saisir le juge d'instruction d'une demande écrite et motivée tendant à ce qu'il soit procédé à leur audition ou à leur interrogatoire, à l'audition d'un témoin, à une confrontation ou à un transport sur les lieux, à ce qu'il soit ordonné la production par l'une d'entre elles d'une pièce utile à l'information, ou à ce qu'il soit procédé à tous autres actes qui leur paraissent nécessaires à la manifestation de la vérité. À peine de nullité, cette demande doit être formée conformément aux dispositions du dixième alinéa de l'article 81 ; elle doit porter sur des actes déterminés et, lorsqu'elle concerne une audition, préciser l'identité de la personne dont l'audition est souhaitée.**

Le juge d'instruction doit, s'il n'entend pas y faire droit, rendre une ordonnance motivée au plus tard dans le délai d'un mois à compter de la réception de la demande. Les dispositions du dernier alinéa de l'article 81 sont applicables.

À l'expiration d'un délai de quatre mois depuis sa dernière comparution, la personne mise en examen qui en fait la demande écrite doit être entendue par le juge d'instruction. Le juge d'instruction procède à son interrogation dans les trente jours de la réception de la demande, qui doit être formée conformément aux dispositions du dixième alinéa de l'article 81.

I – DEMANDE D'ACTES PAR LES PARTIES PRIVÉES

A – Actes demandés

Voir : s'agissant des mesures relatives à la personnalité, art. 81, al. 9, p. 294, s'agissant de la demande d'assistance de l'avocat à la réalisation de l'acte sollicité, art. 82-2, p. 306 et s'agissant des expertises, compléments d'expertise et contre-expertise, art. 156, p. 527 et art. 167, p. 539.

1° *Actes nécessaires à la manifestation de la vérité*

1) Production de pièces par un témoin. Est irrecevable la demande d'une partie tendant à ce que soit ordonnée, sur le fondement de l'article 82-1 du Code de procédure pénale, la production de pièces par un témoin ; ce texte, dont les dispositions sont limitatives, n'autorise que les demandes tendant à la production de pièces par une autre partie (▪ Cass. crim., 25 mars 1997, n° 96-83.118 : *Bull. crim.* n° 118).

2) Désignation d'interprète. En vertu du principe de la libre communication entre la personne mise en examen et son avocat, résultant de l'article 6.3 de la Convention européenne des droits de l'Homme, la demande d'une personne poursuivie, bénéficiant de l'aide juridictionnelle et qui sollicite la désignation d'un interprète chargé de l'assister dans ses entretiens avec son avocat ainsi que la prise en charge par l'État des frais en résultant, ne saurait être déclarée irrecevable. Cette demande entre dans la catégorie des mesures qui peuvent, en application de l'article 82-1 du Code de procédure pénale, être sollicitées par la personne mise en examen au cours de l'information (▪ Cass. crim., 25 mai 2005, n° 05-81.628 : *Bull. crim.* n° 157 ; *Dr. pén.* 2005, comm. 136, note A. Maron).

3) Demande de traduction. Une personne suspectée ou poursuivie qui ne comprend pas la langue française a droit, dans une langue qu'elle comprend et jusqu'au terme de la procédure, à la traduction des pièces essentielles à l'exercice de sa défense ; le juge d'instruction qui n'entend pas faire droit à une demande de traduction de pièces de la procédure doit, conformément à l'article 82-1 du Code de procédure pénale, rendre une ordonnance motivée au plus tard dans le délai d'un mois à compter de la réception de la demande ; cette décision est susceptible d'appel (▪ Cass. crim., 4 nov. 2015, n° 15-84.012 : *Bull. crim.* n° 242).

2° *Actes non nécessaires à la manifestation de la vérité*

4) Mise en examen. La mise en examen n'est pas un acte utile à la manifestation de la vérité qui peut être demandé par la partie civile (▪ Cass. crim., 15 févr. 2011, n° 10-87.468 : *Bull. crim.* n° 22 ; *Dr. pén.* 2011, comm. 56, note A. Maron et M. Haas. ▪ Cass. crim., 22 janv. 2014, n° 13-80.728).

5) Confrontation. Les confrontations sollicitées visant des personnes qui n'ont pas été témoins des faits reprochés ne sont pas utiles à la manifestation de la vérité (▪ Cass. crim., 28 mars 2017, n° 17-80.382 : *Bull. crim.* n° 85).

6) Ouverture et copie de scellé. L'ouverture et la copie d'un scellé contenant des pièces médicales concernant une personne ayant fait l'objet d'un non-lieu ne sont pas utiles à la manifestation de la vérité (▪ Cass. crim., 28 mars 2017, préc.).

7) Saisie pénale de créance. Une saisie pénale de créance n'a pas le caractère d'un acte utile à la manifestation de la vérité (▪ Cass. crim., 21 juin 2016, n° 16-81.084 : *Bull. crim.* n° 190).

B – Forme de la demande

8) Forme de la demande. V. annotations ss art. 81, p. 294.

Excède ses pouvoirs le président de la chambre de l'instruction qui, pour refuser de transmettre l'appel de l'ordonnance du juge d'instruction ayant rejeté une demande d'actes, déclare cette demande irrecevable au motif qu'elle a été faite par voie électronique alors que, depuis le 7 janvier 2013, l'avenant du 25 juin 2012 à la convention conclue entre le tribunal de grande instance et l'ordre des avocats de Paris le 28 janvier 2009, pris en application de l'article D. 591 du Code de procédure pénale, permet aux avocats de ce barreau de transmettre, à partir de leur adresse électronique sécurisée, par un moyen de télécommunication, à l'adresse électronique de ce tribunal les demandes d'actes prévues par l'article 82-1 de ce code, selon les modalités prévues à ladite convention (■ Cass. crim., 11 déc. 2013, n° 13-84.319 : *Bull. crim.* n° 252).

9) Forme de la demande – Dérogation liée à l'état d'urgence sanitaire dû à la Covid-19.

Ordonnance n° 2020-303 du 25 mars 2020

portant adaptation de règles de procédure pénale sur le fondement de la loi n° 2020-290 du 23 mars 2020 d'urgence pour faire face à l'épidémie de covid-19

Rédaction antérieure. Art. 4 *(Mod., D. n° 2020-557, 13 mai 2020 ; annulé, Déc. n° 440037, 23 sept. 2021).* – Les délais fixés par les dispositions du Code de procédure pénale ou par la loi du 29 juillet 1881 sur la liberté de la presse pour l'exercice d'une voie de recours sont doublés sans pouvoir être inférieurs à dix jours.

Les dispositions de l'alinéa qui précède sont sans effet sur le délai de quatre heures mentionné à l'article 148-1-1 du même code.

Tous les recours et demandes peuvent être faits par lettre recommandée avec accusé de réception. Il en est de même pour le dépôt des mémoires ou de conclusions.

Par dérogation aux articles 502 et 576 du Code de procédure pénale, l'appel et le pourvoi en cassation peuvent être formés par lettre recommandée avec accusé de réception. Ils peuvent également être formés par courriel à l'adresse électronique communiquée à cette fin par la juridiction de première instance ou d'appel.

Par dérogation à l'avant-dernier alinéa de l'article 81 du Code de procédure pénale, les demandes prévues par ces articles peuvent toujours être adressées par lettre recommandée avec demande d'avis de réception. Elles peuvent également être adressées par courriel à l'adresse électronique communiquée à cette fin par la juridiction de première instance ou d'appel.

Les courriels adressés font l'objet d'un accusé de réception électronique par la juridiction. Ils sont considérés comme reçus par la juridiction à la date d'envoi de cet accusé, et cette date fait, s'il y a lieu, courir les délais prévus par les dispositions du Code de procédure pénale, modifiés le cas échéant par la présente ordonnance.

NB : Par décision du n° 440037, 440165 du 23 septembre 2021 du Conseil d'État statuant au contentieux, l'article 4 de l'ordonnance n° 2020-303 du 25 mars 2020 portant adaptation de règles de procédure pénale sur le fondement de la loi n° 2020-290 du 23 mars 2020 d'urgence pour faire face à l'épidémie de Covid-19 est annulé en tant qu'il ne prévoit pas la suspension des délais fixés par les dispositions du Code de procédure pénale ou par la loi du 29 juillet 1881 sur la liberté de la presse pour l'exercice d'une voie de recours entre le 17 et le 26 mars 2020 lorsque le recours ne peut, en l'état des textes applicables, être exercé que par déclaration au greffe de la juridiction compétente, et que le délai de recours est échu au cours de cette période.

C – Moment de la demande

10) Moment de la demande. Il résulte de la combinaison des articles 82-1 et 89 du Code de procédure pénale que la faculté de présenter une demande d'acte au juge d'instruction n'est offerte à la partie civile qu'après l'ouverture de l'information. Celle-ci ne dispose d'aucun moyen de droit pour obliger le juge d'instruction à accomplir un acte interruptif de prescription tant que le procureur de la République n'a pas pris ses réquisitions après communication de la plainte en application de l'article 86 du Code de procédure pénale (■ Cass. crim., 22 nov. 2005, n° 05-82.807 : *Bull. crim.* n° 304). Les dispositions de l'article 82-1, alinéa 3 du Code de procédure pénale ne sont pas applicables lorsque l'avis de fin d'information de l'article 175 dudit code a été délivré (■ Cass. crim., 25 juill. 2018, n° 18-81.0461 : *Bull. crim.* à paraître).

II – DÉCISION DU JUGE D'INSTRUCTION

Voir : annotations ss art. 81, p. 294.

11) Contrôle de la Cour de cassation. Les juridictions d'instruction apprécient souverainement les motifs pour lesquels elles estiment devoir rejeter une demande d'actes complémentaires d'instruction fondée sur l'article 82-1 du Code de procédure pénale. Le moyen critiquant le rejet d'une telle demande, étant de pur fait, ne relève pas du contrôle de la Cour de cassation (■ Cass. crim., 25 mars 1997, n° 96-83.118 : *Bull. crim.* n° 118).

Art. 82-2 *(L. n° 2000-516, 15 juin 2000).* – **Lorsque la personne mise en examen saisit le juge d'instruction, en application des dispositions de l'article 82-1, d'une demande tendant à ce que ce magistrat procède à un transport sur les lieux, à l'audition d'un témoin, d'une partie civile ou d'une autre personne mise en examen, elle peut demander que cet acte soit effectué en présence de son avocat.**

La partie civile dispose de ce même droit s'agissant d'un transport sur les lieux, de l'audition d'un témoin ou d'une autre partie civile ou de l'interrogatoire de la personne mise en examen.

Le juge d'instruction statue sur ces demandes conformément aux dispositions du deuxième alinéa de l'article 82-1. S'il fait droit à la demande, le juge d'instruction convoque l'avocat au plus tard dans les deux jours ouvrables avant la date du transport, de l'audition ou de l'interrogatoire, au cours duquel celui-ci peut intervenir dans les conditions prévues à l'article 120.

Voir : s'agissant de la forme de la demande et de la décision du juge d'instruction, annotations ss art. 81, p. 294.

Art. 82-3 *(Mod., L. n° 2016-731, 3 juin 2016).* – **Lorsque le juge d'instruction conteste le bien-fondé d'une demande des parties tendant à constater la prescription de l'action publique, il doit rendre une ordonnance motivée dans le délai d'un mois à compter de la réception de la demande. Les dispositions des avant-dernier et dernier alinéas de l'article 81 sont applicables.**

À peine d'irrecevabilité, la personne soutenant que la prescription de l'action publique était acquise au moment de sa mise en examen ou de sa première audition comme témoin assisté doit formuler sa demande dans les six mois suivant cet acte.

1) **Refus de transmission d'une question prioritaire de constitutionnalité.** Il n'y a pas lieu de renvoyer au Conseil constitutionnel la question prioritaire de constitutionnalité soutenant que les articles 81, dernier alinéa, 82-3, et 186-1, troisième, quatrième et cinquième alinéas, du Code de procédure pénale, qui n'obligent pas le juge d'instruction à statuer sur une demande de constatation de prescription, restreignent le droit de saisir ladite chambre dans le cas où le juge d'instruction n'a pas statué dans le délai d'un mois sur une telle demande et interdisent tout recours contre la décision du président de la chambre de l'instruction refusant de saisir la chambre de l'instruction, portent atteinte aux droits de la défense, au droit à un recours effectif, au principe d'égalité devant la loi et au principe de l'égalité des armes entre les parties au procès pénal, garantis par les articles 6 et 16 de la Déclaration des droits de l'homme et du citoyen de 1789 ; en effet, les articles contestés du Code de procédure pénale, tels qu'ils sont interprétés par la chambre criminelle, garantissent l'accès effectif au juge et les droits de la défense dès lors que le président de la chambre de l'instruction, saisi de la requête à laquelle le juge d'instruction n'a pas répondu, doit rendre une décision motivée en cas de non-saisine de la chambre de l'instruction, cette décision étant susceptible d'être censurée en cas d'excès de pouvoir et la question de la prescription de l'action publique pouvant toujours être soulevée devant le juge du fond (■ Cass. crim., 23 nov. 2010, n° 10-86.067 : *Bull. crim.* n° 185).

2) **Auteur de la demande.** Le témoin assisté, à qui la loi ne reconnaît ni la qualité de partie ni la faculté de saisir le juge d'instruction d'une demande tendant à constater la prescription, est irrecevable à se pourvoir contre un arrêt de la chambre de l'instruction infirmant, sur l'appel de la partie civile, l'ordonnance ayant, d'office, constaté la prescription (■ Cass. crim., 28 mars 2006, n° 05-86.661 : *Bull. crim.* n° 87).

3) **Forme de la demande.** Les dispositions des articles 82-1, alinéas 1 et 2, et 81, alinéas 10 et 11, du Code de procédure pénale sont applicables à la demande tendant à ce que soit constatée la prescription de l'action publique, prévue par l'article 82-3 du code précité ; justifie dès lors sa décision la chambre de l'instruction qui déclare irrecevable la demande adressée par lettre simple (■ Cass. crim., 4 déc. 2001, n° 01-86.500 : *Bull. crim.* n° 251).

4) **Destinataire de la demande.** C'est à bon droit qu'une chambre de l'instruction déclare irrecevable une demande de constatation de la prescription présentée à l'occasion d'une requête en annulation d'actes de la procédure. Une telle demande est étrangère à l'objet de la requête et doit être soumise au juge d'instruction en application de l'article 82-3 du Code de procédure pénale (■ Cass. crim., 26 juin 2007, n° 07-81.895 : *Bull. crim.* n° 171).

5) **Absence de réponse du juge d'instruction.** Les dispositions des articles 82-1, alinéas 1er et 2, et 81, alinéas 10 et 11, du Code de procédure pénale sont applicables à la demande tendant à ce que soit constatée la prescription de l'action publique, prévue par l'article 82-3 du code précité ; justifie dès lors sa décision la chambre de l'instruction qui déclare que le défaut de réponse à une demande régulière aurait eu pour seul effet d'autoriser son auteur à saisir le président de la cham-

bre de l'instruction (■ Cass. crim., 4 déc. 2001, préc.). Le défaut, par le juge d'instruction, de réponse dans le délai d'un mois à une demande tendant à ce que soit constatée la prescription de l'action publique, ouvre uniquement au demandeur la possibilité de saisir directement le président de la chambre de l'instruction sur le fondement de l'article 81, alinéa 11, du Code de procédure pénale (■ Cass. crim., 26 nov. 2003, n° 03-85.240 : *Bull. crim.* n° 222).

Art. 83 *(Mod., L. n° 2007-291, 5 mars 2007).* **– Lorsqu'il existe dans un tribunal plusieurs juges d'instruction, le président du tribunal ou, en cas d'empêchement, le magistrat qui le remplace, désigne, pour chaque information, le juge qui en sera chargé. Il peut établir, à cette fin, un tableau de roulement.**

Les désignations prévues au présent article sont des mesures d'administration judiciaire non susceptibles de recours.

Voir : art. D. 27 et s., p. 2152.

1) Désignation du juge d'instruction. En désignant, dans son réquisitoire, pour instruire contre une personne, le juge d'instruction en charge de la première information, le procureur de la République s'est substitué au président du tribunal et a éludé ainsi l'application des dispositions de l'article 83 du Code de procédure pénale ; encourt la censure, l'arrêt qui refuse d'annuler cette désignation au motif qu'il résulte du dernier alinéa de ce texte qu'il s'agit d'une mesure d'administration judiciaire non susceptible de recours (■ Cass. crim., 26 févr. 2008, n° 07-87.865 : *Bull. crim.* n° 51 ; *RSC* 2008, 924, obs. R. Finielz ; *Dr. pén.* 2009, chron. 1, obs. D. Guérin). L'existence d'un tableau de roulement rend surabondante l'ordonnance de désignation prise par le président du Tribunal (■ Cass. crim., 3 juill. 1991, n° 91-82.325 : *Bull. crim.* n° 292). Est en charge de l'information, le juge d'instruction figurant sur le tableau de roulement au jour de la signature du réquisitoire introductif, premier acte de l'information (■ Cass. crim., 4 déc. 1990, n° 90-84.461 : *Bull. crim.* n° 415).

2) Domaine d'application de l'article 83 du Code de procédure pénale. Lorsque le procureur de la République saisit le juge d'instruction au moyen d'un réquisitoire supplétif de faits qui n'étaient pas compris dans la saisine antérieure de ce magistrat, il n'y a pas lieu à nouvelle désignation par le président du Tribunal en application de l'article 83 du Code de procédure pénale (■ Cass. crim., 15 nov. 1988, n° 88-82.660 : *Bull. crim.* n° 387). Lorsque le procureur de la République requiert l'ouverture d'une information pour recherche des causes de la mort sur le fondement de l'article 74, alinéa 4, du Code de procédure pénale, il ne met pas l'action publique en mouvement : dès lors, il n'y a pas lieu d'appliquer les dispositions de l'article 83 dudit code (■ Cass. crim., 11 mai 1989, n° 89-81.416 : *Bull. crim.* n° 193 ; *RSC* 1990, 112, obs. A. Braunchweig). Lorsque la chambre d'accusation, après évocation, a désigné un juge d'instruction pour procéder à un supplément d'information, le magistrat nommé en remplacement du juge d'instruction délégué poursuit de plein droit l'instruction, sans que les dispositions de l'article 83 du Code de procédure pénale soient applicables ; encourt, dès lors, la cassation l'arrêt qui annule les actes d'information accomplis par le remplaçant du juge d'instruction délégué, au motif qu'il n'a pas été régulièrement désigné, et qui refuse d'annuler l'ordonnance du président du tribunal de grande instance l'ayant ultérieurement désigné pour informer (■ Cass. crim., 24 juin 1998, n° 98-80.995 : *Bull. crim.* n° 204). V. égal. art. 72, p. 245.

3) Mesure d'administration judiciaire. V. antérieurement à la loi du 4 janvier 1993 dont est issu l'article 83, dernier alinéa : depuis l'entrée en vigueur de la loi du 6 juillet 1989 précitée, les modalités de désignation du juge d'instruction fixées par l'article 83 en sa nouvelle rédaction et celles de son remplacement prévues par les alinéas 3 et 4 de l'article 84 du Code de procédure pénale constituent des actes d'administration judiciaire dont les irrégularités ne sauraient entraîner une nullité de la procédure ni donner ouverture à cassation (■ Cass. crim., 4 déc. 1990, n° 90-84.461 : *Bull. crim.* n° 415 ; *RSC* 1991, 371, obs. A. Braunschweig). V. depuis la loi du 4 janvier 1993 : Justifie sa décision la chambre d'accusation qui énonce que selon l'article 83, dernier alinéa, du Code de procédure pénale, la désignation du juge d'instruction est une mesure d'administration judiciaire, non susceptible de recours, si bien qu'aucune requête en nullité d'un acte du juge d'instruction ne peut être fondée sur les conditions de désignation de ce juge (■ Cass. crim., 3 oct. 1995, n°s 94-82.858 et 95-83.841 : *Bull. crim.* n° 292). Le mode de désignation du juge d'instruction chargé d'une affaire déterminée constitue un acte d'administration judiciaire qui n'intéresse pas les droits des parties, lesquelles ne sauraient en discuter ni la régularité, ni l'existence (■ Cass. crim., 27 févr. 2001, n° 00-86.747 ; *Bull. crim.* n° 50. ■ Cass. crim., 11 juin 1996, n° 96-81.312 : *Bull. crim.* n° 244 ; *Procédures* 1996, comm. 265, note J. Buisson). Il s'ensuit qu'une irrégularité de pure forme contenue dans cet acte ne peut donner lieu à nullité (■ Cass. crim., 27 févr. 2001, *préc.*). Il s'ensuit également que les personnes mises en examen ne peuvent se faire un grief de ce que la chambre d'accusation a laissé sans réponse les chefs de leur mémoire tendant à ce que soit constatée l'absence alléguée de désignation régulière du magistrat instructeur (■ Cass. crim., 11 juin 1996, *préc.*). Selon l'article 83, dernier alinéa, du Code de procédure pénale, la désignation d'un juge d'instruction constitue une mesure d'administration judiciaire non susceptible de recours ; par ailleurs, la méconnaissance éventuelle des dispositions réglementaires de l'article D. 28 du même code (qui prévoit la transmission, par le président du tribunal, du dossier de l'information au juge désigné) ne saurait entraîner une nullité de procédure (■ Cass. crim., 18 sept. 1996, n° 96-82.696 : *Bull. crim.* n° 321).

Art. 83-1 *(Rempl. à compter du 1er mars 2008, L. n° 2007-291, 5 mars 2007).* **– Lorsque la gravité ou la complexité de l'affaire le justifie, l'information peut faire l'objet d'une cosaisine selon les modalités prévues par le présent article.**

Le président du tribunal judiciaire dans lequel il existe un pôle de l'instruction ou, en cas d'empêchement, le magistrat qui le remplace désigne, dès l'ouverture de l'information, d'office ou si le procureur de la République le requiert dans son réquisitoire introductif, un ou plusieurs juges d'instruction pour être adjoints au juge d'instruction chargé de l'information.

À tout moment de la procédure, le président du tribunal judiciaire peut désigner un ou plusieurs juges d'instruction cosaisis soit à la demande du juge chargé de l'information, soit, si ce juge donne son accord, d'office ou sur réquisition du ministère public ou sur requête des parties déposée conformément aux dispositions de l'avant-dernier alinéa de l'article 81. Les parties ne peuvent pas renouveler leur demande avant six mois. Dans un délai d'un mois à compter de la réception de la demande, le président désigne un ou plusieurs juges d'instruction pour être adjoints au juge chargé de l'information. Pour l'application du présent alinéa, lorsque l'information a été ouverte dans un tribunal où il n'y a pas de pôle de l'instruction, le président du tribunal judiciaire où se trouve le pôle territorialement compétent désigne le juge d'instruction chargé de l'information ainsi que le ou les juges d'instruction cosaisis, après que le juge d'instruction initialement saisi s'est dessaisi au profit du pôle ; ce dessaisissement prend effet à la date de désignation des juges du pôle.

Lorsqu'elle n'est pas ordonnée selon les modalités prévues par l'alinéa qui précède, en l'absence d'accord du juge chargé de l'information ou, à défaut, de désignation par le président du tribunal judiciaire dans le délai d'un mois, la cosaisine peut être ordonnée par le président de la chambre de l'instruction agissant d'office, à la demande du président du tribunal, sur réquisition du ministère public ou sur requête des parties. Le président statue dans un délai d'un mois à compter de la réception de la demande qui est déposée conformément à l'avant-dernier alinéa de l'article 81 si elle émane d'une partie. Lorsque l'information a été ouverte dans un tribunal où il n'y a pas de pôle de l'instruction, le président de la chambre de l'instruction saisit la chambre de l'instruction aux fins de cosaisine. Dans un délai d'un mois à compter de sa saisine, la chambre décide alors soit, s'il n'y a pas lieu à cosaisine, de renvoyer le dossier au magistrat instructeur, soit, si cette décision est indispensable à la manifestation de la vérité et à la bonne administration de la justice, de procéder au dessaisissement du juge d'instruction et à la désignation, aux fins de poursuite de la procédure, de plusieurs juges d'instruction.

Les décisions du président du tribunal judiciaire, du président de la chambre de l'instruction et de cette dernière prévues par le présent article sont des mesures d'administration judiciaire non susceptibles de recours.

Art. 83-2 *(Créé à compter du 1er mars 2008, L. n° 2007-291, 5 mars 2007).* **– En cas de cosaisine, le juge d'instruction chargé de l'information coordonne le déroulement de celle-ci. Il a seul qualité pour saisir le juge des libertés et de la détention, pour ordonner une mise en liberté d'office et pour rendre l'avis de fin d'information prévu par l'article 175 et l'ordonnance de règlement. Toutefois, cet avis et cette ordonnance peuvent être cosignés par le ou les juges d'instruction cosaisis.**

1) Compétence – Mise en examen. Aucune disposition légale n'impose, en cas de cosaisine de juges d'instruction, que l'interrogatoire de première comparution soit effectué par le juge chargé de l'information. Justifie dès lors sa décision la chambre de l'instruction qui, pour refuser d'annuler les ordonnances de saisine du juge des libertés et de la détention et de placement en détention provisoire du mis en examen, retient que le juge chargé de l'information a saisi le juge des libertés et de la détention d'une demande tendant au placement en détention provisoire après et au vu de la mise en examen notifiée par le juge qui lui était adjoint (■ Cass. crim., 19 août 2009, n° 09-83.942 : *Bull. crim.* n° 144 ; *Dr. pén.* 2009, comm. 131, obs. A. Maron et M. Haas ; *Procédures* 2009, comm. 374, note J. Buisson).

2) Compétence – Ordonnance de règlement. Doit être approuvée, la chambre de l'instruction ayant considéré que l'ordonnance de règlement doit être signée par le juge d'instruction chargé de l'information et que sa signature par le magistrat cosaisi est facultative (▪ Cass. crim., 2 juin 2015, n° 15-81.585). Le défaut de signature de l'ordonnance de renvoi par l'ensemble des juges cosaisis est admis par l'article 83-2 du Code de procédure pénale et a pour seule conséquence de rendre l'appel recevable aux termes de l'article 186-3 dudit code (▪ Cass. crim., 1er oct. 2019, n° 18-86.428 : *Bull. crim.* à paraître ; *JCP* 2019, 1158, note S. Detraz).

Art. 84 *(Mod., L. n° 2007-291, 5 mars 2007).* – **Sous réserve de l'application des articles 657 et 663, le dessaisissement du juge d'instruction au profit d'un autre juge d'instruction peut être demandé au président du tribunal, dans l'intérêt d'une bonne administration de la justice, par requête motivée du procureur de la République, agissant soit spontanément, soit à la demande des parties.**

Le président du tribunal doit statuer dans les huit jours par une ordonnance qui ne sera pas susceptible de voies de recours.

En cas d'empêchement du juge chargé de l'information par suite de congé, de maladie ou pour toute autre cause, de même qu'en cas de nomination à un autre poste, le président désigne le juge d'instruction chargé de le remplacer.

Toutefois, en cas d'urgence et pour des actes isolés, tout juge d'instruction peut suppléer un autre juge d'instruction du même tribunal.

Dans les cas prévus par l'article 83-1, le juge désigné ou, s'ils sont plusieurs, le premier dans l'ordre de désignation, peut remplacer ou suppléer le juge chargé de l'information sans qu'il y ait lieu à application des alinéas qui précèdent.

Bibliographie : J. Guyénot, *Le dessaisissement des juridictions dans la procédure française : RSC* 1963, 279 et s.

1) Dessaisissement du juge d'instruction – Autres cas de dessaisissement. V. s'agissant du dessaisissement volontaire, art. 657, p. 1311 et art. 663, p. 1317, s'agissant du dessaisissement consécutif à une annulation ou une infirmation par la chambre de l'instruction, art. 206 et 207, p. 674, du dessaisissement décidé par la Cour de cassation, art. 662 et s., p. 1314, du dessaisissement au profit d'une juridiction spécialisée, en matière économique et financière, art. 704, p. 1474, en matière de criminalité organisée, art. 706-77, p. 1594.

2) Dessaisissement du juge d'instruction – Ordonnance insusceptible de recours. L'ordonnance du président du tribunal de grande instance statuant sur le dessaisissement du juge d'instruction au profit d'un autre juge d'instruction du même siège, dans les conditions prévues par les premier et deuxième alinéas de l'article 84 du Code de procédure pénale, est une mesure d'administration judiciaire qui n'est pas susceptible de recours (▪ Cass. crim., 10 juill. 2002, nos 02-83.539 et 02-84.191 : *Bull. crim.* n° 150 ; *RSC* 2004, 136, obs. A. Giudicelli).

3) Dessaisissement du juge d'instruction – Illustrations. Pour un dessaisissement fondé sur l'inertie du juge d'instruction (▪ Cass. crim., 10 juill. 2002, préc.).

4) Empêchement du juge d'instruction – Désignation d'un nouveau juge d'instruction. Lorsqu'un juge d'instruction est en congé, il appartient au président du Tribunal d'apprécier s'il doit, en application de l'alinéa 3 de l'article 84 du Code de procédure pénale, procéder à son remplacement ; un autre juge d'instruction, même figurant sur un tableau de service, ne peut qu'accomplir au lieu et place de son collègue, en cas d'urgence, ainsi que prévu au 4e alinéa du même article, des actes isolés ; le tableau de roulement prévu à l'article 83 dudit code ne concerne que les informations qui viennent à être ouvertes pendant la période qu'il prévoit et non celles pour lesquelles un juge d'instruction a, antérieurement, été désigné (▪ Cass. crim., 22 nov. 1988, n° 88-85.510 : *Bull. crim.* n° 395). Le remplacement du juge d'instruction en cas d'empêchement en application des alinéas 3 et 4 de l'article 84 du Code de procédure pénale constitue un acte d'administration judiciaire non susceptible de recours (▪ Cass. crim., 30 mai 1995, n° 95-81.391 : *Procédures* 1995, comm. 278, obs. J. Buisson). Dès lors les irrégularités qui l'affectent ne sauraient entraîner une nullité de la procédure ni donner ouverture à cassation (▪ Cass. crim., 4 déc. 1990, n° 90-8.4461 : *Bull. crim.* n° 415 ; *RSC* 1991, 371, obs. A. Braunschweig). Si, en application de l'article préliminaire du Code de procédure pénale et de l'article 6 de la Convention européenne des droits de l'Homme, le prévenu est recevable à contester la régularité d'une pièce issue d'une procédure distincte, dès lors qu'il invoque l'atteinte qu'elle porte à l'un de ses droits, il est sans qualité pour critiquer les modalités de désignation (en application de l'article 84 du Code de procédure pénale) d'un juge d'instruction chargé d'une information à laquelle il n'est pas partie (■ Cass. crim., 15 déc. 2015, n° 15-80.733).

5) **Empêchement du juge d'instruction – Compétence.** Le juge d'instruction chargé de l'information en remplacement d'un précédent juge d'instruction, conformément aux prescriptions de l'article 84, alinéa 3, du Code de procédure pénale, a qualité pour rendre l'ordonnance de non-lieu dans une information dont son prédécesseur a constaté l'achèvement, par l'envoi de l'avis prévu par l'article 175 du même code (■ Cass. crim., 14 nov. 2002, n° 01-80.278).

6) **Empêchement du juge d'instruction – Reprise de fonctions.** Le juge d'instruction, régulièrement désigné, qui reprend ses fonctions à la suite d'une période d'indisponibilité n'a pas à faire l'objet d'une nouvelle désignation (■ Cass. crim., 9 sept. 2015, n° 15-83.840).

7) **Empêchement du juge d'instruction – Suppléance sans désignation préalable en cas d'urgence et pour des actes isolés.** Un juge d'instruction suppléant le magistrat chargé de la procédure, pour des actes isolés, n'a pas à faire l'objet d'une désignation par le président du tribunal et n'est pas tenu de justifier l'urgence exigée par l'article 84, alinéa 4, du Code de procédure pénale, celle-ci étant présumée (■ Cass. crim., 24 janv. 1984, n° 83-94.417 : *Bull. crim.* n° 30). La chambre de l'instruction apprécie souverainement l'urgence à remplacer, pour cause d'empêchement, le magistrat instructeur désigné (■ Cass. crim., 30 janv. 2002, n° 01-87.630). La chambre de l'instruction apprécie souverainement s'il y a urgence et si les actes du magistrat instructeur suppléant sont isolés au sens de l'article 84, alinéa 4, du Code de procédure pénale (■ Cass. crim., 2 mai 2002, n° 01-88.453. ■ Cass. crim., 27 sept. 2005, n° 05-83.590 : *Bull. crim.* n° 237). Les dispositions de l'article 84, alinéa 5, du Code de procédure pénale, qui prévoient que le juge adjoint peut remplacer ou suppléer le juge chargé de l'information, ne font pas obstacle à ce que ce dernier soit également suppléé par tout juge d'instruction du même tribunal, sans qu'il y ait lieu d'établir l'empêchement du juge adjoint, pourvu que ce soit dans les cas d'urgence et pour des actes isolés (■ Cass. crim., 6 oct. 2015, n° 15-81.665 : *Bull. crim.* n° 215).

8) **Urgence et actes isolés – Illustrations.** La chambre de l'instruction a souverainement apprécié que la délivrance d'une commission rogatoire par le magistrat instructeur suppléant était un acte isolé au sens de l'article 84, alinéa 4, du Code de procédure pénale (■ Cass. crim., 27 sept. 2005, préc.). Dans le même sens, s'agissant de la mise en examen d'un témoin assisté (■ Cass. crim., 11 juin 2013, n° 13-80.159). Selon l'article 84, alinéa 4, du Code de procédure pénale, en cas d'urgence et pour des actes isolés, tout juge d'instruction peut suppléer un autre juge d'instruction du même tribunal. Justifie, dès lors, sa décision la chambre de l'instruction qui refuse d'annuler l'ordonnance de placement en détention provisoire d'une personne mise en examen prise par le juge des libertés et de la détention saisi par le juge d'instruction adjoint, après avoir constaté que le juge chargé de l'information était retenu par la présentation d'autres personnes (■ Cass. crim., 27 févr. 2007, n° 06-89.080 : *Bull. crim.* n° 62).

9) **Empêchement du juge d'instruction – Suppléance sans désignation préalable en cas de cosaisine.** V. art. 84, al. 5, p. 309.

10) **Empêchement du juge d'instruction – Suppléance par le président du tribunal sans désignation préalable.** Si l'article 50, dernier alinéa, du Code de procédure pénale donne compétence au tribunal de grande instance, lorsque le juge d'instruction est empêché, pour désigner celui des juges qui le remplacera, il appartient au président, en cas d'urgence et d'impossibilité de réunir l'assemblée générale des magistrats du siège, de procéder à ce remplacement ou d'accomplir lui-même les actes d'instruction utiles (■ Cass. crim., 18 avr. 1991, n° 91-80.238 : *Bull. crim.* n° 186 ; *RSC* 1992, 342, obs. A. Braunschweig). Il se déduit de l'application combinée des articles 84, alinéas 3 et 4, et 50 du Code de procédure pénale que le président du tribunal de grande instance n'est compétent pour accomplir un acte d'instruction utile ou rendre une ordonnance, lorsque le juge d'instruction saisi du dossier est empêché, que si, d'une part, il n'a pu désigner un autre juge d'instruction pour le remplacer, si, d'autre part, un autre juge n'a pas été désigné en application des dispositions de l'article 50, et si, enfin, l'urgence et l'impossibilité de réunir l'assemblée générale des magistrats du tribunal ont été constatées ; ne justifie pas sa décision la chambre de l'instruction saisie de l'appel d'une ordonnance de mise en accusation rendue par le président du tribunal en l'absence du juge d'instruction empêché, qui, sans rechercher si les conditions précitées étaient réunies, écarte l'exception de nullité soulevée par le mis en examen en énonçant que le président s'est lui-même désigné et que cette désignation constitue, aux termes de l'article 83, dernier alinéa, dudit code, un acte d'administration (■ Cass. crim., 18 mars 2009, n° 08-88.486 : *Bull. crim.* n° 58 ; *Dr. pén.* 2010, chron. 1, obs. D. Guérin).

Art. 84-1 ***(L. n° 2016-731, 3 juin 2016 ; mod. à compter du 1er juin 2019, L. n° 2019-222, 23 mars 2019).*** **– Lors de la première comparution de la personne mise en examen ou de la première audition de la**

partie civile ou du témoin assisté et à tout moment au cours de la procédure, le juge d'instruction peut demander à la partie, en présence de son avocat ou celui-ci dûment convoqué et après avoir porté à sa connaissance l'article 161-1, si elle déclare renoncer au bénéfice de cet article.

La personne peut déclarer ne renoncer au bénéfice de l'article 161-1 que pour certaines catégories d'expertises qu'elle précise.

Section II. – De la constitution de la partie civile et de ses effets

Bibliographie : ***Répertoire.*** J. Dumont, *Constitution de partie civile : JCl. Procédure pénale*, art. 85 à 91-1, Fasc. 20. • C. Ambroise-Castérot, *Rép. pén. Dalloz*, V° *Action civile*. • Ph. Bonfils, *Rép. pén. Dalloz*, V° Partie civile.

Généralités. C. Bolze, *Le refus d'informer : une sanction exceptionnelle en procédure pénale : RSC* 1982, p. 311. • P. Bonfils, *Il faut sauver la jurisprudence Laurent-Atthalin : D.* 2010, 1153. • J. Brouchot, *L'arrêt Laurent-Atthalin, sa genèse et ses conséquences*, in *Mél. Patin*, Cujas 1966. • G. Decocq, *La mise en mouvement de l'action publique par la partie lésée en droit français : RID comp.* 1982, 355. • J.-P. Delmas-Saint-Hilaire, *La mise en mouvement de l'action publique par la victime de l'infraction*, in *Mél. Brethe de La Gressaye*, 1967, éd. Bière, p. 159. • S. Detraz, *Le nouveau dispositif de recevabilité de la plainte avec constitution de partie civile : JCP* G 2008, I, 111. • M. Fréjaville, *La réaction contre les abus de constitution de partie civile : DH* 1931, chron. p. 60. • J. Granier, *La partie civile au procès pénal : RSC* 1968, p. 1. • C. Guéry, *Le juge d'instruction et le voleur de pommes : pour une réforme de la constitution de partie civile : D.* 2003, 1575. • J. Hennebois, *Le parcours de la plainte avec constitution de partie civile : AJ pénal* 2020, p. 11. • X. Pin, *La privatisation du procès pénal : RSC* 2002, 245 ; *Le centenaire de l'arrêt Laurent-Atthalin : D.* 2007, 1025. • J. de Poulpiquet, *Le droit de mettre en mouvement l'action publique : conséquence de l'action civile ou droit autonome : RSC* 1975, p. 37.

Voir également : bibliographie citée sous art. 2, p. 28.

Art. 85 *(Mod., L. n° 2019-222, 23 mars 2019)*. **– Toute personne qui se prétend lésée par un crime ou un délit peut en portant plainte se constituer partie civile devant le juge d'instruction compétent en application des dispositions des articles 52, 52-1 et 706-42.**

Toutefois, la plainte avec constitution de partie civile n'est recevable qu'à condition que la personne justifie soit que le procureur de la République lui a fait connaître, à la suite d'une plainte déposée devant lui ou un service de police judiciaire, qu'il n'engagera pas lui-même des poursuites, soit qu'un délai de trois mois s'est écoulé depuis qu'elle a déposé plainte devant ce magistrat, contre récépissé ou par lettre recommandée avec demande d'avis de réception, ou depuis qu'elle a adressé, selon les mêmes modalités, copie à ce magistrat de sa plainte déposée devant un service de police judiciaire. Cette condition de recevabilité n'est pas requise s'il s'agit d'un crime ou s'il s'agit d'un délit prévu par la loi du 29 juillet 1881 sur la liberté de la presse ou par les articles L. 86, L. 87, L. 91 à L. 100, L. 102 à L. 104, L. 106 à L. 108 et L. 113 du Code électoral..

Par dérogation à l'article 5 du présent code, la victime qui a exercé son action devant une juridiction civile pendant le délai prévu au deuxième alinéa peut se constituer partie civile devant le juge d'instruction après s'être désistée de l'instance civile.

Lorsque la plainte avec constitution de partie civile est formée par une personne morale à but lucratif, elle n'est recevable qu'à condition que la personne morale justifie de ses ressources en joignant son bilan et son compte de résultat.

Bibliographie : S. Detraz, *Le nouveau dispositif de recevabilité de la plainte avec constitution de partie civile : JCP* G 2008, I, 111.

1) Recevabilité de l'action civile devant le juge d'instruction. V. sur la recevabilité de l'action civile en général, art. 2 et annotations ss art., p. 28. Il ressort des articles 1er, 2 et 85 du Code de procédure pénale que, pour qu'une constitution de partie civile soit recevable devant la juridiction d'instruction, il suffit que les circonstances sur lesquelles elle s'appuie permettent au juge d'admettre comme possibles l'existence du préjudice allégué et la relation directe de celui-ci avec une infraction à la loi pénale (▪ Cass. crim., 29 nov. 2016, n° 15-86.409 : *Bull. crim.* n° 309. ▪ Cass. crim., 5 mars 1990, n° 89-80.536 : *Bull. crim.* n° 103. ▪ Cass. crim., 2 avr. 2003, n° 02-82.674 : *Bull. crim.* n° 83. ▪ Cass. crim., 27 mai 2009, n° 09-80.023 : *Bull. crim.* n° 107). Est donc recevable la constitution de partie civile de l'emprunteur, détenteur précaire, du chef de vol de la chose prêtée dès lors que la soustraction frauduleuse le mettant dans l'impossibilité de restituer au propriétaire est de nature à lui porter préjudice (■ Cass. crim., 5 mars 1990, préc.), de même que la constitution de partie civile d'une commune des chefs d'ingérence, faux en écritures authentiques et usage, escroquerie dès lors que la demanderesse invoque la possibilité de l'existence d'un préjudice résultant des infractions dénoncées (■ Cass. crim., 29 avr. 1986, n° 85-93.942 : *Bull. crim.* n° 144). Encourt, pour le même motif, la cassation l'arrêt qui, pour déclarer irrecevable une constitution de partie civile, énonce qu'est nécessairement indirect pour la sœur de la victime, le préjudice moral résultant de l'atteinte physique ou du trouble psychologique causé par des faits de viols et agressions sexuelles aggravés (■ Cass. crim., 27 mai 2009, préc.).

2) Recevabilité de l'action civile devant le juge d'instruction – Autorité de la chose jugée. Au cours de l'information, la décision prise sur la recevabilité d'une constitution de partie civile est revêtue de l'autorité de la chose jugée. Méconnaît ce principe la chambre de l'instruction qui, après que la Cour de cassation a déclaré recevables les constitutions de parties civiles des plaignants, est saisie d'une nouvelle demande contestant la recevabilité de ces constitutions de parties civiles, qu'elle déclare irrecevables (■ Cass. crim., 11 juin 2017, n° 17-81.510).

3) Exercice de l'action civile au stade de l'instruction. V. pour la constitution incidente de partie civile, art. 87, p. 319.

I – DOMAINE DE LA CONSTITUTION INITIALE DE PARTIE CIVILE

4) Exclusion de la constitution initiale de partie civile. V. s'agissant des infractions commises hors du territoire de la République, C. pén., art. 113-8, de certaines infractions de presse, L. 29 juill. 1881, art. 48.

5) Exclusion de la constitution initiale de partie civile – Contraventions. Il résulte de la combinaison des articles 79 et 85 du Code de procédure pénale qu'en matière de contravention, le procureur de la République a seul le droit de provoquer l'ouverture d'une information en application de l'article 44 dudit code. Il s'en déduit que la partie civile ne peut mettre l'action publique en mouvement pour une contravention ni en portant plainte de ce chef, ni en intervenant aux mêmes fins dans une instruction en cours portant sur des faits distincts (■ Cass. crim., 20 nov. 1979, n° 79-91.409 : *Bull. crim.* n° 326).

6) Exclusion de la constitution initiale de partie civile – Réouverture de l'instruction sur charges nouvelles. Lorsqu'à la suite d'une décision de non-lieu définitive le juge d'instruction est saisi d'une nouvelle plainte portant sur les mêmes faits et visant la même personne, seul le ministère public peut requérir, s'il y a lieu, l'ouverture d'une nouvelle information sur charges nouvelles, conformément aux dispositions des articles 190 et 196 du Code de procédure pénale (■ Cass. crim., 18 juin 1997, n° 96-81.375 : *Bull. crim.* n° 239).

II – CONDITIONS DE LA CONSTITUTION INITIALE DE PARTIE CIVILE

7) Dépôt préalable d'une plainte auprès du ministère public. Justifie sa décision au regard de l'article 85, alinéa 2 du Code de procédure pénale l'arrêt qui, pour confirmer l'ordonnance du juge d'instruction déclarant irrecevable une plainte avec constitution de partie civile, énonce que la plaignante ne justifie pas d'une plainte préalable, à la suite de laquelle le procureur de la République lui aurait fait connaître qu'il n'engagerait pas lui-même des poursuites ou qui aurait été déposée, dans les formes requises, depuis plus de trois mois, et que ni la plainte qu'il a adressée au procureur général, ni les requêtes qu'il a adressées au garde des Sceaux ne sauraient être assimilées à une plainte préalable (■ Cass. crim., 9 juin 2009, n° 09-80.081). La personne qui, s'étant constituée partie civile en portant plainte devant le juge d'instruction, a omis de justifier du dépôt préalable d'une plainte auprès du procureur de la République ou d'un service de police judiciaire dans les conditions fixées par l'article 85, alinéa 2, du Code de procédure pénale, et, lorsqu'il s'agit d'une personne morale, de l'identité de son représentant légal, demeure recevable à apporter ces justifications devant la chambre de l'instruction au soutien de son appel de l'ordonnance du magistrat instructeur ayant déclaré sa constitution de partie civile irrecevable (■ Cass. crim., 30 mars 2016, n° 14-85.109 : *Bull. crim.* n° 107).

8) Contenu de la plainte avec constitution de partie civile – Manifestation non équivoque de volonté de se constituer partie civile. La qualité de partie civile s'acquiert par le dépôt d'une plainte auprès de la juridiction compétente, contenant la manifestation expresse de volonté du plaignant de se constituer partie civile (■ Cass. crim., 8 mai 1979, n° 78-91.517 : *Bull. crim.* n° 165. ■ Cass. crim., 13 déc. 1983, n° 83-91.925 : *Bull. crim.* n° 338. ■ Cass. crim., 15 mai 2002, n° 01-83.337 : *Bull. crim.* n° 116). Une lettre, ne comportant qu'une offre de se constituer partie civile, ne peut être considérée comme un acte régulier de constitution de partie civile (■ Cass. crim., 25 juin 1970, n° 69-93.357 : *Bull. crim.* n° 218).

9) Contenu de la plainte avec constitution de partie civile – Désignation des faits. V. pour la possibilité d'inviter le plaignant à préciser sa plainte, art. 86, al. 3, p. 315. Le juge d'instruction saisi d'une plainte attestant la volonté formelle et non équivoque de son auteur de se constituer partie civile peut, en entendant le plaignant, avant toute communication au parquet, lui faire valablement compléter sa plainte pour la rendre conforme aux exigences de l'article 50 de la loi du 29 juillet 1881 qui exige l'articulation des faits (▪ Cass. crim., 2 déc. 1980, n° 79-91.506 : *Bull. crim.* n° 327. ▪ Cass. crim., 30 mars 2016, n° 15-81.606).

10) Contenu de la plainte avec constitution de partie civile – Infractions de presse. S'il est vrai que l'action publique est mise en mouvement par la plainte avec constitution de partie civile, dès que la consignation a été faite, encore faut-il, en cas d'infraction à la loi du 29 juillet 1881, que la plainte réponde aux exigences de l'article 50 de ladite loi (▪ Cass. crim., 2 déc. 1980, préc.). Cependant, le réquisitoire introductif peut, en cette matière, réparer les insuffisances de la plainte et rendre parfaite la poursuite (▪ Cass. crim., 2 déc. 1980, préc.). Et le juge d'instruction saisi d'une plainte attestant la volonté formelle et non équivoque de son auteur de se constituer partie civile peut, en entendant le plaignant, avant toute communication au parquet, lui faire valablement compléter sa plainte pour la rendre conforme aux exigences de la loi du 29 juillet 1881 (▪ Cass. crim., 2 déc. 1980, préc. ▪ Cass. crim., 30 mars 2016, préc.). Lorsque la poursuite est introduite par une plainte avec constitution de partie civile, c'est cet acte qui, la consignation ayant été faite, met l'action publique en mouvement. Dès lors, si cette plainte dénonçant une infraction à la loi sur la presse contient les mentions exigées par l'article 50 de la loi précitée, l'action est régulièrement engagée, sans que sa validité puisse être entachée par un vice concernant le réquisitoire d'information postérieur (▪ Cass. crim., 28 févr. 1984, n° 83-91.533 : *Bull. crim.* n° 80).

11) Forme de la plainte avec constitution de partie civile. La constitution de partie civile au cours de l'instruction peut être réalisée par l'envoi au juge d'instruction d'une simple lettre dès lors que celle-ci est exempte d'équivoque et que son authenticité n'est pas contestée (▪ Cass. crim., 2 oct. 1979, n° 78-93.560 : *Bull. crim.* n° 265).

12) Obligation de consignation. V. art. 88 et s., p. 323.

13) Personne morale – Justification de ressources. Il résulte de l'article 85 du Code de procédure pénale que la personne morale à but lucratif qui, s'étant constituée partie civile en portant plainte devant le juge d'instruction, a omis de justifier de ses ressources en joignant son bilan et son compte de résultat, demeure recevable à apporter ces justifications devant la chambre de l'instruction au soutien de son appel de l'ordonnance du magistrat instructeur ayant sanctionné sa carence en déclarant sa constitution de partie civile irrecevable (▪ Cass. crim., 13 nov. 2018, n° 18-81.194 : *Bull. crim.*, à paraître ; *JCP* 2019, p. 496, obs. J.-B. Perrier ; *D.* 2018, p. 2234 ; *Dalloz actualité*, 5 déc. 2018, obs. L. Priou-Alibert. ▪ Cass. crim., 1er sept. 2020, n° 19-84.600, § 13).

III – CONSÉQUENCES DE LA CONSTITUTION INITIALE DE PARTIE CIVILE

14) Désistement de la partie civile. Le désistement de la partie civile en cours d'information suppose l'existence d'une renonciation par laquelle le plaignant manifeste sans équivoque sa volonté d'abandonner l'action, sans condition et en l'état. Méconnaît ce principe la chambre de l'instruction qui, pour déclarer irrecevable l'appel, par la partie civile, d'une ordonnance de non-lieu, retient que celle-ci n'avait plus qualité pour former un tel recours, motif pris de ce qu'elle s'était désistée de sa plainte avec constitution après avoir fait citer directement la personne mise en cause devant la juridiction de jugement, alors que ce désistement étant expressément subordonné à la condition impossible que le juge d'instruction s'abstînt de procéder au règlement de l'information, l'intéressée ne pouvait être regardée comme ayant renoncé à sa qualité de partie civile sans condition ni équivoque (▪ Cass. crim., 17 oct. 2017, n° 16-83.643 : *Bull. crim.* à paraître).

A – Conséquences sur l'action publique

15) Déclenchement de l'action publique. La plainte avec constitution de partie civile déposée entre les mains d'un juge d'instruction par la personne qui se prétend victime d'une infraction met en mouvement l'action publique (▪ Cass. crim., 8 déc. 1906, *Placet dit Laurent-Atthalin : DP* 1907, 1, 207, note F. T., rapp. Laurent-Atthalin ; S. 1907, 1, 377, note R. Demogue). Le versement au greffe de la somme présumée nécessaire pour les frais de la procédure, dans le délai fixé par le juge d'instruction, a pour effet de rendre recevable la plainte avec constitution de partie civile à la date du dépôt de celle-ci dûment constaté par ordonnance ; il s'ensuit que c'est à cette même date que l'action publique est mise en mouvement et qu'il convient de se placer pour apprécier la légalité de la poursuite (▪ Cass. crim., 17 juin 1986, n° 85-90.313 : *Bull. crim.* n° 208).

16) Déclenchement de l'action publique en cas d'irrecevabilité de la plainte avec constitution de partie civile. Si, au cours de l'information, la constitution de partie civile vient à être déclarée irrecevable, la poursuite n'en a pas moins été valablement exercée en raison des réquisitions prises par le ministère public ; il n'en serait autrement que si la mise en mouvement de l'action publique était subordonnée au dépôt d'une plainte préalable (■ Cass. crim., 11 avr. 2002, n° 02-807.78 : *Bull. crim.* n° 87. – *Adde* ■ Cass. crim., 21 juin 1973, n° 72-92.784 : *Bull. crim.* n° 290. ■ Cass. crim., 7 sept. 2021, n° 19-87.036, § 22 : *Bull. crim.* à paraître. ■ Cass. crim., 7 sept. 2021, n° 19-87.031 : *Bull. crim.* à paraître ; *JCP* G 2021, 1096, note S. Detraz). La mise en mouvement de l'action publique demeure nécessairement subordonnée, en cas de réquisitions de non-informer du ministère public, à la recevabilité de la constitution de partie civile des plaignants (■ Cass. crim., 29 mars 1995, n° 94-85.464 : *Bull. crim.* n° 131).

17) Interruption de la prescription. La prescription de l'action publique, qui est interrompue par le dépôt d'une plainte avec constitution de partie civile lorsque la consignation prévue par l'article 88 du Code de procédure pénale est ultérieurement versée dans le délai imparti, a été entre-temps suspendue de la date du dépôt de la plainte à celle de ce versement (■ Cass. crim., 7 juin 1990, n° 89-84.991 : *Bull. crim.* n° 235. ■ Cass. crim., 7 sept. 1999, n° 98-86.219 : *Bull. crim.* n° 181. ■ Cass. crim., 30 mars 2016, n° 15-81.606 : *Bull. crim.* n° 111). Le dépôt d'une plainte avec constitution de partie civile, sans qu'un délai soit fixé pour verser la consignation et suivi de l'obtention de l'aide juridictionnelle dispensant le plaignant de consigner, interrompt la prescription de l'action publique (■ Cass. crim., 14 nov. 1995, n° 94-83.837 : *Bull. crim.* n° 347). Une plainte, adressée au juge d'instruction, ne constitue pas, par elle-même, un acte d'instruction ou de poursuite interruptif de prescription au sens des articles 7 et 8 du Code de procédure pénale (■ Cass. crim., 25 juin 1970, n° 69-93.357 : *Bull. crim.* n° 218). Une plainte non assortie d'une constitution de partie civile n'est pas un acte d'instruction ou de poursuite, même dans les matières, comme les infractions à la réglementation des changes, où la plainte de l'administration est la condition préalable et nécessaire de la mise en mouvement de l'action publique (■ Cass. crim., 7 févr. 1980, n° 71-90.995 : *Bull. crim.* n° 52). Une lettre, ne comportant qu'une offre de se constituer partie civile, ne peut être considérée comme un acte régulier de constitution de partie civile de nature à interrompre la prescription (■ Cass. crim., 25 juin 1970, préc.).

18) Suspension de la prescription entre le dépôt de la plainte et le versement de la consignation. ■ Cass. crim., 7 juin 1990. ■ Cass. crim., 14 nov. 1995. ■ Cass. crim., 7 sept. 1999. ■ Cass. crim., 30 mars 2016, cités note précédente, p. 311.

19) Suspension de la prescription entre le dépôt de la plainte et la réponse du ministère public ou l'achèvement d'un délai de trois mois. Dès lors que l'article 85 du Code de procédure pénale exclut expressément les infractions en matière de presse de la condition de recevabilité de la plainte avec constitution de partie civile consistant en la justification du dépôt d'une plainte auprès du procureur de la République ou d'un service de police judiciaire, il s'en déduit que la suspension de la prescription de l'action publique, qui est le corollaire nécessaire de la condition de recevabilité précitée, n'est pas applicable lorsqu'est poursuivie l'une de ces infractions (■ Cass. crim., 14 mars 2017, n° 15-86.199 : *Bull. crim.* n° 69).

B – Conséquences sur le juge d'instruction

20) Étendue de la saisine. Lorsque l'action publique est mise en mouvement par une constitution de partie civile régulière en la forme, c'est la plainte qui détermine la saisine du juge (■ Cass. crim., 28 oct. 1980, n° 79-94.231 : *Bull. crim.* n° 277). Le juge d'instruction est tenu d'instruire sur tous les faits dénoncés par la plainte avec constitution de partie civile et d'examiner tous les chefs d'inculpation visés dans cette plainte, quelles que soient les réquisitions du procureur de la République qui n'évoqueraient que certains d'entre eux (■ Cass. crim., 11 févr. 1992, n° 91-86.066 : *Bull. crim.* n° 63). La juridiction d'instruction, saisie d'une plainte avec constitution de partie civile, suivie du versement de la consignation prévue à l'article 88 du Code de procédure pénale, doit, en l'absence de réquisitions de non-informer, instruire sur les faits dénoncés dans cette plainte, alors même qu'ils ne sont pas visés dans le réquisitoire introductif du ministère public, dans la mesure où cette constitution de partie civile n'a pas été déclarée irrecevable (■ Cass. crim., 8 déc. 1992, n° 92-83.854 : *Bull. crim.* n° 409).

21) Étendue de la saisine – Notion de faits nouveaux. V. annotations ss art. 80, p. 283.

22) Étendue de la saisine – Condition d'extension de la saisine aux faits nouveaux. Selon l'article 80 du Code de procédure pénale, dans sa rédaction issue de la loi n° 99-515 du 23 juin 1999, applicable immédiatement, une constitution de partie civile additionnelle, dénonçant des faits nouveaux, ne saisit le juge d'instruction que si le procureur de la République requiert qu'il soit instruit sur ces faits (■ Cass. crim., 26 sept. 2000, n° 00-82.017 : *Bull. crim.* n° 277).

23) Liberté de qualification. Les juridictions d'instruction qualifient librement les faits dont elles sont saisies et au regard desquelles elles ont l'obligation d'informer (▪ Cass. crim., 19 déc. 2012, n° 12-81.043 : *Bull. crim.* n° 285. ▪ Cass. crim., 28 oct. 1980, préc.). Le juge d'instruction a l'obligation d'informer sur tous les faits résultant de la plainte et des pièces qui y sont analysées, sous toutes leurs qualifications possibles, sans s'en tenir à celle proposée par la partie civile (▪ Cass. crim., 19 déc. 2012, préc.). Il n'importe que la partie civile ait mal qualifié l'infraction pouvant être constituée par les faits sur lesquels porte la plainte ; il appartient à la juridiction d'instruction d'examiner ces faits sous toutes les qualifications possibles (▪ Cass. crim., 23 janv. 1990, n° 89-83.236 : *Bull. crim.* n° 43).

24) Obligation d'instruire. Quelles que soient les réquisitions prises par le ministère public, le juge d'instruction saisi d'une plainte avec constitution de partie civile a le devoir d'informer sur cette plainte dans telle mesure qu'il appartient ; cette obligation ne cesse que si pour des causes affectant l'action publique elle-même, les faits ne peuvent légalement comporter une poursuite ou si, à les supposer démontrés, ils ne sauraient admettre aucune qualification pénale (▪ Cass. crim., 8 déc. 1906, *Placet dit Laurent-Atthalin : DP* 1907, 1, 207, note F. T., rapp. Laurent-Atthalin ; *S.* 1907, 1, 377, note R. Demogue). La chambre d'accusation doit se prononcer sur chacun des faits dénoncés par la partie civile dans sa plainte (▪ Cass. crim., 7 déc. 1995, n° 95-81.530 : *Bull. crim.* n° 373. ▪ Cass. crim., 28 oct. 1980, préc. ▪ Cass. crim., 8 déc. 1992, préc.). Doit être cassé l'arrêt de la chambre d'accusation qui a omis de statuer sur certains des faits dénoncés dans la plainte assortie de constitution de partie civile (▪ Cass. crim., 20 juin 1963, n° 62-92.271 : *Bull. crim.* n° 214. ▪ Cass. crim., 28 mai 1964, n° 62-91.576 : *Bull. crim.* n° 182. ▪ Cass. crim., 22 juin 1971, n° 71-90.756 : *Bull. crim.* n° 198).

25) Obligation d'instruire – Portée et limite. V. art. 86, p. 315 et annotations ss art. 86, p. 315.

26) Irrévocabilité de la saisine. Dès lors qu'elle s'est constituée partie civile auprès du juge d'instruction, la victime d'une infraction n'a plus la possibilité de saisir par voie de citation directe le tribunal correctionnel de poursuites contre des personnes qui n'ont pas été renvoyées devant cette juridiction par le magistrat instructeur bien qu'elles aient été visées par la plainte et mises en cause lors de l'information sans toutefois avoir été inculpées (▪ Cass. crim., 17 janv. 1983, n° 82-90.262 : *Bull. crim.* n° 1 ; *JCP* 1984, II, 20232, note W. Jeandidier). La partie civile constituée devant le juge d'instruction ne peut abandonner la voie de l'instruction préparatoire en cours, pour traduire quiconque, en raison des mêmes faits, par voie de citation directe, devant la juridiction correctionnelle (▪ Cass. crim., 4 janv. 1990, n° 89-80.778 : *Bull. crim.* n° 7).

Art. 86 *(Mod., L. n° 2019-222, 23 mars 2019).* **Le juge d'instruction ordonne communication de la plainte au procureur de la République pour que ce magistrat prenne ses réquisitions. Le procureur de la République peut demander au juge d'instruction un délai supplémentaire de trois mois pour permettre la poursuite des investigations avant de faire connaître ses réquisitions. La décision du juge d'instruction constitue une mesure d'administration judiciaire insusceptible de recours.**

Le réquisitoire peut être pris contre personne dénommée ou non dénommée.

Lorsque la plainte n'est pas suffisamment motivée ou justifiée, le procureur de la République peut, avant de prendre ses réquisitions et s'il n'y a pas été procédé d'office par le juge d'instruction, demander à ce magistrat d'entendre la partie civile et, le cas échéant, d'inviter cette dernière à produire toute pièce utile à l'appui de sa plainte.

Le procureur de la République ne peut saisir le juge d'instruction de réquisitions de non informer que si, pour des causes affectant l'action publique elle-même, les faits ne peuvent légalement comporter une poursuite ou si, à supposer ces faits démontrés, ils ne peuvent admettre aucune qualification pénale. Le procureur de la République peut également prendre des réquisitions de non-lieu dans le cas où il est établi de façon manifeste, le cas échéant au vu des investigations qui ont pu être réalisées à la suite du dépôt de la plainte ou en application du troisième alinéa, que les faits dénoncés par la partie civile n'ont pas été commis. Lorsque les investigations réalisées au cours de l'enquête effectuée à la suite de la plainte déposée conformément au deuxième alinéa de l'article 85 ont permis d'établir qu'une personne majeure mise en cause pour les faits de nature délictuelle reprochés par la victime pourrait faire l'objet de poursuites mais que l'action publique n'a pas été mise en mouvement par le procureur de la République, celui-ci peut également requérir du juge d'instruction de rendre une ordonnance de refus d'informer, tout en invitant la partie civile à engager des poursuites par voie de citation directe. Dans le cas où le juge d'instruction passe outre, il doit statuer par une ordonnance motivée.

Lorsque le juge d'instruction rend une ordonnance de refus d'informer, il peut faire application des dispositions des articles 177-2 et 177-3.

Bibliographie : C. Bolze, *Le refus d'informer : une sanction exceptionnelle en procédure pénale* : *RSC* 1982, p. 311. • C. Marsat, *Refus d'informer* : *Dr. pén.* 2000, chron. 14. • J. Pradel, *Notre procédure pénale à la recherche d'une efficacité à toute vapeur. Loi n° 2019-222 du 23 mars 2019* : *JCP* G 2019, doctr. 406. • E. Vergès, *Réforme de la procédure pénale : une loi fleuve, pour une justice au gré des courants* : *Dr. pén.* 2019, étude 12.

I – RÉQUISITIONS DU MINISTÈRE PUBLIC

1) Domaine. L'action publique ayant été mise en mouvement par voie de constitution de partie civile, il appartenait au procureur général, en application des articles 86 et 681 du Code de procédure pénale de prendre des réquisitions sans que puisse y faire échec une décision antérieure de classement sans suite ; en effet le magistrat du ministère public, compétent pour exercer l'action publique a, en vertu de ses pouvoirs propres, à l'exclusion de toute autre autorité, la faculté de revenir sur une telle décision, dès lors que ne sont pas réunies les conditions d'un refus d'informer prévu par l'article 86 précité (▪ Cass. crim., 12 mai 1992, n° 92-81.080 : *Bull. crim.* n° 186 ; *D.* 1992, 427, note D. Mayer).

2) Inapplication du principe de l'opportunité des poursuites. Ni le procureur de la République, les dispositions des articles 40, alinéa 1er, et 40-1 du Code de procédure pénale n'étant pas applicables lorsque ce magistrat requiert l'ouverture d'une information sur une plainte avec constitution de partie civile, ni le juge d'instruction ne peuvent apprécier en opportunité la suite à donner aux faits qui sont dénoncés par ladite plainte (▪ Cass. crim., 30 mars 2021, n° 21-80.141, § 10 : *Bull. crim.* à paraître ; *AJ pénal* 2021, 379, obs. J. Lasserre Capdeville).

3) Conséquence sur le déclenchement des poursuites. Si, au cours de l'information, la constitution initiale de partie civile vient à être déclarée irrecevable, la poursuite n'en a pas moins été valablement exercée en raison des réquisitions prises par le ministère public ; il n'en serait autrement que si la mise en mouvement de l'action publique était subordonnée au dépôt d'une plainte préalable (▪ Cass. crim., 11 avr. 2002, n° 02-80.778 : *Bull. crim.* n° 87. – *Adde* ▪ Cass. crim., 21 juin 1973, n° 72-92.784 : *Bull. crim.* n° 290). La mise en mouvement de l'action publique demeure nécessairement subordonnée, en cas de réquisitions de non-informer du ministère public, à la recevabilité de la constitution initiale de partie civile des plaignants (▪ Cass. crim., 29 mars 1995, n° 94-85.464 : *Bull. crim.* n° 131).

4) Conséquence sur la saisine du juge d'instruction. V. annotations nos 5 et s., p. 316.

5) Conséquence sur l'étendue de la saisine du juge d'instruction. Le juge d'instruction est tenu d'instruire sur tous les faits dénoncés par la plainte avec constitution de partie civile et d'examiner tous les chefs d'inculpation visés dans cette plainte, quelles que soient les réquisitions du procureur de la République qui n'évoqueraient que certains d'entre eux (▪ Cass. crim., 11 févr. 1992, n° 91-86.066 : *Bull. crim.* n° 63). La juridiction d'instruction, saisie d'une plainte avec constitution de partie civile, suivie du versement de la consignation prévue à l'article 88 du Code de procédure pénale, doit, en l'absence de réquisitions de non-informer, instruire sur les faits dénoncés dans cette plainte, alors même qu'ils ne sont pas visés dans le réquisitoire introductif du ministère public, dans la mesure où cette constitution de partie civile n'a pas été déclarée irrecevable (▪ Cass. crim., 8 déc. 1992, n° 92-83.854 : *Bull. crim.* n° 409).

II – OBLIGATION D'INFORMER

6) Signification de l'article 86 du Code de procédure pénale : obligation d'informer sur plainte avec constitution de partie civile. Quelles que soient les réquisitions prises par le ministère public, le juge d'instruction saisi d'une plainte avec constitution de partie civile a le devoir d'informer sur cette plainte dans telle mesure qu'il appartient ; cette obligation ne cesse que si pour des causes affectant l'action publique elle-même, les faits ne peuvent légalement comporter une poursuite ou si, à les supposer démontrés, ils ne sauraient admettre aucune qualification pénale (▪ Cass. crim., 8 déc. 1906, *Placet dit Laurent-Atthalin* : *DP* 1907, 1, 207, note F. T., rapp. Laurent-Atthalin ; *S.* 1907, 1, 377, note R. Demogue). Selon les articles 85 et 86 du Code de procédure pénale, la juridiction d'instruction régulièrement saisie d'une plainte avec constitution de partie civile a le devoir d'instruire, quelles que soient les réquisitions du ministère public (▪ Cass. crim., 1er sept. 2009, n° 08-88.426 : *Bull. crim.* n° 146 ; *RSC* 2009, 839, obs. Y. Mayaud. ▪ Cass. crim., 4 janv. 2005, n° 03-84.652 : *Bull. crim.* n° 1).

7) Conséquence : absence d'appréciation de l'opportunité des poursuites. Ni le procureur de la République, les dispositions des articles 40, alinéa 1er, et 40-1 du Code de procédure pénale n'étant pas applicables lorsque ce magistrat requiert l'ouverture d'une information sur une plainte avec constitution de partie civile, ni le juge d'instruction ne peuvent apprécier en opportunité la suite à donner aux faits qui sont dénoncés par ladite plainte (■ Cass. crim., 30 mars 2021, n° 21-80.141, § 10 : *Bull. crim.* à paraître ; *AJ pénal* 2021, 379, obs. J. Lasserre Capdeville).

A – Manifestations de l'obligation d'informer

8) Obligation de vérifier la réalité des faits. Il résulte des articles 85 et 86 du Code de procédure pénale que le juge d'instruction, régulièrement saisi d'une plainte avec constitution de partie civile, a le devoir d'instruire sur cette plainte ; cette obligation ne cesse, selon l'article 86, alinéa 4, dudit code que si, pour des raisons affectant l'action publique elle-même, les faits ne peuvent légalement comporter une poursuite ou si, à supposer ces faits démontrés, ils ne peuvent admettre aucune qualification pénale. Encourt dès lors la cassation l'arrêt de la chambre d'accusation ayant confirmé l'ordonnance de refus d'informer rendue sur la plainte avec constitution de partie civile sans avoir vérifié, par une information préalable, la réalité des faits dénoncés dans la plainte et leur qualification pénale éventuelle (■ Cass. crim., 11 janv. 2001, n° 00-80.748 : *Bull. crim.* n° 5. – *Adde* ■ Cass. crim., 13 oct. 2020, n° 19-86.652, § 9). De même, encourt la cassation l'arrêt d'une chambre de l'instruction qui confirme l'ordonnance de refus d'informer rendue par le juge d'instruction sur la plainte déposée, des chefs d'arrestation, séquestration illégale, détention arbitraire, abstention volontaire de mettre fin à une détention arbitraire, par des ressortissants français détenus sur la base de Guantanamo en décidant, par le seul examen abstrait de la plainte, sans rechercher, par une information préalable, si l'arrestation et les conditions de détention des plaignants, qu'elle devait analyser au regard, notamment, de la troisième convention de Genève du 12 août 1949 et du Pacte international relatif aux droits civils et politiques du 19 décembre 1966, n'entraient pas dans les prévisions de l'article 224-1 du Code pénal et, comme telles, en raison de la nationalité française desdits plaignants, ne relevaient pas de la compétence des lois et juridictions françaises, en application des articles 113-7 du Code pénal et 689 du Code de procédure pénale (■ Cass. crim., 4 janv. 2005, préc.). Encourt également la cassation l'arrêt de la chambre de l'instruction ayant confirmé l'ordonnance de refus d'informer rendue par un juge d'instruction sur le seul fondement des résultats d'une enquête préliminaire, en l'absence de tout acte propre à l'affaire en cause et sans avoir vérifié par une information préalable la réalité des faits dénoncés dans la plainte (■ Cass. crim., 20 juin 2006, n° 05-86.611 : *Bull. crim.* n° 185). Encourt également la cassation l'arrêt de la chambre de l'instruction ayant confirmé l'ordonnance de refus d'informer rendue par un juge d'instruction sur le fondement de pièces issues d'une procédure distincte, en l'absence de tout acte propre à l'affaire en cause et sans avoir vérifié par une information préalable et contradictoire la réalité des faits dénoncés dans la plainte (■ Cass. crim., 1er sept. 2009, préc.). Encourt pareillement la cassation la chambre de l'instruction qui confirme l'ordonnance du juge d'instruction ayant déclaré la plainte irrecevable au motif que le plaignant n'avait pas apporté les précisions souhaitées et que cette carence équivalait à un désintéressement de sa part : en se prononçant ainsi, sans avoir vérifié par une information préalable la réalité des faits dénoncés dans la plainte, la chambre de l'instruction a méconnu les textes susvisés (■ Cass. crim., 22 janv. 2013, n° 12-82.60).

9) Obligation de vérifier la qualification des faits. Le juge d'instruction, régulièrement saisi d'une plainte avec constitution de partie civile, a le devoir de vérifier la réalité des faits dénoncés et de déterminer leur qualification pénale éventuelle ; il ne saurait dès lors refuser d'informer aux motifs qu'aucune infraction pénale ne pouvait être constituée, que certaines des qualifications visées par la plainte ne pouvaient être appliquées ou rendaient la plainte irrecevable et que certains faits seraient prescrits (■ Cass. crim., 26 sept. 2001, n° 01-84.565 : *Bull. crim.* n° 193. – *Adde* ■ Cass. crim., 11 janv. 2001, préc. ■ Cass. crim., 13 oct. 2020, n° 19-86.652, § 9).

10) Obligation de statuer sur l'ensemble des faits. En vertu des articles 51, 80 et 86 du Code de procédure pénale, le juge d'instruction a l'obligation d'informer sur tous les faits résultant de la plainte et des pièces qui y sont analysées, sous toutes leurs qualifications possibles (■ Cass. crim., 19 déc. 2012, n° 12-81.043 : *Bull. crim.* n° 285). La juridiction d'instruction, saisie d'une plainte avec constitution de partie civile, suivie du versement de la consignation prévue à l'article 88 du Code de procédure pénale, doit, en l'absence de réquisitions de non-informer, instruire sur les faits dénoncés dans cette plainte, alors même qu'ils ne sont pas visés dans le réquisitoire introductif du ministère public, dans la mesure où cette constitution de partie civile n'a pas été déclarée irrecevable (■ Cass. crim., 8 déc. 1992, n° 92-83.854 : *Bull. crim.* n° 409). *V. égal. mais sans référence à l'article 86 du Code de procédure pénale* : la chambre d'accusation doit se prononcer sur chacun des faits dénoncés par la partie civile dans sa plainte (■ Cass. crim., 7 déc. 1995, n° 95-81.530 : *Bull. crim.* n° 373) ; doit être cassé l'arrêt de la chambre d'accusation qui a omis de statuer sur certains des faits dénoncés dans la plainte assortie de constitution de partie civile (▪ Cass. crim., 20 juin 1963, n° 62-92.271 : *Bull. crim.* n° 214. ▪ Cass. crim., 28 mai 1964, n° 62-91.576 : *Bull. crim.* n° 182. ▪ Cass. crim., 22 juin 1971, n° 71-90.756 : *Bull. crim.* n° 198). En vertu des articles 51, 80 et 86 du Code de procédure pénale, la partie civile est admise à se pourvoir contre un arrêt de non-lieu rendu par la chambre d'accusation, même en l'absence de pourvoi du ministère public, lorsqu'il a été omis de statuer sur un chef d'inculpation ; la chambre d'accusation doit se prononcer sur chacun des faits dénoncés par la partie civile dans sa plainte (▪ Cass. crim., 28 oct. 1980, n° 79-94.231 : *Bull. crim.* n° 277).

B – Exceptions à l'obligation d'informer

1° Incompétence

11) Refus de saisine fondé sur l'incompétence. V. s'agissant de la possibilité pour le juge d'instruction de refuser sa saisine en cas d'incompétence, CPP, art. 90, p. 326.

12) Refus de saisine fondé sur l'incompétence – Limite. Une chambre d'accusation ne peut, sans méconnaître l'obligation d'informer imposée aux juridictions d'instruction par les articles 85 et 86 du Code de procédure pénale, déclarer territorialement incompétent un juge d'instruction saisi d'une plainte avec constitution de partie civile, faisant état de ce que l'une des personnes soupçonnées d'avoir participé aux infractions dénoncées réside dans son ressort, tant que ce magistrat n'a pas effectué les investigations de nature à lui permettre de vérifier sa compétence (▪ Cass. crim., 26 févr. 1997, n° 95-86.088 : *Bull. crim.* n° 77). Selon les articles 85 et 86 du Code de procédure pénale, la juridiction d'instruction régulièrement saisie d'une plainte avec constitution de partie civile a le devoir d'instruire, quelles que soient les réquisitions du ministère public ; cette obligation ne cesse, suivant les dispositions de l'alinéa 4 de l'article 86, que si, pour des causes affectant l'action publique elle-même, les faits ne peuvent comporter légalement une poursuite ou si, à supposer les faits démontrés, ils ne peuvent admettre aucune qualification pénale ; doit dès lors être cassé l'arrêt de la chambre d'accusation qui, par l'examen abstrait de l'inculpation visée dans la plainte, refuse d'informer au motif que les faits seraient contraventionnels et n'auraient pas été commis dans son ressort (▪ Cass. crim., 30 janv. 2001, n° 00-80.656 : *Bull. crim.* n° 25). Le juge d'instruction, saisi, en application de l'article 85 du Code de procédure pénale, par une personne qui, se prétendant victime d'un délit, entendait se constituer partie civile, ne pouvait, par le seul examen abstrait de l'inculpation visée par le plaignant se prononcer, sans instruction préalable, sur le caractère délictuel ou contraventionnel desdits faits, décider qu'ils ne constituent qu'une contravention et, par voie de conséquence, déclarer la constitution de partie civile irrecevable par application de l'article 85 précité ; d'ailleurs, la décision du juge d'instruction équivalait à un refus d'informer en dehors des cas limitativement prévus par l'article 86 du même code (▪ Cass. crim., 18 mai 1971, n° 70-92.905 : *Bull. crim.* n° 160. ▪ Cass. crim., 11 mai 1999, n° 97-85.795 : *Bull. crim.* n° 90).

2° Irrecevabilité de la constitution de partie civile

13) Refus de saisine fondé sur l'irrecevabilité de la constitution de partie civile. V. s'agissant de la possibilité pour le juge d'instruction de refuser sa saisine en cas d'irrecevabilité de la constitution de partie civile, art. 87, p. 319.

3° Refus d'informer

• Domaine du refus d'informer

14) Inopposabilité au ministère public. Une ordonnance de non-informer ne peut intervenir, selon l'article 86 du Code de procédure pénale, qu'à la suite d'une plainte avec constitution de partie civile mettant l'action publique en mouvement ; le juge d'instruction ne saurait, sous couvert d'un refus d'informer, statuer sur la validité du réquisitoire supplétif du procureur de la République (▪ Cass. crim., 31 mars 1987, n° 86-90.769 : *Bull. crim.* n° 149).

• Cas de refus d'informer

– Faits ne comportant aucune poursuite pour des causes affectant l'action publique

15) Extinction de l'action publique. Est justifiée l'ordonnance du juge d'instruction refusant d'informer sur plainte avec constitution de partie civile au motif que les faits dénoncés sont amnistiés (▪ Cass. crim., 29 janv. 2008, n° 07-81.931) ou couverts par la prescription (▪ Cass. crim., 9 nov. 1972, n° 71-91.275 : *Bull. crim.* n° 334).

16) Obstacle aux poursuites. Est justifiée l'ordonnance du juge d'instruction refusant d'informer sur plainte avec constitution de partie civile au motif que les faits dénoncés bénéficient de l'immunité prévue par l'article 41 de la loi du 29 juillet 1881 (▪ Cass. crim., 4 juin 1975, n° 73-93.561 : *Bull. crim.* n° 145) ou ont été commis à l'étranger si bien que, en l'absence de réquisitions du ministère public, ils ne pouvaient comporter aucune poursuite (▪ Cass. crim., 13 juin 1974, n° 72-91.231 : *Bull. crim.* n° 219). Si le juge d'instruction a généralement l'obligation d'informer sur tous les faits résultant de la plainte, sous toutes les qualifications possibles, et si cette obligation n'est pas contraire en son principe à l'immunité de juridiction des États étrangers et de leurs représentants, celle-ci trouve son fondement dans la seule nécessité pour le juge de ne pas retenir une immunité pénale avant d'avoir vérifié les conditions de son application dans le dossier dont il est saisi. En l'espèce, la plainte avec constitution de partie civile est claire et précise dans ses imputations des faits dénoncés à un chef de l'État, de sorte qu'aucun acte d'information n'est nécessaire pour dire que le principe d'immunité pénale, reconnue par la coutume internationale au bénéfice des États et des chefs d'État en exercice, doit être retenu (▪ Cass. crim., 2 sept. 2020, n° 18-84.682, §§ 21 et 22 : *AJ pénal* 2020, p. 479, obs. K. Mariat).

– Faits insusceptibles de qualification pénale

17) Illustrations. Mérite d'être approuvée la décision portant refus d'informer fondée sur le constat, consécutif à l'examen de la plainte et des documents qui y ont été annexés, que les faits dénoncés ne comportaient pas l'un des éléments constitutifs de l'infraction de dénonciation calomnieuse (▪ Cass. crim., 5 mars 1974, n° 73-92.481 : *Bull. crim.* n° 92) ou que la non-admission à un concours ne s'analysait pas en une discrimination (▪ Cass. crim., 24 mars 1998, n° 97-84.321 : *Bull. crim.* n° 108). Mais il y a lieu à informer dès lors que les faits dénoncés n'apparaissent pas d'emblée comme insusceptibles d'incrimination et qu'il est nécessaire de rechercher si ne sont pas réunis les éléments constitutifs d'une infraction pénale (▪ Cass. crim., 14 juin 1994, n° 94-81.389 : *Bull. crim.* n° 234).

• Conséquence du refus d'informer

18) Autorité de la chose jugée. Il se déduit de l'article 6 du Code de procédure pénale qu'une décision de refus d'informer rendue au motif que les faits dénoncés ne peuvent admettre aucune qualification pénale s'oppose, en raison de l'autorité de la chose jugée qui s'y attache, à toute nouvelle poursuite à raison des mêmes faits sous quelque qualification que ce soit (▪ Cass. crim., 3 févr. 1998, n° 97-80.089 : *Bull. crim.* n° 38 ; *Procédures* 1998, comm. 123. – *Adde* ▪ Cass. crim., 15 févr. 1988, n° 87-81.443 : *Bull. crim.* n° 71).

4° *Non-lieu* ab initio

19) Faits manifestement non commis. La juridiction d'instruction, saisie de réquisitions de non-lieu sur le fondement de l'article 86, alinéa 4, du Code de procédure pénale, dans sa rédaction issue de la loi du 5 mars 2007, en vigueur le 1er juillet 2007, ne peut prononcer un non-lieu à informer que s'il est établi de façon manifeste, le cas échéant au vu des investigations qui ont pu être réalisées à la suite de la plainte préalablement déposée devant le procureur de la République, conformément à l'article 85 du même code, que les faits dénoncés par la partie civile n'ont pas été commis. Encourt la cassation, l'arrêt qui, en l'absence de toute investigation préalable de la juridiction d'instruction, prononce un tel non-lieu sans qu'il résulte de ses énonciations que les faits n'ont manifestement pas été commis (▪ Cass. crim., 6 oct. 2009, n° 09-80.720 : *Bull. crim.* n° 164). La juridiction d'instruction ne peut dire n'y avoir lieu à informer, sur le fondement de l'article 86, alinéa 4, du Code de procédure pénale, que s'il est établi, de façon manifeste, que les faits dénoncés par la partie civile n'ont pas été commis. Il appartient à cette juridiction, saisie d'une plainte avec constitution de partie civile du chef de prise illégale d'intérêts, en application de l'article 432-13 du Code pénal, de rechercher la nature des fonctions effectivement exercées par le fonctionnaire ou l'agent d'une administration publique. Encourt dès lors la cassation l'arrêt qui, pour dire n'y avoir lieu à informer, se borne à énoncer que, de façon manifeste, au regard de la nature de ses fonctions, l'intéressé n'est pas intervenu et ne pouvait pas intervenir dans le processus formalisé des décisions administratives, alors qu'il lui appartenait de rechercher la nature des fonctions effectivement exercées par celui-ci, l'article du Code pénal précité n'exigeant pas qu'une telle intervention s'inscrive dans le processus formalisé des décisions administratives (▪ Cass. crim., 27 juin 2012, n° 11-86.920 : *Bull. crim.* n° 160).

Art. 87 ***(L. n° 93-2, 4 janv. 1993 ; L. n° 93-1013, 24 août 1993).*** **– La constitution de partie civile peut avoir lieu à tout moment au cours de l'instruction.**

Elle peut être contestée par le procureur de la République ou par une partie.

En cas de contestation, ou s'il déclare irrecevable la constitution de partie civile, le juge d'instruction statue, après communication du dossier au ministère public, par ordonnance motivée dont l'intéressé peut interjeter appel.

(Al. créé, L. n° 2016-731, 3 juin 2016) **Si la contestation d'une constitution de partie civile est formée après l'envoi de l'avis de fin d'information prévu à l'article 175, elle ne peut être examinée ni par le juge d'instruction, ni, en cas d'appel, par la chambre de l'instruction, sans préjudice de son examen, en cas de renvoi, par la juridiction de jugement.**

I – CONSTITUTION DE PARTIE CIVILE PAR VOIE D'INTERVENTION

1) Domaine. S'il résulte de l'article 79 du Code de procédure pénale que la victime d'une contravention ne peut, par une constitution de partie civile, provoquer l'ouverture d'une information, droit qui est réservé par cet article au procureur de la République, il demeure cependant qu'aucun texte légal n'interdit à la victime d'une contravention de se constituer partie civile au cours d'une information ouverte sur réquisition du procureur de la République (▪ Cass. crim., 28 oct. 1974, n° 74-91.732 : *Bull. crim.* n° 304).

2) Conditions – Manifestation non équivoque de volonté. La constitution de partie civile au cours de l'instruction peut être réalisée par l'envoi au juge d'instruction d'une simple lettre dès lors que celle-ci est exempte d'équivoque et que son authenticité n'est pas contestée (▪ Cass. crim., 2 oct. 1979, n° 78-93.560 : *Bull. crim.* n° 265). Encourt la cassation, l'arrêt considérant que le courrier, émanant de l'avocat du plaignant, ne vaut pas constitution de partie civile, alors que celui-ci atteste la volonté formelle et non équivoque de se constituer partie civile (▪ Cass. crim., 19 sept. 2006, n° 06-80.674 : *Bull. crim.* n° 227).

3) Conditions – Interdiction de viser de nouveaux faits. La constitution de partie civile incidente devant la juridiction d'instruction, telle que prévue par l'article 87 du Code de procédure pénale, n'est recevable qu'à raison des seuls faits pour lesquels l'information est ouverte (▪ Cass. crim., 10 déc. 1996, n° 96-80.681 : *Bull. crim.* n° 455 ; *Dr. pén.* 1997, comm. 56, note A. Maron. ▪ Cass. crim., 8 juin 1999, n° 98-82.897 : *Bull. crim.* n° 123. ▪ Cass. crim., 17 juin 2014, n° 14-80.797. ▪ Cass. crim., 24 mars 2020, n° 19-80.005, § 12 : *Bull. crim.* à paraître ; *AJ pénal* 2020, 368, obs. V. Cohen-Donsimoni) ou de faits indivisibles (▪ Cass. crim., 24 mars 2020, préc.). Elle est irrecevable à l'égard de faits distincts, seraient-ils connexes à ceux qui servent de base à la procédure (▪ Cass. crim., 10 déc. 1996, préc.). Si la constitution de partie civile par voie d'intervention est recevable, jusqu'à la clôture des débats, devant la chambre d'accusation statuant comme juridiction du second degré, il n'en est pas ainsi quand la plainte vise des faits nouveaux, étrangers à la poursuite initiale (▪ Cass. crim., 5 juill. 1977 : *Bull. crim.* n° 252).

4) Conditions – Appréciation des faits nouveaux. V. sur la notion de fait nouveau, annotations ss art. 80, p. 283. Dans une information ouverte pour homicides involontaires à la suite du naufrage d'un navire, est irrecevable la constitution de partie civile par voie d'intervention fondée sur l'incendie involontaire prétendument à l'origine de ce naufrage, cette constitution reposant sur des faits distincts et une infraction différente quant à ses éléments constitutifs de ceux dont le juge d'instruction avait été saisi (▪ Cass. crim., 20 nov. 1979, n° 79-91.409 : *Bull. crim.* n° 326). Dans une information ouverte pour homicides et blessures par imprudence à la suite de l'effondrement, consécutif à une explosion, d'un immeuble, doit être déclarée irrecevable la constitution de partie civile, formée par voie d'intervention, du chef de destruction involontaire du bien d'autrui par l'effet d'une explosion ou d'un incendie, cette constitution de partie civile étant fondée sur des faits distincts de ceux dont le juge d'instruction était saisi par le réquisitoire introductif (▪ Cass. crim., 17 juin 2014, préc.). Si le juge d'instruction ne peut informer que sur les faits visés par le réquisitoire introductif ou dans la plainte avec constitution de partie civile, il n'en résulte pas qu'est irrecevable l'intervention d'une autre partie civile quand les faits poursuivis sont indivisibles et procèdent d'une même et unique action. Encourt dès lors la cassation l'arrêt ayant déclaré irrecevable la constitution de partie civile, par voie d'intervention, d'un syndicat de pilotes dans une information ouverte à la suite du décès d'un passager dans un accident d'avion ayant également causé la mort du pilote, le juge étant saisi d'un fait unique aux conséquences indivisibles (▪ Cass. crim., 9 juill. 1982, n° 81-91.392 : *Bull. crim.* n° 184 ; *JCP* G 1983, II, 20026, note P. Chambon). Dans une information ouverte pour homicides et blessures involontaires consécutifs à une exposition à l'amiante, sont irrecevables les constitutions de partie civile de nouveaux salariés : d'une part, le juge n'était saisi que des faits commis au préjudice de salariés déterminés ; d'autre part, la date d'intoxication par l'amiante de chaque travailleur n'est pas connue, ce qui, compte tenu de la succession de nombreux employeurs sur la longue période concernée, ne permet pas d'inférer une identité d'objet et de résultat de faits procédant d'une même et unique action coupable en sorte que le caractère indivisible des faits n'est pas établi (▪ Cass. crim., 24 mars 2020, préc., §§ 18 et 19).

5) Conditions – Déclaration d'adresse. V. art. 89, p. 325.

II – CONTESTATION DE LA CONSTITUTION DE PARTIE CIVILE

A – Modalités de la contestation

6) Moment de la contestation. Aux termes du premier alinéa de l'article 87 du Code de procédure pénale, une constitution de partie civile peut avoir lieu à tout moment au cours de l'instruction ; selon le quatrième alinéa de ce texte, ajouté par la loi n° 2016-731 du 3 juin 2016, d'application immédiate, la recevabilité d'une constitution de partie civile ne peut plus être contestée devant le juge d'instruction ou la chambre de l'instruction postérieurement à l'envoi de l'avis de fin d'information ; il résulte de la combinaison de ces alinéas que la prohibition ainsi édictée ne s'applique qu'aux constitutions de partie civile intervenues avant ce terme (▪ Cass. crim., 25 avr. 2017, n° 16-87.328 : *Bull. crim.* n° 119).

7) Moment de la contestation – Application dans le temps de l'alinéa 4. Conformément aux dispositions de l'article 112-2, 1° du Code pénal, les lois d'organisation judiciaire étant d'application immédiate, les dispositions de l'article 87, alinéa 40 du Code de procédure pénale, entrées en vigueur le 5 juin 2016, ne permettaient pas aux juges d'instruction d'examiner la contestation d'une constitution de partie civile formée le 19 août 2016, après l'envoi de l'avis de fin d'information prévu à l'article 175 du même code (▪ Cass. crim., 5 déc. 2018, n° 17-84.967 : *Bull. crim.* à paraître).

8) Moment de la contestation – Limite. L'interdiction faite aux juridictions d'instruction par le quatrième alinéa de l'article 87 du Code de procédure pénale d'examiner la contestation portant sur une constitution de partie civile lorsque cette contestation a été formée après l'envoi de l'avis de fin d'information n'a pas vocation à s'appliquer dans le cas où la chambre de l'instruction est saisie de l'appel d'une ordonnance de non-lieu. Dans un tel cas, la contestation ne présente pas le caractère dilatoire, auquel le texte précité a eu pour seul objet de faire obstacle, qu'elle revêt lorsqu'elle est soulevée tardivement en fin d'information aux seules fins de permettre de relever appel d'une éventuelle ordonnance de renvoi (▪ Cass. crim., 8 févr. 2022, n° 21-82.237, §§ 10 et 11 : *Bull. crim.* à paraître).

9) Auteur de la contestation. En vertu des articles 87 et 113-3 du Code de procédure pénale, le témoin assisté, qui n'est pas une partie à la procédure au sens du premier de ces textes et dont les droits sont limitativement énumérés par le second, n'a pas qualité pour contester la recevabilité d'une constitution de partie civile (▪ Cass. crim., 14 févr. 2012, n° 10-83.808 : *Bull. crim.* n° 45).

10) Forme de la contestation. Les contestations de la recevabilité de constitution de partie civile, qui relèvent des dispositions de l'article 87 du Code de procédure pénale, ne sont pas soumises au formalisme des articles 82-1 et 81 dudit code (▪ Cass. crim., 1er oct. 2013, n° 12-82.985 : *Bull. crim.* n° 183).

11) Impossibilité de saisir directement la chambre de l'instruction de la contestation. Il résulte des articles 87, 88 et 171 du Code de procédure pénale qu'en cas de contestation ou s'il déclare d'office irrecevable la constitution de partie civile, le juge d'instruction statue après communication du dossier au procureur de la République, par une ordonnance motivée ; dès lors, en déclarant irrecevable une constitution de partie civile alors qu'elle n'était pas saisie par voie d'appel d'une ordonnance se prononçant sur l'exception d'irrecevabilité de la constitution de partie civile soulevée devant le magistrat instructeur et, le cas échéant, sur les effets d'une telle irrecevabilité à l'égard de la mise en mouvement de l'action publique à raison des infractions visées dans la plainte et alors qu'elle aurait dû annuler la décision la saisissant à tort en application de l'article 171 du Code de procédure pénale et renvoyer devant le juge d'instruction pour que celui-ci statue sur l'exception soulevée, la chambre d'accusation a méconnu le sens et la portée des principes ci-dessus rappelés (▪ Cass. crim., 28 juin 1988, n° 87-84.602 : *Bull. crim.* n° 292. ▪ Cass. crim., 15 déc. 2015, n° 15-83.156 : *Bull. crim.* n° 292).

12) Maintien de la qualité de partie civile au bénéfice de la personne dont la constitution de partie civile est contestée. Tant que sa constitution n'a pas été déclarée irrecevable, la partie civile dispose des droits qui lui sont reconnus par la loi et le juge d'instruction l'entend valablement en cette qualité avec l'assistance de son conseil dans les conditions prévues par l'article 118 du Code de procédure pénale (▪ Cass. crim., 16 févr. 1993, n° 92-86.317 : *Bull. crim.* n° 74).

13) Absence de transmission du dossier de la procédure à la personne dont la constitution de partie civile est contestée. V. s'agissant de l'accès au dossier de l'instruction art. 114 der. al., p. 372 et art. 197, al. 3, p. 636.

Les dispositions de l'article 87 du Code de procédure pénale telles qu'interprétées par la Cour de cassation n'envisagent pas la transmission des pièces du dossier à la partie civile dont la constitution est contestée, et ce afin de préserver le secret de l'instruction (▪ Cass. crim., 30 mars 2021, n° 20-84.472, § 17 : *Bull. crim.* à paraître).

Fait l'exacte application de l'article 197, alinéa 3, du Code de procédure pénale, la chambre de l'instruction qui rejette la demande de communication du dossier de la procédure par la partie civile dont la constitution par voie d'intervention est contestée (▪ Cass. crim., 17 juin 2008, n° 07-80.339 : *Bull. crim.* n° 149).

14) Absence de transmission du dossier de la procédure à la personne dont la constitution de partie civile est contestée – Refus de transmission d'une question prioritaire de constitutionnalité. La question contestant la conformité aux droits de la défense, au procès équitable et à l'égalité des armes de l'article 87 du Code de procédure pénale, dont les dispositions ne prévoient pas que la partie civile puisse, préalablement à la décision du juge, consulter, à l'instar du ministère public, le dossier de la procédure, en ce compris les pièces sur lesquelles se fondent les réquisitions et, le cas échéant, les écritures déposées par les autres parties, ne présente pas de caractère sérieux dès lors que les dispositions contestées tendent à éviter qu'une personne qui n'a aucun titre à se constituer partie civile puisse obtenir la communication d'une procédure couverte par le secret de l'instruction et accéder au dossier à l'occasion de la contestation de sa constitution (■ Cass. crim., 26 janv. 2021, n° 20-84.472, § 8, préc.).

15) Absence de transmission du dossier de la procédure à la personne dont la constitution de partie civile est contestée – Limite. La partie civile, qui relève appel de l'ordonnance déclarant irrecevable sa constitution, conserve sa qualité de partie civile par l'effet suspensif de son appel. Dès lors le conseil de la partie civile est en droit de prendre connaissance du dossier de la procédure au greffe de la Cour, dans les conditions prévues à l'article 197, par. 3, du Code de procédure pénale (■ Cass. crim., 28 mai 1968, n° 67-90.121 : *Bull. crim.* n° 176 ; *D.* 1969, jurispr. p. 3, note P. Faivre ; *RSC* 1969, p. 162, obs. J. Robert).

B – Décision relative à la contestation

16) Refus de transmission d'une question prioritaire de constitutionnalité. La QPC contestant la conformité aux droits de la défense, au procès équitable et à l'égalité des armes de l'article 87 du Code de procédure pénale, dont les dispositions ne prévoient pas la notification à la partie civile des réquisitions du procureur de la République et observations des parties visant à contester la recevabilité de la partie civile avant que le juge statue sur le bien-fondé de cette contestation, ne présente pas un caractère sérieux dès lors que le juge d'instruction ne peut déclarer, d'office ou sur contestation, la constitution d'une partie civile irrecevable sans l'avoir mise en mesure, au préalable, de présenter ses observations (■ Cass. crim., 3 juin 2014, n° 14-90.014 QPC : *Bull. crim.* n° 144. ■ Cass. crim., 26 janv. 2021, n° 20-84.472, § 7 : *Bull. crim.* à paraître).

17) Décision d'irrecevabilité fondée sur une cause tenant à l'action publique – Constitution de partie civile par voie d'action. Le demandeur peut invoquer, à l'appui des conclusions tendant à voir déclarer irrecevable une constitution de partie civile ayant mis l'action publique en mouvement, des obstacles de droit affectant cette dernière (■ Cass. crim., 4 févr. 1982, n° 79-93.851 : *Bull. crim.* n° 41 ; *JCP* G 1982, II, 13827, note Boy et Salah).

18) Décision d'irrecevabilité fondée sur une cause tenant à l'action publique – Constitution de partie civile par voie d'intervention. Le demandeur ne saurait invoquer, à l'appui de conclusions tendant à faire déclarer irrecevable une constitution de partie civile par voie d'intervention, une cause d'extinction de l'action publique (■ Cass. crim., 10 janv. 1979, n° 77-92.917 : *Bull. crim.* n° 18. ■ Cass. crim., 4 févr. 1982, préc.). Lorsque l'action publique a été mise en mouvement à l'initiative du ministère public, une constitution de partie civile par voie d'intervention est recevable si les circonstances permettent à la juridiction d'instruction d'admettre comme possible l'existence du préjudice allégué et la relation directe de celui-ci avec une infraction à la loi pénale ; c'est aux seuls juges du fond d'établir la réalité de cette infraction et du préjudice qui a pu en résulter ; dès lors, une chambre d'accusation ayant à se prononcer sur la recevabilité d'une telle constitution de partie civile ne peut l'écarter au motif que l'infraction ne serait pas caractérisée (■ Cass. crim., 15 nov. 1988, n° 88-82.660 : *Bull. crim.* n° 387).

19) Appel de l'ordonnance statuant sur la contestation. V. pour l'appel du ministère public, art. 185, p. 603, pour l'appel du mis en examen, art. 186, al. 1er, p. 606, pour l'appel de la partie civile, art. 186, al. 2, p. 606.

20) Appel de l'ordonnance statuant sur la contestation – Conséquence quant à la qualité de partie civile. La partie civile, qui relève appel de l'ordonnance déclarant irrecevable sa constitution, conserve sa qualité de partie civile par l'effet suspensif de son appel. Dès lors le conseil de la partie civile est en droit de prendre connaissance du dossier de la procédure au greffe de la Cour, dans les conditions prévues à l'article 197, par. 3, du Code de procédure pénale (■ Cass. crim., 28 mai 1968, n° 67-90.121 : *Bull. crim.* n° 176 ; *D.* 1969, jurispr. p. 3, note P. Faivre ; *RSC* 1969, p. 162, obs. J. Robert).

21) Appel de l'ordonnance statuant sur la contestation – Conséquence quant aux éventuelles irrégularités. Les demandeurs ne sauraient se faire un grief de l'absence d'annulation par la chambre de l'instruction de l'ordonnance d'irrecevabilité de leurs constitutions de partie civile malgré le défaut de transmission préalable des réquisitions du procureur de la République et alors qu'ils n'ont pas été mis en mesure de présenter leurs observations au juge d'instruction, dès lors qu'il revenait aux seconds juges de statuer eux-mêmes sur la recevabilité des constitutions de partie civile en raison de l'effet dévolutif de l'appel (■ Cass. crim., 30 mars 2021, n° 20-84.472, § 18 : *Bull. crim.* à paraître).

22) **Portée de la décision d'irrecevabilité – Conséquence de l'irrecevabilité de constitution de partie civile par voie d'action sur l'action publique.** Si, au cours de l'information, la constitution initiale de partie civile vient à être déclarée irrecevable, la poursuite n'en a pas moins été valablement exercée en raison des réquisitions prises par le ministère public ; il n'en serait autrement que si la mise en mouvement de l'action publique était subordonnée au dépôt d'une plainte préalable (■ Cass. crim., 11 avr. 2002, n° 02-80.778 : *Bull. crim.* n° 87. – *Adde* ■ Cass. crim., 21 juin 1973, n° 72-92.784 : *Bull. crim.* n° 290). La mise en mouvement de l'action publique demeure nécessairement subordonnée, en cas de réquisitions de non-informer du ministère public, à la recevabilité de la constitution initiale de partie civile des plaignants (■ Cass. crim., 29 mars 1995, n° 94-85.464 : *Bull. crim.* n° 131).

23) **Portée de la décision d'irrecevabilité – Conséquence sur la validité des actes d'instruction.** Tant que sa constitution n'a pas été déclarée irrecevable, la partie civile dispose des droits qui lui sont reconnus par la loi et le juge d'instruction l'entend valablement en cette qualité avec l'assistance de son conseil dans les conditions prévues par l'article 118 du Code de procédure pénale, comme tel a été le cas en l'espèce ; le fait que cette constitution soit, par la suite, jugée irrecevable n'entraîne pas la nullité des actes antérieurs lui reconnaissant la qualité de partie civile (■ Cass. crim., 16 févr. 1993, n° 92-86.317 : *Bull. crim.* n° 74).

24) **Autorité de la décision statuant sur la recevabilité.** La décision de la juridiction d'instruction statuant sur la recevabilité d'une constitution de partie civile n'acquiert aucune autorité de chose jugée quant à l'exercice de l'action civile devant la juridiction de jugement. En conséquence, l'arrêt de la chambre d'accusation ayant déclaré irrecevable la constitution d'une partie civile ne s'oppose pas à ce que la même personne se constitue à nouveau devant la juridiction de jugement (■ Cass. crim., 15 mai 1997, n° 96-81.496 : *Bull. crim.* n° 185). La décision de la chambre de l'instruction admettant la recevabilité d'une constitution de partie civile devant le juge d'instruction ne s'impose pas à la juridiction de jugement, devant laquelle le prévenu conserve entier son droit de contester la recevabilité de l'action civile (■ Cass. crim., 17 févr. 2004, n° 03-85.119 : *Bull. crim.* n° 41).

Art. 87-1 *(Abr., L. n° 98-468, 17 juin 1998).*

Art. 88 *(L. n° 93-2, 4 janv. 1993).* **– Le juge d'instruction constate, par ordonnance, le dépôt de la plainte. En fonction des ressources de la partie civile, il fixe le montant de la consignation que celle-ci doit, si elle n'a obtenu l'aide juridictionnelle, déposer au greffe et le délai dans lequel elle devra être faite sous peine de non-recevabilité de la plainte. Il peut dispenser de consignation la partie civile.**

Voir : art. R. 15-41, p. 1947.

1) **Refus de transmission d'une question prioritaire de constitutionnalité.** Il n'y a pas lieu de renvoyer au Conseil constitutionnel les questions prioritaires de constitutionnalité critiquant l'obligation de verser une consignation fixée en fonction de ses ressources, faite, sauf dispense, à toute personne portant plainte et se constituant partie civile et la possibilité de prononcer des amendes civiles en cas de plaintes abusives ou dilatoires dès lors que ces dispositions sont la contrepartie du droit accordé à la victime d'exercer l'action publique aux lieu et place du ministère public et tendent à limiter les abus de l'exercice de ce droit (■ Cass. crim., 16 avr. 2013, n° 13-81.560).

2) **Conformité à la Convention européenne des droits de l'Homme.** Les dispositions de l'article 88 du Code de procédure pénale ne sont pas incompatibles avec celles de l'article 6 de la Convention européenne des droits de l'Homme (■ Cass. crim., 3 avr. 2002, n° 01-86.762).

I – DÉTERMINATION DE LA CONSIGNATION

3) **Personnes soumises à la consignation.** L'obligation faite à la partie civile de verser, sauf admission au bénéfice de l'aide juridictionnelle ou décision de dispense, une consignation fixée en fonction de ses ressources s'applique à toute personne, physique ou morale (■ Cass. crim., 1er févr. 2017, n° 16-81.852 : *Bull. crim.* n° 27).

4) **Montant de la consignation.** Les juges apprécient souverainement le montant de la consignation en fonction des ressources de l'intéressé (■ Cass. crim., 7 juin 2000, n° 99-87.847 : *Bull. crim.* n° 214). Si les personnes morales à but non lucratif ne sont pas soumises à l'obligation, à peine d'irrecevabilité de la plainte, de joindre à celle-ci leur bilan et compte de résultat, les juges peuvent fonder leur décision sur toutes pièces, au besoin en demandant leur production par la partie civile, pour vérifier les ressources de celle-ci, enfin, la finalité de la consignation, telle qu'énoncée par

l'article 88-1 du Code de procédure pénale, à savoir l'éventualité du prononcé d'une amende civile, justifie qu'ils prennent en compte également le contenu de la plainte et tous autres éléments versés au dossier (▪ Cass. crim., 1er févr. 2017, n° 16-81.852 : *Bull. crim.* n° 27).

5) Délai de consignation. Le délai imparti au plaignant par le juge pour consigner commence à courir, sauf disposition contraire, le lendemain du jour de la décision et se calcule suivant les règles de l'article 801 du Code de procédure pénale (▪ Cass. crim., 3 oct. 1962 : *JCP* G 1963, II, 12992, note Doll ; *D.* 1963, 99). La demande d'aide judiciaire présentée par une partie civile, après dépôt de sa plainte, n'a pas pour effet de suspendre le délai qui lui a été imparti par le juge d'instruction pour consigner (▪ Cass. crim., 4 janv. 1991, n° 89-83.522 : *Bull. crim.* n° 5. ▪ Cass. crim., 29 sept. 1998, n° 96-85.432 : *Bull. crim.* n° 238).

6) Date de la consignation. Lorsqu'elle est effectuée sous la forme, non d'un dépôt au greffe, mais d'un virement, la consignation imposée en cas de plainte avec constitution de partie civile est réputée faite à la date à laquelle le compte du régisseur d'avances et de recettes est effectivement crédité de la somme fixée par le juge d'instruction, peu important que le compte du débiteur de la consignation et celui du régisseur soient ouverts dans le même établissement (▪ Cass. crim., 16 avr. 2013, n° 12-81.027 : *Bull. crim.* n° 87). La consignation fixée par le juge d'instruction en application de l'article 88 du Code de procédure pénale et réglée par chèque est réputée acquittée à la date à laquelle le chèque a été reçu par le régisseur d'avances et de recettes, peu important que son montant ait été porté ultérieurement au crédit du compte de la régie du tribunal (▪ Cass. crim., 17 juin 2014, n° 13-82.326 : *Bull. crim.* n° 153).

7) Dispense de consignation. Lorsque l'aide juridictionnelle même partielle lui a été accordée, la partie civile est dispensée de toute consignation, en application de l'article 88 du Code de procédure pénale (▪ Cass. crim., 30 nov. 1999, n° 99-84.100 : *Bull. crim.* n° 277). Encourt la cassation l'arrêt qui, constatant que la partie civile a obtenu l'aide juridictionnelle, ne la dispense pas de toute consignation, peu importe qu'elle l'ait obtenue postérieurement au délai fixé pour son paiement (▪ Cass. crim., 2 juin 2015, n° 15-80.381 : *Bull. crim.* n° 133). Mais, la demande d'aide judiciaire présentée par une partie civile, après dépôt de sa plainte, n'a pas pour effet de suspendre le délai qui lui a été imparti par le juge d'instruction pour consigner (▪ Cass. crim., 4 janv. 1991, préc.). Si la juridiction saisie d'un litige pour lequel le bénéfice de l'aide juridictionnelle a été accordé est incompétente, ce bénéfice subsiste devant la nouvelle juridiction appelée à connaître du litige, sans qu'il soit besoin d'une nouvelle admission. Encourt dès lors la cassation la chambre de l'instruction qui ordonne le versement d'une consignation alors que l'aide juridictionnelle avait été obtenue antérieurement devant une juridiction incompétente (▪ Cass. crim., 4 janv. 2017, n° 16-83.528 : *Bull. crim.* n° 1).

8) Contestation de l'ordonnance relative à la consignation. Aux termes de l'article 186, alinéa 2, du Code de procédure pénale, la partie civile peut interjeter appel de l'ordonnance du juge d'instruction faisant grief à ses intérêts civils. Tel est le cas de l'ordonnance prescrivant, par application de l'article 88 dudit code, le versement, par la partie civile, d'une consignation destinée à garantir le paiement de l'amende civile susceptible d'être prononcée et qui doit être proportionnée à ses ressources (▪ Cass. crim., 19 juill. 1994, n° 94-80.236 : *Bull. crim.* n° 283). La personne mise en examen est sans droit à critiquer l'ordonnance par laquelle, en application de l'article 88 du Code de procédure pénale, le juge d'instruction constate le dépôt de la plainte, fixe le montant de la consignation ainsi que le délai dans lequel celle-ci doit être versée à peine de non-recevabilité ou, au contraire, dispense la partie civile de toute consignation (▪ Cass. crim., 3 avr. 1990, n° 89-83.975 : *Bull. crim.* n° 143).

II – EFFETS DE LA CONSIGNATION

9) Effets du versement de la consignation – Qualité de partie civile. Il résulte des dispositions des articles 85, 86 et 88 du Code de procédure pénale que le plaignant acquiert la qualité de partie civile par sa manifestation expresse de volonté, suivie du versement de la consignation fixée par le juge d'instruction (▪ Cass. crim., 8 mai 1979, n° 78-91.517 : *Bull. crim.* n° 165. ▪ Cass. crim., 13 déc. 1983, n° 83-91.925 : *Bull. crim.* n° 338. ▪ Cass. crim., 15 mai 2002, n° 01-83.337 : *Bull. crim.* n° 116).

10) Effets du versement de la consignation – Prescription. Si le dépôt d'une plainte avec constitution de partie civile interrompt la prescription de l'action publique, ce n'est qu'à la condition que la consignation prévue par l'article 88 du Code de procédure pénale ait été ultérieurement versée dans le délai fixé par le juge d'instruction (▪ Cass. crim., 23 avr. 1985, n° 84-90.682 : *Bull. crim.* n° 155. ▪ Cass. crim., 7 juin 1990, n° 89-84.991 : *Bull. crim.* n° 235. ▪ Cass. crim., 7 sept. 1999, n° 98-86.219 : *Bull. crim.* n° 181. ▪ Cass. crim., 30 mars 2016, n° 15-81.606 : *Bull. crim.* n° 111). La prescription de l'action publique, qui est interrompue par le dépôt d'une plainte avec constitution de partie civile lorsque la consignation prévue par l'article 88 du Code de procédure pénale est ultérieurement versée dans le délai imparti, a été entre-temps suspendue de la date du dépôt de la plainte à celle de ce versement (■ Cass. crim., 7 juin 1990, préc. ■ Cass. crim., 7 sept. 1999, préc. ■ Cass. crim., 30 mars 2016, préc.). Le dépôt d'une plainte avec constitution de partie civile, sans qu'un délai soit fixé pour verser la consignation et suivi de l'obtention de l'aide juridictionnelle dispensant le plaignant de consigner, interrompt la prescription de l'action publique (■ Cass. crim., 14 nov. 1995, n° 94-83.837 : *Bull. crim.* n° 347).

11) Effets du défaut de consignation. La partie civile qui met l'action publique en mouvement doit, à peine d'irrecevabilité de sa plainte, consigner la somme nécessaire pour les frais de la procédure si elle n'en a pas été dispensée ou si elle n'a pas obtenu l'aide judiciaire (■ Cass. crim., 28 juin 1988, n° 87-84.602 : *Bull. crim.* n° 292. – *Adde* ■ Cass. crim., 28 mai 2002, n° 02-80.275).

Art. 88-1 *(L. n° 2000-516, 15 juin 2000).* **– La consignation fixée en application de l'article 88 garantit le paiement de l'amende civile susceptible d'être prononcée en application de l'article 177-2.**

La somme consignée est restituée lorsque cette amende n'a pas été prononcée par le juge d'instruction ou, en cas d'appel du parquet ou de la partie civile, par la chambre de l'instruction.

Voir : art. R. 15-41, p. 1947.

Art. 88-2 *(L. n° 2007-291, 5 mars 2007).* **– Le juge d'instruction peut, en cours de procédure, ordonner à la partie civile qui demande la réalisation d'une expertise de verser préalablement un complément de la consignation prévue par l'article 88 afin de garantir le paiement des frais susceptibles d'être mis à sa charge en application du second alinéa de l'article 800-1. Cette décision est prise par ordonnance motivée susceptible d'appel devant la chambre de l'instruction saisie après que le juge d'instruction a refusé d'ordonner l'expertise demandée.**

Le complément de consignation est restitué s'il n'est pas fait application du second alinéa de l'article 800-1.

Art. 89 *(L. n° 85-1407, 30 déc. 1985).* **– Toute partie civile doit déclarer au juge d'instruction une adresse qui doit être située, si l'information se déroule en métropole, dans un département métropolitain ou, si l'information se déroule dans un département d'outre-mer, dans ce département.**

Elle peut déclarer soit son adresse personnelle, soit, avec l'accord de celui-ci, qui peut être recueilli par tout moyen, celle d'un tiers chargé de recevoir les actes qui lui sont destinés. *(Mots aj., L. n° 2019-222, 23 mars 2019)* **« Cet accord n'est toutefois pas nécessaire lorsque la personne est dépositaire de l'autorité publique ou chargée d'une mission de service public et que l'infraction a été commise en raison de ses fonctions ou de sa mission, si l'adresse déclarée est son adresse professionnelle. »**

Elle est avisée qu'elle doit signaler au juge d'instruction jusqu'à la clôture de l'information, par nouvelle déclaration ou par lettre recommandée avec demande d'avis de réception, tout changement de l'adresse déclarée. Elle est également avisée que toute notification faite à la dernière adresse déclarée sera réputée faite à sa personne.

Faute par elle d'avoir déclaré une adresse, la partie civile ne peut opposer le défaut de notification des actes qui auraient dû lui être notifiés aux termes de la loi.

1) Déclaration de l'adresse d'un tiers. La partie civile ne peut déclarer l'adresse d'un tiers chargé de recevoir les actes de procédure qu'avec l'accord de ce tiers, qui peut être recueilli par tout moyen ; le fait qu'un avocat ait accepté d'assurer la défense d'une partie n'implique pas son acceptation de recevoir les actes de procédure destinés à celle-ci (■ Cass. crim., 19 nov. 1997, n° 96-85.203 : *Bull. crim.* n° 396). La mention dans la plainte avec constitution de partie civile que cette dernière élit domicile au cabinet de son avocat, lequel a contresigné la plainte, vaut déclaration d'adresse au sens de l'article 89 du Code de procédure pénale (■ Cass. crim., 11 oct. 1988, n° 88-82.278 : *Bull. crim.* n° 344 ; *JCP* G 1989, II, 21254, note P. Chambon).

2) Conséquence de la déclaration d'adresse quant à la notification des actes. Lorsqu'au moment de sa constitution, une partie civile, conformément aux prescriptions de l'article 89 du Code de procédure pénale, déclare, outre son adresse personnelle, celle de son avocat comme chargé de recevoir les convocations et notifications, le fait que celui-ci ait été suppléé par un autre avocat n'entraîne pas de modification dans l'élection de domicile initialement faite, à défaut de déclaration expresse de cette partie civile. Dès lors, ne fait pas courir le délai d'appel la notification faite à l'adresse de l'avocat suppléant (■ Cass. crim., 23 mai 1996, n° 95-82.244 : *Bull. crim.* n° 215).

3) Sanction de l'irrespect des formalités prévues par l'article 89. Faute pour la partie civile d'avoir effectué une déclaration d'adresse régulière au regard de l'article 89 du Code de procédure pénale, celle-ci ne pouvait opposer le défaut de notification des actes qui auraient dû lui être notifiés aux termes de la loi (■ Cass. crim., 25 juin 2002, n° 01-88.198). Lorsque, contrairement à l'article 89 du Code de procédure pénale, la partie civile demeurant hors du ressort du tribunal n'y a pas élu domicile, elle ne peut opposer le défaut de signification des actes, qui auraient dû lui être signifiés aux termes de la loi (■ Cass. crim., 23 nov. 1976, *Bull. crim.* n° 336). En application de l'article 89 du Code de procédure pénale, dès lors que la partie civile n'a pas déclaré d'adresse dans le département d'Outre-mer où se déroule l'instruction, elle doit former son pourvoi contre un arrêt de la chambre d'accusation dans le délai prévu par l'article 568 du Code de procédure pénale à compter du jour où cette décision a été prononcée (■ Cass. crim., 29 mai 1990, n° 89-84.188 : *Bull. crim.* n° 217).

Art. 89-1 *(Mod., L. n° 2019-222, 23 mars 2019)*. – **Lors de sa première audition, la partie civile est avisée de son droit de formuler une demande d'acte ou de présenter une requête en annulation sur le fondement des articles 81, neuvième alinéa, 82-1, 156, premier alinéa, et 173, troisième alinéa, durant le déroulement de l'information et, si elle en a fait la demande, dans un délai d'un mois ou de trois mois à compter de l'envoi de l'avis prévu au I de l'article 175, sous réserve des dispositions de l'article 173-1.**

S'il estime que le délai prévisible d'achèvement de l'information est inférieur à un an en matière correctionnelle ou à dix-huit mois en matière criminelle, le juge d'instruction donne connaissance de ce délai à la partie civile et l'avise qu'à l'expiration dudit délai elle pourra demander la clôture de la procédure en application des dispositions de l'article 175-1. Dans le cas contraire, il indique à la partie civile qu'elle pourra demander, en application de ce même article, la clôture de la procédure à l'expiration d'un délai d'un an en matière correctionnelle ou de dix-huit mois en matière criminelle.

Les avis prévus au présent article peuvent également être faits par lettre recommandée.

Première audition de la partie civile et information sur ses droits. Justifie sa décision la chambre de l'instruction qui retient, d'une part, que l'audition des parties civiles ne constitue pas une obligation pour le juge d'instruction, d'autre part, que l'irrégularité résultant du défaut d'envoi du courrier prévu par l'article 89-1 du Code de procédure pénale ne leur a pas causé de grief dès lors que celles-ci ont été informées par l'avis de fin d'information de leurs droits, dont celui d'être entendus, et qu'elles se sont abstenues de les exercer dans les formes qui leur étaient indiquées par la mention des textes correspondants (■ Cass. crim., 6 sept. 2016, n° 15-85.845). L'absence d'audition de la partie civile ne la prive pas de ses droits, les avis de l'article 89-1, dernier alinéa, du Code de procédure pénale pouvant lui être adressés par lettre recommandée jusqu'à la clôture de l'information (■ Cass. crim., 27 sept. 2016, n° 16-82.793).

Art. 90. – **Dans le cas où le juge d'instruction n'est pas compétent aux termes de l'article 52, il rend, après réquisitions du ministère public, une ordonnance renvoyant la partie civile à se pourvoir devant telle juridiction qu'il appartiendra.**

1) Obligation de vérifier sa compétence. En raison du caractère d'ordre public des règles de compétence, le juge d'instruction doit relever, même d'office, son incompétence et renvoyer la partie civile à se pourvoir devant telle juridiction qu'il appartiendra (■ Cass. crim., 19 mai 2016, n° 15-84.284).

2) Distinction entre l'ordonnance d'incompétence et le refus d'informer. V. annotations ss art. 86, p. 315.

3) Ordonnance d'incompétence – Recours. V. art. 185, al. 1er, p. 603 et art. 186, al. 2, p. 606.

Art. 90-1 *(Mod., L. n° 2016-731, 3 juin 2016)*. – **En matière criminelle, lorsqu'il s'agit d'un délit contre les personnes prévu par le livre II du Code pénal ou lorsqu'il s'agit d'un délit contre les biens prévu par le livre III du même code et accompagné d'atteintes à la personne, le juge d'instruction avise tous les six mois la partie civile de l'état d'avancement de l'infraction.**

Cet avis peut être donné par lettre simple adressée à la partie civile et à son avocat, ou à l'occasion de l'audition de la partie civile.

Lorsqu'une association regroupant plusieurs victimes s'est constituée partie civile en application des dispositions du second alinéa de l'article 2-9 ou du premier alinéa de l'article 2-15, l'avis est donné à cette seule association, à charge pour elle d'en informer les victimes regroupées en son sein, sauf si ces victimes se sont également constituées parties civiles à titre individuel.

Si la partie civile le demande, l'information relative à l'évolution de la procédure prévue par le présent article intervient tous les quatre mois, et la partie civile est convoquée et entendue à cette fin par le juge d'instruction.

Art. 91 *(L. n° 2000-516, 15 juin 2000).* **– Quand, après une information ouverte sur constitution de partie civile, une décision de non-lieu a été rendue, la personne mise en examen et toutes personnes visées dans la plainte, et sans préjudice d'une poursuite pour dénonciation calomnieuse, peuvent, si elles n'usent de la voie civile, demander des dommages-intérêts au plaignant dans les formes indiquées ci-après.**

L'action en dommages-intérêts doit être introduite dans les trois mois où jour de l'ordonnance de non-lieu est devenue définitive. Elle est portée par voie de citation devant le tribunal correctionnel où l'affaire a été instruite. Ce tribunal est immédiatement saisi du dossier de l'information terminée par une ordonnance de non-lieu, en vue de sa communication aux parties. Les débats ont lieu en chambre du conseil : les parties, ou leurs conseils, et le ministère public sont entendus. Le jugement est rendu en audience publique.

En cas de condamnation, le tribunal peut ordonner la publication intégrale ou par extraits de son jugement dans un ou plusieurs journaux qu'il désigne, aux frais du condamné. Il fixe le coût maximum de chaque insertion.

L'opposition et l'appel sont recevables dans les délais de droit commun en matière correctionnelle.

L'appel est porté devant la chambre des appels correctionnels statuant dans les mêmes formes que le tribunal. L'arrêt de la Cour d'appel peut être déféré à la Cour de cassation comme en matière pénale.

Lorsqu'une décision définitive rendue en application de l'article 177-2 a déclaré que la constitution de partie civile était abusive ou dilatoire, cette décision s'impose au tribunal correctionnel saisi dans les conditions prévues aux alinéas précédents.

Bibliographie : *Répertoire.* Y. Mayaud, *Rép. pén., Dalloz,* V. Dénonciation téméraire.

Généralités. N. Cousin-Pollet, *Indulgence et sévérité de la Cour de cassation à l'égard des victimes de dénonciations téméraires (à propos de l'arrêt de la chambre criminelle du* 5 mai 1971) : *JCP* 1972, I, 2492. • M. Fréjaville, *La réaction contre les abus des constitutions de partie civile : DH* 1931, chron. 61. • L. Hugueney, *Des moyens de parer à l'abus de constitutions de partie civile : Rev. crit. législ. et jurispr.* 1927, 341. • A. Lecomte, *La responsabilité de la partie civile envers son adversaire : RSC* 1939, 434. • O. Mouysset, *La charge des frais de défense de la personne renvoyée des fins de la poursuite : Dr. pén.* 2006, étude 1.

Voir : art. D. 32, p. 2154.

1) Action en dommages-intérêts et poursuite pour dénonciation calomnieuse. L'action en dommages-intérêts accordée par l'article 91 du Code de procédure pénale à la personne victime d'une dénonciation téméraire ou abusive contre son dénonciateur n'est pas exclusive de l'action civile exercée par la même personne contre ce dénonciateur du chef de dénonciation calomnieuse ; ces deux actions, qui ont une cause juridique différente, peuvent être exercées concurremment (▪ Cass. crim., 2 mars 1971, n° 70-91.801 : *Bull. crim.* n° 70).

I – CONDITIONS DE L'ACTION EN DOMMAGES-INTÉRÊTS DEVANT LA JURIDICTION PÉNALE

2) Constitution initiale de partie civile. L'action en réparation, ouverte devant la juridiction répressive par l'article 91 du Code de procédure pénale à la personne qui se prétend victime d'une dénonciation abusive ou téméraire, ne peut être exercée qu'à l'encontre de celui ou de ceux dont la plainte, assortie d'une constitution de partie civile, a provoqué la mise en mouvement de l'action publique ; elle n'est pas recevable contre les parties civiles intervenantes (▪ Cass. crim., 30 janv. 1984, n° 83-91.084 : *Bull. crim.* n° 35). L'action introduite sur le fondement de l'article 91, alinéa 2, du Code de procédure pénale, par la personne ayant bénéficié d'une décision de non-lieu à l'issue d'une information ouverte sur constitution de partie civile ne peut être dirigée qu'à l'encontre du plaignant. Méconnaît ce principe la cour d'appel qui déclare recevable l'action dirigée contre les représentants d'une personne morale, pris en leur qualité personnelle, alors que, seule, cette personne morale était l'auteur de la plainte avec constitution de partie civile (▪ Cass. crim., 26 nov. 1996, n° 95-85.005 : *Bull. crim.* n° 427 ; *Procédures* 1997, comm. 63, note J. Buisson).

3) Constitution de partie civile visant une personne. Il résulte des termes de l'article 91 du Code de procédure pénale que l'action prévue par ce texte ne peut être exercée que si la personne qui l'engage est l'une de celles « visées dans la plainte » au sens dudit article ; tel est le cas lorsque la plainte, sans désigner expressément le nom de la personne qu'elle entend mettre en cause, ne laisse aucun doute sur son identification (■ Cass. crim., 27 avr. 1972, n° 70-90.961 : *Bull. crim.* n° 147. – *Adde* ■ Cass. crim., 6 janv. 1963 : *Bull. crim.* n° 11).

4) Non-lieu fondé sur l'absence ou l'insuffisance de charges. Une ordonnance de non-lieu ne peut motiver l'application de l'article 91 du Code de procédure pénale que lorsque cette ordonnance est fondée sur l'insuffisance ou l'inexistence des charges. Il n'en est pas de même lorsqu'une ordonnance de non-lieu est fondée sur l'amnistie (■ Cass. crim., 26 nov. 1974, n° 74-90.472 : *Bull. crim.* n° 346).

5) Non-lieu définitif. L'action en dommages-intérêts prévue à l'article 91, alinéa 2, du Code de procédure pénale ne prend naissance qu'au jour où la décision de non-lieu est devenue définitive (■ Cass. crim., 20 nov. 1997, n° 96-84.404 : *Bull. crim.* n° 397 ; *JCP* G 1998, IV, 1698).

6) Faute. L'action exercée en vertu de l'article 91 du Code de procédure pénale étant fondée sur l'article 1382 (devenu l'art. 1240) du Code civil, le prévenu, qui a été objet d'une plainte avec constitution de partie civile et qui a bénéficié d'une ordonnance de non-lieu, ne peut obtenir de dommages-intérêts contre le dénonciateur que si celui-ci a commis une faute au sens dudit article 1382 (■ Cass. crim., 9 juin 1970 : *Bull. crim.* n° 191. ■ Cass. crim., 5 mai 1971, n° 70-90.573 : *Bull. crim.* n° 137).

7) Nature de la faute. La témérité de la plainte suffit à justifier l'allocation de dommages et intérêts indépendamment de toute mauvaise foi (■ Cass. crim., 25 janv. 1945, *Bull. crim.* n° 3 : *D.* 1945, jurispr. 221. – *Adde* ■ Cass. crim., 9 juill. 1975, n° 75-90.189 : *Bull. crim.* n° 184). La mauvaise foi du dénonciateur, lorsqu'elle est établie, implique nécessairement le caractère téméraire et abusif de la dénonciation (■ Cass. crim., 9 juill. 1975, préc.).

8) Moment d'appréciation de la faute. Le caractère fautif de la dénonciation doit être apprécié au moment même où elle a été faite (■ Cass. crim., 9 juin 1970 : *Bull. crim.* n° 191. ■ Cass. crim., 11 juin 1979, n° 76-93.093 : *Bull. crim.* n° 202). Il en résulte que le retrait de la plainte par la partie civile avant l'intervention d'une ordonnance de non-lieu est inopérant (■ Cass. crim., 11 juin 1979, préc.).

9) Appréciation souveraine de la faute. Les faits dont résulte la faute ou l'absence de faute sont souverainement appréciés par les juges du fond (■ Cass. crim., 11 juin 1979, préc.). Il résulte de l'article 91 du Code de procédure pénale, dans sa rédaction issue de la loi du 15 juin 2000, que la décision définitive, rendue par la juridiction d'instruction en application de l'article 177-2 de ce code, ayant déclaré la constitution de partie civile abusive ou dilatoire, s'impose à la juridiction correctionnelle ; fait l'exacte application de ce texte la cour d'appel qui retient que le caractère abusif ou dilatoire de la plainte ne peut être remis en cause devant elle à l'occasion d'une action en indemnisation des préjudices causés par une telle plainte (■ Cass. crim., 2 mai 2012, n° 11-85.120 : *Bull. crim.* n° 103).

10) Préjudice. L'action exercée en vertu de l'article 91 du Code de procédure pénale est fondée sur l'article 1382 (devenu l'art. 1240) du Code civil. Le prévenu, qui a fait l'objet d'une plainte avec constitution de partie civile et qui a bénéficié d'une ordonnance de non-lieu, ne peut obtenir des dommages-intérêts que s'il rapporte la preuve d'un préjudice réel et certain et non pas purement éventuel (■ Cass. crim., 7 juin 1989, n° 88-86.173 : *Bull. crim.* n° 245).

11) Combinaison avec l'article 177-2 du Code de procédure pénale. Le refus d'un juge d'instruction de prononcer une amende civile pour constitution de partie civile abusive ou dilatoire sur le fondement de l'article 177-2 du Code de procédure pénale ne fait pas obstacle à une action introduite sur le fondement de l'article 91 du même code, laquelle repose sur l'existence d'une faute ou une imprudence au sens de l'article 1241 du Code civil (■ Cass. crim., 31 mars 2020, n° 19-82.697 : *Bull. crim.* à paraître ; *D.* 2020, p. 1750, n° 3, obs. A.-L. Méano).

II – MODALITÉS DE L'ACTION EN DOMMAGES-INTÉRÊTS

12) Juridiction compétente. Aux termes de l'article 91 du Code de procédure pénale, la personne visée par une plainte avec constitution de partie civile peut, au cas où une ordonnance de non-lieu a été rendue, former contre le plaignant une demande de dommages-intérêts devant le tribunal correctionnel où l'affaire a été instruite. Encourt, dès lors, la cassation l'arrêt déclarant incompétent pour statuer sur une telle demande, le tribunal auquel appartient le juge d'instruction qui, ayant été saisi d'une affaire par une constitution de partie civile et ayant inculpé la personne visée par la plainte, a, au moins pour partie, instruit cette affaire (■ Cass. crim., 18 oct. 1973, n° 72-93.977 : *Bull. crim.* n° 366 ; *JCP* G 1974, II, 17649, note P. Chambon).

13) Publicité. Selon les dispositions de l'article 91 du Code de procédure pénale, les débats concernant l'action civile introduite sur le fondement de ce texte doivent avoir lieu en chambre du conseil ;

il s'agit là d'une règle essentielle ne souffrant aucune dérogation (■ Cass. crim., 21 juill. 1977, n° 76-93.002). Si c'est à tort que l'affaire a été débattue en audience publique et non en chambre du conseil, l'irrégularité commise ne doit cependant pas entraîner l'annulation de la décision, dès lors qu'il n'est pas établi, ni même allégué, qu'elle ait porté atteinte aux intérêts du demandeur (■ Cass. crim., 15 févr. 2005, n° 04-85.038 : *Bull. crim.* n° 55). Selon les dispositions de ce texte, les débats sur l'action prévue par l'article 91 du Code de procédure pénale ont lieu en chambre du conseil et la décision est rendue en audience publique. Encourt la cassation l'arrêt qui, selon ses propres mentions, a été rendu en chambre du conseil (■ Cass. crim., 3 févr. 1992, n° 91-81.178 : *Bull. crim.* n° 48).

14) Représentation. Les dispositions des articles 410 et 411 du Code de procédure pénale ne sont pas applicables à la personne citée devant la juridiction correctionnelle sur le fondement de l'article 91 du Code de procédure pénale, celle-ci pouvant se faire représenter à l'audience par un avocat, comme en matière civile (■ Cass. crim., 8 juin 1999, n° 98-82.163 : *Bull. crim.* n° 125).

15) Prise de parole. La juridiction correctionnelle n'est pas tenue de donner la parole en dernier à la personne citée devant elle en application de l'article 91, alinéa 2, du Code de procédure pénale, ou à son défenseur, dès lors qu'une telle obligation n'est pas imposée par les alinéas 3 et 6 dudit article, seuls applicables en l'espèce (■ Cass. crim., 26 nov. 1996, n° 95-85.005 : *Bull. crim.* n° 427).

16) Décision. L'évaluation du préjudice doit être faite de manière à ce qu'il n'y ait, pour la victime, ni perte, ni profit (■ Cass. crim., 5 janv. 1963, n° 62-90.729 : *Bull. crim.* n° 11). Lorsque les juges du fond accordent, sur le fondement de l'article 91 du Code de procédure pénale, une somme globale pour réparer le préjudice résultant pour la victime de la dénonciation téméraire d'un ensemble de faits délictueux, ils doivent s'expliquer sur l'existence du préjudice résultant de la dénonciation de chaque délit (■ Cass. crim., 16 juin 1973, n° 72-92.872 : *Bull. crim.* n° 274).

17) Recours. L'action étant fondée sur l'article 1382 (devenu l'art. 1240) du Code civil, le ministère public est irrecevable à attaquer la décision intervenue (■ Cass. crim., 8 déc. 1939 : *DH* 1936, 509).

Art. 91-1 *(L. n° 2004-204, 9 mars 2004).* **– En matière criminelle, lorsqu'il s'agit d'un délit contre les personnes prévu par le livre II du Code pénal ou lorsqu'il s'agit d'un délit contre les biens prévu par le livre III du même code et accompagné d'atteintes à la personne, le juge d'instruction peut décider que la partie civile est assimilée au témoin en ce qui concerne le paiement des indemnités.**

Section III. – Des transports, des perquisitions, des saisies et des interceptions de correspondances émises par la voie des télécommunications

(L. n° 91-646, 10 juill. 1991)

Sous-section 1. – Des transports, des perquisitions et des saisies

(L. n° 91-646, 10 juill. 1991)

Bibliographie : *Répertoire.* J. Dumont, *Transports, perquisitions et saisie. – Régime général : JCl. Proc. pén.*, art. 92 à 98, Fasc. 20. • S. Rayne, *Saisie et visite domiciliaire :Rép. pén. Dalloz*, V° Perquisition.

Généralités. L. Ascensi, *Saisie conservatoire des biens à la « libre disposition » du mis en examen : AJ Pénal* 2012, p. 417. • P. Auvret, *Commentaire de la loi n° 2010-1 du 4 janvier 2010 relative à la protection du secret des sources des journalistes : Contrats, conc. consom.* 2010, étude 8. • D. de Bellescize, *La loi du 4 janvier 2010 sur le secret des sources constitue-t-elle un progrès ? Réflexions à la lumière de deux volets de l'affaire Bettencourt (l'affaire Squarcini et l'affaire Courroye) : Constitutions* 2012, p. 127. • A. Bolle, *De l'autorisation donnée par la loi pénale de saisir un immeuble : AJ Pénal* 2008, p. 316. • P. Bonfils, *Loi n° 2010-1 du 4 janvier 2010 relative à la protection du secret des sources des journalistes : RSC* 2010, p. 457. • M. Bombled, *Saisie pénale immobilière et droit de propriété : Dalloz actualité,* 17 oct. 2012. • J. Bossan, *La protection du secret des sources des journalistes en procédure pénale : Dr. pén.* 2010, étude 14. • C. Bouvier-Le-Berre, *Secret professionnel : la saisie par le juge d'instruction de documents soumis au secret de la confession : D.* 2004, p. 302. • J. Buisson, *Protection des sources des journalistes : Procédures* 2010, comm. 45. • *La loi n° 2011-267 du 14 mars 2011 d'orientation et de programmation pour la performance de la sécurité intérieure : Procédures* 2011, étude 5. • E. Camous, *Les saisies en procédure pénale : un régime modernisé – Commentaire des dispositions de droit interne de la loi n° 2010-768 du 9 juillet 2010 visant à faciliter la saisie et la confiscation en matière pénale : Dr. pén.* 2011, étude 1. • A. Chavagnon, *La protection des sources des journalistes : la décevante loi n° 2010-1 du 4 janvier 2010 : D.* 2010, p. 275. • C. Cutajar, *Saisie pénale et libre disposition : D.* 2012, p. 1652 ; *Commentaire des dispositions de droit interne de la loi n° 2010-768 du 9 juillet 2010 visant à faciliter la saisie et la confiscation en matière pénale : D.* 2010, p. 2305 ; *Le nouveau droit des saisies pénales : AJ Pénal* 2012, p. 124. • E. Derieux, *Secret des sources des journalistes – À propos de la loi du 4 janvier 2010 : JCP* G 2010, 40. • P. Dourneau-Josette, *La confidentialité des communications entre l'avocat et son client : un nécessaire état des lieux : AJ Pénal* 2006, p. 254. • E. Dreyer, *Sur la nécessité de protéger les sources journalistiques : D.* 2012, p. 2282. • C. Féral-Schuhl, *La collecte de la preuve numérique en matière pénale : AJ Pénal* 2009, p. 115. • A. Guedj, *Le secret des sources des journalistes : AJ Pénal* 2009, p. 163. • C. de Jacobet de Nombel, *L'article 2 de la loi du 29 juillet 1881 relatif à la protection du secret des sources journalistiques, Travaux de l'ISCJ*, Cujas, 1, p. 211. • G. Junosza-Zdrojewski, *Perquisitions au cabinet d'un avocat : Gaz. Pal.* 1993, 1, doctr. p. 846. • J. Lasserre Capdeville, *Application dans le temps de l'évolution légale du droit applicable à la saisie d'un bien immobilier : JCP* G 2012, 670. • D. Piau, *Secret des correspondances de l'avocat versus chambre criminelle : sortez couverts ! : Gaz. Pal.* 2-6 nov. 2012, p. 19. • T. Potaszkin, *La poursuite du processus de spécialisation de la justice pénale : D.* 2012, p. 452. • L. Priou-Alibert et P. Remillieux, *Perquisition d'un cabinet d'avocat : respect du secret professionnel ou efficacité de la justice ? : AJ Pénal* 2006.

Art. 92. – Le juge d'instruction peut se transporter sur les lieux pour y effectuer toutes constatations utiles ou procéder à des perquisitions. Il en donne avis au procureur de la République, qui a la faculté de l'accompagner.

Le juge d'instruction est toujours assisté d'un greffier.

Il dresse un procès-verbal de ses opérations.

1) Notion de transport sur les lieux – Distinction avec le transport sur les lieux avant ouverture de l'instruction en cas de crime ou de délit flagrant. V. art. 72, p. 245.

2) Notion de transport sur les lieux – Distinction avec le transport simplifié. V. art. 152, al. 3, p. 520. Ne constitue pas un transport sur les lieux, soumis aux formalités édictées par l'article 92 du Code de procédure pénale, le fait par un juge d'instruction, qui a délivré commission rogatoire, de se rendre dans les locaux du délégataire pour y exercer, à l'occasion de la garde à vue de suspects, ses pouvoirs de contrôle et de direction sur l'officier de police judiciaire commis, dès lors que le magistrat n'effectue, à cette occasion, aucun acte d'instruction (▪ Cass. crim., 28 mai 1990, n° 89-83.915 : *JurisData* n° 1990-702085 ; *RSC* 1991, p. 373, obs. A. Braunschweig).

I – DÉCISION DE TRANSPORT SUR LES LIEUX

3) Demande des parties. V. s'agissant du procureur de la République, art. 82, al. 1er, p. 302 et s'agissant des parties privées, art. 82-1, al. 1er, p. 304.

4) Ordonnance de transport. Si le juge d'instruction rédige une ordonnance de transport, celle-ci n'a aucun caractère juridictionnel et elle n'a pas à être notifiée aux parties, ni à leur conseil (▪ Cass. crim., 31 janv. 1952 : *Bull. crim.* n° 35).

5) Motivation du transport. Le juge d'instruction n'a aucune obligation de faire connaître les motifs de son déplacement, cette formalité n'étant requise qu'en cas de transport hors de son ressort territorial ainsi que le prévoit l'article 93 du Code de procédure pénale (▪ Cass. crim., 11 juin 1985, n° 84-95.053 : *JurisData* n° 1985-701732).

6) Avis à l'avocat des parties privées. Le respect des droits de la défense impose au magistrat instructeur, qui envisage de se transporter sur les lieux en vue de procéder à des vérifications matérielles ou à une reconstitution du crime ou du délit, en présence de l'inculpé, d'en donner préalablement avis au conseil de ce dernier, dans les conditions prévues par l'article 92 du Code de procédure pénale pour le procureur de la République, sauf impossibilité dûment constatée (▪ Cass. crim., 15 févr. 1990, n° 89-86.566 : *JurisData* n° 1990-700768 ; *D.* 1990, somm., p. 379, obs. J. Pradel ; *RSC* 1990, p. 804, obs. A. Braunschweig). Comp. le juge d'instruction qui entend effectuer une perquisition au domicile de la personne mise en examen, sans la soumettre à aucun interrogatoire, confrontation ou reconstitution qui eût impliqué l'information préalable de son avocat, n'a pas à aviser l'avocat de l'intéressé préalablement au transport (▪ Cass. crim., 20 févr. 2002, n° 01-88.335 : *JurisData* n° 2002-013478 ; *Dr. pén.* 2003, comm. 27, obs. A. Maron et M. Haas). L'inculpé n'est pas fondé à invoquer une violation des droits de la défense, résultant d'un défaut d'avis donné à son conseil préalablement à une opération de transport sur les lieux, dès lors qu'il résulte du procès-verbal de ce transport que la reconstitution a eu lieu hors la présence de l'inculpé qui a refusé d'y participer et a été reconduit à la maison d'arrêt, et qu'au surplus l'avocat de ce dernier est arrivé sur les lieux, mais en retard, ce qui implique qu'il avait été avisé (▪ Cass. crim., 6 juin 1990, n° 90-81.658 : *Bull. crim.* n° 227 ; *Dr. pén.* 1990, comm. 282, note A. Maron). Si le juge d'instruction rédige une ordonnance de transport, celle-ci n'a aucun caractère juridictionnel et elle n'a pas à être notifiée aux parties, ni à leur conseil (▪ Cass. crim., 31 janv. 1952 : *Bull. crim.* n° 35).

7) Avis au procureur de la République – Effet interruptif de la prescription. Les avis donnés par le juge d'instruction au procureur de la République en application de l'article 92 du Code de procédure pénale sont interruptifs de prescription (■ Cass. crim., 19 déc. 2017, n° 17-83.867 : *Bull. crim.* à paraître).

II – EXÉCUTION DU TRANSPORT SUR LES LIEUX

A – Personnes présentes lors du transport

8) Présence obligatoire du greffier. Le juge d'instruction qui se transporte sur les lieux pour y effectuer toutes constatations utiles ou procéder à des perquisitions est toujours assisté d'un greffier ; il s'en déduit que le procès-verbal qu'il est tenu de dresser de ses opérations doit être signé par ce dernier ; par conséquent, doit être déclaré non avenu et en conséquence retiré du dossier, le procès-verbal du transport non revêtu de la signature du greffier (■ Cass. crim., 16 déc. 1980, n° 80-91.359 : *JurisData* n° 1980-095190 ; *Bull. crim.* n° 350).

9) Présence facultative du procureur de la République. V. ■ Cass. crim., 17 juin 1956 : *Bull. crim.* n° 64 ; *JCP* 1956, II, 9171, note P. Chambon.

10) Présence obligatoire du procureur de la République lorsque l'acte réalisé le requiert. Les dispositions de l'article 93 du Code de procédure pénale qui permettent au juge d'instruction lorsque l'exigent les nécessités de l'information, telle que l'hospitalisation de l'inculpé hors du ressort du magistrat saisi, de se transporter dans toute l'étendue du territoire national à l'effet d'y procéder à tous actes d'instruction, impliquent le déplacement concomitant du procureur de la République, lorsque l'acte accompli requiert à peine de nullité que ce magistrat soit entendu par le juge en ses réquisitions. Tel est le cas de la décision de mise en détention de l'inculpé (relevant, avant la loi du 15 juin 2000, de la compétence du juge d'instruction), rendue après débats contradictoires, prévus à l'article 145, alinéa 5, du Code de procédure pénale (■ Cass. crim., 14 mars 1988, n° 87-92.074 : *JurisData* n° 1988-000681 ; *Bull. crim.* n° 124).

11) Présence facultative de l'intéressé et de son avocat. Aucune disposition de la loi ne s'oppose à ce que le juge d'instruction procède, hors la présence de l'inculpé ou de son conseil, à un transport sur les lieux, à des vérifications matérielles ou à une reconstitution du crime ou du délit (■ Cass. crim., 8 déc. 1976, n° 76-90.868 : *Bull. crim.* n° 353). Ne méconnaît pas l'article 6, § 3, de la Convention européenne des droits de l'Homme la chambre de l'instruction qui déclare régulière la perquisition effectuée au domicile d'une personne non assistée par un avocat durant cette opération, dès lors que pendant celle-ci, elle n'a pas été privée de liberté ni entendue sur les faits dont elle est suspectée, et qu'au regard desdites dispositions conventionnelles, le seul fait qu'elle ait reçu à cette occasion une convocation du juge d'instruction en vue de sa mise en examen à une date ultérieure n'imposait pas une telle assistance (■ Cass. crim., 3 avr. 2013, n° 12-88.428 : *Bull. crim.* n° 74 ; *D.* 2013, 1068, obs. M. Léna et 1940, obs. S. Detraz).

12) Présence obligatoire de l'intéressé et de son avocat lorsque l'acte réalisé le requiert. V. ■ Cass. crim., 3 avr. 2013, préc.

13) Présence de personnes qualifiées. Il résulte des articles 92 et 60 du Code de procédure pénale que, si le juge d'instruction peut, lorsqu'il se transporte sur les lieux pour y effectuer toutes constatations utiles ou procéder à des perquisitions, avoir recours à des personnes qualifiées, celles-ci, sauf si elles sont inscrites sur l'une des listes prévues à l'article 157 du Code de procédure pénale, doivent prêter, par écrit, le serment indiqué à l'article 60 dudit code. Encourt, par conséquent, la censure la chambre d'accusation qui, pour refuser d'annuler une perquisition effectuée en présence d'agents de la Direction régionale de la Concurrence, de la Consommation et de la répression des Fraudes, dont la participation avait été requise en raison de leurs compétences dans le domaine des marchés publics, énonce que ces fonctionnaires n'étaient pas tenus de prêter serment dès lors qu'ils n'apportaient au juge qu'une simple assistance technique, distincte de la contribution que peut fournir un expert (■ Cass. crim., 3 déc. 1998, n° 98-83.443).

B – Procès-verbal de transport

14) Omission du procès-verbal. Le juge d'instruction qui n'a pas établi de procès-verbal de transport mais des procès-verbaux d'audition de témoins et de confrontation a satisfait aux exigences de l'article 93 du Code de procédure pénale (■ Cass. crim., 11 déc. 1984, n° 84-94.617 : *Bull. crim.* n° 397). La rédaction d'un procès-verbal de transport n'est pas une condition de validité des actes accomplis au cours du déplacement du magistrat instructeur (■ Cass. crim., 14 oct. 1998, n° 98-83.377 : *JurisData* n° 1998-004074 ; *Bull. crim.* n° 261).

15) Signature du procès-verbal – Signature obligatoire du juge d'instruction et du greffier. Méconnaît la loi le procès-verbal de transport qui ne porte que la seule signature du juge d'instruction alors qu'il était indiqué que celui-ci était accompagné d'un greffier (■ Cass. crim., 20 avr. 1972, n° 71-93.497 : *Bull. crim.* n° 136). Doit être déclaré non avenu et en conséquence retiré du dossier, le procès-verbal du transport non revêtu de la signature du greffier, dont l'assistance à cet acte d'instruction est obligatoire (■ Cass. crim., 16 déc. 1980, n° 80-91.359 : *JurisData* n° 1980-095190 ; *Bull. crim.* n° 350).

16) Signature du procès-verbal – Signature inutile des parties et des témoins. La signature du procès-verbal de transport par les personnes mises en examen ayant participé à la reconstitution n'est pas nécessaire dès lors que le juge d'instruction s'est borné à des constatations matérielles sans procéder à des interrogatoires (■ Cass. crim., 16 oct. 1979, n° 79-92.327 : *Bull. crim.* n° 281). C'est à bon droit que la chambre d'accusation énonce que les signatures du juge d'instruction et du greffier au bas du procès-verbal de transport critiqué suffisent à en établir la régularité ; en effet les dispositions de l'article 92 du Code de procédure pénale, qui prévoient la rédaction du procès-verbal de transport, ne se réfèrent pas aux articles 106, 107 et 121 du même code qui ne doivent recevoir application que si le document comporte lui-même des interrogatoires ou auditions (■ Cass. crim., 21 mars 1989, n° 89-80.080 : *JurisData* n° 1989-701765 ; *Bull. crim.* n° 139).

17) Signature d'un procès-verbal – Signature obligatoire des parties et des témoins lorsque l'acte réalisé le requiert : auditions des parties civiles ou des témoins, déclarations du mis en examen. L'enregistrement, sur une bande magnétique, des propos tenus par l'inculpé au cours de la reconstitution d'un crime et leur reproduction, après audition de cette bande, sur le procès-verbal de transport, non signé par l'intéressé, ne sauraient suppléer l'absence d'un procès-verbal d'interrogatoire régulier ; un tel vice de l'information entraîne la nullité de l'interrogatoire subséquent où l'inculpé déclare authentifier les propos enregistrés (■ Cass. crim., 28 févr. 1974, n° 73-92.596 : *Bull. crim.* n° 88). Si le magistrat instructeur est amené, lors d'un transport sur les lieux, à recueillir les déclarations de l'inculpé ou des témoins, il doit observer les formes prescrites par les articles 106, 107 et 121 du Code de procédure pénale. Il suit de l'inobservation de ces formalités que le procès-verbal de transport est nul. Il appartient à la chambre d'accusation lorsqu'elle est saisie de la procédure de déclarer d'office cette nullité aux termes de l'article 206 du Code de procédure pénale (■ Cass. crim., 24 janv. 1984, n° 83-94.417). Si, au cours des opérations de transports sur les lieux, le juge d'instruction ne s'est pas borné à des vérifications ou constatations matérielles ayant pour objet de reconstituer les circonstances du crime mais a entendu l'inculpé et la partie civile, il doit observer les formes prescrites par les articles 106, 107 et 121 du Code de procédure pénale ; il suit de l'inobservation de ces formalités que le procès-verbal est nul et que la chambre d'accusation doit constater ce vice de l'information (■ Cass. crim., 14 sept. 1985, n° 85-93.707 : *JurisData* n° 1985-702239 ; *Bull. crim.* n° 285. – *Adde* ■ Cass. crim., 8 déc. 1976, n° 76-90.868 : *Bull. crim.* n° 353). Le juge d'instruction qui se borne, au cours du transport, à rappeler les déclarations antérieures de l'inculpé et des témoins déjà recueillies dans des procès-verbaux réguliers et à leur demander de situer leurs emplacements respectifs au moment de la rixe pour faire prendre des photographies et apprécier la visibilité dont chacun disposait par rapport aux autres, sans procéder à leur audition, n'a pas à rédiger de procès-verbal selon les formes prévues aux articles 106, 107 et 121 du Code de procédure pénale (■ Cass. crim., 28 juin 1988, n° 88-82.531 : *JurisData* n° 1988-001719 ; *Bull. crim.* n° 293). La réflexion spontanée du mis en examen, mentionnée au procès-verbal, ainsi que quelques précisions indispensables au déroulement de la reconstitution fournies par des officiers de police, ne constituaient pas un interrogatoire ou l'audition de témoins et ne rendaient pas nécessaire la rédaction de procès-verbaux dans les formes prescrites par les articles 103, 106, 107 et 121 du Code de procédure pénale (■ Cass. crim., 2 sept. 1986, n° 86-93.266 : *Bull. crim.* n° 251).

Art. 93 *(L. n° 75-701, 6 août 1975).* **– Si les nécessités de l'information l'exigent, le juge d'instruction peut, après en avoir donné avis au procureur de la République de son tribunal, se transporter avec son greffier dans toute l'étendue du territoire national, à l'effet d'y procéder à tous actes d'instruction, à charge par lui d'aviser, au préalable, le procureur de la République du tribunal dans le ressort duquel il se transporte. Il mentionne sur son procès-verbal les motifs de son transport.**

1) Formalités préalables au transport. Lorsque le juge d'instruction se transporte hors de son ressort, il doit, en vertu de l'article 93 du Code de procédure pénale, faire connaître les motifs de son déplacement (■ Cass. crim., 11 juin 1985, n° 84-95.053 : *JurisData* n° 1985-701732). Satisfait aux prescriptions de l'article 93 du Code de procédure pénale, le juge d'instruction qui, avant de se transporter dans le ressort d'un autre tribunal, rend une ordonnance indiquant les date et motifs du transport envisagé, visée par le Parquet, et avise le procureur de la République du lieu du transport par lettre dont copie est annexée au dossier (■ Cass. crim., 11 déc. 1984, n° 84-94.617 : *Bull. crim.* n° 397).

2) Déroulement du transport. La décision du juge d'instruction de se transporter en dehors du ressort de son tribunal, portée à la connaissance des magistrats du ministère public des deux juridictions concernées, lui donne compétence non seulement pour procéder aux actes d'information qui y sont spécifiés, mais aussi pour prendre toutes mesures, telles qu'une ordonnance de placement sous contrôle judiciaire, qui en sont la suite nécessaire (■ Cass. crim., 14 oct. 1998, n° 98-83.377 : *JurisData* n° 1998-004074 ; *Bull. crim.* n° 261). Les dispositions de l'article 93 du Code de procédure pénale qui permettent au juge d'instruction lorsque l'exigent les nécessités de l'information, telle que l'hospitalisation de l'inculpé hors du ressort du magistrat saisi, de se transporter dans toute l'étendue du territoire national à l'effet d'y procéder à tous actes d'instruction, impliquent le déplacement concomitant du procureur de la République, lorsque l'acte accompli requiert à peine de nullité que ce magistrat soit entendu par le juge en ses réquisitions. Tel est le cas de la décision de mise en détention de l'inculpé (relevant, avant la loi du 15 juin 2000, de la compétence du juge d'instruction), rendue après débats contradictoires, prévus à l'article 145, alinéa 5, du Code de procédure pénale (■ Cass. crim., 14 mars 1988, n° 87-92.074 : *JurisData* n° 1988-000681 ; *Bull. crim.* n° 124).

Art. 93-1 ***(Mod., Ord. n° 2016-1636, 1er déc. 2016).*** **– Si les nécessités de l'instruction l'exigent, le juge d'instruction peut, dans le cadre d'une commission rogatoire adressée à un État étranger ou d'une décision d'enquête européenne adressée à un État membre de l'Union européenne et avec l'accord des autorités compétentes de l'État concerné, se transporter avec son greffier sur le territoire de cet État aux fins de procéder à des auditions.**

Il en donne préalablement avis au procureur de la République de son tribunal.

Jurisprudence antérieure à la loi du 13 décembre 2011. Si le juge d'instruction peut, en vertu de l'article 3 de la Convention franco-espagnole du 9 avril 1969 relative à l'entraide judiciaire en matière pénale, assister aux actes d'exécution des commissions rogatoires qu'il a délivrées aux autorités de l'État étranger, il ne saurait, sans excéder ses pouvoirs, procéder à des actes d'instruction sur le territoire de cet État (■ Cass. crim., 20 août 1992, n° 92-82.970 : *JurisData* n° 1992-001978). Doit être approuvée la chambre de l'instruction ayant écarté la requête en annulation visant le procès-verbal de transport sur les lieux et les auditions de témoins réalisées par un juge d'instruction français au Rwanda à la demande des autorités de cet État : en effet, la chambre de l'instruction est incompétente pour statuer tant sur la validité d'une autorisation écrite accordée par le procureur général de l'État requis à un juge d'instruction français de se transporter dans cet État et de procéder lui-même aux auditions de témoins, demandées par commission rogatoire internationale que sur la régularité des actes accomplis par ce magistrat, dans les formes définies, en l'absence de convention d'entraide judiciaire, par l'autorité judiciaire de l'État requis et relevant de la souveraineté de celui-ci (■ Cass. crim., 20 juin 2012, n° 12-81.024 : *JurisData* n° 2012-015055. – G. Poissonnier, *Légalité des auditions du juge d'instruction français à l'étranger : AJ Pénal* 2013, p. 53 ; *Commission rogatoire internationale : validité des actes accomplis au Rwanda : D.* 2012, p. 1890. – J. Danet, *Rupture irrémédiable ou non du caractère équitable de la procédure et de l'égalité des armes : RSC* 2012, p. 624. – T. Potaszkin, *La poursuite du processus de spécialisation de la justice pénale : D.* 2012, p. 452).

Art. 94 ***(Mod., L. n° 2010-768, 9 juill. 2010).*** **– Les perquisitions sont effectuées dans tous les lieux où peuvent se trouver des objets ou des données informatiques dont la découverte serait utile à la manifestation de la vérité, ou des biens dont la confiscation est prévue à l'article 131-21 du Code pénal.**

Inutilité du consentement. L'assentiment exprès d'une personne chez laquelle une perquisition est effectuée au cours de l'exécution d'une commission rogatoire n'est pas requis (■ Cass. crim., 18 avr. 2000, n° 00-80.402 : *Bull. crim.* n° 148).

Art. 95 ***(L. n° 93-2, 4 janv. 1993).*** **– Si la perquisition a lieu au domicile de la personne mise en examen, le juge d'instruction doit se conformer aux dispositions des articles 57 et 59.**

1) Domaine de l'article 95 du Code de procédure pénale – Perquisition effectuée dans le cadre d'une commission rogatoire internationale. La perquisition effectuée en exécution d'une commission rogatoire internationale délivrée dans une procédure suivie à l'étranger contre le requérant doit observer les prescriptions de l'article 95 du Code de procédure pénale applicables aux perquisitions effectuées au domicile de la personne mise en examen (■ Cass. crim., 7 mars 2000, n° 98-85.147 : *Bull. crim.* n° 103).

2) Notion de domicile. Les juges du fond apprécient souverainement si les locaux dans lesquels a lieu la perquisition constituent un domicile ou une dépendance de celui-ci (■ Cass. crim.,

15 oct. 1974, n° 74-90.335 : *Bull. crim.* n° 292). L'atelier de ciselure et la fonderie dans lesquels ont été pratiquées les perquisitions et saisies critiquées par le moyen ne sauraient être considérés, en l'espèce, comme constituant le domicile des personnes mises en examen, ni un local assimilé par la loi à un tel domicile, dès lors qu'il résulte des énonciations de l'arrêt attaqué et des pièces de la procédure que ces locaux étaient dépourvus des équipements nécessaires à une habitation effective et que les inculpés n'y exerçaient pas une activité permanente (▪ Cass. crim., 17 oct. 1995, n° 95-81.847 : *Bull. crim.* n° 310 ; *Procédures* 1996, comm. 91, note J. Buisson).

3) **Présence de la personne mise en examen.** Il résulte de la combinaison des articles 57 et 95 du Code de procédure pénale que, lorsqu'il procède à une perquisition au domicile de la personne mise en examen, le juge d'instruction ou son délégataire doit agir en présence de celle-ci et, en cas d'impossibilité, l'inviter à désigner un représentant de son choix ; encourt la cassation l'arrêt qui déclare régulières une perquisition et une saisie réalisées en présence de l'ex-épouse de l'inculpé, copropriétaire avec lui de l'appartement visité, qu'elle a occupé seule à plusieurs reprises depuis son incarcération, sans constater que l'inculpé, alors détenu, avait été dans l'impossibilité d'assister à cette perquisition, ou que la personne présente avait été désignée par lui pour l'y représenter (▪ Cass. crim., 7 déc. 1993, n° 93-84.188 : *Bull. crim.* n° 372).

4) **Présence de la personne mise en examen – Indifférence du placement en garde à vue.** Justifie sa décision la chambre d'accusation qui, pour dire n'y avoir lieu à annulation d'actes de la procédure, énonce qu'une perquisition n'exige pas, pour sa régularité, le placement en garde à vue de la personne au domicile de laquelle elle est faite (▪ Cass. crim., 12 déc. 2000, n° 00-83.852 : *Bull. crim.* n° 369. ▪ Cass. crim., 22 juin 2000, n° 00-82.632 : *Bull. crim.* n° 242).

5) **Perquisition dans les locaux d'une société – Présence d'un représentant qualifié ou d'une personne se comportant comme tel.** À l'exception de celles qui ont lieu dans le bureau personnel du dirigeant social, et auxquelles ce dernier, sauf application de l'article 57, alinéa 2, du Code de procédure pénale, doit nécessairement assister, les perquisitions et saisies dans les locaux d'une société peuvent être pratiquées en la seule présence d'une personne se comportant comme le représentant qualifié de cette société ou, le cas échéant, de deux témoins (▪ Cass. crim., 30 mai 1996, n° 95-85.954 : *Bull. crim.* n° 226. ▪ Cass. crim., 25 nov. 2003, n° 03-85.076 : *Bull. crim.* n° 221 Cass. crim., 18 juin 2003, n° 03-81.979 : *Bull. crim.* n° 129 ; *Dr. pén.* 2003, comm. 116, note A. Maron ; *RSC* 2004, 422, obs. J. Buisson. ▪ Cass. crim., 13 oct. 1998, n° 98-82.522 : *Bull. crim.* n° 254). N'encourt dès lors pas la nullité la perquisition réalisée dans les locaux d'une société en la seule présence de l'épouse du chef d'entreprise (▪ Cass. crim., 13 oct. 1998, préc.), ni celle réalisée dans les locaux d'une galerie d'art exploitée par une personne morale en présence du directeur salarié de cette galerie (▪ Cass. crim., 28 févr. 1989, n° 88-83.744 : *Bull. crim.* n° 96).

6) **Perquisition dans les locaux d'une association – Présence d'un représentant qualifié ou d'une personne se comportant comme tel.** À l'exception de celles qui ont lieu dans le bureau personnel du président et auxquelles ce dernier, sauf application des articles 57, alinéa 2, 95 ou 96 du Code de procédure pénale, doit nécessairement assister, les perquisitions et saisies dans les locaux d'une association peuvent être pratiquées en la seule présence d'une personne se comportant comme son représentant qualifié (▪ Cass. crim., 10 mars 2004, n° 03-87.441 : *Bull. crim.* n° 65).

7) **Présence de l'avocat de la personne mise en examen.** Est régulière la perquisition effectuée par le juge d'instruction au domicile et en présence de la personne mise en examen, en l'absence de l'avocat qui n'a pas été avisé de ce transport, dès lors que cet acte a été accompli dans le respect des formalités prévues aux articles 95, 57 et 59 du Code de procédure pénale et que la personne mise en examen n'a été soumise à aucun interrogatoire, confrontation ou reconstitution qui eût impliqué l'information de son avocat, préalablement au transport décidé par le magistrat (▪ Cass. crim., 20 févr. 2002, n° 01-88.335 : *Bull. crim.* n° 41 ; *Dr. pén.* 2003, comm. 27, note A. Maron et M. Haas).

8) **Présence de l'avocat de la personne mise en examen – Conformité avec la Convention européenne des droits de l'Homme.** L'article 6 § 3 de la Convention européenne des droits de l'Homme n'exige pas que la personne ayant reçu notification officielle du fait qu'elle est suspectée d'avoir commis une infraction soit assistée d'un avocat lorsqu'elle est présente à des actes (en l'espèce une perquisition) au cours desquels elle n'est ni privée de liberté ni entendue sur les faits qui lui sont reprochés (▪ Cass. crim., 3 avr. 2013, n° 12-88.428 : *Bull. crim.* n° 74).

9) **Présence de l'avocat de la personne placée en garde à vue.** Ne constitue pas une audition, au sens de l'article 63-4-2 du Code de procédure pénale, nécessitant la présence de l'avocat de la personne gardée à vue, la représentation à celle-ci, pour reconnaissance, en application de

l'article 54, dernier alinéa, du Code de procédure pénale, des objets saisis en sa présence au cours d'une perquisition (■ Cass. crim., 22 oct. 2013, n° 13-81.945 : *Bull. crim.* n° 196).

10) Méconnaissance des dispositions des articles 57 et 95 du Code de procédure pénale – Nullité soumise à grief. Les formalités prévues par les articles 95 et 53 du Code de procédure pénale ne sont pas exclues du champ d'application de l'article 802 du Code de procédure pénale. Dès lors, l'absence de signature du procès-verbal de perquisition par la personne mise en examen ne saurait entraîner la nullité si elle n'a eu pour effet de porter atteinte aux intérêts de la personne mise en examen (■ Cass. crim., 17 sept. 1996 : *Bull. crim.* n° 316 ; *RSC* 1997, 149, obs. J.-P. Dintilhac). Est à juste titre écarté, par application de l'article 802 du Code de procédure pénale, le moyen de nullité tiré de ce que le procès-verbal, non rédigé sur-le-champ, n'avait été ni signé par le juge sur chacun de ses feuillets, ni émargé par la personne au domicile de laquelle la perquisition a eu lieu, l'inobservation de ces formalités n'ayant pas porté atteinte aux intérêts de cette dernière dès lors, d'une part, qu'elle reconnaît avoir assisté aux opérations de saisie, d'autre part, que les scellés ont été signés par toutes les personnes présentes (■ Cass. crim., 12 mars 1992, n° 91-86.843 : *Bull. crim.* n° 112). En revanche est entachée de nullité la perquisition menée, en l'absence de la personne mise en examen, dans une maison lui appartenant, même si celle-ci n'a pas contesté la présence des stupéfiants dans les lieux, dès lors que la perquisition a entraîné sa mise en examen supplétive pour des faits qu'elle conteste (■ Cass. crim., 3 avr. 2007, n° 07-80.807 : *Bull. crim.* n° 102). *Contra*, l'inobservation des articles 57 et 95 du Code de procédure pénale, lorsqu'il est établi qu'aucune impossibilité n'existait à la présence de l'inculpé sur les lieux de la perquisition, entraîne une nullité à laquelle les dispositions de l'article 802 dudit code sont étrangères (■ Cass. crim., 27 sept. 1984, n° 84-93.474 : *Bull. crim.* n° 275).

Art. 96 *(Mod., L. n° 2016-731, 3 juin 2016).* **– Si la perquisition a lieu dans un domicile autre que celui de la personne mise en examen, la personne chez laquelle elle doit s'effectuer est invitée à y assister. Si cette personne est absente ou refuse d'y assister, la perquisition a lieu en présence de deux de ses parents ou alliés présents sur les lieux, ou à défaut, en présence de deux témoins.**

Le juge d'instruction doit se conformer aux dispositions des articles 57 (alinéa 2) et 59.

Toutefois, il a l'obligation de provoquer préalablement toutes mesures utiles pour que soit assuré le respect du secret professionnel et des droits de la défense.

Les dispositions des articles 56 et 56-1 à 56-5 sont applicables aux perquisitions effectuées par le juge d'instruction.

1) Notion de domicile. V. égal. annotations ss art. 95, p. 333. Un appartement, partiellement détruit et devenu inhabitable, a perdu toute affectation de domicile, et les opérations qui y ont été effectuées ne peuvent dès lors être assimilées à une perquisition (■ Cass. crim., 31 mai 1994, n° 94-81.199 : *Bull. crim.* n° 213).

2) Domicile d'un tiers. La pièce du domicile d'un tiers dans laquelle un inculpé s'est fait clandestinement héberger pour se soustraire aux poursuites dont il est l'objet, ne constitue pas le domicile de cet inculpé. La perquisition effectuée dans ce local en l'absence de l'inculpé arrêté est régulière dès lors qu'elle a eu lieu en présence de la personne dans l'appartement de laquelle ledit local est situé (■ Cass. crim., 30 mars 1971, n° 70-CS143 : *Bull. crim.* n° 114). La perquisition du coffre bancaire de l'inculpé est régulière dès lors qu'ont été respectées les prescriptions des articles 96, 57, alinéa 2 et 59 du Code de procédure pénale, selon lesquelles, lorsqu'elle a lieu dans un domicile autre que celui de l'inculpé (en l'espèce dans une banque), la perquisition est faite en présence de deux témoins si la personne chez laquelle elle doit s'effectuer est absente ou refuse d'y participer (■ Cass. crim., 14 oct. 1969, n° 69-90.775 : *Bull. crim* n° 248).

3) Personnes présentes – Perquisition dans les locaux d'une personne morale. V. annotations ss art. 95, p. 333.

4) Personnes présentes – Sanction. La méconnaissance des formalités substantielles régissant les perquisitions et les saisies (en l'espèce, la violation de l'article 96 relatif à la présence du maître des lieux) ne peut être invoquée à l'appui d'une demande d'annulation d'actes ou de pièces de procédure que par la partie titulaire d'un droit sur le local dans lequel elles ont été effectuées (■ Cass. crim., 6 févr. 2018, n° 17-84.380 : *Bull. crim.* à paraître).

5) Perquisition au domicile ou au cabinet d'un avocat. Est à juste titre déclarée régulière la décision du juge d'instruction de procéder à des perquisitions au domicile et au cabinet d'un avocat dès lors qu'il existe des indices plausibles de participation de l'avocat à des infractions et que les raisons et l'objet des perquisitions étaient déterminés dans la décision du magistrat (■ Cass. crim., 25 juin 2013, n° 12-88.021 : *Bull. crim.* n° 155).

Est à juste titre déclarée régulière la perquisition réalisée au cabinet et au domicile d'un avocat dès lors que le bâtonnier a participé aux opérations de perquisition opérées en application de l'article 56-1 du Code de procédure pénale en ayant eu connaissance, dès le début de la perquisition, du contenu de la décision écrite et motivée prise par le juge d'instruction (■ Cass. crim., 25 juin 2013, préc.).

6) **Perquisition dans les locaux d'une entreprise de presse – Conformité à l'article 10 de la Convention européenne des droits de l'Homme.** Justifie sa décision au regard de l'article 10 de la Convention européenne des droits de l'Homme en s'expliquant sans insuffisance ni contradiction sur le caractère nécessaire et proportionné aux buts poursuivis des perquisitions, la chambre d'accusation qui relève que, pour répondre aux impératifs du droit au respect de la vie privée et de la protection de l'ordre public, le juge d'instruction pouvait agir dans le respect des règles prévues à l'article 56-2 du Code de procédure pénale propres aux entreprises de presse, et que les actes d'investigation, limités dans le temps et dans l'espace, étaient seuls susceptibles d'aider à la recherche des auteurs et des complices des faits poursuivis (■ Cass. crim., 5 déc. 2000, n° 00-85.695 : *Bull. crim.* n° 362).

7) **Perquisition dans les locaux d'une entreprise de presse – Domaine d'application des dispositions de l'article 56-2 du Code de procédure pénale.** Pour l'application de l'article 56-2 du Code de procédure pénale, ne peuvent être assimilées à la perquisition, relevant du seul office du juge, les mesures préparatoires qui sont nécessaires à son exécution dans le respect des dispositions spéciales de ce texte et qui sont mises en œuvre par délégation du magistrat et sous son contrôle, conformément à l'article 151 du même code ; ne sont dès lors pas nuls les actes d'apposition de scellés provisoires sur les portes de bureaux et des salles des coffres ou d'archives d'une entreprise de presse réalisés, la veille de la perquisition, par la police judiciaire agissant sur commission rogatoire (■ Cass. crim., 29 nov. 1995, n° 95-83.951 : *Bull. crim.* n° 363).

8) **Perquisition au domicile d'un mandataire judiciaire.** Aucune disposition législative ne prévoit de formalité spécifique en matière de perquisition dans les locaux professionnels d'un mandataire judiciaire. Est dès lors justifié l'arrêt par lequel la chambre de l'instruction écarte le moyen de nullité pris de ce que la perquisition dans les locaux professionnels d'un mandataire judiciaire a été réalisée en l'absence du président du Conseil national des administrateurs et mandataires judiciaires ou de son représentant qui, au surplus, décrit les précautions prises par les juges d'instruction pour préserver le secret professionnel et garantir les droits de la défense, conformément aux prescriptions de l'article 96 du code précité (■ Cass. crim., 18 juin 2003, n° 03-81.979 : *Bull. crim.* n° 129 ; *Dr. pén.* 2003, comm. 116, note A. Maron ; *RSC* 2004, 422, note J. Buisson).

9) **Saisie de documents couverts par le secret professionnel.** L'obligation de garder le secret des faits dont il a eu connaissance dans l'exercice de sa profession, que l'article 378 du Code pénal impose au médecin, ne mettait pas obstacle en l'espèce à ce que le juge d'instruction procédât à la saisie de tous documents, pièces ou objets utiles à la manifestation de la vérité, les pouvoirs que ce magistrat tient de l'article 81 du Code de procédure pénale ne souffrant en principe aucune restriction (■ Cass. crim., 24 avr. 1969, n° 68-93.507 : *Bull. crim.* n° 145 ; *JCP* 1969, jurispr. 637, rapp. F. Chapar). L'obligation imposée au commissionnaire agréé de garder le secret des faits dont il a eu connaissance dans l'exercice de sa profession ne mettait pas obstacle à ce que le juge d'instruction procédât à la saisie de tous documents, pièces ou objets utiles à la manifestation de la vérité, les pouvoirs que ce magistrat tient de l'article 81 du Code de procédure pénale ne souffrant en principe aucune restriction (■ Cass. crim., 23 mars 1977, n° 75-92.170 : *Bull. crim.* n° 109). En vertu de l'article 81 du Code de procédure pénale, l'obligation imposée aux ministres du culte de garder le secret des faits dont ils ont connaissance dans l'exercice de leur ministère ne fait pas obstacle à ce que le juge d'instruction procède à la saisie de tous documents pouvant être utiles à la manifestation de la vérité (■ Cass. crim., 17 déc. 2002, n° 02-83.679 : *Bull. crim.* n° 231).

10) **Saisie des correspondances échangées entre un avocat et son client.** Si le juge d'instruction est, selon l'article 96 du Code de procédure pénale, investi du pouvoir de saisir les objets et documents utiles à la manifestation de la vérité, ce pouvoir trouve sa limite dans le principe de la libre défense, qui domine toute la procédure pénale et qui commande de respecter les communications confidentielles des inculpés avec les avocats qu'ils ont choisis ou veulent choisir comme défenseurs ; la saisie des correspondances échangées entre un avocat et son client ne peut, à titre exceptionnel, être ordonnée ou maintenue qu'à la condition que les documents saisis soient de nature à établir la preuve de la participation de l'avocat à une infraction (■ Cass. crim., 12 mars 1992, n° 91-86.843 : *Bull. crim.* n° 112). Si, selon les principes rappelés par l'article 66-5 de la loi du 31 décembre 1971, les correspondances

mandant (■ Cass. crim., 1er févr. 2005, nos 04-84.785, 04-84.786 et 04-84.787 : *Bull. crim.* n° 35).

5) Compétence – Demande d'entraide judiciaire. Le juge d'instruction en charge de l'information ouverte après dénonciation des faits aux fins de poursuite par les autorités judiciaires étrangères, en application de l'article 21 de la Convention européenne d'entraide judiciaire en matière pénale, a compétence pour statuer sur une demande de restitution présentée sur le fondement de l'article 99 du Code de procédure pénale, seule l'exécution de sa décision ressortissant à la juridiction de l'État requérant. Encourt, dès lors, la cassation l'arrêt de la chambre de l'instruction qui, pour déclarer irrecevable la demande de mainlevée de la saisie de comptes bancaires et de restitution des avoirs, retient que la mesure de saisie a été ordonnée par une autorité judiciaire étrangère (■ Cass. crim., 6 mars 2007, n° 06-86.522 : *Bull. crim.* n° 69 ; *AJ Pénal* 2007, 229, obs. G. Roussel ; *RSC* 2007, 845, obs. R. Finielz).

6) Articulation des articles 99 et 99-2 du Code de procédure pénale. Il se déduit des articles 6, § 1, de la Convention européenne des droits de l'Homme, 1er du premier Protocole additionnel à ladite Convention, 99 et 99-2 du Code de procédure pénale que le juge saisi, par le propriétaire d'un bien meuble placé sous main de justice, d'une requête en restitution de ce bien est tenu de statuer sur son bien-fondé indépendamment de l'existence d'une décision, fût-elle définitive, de remise à l'Agence de gestion et de recouvrement des avoirs saisis et confisqués (AGRASC) en vue de son aliénation (■ Cass. crim., 22 févr. 2017, n° 16-86.547 : *Bull. crim.* n° 54). En vertu des articles 99 et 99-2 du Code de procédure pénale, l'exercice d'un recours contre une ordonnance de refus de restitution d'un bien saisi ne prive pas le juge d'instruction de la faculté d'ordonner sa remise, aux fins d'aliénation, à l'AGRASC dans les conditions du deuxième alinéa du second de ces textes (■ Cass. crim., 8 nov. 2017, n° 17-82.527 : *Bull. crim.* à paraître). Il se déduit de l'article 6 de la Convention européenne des droits de l'Homme et des articles 99 et 99-2 du Code de procédure pénale que, lorsqu'un juge d'instruction est saisi d'une requête en restitution d'un bien meuble placé sous main de justice, il ne peut ordonner la remise de ce bien à l'Agence de gestion et de recouvrement des avoirs saisis et confisqués (AGRASC) en vue de son aliénation qu'après avoir statué par ordonnance motivée sur cette requête (■ Cass. crim., 6 mai 2014, n° 13-83.203 : *Bull. crim.* n° 123 ; *D. actualité* 27 mai 2014, obs. M. Bombled ; *AJ Pénal* 2014, 543, obs. J. Lasserre Capdeville). L'ordonnance de remise à l'AGRASC d'un bien saisi n'est pas exécutoire tant qu'il n'a pas été définitivement statué sur toute demande de restitution présentée par le propriétaire dudit bien antérieurement à la décision de remise (■ Cass. crim., 11 oct. 2017, n° 17-82.132 : *Bull. crim.* à paraître).

7) Requête en restitution – Demandeur. L'article 99 du Code de procédure pénale institue en faveur de tout tiers qui prétend avoir un droit sur un objet saisi une procédure particulière lui permettant d'en demander la restitution à la juridiction d'instruction (■ Cass. crim., 3 juill. 1987, n° 85-95.826 : *Bull. crim.* n° 283. ■ Cass. crim., 16 juin 1992, nos 91-86.829 et 92-80.418 : *Bull. crim.* n° 239. ■ Cass. crim., 13 janv. 1998, n° 96-86.619 : *Bull. crim.* n° 15).

8) Objet de la requête en restitution. Les dispositions de l'article 99 du Code de procédure pénale qui instituent, en faveur de tout tiers qui prétend avoir droit sur un objet placé sous la main de la justice, une procédure lui permettant d'en réclamer la restitution, ne l'autorisent pas à faire juger, à cette occasion, la régularité des actes de l'information, fût-ce de ceux en vertu desquels le placement sous main de justice a été opéré (■ Cass. crim., 13 janv. 1998, n° 96-86.619 : *Bull. crim.* n° 15. ■ Cass. crim., 2 juill. 1992, n° 91-85.065 : *Bull. crim.* n° 266). L'article 99 du Code de procédure pénale, en donnant compétence aux juridictions d'instruction, avant clôture de l'information, pour connaître des demandes de restitution d'objets placés sous la main de la justice, institue une procédure exceptionnelle qui n'autorise pas ces juridictions à statuer, à cette occasion, sur le bien-fondé de la poursuite en cours (■ Cass. crim., 13 janv. 1986, n° 85-93.061 : *Bull. crim.* n° 20).

9) Objets insusceptibles de restitution – Prélèvements humains. Justifie sa décision la chambre d'accusation qui, pour confirmer l'ordonnance du juge d'instruction refusant de faire droit à la demande de restitution, énonce que les prélèvements effectués aux fins d'analyses dans le cadre d'une procédure judiciaire, que ce soit sur une personne vivante ou décédée, ne sont pas des objets susceptibles de restitution au sens de l'article 99 du Code de procédure pénale (■ Cass. crim., 3 avr. 2002, n° 01-81.592 : *Bull. crim.* n° 75 ; *JCP* G 2002, IV, 1898 ; *RSC* 2002, 842, obs. D. Commaret).

10) Appréciation de la requête en restitution. Il appartient à la juridiction d'instruction, saisie d'une requête aux fins de restitution d'un objet placé sous main de justice, d'examiner les éléments fournis par l'information et d'apprécier souverainement, au vu desdits éléments et compte tenu de l'état de la procédure, s'il y a lieu ou non de faire droit à la demande (■ Cass. crim., 20 juin

1972, n° 72-90.211 : *Bull. crim.* n° 210. – *Adde*, ▪ Cass. crim., 21 févr. 1989, n° 88-86.700 : *Bull. crim.* n° 85). Il n'importe que les objets restitués soient susceptibles d'être confisqués par la juridiction de jugement (▪ Cass. crim., 21 févr. 1989, préc.).

11) Condition de la restitution – Bien dont la propriété n'est pas contestée. Il résulte de l'article 99 du Code de procédure pénale que les objets placés sous main de justice ne peuvent être restitués par le juge d'instruction que lorsque leur propriété n'est pas contestée. Encourt la cassation l'arrêt de la chambre de l'instruction, qui confirme l'ordonnance de restitution au profit de la victime d'objets mobiliers dont la propriété était revendiquée par la personne mise en examen (▪ Cass. crim., 27 sept. 2005, n° 05-80.106 : *Bull. crim.* n° 239 ; *RSC* 2006, 104, obs. A. Giudicelli). Il appartient à la juridiction d'instruction appelée à statuer sur une requête en restitution au regard de l'article 99 du Code de procédure pénale de vérifier si le droit de propriété est sérieusement contesté et de refuser de faire droit à la demande dans le cas où la restitution est de nature à faire obstacle à la sauvegarde des droits des parties. Tel est le cas lorsque le bien paraît susceptible d'appartenir au domaine public, régi par les principes d'imprescriptibilité et d'inaliénabilité, qui font obstacle à l'appropriation d'un bien meuble par une personne privée par voie de possession en application de l'article 2276 du Code civil (▪ Cass. crim., 17 mars 2015, n° 13-87.873 : *Bull. crim.* n° 59 ; *Dalloz actualité* 17 avr. 2015, obs. Fonteix ; *AJ Pénal* 2015, 329, obs. C. Otero). Justifie sa décision la chambre de l'instruction excluant la restitution dès lors que la requérante n'établit pas être la propriétaire des oeuvres saisies et que la restitution, si elle était ordonnée, serait de nature à faire obstacle aux droits des parties qui peuvent, à tout moment, se constituer partie civile (▪ Cass. crim., 12 sept. 2018, n°s 17-85.562 et 17-86.147). La victime d'escroquerie et d'abus de confiance ne peut être considérée comme propriétaire des fonds qui en sont le produit au sens de l'article 99, alinéa 4, du Code de procédure pénale, lorsque ceux-ci ont été déposés sur un compte bancaire ou versés à titre de primes d'un contrat d'assurance-vie ouverts au nom de la personne mise en examen ou de membres de sa famille. Justifie dès lors sa décision, la chambre de l'instruction rejettant sa requête en restitution (▪ Cass. crim., 23 oct. 2019, n° 18-85.820 : *Bull. crim.* à paraître ; *AJ pénal* 2019, p. 613, obs. M. Hy).

12) Condition de la restitution – Indifférence de la présence du propriétaire. Aucune disposition légale n'impose que la restitution des objets personnels s'effectue en la présence du propriétaire (▪ Cass. crim., 10 sept. 2002, n° 01-87.573 : *Bull. crim.* n° 159).

13) Refus de restitution – Caractère limitatif des motifs de refus. Au cours de l'information, la juridiction d'instruction ne peut refuser de restituer un objet placé sous main de justice que pour l'un des motifs prévus par l'article 99 du Code de procédure pénale (▪ Cass. crim., 10 sept. 2002, n° 01-87.573 : *Bull. crim.* n° 159. ▪ Cass. crim., 5 oct. 1999, n° 98-87.593 : *Bull. crim.* n° 209). Ne justifie pas sa décision au regard de l'article 99 du Code de procédure pénale la chambre de l'instruction qui, pour refuser d'ordonner la mainlevée de scellés apposés sur un appartement, se borne à énoncer que l'un des objets de l'information est de déterminer l'origine du financement de ce bien, sans préciser en quoi la levée des scellés est de nature à faire obstacle aux investigations nécessaires à la manifestation de la vérité (▪ Cass. crim., 10 sept. 2002, préc.). Ne donne pas de base légale à sa décision la chambre d'accusation qui refuse la restitution d'un véhicule automobile et d'une caravane en énonçant que « l'information permet de présumer fortement » que la requérante n'était pas en France uniquement « pour des raisons de vacances », que le maintien du véhicule sous la main de la justice « doit permettre de garantir la représentation » de l'intéressée et de son époux « devant la justice française » ainsi que « les droits des victimes des infractions » et que « la requérante ne justifie pas suffisamment que la caravane est son domicile principal » (▪ Cass. crim., 5 oct. 1999, préc.). Encourt la cassation l'arrêt qui, sans se conformer aux prescriptions de l'article 99 du Code de procédure pénale, rejette la requête d'un avocat, resté étranger à la procédure et sollicitant la restitution de notes de travail et de correspondances avec ses clients, saisies à son cabinet par le juge d'instruction, en se bornant à énoncer que ces documents, afférents à des montages juridiques et financiers intéressant l'information en cours, ne concernent pas la défense des personnes mises en examen, dont ledit avocat n'a pas été chargé, et ne sauraient revêtir un caractère de confidentialité (▪ Cass. crim., 6 févr. 1997, n° 96-83.462 : *Bull. crim.* n° 55).

14) Refus de restitution – Restitution de nature à faire obstacle à la manifestation de la vérité. Il résulte des articles 97 et 99 du Code de procédure pénale et de l'article 8 de la Convention européenne des droits de l'Homme que le juge d'instruction peut s'opposer à la restitution de documents saisis dans le cabinet d'un avocat et couverts par le secret professionnel, dès lors que leur maintien sous la main de la justice en vue de déterminer l'existence d'infractions pénales est nécessaire à la manifestation de la vérité et qu'il ne porte pas atteinte aux droits de la défense (▪ Cass. crim., 30 juin 1999, n° 97-86.318 : *Bull. crim.* n° 172 ; *JCP* G 1999, II, 10177,

note Martin ; *D.* 1999, 458, note J. Pradel ; *Procédures* 1999, comm. 236, note J. Buisson ; *Dr. pén.* 1999, comm. 155, note A. Maron ; *RSC* 1999, 840, note D. Commaret).

15) Refus de restitution – Restitution de nature à faire obstacle à la sauvegarde des droits des parties. En application de l'article 99 du Code de procédure pénale, il n'y a pas lieu à restitution lorsque celle-ci est de nature à faire obstacle à la sauvegarde des droits des parties ; doit être cassé l'arrêt de la chambre de l'instruction ordonnant la restitution des clefs d'une maison donnée en location à son propriétaire, cette restitution étant de nature à préjudicier au locataire qui est le détenteur légitime desdites clés (■ Cass. crim., 6 janv. 2009, n° 08-85.860 : *Bull. crim.* n° 3 ; *Dr. pén.* 2010, chron. 1, obs. D. Guérin ; *Procédures* 2009, n° 124, obs. J. Buisson ; *AJ Pénal* 2009, 187, obs. J.-R. Demarchi).

16) Refus de restitution – Instrument ou produit de l'infraction – Application dans le temps. Les dispositions de l'article 99, alinéa 4, du Code de procédure pénale issu de la loi n° 2016-731 du 3 juin 2016, fixant des modalités de poursuites et des formes de la procédure, sont immédiatement applicables à une procédure engagée avant leur entrée en vigueur. Justifie sa décision de rejet d'une requête en restitution d'un véhicule saisi formée par un tiers acquéreur de ce bien la chambre de l'instruction, qui, par des motifs relevant de son appréciation souveraine, retient que ce bien constitue le produit indirect des délits poursuivis et que les conditions qui entachent d'irrégularités son acquisition ne permettent pas au requérant d'établir le bien-fondé de sa demande (■ Cass. crim., 28 févr. 2018, n° 17-81.577 : *Bull. crim.* à paraître).

17) Refus de restitution – Restitution présentant un danger pour les personnes ou les biens. La chambre d'accusation a pu relever, en vertu de son pouvoir souverain d'appréciation, que la demande de restitution présentait un danger pour les personnes, concernant la restitution de diverses armes de poing (■ Cass. crim., 30 avr. 1996, n° 96-80.829 : *Bull. crim.* n° 183).

18) Refus de restitution – Bien dont la confiscation est prévue par la loi. Selon l'article 99 du Code de procédure pénale, la restitution peut être refusée quand elle porte sur un objet placé sous main de justice dont la confiscation est prévue par la loi ; tel est le cas en matière de trafic de stupéfiants en vertu tant de l'article L. 629 du Code de la santé publique, alors applicable, que de l'article 222-49 du Code pénal (■ Cass. crim., 8 févr. 1996, n° 95-80.242 : *Bull. crim.* n° 72 ; *Dr. pén.* 1996, comm. 163, note M. Véron). Fait l'exacte application de l'article 99 du Code de procédure pénale, la chambre de l'instruction qui refuse la restitution d'un navire ayant transporté plusieurs tonnes de cocaïne, en retenant que la confiscation du bien ayant servi à la commission de l'infraction de trafic de stupéfiants est prévue par l'article 222-49 du Code pénal, à quelque personne qu'appartienne ce bien (■ Cass. crim., 5 janv. 2010, n° 09-81.949 : *Bull. crim.* n° 2 ; *Dr. pén.* 2010, comm. 68, note M. Véron ; *Procédures* 2010, comm. 162, obs. J. Buisson ; *AJ Pénal* 2010, 194, obs. G. Roussel). Les objets saisis au cours d'une information suivie des chefs de contrefaçon et apposition d'une marque appartenant à autrui, étant susceptibles d'une mesure de confiscation en application des (anciens) articles 423-2 et 428 du Code pénal, ne peuvent donner lieu à restitution (■ Cass. crim., 3 mai 1984, n° 83-93.792 : *Bull. crim.* n° 155).

La demande de restitution peut être refusée lorsque la confiscation de l'objet est prévue par la loi, peu important le fondement de la saisie (■ Cass. crim., 17 nov. 2021, n° 21-82.084, § 6 : *Bull. crim.* à paraître).

La mise en liquidation judiciaire de la personne poursuivie, qui ne s'oppose pas à son éventuelle condamnation à une peine de confiscation et à une mesure préalable de saisie destinée à garantir l'exécution de celle-ci, la confiscation ne pouvant s'analyser comme une action en paiement, fait obstacle à toute demande de restitution au stade de l'information (■ Cass. crim., 23 oct. 2019, n° 18-85.820 : *Bull. crim.* à paraître ; *AJ pénal* 2019, p. 613, obs. M. Hy).

19) Recours contre l'ordonnance statuant sur la restitution – Nature. La procédure instituée par l'article 173 du Code de procédure pénale ne peut être utilisée pour contester une ordonnance de restitution à l'encontre de laquelle seul peut être exercé le recours ouvert par l'article 99 du même code (■ Cass. crim., 30 oct. 2001, n° 01-84.779 : *Bull. crim.* n° 223).

20) Recours contre l'ordonnance statuant sur la restitution – Demandeur. Selon l'article 99, alinéa 5, du Code de procédure pénale, l'ordonnance par laquelle le juge d'instruction statue sur une demande de restitution peut être déférée à la chambre d'accusation à la requête de toute partie intéressée ; le tiers saisi, à qui la décision entreprise est susceptible de faire grief, est une partie intéressée à la restitution, au sens de l'article précité (■ Cass. crim., 8 juill. 1997, n° 96-84.306 : *Bull. crim.* n° 268). Le vendeur, tenu en cette qualité de garantir l'acquéreur dépossédé, a intérêt à s'opposer à la restitution demandée et est recevable à déférer à la chambre d'accusation l'ordonnance de restitution, conformément à l'article 99, alinéa 5, du Code de procédure pénale (■ Cass. crim., 29 janv. 1991, n° 90-81.563 : *Bull. crim.* n° 51). La restitution à une société des titres nominatifs d'une autre

société est sans emport sur les droits et obligations de cette dernière qui n'est dès lors pas une partie intéressée au sens de l'article 99 du Code de procédure pénale (■ Cass. crim., 26 janv. 2022, n° 21-83.389, § 7 : *Bull. crim.* à paraître).

21) Recours contre l'ordonnance statuant sur la restitution – Forme. Selon l'alinéa 4 de l'article 99 du Code de procédure pénale, en matière de restitution, la chambre d'accusation peut être saisie sur simple requête dans les dix jours de la notification de l'ordonnance du juge d'instruction. Ladite requête peut prendre la forme d'un acte d'appel inscrit au registre tenu au greffe de la juridiction concernée (■ Cass. crim., 19 févr. 1985, n° 84-91.956 : *Bull. crim.* n° 79).

22) Recours contre l'ordonnance statuant sur la restitution – Compétence du président de la chambre de l'instruction – Conformité la Constitution. L'article 99 du Code de procédure pénale, qui donne compétence au président de la chambre de l'instruction pour statuer à juge unique sur le contentieux relatif à la restitution d'objets placés sous main de justice, ne méconnaît ni les droits de la défense, ni le droit à un procès équitable, les modalités de composition des formations de jugement étant sans effet sur l'obligation de respecter ces droits (■ Cons. const., 21 mars 2019, n° 2019-778 DC).

23) Recours contre l'ordonnance statuant sur la restitution – Compétence de la chambre de l'instruction. Selon l'article 99 du Code de procédure pénale, le recours de toute partie intéressée contre l'ordonnance par laquelle le juge d'instruction décide de la restitution d'objets placés sous main de justice, est porté devant la chambre de l'instruction ; seule la notification faite conformément à l'article 183 du Code de procédure pénale fait courir le délai d'appel d'une ordonnance rendue par le juge d'instruction. Par conséquent, la chambre de l'instruction est seule compétente pour examiner un tel recours, même formé postérieurement à l'ordonnance de renvoi devant le tribunal correctionnel, dès lors que, faute de notification, le délai d'appel n'a pas commencé à courir (■ Cass. crim., 30 avr. 2002, n° 01-84.750 : *Bull. crim.* n° 93). Il n'importe que le juge d'instruction se soit dessaisi de la procédure en se déclarant territorialement incompétent et en renvoyant le ministère public à mieux se pourvoir, dès lors que la chambre d'accusation, statuant sur l'appel d'une ordonnance de refus de restitution rendue au cours de l'information, doit en apprécier le bien-fondé au regard de l'article 99 du Code de procédure pénale, en considérant les circonstances de l'espèce antérieures à l'ordonnance d'incompétence (■ Cass. crim., 13 janv. 1998, n° 96-86.619 : *Bull. crim.* n° 15).

24) Pourvoi en cassation contre l'arrêt de la chambre de l'instruction. Le pourvoi d'un tiers intervenant dirigé contre la décision statuant sur sa requête en restitution est immédiatement recevable devant la Cour de cassation (■ Cass. crim., 16 juin 1992, n°s 91-86.829 et 92-80.418 : *Bull. crim.* n° 239. ■ Cass. crim., 3 juill. 1987, n° 85-95.820 : *Bull. crim.* n° 283. ■ Cass. crim., 21 août 1986, n° 85-91.868 : *Bull. crim.* n° 248. ■ Cass. crim., 23 janv. 1973, n° 71-93.473 : *Bull. crim.* n° 28). Il n'en est pas de même du pourvoi de l'inculpé ou de la partie civile qui, à la différence du tiers intervenant, sont parties au procès pénal ; à leur égard, la décision attaquée entre dans la classe des arrêts d'instruction visés par la disposition finale de l'article 571 du Code de procédure pénale ; par conséquent, ils sont tenus, pour que leur pourvoi puisse être immédiatement examiné, de déposer la requête prévue par les articles 570 et 571 du Code de procédure pénale (■ Cass. crim., 21 août 1986, préc. ■ Cass. crim., 23 janv. 1973, préc.).

Art. 99-1 ***(Mod., L. n° 2008-582, 20 juin 2008 ; L. n° 2021-1539, 30 nov. 2021).*** **– Lorsque, au cours d'une procédure judiciaire ou des contrôles mentionnés à l'article L. 214-23 du Code rural et de la pêche maritime, il a été procédé à la saisie ou au retrait, à quelque titre que ce soit, d'un ou plusieurs animaux vivants, le procureur de la République près le tribunal judiciaire du lieu de l'infraction ou, lorsqu'il est saisi, le juge d'instruction peut placer l'animal dans un lieu de dépôt prévu à cet effet ou le confier à une fondation ou à une association de protection animale reconnue d'utilité publique ou déclarée. La décision mentionne le lieu de placement et vaut jusqu'à ce qu'il ait été statué sur l'infraction.**

Lorsque les conditions du placement sont susceptibles de rendre l'animal dangereux ou de mettre sa santé en péril ou de ne plus répondre à la satisfaction des besoins physiologiques propres à son espèce, le juge d'instruction, lorsqu'il est saisi, ou le président du tribunal judiciaire ou un magistrat du siège délégué par lui peut, par ordonnance motivée prise sur les réquisitions du procureur de la République et après avis d'un vétérinaire, ordonner qu'il sera cédé à titre onéreux ou confié à un tiers ou qu'il sera procédé à son euthanasie.

Il en est de même lorsque les conditions du placement d'un animal entraînent des frais conservatoires supérieurs à sa valeur économique. Le juge d'instruction, lorsqu'il est saisi, le président du tribunal judiciaire ou un magistrat du siège délégué par lui peut, par ordonnance motivée prise sur les réquisitions du procureur de la

République et après avis d'un expert agricole, ordonner qu'il sera cédé à titre onéreux ou confié à un tiers ou qu'il sera procédé à son euthanasie.

Cette ordonnance est notifiée au propriétaire s'il est connu, qui peut la déférer soit au premier président de la cour d'appel du ressort ou à un magistrat de cette cour désigné par lui, soit, lorsqu'il s'agit d'une ordonnance du juge d'instruction, à la chambre de l'instruction dans les conditions prévues aux cinquième et sixième alinéas de l'article 99.

Le produit de la vente de l'animal est consigné pendant une durée de cinq ans. Lorsque l'instance judiciaire qui a motivé la saisie se conclut par un non-lieu ou par une décision de relaxe, le produit de la vente est restitué à la personne qui était propriétaire de l'animal au moment de la saisie si celle-ci en fait la demande. Dans le cas où l'animal a été confié à un tiers, son propriétaire peut saisir le magistrat désigné au deuxième alinéa d'une requête tendant à la restitution de l'animal.

Les frais exposés pour la garde de l'animal dans le lieu de dépôt sont à la charge du propriétaire, sauf décision contraire du magistrat désigné au deuxième alinéa saisi d'une demande d'exonération ou du tribunal statuant sur le fond. Cette exonération peut également être accordée en cas de non-lieu ou de relaxe.

Lorsque, au cours de la procédure judiciaire, la conservation de l'animal saisi ou retiré n'est plus nécessaire à la manifestation de la vérité et que l'animal est susceptible de présenter un danger grave et immédiat pour les personnes ou les animaux domestiques, le procureur de la République ou le juge d'instruction lorsqu'il est saisi ordonne la remise de l'animal à l'autorité administrative afin que celle-ci mette en œuvre les mesures prévues au II de l'article L. 211-11 du Code rural et de la pêche maritime.

1) Cession à un tiers. Est justifiée l'ordonnance qui, après avoir relevé que les services vétérinaires ne disposaient pas d'un lieu d'accueil approprié situé à une distance compatible avec le transport des animaux retirés à l'intéressé, eu égard à leur état sanitaire, a dûment constaté que les conditions du placement de ces animaux n'étaient pas compatibles avec leur état, justifiant ainsi qu'ils soient cédés à titre onéreux à un abattoir (■ Cass. crim., 24 janv. 2006, n° 04-14.037 : *Bull. crim.* n° 26).

2) Remise à l'autorité administrative. Les dispositions du dernier alinéa de l'article 99-1 du Code de procédure pénale ne trouvent application que dans le cas d'un placement de l'animal ordonné par le procureur de la République ou le juge d'instruction à l'exclusion de la décision de placement résultant d'un arrêté préfectoral (■ Cass. crim., 19 avr. 2005, n° 04-82.513 : *Bull. crim.* n° 134 ; *Dr. pén.* 2005, comm. 154, obs. A. Maron).

3) Voies de recours – Conformité à la Constitution. Les alinéas 1 et 3 de l'article 99-1 du Code de procédure pénale ne méconnaissent pas le droit à un recours juridictionnel effectif, le droit à un procès équitable, le principe du contradictoire, ni le droit de propriété quoiqu'ils ne prévoient pas de recours spécifique contre la décision du procureur de la République de placer un animal faisant l'objet d'une saisie judiciaire. En effet, en application des articles 41-4 et 99 du Code de procédure pénale, une personne dont les biens ont été saisis peut en demander la restitution au juge d'instruction au cours d'une information judiciaire et au procureur de la République dans les autres cas. Dès lors, dans la mesure où le placement d'un animal effectué sur le fondement de l'article 99-1 intervient nécessairement à la suite d'une décision de saisie ou de retrait, son propriétaire peut en demander la restitution sur le fondement des articles 41-4 ou 99. Cette restitution a pour effet de mettre un terme à la mesure de placement. Le refus éventuellement opposé à sa demande peut également faire l'objet d'un recours juridictionnel. Il en résulte que le propriétaire en cause dispose d'un recours lui permettant d'obtenir qu'il soit mis fin à la mesure de placement (■ Cons. const., 7 juin 2019, n° 2019-788 QPC).

4) Voies de recours – Irrecevabilité du pourvoi en cassation. L'ordonnance du premier président ou du magistrat de la cour d'appel désigné par lui, statuant sur appel d'une décision d'un président de tribunal de grande instance ou de son délégué rendue en application de l'article 99-1 du Code de procédure pénale, n'entre pas dans les prévisions de l'article 567 du même code et ne peut, dès lors, faire l'objet d'un pourvoi devant la chambre criminelle de la Cour de cassation (■ Cass. crim., 4 juin 2002, n° 02-81.555 : *Bull. crim.* n° 126).

Art. 99-2 *(Mod., L. n° 2018-898, 23 oct. 2018 ; L. n° 2019-773, 24 juill. 2019).* **– Lorsque, au cours de l'instruction, la restitution des biens meubles placés sous main de justice et dont la conservation n'est plus nécessaire à la manifestation de la vérité s'avère impossible, soit parce que le propriétaire ne peut être identifié, soit parce que le propriétaire ne réclame pas l'objet dans un délai d'un mois à compter d'une mise**

en demeure adressée à son domicile, le juge d'instruction peut ordonner, sous réserve des droits des tiers, la destruction de ces biens ou leur remise à l'Agence de gestion et de recouvrement des avoirs saisis et confisqués aux fins d'aliénation.

Le juge d'instruction peut également ordonner, sous réserve des droits des tiers, de remettre à l'Agence de gestion et de recouvrement des avoirs saisis et confisqués, en vue de leur aliénation, des biens meubles placés sous main de justice, dont la conservation n'est plus nécessaire à la manifestation de la vérité et dont la confiscation est prévue par la loi, lorsque le maintien de la saisie serait de nature à diminuer la valeur du bien. S'il est procédé à la vente du bien, le produit de celle-ci est consigné pendant une durée de dix ans. En cas de non-lieu, de relaxe ou d'acquittement, ou lorsque la peine de confiscation n'est pas prononcée, ce produit est restitué au propriétaire des objets s'il en fait la demande.

Lorsque le maintien de la saisie serait de nature à diminuer la valeur du bien, le juge d'instruction peut également ordonner, sous réserve des droits des tiers, de remettre au service des domaines, en vue de leur affectation à titre gratuit par l'autorité administrative et après que leur valeur a été estimée, à des services de police, des unités de gendarmerie, à l'Office français de la biodiversité ou à des services placés sous l'autorité du ministre chargé du budget qui effectuent des missions de police judiciaire, des biens meubles placés sous main de justice, dont la conservation n'est plus nécessaire à la manifestation de la vérité et dont la confiscation est prévue par la loi. En cas de non-lieu, de relaxe ou d'acquittement, ou lorsque la peine de confiscation n'est pas prononcée, le propriétaire qui en fait la demande obtient la restitution du bien, assortie s'il y a lieu d'une indemnité compensant la perte de valeur qui a pu résulter de l'usage du bien.

Le juge d'instruction peut également ordonner la destruction des biens meubles placés sous main de justice dont la conservation n'est plus nécessaire à la manifestation de la vérité, lorsqu'il s'agit d'objets qualifiés par la loi de dangereux ou de nuisibles, ou dont la détention est illicite.

Les décisions prises en application du présent article font l'objet d'une ordonnance motivée. Cette ordonnance est prise soit sur réquisitions du procureur de la République, soit d'office après avis de ce dernier. Elle est notifiée au ministère public, aux parties intéressées et, s'ils sont connus, au propriétaire ainsi qu'aux tiers ayant des droits sur le bien, qui peuvent la déférer à la chambre de l'instruction dans les conditions prévues aux cinquième et sixième alinéas de l'article 99. Toutefois, en cas de notification orale d'une décision, prise en application du quatrième alinéa du présent article, de destruction de produits stupéfiants susceptibles d'être saisis à l'occasion de l'exécution d'une commission rogatoire, cette décision peut être déférée dans un délai de vingt-quatre heures devant la chambre de l'instruction, par déclaration au greffe du juge d'instruction ou à l'autorité qui a procédé à cette notification. Ces délais et l'exercice du recours sont suspensifs.

Un décret en Conseil d'État détermine les modalités d'application du présent article.

Voir : art. R. 15-41-1, p. 1948.

Bibliographie : C. Duchaine, *Vente avant jugement d'un meuble placé sous main de justice et poursuite du propriétaire du bien (CPP, art. 99-2, al. 2) : Dr. pén.* 2014, étude 8.

1) Jurisprudence antérieure à la loi du 23 juin 1999. Aucune disposition légale ne permet au juge d'instruction d'ordonner ou d'autoriser la destruction d'objets saisis ; en outre, la destruction de produits stupéfiants ne peut avoir lieu avant que leur confiscation ne soit décidée par la juridiction de jugement (▪ Cass. crim., 13 juin 1996, n° 96-80.189 : *Bull. crim.* n° 252 ; *Procédures* 1996, comm. 335).

2) Articulation des articles 99 et 99-2 du Code de procédure pénale. Il se déduit des articles 6, § 1, de la Convention européenne des droits de l'Homme, 1er du premier Protocole additionnel à ladite Convention, 99 et 99-2 du Code de procédure pénale que le juge saisi, par le propriétaire d'un bien meuble placé sous main de justice, d'une requête en restitution de ce bien est tenu de statuer sur son bien-fondé indépendamment de l'existence d'une décision, fût-elle définitive, de remise à l'Agence de gestion et de recouvrement des avoirs saisis et confisqués (AGRASC) en vue de son aliénation (▪ Cass. crim., 22 févr. 2017, n° 16-86.547 : *Bull. crim.* n° 54). En vertu des articles 99 et 99-2 du Code de procédure pénale, l'exercice d'un recours contre une ordonnance de refus de restitution d'un bien saisi ne prive pas le juge d'instruction de la faculté d'ordonner sa remise, aux fins d'aliénation, à l'AGRASC dans les conditions du deuxième alinéa du second de ces textes (▪ Cass. crim., 8 nov. 2017, n° 17-82.527 : *Bull. crim.* à paraître). Il se déduit de l'article 6 de la Convention européenne des droits de l'Homme et des articles 99 et 99-2 du Code de procédure

pénale que, lorsqu'un juge d'instruction est saisi d'une requête en restitution d'un bien meuble placé sous main de justice, il ne peut ordonner la remise de ce bien à l'Agence de gestion et de recouvrement des avoirs saisis et confisqués (AGRASC) en vue de son aliénation qu'après avoir statué par ordonnance motivée sur cette requête (■ Cass. crim., 6 mai 2014, n° 13-83.203 : *Bull. crim.* n° 123 ; *Dalloz actualité*, 27 mai 2014, obs. M. Bombled ; *AJ pénal* 2014, 543, obs. J. Lasserre Capdeville). L'ordonnance de remise à l'AGRASC d'un bien saisi n'est pas exécutoire tant qu'il n'a pas été définitivement statué sur toute demande de restitution présentée par le propriétaire dudit bien antérieurement à la décision de remise (■ Cass. crim., 11 oct. 2017, n° 17-82.132 : *Bull. crim.* à paraître).

I – CONDITIONS DE LA DESTRUCTION OU DE LA REMISE DES BIENS MEUBLES PLACÉS SOUS MAIN DE JUSTICE

3) Biens placés sous main de justice – Inapplication de l'article 99-2 en cas de saisie douanière. L'article 99-2 du Code de procédure pénale, qui reconnaît au mis en examen un droit d'appel de l'ordonnance par laquelle le juge d'instruction, sur réquisitions ou après avis du ministère public, ordonne la destruction d'objets saisis, n'est applicable qu'aux biens placés sous main de justice. Encourt la cassation, l'arrêt qui déclare l'appel recevable sur le fondement de l'article 99-2 du Code de procédure pénale alors que les biens saisis n'étaient pas placés sous main de justice et que l'article 389 *bis* du Code des douanes réserve au seul propriétaire des objets sous saisie douanière le droit d'interjeter appel de l'ordonnance par laquelle le juge d'instruction, sur requête de l'administration des douanes, autorise la destruction de ces objets (■ Cass. crim., 19 mars 2014, n° 13-87.157 : *Bull. crim.* n° 90 ; *D.* 2014, pan. 1425, obs. Labrousse).

4) Propriété du bien. En application de l'article 99-2, alinéa 3 du Code de procédure pénale, si le juge d'instruction peut ordonner de remettre au service des domaines, en vue de leur affectation, par l'autorité administrative, à des services de police ou des unités de gendarmerie, des biens meubles placés sous main de justice, dont la confiscation est prévue par la loi, c'est à la condition que ces biens appartiennent aux personnes poursuivies (■ Cass. crim., 22 janv. 2013, n° 12-81.046 : *Bull. crim.* n° 22 ; *AJ Pénal* 2013, 290, note L. Ascensi). L'article 99-2 du Code de procédure pénale exige, pour son application, que le bien meuble saisi appartienne à la personne poursuivie (■ Cass. crim., 3 déc. 2013, n° 12-87.940 : *Bull. crim.* n° 245).

5) Bien non nécessaire à la manifestation de la vérité. La manifestation de la vérité ne se réduit pas à la seule caractérisation des infractions mais s'étend aux circonstances de leur commission susceptibles d'avoir une influence sur l'appréciation de la gravité des faits poursuivis. Encourt dès lors la censure l'arrêt qui ordonne la destruction en se contentant d'énoncer que le bien n'est pas utile à la caractérisation des infractions poursuivies (■ Cass. crim., 15 sept. 2021, n° 21-80.814, § 15 : *Bull. crim.* à paraître).

II – CAS DE DESTRUCTION OU DE REMISE DES BIENS MEUBLES PLACÉS SOUS MAIN DE JUSTICE

6) Impossibilité de restitution. Fait l'exacte application de l'article 99-2 du Code de procédure pénale la chambre de l'instruction qui décide que la remise aux domaines est possible lorsque le propriétaire du bien ne peut être identifié (■ Cass. crim., 5 janv. 2010, n° 09-81.949 : *Bull. crim.* n° 2 ; *Dr. pén.* 2010, comm. 68, note M. Véron ; *Procédures* 2010, comm. 162, obs. J. Buisson ; *AJ Pénal* 2010, 194, obs. G. Roussel).

7) Bien dont la confiscation est prévue par la loi et dont la conservation est de nature à en déprécier la valeur – Refus de transmission d'une question prioritaire de constitutionnalité. Il n'y a pas lieu de transmettre au Conseil constitutionnel une question prioritaire de constitutionnalité portant sur l'article 99-2 du Code de procédure pénale, alinéa 2 : la question posée ne présente pas un caractère sérieux en ce que, d'une part, elle vise, à l'évidence, des dispositions justifiées par l'objectif à valeur constitutionnelle d'une bonne administration de la justice, soit, plus précisément, la nécessité d'éviter le dépérissement et la perte de valeur de scellés longuement immobilisés, et que, d'autre part, la remise au service des domaines de scellés ne constitue pas une peine et ne porte atteinte ni à la présomption d'innocence ni aux droits de la défense pas plus qu'à l'impartialité du juge, le texte invoqué prévoyant, sous réserve des droits des tiers, un recours contre la décision du juge d'instruction, la consignation pendant dix ans du produit de la vente, et sa remise au propriétaire des objets s'il en fait la demande, en cas de non-lieu, de relaxe ou d'acquittement, ou lorsque la confiscation n'est pas prononcée (■ Cass. crim., 10 mai 2011, n° 10-87.791).

8) Bien dont la confiscation est prévue par la loi et dont la conservation est de nature à en déprécier la valeur. Fait l'exacte application de l'article 99-2, alinéa 2, du Code de procédure pénale, sans méconnaître l'article 1er du Protocole additionnel de la Convention européenne des droits de l'Homme et l'article 6-2 de la Convention européenne des droits de l'Homme, la chambre de l'instruction qui confirme l'ordonnance du juge d'instruction ordonnant la remise aux Domaines du véhicule appartenant à une personne mise en examen du chef de blanchiment en relevant que le véhicule ne manquerait pas d'être déprécié en cas de prolongation de la procédure d'instruction et que son aliénation apparaît conforme à l'intérêt de la mise en examen dans l'hypothèse d'un non-lieu, d'une relaxe ou du non-prononcé de la peine complémentaire de la confiscation prévue par l'article 324-7 du Code pénal (■ Cass. crim., 6 déc. 2005, n° 05-82.484 : *Bull. crim.* n° 322. ■ Cass. crim., 11 janv. 2001, n° 00-82.764 : *Bull. crim.* n° 8).

9) Objet dangereux ou nuisible ou dont la détention est illicite. Il résulte de l'article 99-2 du Code de procédure pénale que le juge d'instruction ne peut ordonner la destruction des biens meubles placés sous main de justice dont la conservation n'est plus nécessaire à la manifestation de la vérité que s'il s'agit d'objets qualifiés par la loi de dangereux ou de nuisibles, ou dont la détention est illicite ou, à défaut, si la restitution s'avère impossible, soit parce que le propriétaire ne peut être identifié, soit parce que le propriétaire ne réclame pas l'objet dans un délai de deux mois à compter d'une mise en demeure adressée à son domicile. Encourt dès lors la censure l'arrêt qui, pour ordonner la destruction d'un navire dont la conservation n'apparaissait plus utile à la manifestation de la vérité, retient que ce navire est dangereux et nuisible en raison de son mauvais état d'entretien et des difficultés de garde et de conservation à l'approche de la saison cyclonique annoncée comme étant d'une particulière intensité, sans rechercher si la loi elle-même qualifie cet objet de dangereux ou de nuisible, ou en interdit la détention, et, à défaut, sans constater que la restitution s'avère impossible (■ Cass. crim., 6 mars 2007, n° 06-87.446 : *Bull. crim.* n° 71). Fait l'exacte application de l'article 99-2, alinéa 3, du Code de procédure pénale, l'arrêt d'une chambre de l'instruction qui, pour confirmer l'ordonnance du juge d'instruction prescrivant la destruction de vêtements présentés sous une marque contrefaite, à l'exception d'échantillons représentatifs de tous les lots saisis, retient que la détention de ces marchandises, dont la commercialisation a été interdite par une décision judiciaire irrévocable, est nécessairement illicite, que la destruction ordonnée n'est de nature ni à empêcher la manifestation de la vérité ni à faire obstacle aux droits des parties, et ajoute que cette destruction est de nature à limiter le coût des frais de justice lié à la conservation des effets saisis (■ Cass. crim., 11 févr. 2009, n° 08-83.516 : *Bull. crim.* n° 35 ; *Dr. pén.* 2009, comm. 86, note A. Maron et M. Haas ; *Dr. pén.* 2010, chron. 1, obs. D. Guérin).

10) Motivation. Encourt la censure l'arrêt qui ordonne la destruction en s'abstenant de constater soit que la restitution de la turbine s'avère impossible au motif que son propriétaire ne l'a pas réclamée dans un délai d'un mois à compter d'une mise en demeure adressée à son domicile, soit que la loi elle-même qualifie cet objet de dangereux ou de nuisible, ou en interdit la détention (■ Cass. crim., 15 sept. 2021, n° 21-80.814, § 16 : *Bull. crim.* à paraître).

III – RECOURS

11) Bénéficiaires. Les demandeurs (à savoir les fabricants des produits dont la remise, en vue de leur aliénation, a été ordonnée) ne sauraient se faire un grief de ce que la chambre de l'instruction a déclaré irrecevable leur requête faute de qualité à agir en tant que tiers au sens de l'article 99-2 du Code de procédure pénale, dès lors que la remise à l'AGRASC de biens meubles saisis, en vue de leur aliénation, dans le respect de ce texte et de l'article 131-21 du Code pénal, ne porte pas, par elle-même, atteinte aux droits résultant des contrats de distribution sélective dont font l'objet ces produits, non plus qu'à ceux du titulaire de la marque pour ces derniers (■ Cass. crim., 31 janv. 2018, n° 17-81.408 : *Bull. crim.* à paraître).

Art. 99-3 *(Mod., L. n° 2016-731, 3 juin 2016 ; L. n° 2022-199, 2 mars 2022).* **– Le juge d'instruction ou l'officier de police judiciaire par lui commis peut, par tout moyen, requérir de toute personne, de tout établissement ou organisme privé ou public ou de toute administration publique qui sont susceptibles de détenir des documents intéressant l'instruction, y compris, sous réserve de l'article 60-1-2, ceux issus d'un système informatique ou d'un traitement de données nominatives, de lui remettre ces documents, notamment sous forme numérique, sans que puisse lui être opposée, sans motif légitime, l'obligation au secret professionnel. Lorsque les réquisitions concernent des personnes mentionnées aux articles 56-1 à 56-3 et à l'article 56-5, la remise des documents ne peut intervenir qu'avec leur accord.**

En l'absence de réponse de la personne aux réquisitions, les dispositions du deuxième alinéa de l'article 60-1 sont applicables.

Le dernier alinéa de l'article 60-1 est également applicable.

Consentement des personnes visées par les articles 56-1 à 56-3 à la remise. L'accord de l'une des personnes mentionnées aux articles 56-1 à 56-3 du Code de procédure pénale, parmi lesquelles figurent les avocats, n'est requis par l'article 99-3 dudit code que pour la remise des documents détenus par cette personne même. Est à juste titre rejetée la requête en annulation présentée par un avocat faisant valoir que les pièces sollicitées auprès de banques dans lesquelles il avait ouvert des comptes professionnels avaient été remises sans son consentement (■ Cass. crim., 17 déc. 2013, n° 13-85.717 : *Bull. crim.* n° 259 ; *AJ Pénal* 2014, 141, obs. P. de Combles de Nayves).

Art. 99-4 *(Anc. art. 151-1-1 créé, L. n° 2003-239, 18 mars 2003 ; dénum.et mod., L. n° 2004-204, 9 mars 2004).* **– Pour les nécessités de l'exécution de la commission rogatoire, l'officier de police judiciaire peut procéder aux réquisitions prévues par le premier alinéa de l'article 60-2.**

Avec l'autorisation expresse du juge d'instruction, l'officier de police peut procéder aux réquisitions prévues par le deuxième alinéa de l'article 60-2.

Les organismes ou personnes concernés mettent à disposition les informations requises par voie télématique ou informatique dans les meilleurs délais.

Le fait de refuser de répondre sans motif légitime à ces réquisitions est puni conformément aux dispositions du quatrième alinéa de l'article 60-2.

Art. 99-5 *(L. n° 2016-731, 3 juin 2016).* **– Pour les nécessités de l'exécution de la commission rogatoire, l'officier de police judiciaire peut, avec l'autorisation expresse du juge d'instruction, procéder aux réquisitions prévues à l'article 60-3.**

Sous-section 2. – Des interceptions de correspondances émises par la voie de communications électroniques

(L. n° 91-646, 10 juill. 1991 ; mod., L. n° 2016-731, 3 juin 2016)

Bibliographie : ***Répertoire.*** J. Dumont, *Interceptions des correspondances émises par voie de télécommunications : JCl. Proc. pén.*, art. 100 à 100-7, Fasc. 20. • Y. Capdepon, *La nullité d'une écoute téléphonique réalisée sur la ligne d'un tiers : Dr. pén.* 2017, étude 24.

Généralités. G. Clément et J.-P. Vicentini, *L'écoute incidente, genèse d'une poursuite : RSC* 1997, 597. • P. Dourneau-Josette, *Rép. pén. Dalloz*, V° *Interceptions de correspondances émises par la voie des télécommunications électroniques.* • P. Kayser, *La loi du 10 juillet 1991 et les écoutes téléphoniques : JCP* G 1992, I, 3559. • A. Maron et M. Véron, *Commentaire de la loi n° 91-646 du 10 juillet 1991 relative au secret des correspondances émises par la voie des télécommunications : Dr. pén.* déc. 1991 et 1992. • J. Pradel, *Un exemple de restauration de la légalité criminelle. Le régime des interceptions de correspondances émises par la voie des télécommunications (commentaire de la loi n° 91-646 du 10 juillet 1991) : D.* 1992, chron. 49.

Art. 100 *(Mod. à compter du 1er juin 2019, L. n° 2019-222, 23 mars 2019 ; mod. à compter du 1er mars 2022, L. n° 2021-1729, 22 déc. 2021).* **– En matière criminelle et en matière correctionnelle, si la peine encourue est égale ou supérieure à trois ans d'emprisonnement, le juge d'instruction peut, lorsque les nécessités de l'information l'exigent, prescrire l'interception, l'enregistrement et la transcription de correspondances émises par la voie des communications électroniques. Ces opérations sont effectuées sous son autorité et son contrôle.**

La décision d'interception est écrite. Elle n'a pas de caractère juridictionnel et n'est susceptible d'aucun recours.

En cas de délit puni d'une peine d'emprisonnement commis par la voie des communications électroniques sur la ligne de la victime, l'interception peut également être autorisée, selon les mêmes modalités, si elle intervient sur cette ligne à la demande de la victime.

Aucune interception ne peut porter sur une ligne dépendant du cabinet d'un avocat ou de son domicile, sauf s'il existe des raisons plausibles de le soupçonner d'avoir commis ou tenté de commettre, en tant qu'auteur ou complice, l'infraction qui fait l'objet de la procédure ou une infraction connexe au sens de l'article 203 et à la condition que la mesure soit proportionnée au regard de la nature et de la gravité des faits. La décision est prise par ordonnance motivée du juge des libertés et de la détention, saisi à cette fin par ordonnance motivée du juge d'instruction, prise après avis du procureur de la République.

Voir : s'agissant de la plateforme nationale des interceptions judiciaires, art. R. 40-42, p. 1971.

Voir : s'agissant des interceptions de sécurité réalisées par les services de renseignement, CSI, art. L. 852-1.

1) Jurisprudence antérieure à la loi du 10 juillet 1991 – Interceptions réalisées au cours de l'instruction. Dès lors que l'article 81 du Code de procédure pénale habilite le juge d'instruction à procéder à tous actes d'information jugés par lui utiles à la manifestation de la vérité, la mise sur écoutes téléphoniques du domicile d'un inculpé, à laquelle il a été procédé sur commission rogatoire du juge d'instruction, ne saurait constituer une cause de nullité de la procédure lorsque cette mesure d'investigation a été exécutée sous le contrôle de ce magistrat sans artifice ni stratagème et que rien ne permet d'établir que ce procédé ait eu pour résultat de compromettre les conditions des droits de la défense (▪ Cass. crim., 9 oct. 1980, n° 80-93.140 : *Bull. crim.* n° 255 ; *D.* 1981, 332, note J. Pradel ; *JCP* G 1981, II, 19578, note di Marino ; *RSC* 1981, 144, obs. Robert et 879, obs. Levasseur).

2) Jurisprudence antérieure à la loi du 10 juillet 1991 – Interceptions réalisées au cours de l'enquête. Selon l'article 8 de la Convention européenne des droits de l'Homme, il ne peut y avoir ingérence des autorités publiques dans les conversations téléphoniques que pour autant que cette ingérence est prévue par la loi et les articles 81 et 151 du Code de procédure pénale ne permettent qu'au juge d'instruction d'ordonner, dans certaines conditions, des écoutes et des enregistrements téléphoniques ; viole ces textes la cour d'appel qui, pour refuser de prononcer la nullité d'un procès-verbal relatant l'écoute et l'enregistrement d'une conversation téléphonique suscitée par des services de police agissant d'initiative, énonce que ceux-ci n'ont pas employé un procédé de captation de toutes les conversations téléphoniques échangées à partir du poste d'un abonné, alors qu'ils ont, sans avoir reçu d'un juge commission rogatoire à cette fin, procédé, à l'insu de cet abonné, à l'écoute de propos tenus par celui-ci sur sa ligne téléphonique (▪ Cass. ass. plén., 24 nov. 1989 n° 89-84.439 : *Bull. crim.* n° 440 ; *D.* 1990, 34 ; *JCP* 1990, II, 21418, concl. Robert ; *Gaz. Pal.* 17 févr. 1990, p. 92, note Doucet ; *D.* 1990, chron. 15, obs. J. Pradel).

3) Jurisprudence antérieure à la loi du 10 juillet 1991 – Condamnation par la Cour européenne des droits de l'Homme. Les écoutes téléphoniques méconnaissent l'article 8 de la Convention européenne des droits de l'Homme sauf si, prévues par la loi, elles poursuivent un ou des buts légitimes au regard de cet article et si elles sont nécessaires, dans une société démocratique, pour les atteindre ; si cette pratique a une base légale en droit français au regard des articles 81, 151 et 152 du Code de procédure pénale, conformément à la jurisprudence établie de la Cour de cassation, le droit français, écrit et non écrit, n'indique pas avec assez de clarté l'étendue et les modalités d'exercice du pouvoir d'appréciation des autorités dans ce domaine (▪ CEDH, 24 avr. 1990, n°s 11801/85 et 11105/84, série A, n°s 176-A et 176-B, *Kruslin et épx Huvig c/ France* : *D.* 1990, 353, note J. Pradel ; *RSC* 1990, 615, obs. L.-E. Pettiti ; *Gaz. Pal.* 1990, 1, 249, note Junosza Zdrojewski, C. et L. Pettiti).

4) Conventionnalité de la réglementation actuelle des interceptions de correspondances émises par voie téléphonique. Les articles 6, 8 et 13 de la Convention européenne des droits de l'Homme ne sont pas méconnus dès lors que les interceptions de communications téléphoniques constituent une ingérence nécessaire, dans une société démocratique, pour lutter contre la délinquance, que ces mesures sont autorisées par un juge qui doit être informé de leur exécution et qu'elles répondent à des exigences précises, énoncées par les articles 100 à 100-7 du Code de procédure pénale, dont la personne concernée peut faire sanctionner le défaut de respect par une requête en nullité (▪ Cass. crim., 22 mars 2016, n° 15-83.207 : *JurisData* n° 2016-004951. ▪ Cass. crim., 22 mars 2016, n° 15-83.205 : *JurisData* n° 2016-004952. ▪ Cass. crim., 22 mars 2016, n° 15-83.206 : *JurisData* n° 2016-004954 ; *Procédures* 2016, comm. 171, A.-S. Chavent-Leclère ; *Dr. pén.* 2016, comm. 86, A. Maron et M. Haas). V. s'agissant de la jurisprudence de la Cour européenne des droits de l'Homme, CEDH et annotations, art. 6, p. 74 et 8, p. 83.

I – DOMAINE D'APPLICATION DES ARTICLES 100 ET S. DU CODE DE PROCÉDURE PÉNALE

A – Notion d'interception de correspondances émises par voie téléphonique

5) Exclusion – Identification de numéros de téléphone. L'identification de numéros de téléphone « entrant » et « sortant » d'une ligne téléphonique déterminée n'est pas une interception de correspondance émise par la voie des communications mais une simple mesure technique relevant de l'article 77-1 du Code de procédure pénale (▪ Cass. crim., 27 juin 2001, n° 01-82.578).

6) Exclusion – Propos entendus lors d'une conversation téléphonique. Ne constitue pas une interception de correspondance émise par la voie des télécommunications, au sens de l'article 100 du Code de procédure pénale, le simple compte rendu de propos entendus par des policiers au cours d'une conversation téléphonique qui s'est déroulée en leur présence, sans artifice ni stratagème (▪ Cass. crim., 2 avr. 1997, n°s 97-80.269 et 97-80.270 : *Bull. crim.* n° 131 ; *Procédures* 1997, comm. 217, obs. J. Buisson ; *RSC* 1997, 858, obs. J.-P. Dintilhac).

7) Exclusion – Connexion à un réseau. Ne constitue pas, au sens des articles 100 et suivants du Code de procédure pénale, une interception de communications émises par la voie télématique le fait, pour un enquêteur, de se connecter à un tel réseau au moyen d'un terminal mis à la disposition du public par l'opérateur, sans modification préalable de l'installation, et de lire, comme n'importe quel utilisateur, les annonces offertes par tel ou tel service (■ Cass. crim., 25 oct. 2000, n° 00-80.829 : *Bull. crim.* n° 317 ; *Dr. pén.* 2001, comm. 27, obs. A. Maron).

8) **Lecture de messages.** Ne saurait constituer une interception de correspondance émise par la voie des télécommunications, au sens de l'article 100 du Code de procédure pénale, les simples lecture et transcription par les policiers, sans artifice ni stratagème, des messages parvenus sur la bande d'un récepteur de messagerie unilatérale (■ Cass. crim., 14 avr. 1999, n° 98-87.224 : *Bull. crim.* n° 82 ; *D.* 1999, somm. 324, obs. J. Pradel ; *Procédures* 1999, comm. 238, obs. J. Buisson ; *Dr. pén.* 1999, comm. 124, obs. A. Maron ; *JCP* 2000, II, 10312, note Peltier, concernant un récepteur « Tatoo »). N'entrent pas dans les prévisions des articles 100 à 100-5 du Code de procédure pénale, l'appréhension, l'enregistrement et la transcription de correspondances émises ou reçues par la voie des télécommunications (messages stockés sur une boîte de messagerie électronique) antérieurement à la date de la décision écrite d'interception prise par le juge d'instruction (■ Cass. crim., 8 juill. 2015, n° 14-88.457 : *Bull. crim.* n° 176 ; *Dr. pén.* 2015, comm. 131, note A. Maron et M. Haas ; *Procédures* 2015, comm. 309, note A.-S. Chavent-Leclère). *Comp.* : les messages instantanés échangés entre plusieurs personnes au moyen d'une liaison sécurisée par un dispositif de cryptage (messages électroniques cryptées transitant par flux internet entre des boîtiers de téléphones portables) constituent des correspondances par la voie des télécommunications au sens de l'article 100 du Code de procédure pénale et sont, comme telles, susceptibles d'être appréhendées sur la décision et sous l'autorité et le contrôle d'un juge (■ Cass. crim., 16 déc. 2015, n° 15-82.642).

9) **Interception à partir du boîtier IMEI d'un téléphone portable.** La demande adressée par les enquêteurs agissant sur commission rogatoire à différents opérateurs téléphoniques d'intercepter les lignes associées au boîtier IMEI d'un téléphone portable n'entre pas dans les prévisions des articles 706-95-4 du Code de procédure pénale mais dans celles des articles 100 et suivants dudit code (■ Cass. crim., 28 nov. 2017, n° 17-81.736 : *Bull. crim.* à paraître).

B – Inapplication aux personnes privées

10) **Exclusion des écoutes réalisées par des personnes privées.** Les dispositions des articles 100 et suivants du Code de procédure pénale ne s'appliquent pas à l'interception, l'enregistrement et la transcription par une personne privée des correspondances émises par la voie des télécommunications (■ Cass. crim., 12 sept. 2000, n° 99-84.648 : *Bull. crim.* n° 265). En refusant d'annuler le versement au dossier des enregistrements des conversations tenues entre une personne et ses avocats, réalisés par un particulier au motif que les dispositions de l'article 100-5 du Code de procédure pénale sont applicables aux seules interceptions de correspondances ordonnées par une autorité publique, la chambre de l'instruction a justifié sa décision dès lors que les enregistrements contestés ne sont pas en eux-mêmes des actes ou des pièces de l'information, au sens de l'article 170 du Code de procédure pénale, et dès lors qu'ils ne procèdent d'aucune intervention, directe ou indirecte, d'une autorité publique, et ne peuvent être annulés en application des articles 171 à 173 du même code (■ Cass. crim., 31 janv. 2012, n° 11-85.464 : *Bull. crim.* n° 27). *Rapp.* : les enregistrements de conversations téléphoniques effectués par un particulier ne sont pas des actes de l'information susceptible d'être annulés en application de l'article 172 du Code de procédure pénale et n'ont que la valeur d'indices de preuves pouvant être discutés par les parties (■ Cass. crim., 28 avr. 1987, n° 86-96.621 : *Bull. crim.* n° 173).

C – Application aux lignes étrangères

11) **Lignes étrangères.** Il se déduit des articles 100 à 100-5 du Code de procédure pénale que les officiers de police judiciaire, agissant sur commission rogatoire du juge d'instruction ou sur autorisation du juge des libertés et de la détention, ne peuvent faire procéder par des opérateurs de téléphonie français à l'interception de communications émises à partir de téléphones mobiles étrangers ou situés à l'étranger sans violer les règles de compétence territoriale et de souveraineté des États que si lesdites interceptions ne nécessitent pas l'assistance technique d'un autre État (■ Cass. crim., 20 juin 2018, n°s 17-86.651 et 17-86.657 : *Bull. crim.* à paraître). Justifie sa décision la chambre de l'instruction qui, pour dire régulières les interceptions téléphoniques réalisées sur des lignes étrangères en exécution des commissions rogatoires du juge d'instruction réservant ces opérations aux correspondances sortant de France métropolitaine ou y entrant, retient notamment que les réquisitions adressées aux opérateurs de téléphonie français ne pouvaient porter que sur des échanges transitant par ces opérateurs installés sur le territoire national et dont les moyens techniques étaient sollicités (■ Cass.

crim., 14 janv. 2014, n° 13-84.909 : *Bull. crim.* n° 8 ; *AJ Pénal* 2014, 248, obs. L. Ascenci).

II – CONDITIONS DES INTERCEPTIONS DE CORRESPONDANCES ÉMISES PAR VOIE TÉLÉPHONIQUE

A – Décision de procéder à l'interception

12) Compétence exclusive du juge d'instruction. Les articles 100 à 100-7 du Code de procédure pénale confèrent au juge d'instruction le pouvoir exclusif d'ordonner que soit pratiquée l'interception des correspondances émises par la voie des télécommunications, ce pouvoir n'étant, en aucun cas, attribué aux officiers de police judiciaire agissant en enquête préliminaire (▪ Cass. crim., 27 févr. 1996, n° 95-81.366 : *Bull. crim.* n° 93 ; *JCP* 1996, II, 22629, note M.-L. Rassat ; *D.* 1996, 346, note C. Guéry ; *Gaz. Pal.* 1996, 2, 369, rapp. Guerder ; *Justices* 1997, n° 5, p. 316, obs. D. Rebut ; *Procédures* 1996, comm. 121, obs. J. Buisson). En cas d'empêchement du juge chargé de l'instruction, les commissions rogatoires prescrivant des interceptions de communications électroniques peuvent, conformément à l'article 83 du Code de procédure pénale, être délivrées par n'importe quel juge d'instruction du même tribunal, pourvu que ce soit dans les cas d'urgence et pour des actes isolés (▪ Cass. crim., 6 oct. 2015, n° 15-81.665 : *Bull. crim.* n° 215).

Voir : s'agissant de la compétence du juge des libertés et de la détention pour les interceptions décidées au cours de l'enquête, V. art. 706-95, p. 1605.

13) Fondement de la décision du juge d'instruction – Éléments provenant d'une autre procédure. Comp., sur le fondement de l'article 706-95 du Code de procédure pénale concernant les écoutes téléphoniques ordonnées, en enquête, par le juge des libertés et de la détention : justifie sa décision la chambre de l'instruction qui écarte le moyen de nullité, pris de ce que le juge des libertés et de la détention a autorisé les interceptions de correspondances téléphoniques litigieuses au vu du rapport d'un officier de police judiciaire faisant état des renseignements recueillis à l'occasion d'interceptions diligentées dans une procédure distincte, sans s'assurer de la régularité de ces premières interceptions : en effet l'article 706-95 du Code de procédure pénale n'impose au juge des libertés et de la détention de se déterminer qu'au vu des nécessités de l'enquête préliminaire à l'occasion de laquelle il est saisi, la chambre de l'instruction étant seule compétente pour se prononcer sur la régularité d'actes accomplis dans une procédure distincte et versés dans la procédure en cours (▪ Cass. crim., 6 janv. 2015, n° 14-84.694 : *Bull. crim.* n° 9).

14) Contenu et motivation de la décision. V. art. 100-1 et 100-2, p. 354 et annotations.

B – Personnes dont la correspondance est interceptée

1° Détermination de la personne dont la correspondance est interceptée

15) Personne suspectée. Le juge d'instruction tient des articles 81 et 100 du Code de procédure pénale le pouvoir de prescrire, lorsque les nécessités de l'information l'exigent, l'interception, l'enregistrement et la transcription des correspondances émises par la voie des télécommunications par une personne mise en examen dès lors que n'est pas en cause l'exercice des droits de la défense (▪ Cass. crim., 1er oct. 2003, n° 03-82.909 : *Bull. crim.* n° 177).

16) Personne non suspectée. Les écoutes téléphoniques peuvent être effectuées à l'égard de personnes qui ne sont pas seulement celles sur qui pèsent des indices de culpabilité (▪ Cass. crim., 9 déc. 1991, n° 88-80.786 : *Bull. crim.* n° 465, arrêt rendu antérieurement à la loi du 10 juillet 1991).

2° Conditions particulières tenant à la personne dont la correspondance est interceptée

Voir également : art. 100-5, p. 356 et art. 100-7, p. 358 et annotations.

17) Interception réalisée sur la ligne d'un avocat (jurisprudence antérieure à la loi n° 2021-1729 du 22 décembre 2021) – Ligne concernée. N'est pas recevable à invoquer une violation des articles 56-1 et 100-7 du Code de procédure pénale relatifs aux formalités destinées à protéger le secret professionnel, applicables aux perquisitions dans le cabinet ou le domicile d'un avocat ainsi qu'aux interceptions des communications téléphoniques de celui-ci, la personne mise en examen qui n'a pas cette qualité et utilise, pour les besoins exclusifs de sa société, des locaux pris à bail par un prête-nom qui a, par ailleurs, la qualité d'avocat, lequel n'y a installé ni son cabinet ni son domicile, situés à d'autres adresses, et n'est pas son conseil (▪ Cass. crim., 18 févr. 2015, n° 14-82.019 : *Bull. crim.* n° 30). Aucune disposition légale ou conventionnelle ne fait obstacle à la captation, à l'enregistrement et à la transcription des propos d'un avocat intervenant sur la ligne téléphonique d'un tiers régulièrement placée sous écoute, dès lors que, comme en l'espèce, en premier lieu, cet avocat n'assure pas la défense de la personne placée sous surveillance, qui n'est ni mise en examen ou témoin assisté ni même n'a été placée en garde à vue dans la procédure en cause, et, en second lieu, ses propos, seraient-ils échangés avec un client habituel, dont le contenu est étranger à tout exercice des droits de la défense dans ladite procédure ou dans toute autre, révèlent des indices de sa participation à des faits susceptibles de qualification pénale (▪ Cass. crim., 22 mars 2016, n° 15-83.206 : *JurisData* n° 2016-004954 ; *Procédures* 2016, comm. 171, A.-S. Chavent-Leclère ; *Dr. pén.* 2016, comm. 86, A. Maron et M. Haas). *Rapp.* art. 100-5, p. 356, concernant la transcription des correspondances avec un avocat relevant de l'exercice des droits de la défense quel que soit le titulaire de la ligne interceptée.

18) Interception réalisée sur la ligne d'un avocat (jurisprudence antérieure à la loi n° 2021-1729 du 22 décembre 2021) – Interdiction de principe d'intercepter les correspondances entre l'avocat et son client. Si le juge d'instruction est, selon l'article 100 du Code de procédure pénale, investi du pouvoir de prescrire, lorsque les nécessités de l'information l'exigent, l'interception, l'enregistrement et la transcription de correspondances émises par la voie des télécommunications, ce pouvoir trouve sa limite dans le respect des droits de la défense, qui commande notamment la confidentialité des correspondances téléphoniques de l'avocat désigné par la personne mise en examen ; il ne peut être dérogé à ce principe qu'à titre exceptionnel, s'il existe contre l'avocat des indices de participation à une infraction (▪ Cass. crim., 15 janv. 1997, n° 96-83.753 : *Bull. crim.* n° 14 ; *Procédures* 1997, comm. 126, obs. J. Buisson ; *Dr. pén.* 1997, comm. 55, note A. Maron). Méconnaît les droits de la défense la chambre d'accusation qui refuse d'annuler la commission rogatoire du juge d'instruction prescrivant l'écoute des lignes téléphoniques d'un avocat sans qu'il soit établi que le juge d'instruction ait été, à la date où il a prescrit l'interception, en possession d'indices de participation de l'avocat à une activité délictueuse (▪ Cass. crim., 15 janv. 1997, préc.).

19) Interception réalisée sur la ligne d'un avocat (jurisprudence antérieure à la loi n° 2021-1729 du 22 décembre 2021) – Conversation entre l'avocat et son bâtonnier. Il se déduit des articles 6 de la Convention européenne des droits de l'homme et préliminaire du Code de procédure pénale que, même si elle est surprise à l'occasion d'une mesure d'instruction régulière, la conversation téléphonique dans laquelle un avocat placé sous écoute réfère de sa mise en cause dans une procédure pénale à son bâtonnier ne peut être transcrite et versée au dossier de la procédure, à moins qu'elle ne révèle un indice de participation personnelle de ce dernier à une infraction pénale (▪ Cass. crim., 22 mars 2016, n° 15-83.205 : *Bull. crim.* n° 93).

III – EXÉCUTION DES INTERCEPTIONS DE CORRESPONDANCES ÉMISES PAR VOIE TÉLÉPHONIQUE

20) Découverte incidente d'infractions distinctes. Lorsque des officiers de police judiciaire, lors de l'exécution d'une commission rogatoire prescrivant la mise sous écoute téléphonique, découvrent des faits étrangers à l'information mais susceptibles d'incrimination pénale, ils ont le devoir d'en informer le magistrat instructeur ; il n'en résulte aucune violation des dispositions de l'article 151 du Code de procédure pénale s'ils se bornent, comme en l'espèce, à informer leur mandant sans effectuer, en outre, des actes ne se rattachant pas directement à la répression de l'infraction visée dans la commission rogatoire (▪ Cass. crim., 14 janv. 1992, n°s 91-85.864 et 90-84.940 : *Bull. crim.* n° 13 ; *RSC* 1993, 130, obs. A. Braunschweig. – *Adde*, implic. ▪ Cass. crim., 28 janv. 1992, n° 90-84.941 : *Bull. crim.* n° 34 ; *Dr. pén.* 1992, comm. 267, obs. M. Maron). Les officiers de police judiciaire qui, à l'occasion de l'exécution d'une commission rogatoire prescrivant la mise sous écoutes téléphoniques, acquièrent la connaissance de faits nouveaux, peuvent, avant toute communication au juge d'instruction des procès-verbaux qui les constatent, effectuer d'urgence, en vertu des pouvoirs propres qu'ils tiennent de la loi, les vérifications sommaires qui s'imposent pour en apprécier la vraisemblance, pourvu que, comme en l'espèce, elles ne présentent pas un caractère coercitif exigeant la mise en mouvement préalable de l'action publique (▪ Cass. crim., 27 mars 2012, n° 11-88.321 : *Bull. crim.* n° 82. ▪ Cass. crim., 31 oct. 2012, n° 12-84.220). Ne saurait constituer un acte coercitif irrégulier ni la poursuite des écoutes téléphoniques légalement ordonnées dans l'information initiale ni la transcription des conversations interceptées, même si elles révèlent la commission d'infractions dont le juge d'instruction n'a pas été antérieurement saisi (▪ Cass. crim., 31 oct. 2012, préc.).

21) Utilisation dans une procédure concernant une autre infraction. Justifie sa décision l'arrêt considérant que rien n'interdit au juge d'instruction de se faire communiquer à titre d'éléments de preuve les bandes magnétiques et les transcriptions des conversations téléphoniques établies dans le cadre d'autres procédures et qu'il est seulement nécessaire que la transcription des enregistrements puisse être contradictoirement discutée par les parties concernées dans le respect des droits de la défense (▪ Cass. crim., 23 oct. 1990, n° 90-84.751).

IV – IRRÉGULARITÉ DES INTERCEPTIONS DE CORRESPONDANCES ÉMISES PAR VOIE TÉLÉPHONIQUE

22) Atteinte aux intérêts de la personne concernée. La Cour de cassation est en mesure de s'assurer par l'examen des procès-verbaux établis en exécution des commissions rogatoires du juge d'instruction qu'aucun fait susceptible d'être retenu à la charge des inculpés n'a été révélé par les écoutes téléphoniques pratiquées ; dès lors, à supposer que celles-ci n'aient pas satisfait à toutes les conditions découlant de l'article 8. 2 de la Convention européenne des droits de l'Homme, cette inobservation ne saurait constituer, au regard de la présente procédure, une atteinte aux droits des demandeurs, susceptible d'entraîner l'annulation des actes de l'information (■ Cass. crim., 2 oct. 1990, n° 90-84.412 : *Bull. crim.* n° 327 ; *JCP* 1992, II, 21795, note W. Jeandidier, arrêt rendu antérieurement à la loi du 10 juillet 1991).

23) Irrégularité des interceptions réalisées sur la ligne d'un tiers. C'est à tort qu'une chambre de l'instruction énonce qu'une personne mise en examen n'est pas recevable à contester la régularité d'écoutes téléphoniques réalisées sur des lignes dont elle n'était ni la titulaire ni l'utilisatrice, toute personne mise en examen dont les conversations téléphoniques ont été enregistrées et retranscrites ayant qualité au sens de l'article 171 du Code de procédure pénale pour contester la régularité de ces mesures (■ Cass. crim., 15 janv. 2003, n° 02-87.341 : *Bull. crim.* n° 10).

24) Irrégularité des interceptions réalisées au cours d'une procédure différente. La chambre de l'instruction, qui est saisie par une personne mise en examen d'une requête en annulation visant l'interception de ses conversations téléphoniques, opérée dans une procédure distincte dans laquelle elle n'a pas été partie et dont la transcription a été versée dans la procédure soumise à cette juridiction, est tenue de contrôler la régularité, au regard des dispositions de droit interne comme de l'article 8 de la Convention européenne des droits de l'Homme, des actes accomplis non seulement dans la procédure dont elle est saisie mais également dans la procédure distincte (■ Cass. crim., 7 déc. 2005, n° 05-85.876 : *Bull. crim.* n° 327). *Contra précédemment*, c'est à tort qu'une chambre de l'instruction énonce qu'une personne mise en examen n'est pas recevable à contester la régularité d'écoutes téléphoniques réalisées sur des lignes dont elle n'était ni la titulaire ni l'utilisatrice, toute personne mise en examen dont les conversations téléphoniques ont été enregistrées et retranscrites ayant qualité au sens de l'article 171 du Code de procédure pénale pour contester la régularité de ces mesures ; toutefois la cassation n'est pas encourue dès lors qu'il n'appartenait pas à cette juridiction d'apprécier la régularité d'actes de procédure accomplis dans le cadre d'une information étrangère au dossier dont elle était saisie (■ Cass. crim., 15 janv. 2003, préc.).

Art. 100-1. – La décision prise en application de l'article 100 *(Mots rempl. à compter du 1er juin 2019, L. n° 2019-222, 23 mars 2019)* « est motivée par référence aux éléments de fait et de droit justifiant que ces opérations sont nécessaires. Elle comporte tous les éléments d'identification de la liaison à intercepter, l'infraction qui motive le recours à l'interception ainsi que la durée de celle-ci. »

1) Identification de la ligne. Justifie sa décision la chambre de l'instruction qui, pour rejeter le moyen de nullité tiré de ce que les commissions rogatoires prescrivant l'interception de communications téléphoniques ne comportaient pas l'identification du titulaire ou de l'utilisateur de la ligne surveillée, relève que les mentions relatives au numéro des lignes figurent sur les commissions rogatoires et que l'identité de leur titulaire ou de leur utilisateur est précisée soit dans ces commissions rogatoires, soit dans le premier acte d'exécution de celles-ci (■ Cass. crim., 21 juin 2011, n° 10-88.306). Dès lors qu'elle est limitée à l'interception des communications des seules lignes téléphoniques identifiées à partir du boîtier d'un téléphone unique, dont le numéro d'identification était précisé, la demande adressée par les enquêteurs agissant sur commission rogatoire à différents opérateurs téléphoniques d'intercepter les lignes associées au boîtier IMEI répond aux exigences des articles 100 et suivants du Code de procédure pénale (■ Cass. crim., 28 nov. 2017, n° 17-81.736 : *Bull. crim.* à paraître).

2) Motivation – Jurisprudence antérieure à la loi du 23 mars 2019. Fait l'exacte application des articles 81, 100 et suivants du Code de procédure pénale la chambre d'accusation qui, pour rejeter la demande d'annulation d'actes de la procédure fondée sur l'irrégularité de commissions rogatoires prescrivant des écoutes téléphoniques, faute pour le juge d'instruction d'avoir indiqué les raisons nécessitant cette mesure, énonce que le juge d'instruction peut procéder à tous les actes d'information qu'il juge utiles sans avoir à motiver spécialement sa décision (■ Cass. crim., 13 oct. 1999, n° 96-80.774 : *Bull. crim.* n° 219 ; *Procédures* 2000, comm. 74, obs. J. Buisson). L'article 100-1 du Code de procédure pénale ne prévoit pas la motivation des décisions d'interception des correspondances émises par la voie des télécommunications (■ Cass. crim., 17 nov. 2015, n° 15-83.437.

■ Cass. crim., 11 déc. 2018, n° 18-82.365 : *Bull. crim.*, à paraître). Justifie sa décision la chambre de l'instruction qui, pour écarter le moyen de nullité tiré du défaut de motivation des ordonnances du juge des libertés et de la détention ayant prescrit puis prolongé les interceptions téléphoniques, énonce que l'article 706-95 du Code de procédure pénale et les articles 100 et suivants dudit code auxquels il renvoie, ne prévoient pas la nécessité d'une motivation et que ces dispositions ne sont pas contraires à l'article 8 de la Convention européenne des droits de l'Homme en ce que l'interception est autorisée par un juge tenu informé de son exécution et répond à des exigences précises qu'il détaille (■ Cass. crim., 11 déc. 2018, préc.).

Art. 100-2. – Cette décision est prise pour une durée maximum de quatre mois. Elle ne peut être renouvelée que dans les mêmes conditions de forme et de durée *(Mots aj., L. n° 2016-731, 3 juin 2016)* « , sans que la durée totale de l'interception puisse excéder un an ou, s'il s'agit d'une infraction prévue aux articles 706-73 et 706-73-1, deux ans ».

1) Durée des interceptions – Interceptions ordonnées dans le cadre d'une information pour recherche des causes de la mort ou de la disparition. V. art. 80-4, al. 1er, p. 292.

2) Durée des interceptions – Point de départ de la mesure. C'est à bon droit que la chambre de l'instruction a décidé que le point de départ des interceptions devait être fixé au jour de leur mise en place effective (■ Cass. crim., 10 mai 2012, n° 11-87.328 : *Bull. crim.* n° 116 ; *Dr. pén.* 2012, chron. 7, obs. V. Lesclous).

3) Durée des interceptions – Interceptions successives sur des lignes différentes. V. *s'agissant d'écoutes téléphoniques réalisées lors d'une enquête*, les articles 100-1 et 100-2 du Code de procédure pénale, en application desquels la durée d'une écoute doit s'apprécier au regard de la ligne téléphonique interceptée et non de la personne qui en est titulaire, ne méconnaissent pas l'article 8 de la Convention européenne des droits de l'Homme en ce que l'interception successive ou cumulée en application de ces textes de différentes lignes téléphoniques utilisées par une même personne soupçonnée d'infractions graves, est une mesure nécessaire à la défense de l'ordre et à la prévention des infractions pénales ; justifie dès lors sa décision la chambre de l'instruction qui écarte le moyen de nullité pris de ce que l'un des mis en examen avait pu faire l'objet d'interceptions téléphoniques d'une durée supérieure à deux mois, sur autorisation du juge des libertés et de la détention, du fait d'écoutes de lignes différentes ordonnées successivement (■ Cass. crim., 8 juill. 2015, n° 15-81.731 : *Bull. crim.* n° 174).

Art. 100-3 *(Mod., L. n° 2016-731, 3 juin 2016)*. – Le juge d'instruction ou l'officier de police judiciaire commis par lui peut requérir tout agent qualifié d'un service ou organisme placé sous l'autorité ou la tutelle du ministre chargé des communications électroniques ou tout agent qualifié d'un exploitant de réseau ou fournisseur de services de communications électroniques autorisé, en vue de procéder à l'installation d'un dispositif d'interception.

Absence de prestation de serment de la personne requise. Ni l'article 100-3 ni aucune autre disposition du Code de procédure pénale n'exigent que l'agent qualifié requis par l'officier de police judiciaire pour procéder à des interceptions de communications téléphoniques prête serment ; les dispositions de l'article 60 de ce code, qui ont pour seul objet de régir les réquisitions adressées par l'officier de police judiciaire, au cours de l'enquête de flagrance, à une personne qualifiée pour qu'elle procède à des examens techniques ou scientifiques, sont étrangères aux interceptions de communications téléphoniques ordonnées par le juge d'instruction (■ Cass. crim., 23 mai 2006, n° 06-81.705 : *Bull. crim.* n° 141 ; *RSC* 2007, 596, obs. J. Buisson ; *AJ Pénal* 2006, 413, obs. G. Roussel).

Art. 100-4 *(L. n° 91-646, 10 juill. 1991)*. – Le juge d'instruction ou l'officier de police judiciaire commis par lui dresse procès-verbal de chacune des opérations d'interception et d'enregistrement. Ce procès-verbal mentionne la date et l'heure auxquelles l'opération a commencé et celles auxquelles elle s'est terminée.

Les enregistrements sont placés sous scellés fermés.

1) Versement du procès-verbal au dossier de la procédure. Justifie sa décision la chambre de l'instruction qui observe que, si les procès-verbaux constatant ces écoutes téléphoniques n'ont été joints à la procédure que six mois après leur réalisation, il n'en est résulté aucune irrégularité, dès lors que la loi n'exige pas que pendant l'exécution d'une commission rogatoire, une copie de cette pièce figure au dossier, que la date d'arrivée des procès-verbaux au cabinet des juges d'instruction n'est pas connue et que les droits de la défense de X... n'ont pas été lésés, ce dernier ayant été en mesure de contester la régularité des actes et aucun interrogatoire n'ayant fait mention des résultats, d'ailleurs négatifs, de cette mesure (■ Cass. crim., 16 mai 2001, n°s 99-83.467 et 97-80.888 : *Bull. crim.* n° 124).

2) Utilisation des procès-verbaux avant transcription. Justifie sa décision la chambre d'instruction qui refuse d'annuler le procès-verbal d'interrogatoire de première comparution au motif que le demandeur a été interrogé sur le contenu d'une écoute téléphonique dont la transcription n'avait pas encore été effectuée mais dont la teneur était rapportée par un procès-verbal versé au dossier, que cet acte a eu lieu en présence de son avocat, lequel s'est préalablement entretenu avec lui, a pu consulter le dossier et n'a émis aucune réserve et que les questions ne portant que sur ce qui était relaté dans ce procès-verbal, il n'y a pas eu atteinte aux droits de la défense : en effet, la nullité ne peut être prononcée, aux termes de l'article 171 du Code de procédure pénale, que si la méconnaissance d'une formalité substantielle a eu pour effet de porter atteinte aux intérêts de la personne qu'elle concerne (■ Cass. crim., 23 mars 1999, n° 98-86.263 : *Bull. crim.* n° 51).

Art. 100-5 *(Mod., L. n° 2010-1, 4 janv. 2010 ; mod. à compter du 1er mars 2022, L. n° 2021-1729, 22 déc. 2021).* **– Le juge d'instruction ou l'officier de police judiciaire commis par lui transcrit la correspondance utile à la manifestation de la vérité. Il en est dressé procès-verbal. Cette transcription est versée au dossier.**

Les correspondances en langue étrangère sont transcrites en français avec l'assistance d'un interprète requis à cette fin.

À peine de nullité, ne peuvent être transcrites les correspondances avec un avocat relevant de l'exercice des droits de la défense et couvertes par le secret professionnel de la défense et du conseil, prévu à l'article 66-5 de la loi n° 71-1130 du 31 décembre 1971 portant réforme de certaines professions judiciaires et juridiques, hors les cas prévus à l'article 56-1-2 du présent code.

À peine de nullité, ne peuvent être transcrites les correspondances avec un journaliste permettant d'identifier une source en violation de l'article 2 de la loi du 29 juillet 1881 sur la liberté de la presse.

Bibliographie : P. Auvret, *Commentaire de la loi n° 2010-1 du 4 janvier 2010 relative à la protection du secret des sources des journalistes : Contrats, conc. consom.* 2010, étude 8. • D. de Bellescize, *La loi du 4 janvier 2010 sur le secret des sources constitue-t-elle un progrès ? Réflexions à la lumière de deux volets de l'affaire Bettencourt (l'affaire Squarcini et l'affaire Courroye) : Constitutions* 2012, p. 127. • P. Bonfils, *Loi n° 2010-1 du 4 janvier 2010 relative à la protection du secret des sources des journalistes : RSC* 2010, p. 457. • J. Bossan, *La protection du secret des sources des journalistes en procédure pénale : Dr. pén.* 2010, étude 14. • J. Buisson, *Protection des sources des journalistes : Procédures* 2010, comm. 45. • A. Chavagnon, *La protection des sources des journalistes : la décevante loi n° 2010-1 du 4 janvier 2010 : D.* 2010, p. 275. • E. Derieux, *Secret des sources des journalistes – À propos de la loi du 4 janvier 2010 : JCP G* 2010, 40. • P. Dourneau-Josette, *La confidentialité des communications entre l'avocat et son client : un nécessaire état des lieux : AJ Pénal* 2006, p. 254. • E. Dreyer, *Sur la nécessité de protéger les sources journalistiques : D.* 2012, p. 2282. • A. Guedj, *Le secret des sources des journalistes : AJ Pénal* 2009, p. 163. • C. de Jacobet de Nombel, *L'article 2 de la loi du 29 juillet 1881 relatif à la protection du secret des sources journalistiques, Travaux de l'ISCJ*, Cujas, 1, p. 211. • D. Piau, *Secret des correspondances de l'avocat versus chambre criminelle : sortez couverts ! : Gaz. Pal.* 2-6 nov. 2012, p. 19.

I – TRANSCRIPTION

1) Transcription partielle. *Comp. s'agissant d'écoutes téléphoniques réalisées lors d'une enquête*, échappe à la cassation l'arrêt qui, pour écarter le moyen d'annulation pris de la violation des articles 100-5 du Code de procédure pénale et 6 de la Convention européenne des droits de l'Homme, en ce que l'officier de police judiciaire a résumé, au lieu de les transcrire intégralement, des conversations téléphoniques interceptées durant l'enquête préliminaire, énonce qu'aucun texte ne prescrit à peine de nullité une telle transcription intégrale de ces conversations et que la personne concernée a le droit de contester la force probante d'un tel résumé : en se prononçant ainsi, l'arrêt n'encourt aucun grief, dès lors que, dans l'intérêt de ses droits, le demandeur pourra toujours solliciter la transcription intégrale des conversations dont il entend vérifier la teneur exacte (■ Cass. crim., 6 mai 2014, n° 13-88.597).

2) Transcription des conversations relatives à une infraction distincte. V. annotations ss. ss., art. 100, p. 349.

3) Procès-verbal – Signature. Il ressort de l'article 100-5 du Code de procédure pénale que si l'officier de police judiciaire commis par le juge d'instruction transcrit les correspondances utiles à la manifestation de la vérité et en dresse des procès-verbaux, ce texte, ni aucun autre, n'oblige cet enquêteur à signer ces documents (■ Cass. crim., 12 sept. 2018, n° 17-84.375).

II – INTERDICTION DE TRANSCRIPTION DES CORRESPONDANCES AVEC UN AVOCAT

4) Refus de transmission d'une question prioritaire de constitutionnalité. Ne présentent pas un caractère sérieux les questions prioritaires de constitutionnalité contestant la conformité des articles 100, 100-5 et 100-7 du Code de procédure pénale avec le droit au respect de la vie privée, au secret des correspondances, aux droits de la défense et au droit à un procès équitable, protégés par les articles 2, 4 et 16 de la Déclaration des droits de l'homme et du citoyen de 1789. Le pouvoir que ce magistrat tient de l'article 100 du Code de procédure pénale de prescrire, lorsque les nécessités de la procédure l'exigent, l'interception, l'enregistrement et la transcription des correspondances émises par la voie des télécommunications, trouve sa limite dans le respect des droits de la défense : si ces dispositions n'excluent pas la possibilité d'une interception inopinée d'une conversation entre un avocat et son client, à l'occasion de l'écoute d'une ligne dont l'avocat n'est pas titulaire, sa transcription ne peut être réalisée qu'à titre exceptionnel s'il existe contre l'avocat des indices de participation à une infraction, l'annulation des actes de transcription devant être prononcée, en l'absence de tels indices, par la chambre de l'instruction ou la formation de jugement, saisie à cette fin (■ Cass. crim., 6 avr. 2016, n° 15-86.043).

5) Conversation entre l'avocat et un tiers. *V. mais antérieurement à la loi du 12 décembre 2005,* La règle de libre communication entre la personne mise en examen et son avocat interdit l'interception des correspondances ou communications téléphoniques échangées entre eux, à l'exclusion de tous autres ; justifie dès lors sa décision la chambre de l'instruction refusant d'annuler la retranscription de la conversation téléphonique intervenue entre un proche de la personne mise en examen et l'avocat de celle-ci (■ Cass. crim., 10 mai 1994, n° 93-81.522 : *Bull. crim.* n° 180). La liberté de communication entre l'avocat et son client, qui entraîne l'interdiction d'intercepter les correspondances ou les communications téléphoniques qu'ils échangent, ne fait pas obstacle à ce que le juge d'instruction, après avoir placé sous écoutes téléphoniques le domicile d'un proche d'une personne mise en examen, intercepte les communications de ce dernier avec l'avocat de cette personne (■ Cass. crim., 8 oct. 1997, n° 97-82.481 : *Procédures* 1998, comm. 46, obs. J. Buisson. ■ Cass. crim., 30 sept. 1998, n° 98-81.951 : *Bull. crim.* n° 243 ; *D.* 1998, IR 247 ; *JCP* 1999, I, 126, obs. Martin ; *Procédures* 1999, comm. 42, obs. J. Buisson).

6) Exception en cas de participation présumée de l'avocat à une infraction (jurisprudence antérieure à la loi n° 2021-1729 du 22 décembre 2021). *Rapp.* art. 100, p. 349 et 100-7 concernant les interceptions réalisées sur la ligne d'un avocat, p. 358. Il résulte des articles 66-5 de la loi du 31 décembre 1971, 100-5 du Code de procédure pénale, 6.3 et 8 de la Convention européenne des droits de l'Homme, que, même si elle est surprise à l'occasion d'une mesure d'instruction régulière, la conversation entre un avocat et son client ne peut être transcrite et versée au dossier de la procédure que s'il apparaît que son contenu et sa nature sont propres à faire présumer la participation de cet avocat à une infraction (■ Cass. crim., 23 mai 2001, n° 01-81.567. – *Adde* ■ Cass. crim., 18 janv. 2006, n° 05-86.447 : *Bull. crim.* n° 22 ; *D.* 2006, IR 392 ; *AJ Pénal* 2006, 126, obs. Girault ; *RSC* 2006, 413, obs. J. Buisson. ■ Cass. crim., 15 juin 2016, n° 15-86.043 : *Bull. crim.* n° 186). Encourt la cassation l'arrêt de la chambre de l'instruction qui refuse d'annuler les procès-verbaux de transcription des conversations téléphoniques tenues entre l'avocat et son client, surprises à partir de la ligne téléphonique de ce dernier, alors que le contenu des conversations litigieuses procédait de l'élaboration d'une stratégie de défense et ne révélait pas, au moment de l'écoute, des indices de nature à faire présumer la participation de l'avocat à une infraction, l'existence de ceux-ci ne pouvant se déduire d'éléments postérieurs (■ Cass. crim., 15 juin 2016, préc.). Les juges n'ont pas à rechercher s'il existait, antérieurement aux interceptions contestées, des indices de participation de l'avocat en cause à une activité délictueuse (■ Cass. crim., 12 juill. 2006, n°s 06-83.045 et 06-83.046).

7) Exception en cas d'enregistrement réalisé par un particulier. En refusant d'annuler le versement au dossier des enregistrements des conversations tenues entre une personne et ses avocats, réalisés par un particulier au motif que les dispositions de l'article 100-5 du Code de procédure pénale sont applicables aux seules interceptions de correspondances ordonnées par une autorité publique, la chambre de l'instruction a justifié sa décision dès lors que les enregistrements contestés ne sont pas en eux-mêmes des actes ou des pièces de l'information, au sens de l'article 170 du Code de procédure pénale, et dès lors qu'ils ne procèdent d'aucune intervention, directe ou indirecte, d'une autorité publique, ne peuvent être annulés en application des articles 171 à 173 du même code (■ Cass. crim., 31 janv. 2012, n° 11-85.464 : *Bull. crim.* n° 27).

III – INTERDICTION DE TRANSCRIPTION DES CORRESPONDANCES AVEC UN JOURNALISTE

8) Exception en cas d'enregistrement réalisé par un particulier. *Rapp.* En vertu des articles 6 de la Convention européenne des droits de l'Homme et préliminaire du Code de procédure pénale, porte atteinte aux principes du procès équitable et de la loyauté des preuves la participation de l'autorité publique à l'administration d'une preuve obtenue de façon illicite ou déloyale par une partie privée. Encourt la cassation l'arrêt de la chambre de l'instruction qui refuse d'annuler (notamment sur le fondement de l'article 100-5 du Code de procédure pénale) les enregistrements et procès-verbaux de transcription de conversations (tenues directement entre plusieurs personnes), alors qu'elle avait relevé la présence constante des enquêteurs sur les lieux, la remise à ces derniers des enregistrements litigieux, leur retranscription par eux, et les contacts réguliers entre eux et le représentant du plaignant, ce dont il se déduisait que l'autorité publique avait participé indirectement à l'obtention des enregistrements, par un particulier, sans le consentement des intéressés, de propos tenus par eux à titre privé (■ Cass. crim., 20 sept. 2016, n° 16-80.820 : *Bull. crim.* n° 244).

Art. 100-6 *(L. n° 91-646, 10 juill. 1991).* – **Les enregistrements sont détruits, à la diligence du procureur de la République ou du procureur général, à l'expiration du délai de prescription de l'action publique.**

Il est dressé procès-verbal de l'opération de destruction.

Inapplication aux procès-verbaux. L'article 100-6 du Code de procédure pénale qui prévoit la destruction des enregistrements des télécommunications à l'expiration du délai de prescription de l'action publique n'est pas applicable aux procès-verbaux de transcription de ces écoutes, lesquels constituent des pièces de procédure (■ Cass. crim., 21 févr. 2007, nos 06-88.735 et 05-81.602 : *Bull. crim.* n° 55 ; *RSC* 2008, 655, obs. J. Buisson ; *Procédures* 2007, comm. 169, obs. J. Buisson).

Art. 100-7 *(Mod., L. n° 2004-204, 9 mars 2004).* – **Aucune interception ne peut avoir lieu sur la ligne d'un député ou d'un sénateur sans que le président de l'assemblée à laquelle il appartient en soit informé par le juge d'instruction.**

Aucune interception ne peut avoir lieu sur une ligne dépendant du cabinet d'un avocat ou de son domicile sans que le bâtonnier en soit informé par le juge d'instruction.

Aucune interception ne peut avoir lieu sur une ligne dépendant du cabinet d'un magistrat ou de son domicile sans que le premier président ou le procureur général de la juridiction où il réside en soit informé.

Les formalités prévues par le présent article sont prescrites à peine de nullité.

1) Interception réalisée sur la ligne d'un député ou d'un sénateur. Si aux termes de l'article 100-7, alinéa 1er, du Code de procédure pénale, aucune interception sur la ligne téléphonique d'un député ou d'un sénateur ne peut avoir lieu sans que le président de l'assemblée à laquelle il appartient en soit informé par le juge d'instruction, il ne résulte d'aucun texte légal ou conventionnel ni d'aucun principe constitutionnel que cette disposition soit applicable aux représentants au Parlement européen (■ Cass. crim., 16 mars 2005, n° 05-80.092 : *Bull. crim.* n° 97 ; *D.* 2005, IR 1052 ; *JCP* 2005, IV, 1983 ; *AJ Pénal* 2005, 291 ; *RSC* 2005, 598, obs. A. Giudicelli).

2) Interception réalisée sur la ligne d'un avocat. V. art. 100, p. 349 et annot.

Art. 100-8 *(Ord. n° 2016-1636, 1er déc. 2016).* – **Lorsqu'une interception de correspondances émises par la voie des communications électroniques concerne une adresse de communication qui est utilisée sur le territoire d'un État membre de l'Union européenne, et qu'elle n'est pas réalisée dans le cadre d'une décision d'enquête européenne, le juge d'instruction ou l'officier de police judiciaire par lui commis notifie cette interception à l'autorité compétente de cet État si la personne visée par cette interception se trouve sur son territoire.**

Cette notification intervient soit avant l'interception lorsqu'il résulte des éléments du dossier de la procédure au moment où est ordonnée l'interception, que la personne visée se trouve ou se trouvera sur le territoire de cet État, soit au cours de l'interception ou après sa réalisation, dès qu'il est établi que cette personne se trouve ou s'est trouvée sur le territoire de cet État au moment de l'interception.

Sur demande de l'autorité compétente de l'État membre formée dans les quatre-vingt-seize heures suivant la réception de la notification et justifiée par le fait qu'une telle interception ne pouvait pas être autorisée, dans le cadre d'une procédure nationale similaire, en application du droit de cet État, soit l'interception ne peut pas être

effectuée ou doit être interrompue, soit les données interceptées alors que la personne se trouvait sur son territoire ne peuvent être utilisées et doivent être retirées du dossier de la procédure ou ne peuvent être utilisées que dans les conditions que cette autorité spécifie et pour les motifs qu'elle précise.

Le défaut de notification prévue par les premier et deuxième alinéas ne constitue une cause de nullité de la procédure que s'il est établi qu'une telle interception ne pouvait pas être autorisée, dans le cadre d'une procédure nationale similaire, en application du droit de l'État membre sur le territoire duquel s'est trouvée la personne.

Voir : art. D. 32-2 et s., p. 2155.

Section IV. – Des auditions de témoins

Sous-section 1. – Dispositions générales

(L. n° 2000-516, 15 juin 2000)

Bibliographie : *Répertoire.* J.-P. Valat, *Audition de témoins : JCl. Proc. pén.*, art. 101 à 113-8, Fasc. 20. • M. Giacopelli et Y. Joseph-Ratineau, *V° Témoin : Rép. pén.* Dalloz.

Généralités. M. Blondet, *Le témoignage des assistantes sociales devant les juridictions répressives : JCP* G 1968, I, 2178. • B. Bouloc, *Le témoin, le témoin assisté, le mis en examen : RPDP* 2003, 649. • J. Chevassus, *Le refus par les éducateurs de témoigner en justice : D.* 1973, chron. p. 227. • P.-J. Doll, *Le Médecin-expert face au secret médical : JCP* G 1972, I, 2502. • C. Guéry, *L'avenir du suspect : AJ Pénal 2005*, 232 et 2013, 459. • C. Guéry, *Le juge d'instruction et le suspect : AJ pénal* 2017, p. 384. • J. Le Calvez, *Les dangers du « X » en procédure pénale : opinion contre le témoin anonyme : D.* 2002, chron. p. 3024. • M. Lemonde, *La protection des témoins devant les tribunaux français : RSC* 1996, p. 815. • M. Le Roy, *Le contrôle de l'aptitude au témoignage : D.* 1969, chron. p. 175. • J. Pradel, *L'incidence du secret médical sur le cours de la justice pénale : JCP* G 1969, I, 2234. • M.-L. Rassat, *Du statut dit « pénal » du président de la République : Dr. pén.* 2007, étude 8. • J.-F. Renucci, *Les témoins anonymes et la Convention européenne des droits de l'Homme : RPDP* 1998, 3. • M. Touiller, *Le statut du suspect à l'ère de l'européanisation de la procédure pénale : entre « petite » et « grande » révolutions : RSC* 2015, 127. • E. Verges, *Le statut juridique du suspect : un premier défi pour la transposition du droit de l'Union européenne en procédure pénale : Dr. pén.* 2014, études 15.

Art. 101 *(Mod., L. n° 2000-516, 15 juin 2000).* **– Le juge d'instruction fait citer devant lui, par un huissier ou par un agent de la force publique, toutes les personnes dont la déposition lui paraît utile. Une copie de cette citation leur est délivrée.**

Les témoins peuvent aussi être convoqués par lettre simple, par lettre recommandée ou par la voie administrative ; ils peuvent en outre comparaître volontairement.

Lorsqu'il est cité ou convoqué, le témoin est avisé que, s'il ne comparaît pas ou s'il refuse de comparaître, il pourra y être contraint par la force publique en application des dispositions de l'article 109.

I – PERSONNES POUVANT ÊTRE ENTENDUES EN QUALITÉ DE TÉMOIN

1) Experts. Aucune disposition de la loi n'interdit au juge d'instruction qui a commis un expert de l'entendre ensuite comme témoin ; ce magistrat a le devoir de rechercher tous les éléments de preuve qui peuvent conduire à la manifestation de la vérité (■ Cass. crim., 10 avr. 1975, n° 74-92.978 : *Bull. crim.* n° 90).

2) Officier de police judiciaire – Limite. Un juge d'instruction ne peut procéder à l'audition, comme témoin, de l'officier de police judiciaire qui a assisté aux déclarations du prévenu consignées sur des procès-verbaux annulés, l'article 173 du Code de procédure pénale prévoyant que les actes annulés sont retirés du dossier et qu'il est interdit d'y puiser aucun renseignement contre les parties au débat, cette interdiction s'étendant à tout procédé ou artifice qui serait de nature à reconstituer, au mépris de ce texte et de l'article 105 du même code, la substance des actes annulés (■ Cass. crim., 30 juin 1981, n° 81-92.261 : *Bull. crim.* n° 224).

3) Descendants. Les dispositions de l'article 205 du Code de procédure civile (selon lesquelles les descendants ne peuvent être entendus sur les griefs invoqués par les époux à l'appui d'une demande en divorce ou en séparation de corps) ne sont pas applicables devant la juridiction pénale en raison du principe de la liberté de la preuve ; justifie dès lors sa décision la cour d'appel qui, pour déclarer le prévenu coupable de violences sur son épouse, se fonde, outre sur des déclarations de tiers attestant de plusieurs épisodes de violences physiques et morales dont celle-ci a été victime, sur le témoignage des enfants du couple ainsi que sur des certificats médicaux (■ Cass. crim., 2 juin 2015, n° 14-85.130 : *JCP* G 2015, 999, note F. Rousseau). *Contra précédemment*, selon l'article 427 du Code de procédure pénale, la preuve est libre en matière répressive hors les cas où la loi en dispose autrement ; il en est ainsi de l'interdiction du témoignage des descendants sur les griefs invoqués par les époux à l'appui d'une demande en divorce ou en séparation de corps ; cette prohibition énoncée à l'article 205 du nouveau Code de procédure civile n'est que l'expression d'un principe fondamental inspiré par un souci de décence et de protection des intérêts moraux de la famille, dont l'application ne saurait être limitée à la procédure civile ; encourt dès lors la cassation l'arrêt qui admet les témoignages des enfants d'un couple dans une information suivie du chef d'usage d'attestation mensongère, et portant sur les griefs allégués entre leurs parents en instance de divorce (■ Cass. crim., 4 févr. 1991, n° 89-86.575 : *Bull. crim.* n° 57 ; *JCP* G 1992, II, 21915, A. Braunschweig ; *RTD civ.* 1991, 505, note J. Hauser. – *Adde* ■ Cass. crim., 4 janv. 1985, n° 82-93.066 : *Bull. crim.* n° 11).

II – PERSONNES NE POUVANT ÊTRE ENTENDUES EN QUALITÉ DE TÉMOIN

4) Personne mise en examen. En vertu de l'article 105 du Code de procédure pénale, une personne qui a été inculpée d'un crime ou d'un délit ne peut, dans une même procédure, être entendue sur d'autres faits, qu'ils soient ou non connexes de ceux qui ont donné lieu à son inculpation, en dehors des conditions prévues par l'article 118 du Code de procédure pénale (■ Cass. crim., 19 juin 1990, n° 90-81.535 : *Bull. crim.* n° 252). S'il est de principe qu'un inculpé ne peut être entendu sous la foi du serment sur des faits qui lui sont imputés, aucune disposition légale n'interdit à un juge d'instruction d'entendre dans une autre procédure d'information ledit inculpé sur des chefs d'inculpation distincts de ceux dont il fait l'objet et sur des faits pour lesquels il n'est pas lui-même inculpé ; si une décision ultérieure a opéré la jonction des deux procédures, cette circonstance ne saurait en elle-même et à elle seule entraîner rétroactivement la nullité de cette audition (■ Cass. crim., 1er déc. 1970, n° 70-91.842 : *Bull. crim.* n° 329).

5) Personne nommément visée par un réquisitoire introductif ou supplétif. V. art. 113-1, p. 368.

6) Personne contre laquelle il existe des indices graves et concordants. V. art. 105, p. 362.

7) Président de la République. V. Const. art. 67, al. 1er et 2. *V. antérieurement à la loi constitutionnelle n° 2007-238 du 23 février 2007 dont est issu l'article 67 de la Constitution*, étant élu directement par le peuple pour assurer, notamment, le fonctionnement régulier des pouvoirs publics ainsi que la continuité de l'État, le Président de la République ne peut, pendant la durée de son mandat, être entendu comme témoin assisté, ni être mis en examen, cité ou renvoyé pour une infraction quelconque devant une juridiction pénale de droit commun ; il n'est pas davantage soumis à l'obligation de comparaître en tant que témoin prévue par l'article 101 du Code de procédure pénale, dès lors que cette obligation est assortie, par l'article 109 dudit code, d'une mesure de contrainte par la force publique et qu'elle est pénalement sanctionnée (■ Cass. ass. plén., 10 oct. 2001, n° 01-84.922 : *JCP* G 2001, II, 10024, note C. Franck).

Art. 102 *(Mod., L. n° 2004-204, 9 mars 2004).* **– Les témoins sont entendus, soit séparément, et hors la présence des parties, soit lors de confrontations réalisées entre eux ou avec l'une ou l'autre des parties, par le juge d'instruction, assisté de son greffier ; il est dressé procès-verbal de leurs déclarations.**

Le juge d'instruction peut faire appel à un interprète majeur, à l'exclusion de son greffier et des témoins. L'interprète, s'il n'est pas assermenté, prête serment d'apporter son concours à la justice en son honneur et en sa conscience.

Si le témoin est atteint de surdité, le juge d'instruction nomme d'office pour l'assister lors de son audition un interprète en langue des signes ou toute personne qualifiée maîtrisant un langage ou une méthode permettant de communiquer avec les sourds. Celui-ci, s'il n'est pas assermenté, prête serment d'apporter son concours à la justice en son honneur et en sa conscience. Il peut également être recouru à tout dispositif technique permettant de communiquer avec le témoin. Si le témoin atteint de surdité sait lire et écrire, le juge d'instruction peut également communiquer avec lui par écrit.

I – DÉROULEMENT DE L'AUDITION

1) Présence d'un magistrat du parquet. La présence d'un magistrat du ministère public, lors de l'audition d'un témoin, qui n'est pas expressément proscrite par l'article 102 du Code de procédure pénale et n'est sanctionnée par aucun texte, ne saurait, dès lors que ce magistrat n'est pas intervenu et n'a pas fait poser de question, être considérée comme portant atteinte aux droits des parties et donner lieu à annulation des procès-verbaux d'audition des témoins (■ Cass. crim., 19 juin 1990, n° 90-81.811 : *D.* 1991, 15, note Coste). *V. cependant, s'agissant de la possibilité pour le procureur de la République de demander à assister à la réalisation des actes qu'il requiert*, art. 82-1, p. 304.

2) Présence de l'avocat d'une partie. *V. s'agissant de la possibilité pour les parties de demander à assister à la réalisation des actes qu'elles demandent*, art. 82-2, p. 306.

3) Présence d'un interprète – Désignation de l'interprète. Les dispositions de l'article 102 du Code de procédure pénale n'imposent pas qu'un témoin ne parlant pas le français soit nécessairement entendu dans sa langue d'origine s'il peut s'exprimer dans une autre langue étrangère (■ Cass. crim., 13 févr. 1990, n° 89-86.532 : *Bull. crim.* n° 73). Justifie sa décision la cour d'appel écartant l'exception de nullité prise de ce que, pour interroger la victime qui ne parlait pas la langue française, le juge d'instruction a eu recours, pour interprète, à une personne qui était amie de la victime et était en compagnie de celle-ci quelques instants avant les faits : d'une part, aux termes de l'article 102 du Code de procédure pénale, le juge d'instruction peut faire appel à un interprète majeur, à l'exclusion de son greffier et des témoins ; d'autre part, les dispositions de l'article 6 de la Convention européenne des droits de l'Homme, aux termes duquel « toute personne a droit à ce que sa cause soit entendue équitablement... par un tribunal indépendant et impartial » concernent les juridictions appelées à se prononcer sur le fond de l'affaire et ne sauraient être invoquées en l'espèce, le juge d'instruction, dont les décisions ne préjugent en rien de la culpabilité, se bornant à procéder, conformément à la loi, à tous les actes d'information qu'il estime utiles à la manifestation de la vérité (■ Cass. crim., 15 janv. 1992, n° 91-83.553 : *Bull. crim.* n° 15).

4) Prestation de serment de l'interprète. La personne inscrite sur la liste des interprètes traducteurs dressée par le procureur de la République, conformément aux dispositions des articles L. 111-9 et R. 111-1 du Code de l'entrée et du séjour des étrangers et du droit d'asile, qui a prêté le serment, prévu par l'article R. 111-12 du même code, d'exercer sa mission en son honneur et conscience, n'est pas tenu, en sa qualité d'interprète assermenté au sens de l'article 102 du Code de procédure pénale, de prêter, à nouveau, serment devant le juge (■ Cass. crim., 27 oct. 2009, n° 09-85.279 : *Dr. pén.* 2010, comm. 12, obs. A. Maron et M. Haas).

5) Audition sous hypnose. Si en application des articles 81, 101 à 109 du Code de procédure pénale, le juge d'instruction peut procéder ou faire procéder à tous actes d'information utiles à la manifestation de la vérité, encore faut-il qu'il se conforme aux dispositions légales relatives au mode d'administration des preuves ; le procédé consistant à faire entendre sur commission rogatoire, délivrée à des officiers de police judiciaire, une personne suspectée sous hypnose viole les dispositions légales relatives au mode d'administration des preuves et compromet l'exercice des droits de la défense (■ Cass. crim., 28 nov. 2001, n° 01-86.467 : *Bull. crim.* n° 247).

6) Règles spéciales. V. concernant l'audition de mineurs art. 706-52, p. 1545 et art. 706-53, p. 1546, concernant le recours à un moyen de télécommunication art. 706-71, p. 1578.

II SANCTION DU DÉROULEMENT DE L'AUDITION

7) Nullité soumise à grief. Les formalités prévues pour l'audition séparée des témoins au cours de l'instruction préparatoire par l'article 102 du Code de procédure pénale ne sont pas prescrites à peine de nullité et leur méconnaissance ne saurait motiver l'annulation ni de l'information, ni de la procédure de renvoi devant la juridiction de jugement dès lors qu'il n'est ni établi ni allégué que les droits de la défense auraient subi une atteinte (■ Cass. crim., 14 mars 1974, n° 73-93.274 : *Bull. crim.* n° 114 ; *D.* 1974, 604, note J.-M. Robert. ■ Cass. crim., 19 juin 1990, n° 90-81.811 : *D.* 1991, 15, note Coste).

Art. 103. – Les témoins prêtent serment de dire toute la vérité, rien que la vérité. Le juge leur demande leurs nom, prénoms, âge, état, profession, demeure, s'ils sont parents ou alliés des parties, et à quel degré, ou s'ils sont à leur service. Il est fait mention de la demande et de la réponse.

1) Prestation de serment – Exceptions. *V. s'agissant des mineurs de 16 ans*, art. 108, p. 366. Les dispositions des articles 335 et 336 du Code de procédure pénale (qui interdisent d'entendre les parents et alliés sous la foi du serment devant le tribunal correctionnel) ne sont pas applicables devant la juridiction d'instruction ; toutefois, la formalité du serment prévue par l'article 103 du même code n'est pas prescrite à peine de nullité dès lors que son inobservation n'est sanctionnée par aucun texte et qu'il n'est pas établi que son omission ait eu pour effet de porter atteinte aux droits de la défense (■ Cass. crim., 22 mars 1983, n° 83-90.217 : *Bull. crim.* n° 87).

2) **Prestation de serment – Sanction du défaut de prestation de serment ou de la prestation tardive.** La formalité du serment prévue par l'article 103 du Code de procédure pénale n'est pas prescrite à peine de nullité ; par conséquent, justifie sa décision la chambre d'accusation qui, pour refuser d'annuler les procès-verbaux d'audition de témoins, observe que les témoins n'ont pas prêté serment avant leur audition mais qu'« après observation de la défense, le magistrat instructeur leur a fait prêter serment en fin d'audition » et qu'« après avoir rempli cette formalité les témoins ont déclaré réitérer leurs dépositions », si bien qu'aucune atteinte aux droits de la défense n'est établie (■ Cass. crim., 2 oct. 1990, n° 90-84.412 : *Bull. crim.* n° 327). Encourt la cassation l'arrêt qui écarte le moyen de nullité pris de ce que deux fonctionnaires de police ont été entendus en qualité de témoins et confrontés au mis en examen sans prêter le serment prévu par l'article 103 du Code de procédure pénale, alors que les déclarations de ces deux témoins ont été déterminantes dans la mise en cause du mis en examen et, en conséquence, ont eu pour effet de porter atteinte à ses intérêts (■ Cass. crim., 10 mai 2016, n° 15-87.713 : *Bull. crim.* n° 139).

3) **Dispense d'indication de l'identité et de la demeure.** V. *s'agissant de la possibilité de témoigner sans dévoiler son adresse*, art. 706-57, p. 1569 *et s'agissant de la possibilité de témoigner de façon anonyme*, art. 706-58, p. 1570.

4) **Véracité du témoignage – Sanction.** V. C. pén., art. 434-13.

Art. 104 *(Abr., L. n° 2000-516, 15 juin 2000).*

Art. 105 *(L. n° 93-1013, 24 août 1993 ; L. n° 2000-516, 15 juin 2000).* **– Les personnes à l'encontre desquelles il existe des indices graves et concordants d'avoir participé aux faits dont le juge d'instruction est saisi ne peuvent être entendues comme témoins.**

Bibliographie : C. Guéry, *L'avenir du suspect : AJ Pénal 2005*, 232 et 2013, 459. • C. Guéry, *Le juge d'instruction et le suspect : AJ pénal* 2017, p. 384. • M. Touiller, *Le statut du suspect à l'ère de l'européanisation de la procédure pénale : entre « petite » et « grande » révolutions : RSC* 2015, 127. • E. Verges, *Le statut juridique du suspect : un premier défi pour la transposition du droit de l'Union européenne en procédure pénale : Dr. pén.* 2014, études 15.

I – DOMAINE DE L'INTERDICTION

1) **Inapplication aux enquêtes de police.** L'article 105 du Code de procédure pénale suppose pour son application qu'une instruction a été déjà ouverte ; il laisse en dehors de ses prévisions les interrogatoires, auditions ou confrontations auxquels la police a pu procéder au cours d'enquêtes suivies ou non de l'ouverture d'une information (■ Cass. crim., 20 août 1986, n° 64-91.125 : *Bull. crim.* n° 247, s'agissant en l'espèce d'une enquête de flagrance).

2) **Application aux officiers de police judiciaire agissant sur commission rogatoire.** Aux termes de l'article 105 du Code de procédure pénale, le juge d'instruction chargé d'une information, ainsi que les magistrats et officiers de police judiciaire agissant sur commission rogatoire, ne peuvent entendre comme témoins des personnes contre lesquelles il existe des indices graves et concordants de culpabilité (■ Cass. crim., 13 févr. 1975, n° 74-92.657 : *Bull. crim.* n° 53). Justifie sa décision la cour d'appel qui, pour déclarer régulières l'interpellation d'un individu, les perquisitions et auditions consécutives ainsi que toute la procédure subséquente, relève que les officiers de police judiciaire enquêteurs agissaient en vertu d'une commission rogatoire régulièrement délivrée aux fins de poursuivre les investigations, de rechercher les auteurs, coauteurs, complices et receleurs et de procéder à toutes mesures utiles à la manifestation de la vérité, et qu'exécutant cette mission, ils ont, à la suite d'un renseignement fourni verbalement par une personne identifiée, pu intercepter l'intéressé, perquisitionner dans son véhicule et dans son domicile et l'entendre dans le respect des prescriptions de l'article 105 du Code de procédure pénale (■ Cass. crim., 15 févr. 1988, n° 87-80.214 : *Bull. crim.* n° 73).

II – CONDITIONS DE L'INTERDICTION

A – Indices insuffisamment graves et concordants

3) **Dénonciation d'un tiers non corroborée par d'autres éléments.** Le fait d'entendre comme témoin une personne qui, pour la première fois, a été désignée par un unique témoin comme étant l'auteur des faits incriminés ne méconnaît pas les dispositions de l'article 105 du Code de procédure pénale, l'officier de police judiciaire procédant à l'audition étant fondé à estimer qu'il n'existait pas contre la personne qu'il interrogeait des indices suffisamment graves et concordants de culpabilité (■ Cass. crim., 18 déc. 1963 : *Bull. crim.* n° 367.

■ Cass. crim., 5 mars 1985 : *Bull. crim.* n° 102. ■ Cass. crim., 4 janv. 1995, n°s 93-85.135, 93-85.141, 93-85.143 et 94-84.899 : *Bull. crim.* n° 1 ; *JCP* G 1995, IV, 882). Les dispositions de l'article 105 ne sont pas violées dès lors qu'il résulte des éléments de l'information que, si, au moment de l'audition, la reconnaissance de l'intéressé par un témoin constituait un indice grave de culpabilité, cet unique témoignage n'était corroboré par aucun indice sérieux, de sorte que la condition de concordance posée par l'article 105 précité n'était pas remplie (■ Cass. crim., 13 juill. 1971, n° 71-91.168 : *Bull. crim.* n° 230).

4) Désignation par des fonctionnaires de police non corroborée par d'autres éléments. N'encourt pas la critique l'arrêt qui déclare que le fait que des fonctionnaires de police désignent certains individus susceptibles d'avoir participé à un crime ne constitue pas en lui-même des indices graves et concordants (■ Cass. crim., 2 mai 1968, n°s 67-93.348 et 67-93.728 : *Bull. crim.* n° 136 ; *Gaz. Pal.* 1968, 2, p. 169).

5) Aveux non corroborés par d'autres éléments. Le fait d'entendre comme témoin une personne qui, au cours d'une précédente audition, avait admis, sans autres précisions, avoir pris part à plusieurs agressions ne viole pas les dispositions de l'article 105 du Code de procédure pénale dès lors qu'au moment où l'intéressé a été entendu comme témoin en exécution d'une commission rogatoire, l'officier de police judiciaire était fondé à estimer qu'il n'existait pas contre la personne qu'il entendait des indices suffisamment graves et concordants de culpabilité (■ Cass. crim., 27 juill. 1964, n° 64-90.980 : *Bull. crim.* n° 252).

6) Aveux incertains. Les dispositions de l'article 105 du Code de procédure pénale n'ont pas été méconnues lorsque l'officier de police judiciaire était fondé à estimer qu'en raison des déclarations du suspect, qui affirmait que la victime était morte en heurtant le sol (après qu'il l'eut, selon ses dires, poussée), alors que selon les résultats de l'autopsie, la mort était due à une strangulation, il n'existait pas contre l'intéressé qui, au surplus, s'était déjà maintes fois contredits au cours de nombreuses auditions antérieures et alors même que d'autres personnes étaient déjà inculpées des mêmes faits ou avaient fait des aveux, des indices graves et concordants (■ Cass. crim., 24 avr. 1975, n° 74-93.423 : *Bull. crim.* n° 107). Ne viole pas l'article 105 du Code de procédure pénale l'arrêt de la chambre d'accusation ayant refusé d'annuler l'audition en tant que témoin du requérant : en effet, alors que ne pesait sur l'intéressé que de simples soupçons et qu'il persistait à nier toute participation aux faits sans que puisse lui être opposés des arguments déterminants, sa décision soudaine d'avouer clairement des faits commandait aux officiers de police judiciaire de le laisser s'expliquer et de vérifier ensuite si ses aveux étaient corroborés par des éléments objectifs permettant de conclure à l'existence de charges de nature à engager sa responsabilité pénale (■ Cass. crim., 16 juin 1981, n° 81-91.690 : *Bull. crim.* n° 207). Justifie sa décision au regard de l'article 105 du Code de procédure pénale la chambre de l'instruction qui, pour rejeter le grief des requérants faisant valoir qu'ils avaient été entendus en violation des dispositions de l'article 105 du Code de procédure pénale, relève qu'au moment de leur audition, s'il existait des indices graves de participation aux faits reprochés, ces indices étaient loin d'être concordants, et nécessitaient des investigations complémentaires (les auditions dont ils résultaient n'étant guère concordantes notamment sur la nature et l'étendue des faits imputés aux divers suspects) (■ Cass. crim., 9 juin 1988, n° 98-80.418 : *Bull. crim.* n° 187).

7) Faculté de procéder à une audition afin de s'éclairer. Le juge d'instruction a la faculté de ne mettre en examen une personne déterminée qu'après s'être éclairé, notamment en faisant procéder à son audition en qualité de témoin, sur sa participation aux agissements incriminés dans des conditions pouvant engager sa responsabilité pénale (■ Cass. crim., 4 janv. 1977, n° 76-91.991 : *JCP* G 1977, II, 18.727, 4e esp., note Mayer-Jack. ■ Cass. crim., 30 mai 1996, n° 95-85.954 : *JurisData* n° 1996 002196 ; *Bull. crim.* n° 226. ■ Cass. crim., 13 mars 1997, n°s 94-83.209 et 95-85.766 : *JurisData* n° 1997-001682 ; *Bull. crim.* n° 105 ; *D.* 1997, inf. rap. p. 191. ■ Cass. crim., 30 sept. 2008, n° 08-83.064 : *JurisData* n° 2008-045355 ; *Bull. crim.* n° 198), alors surtout que l'infraction apparaît comme étant le fait de plusieurs individus (■ Cass. crim., 4 janv. 1977, préc.), alors surtout que les soupçons reposent sur des déclarations de tiers sujettes à caution et sur des documents comptables insuffisants à établir la participation personnelle aux opérations litigieuses (■ Cass. crim., 30 mai 1996, préc.).

8) Conformité avec l'article 6 de la Convention européenne des droits de l'Homme. Les officiers de police judiciaire, agissant sur commission rogatoire, ont le devoir, avant de mettre une personne en cause, de vérifier, notamment par l'audition de celle-ci, s'il existe à son encontre des indices graves et concordants d'avoir participé aux faits dont le juge d'instruction est saisi. Ce devoir, loin de porter atteinte aux intérêts de la personne concernée, a pour objet de garantir un procès équitable (■ Cass. crim., 1er déc. 1998, n° 98-83.566 : *Bull. crim.* n° 323 ; *Dr. pén.* 1999, comm. 46 et 49, obs. A. Maron).

B – Indices graves et concordants

9) Aveux corroborés par d'autres éléments. Annule à juste titre la seconde audition d'un suspect, menée alors que celui-ci avait avoué sa participation aux faits lors d'une précédente audition et que, sur ses indications, les officiers de police judiciaire avaient trouvé deux sacs contenant les armes utilisées lors de l'infraction à l'endroit indiqué par lui (▪ Cass. crim., 16 juin 1981, préc.).

10) Aveux précis et circonstanciés. Il y a violation de l'article 105 du Code de procédure pénale lorsqu'un officier de police judiciaire agissant sur commission rogatoire poursuit l'audition d'un suspect alors que celui-ci avait reconnu s'être promené, le jour des faits, avec la victime, s'être rendu à son domicile à deux reprises, avoir sollicité d'elle le prêt d'une somme d'argent et que, s'étant vu opposer un refus alors qu'ils montaient un escalier les menant à la maison, il l'avait saisie à la taille, l'avait poussée en la soulevant, celle-ci étant alors tombée, sa tête venant heurter la traverse d'une porte, et était restée inanimée (▪ Cass. crim., 13 févr. 1975, n° 74-92.657 : *Bull. crim.* n° 53 ; *JCP* G 1977, II, 18727, 1re esp., note Mayer-Yack ; *Gaz. Pal.* 1975, 1, p. 344).

III – CONSÉQUENCE DE L'INTERDICTION

11) Obligation d'entendre en qualité de témoin assisté ou de mis en examen la personne contre laquelle il existe des indices graves et concordants. V. art. 80-1, der. al., p. 289 et art. 113-6, al. 2, p. 370.

12) Sanction de l'interdiction – Nullité soumise à grief. Justifie sa décision la chambre de l'instruction qui, pour refuser d'annuler l'audition menée malgré la présence d'indices graves et concordants, observe que, lors de son audition, l'intéressé n'a fait aucune déclaration susceptible de lui faire grief (▪ Cass. crim., 14 janv. 2003, n° 02-87.062 : *JurisData* n° 2003-017560 ; *Bull. crim.* n° 6 ; *Procédures* 2003, comm. 152, obs. J. Buisson. – *Adde* ▪ Cass. crim., 2 mars 2004, n° 03.87-667).

13) Sanction de l'interdiction – Qualité pour demander la nullité. Justifie sa décision au regard de l'article 802 du Code de procédure pénale, la chambre de l'instruction qui observe que les dispositions de l'article 105 du Code de procédure pénale sont prescrites dans l'intérêt exclusif des personnes concernée, de sorte que la partie civile ne saurait se faire grief de l'audition, en qualité de simples témoins, de personnes nommément visées dans sa plainte ou dans des réquisitions et en demander l'annulation (▪ Cass. crim., 15 févr. 2011, nos 07-83.640 et 09-87.947 : *Bull. crim.* n° 23). V. antérieurement à ▪ Cass. crim., 6 sept. 2006, n° 06-84.869 (cité ss. CPP, art. 171) fait une exacte application de l'article 171 du Code de procédure pénale la chambre de l'instruction qui déclare qu'une personne mise en examen est sans qualité pour se prévaloir de la méconnaissance de l'article 105 dudit code au soutien de sa demande d'annulation du procès-verbal d'audition comme témoin d'une autre personne (▪ Cass. crim., 4 mars 2004, n° 03-85.983 : *Bull. crim.* n° 57 ; *AJ Pénal* 2004, 207, obs. J. Leblois-Happe).

Art. 106. – Chaque page des procès-verbaux est signée du juge, du greffier et du témoin. Ce dernier est alors invité à relire sa déposition telle qu'elle vient d'être transcrite, puis à la signer s'il déclare y persister. Si le témoin ne sait pas lire, lecture lui en est faite par le greffier. Si le témoin ne veut ou ne peut signer, mention en est portée sur le procès-verbal. Chaque page est également signée par l'interprète s'il y a lieu.

1) Domaine d'application des formalités des articles 106 et 107 – Auditions réalisées au cours d'un transport sur les lieux. Si le magistrat instructeur est amené, lors d'un transport sur les lieux, à recueillir les déclarations de l'inculpé ou des témoins, il doit observer les formes prescrites par les articles 106, 107 et 121 du Code de procédure pénale. Il suit de l'inobservation de ces formalités que le procès-verbal de transport est nul. Il appartient à la chambre d'accusation lorsqu'elle est saisie de la procédure de déclarer d'office cette nullité aux termes de l'article 206 du Code de procédure pénale (▪ Cass. crim., 24 janv. 1984, n° 83-94.417). Si, au cours des opérations de transports sur les lieux, le juge d'instruction ne s'est pas borné à des vérifications ou constatations matérielles ayant pour objet de reconstituer les circonstances du crimes mais a entendu l'inculpé et la partie civile, il doit observer les formes prescrites par les articles 106, 107 et 121 du Code de procédure pénale ; il suit de l'inobservation de ces formalités que le procès-verbal est nul et que la chambre d'accusation doit constater ce vice de l'information (▪ Cass. crim., 14 sept. 1985, n° 85-93.707 : *JurisData* n° 1985-702239 ; *Bull. crim.* n° 285. – *Adde* ▪ Cass. crim., 8 déc. 1976, n° 76-90.868 : *Bull. crim.* n° 353). Le juge d'instruction qui se borne, au cours du transport, à rappeler les déclarations antérieures de l'inculpé et des témoins déjà recueillies dans des procès-verbaux réguliers et à leur demander de situer leurs emplacements respectifs au moment de la rixe pour faire prendre des photographies et apprécier la visibilité dont chacun disposait par rapport aux autres, sans procéder à leur audition, n'a pas à rédiger de procès-verbal selon les formes prévues aux articles 106, 107 et 121 du Code de procédure pénale (■ Cass. crim., 28 juin 1988, n° 88-82.531 : *JurisData* n° 1988-001719 ; *Bull. crim.* n° 293). La réflexion spontanée du mis en examen, mentionnée au procès-verbal, ainsi que quelques précisions indispensables au déroulement de la reconstitution fournies par des officiers de police, ne constituaient pas un interrogatoire ou une audition de témoins et ne rendaient pas nécessaire la rédaction de procès-verbaux dans les formes prescrites par les articles 103, 106, 107 et 121 du Code de procédure pénale (■ Cass. crim., 2 sept. 1986, n° 86-93.266 : *Bull. crim.* n° 251). N'encourt pas la cassation l'arrêt de la chambre d'accusation qui n'annule pas un procès-verbal de transport sur les lieux établi par un juge d'instruction et relatant les précisions apportées par les témoins sur les agissements des inculpés, dès lors que ledit procès-verbal ne comporte que des analyses ou commentaires des clichés photographiques où figurent notamment les faits et gestes imputés aux inculpés, tels qu'ils avaient été antérieurement relatés ou décrits par ceux-ci ou l'un d'eux et tels qu'ils ont été reconstitués en leur absence, ces mentions ne constituant pas, par elles-mêmes, des auditions de témoins (■ Cass. crim., 10 juill. 1990, n° 91-82.696 : *Bull. crim.* n° 298).

2) Domaine d'application des formalités des articles 106 et 107 – Procès-verbal rapportant les déclarations d'un témoin anonyme. Un procès-verbal rapportant des renseignements obtenus auprès d'une personne désirant conserver l'anonymat ne constitue pas une audition de témoin au sens de l'article 101 du Code de procédure pénale et n'est donc pas soumis aux dispositions de l'article 107 dudit code (■ Cass. crim., 9 juin 1998, n° 98-80.418 : *Bull. crim.* n° 187).

3) Domaine d'application des formalités des articles 106 et 107 – Réponse d'une autorité étrangère à une demande d'acte française. L'article 107 du Code de procédure pénale régit la nullité des procès-verbaux dressés au cours de l'instruction. Tel n'est pas le cas d'un acte établi par une autorité étrangère, qui n'est pas régi par les formes prévues par le Code de procédure pénale. Doit dès lors être écartée l'exception de nullité tirée du défaut de signature de cet acte (■ Cass. crim., 11 mars 2020, n° 18-84.307, § 24 : *Bull. crim.* à paraître).

4) Défaut de signature du juge d'instruction – Procès-verbal réputé non avenu. En vertu des articles 106, 107, 172, 184, 206 et 591 du Code de procédure pénale, la signature du juge d'instruction, condition de l'authenticité des actes de ce magistrat, en constitue une formalité substantielle, à défaut de laquelle ils doivent être tenus pour inexistants (■ Cass. crim., 6 oct. 1986, n° 86-93.988 : *Bull. crim.* n° 270). *Rapp.* il résulte des articles 106, 107 et 121 du Code de procédure pénale que, pour figurer valablement dans la procédure, tout acte établi par le juge d'instruction doit être daté et signé ; est par conséquent entaché de nullité le procès-verbal d'interrogatoire et de confrontation qui se réfère à un prétendu procès-verbal de synthèse, analysant et confrontant les déclarations recueillies, mais ne comportant aucune date, ni aucune signature (■ Cass. crim., 21 nov. 1988, n° 88-85.260 : *Bull. crim.* n° 394).

5) Défaut de signature du témoin – Procès-verbal réputé non avenu. Les dispositions de l'article 106 du Code de procédure pénale en ce qu'elles visent notamment les signatures devant être apposées sur les procès-verbaux d'audition de témoins ne sont pas prescrites à peine de nullité ; il résulte seulement de l'article 107 du même code qu'à défaut de signature (en l'espèce du témoin) le procès-verbal est non avenu (■ Cass. crim., 12 déc. 1973, n° 73-91.860 : *Bull. crim.* n° 462).

6) Défaut de signature du greffier – Procès-verbal nul ou réputé non avenu. Selon l'article 121 du Code de procédure pénale, les procès-verbaux d'interrogatoire et de confrontation sont établis dans les formes prévues aux articles 106 et 107 du même code et ils doivent notamment, à peine de nullité, être signés par le greffier ; encourt dès lors la censure l'arrêt qui rejette le moyen pris de la nullité de l'interrogatoire de première comparution, tiré de ce que le procès-verbal de cet acte ne comporte pas la signature du greffier, au motif que le contrôle de la sincérité des déclarations consignées dans ce procès-verbal, normalement assuré par la signature et l'authentification qui en résulte de la part du greffier, peut également être exercé par la consultation et l'analyse de l'enregistrement audiovisuel de l'interrogatoire réalisé qui peut ainsi pallier le défaut de signature du greffier (■ Cass. crim., 23 nov. 2016, n° 16-81.904). Aux termes de l'article 121 du Code de procédure pénale, les procès-verbaux d'interrogatoire et de confrontation sont établis dans les formes prévues aux articles 106 et 107 du même code ; ils doivent, notamment, être signés par le greffier ; l'inobservation partielle de cette formalité, lorsqu'elle a eu pour effet de porter atteinte aux intérêts de la personne concernée, est sanctionnée par la nullité de l'acte. Encourt dès lors la censure l'arrêt de la chambre de l'instruction rejetant la requête en annulation alors qu'il était constaté que la signature du greffier manquait sur les pages du procès-verbal mentionnant qu'avaient été notifiés à la personne interrogée sa mise en examen et les droits en découlant, avant d'être invitée à relire et signer ses déclarations, ce qui portait atteinte à ses intérêts (■ Cass. crim., 12 déc. 2017, n° 17-84.824 : *Bull. crim.* à paraître). *Contra :* font une exacte application de l'article 106 du Code de procédure pénale les juges qui, pour écarter l'exception prise de la nullité, à défaut de signature par le greffier, de deux procès-verbaux d'audition de témoin, retiennent que cette omission n'entraîne pas la nullité de ces actes qui doivent seulement être considérés comme non avenus en application de l'article 107 du Code de procédure pénale (■ Cass. crim., 15 déc. 1993, n° 93-80.238).

7) **Défaut de nom du greffier.** L'article 106 du Code de procédure pénale, rendu applicable aux procès-verbaux d'interrogatoire et de confrontation par l'article 121 du même code, n'exige pas que le nom du greffier soit mentionné sur ces procès-verbaux ; il suffit, pour désigner le greffier, que sa signature figure au bas de chacune des pages de l'acte (■ Cass. crim., 2 mai 1968, n°s 67-93.348 et 67-93.728 : *Bull. crim.* n° 136).

Art. 107. – Les procès-verbaux ne peuvent comporter aucun interligne. Les ratures et les renvois sont approuvés par le juge d'instruction, le greffier et le témoin et, s'il y a lieu, par l'interprète. À défaut d'approbation, ces ratures et ces renvois sont non avenus.

Il en est de même du procès-verbal qui n'est pas régulièrement signé.

1) **Domaine d'application de l'article 107.** V. annot. ss art. 106, p. 364.

2) **Ratures et renvois.** L'article 107 du Code de procédure pénale, d'après lequel les ratures et les renvois non approuvés sont non avenus, s'applique également aux surcharges irrégulières qui n'altèrent pas moins la foi due aux écritures publiques (■ Cass. crim., 12 nov. 1964, n° 64-91.733 : *Bull. crim.* n° 295). Une rature ou un renvoi non approuvé ne sauraient entacher la validité d'un procès-verbal dès lors qu'ils portent, comme en l'espèce, sur une mention non substantielle de celui-ci ; justifie dès lors sa décision la cour d'appel qui, pour rejeter l'exception de nullité soulevée par le prévenu et tirée de l'existence d'une surcharge non approuvée portée sur la mention du mois de clôture du procès-verbal de gendarmerie, rappelle que les dispositions de l'article 107 du Code de procédure pénale ne sont pas prescrites à peine de nullité (■ Cass. crim., 26 janv. 2000, n° 99-85.782).

3) **Défaut de signature.** V. annotations ss art. 106, p. 364.

Art. 108. – Les enfants au-dessous de l'âge de seize ans sont entendus sans prestation de serment.

Art. 109 *(Mod., L. n° 2000-1354, 30 déc. 2000).* **– Toute personne citée pour être entendue comme témoin est tenue de comparaître, de prêter serment et de déposer, sous réserve des dispositions des articles 226-13 et 226-14 du Code pénal.**

Tout journaliste, entendu comme témoin sur des informations recueillies dans l'exercice de son activité, est libre de ne pas en révéler l'origine.

Si le témoin ne comparaît pas ou refuse de comparaître, le juge d'instruction peut, sur les réquisitions du procureur de la République, l'y contraindre par la force publique.

1) **Obligations du témoin – Sanctions pénales.** V. C. pén., art. 434-11, C. pén., art. 434-12, et C. pén., art. 434-15-1.

2) **Exception liée au secret professionnel – Personnes soumises au secret absolu et dispensées de témoigner.** V. égal. sur l'identité des personnes soumises au secret absolu, annotations ss art. 326, p. 770. *Comp. s'agissant du témoignage devant la Cour d'assises,* l'obligation au secret professionnel, établie et sanctionnée par l'article 378 du Code pénal (devenu C. pén., art. 226-13) pour assurer la confiance nécessaire à l'exercice de certaines professions ou de certaines fonctions s'impose aux médecins, hormis les cas où la loi en dispose autrement, comme un devoir de leur état ; sous cette seule réserve, elle est générale et absolue et il n'appartient à personne de les en affranchir ; il s'ensuit qu'un médecin peut valablement refuser de déposer (■ Cass. crim., 5 juin 1985, n° 85-90.322 : *Bull. crim.* n° 218).

3) **Exception liée au secret professionnel – Personnes soumises au secret absolu – Liberté de parler en cas de sévices sur mineur ou personne vulnérable.** L'obligation de déposer édictée par l'article 109 du Code de procédure pénale n'est imposée aux témoins que « sous réserve des dispositions de l'article 378 du Code pénal » (devenu C. pén., art. 226-13) et ne saurait par suite recevoir application lorsque ce dernier texte laisse à la personne citée (en l'espèce une assistante sociale) la liberté de fournir ou non son témoignage relativement à des faits de sévices et de privation de soin sur la personne de mineurs de quinze ans dont elle a eu connaissance à l'occa-

sion de l'exercice de sa profession (■ Cass. crim., 14 févr. 1978, n° 77-90.644 : *Bull. crim.* n° 56). Justifie sa décision la chambre d'accusation qui, pour refuser d'annuler le procès-verbal de l'audition d'un avocat portant sur des faits dont il avait eu connaissance à l'occasion de l'exercice de sa profession, relève que le témoignage de l'intéressé a été recueilli sans artifice ni manœuvre déloyale, le témoin étant demeuré libre de révéler ou de taire ce dont il avait eu connaissance dans l'exercice de sa profession, concernant des atteintes sexuelles réalisées sur un mineur de quinze ans (■ Cass. crim., 6 oct. 1999, n° 97-85.118).

4) Exception liée au secret professionnel – Personnes soumises au secret relatif et tenues de témoigner. V. égal. sur l'identité des personnes soumises au secret relatif, annotations ss art. 326, p. 770. Il résulte de l'article 378 du Code pénal (devenu C. pén., art. 226-13) que le secret professionnel ne peut être opposé à la justice que par ceux qui sont, en raison de leur profession ou de leur état, des confidents nécessaires ; tel n'est pas le cas de la profession d'éducateurs de jeunes délinquants ou inadaptés ; si ces personnes peuvent estimer ne pas devoir prendre l'initiative de révéler certains faits parvenus à leur connaissance, elles n'en sont pas moins soumises à la loi et obligées de répondre aux questions que leur pose régulièrement le juge (■ Cass. crim., 4 nov. 1971, n° 70-91.953 : *Bull. crim.* n° 301 ; *JCP* G 1972, II, 17256, note Mayer-Jack ; *RSC* 1974, p. 106, obs. G. Levasseur).

5) Exception liée au secret professionnel – Sanction. La déclaration d'un témoin tenu au secret professionnel (en l'espèce rapporteur auprès du Conseil constitutionnel) entraîne la nullité du procès-verbal de déposition lorsqu'elle comporte la révélation d'une information protégée (■ Cass. crim., 30 oct. 2001, n° 01-84.779 : *Bull. crim.* n° 223).

6) Exception liée au secret des sources journalistiques. *Rapp.* L. 29 juill. 1881, art. 2, al. 3.

7) Indemnisation du témoin. V. art. R. 123 et s., p. 2076.

8) Protection du témoin. V. s'agissant de sa protection contre la diffamation commise en raison de sa déposition L. 29 juill. 1881, art. 31, s'agissant de sa protection contre les poursuites en diffamation L. 29 juill. 1881, art. 41, al. 3, s'agissant de sa protection grâce à une mesure de contrôle judiciaire ou de détention provisoire, art. 138, al. 11, p. 412 et art. 144, al. 3, p. 440, s'agissant de sa protection grâce à la non-révélation d'adresse ou à l'anonymat art. 706-57, p. 1569 et l' art. 706-58, p. 1570.

Art. 110. – **La mesure de contrainte dont fait l'objet le témoin défaillant est prise par voie de réquisition. Le témoin est conduit directement et sans délai devant le magistrat qui a prescrit la mesure.**

Art. 111 *(Abr., L. n° 94-89, 1er févr. 1994).*

Art. 112. – **Si un témoin est dans l'impossibilité de comparaître, le juge d'instruction se transporte pour l'entendre, ou délivre à cette fin commission rogatoire dans les termes prévus à l'article 151.**

Transport sur les lieux. À rapprocher des art. 93 et s., p. 332.

Art. 113. – **Si le témoin entendu dans les conditions prévues à l'article précédent n'était pas dans l'impossibilité de comparaître sur la citation, le juge d'instruction peut prononcer contre ce témoin l'amende prévue à l'article 109.**

Sous-section 2. – Du témoin assisté

(L. n° 2000-516, 15 juin 2000)

Bibliographie : *Répertoire.* J.-P. Valat, *Audition de témoins : JCl. Proc. pén.*, art. 101 à 113-8, Fasc. 20. • Ch. Guéry, *Rép. pén.* Dalloz, *V° Témoin assisté.*

Généralités. B. Bouloc, *Le témoin, le témoin assisté, le mis en examen : Rev. pén. et Dr. pén.* n° 4/2003, p. 649. • A. Giudicelli, *Le témoin assisté et la personne mise en examen : vers un nouvel équilibre ? : RSC* 2001, 43. • Ch. Guéry, *Les paliers de la vraisemblance pendant l'instruction préparatoire : JCP* 1998, I, 140 ; *Du témoin assisté à la partie virtuelle : Dr. pén.* 1997, chron. 24 ; *Mandats et suspects : AJ Pénal* 2004, 356 ; *De la nécessité accrue pour le témoin assisté de l'être bien : AJ Pénal* 2005, 111 ; *La loi du 5 mars 2007 et l'instruction préparatoire : AJ Pénal* 2007, 105. • Ch. Guéry et R.-P. Rolland, *Les houles inutiles, Propos sur le nouveau statut du témoin assisté : Gaz. Pal.* 4-5 oct. 2000, p. 2 et s. • J. Pradel, *Les personnes suspectes ou poursuivies après la loi du 15 juin 2000. Évolution ou révolution ? : D.* 2001, chron. 1039 et 1114.

Art. 113-1 *(Mod., L. n° 2004-204, 9 mars 2004).* **– Toute personne nommément visée à un réquisitoire introductif ou par un réquisitoire supplétif et qui n'est pas mise en examen ne peut être entendue que comme témoin assisté.**

1) **Attribution obligatoire du statut de témoin assisté.** Voir : s'agissant de la personne dont la mise en examen a été annulée pour violation des dispositions de l'art. 80-1, p. 289, art. 174-1, p. 571, s'agissant de la personne ayant fait l'objet d'un interrogatoire de première comparution et dont la mise en examen n'a pas été décidée, art. 116, al. 6, p. 382, s'agissant de la personne contre laquelle a été décerné un mandat de comparution, d'amener ou d'arrêt, art. 122, p. 393.

2) **Option entre le statut de témoin assisté et celui de mise en examen.** *Contra précédemment* : toute personne mise en cause par une plainte avec constitution de partie civile et contre laquelle le ministère public a requis nommément l'ouverture d'une information doit être considérée comme mise en examen au sens de l'article 116 du Code de procédure pénale et s'avère nécessairement partie à l'instance, quand bien même elle n'aurait pas été mise en examen par le juge d'instruction (▪ Cass. crim., 2 juill. 1998 : *Bull. crim.* n° 214 ; *JCP* G 1999, II, 10085, note W. Jeandidier. – *Adde* ▪ Cass. crim., 12 avr. 1988, n° 87-91.698 : *Bull. crim.* n° 150).

Art. 113-2 *(Mod., L. n° 2004-204, 9 mars 2004).* **– Toute personne nommément visée par une plainte ou mise en cause par la victime peut être entendue comme témoin assisté. Lorsqu'elle comparaît devant le juge d'instruction, elle est obligatoirement entendue en cette qualité si elle en fait la demande si la personne est nommément visée par une plainte avec constitution de partie civile, elle est avisée de ce droit lorsqu'elle comparaît devant le juge d'instruction.**

Toute personne mise en cause par un témoin ou contre laquelle il existe des indices rendant vraisemblable qu'elle ait pu participer, comme auteur ou complice, à la commission des infractions dont le juge d'instruction est saisi peut être entendue comme témoin assisté.

1) **Information de la personne nommément visée par une plainte avec constitution de partie civile de son droit à être entendue comme témoin assisté – Bénéficiaires de l'information.** La méconnaissance des dispositions de l'article 113-2 du Code de procédure pénale, selon lesquelles la personne nommément visée par une plainte avec constitution de partie civile est avisée du droit d'être entendue en qualité de témoin assisté, ne saurait être invoquée au soutien d'une requête en annulation dans le cas où une personne a été nommément désignée, non pas dans la plainte, mais dans un document communiqué ultérieurement par la partie civile (▪ Cass. crim., 26 mai 2009, n° 09-81.075 : *JurisData* n° 2009-048664 ; *Bull. crim.* n° 105 ; *Bull. inf. C. cass.* 2009, 1472 ; *JCP* G 2009, 96, obs. S. Detraz ; *D.* 2009, p. 1762, obs. S. Lavric).

2) **Information de la personne nommément visée par une plainte avec constitution de partie civile de son droit à être entendue comme témoin assisté – Information délivrée par l'officier de police judiciaire agissant sur commission rogatoire.** Il résulte des articles 113-2 et 152 du Code de procédure pénale que, si toute personne qui est nommément visée par une plainte avec constitution de partie civile et qui n'a pas acquis la qualité de témoin assisté, peut être entendue par un officier de police judiciaire agissant sur commission rogatoire, c'est à la condition qu'elle y ait consenti après avoir été avisée de son droit d'être entendue comme témoin assisté par le juge d'instruction (▪ Cass. crim., 6 août 2008, n° 08-82.924 : *Bull. crim.* n° 171 ; *D.* 2008, 2836, note Ch. Guéry ; *Dr. pén.* 2009, chron. 1, obs. A. Maron, chron. 8, obs. M. Haas ; *RSC* 2009, p. 896, obs. J. Buisson). *Comp. précédemment* il résulte des articles 113-2 et 152 du Code de procédure pénale que toute personne nommément visée par une plainte et qui n'a pas acquis la qualité de témoin assisté peut être entendue par un officier de police judiciaire agissant sur commission rogatoire du juge d'instruction ; méconnaît le sens et la portée de ces textes la chambre de l'instruction qui annule les procès-verbaux d'audition de personnes nommément visées dans une plainte avec constitution de partie civile, entendues en exécution d'une commission rogatoire par des officiers de police judiciaire, après y avoir consenti, connaissance leur ayant été préalablement donnée des articles 113-2 et 152 du Code de procédure pénale, au motif qu'elles n'ont pas été informées par le juge d'instruction de leur droit d'obtenir le statut de témoin assisté (▪ Cass. crim., 23 mars 2004, n° 03-87.854 : *Bull. crim.* n° 76 ; *RSC* 2004, p. 672, obs. A. Giudicelli).

Art. 113-3 *(Mod. à compter du 2 juin 2014, L. n° 2014-535, 27 mai 2014).* **– Le témoin assisté bénéficie du droit d'être assisté par un avocat qui est avisé préalablement des auditions et a accès au dossier de la procédure, conformément aux dispositions des articles 114 et 114-1. Cet avocat est choisi par le témoin assisté ou désigné d'office par le bâtonnier si l'intéressé en fait la demande.**

Le témoin assisté bénéficie également, le cas échéant, du droit à l'interprétation et à la traduction des pièces essentielles du dossier.

Le témoin assisté peut demander au juge d'instruction, selon les modalités prévues par l'article 82-1, à être confronté avec la ou les personnes qui le mettent en cause ou formuler des requêtes en annulation sur le fondement de l'article 173.

I – DROITS DU TÉMOIN ASSISTÉ

1) Droits du témoin assisté.
Voir : s'agissant du droit à n'être entendu par un officier de police judiciaire agissant sur commission rogatoire qu'à sa demande, art. 152, p. 520, de la notification de certaines expertises, art. 167, al. 5, p. 539, lors de l'avis de fin d'information, art. 175, p. 571, de la notification des ordonnances de règlement, art. 183, p. 597, du droit d'être informé de la date de l'audience en cas d'appel d'une ordonnance de non-lieu et du droit de formuler des observations, art. 197-1, p. 645.

2) Droit de former des requêtes en annulation – Droit consécutif de déposer un mémoire devant la chambre de l'instruction saisie d'une requête en annulation. Pour déclarer recevables les mémoires des témoins assistés, la chambre de l'instruction, saisie de la requête en annulation d'actes de la procédure, retient, à bon droit, qu'en application des articles 113-3, alinéa 2, et 173 du Code de procédure pénale, le droit de présenter une telle requête est également reconnu aux témoins assistés, qui peuvent donc produire des mémoires, quel que soit l'initiateur de la procédure en nullité (■ Cass. crim., 22 janv. 2014, n° 13-80.728).

3) Droit de former des requêtes en annulation – Droit consécutif de s'exprimer en dernier devant la chambre de l'instruction saisie d'une requête en annulation. Selon l'article 173, alinéa 3, du Code de procédure pénale, le témoin assisté qui peut, dans les mêmes conditions que l'une des parties, saisir la chambre de l'instruction d'une requête en annulation d'actes de la procédure, produire un mémoire et prendre la parole devant celle-ci quel que soit l'initiateur de la procédure en nullité, se trouve dans une situation identique à celle des personnes mises en examen ; ces dernières ne sauraient dès lors se faire un grief de ce que les avocats des témoins assistés ont eu, au même titre que leurs propres avocats, la parole en dernier (■ Cass. crim., 19 janv. 2016, n° 15-81.041 : *JurisData* n° 2016-000568. ■ Cass. crim., 19 janv. 2016, n° 15-81.038 : *JurisData* n° 2016-000566. ■ Cass. crim., 19 janv. 2016, n° 15-81.039 : *JurisData* n° 2016-000567).

4) Droit de former des requêtes en annulation – Droit consécutif de se pourvoir en cassation contre l'arrêt statuant sur la requête en annulation. Le droit reconnu au témoin assisté, par l'article 173, alinéa 3, du Code de procédure pénale dans sa rédaction issue de la loi du 9 mars 2004, de saisir la chambre de l'instruction d'une requête aux fins d'annulation d'actes de la procédure implique que, bien que n'étant pas partie à la procédure, celui-ci soit recevable à se pourvoir contre l'arrêt statuant sur une demande d'annulation (■ Cass. crim., 21 juin 2005, n° 05-81.491 : *Bull. crim.* n° 181).

5) Droit de se voir signifier les requêtes en renvoi pour cause de suspicion légitime. Les témoins assistés sont des parties intéressées au sens de l'article 662 du Code de procédure pénale. En conséquence, la requête en renvoi pour cause de suspicion légitime doit leur être signifiée (■ Cass. crim., 30 mai 2012, n° 12-83.749 : *Bull. crim.* n° 138).

II – CARACTÈRE LIMITATIF DES DROITS ACCORDÉS AU TÉMOIN ASSISTÉ

6) Exclusion du droit de contester la recevabilité d'une constitution de partie civile. Le témoin assisté, qui n'est pas une partie à la procédure au sens de l'article 87 du Code de procédure pénale et dont les droits sont limitativement énumérés par l'article 113-3 du même code, n'a pas qualité pour contester la recevabilité d'une constitution de partie civile (■ Cass. crim., 14 févr. 2012, n° 10-83.808 : *JurisData* n° 2012-004929). Le témoin assisté, à qui la loi ne reconnaît ni la qualité de partie ni la faculté de contester une constitution de partie civile, est irrecevable à se pourvoir contre un arrêt de la chambre de l'instruction déclarant recevable l'appel de cette partie civile (■ Cass. crim., 15 mai 2019, n°s 18-80.121 et 19-81.531 : *Bull. crim.* à paraître).

7) Exclusion de principe du droit d'exercer des voies de recours. N'étant pas partie à la procédure, le témoin assisté n'a pas qualité pour exercer les voies de recours (■ Cass. crim., 21 juin 2005, n°s 05-81.694 et 04-87.797 : *Bull. crim.* n° 181 ; *Procédures* 2005, comm. 238, obs. J. Buisson).

8) Exclusion du droit de se pourvoir en cassation. N'étant pas partie à la procédure, le témoin assisté n'a pas qualité pour exercer les voies de recours ; il n'est donc pas recevable à se pourvoir en cassation contre un arrêt ayant, après information d'une ordonnance de non-lieu, ordonné un supplément d'information (■ Cass.

crim., 21 juin 2005, n° 05-81.694, préc.). N'étant pas partie à la procédure, le témoin assisté n'a pas qualité pour exercer les voies de recours ; il n'est donc pas admis à se pourvoir en cassation contre un arrêt ayant déclaré recevable l'appel, par la partie civile, d'une ordonnance de non-lieu et ordonné un supplément d'information (▪ Cass. crim., 21 juin 2005, n° 04-87.797, préc.). Le témoin assisté, à qui la loi ne reconnaît ni la qualité de partie ni la faculté de saisir le juge d'instruction d'une demande tendant à constater la prescription, est irrecevable à se pourvoir contre un arrêt de la chambre de l'instruction infirmant, sur l'appel de la partie civile, l'ordonnance ayant, d'office, constaté la prescription (▪ Cass. crim., 28 mars 2006, n° 05-86.661 : *Bull. crim.* n° 87).

9) **Limites à l'exclusion du droit de se pourvoir en cassation.** Le droit reconnu au témoin assisté, par l'article 173, alinéa 3, du Code de procédure pénale dans sa rédaction issue de la loi du 9 mars 2004, de saisir la chambre de l'instruction d'une requête aux fins d'annulation d'actes de la procédure implique que, bien que n'étant pas partie à la procédure, celui-ci soit recevable à se pourvoir contre l'arrêt statuant sur une demande d'annulation (▪ Cass. crim., 21 juin 2005, n° 05-81.491 : *Bull. crim.* n° 181 ; *Procédures* 2005, comm. 238, obs. J. Buisson). Bien que n'étant pas partie à la procédure, le témoin assisté est recevable à se pourvoir en cassation contre l'arrêt d'une chambre de l'instruction qui a excédé ses pouvoirs en méconnaissant les règles de compétence des juridictions répressives (▪ Cass. crim., 3 mai 2012, n° 11-89.173 : *Bull. crim.* n° 104 ; *Dr. pén.* 2012, comm. 94, obs. A. Maron et M. Haas. ▪ Cass. crim., 31 oct. 2017, n° 16-86.897 : *Bull. crim.* à paraître ; *Dr. pén.* 2017, comm. 184, note A. Maron et M. Haas). Bien que n'étant pas partie à la procédure, le témoin assisté qui n'a pas été mis en mesure d'exercer les droits que lui reconnaît l'article 197-1 du Code de procédure pénale est recevable à se pourvoir en cassation contre l'arrêt de la chambre de l'instruction saisie de l'appel de l'ordonnance de non-lieu (▪ Cass. crim., 16 juin 2011, n° 11-80.618 ; *Dr. pén.* 2001, comm. 112, obs. A. Maron et M. Haas).

Art. 113-4 *(Mod. à compter du 2 juin 2014, L. n° 2014-535, 27 mai 2014).* **– Lors de la première audition du témoin assisté, le juge d'instruction constate son identité, lui donne connaissance du réquisitoire introductif, de la plainte ou de la dénonciation, l'informe de son droit de faire des déclarations, de répondre aux questions qui lui sont posées ou de se taire ainsi que des droits mentionnés à l'article 113-3 et procède aux formalités prévues aux deux derniers alinéas de l'article 116. Mention de cette information est faite au procès-verbal.**

Le juge d'instruction peut, par l'envoi d'une lettre recommandée, faire connaître à une personne qu'elle sera entendue en qualité de témoin assisté. Cette lettre comporte les informations prévues à l'alinéa précédent. Elle précise que le nom de l'avocat choisi ou la demande de désignation d'un avocat commis d'office doit être communiqué au greffier du juge d'instruction.

Art. 113-5 *(Mod., L. n° 2009-1436, 24 nov. 2009).* **– Le témoin assisté ne peut être placé sous contrôle judiciaire, sous assignation à résidence avec surveillance électronique ou en détention provisoire, ni faire l'objet d'une ordonnance de renvoi ou de mise en accusation.**

Impossibilité pour le témoin assisté de faire l'objet d'une ordonnance de renvoi. Le témoin assisté ne peut faire l'objet d'un renvoi devant le tribunal correctionnel et la juridiction d'instruction du second degré qui estime, contrairement au magistrat instructeur, qu'il existe des charges suffisantes contre lui d'avoir commis une infraction pour laquelle il n'a pas été mis en examen, est tenue, avant de décider son renvoi devant la juridiction de jugement, d'ordonner un supplément d'information aux fins de notification de cette mise en examen (▪ Cass. crim., 17 sept. 2014, n° 14-84.187 : *JurisData* n° 2014-025742 ; *D.* 2014, 2243).

Art. 113-6 *(Créé à compter du 1er janvier 2001, L. n° 2000-516, 15 juin 2000).* **– À tout moment de la procédure, le témoin assisté peut, à l'occasion de son audition ou par lettre recommandée avec demande d'avis de réception, demander au juge d'instruction à être mis en examen ; la personne est alors considérée comme mise en examen et elle bénéficie de l'ensemble des droits de la défense dès sa demande ou l'envoi de la lettre recommandée avec avis de réception.**

Les dispositions de l'article 105 ne sont pas applicables au témoin assisté.

Art. 113-7 *(Créé à compter du 1er janvier 2001, L. n° 2000-516, 15 juin 2000).* **– Le témoin assisté ne prête pas serment.**

Art. 113-8 *(Mod. à compter du 2 juin 2014, D. n° 2014-535, 27 mai 2014)*. – **S'il estime que sont apparus au cours de la procédure des indices graves ou concordants justifiant la mise en examen du témoin assisté, le juge d'instruction procède à cette mise en examen en faisant application des dispositions des huitième et neuvième alinéas de l'article 116 au cours d'un interrogatoire réalisé dans les formes prévues à l'article 114.**

Il peut également procéder à cette mise en examen en adressant à la personne une lettre recommandée précisant chacun des faits qui lui sont reprochés, ainsi que leur qualification juridique, et l'informant de son droit de formuler des demandes d'actes ou des requêtes en annulation, ainsi que du délai prévisible d'achèvement de la procédure, conformément aux dispositions des huitième et neuvième alinéas de l'article 116.

Cette lettre recommandée peut être adressée en même temps que l'avis de fin d'information prévu par l'article 175. Elle informe alors la personne de son droit de formuler des demandes d'actes ou des requêtes en annulation dans un délai d'un mois si une personne mise en examen est détenue et de trois mois dans les autres cas.

Dans les cas visés aux deuxième et troisième alinéas du présent article, la personne est également informée que si elle demande à être à nouveau entendue par le juge d'instruction, celui-ci est tenu de procéder à son interrogatoire.

1) Substitution du statut de témoin assisté à celui de mis en examen.

Voir : s'agissant de la substitution sur décision du juge d'instruction, art. 80-1-1, p. 291 et s'agissant de la substitution à la suite de l'annulation de la mise en examen, art. 174-1, p. 571.

2) Substitution du statut de mis en examen à celui de témoin assisté.

Voir : s'agissant de la substitution à l'initiative du témoin assisté, art. 113-6, p. 370.

I – CONDITIONS DE FOND DE LA SUBSTITUTION DU STATUT DE MIS EN EXAMEN À CELUI DE TÉMOIN ASSISTÉ À L'INITIATIVE DU JUGE D'INSTRUCTION

3) Indifférence de la date d'apparition des indices graves ou concordants. Est régulière la mise en examen d'un témoin assisté, décidée à tout moment de la procédure par le juge d'instruction, dès lors que la loi n'impose pas d'autre condition que l'existence, à l'encontre de la personne concernée, d'indices graves ou concordants de participation à la commission de l'infraction dont est saisi le magistrat et ne formule aucune exigence sur le moment auquel apparaissent de tels indices (▪ Cass. crim., 29 mars 2006, n° 06-80.273 : *Bull. crim.* n° 99. ▪ Cass. crim., 13 sept. 2011, n° 11-82.051 : *Bull. crim.* n° 176. ▪ Cass. crim., 11 juin 2013, n° 13-80.159 : *Bull. crim.* n° 133. ▪ Cass. crim., 18 mars 2015, n° 14-86.680 : *Bull. crim.* n° 60). Justifie dès lors sa décision la chambre de l'instruction qui refuse d'annuler la mise en examen de l'intéressé invoquant notamment l'absence d'élément nouveau depuis qu'il bénéficiait du statut de témoin assisté (▪ Cass. crim., 11 juin 2013, préc.).

4) Mise en examen consécutive à l'annulation d'une première mise en examen – Chose jugée. Il revient à la chambre de l'instruction, saisie de l'exception de nullité tirée de l'autorité de la chose jugée attachée à un arrêt ayant annulé une première mise en examen, d'apprécier si la nouvelle mise en examen du demandeur est justifiée au regard de l'ensemble des éléments recueillis au cours de l'information jusqu'à la date de cette nouvelle mise en examen (▪ Cass. crim., 9 juin 2021, n°s 14-82.945 et 19-86.972, § 15 : *Bull. crim.* à paraître).

II – CONDITIONS DE FORME DE LA SUBSTITUTION DU STATUT DE MIS EN EXAMEN À CELUI DE TÉMOIN ASSISTÉ À L'INITIATIVE DU JUGE D'INSTRUCTION

5) Substitution de statut – Notification du droit de se taire. Est à juste titre rejetée la requête en nullité prise du défaut de notification du droit de se taire au témoin assisté dont la mise en examen est ordonnée en vertu de l'article 113-8 du Code de procédure pénale : en premier lieu, préalablement entendu comme témoin assisté, le demandeur a eu connaissance de son droit de se taire ; en second lieu, aucun texte ne fait obligation au magistrat instructeur, de renouveler, à l'occasion de chaque acte, l'avertissement du droit de se taire (▪ Cass. crim., 4 nov. 2020, n° 20-84.046, §§ 16 et 17 : *Bull. crim.* à paraître ; *Dr. pén.* 2021, comm. 39, note A. Maron et M. Haas).

6) Substitution de statut par comparution – Absence d'avertissement préalable. Lorsqu'il envisage de procéder, lors d'un interrogatoire, à la mise en examen du témoin assisté, le juge d'instruction est seulement tenu de respecter les huitième et neuvième alinéas de l'article 116 du

Code de procédure pénale relatifs à l'adresse déclarée. Il n'a pas à respecter le formalisme prévu par l'article 80-2 dudit Code, dont les dispositions ne s'appliquent pas au témoin assisté. Il en résulte qu'il n'a pas à informer, dans la convocation, le témoin assisté de son intention de le mettre en examen (■ Cass. crim., 26 mai 2021, n° 21-81.320, §§ 12 et 13 : *Bull. crim.* à paraître).

7) Substitution de statut par comparution – Assistance d'un avocat. C'est à juste titre que la chambre de l'instruction refuse d'annuler la mise en examen et l'interrogatoire de première comparution de l'intéressé dont les observations ont été recueillies en l'absence d'avocat, celui-ci ayant renoncé à son assistance tant lorsqu'il avait le statut de témoin assisté que lors de son interrogatoire de première comparution, puis de sa mise en examen. En effet, les observations que le témoin assisté doit pouvoir présenter préalablement à sa mise en examen envisagée par le juge d'instruction peuvent être recueillies en l'absence d'un avocat lorsque la personne entendue ne souhaite pas être assistée et les dispositions de l'article 116, alinéa 4, du Code de procédure pénale ne sont pas applicables à la personne qui a déjà été entendue comme témoin assisté (■ Cass. crim., 11 mai 2004, n° 04-81.039 : *JurisData* n° 2004-023882 ; *Bull. crim.* n° 114).

8) Substitution de statut par lettre recommandée – Conformité à la Constitution. Il n'y a pas lieu de renvoyer au Conseil constitutionnel une question prioritaire de constitutionnalité relative à l'article 113-8, alinéa 2, du Code de procédure pénale dès lors que la mise en examen par lettre recommandée d'une personne qui, ayant été préalablement entendue sous le statut de témoin assisté, a déjà, à ce stade, déclaré une adresse et bénéficié du droit d'être assistée d'un avocat ayant eu accès au dossier de la procédure, a eu connaissance, notamment, du réquisitoire introductif, ainsi que de son droit de se taire, d'être confrontée à son accusateur et de présenter des requêtes en annulation, confère à cette personne des prérogatives équivalentes à celles résultant de la mise en examen par la voie d'une audition, la lettre envoyée par le juge d'instruction à son adresse déclarée l'informant des faits reprochés et de leur qualification juridique, de son droit de formuler des demandes d'actes et de la date prévisible d'achèvement de la procédure (■ Cass. crim., 6 mai 2015, n° 14-87.984 : *JurisData* n° 2015-010436).

9) Substitution de statut par lettre recommandée – Mention du droit à être interrogé par le juge d'instruction. Il résulte de l'article 113-8, alinéa 4, du Code de procédure pénale qu'en cas de mise en examen d'un témoin assisté par lettre recommandée, celui-ci doit être informé que le juge d'instruction est tenu de procéder à son interrogatoire s'il en fait la demande, une telle omission portant atteinte à ses intérêts. Encourt dès lors la cassation l'arrêt qui, pour rejeter la demande de nullité, tirée du défaut de cette mention dans l'avis destiné à l'informer de sa mise en examen, retient que la société requérante n'ignorait pas cette formalité, cette connaissance étant démontrée par le dépôt même de la requête (■ Cass. crim., 28 mai 2015, n° 15-80.929 : *JurisData* n° 2015-012554).

Section V. – Des interrogatoires et confrontations

Bibliographie : *Répertoire.* J.-P. Valat, *Interrogatoires et confrontations : JCl. Proc. pén.*, art. 114 à 121, Fasc. 20. • Ch. Guéry, *Rép. pén.* Dalloz, V° *Instruction préparatoire*.

Généralités. G. Taupiac-Nouvel et A. Botton, *La réforme du droit à l'information en procédure pénale : JCP* G 2014, 802. • J. Pradel, *Centenaire de la loi du 8 décembre 1897 sur la défense avant jugement pénal : essai d'un bilan : D.* 1997, 375. • C. Ribeyre, *La communication du dossier d'instruction aux parties privées : JCP* G 2006, I, 152.

Art. 114 *(Mod., L. n° 2015-177, 16 févr. 2015 ; L. n° 2015-993, 17 août 2015).* **– Les parties ne peuvent être entendues, interrogées ou confrontées, à moins qu'elles n'y renoncent expressément, qu'en présence de leurs avocats ou ces derniers dûment appelés.**

Les avocats sont convoqués au plus tard cinq jours ouvrables avant l'interrogatoire ou l'audition de la partie qu'ils assistent par lettre recommandée avec demande d'avis de réception, télécopie avec récépissé ou verbalement avec émargement au dossier de la procédure.

Le dossier de la procédure est mis à leur disposition quatre jours ouvrables au plus tard avant chaque interrogatoire de la personne mise en examen ou chaque audition de la partie civile. Après la première comparution de la personne mise en examen ou la première audition de la partie civile, le dossier est également mis à tout moment à la disposition des avocats durant les jours ouvrables, sous réserve des exigences du bon fonctionnement du cabinet d'instruction.

Après la première comparution ou la première audition, les avocats des parties ou, si elles n'ont pas d'avocat, les parties peuvent se faire délivrer copie de tout ou partie des pièces et actes du dossier. La délivrance de cette

copie doit intervenir dans le mois qui suit la demande. Si le dossier a fait l'objet d'une numérisation, cette copie est remise sous forme numérisée, le cas échéant par un moyen de télécommunication selon les modalités prévues à l'article 803-1. La délivrance de la première copie de chaque pièce ou acte du dossier est gratuite.

Lorsque la copie a été directement demandée par la partie, celle-ci doit attester par écrit avoir pris connaissance des dispositions du sixième alinéa du présent article et de l'article 114-1. Lorsque la copie a été demandée par les avocats, ceux-ci peuvent en transmettre une reproduction à leur client, à condition que celui-ci leur fournisse au préalable cette attestation.

Seules les copies des rapports d'expertise peuvent être communiquées par les parties ou leurs avocats à des tiers pour les besoins de la défense.

Lorsque la copie a été demandée par l'avocat, celui-ci doit, le cas échéant, donner connaissance au juge d'instruction, par déclaration à son greffier ou par lettre ayant ce seul objet et adressée en recommandé avec accusé de réception, de la liste des pièces ou actes dont il souhaite remettre une reproduction à son client.

Le juge d'instruction dispose d'un délai de cinq jours ouvrables à compter de la réception de la demande pour s'opposer à la remise aux parties de tout ou partie des copies demandées ou de leurs reproductions par une ordonnance spécialement motivée au regard des risques de pression sur les victimes, les personnes mises en examen, leurs avocats, les témoins, les enquêteurs, les experts ou toute autre personne concourant à la procédure.

Cette décision est notifiée par tout moyen et sans délai aux parties ou à leurs avocats, qui peuvent, dans les deux jours de sa notification, déférer la décision du juge d'instruction au président de la chambre de l'instruction, qui statue dans un délai de cinq jours ouvrables par une décision écrite et motivée, non susceptible de recours. Lorsque la copie a été demandée par l'avocat, à défaut de réponse notifiée dans le délai imparti, l'avocat peut communiquer à son client la reproduction des pièces ou actes mentionnés sur la liste.

Les modalités selon lesquelles les copies sont remises à une personne détenue et les conditions dans lesquelles cette personne peut détenir ces documents sont déterminées par décret en Conseil d'État.

Par dérogation aux dispositions des huitième et neuvième alinéas, l'avocat d'une partie civile dont la recevabilité fait l'objet d'une contestation ne peut transmettre à son client une reproduction des pièces ou actes du dossier sans l'autorisation préalable du juge d'instruction, qui peut lui être notifiée par tout moyen. En cas de refus du juge d'instruction ou à défaut de réponse de ce dernier dans les cinq jours ouvrables, l'avocat peut saisir le président de la chambre de l'instruction, qui statue dans un délai de cinq jours ouvrables, par une décision écrite et motivée non susceptible de recours. En l'absence d'autorisation préalable du président de la chambre de l'instruction, l'avocat ne peut transmettre la reproduction de pièces ou actes du dossier à son client.

Voir : s'agissant de la remise de la reproduction des pièces d'une procédure d'instruction à une personne détenue, art. R. 15-42 et s., p. 1948.

• ***Sommaire***

I – DROIT À L'ASSISTANCE D'UN AVOCAT

A – Renonciation à l'assistance d'un avocat

1) Possibilité de renoncer à l'assistance d'un avocat. L'inculpé peut être interrogé par le juge d'instruction sans que son conseil soit présent ou ait été appelé s'il a expressément renoncé à l'assistance du conseil (■ Cass. crim., 5 janv. 1901 : *D.* 1901, 1, 113).

2) Conditions de la renonciation à l'assistance d'un avocat – Renonciation expresse et préalable. Le juge d'instruction peut, comme en l'espèce, interroger ou confronter un inculpé sans que le conseil de ce dernier soit présent, ou ait été convoqué, à la condition que la renonciation de l'inculpé à la présence de son avocat soit expresse et préalable à l'acte d'instruction (▪ Cass. crim., 14 nov. 1994, n° 94-80.981 : *Bull. crim.* n° 362. – *Adde* ▪ Cass. crim., 9 avr. 1986, n° 86-90.503 : *Bull. crim.* n° 121).

3) Portée de la renonciation à l'assistance d'un avocat. La renonciation à l'assistance de l'avocat lors d'un interrogatoire vaut renonciation à l'accomplissement des formalités prescrites par la loi du 8 décembre 1897 (mise à disposition du dossier de la procédure) en ce qui concerne cet interrogatoire (▪ Cass. crim., 8 juin 1912 : *Bull. crim.* n° 307. ▪ Cass. crim., 10 mai 1917 : *Bull. crim.* n° 123).

B – Convocation de l'avocat

1° Domaine des règles de convocation

• Actes nécessitant la convocation de l'avocat

4) Interrogatoires – Actes constitutifs d'un interrogatoire. Doivent être considérées comme un interrogatoire, au sens des articles 118 (devenu art. 114) et suivants du Code de procédure pénale, les déclarations de l'inculpé qui portent sur l'authenticité de documents qui vont faire l'objet d'une saisie, dès lors que les réponses de l'inculpé aux questions posées par le juge d'instruction étaient de nature à engager éventuellement sa responsabilité pénale (▪ Cass. crim., 21 févr. 1967, n° 65-93.037 : *Bull. crim.* n° 72).

5) Interrogatoires – Actes constitutifs d'un interrogatoire – Cas des déclarations spontanées. Il résulte des articles préliminaire, 114, alinéa 1er, et 152, alinéa 2, du Code de procédure pénale qu'est contraire au droit à un procès équitable et aux droits de la défense, le fait, pour des officiers de police judiciaire d'entendre, dans le cadre d'une même information, sous quelque forme que ce soit, une personne qui, ayant été mise en examen, ne peut plus, dès lors, être interrogée que par le juge d'instruction, son avocat étant présent ou ayant été dûment convoqué. Encourt la cassation l'arrêt qui, pour écarter le moyen de nullité pris de l'audition d'un mis en examen par des officiers de police judiciaire hors la présence de son avocat, retient que ceux-ci n'ont pas procédé à un interrogatoire de l'intéressé mais ont seulement retranscrit ses confidences : en prononçant ainsi, alors que le recueil, dans ces conditions, des propos par lesquels le mis en examen s'incriminait lui-même, avait pour effet d'éluder les droits de la défense et que les officiers de police judiciaire auraient dû se borner, constatant la volonté du mis en examen de s'exprimer plus amplement sur les faits, à en faire rapport au juge d'instruction, seul habilité à procéder à un interrogatoire dans les formes légales, la chambre de l'instruction a méconnu les textes et principe susvisés (▪ Cass. crim., 5 mars 2013, n° 12-87.087 : *Bull. crim.* n° 56 ; *Dr. pén.* 2013, comm. 63, note A. Maron et M. Haas ; *Procédures* 2013, n° 162, note A.-S. Chavent-Leclère ; *AJ Pénal* 2013, 288, note Belfanti ; *RSC* 2013, 595, note J. Danet). *Contra* précédemment, la réflexion spontanée du mis en examen, mentionnée au procès-verbal, ainsi que quelques précisions indispensables au déroulement de la reconstitution fournies par des officiers de police, ne constituaient pas un interrogatoire ou l'audition de témoins et ne rendaient pas nécessaire la rédaction de procès-verbaux dans les formes prescrites par les articles 103, 106, 107 et 121 du Code de procédure pénale (▪ Cass. crim., 2 sept. 1986, n° 86-93.266 : *Bull. crim.* n° 251).

6) Interrogatoires – Actes non constitutifs d'un interrogatoire. La restitution par le juge d'instruction d'objets saisis à l'inculpé sans que ne lui soit posé aucune question n'a pas le caractère d'un interrogatoire si bien que les dispositions de l'article 118 (devenu art. 114) du Code de procédure pénale n'ont pas à être respectées (▪ Cass. crim., 23 mai 1970, n° 69-92.622 : *Bull. crim.* n° 166).

7) Interrogatoires – Faits sur lesquels porte l'interrogatoire. Une personne qui a été inculpée d'un crime ou d'un délit ne peut, dans une même procédure, être entendue sur d'autres faits, qu'ils soient ou non connexes de ceux qui ont donné lieu à son inculpation, en dehors des conditions prévues par l'article 118 (devenu art. 114) du Code de procédure pénale (▪ Cass. crim., 19 juin 1990, n° 90-81.535 : *Bull. crim.* n° 252).

8) Confrontations – Actes non constitutifs d'une confrontation. La présentation de l'inculpé aux témoins derrière une vitre sans tain en vue d'une reconnaissance éventuelle ne constitue pas une confrontation ; cet acte d'instruction, exclusif de tout interrogatoire, n'est pas soumis aux prescriptions de l'article 118 (devenu art. 114) du Code de procédure pénale (▪ Cass. crim., 24 oct. 1991, n° 91-84.584 : *Bull. crim.* n° 375 ; *D.* 1992, 323, obs. J. Pradel). La présentation de l'inculpé aux témoins et l'audition de sa voix par ces derniers ne constituent ni un interrogatoire ni une confrontation entrant dans les prévisions de l'article 118 (devenu art. 114) du Code de procédure pénale (▪ Cass. crim., 30 mars 1993, n° 93-80.141 : *Bull. crim.* n° 134).

9) Autres actes – Entretien dans le cadre d'un rapport sur la personnalité et la situation du mis en examen. Si l'enquêteur désigné par le juge d'instruction pour faire un rapport sur la personnalité et la situation matérielle, familiale ou sociale de la personne mise en examen peut, à cette fin, s'entretenir avec celle-ci, hors la présence de son avocat et sans que ce dernier ait été appelé, il ne peut lors de cet entretien recueillir aucune déclaration de l'intéressé sur les faits qui lui sont reprochés (■ Cass. crim., 12 avr. 2016, n° 15-86.298 : *Dr. pén.* 2016, comm. 100, obs. Maron).

• **Exception aux règles de convocation de l'avocat**

10) Report consécutif au refus de comparaître avec l'utilisation d'un moyen de communication audiovisuelle. Lorsque le renvoi du débat contradictoire préalable à la prolongation de la détention provisoire procède du seul refus de la personne mise en examen détenue de comparaître avec l'utilisation d'un moyen de communication audiovisuelle, les prescriptions de l'article 114 du Code de procédure pénale relatives aux modalités de convocation de l'avocat, auxquelles renvoie l'article 145-2 du même code, ne s'imposent plus, la seule exigence étant que l'avocat soit informé des date et heure auxquelles le débat a été renvoyé (■ Cass. crim., 20 juin 2017, n° 17-82.306 : *Bull. crim.* à paraître).

2° Modalités de la convocation

11) Pluralité d'avocats. V. art. 115, p. 380. Il résulte de l'article 115, alinéa 1er, du Code de procédure pénale, que les parties, si elles désignent plusieurs avocats, doivent faire connaître celui d'entre eux auquel seront adressées les convocations et notifications, et qu'à défaut de ce choix, les convocations sont adressées à l'avocat premier choisi ; justifie sa décision au regard de ce texte la chambre de l'instruction qui, pour refuser de faire droit à la demande de nullité présentée par un mis en examen au motif que l'avocat par lui choisi en second lieu n'avait pas été convoqué dans les délais prescrits, retient que le requérant a désigné successivement deux avocats, sans indiquer que le second avocat choisi remplaçait le premier et sans faire connaître celui d'entre eux auquel seraient adressées les convocations, en sorte que seul l'avocat premier choisi devait être avisé (■ Cass. crim., 25 févr. 2014, n° 13-87.869 : *Bull. crim.* n° 51).

12) Succession d'avocats. Doit être approuvée la chambre de l'instruction qui repousse la requête en nullité tirée de la violation de l'article 114 du Code de procédure pénale au motif que l'avocat régulièrement constitué a été convoqué par télécopie et qu'après cet envoi, l'intéressé a adressé au juge d'instruction un courrier désignant un nouvel avocat : d'une part, la régularité de l'avis prévu par l'article 114 du Code de procédure pénale doit s'apprécier à la date à laquelle il est délivré, d'autre part, aucune disposition légale n'impose au juge de réitérer cet acte en cas de désignation d'un nouvel avocat pour recevoir les convocations et les notifications (■ Cass. crim., 26 avr. 2008, n° 07-88.451 : *Bull. crim.* n° 49). Si c'est à tort qu'une chambre de l'instruction tient pour régulière la convocation adressée à l'avocat nouvellement désigné par la personne mise en examen moins de cinq jours ouvrables avant le débat préalable à la prolongation de la détention provisoire, l'arrêt n'encourt cependant pas la censure dès lors que l'examen des pièces de la procédure permet de s'assurer, d'une part, que le demandeur a fait connaître au juge d'instruction qu'il changeait d'avocat à une date telle que le délai prévu par l'article 114, alinéa 2, ne pouvait plus être respecté et, d'autre part, que le délai dont disposait le nouvel avocat lui permettait d'exercer les droits de la défense (■ Cass. crim., 28 févr. 2006 : *JurisData* n° 2006-032777 ; *Bull. crim.* n° 56).

13) Pluralités d'actes nécessitant la convocation de l'avocat. La convocation adressée dans les délais légaux au conseil d'un inculpé avant l'un de ses interrogatoires prévu pour un jour et une date déterminés, valide, au regard des dispositions de l'article 118 (devenu art. 114) du Code de procédure pénale, tous les interrogatoires subséquents de cet inculpé et les actes de procédure auxquels il a été soumis, s'ils en ont été la suite ininterrompue (■ Cass. crim., 10 oct. 1988, n° 88-84.656 : *Bull. crim.* n° 332, s'agissant d'un interrogatoire suivi d'un transport sur les lieux, d'une reconstitution et d'une confrontation réalisés sans désemparer par le juge d'instruction. ■ Cass. crim., 6 août 1991, n° 91-83.125 : *Gaz. Pal.* 1992, 1, somm. 43, obs. Doucet, s'agissant d'une confrontation immédiatement suivie du débat contradictoire préalable à la prolongation de la détention provisoire).

14) Forme de la convocation – Convocation par voie électronique. V. art. 803-1, p. 1869.

15) Adresse de convocation. La convocation du conseil de l'inculpé par lettre recommandée à une ancienne adresse devenue périmée entraîne la nullité de l'interrogatoire de l'inculpé fait en l'absence dudit conseil ainsi que des actes subséquents faute de renonciation expresse par l'inculpé (■ Cass. crim., 16 mai 1974, n° 73-92.922 : *Bull. crim.* n° 181).

16) Contenu de la convocation – Mention inutile de l'objet de la convocation. Les dispositions des alinéas 2 et 3 de l'article 118 (devenu art. 114) du Code de procédure pénale, qui sont applicables au débat contradictoire en matière criminelle, n'exigent pas que la convocation adressée au conseil précise l'objet de l'audition envisagée par le juge d'instruction (■ Cass. crim.,

6 août 1991, n° 91-83.125 : *Gaz. Pal.* 1992, 1, somm. 43, obs. Doucet. – *Adde* ■ Cass. crim., 1er oct. 1985, n° 85-94.010 : *Bull. crim.* n° 288).

17) Contenu de la convocation – Mention inutile de l'identité des personnes confrontées. Il ne résulte d'aucune disposition du Code de procédure pénale ni d'aucune disposition conventionnelle l'obligation pour le juge d'instruction de communiquer au mis en examen les noms des personnes auxquelles il veut le confronter (■ Cass. crim., 14 déc. 2016, n° 16-84.043 : *JurisData* n° 2016-026999 ; *Dr. pén.* 2017, comm. 28, note A. Maron).

18) Délai de convocation – Exclusion du jour d'envoi et du jour de l'acte. L'avocat de la personne mise en examen devant être convoqué au plus tard cinq jours ouvrables avant chaque interrogatoire, c'est à tort qu'une chambre de l'instruction tient pour régulière la convocation adressée à l'avocat nouvellement désigné par la personne mise en examen le jeudi pour un débat contradictoire fixé le mercredi suivant (■ Cass. crim., 28 févr. 2006 : *JurisData* n° 2006-032777 ; *Bull. crim.* n° 56). La convocation adressée le vendredi 8 novembre à un acte fixé le vendredi 15 novembre ne respecte pas les prescriptions de l'article 118 (devenu art. 114) du Code de procédure pénale, le délai se trouvant réduit à trois jours ouvrables par suite de la succession des samedi 9, dimanche 10 et lundi férié 11 novembre (■ Cass. crim., 15 mars 1988, n° 88-80.267 : *Bull. crim.* n° 128).

19) Délai de convocation – Exclusion des samedis, dimanches et jours fériés. V. ■ Cass. crim., 15 mars 1988, préc.

20) Preuve de la convocation – Règle générale. La mention portée au procès-verbal d'une confrontation indiquant que l'avocat de l'inculpé a été convoqué par lettre recommandée dans le délai légal suffit à elle seule à constater l'accomplissement des formalités prescrites par l'article 118 (devenu art. 114) du Code de procédure pénale (■ Cass. crim., 26 mai 1981, n° 81-91.601 : *Bull. crim.* n° 171). Les mentions portées sur le procès-verbal d'interrogatoire indiquant que l'avocat de la personne mise en examen a été convoqué par lettre recommandée avec accusé de réception 5 jours ouvrables avant l'interrogatoire font foi jusqu'à inscription de faux (■ Cass. crim., 24 août 1999, n° 99-83.682). *V. cependant*, il résulte de la combinaison des articles 114, 145-2 et 803-1 du Code de procédure pénale que la décision sur la prolongation de la détention provisoire ne peut être prise qu'après un débat contradictoire auquel l'avocat du mis en examen a été convoqué au plus tard cinq jours ouvrables avant ledit débat, par lettre recommandée avec demande d'avis de réception, par télécopie avec récépissé, verbalement avec émargement au dossier de la procédure ou par un envoi adressé par un moyen de télécommunication à l'adresse électronique de l'avocat ; encourt la cassation la chambre de l'instruction qui refuse d'annuler l'ordonnance de prolongation de la détention provisoire au motif que la régularité de la convocation de cet avocat par télécopie est établie par la mention portée au procès-verbal qui fait foi jusqu'à inscription de faux alors que le dossier de la procédure ne comportait aucun justificatif d'une convocation de l'avocat au débat contradictoire par l'un des moyens rappelés (■ Cass. crim., 3 déc. 2013, n° 13-86.208 : *Bull. crim.* n° 243 ; *Dr. pén.* 2014, étude 9, note L. Saenko).

21) Preuve de la convocation – Convocation par télécopie. Selon l'article 114, alinéa 2, du Code de procédure pénale, le récépissé de toute convocation d'un avocat par télécopie doit être joint au dossier de la procédure. Encourt donc la cassation l'arrêt qui refuse d'annuler l'ordonnance de prolongation de la détention provisoire alors que le mis en examen soutenait que son avocat n'avait pas été régulièrement convoqué par télécopie, la chambre de l'instruction ne s'étant pas assurée de l'existence d'un tel récépissé (■ Cass. crim., 27 nov. 2012, n° 12-86.085, FS-P+B : *JurisData* n° 2012-029132 ; *Procédures* 2013, comm. 54, J. Buisson). Il résulte de la combinaison des articles 114, 145-2 et 803-1 du Code de procédure pénale que la décision sur la prolongation de la détention provisoire ne peut être prise qu'après un débat contradictoire auquel l'avocat du mis en examen a été convoqué au plus tard cinq jours ouvrables avant ledit débat, par lettre recommandée avec demande d'avis de réception, par télécopie avec récépissé, verbalement avec émargement au dossier de la procédure ou par un envoi adressé par un moyen de télécommunication à l'adresse électronique de l'avocat ; encourt la cassation la chambre de l'instruction qui refuse d'annuler l'ordonnance de prolongation de la détention provisoire au motif que la régularité de la convocation de cet avocat par télécopie est établie par la mention portée au procès-verbal qui fait foi jusqu'à inscription de faux alors que le dossier de la procédure ne comportait aucun justificatif d'une convocation de l'avocat au débat contradictoire par l'un des moyens rappelés (■ Cass. crim., 3 déc. 2013, n° 13-86.208 : *Bull. crim.* n° 243 ; *Dr. pén.* 2014, étude 9, note L. Saenko). *Contra précédemment*, justifie sa décision la chambre de l'instruction qui, pour rejeter l'exception de nullité prise de l'absence au dossier du récépissé de l'envoi par télécopie de la convocation de l'avocat au débat contradictoire, constate qu'il résulte des mentions du procès-verbal que l'avocat a été convoqué par télécopie et énonce que cette mention fait foi jusqu'à inscription de faux (■ Cass. crim., 6 déc. 2005, n° 05-85.851 : *Bull. crim.* n° 318).

3° Conséquences de la convocation régulière

22) Absence de l'avocat. Le demandeur ne peut se faire grief de ce que, en raison de l'éloignement, la convocation régulière de l'avocat n'ait pu avoir un effet utile (■ Cass. crim., 2 mai 1903 : *Bull. crim.* n° 169). Le prévenu ne peut se faire grief de ce qu'un interrogatoire a eu lieu hors la présence du conseil si celui-ci a été convoqué et la procédure mise à sa disposition dans le délai fixé par la loi (■ Cass. crim., 30 déc. 1908 : *Bull. crim.* n° 543).

23) Actes successifs. La convocation adressée dans les délais légaux au conseil d'un inculpé avant l'un de ses interrogatoires prévu pour un jour et une date déterminés valide, au regard des dispositions de l'article 118 (devenu art. 114) du Code de procédure pénale, tous les interrogatoires subséquents de cet inculpé et les actes de procédure auxquels il a été soumis, s'ils en ont été la suite ininterrompue (■ Cass. crim., 10 oct. 1988, n° 88-84.656 : *Bull. crim.* n° 332, s'agissant d'un interrogatoire suivi d'un transport sur les lieux, d'une reconstitution et d'une confrontation réalisés sans désemparer par le juge d'instruction. ■ Cass. crim., 6 août 1991, n° 91-83.125 : *Gaz. Pal.* 1992, 1, somm. 43, obs. J.-P. Doucet, s'agissant d'une confrontation immédiatement suivie du débat contradictoire préalable à la prolongation de la détention provisoire).

24) Prescription. La convocation, adressée par un juge d'instruction, en vue de procéder à des auditions, interrogatoires ou confrontations, est un acte d'instruction qui interrompt la prescription (■ Cass. crim., 5 sept. 2006, n° 06-80.402 : *Bull. crim.* n° 205).

4° Conséquences de l'absence de convocation régulière

25) Nullité. L'inobservation des dispositions de l'article 118 (devenu art. 114) du Code de procédure pénale, selon lesquelles l'inculpé ne peut être entendu ou confronté, à moins qu'il n'y renonce expressément, qu'en présence de son conseil ou celui-ci dûment appelé, est sanctionnée par la nullité de l'acte et de la procédure ultérieure en vertu de l'article 170 du même code (■ Cass. crim., 11 déc. 1974, n° 74-92.260 : *Bull. crim.* n° 367).

26) Nécessité d'un grief. Dès lors que le conseil de l'inculpé a assisté à l'interrogatoire et n'a élevé aucune protestation et qu'il n'est ainsi ni établi, ni même allégué, que les irrégularités commises ont eu pour effet de porter atteinte aux intérêts de l'inculpé, le moyen doit être écarté (■ Cass. crim., 2 sept. 1986, n° 86-93.266 : *Bull. crim.* n° 251). N'encourt pas la nullité l'ordonnance de prolongation de la détention provisoire, prise après débat contradictoire auquel l'avocat de l'inculpé a été tardivement convoqué au regard des dispositions de l'article 114 du Code de procédure pénale, dès lors que l'avocat était présent lors du débat contradictoire, qu'il a eu l'occasion de s'exprimer sur la prolongation de détention et qu'il n'est ni établi ni soutenu que l'avocat ait été gêné dans l'accomplissement de sa mission (■ Cass. crim., 11 janv. 1994, n° 93-84.837 : *Bull. crim.* n° 15). L'absence de convocation de l'avocat au débat contradictoire, ayant empêché celui-ci d'assister le demandeur, portait nécessairement atteinte aux intérêts de celui-ci ; encourt dès lors la censure l'arrêt qui, pour écarter l'exception de nullité, après avoir constaté que la convocation de l'avocat avait été expédiée par télécopie à l'adresse d'un tiers, retient notamment que l'appelant, lors du débat, n'ayant ni revendiqué la présence de son avocat ni sollicité le report de ce débat, aucun grief n'est établi ni même allégué (■ Cass. crim., 4 déc. 2007, n° 07-86.794 : *JurisData* n° 2007-042151 ; *Bull. crim.* n° 297).

II – DROIT D'ACCÉDER AU DOSSIER DE LA PROCÉDURE

A – Mise à disposition du dossier de la procédure

1° Personnes à la disposition desquelles le dossier est mis

27) Mise à disposition du seul avocat. Les articles 114 et 197 du Code de procédure pénale n'autorisent la communication du dossier qu'aux seuls avocats des parties (■ Cass. crim., 22 janv. 2002, n° 00-82.215). Doit être approuvée la chambre de l'instruction selon laquelle il résulte des dispositions des articles 114 et 197 du Code de procédure pénale que la communication du dossier de l'information ne peut être effectuée qu'au profit d'un avocat et que cette règle n'est pas contraire aux dispositions de l'article 6, § 3 de la Convention européenne des droits de l'Homme qui n'impose pas la remise du dossier de l'information à une personne poursuivie avant la saisine de la juridiction de jugement (■ Cass. crim., 16 déc. 2009, n° 09-86.298).

28) Absence de mise à disposition des parties privées. Il résulte de l'article 114 du Code de procédure pénale que seuls les avocats des parties peuvent avoir accès au dossier d'une information en cours ou s'en faire délivrer copie pour leur usage exclusif et que, dès lors, une personne mise en examen ne peut avoir connaissance de la teneur d'un tel dossier, sauf exceptions prévues par la loi, que par l'intermédiaire et sous la responsabilité d'un avocat ; cette règle n'est en rien contraire aux dispositions de l'article 6.3 *d* de la Convention européenne des droits de l'Homme, lequel n'impose pas la remise à une personne poursuivie de la copie des pièces du dossier de l'instruction avant sa clôture (▪ Cass. crim., 26 juin 1995, n° 95-82.333 : *Bull. crim.* n° 235. ▪ Cass. crim., 2 mai 1903 : *DP* 1905, 1, 23 et *S.* 1905, 1, 301).

2° Pièces mises à disposition

29) Mise à disposition de l'intégralité des pièces de la procédure. Le dossier mis à la disposition du conseil de l'inculpé doit comprendre toutes les pièces de la procédure (▪ Cass. crim., 21 févr. 1967, n° 65-93.037 : *Bull. crim.* n° 72. ▪ Cass. crim., 15 avr. 1904 : *Bull. crim.* n° 186 ; *DP* 1907, 1, 470).

30) Mise à disposition des seules pièces de la procédure. La copie de travail d'un support numérique de stockage placé sous scellé ne constitue pas une pièce de la procédure devant être communiquée aux avocats des parties dans les conditions prévues par l'article 114 du Code de procédure pénale. Elle ne peut être consultée, comme l'original, que dans les conditions prévues par l'article 97, alinéas 6 et 7, du Code de procédure pénale (▪ Cass. crim., 5 oct. 2021, n° 21-82.331, § 21 : *Bull. crim.* à paraître ; *Dr. pén.* 201, comm. 192, note A. Maron et M. Haas ; *AJ pénal* 2021, p. 592, obs. E. Clément).

31) Sort des pièces nouvelles. Aucune disposition légale n'interdit, l'information se poursuivant, de verser au dossier les pièces établies ou parvenues entre la date de la communication de la procédure et celle de l'interrogatoire de l'inculpé (▪ Cass. crim., 21 oct. 1975, n° 75-91.216 : *Bull. crim.* n° 221. ▪ Cass. crim., 5 juin 1975, n° 74-92.792 : *Bull. crim.* n° 146 ; *JCP* 1976, II, 18243, note P. Chambon. ▪ Cass. crim., 20 févr. 1990, n° 89-86.666 : *Bull. crim.* n° 86).

32) Sort des pièces nouvelles – Connaissance donnée préalablement à l'interrogatoire. Justifient leur décision au regard des articles 118 (devenu 114), 170 et 172 du Code de procédure pénale, les juges du fond qui observent qu'aucune disposition légale n'interdit que, l'information se poursuivant, les pièces établies ou parvenues entre la date de la communication de la procédure et celle de l'interrogatoire de l'inculpé soient versées au dossier et que le juge d'instruction ayant pris soin de donner connaissance à l'intéressé et à ses conseils de telles pièces, aucune atteinte n'a été portée aux droits de la défense dans des conditions susceptibles d'entraîner la nullité prévue par l'article 172 du Code de procédure pénale (▪ Cass. crim., 5 juin 1975, préc.). Aucune disposition légale n'interdit que, l'information se poursuivant, les pièces établies entre la date de communication de la procédure et celle de l'interrogatoire de l'inculpé soient versées immédiatement au dossier, dès lors que le magistrat instructeur, s'il en fait usage, en donne connaissance, sous quelque forme que ce soit, à l'inculpé et à son conseil, avant de procéder à l'interrogatoire (▪ Cass. crim., 20 févr. 1990, préc.).

33) Sort des pièces nouvelles – Interrogatoire ne portant pas sur lesdites pièces. Aucune disposition légale n'interdit, l'information se poursuivant, de verser au dossier les pièces établies ou parvenues entre la date de la communication de la procédure et celle de l'interrogatoire de l'inculpé, alors que le juge d'instruction avait précisé que la confrontation ne porterait pas sur le contenu des pièces non communiquées (▪ Cass. crim., 21 oct. 1975, préc.). Justifie sa décision la chambre d'accusation qui, pour rejeter la demande en annulation prise de la violation de l'article 114, alinéa 3 du Code de procédure pénale, énonce notamment que le juge d'instruction n'a pas posé de question à la personne mise en examen à partir des éléments contenus dans les pièces versées le jour même dans le dossier (▪ Cass. crim., 19 juin 2002, n° 01-83.070). Méconnaît les dispositions de l'article 118, alinéa 3 (devenu art. 114) du Code de procédure pénale, le juge d'instruction qui fait porter l'interrogatoire sur des documents remis par la victime et versés au dossier qu'après cet interrogatoire (▪ Cass. crim., 21 févr. 1967, n° 65-93.037 : *Bull. crim.* n° 72) ou sur un procès-verbal tardivement versé au dossier (▪ Cass. crim., 30 mars 2021, n° 20-85.556, § 18 : *Bull. crim.* à paraître).

34) Exclusion des pièces se rapportant aux actes en cours d'exécution. N'a pas à être versé à la procédure un document joint à une commission rogatoire avant le retour de celle-ci (▪ Cass. crim., 30 mai 1996, n° 95-85.954 : *Bull. crim.* n° 226 ; *D.* 1996, 167 ; *Dr. pén.* 1996, comm. 174, note A. Maron ; *RSC* 1996, p. 880, obs. Dintilhac). Aucune disposition de la loi n'exige que figure au dossier, pendant la durée de son exécution, une copie de la commission rogatoire délivrée par le juge d'instruction (▪ Cass. crim., 12 mars 1991, n° 90-87.733 : *Bull. crim.* n° 122 ; *RSC* 1992, p. 116, obs. Braunschweig). Fait une exacte application des articles 100-5, 114 et 117 du Code de procédure pénale la chambre d'accusation qui, pour refuser d'annuler un procès-verbal d'interrogatoire portant sur le contenu d'une écoute téléphonique dont la transcription n'avait pas encore été effectuée mais dont la teneur était rapportée par un procès-verbal versé au dossier, relève que l'acte a eu lieu en présence de l'avocat qui a consulté le dossier et n'a émis aucune réserve et que, les questions ne portant que sur ce qui était relaté dans ce procès-verbal, il n'y a pas eu atteinte aux droits de la défense (▪ Cass. crim., 23 mars 1999, n° 98-86.263 : *D.* 1999, somm. 324, obs. J. Pradel ; *JCP* 1999, IV, 2800).

35) Mise à disposition en cas d'interrogatoire ou audition réalisé sur commission rogatoire. Lorsque l'interrogatoire est réalisé sur commission rogatoire, l'avocat doit pouvoir consulter l'intégralité du dossier de la procédure s'il en fait la demande et non pas les seules pièces transmises par le juge mandant (▪ Cass. crim., 9 févr. 1982, n° 81-94.393 : *Bull. crim.* n° 47 ; *D.* 1982, 544, note J. Pradel ; *RSC* 1983, p. 280, obs. Robert).

3° Preuve de la mise à disposition

36) Preuve de la mise à disposition. Il doit être porté mention au procès-verbal de la mise à disposition du dossier de la procédure (▪ Cass. crim., 27 févr. 1963, n° 62-92.388 : *Bull. crim.* n° 96). En l'absence de mention au procès-verbal, cette formalité est réputée non accomplie (▪ Cass. crim., 27 févr. 1963, préc.). La mention portée au procès-verbal que le dossier de la procédure a été mis à disposition de l'avocat dans le délai légal suffit à elle seule à constater l'accomplissement des formalités prescrites par l'article 118 (devenu art. 114) du Code de procédure pénale (▪ Cass. crim., 26 mai 1981, n° 81-91.601 : *Bull. crim.* n° 171).

4° Sanction de l'absence de mise à disposition

37) Nullité soumise à grief. Encourt la nullité prévue par l'article 170 du Code de procédure pénale l'interrogatoire de l'inculpé pratiqué en méconnaissance des dispositions des alinéas 2 et 3 de l'article 118 (devenu art. 114) du Code de procédure pénale ; cependant, dès lors que le conseil était présent et n'a élevé aucune protestation, il n'est pas établi que les irrégularités ont pour effet de porter atteinte aux intérêts de l'inculpé et il n'y a pas lieu de prononcer la nullité (▪ Cass. crim., 2 sept. 1986, n° 86-93.266 : *Bull. crim.* n° 251 ; *JCP* G 1987, II, 20766, note P. Chambon). La nullité n'est pas non plus encourue, faute de grief, lorsque l'un des intéressés n'a fait aucune déclaration sur le fond et que l'avocat de l'autre, qui a pu prendre connaissance de l'existence et de la nature des documents manquant au dossier, n'a élevé aucune protestation au cours de l'interrogatoire et n'a, au demeurant, ni établi, ni même allégué, une quelconque atteinte aux intérêts de sa cliente (▪ Cass. crim., 30 oct. 2001, n° 01-84.779 : *Bull. crim.* n° 223). La nullité n'est pas davantage encourue, faute de grief, lorsque les questions du juge d'instruction à propos d'un procès-verbal versé tardivement au dossier n'ont porté que sur des éléments déjà évoqués par l'intéressé lors de sa garde à vue (▪ Cass. crim., 30 mars 2021, n° 20-85.556, § 18 : *Bull. crim.* à paraître).

Voir : Voir également les annotations n°s 29 et suivantes.

38) Impartialité et loyauté du juge. La cotation tardive d'un rapport d'enquête de la direction nationale des enquêtes fiscales, dont la chambre de l'instruction relève qu'aucune disposition légale n'impose au juge d'instruction de le faire figurer en procédure, n'est pas de nature à faire naître un doute objectivement justifié sur l'impartialité du magistrat ou à caractériser un comportement déloyal procédant de la volonté de porter atteinte aux droits de la défense (▪ Cass. crim., 7 aout 2019, n° 18-86.418 : *Bull. crim.* à paraître).

B – Copie des pièces

39) Solution antérieure à la loi du 30 décembre 1996. Il résulte tant de l'article 114, alinéa 4, du Code de procédure pénale, dont les dispositions ne sont pas contraires à celles de l'article 6.3 *b* de la Convention européenne des droits de l'Homme, que de l'article 160 du décret du 27 novembre 1991 que, si l'avocat, autorisé à se faire délivrer des copies du dossier d'instruction, peut procéder à leur examen avec son client pour les besoins de la défense de ce dernier, il ne saurait en revanche lui remettre ces copies qui ne lui sont délivrées que pour son « usage exclusif » et doivent demeurer couvertes par le secret de l'instruction (▪ Cass. ass. plén., 30 juin 1995, n° 94-16.982 : *Bull. crim.* n° 3 ; *JCP* 1995, II, 22479, note P. Chambon ; *D.* 1995, 417, note J. Pradel ; *Dr. pén.* 1995, comm. 15).

40) Personnes pouvant obtenir copie des pièces. Selon l'article 114, alinéa 4, du Code de procédure pénale, la possibilité de se faire délivrer une copie des pièces de l'information en cours n'est ouverte à l'avocat de la personne concernée qu'après la première comparution de celle-ci en qualité de personne mise en examen ou sa première audition comme partie civile ; méconnaît le sens de cet article la chambre de l'instruction qui, invoquant l'équilibre des droits des parties garanti par l'article préliminaire du même code et le droit d'information des victimes, énonce que, dès lors qu'est intervenue la première comparution de la personne mise en examen, toutes les parties doivent pouvoir se faire délivrer une copie des pièces de la procédure et fait droit, en conséquence, à la demande de copie d'une partie civile non encore entendue par le juge d'instruction (▪ Cass. crim., 25 oct. 2011, n° 11-81.677 : *Bull. crim.* n° 217 ; *RSC* 2012, p. 195, obs. Danet).

41) Personnes pouvant obtenir copie des pièces – Règles applicables aux personnes détenues. Voir art. R. 15-42 et s., p. 1948.

Art. 114-1 *(Mod. à compter du 2 juin 2014, L. n° 2014-535, 27 mai 2014 ; L. n° 2021-1729, 22 déc. 2021).* **– Sous réserve des dispositions du sixième alinéa de l'article 114, le fait, pour une partie à qui une reproduction des pièces ou actes d'une procédure d'instruction a été remise en application de cet article, de la diffuser auprès d'un tiers est puni de trois ans d'emprisonnement et de 45 000 € d'amende.**

Caractérisation de l'infraction. Le délit prévu par l'article 114-1 du Code de procédure pénale suppose établi que les pièces de la procédure d'instruction diffusées auprès d'un tiers aient été remises en application de l'article 114 du même code (■ Cass. crim., 11 mars 2020, n° 19-84.887, § 11 : *Bull. crim.* à paraître ; *Dr. pén.* 2020, comm. 133, note Ph. Conte).

Art. 115 *(L. n° 93-2, 4 janv. 1993 ; L. n° 2004-204, 9 mars 2004).* **– Les parties peuvent à tout moment de l'information faire connaître au juge d'instruction le nom de l'avocat choisi par elles ; si elles désignent plusieurs avocats, elles doivent faire connaître celui d'entre eux auquel seront adressées les convocations et notifications ; à défaut de ce choix, celles-ci seront adressées à l'avocat premier choisi.**

Sauf lorsqu'il s'agit de la première désignation d'un avocat par une partie ou lorsque la désignation intervient au cours d'un interrogatoire ou d'une audition, le choix effectué par les parties en application de l'alinéa précédent doit faire l'objet d'une déclaration au greffier du juge d'instruction. La déclaration doit être constatée et datée par le greffier qui la signe ainsi que la partie concernée. Si celle-ci ne peut signer, il en est fait mention par le greffier. Lorsque la partie ne réside pas dans le ressort de la juridiction compétente, la déclaration au greffier peut être faite par lettre recommandée avec demande d'avis de réception.

Lorsque la personne mise en examen est détenue, le choix effectué par elle en application du premier alinéa peut également faire l'objet d'une déclaration auprès du chef de l'établissement pénitentiaire. Cette déclaration est constatée et datée par le chef de l'établissement qui la signe ainsi que la personne détenue. Si celle-ci ne peut signer, il en est fait mention par le chef de l'établissement. Ce document est adressé sans délai, en original ou en copie et par tout moyen, au greffier du juge d'instruction. La désignation de l'avocat prend effet à compter de la réception du document par le greffier.

Lorsque la personne mise en examen est détenue, le choix peut également résulter d'un courrier désignant un avocat pour assurer sa défense. La déclaration prévue au deuxième alinéa doit alors être faite par l'avocat désigné ; celui-ci remet au greffier une copie, complète ou partielle, du courrier qui lui a été adressé, et qui est annexée par le greffier à la déclaration. La personne mise en examen doit confirmer son choix dans les quinze jours selon l'une des modalités prévues aux deuxième et troisième alinéas. Pendant ce délai, la désignation est tenue pour effective.

I – DÉSIGNATION DE L'AVOCAT

1) Pluralité d'avocats. Il résulte de l'article 117 (devenu art. 115) du Code de procédure pénale que s'ils désignent plusieurs conseils, l'inculpé et la partie civile doivent faire connaître celui d'entre eux auquel seront adressées les convocations et notifications. À défaut de ce choix celles-ci seront adressées au conseil premier choisi (■ Cass. crim., 18 juin 1985, n° 85-91.900 : *Bull. crim.* n° 233). À défaut de choix, lorsque plusieurs avocats ont été désignés simultanément, les convocations doivent être adressées à celui d'entre eux dont le nom apparaît en premier sur l'acte de désignation (■ Cass. crim., 8 déc. 1999, n° 99-86.135 : *Bull. crim.* n° 294). Fait une exacte application de l'article 115 du Code de procédure pénale la chambre de l'instruction qui, pour écarter l'exception de nullité tirée du défaut de notification du rapport d'expertise et de l'avis de fin d'information à l'un des avocats du mis en examen, énonce que, si le mis en examen a désigné quatre avocats en précisant que les convocations et notifications devaient être adressées à chacun d'entre eux, le rapport d'expertise et l'avis de fin d'information ont été régulièrement notifiés au premier avocat choisi par l'intéressé (■ Cass. crim., 15 janv. 2008, n° 07-87.460 : *JurisData* n° 2008-042507 ; *Bull. crim.* n° 7 ; *Dr. pén.* 2009, chron. 1, p. 20, obs. Guérin). Écarte à juste titre l'exception de nullité tirée de ce que l'ordonnance du juge d'instruction saisissant le juge des libertés et de la détention aux fins de placement en détention provisoire et le réquisitoire du ministère public n'ont pas été adressés au premier avocat désigné mais à un autre des avocats du mis en examen : en effet, la communication préalable du réquisitoire du ministère public et de l'ordonnance du juge d'instruction saisissant le juge des libertés et de la détention, qui ne constitue pas une notification au sens de l'article 115 du Code de procédure pénale, a été assurée en l'espèce dans des conditions permettant d'assurer l'exercice effectif des droits de la défense (■ Cass. crim., 27 juill. 2016, n° 16-83.020).

2) Collaborateurs et associés de l'avocat désigné. V. D. n° 2022-95, 31 janv. 2022, relatif au permis de communiquer délivré à l'avocat d'une personne détenue.

Voir antérieurement : l'article 115 du Code de procédure pénale ne prévoit l'envoi des convocations et notifications qu'aux avocats nommément désignés par les parties. Il s'en déduit que le juge d'instruction n'est tenu de délivrer un permis de communiquer qu'à ces derniers et non aux collaborateurs ou associés d'un avocat choisi, dès lors que ceux-ci n'ont pas été personnellement désignés par l'intéressé dans les formes prévues par l'article 115 du Code de procédure pénale (■ Cass. crim., 15 déc. 2021, n° 21-85.670, § 15 : *Bull. crim.* à paraître ; *Dr. pén.* 2022, comm. 37, note A. Maron et M. Haas ; *AJ pénal* 2022, 95, obs. J. Hennebois et A. Pujol).

3) Changement d'avocat. Il résulte de l'article 115, alinéa 2, du Code de procédure pénale que, tant que la personne mise en examen n'a pas confirmé elle-même au juge d'instruction le choix du nouvel avocat, seuls doivent être avisés de la date de l'audience les avocats précédemment désignés (■ Cass. crim., 4 déc. 2001, n° 01-86.394 : *Bull. crim.* n° 250). Il résulte de l'article 115, alinéa 1er, du Code de procédure pénale, que les parties, si elles désignent plusieurs avocats, doivent faire connaître celui d'entre eux auquel seront adressées les convocations et notifications, et qu'à défaut de ce choix, les convocations sont adressées à l'avocat premier choisi ; justifie sa décision au regard de ce texte la chambre de l'instruction qui, pour refuser de faire droit à la demande de nullité présentée par un mis en examen qui invoquait la nullité du débat contradictoire préalable à la prolongation de sa détention provisoire au motif que l'avocat par lui choisi en second lieu n'avait pas été convoqué dans les délais prescrits, retient que le requérant a désigné successivement deux avocats, sans indiquer que le second avocat choisi remplaçait le premier et sans faire connaître celui d'entre eux auquelseraient adressées les convocations, en sorte que seul l'avocat premier choisi devait être avisé (■ Cass. crim., 25 févr. 2014, n° 13-87.869 : *Bull. crim.* n° 51). Il résulte de l'article 115, alinéa 1er, du Code de procédure pénale, que, si elles désignent plusieurs avocats, d'une part, les parties doivent faire connaître celui d'entre eux qui sera destinataire des convocations, d'autre part, seul le défaut de ce choix exige de les adresser à l'avocat premier choisi ; il s'en déduit que la désignation, en remplacement de l'avocat précédemment choisi pour recevoir les actes, d'un nouvel avocat, emporte, en l'absence d'indication contraire, transfert à ce dernier, par la partie concernée, de cette même responsabilité (■ Cass. crim., 14 nov. 2017, n° 17-85.299 : *Bull. crim.* à paraître. Adde ■ Cass. crim., 20 juin 2018, n° 18-82.205 : *Bull. crim.* à paraître ; *Dr. pén.* 2018, comm. 186, obs. A. Maron et M. Haas ; *Procédures* 2018, comm. 308, obs. A.-S. Chavent-Leclère).

4) Changement d'avocat – Personne détenue. Encourt la censure l'arrêt confirmant l'ordonnance de placement en détention provisoire dont il ressort que l'avocat convoqué n'avait pas été désigné dans les formes prévues par l'article 115, alinéas 3 et 4 du Code de procédure pénale, soit par déclaration au chef de l'établissement pénitentiaire, soit par lettre suivie d'une déclaration au greffe par cet avocat, et que l'avocat qui avait précédemment assisté le mis en examen n'avait pas été convoqué (■ Cass. crim., 11 juill. 2018, n° 18-82.815 : *Bull. crim.* à paraître).

5) Changement d'avocat – Personne détenue pour une autre cause. La personne détenue pour autre cause peut régulièrement formuler par le biais du greffe pénitentiaire et en application de l'article 115, alinéa 3, du Code de procédure pénale une demande de changement d'avocat (■ Cass. crim., 8 janv. 2020, n° 18-86.517 : *Bull. crim.* à paraître).

6) Changement d'avocat – Succession d'un avocat désigné puis d'un avocat commis d'office. Les dispositions de l'article 117 (devenu art. 115) du Code de procédure pénale restent applicables tant que le premier conseil n'a pas été expressément déchargé de sa mission ; est à bon droit rejetée la demande du prévenu tendant à l'annulation de l'ordonnance de renvoi qui avait été notifiée au premier avocat choisi par lui mais non à celui qui, sur sa demande, avait été ensuite commis d'office pour assurer sa défense dès lors que le premier conseil choisi n'avait pas été destitué (■ Cass. crim., 3 déc. 1991, n° 91-83.505 : *Bull. crim.* n° 454).

7) Changement d'avocat – Succession d'un avocat commis d'office puis d'un avocat désigné. La désignation par l'inculpé d'un avocat de son choix rend caduque la commission d'office d'un autre conseil ; ce dernier n'a donc pas à être convoqué devant la chambre d'accusation (■ Cass. crim., 23 mai 1991, n° 91-81.591 : *Bull. crim.* n° 217).

8) Changement d'avocat – Conséquences d'un changement tardif. Ont justifié leur décision au regard des articles 114 et 115 du Code de procédure pénale les juges qui, pour rejeter l'exception de nullité du débat contradictoire et de l'ordonnance de prolongation de détention subséquente, relèvent que l'avocat désigné en premier a été régulièrement avisé en vue du débat contradictoire auquel il s'est présenté, et que c'est seulement ce jour-là que le requérant a fait connaître qu'il désignait un autre avocat aux lieu et place du précédent (▪ Cass. crim., 5 mars 2002, n° 01-88.715).

II – FORMALISME DE LA DÉSIGNATION DE L'AVOCAT

9) Conformité aux articles 5 et 6 de la Convention européenne des droits de l'Homme. Le formalisme édicté par l'article 115 du Code de procédure pénale pour les désignations d'avocat au cours de l'information, qui assure une juste conciliation entre le respect des droits de la défense et la bonne administration de la justice, n'est pas contraire aux articles 5 et 6 de la Convention européenne des droits de l'Homme (▪ Cass. crim., 7 juin 2016, n° 16-81.694. – *Adde* ▪ Cass. crim., 16 sept. 2014, n° 13-82.758 : *Bull. crim.* n° 186 : *Procédures* 2014, comm. 305, note A.-S. Chavent-Leclère).

10) Désignation auprès du juge d'instruction. Il résulte des dispositions combinées des articles 115 et 502 du Code de procédure pénale que, si l'avocat, qui fait une déclaration d'appel, n'est pas tenu de produire un pouvoir spécial, il ne peut exercer ce recours, au stade de l'information, qu'à la condition que la partie concernée ait préalablement fait choix de cet avocat et en ait informé la juridiction d'instruction (▪ Cass. crim., 16 sept. 2014, préc.).

11) Déclaration au greffe du juge d'instruction – Portée. L'article 115, alinéa 2 du Code de procédure pénale, qui impose une déclaration au greffier du juge d'instruction sauf s'il s'agit de la première désignation d'un avocat par une partie ou si la désignation intervient au cours d'un interrogatoire ou d'une audition, ne vise que la désignation intervenant au cours d'un interrogatoire ou d'une audition par le juge d'instruction à l'exclusion de celle faite au cours du débat contradictoire préalable à une éventuelle prolongation de la détention provisoire devant le juge des libertés et de la détention ; l'avocat, qui se présente au débat contradictoire, sans avoir été régulièrement désigné auprès du juge d'instruction par la personne mise en examen dans les conditions prévues par l'article 115, alinéa 3 du Code de procédure pénale ne peut prétendre être entendu par le juge des libertés et de la détention (▪ Cass. crim., 7 juin 2016, préc.).

III – CONSÉQUENCE

12) Délivrance d'un permis de communiquer à l'avocat désigné. En vertu du principe de la libre communication entre la personne mise en examen et son avocat, résultant de l'article 6, § 3, de la Convention européenne des droits de l'homme, la délivrance d'un permis de communiquer entre une personne détenue et son avocat est indispensable à l'exercice des droits de la défense. Il en découle que le défaut de délivrance de cette autorisation à un avocat désigné, avant un débat contradictoire tenu en vue d'un éventuel placement en détention provisoire, fait nécessairement grief à la personne mise en examen. Les juges ayant constaté qu'un refus injustifié de délivrance du permis de communiquer avait été opposé à l'avocat choisi, lequel n'a pas été en mesure d'assurer la défense du mis en examen lors de ce débat, le fait que ce dernier ait accepté d'être défendu par l'avocat de permanence lors du débat contradictoire ne permet pas d'écarter toute atteinte à ses droits (▪ Cass. crim., 10 mars 2021, n° 20-86.919, §§ 8 et 13 : *Dr. pén.* 2021, comm. 95, note A. Maron et M. Haas).

Art. 116 *(Mod., L. n° 2014-535, 27 mai 2014).* – **Lorsqu'il envisage de mettre en examen une personne qui n'a pas déjà été entendue comme témoin assisté, le juge d'instruction procède à sa première comparution selon les modalités prévues par le présent article.**

Après l'avoir informée, s'il y a lieu, de son droit à être assistée par un interprète le juge d'instruction constate l'identité de la personne et lui fait connaître expressément, en précisant leur qualification juridique, chacun des faits dont il est saisi et pour lesquels la mise en examen est envisagée.

La personne est également informée, s'il y a lieu, de son droit à la traduction des pièces essentielles du dossier.

Mention de ces faits et de leur qualification juridique est portée au procès-verbal.

Lorsqu'il a été fait application des dispositions de l'article 80-2 et que la personne est assistée d'un avocat, le juge d'instruction, après l'avoir informée de son droit de faire des déclarations, de répondre aux questions qui lui sont posées ou de se taire, procède à son interrogatoire : l'avocat de la personne peut présenter ses observations au juge d'instruction.

Dans les autres cas, le juge d'instruction avise la personne de son droit de choisir un avocat ou de demander qu'il lui soit désigné un office. L'avocat choisi ou, dans le cas d'une demande de commission d'office, le bâtonnier de

l'ordre des avocats en est informé par tout moyen et sans délai. Si l'avocat choisi ne peut être contacté ou ne peut se déplacer, la personne est avisée de son droit de demander qu'il lui en soit désigné un d'office pour l'assister au cours de la première comparution. L'avocat peut consulter sur-le-champ le dossier et communiquer librement avec la personne. Le juge d'instruction informe ensuite la personne qu'elle a le droit soit de faire des déclarations, soit de répondre aux questions qui lui sont posées, soit de se taire. Mention de cet avertissement est faite au procès-verbal. L'accord pour être interrogé ne peut être donné qu'en présence d'un avocat. L'avocat de la personne peut également présenter ses observations au juge d'instruction.

Après avoir, le cas échéant, recueilli les déclarations de la personne ou procédé à son interrogatoire et entendu les observations de son avocat, le juge d'instruction lui notifie :

– soit qu'elle n'est pas mise en examen ; le juge d'instruction informe alors la personne qu'elle bénéficie des droits du témoin assisté ;

– soit qu'elle est mise en examen ; le juge d'instruction porte alors à la connaissance de la personne les faits ou la qualification juridique des faits qui lui sont reprochés, si ces faits ou ces qualifications diffèrent de ceux qui lui ont déjà été notifiés ; il l'informe de ses droits de formuler des demandes d'actes ou des requêtes en annulation sur le fondement des articles 81, 82-1, 82-2, 156 et 173 durant le déroulement de l'information et *(Mots rempl. à compter du 1er juin 2019, L. n° 2019-222, 23 mars 2019)* « si elle en a fait la demande, dans un délai d'un mois ou de trois mois à compter de l'envoi de l'avis prévu au I » de l'article 175, sous réserve des dispositions de l'article 173-1.

S'il estime que le délai prévisible d'achèvement de l'information est inférieur à un an en matière correctionnelle ou à dix-huit mois en matière criminelle, le juge d'instruction donne connaissance de ce délai prévisible à la personne et l'avise qu'à l'expiration dudit délai, elle pourra demander la clôture de la procédure en application des dispositions de l'article 175-1. Dans le cas contraire, il indique à la personne qu'elle pourra demander, en application de ce même article, la clôture de la procédure à l'expiration d'un délai d'un an en matière correctionnelle ou de dix-huit mois en matière criminelle.

À l'issue de la première comparution, la personne doit déclarer au juge d'instruction son adresse personnelle. Elle peut toutefois lui substituer l'adresse d'un tiers chargé de recevoir les actes qui lui sont destinés si elle produit l'accord de ce dernier. L'adresse déclarée doit être située, si l'information se déroule en métropole, dans un département métropolitain ou, si l'information se déroule dans un département d'outre-mer, dans ce département. Cette déclaration est faite devant le juge des libertés et de la détention lorsque ce magistrat, saisi par le juge d'instruction, décide de ne pas placer la personne en détention.

La personne est avisée qu'elle doit signaler au juge d'instruction jusqu'au règlement de l'information, par nouvelle déclaration ou par lettre recommandée avec demande d'avis de réception, tout changement de l'adresse déclarée. Elle est également avisée que toute notification ou signification faite à la dernière adresse déclarée sera réputée faite à sa personne. Mention de cet avis, ainsi que de la déclaration d'adresse, est portée au procès-verbal. Ces avis sont donnés par le juge des libertés et de la détention lorsque celui-ci décide de ne pas placer la personne en détention.

Voir : art. D. 32-1, p. 2154 et pour la mise en examen en matière de diffamation, L. 29 juill. 1881, art. 51-1.

Bibliographie : *Répertoire.* J.-P. Valat, *Interrogatoires et confrontations : JCl. Proc. pén.*, art. 114 à 121, Fasc. 20.

Généralités. C. Guéry, *La mise en examen après l'entrée en vigueur de la loi du 15 juin 2000 : JCP* 2001, 1, 359 ; *Du bon usage des recours contre la mise en examen : AJ Pénal* 2014, 283.

I – COMPÉTENCE POUR PROCÉDER À L'INTERROGATOIRE DE PREMIÈRE COMPARUTION

1) Compétence en cas de cosaisine. Aucune disposition légale n'impose, en cas de cosaisine de juges d'instruction, que l'interrogatoire de première comparution soit effectué par le juge chargé de l'information (■ Cass. crim., 19 août 2009, n° 09-83.942 : *Bull. crim.* n° 144 ; *Dr. pén.* 2009, comm. 131, obs. A. Maron et M. Haas ; *Procédures* 2009, comm. 374, note J. Buisson).

II – CONDITIONS DE L'INTERROGATOIRE DE PREMIÈRE COMPARUTION

2) Compatibilité de l'interrogatoire avec l'état de santé du mis en examen. Il se déduit des articles 3 de la Convention européenne des droits de l'Homme et 116 du Code de procédure pénale que porte nécessairement atteinte aux intérêts d'une personne mise en examen, le fait de procéder à son interrogatoire de première comparution dans des conditions incompatibles avec son état de santé, peu important qu'elle n'ait, à cette occasion, pas fait de déclarations par lesquelles elle se serait incriminée (■ Cass. crim., 7 juin 2017, n° 16-87.429 : *Bull. crim.* à paraître).

3) Moment de l'interrogatoire de première comparution – Liberté d'appréciation du juge d'instruction. Le juge d'instruction demeure maître du moment où il juge opportun de notifier l'inculpation après avoir le cas échéant procédé à toutes investigations utiles (■ Cass. crim., 14 févr. 1984, n° 83-94.762 : *Bull. crim.* n° 58). *V. cependant* art. 80-1, 105, p. 289 et annotations ss art. Le juge d'instruction ayant le devoir, avant toute inculpation, de rechercher quel était le responsable de l'infraction, peut, préalablement à celle-ci, ordonner une expertise (■ Cass. crim., 11 avr. 1970, n° 68-92.463 : *Bull. crim.*

4) Visio-conférence. L'interrogatoire de première comparution, effectué par visio-conférence, ne méconnaît pas les articles 6 de la Convention européenne des droits de l'Homme, préliminaire, 116 et 706-71 du Code de procédure pénale dès lors que, d'une part, le juge d'instruction, à qui il revient d'apprécier la nécessité de recourir à un moyen de télécommunication audiovisuelle, pouvait procéder à la première comparution de l'intéressé, détenu pour une autre cause, par un tel moyen, comme le permet l'article 706-71, alinéa 3 du Code de procédure pénale, et que, d'autre part, l'avocat de l'intéressé était présent au cabinet du juge d'instruction, a pu consulter le dossier de la procédure et s'entretenir librement avec son client, lequel a fait usage du droit de se taire (■ Cass. crim., 16 oct. 2018, n° 18-81.881 : *Bull. crim.* à paraître ; *AJ Pénal* 2018, 586, obs. D. Miranda ; *RSC* 2018, p. 930, obs. F. Cordier).

III – DÉROULEMENT DE L'INTERROGATOIRE DE PREMIÈRE COMPARUTION

A – Domaine des formalités de l'article 116

5) Inapplication de l'article 116 en cas de notification d'une nouvelle qualification – Substitution d'une qualification criminelle à une qualification correctionnelle. V. art. 118, p. 390 et annotations ss art.

6) Inapplication de l'article 116 en cas de notification d'une nouvelle qualification – Autres cas. Le magistrat instructeur n'est pas tenu de procéder conformément aux dispositions de l'article 114 (devenu art. 116) du Code de procédure pénale pour faire connaître à l'inculpé que les faits seraient désormais instruits sous une qualification différente dès lors qu'ils restent les mêmes (■ Cass. crim., 24 juin 1980, n° 79-94.829 : *Bull. crim.* n° 204). Les circonstances dans lesquelles les faits ont été commis (circonstances de guet-apens et de préméditation justifiant la substitution de la qualification d'assassinat à celle d'homicide volontaire) ne constituent pas par elles-mêmes des faits nouveaux et le juge d'instruction, pour faire connaître à l'inculpé que lesdites circonstances sont retenues contre lui, n'a pas à se conformer aux dispositions de l'article 114 (devenu art. 116) du Code de procédure pénale mais seulement à celles de l'article 118 (devenu art. 114) du même code (■ Cass. crim., 27 juill. 1970, n° 69-92.968 : *Bull. crim.* n° 249).

7) Imputation de nouveaux faits (mise en examen supplétive) – Notification des faits nouveaux et de leur qualification juridique. L'absence de notification préalable d'une inculpation supplétive n'entraîne pas la nullité de l'interrogatoire portant sur les faits qui auraient dû en être l'objet, lorsque, comme c'est le cas en l'espèce, la personne entendue a pu, en sa qualité d'inculpé, bénéficier au cours de cet interrogatoire de l'assistance d'un avocat, dans les conditions prévues par l'article 118 (devenu art. 114) ancien (■ Cass. crim., 16 déc. 1997 : *JurisData* n° 1997-005497 ; *Bull. crim.* n° 426 ; *JCP* G 1998, IV, 1944).

8) Imputation de nouveaux faits (mise en examen supplétive) – Inapplication de l'article 116. Il résulte de l'expression « première comparution » employée par l'article 116 du Code de procédure pénale, et du caractère préliminaire des formalités édictées, que celles-ci ne concernent que les règles à suivre au moment où, la personne mise en examen se trouvant pour la première fois en cette qualité en présence du juge, les garanties de l'information contradictoire liées à l'assistance d'un avocat et au droit de ne faire aucune déclaration ne lui sont pas encore connues (■ Cass. crim., 26 juin 1995, n° 95-82.333 : *Bull. crim.* n° 235).

B – Contenu des formalités de l'article 116

1° *Interrogatoire d'identité*

9) Interrogatoire d'identité. La circonstance que la personne, à l'encontre de laquelle existent des indices graves ou concordants rendant vraisemblable qu'elle a pu participer à la commission des infractions dont le juge d'instruction est saisi, refuse d'indiquer son identité ainsi que la langue qu'elle comprend, ne peut faire obstacle à sa mise en examen (■ Cass. crim., 30 mars 2004 : *JurisData* n° 2004-023426 ; *Bull. crim.* n° 79).

2° *Assistance d'un interprète*

10) Sanction du droit à l'assistance d'un interprète. La personne mise en examen qui était assistée d'un interprète lors des actes diligentés par les fonctionnaires de police ne subit aucun grief en étant entendue par le juge d'instruction, lors de sa première comparution, sans la présence de l'interprète dès lors que cet acte de procédure a été effectué en présence de l'avocat, avec lequel elle s'était préalablement entretenue, et qui n'a émis aucune réserve sur l'absence d'interprète (■ Cass. crim., 27 juin 2000, n° 00-80.411 : *Bull. crim.* n° 246).

3° Notification des faits et de leur qualification juridique

11) Précision des faits. Le magistrat instructeur, en notifiant en application de l'article 114 (devenu art. 116) du Code de procédure pénale à une personne qu'elle se trouve inculpée au vu d'un réquisitoire introductif du délit d'abus de biens sociaux, n'a pas à lui faire connaître le montant, même approximatif, du préjudice subi par la personne morale victime de ses agissements (■ Cass. crim., 17 nov. 1986, n° 85-93.444 : *Bull. crim.* n° 342).

12) Sanction de la précision des faits – Nullité soumise à grief. Justifie sa décision la chambre de l'instruction qui, pour écarter le grief tiré de ce que, lors de ses mises en examen initiale et supplétive, le demandeur n'avait pas été en mesure d'identifier la cause de l'accusation portée contre lui, compte tenu de l'imprécision des circonstances de temps, de lieu des faits reprochés et de l'identité des victimes, énonce, d'une part, que le juge d'instruction, lors de la première comparution de l'intéressé, lui a fait connaître chacun des faits, avec leur qualification juridique, l'indication du lieu et leur date et que, si le nom des victimes et les modalités de la complicité n'ont pas été précisés, l'intéressé entendu à quatre reprises dans le cadre de l'enquête préliminaire dont le procès-verbal de synthèse était visé par le réquisitoire introductif, était pleinement informé de ce qui lui était reproché et, d'autre part, que la mise en examen supplétive visant les réquisitoires supplétifs indique le nom des victimes ; il résulte en effet de ces énonciations que l'intéressé a été informé, lors de sa mise en examen initiale, de chacun des faits reprochés et de leur qualification juridique, en présence de son avocat qui, ayant eu accès au dossier de la procédure, n'a pas fait d'observation sur ce point, et qu'au cours de sa mise en examen supplétive, chacun des nouveaux faits a été porté à sa connaissance, avec leur qualification détaillée et l'indication des nouvelles victimes que l'enquête avait permis d'identifier, de sorte qu'il n'a pas été porté atteinte à ses droits (■ Cass. crim., 8 juill. 2015, n° 15-81.025 : *JurisData* n° 2015-017027).

13) Caractère provisoire de la qualification des faits. Au cours de l'information et jusqu'à la décision de renvoi, les inculpations sont purement indicatives (■ Cass. crim., 13 mars 1984, n° 84-90.218 : *Bull. crim.* n° 107).

14) Mention au procès-verbal. Justifie sa décision la chambre de l'instruction qui relève que la mention, portée sur un procès-verbal de première comparution, selon laquelle le juge d'instruction a fait connaître à la personne mise en examen chacun des faits dont il est saisi en vertu d'un réquisitoire introductif, ainsi que leur qualification juridique, satisfait aux prescriptions de l'article 116 du Code de procédure pénale qui n'exigent pas que soient explicités par écrit les faits et circonstances qui motivent la mise en examen (■ Cass. crim., 8 oct. 1998 : *JurisData* n° 1998-004235 ; *Bull. crim.* n° 250 ; *Procédures* 1999, comm. 14, obs. Buisson. – *Adde* ■ Cass. crim., 18 avr. 1972, n° 71-93.521 : *Bull. crim.* n° 130). La mention que le juge d'instruction « a fait connaître [à l'intéressé] les faits qui lui sont imputés » respecte les dispositions de l'article 114 (devenu art. 116) du Code de procédure pénale, le magistrat instructeur n'ayant pas l'obligation de rappeler dans le procès-verbal d'interrogatoire de première comparution les faits notifiés à l'inculpé (■ Cass. crim., 6 janv. 1989, n° 88-85.490 : *JurisData* n° 1989-702727 ; *Bull. crim.* n° 3).

4° Hypothèse où il est possible de procéder à un interrogatoire immédiat (al. 4)

15) Notification du droit de se taire, de faire des déclarations ou de répondre aux questions – Jurisprudence antérieure à la loi du 27 mai 2014. Justifie sa décision la chambre de l'instruction qui énonce qu'il résulte de la combinaison des articles 80-2 et 116 du Code de procédure pénale que le juge d'instruction peut procéder à l'interrogatoire immédiat de la personne mise en cause sans autre formalité que la notification des faits et de leur qualification, dès lors que la personne a été convoquée en vue de sa première comparution conformément aux prescriptions du premier de ces textes et qu'elle est assistée d'un avocat (■ Cass. crim., 4 juin 2014, n° 14-81.120 : *JurisData* n° 2014-012201).

16) Notification du droit de se taire, de faire des déclarations ou de répondre aux questions – Preuve. Encourt la cassation l'arrêt qui rejette le moyen de nullité pris de l'absence de notification du droit de se taire, alors que, d'une part, il ne résulte pas du procès-verbal de première comparution que l'intéressé ait été informé du droit de se taire avant qu'il soit procédé à son interrogatoire, d'autre part, les mentions relevées dans le procès-verbal n'étaient pas de nature à établir que la personne concernée avait été avertie, par le juge d'instruction, de la triple option dont elle disposait, dans les termes complets de l'article 116 du Code de procédure pénale (■ Cass. crim., 7 févr. 2017, n° 16-84.353 : *Bull. crim.* n° 34).

5° *Hypothèse où il est impossible de procéder à un interrogatoire immédiat (al. 5)*

17) Droit de consulter le dossier de la procédure – Contenu du dossier. Les scellés déposés au greffe à titre de pièces à conviction ne font pas partie du dossier au sens de l'article 116 du Code de procédure pénale (■ Cass. crim., 9 oct. 2013, n°s 13-85.228 et 11-81.148 : *JurisData* n° 2013-021951).

18) Sanction droit de consulter le dossier de la procédure – Nullité soumise à grief. Selon l'article 171 du Code de procédure pénale, la nullité d'un acte de la procédure ne peut être prononcée que lorsque la méconnaissance d'une formalité substantielle a eu pour effet de porter atteinte aux intérêts de la partie qu'elle concerne ; la nullité n'est dès lors pas encourue, en dépit de l'absence d'un certain nombre de documents au dossier de la procédure, lorsque l'un des intéressé n'a fait aucune déclaration sur le fond et que l'avocat de l'autre, qui a pu prendre connaissance de l'existence et de la nature des documents manquant au dossier, n'a élevé aucune protestation au cours de l'interrogatoire de première comparution et n'a, au demeurant, ni établi, ni même allégué, une quelconque atteinte aux intérêts de sa cliente (■ Cass. crim., 30 oct. 2001, n° 01-84.779 : *Bull. crim.* n° 223). Selon l'article 171 du Code de procédure pénale, la nullité ne peut être prononcée que si la méconnaissance d'une formalité substantielle a eu pour effet de porter atteinte aux intérêts de la personne qu'elle concerne ; écarte à juste titre le moyen d'annulation de la mise en examen, pris de l'absence de communication à l'avocat du demandeur, avant l'interrogatoire de première comparution, de documents placés sous scellés déterminants de la mise en examen, l'arrêt qui retient que les officiers de police judiciaire, au cours de la garde à vue, ont interrogé l'intéressé, assisté de son avocat, sur ces documents en les lui présentant ou en les lui citant en partie mot à mot, et que devant le juge d'instruction, celui-ci a accepté en connaissance de cause de répondre aux questions sans faire acter que la procédure mise à sa disposition n'était pas complète, ces énonciations établissant que l'intéressé et son avocat avaient connaissance de l'existence des pièces issues des scellés sur lesquelles a porté l'interrogatoire de première comparution et n'ont émis aucune réserve (■ Cass. crim., 19 janv. 2016, n° 15-81.038 : *JurisData* n° 2016-000566). L'absence, lors de l'interrogatoire de première comparution, de l'original de la procédure suivie au Luxembourg n'a porté aucune atteinte aux intérêts de la personne mise en examen dès lors, d'une part, qu'étaient annexés au réquisitoire introductif la dénonciation des faits par le parquet du Luxembourg ainsi que les actes accomplis par les policiers français en exécution des commissions rogatoires internationales et de l'enquête préliminaire et, d'autre part, que, lors de son interrogatoire de première comparution, la personne mise examen, assistée par un avocat, qui a eu communication préalable de ces pièces et n'a émis aucune observation sur le défaut d'original, n'a fait aucune déclaration et qu'aucune discordance entre les copies et l'original des pièces n'a été ensuite alléguée (■ Cass. crim., 12 mars 2014, n° 13-87.254 : *JurisData* n° 2014-004465). Justifie sa décision la chambre de l'instruction qui écarte le moyen de nullité présenté par le demandeur, pris de l'irrégularité de sa mise en examen en raison de l'absence au dossier, lors de son interrogatoire de première comparution, du contenu des écoutes téléphoniques auxquelles il avait été précédemment procédé, au motif que, lors de cet acte, son avocat, qui avait été en mesure de consulter l'intégralité du dossier dans les conditions prévues à l'article 116 du Code de procédure pénale, n'a formulé aucune observation et que la personne mise en examen ayant exercé le droit de se taire, le juge d'instruction ne lui a posé aucune question sur les faits (■ Cass. crim., 18 févr. 2015, n° 14-82.019 : *JurisData* n° 2015-002833). Écarte à juste titre le moyen de nullité pris de l'irrégularité de la mise en examen du demandeur en raison de l'absence au dossier, lors de l'interrogatoire de première comparution, de deux ordonnances de soit-communiqué et réquisitoires supplétifs dès lors que l'avocat du requérant, qui avait été en mesure de consulter l'intégralité du dossier dans les conditions prévues à l'article 116 du Code de procédure pénale, n'a formulé aucune observation à ce sujet lors de la première comparution de l'intéressé, qui a exercé le droit de se taire et n'a donc pas été interrogé (■ Cass. crim., 9 avr. 2015, n° 14-87.660 : *JurisData* n° 2015-007505).

19) Choix de faire des déclarations – Conséquences. Si l'inculpé consent à s'expliquer immédiatement sur les faits qui lui sont reprochés, le juge d'instruction ne peut se livrer à un interrogatoire et doit se borner à recueillir ses déclarations (■ Cass. crim., 28 févr. 1974, n° 73-92.596 : *Bull. crim.* n° 88). Si, lors de sa première comparution, l'inculpé désire faire des déclarations, en application de l'article 114, alinéa 2, (devenu art. 116) du Code de procédure pénale, le juge d'instruction doit se borner à les recueillir. En conséquence, viole les droits de la défense le juge d'instruction qui révèle à l'inculpé des charges relevées contre lui de nature à mettre en doute ses premières déclarations et pose des questions relatives à sa responsabilité pénale (■ Cass. crim., 15 mars 1973, n° 72-93.562 : *Bull.*

crim. n° 134 : *D.* 1973, 338, note P. F. ; *JCP* G 1975, II, 18044, note Mayer-Jack).

6° Observations de l'avocat

20) Observations de l'avocat. Il résulte des dispositions de l'article 116, alinéa 4, du Code de procédure pénale que, lors de l'interrogatoire de première comparution d'une personne que le juge d'instruction envisage de mettre en examen, il appartient à l'avocat présent, qui s'est entretenu avec son client, de faire connaître au juge d'instruction qu'il souhaite présenter des observations à la suite de cet entretien et avant notification de la mise en examen ; est à juste titre rejetée la demande d'annulation de la mise en examen faisant valoir que le juge d'instruction, lors de l'interrogatoire de première comparution, n'a pas donné la parole à son avocat avant que soit notifiée cette mise en examen (▪ Cass. crim., 2 juin 2010, n° 10-80.452 : *Bull. crim.* n° 97. ▪ Cass. crim., 13 mars 2012, n° 11-88.737 : *JurisData* n° 2012-005807 ; *Bull. crim.* n° 67).

21) Portée – Requalification des faits. Il résulte des articles 80-1, 116 et 118 du Code de procédure pénale que, sauf substitution d'une qualification criminelle à une qualification correctionnelle, le juge d'instruction peut, lors d'un interrogatoire, requalifier les faits reprochés à la personne mise en examen sans recueillir préalablement ses observations ou celles de son avocat, ces observations ne s'imposant que lors de l'interrogatoire de première comparution (▪ Cass. crim., 22 juin 2021, n° 20-86.726, §§ 16 à 19 : *Bull. crim.* à paraître ; *JCP* G 2021, doctr. 1039, n° 22, obs. J. Leroy ; *AJ pénal* 2021, 400, obs. B. Fiorini).

7° Décision du juge d'instruction

22) Formalités consécutives à la mise en examen – Déclaration d'adresse. Selon l'article 116 du Code de procédure pénale, à l'issue de la première comparution, la personne mise en examen doit déclarer son adresse personnelle, cette déclaration est faite devant le juge des libertés et de la détention lorsque ce magistrat, saisi par le juge d'instruction, décide de ne pas placer la personne en détention et, dans le cas où elle déclare comme adresse personnelle celle d'un tiers, elle n'est tenue de produire l'accord de ce dernier que si elle charge ce tiers de recevoir les actes la concernant : ne justifie pas sa décision la chambre de l'instruction qui, pour dire régulière la convocation envoyée à l'adresse déclarée au juge d'instruction plutôt qu'à celle d'un tiers déclarée au juge des libertés et de la détention, relève que, lorsque le mis en examen a donné l'adresse du tiers au juge des libertés et de la détention, il n'a pas produit l'accord de ce dernier pour recevoir les actes qui lui sont destinés alors qu'il s'était borné à déclarer au juge des libertés et de la détention l'adresse du tiers comme étant son adresse personnelle (▪ Cass. crim., 26 juin 2007 : *JurisData* n° 2007-040267 ; *Bull. crim.* n° 174). Il résulte de l'article 114 (devenu 116) du Code de procédure pénale que, lors de sa première comparution, le juge avertit l'inculpé qu'il doit l'informer de tout changement d'adresse : en conséquence, l'inculpé, lorsqu'il n'a pas respecté cet avertissement, ne saurait se prévaloir valablement de sa propre négligence pour reprocher au parquet de ne pas l'avoir cité à sa nouvelle adresse, eût-il laissé celle-ci à la direction des postes de son ancien domicile pour voir acheminer son courrier (▪ Cass. crim., 25 févr. 1964, n° 63-90.231 : *Bull. crim.* n° 66). Les citations à comparaître délivrées au domicile élu par les prévenus, sans que ceux-ci aient apporté au cours de l'information aucune modification à leur déclaration d'adresse devant le juge d'instruction, valent citations à personne (▪ Cass. crim., 11 déc. 2001 : *JurisData* n° 2001-012322 ; *Bull. crim.* n° 263). Justifie sa décision la chambre de l'instruction qui retient que la notification d'une date d'audience doit être faite, non pas à l'adresse que le mis en examen avait déclarée antérieurement en application de l'article 116 du Code de procédure pénale, mais à celle où, conformément aux dispositions de l'article 138 du code précité, les obligations du contrôle judiciaire dont il faisait l'objet dans la même procédure lui imposaient de se trouver (▪ Cass. crim., 6 mai 2015, n° 15-81.033 : *Bull. crim.* n° 98).

23) Formalités consécutives à la mise en examen – Notifications des droits. Ne porte pas atteinte aux intérêts de la personne mise en examen la non-délivrance de l'information prévue à l'article 116 du Code de procédure pénale portant sur les droits de formuler des demandes d'actes ou des requêtes en annulation sur le fondement des articles 81, 82-1, 82-2, 156 et 173 du Code de procédure pénale, la chambre de l'instruction ayant observé que l'omission de cette formalité dans le procès-verbal de première comparution, conséquence d'un dysfonctionnement informatique, n'a pas empêché l'intéressé de déposer une requête en nullité (▪ Cass. crim., 8 juill. 2015, n° 15-81.025 : *JurisData* n° 2015-017027).

Art. 116-1 *(L. n° 2007-291, 5 mars 2007)*. **– En matière criminelle, les interrogatoires des personnes mises en examen réalisés dans le cabinet du juge d'instruction, y compris l'interrogatoire de première comparution et les confrontations, font l'objet d'un enregistrement audiovisuel.**

L'enregistrement ne peut être consulté, au cours de l'instruction ou devant la juridiction de jugement, qu'en cas de contestation sur la portée des déclarations recueillies, sur décision du juge d'instruction ou de la juridiction de

jugement, à la demande du ministère public ou d'une des parties. Les huit derniers alinéas de l'article 114 ne sont pas applicables. Lorsqu'une partie demande la consultation de l'enregistrement, cette demande est formée et le juge d'instruction statue conformément aux deux premiers alinéas de l'article 82-1.

Le fait, pour toute personne, de diffuser un enregistrement réalisé en application du présent article est puni d'un an d'emprisonnement et de 15 000 € d'amende.

À l'expiration d'un délai de cinq ans à compter de la date de l'extinction de l'action publique, l'enregistrement est détruit dans le délai d'un mois.

Lorsque le nombre de personnes mises en examen devant être simultanément interrogées, au cours de la même procédure ou de procédures distinctes, fait obstacle à l'enregistrement de tous les interrogatoires, le juge d'instruction décide, au regard des nécessités de l'investigation, quels interrogatoires ne seront pas enregistrés.

Lorsque l'enregistrement ne peut être effectué en raison d'une impossibilité technique, il en est fait mention dans le procès-verbal d'interrogatoire qui précise la nature de cette impossibilité.

(Al. abr. à compter du 7 avril 2012, Cons. const. n° 2012-228/229 QPC, 6 avr. 2012 : JO 7 avr. 2012 ; JurisData n° 2012-006312).

Un décret précise en tant que de besoin les modalités d'application du présent article.

Voir : art. D. 32-2-2, p. 2155.

Bibliographie : L. Belfanti, *Défaut d'enregistrement audiovisuel des interrogatoires criminels devant le juge d'instruction : la chambre criminelle précise sa doctrine : D.* 2017, p. 1236. • Ch. Courtin, *L'enregistrement audiovisuel des interrogatoires du suspect : AJ Pénal* 2010, 490.

1) Conformité à la Constitution. Est abrogé immédiatement l'article 116-1, alinéa 7 du Code de procédure pénale, qui exclut l'enregistrement des interrogatoires des suspects en matière de criminalité organisée et d'atteintes aux intérêts fondamentaux de la Nation sauf si le juge d'instruction le décide, car il crée une discrimination injustifiée et porte atteinte au principe d'égalité (▪ Cons. const., déc. 6 avr. 2012, n° 2012-228/229 QPC : *JO* 7 avr. 2012, p. 6414 ; *JurisData* n° 2012-006312). Il n'y a pas lieu de renvoyer au Conseil constitutionnel la question soutenant que l'article 116-1 du Code de procédure pénale, en ce qu'il circonscrit les interrogatoires de personnes mises en examen devant faire l'objet d'un enregistrement audiovisuel aux interrogatoires réalisés dans le cabinet du juge d'instruction, est contraire au principe d'égalité devant la justice : dès lors que le cabinet du juge d'instruction s'entend de tout local d'une juridiction dans lequel ce magistrat, de manière permanente ou occasionnelle, accomplit des actes de sa fonction, y compris en ce qu'ils exigent un enregistrement des interrogatoires, il n'existe, du fait de l'application de ce texte, telle qu'elle est normalement prévisible, aucun risque de différence de traitement injustifiée entre les justiciables (▪ Cass. crim., 18 févr. 2015, n° 14-87.534 : *JurisData* n° 2015-002891).

I – CONDITIONS DE L'ENREGISTREMENT DES INTERROGATOIRES

2) Mise en examen pour des faits de nature criminelle. L'article 116-1 alinéa 1er du Code de procédure pénale vise à faire bénéficier d'une protection plus grande les personnes mises en examen d'un chef criminel. Fait dès lors l'exacte application de ce texte la chambre de l'instruction qui énonce que l'exigence d'un enregistrement audiovisuel concerne les seuls interrogatoires des personnes mises en examen pour des faits de nature criminelle, ce qui n'est pas le cas de la personne poursuivie pour des délits, peu important qu'elle le soit dans le cadre d'une procédure criminelle (▪ Cass. crim., 13 oct. 2020, n° 20-81.199, §§ 13 et 14 : *Bull. crim.* à paraître).

3) Interrogatoires réalisés au cabinet du juge d'instruction. Le cabinet du juge d'instruction s'entend de tout local d'une juridiction dans lequel ce magistrat, de manière permanente ou occasionnelle, accomplit des actes de sa fonction (▪ Cass. crim., 18 févr. 2015, n° 14-87.534 : *JurisData* n° 2015-002891. ▪ Cass. crim., 13 mai 2015, n° 14-87.534 : *JurisData* n° 2015-011001. ▪ Cass. crim., 4 oct. 2016, n° 16-81.867 : *JurisData* n° 2016-020391). Encourt dès lors la cassation l'arrêt qui rejette la requête en annulation présentée par une personne mise en examen ayant fait l'objet d'une confrontation dans une salle d'audience du palais de justice sans que cette confrontation ait été enregistrée au motif que l'absence d'enregistrement d'un interrogatoire dans un lieu autre que le cabinet du magistrat instructeur ne saurait être une cause de nullité de cet acte (▪ Cass. crim., 13 mai 2015, préc.). Les dispositions de l'article 116-1 du Code de procédure pénale n'imposent, en matière criminelle, l'enregistrement audiovisuel des interrogatoires des personnes mises en examen, que lorsqu'ils sont réalisés dans le cabinet du juge d'instruction ; justifie, dès lors, sa décision la chambre de l'instruction qui, pour rejeter la requête aux fins d'annulation d'un interrogatoire de première comparution n'ayant pas fait l'objet d'un enregistrement audiovisuel, retient que cet interrogatoire a eu lieu à l'hôpital en raison de l'état de santé du mis en examen (■ Cass. crim., 1er avr. 2009 : *Juris-Data* n° 2009-047885 ; *Bull. crim.* n° 64 ; *Bull. inf. C. cass.* 2009, 1223 ; *Dr. pén.* 2009, comm. 101, obs. A. Maron et M. Haas ; *Procédures* 2009, comm. 207, obs. J. Buisson ; *AJ Pénal* 2009, p. 271, obs. C. Duparc).

4) Impossibilité technique – Notion. C'est à tort qu'une chambre de l'instruction, observant que l'enregistrement n'avait pu être effectué du fait que la touche en permettant le démarrage avait été actionnée, par erreur, à deux reprises au lieu d'une seule, énonce qu'une maladresse ou une omission de l'homme ne sauraient constituer une impossibilité technique, alors qu'il résulte de ses propres constatations que l'enregistrement de l'interrogatoire a été rendu impossible par la survenance d'un incident technique (■ Cass. crim., 4 nov. 2010, n° 10-85 279, 6377 ; *JurisData* n° 2010-022616 ; *Bull. inf. C. cass.* 1er mars 2011, n° 288). Ne justifie pas sa décision la chambre de l'instruction qui, pour rejeter l'exception de nullité, relève que la désinstallation du matériel audiovisuel des bureaux des juges d'instruction et l'impossibilité matérielle de se procurer une caméra, un dimanche, dans un autre bureau, ont constitué une impossibilité technique, ces motifs ne caractérisant pas l'impossibilité technique de procéder à un enregistrement audiovisuel (■ Cass. crim., 5 mai 2015, n° 14-88.157 : *JurisData* n° 2015-010454). Ne justifie pas sa décision la chambre de l'instruction qui, pour rejeter l'exception de nullité, relève que la confrontation ne pouvait manifestement pas, compte tenu du nombre de personnes qu'elle rassemblait, avoir lieu dans le cabinet du juge d'instruction et qu'il n'a pas été procédé à l'enregistrement audiovisuel en raison de l'impossibilité technique résultant de la nécessité que la confrontation se tienne dans une salle d'audience dans laquelle n'existe pas de dispositif d'enregistrement des auditions, ces motifs ne caractérisant pas l'impossibilité technique de procéder à un enregistrement audiovisuel (■ Cass. crim., 4 oct. 2016, n° 16-81.867 : *JurisData* n° 2016-020391).

5) Impossibilité technique – Mention au procès-verbal. Si l'impossibilité technique ayant fait obstacle à l'enregistrement d'un interrogatoire, en matière criminelle, dans le cabinet du juge d'instruction, doit être mentionnée dans le procès-verbal d'interrogatoire qui en précise la nature, c'est à la condition qu'elle soit apparue avant la clôture de celui-ci ; tel n'est pas le cas lorsque la touche permettant le démarrage de l'enregistrement avait été actionnée, par erreur, à deux reprises au lieu d'une seule, sans que cette erreur soit apparue durant l'interrogatoire (■ Cass. crim., 4 nov. 2010, préc.).

II – SANCTION DU DÉFAUT D'ENREGISTREMENT

6) Nullité avec grief présumé. L'omission de l'enregistrement des interrogatoires des personnes mises en examen réalisés dans le cabinet du juge d'instruction, hors les cas où ce texte l'autorise, porte nécessairement atteinte aux intérêts de la personne concernée (■ Cass. crim., 3 mars 2010, n° 09-87.924 : *JurisData* n° 2010-003335 ; *Bull. crim.* n° 5. – *Adde* ■ Cass. crim., 13 mai 2015, n° 14-87.534 : *JurisData* n° 2015-011001). L'omission de cette formalité, hors les cas où ce texte l'autorise, porte nécessairement atteinte aux intérêts de la personne concernée, même si celle-ci a déclaré faire usage de son droit de se taire ; encourt dès lors la censure la chambre de l'instruction qui, pour écarter le moyen d'annulation pris de l'absence d'enregistrement audiovisuel de l'interrogatoire de première comparution, retient que celle-ci n'a pu faire grief à l'intéressé dès lors qu'il n'a pas été interrogé et qu'il n'a fait aucune déclaration (■ Cass. crim., 22 juin 2016, n° 15-87.752 : *JurisData* n° 2016-013706 ; *Procédures* 2016, comm. 303, A.-S. Chavent-Leclère).

7) Portée de la nullité. Selon l'article 116-1 du Code de procédure pénale, en matière criminelle, les interrogatoires des personnes mises en examen réalisés dans le cabinet du juge d'instruction y compris l'interrogatoire de première comparution et les confrontations, font l'objet d'un enregistrement audiovisuel ; l'omission de cette formalité, hors les cas où ce texte l'autorise, porte nécessairement atteinte aux intérêts de la personne concernée, que celle-ci ait déclaré vouloir faire des déclarations, répondre aux questions posées ou se taire ; l'absence d'enregistrement affecte nécessairement la régularité de l'intégralité de l'acte, même en ce qu'il porte pour partie sur des faits de nature délictuelle (■ Cass. crim., 21 mars 2017, n° 16-84.877 : L. Belfanti, *Défaut d'enregistrement audiovisuel des interrogatoires criminels devant le juge d'instruction : la chambre criminelle précise sa doctrine : D.* 2017, p. 1236. ■ Cass. crim., 11 avr. 2018, n° 17-86.711 : *Bull. crim.* à paraître ; *RSC* 2018, p. 458, obs. F. Cordier). Dès lors, l'annulation d'un interrogatoire de première comparution à l'issue duquel la personne est mise en examen pour des faits de nature criminelle et délictuelle, à la suite d'un défaut d'enregistrement audiovisuel, porte nécessairement sur l'intégralité de l'acte (▪ Cass. crim., 11 avr. 2018, préc.).

8) **Interdiction de refaire l'acte.** En vertu des articles 116-1, 171, 172 et 206 du Code de procédure pénale, le juge d'instruction ne saurait, sans excès de pouvoir, recommencer un interrogatoire de première comparution qu'il estime entaché d'irrégularité ; en procédant ainsi, il empiète sur les attributions de la chambre de l'instruction, seule compétente, pendant l'information judiciaire, pour en apprécier la régularité, sous le contrôle de la Cour de cassation ; encourt la censure l'arrêt qui, pour rejeter la requête en nullité pris de l'irrégularité de deux interrogatoires de première comparution réalisés successivement afin de permettre, au cours du second, de procéder à l'enregistrement audiovisuel omis durant le premier, retient que l'immédiateté ainsi que la continuité temporelle de la réalisation de ces deux opérations confèrent aux deux procès-verbaux successifs une indivisibilité qui ne permet pas de considérer que le second, qui est une copie conforme du premier, avait vocation, en la circonstance, à se substituer à celui-ci (▪ Cass. crim., 19 sept. 2017, n° 17-81.016 : *Bull. crim.* à paraître ; *Dr. pén.* 2017, comm. 169, note A. Maron et M. Haas).

Art. 117 ***(Mod. à compter du 15 nov. 2016, L. n° 2016-731, 3 juin 2016).*** **– Nonobstant les dispositions prévues à l'article 116, le juge d'instruction peut procéder à un interrogatoire immédiat et à des confrontations si l'urgence résulte soit de l'état d'un témoin en danger de mort, soit de l'existence d'indices sur le point de disparaître.**

Le procès-verbal fait mention des causes d'urgence.

I – CAS D'INTERROGATOIRE IMMÉDIAT

1) **Caractère limitatif des cas prévus par la loi.** Selon l'article 115 (devenu art. 117) du Code de procédure pénale, le juge d'instruction ne peut procéder à un interrogatoire immédiat que dans les cas d'urgence limitativement prévus par ce texte (▪ Cass. crim., 15 mars 1973, n° 72-93.562 : *Bull. crim.* n° 134 ; *D.* 1973, 338, note P. F. ; *JCP* G 1975, II, 18044, note Mayer-Jack). Viole en conséquence les droits de la défense le magistrat instructeur qui ne s'est pas borné à recueillir les déclarations que l'inculpé désirait faire et lui a, sans constater l'urgence, révélé des charges relevées contre lui de nature à mettre en doute ses premières déclarations et posé des questions relatives à sa responsabilité pénale (▪ Cass. crim., 15 mars 1973, préc.).

II – FORMES DE L'INTERROGATOIRE IMMÉDIAT

2) **Nécessité de notifier les faits et leur qualification juridique.** Le juge d'instruction ne peut, en application de l'article 115 (devenu 117) du Code de procédure pénale, procéder à un interrogatoire immédiat de l'intéressé qu'après l'avoir préalablement inculpé (▪ Cass. crim., 20 avr. 1972 : *Bull. crim.* n° 136).

3) **Rédaction d'un procès-verbal.** Le juge d'instruction doit dresser de l'interrogatoire un procès-verbal conforme aux exigences des articles 106, 107 et 121 du Code de procédure pénale en précisant qu'il agit en application de l'article 115 du même code comme le prévoit ce dernier texte (▪ Cass. crim., 20 avr. 1972, préc.).

Art. 118 ***(Mod., L. n° 2007-291, 5 mars 2007 ; L. n° 2021-1729, 22 déc. 2021).*** **– S'il apparaît au cours de l'information que les faits reprochés à la personne mise en examen sous une qualification correctionnelle constituent en réalité un crime, le juge d'instruction notifie à la personne, après l'avoir informée de son intention et avoir recueilli ses éventuelles observations et celles de son avocat, qu'une qualification criminelle est substituée à la qualification initialement retenue. À défaut de cette notification, il ne peut être fait application des dispositions de l'article 181.**

Si la personne était placée en détention provisoire, le mandat de dépôt initialement délivré demeure valable et est considéré comme un mandat de dépôt criminel. La détention provisoire se trouve alors soumise aux règles applicables en matière criminelle, les délais prévus pour la prolongation de la mesure étant calculés à compter de la délivrance du mandat.

Lors de la notification prévue au premier alinéa, le juge d'instruction peut faire connaître à la personne un nouveau délai prévisible d'achèvement de l'information, conformément aux dispositions du neuvième alinéa de l'article 116.

Si l'information a été ouverte au sein d'une juridiction dépourvue de pôle de l'instruction et lorsque la gravité ou la complexité de l'affaire le justifie, le juge d'instruction, aussitôt après avoir procédé aux formalités prévues par le présent article, peut se dessaisir, d'office ou sur réquisition du procureur de la République, au profit d'un juge du pôle de l'instruction compétent, désigné par le président du tribunal judiciaire dans lequel se trouve ce pôle.

I – FORMALISME EN CAS DE SUBSTITUTION D'UNE QUALIFICATION CRIMINELLE À UNE QUALIFICATION CORRECTIONNELLE

1) Autres requalifications. Le magistrat instructeur n'est pas tenu de procéder conformément aux dispositions de l'article 114 (devenu art. 116) du Code de procédure pénale pour faire connaître à l'inculpé que les faits seraient désormais instruits sous une qualification différente dès lors qu'ils restent les mêmes (■ Cass. crim., 24 juin 1980, n° 79-94.829 : *Bull. crim.* n° 204). Les circonstances dans lesquelles les faits ont été commis (circonstances de guet-apens et de préméditation justifiant la substitution de la qualification d'assassinat à celle d'homicide volontaire) ne constituent pas par elles-mêmes des faits nouveaux et le juge d'instruction, pour faire connaître à l'inculpé que lesdites circonstances sont retenues contre lui, n'a pas à se conformer aux dispositions de l'article 114 (devenu art. 116) du Code de procédure pénale mais seulement à celles de l'article 118 (devenu art. 114) du même code (■ Cass. crim., 27 juill. 1970, n° 69-92.968 : *Bull. crim.* n° 249).

II – CONSÉQUENCES DE LA SUBSTITUTION D'UNE QUALIFICATION CRIMINELLE À UNE QUALIFICATION CORRECTIONNELLE

2) Conséquence du changement de qualification sur la détention provisoire. À compter de la notification de la nouvelle qualification des faits, la détention provisoire de l'intéressé est soumise, de plein droit, aux règles de la procédure criminelle (■ Cass. crim., 25 juill. 2007, n° 07-83.353). N'encourt pas la censure la chambre de l'instruction qui, ayant procédé préalablement à un débat contradictoire, a ordonné le placement en détention provisoire du mis en examen pour des faits nouveaux objet d'une mise en examen supplétive, dit qu'il est désormais détenu dans une procédure criminelle et que le point de départ de la détention est fixé au jour du mandat de dépôt initial qui est demeuré valable (■ Cass. crim., 4 mars 2014, n° 13-88.274). Justifie sa décision l'arrêt qui, s'appuyant sur l'article 118 du Code de procédure pénale, selon lequel s'il apparaît au cours de l'information que les faits reprochés à la personne mise en examen sous une qualification correctionnelle constituent en réalité un crime, le mandat de dépôt initialement délivré demeure valable et est considéré comme un mandat de dépôt criminel, en déduit qu'il n'y a pas lieu pour le juge d'instruction de saisir le juge des libertés et de la détention ni pour celui-ci de statuer, le changement de la nature et du régime de la détention provisoire résultant de la seule requalification (■ Cass. crim., 13 déc. 2006, n° 06-87.376). V. s'agissant de la substitution d'une qualification correctionnelle à une qualification criminelle art. 146, p. 483.

Art. 119 *(Rempl., L. n° 2004-204, 9 mars 2004).* – **Le procureur de la République peut assister aux interrogatoires, aux auditions et confrontations de la personne mise en examen, de la partie civile et du témoin assisté.**

Chaque fois qu'il a fait connaître au juge d'instruction son intention d'y assister, le greffier du juge d'instruction doit l'avertir par simple note, au plus tard l'avant-veille de l'interrogatoire.

Art. 120 *(Mod., L. n° 2004-204, 9 mars 2004).* – **Le juge d'instruction dirige les interrogatoires, confrontations et auditions. Le procureur de la République et les avocats des parties et du témoin assisté peuvent poser des questions ou présenter de brèves observations.**

Le juge d'instruction détermine, s'il y a lieu, l'ordre des interventions et peut y mettre un terme lorsqu'il s'estime suffisamment informé. Il peut s'opposer aux questions de nature à nuire au bon déroulement de l'information ou à la dignité de la personne.

Mention de ce refus est portée au procès-verbal.

Les conclusions déposées par le procureur de la République ou les avocats des parties et du témoin assisté afin de demander acte d'un désaccord avec le juge d'instruction sur le contenu du procès-verbal sont, par le juge d'instruction, versées au dossier.

Art. 120-1 *(Mod., L. n° 2014-535, 27 mai 2014).* – **Lorsque la personne mise en examen ou le témoin assisté sont mis en cause par plusieurs personnes, ils peuvent demander, conformément au premier alinéa de l'article 82-1 ou au dernier alinéa de l'article 113-3, à être confrontés séparément avec chacune d'entre elles. Le juge d'instruction statue sur ces demandes conformément au deuxième alinéa de l'article 82-1. Le refus d'une demande de confrontation individuelle ne peut être motivé par la seule raison qu'une confrontation collective est organisée.**

Art. 121 *(L. n° 2000-516, 15 juin 2000).* – **Les procès-verbaux d'interrogatoire et de confrontation sont établis dans les formes prévues aux articles 106 et 107.**

S'il est fait appel à un interprète, les dispositions de l'article 102 sont applicables.

Si la personne mise en examen est atteinte de surdité, le juge d'instruction nomme d'office pour l'assister lors de l'information un interprète en langue des signes ou toute personne qualifiée maîtrisant un langage ou une méthode permettant de communiquer avec les sourds. Celui-ci, s'il n'est pas assermenté, prête serment d'apporter son concours à la justice en son honneur et en sa conscience. Il peut être également recouru à tout dispositif technique permettant de communiquer avec la personne mise en examen. Si la personne mise en examen sait lire et écrire, le juge d'instruction peut également communiquer avec elle par écrit.

V. égal. art. 106, p. 364 et art. 107, p. 366 *et annotations ss art.*

1) **Défaut de signature du juge d'instruction – Nullité ou inexistence du procès-verbal.** Justifie sa décision la chambre de l'instruction qui relève qu'un procès-verbal de confrontation qui ne porte pas la signature du juge d'instruction doit être considéré comme inexistant (■ Cass. crim., 13 nov. 1968 : *Bull. crim.* n° 294). Il résulte des articles 106, 107 et 121 du Code de procédure pénale que, pour figurer valablement dans la procédure, tout acte établi par le juge d'instruction doit être daté et signé ; est par conséquent entaché de nullité le procès-verbal d'interrogatoire et de confrontation qui se réfère à un prétendu procès-verbal de synthèse, analysant et confrontant les déclarations recueillies, mais ne comportant aucune date, ni aucune signature (■ Cass. crim., 21 nov. 1988, n° 88-85.260 : *Bull. crim.* n° 394).

2) **Défaut de signature du greffier.** Selon l'article 121 du Code de procédure pénale les procès-verbaux d'interrogatoire et de confrontation sont établis dans les formes prévues aux articles 106 et 107 du même code et ils doivent notamment, à peine de nullité, être signés par le greffier ; encourt dès lors la censure l'arrêt qui rejette le moyen pris de la nullité de l'interrogatoire de première comparution, tiré de ce que le procès-verbal de cet acte ne comporte pas la signature du greffier, au motif que le contrôle de la sincérité des déclarations consignées dans ce procès-verbal, normalement assuré par la signature et l'authentification qui en résulte de la part du greffier, peut également être exercé par la consultation et l'analyse de l'enregistrement audiovisuel de l'interrogatoire réalisé qui peut ainsi pallier le défaut de signature du greffier (■ Cass. crim., 23 nov. 2016, n° 16-81.904). Aux termes de l'article 121 du Code de procédure pénale, les procès-verbaux d'interrogatoire et de confrontation sont établis dans les formes prévues aux articles 106 et 107 du même code ; ils doivent, notamment, être signés par le greffier ; l'inobservation partielle de cette formalité, lorsqu'elle a eu pour effet de porter atteinte aux intérêts de la personne concernée, est sanctionnée par la nullité de l'acte. Encourt dès lors la censure l'arrêt de la chambre de l'instruction rejetant la requête en annulation alors qu'il était constaté que la signature du greffier manquait sur les pages du procès-verbal mentionnant qu'avaient été notifiés à la personne interrogée sa mise en examen et les droits en découlant, avant d'être invitée à relire et signer ses déclarations, ce qui portait atteinte à ses intérêts (■ Cass. crim., 12 déc. 2017, n° 17-84.824 : *Bull. crim.* à paraître).

3) **Absence de nom du greffier.** L'article 106 du Code de procédure pénale, rendu applicable aux procès-verbaux d'interrogatoire et de confrontation par l'article 121 du même code, n'exige pas que le nom du greffier soit mentionné sur ces procès-verbaux ; il suffit, pour désigner le greffier, que sa signature figure au bas de chacune des pages de l'acte (■ Cass. crim., 2 mai 1968, n°s 67-93.348 et 67-93.728 : *Bull. crim.* n° 136).

4) **Refus de signature de la personne interrogée ou confrontée.** Le refus de signature d'un procès-verbal par un inculpé au motif que son conseil n'est pas présent ne saurait entraîner la nullité dudit procès-verbal dès lors qu'il est fait mention de ce refus conformément aux prescriptions de l'article 106 du Code de procédure pénale et qu'ont été observées les dispositions de l'article 118 du même code (■ Cass. crim., 5 mars 1985, n° 85-90.022 : *Bull. crim.* n° 102).

5) **Défaut de signature de l'ensemble des pages.** Fait l'exacte application de l'article 802 du Code de procédure pénale la chambre de l'instruction qui retient que les signatures de la personne mise en examen, du juge et du greffier figurent à la fin du procès-verbal et que l'omission de celles-ci sur la première page n'a pas eu pour effet de porter atteinte aux intérêts de la partie qu'elle concerne (■ Cass. crim., 22 juin 2004, n° 04-82.105 : *Bull. crim.* n° 163 ; *Dr. pén.* 2004, comm. 166, note A. Maron). Il résulte des articles 106, 107 et 121 du Code de procédure pénale que chaque page des procès-verbaux d'interrogatoire est signée par le juge d'instruction et qu'est non avenu le procès-verbal qui n'est pas régulièrement signé (■ Cass. crim., 22 févr. 1977 : *Bull. crim.* n° 72).

6) **Défaut de signature – Nullité relevée d'office.** La chambre de l'instruction doit constater d'office la nullité du procès-verbal qui n'est pas régulièrement signé et ordonner son retrait du dossier de la procédure (■ Cass. crim., 22 févr. 1977, préc.).

7) Valeur du procès-verbal. Les mentions du procès-verbal d'interrogatoire de première comparution d'un inculpé font foi jusqu'à inscription de faux (▪ Cass. crim., 28 févr. 1974 : *Bull. crim.* n° 88 ; *JCP* G 1974, II, 17774, obs. P. Chambon).

Section VI. – Des mandats et de leur exécution

Bibliographie : *Répertoire.* V. Lesclous et J.-P. Valat, *Mandats – Des mandats et de leur exécution : JCl. Proc. pén.*, art. 122 à 136, Fasc. 20. • C. Guéry, *Rép. pén.* Dalloz, *V° Mandat.*

Généralités. J. Goulesque, *Le mandat de dépôt tenant : RSC* 1968, p. 127 et s. • H.-C. Le Gall, *Mandats d'arrêt et mandats d'amener : Gaz. Pal.* 1985, 1, doctr. p. 117.

Art. 122 *(Rempl., L. n° 2004-204, 9 mars 2004).* **– Le juge d'instruction peut, selon les cas, décerner mandat de recherche, de comparution, d'amener ou d'arrêt. Le juge des libertés et de la détention peut décerner mandat de dépôt.**

Le mandat de recherche peut être décerné à l'égard d'une personne à l'encontre de laquelle il existe une ou plusieurs raisons plausibles de soupçonner qu'elle a commis ou tenté de commettre une infraction. Il ne peut être décerné à l'égard d'une personne ayant fait l'objet d'un réquisitoire nominatif, d'un témoin assisté ou d'une personne mise en examen. Il est l'ordre à la force publique de rechercher la personne à l'encontre de laquelle il est décerné et de la placer en garde à vue.

Le mandat de comparution, d'amener ou d'arrêt peut être décerné à l'égard d'une personne à l'égard de laquelle il existe des indices graves ou concordants rendant vraisemblable qu'elle ait pu participer, comme auteur ou complice, à la commission d'une infraction, y compris si cette personne est témoin assisté ou mise en examen.

Le mandat de comparution a pour objet de mettre en demeure la personne à l'encontre de laquelle il est décerné de se présenter devant le juge à la date et à l'heure indiquées par ce mandat.

Le mandat d'amener est l'ordre donné à la force publique de conduire immédiatement devant lui la personne à l'encontre de laquelle il est décerné.

Le mandat d'arrêt est l'ordre donné à la force publique de rechercher la personne à l'encontre de laquelle il est décerné et de la conduire devant lui après l'avoir, le cas échéant, conduite à la maison d'arrêt indiquée sur le mandat, où elle sera reçue et détenue.

Le juge d'instruction est tenu d'entendre comme témoins assistés les personnes contre lesquelles il a été décerné un mandat de comparution, d'amener ou d'arrêt, sauf à les mettre en examen conformément aux dispositions de l'article 116. Ces personnes ne peuvent pas être mises en garde à vue pour les faits ayant donné lieu à la délivrance du mandat.

Le mandat de dépôt peut être décerné à l'encontre d'une personne mise en examen et ayant fait l'objet d'une ordonnance de placement en détention provisoire. Il est l'ordre donné au chef de l'établissement pénitentiaire de recevoir et de détenir la personne à l'encontre de laquelle il est décerné. Ce mandat permet également de rechercher ou de transférer la personne lorsqu'il lui a été précédemment notifié.

I – NATURE ET RÉGIME JURIDIQUE DES MANDATS

1) Nature juridictionnelle du mandat de dépôt. La procédure instituée par l'article 173 du Code de procédure pénale ne saurait être utilisée à l'égard des décisions juridictionnelles, contre lesquelles la voie de l'appel peut seule être employée ; encourt dès lors la censure la chambre d'accusation qui, saisie d'une requête en annulation d'un mandat de dépôt, la déclare recevable alors que le titre de détention fait corps avec l'ordonnance de placement en détention provisoire, qui en est le support et qui ne peut faire l'objet que d'un appel (▪ Cass. crim., 19 juill. 1993 : *JurisData* n° 1993-704890 ; *Bull. crim.* n° 247).

2) Voies de recours – Mandats de dépôt. Le mandat de dépôt, faisant corps avec l'ordonnance de placement en détention provisoire qui en est le support, est susceptible d'appel comme l'ordonnance elle-même (▪ Cass. crim., 1er mars 1994, n° 93-85.745 : *JurisData* n° 1994-002905 ; *Bull. crim.* n° 81). Les irrégularités prétendues des réquisitions à fin de mandat de dépôt et du mandat de dépôt lui-même, actes relatifs à la détention et inséparables de l'ordonnance de mise en détention, ne pouvaient être invoquées qu'à l'appui d'un appel interjeté contre celle-ci (▪ Cass. crim., 19 sept. 1989 : *Bull. crim.* n° 322. ▪ Cass. crim., 19 juill. 1993 : *JurisData* n° 1993-704890 ; *Bull. crim.* n° 247).

3) Voies de recours – Mandats de recherche, de comparution et d'amener. V. pour un exemple de requête en annulation, ▪ Cass. crim., 12 janv. 2000 : *JurisData* n° 2000-000464 ; *Bull. crim.* n° 17.

4) **Prescription de l'action publique.** Tous les mandats étant des actes judiciaires d'instruction ou d'enquête sont interruptifs de prescription (■ Cass. crim., 21 juin 1918 : *Bull. crim.* n° 139 dans le cas du mandat de comparution).

II – CONSÉQUENCE SUR LE STATUT DE L'INTÉRESSÉ

5) **Attribution du statut de mis en examen ou de témoin assisté subordonnée à l'interrogatoire.** La délivrance d'un mandat d'arrêt par le juge d'instruction, au cours de l'information et avant tout interrogatoire, ne confère pas à celui qui en est l'objet la qualité de personne mise en examen, ni, par voie de conséquence, celle de partie (■ Cass. crim., 5 mars 2014, n° 13-84.705 : *Bull. crim.* n° 66). ■ Cass. crim., 28 avr. 2011, n° 10-87.750 : *Bull. crim.* n° 86 ; *D.* 2011, 1563 et 2231, obs. J. Pradel. – *Adde*, ■ Cass. crim., 2 févr. 2022, n° 21-86.715, § 14 : *Bull. crim.* à paraître).

Dès lors, l'intéressé ne peut former un pourvoi en cassation (■ Cass. crim., 5 mars 2014, préc.), présenter une requête aux fins de renvoi pour cause de suspicion légitime (■ Cass. crim., 28 avr. 2011, préc.), ni recevoir notification de l'ordonnance de mise en accusation (■ Cass. crim., 2 févr. 2022, préc. § 14). Justifie sa décision la chambre de l'instruction qui, pour déclarer irrecevable la requête tendant à l'annulation de l'information et, subsidiairement, à la mainlevée des mandats d'arrêt, énonce que la délivrance d'un mandat d'arrêt au cours de l'information, avant tout interrogatoire, ne confère pas à ceux qui en sont l'objet la qualité de personne mise en examen et, par voie de conséquence, celle de partie au sens de l'article 173 du Code de procédure pénale : en se prononçant ainsi, et dès lors que les demandeurs n'avaient pas davantage la qualité de témoin assisté et que les dispositions des articles 5, 6 et 13 de la Convention européenne des droits de l'Homme ne sont pas applicables en cas de recours formé contre un mandat d'arrêt, dont le seul objet est d'assurer la représentation en justice de la personne à l'encontre de laquelle il est délivré afin, notamment, de permettre son interrogatoire par le juge d'instruction, la chambre de l'instruction a fait l'exacte application de la loi (■ Cass. crim., 19 janv. 2010, n° 09-84.818 : *JurisData* n° 2010-051196 ; *Bull. inf. C. cass.* 2010, n° 896).

Contra précédemment : la délivrance d'un mandat d'amener implique que le juge d'instruction a manifesté son intention de traiter comme un inculpé la personne objet du mandat (■ Cass. crim., 26 sept. 1986, n° 86-93.682 : *Bull. crim.* n° 206 ; *RSC* 1987, 243, obs. A. Braunschweig).

6) **Attribution du statut de mis en examen ou de témoin assisté lors de la clôture de l'instruction.** V. art. 134, al. 3, p. 398.

Art. 123 ***(Mod., L. n° 2004-204, 9 mars 2004).*** **– Tout mandat précise l'identité de la personne à l'encontre de laquelle il est décerné ; il est daté et signé par le magistrat qui l'a décerné et est revêtu de son sceau.**

Les mandats d'amener, de dépôt, d'arrêt et de recherche mentionnent en outre la nature des faits imputés à la personne, leur qualification juridique et les articles de loi applicables.

Le mandat de comparution est signifié par huissier à celui qui en est l'objet ou est notifié à celui-ci par un officier ou agent de la police judiciaire, ou par un agent de la force publique, lequel lui en délivre copie.

Le mandat d'amener, d'arrêt ou de recherche est notifié et exécuté par un officier ou agent de la police judiciaire ou par un agent de la force publique, lequel en fait l'exhibition à la personne et lui en délivre copie.

Si la personne est déjà détenue pour une autre cause, la notification lui est faite comme il est dit à l'alinéa précédent, ou, sur instructions du procureur de la République, par le chef de l'établissement pénitentiaire qui en délivre également une copie.

Les mandats d'amener, d'arrêt et de recherche peuvent, en cas d'urgence, être diffusés par tous moyens.

Dans ce cas, les mentions essentielles de l'original et spécialement l'identité de la personne à l'encontre de laquelle il est décerné, la nature des faits qui lui sont imputés et leur qualification juridique, le nom et la qualité du magistrat mandant doivent être précisés L'original ou la copie du mandat est transmis à l'agent chargé d'en assurer l'exécution dans les délais les plus brefs.

I – CONTENU DES MANDATS

1) **Identité de la personne – Erreur.** L'erreur portant sur le prénom de la personne visée dans le mandat de dépôt, alors qu'il n'est pas contesté que la mesure concernait bien la personne qui a été présentée au JLD pour un débat contradictoire en vue de son placement en détention provisoire, est une simple erreur matérielle et non la méconnaissance d'une formalité substantielle ayant porté atteinte aux intérêts du mis en examen ; une telle erreur ne peut par conséquent entraîner la nullité du mandat de dépôt (■ Cass. crim., 3 juin 2003, n° 03-81.482 : *Bull. crim.* n° 112).

2) **Indication de la nature des faits.** Justifie sa décision la chambre de l'instruction qui rejette le

moyen d'annulation proposé par le mis en examen, pris de l'absence, dans le mandat d'arrêt le visant, d'indication sur la nature des faits qui lui étaient imputés : le mandat d'arrêt, mentionnant la qualification, les dates ainsi que les lieux des faits et le mandat d'arrêt européen, pris sur le fondement du mandat d'arrêt, comportant un exposé des faits susceptibles d'être imputés à l'intéressé ainsi que leur qualification juridique, lui ayant été lus, avec l'assistance d'un interprète, l'intéressé a été informé, dans une langue qu'il comprenait et dans le plus court délai, des raisons de son arrestation, notamment de la nature des faits qui lui étaient imputés (■ Cass. crim., 7 janv. 2015, n° 14-86.226 : *JurisData* n° 2015-000059 ; *Procédures* 2015, comm. 93, A.-S. Chavent-Leclère).

3) Indication des articles de loi applicables. L'absence d'indication expresse des textes de loi applicables ne porte pas atteinte aux droits de la défense et ne saurait justifier la nullité du mandat dès lors que la délivrance du mandat a immédiatement suivi la notification donnée à l'inculpé de chacun des faits qui lui étaient imputés (■ Cass. crim., 8 mars 1984 : *Bull. crim.* n° 97).

4) Mentions en cas de mandat de dépôt délivré à la suite du placement en détention provisoire. Les prescriptions de l'article 123, alinéa 2, du Code de procédure pénale ne concernent que le mandat de dépôt et non l'ordonnance de placement en détention provisoire (■ Cass. crim., 28 juin 1994, n° 94-82.071 : *Bull. crim.* n° 256).

5) Mentions en cas de mandat d'amener ou d'arrêt délivré à la suite de la violation des obligations du contrôle judiciaire. V. art. 141-2, p. 427. Le mandat d'amener délivré contre une personne mise en examen à raison de la violation des obligations de son contrôle judiciaire n'a pas à préciser les faits constituant cette violation (■ Cass. crim., 27 sept. 2005, n° 05-84.469 : *JurisData* n° 2005-030562).

II – NOTIFICATION DES MANDATS

6) Notification du mandat – Sanction. L'obligation de notifier un mandat d'arrêt et les formalités relatives à la notification ne sont pas prescrites à peine de nullité alors du moins qu'il n'est pas porté atteinte aux droits essentiels de la défense (■ Cass. crim., 29 déc. 1911 : *DP* 1913, 1, 55). Les irrégularités qui ne concernent que les conditions de la notification du mandat d'amener ne sont pas de nature à entraîner la nullité de la procédure (■ Cass. crim., 24 janv. 1985, n° 84-93.030 : *Bull. crim.* n° 41).

7) Notification du mandat de comparution – Obligation consécutive de connaître l'adresse de l'intéressé. Un mandat de comparution ne peut être délivré qu'à l'encontre d'une personne dont le dernier domicile est connu et à cette adresse, afin d'en permettre la signification dans les formes et conditions prévues aux articles 550 et suivants du Code de procédure pénale (■ Cass. crim., 30 mai 1995 : *JurisData* n° 1995-004408 ; *Bull. crim.* n° 197).

Art. 124. – **Les mandats sont exécutoires dans toute l'étendue du territoire de la République.**

Art. 125 *(Mod., L. n° 2004-204, 9 mars 2004).* – **Le juge d'instruction interroge immédiatement la personne qui fait l'objet d'un mandat de comparution.**

Il est procédé dans les mêmes conditions à l'interrogatoire de la personne arrêtée en vertu d'un mandat d'amener. Toutefois, si l'interrogatoire ne peut être immédiat, la personne peut être retenue par les services de police ou de gendarmerie pendant une durée maximum de vingt-quatre heures suivant son arrestation avant d'être présentée devant le juge d'instruction ou à défaut le président du tribunal ou un juge désigné par celui-ci, qui procède immédiatement à son interrogatoire ; à défaut, la personne est mise en liberté.

Art. 126 *(Mod., L. n° 2004-204, 9 mars 2004).* – **Toute personne arrêtée en vertu d'un mandat d'amener, qui a été retenue pendant plus de vingt-quatre heures sans avoir été interrogée, est considérée comme arbitrairement détenue.**

Les articles 432-4 à 432-6 du Code pénal sont applicables aux magistrats ou fonctionnaires qui ont ordonné ou sciemment toléré cette rétention arbitraire.

Art. 127 *(Mod., L. n° 2011-392, 14 avr. 2011, en vigueur le 1er juin 2011).* – **Si la personne recherchée en vertu d'un mandat d'amener est trouvée à plus de 200 km du siège du juge d'instruction qui a délivré le mandat et qu'il n'est pas possible de la conduire dans le délai de vingt-quatre heures devant ce magistrat, elle est conduite devant le juge des libertés et de la détention du lieu d'arrestation.**

Art. 128 *(Mod., L. n° 93-2, 4 janv. 1993).* – **Ce magistrat l'interroge sur son identité, reçoit ses déclarations, après l'avoir avertie qu'elle est libre de ne pas en faire, l'interpelle afin de savoir si elle consent**

à être transférée ou si elle préfère prolonger les effets du mandat d'amener, en attendant, au lieu où il se trouve, la décision du juge d'instruction saisi de l'affaire. Si la personne déclare s'opposer au transfèrement, elle est conduite dans la maison d'arrêt et avis immédiat est donné au juge d'instruction compétent L'original ou la copie du procès-verbal de la comparution contenant un signalement complet est transmis sans délai à ce magistrat, avec toutes les indications propres à faciliter la reconnaissance d'identité.

Ce procès-verbal doit mentionner que la personne a reçu avis qu'elle est libre de ne pas faire de déclaration.

Art. 129. – **Le juge d'instruction saisi de l'affaire décide, aussitôt après la réception de ces pièces, s'il y a lieu d'ordonner le transfèrement.**

Art. 130 *(Mod., L. n° 93-2, 4 janv. 1993).* – **Lorsqu'il y a lieu à transfèrement dans les conditions prévues par les articles 128 et 129, la personne est conduite devant le juge d'instruction qui a délivré le mandat dans les quatre jours de la notification du mandat.**

Toutefois, ce délai est porté à six jours en cas de transfèrement d'un département d'outre-mer vers un autre département ou de la France métropolitaine vers un département d'outre-mer.

1) Privation de liberté de l'article 130 – Réserve d'interprétation – Personne encourant une peine privative de liberté. La conciliation entre, d'une part, la prévention de l'ordre public et la recherche des auteurs d'infraction et, d'autre part, l'exercice des libertés constitutionnellement garanties est équilibrée si la privation de liberté de quatre ou de six jours prévue par l'article 130 pouvait être mise en œuvre, dans le cadre d'un mandat d'amener, à l'encontre d'une personne qui n'encourt pas une peine d'emprisonnement correctionnelle ou une peine plus grave ; sous cette réserve, les articles 130, 130-1 et 133, alinéa 4 du Code de procédure pénale sont conformes à la Constitution (▪ Cons. const., 24 juin 2011, n° 2011-133 : *Procédures* 2011, n° 276, obs. J. Buisson ; *RSC* 2011, 417 obs. Danet).

2) Privation de liberté de l'article 130 – Personne mineure ne pouvant être placée en détention provisoire. En premier lieu, la privation de liberté subie en exécution d'un mandat d'amener ne fait pas courir la détention provisoire. En second lieu, si la conciliation entre, d'une part, la prévention des atteintes à l'ordre public et la recherche des auteurs d'infractions et, d'autre part, l'exercice des libertés constitutionnellement garanties ne pourrait être regardée comme équilibrée si la privation de liberté prévue par l'article 130 pouvait être mise en œuvre, dans le cadre d'un mandat d'amener, à l'encontre d'une personne qui n'encourt pas une peine d'emprisonnement correctionnelle ou une peine plus grave (▪ Cons Const., 24 juin 2011, n° 2011-133 QPC), tel n'est pas le cas lorsque cette personne (en l'espèce mineure de 15 ans), qui encourt une peine de cette nature, ne peut pas être placée en détention provisoire (▪ Cass. crim., 14 oct. 2020, n° 20-83.011, §§ 17 et 18 : *RSC* 2020, 969, obs. J.-P. Valat).

3) Délai de comparution devant le juge. V. art. 803-2, p. 1871.

Art. 130-1 *(Mod., L. n° 93-2, 4 janv. 1993).* – **En cas de non-respect des délais fixés par les articles 127 et 130, la personne est libérée, sur ordre du juge d'instruction saisi de l'affaire, à moins que sa conduite ait été retardée par des circonstances insurmontables.**

Art. 131 *(Mod., L. n° 93-2, 4 janv. 1993).* – **Si la personne est en fuite ou si elle réside hors du territoire de la République, le juge d'instruction, après avis du procureur de la République, peut décerner contre elle un mandat d'arrêt si le fait comporte une peine d'emprisonnement correctionnelle ou une peine plus grave.**

1) Cas justifiant un mandat d'arrêt – Conformité à la Constitution. L'article 131 du Code de procédure pénale n'est pas contraire notamment au principe d'égalité devant la loi : d'une part, la personne résidant sur le territoire de la République et celle résidant à l'étranger ne sont pas placées dans la même situation au regard de la capacité des autorités judiciaires d'ordonner directement des mesures coercitives à leur encontre, ce qui justifie leur différence de traitement ; d'autre part, il appartient au juge d'instruction, pour décerner un mandat d'arrêt à l'encontre des personnes résidant hors du territoire de la République, d'apprécier le caractère nécessaire et proportionné du recours à cette mesure de contrainte en fonction des circonstances de l'espèce, sa décision étant placée sous le contrôle de la chambre de l'instruction (▪ Cons. const., 27 févr. 2015, n° 2014-452 QPC : *JO* 1er mars 2015, p. 4022 ; *Procédures* 2015, comm. 138, J. Buisson).

2) Cas justifiant un mandat d'arrêt – Personne résidant à l'étranger. Une personne détenue hors de France doit être considérée, au sens de l'article 131 du Code de procédure pénale, comme résidant à l'étranger (■ Cass. crim., 11 mai 2021, n° 21-81.148, § 19 : *Bull. crim.* à paraître).

3) **Cas justifiant un mandat d'arrêt – Caractère limitatif.** Le mandat d'arrêt est nul s'il n'a pas été délivré dans un des cas prévus par la loi (■ Cass. crim., 25 janv. 1961 : *Bull. crim.* n° 47). Tel est le cas du mandat d'arrêt délivré contre une personne que le juge d'instruction et le procureur de la République savaient détenue dans une autre ville (■ Cass. crim., 25 janv. 1961 : *Bull. crim.* n° 47).

4) **Nécessité et proportionnalité du mandat d'arrêt.** En validant le mandat d'arrêt délivré à l'encontre d'une personne résidant hors du territoire de la République sans apprécier le caractère nécessaire et proportionné du recours à cette mesure de contrainte en fonction des circonstances de l'espèce, la cour d'appel n'a pas justifié sa décision (■ Cass. crim., 11 janv. 2017, n° 16-80.619 : *Bull. crim.* n° 16). Rapp. ■ Cons. const., 27 févr. 2015, n° 2014-452 QPC, préc., n° 1.

Le juge d'instruction ne peut délivrer un mandat d'arrêt à l'encontre d'une personne résidant hors du territoire de la République, mais qui n'est pas en fuite, sans avoir effectué les démarches requises pour l'entendre et sans avoir apprécié le caractère nécessaire et proportionné de cette mesure de contrainte en fonction des circonstances de l'espèce (■ Cass. crim., 16 déc. 2020, n° 20-85.289, §§ 11 et 19 : *Bull. crim.* à paraître ; *AJ pénal* 2021. 161, obs. D. Miranda. – *Adde*, ■ Cass. crim., 5 janv. 2022, n° 21-82.484, § 9 : *Bull. crim.* à paraître). Encourt la censure la cour d'appel qui délivre un mandat d'arrêt alors qu'il résultait de la procédure que l'intéressé disposait d'une adresse à l'étranger et qu'il convenait de solliciter qu'il y soit entendu avant de pouvoir constater, le cas échéant, qu'il était en fuite (■ Cass. crim., 16 déc. 2020, n° 20-85.289, §§ 11 et 19 : *Bull. crim.* à paraître ; *AJ pénal* 2021, 161, obs. D. Miranda). Encourt également la censure la cour d'appel à laquelle il appartenait, si elle estimait que l'audition par le magistrat instructeur de la personne recherchée, demeurant à l'étranger, était impossible ou irréalisable dans un délai raisonnable, d'apprécier la nécessité et la proportionnalité de la délivrance d'un mandat d'arrêt (■ Cass. crim., 5 janv. 2022, préc., § 16).

5) **Avis du procureur de la République – Sanction.** Est entaché de nullité le mandat d'arrêt délivré par le juge d'instruction contre une inculpée qui n'avait pas été visée expressément dans le réquisitoire du procureur de la République et sans recueillir au préalable l'avis de celui-ci (■ Cass. crim., 7 avr. 1987, n° 87-80.513 : *Bull. crim.* n° 159).

6) **Conséquence de la nullité du mandat d'arrêt.** La circonstance que le mandat d'arrêt en vertu duquel l'inculpé est transféré devant le juge d'instruction est déclaré nul est sans incidence sur la validité du mandat de dépôt décerné contre lui le même jour dans une autre procédure (■ Cass. crim., 25 janv. 1961 : *Bull. crim.* n° 48).

Art. 132 *(Abr., L. n° 2004-204, 9 mars 2004).*

Art. 133 *(Mod., L. n° 2011-1862, 13 déc. 2011).* – **La personne saisie en vertu d'un mandat d'arrêt est présentée dans les vingt-quatre heures suivant son arrestation devant le juge d'instruction ou à défaut le président du tribunal ou le juge désigné par celui-ci pour qu'il soit procédé à son interrogatoire et qu'il soit le cas échéant statué sur son placement en détention provisoire dans les conditions prévues par l'article 145. À défaut, la personne est remise en liberté. Les dispositions de l'article 126 sont applicables.**

Si la personne est arrêtée à plus de deux cents kilomètres du siège du juge d'instruction qui a délivré le mandat et qu'il n'est pas possible de la conduire dans un délai de vingt-quatre heures devant ce magistrat, elle est conduite dans les vingt-quatre heures suivant son arrestation devant le juge des libertés et de la détention du lieu de l'arrestation, qui reçoit ses déclarations, après l'avoir avertie qu'elle est libre de ne pas en faire. Mention est faite de cet avis au procès-verbal.

Le juge des libertés et de la détention informe sans délai le magistrat qui a délivré le mandat et ordonne le transfèrement. Si celui-ci ne peut être effectué immédiatement, le juge des libertés et de la détention en avise le juge mandant.

Lorsqu'il y a lieu à transfèrement, la personne doit être conduite à la maison d'arrêt indiquée sur le mandat dans les délais prévus à l'article 130. Les dispositions de l'article 130-1 sont applicables.

I – INTERROGATOIRE CONSÉCUTIF AU MANDAT D'ARRÊT

1) **Qualité de la personne interrogée.** V. art. 122, al. 7, p. 393 et annotations ss art.

II – AUTRES CONSÉQUENCES DU MANDAT D'ARRÊT

2) **Détention provisoire – Titre de la détention.** Le mandat d'arrêt, dont les effets sont main-

tenus après arrestation, constitue un titre de détention (■ Cass. crim., 20 oct. 1987, n° 87-84.410 : *Bull. crim.* n° 357).

3) Détention provisoire – Point de départ de la détention. La date d'écrou de l'inculpé fixe le point de départ du délai de la détention consécutive à l'exécution d'un mandat d'arrêt (■ Cass. crim., 6 juin 1991, n° 91-81.785 : *Bull. crim.* n° 241. – *Adde* ■ Cass. crim., 20 nov. 1990, n° 90-85.622 : *Bull. crim.* n° 393).

4) Détention provisoire – Nullité du mandat d'arrêt. La circonstance que le mandat d'arrêt en vertu duquel l'inculpé a été transféré devant le juge d'instruction est déclaré nul, affecte nécessairement la validité du mandat de dépôt décerné contre lui pour le maintenir en détention dans la même procédure, en exécution d'une ordonnance rendue conformément aux prescriptions de l'article 145 du Code de procédure pénale (■ Cass. crim., 27 oct. 1986, n° 86-92.247 : *Bull. crim.* n° 306).

5) Renvoi devant la juridiction de jugement. V. art. 134, al. 3, p. 398 et annotations ss art.

6) Sort du mandat d'arrêt lors de la clôture de l'instruction. V. art. 179, al. 2, p. 585.

Art. 133-1 *(Mod. à compter du 15 nov. 2016, L. n° 2016-731, 3 juin 2016).* **– Dans les cas prévus par les articles 125, 127 et 133, lorsque la personne est retenue par les services de police ou de gendarmerie avant sa présentation devant un magistrat, le procureur de la République du lieu de l'arrestation est informé dès le début de cette rétention et la personne a le droit de faire prévenir un proche dans les conditions prévues par l'article 63-2, d'être examinée par un médecin dans les conditions prévues à l'article 63-3 et d'être assistée d'un avocat dans les conditions prévues aux articles 63-3-1 à 63-4-4.**

Art. 134 *(Mod., L. n° 2011-267, 14 mars 2011).* **– L'agent chargé de l'exécution d'un mandat d'amener, d'arrêt ou de recherche ne peut s'introduire dans le domicile d'un citoyen avant 6 heures ni après 21 heures. Il en est de même lorsque l'agent est chargé de l'arrestation d'une personne faisant l'objet d'une demande d'extradition ou d'un mandat d'arrêt européen.**

Il peut se faire accompagner d'une force suffisante pour que la personne ne puisse se soustraire à la loi. La force est prise dans le lieu le plus proche de celui où le mandat doit s'exécuter et elle est tenue de déférer aux réquisitions contenues dans ce mandat.

Si la personne ne peut être saisie, un procès-verbal de perquisition et de recherches infructueuses est adressé au magistrat qui a délivré le mandat. La personne est alors considérée comme mise en examen pour l'application de l'article 176.

I – INEXÉCUTION DES MANDATS D'AMENER, D'ARRÊT ET DE RECHERCHE ET RENVOI DEVANT LA JURIDICTION DE JUGEMENT

1) Admission du renvoi. Un inculpé peut être renvoyé devant la juridiction du jugement sans avoir été préalablement entendu, dès lors qu'il a été régulièrement appelé par un mandat de justice décerné et notifié conformément aux prescriptions du Code de procédure pénale, en sorte que l'autorité judiciaire à laquelle il s'est lui-même soustrait n'a pas porté atteinte aux droits de la défense (■ Cass. crim., 25 juill. 1979 : *Bull. crim.* n° 252).

II – INEXÉCUTION DES MANDATS D'AMENER, D'ARRÊT ET DE RECHERCHE ET EXERCICE DES VOIES DE RECOURS

2) Irrecevabilité de la requête en annulation du mandat. La personne en fuite qui fait l'objet d'un mandat d'arrêt délivré par le juge d'instruction avant tout interrogatoire et qui, se sachant recherchée, se soustrait volontairement à la procédure d'information n'a pas la qualité de personne mise en examen et, par voie de conséquence, n'est pas partie au sens de l'article 173 du Code de procédure pénale, non plus que témoin assisté (■ Cass. crim., 5 mars 2014, n° 13-84.705 : *Bull. crim.* n° 66. – *Adde* ■ Cass. crim., 17 déc. 2002 : *JurisData* n° 2002-017212 : *Bull. crim.* n° 230). Selon les dispositions de l'article 134, alinéa 3, du Code de procédure pénale dans leur rédaction issue de la loi du 15 juin 2000, la délivrance d'un mandat d'arrêt par le juge d'instruction ne confère pas, au cours de l'information, à celui qui en est l'objet, la qualité de personne mise en examen. En conséquence, la personne visée par un tel mandat ne bénéficie pas des droits accordés aux personnes mises en examen. Elle n'a donc pas à être avisée de la date de l'audience de la chambre de l'instruction statuant sur les nullités de l'information et n'est pas recevable à se pourvoir contre l'arrêt rendu par cette juridiction (■ Cass. crim., 14 mai 2002, n° 02-80.721 : *Bull. crim.* n° 111). Il se déduit de l'article 134 du Code de procédure pénale qu'une personne en fuite et vainement recherchée au cours de l'information n'a pas la qualité de partie au sens de l'article 175 dudit code ; il s'ensuit que si elle est arrêtée après que le juge d'instruction l'a renvoyée devant le tribunal correctionnel, elle ne peut se prévaloir des dispositions du troisième alinéa de l'article 385 dudit code pour exciper devant cette juridiction d'une quelconque nullité d'actes de l'information, l'ordonnance de renvoi ayant, comme le prévoit l'article 179 du même code, purgé, s'il en existait, les vices de la procédure (▪ Cass. crim., 3 avr. 2007 : *JurisData* n° 2007-038474 ; *Bull. crim.* n° 103 ; *RSC* 2007, chron. 834, obs. Finielz. ▪ Cass. crim., 3 oct. 2007, n° 07-81.030 : *Bull. crim.* n° 237). Pour écarter l'application de l'article 385, alinéa 3, du Code de procédure pénale, la chambre de l'instruction ne saurait se borner à relever que la personne contre laquelle le mandat d'arrêt a été décerné résidait aux États-Unis, sans constater qu'elle était en fuite, se savait recherchée et voulait échapper aux poursuites (▪ Cass. crim., 11 janv. 2017, n° 16-80.619 : *Bull. crim.* n° 340).

3) Irrecevabilité de la requête en annulation – Conformité à la Constitution. La personne en fuite qui, se sachant recherchée, se soustrait volontairement à la procédure d'information, se place, de son propre fait, dans l'impossibilité de bénéficier des dispositions des articles 173 et 567 du Code de procédure pénale ; le bénéfice de ces dispositions, dont le corollaire est le droit d'accéder à la procédure, constituerait dans ce cas un avantage injustifié par rapport à la personne mise en examen ou au témoin assisté qui a normalement comparu aux actes de la procédure et serait contraire à l'objectif, à valeur constitutionnelle, de bonne administration de la justice ; les dispositions critiquées ne font pas obstacle à ce que la personne qui a fait l'objet d'un mandat d'arrêt en conteste la validité, selon les procédures prévues au Code de procédure pénale, après avoir acquis la qualité de partie à la procédure ; ainsi, elles concilient le droit à un recours juridictionnel effectif et la recherche des auteurs d'infractions nécessaire à la sauvegarde de droits et de principes de valeur constitutionnelle (▪ Cass. crim., 19 févr. 2014, n° 13-84.705 : *JurisData* n° 2014-003360. ▪ Cass. crim., 24 mars 2015, n° 14-88.216 : *JurisData* n° 2015-006321).

Art. 135 ***(Mod., L. n° 2000-516, 15 juin 2000).*** **– En matière criminelle et en matière correctionnelle, les mandats de dépôt ne peuvent être décernés qu'en exécution de l'ordonnance prévue à l'article 145.**

L'agent chargé de l'exécution du mandat de dépôt remet l'intéressé au chef de l'établissement pénitentiaire, lequel lui délivre une reconnaissance de cette remise.

1) Annulation du mandat de dépôt pour vice de fond – Conséquence. Le juge d'instruction ne peut, après annulation pour vice de fond d'un premier mandat de dépôt, délivrer un nouveau titre de détention pour les mêmes faits pris sous une qualification différente (▪ Cass. crim., 16 nov. 1987, n° 87-85.177 : *Bull. crim.* n° 404).

2) Annulation du mandat de dépôt pour vice de forme – Conséquence. Aucune disposition légale ou conventionnelle n'interdit, lorsque le mandat de dépôt a été annulé pour un vice de forme, de placer à nouveau en détention provisoire la personne mise en examen, dans la même information et à raison des mêmes faits (▪ Cass. crim., 1er févr. 2005, n° 04-86.768 : *Bull. crim.* n° 33. ▪ Cass. crim., 3 sept. 2003, n° 03-83.068 : *Bull. crim.* n° 152. ▪ Cass. crim., 14 nov. 1985, n° 85-94.663 : *Bull. crim.* n° 356).

3) Portée du mandat de dépôt – Annulation de l'ordonnance de remise en liberté. L'arrêt de la chambre d'accusation qui infirme ou annule une ordonnance de remise en liberté rend son plein effet au titre de détention initial et n'implique pas la délivrance d'un nouveau mandat de dépôt (▪ Cass. crim., 22 avr. 1985, n° 85-90.891 : *Bull. crim.* n° 150. ▪ Cass. crim., 7 nov. 1989, n° 89-85.339 : *Bull. crim.* n° 397).

4) Portée du mandat de dépôt – Substitution d'une qualification criminelle à une qualification correctionnelle. V. art. 118, p. 390. Si, au cours d'une information, il apparaît au juge d'instruction que les faits retenus sous une qualification correctionnelle doivent recevoir une qualification criminelle, le titre de détention qui a été décerné initialement demeure valable mais, à compter de la notification de la nouvelle inculpation, la détention se trouve, de plein droit, soumise aux règles qui découlent de la nouvelle qualification (▪ Cass. crim., 19 mars 1991 : *JurisData* n° 1991-001296 ; *Bull. crim.* n° 134. ▪ Cass. crim., 13 déc. 2006, n° 06-87.376).

5) Portée du mandat de dépôt – Changement de qualification des faits. S'il apparaît, en cours d'information, que les faits doivent recevoir une qualification différente de celle qui a été retenue lors de l'interrogatoire de première comparution et qu'en raison de la peine alors encourue, la durée de la détention provisoire s'en trouve modifiée, le titre initial de détention demeure valable mais, à compter de la notification de la nouvelle inculpation, la détention se trouve soumise aux règles qui découlent de la nouvelle qualification (▪ Cass. crim., 27 mars 1990 : *JurisData* n° 1990-701440 ; *Bull. crim.* n° 135).

6) Portée du mandat de dépôt – Faits nouveaux. En cas de changement de qualification des faits ou de notification d'une nouvelle inculpation (découlant en l'espèce de l'adjonction aux faits poursuivis sous la qualification d'association et de recel de malfaiteurs de faits d'assassinat), le titre initial de détention demeure valable, la détention se trouvant alors soumise aux règles qui découlent de la nouvelle qualification ou inculpation ; il s'en déduit que le délai de 1 an prévu par l'article 145-2 du Code de procédure pénale et résultant de la nouvelle inculpation a commencé à courir à compter de la date du mandat de dépôt initial (■ Cass. crim., 29 oct. 1991 : *JurisData* n° 1991-003616 ; *Bull. crim.* n° 385). *Comp.* la détention provisoire ne peut s'appliquer à d'autres faits que ceux pour lesquels le titre de détention a été délivré (■ Cass. crim., 4 mai 1993, n° 93-80.717 : *Bull. crim.* n° 163).

7) Effets du mandat de dépôt – Clôture de l'instruction. V. art. 179, al. 3, p. 585 et art. 181, al. 7, p. 591.

Art. 135-1 *(L. n° 2004-204, 9 mars 2004)*. – **La personne découverte en vertu d'un mandat de recherche est placée en garde à vue par l'officier de police judiciaire du lieu de la découverte, suivant les modalités prévues à l'article 154. Le juge d'instruction saisi des faits en est informé dès le début de la garde à vue. Sans préjudice de la possibilité pour l'officier de police judiciaire déjà saisi par commission rogatoire de procéder à l'audition de la personne, l'officier de police judiciaire du lieu où la personne a été découverte peut être requis à cet effet par le juge d'instruction ainsi qu'aux fins d'exécution de tous actes d'information nécessaires. Pendant la durée de la garde à vue, la personne peut également être conduite dans les locaux du service d'enquête saisi des faits.**

1) Conséquence du mandat de recherche sur le renvoi devant la juridiction de jugement. V. art. 134, al. 4, p. 398.

2) Sort du mandat de recherche après la clôture de l'instruction. V. art. 179, al. 2, p. 585 et art. 181, al. 7, p. 591.

Art. 135-2 *(Mod., L. n° 2016-731, 3 juin 2016)*. – **Si la personne faisant l'objet d'un mandat d'arrêt est découverte après le règlement de l'information, il est procédé selon les dispositions du présent article.**

Le procureur de la République du lieu de l'arrestation est avisé dès le début de la rétention de la personne par les services de police ou de gendarmerie. Pendant cette rétention, il est fait application de l'article 133-1. La rétention ne peut durer plus de vingt-quatre heures.

La personne est conduite dans les meilleurs délais et au plus tard dans les vingt-quatre heures de son arrestation devant le procureur de la République du tribunal judiciaire dans le ressort duquel siège la juridiction de jugement saisie des faits. Après avoir vérifié son identité et lui avoir notifié le mandat, ce magistrat la présente devant le juge des libertés et de la détention.

Le juge des libertés et de la détention peut, sur les réquisitions du procureur de la République, soit placer la personne sous contrôle judiciaire, soit ordonner son placement en détention provisoire jusqu'à sa comparution devant la juridiction de jugement, par ordonnance motivée conformément aux dispositions de l'article 144, rendue à l'issue d'un débat contradictoire organisé conformément aux dispositions des quatrième à neuvième alinéas de l'article 145. Si la personne est placée en détention, les délais prévus par les quatrième et cinquième alinéas de l'article 179 et par les huitième et neuvième alinéas de l'article 181 sont alors applicables et courent à compter de l'ordonnance de placement en détention. La décision du juge des libertés et de la détention peut faire, dans les dix jours de sa notification, l'objet d'un appel devant la chambre des appels correctionnels si la personne est renvoyée devant le tribunal correctionnel et devant la chambre de l'instruction si elle est renvoyée devant la cour d'assises.

Si la personne a été arrêtée à plus de 200 kilomètres du siège de la juridiction de jugement et qu'il n'est pas possible de la conduire dans le délai de vingt-quatre heures devant le procureur de la République mentionné au troisième alinéa, elle est conduite devant le juge des libertés et de la détention du lieu de son arrestation, qui vérifie son identité, lui notifie le mandat et reçoit ses éventuelles déclarations après l'avoir avertie qu'elle est libre de ne pas en faire. Ce magistrat met alors le mandat à exécution en faisant conduire la personne à la maison d'arrêt et il en avise le procureur de la République du tribunal judiciaire dans le ressort duquel siège la juridiction de jugement. Celui-ci ordonne le transfèrement de la personne, qui doit comparaître devant lui dans les quatre jours de la notification du mandat ; ce délai est porté à six jours en cas de transfèrement entre un département d'outre-mer et la France métropolitaine ou un autre département d'outre-mer. Il est alors procédé conformément aux dispositions des troisième et quatrième alinéas. La comparution devant le procureur de la République et celle devant le juge des libertés et de la détention du tribunal judiciaire mentionnées au troisième alinéa peuvent aussi être réalisées, *(Mots rempl. à compter du 1er juin 2019, L. n° 2019-222, 23 mars 2019)* **« dans les délais précités, selon les modalités prévues à l'article 706-71, sauf si la personne le refuse ; la personne ne peut toutefois pas refuser le recours à ces modalités si son transport paraît devoir être évité en**

raison de risques graves de trouble à l'ordre public ou d'évasion ». Il n'y a alors pas lieu d'ordonner le transfèrement de la personne.

La présentation devant le juge des libertés et de la détention prévue par le quatrième alinéa n'est pas nécessaire si, dans les délais prévus pour cette présentation, la personne peut comparaître devant la juridiction de jugement saisie des faits.

Les dispositions du présent article sont également applicables aux mandats d'arrêt délivrés après l'ordonnance de règlement. Elles ne sont toutefois pas applicables lorsque, postérieurement à la délivrance du mandat d'arrêt décerné au cours de l'instruction ou après son règlement, la personne a été condamnée à une peine privative de liberté, soit en matière correctionnelle par un jugement contradictoire ou réputé contradictoire, soit en matière criminelle par un arrêt rendu par défaut ; elles ne sont de même pas applicables lorsque le mandat a été délivré à la suite d'une telle condamnation. Dans ces cas, sans qu'il soit nécessaire de la présenter devant le juge des libertés et de la détention, la personne arrêtée est placée en détention provisoire jusqu'à l'expiration des délais de recours et, en cas de recours, jusqu'à sa comparution devant la juridiction de jugement, sans préjudice de son droit de former des demandes de mise en liberté.

1) Conformité à la Constitution de l'article 135-2 du Code de procédure pénale – Respect des droits de la défense. Il se déduit des dispositions de l'article 144 du Code de procédure pénale, auxquelles renvoie l'article 135-2 du même code, que le juge des libertés et de la détention, saisi de réquisitions aux fins de placement en détention provisoire de la personne faisant l'objet d'un mandat d'arrêt et découverte après le règlement de l'information, statue après un débat contradictoire au cours duquel cette personne est nécessairement assistée par un avocat, si elle en formule la demande ; de même que le juge des libertés et de la détention accède, dans les conditions qu'il lui revient d'apprécier, à l'entier dossier de la procédure détenu au greffe de la juridiction de jugement, aux fins de décider d'un éventuel placement en détention au regard des éléments précis et circonstanciés visés à l'article 144 du Code de procédure pénale, le droit de consulter ce même dossier audit greffe est nécessairement ouvert à l'avocat qui estime utile, pour défendre son client, d'en prendre une connaissance exhaustive ; et ce dernier, assisté de son avocat, peut, en application de l'article 145 susvisé, solliciter, lors de sa présentation devant le juge, un délai pour préparer sa défense, de nature à permettre, notamment, la mise en œuvre de cette consultation ; est ainsi assurée la nécessaire conciliation entre les droits de la défense et l'objectif à valeur constitutionnelle de la bonne administration de la justice et aucune atteinte n'est portée par les dispositions critiquées aux droits et libertés garantis par la Constitution invoqués (■ Cass. crim., 10 août 2016, n° 16-83.318 : *JurisData* n° 2016-015883).

2) Droits de la défense – Accès aux pièces de la procédure. Si c'est à tort que la chambre de l'instruction a énoncé que, dans le cadre d'un débat contradictoire en vue de l'exécution d'un mandat d'arrêt ramené à exécution postérieurement au règlement de l'information, la personne présentée à ce magistrat ne dispose pas du droit d'accéder à l'ensemble des pièces de l'information qui est clôturée, l'arrêt n'encourt pas pour autant la censure, dès lors que l'avocat du demandeur était en droit, dans le délai qui avait été accordé pour préparer la défense, de consulter le dossier s'il l'estimait utile pour défendre son client, et qu'il ne justifie pas avoir présenté une telle demande, non plus que s'être vu opposer un refus (■ Cass. crim., 10 août 2016, n° 16-83.317 : *JurisData* n° 2016-015840). Rapp. ■ Cass. crim., 10 août 2016, n° 16-83.318, préc.

3) Conformité à la Constitution de l'article 135-2, alinéa 7 du Code de procédure pénale. Il n'y a pas lieu de renvoyer au Conseil constitutionnel une question prioritaire de constitutionnalité relative à l'article 135-2, alinéa 7 qui prévoit, lorsque la personne a été condamnée à une peine privative de liberté et qu'un mandat d'arrêt a été décerné à son encontre lors de l'instruction, au moment de son règlement ou à la suite de cette condamnation, que, sans qu'il soit nécessaire de la présenter devant le juge des libertés et de la détention, la personne arrêtée est placée en détention provisoire jusqu'à l'expiration de délais de recours et, en cas de recours, jusqu'à sa comparution devant la juridiction de jugement, sans préjudice de son droit de former des demandes de mise en liberté : d'une part, la personne concernée a été condamnée à une peine privative de liberté et, d'autre part, elle peut à tout moment présenter une demande de mise en liberté conformément aux dispositions des articles 148-1 et 148-2 du Code de procédure pénale, qui obligent le juge à statuer dans des délais stricts (■ Cass. crim., 9 oct. 2013, n° 13-84.646 : *JurisData* n° 2013-021949).

4) Domaine d'application de l'article 135-2 – Mandat d'arrêt délivré par la cour d'assises contre l'accusé en fuite. Il résulte de l'article 135-2 du Code de procédure pénale que lorsqu'une personne faisant l'objet d'un mandat d'arrêt est découverte après le règlement de l'information et avant toute condamnation à une peine privative de liberté, elle doit être présentée au juge des libertés et de la détention qui statue sur son éventuel placement en détention provisoire ; encourt en conséquence la cassation l'arrêt de la chambre de l'instruction qui, pour écarter le grief d'un accusé tiré de ce qu'il n'avait pas été placé sous mandat de dépôt par le juge des libertés et de la détention lors de l'exécution d'un mandat d'arrêt décerné à son encontre par la cour d'assises alors qu'il avait pris la fuite après l'ouverture des débats, retient que le mandat d'arrêt dont l'accusé a fait l'objet avant toute décision de condamnation vaut mandat de dépôt (■ Cass. crim., 22 janv. 2013, n° 12-87.199 : *Juris-Data* n° 2013-001605 ; *Procédures* 2013, comm. 124, J. Buisson).

5) Appel de l'ordonnance de placement en détention provisoire – Délai d'examen raisonnable. En vertu des articles 135-2 et 179 du Code de procédure pénale, il est procédé à l'égard d'une personne faisant l'objet d'un mandat d'arrêt découverte après règlement de l'information conformément aux dispositions du premier de ces textes qui renvoie, lorsque la personne est placée en détention, aux délais prévus par les quatrième et cinquième alinéas de l'article 179 pour son jugement sur le fond ; s'agissant du délai dans lequel doit intervenir le jugement sur l'appel du placement de cette personne en détention, ces textes n'en prévoyant expressément aucun, la cour doit statuer dans un délai raisonnable (■ Cass. crim., 24 sept. 2019, n° 19-84.067 : *Bull. crim.* à paraître).

Art. 135-3 *(L. n° 2004-204, 9 mars 2004)*. **– Tout mandat d'arrêt ou de recherche est inscrit à la demande du juge d'instruction ou du procureur de la République, au fichier des personnes recherchées. Lorsque la personne est renvoyée devant la juridiction de jugement par une décision passée en force de chose jugée, le gestionnaire du fichier en est informé pour qu'il soit le cas échéant fait application, s'il s'agit d'un mandat d'arrêt, des dispositions de l'article 135-2.**

Art. 136 *(Mod., L. n° 2004-204, 9 mars 2004)*. **– L'inobservation des formalités prescrites pour les mandats de comparution, d'amener, de dépôt, d'arrêt et de recherche peut donner lieu à des sanctions disciplinaires contre le juge d'instruction, le juge des libertés et de la détention ou le procureur de la République.**

Ces dispositions sont étendues, sauf application de peines plus graves, s'il y a lieu, à toute violation des mesures protectrices de la liberté individuelle prescrites par les articles 56, 57, 59, 96, 97, 138, 139 et 141.

Dans les cas visés aux deux alinéas précédents et dans tous les cas d'atteinte à la liberté individuelle, le conflit ne peut jamais être élevé par l'autorité administrative et les tribunaux de l'ordre judiciaire sont toujours exclusivement compétents.

Il en est de même dans toute instance civile fondée sur des faits constitutifs d'une atteinte à la liberté individuelle ou à l'inviolabilité du domicile prévue par les articles 432-4 à 432-6 et 432-8 du Code pénal qu'elle soit dirigée contre la collectivité publique ou contre ses agents.

Section VII. – Du contrôle judiciaire, de l'assignation à résidence et de la détention provisoire

(L. n° 70-643, 17 juill. 1970 ; intitulé rempl., L. n° 2009-1436, 24 nov. 2009)

Bibliographie : ***Répertoire.*** M. Camous, *Assignation à résidence sous surveillance électronique : JCl. Proc. pén.*, art. 137 à 150, Fasc. 40. • D. Caron, *Contrôle judiciaire : JCl. Procédure pénale*, art. 137 à 150, Fasc. 20. • D. Caron, *Contrôle judiciaire et détention provisoire ; Détention provisoire : JCl. Proc. pén.*, art. 137 à 150, Fasc. 30. • P. Dourneau-Josette et C. Girault, *Rép. pén.* Dalloz, *V° Contrôle judiciaire.* • C. Guéry, *Rép. pén.* Dalloz, *V° Détention provisoire.* • C. Lacroix, *Rép. pén.* Dalloz, *V° Juge des libertés et de la détention.*

Généralités. A.-L. Bergère, *Le juge des libertés et de la détention, entre indépendance statutaire et dépendances matérielles : AJ pénal* 2019, p. 120. • S. Carrère, *Le juge des libertés et de la détention : du juge de la détention à l'instruction, au juge des libertés dans l'enquête : Gaz. Pal.* 15-21 août 2014, 27. • C. Guéry, *Le nouveau juge des libertés et de la détention : premiers problèmes pratiques : Gaz. Pal.* 2000, doctr. 1496. • *Le juge des libertés et de la détention : un juge qui cherche à mériter son nom... : D.* 2004, chron. 583. – *L'erreur matérielle du juge des libertés et de la détention : JCP G* 2006, I, étude 104. • B. de Lamy, *Le juge des libertés et de la détention : un trompe-l'œil : Dr. pén.* 2007, étude n° 13. • B. Lavielle et F. Lebur, *Le juge des libertés et de la détention : béni oui-oui ou terminator ? : Gaz. Pal.* 27-28 juill. 2001, p. 3. • M. Lemonde, *Le juge des libertés et de la détention : une réelle avancée ? : RSC* 2001, 51. • P. Le Monnier de Gouville, *Le juge des libertés et de la détention, entre présent et avenir,* th. Paris II, 2011. • H. Matsopoulou, *Le juge des libertés et de la détention : un acteur de premier ou de second rôle en matière de détention provisoire ? : D.* 2008, 1494. • L. Nakic, *L'impartialité du juge des libertés et de la détention, de la théorie à la pratique : AJ pénal* 2021, 531.

Art. 137 *(Rempl., L. n° 2009-1436, 24 nov. 2009).* **– Toute personne mise en examen, présumée innocente, demeure libre.**

Toutefois, en raison des nécessités de l'instruction ou à titre de mesure de sûreté, elle peut être astreinte à une ou plusieurs obligations du contrôle judiciaire ou, si celles-ci se révèlent insuffisantes, être assignée à résidence avec surveillance électronique.

À titre exceptionnel, si les obligations du contrôle judiciaire ou de l'assignation à résidence avec surveillance électronique ne permettent pas d'atteindre ces objectifs, elle peut être placée en détention provisoire.

Bibliographie : Ph. Conte, *Pour en finir avec une présentation caricaturale de la présomption d'innocence : Gaz. Pal.* 2-3 juin 1995, Tribune libre 2. • F.-L. Coste, *Statut de la parole et présomption d'innocence : AJ Pénal* 2004, 402. • S. Detraz, *La prétendue présomption d'innocence : Dr. pén.* 2004, étude n° 3. • Ch. Guéry, *Détention provisoire et culpabilité : D.* 2006, Point de vue 1556.

1) Refus de transmission d'une question prioritaire de constitutionnalité. Il n'y a pas lieu de transmettre au Conseil constitutionnel la question prioritaire de constitutionnalité selon laquelle les dispositions des articles 137 et 144 du Code de procédure pénale, en ce qu'elles permettent d'ordonner et de prolonger la détention provisoire, sans prévoir aucune distinction selon que la personne a été atteinte, au moment des faits, d'un trouble psychique ayant aboli son discernement, porteraient atteinte au principe constitutionnel de sauvegarde de la dignité de la personne humaine qui découle du Préambule de la Constitution de 1946 ; il appartient en effet à l'autorité judiciaire, gardienne de la liberté individuelle, de veiller à ce que la privation de liberté des personnes détenues soit, en toutes circonstances, mise en œuvre dans le respect de la dignité de la personne, et de s'assurer que cette privation de liberté, dont les modalités sont adaptables à la personnalité et à l'état de santé du mis en examen, est exempte de tout traitement inhumain ou dégradant, la prise en compte de l'état mental des détenus étant assurée en application de l'article L. 3214-1 du Code de la santé publique (■ Cass. crim., 30 sept. 2014, n° 14-84.637 : *Juris-Data* n° 2014-022704).

2) Nécessité d'une mise en examen de la personne soumise à une mesure de sûreté (al. 2 et 3) – Existence d'indices graves ou concordants. Il résulte des articles 80-1 et 137 du Code de procédure pénale que les mesures de sûreté ne peuvent être prononcées qu'à l'égard de la personne à l'encontre de laquelle il existe des indices graves ou concordants rendant vraisemblable qu'elle ait pu participer, comme auteur ou comme complice, à la commission des infractions dont le juge d'instruction est saisi (■ Cass. crim., 27 janv. 2021, n° 20-85.990, § 14 : *Bull. crim.* à paraître ; *JCP* G 2021, 408, note J.-Y. Maréchal ; *Dr. pén.* 2021, comm. 58, note A. Maron et M. Haas ; *AJ pénal* 2021, 154, obs. J. Boudot. ■ Cass. crim., 16 mars 2021, n° 20-87.092, § 8 : *Bull. crim.* à paraître. ■ Cass. crim., 18 janv. 2022, n° 21-86.165, § 12 : *Bull. crim.* à paraître).

Encourt dès lors la censure l'arrêt de la chambre de l'instruction qui se borne à retenir que la détention provisoire de la personne mise en examen constitue, en l'état, l'unique moyen de parvenir à plusieurs des objectifs énumérés par l'article 144 du Code de procédure pénale et que ceux-ci ne sauraient être atteints en cas de placement sous contrôle judiciaire ou d'assignation à résidence avec surveillance électronique (■ Cass. crim., 18 janv. 2022, préc., § 14). Encourt également la censure l'arrêt qui se borne à relever l'existence de raisons plausibles de soupçonner que la personne a commis les infractions reprochées : une telle constatation ne permet pas de déduire l'existence d'indices graves ou concordants de sa participation à ces mêmes faits, cette dernière exigence étant plus stricte que la première (■ Cass. crim., 16 mars 2021, n° 20-87.092, §§ 12 et 13, préc.).

3) Contrôle de l'existence d'indices graves ou concordants – Domaine. Les juges, qui ne sont saisis que d'une demande de modification d'une des obligations du contrôle judiciaire ne remettant pas en cause le principe de celui-ci et ne sont donc pas conduits à prononcer, prolonger ou maintenir une mesure de sûreté, n'ont pas à s'assurer de l'existence d'indices graves ou concordants rendant vraisemblable la participation à la commission des faits (■ Cass. crim., 11 août 2021, n° 21-83.183, § 9 : *Bull. crim.* à paraître ; *Dr. pén.* 2021, comm. 169, note A. Maron et M. Haas).

4) Contrôle de l'existence d'indices graves ou concordants – Contrôle d'office de la chambre de l'instruction. Il se déduit de l'article 5.1. *c)* de la Convention européenne des droits de l'homme que la chambre de l'instruction, à chacun des stades de la procédure, doit s'assurer que les conditions légales de la détention provisoire sont réunies, et notamment de l'existence d'indices graves ou concordants rendant vraisemblable la participation de la personne mise en examen aux faits reprochés (■ Cass. crim., 14 oct. 2020, n° 20-82.961, §§ 9 à 11 : *Bull. crim.* à paraître ; *RSC* 2020, 967, obs. J.-P. Valat ; *AJ pénal* 2021, p. 27, note J. Boudot. ■ Cass. crim., 9 févr. 2021, n° 20-86.339,

§ 6 : *Bull. crim.* à paraître ; *JCP* G 2021, 290, obs. S. Detraz ; *Dr. pén.* 2021, n° 4, comm. 76, note A. Maron et M. Haas ; *AJ pénal* 2021, 154, obs. J. Boudot).

Pour l'énonciation du même principe concernant, plus largement, les mesures de sûreté : ▪ Cass. crim., 27 janv. 2021, n° 20-85.990, § 15 : *Bull. crim.* à paraître ; *JCP* G 2021, 408, note J.-Y. Maréchal ; *Dr. pén.* 2021, comm. 58, note A. Maron et M. Haas ; *AJ pénal* 2021. 154, obs. J. Boudot. – ▪ Cass. crim., 24 févr. 2021, n° 20-86.537, § 13 : *Dr. pén.* 2021, comm. 76, obs. A. Maron et M. Haas. – ▪ Cass. crim., 16 mars 2021, n° 20-87.092, § 9, préc. : *Bull. crim.* à paraître ; *Dr. pén.* 2021, comm. 99, note A. Maron et M. Haas. ▪ Cass. crim., 18 janv. 2022, n° 21-86.165, § 13 : *Bull. crim.* à paraître).

Méconnaît ce principe la chambre de l'instruction qui, au nom de la règle de l'unique objet de l'appel, refuse d'examiner, dans le cadre de l'appel du placement en détention provisoire et de la contestation par l'appelant d'une quelconque participation aux faits, l'existence d'indices graves ou concordants de sa participation, comme auteur ou complice, à la commission des infractions qui lui sont reprochées (▪ Cass. crim., 14 oct. 2020, préc.).

5) Contrôle de l'existence d'indices graves ou concordants – Contrôle d'office de la chambre de l'instruction – Domaine. L'obligation faite à la chambre de l'instruction de s'assurer d'office, à chacun des stades de la procédure, de l'existence d'indices graves ou concordants rendant vraisemblable la participation de la personne mise en examen aux faits reprochés cesse, sauf contestation sur ce point, en cas de placement en détention provisoire sanctionnant des manquements volontaires aux obligations du contrôle judiciaire. En l'absence de contestation, un tel placement en détention provisoire ne doit être motivé qu'au regard des manquements de la personne à ses obligations (▪ Cass. crim., 27 janv. 2021, n° 20-85.990, §§ 17 et 18 : *Bull. crim.* à paraître ; *JCP* G 2021, 408, note J.-Y. Maréchal ; *Dr. pén.* 2021, comm. 58, note A. Maron et M. Haas ; *AJ pénal* 2021, 154, obs. J. Boudot).

6) Contrôle de l'existence d'indices graves ou concordants – Motivation. Le contrôle de l'existence d'indices graves ou concordants rendant vraisemblable la participation de la personne mise en examen aux faits reprochés fait obligation aux juges de vérifier, au regard des éléments précis et circonstanciés résultant de la procédure au moment où ils statuent, que les pièces du dossier établissent, d'une part, l'existence d'agissements susceptibles de caractériser les infractions pour lesquelles la personne est mise en examen, selon la qualification notifiée à ce stade et, d'autre part, la vraisemblance de leur imputabilité à celle-ci. Les juges, lorsqu'ils concluent souverainement à la vraisemblance de la participation de la personne à la commission d'une ou plusieurs infractions, ne sont tenus, en cas de contestation, que d'exposer les éléments du dossier par lesquels ils se déterminent (▪ Cass. crim., 9 févr. 2021, n° 20-86.339, §§ 7 et 8 : *Bull. crim.* à paraître ; *JCP* G 2021, 290, obs. S. Detraz ; *Dr. pén.* 2021, n° 4, comm. 76, note A. Maron et M. Haas ; *AJ pénal* 2021, 154, obs. J. Boudot).

7) Contrôle de l'existence d'indices graves ou concordants – Portée sur la validité de la mise en examen. Le contrôle de l'existence d'indices graves ou concordants rendant vraisemblable la participation de la personne mise en examen aux faits reprochés, propre à la matière des mesures de sûreté, est sans incidence sur la validité de la mise en examen, laquelle ne peut être critiquée que dans le cadre des procédures engagées sur le fondement des articles 80-1-1 et 170 du Code de procédure pénale (▪ Cass. crim., 27 janv. 2021, n° 20-85.990, § 16 : *Bull. crim.* à paraître ; *JCP* G 2021, 408, note J.-Y. Maréchal ; *Dr. pén.* 2021, comm. 58, note A. Maron et M. Haas ; *AJ pénal* 2021, 154, obs. J. Boudot).

8) Contrôle de l'existence d'indices graves ou concordants – Portée sur la notification du droit de se taire. Il résulte de l'obligation faite à la chambre de l'instruction de s'assurer d'office, à chacun des stades de la procédure, de l'existence d'indices graves ou concordants rendant vraisemblable la participation de la personne mise en examen aux faits reprochés que l'existence de ces indices est dans les débats devant la chambre de l'instruction saisie du contentieux des mesures de sûreté. Dès lors, la personne concernée peut être amenée à faire des déclarations qui, si elles figurent au dossier de la procédure, sont susceptibles d'être prises en considération par les juridictions prononçant un renvoi devant la juridiction de jugement ou une déclaration de culpabilité. Il s'ensuit que le droit de faire des déclarations, de répondre aux questions posées ou de se taire doit être porté à la connaissance de la personne qui comparaît devant la chambre de l'instruction saisie du contentieux d'une mesure de sûreté. Toutefois, l'obligation précitée n'implique pas que la chambre de l'instruction soit amenée à statuer sur le bien-fondé de la mise en examen, qui relève d'un contentieux distinct de celui des mesures de sûreté. Dans ces conditions, le défaut d'information du droit de se taire est sans incidence sur la régularité de la décision rendue en matière de mesure de sûreté. En revanche, à défaut d'une telle information, les déclarations de l'intéressé ne pourront être utilisées à son encontre par les juridictions appelées à prononcer un renvoi devant la juridiction de jugement ou une déclaration de culpabilité (■ Cass. crim., 24 févr. 2021, n° 20-86.537, §§ 14 à 19 : *Bull. crim.* à paraître).

Contra précédemment : lorsque la chambre de l'instruction est appelée à statuer sur la détention provisoire d'une personne mise en examen, l'audition de celle-ci a pour objet non pas d'apprécier la nature des indices pesant sur elle, cette appréciation ayant déjà eu lieu à l'occasion de la mise en examen, après que le juge d'instruction l'eut expressément informée du droit de garder le silence, mais d'examiner la nécessité d'un placement ou d'un maintien en détention au regard des conditions particulières posées par les articles 144 et suivants du Code de procédure pénale, dont aucune ne suppose une appréciation des éléments à charge ; ainsi, l'absence de notification du droit de se taire dans cette phase de la procédure ne méconnaît pas l'article 6 de la Convention européenne des droits de l'homme (■ Cass. crim., 7 août 2019, n° 19-83.508).

9) Principe du maintien en liberté de la personne mise en examen (al. 1er) – Conséquence sur la motivation de la mise en liberté. Il ne saurait être imposé au juge qui ordonne une mise en liberté, fût-ce contrairement aux réquisitions du ministère public, de constater l'absence des conditions qui, selon les articles 137 et 144 du Code de procédure pénale, pourraient autoriser une mesure de détention provisoire, laquelle ne peut être prononcée qu'à titre exceptionnel, la liberté demeurant la règle ; dès lors, en appréciant souverainement que la détention provisoire de l'intéressé n'était pas justifiée par les nécessités de l'instruction et qu'un placement sous contrôle judiciaire, dont elle a fixé les modalités, suffisait à y répondre, la chambre de l'instruction n'encourt pas les griefs, formulés au moyen, de défaut de motifs et d'absence de réponse aux réquisitions du ministère public (■ Cass. crim., 29 mars 2017, n° 17-80.149 : *Bull. crim.* n° 103 ; *Dr. pén.* 2017, comm. 78, note A. Maron et M. Haas. – *Adde*, ■ Cass. crim., 9 avr. 2019, n° 19-80.550 : *Bull. crim.* à paraître. ■ Cass. crim., 17 oct. 1991, n° 91-84.306 : *Bull. crim.* n° 355. ■ Cass. crim., 30 oct. 1990, n° 90-85.415 : *Bull. crim.* n° 364 ; *D.* 1991, 292, note D. Mayer ; *D.* 1991, somm. 211, obs. J. Pradel). La liberté demeurant la règle, il ne saurait être imposé au juge qui l'ordonne, fût-ce contrairement aux réquisitions du ministère public, de constater l'absence des conditions qui, selon les articles 143-1 et suivants du Code de procédure pénale, pourraient autoriser le maintien en détention de l'accusé appelant, incarcéré en application de l'article 367 dudit code (■ Cass. crim., 29 nov. 2017, n° 17-85.322 : *Bull. crim.* à paraître).

10) Finalités du contrôle judiciaire et de l'assignation à résidence sous surveillance électronique (al. 2). Selon l'article 137, alinéa 1er du Code de procédure pénale, le contrôle judiciaire auquel peut être soumise la personne mise en examen ne peut être ordonné qu'à raison des nécessités de l'instruction ou à titre de mesure de sûreté ; méconnaît ce texte et le principe qui en découle les juges qui ne s'expliquent pas sur les circonstances justifiant, en raison des nécessités de l'instruction ou à titre de mesure de sûreté, le placement sous contrôle judiciaire (■ Cass. crim., 8 août 1995, n° 95-82.561 : *JurisData* n° 1995-002.520 ; *Bull. crim.* n° 264 ; *D.* 1996, somm. p. 261, obs. J. Pradel. ■ Cass. crim., 13 févr. 2002, n° 01-87.975 : *Bull. crim.* n° 28. ■ Cass. crim., 9 oct. 2012, n° 12-84.881 : *JurisData* n° 2012-024356). La chambre de l'instruction apprécie souverainement le bien-fondé des obligations du contrôle judiciaire au regard des impératifs de la sûreté publique et des nécessités de l'instruction (■ Cass. crim., 26 mars 2003, n° 03-80.180 : *Bull. crim.* n° 77).

11) Caractère subsidiaire de la détention provisoire (al. 3) – Motivation. Sur la motivation de l'insuffisance du contrôle judiciaire et de l'assignation à résidence sous surveillance électronique, V. arrêts rendus au visa des art. 137-3, p. 408 et 143-1 et s., p. 439. Lorsque la chambre de l'instruction statue sur une demande de mise en liberté présentée par un étranger placé sous écrou extraditionnel, elle ne doit se référer qu'aux garanties qui sont offertes par l'intéressé en vue de satisfaire à la demande de l'État requérant ; ne saurait dès lors être admis le moyen reprochant à la chambre de l'instruction d'avoir omis de rechercher si l'assignation à résidence sous surveillance électronique ne permettait pas de s'assurer de la présence en France de l'intéressé en violation de l'article 137 du Code de procédure pénale et des principes généraux relatifs à la privation de liberté à titre provisoire et de mesure de sûreté, selon lesquels le maintien en détention ne peut être prononcé que dans la mesure où les obligations de contrôle judiciaire s'avèrent insuffisantes et où l'assignation à résidence avec surveillance électronique ne permet pas d'atteindre les objectifs de la mesure de sûreté en cause (■ Cass. crim., 8 mars 2011, n° 10-88.762 : *Bull. crim.* n° 49).

12) Double degré de juridiction. Il résulte des articles 82, 137, 145-2, 181 et 186 du Code de procédure pénale que lorsque le juge d'instruction est saisi d'une information, la chambre de l'instruction ne peut statuer sur la prolongation de la détention provisoire d'un mis en examen qu'après que le juge du premier degré a prononcé sur cette mesure. Méconnaît ces dispositions la chambre de l'instruction qui, saisie du seul appel de l'ordonnance mettant en liberté la personne mise en examen, prononce la prolongation de sa détention alors que cette mesure de prolongation n'avait pas été soumise à l'appréciation d'une juridiction du premier degré (■ Cass. crim., 27 juill. 2016, n° 16-83.026 : *Bull. crim.* n° 221. ■ Cass. crim., 12 juill. 2016, n° 16-82.700 : *Bull. crim.* n° 213).

Art. 137-1 *(Mod., L. n° 2016-1547, 18 nov. 2016)*. **– La détention provisoire est ordonnée ou prolongée par le juge des libertés et de la détention. Les demandes de mise en liberté lui sont également soumises.**

Lorsque le juge des libertés et de la détention statue à l'issue d'un débat contradictoire, il est assisté d'un greffier. Il peut alors faire application de l'article 93.

Le juge des libertés et de la détention est un magistrat du siège ayant rang de président, de premier vice-président ou de vice-président. Il est désigné par le président du tribunal judiciaire. En cas d'empêchement du juge des libertés et de la détention désigné et d'empêchement du président ainsi que des premiers vice-présidents et des vice-présidents, le juge des libertés et de la détention est remplacé par le magistrat du siège le plus ancien dans le grade le plus élevé, désigné par le président du tribunal judiciaire. Lorsqu'il statue à l'issue d'un débat contradictoire, il est assisté d'un greffier. Il peut alors faire application des dispositions de l'article 93.

Il ne peut, à peine de nullité, participer au jugement des affaires pénales dont il a connu.

Hors le cas prévu par le deuxième alinéa de l'article 137-4, il est saisi par une ordonnance motivée du juge d'instruction, qui lui transmet le dossier de la procédure accompagné des réquisitions du procureur de la République. Lorsque le juge des libertés et de la détention doit statuer en application de l'article 145, le juge d'instruction peut indiquer dans son ordonnance si la publicité de ce débat lui paraît devoir être écartée au regard d'une ou plusieurs des raisons mentionnées au sixième alinéa de cet article.

1) Autonomie du juge des libertés et de la détention. Le juge des libertés et de la détention, qui dispose, en matière de détention provisoire, de pouvoirs distincts de ceux du juge d'instruction, n'est pas délégué par ce dernier (■ Cass. crim., 6 mars 2002, n° 01-88.609 : *Bull. crim.* n° 57 ; *D.* 2002, IR 1323).

2) Compétence. Le juge des libertés et de la détention, régulièrement saisi par ordonnance du juge d'instruction, en application de l'article 137-1 du Code de procédure pénale, demeure compétent pour statuer sur la demande qui lui est soumise nonobstant l'arrêt de la Cour de cassation, intervenu postérieurement à sa saisine, ordonnant le dessaisissement du juge d'instruction (■ Cass. crim., 5 nov. 2002, n° 02-85.892 : *Bull. crim.* n° 199 ; *JCP* 2003, IV, 1098. ■ Cass. crim., 17 févr. 2004, n° 03-87.349 : *Bull. crim.* n° 44 ; *JCP* 2004, IV, 1783 ; *RSC* 2004, 374, obs. D. Commaret). Toutefois, sa compétence prend fin lorsque le juge d'instruction nouvellement désigné soumet la demande, sur laquelle il n'a pas encore été statué, au juge des libertés et de la détention de son ressort (■ Cass. crim., 17 févr. 2004, préc.).

3) Impartialité du juge des libertés et de la détention. Un magistrat qui a prononcé une condamnation par défaut et décerné un mandat d'arrêt ne peut, en qualité de juge des libertés et de la détention, statuer sur les suites données au mandat d'arrêt sans qu'il soit porté atteinte à l'exigence d'impartialité (■ Cass. crim., 30 mars 2011, n° 10-86.140 : *Bull. crim.* n° 67). Ne méconnaît pas le principe d'impartialité le fait, pour un magistrat, d'exercer successivement les fonctions de conseiller à la chambre de l'instruction ayant confirmé une ordonnance de placement en détention provisoire, puis de juge des libertés et de la détention pour se prononcer sur la prolongation de cette mesure, dès lors qu'il n'a pas eu à connaître de l'appel de sa propre décision (■ Cass. crim., 12 févr. 2003, n° 02-87.530 : *Bull. crim.* n° 36 ; *JCP* G 2003, IV, 1603). Le défaut d'impartialité du juge des libertés et de la détention ne saurait se déduire du seul fait qu'il a rendu successivement à l'encontre de la personne qui lui est présentée une décision d'incarcération provisoire en vue de lui permettre de préparer sa défense dans le délai qu'elle a sollicité, puis une ordonnance de placement en détention provisoire (■ Cass. crim., 10 août 2016, n° 16-83.318 : *Bull. crim.* n° 229). Justifie sa décision la chambre de l'instruction qui énonce qu'aucune disposition du Code de procédure pénale n'interdit au juge des libertés et de la détention de convoquer les parties en vue du débat contradictoire avant sa saisine, une telle façon de procéder ne pouvant caractériser un manque d'impartialité (■ Cass. crim., 14 févr. 2012, n° 11-88.071 : *Dr. pén.* 2012, comm. 77, note A. Maron et M. Haas).

4) Contestation de l'impartialité du juge des libertés et de la détention – Demande préalable de récusation. Le mis en examen ne peut faire grief à l'arrêt d'avoir rejeté son moyen de nullité du débat contradictoire et de l'ordonnance pris du défaut d'impartialité du juge des libertés et de la détention, dès lors qu'il n'a pas usé, comme l'y autorisaient les articles 668 et suivants du Code de procédure pénale, de sa possibilité de récuser ce magistrat dans les formes prévues par ces textes (▪ Cass. crim., 25 sept. 2018, n° 18-84.067 : *Bull. crim.* à paraître ; *JCP* 2018, 1275, note A. Botton ; *Dr. pén.* 2018, comm. 202, obs. A. Maron et M. Haas ; *Procédures* 2018, comm. 378, obs. A.-S. Chavent-Leclère ; *D.* 2019, p. 334, chron. E. Pichon, G. Guého, A.-S. de Lamarzelle, G. Barbier et L. Ascensi ; *RSC* 2019, p. 132, P.-J. Delage ; *Dalloz actualité*, 19 oct. 2018, obs. D. Goetz).

5) **Interdiction de participer au jugement de l'affaire.** En application de l'article 137-1 du Code de procédure pénale, de portée générale, le juge des libertés et de la détention ne peut participer au jugement des affaires pénales dont il a connu (▪ Cass. crim., 23 sept. 2010, n° 10-81.245 : *Bull. crim.* n° 140 ; *D.* 2010, n° 124, obs. L. Lazerges-Cousquer. ▪ Cass. crim., 8 déc. 2009, n° 09-85.623 : *Bull. crim.* n° 208). Justifie dès lors sa décision la cour d'appel qui annule un jugement après avoir relevé que, parmi les juges composant le tribunal correctionnel ayant renvoyé l'affaire après avoir ordonné une expertise psychiatrique et le maintien en détention de l'inculpé, figure le juge des libertés et de la détention qui avait ordonné sa détention provisoire (▪ Cass. crim., 23 sept. 2010, préc. ▪ Cass. crim., 8 déc. 2009, préc.). Encourt la censure l'arrêt de condamnation rendu par une chambre correctionnelle dont l'un des magistrats a, en qualité de juge des libertés et de la détention, statué sur une demande de mise en liberté antérieurement formée par le prévenu (▪ Cass. crim., 16 mai 2007, n° 06-85.347 : *Bull. crim.* n° 128 ; *AJ Pénal* 2007, 386, obs. C. Saas).

Art. 137-1-1 ***(À compter du 1er septembre 2017, Ord. n° 2006-673, 8 juin 2006 ; L. n° 2016-1547, 18 nov. 2016).*** **– Le juge des libertés et de la détention peut être suppléé en cas de vacance d'emploi, d'absence ou d'empêchement, par un magistrat du siège du premier grade ou hors hiérarchie désigné par le président du tribunal judiciaire. En cas d'empêchement de ces magistrats, le président du tribunal judiciaire peut désigner un magistrat du second grade.**

Pour l'organisation du service de fin de semaine ou du service allégé pendant la période au cours de laquelle les magistrats bénéficient de leurs congés annuels, le juge des libertés et de la détention d'un tribunal judiciaire peut être désigné afin d'exercer concurremment ces fonctions dans, au plus, deux autres tribunaux judiciaires du ressort de la cour d'appel ; cette désignation est décidée par ordonnance du premier président prise à la demande des présidents de ces juridictions et après avis du président du tribunal judiciaire concerné ; elle en précise le motif et la durée, ainsi que les tribunaux pour lesquels elle s'applique ; la durée totale d'exercice concurrent des fonctions de juge des libertés et de la détention dans plusieurs tribunaux judiciaires ne peut excéder quarante jours au cours de l'année judiciaire.

La désignation prévue à l'alinéa précédent peut également être ordonnée, selon les mêmes modalités et pour une durée totale, intermittente ou continue, qui ne peut excéder quarante jours, lorsque, pour cause de vacance d'emploi ou d'empêchement, aucun magistrat n'est susceptible, au sein d'une juridiction, d'exercer les fonctions de juge des libertés et de la détention.

Art. 137-2 ***(L. n° 2000-516, 15 juin 2000).*** **– Le contrôle judiciaire est ordonné par le juge d'instruction, qui statue après avoir recueilli les réquisitions du procureur de la République.**

Le contrôle judiciaire peut être également ordonné par le juge des libertés et de la détention, lorsqu'il est saisi.

1) **Refus de transmission d'une question prioritaire de constitutionnalité.** Il n'y a pas lieu de renvoyer au Conseil constitutionnel une question prioritaire de constitutionnalité relative aux dispositions de l'article 137-2, alinéa 1er du Code de procédure pénale qui exigent de recueillir les réquisitions du procureur de la République, mais non celles de la personne mise en examen ou de son avocat : ces dispositions, qui instituent une garantie supplémentaire en subordonnant tout placement sous contrôle judiciaire au recueil préalable des réquisitions du ministère public, ne portent pas atteinte aux principes d'égalité des armes, d'équilibre des droits des parties, du contradictoire et du respect des droits de la défense dès lors que ces réquisitions, qu'elles soient versées au dossier de la procédure ou qu'elles soient prises en la présence de la personne mise en examen, peuvent être discutées par cette dernière et par son avocat (▪ Cass. crim., 22 févr. 2012, n° 11-89.027 : *JurisData* n° 2012-003076).

2) **Réquisitions du procureur de la République.** Selon l'article 137-2 du Code de procédure pénale, le contrôle judiciaire ne peut être ordonné par le juge d'instruction qu'après avoir recueilli les réquisitions du procureur de la République. Viole ce texte l'arrêt qui écarte l'exception de nullité invoquée par le demandeur et prise de ce que le placement sous contrôle judiciaire n'a pas été précédé des réquisitions du ministère public (▪ Cass. crim., 22 janv. 2002, n° 01-87.619 : *Bull. crim.* n° 7 : *Dr. pén.* 2002, comm. 63, note A. Maron).

Art. 137-3 *(Mod., L. n° 2019-222, 23 mars 2019 ; L. n° 2021-1729, 22 déc. 2021).* **– Le juge des libertés et de la détention statue par ordonnance motivée. Lorsqu'il ordonne ou prolonge une détention provisoire ou qu'il rejette une demande de mise en liberté, l'ordonnance doit comporter l'énoncé des considérations de droit et de fait sur le caractère insuffisant des obligations du contrôle judiciaire ou de l'assignation à résidence avec surveillance électronique et le motif de la détention par référence aux seules dispositions des articles 143-1 et 144. En matière correctionnelle, les décisions prolongeant la détention provisoire au-delà de huit mois ou rejetant une demande de mise en liberté concernant une détention de plus de huit mois doivent également comporter l'énoncé des considérations de fait sur le caractère insuffisant des obligations de l'assignation à résidence avec surveillance électronique mobile, prévue au troisième alinéa de l'article 142-5 et à l'article 142-12-1, ou du dispositif électronique prévu à l'article 138-3, lorsque cette mesure peut être ordonnée au regard de la nature des faits reprochés.**

Dans tous les cas, l'ordonnance est notifiée à la personne mise en examen qui en reçoit copie intégrale contre émargement au dossier de la procédure.

I – OBLIGATION DE MOTIVATION (AL. 1)

A – Portée de l'obligation de motivation

1) Motivation après renvoi devant la juridiction de jugement. L'exigence de motivation spéciale sur le caractère insuffisant des obligations du contrôle judiciaire prévue par l'article 137-3 du Code précité cesse d'être applicable lorsque le juge d'instruction a renvoyé la personne poursuivie devant la juridiction de jugement (▪ Cass. crim., 6 mai 2002, n° 02-81.391 : *Bull. crim.* n° 98). Lorsque, comme en l'espèce, la détention a été ordonnée par une juridiction de jugement, la chambre de l'instruction n'est pas tenue par l'exigence de motivation spéciale prévue par l'article 145-3 du Code de procédure pénale (▪ Cass. crim., 27 sept. 2005, n° 05-84.234 : *Bull. crim.* n° 236).

2) Motivation de la mise en liberté. Il ne saurait être imposé au juge qui ordonne une mise en liberté, fût-ce contrairement aux réquisitions du ministère public, de constater l'absence des conditions qui, selon les articles 137 et 144 du Code de procédure pénale, pourraient autoriser une mesure de détention provisoire, laquelle ne peut être prononcée qu'à titre exceptionnel, la liberté demeurant la règle ; dès lors, en appréciant souverainement que la détention provisoire de l'intéressé n'était pas justifiée par les nécessités de l'instruction et qu'un placement sous contrôle judiciaire, dont elle a fixé les modalités, suffisait à y répondre, la chambre de l'instruction n'encourt pas les griefs, formulés au moyen, de défaut de motifs et d'absence de réponse aux réquisitions du ministère public (▪ Cass. crim., 29 mars 2017, n° 17-80.149 : *Bull. crim.* n° 103. – V. précédemment ▪ Cass. crim., 17 oct. 1991, n° 91-84.306 : *Bull. crim.* n° 355).

3) Motivation du rejet d'une demande de renvoi du débat contradictoire. Il se déduit des articles 6 de la Convention européenne des droits de l'homme et 137-3 du Code de procédure pénale que le juge des libertés et de la détention qui rejette une demande de renvoi motivée présentée avant le débat contradictoire par l'avocat de la personne détenue doit, dans son ordonnance, faire mention de cette demande et énoncer les motifs de son refus. Cette obligation s'impose y compris dans l'hypothèse où le juge des libertés et de la détention a, précédemment au débat, indiqué à l'avocat qu'il refusait sa demande. Il n'en est autrement que si l'avocat se désiste, de façon non équivoque, de sa demande de renvoi avant la tenue du débat contradictoire (▪ Cass. crim., 22 juin 2021, n° 21-82.025, §§ 11 à 13 : *Bull. crim.* à paraître).

B – Objet de l'obligation de motivation

4) Motivation de l'insuffisance du contrôle judiciaire et de l'assignation à résidence sous surveillance électronique – Contenu. Selon les articles 137-3 et 144 du Code de procédure pénale la détention provisoire ne peut être ordonnée ou prolongée que par une décision qui doit comporter l'énoncé des considérations de droit et de fait sur le caractère insuffisant des obligations du contrôle judiciaire (▪ Cass. crim., 16 févr. 2010, n° 09-87.912 : *Bull. crim.* n° 28 ; *JurisData* n° 2010-000758). Justifie sa décision la chambre de l'instruction qui, pour relever le caractère insuffisant des obligations du contrôle judiciaire ou de l'assignation à résidence avec placement sous surveillance électronique, s'est déterminée par des considérations de droit et de fait répondant aux exigences des articles 137-3, 143-1 et suivants du Code de procédure pénale (▪ Cass. crim., 13 sept. 2011, n° 11-84.909. ▪ Cass. crim., 28 juin 2011, n° 11-82.022. ▪ Cass. crim., 8 déc. 2010, n° 10-86.895. ▪ Cass. crim., 13 oct. 2015, n° 15-84.782. ▪ Cass. crim., 2 févr. 2014, n° 13-87.689. ▪ Cass. crim., 3 déc. 2013, n° 13-86.162. ▪ Cass. crim., 8 janv. 2013, n° 12-86.607. ▪ Cass. crim., 5 avr. 2016, n° 16-80.575 : *Bull. crim.* n° 122 (2). ▪ Cass. crim., 7 févr. 2017, n° 16-86.877 : *Bull. crim.* n° 33). Encourt la cassation la décision par laquelle les juges ordonnent le placement en détention provisoire sans s'expliquer par des considérations de droit et de fait sur le caractère insuffisant des obligations du contrôle judiciaire et de l'assignation à résidence sous surveillance électronique (■ Cass. crim., 21 oct. 2014, n° 14-85.241 : *JurisData* n° 2014-024930). Encourt la cassation la décision qui ordonne le placement en détention provisoire, sans préciser que les objectifs fixés ne pouvaient être atteints par un placement sous contrôle judiciaire (■ Cass. crim., 16 févr. 2010, préc.). *Rapp. au visa du seul article 144 du Code de procédure pénale,* il résulte de l'article 144 du Code de procédure pénale que la détention provisoire ne peut être ordonnée ou prolongée que s'il est démontré, au regard des éléments précis et circonstanciés de la procédure, qu'elle constitue l'unique moyen de parvenir à l'un ou plusieurs objectifs définis par ce texte et que ceux-ci ne sauraient être atteints en cas de placement sous contrôle judiciaire ; encourt la censure l'arrêt de la chambre de l'instruction qui omet de préciser expressément que les objectifs fixés par le placement en détention ne pouvaient être atteints par un placement sous contrôle judiciaire (■ Cass. crim., 26 févr. 2008, n° 07-88.336 : *Bull. crim.* n° 50. ■ Cass. crim., 8 juin 2008, n° 08-82.856 : *Bull. crim.* n° 157).

5) Motivation de l'insuffisance du contrôle judiciaire et de l'assignation à résidence sous surveillance électronique – Motivation unique. Justifie sa décision la chambre de l'instruction qui s'est déterminée par des considérations de droit et de fait au regard de l'insuffisance des obligations du contrôle judiciaire et de l'assignation à résidence sous surveillance électronique, sur lesquels elle n'avait pas à se prononcer par des motifs distincts (■ Cass. crim., 15 oct. 2019, n° 19-84.799 : *Bull. crim.* à paraître ; *Dr. pén.* 2019, comm. 208, note A. Maron et M. Haas).

6) Motivation de l'insuffisance de l'assignation à résidence sous surveillance électronique et du contrôle judiciaire avant le décret du 1er avril 2010. Justifie sa décision de maintenir en détention provisoire la personne mise en examen, la chambre de l'instruction qui, après avoir exposé les divers objectifs assignés au maintien en détention provisoire du mis en examen, retient que les obligations du contrôle judiciaire, aussi strictes soient-elles, ne sont pas suffisantes au regard desdits objectifs : dès lors qu'à la date à laquelle elle s'est prononcée, le placement sous surveillance électronique n'était, dans l'attente du décret prévu par l'article 142-13 du Code de procédure pénale, qu'une modalité du contrôle judiciaire sur l'insuffisance duquel elle s'est expliquée, la chambre de l'instruction, qui s'est déterminée par des considérations de droit et de fait répondant aux exigences des articles 137-3, 143-1 et suivants du Code de procédure pénale, n'encourt aucun grief (■ Cass. crim., 8 avr. 2010, n° 10-80.554 : *Bull. crim.* n° 61). Justifie également sa décision la chambre de l'instruction qui, pour prolonger la détention provisoire d'un accusé renvoyé devant la cour d'assises, indique que les obligations du contrôle judiciaire se révèlent, en dépit des garanties offertes, insuffisantes pour atteindre ces objectifs mentionnés à l'article 144 du Code de procédure pénale, dès lors qu'à la date à laquelle elle s'est prononcée, le placement sous surveillance électronique n'était, dans l'attente du décret prévu par l'article 142-13 du Code de procédure pénale, qu'une modalité du contrôle judiciaire sur l'insuffisance duquel elle s'est expliquée (■ Cass. crim., 7 avr. 2010, n° 10-80.785 : *Bull. crim.* n° 60).

7) Motivation de l'insuffisance de l'assignation à résidence sous surveillance électronique et du contrôle judiciaire depuis le décret du 1er avril 2010. Encourt la cassation la chambre de l'instruction qui, pour confirmer l'ordonnance du juge des libertés et de la détention rejetant la demande de mise en liberté, retient que la détention provisoire est l'unique moyen de parvenir aux objectifs de l'article 144 du Code de procédure pénale et que ceux-ci ne sauraient être atteints en cas de placement sous contrôle judiciaire, sans s'expliquer, par des considérations de droit et de fait, sur le caractère insuffisant de l'assignation à résidence avec surveillance électronique (■ Cass. crim., 18 août 2010, n° 10-83.770 : *Bull. crim.* n° 123 ; *Dr. pén.* 2010, comm. 128 note A. Maron et M. Haas. *Adde* ■ Cass. crim., 10 juin. 2013, n° 13-82.005).

8) Motivation de l'insuffisance du contrôle judiciaire et de l'assignation à résidence sous surveillance électronique et du contrôle judiciaire – Sanction de l'absence de motivation. Encourt la cassation la décision par laquelle les juges ordonnent le placement en détention provisoire sans s'expliquer par des considérations de droit et de fait sur le caractère insuffisant des obligations du contrôle judiciaire et de l'assignation à résidence sous surveillance électronique (■ Cass. crim., 21 oct. 2014, n° 14-85.241 : *JurisData* n° 2014-024930). Encourt la cassation la décision qui ordonne le placement en détention provisoire, sans préciser que les objectifs fixés ne pouvaient être atteints par un placement sous contrôle judiciaire (■ Cass. crim., 8 juin 2008, n° 08-82.856 : *Bull. crim.* n° 157. ■ Cass. crim., 16 févr. 2010, n° 09-87.912 : *Bull. crim.* n° 28 ; *JurisData* n° 2010-000758).

9) Motivation portant sur les motifs de la détention. Encourt la cassation l'arrêt qui omet de préciser si, d'après les éléments de l'espèce, la détention était nécessaire pour préserver l'ordre public du trouble actuellement causé par l'infraction (■ Cass. crim., 6 mars 1986, n° 85-94.597 : *Bull.*

crim. n° 94. ▪ Cass. crim., 2 mars 1994, n° 93-85.732 : *Bull. crim.* n° 84). Encourt la cassation l'arrêt qui se détermine par des motifs qui n'établissent pas suffisamment, par des éléments précis et circonstanciés résultant de la procédure, en quoi, plus d'un an après la révélation des faits et l'engagement de poursuites judiciaires, au-delà de la forte émotion que peut susciter une affaire d'une telle gravité dans l'opinion publique, l'ordre public était troublé de manière exceptionnelle et persistante (▪ Cass. crim., 24 août 2016, n° 16-83.804). Doit être rejettée l'exception de nullité tirée de l'absence de référence, dans les motifs de la décision, à des pièces cotées au dossier dès lors que, d'une part, aucun texte n'impose au juge des libertés et de la détention de corroborer ses motifs par des références à des cotes du dossier d'information, d'autre part, aucune atteinte portée aux intérêts du demandeur et aux droits de la défense n'est démontrée par l'avocat, qui, disposant du droit d'accès permanent au dossier et ayant pu se faire délivrer une copie des pièces de la procédure conformément aux dispositions de l'article 114 du Code de procédure pénale, était en mesure d'exercer ses droits et d'apprécier la portée des motifs retenus par le juge (▪ Cass. crim., 8 août 2018, n° 18-83.310 : *Bull. crim.* à paraître ; *Dr. pén.* 2018, comm. 183, note A. Maron et M. Haas).

10) Motivation portant sur l'existence d'indices graves ou concordants rendant vraisemblable la participation de la personne mise en examen aux faits reprochés. La chambre de l'instruction, à chacun des stades de la procédure, doit s'assurer, même d'office, que les conditions légales de la détention provisoire sont réunies, et notamment de l'existence d'indices graves ou concordants rendant vraisemblable la participation de la personne mise en examen aux faits reprochés. Ce contrôle fait obligation aux juges de vérifier, au regard des éléments précis et circonstanciés résultant de la procédure au moment où ils statuent, que les pièces du dossier établissent, d'une part, l'existence d'agissements susceptibles de caractériser les infractions pour lesquelles la personne est mise en examen, selon la qualification notifiée à ce stade et, d'autre part, la vraisemblance de leur imputabilité à celle-ci. Les juges, lorsqu'ils concluent souverainement à la vraisemblance de la participation de la personne à la commission d'une ou plusieurs infractions, ne sont tenus, en cas de contestation, que d'exposer les éléments du dossier par lesquels ils se déterminent (▪ Cass. crim., 9 févr. 2021, n° 20-86.339, §§ 6 à 8 : *Bull. crim.* à paraître ; *JCP* G 2021, 290, obs. S. Detraz ; *Dr. pén.* 2021, n° 4, comm. 76, note A. Maron et M. Haas ; *AJ pénal* 2021, 154, obs. J. Boudot).

Voir également : Sur ce point, annot. ss art. 137, p. 403.

11) Référence à des indices de culpabilité – Compatibilité avec la présomption d'innocence. Si les juridictions d'instruction, lorsqu'elles se prononcent sur une demande de mise en liberté, sur la prolongation de la détention provisoire ou le maintien en détention d'une personne mise en examen, ne sauraient présenter la personne détenue comme étant coupable des faits qui lui sont reprochés, il leur appartient, pour motiver concrètement la nécessité de la détention et l'insuffisance d'autres mesures de sûreté, de se référer aux indices, éléments de preuve et faits constants relevés dans la procédure à l'égard de la personne concernée, sans contrevenir au principe de la présomption d'innocence, tel que réaffirmé, notamment, par l'article préliminaire du Code de procédure pénale et par la directive européenne 2016/343 du Parlement européen et du Conseil, du 9 mars 2016 (▪ Cass. crim., 11 déc. 2018, n° 18-85.460 : *Bull. crim.* à paraître ; *JCP* G 2019, 137, note J.-B. Perrier). Les articles 3 et 4, § 1, de la directive UE 2016/343 du Parlement européen et du Conseil, du 9 mars 2016, portant renforcement de certains aspects de la présomption d'innocence et du droit d'assister à son procès dans le cadre des procédures pénales, doivent être interprétés en ce sens qu'ils ne s'opposent pas à l'adoption de décisions préliminaires de nature procédurale, telle une décision de maintien d'une mesure de détention provisoire prise par une autorité judiciaire, qui se fondent sur des soupçons ou des éléments de preuve à charge, pourvu que ces décisions ne présentent pas la personne détenue comme étant coupable (▪ CJUE, 19 sept. 2018, aff. C-310/18-PPU).

12) Référence à des indices de culpabilité – Illustration. En affirmant notamment, pour rejeter la demande de remise en liberté, « que la teneur du jugement rendu le 18 mai 2016 par l'audience nationale espagnole tend à confirmer, même s'il s'agit d'une décision non encore définitive, l'implication réitérée de M. X... dans le banditisme », la chambre de l'instruction, sans méconnaître le principe de la présomption d'innocence, s'est déterminée par des considérations de droit et de fait répondant aux exigences des articles 137-3, 143-1 et suivants du Code de procédure pénale (▪ Cass. crim., 7 févr. 2017, n° 16-86.877 : *Bull. crim.*n° 33).

13) Compatibilité de la détention provisoire avec la sécurité de la personne mise en examen. Justifie sa décision de rejeter la demande de mise en liberté de l'intéressé la chambre de l'instruction qui, faute d'allégation d'éléments propres à la personne concernée, suffisamment graves pour mettre en danger sa santé physique ou mentale, s'est en conséquence déterminée par des considérations de droit et de fait répondant aux seules exigences des articles 137-3, 143-1 et suivants du Code de procédure pénale (▪ Cass. crim., 29 févr. 2012, n° 11-88.441 : *Bull. crim.* n° 58. ▪ Cass. crim., 3 mai 2017, n° 17-80.973).

14) Conditions de détention liées à une mesure d'isolement – Article 3 de la Convention européenne des droits de l'homme. Le demandeur n'est pas fondé à se prévaloir de l'incidence d'une mesure d'isolement sur ses conditions d'incarcération à l'occasion d'une demande ayant trait à la détention provisoire, dès lors qu'il dispose devant le juge administratif d'un recours effectif de nature à faire cesser celle-ci (▪ Cass. crim., 16 sept. 2020, n° 20-82.389, § 18).

15) Risque sanitaire lié à l'épidémie de Covid-19 – Article 3 de la Convention européenne des droits de l'homme. L'allégation d'un risque sanitaire lié à l'épidémie de Covid-19 ne saurait prospérer à l'occasion d'une demande ayant trait à la détention provisoire, l'intéressé n'ayant pas préalablement allégué que sa vie avait été exposée à un risque réel et imminent en raison de conditions personnelles de détention dans le contexte de l'épidémie de Covid-19, ni établi que les mesures sanitaires nécessaires pour prévenir l'entrée et/ou la propagation du virus Covid-19 au sein de l'établissement pénitentiaire concerné n'auraient pas été mises en œuvre (▪ Cass. crim., 16 sept. 2020, n° 20-82.389, § 19. – V. égal. ▪ Cass. crim., 19 août 2020, n° 20-82.171, § 8 : *Dr. pén.* 2020, comm. 177, note A. Maron et M. Haas).

II – MISE À DISPOSITION DU DOSSIER DE LA PROCÉDURE (AL. 2)

16) Mise à disposition du dossier de la procédure – Mise à disposition sur le lieu de détention en cas de débat contradictoire par visioconférence. Porte atteinte aux droits de la défense l'absence de mise à disposition d'une copie intégrale du dossier de la procédure dans les locaux de la maison d'arrêt où l'avocat assiste son client entendu par visioconférence dès lors que l'avocat n'a pu obtenir depuis plusieurs mois une copie actualisée de l'entier dossier et a averti en temps utile le juge des libertés et de la détention de son choix de se trouver auprès de la personne détenue (▪ Cass. crim., 16 oct. 2019, n° 19-84.773 : *Bull. crim.* à paraître ; *Dr. pén.* 2019, comm. 212, note A. Maron et M. Haas).

Art. 137-4 *(L. n° 2000-516, 15 juin 2000 ; L. n° 2002-1138, 9 sept. 2002 ; L. n° 2004-204, 9 mars 2004 ; L. n° 2007-291, 5 mars 2007).* **– Lorsque, saisi de réquisitions du procureur de la République tendant au placement en détention provisoire, le juge d'instruction estime que cette détention n'est pas justifiée et qu'il décide de ne pas transmettre le dossier de la procédure au juge des libertés et de la détention, il est tenu de statuer sans délai par ordonnance motivée, qui est immédiatement portée à la connaissance du procureur de la République.**

En matière criminelle ou pour les délits punis de dix ans d'emprisonnement, le procureur de la République peut alors, si les réquisitions sont motivées, en tout ou partie, par les motifs prévus aux 4° à 7° de l'article 144 et qu'elles précisent qu'il envisage de faire application des dispositions du présent alinéa, saisir directement le juge des libertés et de la détention en déférant sans délai devant lui la personne mise en examen ; l'ordonnance rendue par le juge des libertés et de la détention entraîne le cas échéant la caducité de l'ordonnance du juge d'instruction ayant placé la personne sous contrôle judiciaire. S'il renonce à saisir directement le juge des libertés et de la détention, le procureur de la République en avise le juge d'instruction et la personne peut être en liberté.

1) Conformité à la Constitution de l'article 137-4, alinéa 2 du Code de procédure pénale. La possibilité reconnue au procureur de la République, en vertu de l'article 137-4, alinéa 2 du Code de procédure pénale, de saisir directement le juge des libertés et de la détention d'une demande de placement en détention provisoire que le juge d'instruction estime injustifiée, est liée à l'urgence et fondée sur des critères objectifs et rationnels, inspirés par un motif d'intérêt général en rapport direct avec l'objet de la loi ; la différence de traitement ainsi instituée entre les personnes dont la détention provisoire est requise ne procède donc pas d'une discrimination injustifiée (▪ Cons. const., 2 mars 2004, n° 2004-492 DC).

2) Saisine directe du juge des libertés et de la détention – Mineur. L'article 137-4 du Code de procédure pénale est applicable aux mineurs dès lors que la loi du 9 mars 2004, dont il est issu n'a d'une part pas modifié l'article 11 de l'ordonnance du 2 février 1945, qui renvoie à l'article 137-4 du Code de procédure pénale, et d'autre part prévu aucune restriction à l'étendue de l'application de l'article 137-4 (▪ Cass. crim., 13 juin 2018, n° 18-82.124 : *Bull. crim.* à paraître ; *AJ pénal* 2018, p. 425, obs. E. Gallardo).

Art. 137-5 *(Abr., L. n° 2002-1138, 9 sept. 2002).*

Sous-section 1. – Du contrôle judiciaire

Bibliographie : *Répertoire.* D. Caron, *Contrôle judiciaire : JCl. Proc. pén.*, art. 137 à 150, Fasc. 20. • P. Dourneau-Josette et C. Girault, *Rép. pén.* Dalloz, *V° Contrôle judiciaire.*

Généralités. E. Bloch, *Le contrôle judiciaire : Gaz. Pal.* 1970, 2, doctr. 231. • L. Boré, *Partie civile, détention provisoire et contrôle judiciaire : JCP* 2012, 393. • C. Cardet, *Le contrôle judiciaire socio-éducatif : 1970-1993, chronique d'une expérience qui dure : RSC* 1994. 503. • J. Faget, *Contrôle judiciaire et travail social : RSC* 1986, 319. • H. Périnet-Marquet, *Le cautionnement pénal, un échec remédiable : D.* 1981, chron. 149. • P. Savey-Casard, *Le contrôle judiciaire : RPDP* 1971, 299. • I. Souleau, *Neuf années de contrôle judiciaire : RSC* 1980. 41. • C. Vourch'h, *Le contrôle judiciaire : première exploration : Arch. pol. crim.* 1975, n° 1, p. 63 et s. ; *Une application socio-éducative du contrôle judiciaire : Arch. pol. crim.* 1977, n° 2, p. 107 et s.

Art. 138 *(Mod., L. n° 2019-1480, 28 déc. 2019 ; L. n° 2020-936, 30 juill. 2020).* **– Le contrôle judiciaire peut être ordonné par le juge d'instruction ou par le juge des libertés et de la détention si la personne mise en examen encourt une peine d'emprisonnement correctionnel ou une peine plus grave.**

Ce contrôle astreint la personne concernée à se soumettre, selon la décision du juge d'instruction ou du juge des libertés et de la détention, à une ou plusieurs des obligations ci-après énumérées :

1° Ne pas sortir des limites territoriales déterminées par le juge d'instruction ou le juge des libertés et de la détention ;

2° Ne s'absenter de son domicile ou de la résidence fixée par le juge d'instruction ou le juge des libertés et de la détention qu'aux conditions et pour les motifs déterminés par ce magistrat ;

3° Ne pas se rendre en certains lieux ou ne se rendre que dans les lieux déterminés par le juge d'instruction ou le juge des libertés et de la détention ;

3° ***bis*** **Ne pas participer à des manifestations sur la voie publique dans des lieux déterminés par le juge d'instruction ou le juge des libertés et de la détention ;**

4° Informer le juge d'instruction ou le juge des libertés et de la détention de tout déplacement au-delà de limites déterminées ;

5° Se présenter périodiquement aux services, associations habilitées ou autorités désignés par le juge d'instruction ou le juge des libertés et de la détention qui sont tenus d'observer la plus stricte discrétion sur les faits reprochés à la personne mise en examen ;

6° Répondre aux convocations de toute autorité, de toute association ou de toute personne qualifiée désignée par le juge d'instruction ou le juge des libertés et de la détention et se soumettre, le cas échéant, aux mesures de contrôle portant sur ses activités professionnelles ou sur son assiduité à un enseignement ainsi qu'aux mesures socio-éducatives destinées à favoriser son insertion sociale et à prévenir le renouvellement de l'infraction ;

7° Remettre soit au greffe, soit à un service de police ou à une brigade de gendarmerie tous documents justificatifs de l'identité, et notamment le passeport, en échange d'un récépissé valant justification de l'identité ;

8° S'abstenir de conduire tous les véhicules, certains véhicules ou un véhicule qui ne soit pas équipé, par un professionnel agréé ou par construction, d'un dispositif homologué d'antidémarrage par éthylotest électronique et, le cas échéant, remettre au greffe son permis de conduire contre récépissé ; toutefois, le juge d'instruction ou le juge des libertés et de la détention peut décider que la personne mise en examen pourra faire usage de son permis de conduire pour l'exercice de son activité professionnelle ;

9° S'abstenir de recevoir ou de rencontrer certaines personnes spécialement désignées par le juge d'instruction ou le juge des libertés et de la détention, ainsi que d'entrer en relation avec elles, de quelque façon que ce soit ;

10° Se soumettre à des mesures d'examen, de traitement ou de soins, même sous le régime de l'hospitalisation, notamment aux fins de désintoxication. Une copie de l'ordonnance de placement sous contrôle judiciaire est adressée par le juge d'instruction au médecin ou au psychologue qui doit suivre la personne mise en examen. Les rapports des expertises réalisées pendant l'enquête ou l'instruction sont adressés au médecin ou au psychologue, à leur demande ou à l'initiative du juge d'instruction. Celui-ci peut également leur adresser toute autre pièce utile du dossier ;

11° Fournir un cautionnement dont le montant et les délais de versement, en une ou plusieurs fois, sont fixés par le juge d'instruction ou le juge des libertés et de la détention, compte tenu notamment des ressources et des charges de la personne mise en examen ;

12° Ne pas se livrer à certaines activités de nature professionnelle ou sociale, à l'exclusion de l'exercice des mandats électifs et des responsabilités syndicales, lorsque l'infraction a été commise dans l'exercice ou à l'occasion de l'exercice de ces activités et lorsqu'il est à redouter qu'une nouvelle infraction soit commise. Lorsque l'activité concernée est celle d'un avocat, le conseil de l'ordre, saisi par le juge d'instruction ou le juge des libertés et de la détention, a seul le pouvoir de prononcer cette mesure à charge d'appel, dans les conditions prévues à l'article 24 de la loi n° 71-1130 du 31 décembre 1971 portant réforme de certaines professions judiciaires et juridiques ; le conseil de l'ordre statue dans les quinze jours ;

12° *bis* Ne pas exercer une activité impliquant un contact habituel avec des mineurs lorsqu'il est à redouter qu'une nouvelle infraction soit commise ;

13° Ne pas émettre de chèques autres que ceux qui permettent exclusivement le retrait de fonds par le tireur auprès du tiré ou ceux qui sont certifiés et, le cas échéant, remettre au greffe les formules de chèques dont l'usage est ainsi prohibé ;

14° Ne pas détenir ou porter une arme et, le cas échéant, remettre au greffe contre récépissé les armes dont elle est détentrice ;

15° Constituer, dans un délai, pour une période et un montant déterminés par le juge d'instruction ou le juge des libertés et de la détention, des sûretés personnelles ou réelles ;

16° Justifier qu'elle contribue aux charges familiales ou acquitte régulièrement les aliments qu'elle a été condamnée à payer conformément aux décisions judiciaires et aux conventions judiciairement homologuées portant obligation de verser des prestations, subsides ou contributions aux charges du mariage ;

17° En cas d'infraction commise soit contre son conjoint, son concubin ou son partenaire lié par un pacte civil de solidarité, soit contre ses enfants ou ceux de son conjoint, concubin ou partenaire, résider hors du domicile ou de la résidence du couple et, le cas échéant, s'abstenir de paraître dans ce domicile ou cette résidence ou aux abords immédiats de celui-ci, ainsi que, si nécessaire, faire l'objet d'une prise en charge sanitaire, sociale ou psychologique ; les dispositions du présent 17° sont également applicables lorsque l'infraction est commise par l'ancien conjoint ou concubin de la victime, ou par la personne ayant été liée à elle par un pacte civil de solidarité, le domicile concerné étant alors celui de la victime. Pour l'application du présent 17°, le juge d'instruction recueille ou fait recueillir, dans les meilleurs délais et par tous moyens, l'avis de la victime sur l'opportunité d'astreindre l'auteur des faits à résider hors du logement du couple. Sauf circonstances particulières, cette mesure est prise lorsque sont en cause des faits de violences susceptibles d'être renouvelés et que la victime la sollicite. Le juge d'instruction peut préciser les modalités de prise en charge des frais afférents à ce logement. Lorsqu'est prononcée l'une des obligations prévues au 9°, au présent 17° ou au 17° *bis*, le juge d'instruction ou le juge des libertés et de la détention se prononce, par une décision motivée, sur la suspension du droit de visite et d'hébergement de l'enfant mineur dont la personne mise en examen est titulaire ;

17° *bis* Respecter l'interdiction de se rapprocher d'une victime de violences commises au sein du couple prévue à l'article 138-3 et contrôlée par un dispositif électronique mobile anti-rapprochement ;

18° Respecter les conditions d'une prise en charge sanitaire, sociale, éducative ou psychologique, destinée à permettre sa réinsertion et l'acquisition des valeurs de la citoyenneté ; cette prise en charge peut, le cas échéant, intervenir au sein d'un établissement d'accueil adapté dans lequel la personne est tenue de résider.

Les modalités d'application du présent article, en ce qui concerne notamment l'habilitation des personnes contribuant au contrôle judiciaire, sont déterminées en tant que de besoin par un décret en Conseil d'État.

Voir : art. R. 16 à R. 24-13, p. 1949

• ***Sommaire***

I – CONDITIONS DU CONTRÔLE JUDICIAIRE

A – Conditions de fond

1) Moment du placement sous contrôle judiciaire. Justifie sa décision la chambre de l'instruction qui rappelle que la personne mise en examen peut être placée sous contrôle judiciaire en tout état de l'instruction (■ Cass. crim., 7 janv. 2003, n° 02-86.761).

1° Condition tenant à la personne

2) Personne mise en examen. V. art. 137, p. 403 À rapprocher de art. 113-5, p. 370.

3) Personne morale. V. art. 706-45, p. 1540.

4) Mineur. V. CJPM, art. L. 331-1, p. 3074.

5) Parlementaires. V. Const., art. 26.

6) Président de la République. V. Const., art. 67.

7) Militaires. V. C. just. mil., art. L. 211-22.

2° Condition tenant à l'infraction

8) Infractions de presse. Si l'article 138 du Code de procédure pénale dispose que le contrôle judiciaire peut être ordonné par le juge d'instruction lorsque l'inculpé encourt une peine d'emprisonnement correctionnelle ou une peine plus grave, une telle mesure ne saurait être prescrite à l'égard de celui qui est poursuivi du chef d'infractions à la loi du 29 juillet 1881, sauf en ce qui concerne celles pour lesquelles l'article 52 de ladite loi autorise la détention provisoire, dès lors que, cet article ne permettant pas l'application de l'article 141-2 du Code de procédure pénale, prive de sanction l'inobservation éventuelle des obligations fixées (■ Cass. crim., 16 juill. 1986, n° 86-91.103 : *Bull. crim.* n° 235).

3° Condition tenant à la nécessité du contrôle judiciaire

9) Nécessités de l'instruction ou de la sûreté. V. art. 137, p. 403.

10) Appréciation souveraine. Les juges apprécient souverainement le bien-fondé des obligations du contrôle judiciaire au regard des impératifs de sûreté publique et des nécessités de l'instruction (■ Cass. crim., 19 mars 2002, n° 01-88.829 : *JurisData* n° 2002-013908 ; *Bull. crim.* n° 64. ■ Cass. crim., 10 juill. 2013, n° 13-82.981 : *JurisData* n° 2013-017269).

B – Conditions de forme

11) Compétence. V. art. 137-2, p. 407 et art. 139, p. 421 et annotations ss art.

12) Réquisitions du procureur de la République. V. art. 137-2, p. 407 et annotations ss art.

13) Ordonnance de placement sous contrôle judiciaire. V. art. 139, p. 421 et annotations ss art.

II – OBLIGATIONS DU CONTRÔLE JUDICIAIRE

A – Détermination des obligations

14) Libre détermination des obligations. La juridiction d'instruction apprécie souverainement, au regard des nécessités de l'instruction, le bien-fondé des modalités du contrôle judiciaire (■ Cass. crim., 25 juill. 1995 : *Bull. crim.* n° 259. ■ Cass. crim., 19 mars 2002, n° 01-88.829 : *JurisData* n° 2002-013908 ; *Bull. crim.* n° 64).

15) Libre détermination des obligations – Exception. V. art. 144-2, p. 449.

16) Indication des obligations. Il appartient à la juridiction d'instruction qui a placé un inculpé sous contrôle judiciaire de préciser les modalités des obligations qui lui sont imposées lorsque celles-ci ne résultent pas des termes même de la loi (■ Cass. crim., 19 févr. 1985, n° 84-95.594 : *Bull. crim.* n° 77). Il se déduit des dispositions des articles 139 et 141-2 du Code de procédure pénale que les juridictions d'instruction n'ont pas le pouvoir, lorsqu'elles mettent un inculpé sous contrôle judiciaire, de décider par avance, sans nouvel examen, qu'une obligation se substituera à une autre au cas où ledit inculpé ne satisferait pas à l'obligation initiale (■ Cass. crim., 11 mars 1986, n° 85-95.314 : *Bull. crim.* n° 99).

17) Motivation des obligations – Motivation générale. Selon l'article 137, alinéa 1er du Code de procédure pénale, le contrôle judiciaire auquel peut être soumise la personne mise en examen ne peut être ordonné qu'à raison des nécessités de l'instruction ou à titre de mesure de sûreté ; méconnaît ce texte et le principe qui en découle les juges qui ne s'expliquent pas sur les circonstances justifiant, en raison des nécessités de l'instruction ou à titre de mesure de sûreté, le placement sous contrôle judiciaire (■ Cass. crim., 8 août 1995, n° 95-82.561 : *JurisData* n° 1995-002520 ; *Bull. crim.* n° 264 ; *D.* 1996, somm. p. 261, obs. J. Pradel. ■ Cass. crim., 9 oct. 2012, n° 12-84.881 : *JurisData* n° 2012-024356).

18) Motivation des obligations – Motivation particulière en matière de cautionnement et d'interdiction d'exercer une activité professionnelle. Les juridictions d'instruction ne sont pas tenues de motiver chacune des modalités du contrôle judiciaire autres que celle inscrite au 12° de l'article 138 du Code de procédure pénale (■ Cass. crim., 26 juill. 2000, n° 00-83.156 : *JurisData* n° 2000-006010 ; *Bull. crim.* n° 260 ; *D.* 2001, p. 514, obs. J. Pradel). Selon l'article 138, alinéa 2, 12°, du

Code de procédure pénale, la juridiction d'instruction qui interdit à la personne mise en examen de se livrer à certaines activités de nature professionnelle ou sociale doit constater que l'infraction a été commise dans l'exercice ou à l'occasion de l'exercice de ces activités et qu'il existe un risque de commission d'une nouvelle infraction (▪ Cass. crim., 5 mars 2003, n° 02-88.089 : *JurisData* n° 2003-018406 ; *Bull. crim.* n° 59. ▪ Cass. crim., 17 sept. 2014, n° 14-84.282 : *JurisData* n° 2014-021047 ; *Bull. crim.* n° 190). Quand elle use des dispositions de l'article 138, 12° du Code de procédure pénale, la juridiction d'instruction doit justifier de la relation entre les activités professionnelles de l'inculpé et les infractions reprochées et du risque de renouvellement de l'infraction (▪ Cass. crim., 19 févr. 1985, n° 84-95.594 : *Bull. crim.* n° 77. ▪ Cass. crim., 17 mai 1995, n° 95-81.030 : *Bull. crim.* n° 178 ; *D.* 1996, somm. p. 255, obs. J. Pradel). Selon l'article 138, alinéa 2, 11°, du Code de procédure pénale, le montant et les délais de versement du cautionnement, dont peut être assorti le contrôle judiciaire de la personne mise en examen, doivent être fixés compte tenu, notamment, des ressources et des charges de celle-ci (▪ Cass. crim., 10 juill. 2002, n° 02-82.883. ▪ Cass. crim., 8 janv. 2003, n° 02-86.793. ▪ Cass. crim., 4 nov. 2008, n° 08-85.724 : *Bull. crim.* n° 221. ▪ Cass. crim., 23 juin 2015, n° 15-82.022 : *JurisData* n° 2015-015457). Méconnaît ce texte l'arrêt qui fixe le montant du cautionnement sans s'expliquer sur les ressources et les charges de la personne mise en examen (▪ Cass. crim., 4 nov. 2008, préc.).

B – Contenu des obligations

19) Interdiction de sortir des limites territoriales (art. 138, 1°) – Compatibilité avec la Convention européenne des droits de l'Homme. L'interdiction de quitter le territoire national, sauf autorisation préalable, n'est pas contraire à l'article 2 paragraphe 3 du protocole n° 4 additionnel à la Convention européenne des droits de l'Homme, ce texte prévoyant que la liberté de quitter un pays peut faire l'objet de restrictions nécessaires à la sûreté publique (▪ Cass. crim., 24 nov. 1986 : *Bull. crim.* n° 351. ▪ Cass. crim., 11 avr. 1991 : *Bull. crim.* n° 176). Justifie son refus de lever l'interdiction de quitter le territoire, la chambre de l'instruction qui, après avoir exposé les indices graves et concordants réunis à l'encontre de la personne mise en examen, énonce qu'en raison de la peine encourue, celle-ci pourrait être tentée de se soustraire à l'action de la justice en s'installant à l'étranger, et notamment aux États-Unis, où elle dispose de biens et de revenus ainsi que « d'attaches familiales très importantes » et qui, afin de répondre à l'argumentation de l'intéressé, prise de la violation de l'article 8 de la Convention européenne des droits de l'Homme, précise qu'aucun élément ne permet d'établir que l'épouse et les enfants de l'intéressé, domiciliés aux États-Unis, seraient dans l'impossibilité de se rendre en France pour maintenir avec lui des liens familiaux : en se prononçant ainsi, la chambre de l'instruction, qui a apprécié la nécessité de l'interdiction au regard, tant du droit à la vie privée et familiale, que des impératifs de sûreté publique, de la prévention des infractions pénales et des nécessités de l'instruction, a justifié sa décision (▪ Cass. crim., 8 oct. 2002, n° 02-85.085 : *JurisData* n° 2002-016201). Encourt la cassation la chambre de l'instruction qui ne s'explique pas sur les raisons pour lesquelles le maintien de l'interdiction de quitter le territoire national ne portait pas une atteinte disproportionnée au respect de la vie privée et familiale garanti par l'article 8 de la Convention européenne des droits de l'Homme (▪ Cass. crim., 6 févr. 2013, n° 12-87.659 : *JurisData* n° 2013-004224).

20) Interdiction de se rendre en certains lieux (art. 138, 3°) – Compatibilité avec la Convention européenne des droits de l'Homme. L'interdiction faite à un inculpé placé sous contrôle judiciaire de fréquenter un lieu de culte n'est pas incompatible avec la Convention européenne des droits de l'Homme, dont l'article 9 dispose que la liberté de manifester sa religion ou ses convictions peut faire l'objet de restrictions nécessaires à la sécurité publique (▪ Cass. crim., 11 avr. 1991 : *Bull. crim.* n° 176).

21) Interdiction de se rendre en certains lieux (art. 138, 3°). L'obligation de fixer son domicile dans une commune autre que celle où l'intéressé est astreint à ne pas se rendre équivaut à obliger la personne à ne pas se rendre dans un lieu déterminé et entre donc dans les prévisions de l'article 138, 3° (▪ Cass. crim., 6 nov. 2002, n° 02-86.022 : *JurisData* n° 2002-016818). L'obligation imposée à l'inculpé, soumis au contrôle judiciaire, de ne pas se rendre à des réunions de toute nature n'excède pas les prévisions de l'article 138, paragraphes 2 et 3, du Code de procédure pénale (▪ Cass. crim., 10 mai 1972 : *Bull. crim.* n° 166). L'interdiction, faite à l'avocat, de se rendre dans des lieux situés hors du ressort du barreau où il est inscrit, prononcée en application de l'article 138, 3°, du Code de procédure pénale, ne constitue pas une mesure s'assimilant à l'interdiction d'exercer l'activité d'avocat, prévue au 12° du même article et relevant exclusivement du conseil de l'ordre (▪ Cass. crim., 9 mars 2011, n° 10-88.756 : *JurisData* n° 2011-004932 ; *Bull. crim.* n° 51).

22) Obligation de répondre à des convocations (art. 138, 6°). En confirmant, sans motivation particulière, la décision du juge d'instruction de soumettre l'intéressé à l'obligation prévue par l'article 138, alinéa 2, 6° du Code de procédure pénale, l'arrêt attaqué n'encourt aucun grief allégué : en effet, les juridictions d'instruction ne sont pas tenues de motiver chacune des modalités du contrôle judiciaire autres que celle inscrite au 12° du texte précité ; à la différence de cette dernière disposition, qui interdit l'exercice d'activités professionnelles ou sociales en relation avec l'infraction, lesquelles doivent être définies, le 6° édicte une obligation générale de répondre aux convocations et de se soumettre, le cas échéant, à des mesures de contrôle portant sur les activités professionnelles ou l'assiduité à un enseignement (■ Cass. crim., 26 juill. 2000, n° 00-83.156 : *JurisData* n° 2000-006010 ; *Bull. crim.* n° 260 ; *D.* 2001, p. 514, obs. J. Pradel).

23) Obligations de remettre les documents d'identité (art. 138, 7°) – Compatibilité avec la Convention européenne des droits de l'Homme et la Constitution. L'injonction de remettre son passeport faite à une personne exerçant son activité professionnelle à l'étranger n'est pas contraire aux articles 6 de la Convention européenne des droits de l'Homme et 66 de la Constitution (■ Cass. crim., 16 févr. 2000, n° 99-87.398 : *JurisData* n° 2000-001415 ; *Bull. crim.* n° 71).

24) Interdiction de recevoir, de rencontrer ou d'entrer en relation avec certaines personnes (art. 138, 9°). Encourt la censure la juridiction d'instruction qui, faisant usage à l'égard d'une personne mise en examen et placée sous contrôle judiciaire des dispositions de l'article 138, alinéa 2, 9° du Code de procédure pénale, omet de désigner avec précision les personnes qu'elle ne peut recevoir ou rencontrer, ou avec lesquelles elle ne peut entrer en relation, de quelque façon que ce soit, ainsi que d'établir la relation existant entre ces personnes et les faits reprochés (■ Cass. crim., 25 juill. 1995 : *Bull. crim.* n° 259. ■ Cass. crim., 13 juin 2006, n° 06-83.164 : *JurisData* n° 2006-034389 ; *Bull. crim.* n° 175). L'interdiction faite à la personne mise en examen d'entrer en relation avec « tout membre » du parquet d'un tribunal ne désigne pas, avec suffisamment de précision, les personnes qu'elle ne peut recevoir ou rencontrer ou avec lesquelles elle ne peut entrer en relation (■ Cass. crim., 13 juin 2006, préc.). *Contra*, s'agissant de l'interdiction faite à un notaire de communiquer avec les associés de l'étude notariale où il exerce (■ Cass. crim., 7 nov. 2006, n° 06-86.427 : *JurisData* n° 2006-036586). *Contra* s'agissant de l'interdiction faite à un liquidateur judiciaire de rencontrer le personnel de son étude, les témoins et les autres personnes mises en examen, l'interdiction de rencontrer certaines personnes, en raison de leur qualité s'appliquant de plein droit à celles qui figurent déjà dans la procédure, à la date de la décision, et entrant ainsi dans les prévisions de l'article 138, 9 du Code de procédure pénale, qui n'impose pas la désignation nominative des intéressés (■ Cass. crim., 9 janv. 1997, n° 96-84.979 : *Bull. crim.* n° 7).

25) Interdiction de recevoir, de rencontrer ou d'entrer en relation avec certaines personnes (art. 138, 9°) – Interdiction faite à un avocat – Refus de transmission d'une question prioritaire de constitutionnalité. L'interdiction faite à un avocat de recevoir, de rencontrer ou d'entrer en relation avec certaines personnes spécialement désignées, fussent-elles ses clients, est fondée sur l'existence, à l'encontre de cet auxiliaire de justice, d'indices graves ou concordants rendant vraisemblable qu'il ait pu participer à la commission d'infractions ; la décision du juge d'instruction ou du juge des libertés et de la détention de prononcer à l'encontre de l'intéressé une telle interdiction doit faire l'objet d'une ordonnance désignant avec une précision suffisante les personnes qu'elle concerne ; cette décision est susceptible d'appel devant la chambre de l'instruction qui, si elle la confirme, doit préciser les circonstances qui, en raison des nécessités de l'instruction ou à titre de mesure de sûreté, la justifient, ainsi que le rapport entre les personnes désignées et les faits reprochés. Il en résulte qu'en s'abstenant de prévoir d'autres garanties, notamment de donner au conseil de l'ordre du barreau dont relève l'intéressé compétence pour prononcer l'interdiction précitée, qui ne peut être assimilée à une interdiction, même partielle, de l'exercice de la profession d'avocat que seul le conseil de l'ordre a le pouvoir de prononcer en application de l'article 138, alinéa 2, 12°, du Code de procédure pénale, le législateur a procédé à une conciliation qui apparaît équilibrée entre le principe du respect des droits de la défense et la prévention des atteintes à l'ordre public et la recherche des auteurs d'infractions, qui constituent des objectifs de valeur constitutionnelle (■ Cass. crim., 20 sept. 2016, n° 16-90.017 : *JurisData* n° 2016-018946).

26) Interdiction de recevoir, de rencontrer ou d'entrer en relation avec certaines personnes (art. 138, 9°) – Interdiction faite à un avocat. L'obligation, faite à un avocat, de s'abstenir de rencontrer, de recevoir et d'entrer en relation avec son client, qui a pour objet d'empêcher toute concertation entre eux, mis en examen dans la même information, afin de rechercher leur implication respective dans les faits qui leur sont reprochés, ne peut être assimilée à une interdiction, même partielle, de l'exercice de la profession d'avocat, que le conseil de l'ordre aurait seul le pouvoir de prononcer en application de l'article 138, alinéa 2, 12° du Code de procédure pénale

(■ Cass. crim., 12 oct. 2011, n° 11-85.885 : *JurisData* n° 2011-023238 ; *Bull. crim.* n° 205. – *Adde* ■ Cass. crim., 24 avr. 2007, n° 07-80.616 : *JurisData* n° 2007-039345).

27) Interdiction de recevoir, de rencontrer ou d'entrer en relation avec certaines personnes (art. 138, 9°) – Victime. *V. s'agissant de l'avis donné à celle-ci* art. 138-1, p. 420.

28) Cautionnement (art. 138, 11°) – Conformité à la Convention européenne des droits de l'Homme. Si l'article 5. 3 de la Convention européenne des droits de l'Homme prévoit « que la mise en liberté peut être subordonnée à une garantie assurant la comparution à l'audience de l'intéressé », aucune disposition de cette Convention ne limite à ce seul objectif de représentation en justice la fixation d'un cautionnement, lequel peut également être destiné à garantir le préjudice éventuel des victimes (■ Cass. crim., 17 janv. 2001, n° 00-86.761 : *JurisData* n° 2001-008734 ; *Dr. pén.* 2001, chron. 27, obs. Cl. Marsat). Ne méconnaît pas la présomption d'innocence garantie par l'article 6 de la Convention européenne des droits de l'Homme, l'arrêt qui, après avoir rappelé les faits reprochés à l'intéressé et les indices de culpabilité retenus contre lui, fixe un cautionnement dès lors qu'il a nécessairement pris en compte les ressources du demandeur (■ Cass. crim., 27 févr. 2002, n° 01-88.357. ■ Cass. crim., 27 mars 2002, n° 02-80.264).

29) Cautionnement (art. 138, 11°) – Conformité aux articles 1er du protocole additionnel n° 1 à la Convention, 2 et 17 de la Déclaration des droits de l'homme. Ne justifie pas sa décision la cour d'appel qui rejette la requête en mainlevée du cautionnement ordonné dans le cadre du contrôle judiciaire et la demande de restitution des biens saisis sans mieux s'expliquer sur l'atteinte disproportionnée alléguée au droit au respect des biens par le maintien des saisies pénales (■ Cass. crim., 19 déc. 2018, n° 18-85.712 : *Bull. crim.* à paraître).

30) Cautionnement (art. 138, 11°) – Référence aux ressources de la personne mise en examen. Selon l'article 138, alinéa 2, 11°, du Code de procédure pénale, le montant et les délais de versement du cautionnement dont peut être assorti le contrôle judiciaire doivent être fixés compte tenu, notamment, des ressources de la personne mise en examen. Encourt dès lors la cassation l'arrêt d'une chambre d'accusation qui impose à cette personne le paiement d'une somme au titre du cautionnement sans s'expliquer sur ses ressources (■ Cass. crim., 7 déc. 1994, n° 94-81.669 : *JurisData* n° 1994-002705 ; *Bull. crim.* n° 397. *Adde* ■ Cass. crim., 3 févr. 1993 : *Bull. crim.* n° 56). Les juges apprécient souverainement le montant et les délais du cautionnement imparti à l'inculpé par rapport aux ressources réelles du demandeur au pourvoi (■ Cass. crim., 24 nov. 1986 : *Bull. crim.* n° 351). Les ressources de la personne mise en examen compte tenu desquelles le juge d'instruction fixe le montant et les délais du cautionnement prévu par l'article 138, 11° du Code de procédure pénale, s'entendent non seulement des gains, revenus et salaires de celle-ci, mais encore de tous les fonds dont elle dispose quelle qu'en soit l'origine (■ Cass. crim., 28 sept. 1994 : *Bull. crim.* n° 307. ■ Cass. crim., 20 sept. 2016, n° 16-84.026 : *JurisData* n° 2016-018950) même frauduleuse (■ Cass. crim., 28 sept. 1994, préc. ■ Cass. crim., 11 juin 2002, n° 02-82.263. ■ Cass. crim., 20 sept. 2016, préc.). Si aux termes de l'article 138, alinéa 2, 11°, du Code de procédure pénale, le montant du cautionnement prévu par une décision de contrôle judiciaire doit être fixé, compte tenu, notamment, des ressources de l'inculpé, les juges ne méconnaissent aucunement les prescriptions de ce texte lorsque, pour apprécier les capacités financières réelles de l'intéressé, ils prennent en considération l'organisation par lui-même de son insolvabilité (■ Cass. crim., 16 mai 1991, n° 91-81.258 : *Bull. crim.* n° 212).

31) Cautionnement (art. 138, 11°) – Référence aux charges de la personne mise en examen. Selon l'article 138, alinéa 2, 11°, du Code de procédure pénale, le montant et les délais de versement du cautionnement dont peut être assorti le contrôle judiciaire de la personne mise en examen doivent être fixés compte tenu des ressources et des charges de celle-ci ; encourt la cassation la chambre de l'instruction qui confirme l'ordonnance du juge d'instruction sans s'expliquer sur les charges de l'intéressé, alors que, dans son mémoire, celui-ci faisait valoir qu'il n'était pas en mesure de verser le solde du cautionnement compte tenu des très importantes charges ou impositions qu'il devait acquitter (■ Cass. crim., 10 juill. 2002, n° 02-82.883. ■ Cass. crim., 8 janv. 2003, n° 02-86.793).

32) Cautionnement (art. 138, 11°) – Référence au dommage causé par l'infraction. Si l'article 138, alinéa 2, 11°, du Code de procédure pénale dispose que le juge d'instruction doit, pour fixer le montant et les modalités du cautionnement, tenir compte, notamment, des ressources de la personne mise en examen, ce texte ne lui interdit pas de prendre également en considération le montant du préjudice dont l'indemnisation doit être garantie (■ Cass. crim., 23 août 1994 : *Bull. crim.* n° 292 ; *RSC* 1995, p. 122, obs. J.-P. Dintilhac).

33) Cautionnement (art. 138, 11°) – Motivation. Selon l'article 138, alinéa 2, 11°, du Code de procédure pénale, le montant et les délais de versement du cautionnement, dont peut être assorti le contrôle judiciaire de la personne mise en examen, doivent être fixés compte tenu, notamment, des ressources et des charges de celle-ci (▪ Cass. crim., 10 juill. 2002, n° 02-82.883. ▪ Cass. crim., 8 janv. 2003, n° 02-86.793. ▪ Cass. crim., 4 nov. 2008, n° 08-85.724 : *Bull. crim.* n° 221. ▪ Cass. crim., 23 juin 2015, n° 15-82.022 : *JurisData* n° 2015-015457). Méconnaît ce texte l'arrêt qui fixe le montant du cautionnement sans s'expliquer sur les ressources et les charges de la personne mise en examen (▪ Cass. crim., 4 nov. 2008, préc.). Encourt dès lors la cassation la chambre de l'instruction qui ne répond pas aux conclusions de l'intéressée, qui faisait valoir que l'intégralité des fonds dont elle disposait ayant été saisie lors des perquisitions diligentées à son domicile et celui de son père, elle ne conservait, pour toutes ressources, que des allocations d'un montant mensuel de 800 euros, alors qu'elle a la charge de trois enfants (▪ Cass. crim., 23 juin 2015, préc.). Encourt également la cassation la chambre de l'instruction qui confirme l'ordonnance du juge d'instruction sans s'expliquer sur les charges de l'intéressé, alors que dans son mémoire celui-ci faisait valoir qu'il n'était pas en mesure de verser le solde du cautionnement compte tenu des très importantes charges ou impositions qu'il devait acquitter (▪ Cass. crim., 10 juill. 2002, préc. ▪ Cass. crim., 8 janv. 2003, préc.).

34) Cautionnement (art. 138, 11°) – Affectation du cautionnement. V. art. 142, p. 430.

35) Cautionnement (art. 138, 11°) – Versement. V. art. R. 19 et s., p. 1950. Il résulte des dispositions combinées des articles 138, alinéa 2, 11, R. 19, R. 21 et R. 23 du Code de procédure pénale que le cautionnement prévu par le premier de ces textes ne peut être versé que par chèque certifié ou en espèces (▪ Cass. crim., 23 avr. 1991, n° 91-80.808 : *Bull. crim.* n° 191). Justifie, dès lors, sa décision, la chambre d'accusation qui rejette une demande de modification du contrôle judiciaire tendant à substituer à la somme déjà versée à titre de cautionnement par chèque certifié, des bons du Trésor à taux annuel normalisé de même montant (▪ Cass. crim., 11 janv. 2001, n° 00-86.765 : *JurisData* n° 2001-008269 ; *Bull. crim.* n° 6).

36) Interdiction d'exercer une activité professionnelle (art. 138, 12°) – Compatibilité avec la Conv. EDH et la Constitution. La restriction apportée à la liberté des activités professionnelles par l'article 138, alinéa 2, 12° du Code de procédure pénale lorsque les infractions reprochées ont été commises dans l'exercice de ces activités, ou à l'occasion de leur exercice, et qu'il est à redouter qu'une nouvelle infraction soit commise, qui n'est que temporaire et prononcée à titre de mesure de sûreté, n'est pas incompatible avec les dispositions des articles 6 et 8 de la Conv. EDH et la liberté du travail (▪ Cass. crim., 25 juill. 1995 : *Bull. crim.* n° 259).

37) Interdiction d'exercer une activité professionnelle (art. 138, 12°) – Conditions. Selon l'article 138, alinéa 2, 12°, du Code de procédure pénale, la juridiction d'instruction qui interdit à la personne mise en examen de se livrer à certaines activités de nature professionnelle ou sociale doit constater que l'infraction a été commise dans l'exercice ou à l'occasion de l'exercice de ces activités et qu'il existe un risque de commission d'une nouvelle infraction (▪ Cass. crim., 5 mars 2003, n° 02-88.089 : *JurisData* n° 2003-018406 ; *Bull. crim.* n° 59. ▪ Cass. crim., 17 sept. 2014, n° 14-84.282 : *JurisData* n° 2014-021047 ; *Bull. crim.* n° 190). Quand elle use des dispositions de l'article 138, 12° du Code de procédure pénale, la juridiction d'instruction doit justifier de la relation entre les activités professionnelles de l'inculpé et les infractions reprochées et du risque de renouvellement de l'infraction (▪ Cass. crim., 19 févr. 1985, n° 84-95.594 : *Bull. crim.* n° 77. ▪ Cass. crim., 17 mai 1995, n° 95-81.030 : *Bull. crim.* n° 178 ; *D.* 1996, somm. p. 255, obs. J. Pradel). Encourt la censure l'arrêt dont il résulte que, si elles ont été facilitées par son nom et sa réputation professionnelle, les infractions reprochées à l'intéressé n'ont pas été commises à l'occasion de l'exercice de son activité professionnelle (▪ Cass. crim., 5 mars 2003, préc.). Encourt la censure l'arrêt qui se borne à énoncer que cette interdiction est en adéquation avec les faits reprochés à l'intéressée, sans caractériser le risque actuel de commission d'une nouvelle infraction (▪ Cass. crim., 5 mars 2003, préc. ▪ Cass. crim., 17 sept. 2014, préc.). Encourt la censure la juridiction d'instruction qui ne constate pas le risque actuel de commission d'une nouvelle infraction (▪ Cass. crim., 22 févr. 1995 : *Bull. crim.* n° 78. ▪ Cass. crim., 13 oct. 1998 : *Bull. crim.* n° 257 ; *Dr. pén.* 1999, chron. 17, Cl. Marsat).

38) Interdiction d'exercer une activité professionnelle (art. 138, 12°) – Interdiction générale. Dès lors que les infractions reprochées ont été commises dans l'exercice d'une activité de gestion d'une entreprise, quelle qu'en soit la forme juridique et l'objet, la chambre de l'instruction a justifié sa décision en relevant qu'il existait un risque élevé de renouvellement des infractions et qu'il était indispensable de prononcer à l'encontre de l'intéressé une interdiction générale de gérer (▪ Cass. crim., 24 mai 2018, n° 18-81.240 : *Bull. crim.* à paraître ; *JCP E* 2018, 1360, chron. R. Salomon ; *Rev. sociétés* 2019, p. 68, obs. B. Bouloc).

39) Interdiction d'exercer une activité professionnelle (art. 138, 12°) – Exclusion des mandats électifs et syndicaux. Si l'article 138, alinéa 2, 12°, du Code de procédure pénale prévoit spécialement, parmi les modalités du contrôle judiciaire, l'interdiction pour la personne mise en examen de se livrer à certaines activités de nature professionnelle ou sociale, il exclut du champ de cette interdiction l'exercice des mandats électifs et des responsabilités syndicales. Méconnaît ce principe la chambre d'accusation qui confirme l'ordonnance imposant, à un ancien président de la chambre des métiers, de ne plus exercer de fonction élective, de représentation, consultative ou administrative au sein de toute institution, organisation professionnelle, syndicale, publique ou privée (■ Cass. crim., 23 mai 1995, n° 95-80.945 : *Bull. crim.* n° 188). La fonction de président du conseil d'administration d'un office public d'habitations à loyer modéré ne constitue pas l'exercice d'un mandat électif, au sens de l'article 138, alinéa 2, 12°, du Code de procédure pénale, lequel vise les seules fonctions électives publiques et non les activités de nature sociale, fussent-elles exercées par le titulaire d'un mandat électif (■ Cass. crim., 17 mai 1995, n° 95-81.030 : *Bull. crim.* n° 178 ; *D.* 1996, somm. p. 255, obs. J. Pradel). La fonction de conseiller prud'hommes ne constitue pas l'exercice d'un mandat électif, au sens de l'article 138, alinéa 2, 12°, du Code de procédure pénale, lequel vise les seules fonctions électives publiques de nature politique et non les activités de nature juridictionnelle, fussent-elles exercées par le titulaire d'un mandat électif (■ Cass. crim., 7 avr. 1998, n° 98-80.392 : *JurisData* n° 1998-002047 ; *Bull. crim.* n° 134 ; *Dr. pén.* 1998, comm. 149, obs. A. Maron) ; ni la fonction d'administrateur d'établissements publics (■ Cass. crim., 3 déc. 1997, n° 97-84.985 ; *JurisData* n° 1997-005448 ; *Bull. crim.* n° 409) ; ni la fonction de conseil en ingénierie (■ Cass. crim., 26 mars 2002, n° 02-80.211) ; ni celle de directeur de foyer pour mineurs (■ Cass. crim., 5 nov. 2002, n° 02-85.826).

40) Interdiction d'exercer une activité professionnelle (art. 138, 12°) – Profession d'avocat. Il résulte de la combinaison des articles 138, alinéa 2, 12°, et 139 du Code de procédure pénale et de l'article 23 de la loi du 31 décembre 1971 que le conseil de l'Ordre a seul le pouvoir de prononcer une mesure d'interdiction provisoire de l'exercice de la profession d'un avocat placé sous contrôle judiciaire, ainsi que d'y mettre fin ; méconnaît le sens et la portée de ces textes la chambre de l'instruction qui retient sa compétence en ce domaine (■ Cass. crim., 15 mai 2002, n° 02-81.116 : *JurisData* n° 2002-014423 ; *Bull. crim.* n° 113). Si le conseil de l'ordre a seul le pouvoir de prononcer une mesure d'interdiction provisoire de l'exercice de la profession d'un avocat placé sous contrôle judiciaire, ainsi que d'y mettre fin, le juge d'instruction tient des dispositions de l'article 179 du Code de procédure pénale celui de maintenir la mesure de contrôle judiciaire comportant une telle interdiction (■ Cass. crim., 21 janv. 2004, n° 03-86.358 : *JurisData* n° 2004-022244 ; *Bull. crim.* n° 16 ; *D.* 2005, p. 686, obs. J. Pradel). L'interdiction, faite à l'avocat, de se rendre dans des lieux situés hors du ressort du barreau où il est inscrit, prononcée en application de l'article 138, 3°, du Code de procédure pénale, ne constitue pas une mesure s'assimilant à l'interdiction d'exercer l'activité d'avocat, prévue au 12° du même article et relevant exclusivement du conseil de l'ordre (■ Cass. crim., 9 mars 2011, n° 10-88.756 : *JurisData* n° 2011-004932 ; *Bull. crim.* n° 51). L'obligation, faite à un avocat, de s'abstenir de rencontrer, recevoir et d'entrer en relation avec son client, qui a pour objet d'empêcher toute concertation entre eux, mis en examen dans la même information, afin de rechercher leur implication respective dans les faits qui leur sont reprochés, ne peut être assimilée à une interdiction, même partielle, de l'exercice de la profession d'avocat, que le conseil de l'ordre aurait seul le pouvoir de prononcer en application de l'article 138, alinéa 2, 12° du Code de procédure pénale (■ Cass. crim., 12 oct. 2011, n° 11-85.885 : *JurisData* n° 2011-023238 ; *Bull. crim.* n° 205. – *Adde* ■ Cass. crim., 24 avr. 2007, n° 07-80.616 : *JurisData* n° 2007-039345). *Contra antérieurement à la loi du 15 juin 2000*, l'article 138, alinéa 2, 12° du Code de procédure pénale impose seulement au magistrat instructeur, lorsqu'il a interdit à un avocat l'exercice de sa profession, d'en informer le conseil de l'Ordre pour permettre à cette instance d'en tirer, en matière disciplinaire et au regard des règles de la profession, toutes conséquences qu'il estimera utiles ; la décision du juge d'instruction, dont l'autonomie dans la conduite de l'information est affirmée par l'article 81, 1er alinéa du même code, ne saurait être subordonnée à celle d'une instance disciplinaire professionnelle (■ Cass. crim., 22 oct. 1997, n° 97-84.243 : *JurisData* n° 1997-004358 ; *Bull. crim.* n° 346 ; *Gaz. Pal.* 1998, 2, p. 533, note C. Desurmont ; *Procédures* 1998, comm. 48, obs. J. Buisson).

41) Interdiction d'exercer une activité professionnelle (art. 138, 12°) – Fonction religieuse. Une fonction religieuse, fût-elle bénévole, constitue une activité de nature professionnelle ou sociale au sens de l'article 138, 12° du Code de procédure pénale (■ Cass. crim., 4 nov. 2021, n° 21-85.144, § 8 : *Dr. pén.* 2022, comm. 14, note A. Maron et M. Haas ; *AJ pénal* 2022, 49, obs. N. Rias). L'interdiction d'exercer une fonction religieuse ne méconnaît pas l'article 9 de la Convention européenne des droits de l'homme dès lors qu'elle répond aux conditions posées par le second paragraphe de cette disposition (■ Cass. crim., 4 nov. 2021, préc., § 10).

42) Sûretés (art. 138, 15°). L'obligation de fournir des sûretés, telles que prévues par l'article 138, 15° du Code de procédure pénale, ne préjuge ni de la culpabilité de l'inculpé ni de la recevabilité de la constitution de partie civile de la victime de l'infraction (▪ Cass. crim., 30 sept. 1992, n° 92-83.945 : *Bull. crim.* n° 294). Les dispositions de l'article 138-11° du Code de procédure pénale qui prévoient que le montant et les délais de versement concernant le cautionnement doivent tenir compte des ressources et des charges de l'inculpé sont inapplicables à la constitution de sûretés personnelles ou réelles (▪ Cass. crim., 29 avr. 1986, n° 86-90.611 : *Bull. crim.* n° 145).

43) Sûretés (art. 138, 15°) – Affectation. V. art. 142, p. 430.

44) Sûretés (art. 138, 15°) – Constitution. V. art. R. 24 et s., p. 1951.

Art. 138-1 *(L. n° 2004-204, 9 mars 2004).* – Lorsque la personne mise en examen est soumise à l'interdiction de recevoir, ou rencontrer la victime ou d'entrer en relation de quelque façon que ce soit avec elle en application des dispositions du 9° de l'article 138, le juge d'instruction ou le juge des libertés et de la détention adresse à celle-ci un avis l'informant de cette mesure ; si la victime est partie civile, cet avis est également adressé à son avocat.

Cet avis précise les conséquences susceptibles de résulter pour la personne mise en examen du non-respect de cette interdiction.

Art. 138-2 *(L. n° 2012-409, 27 mars 2012).* – En cas de poursuites pour un crime ou pour une infraction mentionnée à l'article 706-47, le juge d'instruction ou le juge des libertés et de la détention peut, d'office ou sur réquisition du ministère public, décider dans son ordonnance de placement sous contrôle judiciaire qu'une copie de cette ordonnance est transmise à la personne chez qui le mis en examen établit sa résidence si cette transmission apparaît nécessaire pour prévenir le renouvellement de l'infraction.

Lorsque la personne mise en examen pour l'une des infractions mentionnées au premier alinéa du présent article est scolarisée ou a vocation à poursuivre sa scolarité dans un établissement scolaire, public ou privé, copie de l'ordonnance est, dans tous les cas, transmise par le juge d'instruction à l'autorité académique et, le cas échéant, au chef d'établissement concerné ; le juge d'instruction informe également ces autorités des décisions modifiant les obligations du contrôle judiciaire ayant une incidence sur le lieu ou le mode de scolarisation de la personne.

Les personnes à qui des décisions ont été transmises en application du deuxième alinéa ne peuvent faire état des renseignements ainsi obtenus qu'aux personnels qui sont responsables de la sécurité et de l'ordre dans l'établissement et, le cas échéant, dans les structures chargées de l'hébergement des élèves et aux professionnels, soumis au secret professionnel, qui sont chargés du suivi social et sanitaire des élèves. Le partage de ces informations est strictement limité à ce qui est nécessaire à l'exercice de leurs missions.

Sans préjudice des dispositions de l'article 226-13 du Code pénal réprimant la violation du secret professionnel, le fait, pour les personnes à qui des décisions ont été transmises en application du présent article ou qui ont eu connaissance des informations qu'elles contiennent en application de l'avant-dernier alinéa, de communiquer ces décisions ou leur contenu à des tiers non autorisés à partager ces informations est puni d'une amende de 3 750 €.

Art. 138-3 *(L. n° 2019-1480, 28 déc. 2019).* – En cas d'infraction punie d'au moins trois ans d'emprisonnement commise contre son conjoint, son concubin ou le partenaire lié à elle par un pacte civil de solidarité, y compris lorsqu'ils ne cohabitent pas, ou commise par l'ancien conjoint ou concubin de la victime ou par le partenaire ayant été lié à elle par un pacte civil de solidarité, le juge peut, à la demande ou avec le consentement exprès de la victime, qui peut être recueilli par tout moyen :

1° Interdire à la personne placée sous contrôle judiciaire de se rapprocher de la victime à moins d'une certaine distance fixée par la décision ;

2° Et, afin d'assurer le respect de l'interdiction prévue au 1°, astreindre cette personne au port, pendant toute la durée du placement, d'un bracelet intégrant un émetteur permettant à tout moment de déterminer à distance sa localisation sur l'ensemble du territoire national et si elle s'approche de la victime à qui a été attribué un dispositif électronique permettant également sa localisation.

La personne placée sous contrôle judiciaire est avisée que la pose du bracelet ne peut être effectuée sans son consentement mais que le fait de la refuser constitue une violation des obligations qui lui incombent et peut donner lieu à la révocation de la mesure et à son placement en détention provisoire. Ce dispositif est homologué

par le ministre de la justice. Sa mise en œuvre doit garantir le respect de la dignité, de l'intégrité et de la vie privée de la personne et ne pas entraver son insertion sociale.

Les dispositions du présent article sont précisées par décret en Conseil d'État. Ce décret en Conseil d'État, pris après avis de la Commission nationale de l'informatique et des libertés, autorise la mise en œuvre d'un traitement automatisé de données à caractère personnel assurant le contrôle à distance de la localisation de la personne placée sous contrôle judiciaire et de la victime ; ces dispositions peuvent étendre les finalités du traitement prévu à l'article 763-13. Les personnes contribuant à ce contrôle à distance, qui ne peut conduire à imposer la présence de la personne placée sous contrôle judiciaire dans certains lieux, peuvent être des personnes privées habilitées dans des conditions prévues par ce décret.

Art. 139 *(Mod., L. n° 93-2, 4 janv. 1993).* – **La personne mise en examen est placée sous contrôle judiciaire par une ordonnance du juge d'instruction qui peut être prise en tout état de l'instruction.**

Le juge d'instruction peut, à tout moment, imposer à la personne placée sous contrôle judiciaire une ou plusieurs obligations nouvelles, supprimer tout ou partie des obligations comprises dans le contrôle, modifier une ou plusieurs de ces obligations ou accorder une dispense occasionnelle ou temporaire d'observer certaines d'entre elles.

I – PLACEMENT SOUS CONTRÔLE JUDICIAIRE

1) **Compétence du juge d'instruction.** V. art. 137-2, p. 407.

2) **Portée de la compétence du juge d'instruction – Détenu remis en liberté à la suite d'un arrêt de la Cour de cassation.** Lorsque la mise en liberté d'une personne irrégulièrement détenue résulte d'un arrêt de la Cour de cassation, le procureur de la République ne peut saisir le juge des libertés et de la détention de réquisitions aux fins de placement sous contrôle judiciaire, mesure que seul le juge d'instruction peut alors ordonner en application de l'article 139 du Code de procédure pénale. Il résulte en effet de l'article 803-7, alinéa 2, du Code de procédure pénale que le procureur de la République ne peut saisir le juge des libertés et de la détention de réquisitions tendant au placement sous contrôle judiciaire d'une personne remise en liberté par suite d'une irrégularité de procédure que lorsqu'il a lui-même pris l'initiative de cette remise en liberté (▪ Cass. crim., 5 août 2020, n° 20-82.087, §§ 13 et 8 : *Bull. crim.* à paraître ; *JCP* 2020, 951 ; *AJ pénal* 2020, p. 476, obs. P. Mallet).

3) **Compétence subsidiaire du juge des libertés et de la détention.** V. art. 137-2, p. 407.

4) **Compétence dérogatoire de la chambre de l'instruction.** V. art. 141-1, p. 426 et art. 201, al. 3, p. 660, art. 221, al. 3, p. 689, dans le cadre d'une demande de mise en liberté, art. 148, al. 5, p. 485, après dessaisissement du juge d'instruction, art. 41-1, p. 149, art. 206 et 207, p. 674.

5) **Compétence dérogatoire de la chambre de l'instruction en cas de réserve du contentieux – Inconstitutionnalité.** Les deuxième et troisième phrases du premier alinéa de l'article 207 du Code de procédure pénale méconnaissent les exigences résultant des articles 6 et 16 de la Déclaration de 1789 et doivent être déclarées contraires à la Constitution (▪ Cons. const., 17 déc. 2010, n° 2010-81 QPC).

6) **Moment du placement sous contrôle judiciaire.** Justifie sa décision la chambre de l'instruction qui rappelle que la personne mise en examen peut être placée sous contrôle judiciaire en tout état de l'instruction (▪ Cass. crim., 7 janv. 2003, n° 02-86.761).

7) **Conditions de fond du placement sous contrôle judiciaire.** V. art. 138, p. 412 et annotations ss art.

8) **Réquisitions du procureur de la République.** V. art. 137-2, p. 407 et annotations ss art. Selon l'article 137-2 du Code de procédure pénale, le contrôle judiciaire ne peut être ordonné par le juge d'instruction qu'après avoir recueilli les réquisitions du procureur de la République. Viole ce texte l'arrêt qui écarte l'exception de nullité invoquée par le demandeur et prise de ce que le placement sous contrôle judiciaire n'a pas été précédé des réquisitions du ministère public (▪ Cass. crim., 22 janv. 2002, n° 01-87.619 : *Bull. crim.* n° 7 ; *Dr. pén.* 2002, comm. 63, note A. Maron). Aucune disposition légale ne prévoit la notification des réquisitions prévues par l'article 137-2 du Code de procédure pénale, ni n'impose à la chambre de l'instruction de les viser et de constater qu'elles se réfèrent à la personnalité du mis en examen (▪ Cass. crim., 22 sept. 2009, n° 09-84.404).

9) **Observations de la personne mise en examen ou de son avocat – Refus de transmission d'une question prioritaire de constitutionnalité.** Il n'y a pas lieu de renvoyer au Conseil constitutionnel une question prioritaire de constitutionnalité relative aux dispositions de l'article 137-2, alinéa 1er du Code de procédure pénale qui exigent de recueillir les réquisitions du procureur de la République, mais non celles

de la personne mise en examen ou de son avocat : ces dispositions, qui instituent une garantie supplémentaire en subordonnant tout placement sous contrôle judiciaire au recueil préalable des réquisitions du ministère public, ne portent pas atteinte aux principes d'égalité des armes, d'équilibre des droits des parties, du contradictoire et du respect des droits de la défense dès lors que ces réquisitions, qu'elles soient versées au dossier de la procédure ou qu'elles soient prises en la présence de la personne mise en examen, peuvent être discutées par cette dernière et par son avocat (■ Cass. crim., 22 févr. 2012, n° 11-89.027 : *JurisData* n° 2012-003076).

10) Motivation de l'ordonnance de placement sous contrôle judiciaire – Motivation générale : nécessités de l'instruction ou mesure de sûreté. Selon l'article 137, alinéa 1er du Code de procédure pénale, le contrôle judiciaire auquel peut être soumise la personne mise en examen ne peut être ordonné qu'à raison des nécessités de l'instruction ou à titre de mesure de sûreté ; méconnaît ce texte et le principe qui en découle les juges qui ne s'expliquent pas sur les circonstances justifiant, en raison des nécessités de l'instruction ou à titre de mesure de sûreté, le placement sous contrôle judiciaire (■ Cass. crim., 8 août 1995, n° 95-82.561 : *JurisData* n° 1995-002520 ; *Bull. crim.* n° 264 ; *D.* 1996, somm. p. 261, obs. J. Pradel. ■ Cass. crim., 9 oct. 2012, n° 12-84.881 : *JurisData* n° 2012-024356).

11) Motivation de l'ordonnance de placement sous contrôle judiciaire – Motivation générale : indices graves ou concordants de participation à l'infraction. V. annot. ss art. 137, p. 403.

Il résulte des articles 80-1 et 137 du Code de procédure pénale que les mesures de sûreté ne peuvent être prononcées qu'à l'égard de la personne à l'encontre de laquelle il existe des indices graves ou concordants rendant vraisemblable qu'elle ait pu participer, comme auteur ou comme complice, à la commission des infractions dont le juge d'instruction est saisi. Il se déduit de l'article 5.1. *c* de la Convention européenne des droits de l'homme que la chambre de l'instruction, à chacun des stades de la procédure, doit s'assurer, même d'office, que les conditions légales des mesures de sûreté sont réunies, en constatant expressément l'existence de tels indices (■ Cass. crim., 27 janv. 2021, n° 20-85.990, §§ 14 et 15 : *Bull. crim.* à paraître ; *JCP G* 2021, 408, note J.-Y. Maréchal ; *Dr. pén.* 2021, comm. 58, note A. Maron et M. Haas ; *AJ pénal* 2021, 154, obs. J. Boudot. – ■ Cass. crim., 24 févr. 2021, n° 20-86.537, § 13. – ■ Cass. crim., 16 mars 2021, n° 20-87.092, §§ 8 et 9 : *Bull. crim.* à paraître ; *Dr. pén.* 2021, comm. 99, note A. Maron et M. Haas. ■ Cass. crim., 18 janv. 2022, n° 21-86.165, §§ 12 et 13 : *Bull. crim.* à paraître).

12) Motivation de l'ordonnance de placement sous contrôle judiciaire – Motivation particulière en cas de cautionnement et d'interdiction d'exercer une activité professionnelle. Les juridictions d'instruction ne sont pas tenues de motiver chacune des modalités du contrôle judiciaire autres que celle inscrite au 12° de l'article 138 du Code de procédure pénale (■ Cass. crim., 26 juill. 2000, n° 00-83.156 : *JurisData* n° 2000-006010 ; *Bull. crim.* n° 260 ; *D.* 2001, p. 514, obs. J. Pradel). Selon l'article 138, alinéa 2, 12°, du Code de procédure pénale, la juridiction d'instruction qui interdit à la personne mise en examen de se livrer à certaines activités de nature professionnelle ou sociale doit constater que l'infraction a été commise dans l'exercice ou à l'occasion de l'exercice de ces activités et qu'il existe un risque de commission d'une nouvelle infraction (■ Cass. crim., 5 mars 2003, n° 02-88.089 : *JurisData* n° 2003-018406 ; *Bull. crim.* n° 59. ■ Cass. crim., 17 sept. 2014, n° 14-84.282 : *JurisData* n° 2014-021047 ; *Bull. crim.* n° 190). Quand elle use des dispositions de l'article 138, 12° du Code de procédure pénale, la juridiction d'instruction doit justifier de la relation entre les activités professionnelles de l'inculpé et les infractions reprochées et du risque de renouvellement de l'infraction (■ Cass. crim., 19 févr. 1985, n° 84-95.594 : *Bull. crim.* n° 77. ■ Cass. crim., 17 mai 1995, n° 95-81.030 : *Bull. crim.* n° 178 ; *D.* 1996, somm. p. 255, obs. J. Pradel). Selon l'article 138, alinéa 2, 11°, du Code de procédure pénale, le montant et les délais de versement du cautionnement, dont peut être assorti le contrôle judiciaire de la personne mise en examen, doivent être fixés compte tenu, notamment, des ressources et des charges de celle-ci (■ Cass. crim., 10 juill. 2002, n° 02-82.883. ■ Cass. crim., 8 janv. 2003, n° 02-86.793. ■ Cass. crim., 4 nov. 2008, n° 08-85.724 : *Bull. crim.* n° 221. ■ Cass. crim., 23 juin 2015, n° 15-82.022 : *JurisData* n° 2015-015457). Méconnaît ce texte l'arrêt qui fixe le montant du cautionnement sans s'expliquer sur les ressources et les charges de la personne mise en examen (■ Cass. crim., 4 nov. 2008, préc.).

13) Indication des obligations. Il appartient à la juridiction d'instruction qui a placé un inculpé sous contrôle judiciaire de préciser les modalités des obligations qui lui sont imposées lorsque celles-ci ne résultent pas des termes même de la loi (■ Cass. crim., 19 févr. 1985, n° 84-95.594 : *Bull. crim.* n° 77). Il se déduit des dispositions des articles 139 et 141-2 du Code de procédure pénale que les juridictions d'instruction n'ont pas le pouvoir, lorsqu'elles mettent un inculpé sous contrôle judiciaire, de décider par avance, sans nouvel examen, qu'une obligation se substituera à une autre au cas où ledit inculpé ne satisferait pas à l'obligation initiale (■ Cass. crim., 11 mars 1986, n° 85-95.314 : *Bull. crim.* n° 99).

14) Notification de l'ordonnance de placement sous contrôle judiciaire. V. art. 183, al. 2, p. 597.

15) Appel de l'ordonnance de placement sous contrôle judiciaire – Appel du ministère public et du mis en examen. V. art. 185, p. 603 et art. 186, al. 1er, p. 606.

16) Appel de l'ordonnance de placement sous contrôle judiciaire – Irrecevabilité de l'appel de la partie civile. V. art. 186, al. 2, p. 606. *Rapp.* la partie civile est sans qualité pour critiquer les mesures énumérées à l'article 137 du Code de procédure pénale, relatives à la détention provisoire, au contrôle judiciaire et au placement sous surveillance électronique ; est par conséquent irrecevable le moyen de cassation contestant la mainlevée partielle du contrôle judiciaire (■ Cass. crim., 14 mars 2012, n° 12-80.294 : *JurisData* n° 2012-004904 ; *Bull. crim.* n° 71).

17) Durée du contrôle judiciaire. V. s'agissant de l'achèvement du contrôle judiciaire en cas de non-lieu, art. 177, al. 3, p. 582 et art. 212, al. 2, p. 682, de renvoi devant le tribunal correctionnel, art. 179, al. 2 et 3, p. 585 et art. 213, al. 3 et 4, p. 684, du maintien du contrôle judiciaire en cas de renvoi devant la cour d'assises, art. 181, al. 5, p. 591. Selon l'article 177, alinéa 3, du Code de procédure pénale, l'ordonnance de non-lieu du juge d'instruction met fin au contrôle judiciaire ; si la chambre de l'instruction infirme cette ordonnance, il lui appartient, éventuellement, de prononcer à nouveau cette mesure de contrôle judiciaire (■ Cass. crim., 24 avr. 2013, n° 12-82.409 : *JurisData* n° 2013-009415 ; *Bull. crim.* n° 99).

II – MODIFICATION DU CONTRÔLE JUDICIAIRE

18) Distinction avec le placement sous contrôle judiciaire. Il se déduit des dispositions des articles 139 et 141-2 du Code de procédure pénale que les juridictions d'instruction n'ont pas le pouvoir, lorsqu'elles mettent un inculpé sous contrôle judiciaire, de décider par avance, sans nouvel examen, qu'une obligation se substituera à une autre au cas où ledit inculpé ne satisferait pas à l'obligation initiale (■ Cass. crim., 11 mars 1986, n° 85-95.314 : *Bull. crim.* n° 99).

19) Distinction avec la mainlevée du contrôle judiciaire. V. sur la mainlevée, art. 140, p. 424.

20) Distinction avec la mainlevée du contrôle judiciaire – Conséquences. Comp. s'agissant des délais de réponse, art. 140, al. 2, p. 424, de la motivation de l'ordonnance, art. 140, al. 2, p. 424, et de la saisine directe de la chambre de l'instruction, art. 140, al. 3, p. 424. C'est à tort que la chambre de l'instruction a analysé la demande de limitation du cautionnement, présentée dans les conditions de l'espèce, comme une demande de modification et non de mainlevée du contrôle judiciaire pour déclarer irrecevable la demande de saisine directe en application de l'article 140 du Code de procédure pénale (■ Cass. crim., 7 déc. 2004, n° 04-85.598).

21) Compétence du juge d'instruction. V. cependant s'agissant de la compétence de la chambre de l'instruction en cas d'appel, art. 141-1, p. 426, en cas de dessaisissement du juge, art. 141-1, p. 426, d'évocation, art. 174, p. 564, art. 206, p. 674, art. 207, p. 677. *V. s'agissant de l'inconstitutionnalité de la réserve du contentieux par la chambre de l'instruction en matière de contrôle judiciaire*, les deuxième et troisième phrases du premier alinéa de l'article 207 du Code de procédure pénale méconnaissent les exigences résultant des articles 6 et 16 de la Déclaration de 1789 et doivent être déclarées contraires à la Constitution (■ Cons. const., 17 déc. 2010, n° 2010-81 QPC).

22) Compétence dérogatoire en cas d'interdiction d'exercer la profession d'avocat. Il résulte de la combinaison des articles 138, alinéa 2, 12°, et 139 du Code de procédure pénale et de l'article 23 de la loi du 31 décembre 1971 que le conseil de l'Ordre a seul le pouvoir de prononcer une mesure d'interdiction provisoire de l'exercice de la profession d'un avocat placé sous contrôle judiciaire, ainsi que d'y mettre fin ; méconnaît le sens et la portée de ces textes la chambre de l'instruction qui retient sa compétence en ce domaine (■ Cass. crim., 15 mai 2002, n° 02-81.116 : *JurisData* n° 2002-014423 ; *Bull. crim.* n° 113). Si le conseil de l'ordre a seul le pouvoir de prononcer une mesure d'interdiction provisoire de l'exercice de la profession d'un avocat placé sous contrôle judiciaire, ainsi que d'y mettre fin, le juge d'instruction tient des dispositions de l'article 139 du Code de procédure pénale celui de maintenir la mesure de contrôle judiciaire comportant une telle interdiction (■ Cass. crim., 21 janv. 2004, n° 03-86.358 : *JurisData* n° 2004-022244 ; *Bull. crim.* n° 16 ; *D.* 2005, p. 686, obs. J. Pradel).

23) Saisine d'office du juge d'instruction – Refus de transmission d'une question prioritaire de constitutionnalité. Il n'y a pas lieu de transmettre au Conseil constitutionnel une question prioritaire de constitutionnalité portant sur l'article 139, alinéa 2, du Code de procédure pénale, qui reconnaît au juge d'instruction la faculté de se saisir d'office pour modifier les obligations mises à la charge du mis en examen au titre du contrôle judiciaire : si le placement sous contrôle judiciaire, qui constitue non une sanction mais une mesure de sûreté, doit être motivé par les nécessités de l'instruction et répondre à certains objectifs, notamment celui de garantir la représentation en justice de la personne mise en examen, le libre choix par le juge d'instruction des obligations les mieux adaptées à la situation de la personne concernée et à son évolution, parmi celles limitativement énumérées par la loi, ainsi que leur éventuelle modification, est soumis au contrôle de la chambre de l'instruction, saisie par l'intéressé, laquelle apprécie, après débat contradictoire, le bien-fondé des mesures, ce qui exclut tout risque d'arbitraire et de manquement aux principes d'impartialité et d'indépendance du juge (■ Cass. crim., 10 juill. 2013, n° 13-82.740 : *Juris-Data* n° 2013-017268).

24) Saisine par le ministère public ou la personne mise en examen – Forme de la demande. V. art. 148-6, p. 502.

25) Appel de l'ordonnance relative à la modification du contrôle judiciaire – Appel du ministère public et du mis en examen. V. art. 185, p. 603 et art. 186, al. 1er, p. 606.

26) Appel de l'ordonnance de placement sous contrôle judiciaire – Irrecevabilité de l'appel de la partie civile. V. art. 186, al. 2, p. 606.

Art. 140 *(Mod., L. n° 93-2, 4 janv. 1993).* **– La mainlevée du contrôle judiciaire peut être ordonnée à tout moment par le juge d'instruction, soit d'office, soit sur les réquisitions du procureur de la République, soit sur la demande de la personne après avis du procureur de la République.**

Le juge d'instruction statue sur la demande de la personne dans un délai de cinq jours, par ordonnance motivée.

Faute par le juge d'instruction d'avoir statué dans ce délai, la personne peut saisir directement de sa demande la chambre de l'instruction qui, sur les réquisitions écrites et motivées du procureur général, se prononce dans les vingt jours de sa saisine. À défaut, la mainlevée du contrôle judiciaire est acquise de plein droit, sauf si des vérifications concernant la demande de la personne ont été ordonnées.

I – DEMANDE DE MAINLEVÉE DU CONTRÔLE JUDICIAIRE

1) Demande du ministère public ou de la personne mise en examen – Moment de la demande. Il ressort de l'article 140 du Code de procédure pénale que la mainlevée du contrôle judiciaire peut être ordonnée à tout moment par les juridictions d'instruction, et que celles-ci, lorsqu'elles sont saisies d'une demande à cette fin, statuent par décision motivée. Encourt la cassation l'arrêt d'une chambre d'accusation qui, pour écarter la demande de mainlevée totale du contrôle judiciaire imposé à un inculpé astreint notamment au versement d'un cautionnement conformément à l'article 138-11° du Code de procédure pénale, se borne à énoncer, d'une part, qu'il n'y a pas lieu à suppression de l'obligation de fournir le cautionnement puisque celui-ci a été versé, et d'autre part, qu'il résulte des articles 142-2 et 142-3 du même code que la requête, en ce qu'elle s'analyse comme une demande de restitution du cautionnement, est irrecevable en l'absence de décision mettant fin à la procédure, alors que cette juridiction était appelée à se prononcer hors du domaine d'application de ces derniers textes et qu'en toute hypothèse, la mainlevée du contrôle judiciaire, dont le cautionnement n'était qu'une modalité, était susceptible d'intervenir à tout moment de l'information (■ Cass. crim., 19 nov. 1987, n° 86-91.592 : *Bull. crim.* n° 420).

2) Demande du ministère public ou de la personne mise en examen – Forme de la demande. V. art. 148-6, p. 502. Il se déduit des dispositions des articles préliminaire et 148-6 du Code de procédure pénale que, lorsqu'elle est détenue dans une autre procédure, la personne mise en examen placée sous contrôle judiciaire, qui fait une demande de mainlevée ou de modification de ce contrôle, doit pouvoir effectuer la déclaration au greffe prévue par le second de ces textes, soit par lettre recommandée avec demande d'avis de réception, soit par l'intermédiaire d'une requête transmise par le chef de l'établissement pénitentiaire. Encourt la cassation la chambre de l'instruction qui relève que la déclaration au greffier est une formalité essentielle que ne peut suppléer l'envoi d'une simple lettre adressée directement au juge d'instruction (■ Cass. crim., 30 oct. 2007, n° 07-85.170 : *Bull. crim.* n° 260).

3) Délai pour statuer sur la demande de la personne mise en examen – Point de départ du délai. Fait l'exacte application de l'article 140 du Code de procédure pénale la chambre de l'instruction qui, constatant que cet article ne fixe pas le point de départ du délai de cinq jours dans lequel le juge d'instruction doit statuer sur une demande de mainlevée du contrôle judiciaire, estime que son point de départ doit être fixé à la date de réception de la demande, le retard dans la communication de celle-ci au Parquet ne devant pas avoir pour effet de retarder la décision (▪ Cass. crim., 20 juin 2002, n° 02-80.149 : *JurisData* n° 2002-015346 ; *Bull. crim.* n° 142 ; *Dr. pén.* 2002, comm. 141, obs. A. Maron et M. Haas ; *Procédures* 2002, comm. 213, note J. Buisson).

4) **Délai pour statuer sur la demande du procureur de la République.** Rapp. art. 82, p. 302.

5) **Saisine directe de la chambre de l'instruction – Domaine.** L'inculpé ne peut saisir directement la chambre de l'instruction qu'autant que le juge d'instruction n'a pas statué : si l'ordonnance du juge d'instruction, rendue au-delà du délai de 5 jours, a été notifiée à l'inculpé, celui-ci peut la déférer à la chambre d'accusation par la voie de l'appel mais est irrecevable à saisir directement cette juridiction de sa requête (▪ Cass. crim., 28 mars 1991, n° 91-80.090 : *Bull. crim.* n° 151 ; *RSC* 1992, 118, obs. A. Braunsweig). C'est à tort que la chambre de l'instruction a analysé la demande de limitation du cautionnement, présentée dans les conditions de l'espèce, comme une demande de modification et non de mainlevée du contrôle judiciaire pour déclarer irrecevable la demande de saisine directe en application de l'article 140 du Code de procédure pénale (▪ Cass. crim., 7 déc. 2004, n° 04-85.598).

6) **Saisine directe de la chambre de l'instruction – Conséquence sur la recevabilité de l'appel.** Le principe de l'autorité de la chose jugée fait obstacle à ce qu'une même demande de modification du contrôle judiciaire soit à nouveau examinée par une juridiction ayant épuisé sa saisine. Justifie sa décision la chambre de l'instruction qui pour déclarer irrecevable l'appel de l'ordonnance de refus de mainlevée du contrôle judiciaire énonce qu'elle a déjà statué par un précédent arrêt sur la même demande de mainlevée du contrôle judiciaire sur le fondement de l'article 140, alinéa 3, du Code de procédure pénale, le juge d'instruction n'ayant initialement pas répondu à la demande de mainlevée présentée par la personne mise en examen (▪ Cass. crim., 27 mars 2008, n° 08-80.183 : *Bull. crim.* n° 80 ; *Dr. pén.* 2008, comm. 117, obs. A. Maron et M. Haas).

II – DÉCISION RELATIVE À LA MAINLEVÉE DU CONTRÔLE JUDICIAIRE

7) **Compétence dérogatoire en cas d'interdiction d'exercer la profession d'avocat.** Il résulte de la combinaison des articles 138, alinéa 2, 12°, et 139 du Code de procédure pénale et de l'article 23 de la loi du 31 décembre 1971 que le conseil de l'Ordre a seul le pouvoir de prononcer une mesure d'interdiction provisoire de l'exercice de la profession d'un avocat placé sous contrôle judiciaire, ainsi que d'y mettre fin ; méconnaît le sens et la portée de ces textes la chambre de l'instruction qui retient sa compétence en ce domaine (▪ Cass. crim., 15 mai 2002, n° 02-81.116 : *JurisData* n° 2002-014423 ; *Bull. crim.* n° 113). Si le conseil de l'ordre a seul le pouvoir de prononcer une mesure d'interdiction provisoire de l'exercice de la profession d'un avocat placé sous contrôle judiciaire, ainsi que d'y mettre fin, le juge d'instruction tient des dispositions de l'article 139 du Code de procédure pénale celui de maintenir la mesure de contrôle judiciaire comportant une telle interdiction (▪ Cass. crim., 21 janv. 2004, n° 03-86.358 : *JurisData* n° 2004-022244 ; *Bull. crim.* n° 16 ; *D.* 2005, p. 686, obs. J. Pradel).

8) **Compétence dérogatoire en cas de dessaisissement du juge d'instruction.** V. art. 141-1, p. 426, 148-1, p. 491 et 148-2, p. 495. Il résulte de la combinaison des articles 141-1 et 148-1 du Code de procédure pénale que, lorsqu'un juge d'instruction s'est déclaré incompétent sans s'être prononcé sur le contrôle judiciaire préalablement ordonné et qu'aucun autre juge n'a été saisi de la procédure, la demande de mainlevée du contrôle judiciaire ne peut être présentée qu'à la chambre d'accusation (▪ Cass. crim., 13 janv. 1998, n° 97-82.794 : *Bull. crim.* n° 13).

9) **Compétence dérogatoire en cas de réserve du contentieux – Inconstitutionnalité.** Les deuxième et troisième phrases du premier alinéa de l'article 207 du Code de procédure pénale méconnaissent les exigences résultant des articles 6 et 16 de la Déclaration de 1789 et doivent être déclarées contraires à la Constitution (▪ Cons. const., 17 déc. 2010, n° 2010-81 QPC).

10) **Sens de la décision – Pouvoir de modifier les obligations du contrôle judiciaire.** La chambre d'accusation, juridiction d'instruction du second degré, régulièrement saisie de l'appel de l'inculpée contre l'ordonnance du juge d'instruction statuant sur une demande de mainlevée du contrôle judiciaire, se trouve nécessairement investie, en la matière, des pouvoirs conférés au magistrat instructeur par les articles 138, 139 et 140 du Code de procédure pénale, et notamment du pouvoir de modifier tout ou partie des obligations du contrôle (▪ Cass. crim., 12 févr. 1976, n° 75-92.320 : *Bull. crim.* n° 56. ▪ Cass. crim., 11 avr. 1991, n° 91-80.414 : *JurisData* n° 1991-001575 ; *Bull. crim.* n° 176). N'encourt aucun grief la chambre d'accusation qui impose le versement d'un cautionnement, obligation non prévue par le juge d'instruction, alors même qu'elle était saisie du seul appel de l'inculpée (▪ Cass. crim., 11 avr. 1991, n° 91-80.414, préc.).

11) Appréciation souveraine des juges du fond. Les juges du fond apprécient souverainement la nécessité de maintenir la personne mise en examen sous contrôle judiciaire en fonction des faits qui lui sont reprochés et de sa situation personnelle (■ Cass. crim., 28 mars 1991, n° 91-80.175 : *JurisData* n° 1991-001029 ; *Bull. crim.* n° 150. ■ Cass. crim., 5 janv. 1995, n° 94-84.667 : *Bull. crim.* n° 5. ■ Cass. crim., 9 janv. 1997, n° 96-84.979 : *JurisData* n° 1997-000413 ; *Bull. crim.* n° 7).

12) Motivation de la décision rendue sur demande de la personne mise en examen. L'ordonnance se prononçant sur la mainlevée du contrôle judiciaire doit être spécialement motivée au regard des éléments de l'espèce (■ Cass. crim., 16 janv. 1975, n° 74-92.873 : *Bull. crim.* n° 21 : *JCP* 1976, II, 18266, note P. Chambon. ■ Cass. crim., 24 nov. 1986, n° 86-91.803 : *Bull. crim.* n° 351. – *Adde* ■ Cass. crim., 29 avr. 1986, n° 86-90.611 : *Bull. crim.* n° 145).

13) Motivation – Cautionnement. Encourt la cassation l'arrêt qui rejette la requête en mainlevée du cautionnement sans s'expliquer sur la nécessité actuelle de la mesure de cautionnement (■ Cass. crim., 19 déc. 2018, n° 18-85.712 : *Bull. crim.* à paraître).

14) Motivation – Interdiction professionnelle. La décision de maintien d'une interdiction professionnelle doit justifier de la nécessité actuelle de cette mesure au regard de l'état d'avancement de l'information judiciaire et du risque de réitération des faits et, ainsi, de la proportionnalité de l'atteinte qu'elle porte à la liberté individuelle et au droit du travail (■ Cass. crim., 18 juin 2019, n° 19-82.559 : *Bull. crim.* à paraître).

15) Notification de la décision. V. art. 183, al. 2, p. 597.

16) Appel de la décision. V. pour la recevabilité de l'appel du ministère public, art. 185, p. 603, et de la personne mise en examen, art. 186, al. 1er, p. 606, pour l'irrecevabilité de l'appel de la partie civile, art. 186, al. 2, p. 606. Le principe de l'autorité de la chose jugée fait obstacle à ce qu'une même demande de modification du contrôle judiciaire soit à nouveau examinée par une juridiction ayant épuisé sa saisine. Justifie sa décision la chambre de l'instruction qui pour déclarer irrecevable l'appel de l'ordonnance de refus de mainlevée du contrôle judiciaire énonce qu'elle a déjà statué par un précédent arrêt sur la même demande de mainlevée du contrôle judiciaire sur le fondement de l'article 140, alinéa 3, du Code de procédure pénale, le juge d'instruction n'ayant initialement pas répondu à la demande de mainlevée présentée par la personne mise en examen (■ Cass. crim., 27 mars 2008, n° 08-80.183 : *Bull. crim.* n° 80 ; *Dr. pén.* 2008, comm. 117, obs. A. Maron et M. Haas).

17) Appel de la décision – Étendue de l'appel. En permettant aux inculpés de demander la mainlevée d'une mesure de contrôle judiciaire, les articles 186, alinéas 1er et 3 et 186-1 du Code de procédure pénale leur ont attribué un droit exceptionnel qui ne comporte aucune extension et dont ils ne sauraient s'autoriser pour faire juger, à l'occasion de ces procédures spéciales des fins de non-recevoir étrangères à son unique objet (■ Cass. crim., 25 juill. 1983, n° 83-90.410 : *Bull. crim.* n° 225. ■ Cass. crim., 24 oct. 1978, n° 78-91.658 : *Bull. crim.* n° 286).

18) Pourvoi en cassation. La partie civile est sans qualité pour critiquer les mesures énumérées à l'article 137 du Code de procédure pénale, relatives à la détention provisoire, au contrôle judiciaire et au placement sous surveillance électronique ; il en résulte que le moyen dirigé, par la partie civile, contre l'arrêt de la chambre de l'instruction ayant ordonné la mainlevée partielle du contrôle judiciaire est irrecevable (■ Cass. crim., 14 mars 2012, n° 12-80.294 : *Bull. crim.* n° 71).

Art. 141 *(Abr., L. n° 85-1407, 30 déc. 1985).*

Art. 141-1 *(L. n° 70-643, 17 juill. 1970).* – **Les pouvoirs conférés au juge d'instruction par les articles 139 et 140 appartiennent, en tout état de cause, à la juridiction compétente selon les distinctions de l'article 148-1.**

1) Compétence de la chambre de l'instruction en cas de dessaisissement du juge d'instruction. Il résulte de la combinaison des articles 141-1 et 148-1 du Code de procédure pénale que, lorsqu'un juge d'instruction s'est déclaré incompétent sans s'être prononcé sur le contrôle judiciaire préalablement ordonné et qu'aucun autre juge n'a été saisi de la procédure, la demande de mainlevée du contrôle judiciaire ne peut être présentée qu'à la chambre d'accusation (■ Cass. crim., 13 janv. 1998, n° 97-82.794 : *Bull. crim.* n° 13).

2) Conséquence – Modification des obligations du contrôle judiciaire. La chambre d'accusation, juridiction d'instruction du second degré, régulièrement saisie de l'appel de l'inculpée contre l'ordonnance du juge d'instruction statuant sur une demande de mainlevée du contrôle judiciaire, se trouve nécessairement investie, en la matière, des pouvoirs conférés au magistrat instructeur par les articles 138, 139 et 140 du Code de procédure pénale, et notamment du pouvoir de modifier tout ou partie des obligations du contrôle (■ Cass. crim., 12 févr. 1976, n° 75-92.320 : *Bull. crim.* n° 56. ■ Cass. crim., 11 avr. 1991, n° 91-80.414 : *JurisData* n° 1991-001575 ; *Bull. crim.* n° 176).

Art. 141-2 *(Mod., L. n° 2016-731, 3 juin 2016)*. **– Si la personne mise en examen se soustrait volontairement aux obligations du contrôle judiciaire, le juge d'instruction peut décerner à son encontre mandat d'arrêt ou d'amener. Il peut également, dans les conditions prévues au quatrième alinéa de l'article 137-1, saisir le juge des libertés et de la détention aux fins de placement en détention provisoire. Quelle que soit la peine d'emprisonnement encourue, le juge des libertés et de la détention peut décerner, à l'encontre de cette personne, un mandat de dépôt en vue de sa détention provisoire, sous réserve des dispositions de l'article 141-3.**

Si la personne se soustrait aux obligations du contrôle judiciaire alors qu'elle est renvoyée devant la juridiction de jugement, le procureur de la République peut, hors le cas prévu par l'article 272-1, saisir le juge des libertés et de la détention pour que celui-ci décerne mandat d'arrêt ou d'amener à son encontre. Ce magistrat est également compétent pour ordonner, conformément aux dispositions de l'article 135-2, le placement en détention provisoire de l'intéressé. Les articles 141-4 et 141-5 sont applicables ; les attributions confiées au juge d'instruction par ces mêmes articles sont alors exercées par le procureur de la République.

Bibliographie : E. Bonis-Garçon, *La détention provisoire pour manquement aux obligations du contrôle judiciaire : JCP* G 2002, I, 159.

1) Distinction entre révocation et insuffisance du contrôle judiciaire. V. art. 143-1, p. 439 et annotations ss art.

2) Refus de transmission d'une question prioritaire de constitutionnalité. Il n'y a pas lieu de transmettre une QPC portant sur l'article 141-2 alinéa 2 du Code de procédure pénale. En effet, les dispositions de ce texte excluent que la soustraction d'une personne renvoyée devant une juridiction de jugement à une ou plusieurs des obligations de son contrôle judiciaire soit automatiquement sanctionnée par un placement en détention provisoire en ce que ni le procureur de la République ni le juge des libertés et de la détention ne sont privés de leur pouvoir d'apprécier le caractère nécessaire et proportionné d'une révocation du contrôle judiciaire en fonction des circonstances de l'espèce et sous le contrôle de la chambre de l'instruction. En outre, elles ne font pas obstacle à ce que la personne placée en détention provisoire, sur le seul fondement du constat d'une telle violation, exerce le droit qu'elle tient de l'article 148-1 du Code de procédure pénale de former à tout moment une demande de mise en liberté sur laquelle il doit être statué par une décision motivée conformément aux dispositions de l'article 144 du même code. Par conséquent, elles ne soumettent une personne renvoyée devant une juridiction de jugement, mais toujours présumée innocente, à aucune rigueur qui ne soit nécessaire au sens de l'article 9 de la Déclaration de 1789 (■ Cass. crim., 20 nov. 2018, n° 18-85.011).

I – CONDITIONS DE FOND

3) Contrôle judiciaire. Dès lors que la juridiction de jugement, devant laquelle l'accusé avait comparu et qui a renvoyé l'affaire, n'avait pas ordonné la mainlevée du contrôle judiciaire, ce dernier continuait à produire ses effets et sa méconnaissance entrait dans les prévisions de l'article 141-2 du Code de procédure pénale (■ Cass. crim., 20 nov. 2018, n° 18-85.011 : *Bull. crim.* à paraître).

4) Soustraction volontaire aux obligations du contrôle judiciaire. En relevant que l'hypertension artérielle alléguée ainsi que l'opération subie par l'intéressé ne sont pas de nature à justifier sa carence à s'acquitter du cautionnement mis à sa charge et à se présenter au commissariat en dehors des périodes d'hospitalisation ou de soins et en observant que son comportement corrobore le refus exprimé au cours de sa première comparution de rapatrier les fonds détournés et placés par lui à l'étranger, démontrant ainsi son désir de se soustraire à l'action de la justice, la chambre de l'instruction a établi qu'il s'est volontairement soustrait aux obligations du contrôle judiciaire (■ Cass. crim., 10 juill. 2002, n° 02-83.182 : *Bull. crim.* n° 151).

5) Précédente détention provisoire ayant atteint sa durée maximale. Les dispositions de l'article 145 alinéa 3 du Code de procédure pénale ne font pas obstacle à la mise en détention provisoire par application de l'article 141-2 dudit code dès lors qu'il est constaté que l'inculpé s'est volontairement soustrait à une obligation de contrôle judiciaire ; en décidant que la détention provisoire déjà subie par l'inculpé atteignait le maximum de la durée autorisée par l'article 145, alinéa 3 dudit code et que cette durée ne peut en aucun cas être dépassée, même si, au cours de l'information, il a été ordonné une mesure de contrôle judiciaire dont les conditions n'ont pas été respectées, les juges ont ajouté à l'article 141-2 du Code de procédure pénale une condition qui n'y est pas contenue (■ Cass. crim., 22 janv. 1981, n° 80-92.638 : *Bull. crim.* n° 33 ; *D.* 1981, jurispr. p. 561, obs. J. Pradel. ■ Cass. crim., 15 avr. 1991, n° 91-80.650 : *Bull. crim.* n° 178).

6) Mineur. L'avis au représentant légal de la personne mise en examen mineure au moment des faits objet de la poursuite et le rapport de la protection judiciaire de la jeunesse, prévus à l'article 6-2 de l'ordonnance du 2 février 1945, ne sont plus exigés s'agissant d'une personne devenue majeure au moment de la violation du contrôle judiciaire (■ Cass. crim., 14 sept. 2021, n° 21-83.689, § 11 : *Bull. crim.* à paraître ; *AJ pénal* 2021, 539, obs. E. Gallardo).

II – CONDITIONS DE FORME

7) Compétence en cas de violation postérieure au renvoi en jugement. Il résulte de l'article 141-2, alinéa 2 du Code de procédure pénale que si la personne se soustrait aux obligations du contrôle judiciaire alors qu'elle est renvoyée devant la juridiction de jugement, le procureur de la République peut saisir le juge des libertés et de la détention pour que celui-ci décerne mandat d'arrêt ou d'amener à son encontre et ce magistrat est également compétent pour ordonner, conformément à l'article 135-2 du Code de procédure pénale, le placement en détention provisoire de l'intéressé ; méconnaît ce texte, la chambre de l'instruction qui a retenu sa compétence pour révoquer le contrôle judiciaire de X. et le placer en détention provisoire (■ Cass. crim., 21 août 2013, n° 13-84.062 : *JurisData* n° 2013-019706).

8) Convocation de l'avocat au débat contradictoire. Justifie sa décision la chambre de l'instruction qui, pour écarter l'argumentation de la personne mise en examen faisant valoir que son avocat n'avait pas été convoqué cinq jours ouvrables avant le débat contradictoire devant le juge des libertés et de la détention en violation de l'article 114 du Code de procédure pénale, retient que ces dispositions ne sont pas applicables au débat organisé par le juge des libertés et de la détention, saisi aux fins de placement en détention provisoire d'une personne mise en examen qui s'est soustraite aux obligations du contrôle judiciaire (■ Cass. crim., 8 avr. 2014, n° 14-80.741).

9) Avis à l'avocat choisi. Il se déduit des articles 145 et 141-2 du Code de procédure pénale que l'avocat choisi par le mis en examen doit être avisé des actes de la procédure, notamment d'un débat contradictoire sur l'éventuel placement en détention provisoire de son client après révocation de son contrôle judiciaire ; méconnaît ce principe la chambre de l'instruction qui rejette la nullité de l'ordonnance de placement en détention provisoire sans constater que le juge des libertés et de la détention, avant de faire appel à l'avocat de permanence, s'était trouvé dans l'impossibilité de joindre l'avocat désigné par le mis en examen ou avait relevé l'empêchement de ce dernier (■ Cass. crim., 13 févr. 2019, n° 18-86.559 : *Bull. crim.* à paraître ; *JCP* 2019, 198 ; *RSC* 2019, p. 426, obs. F. Cordier ; *AJ pénal* 2019, p. 215, note D. Miranda).

10) Débat contradictoire différé et incarcération provisoire. Justifie sa décision la chambre de l'instruction selon laquelle l'article 141-2 du Code de procédure pénale, qui permet au juge d'instruction, en cas de manquement aux obligations du contrôle judiciaire, de saisir le juge des libertés et de la détention aux fins de placement en détention provisoire, ne contient aucune disposition s'opposant à la mise en œuvre par ce dernier de la procédure prévue par l'article 145 du code précité relative à l'organisation, préalablement à sa décision, d'un débat contradictoire et à la possibilité d'une incarcération provisoire, lorsque la personne mise en examen demande un délai pour préparer sa défense (■ Cass. crim., 12 sept. 2007, n° 07-84.235 : *JurisData* n° 2007-040608 ; *Bull. crim.* n° 200 : *Dr. pén.* 2007, comm. 164, obs. A. Maron. – *Adde*, s'agissant de l'incarcération provisoire, ■ Cass. crim., 25 nov. 2003, n° 03-85.386 : *JurisData* n° 2003-021528 ; *Bull. crim.* n° 220). Les dispositions de l'article 114 du Code de procédure pénale ne sont pas applicables au débat contradictoire différé prévu par l'article 145, alinéa 8, de ce code et relatif à la mise en détention de la personne mise en examen (■ Cass. crim., 25 nov. 2003, n° 03-85.386, préc.).

III – DÉCISION DU JUGE DES LIBERTÉS ET DE LA DÉTENTION

11) Motivation – Référence inutile aux motifs de détention de l'article 144. La décision de placement en détention provisoire prise en application de l'article 141-2 du Code de procédure pénale n'a pas à être motivée par des considérations de droit et de fait répondant aux exigences de l'article 144 du Code de procédure pénale ; il suffit que les juges relèvent l'existence d'un manquement entrant dans les prévisions de l'article 141-2 précité (■ Cass. crim., 25 nov. 2003, n° 03-85.386, préc. ■ Cass. crim., 13 oct. 1998, n° 98-84.260 : *Bull. crim.* n° 258 ; *Dr. pén.* 1999, chron. 11, Cl. Marsat. ■ Cass. crim., 27 janv. 2021, n° 20-85.990, § 10 : *Bull. crim.* à paraître ; *JCP G* 2021, 408, note J.-Y. Maréchal ; *Dr. pén.* 2021, comm. 58, note A. Maron et M. Haas ; *AJ pénal* 2021, 154, obs. J. Boudot).

12) Motivation – Référence inutile à l'existence d'indices graves ou concordants de participation à l'infraction. L'obligation faite à la chambre de l'instruction de constater d'office, à tous les stades de la procédure, l'existence d'indices graves ou concordants de participation à l'infraction, nécessaire au prononcé d'une mesure de sûreté, cesse, sauf contestation sur ce point, en cas de placement en détention provisoire sanctionnant des manquements volontaires aux obligations du contrôle judiciaire. En l'absence de contestation, un tel placement en détention provisoire ne doit être motivé qu'au regard des manquements de la personne à ses obligations (▪ Cass. crim., 27 janv. 2021, n° 20-85.990, §§ 14 à 18 : *Bull. crim.* à paraître ; *JCP G* 2021, 408, note J.-Y. Maréchal ; *Dr. pén.* 2021, comm. 58, note A. Maron et M. Haas ; *AJ pénal* 2021, 154, obs. J. Boudot).

13) Pouvoirs du juge des libertés et de la détention. Saisi d'une demande de révocation du contrôle judiciaire, le juge des libertés et de la détention a le seul pouvoir de décider souverainement s'il y a lieu ou non de révoquer le contrôle judiciaire et de placer la personne mise en examen en détention provisoire ; en énonçant qu'il n'a pas la faculté de modifier les modalités du contrôle judiciaire, la chambre de l'instruction a fait l'exacte application des articles 139 et 141-2 du Code de procédure pénale (▪ Cass. crim., 19 sept. 2017, n° 17-84.165 : *Bull. crim.* à paraître ; *Dr. pén.* 2017, comm. 170, note A. Maron et M. Haas).

Art. 141-3 ***(L. n° 2000-516, 15 juin 2000).*** **– Lorsque la détention provisoire est ordonnée à la suite d'une révocation du contrôle judiciaire à l'encontre d'une personne antérieurement placée en détention provisoire pour les mêmes faits, la durée cumulée des détentions ne peut excéder de plus de quatre mois la durée maximale de la détention prévue respectivement aux articles 145-1 et 145-2. Lorsque la peine encourue est inférieure à celle mentionnée à l'article 143-1, la durée totale des détentions ne peut excéder quatre mois.**

1) Calcul du délai de prolongation de la détention provisoire. Pour le calcul de la période de quatre mois à l'expiration de laquelle la détention provisoire peut être prolongée, il n'y a pas lieu de tenir compte de la durée accomplie antérieurement à la révocation du contrôle judiciaire ; justifie sa décision la chambre de l'instruction qui confirme l'ordonnance du juge des libertés et de la détention ayant prolongé une détention provisoire ordonnée en révocation d'une mesure de contrôle judiciaire, à l'issue d'une période de quatre mois ne tenant pas compte des deux périodes de détention provisoire précédemment subies à raison des mêmes faits (▪ Cass. crim., 2 déc. 2003, n° 03-85.460 : *Bull. crim.* n° 229). Il n'y a pas lieu, pour le calcul de la période d'un an, à l'issue de laquelle le juge des libertés et de la détention peut ordonner la prolongation, de tenir compte des périodes de détention accomplies antérieurement à la révocation du contrôle judiciaire (▪ Cass. crim., 21 août 2013, n° 13-83.774 : *JurisData* n° 2013-019702). En effet, l'article 141-3 du Code de procédure pénale n'a trait qu'à la durée maximale cumulée des détentions en cas de révocation du contrôle judiciaire à l'encontre d'une personne antérieurement placée en détention provisoire pour les mêmes faits (▪ Cass. crim., 22 mars 2011, n° 10-88.849 : *JurisData* n° 2011-006137).

2) Calcul du délai de prolongation – Refus de transmission d'une question prioritaire de constitutionnalité. Il n'y a pas lieu de transmettre au Conseil constitutionnel une question prioritaire de constitutionnalité contestant la conformité, aux droits et libertés garantis par l'article 66 de la Constitution de 1958 et par les articles 1er, 6, 7 et 16 de la Déclaration des droits de l'homme, du principe selon lequel la durée de la détention provisoire accomplie antérieurement à la révocation du contrôle judiciaire n'est pas prise en compte pour le calcul du délai à l'expiration duquel la détention doit être prolongée : en effet l'article 141-3 du Code de procédure pénale fixe une durée maximale à la détention qui ne peut excéder de plus de quatre mois la durée de la détention provisoire en l'absence de révocation du contrôle judiciaire et la personne placée en détention peut, à tout moment, demander sa mise en liberté (▪ Cass. crim., 21 août 2013, n° 13-83.774 : *JurisData* n° 2013-018249).

Art. 141-4 ***(Mod., L. n° 2019-1480, 28 déc. 2019).*** **– Les services de police et les unités de gendarmerie peuvent, d'office ou sur instruction du juge d'instruction, appréhender toute personne placée sous contrôle judiciaire à l'encontre de laquelle il existe une ou plusieurs raisons plausibles de soupçonner qu'elle a manqué aux obligations qui lui incombent au titre des 1°, 2°, 3°, 8°, 9°, 14°, 17° et 17° *bis* de l'article 138. La personne peut alors, sur décision d'un officier de police judiciaire, être retenue vingt-quatre heures au plus dans un local de police ou de gendarmerie afin que soit vérifiée sa situation et qu'elle soit entendue sur la violation de ses obligations.**

Dès le début de la mesure, l'officier de police judiciaire informe le juge d'instruction.

La personne retenue est immédiatement informée par l'officier de police judiciaire ou, sous le contrôle de celui-ci, par un agent de police judiciaire, dans une langue qu'elle comprend, de la durée maximale de la mesure, de la nature des obligations qu'elle est soupçonnée d'avoir violées et du fait qu'elle bénéficie :

1° Du droit de faire prévenir un proche et son employeur ainsi que, si elle est de nationalité étrangère, les autorités consulaires de l'État dont elle est ressortissante, conformément à l'article 63-2 ;

2° Du droit d'être examinée par un médecin, conformément à l'article 63-3 ;

3° Du droit d'être assistée par un avocat, conformément aux articles 63-3-1 à 63-4-3 ;

4° S'il y a lieu, du droit d'être assistée par un interprète ;

5° Du droit, lors des auditions, après avoir décliné son identité, de faire des déclarations, de répondre aux questions qui lui sont posées ou de se taire.

Les pouvoirs conférés au procureur de la République par les articles 63-2 et 63-3 sont exercés par le juge d'instruction.

La retenue s'exécute dans des conditions assurant le respect de la dignité de la personne. Seules peuvent être imposées à la personne retenue les mesures de sécurité strictement nécessaires.

La personne retenue ne peut faire l'objet d'investigations corporelles internes au cours de sa rétention par le service de police ou par l'unité de gendarmerie.

L'article 64 est applicable à la présente mesure de retenue.

À l'issue de la mesure, le juge d'instruction peut ordonner que la personne soit conduite devant lui, le cas échéant pour qu'il saisisse le juge des libertés et de la détention aux fins de révocation du contrôle judiciaire.

Le juge d'instruction peut également demander à un officier ou un agent de police judiciaire d'aviser la personne qu'elle est convoquée devant lui à une date ultérieure.

Le présent article est également applicable aux personnes placées sous assignation à résidence avec surveillance électronique.

Art. 141-5 *(Créé à compter du 1er oct. 2014, L. n° 2014-896, 15 août 2014)*. – Les services de police et les unités de gendarmerie peuvent, selon les modalités prévues aux articles 56 à 58 et pendant les heures prévues à l'article 59, et après avoir recueilli l'accord du juge d'instruction ou sur instruction de ce magistrat, procéder à une perquisition chez une personne qui, placée sous contrôle judiciaire ou sous assignation à résidence avec surveillance électronique, est soumise à l'interdiction de détenir une arme, lorsqu'il existe des indices graves ou concordants que des armes se trouvent actuellement à son domicile.

Si des armes sont découvertes, elles sont saisies et placées sous scellés.

Art. 142 *(Mod., L. n° 2016-1691, 9 déc. 2016)*. – Lorsque la personne mise en examen est astreinte à fournir un cautionnement ou à constituer des sûretés, ce cautionnement ou ces sûretés garantissent :

1° La représentation de la personne mise en examen, du prévenu ou de l'accusé à tous les actes de la procédure et pour l'exécution du jugement, ainsi que, le cas échéant, l'exécution des autres obligations qui lui ont été imposées ;

2° Le paiement dans l'ordre suivant :

a) De la réparation des dommages causés par l'infraction et des restitutions, ainsi que de la dette alimentaire lorsque la personne mise en examen est poursuivie pour le défaut de paiement de cette dette ;

b) Des amendes.

La décision du juge d'instruction ou du juge des libertés et de la détention détermine les sommes affectées à chacune des deux parties du cautionnement ou des sûretés. Le juge d'instruction ou le juge des libertés et de la détention peut toutefois décider que les sûretés garantiront dans leur totalité le paiement des sommes prévues au 2° ou l'une ou l'autre de ces sommes.

Lorsque les sûretés garantissent, en partie ou en totalité, les droits d'une ou plusieurs victimes qui ne sont pas encore identifiées ou qui ne sont pas encore constituées parties civiles, elles sont établies, dans des conditions précisées par décret en Conseil d'État, au nom d'un bénéficiaire provisoire agissant pour le compte de ces victimes et, le cas échéant, du Trésor.

Un décret en Conseil d'État fixe le montant au-delà duquel le cautionnement ne peut être effectué en espèces, sauf décision contraire du juge des libertés et de la détention ou du juge d'instruction.

Voir : R. 19 et s., p. 1950.

1) Double affectation du cautionnement et des sûretés. Aux termes de l'article 142 du Code de procédure pénale, la décision qui astreint l'inculpé à fournir un cautionnement détermine les sommes affectées à chacune des deux parties de ce cautionnement, telles que prévues par ledit article ; méconnaît les dispositions impératives de cet article la décision qui limite le versement du cautionnement à la seule garantie de la représentation en justice de la personne mise en examen (■ Cass. crim., 1er déc. 1981, n° 81-94.311 : *Bull. crim.* n° 318. ■ Cass. crim., 8 juill. 1992 : *Bull. crim.* n° 268). Il résulte de l'article 142 du Code de procédure pénale que le cautionnement garantit à la fois la représentation de l'inculpé et le paiement des frais et amendes et que la décision qui fixe un cautionnement détermine les sommes affectées à chacune de ces deux garanties ; méconnaissent ce texte les juges qui limitent le cautionnement à la seule garantie du paiement des frais et amendes (■ Cass. crim., 20 juin 1989, n° 88-86.087 : *Bull. crim.* n° 266). Méconnaît également ce texte la chambre d'accusation qui supprime la partie du cautionnement que le magistrat instructeur avait affectée à la représentation de l'inculpé au motif qu'il n'y a pas lieu de prévoir un cautionnement pour assurer cette représentation (■ Cass. crim., 30 sept. 1992 : *Bull. crim.* n° 294).

2) Double affectation – Détermination obligatoire des sommes affectées. Selon l'article 142 du Code de procédure pénale, la décision qui astreint la personne mise en examen à fournir un cautionnement détermine les sommes affectées à chacune des deux parties de ce cautionnement, telles que prévues par le même article ; doit être censurée l'ordonnance qui, après avoir fixé un cautionnement, omet de déterminer les sommes garantissant, d'une part, la représentation de la personne mise en examen, et, d'autre part, le paiement de la réparation des dommages et des amendes (■ Cass. crim., 13 oct. 1998, n° 98-84.224 : *JurisData* n° 1998-004232 ; *Bull. crim.* n° 257 ; *Dr. pén.* 1999, chron. 17, obs. Cl. Marsat). Selon l'article 142 du Code de procédure pénale, l'ordonnance qui astreint la personne mise en examen à constituer des sûretés détermine les sommes affectées à chacune des deux parties de ces sûretés ; doit être censurée l'ordonnance qui omet de déterminer les sommes garantissant, d'une part, la représentation de la personne mise en examen, d'autre part, le paiement de la réparation des dommages et des amendes (■ Cass. crim., 13 févr. 2002, n° 01-87.975 : *Bull. crim.* n° 28). Selon l'article 142 du Code de procédure pénale, la décision qui astreint la personne mise en examen à fournir un cautionnement détermine les sommes affectées à chacune des deux parties de ce cautionnement, telles que prévues par ledit article. Il n'est pas dérogé à cette règle si la personne mise en examen vient à être détenue pour autre cause (■ Cass. crim., 5 mai 1997, n° 97-81.012 : *Bull. crim.* n° 163).

3) Double affectation – Exception en matière de sûretés. La somme affectée à la seconde partie des sûretés peut être destinée à garantir le paiement de la réparation des dommages causés par l'infraction, des restitutions et des amendes, et il peut être décidé par le juge d'instruction que les sûretés garantiront dans leur totalité les droits des victimes (■ Cass. crim., 5 mars 2003, n° 02-88.089 : *JurisData* n° 2003-018406 ; *Bull. crim.* n° 59).

4) Première partie du cautionnement et des sûretés – Motivation. Les juges, qui se sont expliqués, au regard des circonstances de l'espèce, sur la nécessité et la proportionnalité du cautionnement, n'ont pas à préciser davantage les raisons de l'affectation d'une part des sommes à la garantie de représentation de la personne mise en examen (■ Cass. crim., 11 mars 2015, n° 14-88.147 : *JurisData* n° 2015-004818 ; *Bull. crim.* n° 52). Dès lors que, lorsqu'un cautionnement est décidé, l'article 142 du Code de procédure pénale impose l'affectation d'une partie de son montant à la garantie de la représentation de la personne mise en examen, la chambre d'accusation n'est pas tenue de motiver chacune des modalités du contrôle judiciaire (■ Cass. crim., 14 oct. 1998, n° 98-83.377 : *Bull. crim.* n° 261). L'obligation faite à l'inculpé de fournir un cautionnement implique que les garanties de sa représentation en justice ont été jugées insuffisantes (■ Cass. crim., 11 avr. 1991, n° 91-80.414 : *Bull. crim.* n° 176).

5) Seconde partie du cautionnement et des sûretés – Ordre d'affectation. Les juges sont sans pouvoir pour intervenir eux-mêmes dans le fonctionnement des garanties, soit en échangeant l'ordre de préférence, soit en en modifiant l'étendue et la consistance ; en décidant que la seconde moitié du cautionnement serait affectée, par parts égales, au paiement des frais [antérieurement à la loi du 4 janvier 1993], amendes ou dommages et intérêts la chambre de l'accusation a excédé ses pouvoirs (■ Cass. crim., 10 févr. 1966 : *Bull. crim.* n° 40 ; *RSC* 1966, p. 628, note J. Robert). Il résulte de l'article 142, 1er alinéa, 2, du Code de procédure pénale que la seconde partie du cautionnement ne peut être affectée exclusivement au paiement des amendes mais est destinée également à garantir, en premier lieu, la réparation des dommages causés par l'infraction et les restitutions ; méconnaît ce texte, la chambre de l'instruction qui confirme l'ordonnance ayant affecté la seconde partie du cautionnement au seul paiement des amendes (■ Cass. crim.,

9 juill. 2003, n° 03-82.143 : *JurisData* n° 2003-020152 ; *Bull. crim.* n° 133).

6) Seconde partie du cautionnement et des sûretés – Dette alimentaire. Il résulte de l'article 142 du Code de procédure pénale que le juge d'instruction, lorsqu'il fixe le montant du cautionnement, tient compte de l'emploi qui en sera fait, en cas de déclaration de culpabilité, en prévoyant qu'il sera affecté, pour des fractions précises de son montant, à la garantie de la représentation en justice de la personne mise en examen, du paiement de la réparation des dommages causés par l'infraction, des restitutions, de la dette alimentaire lorsque des poursuites sont engagées contre cette dernière pour défaut de paiement de cette dette ; méconnaît ce texte la chambre de l'instruction qui confirme l'ordonnance le cautionnement au paiement notamment de la dette alimentaire alors que l'intéressée n'a pas été mise en examen pour défaut de paiement d'une dette alimentaire (▪ Cass. crim., 7 déc. 2016, n° 16-85.471 : *Bull. crim.* n° 328).

7) Seconde partie du cautionnement et des sûretés – Sommes dues à l'administration fiscale. La juridiction d'instruction a le pouvoir d'ordonner un cautionnement destiné en partie à garantir le paiement des sommes dont la fixation relève de l'administration fiscale (▪ Cass. crim., 21 août 2013, n° 13-83.838 : *JurisData* n° 2013-019755 ; *Bull. crim.* n° 175).

8) Seconde partie du cautionnement et des sûretés – Exclusion des frais de justice. Il résulte de la combinaison des articles 138, 11°, 142 et 800-1 du Code de procédure pénale que, les frais de justice criminelle, correctionnelle et de police étant à la charge de l'État et sans recours envers les condamnés, le cautionnement auquel est astreinte une personne mise en examen, par une décision de placement sous contrôle judiciaire, ne peut en garantir le paiement (▪ Cass. crim., 3 oct. 2012, n° 12-85.009 : *JurisData* n° 2012-023327 ; *Bull. crim.* n° 210 ; *Procédures* 2012, comm. 372, obs. J. Buisson. ▪ Cass. crim., 7 déc. 2016, n° 16-85.471 : *Bull. crim.* n° 328).

Art. 142-1 ***(Mod., L. n° 2004-204, 9 mars 2004).*** **– Le juge d'instruction ou le juge des libertés et de la détention peut, avec le consentement de la personne mise en examen, ordonner que la partie du cautionnement affectée à la garantie des droits de la victime ou du créancier d'une dette alimentaire soit versée à ceux-ci par provision, sur leur demande.**

Ce versement peut aussi être ordonné ; même sans le consentement de la personne mise en examen, lorsqu'une décision de justice exécutoire a accordé à la victime ou au créancier une provision à l'occasion des faits qui sont l'objet des poursuites.

Versement par provision. Si, aux termes de l'article 142-1 du Code de procédure pénale, le juge d'instruction peut ordonner que la partie du cautionnement affectée à la garantie des droits de la victime ou du créancier d'une dette alimentaire soit versée à ceux-ci par provision, c'est à la condition qu'ils en aient fait la demande et que la personne mise en examen y ait consenti ; ce magistrat ne peut passer outre au défaut de consentement de cette dernière que lorsqu'une décision de justice exécutoire a accordé à la victime ou au créancier une provision à l'occasion des faits qui sont l'objet des poursuites ; méconnaît ce texte la chambre d'accusation qui ordonne le versement d'une partie du cautionnement à la partie civile sans constater l'existence des conditions exigées par l'article 142-1 précité (▪ Cass. crim., 24 août 1993, n° 93-82.566 : *Bull. crim.* n° 259). Dès lors que l'inculpé avait expressément consenti au versement d'une provision à la partie civile, il appartenait la chambre d'accusation d'accueillir, dans cette mesure, à la demande de cette dernière (▪ Cass. crim., 5 déc. 1991, n° 91-85.220 : *Bull. crim.* n° 462).

Art. 142-2 ***(Mod., L. n° 2000-516, 15 juin 2000).*** **– La première partie du cautionnement est restituée ou la première partie des sûretés est levée si la personne mise en examen, le prévenu ou l'accusé s'est présenté à tous les actes de la procédure, a satisfait aux obligations du contrôle judiciaire et s'est soumis à l'exécution du jugement.**

Dans le cas contraire, sauf motif légitime d'excuse ou décision de non-lieu, de relaxe, d'acquittement ou d'exemption de peine, la première partie du cautionnement est acquise à l'État, ou il est procédé au recouvrement de la créance garantie par la première partie des sûretés.

1) Domaine d'application de l'article 142-2 du Code de procédure pénale – Extradition. Il résulte de l'article 14 de la loi du 10 mars 1927 que l'article 142-2 du Code de procédure pénale est applicable à une personne placée sous contrôle judiciaire au cours d'une procédure d'extradition (▪ Cass. crim., 22 janv. 2002, n° 01-84.824 : *JurisData* n° 2002-012939 ; *Bull. crim.* n° 9).

2) Condition de restitution de la première partie du cautionnement et levée des sûretés. La personne mise en examen, même placée ultérieurement en détention provisoire, ne peut se voir restituer la première partie du cautionnement qu'à l'issue de la procédure et dans le cas où elle remplit les conditions déterminées par les dispositions de l'article 142-2 du Code de procédure pénale ; n'encourt pas la censure la chambre d'accusation qui rejette la demande de restitution de la première partie du cautionnement soutenant que la détention suffit désormais à garantir sa représentation en justice (■ Cass. crim., 20 juin 2000, n° 00-82.209 : *JurisData* n° 2000-003134 ; *Bull. crim.* n° 234). Le prévenu condamné à l'emprisonnement avec sursis ne s'est pas soumis à l'exécution du jugement au sens de l'article 142-2 du Code de procédure pénale tant que subsiste le délai d'épreuve ; justifient leur décision les juges qui rejettent sa demande en restitution du cautionnement après exécution de la partie ferme de la peine (■ Cass. crim., 25 févr. 1997, n° 96-82.743 : *Bull. crim.* n° 74. ■ Cass. crim., 25 juin 1991, n° 90-86.610 : *Bull. crim.* n° 275). Il résulte de l'article 142-2 du Code de procédure pénale que la première partie du cautionnement est restituée à l'accusé qui s'est présenté à tous les actes de la procédure, a satisfait aux obligations du contrôle judiciaire et s'est soumis à l'exécution du jugement ; encourt dès lors la cassation l'arrêt qui, pour rejeter une requête aux fins de restitution de la première partie du cautionnement, retient que l'intéressé, qui exécute actuellement sa condamnation, pourrait bénéficier d'un aménagement de peine, l'obligeant à satisfaire à des obligations, poursuivant ainsi l'exécution du jugement (■ Cass. crim, 11 oct. 2011, n° 10-88.469 : *Bull. crim.* n° 198).

Art. 142-3 ***(Mod., L. n° 2000-516, 15 juin 2000).*** **– Le montant affecté à la deuxième partie du cautionnement qui n'a pas été versé à la victime de l'infraction ou au créancier d'une dette alimentaire est restitué en cas de non-lieu et, sauf s'il est fait application de l'article 372, en cas d'absolution ou d'acquittement.**

En cas de condamnation, il est employé conformément aux dispositions du 2° de l'article 142. Le surplus est restitué lorsque la condamnation est définitive.

La deuxième partie des sûretés est levée ou il est procédé au recouvrement des créances que cette partie garantit selon les distinctions prévues aux deux alinéas précédents.

Les conditions d'application du présent article sont fixées par un décret en Conseil d'Etat.

1) Sort de la seconde partie du cautionnement et des sûretés – Non-lieu, absolution ou acquittement. En cas de décision de relaxe, même non définitive, le cautionnement est restitué de plein droit au prévenu et il n'appartient pas au juge d'en prononcer la restitution (■ Cass. crim., 27 oct. 1999, n° 98-87.080 : *Bull. crim.* n° 109).

2) Sort de la seconde partie du cautionnement et des sûretés – Condamnation. Le prévenu ne saurait se faire un grief de ce que la cour d'appel a ordonné le versement à la partie civile de la partie du cautionnement affectée à la garantie des droits de la victime dès lors que cette somme doit être restituée à cette dernière dans les conditions des articles 142-2 et 142-3 du Code de procédure pénale (■ Cass. crim., 6 mai 2009, n° 08-85.201 : *Bull. crim.* n° 87).

3) Sort de la seconde partie du cautionnement et des sûretés – Condamnation – Surplus. Il n'y a lieu à restitution d'un surplus de cautionnement, au sens de l'article 142-3 du Code de procédure pénale, qu'après emploi des fonds conformément aux dispositions de l'article 142, 2° de ce code (■ Cass. crim., 25 juin 1991, n° 90-86.610 : *Bull. crim.* n° 275).

Art. 142-4 ***(Anc. art. 143 rempl., L. n° 70-643, 17 juill. 1970 ; dénum., L. n° 2009-1436, 24 nov. 2009).*** **– Lorsqu'une juridiction de jugement est appelée à statuer dans les cas prévus à la présente sous-section, elle le fait dans les conditions déterminées par l'article 148-2.**

Sous-section 2. – De l'assignation à résidence avec surveillance électronique

(L. n° 2009-1436, 24 nov. 2009)

Bibliographie : M. Camous, *Assignation à résidence sous surveillance électronique : JCl. Proc. pén.*, art. 137 à 150, Fasc. 40. ● A. Kensey et M. Narcy, *Les caractéristiques sociodémographiques des personnes sous PSE (2000-2006) : Cahiers d'études pénitentiaires et criminologiques*, mars 2008, n° 21. ● Ch. Lazergue, *L'électronique au service de la politique criminelle : du placement sous surveillance électronique statique (PSE) au placement sous surveillance électronique mobile (PSEM) : RSC* 2006, p. 183. ● H. Matsopoulos, *Les innovations dans la conduite de l'information judiciaire : une urgence pour 2010 ! Commentaire de la loi n° 2007-291 du 5 mars 2007 tendant à renforcer l'équilibre de la procédure pénale : Dr. pén.* 2007, étude 5. ● M. Peretti, *Le bracelet électronique, boulet moderne ou outil d'insertion : AJ Pénal* 2007, p. 468.

Art. 142-5 ***(Mod., L. n° 2019-222, 23 mars 2019).*** **– L'assignation à résidence avec surveillance électronique peut être ordonnée, d'office ou à la demande de l'intéressé, par le juge d'instruction ou par le**

juge des libertés et de la détention si la personne mise en examen encourt une peine d'emprisonnement correctionnel d'au moins deux ans ou une peine plus grave.

Cette mesure oblige la personne à demeurer à son domicile ou dans une résidence fixée par le juge d'instruction ou le juge des libertés et de la détention et de ne s'en absenter qu'aux conditions et pour les motifs déterminés par ce magistrat.

Cette obligation est exécutée sous le régime du placement sous surveillance électronique, à l'aide du procédé prévu par l'article 723-8. Elle peut également être exécutée sous le régime du placement sous surveillance électronique mobile, à l'aide du procédé prévu par l'article 763-12, si la personne est mise en examen pour une infraction punie de plus de sept ans d'emprisonnement et pour laquelle le suivi socio-judiciaire est encouru. Les articles 723-9 et 723-12 ainsi que, le cas échéant, les articles 763-12 et 763-13 sont applicables, le juge d'instruction exerçant les compétences attribuées au juge de l'application des peines.

La personne peut être en outre astreinte aux obligations et interdictions prévues par l'article 138.

La personne mise en examen est avisée que l'installation du dispositif prévu à l'article 723-8 ne peut être effectuée sans son consentement mais que le fait de refuser cette installation constitue une violation des obligations qui lui incombent et peut donner lieu à la révocation de l'assignation à résidence avec surveillance électronique et à son placement en détention provisoire.

Voir : art. D. 32-3 et s., p. 2156.

1) Personne pouvant être assignée à résidence sous surveillance électronique – Personne mise en examen. V. art. 137, al. 2, p. 403.

2) Personne pouvant être assignée à résidence sous surveillance électronique – Mineur. V. CJPM, art. L. 331-1, p. 3074.

3) Personne pouvant être assignée à résidence sous surveillance électronique – Parlementaire. V. art. 26 Const.

4) Personne pouvant être assignée à résidence sous surveillance électronique – Président de la République. V. art. 67 Const.

5) Motivation – Indices graves ou concordants de participation à l'infraction. V. annot. ss art. 137, p. 403.

Il résulte des articles 80-1 et 137 du Code de procédure pénale que les mesures de sûreté ne peuvent être prononcées qu'à l'égard de la personne à l'encontre de laquelle il existe des indices graves ou concordants rendant vraisemblable qu'elle ait pu participer, comme auteur ou comme complice, à la commission des infractions dont le juge d'instruction est saisi. Il se déduit de l'article 5.1. *c)* de la Convention européenne des droits de l'homme que la chambre de l'instruction, à chacun des stades de la procédure, doit s'assurer, même d'office, que les conditions légales des mesures de sûreté sont réunies, en constatant expressément l'existence de tels indices (■ Cass. crim., 27 janv. 2021, n° 20-85.990, §§ 14 et 15 : *Bull. crim.* à paraître ; *JCP* G 2021, 408, note J.-Y. Maréchal ; *Dr. pén.* 2021, comm. 58, note A. Maron et M. Haas ; *AJ pénal* 2021, 154, obs. J. Boudot. – ■ Cass. crim., 24 févr. 2021, n° 20-86.537, § 13 : *Bull. crim.* à paraître. – ■ Cass. crim., 16 mars 2021, n° 20-87.092, §§ 8 et 9 : *Dr. pén.* 2021, comm. 99, note A. Maron et M. Haas. ■ Cass. crim., 18 janv. 2022, n° 21-86.165, §§ 12 et 13 : *Bull. crim.* à paraître).

Encourt dès lors la cassation l'arrêt de la chambre de l'instruction qui se borne à relever l'existence de raisons plausibles de soupçonner que la personne a commis les infractions reprochées : une telle constatation ne permet pas de déduire l'existence d'indices graves ou concordants de sa participation à ces mêmes faits, cette dernière exigence étant plus stricte que la première (■ Cass. crim., 16 mars 2021, n° 20-87.092, §§ 12 et 13, préc.).

6) Motivation – Insuffisance du contrôle judiciaire. V. art. 137, al. 2, p. 403. Dès lors qu'il ne résulte pas des énonciations de l'arrêt que les obligations du contrôle judiciaire étaient suffisantes en raison des nécessités de l'instruction ou à titre de mesure de sûreté, la chambre de l'instruction a justifié sa décision confirmant le rejet de mainlevée partielle du contrôle judiciaire et de mainlevée de l'assignation à résidence avec surveillance électronique (■ Cass. crim., 9 mars 2011, n° 10-88.744).

Art. 142-6 *(Mod., L. n° 2019-222, 23 mars 2019 ; L. n° 2021-1729, 22 déc. 2021).* – **L'assignation à résidence avec surveillance électronique est décidée par ordonnance motivée du juge d'instruction ou du juge des libertés et de la détention, qui statue après un débat contradictoire conformément à l'article 145 ou au vu des réquisitions écrites du procureur de la République, dont il est donné lecture à la personne mise en examen, et après avoir entendu ses observations et celles de son avocat.**

Elle peut également être décidée, sans débat contradictoire ou recueil préalable des observations de la personne et de son avocat, par ordonnance statuant sur une demande de mise en liberté ou décidant d'une mise en liberté d'office.

Le juge statue après avoir fait vérifier la faisabilité technique de la mesure par le service pénitentiaire d'insertion et de probation, qui peut être saisi à cette fin à tout moment de l'instruction.

En matière correctionnelle, cette saisine est obligatoire dans les cas suivants :

1° Si elle est demandée par une personne détenue ou son avocat un mois avant la date à laquelle la détention peut être prolongée, sauf décision de refus spécialement motivée du juge d'instruction ;

2° Avant la date à laquelle la détention peut être prolongée lorsque la personne encourt une peine d'emprisonnement inférieure ou égale à cinq ans, sauf décision de refus spécialement motivée du juge ;

3° Avant la date de la seconde prolongation de la détention lorsque la personne encourt une peine d'emprisonnement inférieure ou égale à cinq ans. Sauf s'il envisage un placement sous contrôle judiciaire, le juge ne peut refuser le placement de la personne sous assignation à résidence sous surveillance électronique qu'en cas d'impossibilité liée à la personnalité ou à la situation matérielle de la personne.

S'il est interjeté appel d'une ordonnance prolongeant la détention provisoire sans que les dispositions des quatrième à avant-dernier alinéas aient été respectées, le service pénitentiaire d'insertion et de probation doit être saisi par le président de la chambre de l'instruction.

1) Mineurs – Consultation obligatoire du service de protection judiciaire de la jeunesse – Portée. Si l'article 12, 3ᵉ alinéa, de l'ordonnance du 2 février 1945 sur l'enfance délinquante, dans sa rédaction issue de la loi du 10 mars 2010, prescrit que le service de la protection judiciaire de la jeunesse doit être consulté, notamment, avant toute décision du juge d'instruction, du juge des libertés et de la détention ou du juge des enfants, et toute réquisition du procureur de la République au titre de l'article 142-5 du Code de procédure pénale, cette exigence ne saurait être étendue au cas dans lequel la juridiction rejette une demande de mise en liberté après avoir constaté le caractère insuffisant d'une mesure d'assignation à résidence avec surveillance électronique (▪ Cass. crim., 2 févr. 2011, n° 10-87.868 : *Bull. crim.* n° 19).

2) Motivation de l'ordonnance d'assignation à résidence – Caractère insuffisant du contrôle judiciaire. En relevant que les faits reprochés à l'intéressé, qualifiés de tentative de meurtre, sont d'une extrême gravité et ont fortement traumatisé physiquement et psychologiquement la partie civile et que le magistrat instructeur a considéré à bon droit qu'en raison de sa dangerosité et de la proximité de son domicile avec celui de la partie civile, il n'y avait pas lieu de l'autoriser à regagner son domicile, la chambre de l'instruction s'est déterminée sur l'insuffisance des obligations du contrôle judiciaire conformément à l'article 142-6 du Code de procédure pénale (▪ Cass. crim., 3 oct. 2012, n° 12-84.864).

3) Absence de débat contradictoire – Conformité à la Constitution. Les mots « ou décidant d'une mise en liberté d'office » figurant au deuxième alinéa de l'article 142-6 du Code de procédure pénale ne méconnaissent pas les droits de la défense. En effet, le placement sous assignation à résidence décidée en même temps que la mise en liberté d'une personne placée en détention provisoire vise à la faire bénéficier d'une mesure moins rigoureuse et si, faute de débat contradictoire, la personne contre laquelle la mesure d'assignation à résidence avec surveillance électronique est prononcée ne peut présenter ses moyens de défense pour éviter d'y être soumise ou solliciter à la place une mesure de contrôle judiciaire, elle peut en revanche en demander la mainlevée à tout moment en vertu des articles 140 et 142-12 du Code de procédure pénale (▪ Cons. const., 21 mars 2019, n° 2019-778 DC).

Art. 142-7 *(Mod., L. n° 2019-222, 23 mars 2019)*. **– L'assignation à résidence est ordonnée pour une durée qui ne peut excéder six mois. Au cours de l'instruction, elle peut être prolongée pour une même durée selon les modalités prévues au premier alinéa de l'article 142-6, sans que la durée totale du placement dépasse deux ans.**

Lorsque la personne renvoyée devant le tribunal correctionnel ou la cour d'assises est maintenue ou demeure sous assignation à résidence conformément aux articles 179 et 181, la durée totale de la mesure, compte tenu de celle exécutée au cours de l'instruction, ne peut excéder deux ans, sans qu'il soit nécessaire d'en ordonner la prolongation tous les six mois et sous réserve de la possibilité pour l'intéressé d'en demander la mainlevée.

1) Durée exceptionnelle de l'assignation à résidence – État d'urgence sanitaire lié à la Covid-19.

Ordonnance n° 2020-303 du 25 mars 2020

portant adaptation de règles de procédure pénale sur le fondement de la loi n° 2020-290 du 23 mars 2020 d'urgence pour faire face à l'épidémie de covid-19

Rédaction antérieure. Art. 16 *(Abr., DC n° 2020-878/879 QPC, 29 janv. 2021).* – En matière correctionnelle, les délais maximums de détention provisoire ou d'assignation à résidence sous surveillance électronique, prévus par les dispositions du Code de procédure pénale, qu'il s'agisse des détentions au cours de l'instruction ou des détentions pour l'audiencement devant les juridictions de jugement des affaires concernant des personnes renvoyées à l'issue de l'instruction, sont prolongés plein droit de deux mois lorsque la peine d'emprisonnement encourue est inférieure ou égale à cinq ans et de trois mois dans les autres cas, sans préjudice de la possibilité pour la juridiction compétente d'ordonner à tout moment, d'office, sur demande du ministère public ou sur demande de l'intéressé, la mainlevée de la mesure, le cas échéant avec assignation à résidence sous surveillance électronique ou sous contrôle judiciaire lorsqu'il est mis fin à une détention provisoire. Ce délai est porté à six mois en matière criminelle et, en matière correctionnelle, pour l'audiencement des affaires devant la cour d'appel.

Les prolongations prévues à l'alinéa précédent sont applicables aux mineurs âgés de plus de seize ans, en matière criminelle ou s'ils encourent une peine d'au moins sept ans d'emprisonnement.

Les prolongations prévues par le présent article ne s'appliquent qu'une seule fois au cours de chaque procédure.

Art. 16-1 *(L. n° 2020-546, 11 mai 2020).* – À compter du 11 mai 2020, la prolongation de plein droit des délais de détention provisoire prévue à l'article 16 n'est plus applicable aux titres de détention dont l'échéance intervient à compter de cette date et les détentions ne peuvent être prolongées que par une décision de la juridiction compétente prise après un débat contradictoire intervenant, le cas échéant, selon les modalités prévues à l'article 19.

Si l'échéance du titre de détention en cours, résultant des règles de droit commun du Code de procédure pénale, intervient avant le 11 juin 2020, la juridiction compétente dispose d'un délai d'un mois à compter de cette échéance pour se prononcer sur sa prolongation, sans qu'il en résulte la mise en liberté de la personne, dont le titre de détention est prorogé jusqu'à cette décision. Cette prorogation s'impute sur la durée de la prolongation décidée par la juridiction. En ce qui concerne les délais de détention au cours de l'instruction, cette durée est celle prévue par les dispositions de droit commun ; toutefois, s'il s'agit de la dernière échéance possible, la prolongation peut être ordonnée selon les cas pour les durées prévues à l'article 16 de la présente ordonnance.

En ce qui concerne les délais d'audiencement, la prolongation peut être ordonnée pour les durées prévues au même article 16, y compris si elle intervient après le 11 juin 2020.

La prolongation de plein droit du délai de détention intervenue au cours de l'instruction avant le 11 mai 2020, en application dudit article 16, n'a pas pour effet d'allonger la durée maximale totale de la détention en application des dispositions du Code de procédure pénale, sauf si cette prolongation a porté sur la dernière échéance possible.

Lorsque la détention provisoire au cours de l'instruction a été prolongée de plein droit en application de l'article 16 de la présente ordonnance pour une durée de six mois, cette prolongation ne peut maintenir ses effets jusqu'à son terme que par une décision prise par le juge des libertés et de la détention selon les modalités prévues à l'article 145 du Code de procédure pénale et, le cas échéant, à l'article 19 de la présente ordonnance. La décision doit intervenir au moins trois mois avant le terme de la prolongation. Si une décision de prolongation n'intervient pas avant cette date, la personne est remise en liberté si elle n'est pas détenue pour une autre cause.

Pour les délais de détention en matière d'audiencement, la prolongation de plein droit des délais de détention ou celle décidée en application du troisième alinéa du présent article a pour effet d'allonger la durée maximale totale de la détention possible jusqu'à la date de l'audience prévue en application des dispositions du Code de procédure pénale.

2) Compétence pour ordonner la prolongation. Les dispositions des articles 142-5, 142-6 et 142-7 du Code de procédure pénale ne font pas obstacle à ce que le juge d'instruction prolonge l'assignation à résidence avec surveillance électronique de la personne mise en examen ordonnée par le juge des libertés et de la détention (■ Cass. crim., 3 oct. 2012, n°s 12-84.863, 12-84.864 et 12-84.865 : *Bull. crim.* n° 211 : *Dr. pén.* 2012, comm. 150, note A. Maron et M. Haas).

3) Sort de l'assignation à résidence après règlement de l'instruction. V. s'agissant de l'achèvement de l'assignation à résidence sous surveillance électronique en cas de renvoi devant le tribunal correctionnel, art. 179, al. 2 et 3, p. 585, du maintien de l'assignation à résidence sous surveillance électronique en cas de renvoi devant la cour d'assises, art. 181, al. 5, p. 591.

4) Maintien de l'assignation à résidence après règlement de l'instruction – Conformité à la Constitution. Le dernier alinéa de l'article 142-7 du Code de procédure pénale ne méconnaît pas les droits de la défense, le droit au respect de la vie privée ou le principe de sauvegarde de la dignité de la personne humaine. En effet, le maintien sous assignation à résidence d'une personne renvoyée devant le tribunal correctionnel ou la cour d'assises est justifié par la nécessité de s'assurer de sa représentation en vue du jugement ou d'éviter certains troubles, laquelle est susceptible de se prolonger tout le temps restant à courir jusqu'au jugement, la durée de cette mesure ne peut dépasser 2 ans, il doit être tenu compte du temps déjà passé sous l'empire d'une telle assignation à résidence pendant l'instruction et l'intéressé peut à tout moment demander la mainlevée de la mesure (■ Cons. const., 21 mars 2019, n° 2019-778 DC).

Art. 142-8 *(L. n° 2009-1436, 24 nov. 2009).* **– Le deuxième alinéa de l'article 139 et les articles 140 et 141-3 sont applicables à l'assignation à résidence avec surveillance électronique.**

La personne qui ne respecte pas les obligations résultant de l'assignation à résidence avec surveillance électronique peut faire l'objet d'un mandat d'arrêt ou d'amener et être placée en détention provisoire, conformément à l'article 141-2.

Ordonnance relative à la mainlevée de l'assignation à résidence – Motivation. En retenant notamment, pour confirmer l'ordonnance du juge d'instruction refusant de faire droit à la demande du mis en examen tendant à la mainlevée de son assignation à résidence sous surveillance électronique, que la mesure est toujours nécessaire pour garantir la représentation en justice de M. X... qui dispose de plusieurs domiciles dont certains sont situés à l'étranger, et qui n'a pas respecté certaines des obligations qui lui avaient été imposées, la chambre de l'instruction a justifié sa décision (■ Cass. crim., 4 janv. 2012, n° 11-87.513). Justifie sa décision la chambre de l'instruction qui confirme l'ordonnance de rejet de mainlevée partielle du contrôle judiciaire et de mainlevée de l'assignation à résidence avec surveillance électronique dès lors qu'il ne résulte pas des énonciations de l'arrêt que les obligations de contrôle judiciaire étaient suffisantes en raison des nécessités de l'instruction ou à titre de mesure de sûreté (■ Cass. crim., 9 mars 2011, n° 10-88.744).

Art. 142-9 *(L. n° 2009-1436, 24 nov. 2009).* **– Avec l'accord préalable du juge d'instruction, les horaires de présence au domicile ou dans les lieux d'assignation peuvent, lorsqu'il s'agit de modifications favorables à la personne mise en examen ne touchant pas à l'équilibre de la mesure de contrôle, être modifiés par le chef d'établissement pénitentiaire ou le directeur du service pénitentiaire d'insertion et de probation qui en informe le juge d'instruction.**

Art. 142-10 *(L. n° 2009-1436, 24 nov. 2009).* **– En cas de décision de non-lieu, relaxe ou acquittement devenue définitive, la personne placée sous assignation à résidence avec surveillance électronique a droit à la réparation du préjudice subi selon les modalités prévues par les articles 149 à 150.**

V. art. 150 à 159, p. 517 et annotations ss art.

Art. 142-11 *(L. n° 2009-1436, 24 nov. 2009).* **– L'assignation à résidence avec surveillance électronique est assimilée à une détention provisoire pour l'imputation intégrale de sa durée sur celle d'une peine privative de liberté, conformément à l'article 716-4.**

Mesure assimilable à une assignation à résidence sous surveillance électronique. La mesure de « couvre-feu avec surveillance électronique » imposée aux requérants en Grande-Bretagne, leur interdisant de quitter leur lieu de résidence la nuit et accompagnée d'un dispositif de surveillance se matérialisant par un bracelet électronique à la jambe qui ne devait pas être retiré et par le fait que leur téléphone devait être allumé en permanence, doit être assimilée à une assignation à résidence sous surveillance électronique, dont la durée est déductible de celle de la peine d'emprisonnement prononcée, dans les conditions de l'article 142-11 du Code de procédure pénale (■ Cass. crim., 17 mars 2021, n° 20-84.365, § 12 : *Bull. crim.* à paraître ; *Dr. pén.* 2021, comm. 96, note A. Maron et M. Haas).

Art. 142-12 *(L. n° 2009-1436, 24 nov. 2009).* **– Les juridictions d'instruction et de jugement peuvent prononcer, comme mesure alternative à la détention provisoire, une assignation à résidence avec surveillance électronique dans les cas prévus par les articles 135-2, 145, 148, 201, 221-3, 272-1, 397-3, 695-34 et 696-19.**

Cette mesure peut être levée, maintenue, modifiée ou révoquée par les juridictions d'instruction et de jugement selon les mêmes modalités que le contrôle judiciaire en application des articles 148-2, 148-6, 213, 272-1, 695-35, 695-36, 696-20 et 696-21.

1) Subsidiarité de la détention provisoire au regard de l'assignation à résidence sous surveillance électronique. Justifie sa décision la chambre de l'instruction qui, pour relever le caractère insuffisant des obligations du contrôle judiciaire ou de l'assignation à résidence avec placement sous surveillance électronique, s'est déterminée par des considérations de droit et de fait répondant aux exigences des articles 137-3, 143-1 et suivants du Code de procédure pénale (▪ Cass. crim., 13 sept. 2011, n° 11-84.909. ▪ Cass. crim., 28 juin 2011, n° 11-82.022. ▪ Cass. crim., 8 déc. 2010, n° 10-86.895).

2) Non-assimilation de l'assignation à résidence sous surveillance électronique à la détention provisoire. Il résulte de l'article 142-10 du Code de procédure pénale que l'assignation à résidence avec surveillance électronique, qui peut être ordonnée par un juge d'instruction ou par un juge des libertés et de la détention, est une mesure alternative à la détention provisoire, à laquelle elle ne peut être assimilée au cours de l'information, notamment pour l'application des délais ouverts aux parties pour déposer des réquisitions, observations, demandes ou requêtes en vertu de l'article 175 du Code de procédure pénale (▪ Cass. crim., 17 mars 2015, n° 14-88.310 : *Bull. crim.* n° 55 ; *Dr. pén.* 2015, comm. 76, note A. Maron et M. Haas).

Art. 142-12-1 *(L. n° 2010-769, 9 juill. 2010).* **– Par dérogation aux dispositions de l'article 142-5, l'assignation à résidence exécutée sous le régime du placement sous surveillance électronique mobile peut être ordonnée lorsque la personne est mise en examen pour des violences ou des menaces, punies d'au moins cinq ans d'emprisonnement, commises :**

1° Soit contre son conjoint, son concubin ou son partenaire lié par un pacte civil de solidarité ;

2° Soit contre ses enfants ou ceux de son conjoint, concubin ou partenaire.

Le présent article est également applicable lorsque l'infraction est commise par l'ancien conjoint ou concubin de la victime ou par la personne ayant été liée à elle par un pacte civil de solidarité, le domicile concerné étant alors celui de la victime.

Art. 142-13 *(L. n° 2009-1436, 24 nov. 2009).* **– Un décret détermine les modalités d'application de la présente sous-section.**

Voir : art. D. 32-3 et s., p. 2156.

Sous-section 3. – De la détention provisoire

(Anc. ss-sect. 2, dénum., L. n° 2009-1436, 24 nov. 2009)

Bibliographie : *Répertoire.* D. Carona, *Contrôle judiciaire et détention provisoire. – Détention provisoire : JCl. Proc. pén.*, art. 137 à 150, Fasc. 30. • Ch. Guéry, *Rép. pén. Dalloz, V° Détention provisoire.*

Généralités. M. Afroukh et J.-P. Marguénaud, *Entente des juges contre l'indignité de la détention provisoire : l'avènement de l'arrêt pilote dialogué ? : D.* 2021, p. 432. • L. Ben Kemoun, *Modestes propositions pour imiter la détention provisoire, cette autre addiction française : D.* 2013, 1079. • E. Bonis-Garçon, *La détention provisoire pour manquement au contrôle judiciaire : JCP* G 2002, I, 59. • B. Bouloc, *Le silence de la personne mise en examen peut-il justifier sa mise en détention : D.* 1995, chron. 315. • J. Buisson, *Le référé-détention par le procureur de la République, issu de la loi n° 2002-1138 du 9 septembre 2002 : Procédures* 2002, chron. 13. • S. Carrère, *Le juge des libertés et de la détention : du juge de la détention à l'instruction, au juge des libertés dans l'enquête : Gaz. Pal.* 15-21 août 2014, 27. • P. Chambon, *La loi n° 87-1062 du 30 décembre 1987 relative aux garanties individuelles en matière de placement en détention provisoire : JCP* G 1988, I, 3335. • *La loi n° 89-461 du 6 juillet 1989 modifiant le Code de procédure pénale et relative à la détention provisoire : analyse et réflexions : JCP* G 1989, I, 3417. • C. Cohen, *Détention provisoire, le remède introuvable : Gaz. Pal.* 23-24 juill. 2004, 2. • Ph. Conte, *Pour en finir avec une présentation caricaturale de la présomption d'innocence : Gaz. Pal.* 2-3 juin 1995, Tribune libre 2. • F.-L. Coste, *Statut de la parole et présomption d'innocence : AJ Pénal* 2004, 402. • S. Detraz, *La prétendue présomption d'innocence : Dr. pén.* 2004, étude n° 3. • J. Falxa, *Indignité des conditions de détention et office du juge judiciaire : place aux droits fondamentaux : D.* 2020, p. 1774. • L. Griffon-Yarka, *Précisions jurisprudentielles relatives à l'imputation de la durée de la détention provisoire sur la peine prononcée : Dr. pén.* 2017, étude 14. • Ch. Guéry, *Une détention provisoire exceptionnelle... mais souhaitable : AJ Pénal* 2004, 238 ; *L'erreur matérielle du juge des libertés et de la détention : JCP* 2006, I, étude n° 104 ; *Détention provisoire et culpabilité : D.* 2006, Point de vue 1556 ; *Le nouveau juge des libertés et de la détention : premiers problèmes pratiques : Gaz. Pal.* 2000, doctr. 1496 ; *Le juge des libertés et de la détention : un juge qui cherche à mériter son nom... : D.* 2004, chron. 583. – B. de Lamy, *Le juge des libertés et de la détention : un trompe-l'œil : Dr. pén.* 2007, étude n° 13. • B. Lavielle et F. Lebur, *Le juge des libertés et de la détention : béni oui-oui ou terminator ? : Gaz. Pal.* 27-28 juill. 2001, p. 3. • M. Lemonde, *Le juge des libertés et de la détention : une réelle avancée ? : RSC* 2001, 51. • H. Matsopoulou, *Le juge des libertés et de la détention : un acteur de premier ou de second rôle en matière de détention provisoire ? : D.* 2008, 1494. • R. Merle, *La liberté et la détention au cours de l'instruction dans la loi du 17 juillet 1970 : RSC* 1971, p. 567. • J. Pradel, *La réforme de la détention préventive : Gaz. Pal.* 1972, doctr. 1 ; *La loi du 9 juillet 1984 sur le recul de la détention provisoire, un pas en avant utile ? : D.* 1985, chron. 7.

Art. 143-1 *(Mod., L. n° 2009-1436, 24 nov. 2009)*. **– Sous réserve des dispositions de l'article 137, la détention provisoire ne peut être ordonnée ou prolongée que dans l'un des cas ci-après énumérés :**

1° La personne mise en examen encourt une peine criminelle ;

2° La personne mise en examen encourt une peine correctionnelle d'une durée égale ou supérieure à trois ans d'emprisonnement.

La détention provisoire peut également être ordonnée dans les conditions prévues à l'article 141-2 lorsque la personne mise en examen se soustrait volontairement aux obligations du contrôle judiciaire ou d'une assignation à résidence avec surveillance électronique.

1) Insuffisance du contrôle judiciaire et de l'assignation à résidence sous surveillance électronique. V. art. 137, p. 403 et art. 144, p. 440 et annotations ss art.

2) Motifs de la détention provisoire. V. art. 144, p. 440.

I – CONDITIONS TENANT À LA PERSONNE PLACÉE EN DÉTENTION PROVISOIRE

3) Mise en examen. Sur le contrôle de l'existence d'indices graves ou concordants de participation aux faits, V. annot. ss art. 137, p. 403, 137-3, p. 408 et 144, p. 440.

4) Mineur. V. CJPM, art. L. 334-1 et s., p. 3076. La chambre de l'instruction a souverainement apprécié, au vu d'examens effectués selon deux méthodes (examen radiologique puis expertise osseuse et dentaire) différentes, que l'intéressé était majeur au moment des faits (▪ Cass. crim., 9 juill. 2014, n° 14-82.934 : *JurisData* n° 2014-018434). Encourt la censure l'arrêt qui, pour prononcer l'annulation de la mise en examen et du mandat de dépôt ainsi que de l'interrogatoire au fond, et ordonner la mise en liberté de M. X..., retient que, s'il n'existait aucun élément susceptible de mettre en doute sa majorité avant qu'il ne revendique être mineur et produise des documents d'identité en ce sens, à ce jour la minorité de l'intéressé est certaine et entache d'une nullité d'ordre public la procédure, M. X... n'ayant pas bénéficié des droits prévus par l'ordonnance de 1945 applicable aux mineurs : en se déterminant ainsi alors que le suspect, interpellé au volant d'un véhicule, avait fourni une fausse identité et justifié celle-ci par la production d'un permis de conduire falsifié, avait réitéré ensuite ses fausses déclarations devant le juge d'instruction et devant le juge des libertés et de la détention, de sorte que les autorités chargées de l'enquête et de l'instruction n'avaient pu mettre en œuvre que le régime juridique applicable aux majeurs, la chambre de l'instruction n'a pas justifié sa décision (▪ Cass. crim., 19 déc. 2017, n° 17-86.113 : *Bull. crim.* à paraître).

5) Personne atteinte d'un trouble psychique. *Rapp.* il n'y a pas lieu de transmettre au Conseil constitutionnel la question prioritaire de constitutionnalité selon laquelle les dispositions des articles 137 et 144 du Code de procédure pénale, en ce qu'elles permettent d'ordonner et de prolonger la détention provisoire, sans prévoir aucune distinction selon que la personne a été atteinte, au moment des faits, d'un trouble psychique ayant aboli son discernement, porteraient atteinte au principe constitutionnel de sauvegarde de la dignité de la personne humaine qui découle du Préambule de la Constitution de 1946 ; il appartient en effet à l'autorité judiciaire, gardienne de la liberté individuelle, de veiller à ce que la privation de liberté des personnes détenues soit, en toutes circonstances, mise en œuvre dans le respect de la dignité de la personne, et de s'assurer que cette privation de liberté, dont les modalités sont adaptables à la personnalité et à l'état de santé du mis en examen, est exempte de tout traitement inhumain ou dégradant, la prise en compte de l'état mental des détenus étant assurée en application de l'article L. 3214-1 du Code de la santé publique (▪ Cass. crim., 30 sept. 2014, n° 14-84.637 : *JurisData* n° 2014-022704).

6) Jeune majeur. V. art. 81, al. 7, p. 294.

7) Personne exerçant l'autorité parentale exclusive sur un mineur de seize ans. V. art. 145-5, p. 482.

8) Parlementaire. V. Const., art. 26.

9) Président de la République. V. Const., art. 67.

10) Compatibilité de la détention provisoire avec l'état de santé de la personne mise en examen. La chambre de l'instruction, qui a analysé, par des motifs dépourvus d'insuffisance comme de contradiction, les conclusions du rapport de l'expert ainsi que les modalités de prise en charge de l'intéressé, compte tenu de son état de santé, a justifié sa décision au regard des articles 3 de la Convention européenne des droits de l'Homme et 147-1 du Code de procédure pénale (▪ Cass. crim., 7 févr. 2017, n° 16-86.877 :

Bull. crim. n° 33. ▪ Cass. crim., 29 nov. 2017, n° 17-85.300 : *Bull. crim.* à paraître).

11) Compatibilité de la détention provisoire avec la sécurité de la personne mise en examen. Justifie sa décision de rejeter la demande de mise en liberté de l'intéressé la chambre de l'instruction, qui, faute d'allégation d'éléments propres à la personne concernée, suffisamment graves pour mettre en danger sa santé physique ou mentale, s'est en conséquence déterminée par des considérations de droit et de fait répondant aux seules exigences des articles 137-3, 143-1 et suivants du Code de procédure pénale (▪ Cass. crim., 29 févr. 2012, n° 11-88.441 : *Bull. crim.* n° 58. ▪ Cass. crim., 3 mai 2017, n° 17-80.973).

II – CONDITION TENANT À LA PEINE ENCOURUE

12) Détermination de la peine encourue. V. annotations ss art. 145-1, p. 460.

III – CAS PARTICULIER DE LA DÉTENTION PROVISOIRE CONSÉCUTIVE À UN CONTRÔLE JUDICIAIRE

13) Placement en détention provisoire consécutif à un contrôle judiciaire jugé insuffisant. V. annotations ss art. 144, p. 440.

14) Placement en détention provisoire consécutif à la révocation du contrôle judiciaire. V. annotations ss art. 144, p. 440.

Art. 144 ancien ***(Rempl. par les art. 143-1 et 144 à compter du 1er janvier 2001, L. n° 2000-516, 15 juin 2000).***

Art. 144 ***(Rempl., L. n° 2007-291, 5 mars 2007 ; L. n° 2009-1436, 24 nov. 2009).*** **– La détention provisoire ne peut être ordonnée ou prolongée que s'il est démontré, au regard des éléments précis et circonstanciés résultant de la procédure, qu'elle constitue l'unique moyen de parvenir à l'un ou plusieurs des objectifs suivants et que ceux-ci ne sauraient être atteints en cas de placement sous contrôle judiciaire ou d'assignation à résidence avec surveillance électronique :**

1° Conserver les preuves ou les indices matériels qui sont nécessaires à la manifestation de la vérité ;

2° Empêcher une pression sur les témoins ou les victimes ainsi que sur leur famille ;

3° Empêcher une concertation frauduleuse entre la personne mise en examen et ses coauteurs ou complices ;

4° Protéger la personne mise en examen ;

5° Garantir le maintien de la personne mise en examen à la disposition de la justice ;

6° Mettre fin à l'infraction ou prévenir son renouvellement ;

7° Mettre fin au trouble exceptionnel et persistant à l'ordre public provoqué par la gravité de l'infraction, les circonstances de sa commission ou l'importance du préjudice qu'elle a causé. Ce trouble ne peut résulter du seul retentissement médiatique de l'affaire. Toutefois, le présent alinéa n'est pas applicable en matière correctionnelle.

Bibliographie : M. Afroukh et J.-P. Marguénaud, *Entente des juges contre l'indignité de la détention provisoire : l'avènement de l'arrêt pilote dialogué ? : D.* 2021, p. 432. ● J. Falxa, *Indignité des conditions de détention et office du juge judiciaire : place aux droits fondamentaux : D.* 2020, p. 1774.

1) Refus de transmission d'une question prioritaire de constitutionnalité. Il n'y a pas lieu de transmettre au Conseil constitutionnel la question prioritaire de constitutionnalité selon laquelle les dispositions des articles 137 et 144 du Code de procédure pénale, en ce qu'elles permettent d'ordonner et de prolonger la détention provisoire, sans prévoir aucune distinction selon que la personne a été atteinte, au moment des faits, d'un trouble psychique ayant aboli son discernement, porteraient atteinte au principe constitutionnel de sauvegarde de la dignité de la personne humaine qui découle du Préambule de la Constitution de 1946 ; il appartient en effet à l'autorité judiciaire, gardienne de la liberté individuelle, de veiller à ce que la privation de liberté des personnes détenues soit, en toutes circonstances, mise en œuvre dans le respect de la dignité de la personne, et de s'assurer que cette privation de liberté, dont les modalités sont adaptables à la personnalité et à l'état de santé du mis en examen, est exempte de tout traitement inhumain ou dégradant, la prise en compte de l'état mental des détenus étant assurée en application de l'article L. 3214-1 du Code de la santé publique (▪ Cass. crim., 30 sept. 2014, n° 14-84.637 : *JurisData* n° 2014-022704).

I – DOMAINE DE LA MOTIVATION

2) Inapplication à la détention consécutive à la violation du contrôle judiciaire. La décision de placement en détention provisoire prise en application de l'article 141-2 du Code de procédure pénale, pour sanctionner l'inexécution volontaire par la personne mise en examen des obligations du contrôle judiciaire, n'a pas à être motivée par des considérations de droit et de fait répondant aux exigences de l'article 144 du Code de procédure pénale ; il suffit que les juges relèvent l'existence d'un manquement entrant dans les prévisions de l'article 141-2 précité (■ Cass. crim., 25 nov. 2003, n° 03-85.386, préc. ■ Cass. crim., 13 oct. 1998, n° 98-84.260 : *Bull. crim.* n° 258).

3) **Inapplication à la détention prolongée sur le fondement de l'article 380-3-1 du Code de procédure pénale.** Il résulte des termes mêmes de l'article 380-3-1 du Code de procédure pénale que le juge qui prononce, dans ce cadre, à titre exceptionnel, la prolongation de la détention provisoire d'un accusé n'a pas à motiver sa décision au regard des conditions fixées par les articles 137 et 144 du même code (■ Cass. crim., 2 mars 2021, n° 20-86.729, § 17 : *Bull. crim.* à paraître).

4) **Inapplication à la détention ordonnée à l'issue d'une procédure de comparution immédiate.** Le maintien en détention ordonné à l'issue d'une procédure de comparution immédiate en application de l'article 397-2 du Code de procédure pénale, qui a pour effet de maintenir la personne poursuivie sous main de justice jusqu'à sa comparution le jour-même devant un juge d'instruction, échappe aux prescriptions de l'article 144 du même code (■ Cass. crim., 5 févr. 2019, n° 18-86.405 : *Bull. crim.*à paraître).

5) **Inapplication à la détention prolongée sur le fondement de l'article 509-1 du Code de procédure pénale.** Le président de la chambre des appels correctionnels qui prolonge, en application de l'article 509-1 du Code de procédure pénale, à titre exceptionnel, la détention provisoire d'un prévenu n'a pas à motiver sa décision au regard des conditions fixées par les articles 137 et 144 du même code (■ Cass. crim., 21 avr. 2020, n° 20-80.950, § 13 : *Bull. crim.* à paraître ; *Dr. pén.* 2020, comm. 125, obs. A. Maron et M. Haas ; *AJ pénal* 2020, 361, note É. Clément).

6) **Inapplication à l'écrou extraditionnel.** L'article 696-19 du Code de procédure pénale, qui s'applique à la demande de mise en liberté présentée par une personne détenue sous écrou provisoire dans l'attente d'une décision d'extradition, ne renvoie pas aux articles 137-3 et 144 de ce même code. N'encourt dès lors pas la censure la chambre de l'instruction qui, pour examiner la demande de mise en liberté de l'intéressé, ne se réfère qu'aux garanties offertes par lui en vue de satisfaire à la demande d'extradition sans rechercher si la détention était l'unique moyen de parvenir à l'objectif poursuivi par cet écrou et si ledit objectif ne pouvait être atteint en cas de placement sous contrôle judiciaire ou d'assignation à résidence avec surveillance électronique (■ Cass. crim., 30 mars 2021, n° 21-80.339, §§ 13 et 14 : *Bull. crim.* à paraître).

II – CONTENU DE LA MOTIVATION

A – Éléments de motivation de l'article 144 du Code de procédure pénale

7) **Caractère limitatif des motifs.** Les dispositions du Code de procédure pénale définissent limitativement les cas dans lesquels le placement ou le maintien en détention peut être ordonné par le juge (■ Cass. crim., 6 mars 1986, n°s 85-96.526 et 85-94.597 : *Bull. crim.* n° 94 ; *D.* 1986, p. 315, note D. Mayer ; *RSC* 1986, p. 643, obs. A. Braunschweig. ■ Cass. crim., 20 oct. 1987, n° 87-84.410 : *Bull. crim.* n° 357).

8) **Conformité à la Convention européenne des droits de l'Homme – Motifs non cités par l'article 5 § 1.** Les dispositions du Code de procédure pénale qui définissent limitativement les cas dans lesquels le placement ou le maintien en détention peut être ordonné par le juge, loin d'être incompatibles avec les dispositions de la Convention européenne des droits de l'Homme, instituent au contraire en faveur des inculpés des garanties supplémentaires destinées à éviter toute détention injustifiée (■ Cass. crim., 6 mars 1986, n°s 85-96.526 et 85-94.597 : *Bull. crim.* n° 94 ; *D.* 1986, p. 315, note D. Mayer ; *RSC* 1986, p. 643, obs. A. Braunschweig. ■ Cass. crim., 20 oct. 1987, n° 87-84.410 : *Bull. crim.* n° 357). Ne saurait dès lors être accueilli le moyen avançant que l'article 5-§ 1.c de la Convention européenne de sauvegarde des droits de l'homme donne une énumération limitative et n'envisage notamment pas le trouble causé à l'ordre public comme une cause justificative de détention provisoire (■ Cass. crim., 6 mars 1986, préc.). Ne saurait davantage être accueilli le moyen avançant que le souci d'éviter les pressions sur les témoins prévues par l'article 144-1° du Code de procédure pénale n'entre pas dans les prévisions de l'article 5, paragraphe 1-c, de la Convention européenne (■ Cass. crim., 20 oct. 1987, préc.).

9) **Conformité à l'article 6 de la Convention européenne des droits de l'Homme – Référence à des indices de culpabilité.** N'encourt pas la cassation l'arrêt de la chambre d'accusation qui, pour confirmer l'ordonnance de prolongation de la détention provisoire, relate notamment qu'il existe contre l'inculpé des indices sérieux de participation active à un trafic de stupéfiants, la Cour de cassation étant en mesure de s'assurer que la chambre d'accusation, sans se prononcer sur la culpabilité de l'inculpé, a justifié

le maintien en détention (■ Cass. crim., 1er oct. 1985, n° 85-94.010 : *Bull. crim.* n° 288). N'encourt pas la cassation l'arrêt de la chambre de l'instruction qui, après avoir exposé les circonstances de la cause et analysé les charges pesant sur l'intéressé d'avoir participé aux faits pour lesquels il est mis en examen, confirme l'ordonnance du juge des libertés et de la détention prolongeant sa détention provisoire (■ Cass. crim., 15 mars 2005, n° 05-80.014 : *Bull. crim.* n° 87). En affirmant notamment, pour rejeter la demande de remise en liberté, « que la teneur du jugement rendu le 18 mai 2016 par l'audience nationale espagnole tend à confirmer, même s'il s'agit d'une décision non encore définitive, l'implication réitérée de M. X... dans le banditisme », la chambre de l'instruction, sans méconnaître le principe de la présomption d'innocence, s'est déterminée par des considérations de droit et de fait répondant aux exigences des articles 137-3, 143-1 et suivants du Code de procédure pénale (■ Cass. crim., 7 févr. 2017, n° 16-86.877 : *Bull. crim.* n° 33).

10) Conformité à l'article préliminaire – Référence à des indices de culpabilité. Si les juridictions d'instruction, lorsqu'elles se prononcent sur une demande de mise en liberté, sur la prolongation de la détention provisoire ou le maintien en détention d'une personne mise en examen, ne sauraient présenter la personne détenue comme étant coupable des faits qui lui sont reprochés, il leur appartient, pour motiver concrètement la nécessité de la détention et l'insuffisance d'autres mesures de sûreté, de se référer aux indices, éléments de preuve et faits constants relevés dans la procédure à l'égard de la personne concernée, sans contrevenir au principe de la présomption d'innocence, tel que réaffirmé, notamment, par l'article préliminaire du Code de procédure pénale et par la directive européenne 2016/343 du Parlement européen et du Conseil, du 9 mars 2016 (■ Cass. crim., 11 déc. 2018, n° 18-85.460 : *Bull. crim.* à paraître ; *JCP* G 2019, 137, note J.-B. Perrier).

11) Conformité au droit de l'Union européenne. L'article 3 et l'article 4, § 1, de la directive UE 2016/343 du Parlement européen et du Conseil, du 9 mars 2016, portant renforcement de certains aspects de la présomption d'innocence et du droit d'assister à son procès dans le cadre des procédures pénales, doivent être interprétés en ce sens qu'ils ne s'opposent pas à l'adoption de décisions préliminaires de nature procédurale, telle une décision de maintien d'une mesure de détention provisoire prise par une autorité judiciaire, qui se fondent sur des soupçons ou des éléments de preuve à charge, pourvu que ces décisions ne présentent pas la personne détenue comme étant coupable (■ CJUE, 19 sept. 2018, aff. C-310/18-PPU).

12) Maintien à la disposition de la justice (5°). Encourt la cassation l'arrêt qui, pour infirmer une ordonnance de mise en liberté, se borne à énoncer que les risques de fuite sont réels, l'intéressé étant de nationalité étrangère, compte tenu de la peine encourue (■ Cass. crim., 26 juin 1994, n° 94-82.768 : *Bull. crim.* n° 284). Il n'importe que la gravité des peines encourues ne figure pas parmi les cas prévus dans l'article 144 du Code de procédure pénale, dès lors que cette considération n'a été retenue par les juges que comme l'un des éléments de fait pouvant permettre de conclure que la détention était nécessaire pour garantir le maintien de l'inculpé à la disposition de la justice (■ Cass. crim., 6 mars 1986, n° 85-96.526 : *Bull. crim.* n° 94 ; *D.* 1986, p. 315, note D. Mayer ; *RSC* 1986, p. 643, obs. A. Braunschweig. ■ Cass. crim., 21 août 1990, n° 90-83.745 : *Bull. crim.* n° 304).

13) Trouble à l'ordre public (7°). Le trouble apporté à l'ordre public susceptible de justifier le maintien en détention ne s'entend pas exclusivement de celui causé en France (■ Cass. crim., 15 oct. 1985, n° 85-94.474 : *Bull. crim.* n° 313 ; *D.* 1986, 170, note Mayer).

En énonçant que la détention est l'unique moyen de faire cesser le trouble exceptionnel et persistant à l'ordre public provoqué par la gravité de l'infraction, les circonstances de sa commission et l'importance du préjudice qu'elle a causé, en ce que le trafic de clés de la marque X mis au jour favorise la multiplication des cambriolages qui, par leur nombre et l'importance du préjudice matériel cumulé, outre les préjudices moraux et le sentiment d'insécurité que ces cambriolages engendrent, troublent de façon importante l'ordre public, la chambre de l'instruction, qui s'est déterminée par des considérations de droit et de fait, en fonction d'éléments précis et circonstanciés résultant de la procédure, a justifié sa décision (■ Cass. crim., 9 févr. 2021, n° 20-86.339, §§ 15 et 16 : *Bull. crim.* à paraître ; *JCP* G 2021, 290, obs. S. Detraz ; *Dr. pén.* 2021, n° 4, comm. 76, note A. Maron et M. Haas ; *AJ pénal* 2021, 154, obs. J. Boudot).

14) Insuffisance du contrôle judiciaire et de l'assignation à résidence au regard des motifs de l'article 144 du Code de procédure pénale. Il résulte de l'article 144 du Code de procédure pénale que la détention provisoire ne peut être ordonnée ou prolongée que s'il est démontré, au regard des éléments précis et circonstanciés résultant de la procédure, qu'elle constitue l'unique moyen de parvenir à l'un ou plusieurs objectifs définis par ce texte, et que ceux-ci ne sauraient être atteints en cas de placement sous contrôle judiciaire (■ Cass. crim., 26 févr. 2008, n° 07-88.336 : *Bull. crim.* n° 50.

■ Cass. crim., 18 juin 2008, n° 08-82.856 : *Bull. crim.* n° 157). Méconnaît ce texte et ce principe la chambre de l'instruction qui rejette les demandes de mise en liberté présentées par la personne mise en examen sans préciser expressément que les objectifs fixés ne pouvaient être atteints par un placement sous contrôle judiciaire (■ Cass. crim., 26 févr. 2008, préc.). Méconnaît également ce texte et ce principe la chambre de l'instruction qui confirme l'ordonnance de placement en détention provisoire sans préciser expressément que les objectifs fixés ne pouvaient être atteints par un placement sous contrôle judiciaire (■ Cass. crim., 18 juin 2008, préc.).

B – Autres éléments de motivation

1° *Indices graves ou concordants rendant vraisemblable la participation de la personne mise en examen aux faits reprochés*

15) Contenu de la motivation. La chambre de l'instruction, à chacun des stades de la procédure, doit s'assurer, même d'office, que les conditions légales de la détention provisoire sont réunies, et notamment de l'existence d'indices graves ou concordants rendant vraisemblable la participation de la personne mise en examen aux faits reprochés. Ce contrôle fait obligation aux juges de vérifier, au regard des éléments précis et circonstanciés résultant de la procédure au moment où ils statuent, que les pièces du dossier établissent, d'une part, l'existence d'agissements susceptibles de caractériser les infractions pour lesquelles la personne est mise en examen, selon la qualification notifiée à ce stade et, d'autre part, la vraisemblance de leur imputabilité à celle-ci. Les juges, lorsqu'ils concluent souverainement à la vraisemblance de la participation de la personne à la commission d'une ou plusieurs infractions, ne sont tenus, en cas de contestation, que d'exposer les éléments du dossier par lesquels ils se déterminent (■ Cass. crim., 9 févr. 2021, n° 20-86.339, §§ 6 à 8 : *Bull. crim.* à paraître ; *JCP* G 2021, 290, obs. S. Detraz ; *Dr. pén.* 2021, n° 4, comm. 76, note A. Maron et M. Haas ; *AJ pénal* 2021, 154, obs. J. Boudot).

Encourt la cassation l'arrêt de la chambre de l'instruction qui se borne à relever l'existence de raisons plausibles de soupçonner que la personne a commis les infractions reprochées : une telle constatation ne permet pas de déduire l'existence d'indices graves ou concordants de sa participation à ces mêmes faits, cette dernière exigence étant plus stricte que la première (■ Cass. crim., 16 mars 2021, n° 20-87.092, §§ 12 et 13, préc. ; *Dr. pén.* 2021, comm. 99, note A. Maron et M. Haas).

2° *Circonstances nouvelles*

• Nouvelle détention ordonnée pour les mêmes faits

– Nouvelle détention après remise en liberté consécutive à la disparition des conditions de l'article 144

16) Nécessité de circonstances nouvelles. Aucune disposition de la loi n'interdit au juge d'instruction (désormais au juge des libertés et de la détention) de délivrer, au cours d'une même information, un nouveau mandat à raison des mêmes faits, lorsque des circonstances nouvelles entrant dans les prévisions de l'article 144 du Code de procédure pénale justifient, eu égard aux nécessités actuelles de l'instruction, la délivrance d'un second titre d'incarcération (■ Cass. crim., 4 avr. 1974, n° 74-90.749 : *Bull. crim.* n° 149). Les juridictions d'instruction ne peuvent, à raison des mêmes faits, ordonner un nouveau placement en détention provisoire d'une personne précédemment mise en liberté que si elles constatent l'existence de circonstances nouvelles entrant dans les prévisions de l'article 144 du Code de procédure pénale et justifiant, au regard des nécessités actuelles de l'instruction, la délivrance d'un second titre d'incarcération (■ Cass. crim., 17 mai 1994, n° 94-81.285 994 : *JurisData* n° 1994-001123 ; *Bull. crim.* n° 185. ■ Cass. crim., 15 févr. 1995, n° 94-85.570 : *Bull. crim.* n° 71. ■ Cass. crim., 30 avr. 2002 : *JurisData* n° 2002-014418 ; *Bull. crim.* n° 92. ■ Cass. crim., 22 juill. 2015, n° 15-82.749 : *Bull. crim.* n° 182). Justifie sa décision la chambre de l'instruction qui se fonde sur de nouveaux témoignages et la saisie de nouveaux documents à charge (■ Cass. crim., 30 avr. 2002, préc.). Justifie également sa décision la chambre de l'instruction qui se fonde sur les nouveaux résultats d'expertise génétique révélant l'ADN de l'intéressé (■ Cass. crim., 22 juill. 2015, n° 15-82.749 : *Bull. crim.* n° 182). Méconnaît en revanche ce principe la chambre de l'instruction qui se borne à énoncer que le nouveau mandat de dépôt est justifié par la crainte du juge d'instruction de voir l'intéressé sortir de prison dans le cadre d'un aménagement de peine et qu'une modification de la situation pénitentiaire de celui-ci est possible à brève échéance (■ Cass. crim., 15 févr. 1995, préc.).

– Nouvelle détention après remise en liberté consécutive à l'irrégularité du titre initial de détention

17) Titre initial de détention affecté d'un vice de fond – Nécessité de circonstances nouvelles. La réincarcération d'un inculpé dont le titre de détention initial a été annulé pour vice de fond ne peut intervenir qu'à raison de circonstances nouvelles (■ Cass. crim., 16 nov. 1987, n° 87-85.177 : *Bull. crim.* n° 404). Il résulte des articles 5, §§ 1 et 4, de la Convention européenne des droits de l'homme et 144 et 145 du Code de procédure pénale que le juge des libertés et de la détention, saisi par le juge d'instruction à cette fin, ne peut, en raison des mêmes faits et dans la même information, ordonner un nouveau placement en détention provisoire d'une personne mise en liberté sans constater, à défaut de l'annulation du précédent titre de détention pour vice de forme, l'existence de circonstances nouvelles entrant dans les prévisions de l'article 144 du Code de procédure pénale et justifiant, au regard des nécessités de l'instruction, la délivrance d'un nouveau titre d'incarcération (▪ Cass. crim., 9 févr. 2016, n° 15-87.401 : *Bull. crim.* n° 31 : *AJ pénal* 2016, 332. ▪ Cass. crim., 9 févr. 2016, 15-87.095 : *Bull. crim.* n° 30 ; *D.* 2016. 1727, obs. J. Pradel ; *AJ pénal* 2016, 332, obs. C. Girault et 440, obs. G. Pitti). Ainsi lorsque le mandat de dépôt initial a été délivré pour des faits outrepassant la saisine du juge d'instruction (▪ Cass. crim., 16 nov. 1987, préc.), n'a pas été annulé pour un vice de forme, mais a cessé de produire effet en raison de la mise en liberté ordonnée par le procureur général pour se conformer à l'article 197 du Code de procédure pénale (▪ Cass. crim., 9 févr. 2016, n° 15-87.401, préc.) ou lorsque la mise en liberté a été ordonnée par la chambre de l'instruction pour violation des droits de la défense (▪ Cass. crim., 9 févr. 2016, n° 15-87.095, préc.).

18) Titre initial de détention affecté d'un vice de forme – Indifférence des circonstances nouvelles. Aucune disposition légale ou conventionnelle n'interdit, lorsque le mandat de dépôt a été annulé pour vice de forme, de placer à nouveau en détention provisoire la personne mise en examen, dans la même information et à raison des mêmes faits (▪ Cass. crim., 1er févr. 2005, n° 04-86.768 : *Bull. crim.* n° 33. ▪ Cass. crim., 3 sept. 2003, n° 03-83.068 : *Bull. crim.* n° 152. ▪ Cass. crim., 14 nov. 1985, n° 85-94.663 : *Bull. crim.* n° 356). Ainsi en l'absence de signature par le juge d'instruction de l'ordonnance de saisine du juge des libertés et de la détention (▪ Cass. crim., 1er févr. 2005, préc.) ou en l'absence de convocation de l'avocat au débat contradictoire (▪ Cass. crim., 3 sept. 2003, préc.).

19) Titre initial de détention affecté d'un vice de forme – Indifférence des circonstances nouvelles – Limite : personne remise en liberté et placée sous contrôle judiciaire sur le fondement de l'article 803-7 du Code de procédure pénale. Il résulte des articles 803-7 et 144 du Code de procédure pénale que le juge des libertés et de la détention ne peut délivrer à l'encontre d'une personne remise en liberté et placée sous contrôle judiciaire, après que la chambre de l'instruction a constaté l'irrégularité de son placement en détention provisoire pour non-respect des formalités prévues, un nouveau mandat de dépôt à raison des mêmes faits, et dans la même information, que lorsque des circonstances nouvelles entrant dans les prévisions de l'article 144 du Code de procédure pénale justifient la délivrance de ce nouveau titre d'incarcération (▪ Cass. crim., 6 mai 2020, n° 20-81.136, § 7 : *Bull. crim.* à paraître).

20) Titre initial de détention dépourvu de support légal – Indifférence des circonstances nouvelles. Aucune disposition légale ou conventionnelle n'interdit, lorsque la mise en liberté n'est intervenue qu'en raison de l'annulation de l'interrogatoire de première comparution, le mandat de dépôt s'étant trouvé dépourvu de tout support légal, de placer à nouveau en détention provisoire la personne mise en examen, dans la même information et à raison des mêmes faits. N'encourt dès lors pas la censure l'arrêt qui qualifie à tort de nouvelle une des circonstances retenues à l'appui du placement en détention provisoire (▪ Cass. crim., 31 mars 2020, n° 20-80.234, §§ 10 et 11 : *Bull. crim.* à paraître ; *RSC* 2020, p. 362, obs. J.-P. Valat ; *AJ pénal* 2020, 362, P. Mallet et R. Lorrain).

• **Détention consécutive à une incarcération provisoire**

21) Indifférence des circonstances nouvelles. Aucune disposition légale ne fait obstacle à ce que le juge d'instruction saisisse à nouveau le juge des libertés et de la détention d'une demande de placement en détention provisoire de la personne mise en examen, dans la même information et pour les mêmes faits, lorsque cette personne a fait précédemment l'objet d'une ordonnance, non pas de placement en détention provisoire mais d'incarcération provisoire, en application de l'article 145, alinéa 8, du Code de procédure pénale ; doit dès lors être écarté le moyen soutenant que les juridictions d'instruction ne peuvent, à raison des mêmes faits, ordonner un nouveau placement en détention d'une personne précédemment mise en liberté que si elles constatent l'existence de circonstances nouvelles, peu important que la première détention ait été ordonnée par le juge des libertés et de la détention à la suite de la demande de délai sollicité par le mis en examen (▪ Cass. crim., 6 déc. 2011, n° 11-86.900 : *Bull. crim.* n° 246).

• **Détention consécutive à un contrôle judiciaire jugé insuffisant**

22) Nécessité de circonstances nouvelles. Aucune disposition légale ou conventionnelle n'interdit à la chambre de l'instruction de délivrer, au cours d'une même information, à l'encontre d'une personne placée sous contrôle judiciaire, un titre de détention en raison des mêmes faits, lorsque des circonstances nouvelles entrant dans les prévisions de l'article 144 du Code de procédure pénale justifient, eu égard aux nécessités actuelles de l'instruction, la délivrance d'un mandat de dépôt (■ Cass. crim., 1er mars 2005, n° 04-87.392 : *JurisData* n° 2005-027676 ; *Bull. crim.* n° 73. ■ Cass. crim., 29 janv. 2008, n° 07-87.802 : *Bull. crim.* n° 21). Tel est le cas de nouveaux indices réunis contre la personne mise en examen pouvant laisser craindre qu'elle ne prenne la fuite (■ Cass. crim., 1er mars 2005, préc.). Tel est le cas de l'amélioration de l'état de santé, devenu compatible avec la détention, qui accroît les possibilités d'autonomie de la personne mise en examen et, en conséquence, le risque de commission de nouvelles infractions (■ Cass. crim., 29 janv. 2008, préc.).

Art. 144-1 ***(Mod., L. n° 2021-403, 8 avr. 2021).*** **– La détention provisoire ne peut excéder une durée raisonnable, au regard de la gravité des faits reprochés à la personne mise en examen et de la complexité des investigations nécessaires à la manifestation de la vérité.**

Sans préjudice des dispositions de l'article 803-8 garantissant le droit de la personne d'être détenue dans des conditions respectant sa dignité, le juge d'instruction ou, s'il est saisi, le juge des libertés et de la détention doit ordonner la mise en liberté immédiate de la personne placée en détention provisoire, selon les modalités prévues à l'article 147, dès que les conditions prévues à l'article 144 et au présent article ne sont plus remplies.

Bibliographie : M. Afroukh et J.-P. Marguénaud, *Entente des juges contre l'indignité de la détention provisoire : l'avènement de l'arrêt pilote dialogué ? : D.* 2021, p. 432. • E. Bonis et V. Peltier, *Commentaire de la loi n° 2021-403 du 8 avril 2021 tendant à garantir le droit au respect de la dignité en détention : Dr. pén.* 2021, étude 11. • J. Falxa, *Indignité des conditions de détention et office du juge judiciaire : place aux droits fondamentaux : D.* 2020, p. 1774.

I – DURÉE RAISONNABLE DE LA DÉTENTION (AL. 1)

1) Durée raisonnable de la détention selon l'article 5 § 3 de la Convention européenne des droits de l'Homme – Domaine. Justifie sa décision la chambre de l'instruction qui, pour écarter le grief pris de l'atteinte portée au délai raisonnable prévu par l'article 5 § 3 de la Convention européenne des droits de l'Homme, relève notamment que ces dispositions concernent les seules personnes détenues avant jugement et ne sauraient bénéficier à l'accusé ayant fait appel de sa condamnation par une cour d'assises (■ Cass. crim., 17 oct. 2012, n° 12-85.139. ■ Cass. crim., 7 mars 2012, n° 11-88.739 : *Bull. crim.* n° 63). Le délai raisonnable prévu par l'article 5, § 3, de la Convention européenne des droits de l'Homme, est seul applicable, à l'exclusion de l'article 144-1 du Code de procédure pénale, à la personne faisant l'objet d'une ordonnance de mise en accusation (■ Cass. crim., 3 mai 2006, n° 06-80.902. ■ Cass. crim., 22 juill. 1997, n° 97-82.678 : *Bull. crim.* n° 278).

2) Durée raisonnable de la détention (art. 5 § 3) et durée raisonnable du procès (art. 6). Encourt la cassation l'arrêt qui, pour rejeter la demande de mise en liberté présentée en 2011 par une personne, détenue provisoirement depuis 2007, condamnée en 2009 et dont le jugement en appel a été renvoyé afin qu'il soit procédé à un supplément d'information relève qu'il n'a pas été porté atteinte au délai raisonnable prévu par l'article 5, § 3, de la Convention européenne des droits de l'Homme : en effet, en se déterminant ainsi, d'une part, en se référant à tort à l'article 5 § 3 de la Convention européenne des droits de l'Homme qui concerne les seules personnes détenues avant jugement, et, d'autre part, sans rechercher si une diligence particulière avait été apportée à l'exécution du supplément d'information ordonné, en application de l'article 6 de ladite Convention, la chambre de l'instruction n'a pas justifié sa décision (■ Cass. crim., 7 mars 2012, n° 11-88.739 : *Bull. crim.* n° 63). La durée de la détention provisoire ne doit pas excéder le délai raisonnable imposé par l'article 6, § 1, de la Convention européenne des droits de l'Homme ; ne justifie pas sa décision faute de caractériser les diligences particulières ou les circonstances insurmontables qui auraient pu expliquer, au regard des exigences conventionnelles, la durée de la détention provisoire subie par l'accusée, la chambre de l'instruction qui énonce que la durée de la détention provisoire ne saurait être considérée comme déraisonnable, le délai de quatorze mois entre l'arrêt de mise en accusation et la comparution de l'accusé devant la cour d'assises résultant des difficultés ayant nécessité un règlement de juges (■ Cass. crim., 17 juin 2015, n° 15-82.206 : *Bull. crim.* n° 154).

3) Durée raisonnable de la détention selon l'article 5 § 3 de la Convention européenne des droits de l'Homme – Computation du délai. Aux termes des dispositions de l'article 5, § 3, de la convention susvisée, toute personne arrêtée ou détenue a le droit d'être jugée dans un délai raisonnable, ou libérée pendant la procédure ; le délai dont s'agit court, non à compter de la date à laquelle une juridiction est saisie d'une demande de mise en liberté, mais à compter de celle à laquelle la personne s'est trouvée être arrêtée ou détenue (■ Cass. crim., 23 déc. 1986, n° 86-95.501 : *Bull. crim.* n° 386). Après déclaration, par la cour d'assises de première instance, du bien-fondé de l'accusation dirigée contre lui, l'accusé, privé de sa liberté conformément à l'article 5.1 *a)* de ladite Convention, ne peut, dans l'attente de la décision de la cour d'assises d'appel, bénéficier des dispositions de l'article 5.3 du même texte, qui accordent à toute personne arrêtée ou détenue le droit d'être jugée dans un délai raisonnable, ou libérée pendant la procédure (■ Cass. crim., 15 mai 2002, n°s 02-81.644 et 02-81.645 : *Bull. crim.* n° 114. ■ Cass. crim., 17 oct. 2012, n° 12-85.139. – *Adde* ■ Cass. crim., 7 mars 2012, n° 11-88.739 : *Bull. crim.* n° 63). Après déclaration du bien-fondé de l'accusation dirigée contre lui, un accusé ne peut, dans l'attente de la décision de la Cour de cassation, saisie de son pourvoi contre l'arrêt de la cour d'assises, bénéficier des dispositions de l'article 5.3 de la Convention européenne des droits de l'Homme qui accordent à toute personne arrêtée ou détenue le droit d'être jugée dans un délai raisonnable ou libérée pendant la procédure ; ce n'est qu'après une cassation ne laissant rien subsister de la déclaration de culpabilité, qu'il recouvre l'usage de ce droit jusqu'à ce qu'il ait été à nouveau jugé au fond (■ Cass. crim., 18 nov. 1998, n° 98-86.561 : *Bull. crim.* n° 306). *V. cependant* Encourt la cassation l'arrêt qui, pour rejeter la demande de mise en liberté présentée en 2011 par une personne, détenue provisoirement depuis 2007, condamnée en 2009 et dont le jugement en appel a été renvoyé afin qu'il soit procédé à un supplément d'information relève qu'il n'a pas été porté atteinte au délai raisonnable prévu par l'article 5 § 3 de la Convention européenne des droits de l'Homme : en effet, en se déterminant ainsi, d'une part, en se référant à tort à l'article 5, § 3, de la Convention européenne des droits de l'Homme qui concerne les seules personnes détenues avant jugement, et, d'autre part, sans rechercher si une diligence particulière avait été apportée à l'exécution du supplément d'information ordonné, en application de l'article 6 de ladite Convention, la chambre de l'instruction n'a pas justifié sa décision (■ Cass. crim., 7 mars 2012, préc.).

4) Durée raisonnable de la détention selon l'article 5 § 3 de la Convention européenne des droits de l'Homme – Appréciation souveraine des juges du fond. Les juges du fond apprécient souverainement si la détention provisoire excède un délai raisonnable au regard des articles 5 et 6 de la Convention européenne des droits de l'Homme (■ Cass. crim., 2 sept. 1997, n° 97-83.234 : *Bull. crim.* n° 291. ■ Cass. crim., 11 sept. 2013, n° 13-84.857 : *Bull. crim.* n° 179. – *Adde* ■ Cass. crim., 6 mars 1986, n° 85-96.526 : *Bull. crim.* n° 94). L'appréciation des juges selon laquelle la durée de la détention provisoire n'excède pas le délai raisonnable prévu par l'article 5.3 de la Convention européenne des droits de l'Homme échappe au contrôle de la Cour de cassation (■ Cass. crim., 3 juin 2003, n° 03-81.389 : *Bull. crim.* n° 111). *Comp.* la durée de la détention provisoire ne doit pas excéder le délai raisonnable imposé par l'article 6, § 1, de la Convention européenne des droits de l'Homme ; ne justifie pas sa solution faute de caractériser les diligences particulières ou les circonstances insurmontables qui auraient pu expliquer, au regard des exigences conventionnelles, la durée de la détention provisoire subie par l'accusée, la chambre de l'instruction qui énonce que la durée de la détention provisoire ne saurait être considérée comme déraisonnable, le délai de quatorze mois entre l'arrêt de mise en accusation et la comparution de l'accusé devant la cour d'assises résultant des difficultés ayant nécessité un règlement de juges (■ Cass. crim., 17 juin 2015, n° 15-82.206 : *Bull. crim.* n° 154).

5) Durée raisonnable de la détention selon l'article 5 § 3 de la Convention européenne des droits de l'Homme – Appréciation souveraine des juges du fond – Limites. Encourt la cassation l'arrêt de la chambre d'accusation qui confirme l'ordonnance de prolongation de la détention sans répondre au mémoire qui invoquait la violation des dispositions de l'article 5, § 3, de la Convention européenne des droits de l'Homme (■ Cass. crim., 20 janv. 1993, n° 92-85.534 : *Bull. crim.* n° 32).

6) Durée raisonnable de la détention selon l'article 5 § 3 de la Convention européenne des droits de l'Homme – Sanction. *Comp.* un arrêt de la Cour européenne des droits de l'homme constatant le non-respect du délai raisonnable au sens de l'article 6, paragraphe 1, de la Convention européenne des droits de l'Homme, s'il permet à celui qui s'en prévaut de demander réparation, est sans incidence sur la validité des procédures relevant du droit interne (■ Cass. crim., 3 févr. 1993, n° 92-83.443 : *Bull. crim.* n° 57).

7) Durée raisonnable de la détention selon l'article 144-1 du Code de procédure pénale – Domaine. Lorsque les juges sont saisis d'une demande de mise en liberté formée par une personne détenue en vertu d'une ordonnance de prise de corps, sur le fondement de l'article 148-1 du Code de procédure pénale, ils n'ont pas à se prononcer par référence aux dispositions de l'article 144-1 dudit code (■ Cass. crim., 31 mars 1998, n° 98-80.173 : *Bull. crim.* n° 120). Le délai raisonnable prévu par l'article 5, paragraphe 3, de la

Convention européenne de sauvegarde des droits de l'homme et des libertés fondamentales, est seul applicable, à l'exclusion de l'article 144-1 du Code de procédure pénale, à la personne faisant l'objet d'une ordonnance de mise en accusation (■ Cass. crim., 3 mai 2006, n° 06-80.902. ■ Cass. crim., 22 juill. 1997, n° 97-82.678 : *Bull. crim.* n° 278).

8) Durée raisonnable selon l'article 144-1 du Code de procédure pénale – Appréciation souveraine des juges du fond. La chambre de l'instruction apprécie souverainement si la détention provisoire n'excède pas un délai raisonnable au regard de l'article 144-1 du Code de procédure pénale (■ Cass. crim., 3 nov. 2011, n° 11-86.372. ■ Cass. crim., 20 févr. 2002, n° 01-88.116 : *Bull. crim.* n° 39. ■ Cass. crim., 2 sept. 1997, n° 97-83.234 : *Bull. crim.* n° 291).

9) Durée raisonnable selon l'article 144-1 du Code de procédure pénale – Contrôle de la Cour de cassation. Le demandeur ne saurait être admis à critiquer les motifs pour lesquels la chambre de l'instruction a estimé que la durée de la détention provisoire n'excédait pas le délai raisonnable prévu par l'article 144-1 du Code de procédure pénale, une telle appréciation échappant au contrôle de la Cour de cassation (■ Cass. crim., 14 mars 2006, n° 06-80.056 : *Bull. crim.* n° 68. ■ Cass. crim., 27 sept. 2005, n° 05-84.234 : *Bull. crim.* n° 236. ■ Cass. crim., 3 juin 2003, n° 03-81.389 : *Bull. crim.* n° 111). Méconnaissent le principe selon lequel la détention ne peut excéder une durée raisonnable, au regard de la gravité des faits reprochés à la personne mise en examen et de la complexité des investigations nécessaires à la manifestation de la vérité, les juges qui rejettent une demande de mise en liberté sans répondre au mémoire dont ils étaient saisis, qui articulait que la détention avait excédé un délai raisonnable (■ Cass. crim., 22 juill. 1997, n°s 97-82.777 et 97-82.854 : *Bull. crim.* n° 277).

10) Détermination de la durée de la détention provisoire – Pouvoirs du juge. Justifie sa décision la chambre de l'instruction selon laquelle le législateur n'a pas accordé aux juges le pouvoir de fixer à l'avance une durée de détention inférieure à celle prévue par la loi lorsqu'ils décident du placement en détention, dès lors que la personne placée en détention provisoire peut, à tout moment, demander sa mise en liberté (■ Cass. crim., 21 nov. 2006, n° 06-86.937 : *Bull. crim.* n° 291).

II – CAS DE REMISE EN LIBERTÉ (AL. 2)

11) Durée déraisonnable de la détention. *V. annot. supra.*

12) Non-respect des conditions de l'article 144. V. annot. ss art. 144, p. 440.

13) Conditions de détention – Risque sanitaire lié à l'épidémie de Covid-19 – Article 3 de la Convention européenne des droits de l'homme. L'allégation d'un risque sanitaire lié à l'épidémie de Covid-19 ne saurait prospérer à l'occasion d'une demande ayant trait à la détention provisoire, l'intéressé n'ayant pas préalablement allégué que sa vie avait été exposée à un risque réel et imminent en raison de conditions personnelles de détention dans le contexte de l'épidémie de Covid-19, ni établi que les mesures sanitaires nécessaires pour prévenir l'entrée et/ou la propagation du virus Covid-19 au sein de l'établissement pénitentiaire concerné n'auraient pas été mises en œuvre (■ Cass. crim., 16 sept. 2020, n° 20-82.389, § 19. – V. égal. ■ Cass. crim., 19 août 2020, n° 20-82.171, § 8 : *Dr. pén.* 2020, comm. 177, note A. Maron et M. Haas ; *AJ pénal* 2020, p. 478, obs. J. Falxa).

14) Conditions de détention – Mesure d'isolement – Article 3 de la Convention européenne des droits de l'homme. Le demandeur n'est pas fondé à se prévaloir de l'incidence d'une mesure d'isolement sur ses conditions d'incarcération à l'occasion d'une demande ayant trait à la détention provisoire, dès lors qu'il dispose devant le juge administratif d'un recours effectif de nature à faire cesser celle-ci (■ Cass. crim., 16 sept. 2020, n° 20-82.389, § 18).

15) Conditions de détention indignes. V. art. 803-8, p. 1875.

III – CONDITIONS DE DÉTENTION INDIGNES – JURISPRUDENCE ANTÉRIEURE À LA LOI N° 2021-403 DU 8 AVRIL 2021

16) Transmission d'une QPC. La question contestant la constitutionnalité des articles 137-3, 144 et 144-1 du Code de procédure pénale présente un caractère sérieux en ce sens que, d'une part, les dispositions législatives qui régissent la détention provisoire ne subordonnent pas le placement ou le maintien de cette détention à la possibilité de garantir que l'incarcération respecte la dignité de la personne détenue et, d'autre part, il n'existe pas de recours ni de faculté d'injonction reconnu à une juridiction, permettant de mettre un terme à toute atteinte à la dignité de la personne incarcérée, résultant des conditions de sa détention. En conséquence, il y a lieu de renvoyer la question au Conseil constitutionnel (■ Cass. crim., 8 juill. 2020, n° 20-81.739, §§ 4 et 5 : *Dr. pén.* 2020, comm. 146, note A. Maron et M. Haas ; *AJ pénal* 2020, 404, note J. Frinchaboy ; *D.* 2020, p. 1774. *Adde* : J. Falxa, *Indignité des conditions* *de détention et office du juge judiciaire : place aux droits fondamentaux : D.* 2020, p. 1774).

17) Inconstitutionnalité de l'article 144-1, alinéa 2, du Code de procédure pénale. Les requérants considèrent que, faute d'imposer au juge judiciaire de faire cesser des conditions de détention provisoire contraires à la dignité de la personne humaine, le législateur aurait méconnu l'étendue de sa compétence dans une mesure affectant le principe de sauvegarde de la dignité de la personne humaine, celui de prohibition des traitements inhumains et dégradants, la liberté individuelle, le droit à un recours juridictionnel effectif et le droit au respect de la vie privée (§ 6). Par conséquent, la question prioritaire de constitutionnalité porte sur le second alinéa de l'article 144-1 du Code de procédure pénale (§ 7). D'une part, si, en vertu de l'article 148 du Code de procédure pénale, la personne placée en détention provisoire peut à tout moment former une demande de mise en liberté, le juge n'est tenu d'y donner suite que dans les cas prévus au second alinéa de l'article 144-1 du même code. Or, il s'agit du cas où la détention provisoire excède une durée raisonnable, au regard de la gravité des faits reprochés et de la complexité des investigations nécessaires à la manifestation de la vérité et du cas où la détention n'est plus justifiée par l'une des causes énumérées à l'article 144 du même code, qui relèvent toutes des exigences propres à la sauvegarde de l'ordre public ou à la recherche des auteurs d'infractions. D'autre part, si l'article 147-1 du même code autorise le juge à ordonner la mise en liberté d'une personne placée en détention provisoire, ce n'est que dans la situation où une expertise médicale établit que cette personne est atteinte d'une pathologie engageant le pronostic vital ou que son état de santé physique ou mentale est incompatible avec le maintien en détention. Dès lors, aucun recours devant le juge judiciaire ne permet au justiciable d'obtenir qu'il soit mis fin aux atteintes à sa dignité résultant des conditions de sa détention provisoire (§ 16). Par conséquent, le second alinéa de l'article 144-1 du Code de procédure pénale est contraire à la Constitution (■ Cons. const., 2 oct. 2020, n° 2020-858/859 : *JCP* 2020, 1348, note V. Peltier ; *D.* 2020, p. 2056, note J. Falxa ; *D.* 2021, p. 57, note J. Roux ; *Dr. pén.* 2020, alerte 85, obs. W. Roumier et comm. 2020, note A. Maron et M. Haas ; *D.* 2021, p. 57 ; *AJ pénal* 2020, p. 580, note J. Frinchaboy).

18) Violation de l'article 3 de la Convention européenne des droits de l'homme – Jurisprudence européenne. La Cour juge que les 3 requérants ont été et sont soumis à des conditions de détention qui leur ont fait subir une épreuve d'une intensité excédant le niveau inévitable de souffrance inhérent à la détention et qui sont constitutives d'un traitement dégradant prohibé par l'article 3 (■ CEDH, 30 janv. 2020, n° 9671/15, § 301, *J.M.B. et a. c/ France*).

19) Violation de l'article 3 de la Convention européenne des droits de l'homme – Jurisprudence interne. Le juge judiciaire a l'obligation de garantir à la personne placée dans des conditions indignes de détention un recours préventif et effectif permettant d'empêcher la continuation de la violation de l'article 3 de la Convention européenne des droits de l'homme. En tant que gardien de la liberté individuelle, il lui incombe de veiller à ce que la détention provisoire soit, en toutes circonstances, mise en œuvre dans des conditions respectant la dignité des personnes et de s'assurer que cette privation de liberté est exempte de tout traitement inhumain et dégradant. Lorsque la description faite par le demandeur de ses conditions personnelles de détention est suffisamment crédible, précise et actuelle, de sorte qu'elle constitue un commencement de preuve de leur caractère indigne, il appartient alors à la chambre de l'instruction, dans le cas où le ministère public n'aurait pas préalablement fait vérifier ces allégations, et en dehors du pouvoir qu'elle détient d'ordonner la mise en liberté de l'intéressé, de faire procéder à des vérifications complémentaires afin d'en apprécier la réalité. Après que ces vérifications ont été effectuées, dans le cas où la chambre de l'instruction constate une atteinte au principe de dignité à laquelle il n'a pas entretemps été remédié, elle doit ordonner la mise en liberté de la personne, en l'astreignant, le cas échéant, à une assignation à résidence avec surveillance électronique ou à un contrôle judiciaire (■ Cass. crim., 8 juill. 2020, n° 20-81.739, §§ 21 à 24 : *Bull. crim.* à paraître ; *JCP* G. 2020, 1075, note V. Peltier ; *AJ pénal* 2020, 404, note J. Frinchaboy).

V. précédemment : Une éventuelle atteinte à la dignité de la personne en raison des conditions de détention, si elle est susceptible d'engager la responsabilité de la puissance publique en raison du mauvais fonctionnement du service public, ne saurait constituer un obstacle légal au placement et au maintien en détention provisoire (■ Cass. crim., 18 sept. 2019, n° 19-83.950 : *Bull. crim.* à paraître ; *AJ pénal* 2019, p. 560, obs. J. Frinchaboy).

20) Contrôle de la conformité à l'article 3 de la Convention européenne des droits de l'homme. Faute pour le demandeur de faire état devant les juges de ses conditions personnelles de détention au sein de la maison d'arrêt où il était détenu, de façon suffisamment crédible, précise et actuelle pour constituer un commencement de preuve de leur caractère indigne, la chambre de l'instruction n'est pas tenue de faire vérifier les conditions de détention de l'intéressé avant de confirmer le rejet de sa demande de mise en liberté (■ Cass. crim., 19 août 2020, n° 20-82.171, § 8 : *Dr. pén.* 2020, comm. 177, note A. Maron et M. Haas). Saisie d'une description circonstanciée des conditions de détention du demandeur, la chambre de l'instruction doit en apprécier le caractère précis, crédible et actuel, sans s'arrêter au fait que cette description ne renverrait qu'aux conditions générales de détention dans l'établissement pénitentiaire en cause, ni exiger de l'intéressé qu'il démontre le caractère indigne de ses conditions personnelles de détention ainsi que leurs conséquences sur sa santé physique ou psychologique (■ Cass. crim., 25 nov. 2020, n° 20-84.886, §§ 12 et 13 : *Bull. crim.* à paraître ; *Dr. pén.* 2021, comm. 15, obs. A. Maron et M. Haas ; *AJ pénal* 2021, p. 41, note C. Margaine).

Il résulte de la jurisprudence de la Cour européenne des droits de l'homme au regard de l'article 3 de la Convention qui interdit les peines ou traitements inhumains ou dégradants qu'en cas de surpopulation carcérale, chaque détenu placé en cellule collective doit bénéficier d'une surface personnelle minimale au sol de 3 m^2 hors sanitaires, en deçà de laquelle il existe une forte présomption de violation de l'article 3 qui ne peut être réfutée qu'à de strictes conditions qu'elle énonce. Entre 3 et 4 m^2, le facteur spatial demeure un élément de poids, et d'autres aspects des conditions de détention sont à prendre en considération. Au-delà, le facteur spatial ne pose plus de problème en lui-même. Il s'en déduit que l'appréciation du caractère indigne des conditions de détention en cas de surpopulation carcérale relève d'un ensemble de facteurs devant être globalement envisagés. Doit être approuvé l'arrêt d'une chambre de l'instruction qui, après avoir fait procéder à des vérifications, analyse, conformément aux principes et normes ainsi définis par la Cour européenne des droits de l'homme, les informations qu'elle a recueillies et, constatant que le demandeur dispose d'une surface personnelle au sol de 3,83 m^2, dans une cellule avec fenêtre, équipée pour satisfaire aux besoins essentiels, dont l'espace sanitaire présente des moisissures sur un seul mur et n'est clos par un drap que suite au retrait des portes par les occupants qui les utilisent à d'autres fins, qu'affecté aux ateliers, il passe 6 heures 30 par jour hors de sa cellule, a quotidiennement accès à la cour de promenade et à la bibliothèque une fois par semaine et dispose d'un accès effectif aux soins, et que l'administration justifie de mesures diverses et réitérées pour lutter contre la présence de nuisibles, en déduit exactement que l'intéressé n'est pas placé dans des conditions indignes de détention justifiant sa mise en liberté (■ Cass. crim., 15 déc. 2020, n° 20-85.461, §§ 6 à 14 : *Bull. crim.* à paraître ; *Dr. pén.* 2021, comm. 57, note A. Maron et M. Haas).

21) Indemnisation – Conformité à la Convention européenne des droits de l'homme. Le recours indemnitaire ouvert devant le juge administratif en raison de conditions de détention indignes est, dans son principe, conforme à l'article 13 de la Convention européenne des droits de l'homme. Toutefois, dans le cas d'espèce, il y a violation de l'article 13 combiné à l'article 3 de la Convention du fait de la faiblesse de l'indemnisation allouée et de la mise à la charge de la personne mise en examen des frais d'expertise (■ CEDH, 19 nov. 2020, n° 25338/16, *Barbotin c/ Fr.* : *JCP* G. 2020, 1390, note L. Milano , *Dr. pén.* 2021, comm. 14, note A. Maron et M. Haas et comm. 19, note V. Peltier ; *AJ pénal* 2021, p. 47, note J.-P. Céré).

Art. 144-2 ***(L. n° 2004-204, 9 mars 2004).*** **– Lorsqu'une mise en liberté est ordonnée en raison des dispositions des articles 143-1, 144, 144-1, 145-2, 145-3 ou 706-24-3, mais qu'elle est susceptible de faire courir un risque à la victime, la juridiction place la personne mise en examen sous contrôle judiciaire en la soumettant à l'interdiction de recevoir ou rencontrer la victime ou d'entrer en relation de quelque façon que ce soit avec elle en application des dispositions du 9° de l'article 138. Cette dernière en est avisée conformément aux dispositions de l'article 138-1.**

Art. 145 ***(Mod., L. n° 2015-993, 17 août 2015 ; L. n° 2021-1729, 22 déc. 2021).*** **– Le juge des libertés et de la détention saisi par une ordonnance du juge d'instruction tendant au placement en détention de la personne mise en examen fait comparaître cette personne devant lui, assistée de son avocat si celui-ci a déjà été désigné, et procède conformément aux dispositions du présent article.**

Au vu des éléments du dossier et après avoir, s'il l'estime utile, recueilli les observations de l'intéressé, ce magistrat fait connaître à la personne mise en examen s'il envisage de la placer en détention provisoire.

S'il n'envisage pas de la placer en détention provisoire, ce magistrat, après avoir le cas échéant ordonné le placement de la personne sous contrôle judiciaire, procède conformément aux deux derniers alinéas de l'article 116 relatifs à la déclaration d'adresse.

S'il envisage d'ordonner la détention provisoire de la personne, il l'informe que sa décision ne pourra intervenir qu'à l'issue d'un débat contradictoire et qu'elle a le droit de demander un délai pour préparer sa défense.

Si cette personne n'est pas déjà assistée d'un avocat, le juge l'avise qu'elle sera défendue lors du débat par un avocat de son choix ou, si elle ne choisit pas d'avocat, par un avocat commis d'office. L'avocat choisi ou, dans le cas d'une commission d'office, le bâtonnier de l'ordre des avocats en est avisé par tout moyen et sans délai. Si l'avocat choisi ne peut se déplacer, il est remplacé par un avocat commis d'office. Mention de ces formalités est faite au procès-verbal.

Le juge des libertés et de la détention statue après un débat contradictoire au cours duquel il entend le ministère public qui développe ses réquisitions prises conformément au troisième alinéa de l'article 82 puis les observations de la personne mise en examen et, le cas échéant, celles de son avocat. Si la personne mise en examen à laquelle a été notifié son droit de se taire sur les faits qui lui sont reprochés est majeure, le débat contradictoire a lieu et le juge statue en audience publique. Toutefois, le ministère public, la personne mise en examen ou son avocat peuvent s'opposer à cette publicité si l'enquête porte sur des faits mentionnés aux articles 706-73 et 706-73-1 ou si celle-ci est de nature à entraver les investigations spécifiques nécessitées par l'instruction, à porter atteinte à la présomption d'innocence ou à la sérénité des débats ou à nuire à la dignité de la personne ou aux intérêts d'un tiers. Le juge statue sur cette opposition en audience de cabinet par ordonnance motivée, après avoir recueilli les observations du ministère public, de la personne mise en examen et de son avocat. S'il fait droit à cette opposition ou si la personne mise en examen est mineure, le débat a lieu et le juge statue en audience de cabinet.

Toutefois, le juge des libertés et de la détention ne peut ordonner immédiatement le placement en détention lorsque la personne mise en examen ou son avocat sollicite un délai pour préparer sa défense.

Dans ce cas, il peut, au moyen d'une ordonnance motivée par référence aux dispositions de l'alinéa précédent et non susceptible d'appel, prescrire l'incarcération de la personne pour une durée déterminée qui ne peut en aucun cas excéder quatre jours ouvrables. Dans ce délai, il fait comparaître à nouveau la personne et, que celle-ci soit ou non assistée d'un avocat, procède comme il est dit au sixième alinéa. S'il n'ordonne pas le placement de la personne en détention provisoire, celle-ci est mise en liberté d'office.

Pour permettre au juge d'instruction de procéder à des vérifications relatives à la situation personnelle du mis en examen ou aux faits qui lui sont reprochés, lorsque ces vérifications sont susceptibles de permettre le placement de l'intéressé sous contrôle judiciaire ou sous assignation à résidence avec surveillance électronique, le juge des libertés et de la détention peut également décider d'office de prescrire par ordonnance motivée l'incarcération provisoire du mis en examen pendant une durée déterminée qui ne saurait excéder quatre jours ouvrables jusqu'à la tenue du débat contradictoire. À défaut de débat dans ce délai, la personne est mise en liberté d'office. L'ordonnance mentionnée au présent alinéa peut faire l'objet du recours prévu à l'article 187-1.

L'incarcération provisoire est, le cas échéant, imputée sur la durée de la détention provisoire pour l'application des articles 145-1 et 145-2. Elle est assimilée à une détention provisoire au sens des articles 149 et 716-4.

Voir : S'agissant de l'incarcération provisoire, art. D. 32-31, p. 2160.

• *Sommaire*

I – FORMALITÉS PRÉALABLES RELATIVES À LA SITUATION PERSONNELLE DE CERTAINS MIS EN EXAMEN

1) Mineur – Consultation obligatoire du service de protection judiciaire de la jeunesse. Aux termes de l'article 12 de l'ordonnance du 2 février 1945, le service de l'éducation surveillée compétent doit obligatoirement être consulté avant décision de placement en détention provisoire d'un mineur ; encourt la cassation l'arrêt qui ordonne le placement en détention provisoire d'un mineur sans que cette formalité essentielle ait été accomplie (■ Cass. crim., 11 juin 1996, n° 96-81.398 : *JurisData* n° 1996-003024). Si l'article 12 de l'ordonnance du 2 février 1945, dans sa rédaction issue de la loi du

30 décembre 1985, prescrit qu'avant toute réquisition ou décision de placement en détention provisoire d'un mineur, le service de l'éducation surveillée compétent doit obligatoirement être consulté, cette exigence ne saurait être étendue aux cas où le juge est appelé à se prononcer, au cours de cette détention, sur la validité ou l'opportunité du maintien de la mesure (■ Cass. crim., 26 sept. 1989 : *JurisData* n° 1989-703272 ; *Bull. crim.* n° 329 ; *RSC* 1989, p. 366, obs. A. Braunschweig). Si l'article 12, 3e alinéa, de l'ordonnance du 2 février 1945 sur l'enfance délinquante, dans sa rédaction issue de la loi du 10 mars 2010, prescrit que le service de la protection judiciaire de la jeunesse doit être consulté, notamment, avant toute décision du juge d'instruction, du juge des libertés et de la détention ou du juge des enfants, et toute réquisition du procureur de la République au titre de l'article 142-5 du Code de procédure pénale, cette exigence ne saurait être étendue au cas dans lequel la juridiction rejette une demande de mise en liberté après avoir constaté le caractère insuffisant d'une mesure d'assignation à résidence avec surveillance électronique (■ Cass. crim., 2 févr. 2011, n° 10-87.868 : *Bull. crim.* n° 19). Les règles édictées par les articles 5, 12 et 23 de l'ordonnance du 2 février 1945 ne sont pas applicables à la personne à laquelle sont imputées des infractions qualifiées crime ou délit, dont certaines ont été commises alors qu'elle était âgée de plus de 18 ans (■ Cass. crim., 9 déc. 2003, n° 03-85.587 : *JurisData* n° 2003-021765). Le rapport prévu par l'article 12 de l'ordonnance du 2 février 1945, qui a pour finalité d'imposer qu'une proposition éducative soit formulée par le service de la protection judiciaire de la jeunesse pour tout mineur à l'encontre duquel une mesure de placement en détention ou de prolongation de celle-ci est envisagée, n'est plus exigé s'agissant d'une personne devenue majeure au moment où le magistrat statue sur sa détention (■ Cass. crim., 21 juin 2006, n° 06-82.516 : *JurisData* n° 2006-034404).

2) Jeune majeur – Enquête obligatoire destinée à vérifier la situation matérielle, familiale et sociale. V. art. 81, al. 7, p. 294.

3) Personne exerçant à titre exclusif l'autorité parentale sur un mineur de seize ans au plus. V. art. 145-5, p. 482.

II – SAISINE DU JUGE DES LIBERTÉS ET DE LA DÉTENTION

4) Saisine par ordonnance motivée du juge d'instruction. V. art. 137-1, p. 406.

5) Absence d'audition préalable par le juge d'instruction. La personne mise en examen qui a été arrêtée en exécution d'un mandat d'arrêt n'a pas à être entendue par le juge d'instruction avant que ce dernier saisisse le juge des libertés et de la détention aux fins de placement en détention provisoire (■ Cass. crim., 10 juill. 2002, n° 02-83.182 : *Bull. crim.* n° 151).

6) Irrégularité de la saisine. Une ordonnance du président du tribunal de grande instance ne pouvant se substituer à une désignation de l'assemblée générale des magistrats du sièges du TGI pour procéder à la désignation du magistrat du siège chargé de remplacer l'unique juge d'instruction d'un tribunal, il apparaît, qu'en l'espèce, la saisine du juge des libertés et de la détention est intervenue par une ordonnance prise par un magistrat qui n'a pas été régulièrement désigné pour remplacer le juge d'instruction. Cette saisine irrégulière du juge des libertés et de la détention affecte la régularité de la décision de prolongation de la détention provisoire (■ Cass. crim., 11 sept. 2019, n° 19-83.878, § 12 : *Dr. pén.* 2019, comm. 190, note A. Maron ; *RSC* 2019, p. 847, obs. J.-P. Valat).

7) Transmission du dossier de la procédure. V. art. 137-1, p. 406. Doit être approuvée la chambre de l'instruction qui, pour écarter le grief tiré de ce que le dossier transmis au juge des libertés et de la détention en vue du débat contradictoire préalable à la décision de prolongation de la détention provisoire était incomplet, énonce que l'entier dossier de la procédure pouvait être consulté au cabinet du juge d'instruction, en sorte que le caractère contradictoire du débat avait été observé : dès lors qu'il résulte des dispositions de l'article 114, alinéa 3, du Code de procédure pénale, qu'après la première comparution de la personne mise en examen, la procédure est mise à la disposition des avocats durant les jours ouvrables, sous la seule réserve du bon fonctionnement du cabinet d'instruction, et que les motifs de l'ordonnance de saisine du juge d'instruction tendant à la prolongation de la détention provisoire ont pu être ainsi contradictoirement débattus, la chambre de l'instruction a justifié sa décision (■ Cass. crim., 1er févr. 2011, n° 10-87.875 : *Bull. crim.* n° 14).

8) Réquisitions écrites et motivées du procureur de la République. V. art. 137-1, p. 406. Si, aux termes de l'article 82, alinéa 3, du Code de procédure pénale, dans sa rédaction issue de la loi du 30 décembre 1996, le procureur de la République qui requiert le placement ou le maintien en détention est désormais tenu de prendre des réquisitions écrites et motivées par référence aux seules dispositions de l'article 144 de ce code, la méconnaissance de cette obligation ne saurait avoir d'incidence sur la régularité de l'ordonnance statuant en matière de détention provisoire (■ Cass. crim., 3 déc. 1997, n° 97-84.983 : *JurisData* n° 1997-005450 ; *Dr. pén.* 1998, comm. 42, obs.

A. Maron ; *Procédures* 1998, comm. 124, obs. J. Buisson ; *RSC* 1998, p. 350, obs. J.-P. Dinthillac).

9) Rétention de la personne mise en examen en l'attente de sa comparution devant le juge des libertés et de la détention. Dès lors que le juge d'instruction a le droit, selon l'article 51, alinéa 3, du Code de procédure pénale, de requérir directement la force publique, doit être approuvée la chambre de l'instruction qui, pour écarter l'argumentation du mis en examen tenant à l'irrégularité de son interpellation et de sa rétention préalablement à la tenue de l'audience du juge des libertés et de la détention à laquelle il s'était présenté, retient que la comparution de la personne mise en examen devant le juge des libertés et de la détention est obligatoire, ce qui justifie sa rétention en attente de comparution devant ce magistrat (■ Cass. crim., 10 août 2016, n° 16-83.517 : *JurisData* n° 2016-015844). Dès lors que le juge d'instruction a le droit, selon l'article 51, alinéa 3, du Code de procédure pénale, de requérir directement la force publique, doit être approuvée la chambre de l'instruction qui écarte l'argumentation du mis en examen tenant à l'irrégularité de sa présentation sous la contrainte au juge des libertés et de la détention (■ Cass. crim., 3 mai 2011, n° 11-80.889 : *Bull. crim.* n° 88. ■ Cass. crim., 22 juill. 2015, n° 15-82.749 : *Bull. crim.* n° 182).

10) Refus du juge d'instruction de saisir le juge des libertés et de la détention. V. art. 137-4, p. 411.

III – DÉBAT CONTRADICTOIRE

11) Lieu du débat. Le débat contradictoire préalable à la détention provisoire peut se tenir en tout autre lieu que le cabinet du magistrat instructeur, si les circonstances l'exigent (■ Cass. crim., 1er oct. 1985, n° 85-94.010 : *Bull. crim.* n° 288. ■ Cass. crim., 15 mars 2005, n° 05-80.014 : *JurisData* n° 2005-027797). Ainsi, à la maison d'arrêt (■ Cass. crim., 1er oct. 1985, préc. ■ Cass. crim., 15 mars 2005, préc.) ou à l'hôpital (■ Cass. crim., 14 mars 1988, n° 87-92.074 : *Bull. crim.* n° 124 ; *RSC* 1988, p. 825, obs. A. Braunschweig).

12) Moment du débat. La personne mise en examen ne saurait se faire un grief de ce que le débat contradictoire préalable à la décision du juge des libertés et de la détention n'a pas eu lieu immédiatement après la saisine de ce magistrat, dès lors qu'elle n'a pas subi une privation de liberté entre le moment où il a été constaté que ce débat ne pouvait être matériellement organisé, et le moment fixé pour sa comparution effective (■ Cass. crim., 10 août 2016, n° 16-83.517 : *JurisData* n° 2016-015844).

13) Retard par rapport à l'heure de convocation. N'encourt pas la critique l'arrêt de la chambre de l'instruction ayant confirmé l'ordonnance de rejet de mise en liberté rendue par le juge des libertés et de la détention après un débat contradictoire s'étant tenu le 3 septembre 2020 à 16 heures 47 alors que l'avocat avait été convoqué pour 11 heures le même jour dès lors que, d'une part, ce retard ne constitue pas un report de l'audience à laquelle l'avocat et la personne mise en examen avaient été régulièrement convoqués, d'autre part, le juge des libertés et de la détention a motivé, comme il en avait l'obligation, son refus de faire droit à la demande de renvoi déposée (■ Cass. crim., 16 déc. 2020, n° 20-85.580, § 10 : *Bull. crim.* à paraître ; *Dr. pén.* 2021, comm. 59, note A. Maron et M. Haas ; *AJ pénal* 2021, 156, obs. D. Luciani-Mien).

14) Report du débat afin de préparer la défense ou de procéder à des vérifications – Information – Mention au procès-verbal. Les dispositions de l'article 145, alinéa 4, du Code de procédure pénale, qui prévoient la formalité substantielle de l'information de la personne mise en examen du droit à solliciter un délai pour préparer sa défense, n'imposent pas que la mention de cette formalité soit portée au procès-verbal de débat contradictoire. L'absence de cette mention au procès-verbal doit cependant conduire à considérer que l'information n'a pas été délivrée. Pour autant, il n'en résulte de nullité qu'en cas de démonstration d'un grief (■ Cass. crim., 28 juill. 2021, n° 21-83.005, §§ 11 à 13 : *Bull. crim.* à paraître).

15) Report du débat afin de préparer la défense ou de procéder à des vérifications – Cas limitatifs. Selon l'article 145 alinéas 7, 8 et 9 du Code de procédure pénale, le juge des libertés et de la détention ne peut différer le débat contradictoire et prescrire l'incarcération de la personne mise en examen que lorsque cette dernière ou son avocat sollicite un délai pour préparer sa défense, ou de sa propre initiative afin qu'il soit procédé à des vérifications. Par conséquent, si la personne mise en examen n'a pas sollicité le report du débat contradictoire, le juge des libertés et de la détention doit, après comparution de celle-ci devant lui et malgré le départ de la défense au cours du débat contradictoire, statuer immédiatement sur le placement en détention provisoire (■ Cass. crim., 8 sept. 2020, n° 20-82.470, §§ 8 et 14).

16) Report du débat afin de préparer la défense ou de procéder à des vérifications – Moment de la demande. Le juge des libertés et de la détention n'a pas à répondre à une demande de renvoi formulée après l'ouverture du débat dès lors que l'intéressé n'établit pas que cette demande était fondée sur des motifs qu'il ne pouvait connaître antérieurement (■ Cass. crim., 17 oct. 2018, n° 18-84.422 : *Bull. crim.* à paraître ; *AJ pénal* 2019, p. 40, obs. J. Chapelle).

17) Report du débat afin de préparer la défense ou de procéder à des vérifications – Forme de la demande. Ne constitue pas une demande formelle de renvoi du débat la demande de constater le caractère incomplet du dossier et d'en tirer toutes les conséquences (■ Cass. crim., 10 nov. 2020, n° 20-84.644, § 9).

18) Report du débat afin de préparer la défense ou de procéder à des vérifications – Appréciation du juge des libertés et de la détention. Il résulte de l'article 145, alinéa 6, du Code de procédure pénale, que, lorsque le débat contradictoire ne peut avoir lieu immédiatement en raison de demandes présentées par l'avocat de la personne mise en examen pour les besoins de la défense, le juge d'instruction apprécie librement, dans les limites légales, la date à laquelle le débat devra être tenu ainsi que la nécessité de prescrire, le cas échéant, l'incarcération provisoire de l'intéressé (■ Cass. crim., 10 févr. 1998, n° 97-86.066 : *JurisData* n° 1998-001327 ; *Bull. crim.* n° 51). Le juge des libertés et de la détention a seul la maîtrise de son audiencement ; il peut reporter ou avancer la date du débat contradictoire par simple émission d'une nouvelle convocation ; il n'est pas tenu, comme la juridiction de jugement, de réunir les parties à la date initialement fixée avant de statuer sur une demande de renvoi par une décision formalisée (■ Cass. crim., 10 nov. 2021, n° 21-84.948, § 10 : *Bull. crim.* à paraître ; *JCP* G 2021, 1357, note C. Ribeyre ; *Dr. pén.* 2022, comm. 15, note A. Maron et M. Haas ; *AJ pénal* 2022, 41 obs. J. Hennebois).

19) Report du débat afin de préparer la défense ou de procéder à des vérifications – Motivation du rejet d'une demande de renvoi. Il se déduit des articles 6 de la Convention européenne des droits de l'homme et 137-3 du Code de procédure pénale que le juge des libertés et de la détention qui rejette une demande de renvoi motivée présentée avant le débat contradictoire par l'avocat de la personne détenue doit, dans son ordonnance, faire mention de cette demande et énoncer les motifs de son refus. Cette obligation s'impose y compris dans l'hypothèse où le juge des libertés et de la détention a, précédemment au débat, indiqué à l'avocat qu'il refusait sa demande. Il n'en est autrement que si l'avocat se désiste, de façon non équivoque, de sa demande de renvoi avant la tenue du débat contradictoire (■ Cass. crim., 22 juin 2021, n° 21-82.025, §§ 11 à 13 : *Bull. crim.* à paraître). Le juge des libertés et de la détention qui statue sur une demande de renvoi peut faire connaître par tous moyens les motifs de sa décision ; il est possible de rechercher dans le procès-verbal attestant du déroulement du débat contradictoire les motifs de sa décision de rejeter une demande de renvoi, lorsqu'il les a exposés oralement au cours des débats et que le procès-verbal en fait état (■ Cass. crim., 10 nov. 2021, n° 21-84.948, §§ 10 et 11 : *Bull. crim.* à paraître ; *JCP* G 2021, 1357, note C. Ribeyre ; *Dr. pén.* 2022, comm. 15, note A. Maron et M. Haas ; *AJ pénal* 2022, 41, obs. J. Hennebois).

20) Report du débat afin de préparer la défense ou de procéder à des vérifications – Présence et avis du ministère public. Le juge des libertés et de la détention n'est pas tenu de recueillir les réquisitions préalables du ministère public sur une demande de renvoi, sur laquelle il peut valablement statuer en son absence et sans son avis (■ Cass. crim., 10 nov. 2021, n° 21-84.948, § 18 : *Bull. crim.* à paraître ; *JCP* G 2021, 1357, note C. Ribeyre ; *Dr. pén.* 2022, comm. 15, note A. Maron et M. Haas ; *AJ pénal* 2022, 41 obs. J. Hennebois). Lorsque le ministère public est entendu sur une demande de renvoi présentée par la personne mise en examen ou son avocat, ceux-ci doivent pouvoir prendre à nouveau la parole après les réquisitions sur cette demande (■ Cass. crim., 10 nov. 2021, n° 21-85.182, § 10 : *Bull. crim.* à paraître ; *JCP* G 2021, 1357, note C. Ribeyre ; *Dr. pén.* 2022, comm. 15, note A. Maron et M. Haas ; *AJ pénal* 2022, 41, obs. J. Hennebois).

21) Report du débat afin de préparer la défense ou de procéder à des vérifications – Saisine du SPIP. Les dispositions de l'article D. 32-31 du Code de procédure pénale, qui laissent au juge des libertés et de la détention, lorsqu'il ordonne conformément aux alinéas 7 et 9 de l'article 145 dudit code l'incarcération provisoire de la personne mise en examen, la faculté d'apprécier s'il y a lieu de saisir le service pénitentiaire d'insertion et de probation, en vue de vérifications prévues à l'article 81 dudit code, ne lui imposent pas de répondre à une telle demande de la part de l'intéressé ou de son conseil (■ Cass. crim., 24 juill. 2019, n° 19-83.359 : *Bull. crim.* à paraître).

22) Report du débat afin de préparer la défense ou de procéder à des vérifications – Avis à l'avocat. Justifie sa décision la chambre de l'instruction qui relève que les dispositions de l'article 114 du Code de procédure pénale ne sont pas applicables au débat contradictoire différé, dès lors que l'incarcération provisoire ne peut pas excéder 4 jours ouvrables, aux termes de l'article 145 du Code de procédure pénale (■ Cass. crim., 25 nov. 2003, n° 03-85.386 : *Bull. crim.* n° 220 ; *Procédures* 2004, comm. 37, obs. J. Buisson). Il se déduit de l'article 145 du Code de procédure pénale que lorsque, devant le juge des libertés et de la détention saisi aux fins de placement en détention provisoire du mis en examen, celui-ci, assisté de son conseil, sollicite un délai pour préparer sa défense, et qu'un débat différé est en conséquence aussitôt fixé à date et heure déterminées, le greffier n'est pas tenu d'adresser un autre avis à avocat en vue de ce débat (■ Cass. crim., 17 déc. 2013, n° 13-86.744 : *Bull. crim.* n° 258. ■ Cass. crim., 16 déc. 2015, n° 15-85.896 : *JurisData* n° 2015-028276). Est à juste titre rejetée la requête en nullité prise de la convocation tardive de l'avocat choisi au débat différé dès lors que, lors de l'audience devant le juge des libertés et de la détention au cours de laquelle il a sollicité un délai pour préparer sa défense, le mis en examen n'a pas demandé à être assisté de l'avocat choisi pour le débat différé, d'où il résulte que ce dernier n'avait pas à être convoqué en vue d'assister son client lors dudit débat, et que l'avocat commis d'office qui a assisté le demandeur lors de cette audience a reçu le jour même des mains du juge des libertés et de la détention une convocation pour le débat différé (■ Cass. crim., 22 juill. 2020, n° 20-82.294, § 8).

23) Report du débat afin de préparer la défense ou de procéder à des vérifications – Droit de la défense. N'encourt pas la nullité l'ordonnance de placement en détention provisoire dès lors que l'avocat convoqué au débat différé a sollicité le renvoi de celui-ci, qui lui a été accordé, qu'un permis de communiquer lui a été délivré et que le débat différé a été reporté le même jour dans la limite des délais légaux, toutes les diligences ayant été accomplies afin de permettre l'exercice des droits de la défense (■ Cass. crim., 22 juill. 2020, n° 20-82.294, §§ 9 et 10).

24) Report du débat afin de préparer la défense ou de procéder à des vérifications – Calcul du délai de 4 jours en cas d'incarcération provisoire. Lorsque le placement en détention provisoire d'une personne mise en examen est envisagé et que celle-ci ou son avocat sollicite un délai pour préparer sa défense, le juge des libertés et de la détention peut, en application de l'article 145, alinéa 8 du Code de procédure pénale, prescrire l'incarcération de ladite personne pour une durée ne pouvant excéder quatre jours ouvrables, à l'exclusion des samedis et dimanches, et jours fériés ou chômés (■ Cass. crim., 11 juill. 2012, n° 12-82.980 : *Bull. crim.* n° 164. ■ Cass. crim., 27 avr. 1994, n° 94-80.809 : *Bull. crim.* n° 155). Justifie sa décision la chambre de l'instruction ayant rejeté le moyen de nullité selon lequel, alors que le juge des libertés et de la détention a prescrit l'incarcération provisoire de l'intéressé jusqu'au 27 juin 2012 à 14 heures, celui-ci n'aurait comparu devant lui qu'après 14 heures : en effet, le délai de l'article 145, alinéa 8, du Code de procédure pénale se calcule de jour à jour et non d'heure à heure et le débat différé critiqué a débuté au jour fixé par le juge des libertés et de la détention (■ Cass. crim., 17 oct. 2012, n°s 12-85.082, 12-85.083 et 12-85.084 : *Bull. crim.* n°s 222, 223 et 224 ; *Procédures* 2012, comm. 369, obs. A.-S. Chavent-Leclère ; *Procédures* 2013, comm. 25, obs. J. Buisson).

25) Consultation du dossier de la procédure – Refus de transmission d'une question prioritaire de constitutionnalité. Il n'y a pas lieu de renvoyer au Conseil constitutionnel la question soutenant que l'article 145 du Code de procédure pénale méconnaît les droits de la défense et le principe du contradictoire, en ce qu'il ne rend pas obligatoire la mise à disposition du dossier au mis en examen ou à son conseil avant le débat différé portant sur la détention provisoire ni ne prévoit de délai pour rendre cette mise à disposition effective : en effet en application des dispositions des articles 137-1 et 114 du Code de procédure pénale, qui se combinent avec la disposition législative contestée, l'avocat de la personne mise en examen qui a demandé un délai pour préparer sa défense peut consulter le dossier de la procédure avant le débat contradictoire différé, soit au greffe du juge des libertés et de la détention, si ce magistrat, à qui ledit dossier avait été transmis avec l'ordonnance de saisine du juge d'instruction, l'a conservé ou s'il lui a été à nouveau transmis en vue du débat, soit, dans le cas contraire, au greffe du juge d'instruction, pendant les jours ouvrables et sous réserve des exigences du bon fonctionnement de celui-ci (■ Cass. crim., 4 oct. 2016, n° 16-84.337 : *Bull. crim.* n° 257).

26) Libre communication avec l'avocat – Permis de communiquer. En vertu du principe de la libre communication entre la personne mise en examen et son avocat, résultant de l'article 6, § 3, c, de la Convention européenne des droits de l'homme, la délivrance d'un permis de communiquer entre une personne détenue et son avocat est indispensable à l'exercice des droits de la défense. Il en découle que le défaut de délivrance de cette autorisation à un avocat désigné, avant un débat contradictoire différé organisé en vue d'un éventuel placement en détention provisoire, fait nécessairement grief à la personne mise en examen (■ Cass. crim., 7 janv. 2020, n° 19-86.465, § 9 : *Bull. crim.* à paraître ; *Dr. pén.* 2020, comm. 64, note A. Maron et M. Haas ; *AJ pénal* 2020, p. 139, obs. J. Chapelle. ■ Cass. crim., 10 mars 2021, n° 20-86.919, § 8). Les juges ayant constaté qu'un refus injustifié de délivrance du permis de communiquer avait été opposé à l'avocat choisi, lequel n'a pas été en mesure d'assurer la défense du mis en examen lors de ce débat, le fait que ce dernier ait accepté d'être défendu par l'avocat de permanence lors du débat contradictoire ne permet pas d'écarter toute atteinte à ses droits (▪ Cass. crim., 10 mars 2021, préc., § 13).

27) Libre communication avec l'avocat – Permis de communiquer – Bénéficiaires. V. D. n° 2022-95, 31 janv. 2022, relatif au permis de communiquer délivré à l'avocat d'une personne détenue.

Voir antérieurement : l'article 115 du Code de procédure pénale ne prévoit l'envoi des convocations et notifications qu'aux avocats nommément désignés par les parties. Il s'en déduit que le juge d'instruction n'est tenu de délivrer un permis de communiquer qu'à ces derniers et non aux collaborateurs ou associés d'un avocat choisi, dès lors que ceux-ci n'ont pas été personnellement désignés par l'intéressé dans les formes prévues par l'article 115 du Code de procédure pénale (▪ Cass. crim., 15 déc. 2021, n° 21-85.670, § 15 : *Bull. crim.* à paraître ; *Dr. pén.* 2022, comm. 37, note A. Maron et M. Haas ; *AJ pénal* 2022, 95, obs. J. Hennebois et A. Pujol).

28) Libre communication avec l'avocat – Permis de communiquer – Diligence de l'avocat. Justifie sa décision la chambre de l'instruction qui considère qu'aucune atteinte n'a été portée à l'exercice des droits de la défense avant la tenue du débat contradictoire dès lors que l'avocat choisi était en mesure d'effectuer les démarches nécessaires pour retirer le permis de communiquer et s'entretenir avec son client avant la tenue du débat contradictoire (▪ Cass. crim., 17 oct. 2018, n° 18-84.422 : *Bull. crim.* à paraître ; *AJ pénal* 2019, p. 40, obs. J. Chapelle). Il appartient au conseil nouvellement désigné par le mise en examen, informé près de quatorze jours avant la tenue du débat contradictoire par courriel du greffier du juge d'instruction de l'absence au dossier de la procédure d'une désignation le concernant, d'effectuer en temps utile les démarches nécessaires lui permettant de régulariser celle-ci (▪ Cass. crim., 7 déc. 2021, n° 21-85.533, § 25 : *Bull. crim.* à paraître). Il appartient également au conseil du prévenu, s'il estime n'être pas en mesure d'effectuer les démarches nécessaires pour retirer le permis de communiquer et s'entretenir, en temps utile, avec son client avant la tenue du débat contradictoire différé, de solliciter un report de celui-ci (▪ Cass. crim., 10 mars 2020, n° 19-87.757, § 13 : *Bull. crim.* à paraître. ▪ Cass. crim., 24 mars 2020, n° 20-80.134, § 14 : *Dr. pén.* 2020, comm. 122, note A. Marion et M. Haas). La délivrance d'un permis de communiquer le jour même du débat contradictoire ne porte pas atteinte aux droits de la défense dès lors que l'avocat du mis en examen avait la possibilité de solliciter le report du débat (▪ Cass. crim., 19 févr. 2020, n° 19-87.545, § 11 : *Bull. crim.* à paraître).

29) Libre communication avec l'avocat – Modalités. Si le droit pour l'accusé de s'entretenir avec son avocat doit être effectif et concret, l'article 6, § 3, *b)* et *c)* de la Convention européenne des droits de l'homme ne précise pas les conditions d'exercice de ce droit, laissant aux États le choix des moyens propres à permettre à leur système judiciaire de le garantir. Aucun texte interne n'organise la communication téléphonique pour les besoins de la défense entre le détenu et l'avocat. Il s'ensuit que la personne mise en examen dont l'avocat ne s'est pas présenté au débat contradictoire différé devant le juge des libertés et de la détention, au motif qu'il n'avait pu contacter son client téléphoniquement en raison d'une carence de l'administration pénitentiaire, ne saurait invoquer une violation des droits de la défense dès lors que le juge d'instruction a délivré en temps utile un permis de communiquer à cet avocat, propre à assurer un exercice effectif de ces droits, sauf pour ce dernier à établir l'existence de circonstances insurmontables ayant fait obstacle à son déplacement au parloir de l'établissement pénitentiaire (▪ Cass. crim., 13 avr. 2021, n° 21-80.989, §§ 10 à 14 : *Dr. pén.* 2021, comm. 116, note A. Maron et M. Haas ; *AJ pénal* 2021, 373, obs. J. Chapelle).

30) Personnes présentes au débat – Personne mise en examen. Le juge des libertés et de la détention, qui ne peut, hors le cas prévu par l'article 145, alinéa 7, du Code de procédure pénale, différer sa décision sur le placement en détention provisoire, est tenu de statuer immédiatement, sans entendre préalablement la personne mise en examen, lorsque des circonstances insurmontables font obstacle à l'audition de celle-ci et que l'avocat présent n'a demandé aucun délai pour préparer sa défense ; la chambre de l'instruction a considéré, par une appréciation souveraine, que le transfert dans une unité de cardiologie spécialisée de la personne mise en examen constituait une circonstance insurmontable justifiant qu'il ne fût pas procédé à un tel débat (▪ Cass. crim., 5 nov. 2002, n° 02-85.881 : *JurisData* n° 2002-016762). L'évolution soudaine de l'état de santé de la personne mise en examen rendant impossible sa présence caractérise une circonstance imprévisible et insurmontable mettant le juge d'instruction dans l'impossibilité de procéder au débat contradictoire (▪ Cass. crim., 25 oct. 2000, n° 00-85.227 : *Bull. crim.* n° 314). Méconnaît les dispositions impératives de l'article 145, alinéa 8, du Code de procédure pénale et doit être annulée l'ordonnance de placement en détention provisoire rendue à la suite d'un débat contradictoire tenu en l'absence de la personne mise en examen incarcérée provisoirement, dès lors que cette non-comparution est imputable non à l'existence de circonstances imprévisibles et insurmontables extérieures au service de la justice, mais à un dysfonctionnement dans l'organisation du service en charge des extractions judiciaires (■ Cass. crim., 5 oct. 2016, n° 16-84.629 : *Bull. crim.* n° 259 ; *JurisData* n° 2016-020387 ; *Procédures* 2016, comm. 377, A.-S. Chavent-Leclère).

31) Personnes présentes au débat – Avocat de la personne mise en examen. Le juge d'instruction, puis la chambre d'accusation, n'ont commis aucune violation des articles 114 (devenu art. 116), 117 (devenu art. 115) et 197 du Code de procédure pénale et 6. 3 *c* de la Conv. EDH en passant outre à l'absence d'un avocat pour statuer sur la détention, dès lors que les formalités légales avaient été accomplies en vue d'assurer la défense du mis en examen, que la présence effective d'un conseil tant au débat contradictoire différé qu'à l'audience de la chambre d'accusation n'est pas obligatoire (antérieurement à la loi du 5 mars 2007) et qu'en outre les violations des droits de la défense alléguées résultaient d'une circonstance insurmontable (en l'espèce la décision du Barreau de suspendre toute désignation au titre des commissions d'office) rendant impossible la désignation d'un conseil et, partant, la communication du dossier déposé au greffe de la chambre d'accusation (■ Cass. crim., 11 juill. 1990, n° 90-82.613 : *Bull. crim.* n° 282). La survenance d'une tempête et le déclenchement des alertes par l'autorité préfectorale, ainsi que la décision du bâtonnier de suspendre les activités de ses confrères, y compris ceux assurant une permanence et l'incertitude sur l'évolution de la situation météorologique, constituent des circonstances insurmontables imposant que le débat préalable au placement en détention provisoire soit tenu avant l'heure fixé, en visio-conférence, par le seul magistrat du siège présent et hors la présence d'un avocat (■ Cass. crim., 24 janv. 2018, n° 17-86.265 : *Dr. pén.* 2018, comm. 55, note A. Maron et M. Haas). Selon l'article 145 alinéas 7, 8 et 9 du Code de procédure pénale, le juge des libertés et de la détention ne peut différer le débat contradictoire et prescrire l'incarcération de la personne mise en examen que lorsque cette dernière ou son avocat sollicite un délai pour préparer sa défense, ou de sa propre initiative afin qu'il soit procédé à des vérifications. Par conséquent, si la personne mise en examen n'a pas sollicité le report du débat contradictoire, le juge des libertés et de la détention doit, après comparution de celle-ci devant lui et malgré le départ de la défense au cours du débat contradictoire, statuer immédiatement sur le placement en détention provisoire. (■ Cass. crim., 8 sept. 2020, n° 20-82.470, §§ 8 et 14).

Dès lors que le Code de procédure pénale ne prévoit pas l'envoi à la personne mise en examen d'un avis d'audience devant le juge des libertés et la détention, il appartient à l'avocat choisi ou commis d'office, dans l'exercice de sa mission de défense, d'aviser cette personne de la date du débat contradictoire et, s'il ne peut être présent pour l'assister, de l'en informer. L'avocat peut également solliciter le renvoi du débat contradictoire ou aviser le mis en examen de son droit de le faire. Il s'ensuit que, dès lors que son avocat a été régulièrement convoqué, le mis en examen ne peut reprocher au juge des libertés et de la détention de ne pas l'avoir avisé de son droit de solliciter un renvoi du débat contradictoire ou de ne pas l'avoir ordonné d'office (■ Cass. crim., 23 nov. 2021, n° 21-85.211, §§ 12 à 14 : *Bull. crim.* à paraître ; *AJ pénal* 2022, 41, obs. J. Hennebois).

32) Personnes présentes au débat – Ministère public. Encourt la cassation l'arrêt de la chambre de l'instruction qui, pour annuler l'ordonnance de prolongation de la détention provisoire, constate que le représentant du ministère public avait quitté le débat après ses réquisitions et n'avait pas assisté au prononcé de la décision : en effet, l'article 145 du Code de procédure pénale exige seulement que, comme en l'espèce, le ministère public soit entendu et développe ses réquisitions au cours du débat contradictoire (■ Cass. crim., 12 mai 2009, n° 09-81.384 : *Bull. crim.* n° 91 ; *RSC* 2009, p. 863, obs. R. Finielz). N'encourt pas la censure la chambre de l'instruction qui rejette l'exception de nullité prise de l'absence du ministère public lors du prononcé de la décision du juge des libertés et de la détention au motif que les dispositions de l'article 32 du Code de procédure pénale ne s'appliquent qu'aux juridictions de jugement et que l'article 145 du Code de procédure pénale ne fixe pas les modalités de sa présence lors du prononcé de la décision par le juge des libertés et de la détention à l'issue du débat contradictoire : en l'état de ces énonciations, et dès lors que l'article 145 du Code de procédure pénale n'impose pas la présence du ministère public lors du prononcé de l'ordonnance par le juge des libertés et de la détention, la chambre de l'instruction a justifié sa décision (■ Cass. crim., 28 avr. 2009, n° 09-80.816 : *Bull. crim.* n° 78). Le juge des libertés et de la détention n'est pas tenu de recueillir les réquisitions préalables du ministère public sur une demande de renvoi, sur laquelle il peut valablement statuer en son absence et sans son avis (■ Cass. crim., 10 nov. 2021, n° 21-84.948, § 18 : *Bull. crim.* à paraître : *Dr. pén.* 2022, comm. 15, note A. Maron et M. Haas ; *AJ pénal* 2022, 41, obs. J. Hennebois).

33) Réquisitions du ministère public. L'article 145, alinéa 6, du Code de procédure pénale ne prévoit de réquisitions du ministère public que sur le principe de la détention provisoire et le cas échéant sur la publicité des débats. Il s'en déduit que le juge des libertés et de la détention n'est pas tenu de recueillir les réquisitions préalables du ministère public sur une demande de renvoi, sur laquelle il peut valablement statuer en son absence et sans son avis (■ Cass. crim., 10 nov. 2021, n° 21-84.948, §§ 18 et 21 : *Bull. crim.* à paraître ; *Dr. pén.* 2022, comm. 15, note A. Maron et M. Haas ; *AJ pénal* 2022, 41, obs. J. Hennebois). Lorsque le ministère public est entendu sur une demande de renvoi présentée par la personne mise en examen ou son avocat, ceux-ci doivent pouvoir prendre à nouveau la parole après les réquisitions sur cette demande (■ Cass. crim., 10 nov. 2021, n° 21-85.182, § 10 : *Bull. crim.* à paraître ; *JCP* G 2021, 1357, note C. Ribeyre ; *Dr. pén.* 2022, comm. 15, note A. Maron et M. Haas ; *AJ pénal* 2022, 41, obs. J. Hennebois).

Si en application de l'article 145 du Code de procédure pénale, les réquisitions du ministère public sont obligatoires, selon l'article 33 du même code sa parole est libre à l'audience, et il n'appartient à aucune juridiction de censurer ses réquisitions (■ Cass. crim., 22 mai 1985, n° 85-91.521 : *Bull. crim.* n° 199 ; *JCP* 1986, II, 20620, note E. Bloch).

34) Notification du droit de se taire – Inconstitutionnalité de l'article 145, alinéa 6, dans sa rédaction antérieure à la loi n° 2021-1729 du 22 décembre 2021. En ne prévoyant pas que la personne mise en examen doit être informée de son droit de se taire alors qu'elle peut être amenée, en réponse aux questions qui lui sont posées par le juge des libertés et de la détention, à reconnaître les faits qui lui sont reprochés et que ses observations sont susceptibles d'être portées à la connaissance de la juridiction de jugement, les dispositions de l'article 145, alinéa 6, du Code de procédure pénale méconnaissent l'article 9 de la Déclaration de 1789. Par conséquent, les mots « les observations de la personne mise en examen » figurant à la première phrase du sixième alinéa de l'article 145 du Code de procédure pénale sont contraires à la Constitution. La déclaration d'inconstitutionnalité prend effet le 31 mars 2022 (■ Cons. const., 30 sept. 2021, n° 2021-935 QPC : *AJ pénal* 2021, 540, obs. S. Fucini). *Comp.* ■ Cass. crim., 11 mai 2021, n° 21-81.277, § 13 : *Bull. crim.* à paraître ; *D.* 2021, p. 1497, n° 3, obs. O. Violeau.

35) Notification du droit de se taire – Portée – Jurisprudence antérieure antérieure à la loi n° 2021-1729 du 22 décembre 2021. Le droit de faire des déclarations, de répondre aux questions posées ou de se taire doit être notifié à la personne mise en examen lors du débat contradictoire devant le juge des libertés et de la détention. Cette formalité doit être accomplie par le juge des libertés et de la détention nonobstant la notification du droit de se taire par l'officier de police judiciaire lors de la garde à vue, ou par le juge d'instruction lors de l'interrogatoire de première comparution, ou nonobstant la remise, lors de la première comparution devant le juge des libertés et de la détention, du document énonçant les droits prévu à l'article 803-6 du Code de procédure pénale (■ Cass. crim., 11 mai 2021, n° 21-81.277, §§ 10 et 11, préc.).

36) Notification du droit de se taire – Sanction – Jurisprudence antérieure à la loi n° 2021-1729 du 22 décembre 2021. Le défaut de notification du droit de se taire par le juge des libertés et de la détention est sans incidence sur la régularité de sa décision dès lors qu'il ne lui appartient pas de statuer sur le bien-fondé d'une accusation en matière. Il a pour seule conséquence qu'une juridiction prononçant le renvoi devant une juridiction de jugement ou une déclaration de culpabilité ne pourra tenir compte, à l'encontre de la personne poursuivie, des déclarations sur les faits ainsi recueillies (■ Cass. crim., 11 mai 2021, préc., § 13). *Rapp.* ■ Cons. const., 30 sept. 2021, n° 2021-935 QPC, note 28.

37) Observations de la personne mise en examen. L'article 145 du Code de procédure pénale, seul applicable lors du débat contradictoire, permet au juge des libertés et de la détention de recueillir, au vu des éléments du dossier, les observations de la personne mise en examen, sans que ce texte en fixe les modalités ; n'excèdent pas les prescriptions de l'article 145 les déclarations faites par la personne mise en examen devant le juge des libertés et de la détention et portant sur l'origine des fonds saisis (■ Cass. crim., 10 nov. 2015, n° 15-84.998 : *Bull. crim.* n° 246).

38) Respect du contradictoire. L'ordonnance de placement en détention provisoire doit être annulée, le principe du contradictoire ayant pu ne pas être respecté, s'il résulte du procès-verbal qu'à l'issue du débat le procureur de la République est resté, porte fermée, pendant quelques minutes avec le juge, hors la présence du conseil et de l'inculpé mais en la présence du greffier (■ Cass. crim., 19 sept. 1990, n° 90-84.129 : *Bull. crim.* n° 317 ; *D.* 1991, p. 91, note D. Mayer ; *RSC* 1997, p. 117, obs. A. Braunschweig. – *Adde* ■ Cass. crim., 4 juin 2009, n° 09-81.886 : *Bull. crim.* n° 113 ; *RSC* 2009, p. 863, obs. R. Finielz). Aucune atteinte n'a été porté au principe du contradictoire dès lors qu'il résulte des mentions du procès-verbal du débat contradictoire que le représentant du ministère public n'est resté dans le cabinet du juge des libertés et de la détention que pour retirer les dossiers devant être examinés par la suite (■ Cass. crim., 22 oct. 2002, n° 02-85.493 : *Bull. crim.* n° 190).

39) Recours à des moyens de communication audiovisuelle. V. art. 706-71, p. 1578.

40) Recours à des moyens de communication électronique – Règles dérogatoires liées à l'état d'urgence sanitaire dû à la Covid-19. V. Ord. n° 2020-30 du 25 mars 2020, art. 5 et Ord. n° 2020-1401 du 18 nov. 2020, art. 2.

41) Publicité du débat. Justifie sa décision la chambre de l'instruction rejetant la demande d'annulation du débat contradictoire prise de ce qu'il résultait des constatations du procès-verbal que la porte du cabinet d'instruction avait « été fermée durant le débat », dès lors que le fait que la porte fût fermée ne signifiait pas que le public eût été empêché d'entrer (▪ Cass. crim., 18 juin 2008, n° 08-82.856 : *Bull. crim.* n° 157).

42) Publicité du débat – Absence de recours contre l'ordonnance statuant sur la publicité. Justifie sa décision la chambre de l'instruction selon laquelle l'ordonnance statuant sur la publicité de l'audience du débat contradictoire n'est susceptible d'aucun recours (▪ Cass. crim., 9 juin 2010, n° 10-81.873). À l'occasion de son appel de la décision l'ayant placé en détention provisoire, le demandeur ne peut être admis, à défaut d'excès de pouvoir, à critiquer l'ordonnance, non susceptible de recours, par laquelle il a été statué sur l'opposition du ministère public à la publicité des débats (▪ Cass. crim., 30 oct. 2012, n° 12-85.648) ou sur sa propre opposition à cette publicité (▪ Cass. crim., 15 avr. 2008, n° 08-80.701 : *Bull. crim.* n° 99).

43) Publicité du débat – Mention inexacte – Faux incident. L'allégation de fausseté de la mention figurant dans l'ordonnance de placement en détention provisoire selon laquelle elle a été rendue en audience publique rend recevable la requête d'inscription en faux (art. 697 et s., p. 1458) dès lors que la vraisemblance du faux allégué et son incidence sur la solution du litige sont établis (▪ Cass. ord., 6 juin 2019, n° 70506 : *AJ pénal* 2019, 508, obs. R. Lorrain et P. Mallet).

44) Publicité du débat – Mineur. Il résulte de l'article 145 du Code de procédure pénale que lorsque la personne mise en examen était mineure au moment des faits ou de l'un des faits, le débat devant le juge des libertés et de la détention en vue de son placement en détention provisoire se déroule et l'ordonnance est rendue en audience de cabinet (▪ Cass. crim., 21 janv. 2020, n° 19-86.957 : *Bull. crim.* à paraître).

45) Procès-verbal – Signatures. Fait une exacte application de l'article 802 du Code de procédure pénale la chambre de l'instruction qui écarte la requête en nullité tirée de ce que la première page du procès-verbal de débat contradictoire ne comportait aucune signature au motif que les signatures de la personne mise en examen, du juge et du greffier figurent à la fin du procès-verbal et que l'omission de celles-ci sur la première page n'a pas eu pour effet de porter atteinte aux intérêts de la partie qu'elle concerne (▪ Cass. crim., 22 juin 2004, n° 04-82.105 : *Bull. crim.* n° 163). Aucune autre signature que celles du juge et de son greffier n'est nécessaire à la validité du procès-verbal prévu par l'article 145 du Code de procédure pénale dont le seul objet est d'établir que le débat contradictoire, tenu lors de l'audience de cabinet précédant la décision sur le placement en détention provisoire ou la prolongation de celle-ci, s'est déroulé conformément aux exigences légales ; justifie dès lors sa décision la chambre de l'instruction qui refuse d'annuler le procès-verbal ne portant pas la signature de l'interprète, en énonçant que le procès-verbal du débat contradictoire, signé du juge des libertés et de la détention et du greffier, atteste la présence de cet interprète (▪ Cass. crim., 28 janv. 2003, n° 02-87.247 : *Bull. crim.* n° 19 ; *D.* 2003, p. 1729, note J. Pradel).

46) Procès-verbal – Mention inutile des questions posées à la personne mise en examen et de ses observations. Justifie sa décision la chambre de l'instruction qui, pour rejeter les moyens d'annulation de l'ordonnance de placement en détention, pris respectivement d'une violation par le juge des libertés et de la détention du droit au silence que le mis en examen avait choisi d'exercer devant le juge d'instruction, et d'une inobservation de l'obligation de mentionner les questions auxquelles il a été répondu, énonce que, d'une part, aucune disposition n'édicte de règles fixant la forme selon laquelle le juge des libertés et de la détention recueille les observations du mis en examen lors du débat contradictoire, et que, d'autre part, les dispositions de l'article 429 du Code de procédure pénale (selon lesquelles tout procès-verbal d'interrogatoire ou d'audition doit comporter les questions auxquelles il est répondu) ne sont applicables qu'aux procès-verbaux d'interrogatoire ou d'audition (▪ Cass. crim., 30 janv. 2007, n° 06-88.284 : *Bull. crim.* n° 22).

47) Sanction de l'absence ou de l'irrégularité du débat contradictoire – Exception tenant à l'existence de circonstances insurmontables. V. annotations art. 145, p. 449.

IV – ORDONNANCE STATUANT SUR LA DÉTENTION PROVISOIRE

A – Contenu de l'ordonnance

48) Ordonnance de refus de placement en détention provisoire – Motivation. V. art. 137-3, p. 408.

49) Ordonnance de placement en détention provisoire – Motivation. V. art. 137-3, p. 408.

50) Ordonnance de placement en détention provisoire – Indication de la durée de la détention. N'encourent aucun grief les juges ayant, par une décision spécialement motivée conformément à l'article 145 du Code de procédure pénale, d'après les éléments de la cause et par référence à l'un des cas énumérés à l'article 144 du même code, prescrit le placement de l'inculpé en détention provisoire, laquelle n'avait pas à être autrement limitée dans le temps (■ Cass. crim., 30 juin 1987, n° 87-82.361 : *Bull. crim.* n° 272 ; *JCP* 1987, II, 21016, note P. Chambon). Lorsque le juge des libertés et de la détention ordonne le placement en détention provisoire, il ne tient d'aucune disposition légale le pouvoir de fixer à l'avance une durée de détention inférieure à celle prévue par la loi (■ Cass. crim., 3 avr. 2002, n° 02-81.056 : *Bull. crim.* n° 73 ; *RSC* 2002, p. 841, obs. D. Commaret. ■ Cass. crim., 21 nov. 2006, n° 06-86.937 : *Bull. crim.* n° 291).

51) Ordonnance de placement en détention provisoire – Mandat de dépôt. V. art. 122 et s., p. 393.

52) Irrégularité de l'ordonnance de placement en détention provisoire. L'ordonnance de placement en détention provisoire et le mandat de dépôt ne peuvent être annulés qu'en cas de méconnaissance d'une formalité substantielle ayant porté atteinte aux intérêts de la personne mise en examen (■ Cass. crim., 3 juin 2003, n° 03-81.482 : *JurisData* n° 2003-019609). Méconnaît ce principe la chambre de l'instruction qui annule néanmoins l'ordonnance de placement en détention provisoire en raison d'une erreur portant sur le prénom de la personne mise en examen alors qu'il n'était pas contesté que l'ordonnance entreprise, rendue après le débat contradictoire prévu par l'article 145 du Code de procédure pénale, s'appliquait bien à la personne détenue et que la mention erronée procédait d'une simple erreur matérielle (■ Cass. crim., 3 juin 2003, préc.).

53) Irrégularité de l'ordonnance de placement en détention provisoire – Réfection de l'ordonnance. Le juge d'instruction ne saurait, sans excès de pouvoir, substituer une nouvelle ordonnance de prolongation de la détention à celle précédemment prise, qu'il estime entachée de nullité ; en procédant à une telle substitution il empiète sur les attributions de la Chambre d'accusation seule compétente, pendant la durée de l'information, pour en apprécier la régularité, sous le contrôle de la Cour de cassation (■ Cass. crim., 4 nov. 1986, n° 86-94.653 : *Bull. crim.* n° 320. ■ Cass. crim., 13 oct. 2004, n° 04-84.922 : *JurisData* n° 2004-025260).

B – Portée de l'ordonnance de placement en détention provisoire

54) Portée en cas de nouveaux faits. La détention provisoire ne peut s'appliquer à d'autres faits que ceux pour lesquels le titre de détention a été délivré (■ Cass. crim., 4 mai 1993, n° 93-80.717 : *Bull. crim.* n° 163). N'encourt pas la censure la chambre de l'instruction qui, ayant procédé préalablement à un débat contradictoire, a ordonné le placement en détention provisoire du mis en examen pour des faits nouveaux objet d'une mise en examen supplétive et dit qu'il est désormais détenu dans une procédure criminelle et que le point de départ de la détention est fixé au jour du mandat de dépôt initial qui est demeuré valable (■ Cass. crim., 4 mars 2014, n° 13-88.274). V. égal., au visa de l'art. 145-2, p. 471, en cas de changement de qualification des faits ou de notification d'une nouvelle inculpation (découlant en l'espèce de l'adjonction aux faits poursuivis sous la qualification d'association et de recel de malfaiteurs de faits d'assassinat), le titre initial de détention demeure valable, la détention se trouvant alors soumise aux règles qui découlent de la nouvelle qualification ou inculpation ; il s'en déduit que le délai de 1 an prévu par l'article 145-2 du Code de procédure pénale et résultant de la nouvelle inculpation a commencé à courir à compter de la date du mandat de dépôt initial (■ Cass. crim., 29 oct. 1991, n° 91-84.772 : *JurisData* n° 1991-003616 ; *Bull. crim.* n° 385).

55) Portée en cas de nouvelle qualification – Substitution d'une qualification criminelle à une qualification délictuelle. V. art. 118, al. 2, p. 390. En cas de notification de changement de qualification des faits, le titre initial de détention demeure valable, la détention se trouvant alors soumise aux règles qui découlent de la nouvelle qualification ; justifie dès lors sa décision la chambre de l'instruction qui, pour rejeter la demande de mise en liberté de l'intéressé, relève que lorsque les faits retenus à l'origine de l'information sous une qualification correctionnelle reçoivent une qualification criminelle, le titre de détention initial demeure valable, et la détention est soumise de plein droit aux règles découlant de la nouvelle mise en examen et que le titre initial de détention valait donc désormais pour un an (■ Cass. crim., 27 mai 1997, n° 97-81.486 : *Bull. crim.* n° 202). Justifie sa décision l'arrêt qui, s'appuyant sur l'article 118 du Code de procédure pénale, selon lequel s'il apparaît au cours de l'information que les faits reprochés à la personne mise en examen sous une qualification correctionnelle constituent en réalité un crime le mandat de dépôt initialement délivré demeure valable et est considéré comme un mandat de dépôt criminel, en déduit qu'il n'y a pas lieu pour le juge d'instruction de saisir le juge des libertés et de la détention ni pour celui-ci de statuer, le changement de la nature et du régime de la détention provisoire résultant de la seule requalification (■ Cass. crim., 13 déc. 2006, n° 06-87.376).

56) Portée en cas de nouvelle qualification – Substitution d'une qualification délictuelle à une qualification criminelle. V. art. 146, p. 483.

57) Portée en cas de requalification légale des faits. En cas de requalification légale des faits en cours d'information, le titre initial de détention demeure valable et est soumis de plein droit aux règles qui découlent de la nouvelle qualification ; justifie dès lors sa décision la chambre de l'instruction qui énonce que la requalification en délit des crimes reprochés au demandeur, résultant d'une disposition légale et non d'une initiative du juge d'instruction, seuls étaient applicables, à l'exclusion de l'article 146 du Code de procédure pénale, les articles 145 et 145-1 du même code, si bien que le demandeur ne saurait se faire grief de ce que le juge des libertés et de la détention n'aurait pas statué dans le délai de trois jours après sa saisine par le juge d'instruction prévu par l'article 146 du Code de procédure pénale (■ Cass. crim., 7 juin 2006, n° 06-82.233 : *Bull. crim.* n° 158).

58) Portée en cas de jonction de procédures. *Rapp.* en cas de jonction, au cours d'une information, d'une procédure criminelle à une précédente procédure correctionnelle, le délai d'un an prévu par l'article 145-2 du Code de procédure pénale commence à courir à compter du jour du mandat de dépôt initial (■ Cass. crim., 9 juin 2004, n° 04-81.901 : *Bull. crim.* n° 159).

Art. 145-1 (1) ***(Mod., L. n° 2016-731, 3 juin 2016).*** **– En matière correctionnelle, la détention provisoire ne peut excéder quatre mois si la personne mise en examen n'a pas déjà été condamnée pour crime ou délit de droit commun soit à une peine criminelle, soit à une peine d'emprisonnement sans sursis d'une durée supérieure à un an et lorsqu'elle encourt une peine inférieure ou égale à cinq ans.**

Dans les autres cas, à titre exceptionnel, le juge des libertés et de la détention peut décider de prolonger la détention provisoire pour une durée qui ne peut excéder quatre mois par une ordonnance motivée conformément aux dispositions de l'article 137-3 et rendue après un débat contradictoire organisé conformément aux dispositions du sixième alinéa de l'article 145, l'avocat ayant été convoqué selon les dispositions du deuxième alinéa de l'article 114. Cette décision peut être renouvelée selon la même procédure, sous réserve des dispositions de l'article 145-3, la durée totale de la détention ne pouvant excéder un an. Toutefois, cette durée est portée à deux ans lorsqu'un des faits constitutifs de l'infraction a été commis hors du territoire national ou lorsque la personne est poursuivie pour trafic de stupéfiants, association de malfaiteurs, proxénétisme, extorsion de fonds ou pour une infraction commise en bande organisée et qu'elle encourt une peine égale à dix ans d'emprisonnement.

À titre exceptionnel, lorsque les investigations du juge d'instruction doivent être poursuivies et que la mise en liberté de la personne mise en examen causerait pour la sécurité des personnes et des biens un risque d'une particulière gravité, la chambre de l'instruction peut prolonger pour une durée de quatre mois la durée de deux ans prévue au présent article. La chambre de l'instruction, devant laquelle la comparution personnelle du mis en examen est de droit, est saisie par ordonnance motivée du juge des libertés et de la détention selon les modalités prévues par le dernier alinéa de l'article 137-1, et elle statue conformément aux dispositions des articles 144, 144-1, 145-3, 194, 197, 198, 199, 200, 206 et 207.

• ***Sommaire***

(1) Dispositions particulières ou dérogatoires résultant de l'état d'urgence sanitaire dû à l'épidémie de covid-19 : V. Ord. n° 2020-303 du 25 mars 2020. – NDLR.

I – DURÉE DE LA DÉTENTION PROVISOIRE

A – Détermination de la durée de la détention provisoire

1) **Mineurs.** V. CJPM, art. L. 433-1 et s., p. 3086.

2) **État d'urgence sanitaire dû à la Covid-19 – Prolongation de plein droit de la durée de la détention provisoire.**

Ordonnance n° 2020-303 du 25 mars 2020

portant adaptation de règles de procédure pénale sur le fondement de la loi n° 2020-290 du 23 mars 2020 d'urgence pour faire face à l'épidémie de covid-19

Rédaction antérieure. Art. 16 *(Abr., Déc. n° 2020-878/879 QPC, 29 janv. 2021).* – En matière correctionnelle, les délais maximums de détention provisoire ou d'assignation à résidence sous surveillance électronique, prévus par les dispositions du Code de procédure pénale, qu'il s'agisse des détentions au cours de l'instruction ou des détentions pour l'audiencement devant les juridictions de jugement des affaires concernant des personnes renvoyées à l'issue de l'instruction, sont prolongés plein droit de deux mois lorsque la peine d'emprisonnement encourue est inférieure ou égale à cinq ans et de trois mois dans les autres cas, sans préjudice de la possibilité pour la juridiction compétente d'ordonner à tout moment, d'office, sur demande du ministère public ou sur demande de l'intéressé, la mainlevée de la mesure, le cas échéant avec assignation à résidence sous surveillance électronique ou sous contrôle judiciaire lorsqu'il est mis fin à une détention provisoire. Ce délai est porté à six mois en matière criminelle et, en matière correctionnelle, pour l'audiencement des affaires devant la cour d'appel.

Les prolongations prévues à l'alinéa précédent sont applicables aux mineurs âgés de plus de seize ans, en matière criminelle ou s'ils encourent une peine d'au moins sept ans d'emprisonnement.

Les prolongations prévues par le présent article ne s'appliquent qu'une seule fois au cours de chaque procédure.

Art. 16-1 *(L. n° 2020-546, 11 mai 2020).* – À compter du 11 mai 2020, la prolongation de plein droit des délais de détention provisoire prévue à l'article 16 n'est plus applicable aux titres de détention dont l'échéance intervient à compter de cette date et les détentions ne peuvent être prolongées que par une décision de la juridiction compétente prise après un débat contradictoire intervenant, le cas échéant, selon les modalités prévues à l'article 19.

Si l'échéance du titre de détention en cours, résultant des règles de droit commun du Code de procédure pénale, intervient avant le 11 juin 2020, la juridiction compétente dispose d'un délai d'un mois à compter de cette échéance pour se prononcer sur sa prolongation, sans qu'il en résulte la mise en liberté de la personne, dont le titre de détention est prorogé jusqu'à cette décision. Cette prorogation s'impute sur la durée de la prolongation décidée par la juridiction. En ce qui concerne les délais de détention au cours de l'instruction, cette durée est celle prévue par les dispositions de droit commun ; toutefois, s'il s'agit de la dernière échéance possible, la prolongation peut être ordonnée selon les cas pour les durées prévues à l'article 16 de la présente ordonnance.

En ce qui concerne les délais d'audiencement, la prolongation peut être ordonnée pour les durées prévues au même article 16, y compris si elle intervient après le 11 juin 2020.

La prolongation de plein droit du délai de détention intervenue au cours de l'instruction avant le 11 mai 2020, en application dudit article 16, n'a pas pour effet d'allonger la durée maximale totale de la détention en application des dispositions du Code de procédure pénale, sauf si cette prolongation a porté sur la dernière échéance possible.

Lorsque la détention provisoire au cours de l'instruction a été prolongée de plein droit en application de l'article 16 de la présente ordonnance pour une durée de six mois, cette prolongation ne peut maintenir ses effets jusqu'à son terme que par une décision prise par le juge des libertés et de la détention selon les modalités prévues à l'article 145 du Code de procédure pénale et, le cas échéant, à l'article 19 de la présente ordonnance. La décision doit intervenir au moins trois mois avant le terme de la prolongation. Si une décision de prolongation n'intervient pas avant cette date, la personne est remise en liberté si elle n'est pas détenue pour une autre cause.

Pour les délais de détention en matière d'audiencement, la prolongation de plein droit des délais de détention ou celle décidée en application du troisième alinéa du présent article a pour effet d'allonger la durée maximale totale de la détention possible jusqu'à la date de l'audience prévue en application des dispositions du Code de procédure pénale.

Voir : H. Matsopoulou, *La fin des « prolongations de plein droit » des détentions provisoires intervenues dans le cadre de l'état d'urgence sanitaire* : JCP G 2020, doctr. 767. – R. Parizot, *La détention provisoire face aux urgences sanitaires* : RSC 2020, p. 690. – R. Parizot, *Les juridictions pénales dans la seconde vague d'ordonnances Covid – Bis repetita ?* : JCP G 2020, p. 1442. – S. Pellé, *La* *justice pénale à l'heure du coronavirus : l'urgence ou le miroir de notre procédure pénale ? À propos de l'ordonnance n° 2020-303 du 25 mars 2020* : *D.* 2020, 777. – J.-B. Perrier, *La procédure pénale en urgence sanitaire* : *Gaz. Pal.* 31 mars 2020, p. 18. – E. Raschel, *La procédure pénale au défi de l'urgence sanitaire* : *RSC* 2020, p. 703. – C. Ribeyre, *La procédure pénale à l'épreuve de l'état d'urgence sanitaire* : *Dr. pén.* 2020, Étude 3.

3) Prolongation de plein droit de la durée de la détention provisoire liée à l'état d'urgence sanitaire – Signification de l'article 16 de l'ordonnance du 25 mars 2020. L'article 16 s'interprète comme prolongeant, sans intervention judiciaire, pour les durées qu'il prévoit, tout titre de détention venant à expiration, mais à une seule reprise au cours de chaque procédure (■ Cass. crim., 26 mai 2020, n° 20-81.910, § 19 : *Bull. crim.* à paraître ; *Dr. pén.* 2020, comm. 149, obs. A. Maron et M. Haas ; *AJ pénal* 2020, 346, note E. Raschel ; *D.* 2020, p. 1643, obs. J. Pradel).

4) Prolongation de plein droit de la durée de la détention provisoire liée à l'état d'urgence sanitaire – Conformité de l'article 16 de l'ordonnance du 25 mars 2020 à la loi d'habilitation du 23 mars 2020. Ainsi interprété, l'article 16 n'excède pas les limites de l'article 11, I, 2°) *d)* de la loi d'habilitation du 23 mars 2020 (■ Cass. crim., 26 mai 2020, n° 20-81910, § 24 : *Bull. crim.* à paraître ; *Dr. pén.* 2020, comm. 149, obs. A. Maron et M. Haas ; *AJ pénal* 2020, 346, note E. Raschel ; *D.* 2020, p. 1643, obs. J. Pradel).

5) Prolongation de plein droit de la durée de la détention provisoire liée à l'état d'urgence sanitaire – Conformité de l'article 16 de l'ordonnance du 25 mars 2020 à la Convention européenne des droits de l'homme. Il résulte de l'article 5 de la Convention européenne des droits de l'homme que lorsque la loi prévoit, au-delà de la durée initiale qu'elle détermine pour chaque titre concerné, la prolongation d'une mesure de détention provisoire, l'intervention du juge judiciaire est nécessaire comme garantie contre l'arbitraire (§ 30). L'article 16 de l'ordonnance ne saurait être regardé comme compatible avec l'article 5 de la Convention européenne des droits de l'homme et la prolongation qu'il prévoit n'est régulière que si la juridiction qui aurait été compétente pour prolonger la détention rend, dans un délai rapproché courant à compter de la date d'expiration du titre ayant été prolongé de plein droit, une décision par laquelle elle se prononce sur le bien-fondé du maintien en détention (§ 36). Même en tenant compte des circonstances de fait exceptionnelles résultant du contexte épidémique, lorsque la personne n'a pas encore été jugée en première instance, un tel délai, au sens de l'article 5 précité, ne peut être supérieur à un mois en matière délictuelle et à trois mois en matière criminelle. Après une condamnation en première instance, cette limite est portée à trois mois en matière tant correctionnelle que criminelle, les faits reprochés à l'intéressé ayant alors déjà été examinés au fond par une juridiction (§ 37). Dans cet office, il appartient au juge d'exercer le contrôle qui aurait été le sien s'il avait dû statuer sur la prolongation de la détention provisoire, et ce dans le cadre d'un débat contradictoire tenu, le cas échéant, selon les modalités prévues par l'article 19 de l'ordonnance (§ 38). Ce contrôle judiciaire a eu lieu lorsque, en première instance ou en appel, la juridiction compétente, saisie de la question de la prolongation de plein droit de la détention provisoire, a, dans le respect de l'article 5 de la Convention européenne des droits de l'homme et dans le plein exercice de son office de gardien de la liberté individuelle, statué sur la nécessité de cette mesure dans le délai visé au paragraphe 37 (§ 39). Il doit être considéré également que ce contrôle a eu lieu lorsque, dans le délai visé au paragraphe 37, la juridiction compétente a statué sur la nécessité de la détention, d'office ou lors de l'examen d'une demande de mise en liberté (§ 40). Dans les autres cas, si l'intéressé n'a pas, entre-temps, fait l'objet d'un nouveau titre de détention, il incombe au juge d'effectuer ce contrôle dans les délais énoncés au paragraphe 37, à moins que, dans ce délai, il n'ait déjà exercé son contrôle en application de l'article 16-1, alinéa 5, de l'ordonnance du 25 mars 2020, introduit par la loi du 11 mai 2020 (§ 41). À défaut d'un tel contrôle et sauf s'il est détenu pour autre cause, l'intéressé doit être immédiatement remis en liberté (§ 42) (■ Cass. crim., 26 mai 2020, n° 20-81.910 : *Bull. crim.* à paraître ; *Dr. pén.* 2020, comm. 149, obs. A. Maron et M. Haas ; *D.* 2020, p. 1643, obs. J. Pradel ; *AJ pénal* 2020, 346, note E. Raschel ; *RSC* 2020, 690, obs. R. Parizot).

6) Prolongation de plein droit de la durée de la détention provisoire liée à l'état d'urgence sanitaire – Conformité à la Constitution de l'article 16 de l'ordonnance du 25 mars 2020 – Refus de transmission d'une QPC. Il n'y a pas lieu de renvoyer au Conseil constitutionnel une question prioritaire de constitutionnalité relative à l'article 16 de l'ordonnance du 25 mars 2020 : en prévoyant la prolongation de tout titre de détention venant à expiration, à une seule reprise, durant l'état d'urgence sanitaire, afin d'une part de prévenir la propagation de l'épidémie, d'autre part, de parer aux conséquences possibles sur le fonctionnement des juridictions tant de cette situation que des mesures prises pour la contenir, l'article 16, tel qu'interprété, assure, entre les exigences des articles 66 de la Constitution, 9 et 16 de la

Déclaration des droits de l'homme et du citoyen, tels qu'interprétés par le Conseil constitutionnel, et les objectifs de valeur constitutionnelle de sauvegarde de l'ordre public, de recherche des auteurs d'infractions et de protection de la santé, une conciliation qui n'est pas déséquilibrée. En outre, en fixant le délai d'intervention du juge en fonction de la gravité de l'infraction poursuivie, l'article 16, tel qu'interprété, a institué une différence de traitement en adéquation avec l'objectif poursuivi par le législateur d'éviter des mises en liberté qui seraient consécutives à un dysfonctionnement des juridictions et qui constitueraient des atteintes à l'ordre public d'autant plus graves que la personne serait détenue pour des faits criminels (▪ Cass. crim., 15 sept. 2020, n° 20-82.377, §§ 13 et 14).

7) Prolongation de plein droit de la durée de la détention provisoire liée à l'état d'urgence sanitaire – Inconstitutionnalité de l'article 16-1 de l'ordonnance du 25 mars 2020. Les dispositions de l'article 16-1 de la loi du 25 mars 2020 méconnaissent l'article 66 de la Constitution en ce qu'elles maintiennent de plein droit des personnes en détention provisoire sans que l'appréciation de la nécessité de ce maintien soit obligatoirement soumise, à bref délai, au contrôle du juge judiciaire. Or l'objectif poursuivi par ces dispositions n'est pas de nature à le justifier. De plus, l'intervention du juge judiciaire pouvait, le cas échéant, faire l'objet d'aménagements procéduraux. Ces dispositions, n'étant plus applicables, sont immédiatement abrogées. La remise en cause des mesures ayant été prises sur le fondement de ces dispositions méconnaîtrait les objectifs de valeur constitutionnelle de sauvegarde de l'ordre public et de recherche des auteurs d'infractions et aurait ainsi des conséquences manifestement excessives. En conséquence, ces mesures ne peuvent être contestées sur le fondement de cette inconstitutionnalité (▪ Cons. const., 29 janv. 2021, n° 2020-878/879 QPC).

Comp. Il n'y a pas lieu de renvoyer au Conseil constitutionnel une question prioritaire de constitutionnalité relative à l'article 16-1 de l'ordonnance du 25 mars 2020 : de première part, le texte critiqué ne remet en cause ni la compétence du juge des libertés et de la détention, ni les droits de la défense, ni les dispositions du Code de procédure pénale qui garantissent un examen en droit et en fait de la situation des personnes détenues provisoirement ; de deuxième part, il ne concerne que les seules mesures de détention provisoire dont l'échéance, calculée selon les règles de droit commun du Code de procédure pénale, intervient entre la date de son entrée en vigueur et le 11 juin 2020 et prévoit, pendant cette période de transition et pour assurer un retour au fonctionnement normal des juridictions, l'intervention d'un juge dans le plus court délai possible ; de troisième part, au cas où les conditions de l'octroi de la réparation prévue par l'article 149 du Code de procédure pénale seraient réunies, celle-ci prendrait en compte le préjudice causé par l'éventuelle période de détention supplémentaire résultant de la disposition contestée (▪ Cass. crim., 29 sept. 2020, n° 20-83.539, §§ 5 à 7).

8) Caractère facultatif de la prolongation de plein droit de la durée de la détention provisoire liée à l'état d'urgence sanitaire dû à la Covid-19. Il ne saurait être fait grief au juge des libertés et de la détention d'avoir statué sur la prolongation de la détention dans les conditions de droit commun dès lors que la prolongation de plein droit des détentions provisoires ne constituait qu'une faculté à laquelle le juge pouvait renoncer en considérant qu'il était en mesure, malgré les circonstances sanitaires, d'assurer le plein exercice de son office de gardien de la liberté individuelle, sans avoir à attendre d'être saisi, après prolongation automatique du titre de détention, de l'examen de la situation du détenu dans le délai imparti par les arrêts de la chambre criminelle du 26 mai 2020. De plus il était de l'intérêt du détenu de voir examiner la nécessité de sa détention provisoire le plus rapidement possible (▪ Cass. crim., 1er sept. 2020, n° 20-82.146, §§ 9 et 10 : *Bull. crim.* à paraître). L'article 16 de l'ordonnance n° 2020-303 du 25 mars 2020, prolongeant les délais maximums de détention provisoire, contient des règles dérogatoires et ne saurait s'interpréter comme faisant obstacle à l'exercice de ses compétences par le juge des libertés et de la détention dans des conditions conformes aux seuls textes du Code de procédure pénale. Dès lors, saisie de la question de la prolongation de la détention provisoire, décidée dans ces conditions par le juge des libertés et de la détention, il appartient à la chambre de l'instruction de se prononcer sur la nécessité du maintien de cette mesure (▪ Cass. crim., 29 sept. 2020, n° 20-82.564, §§ 17 et 18).

B – Calcul de la durée de la détention provisoire

9) Calcul de quantième en quantième. La durée de la détention provisoire, telle qu'elle est prévue par l'article 145-1 du Code de procédure pénale, doit être calculée de quantième à quantième, à partir de la date du titre initial de la détention (▪ Cass. crim., 29 mars 2000, n° 00-80.202. ▪ Cass. crim., 17 déc. 1998, n° 98-86.023. ▪ Cass. crim., 6 avr. 1994, n° 94-80.173. ▪ Cass. crim., 16 nov. 1982, n° 82-93.354 : *Bull. crim.* n° 261). Justifie sa décision la chambre de l'instruction qui confirme l'ordonnance de prolongation de la détention dès lors que celle-ci, initialement ordonnée le 29 octobre

1992, a été prolongée par ordonnance pour une durée de quatre mois à compter du 28 février 1994 à 24 heures (■ Cass. crim., 3 nov. 1994, n° 94-84.192). La détention provisoire telle qu'elle a été ordonnée le 6 mai 1982 a pris fin le 5 septembre 1982, à 24 heures (■ Cass. crim., 16 nov. 1982, n° 82-93.353, préc.).

10) Inapplication de l'article 801 du Code de procédure pénale. La durée de la détention provisoire, telle qu'elle est prévue par l'article 145-1 du Code de procédure pénale, doit être calculée de quantième à quantième sans que les disposition de l'article 801 (qui prorogent au premier jour ouvrable suivant le délai qui expirerait normalement un samedi, dimanche ou jour férié ou chômé) puissent recevoir application (■ Cass. crim., 16 nov. 1982, n° 82-93.354 : *Bull. crim.* n° 261. ■ Cass. crim., 3 juill. 1985, n° 85-92.438 : *Bull. crim.* n° 256).

11) Point de départ de la détention provisoire. Le délai de 4 mois prévu par l'article 145-1 du Code de procédure pénale ne commence à courir que du jour de l'ordonnance de placement en détention provisoire rendue par le juge des libertés et de la détention (■ Cass. crim., 23 août 2005, n° 05-83.796 : *Bull. crim.* n° 210).

12) Point de départ de la détention provisoire – Mandat d'arrêt. La date d'écrou de l'inculpé fixe le point de départ du délai de la détention consécutive à l'exécution d'un mandat d'arrêt (■ Cass. crim., 6 juin 1991, n° 91-81.785 : *Bull. crim.* n° 241. – *Adde* ■ Cass. crim., 20 nov. 1990, n° 90-85.622 : *Bull. crim.* n° 393).

13) Point de départ de la détention provisoire – Mandat d'arrêt mis à exécution à l'étranger. Lorsque, en vertu d'un mandat d'arrêt, l'inculpé a été arrêté et incarcéré à l'étranger, les délais prévus par l'(ancien) article 145 du Code de procédure pénale ne commencent à courir qu'à partir du jour où l'inculpé a été écroué sur le territoire national et mis à la disposition du magistrat instructeur (■ Cass. crim., 1er juin 1976, n° 76-90.922 : *Bull. crim.* n° 194 ; *JCP* 1977, II, 18758, note P. Chambon).

14) Point de départ de la détention provisoire – Mandat d'amener. Justifie sa décision la chambre d'accusation qui énonce que le mandat d'amener n'est pas un titre de détention et que l'écrou provisoire dont se prévaut l'inculpée est une mesure de sûreté prise en vue d'un transfèrement et ajoute que la détention provisoire n'a commencé à courir qu'à la date où l'inculpée a fait l'objet d'une ordonnance d'incarcération : en effet, l'arrestation d'un inculpé trouvé, comme en l'espèce, à plus de 200 km du siège du juge d'instruction qui a délivré contre lui mandat d'amener est une mesure essentiellement précaire qui a pour but de retenir cet inculpé à la disposition de la justice jusqu'à ce que le juge d'instruction décide s'il doit ou non être mis en état de détention provisoire (■ Cass. crim., 17 déc. 1991, n° 91-85.589 : *Bull. crim.* n° 482).

15) Imputation de la durée de l'incarcération provisoire. V. art. 145, al. 7, p. 449.

16) Temps passé en liberté. Le temps écoulé entre l'ordonnance de mise en liberté d'un inculpé et sa réincarcération, en exécution de l'arrêt infirmatif de la chambre d'accusation, ne compte pas dans les délais prévus par l'article 145-1 du Code de procédure pénale (■ Cass. crim., 27 janv. 1993, n° 92-85.783 : *Bull. crim.* n° 47. ■ Cass. crim., 2 juill. 1998, n° 98-82.036 : *Bull. crim.* n° 212 ; *Procédures* 1998, comm. 264, obs. J. Buisson).

17) Succession de détentions provisoires à raison de faits différents. Si la personne mise en examen est à nouveau placée en détention provisoire en raison d'infractions commises après sa mise en liberté, il n'y a pas lieu, pour le calcul des délais prévus par les articles 145-1 à 145-3 du Code de procédure pénale, de tenir compte de la première période de détention relative aux faits initialement poursuivis (■ Cass. crim., 30 avr. 2014, n° 14-81.201 : *Bull. crim.* n° 117. ■ Cass. crim., 11 déc. 2007, n° 07-86.989 : *Bull. crim.* n° 305).

18) Détention antérieure à un contrôle judiciaire révoqué. V. annotation ss art. 145-2, p. 471.

19) Requalification légale des faits. En cas de requalification légale des faits en cours d'information, le titre initial de détention demeure valable et est soumis de plein droit aux règles qui découlent de la nouvelle qualification ; justifie dès lors sa décision la chambre de l'instruction qui énonce que la requalification en délit des crimes reprochés au demandeur, résultant d'une disposition légale et non d'une initiative du juge d'instruction, seuls étaient applicables, à l'exclusion de l'article 146 du Code de procédure pénale, les articles 145 et 145-1 du même code, si bien que le demandeur ne saurait se faire grief de ce que le juge des libertés et de la détention n'aurait pas statué dans le délai de trois jours après sa saisine par le juge d'instruction prévu par l'article 146 du Code de procédure pénale (■ Cass. crim., 7 juin 2006, n° 06-82.233 : *Bull. crim.* n° 158).

20) Requalification judiciaire des faits – Substitution d'une qualification criminelle à une qualification délictuelle. En cas de notification de changement de qualification des faits, le titre initial de détention demeure valable, la détention se trouvant alors soumise aux règles qui découlent de la nouvelle qualification ; justifie dès lors sa décision la chambre de l'instruction qui, pour rejeter la demande de mise en liberté de l'intéressé, relève que lorsque les faits retenus à l'origine de l'information sous une qualification correctionnelle reçoivent une qualification criminelle, le titre de détention initial demeure valable, et la détention est soumise de plein droit aux règles découlant de la nouvelle mise en examen et que le titre initial de détention valait donc désormais pour un an (■ Cass. crim., 27 mai 1997, n° 97-81.486 : *Bull. crim.* n° 202). En cas de changement de qualification des faits ou de notification d'une nouvelle inculpation, le titre initial de détention demeure valable, la détention se trouvant alors soumise aux règles qui découlent de la nouvelle qualification ou inculpation ; il s'ensuit que le délai de 1 an prévu par l'article 145-2 du Code de procédure pénale et résultant de la nouvelle inculpation a commencé à courir à compter du 16 juin 1989, date du mandat de dépôt initial ; c'est donc à bon droit que la prolongation de la détention a été ordonnée à compter du 16 juin 1990 pour une nouvelle durée de 1 an (■ Cass. crim., 29 oct. 1991, n° 91-84.772 : *Bull. crim.* n° 385).

21) Requalification judiciaire des faits – Substitution d'une qualification délictuelle à une qualification criminelle. Dans le cas où la mise en examen pour des faits recevant une qualification criminelle et des faits relevant d'une qualification correctionnelle, pour laquelle la personne concernée peut être placée en détention provisoire, a été annulée pour les faits criminels, le titre de détention demeure valable et la détention se trouve soumise, à compter du jour où la décision d'annulation est devenue définitive, aux règles qui découlent de la qualification des faits prévues aux articles 145-1 et 145-3 du Code de procédure pénale, compte tenu de la durée de détention déjà écoulée depuis qu'elle a été ordonnée (■ Cass. crim., 26 avr. 2017, n°s 17-80.979 et 17-81.316 : *Bull. crim.* n°s 126 et 127).

22) Modification des faits. N'encourt pas la censure la chambre de l'instruction qui, ayant procédé préalablement à un débat contradictoire, a ordonné le placement en détention provisoire du mis en examen pour des faits nouveaux objet d'une mise en examen supplétive et dit qu'il est désormais détenu dans une procédure criminelle et que le point de départ de la détention est fixé au jour du mandat de dépôt initial qui est demeuré valable (■ Cass. crim., 4 mars 2014, n° 13-88.274).

23) Jonction de procédures. En cas de jonction, au cours d'une information, d'une procédure criminelle à une précédente procédure correctionnelle, le délai d'un an prévu par l'article 145-2 du Code de procédure pénale commence à courir à compter du jour du mandat de dépôt initial (■ Cass. crim., 9 juin 2004, n° 04-81.901 : *Bull. crim.* n° 159). *Comp.* : la durée de deux périodes de détention provisoire, effectuée dans deux procédures distinctes ayant donné lieu à jonction, ne se cumule pas pour le décompte du délai à l'expiration duquel la détention doit être prolongée ; n'encourt pas la cassation, invoquée pour inobservation des dispositions de l'article 145-3 du Code de procédure pénale, applicable lorsque la détention provisoire excède huit mois en matière correctionnelle, l'arrêt de la chambre de l'instruction qui a prolongé le 18 février 2005 un mandat de dépôt délivré le 22 octobre 2004 pour falsification de chèque et usage, alors même que le mis en examen avait déjà été détenu dans une information distincte du chef d'escroquerie et que les deux dossiers d'information ont été joints (■ Cass. crim., 24 mai 2005, n° 05-81.373 : *Bull. crim.* n° 153 ; *Dr. pén.* 2005, comm. 135, note A. Maron).

24) Conséquence de l'expiration du délai. Il se déduit de l'article 145-1, alinéa 1er du Code de procédure pénale que la mise en liberté en raison de l'expiration du délai de détention provisoire qu'il prévoit, rend caduc l'ensemble des obligations du contrôle judiciaire assortissant une ordonnance de mise en liberté non suivie d'effet en raison du défaut de versement de la partie du cautionnement qui devait être fournie préalablement à l'élargissement ; encourt dès lors la cassation l'arrêt de la chambre de l'instruction qui confirme la décision de placement sous contrôle judiciaire et l'infirme sur les délais de versement du cautionnement (■ Cass. crim., 17 févr. 2010, n° 09-87.862 : *Bull. crim.* n° 34).

II – PROLONGATION DE LA DÉTENTION PROVISOIRE

A – Conditions de fond

25) Caractère alternatif des conditions tenant à une condamnation antérieure et à la peine encourue. Le demandeur ne saurait se faire un grief de ce que l'arrêt n'ait pas, pour confirmer l'ordonnance de prolongation de sa détention provisoire, relevé qu'il avait été déjà condamné à une peine d'emprisonnement sans sursis d'une durée supérieure à un an, dès lors que, mis en examen du chef d'agression sexuelle aggravée, il encourt une peine supérieure à cinq ans d'emprisonnement et qu'ainsi, sa détention provisoire peut être prolongée conformément aux dispositions de l'article 145-1, alinéa 2, du Code de procédure pénale (■ Cass. crim., 14 mars 2006, n° 06-80.056 : *Bull. crim.* n° 68).

26) Condamnation antérieure. La mention au bulletin n° 1 du casier judiciaire d'une condamnation, pour crime ou délit de droit commun, soit à une peine criminelle, soit à une peine d'emprisonnement sans sursis d'une durée supérieure à 1 an, cette condamnation fût-elle réhabilitée, fait obstacle à l'application de l'article 145-1, alinéa 2 (devenu al. 1er) du Code de procédure pénale (■ Cass. crim., 28 nov. 1991, n° 91-85.232 : *Bull. crim.* n° 445 ; *Dr. pén.* 1992, comm. 113). L'existence d'une condamnation prescrite, qui subsiste avec toutes ses conséquences de droit, et qui, lorsqu'elle est prononcée par défaut ou par contumace, devient irrévocable, en application de l'article 133-5 du Code pénal, permet de prolonger au-delà de quatre mois la détention provisoire d'une personne mise en examen, dans les conditions prévues par l'article 145-1, alinéas 2 et 3, du Code de procédure pénale (■ Cass. crim., 18 juin 2003, n° 03-81.622 : *Bull. crim.* n° 126). En revanche, c'est à tort que la chambre de l'instruction a pris en compte une décision rendue par une juridiction étrangère, méconnaissant ainsi le principe de la territorialité de la loi pénale (■ Cass. crim., 18 juin 2003, préc.).

27) Détermination de la peine encourue. Il résulte de l'article 145-1 du Code de procédure pénale, que le juge ne peut pas prolonger la détention provisoire de la personne mise en examen en prenant en compte, pour déterminer la peine encourue, la circonstance de récidive (■ Cass. crim., 19 févr. 2002, n° 01-88.182 : *Bull. crim.* n° 31. ■ Cass. crim., 25 mai 2005, n° 05-81.724 : *Bull. crim.* n° 160). Les causes d'exemption ou d'atténuation de la peine prévues par l'article L. 627-5 du Code de la santé publique, qui ne peuvent bénéficier qu'aux personnes déclarées coupables de l'une des infractions mentionnées audit article, relèvent de la seule appréciation des juridictions de jugement ; elles ne sauraient, dès lors, être prises en compte pour la détermination de la peine d'emprisonnement encourue, au sens des alinéas 2 et 3 de l'article 145-1 du Code de procédure pénale (■ Cass. crim., 23 avr. 1992, n° 92-80.962 : *Bull. crim.* n° 176 ; *Dr. pén.* 1992, comm. 191). Les excuses, dont celle de minorité, ne doivent être prises en compte que lors du prononcé de la peine par la juridiction de jugement et non pour l'application des articles 144 et suivants du Code de procédure pénale (■ Cass. crim., 17 juin 1987, n° 87-80.467 : *Bull. crim.* n° 256).

28) Durée butoir de deux ans – Infraction dont un des faits constitutifs a été commis à l'étranger. Justifie sa décision la chambre de l'instruction qui énonce que la détention provisoire pouvait être prolongée au-delà d'un an, par application des dispositions de l'article 145-1 du Code de procédure pénale, dès lors que l'un des faits constitutifs tant de l'abus de confiance que de l'escroquerie aggravés reprochés à la personne mise en examen a été commis hors du territoire national (■ Cass. crim., 20 févr. 2002, n° 01-88.116 : *Bull. crim.* n° 39).

29) Durée de la détention en cas de révocation du contrôle judiciaire. V. art. 141-3, p. 429.

30) Prolongation de la détention après ordonnance de mise en liberté sous condition de paiement d'un cautionnement préalable. L'arrêt de la chambre de l'instruction, qui ordonne la mise en liberté de l'intéressé et le place sous le régime du contrôle judiciaire en lui imposant le versement d'une caution préalablement à sa libération, demeure sans effet tant qu'il n'a pas exécuté cette obligation ; ainsi, l'intéressé reste détenu en vertu de l'ordonnance du juge d'instruction et si ce dernier entend prolonger la détention il a, conformément aux dispositions de l'article 145, alinéa 2 l'obligation de statuer par une ordonnance motivée ; dès lors l'article 186 du Code de procédure pénale autorise l'intéressé à relever appel de ladite ordonnance (■ Cass. crim., 28 nov. 1972, n° 72-92.298 : *Bull. crim.* n° 360 ; *JCP* 1973, II, 17326).

B – Conditions de forme

V. égal. annotations ss art. 145-2, p. 471.

31) Domaine. Le maintien en détention ordonné à l'issue d'une procédure de comparution immédiate en application de l'article 397-2 du Code de procédure pénale, qui a pour effet de maintenir la personne poursuivie sous main de justice jusqu'à sa comparution le jour-même devant un juge d'instruction, échappe aux prescriptions de l'article 144 du même code ; il s'ensuit que le moyen soutenant que la décision de maintien en détention prononcée par le tribunal correctionnel n'a pas été précédée d'un débat contradictoire, doit être écarté (■ Cass. crim., 5 févr. 2019, n° 18-86.405 : *Bull. crim.* à paraître).

32) Compétence – Prolongation par la chambre de l'instruction et respect du double degré de juridiction. Lorsque le juge d'instruction a estimé, à tort, que la détention provisoire n'était pas susceptible de prolongation et remis la personne mise en examen en liberté sans saisir le juge des libertés et de la détention, la chambre de l'instruction, saisie par appel du ministère public, peut ordonner la prolongation de la détention : dès lors que la prolongation de la détention a été successivement examinée par deux juridictions de degré différent, la chambre de l'instruction, à qui il appartenait de corriger l'erreur de droit commise par le premier juge et sur laquelle reposait la décision de ce magistrat, et de statuer au fond après avoir constaté que la détention était susceptible de prolongation, ne méconnaît ni le principe du double degré de juridiction ni l'effet dévolutif de l'appel (■ Cass. crim., 7 sept. 2016, n° 16-84.031 : *Bull. crim.* n° 235). Il résulte des articles 82, 137, 145-1, 181 et 186 du Code de procédure pénale que, lorsque le juge d'instruction est saisi d'une information, la chambre de l'instruction ne peut statuer sur la prolongation de la détention provisoire d'un mis en examen qu'après que le juge du premier degré s'est prononcé sur cette mesure ;

viole ces dispositions la chambre de l'instruction qui, saisie du seul appel de l'ordonnance mettant en liberté la personne mise en examen, prononce la prolongation de sa détention alors que cette mesure de prolongation n'avait pas été soumise à l'appréciation d'une juridiction du premier degré (■ Cass. crim., 27 juill. 2016, n° 16-83.026 : *Bull. crim.* n° 221. ■ Cass. crim., 12 juill. 2016, n° 16-82.700 : *Bull. crim.* n° 213).

33) Prolongation de la détention d'un mineur – Consultation du service de protection judiciaire de la jeunesse. Si l'article 12 de l'ordonnance du 2 février 1945, dans sa rédaction issue de la loi du 30 décembre 1985, prescrit qu'avant toute réquisition ou décision de placement en détention provisoire d'un mineur, le service de l'Éducation surveillée compétent doit obligatoirement être consulté, cette exigence ne saurait être étendue aux cas où le juge est appelé à se prononcer, au cours de cette détention, sur la validité ou l'opportunité du maintien de la mesure (■ Cass. crim., 26 sept. 1989 : *JurisData* n° 1989-703272 ; *Bull. crim.* n° 329 ; *RSC* 1989, p. 366, obs. A. Braunschweig).

1° Débat contradictoire

34) Convocation de l'avocat. V. art. 114, p. 372 *et annotations ss art.* La comparution de l'inculpé dans la perspective du débat contradictoire (en vue de la prolongation de la détention provisoire) prescrit par l'article 145-1, alinéa 3 du Code de procédure pénale entre dans les prévisions de l'article 118 (devenu art. 114) dudit code, lequel requiert la convocation du conseil chaque fois que l'inculpé est susceptible d'être entendu (■ Cass. crim., 1er oct. 1985, n° 85-94.010 : *Bull. crim.* n° 288).

35) Convocation de l'avocat – Preuve de la convocation. Les mentions portées sur le procès-verbal indiquant que l'avocat de la personne mise en examen a été convoqué par lettre recommandée avec accusé de réception 5 jours ouvrables avant l'interrogatoire font foi jusqu'à inscription de faux (■ Cass. crim., 24 août 1999, n° 99-83.682).

36) Convocation de l'avocat – Preuve de la convocation par télécopie. Selon l'article 114, alinéa 2, du Code de procédure pénale, le récépissé de toute convocation d'un avocat par télécopie doit être joint au dossier de la procédure. Encourt donc la cassation l'arrêt qui refuse d'annuler l'ordonnance de prolongation de la détention provisoire alors que le mis en examen soutenait que son avocat n'avait pas été régulièrement convoqué par télécopie, la chambre de l'instruction ne s'étant pas assurée de l'existence d'un tel récépissé (■ Cass. crim., 27 nov. 2012, n° 12-86.085, FS-P+B : *JurisData* n° 2012-029132 ; *Procédures* 2013, comm. 54, J. Buisson). Le rapport de transaction consécutif à l'envoi d'une télécopie constituant le récépissé prévu par l'article 114, alinéa 2, du Code de procédure pénale, la chambre de l'instruction a justifié sa décision (■ Cass. crim., 2 oct. 2013, n° 13-85.010 : *Bull. crim.* n° 185).

37) Convocation au débat contradictoire – Auteur de la convocation. Aucune disposition de procédure pénale issue de la loi du 15 juin 2000 n'interdit que la convocation de l'avocat en vue du débat contradictoire sur la prolongation de la détention provisoire soit effectuée par le greffier du juge d'instruction (■ Cass. crim., 9 mai 2001, n° 01-81.550 : *Bull. crim.* n° 113).

38) Convocation au débat contradictoire – Moment. Justifie sa décision la chambre de l'instruction qui énonce qu'aucune disposition du Code de procédure pénale n'interdit au juge des libertés et de la détention de convoquer les parties en vue du débat contradictoire avant sa saisine, une telle façon de procéder ne pouvant caractériser un manque d'impartialité (■ Cass. crim., 14 févr. 2012, n° 11-88.071 : *Dr. pén.* 2012, comm. 77, note A. Maron et M. Haas).

39) Convocation au débat contradictoire – Mention inutile de l'objet de la convocation. *Comp. s'agissant de la convocation adressée par le juge d'instruction*, l'ordonnance de prolongation de la détention provisoire rendue par le juge des libertés et de la détention, alors que l'avocat de la personne mise en examen avait été convoqué, par le juge d'instruction, pour un interrogatoire au fond doit, dès lors que l'avocat a pu se méprendre sur l'objet de la convocation et en l'absence d'un débat contradictoire régulier au sens de l'article 145-1 du Code de procédure pénale, être annulée (■ Cass. crim., 20 mai 2008, n° 08-81.851 : *Bull. crim.* n° 125).

40) Convocation au débat contradictoire – Mention de l'heure du débat contradictoire. L'inculpé n'est pas admis à soutenir que l'ordonnance de prolongation de sa détention provisoire est irrégulière au motif que la convocation adressée au conseil en vue du débat contradictoire ne précisait pas l'heure de ce débat, dès lors qu'à la réception de la convocation, le conseil de l'inculpé n'a élevé aucune protestation auprès du juge d'instruction (■ Cass. crim., 16 janv. 1990, n° 89-86.004).

41) Convocation au débat contradictoire – Report. Justifie sa décision la chambre de l'instruction qui rejette l'exception de nullité tirée de ce que la seconde convocation adressée à l'avocat de la personne mise en examen après que le débat contradictoire a été reporté lui est parvenue moins de cinq jours ouvrables avant le débat contradictoire en violation de l'article 114, alinéa 2, du Code de procédure pénale : en effet, la convocation initiale, adressée dans le délai légal et comportant les indications nécessaires, était régulière, l'accusé de réception émis par le télécopieur de l'avocat faisant ressortir que la transmission s'était effectuée normalement, et les messages expédiés par la suite par le juge des libertés et de la détention ne constituaient pas une nouvelle convocation, distincte de la précédente, mais la simple confirmation d'un report de date convenu entre le magistrat et l'avocat (▪ Cass. crim., 18 nov. 2015, n° 15-85.287 : *Bull. crim.* n° 263).

42) Report du débat contradictoire – Demande peu explicite. Le demandeur ne peut se faire un grief de l'absence de réponse, par le juge des libertés et de la détention, à une demande de renvoi du débat contradictoire, cette demande étant accompagnée d'un seul justificatif illisible, ce qui ne mettait pas en mesure son destinataire d'en apprécier la pertinence, celui-ci devant statuer dans des délais contraints (▪ Cass. crim., 7 oct. 2020, n° 20-84.067, § 5).

43) Report du débat contradictoire – Réquisitions du ministère public. Le juge des libertés et de la détention ne peut, à peine de nullité, prononcer sur la demande de renvoi formée à l'audience par la personne mise en examen qu'après avoir recueilli préalablement les réquisitions du ministère public, partie nécessaire au débat contradictoire sur la détention provisoire. La méconnaissance de cette formalité est substantielle et porte atteinte aux intérêts de la personne mise en examen. La preuve de son accomplissement doit résulter du procès-verbal du débat contradictoire ou des mentions de l'ordonnance du juge des libertés et de la détention (▪ Cass. crim., 8 juin 2021, n° 21-82.017, §§ 9 et 10 : *Bull. crim.* à paraître ; *AJ pénal* 2021, 377, obs. J. Hennebois).

44) Report du débat contradictoire – Motivation de la décision. Il incombe au juge des libertés et de la détention, saisi d'une demande de report du débat contradictoire, de motiver sa décision de rejet (Cass. crim., 12 déc. 2018, n° 18-85.154 : *Bull. crim.*, à paraître ; *AJ pénal* 2019, p. 156, note J. Chapelle). Le juge des libertés et de la détention, qui a apporté une réponse à une première demande de renvoi du débat contradictoire formulée par le mis en examen, n'est pas tenu de répondre à une seconde demande qui ne comporte pas d'élément nouveau. Ne comporte pas d'élément nouveau la demande accompagnée d'une renonciation à se prévaloir des irrégularités de la convocation, laquelle ne peut, selon l'article 114 du Code de procédure pénale, intervenir qu'au moment du débat contradictoire (▪ Cass. crim., 11 déc. 2019, n° 19-86.039, §§ 16 et 17 : *Bull. crim.* à paraître).

45) Consultation du dossier de la procédure. Justifie sa décision la chambre de l'instruction qui rejette l'exception de nullité tiré de ce que le dossier transmis au juge des libertés et de la détention en vue du débat contradictoire préalable à la décision de prolongation de la détention provisoire était incomplet, dès lors qu'il résulte des dispositions de l'article 114, alinéa 3, du Code de procédure pénale, qu'après la première comparution de la personne mise en examen, la procédure est mise à la disposition des avocats durant les jours ouvrables, sous la seule réserve du bon fonctionnement du cabinet d'instruction, et que les motifs de l'ordonnance de saisine du juge d'instruction tendant à la prolongation de la détention provisoire ont pu être ainsi contradictoirement débattus (▪ Cass. crim., 1er févr. 2011, n° 10-87.875 : *Bull. crim.* n° 14).

46) Mise à disposition du dossier de la procédure – Mise à disposition sur le lieu de détention en cas de débat par visioconférence. Porte atteinte aux droits de la défense l'absence de mise à disposition d'une copie intégrale du dossier de la procédure dans les locaux de la maison d'arrêt où l'avocat assiste son client entendu par visioconférence dès lors que l'avocat n'a pu obtenir depuis plusieurs mois une copie actualisée de l'entier dossier et a averti en temps utile le juge des libertés et de la détention de son choix de se trouver auprès de la personne détenue (▪ Cass. crim., 16 oct. 2019, n° 19-84.773 : *Bull. crim.* à paraître ; *Dr. pén.* 2019, comm. 212, note A. Maron et M. Haas ; *RSC* 2019, p. 854, obs. J.-P. Valat).

47) Libre communication entre la personne mise en examen et son avocat. En vertu du principe de la libre communication entre la personne mise en examen et son avocat, résultant de l'article 6 paragraphe 3 *c)* de la Convention européenne des droits de l'Homme, la délivrance d'un permis de communiquer entre une personne détenue et son avocat est indispensable à l'exercice des droits de la défense ; il en découle que le défaut de délivrance de cette autorisation à chacun des avocats désignés, avant un débat contradictoire tenu en vue de l'éventuelle prolongation de la détention provisoire, fait nécessairement grief à la personne mise en examen (▪ Cass. crim., 12 déc. 2017, n° 17-85.757 : *Bull. crim.* à paraître).

48) Débat contradictoire – Réquisitions du procureur de la République. En vertu de l'(ancien) article 145 du Code de procédure pénale, les réquisitions orales du ministère public sont obligatoires (▪ Cass. crim., 22 mai 1985, n° 85-91.521 : *Bull. crim.* n° 199).

49) Débat contradictoire – Observations de l'avocat. L'avocat, qui se présente au débat contradictoire en vue de la prolongation de la détention provisoire, sans avoir été régulièrement désigné auprès du juge d'instruction par la personne mise en examen dans les conditions prévues par l'article 115, alinéa 3 du Code de procédure pénale ne peut prétendre être entendu par le juge des libertés et de la détention (■ Cass. crim., 7 juin 2016, n° 16-81.694. – *Adde* ■ Cass. crim., 16 sept. 2014, n° 13-82.758 : *Bull. crim.* n° 186 ; *Procédures* 2014, comm. 305, note A.-S. Chavent-Leclère).

50) Moyen de communication audiovisuel. V. art. 706-71, p. 1578. En supprimant, à l'article 706-71 du Code de procédure pénale, l'obligation de l'accord de l'intéressé pour le recours à des moyens de télécommunication audiovisuelle s'agissant des débats relatifs à la prolongation d'une mesure de détention provisoire, l'article 54 de la loi du 23 mars 2019 a entendu contribuer à la bonne administration de la justice et au bon usage des deniers publics, en évitant les difficultés et les coûts occasionnés par l'extraction de la personne placée en détention provisoire. Toutefois, le recours à des moyens de télécommunication audiovisuelle peut être imposé à l'intéressé lorsqu'il doit être entendu en vue de la prolongation de sa détention, y compris lorsque ce recours n'est pas justifié par des risques graves de troubles à l'ordre public ou d'évasion. Dès lors, eu égard à l'importance de la garantie qui s'attache à la présentation physique de l'intéressé devant le magistrat ou la juridiction compétent dans le cadre d'une procédure de détention provisoire et en l'état des conditions dans lesquelles s'exerce un tel recours à ces moyens de télécommunication, les dispositions contestées portent une atteinte excessive aux droits de la défense (■ Cons. const., 21 mars 2019, n° 2019-778 DC).

51) Moyen de communication audiovisuel – État d'urgence sanitaire lié à la Covid-19. V. Ord. n° 2020-303 du 25 mars 2020, art. 5 et Ord. n° 2020-1401 du 18 nov. 2020, art. 2.

52) Défaut ou irrégularité du débat contradictoire – Circonstance imprévisible et insurmontable. La prolongation de détention provisoire prévue par l'article 145-1, 3ᵉ alinéa, du Code de procédure pénale peut être ordonnée, même en l'absence du débat contradictoire prescrit par ce texte, dès lors que des circonstances imprévisibles et insurmontables rendent impossible un tel débat et que celui-ci ne peut être différé. Ainsi d'une grève du personnel pénitentiaire qui s'opposait à toute extraction de détenus ainsi qu'à toute entrée du magistrat dans les locaux de détention (■ Cass. crim., 31 janv. 1989, n° 88-86.527 : *Bull. crim.* n° 35). Refuse à juste titre d'annuler l'ordonnance de prolongation de détention en l'absence de l'intéressé au débat contradictoire préalable à cette décision la chambre d'accusation qui retient que la réquisition d'extraction le concernant n'a pu être mise à exécution en raison de « barrages routiers qui empêchaient la circulation et occupaient les gendarmes à des tâches de maintien de l'ordre » et qui ajoute que, en raison des délais s'imposant au juge d'instruction, l'audience de cabinet ne pouvait être reportée à une date ultérieure : de tels motifs caractérisent la circonstance insurmontable ayant fait obstacle à la comparution du demandeur devant le juge d'instruction (■ Cass. crim., 28 avr. 1998, n° 98-80.754 : *Bull. crim.* n° 143). Confirme à juste titre l'ordonnance de prolongation de la détention provisoire prise à la suite d'un débat contradictoire mené en l'absence de l'avocat de l'intéressé non convoqué dans le délai prévu par l'article 114, alinéa 2, du Code de procédure pénale, la chambre de l'instruction qui relève que le débat initialement prévu a été reporté en raison d'un mouvement de grève du personnel pénitentiaire et ajoute que, par l'effet du report de la date d'audience, l'avocat, convoqué effectivement onze jours avant l'audience, a eu le temps nécessaire à la consultation du dossier de la procédure et à l'organisation de la défense de son client : ces énonciations caractérisent une circonstance imprévisible et insurmontable mettant obstacle à la tenue de l'audience initialement prévue et il n'est pas établi que la convocation à ladite audience, dans un délai inférieur à celui prescrit par l'article 114, alinéa 2, du Code de procédure pénale ait nui aux intérêts de la personne concernée (■ Cass. crim., 5 mars 2002, n° 01-88.625 : *JurisData* n° 2002-013967). Justifie sa décision la chambre d'accusation qui, pour écarter la demande d'annulation de l'ordonnance de prolongation de la détention provisoire, relève qu'il résulte du procès-verbal du débat contradictoire préalable que les conseils, convoqués dans les formes et délais prescrits par l'article 118 (devenu art. 114) du Code de procédure pénale, ont été informés verbalement par le magistrat instructeur, dans son cabinet et sans objection de leur part, que, l'inculpé n'ayant pu être extrait de son lieu de détention, l'interrogatoire aurait lieu le surlendemain, l'interrogatoire ayant bien eu lieu ce jour-là en l'absence des conseils dont l'un s'était excusé ; l'ajournement n'ayant porté aucune atteinte aux droits de la défense, la chambre d'accusation a justifié sa décision (■ Cass. crim., 12 déc. 1988, n° 88-85.924 : *Bull. crim.* n° 422). Encourt la cassation l'arrêt venant confirmer l'ordonnance de prolongation de la détention provisoire rendue par le juge d'instruction en l'absence de l'intéressé, qui n'a pu comparaître en raison d'une grève du personnel pénitentiaire qui s'opposait à toute extraction de détenus ainsi qu'à toute entrée du magistrat dans les locaux de détention : en énonçant que le débat n'aurait pu être différé sans méconnaître les dispositions d'ordre public de l'article 118 (devenu art. 114) du Code de procédure pénale, alors que les formes et délais prescrits par ledit article ayant été respectés pour la date initialement choisie, un ajournement restait possible jusqu'à l'expiration de la période initiale de détention et alors qu'il lui appartenait de préciser si les circonstances imprévisibles et insurmontables résultant de la prolongation de la grève avaient fait obstacle à cet ajournement, la chambre d'accusation n'a pas justifié sa décision (■ Cass. crim., 15 déc. 1992, n° 92-85.136 : *Bull. crim.* n° 416).

53) Absence de débat contradictoire – Prolongation de plein droit de la durée de la détention provisoire liée à l'état d'urgence sanitaire dû à la Covid-19. *V.* annot. *supra* nos 2 et s.

54) Absence de débat contradictoire – Modalités dérogatoires de prolongation de la détention provisoire liées à l'état d'urgence sanitaire dû à la Covid-19.

Ordonnance n° 2020-303 du 25 mars 2020

portant adaptation de règles de procédure pénale sur le fondement de la loi n° 2020-290 du 23 mars 2020 d'urgence pour faire face à l'épidémie de covid-19

Art. 19. – Par dérogation aux dispositions des articles 145-1 et 145-2 du Code de procédure pénale, les décisions du juge des libertés et de la détention statuant sur la prolongation de la détention provisoire interviennent au vu des réquisitions écrites du procureur de la République et des observations écrites de la personne et de son avocat, lorsque le recours à l'utilisation du moyen de télécommunication audiovisuelle prévu par l'article 706-71 de ce code n'est matériellement pas possible.

S'il en fait la demande, l'avocat de la personne peut toutefois présenter des observations orales devant le juge des libertés et de la détention, le cas échéant par un moyen de télécommunication audiovisuelle.

Dans les cas prévus au présent article, le juge organise et conduit la procédure en veillant au respect des droits de la défense et en garantissant le caractère contradictoire des débats.

2° *Ordonnance statuant sur la prolongation de la détention provisoire*

55) Ordonnance de prolongation – Date de l'ordonnance. Il appartient à la chambre d'accusation de constater l'inexistence du titre de détention et d'ordonner la remise en liberté de la personne mise en examen lorsque l'ordonnance de prolongation, bien que devenue définitive, faute de recours, est intervenue tardivement, après expiration du précédent délai de détention (■ Cass. crim., 4 janv. 1983, n° 82-93.809 : *Bull. crim.* n° 3 ; *D.* 1983, 562, note Roger ; *JCP* 1984, II, 20203, note P. Chambon). Aucune disposition légale ou conventionnelle n'interdit au juge des libertés et de la détention de mettre sa décision en délibéré ; il suffit que la prolongation soit ordonnée avant l'expiration du titre de détention (■ Cass. crim., 30 mars 2005, n° 05-80.380 : *Bull. crim.* n° 105 ; *Procédures* 2005, comm. 167, obs. J. Buisson). Il ne saurait être fait grief à l'arrêt attaqué d'avoir confirmé l'ordonnance du juge d'instruction en date du 5 juillet 1988 prolongeant la détention au-delà du délai de 1 an, à compter du 26 juillet 1988, dès lors que la chambre d'accusation s'est référée, comme elle le devait, à l'état du dossier au jour de sa décision et que par ailleurs il appartenait à l'inculpé, ce qu'il n'a pas fait, d'invoquer devant les juges du second degré les éléments nouveaux éventuellement intervenus depuis l'ordonnance entreprise (■ Cass. crim., 21 nov. 1988, n° 88-85.369 : *Bull. crim.* n° 393).

56) Ordonnance de prolongation – Date d'effet. N'encourt aucun grief la chambre d'accusation qui relève que la mention erronée de la date d'effet de l'ordonnance, qui n'est d'ailleurs prévue par aucun texte, n'est pas de nature à affecter la validité de cet acte, dès lors que cette ordonnance par laquelle le juge d'instruction avait prolongé la détention provisoire de l'inculpé, était intervenue dans le délai de quatre mois prévu par l'article 145-1 du Code de procédure pénale (■ Cass. crim., 7 avr. 1992, n° 92-80.480. ■ Cass. crim., 11 févr. 2003, n° 02-87.796).

57) Ordonnance de prolongation – Mention inutile de la durée de la prolongation. N'encourent aucun grief les juges qui ont, par une décision spécialement motivée conformément à l'article 145 du Code de procédure pénale d'après les éléments de la cause et par référence à l'un des cas énumérés à l'article 144 du même code, prescrit, sans avoir à la limiter autrement dans le temps, la prolongation de la détention provisoire de l'inculpé (■ Cass. crim., 26 avr. 1988, n° 88-80.797 : *Bull. crim.* n° 175).

58) Ordonnance de prolongation – Erreur quant à la durée de la prolongation. En raison de l'effet dévolutif de l'appel, il appartient à la juridiction du second degré de substituer ses propres motifs à ceux du premier juge ; encourt dès lors la cassation la chambre de l'instruction qui annule l'ordonnance du juge des libertés et de la détention ayant ordonné la prolongation de la détention pour une période de 6 mois alors qu'il lui appartenait de réformer la décision entreprise en prolongeant pour une durée de quatre mois au lieu de six mois la détention provisoire de l'intéressé en application de l'article 145-1 du Code de procédure pénale (▪ Cass. crim., 20 mai 2008, n° 07-88.671 : *Bull. crim.* n° 124. ▪ Cass. crim., 8 nov. 1983, n° 83-91.509 : *Bull. crim.* n° 291).

59) Ordonnance refusant la prolongation de la détention provisoire. Aucune disposition légale n'impose que le juge des libertés et de la détention prescrive la mise en liberté immédiate de la personne dont il refuse de prolonger la détention (▪ Cass. crim., 7 juin 2006, n° 06-82.339 : *Bull. crim.* n° 159 ; *Procédures* 2006, n° 250, note J. Buisson). Il se déduit des articles 148-1-1 et 201 du Code de procédure pénale que lorsque, saisi aux fins de prolongation de la détention provisoire, le juge des libertés et de la détention décide, non seulement de refuser de prolonger la détention, mais encore de mettre la personne concernée en liberté avant l'expiration du délai prévu par les articles 145-1 et 145-2 du Code de procédure pénale, celle-ci doit être immédiatement libérée, sauf mise en œuvre de la procédure de référé-détention prévue par l'article 148-1-1 du même code (▪ Cass. crim., 8 oct. 2013, n° 13-85.098 : *Bull. crim.* n° 188).

60) Motivation de l'ordonnance. V. art. 137-3, p. 408et art. 144, p. 440et, s'agissant de la motivation spécifique, V. art. 145-3, p. 478.

61) Notification de l'ordonnance. V. art. 183, al. 2, p. 597.

Art. 145-2 (1) ***(Mod., L. n° 2002-1138, 9 sept. 2002).* – En matière criminelle, la personne mise en examen ne peut être maintenue en détention au-delà d'un an. Toutefois sous réserve des dispositions de l'article 145-3, le juge des libertés et de la détention peut, à l'expiration de ce délai, prolonger la détention pour une durée qui ne peut être supérieure à six mois par une ordonnance motivée conformément aux dispositions de l'article 137-3 et rendue après un débat contradictoire organisé conformément aux dispositions du sixième alinéa de l'article 145, l'avocat ayant été convoqué conformément aux dispositions du deuxième alinéa de l'article 114. Cette décision peut être renouvelée selon la même procédure.**

La personne mise en examen ne peut être maintenue en détention provisoire au-delà de deux ans lorsque la peine encourue est inférieure à vingt ans de réclusion ou de détention criminelles et au-delà de trois ans dans les autres cas. Les délais sont portés respectivement à trois et quatre ans lorsque l'un des faits constitutifs de l'infraction a été commis hors du territoire national. Le délai est également de quatre ans lorsque la personne est poursuivie pour plusieurs crimes mentionnés aux livres II et IV du Code pénal, ou pour trafic de stupéfiants, terrorisme, proxénétisme, extorsion de fonds ou pour un crime commis en bande organisée.

À titre exceptionnel, lorsque les investigations du juge d'instruction doivent être poursuivies et que la mise en liberté de la personne mise en examen causerait pour la sécurité des personnes et des biens un risque d'une particulière gravité, la chambre de l'instruction peut prolonger pour une durée de quatre mois les durées prévues au présent article. La chambre de l'instruction, devant laquelle la comparution personnelle du mis en examen est de droit, est saisie par ordonnance motivée du juge des libertés et de la détention selon les modalités prévues par le dernier alinéa de l'article 137-1, et elle statue conformément aux dispositions des articles 144, 144-1, 145-3, 194, 197, 198, 199, 200, 206 et 207. Cette décision peut être renouvelée une fois sous les mêmes conditions et selon les mêmes modalités.

Les dispositions du présent article sont applicables jusqu'à l'ordonnance de règlement.

• ***Sommaire***

(1) Dispositions particulières ou dérogatoires résultant de l'état d'urgence sanitaire dû à l'épidémie de covid-19 : V. Ord. n° 2020-303 du 25 mars 2020. – NDLR.

I – DURÉE DE LA DÉTENTION PROVISOIRE

A – Détermination de la durée de la détention provisoire

1) **Mineurs.** V. CJPM, art. L. 433-2 et s., p. 3086.

2) **État d'urgence sanitaire lié à la Covid-19 – Prolongation de plein droit de la durée de la détention provisoire.**

Ordonnance n° 2020-303 du 25 mars 2020

portant adaptation de règles de procédure pénale sur le fondement de la loi n° 2020-290 du 23 mars 2020 d'urgence pour faire face à l'épidémie de covid-19

Rédaction antérieure. Art. 16 *(Abr., DC n° 2020-878/879 QPC, 29 janv. 2021)*. – En matière correctionnelle, les délais maximums de détention provisoire ou d'assignation à résidence sous surveillance électronique, prévus par les dispositions du Code de procédure pénale, qu'il s'agisse des détentions au cours de l'instruction ou des détentions pour l'audiencement devant les juridictions de jugement des affaires concernant des personnes renvoyées à l'issue de l'instruction, sont prolongés plein droit de deux mois lorsque la peine d'emprisonnement encourue est inférieure ou égale à cinq ans et de trois mois dans les autres cas, sans préjudice de la possibilité pour la juridiction compétente d'ordonner à tout moment, d'office, sur demande du ministère public ou sur demande de l'intéressé, la mainlevée de la mesure, le cas échéant avec assignation à résidence sous surveillance électronique ou sous contrôle judiciaire lorsqu'il est mis fin à une détention provisoire. Ce délai est porté à six mois en matière criminelle et, en matière correctionnelle, pour l'audiencement des affaires devant la cour d'appel.

Les prolongations prévues à l'alinéa précédent sont applicables aux mineurs âgés de plus de seize ans, en matière criminelle ou s'ils encourent une peine d'au moins sept ans d'emprisonnement.

Les prolongations prévues par le présent article ne s'appliquent qu'une seule fois au cours de chaque procédure.

Art. 16-1 *(L. n° 2020-546, 11 mai 2020)*. – À compter du 11 mai 2020, la prolongation de plein droit des délais de détention provisoire prévue à l'article 16 n'est plus applicable aux titres de détention dont l'échéance intervient à compter de cette date et les détentions ne peuvent être prolongées que par une décision de la juridiction compétente prise après un débat contradictoire intervenant, le cas échéant, selon les modalités prévues à l'article 19.

Si l'échéance du titre de détention en cours, résultant des règles de droit commun du Code de procédure pénale, intervient avant le 11 juin 2020, la juridiction compétente dispose d'un délai d'un mois à compter de cette échéance pour se prononcer sur sa prolongation, sans qu'il en résulte la mise en liberté de la personne, dont le titre de détention est prorogé jusqu'à cette décision. Cette prorogation s'impute sur la durée de la prolongation décidée par la juridiction. En ce qui concerne les délais de détention au cours de l'instruction, cette durée est celle prévue par les dispositions de droit commun ; toutefois, s'il s'agit de la dernière échéance possible, la prolongation peut être ordonnée selon les cas pour les durées prévues à l'article 16 de la présente ordonnance.

En ce qui concerne les délais d'audiencement, la prolongation peut être ordonnée pour les durées prévues au même article 16, y compris si elle intervient après le 11 juin 2020.

La prolongation de plein droit du délai de détention intervenue au cours de l'instruction avant le 11 mai 2020, en application dudit article 16, n'a pas pour effet d'allonger la durée maximale totale de la détention en application des dispositions du Code de procédure pénale, sauf si cette prolongation a porté sur la dernière échéance possible.

Lorsque la détention provisoire au cours de l'instruction a été prolongée de plein droit en application de l'article 16 de la présente ordonnance pour une durée de six mois, cette prolongation ne peut maintenir ses effets jusqu'à son terme que par une décision prise par le juge des libertés et de la détention selon les modalités prévues à l'article 145 du Code de procédure pénale et, le cas échéant, à l'article 19 de la présente ordonnance. La décision doit intervenir au moins trois mois avant le terme de la prolongation. Si une décision de prolongation n'intervient pas avant cette date, la personne est remise en liberté si elle n'est pas détenue pour une autre cause.

Pour les délais de détention en matière d'audiencement, la prolongation de plein droit des délais de détention ou celle décidée en application du troisième alinéa du présent article a pour effet d'allonger la durée maximale totale de la détention possible jusqu'à la date de l'audience prévue en application des dispositions du Code de procédure pénale.

Voir : annot. ss. art. 145-1, n°s 2 et s, p. 461.

3) **Durée dérogatoire de 4 ans – Domaine.** L'article 145-2, alinéas 2 et 3, du Code de procédure pénale, qui permet une prolongation exceptionnelle de la détention provisoire notamment en cas d'extorsion de fonds, est applicable à la personne mise en examen pour extorsion de secret

dès lors qu'en visant l'extorsion de fonds le législateur a entendu énumérer des catégories ou des ensembles d'infractions en usant de termes génériques (■ Cass. crim., 2 juin 2021, n° 21-81.581, § 18 : *Bull. crim.* à paraître ; *AJ pénal* 2021, 429, obs. R. Mesa).

B – Calcul de la durée de la détention provisoire

V. égal. annotations ss art. 145-1, p. 460.

4) Point de départ de la détention – Mandat d'arrêt mis à exécution à l'étranger. Le point de départ de la détention provisoire, au sens de l'article 145-2 du Code de procédure pénale, d'une personne remise en vertu d'un mandat d'arrêt européen est sa date d'écrou en France (■ Cass. crim., 31 mai 2011, n° 11-81.110 : *Bull. crim.* n° 112).

5) Point de départ du délai de détention – Dessaisissement. Si la détention provisoire consécutive au mandat de dépôt décerné par un juge d'instruction doit être imputée sur la peine qui sera éventuellement prononcée, ce mandat de dépôt, dès lors qu'il en a été donné mainlevée, ne peut constituer le point de départ du délai de la détention ordonnée par un autre juge d'instruction, saisi des mêmes faits et au profit duquel le premier juge s'est dessaisi (■ Cass. crim., 6 juin 1991, n° 91-81.784 : *Bull. crim.* n° 242).

6) Succession de détentions provisoires à raison de faits différents. Si la personne mise en examen est à nouveau placée en détention provisoire en raison d'infractions commises après sa mise en liberté, il n'y a pas lieu, pour le calcul des délais prévus par les articles 145-1 à 145-3 du Code de procédure pénale, de tenir compte de la première période de détention relative aux faits initialement poursuivis (■ Cass. crim., 30 avr. 2014, n° 14-81.201 : *Bull. crim.* n° 117. ■ Cass. crim., 11 déc. 2007, n° 07-86.989 : *Bull. crim.* n° 305).

7) Succession de détentions à raison des mêmes faits – Période de détention subie à l'étranger. Justifie sa décision la chambre de l'instruction qui, pour rejeter l'argumentation de l'appelant soutenant que la détention maximale permise par l'article 145-2 du Code de procédure pénale pour les faits poursuivis avait été dépassée en tenant compte de la période de détention déjà effectuée en Espagne pour des faits identiques, relève que c'est à tort qu'il est soutenu que les faits poursuivis en France et en Espagne seraient identiques, l'intéressé étant mis en examen notamment pour les faits d'homicide du 18 mars 2010, faits pour lesquels il n'a été ni détenu, ni poursuivi, ni jugé en Espagne (■ Cass. crim., 7 févr. 2017, n° 16-86.877 : *Bull. crim.* n° 33).

Comp. il n'y a pas à prendre en considération, pour apprécier le caractère raisonnable de la durée de la détention provisoire au sens de l'article 5 de la Convention européenne des droits de l'homme, la durée de la privation de liberté subie à l'étranger pour les mêmes faits (■ Cass. crim., 19 janv. 2022, n° 21-86.277, § 12 : *Bull. crim.* à paraître ; *Dr. pén.* 2022, comm. 57, note A. Maron et M. Haas).

8) Détention antérieure à un contrôle judiciaire révoqué. Il n'y a pas lieu, pour le calcul de la période de quatre mois ou un an, selon la gravité de l'infraction, à l'issue de laquelle le juge des libertés et de la détention peut ordonner la prolongation de la détention provisoire du mis en examen, de tenir compte des périodes de détention accomplies antérieurement à la révocation du contrôle judiciaire. La durée de quatre mois prévue par l'article 143-1 du Code de procédure pénale ne s'applique en effet qu'au calcul de la durée maximale au-delà de laquelle la détention ne peut être maintenue (■ Cass. crim., 22 mars 2011, n° 10-88.849 : *Bull. crim.* n° 57).

9) Changement de qualification des faits. En cas de changement de qualification des faits ou de notification d'une nouvelle inculpation (découlant en l'espèce de l'adjonction aux faits poursuivis sous la qualification d'association et de recel de malfaiteurs de faits d'assassinat), le titre initial de détention demeure valable, la détention se trouvant alors soumise aux règles qui découlent de la nouvelle qualification ou inculpation ; il s'en déduit que le délai de 1 an prévu par l'article 145-2 du Code de procédure pénale et résultant de la nouvelle inculpation a commencé à courir à compter de la date du mandat de dépôt initial (■ Cass. crim., 29 oct. 1991 : *JurisData* n° 1991-003616 ; *Bull. crim.* n° 385).

10) Conséquence du changement de qualification sur la détention provisoire. À compter de la notification de la nouvelle qualification des faits, la détention provisoire de l'intéressé est soumise, de plein droit, aux règles de la procédure criminelle (■ Cass. crim., 25 juill. 2007, n° 07-83.353). N'encourt pas la censure la chambre de l'instruction qui, ayant procédé préalablement à un débat contradictoire, a ordonné le placement en détention provisoire du mis en examen pour des faits nouveaux objet d'une mise en examen supplétive, dit qu'il est désormais détenu dans une procédure criminelle et que le point de départ de la détention est fixé au jour du mandat de dépôt initial qui est demeuré valable (■ Cass. crim., 4 mars 2014, n° 13-88.274). Justifie sa décision l'arrêt qui, s'appuyant sur l'article 118 du Code de procédure pénale, selon lequel s'il apparaît au cours de l'information que les faits reprochés à la personne mise en examen sous une qualification correctionnelle constituent en réalité un crime, le mandat de dépôt initialement délivré demeure valable et est considéré comme un mandat de dépôt criminel, en déduit qu'il n'y a pas lieu pour le juge d'instruction de saisir le juge des libertés et de la détention ni pour celui-ci de statuer, le changement de la nature et du régime de la détention provisoire résultant de la seule requalification (▪ Cass. crim., 13 déc. 2006, n° 06-87.376). En cas de notification de changement de qualification des faits, le titre initial de détention demeure valable, la détention se trouvant alors soumise aux règles qui découlent de la nouvelle qualification ; justifie dès lors sa décision la chambre de l'instruction qui, pour rejeter la demande de mise en liberté de l'intéressé, relève que lorsque les faits retenus à l'origine de l'information sous une qualification correctionnelle reçoivent une qualification criminelle, le titre de détention initial demeure valable, et la détention est soumise de plein droit aux règles découlant de la nouvelle mise en examen et que le titre initial de détention valait donc désormais pour un an (▪ Cass. crim., 27 mai 1997, n° 97-81.486 : *Bull. crim.* n° 202).

11) Modification des faits. N'encourt pas la censure la chambre de l'instruction qui, ayant procédé préalablement à un débat contradictoire, a ordonné le placement en détention provisoire du mis en examen pour des faits nouveaux objet d'une mise en examen supplétive, dit qu'il est désormais détenu dans une procédure criminelle et que le point de départ de la détention est fixé au jour du mandat de dépôt initial qui est demeuré valable (▪ Cass. crim., 4 mars 2014, n° 13-88.274).

12) Jonction de procédures. En cas de jonction, au cours d'une information, d'une procédure criminelle à une précédente procédure correctionnelle, le délai d'un an prévu par l'article 145-2 du Code de procédure pénale commence à courir à compter du jour du mandat de dépôt initial (▪ Cass. crim., 9 juin 2004, n° 04-81.901 : *Bull. crim.* n° 159). *Comp.* : la durée de deux périodes de détention provisoire, effectuée dans deux procédures distinctes ayant donné lieu à jonction, ne se cumule pas pour le décompte du délai à l'expiration duquel la détention doit être prolongée ; n'encourt pas la cassation, invoquée pour inobservation des dispositions de l'article 145-3 du Code de procédure pénale, applicable lorsque la détention provisoire excède huit mois en matière correctionnelle, l'arrêt de la chambre de l'instruction qui a prolongé le 18 février 2005 un mandat de dépôt délivré le 22 octobre 2004 pour falsification de chèque et usage, alors même que le mis en examen avait déjà été détenu dans une information distincte du chef d'escroquerie et que les deux dossiers d'information ont été joints (▪ Cass. crim., 24 mai 2005, n° 05-81.373 : *Bull. crim.* n° 153 ; *Dr. pén.* 2005, comm. 135, note A. Maron).

II – PROLONGATION DE LA DÉTENTION PROVISOIRE

A – Règles de fond

13) Durée de la détention en cas de révocation du contrôle judiciaire. V. art. 141-3, p. 429.

14) Inapplication de l'article 145-2 après ordonnance de renvoi. Justifie sa décision la chambre de l'instruction qui refuse d'ordonner la mise en liberté d'office de la personne mise en examen, qui prétendait que sa détention ne pouvait excéder 3 ans en application de l'article 145-2 du Code de procédure pénale, au motif que ce texte ne peut être invoqué dès lors que le demandeur a été renvoyé devant le tribunal correctionnel : en effet, le mandat de dépôt décerné par le tribunal correctionnel en vertu de l'article 469 du Code de procédure pénale conserve ses effets jusqu'à ce qu'il ait été statué par la chambre de l'instruction sur la compétence et la prévention (▪ Cass. crim., 27 sept. 2005, n° 05-84.234 : *Bull. crim.* n° 236). Dès lors que la détention a été ordonnée par une juridiction correctionnelle sur le fondement de l'article 469 du Code de procédure pénale, d'une part, les dispositions de l'article 145-2 du même code ne sont pas applicables et, d'autre part, la chambre de l'instruction n'est pas tenue par l'exigence de motivation spéciale prévue par l'article 145-3 de ce code (▪ Cass. crim., 29 mai 2018, n° 18-81.533 : *Bull. crim.* à paraître).

B – Règles de forme

V. annotations égal. ss art. 145-1, p. 460.

15) Compétence – Prolongation par la chambre de l'instruction et respect du double degré de juridiction. Il résulte des articles 82, 137, 145-2, 181 et 186 du Code de procédure pénale que, lorsque le juge d'instruction est saisi d'une information, la chambre de l'instruction ne peut statuer sur la prolongation de la détention provisoire d'un mis en examen qu'après que le juge du premier degré s'est prononcé sur cette mesure ; viole ces dispositions la chambre de l'instruction qui, saisie du seul appel de l'ordonnance mettant en liberté la personne mise en examen, prononce la prolongation de sa détention alors que cette mesure de prolongation n'avait pas été soumise à l'appréciation d'une juridiction du premier degré (▪ Cass. crim., 12 juill. 2016, n° 16-82.700 : *Bull. crim.* n° 213).

1° Débat contradictoire

16) Convocation de l'avocat– Application des prescriptions de l'article 114 du Code de

procédure pénale. V. art. 114, p. 372 et annotations ss art. Il résulte des articles 114 et 145-2 du Code de procédure pénale que la détention provisoire ne peut être prolongée que par une ordonnance rendue après un débat contradictoire, l'avocat désigné par le mis en examen ayant été convoqué conformément aux dispositions du deuxième alinéa de l'article 114 du même code (■ Cass. crim., 20 août 2014, n° 14-83.699 : *Bull. crim.* n° 174). Lorsque le renvoi du débat contradictoire procède du seul refus de la personne mise en examen détenue de comparaître avec l'utilisation d'un moyen de communication audiovisuelle, les prescriptions de l'article 114 du Code de procédure pénale relatives aux modalités de convocation de l'avocat, auxquelles renvoie l'article 145-2 du même code, ne s'imposent plus, la seule exigence étant que l'avocat soit informé des date et heure auxquelles le débat a été renvoyé (■ Cass. crim., 20 juin 2017, n° 17-82.306 : *Bull. crim.* à paraître).

17) Convocation de l'avocat – Preuve de la convocation. V. annotations ss art. 114, p. 372 et art. 145-1, p. 460.

18) Convocation de l'avocat – Preuve de la convocation par télécopie. Selon l'article 114, alinéa 2, du Code de procédure pénale, le récépissé de toute convocation d'un avocat par télécopie doit être joint au dossier de la procédure. Encourt donc la cassation l'arrêt qui refuse d'annuler l'ordonnance de prolongation de la détention provisoire alors que le mis en examen soutenait que son avocat n'avait pas été régulièrement convoqué par télécopie, la chambre de l'instruction ne s'étant pas assurée de l'existence d'un tel récépissé (■ Cass. crim., 27 nov. 2012, n° 12-86.085 : *JurisData* n° 2012-029132 ; *Procédures* 2013, comm. 54, J. Buisson). Il résulte de la combinaison des articles 114, 145-2 et 803-1 du Code de procédure pénale que la décision sur la prolongation de la détention provisoire ne peut être prise qu'après un débat contradictoire auquel l'avocat du mis en examen a été convoqué au plus tard cinq jours ouvrables avant ledit débat, par lettre recommandée avec demande d'avis de réception, par télécopie avec récépissé, verbalement avec émargement au dossier de la procédure ou par un envoi adressé par un moyen de télécommunication à l'adresse électronique de l'avocat ; encourt la cassation la chambre de l'instruction qui refuse d'annuler l'ordonnance de prolongation de la détention provisoire au motif que la régularité de la convocation de cet avocat par télécopie est établie par la mention portée au procès-verbal qui fait foi jusqu'à inscription de faux alors que le dossier de la procédure ne comportait aucun justificatif d'une convocation de l'avocat au débat contradictoire par l'un des moyens rappelés (■ Cass. crim., 3 déc. 2013, n° 13-86.208 : *Bull. crim.* n° 243 ; *Dr. pén.* 2014, étude 9, note L. Saenko). Le rapport de transaction consécutif à l'envoi d'une télécopie constituant le récépissé prévu par l'article 114, alinéa 2, du Code de procédure pénale, la chambre de l'instruction a justifié sa décision (■ Cass. crim., 2 oct. 2013, n° 13-85.010 : *Bull. crim.* n° 185).

19) Convocation au débat contradictoire – Auteur de la convocation. Aucune disposition de procédure pénale issue de la loi du 15 juin 2000 n'interdit que la convocation de l'avocat en vue du débat contradictoire sur la prolongation de la détention provisoire soit effectuée par le greffier du juge d'instruction (■ Cass. crim., 9 mai 2001, n° 01-81.550 : *Bull. crim.* n° 113).

20) Convocation au débat contradictoire – Moment. Justifie sa décision la chambre de l'instruction qui énonce qu'aucune disposition du Code de procédure pénale n'interdit au juge des libertés et de la détention de convoquer les parties en vue du débat contradictoire avant sa saisine, une telle façon de procéder ne pouvant caractériser un manque d'impartialité (■ Cass. crim., 14 févr. 2012, n° 11-88.071 : *Dr. pén.* 2012, comm. 77, note A. Maron et M. Haas).

21) Demande de report du débat contradictoire – Demande peu explicite. Le demandeur ne peut se faire un grief de l'absence de réponse, par le juge des libertés et de la détention, à une demande de renvoi du débat contradictoire, cette demande étant accompagnée d'un seul justificatif illisible, ce qui ne mettait pas en mesure son destinataire d'en apprécier la pertinence, celui-ci devant statuer dans des délais contraints (■ Cass. crim., 7 oct. 2020, n° 20-84.067, § 5).

22) Assistance de l'avocat. Il résulte de la combinaison des articles 114, 145-2 et 803-1 du Code de procédure pénale que la décision sur la prolongation de la détention provisoire ne peut être prise qu'après un débat contradictoire auquel l'avocat du mis en examen a été convoqué au plus tard cinq jours ouvrables avant ledit débat par lettre recommandée avec demande d'avis de réception, télécopie avec récépissé ou verbalement avec émargement au dossier de la procédure ou encore par un envoi adressé par un moyen de télécommunication à l'adresse électronique de l'avocat ; l'absence de convocation de l'avocat au débat contradictoire l'ayant empêché d'assister le demandeur porte nécessairement atteinte aux intérêts de celui-ci (■ Cass. crim., 4 déc. 2007, n° 07-86.794 : *Bull. crim.* n° 297).

23) Renonciation à l'assistance de l'avocat. Selon les dispositions combinées des articles 118 (devenu art. 114) et 145-2 du Code de procédure pénale, le juge d'instruction peut procéder au débat contradictoire en vue de la prolongation de la détention, sans que le conseil de l'inculpé soit présent ou ait été convoqué, à condition que cet inculpé ait renoncé expressément, et préalablement au débat, à l'assistance de son avocat (▪ Cass. crim., 11 juin 1992, n° 92-81.546 : *Bull. crim.* n° 230. ▪ Cass. crim., 6 sept. 1994, n° 94-83.133 : *Bull. crim.* n° 295 ; *JCP* 1994, 2627. ▪ Cass. crim., 31 mai 1995, n° 95-81.412 : *Bull. crim.* n° 200 ; *JCP* 1995, 2265).

24) Absence de l'avocat régulièrement convoqué. Les dispositions des articles 145-2 et 145, alinéas 1 et 4 du Code de procédure pénale n'exigent pas la présence aux débats contradictoires de l'avocat de la personne mise en examen, dès lors que celui-ci a été convoqué conformément aux dispositions de l'article 114 du Code de procédure pénale (▪ Cass. crim., 14 mai 1996, n° 96-81.045 : *Bull. crim.* n° 203).

25) Consultation du dossier de la procédure. Justifie sa décision la chambre de l'instruction qui rejette l'exception de nullité tirée de ce que le dossier transmis au juge des libertés et de la détention en vue du débat contradictoire préalable à la décision de prolongation de la détention provisoire était incomplet, dès lors qu'il résulte des dispositions de l'article 114, alinéa 3, du Code de procédure pénale, qu'après la première comparution de la personne mise en examen, la procédure est mise à la disposition des avocats durant les jours ouvrables, sous la seule réserve du bon fonctionnement du cabinet d'instruction, et que les motifs de l'ordonnance de saisine du juge d'instruction tendant à la prolongation de la détention provisoire ont pu être ainsi contradictoirement débattus (▪ Cass. crim., 1er févr. 2011, n° 10-87.875 : *Bull. crim.* n° 14).

26) Débat contradictoire – Date. Justifie sa décision la chambre de l'instruction qui retient qu'aucune disposition légale n'interdit d'organiser le débat contradictoire prévu par l'article 145-2 du Code de procédure pénale, en vue d'une éventuelle prolongation de la détention provisoire, un samedi et qu'il appartenait à l'avocat de l'intéressé, régulièrement convoqué, de se faire substituer par l'un de ses confrères s'il n'était pas disponible pour assister son client (▪ Cass. crim., 11 févr. 2003, n° 02-87.415 : *Bull. crim.* n° 104 ; *Dr. pén.* 2003, comm. 16, note A. Maron et M. Haas).

27) Débat contradictoire – Réquisitions du ministère public. En vertu de l'(ancien) article 145 du Code de procédure pénale, les réquisitions du ministère public sont obligatoires (▪ Cass. crim., 22 mai 1985, n° 85-91.521 : *Bull. crim.* n° 199).

28) Débat contradictoire – Observations de l'avocat. L'avocat, qui se présente au débat contradictoire en vue de la prolongation de la détention provisoire, sans avoir été régulièrement désigné auprès du juge d'instruction par la personne mise en examen dans les conditions prévues par l'article 115, alinéa 3 du Code de procédure pénale ne peut prétendre être entendu par le juge des libertés et de la détention (▪ Cass. crim., 7 juin 2016, n° 16-81.694. – *Adde* ▪ Cass. crim., 16 sept. 2014, n° 13-82.758 : *Bull. crim.* n° 186 ; *Procédures* 2014, comm. 305, note A.-S. Chavent-Leclère).

29) Moyen de communication audiovisuel. V. art. 706-71, p. 1578.

Eu égard à l'importance de la garantie qui s'attache à la présentation physique de l'intéressé devant la juridiction compétente pour connaître de la détention provisoire, les dispositions de l'article 706-71 du Code de procédure pénale, dans leur rédaction issue de l'ordonnance du 1er décembre 2016, (qui ne permettent pas à la personne détenue de s'opposer au recours à un moyen de télécommunication audiovisuelle lorsque l'audience concerne une demande de remise en liberté) portent une atteinte excessive aux droits de la défense. En effet, en matière criminelle, en application de l'article 145-2 du Code de procédure pénale, la première prolongation de la détention provisoire peut n'intervenir qu'à l'issue d'une durée d'une année. Il en résulte qu'une personne placée en détention provisoire pourrait se voir privée, pendant une année entière, de la possibilité de comparaître physiquement devant le juge appelé à statuer sur la détention provisoire. Cependant, la remise en cause des mesures ayant été prises sur le fondement des dispositions déclarées contraires à la Constitution méconnaîtrait les objectifs à valeur constitutionnelle de sauvegarde de l'ordre public et de recherche des auteurs d'infractions et aurait ainsi des conséquences manifestement excessives. Par suites ces mesures ne peuvent être contestées sur le fondement de cette inconstitutionnalité (▪ Cons. const., 20 sept. 2019, n° 2019-802 QPC).

Il y a lieu de renvoyer au Conseil constitutionnel la question prioritaire de constitutionnalité portant sur l'article 706-71, alinéa 4, du Code de procédure pénale, dans sa rédaction issue de la loi n° 2019-222 du 23 mars 2019, faisant valoir qu'en matière criminelle, une personne placée en détention provisoire peut être privée, pendant une année, de la possibilité de comparaître physiquement devant le juge appelé à statuer sur la détention provisoire, ce que le Conseil constitutionnel a jugé contraire à la Constitution dans sa décision n° 2019-802 QPC du 20 septembre 2019, au sujet d'une disposition du même article qui n'était plus en vigueur au moment où il a statué (▪ Cass. crim., 4 févr. 2020, n° 19-86.945 : *Bull. crim.* à paraître).

30) Moyen de communication audiovisuel – Règles dérogatoires liées à l'état d'urgence sanitaire dû à la Covid-19. V. Ord. n° 2020-30 du 25 mars 2020, art. 5 et Ord. n° 2020-1401 du 18 nov. 2020, art. 2.

31) Défaut ou irrégularité du débat contradictoire – Circonstance insurmontable et imprévisible. V. égal. annotations ss art. 145-1, p. 460. Justifie sa décision la chambre d'accusation qui, pour écarter la demande d'annulation de l'ordonnance de prolongation de la détention provisoire, relève qu'il résulte du procès-verbal du débat contradictoire préalable que les conseils, convoqués dans les formes et délais prescrits par l'article 118 (devenu art. 114) du Code de procédure pénale, ont été informés verbalement par le magistrat instructeur, dans son cabinet et sans objection de leur part, que, l'inculpé n'ayant pu être extrait de son lieu de détention, l'interrogatoire aurait lieu le surlendemain, l'interrogatoire ayant bien eu lieu ce jour-là en l'absence des conseils dont l'un s'était excusé ; en effet, l'ajournement n'ayant porté aucune atteinte aux droits de la défense, la chambre d'accusation a justifié sa décision (■ Cass. crim., 12 déc. 1988, n° 88-85.924 : *Bull. crim.* n° 422). Encourt la cassation l'arrêt venant confirmer l'ordonnance de prolongation de la détention provisoire rendue par le juge d'instruction en l'absence de l'intéressé, qui n'a pu comparaître en raison d'une grève du personnel pénitentiaire qui s'opposait à toute extraction de détenus ainsi qu'à toute entrée du magistrat dans les locaux de détention : en énonçant que le débat n'aurait pu être différé sans méconnaître les dispositions d'ordre public de l'article 118 (devenu art. 114) du Code de procédure pénale, alors que les formes et délais prescrits par ledit article ayant été respectés pour la date initialement choisie, un ajournement restait possible jusqu'à l'expiration de la période initiale de détention et alors qu'il lui appartenait de préciser si les circonstances imprévisibles et insurmontables résultant de la prolongation de la grève avaient fait obstacle à cet ajournement, la chambre d'accusation n'a pas justifié sa décision (■ Cass. crim., 15 déc. 1992, n° 92-85.136 : *Bull. crim.* n° 416). Il résulte des articles 114 et 145-2 du Code de procédure pénale que la détention provisoire peut être prolongée sans débat contradictoire préalable lorsque des circonstances imprévisibles et insurmontables font obstacle à la tenue de celui-ci et qu'en raison du délai de cinq jours ouvrables imposé par la loi pour la convocation de l'avocat, le débat ne peut être régulièrement reporté avant la date à laquelle, faute de prolongation, la détention doit prendre fin (■ Cass. crim., 9 mai 2001, n° 00-87.998 : *Bull. crim.* n° 114).

32) Absence de débat contradictoire – Prolongation de plein droit de la durée de la détention provisoire due à l'état d'urgence sanitaire lié à la Covid-19 – Conformité à la CEDH. V. annot. ss art. 145-1, n°s 2 et s., p. 461.

33) Absence de débat contradictoire – Modalités dérogatoires de prolongation de la détention provisoire dues à l'état d'urgence sanitaire lié à la Covid-19.

Ordonnance n° 2020-303 du 25 mars 2020

portant adaptation de règles de procédure pénale sur le fondement de la loi n° 2020-290 du 23 mars 2020 d'urgence pour faire face à l'épidémie de covid-19

Art. 19. – Par dérogation aux dispositions des articles 145-1 et 145-2 du Code de procédure pénale, les décisions du juge des libertés et de la détention statuant sur la prolongation de la détention provisoire interviennent au vu des réquisitions écrites du procureur de la République et des observations écrites de la personne et de son avocat, lorsque le recours à l'utilisation du moyen de télécommunication audiovisuelle prévu par l'article 706-71 de ce code n'est matériellement pas possible.

S'il en fait la demande, l'avocat de la personne peut toutefois présenter des observations orales devant le juge des libertés et de la détention, le cas échéant par un moyen de télécommunication audiovisuelle.

Dans les cas prévus au présent article, le juge organise et conduit la procédure en veillant au respect des droits de la défense et en garantissant le caractère contradictoire des débats.

2° *Ordonnance statuant sur la prolongation de la détention provisoire*

34) Date de l'ordonnance statuant sur la prolongation. Il appartient à la chambre d'accusation de constater l'inexistence du titre de détention et d'ordonner la remise en liberté de la personne mise en examen lorsque l'ordonnance de prolongation, bien que devenue définitive, faute de recours, est intervenue tardivement, après expiration du précédent délai de détention (■ Cass. crim., 4 janv. 1983, n° 82-93.809 : *Bull. crim.* n° 3 ; *D.* 1983, 562, note Roger ; *JCP* 1984, II, 20203, note P. Chambon). S'il est vrai que selon l'article 145-2 du Code de procédure pénale, le juge d'instruction peut, en matière criminelle, prolonger la détention à l'expiration du délai d'1 an, ce texte ne fait cependant aucune obligation à ce magistrat de prendre sa décision le dernier jour, à l'expiration dudit délai (■ Cass. crim., 4 janv. 1993, n° 92-85.355 : *Bull. crim.* n° 2).

35) Date d'effet de l'ordonnance statuant sur la prolongation. L'ordonnance de prolongation prenant effet de plein droit à l'échéance du titre de détention, la mention d'une date de prise d'effet erronée est inopérante et ne nécessite pas la prise d'une ordonnance rectificative ; il suffit que, comme en l'espèce, le juge des libertés et de la détention ait prolongé la détention avant l'expiration du délai légal (■ Cass. crim., 6 mars 2007, n°s 06-89.231 et 06-89.232 : *Bull. crim.* n° 70. ■ Cass. crim., 11 févr. 2003, n° 02-87.796). L'ordonnance de prolongation prenant effet, de plein droit, à l'échéance du titre de détention, la mention, erronée mais superflue qui y figure, relative à la date d'effet de la prolongation, peut être rectifiée par une décision subséquente sans qu'il soit procédé à un nouveau débat contradictoire (■ Cass. crim., 4 déc. 2002, n° 02-86.456. ■ Cass. crim., 26 juin 2001, n° 01-82.923).

36) Durée de la prolongation. Il se déduit de l'article 145-2 du Code de procédure pénale que le juge des libertés et de la détention qui ordonne, en matière criminelle, la prolongation de la détention provisoire d'une personne ne peut, sans excéder ses pouvoirs, limiter à l'avance cette mesure à une durée inférieure à celle de six mois prévue par cette disposition. La prolongation de la détention provisoire criminelle étant nécessairement de six mois, sans préjudice d'une mise en liberté avant l'expiration de cette durée, la mention, dans l'ordonnance du juge des libertés et de la détention, d'une telle prolongation pour une durée de quatre mois est inopérante et insusceptible de produire des effets (■ Cass. crim., 16 mars 2021, n° 20-87.141, §§ 8 et 13 : *Bull. crim.* à paraître ; *Dr. pén.* 2021, comm. 97, comm. A. Maron et M. Haas).

37) Refus de la prolongation – Conséquences. Aucune disposition légale n'impose que le juge des libertés et de la détention prescrive la mise en liberté immédiate de la personne dont il refuse de prolonger la détention (■ Cass. crim., 7 juin 2006, n° 06-82.339 : *Bull. crim.* n° 159 ; *Procédures* 2006, n° 250, note Monnet). Il se déduit des articles 148-1-1 et 201 du Code de procédure pénale que lorsque, saisi aux fins de prolongation de la détention provisoire, le juge des libertés et de la détention décide, non seulement de refuser de prolonger la détention, mais encore de mettre la personne concernée en liberté avant l'expiration du délai prévu par les articles 145-1 et 145-2 du Code de procédure pénale, celle-ci doit être immédiatement libérée, sauf mise en œuvre de la procédure de référé-détention prévue par l'article 148-1-1 du même code (■ Cass. crim., 8 oct. 2013, n° 13-85.098 : *Bull. crim.* n° 188).

38) Motivation de l'ordonnance. V. art. 137-3, p. 408 et art. 145, p. 449 et, s'agissant de la motivation spécifique, V. art. 145-3, p. 478.

39) Notification de l'ordonnance. V. art. 183, al. 2, p. 597.

Art. 145-3 ancien ***(Créé, L. n° 93-2, 4 janv. 1993 ; dénum., L. n° 96-1235, 30 déc. 1996. – V. CPP, art. 145-4).***

Art. 145-3 ***(Mod., L. n° 2000-516, 15 juin 2000).*** **– Lorsque la durée de la détention provisoire excède un an en matière criminelle ou huit mois en matière délictuelle, les décisions ordonnant sa prolongation ou rejetant les demandes de mise en liberté doivent aussi comporter les indications particulières qui justifient en l'espèce la poursuite de l'information et le délai prévisible d'achèvement de la procédure.**

Il n'est toutefois pas nécessaire que l'ordonnance de prolongation indique la nature des investigations auxquelles le juge d'instruction a l'intention de procéder lorsque cette indication risque d'entraver l'accomplissement de ces investigations.

1) Condition de la motivation particulière – Durée de la détention. Le point de départ de la détention provisoire, au sens de l'article 145-2 du Code de procédure pénale, d'une personne remise en vertu d'un mandat d'arrêt européen étant sa date d'écrou en France, les dispositions de l'article 145-3 dudit code ne trouvent pas à s'appliquer si le demandeur a été placé sous écrou depuis moins d'un an de sorte que sa détention n'excédait pas un an (■ Cass. crim., 31 mai 2011, n° 11-81.110 : *Bull. crim.* n° 112). Dès lors que la personne mise en examen a été placée en détention à raison d'une infraction commise après sa mise en liberté, il n'y a pas lieu, pour le calcul du délai de la détention provisoire prévu par les articles 145-1 à 145-3 du Code de procédure pénale, de tenir compte d'une première période de détention relative à d'autres faits (■ Cass. crim., 11 déc. 2007, n° 07-86.989 : *Bull. crim.* n° 305). Le demandeur ne saurait invoquer la violation des dispositions de l'article 145-3 du Code de procédure pénale, applicable lorsque la détention excède 8 mois en matière correctionnelle, dès lors que la durée de deux périodes de détention provisoire effectuée dans des procédures distinctes ayant donné lieu à jonction ne se cumule pas (■ Cass. crim., 24 mai

2005, n° 05-81.373 : *Bull. crim.* n° 153 ; *Dr. pén.* 2005, comm. 135, obs. A. Maron). N'a pas à satisfaire aux prescriptions de l'article 145-3 du Code de procédure pénale, la chambre de l'instruction qui statue sur l'appel d'une ordonnance rendue par le juge d'instruction, à une date où la durée de la détention provisoire n'excédait pas encore 8 mois (▪ Cass. crim., 9 juin 1999, n° 99-82.001 : *Bull. crim.* n° 132).

2) Domaine de la motivation particulière – Mineurs. Pour une application de l'article 145-3 du Code de procédure pénale à un mineur, V. ▪ Cass. crim., 24 nov. 2010, n° 10-86.347 : *JurisData* n° 2010-023251.

3) Domaine de la motivation particulière – Règlement de l'instruction. La chambre de l'instruction, qui ordonne le maintien en détention, n'est pas tenue par l'exigence de motivation spéciale prévue par l'article 145-3 du Code de procédure pénale dès lors que l'information judiciaire était clôturée (▪ Cass. crim., 23 août 2017, n° 17-83.473 : *Bull. crim.* à paraître). Le requérant ne saurait se faire un grief de ce que la chambre de l'instruction, pour rejeter sa demande de mise en liberté, n'a pas satisfait aux exigences de motivation prévues par l'article 145-3 du Code de procédure pénale, dès lors qu'en application de l'article 186-5 du même code, les délais relatifs à la durée de la détention provisoire prévus aux articles 145-1 à 145-3 ne sont plus applicables lorsque le juge d'instruction a rendu son ordonnance de renvoi devant la juridiction de jugement, même en cas d'appel formé contre cette ordonnance, ce texte ne distinguant pas selon que la chambre a ou non prescrit un supplément d'information (▪ Cass. crim., 10 avr. 2018, n° 18-80.371 : *Bull. crim.* à paraître. ▪ Cass. crim., 18 déc. 2019, n° 19-86.338 : *Bull. crim.* à paraître ; *Dr. pén.* 2020, comm. 40, note A. Maron et M. Haas). Lorsque la détention a été ordonnée par une juridiction de jugement, la chambre de l'instruction n'est pas tenue par l'exigence de motivation spéciale prévue par l'article 145-3 du Code de procédure pénale (▪ Cass. crim., 27 sept. 2005, n° 05-84.234 : *Bull. crim.* n° 236 ; *RSC* 2006, 106, obs. A. Giudicelli). Lorsque les juges sont saisis d'une demande de mise en liberté formée par une personne détenue en vertu d'une ordonnance de prise de corps, sur le fondement de l'article 148-1 du Code de procédure pénale, ils n'ont pas à se prononcer par référence aux dispositions de l'article 145-3 dudit code (▪ Cass. crim., 5 janv. 1999, n° 98-86.368 : *Bull. crim.* n° 1). Dès lors que la détention a été ordonnée par une juridiction correctionnelle sur le fondement de l'article 469 du Code de procédure pénale, d'une part, les dispositions de l'article 145-2 du même code ne sont pas applicables et, d'autre part, la chambre de l'instruction n'est pas tenue par l'exigence de motivation spéciale prévue par l'article 145-3 de ce code (▪ Cass. crim., 29 mai 2018, n° 18-81.533 : *Bull. crim.* à paraître).

4) Domaine de la motivation particulière – Chambre de l'instruction statuant en appel. Ne donne pas de base légale à sa décision la chambre de l'instruction qui confirme l'ordonnance prolongeant la détention provisoire du mis en examen, sans préciser les circonstances particulières justifiant la poursuite de l'information, ni le délai prévisible d'achèvement de la procédure, alors qu'elle statuait sur l'appel d'une ordonnance ayant pour objet de prolonger la détention provisoire du mis en examen au-delà d'un an (▪ Cass. crim., 24 nov. 2010, n° 10-86.347 : *JurisData* n° 2010-023251). En raison de l'effet dévolutif de l'appel, les motifs de l'arrêt de la chambre de l'instruction confirmant l'ordonnance de prolongation de la détention se substituent à ceux, insuffisants, de la décision entreprise. Il en est ainsi lorsque le juge d'instruction a omis de préciser, conformément aux dispositions de l'article 145-3 du Code de procédure pénale, le délai prévisible d'achèvement de la procédure (▪ Cass. crim., 9 mai 2001, n° 01-81.599 : *Bull. crim.* n° 110. ▪ Cass. crim., 2 févr. 2000, n° 99-87.104 : *Bull. crim.* n° 54).

5) Domaine de la motivation particulière – Chambre de l'instruction statuant sur renvoi après cassation. La chambre de l'instruction, saisie du contentieux de la première prolongation et statuant sur renvoi après cassation plus de huit mois après le placement en détention provisoire de la personne mise en examen, n'est pas soumise à l'obligation de motivation spéciale prévue par l'article 145-3 du Code de procédure pénale (▪ Cass. crim., 27 juill. 2016, n° 16-82.990 : *Bull. crim.* n° 220).

6) Indication justifiant la poursuite de l'instruction. Encourt la cassation l'arrêt de la chambre de l'instruction qui rejette la demande de mise en liberté de la personne mise en examen sans donner d'indications particulières justifiant, en l'espèce, la poursuite de l'information (▪ Cass. crim., 25 oct. 2005, n° 05-84.961. ▪ Cass. crim., 10 mai 2001, n° 01-81.819 : *Bull. crim.* n° 117 ; *JCP* 2001, 1589). Encourt la cassation l'arrêt de la chambre de l'instruction prolongeant la détention qui, s'il précise le délai prévisible d'achèvement de la procédure, ne comporte pas les indications particulières justifiant, en l'espèce, la poursuite de l'information (▪ Cass. crim., 22 févr. 2011, n° 10-88.186 : *Bull. crim.* n° 32). Les circonstances particulières justifiant, en l'espèce, la poursuite de l'information ne se confondent pas avec les motifs de prolongation de la détention provisoire (▪ Cass. crim., 21 janv. 2015, n° 14-86.996 : *Procédures* 2015, comm. 97, note J. Buisson). Encourt dès lors la cassation la chambre d'accusation qui se borne à relever que la prolongation de la détention est l'unique moyen pour empêcher des pressions sur les témoins, ainsi que pour mettre fin au trouble exceptionnel et persistant causé à l'ordre public par les faits commis et qu'elle est nécessaire pour garantir sa représentation en justice (■ Cass. crim., 6 août 1997, n° 97-82.955 : *Bull. crim.* n° 281). En se bornant à énoncer que des investigations sont en cours, sans donner d'indications particulières justifiant, en l'espèce, la poursuite de l'information ainsi que le délai prévisible d'achèvement de la procédure, la chambre de l'instruction n'a pas justifié sa décision (■ Cass. crim., 21 juin 2005, n° 05-82.010 : *Bull. crim.* n° 182. ■ Cass. crim., 18 nov. 1997, n° 97-84.656 : *Bull. crim.* n° 389). Justifie sa décision la chambre de l'instruction qui, après avoir énoncé que les investigations se poursuivent pour tenter d'identifier et interpeller les individus susceptibles d'être impliqués dans les faits, indique que le délai de fin d'instruction peut être fixé à 6 mois (■ Cass. crim., 18 nov. 2020, n° 20-84.893, § 13 : *Bull. crim.* à paraître ; *Dr. pén.* 2021, comm. 16, note A. Maron et M. Haas).

7) Exception : risque d'entrave à l'accomplissement des investigations. En énonçant qu'il reste à effectuer des investigations dont l'indication risquerait d'entraver leur accomplissement et que le délai prévisible d'achèvement de la procédure peut être évalué à six mois, la chambre de l'instruction a justifié sa décision au regard de l'article 145-3 du Code de procédure pénale (■ Cass. crim., 7 août 2002, n° 02-83.750).

8) Indication du délai prévisible d'achèvement de la procédure. Encourt la cassation la chambre de l'instruction qui confirme l'ordonnance de prolongation de la détention provisoire sans préciser le délai prévisible d'achèvement de la procédure, comme le prévoit l'article 145-3 du Code de procédure pénale, auquel renvoie l'article 145-2 du même code (■ Cass. crim., 21 juin 2005, n° 05-82.010 : *Bull. crim.* n° 182. ■ Cass. crim., 25 oct. 2005, n° 05-84.961. ■ Cass. crim., 12 févr. 2008, n° 07-87.970 : *Bull. crim.* n° 36. ■ Cass. crim., 1er juin 2021, n° 21-81.847, § 11 : *Bull. crim.* à paraître), de même que celle qui rejette une demande de mise en liberté sans préciser le délai prévisible d'achèvement de la procédure (■ Cass. crim., 22 sept. 1999, n° 99-84.604 : *Bull. crim.* n° 192). En se bornant à énoncer que des investigations sont en cours, sans donner d'indications particulières justifiant, en l'espèce, la poursuite de l'information ainsi que le délai prévisible d'achèvement de la procédure, la chambre de l'instruction n'a pas justifié sa décision (■ Cass. crim., 21 juin 2005, n° 05-82.010 : *Bull. crim.* n° 182. ■ Cass. crim., 18 nov. 1997, n° 97-84.656 : *Bull. crim.* n° 389). En indiquant que des investigations sont toujours en cours pour mettre en évidence le rôle respectif des mis en cause dans l'organisation de l'assassinat et l'association de malfaiteurs, plusieurs mois d'instruction « étant encore nécessaires », la chambre d'accusation a justifié sa décision tant au regard de l'article 144 que de l'article 145-3 du Code de procédure pénale (■ Cass. crim., 7 oct. 1997, n° 97-84.117 : *Bull. crim.* n° 326. ■ Cass. crim., 30 sept. 1997, n° 97-83.780 : *Bull. crim.* n° 314). En ordonnant la prolongation de la détention provisoire de la personne mise en examen pour une durée maximum de six mois après avoir indiqué que le délai prévisible d'achèvement de la procédure pouvait être de trois mois, la chambre de l'instruction s'est strictement conformée aux dispositions des articles 145-2 et 145-3 du Code de procédure pénale (■ Cass. crim., 12 avr. 2005, nos 05-80.431 et 05-80.432 : *Bull. crim.* n° 123). Les dispositions de l'article 145-3 du Code de procédure pénale, selon lesquelles, dans les cas prévus par ce texte, les décisions ordonnant la prolongation de la détention provisoire ou rejetant les demandes de mise en liberté doivent comporter les indications particulières qui justifient, en l'espèce, la poursuite de l'information et le délai prévisible d'achèvement de la procédure, n'imposent pas au juge des libertés et de la détention ou à la chambre de l'instruction de préciser, le cas échéant, les raisons pour lesquelles le délai d'achèvement qu'ils avaient prévu dans une précédente décision n'a pu être tenu (■ Cass. crim., 3 juin 2003, n° 03-81.389 : *Bull. crim.* n° 111).

9) Appréciation du délai prévisible d'achèvement de la procédure. La chambre de l'instruction estime souverainement le délai d'achèvement de l'information (■ Cass. crim., 27 juill. 2016, n° 16-83.020 : *Bull. crim.* n° 223). L'appréciation du délai prévisible d'achèvement de la procédure, par le juge d'instruction qui prolonge la détention provisoire au-delà d'un an en matière criminelle, est une question de pur fait qui échappe au contrôle de la Cour de cassation (■ Cass. crim., 8 avr. 1998, n° 98-80.754 : *Bull. crim.* n° 143).

Art. 145-4 ***(Anc. art. 145-3 dénuméroté, L. n° 96-1235, 30 déc. 1996 ; mod. à compter du 15 novembre 2016, L. n° 2016-731, 3 juin 2016 ; indirectement rempl., L. n° 2016-1547, 18 nov. 2016).*** **– Lorsque la personne mise en examen est placée en détention provisoire, le juge d'instruction peut prescrire à son encontre l'interdiction de communiquer pour une période de dix jours. Cette mesure peut être renouvelée, mais pour une nouvelle période de dix jours seulement. En aucun cas l'interdiction de communiquer ne s'applique à l'avocat de la personne mise en examen.**

Sous réserve des dispositions qui précèdent, toute personne placée en détention provisoire peut, avec l'autorisation du juge d'instruction, recevoir des visites sur son lieu de détention ou téléphoner à un tiers.

À l'expiration d'un délai d'un mois à compter du placement en détention provisoire, le juge d'instruction ne peut refuser de délivrer un permis de visite ou d'autoriser l'usage du téléphone que par une décision écrite et spécialement motivée au regard des nécessités de l'instruction, du maintien du bon ordre et de la sécurité ou de la prévention des infractions.

Cette décision est notifiée par tout moyen et sans délai au demandeur. Ce dernier peut la déférer au président de la chambre de l'instruction, qui statue dans un délai de cinq jours par une décision écrite et motivée non susceptible de recours. Lorsqu'il infirme la décision du juge d'instruction, le président de la chambre de l'instruction délivre le permis de visite ou l'autorisation de téléphoner.

Après la clôture de l'instruction, les attributions du juge d'instruction sont exercées par le procureur de la République selon les formes et conditions prévues au présent article. Il en est de même dans tous les autres cas où une personne est placée en détention provisoire.

À défaut de réponse du juge d'instruction ou du procureur de la République à la demande de permis de visite ou de téléphoner dans un délai de vingt jours, la personne peut également saisir le président de la chambre de l'instruction.

Lorsque la procédure est en instance d'appel, les attributions du procureur de la République sont confiées au procureur général.

Inconstitutionnalité des alinéas 3 et 4 de l'article 145-4 du Code de procédure pénale dans leur rédaction antérieure à la loi du 3 juin 2016. Au regard des conséquences qu'entraînent ces refus d'accorder un permis de visite et de téléphoner pour une personne placée en détention provisoire, l'absence de voie de droit permettant la remise en cause de la décision du magistrat, excepté lorsque cette décision est relative au refus d'accorder, durant l'instruction, un permis de visite au profit d'un membre de la famille du prévenu, conduit à ce que la procédure contestée méconnaisse les exigences découlant de l'article 16 de la Déclaration de 1789 ; elle prive également de garanties légales la protection constitutionnelle du droit au respect de la vie privée et du droit de mener une vie familiale normale. Les troisième et quatrième alinéas de l'article 145-4 du Code de procédure pénale n'imposent pas au juge d'instruction, saisi d'une demande de permis de visite d'un membre de la famille de la personne placée en détention provisoire, de statuer dans un délai déterminé sur celles-ci. S'agissant d'une demande portant sur la possibilité pour une personne placée en détention provisoire de recevoir des visites, l'absence de tout délai déterminé imparti au juge d'instruction pour statuer n'ouvre aucune voie de recours en l'absence de réponse du juge. Cette absence de délai déterminé conduit donc à ce que la procédure applicable méconnaisse les exigences découlant de l'article 16 de la Déclaration de 1789. Elle prive également de garanties légales la protection constitutionnelle du droit au respect de la vie privée et du droit de mener une vie familiale normale (■ Cons. const., 24 mai 2016, n° 2016-543 QPC).

Art. 145-4-1 *(L. n° 2009-1436, 24 nov. 2009)*. – **Le juge d'instruction ou le juge des libertés et de la détention peut prescrire, par ordonnance motivée, que la personne placée en détention soit soumise à l'isolement aux fins d'être séparée des autres personnes détenues, si cette mesure est indispensable aux nécessités de l'information, pour une durée qui ne peut excéder celle du mandat de dépôt et qui peut être renouvelée à chaque prolongation de la détention. La décision du juge d'instruction peut faire l'objet d'un recours devant le président de la chambre de l'instruction.**

Le placement à l'isolement n'affecte pas l'exercice des droits visés à l'article 22 de la loi n° 2009-1436 du 24 novembre 2009 pénitentiaire, sous réserve des aménagements qu'impose la sécurité.

Un décret en Conseil d'État précise les modalités d'application du présent article.

Recours contre l'ordonnance du président de la chambre de l'instruction. Il résulte de l'article 145-4-1 du Code de procédure pénale que l'ordonnance du président de la chambre de l'instruction saisi d'un appel interjeté à l'encontre de l'ordonnance du juge d'instruction statuant sur la mise à l'isolement d'une personne placée en détention peut faire l'objet d'un pourvoi en cassation. Cette ordonnance entre dans la catégorie des décisions visées par les articles 570 et 571 du Code de procédure pénale. Par conséquent, l'examen immédiat du pourvoi est subordonné à une décision en ce sens du président de la chambre criminelle (■ Cass., ord. prés. ch. crim., 7 juin 2021, n° 10424 : *Dr. pén.* 2021, comm. 170, note A. Maron et M. Haas).

Art. 145-4-2 *(L. n° 2019-222, 23 mars 2019)*. – Lorsque la personne mise en examen est placée en détention provisoire, le juge d'instruction peut décider de prescrire à son encontre l'interdiction de correspondre par écrit avec une ou plusieurs personnes qu'il désigne, au regard des nécessités de l'instruction, du maintien du bon ordre et de la sécurité ou de la prévention des infractions. Il peut pour les mêmes motifs décider de retenir un courrier écrit par la personne détenue ou qui lui est adressé.

Les décisions mentionnées au premier alinéa sont motivées et notifiées par tout moyen et sans délai à la personne détenue. Celle-ci peut les déférer au président de la chambre de l'instruction, qui statue dans un délai d'un mois par une décision écrite et motivée non susceptible de recours.

Après la clôture de l'instruction, les attributions du juge d'instruction sont exercées par le procureur de la République selon les formes et conditions prévues au présent article. Il en est de même dans tous les autres cas où une personne est placée en détention provisoire.

Lorsque la procédure est en instance d'appel, les attributions du procureur de la République sont confiées au procureur général.

Les autres décisions ou avis conformes émanant de l'autorité judiciaire prévus par les dispositions réglementaires du présent code ou par la loi n° 2009-1436 du 24 novembre 2009 pénitentiaire et relatifs aux modalités d'exécution d'une détention provisoire ou à l'exercice de ses droits par une personne placée en détention provisoire peuvent, conformément aux dispositions du présent article, faire l'objet d'un recours du détenu ou du ministère public devant le président de la chambre de l'instruction.

Art. 145-5 *(Mod., L. n° 2002, 4 mars 2002)*. – Le placement en détention provisoire d'une personne faisant connaître, lors de son interrogatoire par le juge d'instruction préalable à la saisine du juge des libertés et de la détention, qu'elle exerce à titre exclusif l'autorité parentale sur un mineur de seize ans au plus ayant chez elle sa résidence ne peut être ordonné sans que l'un des services ou l'une des personnes visés au septième alinéa de l'article 81 ait été chargé au préalable de rechercher et de proposer toutes mesures propres à éviter que la santé, la sécurité et la moralité du mineur né soient en danger ou que les conditions de son éducation ne soient gravement compromises.

Les dispositions du présent article ne sont pas applicables en cas de crime, en cas de délit commis contre un mineur ou en cas de non-respect des obligations du contrôle judiciaire.

1) **Enquête préalable au placement en détention provisoire.** L'enquête rapide d'orientation pénale diligentée avant le placement en détention provisoire par le juge des libertés et de la détention répond aux exigences des dispositions de l'article 145-5 du Code de procédure pénale (■ Cass. crim., 27 juill. 2016, n° 16-83.271 : *JurisData* n° 2016-014899 ; *Bull. crim.* n° 222).

2) **Domaine de l'enquête préalable.** Les dispositions de l'article 145-5 du Code de procédure pénale n'étant pas applicables en cas de crime, il n'y avait pas lieu d'ordonner une telle enquête (■ Cass. crim., 7 août 2002, n° 02-83.589 : *Dr. pén.* 2003, comm. 13, note A. Maron et M. Haas).

3) **Nécessité de l'enquête préalable.** Il résulte de l'article 145-5 du Code de procédure pénale que la juridiction statuant sur le placement en détention provisoire ou la prolongation de la détention provisoire n'est tenue de faire effectuer l'enquête prévue par ce texte que si la personne mise en examen lui a fait connaître expressément qu'elle exerce l'autorité parentale sur un enfant de moins de 10 ans ayant chez elle sa résidence habituelle (■ Cass. crim., 18 sept. 2001, n°s 01-84.647 et 01-84.657 : *Bull. crim.* n° 181). Après comparution devant lui de la personne mise en examen et débat contradictoire, le juge des libertés et de la détention qui ne peut, hors le cas prévu par l'article 145, alinéa 7, du Code de procédure pénale, différer sa décision sur le placement en détention provisoire, ne saurait surseoir à statuer dans l'attente du dépôt du rapport de l'enquête prévue par l'article 145-5 du même code ; n'encourt dès lors pas la censure la chambre de l'instruction qui a confirmé le placement en détention provisoire décidé alors que le rapport d'enquête, ordonnée dès que la personne mise en examen a fait connaître qu'elle exerçait l'autorité parentale sur un enfant de moins de 10 ans ayant chez elle sa résidence habituelle, n'a pu être déposé que le lendemain (■ Cass. crim., 11 déc. 2001, n° 01-86.564 : *Bull. crim.* n° 259). N'encourt pas la censure l'arrêt qui relève que la personne mise en examen ne justifie pas exercer l'autorité parentale sur sa fille et statue sur le placement en détention sans que le service habilité ait été au préalable chargé de rechercher et de proposer toutes mesures propres à éviter la détention de l'intéressé ou d'y mettre fin, ce motif procédant de son appréciation souveraine des pièces soumises à son examen (■ Cass. crim., 15 mai 2001, n° 01-81.563 : *JurisData* n° 2001-009972 ; *Bull. crim.* n° 120).

4) Portée de l'enquête préalable. Les juges appelés à statuer sur la détention provisoire apprécient souverainement les éléments fournis par l'enquête rapide ordonnée conformément aux exigences de l'article 145-5 du Code de procédure pénale en vue de la recherche et de la proposition de mesures propres à éviter la détention. La chambre de l'instruction apprécie souverainement l'ensemble des éléments soumis à son examen, dont l'enquête préalable (■ Cass. crim., 11 déc. 2001, n° 01-86.889 : *Bull. crim.* n° 259. ■ Cass. crim., 27 juill. 2016, n° 16-83.271, préc.). S'il est vrai que la juridiction d'instruction doit prendre en considération l'enquête effectuée en application de l'article précité lorsqu'elle statue sur la détention provisoire, ni cet article, ni aucune autre disposition légale ne lui impose d'énoncer les motifs pour lesquels elle estime insuffisantes les mesures proposées dans cette enquête afin d'éviter la détention provisoire (■ Cass. crim., 22 mai 2001, n° 01-81.702 : *JurisData* n° 2001-010341 ; *Bull. crim.* n° 129).

5) Investigations complémentaires. S'ils estiment être insuffisamment éclairés, les juges ont la faculté de faire procéder à des investigations complémentaires (■ Cass. crim., 11 déc. 2001, n° 01-86.889 : *Bull. crim.* n° 259. ■ Cass. crim., 22 mai 2001, n° 01-81.702 : *JurisData* n° 2001-010341 ; *Bull. crim.* n° 129).

Art. 146 ***(Rempl., L. n° 2000-516, 15 juin 2000).*** **– S'il apparaît, au cours de l'instruction, que la qualification criminelle ne peut être retenue, le juge d'instruction peut, après avoir communiqué le dossier au procureur de la République aux fins de réquisitions, soit saisir par ordonnance motivée le juge des libertés et de la détention aux fins du maintien en détention provisoire de la personne mise en examen, soit prescrire sa mise en liberté assortie ou non du contrôle judiciaire.**

Le juge des libertés et de la détention statue dans le délai de trois jours à compter de la date de sa saisine par le juge d'instruction.

1) Domaine de l'article 146 du Code de procédure pénale – Requalification des faits. V. s'agissant des conséquences de la criminalisation des faits sur la détention provisoire, art. 118, p. 390. Justifie sa décision l'arrêt qui, s'appuyant sur l'article 118 du Code de procédure pénale selon lequel, s'il apparaît au cours de l'information que les faits reprochés à la personne mise en examen sous une qualification correctionnelle constituent en réalité un crime, le mandat de dépôt initialement délivré demeure valable et est considéré comme un mandat de dépôt criminel, en déduit qu'il n'y a pas lieu pour le juge d'instruction de saisir le juge des libertés et de la détention ni pour celui-ci de statuer, le changement de la nature et du régime de la détention provisoire résultant de la seule requalification (■ Cass. crim., 13 déc. 2006, n° 06-87.376). Par application de l'article 146 du Code de procédure pénale, aucune ordonnance n'est plus nécessaire pour prolonger la détention de la personne mise en examen lorsqu'une inculpation criminelle lui est notifiée pour les mêmes faits (■ Cass. crim., 18 févr. 1975, n° 75-90.088 : *Bull. crim.* n° 56).

2) Domaine de l'article 146 du Code de procédure pénale – Requalification légale des faits. En cas de requalification légale des faits en cours d'information, le titre initial de détention demeure valable et est soumis de plein droit aux règles qui découlent de la nouvelle qualification ; justifie dès lors sa décision la chambre de l'instruction qui énonce que la requalification en délit des crimes reprochés au demandeur résultant d'une disposition légale et non d'une initiative du juge d'instruction, seuls étaient applicables, à l'exclusion de l'article 146 du Code de procédure pénale, les articles 145 et 145-1 du même code, si bien que le demandeur ne saurait se faire grief de ce que le juge des libertés et de la détention n'aurait pas statué dans le délai de trois jours après sa saisine par le juge d'instruction prévu par l'article 146 du Code de procédure pénale (■ Cass. crim., 7 juin 2006, n° 06-82.233 : *Bull. crim.* n° 158 ; *Procédures* 2006, comm. 217, note J. Buisson).

3) Domaine de l'article 146 du Code de procédure pénale – Correctionnalisation non retenue. Il n'y avait pas lieu de faire application de l'article 146 du Code de procédure pénale lorsque la correctionnalisation des faits reprochés à l'intéressé sous la qualification criminelle n'a été qu'envisagée (■ Cass. crim., 5 mars 2002, n° 01-88.757. ■ Cass. crim., 17 déc. 2002, n° 02-86.533).

4) Absence de débat contradictoire. L'article 146 du Code de procédure pénale ne prévoit pas que la décision du juge des libertés et de la détention de maintenir en détention provisoire une personne mise en examen après substitution, en cours d'information, d'une qualification correctionnelle à la qualification criminelle initialement retenue, soit rendue à l'issue d'un débat contradictoire (■ Cass. crim., 11 mai 2010, n° 10-81.324 : *Bull. crim.* n° 77).

5) Absence de débat contradictoire – Conformité à la Constitution. Si le juge des libertés et de la détention statue sans recueillir les observations de la personne détenue sur les réquisitions du procureur de la République et l'ordonnance du juge d'instruction, cette personne peut, à tout moment, demander sa mise en liberté en application de l'article 148 du Code de procédure pénale ; et, selon ce texte, s'il ne donne pas une suite favorable à la demande, le juge d'instruction doit, dans les cinq jours suivant la communication au procureur de la République, la transmettre avec son avis motivé au juge des libertés et de la détention, lequel statue, dans un délai de trois jours ouvrables, par une ordonnance comportant l'énoncé des considérations de droit et de fait qui constituent le fondement de cette décision par référence aux dispositions de l'article 144 du même code ; de plus, dans sa décision du 17 décembre 2010, le Conseil constitutionnel a jugé que, lorsqu'il est saisi sur le fondement de l'article 148 du même code, le juge des libertés et de la détention ne peut rejeter la demande de mise en liberté sans que le demandeur ou son avocat ait pu avoir communication de l'avis du juge d'instruction et des réquisitions du ministère public ; dans ces conditions, la procédure prévue par l'article 146 du Code de procédure pénale ne méconnaît pas les exigences qui résultent de l'article 16 de la Déclaration de 1789 (■ Cons. const., 30 sept. 2011, n° 2011-168 QPC : *Procédures* 2011, n° 346, obs. J. Buisson).

6) Appel de l'ordonnance du juge des libertés et de la détention. Justifie sa décision au regard des articles 146 et 186 du Code de procédure pénale la chambre de l'instruction qui retient que l'ordonnance de maintien en détention provisoire rendue par le juge des libertés et de la détention en application de l'article 146 du Code de procédure pénale ne figure pas dans la liste des ordonnances et décisions du juge d'instruction et du juge des libertés et de la détention dont le mis en examen peut, aux termes de l'article 186 du Code de procédure pénale, faire appel (■ Cass. crim., 21 juin 2011, n° 11-81.827 : *Bull. crim.* n° 144). *Rappr. cependant* les dispositions de l'article 186 du Code de procédure pénale ne sauraient, sans apporter une restriction injustifiée aux droits de la défense, être interprétées comme excluant le droit de la personne mise en examen de former appel d'une ordonnance du juge d'instruction ou du juge des libertés et de la détention faisant grief à ses droits et dont il ne pourrait utilement remettre en cause les dispositions ni dans les formes prévues par les articles 186 à 186-3 du Code de procédure pénale ni dans la suite de la procédure, notamment devant la juridiction de jugement ; que, sous cette réserve, l'article 186 du Code de procédure pénale ne méconnaît pas les articles 6 et 16 de la Déclaration de 1789 (■ Cons. const., 13 juin 2011, n° 2011-153 QPC).

Art. 147 *(Mod., L. n° 2000-516, 15 juin 2000).* **– En toute matière, la mise en liberté assortie ou non du contrôle judiciaire peut être ordonnée d'office par le juge d'instruction après avis du procureur de la République, à charge pour la personne mise en examen de prendre l'engagement de se représenter à tous les actes de la procédure aussitôt qu'elle en sera requise et de tenir informé le magistrat instructeur de tous ses déplacements.**

Le procureur de la République peut également la requérir à tout moment. Sauf s'il ordonne la mise en liberté de la personne, le juge d'instruction doit, dans les cinq jours suivant les réquisitions du procureur de la République, transmettre le dossier, assorti de son avis motivé, au juge des libertés et de la détention, qui statue dans le délai de trois jours ouvrables.

1) Conditions de fond de la mise en liberté. V. art. 144-1, al. 2, p. 445 et art. 147-1, p. 484.

2) Mise en liberté – Compétence. V. s'agissant du juge des libertés et de la détention, V. égal. art. 137-1, al. 1er, p. 406, s'agissant de la chambre de l'instruction, art. 201, al. 2, p. 660, art. 207, p. 677, art. 221-3 II, p. 690, s'agissant de la compétence après clôture de l'instruction, V. art. 148-1, p. 491.

3) Mise en liberté sur demande de la personne placée en détention provisoire. V. art. 148, p. 485.

4) Mise en liberté d'office – Avis du ministère public. La mise en liberté de l'inculpé peut être prononcée d'office par le juge d'instruction sur le seul avis du procureur de la République, cet avis fût-il exprimé oralement (■ Cass. crim., 6 mai 1985, n° 85-91.061 : *Bull. crim.* n° 169).

5) Mise en liberté d'office – Débat contradictoire. Aucune nullité de procédure ne saurait résulter de l'application, même dans un cas non prévu par la loi, d'une disposition destinée à garantir les droits de la défense ; encourt dès lors la cassation la chambre d'accusation qui déclare nulle l'ordonnance de mise en liberté d'office au motif qu'il n'y a pas lieu à appliquer en l'espèce les dispositions de l'alinéa 5 de l'article 145 du Code de procédure pénale, le débat contradictoire prévu par ce texte étant réservé au placement en détention provisoire (■ Cass. crim., 6 mai 1985, n° 85-91.061 : *Bull. crim.* n° 169).

Art. 147-1 *(Mod., L. n° 2019-222, 23 mars 2019).* **– En toute matière et à tous les stades de la procédure, sauf s'il existe un risque grave de renouvellement de l'infraction, la mise en liberté d'une personne placée en détention provisoire peut être ordonnée, d'office ou à la demande de l'intéressé,**

lorsqu'une expertise médicale établit que cette personne est atteinte d'une pathologie engageant le pronostic vital ou que son état de santé physique ou mentale est incompatible avec le maintien en détention.

En cas d'urgence, la mise en liberté peut être ordonnée au vu d'un certificat médical établi par le médecin responsable de la structure sanitaire dans laquelle cette personne est prise en charge ou par le remplaçant de ce médecin.

La décision de mise en liberté peut être assortie d'un placement sous contrôle judiciaire ou d'une assignation à résidence avec surveillance électronique.

L'évolution de l'état de santé de la personne peut constituer un élément nouveau permettant qu'elle fasse l'objet d'une nouvelle décision de placement en détention provisoire, selon les modalités prévues au présent code, dès lors que les conditions de cette mesure prévues à l'article 144 sont réunies.

Bibliographie : E. Baron, *La raison médicale comme motif de mise en liberté. À propos de la loi du 15 août 2014 relative à l'individualisation des peines et renforçant l'efficacité des sanctions pénales : Dr. pén.* 2015, étude 3.

Mise en liberté pour raison médicale. Encourt la cassation l'arrêt qui ordonne le maintien en détention de la personne mise en examen sans avoir fait vérifié au préalable par des investigations complémentaires au sens de l'article 194 du Code de procédure pénale si, contrairement à ce qu'avait indiqué le praticien hospitalier de l'EPSNF, l'état de santé de l'intéressé était compatible avec sa détention (▪ Cass. crim., 18 oct. 2016, n° 16-84.764 : *Bull. crim.* n° 268). Justifie sa décision la chambre de l'instruction qui, pour refuser d'ordonner l'expertise médicale sollicitée par la personne mise en examen en application de l'article 147-1 du Code de procédure pénale, retient que ce dernier produit deux certificats médicaux dont il résulte qu'à la suite de la pose d'une prothèse mécanique aortique en 2003, il doit suivre un traitement nécessitant une surveillance stricte mensuelle biologique et qu'un certificat médical, en date du 12 novembre 2014, démontre qu'il est suivi régulièrement par le service médical de l'établissement pénitentiaire mais n'établit pas que sa pathologie est incompatible avec son maintien en détention (▪ Cass. crim., 5 août 2015, n° 15-83.120. ▪ Cass. crim., 24 mars 2015, n° 15-80.100).

Art. 148 ***(Mod., L. n° 2016-731, 3 juin 2016).*** **– En toute matière, la personne placée en détention provisoire ou son avocat peut, à tout moment, demander sa mise en liberté, sous les obligations prévues à l'article Toutefois, à peine d'irrecevabilité, aucune demande de mise en liberté ne peut être formée tant qu'il n'a pas été statué par le juge des libertés et de la détention, dans les délais prévus au troisième alinéa du présent article, sur une précédente demande. Cette irrecevabilité s'applique de plein droit sans qu'elle soit constatée par ordonnance du juge d'instruction.**

La demande de mise en liberté est adressée au juge d'instruction, qui communique immédiatement le dossier au procureur de la République aux fins de réquisitions.

Sauf s'il donne une suite favorable à la demande, le juge d'instruction doit, dans les cinq jours suivant la communication au procureur de la République, la transmettre avec son avis motivé au juge des libertés et de la détention. Ce magistrat statue dans un délai de trois jours ouvrables, par une ordonnance comportant l'énoncé des considérations de droit et de fait qui constituent le fondement de cette décision par référence aux dispositions de l'article 144. Toutefois, lorsqu'il n'a pas encore été statué sur l'appel d'une précédente ordonnance de refus de mise en liberté, les délais précités ne commencent à courir qu'à compter de la décision rendue par la juridiction compétente. Lorsqu'il a été adressé plusieurs demandes de mise en liberté, il peut être répondu à ces différentes demandes dans les délais précités par une décision unique.

La mise en liberté, lorsqu'elle est accordée,
peut être assortie de mesures de contrôle judiciaire.

Faute par le juge des libertés et de la détention d'avoir statué dans le délai fixé au troisième alinéa, la personne peut saisir directement de sa demande la chambre de l'instruction qui, sur les réquisitions écrites et motivées du procureur général, se prononce dans les vingt jours de sa saisine faute de quoi la personne est mise d'office en liberté sauf si des vérifications concernant sa demande ont été ordonnées. Le droit de saisir dans les mêmes conditions la chambre de l'instruction appartient également au procureur de la République.

1) Conditions de fond de la mise en liberté. V. art. 144-1, al. 2, p. 445 et art. 147-1, p. 484.

2) Mise en liberté – Compétence. V. s'agissant du juge des libertés et de la détention,

V. égal. art. 137-1, al. 1er, p. 406, s'agissant de la chambre de l'instruction, art. 201, al. 2, p. 660, art. 207, p. 677, art. 221-3, II, p. 690, s'agissant de la compétence après clôture de l'instruction, V. art. 148-1, p. 491.

3) Mise en liberté d'office ou sur réquisitions du procureur de la République. V. art. 147, p. 484.

I – PROCÉDURE PRÉALABLE À LA DÉCISION

4) Demande de mise en liberté – Forme de la demande. V. art. 148-6 et 148-7, p. 502.

5) Demande de mise en liberté – Forme de la demande – Dérogation liée à l'état d'urgence sanitaire dû à la Covid-19.

Ordonnance n° 2020-303 du 25 mars 2020

portant adaptation de règles de procédure pénale sur le fondement de la loi n° 2020-290 du 23 mars 2020 d'urgence pour faire face à l'épidémie de covid-19

Rédaction antérieure. Art. 4 *(Mod., D. n° 2020-557, 13 mai 2020 ; annulé, DC. n° 440037 du 23 sept. 2021).* – Les délais fixés par les dispositions du Code de procédure pénale ou par la loi du 29 juillet 1881 sur la liberté de la presse pour l'exercice d'une voie de recours sont doublés sans pouvoir être inférieurs à dix jours.

Les dispositions de l'alinéa qui précède sont sans effet sur le délai de quatre heures mentionné à l'article 148-1-1 du même code.

Tous les recours et demandes peuvent être faits par lettre recommandée avec accusé de réception. Il en est de même pour le dépôt des mémoires ou de conclusions.

Par dérogation aux articles 502 et 576 du Code de procédure pénale, l'appel et le pourvoi en cassation peuvent être formés par lettre recommandée avec accusé de réception. Ils peuvent également être formés par courriel à l'adresse électronique communiquée à cette fin par la juridiction de première instance ou d'appel.

Par dérogation à l'avant-dernier alinéa de l'article 81 du Code de procédure pénale, les demandes prévues par ces articles peuvent toujours être adressées par lettre recommandée avec demande d'avis de réception. Elles peuvent également être adressées par courriel à l'adresse électronique communiquée à cette fin par la juridiction de première instance ou d'appel.

Les courriels adressés font l'objet d'un accusé de réception électronique par la juridiction. Ils sont considérés comme reçus par la juridiction à la date d'envoi de cet accusé, et cette date fait, s'il y a lieu, courir les délais prévus par les dispositions du Code de procédure pénale, modifiés le cas échéant par la présente ordonnance.

NB : Par décision du n° 440037, 440165 du 23 septembre 2021 du Conseil d'État statuant au contentieux, l'article 4 de l'ordonnance n° 2020-303 du 25 mars 2020 portant adaptation de règles de procédure pénale sur le fondement de la loi n° 2020-290 du 23 mars 2020 d'urgence pour faire face à l'épidémie de Covid-19 est annulé en tant qu'il ne prévoit pas la suspension des délais fixés par les dispositions du Code de procédure pénale ou par la loi du 29 juillet 1881 sur la liberté de la presse pour l'exercice d'une voie de recours entre le 17 et le 26 mars 2020 lorsque le recours ne peut, en l'état des textes applicables, être exercé que par déclaration au greffe de la juridiction compétente, et que le délai de recours est échu au cours de cette période.

6) Demande de mise en liberté adressée après dessaisissement du juge d'instruction. Il résulte de l'article 148 du Code de procédure pénale que, lorsqu'il n'a pas été statué, dans les délais prévus par ce texte, sur une demande de mise en liberté adressée au juge d'instruction, la personne placée en détention n'est pas remise en liberté d'office mais a la faculté de saisir directement la chambre de l'instruction de sa demande ; n'encourt dès lors pas la censure l'arrêt d'une chambre de l'instruction qui, saisie de la demande de mise en liberté d'une personne renvoyée devant la cour d'assises, qui soutient qu'elle est détenue sans titre au motif qu'il n'a pas été statué sur une précédente demande de mise en liberté qu'elle avait adressée au juge d'instruction, retient que cette demande est parvenue à ce magistrat le lendemain du jour où il a rendu l'ordonnance de mise en accusation et qu'il ne saurait être reproché à la cour d'assises ou à la chambre de l'instruction, alors compétentes l'une ou l'autre en application de l'article 148-1 du Code de procédure pénale, qui n'ont jamais été destinataires de ladite demande, de n'y avoir pas répondu (■ Cass. crim., 9 janv. 2007, n° 06-87.705 : *Bull. crim.* n° 2).

7) Ordonnance de soit-communiqué – Délai. Justifie sa décision la chambre d'accusation qui énonce qu'aucune sanction n'est prévue lorsque la communication du dossier au procureur de la République n'est pas immédiate, la loi ayant confié à la conscience du juge d'instruction le soin d'ordonner cette communication dans les plus brefs délais (■ Cass. crim., 25 mars 1985, n° 85-90.523 : *Bull. crim.* n° 122).

8) Ordonnance de soit-communiqué – Nature. L'ordonnance de soit-communiqué qui n'est qu'une simple formalité de procédure n'ayant d'autre objet que de mettre le procureur de la République en mesure de prendre ses réquisitions sur le maintien en détention ou la mise en liberté ne saurait se voir reconnaître un caractère juridictionnel au sens de l'article 183 du Code de procédure pénale (■ Cass. crim., 21 déc. 1970, n° 70-92.417 : *Bull. crim.* n° 346).

9) Ordonnance de soit-communiqué – Notification. L'ordonnance de soit-communiqué par laquelle le juge d'instruction, saisi d'une demande de mise en liberté, transmet immédiatement, conformément aux dispositions de l'article 148, alinéa 2, du même code, le dossier de la procédure au procureur de la République aux fins de réquisitions n'entre pas dans la catégorie des actes qui, selon l'article 175 du Code de procédure pénale, doivent être notifiés aux conseils des parties (■ Cass. crim., 7 nov. 1989, n° 89-85.006 : *Bull. crim.* n° 398).

10) Respect du contradictoire – Conformité à la Convention européenne des droits de l'Homme. Les dispositions de l'article 148 du Code de procédure pénale, qui ne prévoient pas de débat contradictoire préalable à l'ordonnance de rejet de mise en liberté rendue par le juge des libertés et de la détention, ne sont pas incompatibles avec celles de l'article 5.4 de la Convention européenne des droits de l'Homme dès lors que la personne détenue provisoirement peut déférer à la chambre de l'instruction toute ordonnance rejetant une demande de mise en liberté, laquelle peut être renouvelée à tout moment, et que la juridiction d'appel statue selon une procédure conforme aux exigences de l'article 5.4 de la Convention (■ Cass. crim., 26 févr. 2003, n° 02-88.131 : *Bull. crim.* n° 55).

11) Respect du contradictoire – Conformité à la Constitution – Réserve d'interprétation. L'équilibre des droits des parties interdit que le juge des libertés et de la détention puisse rejeter la demande de mise en liberté sans que le demandeur ou son avocat ait pu avoir communication de l'avis du juge d'instruction et des réquisitions du ministère public ; sous cette réserve d'interprétation, applicable aux demandes de mise en liberté formées à compter de la publication de la présente décision, l'article 148 du Code de procédure pénale ne méconnaît pas les exigences de l'article 16 de la Déclaration de 1789 (■ Cons. const., 17 déc. 2010, n° 2010-62 QPC : *Dr. pén.* 2012, chron. 1, obs. V. Georget ; *Procédures* 2011, n° 72, obs. J. Buisson ; *RSC* 2011, p. 193, obs. C. Lazerges, p. 864, obs. D. Boccon-Gibod).

12) Respect du contradictoire – Observations du mis en examen. Le principe du contradictoire est respecté par la communication à l'avocat du demandeur des réquisitions du ministère public et de l'avis du juge d'instruction, préalablement à la décision prise par le juge des libertés et de la détention ; doit dès lors être approuvée la chambre de l'instruction qui relève que si, dans sa décision du 17 décembre 2010, le Conseil constitutionnel a décidé que l'équilibre des droits des parties interdisait que le juge des libertés et de la détention puisse rejeter la demande de mise en liberté sans que le demandeur ou son avocat ait pu avoir communication de l'avis du juge d'instruction et des réquisitions du ministère public, la réception des observations, éventuelles, du mis en examen n'est pas requise par les textes légaux et le Conseil constitutionnel (■ Cass. crim., 26 oct. 2011, n° 11-86.117 : *Bull. crim.* n° 220).

13) Comparution dans un box vitré. La comparution de la personne placée en détention provisoire dans un box vitré lors de l'audience examinant sa demande de mise en liberté ne viole pas les articles 3, 5 et 6 de la Cour européenne des droits de l'homme dès lors qu'elle est nécessaire à la sécurité de l'audience (■ Cass. crim., 18 nov. 2020, n° 20-84.893, § 10, implic. : *Bull. crim.* à paraître ; *Dr. pén.* 2021, comm. 16, note A. Maron et M. Haas).

II – DÉCISION RELATIVE À LA DEMANDE DE MISE EN LIBERTÉ

14) Délai imparti au juge d'instruction – Calcul du délai – Absence de prise en compte du jour de communication de la demande au procureur de la République. Les juges qui, constatant que le juge d'instruction avait reçu la demande de mise en liberté le 12 décembre 1984, l'a communiquée le jour même au procureur de la République et, par ordonnance du 17 décembre 1984, a refusé d'y faire droit, en déduisent à juste titre qu'il a statué dans les cinq jours de la communication au procureur de la République ainsi que l'exige l'alinéa 3 de l'article 148 du Code de procédure pénale (■ Cass. crim., 19 mars 1985, n° 85-90.391 : *Bull. crim.* n° 114).

15) Délai imparti au juge d'instruction – Calcul du délai – Saisine directe de la chambre de l'instruction. L'article 148, alinéa 3, du Code de procédure pénale ne concerne que les demandes de mise en liberté présentées au juge d'instruction ; il s'ensuit que les dispositions ajoutées à ce texte par la loi du 9 septembre 1986 aux termes desquelles, lorsqu'il n'a pas été statué *sur une précédente demande de mise en liberté ou* (abrogé par la loi du 3 juin 2016) sur l'appel d'une précédente ordonnance de refus de mise en liberté, le délai de 5 jours ne commencera à courir qu'à compter de la décision rendue par la juridiction d'instruction, n'autorisent pas le juge d'instruction à différer sa décision si la demande de mise en liberté, sur laquelle il n'a pas encore été prononcé, a été directement adressée à la chambre d'accusation (■ Cass. crim., 31 janv. 1989, n° 88-86.452 : *Bull. crim.* n° 36).

16) Délai imparti au juge d'instruction – Annulation de la décision. Il n'importe, au regard des dispositions de l'article 148, dernier alinéa du Code de procédure pénale que la décision rendue dans les délais ait ensuite été annulée par la chambre criminelle (▪ Cass. crim., 16 oct. 2018, n° 18-84.585 : *Bull. crim.* à paraître).

17) Délai imparti – Imprécision du destinataire de la demande de mise en liberté. Il se déduit des articles 148, 148-4 et 148-7 du Code de procédure pénale que le délai prévu par l'article 148, dernier alinéa, du Code de procédure pénale ne peut être considéré comme ayant été dépassé lorsque c'est en raison de mentions incomplètes quant à la juridiction destinataire que la demande de mise en liberté formée et signée par la personne mise en examen a été adressée au greffier du juge d'instruction (▪ Cass. crim., 4 juin 2020, n° 20-81.736 : *Bull. crim.* à paraître ; *Dr. pén.* 2020, comm. 147, note A. Maron et M. Haas).

18) Motivation de la décision du juge des libertés et de la détention. Il résulte de la combinaison des articles 144, 145 et 148 du Code de procédure pénale que la décision de la juridiction d'instruction statuant sur une demande de mise en liberté doit être spécialement motivée d'après les éléments de l'espèce par référence aux dispositions de l'article 144 du même code (▪ Cass. crim., 9 oct. 1984, 2e arrêt, n° 84-93.516 : *Bull. crim.* n° 291. ▪ Cass. crim., 22 juin 1971, n° 71-91.274 : *Bull. crim.* n° 199. ▪ Cass. crim., 25 oct. 1988, n° 88-84.941 : *Bull. crim.* n° 362. ▪ Cass. crim., 21 août 1990, n° 90-83.745). Encourt dès lors la cassation l'arrêt de la chambre d'accusation confirmant l'ordonnance entreprise qui ne met pas la Cour de cassation en mesure de s'assurer que la demande de mise en liberté a été rejetée pour des motifs tirés des éléments de l'espèce par référence aux dispositions de l'article 144 du Code de procédure pénale (▪ Cass. crim., 9 oct. 1984, préc. ▪ Cass. crim., 25 oct. 1988, préc.). Encourt également la cassation l'arrêt de la chambre d'accusation qui, pour confirmer l'ordonnance entreprise, se borne à relever que les motifs retenus par celle-ci sont pertinents au regard des éléments de l'espèce, alors que le juge d'instruction a simplement énoncé que les motifs de mise en détention conservaient leur valeur et a reproduit les termes généraux de l'article 144 du Code de procédure pénale sans se référer aux faits de l'espèce (▪ Cass. crim., 9 oct. 1984, 1er arrêt, n° 84-93.516 : *Bull. crim.* n° 291).

19) Décision du juge des libertés et de la détention – Motivation de l'insuffisance du contrôle judiciaire. Il résulte de l'article 144 du Code de procédure pénale que la détention provisoire ne peut être ordonnée ou prolongée que s'il est démontré, au regard des éléments précis et circonstanciés résultant de la procédure, qu'elle constitue l'unique moyen de parvenir à l'un ou plusieurs objectifs définis par ce texte, et que ceux-ci ne sauraient être atteints en cas de placement sous contrôle judiciaire ; encourt dès lors la cassation l'arrêt qui rejette les demandes de mise en liberté de la personne détenue sans préciser expressément que les objectifs fixés par l'article 144 du Code de procédure pénale ne pouvaient être atteints par un placement sous contrôle judiciaire (▪ Cass. crim., 26 févr. 2008, n° 07-88.336 : *Bull. crim.* n° 50).

20) Décision du juge des libertés et de la détention – Motivation de l'insuffisance de l'assignation à résidence sous surveillance électronique. Il résulte de l'article 144 du Code de procédure pénale, ensemble le décret n° 2010-355 du 1er avril 2010 relatif à l'assignation à résidence avec surveillance électronique, que la détention provisoire ne peut être ordonnée ou prolongée que s'il est démontré, au regard des éléments précis et circonstanciés résultant de la procédure, qu'elle constitue l'unique moyen de parvenir à l'un ou plusieurs des objectifs définis par l'article susvisé et que ceux-ci ne sauraient être atteints en cas de placement sous contrôle judiciaire ou d'assignation à résidence avec surveillance électronique ; méconnaît les textes susvisés et le principe ci-dessus rappelé, la chambre de l'instruction qui rejette une demande de mise en liberté sans s'expliquer, par des considérations de droit et de fait, sur le caractère insuffisant de l'assignation à résidence avec surveillance électronique (▪ Cass. crim., 18 août 2010, nos 10-83.770 et 10-83.819 : *Bull. crim.* nos 123 et 124 ; *Dr. pén.* 2010, comm. 128, note A. Maron et M. Haas. ▪ Cass. crim., 12 oct. 2010, n° 10-85.370 : *Bull. crim.* n° 155).

21) Décision du juge des libertés et de la détention – Motivation particulière. Selon l'article 145-3 du Code de procédure pénale, lorsque la durée de la détention provisoire excède un an en matière criminelle, les décisions ordonnant la prolongation de cette mesure ou rejetant une demande de mise en liberté doivent comporter les indications particulières qui justifient, en l'espèce, la poursuite de l'information et le délai prévisible d'achèvement de la procédure ; encourt dès lors la cassation l'arrêt de la chambre de l'instruction qui rejette la demande de mise en liberté sans donner d'indications particulières justifiant, en l'espèce, la poursuite de l'information ainsi que le délai prévisible d'achèvement de la procédure (▪ Cass. crim., 2 mai 2007, n° 07-81.219 : *Bull. crim.* n° 113).

22) Rôle de la chambre de l'instruction en cas de motivation insuffisante. Il résulte des articles 148, 144 et 593 du Code de procédure pénale qu'en raison de l'effet dévolutif de l'appel, il appartient à la chambre de l'instruction d'examiner le bien-fondé de la détention provisoire et de statuer sur la nécessité de cette mesure, au besoin en substituant aux motifs insuffisants voire erronés du premier juge des motifs répondant aux exigences légales ; méconnaît les textes susvisés et le principe ci-dessus énoncé l'arrêt de la chambre de l'instruction qui annule l'ordonnance du juge des libertés et de la détention et ordonne la mise en liberté de l'intéressé, en relevant que les motifs de l'ordonnance querellée concernaient une autre personne mise en examen dans une procédure distincte, et devaient s'analyser en une absence de motivation affectant la validité même de la décision (▪ Cass. crim., 19 janv. 2010, n° 09-87.206 : *Bull. crim.* n° 8).

23) Saisine directe de la chambre de l'instruction en l'absence de décision du juge des libertés et de la détention dans les trois jours – Recevabilité. Le seul effet de la non-observation par le juge d'instruction (désormais le juge des libertés et de la détention) du délai dans lequel il doit statuer est de permettre à l'inculpé de saisir directement la chambre d'accusation ; faute d'avoir usé de cette faculté avant que le juge d'instruction n'ait statué, fût tardivement, l'inculpé s'est trouvé forclos ; il s'ensuit qu'il n'est pas en droit de présenter directement une demande de mise en liberté à la chambre d'accusation (▪ Cass. crim., 27 juin 1964 : *Bull. crim.* n° 250 ; *JCP* 1965, II, 14380, note P. Chambon). La chambre de l'instruction saisie d'une demande directe de mise en liberté sur le fondement de l'article 148, alinéa 5 du Code de procédure pénale, avant que le juge des libertés et de la détention n'eut statué, a l'obligation de se prononcer ; encourt dès lors la censure la chambre de l'instruction qui, pour déclarer sans objet la demande de mise en liberté, constate que le juge des libertés et de la détention a statué postérieurement à sa saisine (▪ Cass. crim., 26 juin 2018, n° 18-82.579 : *Dr. pén.* 2018, comm. 184, note A. Maron et M. Haas). Il se déduit des articles 148, alinéas 3 et 5, et 148-6 du Code de procédure pénale que la chambre de l'instruction n'est tenue de statuer sur la demande de mise en liberté qui lui est directement présentée en application de ces textes par la voie d'une lettre recommandée avec demande d'avis de réception que dans le cas où sa saisine, fixée au jour de la réception de la lettre par le greffe, est antérieure à la date de l'ordonnance statuant sur la demande de mise en liberté, rendue par le juge des libertés et de la détention ; il en résulte que, si c'est à tort que la chambre de l'instruction a déclaré sans objet sa saisine au seul motif qu'une ordonnance avait été rendue par le juge des libertés et de la détention au jour où elle devait elle-même statuer, l'arrêt n'encourt pas pour autant la censure dès lors que la juridiction aurait dû déclarer irrecevable la demande de la personne détenue comme ayant été reçue et enregistrée au greffe postérieurement à la date à laquelle était intervenue la décision du premier juge (▪ Cass. crim., 28 mars 2017, n° 17-80.136 : *Bull. crim.* n° 83). Le retard apporté dans la notification d'une ordonnance du juge des libertés et de la détention rejetant une demande de mise en liberté n'a pas pour effet de permettre au demandeur de saisir directement la chambre de l'instruction sur le fondement de l'article 148, dernier alinéa, du Code de procédure pénale, mais seulement de différer d'autant le point de départ du délai d'appel (▪ Cass. crim., 12 avr. 2005, n° 05-80.686 : *Bull. crim.* n° 124). La personne mise en examen n'est pas recevable à saisir la chambre de l'instruction en application des dispositions de l'article 148, alinéa 5, du Code de procédure pénale lorsque la demande de mise en liberté laissée sans réponse par le juge d'instruction et le juge des libertés et de la détention était elle-même irrecevable faute d'avoir été présentée dans les formes prévues par les articles 148-6 et 148-7 du Code de procédure pénale (▪ Cass. crim., 19 nov. 2002, n° 02-86.030 : *Bull. crim.* n° 208). L'ordonnance de rejet d'une demande de mise en liberté non signée par le juge des libertés et de la détention est inexistante. Il en résulte que faute par le juge d'avoir statué dans le délai légal de 3 jours, le recours de l'intéressé devant la chambre de l'instruction devait nécessairement s'analyser en une saisine directe de cette juridiction, au sens de l'article 148, alinéa 5, du Code de procédure pénale (▪ Cass. crim., 8 juill. 2020, n° 20-81.915, §§ 9 et 10 : *Bull. crim.* à paraître).

24) Saisine directe de la chambre de l'instruction en l'absence de décision du juge des libertés et de la détention dans les trois jours – Formes de la demande. V. art. 148-6 et 148-7, p. 502.

25) Procédure devant la chambre de l'instruction – Visioconférence – Inconstitutionnalité. V. art. 706-71 al. 3, p. 1578.

Eu égard à l'importance de la garantie qui s'attache à la présentation physique de l'intéressé devant la juridiction compétente pour connaître de la détention provisoire et en l'état des conditions dans lesquelles s'exerce le recours à ces moyens de télécommunication, les dispositions de l'article 706-71 du Code de procédure pénale, dans leur rédaction issue de l'ordonnance du 1er décembre 2016, portent une atteinte excessive aux droits de la défense. En effet, en matière criminelle, en application de l'article 145-2 du Code de procédure pénale, la première prolongation de la détention provisoire peut n'intervenir qu'à l'issue d'une durée d'une année. Il en résulte qu'une personne placée en détention provisoire pourrait se voir privée, pendant une année entière, de la possibilité de comparaître physiquement devant le juge appelé à statuer sur la détention provisoire. Cependant, la remise en cause des mesures ayant été prises sur le fondement des dispositions déclarées contraires à la Constitution méconnaîtrait les objectifs de valeur constitutionnelle de sauvegarde de l'ordre public et de recherche des auteurs d'infractions et aurait ainsi des conséquences manifestement excessives. Par suite, ces mesures ne peuvent être contestées sur le fondement de cette inconstitutionnalité (■ Cons. const., 20 sept. 2019, n° 2019-802 QPC : *JCP* G 2019, 1157, note M. Giacopelli ; *D.* 2019, p. 1762).

26) Procédure devant la chambre de l'instruction – Réquisitions écrites et motivées du procureur général. Lorsque la Chambre d'accusation est saisie directement d'une demande de mise en liberté formée en application de l'article 148, alinéa 6, du Code de procédure pénale, elle ne peut, sans violer les dispositions de ce texte, statuer sur ladite demande sans que le Ministère public, à qui il appartient de se conformer à la mise en état de la procédure, ait pris des réquisitions écrites et motivées (■ Cass. crim., 3 janv. 1980, n° 79-93.978 : *Bull. crim.* n° 30).

27) Décision de la chambre de l'instruction – Délai. Le jour où a été déposée au greffe de la Cour d'appel la demande de mise en liberté d'office présentée au nom de l'inculpé en application de l'article 148-4 du Code de procédure pénale, ne saurait entrer en compte pour le calcul du délai de 15 (désormais 20) jours imparti à la Chambre d'accusation pour se prononcer conformément aux exigences de l'article 148, alinéa 6 (devenu 5) auquel renvoie l'article 148-4 (■ Cass. crim., 2 juin 1981, n° 81-91.758 : *Bull. crim.* n° 182 ; *RSC* 1982, p. 799, obs. Robert. ■ Cass. crim., 25 oct. 1983, n° 83-93.720 : *Bull. crim.* n° 264 ; *D.* 1984, p. 240, note P. Chambon). Le point de départ du délai de vingt jours que prévoit l'article 148-4 du Code de procédure pénale (par renvoi à l'article 148, alinéa 5) doit être décompté à partir du lendemain du jour où la déclaration de demande de mise en liberté, formulée auprès du chef de l'établissement pénitentiaire et transmise au greffier de la juridiction, a été transcrite par celui-ci (■ Cass. crim., 16 janv. 2013, n° 12-87.085 : *Bull. crim.* n° 16). Lorsque la déclaration prévue par l'article 148-6, alinéa 3, du Code de procédure pénale n'a pas été adressée directement au greffier de la juridiction compétente pour statuer sur la demande de mise en liberté, le délai imparti à ladite juridiction pour se prononcer ne court qu'à compter du lendemain du jour où le greffier a attesté avoir reçu la déclaration ; est dès lors justifié l'arrêt qui retient que le délai de vingt jours imparti, par l'article 148 dernier alinéa, à la chambre de l'instruction pour se prononcer sur la demande de mise en liberté fondée sur l'article 148-4 du Code de procédure pénale n'a commencé à courir qu'à compter de la saisine effective de la chambre de l'instruction (■ Cass. crim., 3 juin 2014, n° 14-82.042 : *Bull. crim.* n° 143).

28) Appel de l'ordonnance de rejet de demande de mise en liberté. À l'occasion de l'appel d'une ordonnance de rejet de demande de mise en liberté, la personne mise en examen n'est pas recevable à invoquer l'irrégularité de la décision initiale de placement en détention (■ Cass. crim., 10 mai 2012, n° 12-81.427 : *Bull. crim.* n° 113).

29) Mise en liberté assortie de mesures de contrôle judiciaire. La décision d'une chambre d'accusation qui, réformant une ordonnance de maintien en détention, ordonne la mise en liberté d'une personne mise en examen et la place sous contrôle judiciaire, en lui imposant, en application de l'article 138, 11°, du Code de procédure pénale, le versement d'une caution préalablement à sa libération, est dépourvue d'effet si la personne concernée n'exécute pas, dans le délai qui lui est imparti, l'obligation dont est assortie sa mise en liberté. L'intéressé demeure, dès lors, détenu en vertu de la décision antérieure du juge d'instruction et ce magistrat, s'il entend ordonner la prolongation de la détention, doit rendre une ordonnance motivée conformément aux exigences des articles 144 et 145 du même code, sans toutefois être tenu de justifier sa décision par des circonstances nouvelles survenues depuis la décision de mise en liberté sous contrôle judiciaire (■ Cass. crim., 12 févr. 1997, n° 96-85.629 : *JurisData* n° 1997-001029 ; *Bull. crim.* n° 58). Il se déduit de l'article 145-1, l'alinéa 1er du Code de procédure pénale que la mise en liberté en raison de l'expiration du délai de détention provisoire qu'il prévoit, rend caduc l'ensemble des obligations du contrôle judiciaire assortissant une ordonnancede mise en liberté non suivie d'effet en raison du défaut de versement de la partie du cautionnement qui devait être fournie préalablement à l'élargissement (■ Cass. crim., 17 févr. 2010, n° 09-87.862 : *JurisData* n° 2010-001495 ; *Bull. crim.* n° 34 ; *Dr. pén.* 2010, comm. 5, A. Maron et M. Haas).

30) Mise en liberté assortie d'une assignation à résidence sous surveillance électronique. V. art. 142-6, p. 434.

légales avant l'expiration du délai qui lui est imparti ; il en résulte que l'appel du ministère public interjeté en application des articles 148-1-1 et 187-3 du Code de procédure pénale, irrégulier en la forme, ne privait pas le procureur de la République du droit d'exercer régulièrement son recours dans les conditions prévues aux articles 185 et 502 du Code de procédure pénale (■ Cass. crim., 1er avr. 2003, n° 03-80.406 : *Bull. crim.* n° 81).

Art. 148-2 ***(Mod., L. n° 2004-204, 9 mars 2004 ; L. n° 2021-1729, 22 déc. 2021).*** **– Toute juridiction appelée à statuer, en application des articles 141-1 et 148-1, sur une demande de mainlevée totale ou partielle du contrôle judiciaire ou sur une demande de mise en liberté se prononce après avoir entendu le ministère public, le prévenu, auquel est préalablement notifié son droit de se taire sur les faits qui lui sont reprochés, ou son avocat ; le prévenu non détenu et son avocat sont convoqués, par lettre recommandée, quarante-huit heures au moins avant la date de l'audience. Si la personne a déjà comparu devant la juridiction moins de quatre mois auparavant, le président de cette juridiction peut en cas de demande de mise en liberté refuser la comparution personnelle de l'intéressé par une décision motivée qui n'est susceptible d'aucun recours.**

Lorsque la personne n'a pas encore été jugée en premier ressort, la juridiction saisie statue dans les dix jours ou les vingt jours de la réception de la demande, selon qu'elle est du premier ou du second degré. Lorsque la personne a déjà été jugée en premier ressort et qu'elle est en instance d'appel, la juridiction saisie statue dans les deux mois de la demande. Lorsque la personne a déjà été jugée en second ressort et qu'elle a formé un pourvoi en cassation, la juridiction saisie statue dans les quatre mois de la demande.

Toutefois, lorsqu'au jour de la réception de la demande il n'a pas encore été statué soit sur une précédente demande de mise en liberté ou de mainlevée de contrôle judiciaire, soit sur l'appel d'une précédente décision de refus de mise en liberté ou de mainlevée du contrôle judiciaire, les délais prévus ci-dessus ne commencent à courir qu'à compter de la décision rendue par la juridiction compétente. Faute de décision à l'expiration des délais, il est mis fin au contrôle judiciaire ou à la détention provisoire, le prévenu, s'il n'est pas détenu pour une autre cause, étant d'office remis en liberté.

La décision du tribunal est immédiatement exécutoire nonobstant appel ; lorsque le prévenu est maintenu en détention, la cour se prononce dans les vingt jours de l'appel, faute de quoi le prévenu, s'il n'est pas détenu pour autre cause, est mis d'office en liberté.

1) Domaine d'application de l'article 148-2. Il résulte des termes de l'alinéa 1er de l'article 148-2 que les délais prévus à l'alinéa 2 du même article sont relatifs aux situations dans lesquelles une demande de mise en liberté est adressée à une juridiction dont la compétence est déterminée par l'article 148-1 dudit code ; tel n'est pas le cas lorsque la chambre d'accusation est saisie, non d'une demande directe de mise en liberté mais d'un appel contre une ordonnance du juge d'instruction (désormais le juge des libertés et de la détention) rejetant une telle demande (sur le fondement de l'article 148) (■ Cass. crim., 14 févr. 1984, n° 83-94.843 : *Bull. crim.* n° 55). Selon l'alinéa 1er de l'article 148-2 du Code de procédure pénale, les dispositions de cet article sont relatives aux situations dans lesquelles la demande de mise en liberté est adressée à une juridiction dont la compétence est déterminée par l'article 148-1 dudit code ; tel n'est pas le cas lorsque, comme en l'espèce, la chambre d'accusation est saisie d'un appel contre une ordonnance du juge d'instruction rejetant une demande de mise en liberté ; dans un pareil cas, la comparution personnelle de l'inculpé n'est de droit, aux termes de l'article 199 du même code, que si celui-ci ou son conseil en a fait la demande (■ Cass. crim., 17 avr. 1991, n° 91-80.658 ; *Bull. crim.* n° 104). Les dispositions de l'article 148-2 du Code de procédure pénale ne sont pas applicables en matière de détention extraditionnelle (■ Cass. crim., 19 mars 2002, n° 02-80.130 : *Bull. crim.* n° 65).

2) Convocation du prévenu et de son avocat. L'article 148-2 du Code de procédure pénale n'impose la convocation du conseil que pour le prévenu non détenu (■ Cass. crim., 17 juin 1986, n° 86-91.251 : *Bull. crim.* n° 213).

3) Notification du droit de se taire. V. antérieurement à la loi n° 2021-1729 du 22 décembre 2021 : l'article 148-2 du Code de procédure pénale, qui ne prévoit pas qu'un prévenu ou un accusé comparaissant devant une juridiction statuant sur une demande de mainlevée du contrôle judiciaire ou sur une demande de mise en liberté doit être informé de son droit de se taire, est contraire au droit de ne pas s'autoaccuser qui découle de l'article 9 de la Déclaration des droits de l'homme et du citoyen. En effet, la juridiction saisie d'une telle demande vérifie si les faits retenus à titre de charges à l'encontre de la personne justifient le maintien de la mesure de sûreté et les déclarations et les réponses apportées par la personne aux questions de la juridiction sont susceptibles d'être portées à la connaissance de la juridiction de jugement. En conséquence, les mots « du prévenu » figurant à la première phrase du premier alinéa de l'article 148-2 du Code de procédure pénale sont contraires à la Constitution. La déclaration d'inconstitutionnalité prend effet le 31 décembre 2021 (■ Cons. const., 18 juin 2021, n° 2021-920 QPC : *JCP* G 2021, 709).

4) Audition du prévenu. Il résulte de la combinaison des articles 148-1 et 148-2 du Code de procédure pénale que la Chambre d'accusation appelée à statuer en application de l'article 148-1 précité se prononce après audition du Ministère public, de l'inculpé, du prévenu, de l'accusé ou de leur conseil. Dès lors doit être cassé l'arrêt d'une chambre d'accusation qui, saisie d'une demande de mise en liberté présentée par un détenu faisant l'objet d'un arrêt de mise en accusation et de renvoi devant une cour d'assises, a statué sans procéder à l'audition de l'intéressé ou de son conseil (■ Cass. crim., 15 sept. 1986, n° 86-93.535 : *Bull. crim.* n° 255). Il ne saurait être fait grief à la cour d'appel d'avoir méconnu l'article 406 du Code de procédure pénale, en n'informant pas la personne concernée comparant devant elle du droit de se taire, dès lors que cette disposition ne trouve pas à s'appliquer lorsque la juridiction correctionnelle est saisie, en application des articles 148-1 et suivants du Code de procédure pénale, d'une demande de mise en liberté (■ Cass. crim., 6 sept. 2016, n° 16-83.907 : *Bull. crim.* n° 231).

5) Comparution personnelle du prévenu. Fait l'exacte application de l'article 148-2, alinéa 1er, du Code de procédure pénale la chambre de l'instruction qui, pour rejeter la demande de comparution personnelle présentée par l'intéressé, énonce qu'il n'y a pas lieu de renvoyer l'examen de l'affaire en vue de satisfaire à cette requête, dès lors que le demandeur a comparu devant la chambre de l'instruction le 19 août 2008, soit depuis moins de quatre mois, et que, par ordonnance du 18 novembre 2008, le président de cette juridiction a refusé cette comparution ; les dispositions de l'article 199 du même code sont inapplicables en l'espèce (■ Cass. crim., 28 avr. 2009, n° 09-80.713 : *Bull. crim.* n° 76). Lorsque le président de la juridiction a fait usage des dispositions de l'article 148-2, alinéa 1er du Code de procédure pénale et refusé la demande de comparution personnelle du détenu par une décision motivée qui n'est susceptible d'aucun recours, la chambre de l'instruction n'est pas tenue d'ordonner la comparution personnelle du demandeur dans le cas où, comme en l'espèce, l'avocat régulièrement convoqué ne se présente pas à l'audience des débats (■ Cass. crim., 25 sept. 2007, n° 07-84.760 : *Bull. crim.* n° 221 ; *Procédures* 2007, comm. 289, obs. J. Buisson).

6) Convocation et accès au dossier– Respect des formalités de l'article 197 du Code de procédure pénale. Les prescriptions de l'article 197 du Code de procédure pénale ont pour objet de mettre en temps voulu les parties et leurs avocats en mesure de prendre connaissance du dossier, de produire leurs mémoires et d'être entendus à l'audience ; il n'y est apporté aucune exception ni restriction à l'égard de la partie civile, lorsque l'audience est relative à une demande de mise en liberté formée en application des articles 148-1 et 148-2 du Code de procédure pénale ; encourt la cassation l'arrêt de la chambre de l'instruction qui se prononce sur cette demande alors qu'il ne résulte d'aucune pièce de la procédure ni d'aucune mention de l'arrêt que la partie civile et son avocat aient été avisés de la date d'audience à laquelle l'affaire serait appelée ni qu'ils aient été mis en mesure de produire un mémoire ou d'être entendus à cette audience à laquelle ils n'ont pas assisté (■ Cass. crim., 25 juill. 2012, n° 12-83.324 : *Bull. crim.* n° 171. ■ Cass. crim., 27 juin 2007, n° 06-89.403 : *Bull. crim.* n° 178).

7) Demande de renvoi de l'audience. Les juges, lorsqu'ils ne prennent pas en compte les indications d'un avocat sur l'heure de l'audience à laquelle il prévoit de se présenter, ne sont pas tenus, sans qu'il en résulte une quelconque atteinte aux droits de la défense, de répondre dans leur décision à une telle demande, laquelle ne s'assimile pas à une demande de renvoi à une audience ultérieure (■ Cass. crim., 8 août 2018, n° 18-83.518 : *Bull. crim.* à paraître ; *Dr. pén.* 2018, comm. 184, note A. Maron et M. Haas ; *AJ pénal* 2018, p. 527, obs. J. Chapelle).

8) Délai pour statuer – Durée du délai. La chambre d'accusation est une juridiction du second degré et le renvoi formel de l'article 148-2 à l'article 148-1 a pour conséquence, lorsqu'elle statue dans le cadre de ce dernier texte, de lui imposer de se prononcer dans les délais que lui impartit le premier de ces textes, faute de quoi, le requérant est mis en liberté d'office (■ Cass. crim., 25 oct. 1983, n° 83-93.720 : *Bull. crim.* n° 264 ; *D.* 1984, p. 404, note P. Chambon). En application de l'article 148-2, alinéa 2, du Code de procédure pénale, la juridiction saisie doit statuer dans les quatre mois de la demande de mise en liberté formée par un accusé lorsque celui-ci a déjà été jugé en second ressort et a formé un pourvoi en cassation ; encourt dès lors la cassation l'arrêt qui retient qu'un accusé étant, après cassation de l'arrêt de la cour d'assises l'ayant condamné, dans l'état d'une personne jugée en premier ressort et en instance d'appel, la chambre de l'instruction doit rendre sa décision dans les deux mois de la demande de mise en liberté faite par l'intéressé et que, faute de décision avant l'expiration de ce délai, il doit être mis en liberté d'office (■ Cass. crim., 10 nov. 2009, n° 09-84.527 : *Bull. crim.* n° 186).

9) Délai pour statuer – Durée exceptionnelle due à l'état d'urgence sanitaire lié à la Covid-19.

Ordonnance n° 2020-303 du 25 mars 2020
portant adaptation de règles de procédure pénale sur le fondement de la loi n° 2020-290 du 23 mars 2020 d'urgence pour faire face à l'épidémie de covid-19

Art. 18 *(Mod., Ord. n° 2020-341, 27 mars 2020)*. **–** Les délais impartis à la chambre de l'instruction ou à une juridiction de jugement par les dispositions du Code de procédure pénale pour statuer sur une demande de mise en liberté sur l'appel d'une ordonnance de refus de mise en liberté, ou sur tout autre recours en matière de détention provisoire et d'assignation à résidence avec surveillance électronique ou de contrôle judiciaire, sont augmentés d'un mois.

10) Délai pour statuer – Point de départ du délai. La réception de la demande par la juridiction saisie, qui fait courir le délai imparti à celle-ci pour statuer, doit s'entendre non seulement comme ayant trait à la réception par la chambre d'accusation elle-même, mais encore par le secrétariat greffe et par le Parquet général, l'un et l'autre faisant partie intégrante et nécessaire de toute juridiction (■ Cass. crim., 25 oct. 1983, n° 83-93.720 : *Bull. crim.* n° 264 ; *D.* 1984, p. 404, note P. Chambon).

11) Délai pour statuer – Point de départ du délai en cas de demande formulée par une personne détenue – Refus de transmission d'une question prioritaire de constitutionnalité. Il n'y a pas lieu de transmettre au Conseil constitutionnel la question prioritaire de constitutionnalité selon laquelle l'application jurisprudentielle de l'article 148-2 du Code de procédure pénale tendant à considérer que le point de départ du délai imparti à la chambre de l'instruction pour statuer sur une demande de mise en liberté est décompté à partir du lendemain du jour où la déclaration de demande de mise en liberté, transmise par le chef de l'établissement au greffier de la juridiction, est transcrite par lui ne serait pas conforme aux articles 6 et 16 de la Déclaration des droits de l'homme ayant valeur constitutionnelle et au principe du droit au recours effectif consacré par le Conseil constitutionnel : la question est dépourvue de caractère sérieux dès lors que, d'une part, la fixation du point de départ du délai imparti à la juridiction, compétente pour statuer sur une demande de mise en liberté, au lendemain du jour de sa transcription par son greffe, s'applique indistinctement à toutes ces demandes et que, d'autre part, il entre dans l'office du juge saisi de s'assurer qu'un retard, non justifié par des circonstances imprévisibles et insurmontables, extérieures au service de la justice, dans la transcription par le greffier de sa juridiction de la déclaration faite par la personne détenue auprès du chef de l'établissement pénitentiaire, n'a pas fait obstacle au jugement de la demande de mise en liberté dans le délai légal, ce qui exclut tout risque d'arbitraire (■ Cass. crim., 15 janv. 2014, n° 13-90.033).

12) Délai pour statuer – Point de départ du délai en cas de demande formulée par une personne détenue – Absence ou retard de transmission. Le défaut d'enregistrement, par le greffier de la juridiction compétente, d'une demande de mise en liberté, formée par déclaration auprès du chef de l'établissement pénitentiaire et qui lui a été adressée conformément aux prescriptions de l'article 148-7, alinéa 3, du Code de procédure pénale, ne saurait constituer une circonstance imprévisible et insurmontable suspendant le délai fixé à l'article 148-2 du même code, lorsque, comme en l'espèce, les juges constatent que l'accusé formait chaque jour une demande de mise en liberté et que la demande non enregistrée était précédée et suivie d'autres demandes (■ Cass. crim., 24 sept. 1987, n°s 87-83.976 et 87-83.998 : *Bull. crim.* n° 312). Dès lors que les pièces de la procédure établissent que la demande de mise en liberté, déposée le 18 octobre 2013, n'a pas été transmise au greffe de la chambre de l'instruction en raison d'une omission non justifiée par des circonstances insurmontables et que le délai de vingt jours, imparti par l'article 148-2, alinéa 2, du Code de procédure pénale à la juridiction du second degré pour statuer sur une telle demande était expiré, la chambre de l'instruction, qui était tenue d'ordonner, par voie de conséquence, la mise en liberté de la personne mise en accusation, a justifié sa décision (■ Cass. crim., 9 avr. 2014, n° 14-80.813). Le délai prévu par l'article 148-2, alinéa 2, du Code de procédure pénale ne doit pas être considéré comme ayant été dépassé lorsque c'est en raison de mentions erronées quant à la juridiction destinataire que les demandes de mise en liberté formées par le prévenu sont parvenues tardivement à la cour d'appel compétente, qui a statué dans les deux mois de leur réception (■ Cass. crim., 12 juin 2014, n° 14-82.233 : *Bull. crim.* n° 149 : *RSC* 2014, p. 591, obs. J. Danet). N'encourt pas la censure la chambre de l'instruction qui dit n'y avoir lieu de prendre en considération le dépassement du délai dès lors que la demande de mise en liberté, portant l'indication de deux juridictions (le juge d'instruction et la chambre de l'instruction), l'adresse de la seconde n'étant pas complète, contenait des mentions ambiguës et incomplètes, de nature à rendre incertaine la désignation de la juridiction qu'entendait saisir le détenu et que, adressée à la première juridiction nommément visée, il a été statué dans le délai légal (▪ Cass. crim., 8 août 2018, n° 18-83.518 : *Bull. crim.* à paraître ; *Dr. pén.* 2018, comm. 184, note A. Maron et M. Haas ; *AJ pénal* 2018, p. 527, obs. J. Chapelle). La chambre de l'instruction, qui constate que l'absence volontaire de transmission, par un agent de l'administration pénitentiaire, d'une demande de mise en liberté formulée par un détenu constitue une circonstance extérieure, imprévisible et insurmontable conduisant à repousser le point de départ du délai prévu par l'article 148-2 du Code de procédure pénale au jour de l'enregistrement de la demande de mise en liberté au greffe de la chambre d'instruction, justifie sa décision dès lors qu'il résulte de ses constatations que l'abstention frauduleuse de l'agent de l'administration pénitentiaire a suspendu au bénéfice du détenu le cours normal du service public de la justice (▪ Cass. crim., 13 janv. 2015, n° 14-87.146 : *Bull. crim.* n° 16). Rapp. ▪ Cass. crim., 15 janv. 2014, n° 13-90.033, cité *supra*.

13) Délai pour statuer – Point de départ en cas de pluralité de demandes. Il résulte de l'article 148-2 du Code de procédure pénale que lorsqu'une juridiction est appelée à statuer, en application de l'article 148-1 de ce code sur une demande de mise en liberté, elle doit se prononcer à compter de la réception de celle-ci dans le délai que fixe le 2e alinéa dudit article 148-2 ; toutefois, s'il n'a pas encore été statué sur une précédente demande, le délai ne commence à courir qu'à compter de la décision rendue par la juridiction compétente ; faute de décision à l'expiration de ce délai, il est mis fin à la détention provisoire (▪ Cass. crim., 24 sept. 1987, nos 87-83.976 et 87-83.998 : *Bull. crim.* n° 312). L'appel formé contre une décision de renvoi avec maintien en détention ne peut être assimilé à une demande de mise en liberté, notamment au regard de la prorogation des délais impartis au tribunal pour statuer prévue par l'article 148-2, alinéa 3 du Code de procédure pénale (▪ Cass. crim., 4 mai 2011, n° 10-84.461 : *Bull. crim.* n° 94). Le délai imparti par l'article 148-2 du Code de procédure pénale n'est reporté que lorsqu'il n'a pas été statué sur une précédente demande (▪ Cass. crim., 5 nov. 2002, n° 02-85.888). Aucune disposition de la loi ni aucun principe de droit n'interdisent le regroupement, dans un souci de bonne administration de la justice, de procédures identiques et dès lors qu'il est statué, sur la première en date de ces demandes, dans le délai prévu à l'alinéa 2 de l'article 148-2 du Code de procédure pénale (▪ Cass. crim., 4 janv. 1993, n° 92-85.414 : *Bull. crim.* n° 1).

14) Délai pour statuer – Terme du délai. Le délai expirant normalement le dimanche, la chambre d'accusation, en application des dispositions de l'article 801 du Code de procédure pénale, doit statuer au plus tard le lundi, premier jour ouvrable suivant ledit dimanche (▪ Cass. crim., 22 nov. 1983, n° 83-93.820 : *Bull. crim.* n° 309).

15) Délai pour statuer – Absence de prolongation ou de suspension. L'article 148-2 du Code de procédure pénale, qui concerne les demandes de mise en liberté adressées à la juridiction appelée à statuer en application de l'article 148-1 dudit code, ne prévoit aucune faculté de prolonger les délais qu'il fixe et dans lesquels la juridiction saisie doit se prononcer sur la demande. Notamment, le délai de vingt jours imparti à la chambre d'accusation n'est pas prolongé lorsque cette juridiction fait procéder, par expertise, à des vérifications concernant la demande dont elle est saisie (▪ Cass. crim., 28 févr. 1984, n° 84-90.018 : *Bull. crim.* n° 78. – *Adde* ▪ Cass. crim., 8 juin 2011, n° 11-82.402 : *Bull. crim.* n° 125). *Rapp.* la chambre d'accusation qui, saisie d'une demande de mise en liberté sur le fondement de l'article 148-1 du Code de procédure pénale, a ordonné, dans le délai de 20 jours, une expertise médicale et prononcé, en l'état, le maintien en détention de l'inculpé n'encourt aucun grief dès lors qu'elle a statué, fût-ce provisoirement, sur la demande et a ordonné le maintien en détention (▪ Cass. crim., 7 mars 1991, n° 90-87.728 : *Bull. crim.* n° 116).

16) Délai pour statuer – Circonstances imprévisibles et insurmontables. Il résulte de l'article 148-2 du Code de procédure pénale que lorsqu'une juridiction est appelée à statuer sur une demande de mise en liberté, elle doit se prononcer à compter de la réception de celle-ci, dans le délai que fixe le deuxième alinéa dudit article, faute de quoi le demandeur est remis d'office en liberté, sauf si des circonstances imprévisibles et insurmontables, extérieures au service de la justice, mettent obstacle au jugement de l'affaire dans le délai prévu. Un afflux massif de demandes de mise en liberté, dû à la grève du zèle des avocats, dont le dépôt est un droit pour toute personne placée en détention provisoire, ne constitue pas, pour le service de la justice, une circonstance insurmontable permettant de dépasser les délais fixés aux articles susvisés (■ Cass. crim., 13 oct. 2020, n° 20-82.016, §§ 5 et 11 : *Dr. pén.* 2020, comm. 213, note A. Maron et M. Haas ; *AJ pénal* 2020, p. 596, note A. Pujol).

17) Délai pour statuer – Nature de la décision. La chambre d'accusation qui, saisie d'une demande de mise en liberté sur le fondement de l'article 148-1 du Code de procédure pénale, a ordonné, dans le délai de 20 jours, une expertise médicale et prononcé, en l'état, le maintien en détention de l'inculpé n'encourt aucun grief dès lors qu'elle a statué, fût-ce provisoirement, sur la demande et a ordonné le maintien en détention (■ Cass. crim., 7 mars 1991, n° 90-87.728 : *Bull. crim.* n° 116). Justifie sa décision la chambre d'accusation qui, pour rejeter la demande de mise en liberté d'office, présentée par X..., qui soutenait que sa détention était illégale, a constaté qu'une décision, quelle qu'en soit la nature (en l'espèce une décision d'incompétence), avait été rendue sur la précédente demande de mise en liberté, dans le délai de 20 jours fixé par l'article 148-2, alinéa 2, du Code de procédure pénale (■ Cass. crim., 15 mars 2000, n° 99-88.158 : *Bull. crim.* n° 116). La chambre de l'instruction, qui rejette une demande de mise en liberté d'office fondée sur l'article 148-2 du Code de procédure pénale au motif que le tribunal correctionnel a statué sur la demande de mise en liberté par décision d'incompétence, a constaté qu'une décision, quelle qu'en soit la nature, avait été rendue sur la précédente demande de mise en liberté dans le délai de dix jours fixé par l'article 148-2 du Code de procédure pénale et ainsi justifié sa décision (■ Cass. crim., 11 sept. 2007, n° 07-84.109 : *Bull. crim.* n° 195). Encourt la cassation la cour d'appel qui confirme le jugement d'incompétence du tribunal correctionnel rendu le 18 novembre 2003 par le tribunal correctionnel saisi le 23 octobre 2003 d'une demande de mainlevée du contrôle judiciaire : en confirmant cette décision et en refusant de constater que le contrôle judiciaire avait pris fin, alors que les juges n'avaient pas statué dans les dix jours de leur saisine, fût-ce pour constater leur incompétence, la cour a violé l'article 148-2, alinéas 2 et 3, du Code de procédure pénale (■ Cass. crim., 11 mai 2004, n° 03-87.851 : *Bull. crim.* n° 112).

18) Sanction du délai – Portée. La chambre de l'instruction, saisie d'une demande directe de mainlevée de contrôle judiciaire, doit rendre sa décision dans les vingt jours de la réception de celle-ci. En l'absence de décision dans ce délai, les obligations du contrôle judiciaire dont la mainlevée était sollicitée ont pris fin à l'expiration du délai de 20 jours (■ Cass. crim., 29 avr. 1998, n° 98-80.794 : *Bull. crim.* n° 144. ■ Cass. crim., 20 juin 2002, n° 02-80.149 ; *JurisData* n° 2002-015346 ; *Bull. crim.* n° 142 ; *Dr. pén.* 2002, comm. 141, obs. A. Maron et M. Haas ; *Procédures* 2002, comm. 213, note J. Buisson), les autres obligations prévues étant maintenues (■ Cass. crim., 20 juin 2002, préc.).

Art. 148-3 *(Mod., L. n° 2014-535, 27 mai 2014)*. **– Préalablement à sa mise en liberté, la personne mise en examen doit faire, auprès du juge d'instruction ou du chef de l'établissement pénitentiaire, la déclaration d'adresse prévue par le quatrième alinéa de l'article 116.**

La personne est avisée qu'elle doit signaler au juge d'instruction, jusqu'à la clôture de l'information, par nouvelle déclaration ou par lettre recommandée avec demande d'avis de réception, tout changement de l'adresse déclarée. Elle est également avisée que toute notification ou signification faite à la dernière adresse déclarée sera réputée faite à sa personne.

Mention de cet avis, ainsi que de la déclaration d'adresse, est portée soit au procès-verbal, soit dans le document qui est adressé sans délai, en original ou en copie, par le chef de l'établissement pénitentiaire au juge d'instruction.

Art. 148-4 *(Mod., L. n° 93-2, 4 janv. 1993)*. **– À l'expiration d'un délai de quatre mois depuis sa dernière comparution devant le juge d'instruction ou le magistrat par lui délégué et tant que l'ordonnance de règlement n'a pas été rendue, la personne détenue ou son conseil peut saisir directement d'une demande de mise en liberté la chambre de l'instruction qui statue dans les conditions prévues à l'article 148 (dernier alinéa).**

1) Saisine directe de la chambre de l'instruction. V. s'agissant de la saisine directe de la chambre de l'instruction en l'absence de réponse du juge des libertés et de la détention à une demande de mise en liberté dans les trois jours, V. art. 148, al. 5, p. 485.

2) Conditions de la saisine directe – Non-comparution devant le juge d'instruction. Toute comparution devant le juge d'instruction entre dans les prévisions de l'article 148-4 du Code de procédure pénale pour le calcul du délai de 4 mois fixé par ce texte (■ Cass. crim., 8 janv. 1992, n° 91-85.833 : *Bull. crim.* n° 3). Comparaît devant le juge d'instruction, au sens de l'article 148-4 du Code de procédure pénale, l'inculpé à qui le juge d'instruction notifie des conclusions d'un rapport d'expertise et un délai pour faire connaître ses observations mais qui refuse de répondre aux autres questions du magistrats instructeur (■ Cass.

crim., 20 févr. 1985, n° 84-95.782 : *Bull. crim.* n° 80). Comparaît, au sens de l'article 148-4 du Code de procédure pénale, l'inculpé qui est convoqué par le juge d'instruction pour participer à une parade d'identification organisée par ce magistrat (▪ Cass. crim., 13 janv. 1993, n° 92-85.535 : *Bull. crim.* n° 17). La comparution devant le juge des libertés et de la détention n'entre pas dans les prévisions de l'article 148-4 du Code de procédure pénale pour le calcul du délai de 4 mois fixé par ce texte. Encourt la cassation l'arrêt de la chambre de l'instruction qui, pour déclarer irrecevable une demande présentée sur le fondement de l'article 148-4 du Code de procédure pénale énonce que l'intéressé a comparu devant le juge des libertés et de la détention, délégué par le juge d'instruction au sens de l'article précité (▪ Cass. crim., 6 mars 2002, n° 01-88.609 : *Bull. crim.* n° 57).

3) Conditions de la saisine directe – Refus de comparution devant le juge d'instruction. L'inculpé qui refuse de déférer aux convocations du juge d'instruction ne saurait ensuite se prévaloir du défaut de comparution pour user de la faculté prévue par l'article 148-4 du Code de procédure pénale (▪ Cass. crim., 9 janv. 1985, n° 84-94.945 : *Bull. crim.* n° 18).

4) Conditions de la saisine directe – Non-comparution durant quatre mois. D'une part, c'est au jour où la demande a été formée par déclaration au chef de l'établissement pénitentiaire que les juges doivent se placer pour apprécier si le délai de quatre mois édicté par l'article 148-4 du Code de procédure pénale est expiré et, d'autre part, ne saurait entrer en compte pour le calcul dudit délai le jour où a eu lieu le dernier interrogatoire du juge d'instruction ; il s'ensuit que cet interrogatoire étant du 5 juin 1987, ce n'est que le 5 octobre 1987 à 24 heures que les quatre mois prévus par la loi étaient arrivés à expiration (▪ Cass. crim., 19 janv. 1988, n° 87-91.152 : *Bull. crim.* n° 24).

5) Conditions de la saisine directe – Instruction en cours. L'inculpé n'est autorisé à saisir directement la chambre d'accusation d'une demande de mise en liberté sur le fondement de l'article 148-4 du Code de procédure pénale que tant que l'ordonnance de règlement n'a pas été rendue (▪ Cass. crim., 9 janv. 1986, n° 85-95.386 : *Bull. crim.* n° 12).

6) Forme de la demande. V. art. 148-6 et 148-7, p. 502. Il résulte de la combinaison des articles 148-6, 148-7, 148-8 ainsi que de l'article 148-4 du Code de procédure pénale, que la demande de mise en liberté qu'un inculpé adresse directement à la chambre d'accusation doit être faite par déclaration au greffe de cette dernière ou, si l'intéressé est détenu, auprès du chef de l'établissement pénitentiaire qui en assure la transmission ; il s'agit là d'une formalité essentielle à laquelle il ne peut être suppléé, notamment par l'envoi d'une lettre (▪ Cass. crim., 14 mars 1989, n° 88-87.626 : *Bull. crim.* n° 124. ▪ Cass. crim., 22 juill. 1986, n° 86-92.717 : *Bull. crim.* n° 239) ou par le dépôt d'un mémoire (▪ Cass. crim., 20 mai 1987, n° 87-81.037 : *Bull. crim.* n° 207. ▪ Cass. crim., 5 mai 1987, n° 87-80.862 : *Bull. crim.* n° 178).

Encourt dès lors la cassation l'arrêt de la chambre d'accusation ayant déclaré recevable la requête adressée par lettre au président de la chambre d'accusation et dont la réception a été constatée par acte signé du greffier de ladite chambre (▪ Cass. crim., 14 mars 1989, préc.). Justifie en revanche sa décision la chambre d'accusation qui déclare irrecevable la demande déposée au greffe de la chambre d'accusation sous la forme d'un document signé par cet avocat et intitulé « mémoire au soutien d'une demande de mise en liberté présenté en vertu de l'article 148-4 du Code de procédure pénale » (▪ Cass. crim., 20 mai 1987, préc.). Justifie pareillement sa décision la chambre d'accusation qui déclare irrecevable la demande de mise en liberté, fondée sur l'article 148-4 du Code de procédure pénale, par un mémoire déposé au greffe de la chambre d'accusation (▪ Cass. crim., 5 mai 1987, préc.). Les dispositions de l'article 148-4 du Code de procédure pénale ouvrent une voie exceptionnelle dont il ne peut être usé que par une requête exempte de toute ambiguïté : dès lors qu'il ne résulte d'aucune des énonciations de la lettre de l'inculpé, reçue par le président de la chambre d'accusation, qu'il ait fondé la présentation de la demande de mise en liberté contenue dans ladite lettre sur son défaut d'audition par le juge d'instruction depuis plus de quatre mois, c'est à bon droit que la chambre d'accusation a estimé que la lettre en cause ne se réfère en rien aux dispositions de l'article 148-4 du Code de procédure pénale et rejeté la demande de mise en liberté (▪ Cass. crim., 8 janv. 1985, n° 84-95.059 : *Bull. crim.* n° 13. ▪ Cass. crim., 23 janv. 2013, n° 12-86.986 : *Bull. crim.* n° 26).

7) Décision de la chambre de l'instruction – Délai. Le jour où a été déposée au greffe de la Cour d'appel la demande de mise en liberté d'office présentée au nom de l'inculpé en application de l'article 148-4 du Code de procédure pénale, ne saurait entrer en compte pour le calcul du délai de 15 (désormais 20) jours imparti à la Chambre d'accusation pour se prononcer conformément aux exigences de l'article 148, alinéa 6 (devenu 5) auquel renvoie l'article 148-4 (▪ Cass. crim., 2 juin 1981, n° 81-91.758 : *Bull. crim.* n° 182 ; *RSC* 1982, p. 799, obs. Robert. ▪ Cass. crim., 5 mars 1985, n° 84-95.872 : *Bull. crim.* n° 100). Le point de départ du délai de vingt jours que prévoit l'article 148-4 du

Code de procédure pénale (par renvoi à l'article 148, alinéa 5) doit être décompté à partir du lendemain du jour où la déclaration de demande de mise en liberté, formulée auprès du chef de l'établissement pénitentiaire et transmise au greffier de la juridiction, a été transcrite par celui-ci (■ Cass. crim., 16 janv. 2013, n° 12-87.085 : *Bull. crim.* n° 16). Lorsque la déclaration prévue par l'article 148-6, alinéa 3, du Code de procédure pénale n'a pas été adressée directement au greffier de la juridiction compétente pour statuer sur la demande de mise en liberté, le délai imparti à ladite juridiction pour se prononcer ne court qu'à compter du lendemain du jour où le greffier a attesté avoir reçu la déclaration ; est dès lors justifié l'arrêt qui retient que le délai de vingt jours imparti, par l'article 148 dernier alinéa, à la chambre de l'instruction pour se prononcer sur la demande de mise en liberté fondée sur l'article 148-4 du Code de procédure pénale n'a commencé à courir qu'à compter de la saisine effective de la chambre de l'instruction (■ Cass. crim., 3 juin 2014, n° 14-82.042 : *Bull. crim.* n° 143). La demande de mise en liberté étant parvenue à la cour d'appel le 16 mai 1980, le délai prévu par l'article 148, dernier alinéa, du Code de procédure pénale (auquel renvoie l'article 148-4), a expiré le 15e jour (désormais 20e) accompli depuis la saisine de la chambre d'accusation, soit le samedi 31 mai 1980 à 14 heures ; dès lors en statuant sur la demande de mise en liberté le 2 juin 1980, premier jour ouvrable suivant ledit samedi, la chambre d'accusation a observé les prescriptions des articles 148, 148-4 et 801 du Code de procédure pénale (■ Cass. crim., 13 nov. 1980, n° 80-93.576 : *Bull. crim.* n° 297). Il se déduit des articles 148, 148-4 et 148-7 du Code de procédure pénale que le délai prévu par l'article 148, dernier alinéa, du Code de procédure pénale ne peut être considéré comme ayant été dépassé lorsque c'est en raison de mentions incomplètes quant à la juridiction destinataire que la demande de mise en liberté formée et signée par la personne mise en examen a été adressée au greffier de la juridiction saisie du dossier (■ Cass. crim., 4 juin 2020, n° 20-81.736 : *Bull. crim.* à paraître ; *Dr. pén.* 2020, comm. 147, note A. Maron et M. Haas).

8) Décision de la chambre de l'instruction statuant sur renvoi après cassation – Inapplication du délai. Si, après cassation de l'arrêt d'une chambre d'accusation ayant rejeté une demande de mise en liberté formée en vertu de l'article 148-4 du Code de procédure pénale, la juridiction de renvoi n'est pas tenue de se prononcer dans le délai prévu au dernier alinéa de l'article 148 du même code, applicable à un autre état de la procédure, il n'en demeure pas moins qu'elle doit le faire dans les meilleurs délais pour satisfaire aux dispositions de l'article 5, § 4 de la Convention précitée qui imposent qu'il soit statué à bref délai sur la légalité de la détention (■ Cass. crim., 21 juin 1988, n° 88-82.743 : *Bull. crim.* n° 282).

9) Décision de la chambre de l'instruction – Règle de l'unique objet. En permettant aux inculpés de saisir directement la chambre d'accusation d'une demande de mise en liberté dans le cas qu'il prévoit, l'article 148-4 du Code de procédure pénale, dont les dispositions sont limitatives, leur a attribué un droit exceptionnel dont ils ne sauraient s'autoriser pour faire juger à l'occasion de cette procédure spéciale des questions étrangères à son unique objet ; il s'ensuit que la nullité alléguée qui résulterait de ce que le juge d'instruction chargé de l'information n'aurait pas été désigné conformément aux dispositions de l'article 83 du Code de procédure pénale concerne la régularité de la procédure et comme telle ne saurait être examinée à l'occasion d'une demande de mise en liberté présentée directement à la chambre d'accusation en vertu de l'article 148-4 du Code de procédure pénale (■ Cass. crim., 20 oct. 1987, n° 87-84.729 : *Bull. crim.* n° 356). C'est à bon droit que la chambre d'accusation, saisie d'une demande de mainlevée du mandat de dépôt fondée sur l'article 148-4 du Code de procédure pénale, a jugé qu'il ne lui appartient pas de se prononcer sur la validité d'un second mandat de dépôt décerné contre l'inculpé à l'occasion d'une autre procédure d'information, dès lors qu'elle n'eut pu procéder à cet examen sans excéder sa saisine (■ Cass. crim., 2 oct. 1984, n° 84-93.518 : *Bull. crim.* n° 279). Le demandeur n'est pas recevable à critiquer, à l'occasion de sa demande de mise en liberté fondée sur l'article 148-4 du Code de procédure pénale, la régularité du procès-verbal des déclarations faites par lui lors de sa première comparution devant le magistrat instructeur (■ Cass. crim., 2 oct. 1984, préc.).

10) Comparution personnelle. V. art. 199, al. 6, p. 651. Le demandeur ne saurait faire grief à la chambre d'accusation d'avoir statué sur la demande de mise en liberté sans répondre à la demande de comparution personnelle de l'inculpé détenu dès lors que, sur l'objet de la requête litigieuse, présentée en termes équivoques, le conseil de l'inculpé, présent à l'audience, n'a formulé aucune observation ni élevé de protestation (■ Cass. crim., 2 avr. 1990, n° 90-80.418 : *Bull. crim.* n° 140).

11) Renouvellement de la demande. Selon l'article 148-4 du Code de procédure pénale, à l'expiration d'un délai de quatre mois depuis sa dernière comparution devant le juge d'instruction ou le magistrat par lui délégué et tant que l'ordonnance de règlement n'a pas été rendue, la personne détenue ou son avocat peut saisir directement la chambre de l'instruction d'une demande de mise en liberté ; ce texte, qui ne comporte aucune limitation, n'interdit pas à la personne mise en examen, qui a déjà saisi la chambre de l'instruction aux fins de mise en liberté, de lui adresser, tant que le juge d'instruction ne l'a pas entendue, une nouvelle demande en ce sens (■ Cass. crim., 19 août 2004, n° 04-83.700 : *Bull. crim.* n° 188. ■ Cass. crim., 3 déc. 1984, n° 84-94.734 : *Bull. crim.* n° 379).

12) Règles dérogatoires liées à l'état d'urgence sanitaire dû à la Covid-19.

Ordonnance n° 2020-303 du 25 mars 2020

portant adaptation de règles de procédure pénale sur le fondement de la loi n° 2020-290 du 23 mars 2020 d'urgence pour faire face à l'épidémie de covid-19

Art. 18-1 *(L. n° 2020-546, 11 mai 2020)*. – Par dérogation à l'article 148-4 du Code de procédure pénale, la chambre de l'instruction peut être directement saisie d'une demande de mise en liberté lorsque la personne n'a pas comparu, dans les deux mois suivant la prolongation de plein droit de la détention provisoire intervenue en application de l'article 16 de la présente ordonnance, devant le juge d'instruction ou le magistrat par lui délégué, y compris selon les modalités prévues à l'article 706-71 du Code de procédure pénale. Le cas échéant, la chambre de l'instruction statue dans les conditions prévues au premier alinéa de l'article 18 de la présente ordonnance.

Art. 148-5 ***(Rempl., L. n° 2019-222, 23 mars 2019)*. – En toute matière et en tout état de la procédure, toute personne placée en détention provisoire peut, à titre exceptionnel, faire l'objet d'une autorisation de sortie sous escorte selon des modalités prévues par décret. Les décisions accordant ou refusant ces autorisations peuvent faire l'objet du recours prévu au dernier alinéa de l'article 145-4-2.**

1) Recours – Non-conformité à la Constitution des dispositions antérieures à la loi du 23 mars 2019. L'article 148-5 du Code de procédure pénale méconnaît les exigences découlant de l'article 16 de la Déclaration de 1789 dès lors que ces dispositions ni aucune autre disposition législative ne permettent de contester devant une juridiction le refus d'une autorisation de sortie sous escorte (■ Cons. const., 21 juin 2019, n° 2019-791 QPC : *JurisData* n° 2019-010748).

2) Recours – Jurisprudence antérieure à la loi du 23 mars 2019. La personne détenue n'est pas recevable à critiquer, devant la Cour de cassation, le rejet par la chambre d'accusation d'une demande de sortie sous escorte, une telle décision constituant un acte d'administration judiciaire, non susceptible de recours (■ Cass. crim., 22 juill. 1997, n° 97-82.678 : *Bull. crim.* n° 278).

Art. 148-6 ***(Mod., L. n° 93-2, 4 janv. 1993)*. – Toute demande de mainlevée ou de modification du contrôle judiciaire ou de mise en liberté doit faire l'objet d'une déclaration au greffier de la juridiction d'instruction saisie du dossier ou à celui de la juridiction compétente en vertu de l'article 148-1.**

Elle doit être constatée et datée par le greffier qui la signe ainsi que le demandeur ou son avocat. Si le demandeur ne peut signer, il en est fait mention par le greffier.

Lorsque la personne ou son avocat ne réside pas dans le ressort de la juridiction compétente, la déclaration au greffier peut être faite au moyen d'une lettre recommandée avec demande d'avis de réception.

1) Nécessité d'une déclaration au greffe. Il résulte de la combinaison des articles 148-6, 148-7, 148-8 ainsi que de l'article 148-4 du Code de procédure pénale, que la demande de mise en liberté qu'un inculpé adresse directement à la chambre d'accusation doit être faite par déclaration au greffe de cette dernière ou, si l'intéressé est détenu, auprès du chef de l'établissement pénitentiaire qui en assure la transmission ; qu'il s'agit là d'une formalité essentielle à laquelle il ne peut être suppléé, notamment par l'envoi d'une lettre (■ Cass. crim., 14 mars 1989, n° 88-87.626 : *Bull. crim.* n° 124. ■ Cass. crim., 25 sept. 1987, n° 86-95.890 : *Bull. crim.* n° 314. ■ Cass. crim., 22 juill. 1986, n° 86-92.717 : *Bull. crim.* n° 239. ■ Cass. crim., 14 oct. 1986, n° 86-94.181 : *Bull. crim.* n° 283. – *Adde*, ■ Cass. crim., 16 févr. 1988, n° 87-91.464 : *Bull. crim.* n° 74) ou par le dépôt d'un mémoire (■ Cass. crim., 20 mai 1987, n° 87-81.037 : *Bull. crim.* n° 207. ■ Cass. crim., 5 mai 1987, n° 87-80.862 : *Bull. crim.* n° 178. ■ Cass. crim., 25 sept. 1987, préc.). Encourt dès lors la cassation l'arrêt de la chambre d'accusation ayant déclaré recevable la requête adressée par lettre au président de la chambre d'accusation et dont la réception a été constatée par acte signé du greffier de ladite chambre (■ Cass. crim., 14 mars 1989, préc.). Justifie en revanche sa décision la chambre d'accusation qui déclare irrecevable la demande déposée au greffe de la chambre d'accusation sous la forme d'un document signé par cet avocat et intitulé « mémoire au soutien d'une demande de mise en liberté présenté en vertu de l'article 148-4 du Code de procédure pénale » (■ Cass. crim., 20 mai 1987, préc.). Justifie pareillement sa décision la chambre d'accusation qui déclare irrecevable la demande de mise en liberté, fondée sur l'article 148-4 du Code de procédure pénale, par un mémoire déposé au greffe de la chambre d'accusation (■ Cass. crim., 5 mai 1987, préc.). La seule mention « déclaration au greffe » apposée sur un mémoire ne permet pas de considérer que les formes prévues par les articles 148-6 à 148-8 ont été respectées (■ Cass. crim., 4 janv. 2022, 21-85.822, § 11 : *Bull. crim.* à paraître).

2) Nécessité d'une déclaration au greffe – Limite : résidence hors du ressort de la juridiction. Selon l'article 148-6 du Code de procédure pénale, toute demande de mise en liberté doit faire l'objet d'une déclaration au greffier de la juridiction d'instruction saisie du dossier ou à celui de la juridiction compétente ; lorsque la personne mise en examen ou son avocat ne réside pas dans le ressort de la juridiction compétente, la déclaration au greffier peut être faite au moyen d'une lettre recommandée avec demande d'avis de réception (■ Cass. crim., 23 janv. 2013, n° 12-86.986 : *Bull. crim.* n° 26). La demande de mise en liberté adressée par lettre recommandée avec accusé de réception par l'avocat du demandeur, qui ne réside pas dans le ressort de la juridiction compétente, et que le greffier atteste avoir reçue ne saurait être déclarée irrecevable au motif qu'elle n'a pas été présentée, conformément aux exigences de l'article 148-6 du Code de procédure pénale, par déclaration au greffe du juge d'instruction mais directement au magistrat (■ Cass. crim., 11 sept. 2007, n° 07-84.129 : *Bull. crim.* n° 196 ; *Dr. pén.* 2007, comm. 164, note A. Maron ; *RSC* 2008, p. 365, obs. R. Finielz). Lorsque la déclaration prévue par l'article 148-6, alinéa 3, du Code de procédure pénale n'a pas été adressée directement au greffier de la juridiction compétente pour statuer sur la demande de mise en liberté, le délai imparti à ladite juridiction pour se prononcer ne court qu'à compter du lendemain du jour où le greffier a attesté avoir reçu la déclaration ; est dès lors justifié l'arrêt qui retient que le délai de vingt jours imparti, par l'article 148 dernier alinéa, à la chambre de l'instruction pour se prononcer sur la demande de mise en liberté fondée sur l'article 148-4 du Code de procédure pénale n'a commencé à courir qu'à compter de la saisine effective de la chambre de l'instruction (■ Cass. crim., 3 juin 2014, n° 14-82.042 : *Bull. crim.* n° 143).

3) Nécessité d'une déclaration au greffe – Limite : demande devant la juridiction de jugement examinant le fond de l'affaire. Satisfait aux exigences de l'article 148-6 du Code de procédure pénale, la demande de mise en liberté présentée à l'audience de la juridiction de jugement, soit par déclaration verbale constatée par le greffier d'audience, soit par voie de conclusions déposées à cette fin (■ Cass. crim., 16 juin 1998, n° 97-85.622 : *Bull. crim.* n° 192). Si devant une juridiction de jugement examinant le fond de l'affaire, une demande de mise en liberté peut être formulée soit par conclusions, soit par déclaration verbale constatée par le greffier d'audience, il n'en est pas ainsi d'une demande présentée devant une juridiction d'instruction, laquelle doit être faite dans les seules formes prévues par les articles 148-6, 148-7 et 148-8 du Code de procédure pénale (■ Cass. crim., 23 mai 2001, n° 01-81.934 : *Bull. crim.* n° 132). Fait l'exacte application de l'article 695-34 du Code de procédure pénale (lequel dispose que la mise en liberté peut être demandée selon les formes prévues à l'article 148-6 et 148-7), la chambre de l'instruction qui déclare irrecevable la demande de mise en liberté formée oralement à l'audience par une personne incarcérée pour l'exécution d'un mandat d'arrêt européen (■ Cass. crim., 24 juin 2008, n° 08-83.877 : *Bull. crim.* n° 161).

4) Nécessité d'une déclaration au greffe – Limite : personne détenue pour une autre cause. Il se déduit des dispositions des articles préliminaire et 148-6 du Code de procédure pénale que, lorsqu'elle est détenue dans une autre procédure, la personne mise en examen placée sous contrôle judiciaire, qui fait une demande de mainlevée ou de modification de ce contrôle, doit pouvoir effectuer la déclaration au greffe prévue par le second de ces textes, soit par lettre recommandée avec demande d'avis de réception, soit par l'intermédiaire d'une requête transmise par le chef de l'établissement pénitentiaire. Encourt la cassation la chambre de l'instruction qui relève que la déclaration au greffier est une formalité essentielle que ne peut suppléer l'envoi d'une simple lettre adressée directement au juge d'instruction (■ Cass. crim., 30 oct. 2007, n° 07-85.170 : *Bull. crim.* n° 260).

5) Indication non ambiguë de l'objet de la déclaration ou de la lettre. Selon l'article 148-6 du Code de procédure pénale, toute demande de mise en liberté doit faire l'objet d'une déclaration au greffier de la juridiction d'instruction saisie du dossier ou à celui de la juridiction compétente ; il s'agit là d'une formalité essentielle annonçant clairement son objet, destinée à permettre au greffier d'enregistrer la demande sans avoir à l'interpréter ; ne peut constituer la déclaration prévue par l'article 148-6 du Code de procédure pénale le courrier qui n'annonce pas clairement son objet (■ Cass. crim., 23 janv. 2013, n° 12-86.986 : *Bull. crim.* n° 26). Les dispositions de l'article 148-4 du Code de procédure pénale ouvrent une voie exceptionnelle dont il ne peut être usé que par une requête exempte de toute ambiguïté : dès lors qu'il ne résulte d'aucune des énonciations de la lettre de l'inculpé, reçue par le président de la chambre d'accusation, qu'il ait fondé la présentation de la demande de mise en liberté contenue dans ladite lettre sur son défaut d'audition par le juge d'instruction depuis plus de quatre mois, c'est à bon droit que la chambre d'accusation a estimé que la lettre en cause ne se réfère en rien aux dispositions de l'article 148-4 du Code de procédure pénale et rejeté la demande de mise en liberté (■ Cass. crim., 8 janv. 1985, n° 84-95.059 : *Bull. crim.* n° 13). Ne peut constituer la déclaration prévue par l'article 148-6 du Code de procédure pénale, faute d'annoncer clairement son objet, une lettre d'observations de quatre pages n'annonçant pas son objet, ne se concluant par aucune demande autre que celle de l'attention et de la diligence souhaitées pour la traiter mais contenant en page 3 *in fine* de l'avant-dernier paragraphe, une « demande de mise en liberté en application de l'article 148-4 du Code de procédure pénale » du mis en examen (■ Cass. crim., 23 janv. 2013, n° 12-86.986 : *Bull. crim.* n° 26 ; *Dr. pén.* 2013, comm. 47, note A. Marion et M. Haas ; *RSC* 2013, p. 395, note D. Boccon-Gibod).

Art. 148-7 ***(Mod., L. n° 93-2, 4 janv. 1993).*** **– Lorsque la personne mise en examen, le prévenu ou l'accusé est détenu, la demande de mise en liberté peut aussi être faite au moyen d'une déclaration auprès du chef de l'établissement pénitentiaire.**

Cette déclaration est constatée et datée par le chef de l'établissement pénitentiaire qui la signe, ainsi que le demandeur. Si celui-ci ne peut signer, il en est fait mention par le chef de l'établissement.

Ce document est adressé sans délai, en original ou en copie et par tout moyen, soit au greffier de la juridiction saisie du dossier, soit à celui de la juridiction compétente selon les distinctions de l'article 148-1.

1) Nécessité d'une déclaration auprès du chef de l'établissement pénitentiaire. Il résulte de la combinaison des articles 148-6, 148-7, 148-8 ainsi que de l'article 148-4 du Code de procédure pénale, que la demande de mise en liberté qu'un inculpé adresse directement à la chambre d'accusation doit être faite par déclaration au greffe de cette dernière ou, si l'intéressé est détenu, auprès du chef de l'établissement pénitentiaire qui en assure la transmission ; il s'agit là d'une formalité essentielle à laquelle il ne peut être suppléé, ni par l'envoi d'une lettre (■ Cass. crim., 14 mars 1989, n° 88-87.626 : *Bull. crim.* n° 124. ■ Cass. crim., 22 juill. 1986, n° 86-92.717 : *Bull. crim.* n° 239. ■ Cass. crim., 14 oct. 1986, n° 86-94.181 : *Bull. crim.* n° 283). Encourt dès lors la cassation l'arrêt de la chambre d'accusation ayant déclaré recevable la requête adressée par lettre au président de la chambre d'accusation et dont la réception a été constatée par acte signé du greffier de ladite chambre (■ Cass. crim., 14 mars 1989, préc.). Il résulte de la combinaison des articles 148-7 et 148-8, issus de la loi du 30 décembre 1985, ainsi que de l'article 148-4 du Code de procédure pénale, que la demande de mise en liberté qu'un inculpé adresse directement à la chambre d'accusation doit être faite par déclaration au greffe de cette dernière ou, si l'intéressé est détenu, auprès du chef de l'établissement pénitentiaire qui en assure la transmission ; il s'agit là d'une formalité essentielle à laquelle il ne peut être suppléé, notamment, par l'envoi d'un mémoire ni par le dépôt d'un mémoire (■ Cass. crim., 5 mai 1987, n° 87-80.862 : *Bull. crim.* n° 178).

2) Erreur matérielle concernant le destinataire de la demande. Une demande de mise en liberté, effectuée selon les modalités prévues par les articles 148-7 et 148-8 du Code de procédure pénale et transmise au greffe de la juridiction compétente en vertu de l'article 148-1 du même code, ne saurait être déclarée irrecevable au seul motif de l'existence, dans son libellé, d'une erreur matérielle (■ Cass. crim., 21 mai 2008, n° 08-81.613 : *Bull. crim.* n° 128. ■ Cass. crim., 16 nov. 1994, n° 94-84.305 : *Bull. crim.* n° 365). Encourt dès lors la cassation l'arrêt qui déclare irrecevable la demande de mise en liberté qui aurait dû être adressée, non au greffier du juge d'instruction, mais à celui de la chambre de l'instruction, alors que la chambre de l'instruction était régulièrement saisie de cette demande faite au moyen d'une déclaration auprès du chef de l'établissement pénitentiaire, et qu'au demeurant, elle était seule compétente pour en connaître (■ Cass. crim., 21 mai 2008, préc.). Encourt également la cassation l'arrêt qui déclare irrecevable la demande de mise en liberté destinée au président de la cour d'assises alors que la chambre de l'instruction était régulièrement saisie de cette demande dans les formes prescrites par la loi et qu'au demeurant, elle était seule compétente pour en connaître (■ Cass. crim., 16 nov. 1994, préc.).

Art. 148-8 ***(Mod., L. n° 93-2, 4 janv. 1993).*** **– Lorsque la personne mise en examen entend saisir la chambre de l'instruction en application des dispositions des articles 140, troisième alinéa, 148, sixième alinéa, ou 148-4,**

sa demande est faite, dans les formes prévues par les articles 148-6 et 148-7, au greffier de la chambre de l'instruction compétente ou au chef de l'établissement pénitentiaire qui en assure la transmission.

Lorsque le président de la chambre de l'instruction constate que cette juridiction a été directement saisie, sur le fondement des articles 140, 148, sixième alinéa, ou 148-4, d'une demande de mainlevée du contrôle judiciaire ou de mise en liberté manifestement irrecevable, il peut décider, par une ordonnance motivée non susceptible de voie de recours, qu'il n'y a pas lieu de statuer sur cette demande ; dans ce cas, la demande et l'ordonnance sont versées au dossier de la procédure.

Absence de recours contre l'ordonnance du président de la chambre de l'instruction. L'ordonnance du président de la chambre d'accusation qui a dit n'y avoir lieu à statuer sur la demande de mise en liberté manifestement irrecevable n'est, aux termes de l'article 148-8 du Code de procédure pénale, susceptible d'aucune voie de recours (▪ Cass. crim., 9 juill. 1990, n° 90-83.296 : *Bull. crim.* n° 278).

Sous-section 4. – De la réparation à raison d'une détention

(Anc. sous-section 3 mod., L. n° 2000-1354, 30 déc. 2000, art. 7, I ; dénum., L. n° 2009-1436, 24 nov. 2009)

Bibliographie : *Répertoire.* D. Caron, *Contrôle judiciaire et détention provisoire – Détention provisoire : JCl. Proc. pén.*, art. 137 à 150, Fasc. 30. • D. Luciani-Mien, *Rép. pén. Dalloz, V° Indemnisation des détentions provisoires abusives.*

Généralités. G. Canivet et D. Karsenty, *Réflexions pratiques sur la commission nationale de réparation des détentions : Mél. J. Pradel*, Cujas, 2006, p. 219. • S. Cimanoti, *La détention provisoire injustifiée : Mél. R. Gassin*, PUAM, 2007. • D. Commaret, *La commission nationale d'indemnisation en matière de détention provisoire : RSC* 1999, p. 843. • D. Commaret, *L'indemnisation de la détention provisoire : RSC* 2001, p. 117 et s. • A. Giudicelli, *L'indemnisation des personnes injustement détenues ou condamnées : RSC* 1998, p. 11. • D. Karsenty, *La réparation des détentions : JCP* 2003, I, 108.

Art. 149 *(Mod., L. n° 2004-204, 9 mars 2004).* **– Sans préjudice de l'application des dispositions des deuxième et troisième alinéas de l'article L. 781-1 du Code l'organisation judiciaire, la personne qui a fait l'objet d'une détention provisoire au cours d'une procédure terminée à son égard par une décision de non-lieu, de relaxe ou d'acquittement devenue définitive a droit, à sa demande, à réparation intégrale du préjudice moral et matériel que lui a causé cette détention. Toutefois, aucune réparation n'est due lorsque cette décision a pour seul fondement la reconnaissance de son irresponsabilité au sens de l'article 122-I du Code pénal, une amnistie postérieure à la mise en détention provisoire, ou la prescription de l'action publique intervenue après la libération de la personne, lorsque la personne était dans le même temps détenue pour autre cause, ou lorsque la personne a fait l'objet d'une détention provisoire pour s'être librement et volontairement accusée ou laissé accuser à tort en vue de faire échapper l'auteur des faits aux poursuites À la demande de l'intéressé, le préjudice est évalué par expertise contradictoire réalisée dans les conditions des articles 156 et suivants.**

Lorsque la décision de non-lieu, de relaxe ou d'acquittement lui est notifiée, la personne est avisée de son droit de demander une réparation, ainsi que des dispositions des articles 149-1 à 149-3 (premier alinéa).

Voir : art. R. 26 et s., p. 1956.

• Sommaire

1) Caractère principal et autonome de l'action en réparation de la détention : indifférence de l'existence d'autres recours. Aux termes de l'article 149 du Code de procédure pénale, la personne qui a fait l'objet d'une détention provisoire injustifiée dispose, de ce seul fait, et indépendamment de tout autre recours, d'une action principale et autonome contre l'État en réparation de l'ensemble de son préjudice à la seule condition qu'il ait été causé par la détention ; en conséquence, dès lors que le licenciement du demandeur à l'action en réparation est la conséquence de sa détention, il n'y a pas lieu de rechercher, pour réduire les sommes dues par l'État dans le cadre de l'instance fondée sur l'article 149 du Code de procédure pénale, si la rupture du contrat de travail par l'employeur obligeait ce dernier à indemniser son ancien préposé (▪ CNRD, 14 nov. 2003, n° 03-CRD013. – ▪ CNRD, 19 sept. 2002, n° 02-99.019 : *Bull. crim.* n° 6). Pour le même motif, dès lors qu'il se voit privé de son traitement pendant la durée de la détention, l'agent public a droit à la réparation des pertes de salaires subies pendant cette période, indépendamment du recours qu'il pourrait exercer, le cas échéant, à raison de la mesure de suspension administrative prononcée (▪ CNRD, 31 janv. 2003, n° 02-99.064 : *Bull. crim.* n° 1). Aux termes des dispositions de l'article 149 du Code de procédure pénale, abstraction faite de toute autre action fondée sur les dispositions du titre VIII du Code de l'organisation judiciaire relatives à la responsabilité du fait du fonctionnement défectueux du service de la justice, est de la compétence de la Commission la réparation intégrale du préjudice moral et matériel subi par la personne qui a fait l'objet d'une détention provisoire au cours d'une procédure terminée à son égard par une décision de non-lieu et relaxe et d'acquittement devenue définitive, à la seule condition que, comme en l'espèce, ce préjudice ait été causé par la détention (▪ CNRD, 19 déc. 2003, n° CRD 02 081 : *Bull. crim.* n° 10)

I – CONDITIONS DU DROIT À RÉPARATION

A – Conditions positives

1° Détention provisoire

2) Assignation à résidence sous surveillance électronique. V. s'agissant du droit à réparation au bénéfice de la personne assignée à résidence sous surveillance électronique, art. 142-10, p. 437.

3) Détention provisoire subie à l'occasion d'une procédure de comparution immédiate. En cas d'appel interjeté contre un jugement de condamnation rendu sur comparution immédiate ayant ordonné son placement en détention, l'appelant est qualifié de prévenu détenu par l'article 397-4 du Code de procédure pénale ; il en résulte que les dispositions de l'article 149 dudit code lui sont applicables pour le cas où la procédure se termine à son égard par une décision de relaxe (▪ CNRD, 15 oct. 2012, n° 12-CRD009 : *Bull. crim.* n° 5).

4) Détention provisoire subie à l'occasion d'une procédure d'extradition. Il se déduit des articles 149 à 159 du Code de procédure pénale que la compétence des juridictions de la réparation est limitée aux détentions résultant de poursuites exercées par les autorités judiciaires françaises ; par conséquent, la période de détention subie en France par une personne en vue de son extradition, en exécution d'un mandat d'arrêt délivré dans le cadre d'une procédure menée par les autorités étrangères, n'ouvre pas droit à indemnisation, même si cette procédure a donné lieu à un acquittement (▪ CNRD, 24 févr. 2014, n° 13CRD029 : *Bull. crim.* n° 2. – ▪ CNRD, 10 nov. 2015, n° 15CRD007 : *Bull. crim.* n° 7).

5) Privation de liberté dans les locaux pénitentiaires en exécution d'un mandat d'amener. La privation de liberté subie dans des locaux pénitentiaires en exécution d'un mandat d'amener est une détention réparable dans les conditions prévues par les articles 149 à 150 du Code de procédure pénale dès lors que les charges fondant la procédure ont été entièrement et définitivement écartées (▪ CNRD, 10 févr. 2015, n° 14CRD011 : *Bull. crim.* n° 3).

2° Procédure terminée par un non-lieu, une relaxe ou un acquittement

• Décision de non-lieu, de relaxe ou d'acquittement

6) Conformité à la Constitution. Il n'y a pas lieu de transmettre à la Cour de cassation, en l'absence de caractère sérieux, la question prioritaire de constitutionnalité soutenant que les dispositions de l'article 149 du Code de procédure pénale contreviennent au droit à la réparation tel qu'il résulte de l'article 4 de la Déclaration des droits de l'homme et du citoyen de 1789, en ce qu'elles limitent ce droit aux personnes ayant bénéficié d'un non-lieu, d'une relaxe ou d'un acquittement : en effet, l'article 149 du Code de procédure pénale instaure un régime spécifique d'indemnisation sans faute, qui n'est pas exclusif du droit de rechercher la responsabilité de l'État du fait du fonctionnement défectueux du service de la justice, en application des dispositions de l'article L. 141-1 du Code de l'organisation judiciaire, et ne méconnaît pas l'exigence constitutionnelle posée par l'article 4 de la Déclaration des droits de l'homme (▪ CNRD, 20 déc. 2010, n° 10-CRD047 : *Bull. crim.* n° 12).

7) Annulation de la procédure. En instaurant l'article 149 du Code de procédure pénale, le législateur a voulu, sauf dans les cas limitatifs qu'il a énumérés, que toute personne non déclarée coupable définitivement ait le droit d'obtenir réparation du préjudice que lui a causé la détention quelle que soit la cause de la non-déclaration de culpabilité ; tel est le cas dans l'hypothèse où la procédure ayant donné lieu à la détention est annulée, l'annulation tant du réquisitoire introductif que de la procédure subséquente excluant toute possibilité pour le requérant d'obtenir une décision de non-lieu dans le cadre de cette procédure devenue inexistante (■ CNRD, 21 janv. 2008, n° 7 C-RD068).

8) Condamnation à une peine autre que privative de liberté. Le demandeur ne peut prétendre à la réparation de sa détention sur le fondement de l'article 149 du Code de procédure pénale dès lors qu'il a été condamné du chef des infractions pour lesquelles il a été placé en détention provisoire, même si la juridiction de jugement n'a pas prononcé de peine d'emprisonnement ferme à son encontre (■ CNRD, 4 avr. 2003, n° 02-99.087 : *Bull. crim.* n° 4).

9) Requalification des faits. Lorsque le magistrat instructeur procède à une requalification des faits incriminés pour lesquels il renvoie le mis en examen devant la juridiction de jugement, cette décision ne présente pas les caractères d'une ordonnance de non-lieu, ni n'en produit les effets ; par conséquent, le demandeur n'ayant bénéficié ni d'une décision de non-lieu, ni d'un jugement de relaxe, la requête qu'il a présentée aux fins d'obtenir réparation à raison de la détention provisoire qu'il a subie est irrecevable (■ CNRD, 14 déc. 2005, n° 05-CRD-053 : *Bull. crim.* n° 19).

10) Pluralité d'infractions – Détention à raison de l'une des infractions. Dès lors que les faits pour lesquels la demanderesse a fait l'objet d'une détention provisoire ont conduit à un non-lieu, la mise en examen, puis la déclaration de culpabilité, postérieures, pour des faits distincts, n'est pas de nature à la priver de son droit à indemnisation (■ CNRD, 7 nov. 2008, n° 08 CRD 026 : *Bull. crim.* n° 5).

11) Pluralité d'infractions – Détention à raison des différentes infractions. Lorsque le demandeur a été placé en détention à la fois pour un crime et pour un délit et bénéficie d'un non-lieu pour le crime, sa demande d'indemnisation est recevable pour la durée de détention qui excède le délai maximum prévu en matière correctionnelle par l'article 145-1 du Code de procédure pénale (■ CNRD, 13 mai 2005, n° 04-CRD-046 : *Bull. crim.* n° 5). Lorsque le demandeur a été placé en détention pour des faits de nature criminelle, qui ont donné lieu à un acquittement, et pour des faits de nature délictuelle, pour lesquels il a été condamné, sa demande d'indemnisation est recevable pour la période de détention qui excède la durée de détention maximale autorisée pour les faits délictuels pour lesquels il a été condamné et il n'appartient pas à la commission de s'interroger sur la probabilité d'un placement en détention dans l'hypothèse où l'intéressé aurait été mis en examen pour les seuls délits (■ CNRD, 17 mars 2008, n° 7 C-RD080 : *Bull. crim.* n° 1). Est à juste titre déclarée irrecevable la requête présentée par le demandeur dès lors que celui-ci, placé en détention pour plusieurs infractions, n'a été acquitté que partiellement des faits pour lesquels il a été détenu et que l'infraction pour laquelle il a été condamné n'était pas incompatible avec un placement et un maintien en détention pour la durée subie (■ CNRD, 11 juin 2004, n° 04CRD001 : *Bull. crim.* n° 4). Lorsqu'un demandeur, placé en détention provisoire du chef de plusieurs infractions, ne bénéficie d'une décision de non-lieu, de relaxe ou d'acquittement que pour certaines d'entre elles, la compatibilité entre les infractions dont il a été déclaré coupable et la détention provisoire subie s'apprécie en prenant en compte, non la durée maximale de la peine encourue, mais la durée maximale de la détention provisoire que la loi autorise pour les infractions retenues (■ CNRD, 18 juin 2007, n° 06-CRD73 : *Bull. crim.* n° 4. – *Adde* ■ CNRD, 4 avr. 2008, n° 7 C-RD089 : *Bull. crim.* n° 2). Doit en conséquence être rejetée la demande en réparation présentée par un demandeur dès lors que la détention provisoire qu'il a subie n'a pas excédé la durée maximale autorisée pour l'infraction pour laquelle il a été condamné et qu'il ne résulte d'aucune mention expresse du juge des libertés et de la détention et de la chambre de l'instruction que ceux-ci aient entendu exclure cette infraction de leur motivation qu'il n'appartient pas à la commission d'interpréter (■ CNRD, 4 avr. 2008, préc.).

12) Pluralité d'infractions – Détention et assignation à résidence sous surveillance électronique à raison des différentes infractions. Lorsqu'une personne, placée successivement en détention provisoire puis sous assignation à résidence avec surveillance électronique, bénéficie d'une décision de relaxe partielle, et que les infractions pour lesquelles elle a été définitivement condamnée autorisaient un placement en détention provisoire et sous assignation à résidence avec surveillance électronique, cette dernière mesure n'est indemnisable que si la durée cumulée de ces mesures successives a excédé la durée maximale de l'assignation à résidence avec surveillance électronique permise par la loi (■ CNRD, 8 mars 2016, n° 15CRD036 : *Bull. crim.* n° 1).

• Décision définitive

13) Décès de l'intéressé. La personne qui a été placée en détention provisoire dans une procédure terminée à son égard par un acquittement n'est pas titulaire de l'action en réparation résultant de l'article 149 du Code de procédure pénale, qu'elle ne peut transmettre à ses héritiers, si, au moment de son décès, cette décision n'était pas devenue définitive en raison de l'appel du ministère public (■ CNRD, 17 nov. 2008, n° 08 CRD 020 : *Bull. crim.* n° 6). La personne décédée avant l'expiration des droits à recours contre la décision par laquelle a été prononcé son acquittement n'a pu transmettre un droit à indemnisation des préjudices résultant de la détention dont elle n'était pas titulaire à la date de son décès ; la demande formée par ses héritiers est dès lors irrecevable (■ CNRD, 12 oct. 2009, n° 9 C-RD017 : *Bull. crim.* n° 5).

14) Pluralité d'infractions. Lorsqu'un demandeur, placé en détention provisoire du chef de plusieurs infractions, ne bénéficie d'une décision de non-lieu, de relaxe ou d'acquittement que pour certaines d'entre elles, la compatibilité entre les infractions dont il a été déclaré coupable et la détention provisoire subie s'apprécie en tenant compte de la durée maximale de la détention provisoire que la loi autorise pour les infractions retenues ; il s'en déduit que le demandeur est irrecevable à présenter une requête en réparation tant qu'il n'a pas été statué par une décision devenue définitive sur chacune des infractions faisant l'objet de la mise en examen, de la prévention ou de l'accusation (■ Cass. crim., 23 mai 2011, n° 10-CRD076 : *Bull. crim.* n° 3).

15) Date d'appréciation du caractère définitif. Aux termes de l'article 126 du nouveau Code de procédure civile, dans le cas où la situation donnant lieu à la fin de non-recevoir est susceptible d'être régularisée, l'irrecevabilité sera écartée si la cause a disparu au moment où le juge statue ; doit dès lors être déclarée recevable la requête en réparation présentée par un demandeur qui ne remplissait pas, au jour où il a introduit sa requête, la condition d'avoir fait l'objet d'une décision de non-lieu, de relaxe ou d'acquittement devenue définitive, dès lors que cette cause d'irrecevabilité a disparu le jour de l'examen de son recours par la commission, puisque la décision de non-lieu est devenue définitive pour l'ensemble des faits (■ CNRD, 23 oct. 2006, n° 06-CRD024 : *Bull. crim.* n° 13).

B – Conditions négatives

16) Caractère limitatif des exclusions. L'article 149 du Code de procédure pénale institue, pour les détentions subies, un principe de réparation intégrale, sous certaines exceptions limitativement énumérées parmi lesquelles ne figure pas la violation des obligations d'un contrôle judiciaire ; dès lors, la soustraction volontaire de l'intéressé à ses obligations, même si elle a été sanctionnée par une condamnation par contumace au maximum de la peine encourue pour les faits incriminés, ne peut être regardée comme une faute de nature à influer sur le principe et le montant du droit à la réparation qui est due dès lors que la procédure s'est terminée par une décision d'acquittement devenue définitive (■ CNRD, 5 déc. 2005, n° 05-CRD-017 : *Bull. crim.* n° 14).

17) Reconnaissance de l'irresponsabilité pénale au sens de l'article 122-1 du Code pénal. Aucune réparation n'est due lorsque la décision de non-lieu, de relaxe ou d'acquittement a pour seul fondement la reconnaissance de l'irresponsabilité de l'intéressé au sens de l'article 122-1 du Code pénal (■ CNRD, 12 juill. 2006, n° 06-CRD018 : *Bull. crim.* n° 11).

18) Prescription de l'action publique intervenue après la libération de la personne. Aucune réparation n'est due lorsque la décision de non-lieu, de relaxe ou d'acquittement a pour seul fondement la prescription de l'action publique intervenue après la libération de la personne (■ CNRD, 14 avr. 2008, n° 7 C-RD094 : *Bull. crim.* n° 3). Ne constitue pas, au sens de l'article 149 du Code de procédure pénale, le seul fondement de la non-déclaration de culpabilité, la constatation de la prescription de l'infraction qui résulte de l'annulation des actes de poursuite ou d'instruction (■ CNRD, 6 févr. 2012, n° 11-CRD045 : *Bull. crim.* n° 1).

19) Prescription de l'action publique – Droit transitoire. Selon l'article 2 du Code civil, la loi ne dispose que pour l'avenir et n'a point d'effet rétroactif ; il en résulte que l'article 103 de la loi du 9 mars 2004, qui ajoute la prescription de l'action publique aux exceptions limitativement énumérées à l'article 149 du Code de procédure pénale faisant obstacle à l'action en réparation et a ainsi pour objet de restreindre le droit à réparation ouvert aux personnes ayant subi une détention provisoire injustifiée, n'est pas applicable aux demandes formées antérieurement à la date de sa publication (■ CNRD, 15 juill. 2004, n° CRD 03 068 : *Bull. crim.* n° 6).

20) Personne détenue dans le même temps pour une autre cause. Est détenue pour une autre cause au sens de l'article 149 du Code de procédure pénale, la personne qui, dans le même temps que la détention provisoire, exécute une peine d'emprisonnement sous le régime du placement sous surveillance électronique dès lors que cette mesure prévue par l'article 723-7, inclus dans le chapitre intitulé « De l'exécution des peines privatives de liberté » du Code de procédure pénale, n'est qu'une modalité d'exécution de la peine d'emprisonnement (■ CNRD, 20 sept. 2010, n° 09-CRD070 : *Bull. crim.* n° 7). L'article 149 du Code de procédure pénale, aux termes duquel aucune réparation n'est due lorsque la personne était dans le même temps détenue pour autre cause, ne distingue pas selon que l'infraction a été commise en dehors de la période de détention provisoire considérée ou durant celle-ci ; c'est dès lors à bon droit que le premier président a déduit de la détention provisoire subie par le demandeur la période durant laquelle il exécutait une condamnation prononcée pour une infraction commise durant la détention (▪ CNRD, 20 sept. 2010, n° 9 C-RD069 : *Bull. crim.* n° 8). Il résulte de l'article 149 du Code de procédure pénale, qui exclut expressément le droit à réparation d'une personne placée en détention provisoire mais, dans le même temps, détenue pour autre cause, que doit être retranchée de la durée de détention provisoire indemnisable toute peine mise à exécution, peu important l'éventualité d'un aménagement dont l'intéressé aurait pu bénéficier en d'autres circonstances ; il résulte du même texte que lorsqu'une personne, placée en détention provisoire du chef de plusieurs infractions, ne bénéficie d'une décision de non-lieu, de relaxe ou d'acquittement que pour certaines d'entre elles et se trouve condamnée pour le surplus, la détention provisoire subie n'est indemnisable qu'autant qu'elle excède la durée maximale de détention provisoire que la loi autorise pour l'infraction retenue (▪ CNDR, 13 juin 2017, n° 6 C-RD055 : *Bull. crim.* à paraître).

21) Personne s'étant librement accusée ou laissée accuser à tort. Aucune réparation n'est due lorsque cette personne a fait l'objet d'une détention provisoire pour s'être librement et volontairement accusée ou laissée accuser à tort en vue de faire échapper l'auteur des faits aux poursuites quand bien même elle aurait ultérieurement rétracté ses aveux (▪ CNRD, 10 janv. 2006, n° 05-CRD-013 : *Bull. crim.* n° 1). Doit être réformée la décision du premier président qui a déclaré une requête en réparation irrecevable pour ce motif, alors, d'une part, que les aveux de la personne concernée étaient intervenus deux mois et demi après son placement en détention et avaient été maintenus pendant un temps très bref, et que, d'autre part, selon l'ordonnance de mise en accusation, le mis en examen avait expliqué ses aveux mensongers par l'effet d'un traitement médicamenteux ainsi que les conseils de son avocate (▪ CNRD, 18 oct. 2010, n° 10-CRD016 : *Bull. crim.* n° 10).

II – ÉTENDUE DU DROIT À RÉPARATION

A – Caractères du préjudice réparable

22) Préjudice personnel. Si le préjudice subi par les proches n'est pas indemnisable, la souffrance supplémentaire du détenu, causée par le désarroi de savoir sa compagne et son bébé seuls sans pouvoir leur apporter le soutien nécessaire, constitue bien un préjudice personnel indemnisable (▪ CNRD, 26 juin 2006, n° 05-CRD079 : *Bull. crim.* n° 9).Les frais de déplacement exposés par la famille ne constituent pas un préjudice personnel ouvrant droit à réparation sur le fondement de l'article 149 du Code de procédure pénale (▪ CNRD, 23 oct. 2006, n° 06-CRD035 : *Bull. crim.* n° 12. ▪ CNRD, 18 juin 2007, n° 07CRD001 : *Bull. crim.* n° 5. ▪ CNRD, 30 sept. 2013, n° 12-CRD045 : *Bull. crim.* n° 6). Mais, constituent un chef de préjudice personnel, au sens de l'article 149 du Code de procédure pénale, les frais de transport exposés par sa compagne pour les visites, en détention, des enfants mineurs, dès lors que l'intéressé contribuait, dans le cadre de la communauté de vie avec la mère, aux dépenses afférentes à l'entretien et à l'éducation des enfants communs (▪ CNRD, 10 oct. 2011, n° 10-CRD079 : *Bull. crim.* n° 7). Doivent également être indemnisés les frais de transport de l'enfant mineur et de son accompagnante pour visiter le détenu dès lors que celui-ci a la charge de l'enfant (▪ CNRD, 30 sept. 2013, préc.). L'aide consentie par la famille du requérant à celui-ci durant sa détention ne constitue pas un préjudice personnel et ne saurait être indemnisée (▪ CNRD, 21 oct. 2005, n° 04-CRD013 : *Bull. crim.* n° 8).

23) Préjudice direct. Seul le préjudice moral découlant directement de la mesure de détention doit donner lieu à réparation ; tel n'est pas le cas du préjudice subi par l'épouse du requérant (▪ CNRD, 8 nov. 2002, n° 02-99.034 : *Bull. crim.* n° 8). S'il est avéré que la maison dont l'intéressé est partiellement propriétaire s'est dégradée durant le temps de sa détention, cette situation liée à l'immobilisation du bien en cause a été causée moins par l'incarcération que du fait de l'apposition de scellés nécessitée par l'enquête, si bien que la demande formée à ce titre, en l'absence de lien exclusif et direct entre le préjudice invoqué et la détention provisoire, doit être rejetée (▪ CNRD, 8 déc. 2015, n° 15CRD011).

24) Préjudice direct – Atteinte à l'honneur, à la considération ou à l'image. Le préjudice moral résultant de la publication d'articles de presse n'a pas à être indemnisé s'il n'est pas établi qu'il est directement lié à la privation de liberté (▪ CNRD, 24 janv. 2002, n° 01-92003 : *Bull. crim.* n° 4). L'article 149 du Code de procédure pénale ne réparant que le préjudice moral et matériel causé par la détention, n'entrent pas dans le champ d'application de ces dispositions spécifiques les dommages résultant de la publication d'articles de presse mettant en cause le demandeur, même s'ils relatent son arrestation, sa mise en détention et son incarcération (▪ CNRD, 1er avr. 2005, n° 04-CRD-039 : *Bull. crim.* n° 4. ▪ CNRD, 5 déc. 2005, n° 05-CRD-017 : *Bull. crim.* n° 14). Ne peut être prise en considération, en l'absence d'un lien de causalité direct entre le préjudice subi et la privation de liberté, l'atteinte à l'honneur et à la considération du requérant (■ CNRD, 19 déc. 2003, n° CRD 012 03 : *Bull. crim.* n° 8). Ne peut être prise en considération, en l'absence d'un lien de causalité direct entre le préjudice subi et la privation de liberté, l'atteinte à la présomption d'innocence du requérant, ainsi que la mise en cause de sa moralité (■ CNRD, 31 janv. 2003, n° 02-99.064 : *Bull. crim.* n° 1). *V. cependant,* si le préjudice issu de l'atteinte à l'image et à la réputation ne peut donner lieu à réparation en l'absence d'un lien exclusif et direct avec la détention, le battage médiatique, en ce qu'il assimile à la prison l'image du demandeur et le fait apparaître comme délinquant majeur puisqu'emprisonné en dépit des hautes fonctions officielles qu'il exerçait, a généré un préjudice spécifique d'atteinte à son image et à son honneur qui apparaît dès lors en lien exclusif et direct avec la détention (■ CNRD, 17 nov. 2014, n° 14CRD003 : *Bull. crim.* n° 8).

B – Nature du préjudice réparable

1° Préjudice matériel

25) Preuve. Il appartient à la partie qui demande réparation d'un préjudice matériel lié à la détention d'en justifier (■ CNRD, 5 déc. 2011, n° 11-CRD037 : *Bull. crim.* n° 10). Faute de produire les pièces de nature à justifier le montant du préjudice matériel dont il est demandé réparation, le demandeur doit être débouté (■ CNRD, 24 janv. 2002, n° 01-92.005 : *Bull. crim.* n° 1. ■ CNRD, 5 déc. 2011, n° 11-CRD037 : *Bull. crim.* n° 10).

26) Perte d'emploi et de revenu. Le préjudice résultant de la perte de l'emploi doit être réparé dès lors qu'il apparaît que le demandeur a été arrêté sur son lieu de travail la veille de son incarcération et qu'il a été licencié pour abandon de poste, ce dont il résulte que la détention est la cause première et déterminante de la rupture du contrat de travail (■ CNRD, 18 déc. 2006, n° 06-CRD045 : *Bull. crim.* n° 15). Le préjudice résultant de la perte de l'emploi doit être réparé dès lors que l'intéressé a fait l'objet d'un licenciement pour faute grave en raison d'un abandon de poste qui était le fait de son incarcération, ce dont il résulte que la détention est la cause directe et exclusive de la perte de son emploi (■ CNRD, 21 oct. 2005, n° 05-CRD005 : *Bull. crim.* n° 9). La réparation du préjudice matériel doit prendre en compte les pertes de salaire subies pendant la durée d'emprisonnement et, après la libération, pendant la période nécessaire à la recherche d'un emploi (■ CNRD, 21 oct. 2005, préc. ■ CNRD, 18 déc. 2006, préc.), déduction faite des allocations de chômage perçues (■ CNRD, 18 déc. 2006, préc.). Il convient d'indemniser l'intéressé sur la base de la rémunération qui lui était habituellement versée par son employeur, soit le salaire net, et de prendre également en compte la perte de cotisations nécessaires à la constitution de points de retraite et les congés payés dus à raison de la période de détention (■ CNRD, 20 févr. 2006, n° 05-CRD055 : *Bull. crim.* n° 4). Les congés payés, qui compensent un avantage dont l'intéressé a été privé alors qu'il l'avait acquis grâce à son activité antérieure à son placement en détention, et les indemnités de licenciement, que la loi impose à l'employeur de verser dès lors qu'il décide de mettre fin au contrat de travail, n'ont pas à être déduits de l'indemnité allouée au titre d'une action autonome en réparation de l'entier préjudice causé par une détention injustifiée (■ CNRD, 6 févr. 2004, n° 03CRD053 : *Bull. crim.* n° 1). Il résulte des articles L. 351-3, R. 351-3, R. 351-5 et R. 351-12 du Code de la sécurité sociale que la personne assujettie à un régime obligatoire de sécurité sociale général ou spécial ne perd, du fait de la détention, aucun droit à indemnisation relatif à la période d'assurance au régime de base dès lors que la détention provisoire subie ne vient pas s'imputer sur une peine ferme ; aucune réparation ne peut donc être admise au titre de la perte de droits à la retraite, s'agissant du régime de base (■ CNRD, 8 déc. 2015, n° 15CRD011). En revanche, les droits à une retraite complémentaire ne pouvant s'acquérir que par le paiement de cotisations attachées au revenu professionnel, la perte occasionnée à ce titre par la détention provisoire ouvre droit à réparation (■ CNRD, 8 déc. 2015, n° 15CRD011, préc. ■ CNRD, 8 déc. 2015, n° 15CRD026). L'indemnité qui répare la perte des salaires étant de nature à remettre l'intéressé dans la situation où il se serait trouvé s'il n'avait pas été incarcéré, celui-ci ne peut cumulativement prétendre à une indemnité correspondant au montant des loyers dont il aurait dû s'acquitter s'il n'avait été incarcéré (■ CNRD, 21 oct. 2005, n° 04-CRD013 : *Bull. crim.* n° 8). La réparation intégrale du préjudice de l'intéressé englobe nécessairement la perte de ce revenu de remplacement qu'est le RMI, qui a été suspendu pendant la durée de la détention (■ CNRD, 17 déc. 2004, n° 04-CRD021). De même que le préjudice lié à l'absence de versement d'indemnités ASSEDIC durant la période d'incarcération (■ CNRD, 8 nov. 2002, n° 02-99.034 : *Bull. crim.* n° 8).

27) Emploi dissimulé. Un travail dissimulé, activité illicite, ne peut ouvrir droit à réparation ; doit dès lors être infirmée la décision du premier président qui alloue, à un étranger en situation irrégulière, une indemnité en raison de la perte de chance de trouver un emploi rémunéré pendant la période d'incarcération (■ CNRD, 12 sept. 2011, n° 10-CRD089 : *Bull. crim.* n° 5).

28) Perte de chance de trouver ou de continuer un emploi. Il incombe au demandeur de justifier de la perte de chance d'exercer une activité rémunérée pendant la période de détention ou de trouver un emploi postérieurement à son élargissement (■ CNRD, 31 mars 2014, n° 13CRD035 : *Bull. crim.* n° 3). La réparation d'une perte de chance doit être mesurée à la chance perdue et ne peut être égale à l'avantage qu'aurait procuré cette chance si elle s'était réalisée (■ CNRD, 14 nov. 2005, n° 04-CRD015). La chance perdue de continuer à occuper un emploi rémunérateur doit être évaluée en considération de ce qu'avait été antérieurement l'activité du requérant, qui apparaît en l'espèce comme un jeune travailleur assidu (■ CNRD, 8 déc. 2015, n° 15CRD026). L'évaluation du préjudice matériel subi à raison d'une mesure de détention ne peut procéder du cumul de méthodes alternatives de réparation pour la même période, telles que la perte d'indemnités ASSEDIC et la perte d'une chance de trouver un emploi (■ CNRD, 8 nov. 2002, n° 02-99.034 : *Bull. crim.* n° 8).

29) Perte de chance de réussir un examen ou de suivre une formation. À défaut de justifier de la perte de chance sérieuse de succès à des examens, il n'y a pas lieu à indemnisation de la perte hypothétique des revenus que le succès éventuel à des examens aurait pu entraîner dans les années à venir (■ CNRD, 17 mars 2008, n° 7 C-RD084). Il y a lieu d'indemniser la perte de chance de réussir l'examen du baccalauréat, due à l'interruption, pendant l'incarcération, de la scolarité (■ CNRD, 20 nov. 2006, n° 06-CRD039). Il y a lieu d'indemniser la perte de chance avérée de poursuivre le cursus universitaire qui s'ouvrait, le demandeur justifiant d'une lettre officielle de l'université lui annonçant que sa demande d'inscription en deuxième cycle était accordée par le président de cette université et l'invitant à accomplir diverses formalités pour concrétiser cette inscription ainsi qu'à produire l'original de son diplôme (■ CNRD, 10 mai 2016, n° 14CRD007).

30) Perte de chance de continuer à travailler en France. L'existence d'une perte de chance de pouvoir continuer à travailler en France est caractérisée dès lors qu'en raison de l'incarcération, l'intéressé a perdu le bénéfice de l'autorisation administrative de travail dont il bénéficiait et qu'il avait constamment occupé un emploi sur le territoire national depuis son émigration (■ CNRD, 7 nov. 2011, n° 11-CRD021 : *Bull. crim.* n° 8).

31) Frais d'avocat. Les frais de défense qui incluent les honoraires d'avocat ne sont pris en compte au titre du préjudice causé par la détention que s'ils rémunèrent des prestations directement liées à la privation de liberté (■ CNRD, 21 oct. 2005, n° 04-CRD013 : *Bull. crim.* n° 8. ■ CNRD, 7 nov. 2011, n° 11-CRD028 : *Bull. crim.* n° 9. ■ CNRD, 17 déc. 2012, n° 12CRD022 : *Bull. crim.* n° 6) et résultant de factures ou d'un compte établi par le défenseur, permettant d'identifier ces dépenses (■ CNRD, 7 nov. 2011, préc.). Tel est le cas d'une facture correspondant à un déplacement en maison d'arrêt (■ CNRD, 7 nov. 2011, préc.). Tel n'est pas le cas d'une facture relative à une provision sur honoraires dont l'emploi demeure indéterminé, contrairement aux autres factures produites correspondant à des démarches ou actes précis spécifiquement destinés à contester la détention de l'intéressé (■ CNRD, 17 déc. 2012, préc.). Dès lors que ni une convention d'honoraires, ni une facture établie le lendemain, soit plusieurs mois avant la fin de l'incarcération de l'intéressé, ne permettent d'identifier les dépenses supportées par celui-ci au titre des frais de défense directement et exclusivement liés à la détention subie, la décision du premier président, qui a cru pouvoir évaluer, à partir de pièces non détaillées, le coût afférent à une demande de mise en liberté, ne peut qu'être réformée (■ CNRD, 7 déc. 2009, n° 09-CRD037 : *Bull. crim.* n° 7). La circonstance que les factures soient libellées à l'ordre de la sœur de l'intéressé qui en a assumé le paiement en raison de l'impécuniosité de son frère ne justifie pas d'en écarter l'indemnisation dès lors que le bénéficiaire a expressément souscrit une promesse nominative de remboursement produite aux débats (■ CNRD, 17 déc. 2012, préc.). L'irrégularité fiscale des factures d'honoraires produites est sans incidence sur leur force probante (■ CNRD, 12 avr. 2016, n° 15CRD038). Ne ressortit à la compétence du juge de la réparation de la détention que l'indemnisation des frais de conseil liés au contentieux de la détention exposés par le détenu ; tel n'est pas le cas d'une demande présentée par l'avocat de l'intéressé sur le fondement de l'article 37 de la loi n° 91-647 du 10 juillet 1991 relative à l'aide juridique alors que son client n'a rien déboursé (■ CNRD, 20 janv. 2014, n° 13-CRD021 : *Bull. crim.* n° 1). Les honoraires d'avocat, qui ne sont pas limités à un seul conseil dès lors que l'assistance de plusieurs est effective, ne sont toutefois pris en compte au titre du préjudice causé par la détention que s'ils rémunèrent des prestations directement liées à la privation de liberté ; la nécessité pour l'avocat de s'entretenir avec son client à l'établissement pénitentiaire, faute de pouvoir le faire à son cabinet, n'est directement liée à la détention que par les frais de déplacement qu'elle génère (■ CNRD, 12 sept. 2017, n° 6 C-RD058).

32) Frais de déplacement. Les frais de déplacement exposés par la famille ne constituent pas un préjudice personnel ouvrant droit à réparation sur le fondement de l'article 149 du Code de procédure pénale (■ CNRD, 23 oct. 2006, n° 06-CRD035 : *Bull. crim.* n° 12. ■ CNRD, 18 juin 2007, n° 07CRD001 : *Bull. crim.* n° 5. ■ CNRD, 30 sept. 2013, n° 12-CRD045 : *Bull. crim.* n° 6). Mais, constituent un chef de préjudice personnel, au sens de l'article 149 du Code de procédure pénale, les frais de transport exposés par sa compagne pour les visites, en détention, des enfants mineurs, dès lors que l'intéressé contribuait, dans le cadre de la communauté de vie avec la mère, aux dépenses afférentes à l'entretien et à l'éducation des enfants communs (▪ CNRD, 10 oct. 2011, n° 10-CRD079 : *Bull. crim.* n° 7). Doivent également être indemnisés, les frais de transport de l'enfant mineur et de son accompagnante pour visiter le détenu dès lors que celui-ci a la charge de l'enfant (▪ CNRD, 30 sept. 2013, préc.).

33) Préjudice corporel. Le préjudice corporel est un des éléments du préjudice matériel lorsqu'il est constitué par des dommages physiques ou des troubles psychiques (▪ CNRD, 19 déc. 2003, n° CRD 012 03 : *Bull. crim.* n° 8).

34) Autres frais. L'intéressé est fondé à demander le remboursement de son billet de retour à son domicile après sa levée d'écrou (▪ CNRD, 23 oct. 2006, n° 06-CRD035 : *Bull. crim.* n° 12). Les frais de déménagement et de transport exposés par l'intéressé lorsque son incarcération, qui s'est traduite par la suspension de son traitement, a eu pour conséquence la perte du logement dont il était locataire, constituent un préjudice qui doit être réparé, sur le fondement de l'article 149 du Code de procédure pénale (▪ CNRD, 14 déc. 2005, n° 05-CRD044). L'incertitude de la situation de l'intéressé jusqu'à sa libération définitive ayant justifié la nécessité de recourir aux services d'un garde-meubles, il y a lieu d'indemniser cette dépense (▪ CNRD, 20 janv. 2014, n° 13-CRD021 : *Bull. crim.* n° 1). Les frais de cantine dont le requérant demande le remboursement ne peuvent pas être pris en compte, dès lors que ces dépenses auraient été exposées également en dehors du milieu carcéral par la personne pour son entretien courant (▪ CNRD, 23 oct. 2006, n° 06-CRD035 : *Bull. crim.* n° 12).

2° *Préjudice moral*

35) Choc carcéral. Le passé carcéral de l'intéressé est un facteur d'atténuation du préjudice moral (▪ CNRD, 14 juin 2010, n° 09-CRD065 : *Bull. crim.* n° 6). Le choc carcéral d'une détention subie dans la continuité d'une détention effectuée pour d'autres causes se trouve diminué (▪ CNRD, 14 mars 2011, n° 10-CRD045 : *Bull. crim.* n° 1). Le choc carcéral éprouvé par l'intéressé n'a pas été amoindri par la précédente détention d'une durée d'un mois qu'il a subi cinq années auparavant (▪ CNRD, 21 oct. 2011, n° 04-CRD032 : *Bull. crim.* n° 11). Le facteur d'atténuation du préjudice moral que pourrait constituer le précédent emprisonnement subi par l'intéressé, pendant une durée de douze ans, doit être écarté en l'espèce en raison de son ancienneté, du fait que l'intéressé était complètement et durablement réinséré dans la vie sociale et qu'il a nécessairement subi un choc psychologique particulièrement important en se retrouvant confronté, pour des raisons qu'il savait injustifiées, au milieu carcéral dont il avait réussi à s'éloigner (▪ CNRD, 26 juin 2006, n° 06-CRD008 : *Bull. crim.* n° 10). *Comp. précédemment :* les périodes d'incarcération déjà effectuées en exécution de condamnations successives ont nécessairement eu pour incidence de minorer les répercussions morales d'un nouveau placement en détention (▪ CNRD, 4 avr. 2003, n° 02-99.092 : *Bull. crim.* n° 5).

36) Conditions de la détention. Les menaces subies par l'intéressé, liées à la nature de l'incrimination, sont un facteur d'aggravation du préjudice moral dès lors qu'elles se sont exercées sur le lieu de détention (▪ CNRD, 20 févr. 2006, n° 05-CRD055 : *Bull. crim.* n° 4). De même que les mesures d'isolement et de surveillance renforcée dont l'intéressé a fait l'objet durant sa détention (▪ CNRD, 5 déc. 2005, n° 05-CRD-017 : *Bull. crim.* n° 14). De même que les mauvaises conditions de détention, liées à la vétusté, l'insalubrité ou la surpopulation carcérale (▪ CNRD, 20 févr. 2006, préc. ▪ CNRD, 25 juin 2012, n°s 12CRD001 et 12CRD002 : *Bull. crim.* n°s 3 et 4).

37) Perte de chance d'obtenir un aménagement de peine. La perte de chance d'obtenir un aménagement de la peine prononcée antérieurement à l'encontre de l'intéressé et qui était en cours d'exécution constitue un facteur d'aggravation du préjudice moral, dès lors qu'il pouvait se prévaloir d'éléments favorables de nature à valoriser ses chances d'en obtenir le bénéfice, justifiant de garanties de stabilité familiale, de l'obtention d'un diplôme durant sa détention, d'une promesse d'embauche et de l'octroi d'une permission de sortie (▪ CNRD, 27 oct. 2014, n° 14-CRD012 : *Bull. crim.* n° 6).

38) Dommage physique et trouble psychique. L'état anxiodépressif et la décompensation psychotique d'un état de stress consécutifs à l'incarcération doivent être pris en compte au titre de l'indemnisation du dommage moral, dès lors qu'il n'existait pas d'état antérieur au sens médico-légal (▪ CNRD, 10 mai 2016, n° 14CRD007).

39) Situation familiale. L'éloignement familial d'avec sa compagne et son nouveau-né, l'impossibilité d'assister à la naissance de son enfant et aux obsèques de sa grand-mère sont autant de facteurs d'aggravation du préjudice moral (▪ CNRD, 26 juin 2006, n° 05-CRD079 : *Bull. crim.* n° 9). Le supplément de souffrance qu'a pu éprouver l'intéressé en raison de l'impossibilité d'apporter l'aide nécessaire à son épouse, gravement malade sur le plan psychiatrique, et aux trois enfants présents au foyer familial, durant la période d'incarcération qu'il a subie, doit être pris en compte pour évaluer le préjudice moral ressenti (■ CNRD, 14 avr. 2008, n° 7 C-RD090 : *Bull. crim.* n° 4).

40) Atteinte à l'honneur, à la considération ou à l'image. Ne peut être prise en considération, en l'absence d'un lien de causalité direct entre le préjudice subi et la privation de liberté, l'atteinte à l'honneur et à la considération du requérant (■ CNRD, 19 déc. 2003, n° CRD 012 03 : *Bull. crim.* n° 8). Ne peut être prise en considération, en l'absence d'un lien de causalité direct entre le préjudice subi et la privation de liberté, l'atteinte à la présomption d'innocence du requérant, ainsi que la mise en cause de sa moralité (■ CNRD, 31 janv. 2003, n° 02-99.064 : *Bull. crim.* n° 1). *V. cependant,* si le préjudice issu de l'atteinte à l'image et à la réputation ne peut donner lieu à réparation en l'absence d'un lien exclusif et direct avec la détention, le battage médiatique, en ce qu'il assimile à la prison l'image du demandeur et le fait apparaître comme délinquant majeur puisqu'emprisonné en dépit des hautes fonctions officielles qu'il exerçait, a généré un préjudice spécifique d'atteinte à son image et à son honneur qui apparaît dès lors en lien exclusif et direct avec la détention (■ CNRD, 17 nov. 2014, n° 14CRD003 : *Bull. crim.* n° 8).

41) Éléments indifférents. Le bien-fondé de la décision de placement et de maintien en détention échappe au contrôle du premier président statuant en application des articles 149 à 150 du Code de procédure pénale (■ CNRD, 24 janv. 2002, n° 01-92.003 : *Bull. crim.* n° 4). Le comportement procédural de l'intéressé est sans incidence sur le principe et le montant de la réparation (■ CNRD, 21 oct. 2005, n° 05-CRD005 : *Bull. crim.* n° 9). L'existence et la nature des relations entretenues par le requérant avec la mineure qui a dénoncé les faits incriminés sont sans portée sur l'appréciation du préjudice moral consécutif à la privation de liberté (■ CNRD, 19 déc. 2003, n° CRD 02 081 : *Bull. crim.* n° 10). L'article 149 du Code de procédure pénale institue, pour les détentions subies, un principe de réparation intégrale, sous certaines exceptions limitativement énumérées parmi lesquelles ne figure pas la violation des obligations d'un contrôle judiciaire ; dès lors, la soustraction volontaire de l'intéressé à ses obligations, même si elle a été sanctionnée par une condamnation par contumace au maximum de la peine encourue pour les faits incriminés, ne peut être regardée comme une faute de nature à influer sur le principe et le montant du droit à la réparation qui est due dès lors que la procédure s'est terminée par une décision d'acquittement devenue définitive (■ CNRD, 5 déc. 2005, n° 05-CRD-017 : *Bull. crim.* n° 14).

C – Évaluation du préjudice réparable

42) Expertise – Conditions. Si l'article 149 du Code de procédure pénale reconnaît au demandeur à l'indemnisation la faculté d'obtenir une expertise contradictoire réalisée dans les conditions des articles 156 et suivants du même code, celle-ci suppose une difficulté d'évaluation d'un chef de préjudice. Doit en conséquence être rejetée la demande d'expertise médicale d'un requérant qui n'allègue aucune séquelle persistante médicalement constatée en détention, ou à l'issue de celle-ci, de nature à permettre d'individualiser l'indemnisation d'un préjudice corporel en dehors du préjudice moral ou du préjudice économique (■ CNRD, 12 sept. 2017, n° 6 C-RD059).

43) Expertise – Modalités. Selon l'article 149 du Code de procédure pénale, le préjudice précité est, à la demande de l'intéressé, évalué par expertise contradictoire réalisée dans les conditions des articles 156 et suivants du même code ; selon l'article 164 de ce code, les médecins ou psychologues experts peuvent procéder à l'examen du demandeur hors la présence du juge et des avocats ; il résulte de ces textes, qui ne renvoient pas à l'article 10 du Code de procédure pénale, que l'expert commis aux fins d'examen médico-psychologique du demandeur n'est pas tenu de convoquer les parties aux opérations d'expertise (■ CNDR, 13 juin 2017, n° 6 C-RD042).

Art. 149-1 *(Rempl., L. n° 2000-516, 15 juin 2000 ; mod., L. n° 2000-1354, 30 déc. 2000).* **– La réparation prévue à l'article précédent est allouée par décision du premier président de la cour d'appel dans le ressort de laquelle a été prononcée la décision de non-lieu, de relaxe ou d'acquittement.**

Art. 149-2 *(Mod., L. n° 2000-516, 15 juin 2000).* **– Le premier président de la cour d'appel, saisi par voie de requête dans le délai de six mois de la décision non-lieu, de relaxe ou d'acquittement devenue définitive, statue par une décision motivée.**

Les débats ont lieu en audience publique, sauf opposition du requérant. À sa demande, celui-ci est entendu personnellement ou par l'intermédiaire de son conseil.

1) Délai de la requête – Point de départ. Le délai mentionné par l'article 149-2 du Code de procédure pénale pour déposer la requête en réparation ne peut commencer à courir avant que l'arrêt de non-lieu ait été notifié au requérant (■ CNRD, 31 janv. 2002, n° 00-21.684 : *Bull. crim.*

n° 10 ; *D.* 2002, p. 2013, note C. Pelletier. ▪ CNRD, 16 juin 2015, n° 14CRD066). En application des articles 149 et R. 26 du Code de procédure pénale, le bénéficiaire d'une décision de non-lieu, de relaxe ou d'acquittement doit être avisé lors de la notification de cette décision de son droit de demander une réparation ainsi que des dispositions des articles 149-1 à 149-3 du même code qui précisent notamment que la requête aux fins d'indemnisation doit parvenir au greffe dans le délai de six mois à compter de la date à laquelle cette décision est devenue définitive ; à défaut de mention de cette information, le délai de six mois ne peut commencer à courir et la requête déposée au-delà du délai doit être déclarée recevable (▪ CNRD, 11 oct. 2004, n° 04-CRD011 : *Bull. crim.* n° 7. – *Adde*, ▪ CNRD, 8 sept. 2015, n° 14CRD079 : *Bull. crim.* n° 6. ▪ CNRD, 16 juin 2015, n° 14CRD066 : *Bull. crim.* n° 4). Le demandeur ne saurait soutenir que la notification de la décision qui lui a été faite à sa dernière adresse déclarée au juge d'instruction est contraire à l'article 6.1 de la Convention européenne des droits de l'Homme, dès lors qu'il lui incombait d'informer ce magistrat de son changement d'adresse et que la notification a été régulièrement faite à son avocat, de sorte qu'éclairé par les conseils de ce dernier il lui appartenait de déposer sa requête dans le délai précité (▪ CNRD, 20 déc. 2002, n° 02-99.046 : *Bull. crim.* n° 13).

2) Délai de la requête – Expiration. Il résulte de la combinaison des articles 149-4 et R. 26 du Code de procédure pénale et de l'article 668 du Code de procédure civile que la recevabilité de la requête adressée au greffe de la cour d'appel par lettre recommandée avec avis de réception doit s'apprécier à la date d'expédition de ladite lettre (▪ CNRD, 20 sept. 2010, n° 09-CRD073 : *Bull. crim.* n° 9).

3) Délai de la requête – Demande additionnelle. Il ne résulte pas de la combinaison des articles 149 et R. 26 du Code de procédure pénale l'obligation pour le requérant, à peine d'irrecevabilité, de présenter l'intégralité de ses demandes d'indemnisation dans le délai de six mois de la décision de non-lieu, de relaxe ou d'acquittement devenue définitive ; dès lors, c'est à bon droit que le premier président a déclaré les demandes additionnelles recevables (▪ CNRD, 20 juin 2011, n° 10-CRD078 : *Bull. crim.* n° 4).

4) Présence du requérant à l'audience. Il résulte de l'article 149-2, alinéa 2, du Code de procédure pénale, selon lequel les débats ont lieu en audience publique, sauf opposition du requérant, et qu'à sa demande celui-ci est entendu personnellement ou par l'intermédiaire de son conseil, que la présence du requérant à l'audience n'est pas requise à peine de caducité de la requête et que son absence ou celle de son représentant, dès lors qu'ils ont été régulièrement convoqués, ne peut constituer un obstacle à la décision (▪ CNRD, 14 nov. 2003, n° 03-CRD017 : *Bull. crim.* n° 7).

5) Notification de la décision du premier président de la cour d'appel. L'article R. 38 du Code de procédure pénale dispose que la décision du premier président est notifiée au demandeur et à l'agent judiciaire du Trésor, soit par remise d'une copie contre récépissé, soit par lettre recommandée avec demande d'avis de réception ; cette disposition est conforme au principe général posé par l'article 677 du Code de procédure civile selon lequel les jugements sont notifiés aux parties elles-mêmes, étant rappelé qu'aux termes de l'article 149-4 du Code de procédure pénale, le premier président et la commission nationale statuent en tant que juridictions civiles ; il en résulte que si la décision critiquée a été notifiée au conseil du requérant et non au requérant lui-même, le délai fixé par l'article 149-3 du Code de procédure pénale ne saurait commencer à courir (▪ CNRD, 17 nov. 2008, n° 08 CRD 019 : *Bull. crim.* n° 7. ▪ CNRD, 2 mai 2006, n° 05-CRD070 : *Bull. crim.* n° 7). La notification par lettre de la décision du premier président de la cour d'appel qui se borne à indiquer que le délai de recours est de dix jours et à viser l'article R. 40-4 du Code de procédure pénale, sans en préciser les modalités, n'est pas effectuée conformément aux dispositions de l'article 680 du nouveau Code de procédure civile (▪ CNRD, 26 janv. 2007, n° 06CRD064 : *Bull. crim.* n° 1).

Art. 149-3 *(L. n° 2000-516, 15 juin 2000 ; mod., L. n° 2000-1354, 30 déc. 2000).* **– Les décisions prises par le premier président de la cour d'appel peuvent, dans les dix jours de leur notification, faire l'objet d'un recours devant une commission nationale de réparation des détentions. Cette commission, placée auprès de la Cour de cassation, statue souverainement et ses décisions ne sont susceptibles d'aucun recours, de quelque nature que ce soit.**

Le bureau de la Cour de cassation peut décider que la commission nationale comportera plusieurs formations.

La commission nationale, ou le cas échéant chacune des formations qu'elle comporte, est composée du premier président de la Cour de cassation, ou de son représentant, qui la préside, et de deux magistrats du siège de la cour ayant le grade de président de chambre, de conseiller ou de conseiller référendaire, désignés annuellement par le

bureau de la cour. Outre ces deux magistrats, ce bureau désigne également, dans les mêmes conditions, trois suppléants.

Les fonctions du ministère public sont remplies par le parquet général près la Cour de cassation.

Les dispositions de l'article 149-2 sont applicables aux décisions rendues par la commission nationale.

I – RECOURS CONTRE LA DÉCISION DU PREMIER PRÉSIDENT DE LA COUR D'APPEL

1) Décision susceptible de recours. Si les décisions prises par le premier président se prononçant sur la demande de réparation prévue par l'article 149-1 du Code de procédure pénale peuvent faire l'objet d'un recours, celle par laquelle il se borne à déclarer la requête recevable, normalement inséparable de la décision au fond, n'est pas susceptible d'un recours immédiat indépendamment de celle-ci (▪ CNRD, 10 mai 2004, n° 03CRD044 : *Bull. crim.* n° 3. ▪ CNRD, 12 avr. 2002, n° 01-99.006 : *Bull. crim.* n° 5). Procédant de son pouvoir discrétionnaire et de son appréciation d'équité, la somme allouée par le premier président, sur le fondement de l'article 700 du Code de procédure civile au titre des frais exposés dans le cadre de la procédure suivie devant lui n'ouvre droit à aucun recours aux fins d'en obtenir l'augmentation (▪ CNDR, 12 sept. 2017, n° 6 C-RD061).

2) Personnes admises à exercer un recours. En vertu de l'article R. 40-4, alinéa 1er, du Code de procédure pénale « les décisions du premier président de la cour d'appel peuvent faire l'objet d'un recours devant la commission nationale de réparation des détentions de la part : 1° du demandeur ; 2° de l'agent judiciaire du Trésor ; 3° du procureur général près la cour d'appel » ; il en résulte qu'un membre de la famille du demandeur n'a pas qualité pour former un tel recours (▪ CNRD, 29 juin 2009, n° 09-CRD008 : *Bull. crim.* n° 3).

3) Formes du recours. V. art. R. 40-4, p. 1958. En application des articles 149-3 et R. 40-4 du Code de procédure pénale, les décisions du premier président de la cour d'appel peuvent faire l'objet d'un recours devant la Commission nationale de réparation de la détention provisoire dans les 10 jours de leur notification et la déclaration de recours est remise au greffe de la cour d'appel en quatre exemplaires, la remise étant constatée par le greffe qui en mentionne la date sur chaque exemplaire, dont l'un est immédiatement restitué ; il en résulte que la déclaration de recours du demandeur, faite par lettre recommandée avec accusé de réception et adressée directement à la Commission nationale de réparation de la détention provisoire et non déposée, contre récépissé, au greffe de la cour d'appel dont le premier président a rendu la décision attaquée, ne répond pas aux conditions exigées par les textes précités (▪ CNRD, 24 janv. 2002, n° 01-92.004 : *Bull. crim.* n° 3. – *Adde*, ▪ CNRD, 11 oct. 2002, n° 02-99.017). Il en résulte également que la déclaration de recours remise au greffe de la cour d'appel par un avocat déclarant substituer un confrère non signée par l'avocat déclarant n'est pas faite dans les formes de l'article R. 40-4 du Code de procédure pénale et est irrecevable (▪ CNRD, 9 nov. 2009, n° 09-CRD034 : *Bull. crim.* n° 6). Il en résulte encore que le recours déposé au greffe de la Cour de cassation ne répond pas aux conditions requises par l'article R. 40-4 du Code de procédure pénale et est irrecevable (▪ CNRD, 31 janv. 2003, n° 02-99.067 : *Bull. crim.* n° 2). En revanche, doit être tenue pour régulière, au regard de l'article R. 40-4 du Code de procédure pénale, la déclaration de recours formée par le demandeur au greffe de la maison d'arrêt, dès lors qu'il s'y trouve détenu (▪ CNRD, 20 déc. 2002, n° 02-99.024 : *Bull. crim.* n° 11. ▪ CNRD, 4 avr. 2011, n° 10 CRD009 : *Bull. crim.* n° 2). Le recours formé par lettre recommandée avec demande d'avis de réception doit être jugé recevable dans la mesure où le requérant, alors détenu pour une autre cause, était empêché d'accomplir les formalités des articles 149 et R. 40-4 du Code de procédure pénale (▪ CNRD, 20 nov. 2006, n° 06-CRD040 : *Bull. crim.* n° 14). Les formalités instaurées par les articles 149 et R. 40-4 du Code de procédure pénale, selon lesquels le recours devant la Commission nationale de réparation des détentions est formé par déclaration remise par le requérant ou son représentant au greffe de la cour d'appel dont le premier président a rendu la décision attaquée, ne constituent pas une entrave disproportionnée au droit d'accès à un tribunal, même pour une personne détenue qui a, d'une part, la faculté de s'adresser au greffe de l'établissement pénitentiaire pour s'informer et y formaliser son recours, d'autre part de solliciter l'assistance d'un avocat au titre de l'aide juridictionnelle ; il en résulte que le recours formé par une personne détenue par lettre simple adressée en quatre exemplaires au greffe de la cour d'appel est irrecevable (▪ CNRD, 6 févr. 2004, n° 03CRD022 : *Bull. crim.* n° 2).

4) Délai de recours – Computation. Selon les articles 641 et 642 du Code de procédure civile, applicables à la commission nationale qui statue en tant que juridiction civile, lorsqu'un délai est exprimé en jours, celui de la notification, qui le fait courir, ne compte pas ; ce délai expire le dernier jour à vingt-quatre heures (■ CNRD, 29 juin 2009, n° 08-CRD066 : *Bull. crim.* n° 1).

5) Point de départ du délai de recours. Date de réception de la notification faite par lettre recommandée. La notification de la décision étant intervenue le 21 juin 2001 par lettre recommandée reçue par l'agent judiciaire du Trésor le 25 juin suivant, le recours formé par ce dernier par remise de la déclaration au greffe le 3 juillet 2001 est recevable (■ CNRD, 24 janv. 2002, n° 01-92.003 : *Bull. crim.* n° 4).

6) Point de départ du délai de recours – Notification au demandeur lui-même. L'article R. 38 du Code de procédure pénale dispose que la décision du premier président est notifiée au demandeur et à l'agent judiciaire du Trésor, soit par remise d'une copie contre récépissé, soit par lettre recommandée avec demande d'avis de réception ; cette disposition est conforme au principe général posé par l'article 677 du Code de procédure civile selon lequel les jugements sont notifiés aux parties elles-mêmes, étant rappelé qu'aux termes de l'article 149-4 du Code de procédure pénale, le premier président et la commission nationale statuent en tant que juridictions civiles ; il en résulte que si la décision critiquée a été notifiée au conseil du requérant et non au requérant lui-même, le délai fixé par l'article 149-3 du Code de procédure pénale ne saurait commencer à courir (■ CNRD, 17 nov. 2008, n° 08 CRD 019 : *Bull. crim.* n° 7. ■ CNRD, 2 mai 2006, n° 05-CRD070 : *Bull. crim.* n° 7). Il résulte des articles 149-3, R. 38 et R. 40-4 du Code de procédure pénale, et de l'article 677 du Code de procédure civile, que le délai de recours ne court qu'à compter de la notification de la décision au requérant, l'élection de domicile chez un avocat ne dispensant pas de l'obligation de notifier la décision de justice à la partie elle-même (■ CNRD, 14 mars 2011, n° 10-CRD045 : *Bull. crim.* n° 1). Aucun texte n'impose, dans cette procédure où la représentation par avocat n'est pas obligatoire, la notification de la décision à l'avocat du requérant, de sorte que, lorsqu'elle a lieu, elle ne peut constituer le point de départ du délai de recours ouvert au demandeur (■ CNRD, 18 janv. 2010, n° 09-CRD045 : *Bull. crim.* n° 1).

7) Point de départ du délai de recours – Notification indiquant le délai et les modalités de recours. La notification par lettre de la décision du premier président de la cour d'appel qui se borne à indiquer que le délai de recours est de dix jours et à viser l'article R. 40-4 du Code de procédure pénale, sans en préciser les modalités, n'est pas effectuée conformément aux dispositions de l'article 680 du nouveau Code de procédure civile et ne fait pas courir le délai de dix jours prévu par l'article 149-3 du Code de procédure pénale (■ CNRD, 26 janv. 2007, n° 06CRD064 : *Bull. crim.* n° 1).

II – ABSENCE DE RECOURS CONTRE LES DÉCISIONS DE LA COMMISSION NATIONALE DE RÉPARATION DES DÉTENTIONS

8) Selon l'article 149-3 du Code de procédure pénale, la décision de la Commission nationale de réparation des détentions n'est susceptible, sauf excès de pouvoir, d'aucun recours de quelque nature que ce soit (■ Cass. 2e civ., 2, 29 janv. 2009, n° 02-18.174 : *Bull. civ.* II, 37). Aux termes de l'article 149-2 du Code de procédure pénale, applicable aux décisions de la commission nationale d'indemnisation, celles-ci ne sont susceptibles d'aucun recours de quelque nature que ce soit ; dès lors, le recours en révision doit être déclaré irrecevable (■ CNRD, 29 juin 2009, n° 08-CRD047 : *Bull. crim.* n° 4).

Art. 149-4 ***(L. n° 2000-516, 15 juin 2000).*** **– La procédure devant le premier président de la cour d'appel et la commission nationale, qui statuent en tant que juridictions civiles, est fixée par un décret en Conseil d'État.**

1) Application des dispositions du Code de procédure civile. Il résulte de la combinaison des articles 149-4 et R. 26 du Code de procédure pénale et de l'article 668 du Code de procédure civile que la recevabilité de la requête adressée au greffe de la cour d'appel par lettre recommandée avec avis de réception doit s'apprécier à la date d'expédition de ladite lettre (■ CNRD, 20 sept. 2010, n° 09-CRD073 : *Bull. crim.* n° 9). Selon l'article 149-3 du Code de procédure pénale, le recours contre les décisions du premier président doit être exercé dans les dix jours de leur notification et selon l'article R. 38 du même code, la décision est notifiée au demandeur et à l'agent judiciaire du Trésor soit par remise d'une copie contre récépissé, soit par lettre recommandée avec demande d'avis de réception, la notification devant indiquer le délai et les modalités de recours ; ces dernières dispositions sont conformes au principe général posé à l'article 677 du Code de procédure civile selon lequel les jugements sont notifiés aux parties elles-mêmes, étant observé qu'aux termes de l'article 149-4 du Code de procédure pénale, le premier président et la commission nationale statuent en tant que juridictions civiles (■ CNRD, 18 janv. 2010, n° 09-CRD045 : *Bull. crim.* n° 1). Selon les articles 641 et 642 du Code de procédure civile, applicables à la commission nationale qui statue en tant que juridiction civile, lorsqu'un délai est exprimé en jours, celui de la notification, qui le fait courir, ne compte pas ; ce délai expire le dernier jour à vingt-quatre heures (▪ CNRD, 29 juin 2009, n° 08-CRD066 : *Bull. crim.* n° 1). L'article R. 38 du Code de procédure pénale est conforme au principe général posé par l'article 677 du Code de procédure civile selon lequel les jugements sont notifiés aux parties elles-mêmes, étant rappelé qu'aux termes de l'article 149-4 du Code de procédure pénale, le premier président et la commission nationale statuent en tant que juridictions civiles (▪ CNRD, 17 nov. 2008, n° 08 CRD 019 : *Bull. crim.* n° 7. ▪ CNRD, 2 mai 2006, n° 05-CRD070 : *Bull. crim.* n° 7).

2) **Application des dispositions du Code de procédure civile – Limite.** Si l'article 149-4 du Code de procédure pénale énonce que le premier président de la cour d'appel et la Commission nationale de réparation statuent en tant que juridictions civiles, la réparation à raison d'une détention fait l'objet de dispositions législatives et réglementaires spécifiques ; selon l'article 149-2, alinéa 2, du Code de procédure pénale, les débats ont lieu en audience publique, sauf opposition du requérant, et à sa demande celui-ci est entendu personnellement ou par l'intermédiaire de son conseil ; il en résulte que la présence du requérant à l'audience n'est pas requise à peine de caducité de la requête ; son absence ou celle de son représentant, dès lors qu'ils ont été régulièrement convoqués, ne pouvant constituer un obstacle à la décision, l'article 468 du nouveau Code de procédure civile ne saurait recevoir application (▪ CNRD, 14 nov. 2003, n° 03-CRD017 : *Bull. crim.* n° 7).

Art. 150 *(Mod., L. n° 2000-1354, 30 déc. 2000)*. **– La réparation allouée en application de la présente sous-section est à la charge de l'État, sauf le recours de celui-ci contre le dénonciateur de mauvaise foi ou le faux témoin dont la faute aurait provoqué la détention ou sa prolongation. Elle est payée comme frais de justice criminelle.**

Section VIII. – Des commissions rogatoires

Bibliographie : L. Ascensi, *Commissions rogatoires : JCl. Proc. pén.*, art. 151 à 155, Fasc. 20. • C. Guéry, *Rép. pén. Dalloz, V° Commission rogatoire.*

Art. 151 *(Mod., L. n° 93-2, 4 janv. 1993)*. **– Le juge d'instruction peut requérir par commission rogatoire tout juge de son tribunal, tout juge d'instruction ou tout officier de police judiciaire, qui en avise dans ce cas le procureur de la République, de procéder aux actes d'information qu'il estime nécessaires dans les lieux où chacun d'eux est territorialement compétent.**

La commission rogatoire indique la nature de l'infraction, objet des poursuites. Elle est datée et signée par le magistrat qui la délivre et revêtue de son sceau.

Elle ne peut prescrire que des actes d'instruction se rattachant directement à la répression de l'infraction visée aux poursuites.

Le juge d'instruction fixe le délai dans lequel la commission rogatoire doit lui être retournée avec les procès-verbaux dressés pour son exécution par l'officier de police judiciaire. À défaut d'une telle fixation, la commission rogatoire et les procès-verbaux doivent lui être transmis dans les huit jours de la fin des opérations exécutées en vertu de celle-ci.

Voir : art. D. 33 et s., p. 2161.

1) **Appréciation.** Les ordonnances portant commission rogatoire ne constituent que des actes d'instruction et ne rentrent pas dans la catégorie des ordonnances ou décisions du juge d'instruction qui doivent être communiquées au conseil de l'inculpé, l'obligation de communication ne s'appliquant qu'aux seules décisions du juge qui constituent des actes de juridiction (▪ Cass. crim., 8 déc. 1899 : *D.* 1903, 1, p. 457, note G. Le Poittevin). Une commission rogatoire n'est pas un acte juridictionnel (▪ CA Paris, 19 déc. 1973 : *JCP G* 1974, II, 17638, note NS).

I – CONDITIONS DE FOND DE LA COMMISSION ROGATOIRE

A – Impossibilité d'exécution personnelle

2) **Appréciation.** V. art. 81, al. 4, p. 294. Si l'article 81, alinéa 4 du Code de procédure pénale n'autorise le juge d'instruction à donner commission rogatoire aux officiers de police judiciaire que dans l'hypothèse où il ne peut procéder lui-même aux actes d'instruction, il n'existe aucun critère légal de cette impossibilité, dont l'appréciation

est laissée à la conscience du magistrat (■ CA Poitiers, 15 janv. 1964 : *Gaz. Pal.* 1964, 1, p. 446).

B – Délégataire

3) OPJ – Indifférence d'une désignation personnelle. La commission rogatoire adressée à M. le Commissaire divisionnaire, chef des services de police judiciaire, et à « tous magistrats compétents » ne viole pas les articles 151 et suivants du Code de procédure pénale dès lors qu'il n'est pas contesté que cette commission rogatoire a été exécutée par des magistrats et des officiers de police judiciaire qui, s'ils n'étaient pas spécialement désignés, étaient légalement aptes en cette qualité à recevoir les délégations qui leur avaient été données et à en assurer l'exécution dans l'étendue de la circonscription où ils avaient compétence (■ Cass. crim., 4 oct. 1968, n° 67-93.741 : *Bull. crim.* n° 245 : *D.* 1968, 689, note Baurès). Justifie sa décision la chambre de l'instruction qui, pour rejeter l'exception de nullité de la commission rogatoire délivrée à « la section de recherches de Lille », retient que celle-ci a été exécutée par des officiers de police judiciaire dépendant de ce service et compétents pour recevoir une telle délégation, ces motifs établissant que le juge d'instruction a agi conformément aux dispositions de l'article 151 du Code de procédure pénale (■ Cass. crim., 9 avr. 2015, n° 14-87.660 : *Bull. crim.* n° 76). La commission rogatoire qui déléguait, pour effectuer les recherches, non seulement le directeur de la surveillance du territoire, mais encore tout officier de police judiciaire dépendant de cette direction, pouvait être exécutée, comme elle l'a été, par l'un de ces officiers de police judiciaire, la circonstance que le directeur de la surveillance du territoire ne possédât pas lui-même cette qualité étant indifférente dès lors qu'il n'a pas personnellement participé à cette exécution ; de plus, chaque officier de police judiciaire dépendant de la Direction de la surveillance du territoire exerçant ses fonctions sur toute l'étendue du territoire national, la commission rogatoire pouvait être exécutée en tous lieux de ce territoire sans subdélégation et sans qu'il soit fait mention de l'urgence, l'alinéa 4, alors en vigueur, de l'article 151 du Code de procédure pénale visant seulement le cas, étranger à l'espèce, d'une commission rogatoire donnée directement à un officier de police judiciaire exerçant ses fonctions hors du ressort du magistrat mandant (■ Cass. crim., 13 sept. 1986, n° 86-93.291 : *Bull. crim.* n° 254). Les parties ne sauraient se prévaloir d'un droit acquis à ce que les officiers de police judiciaire exécutant une commission rogatoire soient personnellement ceux-là mêmes que le juge d'instruction a cru devoir nominativement désigner ; il suffit que cette commission rogatoire ait été exécutée par un officier de police judiciaire légalement apte à recevoir les délégations données par le magistrat instructeur (■ Cass. crim., 5 janv. 1962 : *Bull. crim.* n° 3).

4) OPJ – Avis au procureur de la République. V. *infra* n° 13, p. 6.

5) Fonctionnaires habilités à exercer des pouvoirs de police judiciaire. La chambre d'accusation qui, pour prononcer la nullité de la commission rogatoire et de tous les actes postérieurs, énonce que les agents de la DGCCRF désignés par le magistrat instructeur étaient habilités à recevoir et exécuter des commissions rogatoires, mais seulement pour les infractions visées par l'ordonnance du 1er décembre 1986 et non dans le cadre de l'article 432-14 du Code pénal, délit pour lequel aucun texte spécial n'habilite d'autres personnes que les officiers de police judiciaire à réaliser une enquête sur commission rogatoire, a justifié sa décision, dès lors que le juge d'instruction ne pouvait avoir recours aux agents de la DGCCRF qu'en leur qualité de personnes qualifiées et après leur avoir fait prêter le serment indiqué à l'article 60 du Code de procédure pénale (■ Cass. crim., 5 mai 1999, n° 98-85.589 : *Bull. crim.* n° 88 ; *Dr. pén.* 1999, comm. 142, note J.-H. Robert).

C – Infraction : objet de la commission rogatoire

6) Prohibition des commissions rogatoires portant sur une infraction indéterminée. Le juge d'instruction ne peut délivrer commission rogatoire que sur présomption d'une infraction déterminée déjà commise ou en cours d'exécution ; la commission rogatoire ne saurait revêtir la forme d'une délégation générale de pouvoirs visant de façon éventuelle toute une catégorie d'infractions (■ Cass. crim., 22 janv. 1953 : *D.* 1953, p. 533, note C. Lapp. ■ Cass. crim., 21 mars 1957 : *D.* 1957, p. 482). Mérite d'être approuvée la chambre d'accusation qui écarte la nullité de la commission rogatoire qui, dans une information suivie des chefs de vols et tentatives de vols qualifiés et d'association de malfaiteurs, prescrit aux enquêteurs chargés de découvrir les individus coupables des vols, de rechercher les autres méfaits qu'ils pouvaient avoir commis, d'identifier les auteurs ou complices de ces autres infractions, de recueillir les preuves de leur culpabilité et d'en identifier tous receleurs au motif que cette mission se justifiait par le fait que, saisi du crime d'association de malfaiteurs, il était nécessaire que le juge soit informé de toute l'activité criminelle déployée par les personnes recherchées afin d'établir s'il existait entre elles une entente en vue de préparer ou de commettre des crimes contre les personnes ou les biens : en effet, loin de revêtir la forme d'une délégation générale des pouvoirs visant de façon éventuelle toute une catégorie d'infractions, la commission rogatoire prescrivait des actes d'instruction se rattachant directement à la répression de l'infraction visée au réquisitoire introductif et prévue par l'article 265 du Code pénal (■ Cass. crim., 11 juin 1970, n° 70-90.400 : *Bull. crim.* n° 199). Il n'importe que certaines commissions rogatoires aient été intitulées « générales » dès lors qu'il résulte de leur examen que, conformément au troisième alinéa de l'article 151 du Code de procédure pénale, elles ne prescrivaient que des actes d'instruction se rattachant directement à la répression des infractions visées aux poursuites (■ Cass. crim., 6 févr. 1996, n° 95-84.041 : *Bull. crim.* n° 60).

7) Prohibition des commissions rogatoires portant sur une infraction étrangère à la saisine du juge d'instruction. Il résulte des articles 80, 81, alinéa 1er, 151, alinéa 3, ensemble l'article 86 du Code de procédure pénale que les pouvoirs accordés au juge d'instruction par l'article 81, premier alinéa, du Code de procédure pénale et qui lui permettent de procéder, conformément à la loi, à tous les actes d'information qu'il juge utiles à la manifestation de la vérité, sont limités aux seuls faits dont il est régulièrement saisi en application des articles 80 et 86 de ce code ; encourt dès lors la cassation la chambre d'accusation qui, alors qu'elle constatait que le juge d'instruction avait procédé à des actes d'instruction à l'égard de faits dont il n'était pas saisi, déclare régulière une commission rogatoire (■ Cass. crim., 24 nov. 1998, n° 98-83.247 : *Bull. crim.* n° 315).

8) Découverte de faits nouveaux. V. égal. annotations ss art. 152, p. 520.

9) Exclusion des actes autres que d'information. La commission rogatoire n'est pas un acte juridictionnel ; elle s'analyse en une simple délégation de pouvoirs exclusive de fonctions juridictionnelles, incommunicables par nature, excluant, même de la part du délégué, la délivrance de mandats de détention (■ CA Paris, 19 déc. 1973 : *JCP* G 1974, II, 17638, note NS).

10) Exclusion des expertises. Si, en application de l'article 156 du Code de procédure pénale, toute juridiction d'instruction ou de jugement peut ordonner une expertise dans le cas où se pose une question d'ordre technique, lesdites juridictions ne tiennent cependant d'aucun texte la faculté de déléguer leurs pouvoirs en matière de désignation d'experts ; en particulier, il n'entre pas dans les pouvoirs d'un officier de police judiciaire, agissant sur commission rogatoire du juge d'instruction, d'ordonner une mesure d'expertise et de désigner des experts (■ Cass. crim., 2 sept. 1986, n° 86-93.266 : *Bull. crim.* n° 251 ; *JurisData* n° 1986-001622 ; *JCP* G 1987, II, 20766, note P. Chambon ; *RSC* 1987, p. 242, note A. Braunschweig. – *Adde*, ■ Cass. crim., 3 mars 1959 : *Bull. crim.* n° 147). La « commission rogatoire » par laquelle le juge d'instruction donne au commissaire divisionnaire, chef du service régional de police judiciaire, mission de faire examiner par le service de l'identité judiciaire un document à l'effet de déterminer quel en était l'auteur, ne constituait pas, en dépit d'une terminologie inexacte, une simple mission de vérification mais une véritable mission d'expertise qui comportait l'examen de questions portant sur le fond de l'affaire. Dès lors, est nulle la décision du juge d'instruction qui méconnaît les dispositions de l'article 159 du Code de procédure pénale (■ Cass. crim., 20 déc. 1972, n° 72-92.625 : *Bull. crim.* n° 395).

D – Acte : objet de la commission rogatoire

11) Détermination des actes à accomplir. Ne constitue pas une délégation générale de pouvoirs la commission rogatoire donnée à un officier de police judiciaire dans une information ouverte contre personne non dénommée, du chef d'une infraction spécifiée et pour des faits déterminés, à l'effet de procéder à toutes recherches en vue d'identifier les auteurs ou complices de ces faits (■ Cass. crim., 9 déc. 1991, nos 88-80.786 et 90-84.994 : *Bull. crim.* n° 465). Sont régulières les commissions rogatoires délivrées aux fins de procéder à toute recherche utile à la manifestation de la vérité et ce sur l'étendue du territoire national dès lors qu'elles se rattachent directement à l'infraction poursuivie, les investigations ordonnées ayant pour seul objet d'établir la preuve de celle-ci et d'en rechercher les auteurs et les complices (■ Cass. crim., 28 avr. 1981, n° 81-90.188 : *Bull. crim.* n° 128). Justifie sa décision la chambre d'accusation qui, pour écarter l'exception de nullité de la commission rogatoire selon laquelle celle-ci, ne fixant aucune limite territoriale, ni quant aux mesures à exercer, ni quant aux personnes à rechercher, constitue une délégation générale de pouvoir, relève que la mission donnée par le juge d'instruction aux enquêteurs se rattache directement à des faits précis (■ Cass. crim., 4 août 1998, n° 98-82.622 : *Bull. crim.* n° 222).

II – CONDITIONS DE FORME DE LA COMMISSION ROGATOIRE

12) Date de la commission rogatoire. Aux termes de l'article 151 du Code de procédure pénale, la commission rogatoire doit être datée par le magistrat qui la délivre ; ces prescriptions sont substantielles ; encourt dès lors la cassation, l'arrêt ayant omis d'annuler deux commissions rogatoires ne comportant pas de date (■ Cass. crim., 10 nov. 1970, n° 70-91.436 : *Bull. crim.* n° 294). *V. cependant*, justifie sa décision la chambre d'accusation qui rejette la requête en annulation d'une commission rogatoire dépourvue de date dès lors qu'il résulte des énonciations de l'arrêt, que le réquisitoire introductif a précédé la commission rogatoire dont les actes d'exécution ont été tous postérieurs à celle-ci (■ Cass. crim., 18 avr. 2000, n° 00-80.402 : *Bull. crim.* n° 148). *V. égal.* la chambre d'accusation qui, pour refuser de prononcer la nullité d'une commission rogatoire datée de la veille du réquisitoire introductif, énonce que le réquisitoire, qui reproduit les références de la procédure transmise au Parquet et qui vise les mêmes infractions que celles mentionnées à la commission rogatoire, a nécessairement été établi avant celle-ci et que la discordance de dates entre ces deux actes est le résultat d'une erreur purement matérielle, a justifié sa décision, dès lors, au surplus, que les actes d'exécution de la commission rogatoire sont tous postérieurs à la date du réquisitoire (■ Cass. crim., 30 janv. 1995, n° 94-84.825).

13) **Avis donné, par l'OPJ délégataire, au procureur de la République.** Les dispositions de l'article 151 du Code de procédure pénale, qui prescrivent à l'officier de police judiciaire recevant une commission rogatoire d'un juge d'instruction d'en aviser le procureur de la République, concernent les seuls rapports entre cet officier de police judiciaire et le procureur de la République, lequel, en vertu de l'article 12 du même code, exerce la direction de la police judiciaire ; il s'ensuit que leur inobservation, à la supposer établie, ne porte pas atteinte aux intérêts des parties et ne saurait entraîner la nullité des actes accomplis (■ Cass. crim., 10 janv. 1989, n° 88-86.129 : *Bull. crim.* n° 8).

14) **Motivation inutile de la commission rogatoire.** A fait l'exacte application des articles 81, 100 et suivants du Code de procédure pénale, la chambre d'accusation qui, pour rejeter la demande d'annulation d'actes de la procédure fondée sur l'irrégularité de commissions rogatoires prescrivant des écoutes téléphoniques, faute pour le juge d'instruction d'avoir indiqué les raisons nécessitant cette mesure, énonce que le juge d'instruction peut procéder à tous les actes d'information qu'il juge utiles sans avoir à motiver spécialement sa décision (■ Cass. crim., 13 oct. 1999, n°s 96-80.774, 96-83.874 et 98-80.044 : *Bull. crim.* n° 219).

15) **Versement inutile au dossier de la procédure.** Aucune disposition de la loi n'exige que figure au dossier, pendant la durée de son exécution, une copie de la commission rogatoire délivrée par le juge d'instruction (■ Cass. crim., 12 mars 1991, n° 90-87.733 : *Bull. crim.* n° 122 : *RSC* 1992, p. 116, obs. A. Braunschweig. ■ Cass. crim., 4 août 1998, n° 98-82.622 : *Bull. crim.* n° 222. ■ Cass. crim., 19 janv. 2016, n° 15-81.041 : *Bull. crim.* n° 14). Une commission rogatoire doit être versée au dossier lorsque les procès-verbaux établis pour son exécution ont été reçus par le juge d'instruction et aucune prescription légale n'exige d'en tenir, avant cette réception, une copie à la disposition des parties ; eu égard aux nécessités propres à la recherche de la vérité au cours de l'instruction préparatoire, il ne saurait résulter de cette situation une atteinte aux règles édictées par l'article 6 de la Convention européenne des droits de l'Homme (■ Cass. crim., 3 févr. 1999, n° 98-819.12).

16) **Information inutile des parties.** Ainsi que le relève l'arrêt attaqué, aucune disposition de la loi n'exige que le juge d'instruction notifie à l'inculpé le rapport de police établi à la suite de l'exécution d'une commission rogatoire (■ Cass. crim., 10 janv. 1989, n° 88-86.129 : *Bull. crim.* n° 8).

III – DÉLAI D'EXÉCUTION DE LA COMMISSION ROGATOIRE

17) **Dépassement du délai.** En retenant que l'éventuel dépassement du délai imparti par le juge d'instruction pour l'exécution d'une commission rogatoire ne saurait, en l'absence de retrait de cette délégation, avoir d'incidence sur la validité des actes accomplis dans le cadre de celle-ci, la chambre de l'instruction a justifié sa décision (■ Cass. crim., 15 févr. 2006, n° 05-87.002 : *Bull. crim.* n° 44).

Art. 151-1-1 *(L. n° 2003-239, 18 mars 2003 ; dénum., L. n° 2004-204, 9 mars 2004. – V. CPP, art. 99-4).*

Art. 152 *(Mod., L. n° 2004-204, 9 mars 2004).* – **Les magistrats ou officiers de police judiciaire commis pour l'exécution exercent, dans les limites de la commission rogatoire, tous les pouvoirs du juge d'instruction.**

Toutefois, les officiers de police judiciaire ne peuvent pas procéder aux interrogatoires et confrontations des personnes mises en examen. Ils ne peuvent procéder à l'audition des parties civiles ou du témoin assisté qu'à la demande de ceux-ci.

Le juge d'instruction peut se transporter, sans être assisté de son greffier ni devoir en dresser procès-verbal, pour diriger et contrôler l'exécution de la commission rogatoire, dès lors qu'il ne procède pas lui-même à des actes d'instruction. À l'occasion de ce transport, il peut ordonner la prolongation des gardes à vue prononcées dans le cadre de la commission rogatoire. Dans tous les cas, mention de ce transport est faite sur les pièces d'exécution de la commission rogatoire.

I – POUVOIRS DES MAGISTRATS ET OPJ COMMIS DANS L'EXÉCUTION DE LA COMMISSION ROGATOIRE (AL. 1er)

1) Pouvoir en cas de découverte de faits nouveaux – Information du juge d'instruction ou du procureur de la République. Lorsque des officiers de police judiciaire, lors de l'exécution d'une commission rogatoire, découvrent des faits étrangers à l'information mais susceptibles d'incrimination pénale, ils ont le devoir d'en informer le magistrat instructeur ; il n'en résulte aucune violation des dispositions de l'article 151 du Code de procédure pénale s'ils se bornent, comme en l'espèce, à informer leur mandant sans effectuer, en outre, des actes ne se rattachant pas directement à la répression de l'infraction visée dans la commission rogatoire (▪ Cass. crim., 14 janv. 1992, n° 91-85.864 : *Bull. crim.* n° 13). *V. toutefois*, aucune obligation légale ne pèse sur les officiers de police judiciaire, agissant en exécution d'une commission rogatoire, d'aviser le juge d'instruction de la découverte d'infractions non comprises dans leur saisine s'ils sollicitent immédiatement les instructions du procureur de la République, comme le prescrit l'article 40 du Code de procédure pénale (▪ Cass. crim., 30 oct. 2012, n° 11-87.244 : *Bull. crim.* n° 228. ▪ Cass. crim., 12 janv. 2005, n° 03-86.372). Il ne peut être reproché à l'officier de police judiciaire qui, au cours de l'exécution d'une commission rogatoire, découvre, comme tel était le cas en l'espèce, des faits délictueux distincts de ceux qui sont visés par la délégation, d'en avertir le procureur de la République compétent pour apprécier la suite à y donner (▪ Cass. crim., 9 févr. 1993, n° 92-85.415 : *Bull. crim.* n° 66).

2) Pouvoirs en cas de découverte de faits nouveaux – Possibilité de procéder à des vérifications sommaires. Les officiers de police judiciaire qui, à l'occasion de l'exécution d'une commission rogatoire, acquièrent la connaissance de faits nouveaux, peuvent, avant toute communication au juge d'instruction des procès-verbaux qui les constatent, effectuer d'urgence des vérifications sommaires pour en apprécier la vraisemblance (▪ Cass. crim., 11 mai 2000, n° 99-85.100 : *Bull. crim.* n° 186. ▪ Cass. crim., 1er févr. 2011, n° 10-83.523 : *Bull. crim.* n° 15), pourvu qu'elles ne présentent pas un caractère coercitif exigeant la mise en mouvement préalable de l'action publique (▪ Cass. crim., 1er févr. 2011, préc.). Justifie sa décision la chambre de l'instruction ayant rejeté la requête en annulation des actes de la procédure dès lors que les officiers de police judiciaire, qui avaient acquis la connaissance de faits nouveaux à l'occasion de l'exécution de la commission rogatoire, n'ont procédé qu'aux vérifications sommaires qui s'imposaient pour en apprécier la vraisemblance (▪ Cass. crim., 15 juin 2016, n° 15-86.043 : *Bull. crim.* n° 186). N'encourt pas la censure l'arrêt de la chambre de l'instruction ayant rejeté l'exception de nullité tirée de la violation, par les OPJ, des limites de la saisine initiale du juge d'instruction, dès lors que les moyens coercitifs à l'occasion desquels étaient apparus les indices de la commission de faits nouveaux avaient été mis en œuvre régulièrement pour établir les délits dont le juge d'instruction était saisi et dont ils étaient le prolongement, que, les officiers de police judiciaire pouvaient, lors de l'audition des personnes placées en garde à vue pour ces mêmes délits, effectuer des vérifications sommaires sur les faits nouveaux qu'ils avaient constatés, avant de transmettre les procès-verbaux les relatant au juge mandant (▪ Cass. crim., 14 janv. 2014, n° 13-84.909 : *Bull. crim.* n° 8). La réquisition adressée par l'officier de police judiciaire à l'opérateur téléphonique aux fins d'obtenir la facturation détaillée d'une ligne n'entre pas dans la catégorie des mesures coercitives (▪ Cass. crim., 22 mars 2016, nos 15-83.207 et 15-83.205 : *Bull. crim.* nos 92 et 96).

3) Pouvoirs en cas de découverte de faits nouveaux – Possibilité de recourir aux pouvoirs propres. Il résulte des articles 80, 151, alinéa 3, et 152 du Code de procédure pénale, que les pouvoirs du juge d'instruction attribués par l'article 152 du Code de procédure pénale aux officiers de police judiciaire commis pour l'exécution d'une commission rogatoire sont limités aux seuls faits dont le juge d'instruction est régulièrement saisi ; lorsque ces agents découvrent des faits nouveaux, s'il ne leur est pas interdit de mettre en œuvre, le cas échéant, l'ensemble des pouvoirs qu'ils tiennent des règles prévues pour l'enquête préliminaire ou de flagrance, ils ne peuvent procéder à des actes revêtant un caractère coercitif sous le couvert de l'exécution de la commission rogatoire dont ils sont chargés (▪ Cass. crim., 13 déc. 2000, n° 00-84.189 : *Bull. crim.* n° 377 : *Procédures* 2001, comm. 114, obs. J. Buisson). Encourt dès lors la cassation, la chambre d'accusation qui relève que les officiers de police judiciaire ne pouvaient, sous le couvert de la commission rogatoire, perquisitionner au domicile de ce dernier sans son consentement écrit mais que rien ne faisait obstacle à ce qu'ils entendent l'intéressé, le placent en garde à vue et se fassent présenter le livre de police de sa galerie alors que l'ensemble des actes concernent des faits dont le juge d'instruction n'était pas saisi (▪ Cass. crim., 13 déc. 2000, préc.). Effectuant régulièrement une perquisition sur le fondement d'une commission rogatoire, les officiers de police judiciaire qui découvrent des faits délictueux étrangers à la saisine du juge d'instruction mandant peuvent valablement mettre en œuvre les pouvoirs propres de police judiciaire qu'ils tiennent des articles 53 et suivants du Code de procédure pénale et accomplir, comme en l'espèce, une saisie coercitive des indices de la commission d'une infraction flagrante légalement constatée (▪ Cass. crim., 23 juin 2015, n° 15-81.071 : *Bull. crim.* n° 157). Si des officiers de police judiciaire, commis pour l'exécution d'une commission rogatoire, ne peuvent instrumenter au-delà des faits dont les a saisi le juge d'instruction, il ne leur est pas interdit, lorsqu'ils découvrent des faits nouveaux, de mettre en œuvre l'ensemble des pouvoirs qu'ils tiennent des règles prévues pour l'enquête préliminaire (▪ Cass. crim., 7 mai 2002, n° 01-80.317).

4) **Pouvoirs en cas de découverte de faits nouveaux – Distinction des prérogatives précitées.** V. arrêts précités, annot. n°s 2 et 3, p. 521. *Comp.* les officiers de police judiciaire qui, à l'occasion de l'exécution d'une commission rogatoire, acquièrent la connaissance de faits nouveaux, peuvent, avant toute communication au juge d'instruction des procès-verbaux qui les constatent, effectuer d'urgence, en vertu des pouvoirs propres qu'ils tiennent de la loi, les vérifications sommaires qui s'imposent pour en apprécier la vraisemblance, pourvu qu'elles ne présentent pas un caractère coercitif exigeant la mise en mouvement préalable de l'action publique (▪ Cass. crim., 27 mars 2012, n° 11-88.321 : *Bull. crim.* n° 82).

5) **Pouvoirs en cas de découverte de faits nouveaux – Possibilité de recourir aux pouvoirs découlant d'une autre commission rogatoire.** Si, en application des articles 80 et 152 du Code de procédure pénale, l'officier de police judiciaire chargé de l'exécution d'une commission rogatoire ne peut instrumenter au-delà des faits dont le juge d'instruction est régulièrement saisi, il lui appartient, lorsqu'il découvre, à l'occasion de ses investigations, des objets pouvant intéresser l'exécution d'une autre délégation de même nature dont il est également porteur, de mettre en œuvre l'ensemble des pouvoirs qu'il tient de cette dernière (▪ Cass. crim., 26 mars 2003, n° 03-80.084 : *Bull. crim.* n° 80).

6) **Assistance par des tiers.** Pour dire régulière l'intervention de deux agents de police judiciaire du service d'enquête sur les fraudes aux technologies de l'information dans l'exécution d'une commission rogatoire en raison de leur compétence technique, la chambre de l'instruction énonce, à bon droit, qu'ils n'avaient pas à prêter le serment de l'article 60, alinéa 2, du Code de procédure pénale, dès lors qu'ils intervenaient pour seconder dans l'exercice de leurs fonctions, les officiers de police judiciaire, conformément aux dispositions de l'article 20 dudit code (▪ Cass. crim., 27 juin 2001, n° 01-81.865 : *Bull. crim.* n° 163).

7) **Soumission aux règles applicables au juge mandant pour l'exécution de l'acte.** Lorsque l'interrogatoire est réalisé sur commission rogatoire, l'avocat doit pouvoir consulter l'intégralité du dossier de la procédure s'il en fait la demande et non pas les seules pièces transmises par le juge mandant (▪ Cass. crim., 9 févr. 1982, n° 81-94.393 : *Bull. crim.* n° 47 ; *D.* 1982, 544, note J. Pradel ; *RSC* 1983, p. 280, obs. Robert).

8) **Soumission aux règles applicables au juge mandant pour l'exécution de l'acte – Exception.** Si l'assistance du greffier est essentielle à la validité des actes accomplis par le juge d'instruction, aucun texte de loi n'oblige les officiers de police judiciaire, procédant sur commission rogatoire des juges d'instruction, à recourir à l'assistance d'un greffier (▪ Cass. crim., 4 juin 1953 : *D.* 1954, 147, note F. G.).

9) **Soumission au principe de loyauté.** En vertu des articles 80, 81, 105, 151, 152, 802 du Code de procédure pénale, 6 et 8 de la Convention européenne des droits de l'Homme, l'enregistrement effectué de manière clandestine, par un policier agissant dans l'exercice de ses fonctions, des propos qui lui sont tenus, fût-ce spontanément, par une personne suspecte, élude les règles de procédure et compromet les droits de la défense ; la validité d'un tel procédé ne peut être admise (▪ Cass. crim., 16 déc. 1997 : *JurisData* n° 1997-005498 ; *Bull. crim.* n° 427 ; *D.* 1998, jurispr. p. 354, note J. Pradel ; *Dr. pén.* 1998, comm. 61, A. Maron).

II – ACTES NON DÉLÉGABLES À UN OFFICIER DE POLICE JUDICIAIRE (AL. 2)

10) **Interrogatoire et confrontation de la personne mise en examen.** La commission rogatoire délivrée pour « sans l'interroger, reconstituer l'itinéraire suivi » par l'inculpé l'a été en vue de lui demander des renseignements se rattachant aux circonstances dans lesquelles les faits à lui reprochés avaient été commis, elle appelle une réponse et son exécution loin d'assigner à l'inculpé un rôle purement passif, impliquait nécessairement sa participation active aux opérations qu'elle ordonnait ; ainsi l'acte accompli revêtait le caractère d'un véritable interrogatoire auquel l'article 152 interdisait au commissaire de police de procéder (▪ Cass. crim., 4 oct. 1968, n° 67-93.741 : *Bull. crim.* n° 245 ; *D.* 1968, 689, note Baurès). Il résulte des articles préliminaire, 114, alinéa 1er, et 152, alinéa 2, du Code de procédure pénale qu'est contraire au droit à un procès équitable et aux droits de la défense, le fait, pour des officiers de police judiciaire d'entendre, dans le cadre d'une même information, sous quelque forme que ce soit, une personne qui, ayant été mise en examen, ne peut plus,

dès lors, être interrogée que par le juge d'instruction, son avocat étant présent ou ayant été dûment convoqué ; le recueil, dans ces conditions (confidences recueillies par les officiers de police judiciaire au cours du transfert vers la maison d'arrêt), des propos par lesquels le mis en examen s'incriminait lui-même, avait pour effet d'éluder les droits de la défense et les officiers de police judiciaire auraient dû se borner, constatant la volonté du mis en examen de s'exprimer plus amplement sur les faits, à en faire rapport au juge d'instruction, seul habilité à procéder à un interrogatoire dans les formes légales (■ Cass. crim., 5 mars 2013, n° 12-87.087 : *Bull. crim.* n° 56 ; *Dr. pén.* 2013, comm. 63, note A. Maron et M. Haas ; *Procédures* 2013, comm. 162, obs. A.-S. Chavent-Leclère ; *AJ Pénal* 2013, 288, note L. Belfanti ; *RSC* 2013, 595, note J. Danet).

11) Interrogatoire et confrontation d'une personne contre laquelle il existe des indices graves et concordants – Indices antérieurs à la délivrance de la commission rogatoire. V. art. 105, p. 362. *Cependant,* Le juge d'instruction a la faculté de ne mettre en examen une personne déterminée qu'après s'être éclairé, notamment en faisant procéder à son audition en qualité de témoin, sur sa participation aux agissements incriminés dans des conditions pouvant engager sa responsabilité pénale ; est à juste titre rejetée la requête en annulation d'une audition, réalisée sur commission rogatoire, et prise de la violation des articles 105 et 152 du Code de procédure pénale (■ Cass. crim., 26 janv. 2000, n° 99-87.180 ; *Bull. crim.* n° 44).

12) Interrogatoire et confrontation d'une personne contre laquelle il existe des indices graves et concordants – Survenance des indices en cours d'exécution de la commission rogatoire. Aux termes de l'article 105 du Code de procédure pénale, le juge d'instruction chargé d'une information, ainsi que les magistrats et officiers de police judiciaire agissant sur commission rogatoire, ne peuvent (...) entendre comme témoins des personnes contre lesquelles il existe des indices graves et concordants de culpabilité ; il y a violation de l'article 105 du Code de procédure pénale lorsqu'un officier de police judiciaire agissant sur commission rogatoire poursuit l'audition d'un suspect alors que celui-ci avait reconnu s'être promené, le jour des faits, avec la victime, s'être rendu à son domicile à deux reprises, avoir sollicité d'elle le prêt d'une somme d'argent et que, s'étant vu opposer un refus alors qu'ils montaient un escalier les menant à la maison, il l'avait saisie à la taille, l'avait poussée en la soulevant, celle-ci étant alors tombée, sa tête venant heurter la traverse d'une porte, et était restée inanimée (■ Cass. crim., 13 févr. 1975, n° 74-92.657 : *Bull. crim.* n° 53). *Cependant,* les officiers de police judiciaire, agissant sur commission rogatoire, ont le devoir, avant de mettre une personne en cause, de vérifier, notamment par l'audition de celle-ci, s'il existe à son encontre des indices graves et concordants d'avoir participé aux faits dont le juge d'instruction est saisi ; ce devoir, loin de porter atteinte aux intérêts de la personne concernée, a pour objet de garantir un procès équitable ; justifie dès lors sa décision au regard de l'article 105 et de l'article 6 de la Convention européenne des droits de l'Homme, la juridiction du second degré rejetant la requête en annulation des actes de la procédure (■ Cass. crim., 1er déc. 1998, n° 98-83.566 : *Bull. crim.* n° 323 ; *Dr. pén.* 1999, comm. 46 et 49, obs. A. Maron). Justifie sa décision une cour d'appel qui, pour déclarer régulières l'interpellation d'un individu, les perquisitions et auditions consécutives ainsi que toute la procédure subséquente, relève que les officiers de police judiciaire enquêteurs agissaient en vertu d'une commission rogatoire régulièrement délivrée aux fins de poursuivre les investigations, de rechercher les auteurs, coauteurs, complices et receleurs et de procéder à toutes mesures utiles à la manifestation de la vérité, et qu'exécutant cette mission, ils ont, à la suite d'un renseignement fourni verbalement par une personne identifiée, pu intercepter l'intéressé, perquisitionner dans son véhicule et dans son domicile et l'entendre dans le respect des prescriptions de l'article 105 du Code de procédure pénale (■ Cass. crim., 15 févr. 1988, n° 87-80.214 : *Bull. crim.* n° 73).

13) Audition du témoin assisté. Il résulte des articles 113-2 et 152 du Code de procédure pénale que, si toute personne, qui est nommément visée par une plainte avec constitution de partie civile et qui n'a pas acquis la qualité de témoin assisté, peut être entendue par un officier de police judiciaire agissant sur commission rogatoire, c'est à la condition qu'elle y ait consenti après avoir été avisée de son droit d'être entendue comme témoin assisté par le juge d'instruction (■ Cass. crim., 6 août 2008, n° 08-82.924 : *Bull. crim.* n° 171 : *D.* 2008, 2836, note Ch. Guéry ; *Dr. pén.* 2009, chron. 1, obs. A. Maron, chron. 8, obs. M. Haas ; *RSC* 2009, p. 896, obs. J. Buisson). *Comp.,* il résulte des articles 113-2 et 152 du Code de procédure pénale que toute personne nommément visée par une plainte et qui n'a pas acquis la qualité de témoin assisté peut être entendue par un officier de police judiciaire agissant sur commission rogatoire du juge d'instruction ; méconnaît le sens et la portée de ces textes la chambre de l'instruction qui annule les procès-verbaux d'audition de personnes nommément visées dans une plainte avec constitution de partie civile, entendues en exécution d'une commission rogatoire par des officiers de police judiciaire, après y avoir consenti, connaissance leur ayant été préalablement donnée des articles 113-2 et 152 du Code de procédure pénale, au motif qu'elles n'ont pas été informées par le juge d'instruction de leur droit d'obtenir le statut de témoin assisté (■ Cass. crim., 23 mars 2004, n° 03-87.854 : *Bull. crim.* n° 76 ; *RSC* 2004, p. 672, obs. A. Giudicelli).

14) **Audition de la partie civile – Audition en tant que suspect.** Ne constitue pas une cause de nullité le placement en garde à vue et l'audition par les policiers, sur commission rogatoire, d'une personne, dès lors qu'il existe à son encontre des indices faisant présumer qu'elle a commis l'infraction, objet de l'information, ou qu'elle y a participé, quand bien même elle se serait constituée partie civile dans cette procédure (■ Cass. crim., 28 avr. 2004, n° 01-84.554 : *Bull. crim.* n° 103).

15) **Perquisitions réalisées en certains lieux.** V. s'agissant des perquisitions au cabinet ou au domicile d'un avocat, art. 56-1, p. 190, au cabinet d'un médecin, d'un notaire ou d'un huissier, art. 56-3, p. 196, dans les locaux d'une entreprise de presse ou communication audiovisuelle, dans les véhicules professionnels de ces entreprises ou au domicile d'un journaliste, art. 56-2, p. 194. *V. cependant*, pour l'application de l'article 56-2 du Code de procédure pénale, ne peuvent être assimilées à la perquisition, relevant du seul office du juge, les mesures préparatoires qui sont nécessaires à son exécution dans le respect des dispositions spéciales de ce texte et qui sont mises en œuvre par le SRPJ sur délégation du magistrat et sous son contrôle, conformément à l'article 151 du même code (■ Cass. crim., 29 nov. 1995, n° 95-83.951 : *Bull. crim.* n° 363 ; *JurisData* n° 1995-003539).

16) **Mandats.** V. art. 122 et s., p. 393. À rapprocher de l'art. 153, al. 2, p. 524.

17) **Mise en examen.** V. art. 154-2, p. 526.

III – RÔLE DU JUGE MANDANT LORS DE L'EXÉCUTION DE LA COMMISSION ROGATOIRE (AL. 3)

18) **Communication d'informations supplémentaires.** Comme l'a justement relevé la chambre d'accusation, aucune prescription de la loi n'interdit au juge d'instruction, qui tient de l'article 81 du Code de procédure pénale le pouvoir de procéder à tous les actes d'information qu'il juge utiles à la manifestation de la vérité, de communiquer, en cours d'exécution d'une commission rogatoire délivrée par lui à un officier de police judiciaire, des renseignements ultérieurement recueillis à l'occasion d'autres investigations (■ Cass. crim., 10 janv. 1989, n° 88-86.129 : *Bull. crim.* n° 8).

Art. 153 *(L. n° 2000-516, 15 juin 2000 ; L. n° 2001-1062, 15 nov. 2001 ; L. n° 2002-307, 4 mars 2002 ; L. n° 2004-204, 9 mars 2004 ; Déc. n° 2016-594 QPC, 4 nov 2016).* **– Tout témoin cité pour être entendu au cours de l'exécution d'une commission rogatoire est tenu de comparaître, de prêter serment et de déposer. Lorsqu'il n'existe aucune raison plausible de soupçonner qu'il a commis ou tenté de commettre une infraction, il ne peut être retenu que le temps strictement nécessaire à son audition.**

S'il ne satisfait pas à cette obligation, avis en est donné au magistrat mandant qui peut le contraindre à comparaître par la force publique. Le témoin qui ne comparaît pas encourt l'amende prévue par l'article 434-15-1 du Code pénal.

L'obligation de prêter serment et de déposer n'est pas applicable aux personnes gardées à vue en application des dispositions de l'article 154.

Bibliographie : H. Marquetty et M. Picquet, *Le droit au silence de la personne soupçonnée se fait enfin entendre : Dr. pén.* 2017, étude 16.

1) **Audition comme témoin – Parlementaire.** Ne constitue pas une arrestation ou une mesure privative ou restrictive de liberté, au sens de l'article 26, alinéa 2, de la Constitution, l'obligation faite à un parlementaire de comparaître en qualité de témoin, en application des articles 109 et 153 du Code de procédure pénale, dès lors que ce dernier n'y est pas contraint par la force publique (■ Cass. crim., 19 sept. 2007, n° 06-85.003 : *Bull. crim.* n° 217 ; *Dr. pén.* 2009, chron. 1, D. Guérin).

2) **Audition comme témoin – Prestation de serment.** Si l'officier de police judiciaire commis a procédé, dans le cadre de sa mission, à l'audition de témoins sans qu'il résulte de la procédure que ceux-ci aient prêté serment, conformément aux dispositions de l'article 153, alinéa 1er du Code de procédure pénale, il ne saurait en découler une cause de nullité, dès lors que l'inobservation de cette formalité n'est sanctionnée par aucun texte et qu'il n'est pas établi, ni même allégué que l'omission critiquée ait eu pour effet de porter atteinte aux droits de la défense (■ Cass. crim., 31 mars 1981, n° 80-94.773 : *Bull. crim.* n° 110).

3) **Audition en garde à vue – Inconstitutionnalité de l'article 153, alinéa 3 (dernière phrase).** Faire prêter serment à une personne

entendue en garde à vue au cours de l'exécution de la commission rogatoire de « dire toute la vérité, rien que la vérité » peut être de nature à lui laisser croire qu'elle ne dispose pas du droit de se taire ou de nature à contredire l'information qu'elle a reçue concernant ce droit. Dès lors, en faisant obstacle, en toute circonstance, à la nullité d'une audition réalisée sous serment lors d'une garde à vue dans le cadre d'une commission rogatoire, les dispositions contestées portent atteinte au droit de se taire de la personne soupçonnée. Par conséquent, la seconde phrase du dernier alinéa de l'article 153 du Code de procédure pénale doit être déclarée contraire à la Constitution (▪ Cons. const., 4 nov. 2016, n° 2016-594 QPC. – *Adde*, H. Marquetty et M. Picquet, *Le droit au silence de la personne soupçonnée se fait enfin entendre ! : Dr. pén.* 2017, étude 16). *Contra* précédemment, il résulte des dispositions combinées des articles 105, 113-1, 153 et 154 du Code de procédure pénale, dans leur rédaction applicable aux faits, qu'une personne placée en garde à vue sur commission rogatoire du juge d'instruction peut être entendue par l'officier de police judiciaire après avoir prêté le serment prévu par la loi, dès lors qu'il n'existe pas à son encontre des indices graves et concordants d'avoir participé aux faits dont le juge d'instruction était saisi ou qu'elle n'est pas nommément visée par un réquisitoire introductif (▪ Cass. crim., 28 avr. 2004, n°s 04-80.753 et 01-84.554 : *Bull. crim.* n°s 102 et 103. ▪ Cass. crim., 14 janv. 2003, n° 02-87.062 : *Bull. crim.* n° 6. ▪ Cass. crim., 14 mai 2002, n° 02-80.721 : *Bull. crim.* n° 111). Si l'article 104 de la loi du 9 mars 2004, modifiant l'article 153 du Code de procédure pénale, a supprimé l'obligation pour la personne gardée à vue dans le cadre d'une commission rogatoire de prêter serment et de déposer, cette disposition prévoit également que le fait pour les personnes concernées d'avoir été entendues sous serment, ne constitue pas une cause de nullité de la procédure (▪ Cass. crim., 28 avr. 2004, n° 04-80.753, préc.).

Art. 154 ***(Mod. à compter du 15 nov. 2016, L. n° 2016-731, 3 juin 2016).*** **– Les dispositions des articles 61-1 et 61-2 relatives à l'audition d'une personne soupçonnée ou d'une victime ainsi que les articles 61-3 et 62-2 à 64-1 sont applicables lors de l'exécution des commissions rogatoires.**

Les attributions conférées au procureur de la République par ces articles sont alors exercées par le juge d'instruction. Lors de la délivrance de l'information prévue aux articles 61-1 et 63-1, il est précisé que l'audition ou la garde à vue intervient dans le cadre d'une commission rogatoire.

1) **Audition libre dans le cadre d'une commission rogatoire.** V. s'agissant des règles générales, art. 61-1, p. 206, 61-2, p. 207 et 61-3, p. 207 et annotations ss art.

2) **Garde à vue dans le cadre d'une commission rogatoire.** V. s'agissant des règles générales, art. 62-2 à 64-1, p. 210 et annotations ss art.

3) **Compétence pour décider du placement en garde à vue : officier de police judiciaire.** V. *cependant*, aucune disposition légale ne fait obstacle à ce que l'officier de police judiciaire sollicite les instructions du magistrat mandant avant de décider de placer une personne en garde à vue (▪ Cass. crim., 27 sept. 2005, n° 05-83.590 : *Bull. crim.* n° 237).

4) **Personne placée en garde à vue – Partie civile.** Ne constitue pas une cause de nullité le placement en garde à vue et l'audition par les policiers agissant sur commission rogatoire d'une personne, dès lors qu'il existe à son encontre des indices faisant présumer qu'elle a commis l'infraction, objet de l'information, ou qu'elle y a participé, quand bien même elle se serait constituée partie civile dans cette procédure (▪ Cass. crim., 28 avr. 2004, n° 01-84.554 : *Bull. crim.* n° 103).

5) **Prestation de serment de la personne placée en garde à vue.** V. art. 153, p. 524 et annotations ss art.

6) **Information portant sur le cadre juridique de la garde à vue.** Justifie sa décision la chambre de l'instruction qui, pour rejeter l'exception de nullité prise de ce que, contrairement aux prescriptions de l'article 154 du Code de procédure pénale, l'intéressé n'aurait pas été informé, lors de son placement en garde à vue, que cette mesure était prise en exécution d'une commission rogatoire, relève, notamment, que dix minutes après le début de la mesure, l'intéressé a signé le procès-verbal de notification du placement en garde à vue et des droits y afférents, lequel portait l'indication de la commission rogatoire, ainsi que du nom et de la qualité du juge d'instruction mandant, de sorte qu'il en a pris connaissance à ce moment : d'une part, il ne résulte d'aucune disposition légale ou conventionnelle une obligation de porter cette information à la connaissance de la personne gardée à vue selon une formalité spécifique, d'autre part l'intéressé a eu connaissance, lors de son placement en garde à vue, du cadre dans lequel se déroulait cette mesure (▪ Cass. crim., 9 févr. 2016, n° 15-84.277 : *Bull. crim.* n° 33).

7) **Information du juge d'instruction.** Selon l'article 154 du Code de procédure pénale, l'officier de police judiciaire qui est amené, pour les nécessités de l'exécution d'une commission rogatoire, à garder une personne à sa disposition, a le devoir d'en informer le juge d'instruction dans les

meilleurs délais ; tout retard, non justifié par une circonstance insurmontable, dans l'information donnée au juge d'instruction du placement en garde à vue fait nécessairement grief aux intérêts de la personne concernée ; méconnaît ce texte et le principe susmentionné, la chambre d'accusation qui rejette la requête en annulation, alors que le juge d'instruction n'a été avisé qu'à 19 heures 30 d'une mesure de garde à vue prise à 14 heures 30 (■ Cass. crim., 29 févr. 2000, n° 99-84.899 : *Bull. crim.* n° 92 ; *Dr. pén.* 2000, comm. 80, note A. Maron).

8) Juge d'instruction compétent pour prolonger la garde à vue. Justifie sa décision la chambre de l'instruction qui, pour déclarer régulière la prolongation de la garde à vue de l'intéressé par le juge d'instruction, dans le ressort duquel se déroulait la mesure, retient qu'aux termes de l'article 154 du Code de procédure pénale, les dispositions des articles 62-2 à 64-1 du même code relatives à la garde à vue sont applicables lors de l'exécution des commissions rogatoires et que les attributions conférées au procureur de la République par ces textes sont alors exercées par le juge d'instruction et en déduit que le second alinéa de l'article 63-9, selon lequel le procureur de la République du lieu où est exécutée la garde à vue est compétent, comme celui sous la direction duquel l'enquête est menée, pour la contrôler et en ordonner la prolongation, est applicable lorsque la mesure intervient en exécution d'une commission rogatoire, les magistrats concernés étant alors le juge d'instruction qui a délivré celle-ci et celui du lieu où la personne est gardée à vue : en se prononçant ainsi, et dès lors que l'article 154 du Code de procédure pénale ne comporte aucune restriction au renvoi qu'il opère à l'article 63-9 de ce code, la chambre de l'instruction a fait une exacte application des textes susvisés (■ Cass. crim., 22 oct. 2013, n° 13-81.945 : *Bull. crim.* n° 196 ; *JurisData* n° 2013-023276).

9) Cumul de gardes à vue – Gardes à vue prononcées en enquête et sur commission rogatoire. Il résulte des articles 77 et 154 du Code de procédure pénale, qu'une personne ne peut être retenue en garde à vue, à l'occasion des mêmes faits, pour une durée totale excédant 48 heures ; le dépassement de ce délai, même si les mesures ont été successivement ordonnées en application de l'un et l'autre de ces textes, constitue par lui-même une atteinte aux intérêts de la personne concernée ; méconnaît les principes sus-énoncés la chambre d'accusation qui retient que le cumul des gardes à vue successives (réalisées à 6 années d'intervalle) est licite (■ Cass. crim., 13 févr. 1996, n° 95-85.538 : *Bull. crim.* n° 74 ; *Dr. pén.* 1996, comm. 143, A. Maron). Aucune disposition légale ne fait obstacle à ce qu'un placement en garde à vue, décidé par un officier de police judiciaire en charge d'une commission rogatoire, succède immédiatement à une précédente mesure prise dans le cadre d'une enquête de flagrance et régulièrement levée sur instructions verbales du procureur de la République, dès lors que la durée totale de la mesure ne dépasse pas celle fixée par la loi (■ Cass. crim., 11 juill. 2007, n° 07-83.007 : *JurisData* n° 2007-040314).

10) Délai de déferrement. Est à juste titre écarté le moyen de nullité tiré de la violation de l'article 5.3 de la Convention européenne des droits de l'Homme dès lors que l'ordre donné par le juge d'instruction de faire déférer une personne à l'issue de sa garde à vue justifie la privation de liberté pendant le temps strictement nécessaire à sa présentation et que l'arrêt s'est suffisamment expliqué (au regard des considérations de l'espèce) sur le délai de 20 heures séparant la fin de la garde à vue de l'audition par le juge (■ Cass. crim., 25 nov. 2003, n° 03-85.076 : *Bull. crim.* n° 221 ; *Dr. pén.* 2004, comm. A. Maron ; *RSC* 2005, p. 381, obs. J. Buisson).

Art. 154-1 *(L. n° 2003-239, 18 mars 2003 ; L. n° 2022-52, 24 janv. 2022).* **– Pour les nécessités de l'exécution de la commission rogatoire, l'officier de police judiciaire peut faire procéder aux opérations de prélèvements externes prévues par l'article 55-1.**

Les dispositions des deuxième, troisième et dernier alinéas de l'article 55-1 sont applicables. L'autorisation prévue au dernier alinéa du même article 55-1 est alors donnée par le juge d'instruction.

Art. 154-2 *(L. n° 2004-204, 9 mars 2004).* **– Le juge d'instruction qui envisage de mettre en examen une personne qui n'a pas déjà été entendue comme témoin assisté peut requérir par commission rogatoire, selon les modalités prévues par l'article 151, tout juge d'instruction de procéder à la mise en examen de cette personne conformément aux dispositions de l'article 116.**

Le juge d'instruction chargé d'exécuter la commission rogatoire procède alors à la mise en examen de la personne conformément aux dispositions de l'article 116, sauf s'il estime, au vu de ses observations ou celles de son avocat, qu'il n'existe pas contre elle d'indices graves ou concordants rendant vraisemblable sa culpabilité, auquel cas ce magistrat l'informe qu'elle bénéficie des droits du témoin assisté.

Lorsqu'une personne a déjà été entendue comme témoin assisté, le juge d'instruction peut requérir par commission rogatoire tout juge d'instruction de procéder à la mise en examen de cette personne.

Mise en examen sur commission rogatoire internationale. Il n'y a pas lieu à annulation d'une mise en examen effectuée sur commission rogatoire internationale délivrée en France dès lors que le juge français n'a pas qualité pour apprécier la régularité d'un acte au regard de la législation étrangère et que, d'une part, l'appréciation du bien-fondé de la mise en examen relève du seul juge d'instruction de l'État requérant en charge de l'information judiciaire, d'autre part, la Cour de cassation est en mesure de s'assurer que l'acte dont la nullité est alléguée n'a pas été accompli en violation des droits de la défense, ni d'aucun principe général du droit, en ce que la personne mise en examen est recevable à contester devant la chambre de l'instruction l'existence à son encontre d'indices graves ou concordants d'avoir commis les faits qui lui sont reprochés ou à demander au juge d'instruction de revenir sur sa décision et de lui octroyer le statut de témoin assisté, l'arrêt attaqué n'encourt pas la censure (▪ Cass. crim., 7 juin 2017, n° 16-87.114 : *Bull. crim.* à paraître).

Art. 155 *(Abr., L. n° 2019-222, 23 mars 2019).*

Section IX. – De l'expertise

Bibliographie : *Répertoire.* J.-P. Valat, *Expertise : JCl. Proc. pén.*, art. 156 à 169-1, Fasc. 20. • J.-L. Croizier, Ch. Guéry, *Rép. pén. Dalloz*, *V° Expertise*.

Généralités. C. Ambroise-Castérot, *Des contradictions dans le contradictoire en matière d'expertise pénale, Mélanges Burgelin*, 2008, Dalloz, p. 19 et s. • J. Bermond, *La désignation d'un expert unique (difficultés soulevées par l'application de l'article 159 du Code de procédure pénale) : D.* 1967, chron. 231. • A. Besson, *Des règles de l'expertise élaborées par le Code de procédure pénale : D.* 1960, chron. 51. • A. Blanc, *Le juge et l'expert psychiatre : qui dit et qui fait quoi ? : AJ Pénal* 2014, 514. • J.-P. Bouchard, *L'expertise mentale en France entre « pollution de la justice » et devoir d'objectivité : Dr. pén.* 2006, étude 3 ; *« Confluences juridiques », « Du caractère contradictoire de l'expertise en matière pénale » : Gaz. Pal.* 13-17 août 2004, doctr. 2. • A. Certhoux, *Problèmes posés aux psychiatres par les missions d'expertise et de prise en charge de personnalité de délinquants à la demande des autorités judiciaires : RSC* 1975, 1116. • P. Chambon et B. Corboz, *L'expert : RI crim. et pol. techn.* 1982, 115. • A. Coche, *Quand les experts psychiatres ou psychologues condamnent l'accusé : AJ Pénal* 2014, 504. • E. Coudret et A. Auber, *Prédictibilité du comportement : neurosciences et neuro-mythes : AJ Pénal* 2012, 80. • P.-J. Doll, *Les experts à l'audience des juridictions de répression : JCP* 1962, I, 1729 ; *Audition de la partie civile, de l'inculpé et des « sachants » par les experts : D.* 1963, chron. 233 ; *De la responsabilité des experts judiciaires : D.* 1966, chron. 47 ; *Le serment des experts désignés en matière pénale : JCP* 1971, I, 2419 ; *L'interrogatoire de l'inculpé par les experts : Gaz. Pal.* 1972, 2, doctr. 439 ; *La communication par le magistrat instructeur des conclusions du rapport d'expertise aux parties : Gaz. Pal.* 1973, 2, doctr. 578. • J.-C. Galloux, *L'empreinte génétique : la preuve parfaite ? : JCP* 1991, I, 3497. • C. Guéry, *L'expertise psychologique sert-elle l'intime conviction du juge ?*, in *Conviction intime et abus sexuel : Cah. Revue de la Société française de psychologie légale*, publication de l'Université de Rouen, n° 3 ; *Le juge d'instruction et l'expertise psychiatrique*, in *Justice et psychiatrie*, 1998, Eres ; *Dernière braderie avant liquidation définitive. Loi du 12 mai 2009 : deux possibilités nouvelles de renonciation par les parties à certains délais de procédure : AJ Pénal* 2009, 303. • P. Jusseaume, *L'expertise psychiatrique, ses pièges, ses limites... : AJ Pénal* 2012, 70. • M. Lemoigne, P. Savel et R. Truffaut, *Réflexions sur l'expertise médico-légale et toxicologique : D.* 1962, chron. 257. • L. Leturmy, *De l'enquête de police à la phase exécutoire du procès : quelques remarques générales sur l'expertise pénale : AJ Pénal* 2006, 58. • J.-P. Marguenaud, *Le droit à l'expertise équitable : D.* 2000, p. 111. • Y. Marx, *Observations sur le problème de l'expertise pénale*, in *Problèmes contemporains de procédure pénale*, 1964, p. 193 et s. • J. Michaud, *Le juge d'instruction et l'expert : RSC* 1975, 791 ; *Le traducteur et l'expert : RSC* 1985, 266. • P. Mimin, *La nouvelle expertise : D.* 1957, chron. 161. • T. Moussa, *À propos des nouvelles règles de l'expertise en matière pénale : ALD* 1986, 29. • J. Penneau, *De quelques incidences du secret médical sur l'expertise judiciaire : AJ Pénal* 2009, 169. • J. Pradel, *Les rôles respectifs du juge et du technicien dans l'administration de la preuve en matière pénale, X^e colloque des Instituts d'études judiciaires, Poitiers, mai 1975*, publication de la Faculté de droit et des sciences sociales de Poitiers, t. 6, 1976, p. 120 ; *La responsabilité pénale de l'expert judiciaire : RSC* 1986, 247. • J.-F. Renucci, *L'expertise pénale et la Convention européenne des droits de l'Homme : JCP* 2000, I, 227. • M. Rolland, M. Larocque, A. Lamache, P.-H. Davost et P. Bouzat, *Les rapports du juge pénal et du médecin expert : RSC* 1963, 751. • M. Savart, *L'expertise scientifique en matière pénale : AJ Pénal* 2006, 72. • J.-L. Senon et C. Manzanera, *L'expertise psychiatrique pénale : les données d'un débat : AJ Pénal* 2006, 66. • O. Simart, *La lecture et l'exploitation du rapport d'expertise criminalistique par le juge d'instruction : AJ Pénal* 2011, 552. • J. Székély, *Le rôle de l'expert dans la procédure pénale : RSC* 1958, 43. • J. Verin, *L'expertise dans le procès pénal : RSC* 1980, 1022. • R. Vouin, *Le juge et son expert : D.* 1955, chron. 131 ; *De la contradiction dans l'expertise : RSC* 1956, 243.

Art. 156 *(Mod., L. n° 2004-204, 9 mars 2004).* – **Toute juridiction d'instruction ou de jugement, dans le cas où se pose une question d'ordre technique, peut, soit à la demande du ministère public, soit d'office, ou à**

la demande des parties, ordonner une expertise. Le ministère public ou la partie qui demande une expertise peut préciser dans sa demande les questions qu'il voudrait voir poser à l'expert.

Lorsque le juge d'instruction estime ne pas devoir faire droit à une demande d'expertise, il doit rendre une ordonnance motivée au plus tard dans un délai d'un mois à compter de la réception de la demande. Les dispositions des avant-dernier et dernier alinéas de l'article 81 sont applicables.

Les experts procèdent à leur mission sous le contrôle du juge d'instruction ou du magistrat que doit désigner la juridiction ordonnant l'expertise.

Voir : art. D. 37 et s., p. 2161.

I – NOTION D'EXPERTISE

1) Nécessité d'une question d'ordre technique. L'enquête de personnalité prévue par l'article 81 du Code de procédure pénale n'a pas pour objet l'examen de questions techniques et ne constitue pas une expertise au sens des articles 156 et suivants du Code de procédure pénale (▪ Cass. crim., 17 janv. 1990, n° 89-83.876 : *Juris-Data* n° 1990-700289). Les missions tendant à faire traduire en français des documents rédigés en langue étrangère ne comportent aucune question d'ordre technique au sens des articles 156 et suivants du Code de procédure pénale et ne sont pas soumises aux règles concernant l'expertise (▪ Cass. crim., 20 août 1986 : *Bull. crim.* n° 244).

2) Nécessité d'une interprétation – Distinction entre l'expertise et les constatations techniques et scientifiques. L'opération consistant uniquement en la détermination du taux d'alcoolémie de la victime, sans interprétation du résultat, entre dans le cadre de simples constatations et n'est pas soumise aux prescriptions propres à l'expertise (▪ Cass. crim., 6 oct. 1986 : *Bull. crim.* n° 270). Les missions confiées, limitées à la recherche du taux d'alcoolémie des victimes, aucune interprétation des résultats n'étant demandée, entrent dans le cadre de simples constatations (▪ Cass. crim., 2 sept. 1986, n° 86-93.266 : *Bull. crim.* n° 251 ; *JCP* 1987, II, 20766, note P. Chambon). La pesée d'un projectile extrait du cadavre de la victime constitue une simple vérification qui ne peut être assimilée à une expertise soumise aux formes et conditions des articles 156 et suivants du Code de procédure pénale (▪ Cass. crim., 20 janv. 1972 : *Bull. crim.* n° 30). Le concours matériel apporté par un officier de police judiciaire dans la reconstitution des scellés ne saurait constituer une participation à l'expertise (▪ Cass. crim., 24 nov. 1987, n° 87-84.993 : *Bull. crim.* n° 426). La réquisition adressée par le juge d'instruction, au directeur du laboratoire interrégional de police scientifique, fondée sur les dispositions de l'article 81 du Code de procédure pénale, et invitant celui-ci à faire connaître si des objets saisis et des prélèvements effectués lors d'un transport comportaient des taches de sang et, dans l'affirmative, de quel groupe, ne prescrivait que de simples mesures de recherches et de constatation ne présentant pas le caractère d'une expertise au sens de l'article 156 du Code de procédure pénale (▪ Cass. crim., 4 nov. 1987, n° 87-84.646). En soumettant à un professeur, directeur du laboratoire de police scientifique de la Préfecture de Police de Paris, des documents saisis au cours de l'enquête effectuée sur commission rogatoire du juge d'instruction et relatifs à la revendication d'un assassinat, afin de s'assurer de leur provenance, l'officier de police judiciaire n'a pas procédé à la désignation d'un expert au sens de l'article 156 du Code de procédure pénale (▪ Cass. crim., 7 juin 1988, n° 88-81.828 : *Bull. crim.* n° 258). La mise en forme de messages instantanés échangés entre plusieurs personnes au moyen d'une liaison sécurisée par un dispositif de cryptage pour les rendre lisibles en procédure ne nécessitant qu'une simple conversion, ces deux opérations sont étrangères aux prévisions des articles 156 et suivants du Code de procédure pénale (▪ Cass. crim., 16 déc. 2015, n° 15-82.642 : *Bull. crim.* n° 309).

3) Limites de l'expertise – Exclusion des actes d'investigation. Les experts, qui ont seulement pour mission de faire des investigations matérielles et d'émettre leur avis sur les questions qui leur sont soumises ne sont chargés d'aucune partie de l'administration de la justice ; dès lors, ils n'ont pas qualité pour accomplir les actes qui ont pour objet de constater les délits et d'en découvrir les auteurs (▪ Cass. crim., 16 mars 1964, n° 63-91.024 : *Bull. crim.* n° 1997). Méritent d'être annulées la mission et les opérations d'expertise dès lors que, sous le couvert d'une mission d'expertise, ordonnée et exécutée en méconnaissance des règles édictées aux articles 156 et suivants du Code de procédure pénale, le juge d'instruction a délégué des pouvoirs relevant de sa seule compétence ; justifie dès lors sa décision la chambre de l'instruction qui, pour prononcer la nullité, relève que la mission d'expertise confiée par le juge d'instruction, par son imprécision et par l'absence de définition de l'analyse psychocriminologique sollicitée, laquelle ne s'apparente pas à une expertise psychologique, a constitué une délégation générale des pouvoirs du juge d'instruction, l'empêchant, par ailleurs, d'exercer tout contrôle sur les opérations effectuées, que l'expert a pris des contacts répétés et suivis avec les enquêteurs sans en avoir tenu informé le juge d'instruction et qu'il a identifié, sans même l'avoir examiné, le prévenu comme le seul suspect ayant un profil psychologique totalement compatible avec un passage à l'acte meurtrier, tranchant ainsi une question de la compétence exclusive du juge (▪ Cass. crim., 29 janv. 2003, n° 02-86.774 : *Bull. crim.* n° 22 ; *Dr. pén.* 2003, comm. 53, obs. A. Maron et M. Haas).

4) **Limites de l'expertise – Exclusion de l'appréciation de la culpabilité.** V. ▪ Cass. crim., 29 janv. 2003, préc. *Cependant*, aucun texte ni aucun principe de procédure pénale n'interdit au médecin expert d'envisager la culpabilité de l'inculpé, alors que sa mission lui prescrit de rechercher l'existence d'anomalies mentales de nature à atténuer la responsabilité pénale et de préciser si le sujet est curable ou réadaptable, ce qui implique l'éventualité d'une délinquance (▪ Cass. crim., 10 juin 1970, n° 70-91.024 : *Bull. crim.* n° 196). En déclarant, dans leur rapport d'autopsie, que « l'utilisateur de l'arme avait une parfaite connaissance des régions dangereuses du cou », les experts ont tiré les conclusions des constatations qu'ils avaient faites en exécution de la mission qui leur avait été confiée par le juge et ne se sont nullement prononcés sur la culpabilité de tel ou tel inculpé (▪ Cass. crim., 16 mai 1972, n° 72-91.182 : *Bull. crim.* n° 169). Justifie sa décision la chambre d'accusation qui, pour refuser d'annuler les opérations d'expertise, relève que les experts formulent, non pas une appréciation subjective et juridique sur la responsabilité d'une personne déterminée, mais un avis technique dont les juges ont déduit que tout gestionnaire était en mesure, au vu des mêmes documents, de déceler les anomalies y figurant (▪ Cass. crim., 30 mai 1996, n° 95-85.954 : *Bull. crim.* n° 226). Justifie sa décision la chambre de l'instruction qui refuse d'annuler la mission d'expertise, qui consistait à décrire les fonctions de chaque intervenant, avait pour but de permettre au juge de mieux apprécier la nature et l'étendue des responsabilités encourues, et ordonne la cancellation des passages du rapport d'expertise pouvant s'apparenter à une analyse des responsabilités excédant l'étendue de la mission de l'expert, dès lors que les conclusions de l'expert, dont la désignation a été valablement motivée par sa connaissance du milieu maritime, restent soumises à la discussion des parties et à l'appréciation des juges du fond (▪ Cass. crim., 9 juill. 2003, n° 03-81.944 : *Bull. crim.* n° 137). N'excède pas les limites fixées par la loi la mission d'expertise qui, comme en l'espèce, après avoir précisé les questions techniques sur lesquelles devaient porter les vérifications des experts, indique que leur avis doit permettre au juge d'instruction de mieux apprécier les responsabilités encourues (▪ Cass. crim., 13 avr. 2005, n° 05-80.668 : *Bull. crim.* n° 132).

5) **Exclusion d'avis juridique.** V. égal. art. 158, p. 531 et annotations ss art.

II – DÉCISION D'ORDONNER UNE EXPERTISE

6) **Compétence pour ordonner une expertise.** Si, en application de l'article 156 du Code de procédure pénale, toute juridiction d'instruction ou de jugement peut ordonner une expertise dans le cas où se pose une question d'ordre technique, lesdites juridictions ne tiennent cependant d'aucun texte la faculté de déléguer leurs pouvoirs en matière de désignation d'experts ; en particulier, il n'entre pas dans les pouvoirs d'un officier de police judiciaire, agissant sur commission rogatoire du juge d'instruction, d'ordonner une mesure d'expertise et de désigner des experts (▪ Cass. crim., 2 sept. 1986, n° 86-93.266 : *Bull. crim.* n° 251 ; *JurisData* n° 1986-001622 ; *JCP* G 1987, II, 20766, note P. Chambon ; *RSC* 1987, p. 242, note A. Braunschweig. – *Adde*, ▪ Cass. crim., 3 mars 1959 : *Bull. crim.* n° 147). La « commission rogatoire » par laquelle le Juge d'instruction donne au commissaire divisionnaire, chef du service régional de police judiciaire, mission de faire examiner par le service de l'identité judiciaire un document à l'effet de déterminer quel en était l'auteur, ne constituait pas, en dépit d'une terminologie inexacte, une simple mission de vérification mais une véritable mission d'expertise qui comportait l'examen de questions portant sur le fond de l'affaire ; dès lors, est nulle la décision du juge d'instruction qui méconnaît les dispositions de l'article 159 du Code de procédure pénale (▪ Cass. crim., 20 déc. 1972, n° 72-92.625 : *Bull. crim.* n° 395).

7) **Demande d'expertise – Appréciation de l'opportunité de l'expertise.** L'ordonnance par laquelle le juge d'instruction rejette une demande d'expertise se fonde sur des considérations de fait qui échappent au contrôle de la Cour de cassation (▪ Cass. crim., 15 janv. 1985 : *Bull. crim.* n° 27).

8) **Demande d'expertise – Refus.** Aux termes de l'article 156, alinéa 2, du Code de procédure pénale, le juge d'instruction, lorsqu'il estime ne pas devoir faire droit à une demande d'expertise formée par les parties, doit rendre une ordonnance motivée ; le « soit-transmis » faisant connaître à l'inculpé que sa demande a déjà été examinée et que les raisons du refus d'accéder à sa requête lui ont été exposées, qui ne comporte ni motif ni dispositif et ne statue pas sur le bien-fondé de la requête ne

peut être considéré comme une ordonnance motivée rejetant une demande d'expertise au sens de l'article 156, alinéa 2, du Code de procédure pénale (▪ Cass. crim., 2 avr. 1992, n° 92-80.263 : *Bull. crim.* n° 139). Il résulte des articles 81 et 156 du Code de procédure pénale que lorsque le juge d'instruction n'a pas statué dans le délai d'un mois sur une demande d'expertise présentée en application du second de ces textes, la partie a la faculté de saisir directement le président de la chambre de l'instruction dans les conditions prévues par l'article 81, dernier alinéa, du même code ; il s'ensuit que la personne mise en examen qui n'a pas usé de cette faculté ne saurait être admise à interjeter appel de l'ordonnance la renvoyant devant le tribunal correctionnel pour contester le rejet implicite de sa demande d'expertise (▪ Cass. crim., 25 avr. 2006 : *Bull. crim.* n° 109).

Art. 157 *(Mod., L. n° 2004-130, 11 févr. 2004).* **– Les experts sont choisis parmi les personnes physiques ou morales qui figurent sur la liste nationale dressée par la Cour de cassation ou sur une des listes dressées par les cours d'appel dans les conditions prévues par la loi n° 71-498 du 29 juin 1971 relative aux experts judiciaires.**

À titre exceptionnel, les juridictions peuvent, par décision motivée, choisir des experts ne figurant sur aucune de ces listes.

1) **Liberté de choix de l'expert.** En application de l'article 157 du même code, les juges ont le libre choix des experts (▪ Cass. crim., 21 oct. 2015, n° 15-83.395 : *JurisData* n° 2015-023348 ; *Procédures* 2015, comm. 372, A.-S. Chavent-Leclère).

2) **Impartialité de l'expert.** La désignation d'un expert dépendant de l'une des parties ne permet pas de garantir les conditions du procès équitable ; doit être approuvée la chambre de l'instruction qui, pour annuler la désignation d'un expert, les actes accomplis par lui et ceux accomplis en sa présence, sur commission rogatoire, retient, notamment, que cet expert est salarié de la société partie civile ayant déposé la plainte initiale et que chaque page de son rapport d'expertise, qui mentionne que ce document est la propriété intellectuelle de ladite société, est rédigé à son en-tête (▪ Cass. crim., 25 sept. 2012, n° 12-82.770 : *Bull. crim.* n° 197 ; *Dr. pén.* 2012, comm. 153, note A. Maron et M. Haas). Justifie sa décision la chambre de l'instruction qui rejette lesdemandes d'annulation des ordonnances d'expertise et des expertises, présentées sur le double fondement du défaut d'impartialité du juge d'instruction et du défaut d'indépendance de l'expert en raison des liens que ces personnes entretenaient, en appréciant, par des motifs exempts d'insuffisance comme de contradiction, l'impartialité du juge d'instruction et de l'expert, celui-ci ayant été choisi par le collège de l'instruction dont faisait partie le juge d'instruction en raison de sa compétence particulière et ayant participé avec les autres experts désignés à l'élaboration de rapports ayant un caractère d'avis technique et soumis à la contradiction (▪ Cass. crim., 11 mars 2014, n° 13-86.965 : *Bull. crim.* n° 71). Justifie sa décision la chambre de l'instruction qui, pour rejeter la demande d'annulation des ordonnances de désignation d'un expert et des rapports déposés par lui prise de la violation des articles préliminaire, 156 et suivants du Code de procédure pénale et de l'article 6-1 de la Convention européenne des droits de l'Homme et des libertés fondamentales, se prononce par des motifs d'où il résulte que, si le défaut d'impartialité d'un expert peut constituer une cause de nullité, les reproches adressés par les requérantes à l'expert concerné ne suffisent pas à priver les rapports de cet expert du caractère d'avis technique soumis à la contradiction et à l'appréciation ultérieure des juges (▪ Cass. crim., 8 juin 2006, n° 06-81.359 : *Bull. crim.* n° 172).

3) **Secret médical.** En vertu des articles 81, 156 et suivants du Code de procédure pénale, le juge d'instruction peut ordonner une expertise ayant pour objet des constatations d'ordre technique nécessitant la communication et l'examen de pièces utiles à la manifestation de la vérité, et les dispositions relatives au secret imposé aux professionnels de santé ne font pas obstacle à la désignation d'un expert pharmacien pour examiner un dossier contenant des renseignements médicaux et détenu par une fédération sportive investie de prérogatives de puissance publique en matière de lutte contre le dopage (▪ Cass. crim., 24 nov. 2015, n° 15-83.349 : *JurisData* n° 2015-026226 ; *Bull. crim.* n° 268).

4) **Expert dont le précédent rapport a été annulé.** La désignation d'experts dont les précédents rapports ont été annulés n'est pas irrégulière, dès lors que ces rapports ont été annulés pour des motifs étrangers à la qualité de leurs auteurs ou à la conduite des travaux d'expertise et que cette nouvelle désignation ne saurait être analysée, de manière abstraite ou en l'absence de tout autre élément, comme un procédé ou un artifice de nature à reconstituer des actes annulés en violation des dispositions de l'article 174 du Code de procédure pénale (▪ Cass. crim., 29 mai 2002, n° 01-88.823 : *Bull. crim.* n° 121).

I – EXPERT FIGURANT SUR UNE LISTE

5) **Expert inscrit intervenant en dehors de sa spécialité.** Justifie sa décision la chambre de l'instruction qui pour décider qu'un interprète-

traducteur assermenté, inscrit sur la liste des experts dans la rubrique « langues anglaise et anglo-saxonnes », n'a pas à prêter un nouveau serment pour traduire en français des conversations en créole, énonce qu'il se déduit de l'article 160 du Code de procédure pénale que les experts inscrits sur une liste d'experts, assermentés au moment de cette inscription, n'ont pas à prêter un nouveau serment lorsqu'ils sont commis : en application de l'article 157 du même code, les juges ont le libre choix des experts (■ Cass. crim., 21 oct. 2015, n° 15-83.395 : *JurisData* n° 2015-023348 ; *Procédures* 2015, comm. 372, A.-S. Chavent-Leclère).

6) **Date d'appréciation de l'inscription sur les listes.** Dès lors que l'expert désigné, qui ne figurait plus sur les listes lorsqu'il a déposé son rapport, y était inscrit au moment de sa désignation, le fait que le magistrat instructeur n'a pas motivé son ordonnance relativement au choix de cet expert et que celui-ci n'a pas spécialement prêté serment ne méconnaît pas les articles 157, 160, 200 et 591 du Code de procédure pénale (■ Cass. crim., 10 juin 1986, n° 86-91.622 : *Bull. crim.* n° 200).

7) **Âge de l'expert.** Sont à juste titre écartés les moyens de nullité selon lesquels l'expert avait été désigné sans ordonnance spécialement motivée alors qu'il avait dépassé l'âge de 70 ans fixé par l'article 2 du décret du 23 décembre 2004, dès lors que l'expert, même s'il était âgé de plus 70 ans lors de sa désignation, avait été réinscrit sur la liste des experts, pour la période couvrant la date de sa désignation, par une décision de l'assemblée générale de la cour d'appel (■ Cass. crim., 10 nov. 2015, n° 15-83.605 : *JurisData* n° 2015-025095).

II – EXPERT NE FIGURANT SUR AUCUNE LISTE

8) **Décision motivée.** Lorsqu'une expertise est confiée à un expert non inscrit sur les listes, l'ordonnance portant commission de l'expert doit être spécialement motivée ; il s'ensuit que la désignation d'un expert non inscrit au moyen d'une ordonnance qui ne contient aucun motif est entachée d'une nullité radicale (■ Cass. crim., 25 oct. 1983, n° 83-93.824 : *Bull. crim.* n° 267. ■ Cass. crim., 25 juill. 1979, n° 79-91.258 : *Bull. crim.* n° 253). Selon l'article 157 du Code de procédure pénale, le juge d'instruction qui désigne un expert ne figurant ni sur la liste nationale établie par le bureau de la Cour de cassation ni sur une des listes dressées par les cours d'appel, doit motiver sa décision ; l'inobservation de ces dispositions d'ordre public, édictées dans l'intérêt d'une bonne administration de la justice, entache l'ordonnance de nullité (■ Cass. crim., 8 juill. 2004, n°s 04-80.145 et 04-82.601 : *Bull. crim.* n° 180 ; *Dr. pén.* 2004, comm. 165, note A. Maron. ■ Cass. crim., 13 nov. 2008, n° 08-81.446 : *Bull. crim.* n° 231). Aux termes de l'article 157 du Code de procédure pénale, le juge d'instruction peut, par décision motivée, choisir un expert ne figurant pas sur une des listes dressées par les cours d'appel ; en précisant que l'intéressé présentait, en raison de ses compétences en matière d'urbanisme et de sa participation à de nombreuses expertises, toutes les garanties requises, le juge d'instruction a motivé son choix en se fondant sur la réputation et l'expérience de l'expert (■ Cass. crim., 26 nov. 2002, n° 01-85.138). Justifie sa décision la chambre de l'instruction qui, pour refuser d'annuler l'expertise contestée, confiée à deux experts ne figurant pas sur l'une des listes prévues par l'article 153 du Code de procédure pénale, relève que le juge d'instruction a motivé leur désignation en se référant à leurs compétences particulières pour répondre aux questions techniques posées (■ Cass. crim., 27 oct. 2004, n° 04-85.182 : *Bull. crim.* n° 260).

9) **Prestation de serment.** V. art. 160, p. 532 et annotations ss art.

Art. 157-1 *(L. n° 75-701, 6 août 1975)*. **– Si l'expert désigné est une personne morale, son représentant légal soumet à l'agrément de la juridiction le nom de la ou des personnes physiques qui, au sein de celle-ci et en son nom, effectueront l'expertise.**

Absence de formalisme. L'agrément prévu par l'article 157-1 du Code de procédure pénale n'est soumis à aucune condition de forme et ne constitue pas une formalité substantielle (■ Cass. crim., 13 nov. 1990, n° 90-85.438 : *Bull. crim.* n° 378).

Art. 157-2 *(L. n° 2019-222, 23 mars 2019)*. **– L'expertise peut également être demandée à des services ou organismes de police technique et scientifique de la police nationale et de la gendarmerie nationale dont la liste est fixée par arrêté conjoint du ministre de la justice et du ministre de l'intérieur. Dans ce cas, le responsable du service ou de l'organisme désigné soumet à l'agrément de la juridiction le nom des personnes qui effectueront l'expertise.**

Art. 158. – La mission des experts, qui ne peut avoir pour objet que l'examen de questions d'ordre technique, est précisée dans la décision qui ordonne l'expertise.

1) Mission de l'expert – Question d'ordre technique. V. égal. art. 156, p. 527 et annotations ss art.

2) Mission de l'expert – Exclusion de l'appréciation de la culpabilité. Aux termes de l'article 158 du Code de procédure pénale, la mission de l'expert peut avoir pour objet toute question d'ordre technique ; ne justifie pas sa décision la chambre d'accusation qui annule l'ordonnance donnant mission à l'expert de constater et de décrire les infractions commises au regard des règles d'urbanisme et de construction, de rechercher la nature des travaux nécessaires pour parvenir à la conformité de la construction litigieuse et d'établir les métrés des travaux réalisés et leur chronologie alors que la mission qui lui est impartie a pour objet les constatations d'ordre technique nécessaires à l'examen des infractions poursuivies et non l'appréciation de la responsabilité pénale d'une personne déterminée (▪ Cass. crim., 26 nov. 2002, n° 01-85.138).

3) Mission de l'expert – Exclusion d'avis juridique. Si c'est à tort que la chambre d'accusation a, en violation de l'article 158 du Code de procédure pénale, imparti à l'expert désigné par elle la mission de dire si les textes applicables aux faits dont elle était saisie étaient publics à la date du contrôle et si ces textes présentaient alors des difficultés d'interprétation, sa décision n'encourt cependant pas la censure, dès lors que l'expert était également chargé d'examiner des questions d'ordre technique et que ses appréciations restent soumises à la discussion des parties et à l'appréciation des juges du fond (▪ Cass. crim., 4 sept. 2002, n° 01-81.481).

Art. 159 ***(Mod., L. n° 93-1013, 24 août 1993).*** **– Le juge d'instruction désigne l'expert chargé de procéder à l'expertise.**

Si les circonstances le justifient, il désigne plusieurs experts.

1) Choix de l'expert. V. annotations ss art. 157, p. 530.

2) Pluralité d'experts. Si elle peut affecter la force probante des conclusions de l'expert, l'exécution irrégulière de l'expertise par un seul des deux experts désignés par le juge d'instruction n'entraîne pas sa nullité (▪ Cass. crim., 1er févr. 2000, n° 99-87.081 : *JurisData* n° 2000-001002 ; *Bull. crim.* n° 49).

3) Pluralité d'experts – Décès de l'un des experts. Justifie sa décision la chambre de l'instruction qui, pour rejeter la demande d'annulation du rapport d'expertise déposé par un seul des experts désignés, énonce que le juge d'instruction a été régulièrement informé du décès de l'un des experts désignés et de l'évolution des opérations d'expertise qui se sont déroulées sous son contrôle, sans qu'il estime nécessaire de désigner un nouvel expert et ajoute que les dispositions de l'article 159 du Code de procédure pénale n'imposent pas la désignation d'un second expert, l'opportunité de ce choix relevant de la seule appréciation du juge d'instruction (▪ Cass. crim., 24 juill. 2002, n° 02-83.270).

Art. 160 ***(Mod., L. n° 2004-130, 11 févr. 2004).*** **– Les experts ne figurant sur aucune des listes mentionnées à l'article 157 prêtent, chaque fois qu'ils sont commis, le serment prévu par la loi n° 71-498 du 29 juin 1971 relative aux experts judiciaires devant le juge d'instruction ou le magistrat désigné par la juridiction. Le procès-verbal de prestation de serment est signé par le magistrat compétent, l'expert et le greffier. En cas d'empêchement dont les motifs doivent être précisés, le serment peut être reçu par écrit et la lettre de serment est annexée au dossier de la procédure.**

1) Absence de prestation de serment des experts figurant sur une liste. Fait l'exacte application des articles 160, alinéa 1er, et 164, alinéa 4, du Code de procédure pénale la chambre d'accusation qui énonce que les experts commis, inscrits sur la liste de la cour d'appel, n'ont pas à renouveler leur serment à l'occasion de leur désignation dans la procédure (▪ Cass. crim., 30 avr. 1996, n° 96-80.829 : *Bull. crim.* n° 183).

2) Prestation de serment des experts ne figurant pas sur une liste. Les prescriptions d'ordre public de l'article 160, alinéa 2 du Code de procédure pénale, édictées dans l'intérêt d'une bonne administration de la justice, exigent la prestation de serment de l'expert ne figurant sur aucune liste ; l'inobservation de ces dispositions entachent de nullité l'expertise (▪ Cass. crim., 25 juill. 1979, n° 79-91.258 : *Bull. crim.* n° 253. ▪ Cass. crim., 17 mars 1987, n° 86-96.682).

3) Expert inscrit intervenant en dehors de sa spécialité. Justifie sa décision la chambre de l'instruction qui pour décider qu'un interprète-traducteur assermenté, inscrit sur la liste des experts dans la rubrique « langues anglaise et anglo-saxonnes », n'a pas à prêter un nouveau serment pour traduire en français des conversations en créole, énonce qu'il se déduit de l'article 160 du Code de procédure pénale que les experts inscrits sur une liste d'experts, assermentés au moment de cette inscription, n'ont pas à prêter un nouveau serment lorsqu'ils sont commis : en application de l'article 157 du même code, les juges ont le libre choix des experts (■ Cass. crim., 21 oct. 2015, n° 15-83.395 : *JurisData* n° 2015-023348 ; *Procédures* 2015, comm. 372, A.-S. Chavent-Leclère).

4) **Expert dont la mission est complétée.** Le serment prêté une première fois n'a pas à être renouvelé en cas d'addition à la commission primitivement donnée à l'expert (■ Cass. crim., 10 avr. 1975, n° 74-92.978 : *Bull. crim.* n° 90).

5) **Expert non inscrit déjà intervenu dans la procédure.** L'interprète-traducteur non inscrit, requis par les enquêteurs dans le cadre d'une enquête préliminaire et qui a prêté serment, peut à nouveau être requis après l'ouverture de l'information dans cette même procédure, sans avoir à réitérer le serment initialement prêté (■ Cass. crim., 12 janv. 2021, n° 20-83.643, § 11 : *Bull. crim.* à paraître).

6) **Date d'appréciation de l'inscription sur les listes.** Dès lors que l'expert désigné, qui ne figurait plus sur les listes lorsqu'il a déposé son rapport, y était inscrit au moment de sa désignation, le fait que le magistrat instructeur n'a pas motivé son ordonnance relativement au choix de cet expert et que celui-ci n'a pas spécialement prêté serment ne méconnaît pas les articles 157, 160, 200 et 591 du Code de procédure pénale (■ Cass. crim., 10 juin 1986, n° 86-91.622 : *Bull. crim.* n° 200).

7) **Date de la prestation de serment.** L'article 160 du Code précité n'impose pas que la prestation de serment précède le commencement des opérations d'expertise ; il est ainsi satisfait aux exigences légales dès lors que la prestation de serment est intervenue le jour même où ont été effectuées ces opérations et que le dépôt du rapport entre les mains du greffier du juge d'instruction est intervenu 2 jours plus tard (■ Cass. crim., 14 nov. 1991, n° 91-84.910 : *Bull. crim.* n° 410). Fait l'exacte application de l'article 160 du Code de procédure pénale, l'arrêt qui relève que les prestations de serment des experts sont antérieures au dépôt du rapport d'expertise (■ Cass. crim., 27 oct. 2004, n° 04-85.182 : *Bull. crim.* n° 260).

8) **Forme de la prestation de serment – Formule.** S'il est regrettable que les formules par lesquelles les experts ont prêté serment ne reproduisent pas exactement les termes du serment prévu par l'article 160 du Code de procédure pénale modifié par la loi du 29 décembre 1972, selon lesquels les experts ne figurant sur aucune des listes prévues à l'article 157 doivent, chaque fois qu'ils sont commis, prêter serment « d'apporter leur concours à la justice en leur honneur et en leur conscience », elles en expriment cependant le sens qui n'a été ni dénaturé ni restreint et répondent ainsi aux exigences de la loi (■ Cass. crim., 10 avr. 1975, n° 74-92.978 : *Bull. crim.* n° 90).

9) **Forme de la prestation de serment – Serment par écrit.** Si les procès-verbaux ne font état d'aucun empêchement motivé justifiant la réception par écrit du serment des experts, cette irrégularité n'est pas de nature à porter atteinte aux intérêts de l'inculpé dès lors qu'elle ne met en cause ni la réalité du serment prêté ni sa spécificité et la nullité desdits procès-verbaux ne doit pas être prononcée (■ Cass. crim., 14 nov. 1991, n° 91-84.910 : *Bull. crim.* n° 410).

10) **Preuve de la prestation de serment.** Le procès-verbal de la prestation de serment est signé par le magistrat compétent, l'expert et le greffier ; en cas d'empêchement, dont les motifs doivent être précisés, le serment prêté peut être reçu par écrit et la lettre de serment est annexée à la procédure ; la seule mention, dans le rapport d'expertise, de la prestation de serment de l'expert alors que ne figurent au dossier de la procédure aucun procès-verbal régulier d'une telle prestation ni une lettre de serment conforme aux prescriptions de l'article 160 du Code de procédure pénale ne permet pas de considérer qu'il a été satisfait aux prescriptions dudit article (■ Cass. crim., 17 mars 1987, n° 86-96.682 : *JCP* G 1988, II, 20993, note P. Chambon).

Art. 161. – **Toute décision commettant des experts doit leur impartir un délai pour remplir leur mission.**

Si des raisons particulières l'exigent, ce délai peut être prorogé sur requête des experts et par décision motivée rendue par le magistrat ou la juridiction qui les a désignés. Les experts qui ne déposent pas leur rapport dans le délai qui leur a été imparti peuvent être immédiatement remplacés et doivent rendre compte des investigations auxquelles ils ont déjà procédé. Ils doivent aussi restituer dans les quarante-huit heures les objets, pièces et documents qui leur auraient été confiés en vue de l'accomplissement de leur mission. Ils peuvent être, en outre, l'objet de mesures disciplinaires allant jusqu'à la radiation de l'une ou de l'autre des listes prévues par l'article 157.

Les experts doivent remplir leur mission en liaison avec le juge d'instruction ou le magistrat délégué ; ils doivent le tenir au courant du développement de leurs opérations et le mettre à même de prendre à tout moment toutes mesures utiles.

Le juge d'instruction, au cours de ses opérations, peut toujours, s'il l'estime utile, se faire assister des experts.

1) **Retard dans le dépôt du rapport.** L'obligation pour l'expert de déposer son rapport dans le délai qui lui est imparti n'est pas prescrite à peine de nullité ; en l'espèce il n'est pas établi que ce retard ait porté atteinte aux droits de la défense (■ Cass. crim., 16 oct. 1979, n° 79-92.327 : *Bull. crim.* n° 281).

2) **Contrôle du juge d'instruction.** L'expert en signalant comme lui en faisait l'obligation, l'article 161 du Code de procédure pénale, à la juridiction qui l'avait désigné, des faits qui lui paraissaient suspects, est resté dans les limites d'une mission qu'il n'a pas voulu dépasser sans y être expressément autorisé (■ Cass. crim., 10 janv. 1967, n° 66-90.922 : *Bull. crim.* n° 11 ; *D.* 1967, 246, note Doll).

Art. 161-1 ***(Mod., L. n° 2016-731, 3 juin 2016).*** **– Copie de la décision ordonnant une expertise est adressée sans délai au procureur de la République et aux parties, qui disposent d'un délai de dix jours pour demander au juge d'instruction, selon les modalités prévues par l'avant-dernier alinéa de l'article 81, de modifier ou de compléter les questions posées à l'expert ou d'adjoindre à l'expert ou aux experts déjà désignés un expert de leur choix figurant sur une des listes mentionnées à l'article 157.**

Si le juge ne fait pas droit, dans un délai de dix jours à compter de leur réception, aux demandes prévues au premier alinéa, il rend une ordonnance motivée. Cette ordonnance ou l'absence d'ordonnance peut être contestée dans un délai de dix jours devant le président de la chambre de l'instruction. Ce dernier statue par décision motivée qui n'est pas susceptible de recours.

Le présent article n'est pas applicable lorsque les opérations d'expertise et le dépôt des conclusions par l'expert doivent intervenir en urgence et ne peuvent être différés pendant le délai de dix jours prévu au premier alinéa ou lorsque la communication prévue au premier alinéa risque d'entraver l'accomplissement des investigations.

Il n'est pas non plus applicable aux catégories d'expertises dont les conclusions n'ont pas d'incidence sur la détermination de la culpabilité de la personne mise en examen et dont la liste est fixée par décret.

1) **Communication aux avocats des parties – Inconstitutionnalité.** Les dispositions de l'article 161-1, alinéa 1er du Code de procédure pénale prévoient la notification au procureur de la République et aux avocats des parties de la décision de la juridiction d'instruction ordonnant une expertise afin que les destinataires de cette notification soient mis à même, dans le délai imparti, de demander au juge d'instruction de modifier ou de compléter les questions posées à l'expert ou d'adjoindre un expert de leur choix ; en l'absence d'une telle notification, les parties non assistées par un avocat ne peuvent exercer ce droit ; la différence de traitement ainsi instituée entre les parties selon qu'elles sont représentées ou non par un avocat ne trouve pas de justification dans la protection du respect de la vie privée, la sauvegarde de l'ordre public ou l'objectif de recherche des auteurs d'infraction, auxquels concourt le secret de l'instruction ; elle n'est pas davantage compensée par la faculté, reconnue à toutes les parties par le troisième alinéa de l'article 167 du Code de procédure pénale, de demander un complément ou une contre-expertise ; les articles 80-2, 80-3 et 116 du Code de procédure pénale garantissent le droit des personnes mises en examen et des parties civiles de bénéficier, au cours de l'instruction préparatoire, de l'assistance d'un avocat, le cas échéant commis d'office ; toutefois, dès lors qu'est reconnue aux parties la liberté de choisir d'être assistées d'un avocat ou de se défendre seules, le respect des principes du contradictoire et des droits de la défense impose que la copie de la décision ordonnant l'expertise soit portée à la connaissance de toutes les parties ; dans le premier alinéa de l'article 161-1 du Code de procédure pénale, les mots : « avocats des » ont pour effet de réserver aux avocats assistant les parties la notification de la copie de la décision ordonnant l'expertise et la faculté de demander au juge d'instruction d'adjoindre un expert ou de modifier ou compléter les questions qui lui sont posées ; par suite, ils doivent être déclarés contraires à la Constitution (■ Cons. const., 23 nov. 2013, n° 2012-284 QPC : *Procédures* 2013, comm. 22, note A.-S. Chavent-Leclère).

2) **Communication aux avocats des parties – Portée de la décision d'inconstitutionnalité.** Fait une exacte application de l'article 161-1 du Code de procédure pénale dans sa rédaction postérieure à la décision du Conseil constitutionnel n° 2012-284 QPC du 23 novembre 2012 la chambre de l'instruction qui estime que si cet article, dans sa nouvelle version, a vocation à mettre un terme à une différence de traitement fondée sur l'exercice d'une faculté pourtant reconnue par la loi de ne pas se faire assister pour sa défense, il n'ajoute pas aux droits antérieurement conférés aux parties représentées par un avocat, de sorte que la notification de la copie de la décision du juge d'instruction ordonnant une expertise à l'avocat des parties, lorsqu'elles sont assistées, est conforme au droit (■ Cass. crim., 19 juin 2018, nos 15-85.073 et 17-85.742 : *Bull. crim.* à paraître ; *RSC* 2018, p. 724, obs. P.-J. Delage).

3) **Communication aux parties – Exclusion du témoin assisté.** Fait une exacte application de l'article 161-1 du Code de procédure pénale, la

chambre de l'instruction qui déclare irrecevable le recours formé par une société, témoin assisté, contre l'ordonnance du juge d'instruction refusant de faire droit à sa demande tendant à voir compléter la mission de l'expert aux motifs que les témoins assistés ne peuvent se prévaloir des dispositions de l'article précité, réservées aux parties à la procédure (▪ Cass. crim., 14 déc. 2011, n° 11-85.753 : *Bull. crim.* n° 257 ; *Dr. pén.* 2012, comm. 28, note A. Maron et M. Haas ; *Procédures* 2012, comm. 85, note A.-S. Chavent-Leclère ; *RSC* 2012, 397, obs. D. Boccon-Gibod).

4) Communication aux parties – Exceptions – Règles générales. Dès lors qu'il est établi que les opérations d'expertise devaient intervenir en urgence et ne pouvaient être différées pendant le délai de 10 jours prévu à l'article L. 161-1, alinéa 1, du Code de procédure pénale, il importe peu que le rapport d'expertise ait été déposé après ledit délai (▪ Cass. crim., 12 janv. 2021, n° 20-83.643, § 18 : *Bull. crim.* à paraître). Encourt la censure l'arrêt qui n'établit pas, pour chacune des décisions ordonnant des expertises, que leur communication aux parties au moment où elles ont été prises, présentait un risque d'entrave à l'accomplissement des investigations futures (▪ Cass. crim., 20 juin 2018, n°s 17-86.651 et 17-86.657 : *Bull. crim.* à paraître ; *AJ pénal* 2018, p. 471, obs. G. Roussel).

5) Communication aux parties – Exception liée à l'urgence – Illustrations. Les énonciations selon lesquelles la personne mise en examen réside habituellement aux États-Unis et se trouvait temporairement en France, peu important qu'il ne soit pas démontré qu'elle ne pouvait rester en France 10 jours de plus, suffisent à établir que les opérations d'expertise consistant en l'examen psychologique de cette personne devaient intervenir en urgence et ne pouvaient être différées pendant le délai 10 jours prévu à l'article L. 161-1, alinéa 1, du Code de procédure pénale (▪ Cass. crim., 12 janv. 2021, n° 20-83.643, §§ 14 et 18 : *Bull. crim.* à paraître). Le visa de l'urgence figurant sur chacune des ordonnances aux fins d'expertise et contre-expertise psychologique, la référence à la situation de détenu du mis en examen et le constat que le magistrat instructeur a conduit l'information avec célérité dès le placement en détention provisoire de celui-ci sont insuffisants à établir qu'existait, au moment où les ordonnances ont été rendues, l'impossibilité de différer, pendant le délai de dix jours, les opérations d'expertise et le dépôt des conclusions des experts (▪ Cass. crim., 22 nov. 2011, n° 11-84.314 : *Bull. crim.* n° 235 ; *RSC* 2012, 193, obs. Dante). La multiplicité des investigations et la nécessité de disposer dans les meilleurs délais des conclusions des experts, préalablement aux mesures de transport et de reconstitution et aux confrontations envisagées sont insuffisantes à établir qu'existait, au moment où les ordonnances ont été rendues, l'impossibilité de différer, pendant le délai de dix jours, les opérations d'expertise et le dépôt des conclusions des experts (▪ Cass. crim., 13 oct. 2009, n° 09-83.669 : *Bull. crim.* n° 167 : *Dr. pén.* 2010, chron. 1, obs. D. Guérin). Ne justifie pas sa décision la chambre de l'instruction qui écarte le moyen tiré de ce que l'urgence n'était pas caractérisée sans s'expliquer sur le fait que le juge d'instruction n'avait demandé la transmission à l'expert des scellés à examiner que 20 jours après le prononcé de l'ordonnance de commission d'expertise, laquelle fixait, pour l'accomplissement de la mission, un délai de 40 jours, de sorte que l'urgence invoquée dans la décision comme rendant impossible de différer les opérations pendant le délai légal de 10 jours apparaissait contredite par les mesures prises par ce même magistrat pour l'exécution de l'ordonnance (▪ Cass. crim., 26 juin 2018, n° 18-80.596). Encourt dès lors la cassation l'arrêt de la chambre de l'instruction qui rejette les demandes d'annulation d'expertises psychologiques fondées sur l'article 161-1 du Code de procédure pénale alors que ces expertises avaient une incidence sur la détermination de la culpabilité des mis en examen et qu'il n'existait pas, au moment où les ordonnances ont été rendues, d'impossibilité de différer, pendant le délai de dix jours, les opérations d'expertise et le dépôt des conclusions des experts (▪ Cass. crim., 11 mars 2014, n° 13-86.965 : *Bull. crim.* n° 71).

6) Communication aux parties – Exception liée au risque d'entrave aux investigations – Illustration. L'envergure du trafic de stupéfiants et les moyens logistiques hors normes utilisés par les trafiquants ne suffisent pas à établir, au moment où les ordonnances d'expertise ont été rendues, que leur communication aux parties présentait un risque d'entrave à l'accomplissement des investigations (▪ Cass. crim., 15 juin 2016, n° 16-80.347 : *Bull. crim.* n° 185).

7) Communication aux parties – Sanction. La transmission de l'ordonnance de commission d'expert aux parties est une formalité substantielle prévue à peine de nullité et l'urgence ou le risque d'entrave aux investigations permettant d'y déroger doivent être précisément caractérisés par le juge d'instruction ou la chambre de l'instruction. À défaut, l'annulation de cette ordonnance et des opérations subséquentes est subordonnée au fait que la partie requérante justifie que l'impossibilité de solliciter l'adjonction d'un expert ou que l'énoncé de la mission de l'expert désigné a porté atteinte à ses intérêts (▪ Cass. crim., 9 nov. 2021, n° 21-82.533, §§ 6 à 8 : *Bull. crim* à paraître ; *AJ pénal* 2022, p. 44, obs. Y. Patouillard. ▪ Cass. crim., 9 nov. 2021, n° 21-83.095, §§ 38 et 41 : *Bull. crim.* à paraître ; *AJ pénal* 2022, p. 44, obs. Y. Patouillard).

8) **Irrespect du délai de 10 jours de l'article 161-1, alinéa 1er.** Justifie sa décision la chambre de l'instruction qui refuse d'annuler une expertise pour non-respect du délai de dix jours prévu à l'article 161-1, alinéa 1er, du Code de procédure pénale dès lors que l'expertise a été réalisée en présence du mis en examen et de son avocat, sans qu'aucune observation n'ait été faite sur le non-respect dudit délai (▪ Cass. crim., 18 mars 2014, n° 13-87.758 : *Bull. crim.* n° 83).

9) **Application des dispositions de l'article 161-1 du Code de procédure pénale aux expertises ordonnées par la chambre de l'instruction.** En rejetant la demande d'annulation du rapport d'expertise et en refusant implicitement d'adjoindre un expert à ceux qu'elle avait désignés, cette question de pur fait échappant au contrôle de la Cour de cassation, la chambre de l'instruction a satisfait aux exigences de l'article 161-1 du Code de procédure pénale, qui, en vertu de l'article 205 du même code, est applicable aux expertises qu'elle ordonne, dès lors que (pour répondre à la demande d'adjonction d'un expert et de modification des questions qui lui sont posées) elle n'était soumise à aucun délai (▪ Cass. crim., 14 mars 2012, n° 11-89.178 : *JurisData* n° 2012-005818 ; *Bull. crim.* n° 70).

Art. 161-2 *(L. n° 2007-291, 5 mars 2007).* – **Si le délai prévu à l'article 161 excède un an, le juge d'instruction peut demander que soit auparavant déposé un rapport d'étape qui est notifié aux parties selon les modalités prévues à l'article 167. Les parties peuvent alors adresser en même temps à l'expert et au juge leurs observations en vue du rapport définitif.**

Art. 162 *(L. n° 2004-130, 11 févr. 2004).* – **Si les experts demandent à être éclairés sur une question échappant à leur spécialité, le juge peut les autoriser à s'adjoindre des personnes nommément désignées, spécialement qualifiées par leur compétence.**

Les personnes ainsi désignées prêtent serment dans les conditions prévues à l'article 160.

Leur rapport sera annexé intégralement au rapport mentionné à l'article 166.

1) **Personnes spécialement qualifiées par leur compétence.** Le concours matériel apporté par une personne à l'expert (consistant à rédiger plusieurs demandes de renseignement adressées à divers laboratoires ayant fabriqué les produits à analyser) ne saurait constituer une participation à l'expertise pour laquelle elle n'avait pas été désignée (▪ Cass. crim., 8 juin 1999, nos 99-81.291 et 99-81.807 : *Bull. crim.* n° 124). Le concours matériel apporté par un officier de police judiciaire dans la reconstitution des scellés ne saurait constituer une participation à l'expertise pour laquelle il n'avait pas à être désigné (▪ Cass. crim., 24 nov. 1987, n° 87-84.993 : *Bull. crim.* n° 426).

2) **Désignation par le juge d'instruction.** Selon les dispositions de l'article 162 du Code de procédure pénale, il appartient au seul juge de désigner les experts adjoints aux experts déjà commis lorsque ceux-ci demandent à être éclairés sur une question échappant à leur spécialité (▪ Cass. crim., 26 juill. 1989, n° 89-82.795 : *Bull. crim.* n° 297. ▪ Cass. crim., 6 sept. 1988, n° 88-83.731 : *Bull. crim.* n° 317. ▪ Cass. crim., 4 juin 1973, n° 72-93.802 : *Bull. crim.* n° 251). Encourt dès lors la censure, l'arrêt ou l'ordonnance qui prescrit une expertise en autorisant l'expert à s'adjoindre un spécialiste de son choix (▪ Cass. crim., 26 juill. 1989, préc. ▪ Cass. crim., 6 sept. 1988, préc. ▪ Cass. crim., 4 juin 1973, préc.). Est entaché de nullité l'examen psychologique établi par une psychologue dont il ne résulte d'aucune pièce de la procédure qu'elle ait été désignée par le juge d'instruction et adjointe aux experts, ni qu'elle ait prêté serment (▪ Cass. crim., 20 avr. 1972, n° 71-93.497 : *Bull. crim.* n° 136). Viole les dispositions de l'article 162 du Code de procédure pénale, l'arrêt qui constate qu'un spécialiste a procédé à la demande de l'expert régulièrement commis à différents examens et déposé un rapport dont la Cour d'appel a fait état, alors que ce spécialiste, loin de se borner à de simples constatations matérielles, a déposé un rapport distinct qu'il n'avait aucune qualité pour rédiger (▪ Cass. crim., 5 mai 1970, n° 69-90.956 : *Bull. crim.* n° 152).

3) **Prestation de serment.** Aux termes de l'article 162 du Code de procédure pénale, les personnes désignées comme adjoints à d'autres experts prêtent serment dans les conditions prévues au deuxième alinéa de l'article 160 ; ces dispositions sont méconnues dès lors que l'expert régulièrement commis s'est adjoint une personne qui ne lui avait pas été nommément désignée, n'était pas inscrite sur les listes des experts et n'avait pas au préalable prêté serment (▪ Cass. crim., 24 févr. 1966, n° 64-93.807 : *Bull. crim.* n° 70). Est entaché de nullité l'examen psychologique établi par une psychologue dont il ne résulte d'aucune pièce de la procédure qu'elle ait été désignée par le juge d'instruction et adjointe aux experts, ni qu'elle ait prêté serment (▪ Cass. crim., 20 avr. 1972, n° 71-93.497 : *Bull. crim.* n° 136).

4) **Annexion du rapport.** L'article 162 du Code de procédure pénale n'est pas méconnu bien que

le rapport séparé établi par la personne spécialement qualifiée pour éclairer les experts sur une question échappant à leur compétence n'a pas été matériellement annexé à celui des deux experts principaux, dès lors que ceux-ci le reproduisent intégralement dans leur rapport d'ensemble (■ Cass. crim., 13 mars 1984, n° 84-90.218 : *Bull. crim.* n° 107). Si le fait pour deux spécialistes adjoints aux experts de déposer séparément leurs rapports est irrégulier au regard des dispositions de l'alinéa 3 de l'article 162 du Code de procédure pénale, il ne s'ensuit cependant aucune violation des droits de la défense dès lors que les rapports de ces spécialistes ont été, en temps voulu, versés au dossier de la procédure et que les experts ont pu en prendre connaissance (■ Cass. crim., 28 févr. 1974, n° 73-92.596 : *Bull. crim.* n° 88 ; *JCP* 1974, II, 17774, note P. Chambon).

Art. 163 ***(Mod., L. n° 2016-731, 3 juin 2016).*** **– Avant de faire parvenir les scellés aux experts, le juge d'instruction ou le magistrat désigné par la juridiction procède, s'il y a lieu, à leur inventaire dans les conditions prévues par l'article 97. Il énumère ces scellés dans un procès-verbal.**

Pour l'application de leur mission, les experts sont habilités à procéder à l'ouverture ou à la réouverture des scellés, et à confectionner de nouveaux scellés après avoir, le cas échéant, procédé au reconditionnement des objets qu'ils étaient chargés d'examiner ; dans ce cas, ils en font mention dans leur rapport, après avoir, s'il y a lieu, dressé inventaire des scellés ; les dispositions du sixième alinéa de l'article 97 ne sont pas applicables.

1) Domaine d'application. L'article 163 du Code de procédure pénale est applicable dès l'ouverture d'une information, même si l'expert avait été commis, en matière de flagrant délit, avant cette ouverture. La nullité qui résulte de l'inobservation de cet article n'entraîne cependant la cassation de l'arrêt de renvoi que s'il y a eu atteinte aux droits de la défense (■ Cass. crim., 24 nov. 1960, n° 4300 : *Bull. crim.* n° 549).

2) Inventaire. Avant de faire parvenir les scellés à l'expert, le juge d'instruction n'est pas tenu de procéder à leur inventaire si celui-ci a déjà eu lieu (■ Cass. crim., 14 mai 2002, n° 02-80.721 : *Bull. crim.* n° 111).

Art. 164 ***(Rempl., L. n° 2004-204, 9 mars 2004).*** **– Les experts peuvent recevoir, à titre de renseignements et pour le seul accomplissement de leur mission, les déclarations de toute personne autre que la personne mise en examen, le témoin assisté ou la partie civile.**

Toutefois, si le juge d'instruction ou le magistrat désigné par la juridiction les y a autorisés, ils peuvent à cette fin recevoir, avec l'accord des intéressés, les déclarations de la personne mise en examen, du témoin assisté ou de la partie civile nécessaires à l'exécution de leur mission. Ces déclarations sont recueillies en présence de leur avocat ou celui-ci dûment convoqué dans les conditions prévues par le deuxième alinéa de l'article 114, sauf renonciation écrite remise aux experts. Ces déclarations peuvent être également recueillies à l'occasion d'un interrogatoire ou d'une déposition devant le juge d'instruction en présence de l'expert.

Les médecins et les psychologues experts chargés d'examiner la personne mise en examen, le témoin assisté ou la partie civile peuvent dans tous les cas leur poser des questions pour l'accomplissement de leur mission hors la présence du juge et des avocats.

1) Audition de toute personne autre que la personne mise en examen, le témoin assisté ou la partie civile (al. 1er) – Respect du contradictoire et du principe d'égalité des armes. L'expert tient des dispositions de l'article 164, alinéa 1er, du Code de procédure pénale, la faculté de procéder, à titre de renseignement, à toutes les auditions, hors celles du mis en examen, du témoin assisté ou de la partie civile, qu'il estime utiles à l'accomplissement de sa mission ; aucune disposition légale n'impose que ces auditions soient retranscrites dans un procès-verbal ni qu'elles soient effectuées contradictoirement, les parties ayant la possibilité de discuter l'avis des experts et de solliciter du juge d'instruction des compléments d'expertise ou des contre-expertises (■ Cass. crim., 10 nov. 2015, n° 15-83.605 : *Bull. crim.* n° 245). Le principe de l'égalité des armes n'exige pas que les experts dressent procès-verbal de l'ensemble des déclarations recueillies dans le cadre de l'exécution de leur mission et qu'ils entendent en présence de leurs avocats les personnes qui ne sont pas parties à la procédure (■ Cass. crim., 10 juin 1970, n° 70-91.024 : *Bull. crim.* n° 196).

2) Audition de la personne mise en examen, du témoin assisté ou de la partie civile – Notion d'audition. Ne procède pas à l'audition de la personne mise en examen l'expert qui s'entretient avec elle au cours d'une conférence téléphonique pour lui faire part de la mission qui lui a été confiée, de son intention d'examiner et d'inventorier du matériel et qui se fait confirmer que la société utilise deux entrepôts (■ Cass. crim., 16 sept. 2015, n° 15-82.035 : *Bull. crim.* n° 201). Le procédé consistant, pour des experts à envoyer, par lettre, un questionnaire écrit à l'inculpé pour obtenir de lui qu'il réponde, par courrier, à des questions constitue un interrogatoire soumis aux dispositions et aux formalités substantielles de l'article 164 du Code de procédure pénale (■ Cass. crim., 2 mars 1972, n° 70-91.182 : *Bull. crim.* n° 82). Justifie sa décision la chambre de l'instruction qui, pour écarter l'exception de nullité de l'expertise prise de ce que les experts avaient déjà eu à donner leur avis sur la construction d'un autre navire identique à celui en cause et auraient entendu le prévenu en violation de l'article 164 du Code de procédure pénale, relève que, les faits intéressant les deux navires étant distincts, aucun texte ne s'opposait à la désignation des mêmes experts et qu'au moment où il a été entendu par eux l'intéressé n'avait pas encore été inculpé (■ Cass. crim., 20 mars 2001, n° 98-87.544 : *Bull. crim.* n° 71).

3) Interdiction de principe d'auditionner la personne mise en examen, le témoin assisté ou la partie civile (al. 1er) – Sanction. Encourt la cassation l'arrêt qui, pour refuser de faire droit à la demande de nullité de l'expertise formulée par la personne mise en examen, relève que seule la personne entendue par l'expert, en l'espèce la partie civile, pouvait invoquer la violation des dispositions de l'article 164 du Code de procédure pénale, et que la personne mise en examen ne peut prétendre avoir souffert du non-respect d'une règle qui n'avait pas pour objet de la protéger : en se prononçant ainsi, alors que l'expert, en procédant à des auditions qui n'avaient pas été autorisées par le juge, a outrepassé les limites de sa mission et, ainsi, méconnu une règle touchant à l'organisation judiciaire à laquelle les dispositions de l'article 802 du Code de procédure pénale sont étrangères, la chambre de l'instruction a violé les textes susvisés (■ Cass. crim., 17 janv. 2006, n° 05-86.326 : *Bull. crim.* n° 19).

4) Possibilité d'entendre la personne mise en examen, le témoin assisté ou la partie civile sur autorisation du juge d'instruction (al. 2) – Respect du contradictoire. Est à juste titre rejetée l'exception de nullité du rapport d'expertise fondée sur l'absence de rédaction d'un procès-verbal d'interrogatoire établi conformément aux prescriptions des articles 106 et 107 du Code de procédure pénale : l'article 164, alinéa 2, du Code de procédure pénale précise en effet que, dans le cas où l'expert est autorisé à entendre l'inculpé, sa seule obligation est d'observer les formes et conditions édictées par les articles 118 et 119 (devenu art. 114) dudit code (■ Cass. crim., 18 mai 1983, n° 82-93.410 : *Bull. crim.* n° 148 ; *D.* 1984, 188, note W. Jeandidier).

5) Possibilité d'entendre la personne mise en examen, le témoin assisté ou la partie civile dans le cadre d'une expertise médicale ou psychologique (al. 3). Fait une exacte application de l'article 164, alinéa 4 (devenu al. 3) du Code de procédure pénale, la chambre d'accusation qui relève que les experts commis pour procéder à des expertises psychiatrique et psychologique concernant la personne mise en examen ont le droit de poser à celle-ci les questions nécessaires à l'accomplissement de leur mission, hors la présence du juge d'instruction et des avocats, y compris sur les faits objet de l'information (■ Cass. crim., 30 avr. 1996, n° 96-80.829 : *Bull. crim.* n° 183).

6) Possibilité d'entendre la personne mise en examen, le témoin assisté ou la partie civile dans le cadre d'une expertise médicale ou psychologique (al. 3) – Respect du contradictoire. Aucun texte du Code de procédure pénale ne dispose que l'expertise médicale de la victime doit être faite en présence du prévenu ou lui dûment convoqué (■ Cass. crim., 15 févr. 1967, n° 66-92.058 : *Bull. crim.* n° 67).

7) Possibilité d'entendre la personne mise en examen, le témoin assisté ou la partie civile dans le cadre d'une expertise médicale ou psychologique (al. 3) – Compatibilité avec la Convention européenne des droits de l'Homme. L'article 164, alinéa 4 (devenu al. 3) du Code de procédure pénale, selon lequel les médecins-experts chargés d'examiner l'inculpé peuvent poser à l'inculpé les questions nécessaires à l'accomplissement de leur mission hors la présence du juge et des avocats, n'est pas incompatible avec les dispositions de l'article 6 de la Convention européenne des droits de l'Homme, qui sont étrangères aux opérations d'expertise et dont l'objet est d'assurer les droits de la défense devant les juridictions (■ Cass. crim., 6 sept. 1993, n° 93-82.861 : *Bull. crim.* n° 261. ■ Cass. crim., 9 avr. 1991, n° 91-80.614 : *Bull. crim.* n° 169). N'encourt pas la nullité l'expertise au cours de laquelle l'expert psychiatre a interrogé la personne mise en examen sur les faits qui lui étaient reprochés dès lors que, d'une part, il n'était pas soutenu que l'expert aurait manqué au devoir d'impartialité ou au respect de la présomption d'innocence, d'autre part, les déclarations faites à l'expert psychiatre par la personne mise en examen seront le cas échéant soumises au débat contradictoire devant la juridiction de jugement dans le respect des droits de la défense, ces déclarations ne pouvant, en application du dernier alinéa de l'article préliminaire du Code de procédure pénale, servir d'unique fondement à une déclaration de culpabilité (■ Cass. crim., 11 juill. 2017, n° 16-87.660 : *Bull. crim.* à paraître).

Art. 165. – **Au cours de l'expertise, les parties peuvent demander à la juridiction qui l'a ordonnée qu'il soit prescrit aux experts d'effectuer certaines recherches ou d'entendre toute personne nommément désignée qui serait susceptible de leur fournir des renseignements d'ordre technique.**

Auteur de la demande – Personne mise en examen après le dépôt du rapport d'expertise. Si le prévenu, qui n'a été inculpé qu'après le dépôt du rapport d'expertise, n'a pu bénéficier des droits que lui reconnaît l'article 165 du Code de procédure pénale, il n'en résulte aucune violation des droits de la défense dès lors que les conclusions des experts ont été, après son inculpation, portées à sa connaissance conformément à l'article 167 du même code, et qu'il a eu, dès ce moment, toute latitude pour demander à la juridiction d'instruction qu'il soit prescrit aux experts d'effectuer de nouvelles recherches (■ Cass. crim., 11 avr. 1970, n° 68-92.463 : *Bull. crim.* n° 118).

Art. 166 *(Mod., L. n° 2007-291, 5 mars 2007)*. – **Lorsque les opérations d'expertise sont terminées, les experts rédigent un rapport qui doit contenir la description desdites opérations ainsi que leurs conclusions. Les experts signent leur rapport et mentionnent les noms et qualités des personnes qui les ont assistés, sous leur contrôle et leur responsabilité, pour la réalisation des opérations jugées par eux nécessaires à l'exécution de la mission qui leur a été confiée.**

Lorsque plusieurs experts ont été désignés et s'ils sont d'avis différents ou s'ils ont des réserves à formuler sur des conclusions communes, chacun d'eux indique son opinion ou ses réserves en les motivant.

Le rapport et les scellés, ou leurs résidus, sont déposés entre les mains du greffier de la juridiction qui a ordonné l'expertise ; ce dépôt est constaté par procès-verbal.

Avec l'accord du juge d'instruction, les experts peuvent, directement et par tout moyen, communiquer les conclusions de leur rapport aux officiers de police judiciaire chargés de l'exécution de la commission rogatoire, au procureur de la République ou aux avocats des parties.

1) Pluralité d'experts – Rapport commun. Si elle peut affecter la force probante des conclusions de l'expert, l'exécution irrégulière de l'expertise par un seul des deux experts désignés par le juge d'instruction n'entraîne pas sa nullité (■ Cass. crim., 1er févr. 2000, n° 99-87.081 : *JurisData* n° 2000-001002 ; *Bull. crim.* n° 49). *Contra précédemment*, encourt la cassation l'arrêt rejetant la nullité de l'expertise au motif qu'il n'y avait pas eu préjudice porté aux droits de la défense alors que chacun des experts a, de son côté, procédé à une expertise de caractère différent en exécution de la mission spéciale qui lui avait été impartie, puis déposé, à des dates différentes, un rapport séparé et distinct signé par lui seul, ce dont il résulte qu'il n'y a pas eu élaboration commune d'une seule et même expertise (■ Cass. crim., 26 nov. 1970 : *Bull. crim.* n° 314).

2) Signature – Pluralité d'experts. En l'absence de toute signature du second expert désigné le rapport d'expertise n'est pas conforme aux prescriptions de l'article 166 du Code de procédure pénale ; ces dispositions étant édictées en vue d'une bonne administration de la justice et excluant l'application de l'article 802 du même code, encourt la cassation l'arrêt de la Chambre d'accusation qui a refusé d'annuler le rapport critiqué (■ Cass. crim., 17 mars 1987, n° 86-96.682 : *JCP* G 1988, II, 20993, note P. Chambon. ■ Cass. crim., 19 janv. 1988, n° 87-90.578 : *Bull. crim.* n° 25).

3) Signature – Expert adjoint. Aussi regrettable que soit l'absence de signature de la part de l'expert adjoint, l'authenticité de son rapport ne saurait être remis en cause dès lors que ce rapport a été annexé par les premiers experts à leur propre rapport régulièrement déposé et qui s'y réfère (■ Cass. crim., 19 juin 1984, n° 84-91.908 : *Bull. crim.* n° 231).

4) Procès-verbal de dépôt du rapport. Les formalités de l'article 166, alinéa 3 du Code de procédure pénale, relative à l'établissement d'un procès-verbal constatant le dépôt du rapport d'expertise, ne sont pas prescrites à peine de nullité, de sorte que le moyen de cassation critiquant l'omission par le juge d'instruction de dresser un procès-verbal constatant le dépôt du rapport des experts, qui n'a en l'espèce porté aucune atteinte aux droits de la défense, doit être rejeté (■ Cass. crim., 23 avr. 1981, nos 79-90.346 et 81-90.489 : *Bull. crim.* n° 116).

Art. 167 *(Mod., L. n° 2019-222, 23 mars 2019 ; L. n° 2022-52, 24 janv. 2022)*. – **Le juge d'instruction donne connaissance des conclusions des experts aux parties et à leurs avocats après les avoir convoqués conformément aux dispositions du deuxième alinéa de l'article 114. Il leur donne également connaissance, s'il y a lieu, des conclusions des rapports des personnes requises en application des articles 60 et 77-1, lorsqu'il n'a pas été fait application des dispositions du quatrième alinéa de l'article 60. Une copie de l'intégralité du rapport est alors remise, à leur demande, aux avocats des parties ou aux parties si celles-ci ne sont pas assistées par un avocat.**

Les conclusions peuvent également être notifiées par lettre recommandée ou, lorsque la personne est détenue, par les soins du chef de l'établissement pénitentiaire qui adresse, sans délai, au juge d'instruction l'original ou la copie du récépissé signé par l'intéressé. L'intégralité du rapport peut aussi être notifiée par lettre recommandée, à leur demande, aux avocats des parties ou aux parties si celles-ci ne sont pas assistées par un avocat. Si les avocats des parties ont fait connaître au juge d'instruction qu'ils disposent d'une adresse électronique, l'intégralité du rapport peut leur être adressée par cette voie, selon les modalités prévues au I de l'article 803-1.

S'il s'agit d'une expertise psychiatrique, la copie de l'intégralité du rapport est remise ou adressée aux avocats des parties ou aux parties si celles-ci ne sont pas assistées d'un avocat, même en l'absence de demande de leur part.

Dans tous les cas, le juge d'instruction fixe un délai aux parties pour présenter des observations ou formuler une demande, notamment aux fins de complément d'expertise ou de contre-expertise. Cette demande doit être faite conformément aux dispositions du dixième alinéa de l'article 81. Pendant ce délai, le dossier de la procédure est mis à la disposition des conseils des parties. Le délai fixé par le juge d'instruction, qui tient compte de la complexité de l'expertise, ne saurait être inférieur à quinze jours ou, s'il s'agit d'une expertise comptable ou financière, à un mois. Passé ce délai, il ne peut plus être formulé de demande de contre-expertise, de complément d'expertise ou de nouvelle expertise portant sur le même objet, y compris sur le fondement de l'article 82-1, sous réserve de la survenance d'un élément nouveau.

Lorsqu'il rejette une demande, le juge d'instruction rend une décision motivée qui doit intervenir dans un délai d'un mois à compter de la réception de la demande. Il en est de même s'il commet un seul expert alors que la partie a demandé qu'il en soit désigné plusieurs. Faute pour le juge d'instruction d'avoir statué dans le délai d'un mois, la partie peut saisir directement la chambre de l'instruction.

Le juge d'instruction peut également notifier au témoin assisté, selon les modalités prévues par le présent article, les conclusions des expertises qui le concernent en lui fixant un délai pour présenter une demande de complément d'expertise ou de contre-expertise. Le juge n'est toutefois pas tenu de rendre une ordonnance motivée s'il estime que la demande n'est pas justifiée, sauf si le témoin assisté demande à être mis en examen en application de l'article 113-6.

1) **Destinataires de la notification – Inconstitutionnalité de l'alinéa 2 avant la loi du 23 mars 2019.** Les dispositions de l'article 167 (dans leur rédaction antérieure à la loi du 23 mars 2019) ont pour effet de priver les parties non assistées par un avocat du droit d'avoir connaissance de l'intégralité d'un rapport d'expertise pendant le délai qui leur est accordé pour présenter des observations ou formuler une demande de complément d'expertise ou de contre-expertise. Par conséquent, les mots « avocats des » figurant à la deuxième phrase du deuxième alinéa de l'article 167 du Code de procédure pénale doivent être déclarés contraires à la Constitution. La date de l'abrogation des dispositions contestées est reportée au 1er septembre 2019 (▪ Cons. const., 15 févr. 2019, n° 2018-765 QPC : *JCP* 2019, 199 ; *D.* 2019, p. 312).

2) **Objet de la notification.** L'article 167 du Code de procédure pénale n'impose de communiquer que les conclusions du rapport d'expertise ; justifie dès lors sa décision la chambre de l'instruction qui écarte le moyen de nullité tiré de ce que le rapport d'expertise n'avait pas été communiqué en entier aux personnes mises en examen au motif que ces dernières ont pu prendre connaissance du rapport de l'Inspection générale des affaires sociales, qui figurait au dossier, et qu'elles ont reçu notification des conclusions du rapport d'expertise (▪ Cass. crim., 10 mars 2004, n° 03-87.441 : *Bull. crim.* n° 65). Justifie sa décision la chambre de l'instruction ayant écarté l'exception de nullité d'une note remise spontanément par un expert précédemment commis au juge d'instruction et immédiatement classée à la procédure dès lors que, d'une part, aucun texte n'interdit au juge d'instruction de demander un avis technique aux experts précédemment commis par lui sur le mérite d'une expertise privée et que, d'autre part, les notes déposées par eux et jointes au dossier, qui n'ont pas la nature d'expertises, ont pu être consultées et discutées librement par la défense (▪ Cass. crim., 19 janv. 2000, n° 99-86.090 : *Bull. crim.* n° 33).

3) **Irrégularité de la notification des conclusions de l'expertise.** L'inobservation des dispositions de l'article 167 du Code de procédure pénale n'est susceptible de donner ouverture à cassation que s'il en est résulté une violation des droits de la défense (▪ Cass. crim., 10 déc. 1985, n° 85-95.006 : *Bull. crim.* n° 393).

4) **Irrégularité de la notification des conclusions de l'expertise – Irrespect du délai de convocation ou de mise à disposition du dossier de la procédure.** Si le délai de quatre jours ouvrables, imposé par l'article 118 (devenu

art. 114) du Code de procédure pénale, n'est pas respecté, il n'y a lieu, par application de l'article 802 du même code, de prononcer la nullité dès lors qu'il n'a pas été porté atteinte aux intérêts de l'inculpé, les dispositions de l'article 197 dudit code ayant été observées devant la chambre d'accusation, le conseil de l'inculpé ayant ainsi eu la faculté de prendre connaissance des rapports d'expertise, de présenter ses observations par mémoire déposé conformément à l'article 198 et de solliciter tout complément d'expertise ou contre-expertise (▪ Cass. crim., 7 juin 1988, n° 88-81.828 : *Bull. crim.* n° 258. ▪ Cass. crim., 10 déc. 1985, n° 85-95.006 : *Bull. crim.* n° 393). Bien que les procès-verbaux de notification d'expertises mentionnent que la procédure a été mise à la disposition des défenseurs vingt-quatre heures au plus tard avant chacune des notifications au lieu des deux jours ouvrables prévus à l'article 118 (devenu art. 114) du Code de procédure pénale, les droits de la défense ne sont pas méconnus s'il appert que les lettres recommandées ont été adressées aux avocats quinze jours au moins avant chaque comparution de l'inculpé et qu'à chacune de celles-ci l'un des avocats était présent ou représenté et n'a pas demandé acte de l'inobservation des dispositions de l'article 118, ce dont il résulte que les droits de la défense n'ont pas été méconnus (▪ Cass. crim., 18 juin 1985, n° 85-91.900 : *Bull. crim.* n° 233). Bien que le délai prescrit pour l'envoi des convocations aux conseils d'un inculpé par l'article 118 (devenu art. 114) du Code de procédure pénale, applicable aux notifications effectuées en vertu de l'article 167 du même code, ait été réduit à 3 jours ouvrables, la nullité encourue n'est cependant pas susceptible de donner ouverture à cassation dès lors qu'il n'est ni établi ni allégué que l'irrégularité commise ait eu pour effet de porter atteinte aux intérêts de l'inculpé auquel après notification, en présence de l'un de ses conseils, des conclusions d'expertises, il a été imparti un délai pour présenter ses observations (▪ Cass. crim., 15 mars 1988, n° 88-80.267 : *Bull. crim.* n° 128).

5) Défaut de notification des conclusions de l'expertise. La demanderesse ne saurait se faire un grief de ce que le complément d'expertise établi à la demande du juge d'instruction ne lui ait pas été notifié, dès lors que la notification de l'avis de fin d'information prévue par l'article 175 du Code de procédure pénale ouvre aux parties, dans le délai de vingt jours fixé par ce texte, le droit de formuler toute demande d'expertise, de contre-expertise ou d'expertise complémentaire qu'elles jugeraient utiles à la manifestation de la vérité (▪ Cass. crim., 15 févr. 2006, n° 05-86.773 : *Bull. crim.* n° 46).

6) Conséquence de la notification du rapport d'expertise – Prescription de l'action publique. La notification d'un rapport d'expertise, en application de l'article 167 du Code de procédure pénale, est un acte qui participe de la recherche des preuves de l'infraction ; justifie dès lors sa décision la chambre de l'instruction ayant énoncé que la notification aux parties des conclusions des experts constitue un acte interruptif de prescription au sens des (anciens) articles 7 et 8 du Code de procédure pénale (▪ Cass. crim., 5 mai 2004, n° 04-81.269 : *Bull. crim.* n° 111). *Comp.* Les experts, qui ont seulement pour mission de faire des investigations matérielles et d'émettre leur avis sur les questions qui leurs sont soumises ne sont chargés d'aucune partie de l'administration de la justice ; dès lors, ils n'ont pas qualité pour accomplir les actes qui ont pour objet de constater les délits et d'en découvrir les auteurs, c'est-à-dire les actes d'instruction et de poursuite interruptifs de la prescription aux termes des (anciens) articles 7 et 9 du Code de procédure pénale (▪ Cass. crim., 16 mars 1964, n° 63-91.024 : *Bull. crim.* n° 97).

7) Délai fixé aux parties pour présenter des observations, une demande de complément d'expertise ou de contre-expertise. Ni le moment choisi par le juge d'instruction pour notifier le rapport ni le délai qu'il fixe aux parties ne sont de nature à entraîner l'annulation de l'expertise (▪ Cass. crim., 29 mai 2002, n° 01-88.823 : *Bull. crim.* n° 121).

8) Délai fixé aux parties pour demander un complément d'expertise ou une contre-expertise et règlement de la procédure. En application de l'article 201 du Code de procédure pénale, les parties sont recevables à demander à la chambre de l'instruction, saisie du règlement de la procédure, un complément d'expertise ou une contre-expertise, sans que puisse leur être opposée l'expiration du délai prévu par l'article 167, alinéa 3, du Code de procédure pénale (▪ Cass. crim., 2 oct. 2001, n°s 00-85.724 et 00-85.725 : *Bull. crim.* n° 194).

9) Demande tardive des parties. Les prescriptions du deuxième alinéa de l'article 167 du Code de procédure pénale n'obligent le juge d'instruction, en cas de rejet des demandes qui lui sont soumises, à rendre une ordonnance motivée que si ces demandes lui ont été présentées dans le délai fixé à compter de la communication des conclusions des experts (▪ Cass. crim., 16 janv. 1976, n° 75-91.928 : *Bull. crim.* n° 17 ; *RSC* 1976, 989, obs. J. Robert. ▪ Cass. crim., 10 mai 1966, n° 65-91.447 : *Bull. crim.* n° 140). Justifie sa décision la cour d'appel qui dit n'y avoir lieu à annulation d'un rapport de contre-expertise médicale ordonnée à la demande de la partie civile après l'expiration du délai fixé en application de l'article 167, alinéa 3, du Code de procédure pénale au motif que le juge d'instruction avait le pouvoir, en vertu de l'article 81, alinéa 1er, du même code, d'ordonner, de sa seule initiative, tout acte d'information, tel qu'une contre-expertise médicale, dès lors qu'il l'estimait utile à la manifestation de la vérité (■ Cass. crim., 9 oct. 2002, n° 01-83.947).

10) **Demande de complément d'expertise ou de contre-expertise – Recours en cas de refus du juge d'instruction.** Il résulte de l'article 167 du Code de procédure pénale, qui ne renvoie pas à l'article 161-1, alinéa 2, et de l'article 186 dudit code, que toute contestation relative à une mesure de contre-expertise ou de complément d'expertise est portée devant la chambre de l'instruction et non devant son seul président ; fait une exacte application de l'article 167 du Code de procédure pénale, la chambre de l'instruction qui se prononce sur l'appel de l'ordonnance par laquelle le juge d'instruction a refusé de modifier la mission impartie aux experts désignés pour réaliser une contre-expertise (■ Cass. crim., 22 mars 2016, n° 15-86.470 : *Bull. crim.* n° 89). L'article 186, dernier alinéa, du Code de procédure pénale, dans sa rédaction issue de la loi n° 2007-291 du 5 mars 2007, entrée en vigueur le 1er juillet 2007, ne confère pas au président de la chambre de l'instruction le pouvoir de rendre une ordonnance de non-admission d'appel lorsqu'il a été relevé appel d'une ordonnance de rejet de demande de contre-expertise (■ Cass. crim., 4 déc. 2007, n° 07-87.047 : *Bull. crim.* n° 296).

Art. 167-1 *(Mod., L. n° 2008-174, 25 févr. 2008).* **– Lorsque les conclusions de l'expertise sont de nature à conduire à l'application des dispositions du premier alinéa de l'article 122-1 du Code pénal prévoyant l'irresponsabilité pénale de la personne en raison d'un trouble mental, leur notification à la partie civile est effectuée dans les conditions prévues par le premier alinéa de l'article 167, le cas échéant en présence de l'expert ou des experts. En matière criminelle, cette présence est obligatoire si l'avocat de la partie civile le demande. La partie civile dispose alors d'un délai de quinze jours pour présenter des observations ou formuler une demande de complément d'expertise ou de contre-expertise. La contre-expertise demandée par la partie civile est de droit. Elle doit être accomplie par au moins deux experts.**

Art. 167-2 *(L. n° 2007-291, 5 mars 2007).* **– Le juge d'instruction peut demander à l'expert de déposer un rapport provisoire avant son rapport définitif. Le ministère public et les parties disposent alors d'un délai fixé par le juge d'instruction qui ne saurait être inférieur à quinze jours ou, s'il s'agit d'une expertise comptable ou financière, à un mois, pour adresser en même temps à l'expert et au juge les observations écrites qu'appelle de leur part ce rapport provisoire. Au vu de ces observations, l'expert dépose son rapport définitif. Si aucune observation n'est faite, le rapport provisoire est considéré comme le rapport définitif.**

Le dépôt d'un rapport provisoire est obligatoire si le ministère public le requiert ou si une partie en a fait la demande selon les modalités prévues par l'avant-dernier alinéa de l'article 81 lorsqu'elle est informée de la décision ordonnant l'expertise en application de l'article 161-1.

Art. 168 *(L. n° 72-1226, 29 déc. 1972 ; mod., L. n° 2007-291, 5 mars 2007).* **– Les experts exposent à l'audience, s'il y a lieu, le résultat des opérations techniques auxquelles ils ont procédé, après avoir prêté serment d'apporter leur concours à la justice en leur honneur et en leur conscience. Au cours de leur audition, ils peuvent consulter leur rapport et ses annexes.**

Le président peut soit d'office, soit à la demande du ministère public, des parties ou de leurs conseils, leur poser toutes questions rentrant dans le cadre de la mission qui leur a été confiée. Le ministère public et les avocats des parties peuvent également poser directement des questions aux experts selon les modalités prévues par les articles 312 et 442-1.

Après leur exposé, les experts assistent aux débats, à moins que le président ne les autorise à se retirer.

1) **Audition de l'expert par le juge d'instruction.** Aucune disposition de la loi n'interdit au juge d'instruction qui a commis un expert de l'entendre ensuite en qualité de témoin ; ce magistrat a le devoir de rechercher tous les éléments de preuve qui peuvent conduire à la manifestation de la vérité (■ Cass. crim., 10 avr. 1975, n° 74-92.978 : *Bull. crim.* n° 90). V. s'agissant de la demande d'audition de l'expert par le juge d'instruction présentée par le procureur de la République,art. 82, p. 302, et annotations ss art.

I – DOMAINE D'APPLICATION DE L'ARTICLE 168 DU CODE DE PROCÉDURE PÉNALE

2) **Audition de l'expert par la chambre de l'instruction en cas d'irresponsabilité pénale**

pour cause de trouble mental. V. art. 706-122, al. 4, p. 1627 renvoyant aux dispositions de art. 168, p. 542.

II – FORMALITÉS DE L'ARTICLE 168 DU CODE DE PROCÉDURE PÉNALE

3) Caractère facultatif de l'audition de l'expert à l'audience. L'article 168 du Code de procédure pénale ne prévoit pas que tout expert « doit » exposer à l'audience le résultat des opérations techniques auxquelles il a procédé ; ce texte dispose seulement que l'expert expose ce résultat « s'il y a lieu » ; le demandeur ne saurait dès lors se faire grief de ce que l'expert n'ait pas été entendu à l'audience (▪ Cass. crim., 20 nov. 1968, n° 68-91.370 : *Bull. crim.* n° 305). Aucun texte n'exige l'audition des experts à l'audience, l'article 168 du Code de procédure pénale énonçant qu'ils exposent à l'audience « s'il y a lieu » le résultat de leurs opérations (▪ Cass. crim., 28 févr. 1973, n° 72-93.242 : *Bull. crim.* n° 103).

A – Serment de l'expert

1° Personnes concernées

4) Personnes tenues de prêter le serment de l'expert. La disposition de l'article 168 du Code de procédure pénale aux termes de laquelle les experts exposent à l'audience, s'il y a lieu, le résultat des opérations techniques auxquelles ils ont procédé, après avoir prêté serment de rendre compte de leurs recherches et constatations en leur honneur et conscience, s'applique à tout expert entendu à l'audience dès lors qu'il a été chargé d'une mission d'expertise au cours de l'instruction préparatoire (▪ Cass. crim., 20 juill. 1965, n° 65-90.859 : *Bull. crim.* n° 180. ▪ Cass. crim., 19 mai 1971, n° 70-92.101 : *Bull. crim.* n° 162). Les dispositions de l'article 168 du Code de procédure pénale s'appliquent à tout expert entendu à l'audience dès lors qu'il a été chargé d'une mission d'expertise par la juridiction d'instruction ou de jugement alors même qu'il aurait été cité à tort comme témoin (▪ Cass. crim., 22 déc. 1970, n° 70-91.692 : *Bull. crim.* n° 349). Les prescriptions de l'article 168 du Code de procédure pénale s'appliquent à tout expert entendu à l'audience même en vertu du pouvoir discrétionnaire du président (▪ Cass. crim., 9 nov. 1983, n° 83-91.668 : *Bull. crim.* n° 296 ; *RSC* 1984, p. 542, obs. J. Robert. ▪ Cass. crim., 7 déc. 1966, n° 66-91.973 : *Bull. crim.* n° 280. ▪ Cass. crim., 2 déc. 2020, 19-87.124, § 10 : *Bull. crim.* à paraître, impl.). La personne qui, commis par le juge d'instruction, a déposé un rapport d'expertise, doit prêter serment dans les termes de l'article 168 du Code de procédure pénale même si elle ne figure pas sur la liste des experts (▪ Cass. crim., 29 avr. 1976, n° 75-93.217 : *Bull. crim.* n° 133). Les personnes appelées, au cours d'une enquête préliminaire, à effectuer des constatations ou des examens techniques ou scientifiques qui ne peuvent être différés, sont soumises, en application de l'article 77-1, alinéa 2 du Code de procédure pénale, aux dispositions de l'article 60 du même code et doivent donc, en vertu des articles 169-1 et 168 dudit code, prêter, à l'audience, le serment des experts (▪ Cass. crim., 25 nov. 1998, n° 98-80.606 : *JurisData* n° 1998-005082 ; *Bull. crim.* n° 317 ; *Procédures* 1999, comm. 73, obs. J. Buisson. ▪ Cass. crim., 19 oct. 2016, n° 15-83.937 : *Bull. crim.* n° 272). L'examen médico-psychologique prévu par le dernier alinéa de l'article 81 du Code de procédure pénale constitue une mesure d'expertise au sens des articles 156 et suivants dudit code ; dès lors, en faisant prêter à la personne ayant effectué cet examen le serment prescrit par l'article 168 du Code de procédure pénale, le président de la cour d'assises, loin de violer les textes précités, en a fait une exacte application (▪ Cass. crim., 3 oct. 1979, n° 79-90.341 : *Bull. crim.* n° 270. ▪ Cass. crim., 28 janv. 1969, n° 68-92.493 : *Bull. crim.* n° 50).

5) Personnes tenues de prêter le serment de l'expert – Conséquence. Il résulte de l'article 168 du Code de procédure pénale que les experts, qui en tout état de cause doivent prêter serment, ne sont jamais entendus à titre de simples renseignements (▪ Cass. crim., 13 janv. 1993, n° 92-83.587 : *Bull. crim.* n° 19 ; *JurisData* n° 1993-002008).

6) Personnes tenues de prêter le serment de l'expert – Sanction du défaut de serment. En l'absence de donné-acte qu'il appartenait à la défense de solliciter ou de conclusions d'incident qu'elle avait la faculté de déposer au cours des débats devant la cour d'assises, le moyen, pris du défaut de prestation d'un serment d'un expert devant la cour d'assises, en méconnaissance de l'article 168 du Code de procédure pénale, présenté pour la première fois devant la Cour de cassation, n'est pas recevable (▪ Cass. crim., 2 déc. 2020, n° 19-87.124, § 10 : *Bull. crim.* à paraître).

7) Personnes non tenues de prêter le serment de l'expert. L'enquête de personnalité prévue par l'article 81 du Code de procédure pénale n'a pas pour objet l'examen de questions techniques et ne constitue pas une expertise au sens des articles 156 et suivants du Code de procédure pénale ; il n'importe à cet égard que l'intéressé ait été cité en qualité d'expert (▪ Cass. crim., 17 janv. 1990, n° 89-83.876 : *Bull. crim.* n° 31 ; *JurisData* n° 1990-700289). Le médecin qui a établi deux certificats à la demande du juge d'instruction mais qui n'a pas été chargé d'une expertise en application des articles 156 et suivants du Code de procédure pénale, ni d'un examen médico-psychologique conformément aux dispositions de l'article 81, alinéa 7 du même code peut être entendu après avoir prêté le serment des témoins prescrit par l'article 331 du Code de procédure pénale, n'ayant été chargé d'aucune mission d'expertise au cours de l'information ni été appelé à procéder à des constatations conformément à l'article 60 du même code (■ Cass. crim., 3 oct. 1979, n° 79-90.325 : *Bull. crim.* n° 269). La personne requise par le président de la cour d'assises pour procéder à l'audience à une opération matérielle ne nécessitant aucun compte-rendu à la barre (en l'espèce un branchement pour écouter une bande magnétique) n'est pas chargée d'une mission d'expertise et n'a dès lors pas à prêter le serment prescrit par l'article 168 du Code de procédure pénale (■ Cass. crim., 7 déc. 1980, n° 80-92.601 : *Bull. crim.* n° 354). Les dispositions du Code de procédure pénale n'étant pas applicables hors du territoire français, les praticiens désignés et commis par une autorité judiciaire étrangère pour procéder à un expertise ne peuvent être considérés comme des experts devant les juridictions françaises ; c'est dès lors à bon droit que ces spécialistes ne prêtent pas le serment prescrit par l'article 168 du Code de procédure pénale pour les experts (■ Cass. crim., 7 mars 1973, n° 72-93.538 : *Bull. crim.* n° 115. ■ Cass. crim., 12 déc. 1984, n° 84-93.091 : *Bull. crim.* n° 401 ; *JurisData* n° 1984-702376).

8) Personnes non tenues de prêter le serment de l'expert – Prestation erronée du serment de l'expert. Il n'importe qu'un médecin ait eu ou non la qualité d'expert dès lors qu'il résulte des mentions du procès-verbal des débats que ce médecin a été régulièrement entendu en vertu du pouvoir discrétionnaire du président après avoir prêté, en l'absence de toute opposition des parties, le serment prévu par l'article 168 du Code de procédure pénale, lequel implique celui de dire toute la vérité (■ Cass. crim., 17 mai 2000, n° 99-87.768 : *Bull. crim.* n° 193 ; *JurisData* n° 2000-002482). Le moyen de cassation pris de ce qu'un expert en balistique a été entendu en vertu du pouvoir discrétionnaire du président, après avoir prêté le serment prescrit par l'article 168 du Code de procédure pénale, alors qu'il ne résulte d'aucune des pièces de la procédure qu'il ait été chargé d'une mission d'expertise ne saurait être accueilli dès lors qu'il résulte du procès-verbal des débats qu'aucune des parties ne s'est opposée à ce qu'il prête serment (■ Cass. crim., 29 févr. 2000, n° 97-86.706 : *Bull. crim.* n° 90).

9) Double qualité de témoin et d'expert. S'il est vrai qu'une personne qui a la double qualité de témoin et d'expert peut prêter les deux serments, le fait qu'elle ait prêté le seul serment d'expert n'entraîne aucune nullité dès lors que ce serment implique de dire la vérité (■ Cass. crim., 20 janv. 1993, n° 92-82.809 : *Bull. crim.* n° 31).

10) Renouvellement du serment. La loi n'exige pas que l'expert qui a régulièrement prêté serment renouvelle cette formalité chaque fois qu'au cours des débats il doit être à nouveau entendu ou confronté (■ Cass. crim., 26 mai 1983, n° 83-90.121 : *Bull. crim.* n° 157).

2° *Formule du serment*

11) Preuve. Les énonciations du procès-verbal des débats de la cour d'assises selon lesquelles l'expert a été entendu après avoir prêté serment « dans les formes prescrites par l'article 168 du Code de procédure pénale » établissent que le serment a été prêté dans les termes prévus par ce texte (■ Cass. crim., 4 oct. 1973, n° 73-92.205 : *Bull. crim.* n° 345. ■ Cass. crim., 9 janv. 1974, n° 73-92.653 : *Bull. crim.* n° 9).

12) Irrespect de la formule. S'il est regrettable que la formule par laquelle les experts ont prêté serment ne reproduise pas exactement les termes du serment prévu par l'article 168 du Code de procédure pénale, elle répond aux exigences de la loi dès lors qu'elle en exprime le sens qui n'a été ni dénaturé, ni restreint (■ Cass. crim., 19 déc. 1973, n° 73-92.334 : *Bull. crim.* n° 479. ■ Cass. crim., 19 févr. 1975, n° 74-93.004 : *Bull. crim.* n° 60). Le serment que l'expert a accepté de prêter, sans observation des parties, dans les termes de l'article 331 du Code de procédure pénale (serment des témoins), implique celui d'apporter son concours à la justice en son honneur et en sa conscience ; il en résulte que le moyen de cassation pris de la violation de l'article 168 du Code de procédure pénale ne saurait être accueilli (■ Cass. crim., 9 nov. 1978, n° 78-90.923 : *Bull. crim.* n° 308. ■ Cass. crim., 17 déc. 1980, n° 80-92.601 : *Bull. crim.* n° 354 ; *RSC* 1984, p. 542, obs. J. Robert. ■ Cass. crim., 29 sept. 2004, n° 04-80.079 : *Bull. crim.* n° 226). La prestation cumulative du serment de l'expert de l'article 168 du Code de procédure pénale et de celui du témoin de l'article 331 du même code n'est pas de nature à entraîner la nullité (■ Cass. crim., 7 oct. 1992, n° 91-86.320 : *Bull. crim.* n° 313).

B – Déposition de l'expert

13) Caractère obligatoire de la déposition de l'expert acquis aux débats. En vertu des articles 168, 347 et 593 du Code de procédure pénale, les experts dont les noms ont été régulièrement dénoncés sont acquis aux débats et doivent être entendus à moins que toutes les parties n'aient renoncé à leur audition ; méconnaît le sens et la portée des textes susvisés la cour d'assises qui rejette, avant le début de l'instruction orale à l'audience, la demande de l'accusé tendant au renvoi de l'affaire en raison de l'absence d'un expert psychiatrique acquis aux débats, alors que, par la suite, les parties n'ont pas renoncé à l'audition de l'expert défaillant et qu'il ne résulte d'aucune mention du procès-verbal que le rapport de celui-ci ait été lu (■ Cass. crim., 18 déc. 2002, n° 02-81.792 : *Bull. crim.* n° 235. – Rapp., ■ Cass. crim., 12 nov. 1974, n° 74-90.745 : *Bull. crim.* n° 327).

14) Pluralité d'experts. Sous réserve des dispositions de l'article 166, alinéa 2, du Code de procédure pénale, chacun des experts désignés pour exécuter une mission commune a qualité pour exposer à l'audience le résultat de l'ensemble des opérations techniques auxquelles tous ont procédé (■ Cass. crim., 30 sept. 1998, n° 97-86.532 : *Bull. crim.* n° 244 ; *JurisData* n° 1998-004229). Si, selon l'article 331 du Code de procédure pénale, les témoins doivent déposer séparément, l'article 168 du même code ne contient pas la même exigence en ce qui concerne l'audition des experts (■ Cass. crim., 19 déc. 1979, n° 79-92.563 : *Bull. crim.* n° 368).

15) Présence lors des débats. Aucune disposition de la loi n'exige qu'avant d'être entendus, les experts se retirent de la salle d'audience, l'article 325 du Code de procédure pénale ne concernant que les témoins (■ Cass. crim., 8 févr. 1968, n° 67-931.01 : *Bull. crim.* n° 40. ■ Cass. crim., 4 mai 1977, n° 76-93.510 : *Bull. crim.* n° 156).

16) Consultation du rapport et des annexes. Aux termes de l'article 168 du Code de procédure pénale, les experts, au cours de leur audition, peuvent consulter leur rapport et ses annexes ; sont assimilables à ces documents les notes prises par un expert à l'occasion de l'exécution de sa mission (■ Cass. crim., 17 janv. 1990, n° 89-83.876 : *Bull. crim.* n° 31 ; *JurisData* n° 1990-700289. ■ Cass. crim., 10 déc. 1996, n° 96-81.241 : *Bull. crim.* n° 456 ; *JurisData* n° 1996-005315. ■ Cass. crim., 17 sept. 2014, n° 13-85.196 : *Bull. crim.* n° 192. ■ Cass. crim., 4 mars 2015, n° 14-81.685 : *Bull. crim.* n° 44). Aucune atteinte aux droits de la défense ne saurait résulter de ce qu'un expert cite la substance desdites notes dont il a le souvenir, l'accusé étant à même de lui poser ou de lui faire poser toutes questions les concernant (■ Cass. crim., 17 sept. 2014, préc.).

17) Respect du contradictoire. Doit être cassé l'arrêt qui ne met pas la Cour de cassation en mesure de s'assurer que des questions ont pu être posées à l'expert par les avocats des parties (■ Cass. crim., 9 mai 2018, n° 17-84.591 : *Bull. crim.* à paraître ; *Procédures* 2018, comm. 229, obs. A.-S. Chavent-Leclère).

18) Référence à une expertise effectuée dans une autre procédure. Le fait par un expert de faire état au cours de son audition d'une expertise effectuée dans une autre procédure et non jointe au dossier ne constitue pas une atteinte aux droits de la défense, dès lors que l'accusé n'a pas demandé le versement aux débats de cette expertise et qu'il est établi qu'il a été mis à même de poser ou de faire poser à l'expert toutes questions relatives à l'incidence de ses précédentes constatations sur les conclusions de son rapport de sorte que le principe du débat contradictoire a été respecté (■ Cass. crim., 7 mars 1990, n° 89-82.037 : *Bull. crim.* n° 109 ; *JurisData* n° 1990-701096).

19) Mention des déclarations de l'expert au procès-verbal des débats. Les dispositions de l'article 379 du Code de procédure pénale ne sont pas applicables aux déclarations des experts sur les opérations techniques auxquelles ils ont procédé, ces déclarations étant sans relation directe avec la culpabilité de l'accusé ; la cassation n'est dès lors pas encourue si le procès-verbal des débats mentionne, sans préciser que l'ordre en a été donné par le président, qu'un médecin, expert, interrogé sur le point de savoir si l'accusé pouvait faire l'objet d'un traitement, a répondu par la négative en ce qui concerne l'injonction de soins et par l'affirmative en ce qui concerne le suivi socio-judiciaire (■ Cass. crim., 4 nov. 2015, nos 14-84.661 et 14-86.836 : *Bull. crim.* n° 241).

Art. 169. – Si, à l'audience d'une juridiction de jugement, une personne entendue comme témoin ou à titre de renseignement contredit les conclusions d'une expertise ou apporte au point de vue technique des indications nouvelles, le président demande aux experts, au ministère public, à la défense et, s'il y a lieu, à la partie civile de présenter leurs observations. Cette juridiction, par décision motivée, déclare soit qu'il sera passé outre aux débats, soit que l'affaire sera renvoyée à une date ultérieure. Dans ce dernier cas, cette juridiction peut prescrire quant à l'expertise toute mesure qu'elle jugera utile.

Observations. L'absence des observations, qu'en vertu de l'article 169 du Code de procédure pénale l'expert est appelé à formuler lorsqu'un témoin a contredit ses conclusions, ne saurait donner lieu à ouverture à cassation, dès lors que l'accusée ou ses avocats ne s'étaient pas opposés à ce que l'expert se retire de la salle d'audience et que, par la suite, ils n'ont pas demandé qu'il se présente à nouveau (■ Cass. crim., 10 déc. 2003, n° 02-86.863 : *Bull. crim.* n° 241 ; *JurisData* n° 2003-021536).

Art. 169-1 *(L. n° 72-1226, 29 déc. 1972)*. **– Les dispositions des articles 168 et 169 sont applicables aux personnes appelées soit à procéder à des constatations, soit à apprécier la nature des circonstances d'un décès, conformément aux articles 60 et 74.**

Prestation de serment. Les personnes appelées, au cours d'une enquête préliminaire, à effectuer des constatations ou des examens techniques ou scientifiques qui ne peuvent être différés, sont soumises, en application de l'article 77-1, alinéa 2, du Code de procédure pénale, aux dispositions de l'article 60 du même code et doivent donc, en vertu des articles 169-1 et 168 dudit code, prêter, à l'audience, le serment des experts (▪ Cass. crim., 25 nov. 1998, n° 98-80.606 : *JurisData* n° 1998-005082 ; *Bull. crim.* n° 317 ; *Procédures* 1999, comm. 73, obs. J. Buisson. ▪ Cass. crim., 19 oct. 2016, n° 15-83.937 : *Bull. crim.* n° 272). C'est à bon droit que, conformément à l'article 169-1 du Code de procédure pénale, le président a fait prêter à la personne citée comme témoin, le serment des experts, dès lors que cette personne avait été requise par un officier de police judiciaire pour donner un avis technique au cours de la procédure (▪ Cass. crim., 24 sept. 1998, n°s 97-84.017 et 97-84.030 : *Bull. crim.* n° 234).

Section X. – Des nullités de l'information

Bibliographie : ***Répertoire.*** J. Dumont, *Nullité de l'information : JCl. Proc. pén.*, art. 170 à 174-1, Fasc. 20. • Ch. Guéry, *Rép. pén.* Dalloz, *V° Instruction préparatoire.* • M. Guerrin, *Rép. pén.*, Dalloz, *V° Nullité de procédure.*

Généralités. E. Allain, *Régime des nullités de procédure : précision ou revirement ? : Dalloz actualité*, 16 févr. 2012. • L. Ascensi, *Régime des requêtes en nullité devant la chambre de l'instruction : AJ Pénal* 2011, p. 473. • *Compétence de la chambre de l'instruction pour apprécier la régularité des pièces d'exécution en France d'une commission rogatoire internationale : AJ Pénal* 2010, p. 290. • B. Bouloc, *Observations sur les nullités en matière de procédure pénale : RSC* 2000, 417. • J.-P. Brouillaud, *Les nullités de procédure. Des procédures pénales et civiles comparées : D.* 1996, chron. 98. • Y. Capdepon, *La nullité d'une écoute téléphonique réalisée sur la ligne d'un tiers : Dr. pén.* 2017, étude 24. • G. Clément, *De la règle « Pas de nullité sans grief » en droit judiciaire privé et en procédure pénale : RSC* 1984, 433. • É. Clément, *Les présomptions de grief en procédure pénale : RSC* 2021, 557. • P. Couvrat, *Les méandres de la procédure pénale (commentaires de la loi n° 75-701 du 6 août 1975) : D.* 1976, chron. 43. • F. Fourment, *La nullité des actes de procédure et la Conv. EDH : Gaz. Pal.* 28 juill. 2012, n° 210, p. 12. • P. Gagnoud, *Les nullités de la garde à vue. Essai d'un bilan : Gaz. Pal.* 2000, chron. p. 2175 et s. • C. Girault, *Nullités de la garde à vue : AJ Pénal* 2005, 140. • C. Giudicelli, *L'étendue des nullités au cours de l'enquête pénale : quel contrôle de la police judiciaire ? : AJ Pénal* 2008, 445. • C. Goyet, *À propos des nullités de l'instruction préparatoire. Quelques remarques sur la distinction des nullités textuelles et des nullités substantielles : RSC* 1976, 899. • M. Guerrin, *Les changements opérés par la loi relative à la présomption d'innocence sur les nullités de procédure dans la phase préalable au jugement pénal : RSC* 2000, 753 ; *Un toilettage progressif et personnalisé. Les nullités de l'instruction après l'entrée en vigueur de la loi du 4 mars 2002 : Dr. pén.* 2002, chron. 38 ; *Le tribunal correctionnel et les nullités de l'instruction : Dr. pén.* 2004, chron. 10 ; *Nullité de procédure portant indirectement atteinte aux intérêts du requérant : état des lieux : D.* 2014, 1460 ; *Du bon usage des recours contre la mise en examen : AJ Pénal* 2014, 283. • P. Hennion-Jacquet, *Les nullités de l'enquête et de l'instruction. Un exemple du déclin de la légalité procédurale : RPDP* 2003, 7 ; *La double dénaturation des nullités en matière pénale : D.* 2004, 1265. • C. Laronde-Clérac, *La pratique jurisprudentielle des nullités en procédure pénale : Dr. pén.* 2013, étude 9. • G. Levasseur, *Les nullités de l'instruction préparatoire, Mélanges Patin*, 1965, Cujas, p. 469 et s. • J.-Y. Maréchal, *Qualité à agir du demandeur en nullité de la garde à vue : JCP* 2012, act. 242. • *Les nullités : un contrôle efficace de la procédure ?*, Dossier *AJ Pénal* 2005, 133 et 177.

Art. 170 *(Mod., L. n° 2004-204, 9 mars 2004).* **– En toute matière, la chambre de l'instruction peut, au cours de l'information, être saisie aux fins d'annulation d'un acte ou d'une pièce de la procédure par le juge d'instruction, par le procureur de la République, par les parties ou par le témoin assisté.**

1) Compétence exclusive de la chambre de l'instruction. La chambre d'accusation est seule compétente, pendant la durée de l'instruction préparatoire, pour apprécier la régularité des actes de l'information, sous le contrôle de la Cour de cassation ; le juge d'instruction ne peut, sans excès de pouvoir, prendre une nouvelle ordonnance de mise en détention provisoire sans qu'ait été constatée l'irrégularité de la première par la juridiction du second degré (▪ Cass. crim., 24 mars 1992, n° 92-80.100 : *Bull. crim.* n° 125 ; *Dr. pén.* 1992, comm. 270, note A. Maron). En vertu des articles 116-1, 171, 172 et 206 du Code de procédure pénale, le juge d'instruction ne saurait, sans excès de pouvoir, recommencer un interrogatoire de première comparution qu'il estime entaché d'irrégularité ; en procédant ainsi, il empiète sur les attributions de la chambre de l'instruction, seule compétente, pendant l'information judiciaire, pour en apprécier la régularité, sous le contrôle de la Cour de cassation ; encourt la censure l'arrêt qui, pour rejeter la requête en nullité pris de l'irrégularité de deux interrogatoires de première comparution réalisés successivement afin de permettre, au cours du second, de procéder à l'enregistrement audiovisuel omis durant le premier, retient que l'immédiateté ainsi que la continuité temporelle de la réalisation de ces deux opérations confèrent aux deux procès-verbaux successifs une indivisibilité qui ne permet pas de considérer que le second, qui est une copie conforme du premier, avait vocation, en la circonstance, à se substituer à celui-ci (▪ Cass. crim., 19 sept. 2017, n° 17-81.016 : *Bull. crim.* à paraître ; *Dr. pén.* 2017, comm. 169, note A. Maron et M. Haas).

I – NATURE DES ACTES SUSCEPTIBLES D'ANNULATION : ACTES OU PIÈCES DE LA PROCÉDURE

2) Actes ou pièces de la procédure. V. égal. annotations ss art. 173, p. 556.

3) Actes ou pièces de la procédure : actes ou pièces de l'enquête de police. Il résulte de l'article 171 du Code de procédure pénale que le juge d'instruction ou le ministère public peuvent saisir la chambre d'accusation pour faire statuer sur la validité de tous les actes de procédure qui paraissent entachés de nullité, à la seule exception des décisions juridictionnelles susceptibles de voies de recours ; méconnaît le sens et la portée de ce texte la chambre d'accusation qui déclare irrecevable la requête aux fins d'annulation d'actes de procédure aux motifs qu'elle tendait à l'examen de la validité d'actes de l'enquête préliminaire et que les dispositions de l'article 171 du Code de procédure pénale ne peuvent concerner que les actes du juge d'instruction lui-même ou des personnes auxquelles il délègue ses pouvoirs (▪ Cass. crim., 30 juin 1987, n° 87-82.068 : *Bull. crim.* n° 276 ; *RSC* 1987, 912, obs. A. Braunschweig). Les officiers de police judiciaire qui réalisent des écoutes et des enregistrements de conversations téléphoniques en enquête préliminaire accomplissent des actes de la procédure, au sens de l'article 170 du Code de procédure pénale susceptibles d'annulation (▪ Cass. crim., 27 févr. 1996, n° 95-81.366 : *Bull. crim.* n° 93 ; *JCP* 1996, II, 22629, note M.-L. Rassat ; *D.* 1996, 346, note Ch. Guéry).

4) Actes ou pièces de la procédure : actes d'enquête accomplis par un organisme administratif indépendant. C'est à tort que la cour d'appel énonce que les juridictions françaises sont incompétentes pour connaître de la régularité des actes d'enquête effectués par l'OLAF, organisme administratif indépendant créé par la Commission européenne et habilité à procéder à des investigations en matière de lutte contre la fraude aux intérêts financiers de l'Union européenne, un tel acte versé dans une procédure pénale suivie en France pouvant être annulé, afin de garantir un contrôle juridictionnel effectif, s'il est établi qu'il a été accompli en violation des droits fondamentaux (▪ Cass. crim., 9 déc. 2015, n° 15-82.300 : *Bull. crim.* n° 283).

5) Actes non constitutifs d'actes ou de pièces de la procédure. Ni le courrier par lequel le juge d'instruction saisit le bâtonnier, en application de l'article 63-3-1 du Code de procédure pénale, d'une divergence d'appréciation avec l'avocat choisi sur l'existence d'un conflit d'intérêts ni les correspondances échangées à la suite ni, enfin, la décision du bâtonnier de désigner un autre défenseur, fondée sur la seule prise en considération des règles déontologiques propres à la profession d'avocat, ne constituent des actes ou des pièces de procédure au sens des articles 170 et 173 du code précité, de sorte que ces documents ne peuvent être contestés par la voie d'une requête en nullité, peu important qu'ils figurent, le cas échéant, au dossier de l'information (▪ Cass. crim., 20 sept. 2016, n° 16-81.638 : *Bull. crim.* n° 242). La décision du tribunal correctionnel de renvoyer la procédure au ministère public, fût-elle non susceptible de recours, ne constitue ni un acte d'enquête ni un acte d'instruction (▪ Cass. crim., 25 juin 2013, n° 13-81.977 : *Bull. crim.* n° 154).

6) Actes non constitutifs d'actes ou de pièces de la procédure – Actes d'investigations et moyens de preuve émanant des parties privées ou des tiers. Aucun texte de procédure pénale n'interdit la production par le plaignant, à l'appui de sa plainte, de pièces de nature à constituer des charges contre les personnes visées dans celle-ci, lesdites pièces ne constituant pas, au demeurant, des actes d'information susceptibles d'être annulés en application de l'article 172 du Code de procédure pénale ; il appartient aux juridictions répressives d'en apprécier la valeur au regard des règles relatives à l'administration de la preuve des infractions (▪ Cass. crim., 23 juill. 1992, n° 92-82.721 : *Bull. crim.* n° 274 ; *Dr. pén.* 1992, comm. 299, obs. A. Maron). Les enregistrements de conversations privées réalisés par un particulier à l'insu de tiers ne sont pas en eux-mêmes des actes ou des pièces de l'information, au sens de l'article 170 du Code de procédure pénale, et comme tels, susceptibles d'être annulés, mais des moyens de preuve qui peuvent être discutés contradictoirement, et la transcription de ces enregistrements, qui a pour seul objet d'en matérialiser le contenu, ne peut davantage donner lieu à annulation (▪ Cass. crim., 31 janv. 2012, n° 11-85.464 : *Bull. crim.* n° 27 ; *RSC* 2012, 401, obs. X. Salvat ; *Procédures* 2012, n° 86, obs. A.-S. Chavent-Leclère). Il en est de même des enregistrements réalisés dans les mêmes conditions à l'insu de la personne mise en examen (▪ Cass. crim., 7 mars 2012, n° 11-88.118 : *Bull. crim.* n° 64 ; *Dr. pén.* 2012, chron. 7, obs. V. Lesclous ; *Procédures* 2012, n° 157, obs. A.-S. Chavent-Leclère et n° 199, obs. J. Buisson). Les enregistrements réalisés par la partie civile et les témoins de leurs conversations et communications téléphoniques avec l'inculpé, à l'insu de ce dernier, qui, en eux-mêmes, ne sont pas des actes de l'information n'ont que la valeur d'indices de preuves, peuvent être discutés par les parties et faire l'objet de toutes mesures d'instruction utiles tant en ce qui concerne leur contenu que les circonstances dans lesquelles ils ont été établis (■ Cass. crim., 28 avr. 1987, n° 86-96.621 : *Bull. crim.* n° 173). Les fichiers informatiques provenant de vols commis par un salarié d'une banque suisse ne constituent pas, au sens de l'article 170 du Code de procédure pénale, des actes ou pièces de l'information susceptibles d'être annulés, mais des moyens de preuve soumis à discussion contradictoire (■ Cass. crim., 27 nov. 2013, n° 13-85.042 : *Bull. crim.* n° 238 ; *Dr. pén.* 2014, n° 32, obs. A. Maron et M. Haas ; *Procédures* 2014, 25, note A.-S. Chavent-Leclère).

II – EXCLUSION DES ACTES SUSCEPTIBLES DE RECOURS

7) **Principe.** Il résulte de l'article 171 du Code de procédure pénale que le juge d'instruction ou le ministère public peuvent saisir la chambre d'accusation pour faire statuer sur la validité de tous les actes de procédure qui paraissent entachés de nullité, à la seule exception des décisions juridictionnelles susceptibles de voies de recours (■ Cass. crim., 30 juin 1987, n° 87-82.068 : *Bull. crim.* n° 276 ; *RSC* 1987, 912, obs. A. Braunschweig).

8) **Actes susceptibles d'appel.** V. annotations ss art. 173, p. 556.

9) **Assimilation des actes indissociables de ceux susceptibles d'appel.** V. égal. annotations ss art. 173, p. 556. Si l'article 171, alinéa 1er, du Code de procédure pénale permet au juge d'instruction de saisir la Chambre d'accusation pour faire statuer sur la validité d'un acte de l'information qui lui paraît entaché de nullité, une telle procédure ne saurait être utilisée à l'égard des décisions juridictionnelles susceptibles d'appel ; l'irrégularité prétendue du procès-verbal de débat contradictoire organisé en application de l'article 145-1, alinéas 3 et 4, du même code, support inséparable de l'ordonnance de prolongation de la détention provisoire, doit être invoquée à l'appui d'un appel interjeté contre celle-ci (■ Cass. crim., 4 nov. 1986, nos 86-94.653, 86-94.654 et 86-94.661 : *Bull. crim.* n° 320).

10) **Actes susceptibles d'un recours particulier.** V. égal. annotations ssart. 173, p. 556. La contestation d'une constitution de partie civile n'entre pas dans les prévisions des articles 171 et 173 du Code de procédure pénale mais doit être soumise au juge d'instruction en application de l'article 87 dudit code (■ Cass. crim., 11 mars 2014, n° 13-86.965 : *Bull. crim.* n° 71). Selon l'article 64.2 *a*, alinéa 2, du Code des douanes, l'ordonnance du président du tribunal de grande instance prévue par ce texte autorisant une visite domiciliaire n'est susceptible que d'un pourvoi en cassation, lequel n'est pas suspensif ; il s'en déduit que la procédure prévue par l'article 171 du Code de procédure pénale si elle est applicable aux actes d'exécution de ladite ordonnance, ne l'est pas à la décision elle-même (■ Cass. crim., 11 oct. 1990, n° 90-80.997 : *Bull. crim.* n° 338). Le prévenu, qui, en sa qualité d'occupant des lieux, disposait d'un recours contre les opérations de visite effectuées sur le fondement de l'article 64 du Code des douanes, est irrecevable à invoquer l'irrégularité desdites opérations à l'occasion des poursuites dont il fait l'objet (■ Cass. crim., 17 juin 2015, n° 14-80.886 : *Bull. crim.* n° 155).

Art. 170-1 *(L. n° 2019-222, 23 mars 2019).* **– Lorsque la solution d'une requête en annulation paraît s'imposer de façon manifeste, le président de la chambre de l'instruction statue sur cette demande, conformément aux dispositions de l'article 199, sans la présence des deux conseillers de la chambre.**

Si la décision qui s'impose consiste dans l'annulation des actes ou pièces de la procédure, elle peut, en cas d'accord du ministère public, être prise par ordonnance sans qu'il soit procédé à l'audience prévue au même article 199.

L'auteur de la requête en annulation peut cependant demander que celle-ci soit examinée par la chambre de l'instruction.

Conformité à la Constitution. L'article 170-1 du Code de procédure pénale, qui donne compétence au président de la chambre de l'instruction pour statuer à juge unique sur les requêtes en annulation d'un acte ou d'une pièce de la procédure déposées au cours de l'information judiciaire lorsque la solution paraît s'imposer de façon manifeste, ne méconnaît ni les droits de la défense, ni le droit à un procès équitable, les modalités de composition des formations de jugement étant sans effet sur l'obligation de respecter ces droits (■ Cons. const. 21 mars 2019, n° 2019-778 DC).

Art. 171 *(Rempl., L. n° 93-1013, 24 août 1993).* **– Il y a nullité lorsque la méconnaissance d'une formalité substantielle prévue par une disposition du présent code ou toute autre disposition de procédure pénale a porté atteinte aux intérêts de la partie qu'elle concerne.**

• *Sommaire*

I – RÈGLE MÉCONNUE

1) Méconnaissance d'une disposition de procédure pénale. En vertu des articles 170, 171 et 173 du Code de procédure pénale la requête en annulation, présentée devant la chambre de l'instruction, doit concerner un acte ou une pièce de la procédure et être fondée sur la méconnaissance d'une formalité substantielle prévue par le Code de procédure pénale ou toute autre disposition de procédure pénale ; est, en conséquence, irrecevable la requête en annulation de la plainte avec constitution de partie civile et de la procédure subséquente, fondée sur la prétendue irrégularité de la délibération du conseil municipal ayant autorisé le maire à agir en justice, pour violation des prescriptions de l'article L. 2122-22, 16° du Code général des collectivités territoriales, lesquelles n'édictent aucune disposition de procédure pénale (▪ Cass. crim., 7 avr. 2009 : *Bull. crim.* n° 67 ; *Dr. pén.* 2010, chron. 1, obs. D. Guérin ; *Procédures* 2009, n° 245, obs. J. Buisson).

2) Méconnaissance d'une disposition de procédure pénale – Disposition extérieure au Code de procédure pénale. La méconnaissance de l'article L. 47 du Livre des procédures fiscales, qui impose que le contribuable soit informé de son droit d'être assisté d'un conseil, et l'absence de débat oral et contradictoire, au cours de la vérification fiscale, ayant porté atteinte aux droits de la défense, sont les seules irrégularités, affectant les opérations administratives préalables à l'engagement de poursuites pénales pour fraude fiscale, susceptibles de conduire à l'annulation de la procédure par le juge judiciaire (▪ Cass. crim., 9 oct. 1997, n° 96-83.681, *Bonnafous* : *Bull. crim.* n° 331. ▪ Cass. crim., 9 mars 2005, n° 04-82.641 : *JurisData* n° 2005-028267 ; *Dr. fisc.* 2005, comm. 491).

3) Méconnaissance d'une disposition de valeur législative. En rejetant l'exception de nullité prise de la violation de l'article D. 12 du Code de procédure pénale, l'arrêt attaqué n'encourt pas le grief allégué : en effet le moyen, qui allègue la violation d'un texte réglementaire de procédure pénale, ne saurait être admis (▪ Cass. crim., 20 juin 1996, n°s 93-82.187 et 95-81.975 : *Bull. crim.* n° 270).

4) Méconnaissance d'une disposition conventionnelle. Il appartient à la chambre de l'instruction, saisie d'un moyen d'annulation invoquant la violation de l'article 8 de la Convention européenne des droits de l'Homme, relativement au versement, dans la procédure dans laquelle le requérant est mis en examen, de transcriptions de conversations téléphoniques issues d'une procédure distincte, de procéder, par motifs propres, à l'examen de la régularité des actes litigieux dans chacune des procédures au regard tant des articles 100 et suivants du Code de procédure pénale que des principes résultant de l'article 8 de la Convention précitée (▪ Cass. crim., 19 déc. 2007, n° 07-86.885 : *Bull. crim.* n° 317).

5) Méconnaissance d'un principe général de la procédure pénale – Principe de loyauté. Porte atteinte aux principes du procès équitable et de la loyauté des preuves la participation de l'autorité publique à l'administration d'une preuve obtenue de façon illicite ou déloyale par une partie privée ; méconnaît les articles 6 de la Convention européenne des droits de l'Homme et préliminaire du Code de procédure pénale et le principe ci-dessus énoncé, la chambre de l'instruction qui rejette l'exception de nullité alors que l'autorité publique avait participé indirectement à l'obtention des enregistrements, par un particulier, sans le consentement des intéressés, de propos tenus par eux à titre privé (▪ Cass. crim., 20 sept. 2016, n° 16-80.820 : *Bull. crim.* n° 244).

6) Méconnaissance d'un principe général de la procédure pénale – Droit de la défense. Le respect des droits de la défense impose au magistrat instructeur, qui envisage de se transporter sur les lieux en vue de procéder à des vérifications matérielles ou à une reconstitution du crime ou du délit, en présence de l'inculpé, d'en donner préalablement avis au conseil de ce dernier, dans les conditions prévues par l'article 92 du Code de procédure pénale pour le procureur de la République, sauf impossibilité dûment constatée ; en se transportant sur les lieux de l'infraction en présence du procureur de la République, régulièrement avisé, et de l'inculpée, mais sans qu'avis en ait été donné à son conseil ni que soit constatée une circonstance ayant pu y faire obstacle le juge d'instruction a méconnu le principe ci-dessus rappelé et le procès-verbal ainsi établi est entaché de nullité (■ Cass. crim., 15 févr. 1990, n° 89-86.566 : *JurisData* n° 1990-700768 ; *Bull. crim.* n° 78).

7) Méconnaissance d'un principe général de la procédure pénale – Principe d'égalité des armes. Le principe de l'égalité des armes impose que l'avocat d'une partie ait le droit d'assister à l'audition d'un expert effectuée par le juge d'instruction sur réquisitions du procureur de la République en présence de celui-ci ; méconnaît les articles 6 de la Convention européenne des droits de l'Homme et préliminaire du Code de procédure pénale et le principe ci-dessus rappelé, l'arrêt qui, pour rejeter cette requête en nullité de la procédure, retient que le procureur de la République tient de l'article 82, alinéa 1er, du Code de procédure pénale, la faculté de demander au magistrat instructeur qu'il soit procédé en sa présence à l'audition d'un expert et qu'aucune disposition légale ne prévoit ni ne fait obligation au juge de convoquer les autres parties ou leurs avocats (■ Cass. crim., 11 mai 2010, n° 10-80.953 : *JurisData* n° 2010-010569 ; *Bull. crim.* n° 78 ; *D.* 2010, p. 1944 ; *AJ Pénal* 2010, p. 510, obs. C. Renaud-Duparc).

8) Méconnaissance d'un principe général de la procédure pénale – Délai raisonnable (art. 6 CEDH). La durée excessive d'une procédure, au sens de l'article 6-1 de la Convention européenne des droits de l'Homme, n'entraîne pas sa nullité (■ Cass. crim., 7 mars 1989, n° 87-90.500 : *Bull. crim.* n° 109). Il se déduit des articles préliminaire du Code de procédure pénale et 6 § 1 de la Convention européenne des droits de l'Homme que, si la méconnaissance du délai raisonnable peut ouvrir droit à réparation, elle est sans incidence sur la validité des procédures (■ Cass. crim., 24 avr. 2013, n° 12-82.863 : *Bull. crim.* n° 100 ; *Dr. pén.* 2013, n° 99, obs. A. Maron et M. Haas. ■ Cass. crim., 3 févr. 1993, n° 92-83.443 : *Bull. crim.* n° 57).

9) Nullité textuelle. V. par ex., en matière de perquisitions et de saisies, art. 59, p. 201, en matière de mise en examen, art. 80-1, p. 289 et 174-1, p. 571, en matière d'interceptions de communications, art. 100-7, p. 358 et 706-95, p. 1605, en matière de procès-verbaux d'audition et d'interrogatoire, art. 106, p. 364 et art. 107, p. 366, en matière d'infiltration, art. 706-81, p. 1597 et 706-83, p. 1598…

II – ATTEINTE AUX INTÉRÊTS DE LA PARTIE CONCERNÉE

A – Nécessité d'un grief

1° Principe

10) Nécessité d'un grief. Il résulte de l'article 171 du Code de procédure pénale que la nullité d'un acte de la procédure ne peut être prononcée que lorsque la violation des formes prescrites par la loi à peine de nullité ou l'inobservation de formalités substantielles a eu pour effet de porter atteinte aux intérêts de la partie qu'elle concerne (■ Cass. crim., 6 nov. 2012, n° 12-83.766 : *Bull. crim.* n° 238). La méconnaissance des formalités substantielles prévues par l'alinéa 3 de l'article 706-95 du Code de procédure pénale (qui impliquent que le procureur de la République informe le juge des libertés et de la détention des diligences effectuées conformément à son ordonnance autorisant les interceptions de communications téléphoniques) n'est constitutive d'une nullité que si l'irrégularité constatée a eu pour effet de porter atteinte aux intérêts de la partie concernée (■ Cass. crim., 22 oct. 2013, n° 13-81.949 : *Bull. crim.* n° 197).

11) Hypothèses d'absence de grief – Méconnaissance dépourvue de conséquence. La nullité ne peut être prononcée, aux termes de l'article 171 du Code de procédure pénale, que lorsque la méconnaissance d'une formalité substantielle a eu pour effet de porter atteinte aux intérêts de la partie qu'elle concerne ; n'encourt dès lors pas la nullité l'ordonnance de prolongation de la détention provisoire, prise après débat contradictoire auquel l'avocat de l'inculpé a été tardivement convoqué au regard des dispositions de l'article 114 du Code de procédure pénale, dès lors que l'avocat était présent lors du débat contradictoire, qu'il a eu l'occasion de s'exprimer sur la prolongation de détention et qu'il n'est ni établi ni soutenu que l'avocat ait été gêné dans l'accomplissement de sa mission (■ Cass. crim., 11 janv. 1994, n° 93-84.837 : *Bull. crim.* n° 15). La nullité n'est pas davantage encourue lorsque l'un des intéressés n'a fait aucune déclaration sur le fond et que l'avocat de l'autre, qui a pu prendre connaissance de l'existence et de la nature des documents manquant au dossier, n'a élevé aucune protestation au cours de l'interrogatoire et n'a, au demeurant, ni établi, ni même allégué, une quelconque atteinte aux intérêts de sa cliente (■ Cass. crim., 30 oct. 2001, n° 01-84.779 : *Bull. crim.* n° 223). Si le délai de quatre jours ouvrables, imposé par l'article 118 (devenu art. 114) du Code de procédure pénale, n'est pas respecté, il n'y a lieu, par application de l'article 802 du même code, de prononcer cette nullité dès lors qu'il n'a pas été porté atteinte aux intérêts de l'inculpé, les dispositions de l'article 197 dudit code ayant été observées devant la chambre d'accusation, le conseil de l'inculpé ayant ainsi eu la faculté de prendre connaissance des rapports d'expertise, de présenter ses observations par mémoire déposé conformément à l'article 198 et de solliciter tout complément d'expertise ou contre-expertise (■ Cass. crim., 7 juin 1988, n° 88-81.828 : *Bull. crim.* n° 258. ■ Cass. crim., 10 déc. 1985, n° 85-95.006 :

Bull. crim. n° 393). Si, aux termes l'article 63-1, alinéa 1er-2°, du Code de procédure pénale, la personne gardée à vue est immédiatement informée, par un officier de police judiciaire, du lieu présumé de l'infraction qu'elle est soupçonnée d'avoir commise ou tenté de commettre, l'omission de cette précision lors de la notification de la garde à vue ne peut entraîner le prononcé d'une nullité que si elle a eu pour effet de porter atteinte aux intérêts de la partie concernée ; tel n'est pas le cas lorsque le lieu de l'infraction était, en l'état de la procédure, indéterminé et que l'absence de l'information, au début de la garde à vue, sur la localisation du délit reproché n'a, en l'espèce, causé aucune atteinte aux intérêts du demandeur (■ Cass. crim., 27 mai 2015, n° 15-81.142 : *Bull. crim.* n° 126). Justifie sa décision la chambre de l'instruction qui, pour écarter le moyen de nullité pris de l'irrégularité de la mise en examen en raison de l'absence au dossier, lors de l'interrogatoire de première comparution, du contenu des écoutes téléphoniques auxquelles il avait été précédemment procédé, relève que, lors de cet acte, l'avocat, qui avait été en mesure de consulter l'intégralité du dossier dans les conditions prévues à l'article 116 du Code de procédure pénale, n'a formulé aucune observation et que la personne mise en examen ayant exercé le droit de se taire, le juge d'instruction ne lui a posé aucune question sur les faits (■ Cass. crim., 18 févr. 2015, n° 14-82.019 : *Bull. crim.* n° 30).

12) Hypothèses d'absence de grief – Absence de protestation de l'avocat ou de la partie concernée. Encourt la nullité prévue par l'article 170 du Code de procédure pénale l'interrogatoire de l'inculpé pratiqué en méconnaissance des dispositions des alinéas 2 et 3 de l'article 118 (devenu art. 114) du Code de procédure pénale ; cependant, dès lors que le conseil était présent et n'a élevé aucune protestation, il n'est pas établi que les irrégularités ont pour effet de porter atteinte aux intérêts de l'inculpé et il n'y a pas lieu de prononcer la nullité (■ Cass. crim., 2 sept. 1986, n° 86-93.266 : *Bull. crim.* n° 251 ; *JCP* G 1987, II, 20766, note P. Chambon). Dès lors que les avocats de la personne mise en examen n'ont formulé aucune réserve sur la régularité de l'interrogatoire, c'est à bon droit que la chambre d'accusation a décidé que la méconnaissance des formalités prévues par l'article 114 du Code de procédure pénale n'avait pas eu pour effet de porter atteinte aux intérêts de la partie concernée (■ Cass. crim., 26 juin 1995, n° 95-82.333 : *Bull. crim.* n° 235). La nullité n'est pas encourue lorsque l'un des intéressés n'a fait aucune déclaration sur le fond et que l'avocat de l'autre, qui a pu prendre connaissance de l'existence et de la nature des documents manquant au dossier, n'a élevé aucune protestation au cours de l'interrogatoire et n'a, au demeurant, ni établi, ni même allégué, une quelconque atteinte aux intérêts de sa cliente (■ Cass. crim., 30 oct. 2001, n° 01-84.779 : *Bull. crim.* n° 223). Encourt la cassation l'arrêt de la chambre de l'instruction qui fait droit à la demande d'annulation d'un interrogatoire d'un mis en examen, réalisé en présence de l'avocat des parties civiles, alors que la demande à cette fin présentée par celles-ci n'a pas respecté les formes prévues, à peine de nullité, par l'article 81, alinéa 10, du Code de procédure pénale, et que ni le mis en examen ni son avocat n'ont émis d'opposition ou de réserve à la présence de l'avocat au cours de l'interrogatoire, ce dont il résulte qu'aucune atteinte n'a été portée aux intérêts de la personne mise en examen (■ Cass. crim., 6 nov. 2012, n° 12-83.766 : *Bull. crim.* n° 238). Justifie sa décision la chambre de l'instruction qui, après avoir relevé l'irrégularité des opérations de saisie et de placement sous scellés, effectuées en violation des prescriptions de l'article 57 du Code de procédure pénale, retient, pour dire n'y avoir lieu à annulation d'actes de la procédure, qu'elle n'a pas eu pour effet de porter atteinte aux intérêts de l'intéressé qui n'a émis aucune contestation sur l'origine des objets lorsqu'ils lui ont été représentés durant sa garde à vue (■ Cass. crim., 15 juin 2000, n° 00-81.334 : *Bull. crim.* n° 229). Dès lors que le requérant n'a pas contesté la présence, à son domicile, des objets saisis au cours de la perquisition, le défaut de désignation par lui d'un représentant pour assister à la perquisition réalisée en son absence ne lui cause aucun préjudice (■ Cass. crim., 7 sept. 2021, n° 20-87.191, §§ 32 et 33 : *Bull. crim.* à paraître ; *JCP* G 2021, 1161, note H. Matsopoulou ; *AJ pénal* 2021, 484, obs. M. Recotillet ; — *Adde*, J. Candela, *Recevabilité de l'action en nullité : évolution de la jurisprudence jusqu'au revirement du 7 septembre 2021* : *AJ Pénal* 2020. 527), pas plus que l'absence de contrôle d'un officier de police judiciaire sur les perquisitions (■ Cass. crim., 7 déc. 2021, n° 20-82.733, § 12 : *Bull. crim.* à paraître ; *AJ pénal* 2022, 45, obs. J. Leborne).

2° *Atténuations*

13) Grief présumé – Illustrations en matière de garde à vue. Selon l'article 63-1 du Code de procédure pénale, l'officier de police judiciaire ou, sous son contrôle, l'agent de police judiciaire, a le devoir de notifier les droits attachés au placement en garde à vue dès que la personne retenue se trouve en état d'en être informée ; tout retard injustifié dans la mise en œuvre de cette obligation porte nécessairement atteinte aux intérêts de la partie qu'elle concerne (■ Cass. crim., 30 avr. 1996, n° 95-82.217 : *Bull. crim.* n° 182. ■ Cass. crim., 24 juin 2009, n° 08-87.241 : *Bull. crim.* n° 136). Il résulte de l'article 63-4-1 du Code de procédure pénale que l'avocat d'une personne gardée à vue peut, à sa demande, consulter le procès-verbal établi constatant la notification du placement en garde à vue et des droits y étant attachés, le certificat médical résultant de l'examen de la personne gardée à vue par un médecin ainsi que les procès-verbaux d'audition de la personne qu'il assiste ; toute méconnaissance de ces prescriptions porte nécessairement atteinte aux droits de la défense (■ Cass. crim., 17 nov. 2015, n° 15-83.437 : *Bull. crim.* n° 255). Tout retard, non justifié par une circonstance insurmontable, dans l'information donnée au juge d'instruction du placement en garde à vue fait nécessairement grief aux intérêts de la personne concernée (■ Cass. crim., 2 févr. 2005, n° 04-86.805 : *Bull. crim.* n° 41). Le défaut d'accomplissement des formalités prévues par les articles 62-2 et 63, alinéa 2, du Code de procédure pénale, consistant en l'information du procureur de la République du placement en garde à vue, des motifs de ce placement et en leur mention au procès-verbal, fait nécessairement grief à la personne concernée (■ Cass. crim., 25 juin 2013, n° 13-81.977 : *Bull. crim.* n° 154). Il résulte des articles 77 et 154 du Code précité, qu'une personne ne peut être retenue en garde à vue, à l'occasion des mêmes faits, pour une durée totale excédant 48 heures ; le dépassement de ce délai, même si les mesures ont été successivement ordonnées en application de l'un et l'autre de ces textes, constitue par lui-même une atteinte aux intérêts de la personne concernée (■ Cass. crim., 13 févr. 1996, n° 95-85.538 : *Bull. crim.* n° 74). Le défaut d'enregistrement audiovisuel des interrogatoires d'un mineur placé en garde à vue, qui n'est justifié par aucun obstacle insurmontable, porte nécessairement atteinte aux intérêts de la personne concernée (■ Cass. crim., 12 juin 2007, n° 07-80.194 : *Bull. crim.* n° 155).

14) Grief présumé – Autres illustrations. Le défaut d'enregistrement audiovisuel, en matière criminelle, de la première comparution d'une personne mise en examen, hors les cas où l'article 116-1 du Code de procédure pénale l'autorise, porte nécessairement atteinte aux intérêts de la personne concernée, qu'elle ait fait de simples déclarations ou qu'elle ait accepté d'être interrogée (■ Cass. crim., 3 mars 2010, n° 09-87.924 : *Bull. crim.* n° 47). Le procédé consistant à faire entendre sur commission rogatoire, délivrée à des officiers de police judiciaire, une personne suspectée, placée en garde à vue, et à la faire, dans ces conditions, interroger par un psychologue conseil, sous couvert d'une mission d'expertise, viole les dispositions légales relatives au mode d'administration des preuves et compromet l'exercice des droits de la défense (■ Cass. crim., 28 nov. 2001, n° 01-86.467 : *Bull. crim.* n° 248).

15) Absence de grief en cas de nullité d'ordre public. L'article 157 du Code de procédure pénale, selon lequel le juge d'instruction qui désigne un expert ne figurant pas sur la liste nationale établie par le bureau de la Cour de cassation ou sur une des listes dressées par les cours d'appel doit motiver sa décision, constitue une disposition d'ordre public étant édictée dans l'intérêt d'une bonne administration de la justice et son inobservation entache de nullité l'ordonnance et les actes subséquents (■ Cass. crim., 8 juill. 2004, n°s 04-80.145 et 04-82.601 : *Bull. crim.* n° 180). L'article 407 du Code de procédure pénale, selon lequel l'interprète commis à l'audience par le président doit prêter le serment, est édicté dans l'intérêt d'une bonne administration de la justice et sa violation entache de nullité l'ensemble de la procédure (■ Cass. crim., 2 févr. 1977, n° 76-92.003 : *Bull. crim.* n° 42). *Rapp. au visa de l'article 802 du Code de procédure pénale*, les dispositions de l'article 77-1 du Code de procédure pénale sont édictées dans l'intérêt d'une bonne administration de la justice et leur méconnaissance est constitutive d'une nullité à laquelle les dispositions de l'article 802 dudit code sont étrangères (■ Cass. crim., 14 oct. 2003 : *Bull. crim.* n° 187. ■ Cass. crim., 1er sept. 2005, n° 05-84.061 : *Bull. crim.* n° 211). *Rapp. au visa de l'article 206 du Code de procédure pénale*, en s'abstenant d'examiner, ainsi que l'article 206 du Code de procédure pénale lui en faisait l'obligation, la régularité de la procédure qui lui était soumise en application de l'article 181, et en omettant de constater, fût d'office, la nullité de l'expertise (confiée par « commission rogatoire » à un officier de police judiciaire en violation de l'article 159 du Code de procédure pénale) et de tirer de cette constatation les conséquences légales qu'elles comportaient, la chambre d'accusation n'a pas donné de base légale à sa décision (■ Cass. crim., 20 déc. 1972, n° 72-92.625 : *Bull. crim.* n° 395). En s'abstenant d'examiner, ainsi que l'article 206 du Code de procédure pénale lui en faisait obligation, la régularité de la procédure qui lui était soumise en application de l'article 181 du même code et en omettant de constater, fût-ce d'office, la nullité de l'expertise et de tirer de ces constatations les conséquences légales qu'elles comportaient, la chambre d'accusation a méconnu le principe selon lequel une ordonnance du juge d'instruction désignant des experts qui ne comporte pas la signature du magistrat qui l'aurait rendue est inexistante et l'expertise pratiquée en exécution d'un tel acte entachée de nullité (■ Cass. crim., 22 oct. 1986, n° 86-94.398 : *Bull. crim.* n° 301). Constituent encore des nullités d'ordre public, l'irrégularité du réquisitoire introductif ou supplétif (■ Cass. crim., 23 avr. 1971 : *Bull. crim.* n° 115, s'agissant d'un réquisitoire non daté), le dépassement de sa saisine par le juge d'instruction (▪ Cass. crim., 23 janv. 1979 : *Bull. crim.* n° 29. ▪ Cass. crim., 24 nov. 1998, n° 98-83.247 : *Bull. crim.* n° 315. ▪ Cass. crim., 10 mai 2001, n° 01-81.959), l'absence de désignation par le juge d'instruction d'un expert (▪ Cass. crim., 4 juin 1973, n° 72-93.802 : *Bull. crim.* n° 251), l'absence de signature par le juge d'instruction de la commission rogatoire (▪ Cass. crim., 12 oct. 1972, n° 72-91.527 : *Bull. crim.* n° 284).

B – Personne concernée par la formalité méconnue

1° *Acte provenant d'une procédure distincte*

16) Recevabilité de l'action en nullité – Condition : atteinte à un droit du demandeur ou recueil illégal de la pièce. En vertu des articles 6, § 1 de la Convention européenne des droits de l'Homme, ensemble les articles 171 et 802 du Code de procédure pénale, le demandeur à la nullité est recevable à proposer des moyens tirés de l'irrégularité d'actes accomplis dans une information à laquelle il n'est pas partie et qui ont été versés à la procédure lorsqu'il invoque une atteinte à l'un de ses droits qui aurait été commise dans la procédure distincte ou que les pièces versées sont susceptibles d'avoir été illégalement recueillies (▪ Cass. crim., 16 févr. 2011, n° 10-82.865 : *Bull. crim.* n° 29. – *Adde* ▪ Cass. crim., 15 déc. 2015, n° 15-80.733 : *Bull. crim.* n° 295. ▪ Cass. crim., 19 janv. 2016, n° 15-81.041 : *Bull. crim.* n° 14. ▪ Cass. crim., 20 juin 2018, n° 17-86.657 : *Bull. crim.* à paraître ; *RSC* 2018, p. 725, obs. P.-J. Delage ; *AJ pénal* 2018, p. 474, obs. E. Clément). Comp. La personne mise en examen est recevable à proposer des moyens de nullité visant des actes de l'information se référant à des pièces annulées, fût-ce dans une procédure à l'origine distincte, dès lors qu'il en résulte une atteinte à ses intérêts (▪ Cass. crim., 21 oct. 2015, n° 15-83.395 : *D.* 2016, p. 47, note G. Beaussonie et P. Cazalbou).

17) Recevabilité de l'action en nullité – Conséquence. La chambre de l'instruction, qui est saisie par une personne mise en examen d'une requête en annulation visant l'interception de ses conversations téléphoniques, opérée dans une procédure distincte dans laquelle elle n'a pas été partie et dont la transcription a été versée dans la procédure soumise à cette juridiction, est tenue de contrôler la régularité des actes accomplis dans la procédure dont elle a été saisie comme des actes dépendant d'une procédure distincte (▪ Cass. crim., 7 déc. 2005, n° 05-85.876 : *Bull. crim.* n° 327). Il appartient à la chambre de l'instruction, saisie d'une requête en annulation invoquant la violation de l'article 8 de la Convention européenne des droits de l'Homme, relativement au versement, dans la procédure dans laquelle le requérant est mis en examen, de transcriptions de conversations téléphoniques issues d'une procédure distincte, de procéder, par motifs propres, à l'examen de la régularité des actes litigieux dans chacune des procédures (▪ Cass. crim., 19 déc. 2007, n° 07-86.885 : *Bull. crim.* n° 317). C'est à tort qu'une chambre de l'instruction a déclaré irrecevable le moyen de nullité, pris de l'irrégularité de la prolongation de la garde à vue, au seul motif que cet acte concernerait une procédure distincte (▪ Cass. crim., 31 oct. 2006, n° 06-86.123 : *Bull. crim.* n° 263).

18) Autorité de la chose jugée dans le cadre de la procédure concernant un tiers. Le demandeur à la nullité est recevable à proposer des moyens tirés de l'irrégularité d'actes accomplis dans une information à laquelle il n'est pas partie et qui ont été versés à la procédure lorsqu'il invoque une atteinte à l'un de ses droits qui aurait été commise dans la procédure distincte ou que les pièces versées sont susceptibles d'avoir été illégalement recueillies et l'autorité de chose jugée attachée à une décision prononcée, sur une requête en nullité, dans le cadre de l'information à laquelle il n'est pas partie ne peut lui être opposée (▪ Cass. crim., 16 févr. 2011, n° 10-82.865 : *Bull. crim.* n° 29. – Adde ▪ Cass. crim., 20 juin 2018, préc. n° 16).

2° *Acte concernant un tiers*

• **Jurisprudence antérieure : nécessité d'un grief**

19) Illustrations. Il résulte des articles 6.1 de la Convention européenne des droits de l'Homme, 171 et 802 du Code de procédure pénale, que le requérant à la nullité peut invoquer l'irrégularité d'un acte de la procédure concernant un tiers si cet acte, illégalement accompli, a porté atteinte à ses intérêts ; méconnaît les textes et le principe ci-dessus rappelés, la chambre de l'instruction ayant écarté le moyen de nullité présenté par le mis en examen au motif qu'il est sans qualité pour invoquer l'irrégularité du contrôle d'identité d'un tiers, les formalités entourant ce contrôle ne peuvant être contestées que par la personne qui en a fait l'objet (▪ Cass. crim., 6 sept. 2006, n° 06-84.869 : *Bull. crim.* n° 208 ; *JCP* 2007, II, 10081, note H. Matsopoulou). Un demandeur n'est recevable à invoquer l'irrégularité d'un acte concernant une autre personne mise en examen qu'à la condition de préciser en quoi cette irrégularité a porté atteinte à ses intérêts ; est à juste titre écartée la requête en annulation présentée par la personne mise en examen dès lors que celle-ci ne démontre pas le grief que lui causerait l'irrégularité de la garde -à -vue d'un tiers (▪ Cass. crim., 31 mai 2007, n° 07-80.928 :

Bull. crim. n° 146 ; *Dr. pén.* 2007, chron. 45, obs. V. Lesclous ; *Procédures* 2007, comm. 229, obs. J. Buisson).

• **Jurisprudence actuelle : nécessité d'une atteinte à un droit ou à un intérêt propre**

20) Principe. Pour déterminer si le requérant a qualité pour agir en nullité, la chambre de l'instruction doit rechercher si la formalité substantielle ou prescrite à peine de nullité, dont la méconnaissance est alléguée, a pour objet de préserver un droit ou un intérêt qui lui est propre (▪ Cass. crim., 7 sept. 2021, n° 21-80.642, § 15 : *Bull. crim.* à paraître ; *JCP* G 2021, 1161, note H. Matsopoulou ; *AJ pénal* 2021. 484, obs. M. Recotillet. ▪ Cass. crim., 7 sept. 2021, n° 20-87.191, § 17 : *Bull. crim.* à paraître ; *JCP* G 2021, 1161, note H. Matsopoulou ; *AJ pénal* 2021, 484, obs. M. Recotillet. – *Adde*, G. Candela, *Recevabilité de l'action en nullité : évolution de la jurisprudence jusqu'au revirement du 7 septembre 2021* : *AJ pénal* 2021, 527).

21) Indifférence de la fuite. Peu importe que l'intéressé ait pris la fuite (▪ Cass. crim., 7 sept. 2021, n° 21-80.642, § 31 : *Bull. crim.* à paraître ; *JCP* G 2021, 1161, note H. Matsopoulou ; *AJ pénal* 2021, 484, obs. M. Recotillet. – *Adde*, G. Candela, *Recevabilité de l'action en nullité : évolution de la jurisprudence jusqu'au revirement du 7 septembre 2021* : *AJ pénal* 2021, 527).

22) Captation d'image. Les personnes mises en examen, ne revendiquant aucun droit sur le box et le véhicule concernés par la captation d'image, ne sauraient se prévaloir, à l'appui de leur demande d'annulation de cet acte, d'une prétendue atteinte au droit au respect du domicile ou de la vie privée d'un tiers, dont ils ne démontrent pas en quoi elle aurait porté atteinte à leurs intérêts (▪ Cass. crim., 23 janv. 2013, n° 12-85.059 : *Bull. crim.* n° 29). La nullité est à juste titre écartée dès lors que le requérant, titulaire d'aucun droit sur la propriété des lieux, n'était pas présent sur les lieux, que ni son image ni ses propos n'ont été captés et qu'il n'établit aucun autre intérêt, propre à sa personne, auquel il aurait été porté atteinte (▪ Cass. crim., 14 janv. 2014, n° 13-84.909 : *Bull. crim.* n° 8).

23) Écoute téléphonique. C'est à tort que l'arrêt énonce que les requérants ne sont pas recevables à invoquer la nullité de commissions rogatoires concernant des lignes dont ils ne sont pas titulaires ou utilisateurs ou en exécution desquelles leurs conversations n'ont pas été captées ou leurs messages enregistrés en l'absence d'une atteinte à leurs intérêts (▪ Cass. crim., 6 oct. 2015, n° 15-81.665 : *Bull. crim.* n° 215).

24) Garde à vue et audition libre. Il résulte des articles 171 et 802 du Code de procédure pénale que la méconnaissance des formalités substantielles auxquelles est subordonnée la garde à vue ne peut être invoquée à l'appui d'une demande d'annulation d'acte ou de pièce de procédure que par la partie qu'elle concerne (▪ Cass. crim., 14 févr. 2012, n°s 11-84.694 et 11-87.757 : *Bull. crim.* n°s 43 et 42 ; *D.* 2012, p. 779, note H. Matsopoulou ; *Dr. pén.* 2012, comm. 61, note A. Maron et M. Haas et comm. 7, note V. Lesclous ; *Procédures* 2012, comm. 127, note A.-S. Chavent-Leclère ; *RSC* 2012, p. 394, obs. D. Boccon-Gibod. ▪ Cass. crim., 13 mars 2012, n° 11-88.737 : *Bull. crim.* n° 67 ; *Dr. pén.* 2012, chron. 7, obs. V. Lesclous). Dès lors, en déclarant recevable l'exception de nullité, soulevée par le prévenu, de la garde à vue de son coprévenu au motif que l'audition de ce dernier l'incrimine et lui fait grief alors que le demandeur était sans qualité pour se prévaloir de la méconnaissance d'un droit qui appartient en propre à une autre personne, la cour d'appel a violé les textes et le principe susvisés (▪ Cass. crim., 14 févr. 2012, n° 11-84.694, préc. : *Bull. crim.* n° 43 ; *D.* 2012, p. 779, note H. Matsopoulou ; *Dr. pén.* 2012, comm. 61, note A. Maron et M. Haas et n° 7, obs. V. Lesclous ; *Procédures* 2012, n° 127, obs. A.-S. Chavent-Leclère). En revanche, justifie sa décision la chambre de l'instruction qui déclare la personne mise en examen irrecevable à se prévaloir de la nullité de la garde à vue d'un autre mis en examen (▪ Cass. crim., 14 févr. 2012, n° 11-87.757, préc.). Justifie également sa décision la chambre de l'instruction qui rejette la demande d'annulation des gardes à vue de tiers fondée sur la méconnaissance du droit de se taire et de bénéficier de l'assistance d'un avocat au motif que ces droits, qui ont pour finalité d'éviter à la personne placée en garde à vue de s'auto-incriminer, lui appartiennent en propre (▪ Cass. crim., 13 mars 2012, préc.). En déclarant n'y avoir lieu à annulation des auditions en garde à vue et interrogatoires par le juge d'instruction d'autres personnes que le demandeur, l'arrêt attaqué n'encourt aucun grief, dès lors que la méconnaissance des formalités substantielles auxquelles est subordonnée la garde à vue et l'absence d'enregistrement audiovisuel des auditions ou interrogatoires ne peuvent être invoquées à l'appui d'une demande d'annulation d'acte ou de pièce de procédure que par la partie qu'elles concernent (▪ Cass. crim., 10 mai 2012, n° 11-87.328 : *Bull. crim.* n° 116 ; *Dr. pén.* 2012, chron. 7, obs. V. Lesclous). Le mis en examen est sans qualité pour se prévaloir de la méconnaissance de formalités substantielles à l'occasion de l'audition libre d'une autre personne (▪ Cass. crim., 11 févr. 2014, n° 13-86.878 : *Bull. crim.* n° 38). La méconnaissance des formalités substantielles auxquelles est subordonnée l'audition (en matière douanière) d'une personne ne peut être invoquée à l'appui d'une demande d'annulation d'acte ou de pièce de la procédure que par la partie qu'elle concerne ; justifie dès lors sa décision la chambre de l'instruction ayant rejeté les conclusions d'annulation du requérant portant sur l'audition irrégulière de sa compagne (▪ Cass. crim., 17 juin 2015, n° 14-80.886 : *Bull. crim.* n° 155).

25) Géolocalisation. Il résulte de la combinaison des articles 171 et 802 du Code de procédure pénale que la méconnaissance des formalités substantielles régissant les géolocalisations peut être invoquée à l'appui d'une demande d'annulation d'actes ou de pièces de procédure par la partie titulaire d'un droit sur l'objet géolocalisé ou qui établit qu'il a, à l'occasion d'une telle investigation, été porté atteinte à sa vie privée (▪ Cass. crim., 9 mai 2018, n° 17-86.558 : *Bull. crim.* à paraître. – S. Fucini, *Nullité de procédure : état des lieux de la jurisprudence de la chambre criminelle : AJ pénal* 2018, p. 539. ▪ Cass. crim., 27 mars 2018, n° 17-85.603 : *Bull. crim.* à paraître ; *D.* 2018, p. 725 ; *AJ pénal* 2018, p. 317, obs. F. Engel. ▪ Cass. crim., 20 juin 2018, n° 17- 86.651 : *Bull. crim.*à paraître). Encourt dès lors la cassation l'arrêt qui, pour écarter l'argumentation du requérant tendant à contester la régularité de la géolocalisation de véhicules grâce auxquels il avait lui-même été géolocalisé, en sorte qu'il avait été porté atteinte à sa vie privée, énonce que l'intéressé ne saurait être admis à contester la régularité desdites opérations, ne pouvant se prévaloir d'aucun droit sur ces véhicules, qui appartiennent à des tiers (▪ Cass. crim., 27 mars 2018, préc.).

26) Géolocalisation – Conformité de la solution à la Constitution. La question prioritaire de constitutionnalité se rapportant aux dispositions des articles 230-32 à 230-43, 171 et 802 du Code de procédure pénale, telles qu'interprétées de façon constante par la jurisprudence de la chambre criminelle, ne présente pas un caractère sérieux, dès lors qu'en subordonnant la recevabilité d'un moyen de nullité pris de l'irrégularité d'une géolocalisation, à la condition que la personne concernée dispose d'un droit sur le véhicule géolocalisé dans le cas où le véhicule a été volé et faussement immatriculé, et hors le cas où serait démontré le recours par les autorités publiques à un procédé déloyal, les textes précités et leur interprétation jurisprudentielle constante opèrent une conciliation équilibrée entre, d'une part, les droits de la défense ainsi que le droit à un recours effectif devant une juridiction, d'autre part, les principes de valeur constitutionnelle de prévention des atteintes à l'ordre public et de recherche des auteurs d'infractions (▪ Cass. crim., 14 nov. 2017, n° 17-82.435 : *Bull. crim.* à paraître).

27) Pesée de produits stupéfiants. Est à juste titre rejetée l'exception de nullité prise de l'irrégularité de la pesée des produits stupéfiants trouvés sur des tiers, dès lors que le demandeur n'invoque pas que les enquêteurs aient recouru à un moyen déloyal, ni qu'il ait été porté atteinte à ses droits (▪ Cass. crim., 11 déc. 2019, n° 18-84.912 : *Bull. crim.* à paraître).

28) Perquisition. La méconnaissance des formalités substantielles régissant les perquisitions et les saisies ne peut être invoquée à l'appui d'une demande d'annulation d'actes ou de pièces de procédure que par la partie titulaire d'un droit sur le local dans lequel elles ont été effectuées (▪ Cass. crim., 6 févr. 2018, n° 17-84.380 : *Bull. crim.* n° 30 ; *AJ pénal* 2018, p. 204, obs. Y. Capdepon. ▪ Cass. crim., 9 nov. 2021, n° 21-83.095, § 22 : *Bull. crim.* à paraître).

29) Réquisition. Une personne mise en examen est sans qualité pour contester la régularité de réquisitions faites auprès d'opérateurs téléphoniques sur le fondement de l'article 77-1-1 du Code de procédure pénale, ayant pour seul objet d'identifier les lignes téléphoniques ayant déclenché des bornes-relais données, dès lors qu'elle ne prétend être ni le titulaire ni l'utilisateur de l'une des lignes identifiées et que sa vie privée n'est pas susceptible d'être mise en cause par cette recherche (▪ Cass. crim., 6 févr. 2018, n° 17-84.380 : *Bull. crim.* à paraître ; *AJ pénal* 2018, p. 204, obs. Y. Capdepon).

30) Sonorisation. Les personnes mises en examen, qui n'étaient titulaires d'aucun droit ni titre sur l'appartement d'un tiers qui a fait l'objet, dans une procédure distincte, d'une sonorisation en application de l'article 706-96 du Code de procédure pénale, et dont les conversations n'ont pas été captées, ne sauraient prétendre avoir subi une atteinte à l'un des droits protégés par l'article 706-96 du code précité, dont elles invoquent la violation (▪ Cass. crim., 26 juin 2013, n° 13-81.491 : *Bull. crim.* n° 264).

31) Sonorisation – Conformité de la solution à la Convention européenne des droits de l'Homme. En énonçant qu'il est de jurisprudence constante qu'une partie ne saurait se prévaloir de nullités qui auraient pu être commises au préjudice d'autres personnes mises en examen, dont elle ne démontre pas en quoi elles ont porté atteinte à ses intérêts, ni se prévaloir de la méconnaissance d'un droit appartenant en propre à un tiers, la chambre de l'instruction a justifié sa décision sans méconnaître les dispositions de l'article 6 de la Convention européenne des droits de l'Homme et le droit à un procès équitable, qui s'apprécie en tenant compte de la procédure dans son ensemble. En effet, dans l'hypothèse où une personne serait renvoyée devant une juridiction de jugement, même si elle ne dispose pas d'un droit ou d'un titre sur les lieux ou véhicules, objet de la mesure de sonorisation et si ses paroles ou son image n'ont pas été captées, il lui est loisible, dans le cadre du débat contradictoire, de contester la force probante des indices et des éléments de preuve qui seraient éventuellement retenus à charge à partir de sonorisations concernant des tiers (■ Cass. crim., 10 avr. 2018, n° 17-85.301 : *Bull. crim.* à paraître ; *RSC* 2018, p. 725, obs. P.-J. Delage).

32) Vidéosurveillance. N'a pas qualité pour invoquer la nullité des ordonnances autorisant la captation d'images dans un immeuble le requérant qui ne demeure, n'y ne réside à cette adresse, même occasionnellement, et dont l'image n'a pas été captée dans le cadre de ces dispositifs (■ Cass. crim., 18 mai 2021, n° 20-86.266, § 19 : *Bull. crim.* à paraître : *JCP* G. 2021, 711, note Ph. Collet ; *AJ pénal* 2021, 326, obs. R. Mesa).

• **Jurisprudence actuelle : exceptions à l'exigence d'atteinte à un droit ou à un intérêt propre**

33) Procédé déloyal. Hors le cas où il a été recouru à un procédé déloyal par une autorité publique, la méconnaissance des formalités substantielles régissant les perquisitions et les saisies ne peut être invoquée à l'appui d'une demande d'annulation d'actes ou de pièces de procédure que par la partie titulaire d'un droit sur les lieux où elles ont été effectuées (■ Cass. crim., 20 déc. 2017, n° 17-82.345). En dehors du recours, par les autorités publiques, à un procédé déloyal, un mis en examen est irrecevable à contester la régularité de la géolocalisation en temps réel d'un véhicule volé et faussement immatriculé sur lequel il ne peut se prévaloir d'aucun droit (■ Cass. crim., 7 juin 2016, n° 15-87.755 : *Bull. crim.*, 174 ; *JCP* G 2016, 1176, note O. Décima. – V. également ■ Cass. crim., 14 nov. 2017, préc.). C'est à tort que la chambre de l'instruction, pour rejeter la requête du mis en examen tendant à l'annulation d'interrogatoires d'autres mis en examen, énonce que celui-ci est sans qualité pour se prévaloir de la méconnaissance d'un droit appartenant en propre à une autre personne, alors que le demandeur invoquait la déloyauté d'actes accomplis par le juge d'instruction (■ Cass. crim., 15 déc. 2015, n° 15-82.013 : *Bull. crim.* 592). Est à juste titre rejettée l'exception de nullité prise de l'irrégularité de la pesée des produits stupéfiants trouvés sur des tiers, dès lors que le demandeur n'invoque pas que les enquêteurs aient recouru à un moyen déloyal, ni qu'il ait été porté atteinte à ses droits (■ Cass. crim., 11 déc. 2019, n° 18-84.912 : *Bull. crim.* à paraître).

34) Atteinte à une règle d'ordre public. La personne mise en examen (non titulaire des lignes concernées par les interceptions et dont les propos n'ont pas été enregistrés) a qualité pour contester la régularité des actes accomplis par le juge d'instruction en méconnaissance des règles d'ordre public tenant à la souveraineté des états (■ Cass. crim., 20 juin 2018, n° 17-86.657 : *Bull. crim.* à paraître ; *RSC* 2018, p. 725, obs. P.-J. Delage).

35) Atteinte à une règle d'intérêt public – Perquisition. La formalité de la signature par l'occupant des lieux ou l'un de ses représentants ou, à défaut, par deux témoins, du procès-verbal de perquisition et de saisie, prévue à l'article 57, alinéa 3, du Code de procédure pénale a pour objet d'authentifier la présence effective sur les lieux des objets découverts et saisis au cours de la perquisition. Il s'ensuit que toute partie a qualité pour invoquer la méconnaissance de la formalité prise de l'absence de signature du procès-verbal de perquisition et saisie (■ Cass. crim., 7 sept. 2021, n° 21-80.642, §§ 19, 22 et 23 : *Bull. crim.* à paraître ; *JCP* G 2021, 1161, note H. Matsopoulou ; *AJ pénal* 2021, 484, obs. M. Recotillet. – *Adde*, G. Candela, *Recevabilité de l'action en nullité : évolution de la jurisprudence jusqu'au revirement du 7 septembre 2021* : *AJ pénal* 2021, 527).

Art. 172 *(Rempl., L. n° 93-2, 4 janv. 1993 ; L. n° 93-1013, 24 août 1993).* **– La partie envers laquelle une formalité substantielle a été méconnue peut renoncer à s'en prévaloir et régulariser ainsi la procédure. Cette renonciation doit être expresse. Elle ne peut être donnée qu'en présence de l'avocat ou ce dernier dûment appelé.**

Voir également : art. 114, p. 372 pour la renonciation préalable à l'assistance d'un avocat lors de l'interrogatoire ou de l'audition par le juge d'instruction, art. 164, al. 3, p. 537, lors de l'audition par un médecin ou psychologue expert.

Inefficacité de la renonciation en cas de nullité d'ordre public. La renonciation est inopérante au regard de dispositions d'ordre public et l'absence d'un officier de police judiciaire, résultant d'un accord préalable, écrit et exprès donné par l'intéressé, entache de nullité les visites domiciliaires (■ Cass. crim., 2 juin 1986, n° 84-95.593 : *Bull. crim.* n° 185).

Art. 173 *(Mod., L. n° 2019-222, 23 mars 2019).* **– S'il apparaît au juge d'instruction qu'un acte ou une pièce de la procédure est frappé de nullité, il saisit la chambre de l'instruction aux fins d'annulation, après avoir pris l'avis du procureur de la République et avoir informé les parties.**

Si le procureur de la République estime qu'une nullité a été commise, il requiert du juge d'instruction communication de la procédure en vue de sa transmission à la chambre de l'instruction, présente requête aux fins d'annulation à cette chambre et en informe les parties.

Si l'une des parties ou le témoin assisté estime qu'une nullité a été commise, elle saisit la chambre de l'instruction par requête motivée, dont elle adresse copie au juge d'instruction qui transmet le dossier de la procédure au président de la chambre de l'instruction. La requête doit, à peine d'irrecevabilité, faire l'objet d'une déclaration au greffe de la chambre de l'instruction. Elle est constatée et datée par le greffier qui la signe ainsi que le demandeur ou son avocat. Si le demandeur ne peut signer, il en est fait mention par le greffier. Lorsque le demandeur ou son avocat ne réside pas dans le ressort de la juridiction compétente, la déclaration au greffe peut être faite au moyen d'une lettre recommandée avec demande d'avis de réception. Lorsque la personne mise en examen est détenue, la requête peut également être faite au moyen d'une déclaration auprès du chef de l'établissement pénitentiaire. Cette déclaration est constatée et datée par le chef de l'établissement pénitentiaire qui la signe, ainsi que le demandeur. Si celui-ci ne peut signer, il en est fait mention par le chef de l'établissement. Ce document est adressé sans délai, en original ou en copie et par tout moyen, au greffe de la chambre de l'instruction.

Les dispositions des trois premiers alinéas ne sont pas applicables aux actes de procédure qui peuvent faire l'objet d'un appel de la part des parties, et notamment des décisions rendues en matière de détention provisoire ou de contrôle judiciaire, à l'exception des actes pris en application du chapitre IX du titre II du livre II du Code de la sécurité intérieure.

Dans les huit jours de la réception du dossier par le greffe de la chambre de l'instruction, le président peut, par ordonnance non susceptible de recours, constater que la requête est irrecevable en application des troisième ou quatrième alinéas du présent article, de l'article 173-1, du premier alinéa de l'article 174 ou du IV de l'article 175 ; il peut également constater l'irrecevabilité de la requête si celle-ci n'est pas motivée. S'il constate l'irrecevabilité de la requête, le président de la chambre de l'instruction ordonne que le dossier de l'information soit renvoyé au juge d'instruction ; dans les autres cas, il le transmet au procureur général qui procède ainsi qu'il est dit aux articles 194 et suivants.

I – DOMAINE DU CONTENTIEUX DE L'ANNULATION

1) Demandes étrangères au contentieux de l'annulation – Demandes n'ayant pas pour objet l'annulation d'un acte ou d'une pièce de la procédure (al. 1er). L'article 173 du Code de procédure pénale ne permettant la saisine de la chambre d'accusation que dans les cas où un acte ou une pièce de la procédure apparaît frappé de nullité, c'est à tort que cette juridiction, statuant en vertu de ce texte, se prononce sur l'exception de prescription de l'action publique soulevée par la personne mise en examen (▪ Cass. crim., 14 juin 1994, n° 94-81.360 : *Bull. crim.* n° 236). Le demandeur ne saurait se faire un grief de ce que l'arrêt attaqué ait laissé sans réponse sa demande tendant à faire constater la prescription de l'action publique pour certains des faits reprochés, dès lors que, la chambre de l'instruction ne pouvant être saisie en application de l'article 173 du Code de procédure pénale qu'aux fins de statuer sur les nullités de la procédure, une telle demande était irrecevable (▪ Cass. crim., 14 mai 2002, n° 02-80.721 : *Bull. crim.* n° 111). L'article 173 du Code de procédure pénale ne permettant la saisine de la chambre de l'instruction que dans les cas où une pièce de la procédure apparaît frappée de nullité, la demanderesse est irrecevable à invoquer, d'une part, l'irrecevabilite des constitutions de partie civile tirée de ce que les plaignants n'auraient pas subi un préjudice personnel directement causé par les infractions dénoncées et, d'autre part, une prétendue fin de non-recevoir tirée de l'autorité de la chose jugée attachée à la décision du Conseil constitutionnel en date du 20 février 1998 ayant rejeté les requêtes en annulation des opérations électorales (▪ Cass. crim., 30 oct. 2001, n° 01-84.779 : *Bull. crim.* n° 223).

2) Actes insusceptibles d'annulation – Actes non constitutifs d'actes ou de pièces de la procédure (al. 1er). V. égal. annotations ss art. 170, p. 546. Une enquête administrative versée dans une information à titre de renseignement ne constitue pas un acte ou une pièce de procédure au sens de l'article 173 du Code de procédure pénale (▪ Cass. crim., 16 sept. 2003, n° 03-82.918 : *Bull. crim.* n° 160). Ni le courrier par lequel le juge d'instruction saisit le bâtonnier, en application de l'article 63-3-1 du Code de procédure pénale, d'une divergence d'appréciation avec l'avocat choisi sur l'existence d'un conflit d'intérêts ni les correspondances échangées à la suite ni, enfin, la décision du bâtonnier de désigner un autre défenseur, fondée sur la seule prise en considération des règles déontologiques propres à la profession d'avocat, ne constituent des actes ou des pièces de procédure au sens des articles 170 et 173 du code précité, de sorte que ces documents ne peuvent être contestés par la voie d'une requête en nullité, peu important qu'ils figurent, le cas échéant, au dossier de l'information (■ Cass. crim., 20 sept. 2016, n° 16-81.638 : *Bull. crim.* n° 242).

3) Actes insusceptibles d'annulation – Actes d'administration judiciaire. L'ordonnance prévue à l'article 175-2 du Code de procédure pénale, qui relève de la surveillance des cabinets d'instruction par le président de la chambre de l'instruction, est un acte d'administration judiciaire ne pouvant faire l'objet d'un quelconque recours ; est dès lors irrecevable le moyen contestant le rejet d'une demande aux fins d'annulation d'une ordonnance de poursuite d'information (■ Cass. crim., 15 janv. 2008, n° 07-87.460 : *Bull. crim.* n° 7). Justifie sa décision la chambre de l'instruction qui écarte la demande d'annulation de l'ordonnance par laquelle, en application de l'article 10 du Protocole sur les privilèges et immunités des communautés européennes annexé au Traité du 8 avril 1965 instituant un Conseil unique et une Commission unique desdites communautés et de l'article 26 de la Constitution, le juge d'instruction adresse le dossier de l'information au procureur de la République aux fins d'obtenir la mainlevée de l'inviolabilité parlementaire d'un député européen au motif que cette ordonnance constitue une simple mesure d'administration judiciaire (■ Cass. crim., 14 mai 2002, n° 02-80.721 : *Bull. crim.* n° 111).

4) Actes insusceptibles d'annulation – Actes susceptibles d'appel (al. 4). V. égal. annotations ss art. 171, p. 548. La procédure instituée par l'article 173 du Code de procédure pénale ne saurait être utilisée à l'égard des décisions juridictionnelles, telles que les ordonnances de placement en détention provisoire, contre lesquelles la voie de l'appel peut seule être employée (■ Cass. crim., 19 juill. 1993, n° 93-82.243 : *Bull. crim.* n° 247). La procédure instituée par l'article 173 du Code de procédure pénale ne saurait être utilisée à l'égard des décisions juridictionnelles visées à l'article 186 du Code de procédure pénale contre lesquelles la voie de l'appel peut être employée ; une ordonnance portant prolongation de la détention provisoire a le caractère d'une ordonnance juridictionnelle et ne peut, à ce titre, faire l'objet que d'un appel ; encourt dès lors la cassation la chambre d'accusation qui déclare recevable la requête en annulation de cette décision (■ Cass. crim., 13 déc. 1993, n° 93-84.671 : *Bull. crim.* n° 385). N'encourt pas la censure l'arrêt qui déclare irrecevable la requête en annulation d'une ordonnance de renvoi devant le tribunal correctionnel, dès lors que la nullité d'une ordonnance de cette nature ne peut être invoquée devant la chambre d'accusation qu'à l'occasion d'un appel interjeté dans les conditions limitativement énumérées par la loi (■ Cass. crim., 26 janv. 2000, n° 99-85.098 : *Bull. crim.* n° 45). Selon l'article 173, alinéa 4, du Code de procédure pénale, la procédure de requête aux fins d'annulation n'est pas applicable aux ordonnances de mise en accusation contre lesquelles la voie de l'appel est seule ouverte (■ Cass. crim., 31 mars 2016, n° 16-80.095 : *Bull. crim.* n° 118).

5) Actes insusceptibles d'annulation (al. 4) – Assimilation des actes indissociables de ceux susceptibles d'appel. V. égal. annotations ss art. 171, p. 548. Les irrégularités prétendues des réquisitions à fin de mandat de dépôt et du mandat de dépôt lui-même, actes relatifs à la détention et inséparables de l'ordonnance de mise en détention, ne pouvaient être invoquées qu'à l'appui d'un appel interjeté contre celle-ci (■ Cass. crim., 19 sept. 1989, n° 89-84.051 : *Bull. crim.* n° 322. – *Adde* ■ Cass. crim., 19 juill. 1993, n° 93-82.243 : *Bull. crim.* n° 247).

6) Actes insusceptibles d'annulation (al. 4) – Assimilation des actes susceptibles de recours particulier. V. égal. annotations ss art. 171, p. 548. La contestation d'une constitution de partie civile n'entre pas dans les prévisions des articles 171 et 173 du Code de procédure pénale mais doit être soumise au juge d'instruction en application de l'article 87 dudit code (■ Cass. crim., 11 mars 2014, n° 13-86.965 : *Bull. crim.* n° 71). La procédure instituée par l'article 173 du Code de procédure pénale ne peut être utilisée pour contester l'ordonnance du juge des libertés et de la détention autorisant le recueil des déclarations d'un témoin sans révélation de son identité, seul le recours prévu par l'article 706-60 du Code précité pouvant être exercé par la personne mise en examen à l'encontre de cette décision (■ Cass. crim., 15 févr. 2006, n° 05-87.002 : *Bull. crim.* n° 44). Les raisons invoquées au soutien d'une contestation fondée sur les dispositions de l'article 706-60, alinéa 2, du Code de procédure pénale ne peuvent être à nouveau présentées devant la chambre de l'instruction, saisie, sur le fondement de l'article 173 du même code, d'une requête en nullité du procès-verbal d'audition (■ Cass. crim., 12 juill. 2006, n° 06-82.931 : *Bull. crim.* n° 201).

7) Actes susceptibles d'annulation : actes exécutés en France en exécution d'une commission rogatoire internationale délivrée à l'étranger. Il résulte des articles 3 de la Convention européenne d'entraide judiciaire en matière pénale et 694-3 du Code de procédure pénale que les demandes d'entraide judiciaire émanant des autorités judiciaires étrangères sont exécutées selon les règles de procédure prévues par la législation de la partie requise ; par ailleurs les dispositions de l'article 173 du Code de procédure pénale ne font pas obstacle à ce que la chambre de l'instruction soit saisie, selon les modalités qu'il prévoit, d'une requête en annulation de pièces d'exécution en France d'une commission rogatoire délivrée par une autorité judiciaire étrangère, à la condition que ces pièces puissent être mises à la disposition de la juridiction compétente pour en assurer le contrôle ; encourt, dès lors, la cassation l'arrêt d'une chambre de l'instruction qui, pour rejeter la requête du mis en examen tendant à l'annulation d'interrogatoires effectués lors de la garde à vue ordonnée pour l'exécution de commissions rogatoires délivrées par des autorités judiciaires étrangères, énonce que la juridiction française, qui ne dispose que d'une partie de la procédure diligentée sur délégation des autorités judiciaires étrangères, n'a pas compétence pour en apprécier la validité, le contrôle de ces éléments étant du ressort exclusif de ces autorités, alors que les faits avaient été officiellement dénoncés aux autorités judiciaires françaises, lesquelles avaient été autorisées à utiliser les pièces d'exécution des commissions rogatoires étrangères, qu'une information avait été ouverte et qu'une copie de l'intégralité des pièces établies avait été versée au dossier de la procédure (■ Cass. crim., 16 févr. 2010, n° 09-88.273 : *Bull. crim.* n° 29). Si l'article 173 du Code de procédure pénale ne fait pas obstacle à ce que la chambre d'accusation soit saisie, selon les modalités prévues par ce texte, d'une requête en annulation de pièces d'exécution en France d'une commission rogatoire délivrée par une autorité judiciaire étrangère, c'est à la condition que les actes dont la régularité est contestée puissent être mis à la disposition de la juridiction compétente pour en assurer le contrôle ; tel n'est pas le cas lorsque la requête en annulation est présentée alors que la commission rogatoire a été renvoyée aux autorités étrangères, après son exécution (■ Cass. crim., 24 juin 1997, n° 96-85.581 : *Bull. crim.* n° 252). Tel n'est pas le cas lorsque ces pièces ont été transmises à l'État requérant pour être intégrées dans le dossier de la procédure suivie à l'étranger, la chambre de l'instruction ne pouvant statuer en l'état des seules copies produites par le requérant (■ Cass. crim., 3 juin 2003, n° 02-87.484 : *Bull. crim.* n° 113).

8) Actes susceptibles d'annulation : actes exécutés à l'étranger. V. égal. annotations ss art. 801, p. 1863. La chambre de l'instruction est incompétente pour statuer, tant sur la validité de l'autorisation écrite accordée par le procureur général de l'État requis aux juges d'instruction de se transporter dans cet État et de procéder eux-mêmes aux auditions de témoins demandées par commission rogatoire internationale, que sur la régularité des actes accomplis par ces magistrats, dans les formes définies, en l'absence de convention d'entraide, par l'autorité judiciaire de l'État requis et relevant de la souveraineté de celui-ci (■ Cass. crim., 20 juin 2012, n° 12-81.024 : *Bull. crim.* n° 157 ; *RSC* 2012, p. 624, obs. J. Danet).

II – COMPÉTENCE DE LA CHAMBRE DE L'INSTRUCTION

9) Compétence exclusive de la chambre de l'instruction. V. art. 170, p. 546 et annotations ss art.

10) Compétence de la chambre de l'instruction – Questions étrangères au contentieux de l'annulation. Lorsqu'elle est appelée à statuer sur une requête déposée par une partie en application de l'article 173 du Code de procédure pénale, la chambre d'accusation ne peut, sans excès de pouvoir, statuer sur une question étrangère au contentieux de l'annulation dont elle est exclusivement saisie ; excède ses pouvoirs la chambre d'accusation qui, appelée à prononcer sur une requête en annulation d'actes d'instruction, relève d'office l'extinction, par l'effet de la prescription, de l'action publique (■ Cass. crim., 27 févr. 2001, n° 00-80.108 : *Bull. crim.* n° 49).

11) Compétence de la chambre de l'instruction – Actes postérieurs à la requête en annulation. Justifie sa décision de déclarer irrecevables des mémoires en nullité d'actes, réalisés postérieurement à la date du dépôt de la dernière requête en nullité présentée sur le fondement de l'article 173 du Code de procédure pénale, la chambre de l'instruction qui retient que le dossier soumis à son examen est celui arrêté à cette date et transmis au procureur général dès lors qu'il a été statué sans porter atteinte aux intérêts des parties concernées ou aux droits de la défense, au vu des pièces figurant au dossier transmis par le juge d'instruction au président de la chambre de l'instruction en application des articles 173 et 174 du Code de procédure pénale, mis en état par le procureur général, puis déposé au greffe et mis à la disposition des parties conformément aux dispositions des articles 194 et 197 dudit code (■ Cass. crim., 16 déc. 2014, n° 14-82.815 : *Bull. crim.* n° 273).

12) Compétence de la chambre de l'instruction statuant sur renvoi après cassation. V. égal. annotations ss art. 174, p. 564. Devant la chambre de l'instruction statuant sur renvoi après cassation d'un arrêt ayant statué sur les nullités de la procédure, en application des articles 173 et 174 du Code de procédure pénale, seuls peuvent être invoqués, dans les limites de la cassation prononcée, les moyens de nullité qui avaient été soulevés devant la chambre de l'instruction dont l'arrêt a été cassé (▪ Cass. crim., 11 juin 2002, nos 01-80.267 et 02-82.093 : *Bull. crim.* n° 130).

III – CONDITIONS DE FORME DE LA REQUÊTE EN ANNULATION

13) Droit de former des requêtes en annulation – Qualité de partie. Justifie sa décision la chambre de l'instruction qui, pour déclarer irrecevable la requête tendant à l'annulation de l'information et, subsidiairement, à la mainlevée des mandats d'arrêt, énonce que la délivrance d'un mandat d'arrêt au cours de l'information, avant tout interrogatoire, ne confère pas à ceux qui en sont l'objet la qualité de personne mise en examen et, par voie de conséquence, celle de partie au sens de l'article 173 du Code de procédure pénale (▪ Cass. crim., 19 janv. 2010, n° 09-84.818 : *JurisData* n° 2010-051196 ; *Bull. inf. C. cass.* 2010, n° 896).

14) Droit de former des requêtes en annulation – Droits du témoin assisté. Selon l'article 173, alinéa 3, du Code de procédure pénale, le témoin assisté qui peut, dans les mêmes conditions que l'une des parties, saisir la chambre de l'instruction d'une requête en annulation d'actes de la procédure, produire un mémoire et prendre la parole devant celle-ci quel que soit l'initiateur de la procédure en nullité, se trouve dans une situation identique à celle des personnes mises en examen ; ces dernières ne sauraient dès lors se faire un grief de ce que les avocats des témoins assistés ont eu, au même titre que leurs propres avocats, la parole en dernier (▪ Cass. crim., 19 janv. 2016, n° 15-81.041 : *JurisData* n° 2016-000568. ▪ Cass. crim., 19 janv. 2016, n° 15-81.038 : *JurisData* n° 2016-000566. ▪ Cass. crim., 19 janv. 2016, n° 15-81.039 : *JurisData* n° 2016-000567). Pour déclarer recevables les mémoires des témoins assistés, la chambre de l'instruction, saisie de la requête en annulation d'actes de la procédure, retient, à bon droit, qu'en application des articles 113-3, alinéa 2, et 173 du Code de procédure pénale, le droit de présenter une telle requête est également reconnu aux témoins assistés, qui peuvent donc produire des mémoires, quel que soit l'initiateur de la procédure en nullité (▪ Cass. crim., 22 janv. 2014, n° 13-80.728). Le droit reconnu au témoin assisté, par l'article 173, alinéa 3, du Code de procédure pénale dans sa rédaction issue de la loi du 9 mars 2004, de saisir la chambre de l'instruction d'une requête aux fins d'annulation d'actes de la procédure implique que, bien que n'étant pas partie à la procédure, celui-ci soit recevable à se pourvoir contre l'arrêt statuant sur une demande d'annulation (▪ Cass. crim., 21 juin 2005, n° 05-81.491 : *Bull. crim.* n° 181).

15) Requête émanant d'une partie privée ou du témoin assisté – Forme de la requête : formalisme excessif. Si le droit d'exercer un recours est bien entendu soumis à des conditions légales, les tribunaux doivent, en appliquant des règles de procédure, éviter à la fois un excès de formalisme qui porterait atteinte à l'équité de la procédure, et une souplesse excessive qui aboutirait à supprimer les conditions de procédure établies par les lois. Fait preuve d'un formalisme excessif la juridiction qui déclare irrecevable une requête en nullité au motif qu'elle n'a pas été accompagnée d'une déclaration au greffe de la chambre de l'instruction. Au vu des conséquences qu'a entraînées l'irrecevabilité de la requête pour le requérant – lequel ne put jamais contester les actes de procédure qu'il estimait litigieux devant les juridictions d'instruction et de jugement, par le jeu des articles 173 et 385 du Code de procédure pénale – la Cour estime que le requérant s'est vu imposer une charge disproportionnée qui rompt le juste équilibre entre, d'une part, le souci légitime d'assurer le respect des conditions formelles pour saisir les juridictions et, d'autre part, le droit d'accès au juge. Il y a donc eu violation du droit à un procès équitable consacré par l'article 6, § 1 de la Convention européenne des droits de l'Homme (▪ CEDH, 26 juill. 2007, aff. 35787/03, *Walchli c/ France*, § 36).

16) Requête émanant d'une partie privée ou du témoin assisté – Forme de la requête. Est à juste titre déclarée irrecevable une lettre d'avocat adressée au greffe de la chambre de l'instruction à laquelle était jointe une requête en annulation d'actes de la procédure (▪ Cass. crim., 8 oct. 2008, n° 08-85.382 : *Bull. crim.* n° 206). Il résulte du 3e alinéa de l'article 173 du Code de procédure pénale, que, pour être recevable, la requête en annulation présentée par une partie doit être déclarée au greffe de la chambre d'accusation par le demandeur ou son avocat, lequel n'étant pas tenu d'être muni d'un pouvoir spécial, peut se faire substituer par un autre avocat pour l'accomplissement de cette formalité (▪ Cass. crim., 13 oct. 1998, n° 98-82.775 : *Bull. crim.* n° 253 ; *Dr. pén.* 1999, comm. 92, note A. Maron ; *Procédures* 1999, comm. 43, note J. Buisson).

17) Requête émanant d'une partie privée ou du témoin assisté – Conséquence sur la poursuite de l'instruction. Il résulte de l'article 187 du Code de procédure pénale que, lorsque la chambre de l'instruction est saisie d'une requête en nullité, en application de l'article 173 du même code, le président de cette juridiction est seul compétent pour décider la suspension de l'information, par une ordonnance qui n'est susceptible d'aucun recours (▪ Cass. crim., 14 mai 2002, n° 02-80.721 : *Bull. crim.* n° 111). Le renvoi d'une personne mise en examen devant le tribunal correctionnel, régulièrement ordonné par le juge d'instruction, dont l'information n'a pas été suspendue, est sans incidence sur l'obligation faite à la juridiction d'instruction du second degré de statuer sur une requête en annulation d'actes de la procédure dont elle a été saisie par une partie, antérieurement à la décision du magistrat instructeur (▪ Cass. crim., 5 sept. 2012, n° 12-83.509 : *Bull. crim.* n° 181).

18) Requête émanant d'une partie privée ou du témoin assisté – Filtre du président – Domaine. Il résulte de l'article 173 du Code de procédure pénale, non contraire à l'article 6 de la Convention européenne des droits de l'Homme, que la saisine de la chambre d'accusation par le juge d'instruction ou le procureur de la République aux fins d'annulation d'un acte ou d'une pièce de la procédure n'est pas subordonnée à la décision préalable du président de cette juridiction ; méconnaît le texte et le principe susénoncés la chambre d'accusation qui se déclare irrégulièrement saisie de la requête présentée par le procureur de la République aux fins d'annulation de pièces de la procédure d'information et renvoie le ministère public à saisir son président, au motif que l'article 173 du Code de procédure pénale n'est pas compatible avec le principe de l'égalité des armes découlant de l'article 6 de la Convention européenne, cette disposition réservant à la seule partie poursuivante le droit de saisir directement la juridiction d'appel (▪ Cass. crim., 9 nov. 1999, n° 99-85.618 : *Bull. crim.* n° 251).

19) Requête émanant d'une partie privée ou du témoin assisté – Filtre du président – Délai. Est irrecevable le moyen qui fait grief à l'ordonnance du président de la chambre de l'instruction de n'avoir pas été rendue dans un délai (prévu par l'article 173) dont la méconnaissance n'est assortie d'aucune sanction (▪ Cass. crim., 17 déc. 2002, n° 02-86.393 : *Bull. crim.* n° 228).

20) Requête émanant d'une partie privée ou du témoin assisté – Filtre du président – Absence de recours. Les ordonnances du président de la chambre de l'instruction prises en application de l'article 173, alinéa 5, du Code de procédure pénale n'étant susceptibles d'aucun recours, le pourvoi n'est pas recevable (▪ Cass. crim., 17 déc. 2002, n° 02-86.393 : *Bull. crim.* n° 228).

21) Requête émanant d'une partie privée ou du témoin assisté – Filtre du président – Excès de pouvoir. Si, selon l'article 173 du Code de procédure pénale, quatrième alinéa, l'ordonnance d'irrecevabilité du président de la chambre d'accusation, prévue par ce texte, n'est pas susceptible de recours, il en est autrement lorsque son examen fait apparaître un risque d'excès de pouvoir relevant du contrôle de la Cour de cassation (▪ Cass. crim., 26 nov. 1993, n° 93-84.406 : *Bull. crim.* n° 360 ; *Dr. pén.* 1994, comm. 49, note A. Maron. ▪ Cass. crim., 29 oct. 1996, n° 96-80.440 : *Bull. crim.* n° 377. ▪ Cass. crim., 5 mai 1997, n° 97-80.869 : *Bull. crim.* n° 160 ; *Procédures* 1997, comm. 272, note J. Buisson). Tel est le cas d'une ordonnance qui déclare irrecevable, à raison de l'incompétence de la chambre d'accusation pour en connaître, une requête aux fins d'annulation d'une perquisition effectuée sur le territoire français, en exécution d'une commission rogatoire internationale délivrée par des autorités étrangères (▪ Cass. crim., 29 oct. 1996, préc.). Tel est le cas d'une ordonnance qui déclare irrecevable une requête aux fins d'annulation, en raison de l'existence d'une précédente saisine de la chambre d'accusation en matière de contrôle judiciaire, étrangère aux hypothèses visées par les 3 premiers alinéas de l'article 173 et au 1er alinéa de l'article 174 du Code de procédure pénale (▪ Cass. crim., 5 mai 1997, préc.). En vertu de l'article 173, dernier alinéa, du Code de procédure pénale, le président de la chambre de l'instruction, saisi par l'une des parties d'une requête en annulation d'actes ou de pièces de la procédure, ne peut constater l'irrecevabilité de la requête que dans les cas limitativement prévus au même article, troisième ou quatrième alinéa, et aux articles 173-1, 174, premier alinéa, ou 175, deuxième alinéa dudit code, ou si elle n'est pas motivée. Excède dès lors ses pouvoirs le président de la chambre de l'instruction qui rend une ordonnance déclarant irrecevable une requête aux fins d'annulation au motif que le demandeur n'en a pas envoyé copie au juge d'instruction (▪ Cass. crim., 24 janv. 1994, nos 93-84.406 et 93-84.407 : *Bull. crim.* n° 33)... que si l'avocat de la personne mise en examen a signé le procès-verbal par lequel le greffier de la chambre d'accusation a constaté le dépôt de la requête en nullité, il n'a pas signé la requête elle-même (▪ Cass. crim., 17 févr. 1998, n° 97-85.078 : *Bull. crim.* n° 61 ; *Procédures* 1998, comm. 227, note J. Buisson)... que la requête a fait l'objet d'une déclaration au greffier de cette juridiction par un avocat qui s'est substitué à l'avocat du requérant et qu'une telle modalité n'est pas prévue par le texte précité (▪ Cass. crim., 13 oct. 1998, n° 98-82.775 : *Bull. crim.* n° 253 ; *Dr. pén.* 1999, comm. 92, note A. Maron ; *Procédures* 1999, comm. 43, note J. Buisson)... que la requête contient les mêmes moyens de récusation de l'un des experts qu'une demande de contre-expertise rejetée par une ordonnance du juge d'instruction qui est susceptible d'appel (▪ Cass. crim., 12 déc. 1994, n° 94-84.589 : *Bull. crim.* n° 402)... que la requête porte sur une ordonnance susceptible d'appel alors que ladite requête tendait à l'annulation de pièces n'entrant pas dans les prévisions de l'alinéa 4 de l'article 173, du code précité (▪ Cass.

crim., 11 déc. 2001, n° 01-86.929 : *Bull. crim.* n° 257)... que la requête a été déposée après l'expiration du délai de 20 jours suivant l'envoi de l'avis prévu à l'article 175 du Code de procédure pénale, alors qu'elle contestait la régularité de pièces versées au dossier de l'information et d'actes de la procédure réalisés postérieurement à l'avis prévu à l'article 175, devenu caduc (▪ Cass. crim., 5 mai 1998, n° 98-80.138 : *Bull. crim.* n° 152)... que la requête est parvenue au greffe de la chambre de l'instruction après expiration du délai imposé par l'article 173-1 du Code de procédure pénale quand elle était parvenue à la cour d'appel dans les délais, les délais d'acheminement interne à cette juridiction ne devant pas faire grief à la personne mise en examen (▪ Cass. crim., 4 avr. 2007, n° 07-80.599 : *Bull. crim.* n° 106). Excède également ses pouvoirs le président de la chambre de l'instruction qui rend une ordonnance déclarant irrecevable une requête aux fins d'annulation au motif que les moyens de nullité n'étaient pas fondés (▪ Cass. crim., 13 déc. 1994, n° 94-84.556 : *Bull. crim.* n° 403. ▪ Cass. crim., 4 avr. 2006, n° 06-80.732 : *Bull. crim.* n° 101).

22) Requête émanant d'une partie privée ou du témoin assisté – Filtre du président – Portée. La faculté donnée au président de la chambre d'accusation de constater dans des cas limitativement énumérés l'irrecevabilité de la requête, ne prive pas la chambre d'accusation de relever elle-même cette irrecevabilité, quelle qu'en soit la cause (▪ Cass. crim., 1er févr. 1994, n° 93-84.210 : *Bull. crim.* n° 45).

Art. 173-1 *(Mod., L. n° 2016-731, 3 juin 2016)*. **– Sous peine d'irrecevabilité, la personne mise en examen doit faire état des moyens pris de la nullité des actes accomplis avant son interrogatoire de première comparution ou de cet interrogatoire lui-même dans un délai de six mois à compter de la notification de sa mise en examen, sauf dans le cas où elle n'aurait pu les connaître. Il en est de même s'agissant des moyens pris de la nullité des actes accomplis avant chacun de ses interrogatoires ultérieurs ou des actes qui lui ont été notifiés en application du présent code.**

Il en est de même pour le témoin assisté à compter de sa première audition puis de ses auditions ultérieures.

Il en est de même pour la partie civile à compter de sa première audition puis de ses auditions ultérieures.

1) Conformité à la Constitution. La question prioritaire de constitutionnalité consistant à savoir si l'article 173-1 du Code de procédure pénale porte atteinte au droit à un recours juridictionnel effectif, au respect de droits de la défense, au droit à un procès équitable et au principe de l'égalité des armes ne présente pas un caractère sérieux en ce que le délai imparti à la personne mise en examen, par la disposition contestée, qui est destiné à éviter une remise en cause tardive de l'information de nature à fragiliser la procédure, est justifié par l'objectif à valeur constitutionnelle de bonne administration de la justice, et qu'au surplus, d'une part, la chambre de l'instruction a le pouvoir de relever d'office tout moyen de nullité à l'occasion de l'examen de la régularité des procédures qui lui sont soumises, et, d'autre part, la personne mise en examen a toujours la faculté de discuter la valeur probante des pièces de la procédure devant la juridiction de jugement (▪ Cass. crim., 20 juill. 2011, n° 11-83.194 : *Bull. crim.* n° 163). La question prioritaire de constitutionnalité consistant à savoir si les dispositions combinées des articles 173, 173-1, 174 et 206 du Code de procédure pénale qui permettent au parquet (et au juge d'instruction) jusqu'à la fin de l'information de saisir la chambre de l'instruction lorsqu'il estime qu'une nullité a été commise, alors que la personne mise en examen, le témoin assisté et la partie civile sont eux soumis à un délai de forclusion de six mois, portent atteinte aux droits et aux libertés garantis par la Constitution et particulièrement au droit à un procès équitable et au principe de l'égalité des armes ne présente pas un caractère sérieux dès lors que le système de purge successive des nullités au cours d'une instruction qui aboutit à impartir un délai pour agir aux seules parties et témoins assistés, est justifié par un objectif d'intérêt général en rapport direct avec l'objet de la loi, que le contrôle de la légalité des actes de l'information peut toujours être assuré par la chambre de l'instruction relativement aux procédures qui lui sont soumises et que la personne mise en examen conserve la faculté de discuter la valeur probante des pièces de la procédure devant la juridiction de jugement (▪ Cass. crim., 8 janv. 2013, n° 12-86.591).

2) Compatibilité avec la Convention européenne des droits de l'Homme. La chambre de l'instruction qui, pour déclarer irrecevable l'exception de nullité des procès-verbaux d'audition établis au cours de la garde à vue, retient que l'intéressé n'a pas satisfait aux prescriptions de l'article 173-1 du Code de procédure pénale, a justifié sa décision, le respect de l'article 6 de la Convention européenne des droits de l'Homme étant assuré par le fait que le demandeur aura, le cas échéant, la faculté de discuter la valeur probante de ses auditions en garde à vue devant la juridiction de jugement (▪ Cass. crim., 14 févr. 2012, n° 11-87.757 : *Bull. crim.* n° 42 ; *Dr. pén.* 2012, chron. 7, obs. V. Lesclous).

3) Computation du délai de forclusion. Le délai de forclusion édicté par l'article 173-1 du Code de procédure pénale, qui impose à la personne mise en examen, à peine d'irrecevabilité, de présenter dans les six mois suivant la notification de sa mise en examen toute demande d'annulation de son interrogatoire de première comparution ou d'actes antérieurs, ne commence à courir qu'à compter de la date de cet interrogatoire (▪ Cass. crim., 29 oct. 2003, n° 03-84.459 : *Bull. crim.* n° 202). Ne saurait être déclarée irrecevable comme tardive la requête parvenue au greffe de la chambre de l'instruction après expiration du délai imposé par l'article 173-1 du Code de procédure pénale dès lors qu'il est établi que cette requête, adressée au greffe de la chambre de l'instruction, a été reçue à la cour d'appel avant l'expiration de ce délai, les délais d'acheminement interne à la cour d'appel ne pouvant faire grief à la personne mise en examen (▪ Cass. crim., 4 avr. 2007, n° 07-80.599 : *Bull. crim.* n° 106). Lorsqu'un délai est exprimé en mois, ce délai expire le jour du dernier mois qui porte le même quantième que le jour de l'acte, de l'événement, de la décision, ou de la notification qui fait courir le délai, lequel ne peut être prorogé qu'en application des dispositions de l'article 801 du Code de procédure pénale ; pour l'application du délai de l'article 173-1 du Code de procédure pénale, seule la date de réception de la requête à la cour d'appel doit être retenue ; justifie dès lors sa décision la chambre de l'instruction qui déclare irrecevable une requête en annulation formée par le mis en examen par lettre recommandée avec demande d'avis de réception en date du 25 août 2009, enregistrée au greffe de la juridiction le 28 août 2009, au motif qu'elle a été formée après expiration du délai de six mois ayant suivi la mise en examen intervenue le 27 février 2009 (▪ Cass. crim., 11 mai 2010, n° 10-81.055 : *Bull. crim.* n° 79).

4) Computation du délai de forclusion – Assimilation de la confrontation. Bien que les termes de l'article 173-1 du Code de procédure pénale fassent état d'une computation du délai de six mois à compter de chaque interrogatoire, l'esprit du texte permet de considérer qu'il en va de même pour chaque confrontation qui, réunissant plusieurs intervenants, n'en constitue pas moins un interrogatoire pour la personne mise en examen (▪ Cass. crim., 26 mai 2021, n° 20-86.011, § 5 : *Bull. crim.* à paraître ; *AJ pénal* 2021, 374, obs. S. Fucini).

5) Computation du délai de forclusion – Évolution de qualité ou double qualité. Une mise en examen supplétive, intervenue après jonction d'une procédure distincte, n'a pas d'effet sur l'écoulement du délai de 6 mois prévu par l'article 173-1 du Code de procédure pénale (▪ Cass. crim., 4 avr. 2002, n° 02-80.156 : *Bull. crim.* n° 79 ; *Dr. pén.* 2002, comm. 103, obs. A. Maron). L'écoulement du délai imparti par l'article 173-1 du Code de procédure pénale au témoin assisté pour invoquer la nullité d'actes antérieurs à son audition en cette qualité ne saurait être remis en cause par la mise en examen ultérieure de l'intéressé (▪ Cass. crim., 6 mars 2013, n° 12-87.922 : *Bull. crim.* n° 60). Il se déduit de l'article 173-1 du Code de procédure pénale que, lorsqu'une personne a acquis, dans une même information, les qualités de partie civile et de mis en examen, le délai de six mois qui lui est ouvert pour faire état des moyens de nullité des actes accomplis antérieurement a pour point de départ l'audition ou l'interrogatoire au cours duquel elle a été entendue pour la première fois par le juge d'instruction, en l'une ou l'autre qualité, sauf dans le cas où elle aurait été irrecevable, en raison de la première qualité acquise par elle, à les présenter (▪ Cass. crim., 25 nov. 2014, n° 14-83.707 : *Bull. crim.* n° 249).

6) Portée du délai de forclusion – Portée quant aux moyens de nullité. Le délai de forclusion institué par l'article 173-1 du Code précité s'applique selon ce texte, indistinctement, aux moyens de nullité présentés, par requête ou par mémoire, par toute personne mise en examen (▪ Cass. crim., 4 avr. 2002, n° 02-80.047 : *Bull. crim.* n° 80 ; *Dr. pén.* 2002, comm. 103, note A. Maron. ▪ Cass. crim., 8 juin 2005, n° 05-82.012 : *Bull. crim.* n° 173. ▪ Cass. crim., 6 déc. 2005, n° 05-85.951 : *Bull. crim.* n° 315).Justifie sa décision la chambre de l'instruction qui, déclare irrecevable l'exception de nullité prise de l'absence, au dossier, de la désignation du juge d'instruction, présentée hors délai, cette exception ne satisfaisant pas aux dispositions de l'article 173-1 du Code de procédure pénale (▪ Cass. crim., 6 déc. 2005, préc.). La forclusion édictée par ce texte est applicable aux seuls moyens pris de la nullité des actes accomplis avant l'interrogatoire de première comparution de la personne mise en examen ou de cet interrogatoire lui-même ; encourt la cassation l'arrêt qui déclare irrecevable une demande d'annulation alors que la forclusion édictée par l'article 173-1 susvisé n'était pas applicable, tous les actes dont l'annulation était demandée ayant été accomplis postérieurement à l'interrogatoire de première comparution de chacun des requérants (▪ Cass. crim., 19 sept. 2001, n° 01-85.202 : *Bull. crim.* n° 183).

Il résulte de la combinaison articles 173 et 173-1 du Code de procédure pénale que le délai de forclusion ne s'applique pas aux actes auxquels il a été procédé après le dernier interrogatoire en date de la personne mise en examen, dont celle-ci peut critiquer la régularité (■ Cass. crim., 7 août 2019, n° 18-86.418 : *Bull. crim.* à paraître). Est irrecevable par application des dispositions de l'article 173-1 du Code de procédure pénale la demande d'annulation d'une expertise présentée plus de six mois après l'interrogatoire de la personne mise en examen lorsque le rapport d'expertise a été déposé au dossier antérieurement à cet interrogatoire, peu importnt que ledit rapport d'expertise ait été notifié ultérieurement (■ Cass. crim., 23 août 2005, n°s 03-87.719, 04-84.771 et 05-83.529 : *Bull. crim.* n° 209. – *Adde*, ■ Cass. crim., 25 oct. 2011, n° 11-84.485 : *Bull. crim.* n° 215).

7) Portée du délai de forclusion – Revirement de jurisprudence. La personne mise en examen n'est plus recevable, en application des articles 173-1 et 174 du Code de procédure pénale, à faire état auprès de la chambre de l'instruction, fût-ce en se prévalant d'une évolution de la jurisprudence, d'un moyen de nullité des auditions de garde à vue (■ Cass. crim., 27 sept. 2011, n° 11-81.458 : *Bull. crim.* n° 186 ; *D.* 2012, 263, note T. Potaszkin ; *Dr. pén.* 2012, chron. 1, obs. V. Georget ; *Dr. pén.* 2012, chron. 7, obs. V. Lesclous).

8) Portée du délai de forclusion – Ignorance des moyens de nullité. Si la personne mise en examen doit faire état, à peine de forclusion, des moyens pris de la nullité des actes accomplis avant chaque interrogatoire dans un délai de six mois suivant celui-ci, c'est à la condition qu'elle ait pu en avoir connaissance (■ Cass. crim., 26 mai 2021, n° 20-86.011, § 6 : *Bull. crim.* à paraître. ■ Cass. crim., 7 août 2019, n° 18-86.418 : *Bull. crim.* à paraître). Excède ses pouvoirs le président de la chambre de l'instruction qui déclare irrecevable une requête en nullité au motif qu'elle repose sur des arguments et des moyens qui auraient dû être soulevés dans une précédente requête alors que leur preuve n'est apparue que postérieurement à celle-ci (■ Cass. crim., 5 mars 2019, n° 18-85.752 : *Bull. crim.* à paraître).

9) Portée du délai de forclusion – Majeur protégé mis en examen. Dès lors que le majeur protégé mis en examen ne bénéficie pas de l'assistance de son tuteur ou curateur, il ne peut être regardé comme étant en mesure de connaître les éventuelles nullités affectant la procédure, de sorte que le délai de forclusion de l'article 173-1 du Code de procédure pénale ne court pas (■ Cass. crim., 22 juin 2021, n° 21-80.407, § 15 : *Bull. crim.* à paraître).

10) Portée du délai de forclusion – Portée quant aux juridictions. Si la personne mise en examen peut invoquer à tout moment l'incompétence du juge d'instruction en charge du dossier, elle ne peut, après l'échéance du délai de forclusion prévu à l'article 173-1 du Code de procédure pénale, demander l'annulation des actes accomplis antérieurement par ce magistrat, la chambre de l'instruction conservant néanmoins le pouvoir d'annuler lesdits actes au cas où il lui apparaîtrait qu'ils ont été réalisés par un juge manifestement incompétent (■ Cass. crim., 24 oct. 2007, n° 07-83.916 : *Bull. crim.* n° 253 ; *Procédures* 2008, comm. 56, obs. J. Buisson ; *RSC* 2008, p. 358, obs. R. Finielz). Le demandeur, qui ne peut faire état devant la Cour de cassation des moyens qu'il était irrecevable à soulever devant la chambre de l'instruction, après expiration du délai de forclusion prévu par l'article 173-1 du code précité, ne saurait être admis à invoquer devant la Cour de cassation de tels moyens pour faire grief à ladite chambre de l'instruction de ne pas les avoir examinés ou de les avoir rejetés (■ Cass. crim., 23 oct. 2013, n° 13-82.762 : *Bull. crim.* n° 203. ■ Cass. crim., 25 mai 2016, n° 16-80.379 : *Bull. crim.* n° 159). Le demandeur n'est plus recevable, en application des articles 173-1 et 174 du Code de procédure pénale, à invoquer devant la Cour de cassation des moyens de nullité qu'il n'a pas soulevés en temps utile devant la chambre de l'instruction (■ Cass. crim., 22 nov. 2011, n° 11-84.314 : *Bull. crim.* n° 235. ■ Cass. crim., 27 avr. 2011, n° 11-80.076 : *Bull. crim.* n° 75. ■ Cass. crim., 7 févr. 2007, n° 06-88.814 : *Bull. crim.* n° 35).

11) Portée du délai de forclusion – Supplément d'information. L'article 173-1 du Code de procédure pénale n'est pas applicable au supplément d'information ordonné par la chambre de l'instruction ; ne sauraient donc être déclarées irrecevables les requêtes en nullité de la mise en examen des demandeurs prononcée au cours d'un supplément d'information au motif que le délai de 6 mois à compter de leur mise en examen, prévu par l'article 173-1 du Code de procédure pénale pour présenter une telle requête, est expiré (■ Cass. crim., 11 déc. 2018, n° 18-82.854 : *Bull. crim.* à paraître ; *D.* 2019, p. 1629, obs. J. Pradel ; *AJ pénal* 2019, p. 106, note P. Mallet).

12) Portée du délai de forclusion – Caractère d'ordre public. Les juges sont tenus de rechercher d'office, sans avoir à provoquer de nouvelles explications des parties si la requête en annulation avait été régulièrement déposée au regard des formes et délais d'ordre public prévus par les articles 173 et 173-1 du Code de procédure pénale (■ Cass. crim., 6 mars 2013, n° 12-87.922 : *Bull. crim.* n° 60. ■ Cass. crim., 7 août 2019, n° 18-86.418 : *Bull. crim.* à paraître).

Art. 174 *(Mod., L. n° 2007-291, 5 mars 2007).* – **Lorsque la chambre de l'instruction est saisie sur le fondement de l'article 173 ou de l'article 221-3, tous moyens pris de nullité de la procédure qui lui est**

transmise doivent, sans préjudice du droit qui lui appartient de les relever d'office, lui être proposés. À défaut, les parties ne sont plus recevables à en faire état, sauf le cas où elles n'auraient pu les connaître.

La chambre de l'instruction décide si l'annulation doit être limitée à tout ou partie des actes ou pièces de la procédure viciée ou s'étendre à tout ou partie de la procédure ultérieure et procède comme il est dit au troisième alinéa de l'article 206.

Les actes ou pièces annulés sont retirés du dossier d'information et classés au greffe de la cour d'appel. Les actes ou pièces de la procédure partiellement annulés sont cancellés après qu'a été établie une copie certifiée conforme à l'original, qui est classée au greffe de la cour d'appel. Il est interdit de tirer des actes et des pièces ou parties d'actes ou de pièces annulés aucun renseignement contre les parties, à peine de poursuites disciplinaires pour les avocats et les magistrats.

I – NÉCESSITÉ DE PRÉSENTER TOUS LES MOYENS DE NULLITÉ (AL. 1er)

1) Domaine de l'article 174 quant aux personnes. Les dispositions de l'article 174 du Code de procédure pénale s'appliquent à toutes les parties avisées de la date de l'audience où est examinée la régularité d'une procédure d'information (▪ Cass. crim., 30 mai 1996, n° 95-85.954 : *Bull. crim.* n° 226). S'il est vrai que la personne, mise en examen après que la chambre de l'instruction a été appelée à statuer sur la régularité de la procédure, ne peut se voir opposer la cause d'irrecevabilité prévue par l'article 174 du Code de procédure pénale, elle ne saurait cependant proposer un moyen de nullité qui aurait déjà été rejeté par cette juridiction (▪ Cass. crim., 14 mai 2002, n° 02-80.721 : *Bull. crim.* n° 111), sauf à faire valoir des actes ou pièces de la procédure qui n'avaient pu lui être précédemment soumis (▪ Cass. crim., 19 févr. 2019, n° 18-85.131 : *Bull. crim.* à paraître ; *RSC* 2019, p. 424, obs. F. Cordier ; *AJ pénal* 2019, p. 281, note G. Pitti).

2) Domaine de l'article 174 quant aux actes. N'est pas irrecevable, au sens de l'article 174, alinéa 1er, du Code de procédure pénale, un moyen de nullité invoquant une pièce qui n'a été versée au dossier de l'information, ou un acte de procédure qui n'a été accompli, que postérieurement à un arrêt ayant statué sur une précédente requête soumise à la chambre d'accusation en application de l'article 173 du même code (▪ Cass. crim., 17 sept. 1996, n° 96-82.232 : *Bull. crim.* n° 317). Encourt la cassation l'arrêt de la chambre de l'instruction qui déclare irrecevable une requête aux fins d'annulation d'une ordonnance d'un juge d'instruction commettant un expert n'ayant pas été notifiée à l'avocat du mis en examen, la chambre de l'instruction ne pouvant déduire du seul examen pratiqué par l'expert sur la personne mise en examen la connaissance que celle-ci pouvait avoir de l'irrégularité alléguée affectant la décision ordonnant l'expertise (▪ Cass. crim., 20 janv. 2015, n° 14-84.809 : *Bull. crim.* n° 18 : *Dr. pén.* 2015, comm. 41, note A. Maron et M. Haas).

3) Date de présentation du moyen de nullité. Il résulte de l'article 174 du Code de procédure pénale que la partie qui a saisi la chambre de l'instruction d'une requête en nullité est admise à proposer par mémoire, jusqu'à la veille de l'audience, de nouveaux moyens de nullité (▪ Cass. crim., 6 mai 2009, n° 08-88.467 : *Bull. crim.* n° 86. ▪ Cass. crim., 18 juin 2014, n° 14-81.422 : *Bull. crim.* n° 155).

4) Domaine de l'article 174 quant aux juridictions : chambre de l'instruction statuant sur renvoi après cassation. Il résulte des articles 174 et 609-1 du Code de procédure pénale que, devant la chambre de l'instruction statuant sur renvoi après cassation, seuls peuvent être invoqués les moyens de nullité qui avaient été soulevés devant la chambre de l'instruction dont l'arrêt a été annulé (▪ Cass. ass. plén., 10 nov. 2017, n° 17-82.028 : *Dr. pén.* 2018, comm. 37, note A. Maron et M. Haas). Devant la chambre de l'instruction statuant sur renvoi après cassation d'un arrêt ayant statué sur les nullités de la procédure, en application des articles 173 et 174 du Code de procédure pénale, seuls peuvent être invoqués, dans les limites de la cassation prononcée, les moyens de nullité qui avaient été soulevés devant la chambre de l'instruction dont l'arrêt a été cassé (▪ Cass. crim., 11 juin 2002, nos 01-80.267 et 02-82.093 : *Bull. crim.* n° 130). Fait l'exacte application des articles 174 et 609-1 du Code de procédure pénale, la chambre d'accusation qui rejette l'exception de nullité tirée du caractère tardif de la notification des droits prévue à l'article 63-1 du Code de procédure pénale au motif que cette exception ne peut être soulevée pour la première fois devant la chambre d'accusation statuant comme cour de renvoi après arrêt de cassation (▪ Cass. crim., 24 mai 2000, n° 99-87.839 : *Bull. crim.* n° 201). Il résulte des articles 174 et 609-1 du Code de procédure pénale que la chambre de l'instruction statuant sur renvoi après cassation partielle n'est saisie que dans la limite de la cassation prononcée et ne saurait en conséquence statuer au-delà de cette limite sans excéder ses pouvoirs ; il ne saurait, par conséquent, être reproché à la chambre de l'instruction de ne pas avoir statué sur la demande d'annulation d'une plainte déposée par le ministre de la Défense pour commerce illicite d'armes et celle des actes subséquents, dont un réquisitoire supplétif délivré de ce chef, dès lors que, d'une part, la chambre de l'instruction n'avait été saisie par l'arrêt de la Cour de cassation que de la question de la régularité du réquisitoire supplétif et que, d'autre part, la demande tendait à obtenir l'annulation des pièces concernées, non pas en conséquence de l'irrégularité affectant ce réquisitoire, mais en raison d'une irrégularité, distincte, dont la plainte aurait été entachée (▪ Cass. crim., 19 mars 2002, n° 01-88.240 : *Bull. crim.* n° 63).

5) **Irrecevabilité des moyens de nullité non présentés à la chambre de l'instruction.** Il résulte de l'article 174, alinéa 1er, du Code de procédure pénale que, lorsque la chambre d'accusation examine la régularité d'une procédure d'information, tous moyens pris de sa nullité doivent lui être soumis et que les parties ne sont plus recevables à s'en prévaloir par la suite, sauf le cas où elles n'auraient pu les connaître ; l'inculpé est dès lors irrecevable à invoquer les irrégularités affectant des écoutes téléphoniques sur la validité desquelles la chambre d'accusation, saisie sur requête d'un coïnculpé, s'est prononcée par un précédent arrêt, rendu au terme d'une procédure contradictoire à son égard, dès lors qu'il connaissait l'existence des écoutes téléphoniques contestées (▪ Cass. crim., 19 juill. 1994, n° 94-82.474 : *Bull. crim.* n° 282). Les personnes mises en examen sont irrecevables à contester la régularité de l'ouverture d'un scellé, pratiquée à l'occasion d'une expertise que la chambre d'accusation a annulée par un précédent arrêt (▪ Cass. crim., 3 mars 1998, n° 97-84.553 : *Bull. crim.* n° 79). C'est à bon droit que la chambre d'accusation a relevé que l'intéressé n'était plus recevable à contester la régularité de l'interrogatoire de première comparution et de l'expertise psychiatrique accomplis antérieurement à un précédent arrêt ayant statué sur une requête en nullité (▪ Cass. crim., 19 févr. 1997, nos 95-84.446 et 96-85.915 : *Bull. crim.* n° 66). C'est à bon droit que la chambre d'accusation a écarté les moyens de nullité présentés par la personne mise en examen concernant les actes se rapportant à une garde à vue et un réquisitoire supplétif, dès lors que ces moyens étaient relatifs à des actes accomplis antérieurement à l'arrêt statuant sur une requête aux fins d'annulation de pièces (▪ Cass. crim., 22 mars 2000, n° 00-80.006 : *Bull. crim.* n° 130).

6) **Irrecevabilité des moyens de nullité non présentés à la chambre de l'instruction – Portée.** Le demandeur n'est plus recevable, en application des articles 173-1 et 174 du Code de procédure pénale, à invoquer devant la Cour de cassation des moyens de nullité qu'il n'a pas soulevés en temps utile devant la chambre de l'instruction (▪ Cass. crim., 22 nov. 2011, n° 11-84.314 : *Bull. crim.* n° 235. ▪ Cass. crim., 27 avr. 2011, n° 11-80.076 : *Bull. crim.* n° 75. ▪ Cass. crim., 7 févr. 2007, n° 06-88.814 : *Bull. crim.* n° 35). Devant la chambre de l'instruction saisie du règlement de la procédure, les parties sont irrecevables à invoquer, sur le fondement de l'article 206 du Code de procédure pénal, des moyens de nullité qui auraient dû être proposés à cette juridiction, en application de l'article 174 du même code, à la suite d'une requête en nullité présentée au cours de l'information (▪ Cass. crim., 11 juin 2002, nos 01-80.267 et 02-82.093 : *Bull. crim.* n° 103).

7) **Combinaison des articles 173-1, 174 et 175 du Code de procédure pénale.** Selon les dispositions conjuguées des articles 173, alinéa 5, 174, alinéa 1er, et 175 du Code de procédure pénale, le président de la chambre d'accusation, saisi d'une requête en annulation d'actes ou de pièces de la procédure avant l'expiration du délai de 20 jours à compter de l'envoi de l'avis de fin d'information, peut en constater l'irrecevabilité, lorsque la chambre d'accusation a rejeté une précédente requête par un arrêt contradictoire à l'égard du demandeur, sans que celui-ci n'ait alors proposé les moyens de nullité présentés dans sa requête ultérieure et qu'il pouvait connaître (▪ Cass. crim., 1er oct. 1998, n° 98-80.417 : *Bull. crim.* n° 246).

8) **Moyen de nullité relevé d'office.** Lorsque, en application de l'article 174, alinéa 1er, du Code de procédure pénale, la chambre d'accusation relève d'office des moyens de nullité, elle n'a pas à les soumettre préalablement aux parties pour observations (▪ Cass. crim., 6 févr. 1996, n° 95-84.041 : *Bull. crim.* n° 60).

II – PORTÉE DE LA NULLITÉ (AL. 2)

A – Portée de la nullité quant aux parties à la procédure

9) **Extension de la nullité à l'ensemble des parties.** Il résulte de l'article 174 du Code de procédure pénale que le retrait des pièces annulées ne peut être prononcé par la chambre d'accusation que d'une manière indivisible à l'égard de toutes les parties (▪ Cass. crim., 28 juin 2000, n° 00-80.292 : *Bull. crim.* n° 252 ; *Dr. pén.* 2002, comm. 26, note A. Maron. ▪ Cass. crim., 8 mai 1974, n° 73-92.291 : *Bull. crim.* n° 167).

10) **Limite : annulation consécutive à la cassation d'un arrêt de renvoi devant une cour d'assises.** Si, selon les dispositions de l'article 173 (devenu art. 174) du Code de procédure pénale, les actes annulés sont retirés de la procédure et classés au greffe de la cour d'appel, cette disposition ne saurait faire échec au principe posé par

l'article 594 du même code suivant lequel, en matière criminelle, l'arrêt de renvoi de la chambre d'accusation devenu définitif couvre les vices antérieurs de la procédure ; les actes annulés en ce qui concerne l'un des accusés sont compris dans la procédure d'information sur laquelle s'est fondé l'arrêt de la chambre d'accusation, lequel, s'il a été cassé par la Cour de cassation, sur pourvoi du demandeur, n'en est pas moins devenu définitif à l'égard des autres accusés ; dès lors l'ensemble de la procédure antérieure à cet arrêt de renvoi est réputée régulière en ce qui concerne lesdits accusés, par application de l'article 594 du Code de procédure pénale, et en conséquence aucune pièce ne saurait en être distraite (▪ Cass. crim., 11 déc. 1984, n°s 84-90.238 et 84-90.560 : *Bull. crim.* n° 396 ; *JCP* 1986, II, 20626, note P. Chambon). Lorsqu'à la suite de pourvois formés par certaines des personnes mises en examen, l'arrêt de la chambre de l'instruction n'est cassé qu'en ce qui les concerne, les annulations d'actes prononcées par la cour de renvoi n'ont d'effet qu'à leur égard ; par suite, même s'ils sont inopposables à ceux qui ont obtenu leur annulation, ces actes sont réputés réguliers à l'égard des accusés qui ont été renvoyés devant la cour d'assises pour les mêmes faits et ne se sont pas pourvus ; ils doivent, dès lors, malgré les prescriptions de l'article 174 du Code de procédure pénale, être maintenus dans la procédure (▪ Cass. crim., 20 juin 2001, n° 01-82.614 : *Dr. pén.* 2001, comm. 135, note A. Maron).

B – Portée de la nullité quant aux procédures distinctes

11) Extension de la nullité aux procédures distinctes. Il résulte de l'article 174 du Code de procédure pénale que l'interdiction d'utiliser ou d'exploiter une procédure annulée s'étend à toute référence à cette procédure. Méconnaît ce texte la chambre de l'instruction qui n'ordonne pas la cancellation de l'intégralité des pièces d'une procédure faisant référence à des pièces annulées dans le cadre d'une autre procédure (▪ Cass. crim., 9 mai 2018, n° 18-80.066 : *Bull. crim.* à paraître ; *Dr. pén.* 2018, comm. 135, obs. A. Maron et M. Haas. – *Adde*, S. Fucini, *Nullité de procédure : état des lieux de la jurisprudence de la Chambre criminelle : AJ pénal* 2018, p. 539).

12) Extension de la nullité aux procédures distinctes – Limite. L'article 174 du Code de procédure pénale interdit de tirer des actes et des pièces ou parties d'actes ou de pièces annulés aucun renseignement contre les parties. Toutefois, une telle interdiction ne s'applique pas à la partie qui, ayant bénéficié de l'annulation d'actes portant atteinte à ses intérêts, s'en prévaut dans le cadre d'une procédure distincte (▪ Cass. crim., 13 oct. 2020, n° 20-80.490, § 17 : *Bull. crim.* à paraître ; *AJ pénal* 2020, p. 598, note Y. Patouillard. ▪ Cass. crim., 19 oct. 2021, n° 20-82.172 : *Bull. crim.* à paraître ; *AJ pénal* 2021, p. 595, obs. A. Coste).

13) Jurisprudence antérieure : absence de portée sur les procédures distinctes. Si, aux termes de l'article 174 du Code de procédure pénale, il est interdit de tirer des actes et des pièces ou parties d'actes ou de pièces annulés aucun renseignement contre les parties, cette interdiction ne s'applique pas lorsqu'il s'agit de procédures différentes et, par suite, de débats distincts (▪ Cass. crim., 16 févr. 2000, n° 99-863.07 : *Bull. crim.* n° 72. ▪ Cass. crim., 27 févr. 2001, n° 00-86.747 : *Bull. crim.* n° 50. ▪ Cass. crim., 9 mars 1981, n° 80-93.646 : *Bull. crim.* n° 86 ; *D.* 1982, p. 511, note W. Jeandidier).

14) Jurisprudence antérieure – Atténuation : actes ou pièces constituant le fondement de la poursuite. L'article 174 du Code de procédure pénale interdit que des actes ou des pièces annulés puissent constituer le fondement des poursuites d'une procédure distincte, lesdites pièces auraient-elles été communiquées antérieurement (▪ Cass. crim., 16 mai 2012, n° 11-83.602 : *Bull. crim.* 126. – V. également ▪ Cass. crim., 27 févr. 2001, préc. ▪ Cass. crim., 27 mars 1995, n° 94-85.074 : *Bull. crim.* n° 127).

C – Portée de la nullité quant aux actes

15) Extension de la nullité aux actes subséquents – Critère du support nécessaire. Il résulte des dispositions combinées des articles 174 et 802 du Code de procédure pénale que, lorsqu'une irrégularité constitue une cause de nullité de la procédure, seuls doivent être annulés les actes affectés par cette irrégularité et ceux dont ils sont le support nécessaire (▪ Cass. crim., 27 mai 2014, n° 13-87.095 : *Bull. crim.* n° 140. ▪ Cass. crim., 14 mai 2014, n° 12-84.075 : *Bull. crim.* n° 133. ▪ Cass. crim., 3 avr. 2007, n° 06-87.264 : *Bull. crim.* n° 104. ▪ Cass. crim., 22 juin 2000, n° 00-82.632 : *Bull. crim.* n° 242. ▪ Cass. crim., 23 juin 1999, n° 99-82.186 : *Bull. crim.* n° 149). *V. égal.* selon les articles 171 et 174 du même code, sont nuls, par voie de conséquence, les actes d'instruction qui procèdent d'actes dont l'annulation a été prononcée dans la même procédure (▪ Cass. crim., 28 nov. 2001, n° 01-86.467 : *Bull. crim.* n° 248. ▪ Cass. crim., 4 juin 1997, n° 97-81.706 : *Bull. crim.* n° 221). Comp. Encourt la censure la chambre de l'instruction qui rejette la nullité des actes subséquents sans autrement démontrer que les actes annulés n'étaient pas le support nécessaire et exclusif des autres actes de la procédure (▪ Cass. crim., 9 mai 2018, n° 17-86.638 : *Bull. crim.* à paraître. – *Adde* S. Fucini, *Nullité de procédure : état des lieux de la jurisprudence de la chambre criminelle : AJ pénal* 2018, p. 539). L'irrégularité supposée de la transmission au procureur de la République de la lettre du secrétaire du syndicat précité ne saurait entraîner la nullité de la procédure d'enquête et d'instruction subséquente dont cette lettre n'est pas le support nécessaire et exclusif (■ Cass. crim., 7 févr. 2001, n° 00-87.372).

16) Appréciation – Postériorité des actes subséquents. La régularité d'enregistrements téléphoniques ne peut être affectée par l'annulation des auditions du prévenu en garde à vue qui sont postérieures (■ Cass. crim., 14 mai 2014, préc.). Le maintien d'une personne à la disposition des agents des douanes dans le cadre de l'exercice du droit de visite des marchandises, des moyens de transport et des personnes prévu à l'article 60 du Code des douanes au-delà de ce qui est strictement nécessaire à l'accomplissement de cette mesure et à l'établissement du procès-verbal qui la constate n'entraîne l'annulation de la procédure de contrôle douanier qu'à compter du moment où la mesure de contrainte cesse d'être justifiée. En conséquence, ne doivent être annulés ou cancellés que les procès-verbaux ou les mentions de procès-verbaux dressés par l'administration des douanes postérieurement à ce moment (■ Cass. crim., 16 juin 2021, n° 21-80.614, §§ 15 et 16 : *Bull. crim.* à paraître).

17) Illustrations. Justifie sa décision la chambre d'accusation qui, après avoir constaté un retard injustifié dans la notification de ses droits à la personne gardée à vue, énonce que la régularité de la perquisition effectuée entre le placement en garde à vue et la notification des droits, qui n'exige pas le placement en garde à vue de la personne concernée, ne se trouve pas affectée par la situation de garde à vue irrégulière dans laquelle se trouvait l'intéressé, dès lors que cette mesure n'en était pas le préalable nécessaire (■ Cass. crim., 22 juin 2000, préc.). Justifie sa décision la chambre d'accusation qui, après avoir annulé les pièces relatives à la garde à vue, refuse d'étendre cette annulation aux actes subséquents, dès lors qu'aucune déclaration de l'intéressé n'ayant été consignée au cours de sa garde à vue, le juge d'instruction, pour ordonner sa mise en examen et son placement en détention et pour procéder aux actes subséquents, n'a pu se fonder que sur les pièces du dossier antérieures à celles annulées (■ Cass. crim., 26 mai 1999, n° 99-81.764 : *Bull. crim.* n° 106). Justifie sa décision la chambre d'accusation qui, après avoir annulé les procès-verbaux relatifs à la garde à vue de l'intéressée et ceux de son audition au cours de cette mesure, refuse d'étendre l'annulation à l'interrogatoire de première comparution de la requérante et à d'autres pièces de la procédure, au motif que sa mise en examen a été décidée au vu d'indices constitués par les déclarations de deux témoins et qu'aucun acte de l'instruction ne fait référence aux procès-verbaux annulés (■ Cass. crim., 19 avr. 2000, n° 00-80.357 : *Bull. crim.* n° 160). Justifie sa décision la chambre d'accusation qui, après avoir annulé les pièces relatives à la garde à vue, refuse d'étendre l'annulation à l'ensemble de la procédure, au motif qu'avant même de se présenter au domicile de l'intéressé, les fonctionnaires de police disposaient de renseignements de nature à faire suspecter sa participation à un trafic international de stupéfiants, émanant des polices israélienne et allemande, et que les investigations irrégulières n'ont porté que sur son identification, si bien que sa garde à vue n'a pas été le préalable nécessaire aux actes subséquents (■ Cass. crim., 28 mars 2000, n° 00-80.090 : *Bull. crim.* n° 137). En revanche, encourt la cassation l'arrêt de la chambre d'accusation qui, après avoir prononcé l'annulation de la dernière page du procès-verbal mentionnant l'heure de fin de la mesure de garde à vue, annule toutes les pièces subséquentes, alors que la mise en examen de l'intéressé, son placement en détention provisoire et les actes subséquents accomplis par le juge d'instruction n'avaient pas comme support nécessaire la dernière page du procès-verbal de garde à vue annulée (■ Cass. crim., 23 juin 1999, préc.). Encourt la censure une cour d'appel qui, pour annuler le procès-verbal de comparution des prévenus devant le procureur de la République, valant saisine du tribunal, et ordonner le retour du dossier au ministère public, énonce que l'annulation des procès-verbaux de garde à vue s'étendait nécessairement aux procès-verbaux notifiant la fin de cette mesure, de sorte qu'il n'était plus possible de vérifier si les intéressés avaient comparu le jour même devant le magistrat du parquet ayant ordonné leur déferrement, alors que lesdits procès-verbaux n'avaient pas pour support nécessaire les actes annulés pour défaut de notification des droits aux personnes gardées à vue (■ Cass. crim., 27 mai 2014, préc.). Il se déduit des articles 171, 173 et 174 du Code de procédure pénale que doivent être annulés les procès-verbaux afférents à l'interpellation et au placement en garde à vue d'une personne auxquels les officiers de police judiciaire ont procédé au domicile de celle-ci, dès lors que l'introduction dans ce domicile trouve son support nécessaire et exclusif dans une ordonnance du juge d'instruction y ayant autorisé une perquisition en dehors des heures légales, elle-même annulée (■ Cass. crim., 21 juin 2016, n° 16-80.126 : *Bull. crim.* n° 188). Selon l'article 174, alinéa 2, du Code de procédure pénale, lorsque la chambre de l'instruction constate la nullité d'un acte de la procédure, doivent être annulées par voie de conséquence les pièces qui ont pour support nécessaire l'acte vicié. Lorsqu'une ordonnance de dessaisissement d'un dossier d'information est annulée, les pièces de ce dossier ne peuvent subsister dans celui où elles ont été irrégulièrement versées (■ Cass. crim., 28 oct. 2020, n° 20-81.615, §§ 8 et 9 : *Bull. crim.* à paraître).

18) Nullité des actes subséquents – Pouvoirs de la chambre d'instruction de renvoi. Aux termes de l'article 609-1, alinéa 2, du Code de procédure pénale, lorsque la Cour de cassation annule un arrêt de chambre de l'instruction statuant en matière de nullité, la compétence de la chambre de l'instruction de renvoi est limitée, sauf s'il en est décidé autrement, à la solution du contentieux qui a motivé sa saisine. En application de l'article 174, alinéa 2, du même code, il appartient à la chambre de l'instruction qui annule une pièce de procédure d'annuler également, au besoin d'office, ceux des actes postérieurs dont cette pièce est le support exclusif et nécessaire. Il résulte de ces deux textes que la chambre de l'instruction de renvoi qui, prononçant sur la requête en nullité initialement soumise à la juridiction primitivement saisie, annule une pièce de procédure, doit procéder également aux annulations de conséquence qui s'imposent, peu important que les pièces concernées n'aient pas été, le cas échéant, versées au dossier soumis à la précédente juridiction. Il lui appartient en effet d'examiner le dossier dans l'état où il est mis à disposition des avocats des parties en application des dispositions de l'article 197, alinéa 3, du Code de procédure pénale (■ Cass. crim., 19 mai 2020, n°s 18-82.844 et 19-83.339, §§ 24 à 27 : *Bull. crim.* à paraître).

19) Limite à la nullité des actes subséquents : ordonnance de non-lieu rendue en application de l'article 182. Il résulte des dispositions combinées des articles 173, 174, 186 et 188 du Code de procédure pénale que la chambre d'accusation, saisie d'une requête présentée sur le fondement de l'article 173 du Code de procédure pénale ne peut, sans excéder ses pouvoirs, annuler par voie de conséquence une ordonnance de non-lieu rendue au cours de l'information en application de l'article 182 du Code précité au bénéfice de l'une des personnes mises en examen (■ Cass. crim., 27 févr. 2001, n° 00-86.747 : *Bull. crim.* n° 50).

III SORT DES ACTES OU PIÈCES ANNULÉS (AL. 3)

A – Retrait ou cancellation

20) Mise à exécution. En application de l'article 174, alinéa 3 du Code de procédure pénale, les actes ou pièces annulés par décision de la chambre de l'instruction sont retirés du dossier de l'information et classés au greffe de la cour d'appel et les actes ou pièces de la procédure partiellement annulés sont cancellés après qu'a été établie une copie certifiée conforme à l'original, qui est classée au greffe de la cour d'appel ; il incombe à la chambre de l'instruction, dès lors qu'elle en est requise, de s'assurer que les prescriptions de ce texte ont été observées et, le cas échéant, de prendre les dispositions nécessaires pour qu'elles le soient (■ Cass. crim., 9 mai 2018, n° 17-80656 : *Bull. crim.* à paraître. – *Adde* S. Fucini, *Nullité de procédure : état des lieux de la jurisprudence de la chambre criminelle : AJ pénal* 2018, p. 539. ■ Cass. crim., 17 juin 2020, n° 19-87.188, § 27 : *Bull. crim.* à paraître ; *Dr. pén.* 2020, comm. 160, note A. Maron et M. Haas).

21) Portée quant aux écritures des parties. Ni les dispositions de l'article 173 du Code de procédure pénale, ni celles de l'article 206 dudit code n'autorisent la chambre d'accusation à ordonner le retrait du dossier d'écritures des parties faisant référence à des actes de la procédure antérieurement annulés (■ Cass. crim., 17 mars 1987, n° 86-96.682).

22) Portée quant aux requêtes en annulation, pièces de procédure et décisions qui en résultent. Si, selon l'article 174 du Code de procédure pénale, les actes ou pièces annulés par la chambre de l'instruction doivent être retirés du dossier d'information et classés au greffe de la cour d'appel, cette obligation ne s'étend pas aux requêtes en annulation, et aux pièces des procédures ainsi qu'aux décisions auxquelles elles donnent lieu, même si celles-ci se réfèrent aux pièces dont l'annulation est demandée et les analysent, pour en apprécier la régularité (■ Cass. crim., 17 juin 2020, n° 19-87.188, §§ 14 et 19 : *Bull. crim.* à paraître ; *Dr. pén.* 2020, comm. 160, note A. Maron et M. Haas).

B – Interdiction de tirer aucun renseignement des actes ou pièces annulés

23) Illustrations. Méconnaît l'article 174 du Code de procédure pénale, selon lequel il est interdit de tirer d'actes ou de pièces annulés dans une procédure antérieure aucun renseignement contre les parties ayant bénéficié de cette annulation, la cour d'appel qui déclare régulière la procédure suivie devant elle pour infractions à la législation sur les armes et les munitions, alors que celle-ci est fondée sur les constatations et saisies d'armes opérées lors de la perquisition annulée, fût dans une procédure distincte (■ Cass. crim., 16 mai 2007, n° 06-81.815 : *Bull. crim.* n° 130). N'ont pas été méconnus les articles 174 et 206 du Code de procédure pénale ou l'article 6 § 1 de la Convention européenne des droits de l'Homme, lorsqu'a été lu partiellement un procès-verbal de première comparution par un avocat de l'une des parties civiles, cette lecture ayant été interrompue par le président dès que les avocats de l'accusé ont fait valoir que la pièce en cause avait été annulée (▪ Cass. crim., 27 mars 2008, n° 07-84.558 : *Bull. crim.* n° 83).

24) Portée : interdiction consécutive de reconstituer la substance d'un acte annulé. Aux termes de l'article 173 du Code de procédure pénale, les actes annulés sont retirés du dossier et il est interdit d'y puiser aucun renseignement contre les parties au débat ; cette interdiction doit s'étendre à tout procédé ou artifice qui serait de nature à reconstituer, au mépris de ce texte, la substance des actes annulés (▪ Cass. crim., 30 juin 1981, n° 81-92.261 : *Bull. crim.* n° 224. ▪ Cass. crim., 23 janv. 1990, n° 89-85.607 : *Bull. crim.* n° 42. ▪ Cass. crim., 16 janv. 2002, n° 01-81.054). Méconnaît ce principe la chambre d'accusation qui déclare régulière l'audition, comme témoin, de l'officier de police judiciaire ayant assisté aux déclaration consignées sur des procès-verbaux annulés (▪ Cass. crim., 30 juin 1981, préc.). Méconnaît ce principe la chambre d'accusation qui déclare régulière l'audition, par un magistrat du ministère public, des officiers de police judiciaire ayant pratiqué une saisie annulée à la suite d'une commission rogatoire irrégulière, dès lors que cette audition ne vise qu'à reconstituer les procès-verbaux rapportant les circonstances dans lesquelles ladite saisie a été opérée et la relation pouvant exister entre celle-ci et les inculpés (▪ Cass. crim., 23 janv. 1990, préc.).

25) Portée : possibilité de réaliser à nouveau le même acte. Si l'article 174 du Code de procédure pénale interdit de tirer des actes et des pièces annulées aucun renseignement contre les parties, cette disposition ne s'oppose pas à ce que le juge d'instruction poursuive son information à partir des éléments qui subsistent, dès lors que les nouveaux actes ne se réfèrent en aucune façon à ceux qui ont été annulés ; méconnaît ce principe, la chambre d'accusation qui prononce l'annulation des nouveaux interrogatoires d'une personne dont le nom a été cancellé sur le réquisitoire introductif dès lors qu'il n'est ni allégué ni établi que le juge ait puisé des renseignements dans des actes annulés (▪ Cass. crim., 8 déc. 1998, n° 98-85.683 : *Bull. crim.* n° 334 ; *Procédures* 1999, comm. 76, note J. Buisson).

Après annulation d'une saisie, rien n'interdit d'en opérer une nouvelle (▪ Cass. crim., 23 janv. 1990, préc.). Mais le juge est tenu au préalable de restituer le bien saisi avant de procéder, le cas échéant, à une nouvelle saisie (▪ Cass. crim., 23 févr. 2022, n° 21-82.588, § 15 : *Bull. crim.* à paraître).

N'est pas irrégulière la désignation de l'expert dont un précédent rapport a été annulé, dès lors que cette annulation a été prononcée pour des motifs étrangers à la qualité de l'auteur de ce rapport ou à la conduite des travaux d'expertise et que cette nouvelle désignation ne saurait être analysée, de manière abstraite ou en l'absence de tout autre élément, comme un procédé ou un artifice de nature à reconstituer des actes annulés en violation des dispositions de l'article 174 du Code de procédure pénale (▪ Cass. crim., 29 mai 2002, n° 01-88.823 : *Bull. crim.* n° 121. ▪ Cass. crim., 26 févr. 2014, n° 13-87.109 : *Bull. crim.* n° 56 ; *Dr. pén.* 2014, comm. 65, note A. Maron et M. Haas ; *Procédures* 2014, comm. 121, note A.-S. Chavent-Leclère).

26) Possibilité de réaliser à nouveau le même acte – Nullité prononcée en application de l'article 6-1 du Code de procédure pénale. Lorsque des investigations ont été annulées en application de l'article 6-1 du Code de procédure pénale, la plainte avec constitution de partie civile à la suite de laquelle elles ont été effectuées ayant été déposée avant que le caractère illégal des actes accomplis eût été définitivement constaté, l'article 174 du même Code ne saurait interdire que, sur une plainte identique, réitérée une fois satisfaite cette condition, le juge d'instruction procède à nouveau aux investigations précédemment annulées (▪ Cass. crim., 13 oct. 2020, n° 20-80490 : *Bull. crim.* à paraître).

27) Portée : utilisation dans une procédure distincte. Il résulte de l'article 174 du Code de procédure pénale que l'interdiction d'utiliser ou d'exploiter une procédure annulée s'étend à toute référence à cette procédure. Méconnaît ce texte la chambre de l'instruction qui n'ordonne pas la cancellation de l'intégralité des pièces d'une procédure faisant référence à des pièces annulées dans le cadre d'une autre procédure (▪ Cass. crim., 9 mai 2018, n° 18-80.066 : *Bull. crim.* à paraître ; *Dr. pén.* 2018, comm. 135, obs. A. Maron et M. Haas. – Adde S. Fucini, *Nullité de procédure : état des lieux de la jurisprudence de la chambre criminelle : AJ pénal* 2018, p. 539).

28) Procédure distincte – Limite. L'article 174 du Code de procédure pénale interdit de tirer des actes et des pièces ou parties d'actes ou de pièces annulés aucun renseignement contre les parties. Toutefois, une telle interdiction ne s'applique pas à la partie qui, ayant bénéficié de l'annulation d'actes portant atteinte à ses intérêts, s'en prévaut dans le cadre d'une procédure distincte (▪ Cass. crim., 13 oct. 2020, n° 20-80.490, § 17 : *Bull. crim.* à paraître ; *AJ pénal* 2020, p. 598, note Y. Patouillard. ▪ Cass. crim., 19 oct. 2021, n° 20-82.172 : *Bull. crim.* à paraître).

29) Jurisprudence antérieure. Si, aux termes de l'article 174 du Code de procédure pénale, il est interdit de tirer des actes et des pièces ou parties d'actes ou de pièces annulés aucun renseignement contre les parties, cette interdiction ne s'applique pas lorsqu'il s'agit de procédures différentes et, par suite, de débats distincts (■ Cass. crim., 16 févr. 2000, n° 99-86.307 : *Bull. crim.* n° 72. ■ Cass. crim., 27 févr. 2001, n° 00-86.747 : *Bull. crim.* n° 50. ■ Cass. crim., 9 mars 1981, n° 80-93.646 ; *Bull. crim.* n° 86 ; *D.* 1982, p. 511, note W. Jeandidier).

30) Jurisprudence antérieure – Atténuation : actes ou pièces constituant le fondement de la poursuite. L'article 174 du Code de procédure pénale interdit que des actes ou des pièces annulés puissent constituer le fondement des poursuites d'une procédure distincte, lesdites pièces auraient-elles été communiquées antérieurement (■ Cass. crim., 16 mai 2012, n° 11-83.602 : *Bull. crim.* 126. – V. également ■ Cass. crim., 27 févr. 2001, préc. ■ Cass. crim., 27 mars 1995, n° 94-85.074 : *Bull. crim.* n° 127).

Art. 174-1 *(L. n° 2000-516, 15 juin 2000).* **– Lorsque la chambre de l'instruction annule une mise en examen pour violation des dispositions de l'article 80-1, la personne est considérée comme témoin assisté à compter de son interrogatoire de première comparution et pour l'ensemble de ses interrogatoires ultérieurs, jusqu'à l'issue de l'information, sous réserve des dispositions des articles 113-6 et 113-8.**

Attribution automatique du statut de témoin assisté en cas d'annulation de la mise en examen. En vertu des articles 80-1 et 174-1 du Code de procédure pénale, lorsqu'elle relève qu'il a été procédé à une mise en examen en l'absence d'indices graves ou concordants rendant vraisemblable que la personne mise en cause ait pu participer, comme auteur ou complice, à la commission de l'infraction dont le juge d'instruction est saisi, la chambre de l'instruction est tenue d'en prononcer l'annulation et la personne concernée est considérée comme témoin assisté, au regard de cette infraction, à compter de son interrogatoire de première comparution et pour l'ensemble de ses interrogatoires ultérieurs, jusqu'à l'issue de l'information, sous réserve des dispositions des articles 113-6 et 113-8 du Code précité (■ Cass. crim., 1er oct. 2003, n° 03-82.909 : *Bull. crim.* n° 177).

Section XI. – Des ordonnances de règlement

Bibliographie : *Répertoire.* J. Dumont, *Ordonnances de Règlement : JCl. Proc. pén.*, art. 175 à 184, Fasc. 20.

Généralités. L. Ascensi, *Portée de l'article 184 du Code de procédure pénale sur la motivation de l'ordonnance de règlement : AJ Pénal* 2011, p. 252. • L. Ascensi, *Portée de la violation de l'article 175 du Code de procédure pénale : AJ Pénal* 2011, p. 40. • C. Cheynier, *Règlement des dossiers d'instruction. Réflexions sur l'article 175 du Code de procédure pénale : JCP* 1984, I, 3152. • S. Détraz, *L'innocence à l'épreuve de la décision de non-lieu : RPDP* 2005, 179. • Ch. Guéry, *Le renvoi aux fins de comparution sur reconnaissance préalable de culpabilité : AJ Pénal* 2013, 86. • Ch. Guéry, *La clôture de l'instruction selon la loi du 23 mars 2019 : AJ pénal* 2019, p. 313. • C. Lacroix, *Transmission aux parties d'une copie des réquisitions motivées du procureur : D.* 2008, p. 224. • G. Mathieu, *La purge des nullités par l'ordonnance de renvoi : étude d'un problème particulier : D.* 2000, n° 33, Point de vue. • E. Mercinier, *Nouveau régime de la fin de l'information judiciaire : réflexions pratiques : AJ Pénal* 2008, 497. • J.-B. Perrier, *Communication du réquisitoire définitif aux avocats des parties : AJ Pénal* 2012, p. 46. • C. Saas, *La clôture contradictoire de l'instruction : AJ Pénal* 2008, p. 147. • E. Vergès, *Réforme de la procédure pénale : une loi fleuve, pour une justice au gré des courants : Dr. pén.* 2019, étude 12.

Art. 175 *(Rempl. à compter du 1er juin 2019, L. n° 2019-222, 23 mars 2019).* **– I. – Aussitôt que l'information lui paraît terminée, le juge d'instruction communique le dossier au procureur de la République et en avise en même temps les avocats des parties ou, si elles ne sont pas assistées par un avocat, les parties. L'avis est notifié soit verbalement avec émargement au dossier, soit par lettre recommandée. Lorsque la personne est détenue, il peut également être notifié par les soins du chef de l'établissement pénitentiaire, qui adresse sans délai au juge d'instruction l'original ou la copie du récépissé signé par l'intéressé.**

II. – Le procureur de la République dispose alors d'un délai d'un mois si une personne mise en examen est détenue ou de trois mois dans les autres cas pour adresser ses réquisitions motivées au juge d'instruction. Copie de ces réquisitions est adressée dans le même temps par lettre recommandée aux avocats des parties ou, si elles ne sont pas assistées par un avocat, aux parties.

III. – Dans un délai de quinze jours à compter soit de chaque interrogatoire ou audition réalisé au cours de l'information, soit de l'envoi de l'avis prévu au I du présent article, les parties peuvent faire connaître au juge d'instruction, selon les modalités prévues à l'avant-dernier alinéa de l'article 81, qu'elles souhaitent exercer l'un ou plusieurs des droits prévus aux IV et VI du présent article.

IV. – Si elles ont indiqué souhaiter exercer ces droits dans les conditions prévues au III, les parties disposent, selon les cas mentionnés au II, d'un même délai d'un mois ou de trois mois à compter de l'envoi de l'avis prévu au I pour :

1° Adresser des observations écrites au juge d'instruction, selon les mêmes modalités ; copie de ces observations est alors adressée en même temps au procureur de la République ;

2° Formuler des demandes ou présenter des requêtes, selon les mêmes modalités, sur le fondement du neuvième alinéa de l'article 81, des articles 82-1 et 82-3, du premier alinéa de l'article 156 et du troisième alinéa de l'article 173, sous réserve qu'elles ne soient pas irrecevables en application des articles 82-3 et 173-1.

À l'expiration du délai mentionné au II du présent article, les parties ne sont plus recevables à adresser de telles observations ou à formuler ou présenter de telles demandes ou requêtes.

V. – Si les parties ont adressé des observations en application du 1° du IV, le procureur de la République dispose d'un délai de dix jours si une personne mise en examen est détenue ou d'un mois dans les autres cas pour adresser au juge d'instruction des réquisitions complémentaires à compter de la date à laquelle ces observations lui ont été communiquées.

VI. – Si les parties ont indiqué qu'elles souhaitaient exercer ce droit conformément au III, elles disposent d'un délai de dix jours si une personne mise en examen est détenue ou d'un mois dans les autres cas pour adresser au juge d'instruction des observations complémentaires à compter de la date à laquelle les réquisitions leur ont été communiquées.

VII. – À l'issue, selon les cas, du délai d'un mois ou de trois mois prévu aux II et IV, ou du délai de dix jours ou d'un mois prévu aux V et VI, le juge d'instruction peut rendre son ordonnance de règlement, y compris s'il n'a pas reçu de réquisitions ou d'observations dans ces délais.

VIII. – Le III, le 1° du IV, le VI et, s'agissant des requêtes en nullité, le 2° du IV sont également applicables au témoin assisté.

Voir : art. D. 40-1 et s., p. 2162.

• ***Sommaire***

1) Généralités – Dessaisissement du juge d'instruction. Il résulte des articles 175, 177, 178, 179 et 181 du Code de procédure pénale que l'ordonnance du juge d'instruction qui, sur les réquisitions du procureur de la République, décide que l'information est complète et y met fin, soit en disant qu'il n'y a lieu à suivre, soit en renvoyant la personne mise en examen devant la juridiction compétente, dessaisit le juge d'instruction (▪ Cass. crim., 9 janv. 2002, n° 01-87.123 : *Bull. crim.* n° 3).

2) Généralités – Suspension de la prescription. La prescription de l'action publique est interrompue par l'avis de fin d'information donné par le juge d'instruction aux parties, en application de l'article 175 du Code de procédure pénale (▪ Cass. crim., 11 janv. 2000, n° 98-86.269 : *Bull. crim.* n° 12 ; *Dr. pén.* 2000, comm. 67, note A. Maron. ▪ Cass. crim., 9 juin 1998, n° 96-84.894 : *Bull. crim.* n° 188 ; *Procédures* 1998, comm. 263, note J. Buisson). La prescription de l'action publique est suspendue à partir du moment où le juge d'instruction estime que l'information est achevée et pendant les délais prévus par l'article 175 du Code de procédure pénale (■ Cass. crim., 25 oct. 2011, n° 11-80.017 : *Bull. crim.* n° 218).

I – FIN DE L'INFORMATION (I)

3) Liberté d'appréciation du juge d'instruction. La disposition de l'article 81, avant-dernier alinéa, du Code de procédure pénale, qui fait un devoir au juge d'instruction de ne pas se borner à rassembler les preuves de culpabilité ou de non-culpabilité, mais de réunir dans la mesure du possible les renseignements qui permettront aux juridictions de jugement de déterminer et de mesurer la peine éventuellement applicable, ne déroge pas à la règle fondamentale d'après laquelle les juridictions d'instruction ont le droit et l'obligation de clore leur information lorsqu'elles estiment que celle-ci est complète (■ Cass. crim., 23 nov. 1965, n° 65-92.493 : *Bull. crim.* n° 246. ■ Cass. crim., 7 nov. 1989, n° 89-84.902 : *Bull. crim.* n° 399).

4) Limites à la liberté d'appréciation. V. art. 175-1 et 175-2, p. 580. Un inculpé peut être renvoyé devant la juridiction de jugement sans avoir été préalablement entendu dès lors qu'il a été régulièrement appelé par un mandat de justice décerné et notifié conformément aux prescriptions du Code de procédure pénale, en sorte que l'autorité judiciaire, à laquelle il s'est lui-même soustrait, n'a pas porté atteinte aux droits de la défense (■ Cass. crim., 25 juill. 1979, n° 79-91.843 : *Bull. crim.* n° 252).

II – COMMUNICATION DU DOSSIER AU PROCUREUR ET AVIS AUX PARTIES ET À LEURS AVOCATS (I)

5) Conformité à la Constitution. Il n'y a pas lieu de renvoyer au Conseil constitutionnel une question prioritaire de constitutionnalité relative au premier alinéa de l'article 175 du Code de procédure pénale : cette question ne présente pas un caractère sérieux dès lors que l'article 175, alinéa 1er, du Code de procédure pénale, qui prévoit qu'en fin d'information, le juge d'instruction, d'une part, transmet, par ordonnance de soit-communiqué, le dossier de l'information au procureur de la République aux fins de règlement, d'autre part, adresse aux autres parties, aux témoins assistés et à leurs avocats, un avis de fin d'information leur permettant de formuler leurs observations et de présenter des requêtes en nullité ou des demandes d'actes, ne porte aucune atteinte au principe d'équité et d'équilibre des droits, ces actes distincts se justifiant par la différence de situation entre le procureur de la République, qui exerce l'action publique, et les autres parties (■ Cass. crim., 25 juin 2014, n° 13-87.989 QPC : *JurisData* n° 2014-014233).

A – Communication du dossier au procureur de la République

6) Nature de l'ordonnance de soit-communiqué. La décision par laquelle une juridiction d'instruction, estimant l'information terminée, ordonne la communication de la procédure au ministère public, aux fins de réquisitions, constitue une mesure d'administration judiciaire qui n'est pas susceptible de pourvoi en cassation (■ Cass. crim., 29 avr. 1996, nos 94-82.166 et 95-81.956 : *Bull. crim.* n° 168).

7) Absence de notification aux parties de l'ordonnance de soit-communiqué. L'ordonnance de soit-communiqué n'entre pas dans la catégorie des actes qui d'après l'article 183 du Code de procédure pénale, en sa rédaction issue de la loi du 30 décembre 1985, doivent être notifiés aux parties ou à leurs conseils (■ Cass. crim., 28 janv. 1987, n° 86-96.014 : *Bull. crim.* n° 49).

B – Avis aux parties et à leurs avocats

8) Qualité de partie au sens de l'article 175 du Code de procédure pénale. Il se déduit de l'article 134 du Code de procédure pénale qu'une personne en fuite et vainement recherchée au cours de l'information n'a pas la qualité de partie au sens de l'article 175 dudit code ; il s'ensuit que si elle est arrêtée après que le juge d'instruction l'a renvoyée devant le tribunal correctionnel, elle ne peut se prévaloir des dispositions du troisième alinéa de l'article 385 dudit code pour exciper devant cette juridiction d'une quelconque nullité d'actes de l'information, l'ordonnance de renvoi ayant, comme le prévoit l'article 179 du même code, purgé, s'il en existait, les vices de la procédure (■ Cass. crim., 3 avr. 2007, n° 06-89.315 : *JurisData* n° 2007-038474 ; *Bull. crim.* n° 103 ; *RSC* 2007, 834, obs. R. Finielz. ■ Cass. crim., 3 oct. 2007, n° 07-81.030 : *Bull. crim.* n° 237. – *Adde*, ■ Cass. crim., 17 déc. 2014, n° 13-86.102 : *Bull. crim.* n° 277. ■ Cass. crim., 15 mai 2018, n° 17-82.866 : *Bull. crim.* à paraître ; *RSC* 2018, p. 731, obs. N. Jeanne). Pour écarter l'application de l'article 385, alinéa 3, du Code de procédure pénale, la chambre de l'instruction ne saurait se borner à relever que la personne contre laquelle le mandat d'arrêt a été décerné résidait à l'étranger, sans constater qu'elle était en fuite, se savait recherchée et voulait échapper aux poursuites (■ Cass. crim., 11 janv. 2017, n° 16-80.619 : *Bull. crim.* n° 16).

9) Forme de l'avis de fin d'information. C'est à bon droit que la chambre d'accusation a énoncé que l'avis de fin d'information a été valablement délivré lors d'un interrogatoire où le mis en examen était assisté de son avocat et qu'aucune irrégularité ne saurait résulter de l'absence d'émargement de ce dernier au procès-verbal (■ Cass. crim., 9 janv. 1995, n° 94-84.975 : *Bull. crim.* n° 6 ; *Dr. pén.* 1995, comm. 131, note A. Maron ; *RSC* 1995, p. 609, obs. J.-P. Dintilhac).

10) Conséquence de l'avis de fin d'information sur la prescription. D'une part, la prescription de l'action publique est interrompue par l'avis de fin d'information donné par le juge d'instruction aux parties, en application de l'article 175 du Code de procédure pénale, d'autre part, la prescription de l'action publique est suspendue pendant les délais prévus audit article, le juge d'instruction estimant l'information achevée (■ Cass. crim., 3 avr. 2019, n° 18-84468 : *Bull. crim.* à paraître ; *D.* 2019, p. 1626, obs. J. Pradel ; *AJ pénal* 2019, p. 456, note G. Roussel).

C – Réitération de la communication au procureur de la République et de l'avis aux parties et à leurs avocats

11) Accomplissement d'un nouvel acte d'instruction à l'initiative du juge d'instruction – Réitération en raison de la caducité des formalités. L'avis de fin d'information doit être donné à toutes les parties et à leurs conseils à l'issue du dernier acte de l'information ; un acte d'information réalisé postérieurement à l'avis, rend celui-ci caduc (■ Cass. crim., 9 janv. 1995, n° 94-84.975 : *Bull. crim.* n° 6 ; *Dr. pén.* 1995, comm. 131, note A. Maron ; *RSC* 1995, p. 609, obs. J.-P. Dintilhac). Il résulte de l'article 175 du Code de procédure pénale que lorsque l'information est reprise ou poursuivie postérieurement à la notification de l'avis de fin d'information, le juge d'instruction doit renouveler la procédure préalable au règlement, et réitérer la communication au procureur de la République et la notification de l'avis de fin d'information aux parties (■ Cass. crim., 6 janv. 2015, n° 13-88.227 : *Bull. crim.* n° 7). Faute d'un nouvel avis, le requérant reste recevable à contester la régularité de la procédure (■ Cass. crim., 9 janv. 1995, préc.).

12) Accomplissement d'un nouvel acte d'instruction à l'initiative du procureur de la République ou des parties – Réitération en l'absence de caducité des formalités. La reprise de l'information (en vertu de réquisitions du procureur de la République tendant à une nouvelle mise en examen), après l'expiration du délai de 20 jours ouvert par un avis délivré conformément à l'article 175 du Code de procédure pénale, ne saurait entraîner la caducité de cet avis ni autoriser la contestation d'actes de procédure qui lui seraient antérieurs ; justifie dès lors sa décision, la chambre d'accusation qui déclare irrecevable les exceptions de nullité présentées au motif qu'elles visent des actes antérieurs au premier avis et que le requérant, qui n'avait pas agi dans le délai de 20 jours, ne peut se prévaloir du second avis pour invoquer l'irrégularité d'actes antérieurs au premier (■ Cass. crim., 22 févr. 1995, n° 94-85.206 : *Bull. crim.* n° 79 ; *Procédures* 1995, comm. 89, note J. Buisson ; *RSC* 1995, 609, obs. J.-P. Dintilhac).

13) Notion d'acte d'information nécessitant la réitération des formalités. La constitution de partie civile, dans le délai prévu par l'article 175 du Code de procédure pénale, ne nécessite pas la délivrance d'un nouvel avis de fin d'information, dès lors qu'elle ne constitue pas un acte d'instruction (■ Cass. crim., 26 sept. 2000, n° 00-82.016 : *JurisData* n° 2000-006258 ; *Bull. crim.* n° 76 ; *Dr. pén.* 2001, chron. 17, obs. C. Marsat). La notification à la partie civile des dispositions de l'article 89-1 du Code de procédure pénale n'a pas pour effet de rouvrir le délai de vingt jours prescrit par l'article 175 du Code de procédure pénale (■ Cass. crim., 15 mai 2007, n° 07-81.591 : *Bull. crim.* n° 124). Ni le dessaisissement au profit d'un autre magistrat, ni la jonction de l'information à une autre procédure, décidés par le juge d'instruction après l'expiration du délai prévu par l'article 175, alinéa 2, du Code de procédure pénale ne font revivre ledit délai au profit des parties ayant reçu notification de l'avis de fin d'information, pour la contestation des actes antérieurs audit avis (■ Cass. crim., 24 avr. 2001, n° 01-80.796 : *Bull. crim.* n° 97). Une saisie pénale de créance, qui n'a pas le caractère d'un acte utile à la manifestation de la vérité, n'a pas pour effet d'entraîner la caducité de l'avis de fin d'information (■ Cass. crim., 21 juin 2016, n° 16-81.084 : *Bull. crim.* n° 190). N'encourt pas la cassation l'arrêt qui, pour rejeter la demande en nullité d'une expertise et déclarer régulière l'ordonnance de transmission de pièces au procureur général, retient que les conclusions de l'expert ont été notifiées au requérant et que sa demande de contre-expertise, non formulée dans les conditions fixées par les articles 81 et 167 du Code de procédure pénale, est irrecevable : en cet état, la chambre d'accusation a justifié sa décision dès lors qu'antérieurement à cette expertise, dont l'unique objet était la détention provisoire, l'avis prévu par l'article 175 du Code de procédure pénale avait été donné à l'intéressé et que le délai prévu par ce texte était expiré (■ Cass. crim., 20 déc. 1995, n° 95-84.989 : *Bull. crim.* n° 394).

14) Réitération des formalités en l'absence de nouvel acte d'instruction. Le renouvellement, par le juge d'instruction, de l'avis prévu par l'article 175 du Code de procédure pénale ne saurait faire courir un nouveau délai, dès lors qu'aucun acte d'instruction n'a été diligenté postérieurement au premier avis (■ Cass. crim., 4 août 1998, n° 98-81.678 : *Bull. crim.* n° 220).

D – Absence d'accomplissement des formalités ou irrégularité des formalités

15) Conséquence sur la régularité de l'ordonnance de renvoi et sur la purge des nullités. La cour d'appel qui, pour écarter l'argumentation du prévenu qui soutenait que l'ordonnance l'ayant renvoyé devant le tribunal correctionnel était entachée de nullité pour n'avoir pas été précédée de l'avis de fin d'information prévu par l'article 175 du Code de procédure pénale, énonce que l'inobservation de ce texte a pour seul effet de rendre le demandeur recevable à soulever devant le tribunal correctionnel les nullités de la procédure d'instruction, fait exacte application de l'article 385, alinéa 3, du Code de procédure pénale (■ Cass. crim., 30 mars 2004, n°s 02-85.180 et 03-83.598 : *Bull. crim.* n° 80). Justifie sa décision la cour d'appel qui, pour écarter l'exception de nullité soulevée par le prévenu, tirée de ce que l'ordonnance de renvoi n'a pas été précédée de l'avis de fin d'information prévu par l'article 175 du Code de procédure pénale, énonce que cette irrégularité n'a pour seul effet que de rendre le demandeur recevable à soulever devant le tribunal des nullités de la procédure d'instruction (■ Cass. crim., 10 févr. 2010, n° 09-83.566). Justifie sa décision la cour d'appel qui, pour rejeter l'exception de nullité tirée de ce que l'ordonnance de renvoi du juge d'instruction a été rendue avant l'expiration du délai de 20 jours prévu à l'article 175, 2e alinéa, du Code de procédure pénale, énonce que la personne mise en examen, dûment recherchée, n'a pas été retrouvée de sorte que l'avis prévu à l'article 175 du Code de procédure pénale n'a pu lui être notifié (■ Cass. crim., 5 mars 2000, n° 99-83.129 : *Bull. crim.* n° 120).

III – RÉQUISITIONS DU PARQUET (II)

16) Communication aux avocats – Inconstitutionnalité. Dès lors qu'est reconnue aux parties la liberté de choisir d'être assistées d'un avocat ou de se défendre seules, le respect des principes du contradictoire et des droits de la défense interdit que le juge d'instruction puisse statuer sur le règlement de l'instruction sans que les demandes formées par le ministère public à l'issue de celle-ci aient été portées à la connaissance de toutes les parties ; dans la seconde phrase du deuxième alinéa de l'article 175 du Code de procédure pénale, les mots : « avocats des » ont pour effet de réserver la notification des réquisitions définitives du ministère public aux avocats assistant les parties, par suite, ils doivent être déclarés contraires à la Constitution (■ Cons. const., 9 sept. 2011, n° 2011-160 QPC : *Dr. pén.* 2012, chron. 1, V. Georget ; *Procédures* 2011, comm. 384, obs. J. Buisson ; *Procédures* 2012, comm. 17, obs. A.-S. Chavent-Leclère).

17) Communication aux parties – Destinataire de la communication. Justifie sa décision au regard de l'article 175 du Code de procédure pénale et de l'article 6 de la Convention européenne des droits de l'Homme, la chambre de l'instruction qui, pour écarter la demande aux fins d'annulation de l'ordonnance de mise en accusation présentée par M. X..., motif pris de ce que le réquisitoire définitif n'avait été communiqué par le procureur de la République qu'à son avocat et non à lui-même, relève qu'il résulte de la décision n° 2011-160 de la question prioritaire de constitutionnalité, rendue le 9 septembre 2011 par le Conseil constitutionnel, que la communication aux parties du réquisitoire définitif du procureur de la République n'est prévue que dans le cas où elles ne sont pas assistées ou représentées par un avocat (■ Cass. crim., 25 juin 2013, n° 13-82.765 : *Bull. crim.* n° 156 ; *Dr. pén.* 2013, comm. 132, note A. Maron et M. Haas ; *Procédures* 2013, comm. 259, note A.-S. Chavent-Leclère). Aucune disposition légale ou conventionnelle n'impose la communication du réquisitoire du ministère public aux parties lorsqu'elles sont assistées d'un avocat (■ Cass. crim., 27 oct. 2015, n° 14-82.032 : *Bull. crim.* n° 232).

18) Communication aux parties – Auteur de la communication. Il résulte des dispositions de l'article 175, alinéa 2, du Code de procédure pénale qu'il incombe au procureur de la République qui a transmis dans le délai prévu par ce texte ses réquisitions motivées au juge d'instruction, d'en adresser, dans le même temps, une copie aux avocats des parties ; justifie sa décision la chambre de l'instruction ayant relevé qu'il ne peut être requis du juge d'instruction de procéder à une notification des réquisitions du procureur de la République (■ Cass. crim., 4 déc. 2007, n° 07-87.203 : *Bull. crim.* n° 298 ; *Dr. pén.* 2009, chron. 1, D. Guérin).

19) Réquisitions tardives. Il résulte des articles 175 et 803-1 du Code de procédure pénale que, lorsque le juge d'instruction ayant estimé l'information terminée, le ministère public communique ses réquisitions à l'avocat d'une partie après l'expiration du délai d'un mois ou de trois mois qui lui est imparti pour le faire, le délai de dix jours ou d'un mois dont dispose cette partie pour présenter des observations complémentaires a pour point de départ la date de cette communication et est calculé, quel qu'en soit le mode, à compter du lendemain (■ Cass. crim., 17 sept. 2008, n° 08-84.928 : *Bull. crim.* n° 190 ; *Dr. pén.*

2009, comm. 29, obs. A. Maron et M. Haas ; *Procédures* 2009, comm. 25, note J. Buisson ; *RSC* 2009, p. 402, obs. R. Finielz).

IV – OBSERVATIONS, DEMANDES OU REQUÊTES DES PARTIES (III ET IV)

A – Droit des parties de présenter des observations, demandes ou requêtes

20) Objet des demandes et requêtes présentées par les parties. La requête tendant à la constatation de la prescription sur le fondement de l'article 82-3 du Code de procédure pénale entre dans les prévisions de l'article 175, alinéa 2, du Code de procédure pénale (▪ Cass. crim., 18 sept. 2001, n° 01-85.129 : *Bull. crim.* n° 180). La personne mise en examen ne dispose, après que lui a été délivré l'avis de fin d'information, que des droits limitativement énumérés par l'article 175 du Code de procédure pénale, ce qui exclut la requête prévue à l'article 80-1-1 du même code tendant à l'octroi du statut de témoin assisté (▪ Cass. crim., 16 juin 2020, n° 19-86.760, § 11 : *Bull. crim.* à paraître ; *AJ pénal* 2020, 218, obs. J. Lasserre Capdeville). ▪ Cass. crim., 9 juin 2009, n° 09-82.269 : *Bull. crim.* n° 116 ; *Dr. pén.* 2010, chron. 1, obs. Guérin ; *Procédures* 2009, comm. 238, obs. J. Buisson). Les dispositions de l'article 82-1, alinéa 3 du Code de procédure pénale ne sont pas applicables lorsque l'avis de fin d'information de l'article 175 dudit code a été délivré (▪ Cass. crim., 25 juill. 2018, n° 18-81.461 : *Bull. crim.* à paraître). Selon les articles 800-2 et R. 249-3 du Code de procédure pénale, la demande d'indemnisation, par la personne poursuivie, des frais exposés par elle et non payés par l'État, doit être présentée avant l'expiration du délai de vingt jours prévu par l'article 175 du Code de procédure pénale, si elle est formée devant le juge d'instruction ou la chambre de l'instruction (▪ Cass. crim., 20 nov. 2007, n° 07-80.405 : *Bull. crim.* n° 285). Si la personne mise en examen peut invoquer à tout moment l'incompétence du juge d'instruction en charge du dossier, elle ne peut plus, après l'échéance du délai de forclusion prévu à l'article 175, alinéa 4 du Code de procédure pénale, soulever un tel moyen devant ce magistrat, lequel n'avait donc pas à y répondre (▪ Cass. crim., 5 déc. 2018, n° 17-84.967 : *Bull. crim.* à paraître).

21) Limite aux demandes et requêtes présentées par les parties – Cause d'irrecevabilité fondée sur les articles 167, 173, 174 du Code de procédure pénale. Lorsqu'un juge d'instruction notifie régulièrement les conclusions d'une expertise aux parties et leur fixent un délai pour présenter toutes observations ou demandes utiles, l'avis de fin d'information qu'il délivre à la personne mise en examen, en application de l'article 175 du Code de procédure pénale, n'a pas pour effet d'ouvrir un nouveau délai aux fins de demande de contre-expertise (▪ Cass. crim., 19 janv. 1999, n° 98-82.420 : *Bull. crim.* n° 8). Selon les dispositions conjuguées des articles 173, alinéa 5, 174, alinéa 1er, et 175 du Code de procédure pénale, le président de la chambre d'accusation, saisi d'une requête en annulation d'actes ou de pièces de la procédure avant l'expiration du délai de 20 jours à compter de l'envoi de l'avis de fin d'information, peut en constater l'irrecevabilité, lorsque la chambre d'accusation a rejeté une précédente requête par un arrêt contradictoire à l'égard du demandeur, sans que celui-ci n'ait alors proposé les moyens de nullité présentés dans sa requête ultérieure et qu'il pouvait connaître (▪ Cass. crim., 1er oct. 1998, n° 98-80.417 : *Bull. crim.* n° 246).

22) Délai pour faire valoir le droit de présenter des observations, demandes ou requêtes – Conformité à la Constitution. Le paragraphe III de l'article 175 du Code de procédure pénale, qui impose aux parties un délai de 15 jours après l'envoi de l'avis de fin d'information pour décider si elles entendent présenter des observations sur cet avis et formuler ou présenter des demandes ou des requêtes, ne méconnaît ni les droits de la défense, ni le droit au procès équitable.

En effet, le législateur a entendu, dans l'intérêt d'une bonne administration de la justice, permettre un règlement plus rapide de l'information judiciaire qui ne puisse être remis en cause par l'exercice tardif de ses droits par une partie et, une fois que la partie a fait connaître son intention d'exercer ses droits, elle dispose pour ce faire, en vertu du dernier alinéa du paragraphe III de l'article 175, d'un délai d'un mois, si une personne mise en examen est placée en détention, ou de trois mois, dans les autres cas (▪ Cons. const., 21 mars 2019, n° 2019-778 DC).

23) Délai d'exercice du droit de présenter des observations, demandes ou requêtes – Point de départ. Le délai de trois mois imparti pour présenter une requête aux fins d'annulation commence à courir le jour de la notification de l'avis de fin d'information ; justifie sa décision le président de la chambre de l'instruction qui déclare irrecevable comme tardive une requête en annulation déposée par la partie civile le 5 octobre 2009 auprès du greffe de la chambre de l'instruction, dès lors que ledit délai avait commencé à courir le jour de la notification de l'avis de fin d'information, soit le 2 juillet 2009, et pris fin le 2 octobre à minuit (▪ Cass. crim., 12 mai 2010, n° 10-80.482 : *Bull. crim.* n° 82).

24) Délai d'exercice du droit de présenter des observations, demandes ou requêtes – Durée. Selon l'article 175 du Code de procédure pénale, lorsque le juge d'instruction, estimant l'information terminée, en avise les parties, celles-ci peuvent présenter une requête aux fins d'annulation de la procédure dans le délai de trois mois ou, lorsqu'une personne mise en examen est détenue dans le cadre de cette information, dans le délai d'un mois, à compter de cet avis ; encourt dès lors l'annulation, pour excès de pouvoir, l'ordonnance du président de la chambre de l'instruction qui déclare irrecevable une demande d'annulation de pièces de la procédure, au motif qu'elle a été présentée après l'expiration du délai d'un mois prévu par l'alinéa 4 de l'article 175 du Code de procédure pénale, alors que la personne mise en examen n'était pas détenue dans le cadre de l'information en cause et que le délai de trois mois, qui était dès lors seul applicable, n'était pas expiré (▪ Cass. crim., 17 juin 2014, n° 14-81.584 : *Bull. crim.* n° 151).

25) Communication des observations au seul procureur de la République – Conformité à la Constitution. Il n'y a pas lieu de transmettre au Conseil constitutionnel la question prioritaire de constitutionnalité contestant la seconde phrase du troisième alinéa de l'article 175 du Code de procédure pénale en tant qu'elle réserve la communication des observations ou demandes des parties présentées postérieurement à la notification de l'avis de fin d'information au seul procureur de la République : cette question ne présente pas un caractère sérieux dès lors que les dispositions légales critiquées, si elles distinguent, en raison de leur différence de situation, les règles applicables au procureur de la République, partie poursuivante, et aux autres parties, assurent à ces dernières des garanties égales au regard, notamment, de l'accès au dossier de la procédure, qui permet à chacune de prendre connaissance à tout moment des observations déposées par les autres, du principe du contradictoire et du respect des droits de la défense (▪ Cass. crim., 22 févr. 2012, n° 11-87.291).

26) Défaut de réponse du juge d'instruction. Il résulte de l'article 81, dernier alinéa, du Code de procédure pénale que lorsqu'elles ont, dans le délai prévu par l'article 175, alinéa 4, du même code, régulièrement présenté des demandes d'actes auxquelles le juge d'instruction n'a pas répondu dans le délai d'un mois, les parties peuvent, à tout moment jusqu'à la clôture de l'information, saisir directement le président de la chambre de l'instruction ; encourt dès lors la censure l'arrêt de la chambre de l'instruction qui, pour déclarer irrecevable sa saisine, retient que celle-ci est intervenue après l'expiration du délai de trois mois prévu par l'article 175 du Code de procédure pénale, alors que ladite saisine concernait des actes qui avaient fait l'objet d'une demande adressée au juge d'instruction dans le délai prescrit et à laquelle il n'avait pas répondu (▪ Cass. crim., 28 oct. 2015, n° 15-82.330 : *Bull. crim.* n° 236).

B – Obligation des parties de présenter les observations, demandes ou requêtes à peine de forclusion

27) Inapplication de la forclusion au procureur de la République. Justifie sa décision la chambre de l'instruction qui, pour écarter le moyen de nullité du réquisitoire supplétif aux fins de mise en examen, pris de ce que le ministère public ne pouvait être recevable à requérir la mise en examen du demandeur après l'expiration du délai de forclusion prévu par l'article 175, alinéa 4, du Code de procédure pénale sans que ne se trouve violé le principe de l'égalité des armes, retient que cette forclusion, opposable aux seules parties, ne fait pas obstacle à ce qu'en application de l'article 82 dudit code, le procureur de la République saisisse le juge d'instruction de réquisitions tendant à la mise en examen de personnes bénéficiant jusque-là du statut de témoin assisté, dès lors que seule l'ordonnance de règlement du juge d'instruction dessaisit ce dernier, que l'acte d'instruction faisant droit aux réquisitions du ministère public rend caduc l'avis délivré en application de l'article 175 de ce code et que cette différence de droits se justifie par la différence de situations entre le procureur de la République, qui exerce l'action publique, et les parties, de sorte que le demandeur ne saurait alléguer l'existence d'une violation du principe de l'égalité des armes (▪ Cass. crim., 12 avr. 2016, n° 15-86.074 : *Bull. crim.* n° 131).

28) Conséquence de la forclusion sur les requêtes en nullité. Les parties ne sont plus recevables, après le délai de forclusion prévu par l'article 175 du Code de procédure pénale, à contester la régularité des actes de la procédure antérieure à l'avis de fin d'information, quand bien même elles n'auraient pu connaître l'irrégularité alléguée (▪ Cass. crim., 6 mai 1998, n° 98-80.283 : *Bull. crim.* n° 153 ; *Dr. pén.* 1999, comm. 62, obs. A. Maron). Le demandeur ne saurait se faire un grief de ce que la chambre de l'instruction lui ait opposé les dispositions de l'article 173-1 du Code de procédure pénale, dès lors que, le délai de 20 jours prévu par l'article 175 du même code étant expiré, la demande d'annulation aurait dû être déclarée irrecevable en application de ce second texte (▪ Cass. crim., 10 juill. 2002, n° 02-83.179 : *Bull. crim.* n° 152).

29) Irrecevabilité des requêtes en nullité présentées par les parties devant la chambre de l'instruction. V. art. 206, p. 674 dans sa rédaction issue de la loi du 9 mars 2004. *V. déjà, antérieurement à la loi du 9 mars 2004*, les dispositions de l'article 206, alinéa 1er, du Code de procédure pénale ne sauraient priver d'effets celles de l'article 175 du même code, dès lors que, si elles autorisent les parties à présenter à la chambre de l'instruction des moyens pris de la nullité des actes de la procédure soumise à cette juridiction, c'est à la condition que ces moyens ne se heurtent pas à une cause d'irrecevabilité prévue par la loi (▪ Cass. crim., 10 juill. 2002, préc.). La chambre d'accusation n'a pas à répondre aux articulations d'un mémoire invoquant des nullités d'actes de l'information que la partie civile, en application de l'article 175, alinéa 2, du Code de procédure pénale, n'était plus recevable à proposer (▪ Cass. crim., 26 janv. 2000, n° 99-85.725 : *Bull. crim.* n° 41).

30) Possibilité pour la chambre de l'instruction de relever d'office une cause de nullité. La forclusion de l'article 175 du Code de procédure pénale ne fait pas obstacle à ce que la chambre de l'instruction relève tout moyen de nullité à l'occasion de l'examen de la régularité de la procédure auquel elle se livre en application de l'article 206 du Code de procédure pénale (▪ Cass. crim., 6 mai 2003, n° 02-84.348 : *Bull. crim.* n° 92).

31) Irrecevabilité des requêtes en nullité présentées devant la juridiction de jugement. V. art. 179, p. 585 et art. 181, p. 591. Selon les articles 179 et 385 du Code de procédure pénale, et en dehors des cas prévus par les alinéas 2 et 3 de l'article 385 du Code de procédure pénale, lorsque la juridiction correctionnelle est saisie par l'ordonnance de renvoi du juge d'instruction, les parties sont irrecevables à soulever les exceptions de nullité de la procédure antérieure ; encourt dès lors la cassation l'arrêt d'une cour d'appel qui fait droit à l'exception de nullité soulevée par le prévenu faisant valoir qu'il a été renvoyé devant la juridiction correctionnelle sans avoir été interrogé au fond par le juge d'instruction, alors même qu'il n'a présenté à ce magistrat aucune demande d'interrogatoire, tant au cours de l'information que pendant le délai ouvert par l'article 175 du Code de procédure pénale (▪ Cass. crim., 26 mai 2010, n° 10-81.839 : *Bull. crim.* n° 95).

32) Conséquence de la forclusion sur les demandes de supplément d'information. Les dispositions de l'article 175 du Code de procédure pénale ne font pas obstacle à ce que les parties, par application de l'article 201 de ce code, présentent à la chambre d'accusation, saisie du règlement de la procédure, des demandes tendant à l'accomplissement de nouveaux actes d'information (▪ Cass. crim., 19 sept. 1995, n° 95-83.497 : *Bull. crim.* n° 272. ▪ Cass. crim., 3 avr. 1996, n° 95-83.690 : *Bull. crim.* n° 146). La forclusion éditée par l'article 175, alinéa 2, du Code de procédure pénale ne fait pas obstacle à ce que, en application des articles 463 et 512 du même code, les parties puissent saisir la juridiction de jugement de demandes tendant à l'accomplissement d'un supplément d'information (▪ Cass. crim., 30 juin 1999, n° 98-80.470 : *Bull. crim.* n° 173 ; *Dr. pén.* 2000, chron. 8, C. Marsat ; *Procédures* 2000, comm. 42, note J. Buisson. – *Adde* ▪ Cass. crim., 26 mars 1998, n° 97-81.214 : *Bull. crim.* n° 115).

33) Conséquence de la forclusion sur les demandes tendant à voir constater la prescription de l'action publique. Encourt la censure l'arrêt qui, pour déclarer le prévenu irrecevable à invoquer la prescription de la contravention de blessures involontaires, retient que celle-ci est connexe au délit de blessures involontaires et que l'ordonnance de renvoi, notifiée conformément aux dispositions de l'article 175 du Code de procédure pénale, a purgé les vices de la procédure : la prescription constitue en effet une exception péremptoire et d'ordre public qui peut être soulevée par le prévenu en tout état de la procédure (▪ Cass. crim., 20 janv. 2009, n° 08-80.021 : *Bull. crim.* n° 21 ; *Dr. pén.* 2009, comm. 57, note A. Maron et M. Haas).

V – OBSERVATIONS ET RÉQUISITIONS COMPLÉMENTAIRES (V ET VI)

34) Objet des observations complémentaires. En application de l'article 175, alinéa 5, du Code de procédure pénale, les parties auxquelles des réquisitions ont été communiquées ne peuvent présenter que des observations complémentaires, à l'exclusion des demandes énumérées par l'alinéa 4 de cet article et des demandes tendant à constater la prescription de l'action publique (▪ Cass. crim., 27 avr. 2011, n° 10-87.256 : *Bull. crim.* n° 74).

35) Calcul du délai – Point de départ du délai. Le délai de dix jours, si une personne mise en examen est détenue, accordé aux parties qui ont indiqué qu'elles souhaitaient présenter des observations complémentaires, pour adresser au juge d'instruction des observations complémentaires court à compter de la date à laquelle les réquisitions leur ont été communiquées ; justifie sa décision la chambre de l'instruction qui, l'avis de fin d'information ayant été notifié aux parties le 5 mai 2021 et le réquisitoire définitif le 1er juin 2021, retient que le premier délai d'un mois pour formuler des observations ou faire des demandes s'achevait le 5 juin 2021 et que le second délai pour faire éventuellement des observations complémentaires, en réponse aux réquisitions du procureur de la République, expirait le 11 juin 2021 à minuit (▪ Cass. crim., 26 janv. 2022, n° 21-86.230,

§ 13 : *Bull. crim.* à paraître ; *Dr. pén.* 2022, comm. 55, note A. Maron et M. Haas).

V. antérieurement à la loi du 23 mars 2019 : Il résulte de l'article 175 du Code de procédure pénale que le délai de dix jours ou d'un mois ouvert au ministère public et aux parties pour présenter, respectivement, des réquisitions et observations complémentaires ne commence à courir qu'à l'issue du premier délai d'un mois ou de trois mois prévu par ce texte (■ Cass. crim., 15 nov. 2016, n° 15-86.940 : *Bull. crim.* n° 294).

36) Calcul du délai – Point de départ du délai en cas de réquisitions tardives. Il résulte des articles 175 et 803-1 du Code de procédure pénale que, lorsque le juge d'instruction ayant estimé l'information terminée, le ministère public communique ses réquisitions à l'avocat d'une partie après l'expiration du délai d'un mois ou de trois mois qui lui est imparti pour le faire, le délai de dix jours ou d'un mois dont dispose cette partie pour présenter des observations complémentaires a pour point de départ la date de cette communication et est calculé, quel qu'en soit le mode, à compter du lendemain (■ Cass. crim., 17 sept. 2008, n° 08-84.928 : *Bull. crim.* n° 190 ; *Dr. pén.* 2009, comm. 29, obs. A. Maron et M. Haas ; *Procédures* 2009, comm. 25, note J. Buisson ; *RSC* 2009, p. 402, obs. R. Finielz).

37) Calcul du délai – Terme du délai. Il se déduit des articles 81, alinéa 10, et 175, alinéa 4, du Code de procédure pénale que, si une partie ou son avocat qui ne réside pas dans le ressort de la juridiction compétente peut saisir le juge d'instruction d'une demande de mesure complémentaire d'instruction par déclaration au greffier au moyen d'une lettre recommandée avec demande d'avis de réception dans le délai d'un mois, lorsque la personne mise en examen est détenue, ou de trois mois, quand elle est libre, à compter de l'envoi de l'avis de fin d'information, la demande doit parvenir au greffier avant l'expiration de ce délai (■ Cass. crim., 28 mars 2017, n° 16-86.794 : *Bull. crim.* n° 89).

38) Calcul du délai – Absence d'assimilation de l'ARSE à la détention. Il résulte de l'article 142-10 du Code de procédure pénale que l'assignation à résidence avec surveillance électronique, qui peut être ordonnée par un juge d'instruction ou par un juge des libertés et de la détention, est une mesure alternative à la détention provisoire, à laquelle elle ne peut être assimilée au cours de l'information, notamment pour l'application des délais de l'article 175 du Code de procédure pénale (■ Cass. crim., 17 mars 2015, préc.).

39) Droits de la défense. Rapp. Le juge d'instruction n'est pas tenu de procéder à une audition de l'inculpé après les réquisitions définitives du procureur de la République. Le principe qui veut que la défense soit toujours entendue en dernier ne saurait concerner que les procédures contradictoires. Que tel n'est pas le cas de la procédure d'instruction du premier degré (■ Cass. crim., 24 janv. 1984, n° 83-94.417 : *Bull. crim.* n° 30).

VI – IRRÉGULARITÉ DES FORMALITÉS DE CLÔTURE DE L'INSTRUCTION

40) Sanction de l'irrégularité des formalités de clôture – Nullité de l'ordonnance de règlement et absence de purge des nullités. Il résulte de la combinaison des articles 175, 184 et 385 du Code de procédure pénale que, lorsque l'ordonnance de renvoi devant le tribunal correctionnel a été rendue sans que, faute de notification du réquisitoire définitif, les parties aient été mises en mesure de présenter des observations au vu de ces réquisitions, les juges saisis de la poursuite renvoient la procédure au ministère public pour lui permettre de saisir à nouveau la juridiction d'instruction, afin que la procédure soit régularisée ; encourt dès lors la cassation l'arrêt qui, pour rejeter l'exception de nullité de l'ordonnance de renvoi soulevée par le prévenu, retient que le défaut de notification des réquisitions de renvoi devant le tribunal correctionnel a, pour seul effet, de rendre les parties recevables à soulever devant les juges du fond les nullités de procédure (■ Cass. crim., 21 mars 2012, n° 11-87.660 : *Bull. crim.* n° 79). *Contra précédemment,* font exacte application de l'article 385, alinéa 3 du Code de procédure pénale les juges qui écartent l'argumentation du prévenu qui soutenait que l'ordonnance l'ayant renvoyé devant le tribunal correctionnel était entachée de nullité pour n'avoir pas été précédée de l'avis de fin d'information prévu par l'article 175 du Code de procédure pénale au motif que l'inobservation de ce texte a pour seul effet de rendre le demandeur recevable à soulever devant le tribunal correctionnel les nullités de la procédure d'instruction (■ Cass. crim., 30 mars 2004, n°s 02-85.180 et 03-83.598 : *JurisData* n° 2004-023425 ; *Bull. crim.* n° 80).

41) Conséquence sur la réitération des formalités. L'annulation devenue définitive par le tribunal correctionnel de l'ordonnance de renvoi rendue prématurément et le retour de la procédure, aux fins de régularisation, au juge d'instruction qui délivre un nouvel avis de fin d'information, n'ont pas pour effet, en l'absence de nouvel acte d'information, d'entraîner la caducité du premier avis qui avait été régulièrement notifié aux parties ; dès lors, après délivrance du second avis de fin d'information, les parties ne sont plus recevables à invoquer des moyens de nullité qu'elles étaient en mesure de présenter dans le délai qui leur était imparti par l'article 175 du Code de procédure pénale à la suite du premier avis qui leur avait été notifié (■ Cass. crim., 6 nov. 2013, n° 13-82.123 : *Bull. crim.* n° 218).

42) **Conséquence sur le maintien en détention provisoire.** Constatant l'inobservation des délais prévus à l'article 175 du Code de procédure pénale, dont se déduisait une absence de conformité aux prescriptions de l'article 184 du même code, la juridiction de jugement ne pouvait que renvoyer la procédure au ministère public pour régularisation par le juge d'instruction, comme le prévoit l'article 385, alinéa 2, dudit code, et, restant saisie, elle devait se prononcer sur le maintien en détention du prévenu selon les prévisions de l'article 179, alinéa 5, précité, de sorte que le juge des libertés et de la détention n'était plus compétent à ce stade de la procédure (■ Cass. crim., 28 févr. 2017, n° 16-87.511 : *Bull. crim.* n° 57).

Art. 175-1 *(Mod., L. n° 2019-222, 23 mars 2019).* – **La personne mise en examen, le témoin assisté ou la partie civile peut, à l'expiration du délai qui lui a été indiqué en application du neuvième alinéa de l'article 116 ou du deuxième alinéa de l'article 89-I à compter, respectivement, de la date de la mise en examen, de la première audition ou de la constitution de partie civile, demander au juge d'instruction, selon les modalités prévues au dixième alinéa de l'article 81, de prononcer le renvoi ou la mise en accusation devant la juridiction de jugement ou de déclarer qu'il n'y a pas lieu à suivre, y compris en procédant, le cas échéant, à une disjonction. Cette demande peut également être formée lorsqu'aucun acte d'instruction n'a été accompli pendant un délai de quatre mois.**

Dans le délai d'un mois à compter de la réception de cette demande, le juge d'instruction y fait droit ou déclare, par ordonnance motivée, qu'il y a lieu à poursuivre l'information. Dans le premier cas, il procède selon les modalités prévues à la présente section. Dans le second cas, ou à défaut pour le juge d'avoir statué dans le délai d'un mois, la personne mise en examen, le témoin assisté ou la partie civile peut saisir le président de la chambre de l'instruction en application de l'article 207-1. Cette saisine doit intervenir dans les cinq jours qui suivent la notification de la décision du juge ou l'expiration du délai d'un mois.

Lorsque le juge d'instruction a déclaré qu'il poursuivait son instruction, une nouvelle demande peut être formée à l'expiration d'un délai de six mois.

Les dispositions du présent article ne sont pas applicables après l'envoi de l'avis prévu au I de l'article 175.

1) **Information du droit de demander la clôture de l'instruction.** V. s'agissant de l'information de la personne mise en examen, art. 116, al. 8, p. 382, et s'agissant de l'information de la partie civile et du témoin assisté, art. 89-1, p. 326.

2) **Domaine de l'article 175-1 du Code de procédure pénale.** La demande tendant à voir déclarer une constitution de partie civile irrecevable, étant étrangère à l'objet de la saisine de la chambre de l'instruction effectuée sur le fondement de l'article 175-1 du Code de procédure pénale, la demanderesse ne saurait se faire un grief de ce que ladite chambre ait rejeté une telle demande, dès lors qu'elle aurait dû la déclarer irrecevable (■ Cass. crim., 25 oct. 2016, n° 16-80.366 : *Bull. crim.* n° 275).

3) **Domaine de l'article 175-1 du Code de procédure pénale – Conséquence sur le moment de la demande (al. 4).** Encourt la censure l'ordonnance du président de la chambre de l'instruction qui, pour dire n'y avoir lieu de saisir la chambre de l'instruction en l'absence de réponse du juge d'instruction dans le délai d'un mois, énonce que la requête tendant à la constatation de la prescription sur le fondement de l'article 82-3 du Code de procédure pénale s'analyse en une demande adressée au juge d'instruction en vue de dire n'y avoir lieu à suivre et est comme telle régie par les dispositions générales de l'article 175-1 du Code de procédure pénale, qui n'autorisent plus une telle demande après l'envoi de l'avis prévu à l'article 175 du code précité : en se déterminant ainsi, alors que ladite requête, entrant dans les prévisions de l'article 175, alinéa 2, du Code de procédure pénale, était recevable, le président de la chambre de l'instruction a excédé ses pouvoirs (■ Cass. crim., 18 sept. 2001, n° 01-85.129 : *Bull. crim.* n° 180).

4) **Forme de la demande.** Le demandeur ne saurait se faire un grief de ce que la juridiction d'instruction aurait omis de statuer en application de l'article 175-1 du Code de procédure pénale, dès lors que la lettre adressée par lui se bornait à demander à connaître « quand l'information pourrait être considérée comme close » (■ Cass. crim., 7 juin 2000, n° 99-81.570 : *JurisData* n° 2000-002819 ; *Bull. crim.* n° 215).

5) **Effet de l'expiration du délai d'un mois.** L'expiration du délai d'un mois prévu par l'article 175-1, alinéa 2, du Code de procédure pénale

n'emporte pas dessaisissement du juge d'instruction (■ Cass. crim., 13 juin 1995, n° 94-85.210 : *Bull. crim.* n° 216).

6) Effet de l'expiration du délai d'un mois – Possibilité de saisir la chambre de l'instruction. L'expiration du délai d'un mois prévu par l'article 175-1, alinéa 2, du Code de procédure pénale n'emportant pas dessaisissement du juge d'instruction, est à juste titre déclarée irrecevable la demande de saisine directe de la chambre d'accusation en application de l'article 175-1, alinéa 3, du Code de procédure pénale déposée après que le juge d'instruction a renvoyé l'intéressé devant le tribunal correctionnel (■ Cass. crim., 13 juin 1995, préc.).

7) Notification de la date d'audience devant le chambre de l'instruction. Il résulte des dispositions combinées des articles 175-1, alinéa 3, et 197 du Code de procédure pénale que, lorsqu'une partie civile ou une personne mise en examen saisit directement une chambre d'accusation d'une demande aux fins de renvoi devant la juridiction de jugement ou de non-lieu, sur le fondement de l'article 175-1, alinéa 3, précité, le procureur général doit notifier à toutes les parties la date à laquelle l'affaire sera appelée à l'audience (■ Cass. crim., 11 janv. 2000, n° 98-87.247 : *JurisData* n° 2000-000458 ; *Bull. crim.* n° 8 ; *Dr. pén.* 2000, comm. 66, note A. Maron).

8) Renouvellement de la demande. Les dispositions de l'article 175-1 du Code de procédure pénale, qui permettent à la personne mise en examen ou à la partie civile, à l'expiration d'un délai d'1 an à compter, selon le cas, de la date à laquelle elle a été mise en examen ou du jour de sa constitution de partie civile, de saisir le juge d'instruction d'une demande de non-lieu à suivre ou de renvoi devant la juridiction de jugement, ne sauraient interdire, sauf à faire échec aux droits qu'ont les parties de s'assurer que leur cause est examinée dans un délai raisonnable, que cette requête soit réitérée dans les mêmes formes, lorsqu'un nouveau délai d'1 an s'est écoulé depuis la dernière demande adressée aux mêmes fins au magistrat instructeur (■ Cass. crim., 15 janv. 1997, n° 95-85.481 : *Bull. crim.* n° 13 ; *Procédures* 1997, comm. 125, note J. Buisson).

Art. 175-2 *(L. n° 2000-516, 15 juin 2000).* **En toute matière, la durée de l'instruction ne peut excéder un délai raisonnable au regard de la gravité des faits reprochés à la personne mise en examen, de la complexité des investigations nécessaires à la manifestation de la vérité et de l'exercice des droits de la défense.**

Si, à l'issue d'un délai de deux ans à compter de l'ouverture de l'information, celle-ci n'est pas terminée, le juge d'instruction rend une ordonnance motivée par référence aux critères prévus à l'alinéa précédent, expliquant les raisons de la durée de la procédure, comportant les indications qui justifient la poursuite de l'information et précisant les perspectives de règlement. Cette ordonnance est communiquée au président de la chambre de l'instruction qui peut, par requête, saisir cette juridiction conformément aux dispositions de l'article 221-1.

L'ordonnance prévue à l'alinéa précédent doit être renouvelée tous les six mois.

1) Sanction du délai raisonnable. La méconnaissance du délai raisonnable (de l'instruction), à la supposer établie, n'entraîne pas la nullité de la procédure (■ Cass. crim., 3 mai 2012, n° 11-88.725 : *Bull. crim.* n° 105. – Rapp. s'agissant de la durée de la procédure en général, ■ Cass. crim., 16 juin 2010, n° 09-85.885. ■ Cass. crim., 6 oct. 2004, n° 86-94.662).

2) Nature de l'ordonnance. L'ordonnance prévue à l'article 175-2 du Code de procédure pénale, qui relève de la surveillance des cabinets d'instruction par le président de la chambre de l'instruction, est un acte d'administration judiciaire ne pouvant faire l'objet d'un quelconque recours (■ Cass. crim., 15 janv. 2008, n° 07-87.460 : *Bull. crim.* n° 7 ; *Dr. pén.* 2009, chron. 1, obs. D. Guérin). Dès lors que, d'une part, l'obligation de rendre l'ordonnance prévue par l'article 175-2, alinéa 2, du Code de procédure pénale n'est pas prévue à peine de nullité et que, d'autre part, ladite ordonnance ne revêt aucun caractère juridictionnel, le juge d'instruction n'ayant d'autre obligation que de la communiquer au président de la chambre de l'instruction, l'arrêt qui rejette l'exception de nullité tirée du fait que le juge d'instruction n'a pas rendu l'ordonnance exigée par l'article 175-2 susvisé dans les délais prévus par ce texte, n'encourt aucun grief (■ Cass. crim., 17 janv. 2006, n° 05-82.197 : *Bull. crim.* n° 20).

Art. 175-3 *(Abr., L. n° 2004-204, 9 mars 2004).*

Art. 176 *(Mod., L. n° 2007-291, 5 mars 2007).* **– Le juge d'instruction examine s'il existe contre la personne mise en examen des charges constitutives d'infraction, dont il détermine la qualification juridique.**

1) Faits, objet de l'ordonnance de règlement. Le juge d'instruction a l'obligation d'instruire, puis de statuer par une ordonnance de règlement sur l'ensemble des faits dont il est régulièrement saisi (■ Cass. crim., 24 mars 1977, n° 76-91.442 : *Bull. crim.* n° 112).

2) Liberté d'appréciation du juge d'instruction. Les juridictions d'instruction apprécient souverainement si les faits retenus à la charge de la personne mise en examen sont constitutifs d'une infraction, la Cour de cassation n'ayant d'autre pouvoir que de vérifier si, à supposer ces faits établis, la qualification justifie la saisine de la juridiction de jugement (■ Cass. crim., 12 févr. 2014, n°s 12-84.500 et 13-87.836 : *Bull. crim.* n° 41).

3) Appréciation des charges – Motivation. V. art. 184, p. 601 et annotations ss art.

4) Détermination de la qualification juridique. Encourt la cassation l'arrêt de la chambre de l'instruction qui annule l'ordonnance du juge d'instruction au motif que toute personne à l'encontre de laquelle il existe des indices laissant présumer qu'elle a participé à la commission d'une ou plusieurs infractions, doit être informée de l'exact contenu des faits à elle reprochés et de leur qualification juridique et que la requalification des faits, pour lesquels les personnes poursuivies n'ont point été mises en examen ni entendues, n'est pas conforme aux dispositions légales et à celles de la Convention européenne des droits de l'Homme ; en se prononçant ainsi, alors que le juge d'instruction avait requalifié les faits par application des dispositions de l'article 176 du Code de procédure pénale, non contraires à l'article 6.3 de la Convention européenne des droits de l'Homme, la chambre de l'instruction méconnaît le principe selon lequel elle ne peut, sans excès de pouvoir, annuler l'ordonnance du juge d'instruction portant règlement de la procédure d'information, lorsque cette ordonnance satisfait, en la forme, aux conditions essentielles de son existence légale (■ Cass. crim., 29 mai 2001, n° 01-80.718 : *Bull. crim.* n° 136).

Art. 177 *(Mod., L. n° 2008-174, 25 févr. 2008).* **– Si le juge d'instruction estime que les faits ne constituent ni crime, ni délit, ni contravention, ou si l'auteur est resté inconnu, ou s'il n'existe pas de charges suffisantes contre la personne mise en examen, il déclare, par une ordonnance, qu'il n'y a lieu à suivre.**

Lorsque l'ordonnance de non-lieu est motivée par l'existence de l'une des causes d'irresponsabilité pénale prévue par les articles 122-2, 122-3, 122-4, 122-5 et 122-7 du Code pénal ou par le décès de la personne mise en examen, elle précise s'il existe des charges suffisantes établissant que l'intéressé a commis les faits qui lui sont reprochés.

Les personnes mises en examen qui sont provisoirement détenues sont mises en liberté. L'ordonnance met fin au contrôle judiciaire.

Le juge d'instruction statue par la même ordonnance sur la restitution des objets placés sous main de justice. Il peut refuser la restitution lorsque celle-ci présente un danger pour les personnes ou les biens. La décision relative à la restitution peut être déférée, par toute personne qui y a intérêt, à la chambre de l'instruction dans les conditions et selon les modalités prévues par l'article 99.

1) Distinction entre le non-lieu et le non-lieu *ab initio*. V. art. 86, al. 4, p. 315.

2) Distinction entre le non-lieu et la requalification – Conséquence quant à l'autorité de la chose jugée. L'article 177 du Code de procédure pénale n'autorise le juge d'instruction à rendre une ordonnance de non-lieu qu'autant que le fait incriminé ne constitue ni crime, ni délit, ni contravention ou qu'il n'existe aucune charge contre un inculpé ; c'est seulement à une telle ordonnance que s'attache l'autorité de la chose jugée ; en revanche la décision du juge d'instruction ne saurait présenter les caractères d'une ordonnance de non-lieu, ni en produire les effets, lorsque le magistrat instructeur, sous le couvert, d'une part d'un non-lieu, d'autre part d'un renvoi devant la juridiction correctionnelle, a, en réalité, procédé à une requalification ; un tel renvoi n'est qu'indicatif et non attributif de compétence ; il laisse au juge correctionnel sa pleine liberté d'appréciation en fait comme en droit ; spécialement, bien que le renvoi devant le tribunal implique la négation des circonstances constitutives du crime, cette appréciation, qu'elle soit implicite ou qu'elle soit énoncée textuellement dans l'ordonnance, ne lie aucunement les juges du fond qui restent maîtres de statuer sur la compétence (■ Cass. crim., 23 juin 1992, n° 92-81.460 : *Bull. crim.* n° 248). L'article 177 du Code de procédure pénale n'autorise le juge d'instruction à rendre une ordonnance de non-lieu qu'autant que le fait incriminé ne constitue ni crime, ni délit, ni contravention ou qu'il n'existe aucune charge contre un inculpé ; c'est seulement à une telle ordonnance que s'attache l'autorité de la chose jugée ; par contre la décision du juge d'instruction ne saurait présenter les caractères d'une ordonnance de non-lieu ni en produire les effets lorsque le magistrat instructeur, sans contester l'existence d'indices suffisants contre les inculpés, ou la réalité des faits poursuivis et leur nature délictuelle, s'est borné à écarter l'une des deux qualifications que le ministère public avait cru devoir leur donner pour adopter la seconde ; une disposition de cette nature, loin de soustraire à l'appréciation de la juridiction correctionnelle les faits auxquels elle s'applique, a pour conséquence de les lui déférer dans leur intégralité (▪ Cass. crim., 12 janv. 1954 : *Bull. crim.* n° 10).

3) **Conséquences du non-lieu – Dessaisissement du juge d'instruction.** Il résulte des articles 175, 177, 178, 179 et 181 du Code de procédure pénale que l'ordonnance du juge d'instruction qui, sur les réquisitions du procureur de la République, décide que l'information est complète et y met fin, soit en disant qu'il n'y a lieu à suivre, soit en renvoyant la personne mise en examen devant la juridiction compétente, dessaisit le juge d'instruction (▪ Cass. crim., 9 janv. 2002, n° 01-87.123 : *Bull. crim.* n° 3).

4) **Conséquences du non-lieu – Contrôle judiciaire.** Selon l'article 177, alinéa 3, du Code de procédure pénale, l'ordonnance de non-lieu met fin au contrôle judiciaire de la personne mise en examen (▪ Cass. crim., 27 mars 2008, n° 07-86.261 : *Bull. crim.* n° 81 ; *Dr. pén.* 2009, chron. 1, D. Guérin. ▪ Cass. crim., 24 avr. 2013, n° 12-82.409 : *JurisData* n° 2013-009415 ; *Bull. crim.* n° 99), sauf en cas d'infirmation, la possibilité pour la chambre de l'instruction de prononcer à nouveau une mesure de contrôle judiciaire (▪ Cass. crim., 24 avr. 2013, préc.). Encourt dès lors la cassation l'arrêt qui, statuant sur l'appel d'une ordonnance de non-lieu, maintient sous contrôle judiciaire le mis en examen alors que l'ordonnance de non-lieu rendue par le juge d'instruction avait mis fin au contrôle judiciaire (▪ Cass. crim., 24 avr. 2013, préc.). Encourt également la cassation l'arrêt qui, statuant sur l'appel d'une ordonnance de non-lieu et infirmant celle-ci, ordonne le maintien sous contrôle judiciaire de l'intéressé jusqu'à sa comparution devant la juridiction de jugement (▪ Cass. crim., 27 mars 2008, préc.).

5) **Conséquences du non-lieu – Personne civilement responsable.** L'ordonnance de non-lieu dont bénéficie un inculpé quant aux infractions pénales est sans autorité sur sa qualité de civilement responsable (▪ Cass. crim., 15 mars 1982, n° 80-90.031 : *Bull. crim.* n° 76).

6) **Conséquences du non-lieu – Autorité de la chose jugée.** V. art. 188 et 189, p. 624.

Art. 177-1 *(Mod., L. n° 2004-575, 21 juin 2004).* **– Le juge d'instruction peut ordonner, sur la demande de la personne concernée ou, avec l'accord de cette personne, d'office ou à la demande du ministère public, soit la publication intégrale ou partielle de sa décision de non-lieu, soit l'insertion d'un communiqué informant le public des motifs et du dispositif de celle-ci, dans un ou plusieurs journaux, écrits périodiques ou services de communication au public par voie électronique qu'il désigne.**

Il détermine, le cas échéant, les extraits de la décision qui doivent être publiés ou fixe les termes du communiqué à insérer.

Si le juge ne fait pas droit à la demande de la personne concernée, il doit rendre une ordonnance motivée, qui est susceptible d'appel devant la chambre de l'instruction.

Art. 177-2 *(L. n° 2000-516, 15 juin 2000).* **– Lorsqu'il rend une ordonnance de non-lieu à l'issue d'une information ouverte sur constitution de partie civile, le juge d'instruction peut, sur réquisitions du procureur de la République et par décision motivée, s'il considère que la constitution de partie civile a été abusive ou dilatoire, prononcer contre la partie civile une amende civile dont le montant ne peut excéder 15 000 €.**

Cette décision ne peut intervenir qu'à l'issue d'un délai de vingt jours à compter de la communication à la partie civile et à son avocat, par lettre recommandée ou par télécopie avec récépissé, des réquisitions du procureur de la République, afin de permettre à l'intéressé d'adresser des observations écrites au juge d'instruction.

Cette décision peut être frappée d'appel par la partie civile dans les mêmes conditions que l'ordonnance de non-lieu.

Si le juge d'instruction ne suit pas les réquisitions du procureur de la République, ce dernier peut interjeter appel dans les mêmes conditions.

1) **Réquisitions du ministère public.** Lorsque le juge d'instruction condamne la partie civile à une amende civile en application de l'article 177-2 du Code de procédure pénale sans toutefois que les réquisitions du ministère public aient été communiquées à cette partie et à son avocat, la chambre de l'instruction peut, après avoir annulé l'ordonnance en ce qu'elle avait prononcé une amende sans qu'aient été respectées les formalités prévues par le texte précité, condamner la partie civile à une amende en évoquant l'affaire (▪ Cass. crim., 8 oct. 2002, n° 02-80.952 : *Bull. crim.* n° 180).

2) Réquisitions du ministère public – Absence de réponse du juge d'instruction. Lorsque le juge d'instruction omet de statuer sur les réquisitions du procureur de la République tendant au prononcé de l'amende civile, prévue par l'article 177-2 du Code de procédure pénale, le procureur général ne peut faire grief à la chambre de l'instruction de n'avoir pas annulé l'ordonnance entreprise dès lors qu'en cas d'annulation la chambre de l'instruction aurait été tenue d'évoquer et de statuer sur le fond (■ Cass. crim., 26 févr. 2002, n° 01-82.579 : *Bull. crim.* n° 44 ; *Dr. pén.* 2002, comm. 88, note A. Maron ; *RSC* 2002, p. 624, obs. A. Giudicelli).

3) Délai de vingt jours. La décision de condamnation à une amende civile ne peut intervenir qu'à l'issue d'un délai de vingt jours à compter de la communication à la partie civile et à son avocat, par lettre recommandée ou par télécopie avec récépissé, des réquisitions du procureur général afin de permettre à l'intéressé d'adresser des observations écrites à la chambre de l'instruction (■ Cass. crim., 9 janv. 2007, n° 06-84.064 : *Bull. crim.* n° 1).

4) Absence de débat contradictoire. L'article 177-2, alinéa 2, du Code de procédure pénale, qui dispose que la condamnation de la partie civile à l'amende prévue par l'alinéa premier dudit texte ne peut intervenir qu'à l'issue d'un délai de vingt jours à compter de la communication à la partie civile des réquisitions du procureur de la République afin de permettre à celle-ci d'adresser des observations écrites au juge d'instruction, n'exige pas que cette condamnation soit précédée d'un débat contradictoire (■ Cass. crim., 9 nov. 2004, n° 04-81.068 : *Bull. crim.* n° 271).

5) Appréciation du prononcé de l'amende. Le prononcé de l'amende civile n'est qu'une faculté pour le juge d'instruction (■ Cass. crim., 26 févr. 2002, préc.).

6) Motivation. La juridiction d'instruction n'est pas tenue de motiver spécialement le montant de l'amende civile prononcée en application de l'article 177-2 du Code de procédure pénale (■ Cass. crim., 27 févr. 2002, n° 01-85.573 : *Bull. crim.* n° 47 ; *Dr. pén.* 2002, comm. 88, note A. Maron ; *RSC* 2002, p. 625, obs. A. Giudicelli).

7) Amende civile et condamnation pour dénonciation calomnieuse. Il ne saurait être soutenu qu'en application de la règle *non bis in idem* prévue à l'article 4 du protocole n° 7 additionnel à la Convention européenne des droits de l'Homme, le prononcé d'une amende civile exclut celui d'une sanction pour dénonciation calomnieuse, dès lors que les intérêts protégés respectivement par les articles 177-2 du Code de procédure pénale et 226-10 du Code pénal sont distincts, le premier sanctionnant une atteinte à une bonne administration de la justice tandis que le second réprime un comportement destiné à nuire à autrui (■ Cass. crim., 22 sept. 2015, n° 14-84.029 : *Bull. crim.* n° 204).

8) Pouvoirs de la chambre de l'instruction. Fait l'exacte application de l'article 177-2 du Code de procédure pénale la chambre de l'instruction qui, saisie sur le seul appel de la partie civile d'une ordonnance de non-lieu, aggrave le montant de l'amende civile prononcée par le juge d'instruction pour constitution de partie civile abusive ou dilatoire, dès lors qu'aucun texte ne limite en raison de l'effet dévolutif de l'appel les pouvoirs de la juridiction d'instruction du second degré (■ Cass. crim., 27 nov. 2002, n° 01-88.706 : *Bull. crim.* n° 214). Méconnaît le sens et la portée de l'article 177-2 du Code de procédure pénale, la chambre de l'instruction qui, sur l'appel de la partie civile d'une ordonnance de non-lieu, condamne ladite partie civile au paiement d'une amende civile en application de l'article 177-2 alors que cette amende civile n'a été ni requise, ni prononcée en première instance (■ Cass. crim., 16 oct. 2002, n° 02-81.808 : *Bull. crim.* n° 188). Dès lors que l'ordonnance du juge d'instruction ayant condamné la demanderesse à une amende pour constitution de partie civile abusive a été rendue, conformément aux prescriptions de l'article 177-2 du Code de procédure pénale, à l'issue d'un délai de vingt jours à compter de la communication à la partie civile des réquisitions prises par le procureur de la République, la chambre de l'instruction, qui confirme cette ordonnance, n'a pas à faire application de l'article 212-2 du même code (lequel permet à la chambre de l'instruction de prononcer une amende civile) (■ Cass. crim., 5 nov. 2014, n° 13-84.956 : *Bull. crim.* n° 226).

9) Portée de la décision. Le refus d'un juge d'instruction de prononcer une amende civile pour constitution de partie civile abusive ou dilatoire sur le fondement de l'article 177-2 du Code de procédure pénale ne fait pas obstacle à une action introduite sur le fondement de l'article 91 du même code, laquelle repose sur l'existence d'une faute ou une imprudence au sens de l'article 1241 du Code civil (■ Cass. crim., 31 mars 2020, n° 19-82.697 : *Bull. crim.* à paraître ; *AJ pénal* 2020, 365, obs. D. Miranda).

Art. 177-3 *(L. n° 2002-1138, 9 sept. 2002).* **– Lorsque la partie civile est une personne morale, l'amende civile prévue par l'article 177-2 peut être prononcée contre son représentant légal, si la mauvaise foi de ce dernier est établie.**

Art. 178 ***(Mod., L. n° 2011-1862, 13 déc. 2011).* – Si le juge estime que les faits constituent une contravention, il prononce, par ordonnance, le renvoi de l'affaire devant le tribunal de police.**

Lorsqu'elle est devenue définitive, cette ordonnance couvre, s'il en existe, les vices de la procédure.

1) Conditions du renvoi – Mise en examen et interrogatoire préalable. En vertu de l'article 6-3 de la Convention européenne des droits de l'Homme, nul ne peut être jugé ou mis en accusation sans avoir été entendu ou dûment appelé (▪ Cass. crim., 7 avr. 1987, n° 87-80.513 : *Bull. crim.* n° 159. – *Adde* ▪ Cass. crim., 30 janv. 1989, n° 87-85.060 : *Bull. crim.* n° 34).

2) Conséquences du renvoi – Dessaisissement du juge d'instruction. Il résulte des articles 175, 177, 178, 179 et 181 du Code de procédure pénale que l'ordonnance du juge d'instruction qui, sur les réquisitions du procureur de la République, décide que l'information est complète et y met fin, soit en disant qu'il n'y a lieu à suivre, soit en renvoyant la personne mise en examen devant la juridiction compétente, dessaisit le juge d'instruction (▪ Cass. crim., 9 janv. 2002, n° 01-87.123 : *Bull. crim.* n° 3). Il découle des règles posées par les articles 175 et suivants du Code de procédure pénale que l'ordonnance du juge d'instruction qui, sur les réquisitions du procureur de la République, décide que l'information est complète et y met fin, dessaisit le juge d'instruction de l'ensemble de la procédure dès lors qu'aucune disjonction n'a été explicitement prononcée et qu'aucune disjonction implicite ne peut résulter de l'absence d'une décision ; encourt dès lors la cassation l'arrêt de la chambre d'accusation qui décide que le juge d'instruction reste saisi des faits sur lesquels il n'a pas statué par son ordonnance, ce qui entraîne *ipso facto* et implicitement disjonction des procédures (▪ Cass. crim., 23 déc. 1969, n° 69-91.612 : *Bull. crim.* n° 362 ; *D.* 1970, jurispr. p. 282, note critique JMR ; *RSC* 1970, p. 668, obs. J. Robert).

Art. 179 ***(Mod., L. n° 2016-731, 3 juin 2016).* – Si le juge estime que les faits constituent un délit, il prononce, par ordonnance, le renvoi de l'affaire devant le tribunal correctionnel. Cette ordonnance précise, s'il y a lieu, que le prévenu bénéficie des dispositions de l'article 132-78 du Code pénal.**

L'ordonnance de règlement met fin à la détention provisoire, à l'assignation à résidence avec surveillance électronique ou au contrôle judiciaire. S'il a été décerné, le mandat d'arrêt conserve sa force exécutoire ; s'ils ont été décernés, les mandats d'amener ou de recherche cessent de pouvoir recevoir exécution, sans préjudice de la possibilité pour le juge d'instruction de délivrer un mandat d'arrêt contre le prévenu.

Toutefois, le juge d'instruction peut, par ordonnance distincte spécialement motivée, maintenir le prévenu en détention, sous assignation à résidence avec surveillance électronique ou sous contrôle judiciaire jusqu'à sa comparution devant le tribunal. L'ordonnance de maintien en détention provisoire est motivée par référence aux 2°, 4°, 5° et 6° de l'article 144.

Le prévenu en détention est immédiatement remis en liberté si le tribunal correctionnel n'a pas commencé à examiner au fond à l'expiration d'un délai de deux mois à compter de la date soit de l'ordonnance de renvoi ou, en cas d'appel, de l'arrêt de renvoi non frappé de pourvoi, de l'arrêt déclarant l'appel irrecevable, de l'ordonnance de non-admission rendue en application du dernier alinéa de l'article 186 ou de l'arrêt de la chambre criminelle rejetant le pourvoi, soit de la date à laquelle il a été ultérieurement placé en détention provisoire.

Toutefois, si l'audience sur le fond ne peut se tenir avant l'expiration de ce délai, le tribunal peut, à titre exceptionnel, par une décision mentionnant les raisons de fait ou de droit faisant obstacle au jugement de l'affaire, ordonner la prolongation de la détention pour une nouvelle durée de deux mois. La comparution personnelle du prévenu est de droit si lui-même ou son avocat en font la demande. Cette décision peut être renouvelée une fois dans les mêmes formes. Si le prévenu n'a toujours pas été jugé à l'issue de cette nouvelle prolongation, il est remis immédiatement en liberté.

Lorsqu'elle est devenue définitive, l'ordonnance mentionnée au premier alinéa couvre, s'il en existe, les vices de la procédure.

I – CONDITIONS DE L'ORDONNANCE DE RENVOI

1) Mise en examen et interrogatoire préalable. En vertu de l'article 6-3 de la Convention européenne des droits de l'Homme, nul ne peut être jugé ou mis en accusation sans avoir été entendu ou dûment appelé (▪ Cass. crim., 7 avr. 1987, n° 87-80.513 : *Bull. crim.* n° 159. – *Adde* ▪ Cass. crim., 30 janv. 1989, n° 87-85.060 : *Bull. crim.* n° 34). Il résulte des articles 113-5, 179, 204 et 213 du Code de procédure pénale que seule une personne mise en examen peut être renvoyée devant la juridiction de jugement par la juridiction d'instruction ;

le témoin assisté ne peut faire l'objet d'un renvoi devant le tribunal correctionnel et la juridiction d'instruction du second degré qui estime, contrairement au magistrat instructeur, qu'il existe des charges suffisantes contre lui d'avoir commis une infraction pour laquelle il n'a pas été mis en examen, est tenue, avant de décider son renvoi devant la juridiction de jugement, d'ordonner un supplément d'information aux fins de notification de cette mise en examen (▪ Cass. crim., 17 sept. 2014, n° 14-84.187 : *Bull. crim.* n° 189). V. cependant sur l'exception de nullité prise de l'absence d'interrogatoire au fond préalablement au renvoi « purge des nullités ».

2) Mise en examen et interrogatoire préalable – Régularisation. La juridiction correctionnelle, qui constate que le prévenu a été renvoyé devant elle par une ordonnance du juge d'instruction visant certains faits pour lesquels il n'a pas été mis en examen, n'est pas légalement tenue d'annuler l'ordonnance de renvoi et de se dessaisir ; elle a, en effet, la faculté de renvoyer l'examen de l'affaire à une audience ultérieure et de transmettre le dossier de la procédure au ministère public pour lui permettre de saisir à nouveau la juridiction d'instruction par des réquisitions appropriées aux fins de régularisation (▪ Cass. crim., 21 févr. 2007, n° 06-89.043 : *Bull. crim.* n° 56).

Comp. La juridiction de jugement, qui constate que le prévenu renvoyé devant elle, n'a pas fait l'objet d'une mise en examen par le juge d'instruction, est tenue, en application de l'article 385, alinéa 2, du Code de procédure pénale, de renvoyer la procédure au ministère public pour lui permettre de saisir à nouveau la juridiction d'instruction par des réquisitions appropriées aux fins de régularisation (▪ Cass. crim., 15 sept. 2004, n° 04-83.670 : *Bull. crim.* n° 211).

3) Conditions de forme. V. art. 184, p. 601.

II – CONSÉQUENCES DE L'ORDONNANCE DE RENVOI

A – Conséquence sur le juge d'instruction

4) Dessaisissement du juge d'instruction. Il résulte des articles 175, 177, 178, 179 et 181 du Code de procédure pénale que l'ordonnance du juge d'instruction qui, sur les réquisitions du procureur de la République, décide que l'information est complète et y met fin, soit en disant qu'il n'y a lieu à suivre, soit en renvoyant la personne mise en examen devant la juridiction compétente, dessaisit le juge d'instruction ; dès lors, encourt la cassation l'arrêt de la chambre de l'instruction qui confirme l'ordonnance complémentaire du juge d'instruction ordonnant prise de corps contre l'accusé (▪ Cass. crim., 9 janv. 2002, n° 01-87.123 : *Bull. crim.* n° 3). Il découle des règles posées par les articles 175 et suivants du Code de procédure pénale que l'ordonnance du juge d'instruction qui, sur les réquisitions du procureur de la République, décide que l'information est complète et y met fin, dessaisit le juge d'instruction de l'ensemble de la procédure dès lors qu'aucune disjonction n'a été explicitement prononcée et qu'aucune disjonction implicite ne peut résulter de l'absence d'une décision ; encourt dès lors la cassation l'arrêt de la chambre d'accusation qui décide que le juge d'instruction reste saisi des faits sur lesquels il n'a pas statué par son ordonnance, ce qui entraîne *ipso facto* et implicitement disjonction des procédures (▪ Cass. crim., 23 déc. 1969, n° 69-91.612 : *Bull. crim.* n° 362 ; *D.* 1970, jurispr. p. 282, note critique JMR ; *RSC* 1970, p. 668, obs. J. Robert).

B – Conséquence sur le tribunal correctionnel

5) Compétence du tribunal correctionnel. L'ordonnance de renvoi rendue par le juge d'instruction est simplement indicative de juridiction et ne fait pas obstacle à ce que le tribunal, s'il constate que le fait déféré sous la qualification de délit est de nature à entraîner une peine criminelle, renvoie le ministère public à se pourvoir ainsi qu'il avisera, comme le prévoit l'article 469 du Code de procédure pénale (▪ Cass. crim., 15 févr. 2005, n° 04-84.519 : *Bull. crim.* n° 56).

C – Conséquence sur le mandat d'arrêt

6) Mandat d'arrêt (al. 2). Il résulte des articles 133 et 179 du Code de procédure pénale que, lorsqu'après la clôture de l'information par l'ordonnance de renvoi devant le tribunal correctionnel un prévenu est arrêté en vertu du mandat d'arrêt décerné par le juge d'instruction, ce mandat continue à produire tous ses effets et les dispositions de l'article 133 du Code de procédure pénale ne sont pas applicables (▪ Cass. crim., 28 nov. 1989, n° 89-84.212 : *Bull. crim.* n° 445). N'encourt pas la censure la décision de la cour d'appel qui, pour écarter l'argumentation du prévenu soutenant, à l'appui de sa demande de liberté, que l'ordonnance maintenant le prévenu sous contrôle judiciaire ayant acquis un caractère définitif, avait implicitement entraîné la caducité du mandat d'arrêt international, énonce, d'une part, qu'en application de l'article 179 du Code de procédure pénale, le mandat d'arrêt conserve de plein droit sa force exécutoire au stade de l'ordonnance de règlement, d'autre part, que le juge d'instruction a spécifié, dans l'ordonnance de règlement, que le mandat d'arrêt continuerait à produire ses effets ; en se déterminant ainsi, et dès lors, au surplus, que la décision de maintenir le prévenu sous contrôle judiciaire à l'issue de l'information était nécessairement privée de toute effectivité, le prévenu étant toujours en fuite, la cour d'appel a justifié sa décision (■ Cass. crim., 22 juin 2016, n° 16-82.552).

D – **Conséquence sur le contrôle judiciaire, l'assignation à résidence sous surveillance électronique et la détention provisoire**

1° Fin du contrôle judiciaire, de l'assignation à résidence sous surveillance électronique ou de la détention provisoire (al. 2)

7) Fin du contrôle judiciaire, de l'assignation à résidence sous surveillance électronique et de la détention provisoire (al. 2). Fait l'exacte application des dispositions de l'article 179 du Code de procédure pénale, l'arrêt qui, pour déclarer sans objet l'appel formé par le procureur de la République de l'ordonnance du juge des libertés et de la détention disant n'y avoir lieu à prolonger la détention provisoire, énonce que l'ordonnance postérieure de règlement a rendu caduc le titre de détention sur les effets duquel l'ordonnance déférée s'est prononcée et que le prévenu était détenu en vertu d'un nouveau titre de détention (■ Cass. crim., 14 nov. 2012, n° 12-85.996 : *Bull. crim.* n° 246).

2° Maintien exceptionnel du contrôle judiciaire, de l'assignation à résidence sous surveillance électronique ou de la détention provisoire (al. 3)

8) Conformité à la Constitution. Il n'y a pas lieu de transmettre au Conseil constitutionnel la question prioritaire de constitutionnalité contestant les dispositions de l'article 179 du Code de procédure pénale permettant au juge d'instruction, au moment où il prend son ordonnance de règlement, de décider, sans débat contradictoire préalable, par une ordonnance distincte spécialement motivée, de maintenir le prévenu en détention provisoire : cette question ne présente pas un caractère sérieux dès lors que l'application des dispositions contestées de l'article 179 du Code de procédure pénale intervient après que le juge d'instruction auquel l'information paraît terminée a délivré, en application de l'article 175 du même code, l'avis prévu par cet article, le mis en examen pouvant ensuite présenter des observations, de sa propre initiative ou après les réquisitions du procureur de la République ; ainsi, la défense peut soumettre son argumentation au juge avant que celui-ci ne prenne sa décision sur un éventuel maintien en détention de la personne renvoyée devant le tribunal correctionnel (■ Cass. crim., 15 févr. 2011, n° 10-90.122 : *Bull. crim.* n° 24).

9) Mineur.

V. CJPM, art L. 434-5 et s., p. 3088.

V. précédemment : Il se déduit du premier alinéa de l'article 9 de l'ordonnance du 2 février 1945, relative à l'enfance délinquante, qu'en l'absence de dispositions dérogatoires spécifiques aux mineurs, celles de l'article 179 du Code de procédure pénale relatives au maintien en détention sont applicables. Le juge d'instruction, lors du renvoi d'un mineur âgé de plus de 13 ans et de moins de 16 ans devant le tribunal pour enfants sous une qualification criminelle, peut donc le maintenir en détention jusqu'à sa comparution devant cette juridiction (■ Cass. crim., 10 avr. 2019, n° 19-80344 : *Bull. crim.* à paraître).

10) Compétence. Constatant l'inobservation des délais prévus à l'article 175 du Code de procédure pénale, dont se déduisait une absence de conformité aux prescriptions de l'article 184 du même code, la juridiction de jugement ne pouvait que renvoyer la procédure au ministère public pour régularisation par le juge d'instruction, comme le prévoit l'article 385, alinéa 2, dudit code, et, restant saisie, elle devait se prononcer sur le maintien en détention du prévenu selon les prévisions de l'article 179, alinéa 5, précité, de sorte que le juge des libertés et de la détention n'était plus compétent à ce stade de la procédure (■ Cass. crim., 28 févr. 2017, n° 16-87.511 : *Bull. crim.* n° 57). Si le conseil de l'ordre a seul le pouvoir de prononcer une mesure d'interdiction provisoire de l'exercice de la profession d'un avocat placé sous contrôle judiciaire, ainsi que d'y mettre fin, le juge d'instruction tient des dispositions de l'article 179 du Code de procédure pénale celui de maintenir la mesure de contrôle judiciaire comportant une telle interdiction (■ Cass. crim., 21 janv. 2004, n° 03-86.358 : *Bull. crim.* n° 16).

11) Motivation spéciale. La décision par laquelle la juridiction d'instruction ordonne le maintien du prévenu sous contrôle judiciaire doit être spécialement motivée par les éléments de l'espèce (■ Cass. crim., 9 mai 1977, n° 76-92.097 : *Bull. crim.* n° 161).

12) Réquisitions tendant au maintien en détention provisoire. Il résulte des dispositions combinées des articles 82, 179 et 207 du Code de procédure pénale que le juge d'instruction est tenu de statuer, par une ordonnance motivée, sur les réquisitions de maintien en détention provisoire du mis en examen dont il ordonne le renvoi devant le tribunal correctionnel ; qu'à défaut d'une telle ordonnance, le procureur de la République peut, dans les dix jours, saisir directement la chambre de l'instruction (■ Cass. crim., 9 juill. 2014, n° 14-82.761 : *Bull. crim.* n° 171 ; *Dr. pén.* 2014, comm. 120, note A. Maron et M. Haas ; *RSC* 2014, p. 593, obs. J. Danet).

13) Effets de l'ordonnance. Lorsque la chambre de l'instruction a subordonné la mise en liberté de la personne mise en examen au versement d'une caution, l'ordonnance postérieure par laquelle le juge d'instruction maintient cette personne en détention provisoire à l'issue de l'information cesse de produire ses effets en cas de paiement de la caution (▪ Cass. crim., 23 août 2017, n° 17-83.791 : *Bull. crim.* à paraître ; *Dr. pén.* 2017, comm. 171, note A. Maron et M. Haas).

14) Durée. Il résulte des dispositions combinées des articles 179, alinéa 3, et 213, alinéa 2, du Code de procédure pénale, que la durée du contrôle judiciaire n'a d'autre limite que celle tenant à la comparution de l'intéressé devant la juridiction du jugement, sauf à celui-ci à saisir à tout moment la chambre d'accusation d'une demande de mainlevée de ce contrôle, ainsi que le prévoit l'article 140, alinéa 2, du même code (▪ Cass. crim., 30 oct. 1995, n° 95-83.115 : *Bull. crim.* n° 331). Lorsque le tribunal, saisi d'une poursuite contre un prévenu dont le juge d'instruction a ordonné le maintien en détention provisoire, renvoie l'affaire à une audience ultérieure, le mandat de dépôt devient caduc à compter du jugement et le prévenu doit être mis en liberté si le tribunal n'a pas maintenu la détention par une décision spéciale et motivée (▪ Cass. crim., 13 mars 1978, n° 77-92.579 : *Bull. crim.* n° 92 ; *RSC* 1979, 110, obs. J.-M. Robert).

15) Calcul du délai de comparution de deux mois (al. 4). Le délai de deux mois prévu par l'article 179, alinéa 4 du Code de procédure pénale ne commence à courir qu'à partir du jour où l'ordonnance de renvoi est devenue définitive (▪ Cass. crim., 5 févr. 2014, n° 13-87.372 : *Bull. crim.* n° 36. ▪ Cass. crim., 5 févr. 2014, n° 13-87.897 : *Bull. crim.* n° 37 ; *RSC*, 386, obs. D. Boccon-Gibod. ▪ Cass. crim., 19 mars 2014, n° 13-88.586 : *Bull. crim.* n° 91). Dès lors, saisie par le mis en examen, maintenu en détention par une ordonnance distincte, de l'appel de la seule ordonnance le renvoyant devant le tribunal correctionnel, la chambre de l'instruction qui, dans le délai de deux mois qui lui est imparti, déclare cet appel irrecevable et ordonne le maintien en détention provisoire de l'appelant n'a ni à en fixer la durée ni à en ordonner la prolongation à l'issue d'un délai de deux mois (▪ Cass. crim., 19 mars 2014, n° 13-88.586 : *Bull. crim.* n° 91). *Contra* précédemment, fait l'exacte application des articles 179 et 213 du Code de procédure pénale l'arrêt de la chambre de l'instruction qui énonce que le délai de détention de deux mois prévu par l'article 179, alinéa 4, du Code de procédure pénale court du jour de l'ordonnance, même si celle-ci est frappée d'appel (▪ Cass. crim., 18 août 2010, n° 10-83.656 : *Bull. crim.* n° 125. – *Adde* ▪ Cass. crim., 2 déc. 1971, n° 71-92.789 : *Bull. crim.* n° 336 ; *JCP* 1972, II, 17062, note P. Chambon ; *RSC* 1972, p. 897, obs. J.-M. Robert ; *D.* 1972, 190). Il résulte de l'article 179 du Code de procédure pénale que le délai de 2 mois, à l'expiration duquel le prévenu maintenu en détention lors de son renvoi devant le tribunal correctionnel doit être mis en liberté si le tribunal n'a pas commencé à examiner l'affaire au fond ou ordonné la prolongation de la mesure, constitue un délai de comparution devant la juridiction de jugement qui, calculé de quantième en quantième à compter du jour où l'ordonnance de renvoi a été rendue, expire le jour du second mois suivant, portant le même quantième, à 24 heures (▪ Cass. crim., 11 déc. 2001, n° 01-83.440 : *Bull. crim.* n° 260).

16) Prolongation de la détention provisoire au-delà du délai de deux mois (al. 5). Il se déduit des articles 179 et 388 du Code de procédure pénale que le tribunal correctionnel ne peut statuer sur une procédure qu'autant que l'ordonnance de renvoi qui l'en saisit est devenue définitive ; tant qu'il n'a pas été statué sur le pourvoi formé contre l'arrêt ayant déclaré irrecevable l'appel de l'ordonnance de renvoi formé par le mis en examen, le tribunal correctionnel, n'étant pas saisi des poursuites, n'est pas compétent pour prononcer sur la détention et le délai de deux mois prévu par l'article 179, alinéa 4, du Code de procédure pénale n'a pas commencé à courir (▪ Cass. crim., 5 févr. 2014, n° 13-87.897 : *Bull. crim.* n° 37). L'alinéa 5 de l'article 179 du Code de procédure pénale est applicable seulement devant la juridiction de jugement ; encourt dès lors la cassation l'arrêt de la chambre de l'instruction qui prolonge de deux mois la détention du prévenu au visa de l'alinéa 5 de l'article 179 dudit code (▪ Cass. crim., 19 mars 2014, préc.).

E – Conséquence sur les nullités de la procédure (al. 6)

17) Purge des nullités. Selon les articles 179, alinéa 6 et 385, alinéa 1er, du Code de procédure pénale, lorsque la juridiction correctionnelle est saisie par l'ordonnance de renvoi du juge d'instruction, les parties sont irrecevables à soulever des exceptions tirées de la nullité de la procédure antérieure ; justifie dès lors sa décision la cour d'appel qui, après avoir constaté la forclusion et déclaré irrecevable la requête en nullité de la copie de l'ordonnance de soit-communiqué, rejette l'exception de prescription de l'action publique invoquée *in limine litis* par les demandeurs (▪ Cass. crim., 12 nov. 2015, n° 14-82.765 : *Bull. crim.* n° 252). Pour le même motif, encourt la cassation l'arrêt d'une cour d'appel qui fait droit à l'exception de nullité soulevée par le prévenu faisant valoir qu'il a été renvoyé devant la juridiction correctionnelle sans avoir été interrogé au fond par le juge d'instruction, alors même qu'il n'a formulé aucune demande d'interrogatoire, tant au cours de l'information que pendant le délai ouvert par l'article 175 du Code de procédure pénale (■ Cass. crim., 26 mai 2010, n° 10-81.839 : *Bull. crim.* n° 95).

18) Conformité au droit à un procès équitable. Les articles 179 et 385 du Code de procédure pénale, en application desquels le tribunal correctionnel, lorsqu'il est saisi par une juridiction d'instruction, n'a pas qualité pour constater les nullités de la procédure antérieure, ne portent aucune atteinte au principe du procès équitable prévu par l'article 6 de la Convention européenne des droits de l'Homme dès lors que, d'une part, la défense peut contester la régularité d'une procédure d'instruction en saisissant en temps utile la chambre de l'instruction, d'autre part, en cas de pourvoi formé contre l'arrêt de cette juridiction rejetant une requête en nullité, les articles 570 et 571 dudit code ont pour seul effet d'en différer, le cas échéant, l'examen jusqu'à un éventuel pourvoi contre la décision statuant sur la culpabilité, la constatation d'une irrégularité ayant nécessairement pour effet de remettre en cause la décision sur le fond (■ Cass. crim., 11 juill. 2017, n°s 08-84.989, 10-80.810 et 16-83.588 : *Bull. crim.* à paraître).

19) Limite à la purge des nullités – Infractions de presse. Selon les articles 179, alinéa 6, et 385, alinéa 4, du Code de procédure pénale, lorsque la juridiction correctionnelle est saisie par l'ordonnance de renvoi du juge d'instruction, les parties sont irrecevables à soulever des exceptions tirées de la nullité de la procédure antérieure ; il n'en est autrement en matière de presse que lorsqu'est invoquée la méconnaissance des prescriptions de l'article 50 de la loi du 29 juillet 1881 (■ Cass. crim., 24 sept. 2002, n°s 01-88.597 et 01-88.674 : *Bull. crim.* n° 174. ■ Cass. crim., 7 oct. 1980, n° 79-91.297 : *Bull. crim.* n° 250). Les dispositions de l'article 179, dernier alinéa, du Code de procédure pénale selon lesquelles l'ordonnance de renvoi couvre, s'il en existe, les vices de la procédure, ne peuvent être invoquées devant la cour d'appel saisie du chef de diffamation publique envers un particulier de sorte qu'il lui appartient de vérifier si la plainte avec constitution de partie civile, combinée avec le réquisitoire introductif, répond aux exigences de l'article 50 de la loi du 29 juillet 1881 (■ Cass. crim., 9 déc. 2014, n° 13-84.143 : *Bull. crim.* n° 261).

20) Limite – Procédure d'inscription de faux incident. La procédure d'inscription de faux incident n'étant pas applicable devant les juridictions d'instruction, les dispositions des articles 179 et 181 du Code de procédure pénale ne font pas obstacle à ce que ladite procédure soit mise en œuvre devant la juridiction de jugement, lorsque celle-ci est saisie par une décision de renvoi d'une juridiction d'instruction (■ Cass. crim., 18 nov. 2015, n° 15-83.400 : *Bull. crim.* n° 260).

F – Voies de recours

21) Appel de l'ordonnance de renvoi. Aux termes des articles 186-3 du Code de procédure pénale, la personne mise en examen et la partie civile peuvent interjeter appel des ordonnances prévues par le premier alinéa de l'article 179 du Code de procédure pénale dans le cas où elles estiment que les faits renvoyés devant le tribunal correctionnel constituent un crime qui aurait dû faire l'objet d'une ordonnance de mise en accusation devant la cour d'assises (■ Cass. crim., 4 juin 2014, n° 14-80.544 : *Bull. crim.* n° 148). Aux termes des articles 186-3 du Code de procédure pénale et 24 de l'ordonnance du 2 février 1945, la personne mise en examen et la partie civile peuvent interjeter appel des ordonnances prévues par le premier alinéa de l'article 179 du Code de procédure pénale dans le cas où elles estiment que les faits renvoyés devant le tribunal correctionnel ou le tribunal pour enfants constituent un crime qui aurait dû faire l'objet d'une ordonnance de mise en accusation devant la cour d'assises (■ Cass. crim., 20 nov. 2013, n° 13-83.047 : *Bull. crim.* n° 235).

Art. 179-1 *(Mod., L. n° 2011-1862, 13 déc. 2011).* **– Toute ordonnance renvoyant la personne mise en examen devant le tribunal de police ou le tribunal correctionnel informe celle-ci qu'elle doit signaler auprès du procureur de la République, jusqu'au jugement définitif de l'affaire, tout changement de l'adresse déclarée lors de sa mise en examen, par lettre recommandée avec demande d'avis de réception. L'ordonnance l'informe également que toute citation, notification ou signification faite à la dernière adresse déclarée sera réputée faite à la personne.**

Art. 179-2 *(L. n° 2019-222, 23 mars 2019).* **– Le juge d'instruction peut préciser dans l'ordonnance de renvoi la date d'audience devant le tribunal de police ou le tribunal correctionnel lorsque cette date lui a été préalablement communiquée par le procureur de la République. Cette ordonnance doit alors comporter les mentions prévues aux deuxième à dernier alinéas de l'article 390.**

Cette ordonnance dispense alors le procureur de délivrer une citation en application du même article 390.

Art. 180 *(Mod., L. n° 2011-1862, 13 déc. 2011).* **– Dans les cas de renvoi soit devant le tribunal de police, soit devant le tribunal correctionnel, le juge d'instruction transmet le dossier avec son ordonnance au procureur de la République. Celui-ci est tenu de l'envoyer sans retard au greffe du tribunal qui doit statuer.**

Si la juridiction correctionnelle est saisie, le procureur de la République doit faire donner assignation au prévenu pour l'une des plus prochaines audiences, en observant les délais de citation prévus au présent code.

1) **Effets de l'assignation.** *Rapp.* Lorsque le tribunal correctionnel est saisi par une ordonnance de renvoi du juge d'instruction, c'est cette ordonnance qui détermine les faits déférés à la juridiction répressive et fixe l'étendue et la date de sa saisine. La citation délivrée au prévenu n'a dans ce cas pour objet essentiel que de permettre à ce dernier de se présenter au jour et heure fixés devant la juridiction de jugement (■ Cass. crim., 11 janv. 1977, n° 76-92.281 : *Bull. crim.* n° 13).

2) **Droit concurrent de la partie civile de faire citer le prévenu.** S'il appartient au procureur de la République, en application de l'article 180 du Code de procédure pénale, de faire délivrer assignation au prévenu devant le tribunal correctionnel, cette disposition n'interdit pas à la partie civile, informée en vertu de l'article 183 du même code de l'existence de l'ordonnance de renvoi, et qui doit surveiller la procédure, en cas d'inaction du ministère public, de faire citer elle-même le prévenu à l'une des audiences de la juridiction saisie avant expiration du délai de prescription (■ Cass. crim., 27 juin 1990, n° 89-85.008 : *Bull. crim.* n° 267).

Art. 180-1 *(Mod., L. n° 2019-222, 23 mars 2019 ; L. n° 2021-1729, 22 déc. 2021).* **– Si le juge d'instruction estime que les faits constituent un délit, que la personne mise en examen reconnaît les faits et qu'elle accepte la qualification pénale retenue, il peut, à la demande ou avec l'accord du procureur de la République ou du mis en examen, prononcer par ordonnance le renvoi de l'affaire au procureur de la République aux fins de mise en œuvre d'une comparution sur reconnaissance préalable de culpabilité conformément à la section 8 du chapitre Ier du titre II du livre II. Lorsqu'une partie civile est constituée, cette ordonnance ne peut être prise qu'après avoir mis celle-ci en mesure de faire valoir ses observations ou, en cas de plainte avec constitution de partie civile, qu'avec son accord.**

La détention provisoire, l'assignation à résidence sous surveillance électronique ou le contrôle judiciaire de la personne prend fin sauf s'il est fait application du troisième alinéa de l'article 179.

L'ordonnance de renvoi indique qu'en cas d'échec de la procédure de comparution sur reconnaissance préalable de culpabilité ou si, dans un délai de trois mois ou, lorsque la détention a été maintenue, dans un délai d'un mois à compter de celle-ci, aucune décision d'homologation n'est intervenue, l'ordonnance de renvoi est caduque, sauf la possibilité pour le procureur de la République, dans un délai de quinze jours, d'assigner le prévenu devant le tribunal correctionnel.

Le procureur de la République peut, tout en mettant en œuvre la procédure de comparution sur reconnaissance préalable de culpabilité, assigner le prévenu devant le tribunal correctionnel ; cette assignation est caduque si une ordonnance d'homologation intervient avant l'expiration du délai de trois mois ou d'un mois mentionné au troisième alinéa du présent article.

La demande ou l'accord du ministère public et des parties prévus au premier alinéa, qui doivent faire l'objet d'un écrit ou être mentionnés par procès-verbal, peuvent être recueillis au cours de l'information ou à l'occasion de la procédure de règlement prévue à l'article 175 ; si ces demandes ou accords ont été recueillis au cours de l'information, le présent article peut être mis en œuvre sans qu'il soit nécessaire de faire application du même article 175.

Lorsque la proposition émane du procureur de la République, les parties disposent d'un délai de dix jours à compter de la notification de cette proposition pour indiquer, par télécopie, déclaration au greffe ou lettre recommandée, si elles acceptent le renvoi de l'affaire aux fins de mise en œuvre d'une comparution sur reconnaissance préalable de culpabilité. En cas d'accord, les dispositions de l'article 175 ne sont pas applicables et, par dérogation aux dispositions de l'article 184, l'ordonnance de renvoi ne mentionne, outre les éléments prévus aux deuxième et troisième alinéas du présent article, que l'identité de la personne et la qualification retenue, sans avoir besoin d'être motivée.

Art. 180-2 *(Mod., L. n° 2020-1672, 24 déc. 2020).* **– Lorsque le juge d'instruction est saisi de faits qualifiés constituant un des délits mentionnés au I de l'article 41-1-2, il peut, à la demande ou avec l'accord**

du procureur de la République, prononcer, par ordonnance, la transmission de la procédure au procureur de la République aux fins de mise en œuvre de la procédure prévue au même article 41-1-2.

La demande ou l'accord du procureur de la République en vue de la mise en œuvre de la procédure prévue audit article 41-1-2 peut être exprimé ou recueilli au cours de l'information ou à l'occasion de la procédure de règlement prévue à l'article 175. Les représentants légaux de la personne morale mise en cause sont informés, dès la proposition du procureur de la République, qu'ils peuvent se faire assister d'un avocat avant de donner leur accord à la convention.

L'instruction est suspendue en ce qu'elle concerne la personne morale faisant l'objet de la transmission pour mise en œuvre de la procédure prévue à l'article 41-1-2. Les mesures prononcées, le cas échéant, au titre du contrôle judiciaire sont maintenues à l'égard de cette personne jusqu'à la validation de la convention.

L'instruction se poursuit à l'égard des autres parties à la procédure.

Si, dans un délai de trois mois à compter de la transmission de la procédure au procureur de la République, aucun accord sur une proposition de convention n'a été trouvé, si le président du tribunal judiciaire refuse de valider la convention, si la personne morale décide d'exercer son droit de rétractation ou si, dans le délai prévu par la convention, la personne morale ne justifie pas de l'exécution intégrale des obligations à sa charge, le procureur de la République transmet la procédure au juge d'instruction, accompagnée des réquisitions aux fins de reprise de l'information.

Art. 180-3 *(L. n° 2020-1672, 24 déc. 2020).* – Les dispositions de l'article 180-2 sont applicables aux délits mentionnés à l'article 41-1-3 aux fins de mise en œuvre de la procédure prévue au même article 41-1-3.

Art. 181 *(L. n° 200-516, 15 juin 2000 ; L. n° 2004-204, 9 mars 2004 ; L. n° 2007-291, 5 mars 2007 ; L. n° 2009-1436, 24 nov. 2009 ; L. n° 2021-1729, 22 déc. 2021).* – Si le juge d'instruction estime que les faits retenus à la charge des personnes mises en examen constituent une infraction qualifiée crime par la loi, il ordonne leur mise en accusation devant la cour d'assises.

Il peut également saisir cette juridiction des infractions connexes.

L'ordonnance de mise en accusation contient, à peine de nullité, l'exposé et la qualification légale des faits, objet de l'accusation, et précise l'identité de l'accusé. Elle précise également s'il y a lieu, que l'accusé bénéficie des dispositions de l'article 132-78 du Code pénal.

Lorsqu'elle est devenue définitive, l'ordonnance de mise en accusation couvre, s'il en existe, les vices de la procédure, sous réserve de l'article 269-1.

Le contrôle judiciaire ou l'assignation à résidence avec surveillance électronique dont fait l'objet l'accusé continuent à produire leurs effets.

La détention provisoire, l'assignation à résidence avec surveillance électronique ou le contrôle judiciaire des personnes renvoyées pour délit connexe prend fin, sauf s'il est fait application des dispositions du troisième alinéa de l'article 179. Le délai prévu par le quatrième alinéa de l'article 179 est alors porté à six mois.

Si l'accusé est placé en détention provisoire, le mandat de dépôt décerné contre lui conserve sa force exécutoire et l'intéressé reste détenu jusqu'à son jugement par la cour d'assises, sous réserve des dispositions des deux alinéas suivants et de l'article 148-1. S'il a été décerné, le mandat d'arrêt conserve sa force exécutoire ; s'ils ont été décernés, les mandats d'amener ou de recherche cessent de pouvoir recevoir exécution, sans préjudice de la possibilité pour le juge d'instruction de délivrer mandat d'arrêt contre l'accusé.

L'accusé détenu en raison des faits pour lesquels il est renvoyé devant la cour d'assises est immédiatement remis en liberté s'il n'a pas comparu devant celle-ci à l'expiration d'un délai d'un an à compter soit de la date à laquelle la décision de mise en accusation est devenue définitive s'il était alors détenu, soit de la date à laquelle il a été ultérieurement placé en détention provisoire.

Toutefois, si l'audience sur le fond ne peut débuter avant l'expiration de ce délai, la chambre de l'instruction peut, à titre exceptionnel, par une décision rendue conformément à l'article 144 et mentionnant les raisons de fait ou de droit faisant obstacle au jugement de l'affaire, ordonner la prolongation de la détention provisoire pour une nouvelle durée de six mois. La comparution de l'accusé est de droit si lui-même ou son avocat en font la demande. Cette prolongation peut être renouvelée une fois dans les mêmes formes. Si l'accusé n'a pas comparu devant la cour d'assises à l'issue de cette nouvelle prolongation, il est immédiatement remis en liberté.

Le juge d'instruction transmet le dossier avec son ordonnance au procureur de la République. Celui-ci est tenu de l'envoyer sans retard au greffe de la cour d'assises.

Les pièces à conviction, dont il est dressé état, sont transmises au greffe de la cour d'assises si celle-ci siège dans un autre tribunal que celui du juge d'instruction.

I – CONDITIONS DE L'ORDONNANCE DE MISE EN ACCUSATION

1) Condition de fond – Mise en examen et interrogatoire préalable. En vertu de l'article 6-3 de la Convention européenne des droits de l'Homme, nul ne peut être jugé ou mis en accusation sans avoir été entendu ou dûment appelé (■ Cass. crim., 7 avr. 1987, n° 87-80.513 : *Bull. crim.* n° 159. – *Adde* ■ Cass. crim., 30 janv. 1989, n° 87-85.060 : *Bull. crim.* n° 34).

2) Conditions de forme. V. égal. art. 184, p. 601. Justifie sa décision la chambre de l'instruction qui retient que l'erreur, purement matérielle, portant sur la date des faits objets de l'accusation, ne saurait affecter la validité de l'ordonnance de mise en accusation (■ Cass. crim., 23 août 2005, n°s 03-87.719, 04-84.771 et 05-83.529 : *Bull. crim.* n° 209).

II – CONSÉQUENCES DE L'ORDONNANCE DE MISE EN ACCUSATION

A – Conséquence sur le juge d'instruction

3) Dessaisissement du juge d'instruction. Il résulte des articles 175, 177, 178, 179 et 181 du Code de procédure pénale que l'ordonnance du juge d'instruction qui, sur les réquisitions du procureur de la République, décide que l'information est complète et y met fin, soit en disant qu'il n'y a lieu à suivre, soit en renvoyant la personne mise en examen devant la juridiction compétente, dessaisit le juge d'instruction ; dès lors, encourt la cassation l'arrêt de la chambre de l'instruction qui confirme l'ordonnance complémentaire du juge d'instruction ordonnant prise de corps contre l'accusé (■ Cass. crim., 9 janv. 2002, n° 01-87.123 : *Bull. crim.* n° 3). Il découle des règles posées par les articles 175 et suivants du Code de procédure pénale que l'ordonnance du juge d'instruction qui, sur les réquisitions du procureur de la République, décide que l'information est complète et y met fin, dessaisit le juge d'instruction de l'ensemble de la procédure dès lors qu'aucune disjonction n'a été explicitement prononcée et qu'aucune disjonction implicite ne peut résulter de l'absence d'une décision ; encourt dès lors la cassation l'arrêt de la chambre d'accusation qui décide que le juge d'instruction reste saisi des faits sur lesquels il n'a pas statué par son ordonnance, ce qui entraîne *ipso facto* et implicitement disjonction des procédures (■ Cass. crim., 23 déc. 1969, n° 69-91.612 : *Bull. crim.* n° 362 ; *D.* 1970, jurispr. p. 282, note critique JMR ; *RSC* 1970, p. 668, obs. J. Robert).

B – Conséquence sur la cour d'assises

4) Ordonnance attributive de compétence. V. art. 231, p. 716 et annotations ss art.

C – Purge des nullités

5) Non-conformité à la Constitution de l'article 181, alinéa 4, dans sa rédaction antérieure à la loi n° 2021-1729 du 22 décembre 2021. Le quatrième alinéa de l'article 181 du Code de procédure pénale est contraire à la Constitution. Le mécanisme de purge des nullités prévu par les dispositions contestées rend irrecevable, une fois l'ordonnance de mise en accusation devenue définitive, toute exception de nullité visant les actes de la procédure antérieure à cette ordonnance. Certaines dispositions garantissent à l'accusé la possibilité de contester utilement les nullités avant qu'intervienne la purge des nullités. Toutefois, l'exercice de ces voies de recours suppose que l'accusé ait été régulièrement informé, selon le cas, de sa mise en examen ou de sa qualité de partie à la procédure, de l'avis de fin d'information ou de l'ordonnance de mise en accusation. Or, les dispositions contestées ne prévoient aucune exception à la purge des nullités en cas de défaut d'information de l'intéressé ne lui ayant pas permis de contester utilement les irrégularités de procédure et alors même que cette défaillance ne procède pas d'une manoeuvre de sa part ou de sa négligence. Dès lors, elles méconnaissent le droit à un recours juridictionnel effectif et les droits de la défense. Sans qu'il soit besoin de se prononcer sur les autres griefs, elles doivent être déclarées contraires à la Constitution. En l'espèce, l'abrogation immédiate des dispositions contestées entraînerait des conséquences manifestement excessives. Par suite, il y a lieu de reporter au 31 décembre 2021 la date de l'abrogation des dispositions contestées. En revanche, la déclaration d'inconstitutionnalité peut être invoquée dans les instances en cours ou à venir lorsque la purge des nullités a été ou est opposée à un accusé dans la situation décrite au paragraphe 12 (■ Cons. const., 23 avr. 2021, n° 2021-900 QPC).

V. précéd. : il n'y a pas lieu de renvoyer au Conseil constitutionnel la question prioritaire de constitutionnalité portant sur les dispositions des articles 181, alinéa 4, et 305-1 du Code de procédure pénale : cette question ne présente pas un caractère sérieux dès lors que si le Code de procédure pénale prévoit, afin de ne pas perturber les débats devant la cour d'assises par des contestations tardives, que la décision de mise en accusation, devenue définitive, couvre, s'il en existe, les vices de la procédure antérieure, cette décision, qu'elle émane du juge d'instruction ou de la chambre de l'instruction, peut faire l'objet d'une voie de recours par le mis en examen, les droits de la défense pouvant ainsi pleinement s'exercer (■ Cass. crim., 26 juin 2013, n° 13-83.409 : *JurisData* n° 2013-014227).

6) **Illustrations.** Selon les articles 181, alinéa 4, et 215 du Code de procédure pénale, la décision de mise en accusation, lorsqu'elle est devenue définitive, couvre, s'il en existe, les vices de procédure ; encourt dès lors la cassation l'arrêt de la cour d'assises qui, après avoir accueilli une exception de nullité prise du défaut d'impartialité d'un enquêteur ayant participé à l'enquête préliminaire, prononce l'annulation de la procédure au motif que l'irrégularité alléguée ne visant pas un acte de procédure, mais une violation de l'article 6 de la Convention européenne des droits de l'Homme, l'article 181, alinéa 4, du Code de procédure pénale n'est pas applicable (■ Cass. crim., 10 juin 2009, n° 09-81.902 : *JurisData* n° 2009-048952 ; *Bull. crim.* n° 119 ; *D.* 2009, p. 2244, obs. J. Pradel). Une accusée ne saurait se faire un grief de ce que, par arrêt incident, la cour a rejeté sa requête aux fins de retrait ou de cancellation des procès-verbaux et pièces critiqués, dès lors qu'en application de l'article 181 du Code de procédure pénale, elle ne peut invoquer d'éventuelles nullités résultant d'un défaut d'enregistrement des auditions en garde à vue après que la décision de mise en accusation est devenue définitive (■ Cass. crim., 10 févr. 2016, n° 15-80.622 : *JurisData* n° 2016-002073). Le demandeur ne saurait alléguer l'existence d'un vice de procédure affectant la procédure d'instruction dès lors que la décision de mise en accusation est devenue définitive et que, par application de l'article 181, alinéa 4, du Code de procédure pénale, ladite décision couvre, s'il en existe, les vices de la procédure (■ Cass. crim., 19 oct. 2016, n° 15-83.937 : *Bull. crim.* n° 272). En application de l'article 181 du Code de procédure pénale, lorsque la décision de mise en accusation est devenue définitive, l'accusé n'est plus recevable à invoquer, à l'appui de sa demande de mise en liberté, l'irrégularité prétendue du titre de détention provisoire antérieur (■ Cass. crim., 18 juin 2019, n° 19-82.358 : *Bull. crim.* à paraître).

D – Conséquence sur le contrôle judiciaire, l'assignation à résidence et la détention provisoire

7) **Maintien de la détention provisoire (al. 7). Conformité à la Constitution.** Il n'y a pas lieu de renvoyer au Conseil constitutionnel la question posée qui vise les dispositions de l'article 181, alinéa 7 du Code de procédure pénale qui édictent que le mandat de dépôt conserve sa force exécutoire lorsque la mise en accusation est ordonnée devant la cour d'assises : cette question est dépourvue de caractère sérieux en ce que ces dispositions ne portent atteinte ni au principe d'égalité devant la loi découlant de l'article 6 de la Déclaration des droits de l'homme qui ne s'oppose pas à ce que le législateur règle, de façon différente, des situations différentes, ni au droit de l'accusé à un recours juridictionnel effectif, garanti par l'article 16 de ce texte, dès lors que les dispositions de l'article 148-1 dudit code lui permettent de demander sa mise en liberté à tout moment jusqu'à sa comparution devant la juridiction de jugement (■ Cass. crim., 31 oct. 2012, n° 12-85.470, F-D : *JurisData* n° 2012-024883).

8) **Maintien de la détention provisoire.** Lorsque la chambre de l'instruction a statué, sur l'appel du mis en examen de l'ordonnance le renvoyant en cour d'assises, dans le délai prévu par l'article 186-2 du Code de procédure pénale, même pour ordonner un supplément d'information, le mandat de dépôt initial conserve sa force exécutoire jusqu'au prononcé de la mise en accusation, par application de l'article 181, alinéa 7, du même code (■ Cass. crim., 12 déc. 2012, n° 12-86.440, F-P+B : *JurisData* n° 2012-030518). Fait une exacte application notamment des articles 181 et 659 du Code de procédure pénale, la chambre de l'instruction qui, pour écarter le moyen pris du caractère non avenu de l'arrêt de mise en accusation, support à la validité du titre de détention, retient, après avoir rappelé que le procureur général avait adressé à la chambre criminelle une requête au visa de l'article 659 du Code de procédure pénale, que le demandeur était détenu à la date de l'arrêt de mise en accusation et qu'en application des dispositions de l'article 181 du Code de procédure pénale, le mandat de dépôt décerné contre lui conservait ainsi sa force exécutoire jusqu'à l'expiration du délai d'un an (■ Cass. crim., 11 sept. 2013, n° 13-84.857 : *Bull. crim.* n° 179). L'annulation de l'arrêt de mise en accusation en ce qu'il a renvoyé l'accusé devant une juridiction incompétente pour juger des faits dont elle était saisie à la suite d'un règlement de juges, est sans incidence sur la validité du mandat de dépôt criminel (■ Cass. crim., 8 oct. 2013, n° 13-85.014 : *Bull. crim.* n° 189). Lorsque la décision du juge des libertés et de la détention disant n'y avoir lieu à prolongation de la détention provisoire et ordonnant la mise en liberté sous contrôle judiciaire de la personne mise en examen n'a pas encore pris effet au moment où l'ordonnance de mise en accusation devant la cour d'assises est rendue, le mandat de

dépôt conserve sa force exécutoire en application des dispositions de l'article 181, alinéa 7, du Code de procédure pénale, lesquelles ne sont pas incompatibles avec les principes définis par les articles préliminaires du même code et 6 de la Convention européenne des droits de l'Homme (■ Cass. crim., 11 juill. 2007, n° 07-83.106 : *Bull. crim.* n° 184). Justifie sa décision la chambre de l'instruction qui, pour refuser de faire droit à une demande de mise en liberté d'office émanant d'une personne mise en examen pour des faits criminels et renvoyée, après disqualification, devant la cour d'assises pour des délits connexes, l'intéressé ayant été maintenu en détention provisoire, par ordonnance distincte du juge d'instruction, jusqu'à sa comparution devant la juridiction de jugement, retient qu'avant l'expiration du délai de six mois prévu par l'article 181, alinéa 6, du Code de procédure pénale, le demandeur a fait l'objet d'une mise en examen criminelle en exécution d'un arrêt de la chambre de l'instruction rendu dans les quatre mois de l'ordonnance de renvoi frappée d'appel, et que, dès lors, le mandat de dépôt criminel initial a recouvré sa force exécutoire jusqu'au jugement (■ Cass. crim., 9 déc. 2008, n° 08-86.240 : *Bull. crim.* n° 248).

9) Maintien de la détention provisoire – Calcul du délai de comparution d'un an (al. 8). Justifie sa décision la chambre de l'instruction qui refuse de faire droit à la demande de mise en liberté d'office présentée par l'accusé qui, dans le délai d'un an, a comparu devant la cour d'assises, laquelle a immédiatement ordonné le renvoi de l'affaire à une session ultérieure aux motifs que l'audience sur le fond avait commencé moins d'un an après que la mise en accusation fut devenue définitive et que les limites du délai raisonnable prévu aux articles 5 et 6 de la Convention européenne des droits de l'Homme n'ont pas été excédées (■ Cass. crim., 29 janv. 2003, n° 02-87.414). Il résulte de l'article 181, alinéas 8 et 9, du Code de procédure pénale que le délai d'un an, à compter de la date à laquelle la décision de mise en accusation est devenue définitive, dans lequel la personne détenue en raison des faits pour lesquels elle est renvoyée devant la cour d'assises doit comparaître devant cette juridiction ne peut être interrompu que si l'audience sur le fond a débuté, ce qui suppose la formation préalable du jury de jugement ; à défaut, la chambre de l'instruction peut, à titre exceptionnel et avant l'expiration de ce délai, par une décision rendue conformément à l'article 144 du Code de procédure pénale et mentionnant les raisons de fait ou de droit faisant obstacle au jugement de l'affaire, ordonner la prolongation de la détention provisoire pour une nouvelle durée de six mois (■ Cass. crim., 27 mars 2018, n° 18-80.123 : *Bull. crim.* à paraître ; *AJ pénal* 2018, p. 316, obs. J.-B. Perrier). Justifie sa décision la chambre de l'instruction ayant rejeté la demande de mise en liberté formée par l'accusé, dès lors que ce dernier ayant comparu devant la cour d'assises, jury constitué, dans les délais prévus aux alinéas 8 et 9 de l'article 181 du Code de procédure pénale, l'article 145-2 du Code de procédure pénale n'était plus applicable (■ Cass. crim., 21 mai 2019, n° 19-81.753 : *Bull. crim.* à paraître).

10) Maintien de la détention provisoire – Calcul du délai de comparution d'un an : exécution dans le même temps d'une peine privative de liberté. Justifie sa décision au regard de l'article 181 du Code de procédure pénale la chambre de l'instruction qui ordonne la mise en liberté d'office de l'accusée au motif qu'elle n'a pas été saisie aux fins de prolongation de la détention provisoire avant l'expiration du délai d'un an et que l'exécution d'une peine privative de liberté par l'accusée pour d'autres faits durant la même période est sans effet sur une détention provisoire en cours : en effet, tant qu'il n'a pas été mis fin à la détention provisoire, les règles régissant cette mesure demeurent applicables, même lorsque la personne concernée exécute, dans le même temps, une peine privative de liberté (■ Cass. crim., 22 nov. 2005, n° 05-86.295 : *Bull. crim.* n° 303).

11) Maintien de la détention provisoire – Prolongation de la détention provisoire au-delà du délai d'un an (al. 9). A justifié sa décision la chambre de l'instruction qui, pour prolonger, en application de l'article 181, alinéa 9 du Code de procédure pénale, la détention provisoire d'un accusé renvoyé devant la cour d'assises, a retenu que les objectifs mentionnés à l'article 144 du Code de procédure pénale ne pouvaient être atteints en cas de placement sous contrôle judiciaire, dès lors qu'à la date à laquelle elle s'est prononcée, le placement sous surveillance électronique n'était, dans l'attente du décret prévu par l'article 142-13 du Code de procédure pénale, qu'une modalité du contrôle judiciaire sur l'insuffisance duquel elle s'est expliquée (■ Cass. crim., 7 avr. 2010, n° 10-80.785 : *Bull. crim.* n° 60). Selon l'article 181, alinéa 9, du Code de procédure pénale, si l'audience sur le fond ne peut débuter avant l'expiration du délai d'un an à compter de la date à laquelle la décision de mise en accusation est devenue définitive, la chambre de l'instruction ne peut qu'à titre exceptionnel, par une décision rendue conformément à l'article 144 du Code de procédure pénale et mentionnant les raisons de fait ou de droit faisant obstacle au jugement de l'affaire, ordonner la prolongation de la détention provisoire pour une nouvelle durée de six mois ; encourt la cassation la chambre de l'instruction qui, sur le fondement de ce texte, afin de renouveler une seconde fois pour une durée de six mois la détention d'un accusé renvoyé devant la cour d'assises, à la demande du ministère public invoquant l'encombrement du rôle de cette cour, se réfère aux difficultés récurrentes de fonctionnement de la juridiction appelée à statuer au fond, sans rechercher si les autorités compétentes avaient apporté une diligence particulière à la poursuite de la procédure (■ Cass. crim., 2 sept. 2009, n° 09-83.950 : *Bull. crim.* n° 148 ; *Dr. pén.* 2009, comm. 145, note A. Maron et M. Haas ; *Dr. pén.* 2010, chron. 1, D. Guérin).

12) Maintien de la détention provisoire – État d'urgence sanitaire lié à la Covid-19.

Ordonnance n° 2020-303 du 25 mars 2020

portant adaptation de règles de procédure pénale sur le fondement de la loi n° 2020-290 du 23 mars 2020 d'urgence pour faire face à l'épidémie de covid-19

Rédaction antérieure. Art. 16 *(Abr., DC n° 2020-878/879 QPC, 29 janv. 2021).* **–** En matière correctionnelle, les délais maximums de détention provisoire ou d'assignation à résidence sous surveillance électronique, prévus par les dispositions du Code de procédure pénale, qu'il s'agisse des détentions au cours de l'instruction ou des détentions pour l'audiencement devant les juridictions de jugement des affaires concernant des personnes renvoyées à l'issue de l'instruction, sont prolongés plein droit de deux mois lorsque la peine d'emprisonnement encourue est inférieure ou égale à cinq ans et de trois mois dans les autres cas, sans préjudice de la possibilité pour la juridiction compétente d'ordonner à tout moment, d'office, sur demande du ministère public ou sur demande de l'intéressé, la mainlevée de la mesure, le cas échéant avec assignation à résidence sous surveillance électronique ou sous contrôle judiciaire lorsqu'il est mis fin à une détention provisoire. Ce délai est porté à six mois en matière criminelle et, en matière correctionnelle, pour l'audiencement des affaires devant la cour d'appel.

Les prolongations prévues à l'alinéa précédent sont applicables aux mineurs âgés de plus de seize ans, en matière criminelle ou s'ils encourent une peine d'au moins sept ans d'emprisonnement.

Les prolongations prévues par le présent article ne s'appliquent qu'une seule fois au cours de chaque procédure.

Art. 16-1 *(L. n° 2020-546, 11 mai 2020).* **–** À compter du 11 mai 2020, la prolongation de plein droit des délais de détention provisoire prévue à l'article 16 n'est plus applicable aux titres de détention dont l'échéance intervient à compter de cette date et les détentions ne peuvent être prolongées que par une décision de la juridiction compétente prise après un débat contradictoire intervenant, le cas échéant, selon les modalités prévues à l'article 19.

Si l'échéance du titre de détention en cours, résultant des règles de droit commun du Code de procédure pénale, intervient avant le 11 juin 2020, la juridiction compétente dispose d'un délai d'un mois à compter de cette échéance pour se prononcer sur sa prolongation, sans qu'il en résulte la mise en liberté de la personne, dont le titre de détention est prorogé jusqu'à cette décision. Cette prorogation s'impute sur la durée de la prolongation décidée par la juridiction. En ce qui concerne les délais de détention au cours de l'instruction, cette durée est celle prévue par les dispositions de droit commun ; toutefois, s'il s'agit de la dernière échéance possible, la prolongation peut être ordonnée selon les cas pour les durées prévues à l'article 16 de la présente ordonnance.

En ce qui concerne les délais d'audiencement, la prolongation peut être ordonnée pour les durées prévues au même article 16, y compris si elle intervient après le 11 juin 2020.

La prolongation de plein droit du délai de détention intervenue au cours de l'instruction avant le 11 mai 2020, en application dudit article 16, n'a pas pour effet d'allonger la durée maximale totale de la détention en application des dispositions du Code de procédure pénale, sauf si cette prolongation a porté sur la dernière échéance possible.

Lorsque la détention provisoire au cours de l'instruction a été prolongée de plein droit en application de l'article 16 de la présente ordonnance pour une durée de six mois, cette prolongation ne peut maintenir ses effets jusqu'à son terme que par une décision prise par le juge des libertés et de la détention selon les modalités prévues à l'article 145 du Code de procédure pénale et, le cas échéant, à l'article 19 de la présente ordonnance. La décision doit intervenir au moins trois mois avant le terme de la prolongation. Si une décision de prolongation n'intervient pas avant cette date, la personne est remise en liberté si elle n'est pas détenue pour une autre cause.

Pour les délais de détention en matière d'audiencement, la prolongation de plein droit des délais de détention ou celle décidée en application du troisième alinéa du présent article a pour effet d'allonger la durée maximale totale de la détention possible jusqu'à la date de l'audience prévue en application des dispositions du Code de procédure pénale.

V. annot. ss art. 145-1, nos 2 et s, p. 460.

13) Contestation de la régularité du titre de détention provisoire antérieur. En application de l'article 181 du Code de procédure pénale, lorsque la décision de mise en accusation est devenue définitive, l'accusé n'est plus recevable à invoquer, à l'appui de sa demande de mise en liberté, l'irrégularité prétendue du titre de détention provisoire antérieur (■ Cass. crim., 18 juin 2019, n° 19-82.358 : *Bull. crim.* à paraître).

E – Voies de recours

14) Appel. Selon l'article 173, alinéa 4, du Code de procédure pénale, la procédure de requête aux fins d'annulation n'est pas applicable aux ordonnances de mise en accusation contre lesquelles la voie de l'appel est seule ouverte (■ Cass. crim., 31 mars 2016, n° 16-80.095 : *JurisData* n° 2016-005798 ; *Bull. crim.* n° 118).

Rédaction future. Art. 181 *(Mod. à compter du 1er janvier 2023, L. n° 2021-1729, 22 déc. 2021).* – Si le juge d'instruction estime que les faits retenus à la charge des personnes mises en examen constituent une infraction qualifiée crime par la loi, il ordonne leur mise en accusation devant la cour d'assises, sous réserve de l'article 181-1.

Il peut également saisir cette juridiction des infractions connexes.

L'ordonnance de mise en accusation contient, à peine de nullité, l'exposé et la qualification légale des faits, objet de l'accusation, et précise l'identité de l'accusé. Elle précise également s'il y a lieu, que l'accusé bénéficie des dispositions de l'article 132-78 du Code pénal.

Lorsqu'elle est devenue définitive, l'ordonnance de mise en accusation couvre, s'il en existe, les vices de la procédure, sous réserve de l'article 269-1.

Le contrôle judiciaire ou l'assignation à résidence avec surveillance électronique dont fait l'objet l'accusé continuent à produire leurs effets.

La détention provisoire, l'assignation à résidence avec surveillance électronique ou le contrôle judiciaire des personnes renvoyées pour délit connexe prend fin, sauf s'il est fait application des dispositions du troisième alinéa de l'article 179. Le délai prévu par le quatrième alinéa de l'article 179 est alors porté à six mois.

Si l'accusé est placé en détention provisoire, le mandat de dépôt décerné contre lui conserve sa force exécutoire et l'intéressé reste détenu jusqu'à son jugement par la cour d'assises, sous réserve des dispositions des deux alinéas suivants et de l'article 148-1. S'il a été décerné, le mandat d'arrêt conserve sa force exécutoire ; s'ils ont été décernés, les mandats d'amener ou de recherche cessent de pouvoir recevoir exécution, sans préjudice de la possibilité pour le juge d'instruction de délivrer mandat d'arrêt contre l'accusé.

L'accusé détenu en raison des faits pour lesquels il est renvoyé devant la cour d'assises est immédiatement remis en liberté s'il n'a pas comparu devant celle-ci à l'expiration d'un délai d'un an à compter soit de la date à laquelle la décision de mise en accusation est devenue définitive s'il était alors détenu, soit de la date à laquelle il a été ultérieurement placé en détention provisoire.

Toutefois, si l'audience sur le fond ne peut débuter avant l'expiration de ce délai, la chambre de l'instruction peut, à titre exceptionnel, par une décision rendue conformément à l'article 144 et mentionnant les raisons de fait ou de droit faisant obstacle au jugement de l'affaire, ordonner la prolongation de la détention provisoire pour une nouvelle durée de six mois. La comparution de l'accusé est de droit si lui-même ou son avocat en font la demande. Cette prolongation peut être renouvelée une fois dans les mêmes formes. Si l'accusé n'a pas comparu devant la cour d'assises à l'issue de cette nouvelle prolongation, il est immédiatement remis en liberté.

Le juge d'instruction transmet le dossier avec son ordonnance au procureur de la République. Celui-ci est tenu de l'envoyer sans retard au greffe de la cour d'assises.

Les pièces à conviction, dont il est dressé état, sont transmises au greffe de la cour d'assises si celle-ci siège dans un autre tribunal que celui du juge d'instruction.

Art. 181-1 *(Créé à compter du 1er janvier 2023, L. n° 2021-1729, 22 déc. 2021).* – **S'il existe, à l'issue de l'information, des charges suffisantes contre la personne d'avoir commis, hors récidive, un crime puni de quinze ans ou de vingt ans de réclusion criminelle, elle est mise en accusation par le juge d'instruction, selon les modalités prévues à l'article 181, devant la cour criminelle départementale, sauf s'il existe un ou plusieurs coaccusés ne répondant pas aux conditions prévues au présent alinéa.**

Le délai d'un an prévu au huitième alinéa de l'article 181 est alors porté à six mois et il ne peut être procédé qu'à une seule prolongation en application du neuvième alinéa du même article 181.

Art. 181-2 *(Créé à compter du 1er janvier 2023, L. n° 2021-1729, 22 déc. 2021).* – **Lorsqu'une ordonnance de mise en accusation du juge d'instruction qui n'est plus susceptible d'appel a, au regard des qualifications criminelles retenues, renvoyé par erreur l'accusé devant la cour d'assises au lieu de la cour criminelle départementale ou inversement, le président de la chambre de l'instruction peut, sur requête du procureur de la République ou d'une partie, procéder par ordonnance motivée à la rectification de cette erreur en renvoyant l'accusé devant la juridiction criminelle compétente.**

Si l'affaire est renvoyée devant la cour d'assises, les délais prévus à l'article 181 sont alors applicables.

Si l'affaire est renvoyée devant la cour criminelle départementale, les délais applicables sont ceux prévus au second alinéa de l'article 181-1 à compter de la décision prévue au premier alinéa du présent article, sans pouvoir dépasser les délais prévus à l'article 181.

Art. 182 *(Mod., L. n° 99-515, 23 juin 1999).* – **Des ordonnances comportant non-lieu partiel peuvent intervenir en cours d'information.**

Peuvent intervenir, dans les mêmes conditions, des ordonnances de renvoi partiel ou de transmission partielle des pièces lorsque, sur l'un ou plusieurs des faits dont le juge d'instruction est saisi, les charges recueillies apparaissent suffisantes.

Les personnes ayant fait l'objet d'une ordonnance de renvoi partiel ou de transmission partielle des pièces et qui ne demeurent pas mises en examen pour d'autre faits sont entendues comme témoin assisté. Il en est de même en cas de disjonction d'une procédure d'instruction.

1) Il résulte des dispositions combinées des articles 173, 174, 186 et 188 du Code de procédure pénale que la chambre d'accusation, saisie d'une requête présentée sur le fondement de l'article 173 du Code de procédure pénale ne peut, sans excéder ses pouvoirs, annuler par voie de conséquence une ordonnance de non-lieu rendue au cours de l'information en application de l'article 182 du Code précité au bénéfice de l'une des personnes mises en examen (■ Cass. crim., 27 févr. 2001, n° 00-86.747 : *Bull. crim.* n° 50).

2) Conséquence du non-lieu partiel sur la compétence. *Rapp.* Le lien de connexité constitue un titre de compétence qui ne saurait être contesté alors même que certains des faits ayant servi de support à cette connexité ont fait l'objet d'une décision de non-lieu (■ Cass. crim., 20 oct. 1981, n° 81-90.627 : *Bull. crim.* n° 280).

Art. 183 *(Mod., L. n° 2002-1138, 9 sept. 2002)*. – **Les ordonnances de règlement sont portées à la connaissance de la personne mise en examen et du témoin assisté et les ordonnances de renvoi ou de mise en accusation à la connaissance de la partie civile ; la notification est effectuée dans les délais les plus brefs soit verbalement, avec émargement au dossier de la procédure, soit par lettre recommandée.**

Sous réserve de l'application de l'article 137-3, deuxième alinéa, les décisions qui sont susceptibles de faire l'objet de voies de recours de la part d'une partie à la procédure ou d'un tiers conformément aux articles 99, 186 et 186-1 leur sont notifiées dans les délais les plus brefs soit verbalement, avec émargement au dossier de la procédure, soit par lettre recommandée. Si la personne mise en examen est détenue, elles peuvent également être portées à sa connaissance par les soins du chef de l'établissement pénitentiaire qui adresse, sans délai, au juge d'instruction, l'original ou la copie du récépissé signé par la personne. Dans tous les cas, une copie de l'acte est remise à l'intéressée.

Toute notification d'acte à une partie par lettre recommandée expédiée à la dernière adresse déclarée par l'intéressée est réputée faite à sa personne.

Les ordonnances mentionnées aux premier et deuxième alinéas du présent article qui doivent être portées à la connaissance des parties sont simultanément, et selon les mêmes modalités, portées à la connaissance de leurs conseils.

Les avis destinés au procureur de la République lui sont adressés par tout moyen. Lorsque le juge d'instruction rend une ordonnance non conforme aux réquisitions du procureur de la République, avis en est donné à celui-ci par le greffier.

Dans tous les cas, mention est portée au dossier par le greffier de la nature et de la date de la diligence faite en application du présent article ainsi que des formes utilisées.

1) Conformité à la Constitution. Il n'y a pas lieu de renvoyer au Conseil constitutionnel la question prioritaire de constitutionnalité contestant la conformité de l'article 183 du Code de procédure pénale à la Constitution et à l'article 16 de la Déclaration des droits de l'homme : la question posée ne présente pas, à l'évidence, un caractère sérieux, dès lors que la preuve de la nature, de la date et des formes utilisées pour la notification des ordonnances du juge d'instruction aux personnes intéressées résulte suffisamment de la mention portée au dossier par le greffier, que cette notification est faite simultanément, selon les mêmes modalités à leurs avocats, que le délai que la notification fait courir peut être prorogé lorsqu'un obstacle insurmontable a mis la partie concernée dans l'impossibilité d'agir en temps utile et qu'enfin, la décision du président de la chambre de l'instruction déclarant à tort irrecevable un appel est susceptible d'être censurée en raison d'un excès de pouvoir (■ Cass. crim., 17 avr. 2013, n° 13-81.414 : *JurisData* n° 2013-007913).

2) Conformité à la Convention européenne des droits de l'Homme. L'article 183 du Code de procédure pénale ne porte pas atteinte aux articles 6 et 13 de la Convention européenne des droits de l'Homme, le délai d'appel (dont la notification de l'ordonnance constitue le point de départ) pouvant être prorogé lorsqu'un obstacle insurmontable a mis la partie concernée dans l'impossibilité d'exercer son recours en temps utile (■ Cass. crim., 3 déc. 2013, n° 12-84.957 : *Bull. crim.* n° 244. – *Adde*, ■ Cass. crim., 19 mars 2013, n° 12-84.957 : *JurisData* n° 2013-004829).

I – DOMAINE DE LA NOTIFICATION

3) Ordonnances entrant dans les prévisions de l'article 183 du Code de procédure pénale – Ordonnances susceptibles de recours conformément aux articles 99, 186 et 186-1 du code. V. art. 99, p. 339, art. 186 et 186-1, p. 606 et annotations ss art.

4) Ordonnances n'entrant pas dans les prévisions de l'article 183 du Code de procédure pénale – Ordonnance de transport sur les lieux. L'ordonnance par laquelle le juge d'instruction prescrit un transport sur les lieux n'a pas à être notifiée (■ Cass. crim., 31 janv. 1952 : *Bull. crim.* n° 35). *Rapp. cependant :* le respect des droits de la défense impose au magistrat instructeur, qui envisage de se transporter sur les lieux en vue de procéder à des vérifications matérielles ou à une reconstitution du crime ou du délit, en présence de l'inculpé, d'en donner préalablement avis au conseil de ce dernier, dans les conditions prévues par l'article 92 du Code de procédure pénale pour le procureur de la République, sauf impossibilité dûment constatée (■ Cass. crim., 15 févr. 1990, n° 89-86.566 : *Bull. crim.* n° 78 ; *D.* 1990, somm. p. 379, obs. J. Pradel).

5) Ordonnances n'entrant pas dans les prévisions de l'article 183 du Code de procédure pénale – Ordonnances de soit-communiqué. L'ordonnance de soit-communiqué qui n'a d'autre objet que de mettre le procureur de la République en mesure de prendre ses réquisitions sur le maintien en détention préventive ou la mise en liberté provisoire n'est qu'une simple formalité de procédure et n'a pas le caractère juridictionnel au sens de l'article 183 du Code de procédure pénale (■ Cass. crim., 21 déc. 1970, n° 70-92.417 : *Bull. crim.* n° 346). L'ordonnance de soit-communiqué précédant l'ordonnance de transmission de pièces préalable à l'ordonnance de règlement n'entre pas dans la catégorie des actes qui d'après l'article 183 du Code de procédure pénale, en sa rédaction issue de la loi du 30 décembre 1985, doivent être notifiés aux parties ou à leurs conseils (■ Cass. crim., 28 janv. 1987, n°s 86-96.014 et 86-95.889 : *Bull. crim.* n°s 49 et 50 ; *D.* 1987, somm. p. 410, obs. J. Pradel. ■ Cass. crim., 31 mars 1987, n° 86-94.100 : *Bull. crim.* n° 148).

II – FORMES DE LA NOTIFICATION OU DE L'AVIS

6) Sanction de la notification ou de l'avis irrégulier – Généralités. Seule la notification faite conformément aux dispositions de l'article 183 du Code de procédure pénale fait courir le délai d'appel d'une ordonnance rendue par le juge d'instruction ; encourt la cassation l'arrêt de la chambre d'accusation qui, après avoir relevé que la notification de l'ordonnance était irrégulière comme n'ayant pas été accompagnée de la remise de l'acte et que le délai d'appel n'avait donc pu commencer à courir à cette date, énonce que, « ayant eu effectivement connaissance de l'ordonnance entreprise » lors du règlement de la procédure, le mis en examen disposait, à compter de ce jour, d'un délai de 10 jours pour en relever appel (■ Cass. crim., 8 févr. 1994, n° 93-84.479 : *Bull. crim.* n° 56). Seule la notification réalisée conformément aux dispositions de l'article 183 du Code de procédure pénale fait courir le délai d'appel d'une ordonnance rendue par le juge d'instruction ; ne saurait dès lors être accueilli le moyen de cassation soutenant que l'avis d'une ordonnance non conforme aux réquisitions du parquet prévu par l'article 183, alinéa 5, du Code de procédure pénale n'est pas une formalité substantielle, son non-respect pouvant être pallié par toute diligence faisant la preuve de ce que le ministère public a eu connaissance effective de la teneur de l'ordonnance (■ Cass. crim., 24 nov. 1999, n° 98-86.848 : *Bull. crim.* n° 274).

7) Destinataires de la notification – Notification simultanée à la partie et à son avocat. Aux termes de l'article 183 du Code de procédure pénale, la notification des ordonnances susceptibles de faire l'objet d'une voie de recours de la part de l'inculpé doit être faite à celui-ci et à son conseil selon les mêmes modalités, et dans tous les cas une copie de l'acte doit leur être, à chacun, remise (■ Cass. crim., 21 août 1986, n° 86-93.082 : *Bull. crim.* n° 250. ■ Cass. crim., 12 févr. 1992, n° 91-84.192 : *Bull. crim.* n° 70. – *Adde*, ■ Cass. crim., 6 févr. 1996, n° 95-83.202 : *Procédures* 1996, comm. 193, obs. J. Buisson. ■ Cass. crim., 22 oct. 1996, n° 95-84.498 : *Bull. crim.* n° 368). L'omission de notifier régulièrement au conseil de l'inculpé une ordonnance de rejet d'une demande de mise en liberté n'affecte pas la validité de l'ordonnance elle-même et a pour seule conséquence d'empêcher le délai d'appel de courir (■ Cass. crim., 21 août 1986, préc. ■ Cass. crim., 12 févr. 1992, préc.).

8) Destinataires de la notification – Personne faisant l'objet d'un mandat d'arrêt non interrogée par le juge d'instruction. Aucune disposition n'impose la notification de l'ordonnance de mise en accusation à une personne qui n'est pas partie à la procédure d'information faute d'avoir été mise en examen par le juge d'instruction à l'issue d'un interrogatoire de première comparution. Justifie dès lors sa décision la chambre de l'instruction considérant qu'une personne en fuite, objet d'un mandat d'arrêt, qui n'a jamais été entendue par le juge d'instruction, ne peut se faire grief du défaut de communication ou de notification d'une ordonnance de mise en accusation (■ Cass. crim., 2 févr. 2022, n° 21-86.715, §§ 12 et 14 : *Bull. crim.* à paraître).

9) Destinataires de la notification – Pluralité d'avocats. Est inopérant le moyen qui invoque une irrégularité de la notification d'une ordonnance de non-lieu à l'un des avocats d'une partie civile, dès lors que celle-ci n'a pas fait connaître au juge d'instruction le nom des avocats choisis par elle, comme le prévoit l'article 115 du Code de procédure pénale (■ Cass. crim., 8 févr. 2000, n° 99-83.805 : *Bull. crim.* n° 59).

10) Délai de notification. La notification tardive d'une ordonnance de prolongation de la détention provisoire n'a d'autre effet que de reculer le point de départ du délai d'appel jusqu'au jour où cette notification est faite ; justifie dès lors sa décision la chambre d'accusation qui relève que les formalités prévues à l'article 183, alinéa 3, n'étant pas prescrites à peine de nullité, la tardiveté de la signification de l'ordonnance prolongeant la détention n'a pas porté atteinte à l'exercice du droit d'appel contre cette décision (■ Cass. crim., 10 nov. 1992, n° 92-84.714 : *Bull. crim.* n° 372).

11) Adresse de notification. En vertu des articles 89 et 183 du Code de procédure pénale, la notification d'une ordonnance à la partie civile doit être faite à l'adresse déclarée par celle-ci en application de l'article 89 du Code de procédure pénale ; seule la notification régulière fait courir le délai d'appel ; encourt dès lors la cassation l'arrêt de la chambre d'accusation qui déclare irrecevable l'appel interjeté par la partie civile, alors qu'il résulte de l'examen des pièces de la procédure que la notification de l'ordonnance avait été faite à l'ancienne adresse de l'avocat au cabinet duquel la partie civile avait fait élection de domicile et que la nouvelle adresse avait été portée à la connaissance du juge d'instruction (■ Cass. crim., 10 oct. 2000, n° 99-87.912 : *Bull. crim.* n° 292). Pour le même motif encourt la cassation, l'arrêt de la chambre d'accusation qui déclare l'appel irrecevable comme tardif, sans rechercher, comme elle y était invitée, si l'ordonnance avait été notifiée personnellement à la partie civile à l'adresse déclarée par elle (■ Cass. crim., 5 oct. 1999, n° 99-80.257 : *Bull. crim.* n° 205).

12) Absence de déclaration d'adresse. *V. s'agissant de la partie civile, art. 89, p. 325.* Dès lors qu'il ne résulte ni de la plainte, ni d'aucune autre pièce de la procédure que la partie civile ait satisfait à l'obligation, imposée par l'article 89, alinéa 1er, du Code de procédure pénale, de déclarer une adresse, celle-ci ne peut, en application des dispositions du dernier alinéa du texte précité, opposer le défaut de notification à elle-même de l'ordonnance de non-lieu entreprise (■ Cass. crim., 8 févr. 2000, n° 99-83.805 : *Bull. crim.* n° 59).

13) Forme de la notification à l'avocat – Télécopie. En déclarant irrecevable comme tardif, l'appel formé le 16 juin 2003 contre l'ordonnance de non-lieu notifiée aux parties civiles par lettres recommandées expédiées le 3 juin 2003 et, le même jour, à leur avocat par télécopie comme le prévoit l'article 803-1 du Code de procédure pénale, la chambre de l'instruction a fait l'exacte application des articles 183 et 186 du Code de procédure pénale (■ Cass. crim., 28 sept. 2004, n° 03-87.437 : *Bull. crim.* n° 225).

14) Mention au dossier de la procédure – Indication de la forme utilisée pour la notification. Selon l'alinéa 2 de l'article 183 du Code de procédure pénale, les décisions du juge d'instruction qui sont susceptibles de voies de recours de la part de la partie civile lui sont notifiées dans les délais les plus brefs soit verbalement avec émargement au dossier de la procédure, soit par lettre recommandée, et, dans tous les cas, une copie de l'acte lui est remise ; l'alinéa 6 du même texte édicte que mention est portée au dossier par le greffier de la nature et de la date de la diligence, ainsi que des formes utilisées ; encourt la censure l'arrêt qui, pour déclarer irrecevable comme tardif, l'appel d'une ordonnance du juge d'instruction, se fonde sur la seule mention attestant que ladite ordonnance « a été notifiée à la partie civile le... », une telle mention, non assortie de précisions relatives aux formes utilisées pour la notification, étant incomplète et ne faisant pas courir le délai d'appel (■ Cass. crim., 4 janv. 1991, n° 90-84.179 : *Bull. crim.* n° 6). Encourt la censure l'arrêt qui, pour déclarer irrecevable, comme tardif, l'appel d'une ordonnance du juge d'instruction, se borne à retenir « qu'il se déduit des énonciations de l'ordonnance qu'elle a été portée à la connaissance de l'appelant par lettre recommandée... », alors que la seule mention figurant en marge de ladite ordonnance indique « que celle-ci a été portée à la connaissance de l'inculpé... » ne met pas la Cour de cassation en mesure de s'assurer de la régularité de la notification faite à la partie civile (■ Cass. crim., 8 juill. 1992, n° 91-81.557 : *Bull. crim.* n° 271). Les récépissés postaux annexés à l'ordonnance ne sauraient suppléer l'absence de mention relative aux formes utilisées pour la notification et faire la preuve de cette diligence (■ Cass. crim., 22 oct. 1996, n° 95-84.498 : *Bull. crim.* n° 368. ■ Cass. crim., 30 nov. 1999, n° 98-85.860 : *Bull. crim.* n° 281. – *Adde*, ■ Cass. crim., 10 mars 1992, n° 91-85.981 : *Bull. crim.* n° 106. ■ Cass. crim., 3 déc. 2013, n° 12-84.957 : *Bull. crim.* n° 244). *Comp.* Excède ses pouvoirs le président de la chambre de l'instruction qui, pour déclarer irrecevable, comme tardif, l'appel relevé par la partie civile le 14 août 2007, énonce que la décision du juge d'instruction a été notifiée à la partie civile et à son avocat le 3 août 2007, selon mention figurant en marge de ladite ordonnance, alors qu'il résulte de l'examen des pièces de la procédure que l'expédition de la lettre recommandée, qui constitue le point de départ du délai de dix jours, n'est intervenue que le lundi 6 août 2007, date de remise du pli recommandé à la Poste (■ Cass. crim., 22 mai 2008, n° 07-88.267 : *Bull. crim.* n° 130).

15) Mention au dossier de la procédure – Indication de la remise de la copie. Lorsque l'avis porté par le greffier au pied de l'ordonnance entreprise n'indique pas qu'une copie de la décision ait été remise, comme l'exige l'article 183 du Code de procédure pénale, le délai d'appel ne peut commencer à courir (■ Cass. crim., 30 mai 2007, n° 07-81.923 : *Bull. crim.* n° 141 ; *Procédures* 2007, comm. 290, note J. Buisson). Justifient leur décision les juges qui relèvent que les mentions de notification de l'ordonnance n'indiquent pas que copie de l'acte était jointe à la lettre recommandée et déduisent de cette irrégularité que le délai d'appel n'a pas couru (■ Cass. crim., 6 févr. 1996, n° 95-83.202 : *Procédures* 1996, comm. 193, obs. J. Buisson).

16) Avis au procureur de la République. Justifie sa décision l'arrêt qui, pour dire l'appel irrecevable, retient que, si l'article 185, alinéa 2, du Code de procédure pénale dispose que le délai d'appel de cinq jours du ministère public ne court qu'à compter de la notification qui lui est faite de la décision, le juge d'instruction, selon l'article 183, alinéa 5, du même code, n'est tenu de donner avis au procureur de la République que des seules ordonnances non conformes aux réquisitions qu'il a reçues (■ Cass. crim., 4 mars 2004, n° 03-83.756 : *Bull. crim.* n° 58).

17) Avis au procureur de la République – Forme de l'avis. Selon les articles 183 et 185 du Code de procédure pénale, l'appel par le procureur de la République d'une ordonnance du juge d'instruction ou du juge des libertés et de la détention non conforme à ses réquisitions doit être interjeté dans les cinq jours qui suivent la notification de la décision ; cette notification, par le greffier, peut être effectuée par tout moyen ; encourt la cassation l'arrêt de la chambre de l'instruction qui déclare recevable l'appel du ministère public au motif que, faute pour le greffier d'avoir signé la mention relative à l'avis à partie figurant sur l'une des ordonnances critiquées, la notification est irrégulière, alors que la notification des deux ordonnances avait été réalisée, par le prononcé des décisions, comme en font foi les mentions du procès-verbal de débat contradictoire signé par le greffier (■ Cass. crim., 10 mars 2009, n° 08-88.356 : *Bull. crim.* n° 52 ; *Dr. pén.* 2010, chron. 1, D. Guérin ; *Procédures* 2009, comm. 214, note J. Buisson).

18) Mention au dossier de la procédure – Indication de la forme utilisée pour l'avis au procureur de la République. Selon l'article 183 du Code de procédure pénale, les avis destinés au procureur de la République lui sont adressés par tout moyen ; lorsque le juge d'instruction rend une ordonnance non conforme à ses réquisitions, avis en est donné à celui-ci par le greffier et, dans tous les cas, mention est portée au dossier par le greffier de la nature et de la date de la diligence faite ainsi que les formes utilisées ; méconnaît le sens et la portée du texte susvisé et le principe ci-dessus rappelé, la chambre de l'instruction qui déclare irrecevable comme tardif l'appel formé par le procureur de la République alors qu'en l'état des mentions incomplètes, portées sur une lettre signée du seul juge d'instruction, qui ne précisent pas la forme utilisée pour adresser au procureur de la République l'avis qui lui est destiné, le délai d'appel n'avait pas commencé à courir à son égard (■ Cass. crim., 21 mars 2017, n° 16-83.555 : *Bull. crim.* n° 76. – *Adde* ■ Cass. crim., 19 mars 2002, n° 02-80.050. ■ Cass. crim., 10 févr. 2010, n° 09-83.499 : *Bull. crim.* n° 21).

19) Mention au dossier de la procédure – Signature du greffier. Les mentions (prévues par l'article 183, alinéa 6) sont dépourvues de toute valeur probatoire, en l'absence de la signature du greffier ; ainsi, à défaut de notification régulière de l'ordonnance, le délai d'appel ne peut commencer à courir (■ Cass. crim., 18 juin 1996, n° 95-85.980 : *Bull. crim.* n° 258).

III – CONSÉQUENCE DE LA NOTIFICATION OU DE L'AVIS

20) Point de départ du délai d'appel des parties privées. Il résulte des articles 183 et 186 du Code de procédure pénale que l'appel, par une partie privée, d'une ordonnance rendue par le juge d'instruction doit être formé dans les dix jours de sa notification, laquelle peut être effectuée verbalement avec émargement au dossier, ou par lettre recommandée ; le délai d'appel est calculé à compter du lendemain de la notification (■ Cass. crim., 27 mars 1995 : *Bull. crim.* n° 126).

21) Point de départ du délai d'appel des parties privées – Notification par lettre recommandée. Selon l'article 186 du Code de procédure pénale, le délai d'appel court à compter de la notification faite dans les formes prescrites par l'article 183 du même code, lesquelles imposent seulement que la décision soit notifiée avec délivrance d'une copie, soit verbalement avec émargement, soit par l'envoi d'une lettre recommandée ; fait l'exacte application de l'article 186 du Code de procédure pénale la chambre d'accusation qui, pour déclarer irrecevable l'appel interjeté contre une ordonnance de prolongation de la détention provisoire rendue le 6 août 1996, énonce que cette décision a été simultanément notifiée avec remise d'une copie, le jour même de son prononcé, au mis en examen et, par lettre recommandée, à son conseil et que l'appel formé par celui-ci le 17 août 1993 est tardif, le délai d'appel expirant le lundi 16 août 1993 (■ Cass. crim., 12 janv. 1994, n° 93-84.844 : *Bull. crim.* n° 18). Dès lors que la partie concernée n'a pas fait valoir à l'appui de son appel l'existence d'un obstacle de nature à la mettre dans l'impossibilité d'exercer son recours en temps utile, le président de la chambre de l'instruction n'excède pas ses pouvoirs ni ne méconnaît l'article 6 § 1 de la Convention européenne des droits de l'Homme, auxquelles les articles 183 et 186 du Code de procédure pénale ne contreviennent pas, en déclarant irrecevables les appels interjetés, le 19 janvier 2010, de l'ordonnance de mise en accusation notifiée par lettre recommandée expédiée le 8 janvier 2010, le délai d'appel de dix jours ayant expiré le 18 janvier 2010 (■ Cass. crim., 14 sept. 2010, n° 10-81.484 : *Bull. crim.* n° 134). Excède ses pouvoirs le président de la chambre de l'instruction qui, pour déclarer irrecevable, comme tardif, l'appel relevé par la partie civile le 14 août 2007, énonce que la décision du juge d'instruction a été notifiée à la partie civile et à son avocat le 3 août 2007, selon mention figurant en marge de ladite ordonnance, alors qu'il résulte de l'examen des pièces de la procédure que l'expédition de la lettre recommandée, qui constitue le point de départ du délai de dix jours, n'est intervenue que le lundi 6 août 2007, date de remise du pli recommandé à la Poste (■ Cass. crim., 22 mai 2008, n° 07-88.267 : *Bull. crim.* n° 130).

22) Point de départ du délai d'appel du procureur de la République. Selon les articles 183 et 185 du Code de procédure pénale, l'appel par le procureur de la République d'une ordonnance du juge d'instruction ou du juge des libertés et de la détention non conforme à ses réquisitions doit être interjeté dans les cinq jours qui suivent la notification de la décision (■ Cass. crim., 10 mars 2009, n° 08-88.356 : *Bull. crim.* n° 52 ; *Dr. pén.* 2010, chron. 1, D. Guérin ; *Procédures* 2009, comm. 214, note J. Buisson). Justifie sa décision l'arrêt qui, pour dire l'appel irrecevable, retient que, si l'article 185, alinéa 2, du Code de procédure pénale dispose que le délai d'appel de cinq jours du ministère public ne court qu'à compter de la notification qui lui est faite de la décision, le juge d'instruction, selon l'article 183, alinéa 5, du même code, n'est tenu de donner avis au procureur de la République que des seules ordonnances non conformes aux réquisitions qu'il a reçues (■ Cass. crim., 4 mars 2004, n° 03-83.756 : *Bull. crim.* n° 58). Fait l'exacte application des dispositions des articles 185 et 183, avant-dernier alinéa, du Code de procédure pénale, la chambre de l'instruction qui, pour déclarer l'appel du procureur de la République irrecevable comme ayant été formé hors délai, énonce qu'il résulte des dispositions des articles 185 et 183, avant-dernier alinéa, du Code de procédure pénale, que le point de départ du délai d'appel de cinq jours du ministère public, d'une ordonnance du juge d'instruction conforme à ses réquisitions, est la date de l'ordonnance (■ Cass. crim., 10 déc. 2008, n° 08-86.368 : *Bull. crim.* n° 253).

Art. 183-1 ***(Créé à compter du 15 nov. 2015, L. n° 2015-993, 17 août 2015).*** **– À la demande de la victime qui a déposé plainte sans s'être toutefois constituée partie civile, l'ordonnance de non-lieu, une fois devenue définitive, est portée à sa connaissance par tout moyen.**

Art. 184 ***(Mod., L. n° 2007-291, 5 mars 2007).*** **– Les ordonnances rendues par le juge d'instruction en vertu de la présente section contiennent les nom, prénoms, date, lieu de naissance, domicile et profession de la personne mise en examen. Elles indiquent la qualification légale du fait imputé à celle-ci et, de façon précise, les motifs pour lesquels il existe ou non contre elle des charges suffisantes. Cette motivation est prise au regard des réquisitions du ministère public et des observations des parties qui ont été adressées au juge d'instruction en application de l'article 175, en précisant les éléments à charge et à décharge concernant chacune des personnes mises en examen.**

Bibliographie : C. Guéry et B. Lavielle, *Copié, collé, jugé ? (sur la motivation des ordonnances de renvoi du juge d'instruction : Dr. pén.* 2010, étude 24.

Voir également : s'agissant des conditions de forme de l'ordonnance de mise en accusation, art. 181, p. 591 et annotations ss art.

1) Domaine de l'article 184 du Code de procédure pénale. Justifie sa décision l'arrêt qui relève que l'enquête par voie officieuse prévue par l'article 8, alinéa 2, de l'ordonnance du 2 février 1945 à laquelle peut procéder le juge des enfants n'impose pas le respect des formes prescrites par les articles 79 à 190 du Code de procédure pénale et en particulier celles de l'article 184 de ce code relatives à l'ordonnance de renvoi devant la juridiction de jugement (■ Cass. crim., 14 mai 2013, n° 12-80.153 : *Bull. crim.* n° 104).

2) Identification de la personne mise en examen. L'action publique ne peut être dirigée que contre un individu certain et déterminé ; le juge d'instruction ne peut ordonner le renvoi devant la juridiction de jugement que d'un individu certain, désigné par son nom ou par le nom sous lequel il est connu des témoins, de manière à ne laisser subsister aucun doute sur son identité (■ Cass. crim., 2 déc. 1954 : *Bull. crim.* n° 369).

3) Précision des faits imputés. La cour d'appel a justifié sa décision dès lors que les éléments rappelés dans l'ordonnance de renvoi mettait le prévenu en mesure, comme l'exige l'article 50 de la loi du 29 juillet 1881 et l'article 184 du Code de procédure pénale, de savoir sans ambiguïté de quels faits précis il aurait exclusivement à répondre, et en quelle qualité (■ Cass. crim., 31 janv. 2012, n° 11-80.010 : *Bull. crim.* n° 29). Justifie sa décision la cour d'appel qui, pour rejeter l'exception de nullité de l'ordonnance de renvoi fondée sur l'imprécision des infractions faisant l'objet de la poursuite, constate que, durant tout le cours de l'instruction les faits reprochés aux prévenus leur ont été expressément détaillés, que le corps du réquisitoire définitif auquel fait expressément référence l'ordonnance de renvoi, reprend, également d'une manière détaillée, les différents éléments de la poursuite et que tous ces éléments, concernant la connaissance que les prévenus sont en droit d'avoir sur les infractions reprochées figurent dans l'instruction et en particulier les bordereaux reprenant chacune des fausses attestations incriminées (■ Cass. crim., 6 oct. 2009, n° 08-87.912).

4) Omission de statuer sur certains faits. L'omission, par le juge d'instruction, de statuer sur certains des faits dont il est régulièrement saisi, n'entre pas dans les prévisions des articles 184 et 385, alinéa 2, du Code de procédure pénale ; méconnaît donc ces dispositions la cour d'appel qui, constatant que le juge d'instruction n'avait pas statué sur tous les faits dont il était saisi, prononce l'annulation de l'ordonnance de renvoi (■ Cass. crim., 22 janv. 2003, n° 01-87.297 : *Bull. crim.* n° 18).

5) Texte d'incrimination. Le demandeur ne saurait se faire un grief de ce que l'ordonnance de renvoi ne vise pas les articles 432-14 et 432-17 du Code pénal incriminant le favoritisme dès lors que les faits caractérisant ce délit, pour le recel duquel le prévenu est poursuivi, sont précisés dans ladite ordonnance (■ Cass. crim., 7 nov. 2012, n° 11-82.961 : *Bull. crim.* n° 243).

6) Motivation quant aux charges – Motivation par référence aux réquisitions du procureur de la République. L'ordonnance de renvoi devant le tribunal correctionnel dont les juges d'appel ont, sans insuffisance ni contradiction, constaté qu'elle précise les éléments à charge et à décharge concernant chacune des personnes mises en examen, en l'absence d'observations des parties, satisfait aux exigences de l'article 184 précité ; justifie dès lors sa décision la cour d'appel ayant rejeté l'exception de nullité tirée de l'absence de motivation de l'ordonnance de renvoi en tous points identiques aux réquisitions du ministère public (■ Cass. crim., 2 mars 2011, n° 10-86.940 : *Bull. crim.* n° 47 ; *Dr. pén.* 2012, chron. 1, V. Georget ; *RSC* 2011, p. 421, obs. J. Danet). L'exigence de motivation de l'ordonnance de renvoi prévue par l'article 184 du Code de procédure pénale est satisfaite lorsque le juge d'instruction rend une ordonnance qui, serait-ce par référence au réquisitoire motivé du procureur de la République, précise les éléments à charge et à décharge concernant chacune des personnes mises en examen, et les motifs pour lesquels il existe contre elles des charges suffisantes (■ Cass. crim., 29 mars 2011, n° 10-87.220). *V. déjà antérieurement à la loi n° 2007-291 du 5 mars 2007*, l'obligation de motivation imposée au juge d'instruction par l'article 184 du Code de procédure pénale n'est pas indispensable à la validité d'une ordonnance de règlement lorsque, comme en l'espèce, le magistrat rend une décision conforme au réquisitoire motivé du procureur de la République et s'y réfère explicitement (■ Cass. crim., 26 janv. 2000, n° 99-85.725 : *Bull. crim.* n° 41. – *Adde* ■ Cass. crim., 11 oct. 1989, n° 89-81.639 : *Bull. crim.* n° 356).

7) Irrégularité – Renvoi aux fins de régularisation. V. art. 385, p. 862 et annotations ss art. En application de l'article 385 du Code de procédure pénale, si l'ordonnance n'a pas été rendue conformément aux dispositions de l'article 184 du même code, la sanction de cette non-conformité est le renvoi de la procédure au ministère public pour lui permettre de saisir à nouveau la juridiction d'instruction aux fins de régularisation (■ Cass. crim., 2 mars 2011, n° 10-86.940 : *Bull. crim.* n° 47 ; *Dr. pén.* 2012, chron. 1, V. Georget ; *RSC* 2011, p. 421, obs. J. Danet. – *Adde*, ■ Cass. crim., 29 sept. 2010, n° 10-84.003 : *Bull. crim.* n° 145). Le tribunal correctionnel n'a pas qualité pour annuler l'ordonnance de renvoi rendue par une juridiction d'instruction. N'encourt donc pas la censure la cour d'appel qui retient que la mention faite par le juge d'instruction dans son ordonnance de renvoi de pièces antérieurement annulées constitue une irrégularité qui affecte la motivation de cette décision et entre dans les prévisions des articles 385, alinéa 2, et 184 du Code de procédure pénale justifiant le renvoi de l'affaire au ministère public pour saisine du juge d'instruction aux fins de régularisation de l'ordonnance de renvoi (■ Cass. crim., 13 juin 2019, n° 19-82.326 : *Bull. crim.* à paraître).

8) Irrégularités liées à la cosaisine – Appel. V. art. 83-2, p. 308 et art. 186-3, p. 616.

Section XII. – De l'appel des ordonnances du juge d'instruction ou du juge des libertés et de la détention

(Intitulé mod., L. n° 2000-516, 15 juin 2000)

Art. 185 *(Mod., L. n° 2019-222, 23 mars 2019)*. – **Le procureur de la République a le droit d'interjeter appel devant la chambre de l'instruction de toute ordonnance du juge d'instruction ou du juge des libertés et de la détention.**

Cet appel formé par déclaration au greffe du tribunal, doit être interjeté dans les dix jours qui suivent la notification de la décision.

En cas d'appel par la personne mise en examen de l'ordonnance de mise en accusation prévue par l'article 181, le procureur de la République dispose d'un délai d'appel incident de cinq jours supplémentaires à compter de l'appel de la personne mise en examen.

Le droit d'appel appartient également dans tous les cas au procureur général. Celui-ci forme cet appel dans les dix jours qui suivent l'ordonnance du juge par déclaration au greffe du tribunal.

Bibliographie : *Répertoire.* J. Dumont, V. Georget et A. Bonnet, *Appel des ordonnances du juge d'instruction ou du juge des libertés et de la détention : JCl. Proc. pén.*, art. 185 à 188, Fasc. 20.

Généralités. • J. Ascenci, *Constitutionnalité des restrictions au droit d'appel du mis en examen : AJ Pénal* 2012, p. 44 ; *Quelles modalités pour la déclaration d'appel interjeté sur le fondement de l'article 186-3 du CPP ? : AJ Penal* 2009, p. 137 ; • C. Girard, *Délimitation du caractère complexe de l'ordonnance de renvoi devant le tribunal correctionnel : AJ Pénal* 2004, p. 72 ; *Correctionnalisation judiciaire : appel du mis en examen : D.* 2010, p. 153 ; *Appel des ordonnances de refus d'expertise : D.* 2009, p. 2810 ; • S. Lavric, *Appel d'une ordonnance de rejet de contre-expertise : pouvoirs limités du président de la chambre de l'instruction : AJ Pénal* 2008, p. 147.

I – ÉTENDUE DU DROIT D'APPEL

A – Domaine matériel de l'appel

1) Généralité. Selon l'article 185 du Code de procédure pénale, le ministère public a le droit d'interjeter appel de toute ordonnance du juge d'instruction (■ Cass. crim., 25 mars 1954 : *Bull. crim.* n° 54 ; *D.* 1954, note P. A.), que cette ordonnance ait été précédée, ou non, de réquisitions et quel que soit le sens de ces réquisitions (■ Cass. crim., 14 oct. 1997, n° 97-84.276 : *JurisData* n° 1997-004572 ; *Bull. crim.* n° 332). L'article 185 du Code de procédure pénale confère au ministère public le droit absolu et général d'interjeter appel de toutes les ordonnances du juge d'instruction ou du juge des libertés et de la détention, même celles conformes à ses réquisitions (■ Cass. crim., 24 sept. 2014, n° 14-84.834). Il résulte de l'article 185 du Code de procédure pénale et des principes généraux du droit que l'appel du ministère public s'étend à toutes les décisions rendues en matière de détention provisoire (■ Cass. crim., 11 oct. 1993, n° 93-83.430). En cas d'appel du ministère public contre une ordonnance du juge d'instruction, la saisine de la chambre d'accusation (de l'instruction) n'est pas subordonnée à la décision préalable du président de cette juridiction (■ Cass. crim., 28 avr. 1998, n° 98-80.366 : *JurisData* n° 1998-002617 ; *Bull. crim.* n° 142).

2) Illustrations. Entre dans le champ d'application de l'article 185 du Code de procédure pénale, une ordonnance de placement sous contrôle judiciaire (■ Cass. crim., 19 sept. 1990, n° 90-84.140 : *Bull. crim.* n° 319), même si le procureur de la République n'a pas donné son avis sur ledit contrôle (■ Cass. crim., 10 déc. 2008, n° 08-86.368 : *Bull. crim.* n° 253) ; une ordonnance de refus d'informer (■ Cass. crim., 21 nov. 2007, n° 07-85.922 : *Bull. crim.* n° 288). Est également admis l'appel du procureur de la République contre une ordonnance de placement en détention provisoire rendue par le juge des libertés et de la détention, même conforme à ses réquisitions (■ Cass. crim., 24 sept. 2014, préc.) ; ou contre une ordonnance de renvoi devant le tribunal correctionnel (■ Cass. crim., 17 déc. 2003, n° 03-81.491). C'est à bon droit que la chambre de l'instruction a déclaré recevable l'appel du ministère public contre l'ordonnance du juge des libertés et la détention rejetant la demande de mesure conservatoire introduite au titre de l'article 706-103 du Code de procédure pénale, dès lors que le procureur de la

République tient de l'article 185 du Code de procédure pénale le droit d'interjeter appel devant cette juridiction de toute ordonnance du juge d'instruction ou du juge des libertés et de la détention (■ Cass. crim., 26 mai 2010, n° 10-81.163 : *JurisData* n° 2010-010572 ; *Bull. crim.* n° 94). Est également recevable l'appel formé contre une ordonnance du juge d'instruction rejetant les réquisitions du procureur de la République aux fins de procéder à l'expertise psychiatrique (■ Cass. crim., 28 avr. 1998, préc.). Le procureur de la République peut requérir du magistrat instructeur tous les actes lui paraissant utiles à la manifestation de la vérité et toutes mesures de sûreté nécessaires. Le juge d'instruction qui ne croit pas devoir procéder aux actes requis ou ordonner les mesures demandées doit rendre une ordonnance motivée dont le ministère public est recevable à faire appel dans tous les cas. La chambre de l'instruction est tenue de statuer sur toutes les questions qui lui sont dévolues par l'appel du ministère public parmi lesquelles celle de la mise en examen de l'intéressé, préalable indispensable à son placement sous contrôle judiciaire (■ Cass. crim., 9 oct. 2018, n° 18-83.788 : *JurisData* n° 2018-017415).

3) Administration fiscale et douanière. Si, dans l'exercice de l'action pour l'application des sanctions fiscales, l'administration des douanes peut, par dérogation aux dispositions des articles 185 et 186 du Code de procédure pénale, interjeter appel des ordonnances du juge d'instruction, cette voie de recours ne lui est pas ouverte à l'encontre des décisions rendues en matière de détention provisoire et de contrôle judiciaire (■ Cass. crim., 7 oct. 2003, n° 03-84.349 : *Bull. crim.* n° 182).

B – Domaine personnel de l'appel

4) Si aux termes de l'article 185 du Code de procédure pénale, le procureur de la République a le droit d'interjeter appel devant la chambre d'accusation de toute ordonnance du juge d'instruction, ce droit appartient également dans tous les cas au procureur général, que l'ordonnance du juge d'instruction ait été précédée ou non de réquisitions du procureur de la République (■ Cass. crim., 19 sept. 1990, préc.). En réservant au seul procureur de la République, qui n'est pas dans une situation identique à celle de la personne mise en examen et de la partie civile, le droit d'interjeter appel incident d'une ordonnance de mise en accusation, le législateur tend à assurer la bonne administration de la justice, en permettant à la chambre de l'instruction d'exercer son contrôle sur toutes les dispositions de ladite ordonnance (■ Cass. crim., 11 avr. 2018, n° 18-80.729).

II – RÉGIME JURIDIQUE DE L'APPEL

A – Délais pour agir

5) Ordonnances faisant l'objet d'une notification. La notification d'une ordonnance de refus d'informer, réalisée conformément aux dispositions de l'article 183, alinéa 5, du Code de procédure pénale, fait courir le délai imparti au procureur de la République pour exercer son droit d'appel, lequel n'est pas contraire à l'article 6 de la Conv. EDH (■ Cass. crim., 21 nov. 2007, préc.). La notification, par le greffier, peut être effectuée par tout moyen. Elle peut résulter du prononcé d'une décision de refus de placement en détention provisoire dès lors que, le procès-verbal du débat contradictoire signé par le greffier faisant foi, ladite décision a été rendue en présence du procureur de la République (■ Cass. crim., 10 mars 2009, n° 08-88.356 : *JurisData* n° 2009-047648 ; *Bull. crim.* n° 52). Le procureur de la République ne peut qu'avoir connaissance de l'ordonnance de règlement, dès lors que le dossier de la procédure a été transmis au procureur général accompagné d'un rapport dans lequel il exposait les motifs pour lesquels il n'estimait ne pas devoir interjeter appel. Dans ces circonstances, le point de départ du délai d'appel court à compter de l'ordonnance de clôture d'information (■ Cass. crim., 25 mai 2016, n° 15-87.784). En revanche, en cas de mentions incomplètes, portées par le greffier sur l'ordonnance de non-lieu, qui ne précisent pas la forme utilisée pour adresser au procureur de la République l'avis qui lui est destiné, le délai d'appel ne peut avoir commencé à courir à son égard (■ Cass. crim., 10 févr. 2010, n° 09-83.499 : *JurisData* n° 2010-001485 ; *Bull. crim.* n° 21).

6) Ordonnance ne faisant pas l'objet de notification. Si l'article 185, alinéa 2, du Code de procédure pénale dispose que le délai d'appeldu ministère public ne court qu'à compter de la notification qui lui est faite de la décision, le juge d'instruction, selon l'article 183, alinéa 5, du même code, n'est tenu de donner avis au procureur de la République que des seules ordonnances non conformes aux réquisitions qu'il a reçues. Lorsque la notification de l'ordonnance n'est pas prévue par la loi, le délai d'appel court à partir du jour où l'ordonnance a été rendue (■ Cass. crim., 4 mars 2004, n° 03-83.756 : *JurisData* n° 2004-022827 ; *Bull. crim.* n° 58 ; *Dr. pén.* 2004, comm. 76, obs. A. Maron ; *AJ Pénal* 2004, p. 208, obs. J. Leblois-Happe. ■ Cass. crim., 10 déc. 2008, n° 08-86.368 : *JurisData* n° 2008-046440 ; *Bull. crim.* n° 253). C'est à raison, qu'assimilant l'action de l'administration fiscale à l'action publique, la chambre de l'instruction l'a soumise aux dispositions de l'article 185 du Code de procédure pénale concernant les délais pour agir (■ Cass. crim., 19 févr. 1990, n° 89-82.926 :

Bull. crim. n° 81). Il en va de même de l'administration des douanes (■ Cass. crim., 4 juill. 1973, n° 72-91.185 : *Bull. crim.* n° 316).

7) Appel incident en cas de mise en accusation. L'alinéa 3 de l'article 185 du Code de procédure pénale, accordant au procureur de la République un délai supplémentaire de cinq jours pour former un appel incident lorsqu'une mise en examen a interjeté appel de l'ordonnance la mettant en accusation, ne crée pas une inégalité ou un déséquilibre des droits en faveur de ce magistrat, lequel, aux termes de l'article 185, alinéa 2, du Code de procédure pénale, ne dispose que de cinq jours pour interjeter appel principal d'une ordonnance du juge d'instruction, alors que l'article 186, alinéa 4, du même code accorde à la personne mise en examen, de même qu'à la partie civile, un délai de dix jours pour exercer le droit d'appel principal qu'il leur confère (■ Cass. crim., 11 avr. 2018, n° 18-80.729 : *JurisData* n° 2018-006228).

B – Mise à disposition des pièces se rapportant à une saisie

8) Il se déduit des articles 6 de la Convention européenne des droits de l'homme, 1er du protocole additionnel n° 1 à la Convention européenne des droits de l'homme, préliminaire et 706-153 du Code de procédure pénale qu'en cas d'appel interjeté par le procureur de la République, en application de l'article 185 du Code de procédure pénale, à l'encontre de l'ordonnance du juge des libertés et de la détention rejetant sa requête aux fins de saisie de bien ou droit incorporel, le propriétaire du bien ou du droit saisi et, s'ils sont connus, les tiers ayant des droits sur ce bien ou sur ce droit, qui doivent être convoqués devant la chambre de l'instruction, peuvent prétendre dans ce cadre à la mise à disposition des pièces de la procédure se rapportant à la saisie (■ Cass. crim., 17 févr. 2021, n° 20-81.397, § 7).

C – Réception de l'appel

9) L'appel peut être formulé auprès d'une personne ayant reçu délégation à cette fin du greffier en chef du tribunal compétent et assurant ainsi des fonctions distinctes de celles qui sont les siennes – en l'occurrence, le secrétariat général des juges d'instruction du tribunal compétent – (■ Cass. crim., 25 mars 1997, n° 97-80.096 : *Bull. crim.* n° 119).

D – Réitération d'appel

10) Aucune disposition du Code de procédure pénale n'interdit à la partie qui a exercé son recours dans des conditions irrégulières de le réitérer dans les formes légales avant l'expiration du délai qui lui est imparti. Ainsi, l'appel du ministère public, relevé par une simple mention sur l'ordonnance, irrégulier en la forme, ne prive pas le procureur de la République du droit d'exercer régulièrement son recours dans les conditions prévues aux articles 185 et 502 du Code de procédure pénale (■ Cass. crim., 1er avr. 2003, n° 03-80.406 : *Bull. crim.* n° 81).

E – Effet dévolutif de l'appel

11) Sens de la règle. L'article 185 du Code de procédure pénale impose à la chambre de l'instruction de statuer sur toutes les questions qui lui sont dévolues par l'appel du ministère public. Le contentieux de la détention provisoire, étant intimement lié à la qualification des faits, il lui appartient donc lorsqu'elle est saisie d'un appel contre l'ordonnance du juge d'instruction disant qu'il n'y a lieu de saisir le JLD en vue d'un placement en détention provisoire au regard de la qualification contraventionnelle retenue, de vérifier ladite qualification, et le cas échéant, si les conditions de l'article 144 du Code de procédure pénale sont remplies (■ Cass. crim., 27 juill. 2016, n° 16-83.024 : *JurisData* n° 2016-014522 ; *Bull. crim.* n° 219). L'appel interjeté contre l'ordonnance du juge d'instruction disant n'y avoir lieu à saisine du juge des libertés et de la détention, faute d'éléments suffisants de nature à justifier sa mise en examen, saisit la chambre de l'instruction de toutes les questions qui lui sont dévolues par l'appel du Ministère public. C'est donc à bon droit qu'elle a pu énoncer que la mise en examen étant justifiée, les éléments précis et circonstanciés de l'affaire permettaient de conclure que la détention constituait l'unique moyen de prévenir le renouvellement de l'infraction et d'empêcher une concertation frauduleuse de l'intéressé et ses complices, ce qu'un placement sous contrôle judiciaire ou une assignation à résidence avec surveillance électronique ne permettrait pas (■ Cass. crim., 18 juin 2013, n° 13-82.739 : *JurisData* n° 2013-013170 ; *Bull. crim.* n° 140). Saisie d'un appel contre l'ordonnance du juge d'instruction disant n'y avoir lieu à saisine du juge des libertés et de la détention en l'absence d'éléments suffisants de nature à justifier la mise en examen, la chambre de l'instruction ne saurait énoncer que la question de la mise en examen est étrangère à l'unique objet de sa saisine (■ Cass. crim., 2 sept. 2005, n° 05-83.117. ■ *Bull. crim.* n° 213 : *Dr. pén.* 2005, comm. 165, obs. A. Maron). La question de la mise en examen, préalable indispensable au placement sous contrôle judiciaire, doit être examinée par la chambre de l'instruction saisie de l'appel d'une ordonnance disant n'y avoir lieu audit contrôle (■ Cass. crim., 11 avr. 2018, n° 18-80.710).

F – Désistement d'appel

12) Le ministère public, en l'absence de disposition légale l'y autorisant, ne peut se désister de l'appel qu'il a formé contre une ordonnance du juge d'instruction (■ Cass. crim., 24 juill. 2019, n° 19-83.384). Le ministère public, en l'absence de disposition légale l'y autorisant, ne peut se désister de l'appel qu'il a formé contre une ordonnance du juge des libertés et de la détention ou du juge d'instruction (■ Cass. crim., 21 nov. 2017, n° 17-85.319 : *Bull. crim.* n° 263).

Art. 186 ***(Mod., L. n° 2015-993, 17 août 2015 ; L. n° 2022-52, 24 janv. 2022).*** **– Le droit d'appel appartient à la personne mise en examen contre les ordonnances et décisions prévues par les articles 80-1-1, 87, 139, 140, 137-3, 142-6, 142-7, 145-1, 145-2, 148, 167, avant-dernier alinéa, 179, troisième alinéa, 181 et 696-70.**

La partie civile peut interjeter appel des ordonnances de non-informer, de non-lieu et des ordonnances faisant grief à ses intérêts civils. Toutefois, son appel ne peut, en aucun cas, porter sur une ordonnance ou sur la disposition d'une ordonnance relative à la détention de la personne mise en examen ou au contrôle judiciaire.

Les parties peuvent aussi interjeter appel de l'ordonnance par laquelle le juge a, d'office ou sur déclinatoire, statué sur sa compétence.

L'appel des parties ainsi que la requête prévue par le cinquième alinéa de l'article 99 doivent être formés dans les conditions et selon les modalités prévues par les articles 502 et 503, dans les dix jours qui suivent la notification ou la signification de la décision.

Le dossier de l'information ou sa copie établie conformément à l'article 81 est transmis, avec l'avis motivé du procureur de la République, au procureur général, qui procède ainsi qu'il est dit aux articles 194 et suivants.

Si le président de la chambre de l'instruction constate qu'il a été fait appel d'une ordonnance non visée aux alinéas 1 à 3 du présent article, il rend d'office une ordonnance de non-admission de l'appel qui n'est pas susceptible de voies de recours. Il en est de même lorsque l'appel a été formé après l'expiration du délai prévu au quatrième alinéa ou lorsque l'appel est devenu sans objet. Le président de la chambre de l'instruction est également compétent pour constater le désistement de l'appel formé par l'appelant.

• ***Sommaire***

1) Égalité devant la loi. Aux termes du premier alinéa de l'article 185 du Code de procédure pénale : « Le procureur de la République a le droit d'interjeter appel devant la chambre de l'instruction de toute ordonnance du juge d'instruction ou du juge des libertés et de la détention ». Le deuxième alinéa de l'article 186 fixe le principe selon lequel « la partie civile peut interjeter appel des ordonnances de non-informer, de non-lieu et des ordonnances faisant grief à ses intérêts civils » et énonce des exceptions à ce principe. S'agissant de la personne mise en examen, la liste des ordonnances du juge d'instruction dont elle peut interjeter appel est limitativement énumérée par les articles 186, 186-1 et 186-3 du Code de procédure pénale. La personne mise en examen n'est pas dans une situation identique à celle de la partie civile ou à celle du ministère public. Par suite, les différences de traitement résultant de l'application de règles de procédure propres à chacune des parties privées et au Ministère public ne sauraient, en elles-mêmes, méconnaître l'équilibre des droits des parties dans la procédure. En outre, il est loisible au législateur, afin d'éviter, dans l'intérêt d'une bonne administration de la justice, les recours dilatoires provoquant l'encombrement des juridictions et l'allongement des délais de jugement des auteurs d'infraction, d'exclure la possibilité d'un appel par la personne mise en examen des ordonnances du juge d'instruction ou du juge des libertés et de la détention qui feraient grief à ses droits lorsqu'existent d'autres moyens de procédure lui permettant de contester utilement et dans des délais appropriés les dispositions qu'elles contiennent (■ Cons. const., 13 juill. 2011, n° 2011-153 QPC : *JurisData* n° 2011-017942 ; *AJ Pénal* 2012, p. 44, obs. L. Ascenci ; *Constitutions* 2012, p. 536, obs. Vigo et Talbot, consid. 4-5). L'article 186, alinéa 2, du Code de procédure pénale, qui détermine les conditions dans lesquelles les décisions du juge d'instruction susceptibles de recours de la part d'une partie à la procédure lui sont notifiées ainsi qu'à son avocat, et, selon l'interprétation donnée par la jurisprudence, fixe la date de la notification effectuée par lettre recommandée à celle de l'expédition de cette lettre, ne porte pas atteinte au droit à un recours juridictionnel effectif et à l'égalité devant la justice, dès lors que le délai d'appel contre la décision, d'une durée de dix jours, peut être prorogé lorsqu'un obstacle insurmontable a mis la partie concernée dans l'impossibilité d'agir en temps utile. Il n'y a donc pas lieu au renvoi de cette question devant le Conseil constitutionnel (■ Cass. crim., 11 avr. 2018, n° 17-85.181).

2) Réserve d'interprétation. Les dispositions de l'article 186 du Code de procédure pénale ne sauraient, sans apporter une restriction injustifiée aux droits de la défense, être interprétées comme excluant le droit de la personne mise en examen de former appel d'une ordonnance du juge d'instruction ou du juge des libertés et de la détention faisant grief à ses droits et dont il ne pourrait utilement remettre en cause les dispositions ni dans les formes prévues par les articles 186 à 186-3 du Code de procédure pénale, ni dans la suite de la procédure, notamment devant la juridiction de jugement. Sous cette réserve, l'article 186 du Code de procédure pénale ne méconnaît pas les articles 6 et 16 de la Déclaration de 1789 (■ Cons. const., 13 juill. 2011, n° 2011-153 QPC, préc., consid. 7).

3) Extension du droit d'appel : prolongation de la détention provisoire par l'effet de la loi (art. 16, ord. 25 mars 2020). Il se déduit de l'article 6, paragraphe 1, de la Convention européenne de sauvegarde des droits de l'Homme et des libertés fondamentales et de l'article 186 tel qu'interprété par le Conseil constitutionnel dans sa décision n° 2011-153 QPC du 13 juillet 2011, que le droit d'appel appartient à la personne mise en examen contre toute ordonnance du juge des libertés et de la détention faisant grief à ses droits et dont elle ne pourrait remettre en cause les dispositions ni dans les formes prévues par les articles 186 à 186-3 du Code de procédure pénale ni dans la suite de la procédure. La décision du juge des libertés et de la détention qui constate que la détention provisoire de la personne mise en examen, dont le titre vient à expiration, est prolongée d'une durée de six mois, fût-ce par l'effet de la loi, lui cause nécessairement grief. Du reste, ni l'article 16 de l'ordonnance du 25 mars 2020 ni aucune autre disposition du Code de procédure pénale ne permettent à la personne mise en examen de contester la prolongation de plein droit de sa détention provisoire. C'est donc à tort que l'appel de la personne mise en examen a été déclaré irrecevable au motif que l'ordonnance du juge des libertés et de la détention ne présente aucune caractéristique d'une décision juridictionnelle et ne crée en elle-même aucun grief à l'appelant (■ Cass. crim., 13 oct. 2020, n° 20-82.322, §§ 14-19).

4) Unique objet de l'appel : portée. En permettant aux personnes mises en examen de relever appel des ordonnances prévues aux articles 186 et 186-1 du Code de procédure pénale, le législateur leur a attribué un droit exceptionnel dont elles ne sauraient s'autoriser pour faire juger, à l'occasion d'une de ces procédures spéciales, des questions étrangères à son unique objet (■ Cass. crim., 13 mars 1968, n° 67-91.698 : *Bull. crim.* n° 88. ■ Cass. crim., 12 janv. 1972, n° 71-92.669 : *Bull. crim.* n° 16. ■ Cass. crim., 28 nov. 1984, n° 84-94.366 : *Bull. crim.* n° 373. ■ Cass. crim., 9 mai 1990, n° 90-80.928 : *Bull. crim.* n° 176. ■ Cass. crim., 8 déc. 1993, n° 93-84.247 : *Bull. crim.* n° 340. ■ Cass. crim., 10 déc. 1996, n° 96-84.073 : *Bull. crim.* n° 458). Ainsi, saisie de l'unique objet de l'appel d'une ordonnance de placement en détention provisoire, la chambre de l'instruction ne peut se prononcer sur l'irrégularité des conditions de mise en œuvre de la rétention judiciaire prévue par l'article 803-3 du Code de procédure pénale, qui n'est pas un titre de détention (■ Cass. crim., 8 juin 2021, n° 21-81.515, § 15). Identiquement, la personne mise en examen ne saurait être admise, à l'occasion de l'appel qu'elle a interjeté de l'ordonnance la renvoyant devant la cour d'assises, à soumettre aux juges des demandes étrangères à l'unique objet de ce recours, en l'occurrence une demande de restitution de véhicule (■ Cass. crim., 25 juin 2013, n° 13-82.765 : *JurisData* n° 2013-013166 ; *Dr. pén.* 2013, comm. 132, A. Maron et M. Haas). À l'occasion de l'appel d'une ordonnance de rejet de mise en liberté, la personne mise en examen n'est pas recevable à invoquer la nullité du placement initial en détention provisoire (■ Cass. crim., 2 oct. 2012, n° 12-84.896 : *Bull. crim.* n° 202). En se prononçant sur la régularité de pièces de la procédure étrangères à la décision déférée, en l'occurrence la régularité de perquisitions, alors qu'elle était seulement saisie de l'appel de l'ordonnance de placement en détention provisoire, la chambre d'accusation (chambre de l'instruction) a excédé les limites de sa saisine et méconnu les articles 186 et 186-1 du Code de procédure pénale (■ Cass. crim., 8 déc. 1993, n° 93-84.247 : *Bull. crim.* n° 380).

5) Règle de l'unique objet : exceptions. Par dérogation à la règle de l'unique objet de l'appel des ordonnances prévues par les articles 186 et 186-1 du Code de procédure pénale, la personne mise en examen a le droit de fonder son appel contre une ordonnance de placement en détention provisoire sur l'absence de procédure d'extradition et l'irrégularité prétendue de son arrestation (■ Cass. crim., 24 sept. 1997, n° 97-83.787 : *Bull. crim.* n° 311). S'il est vrai que, par dérogation à la règle de l'unique objet de l'appel des ordonnances prévues par les articles 186 et 186-1 du Code de procédure pénale, la personne mise en examen a le droit de fonder son appel contre ordonnance de placement en détention provisoire sur l'absence de procédure d'extradition, et sur l'irrégularité prétendue de son arrestation, encore faut-il que les actes critiqués fassent partie de la procédure même dont la chambre d'accusation est saisie par le recours (■ Cass. crim., 10 janv. 1995, n° 94-84.935 : *Bull. crim.* n° 11).

I – APPEL DE LA PERSONNE MISE EN EXAMEN

6) Obligations issues de l'article 5-1-*c*) de la CEDH. Il se déduit de l'article 5, 1, *c*) de la Convention européenne des droits de l'homme que la chambre de l'instruction, à chacun des stades de la procédure, doit s'assurer que les conditions légales de la détention provisoire sont réunies, et notamment de l'existence d'indices graves ou concordants rendant vraisemblable la participation de la personne mise en examen aux faits reprochés (■ Cass. crim., 14 oct. 2020, n° 20-82.961, §§ 9-11. ■ Cass. crim., 27 janv. 2021, n° 20-85.990, § 15). Ce contrôle, propre à la matière des mesures de sûreté, est sans incidence sur la validité de la mise en examen, laquelle ne peut être critiquée que dans le cadre des procédures engagées sur le fondement des articles 80-1-1 et 170 du Code de procédure pénale (■ Cass. crim., 27 janv. 2021, préc., § 16 : J.-Y. Maréchal, *Le contrôle renforcé des conditions de placement en détention provisoire : JCP* G 2021, n° 15, p. 408).

7) Obligations issues de l'article 5-1 de la CEDH, intensité du contrôle de la chambre de l'instruction. Il résulte de la jurisprudence de la Cour de cassation (■ Cass. crim., 14 oct. 2020, n° 20-82.961. ■ Cass. crim., 27 janv. 2021, n° 20-85.990) que la chambre de l'instruction, à chacun des stades de la procédure, doit s'assurer, même d'office, que les conditions légales de la détention provisoire sont réunies, et notamment de l'existence d'indices graves ou concordants rendant vraisemblable la participation de la personne mise en examen aux faits reprochés. Ce contrôle fait obligation aux juges de vérifier, au regard des éléments précis et circonstanciés résultant de la procédure au moment où ils statuent, que les pièces du dossier établissent, d'une part, l'existence d'agissements susceptibles de caractériser les infractions pour lesquelles la personne est mise en examen, selon la qualification notifiée à ce stade, et, d'autre part, la vraisemblance de leur imputabilité à celle-ci. Les juges, lorsqu'ils concluent souverainement à la vraisemblance de la participation de la personne à la commission d'une ou plusieurs infractions, ne sont tenus, en cas de contestation, que d'exposer les éléments du dossier par lesquels ils se déterminent (■ Cass. crim., 9 févr. 2021, n° 20-86.339, §§ 6-8 : *Dr. pén.* 2021, n° 4, comm. 76, note A. Maron et M. Haas). Justifie l'existence de charges suffisantes à la détention provisoire, la chambre de l'instruction qui, répondant à une demande de libération d'un individu qu'elle a préalablement mis en accusation, reprend, en l'absence de faits nouveaux, son arrêt de mise en accusation (■ Cass. crim., 13 avr. 2021, n° 21-80.728, § 16).

8) Demandes d'actes et restitutions. L'ordonnance par laquelle le juge d'instruction refuse de communiquer à la personne mise en examen une copie de documents médicaux la concernant et placés sous scellées est susceptible d'appel (■ Cass. crim., 28 oct. 2014, n° 14-84.796 : *Bull. crim.* n° 217). Il en va de même de l'ordonnance statuant sur la restitution d'objets (■ Cass. crim., 4 nov. 1991, n° 90-84.567 : *JurisData* n° 1991-003625 ; *Bull. crim.* n° 393).

9) Mesures restrictives et privatives de liberté. L'ordonnance de placement sous contrôle judiciaire est susceptible d'appel en application de l'article 186 du Code de procédure pénale dans sa rédaction issue de la loi du 4 janvier 1993, mais ayant acquis un caractère définitif, son irrégularité ne peut plus être invoquée (■ Cass. crim., 27 oct. 1993, n° 93-83.670 : *JurisData* n° 1993-002555 ; *Bull. crim.* n° 318). La demande de limitation du montant d'un cautionnement constitue, en réalité, une demande de mainlevée partielle du contrôle judiciaire, telle que prévue par l'article 140 du Code de procédure pénale, de sorte que l'ordonnance qui refuse d'y faire droit est expressément visée par l'article 186, premier alinéa, parmi les ordonnances du juge d'instruction que l'inculpé (mis en examen) peut frapper d'appel (■ Cass. crim., 24 juin 1986, n° 85-92.891 : *Bull. crim.* n° 560 ; *JurisData* n° 1986-001539 ; *D.* 1987, somm. 78, obs. J. Pradel). L'appel interjeté contre une ordonnance de placement en détention provisoire oblige la chambre de l'instruction à vérifier que ladite ordonnance a été rendue par un juge compétent (■ Cass. crim., 9 mai 1990, n° 90-80.928 : *Bull. crim.* n° 176).

10) Isolement judiciaire. Il résulte de l'article 186 du Code de procédure pénale que la personne mise en examen est recevable à interjeter appel de la décision du juge des libertés et de la détention rejetant sa demande de mise en liberté.

Selon l'article R. 57-5-7 du même code, le juge des libertés et de la détention, lorsqu'il statue sur la prolongation de la détention provisoire ou sur une demande de mise en liberté, peut mettre fin à l'isolement judiciaire de la personne détenue, d'office, sur réquisitions du procureur de la République ou à la demande de celle-ci.

Il s'ensuit que, dans ce cas, l'effet dévolutif de l'appel commande que la chambre de l'instruction puisse être saisie, par ce recours, en lieu et place du juge des libertés et de la détention, tant du contentieux de la détention provisoire que de celui du maintien à l'isolement, qui constitue une mesure d'exécution temporaire de cette détention accessoire à celle-ci (▪ Cass. crim., 4 janv. 2022, n° 21-85.869, §§ 8-10).

11) Appel interjetté par un mineur. L'ordonnance renvoyant un mineur pour crime, soit devant la cour d'assises des mineurs, soit devant le tribunal pour enfants statuant en matière criminelle, peut être frappée d'appel dans les mêmes conditions qu'une ordonnance renvoyant un majeur devant une cour d'assises. C'est donc à tort que la chambre de l'instruction a déclaré irrecevable l'appel interjeté par le mineur mis en examen à l'encontre de l'ordonnance le renvoyant devant le tribunal pour enfant sous la qualification criminelle au motif que l'article 186 du Code de procédure pénale, applicable en vertu de l'article 24 de l'ordonnance du 2 février 1945, aux ordonnances du juge d'instruction des mineurs, ne prévoit pas de droit d'appel contre les ordonnances de règlement rendues par ce magistrat, à l'exception de celles portant mise en accusation devant la cour d'assises des mineurs (▪ Cass. crim., 26 juin 2019, n° 19-82.745 : *Bull. crim.* à paraître).

12) Ordonnances non visées par l'article 186, alinéa 1er du Code de procédure pénale. L'appel contre la décision de la juridiction d'instruction portant sur l'application de l'article 132-78 du Code pénal doit être déclarée irrecevable en application de l'article 186, alinéa 1er du Code de procédure pénale. La décision de la juridiction d'instruction portant sur l'application de l'article 132-78 du Code pénal ne lie pas la juridiction de jugement, devant laquelle le prévenu pourra toujours, s'il l'estime utile, invoquer le bénéfice des dispositions dudit article (▪ Cass. crim., 16 nov. 2016, n° 16-85.101 : *JurisData* n° 2016-024035 ; *Bull. crim.* n° 302).

13) Exceptions au caractère limitatif de l'article 186, alinéa 1er du Code de procédure pénale. Dès lors que la décision du juge d'instruction de refuser de faire droit à une exception d'immunité des agents diplomatiques à l'égard de poursuites pénales est de nature à entraîner une violation des dispositions de la Convention de Vienne sur les immunités diplomatiques et le protocole relatif aux immunités des représentants des membres du Conseil de l'Europe auprès de ce conseil, les termes de l'article 186 du Code de procédure pénale ne peuvent pas faire obstacle à l'examen immédiat par la juridiction d'appel de la fin de non-recevoir invoquée par l'inculpé (personne mise en examen) (▪ Cass. crim., 5 mars 1985, n° 84-92.155 : *Bull. crim.* n° 101). La décision du juge d'instruction repoussant le bénéfice d'une loi d'amnistie est susceptible d'appel nonobstant les dispositions des articles 186 et 186-1 du Code de procédure pénale (▪ Cass. crim., 10 juin 1982, nos 81-94.315, 81-94.316, 81-94.317 et 81-94.375 : *Bull. crim.* n° 156. ▪ Cass. crim., 26 juin 1995, n° 93-81.646 : *JurisData* n° 1995-001879 ; *Bull. crim.* n° 233. ▪ Cass. crim., 4 janv. 2005, n° 04-83.199 : *Bull. crim.* n° 4).

II – APPEL DE LA PARTIE CIVILE

A – Appel admis

14) Ordonnances postérieures à la constitution de partie civile. La partie civile ne peut interjeter appel que des ordonnances rendues postérieurement à sa constitution (▪ Cass. crim., 15 déc. 1954 : *Bull. crim.* n° 402).

15) Ordonnances de non-lieu et de non-informer. L'article 186 du Code de procédure pénale ne limitant pas le droit d'appel de la partie civile contre une ordonnance de non-lieu aux dispositions de cette ordonnance portant sur les faits qu'elle a elle-même dénoncés, elle doit pouvoir contester, le non-lieu prononcé sur des faits nouveaux révélés par le ministère public lors de l'instruction (▪ Cass. crim., 22 févr. 2000, n° 99-83.140 : *Bull. crim.* n° 74). L'article 186, alinéa 2 du Code de procédure pénale autorise la partie civile à interjeter appel d'une ordonnance de non-lieu, sans qu'il y ait lieu de distinguer, lorsque plusieurs personnes ont été mises en examen, si le non-lieu les concerne toutes ou seulement certaines d'entre elles (▪ Cass. crim., 11 avr. 2018, n° 18-80.729). La partie civile a qualité pour contester une ordonnance de refus d'informer opposée à la suite d'une demande de réouverture d'information introduite par le procureur de la République en vertu de l'article 190 du Code de procédure pénale (▪ Cass. crim., 23 juin 2009, n° 08-87.679 : *JurisData* n° 2009-049125 ; *Bull. crim.* n° 127).

16) Appel d'une ordonnance de non-lieu et examen de recevabilité de la constitution de partie civile. L'interdiction faite aux juridictions d'instruction par le quatrième alinéa de l'article 87 du Code de procédure pénale d'examiner la contestation portant sur une constitution de partie civile, lorsque cette contestation a été formée après l'envoi de l'avis de fin d'information, n'a pas vocation à s'appliquer dans le cas où la chambre de l'instruction est saisie de l'appel d'une ordonnance de non-lieu. Dans un tel cas, la contestation ne présente pas le caractère dilatoire, auquel le texte précité a eu pour seul objet de faire obstacle, qu'elle revêt lorsqu'elle est soulevée tardivement en fin d'information aux seules fins de permettre de relever appel d'une éventuelle ordonnance de renvoi (■ Cass. crim., 8 févr. 2022, n° 21-82.237, §§ 10-11).

17) Ordonnances faisant grief à ses intérêts. Porte atteinte aux intérêts de la partie civile, l'ordonnance déclarant irrecevable sa constitution de partie civile (■ Cass. crim., 6 avr. 1993, n° 92-84.778 : *JurisData* n° 1993-704806 ; *Bull. crim.* n° 147) ou celle fixant le montant d'une consignation (■ Cass. crim., 1er juill. 1994, n° 94-80.236 : *JurisData* n° 1994-002948 ; *Bull. crim.* n° 283). La partie civile peut relever appel d'une ordonnance par laquelle le juge d'instruction a omis de statuer sur des infractions qui lui ont été dénoncées et dont il est régulièrement saisi (■ Cass. crim., 13 juin 1995, n° 93-81.921 : *Bull. crim.* n° 215. ■ Cass. crim., 5 août 2004, n° 04-83.280).

B – Appel irrecevable

18) Illustrations. La partie civile ne saurait interjeter appel de l'ordonnance de renvoi devant le tribunal correctionnel, même lorsque les faits ont été requalifiés à cette occasion (■ Cass. crim., 9 avr. 1991, n° 90-84.124 : *Bull. crim.* n° 170 ; depuis la loi n° 2004-204 du 9 mars 2004, V. cependant, art. 186-3, al. 1er, p. 616). L'appel de l'ordonnance de renvoi devant le tribunal correctionnel n'étant recevable que dans le seul cas où l'appelant estime que les faits sont de nature criminelle et justifient un renvoi devant la cour d'assises, la déclaration d'appel, pour échapper à l'irrecevabilité de principe édictée par l'article 186 du Code de procédure pénale, doit faire apparaître de manière non équivoque que ce recours est exercé en application de l'article 186-3 dudit code (■ Cass. crim., 15 mars 2006, n° 05-87.299 : *Bull. crim.* n° 79). L'ordonnance de mise en accusation devant la cour d'assises ayant requalifié les faits de la poursuite ne fait pas grief, au sens de l'article 186, alinéa 2, du Code de procédure pénale, aux intérêts de la partie civile dont les droits demeurent entiers devant la juridiction de jugement (■ Cass. crim., 26 nov. 2003, n° 03-82.563 : *Bull. crim.* n° 225). Dès lors que les droits de la partie civile demeurent entiers devant la juridiction de jugement, l'article 186 du Code de procédure pénale, qui ne lui attribue pas, comme à la personne mise en examen, le droit d'interjeter appel de l'ordonnance de mise en accusation, n'est pas incompatible avec le principe du procès équitable (■ Cass. crim., 6 avr. 2004, n° 04-80.579 : *JurisData* n° 2004-023487 ; *Bull. crim.* n° 87). La partie civile n'est pas recevable à former appel de l'ordonnance par laquelle le juge d'instruction refuse de faire droit à des réquisitions du procureur de la République aux fins de mise en examen, une telle décision ne faisant pas grief à ses intérêts au sens de l'article 186, alinéa 2 du Code de procédure pénale (■ Cass. crim., 20 oct. 2015, n° 15-83.441 : *Bull. crim.* n° 226). Les dispositions de l'article 186 du Code de procédure pénale ne permettent pas à une partie civile constituée d'interjeter appel d'une ordonnance de jonction des procédures du magistrat instructeur (■ Cass. crim., 20 oct. 1986, n° 85-91.746 : *Bull. crim.* n° 295).

III – APPEL CONTRE DES ORDONNANCES PORTANT SUR LA COMPÉTENCE

19) Ordonnances statuant sur la compétence. Selon l'article 186, alinéa 3 du Code de procédure pénale les parties peuvent interjeter appel de l'ordonnance par laquelle le juge d'instruction a, d'office ou sur déclinatoire, statué sur sa compétence. Il en va ainsi lorsqu'une juridiction d'instruction se dessaisit au profit d'une juridiction spécialisée (■ Cass. crim., 4 déc. 2013, n° 13-85.565 : *JurisData* n° 2013-027875 ; *Bull. crim.* n° 247) ou qu'elle statue sur sa compétence territoriale (■ Cass. crim., 2 févr. 2005, n° 04-87.253 : *JurisData* n° 2005-027070 ; *Bull. crim.* n° 38). L'article 186, alinéa 3 du Code de procédure pénale s'applique lorsque le juge statue implicitement sur le déclinatoire de compétence dont il a été saisi par l'inculpé (mis en examen) (■ Cass. crim., 26 juin 1968, n° 67-93.737 : *Bull. crim.* n° 207).

20) Ordonnances ne statuant pas sur la compétence. L'ordonnance de renvoi devant le tribunal de police rendue en application de l'article 178 du Code de procédure pénale n'est pas de celles dont, selon l'article 186, alinéa 3 du même code, l'inculpé peut interjeter appel (■ Cass. crim., 27 oct. 1992, n° 92-81.041 : *Bull. crim.* n° 342). Est irrecevable l'appel interjeté contre la partie de l'ordonnance portant sur la prescription de l'action publique (■ Cass. crim., 8 oct. 1977, n° 77-92.297 : *Bull. crim.* n° 272), ou celui tendant à remettre en cause les conclusions relatives à l'autorité de la chose jugée (■ Cass. crim., 26 juin 1947 : *JCP* G 1947, II, 3747, note F. Brouchot). L'ordonnance prescrivant la disjonction de certaines pièces de la procédure afin d'éviter une dualité des poursuites à raison des mêmes faits, n'a pas statué, même implicitement, sur la compétence et n'entre dans aucun des autres cas limitativement énumérés à l'article 186 du Code de procédure pénale comme donnant ouverture au droit d'appel de l'inculpé (personne mise en examen) (▪ Cass. crim., 16 nov. 1967, n° 67-91.364 : *Bull. crim.* n° 292). L'ordonnance du magistrat instructeur renvoyant un mineur devant le tribunal pour enfants statuant en matière criminelle ne tranche à l'égard de celui-ci aucune question de compétence et ne contient aucune disposition définitive de nature à s'imposer au tribunal saisi de l'accusation ; l'appel contre ladite ordonnance est donc irrecevable (▪ Cass. crim., 7 juin 2017, n° 17-81.515 : *Bull. crim.* n° 263).

21) **Ordonnances complexes.** Est recevable l'appel interjeté contre une ordonnance de renvoi devant le tribunal correctionnel, dès lors qu'en retenant la compétence des juridictions répressives françaises pour se prononcer sur un fait commis à l'étranger par un agent diplomatique dans les locaux de son ambassade, l'ordonnance litigieuse statuait également sur la compétence (▪ Cass. crim., 16 févr. 2005, n° 04-86.948 : *Bull. crim.* n° 66). Est également recevable l'appel par l'inculpé (personne mise en examen) d'une ordonnance de renvoi devant le tribunal correctionnel qui présente le caractère d'une décision complexe en ce qu'elle a admis implicitement une partie civile dont la recevabilité a été explicitement contestée (▪ Cass. crim., 14 déc. 1982, n° 82-90.109 : *JurisData* n° 1982-702852 ; *Bull. crim.* n° 288, *adde.* ▪ Cass. crim., 24 mai 1996, n° 96-80.666 : *Bull. crim.* n° 216. ▪ Cass. crim., 4 nov. 1999, n° 99-82.902 : *JurisData* n° 1999-004792 ; *Bull. crim.* n° 243. ▪ Cass. crim., 27 nov. 2002, n° 01-88.192 : *JurisData* n° 2002-017309. ▪ Cass. crim., 21 juin 2006, n° 06-81.335 : *JurisData* n° 2006-034791). L'ordonnance de renvoi qui omet de statuer sur une contestation de la recevabilité de l'ensemble des parties civiles figurant dans des observations écrites présentées après réquisitoire définitif est complexe et susceptible d'appel de la personne mise en examen (▪ Cass. crim., 1er oct. 2013, n° 12-82.985 : *JurisData* n° 2013-021236 ; *Dr. pén.*, comm. 162, M. Haas et A. Maron. ▪ Cass. crim., 26 nov. 2014, n° 14-84.927 : *JurisData* n° 2014-028850). Lorsqu'il est saisi, par la personne mise en examen, d'une requête en constatation de l'amnistie, le juge d'instruction est tenu de statuer par une décision soumise aux voies de recours ordinaires. Il en découle que l'ordonnance de renvoi devant le tribunal correctionnel, intervenue sans qu'il ait été statué sur une telle demande, comporte un rejet implicite de celle-ci et présente le caractère d'une décision complexe susceptible d'appel de la part de la personne mise en examen (▪ Cass. crim., 4 janv. 2005, n° 04-83.199 : *Bull. crim.* n° 4).

En revanche, dès lors que l'ordonnance de règlement ne comporte aucune décision implicite de rejet d'une demande de la personne mise en examen à laquelle le juge aurait omis de répondre, elle ne présente pas un caractère complexe, de sorte qu'elle est insusceptible d'appel (▪ Cass. crim., 11 mai 2016, n° 16-80.348 : *JurisData* n° 2016-008922).

IV – FORMES ET DÉLAIS DE L'APPEL

22) **Généralités.** Les formes et délais d'appel étant d'ordre public, les juges sont bien fondés à relever d'office leur méconnaissance, sans avoir à provoquer préalablement les explications des parties sur ce point (▪ Cass. crim., 25 mai 2004, n° 03-86.245 : *JurisData* n° 2004-024124 ; *Bull. crim.* n° 135 ; *JCP G* 2004, IV, 2511. ▪ Cass. crim., 17 févr. 2015, n° 14-80.806 : *Bull. crim.* n° 28). Aucune disposition légale n'impose que les conditions de forme et de délai de l'appel soient portées à la connaissance de la personne concernée (▪ Cass. crim., 24 mai 2011, n° 10-87.892 : *JurisData* n° 2011-012326 ; *Bull. crim.* n° 103 ; *Procédures* 2013, comm. 313, J. Buisson).

23) **Formes.** Aux termes de l'article 502 du Code de procédure pénale, la déclaration d'appel doit être faite au greffier de la juridiction qui a rendu la décision attaquée (▪ Cass. crim., 21 janv. 1997, n° 96-80.654). Cependant lorsque l'appelant est détenu, le recours peut être introduit par une déclaration au chef de l'établissement pénitentiaire (▪ Cass. crim., 4 avr. 2007, n° 14-80.806 : *Bull. crim.* n° 107). Cette déclaration peut être envoyée au greffe par télécopie depuis ledit établissement (même arrêt).

24) **Délais.** Le délai de 10 jours pour interjeter appel contre l'ordonnance attaquée commence à courir non du moment où la décision du juge d'instruction a été notifiée à la partie civile et à son avocat le jour de son prononcé, mais à la date de remise du pli recommandé à la Poste (▪ Cass. crim., 28 oct. 2008, n° 08-82.524 : *JurisData* n° 2008-045772 ; *Bull. crim.* n° 216 ; *Procédures* 2009, comm. 63, obs. J. Buisson. ▪ Cass. crim., 22 mai 2008, n° 07-88.267 : *JurisData* n° 2008-044293). Comp., L'appel, par une partie privée, d'une ordonnance rendue par le juge d'instruction doit être formé dans les dix jours de sa notification, laquelle peut être effectuée verbalement avec émargement au dossier, ou par lettre recommandée. Le délai d'appel est calculé à compter du lendemain de la notification (▪ Cass. crim., 27 mars 1995 : *JurisData* n° 1995-004360). Il résulte des articles 268 et 186 du Code de procédure pénale que l'ordonnance de mise en accusation doit être signifiée à l'accusé si celui-ci n'est

pas détenu. Le délai d'appel ne court qu'à compter de l'accomplissement de cette formalité (▪ Cass. crim., 6 mars 2002, n° 01-88.483 : *JurisData* n° 2002-013902 ; *Bull. crim.* n° 58).

25) Force majeure. les dispositions de l'article 186 du Code de procédure pénale ne sont pas incompatibles avec celles de l'article 6 de la Convention européenne des droits de l'Homme, dès lors que le délai de 10 jours peut être prorogé s'il est établi par la partie qu'elle a été absolument empêchée d'exercer son recours par une circonstance indépendante de sa volonté, cas de force majeure ou obstacle invincible (▪ Cass. crim., 19 déc. 2000 : *JurisData* n° 2000-007990 ; *Dr. pén.* 2001, comm. 69. ▪ Cass. crim., 2 oct. 2001 : *JurisData* n° 2001-011736). Justifie sa décision la chambre d'accusation (chambre de l'instruction) qui déclare irrecevable l'appel de la partie civile n'alléguant pas qu'elle a été absolument empêchée par une circonstance indépendante de sa volonté, un cas de force majeure ou un obstacle invincible, d'exercer son recours dans le délai de rigueur de dix jours suivant la notification de l'ordonnance entreprise (▪ Cass. crim., 19 nov. 1997, n° 96-85.203 : *Bull. crim.* n° 396). Le délai de dix jours prescrit par l'article 186 du Code de procédure pénale ne saurait être écarté s'il n'est pas établi l'existence d'un obstacle de nature à mettre la partie concernée dans l'impossibilité d'exercer son recours en temps utile (▪ Cass. crim., 17 déc. 2013, n° 12-87.467 : *JurisData* n° 2013-029428).

V – POUVOIRS DU PRÉSIDENT DE LA CHAMBRE DE L'INSTRUCTION

26) Non-admission d'appel, conditions. Le président de la chambre de l'instruction ne tient de l'article 186, dernier alinéa, du Code de procédure pénale, le pouvoir de rendre une ordonnance de non-admission d'appel que lorsque ce recours a été formé après l'expiration du délai de dix jours suivant la notification ou la signification de la décision dont appel, prévu par le quatrième alinéa de ce texte. Ainsi, excède ses pouvoirs le président de la chambre de l'instruction ayant déclaré non admis, comme tardif, l'appel interjeté par le demandeur, le 24 août 2018, de l'ordonnance de rejet d'une demande de mise en liberté rendue le 30 juillet 2018 par le juge des libertés et de la détention et notifiée le 8 août 2018 à l'appelant, dès lors qu'il résulte de l'examen des pièces de la procédure que, par une lettre du 16 août 2016, reçue au moins depuis le 17 août 2018 par l'administration de l'établissement pénitentiaire, l'intéressé avait manifesté son intention d'interjeter appel de cette ordonnance (▪ Cass. crim., 27 nov. 2018, n° 18-85.049). Il en va de même lorsque le président de la chambre de l'instruction ne prend pas en compte l'intention d'interjeter appel d'un détenu exprimée deux jours après la notification de l'ordonnance querellée, la lettre manifestant cette volonté ayant été revêtue du cachet du greffe de la maison d'arrêt dès le lendemain (▪ Cass. crim., 28 janv. 2020, n° 19-87.180, § 11).

27) Non-admission d'appel, exclusion des ordonnances de saisie pénale. Le président de la chambre de l'instruction ne détient pas le pouvoir de rendre une ordonnance de non-admission d'un appel formé contre une ordonnance de saisie pénale (▪ Cass. crim., 17 févr. 2021, n° 20-83.504, § 6).

28) Non-admission d'appel – Faculté. Si le président de la chambre d'accusation (instruction) est investi du pouvoir de rendre d'office une ordonnance de non-admission d'appel formé en dehors des conditions prévues par les alinéas 1er à 3 de l'article 186, il demeure libre de ne pas user de ce pouvoir. En ce cas, la chambre d'accusation (chambre de l'instruction) a qualité pour statuer sur la recevabilité de d'appel (▪ Cass. crim., 19 mars 1975, n° 74-90.121 : *Bull. crim.* n° 82). Inversement, la décision du président de la chambre d'accusation de saisir cette juridiction d'un recours contre une ordonnance portant rejet d'une demande d'actes d'instruction ne préjuge pas la recevabilité de la requête (▪ Cass. crim., 4 août 1998, n° 98-81.678 : *JurisData* n° 1998-003626 ; *Bull. crim.* n° 220).

29) Non-admission d'appel – Illustrations. Il appartient au président de la chambre de l'instruction, par application des dispositions du dernier alinéa de l'article 186 du Code de procédure pénale, dans le but d'une bonne administration de la justice, de constater l'irrecevabilité de l'appel d'une ordonnance de renvoi devant le tribunal correctionnel, lorsque la procédure suivie dès l'origine sous une qualification délictuelle ne comporte aucune possibilité de qualification criminelle des faits retenus (▪ Cass. crim., 8 janv. 2020, n° 19-81.488 : *Bull. crim.* à paraître). Les dispositions de l'article 186, dernier alinéa, du Code de procédure pénale, qui permettent au président de la chambre d'accusation (chambre de l'instruction), lorsqu'il a été fait appel d'une décision en dehors des cas prévus par ses 3 premiers alinéas, de rendre d'office une ordonnance de non-admission d'appel, ne sont susceptibles d'aucune voie de recours. Il en va ainsi lorsque la partie civile entend contester le refus d'une demande de saisie, qui n'entrait pas, à l'époque des faits, dans les prévisions de l'article 82-1 du Code de procédure pénale (▪ Cass. crim., 24 juin 1998, n° 98-80.446 : *Bull. crim.* n° 207). L'article 186, dernier alinéa, du Code de procédure pénale, dans sa rédaction issue de la loi n° 2007-291 du 5 mars 2007, entrée en vigueur le 1er juillet 2007, ne confère pas au président de la chambre de l'instruction le pouvoir de rendre une ordonnance de non-admission lorsqu'il a été relevé appel d'une ordonnance de rejet de demande de contre-expertise. Depuis l'entrée en vigueur de la loi précitée, la décision entreprise n'entre plus en effet dans les prévisions de l'article 186-1 du Code de procédure pénale, de sorte que le président de la chambre de l'instruction excéderait ses pouvoirs en déclarant l'appel non admis (■ Cass. crim., 4 déc. 2007, n° 07-87.047 : *JurisData* n° 2007-042022 ; *Bull. crim.* n° 296 ; *Procédures* 2008, comm. 57, obs. J. Buisson ; *D.* 2007, p. 355, A. Darsonville). Il en va de même pour un complément d'expertise (■ Cass. crim., 15 janv. 2008, n° 07-87.386, F-D : *JurisData* n° 2008-042706 ; *Dr. pén.* 2008, comm. 57, obs. A. Maron). En revanche, la demande adressée au juge d'instruction, qui ne contient aucune indication d'une expertise antérieure que le demandeur aurait voulu voir compléter, porte bien sur une expertise, de sorte que le président de la chambre de l'instruction n'excède pas ses pouvoirs en rendant une ordonnance de non-admission d'appel (■ Cass. crim., 10 nov. 2009, n° 09-84.822 : *JurisData* n° 2009-050273 ; *D.* 2009, p. 2810). Hors les cas prévus par les deux premiers alinéas de l'article 186-3 du Code de procédure pénale, l'appel formé par la personne mise en examen contre une ordonnance de renvoi devant le tribunal correctionnel est irrecevable de sorte que l'ordonnance de non-admission de l'appel n'est entachée d'aucun excès de pouvoir (■ Cass. crim., 28 mars 2017, n° 17-80.382 : *Bull. crim.* n° 85).

30) Non-admission d'appel et impartialité. La chambre de l'instruction, saisie d'un appel après annulation d'une ordonnance présidentielle déclarant un précédent appel non admis, est irrégulièrement composée si elle est présidée par le magistrat ayant rendu l'ordonnance annulée (■ Cass. crim., 27 juin 2007, n° 07-82.824 : *JurisData* n° 2007-040269 ; *Bull. crim.* n° 177 ; *Procédures* 2007, comm. 262, J. Buisson).

31) Saisine directe du président de la Chambre de l'instruction. Il résulte des dispositions combinées des articles 6 de la Convention européenne des droits de l'Homme, 80-1-1, 81, dernier alinéa, ensemble l'article 186 du Code de procédure pénale que faute par le juge d'instruction d'avoir statué, par une ordonnance motivée susceptible d'appel de plein droit, dans le délai d'un mois, sur la requête par laquelle un mis en examen lui demande de revenir sur sa décision et de lui octroyer le statut de témoin assisté, la partie concernée peut saisir directement la chambre de l'instruction (■ Cass. crim., 6 oct. 2015, n° 15-82.700 : *Bull. crim.* n° 216). Le défaut, par le juge d'instruction, de réponse à une demande tendant à constater la prescription de l'action publique dans le délai d'un mois ouvre uniquement au demandeur la possibilité de saisir directement le président de la chambre de l'instruction sur le fondement de l'article 81, alinéa 11, du Code de procédure pénale. N'est donc pas admissible l'appel formé contre la décision de renvoi devant le tribunal correctionnel dès lors que l'intéressé n'a pas usé de la faculté de saisir le président de la chambre de l'instruction à cette fin (■ Cass. crim., 26 nov. 2003, n° 03-85.240 : *Bull. crim.* n° 222. ■ Cass. crim., 4 déc. 2001, n° 01-86.500 : *Bull. crim.* n° 251). En statuant ainsi, le président de la chambre ne commet aucun excès de pouvoir (même arrêt).

VI – EFFETS DE L'APPEL

32) Évocation. Il se déduit des articles 186, 206 et 595 du Code de procédure pénale que lorsqu'elle est saisie de l'appel contre une ordonnance de renvoi devant le tribunal correctionnel intervenue sans que le juge d'instruction ait statué sur la contestation de la recevabilité d'une constitution de partie civile, la chambre de l'instruction est tenue d'annuler cette ordonnance qui présente un caractère complexe, d'évoquer et de procéder au règlement de l'entier dossier de la procédure d'information à l'égard de toutes les personnes mises en examen (■ Cass. crim., 10 févr. 2016, n° 15-84.152 : *Bull. crim.* n° 37). L'appel formé par la partie civile contre une ordonnance de non-lieu du juge d'instruction a pour effet de remettre en question devant la chambre de l'instruction le sort de l'action publique (■ Cass. crim., 17 sept. 2003, n° 02-87.391 : *JurisData* n° 2003-020540 ; *Bull. crim.* n° 167).

33) Pourvoi en cassation. L'appel d'un refus d'acte ayant été rejeté par la chambre de l'instruction, le pourvoi en cassation se trouve sans objet, dès lors que l'ordonnance était dépourvue de tout caractère complexe (■ Cass. crim., 7 févr. 2017, n° 16-86.835 : *Bull. crim.* n° 35).

Rédaction future. Art. 186 *(Mod., L. n° 2015-993, 17 août 2015 ; mod. à compter du 1er janvier 2023, L. n° 2021-1729, 22 déc. 2021).* – Le droit d'appel appartient à la personne mise en examen contre les ordonnances et décisions prévues par les articles 80-1-1, 87, 139, 140, 137-3, 142-6, 142-7, 145-1, 145-2, 148, 167, avant-dernier alinéa, 179, troisième alinéa, 181, 181-1 et 696-70.

La partie civile peut interjeter appel des ordonnances de non-informer, de non-lieu et des ordonnances faisant grief à ses intérêts civils. Toutefois, son appel ne peut, en aucun cas, porter sur une ordonnance ou sur la disposition d'une ordonnance relative à la détention de la personne mise en examen ou au contrôle judiciaire.

Les parties peuvent aussi interjeter appel de l'ordonnance par laquelle le juge a, d'office ou sur déclinatoire, statué sur sa compétence.

L'appel des parties ainsi que la requête prévue par le cinquième alinéa de l'article 99 doivent être formés dans les conditions et selon les modalités prévues par les articles 502 et 503, dans les dix jours qui suivent la notification ou la signification de la décision.

Le dossier de l'information ou sa copie établie conformément à l'article 81 est transmis, avec l'avis motivé du procureur de la République, au procureur général, qui procède ainsi qu'il est dit aux articles 194 et suivants.

Si le président de la chambre de l'instruction constate qu'il a été fait appel d'une ordonnance non visée aux alinéas 1 à 3 du présent article, il rend d'office une ordonnance de non-admission de l'appel qui n'est pas susceptible de voies de recours. Il en est de même lorsque l'appel a été formé après l'expiration du délai prévu au quatrième alinéa ou lorsque l'appel est devenu sans objet. Le président de la chambre de l'instruction est également compétent pour constater le désistement de l'appel formé par l'appelant.

Art. 186-1 *(Mod., L. n° 2007-291, 5 mars 2007)*. **– Les parties peuvent aussi interjeter appel des ordonnances prévues par le neuvième alinéa de l'article 81, par les articles 82-1 et 82-3, et par le deuxième alinéa de l'article 156.**

Dans ce cas, le dossier de l'information, ou sa copie établie conformément à l'article 81, est transmis avec l'avis motivé du procureur de la République au président de la chambre de l'instruction.

Dans les huit jours de la réception de ce dossier, le président décide, par une ordonnance qui n'est pas susceptible de voie de recours, s'il y a lieu ou non de saisir la chambre de l'instruction de cet appel.

Dans l'affirmative, il transmet le dossier au procureur général qui procède ainsi qu'il est dit aux articles 194 et suivants.

Dans la négative, il ordonne par décision motivée que le dossier de l'information soit renvoyé au juge d'instruction.

I – FILTRE DU PRÉSIDENT DE LA CHAMBRE DE L'INSTRUCTION

A – Non-admission d'appel

1) Actes prévus à l'article 186-1 du Code de procédure pénale. Le Président de la chambre de l'accusation (chambre de l'instruction) saisi de l'appel d'une ordonnance refusant de faire droit à une demande d'acte peut refuser de le transmettre se fondant sur des motifs tirés de l'irrecevabilité de la requête. C'est donc à bon droit qu'il a pu décider qu'il n'y avait pas lieu de saisir la chambre de cet appel au motif que la demande d'actes était irrecevable pour avoir été formée par lettre adressée au juge d'instruction et non au greffier, comme l'exige l'article 81, alinéa 10, du Code de procédure pénale (▪ Cass. crim., 11 janv. 2000, n° 99-85.939 : *Bull. crim.* n° 9). C'est à bon droit que le président de la chambre de l'instruction a dit n'y avoir lieu de saisir la chambre de l'instruction d'une demande d'interrogatoire introduite par le mis en examen après avis de clôture de l'information, dès lors que les dispositions de l'article 82-1, alinéa 3 du Code de procédure pénale ne sont pas applicables lorsque l'avis de fin d'instruction de l'article 175 dudit code a été délivré (▪ Cass. crim., 25 juill. 2018, n° 18-81.461).

2) Actes non prévus à l'article 186-1 du Code de procédure pénale. Puisqu'une saisie pénale de créance, qui n'a pas le caractère d'un acte utile à la manifestation de la vérité, n'a pas pour effet d'entraîner la caducité de l'avis de fin d'information, l'ordonnance par laquelle le président de la chambre de l'instruction a déclaré, à bon droit, la demande d'acte irrecevable, n'est entachée d'aucun excès de pouvoir. Elle n'est, alors, aux termes de l'article 186-1, alinéa 3, du Code de procédure pénale, insusceptible de recours (▪ Cass. crim., 21 juin 2016, n° 16-81.084 : *JurisData* n° 2016-012099 ; *Bull. crim.* n° 190). Une demande de mise en examen formulée par la partie civile n'étant pas un acte utile à la manifestation de la vérité, le président de la chambre de l'instruction qui refuse de transmettre l'appel contre l'ordonnance du juge d'instruction ayant refusé d'y faire droit ne commet pas d'excès de pouvoirs (▪ Cass. crim., 18 janv. 2011, n° 10-87.468 : *JurisData* n° 2011-001697 ; *Procédures* 2001, comm. 146, obs. A.-S. Chavent-Leclère). Dès lors que le président de la chambre de l'instruction tient de l'article 186-3, alinéa 3, du Code de procédure pénale, le pouvoir, après avoir énoncé les motifs qui le portent à considérer qu'il n'y a pas lieu de saisir la chambre de l'instruction des demandes d'acte, de rendre une ordonnance de non-admission de l'appel, en ce que, hors les cas prévus par les deux premiers alinéas de l'article 186-3 du Code de procédure pénale, l'appel formé par la personne mise en examen contre une ordonnance de renvoi devant le tribunal correctionnel est irrecevable, l'ordonnance de non-admission de l'appel n'est, en ce cas, entachée d'aucun excès de pouvoir (▪ Cass. crim., 28 mars 2017, n° 17-80.382 : *Bull. crim.* n° 85).

3) Expertise. La décision rejetant une demande de complément d'expertise n'entre pas dans les prévisions de l'article 186-1 du Code de procédure pénale. Il s'en déduit que le président de la chambre de l'instruction qui rend une ordonnance de non-admission d'appel contre le recours exercé à l'encontre de ladite décision excède ses pouvoirs (■ Cass. crim., 6 févr. 2018, n° 17-84.950). V. également sous art. 186, p. 606.

4) Impartialité. L'exercice par le président de la chambre d'accusation du pouvoir qu'il tient de l'article 186-1, alinéa 3, du Code de procédure pénale et qui procède du pouvoir général attribué à la chambre d'accusation (de l'instruction), juridiction d'instruction du second degré, ne saurait interdire à ce magistrat de participer à la décision de règlement de la procédure (■ Cass. crim., 26 janv. 2000, n° 99-85.725 : *Bull. crim.* n° 41).

B – Transmission à la chambre de l'instruction

5) La décision du président de la chambre d'accusation (de l'instruction) de saisir cette juridiction d'un recours contre une ordonnance portant rejet d'une demande d'actes d'instruction ne préjuge pas la recevabilité de la requête (■ Cass. crim., 4 août 1998, n° 98-81.678 : *Bull. crim.* n° 220). Encourt la cassation, l'arrêt de la chambre de l'instruction déclarant irrecevable l'appel formé contre une ordonnance refusant une demande de traduction au motif que le courrier adressé par le juge d'instruction ne constituait pas un acte juridictionnel, dès lors qu'il lui incombait de statuer sur la demande dont elle avait été saisie par le Président, et dont le refus par le juge d'instruction constitue un acte juridictionnel, encore qu'il n'y ait répondu sous la forme d'un simple courrier (■ Cass. crim., 4 nov. 2015, n° 15-84.012 : *Bull. crim.* n° 242).

II – MOTIVATION DES DÉCISIONS

A – Motivation du refus de transmission d'appel

6) Si l'article 186-1 du Code de procédure pénale prévoit que la décision du Président de la chambre de l'instruction de ne pas transmettre une demande d'appel, bien qu'insusceptible de voies de recours, doit être motivée, le législateur n'exige pas que celle-ci réponde à des exigences de forme ou de contenu particulières, excluant une adoption de motifs (■ Cass. crim., 26 juin 1995, n° 95-82.333 : *JurisData* n° 1995-002036 : *Bull. crim.* n° 235). Les dispositions de l'article 186-1 du Code de procédure pénale, qui prévoient que la décision du président de la chambre de l'instruction de ne pas saisir la chambre doit être motivée, ne sont pas méconnues lorsque, comme en l'espèce, le président a adopté les motifs de l'ordonnance du magistrat instructeur frappée d'appel (■ Cass. crim., 4 janv. 2005, n° 04-86.215 : *JurisData* n° 2005-026497 ; *Bull. crim.* n° 7 ; *AJ Pénal* 2005, J. Leblois-Happe). Le président de la chambre de l'instruction statue sur l'appel du refus de demande d'actes, au vu de l'ordonnance attaquée et de l'avis motivé du procureur de la République. Est entachée d'excès de pouvoir la décision du président de la chambre de l'instruction omettant de statuer au vu de l'avis motivé du procureur de la République (■ Cass. crim., 1er oct. 2013, n° 13-81.813 : *Bull. crim.* n° 182 ; *JurisData* n° 2013-021241 ; *Procédures* 2013, comm. 359, obs. A.-S. Chavent-Leclère).

B – Avis motivé du procureur de la République

7) L'article 186-1 du Code de procédure pénale, qui ne prescrit pas que l'avis motivé du procureur de la République soit communiqué aux parties, n'est pas incompatible avec l'article 6.1 de la Convention européenne des droits de l'Homme dès lors que la décision du président de ne pas saisir la chambre de l'instruction aux fins d'examiner l'appel de l'ordonnance rejetant la demande d'actes ne fait pas obstacle à ce que la partie civile puisse, ultérieurement, présenter une demande de supplément d'information soit à la chambre de l'instruction, en application de l'article 201 du Code de procédure pénale, soit aux juridictions de jugement en application des articles 463 et 512 du même code (■ Cass. crim., 4 janv. 2005, n° 04-86.215 : *JurisData* n° 2005-026497 ; *Bull. crim.* n° 2). La décision du président de la chambre de l'instruction de ne pas transmettre l'appel doit être annulée pour excès de pouvoir dès lors que la Cour de cassation n'est pas en mesure de s'assurer qu'il a statué au vu de l'avis motivé du procureur de la République (■ Cass. crim., 14 févr. 2014, n° 13-86.564 : *JurisData* n° 2014-001529).

III – VOIES DE RECOURS ET EXCÈS DE POUVOIR

A – Voies de recours

8) La décision du président de la chambre d'accusation (chambre de l'instruction) statuant sur l'appel d'une des ordonnances du juge d'instruction prévues par l'alinéa 1er de l'article 186-1 du Code de procédure pénale n'est susceptible d'aucune voie de recours (■ Cass. crim., 26 févr. 1985, n° 84-93.846 : *Bull. crim.* n° 89. ■ Cass. crim., 18 déc. 2001, n° 01-86.958 : *Bull. crim.* n° 271. ■ Cass. crim., 16 févr. 2010, n° 09-86.363, FS-P+F : *Procédures* 2010, comm. 203, obs. A.-S. Chavent-Leclère).

B – Excès de pouvoir

9) Si, selon l'article 186-1 du Code de procédure pénale, l'ordonnance de non-admission d'appel du président de la chambre de l'instruction prévue par ce texte n'est pas susceptible de recours, il en est autrement lorsque son examen fait apparaître un excès de pouvoir (▪ Cass. crim., 1er oct. 2013, n° 13-81.813 : *Bull. crim.* n° 182 ; ▪ Cass. crim., 11 déc. 2013, n° 13-84.319 : *Bull. crim.* n° 252). En motivant son refus de transmission d'appel par seule référence à des difficultés de fonctionnement de la juridiction et à la nécessité, pour lui, d'opérer des choix entre les contentieux, le président de la chambre de l'instruction, qui devait motiver sa décision au regard des spécificités de l'information en cause, a excédé ses pouvoirs (▪ Cass. crim., 8 janv. 2013, n° 12-84.953 : *JurisData* n° 2013-000713 ; *Bull. crim.* n° 2). Excède ses pouvoirs le président de la chambre de l'instruction qui dit n'y avoir lieu de saisir la chambre de l'instruction, au motif que l'appel interjeté par télécopie depuis l'établissement pénitentiaire ne respecte pas les formes de l'article 503 du Code de procédure pénale et doit être considéré comme irrecevable (▪ Cass. crim., 4 avr. 2007, n° 07-80.929 : *JurisData* n° 2007-038635). Il en va de même du président de la chambre de l'instruction refusant de transmettre un appel contre une ordonnance de refus d'acte au motif que la demande avait été transmise par voie électronique, alors que depuis le 7 janvier 2013, l'avenant du 25 juin 2012 à la convention conclue entre le tribunal de grande instance et l'ordre des avocats de Paris le 28 janvier 2009, pris en application de l'article D. 591 du Code de procédure pénale, permet aux avocats de ce barreau de transmettre, à partir de leur adresse électronique sécurisée, par un moyen de télécommunication, à l'adresse électronique de ce tribunal, les demandes d'actes prévues par l'article 82-1 de ce code (▪ Cass. crim., 11 déc. 2013, n° 13-84.319 : *JurisData* n° 2013-028151 ; *Bull. crim.* n° 252 ; *Dr. pén.* 2014, comm. 30, note A. Maron et M. Haas).

Art. 186-2 ***(Mod., L. n° 2016-731, 3 juin 2016).*** **– En cas d'appel contre une ordonnance prévue par l'article 181, la chambre de l'instruction statue dans les quatre mois suivant la date de déclaration d'appel, faute de quoi, si la personne est détenue, elle est mise d'office en liberté.**

1) **Prise de corps.** Il résultait des dispositions de l'article 186-2 du Code de procédure pénale que l'ordonnance de prise de corps (désormais disparue) était exécutoire dans le délai de 4 mois imparti pour statuer sur l'appel de l'ordonnance de renvoi (▪ Cass. crim., 19 sept. 2001, n° 01-84.787 : *Bull. crim.* n° 186).

2) **Détention provisoire.** Lorsqu'un supplément d'information a été ordonné, conformément à l'article 186-2 du Code de procédure pénale, dans les 4 mois de l'ordonnance de mise en accusation et prise de corps (disparue) frappée d'appel, la détention provisoire se poursuit régulièrement en vertu du mandat de dépôt initialement décerné par le juge d'instruction (▪ Cass. crim., 9 oct. 2001, n° 01-85.456 : *Bull. crim.* n° 203. ▪ Cass. crim., 20 nov. 2002, n° 02-86.033). Lorsque la chambre de l'instruction a ordonné un supplément d'information dans le délai de l'article 186-2 du Code de procédure pénale, le mis en examen demeure détenu en vertu du mandat de dépôt initial, et ce jusqu'au prononcé de la mise en accusation (▪ Cass. crim., 9 déc. 2008, n° 08-86.240 : *Bull. crim.* n° 248. ▪ Cass. crim., 12 déc. 2012, n° 12-86.440 : *JurisData* n° 2012-030518 ; *AJ Pénal* 2013, p. 223, note J.-B. Perrier). En matière criminelle, lorsque la durée de la détention excède un an, les décisions ordonnant sa prolongation ou rejetant une mise en liberté doivent comporter les indications particulières qui justifient en l'espèce la poursuite de l'information et le délai prévisible d'achèvement de la procédure (▪ Cass. crim., 25 oct. 2005, n° 05-84.961 : *JurisData* n° 2005-030705 ; *Bull. crim.* n° 264).

3) **Effet sur les coaccusés détenus.** L'application des dispositions de l'article 186-2 du Code de procédure pénale ne peut être revendiquée par l'accusé détenu non appelant en cas d'appel de ses coaccusés de l'ordonnance de mise en accusation (▪ Cass. crim., 3 févr. 2021, n° 20-86.338, § 10).

Art. 186-3 ***(Mod., L. n° 2019-222, 23 mars 2019).*** **– La personne mise en examen et la partie civile peuvent interjeter appel des ordonnances prévues par le premier alinéa de l'article 179 dans le cas où elles estiment que les faits renvoyés devant le tribunal correctionnel constituent un crime qui aurait dû faire l'objet d'une ordonnance de mise en accusation devant la cour d'assises.**

Lorsque l'information a fait l'objet d'une cosaisine, elles peuvent également, en l'absence de cosignature par les juges d'instruction cosaisis conformément à l'article 83-2, interjeter appel de ces ordonnances.

Hors les cas prévus par le présent article, l'appel formé par la personne mise en examen ou la partie civile contre une ordonnance de renvoi devant le tribunal correctionnel est irrecevable et donne lieu à une ordonnance de non admission de l'appel par le président de la chambre de l'instruction conformément au dernier alinéa de l'article 186. Il en est de même s'il est allégué que l'ordonnance de règlement statue également sur une demande formée avant l'avis prévu à l'article 175 mais à laquelle il n'a pas été répondu, ou sur une demande formée en application du 2° du IV du même article 175, alors que cette demande était

irrecevable ou que le président considère qu'il n'y a pas lieu d'en saisir la chambre de l'instruction conformément à l'article 186-1.

Bibliographie : A. Darsonville, *La légalisation de la correctionnalisation judiciaire : Dr. pén.* 2007, étude 4. • C. Girault, *Correctionnalisation judiciaire : appel du mis en examen : D.* 2010, p. 153).

I – CORRECTIONNALISATION

1) Question prioritaire de constitutionnalité. Ne présente pas un caractère sérieux la question tendant à faire constater la contrariété de l'article 186-3 du Code de procédure pénale à l'égalité devant la loi, le droit à un recours juridictionnel effectif et les droits de la défense dès lors, d'une part, que le législateur a pu, sans méconnaître le principe d'égalité devant la loi, instituer, dans le cas particulier où une personne fait l'objet d'une ordonnance de renvoi devant le tribunal correctionnel, une voie de recours lui permettant de saisir la chambre de l'instruction à seule fin de contester la qualification délictuelle retenue et de solliciter son renvoi devant une cour d'assises, une voie de recours identique étant d'ailleurs ouverte à la partie civile ; et, d'autre part, qu'aucune atteinte n'est portée au droit à un recours juridictionnel effectif quand la personne mise en examen renvoyée devant une juridiction de jugement a toute possibilité de contester devant cette juridiction la pertinence des charges retenues contre elle. Qu'enfin, qu'aucune limitation particulière n'est apportée à l'exercice des droits de la défense (▪ Cass. crim., 13 avr. 2016, n° 16-80.373 : *JurisData* n° 2016-007012).

A – Domaine d'application

2) Erreur de qualification délictuelle. Aux termes de l'article 186-3 du Code de procédure pénale la personne mise en examen et la partie civile peuvent interjeter appel des ordonnances prévues par le premier alinéa de l'article 179 du Code de procédure pénale dans le cas où elles estiment que les faits renvoyés devant le tribunal correctionnel constituent un crime qui aurait dû faire l'objet d'une ordonnance de mise en accusation devant la cour d'assises (▪ Cass. crim., 10 déc. 2008, n° 08-86.812 : *JurisData* n° 2008-046704 ; *AJ Pénal* 2009, p. 137, obs. L. Ascensi). C'est donc par un excès de pouvoir que le président de la chambre de l'instruction déclare cet appel irrecevable au motif que l'ordonnance attaquée n'est pas de celles dont l'article 186, alinéa 6, du Code de procédure pénale autorise l'appel (▪ Cass. crim., 25 nov. 2009, n° 09-84.814 : *Bull. crim.* n° 195 ; *Procédures* 2010, comm. 85, obs. J. Buisson ; *D.* 2010, AJ, p. 153, obs. C. Girault). Le président de la chambre de l'instruction ne saurait déclarer un recours non admis au motif qu'il ne résulte d'aucun élément porté à sa connaissance que l'appel est formé dans l'un des cas prévus par l'article 186-3 du Code de procédure pénale. En effet, compte tenu du droit des parties privées de contester une ordonnance de renvoi lorsqu'elles estiment que les faits sont criminels, les mentions de l'acte d'appel doivent conduire à apprécier la recevabilité de cette voie de recours au regard de l'article 186-3 du Code de procédure pénale (▪ Cass. crim., 11 avr. 2018, n° 17-87.126).

3) Élargissement de l'appel à l'erreur de qualification criminelle. La faculté, ouverte par l'article 186-3 du Code de procédure pénale à la partie civile, si elle estime que les faits sont de nature criminelle, de relever appel de l'ordonnance de renvoi devant le tribunal correctionnel rendue par le juge d'instruction, s'étend au cas où le renvoi, pour un délit connexe, est ordonné devant la juridiction criminelle (▪ Cass. crim., 5 janv. 2022, n° 21-86.007, § 11).

4) Mineurs. Il résulte de l'article 186-3 du Code de procédure pénale, ensemble l'article 24 de l'ordonnance du 2 février 1945 que la personne mise en examen et la partie civile peuvent interjeter appel des ordonnances prévues par le premier alinéa de l'article 179 du Code de procédure pénale dans le cas où elles estiment que les faits renvoyés devant le tribunal correctionnel ou le tribunal pour enfants constituent un crime qui aurait dû faire l'objet d'une ordonnance de mise en accusation devant la cour d'assises (▪ Cass. crim., 20 nov. 2013, n° 13-83.047 : *JurisData* n° 2013-025829).

5) Objet de la contestation. L'appel de l'ordonnance prise par le juge d'instruction à la suite du renvoi opéré par le tribunal correctionnel en application de l'article 385, alinéa 2, du Code de procédure pénale n'est lui-même recevable que dans les limites fixées par l'article 186-3 du même code. La chambre de l'instruction, qui ne peut être saisie d'un recours fondé sur le non-respect, par le magistrat instructeur, des dispositions destinées à assurer le caractère contradictoire du règlement de l'information judiciaire, fait donc une exacte application de l'article 186-3 du Code de procédure pénale en déclarant l'appel irrecevable (▪ Cass. crim., 15 nov. 2016, n° 16-84.619 : *JurisData* n° 2016-024029 : *Bull. crim.* n° 296).

6) Éléments à considérer pour l'appréciation de la qualification. La recevabilité, au regard des dispositions de l'article 186-3 du Code de procédure pénale, de l'appel d'une ordonnance de renvoi devant le tribunal correctionnel, portant requalification des faits, peut être appréciée, non seulement au vu des indications figurant dans l'acte d'appel, mais aussi en fonction des motifs de ce recours exposés par mémoire devant la chambre de l'instruction. Excède ses pouvoirs, le président de la chambre de l'instruction qui ne considère pas ses éléments et conclut à l'irrecevabilité de l'appel (▪ Cass. crim., 29 nov. 2017, n° 17-84.566 : *JurisData* n° 2017-024151).

B – Formalisme

7) Mentions exigées. La recevabilité, au regard des dispositions de l'article 186-3 du Code de procédure pénale, de l'appel d'une ordonnance de renvoi devant le tribunal correctionnel, portant requalification des faits, peut être appréciée, non seulement au vu des indications figurant dans l'acte d'appel, mais aussi en fonction des motifs de ce recours exposés par mémoire devant la chambre de l'instruction. Excède ses pouvoirs le président de la chambre de l'instruction concluant à l'irrecevabilité de ce recours au motif que la déclaration d'appel ne faisait pas apparaître de manière non équivoque qu'il était exercé en application de l'article 186-3 dudit code (▪ Cass. crim., 4 juin 2014, n° 14-80.544 : *JurisData* n° 2014-012195 ; *JCP* G 2014, 789, E. Gallardo ; *Procédures* 2014, comm. 248, A.-S. Chavent-Leclère). La recevabilité de l'appel, exercé en application de l'article 186-3, alinéa 1er, du Code de procédure pénale, n'est pas subordonnée à la mention dans l'acte d'appel de l'objet de ce recours (▪ Cass. crim., 10 déc. 2008, n° 08-86.812 : *JurisData* n° 2008-046704 ; *AJ Pénal* 2009, p. 137, obs. L. Ascensi). Si le mis en examen n'a pas visé l'article 186-3 du Code de procédure pénale dans l'acte d'appel, la qualification criminelle des faits doit, à peine d'irrecevabilté, ressortir d'un autre acte de la procédure (▪ Cass. crim., 23 févr. 2011, n° 10-81.767 : *JurisData* n° 2011-002134. ▪ Cass. crim., 5 févr. 2014, n° 13-87.372 : *JurisData* n° 2014-001559 ; *Bull. crim.* n° 36). L'appelant est admis à expliciter les motifs de son appel par mémoire déposé devant la chambre de l'instruction (▪ Cass. crim., 10 déc. 2014, n° 14-83.443 : *JurisData* n° 2014-030483. ▪ Cass. crim., 29 nov. 2017, n° 17-84.566). *Comp. :* L'appel de l'ordonnance de renvoi devant le tribunal correctionnel n'étant recevable que dans le seul cas où l'appelant estime que les faits sont de nature criminelle et justifient un renvoi devant la cour d'assises, la déclaration d'appel, pour échapper à l'irrecevabilité de principe édictée par l'article 186 du Code de procédure pénale, doit faire apparaître de manière non équivoque que ce recours est exercé en application de l'article 186-3 dudit code (▪ Cass. crim., 15 mars 2006, n° 05-87.299 : *JurisData* n° 2006-033120 ; *Bull. crim.* n° 79).

8) Signature de l'ordonnance de renvoi. Le demandeur est mal fondé à critiquer les dispositions de l'arrêt ayant rejeté son exception d'irrégularité de l'ordonnance de renvoi du juge d'instruction faute de signature de l'ensemble des juges cosaisis, dès lors que ce défaut de signature par l'ensemble des juges est admis par l'article 83-2 du Code de procédure pénale et a pour seule conséquence de rendre l'appel recevable aux termes de l'article 186-3 dudit code, sans qu'il en résulte une violation des stipulations conventionnelles quelconques (▪ Cass. crim., 1er oct. 2019, n° 18-86.428 : *Bull. crim.* à paraître, S. Detraz, *Affaire Bygmalion : instruction préparatoire, cosaisine et décision de renvoi : JCP* G 2019, n° 46, 1158 ; G. Beaussonie, *Affaire Bygmalion, il y aura un procès : AJ pénal* 2019, p. 556).

9) Jurisprudence européenne. Si la Cour admet que les autorités nationales sont les mieux placées pour interpréter leur législation, et que la réglementation relative aux formalités et délais à observer pour exercer un recours vise à assurer la bonne administration de la justice, notamment à désengorger les tribunaux, elle estime que l'interprétation faite par les juridictions internes des règles procédurales, obligeant à indiquer lors de l'appel, que le recours est formé en application de l'article 186-3 du Code de procédure pénale, est excessivement formaliste et porte atteinte au droit à un procès équitable (▪ CEDH, 5e sect., 15 déc. 2011, n° 29938/07, *Poirot c/ France*).

C – Décision de la chambre de l'instruction

10) Nature juridique. N'est pas un arrêt sur le fond susceptible de rendre le pourvoi immédiatement recevable la décision rendue par la chambre de l'instruction qui, saisie sur le fondement de l'article 186-3 du Code de procédure pénale, confirme l'ordonnance du juge d'instruction renvoyant la personne mise en examen devant le tribunal correctionnel (▪ Cass. crim., 20 févr. 2019, nos 18-86.897 et 17-86.951).

11) Confirmation de l'ordonnance de renvoi. Saisie d'un appel fondé sur les dispositions de l'article 186-3, premier alinéa, du Code de procédure pénale, la chambre de l'instruction doit suffisamment s'expliquer sur les faits lui permettant d'exclure la qualification criminelle. Doit donc être cassé l'arrêt qui, pour dénier la qualification criminelle à une séquestration, se borne à relever qu'il n'est pas soutenu par les appelants que les faits justifiant leur renvoi devant le tribunal correctionnel constitueraient un crime et que les mis en examen ont constamment soutenu que la victime était restée en leur compagnie de son plein gré (▪ Cass. crim., 17 déc. 2013, n° 12-86.788 : *JurisData* n° 2013-029916).

12) Infirmation de l'ordonnance de renvoi. Lorsqu'une partie civile a fait appel d'une ordonnance de renvoi devant le tribunal correctionnel en application de l'article 186-3 du Code de procédure pénale, la chambre de l'instruction qui ne fait pas droit à la demande de mise en accusation devant la cour d'assises ne peut infirmer ladite ordonnance de renvoi et prononcer un non-lieu (■ Cass. crim., 27 oct. 2015, n° 14-84.952 : *JurisData* n° 2015-023962).

II – COSAISINE

13) L'ordonnance de renvoi signée uniquement par le magistrat désigné en remplacement du premier nommé, et donc en cosaisine, doit être annulée (■ Cass. crim., 10 déc. 2014, préc.). En l'absence de remplacement du juge cosaisi admis à la retraite, par le président du tribunal de grande instance, décision dont la nécessité relevait de la seule appréciation de ce magistrat, les dispositions de l'article 186-3, alinéa 2, du Code de procédure pénale n'ont pas vocation à s'appliquer (■ Cass. crim., 26 janv. 2016, n° 15-84.374 : *Bull. crim.* n° 17).

III – ARTICLE 186-3, ALINÉA 3 DU CODE DE PROCÉDURE PÉNALE

14) Il se déduit des dispositions de l'article 186-3, alinéa 3, du Code de procédure pénale, dans leur rédaction issue de la loi du 3 juin 2016, que l'appel contre l'ordonnance de renvoi devant le tribunal correctionnel est recevable lorsqu'un précédent appel du mis en examen contre une ordonnance du juge d'instruction ayant rejeté une demande d'acte est pendant devant la chambre de l'instruction (■ Cass. crim., 7 févr. 2017, n° 16-86.835 : *Bull. crim.* n° 35). Cependant, le principe d'égalité n'impose pas qu'il en soit de même en cas de requête en nullité en cours de traitement devant cette juridiction, dès lors que ces demandes, ayant un objet différent, ne sont pas soumises aux mêmes règles de compétence. Les restrictions au droit d'appel d'une ordonnance de renvoi devant le tribunal correctionnel, même lorsqu'une requête en nullité est pendante devant la chambre de l'instruction, ne portent atteinte ni au droit à un recours effectif, ni aux droits de la défense, puisqu'aucune personne ne peut être jugée sans qu'il n'ait été statué sur sa requête en nullité et, qu'en cas d'annulation de pièces du dossier ne s'étendant pas à l'ordonnance de règlement, l'article 174, dernier alinéa du Code de procédure pénale énonce qu'il est interdit de tirer des actes et des pièces ou parties de pièces annulées aucun renseignement contre les parties (■ Cass. crim., 18 juin 2019, n° 19-82.572).

> **Rédaction future. Art. 186-3** *(Mod., L. n° 2019-222, 23 mars 2019 ; mod. à compter du 1er janvier 2023, L. n° 2022-297, 2 mars 2022).* – La personne mise en examen et la partie civile peuvent interjeter appel des ordonnances prévues par le premier alinéa de l'article 179 dans le cas où elles estiment que les faits renvoyés devant le tribunal correctionnel constituent un crime qui aurait dû faire l'objet d'une ordonnance de mise en accusation devant la cour d'assises ou devant la cour criminelle départementale.
>
> Lorsque l'information a fait l'objet d'une cosaisine, elles peuvent également, en l'absence de cosignature par les juges d'instruction cosaisis conformément à l'article 83-2, interjeter appel de ces ordonnances.
>
> Hors les cas prévus par le présent article, l'appel formé par la personne mise en examen ou la partie civile contre une ordonnance de renvoi devant le tribunal correctionnel est irrecevable et donne lieu à une ordonnance de non admission de l'appel par le président de la chambre de l'instruction conformément au dernier alinéa de l'article 186. Il en est de même s'il est allégué que l'ordonnance de règlement statue également sur une demande formée avant l'avis prévu à l'article 175 mais à laquelle il n'a pas été répondu, ou sur une demande formée en application du 2° du IV du même article 175, alors que cette demande était irrecevable ou que le président considère qu'il n'y a pas lieu d'en saisir la chambre de l'instruction conformément à l'article 186-1.

Art. 186-4 ***(Créé à compter du 1er août 2016, L. n° 2016-731, 3 juin 2016).* – En cas d'appel, même irrecevable, formé contre une ordonnance prévue au premier alinéa de l'article 179, la chambre de l'instruction statue dans les deux mois suivant la date de déclaration d'appel, faute de quoi la personne détenue est remise d'office en liberté.**

Art. 186-5 ***(Créé à compter du 1er août 2016, L. n° 2016-731, 3 juin 2016).* – Les délais relatifs à la durée de la détention provisoire prévus aux articles 145-1 à 145-3 ne sont plus applicables lorsque le juge d'instruction a rendu son ordonnance de renvoi devant la juridiction de jugement, même en cas d'appel formé contre cette ordonnance.**

Le requérant ne saurait se faire un grief de ce que la chambre de l'instruction, pour rejeter sa demande de mise en liberté, n'a pas satisfait aux exigences de motivation prévues par l'article 145-3 du Code de procédure pénale, dès lors qu'en application de l'article 186-5 du même code, les délais relatifs à la durée de la détention provisoire prévus aux articles 145-1 à 145-3 ne sont plus applicables lorsque le juge d'instruction a rendu son ordonnance de renvoi devant la juridiction de jugement, même en cas d'appel formé contre cette ordonnance et même si un supplément d'information a été prescrit (■ Cass. crim., 10 avr. 2018, n° 18-80.371 : *JurisData* n° 2018-005698).

Art. 187 *(Mod., L. n° 95-125, 8 févr. 1995 ; L. n° 2022-52, 24 janv. 2022).* – **Lorsqu'il est interjeté appel d'une ordonnance autre qu'une ordonnance de règlement ou que la chambre de l'instruction est directement saisie, en application des articles 81, neuvième alinéa, 82-1, deuxième alinéa, 156, deuxième alinéa, ou 167, avant-dernier alinéa, le juge d'instruction poursuit son information, y compris, le cas échéant, jusqu'au règlement de celle-ci, sauf décision contraire du président de la chambre de l'instruction. Cette décision n'est pas susceptible de recours.**

Il en est de même lorsque la chambre de l'instruction est saisie d'une requête en nullité en application de l'article 173.

1) **Constitutionnalité de l'alinéa 1er.** Les mots « il est interjeté appel d'une ordonnance autre qu'une ordonnance de règlement ou que » figurant à la première phrase du premier alinéa de l'article 187 du Code de procédure pénale, dans sa rédaction résultant de la loi du 15 juin 2000, sont conformes à la Constitution (■ Cass. crim., 18 mai 2018, n° 2018/705 QPC).

2) **Objet de l'article 187 du Code de procédure pénale.** Les dispositions de l'article 187, qui permettent au juge d'instruction de clôturer son information en cas d'appel d'une ordonnance, ont pour objet d'éviter les recours dilatoires provoquant l'encombrement des juridictions et l'allongement des délais de jugement des auteurs d'infractions et mettent ainsi en oeuvre l'objectif de bonne administration de la justice. Elles ne méconnaissent pas le droit à un recours juridictionnel effectif (■ Cass. crim., 29 janv. 2020, n° 17-83.577, § 13 : *Bull. crim.* à paraître).

3) **Droits de la défense et droit à un recours effectif.** La question prioritaire de constitutionnalité tendant à mettre en cause la compatibilité de l'article 187, alinéa 2 du Code de procédure pénale avec les droits de la défense et le droit à un recours effectif issus de l'article 16 de la Déclaration des droits de l'homme et du citoyen, en ce qu'il autorise le juge d'instruction à procéder au règlement de l'information alors même qu'une requête en nullité est pendante devant la chambre de l'instruction, ne présente pas de caractère sérieux. En effet, d'une part, il est loisible à la partie concernée d'informer en temps utile le président de la chambre de l'instruction saisie de la requête en nullité de la perspective du règlement, afin que celui-ci use, le cas échéant, de son pouvoir de suspendre l'information ; d'autre part, aucune personne ne peut être jugée sans qu'il ait été statué sur sa requête en nullité, le ministère public devant veiller à ce que les deux juridictions saisies soient informées à cet effet ; enfin, en cas d'annulation de pièces du dossier ne s'étendant pas à l'ordonnance de règlement, l'article 174, dernier alinéa du Code de procédure pénale énonce qu'il est interdit de tirer des actes et des pièces ou parties d'actes ou de pièces annulés aucun renseignement contre les parties et qu'il s'en déduit qu'aucune condamnation ne peut être prononcée sur leur fondement par la juridiction restant saisie. Ainsi, aucune atteinte aux droits de la défense d'une personne accusée ou prévenue ni à son droit à un recours effectif ne peut résulter de l'application de l'article 187, alinéa 2 du Code de procédure pénal (■ Cass. crim., 2 oct. 2018, n° 18-84.131 : *JurisData* n° 2018-016876). Pour ces mêmes raisons, l'article 187, alinéa 2 du Code de procédure pénale ne contrevient à aucune disposition conventionnelle (■ Cass. crim., 2 oct. 2018, 18-84.131 : *JurisData* n° 2018-016875).

4) **Fausse interprétation des articles 187 et 174 du Code de procédure pénale.** Il n'existe pas, en l'état, d'interprétation jurisprudentielle constante de la Cour de cassation des articles 174 et 187 du Code de procédure pénale interdisant à la chambre de l'instruction, lorsqu'une ordonnance de renvoi devant la juridiction de jugement a été rendue par le juge d'instruction nonobstant l'examen en cours d'une requête en nullité, de prononcer l'annulation de cette ordonnance après avoir fait droit à une telle requête. La question prioritaire de constitutionnalité ainsi posée doit, en conséquence, être déclarée irrecevable (■ Cass. crim., 27 juin 2018, n° 18-80.684).

5) **Poursuite de l'information.** Aux termes de l'article 187 du Code de procédure pénale, lorsqu'il est interjeté appel d'une ordonnance autre qu'une ordonnance de règlement, le juge d'instruction poursuit son information sauf décision contraire de la chambre d'accusation (chambre de l'instruction). Il s'ensuit que, nonobstant les recours contre son ordonnance et l'arrêt qui l'avait confirmée, le juge d'instruction était fondé à poursuivre l'information jusqu'à son terme et à décider du moment où celle-ci serait en état d'être transmise au procureur général (■ Cass. crim., 3 févr. 1967, n° 66-92.273 : *Bull. crim.* n° 51). La personne mise en examen ne saurait invoquer une clôture prématurée de l'information et une atteinte aux droits de la défense lorsque, faisant l'exacte application de l'article 187 du Code de procédure pénale, le juge d'instruction a rendu une ordonnance de transmission des pièces, nonobstant l'appel interjeté contre une ordonnance portant refus d'actes d'information (■ Cass. crim., 8 oct. 1997, n° 97-82.481). Selon l'article 187 du Code de procédure pénale, lorsqu'il est interjeté appel

d'une ordonnance autre qu'une ordonnance de règlement, le juge d'instruction poursuit son information, y compris, le cas échéant, jusqu'au règlement de celle-ci, sauf décision contraire du président de la chambre d'accusation. La chambre d'accusation n'ayant pas expressément ordonné la suspension de l'information, le juge d'instruction était en droit de la poursuivre jusqu'à son terme, et de la clôturer (■ Cass. crim., 17 nov. 1998, n° 97-85.908 : *JurisData* n° 1998-005072 ; *Bull. crim.* n° 303 ; *Procédures* 1999, comm. 133, obs. Buisson). Fait l'exacte application de l'article 187 du Code de procédure pénale la chambre de l'instruction écartant une requête en annulation de l'ordonnance de transmission des pièces lorsqu'il est interjeté appel d'une ordonnance du juge d'instruction, puisque ce dernier est autorisé à poursuivre son information sauf décision contraire du président de la chambre d'accusation (chambre de l'instruction) (■ Cass. crim., 6 févr. 1996, n° 95-85.710 : *Bull. crim.* n° 62).

6) Droit à l'examen de son recours. Si, selon l'article 187 du Code de procédure pénale, lorsque la chambre de l'instruction est saisie d'une requête en annulation d'actes de la procédure, le juge d'instruction peut poursuivre son information y compris jusqu'au règlement, le renvoi de l'affaire devant le tribunal correctionnel n'a pas pour effet de priver le demandeur à la nullité du droit de faire examiner son recours par ladite chambre de l'instruction. Ainsi le renvoi d'une personne mise en examen devant le tribunal correctionnel, régulièrement ordonné par le juge d'instruction, dont l'information n'a pas été suspendue, est sans incidence sur l'obligation faite à la juridiction d'instruction du second degré de statuer sur une requête en annulation d'actes de la procédure dont elle a été saisie par une partie, antérieurement à la décision du magistrat instructeur (■ Cass. crim., 5 sept. 2012, n° 12-83.509 : *JurisData* n° 2012-022205 ; *Bull. crim.* n° 181). Il résulte de l'article 187 du Code de procédure pénale que si lorsqu'il est interjeté appel, notamment d'une ordonnance de rejet d'une demande de contre-expertise, le juge d'instruction peut poursuivre son information y compris jusqu'au règlement, le renvoi de l'affaire devant le tribunal correctionnel n'a pas pour effet de priver la partie appelante du droit de faire examiner son recours par la chambre de l'instruction (■ Cass. crim., 7 juin 2006, n° 05-86.427 : *JurisData* n° 2006-034227 ; *Bull. crim.* n° 160).

7) Suspension de l'information. Le président de la chambre de l'instruction n'ayant pas suspendu l'information en application des dispositions de l'article 187 du Code de procédure pénale, il est permis au juge d'instruction de répondre aux demandes d'actes qui lui sont faites, le délai d'un mois prévu par l'article 81, dernier alinéa du Code de procédure pénale, fût-il passé. C'est donc à bon droit que la chambre de l'instruction a déclaré sans objet une demande de confrontation à laquelle le juge d'instruction a répondu négativement, après transmission de cette demande au Président de la chambre de l'instruction puis à la chambre de l'instruction elle-même (■ Cass. crim., 8 janv. 2019, n° 18-80.372).

Il résulte de l'article 187 du Code de procédure pénale que, lorsque la chambre de l'instruction est saisie d'une requête en nullité, en application de l'article 173 du même code, le président de cette juridiction est seul compétent pour décider la suspension de l'information, par une ordonnance qui n'est susceptible d'aucun recours (■ Cass. crim., 14 mai 2002, n° 02-80.721 : *JurisData* n° 2002-014421 ; *Bull. crim.* n° 111 ; *JCP G* 2002, IV, 2005). La décision prise en application de l'article 187 du Code de procédure pénale, de suspendre l'information, place le juge d'instruction dans l'impossibilité d'accomplir un acte d'information en raison de l'obstacle de droit que constitue cette décision. Il en résulte que la prescription de l'action publique est suspendue (■ Cass. crim., 5 mars 2002, n° 01-83.870 : *JurisData* n° 2002-013901 ; *Bull. crim.* n° 53 ; *D.* 2002, inf. rap. p 1531 ; *Dr. pén.* 2002, comm. 79). La décision par laquelle le président de la chambre d'accusation, saisi d'une requête en annulation, ordonne, en application de l'article 187 du Code de procédure pénale, la suspension de l'instruction, n'a pas pour effet d'interrompre le cours du délai imposé aux parties par l'article 175 du Code de procédure pénale, pour présenter une requête en annulation ou déposer une demande d'actes, lorsque l'avis de fin d'information leur a été notifié antérieurement par le juge d'instruction (■ Cass. crim., 19 avr. 2000, n° 99-86.128 : *Bull. crim.* n° 158).

Art. 187-1 ***(Mod., L. n° 2000-1354, 30 déc. 2000).*** **– En cas d'appel d'une ordonnance de placement en détention provisoire, la personne mise en examen ou le procureur de la République peut, si l'appel est interjeté au plus tard le jour suivant la décision de placement en détention, demander au président de la chambre de l'instruction ou, en cas d'empêchement, au magistrat qui le remplace, d'examiner immédiatement son appel sans attendre l'audience de la chambre de l'instruction. Cette demande doit, à peine d'irrecevabilité, être formée en même temps que l'appel devant la chambre de l'instruction. La personne mise en examen, son avocat ou le procureur de la République peut joindre toutes observations écrites à l'appui de la demande. À sa demande, l'avocat de la personne mise en examen présente oralement des observations devant le président de la chambre de l'instruction ou le magistrat qui le remplace, lors d'une audience de cabinet dont**

est avisé le ministère public pour qu'il y prenne, le cas échéant, ses réquisitions, l'avocat ayant la parole en dernier.

Le président de la chambre de l'instruction ou le magistrat qui le remplace statue au plus tard le troisième jour ouvrable suivant la demande, au vu des éléments du dossier de la procédure, par une ordonnance non motivée qui n'est pas susceptible de recours.

Le président de la chambre de l'instruction ou le magistrat qui le remplace peut, s'il estime que les conditions prévues par l'article 144 ne sont pas remplies, infirmer l'ordonnance du juge des libertés et de la détention et ordonner la mise en liberté de la personne. La chambre de l'instruction est alors dessaisie.

Dans le cas contraire, il doit renvoyer l'examen de l'appel à la chambre de l'instruction.

S'il infirme l'ordonnance du juge des libertés et de la détention, le président de la chambre de l'instruction ou le magistrat qui le remplace peut ordonner le placement sous contrôle judiciaire de la personne mise en examen.

Si l'examen de l'appel est renvoyé à la chambre de l'instruction, la décision est portée à la connaissance du procureur général. Elle est notifiée à la personne mise en examen par le greffe de l'établissement pénitentiaire qui peut, le cas échéant, recevoir le désistement d'appel de cette dernière.

La déclaration d'appel et la demande prévue au premier alinéa du présent article peuvent être constatées par le juge des libertés et de la détention à l'issue du débat contradictoire prévu par le quatrième alinéa de l'article 145.

Pour l'application du deuxième alinéa du présent article, la transmission du dossier de la procédure au président de la chambre de l'instruction peut être effectuée par télécopie.

Bibliographie : P. Belloir, *Les précisions utiles de la chambre criminelle sur le régime juridique du référé-liberté : AJ pénal* 2013, p. 214.

1) Domaine du référé-liberté. Les articles 187-1 et 187-2 du Code de procédure pénale réservent la procédure de référé liberté à l'appel des ordonnances de placement en détention provisoire. C'est donc à bon droit qu'est déclarée irrecevable la demande d'examen immédiat d'une ordonnance de prolongation de la détention provisoire (▪ Cass. crim., 4 mai 2004, n° 04-81.081).

2) Formes du référé-liberté. On ne saurait se faire un grief de l'absence d'examen immédiat de son appel, dès lors qu'aucune demande en ce sens n'a été formulée, conformément aux articles 187-1 et 187-2 du Code de procédure pénale (▪ Cass. crim., 21 juill. 2005, n° 05-82.869). La déclaration d'appel de l'ordonnance de placement en détention provisoire et la demande de suspension des effets du mandat de dépôt sont, en application de l'article 187-1 du Code de procédure pénale, nécessairement concomitantes (▪ Cass. crim., 14 nov. 1996, n° 96-83.672 : *JurisData* n° 1996-005176 ; *Bull. crim.* n° 409 ; *Procédures* 1997, comm. 66, obs. J. Buisson ; *Dr. pén.* 1997, chron. 12, V. Lesclous et C. Marsat).

3) Délais du référé-liberté. En cas d'appel d'une ordonnance de placement en détention provisoire, la personne mise en examen ou le procureur de la République peut, si l'appel est interjeté au plus tard le jour suivant la décision de placement en détention, demander au président de la chambre de l'instruction d'examiner immédiatement son appel sans attendre l'audience de cette juridiction. En déclarant irrecevable la demande d'examen immédiat de l'appel interjeté contre l'ordonnance de placement en détention provisoire, comme formée plus d'un jour après la décision de placement en détention alors que cette décision, intervenue le vendredi, pouvait encore faire l'objet d'un appel et d'une demande d'examen immédiat, le lundi, le président de la chambre de l'instruction a excédé ses pouvoirs (▪ Cass. crim., 22 juill. 2020, n° 20-82.094, §§ 6-8). Le point de départ du délai de trois jours ouvrables prévu pour l'examen du référé liberté doit être décompté à partir du lendemain du jour où la déclaration d'appel, formulée auprès du chef de l'établissement pénitentiaire et transmise au greffier de la juridiction, a été transcrite par celui-ci (▪ Cass. crim., n° 12-86.856 : *JurisData* n° 2013-000312 ; *Bull. crim.* n° 15 ; *Procédures* 2013, comm. 81, obs. J. Buisson ; *AJ Pénal* 2013, p. 214, note Ph. Belloir).

4) Recours. L'ordonnance rendue par le président de la chambre de l'instruction en application du quatrième alinéa de l'article 187-1 du Code de procédure pénale étant, aux termes du deuxième alinéa de ce texte, insusceptible de recours, la personne mise en examen ne peut être admise à en demander l'annulation à la chambre de l'instruction appelée à statuer, à la suite de cette ordonnance, sur l'appel de la décision de placement en détention provisoire (▪ Cass. crim., 3 déc. 2002, n° 02-86.341, n° 2002-017213 : *Bull. crim.* n° 216 ; *Procédures* 2003, comm. 48, J. Buisson. ▪ Cass. crim., 10 févr. 2004, n° 03-87.1907 : *JurisData* n° 2004-022561 ; *Bull. crim.* n° 35 ; *Procédures* 2004, comm. 135. ▪ Cass. crim., 5 août 2004, n° 04-83.415). Si, selon cet article, l'ordonnance du président de la chambre de l'instruction prévue par ce texte n'est pas susceptible de recours, il en est autrement lorsque cette décision est entachée d'excès de pouvoir (▪ Cass. crim., 16 janv. 2013, préc.).

5) **Excès de pouvoir.** Commet un excès de pouvoir le président de la chambre de l'instruction qui refuse d'examiner le référé liberté à raison d'un prétendu dépassement de délai, et qui en déduit la faculté de mettre en liberté la personne mise en examen, cette sanction n'étant pas prévue par les textes (■ Cass. crim., 16 janv. 2013, n° 12-86.856, préc.).

6) **Impartialité.** L'exercice par le président de la chambre d'accusation (chambre de l'instruction) du pouvoir qu'il tient de l'article 187-1 du Code de procédure pénale ne saurait interdire à ce magistrat de participer à la décision rendue par la formation collégiale à laquelle l'affaire a été renvoyée (■ Cass. crim., 6 juin 2000, n° 00-81.746 : *Bull. crim.* n° 211 ; *Procédures* 2001, chron. 5, C. Marsat).

Art. 187-2 *(L. n° 2000-516, 15 juin 2000).* **– La personne qui forme le recours prévu par l'article 187-1 peut demander à ce qu'il soit directement examiné par la chambre de l'instruction. Il est alors statué au plus tard, au vu des éléments du dossier, le cinquième jour ouvrable suivant la demande.**

1) **Domaine.** V. sous art. 187-1, p. 621.

2) **Délais.** N'encourt aucun grief l'arrêt de la chambre de l'instruction retenant qu'il s'est prononcé sur la demande d'examen immédiat de l'appel dans le délai de 5 jours ouvrables fixé par l'article 187-2 du Code de procédure pénale, et, sur l'appel, dans le délai de 10 jours fixé par l'article 194, alinéa 3, du même code (■ Cass. crim., 22 oct. 2002, n° 02-85.424). Saisie en application de l'article 187-2 du Code de procédure pénale, la chambre de l'instruction peut renvoyer l'examen de l'appel à une audience ultérieure et ordonner un complément d'enquête sociale (■ Cass. crim., 22 mai 2001, n° 01-01.702 : *JurisData* n° 2001-010341).

3) **Impartialité.** Ne porte pas atteinte aux exigences conventionnelles du droit à un procès équitable la participation à la juridiction collégiale, à laquelle l'affaire a été renvoyée, du président de la chambre de l'instruction qui a, dans la même affaire, précédemment présidé la chambre saisie en application de l'article 187-2 du Code de procédure pénale, aucun manquement à l'impartialité ne pouvant résulter pour les parties du seul fait que la loi a entendu conférer cette double compétence à un même magistrat (■ Cass. crim., 9 janv. 2018, n° 17-86.231 : *JurisData* n° 2018-000280).

Art. 187-3 *(L. n° 2002-1138, 9 sept. 2002).* **– Dans le cas prévu par le deuxième alinéa de l'article 148-1-1, le procureur de la République qui interjette appel d'une ordonnance de mise en liberté contraire à ses réquisitions dans un délai de quatre heures à compter de sa notification doit, à peine d'irrecevabilité, saisir dans le même temps le premier président de la cour d'appel ou, en cas d'empêchement, le magistrat qui le remplace, d'un référé-détention afin de déclarer cet appel suspensif. Le procureur de la République joint à sa demande les observations écrites justifiant le maintien en détention de la personne. La personne mise en examen et son avocat peuvent également présenter les observations écrites qu'ils jugent utiles.**

Le premier président de la cour d'appel ou le magistrat qui le remplace statue au plus tard le deuxième jour ouvrable suivant la demande. Pendant cette durée, les effets de l'ordonnance de mise en liberté sont suspendus et la personne reste détenue. À défaut pour le premier président de la cour d'appel ou le magistrat qui le remplace de statuer dans ce délai, la personne est remise en liberté, sauf si elle est détenue pour une autre cause.

Le premier président de la cour d'appel ou le magistrat qui le remplace statue, au vu des éléments du dossier de la procédure, par une ordonnance motivée qui n'est pas susceptible de recours. À sa demande, l'avocat de la personne mise en examen peut présenter des observations orales devant ce magistrat, lors d'une audience de cabinet dont le ministère public est avisé pour qu'il y prenne, le cas échéant, ses réquisitions.

Si le premier président de la cour d'appel ou le magistrat qui le remplace estime que le maintien en détention de la personne est manifestement nécessaire au vu d'au moins deux des critères prévus par les dispositions de l'article 144 jusqu'à ce que la chambre d'instruction statue sur l'appel du ministère public, il ordonne la suspension des effets de l'ordonnance de mise en liberté jusqu'à cette date. La personne mise en examen ne peut alors être mise en liberté jusqu'à l'audience de la chambre de l'instruction devant laquelle sa comparution personnelle est de droit ; la chambre de l'instruction doit se prononcer dans les plus brefs délais et au plus tard dans les dix jours de l'appel, faute de quoi la personne est mise d'office en liberté si elle n'est pas détenue pour une autre cause.

Dans le cas contraire, le premier président de la cour d'appel ou le magistrat qui le remplace ordonne que la personne soit mise en liberté si elle n'est pas détenue pour une autre cause.

À peine de nullité, le magistrat ayant statué sur la demande de référé-détention ne peut faire partie de la composition de la chambre de l'instruction qui statuera sur l'appel du ministère public.

La transmission du dossier de la procédure au premier président de la cour d'appel ou au magistrat qui le remplace peut être effectuée par télécopie.

1) Domaine du référé-détention. V. sous art. 148-1-1, p. 493.

2) Réitération d'appel. Les dispositions des articles 148-1-1 et 187-3 du Code de procédure pénale, relatives à la procédure de référé-détention, ne dispensent pas le procureur de la République de former son appel d'une ordonnance de mise en liberté non conforme à ses réquisitions par une déclaration au greffe signée par lui et par le greffier (■ Cass. crim., 1er avr. 2003, n° 03-80.406 : *JurisData* n° 2003-019018 ; *Bull. crim.* n° 81 ; *Procédures* 2003, comm. 179, J. Buisson). Aucune disposition du Code de procédure pénale n'interdit à la partie qui a exercé son recours dans des conditions irrégulières de le réitérer dans les formes légales avant l'expiration du délai qui lui est imparti (même arrêt).

3) Recours. La décision par laquelle le premier président, saisi en matière de référé-détention, ordonne la suspension des effets d'une ordonnance de mise en liberté n'est, aux termes de l'article 187-3, alinéa 3, du Code de procédure pénale, susceptible d'aucun recours (■ Cass. crim., 9 déc. 2003, n° 03-85.939 : *JurisData* n° 2003-021567 ; *Bull. crim.* n° 235. ■ Cass. crim., 7 mars 2007, n° 06-89.206). *Comp.* Si selon l'article 187-3 du Code de procédure pénale, le premier président de la cour d'appel, saisi d'un référé-détention, statue par une ordonnance qui n'est pas susceptible de recours, il en est autrement lorsque son examen fait apparaître un risque d'excès de pouvoir relevant du contrôle de la Cour de cassation (■ Cass. crim., 12 mars 2014, n° 13-88.509 : *JurisData* n° 2014-004445 ; *Bull. crim.* n° 78). Tel est le cas lorsque le premier président qualifie inexactement une ordonnance de mise en liberté en ordonnance de refus de prolongation de la détention provisoire, excluant ainsi la procédure de référé liberté (■ Cass. crim., 10 févr. 2016, n° 15-87.213 : *JurisData* n° 2016-002549) ou qu'il considère que le défaut de concomitance entre sa saisine et les observations écrites du procureur de la République constitue une cause d'irrecevabilité de la procédure de référé-détention (■ Cass. crim., 12 mars 2014, préc.).

4) Délai pour statuer en cas de référé-détention. La chambre de l'instruction doit se prononcer sur l'appel du procureur de la République dans les dix jours à compter de la date à laquelle il a été régulièrement transcrit au greffe du tribunal compétent, même si la décision d'interjeter appel a été prise et affirmée dans les 4 heures suivant la notification de la décision du JLD de mise en liberté sous contrôle judiciaire, lors de la saisine du premier président de la cour d'appel en vue d'un référé-détention (■ Cass. crim., 8 oct. 2013, n° 13-85.489 : *JurisData* n° 2013-021974 ; *Bull. crim.* n° 187 ; *Dr. pén.* 2014, chron. 1, V. Georget).

Section XIII. – De la reprise de l'information sur charges nouvelles

Bibliographie : *Répertoire.* S. Détraz, *Autorité des décisions de non-lieu, Reprise de l'information sur charges nouvelles : JCl. Proc. pén.*, art. 188 à 190 du CPP.

Généralités. S. Détraz, *L'innocence à l'épreuve de la décision de non-lieu : RPDP* 2005, p. 179. • C. Guéry et P. Guichard, *La partie civile et la reprise d'information : JCP* G 2007, doctr. 202. • M. Philonenko, *La reprise de l'instance sur charges nouvelles : RSC* 1954, p. 354.

Art. 188 *(L. n° 93-2, 4 janv. 1993).* – **La personne mise en examen à l'égard de laquelle le juge d'instruction a dit n'y avoir lieu à suivre ne peut plus être recherchée à l'occasion du même fait, à moins qu'il ne survienne de nouvelles charges.**

I – ORDONNANCE DE NON-LIEU

1) Les règles relatives à la reprise de l'information prévues aux articles 188 à 190 du Code de procédure pénale sur charges nouvelles ne sont applicables qu'au cas où la procédure d'instruction a été clôturée par une décision de non-lieu revêtue de l'autorité de chose jugée. Elles n'ont pas vocation à s'appliquer, de sorte que la recevabilité de la constitution de partie civile n'est pas subordonnée aux réquisitions du ministère public prévues par l'article 190 du Code de procédure pénale, lorsque l'information s'est clôturée par une ordonnance de mise en accusation et l'accusé a été acquitté (■ Cass. crim., 27 mai 2015, n° 13-82.119).

II – BÉNÉFICIAIRES DE L'ORDONNANCE DE NON-LIEU

2) Personnes couvertes par le non-lieu. Une ordonnance de non-lieu du juge d'instruction n'a pas autorité de chose jugée à l'égard d'un prévenu qui n'a été ni mis en examen lors de l'information ni nommément désigné dans une plainte avec constitution de partie civile (■ Cass. crim., 22 janv. 1997, n° 96-80.533 : *Bull. crim.* n° 26). Les règles relatives à la reprise de l'information sur charges nouvelles, prévues par les articles 188 à 190 du Code de procédure pénale et l'article 196 du même code, s'appliquent, non seulement aux personnes qui ont été antérieurement mises en examen mais aussi à celles qui ont été nommément visées dans une plainte avec constitution de partie civile, pour les faits incriminés (■ Cass. crim., 6 mai 1997, n° 96-83.713. ■ Cass. crim., 14 juin 1994, n° 94-81.675 : *Bull. crim.* n° 235) ainsi qu'au témoin assisté (■ Cass. crim., 5 juin 2012, n° 10-85.127 : *JurisData* n° 2012-014955. ■ Cass. crim., 12 nov. 2008, n° 07-88.222 : *Bull. crim.* n° 227). C'est à bon droit que la chambre de l'instruction a estimé que l'autorité du non-lieu ne peut être invoquée par la personne qui n'a été ni mise en examen, ni entendue en qualité de témoin assisté et, ni nommément désignée par les réquisitions du procureur de la République (■ Cass. crim., 10 mai 2010, n° 09-85.130 : *JurisData* n° 2010-010579). S'il n'a pas été mis en examen ni entendu comme témoin assisté, le Commissariat à l'énergie atomique, personne morale, a fait l'objet d'une mise en cause explicite au cours de l'information ouverte contre personne non dénommée des chefs d'homicide et blessures involontaires à la suite d'un accident du travail survenu à Cadarache le 31 mars 1994 et clôturée par une ordonnance de non-lieu, devenue définitive et dont l'autorité doit lui profiter (■ Cass. crim., 11 oct. 2011, n° 09-87.926). *Contra* : L'ordonnance de non-lieu du juge d'instruction n'a pas autorité de chose jugée à l'égard d'un prévenu qui n'a été ni mis en examen lors de l'information, ni nommément désigné dans une plainte avec constitution de partie civile. Le prévenu qui n'avait aucune de ces qualités pendant l'information ne peut s'en prévaloir même s'il a été entendu en qualité de témoin, et « mis en cause » à cette occasion (■ Cass. crim., 22 janv. 1997, n° 96-80.533 : *Bull. crim.* n° 26).

3) Personnes non couvertes par le non-lieu. La personne qui n'a pas été mise en cause pendant la première information ne peut se prévaloir de l'autorité de l'ordonnance de non-lieu. Une nouvelle information, à son égard, doit être ouverte sur le fondement de l'article 80 du Code de procédure pénale, non des articles 188 et suivants du même code. Nonobstant, le réquisitoire pris en application de l'article 188 du Code de procédure pénale, qui satisfait en la forme aux conditions essentielles de son existence légale, met régulièrement en mouvement l'action publique (■ Cass. crim., 28 févr. 2008, n° 07-87.865 : *Bull. crim.* n° 51). L'autorité de la chose jugée ne peut être valablement retenue que lorsqu'il existe une identité de cause, d'objet et de parties entre deux poursuites successives. La première poursuite, close par une décision de non-lieu fondée sur une insuffisance de charges, n'ayant comporté aucune inculpation, l'autorité de la chose jugée ne pouvait être retenue à l'égard de quiconque (■ Cass. crim., 23 mai 1995, n° 93-85.376 : *JurisData* n° 1995-001866 ; *Bull. crim.* n° 190).

III – IDENTITÉ DE FAITS

4) Notion. Les dispositions des articles 188 à 190 du Code de procédure pénale ne s'appliquent pas lorsque les faits dénoncés par une nouvelle plainte sont distincts de ceux qui ont fait l'objet d'une autre procédure clôturée par une décision de non-lieu. Il en va ainsi lorsque les faits diffèrent tant dans leurs éléments légaux que matériels (■ Cass. crim., 7 janv. 1997, n° 96-82.241 : *JurisData* n° 1997-000636). Les violences commises par une personne dépositaire de l'autorité publique et des actes attentatoires à la liberté individuelle constituent des infractions différentes qui peuvent justifier des poursuites distinctes (■ Cass. crim., 21 avr. 1998, n° 97-81.438 : *Bull. crim.* n° 140). Les faits dénoncés sous la qualification d'assassinat n'étant pas identiques, à ceux qui avaient fait l'objet de la précédente information du chef d'homicide involontaire, la constitution de partie civile de la victime doit être déclarée recevable (■ Cass. crim., 3 févr. 2010, n° 09-82.804 et 09-82.865, F-D : *JurisData* n° 2010-000805 ; *JCP* G 2010, 533, note S. Détraz et O. Décima ; *RSC* 2010, p. 613, chron. Y. Mayaud). Les articles 188 à 190 du Code de procédure pénale ne sont pas applicables, et aucune atteinte n'est portée à l'autorité de la chose jugée, lorsque l'identité de cause, d'objet et de parties n'est pas totale entre une procédure close par un non-lieu au bénéfice de l'inculpé et une action exercée ensuite contre une même personne, les faits poursuivis seraient-ils connexes (■ Cass. crim., 17 déc. 1984, n° 83-94.891 : *Bull. crim.* n° 404).

5) Requalification. Il résulte de l'article 190 du Code de procédure pénale qu'une décision de non-lieu s'oppose, sauf réouverture de l'information sur charges nouvelles, à une nouvelle poursuite à raison des mêmes faits sous quelque qualification pénale que ce soit (■ Cass. crim., 24 janv. 2001, n° 00-84.408 : *Dr. pén.* 2001, comm. 121, obs. A. Maron). Doit être déclarée irrecevable la plainte déposée par la partie civile relativement aux irrégularités commises par Me A..., syndic de la procédure de règlement judiciaire dont il avait fait l'objet, même si les faits sont autrement qualifiés, dès lors qu'une identité d'objet, de cause et de parties est constatée entre les faits dénoncés et ceux pour lesquels la chambre d'accusation a rendu une ordonnance de non-lieu (■ Cass. crim., 4 sept. 2002, n° 01-88.260).

IV – CITATION DIRECTE

6) Une ordonnance de non-lieu ne fait pas obstacle à la citation directe, pour les mêmes faits, d'une personne qui n'a été ni mise en examen lors de l'information, ni entendue comme témoin assisté, ni nommément désignée par les réquisitions du ministère public ou dans une plainte avec constitution de partie civile (■ Cass. crim., 12 nov. 2008, n° 07-88.222 : *Bull. crim.* n° 227). Doivent être déclarées irrecevables les citations à comparaître délivrées par la partie civile à l'encontre de personnes qui, si elles n'ont pas été désignées par leur nom dans les plaintes avec constitution de partie civile intervenues au cours de l'information, ont néanmoins fait l'objet, en leur qualité professionnelle, d'une mise en cause explicite dans ces mêmes plaintes (■ Cass. crim., 2 déc. 2008, n° 08-80.066 : *JurisData* n° 2008-046430 ; *Bull. crim.* n° 243). La citation à comparaître en qualité de civilement responsable est recevable contre la personne ayant bénéficié d'un non-lieu à poursuivre lors d'une information précédente, dès lors que la poursuite exercée n'a plus alors le même fondement juridique (■ Cass. crim., 15 mars 1982, n° 80-90.031 : *Bull. crim.* n° 76).

Art. 189. – Sont considérées comme charges nouvelles les déclarations des témoins, pièces et procès-verbaux qui, n'ayant pu être soumis à l'examen du juge d'instruction, sont cependant de nature soit à fortifier les charges qui auraient été trouvées trop faibles, soit à donner aux faits de nouveaux développements utiles à la manifestation de la vérité.

1) Notion de charges nouvelles. Aux termes de l'article 189 du Code de procédure pénale sont considérées comme charges nouvelles les pièces qui n'ayant pu être soumises à l'examen du juge d'instruction sont cependant de nature à fortifier les charges qui auraient été trouvées trop faibles, soit à donner aux faits de nouveaux développements utiles à la manifestation de la vérité (■ Cass. crim., 9 nov. 1965, n° 65-90.418 : *Bull. crim.* n° 224. ■ Cass. crim., 23 avr. 1992, n° 92-80.946). Loin d'être limitative, la disposition de l'article 189 doit être entendue dans le sens le plus large (■ Cass. crim., 23 avr. 1992, préc.).

2) Illustrations. Aux termes de l'article 189 du Code de procédure pénale sont considérés comme charges nouvelles les déclarations de témoin, pièces et procès-verbaux qui n'ayant pu être soumis à l'examen du juge d'instruction sont de nature, soit à fortifier les charges qui auraient été trouvées trop faibles, soit à donner aux faits de nouveaux développements utiles à la manifestation de la vérité (■ Cass. crim., 16 avr. 1991, n° 91-80.681). Constituent des charges nouvelles, relativement à une information portant sur les délits de banqueroute, fausse déclaration notariée, escroquerie et complicité, un rapport au syndic du juge commissaire du règlement judiciaire et des analyses de différents documents comptables permettant d'étayer la responsabilité pénale du suspect (■ Cass. crim., 16 mai 1983, *pourvoi c/* ■ *CA Rennes*, 6 juill. 1982). Constitue également des charges nouvelles la découverte d'une déclaration mensongère relativement à l'alibi de la personne soupçonnée (■ Cass. crim., 23 avr. 1992, préc.). Peu importe que les nouveaux éléments aient été connus par la partie civile dès lors qu'ils n'ont pas été soumis à la juridiction d'instruction avant la décision de non-lieu (■ Cass. crim., 16 nov. 1999, n°s 94-86.114 et 99-85.848 : *Bull. crim.* n° 256). Une nouvelle hypothèse élaborée à partir d'éléments figurant à la procédure et déjà examinés par des experts ne constitue pas une charge nouvelle (■ Cass. crim., 16 nov. 2010, n° 10-82.380). La simple arrestation de la personne poursuivie ne constitue pas non plus une charge nouvelle (■ Cass. crim., 10 déc. 1943 : *Bull. crim.* n° 144). Une plainte mettant en cause, après clôture d'une information des chefs d'homicide non intentionnel à la suite d'un accident d'avion, des éléments nouveaux relatifs au comportement des contrôleurs aériens tend à la réouverture de la même information. C'est donc à bon droit que la chambre d'accusation a estimé que cette plainte ne pouvait être reçue par le juge d'instruction (■ Cass. crim., 11 janv. 2000, n° 99-82.143 : *Bull. crim.* n° 11).

3) Force probante des charges nouvelles. Ne constituent pas des charges nouvelles diverses attestations se rapportant à des faits sur les circonstances desquelles les parties ont été entendues et qui n'apportent aucun élément probant pour établir les faits reprochés (■ Cass. crim., 22 nov. 2011, n° 10-84.090).

4) Appréciation des charges nouvelles. Il appartient au seul procureur de la République de déterminer si les pièces qui lui ont été transmises peuvent être considérées comme des charges nouvelles. Le mis en examen ne saurait remettre en cause son choix de demander la réouverture d'une information au motif que les pièces qui lui servent de fondement seraient frappées de nullité dans une autre procédure (■ Cass. crim., 15 mai 2007, n° 07-81.590 : *Bull. crim.* n° 123).

l'instruction et la liberté du magistrat instructeur : *D.* 2007, p. 603, *La loi du 5 mars 2007 et l'instruction préparatoire* : *AJ Pénal* 2007, p. 105. • M. Nord-Wagner, *La détention provisoire : un équilibre renforcé ?* : *AJ Pénal* 2007, p. 113.

I – COMPOSITION DE LA CHAMBRE DE L'INSTRUCTION

A – Les membres de la chambre de l'instruction

1° *Le président*

1) Désignation – Droit transitoire. Le magistrat désigné conformément aux dispositions de l'article 191 du Code de procédure pénale dans sa rédaction antérieure à la loi du 30 décembre 1987 demeure qualifié pendant l'année en cours pour présider la chambre d'accusation jusqu'à la publication, non encore intervenue, du décret de désignation prévu par la loi nouvelle (▪ Cass. crim., 9 mai 1988, n° 88-81.163 : *Bull. crim.* n° 195. ▪ Cass. crim., 7 juin 1988, n° 88-81.828 : *Bull. crim.* n° 258).

2) Remplacement. En cas d'empêchement, le président de la chambre d'accusation (instruction) peut être remplacé (▪ Cass. crim., 25 sept. 1997, n° 96-84.323 : *Bull. crim.* n° 312). Aucune disposition légale ne fait obstacle à ce que, lorsque le président de la chambre de l'instruction est empêché, il soit remplacé par le premier président de la Cour d'appel (▪ Cass. crim., 26 sept. 1990, n° 90-84.341 : *JurisData* n° 1990-703885 ; *Bull. crim.* n° 320. ▪ Cass. crim., 23 juin 2009, n° 09-82.292 : *Bull. crim.* n° 128 ; *Dr. pén.* 2010, chron. 1, obs. D. Guérin). *Comp.* Selon les dispositions de l'article 191 du Code de procédure pénale, dans sa rédaction antérieure à la loi du 30 décembre 1987, la chambre d'accusation est composée d'un président de chambre exclusivement attaché à ce service et de deux conseillers, ces magistrats étant désignés chaque année pour la durée de l'année judiciaire suivante, par l'assemblée générale de la Cour, ou éventuellement, en cours d'année, s'il est nécessaire d'assurer la permanence et la continuité du service. Il s'ensuit que le président titulaire ne peut, en cas d'empêchement, être remplacé que par un président suppléant désigné par l'assemblée générale de la cour d'appel ou à défaut par le conseiller de la chambre d'accusation présent le plus ancien dans l'ordre des nominations à la Cour (▪ Cass. crim., 14 juin 1988, n° 87-84.751 : *Bull. crim.* n° 269).

3) Exclusivité des fonctions. Si, aux termes de l'article 191, alinéa 2, du Code de procédure pénale, le président de la chambre d'accusation est exclusivement attaché à ce service, le décret du 12 février 1960, pris en application du dernier alinéa dudit article et codifié sous l'article D. 43 du même code, prévoit que ce magistrat peut, en cas de nécessité, assurer, à titre exceptionnel, le service d'une autre chambre (▪ Cass. crim., 19 févr. 1998, n° 96-83.423 : *Bull. crim.* n° 74). Aussi regrettable que soit l'attribution d'une autre fonction au président de la chambre d'accusation, qui devrait être exclusivement attaché à ce service, il ne résulte aucune nullité de cette seule circonstance, cette règle relevant des mesures d'administration judiciaire (▪ Cass. crim., 27 sept. 1984, n° 84-93.474 : *Bull. crim.* n° 275 ; *D.* 1985, jurispr. p. 541, note J. Pradel. ▪ Cass. crim., 1er oct. 1984, n° 84-93.806 : *Bull. crim.* n° 276 ; *RSC* 1985, p. 603, obs. J. Robert).

2° *Les conseillers*

4) Qualité des conseillers. Aucune disposition légale n'interdit à un président de chambre de siéger à une autre chambre d'accusation (de l'instruction) en qualité d'assesseur dès lors qu'il a été désigné conformément aux dispositions de l'article 191 du Code de procédure pénale (▪ Cass. crim., 5 mars 1997 : *JurisData* n° 1997-00.2438 ; *Bull. crim.* n° 85). Il en va de même d'un président de chambre de l'instruction, autorisé à être assesseur d'un autre président d'une autre chambre (▪ Cass. crim., 2 sept. 2008, n° 07-87.887. ▪ Cass. crim., 19 août 2015, n° 15-83.286). Un vice-président assesseur peut également être assesseur s'il a été désigné par l'assemblée générale de la Cour d'appel (▪ Cass. crim., 30 sept. 2009, n° 09-84.050).

5) Remplacement. La composition de la chambre de l'instruction, complétée, en l'absence de tous magistrats, par l'avocat le plus ancien inscrit à l'ordre du barreau, doit être considérée comme régulière en l'absence de toute contestation de la part des avocats des parties, présents à l'audience (▪ Cass. crim., 7 déc. 2004, n° 04-81.728). En l'empêchement de tous magistrats de la Cour, les dispositions de l'article 191 du Code de procédure pénale ne peuvent être respectées. Les nécessités de l'administration de la justice commandent dès lors, en application de l'article L. 213-2 du Code de l'organisation judiciaire, que l'avoué de la Cour d'appel le plus ancien dans l'ordre du tableau puisse être appelé pour compléter la chambre de l'instruction (▪ Cass. crim., 8 nov. 1979, n° 79-93.775 : *Bull. crim.* n° 310).

3° *Les tiers présents*

6) Auditeurs de justice. En acceptant dans son délibéré un auditeur de justice qui s'est borné à formuler un avis, sans participer autrement à la décision, la chambre d'accusation n'a violé aucun texte. En effet, aux termes de la loi organique du 17 juillet 1970, les auditeurs de justice peuvent assister avec voix consultative aux délibérés des juridictions correctionnelles et cette disposition, de caractère général, est applicable aussi bien pour la juridiction de jugement statuant en matière correctionnelle que pour les juridictions siégeant dans une procédure correctionnelle (■ Cass. crim., 5 mai 1981, n° 81-90.615 : *Bull. crim.* n° 138).

7) Élèves magistrats étrangers. Dès lors qu'il résulte des mentions de l'arrêt attaqué que lors des débats, du délibéré et du prononcé de l'arrêt, qui ont eu lieu en présence d'élèves magistrats cambodgiens ayant prêté serment, la chambre de l'instruction était composée d'un président et de deux conseillers, désignés conformément à l'article 191 du Code de procédure pénale, ces mentions suffisent à établir que les élèves magistrats étrangers n'ont fait qu'assister au délibéré, comme la loi du 11 juillet 1975 les y autorise (■ Cass. crim., 10 mars 2009, n° 08-88.356 : *Bull. crim.* n° 52).

B – Régularité de la composition

8) Preuve de la régularité. La mention de l'arrêt attaqué selon laquelle tel magistrat exerçait les fonctions de président de la chambre de l'instruction suffit à établir, en l'absence de contestation à l'audience, la régularité de la désignation de ce magistrat (■ Cass. crim., 29 févr. 2012, n° 11-88.441 : *JurisData* n° 2012-003065 ; *Bull. crim.* n° 58). Pour la chambre d'accusation, V. déjà (■ Cass. crim., 2 janv. 1970, n° 69-92.598 : *Bull. crim.* n° 1. ■ Cass. crim., 19 nov. 1991, n° 90-86.215 : *JurisData* n° 1991-003733). La mention de l'arrêt attaqué, selon laquelle le président et les deux assesseurs composant la chambre de l'instruction ont été désignés conformément aux dispositions de l'article 191 du Code de procédure pénale, suffit à établir, en l'absence de toute contestation à l'audience concernant les conditions de leur désignation, la régularité de la composition de la juridiction (■ Cass. crim., 15 nov. 1995, n° 95-84.534 : *Bull. crim.* n° 348, pour la chambre d'accusation. – *Adde*, ■ Cass. crim., 26 mars 2002, n° 02-80.123. ■ Cass. crim., 5 mars 2014, n° 13-84.977 : *JurisData* n° 2014-003878 ; *Bull. crim.* n° 67). Dès lors que les mentions de l'arrêt attaqué font apparaître que le président et les conseillers ayant siégé à l'audience de la chambre de l'instruction ont été désignés conformément à l'article 191 du Code de procédure pénale, la régularité de la composition de la juridiction est présumée (■ Cass. crim., 9 juill. 2014, n° 14-82.838 : *JurisData* n° 2014-016061 ; *Bull. crim.* n° 172).

9) Compétence du seul président. Les dispositions des articles 706-153 et D. 43-5 du Code de procédure pénale, prévoyant que le président de la chambre de l'instruction est compétent pour statuer seul, notamment, sur les demandes ou les recours ou contentieux relatifs à la saisie de biens ou droits incorporels, sauf si l'auteur du recours a précisé qu'il saisit la chambre de l'instruction dans sa formation collégiale, ne concernent pas le recours formé contre l'ordonnance prévue par l'article 706-154 du même code.

Le président de la chambre de l'instruction ne peut donc statuer seul sur l'appel de l'ordonnance par laquelle le juge d'instruction s'est prononcé sur le maintien ou la mainlevée de la saisie d'une somme d'argent versée sur un compte ouvert auprès d'un établissement habilité par la loi à tenir des comptes de dépôt (■ Cass. crim., 2 juin 2021, n° 20-81.100, §§ 10-11).

II – EXIGENCE D'IMPARTIALITÉ

10) Connaissance antérieure de l'affaire. Il résulte des articles 6 de la Conv. EDH et de l'article 191 du Code de procédure pénale que ne peut faire partie de la chambre d'accusation saisie de l'appel d'une ordonnance de non-lieu un conseiller ayant participé à l'arrêt de la même juridiction, qui avait confirmé, dans la même procédure, une ordonnance de refus d'informer (■ Cass. crim., 6 janv. 2000, n° 99-80.846 : *JurisData* n° 2000-000457 ; *Bull. crim.* n° 5). La chambre de l'instruction, saisie d'un appel après annulation d'une ordonnance présidentielle déclarant un précédent appel non admis, est irrégulièrement composée si elle est présidée par le magistrat ayant rendu l'ordonnance annulée (■ Cass. crim., 27 juin 2007, n° 07-82.824 : *JurisData* n° 2007-040269 ; *JCP* G 2007, IV, 2633 ; *Bull. crim.* n° 177 ; *Procédures* 2007, comm. 262, note J. Buisson ; *AJ Pénal* 2007, p. 441, obs. S. Lavric).

11) Participation à l'information. En instituant la chambre d'accusation, juridiction d'instruction du second degré et en lui attribuant la connaissance des appels des ordonnances du juge d'instruction, la loi a voulu une garantie efficace à l'administration de la Justice. Le recours à l'examen de la chambre d'accusation serait illusoire si le même magistrat pouvait dans la même affaire remplir son office dans les deux degrés (■ Cass. crim., 27 mars 1990, n° 90-80.204 : *JurisData* n° 1990-701451 ; *Bull. crim.* n° 134 ; *D.* 1991, somm. p. 376, obs. J. Pradel ; *RSC* 1991, p. 118, obs. A. Braunschweig). Le juge d'instruction ayant instruit l'affaire soumise à la chambre d'accusation (chambre de l'instruction) en vue d'une annulation éventuelle ne peut siéger à cette chambre en qualité de conseiller (■ Cass. crim., 31 mai 1988, n° 88-81.388 : *JurisData* n° 1988-001422 ; *Bull. crim.* n° 235).

12) Décisions relatives à la liberté. S'il résulte des pièces de la procédure qu'un magistrat, qui siégeait à la chambre de l'instruction statuant sur la prolongation de la détention provisoire, avait rendu un an plus tôt, en qualité de juge des libertés et de la détention, une ordonnance de rejet d'une demande de mise en liberté formée dans le même dossier d'information, l'impartialité de ce magistrat ne saurait être remise en cause, dès lors qu'il n'a pas connu l'appel de l'une de ses décisions et que rien ne permet de douter de son objectivité dans l'appréciation des éléments de fait et de droit au jour où la chambre de l'instruction a statué (■ Cass. crim., 27 oct. 2004, n° 04-85.182 : *JurisData* n° 2004-025622 ; *Bull. crim.* n° 260 ; *JCP* G 2004, IV, 3472).

13) Magistrats conjoints. Il découle de l'article 6 de la Conv. EDH que deux magistrats conjoints ne peuvent connaître de la même cause. Doit donc être annulé l'arrêt rendu par la chambre d'accusation où siégeait M. Y..., conseiller, et confirmant une ordonnance de non-lieu rendue sur les réquisitions de son conjoint, Mme Y..., premier substitut du procureur de la République (■ Cass. crim., 29 févr. 1996, nos 95-82.648 et 95-84.967 : *JurisData* n° 1996-001512 ; *Bull. crim.* n° 99 ; *D.* 1997, somm. p. 141, obs. J. Pradel).

14) Procédures distinctes. En revanche, aucune règle légale ou conventionnelle n'interdit aux mêmes membres de la chambre de l'instruction de se prononcer sur l'application de l'article 6-1 du Code de procédure pénale dans deux procédures distinctes, fussent-elles connexes, leur décision ne préjugeant pas de la culpabilité des personnes concernées (■ Cass. crim., 16 oct. 2001, n° 01-85.038 : *JurisData* n° 2001-011866 ; *Bull. crim.* n° 207).

15) Action en récusation. Le demandeur ne saurait se faire grief de ce que, n'ayant pas été autorisé à comparaître personnellement devant la chambre de l'instruction, il a été privé de la possibilité de connaître la composition de la juridiction d'appel pour éventuellement agir en récusation, dès lors qu'il lui était loisible, s'il avait voulu connaître le nom du président et des conseillers composant la chambre de l'instruction, de s'adresser en temps utile aux services de la première présidence de la cour d'appel où sont conservés les actes établis en application de l'article 191 du Code de procédure pénale (■ Cass. crim., 6 mars 2018, n° 17-81.459).

Art. 192. – Les fonctions du ministère public auprès de la chambre de l'instruction sont exercées par le procureur général ou par ses substituts ; celles du greffe par un greffier de la cour d'appel.

1) Ministère public. Le ministère public, partie intégrante et nécessaire des juridictions pénales, doit assister au prononcé de la décision. Il n'est pas dérogé à cette règle devant la chambre d'accusation (instruction) de sorte qu'en ne mentionnant pas la présence du ministère public lors du prononcé de la décision, l'arrêt de la chambre d'accusation ne met pas la Cour de cassation en mesure de s'assurer de la régularité de sa composition (■ Cass. crim., 19 avr. 1995, n° 94-83.770 : *Bull. crim.* n° 157).

2) Greffe. La mention de l'arrêt attaqué selon laquelle la chambre de l'instruction a statué, lors des débats, « avec l'assistance de Mme G..., adjoint administratif », fait présumer que celle-ci a assisté la juridiction en faisant fonction de greffier (■ Cass. crim., 16 avr. 2013, n° 12-81.027 : *Bull. crim.* n° 87). Aucun texte n'impose que la personne faisant fonction de secrétaire greffier ait été assermentée (■ Cass. crim., 4 déc. 1978, n° 79-91.821).

Art. 193. – La chambre de l'instruction se réunit au moins une fois par semaine et, sur convocation de son président ou à la demande du procureur général, toutes les fois qu'il est nécessaire.

Art. 194 *(Mod., L. n° 2011-1862, 13 déc. 2011 ; L. n° 2022-52, 24 janv. 2022).* **– Le procureur général met l'affaire en état dans les quarante-huit heures de la réception des pièces en matière de détention provisoire et dans les dix jours en toute autre matière ; il la soumet, avec son réquisitoire, à la chambre de l'instruction.**

Dans les cas prévus par les articles 173 et 180-1, ou lorsqu'elle est directement saisie en application des articles 81, neuvième alinéa, 82-1, deuxième alinéa, 156, deuxième alinéa, ou 167, avant-dernier alinéa, la chambre de l'instruction doit statuer dans les deux mois à compter de la transmission du dossier au procureur général par le président de la chambre de l'instruction.

Il en est de même en cas d'appel en matière de contrôle judiciaire ou d'assignation à résidence avec surveillance électronique ; à défaut, en cas d'appel d'une ordonnance de placement sous contrôle judiciaire ou sous assignation à résidence avec surveillance électronique ou de refus de mainlevée d'une de ces deux mesures, la mainlevée de celle-ci est acquise de plein droit, sauf si des vérifications concernant la demande de la personne ont été ordonnées ou si des circonstances imprévisibles et insurmontables mettent obstacle au jugement de l'affaire dans le délai prévu au présent article.

En matière de détention provisoire, la chambre de l'instruction doit se prononcer dans les plus brefs délais et au plus tard dans les dix jours de l'appel lorsqu'il s'agit d'une ordonnance de placement en détention et dans les quinze jours dans les autres cas faute de quoi la personne concernée est mise d'office en liberté, sauf si des vérifications concernant sa demande ont été ordonnées ou si des circonstances imprévisibles et insurmontables mettent obstacle au jugement de l'affaire dans le délai prévu au présent article.

I – DÉLAIS DE MISE EN ÉTAT

1) Réquisitions écrites. Lorsque le procureur général a déposé des réquisitions écrites le jour-même de l'audience en méconnaissance des articles 6.1 de la Convention européenne des droits de l'Homme, 194, 197 et 198 du Code de procédure pénale, qui lui font l'obligation de les déposer au plus tard la veille de celle-ci, il appartient à la chambre de l'instruction de statuer après les avoir écartées des débats (■ Cass. crim., 9 mai 2001, n° 01-81.192 : *JurisData* n° 2001-009970 ; *Bull. crim.* n° 112. ■ Cass. crim., 9 août 2017, n° 17-83.332 : *JurisData* n° 2017-016088 ; *Bull. crim.*n° 214). Les dispositions des articles 194 et 197 du Code de procédure pénale, qui se complètent avec celles de l'article 198, satisfont à un objectif de bonne administration de la justice pour assurer, spécialement dans les procédures à brefs délais, le dépôt en temps des mémoires des parties dont les droits de la défense sont ainsi garantis, comme ils le sont dans la faculté qui leur est donnée par les mêmes textes de prendre connaissance des réquisitions du ministère public tant au greffe qu'à l'audience, et, dans tous les cas, d'y répondre conformément aux règles du contradictoire et sans que soient méconnus les principes d'une procédure juste et équitable. Il n'y a donc pas lieu de renvoyer au Conseil constitutionnel la question portant sur la conformité desdites dispositions aux principes constitutionnels du contradictoire, des droits de la défense et de l'équilibre des parties (■ Cass. crim., 9 avr. 2014, n° 14-90.007 : *AJ Pénal* 2014, p. 362, obs. J.-B. Perrier).

2) Réquisition écrites, moment du dépôt. Il résulte des articles 194, alinéa 1er, et 197, alinéa 3, du Code de procédure pénale que le procureur général doit déposer ses réquisitions au plus tard la veille de l'audience de la chambre de l'instruction devant laquelle la procédure est écrite.

Le ministère public étant une partie nécessaire au procès pénal, le respect de cette exigence s'impose à peine de nullité et sa méconnaissance peut être invoquée pour la première fois devant la Cour de cassation.

Si l'arrêt attaqué mentionne que le procureur général a oralement requis la confirmation de l'ordonnance déférée, il ne résulte cependant ni des énonciations de l'arrêt ni des pièces de la procédure que le procureur général ait déposé au greffe des réquisitions écrites (■ Cass. crim., 23 nov. 2021, n° 21-83.892, §§ 7-9).

3) Dépôt d'un mémoire additionnel. Respecte les dispositions de l'article 194 du Code de procédure pénale le procureur général qui dépose la veille de l'audience un mémoire qui a été visé par le greffier (■ Cass. crim., 27 oct. 2004, n° 04-85.052 : *JurisData* n° 2004-025618 ; *Bull. crim.* n° 262).

4) Sanction. Les dispositions de l'article 194, alinéa 1er du Code de procédure pénale fixant les délais dans lesquels le procureur général doit mettre l'affaire en état devant la chambre d'accusation (de l'instruction) ne sont pas prescrites à peine de nullité, à moins qu'il ait été porté atteinte aux droits de la défense (■ Cass. crim., 3 oct. 1974, n° 73-91.411 : *Bull. crim.* n° 273. ■ Cass. crim., 30 avr. 2002, n° 02-81.228).

II – DÉLAIS POUR STATUER

A – Requête portant sur l'article 194, alinéa 2

5) Constitutionnalité. L'article 194, alinéa 2, du Code de procédure pénale, qui impartit à la chambre de l'instruction un délai de deux mois pour statuer, notamment, sur une requête en annulation d'actes ou pièces de la procédure, sans assortir ce délai d'une sanction en cas de dépassement, fixe le point de départ au jour de la transmission du dossier au procureur général par le président de la chambre de l'instruction, lui-même tenu de statuer sur la recevabilité de ladite requête dans les huit jours de la réception du dossier au greffe de la chambre de l'instruction, donnant ainsi aux dispositions de l'article 194, alinéa 2, du Code de procédure pénale un caractère suffisamment précis et non équivoque pour exclure tout risque d'arbitraire. Par ailleurs, la personne peut, dans tous les cas et à tout moment, former une demande de mise en liberté de sorte qu'il n'y a pas lieu de remettre en cause sa constitutionnalité et spécialement sa conformité avec le droit à un procès équitable, les droits de la défense et le recours effectif, et l'article 34 de la Constitution garantissant le principe de clarté de la loi (■ Cass. crim., 21 juin 2011, n° 11-82.858).

6) Dépassement des délais. Le délai de 20 jours fixé par l'article 194, alinéa 3, du Code de procédure pénale dans sa rédaction issue de la loi du 4 janvier 1993, comme celui de 2 mois prévu par l'article 194, alinéa 2, du même code, résultant de la loi du 24 août 1993, applicable en la cause, est seulement indicatif et ne comporte pas de sanction (■ Cass. crim., 1er mars 1994, n° 93-85.374 : *JurisData* n° 1994-000611 ; *Bull. crim.* n° 79). Le délai fixé par l'article 194 du Code de procédure pénale pour statuer sur une demande de nullité est simplement indicatif et sans sanction (■ Cass. crim., 21 juin 2001, n° 11-82.858). Le demandeur ne saurait se faire un grief de ce que la chambre de l'instruction n'a pas statué sur sa requête dans le délai de deux mois prévu par l'article 194, alinéa 2, du Code de procédure pénale, dès lors que ce délai est seulement indicatif et ne comporte aucune sanction (■ Cass. crim., 14 janv. 2003, n° 02-86.965).

B – Requête portant sur la détention provisoire

7) Exigence constitutionnelle de délais adaptés. En matière de privation de liberté, le droit à un recours juridictionnel effectif impose que le juge judiciaire soit tenu de statuer dans les plus brefs délais. Il appartient aux autorités judiciaires, sous le contrôle de la Cour de cassation, de veiller au respect de cette exigence y compris lorsque la chambre de l'instruction statue sur renvoi de la Cour de cassation. Sous cette réserve, l'absence de disposition législative fixant un délai maximum dans lequel la chambre de l'instruction doit statuer lorsqu'elle est saisie en matière de détention provisoire sur renvoi de la Cour de cassation ne porte pas atteinte aux exigences constitutionnelles précitées (■ Cons. const., 29 janv. 2015, n° 2014-446 QPC, consid. 8-9).

8) Domaine d'application. Les délais de l'article 194 du Code de procédure pénale ne concernent que l'appel formé en matière de détention provisoire (■ Cass. crim., 23 juill. 1984, n° 84-92.627 : *Bull. crim.* n° 263). Si la chambre de l'instruction dispose d'un délai de 2 mois pour statuer sur l'appel d'une ordonnance rendue par le juge d'instruction en matière de contrôle judiciaire, il en est autrement lorsque la décision a pour effet de maintenir en détention le mis en examen qui demande la modification d'un contrôle judiciaire dont les obligations, tant qu'elles ne sont pas exécutées, font obstacle à la mise en liberté. En pareille hypothèse, s'appliquent les délais prévus en matière de détention à l'article 194 du Code de procédure pénale (■ Cass. crim., 8 août 2018, n° 18-83.540 : *JurisData* n° 2018-014006).

9) Exclusion du bref délai. Les brefs délais de l'article 194 du Code de procédure pénale ne concernent que l'appel formé en matière de détention provisoire. Ils ne s'appliquent pas aux demandes de mainlevée introduites au titre de l'article 148-2 du Code de procédure pénale (■ Cass. crim., 23 juill. 1984, n° 84-92.627 : *Bull. crim.* n° 263). L'article 194 du Code de procédure pénale ne trouve pas à s'appliquer lorsque la chambre de l'instruction, après s'être réservé le contentieux de la détention, est saisie d'une demande directe de mise en liberté régie par les articles 148, 148-1 et 148-2 du Code de procédure pénale (■ Cass. crim., 4 nov. 2008, n° 08-85.670 : *Bull. crim.* n° 222 ; *Procédures* 2009, comm. 123, note J. Buisson). L'article 194, alinéa 2 (auj. al. 3) n'a pas vocation à s'appliquer aux exceptions soulevées par l'inculpé – en l'espèce de compétence – et d'où pourraient résulter, si elles étaient admises, la mainlevée du titre de détention, dès lors qu'il a été statué, dans les délais légaux qui sont de stricte observation, sur la demande subsidiaire de mise en liberté présentée simultanément (■ Cass. crim., 25 févr. 1985, n° 84-95.805 : *Bull. crim.* n° 85). Après cassation de l'arrêt d'une chambre de l'instruction ayant confirmé un placement en détention provisoire, la juridiction de renvoi n'est pas tenue de se prononcer dans le délai prévu à l'alinéa 3 de l'article 194 du Code de procédure pénale, applicable à un autre état de la procédure (■ Cass. crim., 10 avr. 2002, n° 02-80.886). Les dispositions de l'article 194 du Code de procédure pénale ne concernent que la procédure devant la chambre de l'instruction. Le bref délai dont il est fait état n'est pas applicable à une détention provisoire subie entre l'acte d'appel et son examen par la chambre correctionnelle, cette dernière relevant des dispositions de l'article 179 du Code de procédure pénale (■ Cass. crim., 24 sept. 2019, n° 19-84.067).

10) En l'état de remise en liberté, les délais fixés par l'article 194, alinéa 3, du Code de procédure pénale ne sont pas applicables (■ Cass. crim., 11 sept. 2002, n° 02-84.323).

11) Délais spéciaux et comparution. Il résulte des articles 194 et 199 du Code de procédure pénale que la chambre de l'instruction doit, en matière d'examen d'une demande de mise en liberté, se prononcer dans les plus brefs délais et, au plus tard, dans les quinze jours de l'appel, faute de quoi la personne concernée est mise d'office en liberté, sauf si des vérifications concernant sa demande ont été ordonnées ou si des circonstances imprévisibles et insurmontables mettent obstacle au jugement de l'affaire dans le délai prévu. En cas de comparution de la personne concernée, ce délai est prolongé de cinq jours (■ Cass. crim., 25 nov. 2013, n° 13-85.202. ■ Cass. crim., 9 déc. 2008, n° 08-86.590 ; *JurisData* n° 2008-046435 ; *Bull. crim.* n° 247. ■ Cass. crim., 7 févr. 2012, n° 11-88.494 : *Bull. crim.* n° 36. ■ Cass. crim., 15 janv. 2013, n° 12-87.079 : *Bull. crim.* n° 13. ■ Cass. crim., 4 sept. 2012, n° 12-83.997 : *JurisData* n° 2012-020053 ; *Bull. crim.* n° 177 ; *Procédures* 2012, comm. 330, A.-S. Chavent-Leclère). Il résulte des dispositions combinées des derniers alinéas des articles 194 et 199 du Code de procédure pénale que la demande de comparution personnelle, présentée en même temps que la déclaration d'appel, a pour effet de porter de quinze à vingt jours le délai maximum imparti à la chambre de l'instruction pour statuer, même en cas de rejet par son président de la demande de comparution personnelle de l'intéressé (■ Cass. crim., 9 mai 2012, n° 12-81.557 : *Bull. crim.* n° 108). Il en va de même si l'appelant refuse de comparaître (■ Cass. crim., 8 nov. 1990, n° 90-85.194 : *JurisData* n° 1990-703219 ; *Bull. crim.* n° 375 ; *JCP* G 1991, IV, 58 ; *RSC* 1992, p. 116, obs. A. Braunschweig). En effet, il résulte de la combinaison des articles 194 et 199 du Code de procédure pénale qu'en matière de détention provisoire cette juridiction, lorsque le détenu demande à comparaître devant elle, doit se prononcer dans les 20 jours de l'appel interjeté, délai dont la durée se trouve irrévocablement fixée à la date de la demande, et que ne sauraient affecter unilatéralement les revirements de volonté du requérant (■ Cass. crim., 25 juin 1991, n° 91-82.153 : *JurisData* n° 1991-001882 ; *Bull. crim.* n° 274 ; *JCP* G 1991, IV, 376 ; *RSC* 1992, p. 343, obs. A. Braunschweig. ■ Cass. crim., 18 nov. 1997 : *Bull. crim.* n° 389. ■ Cass. crim., 10 janv. 2001, n° 00-86.682 : *JurisData* n° 2001-008589 ; *Dr. pén.* 2001, comm. 66, note A. Maron ; *Procédures* 2001, comm. 135, note J. Buisson).

12) Décision de comparution personnelle. La décision aux fins de comparution personnelle constitue une mesure d'administration judiciaire échappant au contrôle de la Cour de cassation (■ Cass. crim., 1er oct. 2014, n° 14-84.823 : *Bull. crim.* n° 200).

13) Délai, point de départ. Selon les dispositions combinées de l'article 194 du Code de procédure pénale et des articles 199 et 503 du même code, si la chambre de l'instruction doit, lorsqu'elle statue sur une ordonnance de prolongation de la détention provisoire, se prononcer dans les plus brefs délais et au plus tard, en cas de comparution de la personne concernée, dans les 20 jours de l'appel prévu par l'article 186 du même code, ce délai court à compter du jour où la déclaration d'appel a été transcrite sur le registre public prévu par l'article 502 dudit code et tenu au greffe de la juridiction ayant rendu la décision entreprise (■ Cass. crim., 23 janv. 2001, n° 01-87.357).

14) Jours fériés et chômés. Le délai de 15 jours, imparti par l'alinéa 3 de l'article 194 du Code de procédure pénale pour statuer sur l'appel d'une ordonnance portant refus de mise en liberté, expire le quinzième jour accompli depuis la déclaration d'appel de la personne mise en examen et ce délai est prorogé jusqu'au premier jour ouvrable suivant lorsque le dernier jour est un samedi ou un dimanche ou un jour férié ou chômé (■ Cass. crim., 25 oct. 2005, n° 05-84.893 : *Bull. crim.* n° 263).

15) Pourvoi en cassation. Le moyen tiré du dépassement du délai imparti à la chambre de l'instruction pour statuer sur l'appel de l'ordonnance du juge des libertés et de la détention ayant rejeté la demande de mise en liberté, présenté pour la première fois devant la Cour de cassation, est nouveau, mélangé de fait, et comme tel, irrecevable (■ Cass. crim., 29 avr. 2014, n° 14-80.980 : *JurisData* n° 2014-009821 ; *Bull. crim.* n° 115).

III – ALLONGEMENT DES DÉLAIS

A – Circonstances imprévisibles et insurmontables

16) Circonstances imprévisibles et insurmontables. La circonstance imprévisible et insurmontable doit être extérieure au service de la justice (■ Cass. crim., 9 déc. 2008, préc.). Ne constitue pas une circonstance imprévisible et insurmontable et conduit à la libération immédiate de la personne provisoirement détenue, la présentation erronée de la déclaration d'appel comme une demande de mise en liberté adressée au juge des libertés et de la détention (même arrêt). Il en va de même de la confusion opérée par le magistrat instructeur entre la déclaration d'appel et une demande de mise en liberté, ayant conduit à une transcription d'appel plus de deux mois après l'affectation du détenu en maison d'arrêt (■ Cass. crim., 23 févr. 2000, n° 99-87.815 : *JurisData* n° 2000-001520 ; *Bull. crim.* n° 79 ; *Procédures* 2000, comm. 152, J. Buisson), ainsi que de l'absence de réception d'appel matérialisée par un récépissé de la télécopie de transmission de cette déclaration au greffe de la juridiction par la mention « résultat pas rép/occupe » (■ Cass. crim., 15 janv. 2013, préc.). Semblablement, si le Code de procédure pénale ne prévoit aucun délai de transcription l'appel, il appartient à la chambre de l'instruction de vérifier l'existence de circonstances imprévisibles et insurmontables, extérieure au service de la justice, ayant différé la transcription de l'appel de presque un mois (■ Cass. crim., 18 janv. 2011 : *JurisData* n° 2011-000638 ; *Bull. crim.* n° 7), un mois et demi (■ Cass. crim., 4 sept. 2012, préc.) ou cinq jours (■ Cass. crim., 3 nov. 2016, n° 16-85.200). Le fait que, par suite d'une erreur de manipulation de télécopie, la déclaration d'appel reçue par le centre pénitentiaire d'où se trouvait l'intéressé n'a pu être enregistrée au greffe du tribunal de grande instance dans les délais ne constitue pas une circonstances imprévisibles et insurmontables dispensant la chambre d'accusation (de l'instruction) de statuer dans les délais de l'article 194 du Code de procédure pénale (■ Cass. crim., 20 janv. 1987, n° 86-95.755 : *JurisData* n° 1987-701858). En revanche, constitue une circonstance imprévisible et insurmontable, empêchant la chambre de l'instruction de statuer dans les délais prévus, la défaillance d'un système d'acheminement du courrier, laquelle ne peut être ni prévue ni surmontée pas son destinataire lorsqu'il ignore l'envoi d'un pli à son adresse (■ Cass. crim., 22 avr. 1985, n° 85-90.741 : *Bull. crim.* n° 149).

B – Demandes de vérifications

17) Droit de vérification. En renvoyant l'affaire afin de procéder à des vérifications, les juges n'ont fait qu'user, à la demande de la personne mise en examen, de la faculté qui leur est reconnue par le dernier alinéa de l'article 194 du Code de procédure pénale. Aucun retard ne peut donc leur être reproché dès lors que l'affaire a été appelée à l'audience dans les délais prévus aux articles 194 et 199 du Code de procédure pénale (■ Cass. crim., 9 avr. 2014, n° 14-80.833 : *Bull. crim.* n° 109).

18) Notion de vérification. La communication des pièces susceptibles d'avoir été produites dans l'intérêt de la défense, à la demande expresse de la personne mise en examen, constitue une vérification au sens de l'article 174 du Code de procédure pénale (■ Cass. crim., 12 avr. 2005, n°s 05-80.431 et 05-80.432 : *Bull. crim.* n° 123 ; *JCP* G 2005, IV, p. 2272). Les vérifications consistant en une enquête de faisabilité d'une assignation à résidence sous surveillance électronique entrent dans les prévisions de l'article 194, alinéa 3, du Code de procédure pénale et autorisent les juges à statuer au-delà du délai de quinze jours à compter de l'appel prévu par ce texte (■ Cass. crim., 22 févr. 2011, n° 10-88.191). Le demandeur ne saurait se faire un grief de ce que la chambre de l'instruction a, avant dire droit, ordonné l'expertise médicale sollicitée, laquelle constitue une « vérification », au sens de l'article 194, alinéa 4, du Code de procédure pénale (■ Cass. crim., 18 déc. 2013, n°s 13-86.739 et 13-86.740 : *JurisData* n° 2013-02.9424 ; *Bull. crim.* n° 263). Constitue une vérification au sens de l'article 194 du Code de procédure pénale le complément d'investigation nécessaire à la vérification de la compatibilité de l'état de santé de l'intéressé avec la détention provisoire (■ Cass. crim., 18 oct. 2016, n° 16-84.764 : *Bull. crim.* n° 268). La chambre de l'instruction, qui ne pouvait statuer utilement sur l'appel du mis en examen au seul vu des pièces du dossier d'information lui ayant été transmis en copie, conformément aux dispositions de l'article 186, alinéa 5, du Code de procédure pénale, a fait l'exacte application de l'article 194 du même code l'autorisant à ordonner des vérifications concernant la demande et à statuer au-delà du délai de dix jours à compter de l'appel (■ Cass. crim., 16 avr. 2013, n°s 13-81.106 et 13-81.115 : *Bull. crim.* n° 85). En revanche, ne constitue pas une vérification concernant la demande de l'inculpé, un complément d'information permettant de vérifier la compétence du juge ayant décidé de la prolongation de la détention provisoire, dès lors que l'ordonnance permettant de l'établir et dont il a été demandé la production aurait dû, en application de l'article 186, alinéa 5, du Code de procédure pénale, se trouver dans le dossier de l'information qui lui avait été transmis (■ Cass. crim., 20 juin 1989, n° 89-82.056 : *JurisData* n° 1989-702461 ; *Bull. crim.* n° 263). La demande ayant pour objet de vérifier la conformité entre la copie mise à la disposition de l'avocat et l'original du dossier ayant permis de confirmer que la copie était incomplète et d'apprécier l'éventuel grief subi par l'appelant, ne constitue pas une vérification au sens de l'article 194 du Code de procédure pénale. Il en résulte que l'examen de l'affaire au-delà du délai légal ne pouvait être reporté par la chambre de l'instruction et que la personne détenue devait être immédiatement libérée (■ Cass. crim., 20 nov. 2016, n° 16-85.766).

IV – DÉSISTEMENT D'APPEL

19) Lorsque la personne mise en examen se désiste, de façon non équivoque, de son appel d'une ordonnance du juge des libertés et de la détention statuant en matière de détention provisoire, durant le délai prévu à l'article 194, alinéa 4, du Code de procédure pénale, la chambre de l'instruction n'est pas tenue de constater ce désistement dans ce délai. Néanmoins, le désistement d'appel, tant que sa régularité n'a pas été constatée et qu'il n'en a pas été donné acte, peut être rétracté et ne dessaisit pas la chambre de l'instruction. Il s'ensuit qu'en cas de rétractation du désistement d'appel dont il n'a pas été donné acte, la chambre de l'instruction reste tenue de statuer dans le délai prévu à l'article 194, alinéa 4, du Code de procédure pénale qui court à compter de cette rétractation (■ Cass. crim., 9 févr. 2021, n° 20-86.558, §§ 11-15).

Art. 194-1 *(Créé à compter du 1er août 2016, L. n° 2016-731, 3 juin 2016).* – **Lorsque la chambre de l'instruction est saisie sur renvoi après cassation, elle statue dans les délais prévus aux articles 148-2, 186-2, 186-4 et 194. Ces délais courent à compter de la réception par le procureur général près la cour d'appel de l'arrêt et du dossier transmis par le procureur général près la Cour de cassation.**

Art. 195 *(Ord. n° 58-1296, 23 déc. 1958).* **– Dans les causes dont sont saisies les juridictions correctionnelles ou de police et jusqu'à l'ouverture des débats, le procureur général, s'il estime que les faits sont susceptibles d'une qualification plus grave que celle dont ils ont été l'objet, ordonne l'apport des pièces, met l'affaire en état et la soumet avec son réquisitoire à la chambre de l'instruction.**

La décision rendue sur demande de supplément d'information présentée par le procureur général, en application de l'article 195 du Code de procédure pénale, relève d'une appréciation des faits qui échappe au contrôle de la Cour de cassation (■ Cass. crim., 5 déc. 1996, n° 96-84.322 : *Bull. crim.* n° 451).

Art. 196. – Le procureur général agit de même lorsqu'il reçoit, postérieurement à un arrêt de non-lieu prononcé par la chambre de l'instruction, des pièces lui paraissant contenir des charges nouvelles dans les termes de l'article 189. Dans ce cas et en attendant la réunion de la chambre de l'instruction, le président de cette juridiction peut, sur les réquisitions du procureur général, décerner mandat de dépôt ou d'arrêt.

1) **Question prioritaire de constitutionnalité – Monopole du Ministère public.** Les articles 190 et 196 du Code de procédure pénale qui réservent le droit pour la partie civile, qui n'est pas dans une situation identique à celle du ministère public, d'exercer son action devant la juridiction civile, après clôture de l'information par une décision de non-lieu pour insuffisances de charges, ne sont pas, à l'évidence, contraires aux droits de la défense (et au droit à un recours effectif), au principe constitutionnel d'égalité (et notamment, d'égalité des armes au procès) et à celui de la séparation des pouvoirs, en sorte que la question prioritaire de constitutionnalité ne présente pas un caractère sérieux (■ Cass. crim., 9 mars 2011, n° 11-80.630).

2) **Compétence du procureur général.** En cas de non-lieu prononcé par la juridiction d'instruction du second degré, le procureur général tient de l'article 196 du Code de procédure pénale les mêmes pouvoirs que ceux conférés au procureur de la République par les articles 188 à 190 du même code. Il en découle qu'au regard des éléments nouveaux portés à sa connaissance, il peut saisir la chambre de l'instruction de réquisitions aux fins d'informer à nouveau sur la plainte (■ Cass. crim., 4 déc. 2007, n° 06-88.286 : *JurisData* n° 2007-042153 ; *Bull. crim.* n° 299, *Procédures* 2008, comm. 57, note J. Buisson). Le procureur général a une compétence exclusive pour adresser d'éventuelles réquisitions de réouverture sur charges nouvelles à la chambre de l'instruction, seule compétente pour en connaître. C'est donc en faisant une exacte application de l'article 196 du Code de procédure pénale que la chambre de l'instruction a prononcé la nullité du réquisitoire du procureur de la République, requérant la réouverture pour charges nouvelles de la procédure d'information clôturée par arrêt de non-lieu de la chambre de l'instruction (■ Cass. crim., 30 nov. 2011, n° 11-80.630 : *JurisData* n° 2011-029435. ■ Cass. crim., 30 mai 2010, n° 09-84.697 : *JurisData* n° 2010-010036).

3) **Pouvoirs de la chambre de l'instruction.** La circonstance que la chambre d'accusation (instruction) soit saisie en application de l'article 196 du Code de procédure pénale ne lui interdit pas d'exercer le pouvoir qu'elle tient de l'article 204 du même code, et ainsi d'ordonner la mise en examen de personnes qui n'ont pas été renvoyées devant elle (■ Cass. crim., 16 nov. 1999, n°s 94-86.114 et 99-85.848 : *Bull. crim.* n° 256).

4) **Sur l'autorité de la décision de non-lieu.** V. sous art. 188, p. 624.

Art. 196-1 à 196-6 *(Abr., L. n° 83-466, 10 juin 1983).*

Art. 197 *(Mod., L. n° 2017-258, 28 févr. 2017).* **– Le procureur général notifie par lettre recommandée à chacune des parties et à son avocat la date à laquelle l'affaire sera appelée à l'audience. La notification est faite à la personne détenue par les soins du chef de l'établissement pénitentiaire qui adresse, sans délai, au procureur général l'original ou la copie du récépissé signé par la personne. La notification à toute personne non détenue, à la partie civile ou au requérant mentionné au cinquième alinéa de l'article 99 est faite à la dernière adresse déclarée tant que le juge d'instruction n'a pas clôturé son information.**

Un délai minimum de quarante-huit heures en matière de détention provisoire, et de cinq jours en toute autre matière, doit être observé entre la date d'envoi de la lettre recommandée et celle de l'audience.

Pendant ce délai, le dossier de la procédure, comprenant les réquisitions du ministère public, est déposé au greffe de la chambre de l'instruction et mis à la disposition des avocats des personnes mises en examen et des parties civiles dont la constitution n'a pas été contestée ou, en cas de contestation, lorsque celle-ci n'a pas été retenue. Les avocats des parties ou, si elles n'ont pas d'avocat, les parties peuvent se faire délivrer copie de ces

réquisitions sans délai et sur simple requête écrite, sans préjudice de leur faculté de demander la copie de l'entier dossier en application du quatrième alinéa de l'article 114. La délivrance de la première copie des réquisitions est gratuite.

Le caractère incomplet du dossier de la chambre de l'instruction ne constitue pas une cause de nullité dès lors que les avocats des parties ont accès à l'intégralité du dossier détenu au greffe du juge d'instruction. Si la chambre de l'instruction est avisée que des pièces sont manquantes, elle renvoie l'audience à une date ultérieure s'il lui apparaît que la connaissance de ces pièces est indispensable à l'examen de la requête ou de l'appel qui lui est soumis.

• *Sommaire*

I – CONVOCATION À L'AUDIENCE

A – Notification de la date de l'audience

1) Portée et sanction de l'obligation. Aux termes de l'article 197 du Code de procédure pénale, le procureur général notifie par lettre recommandée à chacune des parties et à son avocat la date à laquelle l'affaire sera appelée à l'audience. Cette formalité est essentielle aux droits des parties et doit être observée à peine de nullité (▪ Cass. crim., 26 janv. 2022, n° 22-80.07, §§ 10-11). En application de l'article 197 du Code de procédure pénale, la notification aux parties et à leur avocat de la date de l'audience à laquelle sera appelée la cause soumise à la chambre de l'instruction est essentielle à la préservation des droits de la défense (▪ Cass. crim., 11 juill. 2018, n° 18-82.815).

1° Les personnes concernées

2) Principe général. Les prescriptions de l'article 197 du Code de procédure pénale ont pour objet de mettre en temps voulu les parties et leurs avocats en mesure de prendre connaissance du dossier et de produire leurs mémoires, conformément aux dispositions de l'article 198 du même code. Ces prescriptions sont essentielles aux droits des parties et doivent être observées à peine de nullité. À défaut pour le procureur général d'avoir averti toutes les parties à la procédure de la date de l'audience, ce qui a empêché l'avocat de la personne mise en examen de produire un mémoire et d'être présent à l'audience, la procédure doit être annulée (▪ Cass. crim., 13 mai 2015, n° 14-87.851 : *Bull. crim.* n° 108). Dans le même sens (▪ Cass. crim., 5 janv. 1982 : *Bull. crim.* n° 5. ▪ Cass. crim., 3 avr. 1984 : *Bull. crim.* n° 136. ▪ Cass. crim., 28 oct. 1991 : *Bull. crim.* n° 380. ▪ Cass. crim., 15 oct. 1996 : *Bull. crim.* n° 362. ▪ Cass. crim., 20 juill. 2011, n° 11-83.092. ▪ Cass. crim., 9 déc. 2014, n° 13-88.338).

3) Parties civiles. Les prescriptions de ce texte ont pour objet de mettre en temps voulu les parties et leurs avocats en mesure de prendre connaissance du dossier, de produire leurs mémoires et d'être entendus à l'audience. Il n'y est apporté aucune exception ni restriction à l'égard de la partie civile, lorsque l'audience est relative à une demande de mise en liberté formée en application des articles 148-1 et 148-2 du Code de procédure pénale (▪ Cass. crim., 27 juin 2007, n° 06-89.403 : *Bull. crim.* n° 178. ▪ Cass. crim., 25 juill. 2012, n° 12-83.324 : *Bull. crim.* n° 171. ▪ Cass. crim., 27 mars 2019, n° 18-86.433). S'il est vrai qu'aux termes de l'article 186, alinéa 2, du Code de procédure pénale, l'appel de la partie civile ne peut, en aucun cas, porter sur une ordonnance ou sur la disposition d'une ordonnance relative à la détention de l'inculpé (mis en examen) ou au contrôle judiciaire, il n'en demeure pas moins que les articles 197, 198 et 199 du même code prévoient la participation de la partie civile aux débats devant la Chambre d'accusation sans aucune restriction, même en matière de détention provisoire. Il en résulte qu'elle doit être avisée de la date de l'audience afin de pouvoir déposer un mémoire et être en mesure de présenter ses observations (■ Cass. crim., 13 nov. 1986, n° 86-90.996 : *Bull. crim.* n° 338).

4) Personne mise en examen. Toutes les parties doivent être avisées de la date d'audience devant la chambre de l'instruction. Viole l'article 197 du Code de procédure pénale le procureur général qui n'avise pas une personne mise en examen de la date de l'audience à laquelle la chambre de l'instruction devait examiner les requêtes en nullité déposées par les deux autres mis en examen (■ Cass. crim., 13 mai 2015, n° 14-87.851 : *JurisData* n° 2015-011027 ; *Bull. crim.* n° 108). Il en va de même lorsqu'une personne mise en examen n'est pas avisée de la date d'audience d'un appel formé par d'autres personnes mises en examen contre une ordonnance refusant d'ordonner une contre-expertise (■ Cass. crim., 9 déc. 2014, n° 13-88.338 : *JurisData* n° 2014-030480). N'ayant pas en revanche la qualité de partie à la procédure, deux prévenus renvoyés devant le tribunal correctionnel ne sont pas admis à être présents à l'audience de la chambre de l'instruction statuant sur l'appel du Ministère public formé contre une ordonnance de non-lieu partiel concernant une autre personne mise en cause dans la procédure (■ Cass. crim., 30 mars 2010, n° 09-85.717 : *Bull. crim.* n° 57).

5) Avocat. La notification prévue à l'article 197 du Code de procédure pénale a pour objet de permettre à l'inculpé (personne mise en examen) et à son conseil de prendre connaissance du dossier, de produire leur mémoire et de présenter des observations à l'audience. L'erreur commise sur l'adresse du conseil de l'inculpé entache la notification de nullité (■ Cass. crim., 12 avr. 1983, n° 83-90.499 : *Bull. crim.* n° 98). Semblablement, la convocation par erreur d'un autre avocat que celui de la personne mise en examen viole l'article 197 du Code de procédure pénale et l'arrêt de la chambre de l'instruction, mentionnant que l'avocat désigné est non comparant, doit être annulé (■ Cass. crim., 27 nov. 2012, n° 12-86.219 : *JurisData* n° 2012-031145). La convocation à une heure d'audience erronée, ne mettant pas l'avocat en mesure de présenter ses observations, établit qu'il a été porté atteinte aux droits de la défense du demandeur (■ Cass. crim., 23 juill. 2014, n° 14-83.139 : *JurisData* n° 2014-018439). L'avis d'audience est adressé à l'avocat mentionné dans la procédure, peu importe que la personne mise en examen en ait changé postérieurement dès lors, d'une part, que la régularité de l'avis prévu par l'article 197 du Code de procédure pénale doit s'apprécier à la date à laquelle il est délivré et, d'autre part, qu'aucune disposition conventionnelle ou légale n'impose au procureur général de réitérer cet acte en cas de désignation d'un nouvel avocat pour recevoir les convocations et notifications (■ Cass. crim., 12 juin 2013, n° 13-82.060 : *JurisData* n° 2013-011840 ; *Procédures* 2013, comm. 259, A.-S. Chavent-Leclère).

2° *Les contentieux concernés*

6) Il résulte des articles 197, 710 et 711 du Code de procédure pénale que la juridiction saisie d'une requête, du Ministère public ou de la partie intéressée, en rectification d'une erreur matérielle contenue dans sa décision, statue après avoir légalement convoqué l'avocat de la partie concernée dans le délai minimum de quarante-huit heures prévu, en matière de détention provisoire, à l'article 197 du Code de procédure pénale (■ Cass. crim., 27 nov. 2012, n° 12-85.777 : *Bull. crim.* n° 256). Selon l'article 197 du Code de procédure pénale, la date à laquelle l'affaire sera appelée devant la chambre d'accusation (de l'instruction) doit être notifiée à la personne détenue par les soins du chef d'établissement pénitentiaire qui adresse, sans délai, au procureur général, l'original ou la copie du récépissé, signé par l'intéressé. Ces formalités sont applicables lorsque la chambre d'accusation est saisie sur le fondement des articles 710 et 711 du même code d'une demande de confusion des peines (■ Cass. crim., 18 avr. 2000, n° 99-84.571 : *JurisData* n° 2000-002150 ; *Bull. crim.* n° 149). Les formalités imposées par l'article 197 du Code de procédure pénale, prescrivant la notification à chaque partie et à son avocat de la date à laquelle l'affaire sera soumise à la chambre d'accusation, s'appliquent également lorsque l'affaire a été renvoyée pour qu'il soit statué ultérieurement (■ Cass. crim., 8 févr. 1994 : *Bull. crim.* n° 55) ou lorsque la chambre de l'instruction a été saisie par un arrêt de cassation partielle prononcé après un pourvoi (■ Cass. crim., 19 mars 2002, n° 01-88.240 : *JurisData* n° 2002-013696 ; *Bull. crim.* n° 63).

3° *Grief*

7) La personne mise en examen ayant désigné plusieurs avocats, sans toutefois préciser auquel d'entre eux devait être adressées les convocations et notifications, ne saurait se faire un grief de ce que l'un plutôt que l'autre a été convoqué à l'audience de la chambre d'accusation statuant sur sa demande de mise en liberté (■ Cass. crim., 18 nov. 1999, n° 99-86.135 : *Bull. crim.* n° 294). Elle ne saurait non plus se faire un grief de n'avoir pas été destinataire de l'avis prévu par l'article 197 du Code de procédure pénale dès lors que Me X..., avocat désigné au moment où l'appel a été formé, qui continue à assurer la défense du mis en examen pour lequel il a plaidé à l'audience, a été régulièrement avisé avant que le procureur général ne soit informé d'une nouvelle constitution d'avocat (■ Cass. crim., 18 déc. 2007, n° 07-86.988 : *Bull.*

crim. n° 303). La personne mise en examen ne saurait se faire un grief de ce que la notification à son avocat de la date à laquelle l'affaire serait appelée à l'audience n'est pas intervenue dans les délais prescrits par l'article 197 du Code de procédure pénale, dès lors qu'elle a comparu assistée de son avocat, qu'elle n'a formulé aucune observation à cet égard et qu'ainsi, aucune atteinte n'a été portée à ses intérêts ni aux droits de la défense (■ Cass. crim., 27 oct. 2009, n° 09-85.279 : *Bull. crim.* n° 178). Lorsque la défense de la personne mise en examen a été assurée devant la chambre de l'instruction sans qu'aucune réclamation n'ait été élevée, l'irrégularité alléguée de la convocation de l'avocat n'a pas porté atteinte aux intérêts du demandeur (■ Cass. crim., 25 juin 2002, n° 02-82.923). L'absence de convocation de l'avocat désigné, qui n'a déposé aucun mémoire et ne s'est pas présenté à l'audience de la chambre de l'instruction, porte atteinte aux droits de la défense, nonobstant la comparution du mis en examen, qui a eu la parole en dernier (■ Cass. crim., 19 janv. 2001, n° 10-87.524).

B – Les modalités de la convocation

8) Lettre recommandée et télécopie. Il résulte de articles 197 et 803-1 du Code de procédure pénale que le procureur général doit notifier à l'avocat de l'intéressé la date d'audience de la chambre de l'instruction, soit par lettre recommandée, soit par télécopie (■ Cass. crim., 27 oct. 2015, n° 15-84.733 : *JurisData* n° 2015-023972), une copie écrite devant être conservée (■ Cass. crim., 19 janv. 2011, n° 10-87.524).

9) Convocation électronique. Le demandeur ne saurait soutenir que son conseil n'a pas été convoqué régulièrement à l'audience, la Cour de cassation étant en mesure de s'assurer, au vu des pièces de la procédure, qu'un avis d'audience a été adressé à ce dernier par courrier électronique, conformément aux exigences de l'article 148-2 du Code de procédure pénale. En effet, l'article 803-1 du même code qui permet l'envoi de la convocation à un avocat soit par lettre recommandée, soit par télécopie avec récépissé, soit enfin par envoi adressé par un moyen de télécommunication à son adresse électronique dont il est conservé une trace écrite, n'exige pas dans cette dernière hypothèse que figure au dossier un justificatif de la remise à son destinataire (■ Cass. crim., 24 juill. 2019, n° 19-83.412).

10) Dépôt de la convocation sur la plate-forme d'échanges externes. Le demandeur ne saurait se faire un grief de ce que la notification à son avocat de l'avis d'audience devant la chambre de l'instruction pour examiner l'appel de l'ordonnance le plaçant en détention provisoire a été réalisée par l'envoi d'un courriel indiquant le dépôt de la convocation sur la plate-forme d'échanges externes (PLEX) pour l'utilisation de laquelle ce conseil n'a pas donné d'accord exprès et ne dispose pas de preuve de réception.

En effet, cette plate-forme est l'objet d'une convention, du 5 février 2021, signée entre le ministère de la Justice et le Conseil national des barreaux concernant la communication électronique en matière pénale entre les juridictions ordinaires du premier et second degré et les avocats. Cette plate-forme sécurisée de mise à disposition de fichiers permet la transmission de copies de procédure pénale ainsi que des notifications prévues à l'article 803-1 du Code de procédure pénale.

Constitue une trace écrite d'un envoi par un moyen de télécommunication au sens de l'article 803-1, I, du Code de procédure pénale le document figurant au dossier indiquant qu'un fichier, dont le titre mentionne qu'il s'agit d'un avis d'audience devant la chambre de l'instruction a été déposé sur PLEX pour l'avocat de l'intéressé. L'existence d'un justificatif de réception de ce message et l'accord exprès du destinataire pour qu'il puisse être procédé aux notifications par ce moyen de communication électronique ne sont pas des conditions requises par l'article 803-1, I, du Code de procédure pénale (■ Cass. crim., 12 janv. 2022, n° 21-86.075, §§ 6-9).

11) Adresse. La convocation des parties se fait à l'adresse déclarée (■ Cass. crim., 12 févr. 2008, n° 07-87.970 : *Bull. crim.* n° 38). La date d'audience doit être notifiée au demandeur, non pas à l'adresse qu'il avait déclarée antérieurement en application de l'article 116 du Code de procédure pénale, mais à celle où, conformément aux dispositions de l'article 138 du même code, les nouvelles obligations du contrôle judiciaire dont il faisait l'objet dans la même procédure lui imposaient de se trouver (■ Cass. crim., 6 mai 2015, n° 15-81.033 : *JurisData* n° 2015-012523 ; *Bull. crim.* n° 98). L'envoi de la notification de la date d'audience à une adresse erronée, mettant l'avocat de la personne mise en examen dans l'impossibilité de déposer un mémoire et d'être présent à l'audience, porte atteinte aux droits de la défense, que l'article 197 du Code de procédure pénale a pour objet de préserver (■ Cass. crim., 15 juin 2000, n° 00-82.033 : *Procédures* 2000, comm. 223, note J. Buisson). La méconnaissance des nouvelles coordonnées de l'avocat désigné par l'accusé pour recevoir les convocations, lesquelles avait fait l'objet d'une communication au greffe de la chambre de l'instruction, viole les articles 197 et 803-1 du Code de procédure pénale (■ Cass. crim., 27 oct. 2015, préc.).

12) Perturbations de la poste. Si les demandeurs justifient de ce que la distribution du courrier a été perturbée par une grève des services de la poste, l'existence d'une circonstance insurmontable qu'ils invoquent tirée de ce que les lettres contenant l'avis d'audience devant la chambre de l'instruction ne leur ont pas été distribuées avant l'audience demeure à l'état d'allégation. À cet égard, et à défaut d'avoir comparu devant la chambre de l'instruction, leur constitution de partie civile devant la Cour de cassation doit être déclarée irrecevable (■ Cass. crim., 13 nov. 2019, n° 18-86.442 : *Bull. crim.* à paraître).

13) Délais. Le délai de cinq jours est applicable – non celui de 48 heures – lorsque la chambre de l'instruction statue sur appel d'une ordonnance de placement sous contrôle judiciaire, même si un mandat de dépôt avait été requis et que donc le contentieux se plaçait dans le cadre de la détention provisoire (■ Cass. crim., 8 janv. 2002, n° 01-87.032). Saisie de l'appel formé par le procureur de la République d'une ordonnance du juge des libertés et de la détention de non-prolongation de la détention provisoire et du placement du mis en examen sous contrôle judiciaire, la chambre de l'instruction statue en matière de détention et se doit de respecter le délai de 48 heures entre la date d'envoi de la notification et celle de l'audience (■ Cass. crim., 19 juin 2013, n° 13-82.370, F-D : *JurisData* n° 2013-012469).

14) Calcul des délais. Si l'article 197, alinéa 2, du Code de procédure pénale exige qu'un délai minimum de 48 heures en matière de détention provisoire et de 5 jours en toute autre matière soit observé entre la date de l'envoi de la lettre recommandée à chacune des parties ainsi qu'à son avocat et la date de l'audience de la chambre de l'instruction, il n'impose pas qu'il s'agisse de jours ouvrables (■ Cass. crim., 28 mars 2001, n° 01-81.594 : *JurisData* n° 2001-009312 ; *Bull. crim.* n° 83). L'article 197, alinéa 2 du Code de procédure pénale exige seulement qu'un délai minimum de 5 jours soit observé entre la date d'envoi de la lettre recommandée et celle de l'audience – sans imposer qu'il s'agisse de jours ouvrables (■ Cass. crim., 28 mars 1991, n° 91-80.175 : *JurisData* n° 1991-001029 ; *Bull. crim.* n° 150). L'article 197, alinéas 2 et 3, du Code de procédure pénale qui, justifié par l'impératif d'intérêt général qu'il soit statué sans retard sur la détention, n'est pas contraire à l'article 6 de la Convention européenne des droits de l'Homme, exige seulement qu'un délai minimum de quarante-huit heures soit observé en matière de détention provisoire entre la date de l'envoi de la lettre recommandée à chacune des parties ainsi qu'à leur avocat et la date de l'audience de la chambre de l'instruction, sans imposer qu'il s'agisse de jours ouvrables (■ Cass. crim., 19 juin 2013, n° 13-82.370 : *JurisData* n° 2013-012469. – *Adde*, ■ Cass. crim., 8 sept. 2009, n° 09-83.941).

15) Délais – Mandat d'arrêt européen et extradition. Les dispositions de l'article 197, alinéa 2, du Code de procédure pénale relatives aux délais à respecter entre l'envoi de la notification et la date de l'audience ne sont pas applicables lorsque la chambre de l'instruction statue en matière d'extradition en application des articles 696-13 et 696-15 du même code (■ Cass. crim., 23 sept. 2015, n° 15-83.991 : *Bull. crim.* n° 209). Elles ne sont pas non plus applicables en matière de mandat d'arrêt européen (■ Cass. crim., 14 sept. 2005, n° 05-84.551 : *JurisData* n° 2005-029808 ; *Bull. crim.* n° 228), sauf si la procédure fait l'objet d'une extension au titre de l'article 695-46 du Code de procédure pénale (■ Cass. crim., 20 mai 2015, n° 15-82.469 : *JurisData* n° 2015-011899 ; *Bull. crim.* n° 120).

II – ACCÈS AU DOSSIER DE LA PROCÉDURE

16) Les prescriptions de l'article 197, alinéa 3 du Code de procédure pénale qui ont pour objet de permettre aux avocats des parties de prendre connaissance de l'ensemble du dossier de l'information et de pouvoir, en temps opportun, produire devant la chambre de l'instruction tous mémoires utiles, sont essentielles aux droits de la défense, et doivent être observées à peine de nullité (■ Cass. crim., 11 mai 2010, n° 10-81.313 : *Bull. crim.* n° 76).

A – Égalité d'accès

1° Personnes assistées d'un avocat

17) Déclaration d'inconstitutionnalité. Selon les troisième et quatrième alinéas de l'article 197 du Code de procédure pénale, entre la date d'envoi de la lettre de notification et celle de l'audience, le dossier de la procédure déposé au greffe, auquel sont jointes les réquisitions du ministère public, est tenu à la disposition des avocats de la personne mise en examen et des parties civiles. Ceux-ci peuvent le consulter sur place ou en obtenir une copie sur simple requête écrite. Les dispositions contestées ont pour effet de priver les parties non assistées par un avocat de la possibilité d'avoir connaissance des réquisitions du ministère public devant la chambre de l'instruction. Cette exclusion instaure une différence de traitement entre les parties selon qu'elles sont ou non représentées par un avocat. D'une part, dès lors qu'est reconnue aux parties la liberté d'être assistées par un avocat ou de se défendre seules, le respect du principe du contradictoire et des droits de la défense exige que toutes les parties à une instance devant la chambre de l'instruction puissent avoir connaissance des réquisitions du ministère public jointes au dossier de la procédure. D'autre part, cette différence de traitement ne trouve pas de justification dans la protection du respect de la vie privée, la sauvegarde de l'ordre public ou l'objectif de recherche des auteurs d'infraction, auxquels concourt le secret de l'information. Par conséquent, les troisième et quatrième alinéas de l'article 197 du Code de procédure pénale doivent être déclarés contraires à la Constitution (■ Cons. const., 16 sept. 2016, n° 2016-566 QPC : *JurisData* n° 2016-020561 ; *JO* 18 sept. 2016 ; *Procédures* 2016, comm. 338, A.-S. Chavent-Leclère).

18) Report temporel de l'abrogation. L'abrogation immédiate des troisième et quatrième alinéas de l'article 197 du Code de procédure pénale aurait pour effet de supprimer des dispositions permettant aux parties devant la chambre de l'instruction, assistées par un avocat, d'avoir accès au dossier de la procédure. Elle les priverait également de la possibilité d'en obtenir une copie. Afin de permettre au législateur de remédier à l'inconstitutionnalité constatée, il y a donc lieu de reporter au 31 décembre 2017 la date de cette abrogation. En second lieu, afin de faire cesser l'inconstitutionnalité constatée à compter de la publication de la présente décision, il y a lieu de juger que les dispositions des troisième et quatrième alinéas de l'article 197 du Code de procédure pénale ne sauraient être interprétées comme interdisant, à compter de cette publication, aux parties à une instance devant la chambre de l'instruction non assistées par un avocat, d'avoir connaissance des réquisitions du procureur général jointes au dossier de la procédure (■ Cons. const., 16 sept. 2016, préc.).

19) Cour de cassation. Si le Conseil constitutionnel a reporté au 31 décembre 2017 la date d'abrogation des alinéas trois et quatre de l'article 197 du Code de procédure pénale, il a toutefois énoncé en son troisième paragraphe, qu'afin de faire cesser l'inconstitutionnalité constatée à compter de la publication de sa décision, il y a lieu de juger que les dispositions des troisième et quatrième alinéas de l'article 197 du Code de procédure pénale ne sauraient être interprétées comme interdisant, à compter de ladite publication, aux parties à une instance devant la chambre de l'instruction non assistées par un avocat, d'avoir connaissance des réquisitions du procureur général jointes au dossier de la procédure. Il s'en infère que la chambre de l'instruction ne saurait refuser à la partie civile, non assistée d'un avocat, de pouvoir prendre connaissance des réquisitions du procureur général, au motif que l'article 197 du Code de procédure pénale ne prévoit la communication du dossier qu'aux avocats des parties (■ Cass. crim., 24 oct. 2018, n° 17-82.816).

Il se déduit de l'article préliminaire du Code de procédure pénale et de l'article 6 de la Convention européenne des droits de l'Homme que le respect des principes du contradictoire et de l'équilibre des droits des parties interdit à la chambre de l'instruction de statuer sur l'appel d'une ordonnance de refus d'informer du juge d'instruction sans que la partie civile qui a choisi de se défendre sans avocat ait été mise en mesure d'obtenir la délivrance, si elle en a fait la demande, d'une copie du réquisitoire définitif du procureur de la République (■ Cass. crim., 19 nov. 2014, n° 13-87.965 : *Bull. crim.* n° 245). *Contra*, L'intéressé, en choisissant d'assurer sa défense sans l'assistance d'un avocat, s'est privé du bénéfice des dispositions de l'article 197 du Code de procédure pénale qui réservent cette délivrance aux seuls avocats des personnes mises en examen et des parties civiles (■ Cass. crim., 4 janv. 1995, n°s 93-85.135, 93-85.141, 93-85.143 et 94-84.899 : *Bull. crim.* n° 1). *Comp.*, Ne saurait constituer une méconnaissance des droits de la défense le refus opposé à la personne mise en examen d'avoir communication personnelle du dossier de l'information dès lors que, comme le retient à bon droit l'arrêt attaqué, ce dossier a été mis à la disposition de son avocat conformément aux articles 114 et 197 du Code de procédure pénale (■ Cass. crim., 20 déc. 1995, n° 95-84.989 : *JurisData* n° 1995-004069 ; *Bull. crim.* n° 394).

2° *Partie civile*

20) Conventionalité. L'article 197, alinéa 3, du Code de procédure pénale qui réserve la mise à disposition du dossier de la procédure à la partie civile dont la constitution n'est pas contestée n'est pas incompatible avec l'article 6 de la Convention européenne des droits de l'Homme (■ Cass. crim., 7 juin 2008, n° 07-80.339 : *JurisData* n° 2008-044630 ; *Bull. crim.* n° 149 ; *JCP* G 2008, IV, 2393). Fait donc l'exacte application de l'article 197, alinéa 3, du Code de procédure pénale la chambre de l'instruction qui rejette la demande de communication du dossier de la procédure par la partie civile dont la constitution par voie d'intervention est contestée (même arrêt).

21) Constitutionnalité. Les dispositions de l'article 197, alinéa 3, du Code de procédure pénale qui ne permettent ni à la partie civile appelante d'une ordonnance d'irrecevabilité de sa constitution, ni à son avocat pourtant tenu au secret de l'instruction, de prendre connaissance, avant l'audience, du dossier de la procédure auquel sont jointes les réquisitions du procureur général, y compris les pièces sur lesquelles le magistrat instructeur s'est fondé pour rendre l'ordonnance d'irrecevabilité attaquée et celles sur lesquelles le procureur général s'est fondé pour requérir la confirmation de cette décision ne méconnaissent pas le droit à une procédure juste et équitable garantissant l'équilibre des droits des parties. En effet, d'une part, les dispositions contestées tendent à éviter qu'une personne qui n'a aucun titre à se constituer partie civile puisse obtenir la communication d'une procédure couverte par le secret de l'instruction et accéder au dossier à l'occasion de la contestation de sa constitution.

D'autre part, il résulte de la jurisprudence de la Cour de cassation que le juge d'instruction ne peut déclarer irrecevable une constitution de partie civile qu'après avoir au préalable mis en mesure l'intéressé de présenter ses observations. Enfin, les dispositions des articles préliminaire et 197, alinéa 3, du Code de procédure pénale commandent la communication préalable à la partie civile des réquisitions du procureur de la République et, sur appel de la décision d'irrecevabilité, des réquisitions du procureur général.

En conséquence, les dispositions critiquées procèdent d'une conciliation équilibrée entre, d'une part, l'objectif à valeur constitutionnelle de sauvegarde de l'ordre public, d'autre part, les droits de la défense, l'équilibre des droits des parties, le principe du contradictoire et le droit au recours garantis par l'article 16 de la Déclaration des droits de l'homme et du citoyen de 1789 (■ Cass. crim., 26 janv. 2021, §§ 2-10).

B – Pièces mises à disposition

22) Caractère complet du dossier. Il se déduit de l'article 197 alinéa 4 du Code de procédure pénale qu'après dessaisissement du juge d'instruction à la suite de la mise en accusation du mis en examen, ne peut constituer une cause de nullité le caractère incomplet du dossier de la chambre de l'instruction, l'avocat du mis en examen ayant accès à l'intégralité du dossier détenu au greffe de la cour d'assises (■ Cass. crim., 15 sept. 2021, n° 21-83.763, § 6).

1° Pièces contenues dans le dossier (jurisprudence antérieure à la loi n° 2017-258 du 28 févr. 2017)

23) Notion de dossier de la procédure. La personne mise en examen ne saurait se faire un grief de l'absence, au dossier mis à la disposition de son avocat, d'une copie d'un disque compact, annexée à un procès-verbal de placement de ce document sous scellés, cette copie ne pouvant être consultée que dans les conditions prévues par l'article 97, alinéa 6, du Code de procédure pénale et ne constituant en conséquence pas une pièce de la procédure devant être communiquée aux avocats des parties dans les conditions prévues par l'article 197 du même code (■ Cass. crim., 12 nov. 2015, n° 15-85.266 : *Bull. crim.* n° 248). Les documents saisis par le juge d'instruction, placés sous scellés et déposés au greffe à titre de pièces à conviction, ne font pas partie du dossier de la procédure au sens de l'article 197 du Code de procédure pénale (■ Cass. crim., 9 janv. 1996, n°s 95-85.279 et 95-85.289 : *JurisData* n° 1996-001059 ; *Bull. crim.* n° 7 ; *Dr. pén.* 1996, comm. 93, obs. A. Maron ; *JCP* G 1996, IV, 773). Le demandeur ne saurait se faire grief du défaut de réponse à l'articulation de son mémoire demandant de constater une prétendue violation des dispositions de l'article 197, alinéa 3, du Code de procédure pénale et des droits de la défense du fait que son avocat n'avait pas eu accès, avant l'audience de la chambre de l'instruction, à un cédérom placé sous scellé, dès lors que les scellés déposés au greffe à titre de pièces à conviction ne font pas partie du dossier au sens de ce texte et que la personne mise en examen n'a pas demandé à la chambre de l'instruction d'ordonner l'apport des pièces à conviction ainsi qu'elle en a le pouvoir, en application de l'article 199 dudit code (■ Cass. crim., 9 nov. 2011, n° 11-86.496 : *JurisData* n° 2011-025931 ; *Bull. crim.* n° 231). Il en va de même lorsque la chambre de l'instruction a souverainement estimé, conformément à l'article 199, alinéa 4, du Code de procédure pénale, que l'apport des CD-ROM placés sous scellé, qui constituent des pièces à conviction, n'est pas utile à l'examen de l'appel formé contre l'ordonnance du juge des libertés et de la détention (■ Cass. crim., 5 janv. 2017, n° 16-86.306 : *JurisData* n° 2017-000529). La copie de la commission rogatoire délivrée par le juge d'instruction ne constitue pas non plus un élément du dossier au sens de l'article 197 du Code de procédure pénale (■ Cass. crim., 12 mars 1991, n° 90-87.733 : *JurisData* n° 1991-001254 ; *Bull. crim.* n° 122). En revanche, un cédérom de modélisation de la scène de crime, n'ayant pas été placé sous scellé et déposé au greffe à titre de pièces à conviction, fait partie du dossier au sens de l'article 197 du Code de procédure pénale, et doit pouvoir être consulté avant l'audience de la chambre de l'instruction (■ Cass. crim., 8 avr. 2015, n° 15-80.783 : *JurisData* n° 2015-008089 ; *Bull. crim.* n° 75). Semblablement, des cédéroms n'ayant pas été placés sous scellés et déposés au greffe à titre de pièces à conviction font partie du dossier au sens de l'article 197 du Code de procédure pénale et doivent être mis à disposition des avocats de la personne mise en examen et des parties civiles (■ Cass. crim., 6 janv. 2015, n° 14-86.719 : *JurisData* n° 2015-000265 ; *Bull. crim.* n° 2 ; *Dr. pén.* 2015, comm. 25, A. Maron et M. Haas).

24) Accès partiel au dossier. Ne justifie pas sa décision la chambre de l'instruction qui, tout en constatant l'absence de trois CD-ROM dans le dossier de la procédure, estime, pour écarter le moyen de nullité fondé sur la violation de l'article 197, alinéa 3 du Code de procédure pénale, que le dossier comprenait toutes les pièces sur lesquelles l'ordonnance déférée s'était fondée (■ Cass. crim., 3 juin 2015, n° 15-81.801 : *Bull. crim.* n° 137). C'est à bon droit que la chambre de l'instruction confirme une ordonnance de placement en détention provisoire dès lors qu'il n'était pas allégué que manquaient au dossier mis à la disposition de l'avocat en vue de l'audience de la chambre de l'instruction des pièces figurant dans celui qu'il avait pu consulter au cabinet du juge d'instruction et préalablement au débat contradictoire tenu par le juge des libertés et de la détention (■ Cass. crim., 7 juin 2017, n° 17-81.561 : *Bull. crim.* n° 149).

25) Transmission des réquisitions écrites. Il résulte des articles 194, alinéa 1er, et 197, alinéa 3, du Code de procédure pénale que le procureur général doit déposer ses réquisitions au plus tard la veille de l'audience de la chambre de l'instruction devant laquelle la procédure est écrite.

Le ministère public étant une partie nécessaire au procès pénal, le respect de cette exigence s'impose à peine de nullité, et sa méconnaissance peut être invoquée pour la première fois devant la Cour de cassation.

Si l'arrêt attaqué mentionne que le procureur général a oralement requis la confirmation de l'ordonnance déférée, il ne résulte cependant ni des énonciations de l'arrêt ni des pièces de la procédure que le procureur général ait déposé au greffe des réquisitions écrites (■ Cass. crim., 23 nov. 2021, n° 21-83.892, §§ 7 9).

L'article 197, alinéa 3, du Code de procédure pénale n'impose pas au procureur général de verser ses réquisitions au dossier lors de son dépôt au greffe de la chambre d'accusation pour y être tenu à la disposition des parties dans le délai prévu par ce même texte. Il s'en déduit que ces réquisitions peuvent être jointes au dossier la veille de l'audience (■ Cass. crim., 1er juill. 1997, n° 96-82.932 : *Bull. crim.* n° 260. ■ Cass. crim., 17 janv. 2018, n° 17-86.550 : *Bull. crim.* n° 16). Lorsque le procureur général a déposé des réquisitions écrites le jour même de l'audience en méconnaissance des articles 6.1 de la Convention européenne des droits de l'Homme, 194, 197 et 198 du Code de procédure pénale, qui lui font l'obligation de les déposer au plus tard la veille de celle-ci, il appartient à la chambre de l'instruction de statuer après les avoir écartées des débats (■ Cass. crim., 9 mai 2001, n° 01-81.192 : *JurisData* n° 2001-009970 ; *Bull. crim.* n° 112. ■ Cass. crim., 9 août 2017, n° 17-83.332 : *JurisData* n° 2017-016088 ; *Bull. crim.* n° 214). La personne mise en examen ne peut se faire un grief de ce que le dossier transmis au procureur général ait été incomplet, dès lors que la copie du réquisitoire définitif lui a été adressée, ainsi qu'à son avocat, par lettres recommandées, ce qui a mis celui-ci en mesure d'en faire état au cours des débats devant la chambre de l'instruction (■ Cass. crim., 31 oct. 2012, n° 12-85.468 : *Bull. crim.* n° 235). Les dispositions des articles 194 et 197 du Code de procédure pénale, qui se complètent avec celles de l'article 198, satisfont à un objectif de bonne administration de la justice pour assurer, spécialement dans les procédures à brefs délais, le dépôt en temps des mémoires des parties dont les droits de la défense sont ainsi garantis, comme ils le sont dans la faculté qui leur est donnée par les mêmes textes de prendre connaissance des réquisitions du ministère public tant au greffe qu'à l'audience, et, dans tous les cas, d'y répondre conformément aux règles du contradictoire et sans que soient méconnus les principes d'une procédure juste et équitable. Il n'y a donc pas lieu de renvoyer au Conseil constitutionnel la question portant sur la conformité desdites dispositions aux principes constitutionnels du contradictoire, des droits de la défense et de l'équilibre des parties (■ Cass. crim., 9 avr. 2014, n° 14-90.007 : *AJ Pénal* 2014, p. 362, obs. J.-B. Perrier).

26) Indisponibilité temporaire. Justifie sa décision la chambre de l'instruction qui retient que le dossier de la procédure, mis à la disposition de la défense dès le 7 juillet pour l'audience du 15 juillet, s'il a été momentanément indisponible, le 13 juillet entre 9 et 10 heures, pouvait être consulté, les deux autres avocats de la personne mise en examen n'invoquant d'ailleurs pas de difficulté de communication. C'est donc à bon droit qu'elle en a déduit qu'il n'a pas été porté atteinte aux intérêts de la défense (■ Cass. crim., 30 nov. 2010, n° 10-86.862).

27) Sanction de l'accès incomplet au dossier. L'inobservation des prescriptions de l'article 197, alinéa 3, du Code de procédure pénale ne saurait entraîner la nullité de la procédure que lorsqu'une atteinte a été portée aux intérêts de la partie concernée ou aux droits de la défense. Justifie donc sa décision la chambre de l'instruction rejetant une demande de libération immédiate, dès lors qu'elle constate que l'avocat du demandeur s'était vu remettre la copie de l'entier dossier et alors que les dires de ce dernier, selon lesquels la copie ainsi obtenue n'était pas complète, ne constituaient qu'une simple allégation (■ Cass. crim., 17 févr. 2004, n° 03-87.170 : *Bull. crim.* n° 42). C'est à tort que la chambre de l'instruction a retenu qu'elle trouvait dans la procédure des renseignements suffisants pour statuer sur l'appel, les procès-verbaux qui constituent l'essentiel des pièces de fond étant certifiées conformes, dès lors qu'il ressort de ses propres énonciations que ni les juges ni le conseil de l'inculpé n'avaient eu connaissance de l'entier dossier soit en original soit en copie certifiée conforme par le greffier (■ Cass. crim., 20 juin 1989, n° 89-82.065 : *Bull. crim.* n° 264).

2° Nouvelles pièces

28) Aucune disposition légale ou conventionnelle n'interdit à la chambre de l'instruction, lors de l'examen d'une requête en nullité, de prononcer au vu de pièces versées au dossier en cours de délibéré, à la condition de rouvrir les débats afin de soumettre celles-ci au débat contradictoire (■ Cass. crim., 11 mai 2021, n°s 20-82.415 et 20-86.182, § 17). Par voie de conséquence, dès lors que la chambre de l'instruction constatait que les pièces cotées D4386 à D4547 avaient été versées en procédure durant le délibéré, de sorte que le dossier mis à la disposition des parties lors de l'audience du 6 janvier 2020 était incomplet, c'est à bon droit qu'elle a renvoyé l'affaire à une audience ultérieure, sans statuer sur la requête, après avoir estimé que la connaissance de ces pièces était indispensable à son examen (■ même arrêt, § 18). Il résulte des articles 6 Conv. EDH et 197 du Code de procédure pénale que si la chambre de l'instruction, lors de l'examen d'une voie de recours, peut fonder sa décision sur une pièce nouvelle ne figurant pas au dossier déposé au greffe, c'est à la condition de l'avoir préalablement soumise au débat contradictoire. En fondant sa décision sur un acte d'instruction dont le procès-verbal, qu'elle s'est fait communiquer en cours de délibéré, ne figurait pas au dossier déposé au greffe et n'a été porté à la connaissance ni du ministère public ni de la personne mise en examen, la chambre de l'instruction, qui n'a pas soumis cette pièce au débat contradictoire, a méconnu les textes susvisés (■ Cass. crim., 6 nov. 2013, n° 13-85.658 : *JurisData* n° 2013-008763 ; *Bull. crim.* n° 214).

3° Pièces demandées au juge d'instruction

29) La chambre de l'instruction n'a pas méconnu ses pouvoirs en invitant le juge d'instruction à préciser dans une note versée au dossier les circonstances du versement en cours de délibéré du réquisitoire supplétif et des pièces de l'enquête préliminaire sur lesquelles il repose.

Une telle note ne constitue pas en effet un acte juridictionnel du juge d'instruction par lequel il statuerait lui-même sur la régularité de la procédure (■ Cass. crim., 11 mai 2021, n°s 20-82.415 et 20-86.182, §§ 19-20).

C – Délivrance de copies

1° Personnes intéressées

Voir : *supra* sur la déclaration d'inconstitutionnalité

2° Sanction

30) L'article 197, alinéa 4 du Code de procédure pénale n'institue pas une formalité substantielle dont la violation serait de nature à vicier la procédure devant la chambre d'accusation, dès lors qu'il est établi que le dossier de l'information a été tenu à la disposition du conseil de l'inculpé au greffe comme il est dit à l'alinéa 3 dudit article 197 (■ Cass. crim., 8 mars 1983, n° 83-90.116 : *Bull. crim.* n° 73). Si, aux termes de l'article 197, alinéa 4, du Code de procédure pénale, qui n'est pas contraire à l'article 6 de la Convention européenne des droits de l'Homme, la copie du dossier de la procédure déposé au greffe de la chambre de l'instruction doit être délivrée sans délai, sur simple requête écrite, aux avocats des personnes mises en examen et des parties civiles, le défaut de délivrance de cette copie ne saurait, à lui seul, avoir pour effet de vicier la procédure dès lors qu'il est constaté que l'entier dossier a été tenu à la disposition des parties pendant le délai et dans les conditions prévues aux alinéas 2 et 3 de l'article précité (■ Cass. crim., 2 févr. 2011, n° 10-87.868 : *Bull. crim.* n° 19). L'entier dossier ayant été tenu à la disposition de l'avocat de la personne mise en examen, pendant le délai et dans les conditions prévus aux alinéas 2 et 3 de l'article 197 du Code de procédure pénale, le défaut de délivrance d'une copie du dossier de l'information à cet avocat ne saurait vicier la régularité de la procédure (■ Cass. crim., 24 août 2016, n° 16-83.638 : *JurisData* n° 2016-015854). C'est à bon droit que la chambre de l'instruction rejette la demande de renvoi présentée par l'avocat du mis en examen, au motif qu'il n'avait pu obtenir copie de la procédure, dès lors, d'une part, que ce dernier a été tenu à la disposition des parties pendant le délai et dans les conditions prévues par l'article 197, alinéas 2 et 3, du Code de procédure pénale et, d'autre part, que la demande de renvoi pour obtenir copie de la procédure ne dispense pas la chambre de l'instruction de statuer dans les délais résultant de la combinaison des articles 194, alinéa 4, et 199, alinéa 6, du même code, lesquels sont d'ordre public et ne peuvent faire l'objet d'aucune renonciation de la part de l'intéressé (■ Cass. crim., 6 août 2014, n° 14-83.745 : *JurisData* n° 2014-020957).

D – Traduction des pièces

31) Aucune disposition légale n'imposant la traduction des pièces dans un délai déterminé, le mis en examen ne saurait se faire un grief de ce que le dossier communiqué en application de l'article 197, alinéa 3, du Code de procédure pénale était incomplet en ce qu'il comportait des pièces en langue étrangère non traduites. L'entier dossier de l'instruction, dans l'état où il se trouvait, ayant été tenu à la disposition de l'avocat du mis en examen, l'article 197, alinéa 3 a été respecté (■ Cass. crim., 14 juin 2016, n° 16-81.973 : *Bull. crim.* n° 180).

Art. 197-1 *(L. n° 2000-516, 15 juin 2000).* **– En cas d'appel d'une ordonnance de non-lieu, le témoin assisté peut, par l'intermédiaire de son avocat, faire valoir ses observations devant la chambre de l'instruction. La date de l'audience est notifiée à l'intéressé et à son avocat conformément aux dispositions de l'article 197.**

1) Notification de la date de l'audience. Il résulte de ce texte que, devant la chambre de l'instruction saisie de l'appel d'une ordonnance de non-lieu, le témoin assisté, qui doit être avisé de la date de l'audience, peut faire valoir ses observations par l'intermédiaire de son avocat (▪ Cass. crim., 16 juin 2011, n° 11-80.618 : *JurisData* n° 2011-011608 ; *Dr. pén.* 2011, comm. 112, obs. A. Maron et M. Haas). L'absence de notification, au témoin assisté, de la date à laquelle la chambre de l'instruction examinera l'appel de la personne mise en examen contre l'ordonnance du juge d'instruction le renvoyant devant la cour d'assises n'est pas irrégulière, dès lors que l'article 197-1 du Code de procédure pénale n'impose cette formalité, à l'égard du témoin assisté, que lorsque la chambre de l'instruction statue sur l'appel d'une ordonnance de non-lieu (▪ Cass. crim., 21 févr. 2007, n° 06 80.375 : *JurisData* n° 2007-037776 ; *Dr. pén.* 2007, comm. 38, A. Maron).

2) Observations de l'avocat. En cas d'appel d'une ordonnance de non-lieu, le témoin assisté peut, par l'intermédiaire de son avocat, faire valoir ses observations devant la chambre de l'instruction. Si celles-ci sont formulées par écrit, elles doivent être présentées dans les conditions prévues par l'article 198 du Code de procédure pénale (▪ Cass. crim., 16 janv. 2019, n° 17-86.493).

Les observations que l'avocat du témoin assisté est admis à faire valoir devant la chambre de l'instruction en application de l'article 197-1 du Code de procédure pénale peuvent être formulées tant oralement que par écrit. Dans ce second cas, elles doivent être présentées dans les conditions prévues par l'article 198 du même code (▪ Cass. crim., 25 juin 2002, n° 01-87.625 : *Bull. crim.* n° 143 ; *JCP* 2002, IV, p. 2497. ▪ Cass. crim., 19 nov. 2003, n° 03-80.900. ▪ Cass. crim., 16 juin 2010, n° 09-85.942). Le mémoire adressé par télécopie au président de la chambre de l'instruction, par l'avocat du témoin assisté, n'exerçant pas dans la ville où siège la juridiction, répond aux exigences de l'article 198, alinéa 2, du Code de procédure pénale dès lors qu'il a été déposé au greffe et visé par le greffier avant le jour de l'audience (▪ Cass. crim., 12 déc. 2007, n° 06-87.702 : *Bull. crim.* n° 308).

3) Pourvoi en cassation. Bien que n'étant pas partie à la procédure, le témoin assisté qui n'a pas été mis en mesure d'exercer les droits que lui reconnaît l'article 197-1 du Code de procédure pénale est recevable à se pourvoir en cassation contre l'arrêt de la chambre de l'instruction saisie de l'appel de l'ordonnance de non-lieu (▪ Cass. crim., 16 juin 2011, préc.). *Comp.* s'il résulte des dispositions de l'article 197-1 du Code de procédure pénale, issues de la loi n° 2000-516 du 15 juin 2000, qu'en cas d'appel de l'ordonnance de non-lieu, le témoin assisté est avisé de la date d'audience et peut faire valoir ses observations par l'intermédiaire de son avocat, il n'acquiert pas pour autant la qualité de partie à la procédure et ne tire d'aucune disposition légale la faculté de former un pourvoi en cassation contre l'arrêt rendu par la chambre de l'instruction (▪ Cass. crim., 13 nov. 2001, n° 01-85.506 : *Bull. crim.* n° 232). N'étant pas partie à la procédure, le témoin assisté n'a pas qualité pour exercer les voies de recours contre la décision de la chambre de l'instruction déclarant recevable l'appel formé par la partie civile contre une ordonnance de non-lieu (▪ Cass. crim., 21 juin 2005, n° 04-87.797 : *JurisData* n° 2005-029508 ; *Bull. crim.* n° 181 ; *Procédures* 2005, comm. 238, J. Buisson).

4) Grief à la partie civile. La partie civile ne saurait se faire un grief de ce que l'avocat des témoins assistés a déposé un mémoire et qu'il ait eu la parole en dernier, dès lors qu'en application de l'article 197-1 du Code de procédure pénale, l'avocat du témoin assisté est admis à faire valoir devant la chambre de l'instruction, saisie de l'appel d'une ordonnance de non-lieu, des observations, qui peuvent être formulées tant oralement que par écrit, et que seule est prescrite à peine de nullité l'audition en dernier de la personne mise en examen ou de son conseil (▪ Cass. crim., 14 nov. 2002, n° 02-80.710 : *Bull. crim.* n° 205). La partie civile ne saurait se faire un grief de ce que l'avocat du témoin assisté ait présenté des observations devant la chambre de l'instruction saisie de l'appel d'une ordonnance de refus d'acte, dès lors qu'aucune contestation n'a été élevée à l'audience, et que l'avocat de la demanderesse a été entendu en dernier (▪ Cass. crim., 16 sept. 2008, n°s 08-80.060 et 08-80.061).

À rapp. de l'impossibilité, de principe, pour le témoin assisté de se pourvoir en cassation, V. annotations ss art. 113-3, p. 368.

Art. 198 *(Mod., L. n° 93-2, 4 janv. 1993 ; L. n° 2021-1729, 22 déc. 2021).* **– Les parties et leurs avocats sont admis jusqu'au jour de l'audience à produire des mémoires qu'ils communiquent au ministère public et aux autres parties.**

Ces mémoires sont déposés au greffe de la chambre de l'instruction et visés par le greffier avec l'indication du jour et de l'heure du dépôt ou sont adressés au greffier, au ministère public et aux autres parties par télécopie ou par lettre recommandée avec demande d'avis de réception, qui doit parvenir aux destinataires avant le jour de l'audience.

1) **Faculté ouverte aux parties.** Il résulte des articles 198 et 199 du Code de procédure pénale que si les parties sont admises jusqu'au jour de l'audience à produire des mémoires, ce moyen de défense ne constitue qu'une simple faculté dont elles sont libres d'user ou non. Dès lors, les juridictions d'instruction du second degré ne peuvent se dispenser d'examiner les faits dénoncés par la partie civile comme constitutifs d'une infraction au motif qu'aucun mémoire n'a été déposé (■ Cass. crim., 28 mai 1973, n° 72-92.180 : *Bull. crim.* n° 242). Le demandeur ne saurait se faire un grief de ce que la chambre de l'instruction a mentionné et tenu compte du mémoire déposé par la Direction générale des finances publiques (DGFP) dès lors que celle-ci, étant partie civile dans l'information ayant donné lieu à la saisie contestée, bénéficie de la qualité de partie au sens de l'article 198 du Code de procédure pénale qui autorise son avocat à produire un mémoire et à être entendu (■ Cass. crim., 13 juin 2018, n° 17-83.893, S. Detraz, *Un an de droit fiscal et douanier : Dr. pén.* 2018, chron. 9).

I – DOMAINE D'APPLICATION

A – Personnes concernées

Sur le témoin assisté, V. sous art. 197-1, p. 645.

2) **Avoué.** Seuls les parties et leurs avocats peuvent produire un mémoire. Fait donc une exacte application de l'article 198 du Code de procédure pénale la chambre de l'instruction qui déclare irrecevable le mémoire signé de Me A..., avoué près la cour d'appel de Versailles, déposé pour les parties civiles (■ Cass. crim., 2 sept. 2008, n° 07-87.882 : *JurisData* n° 2008-045113 ; *Bull. crim.* n° 172).

3) **Avocat désigné.** Si un avocat peut présenter un mémoire c'est à la condition que la partie concernée ait préalablement fait choix de cet avocat et en ait informé la juridiction d'instruction. Est donc irrecevable le mémoire déposé par un avocat prétendument substitué à celui désigné par la partie civile (■ Cass. crim., 14 mars 2012, n° 12-80.294 : *Bull. crim.* n° 71). En revanche, ne saurait être déclaré irrecevable le mémoire produit par l'avocat de la partie civile, au motif qu'il n'était pas régulièrement constitué, dès lors qu'intervenant après l'ordonnance de clôture emportant dessaisissement du juge d'instruction, la constitution d'un avocat devant la chambre de l'instruction n'est soumise à aucune forme particulière (■ Cass. crim., 26 nov. 2013, n° 12-85.314 : *JurisData* n° 2013-027175 ; *Bull. crim.* n° 237).

4) **État intervenant en matière d'extradition.** Si, aux termes de l'article 696-16 du Code de procédure pénale, en matière d'extradition, l'État requérant peut être autorisé par la chambre de l'instruction à intervenir à l'audience, il n'en devient pas pour autant partie à la procédure et, en application de l'article 198 dudit code, ne dispose pas de la faculté de déposer un mémoire (■ Cass. crim., 9 avr. 2014, n° 14-80.436 : *JurisData* n° 2014-007711 ; *Bull. crim.* n° 110).

B – Contentieux concernés

5) **Mandat d'arrêt européen.** Les dispositions de l'article 198, alinéa 2, ne trouvent pas à s'appliquer lorsque la chambre de l'instruction statue en matière de mandat d'arrêt européen et que la personne recherchée et son avocat n'ont pas été avisés de la date d'audience dans les formes et délais prévus par l'article 197 du même code (■ Cass. crim., 22 juill. 2009, n° 09.84-775 : *JurisData* n° 2009-049218 ; *Procédures* 2009, comm. 328, obs. J. Buisson). En effet, il résulte des articles préliminaire, 695-27 et 695-29 du Code de procédure pénale, 5 de la Convention européenne des droits de l'Homme que la personne recherchée aux fins d'exécution d'un mandat d'arrêt européen doit disposer du temps et des facilités nécessaires à la préparation de sa défense devant la chambre de l'instruction (même arrêt). En matière de mandat d'arrêt européen, le mémoire peut être déposé le jour de l'audience lorsque la personne recherchée et son avocat n'ont pas été, l'un et l'autre, avisés de la date d'audience dans le délai prévu par l'article 197 du même code (■ Cass. crim., 15 nov. 2011, n° 11-87.442 : *JurisData* n° 2011-025891 ; *Bull. crim.* n° 232).

6) **Extradition.** Les dispositions de l'article 198 du Code de procédure pénale, selon lesquelles les mémoires doivent être remis au greffe de la chambre d'accusation au plus tard la veille de l'audience, ne sont pas incompatibles avec celles de la loi du 10 mars 1927, et, dès lors, s'appliquent en matière d'extradition, sans qu'il en résulte une méconnaissance des droits de la défense ou de l'article 6 de la Convention européenne des droits de l'Homme. C'est à bon droit que la chambre d'accusation (chambre de l'instruction) a déclaré irrecevable le mémoire déposé par le conseil de X... « au cours du délibéré » (■ Cass. crim., 26 févr.

1985, n° 84-95.806 : *Bull. crim.* n° 92. ▪ Cass. crim., 12 mars 1991, n° 90-86.710 : *Bull. crim.* n° 123).

II – PRODUCTION DES MÉMOIRES

A – Dépôt au greffe

1° *Moment du dépôt*

7) Principe. Les dispositions de l'article 198 du Code de procédure pénale doivent être interprétées en ce sens que, pour être recevables, les mémoires produits par les parties ou leurs avocats doivent être déposés au greffe de la juridiction au plus tard la veille de l'audience (▪ Cass. crim., 4 sept. 2018, n° 17-86.619).

L'inobservation de cette disposition constitue une violation des droits des parties en conséquence de quoi l'arrêt se trouve privé d'une des conditions essentielles à son existence légale (▪ Cass. crim., 20 oct. 1966 : *Bull. crim.* n° 234. ▪ Cass. crim., 26 févr. 1970, n° 69-91.447 : *Bull. crim.* n° 78. ▪ Cass. crim., 4 nov. 1986, n° 85-95.791 : *Bull. crim.* n° 323 ; *JCP* G 1987, II, 100133). Pour être recevable, le mémoire produit par une partie doit être visé par le greffier, avant le jour de l'audience, la date et l'heure de dépôt au greffe de la chambre d'accusation étant celles indiquées sur le visa (▪ Cass. crim., 1er déc. 1999, n° 99-81.853 : *Bull. crim.* n° 285). La chambre de l'instruction a fait l'exacte application de l'article 198 du Code de procédure pénale en considérant que les dispositions de ce texte devant être interprétées en ce sens que, pour être recevables, les mémoires produits par les parties ou leurs avocats doivent être déposés au greffe de la juridiction au plus tard la veille de l'audience (▪ Cass. crim., 30 mars 2005, n° 05-80.341 : *JurisData* n° 2005-028136 ; *JCP* G 2005, IV, 2134). Les mémoires doivent être déposés au greffe de la chambre d'accusation au plus tard le dernier jour ouvrable précédant l'audience, avant la fermeture des services du greffe, la date et l'heure du dépôt étant celles indiquées sur le visa du greffe. Cette date ne peut être reportée en cas de jour férié au titre de l'article 801 du Code de procédure pénale, inapplicable en l'espèce (▪ Cass. crim., 19 sept. 1995, n° 95-83.631 : *JurisData* n° 1995-002678 ; *Bull. crim.* n° 273). Le dépôt d'un mémoire le jour de l'audience est tardif et conduit à son irrecevabilité (▪ Cass. crim., 13 sept. 2005, n° 04-8725 : *Bull. crim.* n° 221).

8) Répliques et documents utiles à la défense. Dès lors que son mémoire, régulièrement déposé, y fait allusion, une partie est en droit de produire devant la chambre d'accusation toute pièce ou document qu'elle estime utile à ses intérêts. Il appartient alors aux juges de soumettre ladite pièce aux débats contradictoires (▪ Cass. crim., 21 nov. 1989, n° 88-80.917 : *Bull. crim.* n° 424 ; *Dr. pén.* 1990, comm. 37). S'il est vrai que, selon l'article 198 du Code de procédure pénale, les mémoires des parties doivent être produits au plus tard la veille de l'audience, il résulte du principe de la libre discussion des éléments de preuve, qui domine tout procès pénal, que rien ne saurait interdire, à celui à qui ont été opposées des pièces ou l'absence d'une justification, de produire en réplique, au cours des débats, tous documents utiles, dès lors que, comme en l'espèce, toutes les parties étant présentes ou représentées à l'audience, ces documents peuvent être contradictoirement discutés (▪ Cass. crim., 28 mai 1990, n° 89-82.972 : *JurisData* n° 1990-705427 ; *Bull. crim.* n° 213). Les dispositions de l'article 198 du Code de procédure pénale desquelles il résulte que les parties et leurs avocats sont admis à produire au plus tard la veille de l'audience des mémoires qu'ils communiquent au ministère public et aux autres parties ne font pas obstacle à ce que celui qui comparaît en personne devant la chambre de l'instruction pour soutenir une demande de mise en liberté puisse verser, au cours de l'audience, les pièces qu'il juge utiles à sa défense. Il appartient alors aux juges de prendre connaissance de ces pièces après les avoir communiquées au ministère public, sans pouvoir les écarter des débats (▪ Cass. crim., 12 déc. 2006, n° 06-87.545 : *JurisData* n° 2006-036850 ; *Bull. crim.* n° 308 ; *Procédures* 2007, comm. 146, obs. J. Buisson ; *Dr. pén.* 2007, comm. 63, obs. A. Maron).

2° *Modalités du dépôt*

• Règles générales

9) Remise par l'avocat en personne. L'article 198 du Code de procédure pénale, qui autorise notamment les avocats des parties à produire un mémoire devant la chambre d'accusation, n'exige pas que ce mémoire soit déposé au greffe par l'avocat en personne. Il peut l'être également, sans que l'irrecevabilité ne soit encourue, par le secrétaire de l'avocat (▪ Cass. crim., 4 août 1998, n° 98-81.428 : *JurisData* n° 1998-003627 ; *Bull. crim.* n° 221).

10) Remise au greffe. Le mémoire qui n'a pas été déposé au greffe de la chambre de l'instruction, conformément aux prescriptions de l'article 198 du Code de procédure pénale, mais annexé à la déclaration d'appel adressée au greffe du tribunal où elle a été enregistrée doit être déclaré irrecevable (▪ Cass. crim., 26 mai 1993 : *Bull. crim.* n° 192. ▪ Cass. crim., 22 mai 2002, n° 02-81.706 : *JurisData* n° 2002-015316 ; *Procédures* 2002, comm. 193, obs. J. Buisson). N'est pas non plus recevable le mémoire directement transmis par l'avocat de la partie civile au président de la chambre de l'instruction (▪ Cass. crim., 16 avr. 1975, n° 74-92.416 : *Bull. crim.* n° 94). Est recevable un mémoire adressé au président de la chambre de l'instruction, puis déposé au greffe et visé par le greffier avant le jour de l'audience conformément aux dispositions de l'article 198, alinéa 2, du Code de procédure pénale (■ Cass. crim., 12 déc. 2007, n° 06-87.702 : *Bull. crim.* n° 308, à propos du témoin assisté lorsqu'il est autorisé à déposer un mémoire).

11) Utilisation d'une messagerie sécurisée (PLEX). Il résulte des articles 198, D. 591 et D. 592 du Code de procédure pénale que les mémoires produits devant la chambre de l'instruction peuvent être transmis par un moyen de télécommunication sécurisé à l'adresse électronique de ladite chambre.

La Cour de cassation juge jusqu'à présent qu'un mémoire transmis au moyen de la messagerie sécurisée de l'avocat d'une personne mise en examen n'est pas recevable s'il n'est pas revêtu de la signature de cet avocat, au motif que cette exigence, déduite de l'article 198 précité, est destinée à garantir l'authenticité de l'acte, ce dont le demandeur ne peut se faire un grief (■ Cass. crim., 21 sept. 2016, n° 16-82.635 : *Bull. crim.* n° 247).

Cependant, la communication électronique, y compris pour le dépôt de mémoires devant la chambre de l'instruction, est désormais possible devant toutes les juridictions, par l'effet des articles D. 591 et D. 592 du Code de procédure pénale, modifiés en vue de permettre la signature d'une convention nationale, intervenue le 5 février 2021, selon des modalités qui garantissent la sécurité des échanges et l'authenticité des actes et pièces échangés entre avocats et juridictions.

En effet, le dépôt d'un mémoire par voie électronique par un avocat suppose pour ce dernier, d'une part, l'obtention d'un code unique et personnel d'accès au réseau privé virtuel des avocats, d'autre part, la création d'une adresse selon un format standardisé, ce qui garantit l'authenticité des courriels émanant de cette boîte dédiée à la communication électronique avec les juridictions, et des pièces qui peuvent y être jointes.

Ainsi, l'identité de l'auteur des documents transmis selon ces modalités est établie par l'identification à laquelle l'avocat a dû nécessairement procéder afin de se connecter à son adresse sécurisée, et effectuer l'envoi.

Par conséquent, il n'est plus possible de considérer qu'un doute existe sur l'authenticité d'un mémoire non signé manuscritement, dès lors qu'il est transmis à la chambre de l'instruction selon les modalités précitées (■ Cass. crim., 23 févr. 2022, n° 21-86.762, §§ 6-11).

12) Mémoire transmis par télécopie. Lorsqu'un avocat n'exerce pas dans la ville où siège la cour d'appel, il peut adresser son mémoire au greffier, au ministère public et aux autres parties, par télécopie ou par lettre recommandée avec demande d'avis de réception qui doit parvenir à leurs destinataires avant le jour de l'audience (■ Cass. crim., 16 janv. 2019, n° 17-86.493). Selon l'article 198, dernier alinéa, du Code de procédure pénale, la faculté d'adresser un mémoire par télécopie ou par lettre recommandée avec demande d'avis de réception n'est offerte qu'à l'avocat d'une partie qui n'exerce pas dans la ville où siège la chambre d'accusation et non à la partie elle-même. C'est donc à bon droit que la chambre d'accusation (chambre de l'instruction) a refusé de répondre aux articulations essentielles du mémoire adressé par télécopie par la partie civile (■ Cass. crim., 19 déc. 2000 : *Dr. pén.* 2001, comm. 66, note A. Maron ; *Procédures* 2001, comm. 95, note J. Buisson. ■ Cass. crim., 13 sept. 2005, n° 04-87.258 : *JurisData* n° 2005-030050 ; *Bull. crim.* n° 221). Identiquement, la chambre d'accusation (de l'instruction) fait l'exacte application de l'article 198 du Code de procédure pénale, sans méconnaître l'article 6, 3, *b* de la Conv. EDH, en déclarant irrecevable le mémoire produit par l'avocat de la personne mise en cause alors qu'il est relevé qu'il exerce dans la ville où siège la chambre d'accusation (de l'instruction) (■ Cass. crim., 4 nov. 1997, n° 97-83.463 : *JurisData* n° 1997-004588 ; *Bull. crim.* n° 366).

13) Personne détenue. Il se déduit de l'article 6 § 1 de la Convention européenne des droits de l'Homme et des articles préliminaire et 198 du Code de procédure pénale que la procédure pénale doit être équitable et contradictoire et préserver l'équilibre des droits des parties. En conséquence, la personne doit pouvoir adresser son mémoire à la chambre de l'instruction soit par lettre recommandée avec accusé de réception, soit par télécopie ou par l'intermédiaire du chef de l'établissement pénitentiaire (■ Cass. crim., 13 juin 2007, n° 07-82.392 : *JurisData* n° 2007-040095 ; *JCP G* 2007, IV, 2523 ; *D.* 2007, p. 2162, note A. Darsonville ; *Bull. crim.* n° 159). Lorsqu'elle est détenue, la personne doit pouvoir adresser son mémoire à la chambre de l'instruction par lettre simple ou recommandée, par télécopie ou par l'intermédiaire du chef de l'établissement pénitentiaire. Doit donc être cassé l'arrêt de la chambre de l'instruction déclarant irrecevable le mémoire de la personne mise en examen, en relevant qu'adressé par télécopie, il ne respecte pas les conditions de forme exigées par l'article 198 du Code de procédure pénale (■ Cass. crim., 25 juill. 2007, n° 07-84.058 : *JurisData* n° 2007-040367 ; *Procédures* 2007, comm. 263, J. Buisson. ■ Cass. crim., 8 janv. 2008, n° 07-87.175 : *JurisData* n° 2008-042616 ; *Procédures* 2008, comm. 123, J. Buisson).

• Avocat n'exerçant pas dans la ville

14) Constitutionnalité. En prévoyant une dérogation à l'obligation pour les parties et leurs avocats de déposer leurs mémoires au greffe de la chambre de l'instruction au bénéfice du seul avocat ne résidant pas dans la ville où siège cette juridiction, et lui permettant d'adresser son mémoire par lettre recommandée avec demande d'avis de réception, le législateur a concilié l'exigence de sécurité juridique à laquelle répond cette formalité, destinée à assurer une date certaine au dépôt des mémoires, avec les contraintes spécifiques inhérentes à la profession d'avocat. En effet, contrairement à la partie qui accomplit une formalité dans la seule procédure qui la concerne, l'avocat qui est tenu de le faire au nom de son client, au risque, à défaut, d'engager sa responsabilité professionnelle à l'égard de la partie qu'il représente, a la charge d'un cabinet comprenant un ensemble de clients pour lesquels il doit, dans le même temps, effectuer des actes de procédure distincts devant des juridictions différentes. Il s'ensuit que la disposition critiquée, qui ne comporte en elle-même aucune restriction au principe du contradictoire et au respect des droits de la défense, n'a pas pour effet de porter une atteinte injustifiée au principe d'égalité au détriment des parties qui, ayant choisi de se défendre sans l'assistance d'un avocat, résident en dehors de la ville où siège la chambre de l'instruction, par rapport à celles qui ont fait le choix d'un avocat présentant les mêmes conditions de résidence. Dès lors il n'y a pas lieu de transmettre la question au Conseil constitutionnel (▪ Cass. crim., 27 sept. 2016, n° 16-90.020 : *JurisData* n° 2016-019586).

15) Applications. Si selon l'article 198, alinéa 3, du Code de procédure pénale, un avocat qui n'exerce pas dans la ville où siège la chambre d'accusation peut adresser un mémoire par télécopie, celui-ci doit, pour être valable, être visé par le greffier avant le jour de l'audience, la date et l'heure du dépôt au greffe étant celles indiquées sur le visa (▪ Cass. crim., 16 mai 1994, n° 90-85.849 : *Bull. crim.* n° 182. ▪ Cass. crim., 29 mai 1996, n° 96-81.210 : *Bull. crim.* n° 219). Dès lors que, nonobstant l'enregistrement de l'opération d'émission par le télécopieur de l'avocat, il n'en résulte pas que cet envoi soit parvenu au greffe de la chambre de l'instruction, la ligne de télécopie du greffe de la chambre de l'instruction indiquant un rapport d'erreur avec la mention « page non reçue », le mémoire doit être déclaré irrecevable. En effet pour être recevable, un mémoire exige qu'il soit visé par le greffier avant le jour de l'audience, la date et l'heure du dépôt au greffe étant celles indiquées sur le visa (▪ Cass. crim., 31 mars 2009, n° 09-80.119 : *JurisData* n° 2009-048063 ; *Dr. pén.* 2009, comm. 99, note A. Maron et M. Haas). Lorsque l'avocat n'exerce pas dans la ville où siège la chambre d'accusation (chambre de l'instruction), l'article 198, alinéa 3, du Code de procédure pénale ne l'autorise à envoyer des mémoires que par télécopie ou par lettre recommandée avec demande d'avis de réception. Le mémoire adressé au greffe par lettre simple, a donc été, à bon droit, déclaré irrecevable (▪ Cass. crim., 3 juin 1997, n° 96-83.647 : *Bull. crim.* n° 216).

B – Formalisme

16) Exigence de principe de la signature du mémoire. Il se déduit des dispositions de l'article 198 du Code procédure pénale, auquel aucune disposition légale ne déroge, que le mémoire doit être revêtu d'une signature, le demandeur ne pouvant se faire grief de cette exigence destinée à garantir l'authenticité de l'acte (▪ Cass. crim., 21 sept. 2016, n° 16-82.635 : *JurisData* n° 2016-018957). Peu importe, à cet égard, l'identité de celui qui a déposé ledit mémoire (▪ Cass. crim., 13 janv. 2021, n° 20-80.511, § 16). Le demandeur ne saurait se faire un grief de ce que son mémoire a été déclaré irrecevable dès lors que, faute d'avoir été signé, il ne saisissait pas les juges des moyens qu'il pouvait contenir (▪ Cass. crim., 10 sept. 2014, n° 13-86.987. ▪ Cass. crim., 13 janv. 2021, n° 20-80.511, § 15).

17) Mémoire envoyé par PLEX. La communication électronique, y compris pour le dépôt de mémoires devant la chambre de l'instruction, est désormais possible devant toutes les juridictions, par l'effet des articles D. 591 et D. 592 du Code de procédure pénale, modifiés en vue de permettre la signature d'une convention nationale, intervenue le 5 février 2021, selon des modalités qui garantissent la sécurité des échanges et l'authenticité des actes et pièces échangés entre avocats et juridictions.

En effet, le dépôt d'un mémoire par voie électronique par un avocat suppose pour ce dernier, d'une part, l'obtention d'un code unique et personnel d'accès au réseau privé virtuel des avocats, d'autre part, la création d'une adresse selon un format standardisé, ce qui garantit l'authenticité des courriels émanant de cette boîte dédiée à la communication électronique avec les juridictions, et des pièces qui peuvent y être jointes.

Ainsi, l'identité de l'auteur des documents transmis selon ces modalités est établie par l'identification à laquelle l'avocat a dû nécessairement procéder afin de se connecter à son adresse sécurisée et effectuer l'envoi.

Par conséquent, il n'est plus possible de considérer qu'un doute existe sur l'authenticité d'un mémoire non signé manuscritement, dès lors qu'il est transmis à la chambre de l'instruction selon les modalités précitées (▪ Cass. crim., 23 févr. 2022, n° 21-86.762, §§ 8-11).

C – Communication aux parties

18) Il ne saurait être fait grief aux juges de ne pas avoir relevé le défaut de communication de son mémoire par le conseil de la partie civile à celui de l'inculpé (mis en examen) dès lors que cette formalité incombant aux parties, qui usent de la faculté prévue à l'article 198 dudit code, est dépourvue de sanction (▪ Cass. crim., 23 juin 1987, n° 86-94.322 : *Bull. crim.* n° 260 ; *JCP* G 1987, 102418). Le principe du contradictoire ayant été assuré, il ne saurait être fait grief aux juges de ne pas avoir relevé le défaut de communication de son mémoire par le conseil de la partie civile appelante à celui des autres parties civiles intimées, cette formalité, qui incombe aux parties ayant usé de la faculté prévue à l'article 198 du Code de procédure pénale, étant dépourvue de sanction (▪ Cass. crim., 15 juin 1994 : *JurisData* n° 1994-001479 ; *Bull. crim.* n° 240). C'est à bon droit que la chambre d'accusation (chambre de l'instruction) a rejeté la demande de Maurice Y, renvoyé devant la cour d'assises, tendant à ce que soient écartés des débats les mémoires déposés la veille de l'audience par les avocats de certaines parties civiles, dès lors que lesdits mémoires ont été déposés conformément aux prescriptions de l'article 198, alinéa 1er du Code de procédure pénale et que la communication tardive des mémoires, entre les avocats des parties, relève exclusivement de la discipline professionnelle dont les règles sont dépourvues de sanction (▪ Cass. crim., 23 janv. 1997, n° 96-84.822 : *Bull. crim.* n° 32 ; *JCP* 1997, II, 22812, note J. Robert).

III – EXAMEN DES MÉMOIRES

19) Mention du mémoire. L'omission de la communication des mémoires au juge constitue une violation des droits de la défense et prive en conséquence l'arrêt des conditions essentielles de son existence (▪ Cass. crim., 9 déc. 1980, n° 79-94.318 : *Bull. crim.* n° 339). La Cour de cassation n'est pas en mesure de vérifier si les prescriptions substantielles de l'article 198 du Code de procédure pénale ont été respectées dès lors que l'arrêt de la chambre d'accusation (chambre de l'instruction) ne fait pas mention du dépôt de mémoire de la partie civile et se borne à énoncer qu'au cours de l'audience, l'avocat général a été entendu en ses réquisitions et la partie civile en ses explication, ne mentionnant pas non plus que les conseils des parties civiles ont présenté des observations sommaires (même arrêt). L'arrêt de la chambre d'accusation confirmant l'ordonnance de placement en détention provisoire sans mentionner le mémoire régulièrement déposé par l'intéressé encourt la cassation dès lors qu'il ne permet pas de savoir si ledit mémoire a été communiqué aux juges du fond (▪ Cass. crim., 25 avr. 1984, n° 84-90.965 : *Bull. crim.* n° 143). En revanche le demandeur ne saurait se faire un grief de l'absence de mention, dans l'arrêt attaqué, du mémoire produit devant la chambre d'accusation (de l'instruction), dès lors que la Cour de cassation est en mesure de s'assurer qu'ayant été déposé le jour de l'audience des débats, il était irrecevable, en application de l'article 198, alinéa 1er, du Code de procédure pénale (▪ Cass. crim., 10 févr. 1998, n° 97-81.616 : *Bull. crim.* n° 52).

20) Réponse au mémoire. Il résulte des articles 198 et 593 du Code de procédure pénale que la chambre de l'instruction est tenue de répondre aux articulations essentielles des mémoires régulièrement produits par les parties et leurs avocats (▪ Cass. crim., 26 nov. 2013, n° 12-85.314 : *Bull. crim.* n° 237). La chambre d'accusation (chambre de l'instruction) a décidé à bon droit qu'elle n'était tenue de répondre qu'aux moyens figurant dans le mémoire établi et déposé au greffe de cette juridiction conformément aux dispositions de l'article 198 du Code de procédure pénale. Le conseil de l'accusé (personne mise en examen) ne saurait donc demander qu'il lui soit donné acte de la reprise intégrale de l'ensemble des moyens exposés dans un mémoire et les notes remises au juge d'instruction (▪ Cass. crim., 26 févr. 1991, n° 90-87.295 : *JurisData* n° 1991-000966 ; *Bull. crim.* n° 97). La chambre d'accusation, statuant comme cour de renvoi après cassation, n'est tenue de se référer et de répondre qu'aux mémoires produits au cours de la procédure ainsi ouverte devant elle dans les conditions prévues aux articles 194 et suivants du Code de procédure pénale. Elle n'a pas à faire mention des mémoires antérieurement déposés devant la chambre d'accusation (de l'instruction) dont l'arrêt a été annulé (▪ Cass. crim., 4 janv. 1978 : *Bull. crim.* n° 5).

21) Mémoire déposé tardivement. La Cour de cassation est en mesure de s'assurer que les prescriptions de l'article 198 du Code de procédure pénale ont été respectées et que les droits des parties n'ont subi aucune atteinte lorsqu'il ne ressort pas des motifs de l'arrêt que la Cour a fait état des arguments développés tardivement dans le mémoire (▪ Cass. crim., 4 nov. 1969, n° 69-90.237 : *Bull. crim.* n° 282). Le demandeur ne saurait se faire un grief de l'absence de mention, dans l'arrêt attaqué, du mémoire produit devant la chambre d'accusation (chambre de l'instruction), dès lors que la Cour de cassation est en mesure de s'assurer qu'ayant été déposé le jour de l'audience des débats, il était irrecevable, en application de l'article 198, alinéa 1er, du Code de procédure pénale (■ Cass. crim., 10 févr. 1998, n° 97-81.616 : *Bull. crim.* n° 52). Si l'envoi tardif d'un mémoire par une partie prenante a pour conséquence l'irrecevabilité dudit mémoire, la chambre de l'instruction demeure tenue de statuer sur le recours qu'elle a formé (■ Cass. crim., 13 sept. 2011, n° 11-80.950). En revanche, faisant état de pièces tendant à justifier une argumentation soutenue dans un mémoire irrégulièrement déposé, la chambre d'accusation méconnaît l'article 198 du Code de procédure pénale, et prive l'arrêt attaqué d'une condition essentielle à son existence légale (■ Cass. crim., 14 janv. 1992, n° 91-83.488 : *JurisData* n° 1992-000606 ; *Bull. crim.* n° 12).

Art. 199 (1) ***(Mod., L. n° 2016-731, 3 juin 2016 ; L. n° 2021-1729, 22 déc. 2021).*** **– Les débats se déroulent et l'arrêt est rendu en chambre du conseil. Toutefois, si la personne majeure mise en examen ou son avocat le demande dès l'ouverture des débats, ceux-ci se déroulent et l'arrêt est rendu en séance publique, sauf si la publicité est de nature à entraver les investigations spécifiques nécessitées par l'instruction ou à nuire à la dignité de la personne ou aux intérêts d'un tiers. La chambre de l'instruction statue sur cette demande, après avoir recueilli les observations du procureur général et, le cas échéant, des avocats des autres parties, par un arrêt rendu en chambre du conseil qui n'est susceptible de pourvoi en cassation qu'en même temps que l'arrêt portant sur la demande principale.**

En matière de détention provisoire, et par dérogation aux dispositions du premier alinéa, si la personne mise en examen est majeure, les débats se déroulent et l'arrêt est rendu en audience publique. Toutefois, le ministère public, la personne mise en examen ou la partie civile ou leurs avocats peuvent, avant l'ouverture des débats, s'opposer à cette publicité si celle-ci est de nature à entraver les investigations spécifiques nécessitées par l'instruction, à porter atteinte à la présomption d'innocence ou à la sérénité des débats ou à nuire à la dignité de la personne ou aux intérêts d'un tiers, ou si l'enquête porte sur des faits mentionnés aux articles 706-73 et 706-73-1. La chambre statue sur cette opposition après avoir recueilli les observations du ministère public et des parties, par un arrêt rendu en chambre du conseil qui n'est susceptible de pourvoi en cassation qu'en même temps que l'arrêt portant sur la demande principale. Si la chambre fait droit à cette opposition ou si la personne mise en examen est mineure, les débats ont lieu et l'arrêt est rendu en chambre du conseil. Il en est de même si la partie civile s'oppose à la publicité, dans les seuls cas où celle-ci est en droit de demander le huis-clos lors de l'audience de jugement.

Après le rapport du conseiller, le procureur général et les avocats des parties sont entendus.

La chambre de l'instruction peut ordonner la comparution personnelle des parties ainsi que l'apport des pièces à conviction. Lorsque la personne mise en examen comparaît devant la chambre, elle ne peut être entendue qu'après avoir été informée de son droit de se taire sur les faits qui lui sont reprochés.

Il est donné lecture de l'arrêt par le président ou par l'un des conseillers ; cette lecture peut être faite même en l'absence des autres conseillers.

En matière de détention provisoire, la comparution personnelle de la personne concernée est de droit si celle-ci ou son avocat en fait la demande ; cette requête doit, à peine d'irrecevabilité, être présentée en même temps que la déclaration d'appel ou que la demande de mise en liberté adressée à la chambre de l'instruction. Si la personne a déjà comparu devant la chambre de l'instruction moins de quatre mois auparavant, le président de cette juridiction peut, en cas d'appel d'une ordonnance rejetant une demande de mise en liberté, refuser la comparution personnelle de l'intéressé par une décision motivée qui n'est susceptible d'aucun recours.

En cas de comparution personnelle de la personne concernée, le délai maximum prévu au dernier alinéa de l'article 194 est prolongé de cinq jours ou de dix jours si la chambre de l'instruction statue sur renvoi après cassation.

En cas d'appel du ministère public contre une décision de rejet de placement en détention provisoire ou de remise en liberté, la personne mise en examen est avisée de la date d'audience. Sa comparution personnelle à l'audience est de droit.

(1) Dispositions particulières ou dérogatoires résultant de l'état d'urgence sanitaire dû à l'épidémie de covid-19 : V. Ord. n° 2020-303 du 25 mars 2020. – NDLR.

• ***Sommaire***

I – PUBLICITÉ DES DÉBATS

A – Débats en chambre du conseil

1) Constitutionnalité. La question relative à la constitutionnalité de l'article 199, alinéa 1er du Code de procédure pénale réservant la possibilité de demander l'ouverture des débats à la personne mise en examen ne présente pas, à l'évidence, un caractère sérieux. En effet, en réservant à la personne mise en examen ou à son avocat la faculté de solliciter la publicité des débats, la disposition contestée ne porte atteinte ni au droit de la partie civile à l'égalité devant la justice ni plus généralement à son droit à un procès équitable dès lors que, durant l'information, la personne mise en examen et la partie civile se trouvent placées dans des situations différentes au regard, notamment, de la présomption d'innocence et des appréciations portées par l'opinion publique, qui justifient une différence de traitement devant la chambre de l'instruction (■ Cass. crim., 20 juill. 2011, n° 11-83.938).

2) Appréciation souveraine (jurisprudence antérieure à la loi n° 2007-291 du 5 mars 2007). La chambre de l'instruction apprécie souverainement la suite à donner à la demande de publicité des débats. S'agissant de faits de viols, elle s'est suffisamment expliquée en indiquant que la publicité serait de nature à porter atteinte aux intérêts de la partie civile (■ Cass. crim., 16 févr. 2005, nos 03-82.504, 03-82.505 et 04-87.055 : *Bull. crim.* n° 63). Le demandeur ne saurait utilement soutenir, à la suite d'un refus de publicité de l'audience, que les dispositions de l'article 6.1 de la Convention européenne des droits de l'Homme et celles de l'article 14 du Pacte international relatif aux droits civils et politiques auraient été méconnues, dès lors que l'exigence de publicité édictée par ces textes ne concerne que les procédures portant sur le « bien-fondé de toute accusation en matière pénale » (même arrêt). C'est à bon droit que pour rejeter la demande tendant à ce que les débats se déroulent et l'arrêt soit rendu en audience publique, l'arrêt de la chambre de l'instruction énonce que la publicité serait de nature à entraver les investigations spécifiques nécessitées par le supplément d'information réclamé par les parties. Outre que la chambre de l'instruction apprécie souverainement la suite à donner à une demande de publicité, le demandeur ne saurait utilement soutenir qu'en statuant en chambre du conseil, ainsi que le prévoit l'article 199 du Code de procédure pénale, la chambre de l'instruction a méconnu les dispositions de l'article 6.1 de la Convention européenne des droits de l'Homme (■ Cass. crim., 15 mai 2002, nos 02-81.644 et 02-81.645 : *Bull. crim.* n° 114). S'est suffisamment expliquée sur le refus d'une demande de publicité l'arrêt de la chambre de l'instruction énonçant que les faits reprochés au requérant sont en relation étroite avec une entreprise terroriste ayant fait de nombreuses victimes, que plusieurs investigations sont en cours au regard des développements de l'enquête, et qu'il apparaît que la publicité des débats serait de nature à nuire à l'ordre public par les risques encourus et à la bonne marche de l'information (■ Cass. crim., 9 janv. 1996, nos 95-85.279 et 95-85.289 : *Bull. crim.* n° 7) ; ou même que la publicité des débats, en matière de terrorisme, est de nature à nuire à l'ordre public (■ Cass. crim., 30 mai 1995, nos 95-81.375 et 95-81.425 : *Bull. crim.* n° 198).

B – Publicité des débats, détention provisoire

3) Sens de la publicité. La publicité, prévue, sauf décision contraire, par l'article 199, alinéa 2, du Code de procédure pénale, des audiences au cours desquelles il est statué sur la détention provisoire d'une personne majeure, concerne uniquement l'accès à la salle d'audience où siège la chambre de l'instruction et ne s'étend pas aux locaux pénitentiaires depuis lesquels la personne détenue comparaît par visioconférence (■ Cass. crim., 16 mars 2016, n° 15-87.644 : *JurisData* n° 2016-004.592 ; *Bull. crim.* n° 83).

4) Mineurs. Lorsque la personne mise en examen est mineure au moment des faits, les débats devant la chambre de l'instruction se déroulent et l'arrêt est rendu en chambre du conseil. La publicité restreinte, qui déroge au principe de la publicité des débats, est instaurée pour protéger l'identité et la personnalité du mineur ; sa violation fait nécessairement grief aux intérêts de celui-ci (■ Cass. crim., 26 juin 2019, n° 19-82.779).

5) Opposition à la publicité. Il se déduit de l'article 199, alinéa 2, du Code de procédure pénale qu'en matière de détention provisoire, si la personne mise en examen est majeure, le ministère public ainsi que les parties et leurs avocats peuvent s'opposer, jusqu'à l'ouverture des débats, à la publicité de l'audience, et, qu'en ce cas, les débats concernant la demande d'opposition se déroulent en chambre du conseil (■ Cass. crim., 22 juin 2010, n° 10-82.422 : *JurisData* n° 2010-014772 ; *Bull. crim.* n° 111).

6) Sanction. Si, par dérogation aux dispositions de l'article 199, alinéa 1er, du Code de procédure pénale, selon lesquelles les débats se déroulent et l'arrêt est rendu en chambre du conseil, le même texte, en son deuxième alinéa, prévoit la publicité en matière de détention provisoire pour les personnes majeures, l'inobservation de cette dernière formalité ne saurait donner ouverture à cassation que s'il en résulte une atteinte aux intérêts de la partie concernée (■ Cass. crim., 25 juill. 2007, n° 07-83.550 : *Bull. crim.* n° 187. ■ Cass. crim., 23 janv. 2013, n° 12-87.382 : *JurisData* n° 2013-002164 ; *Bull. crim.* n° 27 ; *Procédures* 2013, comm. 122, J. Buisson). Le non-respect de l'absence de publicité n'est pas de nature à entraîner la censure de la décision dès lors que l'avocat de la personne mise en examen, présent à l'audience, n'a soulevé aucun incident et qu'il est seulement allégué, mais non établi, que l'irrégularité ainsi commise a causé un grief à l'intéressée (■ Cass. crim., 17 sept. 2014, n° 14-842.82 : *Bull. crim.* n° 190).

C – Publicité des débats, extradition

7) Il se déduit des termes de l'article 696-19 du Code de procédure pénale qui renvoie aux dispositions de l'article 199 du même code que, si la personne placée sous écrou extraditionnel qui sollicite sa mise en liberté est majeure, les débats se déroulent et l'arrêt est rendu en audience publique, sauf décision contraire de la chambre de l'instruction rendue sur opposition du ministère public, de la personne ou de son avocat (■ Cass. crim., 28 janv. 2020, n° 19-86.833, § 8 : *Bull. crim.* à paraître ; H. Diaz : *Dalloz actualité*, 26 févr. 2020).

II – DÉROULEMENT DES DÉBATS

A – Rapport du conseiller

8) Nature de la règle. En vertu de l'article 199 du Code de procédure pénale, les débats devant la chambre d'accusation (de l'instruction) comportent l'audition d'un conseiller dans son rapport. La formalité est exigée en termes absolus par la loi et constitue un préliminaire indispensable aux débats, de sorte que son inaccomplissement entraîne la nullité des débats (■ Cass. crim., 3 mai 1978, n° 77-91.598 : *Bull. crim.* n° 135). L'arrêt qui ne constate pas que cette formalité a été accomplie, ne satisfait pas à l'une des conditions légales essentielles de son existence et le demandeur est fondé à en demander l'annulation (■ Cass. crim., 26 avr. 1983 : *JurisData* n° 1983-701473). Aux termes de l'article 199 du Code de procédure pénale, les débats devant la chambre d'accusation (de l'instruction) comportent l'audition d'un conseiller en son rapport. L'article 216 du même code prescrit de faire mention, dans l'arrêt, de la lecture dudit rapport et l'omission de cette formalité, destinée à l'information de la juridiction saisie, n'entre pas dans les prévisions de l'article 802 du Code de procédure pénale (■ Cass. crim., 27 oct. 1997, n° 97-82.718 : *Bull. crim.* n° 351).

9) Domaine de la règle : audience de renvoi. Encourt la cassation l'arrêt d'une chambre de l'instruction qui ne constate pas qu'à l'audience à laquelle l'examen de l'affaire a été renvoyé, un conseiller a été entendu en son rapport, alors que la formalité du rapport, accomplie lors de l'audience précédente, s'imposait à nouveau lors de l'audience de renvoi en raison du changement intervenu dans la composition de la formation (■ Cass. crim., 26 janv. 2022, n° 22-80.072, §§ 21-25).

10) Lecture du rapport. Le demandeur ne saurait se faire un grief de ce que le président ait lu, en début d'audience, un rapport de l'affaire établi, non par lui, mais par un autre conseiller de la chambre, dès lors que, s'il impose un rapport comme préliminaire indispensable aux débats, l'article 199, alinéa 2, du Code de procédure pénale n'en prescrit pas les formes et n'exige pas, notamment, qu'il soit présenté par son auteur (■ Cass. crim., 5 nov. 1998, n° 97-85.741 : *Bull. crim.* n° 287). Le demandeur ne saurait se faire un grief de ce que le rapport, préparé par un conseiller, a été lu à l'audience par le président de la chambre d'accusation en présence du premier (■ Cass. crim., 2 juill. 1996, n° 95-83.861).

11) Contenu du rapport. Si la chambre d'accusation (de l'instruction) ne peut, aux termes de l'article 199 du Code de procédure pénale, statuer que sur le rapport fait par un de ses membres, aucune disposition légale ne réglemente le contenu de ce rapport qui est laissé à la conscience du magistrat désigné (■ Cass. crim., 20 déc. 1983, n° 83-94.077 : *Bull. crim.* n° 350).

B – Audition des parties

1° *Procureur général*

12) Aux termes de l'article 199 du Code de procédure pénale, les débats devant la chambre d'accusation (de l'instruction) comportent notamment l'audition du procureur général en ses observations orales. L'arrêt constatant la présence du ministère public à l'audience mais n'indiquant pas qu'il a eu la parole en dernier est entaché de nullité (▪ Cass. crim., 25 juin 1979, n° 78-91.443 : *Bull. crim.* n° 222. ▪ Cass. crim., 4 juin 1985, n° 84-95.418 : *Bull. crim.* n° 214 ; *JCP* G 1985, somm., 102363).

2° Parties privées

• **Conditions de l'audition**

13) Personnes entendues. Devant la chambre de l'instruction, les débats se déroulent en chambre du conseil et, après le rapport du conseiller, seuls le procureur général et les avocats des parties ou des témoins assistés peuvent présenter des observations. Il en résulte que l'avocat de la personne mise en cause mais n'ayant été ni mise en examen ni placée sous le statut de témoin assisté ne peut être entendu (▪ Cass. crim., 18 janv. 2017, n° 16-80.164 : *Bull. crim.* n° 23. ▪ Cass. crim., 5 avr. 2018, n° 16-87.023, relativement à une personne visée dans la plainte initiale).

14) Obligation de comparution. En application de l'article 199, alinéa 3, du Code de procédure pénale et sous réserve des dispositions de l'alinéa 5, devant la chambre d'accusation (de l'instruction), les parties ne sont entendues que si les juges ont ordonné leur comparution personnelle. Encourt la cassation l'arrêt de la chambre d'accusation qui a procédé, en matière de détention provisoire, à l'audition de la partie civile sans avoir ordonné la comparution des parties (▪ Cass. crim., 18 déc. 1996, n° 96-84.675 : *Bull. crim.* n° 476). L'audition de la personne mise en examen implique nécessairement que la chambre d'accusation, faisant application de la faculté qu'elle tient de l'article 199, alinéa 3, du Code de procédure pénale, ait ordonné, en début d'audience, sa comparution personnelle. La partie civile ne saurait se faire un grief de ce que, seule, la personne mise en examen a été entendue, dès lors que son avocat ne s'est pas opposé à cette audition et n'a pas demandé le renvoi de l'affaire pour permettre sa comparution (▪ Cass. crim., 13 oct. 1998, n° 97-81.439 : *JurisData* n° 1998-004460 ; *Bull. crim.* n° 256). Le demandeur ne saurait se faire un grief de ce que seules les parties civiles aient été entendues dès lors que ces auditions impliquent nécessairement que la chambre de l'instruction, faisant application des dispositions de l'article 199, alinéa 3, du Code de procédure pénale a ordonné, en début d'audience, leur comparution personnelle et que l'avocat de la personne mise en examen, présent à l'audience, ne s'est pas opposé à ces auditions et n'a pas demandé le renvoi de l'affaire pour permettre sa comparution (▪ Cass. crim., 17 janv. 2006, n° 05-86.364 : *JurisData* n° 2006-032040 : *Bull. crim.* n° 18).

• **Ordre de parole**

15) Entre les parties. Il n'importe que l'avocat des parties civiles appelantes ait présenté ses observations avant le ministère public dès lors que, seule est prescrite à peine de nullité l'audition en dernier de la personne mise en examen ou de son avocat (▪ Cass. crim., 20 mai 2001, n° 00-87.628). En revanche l'audition du conseil de l'inculpé, avant celle du ministère public, et des conseils des parties civiles entraîne la nullité de la décision (▪ Cass. crim., 4 janv. 1991, n° 90-86.301).

16) Témoin assisté. La partie civile ne saurait se faire un grief de ce que l'avocat des témoins assistés a déposé un mémoire et qu'il a eu la parole en dernier, dès lors qu'en application de l'article 197-1 du Code de procédure pénale, l'avocat du témoin assisté est admis à faire valoir devant la chambre de l'instruction, saisie de l'appel d'une ordonnance de non-lieu, des observations, qui peuvent être formulées tant oralement que par écrit, et que seule est prescrite à peine de nullité l'audition en dernier de la personne mise en examen ou de son conseil (▪ Cass. crim., 14 nov. 2002, n° 02-80.710 : *JurisData* n° 2002-016770 : *Bull. crim.* n° 205 ; *JCP* G 2003, IV, 1095). *Comp.* : Viole les dispositions de l'article 199 du Code de procédure pénale, la chambre d'accusation qui après audition du président en son rapport, entend l'avocat de la partie civile en ses explications, le ministère public en ses réquisitions, puis l'avocat des témoins assistés, alors qu'ils n'étaient pas parties à la procédure et que l'avocat de la partie civile n'a pu répliquer aux arguments de son contradicteur irrégulièrement entendu en dernier (▪ Cass. crim., 11 oct. 2000, n° 99-87.201 : *Bull. crim.* n° 293).

17) Parole en dernier : exposé du principe. Il se déduit des dispositions de l'article 6 de la Convention européenne des droits de l'homme et de l'article 199 du Code de procédure pénale ainsi que des principes généraux du droit que, devant la chambre de l'instruction, la personne mise en examen ou son avocat doivent avoir la parole les derniers (▪ Cass. crim., 25 août 2021, n° 21-83.238, § 14. ▪ Cass. crim., 2 mars 2010, n° 09-88.452 : *JurisData* n° 2010-003879 ; *Bull. crim.* n° 42. ▪ Cass. crim., 3 avr. 2007, n° 07-80.807 : *JurisData* n° 2007-038632 ; *Bull. crim.* n° 102). Au regard des droits de la défense, il importe peu que les observations présentées émanent de la personne mise en examen elle-même ou de son conseil (▪ Cass. crim., 19 mars 2014, n°s 10-88.725 et 13-88.616 : *JurisData* n° 2014-001111 ; *Bull. crim.* n° 88). L'arrêt mentionnant que les avocats des mis en examen ont présenté leurs observations et que le ministère public a été entendu en ses réquisitions ne permet pas à la Cour de cassation de s'assurer que le principe selon lequel le mis en examen ou son avocat doivent avoir la parole en dernier a été respecté, de sorte qu'il encourt la cassation (même arrêt).

18) Parole en dernier, droit de l'extradition. La personne comparaissant devant la chambre de l'instruction dans le cadre d'une procédure d'extradition ou son avocat doivent avoir la parole les derniers ; cette règle s'applique à tout incident, dès lors qu'il n'est pas joint au fond (■ Cass. crim., 19 oct. 2021, n° 21-82.230, § 5). Il se déduit des dispositions de l'article 199, alinéa 1er, du Code de procédure pénale et des principes généraux du droit que, lorsque la chambre de l'instruction est appelée à statuer sur une demande tendant à ce que les débats se déroulent et que l'arrêt soit rendu en audience publique, la personne mise en examen ou son avocat doit avoir la parole en dernier (■ Cass. crim., 16 oct. 2001, nos 01-85.381 et 01-85.394 : *JurisData* n° 2001-011485 ; *Bull. crim.* n° 208).

19) Parole en dernier, débat contradictoire sur demande de renvoi. Il se déduit des articles 5 et 6 de la Convention européenne de sauvegarde des droits de l'homme et 199 du Code de procédure pénale que la personne qui comparaît devant la chambre de l'instruction dans le cadre du contentieux de la détention provisoire ou son avocat doivent avoir la parole les derniers ; cette règle s'applique à tout incident, dès lors qu'il n'est pas joint au fond. La Cour de cassation juge (■ Cass. crim., 10 nov. 2021, nos 21-84.948 et 21-85.182 : publié au *Bull.*) que, lors du débat contradictoire devant le juge des libertés et de la détention, la méconnaissance d'un tel principe, s'agissant du débat sur une demande de renvoi, n'emporte nullité qu'au cas où la personne mise en examen établit qu'il en est résulté pour elle un grief. Une telle solution, justifiée par les spécificités procédurales qui régissent le débat contradictoire sur la détention provisoire devant le juge des libertés et de la détention, n'est pas transposable devant la chambre de l'instruction, la méconnaissance du principe énoncé au paragraphe 5 lors de l'audience de cette juridiction faisant alors nécessairement grief à la personne qu'elle concerne (■ Cass. crim., 18 janv. 2022, n° 21-86.16, §§ 5-7).

20) Propriétaire du bien saisi, parole en dernier (refus). Le propriétaire d'un bien saisi qui n'a pas la qualité de personne mise en examen ou de témoin assisté, ne saurait être assimilé à ceux-ci ; aussi ne peut-il se faire un grief de ce que son avocat n'a pas eu la parole en dernier à l'issue des débats devant la chambre de l'instruction (■ Cass. crim., 13 juin 2018, n° 17-83.893 : *Bull. crim.* n° 110 ; *Dr. pén.* 2018, n° 164, obs. A. Maron et M. Haas ; *Procédures* 2018, comm. 256, obs. A.-S. Chavent-Leclère).

• **Notification du droit de se taire (jurisprudence antérieure à la loi du 22 décembre 2021)**

21) Mise en accusation. Il se déduit de l'article 6 de la Cour européenne des droits de l'homme que la personne qui comparaît devant la chambre de l'instruction, saisie de l'appel formé contre l'ordonnance du juge d'instruction la renvoyant devant une cour d'assises, doit être informée de son droit, au cours des débats, de faire des déclarations, de répondre aux questions qui lui sont posées ou de se taire. La méconnaissance de l'obligation d'informer l'intéressé du droit de se taire lui fait nécessairement grief (■ Cass. crim., 14 mai 2019, n° 19-81.408. ■ Cass. crim., 27 janv. 2021, n° 20-86.037, § 8 : *Procédures* 2021, comm. 76, A.-S. Chavent-Leclère). Toutefois, lorsque la personne mise en examen n'a pas comparu au sens de l'article 199 du Code de procédure pénale et n'a à aucun moment, au cours des débats, été entendue sur les faits qui lui sont reprochés ou sur la nature des charges pesant sur elle, les juges n'ont pas l'obligation de l'informer de son droit de faire des déclarations, de répondre aux questions qui lui sont posées ou de se taire (■ Cass. crim., 27 janv. 2021, n° 20-86.037, § 11).

22) Restitution d'objets placés sous main de justice. Il ne saurait être fait grief au président de la chambre de l'instruction d'avoir méconnu les articles 199 et 406 du Code de procédure pénale et 6, § 1 de la Convention européenne des droits de l'Homme en n'informant pas le mis en examen de son droit, au cours des débats, de faire des déclarations, de répondre aux questions qui lui seraient posées ou de se taire, une telle notification ne s'imposant pas devant la chambre de l'instruction saisie de l'appel de l'ordonnance du juge d'instruction ayant statué sur la restitution d'objets placés sous main de justice (■ Cass. crim., 19 déc. 2018, n° 18-84.303 : *JurisData* n° 2018-023768, A. Maron et M. Haas ; *Dr. pén.* 2019, comm. 36).

23) Détention provisoire : évolutions de la chambre criminelle. Il se déduit des articles 6 de la Convention européenne des droits de l'homme et préliminaire du Code de procédure pénale qu'une juridiction prononçant un renvoi devant la juridiction de jugement ou une déclaration de culpabilité ne peut tenir compte, à l'encontre de la personne poursuivie, de déclarations sur les faits effectuées par celle-ci devant cette juridiction ou devant une juridiction différente sans que l'intéressé ait été informé, par la juridiction qui les a recueillies, de son droit de se taire, lorsqu'une telle information était nécessaire. La Cour de cassation a jusqu'à présent considéré que cette information n'avait pas à être donnée lors d'une audience au cours de laquelle est examinée la détention provisoire de la personne mise en examen, car son audition a pour objet non pas d'apprécier la nature des indices pesant sur elle, mais d'examiner la nécessité d'un placement ou d'un maintien en détention (■ Cass. crim., 7 août 2019, n° 19-83.508). Cependant, la Cour de cassation juge désormais qu'il se déduit de l'article 5 1. c de la Convention européenne des droits de l'homme que la chambre de l'instruction, à chacun des stades de la procédure, doit s'assurer, même d'office, que les conditions légales des mesures de sûreté sont réunies, en constatant expressément l'existence d'indices graves ou concordants rendant vraisemblable la participation comme auteur ou complice de la personne mise en examen à la commission des infractions dont le juge d'instruction est saisi (■ Cass. crim., 27 janv. 2021, n° 20-85.990 : en cours de publication). Il s'ensuit que l'existence de ces indices est dans les débats devant la chambre de l'instruction saisie du contentieux des mesures de sûreté. Dès lors, la personne concernée peut être amenée à faire des déclarations qui, si elles figurent au dossier de la procédure, sont susceptibles d'être prises en considération par les juridictions prononçant un renvoi devant la juridiction de jugement ou une déclaration de culpabilité.

Il résulte de ce qui précède que le droit de faire des déclarations, de répondre aux questions posées ou de se taire doit être porté à la connaissance de la personne qui comparaît devant la chambre de l'instruction saisie du contentieux d'une mesure de sûreté (■ Cass. crim., 24 févr. 2021, n° 20-86.537, §§ 6-19 : M. Recotillet, *L'avis de la Cour de cassation sur le droit de se taire au cours des débats sur la détention provisoire : Dalloz actualité* 19 mars 2021).

24) Détention provisoire : constitutionnalité du droit de se taire (jurisprudence antérieure à la loi du 22 décembre 2021). Présente un caractère sérieux la question selon laquelle les dispositions de l'article 199 du Code de procédure pénale, telles qu'interprétées par la jurisprudence, ne prévoient pas que, devant la chambre de l'instruction statuant sur la détention provisoire d'une personne, cette dernière lorsqu'elle est comparante, doit être informée de son droit, au cours des débats, de se taire alors que la chambre de l'instruction doit s'assurer que les conditions légales de la détention provisoire sont réunies, et notamment de l'existence d'indices graves ou concordants rendant vraisemblable la participation de la personne mise en examen aux faits reprochés. En effet, la comparution personnelle de la personne détenue devant la chambre de l'instruction a pour objet de permettre à la juridiction de lui poser les questions qui lui paraissent utiles à l'instruction du dossier. Or, la chambre de l'instruction, à chacun des stades de la procédure, doit s'assurer, même d'office, que les conditions légales de la mesure de détention provisoire sont réunies, en constatant expressément l'existence d'indices graves ou concordants rendant vraisemblable que la personne mise en examen ait pu participer, comme auteur ou comme complice, à la commission des infractions dont le juge d'instruction est saisi. Il s'ensuit que l'existence de tels indices est nécessairement dans les débats devant la chambre de l'instruction et que la personne détenue peut être amenée à faire des déclarations sur ce point, déclarations qui resteront au dossier de la procédure (■ Cass. crim., 9 févr. 2021, n° 20-86.533, §§ 1 à 7). L'article 199 du Code de procédure pénale définit les règles de procédure applicables aux audiences tenues par la chambre de l'instruction. Les dispositions contestées permettent en particulier à la chambre de l'instruction d'ordonner la comparution personnelle des parties ou d'accepter la demande qu'elles forment de comparaître devant elle. En matière de détention provisoire, la comparution personnelle de la personne mise en examen est de droit. Lorsque la chambre de l'instruction est saisie d'une requête en nullité formée contre une décision de mise en examen ou d'un appel à l'encontre d'une ordonnance de placement en détention provisoire, il lui revient de s'assurer qu'il existe des indices graves et concordants rendant vraisemblable que les personnes mises en examen aient pu participer, comme auteurs ou comme complices, à la commission des infractions dont elle est saisie. Lorsque la personne mise en examen comparaît devant la chambre de l'instruction, à sa demande ou à celle de la chambre, elle peut être amenée, en réponse aux questions qui lui sont posées, à reconnaître les faits qui lui sont reprochés. En outre, le fait même que cette comparution puisse être ordonnée par la chambre de l'instruction peut être de nature à lui laisser croire qu'elle ne dispose pas du droit de se taire. Or, les déclarations ou les réponses apportées par la personne mise en examen aux questions de la chambre de l'instruction sont susceptibles d'être portées à la connaissance de la juridiction de jugement. Dès lors, en ne prévoyant pas, pour les recours mentionnés précédemment, que la personne mise en examen comparaissant devant la chambre de l'instruction doit être informée de son droit de se taire, les dispositions contestées portent atteinte à ce droit. Par conséquent, et sans qu'il soit besoin d'examiner les autres griefs, elles doivent être déclarées contraires à la Constitution (■ Cons. const., 9 avr. 2021, n° 2021-895/901/902/903, cons. 8-13). L'abrogation immédiate des dispositions contestées aurait pour effet de supprimer la comparution des parties devant la chambre de l'instruction. Elle entraînerait ainsi des conséquences manifestement excessives. Par suite, il y a lieu de reporter au 31 décembre 2021 la date de l'abrogation des dispositions contestées. En revanche, afin de faire cesser l'inconstitutionnalité constatée à compter de la publication de la présente décision, il y a lieu de juger que, jusqu'à l'entrée en vigueur d'une nouvelle loi ou jusqu'à la date de l'abrogation des dispositions contestées, la chambre de l'instruction doit informer la personne mise en examen qui comparaît devant elle de son droit de se taire (préc., cons. 15 et 17).

25) Détention provisoire, sanction du défaut de notification du droit de se taire. L'évolution de la jurisprudence conduisant à la vérification, lors du contentieux de la détention provisoire, de l'existence d'indices graves ou concordants n'implique pas que la chambre de l'instruction soit amenée à statuer sur le bien-fondé de la mise en examen, qui relève d'un contentieux distinct de celui des mesures de sûreté. Dans ces conditions, le défaut d'information du droit de se taire est sans incidence sur la régularité de la décision rendue en matière de mesure de sûreté. En revanche, à défaut d'une telle information, les déclarations de l'intéressé ne pourront, en application du principe posé au paragraphe 11, être utilisées à son encontre par les juridictions appelées à prononcer un renvoi devant la juridiction de jugement ou une déclaration de culpabilité (■ Cass. crim., 24 févr. 2021, n° 20-86.537, §§ 6-19 ; M. Recotillet, *L'avis de la Cour de cassation sur le droit de se taire au cours des débats sur la détention provisoire* : *Dalloz actualité* 19 mars 2021 ; A. Maron et M. Haas, *Déclarations à conséquences limitées* : *Dr. pén.* 2021, n° 4, comm. 76). Ce principe ne fait pas obstacle à ce que, conformément à l'article 802 du Code de procédure pénale, la personne concernée excipe dans les suites de la procédure, en cas d'utilisation de propos irrégulièrement recueillis devant le juge des libertés et de la détention, d'une atteinte à ses intérêts dans l'administration de la preuve par les juridictions prononçant un renvoi devant la juridiction de jugement ou une déclaration de culpabilité, les juges devant alors apprécier l'équité de la procédure dans sa globalité (■ Cass. crim., 11 mai 2021, n° 21-81.277, § 14 ; *D.* 2021, 1497, chron. M. Fouquet, L. Guerrini, O. Violeau, A.-S. de Lamarzelle, C. Carbonaro et L. Ascensi).

26) Règlement de l'information, appel contre une ordonnance de règlement, saisine à la suite d'un renvoi après cassation. Lorsqu'elle est saisie du règlement d'un dossier d'information, soit dans le cadre d'un appel formé contre une ordonnance de règlement, soit à la suite d'un renvoi après cassation, la chambre de l'instruction doit apprécier si les charges pesant sur la personne mise en examen sont suffisantes pour justifier le renvoi du dossier devant une juridiction de jugement. Ainsi, l'office confié à la chambre de l'instruction par les dispositions contestées la conduit à porter une appréciation sur les faits retenus à titre de charges contre la personne mise en examen. Lorsque la personne mise en examen comparaît devant la chambre de l'instruction, à sa demande ou à celle de la chambre, elle peut être amenée, en réponse aux questions qui lui sont posées, à reconnaître les faits qui lui sont reprochés. En outre, le fait même que cette comparution puisse être ordonnée par la chambre de l'instruction peut être de nature à lui laisser croire qu'elle ne dispose pas du droit de se taire. Or, les déclarations ou les réponses apportées par la personne mise en examen aux questions de la chambre de l'instruction sont susceptibles d'être portées à la connaissance de la juridiction de jugement. Dès lors, en ne prévoyant pas, pour les recours mentionnés précéddeent, que la personne mise en examen comparaissant devant la chambre de l'instruction doit être informée de son droit de se taire, les dispositions contestées portent atteinte à ce droit. Par conséquent, et sans qu'il soit besoin d'examiner les autres griefs, elles doivent être déclarées contraires à la Constitution (■ Cons. const., 9 avr. 2021, n° 2021-895/901/902/903 QPC, cons. 9-13). L'abrogation immédiate des dispositions contestées aurait pour effet de supprimer la comparution des parties devant la chambre de l'instruction. Elle entraînerait ainsi des conséquences manifestement excessives. Par suite, il y a lieu de reporter au 31 décembre 2021 la date de l'abrogation des dispositions contestées. En revanche, afin de faire cesser l'inconstitutionnalité constatée à compter de la publication de la présente décision, il y a lieu de juger que, jusqu'à l'entrée en vigueur d'une nouvelle loi ou jusqu'à la date de l'abrogation des dispositions contestées, la chambre de l'instruction doit informer la personne mise en examen qui comparaît devant elle de son droit de se taire (préc., cons. 15 et 17).

C – Comparution des parties

27) Demande de comparution. L'article 199, alinéa 6, du Code de procédure pénale exige, à peine d'irrecevabilité, que la demande de comparution personnelle devant la chambre de l'instruction soit formulée en même temps que la déclaration d'appel. Appel ayant été interjeté par la personne mise en examen, la demande effectuée par l'avocat ne pouvait compléter sur ce point la déclaration d'appel préalablement formée (■ Cass. crim., 5 avr. 2016, n° 16-80.575 : *JurisData* n° 2016-006963 ; *Bull. crim.* n° 122). Selon l'article 199 du Code de procédure pénale, en cas de comparution personnelle, lorsque la personne concernée ou son avocat demande dès l'ouverture des débats portant sur la détention provisoire (antérieurement à la loi n° 2007-291 du 5 mars 2007) que ceux-ci se déroulent en audience publique, la chambre d'accusation statue sur cette demande, après avoir recueilli les observations du procureur général et des avocats des parties, par un arrêt rendu en chambre du conseil qui n'est susceptible de pourvoi en cassation qu'en même temps que l'arrêt sur la demande principale. En s'abstenant de statuer sur la demande de publicité des débats, préalablement à l'examen de la demande principale et par un arrêt distinct, la chambre d'accusation méconnaît le sens et la portée du principe sus-énoncé (▪ Cass. crim., 10 janv. 1994, n° 93-84.846 : *Bull. crim.* n° 10).

28) Obligation d'être entendu. Lorsque la chambre de l'instruction ordonne la comparution personnelle des parties, celles-ci doivent être entendues. L'arrêt comportant des énonciation contradictoires dont il ne résulte pas qu'il a été procédé à l'audition de la partie civile admise à comparaître viole les articles 199 et 593 du Code de procédure pénale (▪ Cass. crim., 29 janv. 2014, n° 13-82.785 : *JurisData* n° 2014-001111, n° 29 ; *Dr. pén.* 2014, comm. 47, A. Maron et M. Haas).

29) Nature et étendue de la décision relative à la comparution. La décision aux fins de comparution personnelle constitue une mesure d'administration judiciaire (▪ Cass. crim., 1er oct. 2014, n° 14-84.823 : *Bull. crim.* n° 200). Elle ne saurait donc être contestée devant la Cour de cassation même si elle aboutit, conformément à la loi, à prolonger le délai de comparution et se répercute sur la durée de la détention (même arrêt). Lorsque le président de la chambre de l'instruction refuse, conformément à l'article 199, alinéa 6, du Code de procédure pénale, la comparution de la personne mise en examen appelante d'une ordonnance de refus de mise en liberté, cette décision s'étend à toute demande examinée à la même audience en application du dernier alinéa de l'article 207 du même code (▪ Cass. crim., 7 oct. 2008, n° 08-85.477 : *Bull. crim.* n° 203).

30) Refus de comparution. La partie civile, qui a pu déposer des mémoires auprès de la juridiction, ne saurait se faire un grief, pris d'une prétendue violation de l'article 6 § 1 de la Convention européenne des droits de l'Homme, du refus, par la chambre de l'instruction, d'ordonner sa comparution à l'audience (▪ Cass. crim., 27 avr. 2011, n° 10-81.650 : *Bull. crim.* n° 76). L'ordonnance par laquelle le président de la chambre de l'instruction rejette la demande de comparution de la personne mise en examen n'est, aux termes de l'article 199, alinéa 5, du Code de procédure pénale, susceptible d'aucun recours (▪ Cass. crim., 9 juill. 2003, n° 03-82.273 : *Bull. crim.* n° 132). Le demandeur n'est pas recevable à critiquer devant la Cour de cassation les décisions par lesquelles les juges ont rejeté ses demandes de comparution personnelle et de renvoi, s'agissant d'actes d'administration judiciaire qui ne relèvent pas du contrôle de la Cour de cassation (▪ Cass. crim., 5 mai 1998, n° 98-80.885. ▪ Cass. crim., 8 oct. 2003, n° 03-80.109. ▪ Cass. crim., 15 juin 2005, n° 03-80.109).

31) Recours à la visioconférence. La chambre de l'instruction qui ordonne la comparution personnelle, lorsqu'elle n'est qu'une faculté laissée à son appréciation, peut recourir à la visioconférence, qui n'est qu'une modalité de cette comparution (▪ Cass. crim., 27 févr. 2018, n° 17-87.133 : *Dr. pén.* 2018, comm. 89, obs. A. Maron et M. Haas).

D – Pièces à conviction

32) Le pouvoir d'ordonner l'apport de pièces à conviction que tient la chambre d'accusation (de l'instruction) de l'article 199 du Code de procédure pénale constitue une mesure d'ordre qui n'a pas à être signifiée et contre laquelle aucun recours n'est recevable (▪ Cass. crim., 27 janv. 1981, n° 80-92.657 : *Bull. crim.* n° 37). Le demandeur ne saurait se faire grief du défaut de réponse à l'articulation de son mémoire demandant de constater une prétendue violation des dispositions de l'article 197, alinéa 3, du Code de procédure pénale et des droits de la défense du fait que son avocat n'avait pas eu accès, avant l'audience de la chambre de l'instruction, à un cédérom placé sous scellé, dès lors que les scellés déposés au greffe à titre de pièces à conviction ne font pas partie du dossier au sens de ce texte et que la personne mise en examen n'a pas demandé à la chambre de l'instruction d'ordonner l'apport des pièces à conviction ainsi qu'elle en a le pouvoir, en application de l'article 199 dudit code (▪ Cass. crim., 9 nov. 2011, n° 11-86.496 : *Bull. crim.* n° 231. ▪ Cass. crim., 8 avr. 2015, n° 75).

33) Contrôle des indices graves ou concordants préalables au prononcé de mesures de sûreté. Il se déduit de l'article 5, 1, *c)* de la Convention européenne des droits de l'homme que la chambre de l'instruction, à chacun des stades de la procédure, doit s'assurer que les conditions légales de la détention provisoire sont réunies, et notamment de l'existence d'indices graves ou concordants rendant vraisemblable la participation de la personne mise en examen aux faits reprochés (▪ Cass. crim., 14 oct. 2020, n° 20-82.961, §§ 9-11. ▪ Cass. crim., 27 janv. 2021, n° 20-85.990, § 15). Les mesures de sûreté ne peuvent être prononcées qu'à l'égard de la personne à l'encontre de laquelle il existe des indices graves ou concordants rendant vraisemblable qu'elle ait pu participer, comme auteur ou comme complice, à la commission des infractions dont le juge d'instruction est saisi. Aussi, la chambre de l'instruction, à chacun des stades de la procédure, doit s'assurer, même d'office, que les conditions légales des mesures de sûreté sont réunies, en constatant expressément l'existence de tels indices (▪ Cass. crim., 18 janv. 2022, n° 21-86.165, §§ 12-13).

Ce contrôle, propre à la matière des mesures de sûreté, est sans incidence sur la validité de la mise en examen, laquelle ne peut être critiquée que dans le cadre des procédures engagées sur le fondement des articles 80-1-1 et 170 du Code de procédure pénale (▪ Cass. crim., 27 janv. 2021, préc., § 16 : J.-Y Maréchal, *Le contrôle renforcé des conditions de placement en détention provisoire* : *JCP* G 2021, n° 15, p. 408). Ce contrôle fait obligation aux juges de vérifier, au regard des éléments précis et circonstanciés résultant de la procédure au moment où ils statuent, que les pièces du dossier établissent, d'une part, l'existence d'agissements susceptibles de caractériser les infractions pour lesquelles la personne est mise en examen, selon la qualification notifiée à ce stade, et, d'autre part, la vraisemblance de leur imputabilité à celle-ci. Les juges, lorsqu'ils concluent souverainement à la vraisemblance de la participation de la personne à la commission d'une ou plusieurs infractions, ne sont tenus, en cas de contestation, que d'exposer les éléments du dossier par lesquels ils se déterminent (▪ Cass. crim., 9 févr. 2021, n° 20-86.339, §§ 6-8 : *Dr. pén.* 2021, n° 4, comm. 76, note A. Maron et M. Haas). Justifie l'existence de charges suffisantes à la détention provisoire, la chambre de l'instruction qui, répondant à une demande de libération d'un individu qu'elle a préalablement mis en accusation, reprend, en l'absence de faits nouveaux, son arrêt de mise en accusation (▪ Cass. crim., 13 avr. 2021, n° 21-80.728, § 16).

III – ARRÊT DE LA CHAMBRE DE L'INSTRUCTION

34) Délais pour statuer. La mention dans l'arrêt de la présence de la personne mise en examen devant elle suffit à établir que la chambre de l'instruction a ordonné sa comparution personnelle dans les termes de l'article 199 du Code de procédure pénale, ce qui a eu pour effet de porter à 15 jours le délai dont elle disposait pour statuer sur l'appel d'un placement en détention provisoire (▪ Cass. crim., 19 nov. 2019, n° 19-85.752, § 15).

Il résulte des dispositions combinées des derniers alinéas des articles 194 et 199 du Code de procédure pénale que la demande de comparution personnelle, présentée en même temps que la déclaration d'appel, a pour effet de porter de quinze à vingt jours le délai maximum imparti à la chambre de l'instruction pour statuer sur la demande de mise en liberté, même en cas de rejet par son président de la demande de comparution personnelle de l'intéressé (▪ Cass. crim., 9 mai 2012, n° 12-81.557 : *Bull. crim.* n° 108).

Plus généralement, V. sous art. 194, p. 631.

35) Présence lors du prononcé de l'arrêt. Si les dispositions de l'alinéa 3 de l'article 199 du Code de procédure pénale imposent, en matière de détention provisoire, la comparution personnelle de l'inculpé (mis en examen), lorsque la demande en est faite, ces dispositions n'exigent pas la présence de l'intéressé lors du prononcé de l'arrêt qui doit, conformément aux prescriptions de l'article 217 du même code, être notifié audit inculpé (▪ Cass. crim., 14 nov. 1990, n° 90-85.596 : *Dr. pén.* 1990, comm. 314 ; *D.* 1990, inf. rap. p. 229).

Art. 199-1 *(Abr., L. n° 2008-174, 25 févr. 2008).*

Art. 200 *(L. n° 93-2, 4 janv. 1993).* **– Lorsque les débats sont terminés, la chambre de l'instruction délibère sans qu'en aucun cas le procureur général, les parties, leurs avocats et le greffier puissent être présents.**

1) Personnes assistant au délibéré. Si les élèves des centres régionaux de formation professionnelle d'avocats effectuant un stage dans une juridiction peuvent « assister » aux délibérés, cette disposition exclut toute participation desdits élèves aux décisions prises par la juridiction. Doit donc être cassé l'arrêt de la chambre de l'instruction portant mention de ce que « Pauline Y..., élève assermentée au CRFPA de Toulouse » a assisté aux débats et avec voix consultative au délibéré en vertu de l'article 19 de l'ordonnance du 22 décembre 1958 (▪ Cass. crim., 7 mai 2008, n° 08-81.318 : *JurisData* n° 2008-044108 ; *Bull. crim.* n° 107 ; *Bull. inf. C. cass.* 2008, 1304). La participation illégale d'un magistrat étranger – régulièrement admis à faire un stage – au délibéré de la chambre d'accusation (chambre de l'instruction) constitue une violation de l'article 200 du Code de procédure pénale et doit entraîner la cassation (▪ Cass. crim., 27 oct. 1983, n° 83-93.770 : *Bull. crim.* n° 269). En revanche, les auditeurs de justice peuvent prendre part au délibéré de la chambre de d'accusation (chambre de l'instruction) avec voix consultative uniquement (▪ Cass. crim., 28 avr. 1981, n° 81-90.746 : *Bull. crim.* n° 127).

2) Preuve. La preuve de l'accomplissement des formalités de l'article 200 du Code de procédure pénale doit résulter des énonciations mêmes de l'arrêt de la chambre d'accusation (chambre de l'instruction). Lorsque l'arrêt ne comporte aucune mention sur ce point, fût-ce sous forme du visa de l'article 200 du Code de procédure pénale, la Cour de cassation n'est pas en mesure de s'assurer que lesdites prescriptions ont été observées et que l'arrêt attaqué satisfait, en la forme, aux conditions essentielles de son existence légale (▪ Cass. crim., 28 avr. 1988, n° 87-91.579 : *Bull. crim.* n° 176). L'arrêt de la chambre d'accusation (chambre de l'instruction) mentionnant qu'il a été délibéré, en chambre du conseil, conformément à la loi, hors la présence du ministère public et du secrétaire greffier, observe les prescriptions de l'article 200 du Code de procédure pénale dès lors que pareille mention implique qu'aucune autre personne que les juges de la chambre d'accusation n'assistait au délibéré (▪ Cass. crim., 3 juill. 1973, n° 73-90.378 : *Bull. crim.* n° 310). Lorsque l'arrêt de la chambre d'accusation (chambre de l'instruction) mentionne qu'à l'issue des débats et avant l'ouverture du délibéré, les parties se sont retirées, aucune violation des prescriptions de l'article 200 du Code de procédure pénale ne saurait être établie (▪ Cass. crim., 19 févr. 1980, n° 80-90.340 : *Bull. crim.* n° 61). Lorsque les mentions de l'arrêt attaqué établissent que la chambre de l'instruction, dont la composition régulière lors des débats est précisée, a mis, à la clôture de ces derniers, l'affaire en délibéré, et qu'à la date indiquée, vidant son délibéré, elle a rendu sa décision, la Cour de cassation est en mesure de s'assurer que ce sont les trois magistrats qui étaient présents lors des débats qui en ont délibéré, en l'absence du ministère public et du greffier (▪ Cass. crim., 9 avr. 2014, n° 14-80.436 : *Bull. crim.* n° 110).

Art. 201 *(Mod., L. n° 2004-204, 9 mars 2004)*. – **La chambre de l'instruction peut, dans tous les cas, à la demande du procureur général, d'une des parties ou même d'office, ordonner tout acte d'information complémentaire qu'elle juge utile.**

Elle peut également, dans tous les cas, le ministère public entendu, prononcer d'office la mise en liberté de la personne mise en examen.

Elle peut ordonner le placement en détention provisoire ou sous contrôle judiciaire de la personne mise en examen. En cas d'urgence, le président de la chambre de l'instruction ou le conseiller désigné par lui peut décerner mandat d'amener, d'arrêt ou de recherche. Il peut également ordonner l'incarcération provisoire de la personne pendant une durée déterminée qui ne peut en aucun cas excéder quatre jours ouvrables jusqu'à la réunion de la chambre de l'instruction.

1) Conformité à la Convention européenne des droits de l'Homme. L'article 204 du Code de procédure pénale n'est pas contraire aux articles 6 et 13 de la Convention européenne des droits de l'Homme, dès lors que l'arrêt qui prononce le supplément d'information présente le caractère d'une décision avant dire droit à laquelle ne peut s'attacher l'autorité de la chose jugée et que cette décision laisse au magistrat qu'elle délègue la possibilité de ne pas mettre en examen la personne visée, la chambre de l'instruction restant elle-même libre d'apprécier à nouveau, lors de son examen ultérieur et une fois la procédure devenue complète, l'existence de charges de culpabilité (▪ Cass. crim., 31 mai 2017, n° 15-84.040). Les articles 201, alinéa 1, 204 et 205 du Code de procédure pénale, qui permettent à la chambre de l'instruction d'ordonner tous suppléments d'information et d'y faire procéder par l'un de ses membres ou par un juge d'instruction délégué ne sont pas contraires aux dispositions des articles 6 et 13 de la Convention européenne des droits de l'Homme, dès lors que, d'une part, est respecté le principe du double degré de juridiction du fait de l'examen, par la formation d'appel, de la procédure et notamment de la situation de la personne susceptible d'être mise en examen, d'autre part, les parties en cause continuent de bénéficier des droits attachés à leur qualités respectives, sans que les particularités auxquelles est soumis le complément d'information dans l'objectif d'une bonne administration de la justice créent un déséquilibre entre elles et portent atteinte au principe d'égalité des citoyens devant la justice, enfin, la personne mise en examen ne peut être renvoyée devant la juridiction de jugement qu'après avoir bénéficié d'un débat contradictoire devant la chambre de l'instruction (▪ même arrêt).

I – COMPLÉMENT D'INFORMATION

2) Pouvoirs du président de la chambre de l'instruction. Le président de la Chambre d'accusation ne dispose d'aucun pouvoir propre pour procéder à un supplément d'information, ces attributions étant celles de la chambre (▪ Cass. crim., 20 mai 1980, n° 79-93.444 : *Bull. crim.* n° 153).

3) Nature du complément d'information. Ne constitue pas un acte d'information complémentaire, au sens de l'article 201 du Code de procédure pénale, l'invitation faite au juge d'instruction de verser en procédure les pièces qui seraient en sa possession (■ Cass. crim., 11 mai 2021, n°s 20-82.415 et 20-86.182, § 21).

4) Demandes des parties – Recevabilité. Il résulte de l'article 201 du Code de procédure pénale que lorsque la chambre de l'instruction est saisie de l'entier dossier de la procédure à l'occasion du règlement de celle-ci, d'une part, les parties sont recevables à lui demander tout acte d'information complémentaire qu'elles jugent utile, sans que puisse leur être opposée une irrecevabilité résultant de l'application de l'article 175 du Code de procédure pénale, et d'autre part, qu'il lui appartient d'apprécier souverainement la nécessité du complément sollicité (■ Cass. crim., 11 avr. 2018, n° 17-81.263). Une demande d'acte complémentaire d'information n'est soumise, selon l'article 201 du Code de procédure pénale, à aucune condition de recevabilité (■ Cass. crim., 3 avr. 1995, n° 94-81.274 : *Bull. crim.* n° 139). Les dispositions de l'article 175 du Code de procédure pénale ne font pas obstacle à ce que les parties, par application de l'article 201 du même code, présentent à la chambre d'accusation, saisie du règlement de la procédure, des demandes tendant à l'accomplissement de nouveaux actes d'information. C'est donc à tort que la chambre que de l'instruction a décliné la demande de complément d'information introduite par la personne mise en examen au motif que cette demande, faute d'appel formé contre l'ordonnance par laquelle le magistrat instructeur avait rejeté la requête, était irrecevable (■ Cass. crim., 19 sept. 1995, n° 95-83.497 : *Bull. crim.* n° 272). Il résulte de l'article 201 du Code de procédure pénale que les parties sont recevables à demander à la chambre de l'instruction, saisie du règlement de la procédure, un complément d'expertise ou une contre-expertise, sans que puisse leur être opposée l'expiration du délai prévu par l'article 167, alinéa 3, du Code de procédure pénale (■ Cass. crim., 2 oct. 2001, n°s 00-85.724 et 00-85.725 : *Bull. crim.* n° 194). Toutefois, la chambre de l'instruction n'étant pas saisie du règlement de la procédure, le demandeur doit se conformer aux prescriptions de l'article 82-1 du Code de procédure pénale. Ainsi, les demandes d'actes ne peuvent être adressées directement à la chambre de l'instruction, sauf si le juge d'instruction n'y aurait pas répondu dans le délai prévu la chambre de l'instruction (■ Cass. crim., 19 sept. 2001, n° 01-85.188 : *Bull. crim.* n° 184).

5) Utilité des actes demandés. L'appréciation de l'utilité d'une mesure de complément d'information relève de l'appréciation souveraine de la chambre d'accusation (de l'instruction) dès lors que les motifs qui la justifient ne sont entachés ni d'illégalité, ni de contradiction (■ Cass. crim., 27 févr. 1978, n° 77-92.301 : *Bull. crim.* n° 73). La chambre d'accusation apprécie souverainement l'utilité des actes d'information sollicités (■ Cass. crim., 29 mars 1989, n° 89-80.383 : *Bull. crim.* n° 149). En ayant souverainement jugé que l'information était complète et qu'une nouvelle mesure d'instruction n'était pas nécessaire, conformément aux dispositions de l'article 201 du Code de procédure pénale, la chambre d'accusation (de l'instruction) n'a pas méconnu les dispositions de l'article 6. 3 *d* de la Convention européenne dont l'objet est d'assurer le respect des droits de la défense devant les juridictions de jugement où ces droits demeurent entiers (■ Cass. crim., 10 mars 1992, n°s 91-86.944 et 92-80.389 : *Bull. crim.* n° 105). Si la chambre d'accusation a, à tort, déclaré irrecevable une demande d'acte d'information complémentaire, qui, selon l'article 201 du Code de procédure pénale, n'était soumise à aucune condition de recevabilité, sa décision n'encourt cependant pas la censure dès lors qu'il se déduit de ses énonciations qu'un tel acte n'était pas nécessaire (■ Cass. crim., 3 avr. 1995, préc.). L'obligation de rechercher les personnes ayant pu participer, comme auteur ou comme complice, à la commission des infractions dont elle se trouve saisie appartient aussi à la chambre de l'instruction. En déclarant irrecevable la demande des parties civiles aux fins de supplément d'information et de mise en examen des complices présumés de viols et agressions sexuelles sur mineure de quinze ans, au motif que la mise en examen n'est pas un acte utile à la manifestation de la vérité qui peut être demandé par une partie civile, et que le refus des juges d'instruction de faire droit aux observations formulées par les parties civiles ne saurait être assimilé à une décision implicite de non-lieu, la chambre de l'instruction, chargée du règlement de la procédure, a méconnu l'étendue de ses attributions et les dispositions des articles 80-1, 201, 202, 204 et 205 du Code de procédure pénale (■ Cass. crim., 16 mars 2016, n° 15-87.675 : *JurisData* n° 2016-004582 ; *Bull. crim.* n° 84).

II – MISE EN LIBERTÉ

6) Libération – Pouvoir. L'article 201, alinéa 2 du Code de procédure pénale permet à la chambre d'accusation (de l'instruction) quelles que soient les conditions de sa saisine, de prononcer d'office la mise en liberté de l'inculpé. Cette mise en liberté s'impose si l'inculpé est détenu en vertu d'un titre inexistant (■ Cass. crim., 4 janv. 1983, n° 82-93.809 : *Bull. crim.* n° 3). L'exercice par la chambre d'accusation de la faculté qu'elle tient de l'article 201, alinéa 2, du Code de procédure pénale, de prononcer, dans tous les cas, la mise en liberté d'office d'une personne mise en examen, relève de sa seule initiative et n'est pas subordonné à une saisine de son président ou de l'intéressé, ni limité au cas où le titre de détention serait nul ou inexistant (■ Cass. crim., 26 sept. 1995, n° 95-80.010 : *JurisData* n° 1995-002681 ; *Bull. crim.* n° 282 ; *Dr. pén.* 1995, comm. 269, note A. Maron ; *RSC* 1996, p. 139, obs. J.-P. Dintilhac). Les dispositions de l'article 201, alinéa 2, du Code de procédure pénale donnent à la chambre d'accusation (chambre de l'instruction) le pouvoir de prononcer d'office la mise en liberté de l'inculpé (mis en examen) et consacrent au profit de cette juridiction un droit, dont l'exercice relève de sa seule initiative, qui n'autorise en aucun cas à l'inculpé à la requérir d'en faire usage à son profit (■ Cass. crim., 25 oct. 1973, n° 73-92.707 : *Bull. crim.* n° 383). La demande de mise en liberté par la personne mise en examen ne peut être fondée sur l'article 201, alinéa 2 du Code de procédure pénale (■ Cass. crim., 3 avr. 2002, n° 02-81.056 : *Bull. crim.* n° 73).

7) Libération – Devoir. En refusant de constater l'inexistence du titre de détention, au motif que l'ordonnance décidant de la prolongation de la détention, dont la tardiveté n'est pas mise en cause, n'avait pas été contestée par voie d'appel, et était donc devenue définitive, la chambre d'accusation (de l'instruction) a violé l'article 201 du Code de procédure pénale (■ Cass. crim., 4 janv. 1983, préc.). Lorsque saisie d'un recours en annulation, la chambre d'accusation soulève d'office la nullité de l'interpellation du mis en examen et prononce, par voie de conséquence, celle de l'instruction qui l'a suivie, la libération de la personne provisoirement détenue découle de l'article 174, alinéa 2, du Code de procédure pénale sans qu'il n'ait besoin de faire application de l'article 201, alinéa 2 du même code (■ Cass. crim., 23 juin 1998, n° 98-81.900 : *Bull. crim.* n° 202). Il se déduit des articles 148-1-1 et 201 du Code de procédure pénale, que lorsque, saisi aux fins de prolongation de la détention provisoire, le juge des libertés et de la détention décide, non seulement de refuser de prolonger la détention, mais encore de mettre la personne concernée en liberté avant l'expiration du délai prévu par les articles 145-1 et 145-2 du Code de procédure pénale, celle-ci doit être immédiatement libérée, sauf mise en œuvre de la procédure de référé-détention prévue par l'article 148-1-1 du même code. Saisie d'un appel du ministère public, la chambre de l'instruction ne saurait donc infirmer la décision du juge des libertés et de la détention et ordonner la prolongation de la détention du mis en examen non libéré, dès qu'il lui appartenait de faire application de l'article 201, alinéa 2 du Code de procédure pénale, et de renvoyer l'examen de l'appel du ministère public à une audience ultérieure pour que le mis en examen soit régulièrement convoqué (■ Cass. crim., 8 oct. 2013, n° 13-85.098 : *JurisData* n° 2013-021968 ; *Bull. crim.* n° 188).

8) Évocation. Il résulte de l'article 201, alinéa 2, du Code de procédure pénale que lorsqu'elle constate que la personne mise en examen est détenue en vertu d'un titre nul, la chambre de l'instruction doit prononcer d'office sa mise en liberté. Encourt la cassation l'arrêt de la chambre de l'instruction qui, après avoir constaté que le débat contradictoire prévu par l'article 145-1 du Code de procédure pénale n'avait pas été tenu, a annulé l'ordonnance de prolongation de la détention provisoire, évoqué, organisé devant elle le débat contradictoire, et ordonné la prolongation de la détention de l'intéressé, dès lors qu'aucune disposition ne l'autorisait à évoquer (■ Cass. crim., 9 mai 2001, n° 01-81.598 : *JurisData* n° 2001-009784 ; *Bull. crim.* n° 111 ; *Procédures* 2001, comm. 181, obs. J. Buisson ; *Dr. pén.* 2001, chron. 47, obs. C. Marsat. ■ Cass. crim., 5 sept. 2001, n° 01-84.379 : *JurisData* n° 2001-011116 ; *Bull. crim.* n° 173). Annulant une décision de prolongation de la détention provisoire en raison d'une irrégularité relative à la tenue du débat contradictoire, aucune disposition légale n'autorise la chambre de l'instruction à évoquer en substituant sa propre décision à celle qu'elle vient d'annuler. En effet, il résulte de l'article 201, alinéa 2, du Code de procédure pénale que lorsqu'elle constate que la personne mise en examen est détenue en vertu d'un titre nul, la chambre de l'instruction doit prononcer d'office sa mise en liberté (■ Cass. crim., 2 févr. 2011, n° 10-87.723 : *JurisData* n° 2011-002138).

9) Effet dévolutif de l'appel et substitution de motivation. Le demandeur ne saurait reprocher à la chambre de l'instruction d'avoir refusé de le mettre en liberté, après annulation de l'ordonnance de prolongation de la détention provisoire, dès lors que la juridiction du second degré était tenue en raison de l'effet dévolutif de l'appel d'examiner le bien-fondé de la détention provisoire et de statuer au besoin, par motifs propres, sur la nécessité de cette mesure et substituer aux motifs insuffisants du premier juge, des motifs répondant aux exigences légales (■ Cass. crim., 9 mai 2001, n° 01-81.599 : *Bull. crim.* n° 110). En raison de l'effet dévolutif de l'appel, il appartient à la chambre de l'instruction d'examiner le bien-fondé de la détention provisoire et de statuer sur la nécessité de cette mesure, au besoin en substituant aux motifs insuffisants voire erronés du premier juge des motifs répondant aux exigences légales. C'est donc à tort que la chambre de l'instruction a annulé une décision de placement en détention provisoire et ordonné la mise en liberté de l'intéressé, en relevant que les motifs de l'ordonnance querellée concernaient une autre personne mise en examen dans une procédure distincte, et considérant qu'il y avait une absence de motivation affectant la validité même de la décision (■ Cass. crim., 19 janv. 2010 : *JurisData* n° 2010-051420 ; *Bull. crim.* n° 8).

Art. 202 *(Mod., L. n° 94-89, 1er févr. 1994).* **– Elle peut, d'office ou sur réquisitions du procureur général, ordonner qu'il soit informé à l'égard des personnes mises en examen ou prévenus renvoyés devant elle sur tous les chefs de crimes, de délits, de contraventions, principaux ou connexes, résultant du dossier de la procédure, qui n'auraient pas été visés par l'ordonnance du juge d'instruction ou qui auraient été distraits par une ordonnance comportant non-lieu partiel, disjonction ou renvoi devant la juridiction correctionnelle ou de police.**

Elle peut statuer sans ordonner une nouvelle information si les chefs de poursuite visés à l'alinéa précédent ont été compris dans les faits pour lesquels la personne a été mise en examen par le juge d'instruction.

I – LE DOMAINE DU POUVOIR DE RÉVISION

A – Faits inclus dans la saisine du juge d'instruction

1) Les juridictions d'instruction du second degré ne peuvent, sans excès de pouvoir, statuer sur des faits restés en dehors de la saisine du juge d'instruction comme ayant été commis postérieurement à la mise en mouvement de l'action publique. Échappent donc à la chambre d'accusation les faits commis après saisine du juge d'instruction et qui n'ont pas fait postérieurement l'objet des réquisitions supplétives aux fins d'informer (■ Cass. crim., 3 janv. 1970, n° 68-93.382 : *Bull. crim.* n° 6). La chambre d'accusation (de l'instruction) ne saurait, sans excès de pouvoir, statuer sur des faits dont le juge d'instructionlui-même n'a pas été saisi (■ Cass. crim., 15 mai 1979, n° 78-92.189 : *Bull. crim.* n° 173). Il résulte des articles 202 et 204 du Code de procédure pénale que la chambre de l'instruction, juridiction du second degré, ne peut, sans recourir à la procédure prévue par les articles susvisés, statuer sur des faits restés en dehors de la saisine du juge d'instruction. La chambre de l'instruction étant saisie des faits de soumission à des conditions de travail et d'hébergement incompatibles avec la dignité humaine commis contre plusieurs personnes déterminées, elle ne saurait renvoyer la personne mise en examen devant le tribunal correctionnel pour cette infraction commise à l'égard d'autres personnes (■ Cass. crim., 12 avr. 2005, n° 03-83.452 : *Bull. crim.* n° 126). La juridiction d'instruction du second degré ne peut, sans recourir à la procédure prévue par les articles 202 et 204 du Code de procédure pénale, statuer sur des faits restés en dehors de la saisine du juge d'instruction. Elle ne saurait donc fonder un renvoi sur des faits qui ne ressortent d'aucune pièce de la procédure et dont il n'a été fait état ni par la victime à l'appui de sa plainte, ni dans les réquisitions du procureur de la République (■ Cass. crim., 31 mai 1994, n° 93-82.380 : *Bull. crim.* n° 211).

B – Personnes renvoyées devant la chambre de l'instruction

2) Le pouvoir de révision de la chambre de l'instruction prévu par l'article 202 du Code de procédure pénale ne s'exerce qu'à l'encontre des personnes renvoyées devant elle (■ Cass. crim., 22 août 2012, n° 12-83.900 : *JurisData* n° 2012-019504 ; *Bull. crim.* n° 174). Si la chambre de l'instruction tient de l'article 202 du Code de procédure pénale le pouvoir d'ordonner qu'il soit informé contre les personnes mises en examen renvoyées devant elle, il n'en est pas ainsi quand ces personnes ont fait l'objet d'une ordonnance de non-lieu devenue définitive (■ Cass. crim., 13 oct. 1998, nos 96-80.799, 97-83.042 et 97-83.047 : *JurisData* n° 1998-004726 ; *Bull. crim.* n° 255 ; *JCP* G 1999, IV, 1328). Tel est le cas lorsque l'ordonnance de non-lieu n'a pas été frappée d'appel (■ Cass. crim., 29 mai 2002, n° 02-81.995 : *Bull. crim.* n° 122). La chambre de l'instruction n'est tenue de statuer qu'à l'égard de personnes renvoyées devant elle au sens de l'article 202 du Code de procédure pénale. Tel n'est pas le cas de la personne qui, ne bénéficiant d'aucun non-lieu partiel, a été définitivement renvoyée devant la cour d'assises (■ Cass. crim., 22 janv. 2013, n° 12-87.022 : *Bull. crim.* n° 20) ou devant le tribunal correctionnel (■ Cass. crim., 28 juin 2000, n° 99-85.280 : *Bull. crim.* n° 249).

C – Nécessité d'une nouvelle information

3) Faits compris dans la prévention. S'il est un principe général que la juridiction d'instruction du second degré est investie du droit de modifier ou de compléter la qualification donnée aux faits dénoncés, elle ne peut, par contre, statuer sans ordonner une nouvelle information que si les nouveaux chefs de poursuite ont été compris dans les inculpations faites par le juge d'instruction. Tel n'est pas le cas lorsque les nouveaux délits retenus sont fondamentalement différents des précédents et que leurs éléments constitutifs n'ont jamais été notifiés à l'intéressé (■ Cass. crim., 18 janv. 1983, n° 81-94.671 : *Bull. crim.* n° 20). Les chambres d'accusation sont investies du pouvoir de modifier et de compléter les qualifications données aux faits incriminés, soit par le ministère public, soit par le juge d'instruction. L'article 202, alinéa 2, du Code de procédure pénale leur reconnaît le pouvoir de statuer sans ordonner une nouvelle information si les chefs de poursuite résultant du dossier de la procédure ont été compris dans les inculpations faites par le juge d'instruction (■ Cass. crim.,

9 janv. 1990, n° 89-85.889 : *Bull. crim.* n° 15). S'il est de principe que la chambre d'accusation est investie du droit de modifier ou de compléter la qualification donnée aux faits dénoncés soit par la partie poursuivante, soit par le juge d'instruction, elle ne peut, en revanche, statuer sans ordonner une nouvelle information que si les nouveaux chefs de poursuite ont été compris dans les inculpations retenues par le juge d'instruction. Saisie de l'appel de la partie civile d'une ordonnance disant n'y avoir lieu à suivre des chefs de recel d'abus de confiance et usage de chèques falsifiés, la chambre d'accusation ne saurait renvoyer l'intéressé devant le tribunal correctionnel pour répondre notamment d'une tentative d'escroquerie dès lors que les éléments de cette infraction sont très différents des infractions précédentes. En omettant d'ordonner un supplément d'information la chambre d'accusation a méconnu l'article 202 du Code de procédure pénale (■ Cass. crim., 20 oct. 1985, n° 86-96.774 : *Bull. crim.* n° 355). En revanche, les faits caractéristiques du faux et de l'usage de faux en écritures de commerce trouvant leur fondement dans les faits de faux et d'usage de faux ainsi que d'abus de blanc-seing pour lesquels la personne avait été mise en examen, le renvoi devant le tribunal correctionnel en application de l'article 202 du Code de procédure pénale demeure possible (■ Cass. crim., 1er oct. 1997, n° 96-83.351 : *Bull. crim.* n° 318).

II – MISE EN ŒUVRE DU POUVOIR DE RÉVISION

A – Examen des faits

4) La chambre d'accusation, régulièrement saisie du dossier de la procédure par l'appel des parties civiles, est tenue, aux termes de l'article 202 du Code de procédure pénale, de statuer à l'égard de l'inculpé (mis en examen) qui avait été renvoyé devant elle, sur tous les chefs de crimes, de délits ou de contraventions résultant de la procédure et notamment sur ceux qui ont été distraits par une ordonnance de non-lieu partiel (■ Cass. crim., 15 oct. 1969, n° 69-90.439 : *Bull. crim.* n° 249, *JCP* G 1970, II, 16278, note Desmonts). L'article 202 du Code de procédure pénale donne pouvoir à la chambre de l'instruction, sans que sa saisine soit limitée par l'effet dévolutif de l'appel, de statuer d'office à l'égard de la personne mise en examen renvoyée devant elle, sur tous les chefs de crimes, délits principaux ou connexes, résultant de la procédure. Elle est donc autorisée, statuant sur l'appel de la partie civile, à infirmer l'ordonnance de non-lieu et de renvoyer la personne mise en cause devant le tribunal correctionnel (■ Cass. crim., 1er déc. 1999, n° 99-81.853 : *Bull. crim.* n° 285 ; *JurisData* n° 1999-004777 ; *Dr. pén.* 2000, chron. 26, C. Marsat. ■ Cass. crim., 2 oct. 2001, n° 01-82.555 : *Bull. crim.* n° 195. ■ Cass. crim., 27 mars 2008, n° 07-86.261 : *Bull. crim.* n° 81).

B – Requalification

5) Pouvoir de requalification. Les chambres de l'instruction peuvent, en application de l'article 202, alinéa 2, du Code de procédure pénale, modifier et compléter les qualifications données aux faits par le ministère public ou le juge d'instruction sans ordonner une nouvelle information si les chefs de poursuite qu'elles retiennent ont été compris dans les faits pour lesquels la personne a été mise en examen par le juge d'instruction. Dès lors que les éléments matériels sur lesquels la chambre de l'instruction s'appuie pour caractériser la circonstance aggravante de préméditation ont été discutés lors de l'information, la chambre de l'instruction n'avait l'obligation ni d'ordonner un complément d'information ni de provoquer de nouvelles explications des parties (■ Cass. crim., 13 janv. 2021, n° 20-85.791, §§ 20-21 : *Procédures* 2021, n° 3, comm. 75, note A. S. Chavent-Leclère). Le demandeur ne saurait reprocher à l'arrêt de la chambre de l'instruction de l'avoir renvoyé devant la cour d'assises notamment des chefs de tentative de meurtre et de destruction de biens par l'effet d'une substance explosive en bande organisée, pour lesquels l'ordonnance entreprise avait prononcé un non-lieu, dès lors que, même en l'absence d'appel du ministère public, les chambres de l'instruction sont investies du pouvoir de modifier et compléter les qualifications données aux faits par le juge d'instruction (■ Cass. crim., 6 août 2003, nos 01-87.924 et 03-82.892 : *JurisData* n° 2003-020156 ; *Bull. crim.* n° 43 ; *D.* 2004, somm. p. 668, obs. J. Pradel). La chambre de l'instruction tient de l'article 202 du Code de procédure pénale, et sans que sa saisine puisse être limitée par l'effet dévolutif de l'appel, la faculté de modifier et compléter les qualifications données aux faits par le juge d'instruction, sur tous les chefs d'infraction résultant de la procédure, et notamment sur ceux qui en avaient été distraits par l'ordonnance de non-lieu. Il ne saurait donc lui être reproché d'avoir procédé à l'examen des faits distincts des violences aggravées visés à la plainte avec constitution de partie civile sous la qualification d'abus d'autorité, et d'avoir décidé qu'il n'y avait pas de charge suffisante contre quiconque est accusé d'avoir commis ces faits, sans renvoyer le dossier au juge d'instruction afin qu'il l'informe de ce chef (■ Cass. crim., 5 juin 2012, n° 11-84.895 : *JurisData* n° 2012-014957).

6) Appréciation des charges. Les juridictions d'instruction apprécient souverainement si les faits retenus à la charge de la personne mise en examen sont constitutifs d'une infraction, éventuellement en les requalifiant, la Cour de cassation n'ayant d'autre pouvoir que de vérifier si, à supposer ces faits établis, la qualification justifie la saisine de la juridiction de jugement (■ Cass. crim., 28 mars 2000, n°s 00-80.586 et 99-83.967 : *Bull. crim.* n° 136. ■ Cass. crim., 13 janv. 2021, n° 20-85.791).

Art. 203. – **Les infractions sont connexes soit lorsqu'elles ont été commises en même temps par plusieurs personnes réunies, soit lorsqu'elles ont été commises par différentes personnes, même en différents temps et en divers lieux, mais par suite d'un concert formé à l'avance entre elles, soit lorsque les coupables ont commis les unes pour se procurer les moyens de commettre les autres, pour en faciliter, pour en consommer l'exécution ou pour en assurer l'impunité, soit lorsque des choses enlevées, détournées ou obtenues à l'aide d'un crime ou d'un délit ont été, en tout ou en partie, recelées.**

Bibliographie : *Répertoire.* H. Angevin, *JCl. pén.*, art. 191 à 230 du Code de procédure pénale, Chambre de l'instruction, Fasc. 50.

Généralités. M. Gobert, *La connexité dans la procédure pénale française : JCP* G 1961, I, 1607.

I – NOTION DE CONNEXITÉ

A – Définition légale de la connexité

1) Unité de lieux et de temps. La connexité est établie lorsqu'au cours de l'exécution d'un vol commis avec usage ou sous la menace d'armes, l'un des auteurs commet, même seul, une tentative de meurtre au moyen de l'une des armes employées (■ Cass. crim., 31 mai 2000, n° 99-84.507 : *Bull. crim.* n° 209). Sont connexes les faits de rébellion et de violences commis en réunion auxquels les prévenus déclarés coupables se sont livrés sur les policiers, après l'arrestation de l'un d'eux (■ Cass. crim., 22 oct. 1997, n° 96-85.970 : *Bull. crim.* n° 345).

2) Concert entre les participants. Des infractions même commises en différents temps et en différents lieux sont connexes dès lors qu'elles procèdent d'un concert formé à l'avance (■ Cass. crim., 19 juin 1978, n° 73-92.900 : *Bull. crim.* n° 201). A souverainement été appréciée l'existence d'un lien de connexité entre plusieurs trafics de stupéfiants, résultant notamment du concert préalable et de l'unité de dessein entre les différentes personnes mises en cause, dès lors qu'une personne arrêtée dans un aéroport lors de la réception d'une valise à double fond contenant 8 kg d'héroïne a été mise en cause comme trafiquant international à l'occasion d'une autre procédure, où il a été notamment décrit dans quelles conditions l'intéressé demandait aux passeurs de fabriquer une valise à double fond (■ Cass. crim., 19 janv. 2000, n°s 96-83.425 et 98-86.979 : *Bull. crim.* n° 31).

3) Relation causale entre infractions. Les infractions relatives à la liquidation prévues à l'article L. 247-7 du Code de commerce, objet d'une enquête préliminaire, et l'infraction d'abus de biens sociaux, dénoncée dans la plainte avec constitution de partie civile, susceptibles d'avoir été commises par le même auteur dans le cadre de la gestion frauduleuse de la même société, s'inscrivent dans un processus global de détournement des biens sociaux, les premières facilitant la réalisation de la seconde, et sont connexes au sens de l'article 203 du Code de procédure pénale (■ Cass. crim., 25 juill. 2018, n° 18-80.252 : *Dr. soc.* 2018, n° 10, comm. 177).

Les infractions sont connexes notamment lorsque les coupables ont commis les unes pour assurer l'impunité des autres. Tel est le cas lorsque les personnes mises en cause pour destruction involontaire d'un bien appartenant à autrui et abstention volontaire de prendre ou provoquer les mesures permettant de combattre un sinistre de nature à créer un danger pour la sécurité des personnes se sont concertées pour s'assurer l'impunité, le silence de tous devant se solder par l'impossibilité d'une incrimination (■ Cass. crim., 18 oct. 2011, n° 11-81.400 : *JurisData* n° 2011-022005 ; *Bull. crim.* n° 212) ou lorsqu'un individu recèle, en connaissance de cause, l'auteur d'un cambriolage avec agression (■ Cass. crim., 17 déc. 1986, n° 86-91.861 : *Bull. crim.* n° 376) ou l'auteur d'un homicide, dont il s'agit d'assurer l'impunité (■ Cass. crim., 4 janv. 1995, n° 94-81.662 : *Bull. crim.* n° 4). Existe un lien de connexité entre un homicide commis pour faciliter la fuite de l'auteur d'un vol et cette dernière infraction (■ Cass. crim., 12 juin 1954 : *Bull. crim.* n° 210). La connexité est également établie lorsqu'il apparaît que les différentes infractions dont les prévenus se sont rendus coupables ont été commises, les unes pour se procurer les moyens de commettre les autres ou pour en consommer l'exécution. Ainsi de faux établis afin de permettre un détournement de fonds (■ Cass. crim., 5 janv. 1978, n° 77-90.536 : *Bull. crim.* n° 8). Sont unis par un lien de connexité, le vol d'un document commis par un employé pour le photocopier et sa reproduction falsifiée devant la juridiction prud'homale, laquelle tombe sous la qualification de faux et d'usage de faux (■ Cass. crim., 25 févr. 1998, n° 97-82.887 : *Bull. crim.* n° 76).

4) Recel. Il résulte de l'article 203 du Code de procédure pénale qu'il y a connexité entre l'infraction par laquelle les objets ont été enlevés, détournés ou obtenus et le recel des mêmes objets (■ Cass. crim., 20 mars 1985, n° 84-92.631 : *Bull. crim.* n° 120). La connexité est établie même lorsque les choses enlevées, détournées ou obtenues à l'aide d'un crime ou d'un délit, ont été en tout ou partie, recelées (■ Cass. crim., 16 déc. 1971, n° 70-91.908 : *Bull. crim.* n° 359). En application des articles 203 du Code de procédure pénale, la connexité s'étend du délit originaire au recel sans qu'il soit nécessaire de constater l'existence d'un concert formé à l'avance entre l'auteur principal et les receleurs (■ Cass. crim., 11 mai 1977, n° 76-91.658 : *Bull. crim.* n° 173) et entraîne la solidarité entre eux, même si ces derniers n'ont reçu qu'une partie des sommes provenant du délit originaire (■ Cass. crim., 10 oct. 1996, n° 95-80.447 : *JurisData* n° 1996-004902).

5) Caractérisation de la connexité. L'identité de victime de l'infraction de violences avec arme et du délit de non-assistance à personne en péril ne suffit pas à établir la connexité que les juges doivent chercher (■ Cass. crim., 25 sept. 1995, n° 94-80.034 : *Bull. crim.* n° 290). La connexité entre différents vols commis par les employés d'une entreprise mécontents de leur employeur et de leurs conditions de travail ne saurait être écartée au motif que les faits consistent en des actes individuels, dès lors qu'il ressort des constatations des juges que les infractions procèdent d'une même conception, ont été déterminées par la même cause et tendent au même but (■ Cass. crim., 23 mai 2006, n° 05-86.454 : *JurisData* n° 2006-034075 ; *Dr. pén.* 2006, comm. 146, A. Maron).

B – Extensions jurisprudentielles de la connexité

6) Caractère non limitatif de l'article 203 du Code de procédure pénale. Il est jugé de manière constante, à partir du 6 décembre 1907, que les dispositions légales relatives à la connexité, n'étant pas limitatives, s'étendent « aux cas dans lesquels il existe entre les faits des rapports étroits, analogues à ceux que la loi a spécialement prévus » ; ainsi, la connexité a été retenue lorsque les faits présentaient une identité d'objet et une communauté de résultats (■ Cass. ass. plén., 13 oct. 2017, n° 17-83.620 : *JurisData* n° 2017-019850 ; *JCP G* 2017, n° 43, p. 1125, note J. Pradel.). Les dispositions de l'article 203 du Code de procédure pénale ne sont pas limitatives. Elles s'étendent au cas où il existe entre les faits des rapports étroits analogues à ceux que la loi a spécialement prévus (■ Cass. crim., 13 févr. 1974, n° 73-91.440 : *Bull. crim.* n° 64. ■ Cass. crim., 12 nov. 1981, n° 79-90.830 : *JurisData* n° 1981-703476 ; *Bull. crim.* n° 302). Il appartient aux chambres d'accusation (de l'instruction) en particulier, de déterminer, de manière souveraine, s'il existe, entre les infractions reprochées, un lien de connexité analogue à ceux que la loi a spécialement prévus (■ Cass. crim., 21 juill. 1998, n° 98-82.292). Si la chambre de l'instruction apprécie la nécessité et la convenance de la jonction d'une poursuite correctionnelle à une poursuite criminelle, c'est à la condition qu'il existe entre les faits visés aux deux poursuites un lien étroit analogue à celui que définit l'article 203 du Code de procédure pénale (■ Cass. crim., 7 août 1971, n°s 71-90.199 et 71-90.859 : *Bull. crim.* n° 245). Les dispositions non limitatives de l'article 203 du Code de procédure pénale s'étendent au cas dans lesquels il existe entre les faits, des rapports étroits analogues à ceux que la loi a spécialement prévus (■ Cass. crim., 28 mai 2003, n° 02-85.185 : *Bull. crim.* n° 108. ■ Cass. crim., 19 sept. 2006, n° 05-83.536 : *Bull. crim.* n° 228. ■ Cass. crim., 14 mai 2008, n° 07-84.635 : *JurisData* n° 2008-044490).

7) Applications. C'est à bon droit que les juges ont conclu à l'existence d'un lien de connexité entre deux infractions d'atteintes non intentionnelles à l'intégrité corporelle dès lors que les blessures causées par le deuxième véhicule à une personne étendue sur le terre-plein près de la chaussée était la conséquence d'une première collision avec le véhicule de la victime (■ Cass. crim., 23 juin 1971, n° 70-90.521 : *Bull. crim.* n° 206). Doivent être considérées comme connexes les infractions qui, étant imputées à des groupes criminels auxquels appartenaient les personnes mises en examen, sont de même nature, relèvent de modes opératoires similaires et procèdent d'un engagement permanent et réitéré dans une action terroriste concertée (■ Cass. crim., 3 mai 2016, n° 16-81.048 : *JurisData* n° 2016-008320). Sont également des infractions connexes celles qui procèdent d'une même conception, relèvent du même mode opératoire et tendent au même but. Il en est ainsi de l'infraction de banqueroute, de la présentation de faux bilans et de la complicité de faux et usage de faux dès lors que l'auteur de la banqueroute a eu recours de manière croissante à des procédés frauduleux grâce à la participation de collaborateurs choisis pour exécuter ses ordres (■ Cass. crim., 17 nov. 2004, n° 03-82.657 : *Bull. crim.* n° 291). Ou lorsqu'un même auteur se rend coupable de plusieurs enlèvements, viols ou tentatives de viols puis assassinats, même en des lieux et dans des temps différents, s'il a été mû par une même quête (virginité des victimes), une similitude dans le mode opératoire, le choix, l'approche des victimes et le sort réservé à celles-ci (■ Cass. crim., 18 janv. 2006, n° 05-85.858 : *Dr. pén.* 2006, comm. 76, note A. Maron). La connexité est également établie entre un abus de biens sociaux requalifié en abus de confiance et des opérations ayant consisté en la création de sociétés immobilières dans lesquelles une banque était associée afin de financer les projets et les présenter à son directeur, qui par sa complicité permettait à l'auteur d'abus de confiance de percevoir des honoraires occultes (■ Cass. crim., 16 déc. 2015, n° 13-84.592 : *JurisData* n° 2015-028.262 ; *Dr. sociétés* 2016, comm. 48, R. Salomon) ; ou entre différentes malversation établies à l'encontre de plusieurs personnes dans la mesure où elles tendent au profit d'un même individu (■ Cass. crim., 18 févr. 1991, n° 90-80.025 : *Bull. crim.* n° 85). Il en va de même d'une escroquerie en relation avec un trafic international de véhicules volés relevant de l'article 706-73 du Code de procédure pénale (■ Cass. crim., 15 déc. 2010, n° 10-88.298 : *JurisData* n° 2010-024691 ; *Bull. crim.* n° 206). Existent des rapports étroits, analogues à ceux que la loi a spécialement prévus à l'article 203 du Code de procédure pénale entre des faits de viol commis par un individu sur la fille de sa concubine et des infractions d'atteinte sexuelle perpétrées quelques années plus tard, par la même personne sur la fille de sa nouvelle concubine (■ Cass. crim., 20 nov. 1996, n° 96-83.800 : *JurisData* n° 1996-005207). Sont également connexes les infractions de vol aggravé (finalement inexistant) et la dénonciation mensongère de ce vol, constitutive d'une escroquerie à l'assurance (■ Cass. crim., 19 sept. 2006, n°s 05-83.536 et 02-87.556 : *JurisData* n° 2006-035239 ; *Dr. pén.* 2006, comm. 163, A. Maron).

8) Exclusion de la connexité. L'unité des poursuites est, à elle seule, insuffisante à l'établissement de la connexité entre infractions. Des receleurs agissant indépendamment les uns des autres, sans qu'aucun concert n'ait été établi entre eux, ne sont pas liés par une relation de connexité (■ Cass. crim., 12 nov. 1981, n° 79-90.830 : *Bull. crim.* n° 302). Dès lors que les faits d'homicide involontaire reprochés à la prévenue ne procédaient pas d'une unité de conception, n'étaient pas déterminés par la même cause ou ne tendaient pas au même but que les faits d'homicide volontaire reprochés à un autre participant..., qu'ils ne formaient pas avec eux un tout indivisible, la connexité ne saurait être retenue (■ Cass. crim., 15 sept. 2015, n° 14-83.740 : *Bull. crim.* n° 199). Il n'y a pas non plus de connexité entre les délits de vol commis par trois individus et la contravention de défaut de maîtrise du véhicule imputable au conducteur (■ Cass. crim., 28 févr. 1989, n° 87-91.369 : *Bull. crim.* n° 94). Le délit de non-révélation par le commissaire aux comptes du délit d'exercice illégal de la profession de banquier est sans lien de connexité, au sens de l'article 203 du Code de procédure pénale, avec les faits délictueux eux-mêmes (■ Cass. crim., 7 juin 1993, n° 92-83.681 : *Dr. pén.* 1993, comm. 206, obs. M. Véron). La connexité ne peut être retenue entre des faits de non respect d'obligations déclaratives de différents transferts de fonds réalisés vers ou en provenance d'un autre État, sans l'intermédiaire d'un établissement autorisé à effectuer des opérations de banque, ces obligations étant indépendantes les unes des autres et propres à chaque opération (■ Cass. crim., 21 nov. 2018, n° 17-81.725).

II – LES EFFETS DE LA CONNEXITÉ

A – Effets sur la compétence

9) Prorogation de compétence. Le lien de connexité constitue un titre de compétence qui ne saurait être contesté alors même que certains des faits ayant servi de support à cette connexité ont fait l'objet d'une décision de non-lieu (■ Cass. crim., 20 oct. 1981, n° 81-90.627 : *Bull. crim.* n° 280. ■ Cass. crim., 16 juin 1992, n° 91-86.362). En vertu des dispositions combinées des articles 43, 52 et 203 du Code de procédure pénale, applicables même en cas d'indivisibilité, la compétence du procureur de la République et du juge d'instruction, à raison du lieu de commission d'un crime ou délit quelconque, s'étend aux infractions connexes de toute nature commises en dehors de leur circonscription (■ Cass. crim., 2 mai 1994, n° 94-80.218 : *JurisData* n° 1994-001106 ; *Bull. crim.* n° 159. ■ Cass. crim., 30 mai 1996, n° 95-85.954 : *Bull. crim.* n° 226). Le tribunal correctionnel est compétent pour statuer sur les contraventions connexes à un délit (■ Cass. crim., 15 nov. 1955 : *Bull. crim.* n° 479). À défaut de contestation de la connexité par le prévenu, il ne saurait être reproché à la chambre des appels correctionnels d'avoir statué sur des violences contraventionnelles connexes à une infraction de vol (■ Cass. crim., 14 mars 2000, n° 99-84.917). La connexité au sens de l'article 203 du Code de procédure pénale justifie que des faits délictueux soient déférés à la cour d'assises, en application de l'article 214 du même code (■ Cass. crim., 21 juill. 1998, préc.).

10) Compétence extraterritoriale. Le lien de connexité existant entre plusieurs infractions ne peut avoir pour effet de rendre la loi pénale française applicable à celles commises à l'étranger par une personne de nationalité étrangère sur une victime étrangère (■ Cass. crim., 31 mai 2016, n° 15-85.920 : *JurisData* n° 2016-011074 ; *Bull. crim.* n° 165 ; *Dr. pén.* 2016, comm. 122, A. Maron ; *D.* 2016, p. 33, note D. Rebut). *Contra* Le lien de connexité unissant une infraction d'association de malfaiteurs commise en France et les vols qui la concrétisent à l'étranger ayant été établi, la chambre d'accusation (de l'instruction) peut, sans méconnaître les règles de compétence, déroger aux dispositions de l'article 696 du Code de procédure pénale et déférer à la juridiction territorialement compétente pour connaître de l'association de malfaiteurs, le crime commis à l'étranger (■ Cass.

crim., 20 févr. 1996, nos 89-86.610 et 89-86.611 : *Bull. crim.* n° 84). Comp., tombent sous le coup de la compétence des juridictions françaises les faits de séquestration et de vol avec armes commis à l'étranger, dès lors qu'ils sont indivisiblement liés, pour en avoir été la résultante, aux faits d'association de malfaiteurs commis en France (■ Cass. crim., 27 oct. 2004, n° 04-85.187 : *JurisData* n° 2004-025620 ; *Bull. crim.* n° 263 ; *Dr. pén.* 2005, comm. 16, note A. Maron). Les juridictions pénales françaises sont compétentes pour connaître du délit d'association de malfaiteurs reproché au prévenu, de nationalité étrangère et commis à l'étranger, dès lors qu'il était indivisiblement lié aux faits d'infractions à la législation sur les stupéfiants commis en France (■ Cass. crim., 11 juin 2008, n° 07-83.024 : *JurisData* n° 2008-044400 ; *Bull. crim.* n° 147 ; *Dr. pén.* 2008, comm. 107, note M. Véron).

11) Jonction de procédures. Si la chambre d'accusation (chambre de l'instruction) apprécie la nécessité et la convenance de la jonction d'une poursuite correctionnelle à une poursuite criminelle, c'est à la condition qu'il existe entre les faits visés aux deux poursuites un lien étroit analogue à celui qui définit l'article 203 du Code de procédure pénale (■ Cass. crim., 7 août 1971, nos 71-90.199 et 71-90.859 : *Bull. crim.* n° 254. ■ Cass. crim., 25 juin 1974, n° 74-90.446 : *Bull. crim.* n° 238). Il appartient aux juridictions d'apprécier la nécessité ou la convenance de la jonction des poursuites dans l'intérêt d'une bonne administration de la justice, sans avoir à recueillir l'avis de l'inculpé (personne mise en examen) (■ Cass. crim., 22 août 1994, n° 93-84.994).

12) Extension du domaine de flagrance. Si à la suite de la constatation d'un crime ou délit flagrant, l'enquête de flagrance peut être étendue à l'ensemble des infractions connexes à celui-ci, c'est à la condition qu'il existe entre les faits objet des investigations des rapports étroits, analogues à ceux que la loi a spécialement prévus (■ Cass. crim., 31 oct. 2017, n° 17-81.842).

B – Effets sur la réparation

13) Solidarité. La connexité entre infractions conduit au paiement solidaire de la totalité des dommages et intérêts ainsi que des entiers dépens (■ Cass. crim., 6 janv. 1970, n° 68-92.397 : *Bull. crim.* n° 11). La connexité étant établie entre l'infraction par laquelle les objets ont été enlevés, détournés ou obtenus et le recel des mêmes objets, le receleur est tenu solidairement avec l'auteur principal de la totalité des restitutions et dommages et intérêts (■ Cass. crim., 20 mars 1985, préc.). La solidarité, édictée par l'article 375-2 du Code de procédure pénale entre les individus condamnés pour un même crime, s'applique également à ceux qui ont été déclarés coupables de différentes infractions rattachées entre elles par des liens d'indivisibilité ou de connexité (■ Cass. crim., 31 mai 2000, préc.) La connexité s'étend du délit originaire au recel, la seconde infraction procédant de la première, et entraîne, même si le receleur n'a reçu qu'une partie des sommes provenant du délit d'origine, la solidarité édictée par l'article 480-1 du Code de procédure pénale (■ Cass. crim., 11 mars 2015, n° 14-80.803). Le receleur qui n'a reçu qu'une partie des sommes provenant du délit est solidairement responsable, en raison de la connexité, non seulement avec l'auteur principal identifié mais encore avec les autres receleurs de la totalité des dommages-intérêts (■ Cass. crim., 9 janv. 1995, n° 94-81.388). Mais la solidarité n'étant qu'un mode d'exécution des peines et des réparations civiles qui ne bénéficie qu'au Trésor public et aux parties civiles, un prévenu est sans qualité pour reprocher à la cour d'appel d'avoir écarté ses conclusions tendant à ce que la charge de l'indemnisation fût étendue, avec solidarité, aux deux autres prévenus (■ Cass. crim., 28 févr. 1989, n° 87-91.369 : *Bull. crim.* n° 94). En outre, si la solidarité s'impose au juge comme une conséquence légale de la condamnation qu'il prononce, elle ne saurait être étendue aux dommages-intérêts résultant de faits connexes pour lesquels aucune personne n'a été condamnée (■ Cass. crim., 26 mars 1990, n° 88-84.584 : *Bull. crim.* n° 130).

C – Effets sur l'action publique

14) Prescription – Question prioritaire de constitutionnalité. Les règles relatives au point de départ de la prescription de l'action publique et à l'incidence que la connexité peut exercer sur elles sont anciennes, connues, constantes et reposent sur des critères précis et objectifs de sorte qu'elles ne portent pas atteinte au principe constitutionnel de prévisibilité de la loi en matière de procédure pénale. En outre, l'application des règles de la prescription de l'action publique et de la connexité est sans incidence sur la présomption d'innocence. Il n'y a donc pas lieu de renvoyer la question qui ne présente pas de caractère sérieux devant le Conseil constitutionnel (■ Cass. ass. plén., 20 mai 2011, n° 11-90.042 QPC : *JurisData* n° 2011-008708 ; *Bull. ass. plén.* n° 5 ; *JCP* G 2011, 670, obs. B. Mathieu ; *D.* 2011, p. 1346, note A. Lienhard ; D. Chagnollaud, *D.* 2011, p. 1426).

15) Report de la prescription. Les effets du report du point de départ de la prescription de l'escroquerie s'étendent tant au délit de corruption, qu'aux détournements d'actif constitutifs de banqueroute présentant entre eux un lien de connexité au sens de l'article 203 du Code de procédure pénale (■ Cass. crim., 14 mai 2008, n° 07-84.635). Les dispositions des articles 203 du Code de procédure pénale et 321-3 à 321-5 du Code pénal impliquent que le recel du produit d'un abus de biens sociaux ne saurait commencer à se prescrire avant que l'infraction dont il procède soit apparue et ait pu être constatée dans des conditions permettant l'exercice de l'action publique (■ Cass. crim., 6 févr. 1997, n° 96-80.615 : *JurisData* n° 1997-000531 ; *Bull. crim.* n° 48 ; *Dr. pén.* 1997, comm. 61, note M. Véron et comm. 63, note J.-H. Robert. ■ Cass. crim., 24 sept. 2014, n° 13-86.601).

16) Interruption de la prescription. En cas de connexité, les actes interruptifs de la prescription concernant l'une des infractions ont nécessairement le même effet sur les autres (■ Cass. crim., 3 févr. 1955 : *Bull. crim.* n° 82 ; *JCP* G 1955, II, 8663, note P. Chambon. ■ Cass. crim., 7 nov. 2012, n° 11-88.733. ■ Cass. ass. plén., 13 oct. 2017, préc.). Il résulte de l'article 203 du Code de procédure pénale qu'en cas d'infractions connexes faisant l'objet de procédures distinctes, un acte interruptif de prescription concernant l'une d'elles a nécessairement le même effet à l'égard de l'autre indépendamment de la jonction de ces procédures (■ Cass. crim., 1er déc. 2004, n° 03-87.883 : *JurisData* n° 2004-026135 ; *Bull. crim.* n° 304 ; *Dr. pén.* 2005, comm. 31, A. Maron). La connexité entre une tromperie et le délit de blessures involontaires étant établie, l'interruption du délai de prescription de l'homicide non intentionnel par le dépôt de plainte avec constitution de partie civile, s'étend aux faits de tromperie (■ Cass. crim., 7 juill. 2005, n° 05-81.119 : *Bull. crim.* n° 206). L'interruption de la prescription en matière de blessures involontaires, en raison d'une plainte consécutive à l'aggravation de l'état de la victime, s'étend au délit de non-assistance à personne en danger qui lui est connexe, même si ce délit n'a pas été dénoncé dans ladite plainte (■ Cass. crim., 5 sept. 2001, n° 00-85.003). Les actes d'instruction et de procédure, même s'ils concernent des faits pour lesquels un non-lieu sera ultérieurement prononcé, interrompent la prescription de l'action publique à l'égard des autres faits connexes, ayant fait l'objet d'un renvoi devant la juridiction correctionnelle, lorsque le prévenu n'a pas encore été cité à comparaître devant cette juridiction (■ Cass. crim., 25 févr. 1998, n° 97-82.887 : *Bull. crim.* n° 76). Les infractions relatives à la liquidation prévues à l'article L. 247-7 du Code de commerce, objet d'une enquête préliminaire, et l'infraction d'abus de biens sociaux, dénoncée dans la plainte avec constitution de partie civile, susceptibles d'avoir été commises par le même auteur dans le cadre de la gestion frauduleuse de la même société, s'inscrivent dans un processus global de détournement des biens sociaux, les premières facilitant la réalisation de la seconde, et sont connexes au sens de l'article 203 du Code de procédure pénale (■ Cass. crim., 25 juill. 2018, n° 18-80.252 : *Dr. soc.* 2018, n° 10, comm. 177). À cet égard, les actes d'enquête réalisés à l'égard des premières infractions constituent des actes interruptifs de la seconde (même arrêt).

17) Extinction de l'action publique par décès. Le lien de connexité existant entre diverses infractions au sens de l'article 203 du Code de procédure pénale survit à l'extinction de l'action publique résultant du décès de l'un des inculpés. Encourt donc la cassation l'arrêt de la chambre d'accusation qui confirme l'ordonnance d'incompétence du juge d'instruction renvoyant à la juridiction du domicile de la personne mise en cause (■ Cass. crim., 9 déc. 1976, n° 75-90.618 : *Bull. crim.* n° 359).

18) Amnistie. Aucun texte ou principe de droit n'exclut l'auteur d'un délit, entrant dans les prévisions de la loi d'amnistie, du bénéfice de celle-ci en raison de l'existence d'un lien de connexité avec un crime non amnistié. Sont donc couverts par la loi du 20 juillet 1988 amnistiant tous les délits commis en relation avec des élections, les faits de violence, dégradation volontaire de véhicule et non-assistance à personne en danger commis pendant la campagne électorale officielle, devant les panneaux électoraux, par des militants, sympathisants de partis politiques opposés, à propos d'affiches recouvertes ou déchirées, quand bien même ils seraient connexes à des violences criminelles exclues du champ de la loi d'amnistie (■ Cass. crim., 23 mars 1989, n° 89-80.112 : *Bull. crim.* n° 148 ; *RSC* 1989, p. 726, obs. A. Vitu).

Art. 204 *(L. n° 93-2, 4 janv. 1993)*. **– La chambre de l'instruction peut également, quant aux infractions résultant du dossier de la procédure, ordonner que soient mises en examen, dans les conditions prévues à l'article 205, des personnes qui n'ont pas été renvoyées devant elle, à moins qu'elles n'aient fait l'objet d'une ordonnance de non-lieu devenue définitive.**

Cette décision ne pourra pas faire l'objet d'un pourvoi en cassation.

1) Conformité à la Convention européenne des droits de l'Homme. L'article 204 du Code de procédure pénale n'est pas contraire aux articles 6 et 13 de la Convention européenne des droits de l'Homme, dès lors que l'arrêt qui prononce le supplément d'information présente le caractère d'une décision avant dire droit à laquelle ne peut s'attacher l'autorité de la chose jugée et que cette décision laisse au magistrat qu'elle délègue la possibilité de ne pas mettre en examen la personne visée, la chambre de l'instruction restant elle-même libre d'apprécier à nouveau, lors de son examen ultérieur et une fois la procédure devenue complète, l'existence de charges de culpabilité (■ Cass. crim., 31 mai 2017, n° 15-84.040). Les articles 201, alinéa 1, 204 et 205 du Code de procédure pénale, qui permettent à la chambre de l'instruction d'ordonner tous suppléments d'information et d'y faire procéder par l'un de ses membres ou par un juge d'instruction délégué ne sont pas contraires aux dispositions des articles 6 et 13 de la Convention européenne des droits de l'Homme, dès lors que, d'une part, est respecté le principe du double degré de juridiction du fait de l'examen, par la formation d'appel, de la procédure et notamment de la situation de la personne susceptible d'être mise en examen, d'autre part, les parties en cause continuent de bénéficier des droits attachés à leur qualités respectives, sans que les particularités auxquelles est soumis le complément d'information dans l'objectif d'une bonne administration de la justice créent un déséquilibre entre elles et portent atteinte au principe d'égalité des citoyens devant la justice, enfin, la personne mise en examen ne peut être renvoyée devant la juridiction de jugement qu'après avoir bénéficié d'un débat contradictoire devant la chambre de l'instruction (même arrêt).

2) **Conformité de l'article 204 aux principes constitutionnels..** Ne présente pas de caractère sérieux la question prioritaire de constitutionnalité tendant à la mise en cause de l'absence de pourvoi en cassation contre l'ordre de mise en examen de la chambre de l'instruction dès lors que l'arrêt qui prononce le supplément d'information présente le caractère d'une décision avant dire droit à laquelle ne peut s'attacher l'autorité de la chose jugée et que cette décision laisse, au magistrat qu'elle délègue, la possibilité de ne pas mettre en examen la personne visée, la chambre de l'instruction restant elle-même libre d'apprécier à nouveau, lors de son examen ultérieur et une fois la procédure devenu complète, l'existence de charges de culpabilité (■ Cass. crim., 26 mars 2016, n°s 15-84.040, 14-83.858, 14-87.486 et 14-87.040 QPC : *JurisData* n° 2016-006403).

3) **Principe.** La chambre de l'instruction qui estime nécessaire la mise en examen d'une personne désignée dans la procédure, notamment d'un témoin assisté, ne peut qu'ordonner un supplément d'information dans les conditions des articles 204 et 205 du Code de procédure pénale (■ Cass. crim., 5 déc. 2018, n° 17-86.122). Il résulte de la combinaison des articles 204, 205 et 207, alinéa 2, du Code de procédure pénale que lorsque, en toute autre matière que la détention provisoire, la chambre de l'instruction infirme une ordonnance de non-lieu du magistrat instructeur et que, n'usant pas de la faculté d'évoquer, elle renvoie le dossier au juge d'instruction afin de poursuivre l'information, elle ne peut, sans excès de pouvoir, lui donner d'injonction quant à la conduite de cette information. Encourt dès la cassation l'arrêt qui, après avoir infirmé une ordonnance de non-lieu, renvoie le dossier au juge d'instruction pour qu'il procède à la mise en examen d'une personne dénommée (■ Cass. crim., 31 oct. 2017, n° 16-86.897 : *JurisData* n° 2017-021685 ; *Dr. pén.* 2017, comm. 184, A. Maron et M. Haas ; *Procédures* 2018, comm. 20, A.-S. Chavent-Leclère ; *Gaz. Pal.* 2018, n° 3, p. 62, F. Fourment). Selon l'article 204 du Code de procédure pénale que la chambre de l'instruction peut, quant aux infractions résultant du dossier de la procédure, ordonner que soient mises en examen, dans les conditions prévues à l'article 205 du Code de procédure pénale, des personnes qui n'ont pas été renvoyées devant elle (■ Cass. crim., 14 janv. 2014, n° 11-81.362 : *Bull. crim.* n° 5). Les faits indiqués dans la plainte avec constitution de partie civile résultent du dossier de la procédure (même arrêt). La circonstance que la chambre d'accusation (chambre de l'instruction) soit saisie en application de l'article 196 du Code de procédure pénale ne lui interdit pas d'exercer le pouvoir qu'elle tient de l'article 204 du même code (■ Cass. crim., 16 nov. 1999, n°s 94-86.114 et 99-85.848 : *Bull. crim.* n° 256). Comp., pour l'article 185, ■ Cass. crim., 18 juin 2013, n° 13-82.739 : *Bull. crim.* n° 140 : lorsque la chambre de l'instruction statue sur le fondement de l'article 185, les articles 201, 202, 204 et 205 du Code de procédure pénale sont inapplicables.

4) **Mise en examen : pouvoirs de la chambre de l'instruction.** La chambre de l'instruction a le pouvoir d'ordonner, en application de l'article 204 du Code de procédure pénale, la mise en examen de tiers aux côtés des personnes déjà renvoyées devant la juridiction de jugement. Cette décsion relevant de son appréciation, elle n'a pas à répondre à la demande de supplément d'information en vue d'une mise en examen, dès lors qu'elle a souverainement apprécié qu'il n'y avait pas lieu de le faire (■ Cass. crim., 1er oct. 2019, n° 18-86.428 : *Bull. crim.* à paraître, S. Detraz, *Affaire Bygmalion : instruction préparatoire, cosaisine et décision de renvoi* : *JCP* G 2019, n° 46, 1158 ; G. Beaussonie, *Affaire Bygmalion, il y aura un procès* : *AJ pénal* 2019, p. 556).

5) **Mise en examen : modalités.** Aux termes de l'article 204 du Code de procédure pénale, la chambre d'accusation peut, quant aux infractions résultant du dossier de la procédure, ordonner que soient inculpées, dans les conditions prévues à l'article 205 du Code de procédure pénale, des personnes qui n'ont pas été renvoyées devant elle, et selon les dispositions de l'article 205, il est pro-

cédé au suppléments d'information conformément aux dispositions relatives à l'instruction préalable, soit par un membre de la chambre d'accusation, soit par le juge d'instruction qu'elle délègue à cette fin. En décidant de renvoyer au juge d'instruction avec prière d'inculper (de mettre en examen), la chambre d'accusation viole les articles 204 et 205 du Code de procédure pénale (■ Cass. crim., 13 févr. 1984, n° 82-93.814 : *Bull. crim.* n° 50). La chambre de l'instruction qui dit y avoir lieu à mise en examen des personnes visées dans le réquisitoire introductif ne peut se contenter de désigner un magistrat instructeur du même tribunal afin de poursuivre l'information. Les articles 204 et 205 du Code de procédure pénale lui imposent, après évocation, d'ordonner un supplément d'information confié à l'un de ses membres ou à un juge d'instruction délégué à cette fin (■ Cass. crim., 25 juin 1996, n° 96-81.239 : *Bull. crim.* n° 272).

6) Monopole de la chambre de l'instruction. Il se déduit de la combinaison des articles 201, 204 et 205 du Code de procédure pénale que, lorsque saisie de l'entier dossier de la procédure, la chambre de l'instruction ordonne un supplément d'information, il est de son seul pouvoir de décider d'une mise en examen. En donnant délégation au juge commis au supplément d'information pour décider de mises en examen qui relevaient de sa seule appréciation, la chambre de l'instruction a méconnu les textes susvisés et le principe ci-dessus rappelé (■ Cass. crim., 12 nov. 2014, n° 14-84.182 : *JurisData* n° 2014-027365 ; *Procédures* 2014, comm. 325, obs. A.-S. Chavent-Leclère). *Contra* : L'arrêt ayant prononcé le supplément d'information présente le caractère d'une décision avant dire droit à laquelle ne pouvait s'attacher l'autorité de la chose jugée et laissait la chambre de l'instruction libre d'apprécier à nouveau, lors de son examen ultérieur et une fois la procédure devenue complète, l'existence de charges de culpabilité. Il ne peut donc être reproché au juge d'instruction, après exécution du supplément d'information démontrant l'absence d'un élément constitutif de l'infraction, d'avoir estimé que la mise en examen ne se justifiait plus, et à la chambre de l'instruction, après avoir exposé les faits dénonces par la partie civile et répondu aux articulations essentielles du mémoire produit par celle-ci, de considérer qu'il ne résultait pas de l'information des charges suffisantes contre quiconque d'avoir commis l'infraction (■ Cass. crim., 28 avr. 2009, n° 08-85.021 : *JurisData* n° 2009-048541 ; *Bull. crim.* n° 77 ; *AJ Pénal* 2009, p. 320). L'arrêt par lequel la chambre d'accusation a cru pouvoir enjoindre au juge d'instruction de procéder à la mise en examen de telle personne et de la renvoyer devant la juridiction de jugement présentait le caractère d'une décision d'avantdire droit à laquelle ne pouvait s'attacher l'autorité de la chose jugée, dès lors que ses dispositions relatives au règlement de la procédure procédaient d'une application erronée des articles 175-1, alinéa 3, et 207 du Code de procédure pénale et ne pouvaient avoir pour effet d'épuiser la saisine de la juridiction d'instruction. Un tel arrêt laisse ainsi les juges entièrement libres d'apprécier à nouveau lors de son examen ultérieur et une fois la procédure devenue complète, l'existence de charges de culpabilité (■ Cass. crim., 13 mai 1997, n° 96-82.363 : *Bull. crim.* n° 179).

7) Demandes des parties. La chambre d'accusation, saisie d'un mémoire tendant à ce qu'il soit ordonné en application des dispositions de l'article 204 du Code de procédure pénale que soient inculpées des personnes qui n'ont pas été renvoyées devant elle, a l'obligation, si elle veut écarter ces conclusions, de s'en expliquer de façon à mettre la Cour de cassation en mesure d'exercer son contrôle sur la décision (■ Cass. crim., 29 nov. 1983, n° 83-90.349 : *JurisData* n° 1983-702755 ; *Bull. crim.* n° 321). La personne mise en examen appelante de l'ordonnance de mise en accusation, qui est irrecevable à critiquer, devant la chambre de l'instruction, la qualification des faits retenue par le juge d'instruction à l'encontre des autres personnes mises en examen, ne saurait, non plus, lui demander de faire application des dispositions de l'article 204 dudit code à l'égard des personnes qui n'ont pas été renvoyées devant elle (■ Cass. crim., 12 août 2012, n° 12-83.900 : *JurisData* n° 2012-019504 ; *Bull. crim.* n° 174).

8) Obligation de mise en examen. Seule une personne mise en examen peut être renvoyée devant la juridiction de jugement par la juridiction d'instruction. La chambre de l'instruction, statuant en appel de la partie civile d'une ordonnance de non-lieu, ne saurait l'infirmer en partie et renvoyer devant le tribunal correctionnel la personne entendue comme témoin assisté lors de la procédure sans ordonner un supplément d'information aux fins de notification de sa mise en examen (■ Cass. crim., 17 sept. 2014, n° 14-84.187 : *Bull. crim.* n° 189).

9) Droits de la personne mise en examen à la suite d'un supplément d'information. Il se déduit des articles 204 et 205 du Code de procédure pénale que la personne mise en examen à la suite d'un supplément d'information ordonné à cette fin par la chambre de l'instruction dans une procédure à laquelle elle n'était pas antérieurement partie, ne saurait se voir opposer la forclusion résultant de l'expiration du délai institué par l'article 175 dudit code et demeure recevable à se prévaloir, devant cette juridiction, de l'ensemble des droits attachés à la qualité de mis en examen

(■ Cass. crim., 9 mai 2012, n° 09-88.564). La requête présentée aux fins d'annulation d'une mise en examen sur le seul fondement de l'article 80-1, alinéa 1er du Code de procédure pénale n'est pas recevable lorsque le juge d'instruction a procédé à cette mise en examen en exécution d'un arrêt de la chambre de l'instruction ordonnant un supplément d'information (■ Cass. crim., 19 nov. 2013, nos 12-82.818, 12-82.849 et 12-82.850 : *Bull. crim.* n° 229).

Art. 205. – Il est procédé aux suppléments d'information conformément aux dispositions relatives à l'instruction préalable soit par un des membres de la chambre de l'instruction, soit par un juge d'instruction qu'elle délègue à cette fin.

Le procureur général peut à tout moment requérir la communication de la procédure, à charge de rendre les pièces dans les vingt-quatre heures.

Bibliographie : C. Guéry, *Les pouvoirs de la chambre de l'instruction et la liberté du magistrat instructeur : D.* 2007, chron. p. 603.

1) Conformité à la Convention européenne des droits de l'Homme. Les articles 201, alinéa 1er, 204 et 205 du Code de procédure pénale, qui permettent à la chambre de l'instruction d'ordonner tous suppléments d'information et d'y faire procéder par l'un de ses membres ou par un juge d'instruction délégué ne sont pas contraires aux dispositions des articles 6 et 13 de la Convention européenne des droits de l'Homme, dès lors que, d'une part, est respecté le principe du double degré de juridiction du fait de l'examen, par la formation d'appel, de la procédure et notamment de la situation de la personne susceptible d'être mise en examen, d'autre part, les parties en cause continuent de bénéficier des droits attachés à leur qualités respectives, sans que les particularités auxquelles est soumis le complément d'information dans l'objectif d'une bonne administration de la justice créent un déséquilibre entre elles et portent atteinte au principe d'égalité des citoyens devant la justice, enfin, la personne mise en examen ne peut être renvoyée devant la juridiction de jugement qu'après avoir bénéficié d'un débat contradictoire devant la chambre de l'instruction (■ Cass. crim., 31 mai 2017, n° 15-84.040).

2) Conditions du supplément d'information. Il découle des articles 205 et 207 du Code de procédure pénale qu'un supplément d'information, impliquant le dessaisissement du juge ne peut être ordonné qu'après que la chambre de l'instruction ait évoqué l'affaire. Ainsi, saisie de l'appel formé par les parties civiles, la chambre de l'instruction ne saurait, tout en refusant de faire droit à la demande des requérants tendant à ce que la chambre de l'instruction use de son pouvoir d'évocation et dessaisisse le juge d'instruction, décider de prescrire l'accomplissement des actes sollicités, et ordonner à cette fin un supplément d'information (■ Cass. crim., 6 janv. 2004, n° 03-86.770 : *Bull. crim.* n° 2 ; *JCP* 2004, IV, 1373 ; *Gaz. Pal.* 19-21 sept. 2004, p. 6. ■ Cass. crim., 11 déc. 2001 : *Bull. crim.* n° 258 ; *D.* 2002, IR, 698. ■ Cass. crim., 5 oct. 1982 : *Bull. crim.* n° 205 ; *JCP* 1983 II, 20005, note D. Allix). Lorsque, sauf en matière de détention provisoire, une chambre d'accusation (chambre de l'instruction) infirme une ordonnance du juge d'instruction et prescrit en conséquence un supplément d'information, il se déduit de l'alinéa 2 de l'article 207 du Code de procédure pénale qu'elle agit en vertu de son pouvoir d'évocation (■ Cass. crim., 5 oct. 1982, n° 82-91.601 : *Bull. crim.* n° 205). *Contra* : La chambre de l'instruction n'est nullement tenue d'user de son pouvoir d'évocation pour ordonner, avant dire droit, un supplément d'information (■ Cass. crim., 11 juill. 2007, n° 07-83.106 : *JurisData* n° 2007-040274 ; *Bull. crim.* n° 184 ; *JCP* G 2007, IV, 2777 ; *Dalloz actualité* 4 sept. 2007, obs. C. Gayet).

3) Obligation d'ordonner un supplément d'information. Il résulte de la combinaison des articles 202 et 205 du Code de procédure pénale que lorsque, sur réquisitions du procureur général ou d'office, la chambre de l'instruction, saisie de l'appel interjeté contre une ordonnance de mise en accusation, estime y avoir lieu, à l'égard d'une personne mise en examen, de poursuivre les investigations sur des infractions résultant du dossier de la procédure mais non visées dans l'ordonnance, elle doit procéder par voie de supplément d'information sans pouvoir, après infirmation de l'ordonnance contestée, décider de la poursuite de l'information et le retour du dossier au magistrat instructeur (■ Cass. crim., 31 mai 2017, n° 17-81.539 : *Bull. crim.* n° 205).

4) Appréciation de la nécessité du supplément d'information. L'appréciation du caractère complet de l'information relève de l'appréciation souveraine de la chambre d'accusation dès lors que les motifs qui la soutiennent ne sont entachés ni d'illégalité ni de contradiction (■ Cass. crim., 27 févr. 1978, n° 77-92.301 : *Bull. crim.* n° 73). Ce pouvoir d'appréciation ne méconnaît pas les dispositions de l'article 6. 3 *d* de la Convention européenne dont l'objet est d'assurer le respect des droits de la défense devant les juridictions de jugement où ces droits demeurent entiers (■ Cass.

crim., 10 mars 1992, n°s 91-86.944 et 92-80.389 : *Bull. crim.* n° 105).

5) Juge chargé du supplément d'information. Le Président de la Chambre d'accusation (de l'instruction) ne dispose d'aucun pouvoir propre pour procéder à un supplément d'information (▪ Cass. crim., 20 mai 1980, n° 79-93.444 : *Bull. crim.* n° 153). Il résulte de l'article 205 du Code de procédure pénale que si la chambre de l'instruction, qui ordonne un supplément d'information, peut déléguer un de ses membres pour y procéder, c'est à la condition qu'il s'agisse d'un magistrat ayant concouru à la décision. Un magistrat ne figurant pas parmi les membres de la chambre de l'instruction qui ont rendu la décision ne peut donc en avoir la charge (▪ Cass. crim., 6 janv. 2004, n° 04-83.960 : *JurisData* n° 2004-025059 ; *Bull. crim.* n° 1 ; *JCP G* 2004, II, 10086, note W. Roumier). Si les prescriptions des articles 83 et suivants du Code de procédure pénale sont substantielles et d'ordre public lorsqu'une information vient d'être ouverte sur réquisitions du ministère public et qu'il convient de désigner celui des juges d'instruction du tribunal qui en sera chargé, elles ne sont pas applicables lorsque les actes d'instruction sont accomplis dans le cadre d'un supplément ordonné par la chambre d'accusation conformément aux dispositions des articles 201 et 205 du Code de procédure pénale, et lorsque le juge d'instruction ne procède qu'en vertu d'une délégation de cette juridiction d'information. Ainsi le magistrat venant succéder le juge d'instruction nommé à d'autres fonctions continue l'information de plein droit (▪ Cass. crim., 26 mai 1983, n° 82-91.697 : *Bull. crim.* n° 155). Selon l'article 205 du Code de procédure pénale la chambre de l'instruction qui ordonne un supplément d'information ne peut déléguer, pour y procéder, que l'un de ses membres ou un juge d'instruction du ressort de sa juridiction (▪ Cass. crim., 27 févr. 2018, n° 17-86.672). En conséquence, la chambre de l'instruction de la cour d'appel de Pau ne saurait décider de confier l'exécution du supplément d'information à la chambre de l'instruction de la cour d'appel de Bordeaux (▪ Cass. crim., 3 mai 2012, n° 11-89.173 : *Bull. crim.* n° 104). Semblablement, la chambre de l'instruction de Rennes substituée à celle de Bordeaux après cassation ne peut que désigner un juge d'instruction dans le ressort de sa propre juridiction pour procéder au supplément d'information nécessaire (▪ Cass. crim., 27 févr. 2018, n° 17-86.672). Cependant, rien n'interdit à une chambre de l'instruction, lorsqu'elle ordonne un supplément d'information, de déléguer, aux fins de l'exécuter, le juge d'instruction qui avait été chargé de l'information ou le magistrat nommé pour le remplacer (▪ Cass. crim., 15 sept. 2004 : *Bull. crim.* n° 208 ; *D.* 2004, IR, 2765. ▪ Cass. crim., 11 juill. 2007, préc.).

6) Injonctions. Il résulte de la combinaison des articles 204, 205 et 207, alinéa 2 du Code de procédure pénale que, lorsque, en toute autre matière que la détention provisoire, la chambre de l'instruction infirme une ordonnance de non-lieu du magistrat instructeur et que, n'usant pas de la faculté d'évoquer, elle renvoie le dossier au juge d'instruction afin de poursuivre l'information, elle ne peut, sans excès de pouvoir, lui donner d'injonction quant à la conduite de cette information (▪ Cass. crim., 31 oct. 2017, n° 16-86.897 : *JurisData* n° 2017-021685 ; *Dr. pén.* 2017, comm. 184, A. Maron et M. Haas ; *Procédures* 2018, comm. 20, A.-S. Chavent-Leclère ; *Gaz. Pal.* 2018, n° 3, p. 62, F. Fourment). Rien n'interdit à la chambre d'accusation (de l'instruction) d'ordonner, en même temps, une expertise dont elle confie le contrôle des opérations à l'un de ses membres et un supplément d'information pour l'exécution duquel elle délègue un juge d'instruction (▪ Cass. crim., 10 déc. 1985, n° 85-95.006 : *Bull. crim.* n° 393).

7) Nature de l'arrêt ordonnant un supplément d'information. L'arrêt de la chambre d'accusation (de l'instruction) qui après infirmation d'une ordonnance de non-lieu s'est borné à ordonner un supplément d'information présente le caractère d'une décision d'avant dire droit à laquelle ne peut s'attacher l'autorité de la chose jugée. Il laisse donc la chambre d'accusation entièrement libre d'apprécier à nouveau, lors de son examen ultérieur et une fois la procédure devenue complète, l'existence des charges de culpabilité (▪ Cass. crim., 19 juin 1990, n° 90-80.888).

8) Effets de la demande de supplément d'information. L'arrêt par lequel une chambre de l'instruction, après avoir évoqué, ordonne un supplément d'information et commet un juge d'instruction pour exécuter les actes qu'elle spécifie, n'a pas pour effet de la dessaisir de sa compétence pour ordonner elle-même toute autre investigation qu'elle estime nécessaire. C'est donc à bon droit que la chambre de l'instruction s'est reconnue compétente pour connaître d'une requête aux fins de nouvelles investigations présentée par la personne mise en examen (▪ Cass. crim., 31 août 2011, n° 10-85.742 : *Bull. crim.* n° 167). Il se déduit de la combinaison des articles 201, 204 et 205 du Code de procédure pénale que lorsque saisie de l'entier dossier de la procédure, la chambre de l'instruction ordonne un supplément d'information, il est de son seul pouvoir de décider d'une mise en examen. Elle ne saurait donc donner délégation au juge commis pour décider de mises en examen qui relevaient de sa seule appréciation (▪ Cass. crim., 12 nov. 2014, n° 14-84.182 : *Bull. crim.* n° 230).

9) Droits de la personne qui est mise en examen à la suite d'un supplément d'informa-

tion. Il se déduit des articles 204 et 205 du Code de procédure pénale que la personne mise en examen à la suite d'un supplément d'information ordonné à cette fin par la chambre de l'instruction dans une procédure à laquelle elle n'était pas antérieurement partie, ne saurait se voir opposer la forclusion résultant de l'expiration du délai institué par l'article 175 dudit Code et demeure recevable à se prévaloir, devant cette juridiction, de l'ensemble des droits attachés à la qualité de mis en examen (▪ Cass. crim., 9 mai 2012, n° 09-88.564).

10) Clôture de l'information. Un supplément d'information ayant été ordonné, la chambre d'accusation (de l'instruction) est la seule à pouvoir clore l'information dans les conditions prévues à l'article 208 du Code de procédure pénale. Elle ne peut reconnaître ce même pouvoir au magistrat instructeur sans méconnaître les règles qui régissent le supplément d'information et sans violer le texte précité (▪ Cass. crim., 5 oct. 1982, n° 82-91.601 : *JurisData* n° 1982-702124 ; *Bull. crim.* n° 205 ; *JCP* G 1983, II, 20005, note D. Allix). Le vice d'incompétence qui entache ladite ordonnance est d'ordre public, et la clôture prématurée de l'information, en l'occurrence par une ordonnance de non-lieu, porte nécessairement atteinte aux droits de la partie civile (même arrêt).

Art. 206 ***(Mod., L. n° 2004-204, 9 mars 2004).*** **– Sous réserve des dispositions des articles 173-1, 174 et 175, [l]a chambre de l'instruction examine la régularité des procédures qui lui sont soumises.**

Si elle découvre une cause de nullité, elle prononce la nullité de l'acte qui en est entaché, et s'il y échet, celle de tout ou partie de la procédure ultérieure.

Après annulation, elle peut soit évoquer et procéder dans les conditions prévues aux articles 201, 202 et 204, soit renvoyer le dossier de la procédure au même juge d'instruction ou à tel autre, afin de poursuivre l'information.

I – LE CONTRÔLE DE L'INSTRUCTION

A – Obligation de contrôle

1) Sens de l'article 206 du Code de procédure pénale. Aux termes de l'article 206 du Code de procédure pénale, la chambre d'accusation (de l'instruction) examine la régularité des procédures qui lui sont soumises (▪ Cass. crim., 8 déc. 1976, n° 76-90.868 : *Bull. crim.* n° 353). Lorsqu'elle statue sur le règlement d'une procédure, la chambre d'accusation (de l'instruction) est tenue d'examiner les moyens pris de nullités de l'information qui pourraient lui être proposés par les parties (▪ Cass. crim., 6 avr. 1993, n° 92-82.707 : *Bull. crim.* n° 146. ▪ Cass. ass. plén., 24 mai 1996, n° 95-80.666 : *JurisData* n° 1996-001937 ; *Bull. ass. plén.* n° 216). Saisie de la procédure en application de l'article 181 du Code de procédure pénale, la chambre d'accusation (de l'instruction) a l'obligation, conformément à l'article 206 du même Code, de constater les irrégularités commises et d'en tirer les conséquences qu'elle comporte (▪ Cass. crim., 15 mars 1988, n° 88-80.267 : *Bull. crim.* n° 128. ▪ Cass. crim., 15 févr. 1990, n° 89-86.566 : *JurisData* n° 1990-700768 ; *Bull. crim.* n° 78 ; *D.* 1990, somm. p. 379, obs. J. Pradel). C'est ainsi qu'elle doit constater, fût-ce d'office, la nullité d'une expertise (▪ Cass. crim., 22 oct. 1986, n° 86-94.398 : *Bull. crim.* n° 301. ▪ Cass. crim., 26 févr. 1991, n° 88-80.267 : *JurisData* n° 1991-000969 ; *Bull. crim.* n° 98), des auditions et confrontations irrégulières (▪ Cass. crim., 15 mars 1988, n° 88-80.267 : *Bull. crim.* n° 128) ou la nullité de l'interception et la transcription, ordonnées sur commission rogatoire du juge d'instruction, des conversations téléphoniques échangées entre un avocat et son client (▪ Cass. crim., 18 janv. 2006, n° 05-86.447 : *JurisData* n° 2006-031898 ; *Bull. crim.* n° 22). La forclusion de l'article 175 du Code de procédure pénale ne fait pas obstacle à ce que la chambre de l'instruction relève tout moyen de nullité à l'occasion de l'examen de la régularité de la procédure auquel elle se livre en application de l'article 206 du Code de procédure pénale (▪ Cass. crim., 6 mai 2003 : *Bull. crim.* n° 92 ; *D.* 2003, IR 1667 ; *RSC* 2004, 125, obs. J. Francillon ; *JCP* 2003, IV, 2226).

2) Exclusivité du contrôle de la chambre de l'instruction. Le juge d'instruction ne saurait, sans excès de pouvoir, recommencer un interrogatoire de première comparution qu'il estime entaché d'irrégularité ; qu'en procédant ainsi, il empiète sur les attributions de la chambre de l'instruction, seule compétente, pendant l'information judiciaire, pour en apprécier la régularité, sous le contrôle de la Cour de cassation (▪ Cass. crim., 19 sept. 2017, n° 17-81.016).

3) Règlement de l'information et ordonnances complexes. Il se déduit des articles 186, 206 et 595 du Code de procédure pénale que, lorsqu'elle est saisie d'une ordonnance de renvoi devant le tribunal correctionnel intervenue sans que le juge d'instruction ait statué sur la contestation de la recevabilité d'une constitution de partie civile, la chambre de l'instruction est tenue d'annuler cette ordonnance qui présente un caractère complexe, d'évoquer et de procéder au règlement de l'entier dossier de la procédure d'information à l'égard de toutes les personnes mises en examen (▪ Cass. crim., 10 févr. 2016, n° 15-84.152 : *JurisData* n° 2016-001976 ; *Bull. crim.* n° 37). C'est en revanche à tort qu'après avoir admis la recevabilité de l'appel des inculpés contre une ordonnance les renvoyant devant le tribunal correctionnel en raison du caractère complexe de ladite ordonnance, la chambre d'accusation, pour déclarer néanmoins irrecevables les demandes des appelants tendant à l'annulation de certains actes de l'information, énonce que les inculpés n'ayant pu faire appel de l'ordonnance de renvoi qu'en raison de sa complexité, cette particularité n'a pas eu pour effet d'étendre l'objet de l'appel à la décision de renvoi proprement dite et, qu'en conséquence, elle n'était pas dans l'obligation de statuer sur les éventuelles nullités, le tribunal correctionnel demeurant compétent pour le faire. En effet, lorsqu'elle statue sur le règlement d'une procédure, la chambre d'accusation est tenue d'examiner les moyens pris de nullités de l'information qui lui sont proposés par les parties (■ Cass. ass. plén., 24 mai 1996, préc.).

4) Actes contrôlés. Il résulte de la combinaison des dispositions des articles 206, 174, alinéa 1er, et 197 du Code de procédure pénale que, saisie d'une requête en nullité, la chambre de l'instruction examine la régularité des actes de la procédure qui se trouvent dans le dossier déposé au greffe et tenu à la disposition des avocats des personnes mises en examen et des parties civiles dans les conditions prévues par l'article 197 précité. Justifie donc sa décision la chambre de l'instruction qui ne limite pas son contrôle à la date à laquelle a été formée la requête en annulation (■ Cass. crim., 29 mai 2009, n° 09-82.115 : *Bull. crim.* n° 108).

5) Formalisme. Si la chambre d'accusation, en application de l'article 206 du Code de procédure pénale, a l'obligation d'examiner la régularité de la procédure qui lui est soumise lorsqu'elle est saisie de l'entier dossier, ce texte ne lui impose pas d'indiquer expressément dans sa décision qu'elle a procédé à cet examen (■ Cass. crim., 19 juin 1996, n° 05-81.216 : *Bull. crim.* n° 263. ■ Cass. crim., 24 août 1999, n° 99-83.809. ■ Cass. crim., 11 mai 2005, n° 05-81.216).

B – Conditions du contrôle

6) Contrôle de l'instruction et irrecevabilité des demandes des parties. La chambre d'accusation (chambre de l'instruction) ne peut procéder comme il est dit à l'article 206 du Code de procédure pénale, qu'autant que les procédures lui ont été régulièrement soumises. Tel n'est pas le cas lorsque l'appel interjeté par l'inculpé (personne mise en examen) est irrecevable (■ Cass. crim., 17 juin 1975, n° 75-91.336 : *JCP* G 1978, II, 18772, note W. Jeandidier ; *RSC* 1976, p. 142, obs. J. Robert). Les dispositions de l'article 206, alinéa 1er, du Code de procédure pénale ne sauraient priver d'effets celles de l'article 175 du même Code, dès lors que, si elles autorisent les parties à présenter à la chambre de l'instruction des moyens pris de la nullité des actes de la procédure soumise à cette juridiction, c'est à la condition que ces moyens ne se heurtent pas à une cause d'irrecevabilité prévue par la loi. C'est donc à bon droit que la chambre de l'instruction a déclaré irrecevable une requête en annulation et a refusé de statuer sur de telles demandes, dès lors qu'elles étaient irrecevables au sens de l'article 175 du Code de procédure pénale (■ Cass. crim., 16 févr. 2005, nos 03-82.504, 03-82.505 et 04-87.055 : *Bull. crim.* n° 63). Identiquement, le demandeur, qui n'était plus recevable, en application des articles 173-1 et 174 du Code de procédure pénale, à faire état de moyens pris de la nullité de la procédure qu'il n'avait pas soulevés en temps utile devant la chambre de l'instruction, ne saurait être admis à invoquer, devant la Cour de cassation, de tels moyens pour faire grief à la chambre de l'instruction de ne pas avoir annulé d'office certains actes de la procédure en vertu du pouvoir qu'elle tient de l'article 206 du Code de procédure pénale (■ Cass. crim., 12 juill. 2006, n° 06-82.931 : *Bull. crim.* n° 201. ■ Cass. crim., 27 avr. 2011, n° 11-80.076 : *Bull. crim.* n° 75 ; *D. act.* 16 mai 2011, M. Blombed). Devant la chambre de l'instruction saisie du règlement de la procédure, les parties sont irrecevables à invoquer, sur le fondement de l'article 206 du Code de procédure pénale, des moyens de nullité qui auraient dû être proposés à cette juridiction, en application de l'article 174 du même Code, à la suite d'une requête en nullité présentée au cours de l'information (■ Cass. crim., 11 juin 2002, nos 01-80.267 et 02-82.093 : *Juris-Data* n° 2002-015082 ; *Bull. crim.* n° 130).

7) Respect du contradictoire. Il résulte des articles 6 § 1 de la Convention européenne des droits de l'Homme et préliminaire du Code de procédure pénale, ensemble les articles 174 et 206 du même Code que la chambre de l'instruction ne peut prononcer d'office l'annulation d'une mise en examen sans avoir permis aux parties d'en débattre (■ Cass. crim., 26 juin 2012, n° 12-80.319 : *Bull. crim.* n° 158).

C – Annulation

8) Prononcé de la nullité. Selon l'article 206 du Code de procédure pénale, si la chambre d'accusation découvre une cause de nullité, elle prononce la nullité de l'acte qui en est entaché et, s'il y échet, celle de tout ou partie de la procédure ultérieure (■ Cass. crim., 21 déc. 1988, n° 88-86.883 : *Bull. crim.* n° 445). Après avoir constaté que les auditions recueillies au cours de la mesure de garde à vue étaient irrégulières, il appartient à la chambre de l'instruction d'annuler ces actes puis de procéder ainsi qu'il est prescrit par les articles 174 et 206 du Code de procédure pénale (■ Cass. crim., 7 juin 2011, n° 11-81.702 : *Bull. crim.* n° 121). Encourt donc la cassation l'arrêt de la chambre de l'instruction qui, après avoir constaté que la personne mise en examen n'avait pas été assistée de son avocat lors de sa garde à vue, considère qu'il n'y a pas lieu de prononcer la nullité dès lors que ladite mesure a été effectuée dans le respect des dispositions législatives en vigueur lors de sa mise en œuvre et que l'annulation porterait atteinte au principe de sécurité juridique et à la bonne administration de la justice (même arrêt).

9) Portée de l'annulation. Il résulte des articles 174 et 206 du Code de procédure pénale que lorsque la chambre de l'instruction annule un acte de la procédure, elle doit également annuler tous les actes de la procédure subséquente qui découlent des actes viciés (▪ Cass. crim., 14 nov. 2019, n° 19-83.285, § 17). Aux termes des articles 171, alinéa 3, et 206 du Code de procédure pénale, la chambre d'accusation qui décide de procéder à l'annulation d'un ou de plusieurs actes de procédure figurant au dossier d'une information en cours doit préciser, sans contradiction ni insuffisance, les actes qu'elle annule, puis doit, soit évoquer soit renvoyer le dossier au même juge d'instruction ou à un autre afin de poursuivre l'information. La chambre d'accusation qui a affirmé sans la justifier la violation du secret professionnel et annulé pour ce motif les auditions d'experts-comptables tout en étendant la nullité à d'autres actes sans s'expliquer sur cette extension de l'annulation prononcée ne respecte pas les règles de forme imposées par l'article 206 du Code de procédure pénale (▪ Cass. crim., 15 sept. 1987, n° 87-82.239 : *Bull. crim.* n° 311 ; *JCP* G 1988, II, 21047 note P. Chambon).

Sur la théorie des actes subséquents, V. sous art. 174, p. 564.

II – LES SUITES DE L'INFORMATION

A – Choix ouverts à la chambre de l'instruction

10) Appréciation souveraine. Le demandeur ne saurait faire grief à l'arrêt attaqué d'avoir, contrairement aux réquisitions du Ministère public et à ses propres conclusions, renvoyé le dossier de la procédure après annulation de certains actes d'instruction, au magistrat qui en était primitivement saisi. Selon l'article 206 du Code de procédure pénale il appartient en effet à la chambre d'accusation, sans avoir à s'en justifier, d'apprécier si elle doit évoquer la procédure ou la renvoyer au même juge d'instruction ou à tel autre, afin de poursuivre l'information (▪ Cass. crim., 28 juin 1983, n° 83-91.676 : *Bull. crim.* n° 201). Les dispositions de l'article 206 du Code de procédure pénale permettent à la chambre d'accusation (de l'instruction) qui a annulé des actes de l'information, de renvoyer le dossier de la procédure à un autre juge d'instruction. Elle apprécie souverainement l'opportunité d'une telle mesure et le demandeur n'est pas fondé à critiquer les motifs par lesquels les juges ont cru devoir justifier leur décision (▪ Cass. crim., 9 oct. 1990, n° 90-84.327 : *JurisData* n° 1990-702686 ; *Bull. crim.* n° 336).

11) Domaine de l'évocation. En évoquant la cause après avoir annulé une ordonnance de transmission des pièces, la chambre d'accusation fait une exacte application des textes. En effet, selon l'alinéa 3 de l'article 206 du Code de procédure pénale, lorsqu'elle annule des actes de la procédure d'information, la chambre d'accusation a la faculté d'évoquer l'affaire ; cette disposition qui n'est pas limitative s'applique à l'annulation de l'ordonnance rendue en application de l'article 181 du même Code (▪ Cass. crim., 5 sept. 1990, n° 90-83.664 : *JurisData* n° 1990-702448 ; *Bull. crim.* n° 310).

12) Présomption. Dès lors que l'arrêt de la chambre de l'instruction n'a pas ordonné de supplément d'information et ne comporte pas de désignation d'un autre juge d'instruction, il s'en déduit que l'information est nécessairement poursuivie par le juge d'instruction saisi (▪ Cass. crim., 11 mars 2014, n° 13-86.965 : *JurisData* n° 2014-004025).

B – Applications

13) Remise du dossier pour régularisation. Lorsque la chambre de l'instruction constate, dans les procédures qui lui sont soumises, une cause de nullité, elle doit prononcer la nullité de l'acte qui en est entaché, et, après annulation, soit évoquer et procéder dans les conditions prévues aux articles 201, 202 et 204 du Code de procédure pénale, soit renvoyer le dossier au juge d'instruction afin de poursuivre l'information. La chambre de l'instruction ne saurait, tout en constatant que le réquisitoire définitif n'avait pas été transmis aux parties civiles, et que le magistrat instructeur n'avait pas délivré un second avis de fin d'information après la réception des pièces d'exécution de la dernière commission rogatoire, refuser d'annuler l'ordonnance de renvoi et remettre le dossier au juge d'instruction pour régularisation (▪ Cass. crim., 6 janv. 2015, n° 13-88.227 : *Bull. crim.* n° 7).

14) Règlement de la procédure. En revanche, fait l'exacte application de l'article 206 du Code de procédure pénale la chambre de l'instruction qui, après avoir déclaré l'appel recevable contre une ordonnance complexe de renvoi devant le tribunal correctionnel, annule ladite ordonnance, statue sur la recevabilité de la constitution de partie civile et procède au règlement de l'entier dossier de la procédure à l'égard de toutes les personnes mises en examen (▪ Cass. crim., 2 mars 2011, n° 10-82.250 : *Bull. crim.* n° 44). Il en va de même de la chambre de l'instruction qui, sur appel de deux personnes mises en examen contre une ordonnance de renvoi, annule l'ordonnance du juge d'instruction motif pris de la violation de l'article 175 du Code de procédure pénale et après avoir procédé à l'examen du procès-verbal déposé au dossier de la procédure postérieurement à l'expiration du délai d'un mois fixé par l'article 175, alinéa 2, du Code de procédure pénale, met en accusation les deux intéressés et renvoie une troisième personne devant le tribunal pour enfants (▪ Cass. crim., 4 oct. 2016, n° 16-84.726 : *JurisData* n° 2016-021286). Il découle de l'article préliminaire que si la chambre de l'instruction tient de l'article 206 du Code de procédure pénale le pouvoir d'évoquer et de procéder directement au règlement de la procédure, c'est à la condition que les parties aient été mises en mesure d'en débattre contradictoirement. Il ne saurait donc être décidé d'un non-lieu à suivre sans que les parties aient été invitées à présenter leurs observations sur le règlement éventuel de la procédure (▪ Cass. crim., 19 sept. 2006, n° 05-85.941 : *Bull. crim.* n° 224 ; *RSC* 2007, p. 113, note A. Giudicelli).

15) **Confirmation d'une ordonnance de non-lieu.** Il résulte des articles 174 et 206 du Code de procédure pénale qu'après annulation d'une ordonnance de non-lieu, la chambre de l'instruction ne peut, après évocation et exécution d'un supplément d'information, confirmer ladite ordonnance (▪ Cass. crim., 10 mai 2005, n° 04-87.736 : *JurisData* n° 2005-028567 ; *Bull. crim.* n° 143 ; *Procédures* 2005, comm. 192, note J. Buisson).

16) **Amende civile.** Sur l'appel de la partie civile, après avoir confirmé la décision de non-lieu et annulé l'ordonnance en ce qu'elle avait prononcé une amende sans qu'aient été respectées les formalités prévues par l'article 177-2 du Code de procédure pénale, la chambre de l'instruction est en droit, faisant usage du pouvoir d'évocation qu'elle tient de l'article 206 du Code de procédure pénale, de prononcer une amende pour constitution de partie civile abusive et dilatoire (▪ Cass. crim., 8 oct. 2002, n° 02-80.952 : *JurisData* n° 2002-015969 ; *Bull. crim.* n° 180)

17) **Effets de l'évocation.** L'exercice, par la chambre d'accusation, de son pouvoir d'évocation exclut toute compétence du président du tribunal de grande instance pour désigner ou remplacer le juge d'instruction, du procureur de la République pour prendre des réquisitions et du juge d'instruction pour procéder au règlement de la procédure (▪ Cass. crim., 24 juin 1998, n° 98-80.995 : *JurisData* n° 1998-003474 ; *Bull. crim.* n° 204).

Art. 207 *(Mod., L. n° 2009-1436, 24 nov. 2009 ; L. n° 2022-52, 24 janv. 2022).* – **Lorsque la chambre de l'instruction a statué sur l'appel relevé contre une ordonnance en matière de détention provisoire, ou à la suite d'une saisine du procureur de la République soit qu'elle ait confirmé cette décision, soit que, l'infirmant, elle ait ordonné une mise en liberté ou maintenu en détention ou décerné un mandat de dépôt ou d'arrêt, le procureur général fait sans délai retour du dossier au juge d'instruction après avoir assuré l'exécution de l'arrêt.**

Lorsque, en toute autre matière, la chambre de l'instruction infirme une ordonnance du juge d'instruction ou est saisie en application des articles 81, dernier alinéa, 82, dernier alinéa, 82-1, deuxième alinéa, 156, deuxième alinéa, ou 167, avant-dernier alinéa, elle peut, soit évoquer et procéder dans les conditions prévues aux articles 201, 202, 204 et 205, soit renvoyer le dossier au juge d'instruction ou à tel autre afin de poursuivre l'information. Elle peut également procéder à une évocation partielle du dossier en ne procédant qu'à certains actes avant de renvoyer le dossier au juge d'instruction.

L'ordonnance du juge d'instruction ou du juge des libertés et de la détention frappée d'appel sort son plein et entier effet si elle est confirmée par la chambre de l'instruction.

En cas d'appel formé contre une ordonnance de refus de mise en liberté, la chambre de l'instruction peut, lors de l'audience et avant la clotûre des débats, se saisir immédiatement de toute demande de mise en liberté sur laquelle le juge d'instruction ou le juge des libertés et de la détention n'a pas encore statué ; dans ce cas, elle se prononce à la fois sur l'appel et sur cette demande.

Bibliographie : J. Buisson, *Les chambres de l'instruction ne peuvent évoquer dans le contentieux de la liberté et de la détention : Procédures* 2001, comm. 181.

I – CONTENTIEUX GÉNÉRAL

1) **Options ouvertes à la chambre de l'instruction.** L'article 207, alinéa 2, du Code de procédure pénale, qui permet à la chambre de l'instruction, en toute autre matière que la détention provisoire, dès lors qu'elle est saisie selon les modalités qu'il énumère, de renvoyer le dossier à un autre juge d'instruction, soit lorsqu'elle infirme une décision du magistrat initialement saisi, soit lorsque, ce faisant, elle évoque en totalité et ordonne un supplément d'information, doit être interprété comme autorisant également le renvoi à un autre juge d'instruction, dans le cas où, après avoir infirmé la décision contestée, la chambre de l'instruction évoque partiellement et procède à tel acte qu'elle juge utile à la manifestation de la vérité (▪ Cass. crim., 30 mars 2021, n° 20-84.974, § 14). Il résulte de

l'article 207 du Code de procédure pénale que, lorsqu'elle infirme une ordonnance du juge d'instruction ayant refusé d'accomplir un acte sollicité par une partie ou par le procureur de la République en application des articles 81 ou 82 du Code de procédure pénale, la chambre de l'instruction peut soit se borner à renvoyer le dossier au juge d'instruction ou à tel autre afin de poursuivre l'information, soit procéder à une évocation partielle du dossier en accomplissant elle-même certains actes avant de renvoyer le dossier au juge d'instruction, soit, enfin, évoquer et, éventuellement, ordonner un supplément d'information, en application de l'article 202 du Code de procédure pénale, notamment aux fins de mise en examen (■ Cass. crim., 12 janv. 2019, n° 18-83.304 : *JurisData* n° 2019-000624). En ordonnant un supplément d'information aux fins de mise en examen au visa de l'article 202 du Code de procédure pénale et en enjoignant au juge d'instruction d'y procéder, alors qu'ayant énoncé expressément qu'elle évoquait partiellement le dossier, elle pouvait seule procéder aux actes qu'elle estimait nécessaires avant de renvoyer le dossier au magistrat instructeur, la chambre de l'instruction a méconnu le texte susvisé et le principe ci-dessus énoncé (même arrêt).

2) Évocation. En application de l'article 207 du Code de procédure pénale, en toute autre matière que la détention, la chambre de l'instruction ne peut évoquer le dossier que lorsqu'elle infirme une ordonnance du juge d'instruction ou qu'elle est saisie en application des articles 81, 82, 82-1, 156 ou 167 du Code de procédure pénale. La confirmation de l'ordonnance du juge d'instruction déférée devant la chambre de l'instruction ne permet pas d'évoquer l'affaire (■ Cass. crim., 1er sept. 2009, n° 08-84.982 : *JurisData* n° 2009-049577).

3) Supplément d'information. L'arrêt par lequel une chambre de l'instruction, après avoir évoqué, ordonne un supplément d'information et commet un juge d'instruction pour exécuter les actes qu'elle spécifie, n'a pas pour effet de la dessaisir de sa compétence pour ordonner elle-même toute autre investigation qu'elle estime nécessaire. Elle demeure donc compétente pour connaître de demandes complémentaires et rendre des décisions de caractère juridictionnel imposées par le déroulement ultérieur de la mesure d'information (■ Cass. crim., 31 août 2011, n° 10-85.742 : *Bull. crim.* n° 167). Lorsque la chambre d'accusation (de l'instruction) ordonne, après évocation, un supplément d'information et délègue un juge d'instruction pour y procéder, cette juridiction a seule compétence pour connaître d'une demande de mise en liberté (■ Cass. crim., 21 nov. 2000, n° 00-85.875 : *JurisData* n° 2000-007524. ■ Cass. crim., 11 déc. 2001, n° 01-86.729 : *JurisData* n° 2001-012320).

4) Compétence territoriale du juge d'instruction désigné. La chambre de l'instruction peut, en application de l'article 207, alinéa 2 du Code de procédure pénale, désigner un juge d'instruction dans le ressort de sa propre juridiction et déroger aux dispositions de l'article 52 du même Code, sans méconnaître les principes généraux de l'organisation judiciaire (■ Cass. crim., 7 mai 2018, n° 17-85.219).

5) Injonctions. Il résulte de la combinaison des articles 204, 205 et 207, alinéa 2 du Code de procédure pénale que, lorsque, en toute autre matière que la détention provisoire, la chambre de l'instruction infirme une ordonnance de non-lieu du magistrat instructeur et que, n'usant pas de la faculté d'évoquer, elle renvoie le dossier au juge d'instruction afin de poursuivre l'information, elle ne peut, sans excès de pouvoir, lui donner d'injonction quant à la conduite de cette information. Elle ne saurait donc, en cette hypothèse, renvoyer le dossier au juge d'instruction, pour que, selon les motifs de l'arrêt, il soit procédé à une mise en examen (■ Cass. crim., 31 oct. 2017, n° 16-86.897 : *JurisData* n° 2017-021685 ; *Dr. pén.* 2017, comm. 184, A. Maron et M. Haas ; *Procédures* 2018, comm. 20, A.-S. Chavent-Leclère ; *Gaz. Pal.* 2018, n° 3, p. 62, F. Fourment)). Il découle des articles 81, alinéa 1er, et 207, alinéa 2, du Code de procédure pénale que, lorsque, en toute autre matière que la détention provisoire, la chambre d'accusation infirme une ordonnance du juge d'instruction et que, n'usant pas de la faculté d'évoquer, elle renvoie le dossier au juge d'instruction ou à tel autre afin de poursuivre l'information, elle ne peut, sans excès de pouvoir, lui donner d'injonction quant à la conduite de l'information. Doit donc être cassé l'arrêt de la chambre de l'instruction qui statuant sur l'appel des parties civiles d'une ordonnance du juge d'instruction rejetant leur demande d'actes complémentaires, la chambre d'accusation dit « qu'il sera procédé, par le magistrat initialement saisi, aux mesures sollicitées » (■ Cass. crim., 17 nov. 1998, n° 98-81.717 : *JurisData* n° 1998-005104 ; *Procédures* 1999, comm. 132, note J. Buisson). Identiquement, statuant sur l'appel interjeté par le Ministère public d'une ordonnance du juge d'instruction qui avait refusé de faire droit à des réquisitions aux fins de mise en examen, l'arrêt de la chambre de l'instruction ne saurait, infirmant la décision entreprise, énoncer qu'il y avait lieu à mise en examen des personnes visées et se borner à désigner un autre magistrat instructeur du même tribunal, afin de poursuivre l'information. En se prononçant ainsi, alors qu'au surplus les articles 204 et 205 du Code de procédure pénale lui imposaient, après évocation, d'ordonner un supplément d'information confié à l'un de ses membres ou à un juge d'instruction délégué à cette fin, la chambre d'accusation a méconnu le sens et la portée des articles 81, alinéa 1er et 207, alinéa 2 du Code de procédure pénale (■ Cass. crim., 25 juin 1996, n° 96-81.239 : *JurisData* n° 1996-003204 ; *Bull. crim.* n° 272 ; *D.* 1997, jurispr. p. 62, note J. Pradel).

6) Restitutions. La chambre de l'instruction, statuant comme juge du second degré, est saisie par l'acte d'appel et sous réserve des dispositions des articles 202, 204 et 207 du Code de procédure pénale, sa juridiction est circonscrite par les termes de cet acte et par la qualité de l'appelant. Il en résulte que ne se trouvant pas dans un des cas prévus par l'article 207 du Code de procédure pénale, elle ne peut, sur appel d'une demande de restitutions, ordonner, sur le fondement de l'article 99-2 dudit Code, la remise aux domaines du bien placé sous main de justice (■ Cass. crim., 6 mai 2008, n° 07-86.829 : *Bull. crim.* n° 104).

II – CONTENTIEUX DE LA DÉTENTION PROVISOIRE

A – Décision sur l'appel

7) Exécution. L'arrêt de la chambre d'accusation (de l'instruction) qui infirme ou annule une ordonnance de mise en liberté rend son plein effet au titre de détention initial qu'avait délivré le juge d'instruction et cet arrêt doit être exécuté sans délai par le procureur général conformément aux prescriptions de l'article 207, alinéa 1er du Code de procédure pénale (■ Cass. crim., 22 avr. 1985, n° 85-90.891 : *Bull. crim.* n° 150 ; *JCP G* 1986, II, 20594, note W. Jeandidier). Lorsque la chambre de l'instruction statue sur l'appel relevé contre une ordonnance du juge des libertés et de la détention en matière de détention provisoire, l'arrêt est immédiatement exécutoire en application de l'article 207 du Code de procédure pénale (■ Cass. crim., 1er févr. 2005, n° 04-86.768 : *Bull. crim.* n° 33).

8) Prolongation de la détention provisoire. La chambre de l'instruction, saisie du seul appel de l'ordonnance de mise en liberté avec contrôle judiciaire, ne saurait ordonner une prolongation de la détention provisoire dès lors que cette question n'avait pas été soumise aux juges du premier degré (■ Cass. crim., 27 juill. 2016, n° 16-83.026 : *Bull. crim.* n° 221). Il en va différemment lorsque la question de la prolongation a été examinée par deux juridictions successives. Tel est le cas lorsque requis par le procureur de la République de transmettre le dossier au juge des libertés et de la détention pour que celui-ci ordonne la prolongation de la détention provisoire, le juge d'instruction a refusé et ordonné la mise en liberté sous contrôle judiciaire du demandeur (■ Cass. crim., 28 juin 2011, n° 11-82.272 : *Bull. crim.* n° 152). En statuant sur appel du Ministère public, la chambre de l'instruction est autorisée à corriger l'erreur matérielle commise par le juge d'instruction ordonnant une libération, au motif que la prolongation de la détention provisoire n'était pas possible, et de statuer au fond après avoir constaté que la détention était susceptible de prolongation (■ Cass. crim., 7 sept. 2016, n° 16-84.031 : *JurisData* n° 2016-019610 ; *Bull. crim.* n° 235).

9) Effet dévolutif de l'appel et substitution des motifs. Le demandeur ne saurait reprocher à la chambre de l'instruction d'avoir refusé de le mettre en liberté, après annulation de l'ordonnance de prolongation de la détention provisoire, dès lors que la juridiction du second degré est tenue, en raison de l'effet dévolutif de l'appel, d'examiner le bien-fondé de la détention provisoire et de statuer au besoin par motifs propres sur la nécessité de cette mesure et substituer aux motifs insuffisants du premier juge des motifs répondant aux exigences légales (■ Cass. crim., 9 mai 2001, n° 01-81.599 : *Bull. crim.* n° 110). *Comp.* En annulant une ordonnance de placement en détention provisoire pour défaut de motivation et évoquant, pour prolonger la détention de la personne mise en examen, la chambre de l'instruction, dont la décision s'est substituée à l'ordonnance annulée du juge d'instruction, a fait l'exacte application de l'article 207 du Code de procédure pénale (■ Cass. crim., 2 févr. 2000, n° 99-87.104 : *JurisData* n° 2000-001266 ; *Bull. crim.* n° 54). En raison de l'effet dévolutif de l'appel, il appartient à la chambre de l'instruction d'examiner le bien-fondé de la détention provisoire et de statuer sur la nécessité de cette mesure, au besoin en substituant aux motifs insuffisants voire erronés du premier juge des motifs répondant aux exigences légales. C'est donc à tort que la chambre de l'instruction annule une décision de placement en détention provisoire et ordonne la mise en liberté de l'intéressé, en relevant que les motifs de l'ordonnance et considérant qu'il y avait une absence de motivation affectant la validité même de la décision (■ Cass. crim., 19 janv. 2010, *JurisData* n° 2010-051420). En raison de l'effet dévolutif de l'appel, il appartient à la chambre de l'instruction d'examiner le bien-fondé de la détention provisoire et de statuer sur la nécessité de cette mesure, au besoin en substituant aux motifs insuffisants voire erronés du premier juge des motifs répondant aux exigences légales. Encourt donc la cassation l'arrêt de la chambre de l'instruction annulant une décision de placement en détention provisoire pour motivation insuffisante et erreur sur l'identité de l'intéressé, et ordonnant le renvoi du dossier au juge d'instruction (■ Cass. crim., 15 oct. 2014, n° 14-84.967 : *JurisData* n° 2014-024040).

B – Réserve de contentieux

10) Constitutionnalité – Réserve du contentieux. La deuxième phrase du premier alinéa de l'article 207 du Code de procédure pénale déroge au principe selon lequel la chambre de l'instruction est dessaisie par sa décision statuant sur l'appel relevé contre une ordonnance en matière de détention provisoire. Elle permet à la chambre de l'instruction, lorsqu'infirmant une décision du juge d'instruction ou du juge des libertés et de la détention, elle rend une décision ayant pour effet d'ordonner la détention provisoire, de la prolonger ou de rejeter une demande de mise en liberté, de se dire seule compétente pour statuer en cette matière, selon un régime dérogatoire, pour la suite de la procédure d'instruction. La dernière phrase de cet alinéa étend la même faculté aux décisions rendues en matière de contrôle judiciaire ou d'assignation à résidence avec surveillance électronique. Ces dispositions confèrent à la chambre de l'instruction le pouvoir discrétionnaire de priver une personne mise en examen, durant toute la procédure d'instruction, des garanties prévues par les articles 144-1 et 147 du Code de procédure pénale qui prescrivent au juge d'instruction ou au juge des libertés et de la détention d'ordonner sa mise en liberté immédiate dès que les conditions légales de la détention ne sont plus remplies, de celles prévues par l'article 148 du même Code pour l'examen des demandes de mise en liberté en première instance et du droit à un double degré de juridiction instauré pour toute décision en matière de détention provisoire. L'éventuelle divergence entre les positions respectives des juridictions de première instance et d'appel relativement à la nécessité ultérieure de la détention de la personne mise en examen ne peut toutefois justifier qu'il soit ainsi porté atteinte aux droits qui sont accordés par la loi à toute personne placée en détention provisoire. Par suite, les deuxième et troisième phrases du premier alinéa de l'article 207 du Code de procédure pénale méconnaissent les exigences résultant des articles 6 et 16 de la Déclaration de 1789 et doivent être déclarées contraires à la Constitution (▪ Cons. const., 17 déc. 2010, n° 2010-81 QPC : *JurisData* n° 2010-030702 ; *Dr. pén.* 2012, chron. 1, V. Georget ; *Procédures* 2011, comm. 38, obs. J. Buisson ; *JCP* G 2010, Veille, p. 1319, *D. act.* 12 janv. 2011, M. Blombed, consid. 6-7).

11) Droit transitoire. Selon la décision n° 2010-81 du Conseil constitutionnel du 17 décembre 2010, les décisions par lesquelles les chambres de l'instruction s'étaient réservé la compétence pour statuer sur le contentieux de la détention ont cessé de produire effet à compter du 19 décembre 2010. Il en résulte qu'en cas de réserve du contentieux antérieure à l'abrogation constitutionnelle et décision de prolongation de la détention provisoire, la cause des parties doit être renvoyée devant la juridiction du premier degré (▪ Cass. crim., 22 févr. 2011, n° 10-88.186 : *JurisData* n° 2011-003148 ; *Gaz. Pal.* 17-19 avr. 2011, p. 18 à 21, obs. S. Raoult). Il n'y a pas lieu à partir de cette date d'accueillir les moyens critiquant la réserve de contentieux (▪ Cass. crim., 15 mars 2011, n° 10-88.768 : *JurisData* n° 2011-006563).

12) Antérieurement à la décision du Conseil constitutionnel. La chambre d'accusation (de l'instruction), dès lors qu'elle prend une décision contraire à celle du juge d'instruction, peut se réserver la connaissance ultérieure du contentieux de la détention (▪ Cass. crim., 25 juill. 1985, n° 84-92.399 : *Bull. crim.* n° 252). Si le juge d'instruction est en principe seul compétent pour statuer, en premier ressort, sur les mesures relatives à la détention au cours de l'information dont il est chargé, il en est autrement lorsque la chambre d'accusation, statuant dans les conditions de l'article 207, alinéa 1er, dudit Code, a pris elle-même une mesure de détention (en se réservant expressément le contentieux des incidents qui y seraient relatifs). Dès lors que la chambre d'accusation s'est réservé le contentieux de la détention provisoire, l'ordonnance de prolongation rendue ultérieurement par le juge d'instruction doit être annulée pour incompétence, sans que la chambre d'accusation ne puisse la confirmer (▪ Cass. crim., 4 nov. 1987 : *Bull. crim.* n° 386). La chambre d'accusation (de l'instruction), qui infirme l'ordonnance de mise en liberté rendue par le juge d'instruction et rend ses effets au mandat de dépôt initialement décerné, ne peut, sans se réserver le contentieux de la détention, ordonner la prolongation de cette dernière (▪ Cass. crim., 1er avr. 1992, n° 92-81.033 : *Bull. crim.* n° 136). La réserve du contentieux doit être expresse (même arrêt ; *adde*, ▪ Cass. crim., 19 déc. 2006, n° 06-87.399 : *JurisData* n° 2006-03680 ; *Bull. crim.* n° 3181). Si le juge des libertés et de la détention ou le juge d'instruction chargé de l'information sont en principe seuls compétents, selon les distinctions prévues par la loi, pour statuer, en premier ressort, sur les mesures relatives à la détention de la personne mise en examen, il en est autrement lorsque, statuant dans les conditions de l'article 207, alinéa 1er, du Code de procédure pénale, la chambre de l'instruction, après infirmation de l'ordonnance entreprise, s'est expressément réservé le contentieux de la détention provisoire ou a délivré elle-même le titre de détention. C'est donc à tort que la chambre de l'instruction renvoie l'examen d'une demande de libération au juge du premier degré au motif que les droits accrus de la personne mise en examen ne peuvent être pleinement respectés « que si la demande de mise en liberté est examinée préalablement par le juge du premier degré » (▪ Cass. crim., 19 févr. 2002, n° 01-88.028 : *Bull. crim.* n° 30). Est conforme aux dispositions conventionnelles (art. 5 § 1, 6 de la Convention européenne des droits de l'Homme) le pouvoir conféré à la chambre de l'instruction par l'article 207 du Code de procédure pénale de se réserver le contentieux de la détention provisoire (▪ Cass. crim., 12 févr. 2008, n° 07-87.950 : *Bull. crim.* n° 33).

C – Évocation

13) Interdiction d'évoquer. La chambre de l'instruction n'a pas le pouvoir d'évoquer lorsqu'elle statue sur l'appel d'une ordonnance rendue en matière de détention provisoire. Saisie de l'appel du ministère public contre une ordonnance du juge des libertés et de la détention se déclarant incompétent pour placer l'intéressé sous contrôle judiciaire, elle ne peut elle-même ordonner cette mesure (▪ Cass. crim., 5 août 2020, n° 20-82.087, §§ 9 et 14). Il résulte de l'article 201 du Code de procédure pénale que lorsqu'elle constate que la personne mise en examen est détenue en vertu d'un titre nul, la chambre de l'instruction doit prononcer d'office sa mise en liberté. Aucune disposition légale ne l'autorise à évoquer. Elle ne saurait donc, après avoir constaté que le débat contradictoire prévu par l'article 145-1 du Code de procédure pénale n'avait pas été tenu, annuler l'ordonnance de prolongation de la détention provisoire, évoquer, organiser devant elle le débat contradictoire, et ordonner la prolongation de la détention de l'intéressé (▪ Cass. crim., 13 oct. 2020, n° 20-84.103, § 8. ▪ Cass. crim., 9 mai 2001, n° 01-81.598 : *JurisData* n° 2001-009784 ; *Procédures* 2001, comm. 181, obs. J. Buisson ; *Dr. pén.* 2001, chron. 47, obs. Cl. Marsat). La chambre de l'instruction ne tient ni de l'article 16-1 de l'ordonnance du 25 mars 2020 modifiée, ni d'aucune autre disposition légale la compétence pour évoquer et substituer sa propre décision à celle du juge des libertés et de la détention normalement compétent pour se prononcer sur la prolongation de la détention provisoire (▪ Cass. crim., 13 oct. 2020, préc., § 15).

Il en va de même en cas d'irrégularité de la convocation de l'avocat, aucune disposition légale n'autorisant la chambre de l'instruction à évoquer en substituant sa propre décision à celle qu'elle venait d'annuler (▪ Cass. crim., 5 sept. 2001, n° 01-84.379 : *Bull. crim.* n° 173). En annulant une décision de prolongation de la détention provisoire en raison d'une irrégularité relative à la tenue du débat contradictoire, aucune disposition légale n'autorise la chambre de l'instruction à évoquer en substituant sa propre décision à celle qu'elle vient d'annuler. En effet, il résulte de l'article 201, alinéa 2 du Code de procédure pénale que lorsqu'elle constate que la personne mise en examen est détenue en vertu d'un titre nul, la chambre de l'instruction doit prononcer d'office sa mise en liberté (▪ Cass. crim., 2 févr. 2011, n° 10-87.723 : *JurisData* n° 2011-002138). Ne constitue pas une évocation, mais la conséquence nécessaire de l'effet dévolutif de l'appel, la décision d'une chambre de l'instruction qui, saisie de l'appel du ministère public contre une ordonnance du juge des libertés et de la détention disant n'y avoir lieu à révocation du contrôle judiciaire de la personne mise en examen, statue sur cette mesure. Il appartient alors à la chambre de l'instruction de statuer sur l'appel du ministère public en appréciant elle-même s'il y avait lieu ou non de placer la personne mise en examen en détention provisoire (▪ Cass. crim., 19 sept. 2017, n° 17-84.165).

Art. 207-1 ***(Mod., L. n° 2000-1354, 30 déc. 2000).*** **– Le président de la chambre de l'instruction, saisi en application des dispositions du deuxième alinéa de l'article 175-1, décide, dans les huit jours de la transmission du dossier, par une ordonnance qui n'est pas susceptible de recours, s'il y a lieu ou non de saisir la chambre de l'instruction.**

Dans l'affirmative, il transmet le dossier au procureur général qui procède ainsi qu'il est dit aux articles 194 et suivants. Après qu'elle a été saisie, la chambre de l'instruction peut soit prononcer le renvoi devant la juridiction de jugement ou la mise en accusation devant la cour d'assises, soit déclarer qu'il n'y a pas lieu à suivre, soit évoquer et procéder dans les conditions prévues aux articles 201, 202 et 204, soit renvoyer le dossier de la procédure au même juge d'instruction ou à tel autre, afin de poursuivre l'information.

Dans la négative, il ordonne, par décision motivée, que le dossier de l'information soit renvoyé au juge d'instruction.

Art. 208 ***(Ord. n° 58-1296, 23 déc. 1958 ; L. n° 93-2, 4 janv. 1993).*** **– Lorsqu'elle a prescrit une information complémentaire et que celle-ci est terminée, la chambre de l'instruction ordonne le dépôt au greffe du dossier de la procédure.**

Le procureur général avise immédiatement de ce dépôt chacune des parties et son avocat par lettre recommandée.

1) Dépôt au greffe. Il résulte de l'article 208 du Code de procédure pénale que lorsqu'elle a prescrit une information complémentaire et que celle-ci est terminée, la chambre d'accusation (chambre de l'instruction) ordonne le dépôt au greffe du dossier de la procédure. En l'absence d'un telle décision, la procédure est entachée de nullité (▪ Cass. crim., 20 juin 1985, n° 84-95.303 : *Bull. crim.* n° 239 ; *RSC* 1986, p. 405, obs. A. Braunschweig ; *D.* 1986, inf. rap. p. 119, obs. J. Pradel).

2) **Nature juridique.** La décision prononcée par la chambre d'accusation (de l'instruction) en application de l'article 208 du Code de procédure pénale constitue un simple acte de procédure ne donnant lieu à aucun débat de sorte que la mention de la présence du ministère public n'y est pas requise à peine de nullité (▪ Cass. crim., 20 mars 1990, n° 89-87.172 : *JurisData* n° 1990-701100 ; *Bull. crim.* n° 123). La chambre de l'instruction qui, avant dire droit sur l'appel interjeté par certaines parties civiles, ordonne un complément d'information, n'est pas tenue à ce stade de la procédure, de statuer sur la demande formulée dans le mémoire des personnes mises examen de confirmer l'ordonnance attaquée (▪ Cass. crim., 12 nov. 2014, n° 14-84.182 : *JurisData* n° 2014-027365 ; *Bull. crim.* n° 230 ; *Procédures* 2014, comm. 325, note A.-S. Chavant-Leclère).

3) **Avis aux parties.** Les parties ainsi que leur conseil doivent être avisés conformément aux dispositions de l'article 208 du Code de procédure pénale du dépôt au greffe de l'information complémentaire. Toutefois, le moyen tiré de la violation de l'article 208, alinéa 2 ne peut être présenté pour la première fois devant la Cour de cassation (▪ Cass. crim., 29 janv. 1963 : *Bull. crim.* n° 50. ▪ Cass. crim., 3 nov. 1977, n° 76-90.225 : *Bull. crim.* n° 327).

4) **Conseillers.** Aucune disposition légale ne prescrit que le conseiller, qui a été commis par la chambre d'accusation (Chambre de l'instruction) pour exécuter un supplément d'information et qui a participé à l'arrêt rendu en application de l'article 208 du Code de procédure pénale, doit également participer à l'arrêt statuant sur le règlement de la procédure (▪ Cass. crim., 20 mars 1990, préc.).

Art. 209 *(Ord. n° 60-529, 4 juin 1960).* **– Le dossier de la procédure reste déposé au greffe pendant quarante-huit heures en matière de détention provisoire, pendant cinq jours en toute autre matière.**

Il est alors procédé conformément aux articles 197, 198 et 199.

Art. 210. – La chambre de l'instruction statue par un seul et même arrêt sur tous les faits entre lesquels il existe un lien de connexité.

Sur la notion de connexité, V. sous art. 203, p. 665.

Aux termes de l'article 210 du Code de procédure pénale, la chambre d'accusation (chambre de l'instruction) statue par un seul et même arrêt sur tous les faits entre lesquels il existe un lieu de connexité (▪ Cass. crim., 11 juin 1992, n° 92-81.606). La chambre d'accusation ne peut saisir la cour d'assises que des infractions connexes à un crime et la décision de renvoi doit justifier l'existence d'un lien de connexité afin de permettre à la Cour de cassation d'exercer son contrôle (▪ Cass. crim., 7 août 1971, n°s 71-90.199 et 71-90.859 : *Bull. crim.* n° 254).

Art. 211 *(L. n° 93-2, 4 janv. 1993).* **– Elle examine s'il existe contre la personne mise en examen des charges suffisantes.**

Art. 212 *(Mod., L. n° 2009-1436, 24 nov. 2009).* **– Si la chambre de l'instruction estime que les faits ne constituent ni crime, ni délit, ni contravention, ou si l'auteur est resté inconnu ou s'il n'existe pas de charges suffisantes contre la personne mise en examen, elle déclare qu'il n'y a lieu à suivre.**

Les personnes mises en examen qui sont provisoirement détenues sont remises en liberté. L'arrêt met fin au contrôle judiciaire ou à une assignation à résidence avec surveillance électronique.

La chambre de l'instruction statue par le même arrêt sur la restitution des objets placés sous main de justice. Elle peut refuser la restitution lorsque celle-ci présente un danger pour les personnes ou les biens.

1) **Mise en liberté.** Dès lors qu'elle était invitée à ordonner une mesure de remise en liberté consécutive à un non-lieu, en application de l'article 212, alinéa 2, du Code de procédure pénale, et non à statuer sur la détention, sur le fondement de l'article 148-1 du même Code, la chambre d'accusation (chambre de l'instruction) n'avait pas à motiver sa décision par des considérations de fait et de droit répondant aux exigences des articles 144 et suivants dudit Code (▪ Cass. crim., 22 sept. 1998, n° 98-83.568 : *JurisData* n° 1998-004080 ; *Dr. pén.* 1999, chron. 11, C. Marsat).

2) **Restitution d'objets, unicité d'arrêt.** La chambre de l'instruction ne saurait statuer sur la restitution des objets saisis par voie de conséquence à une ordonnance de non-lieu par un arrêt distinct, sans violer l'article 212, alinéa 3, du Code de procédure pénale (▪ Cass. crim., 2 oct. 2001, n°s 00-85.724 et 00-85.725 : *Bull. crim.* n° 194).

3) **Restitution d'objets, personne déclarée pénalement irresponsable.** Il se déduit des articles 1er du premier protocole additionnel de la

Convention européenne des droits de l'homme, ensemble les articles 706-127 et 212 du Code de procédure pénale, qu'après avoir relevé des charges suffisantes contre une personne d'avoir commis les faits qui lui sont reprochés et l'avoir déclarée irresponsable pénalement pour cause de trouble mental, la chambre de l'instruction peut refuser à l'intéressée la restitution d'un objet placé sous main de justice quand celle-ci présente un danger pour la sécurité des personnes et des biens. Elle doit cependant veiller à ce qu'il n'en résulte pas pour la personne concernée, non condamnée pénalement, une privation de sa propriété qui serait disproportionnée au regard de la cause d'utilité publique qui fonde la mesure (▪ Cass. crim., 21 mai 2019, n° 18-84.004 : *Bull. crim.* à paraître).

4) Contradiction de motifs. Il résulte des articles 593 et 212 du Code de procédure pénale que chambre de l'instruction ne saurait, sur appel de la partie civile contre une ordonnance de non-lieu, constater d'un côté « l'absence de toute infraction constituée » et conclure, de l'autre, que l'appel était bien fondé, infirmant l'ordonnance de non-lieu entreprise (▪ Cass. crim., 28 oct. 2003, n° 02-87.780 : *JurisData* n° 2003-021184).

5) Publication de l'arrêt de non-lieu. Une mesure de publication d'un arrêt de non-lieu ne peut, en application des articles 212 et 212-1 du Code de procédure pénale, être demandée que par une personne ayant été mise en examen et avant la clôture définitive de l'information (▪ Cass. crim., 6 mars 2007, n° 06-83.103 : *Bull. crim.* n° 68).

Art. 212-1 ***(Mod., L. n° 2004-575, 21 juin 2004).*** **– La chambre de l'instruction peut ordonner, sur la demande de la personne concernée ou, avec l'accord de cette personne, d'office ou à la demande du ministère public, soit la publication intégrale ou partielle de l'arrêt de non-lieu, soit l'insertion d'un communiqué informant le public des motifs et du dispositif de celui-ci, dans un ou plusieurs journaux, écrits périodiques ou services de communication au public par voie électronique désignés par cette chambre.**

Elle détermine, le cas échéant, les extraits de l'arrêt qui doivent être publiés ou fixe les termes du communiqué à insérer.

Si la chambre de l'instruction ne fait pas droit à la demande de la personne concernée, elle doit rendre une décision motivée.

Une mesure de publication d'un arrêt de non-lieu ne peut, en application des articles 212 et 212-1 du Code de procédure pénale, être demandée que par une personne ayant été mise en examen et avant la clôture définitive de l'information (▪ Cass. crim., 6 mars 2007, n° 06-83.103 : *JurisData* n° 2007-038245 ; *Bull. crim.* n° 68 ; *Dr. pén.* 2007, comm. 95, note A. Maron ; *AJ Pénal* 2007, p. 284, obs. C. Saas). Un témoin assisté ne saurait donc en faire la demande (même arrêt).

Art. 212-2 ***(L. n° 2004-204, 9 mars 2004).*** **– Lorsqu'elle déclare qu'il n'y a lieu à suivre à l'issue d'une information ouverte sur constitution de partie civile, la chambre de l'instruction peut, sur réquisitions du procureur général et par décision motivée, si elle considère que la constitution de partie civile a été abusive ou dilatoire, prononcer contre la partie civile une amende civile dont le montant ne peut excéder 15 000 €.**

Cette décision ne peut intervenir qu'à l'issue d'un délai de vingt jours à compter de la communication à la partie civile et à son avocat, par lettre recommandée ou télécopie avec récépissé, des réquisitions du procureur général, afin de permettre à l'intéressé d'adresser des observations écrites à la chambre de l'instruction.

Lorsque la partie civile est une personne morale, l'amende civile peut être prononcée contre son représentant légal, si la mauvaise foi de ce dernier est établie.

1) Constitutionnalité – refus de transmission d'une question prioritaire de constitutionnalité. Aucune atteinte au principe d'impartialité ne résulte du fait que les mêmes juges puissent constater au terme de l'information, d'une part, qu'il n'existe aucune charge contre quiconque d'avoir commis les faits dénoncés par la partie civile, et d'autre part, que l'exercice par celle-ci de son droit de mettre en mouvement l'action publique a procédé d'un abus. Ainsi, l'article 212-2 du Code de procédure pénale ne saurait être regardé comme contraire à l'article 6 de la Déclaration des droits de l'homme et du citoyen de 1789 et il n'y a pas lieu de renvoyer la question prioritaire au Conseil constitutionnel (▪ Cass. crim., 30 mars 2016, n° 15-84.320).

2) Conventionnalité. La chambre de l'instruction, qui a statué après que des réquisitions ont été régulièrement prises par le ministère public et communiquées à la partie civile et à son avocat pour leur permettre de formuler des observations écrites en réplique, fait l'exacte application de l'article 212-2 du Code de procédure pénale, sans méconnaître les dispositions de l'article 6 § 1 de la Conv. EDH (▪ Cass. crim., 1er mars 2011, n° 10-84.979 : *Bull. crim.* n° 41. ▪ Cass. crim., 16 oct. 2016, n° 15-84.320).

3) Réquisitions du procureur général. Lorsqu'elle dit n'y avoir lieu à informer sur une plainte avec constitution de partie civile, la chambre de l'instruction peut, sur réquisitions du procureur général et par décision motivée, si elle considère que la constitution de partie civile a été abusive ou dilatoire, prononcer contre la partie civile une amende dont le montant ne peut excéder 15 000 euros. Cette décision ne peut intervenir qu'à l'issue d'un délai de vingt jours à compter de la communication à la partie civile et à son avocat, par lettre recommandée ou par télécopie avec récépissé, des réquisitions du procureur général afin de permettre à l'intéressée d'adresser des observations écrites à la chambre de l'instruction. À défaut de communication des réquisitions du procureur général, l'amende prononcée doit être annulée (■ Cass. crim., 9 janv. 2007, n° 06-84.064 : *JurisData* n° 2007-037140 ; *Bull. crim.* n° 1. ■ Cass. crim., 14 nov. 2007, n° 07-80.988. ■ Cass. crim., 8 févr. 2012, n° 11-80.421 : *JurisData* n° 2012-004206. ■ Cass. crim., 17 déc. 2013, n° 12-84.396 : *JurisData* n° 2013-029906). La décision de communiquer la procédure au ministère public, avant dire droit, pour d'éventuelles réquisitions, ne constitue qu'une mesure d'administration judiciaire, échappant au contrôle de la Cour de cassation (■ Cass. crim., 30 mai 2007, n° 06-87.743 : *Bull. crim.* n° 139).

4) Condamnation en première instance. Lorsqu'elle confirme l'ordonnance du juge d'instruction condamnant la demanderesse pour constitution de partie civile abusive, conformément aux dispositions de l'article 177-2 du Code de procédure pénale, la chambre de l'instruction n'a pas à faire application de l'article 212-2 du même code (■ Cass. crim., 5 nov. 2014, n° 13-84.956 : *Bull. crim.* n° 226).

5) Montant de l'amende, motivation. Il se déduit des articles 177-2 et 212-2 du Code de procédure pénale que la juridiction d'instruction qui prononce une condamnation à une amende civile doit motiver sa décision en tenant compte des ressources et des charges de la partie civile. C'est donc à tort que la chambre de l'instruction confirme l'ordonnance du juge d'instruction indiquant simplement que le montant de l'amende est adapté à la gravité des faits (■ Cass. crim., 7 janv. 2020, n° 19-80.667).

Art. 213 ***(Mod., L. n° 2016-731, 3 juin 2016).*** **– Si la chambre de l'instruction estime que les faits constituent un délit ou une contravention, elle prononce le renvoi de l'affaire dans le premier cas devant le tribunal correctionnel, dans le second cas devant le tribunal de police. L'article 184 est applicable.**

Le prévenu détenu est immédiatement remis en liberté et le contrôle judiciaire prend fin. Toutefois, la chambre de l'instruction peut faire application, par un arrêt spécialement motivé, des dispositions prévues aux troisième et quatrième alinéas de l'article 179.

En cas de renvoi devant le tribunal de polic, le prévenu détenu est immédiatement remis en liberté ; le contrôle judiciaire prend fin.

1) Vérification de la qualification. Il résulte des articles 213 et 214 du Code de procédure pénale que les chambres d'accusation apprécient souverainement si les faits retenus à la charge des personnes mises en examen sont constitutifs d'une infraction pénale et que la Cour de cassation n'a d'autre pouvoir que de vérifier, à supposer ces faits établis, si leur qualification justifie la saisine de la juridiction de jugement (■ Cass. crim., 2 juin 1999, n° 99-81.769 : *Bull. crim.* n° 322. ■ Cass. crim., 3 avr. 2001, n° 01-80.748. ■ Cass. crim., 25 juin 2013, n° 13-82.765 : *Bull. crim.* n° 156).

2) Maintien en détention provisoire. Il se déduit du rapprochement des articles 179 et 203 du Code de procédure pénale que lorsqu'elle déclare irrecevable l'appel formé contre l'ordonnance renvoyant devant le tribunal correctionnel, et que par la même occasion elle se trouve ainsi maintenir cette décision de renvoi, la chambre d'accusation a le pouvoir d'ordonner le maintien en détention provisoire conformément aux dispositions de l'article 213, alinéas 1er et 2 (■ Cass. crim., 28 nov. 1984, n° 84-94.898 : *JurisData* n° 1984-702331 ; *Bull. crim.* n° 374 ; *JCP* G 1985, II, 100395. ■ Cass. crim., 11 juin 1991 : *Bull. crim.* n° 249). Il résulte des articles 179 et 203 du Code de procédure pénale que, saisie par le mis en examen, maintenu en détention par une ordonnance distincte, de l'appel de la seule ordonnance le renvoyant devant le tribunal correctionnel, la chambre de l'instruction qui, dans le délai de deux mois qui lui est imparti, déclare cet appel irrecevable et ordonne le maintien en détention provisoire de l'appelant n'a ni à en fixer la durée ni à en ordonner la prolongation à l'issue d'un délai de deux mois, ce délai, tel qu'il est prévu par l'article 179, alinéa 4, susvisé, ne commençant à courir qu'à partir du jour où l'ordonnance de renvoi est devenue définitive (■ Cass. crim., 19 mars 2014, n° 13-88.586 : *Bull. crim.* n° 91). Dans ce cas, l'inculpé (la personne mise en examen) conserve le droit de saisir à tout moment la chambre de l'accusation (chambre d'instruction) d'une demande de mise en liberté ainsi que le prévoit l'article 148-1 du Code de procédure pénale (■ Cass. crim., 2 déc. 1971, n° 71-92.789 : *Bull. crim.* n° 336 ; *RSC* 1972, p. 897, note J. Robert). La chambre de l'instruction, saisie d'un appel portant sur l'ordonnance de renvoi, n'a été amenée à statuer sur la détention provisoire que par l'effet de cet appel en application de l'article 213 du Code de procédure pénale et dans les conditions de l'article 179 du même code, de sorte que le maintien éventuel de l'appelant en détention provisoire est nécessairement soumis au débat devant ladite chambre, sans que celle-ci soit tenue de faire comparaître la personne mise en examen (■ Cass. crim., 15 déc. 2015, nos 14-87.935 et 15-84.373 : *JurisData* n° 2015-028160 ; *Bull. crim.* n° 293 ; *Dr. pén.* 2017, chron. 1, V. Georget).

3) Arrêts distincts. En revoyant devant le tribunal correctionnel et en ordonnant le maintien en détention provisoire de la personne mise en examen par un même arrêt, la chambre de l'instruction a fait l'exacte application des dispositions de l'article 213, alinéa 2, du Code de procédure pénale, qui n'exigent pas qu'il soit statué, sur le fond et sur le maintien en détention provisoire, par deux arrêts distincts (■ Cass. crim., 1er avr. 2009, n° 09-80.070 : *JurisData* n° 2009-048070).

4) Contrôle judiciaire. Il résulte des dispositions combinées des articles 179, alinéa 3, et 213, alinéa 2, du Code de procédure pénale, que la durée du contrôle judiciaire n'a d'autre limite que celle tenant à la comparution de l'intéressé devant la juridiction du jugement, sauf à celui-ci à saisir à tout moment la chambre d'accusation d'une demande de mainlevée de ce contrôle, ainsi que le prévoit l'article 140, alinéa 2, du même code (■ Cass. crim., 30 oct. 1995, n° 95-83.115 : *JurisData* n° 1995-003677).

Art. 214 ***(Mod., L. n° 2000-516, 15 juin 2000 ; mod. à compter du 1er janvier 2023, L. n° 2022-297, 2 mars 2022).*** **– Si les faits retenus à la charge des personnes mises en examen constituent une infraction qualifiée crime par la loi, la chambre de l'instruction prononce la mise en accusation devant la cour d'assises.**

Elle peut saisir également cette juridiction des infractions connexes.

1) Vérification de qualification. V. sous art. 213, p. 684.

2) Désignation de la Cour compétente. Il résulte de l'article 214, alinéa premier, du Code de procédure pénale que la chambre d'accusation, lorsqu'elle prononce la mise en accusation, doit désigner la cour d'assises compétente. En omettant de le faire l'arrêt attaqué encourt la censure (■ Cass. crim., 5 déc. 2000, n° 00-85.974. ■ Cass. crim., 6 mars 1996, n° 95-86.216 : *JurisData* n° 1996-001941 ; *Bull. crim.* n° 103). En confirmant l'ordonnance de mise en accusation rendue par le juge d'instruction de Nîmes, la chambre de l'instruction a nécessairement désigné la cour d'assises du Gard pour juger l'accusé, dès lors que le magistrat instructeur ne pouvait ordonner le renvoi devant une autre cour d'assises (■ Cass. crim., 4 juin 2003, n° 03-81.458).

3) Présomption d'innocence. La juridiction de jugement conservant son entière liberté, après débat contradictoire, pour se prononcer sur les charges retenues contre l'accusé, la présomption d'innocence dont celui-ci continue de bénéficier ne cessera qu'en cas de déclaration de culpabilité devenue irrévocable. Il en découle qu'on ne saurait se faire un grief des motifs de l'arrêt de mise en accusation, en alléguant qu'ils affirmeraient la culpabilité à l'égard de certains des faits poursuivis, dès lors que ces motifs, auxquels l'article 485 du Code de procédure pénale n'est pas applicable, sont dépourvus de l'autorité de la chose jugée et que la chambre d'accusation, dans la limite des pouvoirs que lui attribue l'article 214 du même code, se borne à ordonner son renvoi devant la cour d'assises (■ Cass. crim., 13 nov. 1996, n° 96-83.696 : *Bull. crim.* n° 401).

Rédaction future. Art. 214 ***(Mod., L. n° 2000-516, 15 juin 2000 ; mod. à compter du 1er janvier 2023, L. n° 2022-297, 2 mars 2022).*** – Si les faits retenus à la charge des personnes mises en examen constituent une infraction qualifiée crime par la loi, la chambre de l'instruction prononce la mise en accusation devant la cour d'assises ou devant la cour criminelle départementale.

Elle peut saisir également la juridiction criminelle compétente des infractions connexes.

Art. 215 ***(Mod., L. n° 2016-731, 3 juin 2016)*** **– L'arrêt de mise en accusation contient à peine de nullité, l'exposé et la qualification légale des faits, objet de l'accusation, et précise l'identité de l'accusé. Il précise également, s'il y a lieu, que l'accusé bénéficie des dispositions de l'article 132-78 du Code pénal.**

Les articles 181 et 184 sont applicables.

L'arrêt de mise en accusation est notifié à l'accusé conformément aux dispositions du deuxième alinéa de l'article 183.

1) Mentions de l'arrêt de mise en accusation. Aux termes de l'article 215, alinéa 1er, du Code de procédure pénale, l'arrêt de mise en accusation contient, à peine de nullité, l'exposé et la qualification des faits, objets de l'accusation. L'arrêt qui ne contient aucun exposé, même sommaire des faits sur lesquels repose l'accusation, empêche la Cour de cassation d'exercer le contrôle qui lui appartient sur la qualification des faits et doit être annulé (■ Cass. crim., 8 déc. 1976, n° 76-90.868 : *Bull. crim.* n° 353).

2) Exposé des faits. Aux termes de l'article 215 du Code de procédure pénale, l'arrêt de mise en accusation contient, à peine de nullité, l'exposé et la qualification légale des faits, objet de l'accusation, et précise l'identité de l'accusé. Cette exigence s'impose à la chambre de l'instruction, qu'elle infirme ou confirme l'ordonnance de renvoi devant la cour d'assises rendue par le juge d'instruction. En se bornant à adopter, sans même les reproduire, les motifs de l'ordonnance du juge d'instruction, l'arrêt de mise en accusation, qui ne contient aucun exposé des faits, ne met pas la Cour de cassation en mesure d'exercer le contrôle qui lui appartient sur leur qualification de sorte que la cassation est encourue (■ Cass. crim., 18 déc. 2007, n°s 6-82.032 et 07-87.149 : *JurisData* n° 2007-042603).

3) Qualification juridique. L'insuffisance ou la contradiction des motifs équivaut à leur absence. Aussi doit être annulé l'arrêt de mise en accusation relevant, en matière de viol, que la circonstance aggravante de vulnérabilité n'était pas retenue, tout en concluant que les actes de pénétration sexuelle sur les mêmes onze victimes avaient été commis avec cette circonstance que l'accusé savait les victimes particulièrement vulnérables en raison de leur état physique ou mental, lié à l'absorption de substances médicamenteuses (■ Cass. crim., 9 août 2006, n° 06-84.115 : *JurisData* n° 2006-034969). L'arrêt de mise en accusation qui, après avoir exposé les faits et rappelé les charges réunies à l'encontre du mis en examen, se borne à dire ces charges suffisantes et à confirmer l'ordonnance de mise en accusation, sans donner leur qualification légale aux faits objet de l'accusation, méconnaît le sens de l'article 215 du Code de procédure pénale (■ Cass. crim., 16 mars 2010, n° 09-88.713). La chambre d'accusation (de l'instruction), juridiction d'instruction, en statuant sur les charges de culpabilité apprécie souverainement du point de vue des faits, tous les éléments constitutifs des crimes, notamment les questions d'intention. La Cour de cassation n'a d'autre pouvoir que de vérifier si la qualification donnée aux faits justifie le renvoi de l'accusé devant la juridiction de jugement. Dès lors que les faits, tels qu'exposés par l'arrêt de mise en accusation, à les supposer établis, caractérisent la qualification retenu, le moyen pris de la violation de l'article 215 du Code de procédure pénale doit être écarté (■ Cass. crim., 4 janv. 1990, n° 89-85.795 ; *Bull. crim.* n° 4). Il résulte des articles 214 et 215 du Code de procédure pénale que les chambres d'accusation apprécient souverainement si les faits retenus à la charge de la personne mise en examen sont constitutifs d'une infraction, en tous ses éléments légaux, tant matériels qu'intentionnel, la Cour de cassation n'ayant d'autre pouvoir que de vérifier, à supposer ces faits établis, si leur qualification justifie la saisine de la juridiction de jugement (■ Cass. crim., 2 avr. 1997, n°s 97-80.269 et 97-80.270 : *Bull. crim.* n° 131).

4) Arrêts concernés. L'article 215 du Code de procédure pénale est propre aux arrêts de mise en accusation. Le moyen invoquant sa violation dans un autre domaine, en l'occurrence la détention provisoire, doit être déclaré irrecevable (■ Cass. crim., 6 août 2003, n° 03-83.046 : *Bull. crim.* n° 162). L'ordonnance de transmission des pièces prévue par l'article 181 du Code de procédure pénale n'a pas d'autre objet que de transmettre au procureur général le dossier de la procédure. Peu importe qu'il reprenne les réquisitions du parquet, elles-mêmes reprises d'un précédent arrêt de la chambre d'accusation ayant rejeté une demande de mise en liberté, dès lors que l'arrêt de mise en accusation contient un exposé des faits et des charges qui lui sont imputées et indique leur qualification légale justifiant son renvoi devant la cour d'assises (■ Cass. crim., 16 janv. 1997, n° 96-85.038 : *Bull. crim.* n° 16).

5) Appel. Il résulte de ces textes que, saisie de l'appel d'une ordonnance de mise en accusation, une chambre de l'instruction a l'obligation de statuer sur l'objet de cet appel et, si elle considère que les faits reprochés sont susceptibles d'une qualification criminelle, de rendre un arrêt de mise en accusation (■ Cass. crim., 10 janv. 2017, n° 16-86.861 : *Bull. crim.* n° 9).

6) Purge des vices. Il résulte des articles 181 et 215 du Code de procédure pénale que la décision de mise en accusation, lorsqu'elle est devenue définitive, couvre, s'il en existe, les vices de procédure. La cour d'assises saisie ne saurait donc annuler la procédure et constater que la cour n'était plus valablement saisie, dès lors qu'il est apparu à l'audience que l'un des enquêteurs avait, antérieurement à la plainte initiale, recueilli les déclarations de la victime et divers renseignements hors sa compétence territoriale et sans en dresser procès-verbal et que cette irrégularité ne visant pas un acte de procédure, mais une violation de l'article 6 de la Convention européenne des droits de l'Homme, excluait l'application de l'article 181, alinéa 4, du Code de procédure pénale (■ Cass. crim., 10 juin 2009, n° 09-81.902 : *JurisData* n° 2009-048952 ; *Bull. crim.* n° 119 ; *D.* 2009, p. 2244, obs. J. Pradel). Il résulte des termes des articles 181, alinéa 4, et 215, alinéa 2, du Code de procédure pénale, de portée générale, que, lorsque la décision de renvoi a acquis un caractère définitif, aucune irrégularité éventuelle de la procédure d'information ne peut être soumise à la cour et examinée par elle. Les pièces contestées du dossier d'instruction, qui ne peuvent être écartées des débats, restent soumises, quant à leur force probante, à la libre discussion des parties (■ Cass. crim., 20 févr. 2019, n° 18-80.655).

Art. 215-1 *(Abr., L. n° 2000-516, 15 juin 2000).*

Art. 215-2 *(Abr., L. n° 2004-204, 9 mars 2004).*

Art. 216 *(Mod., L. n° 93-2, 4 janv. 1993 ; L. n° 2021-1729, 22 déc. 2021).* **– Les arrêts de la chambre de l'instruction sont signés par le président et par le greffier. Il y est fait mention du nom des juges, du dépôt des pièces et des mémoires, de la lecture du rapport, des réquisitions du ministère public et, s'il y a lieu, de l'audition des parties ou de leurs avocats.**

La chambre condamne l'auteur de l'infraction à payer à la partie civile la somme qu'elle détermine, au titre des frais non payés par l'État et exposés par celle-ci. Les parties peuvent produire les justificatifs des sommes qu'elles demandent et la chambre tient compte de l'équité ou de la situation économique de la partie condamnée. Elle peut, même d'office, pour des raisons tirées des mêmes considérations, dire qu'il n'y a pas lieu à cette condamnation.

1) **Références textuelles.** L'article 216 du Code de procédure pénale, propre à la chambre de l'instruction, n'exige pas que la décision de non-lieu mentionne les textes d'incrimination écartés par cette juridiction (■ Cass. crim., 20 nov. 2012, n° 11-87.531 : *Bull. crim.* n° 251).

2) **Ministère public – présence.** L'article 216 du Code de procédure pénale, propre à la chambre de l'instruction, n'impose pas que soit mentionnée la présence du ministère public à l'audience du prononcé de l'arrêt (■ Cass. crim., 29 janv. 2003, n° 02-87.141. ■ Cass. crim., 27 nov. 2012, n° 12-80.308). Il importe que les mentions contradictoires de l'arrêt de la chambre de l'instruction ne permettent pas d'identifier le représentant du ministère public présent à chacune des audiences de la chambre de l'instruction, dès lors que l'article 216 du Code de procédure pénale n'impose que la seule mention, dans les arrêts de cette juridiction, des réquisitions prises par ce magistrat à l'audience des débats (■ Cass. crim., 14 janv. 2014, n° 13-88.406).

3) **Ministère public – réquisitions.** L'article 216 du Code de procédure pénale prescrit de faire mention dans l'arrêt des réquisitions du ministère public. La constatation de sa présence ne saurait suffire s'il n'est pas indiqué que celui-ci a eu la parole pour ses réquisitions (■ Cass. crim., 4 juin 1985, n° 84-95.418 : *Bull. crim.* n° 214).

4) **Ordre de parole.** Il se déduit des dispositions de l'article 199, alinéa 1er, du Code de procédure pénale et des principes généraux du droit que, lorsque la chambre de l'instruction est appelée à statuer sur une demande tendant à ce que les débats se déroulent et que l'arrêt soit rendu en audience publique, la personne mise en examen ou son avocat doit avoir la parole en dernier. Encourt donc la cassation l'arrêt de la chambre d'instruction mentionnant que le procureur général a pris la parole après l'avocat du mis en examen (■ Cass. crim., 16 oct. 2001, n° 01-85.381 et 01-85.394 : *Bull. crim.* n° 208).

5) **Mémoires.** Selon les dispositions combinées des articles 198 et 216 du Code de procédure pénale, les arrêts de la chambre d'accusation (de l'instruction) doivent faire mention du dépôt des mémoires régulièrement produits par les parties et leurs avocats. Encourt la cassation l'arrêt qui ne fait pas mention du mémoire de la partie civile (■ Cass. crim., 16 oct. 1997, n° 96-84.552 : *JurisData* n° 1997-005085). Cependant, le demandeur ne saurait se faire un grief de l'absence de mention, dans l'arrêt attaqué, du mémoire produit devant la chambre d'accusation, dès lors que la Cour de cassation est en mesure de s'assurer qu'ayant été déposé le jour de l'audience des débats, il était irrecevable, en application de l'article 198, alinéa 1er, du Code de procédure pénale (■ Cass. crim., 10 févr. 1998, n° 97-81.616 : *Bull. crim.* n° 52).

6) **Pièces jointes aux mémoires.** L'arrêt mentionnant le dépôt du mémoire produit par les parties civiles devant la chambre de l'instruction et l'article 216, alinéa 1er, du Code de procédure pénale n'exigeant pas que soient mentionnées spécialement les pièces annexes du mémoire. Le moyen pris en violation de l'article 216 du Code de procédure pénale en saurait donc être accueilli (■ Cass. crim., 3 févr. 2016, n° 14-87.422). En faisant état du mémoire produit devant eux, les juges n'ont pu qu'englober dans leur visa, conforme à l'article 216, alinéa 1er, du Code de procédure pénale, les pièces qui y étaient jointes. Il importe donc peu que ces dernières n'aient pas été mentionnées dans l'arrêt de la chambre de l'instruction (■ Cass. crim., 19 févr. 1997, n° 96-85.884 : *JurisData* n° 1997-001214 ; *Bull. crim.* n° 64).

7) **Signatures.** L'article 216 du Code de procédure pénale n'ayant pas prévu de sanction à

l'inobservation des formalités qu'il édicte, on se saurait déclarer nul un arrêt faute de comporter les signatures requises qu'autant que cette irrégularité serait de nature à mettre en question l'existence de la décision elle-même. Tel n'est pas le cas lorsque l'arrêt de la chambre de l'instruction mentionne qu'il a été signé par le Président et le greffier mais que seule la signature du premier apparaît (■ Cass. crim., 5 déc. 1988, n° 88-85.634 : *Bull. crim.* n° 409). Mention faite par le greffier dans l'expédition de l'arrêt que celui-ci a été signé par le Prédisent et lui-même fait foi jusqu'à inscription de faux (■ Cass. crim., 16 sept. 1992, n° 92-83.896 : *Bull. crim.* n° 286). Dès lors que la lecture de l'arrêt est conformément à l'article 199, alinéa 4, du Code de procédure pénale donnée par l'un des conseillers, cela implique nonobstant l'article 216 du Code de procédure pénale, la faculté d'en signer la minute (■ Cass. crim., 20 juin 2000, n° 99-87.143 : *Bull. crim.* n° 653).

8) Frais irrépétibles. Le grief tiré du rejet la demande présentée par la partie civile sur le fondement de l'article 216, alinéa 2, du Code de procédure pénale, n'est pas de ceux que l'article 575 dudit code autorise la partie civile à présenter devant la Cour de cassation à l'appui de son seul pourvoi contre un arrêt de chambre de l'instruction, en l'absence de recours du ministère public (■ Cass. crim., 29 janv. 2003, n° 02-80.114). L'article 216, alinéa 2 du Code de procédure pénale confère un pouvoir d'appréciation souverain d'appréciation pour la détermination des frais irrépétibles (■ Cass. crim., 3 déc. 1998, n° 98-85.491).

Art. 217 ***(Mod., L. n° 2004-204, 9 mars 2004).*** **– Hors le cas prévu à l'article 196, les arrêts sont, dans les trois jours, par lettre recommandée, portés à la connaissance des avocats des parties.**

Dans les mêmes formes et délais, des arrêts de non-lieu sont portés à la connaissance des personnes mises en examen, les dispositifs des arrêts de renvoi devant le tribunal correctionnel ou de police sont portés à la connaissance des parties.

Les arrêts contre lesquels les parties peuvent former un pourvoi en cassation, à l'exception des arrêts de mise en accusation, leur sont signifiés à la requête du procureur général dans les trois jours. Toutefois, ces arrêts sont notifiés par lettre recommandée aux parties ou au requérant mentionné au cinquième alinéa de l'article 99 tant que le juge d'instruction n'a pas clôturé son information ; les arrêts de mise en accusation sont également notifiés aux parties par lettre recommandée. Ils peuvent être notifiés à la personne détenue par les soins du chef de l'établissement pénitentiaire qui adresse, sans délai, au procureur général l'original ou la copie du récépissé signé par elle.

Toute notification d'acte à la dernière adresse déclarée par une partie est réputée faite à sa personne.

1) Pourvoi en cassation, délais. Il résulte de la combinaison des articles 217 et 568 du Code de procédure pénale que le délai pour se pourvoir en cassation est de 5 jours francs, après la signification à l'intéressé de l'arrêt de la chambre de l'instruction confirmant l'ordonnance du juge d'instruction ayant déclaré irrecevable sa constitution de partie civile initiale (■ Cass. crim., 13 nov. 2019, n° 18-86.442 : *Bull. crim.* à paraître).

Selon les dispositions combinées des articles 217, alinéa 3, et 568, alinéa 2, du Code de procédure pénale, le délai de pourvoi contre un arrêt de chambre d'accusation (chambre de l'instruction) ne court pas du jour où l'arrêt a été rendu mais à compter de sa signification, ou de sa notification, tant que le juge d'instruction n'a pas clôturé son information (■ Cass. crim., 17 mars 1998, n° 97-80.009 : *Bull. crim.* n° 101). Le délai de pourvoi contre un arrêt de la chambre de l'instruction court, tant que le juge d'instruction n'a pas clôturé son information, du jour de la notification dudit arrêt, par lettre recommandée (■ Cass. crim., 2 sept. 2014, n° 13-85.043. ■ Cass. crim., 27 mai 2015, n° 15-80.519). Lorsque la personne est détenue, le délai court du jour de la notification par les soins du chef de l'établissement pénitentiaire (■ Cass. crim., 4 mars 1997, n° 96-83.636 : *Bull. crim.* n° 82. ■ Cass. crim., 6 janv. 1999, n° 98-86.382. ■ Cass. crim., 2 sept. 2014, préc. ■ Cass. crim., 27 mai 2015, préc.).

2) Report du pourvoi en cassation. La signification faite à la partie civile ne pouvant être considéré comme parfaite, le délai de pourvoi résultant des dispositions combinées des articles 217 et 568 du Code de procédure pénale ne peut commencer à courir (■ Cass. crim., 19 nov. 1991, n° 90-86.215 : *Bull. crim.* n° 416).

3) Sanction. La signification de l'arrêt au-delà du délai de trois jours prescrit par l'article 217 du Code de procédure pénale a pour seule conséquence de retarder d'autant le point de départ de celui ouvert à la partie concernée pour former un pourvoi en cassation (■ Cass. crim., 6 déc. 2011, n° 11-80.419 : *JurisData* n° 2011-027483 ; *Bull. crim.* n° 245). Les prescriptions de l'article 217 du Code de procédure pénale relatives à la signification ou notification aux parties ou à leurs conseils des arrêts rendus par la chambre d'accusation (de l'instruction) ne sont pas prescrites à peine de nullité (■ Cass. crim., 3 oct. 1973, n° 73-91.325 : *Bull. crim.* n° 343).

Art. 218 *(Ord. n° 60-529, 4 juin 1960 ; L. n° 93-2, 4 janv. 1993).* – **Les dispositions des articles 171, 172, et du dernier alinéa de l'article 174 sont applicables au présent chapitre.**

La régularité des arrêts des chambres d'accusation et celle de la procédure antérieure, lorsque cette chambre a statué sur le règlement d'une procédure, relève du seul contrôle de la Cour de cassation, que le pourvoi soit immédiatement recevable ou qu'il ne puisse être examiné qu'avec l'arrêt sur le fond.

La régularité des arrêts de la chambre d'accusation (chambre de l'instruction) relève de la seule compétence de la Cour de cassation (▪ Cass. crim., 11 janv. 1983, n° 82-93.697 : *JurisData* n° 1983-700033 ; *Bull. crim.* n° 13). Aucune règle légale ou conventionnelle ne fait obstacle à ce que la chambre d'accusation (chambre de l'instruction) apprécie la régularité d'actes d'instruction effectués par un de ses membres, sa décision, qui ne préjuge pas de la culpabilité des personnes poursuivies, relevant du contrôle de la Cour de cassation, par application de l'article 218 du Code de procédure pénale (▪ Cass. crim., 29 avr. 1996, n° 95-81.948 : *JurisData* n° 1996-001959 ; *Bull. crim.* n° 170). Il en va de même lorsque la chambre de l'instruction est composée de magistrats ayant appartenu à la formation qui a ordonné un supplément d'information (▪ Cass. crim., 13 févr. 2008, nos 07-88.314 et 07-88.315).

Section II. – Pouvoirs propres du président de la chambre de l'instruction

(Ord. n° 58-1296, 23 déc. 1958)

Art. 219 *(Mod., L. n° 2000-516, 15 juin 2000).* – **Le président de la chambre de l'instruction, et dans les cours où il existe plusieurs chambres de l'instruction l'un des présidents spécialement désigné par l'assemblée générale, exerce les pouvoirs propres définis aux articles suivants.**

En cas d'empêchement de ce président, ses pouvoirs propres sont attribués, par délibération de l'assemblée générale de la cour d'appel, à un magistrat du siège appartenant à ladite cour.

Le président peut déléguer tout ou partie de ses pouvoirs à un magistrat du siège de la chambre de l'instruction et, dans les cours où il existe plusieurs chambres de l'instruction, à un magistrat du siège d'une autre chambre de l'instruction après accord du président de cette chambre.

Art. 220 *(Mod., L. n° 96-1235, 30 déc. 1996).* – **Le président de la chambre de l'instruction s'assure du bon fonctionnement des cabinets d'instruction du ressort de la cour d'appel. Il vérifie notamment les conditions d'application des alinéas 4 et 5 de l'article 81 et de l'article 144 et s'emploie à ce que les procédures ne subissent aucun retard injustifié. Chaque fois qu'il le juge nécessaire et au moins une fois par an, il transmet ses observations écrites au premier président de la cour d'appel, au procureur général près ladite cour ainsi qu'au président du tribunal judiciaire concerné et au procureur de la République près ledit tribunal.**

Art. 221 *(Mod., L. n° 2004-204, 9 mars 2004).* – **À cette fin, il est établi, chaque semestre dans chaque cabinet d'instruction, un état de toutes les affaires en cours portant mention, pour chacune des affaires, de la date du dernier acte d'information exécuté.**

Les affaires dans lesquelles sont impliquées des personnes mises en examen, détenues provisoirement figurent sur un état spécial.

Les états prévus par le présent article sont adressés au président de la chambre de l'instruction et au procureur général dans les trois premiers jours du semestre.

Art. 221-1 *(L. n° 87-1062, 30 déc. 1987).* – **Lorsqu'un délai de quatre mois s'est écoulé depuis la date du dernier acte d'instruction nécessaire à la manifestation de la vérité, le président de la chambre de l'instruction peut, par requête, saisir cette juridiction. La chambre de l'instruction peut, dans l'intérêt d'une bonne administration de la justice, soit évoquer et procéder dans les conditions prévues par les articles 201, 202, 204 et 205, soit renvoyer le dossier au juge d'instruction ou à tel autre afin de poursuivre l'information.**

Art. 221-2 *(L. n° 96-1235, 30 déc. 1996).* – **Lorsqu'un délai de quatre mois s'est écoulé depuis la date du dernier acte d'instruction, les parties peuvent saisir la chambre de l'instruction dans les conditions prévues par le troisième alinéa de l'article 173. Ce délai est ramené à deux mois au profit de la personne mise en examen lorsque celle-ci est placée en détention provisoire.**

Dans les huit jours de la réception du dossier par le greffe de la chambre de l'instruction, le président peut, par ordonnance motivée non susceptible de recours, décider qu'il n'y a pas lieu de saisir la chambre de l'instruction.

La chambre de l'instruction, lorsqu'elle est saisie, peut, soit évoquer et procéder dans les conditions prévues par les articles 201, 202, 204 et 205, soit renvoyer le dossier au juge d'instruction ou à tel autre afin de poursuivre l'information.

Si, dans les deux mois suivant le renvoi du dossier au juge d'instruction initialement saisi, aucun acte d'instruction n'a été accompli, la chambre de l'instruction peut être à nouveau saisie selon la procédure prévue aux premier et deuxième alinéas du présent article. Ce délai est ramené à un mois au profit de la personne mise en examen lorsque celle-ci est placée en détention provisoire.

La chambre de l'instruction doit alors, soit évoquer comme il est dit au troisième alinéa du présent article, soit renvoyer le dossier à un autre juge d'instruction afin de poursuivre l'information.

V. art. D. 43-1 et s., p. 2163.

1) **Appréciation du délai de 4 mois.** Il résulte de l'article 221-2, alinéas 1 et 2 que pour l'appréciation du délai de 4 mois qui s'est écoulé depuis la date du dernier acte d'instruction, après lequel les parties peuvent saisir la chambre de l'instruction dans les conditions prévues par le troisième alinéa de l'article 173 du Code de procédure pénale, il ne peut être tenu compte d'un acte accompli postérieurement à la présentation de la requête (■ Cass. crim., 9 mai 2019, n° 18-83.487).

2) **Effets de la saisine de la chambre de l'instrction, cours de la prescription.** Les parties peuvent, après avis de fin d'information, et passés quatre mois depuis le dernier acte d'instruction, saisir directement la chambre de l'instruction en application des dispositions de l'article 221-2 du Code de procédure pénale, et donc interrompre le cours de la prescription. C'est donc à tort que la chambre de l'instruction a infirmé l'ordonnance du juge d'instruction déclarant l'action publique éteinte par prescription, au motif que passé le délai de vingt jours suivant l'avis prévu par l'article 175 du Code de procédure pénale, elles ne disposaient d'aucun moyen de droit leur permettant d'interrompre la prescription (■ Cass. crim., 6 févr. 2007, n° 06-88.713 : *JurisData* n° 2007-037453 ; *Bull. crim.* n° 221).

3) **Recours.** L'ordonnance déclarant irrecevable une requête afin de saisir directement la chambre d'accusation (de l'instruction) d'une demande d'actes en application de l'article 221-2 du Code de procédure pénale est, conformément à l'article 567, alinéa 1er du même code, insusceptible de recours (■ Cass., ord. du 1er Pdt, 24 déc. 1997, n° 97-84.942 : *Bull. crim.* n° 436).

Art. 221-3 *(Mod., L. n° 2015-993, 17 août 2015)*. – **I. – Lorsqu'un délai de trois mois s'est écoulé depuis le placement en détention provisoire de la personne mise en examen, que cette détention est toujours en cours et que l'avis de fin d'information prévu par l'article 175 n'a pas été délivré, le président de la chambre de l'instruction peut, d'office ou à la demande du ministère public ou de la personne mise en examen, décider de saisir cette juridiction afin que celle-ci examine l'ensemble de la procédure. En cas de demande du ministère public ou d'une partie, il statue dans les huit jours de la réception de cette demande. Cette décision n'est pas susceptible de recours.**

La chambre de l'instruction statue après une audience à laquelle les avocats de l'ensemble des parties et des témoins assistés sont convoqués. La chambre de l'instruction ou son président peut ordonner la comparution des personnes mises en examen et des témoins assistés, d'office ou à la demande des parties. Si un mis en examen placé en détention provisoire demande à comparaître, le président ne peut refuser sa comparution que par une décision motivée. La comparution peut être réalisée selon les modalités prévues à l'article 706-71.

Si la personne mise en examen est majeure, les débats se déroulent et l'arrêt est rendu en audience publique. Toutefois, le ministère public, la personne mise en examen ou la partie civile ou leurs avocats peuvent, avant l'ouverture des débats, s'opposer à cette publicité si celle-ci est de nature à entraver les investigations spécifiques nécessitées par l'instruction, à porter atteinte à la présomption d'innocence ou à la sérénité des débats ou à nuire à la dignité de la personne ou aux intérêts d'un tiers, ou si l'enquête porte sur des faits mentionnés aux articles 706-73 et 706-73-1. La chambre statue sur cette opposition, après avoir recueilli les observations du ministère public et des parties, par un arrêt rendu en chambre du conseil qui n'est susceptible d'un pourvoi en cassation qu'en même temps que l'arrêt portant sur la demande principale. Si la chambre fait droit à cette opposition ou si la personne mise en examen est mineure, les

débats ont lieu et l'arrêt est rendu en chambre du conseil. Il en est de même si la partie civile s'oppose à la publicité, dans les seuls cas où celle-ci est en droit de demander le huis-clos lors de l'audience de jugement.

Le président de la chambre de l'instruction peut également ordonner d'office, après avoir recueilli les observations du ministère public et des parties, que les débats se déroulent en chambre du conseil si la publicité est de nature à entraver les investigations spécifiques nécessitées par l'instruction ou à nuire à la dignité de la personne ou aux intérêts d'un tiers. Le président de la chambre de l'instruction statue par une ordonnance rendue en chambre du conseil qui n'est susceptible de pourvoi en cassation qu'en même temps que l'arrêt rendu à l'issue des débats.

Deux jours ouvrables au moins avant la date prévue pour l'audience, les parties peuvent déposer des mémoires consistant soit en des demandes de mise en liberté, soit en des demandes d'actes, y compris s'il s'agit d'une demande ayant été précédemment rejetée en application de l'article 186-1, soit en des requêtes en annulation, sous réserve des articles 173-1 et 174, soit en des demandes tendant à constater la prescription de l'action publique.

II. – La chambre de l'instruction, après avoir le cas échéant statué sur ces demandes, peut :

1° Ordonner la mise en liberté, assortie ou non du contrôle judiciaire, d'une ou plusieurs des personnes mises en examen, même en l'absence de demande en ce sens ;

2° Prononcer la nullité d'un ou plusieurs actes dans les conditions prévues par l'article 206 ;

3° Évoquer et procéder dans les conditions prévues par les articles 201, 202, 204 et 205 ;

4° Procéder à une évocation partielle du dossier en ne procédant qu'à certains actes avant de renvoyer le dossier au juge d'instruction ;

5° Renvoyer le dossier au juge d'instruction afin de poursuivre l'information, en lui prescrivant le cas échéant de procéder à un ou plusieurs actes autres que ceux relatifs à la détention provisoire ou au contrôle judiciaire, dans un délai qu'elle détermine ;

6° Désigner un ou plusieurs autres juges d'instruction pour suivre la procédure avec le juge ou les juges d'instruction déjà saisis, conformément à l'article 83-1 ;

7° Lorsque cette décision est indispensable à la manifestation de la vérité et à la bonne administration de la justice et qu'il n'est pas possible de procéder aux désignations prévues au 6°, procéder au dessaisissement du juge d'instruction et à la désignation, aux fins de poursuite de la procédure, d'un ou plusieurs juges d'instruction de la juridiction d'origine ou d'une autre juridiction du ressort ;

8° Ordonner le règlement, y compris partiel, de la procédure, notamment en prononçant un ou plusieurs non-lieux à l'égard d'une ou plusieurs personnes.

L'arrêt de la chambre de l'instruction doit être rendu au plus tard trois mois après la saisine par le président, à défaut de quoi les personnes placées en détention sont remises en liberté.

Six mois après que l'arrêt est devenu définitif, si une détention provisoire est toujours en cours, et sauf si l'avis de fin d'information prévu par l'article 175 a été délivré, le président de la chambre de l'instruction peut à nouveau saisir cette juridiction dans les conditions prévues par le présent article.

Bibliographie : H. Matsopoulou, *Commentaire de la loi n° 2007-291 du 5 mars 2007 : Dr. pén.* 2007, étude 5, n° 23. • C. Guéry, *La loi du 5 mars 2007 et l'instruction préparatoire : AJ Pénal* 2007, p. 105.

Art. 222 *(Abr., L. n° 2009-1436, 24 nov. 2009).*

Art. 223 *(L. n° 93-2, 4 janv. 1993).* – **Il peut saisir la chambre de l'instruction, afin qu'il soit par elle statué sur le maintien en détention d'une personne mise en examen en état de détention provisoire.**

Section III. – Du contrôle de l'activité des officiers et agents de police judiciaire

(L. n° 78-788, 28 juill. 1978)

Bibliographie : *Répertoire.* H. Angevin et J.-P. Valat, *Chambre de l'instruction, Composition, Compétence, Contrôle de l'activité des officiers et agents de police judiciaire : JCl. Proc. pén.*, art. 191 à 230, Fasc. 20.

Art. 224 *(L. n° 78-788, 28 juill. 1978).* – **La chambre de l'instruction exerce un contrôle sur l'activité des fonctionnaires civils et des militaires, officiers et agents de police judiciaire, pris en cette qualité.**

1) Compétence de la chambre de l'instruction. La police judiciaire étant, aux termes de l'article 13 du Code de procédure pénale, placée, dans le ressort de chaque cour d'appel, sous la surveillance du procureur général et sous le contrôle de la chambre d'accusation, cette juridiction est compétente pour prendre, sous le contrôle de la Cour de cassation, les décisions disciplinaires prévues par l'article 227 dudit code, alors même que le procureur général aurait, à raison des mêmes faits, usé à l'égard de l'officier de police judiciaire des pouvoirs, différents par leur nature et par leur étendue, qu'il tient de l'article 16, dernier alinéa du même code (■ Cass. crim., 4 mai 1988, n° 87-90.098 : *JurisData* n° 1988-001099). Est soumis au contrôle de la chambre d'accusation (chambre de l'instruction) tout acte d'un officier ou agent de police judiciaire qui se rattache à l'exercice des fonctions de police judiciaire, telles que celles-ci sont définies par l'article 14 du Code de procédure pénale. La chambre d'accusation ne saurait donc se déclarer incompétente pour connaître de la faute d'un officier de police judiciaire, qui n'aurait prétendument pas agi en cette qualité, dès lors que l'intervention de l'intéressé, fût-elle spontanée, avait pour objet de vérifier que la tentative de suicide ne recelait pas une infraction à la loi pénale et que cette opération entrait dans les prévisions de l'article 14 du Code de procédure pénale (■ Cass. crim., 12 mai 1991, n° 91-84.223, n° 1992-001462 : *Bull. crim.* n° 185).

2) Sanction. Lorsqu'elle statue dans les conditions prévues par les articles 224 à 230 du Code de procédure pénale qui lui permettent, non de retirer, à ceux qui la possèdent, la qualité d'officier ou d'agent de police judiciaire, mais seulement de leur interdire d'en exercer les fonctions, la chambre d'accusation ne prononce ni sur des contestations relatives à des droits ou des obligations de caractère civil ni sur le bien-fondé d'une accusation en matière pénale. Dès lors, ses décisions n'entrent pas dans le champ d'application de l'article 6, paragraphe 1, de la Convention européenne des droits de l'Homme (■ Cass. crim., 26 févr. 1997, n° 96-84.960 : *Bull. crim.* n° 78 ; *JCP* G 1997, 22865, note Matsopoulou ; *D.* 1997, jurispr. p. 297, note J. Pradel ; *RSC* 1997, p. 666, obs. J.-P. Dintilhac). Les décisions juridictionnelles des chambres d'accusation, statuant sur le fondement des articles 224 à 230 du Code de procédure pénale, sont susceptibles d'un pourvoi en cassation (même arrêt).

Art. 225. – **Elle est saisie soit par le procureur général, soit par son président.**

Elle peut se saisir d'office à l'occasion de l'examen de la procédure qui lui est soumise.

En statuant en chambre du conseil, comme le prévoit l'article 199 du Code de procédure pénale, une chambre d'accusation saisie sur le fondement de l'article 225 dudit code ne méconnaît pas l'exigence de publicité édictée par l'article 6, § 1 de la Convention européenne des droits de l'Homme ; en effet siégeant comme juridiction disciplinaire des officiers ou agents de police judiciaire, elle ne se prononce ni sur des contestations relatives à des droits ou des obligations de caractère civil, ni sur le bien-fondé d'une accusation en matière pénale (■ Cass. crim., 26 nov. 1996, n° 95-86.173 : *JurisData* n° 1996-004955 ; *Bull. crim.* n° 425). Les articles 225 à 230 du Code de procédure pénale, qui précisent les modalités d'application de l'article 224 du même code, instituent un contrôle de caractère disciplinaire et sont étrangers au régime de nullité pouvant affecter les actes de procédure (■ Cass. crim., 20 mars 1984, n° 82-94.121 : *Bull. crim.* n° 117).

Art. 226 *(L. n° 78-788, 28 juill. 1978).* – **La chambre de l'instruction, une fois saisie, fait procéder à une enquête ; elle entend le procureur général et l'officier ou agent de police judiciaire en cause.**

Ce dernier doit avoir été préalablement mis à même de prendre connaissance de son dossier d'officier de police judiciaire tenu au parquet général de la cour d'appel.

Il peut se faire assister par un avocat.

1) Nécessité d'une enquête. Selon les articles 224 et 226 du Code de procédure pénale, lorsqu'elle exerce un contrôle sur l'activité des fonctionnaires civils et des militaires de la gendarmerie, officiers et agents de police judiciaire, pris en cette qualité, la chambre de l'instruction, une fois saisie, doit faire procéder à une enquête. Cette enquête, essentielle aux droits de la défense, qui ne se confond pas avec l'audience de la juridiction, doit la précéder. La chambre de l'instruction ne saurait donc décider, sans avoir fait procéder préalablement à une enquête, que M. X..., officier de police judiciaire, ne pourrait pendant une durée d'un an exercer dans le ressort de la cour d'appel de Reims ses fonctions d'officier de police judiciaire et de délégué des juges d'instruction (■ Cass. crim., 7 juin 2011, n° 10-85.090 : *JurisData* n° 2011-010971 ; *Bull. crim.* n° 120). Viole l'article 226 du Code de procédure pénale la chambre d'accusation qui, pourtant saisie d'une demande d'enquête, s'est bornée à entendre les officiers de police judiciaire mis en cause (■ Cass. crim., 10 janv. 1995, n° 94-82.198).

2) **Moment des auditions.** Si, avant de statuer sur une procédure disciplinaire contre un officier ou un agent de police judiciaire, la chambre de l'instruction doit entendre le procureur général ainsi que l'officier ou l'agent de police judiciaire en cause, ce texte n'exige pas que leur audition soit effectuée lors de l'enquête mais permet qu'elle intervienne à l'audience (■ Cass. crim., 5 sept. 2018, n° 17-86.888).

Art. 227 *(Mod., L. n° 2000-516, 15 juin 2000).* **– La chambre de l'instruction peut, sans préjudice des sanctions disciplinaires qui pourraient être infligées à l'officier ou agent de police judiciaire par ses supérieurs hiérarchiques, lui adresser des observations ou décider qu'il ne pourra, temporairement ou définitivement, exercer, soit dans le ressort de la cour d'appel, soit sur tout l'ensemble du territoire, ses fonctions d'officier de police judiciaire et de délégué du juge d'instruction ou ses fonctions d'agent de police judiciaire. Cette décision prend effet immédiatement.**

1) **Faute génératrice de l'interdiction.** En cas de manquement professionnel grave, ou d'atteinte grave à l'honneur ou à la probité, ayant une incidence sur la capacité d'exercice des missions de police judiciaire, l'officier de police judiciaire peut faire l'objet d'une interdiction d'exercice de ses fonctions (■ Cass. crim., 21 janv. 2020, n° 19-81.530 : *Bull. crim.* à paraître ; *AJ pénal* 2020, 254, obs. J. Andrei). L'emploi d'agents de police judiciaire adjoints en dehors du cadre de l'article 21 du Code de procédure pénale constitue un manquement professionnel grave ayant une incidence sur la capacité d'exercice des missions de police judiciaire et justifie de ce fait une mesure d'interdiction, même si l'existence de telles pratiques est admise au sein de l'unité en cause et même s'il n'est pas établi, à l'issue de l'enquête, que l'intéressé ait entendu distraire une partie de son activité d'officier de police judiciaire (même arrêt).

2) **Durée de l'interdiction.** Il résulte de la combinaison des articles 227 et 229-1 du Code de procédure pénale que la durée de l'interdiction d'exercice des fonctions d'officier de police judiciaire prononcée à titre provisoire par le président de la chambre de l'instruction doit être déduite de la durée de l'interdiction d'exercice prononcée par ladite chambre (■ Cass. crim., 21 janv. 2020, n° 19-81.537 ; *AJ pénal* 2020, 254, obs. J. Andrei).

Art. 228 *(L. n° 78-788, 28 juill. 1978).* **– Si la chambre de l'instruction estime que l'officier ou agent de police judiciaire a commis une infraction à la loi pénale, elle ordonne en outre la transmission du dossier au procureur général à toutes fins qu'il appartiendra.**

Art. 229 *(L. n° 78-788, 28 juill. 1978).* **– Les décisions prises par la chambre de l'instruction contre les officiers ou agents de police judiciaire sont notifiées, à la diligence du procureur général, aux autorités dont ils dépendent.**

Art. 229-1 *(L. n° 2016-731, 3 juin 2016).* **– En cas de manquement professionnel grave ou d'atteinte grave à l'honneur ou à la probité par une des personnes mentionnées à l'article 224 ayant une incidence sur la capacité d'exercice des missions de police judiciaire, le président de la chambre de l'instruction, saisi par le procureur général près la cour d'appel dans le ressort de laquelle la personne exerce habituellement ses fonctions, peut, sans préjudice des sanctions disciplinaires administratives qui pourraient être prononcées, décider immédiatement qu'elle ne pourra exercer ses fonctions de police judiciaire pour une durée maximale d'un mois.**

Cette décision prend effet immédiatement. Elle est notifiée, à la diligence du procureur général, aux autorités dont dépend la personne.

La saisine du président de la chambre de l'instruction par le procureur général en application du premier alinéa du présent article vaut saisine de la chambre de l'instruction au titre du premier alinéa de l'article 225.

1) **Faute génératrice de l'interdiction.** En cas de manquement professionnel grave, ou d'atteinte grave à l'honneur ou à la probité, ayant une incidence sur la capacité d'exercice des missions de police judiciaire, l'officier de police judiciaire peut faire l'objet d'une interdiction d'exercice de ses fonctions (■ Cass. crim., 21 janv. 2020, n° 19-81.530 : *Bull. crim.* à paraître). L'emploi d'agents de police judiciaire adjoints en dehors du cadre de l'article 21 du Code de procédure pénale constitue un manquement professionnel grave ayant une incidence sur la

capacité d'exercice des missions de police judiciaire et justifie de ce fait une mesure d'interdiction, même si l'existence de telles pratiques est admise au sein de l'unité en cause et même s'il n'est pas établi, à l'issue de l'enquête, que l'intéressé ait entendu distraire une partie de son activité d'officier de police judiciaire (même arrêt).

2) Durée de l'interdiction : Il résulte de la combinaison des articles 227 et 229-1 du Code de procédure pénale que la durée de l'interdiction d'exercice des fonctions d'officier de police judiciaire prononcée à titre provisoire par le président de la chambre de l'instruction doit être déduite de la durée de l'interdiction d'exercice prononcée par ladite chambre (■ Cass. crim., 21 janv. 2020, n° 19-81.537).

Art. 230 *(L. n° 93-2, 4 janv. 1993).* – **Les dispositions de la présente section sont applicables aux agents de police judiciaire adjoints ainsi qu'aux fonctionnaires et agents chargés de certaines fonctions de police judiciaire.**

TITRE IV. – DISPOSITIONS COMMUNES

(L. n° 2001-1062, 15 nov. 2001)

CHAPITRE Ier. – DE LA MISE AU CLAIR DES DONNÉES CHIFFRÉES NÉCESSAIRES À LA MANIFESTATION DE LA VÉRITÉ

(Anc. chap. unique devenu le présent chap., L. n° 2011-267, 14 mars 2011)

Art. 230-1 *(Mod., L. n° 2014-1353, 13 nov. 2014).* – **Sans préjudice des dispositions des articles 60, 77-1 et 156, lorsqu'il apparaît que des données saisies ou obtenues au cours de l'enquête ou de l'instruction ont fait l'objet d'opérations de transformation empêchant d'accéder aux informations en clair qu'elles contiennent ou de les comprendre, ou que ces données sont protégées par un mécanisme d'authentification, le procureur de la République, la juridiction d'instruction, l'officier de police judiciaire, sur autorisation du procureur de la République ou du juge d'instruction, ou la juridiction de jugement saisie de l'affaire peut désigner toute personne physique ou morale qualifiée, en vue d'effectuer les opérations techniques permettant d'obtenir l'accès à ces informations, leur version en clair ainsi que, dans le cas où un moyen de cryptologie a été utilisé, la convention secrète de déchiffrement, si cela apparaît nécessaire.**

Si la personne ainsi désignée est une personne morale, son représentant légal soumet à l'agrément du procureur de la République, de l'officier de police judiciaire ou de la juridiction saisie de l'affaire le nom de la ou des personnes physiques qui, au sein de celle-ci et en son nom, effectueront les opérations techniques mentionnées au premier alinéa. Sauf si elles sont inscrites sur une liste prévue à l'article 157, les personnes ainsi désignées prêtent, par écrit, le serment prévu au deuxième alinéa de l'article 60 et à l'article 160.

Si la peine encourue est égale ou supérieure à deux ans d'emprisonnement et que les nécessités de l'enquête ou de l'instruction l'exigent, le procureur de la République, la juridiction d'instruction, l'officier de police judiciaire, sur autorisation du procureur de la République ou du juge d'instruction, ou la juridiction de jugement saisie de l'affaire peut prescrire le recours aux moyens de l'État soumis au secret de la défense nationale selon les formes prévues au présent chapitre.

Domaine d'application. Les dispositions de l'article 230-1 du Code de procédure pénale, relatif à la mise au clair de données chiffrées, ne sont pas applicables à des messages dès lors que, d'une part, ils sont transmis en clair par la société à l'origine du cryptage, et que, d'autre part, leur mise en forme pour les rendre lisibles en procédure ne nécessite qu'une simple conversion, ces deux opérations étant étrangères aux prévisions des articles 156 et suivants du même code relatifs aux expertises (■ Cass. crim., 16 déc. 2015, n° 15-82.642 : *Bull. crim.* n° 309).

Art. 230-2 *(Mod., L. n° 2018-699, 3 août 2018).* – **Lorsque le procureur de la République, la juridiction d'instruction, l'officier de police judiciaire, sur autorisation du procureur de la République ou du juge**

d'instruction, ou la juridiction de jugement saisie de l'affaire décident d'avoir recours, pour les opérations mentionnées à l'article 230-1, aux moyens de l'État couverts par le secret de la défense nationale, la réquisition écrite doit être adressée à un organisme technique soumis au secret de la défense nationale, et désigné par décret, avec le support physique contenant les données à mettre au clair ou une copie de celui-ci. Cette réquisition fixe le délai dans lequel les opérations de mise au clair doivent être réalisées. Le délai peut être prorogé dans les mêmes conditions de forme. À tout moment, le procureur de la République, la juridiction d'instruction, l'officier de police judiciaire, sur autorisation du procureur de la République ou du juge d'instruction, ou la juridiction de jugement saisie de l'affaire ou ayant requis l'organisme technique peut ordonner l'interruption des opérations prescrites.

Aux fins de réaliser les opérations de mise au clair, l'organisme technique mentionné au premier alinéa du présent article est habilité à procéder à l'ouverture ou à la réouverture des scellés et à confectionner de nouveaux scellés après avoir, le cas échéant, procédé au reconditionnement des supports physiques qu'il était chargé d'examiner. En cas de risque de destruction des données ou du support physique qui les contient, l'autorisation d'altérer le support physique doit être délivrée par le procureur de la République, la juridiction d'instruction ou la juridiction de jugement saisie de l'affaire.

Les données protégées au titre du secret de la défense nationale ne peuvent être communiquées que dans les conditions prévues aux articles L. 2312-4 à L. 2312-8 du Code de la défense.

Lorsqu'il s'agit de données obtenues dans le cadre d'interceptions de communications électroniques, au sein du traitement mentionné au I de l'article 230-45, la réquisition est adressée directement à l'organisme technique désigné en application du premier alinéa du présent article.

Art. 230-3 *(Mod., L. n° 2016-731, 3 juin. 2016).* – Dès l'achèvement des opérations ou dès qu'il apparaît que ces opérations sont techniquement impossibles ou à l'expiration du délai prescrit ou à la réception de l'ordre d'interruption émanant du procureur de la République, de la juridiction d'instruction, de l'officier de police judiciaire, sur autorisation du procureur de la République ou du juge d'instruction, ou de la juridiction de jugement saisie de l'affaire, les résultats obtenus et les pièces reçues sont retournés par le responsable de l'organisme technique soit à l'auteur de la réquisition, soit au magistrat mandant dans le cas où la réquisition a été adressée directement. Sous réserve des obligations découlant du secret de la défense nationale, les résultats sont accompagnés des indications techniques utiles à la compréhension et à leur exploitation ainsi que d'une attestation visée par le responsable de l'organisme technique certifiant la sincérité des résultats transmis.

Les éléments ainsi obtenus font l'objet d'un procès-verbal de réception et sont versés au dossier de la procédure.

Art. 230-4 *(Mod., L. n° 2014-1353, 13 nov. 2014).* – Les décisions prises en application du présent chapitre n'ont pas de caractère juridictionnel et ne sont susceptibles d'aucun recours.

Art. 230-5 *(L. n° 2001-1062, 15 nov. 2001).* – Sans préjudice des obligations découlant du secret de la défense nationale, les agents requis en application des dispositions du présent chapitre sont tenus d'apporter leur concours à la justice.

CHAPITRE II. – DES FICHIERS DE POLICE JUDICIAIRE

(L. n° 2011-267, 14 mars 2011)

Section I. – Des fichiers d'antécédents

Bibliographie : T. Fourrey, *Quand la Cour européenne vient nous rappeler comment doit fonctionner un fichier de police... : JCP* G 2014, p. 1090. • K. Blay-Grabarczyk, *La volonté du juge administratif de rendre le fichier TAJ compatible avec la Convention EDH : JCP* G 2016, p. 630.

Art. 230-6 *(L. n° 2011-267, 14 mars 2011).* – Afin de faciliter la constatation des infractions à la loi pénale, le rassemblement des preuves de ces infractions et la recherche de leurs auteurs, les services de la police nationale et de la gendarmerie nationale peuvent mettre en œuvre des traitements automatisés de données à caractère personnel recueillies :

1° Au cours des enquêtes préliminaires ou de flagrance ou des investigations exécutées sur commission rogatoire et concernant tout crime ou délit ainsi que les contraventions de la cinquième classe sanctionnant :

a) Un trouble à la sécurité ou à la tranquillité publiques ;

b) Une atteinte aux personnes, aux biens ou à l'autorité de l'État ;

2° Au cours des procédures de recherche des causes de la mort mentionnées à l'article 74 ou de recherche des causes d'une disparition mentionnées à l'article 74-1.

Ces traitements ont également pour objet l'exploitation des informations recueillies à des fins de recherches statistiques.

Art. 230-7 *(L. n° 2011-267, 14 mars 2011)*. – Les traitements mentionnés à l'article 230-6 peuvent contenir des informations sur les personnes, sans limitation d'âge, à l'encontre desquelles il existe des indices graves ou concordants rendant vraisemblable qu'elles aient pu participer, comme auteurs ou complices, à la commission des infractions mentionnées au 1° du même article 230-6.

Ils peuvent également contenir des informations sur les victimes de ces infractions. Ces dernières peuvent toutefois s'opposer à ce que les données à caractère personnel les concernant soient conservées dans le fichier dès lors que l'auteur des faits a été définitivement condamné.

Ils peuvent en outre contenir des informations sur les personnes faisant l'objet d'une enquête ou d'une instruction pour recherche des causes de la mort mentionnée à l'article 74 ou d'une enquête ou d'une instruction pour recherche des causes d'une disparition mentionnée à l'article 74-1. Les données personnelles concernant ces dernières sont effacées dès lors que l'enquête a permis de retrouver la personne disparue ou d'écarter toute suspicion de crime ou délit.

Art. 230-8 *(Mod., Ord. n° 2018-1125, 12 déc. 2018)*. – Le traitement des données à caractère personnel est opéré sous le contrôle du procureur de la République territorialement compétent, qui, d'office ou à la demande de la personne concernée, ordonne qu'elles soient effacées, complétées ou rectifiées, notamment en cas de requalification judiciaire, ou qu'elles fassent l'objet d'une mention. La rectification pour requalification judiciaire est de droit. Le procureur de la République se prononce dans un délai de deux mois sur les suites qu'il convient de donner aux demandes qui lui sont adressées. La personne concernée peut former cette demande sans délai à la suite d'une décision devenue définitive de relaxe, d'acquittement, de condamnation avec dispense de peine ou dispense de mention au casier judiciaire, de non-lieu ou de classement sans suite. Dans les autres cas, la personne ne peut former sa demande, à peine d'irrecevabilité, que lorsque ne figure plus aucune mention de nature pénale dans le bulletin n° 2 de son casier judiciaire. En cas de décision de relaxe ou d'acquittement devenue définitive, les données à caractère personnel concernant les personnes mises en cause sont effacées, sauf si le procureur de la République en prescrit le maintien, auquel cas elles font l'objet d'une mention. Lorsque le procureur de la République prescrit le maintien des données à caractère personnel relatives à une personne ayant bénéficié d'une décision de relaxe ou d'acquittement devenue définitive, il en avise la personne concernée. En cas de décision de non-lieu ou de classement sans suite, les données à caractère personnel concernant les personnes mises en cause font l'objet d'une mention, sauf si le procureur de la République ordonne l'effacement des données à caractère personnel. Lorsque les données à caractère personnel relatives à la personne concernée font l'objet d'une mention, elles ne peuvent faire l'objet d'une consultation dans le cadre des enquêtes administratives prévues aux articles L. 114-1 et L. 234-1 à L. 234-3 du Code de la sécurité intérieure et à l'article 17-1 de la loi n° 95-73 du 21 janvier 1995 d'orientation et de programmation relative à la sécurité. Les décisions du procureur de la République prévues au présent alinéa ordonnant le maintien ou l'effacement des données à caractère personnel ou ordonnant qu'elles fassent l'objet d'une mention sont prises pour des raisons liées à la finalité du fichier au regard de la nature ou des circonstances de commission de l'infraction ou de la personnalité de l'intéressé.

Les décisions d'effacement ou de rectification des informations nominatives prises par le procureur de la République sont portées à la connaissance des responsables de tous les traitements automatisés pour lesquels, sous réserve des règles d'effacement ou de rectification qui leur sont propres, ces mesures ont des conséquences sur la durée de conservation des données à caractère personnel.

Les décisions du procureur de la République sont susceptibles de recours devant le président de la chambre de l'instruction.

Le procureur de la République dispose pour l'exercice de ses fonctions d'un accès direct aux traitements automatisés de données à caractère personnel mentionnés à l'article 230-6.

1) Abrogation de l'ancien alinéa 1er de l'article 230-8. En privant les personnes mises en cause dans une procédure pénale, autres que celles ayant fait l'objet d'une décision d'acquittement, de relaxe, de non-lieu ou de classement sans suite, de toute possibilité d'obtenir l'effacement de leurs données personnelles inscrites dans le fichier des antécédents judiciaires, les dispositions contestées portent une atteinte disproportionnée au droit au respect de la vie privée. Le premier alinéa de l'article 230-8 du Code de procédure pénale doit donc être déclaré contraire à la Constitution (■ Cons. const., 27 oct. 2017, n° 2017-670 QPC : *JCP* G 2018, 110, note N. Jacquinot ; *Procédures* 2017, n° 321, obs. J. B.).

2) Compétence. La demande d'effacement des données à caractère personnel enregistrées dans les fichiers (STIC) des services saisis de l'enquête relève de la compétence du procureur de la République en application des dispositions de l'article 21 de la loi n° 2003-239 du 18 mars 2003, actuellement article 230-8 du Code de procédure pénale (■ CA Paris, 3 juill. 2013, n° 11/20201).

3) Contrôle. Les magistrats compétents pour décider de l'effacement des données prennent en considération la nature et la gravité des faits constatés, les motifs de la relaxe, de l'acquittement, du non-lieu ou du classement sans suite, le temps écoulé depuis les faits et la durée légale de conservation restant à courir, au regard de la situation personnelle de l'intéressé, protégée par les stipulations de l'article 8 de la Convention européenne des droits de l'Homme. Ils peuvent prendre ainsi en considération l'âge auquel l'intéressé a commis les faits, son comportement depuis et son attitude vis-à-vis des éventuelles victimes ou son insertion sociale. L'application des dispositions de l'article 8 de la Convention européenne des droits de l'Homme impose également au juge de l'excès de pouvoir d'exercer un entier contrôle sur la décision prise par les autorités désignées par la loi sur les demandes d'effacement des données (■ CE, avis, 30 mars 2016, n° 395119 ; *JurisData* n° 2016-00585 ; *JCP* G 2016, p. 630, note K. Blay-Grabarczyk). Il résulte de l'article 8 de la Convention européenne des droits de l'Homme que le juge, statuant sur le recours d'une décision du procureur de la République ayant refusé d'effacer les données personnelles enregistrées dans le fichier TAJ, doit apprécier le maintien des données personnelles dans ledit fichier en prenant en compte le caractère proportionné de la durée de conservation des informations en cause au regard des finalités de ce fichier, de la gravité de l'infraction et de la décision ayant motivé leur inscription ; doit être cassée l'ordonnance par laquelle le président de la chambre d'instruction confirme la décision du procureur de la République, et dit n'y avoir lieu à effacement du fichier TAJ des données personnelles de M. X... en énonçant que la décision de dispense de peine dont a bénéficié le requérant ne constitue pas une relaxe, pour en déduire que l'effacement des données en cause du fichier TAJ n'est pas prévu par l'article 230-8 du Code de procédure pénale : pour apprécier la demande d'effacement des données personnelles enregistrées dans le fichier TAJ, la décision attaquée n'a pris en compte ni le caractère proportionné de la durée de conservation des informations en cause, ni la gravité de l'infraction commise ainsi que la décision ayant motivé l'inscription desdites données (■ Cass. crim., 19 juin 2018, n° 16-87.749). C'est à bon droit que le président de la chambre de l'instruction a rejeté la demande d'effacement des données personnelles enregistrées dans le fichier TAJ pour des raisons liées à la finalité du fichier au regard de la nature de l'infraction, ces conditions étant prévues par l'article 230-8 du Code de procédure pénale, et considéré que la durée de conservation des informations en cause n'était pas disproportionnée au regard de la gravité de l'infraction pour laquelle M. D... a été condamné et du caractère récent de son inscription au fichier (■ Cass. crim., 2 mars 2021, n° 20-84.673, § 12).

4) Recours contre l'ordonnance du président de la chambre de l'instruction. En application de l'article R. 40-31-1 du Code de procédure pénale, l'ordonnance du président de la chambre de l'instruction qui statue sur un recours formé contre une décision du procureur de la République ou du magistrat référent prise en matière d'effacement ou de rectification des données personnelles, en application des articles 230-8 ou 230-9 dudit code, n'est susceptible de pourvoi en cassation que si elle ne satisfait pas en la forme aux conditions essentielles de son existence légale. En application de l'article 6, § 1 de la Convention européenne des droits de l'homme, un juge ne peut fonder sa décision sur un document non soumis à la libre discussion des parties. Est dès lors recevable le pourvoi formé contre une décision du président de la chambre de l'instruction lorsqu'il ne résulte ni des mentions de l'ordonnance ni des pièces de procédure que les réquisitions du procureur général aient été communiquées à la requérante ou que cette dernière ait pu y avoir accès (■ Cass. crim., 30 mars 2021, n° 20-84.116). Lorsque l'ordonnance contestée a été rendue non par le procureur de la République près l'un des tribunaux judiciaires du ressort d'une cour d'appel, mais par le magistrat référent visé à l'article 230-9 du Code de procédure pénale, elle ne satisfait pas, en la forme, aux conditions essentielles de son existence légale (■ Cass. crim., 8 juin 2021, n° 20-86.958).

Art. 230-9 *(Mod., Ord. n° 2018-1125, 12 déc. 2018)*. – Un magistrat, chargé de suivre la mise en œuvre et la mise à jour des traitements automatisés de données à caractère personnel mentionnés à l'article 230-6 et désigné à cet effet par le ministre de la justice, concourt à l'application de l'article 230-8.

Ce magistrat peut agir d'office ou sur requête des particuliers. Il dispose des mêmes pouvoirs d'effacement, de rectification ou de maintien des données personnelles dans les traitements mentionnés au premier alinéa du présent article que le procureur de la République. Lorsque la personne concernée le demande, la rectification pour requalification judiciaire est de droit. Il se prononce sur les suites qu'il convient de donner aux demandes d'effacement ou de rectification dans un délai de deux mois.

Il dispose, pour l'exercice de ses fonctions, d'un accès direct à ces traitements automatisés.

Les décisions de ce magistrat en matière d'effacement ou de rectification des données personnelles sont susceptibles de recours devant le président de la chambre de l'instruction de la cour d'appel de Paris.

Les décisions de ce magistrat en matière d'effacement ou de rectification des données à caractère personnel sont susceptibles de recours devant le président de la chambre de l'instruction de la cour d'appel de Paris.

Art. 230-10 *(Mod., L. n° 2019-773, 24 juill. 2019)*. – Les personnels spécialement habilités des services de la police et de la gendarmerie nationales désignés à cet effet ainsi que les personnels spécialement habilités de l'État investis par la loi d'attributions de police judiciaire, notamment les agents des douanes, les agents des services fiscaux et les inspecteurs de l'environnement mentionnés à l'article L. 172-1 du Code de l'environnement, peuvent accéder aux informations, y compris nominatives, figurant dans les traitements de données à caractère personnel prévus par la présente section et détenus par chacun de ces services. L'habilitation précise la nature des données auxquelles elle autorise l'accès. L'accès, par tous moyens techniques mobiles, aux informations figurant dans les traitements de données personnelles prévus par la présente section est ouvert aux seuls personnels de la police et de la gendarmerie nationales, des douanes et des services fiscaux et aux inspecteurs de l'environnement mentionnés au même article L. 172-1.

L'accès aux informations mentionnées au premier alinéa est également ouvert :

1° Aux magistrats du parquet ;

2° Aux magistrats instructeurs, pour les recherches relatives aux infractions dont ils sont saisis.

Art. 230-11 *(Mod., L. n° 2016-731, 3 juin 2016)*. – Un décret en Conseil d'État, pris après avis de la Commission nationale de l'informatique et des libertés, fixe les modalités d'application de la présente section. Il précise notamment la liste des contraventions mentionnées à l'article 230-6, la durée de conservation des informations enregistrées, les modalités d'habilitation des personnes mentionnées à l'article 230-10 ainsi que, le cas échéant, les conditions dans lesquelles les personnes intéressées peuvent exercer leur droit d'accès et contester les décisions prises par le procureur de la République ou le magistrat mentionné à l'article 230-9.

Section II. – Des fichiers d'analyse sérielle

Art. 230-12. – Afin de rassembler les preuves et d'identifier les auteurs, grâce à l'établissement de liens entre les individus, les événements ou les infractions, des crimes et délits présentant un caractère sériel, les services et unités de la police et de la gendarmerie nationales chargés d'une mission de police judiciaire peuvent mettre en œuvre, sous le contrôle des autorités judiciaires, des traitements automatisés de données à caractère personnel collectées au cours :

1° Des enquêtes préliminaires ou de flagrance ou des investigations exécutées sur commission rogatoire et concernant toute infraction punie d'au moins cinq ans d'emprisonnement ;

2° Des procédures de recherche des causes de la mort prévues par l'article 74 ou de recherche des causes d'une disparition prévues par l'article 74-1.

Ces traitements peuvent enregistrer des données à caractère personnel de la nature de celles mentionnées au I de l'article *(Réf. rempl. à compter de la date prévue à l'art. 29 de l'ord. n° 2018-1125 du 12 déc. 2018, et au plus tard le 1er juin 2019, Ord. n° 2018-1125, 12 déc. 2018)* « 6 » de la loi n° 78-17 du 6 janvier 1978 relative à l'informatique, aux fichiers et aux libertés, dans la stricte mesure nécessaire aux finalités de recherche criminelle assignées auxdits traitements.

Art. 230-13 *(L. n° 2011-267, 14 mars 2011).* – Les traitements mentionnés à l'article 230-12 peuvent contenir des données sur les personnes, sans limitation d'âge :

1° À l'encontre desquelles il existe des indices graves ou concordants rendant vraisemblable qu'elles aient pu participer, comme auteurs ou complices, à la commission d'une infraction mentionnée au 1° de l'article 230-12 ; l'enregistrement des données concernant ces personnes peut intervenir, le cas échéant, après leur condamnation ;

2° À l'encontre desquelles il existe des raisons sérieuses de soupçonner qu'elles ont commis ou tenté de commettre une infraction mentionnée au 1° du même article 230-12 ;

3° Susceptibles de fournir des renseignements sur les faits au sens des articles 62, 78 et 101 et dont l'identité est citée dans une procédure concernant une infraction mentionnée au 1° de l'article 230-12 ;

4° Victimes d'une infraction mentionnée au 1° du même article 230-12 ;

5° Faisant l'objet d'une enquête ou d'une instruction pour recherche des causes de la mort prévue par l'article 74 ou d'une enquête ou d'une instruction pour recherche des causes d'une disparition prévue par l'article 74-1.

Art. 230-14 *(L. n° 2011-267, 14 mars 2011).* – Les articles 230-8 et 230-9 sont applicables aux traitements mentionnés à l'article 230-12.

Art. 230-15 *(Mod., Ord. n° 2018-1125, 12 déc. 2018).* – Les données à caractère personnel concernant les personnes qui font l'objet d'une procédure pour recherche des causes de la mort ou d'une disparition sont effacées dès lors que l'enquête a permis de retrouver la personne disparue ou d'écarter toute suspicion de crime ou délit. Dès lors que l'auteur des faits a été définitivement condamné, les personnes mentionnées aux 2°, 3° et 4° de l'article 230-13 peuvent demander l'effacement des données enregistrées dans le traitement, sauf si le procureur de la République ou le magistrat mentionné à l'article 230-9 en prescrit le maintien pour des motifs liés à la finalité du traitement, auquel cas ces motifs font l'objet d'une mention.

Art. 230-16 *(L. n° 2011-267, 14 mars 2011).* – Sont destinataires des données à caractère personnel mentionnées à la présente section :

1° Les personnels spécialement habilités et individuellement désignés de la police et de la gendarmerie nationales ;

2° Les magistrats du parquet et les magistrats instructeurs, pour les recherches relatives aux infractions dont ils sont saisis ;

3° Les agents des douanes spécialement habilités et individuellement désignés, à l'occasion des enquêtes visées à l'article 28-1.

L'habilitation précise la nature des données auxquelles elle autorise l'accès.

Art. 230-17 *(L. n° 2011-267, 14 mars 2011).* – Les traitements relevant de la présente section ne peuvent donner lieu à aucune utilisation à des fins administratives.

Art. 230-18 *(Mod. à compter de la date prévue à l'art. 29 de l'ord. n° 2018-1125 du 12 déc. 2018, et au plus tard le 1er juin 2019, Ord. n° 2018-1125, 12 déc. 2018).* – En application de l'article 31 de la loi n° 78-17 du 6 janvier 1978 précitée, un décret en Conseil d'État, pris après avis de la Commission nationale de l'informatique et des libertés, fixe les modalités d'application de la présente section. Il précise la durée de conservation des données enregistrées, les modalités d'habilitation des personnes mentionnées aux 1° et 3° de l'article 230-16 ainsi que, le cas échéant, les conditions dans lesquelles les personnes intéressées peuvent exercer leur droit d'accès et contester les décisions prises par le procureur de la République ou le magistrat mentionné à l'article 230-9.

Section III. – Du fichier des personnes recherchées

(L. n° 2011-267, 14 mars 2011)

Art. 230-19 *(Mod., L. n° 2021-401, 8 avr. 2021 ; L. n° 2021-1539, 30 nov. 2021).* – Sont inscrits dans le fichier des personnes recherchées au titre des décisions judiciaires :

1° Les mandats, ordres et notes de recherches émanant du procureur de la République, des juridictions d'instruction, de jugement ou d'application des peines, du juge des libertés et de la détention et du juge des enfants tendant à la recherche ou à l'arrestation d'une personne ;

2° *(Mod. à compter du 30 septembre 2021, Ord. n° 2019-950, 11 sept. 2019)* Les obligations ou interdictions visées aux 1°, 2°, 3°, 3° *bis*, 7°, 8°, 9°, 12°, 12° *bis*, 14° et 17° de l'article 138 et à l'article 138-3 du présent code ainsi que les obligations et interdictions similaires prévues par l'article L. 331-2 du Code de la justice pénale des mineurs et l'obligation prévue par l'avant-dernier alinéa de cet article ;

3° Les interdictions prononcées en application des dispositions des 1°, 2°, 3°, 6°, 11°, 12°, 13° et 14° de l'article 131-6 du Code pénal relatif aux peines alternatives à l'emprisonnement ;

3° *bis* Lorsqu'elles sont prononcées à titre de peine complémentaire, l'interdiction de conduire certains véhicules terrestres à moteur, y compris ceux pour la conduite desquels le permis de conduire n'est pas exigé, la suspension et l'annulation du permis de conduire ;

4° L'interdiction d'exercer certaines activités prononcée en application des articles 131-27 et 131-28 du Code pénal ;

5° L'interdiction du territoire français prononcée en application de l'article 131-30 du Code pénal ;

6° L'interdiction de séjour prononcée en application de l'article 131-31 du Code pénal ;

7° Lorsqu'elle est prononcée à titre de peine complémentaire, l'interdiction de détenir ou de porter une arme soumise à autorisation ;

8° *(Al. mod. à compter du 30 septembre 2021, Ord. n° 2019-950, 11 sept. 2019)* Les obligations ou interdictions prononcées dans le cadre d'un sursis probatoire, d'un suivi socio-judiciaire, d'une libération conditionnelle, d'une semi-liberté, d'un placement à l'extérieur, d'une détention à domicile sous surveillance électronique, d'une suspension ou d'un fractionnement de peine privative de liberté, d'un suivi post-libération ordonné sur le fondement de l'article 721-2, d'une surveillance judiciaire ou d'une surveillance de sûreté en application des dispositions des 5° et 6° de l'article 132-44, des 7° à 14°, 18° et 19° de l'article 132-45, de l'article 132-45-1 et des 3° et 4° de l'article 132-55 du Code pénal et des articles L. 611-3 à L. 611-6 du Code de la justice pénale des mineurs précité ;

9° *(Al. mod. à compter du 30 septembre 2021, Ord. n° 2019-950, 11 sept. 2019)* L'interdiction de paraître dans certains lieux ou de rencontrer certaines personnes prononcée en application des 5°, 6° et 7° de l'article L. 112-2 du Code de la justice pénale des mineurs précité ;

10° L'interdiction de stade prononcée en application des dispositions des articles L. 332-11 à L. 332-15 du Code du sport ;

11° L'interdiction de paraître dans certains lieux ou de rencontrer certaines personnes prononcée en application des 7°, 8° ou 9° de l'article 41-1 et des 9°, 10° ou 11° de l'article 41-2 du présent code ;

11° *bis* Les interdictions prononcées en application de l'article 706-136 du Code de procédure pénale ;

12° Les personnes considérées comme insoumises ou déserteurs en application des dispositions des articles 397 à 404 du Code de justice militaire ;

13° *(13° abr., L. n° 2015-990, 6 août 2015)* ;

14° L'interdiction de sortie du territoire prévue aux articles 373-2-6,375-5,375-7 et 515-13 du Code civil ;

15° Les personnes inscrites au fichier judiciaire national automatisé des auteurs d'infractions terroristes pendant toute la durée de leurs obligations prévues à l'article 706-25-7 ;

16° Les personnes inscrites au fichier judiciaire national automatisé des auteurs d'infractions sexuelles ou violentes dans les cas mentionnés à l'article 706-53-8 ;

17° Les interdictions prévues aux 1°, 1° *bis* et 2° de l'article 515-11 du Code civil et celles prévues par une mesure de protection en matière civile ordonnée dans un autre État membre de l'Union européenne reconnue et ayant force exécutoire en France en application du règlement (UE) n° 606/2013 du Parlement européen et du Conseil du 12 juin 2013 relatif à la reconnaissance mutuelle des mesures de protection en matière civile, ainsi que celles prévues par une décision de protection européenne reconnue conformément à l'article 696-102 du présent code en application de la directive 2011/99/UE du Parlement européen et du Conseil du 13 décembre 2011 relative à la décision de protection européenne ;

18° L'interdiction de participer à des manifestations sur la voie publique prononcée en application de l'article 131-32-1 du Code pénal ;

19° Les interdictions de détenir un animal prévues à l'article 131-21-2 du même code.

CHAPITRE III. – DES LOGICIELS DE RAPPROCHEMENT JUDICIAIRE

(L. n° 2011-267, 14 mars 2011)

Art. 230-20 *(Mod., L. n° 2018-898, 23 oct. 2018)*. – **Afin de faciliter le rassemblement des preuves des infractions et l'identification de leurs auteurs, les services de la police nationale et de la gendarmerie nationale chargés d'une mission de police judiciaire ainsi que le service « placé sous l'autorité du ministre chargé du budget chargé d'effectuer des enquêtes judiciaire » peuvent mettre en œuvre, sous le contrôle de l'autorité judiciaire, des logiciels destinés à faciliter l'exploitation et le rapprochement d'informations sur les modes opératoires réunies par ces services au cours :**

1° Des enquêtes préliminaires, des enquêtes de flagrance ou des investigations exécutées sur commission rogatoire ;

2° Des procédures de recherche des causes de la mort ou d'une disparition prévues par les articles 74 et 74-1.

Voir : Décret n° 2012-687 du 7 mai 2012 relatif à la mise en œuvre de logiciels de rapprochement judiciaire à des fins d'analyse criminelle.

Les dispositions des articles 230-20 et suivants n'ont pas pour objet et ne sauraient avoir pour effet de permettre la mise en œuvre d'un traitement général des données recueillies à l'occasion des diverses enquêtes mentionnées à l'article 230-20. Par ailleurs, l'article 230-23 prévoit que, sans préjudice des pouvoirs de contrôle attribués à la Commission nationale de l'informatique et des libertés, le traitement de données à caractère personnel au moyen des logiciels de rapprochement judiciaire est opéré sous le contrôle du procureur de la République ou de la juridiction d'instruction compétent. Ainsi, ces logiciels ne pourront conduire qu'à la mise en œuvre, autorisée par ces autorités judiciaires, de traitements de données à caractère personnel particuliers, dans le cadre d'une enquête ou d'une procédure déterminée portant sur une série de faits et pour les seuls besoins de ces investigations (■ Cons. const., déc. 10 mars 2011, n° 2011-625 DC, consid. 71).

Art. 230-21 *(L. n° 2011-267, 14 mars 2011)*. – **Les données exploitées par les logiciels faisant l'objet du présent chapitre ne peuvent provenir que des pièces et documents de procédure judiciaire déjà détenus par les services mentionnés à l'article 230-20.**

Lorsque sont exploitées des données pouvant faire indirectement apparaître l'identité des personnes, celle-ci ne peut apparaître qu'une fois les opérations de rapprochement effectuées, et uniquement pour celles de ces données qui sont effectivement entrées en concordance entre elles ou avec d'autres informations exploitées par le logiciel.

Art. 230-22 *(L. n° 2011-267, 14 mars 2011)*. – **Les données à caractère personnel éventuellement révélées par l'exploitation des enquêtes et investigations mentionnées au 1° de l'article 230-20 sont effacées à la clôture de l'enquête et, en tout état de cause, à l'expiration d'un délai de trois ans** *[Dispositions déclarées non conformes à la Constitution par la décision du Conseil constitutionnel n° 2011-625 DC du 10 mars 2011]*.

Les données à caractère personnel éventuellement révélées par l'exploitation des enquêtes mentionnées au 2° du même article sont effacées dès que l'enquête a permis de retrouver la personne disparue ou d'écarter toute suspicion de crime ou délit.

Le premier alinéa de l'article 230-22 dispose : « Les données à caractère personnel éventuellement révélées par l'exploitation des enquêtes et investigations mentionnées au 1° de l'article 230-20 sont effacées à la clôture de l'enquête et, en tout état de cause, à l'expiration d'un délai de trois ans après le dernier acte d'enregistrement ». Eu égard à la possibilité ouverte par les dispositions précitées d'un enregistrement de données même liées à des faits de faible gravité, la conservation de ces données ne saurait être prolongée à l'initiative de l'enquêteur au-delà de trois ans après leur enregistrement. Par suite, les mots : « après le dernier acte d'enregistrement » doivent être déclarés contraires à la Constitution (■ Cons. const., déc. 10 mars 2011, n° 2011-625 DC, consid. 72).

Art. 230-23 *(L. n° 2011-267, 14 mars 2011)*. – **Sans préjudice des pouvoirs de contrôle attribués à la Commission nationale de l'informatique et des libertés par la loi n° 78-17 du 6 janvier 1978 précitée, le traitement des données à caractère personnel est opéré sous le contrôle du procureur de la République compétent qui peut demander qu'elles soient effacées, complétées ou rectifiées, notamment en cas de**

requalification judiciaire. La rectification pour requalification judiciaire est de droit lorsque la personne concernée la demande.

Le procureur de la République dispose, pour l'exercice de ses fonctions, d'un accès direct à ces logiciels.

Art. 230-24 *(L. n° 2011-267, 14 mars 2011).* – Un magistrat, chargé de contrôler la mise en œuvre des logiciels faisant l'objet du présent chapitre et de s'assurer de la mise à jour des données, désigné à cet effet par le ministre de la Justice, concourt à l'application de l'article 230-23.

Ce magistrat peut agir d'office ou sur requête des particuliers.

Il dispose, pour l'exercice de ses fonctions, d'un accès direct à ces logiciels.

Art. 230-25 *(Mod., L. n° 2013-1117, 6 déc. 2013).* – Peuvent seuls utiliser les logiciels faisant l'objet du présent chapitre :

1° Les agents des services mentionnés à l'article 230-20, individuellement désignés et spécialement habilités, pour les seuls besoins des enquêtes dont ils sont saisis ;

2° Les magistrats du parquet et les magistrats instructeurs, pour les recherches relatives aux infractions dont ils sont saisis ;

3° Le procureur de la République compétent, aux fins du contrôle qu'il exerce en vertu de l'article 230-23 ;

4° Le magistrat mentionné à l'article 230-24.

L'habilitation mentionnée au 1° du présent article précise la nature des données auxquelles elle donne accès.

Art. 230-26 *(L. n° 2011-267, 14 mars 2011).* – Les logiciels faisant l'objet du présent chapitre ne peuvent en aucun cas être utilisés pour les besoins d'enquêtes administratives, ni à une autre fin que celle définie à l'article 230-20.

Art. 230-27 *(Mod. à compter de la date prévue à l'art. 29 de l'ord. n° 2018-1125 du 12 déc. 2018, et au plus tard le 1er juin 2019, Ord. n° 2018-1125, 12 déc. 2018).* – Les logiciels faisant l'objet du présent chapitre ne peuvent être autorisés que par décret en Conseil d'État pris après avis de la Commission nationale de l'informatique et des libertés. Ce décret précise notamment les infractions concernées, les modalités d'alimentation du logiciel, les conditions d'habilitation des personnes mentionnées au 1° de l'article 230-25 et les modalités selon lesquelles les personnes intéressées peuvent exercer leur droit d'accès.

CHAPITRE IV. – DES AUTOPSIES JUDICIAIRES

(L. n° 2011-525, 17 mai 2011)

Art. 230-28 *(L. n° 2011-267, 14 mars 2011).* – Une autopsie judiciaire peut être ordonnée dans le cadre d'une enquête judiciaire en application des articles 60, 74 et 77-1 ou d'une information judiciaire en application des articles 156 et suivants.

Elle ne peut être réalisée que par un praticien titulaire d'un diplôme attestant de sa formation en médecine légale ou d'un titre justifiant de son expérience en médecine légale.

Au cours d'une autopsie judiciaire, le praticien désigné à cette fin procède aux prélèvements biologiques qui sont nécessaires aux besoins de l'enquête ou de l'information judiciaire.

Sous réserve des nécessités de l'enquête ou de l'information judiciaire, le conjoint, le concubin, le partenaire lié par un pacte civil de solidarité, les ascendants ou les descendants en ligne directe du défunt sont informés dans les meilleurs délais de ce qu'une autopsie a été ordonnée et que des prélèvements biologiques ont été effectués.

Art. 230-29 *(L. n° 2011-267, 14 mars 2011).* – Lorsqu'une autopsie judiciaire a été réalisée dans le cadre d'une enquête ou d'une information judiciaire et que la conservation du corps du défunt n'est plus nécessaire à la manifestation de la vérité, l'autorité judiciaire compétente délivre dans les meilleurs délais l'autorisation de remise du corps et le permis d'inhumer.

Le praticien ayant procédé à une autopsie judiciaire est tenu de s'assurer de la meilleure restauration possible du corps avant sa remise aux proches du défunt.

Il ne peut être refusé aux proches du défunt qui le souhaitent d'avoir accès au corps avant sa mise en bière, sauf pour des raisons de santé publique. L'accès au corps se déroule dans des conditions qui leur garantissent respect, dignité, décence et humanité. Une charte de bonnes pratiques, dont le contenu est

défini par voie réglementaire, informe les familles de leurs droits et devoirs. Elle est obligatoirement affichée en un lieu visible.

À l'issue d'un délai d'un mois à compter de la date de l'autopsie, les proches du défunt ayant qualité pour pourvoir aux funérailles peuvent demander la restitution du corps auprès du procureur de la République ou du juge d'instruction, qui doit y répondre par une décision écrite dans un délai de quinze jours.

Art. 230-30 *(L. n° 2011-267, 14 mars 2011)*. – **Lorsque les prélèvements biologiques réalisés au cours d'une autopsie judiciaire ne sont plus nécessaires à la manifestation de la vérité, l'autorité judiciaire compétente peut ordonner leur destruction.**

La destruction s'effectue selon les modalités prévues par l'article R. 1335-11 du Code de la santé publique.

Toutefois, sous réserve des contraintes de santé publique et lorsque ces prélèvements constituent les seuls éléments ayant permis l'identification du défunt, l'autorité judiciaire compétente peut autoriser leur restitution en vue d'une inhumation ou d'une crémation.

Art. 230-31 *(L. n° 2011-267, 14 mars 2011)*. – **Les modalités d'application des dispositions du présent chapitre sont précisées par décret en Conseil d'État.**

CHAPITRE V. – DE LA GÉOLOCALISATION

(L. n° 2014-372, 28 mars 2014)

Art. 230-32 *(Mod. à compter du 1er juin 2019, L. n° 2019-222, 23 mars 2019)*. – **Il peut être recouru à tout moyen technique destiné à la localisation en temps réel, sur l'ensemble du territoire national, d'une personne, à l'insu de celle-ci, d'un véhicule ou de tout autre objet, sans le consentement de son propriétaire ou de son possesseur, si cette opération est exigée par les nécessités :**

1° D'une enquête ou d'une instruction portant sur un crime ou sur un délit puni d'au moins trois ans d'emprisonnement ;

2° D'une procédure d'enquête ou d'instruction de recherche des causes de la mort ou de la disparition prévue aux articles 74, 74-1 et 80-4 ;

3° D'une procédure de recherche d'une personne en fuite prévue à l'article 74-2.

La géolocalisation est mise en place par l'officier de police judiciaire ou, sous sa responsabilité, par l'agent de police judiciaire, ou prescrite sur réquisitions de l'officier de police judiciaire, dans les conditions et selon les modalités prévues au présent chapitre.

Bibliographie : *Répertoire.* J. Pronier, *Géolocalisation : JCl. Proc. pén.*, art. 230-32 à 230-44, Fasc. 20.

Généralités. A. Bonnet, *La licéité du recours à la surveillance par géolocalisation : JCP* G 2012, 49. • J. Buisson, *La géolocalisation enfin prévue par une loi... : Procédures* 2014, étude 10 ; *Missions du service interministériel d'assistance technique : Procédures* 2014, comm. 277. • N. Dedessus-Le-Moustier, *Conditions du recours à un système de géolocalisation : JCP* G 2011, 1284. • F. Fourment, *La géolocalisation et la Convention EDH : l'ambivalence de la Cour de cassation : JCP* G 2013, 1378. • P. Le Monnier de Gouville, *Le régime juridique de la géolocalisation : une pierre de plus à la mosaïque processuelle pénale : Gaz. Pal.* 27-29 juill. 2014, p. 4 et s. • J. Pradel, *De la géolocalisation en procédure pénale. À la recherche d'un statut : JCP* G 2014, doctr. 77. • M. Quéméner, *Circulaire sur la géolocalisation : quels enjeux ? : D.* 2014, p. 1088. • L. Robert, *Géolocalisation : l'autorisation donnée par un magistrat du parquet est contraire à la Convention européenne des droits de l'Homme : Gaz. Pal.* 2013, 1, jurispr. p. 16 à 18. • J. Valat, *La loi du 28 mars 2014 relative à la géolocalisation : Dr. pén.* 2014, étude 12.

1) **Principes constitutionnels.** Le législateur a entouré la mise en œuvre de la géolocalisation de mesures de nature à garantir que, placées sous l'autorisation et le contrôle de l'autorité judiciaire, les restrictions apportées au respect de la vie privée et à l'inviolabilité du domicile soient nécessaires à la manifestation de la vérité et ne revêtent pas un caractère disproportionné au regard de la gravité et de la complexité des infractions commises (■ Cons. const., 25 mars 2014, n° 2014-693 DC). En subordonnant la recevabilité d'un moyen de nullité pris de l'irrégularité d'une géolocalisation, à la condition que la personne concernée dispose d'un droit sur le véhicule géolocalisé dans le cas où le véhicule a été volé et faussement immatriculé, et hors le cas où serait démontré le recours par les autorités publiques à un procédé déloyal, les articles 230-32 à 230-43, 171 et 802 du Code de procédure pénale et leur interprétation jurisprudentielle constante opèrent une conciliation équilibrée entre, d'une part, les droits de la défense ainsi que le droit à un recours effectif devant une juridiction,

d'autre part, les principes de valeur constitutionnelle de prévention des atteintes à l'ordre public et de recherche des auteurs d'infractions ; la différence de situation entre la personne qui dispose de droits sur un véhicule volé et faussement immatriculé, tels le propriétaire de celui-ci ou la personne à qui il en aurait conféré l'usage, et celle qui n'en dispose pas justifie la différence de traitement induite par l'interprétation constante que la Cour de cassation fait des articles 230-32 à 230-44 du Code de procédure pénale, laquelle est en rapport direct avec l'objet de la loi (■ Cass. crim., 14 nov. 2017, n° 17-82.435 QPC : *Bull. crim.* n° 259 ; *Procédures* 2018, n° 27, obs. J. B.). Hors le cas de recours, par l'autorité publique, à un procédé déloyal, l'irrecevabilité opposée à un moyen de nullité pris de l'irrégularité de la géolocalisation d'un véhicule volé et faussement immatriculé, présenté par une personne qui ne peut se prévaloir d'aucun droit sur ce dernier, opère une conciliation équilibrée entre d'une part le droit à un procès équitable et celui au respect de la vie privée et d'autre part, l'obligation pour les États d'assurer le droit à la sécurité des citoyens par la prévention des infractions et la recherche de leurs auteurs (■ Cass. crim., 20 déc. 2017, n° 17-82.435 : *RPDP* 2018, p. 78, obs. Y. Capdepon ; *Procédures* 2018, n° 27, obs. J. B.).

2) Principes du droit européen. Convention européenne des droits de l'homme. La surveillance d'une personne par GPS ainsi que le traitement et l'utilisation des données ainsi obtenues peuvent s'analyser en une ingérence dans la vie privée de l'intéressé, telle que protégée par l'article 8 § 1 ; cette ingérence doit être proportionnée au but poursuivi (■ CEDH, 2 sept. 2010, n° 35623/05, *Uzun c/ Allemagne*). Les articles 230-32 et 230-33 du Code de procédure pénale ne sont pas contraires à l'article 8 de la Convention européenne des droits de l'homme (■ Cass. crim., 7 mai 2019, n° 18-85.596). La pose d'un procédé de géolocalisation à l'extérieur d'un véhicule volé et faussement immatriculé est étrangère aux prévisions de l'article 8, § 2, de la Convention européenne des droits de l'Homme (■ Cass. crim., 15 oct. 2014, n°s 12-82.391 et 14-85.056 : *Bull. crim.* n° 208). Est régulière la géolocalisation par téléphones portables dont la durée n'a pas excédé celle au terme de laquelle le respect des dispositions de l'article 8 de la Convention européenne des droits de l'Homme imposait qu'elle fût exécutée sous le contrôle d'un juge (■ Cass. crim., 6 janv. 2015, n° 14-84.694 : *Bull. crim.* n° 9). L'obligation pour les États d'assurer le droit à la sécurité des citoyens par la prévention des infractions et la recherche de leurs auteurs n'est pas contraire aux articles 6 et 8 de la Convention européenne des droits de l'Homme (■ Cass. crim., 20 déc. 2017, n° 17-82.435 : *RPDP* 2018, p. 78, obs. Y. Capdepon ; *Procédures* 2018, n° 27, obs. J. B.).

3) Principes du droit européen. Droit de l'Union européenne. L'article 15, paragraphe 1, de la directive 2002/58/CE du Parlement européen et du Conseil, du 12 juillet 2002, concernant le traitement des données à caractère personnel et la protection de la vie privée dans le secteur des communications électroniques (directive vie privée et communications électroniques), lu à la lumière des articles 7, 8 et 11 ainsi que de l'article 52, paragraphe 1, de la Charte des droits fondamentaux de l'Union européenne, doit être interprété en ce sens qu'il s'oppose à une réglementation nationale permettant l'accès d'autorités publiques à un ensemble de données relatives au trafic ou de données de localisation, susceptibles de fournir des informations sur les communications effectuées par un utilisateur d'un moyen de communication électronique ou sur la localisation des équipements terminaux qu'il utilise (tel un téléphone) et de permettre de tirer des conclusions précises sur sa vie privée, à des fins de prévention, de recherche, de détection et de poursuite d'infractions pénales, sans que cet accès soit circonscrit à des procédures visant à la lutte contre la criminalité grave ou à la prévention de menaces graves contre la sécurité publique, ce indépendamment de la durée de la période pour laquelle l'accès auxdites données est sollicité et de la quantité ou de la nature des données disponibles pour une telle période (■ CJUE, 2 mars 2021, aff. C-746/18, *H. K. c/ Prokuratuur*).

4) Caractère déloyal de la géolocalisation : recours à un stratagème. Justifie sa décision la chambre de l'instruction qui, pour écarter l'argumentation de la personne mise en examen prise de la nullité de la mesure de géolocalisation d'un véhicule, relève notamment que les irrégularités supposées commises, qui n'ont pu influer de quelque manière sur le comportement des utilisateurs dudit véhicule ou porter atteinte à leur libre arbitre, ne peuvent être regardées comme un acte positif susceptible de caractériser un stratagème, au sens d'une combinaison de moyens pour atteindre un résultat, en sorte qu'il ne saurait être reproché aux autorités publiques d'avoir recouru à un procédé déloyal (■ Cass. crim., 20 déc. 2017, n° 17-82.435 : *RPDP* 2018, p. 78, obs. Y. Capdepon ; *Procédures* 2018, n° 27, obs. J. B.).

5) Application de la loi pénale procédurale dans le temps. Si c'est en violation des dispositions de l'article 112-4, alinéa 1er, du Code pénal que les juges ont apprécié la légalité d'actes accomplis avant l'entrée en vigueur de la loi du 28 mars 2014 relative à la géolocalisation, au regard des dispositions du Code de procédure pénale qui en sont issues, l'arrêt n'encourt pas la censure, dès lors qu'il ressort de ses énonciations que la durée de la mesure contestée n'a pas excédé celle au terme de laquelle le respect des dispositions de l'article 8 de la Convention européenne des droits de l'Homme imposait qu'elle fût exécutée sous le contrôle d'un juge (■ Cass. crim., 6 janv. 2015, n° 14-84.694 : *Bull. crim.* n° 9).

6) Domaines respectifs des articles 230-32 et suivants et de l'article 77-1-1 du Code de procédure pénale. Les dispositions des articles 230-32 et suivants précités régissent uniquement la géolocalisation en temps réel pour suivi dynamique d'un mis en cause, non la géolocalisation en temps différé pour reconstitution ultérieure de son parcours, laquelle relève de l'article 77-1-1 du Code de procédure pénale (■ Cass. crim., 2 nov. 2016, n° 16-82.376 : *Bull. crim.* n° 282).

7) Nécessité d'une autorisation donnée par écrit et avant la mise en place du dispositif de géolocalisation. Il résulte des articles 230-32 et suivants du Code de procédure pénale que les opérations de géolocalisation en temps réel, réalisées dans le cadre fixé par ces articles, doivent être autorisées par écrit par le magistrat compétent, avant la mise en place du dispositif (■ Cass. crim., 9 mai 2018, n° 17-86.558 : *Bull. crim.* n° 90 ; *Dr. pén.* 2018, comm. 136, obs. A. Maron et M. Haas ; *Procédures* 2018, comm. 224, obs. A.-S. Chavent-Leclère).

8) Présence de l'officier de police judiciaire lors de la pose de la balise. L'article 230-32 du Code de procédure pénale ne fait pas obligation à l'officier de police judiciaire d'être présent lors de la pose de la balise (■ Cass. crim., 18 sept. 2019, n° 18-84.752).

9) Titulaire du droit d'agir en nullité contre une mesure de géolocalisation. Une personne mise en examen n'est pas recevable à contester la régularité de la géolocalisation en temps réel et en urgence de véhicules sur lesquels elle ne peut se prévaloir d'aucun droit (■ Cass. crim., 20 juin 2018, n° 17-86.651 : *Bull. crim.* n° 117). Une personne mise en examen est irrecevable à contester la régularité de la géolocalisation en temps réel d'un véhicule volé et faussement immatriculé sur lequel elle ne peut se prévaloir d'aucun droit, sauf le recours, par les autorités publiques, à un procédé déloyal (■ Cass. crim., 7 juin 2016, n° 15-87.755 : *Bull. crim.* n° 174 ; *JCP G* 2016, 1176, note O. Décima. ■ Cass. crim., 2 nov. 2016, n° 16-81.716 : *Bull. crim.* n° 181. ■ Cass. crim., 14 nov. 2017, n° 17-82.435 : *Bull. crim.* n° 259 ; *RPDP* 2018, p. 78, obs. Y. Capdepon ; *Procédures* 2018, n° 27, obs. J. B.). La personne qui ne peut se prévaloir d'aucun droit sur l'objet géolocalisé et qui n'a pas été elle-même géolocalisée est irrecevable à invoquer une irrégularité affectant cette mesure, dès lors qu'elle n'établit pas qu'à cette occasion il aurait été porté atteinte à un autre intérêt qui lui serait propre (■ Cass. crim., 23 nov. 2016, n° 16-81.904 : *Bull. crim.* n° 306. ■ Cass. crim., 21 févr. 2017, n° 16-85.542). Il résulte de la combinaison des articles 6 et 8 de la Convention européenne des droits de l'homme, préliminaire, 171, 230-32 à 230-4 du Code de procédure pénale que la méconnaissance des formalités substantielles régissant la géolocalisation peut être invoquée à l'appui d'une demande d'annulation d'actes ou de pièces de procédure par la partie titulaire d'un droit sur le véhicule géolocalisé ou qui établit, hors le cas d'un véhicule volé et faussement immatriculé, qu'il a, à l'occasion d'une telle investigation, été porté atteinte à sa vie privée ; pour écarter l'argumentation du demandeur qui soutenait que les géolocalisations des véhicules en cause étaient nulles, faute de respect des dispositions de l'article 230-35 du Code de procédure pénale, l'arrêt énonce que l'intéressé ne saurait être admis à contester la régularité desdites opérations, ne pouvant se prévaloir d'aucun droit sur ces véhicules, qui appartiennent à des tiers ; en prononçant ainsi, alors qu'il résulte des conclusions du demandeur, à qui il n'était pas reproché d'avoir pris place dans un véhicule volé et faussement immatriculé, que celui-ci soutenait avoir lui-même été géolocalisé par le biais des mesures contestées, en sorte qu'il avait été porté atteinte à sa vie privée, la chambre de l'instruction a méconnu les textes susvisés et le principe ci-dessus rappelé (■ Cass. crim., 27 mars 2018, n° 17-85.603 : *Bull. crim.* n° 53 ; *Dr. pén.* 2018, comm. 93, obs. A. Maron et M. Haas ; *Procédures* 2018, comm. 198, obs. J. B.). Il résulte de la combinaison des articles 171 et 802 du Code de procédure pénale que la méconnaissance des formalités substantielles régissant les géolocalisations peut être invoquée à l'appui d'une demande d'annulation d'actes ou de pièces de procédure par la partie titulaire d'un droit sur l'objet géolocalisé ou qui établit qu'il a, à l'occasion d'une telle investigation, été porté atteinte à sa vie privée (■ Cass. crim., 9 mai 2018, n° 17-86.558 : *Bull. crim.* n° 90 ; *Dr. pén.* 2018, comm. 136, obs. A. Maron et M. Haas ; *Procédures* 2018, comm. 224, obs. A.-S. Chavent-Leclère). Lorsque la procédure ne fait pas apparaître le véhicule en cause comme volé et faussement immatriculé, les incertitudes sur la manière dont le requérant est entré en sa possession ne peuvent suffire à le priver des garanties attachées à la protection de l'intimité de la vie privée (■ Cass. crim., 5 oct. 2021, n° 21-83.219). Il résulte de l'article 6, § 1 de la Convention européenne des droits de l'homme, des articles 171 et 802 du Code de procédure pénale qu'un demandeur à la nullité est recevable à proposer des moyens tirés de l'irrégularité d'actes accomplis dans une autre procédure à laquelle il n'était pas partie et qui ont été versés à la procédure suivie contre lui, lorsqu'il fait valoir que les pièces versées sont susceptibles d'avoir été illégalement recueillies, sans que puisse lui être opposée l'autorité de la chose jugée lors de cette autre procédure à laquelle il n'a pas été partie (■ Cass. crim., 20 juin 2018, n° 17-86.657 : *Bull. crim.* n° 116).

10) **Entraide pénale internationale.** Les données issues d'une géolocalisation mise en œuvre sur le territoire national et s'étant poursuivie sur le territoire d'un autre État ne peuvent, lorsque cette mesure n'a pas fait l'objet d'une acceptation préalable ou concomitante de celui-ci au titre de l'entraide pénale, être exploitées en procédure qu'avec son autorisation ; il appartient donc à la chambre de l'instruction de rechercher, au besoin en procédant à un supplément d'information, si les autorités compétentes de l'État en cause ont autorisé l'exploitation des données en résultant (■ Cass. crim., 9 févr. 2016, n° 15-85.070 : *Bull. crim.* n° 32 ; *JCP* G 2016, 537, note D. Rebut ; *Procédures* 2016, comm. 139, obs. A.-S. Chavent-Leclère. ■ Cass. crim., 10 avr. 2018, n° 17-85.607). Lorsque le procès-verbal indique que le dispositif technique a permis de constater que le véhicule surveillé a franchi la frontière franco-espagnole pour entrer en territoire espagnol, puis est revenu en France le même jour, sans comporter aucune indication sur l'itinéraire du véhicule en territoire espagnol, les règles de l'entraide judiciaire internationale n'ont pas été transgressées (■ Cass. crim., 11 janv. 2017, n° 16-86.394). Les données issues d'une géolocalisation mise en œuvre sur le territoire national mentionnant des heures de franchissement aller-retour des frontières avec l'Allemagne, par un véhicule, observées depuis la France, ne constituent pas, en l'absence de toute indication sur son itinéraire dans ce pays, une localisation en temps réel sur son territoire (■ Cass. crim., 2 mars 2021, n° 20-84.004 : publié au *Bull.*).

Art. 230-33 ***(Mod. à compter du 1er juin 2019, L. n° 2019-222, 23 mars 2019).*** **– L'opération mentionnée à l'article 230-32 est autorisée :**

1° Dans le cadre d'une enquête de flagrance, d'une enquête préliminaire ou d'une procédure prévue aux articles 74 à 74-2, par le procureur de la République, pour une durée maximale de quinze jours consécutifs dans les cas prévus aux articles 74 à 74-2 ou lorsque l'enquête porte sur un crime ou sur une infraction mentionnée aux articles 706-73 ou 706-73-1, ou pour une durée maximale de huit jours consécutifs dans les autres cas. À l'issue de ces délais, cette opération est autorisée par le juge des libertés et de la détention à la requête du procureur de la République, pour une durée maximale d'un mois renouvelable dans les mêmes conditions de forme et de durée ;

2° Dans le cadre d'une instruction ou d'une information pour recherche des causes de la mort ou des causes de la disparition mentionnées aux articles 74, 74-1 et 80-4, par le juge d'instruction, pour une durée maximale de quatre mois renouvelable dans les mêmes conditions de forme et de durée.

La durée totale de cette opération ne peut pas excéder un an ou, s'il s'agit d'une infraction prévue aux articles 706-73 ou 706-73-1, deux ans.

La décision du procureur de la République, du juge des libertés et de la détention ou du juge d'instruction est écrite et motivée par référence aux éléments de fait et de droit justifiant que ces opérations sont nécessaires. Elle n'a pas de caractère juridictionnel et n'est susceptible d'aucun recours.

Bibliographie : J. Pronier, *Géolocalisation : JCl. Proc. pén.*, art. 230-32 à 230-44, Fasc. 20.

1) **Conformité à l'article 2 de la Déclaration des droits de l'homme et du citoyen, garantissant le droit au respect de la vie privée.** La géolocalisation n'implique pas d'acte de contrainte sur la personne visée ni d'atteinte à son intégrité corporelle, de saisie, d'interception de correspondance ou d'enregistrement d'image ou de son. Le procureur de la République est un magistrat de l'ordre judiciaire auquel l'article 39-3 du Code de procédure pénale confie la mission de contrôler la légalité des moyens mis en œuvre par les enquêteurs et la proportionnalité des actes d'investigation au regard de la nature et de la gravité des faits. En outre, il ne peut autoriser une mesure de géolocalisation que dans les cas prévus par l'article 230-32 et pour une durée maximale, selon les cas, de huit ou quinze jours consécutifs. À l'issue de ce délai, la géolocalisation est autorisée par le juge des libertés et de la détention sans que la durée totale de l'opération puisse excéder un ou deux ans selon les cas. Le législateur a donc entouré la mise en œuvre des mesures de géolocalisation de garanties de nature à assurer, dans le respect des prérogatives de l'autorité judiciaire, une conciliation équilibrée entre l'objectif de valeur constitutionnelle de recherche des auteurs d'infractions et le droit au respect de la vie privée (■ Cons. const., 23 sept. 2021, n° 2021-930 QPC).

2) **Conformité à l'article 8, Convention européenne des droits de l'Homme.** Les articles 230-32 et 230-33 du Code de procédure pénale ne sont pas contraires à l'article 8 de la Convention européenne des droits de l'homme (■ Cass. crim., 7 mai 2019, n° 18-85.596).

En précisant que la décision est écrite, n'a pas de caractère juridictionnel et n'est susceptible d'aucun recours, sans prévoir la nécessité d'une motivation, les dispositions de l'article 230-33 du Code de procédure pénale ne sont pas contraires à l'article 8 de la Convention européenne des droits de l'Homme, dès lors que l'autorisation donnée par le ministère public, nécessaire au sens des textes conventionnels, l'est pour une très courte durée et que la prolongation de la mesure est autorisée par un juge qui en contrôle l'exécution (■ Cass. crim., 11 déc. 2018, n° 18-82.365 : *Bull. crim.* n° 211 ; *Procédures* 2019, n° 93, obs. A.-S. Chavent-Leclère).

3) Principes du droit européen. Droit de l'Union européenne. Pouvoirs du procureur de la République. L'article 15, paragraphe 1, de la directive 2002/58/CE du Parlement européen et du Conseil, du 12 juillet 2002, concernant le traitement des données à caractère personnel et la protection de la vie privée dans le secteur des communications électroniques (directive vie privée et communications électroniques), lu à la lumière des articles 7, 8 et 11 ainsi que de l'article 52, paragraphe 1, de la Charte des droits fondamentaux de l'Union européenne, doit être interprété en ce sens qu'il s'oppose à une réglementation nationale donnant compétence au ministère public, dont la mission est de diriger la procédure d'instruction pénale et d'exercer, le cas échéant, l'action publique lors d'une procédure ultérieure, pour autoriser l'accès d'une autorité publique aux données relatives au trafic et aux données de localisation aux fins d'une instruction pénale (■ CJUE, 2 mars 2021, aff. C-746/18, *H. K. c/ Prokuratuur*).

4) Absence de condition tenant à la continuité de l'opération. L'article 230-33 du Code de procédure pénale ne pose pas l'exigence d'une continuité entre l'expiration du délai durant lequel la mesure est autorisée par le procureur de la République et la délivrance de l'autorisation du juge des libertés et de la détention faisant courir, à partir de ce moment, un nouveau délai (■ Cass. crim., 19 févr. 2019, n° 18-84.671 : *Bull. crim.* n° 38, à propos d'une autorisation du procureur de la République expirant le 12 avril à minuit et de sa prolongation par le juge des libertés et de la détention intervenue à compter seulement du 14 avril).

Art. 230-34 *(Mod. à compter du 1er juin 2019, L. n° 2019-222, 23 mars 2019).* **– Dans les cas mentionnés aux 1° et 2° de l'article 230-33, lorsque les nécessités de l'enquête ou de l'instruction l'exigent, le procureur de la République ou le juge d'instruction peut, aux seules fins de mettre en place ou de retirer le moyen technique mentionné à l'article 230-32, autoriser par décision écrite l'introduction, y compris en dehors des heures prévues à l'article 59, dans des lieux privés destinés ou utilisés à l'entrepôt de véhicules, fonds, valeurs, marchandises ou matériel, ou dans un véhicule situé sur la voie publique ou dans de tels lieux, à l'insu ou sans le consentement du propriétaire ou de l'occupant des lieux ou du véhicule ou de toute personne titulaire d'un droit sur ceux-ci.**

S'il s'agit d'un lieu privé autre que ceux mentionnés au premier alinéa du présent article, cette opération ne peut intervenir que dans les cas mentionnés aux 2° et 3° de l'article 230-32 ou lorsque l'enquête ou l'instruction est relative à un crime ou à un délit puni d'au moins cinq ans d'emprisonnement. Si ce lieu privé est un lieu d'habitation, l'autorisation est délivrée par décision écrite :

1° Dans les cas prévus au 1° de l'article 230-33, du juge des libertés et de la détention, saisi à cette fin par le procureur de la République ;

2° Dans les cas prévus au 2° du même article 230-33, du juge d'instruction ou, si l'opération doit intervenir en dehors des heures prévues à l'article 59, du juge des libertés et de la détention, saisi à cette fin par le juge d'instruction.

La mise en place du moyen technique mentionné à l'article 230-32 ne peut concerner ni les lieux mentionnés aux articles 56-1 à *(Mots rempl. à compter du 1er oct. 2016, L. n° 2016-731, 3 juin 2016)* **« 56-5 », ni le bureau ou le domicile des personnes mentionnées à l'article 100-7.**

Bibliographie : J. Pronier, *Géolocalisation : JCl. Proc. pén.*, art. 230-32 à 230-44, Fasc. 20.

1) Pouvoirs du procureur de la République. Droit de l'Union européenne. V. art. 230-33, *supra*, p. 706.

2) Notion d'habitation. Le parking d'un hôtel où a été posée une balise de géolocalisation ne constitue pas une habitation au sens de l'article 230-34 du Code de procédure pénale (■ Cass. crim., 23 mai 2017, n° 16-87.323 : *Bull. crim.* n° 140). Ni les espaces de circulation, ni les emplacements de stationnement, ni les boxes fermés du parking souterrain d'un immeuble collectif d'habitation ne constituent des lieux d'habitation au sens de l'article 230-34, alinéa 2 du Code de procédure pénale ; des enquêteurs peuvent donc s'introduire dans un tel boxe, à la demande du juge d'instruction, en dehors des heures prévues par l'article 59 du Code de procédure pénale, pour poser un dispositif de géolocalisation sur un véhicule y étant stationné, sans qu'une autorisation du juge des libertés et de la détention soit requise (■ Cass. crim., 18 juin 2019, n° 18-86.421 :

JCP G 2019, 947, note N. Jeanne ; *Dr. pén.* 2019, comm. 158, obs. A. Maron et M. Haas ; *Procédures* 2019, comm. 266, obs. J. Buisson).

3) **Contenu de l'autorisation écrite.** Il n'est pas besoin pour le juge d'instruction, dans son autorisation écrite, de préciser les circonstances de l'introduction dans un lieu privé, y compris en dehors des heures décrites à l'article 59 du même code, ces circonstances étant prévues par l'article 230-34 du Code de procédure pénale (▪ Cass. crim., 4 nov. 2020, n° 20-82.791, § 11).

Art. 230-35 *(L. n° 2014-372, 28 mars 2014).* **– En cas d'urgence résultant d'un risque imminent de dépérissement des preuves ou d'atteinte grave aux personnes ou aux biens, les opérations mentionnées à l'article 230-32 peuvent être mises en place ou prescrites par un officier de police judiciaire. Celui-ci en informe immédiatement, par tout moyen, le procureur de la République ou le juge d'instruction dans les cas mentionnés aux articles 230-33 et 230-34. Ce magistrat peut alors ordonner la mainlevée de la géolocalisation.**

Toutefois, si l'introduction dans un lieu d'habitation est nécessaire, l'officier de police judiciaire doit recueillir l'accord préalable, donné par tout moyen :

1° Dans les cas prévus au 1° de l'article 230-33, du juge des libertés et de la détention, saisi à cette fin par le procureur de la République ;

2° Dans les cas prévus au 2° du même article 230-33, du juge d'instruction ou, si l'introduction doit avoir lieu en dehors des heures prévues à l'article 59, du juge des libertés et de la détention, saisi à cette fin par le juge d'instruction.

Ces magistrats disposent d'un délai de vingt-quatre heures pour prescrire, par décision écrite, la poursuite des opérations. À défaut d'une telle autorisation dans ce délai, il est mis fin à la géolocalisation. Dans les cas prévus au premier alinéa du présent article, l'autorisation comporte l'énoncé des circonstances de fait établissant l'existence du risque imminent mentionné à ce même alinéa.

Bibliographie : J. Pronier, *Géolocalisation : JCl. Proc. pén.*, art. 230-32 à 230-44, Fasc. 20.

1) **Pouvoirs du procureur de la République. Droit de l'Union européenne.** V. art. 230-33, *supra*, p. 706.

2) **Information immédiate du magistrat.** L'information du procureur de la République ou du juge d'instruction, selon le cas, doit intervenir dès la mise en place effective de la mesure de géolocalisation, sauf circonstances insurmontables ayant empêché que cette information soit donnée selon les exigences légales (▪ Cass. crim., 29 sept. 2020, n° 20-80.915, § 10 : publié au *Bull.* ; *Procédures* 2020, comm. 202, obs. J. Buisson). Doit donc être cassé l'arrêt qui prétend qu'il a été satisfait à l'obligation d'information immédiate du juge d'instruction, au motif que le laps de temps de 6 heures ayant séparé la pose du dispositif et l'exécution de cette obligation n'aurait emporté aucune atteinte à l'exigence découlant de l'article 230-35 du Code de procédure pénale et de l'article 8, § 2, de la Convention européenne des droits de l'homme, de contrôle de la mesure par l'autorité judiciaire, dès lors qu'elle a pu y procéder utilement dès le début de la journée (même arrêt). Encourt la cassation l'arrêt d'une chambre de l'instruction qui, pour rejeter la requête en annulation d'une mesure de géolocalisation d'un véhicule, prise d'initiative, en urgence, par un officier de police judiciaire, retient que le juge d'instruction saisi a nécessairement été informé de la pose du dispositif par la note que cet enquêteur a adressée à sa hiérarchie pour souligner l'opportunité d'une surveillance technique, et que la commission rogatoire délivrée par le magistrat à cette fin dans les vingt-quatre heures valait autorisation de poursuivre la mesure de géolocalisation déjà engagée, alors qu'aucun avis immédiat de celle-ci n'avait été donné au magistrat, et que la commission rogatoire ne valait que pour l'avenir (▪ Cass. crim., 17 nov. 2015, n° 15-84.025 : *Bull. crim.* n° 257).

3) **Autorisation de l'officier de police judiciaire : nécessité de justifier du risque de dépérissement des preuves.** En application de l'article 230-35 du Code de procédure pénale, l'officier de police judiciaire qui, d'initiative, procède à l'installation d'un moyen technique destiné à la localisation en temps réel d'une personne, d'un véhicule, ou de tout autre objet, doit justifier, dans sa demande d'autorisation *a posteriori*, le risque imminent de dépérissement des preuves ou d'atteintes graves aux personnes et aux biens (▪ Cass. crim., 9 mai 2018, n° 17-86.638 : *Bull. crim.* n° 89 ; *Dr. pén.* 2018, comm. 136, obs. A. Maron et M. Haas ; *Procédures* 2018, comm. 224, obs. A.-S. Chavent-Leclère). Est irrégulière la géolocalisation pratiquée en exécution d'une commission rogatoire, alors que celle-ci ne mentionne ni l'imminence du risque de dépérissement des preuves rendant nécessaire le recours à la procédure d'urgence prévue à l'article 230-35 du Code de procédure pénale ni en quoi il y a lieu de craindre un dépérissement des preuves ou une atteinte grave aux personnes ou aux biens (▪ Cass. crim., 11 mai 2021, n°s 20-83.435 et 20-86.180, § 57).

4) Autorisation de prolongation de la mesure : nécessité d'énoncer les circonstances établissant le risque de dépérissement des preuves. L'autorisation de prolongation de la mesure délivrée par le magistrat compétent dans le délai de 24 heures doit comporter l'énoncé des circonstances de fait qui établissent le risque imminent de dépérissement des preuves ou d'atteinte grave aux personnes ou aux biens justifiant l'utilisation de cette procédure (■ Cass. crim., 9 mai 2018, n° 17-86.638 : *Bull. crim.* n° 89 ; *Dr. pén.* 2018, comm. 136, obs. A. Maron et M. Haas ; *Procédures* 2018, comm. 224, obs. A.-S. Chavent-Leclère). Sont nulles des commissions rogatoires prescrivant des géolocalisations en temps réels si elles ne comportent pas l'énoncé des circonstances de fait établissant l'existence d'un risque imminent de dépérissement des preuves ou d'atteinte grave aux personnes ou aux biens, rendant nécessaire le recours à la procédure d'urgence prévue à l'article 230-35 du Code de procédure pénale, ces délégations ne pouvant s'analyser en une autorisation de poursuite des opérations précédemment engagées (■ Cass. crim., 10 avr. 2018, n° 17-85.607. ■ Cass. crim., 20 juin 2018, n° 17-86.657 : *Bull. crim.* n° 116. ■ Cass. crim., 25 juill. 2018, n° 18-80.651 : *Bull. crim.* n° 134 ; *Procédures* 2018, comm. 307, obs. A.-S. Chavent-Leclère). La chambre de l'instruction, saisie d'une requête en annulation d'une décision de prolongation d'une mesure de géolocalisation prise par le juge d'instruction, au motif du défaut de motivation de cette dernière conformément aux exigences légales, ne peut substituer sa propre motivation à celle de ce magistrat (■ Cass. crim., 25 juill. 2018, préc).

5) Magistrats compétents : exclusion de la chambre de l'instruction. Il se déduit des articles 230-32 et suivants, qu'il n'entre pas dans les pouvoirs de la chambre de l'instruction de faire application des dispositions de l'article 230-35 du Code de procédure pénale lorsque celles-ci n'ont pas été mises en œuvre par l'officier de police judiciaire (■ Cass. crim., 9 mai 2018, n° 17-86.558 : *Bull. crim.* n° 90 ; *Dr. pén.* 2018, comm. 136, obs. A. Maron et M. Haas ; *Procédures* 2018, comm. 224, obs. A.-S. Chavent-Leclère).

6) Impossibilité pour la chambre de l'instruction de substituer sa propre motivation à celle du juge d'instruction. La chambre de l'instruction, saisie d'une requête en annulation de cette décision prise par le juge d'instruction, au motif du défaut de motivation de cette dernière conformément aux exigences légales, ne peut substituer sa propre motivation à celle de ce magistrat (■ Cass. crim., 11 mai 2021, n°s 20-83.435 et 20-86.180, § 58).

Art. 230-36 *(L. n° 2014-372, 28 mars 2014).* **– Le juge d'instruction ou l'officier de police judiciaire commis par lui ou autorisé par le procureur de la République peut requérir tout agent qualifié d'un service, d'une unité ou d'un organisme placé sous l'autorité du ministre de l'Intérieur et dont la liste est fixée par décret, en vue de procéder à l'installation et au retrait du moyen technique mentionné à l'article 230-32.**

Bibliographie : J. Pronier, *Géolocalisation : JCl. Proc. pén.*, art. 230-32 à 230-44, Fasc. 20.

Art. 230-37 *(L. n° 2014-372, 28 mars 2014).* **– Les opérations prévues au présent chapitre sont conduites sous le contrôle du magistrat qui les a autorisées ou qui a autorisé leur poursuite.**

Le fait que ces opérations révèlent des infractions autres que celles visées dans la décision de ce magistrat ne constitue pas une cause de nullité des procédures incidentes.

Bibliographie : J. Pronier, *Géolocalisation : JCl. Proc. pén.*, art. 230-32 à 230-44, Fasc. 20.

Art. 230-38 *(L. n° 2014-372, 28 mars 2014).* **– L'officier de police judiciaire ou l'agent de police judiciaire agissant sous sa responsabilité dresse procès-verbal de chacune des opérations de mise en place du moyen technique mentionné à l'article 230-32 et des opérations d'enregistrement des données de localisation. Ce procès-verbal mentionne la date et l'heure auxquelles l'opération a commencé et celles auxquelles elle s'est terminée.**

Les enregistrements sont placés sous scellés fermés.

Bibliographie : J. Pronier, *Géolocalisation : JCl. Proc. pén.*, art. 230-32 à 230-44, Fasc. 20.

Mentions du procès-verbal. Le demandeur ne saurait se faire un grief que ne figure en procédure ni l'heure de l'installation effective du dispositif, mais seule celle à laquelle l'officier de police judiciaire en a été informé, ni celle de début d'enregistrement (■ Cass. crim., 11 mai 2021, n°s 20-82.415 et 20-86.182, § 45).

Défaut de placement sous scellés des enregistrements. L'absence de placement sous scellés des données de géolocalisation ne peut être une cause de nullité que lorsqu'il en est résulté une atteinte aux intérêts de la partie intéressée (■ Cass. crim., 9 févr. 2021, n° 20-84.852).

Art. 230-39 *(L. n° 2014-372, 28 mars 2014).* – L'officier de police judiciaire ou l'agent de police judiciaire agissant sous sa responsabilité décrit ou transcrit, dans un procès-verbal qui est versé au dossier, les données enregistrées qui sont utiles à la manifestation de la vérité.

Bibliographie : J. Pronier, *Géolocalisation : JCl. Proc. pén.*, art. 230-32 à 230-44, Fasc. 20.

Art. 230-40 *(L. n° 2014-372, 28 mars 2014 ; mod., L. n° 2015-993, 17 août 2015).* – Lorsque, dans une instruction concernant l'un des crimes ou délits entrant dans le champ d'application des articles 706-73 et 706-73-1, la connaissance de ces informations est susceptible de mettre gravement en danger la vie ou l'intégrité physique d'une personne, des membres de sa famille ou de ses proches et qu'elle n'est ni utile à la manifestation de la vérité, ni indispensable à l'exercice des droits de la défense, le juge des libertés et de la détention, saisi à tout moment par requête motivée du juge d'instruction, peut, par décision motivée, autoriser que n'apparaissent pas dans le dossier de la procédure :

1° La date, l'heure et le lieu où le moyen technique mentionné à l'article 230-32 a été installé ou retiré ;

2° L'enregistrement des données de localisation et les éléments permettant d'identifier une personne ayant concouru à l'installation ou au retrait du moyen technique mentionné à ce même article.

La décision du juge des libertés et de la détention mentionnée au premier alinéa du présent article est jointe au dossier de la procédure. Les informations mentionnées aux 1° et 2° sont inscrites dans un autre procès-verbal, qui est versé dans un dossier distinct du dossier de la procédure, dans lequel figure également la requête du juge d'instruction prévue au premier alinéa. Ces informations sont inscrites sur un registre coté et paraphé, qui est ouvert à cet effet au tribunal judiciaire.

Bibliographie : J. Pronier, *Géolocalisation : JCl. Proc. pén.*, art. 230-32 à 230-44, Fasc. 20.

Réserve d'interprétation du Conseil constitutionnel. Eu égard à la complexité des investigations en matière de criminalité et de délinquance organisées, les dispositions des articles 230-40 et 230-41 ne sauraient, sans méconnaître les droits de la défense, être interprétées comme permettant que le délai de dix jours commence à courir avant que la décision du juge des libertés et de la détention rendue en application de l'article 230-40 ne soit formellement portée à la connaissance de la personne mise en examen ou du témoin assisté ; en outre, les droits de la défense seraient également méconnus si la chambre de l'instruction, saisie dans les conditions prévues par les articles 170 et suivants du Code de procédure pénale, aux fins d'annulation des actes relatifs aux autorisations d'installation du dispositif technique de géolocalisation et à leur enregistrement, ne pouvait également exercer le contrôle et prendre les décisions prévus par l'article 230-41 dudit code (■ Cons. const., 25 mars 2014, n° 2014-693 DC).

Art. 230-41 *(L. n° 2014-372, 28 mars 2014).* – La personne mise en examen ou le témoin assisté peut, dans les dix jours à compter de la date à laquelle il lui a été donné connaissance du contenu des opérations de géolocalisation réalisées dans le cadre prévu à l'article 230-40, contester, devant le président de la chambre de l'instruction, le recours à la procédure prévue à ce même article. S'il estime que les opérations de géolocalisation n'ont pas été réalisées de façon régulière, que les conditions prévues audit article ne sont pas remplies ou que les informations mentionnées à ce même article sont indispensables à l'exercice des droits de la défense, le président de la chambre de l'instruction ordonne l'annulation de la géolocalisation. Toutefois, s'il estime que la connaissance de ces informations n'est pas ou n'est plus susceptible de mettre gravement en danger la vie ou l'intégrité physique d'une personne, des membres de sa famille ou de ses proches, il peut également ordonner le versement au dossier de la requête et du procès-verbal mentionnés au dernier alinéa du même article. Le président de la chambre de l'instruction statue par décision motivée, qui n'est pas susceptible de recours, au vu des pièces de la procédure et de celles figurant dans le dossier mentionné au même alinéa.

Bibliographie : J. Pronier, *Géolocalisation : JCl. Proc. pén.*, art. 230-32 à 230-44, Fasc. 20.

Art. 230-42 *(L. n° 2014-372, 28 mars 2014).* – Aucune condamnation ne peut être prononcée sur le *[Disposition déclarée non conforme à la Constitution par la décision du Conseil constitutionnel n° 2014-693 DC du 25 mars 2014.]* fondement des éléments recueillis dans les conditions prévues à l'article 230-40, sauf si la requête et le procès-verbal mentionnés au dernier alinéa de ce même article ont été versés au dossier en application de l'article 230-41.

Bibliographie : J. Pronier, *Géolocalisation : JCl. Proc. pén.*, art. 230-32 à 230-44, Fasc. 20.

Réserve d'interprétation du Conseil constitutionnel. Le principe du contradictoire et le respect des droits de la défense impliquent qu'une personne mise en cause devant une juridiction répressive ait été mise en mesure, par elle-même ou par son avocat, de contester les conditions dans lesquelles ont été recueillis les éléments de preuve qui fondent sa mise en cause ; par suite, sauf si la requête et le procès-verbal mentionnés au dernier alinéa de l'article 230-40 ont été versés au dossier en application de l'article 230-41, il appartient à la juridiction d'instruction d'ordonner que les éléments recueillis dans les conditions prévues à l'article 230-40 soient retirés du dossier de l'information avant la saisine de la juridiction de jugement (■ Cons. const., 25 mars 2014, n° 2014-693 DC).

Art. 230-43 *(L. n° 2014-372, 28 mars 2014).* **– Les enregistrements de données de localisation sont détruits, à la diligence du procureur de la République ou du procureur général, à l'expiration du délai de prescription de l'action publique.**

Il est dressé procès-verbal de l'opération de destruction.

Bibliographie : J. Pronier, *Géolocalisation : JCl. Proc. pén.*, art. 230-32 à 230-44, Fasc. 20.

Art. 230-44 *(L. n° 2014-372, 28 mars 2014).* **– Le présent chapitre n'est pas applicable lorsque les opérations de géolocalisation en temps réel ont pour objet la localisation d'un équipement terminal de communication électronique, d'un véhicule ou de tout autre objet dont le propriétaire ou le possesseur légitime est la victime de l'infraction sur laquelle porte l'enquête ou l'instruction ou la personne disparue au sens des articles 74-1 ou 80-4, dès lors que ces opérations ont pour objet de retrouver la victime, l'objet qui lui a été dérobé ou la personne disparue.**

Dans les cas prévus au présent article, les opérations de géolocalisation en temps réel font l'objet de réquisitions conformément aux articles 60-1, 60-2, 77-1-1, 77-1-2, 99-3 ou 99-4.

Bibliographie : J. Pronier, *Géolocalisation : JCl. Proc. pén.*, art. 230-32 à 230-44, Fasc. 20.

CHAPITRE VI. – DE LA PLATE-FORME NATIONALE DES INTERCEPTIONS JUDICIAIRES

(Chap. créé à compter du 1er janv. 2017, L. n° 2016-731, 3 juin 2016)

Art. 230-45 *(Mod., L. n° 2018-699, 3 août 2018 ; L. n° 2019-222, 23 mars 2019).* **– I. – Un décret en Conseil d'État, pris après avis public et motivé de la Commission nationale de l'informatique et des libertés, détermine les missions et les modalités de fonctionnement de la plate-forme nationale des interceptions judiciaires.**

Sauf impossibilité technique, les réquisitions et demandes adressées en application des articles 60-2, 74-2, 77-1-2, 80-4, 99-4, 100 à 100-7, 230-32 à 230-44, 706-95 et 709-1-3 du présent code ou de l'article 67 *bis*-2 du Code des douanes sont transmises par l'intermédiaire de la plate-forme nationale des interceptions judiciaires qui organise la centralisation de leur exécution.

Les dispositions du présent code relatives au placement des enregistrements sous scellés fermés et à l'établissement d'un procès-verbal lorsqu'il est procédé à leur destruction ne sont pas applicables aux données conservées par la plate-forme nationale des interceptions judiciaires.

Le décret mentionné au premier alinéa du présent I fixe également les modalités selon lesquelles les données ou correspondances recueillies en application des articles 230-32 à 230-44, 706-95-20 et 709-1-3 du présent code sont, sauf impossibilité technique, centralisées et conservées par la plate-forme nationale des interceptions judiciaires.

II. – La plateforme nationale des interceptions judiciaires est placée sous le contrôle d'une personnalité qualifiée, assistée par un comité qui comprend parmi ses membres un député et un sénateur.

Les missions, la composition, l'organisation et le fonctionnement du comité sont précisés par décret en Conseil d'État.

V. art. R. 40-42 et s., p. 1971.

CHAPITRE VII. – DE L'ENQUÊTE SOUS PSEUDONYME

(Chap. créé à compter du 1er juin 2019, L. n° 2019-222, 23 mars 2019)

Art. 230-46 *(Créé à compter du 1er juin 2019, L. n° 2019-222, 23 mars 2019).* **– Aux seules fins de constater les crimes et les délits punis d'une peine d'emprisonnement commis par la voie des communications**

électroniques, et lorsque les nécessités de l'enquête ou de l'instruction le justifient, les officiers ou agents de police judiciaire agissant au cours de l'enquête ou sur commission rogatoire peuvent, s'ils sont affectés dans un service spécialisé et spécialement habilités à cette fin dans des conditions précisées par arrêté du ministre de la justice et du ministre de l'intérieur, procéder sous pseudonyme aux actes suivants sans en être pénalement responsables :

1° Participer à des échanges électroniques, y compris avec les personnes susceptibles d'être les auteurs de ces infractions ;

2° Extraire ou conserver par ce moyen les données sur les personnes susceptibles d'être les auteurs de ces infractions et tout élément de preuve ;

3° Après autorisation du procureur de la République ou du juge d'instruction saisi des faits, acquérir tout contenu, produit, substance, prélèvement ou service, y compris illicite, ou transmettre en réponse à une demande expresse des contenus illicites.

À peine de nullité, l'autorisation prévue au 3°, qui peut être donnée par tout moyen, est mentionnée ou versée au dossier de la procédure et les actes autorisés ne peuvent constituer une incitation à commettre ces infractions.

Les actes mentionnés au présent article s'effectuent sous le contrôle du procureur de la République ou du juge d'instruction.

CHAPITRE VIII. – DES CAPTATIONS ET FIXATIONS D'IMAGES DANS LES LIEUX PUBLICS AU MOYEN DE DISPOSITIFS AÉROPORTÉS

Art. 230-47 *(Créé, L. n° 2022-52, 24 janv. 2022).* – Il peut être recouru, au moyen de caméras aéroportées, à la mise en place d'un dispositif technique ayant pour objet la captation, la fixation, la transmission et l'enregistrement sans leur consentement de l'image d'une ou de plusieurs personnes se trouvant dans un lieu public, si cette opération est exigée par les nécessités :

1° D'une enquête ou d'une instruction portant sur un crime ou sur un délit puni d'au moins trois ans d'emprisonnement ;

2° D'une procédure d'enquête ou d'instruction de recherche des causes de la mort ou de la disparition prévue aux articles 74, 74-1 et 80-4 ;

3° D'une procédure de recherche d'une personne en fuite prévue à l'article 74-2.

Art. 230-48 *(Créé, L. n° 2022-52, 24 janv. 2022).* – Le dispositif technique mentionné à l'article 230-47 est autorisé :

1° Dans le cadre d'une enquête de flagrance, d'une enquête préliminaire ou d'une procédure prévue aux articles 74 à 74-2, par le procureur de la République, pour une durée maximale d'un mois renouvelable une fois ;

2° Dans le cadre d'une instruction ou d'une information pour recherche des causes de la mort ou des causes de la disparition mentionnées aux articles 74, 74-1 et 80-4, par le juge d'instruction, pour une durée maximale de quatre mois renouvelable, sans que la durée totale des opérations puisse excéder deux ans.

Art. 230-49 *(Créé, L. n° 2022-52, 24 janv. 2022).* – La décision autorisant le recours au dispositif mentionné à l'article 230-47 comporte tous les éléments permettant d'identifier les lieux concernés et précise sa durée.

L'autorisation du procureur de la République ou du juge d'instruction, qui peut être donnée par tout moyen, est mentionnée ou versée au dossier de la procédure. Elle n'a pas de caractère juridictionnel et n'est susceptible d'aucun recours.

Art. 230-50 *(Créé, L. n° 2022-52, 24 janv. 2022).* – Les opérations prévues au présent chapitre se déroulent sous l'autorité et le contrôle du magistrat qui les a autorisées. Ce magistrat peut ordonner à tout moment leur interruption.

Les opérations ne peuvent, à peine de nullité, avoir un autre objet que celui pour lequel elles ont été autorisées. Le fait que ces opérations révèlent d'autres infractions ne constitue pas une cause de nullité des procédures incidentes.

Art. 230-51 *(Créé, L. n° 2022-52, 24 janv. 2022).* – Le dispositif technique est mis en place par l'officier de police judiciaire commis par le juge d'instruction ou requis par le procureur de la République ou, sous sa responsabilité, par l'agent de police judiciaire.

Art. 230-52 *(Créé, L. n° 2022-52, 24 janv. 2022).* – Le procureur de la République, le juge d'instruction ou l'officier de police judiciaire commis par lui ou requis par le procureur de la République, ou l'agent de police judiciaire agissant sous sa responsabilité, dresse procès-verbal des opérations de captation, de fixation et d'enregistrement. Ce procès-verbal mentionne la date et l'heure du début et de la fin des opérations.

Les enregistrements sont placés sous scellés fermés.

L'officier de police judiciaire ou l'agent de police judiciaire agissant sous sa responsabilité décrit, dans un procès-verbal versé au dossier, les données enregistrées qui sont utiles à la manifestation de la vérité. Aucune séquence relative à la vie privée étrangère à l'objet pour lequel les opérations ont été autorisées ne peut être conservée dans le dossier de la procédure.

Art. 230-53 *(Créé, L. n° 2022-52, 24 janv. 2022).* – Les enregistrements et les données recueillis lors des opérations effectuées en application du présent chapitre sont détruits, à la diligence du procureur de la République ou du procureur général, à l'expiration du délai de prescription de l'action publique.

Il est dressé procès-verbal de l'opération de destruction.

LIVRE DEUXIÈME

DES JURIDICTIONS DE JUGEMENT (1)

(Ord. n° 58-1296, 23 déc. 1958)

TITRE PREMIER. – DE LA COUR D'ASSISES ET DE LA COUR CRIMINELLE DÉPARTEMENTALE

Bibliographie : A. Bergeaud-Wetterwald et E. Garçon, *Libres propos sur la participation des citoyens à la justice pénale : RPDP* 2012, p. 589. • A. Botton, *Examen de la proposition d'octroi à la victime d'un droit de récusation des jurés d'assises : D.* 2010, chron. 517. • B. Bouloc, *L'institution d'un recours en matière criminelle : loi du 15 juin 2000 (Cour d'assises d'appel) : RSC* 2002, p. 139. • F. Bussy, *L'erreur judiciaire : D.* 2005, p. 2552. • S.-M. Cabon, *La spécificité du tribunal pénal avec jury. Le droit américain : exemple ou contre-exemple ? : RPDP* 2012, p. 575. • V. Corneloup, *L'hermine et la vertu : RSC* 2010, p. 119. • J. Danet, *Le procès d'assises après la réforme, regard sur les pratiques : RSC* 2003, p. 289 ; *La motivation des arrêts de cour d'assises, ou l'étrange avènement d'une réforme par d'obscurs chemins de la jurisprudence : RSC* 2011, p. 423. • S. Detraz, *La notion de condamnation pénale : l'arlésienne de la science criminelle : RSC* 2008, p. 41. • M. Huyette, *Quelles réformes pour la cour d'assises ? : D.* 2009, p. 2437 ; *Réformes de la cour d'assises : D.* 2011. • V. Malabat, *La conformité du jury aux droits fondamentaux : RPDP* 2012, p. 607. • F. Lombard, *Les citoyens juges : la réforme de la cour d'assises ou les limites de la souveraineté populaire : RSC* 1996, p. 773. • Y. Mayaud, *L'art de s'accommoder de la présence du jury populaire au sein de la cour d'assises : RSC* 2011, p. 214. • C. Sévely-Fournié, *Répression et motivation. Réflexions sur la motivation des arrêts et jugements des juridictions répressives : RSC* 2009, p. 783.

Sous-titre I. – De la cour d'assises

CHAPITRE I. – DE LA COMPÉTENCE DE LA COUR D'ASSISES

Bibliographie : ***Répertoire.*** H-C Le Gall, *Cour d'assises. – Introduction générale. – Compétence. – Tenue des assises, 2020 : JCl. Proc. pén.*, Fasc. 20 ; *– Composition. – La Cour proprement dite, 2020 : JCl. Proc. pén.*, Fasc. 20-10 ; *– Composition. – Jury, 2021*, Fasc. 20-20.

Généralités. A. Blanc, *La preuve aux assises : entre formalisme et oralité. La formation de l'intime conviction : AJ Pénal* 2005, p. 271 ; *Le président et les jurés : AJ Pénal* 2006, p. 242. • A. Botton, *Examen de la proposition d'octroi à la victime d'un droit de récusation des jurés d'assises : D.* 2010, 517. • Y. Corneloup, *Formalisme et dynamisme du procès criminel : deux exigences contradictoires ? : Gaz. Pal.* 2004, 1, 793 ; *L'hermine et la vertu : RSC* 2010, 119. • F.-L. Coste, *Récusé ! : AJ Pénal* 2006, p. 246. • R. Juy-Birman, J.-M. Florand et J. Reynaud, *Pour une motivation des arrêts de la cour d'assises : LPA* 7 mars 2005, p. 7. • M. Huyette, *Quelles réformes pour la cour d'assises ? : D.* 2009, 2437. • J. Lasserre Capdeville, *Arrêts*

(1) À compter du 24 mars 2020, les références au placement sous surveillance électronique sont remplacées par des références à la détention à domicile sous surveillance électronique, sauf lorsqu'il est fait mention du placement sous surveillance électronique mobile, L. n° 2019-222, 23 mars 2019, art. 74, X et 109, XIX.

d'assises : la réponse aux questions posées est une motivation suffisante : AJ Pénal 2009, p. 495. • A. Leprieur, *Motivation des arrêts de cour d'assises : les réponses aux questions satisfont aux exigences de la Convention EDH : D.* 2010, 39. • H. Matsopoulou, *Faudrait-il motiver les arrêts de la cour d'assises ? : JCP* G 2009, 456. • C. Mauro, *Le défaut criminel. Réflexions à propos du droit français et du droit comparé : RSC* 2006, p. 35. • B. Meyer, *Formation d'un jury d'assises : la récusation en question : AJ Pénal* 2006, p. 238. • J. Pradel, *De la motivation des arrêts d'assises : D.* 2009, 2778. • S. Renard, *Mémoires d'un juré : AJ Pénal* 2006, p. 247. • J.-F. Renucci, *Intime conviction, motivation des décisions de justice et droit à un procès équitable : D.* 2009, 1058. • F. Rome, *Motivez, motivez ! ! ! : D.* 2009, 2473.

Art. 231 ***(Mod., L. n° 2000-516, 15 juin 2000 ; L. n° 2021-1729, 22 déc. 2021).*** **– La cour d'assises a plénitude de juridiction pour juger, en premier ressort ou en appel, les personnes renvoyées devant elle par la décision de mise en accusation.**

Elle ne peut connaître d'aucune autre accusation.

1) Étendue de la compétence. Selon les articles 231 et 594 du Code de procédure pénale, la cour d'assises ne peut connaître d'aucune autre accusation que celle résultant de l'arrêt de mise en accusation qui, devenu définitif, fixe sa compétence (■ Cass. crim., 8 mars 2000, n° 99-82.597 : *Bull. crim.* n° 110. ■ Cass. crim., 24 janv. 1996, n° 95-81.210 : *Bull. crim.* n° 42). Le magistrat commis par une cour d'assises pour exécuter un supplément d'information, n'agissant pas dans le cadre d'une information, n'a aucune qualité pour procéder à une mise en examen et que, par voie de conséquence, un tel acte se trouve entaché d'une nullité d'ordre public (■ Cass. crim., 15 nov. 2017, n° 17-83.257 : *Bull. crim.* n° 262).

2) Plénitude de juridiction. Si, aux termes de l'article 231 du Code de procédure pénale, la cour d'assises a plénitude de juridiction pour juger les individus renvoyés devant elle par l'arrêt de mise en accusation, il n'en reste pas moins que, selon l'article 112-2 du nouveau Code pénal, les lois de compétence sont applicables immédiatement à la répression des infractions commises avant leur entrée en vigueur tant qu'aucune décision sur le fond n'a été rendue (■ Cass. crim., 21 janv. 1998, n° 96-86.612 : *Bull. crim.* n° 26 ; *RSC* 1998, p. 581, obs. J.-P. Dintilhac). Selon l'article 231 du Code de procédure pénale, la cour d'assises a plénitude de juridiction et elle est, dès lors, compétente pour connaître de toutes les infractions dont elle est régulièrement saisie, même si celles-ci, par l'effet d'une loi nouvelle, entrée en vigueur postérieurement à l'arrêt de renvoi, ne sont plus constitutives de crimes mais de délits au moment où elle est appelée à statuer (même arrêt ; ■ Cass. crim., 29 avr. 1997, n° 95-82.669 : *Bull. crim.* n° 155). L'arrêt de renvoi devenu définitif fixe irrévocablement la compétence de la cour d'assises spécialement composée, laquelle, en vertu des articles 231 et 698-6 du Code de procédure pénale, a la plénitude de juridiction pour juger les accusés renvoyés devant elle (■ Cass. crim., 24 sept. 1998, n°s 97-84.017 et 97-84.030 : *Bull. crim.* n° 234. ■ Cass. crim., 21 févr. 1996, n° 95-82.085 : *Bull. crim.* n° 82).

3) Production de pièces. Le ministère public a le droit de produire tous documents qui lui paraissent utiles à la manifestation de la vérité, sauf le droit, pour les autres parties, d'examiner les pièces produites et de formuler toutes observations à leur sujet (■ Cass. crim., 3 oct. 2012, n° 11-88.468 : *Bull. crim.* n° 208. ■ Cass. crim., 30 oct. 1996, n° 96-80.020 : *Bull. crim.* n° 387. ■ Cass. crim., 4 mai 1998, n° 87-83.273 : *Bull. crim.* n° 193).

Rédaction future. Art. 231 *(Mod., L. n° 2000-516, 15 juin 2000 ; mod. à compter du 1er janvier 2023, L. n° 2021-1729, 22 déc. 2021).* – Sous réserve des dispositions de l'article 380-16, la cour d'assises a plénitude de juridiction pour juger, en premier ressort ou en appel, les personnes renvoyées devant elle par la décision de mise en accusation.

Elle ne peut connaître d'aucune autre accusation.

CHAPITRE II. – DE LA TENUE DES ASSISES

Art. 232 ***(Mod., Ord. n° 2020-1304, 28 oct. 2020).*** **– Il est tenu des assises à Paris et dans chaque département.**

En Corse, il est tenu des assises à Ajaccio et à Bastia.

Il est tenu des assises à Strasbourg et à Colmar.

Art. 233. – La cour d'appel peut sur les réquisitions du procureur général, ordonner qu'il soit formé autant de sections d'assises que les besoins du service l'exigent.

Art. 234. – Dans les départements où siège une cour d'appel, les assises se tiennent ordinairement au chef-lieu de cette cour.

Dans les autres départements, les assises se tiennent ordinairement au chef-lieu de ces circonscriptions.

Exceptionnellement, un décret en conseil d'État peut fixer le siège de la cour d'assises dans une autre ville du département où existe un tribunal judiciaire.

Art. 234-1 *(L. n° 2011-1862, 13 déc. 2011 ; mod. à compter du 1er mars 2022, L. n° 2021-1729, 22 déc. 2021).* **– Lorsque le chef-lieu du département où se tiennent les assises n'est pas le siège d'un tribunal judiciaire, le tribunal judiciaire mentionné aux articles 242, 251, 261-1, 262, 263, 265, 266, 270, 271 et 289 est celui dans le ressort duquel se tiennent les assises.**

Art. 235. – La cour d'appel peut, sur les réquisitions du procureur général, ordonner par arrêt motivé que les assises se tiendront au siège d'un tribunal autre que celui auquel elles se tiennent habituellement.

L'arrêt est porté à la connaissance des tribunaux intéressés par les soins du procureur général.

Art. 236 *(Rempl. à compter du 1er janvier 2012, L. n° 2011-939, 10 août 2011).* **– La date de l'ouverture des sessions de la cour d'assises est fixée chaque fois qu'il est nécessaire, sur proposition du procureur général, par le premier président de la cour d'appel ou, dans le cas prévu à l'article 235, par l'arrêt de la cour d'appel.**

Art. 237 *(Abr. à compter du 1er janvier 2012, L. n° 2011-939, 10 août 2011).*

Art. 238 *(Rempl., L. n° 2007-291, 5 mars 2007).* **– Sur proposition du ministère public, le rôle de chaque session est arrêté par le président de la cour d'assises ou, à la demande du procureur général, par le premier président de la cour d'appel.**

Établissement du rôle. L'établissement du rôle est une mesure administrative que les accusés ne peuvent critiquer (■ Cass. crim., 6 juin 1898 : *DP* 1898, 1, 551. ■ Cass. crim., 13 août 1908 : *Bull. crim.* n° 356).

Art. 239. – Le ministère public avise l'accusé de la date à laquelle celui-ci doit comparaître.

CHAPITRE III. – DE LA COMPOSITION DE LA COUR D'ASSISES

Bibliographie : H. Angevin, *Cour d'assises. – Composition. – La Cour proprement dite, 2007 : JCl. Proc. pén.*, Fasc. 10 ; *Cour d'assises. – Composition. – Jury, 2007, Fasc. 20 ; La participation des citoyens au fonctionnement de la justice pénale : Dr. pén.* 2011, étude 21.

Art. 240. – La cour d'assises comprend : la cour proprement dite et le jury.

Art. 241 *(Mod., L. n° 85-1407, 30 déc. 1985).* **– Les fonctions du ministère public y sont exercées dans les conditions définies aux articles 34 et 39.**

Toutefois, le procureur général peut déléguer tout magistrat du ministère public du ressort de la cour d'appel auprès d'une cour d'assises instituée dans ce ressort.

1) **Présence du ministère public.** Le ministère public fait partie essentielle et intégrante des tribunaux de répression qui ne peuvent procéder au jugement des affaires qu'en sa présence et avec son concours (■ Cass. crim., 9 mai 1985 : *Bull. crim.* n° 178). Il ne résulte aucun grief de l'absence momentanée du ministère public au cours des débats, dès lors que le président a pris toutes mesures utiles pour pallier une telle absence (■ Cass. crim., 8 nov. 2000, n° 00-81.706 : *JurisData* n° 2000-007514 ; *Bull. crim.* n° 332). La constatation que le représentant du ministère public avait requis l'application de la loi pénale implique, à défaut de preuve contraire, qu'il était présent lors du prononcé de l'arrêt (■ Cass. crim., 7 juill. 1955 : *Bull. crim.* n° 346. ■ Cass. crim., 13 oct. 1955 : *Bull. crim.* n° 397. ■ Cass. crim., 8 nov. 1955 : *Bull. crim.* n° 459. ■ Cass. crim., 19 juin 1956 : *Bull. crim.* n° 479).

2) **Impartialité.** Le ministère public ne décidant pas du bien-fondé de l'accusation en matière pénale, les dispositions de l'article 6 de la Convention européenne des droits de l'Homme ne font pas obstacle à ce que le magistrat qui le représentait devant la cour d'assises dont l'arrêt a été cassé exerce la même fonction devant la cour d'assises de renvoi (■ Cass. crim., 10 déc. 1986 : *Bull. crim.* n° 370. ■ Cass. crim., 4 avr. 2007, n° 06-85.845 : *JurisData* n° 2007-038752) ou la cour d'assises d'appel (■ Cass. crim., 21 mai 2003 : *Bull. crim.* n° 103).

3) **Contestation.** Il n'appartient pas à l'accusé de contester la régularité de la délégation du magistrat occupant les fonctions du ministère public (■ Cass. crim., 5 juin 1996 : *Bull. crim.* n° 233).

Art. 242 *(Mod., L. n° 2016-1547, 18 nov. 2016).* **– La cour d'assises est, à l'audience, assistée d'un greffier.**

À Paris et dans les départements où siège une cour d'appel, les fonctions du greffe sont exercées par le greffier en chef ou un greffier de la cour d'appel.

Dans les autres départements, elles le sont par un directeur des services de greffe judiciaire ou un greffier du tribunal judiciaire.

1) Présence obligatoire du greffier. Selon l'article 242 du Code de procédure pénale le greffier doit assister la Cour pendant toute la durée de l'audience (■ Cass. crim., 14 mars 2001 *JurisData* n° 2001-009247 ; *Bull. crim.* n° 66). La présence du greffier est obligatoire devant la chambre spéciale des mineurs de la cour d'appel, statuant en matière criminelle (■ Cass. crim., 20 févr. 2019, n° 18-85.465 : *Bull. crim.* n° 48).

2) Identification du greffier. Jusqu'à inscription de faux, le greffier signataire du jugement ou de l'arrêt est celui dont le nom figure dans la décision (■ Cass. ch. mixte, 21 oct. 2005 : *JurisData* n° 2005-030414 ; *Bull. inf. C. cass.* 15 déc. 2005, p. 16, rapp. Gillet, avis av. gén. Guérin).

3) Présomption de capacité. La capacité du greffier qui a assisté la cour d'assises repose sur une présomption de droit qui dispense de toute mention spéciale soit relativement au serment professionnel, soit relativement aux autres conditions que doivent remplir les greffiers d'audience. Elle est susceptible de preuve contraire (■ Cass. crim., 6 nov. 1936 : *Bull. crim.* n° 112. ■ Cass. crim., 11 févr. 1959 : *Bull. crim.* n° 95 ; *D.* 1959, p. 365. ■ Cass. crim., 22 mars 1962 : *Bull. crim.* n° 143. ■ Cass. crim., 16 nov. 1965 : *Bull. crim.* n° 233. ■ Cass. crim., 10 juill. 1969 : *Bull. crim.* n° 225. ■ Cass. crim., 13 janv. 1993 : *JurisData* n° 1993-002007 ; *Bull. crim.* n° 18).

Section I. – De la Cour

Art. 243. – La cour proprement dite comprend : le président et les assesseurs.

Refus de transmission d'une QPC. L'article 243 du Code de procédure pénale, tel que rédigé, ne méconnaît pas l'article 16 de la Déclaration de 1789 car, en application de l'article 316-1 du Code de procédure pénale, une copie du dossier est mise à la disposition des assesseurs (■ Cass. crim., 28 juill. 2021, n° 21-81.311).

§ 1. – Du président

Art. 244. – La cour d'assises est présidée par un président de chambre ou par un conseiller de la cour d'appel.

Art. 245 *(Rempl. à compter du 1er janvier 2012, L. n° 2011-939, 10 août 2011).* **– Le président de la cour d'assises est désigné par ordonnance du premier président.**

Art. 246. – En cas d'empêchement survenu avant l'ouverture de la session, le président des assises est remplacé par ordonnance du premier président.

Si l'empêchement survient au cours de la session, le président des assises est remplacé par l'assesseur du rang le plus élevé.

Empêchement du président. Le président de la Cour d'assises régulièrement désigné par ordonnance du premier président est remplacé de plein droit, en cas d'empêchement survenu comme en l'espèce au cours de la session, par l'assesseur du rang le plus élevé, en application des dispositions de l'article 246, alinéa 2, du Code de procédure pénale, même si ce dernier magistrat n'est pas un membre de la cour d'appel (■ Cass. crim., 7 déc. 1977, n° 77-91.934 : *Bull. crim.* n° 388 ; *RSC* 1978, 876, obs. J.-H. Robert). Le premier assesseur, désigné par le premier président, est sans qualité pour présider la Cour d'assises et n'est donc pas compétent pour désigner un magistrat destiné à assurer son propre remplacement, dès lors que l'empêchement du président des assises s'est révélé avant la date d'ouverture de la session (■ Cass. crim., 15 mai 1985, n° 84-96.022 : *Bull. crim.* n° 187).

Art. 247. – Le premier président peut présider la cour d'assises chaque fois qu'il le juge convenable.

§ 2. – Des assesseurs

Art. 248. – Les assesseurs sont au nombre de deux.

Toutefois, il peut leur être adjoint un ou plusieurs assesseurs supplémentaires, si la durée ou l'importance de la session rendent cette mesure nécessaire.

Les assesseurs supplémentaires siègent aux audiences. Ils ne prennent part aux délibérations qu'en cas d'empêchement d'un assesseur titulaire, constaté par ordonnance motivée du président de la cour d'assises.

1) **Impartialité.** Il résulte de l'arrêt attaqué et des pièces communiquées par le demandeur qu'au cours de la procédure de divorce des époux X... Mme L, juge au tribunal de grande instance de Brest, a entendu les plaidoiries des avocats, le 4 mai 1995 ; les 19 et 20 mai suivant, elle a siégé, comme assesseur, à la cour d'assises qui a jugé et condamné X... ; le jugement de divorce a été prononcé, le 6 juillet 1995, aux torts exclusifs de celui-ci, en raison de ses relations adultères avec Y... ; en cet état il n'importe qu'au cours des débats sur le divorce les avocats des parties aient évoqué, devant Mme L, les faits d'adultère reprochés par l'épouse à X..., dès lors que ce magistrat n'a eu à porter, avant la comparution de l'intéressé devant la cour d'assises aucune appréciation sur le caractère pénal de ces faits ; étant ainsi demeurée libre de se former, en toute objectivité, une opinion sur la culpabilité de l'accusé, après débat contradictoire des éléments de preuve, la participation de Mme L au jugement de l'affaire par la cour d'assises, n'était pas contraire à l'exigence d'impartialité édictée par l'article 6 de la Conv. EDH (▪ Cass. crim., 19 mars 1997, n° 95-84.377 : *Bull. crim.* n° 114).

2) **Remplacement.** Lorsque le premier président de la cour d'appel, après avoir désigné comme assesseurs du président de la cour d'assises deux magistrats, en désigne un troisième, par une autre ordonnance rendue avant l'ouverture de la session, en qualité d'assesseur, en remplacement de l'un des deux premiers magistrats désignés, empêché pour ladite session, ce dernier devient sans qualité pour siéger au cours de cette session et sa présence au sein de la cour d'assises en vicie la composition (▪ Cass. crim., 21 mai 1990 : *JurisData* n° 1990-701912 ; *Bull. crim.* n° 202. – *Rapp.* ▪ Cass. crim., 25 juin 1986 : *JurisData* n° 1986-001537 ; *Bull. crim.* n° 224).

3) **Délibérations.** Il résulte de l'article 248, alinéa 3, du Code de procédure pénale, que les assesseurs supplémentaires peuvent assister à la délibération de la cour et du jury. Ils n'y prennent part qu'en cas d'empêchement d'un assesseur titulaire, dûment constaté. En l'absence d'empêchement, il doit être présumé que l'assesseur supplémentaire n'a exprimé aucune opinion et n'a pas pris part au vote (▪ Cass. crim., 5 janv. 2022, n° 21-80.355 : *Bull. crim.* n° 29).

Art. 249 ***(Mod., L. n° 2019-222, 23 mars 2019 ; mod. à compter du 1er mars 2022, L. n° 2021-1729, 22 déc. 2021).*** **– Les assesseurs sont choisis soit parmi les conseillers de la cour d'appel, soit parmi les présidents, vice-présidents, ou juges du ressort de la cour d'appel.**

Le premier président de la cour d'appel peut désigner un des assesseurs, lorsque la cour d'assises statue en premier ressort, parmi les magistrats exerçant à titre temporaire ou, lorsqu'elle statue en premier ressort ou en appel, parmi les magistrats honoraires exerçant des fonctions juridictionnelles dans les conditions prévues à la section II du chapitre V *bis* de l'ordonnance n° 58-1270 du 22 décembre 1958 portant loi organique relative au statut de la magistrature.

1) **Conformité à la Constitution.** La Constitution ne fait pas obstacle à ce que, pour une part limitée, des fonctions normalement réservées à des magistrats de carrière puissent être exercées à titre temporaire par des personnes qui n'entendent pas pour autant embrasser la carrière judiciaire, à condition que, dans cette hypothèse, des garanties appropriées permettent de satisfaire au principe d'indépendance qui est indissociable de l'exercice de fonctions judiciaires. Or, en vertu de l'article 41-28 de l'ordonnance du 22 décembre 1958, les magistrats honoraires exerçant les fonctions juridictionnelles mentionnées à l'article 41-25 de la même ordonnance, qui sont susceptibles d'exercer les fonctions d'assesseurs en cour d'assises sont soumis au statut de la magistrature. Dès lors, le grief tiré de la méconnaissance du principe d'égalité devant la justice doit être écarté (▪ Cons. const., 21 mars 2019, n° 2019-778 DC).

2) **Présomption.** En l'absence de toute réclamation formulée par l'accusé au cours des débats, il y a présomption légale qu'un magistrat a été désigné conformément à la loi pour remplir les fonctions d'assesseur à la cour d'assises (▪ Cass. crim., 22 juin 1988 : *JurisData* n° 1988-001711 ; *Bull. crim.* nos 284 et 285).

3) **Magistrats susceptibles d'être assesseurs.** L'article 249 du Code de procédure pénale ne fait aucune distinction selon les fonctions dont sont chargés les juges du tribunal de grande instance qui peuvent être désignés pour composer la cour d'assises. Il n'existe aucune incompatibilité pour le juge chargé du service d'un tribunal d'instance (▪ Cass. crim., 14 févr. 1973, n° 72-93.138 : *Bull. crim.* n° 79. ▪ Cass. crim., 11 déc. 1974, n° 74-92.262 : *Bull. crim.* n° 365. ▪ Cass. crim., 19 mars 1981, n° 80-94.525 : *Bull. crim.* n° 100 ; *D.* 1982, 605, note H. Fenaux) ni pour le juge d'instruction du lieu de la tenue des assises, sauf s'il a participé à des actes d'instruction dans l'affaire soumise à la cour d'assises (▪ Cass. crim., 11 déc. 1974 : *Bull. crim.* n° 365) ni pour un magistrat régulièrement délégué au

tribunal de grande instance du lieu de la tenue des assises (■ Cass. crim., 26 mai 1983 : *Bull. crim.* n° 157). Il résulte de l'article 3-1, alinéa 4, de l'ordonnance modifiée du 22 décembre 1958 portant loi organique relative au statut de la magistrature qu'un magistrat du siège placé auprès du premier président en application de l'article 1er, 2°, du même texte exerce, à défaut d'être chargé d'un remplacement temporaire dans un autre tribunal, ses fonctions au tribunal du siège de la cour d'appel à laquelle il est rattaché ; il a donc qualité, au regard de l'article 249 du Code de procédure pénale, pour être désigné comme assesseur à la cour d'assises du département, siège de ladite cour d'appel (■ Cass. crim., 22 nov. 1989 : *Bull. crim.* n° 436. ■ Cass. crim., 8 janv. 1992 : *Bull. crim.* n° 4).

4) Délégation. Il n'importe qu'un magistrat ait été délégué au tribunal de grande instance du lieu de la tenue des assises postérieurement à sa désignation comme assesseur à la cour d'assises, dès lors que cette délégation est intervenue avant l'ouverture de la session (■ Cass. crim., 8 nov. 1993, n° 92-85.979 : *Bull. crim.* n° 328). Est régulièrement assesseur de la cour d'assises le magistrat qui a été délégué au tribunal de grande instance du lieu de la tenue des assises postérieurement à sa désignation et antérieurement à l'audience (■ Cass. crim., 17 mars 1999, n° 98-83.999 : *Bull. crim.* n° 45. ■ Cass. crim., 20 oct. 1999 : *Bull. crim.* n° 226). Un magistrat, qui a été délégué au tribunal de grande instance du lieu de tenue des assises puis désigné comme assesseur à la cour d'assises, n'a plus qualité pour exercer cette dernière fonction, dès lors que sa délégation est parvenue à son terme (■ Cass. crim., 3 sept. 1997, n° 96-85724 : *Bull. crim.* n° 292). L'article L. 221-1 du Code de l'organisation judiciaire n'exige pas que l'ordonnance par laquelle le premier président de la cour d'appel délègue un magistrat au tribunal du lieu de la tenue des assises soit spécialement motivée (■ Cass. crim., 20 oct. 1999, n° 99-81.942 : *Bull. crim.* n° 227).

5) Sanction. Entraîne la cassation de l'arrêt et des débats de la cour d'assises de Paris, l'annulation pour excès de pouvoir par le Conseil d'État de l'arrêté du garde des Sceaux affectant au tribunal de grande instance de Paris, en application du décret du 19 janvier 1979, un magistrat à titre temporaire qui avait siégé à ce titre en qualité d'assesseur à ladite cour d'assises (■ Cass. crim., 4 juin 1981, n° 80-92.232 : *Bull. crim.* n° 191 ; *RSC* 1982, 799, obs. J. Robert. ■ Cass. crim., 9 janv. 1985 : *Bull. crim.* n° 19).

Art. 250 ***(Rempl. à compter du 1er janvier 2012, L. n° 2011-939, 10 août 2011).*** **– Les assesseurs sont désignés par ordonnance du premier président.**

1) Désignation des assesseurs. L'article 250 du Code de procédure pénale n'exige pas que les assesseurs soient désignés en même temps que le président (■ Cass. crim., 20 oct. 1999, n° 98-88.078 : *JurisData* n° 1999-004313 ; *Bull. crim.* n° 226).

2) Session supplémentaire. En cas de session supplémentaire et dès lors qu'il n'a pas été désigné plus de deux assesseurs pour une même session, le premier président de la cour d'appel peut, sans violer la loi, désigner en cette qualité deux magistrats différents de ceux qui l'ont été pour la session ordinaire (■ Cass. crim., 18 juin 1986 : *Bull. crim.* n° 216).

Art. 251. – En cas d'empêchement survenu avant l'ouverture de la session, les assesseurs sont remplacés par ordonnance du premier président.

Si l'empêchement survient au cours de la session, les assesseurs sont remplacés par ordonnance du président de la cour d'assises et choisis parmi les magistrats du siège de la cour d'appel ou du tribunal, siège de la cour d'assises.

I – EMPÊCHEMENT

1) Moment de l'empêchement. Même s'il résulte d'une cause antérieure à l'ouverture de la session, cet empêchement ne survient, au sens de l'article 251 du Code de procédure pénale, qu'au moment où il est révélé au magistrat compétent pour y remédier (■ Cass. crim., 9 janv. 1974 : *Bull. crim.* n° 8. ■ Cass. crim., 23 janv. 1991 : *JurisData* n° 1991-700587 ; *Bull. crim.* n° 39).

2) Empêchement du président de la cour. La disposition de l'article 251, alinéa 2, du Code de procédure pénale, qui donne au Président des assises le pouvoir de remplacer un assesseur empêché, est générale : elle s'applique même si ce magistrat est lui-même empêché par une cause d'incompatibilité. Le Président, qui le remplace de droit, est investi de la même prérogative pendant la durée de ses fonctions intérimaires (■ Cass. crim., 29 janv. 1963 : *Bull. crim.* n° 52. ■ Cass. crim., 23 janv. 1974 : *Bull. crim.* n° 35).

3) Empêchement des assesseurs. Dès lors qu'il constate l'existence d'empêchements, liés aux nécessités du service, révélés avant l'ouverture de la session, le premier président est, en application de l'article 251 du Code de procédure pénale, compétent pour pourvoir au remplacement des assesseurs en précisant les dates auxquelles ceux-ci siégeront en fonction du déroulement de la session (■ Cass. crim., 10 mai 1995, n° 94-83.763 : *Bull. crim.* n° 166). L'article 251, alinéa 2, du Code de procédure pénale dispose qu'en cas d'empêchement survenu au cours de la session, les assesseurs sont remplacés par ordonnance du président de la Cour de cassation. Dès lors, le premier président ne peut désigner, même avant l'ouverture de la session, à côté des deux assesseurs prévus par l'article 248 du Code de procédure pénale, deux assesseurs suppléants qui n'ont pas qualité pour siéger à la cour d'assises en cas d'empêchement d'un assesseur survenu au cours de la session si l'un des deux n'a pas été désigné par le président de la cour d'assises (■ Cass. crim., 24 mars 1982, n° 81-92.533 : *Bull. crim.* n° 86). L'assesseur dont le président assure le remplacement, en constatant un empêchement limité à un jour, doit ultérieurement composer la cour pour statuer sur les autres affaires inscrites au rôle (■ Cass. crim., 14 nov. 1979, n° 79-91.452 : *Bull. crim.* n° 318). Lorsque le président de la cour d'assises a procédé au remplacement d'un assesseur empêché, sans en préciser le terme, ce remplacement, dont la durée est nécessairement limitée à celle de l'empêchement, prend alors fin à la reprise des fonctions de cet assesseur (■ Cass. crim., 5 mars 1997, n° 96-83.620 : *Bull. crim.* n° 86). La session d'assises se poursuivant tant que la cour d'assises n'a pas épuisé son rôle, les magistrats désignés comme assesseurs jusqu'à la date de clôture de ladite session, prévue par l'ordonnance du premier président, sont habilités à siéger au-delà de cette date, jusqu'à ce que toutes les affaires aient été examinées ; s'il constate leur empêchement, le président est en droit de procéder à leur remplacement, en application de l'article 251, alinéa 2, du Code de procédure pénale (■ Cass. crim., 7 janv. 1998, n° 97-81.085 : *Bull. crim.* n° 5).

II – REMPLACEMENT

4) Aucune disposition légale n'interdit au premier président de déléguer par application de l'article L. 221-1 du Code de l'organisation judiciaire, après l'ouverture d'une session, un magistrat au tribunal du lieu des Assises pour permettre ensuite au président de la cour d'assises de le désigner dans les conditions posées par l'article 251 du Code de procédure pénale (■ Cass. crim., 25 mai 1994 : *JurisData* n° 1994-001544 ; *Bull. crim.* n° 198). Lorsque par une ordonnance rendue avant l'ouverture de la session, un magistrat est désigné en remplacement d'un magistrat empêché pour cette session, ce dernier devient sans qualité pour siéger au cours de cette session et sa présence au sein de la cour d'assises en vicie la composition (■ Cass. crim., 21 mai 1990 : *JurisData* n° 1990-701912 ; *Bull. crim.* n° 202).

Art. 252. – Lorsque la session est ouverte, le président de la cour d'assises peut, s'il y a lieu, désigner un ou plusieurs assesseurs supplémentaires.

Art. 253. – Ne peuvent faire partie de la cour en qualité de président ou d'assesseur les magistrats qui, dans l'affaire soumise à la cour d'assises, ont soit fait un acte de poursuite ou d'instruction, soit participé à l'arrêt de mise en accusation ou à une décision sur le fond relative à la culpabilité de l'accusé.

I – INTERPRÉTATION STRICTE

1) Les incompatibilités prévues par l'article 253 du Code de procédure pénale, énoncent les arrêts de la Cour de cassation, sont de droit étroit et ne peuvent être étendues par voie d'analogie (■ Cass. crim., 3 févr. 1971 : *Bull. crim.* n° 39. ■ Cass. crim., 19 mai 1977 : *Bull. crim.* n° 180. ■ Cass. crim., 31 janv. 1996 : *JurisData* n° 1996-001050 ; *Dr. pén.* 1996, comm. 122-II, note A. Maron).

II – IMPARTIALITÉ

A – Droit interne

1° Incompatibilité

• Exemples

2) Participation à la décision. Ne peuvent faire partie de la Cour en qualité de président ou d'assesseurs les magistrats qui, dans l'affaire soumise à la cour d'assises, ont, soit fait un acte de poursuite ou d'instruction, soit participé à l'arrêt de mise en accusation ou à une décision sur le fond relative à la culpabilité de l'accusé (■ Cass. crim., 3 déc. 1997, n° 97-80.446 : *Bull. crim.* n° 410 ; *Procédures* 1998, comm. 94, obs. J. Buisson ; *Dr. pén.* 1998, comm. 58, obs. A. Maron). Méconnaît le droit à un procès équitable le fait que le président de la cour d'assises ayant condamné l'accusé en première instance procède à l'interrogatoire, prévu par l'article 272 du Code de procédure pénale, préalable au procès devant la cour d'assises statuant en appel, dès lors qu'au cours de cet interrogatoire, l'accusé, fût-il assisté d'un avocat, a la faculté de faire des déclarations spontanées sur le fond qui seront recueillies par procès-verbal, et de se désister de son appel (■ Cass. crim., 17 avr. 2019, n° 18-83.201 : *Bull. crim.* n° 82 ; *Dr. pén.* 2019, comm. 114, obs. A. Maron et M. Haas).

3) Juge civil. Ne peut siéger à la cour d'assises un magistrat qui, en qualité de juge civil, a déjà porté une appréciation sur la culpabilité de l'accusé (▪ Cass. crim., 21 févr. 1996, n° 95-82.085 : *JurisData* n° 1996-001301 ; *Bull. crim.* n° 82 ; *Dr. pén.* 1996, comm. 122-III, note A. Maron).

4) Instruction. Le juge qui a remplacé le juge d'instruction ne peut siéger à la cour d'assises, même s'il s'est borné à notifier l'inculpation (▪ Cass. crim., 18 mai 1976 : *Bull. crim.* n° 168. ▪ Cass. crim., 18 mars 1982 : *JurisData* n° 1982-700732 ; *Bull. crim.* n° 79 ; *RSC* 1983, p. 490, obs. J. Robert). Un magistrat de la chambre d'accusation ayant statué sur la détention provisoire de l'inculpé a nécessairement procédé à un examen préalable du fond et ne peut pas ensuite participer au jugement de l'accusé, que ce soit en qualité de président ou d'assesseur (▪ Cass. crim., 12 oct. 1983 : *Bull. crim.* n° 243 ; *D.* 1984, p. 610, note J. Pradel ; *RSC* 1986, p. 132, obs. A. Braunschweig. ▪ Cass. crim., 23 janv. 1985 : *Bull. crim.* n° 35. ▪ Cass. crim., 8 avr. 1992 : *JurisData* n° 1992-001267 ; *Bull. crim.* n° 152 ; *D.* 1993, somm. p. 204, obs. J. Pradel. ▪ Cass. crim., 3 déc. 1997 : *Bull. crim.* n° 410 ; *Procédures* 1998, comm. 94, obs. J. Buisson ; *Dr. pén.* 1998, comm. 58, obs. A. Maron).

5) Juge des enfants. La garantie du droit à un tribunal impartial, au sens de l'article 6, § 1, Conv. EDH, fait obstacle à ce qu'un juge des enfants, qui a connu des faits, objet de l'accusation, en recueillant la plainte d'une victime mineure et en procédant à diverses vérifications sur son objet, avant de la transmettre au procureur de la République, siège comme assesseur à la cour d'assises, pour le jugement de l'auteur des faits (▪ Cass. crim., 10 janv. 1996, n° 95-81.591 : *Bull. crim.* n° 9).

6) Ministère public. Le magistrat qui a occupé les fonctions du ministère public auprès d'une cour d'assises dont l'arrêt a été cassé peut, sans que puisse être invoquée une violation de l'article 6, Conv. EDH, exercer les mêmes fonctions devant la cour d'assises de renvoi (▪ Cass. crim., 10 déc. 1986, n° 86-91.567 : *Bull. crim.* n° 370).

7) Contumace. Aux termes de l'article 253 du Code de procédure pénale, ne peuvent faire partie de la Cour, en qualité de président ou d'assesseur, les magistrats qui, dans l'affaire soumise à la Cour d'assises, ont participé à une décision sur le fond relative à la culpabilité de l'accusé. Doit, en conséquence, être annulé l'arrêt de la cour d'assises auquel a concouru un magistrat ayant précédemment connu de la même affaire jugée par contumace (▪ Cass. crim., 1er mai 1955 : *Bull. crim.* n° 125. ▪ Cass. crim., 10 mars 1966, n° 65-93.528 : *Bull. crim.* n° 92).

8) Divorce. Le magistrat qui a participé au jugement de divorce fondé sur les faits poursuivis ne peut siéger à la cour d'assises qui jugera l'accusé pour crime (▪ Cass. crim., 16 oct. 1991 : *JurisData* n° 1991-002993 ; *Bull. crim.* n° 351. ▪ Cass. crim., 30 nov. 1994 : *Bull. crim.* n° 390 ; *Dr. pén.* 1995, comm. 53, note A. Maron. ▪ Cass. crim., 21 févr. 1996 : *JurisData* n° 1996-001301 ; *Bull. crim.* n° 82 ; *Dr. pén.* 1996, comm. 122-III, note A. Maron).

• Sanctions de l'incompatibilité

9) Illégalité de la cour d'assises. La cour d'assises dont a fait partie, en qualité de président ou d'assesseur, un magistrat atteint de l'une des causes d'incompatibilité qui viennent d'être examinées, est illégalement composée (▪ Cass. crim., 12 oct. 1983 : *JurisData* n° 1983-702023 ; *Bull. crim.* n° 243. ▪ Cass. crim., 6 mai 1981 : *Bull. crim.* n° 170. ▪ Cass. crim., 18 mars 1982 : *JurisData* n° 1982-700732 ; *Bull. crim.* n° 79 ; *RSC* 1983, p. 490, obs. J.-H. Robert. ▪ Cass. crim., 21 févr. 1996 : *JurisData* n° 1996-001301 ; *Bull. crim.* n° 82).

10) Nullité. La présence au sein de la cour d'assises d'un magistrat nommé en méconnaissance de ces règles entraîne la nullité des débats (▪ Cass. crim., 15 avr. 1978 : *Bull. crim.* n° 98). Les dispositions des articles 305-1 et 599, alinéa 2, du Code de procédure pénale, relatives au moment où doivent être soulevées les exceptions tirées d'une nullité entachant la procédure qui précède l'ouverture des débats, ne s'appliquent pas aux nullités entachant la composition de la Cour. Il s'ensuit que peut être soulevée valablement après l'ouverture des débats la nullité tenant à ce qu'un magistrat qui a participé à l'arrêt de mise en accusation fasse partie de la cour d'assises (▪ Cass. crim., 11 mai 1988 : *JurisData* n° 1988-001098 ; *Bull. crim.* n° 207).

2° *Compatibilité*

• Décision ne statuant pas sur la culpabilité

11) Instruction. Aucun texte ne fait obstacle, au regard de l'exigence d'impartialité, à ce que l'un des magistrats composant la chambre de l'instruction statuant sur une demande de publicité des débats ait précédemment rendu, dans la même procédure, une ordonnance déclarant irrecevable une requête en annulation de pièces de procédure. Il s'agit de deux instances distinctes (▪ Cass. crim., 16 févr. 2005, nos 03-82.504, 03-82.505 et 04-87.055 : *Bull. crim.* n° 63).

12) Ministère public. Aucun texte légal ou conventionnel n'interdit à un magistrat du ministère public qui ne décide pas du bien-fondé de l'accusation en matière pénale de requérir successivement dans la même affaire devant les cours d'assises statuant en première instance et en appel (▪ Cass. crim., 21 mai 2003, n° 02-87.150 : *Bull. crim.* n° 103).

13) Déclaration d'incompétence. La prohibition qu'édicte l'article 253 du Code de procédure pénale ne s'étend pas au magistrat qui a pris part à l'arrêt par lequel la chambre des appels correctionnels s'est déclarée incompétente en raison du caractère criminel des faits incriminés dès lors que ledit arrêt ne préjuge pas du fond et, en conséquence, ne constitue pas une décision sur le fond relative à la culpabilité de l'accusé au sens de l'article 253 du Code de procédure pénale (▪ Cass. crim., 29 janv. 1948 : *Bull. crim.* n° 3. ▪ Cass. crim., 22 août 1981 : *JurisData* n° 1981-002723 ; *Bull. crim.* n° 245).

14) Tirage au sort. Le magistrat qui a participé au tirage au sort de la liste du jury de session n'a participé, de ce seul fait, à aucune décision sur la culpabilité de l'accusé lui interdisant de faire partie de la cour d'assises appelée à le juger (▪ Cass. crim., 14 déc. 1988 : *JurisData* n° 1988-703278 ; *Bull. crim.* n° 430 ; *RSC* 1989, p. 539, obs. A. Braunschweig).

15) Affaires disjointes. Ne contrevient pas à son devoir d'impartialité le magistrat qui est désigné pour présider la cour d'assises, devant laquelle comparaît un accusé dont le cas avait été disjoint de la procédure, et qui, lors d'une session antérieure, avait présidé la cour d'assises ayant eu à juger les seuls accusés alors présents (▪ Cass. crim., 13 nov. 1996, n° 96-82.403 : *Bull. crim.* n° 402).

16) Renvoi de l'affaire. Le renvoi de l'affaire à une autre session n'interdit pas au magistrat qui présidait alors la cour d'assises de siéger en la même qualité à celle qui est appelée à connaître à nouveau de la cause dès lors que, comme en l'espèce, la cour d'assises qui avait ordonné le renvoi n'avait pris aucune décision impliquant une appréciation de la culpabilité de l'accusé ; les dispositions tant de l'article 253 du Code de procédure pénale que de l'article 6 de la Convention européenne des droits de l'Homme et des libertés fondamentales, invoquées par le demandeur au pourvoi, n'ont en rien été méconnues (▪ Cass. crim., 12 sept. 2007, n° 07-80.755 : *JurisData* n° 2007-040610 ; *Bull. crim.* n° 201 ; *Bull. inf. C. cass.* 15 déc. 2007, n° 2405 ; *Dr. pén.* 2007, comm. 148, obs. A. Maron. ▪ Cass. crim., 24 janv. 1956 : *Bull. crim.* n° 159. ▪ Cass. crim., 17 juin 1987 : *JurisData* n° 1987-001488 ; *Bull. crim.* n° 255).

17) Demande de mise en liberté. Lorsque la cour d'assises saisie de l'affaire a été appelée, dans les conditions prévues à l'article 148-1 du Code de procédure pénale, à se prononcer sur une demande de mise en liberté de l'accusé, les magistrats qui ont participé à cette décision peuvent siéger à la cour d'assises ayant à juger ledit accusé (▪ Cass. crim., 20 nov. 1991 : *JurisData* n° 1991-003736 ; *Bull. crim.* n° 421. ▪ Cass. crim., 18 févr. 1998, n°s 97-81.336 et 97-81.483 : *Bull. crim.* n° 67. ▪ Cass. crim., 4 févr. 1987 : *Bull. crim.* n° 59. ▪ Cass. crim., 17 juin 1987 : *JurisData* n° 1987-001488 ; *Bull. crim.* n° 255).

18) Libération conditionnelle. Il n'importe qu'un assesseur de la cour d'assises ait participé au jugement de l'accusé dans de précédentes affaires et ait pris, en sa qualité de juge de l'application des peines, une décision le concernant de révocation d'une mesure de libération conditionnelle. La composition de la cour d'assises est régulière tant au regard de l'article 253 du Code de procédure pénale que de l'article 6.1 de la Convention européenne des droits de l'Homme, dès lors que ce magistrat n'a porté aucune appréciation sur la culpabilité du demandeur pour les faits reprochés (▪ Cass. crim., 11 oct. 2000, n° 00-80.770 : *Bull. crim.* n° 294).

19) Mesure d'assistance éducative. Le fait d'avoir ordonné une mesure d'assistance éducative en faveur du fils de l'accusé en qualité de juge pour enfant ne constitue pas une cause d'incompatibilité dès lors que le magistrat n'avait pas porté d'appréciation sur la culpabilité de l'intéressé pour les faits dont est saisie la cour (▪ Cass. crim., 11 oct. 2000, n° 99-87.122 : *Bull. crim.* n° 295).

20) Tutelle. De même lorsque l'un des assesseurs a précédemment pris une mesure de protection de l'accusé en qualité de juge des tutelles (▪ Cass. crim., 14 mars 2001, n° 00-83.786 : *Bull. crim.* n° 65 ; *Dr. pén.* 2001, comm. 106, obs. A. Maron).

• Faits distincts

21) Autre poursuite. La circonstance que le magistrat présidant la cour d'assises ait eu, antérieurement, à se prononcer dans une autre poursuite contre le même accusé n'est pas contraire à l'exigence d'impartialité résultant des articles 6 de la Convention européenne des droits de l'Homme et préliminaire du Code de procédure pénale (▪ Cass. crim., 17 oct. 2012, n° 10-88.321, P+B : *JurisData* n° 2012-024399).

22) Connexité. Aucune disposition légale ou conventionnelle n'interdit à un magistrat, ayant antérieurement eu à connaître de procédures concernant un accusé, de faire partie de la cour d'assises appelée à juger cette personne pour des faits distincts, seraient-ils connexes, ce magistrat demeurant libre de se former, en toute objectivité, une opinion sur l'affaire soumise à son examen (▪ Cass. crim., 23 juin 1999, n°s 98-80.561, 98-80.571 et 98-80.573 : *Bull. crim.* n° 147 ; *Dr. pén.* 1999, comm. 145, note A. Maron ; *D.* 1999, somm. p. 328, obs. J. Pradel. – V. aussi ▪ Cass. crim., 11 oct. 2000 : *JurisData* n° 2000-006662 ; *Bull. crim.* n° 294. ▪ Cass. crim., 20 janv. 1999 : *JurisData* n° 1999-000964 ;

Bull. crim. n° 11. ▪ Cass. crim., 13 juin 1991 : *JurisData* n° 1991-002241 ; *Bull. crim.* n° 252), même s'il s'agit de faits nouveaux (▪ Cass. crim., 10 juill. 1997, n° 96-83.507 : *Bull. crim.* n° 271).

• Divorce

23) Il n'existe aucune cause d'incompatibilité dans le fait d'avoir participé au jugement prononçant un divorce si celui-ci a été prononcé pour d'autres faits que ceux poursuivis (▪ Cass. crim., 24 nov. 1993 : *JurisData* n° 1993-002559 ; *Bull. crim.* n° 354. ▪ Cass. crim., 5 juill. 1994 : *JurisData* n° 1994-002980 ; *Bull. crim.* n° 265 ; *D.* 1995, somm. p. 143, obs. J. Pradel. ▪ Cass. crim., 13 sept. 2000 : *JurisData* n° 2000-006251 ; *Bull. crim.* n° 269 ; *Dr. pén.* 2000, chron. 41, obs. C. Marsat). Même lorsque le divorce, intenté antérieurement, a été prononcé postérieurement à la condamnation en assises (▪ Cass. crim., 19 mars 1997 : *JurisData* n° 1997-001685 ; *Bull. crim.* n° 114 ; *Dr. pén.* 1997, comm. 100, note A. Maron).

B – Droit européen

24) Constitue une violation de l'article 6, paragraphe 1, le fait qu'une cour d'assises ait été présidée par un magistrat qui avait antérieurement rempli dans la même cause les fonctions d'avocat général (▪ CEDH, 1er oct. 1982, n° 8692/79, *Piersack c/ Belgique*).

Section II. – Du jury

Bibliographie : J.-M. Aussel, *JCP* 1978, I, 2919. • F. Chapar, *D.* 1980, chron. 203. • A. Decocq, *RSC* 1979, 127. • A. Pochon, *Gaz. Pal.* 1978, 2, 553.

Art. 254. – Le jury est composé de citoyens désignés conformément aux dispositions des articles suivants.

§ 1. – Des conditions d'aptitude aux fonctions de juré

Art. 255 *(L. n° 72-1226, 29 déc. 1972).* **– Peuvent seuls remplir les fonctions de juré, les citoyens de l'un ou l'autre sexe, âgés de plus de vingt-trois ans, sachant lire et écrire en français, jouissant des droits politiques, civils et de famille, et ne se trouvant dans aucun des cas d'incapacité ou d'incompatibilité énumérés par les deux articles suivants.**

1) Juré illettré. Il n'importe que le juré inapte comme illettré ait ou non participé à un début de délibération dès lors qu'après son remplacement par un juré supplémentaire, régulièrement décidé en application de l'article 296 du Code de procédure pénale, il a été procédé à une nouvelle délibération entièrement distincte de la première, qui doit être considérée comme non avenue (▪ Cass. crim., 3 avr. 1991 : *JurisData* n° 1991-701304 ; *Bull. crim.* n° 154 ; *Dr. pén.* 1991, comm. 212 ; *JCP* G 1991, IV, 269).

2) Présomption de capacité. Les inscriptions faites par l'autorité compétente sur la liste du jury emportent, à l'égard de ceux qui sont inscrits, une présomption de capacité qui vaut jusqu'à preuve contraire (▪ Cass. crim., 15 nov. 1951 : *Bull. crim.* n° 299. ▪ Cass. crim., 5 déc. 1973, n° 73-92.284 : *Bull. crim.* n° 449).

3) Sanctions. Est nulle la déclaration de la cour et du jury à laquelle a participé un juré âgé de moins de vingt-trois ans (▪ Cass. crim., 14 nov. 1985, n° 85-93.093 : *Bull. crim.* n° 355 ; *RSC* 1986, 891, obs. A. Braunschweig).

Art. 256 *(L. n° 78-788, 28 juill. 1978 ; L. n° 92-1336, 16 déc. 1992 ; L. n° 93-913, 19 juill. 1993 ; L. n° 2000-516, 15 juin 2000 ; L. n° 2004-204, 9 mars 2004 ; L. n° 2011-939, 10 août 2011).* **– Sont incapables d'être jurés :**

1° Les personnes dont le bulletin n° 1 du casier judiciaire mentionne une condamnation pour crime ou pour délit ;

2° *(2° abr., L. n° 92-1336, 16 déc. 1992)* **;**

3° Ceux qui sont en état d'accusation ou de contumace et ceux qui sont sous mandat de dépôt ou d'arrêt ;

4° Les fonctionnaires et agents de l'État, des départements et des communes, révoqués de leurs fonctions ;

5° Les officiers ministériels destitués et les membres des ordres professionnels frappés d'une interdiction définitive d'exercer par une décision juridictionnelle ;

6° Les personnes qui ont été déclarées en état de faillite et n'ont pas été réhabilitées ;

7° Les personnes qui ont fait l'objet d'une condamnation en vertu de l'article 288 du présent code ou celles auxquelles les fonctions de juré sont interdites en vertu de l'article 131-26 du Code pénal ;

8° Les majeurs sous sauvegarde de justice, les majeurs en tutelle, les majeurs en curatelle et ceux qui sont placés dans un établissement d'aliénés en vertu des articles L. 326-1 à L. 355 du Code de la santé publique.

Interprétation stricte. Les incapacités aux fonctions de juré édictées par l'article 256 sont de droit étroit et ne peuvent être étendues (■ Cass. crim., 31 mars 1906 : *Bull. crim.* n° 167. ■ Cass. crim., 29 févr. 1984, n° 83-92.218 : *Bull. crim.* n° 84).

Circulaire du 11 décembre 2000

présentant les dispositions de la loi du 15 juin 2000 renforçant la protection de la présomption d'innocence et les droits des victimes concernant la procédure criminelle

3.2 Conditions d'aptitude aux fonctions de juré

Suivant en cela une demande ancienne et répétée des praticiens, le législateur a rétabli l'incapacité d'être juré qui concernait les personnes ayant fait l'objet de certaines condamnations.

Celle-ci avait été supprimée lors de la réforme du Code pénal, en raison des dispositions générales de l'article 132-21 du Code pénal, selon lesquelles aucune interdiction des droits civiques ne peut résulter de plein droit d'une condamnation pénale.

Par dérogation à ce principe, l'article 136 de la loi a ainsi rétabli le 1 de l'article 256 du Code de procédure pénale, afin d'exclure des fonctions de jurés les personnes dont le bulletin n° 1 du casier judiciaire mentionne une condamnation pour crime ou une condamnation pour délit à une peine égale ou supérieure à six mois d'emprisonnement.

Droit transitoire : cette disposition ne peut concerner que les personnes condamnées après le 15 juin 2000.

Art. 257 ***(Mod., L. n° 2005-270, 24 mars 2005).*** **– Les fonctions de juré sont incompatibles avec celles qui sont énumérées ci-après :**

1° Membre du Gouvernement, du Parlement, du Conseil constitutionnel, du Conseil supérieur de la magistrature et du Conseil économique et social ;

2° Membre du Conseil d'État ou de la Cour des comptes, magistrat de l'ordre judiciaire, membre des tribunaux administratifs, magistrat des tribunaux de commerce, assesseur des tribunaux paritaires de baux ruraux et conseiller prud'homme ;

3° Secrétaire général du Gouvernement ou d'un ministère, directeur de ministère, membre du corps préfectoral ;

4° Fonctionnaire des services de police ou de l'administration pénitentiaire et militaire de la gendarmerie, en activité de service.

1) Compatibilités.

a. Greffier. L'exercice de la profession de commis greffier ne figure pas parmi les cas d'incompatibilité limitativement énumérés par l'article 257 du Code de procédure pénale (■ Cass. crim., 18 nov. 1970 : *Bull. crim.* n° 300).

b. Adjoint au maire. L'incompatibilité mentionnée à l'article 257 du Code de procédure pénale ne saurait s'appliquer à un adjoint au maire, du seul fait de la qualité d'officier de police judiciaire qu'il tient de l'article 16 du Code de procédure pénale, cette qualité ne lui conférant pas celle de fonctionnaire pourvu d'un emploi dans les services de la police, au sens de l'article précité (■ Cass. crim., 28 nov. 1963, n° 63-92.667 : *Bull. crim.* n° 341).

c. Garde champêtre. Les gardes champêtres n'ayant pas la qualité de fonctionnaires des services de police au sens de l'article 257, paragraphe 4, du Code de procédure pénale, leurs fonctions ne sont pas incompatibles avec celle du juré (■ Cass. crim., 26 mai 1965 : *Bull. crim.* n° 145).

d. Peseurs jurés. Un peseur juré n'exerce pas des fonctions incompatibles avec celles de juré (■ Cass. crim., 17 déc. 1969, n° 69-91.486 : *Bull. crim.* n° 349).

e. Contrôleur du Trésor. Les contrôleurs du Trésor, qui ne sont pas des fonctionnaires ou des préposés du service actif des douanes ou des contributions indirectes, n'exercent pas l'une des fonctions limitativement énumérées par l'article 257 du Code de procédure pénale comme étant incompatibles avec les fonctions de juré (■ Cass. crim., 19 déc. 1967, n° 67-90.901 : *Bull. crim.* n° 332).

f. Sapeur-pompier. Un adjudant de sapeurs-pompiers, hors les cas où il appartient à une formation militaire, n'exerce pas des fonctions rentrant dans la nomenclature essentiellement limitative, des incompatibilités instituées par l'article 257 du Code de procédure pénale (■ Cass. crim., 19 déc. 1967, n° 67-92.449 : *Bull. crim.* n° 333).

g. Surveillants militaires des palais nationaux. Les adjudants-chefs, adjudants et surveillants militaires des palais nationaux font partie du personnel de la conservation des bâtiments civils et des palais nationaux et du gardiennage des monuments historiques. Ces fonctionnaires ne sont pas des militaires de l'armée de terre, de mer ou de l'air en activité de service et pourvus d'emploi. Ils n'entrent donc dans aucun des cas d'incompatibilité limitativement énumérés par l'article 257 du Code de procédure pénale (▪ Cass. crim., 13 nov. 1969, n° 69-91.249 : *Bull. crim.* n° 298).

2) **Incompatibilités – Juge du tribunal de commerce.** Mais les fonctions de juge à un tribunal de commerce sont incompatibles avec celles de juré (▪ Cass. crim., 21 nov. 1973, n° 73-91.827 : *Bull. crim.* n° 429). Garde républicain. La décision de rayer de la liste de session un garde républicain implique que la Cour a constaté souverainement que ce militaire en activité de service était pourvu d'un emploi (▪ Cass. crim., 19 mars 1981, n° 80-94.525 : *Bull. crim.* n° 100).

Art. 258 ***(L. n° 78-788, 28 juill. 1978 ; L. n° 81-82, 2 févr. 1981).*** **– Sont dispensées des fonctions de juré les personnes âgées de plus de soixante-dix ans ou n'ayant pas leur résidence principale dans le département siège de la cour d'assises lorsqu'elles en font la demande à la commission prévue par l'article 262.**

Peuvent, en outre, être dispensées de ces fonctions les personnes qui invoquent un motif grave reconnu valable par la commission.

1) **Âge.** Si la commission prévue par l'article 262 du Code de procédure pénale n'a pas dispensé des fonctions de juré deux personnes âgées de plus de 70 ans, ainsi que le prévoit l'article 258 dudit code, la cour, en révisant la liste du jury de session, n'a violé aucun texte de loi en constatant souverainement que ces deux jurés se trouvaient dans l'impossibilité de remplir leurs fonctions en raison de leur âge avancé (▪ Cass. crim., 28 avr. 1982, n° 81-93.129 : *Bull. crim.* n° 105. ▪ Cass. crim., 6 juill. 1982 : *Bull. crim.* n° 180 ; *Gaz. Pal.* 1983, 15, note J.-P. Doucet).

2) **Justification.** La cour d'assises qui statue sur les causes d'exonération et les excuses des jurés n'est pas tenue d'exprimer les motifs qui la déterminent à admettre ou à rejeter les dispenses. Il suffit qu'elle constate l'impossibilité de remplir ses fonctions pour chaque juré qu'elle dispense (▪ Cass. crim., 29 avr. 1965, n° 65-90.548 : *Bull. crim.* n° 120).

Art. 258-1 ***(Mod., L. n° 80-1042, 23 déc. 1980).*** **– Sont exclus ou rayés de la liste annuelle des jurés et de la liste spéciale des jurés suppléants ceux qui ont rempli les fonctions de juré dans le département depuis moins de cinq ans.**

Une objection morale d'ordre laïque ou religieux ne constitue pas un motif grave susceptible de justifier l'exclusion de la liste des jurés.

La commission prévue à l'article 262 peut également exclure les personnes qui, pour un motif grave, ne paraissent pas en mesure d'exercer les fonctions de juré.

L'inobservation des dispositions du présent article et de l'article précédent n'entache d'aucune nullité la formation du jury.

Art. 258-2 ***(Créé à titre expérimental à compter du 1er janvier 2012 dans au moins deux cours d'appel et jusqu'au 1er janvier 2014 dans au plus dix cours d'appel, L. n° 2011-939, 10 août 2011).***

Avertissement : Dispositions applicables à titre expérimental du 1er janvier 2012 au 1er janvier 2014 dans les ressorts des cours d'appel de Dijon et Toulouse : A. 12 oct. 2011, art. 1er (*JO* 13 oct. 2011). L'arrêté du 13 juin 2012 (*JO* 23 juin 2012) met fin à l'extension de l'expérimentation prévue à compter du 1er janvier 2013 au 1er janvier 2014 : A. 16 févr. 2012 (*JO* 25 févr. 2012) puis fin de l'expérimentation à compter du 30 avril 2013 : A. 18 mars 2013 (*JO* 22 mars 2013).

§ 2. – De la formation du jury

Art. 259. – Il est établi annuellement, dans le ressort de chaque cour d'assises, une liste du jury criminel.

Acte d'administration. Les opérations aboutissant, en application des articles 259 à 265, à l'établissement de la liste annuelle du jury criminel, constituent des actes d'administration qui échappent au contrôle de la Cour de cassation (▪ Cass. crim., 17 déc. 1980, n° 80-91.139 : *Bull. crim.* n° 355. ▪ Cass. crim., 23 mai 1984, n° 83-94.193 : *Bull. crim.* n° 190).

Art. 260 ***(L. n° 78-788, 28 juill. 1978 ; L. n° 80-1042, 23 déc. 1980 ; L. n° 81-82, 2 févr. 1981 ; L. n° 2000-516, 15 juin 2000 ; L. n° 2004-204, 9 mars 2004).*** **– Cette liste comprend, pour la cour d'assises de Paris, mille huit cents jurés et, pour les autres ressorts de cour d'assises, un juré pour mille trois cents habitants, sans toutefois que le nombre des jurés puisse être inférieur à deux cents.**

Un arrêté du ministre de la Justice peut, pour la liste annuelle de chaque cour d'assises, fixer un nombre de jurés plus élevé que celui résultant des dispositions du premier alinéa, si le nombre de sessions tenues chaque année par la cour d'assises le justifie.

Le nombre des jurés pour la liste annuelle est réparti proportionnellement au tableau officiel de la population. Cette répartition est faite par commune ou communes regroupées, par arrêté du préfet au mois d'avril de chaque année. À Paris, elle est faite par arrêté du préfet au mois de juin entre les arrondissements.

Art. 261 *(Mod., L. n° 81-82, 2 févr. 1981).* – Dans chaque commune, le maire, en vue de dresser la liste préparatoire de la liste annuelle, tire au sort publiquement à partir de la liste électorale un nombre de noms triple de celui fixé par l'arrêté préfectoral pour la circonscription. Pour la constitution de cette liste préparatoire, ne sont pas retenues les personnes qui n'auront pas atteint l'âge de vingt-trois ans au cours de l'année civile qui suit.

Lorsque l'arrêté préfectoral de répartition a prévu un regroupement de communes, le tirage au sort est effectué par le maire de la commune désignée dans l'arrêté du préfet. Il porte sur l'ensemble des listes électorales des communes concernées.

À Paris, le tirage au sort est effectué, dans chaque arrondissement, par l'officier d'état civil désigné par le maire.

Art. 261-1 *(Mod., L. n° 2016-1547, 18 nov. 2016).* – La liste préparatoire doit être dressée en deux originaux dont l'un est déposé à la mairie, et pour Paris à la mairie annexe, et l'autre transmis avant le 15 juillet au secrétariat-greffe de juridiction siège de la cour d'assises.

Le maire doit avertir les personnes qui ont été tirées au sort. Il leur demande de lui préciser leur profession. Il les informe qu'elles ont la possibilité de demander par lettre simple avant le 1er septembre au président de la commission prévue à l'article 262 le bénéfice des dispositions de l'article 258.

Le maire est tenu d'informer le directeur de greffe de la cour d'appel ou du tribunal judiciaire siège de la cour d'assises, des inaptitudes légales résultant des articles 255, 256 et 257 qui, à sa connaissance, frapperaient les personnes portées sur la liste préparatoire. Il peut, en outre, présenter des observations sur le cas des personnes qui, pour des motifs graves, ne paraissent pas en mesure d'exercer les fonctions de juré.

Art. 262 *(Mod., Ord. n° 2016-1562, 21 nov. 2016).* – La liste annuelle est dressée au siège de chaque cour d'assises par une commission présidée, au siège de la cour d'appel, par le premier président ou son délégué, et dans les tribunaux judiciaires, sièges de la cour d'assises, par le président du tribunal ou son délégué.

Cette commission comprend, outre son président :

Trois magistrats du siège désignés chaque année par l'assemblée générale de la juridiction siège de la cour d'assises ;

Selon le cas, soit le procureur général ou son délégué, soit le procureur de la République ou son délégué ;

Le bâtonnier de l'Ordre des avocats de la juridiction, siège de la cour d'assises ou son représentant ;

Cinq conseillers généraux désignés chaque année par le conseil général, à Paris, cinq conseillers désignés par le Conseil de Paris et, à Lyon, deux conseillers désignés par le conseil général du Rhône et trois conseillers désignés par le conseil de la métropole de Lyon ; pour chacune des deux cours d'assises de Corse, cinq conseillers à l'Assemblée de Corse élus en son sein.

Dispense de service. Les jurés qui ont été dispensés de service pour la durée d'une session n'en continuent pas moins de figurer sur la liste annuelle. C'est dès lors à juste titre qu'avant de procéder au tirage au sort de la liste de session le magistrat qui en est chargé remet dans les urnes les noms des jurés qui, lors de précédents tirages effectués au cours de la même année, avaient été désignés par le sort, mais dispensés de service (■ Cass. crim., 3 déc. 1980, n° 80-93.154 : *Bull. crim.* n° 331).

Art. 263 *(Mod., L. n° 2016-1547, 18 nov. 2016).* – La commission se réunit sur la convocation de son président au siège de la cour d'assises, dans le courant du mois de septembre. Son secrétariat est assuré par le directeur de greffe de la juridiction siège de la cour d'assises.

Elle exclut les personnes qui ne remplissent pas les conditions d'aptitude légale résultant des articles 255, 256 et 257. Elle statue sur les requêtes présentées en application de l'article 258. Sont également exclues les personnes visées par l'article 258-1 (alinéa 1er), ainsi que, le cas échéant, celles visées par l'article 258-1 (alinéa 2).

Les décisions de la commission sont prises à la majorité ; en cas de partage, la voix du président est prépondérante.

La liste annuelle des jurés est établie par tirage au sort parmi les noms qui n'ont pas été exclus.

La liste est définitivement arrêtée dans l'ordre du tirage au sort, signée séance tenante et déposée au secrétariat-greffe de la juridiction siège de la cour d'assises.

Dispense de service. Les jurés qui ont été dispensés de service pour la durée d'une session n'en continuent pas moins de figurer sur la liste annuelle. C'est dès lors à juste titre qu'avant de procéder au tirage au sort de la liste de session, le magistrat qui en est chargé remet dans les urnes les noms des jurés qui, lors de précédents tirages effectués au cours de la même année, avaient été désignés par le sort, mais dispensés de service (■ Cass. crim., 3 déc. 1980 : *JurisData* n° 1980-095175 ; *Bull. crim.* n° 331. ■ Cass. crim., 24 oct. 1984 : *JurisData* n° 1984-702305 ; *Bull. crim.* n° 319).

Art. 264 ***(Mod., L. n° 2004-204, 9 mars 2004).*** **– Une liste spéciale de jurés suppléants est également dressée chaque année par la commission, dans les conditions prévues à l'article 263, en dehors de la liste annuelle des jurés. Les jurés suppléants doivent résider dans la ville siège de la cour d'assises.**

Le nombre des jurés figurant sur cette liste, qui ne peut être inférieur à cinquante ni supérieur à sept cents, est fixé pour chaque cour d'assises, par arrêté du ministre de la Justice.

Art. 264-1 ***(Créé à titre expérimental à compter du 1er janvier 2012 dans au moins deux cours d'appel et jusqu'au 1er janvier 2014 dans au plus dix cours d'appel, L. n° 2011-939, 10 août 2011).***

Avertissement : Dispositions applicables à titre expérimental du 1er janvier 2012 au 1er janvier 2014 dans les ressorts des cours d'appel de Dijon et Toulouse : A. 12 oct. 2011, art. 1er (*JO* 13 oct. 2011). L'arrêté du 13 juin 2012 (*JO* 23 juin 2012) met fin à l'extension de l'expérimentation prévue à compter du 1er janvier 2013 au 1er janvier 2014 : A. 16 févr. 2012 (*JO* 25 févr. 2012) puis fin de l'expérimentation à compter du 30 avril 2013 : A. 18 mars 2013 (*JO* 22 mars 2013).

Art. 265 ***(Mod., L. n° 2004-1343, 9 déc. 2004).*** **– La liste annuelle et la liste spéciale sont transmises par le président de la commission au maire de chaque commune. Le maire est tenu d'informer, dès qu'il en a connaissance, le premier président de la cour d'appel ou le président du tribunal judiciaire, siège de la cour d'assises, des décès, des incapacités ou des incompatibilités légales qui frapperaient les personnes dont les noms sont portés sur ces listes.**

Le premier président de la cour d'appel ou le président du tribunal judiciaire, siège de la cour d'assises, ou leur délégué, est habilité à retirer les noms de ces personnes de la liste annuelle et de la liste spéciale.

Art. 266 ***(Mod., L. n° 2011-939, 10 août 2011).*** **– Trente jours au moins avant l'ouverture des assises, le premier président de la cour d'appel, ou son délégué, ou le président du tribunal judiciaire, siège de la cour d'assises, ou son délégué, tire au sort, en audience publique, sur la liste annuelle, les noms de trente-cinq jurés qui forment la liste de session. Il tire, en outre, les noms de dix jurés suppléants sur la liste spéciale.**

Si, parmi les noms tirés au sort, figurent ceux d'une ou de plusieurs personnes décédées ou qui se révéleraient ne pas remplir les conditions d'aptitude légale résultant des articles 255, 256 et 257 ou avoir exercé les fonctions de juré dans le département depuis moins de cinq ans, ces noms sont immédiatement remplacés sur la liste de session et la liste des jurés suppléants, par les noms d'un ou de plusieurs autres jurés désignés par le sort ; ils sont retirés de la liste annuelle ou de la liste spéciale par le premier président de la cour d'appel ou par le président du tribunal judiciaire, siège de la cour d'assises, ou leur délégué.

Sont également remplacés sur la liste de session et sur la liste des jurés suppléants, dans le cas où ils sont tirés au sort, les noms des personnes qui, dans l'année, ont satisfait aux réquisitions prescrites par l'article 267.

1) **Auteur du tirage au sort.** Si l'article 266, alinéa 1er, permet au premier président de désigner spécialement un magistrat pour effectuer le tirage au sort du jury de session, il ne s'agit là que d'une simple faculté ; à défaut par lui d'en user, le premier président, s'il n'y procède personnellement, est suppléé dans cette fonction comme dans toutes celles qui lui sont spécialement attribuées, par le président de chambre qu'il a désigné en application des dispositions de l'article R. 213-6. V. COJ, art. R. 312-2 nouv. (■ Cass. crim., 17 juin 1981, n° 80-95.016 : *Bull. crim.* n° 209).

2) **Présence des assesseurs.** L'article 266 du Code de procédure pénale n'exige pas que le magistrat ayant qualité pour procéder au tirage au sort soit assisté d'assesseurs lors de ces opérations (■ Cass. crim., 14 nov. 1979, n° 79-91.510 : *Bull. crim.* n° 317. ■ Cass. crim., 24 oct. 1984, n° 83-94.345 : *JurisData* n° 1984-702305 ; *Bull. crim.* n° 319).

3) Présence du ministère public. Les dispositions de l'article 266 du Code de procédure pénale n'exigent pas la présence du ministère public lors des opérations de tirage au sort de la liste de session (■ Cass. crim., 23 oct. 1985, n° 84-95.071 : *Bull. crim.* n° 326).

4) Publicité du tirage au sort. La publicité de l'audience au cours de laquelle a été tiré le jury de session est une formalité substantielle de la procédure d'assises qui permet à toute personne de constater que le sort a désigné le jury qui servira à former au cours de la session les différentes formations du jury de jugement. Il en résulte que la cassation est encourue dès lors que le procès-verbal établi ne mentionne pas que l'audience a été publique (■ Cass. crim., 22 févr. 1984, n° 83-93.139 : *Bull. crim.* n° 70). Il se déduit de la mention que le tirage au sort a été effectué conformément à l'article 266, qu'il a eu lieu en audience publique (■ Cass. crim., 20 févr. 1985, n° 84-94.750 : *Bull. crim.* n° 81).

5) Utilisation de numéros. L'article 266 n'interdit pas d'utiliser des numéros pour le tirage au sort du jury de session, dès lors que chacun des numéros déposés dans les urnes correspond au numéro figurant sur les listes annuelle et spéciale en regard du nom de chaque juré et que le collationnement des numéros sortis des urnes et des noms correspondants inscrits sur les listes est opéré séance tenante (■ Cass. crim., 4 juin 1986, n° 86-90.181 : *Bull. crim.* n° 195).

6) Procès-verbal du tirage au sort. L'article 282 impose la signification à l'accusé seulement de la liste des jurés de session. Ni l'article 266, ni aucun autre texte n'exigent que le procès-verbal du tirage au sort desdits jurés soit inséré dans le dossier de la procédure suivie devant la cour d'assises (■ Cass. crim., 20 déc. 1978, n° 78-92.378 : *Bull. crim.* n° 362).

7) Présence des jurés supplémentaires lors du prononcé de l'arrêt. Le demandeur ne peut se faire un grief de ce que le procès-verbal des débats n'indique pas la présence des jurés supplémentaires lors du prononcé de l'arrêt, leur présence n'étant indispensable, selon l'article 266 du Code de procédure pénale, qu'au cours des débats, et lors de la délibération de la cour et du jury, à laquelle ils assistent sans manifester leur opinion (■ Cass. crim., 23 juin 2021, n° 20-84.705 : *Bull. crim.* n° 129).

Art. 267 *(Rempl., L. n° 2004-204, 9 mars 2004).* **– Quinze jours au moins avant l'ouverture de la session, le greffier de la cour d'assises convoque, par courrier, chacun des jurés titulaires et suppléants. Cette convocation précise la date et l'heure d'ouverture de la session, sa durée prévisible, et le lieu où elle se tiendra. Elle rappelle l'obligation, pour tout citoyen requis, de répondre à cette convocation sous peine d'être condamné à l'amende prévue par l'article 288. Elle invite le juré convoqué à renvoyer, par retour du courrier, au greffe de la cour d'assises le récépissé joint à la convocation, après l'avoir dûment signé.**

Si nécessaire, le greffier peut requérir les services de police ou de gendarmerie aux fins de rechercher les jurés qui n'auraient pas répondu à la convocation et de leur remettre celle-ci.

Actes administratifs. Les opérations par lesquelles le préfet notifie à chacun des jurés l'extrait de la liste de session le concernant constituent des actes administratifs dont le contrôle échappe à la Cour de cassation (■ Cass. crim., 20 nov. 1980, n° 80-90.956 : *Bull. crim.* n° 319).

CHAPITRE IV. – DE LA PROCÉDURE PRÉPARATOIRE AUX SESSIONS D'ASSISES

Section I. – Des actes obligatoires

Bibliographie : H. Angevin, *Cour d'assises. – Procédure préparatoire aux sessions d'assises : JCl. Proc. pén.*, Fasc. 10. • Actes obligatoires, 2007, Fasc. 20 : cour d'assises. • Procédure préparatoire aux sessions d'assises – Actes facultatifs ou exceptionnels, 2007.

Art. 268 *(Abr., L. n° 2002-1138, 9 sept. 2002).*

Art. 269 *(Mod., L. n° 2000-516, 15 juin 2000).* **– Dès que la décision de mise en accusation est devenue définitive ou, en cas d'appel, dès que l'arrêt de désignation de la cour d'assises d'appel a été signifié, l'accusé, s'il est détenu, est transféré dans la maison d'arrêt du lieu où se tiennent les assises.**

Art. 269-1 *(Créé, L. n° 2021-1729, 22 déc. 2021).* **– Lorsque l'accusé n'a pas été régulièrement informé, selon le cas, de sa mise en examen ou de sa qualité de partie à la procédure, de l'avis de fin d'information judiciaire ou de l'ordonnance de mise en accusation et que cette défaillance ne procède pas d'une manœuvre**

de sa part ou de sa négligence, il peut saisir le président de la chambre de l'instruction, alors même que l'ordonnance de mise en accusation est devenue définitive et au plus tard trois mois avant la date de sa comparution devant la cour d'assises, d'une requête contestant les éventuelles irrégularités de la procédure d'information.

Le président de la chambre de l'instruction statue dans un délai d'un mois, au vu des observations écrites de l'accusé ou de son avocat et des observations écrites du ministère public, par une décision motivée susceptible de pourvoi en cassation.

À défaut pour l'accusé d'avoir exercé ce recours, l'ordonnance de mise en accusation couvre les vices de la procédure.

Art. 270 ***(Rempl., L. n° 2004-204, 9 mars 2004 ; mod., L. n° 2008-644, 1er juill. 2008).*** **– Si l'accusé est en fuite ou ne se présente pas, il peut être jugé par défaut conformément aux dispositions du chapitre VIII du présent titre.**

Lorsque l'accusé est en fuite, la date de l'audience au cours de laquelle il doit être jugé par défaut doit toutefois lui être signifiée à son dernier domicile connu ou à étude d'huissier de justice ou, à défaut, au parquet du procureur de la République du tribunal judiciaire où siège la cour d'assises, au moins dix jours avant le début de l'audience.

Mineurs. Les mineurs âgés de 16 ans au moins, poursuivis pour crime, peuvent être jugés selon la procédure de défaut criminel (▪ Cass. crim., 21 mars 2007, n° 06-87.767 : *Bull. crim.* n° 92).

Art. 271. – Si l'affaire ne doit pas être jugée au siège de la cour d'appel, le dossier de la procédure est renvoyé par le procureur général au greffe du tribunal judiciaire où se tiennent les assises.

Les pièces à conviction sont également transportées au greffe de ce tribunal.

Art. 272 ***(L. n° 70-643, 17 juill. 1970 ; mod., L. n° 2000-516, 15 juin 2000).*** **– Le président de la cour d'assises interroge l'accusé dans le plus bref délai, après l'arrivée de ce dernier à la maison d'arrêt et la remise des pièces au greffe.**

Si l'accusé est en liberté, il est procédé comme il est dit à l'article 272-1.

Le président peut déléguer un de ses assesseurs afin de procéder à cet interrogatoire.

Il doit être fait appel à un interprète si l'accusé ne parle ou ne comprend pas la langue française.

1) **Formalité substantielle.** L'interrogatoire de l'accusé, dès son arrivée dans la maison de justice, est une formalité substantielle dont l'omission ou la constatation irrégulière entraîne la nullité de toute la procédure (▪ Cass. crim., 1er juill. 1892 : *DP* 1892, 5, 364). Dès lors que ni l'accusé, ni son avocat, n'ont produit à l'administration pénitentiaire un document médical attestant de l'impossibilité pour M. X... de rejoindre la salle de visioconférence, et n'ont pas sollicité la venue immédiate d'un médecin afin de constater une telle impossibilité, la cour justifie sa décision lorsqu'elle retient, par arrêt incident, que compte tenu des circonstances, l'absence de l'accusé à l'interrogatoire préalable s'analyse en un refus de comparaître et qu'aucune nullité de la procédure subséquente n'est encourue (▪ Cass. crim., 9 janv. 2019, n° 17-87.070 : *Bull. crim.* n° 7).

2) **Notion d'accusé.** Le terme « accusé » employé par l'article 272 doit s'entendre aussi bien de l'individu renvoyé devant la cour d'assises en raison d'un crime, que de celui qui est impliqué dans la poursuite d'un délit connexe à ce crime. Dès lors les formalités antérieures au débat, notamment l'interrogatoire par le président, doivent être observées à l'égard de tous les individus renvoyés devant la cour d'assises, quelle que soit la qualification des faits qui leur sont imputés (▪ Cass. crim., 14 mars 1979, n° 78-91.135 : *Bull. crim.* n° 105 ; *RSC* 1979, 860, obs. J.-H. Robert).

3) **Délai.** L'article 272 du Code de procédure pénale ne prévoyant aucun délai pour l'interrogatoire de l'accusé en liberté, le président peut y procéder à n'importe quel moment se situant entre la signification de l'arrêt de renvoi et le sixième jour précédant l'ouverture des débats (▪ Cass. crim., 26 nov. 1980 : *JurisData* n° 1980-095161 ; *Bull. crim.* n° 320).

4) **Interrogatoire par le président.** Le président de la cour d'assises qui procède à l'interrogatoire prévu par l'article 272 est celui qui est désigné pour présider la session à la date dudit interrogatoire (▪ Cass. crim., 31 mai 1978, n° 78-90.025 : *Bull. crim.* n° 177). L'article 293 du Code d'instruction criminelle (CPP, art. 272) n'exige pas que l'interrogatoire soit effectué par le président de la session d'assises au cours de laquelle l'accusé sera jugé ; il peut y être procédé par le président de la session en cours (▪ Cass. crim., 11 déc. 1952 : *D.* 1953, 165. ▪ Cass. crim., 21 mars 1961 : *Bull. crim.* n° 167.

■ Cass. crim., 21 août 1986 : *Bull. crim.* n° 249). Un magistrat autre que le président ou l'un des assesseurs a qualité pour procéder à l'interrogatoire (■ Cass. crim., 29 mai 1957 : *Bull. crim.* n° 457. ■ Cass. crim., 2 févr. 1961 : *Bull. crim.* n° 72. ■ Cass. crim., 16 sept. 1961 : *Bull. crim.* n° 369). Au cours de l'interrogatoire prévu par l'article 272 du Code de procédure pénale, le président des assises n'a pas le pouvoir de provoquer les explications de l'accusé sur le fond de l'affaire (■ Cass. crim., 24 mars 1971, n° 70-92.649 : *Bull. crim.* n° 106). Mais il peut recueillir au cours de l'interrogatoire les déclarations que l'accusé estimerait devoir lui faire et peut même lui demander s'il ne désire faire aucune déclaration, à la seule condition que s'il résulte de ces déclarations qu'un supplément d'information est nécessaire, le président se conforme aux dispositions de l'article 283 (■ Cass. crim., 14 janv. 1960 : *D.* 1960, 156).

5) Interrogatoire par le président de la cour d'assises de 1re instance. Méconnaît le droit à un procès équitable le fait que le président de la cour d'assises ayant condamné l'accusé en première instance procède à l'interrogatoire, prévu par l'article 272 du Code de procédure pénale, préalable au procès devant la cour d'assises statuant en appel, dès lors qu'au cours de cet interrogatoire, l'accusé, fût-il assisté d'un avocat, a la faculté de faire des déclarations spontanées sur le fond qui seront recueillies par procès-verbal, et de se désister de son appel (■ Cass. crim., 17 avr. 2019, n° 19-80.201 : *Bull. crim.* n° 82 ; *Dr. pén.* 2019, comm. 114, obs. A. Maron et M. Haas).

6) Absence d'interrogatoire préalable. L'irrégularité de la procédure antérieure à l'ouverture des débats doit, à peine de forclusion, être soulevée dès que le jury est définitivement constitué, comme le prévoit l'article 305-1 du Code de procédure pénale. Ce texte s'applique en cas de méconnaissance invoquée, par l'accusé, des règles relatives à l'interrogatoire préalable à l'ouverture des débats (■ Cass. crim., 1er déc. 1999, n° 99-82.067 : *Bull. crim.* n° 287), et le moyen, tiré de cette irrégularité, est irrecevable s'il est présenté pour la première fois devant la Cour de cassation (■ Cass. crim., 30 oct. 2019, n° 19-80.086, § 7).

7) Interprète.

a. Interrogatoire du président. Les articles 344 et 407 qui règlent le cas où doit avoir lieu la désignation d'un interprète ne s'étendent pas à l'interrogatoire du président (■ Cass. crim., 12 nov. 1964, n° 64-91.201 : *Bull. crim.* n° 296).

b. Libre appréciation du recours à l'interprète. L'article 272 laisse à l'appréciation du président le soin de décider si l'accusé doit être assisté d'un interprète (■ Cass. crim., 4 janv. 1980, n° 79-93.219 : *Bull. crim.* n° 5. ■ Cass. crim., 21 déc. 1977, n° 77-91.810 : *Bull. crim.* n° 409. ■ Cass. crim., 29 janv. 1970, n° 69-90.778 : *Bull. crim.* n° 41. ■ Cass. crim., 4 janv. 1980, préc.).

c. Serment. Si, aux termes dudit article 272, alinéa 4 du Code de procédure pénale, il doit être fait appel à un interprète lorsque l'accusé ne parle ou ne comprend pas la langue française, ce texte ne prescrit pas que l'interprète soit assermenté ou ait à prêter serment ; dès lors, le président ne saurait être tenu de constater dans le procès-verbal d'interrogatoire l'accomplissement d'une formalité qu'aucun texte de loi n'impose (■ Cass. crim., 12 nov. 1964, n° 64-91.201 : *Bull. crim.* n° 296). Âge. L'article 272, dernier alinéa, ne prescrit pas que l'interprète soit âgé de plus de vingt et un ans, ni qu'il soit assermenté ou ait à prêter serment (■ Cass. crim., 12 janv. 1966, n° 65-92.461 : *Bull. crim.* n° 8. ■ Cass. crim., 7 sept. 1974 : *Bull. crim.* n° 268).

8) Nouvel interrogatoire. L'interrogatoire n'a pas à être obligatoirement renouvelé par le président des assises devant lesquelles l'affaire revient après cassation de l'arrêt de condamnation. Il suffit que le président s'assure que l'accusé est assisté du même avocat qui avait assuré sa défense (■ Cass. crim., 31 mai 1949 : *D.* 1949, 348. ■ Cass. crim., 9 nov. 1954 : *D.* 1955, somm. 26. ■ Cass. crim., 9 févr. 1961 : *D.* 1962, 20, note F. C. ■ Cass. crim., 7 juin 1972, n° 72-90.354 : *Bull. crim.* n° 192. ■ Cass. crim., 21 févr. 1979, n° 78-93.190 : *Bull. crim.* n° 78).

Art. 272-1 ***(Mod., L. n° 2004-204, 9 mars 2004).*** **– Si l'accusé, après avoir été convoqué par la voie administrative au greffe de la cour d'assises, ne se présente pas, sans motif légitime d'excuse, au jour fixé pour être interrogé par le président de la cour d'assises, ce dernier peut, par décision motivée, décerner mandat d'arrêt.**

Pendant le déroulement de l'audience de la cour d'assises, la cour peut également, sur réquisition du ministère public, décerner mandat de dépôt ou d'arrêt, si l'accusé se soustrait aux obligations du contrôle judiciaire ou s'il apparaît que la détention est l'unique moyen d'assurer sa présence lors des débats ou d'empêcher des pressions sur les victimes ou les témoins. Dès le début de l'audience, la cour peut aussi, sur les réquisitions du ministère public, ordonner le placement de l'accusé sous contrôle judiciaire afin d'assurer sa présence au cours des débats ou empêcher des pressions sur les victimes ou les témoins. Les dispositions du présent alinéa sont également applicables aux personnes renvoyées pour délits connexes.

À tout moment, la personne peut demander sa mise en liberté devant la cour.

1) Exécution immédiate. L'ordonnance de prise de corps devenue définitive est immédiatement exécutoire lorsque la personne renvoyée devant la cour d'assises faisait l'objet au cours de l'information d'un titre de détention, tel un mandat d'arrêt décerné par la juridiction d'instruction, auquel elle se substitue (■ Cass. crim., 11 juill. 2001, n° 01-83.305 : *Bull. crim.* n° 166.

2) Juge des libertés et de la détention. Après décision du président de la cour d'assises mettant à exécution, conformément à l'article 272-1 du Code de procédure pénale, l'ordonnance de prise de corps concernant un accusé qui ne s'est pas présenté à l'interrogatoire préalable et qui, par la suite, a été interpellé, le juge des libertés et de la détention est, en application de l'article 135-2, alinéa 4, du code précité, seul compétent pour placer en détention provisoire cet accusé (■ Cass. crim., 16 mars 2005, n° 04-87.795 : *Bull. crim.* n° 96).

Art. 273 *(Mod., L. n° 2014-535, 27 mai 2014).* **– Après avoir, s'il y a lieu, informé l'accusé de son droit d'être assisté par un interprète, le président l'interroge sur son identité et s'assure que celui-ci a reçu notification de la décision de mise en accusation ou, en cas d'appel, de l'arrêt de désignation de la cour d'assises d'appel.**

Absence de vérification de la signification. L'article 273, suivant lequel le président s'assure que l'accusé a reçu signification de l'arrêt de renvoi, n'exige pas que le président interroge spécialement l'accusé sur ce point (■ Cass. crim., 29 oct. 1968, n° 68-91.130 : *Bull. crim.* n° 271. ■ Cass. crim., 27 avr. 1976, n° 76-90.054 : *Bull. crim.* n° 128).

Art. 274 *(L. n° 93-2, 4 janv. 1993).* **– L'accusé est ensuite invité à choisir un avocat pour l'assister dans sa défense.**

Si l'accusé ne choisit pas son avocat, le président ou son délégué lui en désigne un d'office.

Cette désignation est non avenue si, par la suite, l'accusé choisit un avocat.

1) Irrégularité du procès-verbal. Aucune nullité ne résulte des irrégularités de forme du procès-verbal d'interrogatoire dans la partie qui a trait à la désignation d'un conseil, s'il est constant en fait que l'accusé a été assisté d'un conseil lors du tirage au sort du jury et pendant tout le cours des débats (■ Cass. crim., 11 avr. 1924 : *Bull. crim.* n° 171).

2) Absence du défenseur. L'absence du conseil pendant tout ou partie des débats n'entraîne nullité de la procédure qu'autant que cette absence est le fait de la cour, du président ou du ministère public (■ Cass. crim., 21 juin 1950 : *D.* 1950, 501). Le respect des droits de la défense est assuré dès lors qu'en l'absence du défenseur choisi par l'accusé celui-ci a été assisté pendant toute la durée des débats par un avocat commis d'office qui avait obtenu un délai pour préparer la défense. La nécessité d'assurer la continuité du cours de la justice et celle de permettre le jugement des procès dans un délai raisonnable s'opposent à ce que l'absence du défenseur choisi par l'accusé entraîne nécessairement le renvoi de l'affaire (■ Cass. crim., 5 déc. 1990, n° 90-81.761 : *Bull. crim.* n° 419). Dès lors que l'avocat de l'accusé a été régulièrement avisé de la date de l'audience à laquelle la demande de mise en liberté serait examinée, sa présence lors des débats n'est pas indispensable à la régularité de la procédure (■ Cass. crim., 19 sept. 2001, n° 00-87.685). Si l'article 274 du Code de procédure pénale, comme l'article 6, § 3 *c)*, Conv. EDH, reconnaissent à l'accusé le droit de choisir librement son défenseur, la nécessité d'assurer la continuité du cours de la justice et celle de permettre le jugement des accusés dans un délai raisonnable font obstacle à ce que l'absence du défenseur choisi entraîne nécessairement le renvoi de l'affaire (■ Cass. crim., 5 déc. 1990, n° 90-81.761 : *Bull. crim.* n° 419).

Art. 275 *(L. n° 93-2, 4 janv. 1993).* **– À titre exceptionnel, le président peut autoriser l'accusé à prendre pour conseil un de ses parents ou amis.**

Art. 276. **– L'accomplissement des formalités prescrites par les articles 272 à 275 est constaté par un procès-verbal que signent le président ou son délégué, le greffier, l'accusé et, s'il y a lieu, l'interprète.**

Si l'accusé ne sait ou ne veut signer, le procès-verbal en fait mention.

1) Acte essentiel. Le procès-verbal est un acte essentiel et ne saurait être remplacé par un certificat du président (■ Cass. crim., 11 août 1921 : *Bull. crim.* n° 343).

2) Formules imprimées. « Aucune nullité ne résulte de ce que, dans le procès-verbal d'interrogatoire préalable, certaines réponses de l'accusé sont constatées par des formules imprimées » (■ Cass. crim., 8 déc. 2004 : *JurisData* n° 2004-026415 ; *Bull. crim.* n° 313).

3) Mentions du procès-verbal – Date. L'omission de la date du procès-verbal d'interrogatoire préalable constitue une cause de nullité, à moins que l'acte lui-même ou certaines pièces de la procédure ne permettent de suppléer à cette omission et de vérifier que le délai prescrit par l'article 277 a été observé ou encore que l'accusé et son conseil aient expressément renoncé à ce délai (▪ Cass. crim., 4 avr. 1979, n° 78-92.893 : *Bull. crim.* n° 138). Signatures. Les signatures du président et du greffier sont substantielles (▪ Cass. crim., 13 févr. 1946 : *Bull. crim.* n° 53. ▪ Cass. crim., 2 juill. 1958 : *Bull. crim.* n° 515. ▪ Cass. crim., 20 juill. 1965, n° 64-93.826 : *Bull. crim.* n° 181. ▪ Cass. crim., 18 nov. 1970, n° 70-91.100 : *Bull. crim.* n° 301. ▪ Cass. crim., 24 nov. 1971, n° 71-91.953 : *Bull. crim.* n° 322). Mais leurs noms n'ont pas à figurer dans le contexte même de l'interrogatoire ; il suffit que leurs signatures aient été apposées régulièrement au bas de cet acte (▪ Cass. crim., 30 nov. 1971, n° 71-92.188 : *Bull. crim.* n° 325).

Art. 276-1 ***(Créé à compter du 1er mars 2022, L. n° 2021-1729, 22 déc. 2021).*** **– Après avoir procédé à l'interrogatoire de l'accusé en application de l'article 272, le président de la cour d'assises organise en chambre du conseil une réunion préparatoire criminelle. Si l'accusé est en détention provisoire, le président de la cour d'assises sollicite la communication d'une copie de son dossier individuel de détention. La réunion se tient en présence du ministère public et des avocats de l'ensemble des parties, le cas échéant par tout moyen de télécommunication, afin de rechercher un accord sur la liste des témoins et des experts qui seront cités à l'audience, sur leur ordre de déposition et sur la durée de l'audience, notamment lorsqu'il a été fait application de l'article 380-2-1 A.**

Si un accord intervient, il ne fait obstacle, en cas de nécessité, ni à la possibilité pour le ministère public et les parties de citer d'autres témoins ou experts que ceux qui avaient été prévus, ni à une modification de leur ordre de déposition. À défaut d'accord, il est procédé dans les conditions prévues aux articles 277 à 287.

Art. 277 ***(L. n° 93-2, 4 janv. 1993).*** **– Les débats ne peuvent s'ouvrir moins de cinq jours après l'interrogatoire par le président de la cour d'assises. L'accusé et son avocat peuvent renoncer à ce délai.**

Modalités de la renonciation. La renonciation prévue à l'article 277 doit être expresse (▪ Cass. crim., 21 oct. 1964, n° 64-91.595 : *Bull. crim.* n° 272). La renonciation du seul accusé est insuffisante s'il ne résulte d'aucune pièce de la procédure que son conseil ait également renoncé au délai (▪ Cass. crim., 26 janv. 1983, n° 82-93.124 : *Bull. crim.* n° 35).

Art. 278 ***(L. n° 93-2, 4 janv. 1993).*** **– L'accusé ne cesse pas de pouvoir communiquer librement avec son avocat.**

L'avocat peut prendre sur place communication de toutes les pièces du dossier sans que cette communication puisse provoquer un retard dans la marche de la procédure.

1) Libre communication avec l'avocat. Le principe de libre communication de l'accusé avec son défenseur est d'ordre public (▪ Cass. crim., 31 déc. 1897 : *S.* 1898, 1, 247. ▪ Cass. crim., 15 févr. 1906 : *D.* 1906, 1, 160). C'est le dossier complet qui doit être communiqué, y compris le supplément d'information (▪ Cass. crim., 9 août 1948 : *Bull. crim.* n° 231). Doit être annulé pour violation des droits de la défense l'arrêt duquel il résulte que des pièces nouvelles ont été versées aux débats sans avoir été communiquées à l'accusé ou à son défenseur, et qui refuse le renvoi de l'affaire à la prochaine session, par l'unique motif que ces pièces nouvelles auraient été produites à titre de simple renseignement (▪ Cass. crim., 8 sept. 1887 : *Bull. crim.* n° 333). Jugé de même que doit être cassé pour violation des droits de la défense l'arrêt de condamnation prononcé contre un accusé, lorsque, d'aucune pièce ou d'aucune mention, il ne résulte soit une preuve, soit une présomption quelconque que l'instruction complémentaire à laquelle il a été procédé par le président des assises ait été communiquée à la défense (▪ Cass. crim., 15 juill. 1909 : *Bull. crim.* n° 378. ▪ Cass. crim., 4 juin 1959 : *Bull. crim.* n° 300).

2) Présomption de mise à disposition des pièces. En l'absence de tout incident soulevé de ce chef à l'audience par l'accusé ou son défenseur et relaté au procès-verbal, il y a présomption légale que toutes les pièces dont il a été fait état aux débats ont été, sous la surveillance et le contrôle du président de la cour d'assises, mises intégralement à la disposition de la défense dans les conditions prévues par l'article 278 (▪ Cass. crim., 28 mars 1963, n° 62-93.348 : *Bull. crim.* n° 13).

3) Pièces mises à disposition. Il résulte des dispositions combinées des articles 271, 278 et 341 du Code de procédure pénale que doivent être mises à la disposition de la défense, durant la phase préparatoire aux sessions d'assises, les seules pièces du dossier, à l'exclusion des pièces à conviction (▪ Cass. crim., 8 janv. 1992 : *Bull. crim.* n° 4).

4) Interprète. Ne méconnaît pas les dispositions des articles 278 du Code de procédure pénale et 6, § 3, Conv. EDH, la cour d'assises qui, après avoir ordonné le huis clos, refuse d'autoriser la présence d'un interprète officieux, choisi par l'accusé, dès lors, d'une part, qu'un interprète a effectivement été commis par le président, conformément aux dispositions de l'article 344 du Code de procédure pénale, afin de permettre à l'accusé de suivre les débats, et de communiquer chaque fois qu'il était nécessaire avec son conseil, d'autre part, que le procès-verbal des débats constate que l'interprète a assisté l'accusé chaque fois qu'il a été nécessaire (▪ Cass. crim., 2 févr. 1994, n° 93-80.938 : *Bull. crim.* n° 49).

Art. 279 ***(L. n° 90-589, 6 juill. 1990 ; mod. à compter du 2 juin 2014, L. n° 2014-535, 27 mai 2014).*** **– Il est délivré gratuitement à chacun des accusés et parties civiles copie des pièces du dossier de la procédure.**

1) Nature des copies gratuites. En application des articles 279 et 280 du Code de procédure pénale, dans leur rédaction antérieure à la loi du 27 mai 2014, seule la copie des procès-verbaux constatant l'infraction, des déclarations écrites des témoins et des rapports d'expertise était délivrée gratuitement, l'accusé ayant la possibilité d'obtenir à ses frais la copie des autres pièces (▪ Cass. crim., 21 oct. 2015, n° 14-84.365 : *JurisData* n° 2015-023361).

2) Traduction en langue française. A eu connaissance, dans une langue qu'il comprend et d'une manière détaillée, de la nature et de la cause de l'accusation portée contre lui, l'accusé à qui a été délivrée une traduction de l'arrêt de renvoi et qui, au surplus, a été constamment assisté d'un interprète tout au long de l'instruction préparatoire chaque fois qu'il a été entendu et d'un autre interprète, spécialement désigné à cet effet, lors de ses entretiens avec ses avocats. Un tel accusé ne saurait, dès lors, exiger en outre la traduction des pièces du dossier qui lui ont été remises en copie (▪ Cass. crim., 4 oct. 1995, n° 94-86.206 : *Bull. crim.* n° 293 ; *Dr. pén.* 1995, comm. 300, note A. Maron).

3) Remise tardive. On ne peut puiser dans la remise tardive des pièces qu'un motif de surseoir aux débats, et, si ce sursis n'a été demandé ni avant l'ouverture ni au cours des débats, le défenseur ne peut transformer devant la Cour de cassation en moyen de nullité le retard qui aurait été apporté à la délivrance des copies des pièces de l'instruction (▪ Cass. crim., 12 avr. 1888 : *Bull. crim.* n° 138). Le demandeur ne saurait se faire un grief de la remise tardive desdites pièces, les prescriptions de l'article 279 du Code de procédure pénale n'étant pas édictées à peine de nullité et la Cour appréciant souverainement, aux termes de l'article 343 dudit code, l'opportunité d'un renvoi (▪ Cass. crim., 29 juin 1983, n° 82-93.080 : *Bull. crim.* n° 206).

4) Sanctions. Les dispositions de l'article 279 du Code de procédure pénale ne sont pas prescrites à peine de nullité (▪ Cass. crim., 28 nov. 1963, n° 63-92.667 : *Bull. crim.* n° 341. ▪ Cass. crim., 5 avr. 1965, n° 64-93.122 : *Bull. crim.* n° 110. ▪ Cass. crim., 20 oct. 1982, n° 82-90.890 : *JurisData* n° 1982-702251 ; *Bull. crim.* n° 228. ▪ Cass. crim., 29 juin 1983, n° 82-93.080 : *JurisData* n° 1983-701711 ; *Bull. crim.* n° 206). En revanche, il incombe à la chambre de l'instruction, dès lors qu'elle en est requise, de s'assurer que les prescriptions des articles 174, alinéa 3, et 279 du Code de procédure pénale ont été observées, le cas échéant de prendre les dispositions nécessaires pour qu'elles le soient (▪ Cass. crim., 17 juin 2020, n° 19-87.188. ▪ Cass. crim., 9 mai 2018, n° 17-80.656 : *Bull. crim.* n° 87).

5) Droits de la défense. Si, en application de l'article 6, § 3 *b)*, Conv. EDH, tout accusé a droit de disposer du temps et des facilités nécessaires pour préparer sa défense, il ne saurait cependant tirer argument d'une situation qu'il a délibérément provoquée – en l'espèce, son placement en quartier d'isolement – pour prétendre qu'il a été privé du droit d'accéder à son dossier, et tenter d'entraver le cours de la justice en demandant plusieurs fois le renvoi de l'affaire (▪ Cass. crim., 5 juin 1996, n° 95-84.066 : *Bull. crim.* n° 233). Selon l'article 279 du Code de procédure pénale, l'accusé doit recevoir copie, gratuitement, des pièces du dossier de la procédure. Cette remise des pièces du dossier est faite pour permettre à l'accusé de l'étudier et de disposer du dossier, ainsi que des notes qu'il a pu prendre, afin de se défendre lors de son procès. À aucun moment l'accusé n'a fait déposer de conclusions, ou soulevé d'incident pour qu'il lui soit donné acte qu'il était gêné dans l'exercice de sa défense, pour poser des questions, ou intervenir de quelque manière dans les débats, en raison de l'impossibilité d'accéder à son dossier ou à ses notes personnelles. Si l'accusé s'était trouvé en difficulté pour se défendre pour ce motif, il pouvait alors l'indiquer à l'audience, et demander qu'il lui en soit donné acte, afin de rapporter la preuve d'une difficulté concrète à se défendre, résultant de la privation d'un accès au dossier ou à ses notes personnelles. Il n'y a rien de tel au dossier. Il n'est donc pas établi que l'accusé ait été entravé dans l'exercice des droits de sa défense par l'impossibilité d'accéder aux documents contenus dans la cellule de l'ancien établissement pénitentiaire où il était incarcéré (▪ Cass. crim., 14 nov. 2019, n° 18-83.122 : *Bull. crim.* n° 26, § 25).

Art. 280 *(Abr. à compter du 2 juin 2014, L. n° 2014-535, 27 mai 2014).*

Art. 281 *(Mod., L. n° 2019-222, 23 mars 2019).* – **Le ministère public et la partie civile signifient à l'accusé, l'accusé signifie au ministère public et, s'il y a lieu, à la partie civile, dès que possible et un mois au moins avant l'ouverture des débats, la liste des personnes qu'ils désirent faire entendre en qualité de témoins.**

Les noms des experts appelés à rendre compte des travaux dont ils ont été chargés au cours de l'information doivent être signifiés dans les mêmes conditions.

L'exploit de signification doit mentionner les nom, prénoms, profession et résidence de ces témoins ou experts.

Les citations faites à la requête des parties sont à leurs frais, ainsi que les indemnités des témoins cités, s'ils en requièrent. Toutefois, le ministère public est tenu de citer à sa requête les témoins, dont la liste lui a été communiquée par les parties, un mois et dix jours au moins avant l'ouverture des débats ; cette liste ne peut comporter plus de cinq noms.

1) **Refus de transmission d'une question prioritaire de constitutionnalité.** Les articles 281 et 550 du Code de procédure pénale n'imposent aucun ordre d'antériorité entre le ministère public et les parties, dans la communication des noms des témoins dont ils sollicitent la comparution devant la cour d'assises. Elles s'appliquent de la même manière à toutes les personnes appelées à comparaître comme accusé devant une cour d'assises et à toutes les parties civiles, qui, dans les mêmes conditions, reçoivent la signification des témoins que le ministère public envisage de citer et lui font connaître les témoins qu'ils lui demandent de citer à sa requête. Il n'en résulte, dès lors, aucun manquement au principe d'égalité (▪ Cass. crim., 22 sept. 2021, n° 21-82.136). Si l'article 281 du Code de procédure pénale limite à cinq, afin de prévenir d'éventuels abus, le nombre de témoins que le ministère public est tenu de faire citer à la demande de l'accusé comme de la partie civile, ces derniers conservent la possibilité de faire citer tous les témoins supplémentaires dont l'audition par la cour d'assises leur paraît utile et sont dispensés des frais de citation dans le cas où, leurs ressources financières étant insuffisantes, ils ont été admis au bénéfice de l'aide juridictionnelle (▪ Cass. crim., 15 mars 2017, n° 16-84.387).

2) **Absence de nullité.** Les prescriptions de l'article 281 ne sont pas prévues à peine de nullité (▪ Cass. crim., 24 nov. 1971, n° 71-91.953 : *Bull. crim.* n° 32). Si l'article 281, alinéa 3, du Code de procédure pénale prévoit que l'acte de signification doit mentionner les nom, prénoms, profession et résidence des témoins ou experts, ces prescriptions ne sont pas prévues à peine de nullité. En outre, il ne résulte pas du procès-verbal des débats que l'accusé ou son avocat aient formulé d'observation quelconque lors de l'audition des experts. Dès lors, aucune atteinte n'a été portée aux droits de la défense (▪ Cass. crim., 22 juin 2016, n° 15-82.685 : *Bull. crim.* n° 194).

3) **Exploit de signification.** Les mentions de l'exploit de signification attestant la remise à l'accusé de la copie de la liste des témoins et des experts suffisent à établir qu'il a été satisfait aux prescriptions de l'article 281, dès lors qu'il ne résulte pas du procès-verbal des débats que l'accusé ou son conseil se soient opposés à l'audition sous serment des témoins signifiés ou aient formulé une observation quelconque lors de l'audition des experts (▪ Cass. crim., 5 janv. 1984, n° 83-90.810 : *Bull. crim.* n° 7).

4) **Témoins.** Le ministère public n'est pas tenu de faire citer les témoins que l'accusé lui indique. Ce dernier peut citer lui-même tous les témoins dont la déposition lui paraît utile à sa défense et son abstention d'user de cette faculté ne peut lui fournir un moyen de cassation (▪ Cass. crim., 20 mars 1903 : *D.* 1903, 1, 200). Quand la liste des témoins a été notifiée à l'accusé la veille de l'ouverture des débats, il y a présomption que cette notification a été faite vingt-quatre heures avant l'examen des témoins (▪ Cass. crim., 11 août 1922 : *D.* 1922, 1, 239). Le défaut ou l'irrégularité de la notification de la liste des témoins donne seulement à l'accusé le droit de s'opposer à l'audition de ces témoins (▪ Cass. crim., 20 déc. 1945 : *D.* 1946, 135).

5) **Experts.** Tout expert cité et dénoncé et même simplement cité ou dénoncé dans les conditions prescrites par l'article 281 est acquis aux débats et doit, avant son audition, prêter le serment prescrit par l'article 168, alinéa 1er, du Code de procédure pénale (▪ Cass. crim., 28 juin 1966, n° 65-92.836 : *Bull. crim.* n° 180.) Aucun texte n'exige que tous les experts commis au cours de l'information comparaissent devant la cour d'assises. Les experts rédacteurs ou signataires d'un rapport commun peuvent prendre accord pour être représentés à la barre par certains d'entre eux. L'absence d'observation ou de réclamation de l'accusé ou de son avocat, tendant à l'audition des experts non comparants, implique une renonciation tacite de la défense à leur audition (▪ Cass. crim., 6 août 1996, n° 95-86.050 : *Bull. crim.* n° 303).

6) **Perte du droit de faire citer des témoins.** Il résulte du procès-verbal des débats qu'à l'au-

dience le ministère public a sollicité le versement aux débats de pièces de procédure concernant une enquête réalisée à la suite du procès tenu en première instance et comportant la déposition de plusieurs jurés de jugement ; la défense des accusés s'étant opposée au versement de ces pièces, la cour a, par arrêt incident, retenu que le ministère public dispose du droit de produire tous les documents lui paraissant utiles, à condition que les parties soient mises en mesure de les examiner et de les discuter ; la défense ayant alors sollicité un supplément d'information et le renvoi du procès, notamment pour faire citer de nouveaux témoins, la cour, après avoir sursis à statuer, a, par un nouvel arrêt incident, rejeté ces demandes et ordonné la poursuite du procès, en retenant que les investigations sollicitées n'apparaissaient pas indispensables à la manifestation de la vérité, au vu des débats s'étant déroulés ; les accusés ne peuvent faire grief à la cour d'avoir procédé ainsi, dès lors que, d'une part, le ministère public, comme les autres parties, peut produire, au moment où il l'estime nécessaire, tous documents qui lui paraissent utiles à la manifestation de la vérité, d'autre part, les parties ont pu présenter toutes observations à leur sujet, contester leur versement et solliciter un supplément d'information et le renvoi du procès, demandes que la cour a, souverainement, rejetées (▪ Cass. crim., 14 nov. 2019, n° 18-83.967).

Art. 282 ***(Mod., L. n° 94-89, 1er févr. 1994).*** **– La liste des jurés de session telle qu'elle a été arrêtée conformément aux prescriptions de l'article 266 est signifiée à chaque accusé au plus tard l'avant-veille de l'ouverture des débats.**

Cette liste doit contenir des indications suffisantes pour permettre l'identification des jurés, à l'exception de celles concernant leur domicile ou résidence.

1) **Formalité substantielle.** La signification de la liste des jurés est une formalité substantielle dont l'accomplissement doit être constaté à peine de nullité (▪ Cass. crim., 26 mai 1922 : *Bull. crim.* n° 197. ▪ Cass. crim., 6 oct. 1971, n° 71-90.699 : *Bull. crim.* n° 252 ; *D.* 1971, 705).

2) **Modalités de la signification.** La signification à la personne de l'accusé n'est exigée que si celui-ci est détenu ; elle peut lui être faite à son domicile s'il est en liberté (▪ Cass. crim., 9 août 1949 : *D.* 1949, 425).

3) **Erreurs et omissions dans la liste.**

a. **Entrave au droit de récusation.** Le moyen pris de la violation de l'article 282 du Code de procédure pénale et fondé sur des erreurs ou omissions relevées dans la désignation des jurés sur la liste de session signifiée à l'accusé ne doit être accueilli qu'autant que, par suite de ces erreurs ou omissions, un doute sérieux a pu s'élever sur l'identité d'un ou de plusieurs jurés et qu'une entrave a pu en résulter pour l'accusé dans l'exercice de son droit de récusation (▪ Cass. crim., 7 déc. 1966, n° 66-91.247 : *Bull. crim.* n° 281). Il y a donc nullité pour atteinte aux droits de la défense et violation de l'article 282 du Code de procédure pénale lorsque le nom de l'un des jurés qui ont pris part au jugement n'a pas été signifié à l'accusé (▪ Cass. crim., 25 mai 1972, n° 72-90.028 : *Bull. crim.* n° 170). Il en est de même lorsque la liste n'indique pas les date, lieu de naissance et profession des jurés (▪ Cass. crim., 17 avr. 1985, n° 84-93.309 : *Bull. crim.* n° 147).

b. **Absence d'entrave au droit de récusation.** Le fait que la profession d'un juré n'est indiquée que de manière imprécise ou selon une formule abrégée ne saurait entraîner aucune nullité lorsque les autres énonciations permettent à l'accusé d'identifier le juré et d'exercer son droit de récusation (▪ Cass. crim., 6 déc. 1934 : *DH* 1935, 54. ▪ Cass. crim., 8 mars 1977, n° 76-92.796 : *Bull. crim.* n° 89). À défaut d'indication de la profession, la mention de la qualité d'adjoint au maire suffit (▪ Cass. crim., 2 août 1951 : *D.* 1951, 684). L'absence de réclamation relative à la mention ambiguë de la profession d'un juré sur la liste de session implique que les accusés ont jugé les autres énonciations suffisantes pour leur permettre d'exercer leur droit de récusation (▪ Cass. crim., 30 nov. 1977, n° 77-92.173 : *Bull. crim.* n° 379).

Section II. – Des actes facultatifs ou exceptionnels

Art. 283 ***(Mod., Ord. n° 60-529, 4 juin 1960).*** **– Le président, si l'instruction lui semble incomplète ou si des éléments nouveaux ont été révélés depuis sa clôture, peut ordonner tous actes d'information qu'il estime utiles.**

Il y est procédé soit par le président, soit par un de ses assesseurs ou un juge d'instruction qu'il délègue à cette fin. Dans ce cas, les prescriptions du chapitre Ier du titre III, du livre Ier doivent être observées, à l'exception de celles de l'article 167.

1) **Examen médical.** En ordonnant l'examen médical de l'accusé à l'effet de dire si son état de santé est compatible avec la détention, le président ne procède pas à un supplément d'information au

sens des articles 283 et 284 (■ Cass. crim., 15 févr. 1966 : *Bull. crim.* n° 45). Il en va de même pour l'examen médical visant à déterminer si l'état de santé de l'accusé lui permet de subir l'interrogatoire et de comparaître ultérieurement devant la cour d'assises (■ Cass. crim., 10 avr. 1962 : *Bull. crim.* n° 176).

Il résulte du procès-verbal des débats et des pièces de la procédure que, par requête adressée au président de la cour d'assises avant l'ouverture des débats, fondée sur l'article 283 du Code de procédure pénale, l'avocat de l'accusé a sollicité un supplément d'information aux fins de déterminer les conséquences d'un traitement anxiolytique sur la volonté et le discernement de M. X... lors du passage à l'acte ; qu'une requête, présentée dans les mêmes termes, a été déposée le premier jour de l'audience de la cour d'assises et visée par le greffier ; le demandeur ne saurait se faire un grief de ce qu'il n'a pas été répondu à ces requêtes dont la première, présentée avant l'ouverture des débats, s'adressait au seul président qui n'était pas alors tenu d'y répondre, et dont la seconde, déposée après cette ouverture, n'a pas été soutenue oralement (■ Cass. crim., 15 nov. 2017, n° 16-86.913 : *Bull. crim.* n° 261).

2) Déplacement sur les lieux avant l'ouverture des débats. Ne constitue pas un acte d'instruction le fait par le président de s'être rendu sur les lieux du crime avant l'ouverture des débats dès lors qu'il n'est pas établi qu'il se soit proposé d'autre but que de remplir ses fonctions ni qu'il y ait eu atteinte aux droits de la défense (■ Cass. crim., 17 oct. 1968, n° 68-91.255 : *Bull. crim.* n° 260 ; *D.* 1969, 449, rapp. F. Chapar ; *JCP* 1969, II, 15780, note A. Vitu). La visite des lieux par le président, qui s'est fait accompagner par une personne appelée à témoigner à l'audience et dont les déclarations ne pouvaient dès lors être provoquées ou reçues que dans les conditions et selon les formes exigées par les articles 283 et 284 a le caractère d'un acte d'information complémentaire soumis aux règles édictées par ces textes (■ Cass. crim., 30 avr. 1969, n° 69-90.721 : *Bull. crim.* n° 149 ; *JCP* 1970, II, 16448, note Boyer).

3) Renouvellement de la détention provisoire. Les dispositions de l'article 145-2 du Code de procédure pénale relatives au renouvellement de la détention provisoire au-delà d'un an ne sont pas applicables devant le juge désigné, en vertu de l'article 283, alinéa 2, du même code, pour procéder à un supplément d'information (■ Cass. crim., 3 mai 1993, n° 93-80.780 : *Bull. crim.* n° 160).

Art. 284. – Les procès-verbaux et autres pièces ou documents réunis au cours du supplément d'information sont déposés au greffe et joints au dossier de la procédure.

Ils sont mis à la disposition du ministère public et des parties qui sont avisés de leur dépôt par les soins du greffier.

Le procureur général peut, à tout moment, requérir communication de la procédure, à charge de rendre les pièces dans les vingt quatre heures.

Communication avant audition de l'expert. En communiquant aux parties, avant l'audition de l'expert, les conclusions du rapport de l'expertise qu'il a ordonnée antérieurement à l'ouverture de la session, le président ne méconnaît pas le principe de l'oralité des débats mais se conforme aux dispositions de l'article 284 du Code de procédure pénale, selon lequel les procès-verbaux et autres pièces ou documents réunis au cours d'un supplément d'information doivent être portés à la connaissance du ministère public et des parties et mis à leur disposition pour leur permettre de les consulter (■ Cass. crim., 13 oct. 1993, n° 93-80.528 : *Bull. crim.* n° 291).

Art. 285. – Lorsque, à raison d'un même crime, plusieurs arrêts de renvoi ont été rendus contre différents accusés, le président peut, soit d'office, soit sur réquisition du ministère public, ordonner la jonction des procédures.

Cette jonction peut également être ordonnée quand plusieurs arrêts de renvoi ont été rendus contre un même accusé pour des infractions différentes.

1) Nature de l'ordonnance de jonction. C'est un acte facultatif et exceptionnel qui ne relève, sauf incident contentieux entrant dans les prévisions des articles 305-1 et 316 du même code, que de l'appréciation du président de la cour d'assises et qui, échappant au contrôle de la Cour de cassation, n'est susceptible d'aucune voie de recours. La non-admission du pourvoi est constatée par le président de la chambre criminelle conformément à l'article 567-1 du Code de procédure pénale (■ Cass. crim., 25 oct. 1996, n° 96-85.076 : *Bull. crim.* n° 374).

2) Absence de signification. Il ne résulte d'aucune disposition du Code de procédure pénale que les ordonnances de jonction, rendues par le président de la cour d'assises en exécution de l'article 285 dudit code, doivent être signifiées aux accusés ou à leurs conseils ou portées à leur connaissance. Une telle décision ne peut donner ouverture à cassation qu'autant qu'elle est de nature à porter préjudice à la défense (■ Cass. crim., 23 janv. 1963, n° 62-92.357 : *Bull. crim.* n° 41 ; *D.* 1963, somm. 75. ■ Cass. crim., 2 mars 1967 : *Bull. crim.* n° 89).

3) **Faits différents commis par les mêmes accusés.** N'est contraire ni aux dispositions de l'article 6.1 ni à celles de l'article 6.3 *b* de la Convention européenne des droits de l'Homme l'ordonnance de jonction rendue par le président de la cour d'assises en exécution de l'article 285 du Code de procédure pénale, dès lors que les procédures jointes concernaient des faits différents commis par les mêmes accusés et que ceux-ci ont eu connaissance de l'ordonnance au plus tard lors de la signification des listes de témoins ou d'experts dans les différentes procédures dont le président a prononcé la jonction (■ Cass. crim., 28 oct. 1992, n° 92-80726 : *Bull. crim.* n° 347).

Art. 286. – **Quand l'arrêt de renvoi vise plusieurs infractions non connexes, le président peut, soit d'office, soit sur réquisition du ministère public, ordonner que les accusés ne soient immédiatement poursuivis que sur l'une ou quelques-unes de ces infractions.**

1) **Disjonction antérieure au tirage au sort du jury de jugement.** Une cour d'assises peut valablement rendre un arrêt ordonnant une disjonction de l'accusation à l'égard d'un coaccusé en fuite, sur réquisitions du ministère public et après audition des parties présentes ou de leurs conseils, après l'ouverture de l'audience et avant le tirage au sort du jury de jugement, la cour étant déjà constituée, et ayant compétence pour répondre aux réquisitions ou aux conclusions qui lui sont présentées (■ Cass. crim., 12 mai 1999, n° 98-84.410).

2) **Nature de la disjonction.** La disjonction est une mesure d'ordre qui peut être décidée par la Cour dans l'intérêt d'une bonne administration de la justice et elle ne donne ouverture à cassation qu'autant qu'elle porte préjudice à la défense de l'accusé (■ Cass. crim., 8 oct. 1969, n° 69-90.735 : *Bull. crim.* n° 244).

3) **Énonciations non limitatives.** Les énonciations de l'article 286 du Code de procédure pénale relatives à la disjonction des poursuites ne sont pas limitatives (■ Cass. crim., 8 oct. 1969, n° 69-90.735 : *Bull. crim.* n° 244).

Art. 286-1 *(L. n° 2011-525, 17 mai 2011).* – **Lorsque, par suite d'une disjonction des poursuites, d'un appel ou de toute autre cause, la cour d'assises ne se trouve saisie que du renvoi devant elle d'un ou plusieurs accusés, uniquement pour un délit connexe à un crime, elle statue sans l'assistance des jurés.**

Art. 287. – **Le président peut, soit d'office, soit sur réquisition du ministère public, ordonner le renvoi à une session ultérieure des affaires qui ne lui paraissent pas en état d'être jugées au cours de la session au rôle de laquelle elles sont inscrites.**

1) **Compétence.** L'article 287 du Code de procédure pénale réserve au président seul, avant le tirage au sort du jury de jugement, le droit d'ordonner le renvoi à une session ultérieure des affaires qui ne lui paraissent pas en état d'être jugées. Ledit article dispose que cette mesure peut être ordonnée soit d'office, soit sur réquisition du Ministère public ; il n'autorise pas les parties à la demander (■ Cass. crim., 7 déc. 1966, n° 66-91.247 : *Bull. crim.* n° 281. ■ Cass. crim., 5 déc. 1990, n° 90-81.761 : *Bull. crim.* n° 419). L'accusé n'a pas qualité pour présenter, avant l'ouverture des débats, une requête tendant au renvoi de l'affaire à une autre session ; il est dès lors sans droit à critiquer les actes par lesquels ses conclusions à cette fin ont été rejetées (■ Cass. crim., 5 déc. 1990, n° 90-81.761 : *Bull. crim.* n° 419).

2) **Appréciation souveraine.** La Cour apprécie souverainement s'il convient d'ordonner le renvoi de l'affaire à une session ultérieure (■ Cass. crim., 9 déc. 1998, n° 97-84.375 : *Bull. crim.* n° 337).

3) **Renvoi avant le tirage au sort du jury de jugement.** La Cour, qui existe et se trouve constituée, dès lors que l'audience est ouverte, est compétence pour statuer, avant le tirage au sort du jury de jugement, sur des conclusions déposées par un défenseur et tendant au renvoi de l'affaire (■ Cass. crim., 23 nov. 1977, n° 77-91.257 : *Bull. crim.* n° 366). De même le renvoi d'une affaire à un autre jour de la même session peut être ordonné d'office sans le consentement de l'accusé si la remise est ordonnée avant le tirage au sort du jury et si elle ne porte aucune atteinte aux droits de la défense. Il en résulte que les témoins doivent être avisés de la remise de l'audience et être tous présents à l'appel, à moins que les parties ne fassent aucune observation relativement à leur absence (■ Cass. crim., 30 avr. 1985, n° 84-93.344 : *Bull. crim.* n° 164).

4) **Délai raisonnable.** La nécessité d'assurer la continuité du cours de la justice et celle de permettre le jugement des procès dans un délai raisonnable s'opposent à ce que l'absence du défenseur choisi par l'accusé entraîne nécessairement le renvoi de l'affaire (■ Cass. crim., 5 déc. 1990, n° 90-81.761 : *Bull. crim.* n° 419).

CHAPITRE V. – DE L'OUVERTURE DES SESSIONS

Section I. – De la révision de la liste du jury

Bibliographie : H. Angevin, *Cour d'assises. - Ouverture des sessions. - Révision de la liste du jury. - Formation du jury de jugement, 2007 : JCl. Proc. pén.*, Fasc. 20.

Art. 288 *(Mod., L. n° 2004-204, 9 mars 2004)*. – **Aux lieu, jour et heure fixés pour l'ouverture de la session, la cour prend séance.**

Le greffier procède à l'appel des jurés inscrits sur la liste établie conformément à l'article 266.

La cour statue sur le cas des jurés absents.

Tout juré qui, sans motif légitime, n'a pas déféré à la convocation qu'il a reçue peut être condamné par la cour à une amende de 3 750 €.

Le juré peut, dans les dix jours de la signification de cette condamnation faite à sa personne ou à son domicile, former opposition devant le tribunal correctionnel du siège de la cour d'assises.

Les peines portées au présent article sont applicables à tout juré qui, même ayant déféré à la convocation, se retire avant l'expiration de ses fonctions, sans une excuse jugée valable par la cour.

1) **Révision de la liste de session.** La révision de la liste de session, prévue par les articles 288 et suivants du Code de procédure pénale, doit, à peine de nullité, être effectuée en audience publique (■ Cass. crim., 9 nov. 1983 : *Bull. crim.* n° 297). Constate la publicité de l'audience au cours de laquelle a été révisée la liste du jury de session, l'arrêt se terminant par la mention « Fait et prononcé... en audience publique » (■ Cass. crim., 26 avr. 1984 : *Bull. crim.* n° 14).

2) **Réunion des jurés de session.** Aucun texte de loi n'interdit au président de réunir les jurés de session pour les entretenir de la procédure de la cour d'assises, à condition toutefois que la conférence ainsi tenue ne porte ni sur les faits des causes à juger au cours de la session, ni sur la personnalité des accusés (■ Cass. crim., 24 nov. 1982, n° 82-90.359 : *Bull. crim.* n° 266).

Art. 289 *(L. n° 78-788, 28 juill. 1978)*. – **Si, parmi les jurés présents, il en est qui ne remplissent pas les conditions d'aptitudes légales exigées par les articles 255, 256 et 257, la cour ordonne que leurs noms soient rayés de la liste et adressés au premier président de la cour d'appel ou au président du tribunal judiciaire, siège de la cour d'assises, aux fins de radiation de la liste annuelle.**

Il en est de même en ce qui concerne les noms des jurés décédés.

Sont également rayés de la liste de session les noms des jurés qui se révéleraient être conjoints, parents ou alliés jusqu'au degré d'oncle ou de neveu inclusivement d'un membre de la cour ou de l'un des jurés présents inscrits avant lui sur ladite liste.

Art. 289-1 *(Mod., L. n° 2011-939, 10 août 2011)*. – **Si, en raison des absences ou à la suite des radiations par la cour, il reste, sur la liste de session, moins de vingt jurés ou, lorsqu'au cours de la session la cour d'assises doit statuer en appel, moins de vingt-trois jurés, ce nombre est complété par les jurés suppléants, suivant l'ordre de leur inscription ; en cas d'insuffisance, par des jurés tirés au sort, en audience publique, parmi les jurés inscrits sur la liste spéciale, subsidiairement parmi les jurés de la ville inscrits sur la liste annuelle.**

Dans le cas où les assises se tiennent dans un lieu autre que celui où elles doivent se tenir habituellement, le nombre des jurés titulaires est complété par un tirage au sort fait, en audience publique, parmi les jurés de la ville inscrits sur la liste annuelle.

Les noms des jurés suppléants, de ceux qui sont inscrits sur la liste spéciale ainsi que les noms des jurés de la ville où se tiennent les assises, qui sont inscrits sur la liste annuelle, sont rayés des listes dans les conditions prévues à l'article précédent.

1) **Formalité substantielle.** La règle de l'article 393, alinéa 2, du Code d'instruction criminelle (CPP, art. 289-1), relative à l'appel des jurés suppléants dans l'ordre de leur inscription, est substantielle (■ Cass. crim., 12 avr. 1951 : *D.* 1951, 364). Lorsque le nombre des jurés titulaires est inférieur à vingt-trois, ce nombre est complété par des jurés suppléants suivant l'ordre du tableau. L'application de cette règle est une formalité substantielle dont l'inobservation entraîne la cassation de l'arrêt de condamnation, même en l'absence de réclamation de l'accusé et de son défenseur ; il

n'importe que le juré suppléant irrégulièrement inscrit sur la liste de service ait ou non fait partie du jury de jugement (■ Cass. crim., 19 oct. 1977, n° 77-91.205 : *Bull. crim.* n° 31). L'inobservation de cette disposition de l'article 289-1 n'entraîne pas la nullité lorsqu'elle n'a pas eu pour conséquence la présence dans le jury de jugement d'un juré suppléant sans qualité pour en faire partie (■ Cass. crim., 27 nov. 1963, n° 63-91.213 : *Bull. crim.* n° 337. ■ Cass. crim., 23 mai 1986, n° 85-93.232 : *Bull. crim.* n° 17).

2) Pas de décision de la cour. L'appel à des jurés suppléants, prévu par l'article 289-1, n'est pas une mesure soumise à la décision de la cour et devant, comme telle, faire l'objet d'un arrêt rendu dans les conditions prévues par l'article 290 (■ Cass. crim., 31 mai 2000, n° 99-85.034. ■ Cass. crim., 26 janv. 1966, n° 65-92.681 : *Bull. crim.* n° 20. ■ Cass. crim., 14 juin 1984, n° 84-90.421 : *Bull. crim.* n° 222).

3) Ordre d'inscription sur la liste de session. Les jurés complémentaires doivent être inscrits sur la liste de session, non pas dans l'ordre où leurs noms sont sortis de l'urne, mais dans celui où, après convocation, ils se sont présentés à l'audience, ce qui ne laisse aucune place à la possibilité d'un choix arbitraire (■ Cass. crim., 31 mai 2000, n° 99-85.034. ■ Cass. crim., 26 nov. 1980, n° 80-90.405 : *Bull. crim.* n° 320).

4) Absence de notification à l'accusé. Le remplacement des jurés titulaires par des jurés suppléants n'a pas à être notifié à l'accusé dans les conditions de l'article 292 puisque les jurés suppléants font partie de la liste de session signifiée à l'accusé et que cette liste ne se trouve pas modifiée par suite de ce remplacement (■ Cass. crim., 31 mai 2000, n° 99-85.034. ■ Cass. crim., 12 juin 1974, n° 74-90.086 : *Bull. crim.* n° 216. ■ Cass. crim., 19 déc. 1974, n° 74-92.336 : *Bull. crim.* n° 375).

Art. 290. – **L'ensemble des décisions de la cour fait l'objet d'un arrêt motivé, le ministère public entendu.**
Cet arrêt ne peut être attaqué par la voie du recours en cassation qu'en même temps que l'arrêt sur le fond.

Appel à des jurés suppléants. V. sous art. 289-1, annot. n° 2, p. 740.

Art. 291 *(Mod., L. n° 93-2, 4 janv. 1993).* – **Avant le jugement de chaque affaire, la cour procède, s'il y a lieu, aux opérations prévues par les articles 288, 289 et 289-1. La cour ordonne, en outre, que soient provisoirement retirés de la liste, éventuellement modifiée, les noms des conjoints, parents et alliés jusqu'au degré d'oncle ou de neveu inclusivement de l'accusé ou de son avocat, ainsi que les noms de ceux qui, dans l'affaire, sont témoins, interprètes, dénonciateurs, experts, plaignants ou parties civiles ou ont accompli un acte de police judiciaire ou d'instruction.**

Art. 292 *(Mod., L. n° 93-2, 4 janv. 1993).* – **Tout arrêt modifiant la composition de la liste de session établie conformément à l'article 266 est porté, par les soins du greffier, sans formalité, à la connaissance de l'accusé. Celui-ci ou son avocat peut demander qu'un délai, qui ne pourra excéder une heure, soit observé avant l'ouverture des débats.**

1) Droit de récusation. L'identité complète des jurés complémentaires doit être portée à la connaissance de l'accusé, afin que celui-ci ait toutes les indications nécessaires lui permettant d'exercer éventuellement son droit de récusation (■ Cass. crim., 28 nov. 1979, n° 79-91.212 : *Bull. crim.* n° 340). L'inobservation de la formalité de l'article 292 n'entraîne pas de nullité lorsqu'elle n'a pas eu d'incidence sur l'exercice par l'accusé de son droit de récusation (■ Cass. crim., 3 mars 1971, n° 70-92.465 : *Bull. crim.* n° 74. ■ Cass. crim., 23 janv. 1969, n° 68-92.371 : *Bull. crim.* n° 46).

2) Délai. L'article 292 n'impose aucun délai au greffier pour la notification à l'accusé de l'arrêt modifiant la composition de la liste de session (■ Cass. crim., 19 mars 1981, n° 80-94.525 : *Bull. crim.* n° 100 ; *D.* 1982. 605, note H. Fenaux).

3) Renonciation. L'accusé peut renoncer au bénéfice des dispositions de l'article 292 (■ Cass. crim., 4 avr. 1979, n° 78-92.893 : *Bull. crim.* n° 138. ■ Cass. crim., 21 oct. 1964, n° 64-91.595 : *Bull. crim.* n° 272). La validité de la renonciation n'exige pas qu'au moment où elle intervient l'accusé soit assisté d'un avocat (■ Cass. crim., 11 mai 1964, n° 64-90.376 : *Bull. crim.* n° 157).

4) Interprète. Pour porter un arrêt rectificatif à la connaissance de l'accusé, qui ne parle pas la langue française, le greffier doit se faire assister d'un interprète ; à défaut, la formalité est réputée non observée (■ Cass. crim., 4 janv. 1980, n° 79-93.219 : *Bull. crim.* n° 5. ■ Cass. crim., 21 déc. 1977, n° 77-92.033 : *Bull. crim.* n° 408). La communication à l'accusé sans l'assistance d'un interprète, mais dans les conditions de l'article 292, ne constitue ni une méconnaissance de cet article ni une violation des droits de la défense, bien que dès l'ouverture des débats un interprète ait été désigné à cet accusé, dès lors qu'aucune réclamation n'a été élevée par l'accusé ou son conseil avant le tirage au sort du jury de jugement (■ Cass. crim., 9 févr. 1983, n° 82-92.768 : *Bull. crim.* n° 50).

Section II. – De la formation du jury de jugement

Art. 293 *(L. n° 93-2, 4 janv. 1993).* **– Au jour indiqué pour chaque affaire, la cour prend séance et fait introduire l'accusé.**

Le jury de jugement est formé en audience publique.

La présence de l'avocat de l'accusé n'est pas prescrite à peine de nullité.

Disposition d'ordre public. Aux termes de l'article 293, le jury de jugement doit être formé en audience publique. Cette disposition est d'ordre public (■ Cass. crim., 4 mai 1977, n° 76-93.125 : *Bull. crim.* n° 154. ■ Cass. crim., 26 juill. 1965, n° 65-91.165 : *Bull. crim.* n° 187).

Art. 294. – Le président demande à l'accusé ses nom, prénoms, date et lieu de naissance, profession et résidence.

1) **Irrégularité.** Les dispositions de l'article 294 ne sont pas prescrites à peine de nullité. Dès lors, la constatation de l'interrogatoire d'identité n'étant pas obligatoire, les irrégularités commises dans la mention de l'accomplissement de cette formalité ne peuvent donner ouverture à cassation (■ Cass. crim., 21 nov. 1968, n° 68-91.773 : *Bull. crim.* n° 314. ■ Cass. crim., 7 nov. 1961 : *Bull. crim.* n° 441).

2) **Doute sur l'identité de l'accusé.** Il importe peu que le prénom de l'accusé ait fait l'objet d'une énonciation erronée, si les autres spécifications de sa personne ne laissent aucun doute sur son identité (■ Cass. crim., 10 févr. 1909 : *Bull. crim.* n° 117).

Art. 295 *(L. n° 78-788, 28 juill. 1978).* **– Le greffier fait l'appel des jurés non excusés.**

Une carte portant leur nom est déposée dans une urne.

Procès-verbal. Lorsque le procès-verbal des opérations de formation du jury de jugement énonce que le greffier a fait l'appel des jurés titulaires non excusés dont le nombre est de trente, il est ainsi établi, ledit procès-verbal ne mentionnant aucune absence, que ces jurés étaient présents au nombre de trente (■ Cass. crim., 27 oct. 1983, n° 82-94.464 : *Bull. crim.* n° 270). Le procès-verbal des débats qui relate la constitution du jury de jugement précise qu'en présence de l'accusé et de son conseil et en audience publique, il a été fait l'appel par le greffier des noms des jurés de la présente session non excusés ni dispensés, que le nom de chaque juré présent a été mis dans une urne par le président, les jurés titulaires étant encore présents au nombre de 26 ; en l'état de ces opérations qui ont été effectuées contradictoirement – dès lors que l'accusé avait connaissance des noms des jurés par la signification de la liste du jury de session et de l'arrêt en portant révision – il a été légalement procédé, aucun texte n'exigeant que les noms des jurés présents avant le tirage au sort figurent au procès-verbal des débats (■ Cass. crim., 5 janv. 1994, n° 93-82.115).

Art. 296 *(Mod., L. n° 2016-731, 3 juin 2016).* **– Le jury de jugement est composé de six jurés lorsque la cour statue en premier ressort et de neuf jurés lorsqu'elle statue en appel.**

La cour doit, par arrêt, ordonner, avant le tirage de la liste des jurés, qu'indépendamment des jurés de jugement, il soit tiré au sort un ou plusieurs jurés supplémentaires qui assistent aux débats et qui assistent, sans pouvoir manifester leur opinion, au délibéré.

Dans le cas où l'un ou plusieurs des jurés de jugement seraient empêchés de suivre les débats jusqu'au prononcé de l'arrêt de la cour d'assises, ils sont remplacés par les jurés supplémentaires ou de prendre part à la délibération.

Le remplacement se fait suivant l'ordre dans lequel les jurés supplémentaires ont été appelés par le sort.

1) **Refus de transmission d'une question prioritaire de constitutionnalité.** Il résulte des termes de l'article 296, alinéa 2, du Code de procédure pénale, que les jurés suppléants, présents lors du délibéré, ne peuvent manifester leur opinion, d'autre part, il incombe au président de la cour d'assises, assisté des deux assesseurs, de veiller au respect de cette prescription dans le cadre des pouvoirs qui lui sont conférés par les articles 355 et suivants dudit code relatifs à la délibération de la cour d'assises, enfin, en cas de remplacement d'un juré titulaire par un juré suppléant, le fait pour ce dernier, comme tous les autres jurés présents, d'avoir assisté à une partie du délibéré, ne remet pas en cause son impartialité ; qu'au surplus, les jurés suppléants sont tenus, comme les jurés titulaires, au secret des délibérations ; qu'il s'ensuit que le texte ne porte pas atteinte aux principes d'impartialité des juridictions et d'indépendance des juridictions garantis par l'article 16 de la Déclaration des droits de l'homme de 1789 (■ Cass. crim., 28 mars 2018,

n° 17-83.739). La question prioritaire de constitutionnalité portant sur les dispositions de l'article 296 du Code de procédure pénale relatives à la composition du jury de cour d'assises, modifiées par la loi n° 2011-939 du 10 août 2011 ne présente pas un caractère sérieux dès lors que, d'une part, le principe du double degré de juridiction n'a pas, en lui-même, valeur constitutionnelle et que, d'autre part, les dispositions légales contestées n'affectent pas la règle suivant laquelle toute décision défavorable à l'accusé ne peut être prise, en première instance comme en appel, et, dans ce dernier cas, quelle que soit la date à laquelle il a été jugé en premier ressort, qu'à la majorité qualifiée des deux tiers des votants, de sorte qu'elles ne sont contraires ni au principe d'égalité devant la loi, ni au respect des droits de la défense (■ Cass. crim., 28 nov. 2012, n° 12-81.782. ■ Cass. crim., 12 déc. 2012, n° 12-81.626).

2) Empêchement. L'article 296 du Code de procédure pénale, qui prescrit le tirage au sort d'un ou plusieurs jurés supplémentaires, investit la Cour, dans l'intérêt d'une bonne administration de la justice et pour éviter que le cours n'en soit interrompu, d'un pouvoir souverain à l'effet d'apprécier si l'empêchement survenu en la personne d'un juré, quelle qu'en soit la cause, rend nécessaire son remplacement par le juré supplémentaire désigné par le sort (■ Cass. crim., 13 sept. 2000, n° 00-80.993. ■ Cass. crim., 15 juin 2000, n° 99-87.795 : *Bull. crim.* n° 228. ■ Cass. crim., 16 janv. 1985 : *Bull. crim.* n° 30). Lorsque, au cours des débats, un juré de jugement se trouve empêché, la Cour statue sur cet empêchement et sur le remplacement éventuel de ce juré, comme il est dit à l'article 296, alinéas 3 et 4, du Code de procédure pénale, par un arrêt motivé rendu après audition du ministère public et des parties (■ Cass. crim., 12 nov. 1987, n° 86-96.702 : *Bull. crim.* n° 401. ■ Cass. crim., 5 nov. 1997, n° 96-85.178 : *Bull. crim.* n° 376).

3) Juré illettré. V. note sous art. 255, p. 724.

4) Audience publique. L'arrêt, ordonnant, avant le tirage de la liste des jurés qu'indépendamment des neuf jurés, il soit tiré un juré supplémentaire, doit être prononcé en audience publique. Répond à cette exigence l'arrêt qui, bien que ne mentionnant pas qu'il a été rendu publiquement, est inséré dans le procès-verbal des débats, lequel débute en indiquant que la cour d'assises s'est réunie en audience publique (■ Cass. crim., 11 mai 1983, n° 82-93.844 : *Bull. crim.* n° 138).

5) Absence d'ouverture à cassation. Si l'article 296 du Code de procédure pénale, en sa rédaction issue de la loi du 10 juin 1983, rend obligatoire le tirage au sort de jurés supplémentaires, l'inobservation de cette prescription ne porte pas atteinte aux droits de l'accusé et ne saurait donner ouverture à cassation (■ Cass. crim., 5 juin 1985, n° 85-90.322 : *Bull. crim.* n° 218 ; *RSC* 1986, 406, obs. A. Braunschweig).

6) Erreur matérielle. Il ne résulte de la mention selon laquelle le juré régulièrement empêché a été remplacé par le premier juré supplémentaire aucune incertitude quant à l'identité de ce juré, nonobstant l'erreur matérielle portant sur l'initiale du patronyme (■ Cass. crim., 3 nov. 2016, n° 15-84.339 : *Bull. crim.* n° 285).

7) Nouvelle délibération. Il n'importe que le juré inapte comme illettré ait ou non participé à un début de délibération dès lors qu'après son remplacement par un juré supplémentaire il a été procédé à une nouvelle délibération distincte de la première, qui doit être considérée comme non avenue (■ Cass. crim., 3 avr. 1991, n° 90-84.501 : *Bull. crim.* n° 154).

8) Avis du ministère public et des parties. En tout état de cause, en raison du caractère obligatoire du tirage au sort de jurés supplémentaires, il n'y avait pas lieu, pour le président, de recueillir l'avis du ministère public ni des parties sur l'opportunité d'une mesure qui a pour objet une bonne administration de la justice et à laquelle ils ne pouvaient s'opposer (■ Cass. crim., 30 oct. 2019, n° 18-85.583).

9) Juré supplémentaire. Le juré supplémentaire, bien qu'il n'ait pas participé à la délibération et à la déclaration de la cour d'assises, est légalement investi de tous les droits et tenu de tous les devoirs des jurés de jugement au cours des débats. Il peut donc poser des questions aux témoins en demandant la parole au président, dès lors qu'il ne manifeste pas son opinion (■ Cass. crim., 27 juin 1984, n° 83-94.122 : *Bull. crim.* n° 246). Le juré supplémentaire n'a pas à être présent auprès de la Cour d'assises au moment de la lecture de l'arrêt de condamnation, s'il n'a pas été appelé à remplacer un juré de jugement avant le prononcé de cet arrêt (■ Cass. crim., 7 août 2019, n° 18-84.368. ■ Cass. crim., 3 sept. 1977, n° 76-93.437 : *Bull. crim.* n° 278). Le tirage au sort d'un ou plusieurs jurés supplémentaires est obligatoire. L'arrêt par lequel la Cour l'ordonne n'a dès lors pas un caractère contentieux et les prescriptions de l'article 316 ne lui sont pas applicables (■ Cass. crim., 29 janv. 1986, n° 85-93.219 : *Bull. crim.* n° 39. ■ Cass. crim., 21 août 1986, n° 86-90.653 : *Bull. crim.* n° 249). Aucune disposition légale n'impose à peine de nullité que le nom des jurés ayant participé au délibéré soit mentionné dans l'arrêt pénal, d'autre part, le secret du délibéré étant absolu, il doit être présumé, en l'absence d'énonciation contraire, que les jurés supplémentaires, admis à assister au délibéré sans y participer, en application des dispositions de l'article 296 du Code de procédure pénale, dans sa rédaction issue de la loi n° 2016-731 du 3 juin 2016, n'ont exprimé aucune opinion et n'ont pris part à aucun vote (■ Cass. crim., 30 oct. 2019, n° 18-85.583. ■ Cass. crim., 28 juin 2017, n° 16-85.904 : *Bull. crim.* n° 180). Par un premier arrêt incident, la cour, constatant que le huitième juré était dans l'impossibilité de poursuivre ses fonctions en raison de son état de santé, a procédé à son remplacement conformément à l'article 296 du Code de procédure pénale ; par un second arrêt incident, la cour a refusé de faire droit à la demande de donné-acte, au motif qu'elle n'avait pas entendu les propos imputés à ce juré par la défense, et a déclaré sans objet la demande subsidiaire d'enquête ; en se déterminant ainsi, la cour a justifié sa décision sans qu'il soit porté atteinte au principe de continuité des débats, dès lors que le juré remplaçant a assisté à l'intégralité de ceux-ci, ni à l'exigence d'impartialité de la juridiction, puisque le juré remplacé n'a pas participé au délibéré (■ Cass. crim., 29 mars 2017, n° 15-86.300 : *Bull. crim.* n° 101). Le demandeur ne saurait invoquer une violation de l'article 6 de la Convention européenne de sauvegarde des droits de l'Homme et des libertés fondamentales dès lors qu'il résulte des termes de l'article 296 alinéa 2 du Code de procédure pénale que les jurés suppléants, présents lors du délibéré, ne peuvent manifester leur opinion, qu'il incombe au président de la cour d'assises, assisté des deux assesseurs, de veiller au respect de cette prescription dans le cadre des pouvoirs qui lui sont conférés par les articles 355 et suivants dudit code relatifs à la délibération de la cour d'assises, qu'en cas de remplacement d'un juré titulaire par un juré suppléant, le fait pour ce dernier, comme tous les autres jurés présents, d'avoir assisté à une partie du délibéré, ne remet pas en cause son impartialité et qu'au surplus, les jurés suppléants sont tenus, comme les jurés titulaires, au secret des délibérations (■ Cass. crim., 5 sept. 2018, n° 17-83.739).

10) Remplacement d'un juré de jugement par un juré supplémentaire. Le remplacement d'un juré de jugement par un juré supplémentaire n'ayant pas été ordonné par un arrêt motivé rendu par la cour, et le procès-verbal des débats contenant des énonciations contradictoires sur le nombre de jurés présents lors de la délibération, la Cour de cassation n'est pas en mesure de s'assurer de la régularité de la composition de la cour d'assises lors du délibéré (■ Cass. crim., 27 mai 2021, n° 20-84.408).

11) Procès-verbal contradictoire. En présence de mentions contradictoires sur le nombre des jurés de jugement qui ont participé au délibéré, la Cour de cassation n'est pas en mesure de s'assurer de la régularité de la composition de la cour d'assises (■ Cass. crim., 8 déc. 2021, n° 20-86.800).

Art. 297 ***(Mod., L. n° 2011-939, 10 août 2011)*** **– L'accusé ou son avocat d'abord, le ministère public ensuite, récusent tels jurés qu'ils jugent à propos, à mesure que leurs noms sortent de l'urne, sauf la limitation exprimée à l'article 298.**

L'accusé, son avocat, ni le ministère public ne peuvent exposer leurs motifs de récusation.

Le jury de jugement est formé à l'instant où sont sortis de l'urne les noms de six ou neuf jurés non récusés, selon les distinctions prévues par le premier alinéa de l'article 296, et les noms des jurés supplémentaires prévus par l'article 296.

1) Remplacement d'un juré inapte. Le tirage au sort est irrévocable et le jury régulièrement constitué est définitivement acquis à l'accusé. Le président ne peut donc seul, sans recueillir le consentement formel de l'accusé et du ministère public et sans même faire annuler par la cour le tirage au sort et les débats qui ont suivi, procéder au remplacement d'un juré inapte (■ Cass. crim., 16 févr. 1983, n° 82-92.178 : *Bull. crim.* n° 59).

2) Droit de récusation. La mention du procès-verbal, qui énonce que le président a fait connaître aux accusés les droits de récusation qui leur étaient confiés par les articles 297, 298, 299 et 300, établit que les accusés ont été avertis tant des droits de récusation dont ils disposaient que du mode d'exercice de ces droits (■ Cass. crim., 23 nov. 1977, n° 77-91.257 : *Bull. crim.* n° 366).

3) Erreur matérielle. Lorsque la liste de session contient une erreur matérielle sur la date de naissance d'un juré, la production de l'extrait de naissance devant la Cour de cassation permet de vérifier sa capacité. L'absence de réclamation au moment du tirage au sort implique que les intéressés ont jugé les autres énonciations suffisantes pour leur permettre d'exercer leur droit de récusation (■ Cass. crim., 4 mai 1977, n° 76-92.705 : *Bull. crim.* n° 155).

Art. 298 ***(Rempl., L. n° 2011-939, 10 août 2011).*** **– Lorsque la cour d'assises statue en premier ressort, l'accusé ne peut récuser plus de quatre jurés et le ministère public plus de trois. Lorsqu'elle statue en appel, l'accusé ne peut récuser plus de cinq jurés et le ministère public plus de quatre.**

Art. 299. – **S'il y a plusieurs accusés, ils peuvent se concerter pour exercer leurs récusations ; ils peuvent les exercer séparément.**

Dans l'un et l'autre cas, ils ne peuvent excéder le nombre de récusations déterminé pour un seul accusé.

Concertation. La mention du procès-verbal qui énonce que les accusés ont déclaré que les récusations seraient exercées par le défenseur de l'un d'eux implique que ces accusés se sont concertés pour exercer leurs récusations (■ Cass. crim., 31 janv. 1979, n° 78-92.140 : *Bull. crim.* n° 46).

Art. 300. – **Si les accusés ne se concertent pas pour récuser, le sort règle entre eux le rang dans lequel ils font les récusations. Dans ce cas, les jurés récusés par un seul, et dans cet ordre, le sont pour tous jusqu'à ce que le nombre des récusations soit épuisé.**

Intransmissibilité. Le droit de récusation est un droit personnel et intransmissible (■ Cass. crim., 16 févr. 1911 : *Bull. crim.* n° 92).

Art. 301. – **Les accusés peuvent se concerter pour exercer une partie des récusations, sauf à exercer le surplus suivant le rang fixé par le sort.**

Art. 302. – **Le greffier dresse procès-verbal des opérations de formation du jury de jugement.**

1) **Absence du nom des jurés récusés.** Si l'article 302 du Code de procédure pénale prescrit au greffier de dresser un procès-verbal des opérations de formation du jury de jugement, aucune disposition de la loi n'impose la mention du nom des jurés récusés sur ce procès-verbal (■ Cass. crim., 12 oct. 1967, n° 67-92.088 : *Bull. crim.* n° 247. ■ Cass. crim., 11 oct. 1977, n° 77-90.916 : *Bull. crim.* n° 300).

2) **Procès-verbal de tirage au sort du jury.** Le procès-verbal du tirage au sort du jury de jugement, lorsqu'il est distinct du procès-verbal des débats, doit, à peine de nullité, porter la signature du greffier avec celle du président (■ Cass. crim., 28 avr. 1971, n° 70-92.856 : *Bull. crim.* n° 126). L'authenticité du procès-verbal du tirage au sort du jury de jugement est suffisamment constatée par les signatures du président et du greffier apposées à la suite du procès-verbal des débats, lorsque les deux procès-verbaux font corps l'un avec l'autre (■ Cass. crim., 16 mars 1976, n° 75-93.070 : *Bull. crim.* n° 96).

Art. 303. – **Les jurés se placent dans l'ordre désigné par le sort, aux côtés de la cour, si la disposition des lieux le permet, et sinon sur des sièges séparés du public, des parties et des témoins, en face de celui qui est destiné à l'accusé.**

Places des jurés. Les dispositions relatives aux places occupées dans la salle par les jurés ne sont pas prescrites à peine de nullité (■ Cass. crim., 17 févr. 1999, n° 98-83.986).

Art. 304 ***(Mod., L. n° 2000-516, 15 juin 2000).*** – **Le président adresse aux jurés, debout et découverts, le discours suivant : « Vous jurez et promettez d'examiner avec l'attention la plus scrupuleuse les charges qui seront portées contre X..., de ne trahir ni les intérêts de l'accusé, ni ceux de la société qui l'accuse ni ceux de la victime ; de ne communiquer avec personne jusqu'après votre déclaration ; de n'écouter ni la haine ou la méchanceté, ni la crainte ou l'affection de vous rappeler que l'accusé est présumé innocent et que le doute doit lui profiter ; de vous décider d'après les charges et les moyens de défense, suivant votre conscience et votre intime conviction, avec l'impartialité et la fermeté qui conviennent à un homme probe et libre, et de conserver le secret des délibérations, même après la cessation de vos fonctions. »**

Chacun des jurés, appelé individuellement par le président, répond en levant la main : « Je le jure ».

1) **Refus de transmission d'une question prioritaire de constitutionnalité.** Le serment prêté par les jurés de la cour d'assises, de ne pas trahir les intérêts de la victime, les engage aussi à ne pas trahir ceux de l'accusé ; le discours que leur adresse le président en application de l'article 304 du Code de procédure pénale leur rappelle que l'accusé est présumé innocent, que le doute doit lui profiter, et qu'ils doivent se décider d'après les charges et les moyens de défense, avec impartialité, de sorte que la référence faite par le législateur à la victime ne méconnaît pas le principe de présomption d'innocence (■ Cass. crim., 28 juill. 2021, n° 21-81.311). L'obligation de conserver le secret des délibérations, édictée par la loi française dans le but de garantir l'indépendance des juges et l'autorité de leurs décisions, applicable, devant toutes les juridictions, aussi bien aux magistrats professionnels qu'aux citoyens prêtant leur concours à la justice, ne contrevient pas à la

liberté de conscience (■ Cass. crim., 17 avr. 2013, n° 13-90.004).

2) Dérogation au secret des délibérations. Une dérogation à l'obligation de conserver le secret des délibérations, édictée par l'article 304 du Code de procédure pénale, ne saurait être admise, même à l'occasion de poursuites pour violation du secret du délibéré, sans qu'il soit porté atteinte tant à l'indépendance des juges, professionnels comme non-professionnels, qu'à l'autorité de leurs décisions (■ Cass. crim., 25 mai 2016, n° 15-84.099 : *Bull. crim.* n° 160 ; *Dr. pén.* 2016, comm. 118, obs. A. Maron et M. Haas). La présence des deux jurés supplémentaires dans la salle d'audience pendant le délibéré n'a contrevenu à aucune disposition légale (■ Cass. crim., 20 nov. 2002, n° 02-81.575).

3) Communication avec des tiers. Pour qu'elle soit illégale, il faut que la communication du juré avec un tiers sur les faits du procès soit volontaire, ce qui exclut les propos adressés spontanément au juré (■ Cass. crim., 16 mars 1994, n° 93-83.796 : *Bull. crim.* n° 103).

4) Serment – Obligation de prêter serment. Les dispositions de l'article 304 du Code de procédure pénale prescrivant qu'avant d'entrer en fonction, les jurés prêtent serment, sont d'ordre public. Il y a nullité lorsque le procès-verbal des débats ne constate pas l'accomplissement de cette formalité (■ Cass. crim., 4 juin 1982, n° 81-94.903 : *Bull. crim.* n° 148). La nullité est encourue même lorsque les jurés supplémentaires n'ont pas pris part à la délibération et à la déclaration de la cour et du jury (■ Cass. crim., 30 oct. 1974, n° 74-91.509 : *Bull. crim.* n° 309 ; *RSC* 1975, 432, obs. J. Robert). Moment d'accomplissement du serment. Le serment des jurés est une formalité substantielle qui doit, à peine de nullité, être accomplie avant l'ouverture des débats (■ Cass. crim., 1er juin 1983, n° 83-90.320 : *Bull. crim.* n° 167). Preuve du serment. La référence par le procès-verbal à l'article 304 pour les termes dans lesquels les jurés ont prêté serment est suffisante. Aucun texte n'exige que la formule du serment soit reproduite au procès-verbal (■ Cass. crim., 17 oct. 1973, n° 73-91.475 : *Bull. crim.* n° 361).

5) Présomption d'innocence. L'article 304 du **Code de procédure pénale** inclut expressément le rappel du principe de la présomption d'innocence dans le serment que chaque juré est appelé à prêter, dès le début de l'audience (■ Cass. crim., 28 nov. 2018, n° 18-82.010 : *Bull. crim.* n° 201).

Art. 304-1 *(Créé à compter du 1er mars 2022, L. n° 2021-1729, 22 déc. 2021).* **– Lorsque la cour d'assises statuant en appel doit se prononcer uniquement sur la peine, le discours aux jurés prévu à l'article 304 est ainsi modifié :**

1° Les mots : « les charges qui seront portées contre X... » sont remplacés par les mots : « les éléments de preuves retenus contre X, qui ont conduit à sa déclaration de culpabilité » ;

2° Les mots : « de vous rappeler que l'accusé est présumé innocent et que le doute doit lui profiter ; de vous décider d'après les charges et les moyens de défense » sont remplacés par les mots : « de vous prononcer sur la peine d'après les charges et les moyens de défense ».

Art. 305. – Le président déclare le jury définitivement constitué.

Début des débats. Les débats commencent dès que le président, en application de l'article 305 du Code de procédure pénale, a déclaré le jury définitivement constitué (■ Cass. crim., 1er févr. 1989, n° 88-83.730 : *Bull. crim.* n° 44).

Art. 305-1 *(L. n° 85-1407, 30 déc. 1985 ; mod. à compter du 1er mars 2022, L. n° 2021-1729, 22 déc. 2021).* **– L'exception tirée d'une nullité autre que celles purgées par la décision de renvoi devenue définitive ou en application de l'article 269-1 et entachant la procédure qui précède l'ouverture des débats doit, à peine de forclusion, être soulevée dès que le jury de jugement est définitivement constitué. Cet incident contentieux est réglé conformément aux dispositions de l'article 316.**

1) Purge des nullités en matière criminelle. Décision d'inconstitutionnalité. Les mots « autre que celles purgées par l'arrêt de renvoi devenu définitif et » figurant à la première phrase de l'article 305-1 du Code de procédure pénale, dans sa rédaction résultant de la loi du 30 décembre 1985 portant diverses dispositions de procédure pénale et de droit pénal, sont contraires à la Constitution : Le mécanisme de purge des nullités prévu par les dispositions contestées rend irrecevable, une fois l'ordonnance de mise en accusation devenue définitive, toute exception de nullité visant les actes de la procédure antérieure à cette ordonnance. Certaines dispositions garantissent à l'accusé la possibilité de contester utilement les nullités avant qu'intervienne la purge des nullités. Toutefois, l'exercice de ces voies de recours suppose que l'accusé ait été régulièrement informé, selon le cas, de sa mise en examen ou de sa qualité de partie à la procédure, de l'avis de fin d'information ou de l'ordonnance de mise en accusation. 12. Or, les dispositions contestées ne prévoient aucune exception à la purge des nullités en cas de défaut d'information de l'intéressé ne lui ayant pas permis de contester utilement les irrégularités de procédure et alors même que cette défaillance ne procède pas d'une manœuvre de sa part ou de sa négligence. Dès lors, elles méconnaissent le droit à un recours juridictionnel effectif et les droits de la défense. Sans qu'il soit besoin de se prononcer sur les autres griefs, elles doivent être déclarées contraires à la Constitution. En l'espèce, l'abrogation immédiate des dispositions contestées entraînerait des conséquences manifestement excessives. Par suite, il y a lieu de reporter au 31 décembre 2021 la date de l'abrogation des dispositions contestées. En revanche, la déclaration d'inconstitutionnalité peut être invoquée dans les instances en cours ou à venir lorsque la purge des nullités a été ou est opposée à un accusé dans la situation décrite au paragraphe 12 (▪ Cons. const., 23 avr. 2021, n° 2021-900 QPC).

2) Application. Pour écarter les demandes de nullités présentées, la cour, statuant sans la participation du jury, s'est fondée sur les articles 181, alinéa 4, et 305-1 du Code de procédure pénale, déclarés inconstitutionnels, dans les conditions et limites sus énoncées. En prononçant ainsi, sans vérifier que le demandeur avait été en mesure de contester utilement la régularité de la procédure, ou que l'impossibilité de le faire procédait d'une manœuvre de sa part ou de sa négligence, la cour n'a pas donné de fondement à sa décision, au regard de la décision précitée du Conseil constitutionnel (▪ Cass. crim., 23 juin 2021, n° 20-84.752).

3) Refus de transmission d'une question prioritaire de constitutionnalité. Si le Code de procédure pénale prévoit, afin de ne pas perturber les débats devant la cour d'assises par des contestations tardives, que la décision de mise en accusation, devenue définitive, couvre, s'il en existe, les vices de la procédure antérieure, cette décision, qu'elle émane du juge d'instruction ou de la chambre de l'instruction, peut faire l'objet d'une voie de recours par le mis en examen, les droits de la défense pouvant ainsi pleinement s'exercer (▪ Cass. crim., 26 juin 2013, n° 13-83.409).

4) Exception de nullité.

I. Présentation de l'exception de nullité.

A. Jury définitivement constitué. En application des dispositions de l'article 305-1, introduit dans le Code de procédure pénale par la loi du 30 décembre 1985, l'exception tirée d'une nullité entachant la procédure qui précède l'ouverture des débats doit, à peine de forclusion, être soulevée dès que le jury de jugement est définitivement constitué (▪ Cass. crim., 8 oct. 1986, n° 86-91.440 : *Bull. crim.* n° 276 ; *D.* 1986, 605, note H. Angevin).

B. Moyen de cassation. En application des articles 305-1 et 599, alinéa 2, du Code de procédure pénale, le demandeur n'est, dès lors, pas recevable à présenter comme moyen de cassation une prétendue nullité qu'il n'a pas invoquée devant la cour d'assises conformément au premier de ces textes (▪ Cass. crim., 30 oct. 2019, n° 19-80.086. ▪ Cass. crim., 25 mai 2011, n° 10-86.229 : *Bull. crim.* n° 109 ; *Dr. pén.* 2011, n° 98, obs. A. Maron et M. Haas. ▪ Cass. crim., 24 mai 2006 : *JurisData* n° 2006-034198. ▪ Cass. crim., 25 sept. 2002, n°s 01-88.024 et 02-80.766 : *Bull. crim.* n°s 176 et 177 ; *JurisData* n°s 2002-015868 et 2002-015869 ; *Dr. pén.* 2002, comm. 142, note A. Maron. ▪ Cass. crim., 6 oct. 1999, n° 98-87.691 : *Bull. crim.* n° 212) ou devant la cour d'assises statuant en appel (▪ Cass. crim., 23 oct. 2002, n° 01-87.952).

II. Sort de l'exception.

A. Exceptions irrecevables.

1. Jurés.

a. Juré incapable. Il en est notamment ainsi de la nullité résultant de la présence au sein du jury de jugement d'un juré incapable comme n'ayant pas encore atteint l'âge de vingt-trois ans (▪ Cass. crim., 8 oct. 1986, n° 86-91.440 : *Bull. crim.* n° 276 ; *D.* 1986, 605, note Angevin).

b. Nombre de jurés non conforme. Est en conséquence irrecevable le moyen de cassation pris d'un prétendu défaut de constatation au procès-verbal du nombre des jurés ayant participé au tirage au sort du jury de jugement, dès lors que les accusés ou leurs conseils n'ont pas soulevé, avant l'ouverture des débats, une exception prise de ce que le nombre des jurés dont les noms ont été déposés dans l'urne en vue du tirage au sort n'était pas conforme à celui que prescrit la loi (▪ Cass. crim., 8 oct. 1986, n° 86-91.798 : *Bull. crim.* n° 277).

c. Tirage au sort des jurés. De ce que les opérations de tirage au sort du jury de session n'auraient pas été effectuées en audience publique (▪ Cass. crim., 22 oct. 1986, n° 86-92.258 : *Bull. crim.* n° 300. ▪ Cass. crim., 9 déc. 1987, n°s 87-80.056 et 87-80.057 : *Bull. crim.* n° 453).

d. Tirage au sort de jurés supplémentaires. En tout état de cause, en raison du caractère obligatoire du tirage au sort de jurés supplémentaires, il n'y a pas lieu, pour le président, de recueillir l'avis du ministère public ni des parties sur l'opportunité d'une mesure qui a pour objet une bonne administration de la justice et à laquelle ils ne peuvent s'opposer (▪ Cass. crim., 30 oct. 2019, n° 19-80.086).

e. Incompatibilités. De ce que, d'une part, un juré de jugement aurait exercé une profession incompatible avec les fonctions de juré et, d'autre part, de ce que les jurés supplémentaires n'aurait pas prêté le serment des jurés, dès lors que l'accusé ou son conseil n'a pas soulevé ces exceptions avant l'ouverture des débats (■ Cass. crim., 19 nov. 1986, n° 86-91.753 : *Bull. crim.* n° 349).

2. Nullité. Il en est notamment ainsi de la nullité de l'exploit de signification de la liste du jury de session, délivré à l'accusé (■ Cass. crim., 26 nov. 1986, n° 86-92.471 : *Bull. crim.* n° 357), résultant d'une prétendue violation de l'article 277 du code susvisé relatif à la date à laquelle il doit être procédé à l'interrogatoire prescrit par l'article 272 dudit code (■ Cass. crim., 3 déc. 1986, n° 86-91.651 : *Bull. crim.* n° 365. ■ Cass. crim., 1er déc. 1999, n° 99-82.067 : *Bull. crim.* n° 287).

3. Irrégularités. Il en est notamment ainsi des irrégularités pouvant entacher l'arrêt rendu avant l'ouverture des débats et ordonnant la disjonction des poursuites (■ Cass. crim., 11 oct. 1989, n° 89-80.868 : *Bull. crim.* n° 349).

4. Droit de récusation de l'accusé. Il en est notamment ainsi d'une prétendue irrégularité commise lors de l'exercice du droit de récusation de l'accusé ou du Ministère public dès lors que l'accusé ou son conseil n'a pas soulevé avant l'ouverture des débats, une exception tirée de cette nullité (■ Cass. crim., 23 déc. 1986, n° 86-93.360 : *Bull. crim.* n° 388. Rapp. ■ Cass. crim., 18 mai 1989, n° 88-86.363 : *Bull. crim.* n° 208).

B. Exceptions recevables. Les dispositions des articles 305-1 et 599, alinéa 2, du Code de procédure pénale, relatives au moment où doivent être soulevées les exceptions tirées d'une nullité entachant la procédure qui précède l'ouverture des débats, ne s'appliquent pas aux nullités entachant la composition de la Cour. Il s'ensuit que peut être soulevée valablement après l'ouverture des débats la nullité tenant à ce qu'un magistrat qui a participé à l'arrêt de mise en accusation fasse partie de la cour d'assises (■ Cass. crim., 11 mai 1988, n° 87-91.864 : *Bull. crim.* n° 207). L'irrégularité de la procédure antérieure à l'ouverture des débats doit, à peine de forclusion, être soulevée dès que le jury est définitivement constitué, comme le prévoit l'article 305-1 du Code de procédure pénale. Ce texte s'applique en cas de méconnaissance invoquée, par l'accusé, des règles relatives à l'interrogatoire préalable à l'ouverture des débats (■ Cass. crim., 1er déc. 1999, n° 99-82.067 : *Bull. crim.* n° 287), et le moyen, tiré de cette irrégularité, est irrecevable s'il est présenté pour la première fois devant la Cour de cassation (■ Cass. crim., 30 oct. 2019, n° 19-80.086).

5) Rappel des prescriptions de l'article 305-1. Aucune disposition de la loi ne fait obligation au président de rappeler aux parties avant l'ouverture des débats les prescriptions de l'article 305-1 (■ Cass. crim., 12 mai 2004, n° 03-87.226 : *Bull. crim.* n° 120. ■ Cass. crim., 20 août 1997, n° 96-85.549 : *Bull. crim.* n° 287 ; *Procédures* 1998, comm. 68, obs. J. Buisson. ■ Cass. crim., 4 mai 1988, n° 87-83.273 : *Bull. crim.* n° 193).

6) Contumax. En vertu de l'article 305-1 du Code de procédure pénale, le contrôle de la régularité des actes de la procédure postérieurs à la décision de mise en accusation et antérieurs à l'ouverture des débats devant la cour d'assises appartient à cette juridiction qui doit être saisie dès que le jury de jugement est définitivement constitué. Fait l'exacte application de ce texte, la chambre de l'instruction qui, après l'arrestation du contumax, se déclare incompétente pour examiner la requête de l'intéressé aux fins d'annulation de l'exploit de signification de l'arrêt de renvoi devant la cour d'assises (■ Cass. crim., 26 mars 2003, n° 03-80.580 (1er arrêt) : *Bull. crim.* n° 79).

7) Cour d'assises spéciale. Les dispositions de l'article 305-1 du Code de procédure pénale relatives au moment où doivent être soulevées les exceptions tirées d'une nullité entachant la procédure qui précède l'ouverture des débats sont applicables aux affaires soumises aux cours d'assises composées conformément aux dispositions de l'article 698-6 du même code pour le jugement des crimes énumérés aux articles 697-1 (en matière militaire), 702 (en matière d'atteintes à la défense nationale) et 706-16 (en matière de terrorisme) (■ Cass. crim., 11 févr. 1987, n° 86-93.391 : *Bull. crim.* n° 69 ; *D.* 1987, 215, note H. Angevin ; *RSC* 1987, 463, obs. A. Braunschweig. ■ Cass. crim., 4 mai 1988, n° 87-83.273 : *Bull. crim.* n° 193).

8) Appel du ministère public. L'exception d'irrecevabilité de l'appel du ministère public doit, à peine d'irrecevabilité, être soulevée avant l'ouverture des débats (■ Cass. crim., 29 mars 2017, n° 15-86.300 : *Bull. crim.* n° 101).

CHAPITRE VI. – DES DÉBATS

Section I. – Dispositions générales

Bibliographie : H. Angevin, *Cour d'assises. – Débats. – Dispositions générales. – Principes fondamentaux : Publicité, Continuité, Oralité : JCl. Proc. pén.* 2007, Fasc. 20 ; *Cour d'assises. – Débats. – Dispositions générales. – Pouvoirs du président. – Compétence de la cour*, 2007, Fasc. 30 ; *Cour d'assises. – Débats. – Dispositions générales. – Incidents contentieux*, 2008, Fasc. 40 ; *Cour d'assises. – Débats. – Dispositions générales. – Droits et obligations des jurés. Ministère public. Partie civile*, 2008, Fasc. 50.

Art. 306 (1) ***(Mod., Ord. n° 2019-950, 11 sept. 2019 ; L. n° 2021-1729, 22 déc. 2021).*** **– Les débats sont publics, à moins que la publicité ne soit dangereuse pour l'ordre ou les mœurs. Dans ce cas, la cour le déclare par un arrêt rendu en audience publique.**

Toutefois, le président peut interdire l'accès de la salle d'audience aux mineurs ou à certains d'entre eux.

Lorsque les poursuites sont exercées du chef de viol ou de tortures et actes de barbarie accompagnés d'agressions sexuelles, de traite des êtres humains ou de proxénétisme aggravé, réprimé par les articles 225-7 à 225-9 du Code pénal, le huis clos est de droit si la victime partie civile ou l'une des victimes parties civiles le demande ; dans les autres cas, le huis clos ne peut être ordonné que si la victime partie civile ou l'une des victimes parties civiles ne s'y oppose pas.

Lorsque le huis clos a été ordonné, celui-ci s'applique au prononcé des arrêts qui peuvent intervenir sur les incidents contentieux visés à l'article 316.

L'arrêt sur le fond doit toujours être prononcé en audience publique.

I – PUBLICITÉ DES DÉBATS

A – Principe

1) La publicité des débats judiciaires est une règle d'ordre public à laquelle il ne peut être dérogé que dans les cas limitativement déterminés par la loi (▪ Cass. crim., 27 sept. 2000, n° 00-82.229 : *Bull. crim.* n° 283). L'audition d'un témoin mineur par la cour d'assises, fût-il coauteur ou complice des accusés majeurs jugés séparément, doit avoir lieu en audience publique (▪ Cass. crim., 23 juin 1993, n° 92-86.512 : *Bull. crim.* n° 223). Le huis clos ayant été ordonné à la demande de la victime, partie civile, c'est à bon droit que les débats ont été rouverts dans les conditions antérieures à leur clôture (▪ Cass. crim., 13 nov. 1996, n° 96-80.531 : *Bull. crim.* n° 403). Dès lors que le procès-verbal des débats constate la publicité de la première audience, il y a présomption, à défaut de constatation contraire, que la publicité s'est prolongée pendant toute la durée de l'affaire (▪ Cass. crim., 12 févr. 2003, n° 02-80.767 : *Bull. crim.* n° 33 ; *Dr. pén.* 2003, comm. 90, obs. A. Maron et M. Haas).

2) Publicité restreinte. Dès lors que M.Y... a déclaré, avant que la cour ne rende l'arrêt incident ordonnant la poursuite des débats en audience publique, s'en remettre à la décision de la cour, les demandeurs ne sauraient se faire un grief de ce que la publicité restreinte n'ait pas été respectée dès l'ouverture des débats (▪ Cass. crim., 22 avr. 2020, n° 19-82.958 : *Bull. crim.* n° 26 ; *Dr. pén.* 2020, comm. 121, obs. A. Maron et M. Haas).

B – Retour à la publicité des débats

3) Le huis clos ne peut être ordonné que pour les débats : après clôture, l'audience doit être continuée publiquement (▪ Cass. crim., 19 mars 1986, n° 85-93.713 : *Bull. crim.* n° 111).

II – HUIS CLOS

A – Huis clos hors infractions sexuelles

4) Fondement du huis clos.

a. Danger pour l'ordre ou les mœurs. La publicité des débats judiciaires est une règle d'ordre public à laquelle il ne peut être dérogé que dans les cas limitativement déterminés par la loi. Ainsi, selon l'article 306, alinéa 1er, du Code de procédure pénale, le huis clos ne peut être ordonné que si la Cour constate, dans l'arrêt, que la publicité est dangereuse pour l'ordre ou les mœurs. Est dès lors insuffisamment motivé l'arrêt qui prononce le huis clos en se bornant à énoncer que cette mesure relève d'une bonne administration de la justice, la partie civile ayant allégué ne pouvoir s'exprimer librement et totalement face à un large public (▪ Cass. crim., 27 sept. 2000, n° 00-82.229 : *Bull. crim.* n° 283). Un mouvement de protestation du Barreau et son opposition à la poursuite de l'audience ne constituent pas un danger pour l'ordre ou les mœurs justifiant le huis clos, et en cas de trouble apporté à l'ordre par des personnes assistant à l'audience, il appartient au président de la cour d'assises d'ordonner leur expulsion (▪ Cass. crim., 20 févr. 2019, n° 18-82.915 : *Bull. crim.* n° 44 ; *Dr. pén.* 2019, comm. 76, obs. A. Maron et M. Haas). La cour a suffisamment justifié sa décision d'ordonner le huis-clos lors du transport, au regard des dispositions de l'article 306 du Code de procédure pénale, par la dangerosité de la publicité pour l'ordre, compte tenu de la nature de l'affaire et de la nécessité de garantir la sécurité de l'accusé (▪ Cass. crim., 14 nov. 2019, n° 19-80.420 : *Dr. pén.* 2020, comm. 20, obs. A. Maron et M. Haas).

b. Compétence de la cour. Selon l'article 306 du Code de procédure pénale, la cour a seule le pouvoir de déclarer que la publicité des débats est dangereuse pour l'ordre ou les mœurs et de pro-

(1) Dispositions particulières ou dérogatoires résultant de l'état d'urgence sanitaire dû à l'épidémie de covid-19 : V. Ord. n° 2020-303 du 25 mars 2020. – NDLR.

noncer le huis clos (■ Cass. crim., 12 févr. 1986, n° 85-93.351 : *Bull. crim.* n° 57). Excède ses pouvoirs le président des assises qui « annule » un arrêt de la cour prononçant le huis clos (■ Cass. crim., 1er juin 1983, n° 83-90.320 : *Bull. crim.* n° 167). La cour est seule compétente pour statuer sur les incidents de caractère juridictionnel survenant au cours des débats. Ainsi entraîne nullité la participation du jury à un arrêt ordonnant le huis clos (■ Cass. crim., 24 oct. 1952 : *D.* 1953, 39). Rien n'interdit à la cour de prononcer le huis clos au vu des seules énonciations de l'arrêt de renvoi, même avant sa lecture (■ Cass. crim., 27 juin 2007 : *Bull. crim.* n° 181. ■ Cass. crim., 10 mai 1995, n° 94-83.676 : *Bull. crim.* n° 167). En ordonnant que les victimes, parties civiles, soient entendues hors la présence de l'accusé, alors que la Cour avait ordonné que leur audition aurait lieu à huis clos, le président n'a pas méconnu les dispositions des articles 6, § 1 et 6, § 3, Conv. EDH, dès lors qu'il tient de l'article 309, dont les dispositions ne sont pas incompatibles avec celles de l'article 306, le pouvoir de diriger les débats, que l'accusé était assisté d'un conseil qui, étant demeuré dans la salle, avait la faculté d'interroger les victimes et qu'enfin, ayant été instruit des déclarations faites en son absence, l'accusé n'a sollicité aucune confrontation (■ Cass. crim., 13 janv. 1993, n° 92-80.164 : *Bull. crim.* n° 18).

c. Délibération sur le siège. L'accusé ne peut se faire grief de ce que la cour a délibéré sur le siège et le président prononcé l'arrêt de huis-clos, dès lors que, d'une part, aucun texte n'exige une suspension d'audience pour la délibération sur une telle décision, d'autre part, les mentions du procès-verbal attestent que la décision a été prononcée par la cour (■ Cass. crim., 14 nov. 2019, n° 18-83.967).

5) Portée du huis clos. a. Droits de la défense. L'arrêt qui ordonne le huis clos et décide que cette mesure ne s'applique pas à certaines personnes ne fait aucun grief à l'accusé qui ne peut se faire un moyen de ce que lesdites personnes aient été autorisées à rester dans l'auditoire, ni de ce que l'arrêt incident ne contienne pas de motif sur ce dernier point. La loi laisse à la conscience des juges le soin d'apprécier les faits et circonstances nécessitant le huis clos, ainsi que de déterminer l'étendue de cette mesure (■ Cass. crim., 10 mai 1995, n° 94-83.676 : *Bull. crim.* n° 1670. ■ Cass. crim., 10 févr. 1988, n° 87-84.127 : *Bull. crim.* n° 68. ■ Cass. crim., 11 déc. 1968, n° 68-92.858 : *Bull. crim.* n° 339 ; *JCP* 1969, II, 15898, note M.-L. Rassat ; *D.* 1969, 264, note J.-M. Robert ; *RSC* 1969, 419, obs. J.-M. Robert. ■ Cass. crim., 22 juin 1977, n° 77-90.345 : *Bull. crim.* n° 231). L'exécution incomplète de l'arrêt de huis clos ne peut être critiquée par l'accusé qui n'a élevé aucun incident à ce sujet (■ Cass. crim., 5 sept. 2012, n° 11-86.001 : *Bull. crim.* n° 182. ■ Cass. crim., 19 avr. 2000, n° 99-85.061 : *Bull. crim.* n° 156). En ordonnant que les victimes, parties civiles, soient entendues hors la présence de l'accusé, alors que la Cour avait ordonné que leur audition aurait lieu à huis clos, le président n'a pas méconnu les dispositions de l'article 6.1 et 6.3 *d* de la Convention européenne des droits de l'Homme, dès lors qu'il tient de l'article 309 du Code de procédure pénale, dont les dispositions ne sont pas incompatibles avec celles de l'article 306, le pouvoir de diriger les débats, que l'accusé était assisté d'un conseil qui, étant demeuré dans la salle, avait la faculté d'interroger les victimes et qu'enfin, ayant été instruit des déclarations faites en son absence, l'accusé n'a sollicité aucune confrontation (■ Cass. crim., 13 janv. 1993, n° 92-80.164 : *Bull. crim.* n° 18). Le président peut ordonner que l'audience se tienne à publicité restreinte sans recueillir l'avis préalable des accusés majeurs au moment des faits, une telle mesure ayant été instaurée par la loi dans l'intérêt des seuls accusés mineurs au moment des faits (■ Cass. crim., 10 oct. 2007, n° 07-80.971 : *Bull. crim.* n° 242).

b. Enregistrement des débats. Le huis clos ordonné par une cour d'assises rend sans objet le recours formé par l'accusé contre l'ordonnance du premier président ayant préalablement rejeté sa demande d'enregistrement du procès. En effet, il résulte de l'article 1er de la loi du 11 juillet 1985 que seules les audiences publiques peuvent faire l'objet d'un enregistrement (■ Cass. crim., 3 févr. 2004, n° 04-80.530 : *Bull. crim.* n° 26).

c. Continuité des débats. Si la présidente de la cour d'assises a cru devoir, pendant un temps de 5 minutes, demander au public de sortir de la salle d'audience, sans observation des parties, aucun motif de cassation n'en résulte dès lors que, d'une part, il n'a été accompli durant ce bref délai, ainsi qu'il résulte du procès-verbal des débats, aucun acte qui aurait nécessité la publicité des débats ou une décision de la cour prononçant le huis clos et, d'autre part, il n'a pas été porté atteinte au principe de la continuité des débats, lesquels se sont poursuivis immédiatement (■ Cass. crim., 14 nov. 2019, n° 18-84.269).

B – Infractions sexuelles

6) Constitutionnalité du huis clos. En réservant cette prérogative à cette seule partie civile, le législateur a entendu assurer la protection de la vie privée des victimes de certains faits criminels et éviter que, faute d'une telle protection, celles-ci renoncent à dénoncer ces faits. Ce faisant, il a poursuivi un objectif d'intérêt général. D'autre part, cette dérogation au principe de publicité ne s'applique que pour des faits revêtant une particulière gravité et dont la divulgation au cours de débats publics affecterait la vie privée de la victime en ce qu'elle a de plus intime. Le législateur a ainsi défini les circonstances particulières justifiant cette dérogation. Il résulte de ce qui précède que le grief tiré de la méconnaissance du principe de publicité des débats du procès pénal doit être écarté. De plus, la différence de traitement instituée par les dispositions contestées est justifiée par l'objectif poursuivi par le législateur rappelé au paragraphe 5. D'autre part, cette différence de traitement ne modifie pas l'équilibre des droits des parties pendant le déroulement de l'audience et ne porte pas atteinte au respect des droits de la défense. Dès lors, le grief tiré de la méconnaissance du principe d'égalité devant la justice doit être écarté. Enfin, les dispositions contestées, en évoquant la « victime partie civile », désignent la partie civile ayant déclaré avoir subi les faits poursuivis. Il ne s'en déduit pas une présomption de culpabilité de l'accusé. Le grief tiré de la méconnaissance de la présomption d'innocence doit donc être écarté (▪ Cons. const., 21 juill. 2017, n° 2017-645 QPC : *JO* 23 juill. 2017 ; *JurisData* n° 2017-015010).

7) Qualité pour demander le huis clos.

a. Victime partie civile. Le droit exceptionnel, qu'accorde le troisième alinéa de l'article 306 du Code de procédure pénale à la « victime partie civile » d'un viol ou d'un attentat à la pudeur de nature criminelle, de s'opposer à ce que le huis clos soit ordonné, est exclusivement réservé à la personne qui réunit les qualités de victime et de partie civile, ce qui n'est pas le cas, bien qu'elle soit constituée partie civile, de la mère de la victime décédée d'un viol (▪ Cass. crim., 30 oct. 1985, n° 85-92.109 : *Bull. crim.* n° 337 ; *JCP* 1987, II, 20727, note P. Conte). Chacune des parties civiles victimes de viols était en droit d'obtenir le prononcé du huis clos pour la suite des débats, ainsi que le prévoit l'article 306, alinéa 3, du Code de procédure pénale (▪ Cass. crim., 23 oct. 2002, n° 02-80.369). L'avocat représentant une partie civile, victime de viols, a qualité, en l'absence de celle-ci, pour demander le huis clos de droit prévu par l'alinéa 3 de l'article 306 du Code de procédure pénale (▪ Cass. crim., 15 mai 2002, n° 01-88.330 : *Bull. crim.* n° 115 ; *Dr. pén.* 2002, comm. 102, obs. A. Maron). Aux termes de l'article 380-6, alinéa 2, du Code de procédure pénale, même lorsqu'il n'a pas été fait appel de la décision sur l'action civile, la victime constituée partie civile en premier ressort peut exercer devant la cour d'assises statuant en appel les droits reconnus à la partie civile jusqu'à la clôture des débats. Elle peut, ainsi, non seulement exiger, en application de l'article 306, alinéa 3, du code susvisé, le huis clos ou s'opposer à cette mesure (▪ Cass. crim., 28 sept. 2005, n° 05-80.429 : *Bull. crim.* n° 243 ; *Dr. pén.* 2005, comm. 181, obs. A. Maron ; *RSC* 2006, p. 108, note A. Giudicelli). Lorsque la victime des crimes prévus par les articles 332 ou 333-1 du Code pénal n'a pas la qualité de partie civile et n'a pas réclamé le huis clos, la cour d'assises ne peut l'ordonner sans constater que la publicité est dangereuse pour l'ordre ou les mœurs (▪ Cass. crim., 26 juin 1985, n° 84-91.730 : *Bull. crim.* n° 251).

b. Représentant légal. En revanche, la mère de la victime des viols imputés à l'accusé, s'étant constituée partie civile en tant que représentante légale de sa fille mineure, a qualité pour demander au nom de celle-ci le huis clos de droit prévu par l'alinéa 3 de l'article 306 du Code de procédure pénale (▪ Cass. crim., 22 mars 1989, n° 88-84.788 : *Bull. crim.* n° 145).

c. Tuteur. De même que le directeur départemental de l'Éducation surveillée, régulièrement constitué partie civile en tant que tuteur *ad hoc* de la victime (▪ Cass. crim., 30 oct. 1989, n° 89-83.560 : *Bull. crim.* n° 384 ; *RSC* 1990, p. 367, obs. A. Braunschweig).

d. Accusé. Si l'article 306, alinéa 3, du Code de procédure pénale accorde à la victime partie civile le droit de s'opposer au huis clos, l'absence d'opposition de sa part laisse à la Cour l'entière liberté, la mesure fût-elle sollicitée par une autre partie, de décider que les débats seraient publics (▪ Cass. crim., 6 déc. 2000, n° 00-82.691 : *Bull. crim.* n° 364 ; *Dr. pén.* 2001, comm. 41, A. Maron).

8) Modalités du huis clos. a. Nature du huis clos. Le huis clos, ordonné en application de l'article 306, est de droit à la demande de la partie civile, victime d'un viol, sans qu'il soit nécessaire de préciser que la publicité serait dangereuse pour l'ordre ou les mœurs (▪ Cass. crim., 28 avr. 1993, n° 92-85.443 : *Bull. crim.* n° 158). Le huis clos ayant été ordonné à la demande de la victime, partie civile, c'est à bon droit que les débats ont été rouverts dans les conditions antérieures à leur clôture (▪ Cass. crim., 13 nov. 1996, n° 96-80.531 : *Bull. crim.* n° 403 ; *JCP* 1997, I, 4031, chron. A. Maron ; *Dr. pén.* 1977, comm. 53, obs. A. Maron).

b. Étendue du huis clos. Il résulte de l'article 306, alinéa 3, du Code de procédure pénale selon lequel, lorsque les poursuites sont exercées du chef de viol, le huis clos est de droit si la victime partie civile le demande et ne peut être ordonné que si elle ne s'y oppose pas, que l'étendue de la mesure de huis clos est laissée à l'application de la victime partie civile. Respecte les prescriptions de ce texte, non contraires à l'article 6, § 1, Conv. EDH, la cour d'assises qui fait droit à la demande de l'une des parties civiles, victime d'un viol, ayant sollicité le huis clos, tout en demandant qu'il ne s'applique pas aux représentants accrédités de la presse (■ Cass. crim., 2 mars 2005, n° 04-83.220 : *Bull. crim.* n° 75 ; *Dr. pén.* 2005, comm. 82, obs. A. Maron). En laissant à la partie civile, victime d'un viol, le soin de décider si la protection de sa vie privée nécessite que les débats, ou partie d'entre eux, ne soient pas publics, l'article 306, alinéa 3, du Code de procédure pénale ne fait qu'édicter une prescription entrant dans les prévisions de l'article 6, § 1, Conv. EDH (■ Cass. crim., 27 juin 2007, n° 06-88.511 : *Bull. crim.* n° 181. ■ Cass. crim., 3 avr. 1996, n° 95-83.366 : *Bull. crim.* n° 148 ; *JCP* 1997, I, 4031, chron. A. Maron ; *Dr. pén.* 1996, comm. 233 ; *Dr. pén.* 1997, comm. 43, note A. Maron). L'article 306, alinéa 3, du Code de procédure pénale, qui dispose que, lorsque les poursuites sont fondées sur les articles 332 ou 333-1 du Code pénal, le huis clos est de droit si la victime partie civile le demande, n'impose aucune limitation au droit accordé à celle-ci, que ce soit en ce qui concerne le moment où la demande de huis clos peut être formée ou l'étendue de cette mesure. Fait l'exacte application de cette disposition l'arrêt incident par lequel la cour d'assises ordonne, à la demande de la victime, partie civile, d'un viol, que son audition, et elle seule, aurait lieu à huis clos (■ Cass. crim., 7 déc. 1988, n° 88-81.895 : *Bull. crim.* n° 414. Rapp. ■ Cass. crim., 29 nov. 1984 : *Bull. crim.* n° 378).

c. **Preuve du huis clos.** Si l'arrêt incident a été rendu en audience publique et si les mentions du procès-verbal ne permettent pas de savoir si une partie des débats s'est déroulée publiquement ou à huis clos, il ne saurait en résulter aucune nullité dès lors que l'accusé n'est pas recevable à se plaindre de l'exécution incomplète du huis clos demandé par la partie civile victime d'un viol ; en effet, le huis clos constituant une dérogation à la règle de la publicité des débats, son interruption et le retour éventuel à la publicité n'affectent à aucun degré les droits de la défense et ne sauraient autoriser de sa part aucune critique (■ Cass. crim., 8 mars 2000, n° 99-82.398 : *Bull. crim.* n° 108. ■ Cass. crim., 19 avr. 2000, n° 99-85.061 : *Bull. crim.* n° 156).

9) **Dispositions transitoires liées au Covid-19.** L'article 7 de l'ordonnance n° 2020-303 du 25 mars 2020 portant adaptation de règles de procédure pénale sur le fondement de la loi n° 2020-290 du 23 mars 2020 d'urgence pour faire face à l'épidémie de Covid-19, par dérogation aux règles de publicité définies par les articles 306 et 400 du Code de procédure pénale, donne compétence au président de la formation de jugement pour décider, avant l'ouverture de l'audience, que les débats se dérouleront en publicité restreinte, ou, en cas d'impossibilité de garantir les conditions nécessaires à la protection de la santé des personnes présentes à l'audience, à huis clos (■ Cass. crim., 24 mars 2021, n° 20-84.972).

Art. 306-1 *(L. n° 2016-731, 3 juin 2016).* **– Pour le jugement des crimes contre l'humanité mentionnés au sous-titre Ier du titre Ier du livre II du Code pénal, du crime de disparition forcée mentionné à l'article 221-12 du même code, des crimes de tortures ou d'actes de barbarie mentionnés aux articles 222-1 à 222-6 dudit code, des crimes de guerre mentionnés au chapitre Ier du livre IV *bis* du même code et des crimes mentionnés à l'article 706-73 du présent code, la cour, sans l'assistance du jury, peut, par un arrêt rendu en audience publique, ordonner le huis clos pour le temps de l'audition d'un témoin si la déposition publique de celui-ci est de nature à mettre gravement en danger sa vie ou son intégrité physique ou celles de ses proches.**

Art. 307 *(Mod., L. n° 2004-204, 9 mars 2004).* **– Les débats ne peuvent être interrompus et doivent continuer jusqu'à ce que la cause soit terminée par l'arrêt de la cour d'assises.**

Ils peuvent être suspendus pendant le temps nécessaire au repos des juges, de la partie civile et de l'accusé.

1) **Interruption des débats.** La seule interruption prohibée par l'article 307 du Code de procédure pénale est celle qui amènerait la cour d'assises à délaisser momentanément l'affaire commencée pour procéder à l'examen d'une autre cause (■ Cass. crim., 19 avr. 2000, n° 99-85.684). Par application de l'article 307, alinéa 1er, du Code de procédure pénale, le jury initialement désigné perdait qualité pour siéger après une interruption des débats (■ Cass. crim., 10 mai 1978, n° 77-93.473 : *Bull. crim.* n° 147).

2) **Suspension des débats.** Le président dispose d'un pouvoir discrétionnaire pour fixer le moment et la durée des suspensions nécessaires au repos de ceux qui prennent part aux débats, et en renvoyant à cette fin l'affaire au surlendemain, il prend une mesure qui entre dans les pouvoirs qu'il tient de l'article 307 du Code de procédure pénale (■ Cass. crim., 14 déc. 1977, n° 77-91.896 : *Bull. crim.* n° 397). Aucun texte ne fait obligation de noter au procès-verbal les suspensions d'audience qui interviennent au cours des débats ; reste donc à l'état d'allégation, en l'absence de donner acte qu'il appartient à l'accusé ou à son avocat de réclamer s'il l'estime utile à sa défense, le moyen qui se fonde sur la durée excessive, sans suspension, des débats (■ Cass. crim., 10 nov. 2004, n° 04-80.274 : *Bull. crim.* n° 283 ; *Dr. pén.* 2005, comm. 29, obs. A. Maron). L'alinéa 2 de l'article 307 du Code de procédure pénale qui prévoit la suspension des débats pour le repos des juges et de l'accusé ne donne pas une liste limita-

tive des causes de suspension. En l'absence de réclamation des parties, le président peut ordonner, en vertu de l'article 309 dudit code, une suspension d'audience sans qu'il soit nécessaire que le procès-verbal des débats énonce la cause de ladite suspension (▪ Cass. crim., 27 févr. 1985, n° 84-92.536 : : *Bull. crim.* n° 96).

3) **Demande de mise en liberté.** Il résulte des dispositions combinées des articles 148-1 et 307 du Code de procédure pénale que la cour d'assises, seule compétente, lorsqu'elle est en session, pour connaître des demandes de mise en liberté formées par un accusé renvoyé devant elle, peut statuer sur une telle demande à l'occasion d'une suspension d'audience sans méconnaître le principe de la continuité des débats (▪ Cass. crim., 3 oct. 1988, n° 88-84.570 : *Bull. crim.* n° 880). Une cour d'assises composée du président et des assesseurs peut, sans méconnaître le principe de la continuité des débats, statuer, au cours d'une suspension, sur une demande de mainlevée d'une ordonnance de prise de corps, formée par un accusé dans une autre cause (▪ Cass. crim., 7 déc. 1988, n° 88-82.559 : *Bull. crim.* n° 415).

Art. 308 *(Mod., L. n° 2016-731, 3 juin 2016).* **– Dès l'ouverture de l'audience, l'emploi de tout appareil d'enregistrement ou de diffusion sonore, de caméra de télévision ou de cinéma, d'appareils photographiques est interdit sous peine d'une amende de 18 000 €, qui peut être prononcée dans les conditions prévues au titre VIII du livre IV.**

Toutefois, les débats de la cour d'assises font l'objet d'un enregistrement sonore sous le contrôle du président lorsque la cour d'assises statue en appel, sauf renonciation expresse de l'ensemble des accusés ; lorsque la cour d'assises statue en premier ressort, le président peut, d'office ou à la demande du ministère public ou des parties, ordonner cet enregistrement. Le président peut également, à la demande de la victime ou de la partie civile, ordonner que l'audition ou la déposition de ces dernières fassent l'objet, dans les mêmes conditions, d'un enregistrement audiovisuel.

Les supports de cet enregistrement sont placés sous scellés et déposés au greffe de la cour d'assises. L'enregistrement peut être placé sous scellé numérique selon des modalités définies par arrêté.

L'enregistrement sonore ou audiovisuel peut être utilisé devant la cour d'assises, jusqu'au prononcé de l'arrêt ; s'il l'est au cours de la délibération, les formalités prévues au troisième alinéa de l'article 347 sont applicables. L'enregistrement sonore ou audiovisuel peut également être utilisé devant la cour d'assises statuant en appel, devant la cour de révision et de réexamen saisie d'une demande en révision, ou, après cassation ou annulation sur demande en révision, devant la juridiction de renvoi.

Les scellés sont ouverts par le premier président ou un magistrat délégué par lui, en présence du condamné assisté de son avocat, ou eux dûment appelés, ou en présence de l'une des personnes visées au 4° de l'article 622-2, ou elles dûment appelées.

Après présentation des scellés, le premier président fait procéder par un expert à une transcription de l'enregistrement qui est jointe au dossier de la procédure.

Les dispositions du présent article ne sont pas prescrites à peine de nullité de la procédure ; toutefois, le défaut d'enregistrement sonore, lorsque celui-ci est obligatoire en application du deuxième alinéa, constitue une cause de cassation de l'arrêt de condamnation s'il est établi qu'il a eu pour effet de porter atteinte aux intérêts de la personne condamnée.

1) **Question prioritaire de constitutionnalité.** Il résulte des dispositions de l'article 308 du Code de procédure pénale que le législateur a conféré aux parties un droit à l'enregistrement sonore des débats de la cour d'assises ; qu'en interdisant toute forme de recours en annulation en cas d'inobservation de cette formalité, les dispositions contestées méconnaissent les exigences de l'article 16 de la Déclaration de 1789 ; que, dès lors, sans qu'il soit besoin d'examiner les autres griefs, les dispositions du dernier alinéa de l'article 308 du Code de procédure pénale doivent être déclarées contraires à la Constitution (▪ Cons. const., 20 nov. 2015, n° 2015-499 QPC : *D.* 2016, 51, note C. Courtin).

2) **Dispositif de communication autorisé.** Ne constitue pas une inobservation de l'article 308 du Code de procédure pénale, dont les dispositions ne sont, au demeurant, pas prescrites à peine de nullité, l'utilisation durant les débats d'un dispositif destiné à communiquer simultanément aux juges et aux parties, par projection sur les écrans d'un circuit interne de télévision, les plans et photographies des lieux du crime (▪ Cass. crim., 21 avr. 1982 : *Bull. crim.* n° 97).

3) **Portée de l'interdiction.** Une infraction à l'article 308, notamment l'enregistrement des débats par des tiers, n'a pas de conséquence sur la validité des débats (▪ Cass. crim., 12 oct. 1972, n° 72-92.272 : *Bull. crim.* n° 28). Une infraction à l'article 308 du Code de procédure pénale, notamment la photographie de l'accusé au cours des débats, n'a pas de conséquences sur la validité des débats (▪ Cass. crim., 8 mai 1974, n° 73-93.626).

4) **Absence d'enregistrement.** Le moyen, qui concerne un hypothétique recours en révision sans qu'il soit allégué que l'arrêt de la cour d'assises ait été affecté par l'absence d'enregistrement sonore des débats, est irrecevable (■ Cass. crim., 19 oct. 2016, n° 15-83.937).

5) **Absence de mention au procès-verbal des débats.** La Cour de cassation, ayant le contrôle des pièces de la procédure est en mesure de s'assurer qu'en dépit de l'absence de mention au procès-verbal des débats, il a été procédé à l'enregistrement sonore des débats (■ Cass. crim., 14 nov. 2019, n° 18-84.269).

6) **Mention au procès-verbal et procès équitable.** Les mentions du procès-verbal des débats selon lesquelles, d'une part, le président a indiqué, en début d'audience, que les débats feraient l'objet d'un enregistrement sonore conformément aux dispositions de l'article 308 du Code de procédure pénale, d'autre part, qu'à l'issue des débats le support de l'enregistrement sonore a été placé sous scellés et déposé dans un lieu sécurisé spécifique au sein des locaux du service des scellés, permettent de s'assurer qu'il a été satisfait aux exigences de ce texte, sans méconnaissance de la disposition conventionnelle invoquée (■ Cass. crim., 30 oct. 2019, n° 18-83.832).

Code du patrimoine

LIVRE II. – ARCHIVES

TITRE II. – ARCHIVES AUDIOVISUELLES DE LA JUSTICE

Chapitre Ier. – Constitution

Art. L. 221-1. – Les audiences publiques devant les juridictions de l'ordre administratif ou judiciaire peuvent faire l'objet d'un enregistrement audiovisuel ou sonore dans les conditions prévues par le présent titre lorsque cet enregistrement présente un intérêt pour la constitution d'archives historiques de la justice. Sous réserve des dispositions de l'article L. 221-4, l'enregistrement est intégral.

Art. L. 221-2 *(Mod., L. n° 2021-1729, 22 déc. 2021)*. **–** L'autorité compétente pour décider l'enregistrement de l'audience est :

a) Pour le tribunal des conflits, le président ;

b) Pour les juridictions de l'ordre administratif, le vice-président pour le Conseil d'État et, pour toute autre juridiction, le président de celle-ci ;

c) Pour les juridictions de l'ordre judiciaire, le premier président pour la Cour de cassation ; pour la cour d'appel et pour toute autre juridiction de son ressort, le premier président de la cour d'appel.

Art. L. 221-3 *(L. n° 2019-222, 23 mars 2019)*. **–** La décision prévue par l'article L. 221-2 est prise soit d'office, soit à la requête d'une des parties ou de ses représentants ou du ministère public. Sauf urgence, toute requête est présentée, à peine d'irrecevabilité, au plus tard huit jours avant la date fixée pour l'audience dont l'enregistrement est demandé.

Avant toute décision, l'autorité compétente recueille les observations des parties ou de leurs représentants, du président de l'audience dont l'enregistrement est envisagé et du ministère public. Elle fixe le délai dans lequel les observations doivent être présentées et l'avis doit être fourni.

En cas de procès pour crime contre l'humanité ou pour actes de terrorisme, l'enregistrement est de droit s'il est demandé par le ministère public.

NB : Conformément à l'article 109 de la loi n° 2019-222 du 23 mars 2019, ces dispositions entrent en vigueur à une date fixée par décret, et au plus tard le 1er janvier 2020.

Art. L. 221-4 *(Mod., L. n° 2004-1343, 9 déc. 2004)*. **–** Les enregistrements sont réalisés dans des conditions ne portant atteinte ni au bon déroulement des débats ni au libre exercice des droits de la défense. Ils sont réalisés à partir de points fixes.

Lorsque les dispositions du premier alinéa ne sont pas respectées, le président de l'audience peut, dans l'exercice de son pouvoir de police, s'opposer aux enregistrements ou les interrompre momentanément.

Art. L. 221-5. – Les enregistrements sont transmis à l'administration des Archives de France, responsable de leur conservation, par le président des audiences, qui signale, le cas échéant, tout incident survenu lors de leur réalisation.

Art. 309 ***(Rempl., L. n° 93-1013, 24 août 1993)*. – Le président a la police de l'audience et la direction des débats.**

Il rejette tout ce qui tendrait à compromettre leur dignité ou à les prolonger sans donner lieu d'espérer plus de certitude dans les résultats.

I – POLICE DE L'AUDIENCE

1) Contenu du pouvoir de police. Le président fait un usage régulier du pouvoir de police de l'audience qu'il tient de l'article 309 du Code de procédure pénale en interrompant la déposition d'un témoin, le temps de régler un incident (▪ Cass. crim., 30 mars 2011, n° 09-87.419 : *Dr. pén.* 2011, comm. 97, obs. A. Maron et M. Haas), en ordonnant, non pas l'évacuation complète de la salle, mais seulement de ceux qui, par leurs cris, nuisaient au bon déroulement des débats (▪ Cass. crim., 24 oct. 1984, n° 84-90.673 : *Bull. crim.* n° 318).

II – DIRECTION DES DÉBATS

2) Ordre des débats. Il appartient au président de la cour d'assises de déterminer l'ordre des débats ; aucun texte ne prévoit d'ordre obligatoire à suivre entre les interrogatoires, les auditions d'experts, les dépositions des témoins et les observations des parties civiles (▪ Cass. crim., 23 févr. 2000, n° 99-83.784 : *Bull. crim.* n° 8. ▪ Cass. crim., 25 févr. 1987, n° 86-94.201 : *Bull. crim.* n° 100. ▪ Cass. crim., 28 juin 1978, n° 77-93.240 : *Bull. crim.* n° 216).

3) Faits non visés aux poursuites. Si les questions posées à la Cour et au jury ne peuvent porter que sur les infractions retenues par l'arrêt de mise en accusation, rien ne s'oppose à ce que soient évoqués, au cours des débats, d'autres faits non visés aux poursuites dès lors que les parties estiment que cet examen peut être utile à la défense et leurs intérêts. Il appartient à cet égard au président de faire usage du pouvoir de direction des débats qu'il tient de l'article 309 du Code de procédure pénale, pour cantonner l'évocation de ceux-ci dans les limites qui lui apparaissent utiles à la manifestation de la vérité (▪ Cass. ass. plén., 11 juin 2004, n° 98-82.323 : *Bull. ass. plén.* n° 1).

4) Diffusion d'un enregistrement audiovisuel. Les dispositions de l'article 8 de la loi du 11 juillet 1985 modifié par la loi du 13 juillet 1990, devenu l'article L. 222-1 du Code du patrimoine, dont l'objet est de réglementer l'accès des tiers aux archives audiovisuelles de la justice, notamment en soumettant à autorisation préalable la reproduction ou la diffusion, à des fins historiques ou scientifiques, des enregistrements audiovisuels des audiences d'un procès, ne s'imposent pas aux autorités judiciaires, lesquelles, tenues de procéder à tous actes utiles à la manifestation de la vérité, peuvent se faire communiquer ces documents en vertu des dispositions du Code de procédure pénale. Dès lors, n'encourt pas le grief d'excès de pouvoir le président d'une cour d'assises qui, en vertu de son pouvoir discrétionnaire, ordonne la diffusion de l'enregistrement audiovisuel de témoignages recueillis au cours d'un précédent procès criminel, sans avoir suivi la procédure prévue par le décret n° 86-74 du 15 janvier 1986 pris pour l'application de la loi du 11 juillet 1985 (▪ Cass. ass. plén., 11 juin 2004, n° 98-82.323 : *Bull. ass. plén.* n° 1).

5) Contenu du pouvoir de direction. Le président, ayant la direction des débats, ne fait qu'user des pouvoirs que lui confère l'article 309, auquel l'article 341 n'apporte aucune dérogation, en faisant présenter une pièce à conviction, au cours de l'interrogatoire de l'accusé (▪ Cass. crim., 5 janv. 1978, n° 77-92.429 : *Bull. crim.* n° 7), en refusant la possibilité à un accusé de lire un document ne figurant pas au dossier et non communiqué aux parties (▪ Cass. crim., 11 oct. 2000, n° 00-80.770 : *Bull. crim.* n° 294), en ordonnant, en l'absence de conclusions déposées par la défense, qu'un témoin cité mais non comparant soit recherché afin d'être entendu à l'audience (▪ Cass. crim., 25 janv. 1984, n° 83-91.205 : *Bull. crim.* n° 32), en décidant d'une suspension d'audience sans qu'il soit nécessaire que le procès-verbal des débats énonce la cause de ladite suspension, l'article 307, alinéa 2, qui prévoit la suspension des débats pour le repos des juges et de l'accusé ne donnant pas une liste limitative des causes de suspension (▪ Cass. crim., 27 févr. 1985, n° 84-92.536 : *Bull. crim.* n° 96), en refusant de verser au dossier un rapport de probabilité évoqué par un expert et pour lequel pour lequel il n'avait pas été commis par l'autorité judiciaire (▪ Cass. crim., 14 nov. 2019, n° 18-86.972). Il appartenait au président de la cour d'assises, dans le cadre des pouvoirs qu'il tient de l'article 309 du Code de procédure pénale, d'écarter, d'office ou à la demande du ministère public ou des parties, toute question compromettant la dignité des débats, ou étrangère à leur objet (▪ Cass. crim., 17 juin 2020, n° 19-81.485 : *Bull. crim.* n° 27). En refusant de poser à un témoin à la demande de la défense une question au motif que cette question n'avait pas trait à l'affaire soumise à la cour ni à la moralité des accusés, le président a fait un usage régulier de son pouvoir de direction des débats qui lui permet, selon l'article 309, de rejeter tout ce qui tendrait à les prolonger sans donner lieu d'espérer plus de certitude dans leurs résultats. Il appartient à la défense, si elle entend soutenir que le président a excédé ses pouvoirs, de saisir la cour de l'incident (▪ Cass. crim., 26 juill. 1993, n° 92-86.470 : *Bull. crim.* n° 251). Si le président tient de l'article 309 du Code de procédure pénale le pouvoir de rejeter tout ce qui tendrait à prolonger les débats sans donner lieu à espérer plus de certitudes dans les résultats, ce pouvoir, qui lui est personnel, est laissé à son appréciation (■ Cass. crim., 14 nov. 2019, n° 18-86.972. ■ Cass. crim., 9 mai 2019, n° 18-82.885 : *Bull. crim.* n° 90 ; *Dr. pén.* 2019, comm. 136, obs. A. Maron et M. Haas).

6) Box vitré. Les dispositions de l'article 318 du Code de procédure pénale ne font pas échec à l'application de celles de l'article 309 du même code, aux termes desquelles il appartient au président de la cour d'assises, dans le cadre de son pouvoir de police, à son initiative ou sur la demande du ministère public, d'une partie ou de son avocat, et sous le contrôle de la Cour de cassation, de veiller, au cas par cas, à l'équilibre entre, d'une part, la sécurité des différents participants au procès et, d'autre part, le respect des droits de la défense, les modalités pratiques de comparution de l'accusé devant la juridiction devant permettre à ce dernier, dans un espace digne et adapté, ou à l'extérieur de celui-ci, de participer de manière effective aux débats et de s'entretenir confidentiellement avec ses avocats (■ Cass. crim., 28 nov. 2018, n° 18-82.010 : *Bull. crim.* n° 201)

Art. 310 *(L. n° 72-1226, 29 déc. 1972)*. **– Le président est investi d'un pouvoir discrétionnaire en vertu duquel il peut en son honneur et en sa conscience, prendre toutes mesures qu'il croit utiles pour découvrir la vérité. Il peut, s'il l'estime opportun, saisir la cour qui statue dans les conditions prévues à l'article 316.**

Il peut au cours des débats appeler, au besoin par mandat d'amener, et entendre toutes personnes ou se faire apporter toutes nouvelles pièces qui lui paraissent, d'après les développements donnés à l'audience, utiles à la manifestation de la vérité.

Les témoins ainsi appelés ne prêtent pas serment et leurs déclarations ne sont considérées que comme renseignements.

Refus de transmission d'une QPC. L'interprétation jurisprudentielle des dispositions de l'article 310 du Code de procédure pénale, en ce qu'elles donnent compétence au président de la cour d'assises, en vertu de son pouvoir discrétionnaire, pour ordonner la lecture de dépositions des témoins à la condition que ceux-ci aient déjà procédé à leur audition, en application du principe d'oralité des débats, en excluant la partie civile de l'application de ce principe pourtant d'ordre public atteinte aux droits et libertés que la Constitution garantit et, plus précisément au principe constitutionnel d'égalité devant la loi pénale protégé par l'article 6 de la Déclaration des droits de l'homme et du citoyen de 1789 dès lors que, si l'audition du témoin acquis au débats, tenu de prêter serment de dire la vérité est, du fait de ce formalisme solennel, de nature à constituer un élément de preuve permettant de fonder la culpabilité de l'accusé, celle de la partie civile, partie au procès, au même titre que l'accusé, lesquels ne prêtent ni l'un ni l'autre serment de dire la vérité, relève, en l'absence d'une telle prestation de serment, du simple renseignement, de sorte que la règle de jurisprudence qui interdit au président de la cour d'assises, de donner lecture, en vertu de son pouvoir discrétionnaire, des déclarations d'un témoin acquis aux débats, avant sa déposition, sans s'appliquer à la partie civile, ne saurait, du fait de leur statut différent et incompatible entre eux, porter atteinte au principe constitutionnel d'égalité devant la loi protégé par l'article 6 de la Déclaration des droits de l'homme et du citoyen de 1789 (■ Cass. crim., 15 juill. 2021, n° 20-86.245).

I – EXERCICE DU POUVOIR DISCRÉTIONNAIRE

A – Principe

1) Mesures utiles à la manifestation de la vérité. a. Légalité des mesures. Le président peut prendre, en vertu de son pouvoir discrétionnaire, toutes mesures qu'il croit utiles à la manifestation de la vérité, à la seule condition qu'elles ne soient pas contraires à la loi (■ Cass. crim., 1er avr. 1987, n° 86-91.835 : *Bull. crim.* n° 153).

b. Préparation des mesures avant l'audience. Si le président ne peut user de son pouvoir discrétionnaire avant les débats, il a la possibilité, avant l'audience, de prendre les mesures nécessaires pour en assurer l'exercice. C'est ainsi qu'il peut se procurer à l'avance, en vue de les verser aux débats si les développements donnés à l'audience le nécessitent, des documents que l'étude du dossier lui fait apparaître comme pouvant être utiles à la manifestation de la vérité (■ Cass. crim., 7 déc. 1988, n° 88-80.173 : *Bull. crim.* n° 413). Il peut se procurer à l'avance, en vue de les verser aux débats, un extrait du casier judiciaire de l'accusé ou des copies de jugement de condamnations antérieures concernant celui-ci (■ Cass. crim., 25 mai 1992, n° 91-85.775 : *Bull. crim.* n° 209). Si le pouvoir discrétionnaire qui appartient au président de la cour d'assises ne l'autorise à entendre des témoins sans prestation de serment et à titre de renseignements que dans le cours des débats, aucune disposition de la loi ne lui interdit de prendre à l'avance les mesures nécessaires pour que ce pouvoir puisse s'exercer notamment, en invitant, avant l'ouverture des débats des témoins à comparaître (▪ Cass. crim., 22 mars 2000 : *Bull. crim.* n° 131 ; *Dr. pén.* 2000, comm. 142, obs. A. Maron. ▪ Cass. crim., 4 juin 1984, n° 83-94.081 : *Bull. crim.* n° 201).

2) Libre disposition de son pouvoir par le président. Aucune loi ne donne à l'accusé ou à toute autre partie le droit de requérir l'exercice du pouvoir discrétionnaire du président qui est entièrement laissé à sa libre disposition (▪ Cass. crim., 12 mai 1970 : *Bull. crim.* n° 158. ▪ Cass. crim., 1er févr. 1966 : *Bull. crim.* n° 28).

B – Saisine de la cour d'assises

3) Incompétence de principe de la cour d'assises. En statuant sur l'utilité d'une mesure relevant exclusivement du pouvoir discrétionnaire du président, alors qu'il n'est pas constaté que celui-ci ait jugé opportun de la saisir, et en ordonnant qu'il exercerait ce pouvoir, la Cour outrepasse ses propres attributions et empiète sur celles du président (▪ Cass. crim., 20 déc. 2000, n° 00-82.779 : *Bull. crim.* n° 385 ; *Dr. pén.* 2001, comm. 53, obs. A. Maron). Rentre dans le pouvoir discrétionnaire du président de la Cour d'assises l'appréciation de l'opportunité d'ordonner la lecture de la déposition d'un témoin défaillant. Outrepasse, en conséquence, ses pouvoirs et empiète sur ceux du président, et méconnaît ainsi les règles de sa compétence, la Cour d'assises qui enjoint à son président d'exercer son pouvoir discrétionnaire, au lieu de se déclarer incompétente (▪ Cass. crim., 19 juin 1974, n° 74-90.521 : *Bull. crim.* n° 226 ; *D.* 1974, 705, note F. Chapar. ▪ Cass. crim., 4 juin 1969, n° 68-92.875 : *Bull. crim.* n° 187). C'est à bon droit que la Cour se déclare incompétente pour ordonner la comparution de témoins non cités et non dénoncés par les parties. Elle ne peut faire injonction au président d'user de son pouvoir discrétionnaire pour permettre l'audition de ces personnes (▪ Cass. crim., 9 déc. 1998, n° 97-84.375 : *Bull. crim.* n° 337). La Cour est incompétente pour statuer sur des conclusions tendant à réformer une décision prise par le président dans l'exercice de son pouvoir discrétionnaire alors même que la mesure ordonnée constituait un acte ordinaire d'instruction que la Cour aurait eu, comme le président, le pouvoir de prendre (▪ Cass. crim., 13 déc. 1989, n° 89-82.391 : *Bull. crim.* n° 479).

4) Délégation du pouvoir du président à la cour. Le fait que la cour ait statué sur deux mesures relevant du pouvoir discrétionnaire du président, alors qu'aucune conclusion n'avait été déposée, implique que le président avait estimé opportun de la saisir conformément aux dispositions de l'article 310, alinéa 1er, *in fine* (▪ Cass. crim., 18 déc. 1980, n° 80-92.190 : *Bull. crim.* n° 357 ; *D.* 1981, 312, note F. Chapar). La délégation expresse consentie à la cour, par le président, de son pouvoir discrétionnaire, en vertu de l'alinéa 1er de l'article 310 du Code de procédure pénale, doit être renouvelée pour que la cour statue à nouveau (▪ Cass. crim., 21 mars 1984, n° 83-91.409 : *Bull. crim.* n° 121).

5) Absence de condition de forme. Saisir la cour d'une demande relevant du pouvoir discrétionnaire du président de la cour et n'est assujettie à aucune condition de forme (▪ Cass. crim., 2 févr. 2022, nos 21-82.009, 21-82.065 : *Bull. crim.* à paraître).

II – MODALITÉS DU POUVOIR DISCRÉTIONNAIRE

A – Respect de l'oralité des débats

6) Absence d'atteinte à l'oralité des débats. Le pouvoir discrétionnaire dont le président est investi aux termes de l'article 310 du Code de procédure pénale a un caractère général et il est illimité en tout ce qui n'est pas contraire aux dispositions de la loi. Le président use légitimement de son pouvoir discrétionnaire en donnant lecture des dépositions écrites de témoins, après le refus de déposer exprimé par ceux-ci. Il ne porte ainsi aucune atteinte au principe de l'oralité des débats (▪ Cass. crim., 31 mars 1999, n° 98-83.936 : *Bull. crim.* n° 65. ▪ Cass. crim., 9 oct. 1991, n° 91-80.358 : *Bull. crim.* n° 336. ▪ Cass. crim., 1er avr. 1987, n° 86-91.835 : *Bull. crim.* n° 153. ▪ Cass. crim., 18 mai 1977, n° 76-93.009 : *Bull. crim.* n° 180). Ne constitue pas une violation du principe de l'oralité des débats le fait, par le président, l'instruction à l'audience étant terminée, de remettre à la Cour et aux jurés la transcription, extraite du dossier, d'un enregistrement magnétique saisi au cours de l'information et dont il a ordonné la lecture (▪ Cass. crim., 8 févr. 1989, n° 88-82.890 : *Bull. crim.* n° 59). Ne viole pas le principe de l'oralité des débats le président qui donne lecture d'extraits de pièces de l'instruction écrite et communique aux assesseurs et aux jurés d'autres pièces du dossier, dès lors qu'il n'est pas allégué que, parmi les pièces lues ou communiquées, se trouvent des procès-verbaux d'audition de témoins ou des rapports d'experts, les uns ou les autres acquis aux débats, comparants et non encore entendus (▪ Cass. crim., 1er avr. 1987, n° 86-91.835 : *Bull. crim.* n° 153). Le président, qui n'était pas tenu de donner lecture des documents qu'il avait joints au dossier de la procédure, a fait un usage régulier de son pouvoir discrétionnaire sans méconnaître le principe de l'oralité des débats (▪ Cass. crim., 14 nov. 2018, n° 17-86.423). Il résulte du procès-verbal des débats que la présidente a ordonné la communication aux assesseurs et aux jurés de deux albums photographiques relatifs à la reconstitution des faits, ainsi que de photographies de la victime fournies par les parties civiles, aucune observation n'ayant été formulée ni par le ministère public, ni par les parties ; en l'absence d'incident contentieux ou de demande de donné-acte, il doit être présumé que ces pièces, portées à la connaissance de la cour et du jury, ont été également communiquées à l'ensemble des parties (▪ Cass. crim., 5 sept. 2018, n° 17-82.654 : *Bull. crim.* n° 147). Ne porte pas atteinte à l'oralité des débats, la lecture, par le président de la cour d'assises, de la déposition écrite d'un témoin décédé, sans qu'il ait été fait d'observations par les parties, le président n'ayant fait qu'user du pouvoir discrétionnaire qu'il tient de l'article 310 du Code de procédure pénale (▪ Cass. crim., 16 oct. 2019, n° 18-86.156).

7) Atteinte à l'oralité des débats. En donnant lecture des déclarations écrites de ces deux témoins acquis aux débats, à l'audition desquels les parties n'avaient pas renoncé, et sans qu'il ait été statué préalablement sur les conséquences de leur absence, le président de la cour d'assises a méconnu le principe d'oralité des débats (▪ Cass. crim., 20 juin 2018, n° 17-85.938). Le débat devant la Cour d'assises doit être oral. En remettant aux assesseurs et aux jurés des documents de la procédure écrite, sans en donner lecture et sans préciser que ces pièces avaient fait l'objet d'un débat contradictoire, le président n'a pas fait un usage régulier de son pouvoir discrétionnaire et a violé le principe de l'oralité des débats (▪ Cass. crim., 9 avr. 1986, n° 85-93.491 : *Bull. crim.* n° 120). Le principe de l'oralité des débats s'oppose à ce que le président donne lecture d'un procès-verbal de confrontation de l'accusé avec plusieurs témoins, dès lors que certains de ceux-ci, régulièrement cités et signifiés, étaient présents et n'avaient pas encore été entendus (▪ Cass. crim., 15 oct. 1986, n° 86-90.959 : *Bull. crim.* n° 289). Le principe de l'oralité des débats s'oppose à ce que le président communique aux assesseurs et aux jurés un document produit par le ministère public, sans en donner lecture et sans que ce document ait été soumis à un débat contradictoire (▪ Cass. crim., 13 févr. 2008, n° 07-84.341 : *Bull. crim.* n° 39).

B – Contenu de l'exercice

1° Auditions utiles à la manifestation de la vérité

• Expert

8) Audition à titre de renseignement. L'article 310 du Code de procédure pénale n'étant applicable qu'aux seuls témoins, il résulte de l'article 168 que les experts, qui en tout état de cause doivent prêter serment, ne sont jamais entendus à titre de simples renseignements (▪ Cass. crim., 25 sept. 2002, n° 01-87.647). Il n'importe que le docteur Y... ait eu ou non la qualité d'expert dès lors qu'il résulte des mentions du procès-verbal des débats que ce médecin a été régulièrement entendu en vertu du pouvoir discrétionnaire du président après avoir prêté, en l'absence de toute opposition des parties, le serment prévu par l'article 168 du Code de procédure pénale (▪ Cass. crim., 17 mai 2000, n° 99-87.768 : *Bull. crim.* n° 193). Fait un usage régulier de son pouvoir discrétionnaire le président qui entend à titre de simples renseignements un expert sur des faits étrangers à sa mission d'expertise, dès lors que cet expert n'avait été régulièrement cité et dénoncé qu'en cette seule qualité (▪ Cass. crim., 15 mars 1995, n° 94-84.018 : *Bull. crim.* n° 105).

9) Inapplication des règles de l'expertise. Les mesures ordonnant des examens ou recherches d'ordre technique, qu'en dehors de tout incident contentieux, le président peut être amené à prendre au cours des débats en vertu du pouvoir discrétionnaire qu'il tient de l'article 310 du Code de procédure pénale, ne sont pas soumises aux prescriptions des articles 156 et suivants du même code relatives à l'expertise (▪ Cass. crim., 20 oct. 1999, n° 99-81.942 : *Bull. crim.* n° 227. ▪ Cass. crim., 30 nov. 1988, n° 87-84.330 : *Bull. crim.* n° 406). Il en va de même des mesures tendant à la vérification d'éléments de fait débattus au cours du débat contradictoire que, dans l'exercice de son pouvoir discrétionnaire, le président peut être amené à prendre parce qu'il les estime utiles pour découvrir la vérité (▪ Cass. crim., 27 mai 1987, n° 86-93.774 : *Bull. crim.* n° 222. ▪ Cass. crim., 8 avr. 1987 : *Bull. crim.* n° 162) ou de l'identification d'une empreinte digitale (▪ Cass. crim., 23 oct. 1985, n° 85-91.626 : *Bull. crim.* n° 325 ; *RSC* 1986, 407, obs. A. Braunschweig).

10) Secret médical. Aucune violation du secret médical ne saurait résulter de la lecture à l'audience, en vertu du pouvoir discrétionnaire du président, du rapport d'un expert désigné pour procéder à des opérations techniques (▪ Cass. crim., 1er déc. 1999, n° 99-82.067 : *Bull. crim.* n° 287).

• Témoin

11) Témoin défaillant. Lorsque les parties ont d'un commun accord renoncé à l'audition de témoins défaillants, il peut, en l'absence d'incident contentieux, être passé outre aux débats par simple décision du président (▪ Cass. crim., 9 mars 1995, n° 94-82.674 : *Bull. crim.* n° 97). Comparution forcée d'un témoin. L'accusé ne saurait se faire un grief de ce que le président ait ordonné, à la place de la Cour, la comparution par la force d'un témoin, acquis aux débats, dès lors que cette irrégularité n'a porté aucune atteinte à ses intérêts

(■ Cass. crim., 29 mai 2002, n° 01-87.222 : *Bull. crim.* n° 125).

12) Témoin cité tardivement. L'audition d'un témoin non acquis aux débats comme ayant été cité tardivement relève du pouvoir discrétionnaire du président. C'est donc par l'exacte application de la loi que la cour, saisie de conclusions tendant à « rejeter l'audition » d'un tel témoin se déclare incompétente (■ Cass. crim., 12 juin 1981, n° 81-90.284 : *Bull. crim.* n° 198).

13) Audition de témoins lors d'un transport sur les lieux. L'accusé ne peut se faire grief que le président, après avoir indiqué que les deux témoins ne seraient pas entendus, ait procédé à leur audition sur les lieux, dans le but de leur faire préciser les emplacements qu'ils avaient évoqués, le président conservant, sur le fondement de son pouvoir discrétionnaire, révocable, la possibilité de réaliser tous les actes qu'il croit utiles à la manifestation de la vérité, même s'ils n'avaient pas été envisagés ou avaient été écartés ; que, s'il est fait grief au procès-verbal des débats de ne pas mentionner la possibilité offerte aux parties, lors de ce transport, de poser des questions aux témoins, ceux-ci avaient déjà été entendus par la cour d'assises, des questions avaient pu leur être posées et aucune observation n'a été formulée ultérieurement au cours des débats par la défense sur le fait qu'elle aurait été empêchée de poser des questions aux témoins lors du transport, alors que le président leur avait expressément offert la possibilité, tant lors du transport, qu'à la reprise des débats dans la salle d'audience, de formuler toutes observations sur le transport réalisé (■ Cass. crim., 14 nov. 2019, n° 19-80.420 : *Bull. crim.* n° 47 ; *Dr. pén.* 2020, comm. 20, obs. A. Maron et M. Haas).

14) Personne n'ayant pas la qualité de témoin. L'audition de personnes n'ayant pas la qualité de témoins acquis aux débats est une mesure relevant, en application de l'article 310 du Code de procédure pénale, du pouvoir discrétionnaire du président de la cour d'assises ; ce pouvoir est exercé en dehors de tout contrôle, la loi conférant au magistrat qui en est investi le soin d'en déterminer l'application en son honneur et sa conscience en sorte que nul n'est en droit d'en requérir l'exercice et que le président n'est pas tenu de répondre aux demandes qui lui sont adressées à cette fin (■ Cass. crim., 29 nov. 1989, n° 88-84.676 : *Bull. crim.* n° 457).

15) Absence d'un témoin. Lorsque la défense s'est opposée à ce qu'il soit passé outre à l'absence d'un témoin, le président ayant ordonné pour le faire comparaître des recherches demeurées infructueuses, la Cour, qui n'était pas saisie de conclusions motivées tendant au renvoi de l'affaire, apprécie souverainement, au vu des résultats de l'instruction à l'audience, l'opportunité de passer outre à l'absence de ce témoin (■ Cass. crim., 23 janv. 1991, n° 90-81.846 : *Bull. crim.* n° 40). Si, en application de l'article 310 du Code de procédure pénale, il appartient au seul président de la cour d'assises de prendre la décision de faire lire la déposition écrite d'un témoin absent, il est loisible à ce magistrat de confier à une autre personne, et notamment au représentant du ministère public, le soin de procéder à la lecture ainsi ordonnée (■ Cass. crim., 14 janv. 1987 : *Bull. crim.* n° 86-93.675).

16) Visioconférence. En application de l'article 310 du Code de procédure pénale, il appartient au président de la cour d'assises, en vertu de son pouvoir discrétionnaire, de prendre toutes mesures propres à faire établir, si une contestation apparaît à l'audience sur ce point, qu'un témoin déposant à l'audience de la cour d'assises, sans que son identité soit révélée, par visioconférence, son visage étant dissimulé et sa voix pouvant être déformée, a bien reçu l'autorisation prévue par l'article 706-58 du Code de procédure pénale. Il peut aussi, sans révéler l'identité du témoin, prendre les mesures permettant de vérifier qu'elle correspond à celle versée au dossier distinct prévu par ce texte, le cas échéant, en le faisant établir par le procureur de la République, le juge d'instruction ou un officier de police judiciaire (■ Cass. crim., 26 févr. 2020, n° 19-84.253). Le président de la cour d'assises, à qui il appartenait de prendre toutes les mesures utiles à la poursuite des débats, s'est conformé aux dispositions de l'article R. 53-33, alinéa 1, du Code de procédure pénale et n'a pas méconnu les dispositions de l'article 706-71 dudit code, dès lors que l'identité du témoin a été attestée par sa présentation au tribunal de Cayenne et qu'aucune partie ne s'étant opposée préalablement à ce que l'audition soit réalisée au moyen d'une télécommunication sonore, aucun incident n'a été soulevé par les parties à l'issue de ladite audition (■ Cass. crim., 28 oct. 2020, n° 19-80.361).

17) Mandat d'amener. Le demandeur n'est pas recevable, faute de qualité, à critiquer la réponse faite à la demande, formée par un autre accusé, tendant à ce qu'il soit décerné mandat d'amener à l'encontre d'un témoin qui n'a pu être entendu, le procès-verbal des débats n'indiquant pas qu'il se soit associé, en personne ou par ses avocats, à la prétention qui avait été ainsi présentée (■ Cass. crim., 23 juin 2021, n° 20-84.255).

• **Audition du juge d'instruction**

18) Aucune disposition de loi n'interdit au président de la cour d'assises d'appeler, en vertu de son pouvoir discrétionnaire, le magistrat qui a été chargé de l'instruction de l'affaire pour fournir tous renseignements qu'il juge utiles à la manifestation de la vérité (■ Cass. crim., 2 déc. 1987, n° 87-82.603 : *Bull. crim.* n° 443).

• **Prestation de serment**

19) Si, en application de l'article 310 du Code de procédure pénale, le témoin entendu en vertu du pouvoir discrétionnaire du président n'a pas à prêter serment, l'accomplissement de cette formalité ne peut, en l'absence de toute opposition des parties, être une cause de nullité (■ Cass. crim., 23 févr. 1983, n° 82-92.767 : *Bull. crim.* n° 66). Tout témoin cité et dénoncé est acquis aux débats et, en dehors des cas prévus par la loi, doit, à peine de nullité, prêter, avant de déposer, le serment prescrit par l'article 331 du Code de procédure pénale. Méconnaît ce principe le président de la cour d'assises qui entend à titre de simples renseignements, en vertu de son pouvoir discrétionnaire, le témoin qui s'est constitué partie civile, mais dont la constitution a été contestée, alors que la Cour a rendu un arrêt incident disant qu'il serait sursis à statuer sur l'exception d'irrecevabilité jusqu'à l'audience civile (■ Cass. crim., 4 déc. 1991, n° 91-83.103 : *Bull. crim.* n° 459). Le Président n'est pas tenu d'avertir la Cour et le Jury que la partie civile qu'il fait entendre sous prestation de serment n'est entendue qu'à titre de renseignement, en vertu de son pouvoir discrétionnaire (■ Cass. crim., 11 oct. 1978, n° 78-90.238 : *Bull. crim.* n° 268). En l'absence d'opposition des parties, telle que prévue par l'article 336 du Code de procédure pénale, il relève du pouvoir discrétionnaire du président, selon l'article 310 du même code, de faire procéder sans serment à l'audition d'une personne visée à l'article 335 de ce code (■ Cass. crim., 9 mars 1994, n° 93-83.461 : *Bull. crim.* n° 92. ■ Cass. crim., 7 déc. 1966, n° 66-92.270 : *Bull. crim.* n° 282. ■ Cass. crim., 15 févr. 1966, n° 65-92.650 : *Bull. crim.* n° 45).

2° *Pièces utiles à la manifestation de la vérité*

• **Principe**

20) Il entre dans le pouvoir discrétionnaire du Président de donner communication aux jurés de toute pièce de la procédure utile à la manifestation de la vérité, dès lors que la régularité ou la validité de cette pièce n'est pas contestée (■ Cass. crim., 5 janv. 1978, n° 77-92.429 : *Bull. crim.* n° 7. ■ Cass. crim., 18 févr. 1981, n° 80-93.479 : *Bull. crim.* n° 67. ■ Cass. crim., 9 janv. 1974, n° 73-92.653 : *Bull. crim.* n° 9). Le président de la cour d'assises peut, en vertu de son pouvoir discrétionnaire, faire apporter des pièces nouvelles dans le cours des débats sans qu'elles aient été préalablement communiquées à la défense. Il ne serait, dans ce cas, porté atteinte aux droits de la défense que si celle-ci avait été dans l'impossibilité de prendre connaissance des pièces après leur production ou que si cette communication lui eût été refusée (■ Cass. crim., 20 mai 1987, n° 86-96.698 : *Bull. crim.* n° 208). Si de nouvelles pièces ne sont pas identifiées plus précisément, et s'il ne résulte d'aucune des mentions du procès-verbal qu'elles aient été lues et soumises à un débat contradictoire, la cassation n'est cependant pas encourue dès lors que l'absence de tout incident contentieux ou demande de donné-acte fait présumer qu'aucune irrégularité de nature à porter atteinte aux droits de la défense n'a été commise au cours de l'audience (■ Cass. crim., 23 mai 2012, n° 11-80.742 : *Bull. crim.* n° 133. ■ Cass. crim., 13 févr. 2008, n° 07-84.341 : *Bull. crim.* n° 39. ■ Cass. crim., 12 oct. 2011, n° 10-84.492 : *Bull. crim.* n° 209).

• **Illustrations**

21) Recherches préalables. Il résulte du procès-verbal des débats que la défense a déposé des conclusions « tendant à ce que lui soit transmise la copie des fadets téléphoniques de Mme Julie D... » ; que le président, après avoir recueilli les observations des parties, a estimé qu'il était nécessaire d'effectuer des recherches préalables avant de pouvoir statuer sur ces conclusions ; qu'aucune observation n'a été formulée ; en procédant ainsi, le président n'a fait qu'user du pouvoir discrétionnaire qu'il tient de l'article 310 du Code de procédure pénale, sans méconnaître les dispositions de l'article 6, Conv. EDH (■ Cass. crim., 29 mars 2017, n° 16-81.420).

22) Documents nouveaux. Fait un usage régulier de son pouvoir discrétionnaire le président qui communique aux parties, à la Cour et au jury, après la plaidoirie de la défense, les documents nouveaux apportés par cette dernière, afin d'en permettre la discussion contradictoire en respectant les règles édictées par l'article 346 du Code de procédure pénale concernant l'usage du droit de réplique. Entre aussi dans son pouvoir discrétionnaire la lecture, dans les mêmes circonstances et sous les mêmes conditions, de toute pièce utile à la manifestation de la vérité (■ Cass. crim., 10 avr. 1991, n° 90-84.232 : *Bull. crim.* n° 171).

23) Dossier. L'apport d'un dossier administratif étranger à la poursuite et l'audition d'une personne qui n'a été citée ni dénoncée comme témoin sont des mesures que seul le Président des assises peut prendre en vertu de son pouvoir discrétionnaire. La Cour est incompétente pour les ordonner (■ Cass. crim., 1er déc. 1971, n° 71-91.859 : *Bull. crim.* n° 333).

24) Partie d'un rapport. Fait un usage régulier de son pouvoir discrétionnaire le président qui donne communication aux parties des seules conclusions d'un rapport dont il a ordonné le versement aux débats (■ Cass. crim., 4 mai 1994, n° 93-84.861 : *Bull. crim.* n° 167).

25) Décision de justice. En versant aux débats une copie d'un arrêt rendu par une cour d'appel, document immédiatement communiqué au ministère public, à l'accusé, à la partie civile et à leurs conseils, le président a fait un usage régulier de son pouvoir discrétionnaire, sans manifester son opinion sur la culpabilité de l'accusé (■ Cass. crim., 20 mars 2002, n° 01-85.846).

26) Projection. N'encourt pas le grief d'excès de pouvoir le président qui, en vertu de son pouvoir discrétionnaire, refuse la projection d'un film réalisé en vidéocassette par la défense et déjà versé à la procédure (■ Cass. crim., 24 mars 1993, n° 92-81.700 : *Bull. crim.* n° 131).

27) Pièce à conviction. Rien n'interdit au président de faire présenter une pièce à conviction, objet d'une expertise, avant l'audition de l'expert (■ Cass. crim., 5 janv. 1994, n° 93-81.900 : *Bull. crim.* n° 9).

28) Photographie. Le président de la cour d'assises peut donner communication de toute pièce de la procédure qu'il estime utile à la manifestation de la vérité ; dès lors que des photographies sont extraites du dossier auquel les parties ont eu accès, aucune atteinte aux droits de la défense ne peut résulter de leur communication à la cour et au jury (■ Cass. crim., 20 août 1997, n° 96-85.549 : *Bull. crim.* n° 287). En vertu de son pouvoir discrétionnaire, le président peut présenter aux juges et aux parties une photographie figurant au dossier. En l'absence de réclamation élevée à ce sujet, l'identification et la description de cette pièce au procès-verbal ne sont pas nécessaires (■ Cass. crim., 1er oct. 1997, n° 96-84.491 : *Bull. crim.* n° 321).

Art. 311. – **Les assesseurs et les jurés peuvent poser des questions aux accusés et aux témoins en demandant la parole au président.**

Ils ont le devoir de ne pas manifester leur opinion.

1) Obtention d'un éclaircissement. Le fait par un assesseur de poser à un expert une question destinée à obtenir un éclaircissement qu'il juge nécessaire n'implique pas la manifestation d'une opinion préconçue sur les faits incriminés au point de vue de la culpabilité de l'accusé et n'est pas de nature à entraîner la nullité des débats (■ Cass. crim., 2 juill. 1985, n° 84-94.925 ; *Bull. crim.* n° 253). Il en va de même pour un juré (■ Cass. crim., 6 mai 1975, n° 74-93.519 : *Bull. crim.* n° 115. ■ Cass. crim., 20 déc. 1967, n° 67-92.711 : *Bull. crim.* n° 337 ; *RSC* 1968, 653, obs. Robert).

2) Obtention d'un avis. L'utilisation par un assesseur dans la question posée à un expert psychiatre des termes « coup de couteau sournois » et tendant à obtenir du praticien son avis sur un élément de l'affaire, n'implique pas, de la part de ce magistrat, la manifestation d'une opinion préconçue sur les faits incriminés au point de vue de la culpabilité de l'accusé et n'est pas, dès lors, de nature à entraîner la nullité des débats et de la décision qui a suivi (■ Cass. crim., 28 janv. 1998, n° 97-81.676 : *Bull. crim.* n° 34 : *Dr. pén.* 1998, comm. 57, obs. A. Maron).

3) Absence d'obligation de rappeler cette faculté au jury. Il ne résulte d'aucune disposition de la loi que le président de la cour d'assises soit tenu de rappeler aux assesseurs de la cour et aux jurés la faculté que leur ouvre l'article 311 du Code de procédure pénale de poser des questions aux accusés et aux témoins, en demandant la parole au président, ni que le procès-verbal des débats doive en retracer mention (■ Cass. crim., 2 déc. 2020, n° 19-87.124 : *Bull. crim.* n° 33. ■ Cass. crim., 13 janv. 2021, n° 19-86.895 : *Dr. pén.* 2021, comm. 34, obs. A. Maron et M. Haas).

Art. 312 *(Rempl., L. n° 2000-516, 15 juin 2000).* – **Sous réserve des dispositions de l'article 309, le ministère public et les avocats des parties peuvent poser directement des questions à l'accusé, à la partie civile, aux témoins et à toutes les personnes appelées à la barre, en demandant la parole au président.**

L'accusé et la partie civile peuvent également poser des questions par l'intermédiaire du président.

1) Simple faculté. Si les articles 311 et 312 du Code de procédure pénale permettent aux assesseurs, aux jurés et au Ministère public de poser des questions aux accusés, il ne s'agit là que d'une simple faculté et l'un des accusés ne peut se plaindre de ce qu'il n'en ait été fait usage qu'à l'égard de l'un d'eux seulement (■ Cass. crim., 4 mars 1970, n° 69-93.018 : *Bull. crim.* n° 87).

2) Moment. Si l'article 312 du Code de procédure pénale confère notamment à l'accusé et à son conseil le droit de poser des questions à un coaccusé par l'intermédiaire du président, il appartient à celui-ci, à qui le pouvoir de direction des débats, qu'il tient de l'article 309 du même code, permet de déterminer leur ordre, de fixer le moment auquel ces questions seront posées (■ Cass. crim., 25 mars 1987, n° 86-94.699 : *Bull. crim.* n° 142).

3) **Équité du procès.** La déposition à l'audience, sous la foi du serment, de la victime d'une infraction pénale, à laquelle, en application de l'article 312 du Code de procédure pénale, l'accusé et son conseil peuvent poser des questions, n'est pas contraire à l'exigence d'équité du procès énoncée par la Convention européenne des droits de l'Homme (■ Cass. crim., 25 oct. 2000, n° 00-81.594). Si l'article 6, § 3 *d* de la Convention européenne des droits de l'Homme, comme l'article 312 du Code de procédure pénale, reconnaissent à l'accusé et à son conseil le droit d'interroger ou de faire interroger les témoins, ni l'un ni l'autre de ces textes n'autorise le défenseur à accompagner les questions qu'il pose de déclarations ou de commentaires de nature à influencer le témoin interrogé ou à dénaturer sa déposition (■ Cass. crim., 5 mars 1986, n° 85-91.259 : *Bull. crim.* n° 92).

4) **Témoin.** Si c'est à tort que, au cours de l'audience du 27 octobre, le président a invité le témoin à faire une déclaration, la cassation n'est cependant pas encourue dès lors que les parties ont été mises en mesure, dans la continuité de l'audition du 26 octobre, de poser des questions au témoin dans l'ordre prévu par la loi (■ Cass. crim., 20 févr. 2019, n° 17-86.696).

5) **Visioconférence.** Il résulte du procès-verbal des débats que les experts, ont été entendus par le moyen de la visioconférence, qu'après leur exposé, le président a fait application des dispositions de l'article 312 du Code de procédure pénale et qu'à l'issue de leur exposé, la liaison a été interrompue ; malgré l'ambiguïté des mentions du procès-verbal des débats critiquée au moyen, la cassation n'est cependant pas encourue dès lors que l'absence de demande de donné-acte fait présumer qu'aucun incident de nature à porter atteinte aux droits de la défense ne s'est produit au cours de ces dépositions (■ Cass. crim., 30 oct. 2019, n° 18-83.832).

Art. 313. – **Le ministère public prend, au nom de la loi, toutes les réquisitions qu'il juge utiles : la cour est tenue de lui en donner acte et d'en délibérer.**

Les réquisitions du ministère public prises dans le cours des débats sont mentionnées par le greffier sur son procès-verbal. Toutes les décisions auxquelles elles ont donné lieu sont signées par le président et par le greffier.

1) **Témoin.** Un membre du parquet, même s'il a engagé la poursuite, est un témoin acquis aux débats, dès lors qu'il a été cité et dénoncé aux accusés en cette qualité de témoin : aucune disposition légale ne le dispense de la prestation de serment (■ Cass. crim., 16 déc. 1975, n° 75-92.436 : *Bull. crim.* n° 282).

2) **Intérêts civils de la victime.** Le Ministère public est indépendant dans l'exercice de ses fonctions et à l'audience, sa parole est libre. Il a, dès lors, le droit de rendre compte verbalement à la Cour d'assises des démarches qu'il a entreprises pour sauvegarder les intérêts civils de la victime d'une infraction (■ Cass. crim., 31 mai 1978, n° 77-90.700 : *Bull. crim.* n° 178 ; *RSC* 1979, p. 590, obs. J.-H. Robert).

Art. 314. – **Lorsque la cour ne fait pas droit aux réquisitions du Ministère public, l'instruction ni le jugement ne sont arrêtés ni suspendus.**

Art. 315 *(L. n° 93-2, 4 janv. 1993).* – **L'accusé, la partie civile et leurs avocats peuvent déposer des conclusions sur lesquelles la cour est tenue de statuer.**

1) **Incident contentieux.** Selon l'article 315 du Code de procédure pénale, la cour est tenue de statuer sur les conclusions déposées par l'accusé ou par son avocat. L'avocat de l'accusé a saisi oralement la cour d'une demande tendant à la désignation d'un expert aux fins de vérifier l'état de santé de l'une des parties civiles, absente lors des débats ; sans qu'il soit établi que les autres parties ont été entendues sur cette demande, le président a fait connaître qu'il n'entendait pas y faire droit, les parties civiles ne pouvant être contraintes de comparaître devant la cour d'assises. Mais en procédant ainsi, le président a méconnu le texte susvisé, dès lors que son refus avait fait naître un incident contentieux relevant de la compétence exclusive de la cour (■ Cass. crim., 28 mai 2015, n° 14-82.559 : *Bull. crim.* n° 130.■ Cass. crim., 10 nov. 1998, n° 98-81.810 : *Bull. crim.* n° 293). Le président de la cour d'assises ne peut, sans méconnaître les dispositions de l'article 315 du Code de procédure pénale, rejeter une demande de l'avocat de l'accusé aux fins de désignation d'un expert pour vérifier l'état de santé d'une partie civile absente, ledit refus ayant fait naître un incident contentieux qui relève de la compétence exclusive de la cour (■ Cass. crim., 28 mai 2015, n° 14-82.559 : *Bull. crim.* n° 130). La Cour, saisie par la défense de conclusions aux fins d'expertise, ne saurait, sans violation de l'article 315 précité, se dispenser d'y répondre et le Président ne peut, dans ce cas, en usant de son pouvoir discrétionnaire, se substituer à elle pour faire échec aux règles légales de l'expertise, définies par les articles 156 et suivants du Code de procédure pénale (■ Cass. crim., 30 avr. 1985, n° 84-95.257 : *Bull. crim.* n° 63 ; *RSC* 1986, 407, obs. A. Braunschweig).

2) Obligation de statuer de la Cour. La Cour, qui, en application des dispositions de l'article 315 du Code de la procédure pénale, est tenue de statuer sur les conclusions déposées, notamment, par l'accusé et son conseil, ne peut se borner à donner acte d'un incident sans se prononcer sur la réalité des faits allégués (■ Cass. crim., 24 juin 1998, n° 97-84.657 : *Bull. crim.* n° 205 ; *Dr. pén.* 1999, comm. 11 et 13, obs. A. Maron ; *JCP* 1999, I, 112, chron. A. Maron). Il résulte de l'article 315 du Code de procédure pénale que, tenue de statuer sur les conclusions régulièrement déposées devant elle, la cour d'assises est dans l'obligation de répondre aux chefs péremptoires qu'elles comportent (■ Cass. crim., 6 mars 1991, n° 90-84.990 : *Bull. crim.* n° 115). Il n'appartient pas au Président de la Cour d'assises de rejeter par ordonnance et en se fondant sur des motifs de droit, des conclusions déposées par la défense devant la Cour. Celle-ci, saisie desdites conclusions, est tenue de statuer (■ Cass. crim., 21 janv. 1981, n° 80-93.972 : *Bull. crim.* n° 30 ; *RSC* 1982, 364, obs. J.-M. Robert).

3) Sursis à statuer. Selon l'article 315 du Code de procédure pénale l'accusé, la partie civile et leurs avocats peuvent déposer des conclusions sur lesquelles la cour est tenue de statuer. D'autre part, selon l'article 316 du même code, les incidents contentieux sont réglés par la cour, le ministère public, les parties et leurs avocats entendus. Il en résulte que le dépôt de conclusions, au cours des débats, élève un incident, sur lequel la cour est tenue de statuer. La cour, saisie par des conclusions, peut décider de surseoir à statuer sur l'incident ainsi élevé, compte tenu des contraintes inhérentes au déroulement de l'audience et à la conduite des débats. Le sursis à statuer est ordonné par arrêt, prononcé après que le ministère public et les parties ont été entendus, l'accusé ou son avocat ayant eu la parole en dernier, et qu'il en a été délibéré par la cour seule, sans la participation des jurés. La cour n'est pas tenue de faire connaître les motifs par lesquels elle estime devoir surseoir à statuer sur les conclusions ainsi déposées, ce sursis à statuer ne portant pas, en lui-même, atteinte aux droits des parties, qui peuvent contester la régularité de la décision statuant sur l'incident. Après avoir sursis à statuer, la cour doit rendre sa décision sur l'incident avant la clôture des débats. Elle statue sur l'incident par arrêt, après qu'ont été entendus de nouveau le ministère public et les parties, l'accusé ou son avocat ayant eu la parole en dernier, et qu'il en a été délibéré par la cour seule, sans la participation des jurés. En l'espèce, il résulte des énonciations ci-dessus relatées du procès-verbal des débats que ces règles ont été respectées par la cour, à l'occasion du prononcé, tant de l'arrêt de sursis à statuer que de l'arrêt statuant sur l'incident, rendus par la cour seule, sans la participation du jury, et non par la cour d'assises, contrairement aux énonciations des moyens. De plus, la cour n'avait pas à préciser, dans l'arrêt statuant sur l'incident, si le rejet des conclusions déposées par la défense se fondait sur la teneur des débats qui s'étaient déroulés avant ou après le sursis à statuer, dès lors que la parole avait été redonnée au ministère public et aux parties, l'accusé ou son avocat ayant eu la parole en dernier, au terme du sursis à statuer, avant le prononcé de l'arrêt incident (■ Cass. crim., 17 mars 2021, n° 20-81.618).

4) Menace d'un témoin. Le demandeur ne saurait faire grief au président de ne pas avoir statué sur les conclusions déposées par la défense dès lors, d'une part, qu'il a informé les parties du résultat de l'enquête, d'autre part, qu'il ne lui appartenait pas de constater la réalité de faits survenus hors de la salle d'audience et dont la cour d'assises n'avait pas été le témoin direct, enfin, que la défense s'est abstenue, alors qu'elle en avait la possibilité, si elle estimait que le donné-acte du président était insuffisant, de saisir la cour d'un incident contentieux (■ Cass. crim., 5 sept. 2018, n° 17-82.287).

5) Conclusions. De simples « protestations » ou « réserves », qui ne précisent pas quelle décision il est demandé aux juges de prendre, ne sauraient être tenues pour des conclusions donnant naissance à un incident contentieux et mettant la Cour dans l'obligation de statuer en application de l'article 315 du Code de procédure pénale (■ Cass. crim., 1er avr. 1987, n° 86-91.835 : *Bull. crim.* n° 153).

6) Faits oubliés. Si les parties sont recevables à demander acte à la Cour, tant que celle-ci n'a pas épuisé sa juridiction, de faits qui se seraient produits devant elle pendant les débats, il n'en demeure pas moins que ladite Cour peut, lorsque, comme en l'espèce, il ne lui est pas demandé de procéder à une enquête pour en vérifier l'exactitude, refuser de donner acte de faits qui ne sont pas parvenus à sa connaissance ou dont, en raison du temps écoulé, elle ne conserve pas le souvenir (■ Cass. crim., 21 janv. 1987, n° 86-92.626 : *Bull. crim.* n° 34).

7) Avocat. Seules sont recevables les conclusions émanant d'un avocat qui assiste une partie au procès, la cour, ayant constaté que les signataires avaient quitté le procès et n'assuraient donc plus la défense de M. X..., a fait une exacte application de l'article 315 du Code de procédure pénale (■ Cass. crim., 29 mars 2017, n° 15-86.300 : *Bull. crim.* n° 101).

8) Manifestation d'opinion prohibée de la part du président. En refusant ainsi de délivrer le donné-acte demandé, par le motif inopérant qu'aucune atteinte à une disposition légale ou conventionnelle ne résultait de la remarque par laquelle le président de la cour d'assises avait qualifié d'inutile la question posée par la défense à un témoin, alors que, dans son arrêt incident, la Cour devait se borner à relever si les propos invoqués par la défense avaient ou non été tenus, en donner acte dans l'affirmative, et en préciser la teneur dans la négative, sans les qualifier au regard des pouvoirs reconnus au président, celle-ci n'a pas mis la Cour de cassation en mesure d'exercer son contrôle sur l'existence ou non d'une manifestation d'opinion prohibée de la part du président, ni d'une atteinte au droit, pour la défense, de poser librement des questions au témoin après sa déposition (■ Cass. crim., 14 avr. 2021, n° 20-80.058).

Art. 316 *(Mod., L. n° 2000-516, 15 juin 2000).* **– Tous incidents contentieux sont réglés par la cour, le ministère public, les parties ou leurs avocats entendus.**

Ces arrêts ne peuvent préjuger du fond.

Lorsque la cour d'assises examine l'affaire en appel, ces arrêts ne peuvent être attaqués que par la voie du recours en cassation, en même temps que l'arrêt sur le fond. Lorsque la cour d'assises examine l'affaire en premier ressort, ces arrêts ne peuvent faire l'objet d'un recours, mais, en cas d'appel de l'arrêt sur le fond et de réexamen de l'affaire devant une autre cour d'assises, ils n'ont pas autorité de la chose jugée devant cette cour.

1) Refus de transmission d'une question prioritaire de constitutionnalité. Les dispositions légales critiquées ne privent pas l'accusé d'un recours effectif dès lors que les arrêts incidents de première instance n'ont pas autorité de la chose jugée et que l'affaire est entièrement réexaminée par la cour d'assises d'appel (■ Cass. crim., 12 mars 2014, n° 14-80.537).

I – LES INCIDENTS

A – Caractère contentieux de l'incident

2) Principe. Lorsque le président refuse de donner acte à une partie d'un fait de nature à vicier la procédure, l'incident revêt un caractère contentieux et doit donner lieu à un arrêt rendu par la Cour dans les formes prévues par l'article 316 du Code de procédure pénale (■ Cass. crim., 10 nov. 1998, n° 98-81.810 : *Bull. crim.* n° 293 ; *Dr. pén.* 1999, comm. 47, obs. A. Maron ; *JCP* 1999, I, 151, chron. A. Maron). La Cour, qui constate le caractère contentieux d'une demande de donné acte, est tenue de statuer sur le bien-fondé de celle-ci (■ Cass. crim., 18 févr. 1998, n° 97-81.707 : *Bull. crim.* n° 68). Présence obligatoire des jurés. Les jurés doivent, à peine de nullité, assister à l'intégralité des débats ; le procès-verbal mentionne que, par trois fois au cours de l'audience, des arrêts incidents ont été rendus en l'absence du jury de jugement. En cet état le principe susvisé a été méconnu (■ Cass. crim., 4 févr. 1998, n° 97-82.134 : *Bull. crim.* n° 45). Témoin acquis aux débats. La cour est seule compétente pour passer outre à l'absence d'un témoin acquis aux débats dont l'audition est réclamée par la défense (■ Cass. crim., 31 mars 2016, n° 15-82.905).

3) Absence de caractère contentieux.

a. Notes d'un expert. Les notes prises par un expert lors de l'exécution de sa mission étant assimilables au rapport et à ses annexes, les experts peuvent consulter au cours de leur audition, en application de l'article 168 du Code de procédure pénale, aucune atteinte aux droits de la défense ne saurait résulter de ce qu'un expert cite la substance desdites notes dont il a le souvenir, l'accusé étant à même de lui poser ou de lui faire poser toutes questions les concernant ; dès lors, les faits dont il a été demandé acte ne pouvant avoir pour effet de vicier la procédure, l'incident élevé par l'avocat était dépourvu de caractère contentieux (■ Cass. crim., 17 sept. 2014, n° 13-85.196 : *Bull. crim.* n° 192).

b. Faits n'entraînant pas la nullité de la procédure. N'a pas un caractère contentieux l'arrêt rendu sur des conclusions demandant qu'il soit donné acte de faits qui ne sont pas de nature à entraîner la nullité de la procédure. Ainsi en est-il lorsque les conclusions tendent à la constatation d'un fait qui ressortit au pouvoir discrétionnaire du président. L'accusé est, dans un tel cas, sans intérêt à se prévaloir d'une prétendue irrégularité entachant l'arrêt incident (■ Cass. crim., 30 sept. 1992, n° 92-81.595 : *Bull. crim.* n° 295).

c. Constitution de partie civile. En l'absence de toute contestation la constitution de partie civile à l'audience de la Cour d'assises ne présente pas le caractère d'un incident contentieux sur lequel la Cour doit statuer par arrêt. En conséquence le Président peut valablement donner acte de cette constitution (■ Cass. crim., 19 juin 1974, n° 74-90.695 : *Bull. crim.* n° 225).

d. Réserves. De simples « réserves », qui ne précisent pas quelle décision il est demandé aux juges de prendre, ne donnent pas naissance à un incident contentieux et ne mettent pas la Cour dans l'obligation de statuer en application de l'article 316 du Code de procédure pénale (■ Cass. crim., 22 nov. 1989, n° 89-82.115 : *Bull. crim.* n° 437).

e. Circonstances aggravantes. Aux termes des articles 350 et 352 du Code de procédure pénale, s'il résulte des débats une ou plusieurs circonstances aggravantes non mentionnées dans l'arrêt de renvoi, le président pose une ou plusieurs questions spéciales ; que s'il s'élève un incident contentieux au sujet des questions, la cour statue dans les conditions prévues à l'article 316 ; en l'absence d'incident contentieux mentionné au procès-verbal des débats, le président avait seul compétence pour statuer (■ Cass. crim., 21 sept. 2016, n° 14-87.070. – Rapp. ■ Cass. crim., 24 juin 2015, n° 14-85.454).

f. Site internet. Il résulte du procès-verbal des débats que les avocats de l'accusé ont déposé des conclusions demandant qu'il leur soit donné acte de la publication par une partie civile, sur son site internet, d'extraits de comptes rendus de l'audience comportant notamment des inexactitudes ; pour rejeter cette demande, la cour, par arrêt incident, énonce qu'elle n'est tenue de donner acte des réserves qui lui sont présentées que si celles-ci concernent des faits survenus à l'audience, constatés à cette occasion, et susceptibles de porter atteinte aux droits de la défense et que l'existence d'un site internet relatant les débats d'audience du présent procès est extérieur à ce dernier ; à bon droit la cour a refusé de donner acte de faits qui ne se sont pas produits à l'audience, dès lors que les faits allégués ne mettaient pas en cause l'impartialité de la juridiction de jugement (■ Cass. crim., 24 mai 2018, n° 16-87.622 : *Bull. crim.* n° 100).

B – Mesure sollicitée

4) Mesure utile à la manifestation de la vérité. Ne méconnaît pas les dispositions de l'article 316 du Code de procédure pénale, l'arrêt incident qui, pour rejeter la demande de l'accusé tendant à la production d'une pièce, énonce qu'après l'audition de tous les témoins et experts cités, la mesure sollicitée n'apparaît pas utile à la manifestation de la vérité (■ Cass. crim., 19 avr. 2000, n° 99-85.061 : *Bull. crim.* n° 156). La cour d'assises, en rejetant une demande de transport sur les lieux, n'a pas méconnu les dispositions de l'article 316 du Code de procédure pénale ni celles de l'article 6 § 1 de la Conv. EDH, dès lors que son refus, fondé sur l'appréciation souveraine de l'utilité d'une telle mesure sollicitée dans la partie terminale de l'instruction à l'audience, n'a porté atteinte ni au principe de l'oralité des débats ni à celui de l'égalité des chances entre les parties (■ Cass. crim., 8 janv. 1992, n°s 91-81.689 et 91-82.655 : *Bull. crim.* n° 4. – V. aussi ■ Cass. crim., 6 janv. 1999, n° 98-82.615 : *Bull. crim.* n° 4). Toute demande de donné acte relative à l'audience pénale, présentée au cours de l'audience civile, est irrecevable (■ Cass. crim., 21 mai 2003, n° 02-86.879 : *Bull. crim.* n° 105).

5) Appréciation souveraine de la cour. Saisie de réquisitions du ministère public tendant à un supplément d'information et au renvoi de l'affaire à une session ultérieure, la cour dispose d'un pouvoir souverain pour accorder ou refuser la mesure sollicitée (■ Cass. crim., 21 mars 1984, n° 83-91.409 : *Bull. crim.* n° 121). Le président excède ses pouvoirs s'il rejette ou délaisse les conclusions de la défense demandant que soit posée une question subsidiaire. Seule la Cour, compétente, en application des articles 316 et 352 du Code de procédure pénale, pour statuer sur les incidents contentieux relatifs aux questions, dispose d'un pouvoir souverain pour refuser, par arrêt motivé, de poser une question réclamée par l'accusé ou son avocat (■ Cass. crim., 6 mai 1997, n° 96-84.082 : *Bull. crim.* n° 173).

Si, à l'issue de la lecture des questions auxquelles la Cour et le jury auront à répondre, l'accusé ou son avocat n'ont soulevé aucun incident contentieux à leur sujet, il ne saurait être reproché à la Cour de ne pas avoir statué sur leur opposition, formulée lors d'une précédente audience, à ce qu'une question spéciale soit posée (■ Cass. crim., 7 déc. 2005, n° 05-80.988 : *Bull. crim.* n° 329).

6) Respect de l'oralité des débats. Il se déduit de l'article 316 du Code de procédure pénale que la cour, saisie, sur incident contentieux, d'une demande de supplément d'information ou de renvoi de l'affaire, doit statuer dans le respect du principe de l'oralité des débats (■ Cass. crim., 20 juin 2018, n° 17-84.822).

7) Renvoi de l'affaire. Il résulte du procès-verbal des débats qu'à l'ouverture de l'audience, les avocats de M. [W] ont réclamé le renvoi de l'affaire, au motif que l'état de santé de cet accusé ne lui permettait pas de comparaître devant la cour d'assises. [...] En l'état de ces énonciations relevant de son appréciation souveraine de la nécessité d'ordonner le renvoi de l'affaire, la cour a justifié sa décision sans encourir le grief allégué, dès lors qu'elle n'avait pas, à l'occasion de l'examen d'une demande de renvoi, à porter une appréciation sur les conditions de détention du demandeur, lequel ne l'avait pas saisie d'une demande de mise en liberté (■ Cass. crim., 12 mai 2021, n°s 20-83.166, 20-83.172, 20-83.175, 20-83.421 : *Bull. crim.* n° 27).

C – Parties entendues

8) Audition. Lorsque, à la suite d'un dépôt de conclusions, s'élève un incident contentieux sur lequel la cour doit statuer par un arrêt, toutes les parties doivent être entendues à peine de nullité (■ Cass. crim., 9 oct. 1974 n° 74-91.277 : *Bull. crim.* n° 284. ■ Cass. crim., 8 févr. 1984, n° 83-94.285 : *Bull. crim.* n° 47. ■ Cass. crim., 24 févr. 1988, n° 87-84.192 : *Bull. crim.* n° 95). La règle énoncée par l'article 316 du Code de procédure pénale constitue une formalité substantielle (■ Cass. crim., 9 oct. 1974, préc.). Lorsqu'il y a d'autres coaccusés, tous ces accusés ou leurs conseils doivent être entendus à peine de nullité (■ Cass. crim., 24 févr. 1988, préc.). Il résulte du procès-verbal des débats que le 1er jour de l'audience, le 18 janvier 2017, l'avocat de l'accusé a déposé des conclusions sollicitant de la cour le renvoi de l'affaire, en raison, notamment, de l'absence de certains experts ; la parole ayant été donnée aux parties et la défense ayant eu la parole en dernier, le président a déclaré que l'arrêt incident serait rendu ultérieurement ; à l'audience du 20 janvier 2017, sans que la parole ait été à nouveau donnée aux parties, la cour a rejeté la demande de renvoi en retenant notamment que, si certains experts n'avaient pas comparu devant la cour d'assises, d'autres avaient été entendus durant les débats, depuis la mise en délibéré de la décision de la cour ; mais en procédant ainsi, alors qu'elle ne pouvait rendre sa décision de rejet de la demande de renvoi en se fondant, même partiellement, sur des éléments résultant des débats postérieurs à la mise en délibéré, sans donner de nouveau la parole aux parties, la cour a méconnu le sens et la portée des articles 316 du Code de procédure pénale et 6 de la Convention européenne des droits de l'Homme (■ Cass. crim., 20 févr. 2019, n° 17-81.237). Selon ce texte, lors des débats devant la cour d'assises, tous incidents contentieux sont réglés par la cour, le ministère public, les parties ou leurs avocats entendus. Cette règle s'applique lorsque, saisie de conclusions d'incident, la cour, après avoir ordonné un sursis à statuer par un premier arrêt, répond aux conclusions par un second arrêt. Le ministère public et les parties doivent être entendus de nouveau avant le prononcé de ce nouvel arrêt. Il résulte du procès-verbal des débats que, le 28 janvier 2020, à l'ouverture des débats, la défense s'est opposée à ce qu'il soit passé outre à l'absence d'un témoin acquis aux débats. La cour, après avoir entendu le ministère public et les parties, a alors rendu un arrêt ordonnant le sursis à statuer sur cette demande, jusqu'à l'achèvement de l'instruction à l'audience. Le 31 janvier, la cour, après avoir entendu les parties civiles et la défense, a rendu l'arrêt statuant sur l'incident, et rejeté l'opposition formée par la défense à ce qu'il soit passé outre à l'absence du témoin. Le procès-verbal des débats n'indique pas qu'avant de prononcer ce second arrêt, la cour, comme elle était tenue de le faire, ait entendu le ministère public. Il en résulte que, le texte susvisé ayant été méconnu, la cassation est encourue (■ Cass. crim., 17 mars 2021, n° 20-83.245). Par arrêts incidents, la cour a statué sur les demandes dont elle était saisie, sans entendre à nouveau le ministère public, les parties ou leurs avocats ; en cet état, la cour a fait une juste application des dispositions de l'article 316 du Code de procédure pénale, dès lors que n'ayant pas préalablement rendu des arrêts de sursis à statuer, elle n'avait pas à entendre à nouveau le ministère public, les parties ou leurs avocats avant de rendre ses arrêts (■ Cass. crim., 24 mai 2018, n° 16-87.622 : *Bull. crim.* n° 100. – V. encore ■ Cass. crim., 16 oct. 2019, n° 18-84.608).

9) Sursis à statuer. Voir aussi note sous article 215. En ordonnant le sursis à statuer, au motif qu'à ce stade des débats, la cour n'était pas en mesure d'apprécier le bien-fondé de la demande, et devait, avant de se prononcer, attendre les résultats de l'instruction orale, la cour n'a fait qu'user du moyen d'appréciation que lui confère l'article 316 du Code de procédure pénale (■ Cass. crim., 28 mars 2018, n° 17-83.018).

10) Parole en dernier. a. Incident contentieux. Lors de tout incident contentieux intéressant la défense qui est réglé par un arrêt, le ministère public, les parties ou leurs avocats sont entendus et l'accusé ou son avocat auront toujours la parole les derniers (■ Cass. crim., 4 sept. 2019, n° 18-83.507). Si tous les accusés doivent être entendus lorsqu'un incident contentieux est élevé par l'un d'entre eux, seul celui-ci doit avoir la parole le dernier (■ Cass. crim., 7 mars 1990, n° 89-83.124 : *Bull. crim.* n° 110). La règle selon laquelle l'accusé ou son conseil auront toujours la parole les derniers n'est pas applicable seulement une fois l'instruction à l'audience terminée, mais également lors de tout incident contentieux intéressant la défense qui est réglé par un arrêt (■ Cass. crim., 12 oct. 1983, n° 82-93.569 : *Bull. crim.* n° 243. ■ Cass. crim., 17 févr. 1983, n° 82-90.664 : *Bull. crim.* n° 62).

b. Nouvel arrêt incident. En cas de nouvel arrêt incident, le ministère public, les parties ou leurs avocats doivent de nouveau être entendus (■ Cass. crim., 4 juin 2003, n° 02-84.162. ■ Cass. crim., 12 févr. 2003, n° 01-87.250. ■ Cass. crim., 6 mai 1997 : *Bull. crim.* n° 173. ■ Cass. crim., 13 juin 1991 : *Bull. crim.* n° 254 ; *RSC* 1992, 117, obs. A. Braunschweig. ■ Cass. crim., 26 sept. 1990 : *Bull. crim.* n° 322).

II – LES ARRÊTS

A – Nature de l'arrêt

11) Arrêt ne préjugeant pas du fond. Ne préjuge pas du fond l'arrêt incident nécessairement motivé qui, pour répondre à des conclusions tendant à voir ordonner une contre-expertise, cite des passages de la déposition d'un expert à l'audience (■ Cass. crim., 21 juin 1978, n° 78-90.839 : *Bull. crim.* n° 208. ■ Cass. crim., 16 nov. 1976, n° 76-91.236 :

Bull. crim. n° 327.), l'arrêt incident rejetant la demande d'audition d'un témoin défaillant, qui ne contient aucun motif de nature à mettre en doute les déclarations de l'accusé, telles qu'elles résultent des conclusions de la défense (▪ Cass. crim., 23 janv. 1985, n° 84-93.163 : *Bull. crim.* n° 37. ▪ Cass. crim., 9 juin 1977, n° 77-91.008 : *Bull. crim.* n° 211), l'arrêt se référant objectivement à la qualification criminelle retenue par la chambre d'accusation pour ordonner le huis clos (▪ Cass. crim., 17 déc. 1980, n° 80-92.681 : *Bull. crim.* n° 352).

12) Arrêt préjugeant du fond. Doit être annulé l'arrêt qui relève que les déclarations d'un accusé mettant en cause un tiers « impliquent que ce dernier peut être considéré comme un complice des accusés... », ces énonciations, non indispensables à la motivation de l'arrêt et d'où il résulte que la personne ainsi mise en cause serait complice de X..., Y... et Z..., préjugent la culpabilité de ceux-ci (▪ Cass. crim., 4 mai 1988, n° 87-83.273 : *Bull. crim.* n° 193) ou l'arrêt amené à faire la critique des témoignages des sœurs de X, demandeur au pourvoi car conduisant à mettre en doute certaines affirmations des accusés, demandeurs au pourvoi (▪ Cass. crim., 6 nov. 1985, n° 85-90.263 : *Bull. crim.* n° 348).

B – Motivation de l'arrêt

13) Les arrêts de la cour, statuant sur un incident contentieux, doivent être motivés à peine de nullité (▪ Cass. crim., 28 oct. 1975, n° 75-91.466 : *Bull. crim.* n° 226).

III – RECOURS

14) Aux termes de l'article 316 du Code de procédure pénale, les arrêts de la cour d'assises statuant sur les incidents contentieux ne peuvent être attaqués par la voie du recours en cassation qu'en même temps que l'arrêt sur le fond. Les articles 570 et 571 du même code sont étrangers aux arrêts de cette sorte (▪ Cass. crim., 25 juin 2019, n° 19-82.584 : *Bull. crim.* n° 132. ▪ Cass. crim., 17 oct. 2018, n° 17-83.768. ▪ Cass. crim., 15 juill. 1981, n° 81-91.837 : *Bull. crim.* n° 229). Les dispositions de l'article 316 du Code de procédure pénale, qui prévoient que les arrêts contentieux prononcés par la cour ne peuvent être attaqués que par la voie du recours en cassation, en même temps que l'arrêt sur le fond, ne privent pas l'accusé d'un recours effectif, dès lors que le pourvoi formé contre l'arrêt sur le fond, qui s'étend de plein droit aux arrêts incidents mentionnés au procès-verbal des débats, permet, à terme, la discussion de la décision contestée, le cas échéant son annulation, et, par voie de conséquence, la cassation de l'arrêt vicié sur le fond (▪ Cass. crim., 11 juill. 2012, n° 11-85.220 : *Bull. crim.* n° 166). Si une partie, autre que l'accusé, est sans qualité pour contester le bien-fondé de la décision rendue sur l'action publique, est néanmoins recevable son pourvoi dirigé contre l'arrêt de condamnation dans la mesure où, conformément à l'article 316 du Code de procédure pénale, l'arrêt incident qui lui a fait grief en rejetant sa demande de constitution de partie civile ne peut être attaqué par la voie du recours en cassation qu'en même temps que l'arrêt sur le fond (▪ Cass. crim., 18 mars 1981, n° 80-93.324 : *Bull. crim.* n° 99). Si, selon l'article 316 du Code de procédure pénale, l'arrêt par lequel une cour d'assises, saisie de l'affaire en premier ressort, statue sur un incident contentieux ne peut faire l'objet d'un recours, le pourvoi contre ledit arrêt est recevable lorsque celui-ci, non susceptible d'appel, met fin à la procédure et qu'au surplus, son examen fait apparaître un risque d'excès de pouvoir relevant du contrôle de la Cour de cassation (▪ Cass. crim., 10 juin 2009, n° 09-81.902 : *Bull. crim.* n° 119).

Art. 316-1 ***(Créé à compter du 1er juin 2019, L. n° 2019-222, 23 mars 2019).*** **– Une copie du dossier est mise à la disposition des assesseurs.**

Section II. – De la comparution de l'accusé

Bibliographie : H. Angevin, *Cour d'assises. – Débats. – Comparution et détention de l'accusé. – L'accusé et son défenseur. – Droits de la défense, 2008 : JCl. Proc. pén.*, Fasc. 20.

Art. 317. – À l'audience, la présence d'un défenseur auprès de l'accusé est obligatoire.

Si le défenseur choisi ou désigné conformément à l'article 274 ne se présente pas, le président en commet un d'office.

1) Avocats.

a. Absence des avocats. L'absence de l'accusé et de son avocat pendant tout ou partie des débats n'entraîne la nullité de la procédure qu'autant qu'elle est le fait de la cour, du ministère public ou du président, lequel s'est conformé aux dispositions des articles 317, 319 et 320 du Code de procédure pénale, une telle absence ne pouvant faire obstacle à la poursuite des débats afin d'en assurer la continuité et au jugement de l'accusé dans un délai raisonnable (▪ Cass. crim., 24 juin 2015, n° 14-84.221 ; *Procédures* 2015, comm. 272, note

A.-S. Chavent-Leclère ; *Dr. pén.* 2015, comm. 116, note A. Maron et M. Haas. ▪ Cass. crim., 17 sept. 2014, n° 13-84.971 : *Bull. crim.* n° 191). L'absence d'un avocat de l'accusé pendant tout ou partie des débats ne constitue un motif de nullité qu'autant qu'elle est le fait de la cour, du président ou du ministère public (▪ Cass. crim., 29 mars 2017, n° 15-86.300 : *Bull. crim.* n° 101). Manque en fait le moyen qui soutient que l'accusé aurait été privé de tout défenseur durant une partie des débats dès lors qu'il résulte des mentions du procès-verbal que, sur les 3 avocats assurant la défense, un seul a quitté le prétoire (▪ Cass. crim., 23 juin 1999, n°s 98-80.561, 98-80.571 et 98-80.573 : *Bull. crim.* n° 147).

b. Désignation d'office. En cas d'abandon volontaire de la barre par les défenseurs après lecture de la feuille des questions, l'article 317, alinéa 2, du Code de procédure pénale n'impose pas la désignation d'un avocat d'office (▪ Cass. crim., 14 oct. 1976, n° 76-92.137 : *Bull. crim.* n° 291). Mais il n'est commis aucune violation des droits de la défense lorsque, les conseils de l'accusé ayant déclaré au cours des débats ne plus pouvoir continuer d'assurer la défense de celui-ci, le président de la Cour d'assises commet l'un d'eux d'office, comme lui permet de le faire l'article 317 du Code de procédure pénale (▪ Cass. crim., 23 nov. 1994, n° 94-81.219 : *Bull. crim.* n° 374. ▪ Cass. crim., 19 févr. 1986, n° 85-93.429. – V. encore ▪ Cass. crim., 31 mars 2005, n° 04-83.037 : *Bull. crim.* n° 114). Est irrecevable le pourvoi formé par l'accusé contre l'ordonnance du président de la cour d'assises qui désigne des avocats d'office (▪ Cass. crim., 13 oct. 1987, n° 87-83.153 : *Bull. crim.* n° 348).

c. Demande de décharge. Le président de la cour d'assises a justifié la décision qu'il lui revenait de prendre, afin de garantir l'exercice des droits de la défense, et d'assurer à l'accusé un procès équitable, sans retarder davantage le jugement de l'affaire, dans l'intérêt d'une bonne administration de la justice. L'avocat ainsi commis d'office n'ayant déposé aucune conclusion écrite pour exposer les motifs de sa demande de décharge de sa mission, il ne peut être reproché au président de ne pas s'être expliqué davantage sur son refus, dont la régularité n'est pas contestée (▪ Cass. crim., 12 mai 2021, n°s 20-83.166, 20-83.172, 20-83.175, 20-83.421 : *Bull. crim.* n° 27).

c. Remplacement de l'avocat. Il n'importe que l'avocat désigné lors de l'interrogatoire de l'accusé par le président ait été remplacé à l'audience par un autre avocat, dès lors que la défense de l'accusé devant la cour d'assises a été assurée dans les conditions prescrites par l'article 317 du Code de procédure pénale et que le changement intervenu n'a donné lieu à aucune réclamation (▪ Cass. crim., 10 janv. 1990, n° 89-84.168 : *Bull. crim.* n° 17). Lorsqu'un avocat commis d'office par le président pour assurer la défense de l'accusé est absent de son fait et n'a pas été déchargé de sa mission, il n'y a pas lieu à désignation d'un autre avocat commis d'office (▪ Cass. crim., 29 mars 2017, n° 15-86.300 : *Bull. crim.* n° 101).

2) Caractère non juridictionnel de la désignation. Est irrecevable le pourvoi formé par l'accusé contre l'ordonnance du président de la cour d'assises qui désigne des avocats d'office, cette mesure n'ayant aucun caractère juridictionnel (▪ Cass. crim., 13 oct. 1987 : *JurisData* n° 1987-002005 ; *Bull. crim.* n° 348 ; *Gaz. Pal.* 25 mai 1988, p. 12, obs. J.-P. Doucet).

Art. 318. – **L'accusé comparaît libre et seulement accompagné de gardes pour l'empêcher de s'évader.**

1) Refus de transmission d'une question prioritaire de constitutionnalité. Box vitré. Les dispositions de l'article 318 du Code de procédure pénale ne font pas échec à l'application de celles de l'article 309 du même code, aux termes desquelles il appartient au président de la cour d'assises, dans le cadre de son pouvoir de police, à son initiative ou sur la demande du ministère public, d'une partie ou de son avocat, et sous le contrôle de la Cour de cassation, de veiller, au cas par cas, à l'équilibre entre, d'une part, la sécurité des différents participants au procès et, d'autre part, le respect des droits de la défense, les modalités pratiques de comparution de l'accusé devant la juridiction devant permettre à ce dernier, dans un espace digne et adapté, ou à l'extérieur de celui-ci, de participer de manière effective aux débats et de s'entretenir confidentiellement avec ses avocats (▪ Cass. crim., 28 nov. 2018, n° 18-82.010 : *Bull. crim.* n° 201. – V. aussi ▪ Cass. crim., 30 oct. 2019, n° 19-80.086).

2) Présomption de comparution libre. À défaut de réclamations ou de constatations contraires résultant d'une mention du procès-verbal des débats, il y a présomption que l'accusé a comparu libre pendant toutes les audiences (▪ Cass. crim., 27 nov. 2019, n° 18-83.942 : *Bull. crim.* n° 35 ; *Dr. pén.* 2020, comm. 19, obs. A. Maron et M. Haas).

Art. 319. – **Si un accusé refuse de comparaître, sommation lui est faite au nom de la loi, par un huissier commis à cet effet par le président et assisté de la force publique. L'huissier dresse procès-verbal de la sommation et de la réponse de l'accusé.**

1) Renouvellement de la sommation. La sommation prévue par l'article 319 précité n'avait pas à être renouvelée à l'issue d'une suspension d'audience (■ Cass. crim., 23 févr. 2000, n° 99-83.784 : *Bull. crim.* n° 81).

2) Refus d'assister aux débats. Aucune nullité ne saurait résulter de l'absence de délivrance à l'accusé de la sommation prévue par l'article 319 du Code de procédure pénale, dès lors qu'après avoir, de sa propre initiative, quitté la salle d'audience au cours des débats de l'après-midi, il a spontanément comparu à nouveau le lendemain matin, après que lecture du procès-verbal de la partie des débats à laquelle il a refusé d'assister lui a été faite par le greffier de la cour et qu'il n'a formulé aucune observation à la reprise de l'audience (■ Cass. crim., 17 sept. 2014, n° 13-84.971 : *Bull. crim.* n° 191).

Art. 320. – **Si l'accusé n'obtempère pas à la sommation, le président peut ordonner qu'il soit amené par la force devant la cour ; il peut également, après lecture faite à l'audience du procès-verbal constatant sa résistance, ordonner que, nonobstant son absence, il soit passé outre aux débats.**

Après chaque audience, il est, par le greffier de la cour d'assises, donné lecture à l'accusé qui n'a pas comparu du procès-verbal des débats, et il lui est signifié copie des réquisitions du ministère public ainsi que des arrêts rendus par la cour, qui sont tous réputés contradictoires.

1) Signification de réquisitions prises en l'absence de l'accusé. Lorsque la poursuite des débats, durant le temps de l'expulsion de l'accusé, s'est limitée aux seules réquisitions du ministère public, il suffit, pour satisfaire aux prescriptions de l'article 320, alinéa 2, du Code de procédure pénale, que la copie de ces réquisitions soit signifiée à l'accusé (■ Cass. crim., 26 janv. 2000, n° 99-83.430 : *Bull. crim.* n° 42).

La signification, prescrite par l'article 320, alinéa 2, du Code de procédure pénale, à l'accusé qui a refusé de comparaître, de réquisitions prises par le ministère public à la fin d'une audience suspendue un vendredi pour être reprise le lundi suivant, lui est valablement délivrée ce dernier jour (■ Cass. crim., 3 juin 1988, n° 87-84.240 : *Bull. crim.* n° 246).

2) Signification des arrêts. Cette signification devant porter sur tous les arrêts prononcés en l'absence de l'accusé, qu'il s'agisse des arrêts avant dire droit ou des arrêts sur le fond (■ Cass. crim., 14 nov. 2019, n° 18-83.122, § 13 : *Bull. crim.* n° 26).

3) Lecture à l'accusé. Aux termes des articles 320 et 322 du Code de procédure pénale lorsqu'un accusé qui a troublé l'ordre a été expulsé de la salle d'audience, il lui est donné lecture, après chaque audience, du procès-verbal des débats. Constate qu'ont été observées ces prescriptions le procès-verbal des débats qui mentionne que l'audience a été suspendue avant que l'accusé expulsé soit ramené dans la salle d'audience afin que le greffier « puisse donner lecture à l'accusé de la partie du procès-verbal des débats auxquels il n'a pas assisté » (■ Cass. crim., 23 mai 1965, n° 65-90.253 : *Bull. crim.* n° 142). Les articles 320, alinéa 2, et 322 du Code de procédure pénale ne sont pas applicables, dès lors qu'au cours de la même audience, l'accusé est expulsé pendant la durée d'une partie du réquisitoire, prononcé en présence du défenseur, puis reprend volontairement sa place au cours de la plaidoirie, et reçoit à nouveau la parole avant la clôture des débats (■ Cass. crim., 22 nov. 1972, n° 72-92.336 : *Bull. crim.* n° 353).

Art. 320-1 *(L. n° 2004-204, 9 mars 2004)*. – **Sans préjudice des dispositions du deuxième alinéa de l'article 272-1 et de celles du deuxième alinéa de l'article 379-2, le président peut ordonner que l'accusé qui n'est pas placé en détention provisoire et qui ne comparaît pas à l'audience soit amené devant la cour d'assises par la force publique.**

Art. 321. – **Lorsque à l'audience l'un des assistants trouble l'ordre de quelque manière que ce soit, le président ordonne son expulsion de la salle d'audience.**

Si, au cours de l'exécution de cette mesure, il résiste à cet ordre ou cause du tumulte, il est, sur-le-champ, placé sous mandat de dépôt, jugé et puni d'un emprisonnement de deux ans, sans préjudice des peines portées au Code pénal contre les auteurs d'outrages et de violences envers les magistrats.

Sur l'ordre du président, il est alors contraint par la force publique de quitter l'audience.

Notion de danger pour l'ordre public. La cour d'assises, par arrêt incident, après avoir relevé que seul le huis clos permettait la poursuite des débats, a déclaré la publicité dangereuse pour l'ordre public et ordonné le huis clos ; en prononçant ainsi, alors que le mouvement de protestation du barreau et son opposition à la poursuite de l'audience ne constituaient pas un danger pour l'ordre ou les moeurs justifiant le huis clos, et qu'en cas de trouble apporté à l'ordre par des personnes assistant à l'audience, il appartenait au président de la cour d'assises d'ordonner leur expulsion, la cour d'assises a méconnu les articles 306 et 321 du Code de procédure pénale (■ Cass. crim., 20 févr. 2019, n° 18-82.915 : *Bull. crim.* n° 44 ; *Dr. pén.* 2019, comm. 76, obs. A. Maron et M. Haas).

Art. 322. – **Si l'ordre est troublé par l'accusé lui-même, il lui est fait application des dispositions de l'article 321.**

L'accusé, lorsqu'il est expulsé de la salle d'audience, est gardé par la force publique, jusqu'à la fin des débats, à la disposition de la cour ; il est, après chaque audience, procédé ainsi qu'il est dit à l'article 320, alinéa 2.

1) **Déposition d'un témoin.** Il résulte du procès-verbal des débats que, lors de la déposition d'un témoin, le président a ordonné l'expulsion de l'accusé qui troublait l'ordre ; qu'aucune observation n'a été formulée par les parties ; que le témoin a poursuivi sa déposition ; qu'à la demande du président, ses déclarations ont été consignées au procès-verbal ; que les dispositions de l'article 320, alinéa 2, du Code de procédure pénale, ont été observées ; en cet état, dès lors que, d'une part, le président a fait un usage régulier de l'article 322 du Code de procédure pénale, qui l'autorise à expulser un accusé qui trouble l'ordre public, d'autre part, le greffier a, conformément à l'article 320, alinéa 2 dudit code, donné lecture à l'accusé des déclarations du témoin consignées au procès-verbal, et l'a ainsi mis en mesure de répondre, aucune atteinte n'a été portée aux droits de la défense (■ Cass. crim., 8 févr. 2017, n° 15-86.914 : *Bull. crim.* n° 41).

2) **Droits de la défense.** Dès lors que, d'une part, le président a fait un usage régulier de l'article 322 du Code de procédure pénale, qui l'autorise à expulser un accusé qui trouble l'ordre public, d'autre part, le greffier a, conformément à l'article 320, alinéa 2 dudit code, donné lecture à l'accusé des déclarations du témoin consignées au procès-verbal, et l'a ainsi mis en mesure de répondre, aucune atteinte n'a été portée aux droits de la défense (■ Cass. crim., 8 févr. 2017, n° 15-86.914 : *Bull. crim.* n° 41).

Section III. – De la production et de la discussion des preuves

(Intitulé rempl., L. n° 93-2, 4 janv. 1993 ; L. n° 93-1013, 24 août 1993)

Bibliographie : H. Angevin, *Cour d'assises. – Débats. – Production et discussion des preuves. – Déroulement des débats, 2008 : JCl. Proc. pén.*, Fasc. 20. • *Cour d'assises. – Débats. – Production et discussion des preuves. – Audition des témoins, 2009,* Fasc. 30. • *Cour d'assises. – Débats. – Production et discussion des preuves. – Audition des experts, 2009,* Fasc. 40.

Art. 323 *(L. n° 93-2, 4 janv. 1993).* – **Lorsque l'avocat de l'accusé n'est pas inscrit à un barreau, le président l'informe qu'il ne peut rien dire contre sa conscience ou le respect dû aux lois et qu'il doit s'exprimer avec décence et modération.**

Art. 324 *(Mod., L. n° 85-1407, 30 déc. 1985).* – **Le président ordonne à l'huissier de faire l'appel des témoins cités par le ministère public, l'accusé et la partie civile dont les noms ont été signifiés conformément aux prescriptions de l'article 281.**

1) **Absence de mention du nom des témoins.** Le procès-verbal des débats mentionne que tous les témoins cités ont répondu à l'appel de leur nom, à l'exception de quatre dont les noms sont précisés de sorte que le moyen pris de la violation des articles 324 et 329 du Code de procédure pénale n'est pas fondé (■ Cass. crim., 23 oct. 2002, n° 02-80.369).

2) **Lecture de la liste des témoins au greffier.** Il résulte du procès-verbal des débats que le président a ordonné au greffier, et non pas à l'huissier, ainsi que le prévoit l'article 324 du Code de procédure pénale, de donner lecture de la liste des témoins cités ; que le greffier a procédé à cette lecture ; que les parties n'ont formulé aucune observation ; en cet état, il a été régulièrement procédé à la lecture de la liste des témoins (■ Cass. crim., 22 juin 2016, n° 15-82.685 : *Bull. crim.* n° 194).

3) **Présomption de régularité.** Il résulte du procès-verbal des débats que le président a fait connaître les dates et heures d'audition des témoins et experts dont les noms ont été régulièrement signifiés, conformément aux prescriptions de l'article 281 du Code de procédure pénale ; en l'absence d'observation ou d'incident formé par les parties, il doit être présumé que les dispositions de l'article 324 du Code de procédure pénale ont été observées et qu'il n'y a eu aucune atteinte aux droits de la défense (■ Cass. crim., 16 mars 2016, n° 15-81.200).

4) **Mandat d'amener.** M. X… ne saurait se faire un grief de ce qu'un mandat d'amener a été décerné par la cour contre un témoin que le procès-verbal des débats mentionne comme ayant été présent à l'appel de son nom dès lors que l'audition de ce témoin, régulièrement cité, a été demandée par les parties et que le mandat délivré n'est pas de nature à porter atteinte aux intérêts de l'accusé (■ Cass. crim., 24 juin 2015, n° 14-85.522).

Art. 325. – **Le président ordonne aux témoins de se retirer dans la chambre qui leur est destinée. Ils n'en sortent que pour déposer. Le président prend, s'il en est besoin, toutes mesures utiles pour empêcher les témoins de conférer entre eux avant leur déposition.**

1) **Pas de nullité.** Les dispositions de l'article 325 du Code de procédure pénale ne sont pas prescrites à peine de nullité (▪ Cass. crim., 10 déc. 2014, n° 13-87.445. ▪ Cass. crim., 23 févr. 2000, n° 99-83.784 : *Bull. crim.* n° 81. ▪ Cass. crim., 15 déc. 1999, n° 98-87.706 : *Bull. crim.* n° 309. ▪ Cass. crim., 27 nov. 1974, n° 74-92.195 : *Bull. crim.* n° 353. ▪ Cass. crim., 7 oct. 1970, n° 70-90.87 : *Bull. crim.* n° 256). Présence dans la salle d'audience. Les demandeurs ne sauraient donc se faire un grief de ce qu'un témoin ait assisté à une partie des débats avant d'être à nouveau entendu (▪ Cass. crim., 23 févr. 2000, préc. ▪ Cass. crim., 15 déc. 1999, préc. ▪ Cass. crim., 15 févr. 1989, n° 88-84.356 : *Bull. crim.* n° 76).

2) **Témoin non acquis aux débats.** La demanderesse ne saurait se faire un grief de ce que le président ait procédé à cette audition dès lors que l'article 325 du Code de procédure pénale, en application duquel les témoins doivent se retirer de la salle d'audience avant de déposer, est inapplicable aux témoins non acquis aux débats (▪ Cass. crim., 16 mars 2016, n° 14-88.524).

3) **Experts.** Les dispositions de l'article 325 du Code de procédure pénale ne concernent que les témoins et ne s'applique pas aux experts auxquels il n'est pas interdit d'assister aux débats avant leur audition (▪ Cass. crim., 27 nov. 1974, préc. ▪ Cass. crim., 7 oct. 1970, préc.).

Art. 326 *(Mod., L. n° 2010-1, 4 janv. 2010).* – **Lorsqu'un témoin cité ne comparaît pas, la cour peut, sur réquisitions du ministère public ou même d'office, ordonner que ce témoin soit immédiatement amené par la force publique devant la cour pour y être entendu, ou renvoyer l'affaire à la prochaine session.**

Dans tous les cas, le témoin qui ne comparaît pas ou qui refuse soit de prêter serment, soit de faire sa déposition, peut, sur réquisitions du ministère public, être condamné par la cour à une amende de 3 750 €. L'obligation de déposer s'applique sous réserve des dispositions des articles 226-13 et 226-14 du Code pénal et de la faculté, pour tout journaliste entendu comme témoin sur des informations recueillies dans l'exercice de son activité, de ne pas en révéler l'origine.

La voie de l'opposition est ouverte au condamné qui n'a pas comparu. L'opposition s'exerce dans les cinq jours de la signification de l'arrêt faite à sa personne ou à son domicile. La cour statue sur cette opposition soit pendant la session en cours, soit au cours d'une session ultérieure.

Bibliographie : J. Bossan, *La protection du secret des sources des journalistes en procédure pénale : Dr. pén.* 2010, étude 14.

1) **Recherche d'un témoin.** Ne méconnaît pas les dispositions de l'article 326 du Code de procédure pénale, qui réserve à la cour le pouvoir d'ordonner qu'un témoin défaillant soit amené devant elle par la force publique, le président qui, en l'absence de tout incident contentieux, fait rechercher ce témoin en vue de l'inviter à se présenter pour être entendu à une audience qu'il indique (▪ Cass. crim., 30 avr. 1986, n° 85-95.884 : *Bull. crim.* n° 149).

2) **Témoin non retrouvé.** Un témoin n'ayant pu être retrouvé, en dépit du mandat d'amener décerné contre lui, et la défense n'ayant pas renoncé à son audition, la Cour a pu estimer, en fonction de son appréciation souveraine, après avoir procédé à l'audition de plusieurs autres témoins, que l'audition réclamée n'apparaissait pas nécessaire aux motifs que l'accusé, qui avait été confronté avec ledit témoin au cours de l'instruction, n'indiquait pas en quoi cette audition à l'audience apparaissait essentielle à sa défense et à la manifestation de la vérité (▪ Cass. crim., 9 déc. 1998, n° 97-84.375 : *Bull. crim.* n° 337 ; *Dr. pén.* 1999, chron. 16, note C. Marsat. ▪ Cass. crim., 29 nov. 1989, n° 88-84.676 : *Bull. crim.* n° 457).

3) **Report exceptionnel.** Aux termes de l'article 326 du Code de procédure pénale, lorsqu'un témoin cité ne comparaît pas, la Cour d'assises peut renvoyer l'affaire à la prochaine session. S'il est vrai qu'aucune disposition de la loi n'interdit que l'affaire soit renvoyée à un autre jour de la même session, avec formation dans ce cas d'un nouveau jury de jugement, cette procédure exceptionnelle, que peuvent seuls justifier l'intérêt de l'accusé et celui d'une prompte justice, est privée de cette justification s'il n'est pas constaté que l'accusé y ait expressément consenti (▪ Cass. crim., n° 71-92.187 : *Bull. crim.* n° 356 ; *D.* 1972, p. 164 ; *RSC* 1972, 403, obs. J.-H. Robert).

4) **Mandat d'amener.** C'est par une exacte application de l'article 326 du Code de procédure pénale que la cour a énoncé qu'elle ne pouvait décerner mandat d'amener à l'encontre de 2 témoins qui n'avaient pas été régulièrement cités. Si elle était tenue de répondre à la demande qui lui était faite à cette fin, aucune disposition de la loi ne lui imposait d'indiquer, dans sa décision, que les mandats sollicités pouvaient être décernés par le président de la cour d'assises, sur le fonde-

ment de l'article 310 du code précité, la défense ayant eu la faculté de présenter une demande en ce sens au président de la cour d'assises (■ Cass. crim., 17 juin 2020, n° 19-85.117). Le demandeur n'est pas recevable, faute de qualité, à critiquer la réponse faite à la demande, formée par un autre accusé, tendant à ce qu'il soit décerné mandat d'amener à l'encontre d'un témoin qui n'a pu être entendu, le procès-verbal des débats n'indiquant pas qu'il se soit associé, en personne ou par ses avocats, à la prétention qui avait été ainsi présentée (■ Cass. crim., 23 juin 2021, n° 20-84.255).

5) Pouvoir discrétionnaire du président. L'accusé ne saurait se faire un grief de ce que le président ait ordonné, à la place de la Cour, la comparution par la force d'un témoin, acquis aux débats, dès lors que cette irrégularité n'a porté aucune atteinte à ses intérêts (■ Cass. crim., 29 mai 2002, n° 01-87.222 : *Bull. crim.* n° 125).

6) Condamnation de témoins défaillants. Il résulte du procès-verbal des débats qu'après qu'a été constatée l'absence de deux témoins régulièrement cités, l'avocat général a requis leur condamnation à une amende ; la cour a prononcé la condamnation des deux témoins au paiement d'une amende, après avoir, dans les deux cas, entendu le ministère public, les parties et leurs avocats, délibéré sans le concours des jurés, le président donnant lecture des arrêts de condamnation, arrêts annexés au procès-verbal des débats. En se déterminant ainsi, en application de l'article 326 du Code de procédure pénale, sur la condamnation d'un témoin défaillant cité à l'occasion de l'affaire dont il était débattu, la cour n'a pas méconnu le principe selon lequel les débats ne peuvent être interrompus. Par ailleurs, en l'absence de donné-acte, qu'il appartenait à la défense de solliciter, ou de conclusions d'incident, qu'elle avait la faculté de déposer au cours des débats devant la cour d'assises, le moyen, pris de ce que la parole a été donnée à la défense à propos de la condamnation de témoins défaillants, en méconnaissance de l'article du Code de procédure pénale précité, présenté pour la première fois devant la Cour de cassation, n'est pas recevable (■ Cass. crim., 20 oct. 2021, n° 21-80.637).

Art. 327 ***(Rempl. à compter du 1er janvier 2012, L. n° 2011-939, 10 août 2011 ; mod. à compter du 1er mars 2022, L. n° 2021-1729, 22 déc. 2021).*** **– Le président de la cour d'assises présente, de façon concise, les faits reprochés à l'accusé tels qu'ils résultent de la décision de renvoi.**

Il expose les éléments à charge et à décharge concernant l'accusé tels qu'ils résultent de l'information, y compris, s'il y a lieu, les éléments à décharge mentionnés par les observations de l'avocat déposées en application du III de l'article 175, même si ces éléments ne figurent pas dans l'ordonnance de renvoi prise en application de l'article 184.

Lorsque la cour d'assises statue en appel, il donne en outre connaissance du sens de la décision rendue en premier ressort, de sa motivation et, le cas échéant, de la condamnation prononcée.

Dans sa présentation, le président ne doit pas manifester son opinion sur la culpabilité de l'accusé.

À l'issue de sa présentation, le président donne lecture de la qualification légale des faits objets de l'accusation.

1) Refus de transmission d'une question prioritaire de constitutionnalité. En prévoyant que le président de la cour d'assises, statuant en appel, donne connaissance, à l'ouverture de l'audience, de la motivation de la décision rendue en premier ressort, qu'elle soit de culpabilité ou d'acquittement, laquelle fait partie intégrante des débats et est ainsi soumise à la discussion contradictoire des parties, l'article 327, alinéa 3 du Code de procédure pénale ne méconnaît pas la présomption d'innocence et au droit à un recours effectif devant une juridiction, garantis par les articles 9 et 16 de la Déclaration des droits de l'homme et du citoyen de 1789 appartenant au bloc de constitutionnalité de la Constitution de 1958 (■ Cass. crim., 24 mai 2018, n° 18-81.664) ; La disposition légale contestée (CPP, art. 327, al. 3), en prévoyant que le président de la cour d'assises, statuant en appel, donne connaissance, à l'ouverture de l'audience, de la motivation de la décision rendue en premier ressort, qu'elle soit de culpabilité ou d'acquittement, laquelle fait partie intégrante des débats et est ainsi soumise à la discussion contradictoire des parties, ne méconnaît pas la disposition constitutionnelle invoquée (■ Cass. crim., 18 juin 2014, n° 13-87.875).

2) Lecture de la décision de renvoi.

a. Qualification légale des faits. Aux termes de l'article 327 du Code de procédure pénale, dans sa rédaction issue de la loi n° 2011-939 du 10 août 2011, le président de la cour d'assises présente, de façon concise, les faits reprochés à l'accusé, tels qu'ils résultent de la décision de renvoi, expose les éléments à charge et à décharge concernant l'accusé, tels qu'ils sont mentionnés dans ladite décision, et donne lecture de la qualification légale des faits objets de l'accusation ; en outre, lorsque la cour d'assises statue en appel, il donne connaissance du sens de la décision rendue en premier ressort, de sa motivation et, le cas échéant, de la condamnation prononcée. Il ne résulte pas de ce procès-verbal que le président se soit conformé aux prescriptions ci-dessus rappelées de l'article 327 du Code de procédure pénale de sorte que l'arrêt encourt la cassation (■ Cass. crim., 18 juin 2014, n° 13-82.517 : *Bull. crim.* n° 156 ; *Dalloz actualité* 7 juill. 2014, obs. C. Fonteix ; *Procédures* 2014, 249, note A.-S. Chavent-Leclère. ■ Cass. crim., 26 juin 2013, n°s 12-84.845 et 12-84.673 : *Bull. crim.* n° 97 ; *RSC* 2013, 855, note D. Boccon-Gibod ; *Dr. pén.* 2013, n° 101, obs. A. Maron et M. Haas. ■ Cass. crim., 22 juin 2011, n° 10-85.159 : *Bull. crim.* n° 150).

b. Réexamen. Aucune disposition légale ou conventionnelle n'impose, en cas de réexamen, d'autres lectures, en début d'audience, que celles exigées par l'article 327 du Code de procédure pénale (■ Cass. crim., 7 déc. 2005, n° 05-80.988 : *Bull. crim.* n° 329).

c. Motivation. Si le président de la cour d'assises, statuant en appel, doit, en application de l'article 327 du Code de procédure pénale, donner connaissance de la motivation de la décision rendue en premier ressort, qu'elle soit de culpabilité ou d'acquittement, c'est après avoir indiqué les éléments à charge mais aussi à décharge résultant de la décision de mise en accusation ; d'autre part, la motivation retenue en première instance, faisant partie intégrante des débats, est soumise à la discussion contradictoire des parties, sans porter atteinte ni au droit à un procès équitable ni aux droits de la défense de l'accusé (■ Cass. crim., 13 nov. 2014, n° 13-87.875). Il ne résulte pas du procès-verbal des débats que la défense ait élevé une contestation ou présenté une demande de donné-acte, quand le président de la cour d'assises, faisant le rapport de l'affaire, a donné connaissance du sens de la décision rendue en première instance, de la condamnation prononcée et de l'acquittement partiel intervenu. Si le procès-verbal des débats précise que le président n'a pas donné connaissance de la motivation de cette décision, en accord avec les parties, il en résulte qu'il n'a pas été porté atteinte aux droits de la défense de l'accusé (■ Cass. crim., 22 avr. 2020, n° 19-84.464 : *Bull. crim.* n° 20). La Cour de cassation interprète cette disposition comme empêchant le président, lorsque la cour d'assises statue sur renvoi après cassation d'un précédent arrêt rendu par une cour d'assises statuant en appel, de donner connaissance du sens de la décision annulée, de sa motivation et de la condamnation prononcée (■ Cass. crim., 15 avr. 2015, n° 13-88.519). Cette disposition n'empêche pas le président de la cour d'assises de se borner à rappeler l'existence de la décision annulée (■ Cass. crim., 22 janv. 2020, n° 19-80.122 : *Bull. crim.* n° 26 ; *Dr. pén.* 2020, comm. 86, obs. A. Maron et M. Haas).

d. Ordre de lecture. Les demandeurs ne sauraient reprocher au président de ne pas avoir, pour l'application de l'article 327 du Code de procédure pénale, observé l'ordre prévu par cet article, dès lors qu'il n'est pas prévu à peine de nullité (■ Cass. crim., 9 mai 2019, n° 18-82.885 : *Bull. crim.* n° 90 : *Dr. pén.* 2019, comm. 136, obs. A. Maron et M. Haas. – V. aussi ■ Cass. crim., 27 nov. 2019, n° 18-83.942 : *Dr. pén.* 2020, comm. 19, obs. A. Maron et M. Haas).

e. Questions subsidiaires sans objet. Les questions subsidiaires posées en première instance et dont les réponses sont devenues sans objet ne doivent pas être lues devant la cour d'assises statuant en appel (■ Cass. crim., 17 mars 2004, n° 03-84.448 : *Bull. crim.* n° 68).

3) Présomption de régularité. Il est mentionné au procès-verbal des débats que le président de la cour d'assises s'est conformé aux dispositions de l'article 327 du Code de procédure pénale de sorte que l'absence de tout incident contentieux ou de demande de donné-acte fait présumer qu'aucune irrégularité de nature à porter atteinte aux droits de la défense n'a été commise au cours de l'audience (■Cass. crim., 20 juin 2018, n° 17-85.938. ■ Cass. crim., 1er mars 2017, n° 16-82.618. ■ Cass. crim., 14 déc. 2016, n° 15-86.303. ■ Cass. crim., 26 juin 2013, n° 12-82.366 : *Bull. crim.* n° 165. ■ Cass. crim., 26 juin 2013, n° 12-85.300 : *Bull. crim.* n° 166. ■ Cass. crim., 31 oct. 2012, n° 12-81.549 : *Bull. crim.* n° 236 ; *D. actualité* 3 déc. 2012, obs. Martineau ; *D.* 2013, 1778, obs. Laurent). S'il ne résulte d'aucune mention du procès-verbal des débats que le président s'est conformé aux prescriptions de ce texte, la cassation est encourue (■ Cass. crim., 5 sept. 2018, n° 17-86.490).

4) Arrêt de renvoi.

a. Annulation partielle. Lorsqu'un arrêt de mise en accusation n'a été que partiellement annulé par la Cour de cassation et que la chambre d'accusation, désignée comme juridiction de renvoi, en a modifié certaines dispositions, fussent-elles limitées à l'action civile, il doit être donné lecture, devant la cour d'assises, tant de cet arrêt que de ceux rendus par la chambre criminelle et par la chambre d'accusation dès lors qu'ils modifiaient certaines dispositions de l'arrêt de renvoi devant la cour d'assises (■ Cass. crim., 29 avr. 1997, n° 95-82.669 : *Bull. crim.* n° 155).

b. Lecture partielle. Satisfait aux exigences légales le procès-verbal des débats qui constate que le greffier a donné lecture des décisions énumérées à l'article 327 du Code de procédure pénale, à l'exception des faits et renseignements énoncés dans l'arrêt de renvoi et ne concernant pas les deux accusés, aucune observation n'ayant été faite après ces lectures (■ Cass. crim., 21 mai 2003, n° 02-85.294 : *Bull. crim.* n° 104).

5) Décision rendue en premier ressort.

a. Questions posées à la cour d'assises. Aux termes de l'article 327 du Code de procédure pénale, le président invite l'accusé et les jurés à écouter avec attention la lecture de la décision de renvoi, ainsi que, lorsque la cour d'assises statue en appel, des questions posées à la cour d'assises ayant statué en premier ressort, des réponses faites aux questions, de la décision et de la condamnation prononcée ; il ne résulte d'aucune mention que le greffier ait également donné lecture des questions posées à la cour d'assises ayant statué en premier ressort, des réponses faites aux questions, de la décision et de la condamnation prononcée ; la cassation est donc encourue (▪ Cass. crim., 18 juin 2003, n° 02-85.269 : *Bull. crim.* n° 125. ▪ Cass. crim., 23 oct. 2002, n° 02-81.966 : *Bull. crim.* n° 194).

b. Motivation retenue en première instance. D'une part, si le président de la cour d'assises, statuant en appel, doit, en application de l'article 327 du Code de procédure pénale, donner connaissance de la motivation de la décision rendue en premier ressort, qu'elle soit de culpabilité ou d'acquittement, c'est après avoir indiqué les éléments à charge mais aussi à décharge résultant de la décision de mise en accusation ; d'autre part, la motivation retenue en première instance, faisant partie intégrante des débats, elle est soumise à la discussion contradictoire des parties, sans porter atteinte ni au droit à un procès équitable ni aux droits de la défense de l'accusé (▪ Cass. crim., 13 nov. 2014, n° 13-87.875 : *Bull. crim.* n° 238). S'il est loisible aux parties de critiquer la feuille de motivation, elles ne sauraient faire grief au président d'avoir, conformément aux prescriptions de l'article 327 du Code de procédure pénale, donné connaissance de l'ensemble des motifs qui ont déterminé la décision rendue par la cour d'assises de première instance (▪ Cass. crim., 11 juill. 2017, n° 16-85.864 : *Bull. crim.* n° 195).

c. Rappel existence d'une première décision rendue en appel et annulée. L'article 327 du Code de procédure pénale empêche le président, lorsque la cour d'assises statue sur renvoi après cassation d'un précédent arrêt rendu par une cour d'assises statuant en appel, de donner connaissance du sens de la décision annulée, de sa motivation et de la condamnation prononcée (▪ Cass. crim., 15 avr. 2015, n° 13-88.519). Cette disposition n'empêche pas le président de la cour d'assises de se borner à rappeler l'existence de la décision annulée (▪ Cass. crim., 22 janv. 2020, n° 19-80.122 : *Bull. crim.* n° 26).

6) Contenu du rapport. Le demandeur ne saurait faire grief à la cour d'avoir rejeté ces demandes dès lors qu'elle n'est tenue de donner acte que de faits précis, survenus à l'audience, constatés à cette occasion, et ne peut faire droit aux réserves émises sur la loyauté de la procédure, sur le respect de l'article 6 de la Convention européenne ou sur celui du procès équitable (▪ Cass. crim., 20 juin 2018, n° 17-83.717).

7) Interrogatoire de l'accusé. Aucune disposition légale n'impose au président d'interroger l'accusé immédiatement après avoir accompli les formalités de l'article 327 du Code de procédure pénale (▪ Cass. crim., 29 mars 2017, n°s 16-84.212 et 16-84.213).

8) Procès équitable.

a. Principe du contradictoire. Dès lors que, d'une part, la saisine de la cour d'assises a été irrévocablement fixée par l'arrêt de mise en accusation et de renvoi, non susceptible, dans ses motifs et son dispositif, d'avoir été remis en cause par la décision de la Cour européenne des droits de l'homme visant exclusivement la condamnation ultérieurement prononcée, d'autre part, les éléments à charge mais aussi à décharge résultant de ladite décision de mise en accusation sont exposés par le président préalablement aux débats et sont ensuite soumis à la discussion contradictoire des parties, sans qu'il soit porté atteinte au droit à un procès équitable et aux droits de la défense de l'accusé, la cour a justifié sa décision (▪ Cass. crim., 8 juill. 2015, n° 14-83.693).

b. Présomption d'innocence. Le demandeur ne saurait se faire un grief des motifs de l'arrêt attaqué, en alléguant qu'ils affirmeraient sa culpabilité à l'égard de certains des faits poursuivis, dès lors que ces motifs qui font état des éléments à décharge, sont dépourvus de l'autorité de la chose jugée et que la chambre de l'instruction, dans la limite des pouvoirs que lui attribue l'article 214 du Code de procédure pénale, se borne à ordonner son renvoi devant la cour d'assises ; en effet, la juridiction de jugement conservant son entière liberté, après débat contradictoire, pour prononcer sur les charges retenues contre l'accusé, la présomption d'innocence dont celui-ci continue de bénéficier, en vertu, notamment, des dispositions constitutionnelles et conventionnelles invoquées, ne cessera qu'en cas de déclaration de culpabilité devenue irrévocable (▪ Cass. crim., 28 juin 2016, n° 16-82.661).

Art. 328 *(Mod., L. n° 2014-535, 27 mai 2014)*. **– Après l'avoir informé de son droit, au cours des débats, de faire des déclarations, de répondre aux questions qui lui sont posées ou de se taire, le président interroge l'accusé et reçoit ses déclarations.**

Il a le devoir de ne pas manifester son opinion sur la culpabilité.

Bibliographie : R. Koering-Joulin, *Le juge impartial : Justices* 1998, p. 1.

1) Déclaration liminaire de l'accusé. L'article 328 du même code n'impose pas au président de recevoir la déclaration liminaire de l'accusé, une telle déclaration étant sans portée sur le plan procédural, dès lors que, conformément au droit interne et à la Convention européenne des droits de l'Homme, toute personne accusée d'une infraction est présumée innocente jusqu'à ce que sa culpabilité ait été légalement établie (■ Cass. crim., 22 janv. 1997, n° 96-82.401 : *Bull. crim.* n° 25).

2) Droit de se taire. En application de l'article 328 du Code de procédure pénale, le président de la cour d'assises doit, avant d'interroger l'accusé, l'informer de son droit de faire des déclarations, de répondre aux questions qui lui sont posées ou de se taire ; cette formalité n'a pas à être renouvelée avant chaque interrogatoire ultérieur de l'accusé (■ Cass. crim., 11 juill. 2017, n° 16-86.656 : *Bull. crim.* n° 194). La méconnaissance de l'obligation d'informer l'accusé du droit de se taire lui fait nécessairement grief (■ Cass. crim., 22 avr. 2020, n° 19-83.013).

3) Absence de manifestation de son opinion par un magistrat. Il résulte du procès-verbal des débats qu'à l'occasion de l'audition de Mme W., partie civile, le président de la cour d'assises a observé : « on a vu X..., elle apparaît encore très marquée » ; les propos ainsi formulés, qui ne font pas un lien nécessaire entre la présentation observée de la jeune fille et les faits, ne caractérisent pas une manifestation d'opinion de ce magistrat sur la culpabilité de l'accusé (■ Cass. crim., 27 nov. 2019, n° 18-85.852).

4) Opinion sur la culpabilité.

a. Violation de l'article 328 du Code de procédure pénale

Principe. Seule la manifestation d'une opinion préconçue sur les faits incriminés du point de vue de la culpabilité de l'accusé est interdite au président de la cour d'assises par l'article 328, alinéa 2 du Code de procédure pénale (■ Cass. crim., 12 juin 1981, n° 81-90.284 : *Bull. crim.* n° 98 ; *RSC* 1982, 800, obs. J.-H. Robert).

Illustrations. La déclaration par le président des assises, au cours d'un bref exposé avant l'interrogatoire, que, « quel que soit le mobile, l'accusé a commis deux crimes odieux et abominables », constitue, de la part de l'un des juges appelés à se prononcer sur la culpabilité de l'accusé, la manifestation d'une opinion sur cette culpabilité, viciant les débats et violant les articles 266 et suivants, 310 et suivants du Code d'instruction criminelle (CPP, art. 328) ainsi que les droits de la défense (■ Cass. crim., 14 juin 1956 : *Bull. crim.* n° 476 ; *D.* 1956, p. 733, note R. Vouin). En demandant à l'accusé, comme le constate le procès-verbal des débats : « ne pensez-vous pas que vous niez l'évidence et que vous avez une position insoutenable ? », le président de la cour d'assises a ainsi manifesté sans équivoque son opinion sur la culpabilité de l'accusé et porté atteinte aux droits de la défense (■ Cass. crim., 14 juin 1989, n° 88-86.553 : *Bull. crim.* n° 59 ; *RSC* 1990, 368, obs. A. Braunschweig). En donnant lecture à la fin des débats d'une question où la culpabilité de X... était affirmée, le président a manifesté publiquement sa conviction préétablie de cette culpabilité en violation du texte de loi précité et porté atteinte aux droits de la défense (■ Cass. crim., 8 mars 2000, n° 99-82.597 : *Bull. crim.* n° 110. ■ Cass. crim., 20 août 1997, n° 96-85.732 : *Bull. crim.* n° 288 ; *Dr. pén.* 1997, comm. 148, obs. A. Maron). En communiquant, dès le début de l'instruction à l'audience, aux magistrats de la Cour et aux jurés, un document impliquant nécessairement sa conviction préétablie de la culpabilité de l'accusé, le président de la cour d'assises, qui a par ailleurs méconnu le principe de l'oralité des débats, a manifesté son opinion sur cette culpabilité en violation du texte de loi précité et porté ainsi atteinte aux droits de la défense (■ Cass. crim., 9 janv. 1991, n° 90-81.844 : *Bull. crim.* n° 16 ; *RSC* 1991, 787, obs. A. Braunschweig).

b. Absence de violation de l'article 328 du Code de procédure pénale.

Lecture d'un extrait du casier judiciaire. En donnant lecture au cours de l'interrogatoire de l'accusé d'un extrait de son casier judiciaire et de plusieurs condamnations prononcés à son encontre, le président n'a en rien manifesté son opinion sur la culpabilité de celui-ci (■ Cass. crim., 25 mai 1992, n° 91-85.775 : *Bull. crim.* n° 209).

Rappel de la condamnation antérieure. La condamnation définitive d'un coaccusé ayant un caractère public, son rappel par le président de la cour d'assises qui a un devoir d'information à l'égard des membres de la Cour et du jury, ne saurait constituer de sa part une manifestation d'opinion préconçue sur la culpabilité de l'accusé ni une atteinte aux droits de sa défense (■ Cass. crim., 20 nov. 1991, n° 91-82.115 : *Bull. crim.* n° 422).

Question à un témoin. Aucune disposition de la loi n'interdit au président de la Cour d'assises de poser à un témoin une question qu'il estime utile à la manifestation de la vérité, à la seule condition qu'en posant cette question, il ne manifeste pas sa propre opinion sur la culpabilité de l'accusé, ce qui n'est pas le cas en l'espèce (■ Cass. crim., 8 déc. 1993, n° 93-82.391 : *Bull. crim.* n° 378. ■ Cass. crim., 4 juin 1984, n° 83-94.081 : *Bull. crim.* n° 201). La seule communication à la Cour et aux jurés d'une brochure extraite du dossier de la procédure ne saurait constituer, de la part du président, une manifestation prohibée d'opinion, au sens de l'article 328 du Code de procédure pénale, dès lors qu'à cette occasion, il n'est rien relevé dans les propos de ce magistrat qui soit de nature à révéler son sentiment sur la culpabilité de l'accusé (■ Cass. crim., 3 juin 1988, n° 87-84.240 : *Bull. crim.* n° 246).

Éléments tirés d'autres procédures. Le président ne manifeste pas son opinion sur la culpabilité de l'accusé et ne manque pas à son devoir d'impartialité en soumettant au débat contradictoire des éléments d'autres procédures, dont la production peut être de nature à éclairer les juges et à contribuer à la manifestation de la vérité (■ Cass. crim., 6 déc. 2000, n° 00-83.097).

Exclamations. Le procès-verbal des débats relate qu'au cours de l'interrogatoire de Jean-Claude X… sur les assassinats dont les membres de sa famille ont été victimes, son avocat a demandé acte, à la suite de la réponse apportée par l'accusé à une question du président, de ce que ce magistrat a déclaré : « C'est horrible, ça » ; un tel propos n'implique pas, par lui-même, la manifestation d'une opinion préconçue sur la culpabilité de l'accusé et ne constitue pas, dès lors, une violation de l'article 328 du Code de procédure pénale (■ Cass. crim., 28 mai 1997, n° 96-83.637 : *Bull. crim.* n° 209 ; *Dr. pén.* 1997, comm. 134, obs. A. Maron). La décision du président de faire consigner au procès-verbal des débats, en application de l'article 379 du Code de procédure pénale, certaines déclarations de l'accusé ne saurait être interprétée comme une manifestation d'opinion sur la culpabilité de ce dernier (■ Cass. crim., 12 déc. 2012, n° 12-80.788 : *Bull. crim.* n° 275 ; *Dr. pén.* 2013, comm. 29, note A. Maron et M. Haas ; *RSC* 2013, p. 109, note J. Danet ; *Procédures* 2013, n° 53, obs. J. Buisson ; *ibid.*, 78, obs. A.-S. Chavent-Leclère).

5) Mentions de la feuille de questions. La feuille des questions porte la mention préétablie et tamponnée : « sans désemparer, la Cour et le jury réunis en chambre du conseil, après en avoir délibéré en commun et voté conformément à la loi sur l'application de la peine à la majorité condamnent l'accusé » ; si cette mention émane du président, elle ne constitue aucune manifestation d'opinion préconçue sur la culpabilité de l'accusé seule prohibée par l'article 322 du Code de procédure pénale (■ Cass. crim., 15 nov. 2006, n° 06-80.655 : *Bull. crim.* n° 287 ; *Dr. pén.* 2007, chron. 29, obs. H. Angevin. V. aussi ■ Cass. crim., 15 janv. 2003, n° 02-84.349).

6) Position de l'accusé. Les propos critiqués ne sauraient constituer une manifestation d'opinion du président, dès lors qu'ils évoquent effectivement la position de l'accusé sur le multipartisme, sans se prononcer sur sa culpabilité (■ Cass. crim., 24 mai 2018, n° 16-87.622 : *Bull. crim.* n° 100).

Art. 329 ***(Ord. n° 60-529, 4 juin 1960).*** **– Les témoins appelés par le ministère public ou les parties sont entendus dans le débat, même s'ils n'ont pas déposé à l'instruction, ou s'ils n'ont pas été assignés, à condition que leurs noms aient été signifiés conformément aux prescriptions de l'article 281.**

1) Audition d'un médecin. Aux termes de l'article 329 du Code de procédure pénale, les témoins appelés par le ministère public et les parties sont entendus dans le débat, même s'ils n'ont pas déposé à l'instruction ou s'ils n'ont pas été assignés, à condition que leurs noms aient été signifiés conformément aux prescriptions de l'article 281. D'une part, M. Y… avait été inscrit à la demande de l'accusé sur la liste complémentaire des témoins, il avait été régulièrement cité et son nom avait été signifié à l'ensemble des parties, d'autre part, l'audition de ce praticien avait pour objet de fournir à la cour un avis sur l'origine des blessures de la victime, enfin, l'avis technique sollicité était soumis à la discussion contradictoire si bien que la cour n'a pas donné de base légale à sa décision de faire droit à l'opposition du ministère public et de la partie civile (■ Cass. crim., 14 déc. 2016, n° 16-81.656 : *Bull. crim.* n° 345).

2) Témoin cité par un coaccusé. Un accusé ne saurait se prévaloir de ce qu'un témoin régulièrement cité par un co-accusé n'a pas été entendu, cette irrégularité ne faisant pas grief à ses intérêts (■ Cass. crim., 27 mai 1981, n° 80-92.907 : *Bull. crim.* n° 175 ; *D.* 1983, 63, note F. Chapar).

3) Audition contradictoire des témoins à charge. Il résulte de l'article 6.3. *d* de la Convention européenne des droits de l'Homme que les juges d'appel sont tenus, lorsqu'ils en sont légalement requis, d'ordonner l'audition contradictoire des témoins à décharge dans les mêmes conditions que les témoins à charge. Le refus des juges de faire droit à une telle demande doit être motivé (■ Cass. crim., 4 juin 1998, n° 97-82.618 : *Bull. crim.* n° 184. ■ Cass. crim., 22 mars 1989, n° 88-84.580 : *Bull. crim.* n° 144), par exemple, en exposant les circonstances particulières qui font obstacle à la confrontation ou sont de nature à la priver de toute force probante (■ Cass. crim., 21 janv. 1991, n° 90-81.264 : *Bull. crim.* n° 32), sauf s'il est impossible d'assurer leur comparution, laquelle, au vu des résultats de l'instruction à l'audience, n'apparaît pas nécessaire à la manifestation de la vérité (■ Cass. crim., 13 juin 1991, n° 90-81.489 : *Bull. crim.* n° 252. ■ Cass. crim., 9 oct. 1991, n° 91-80.358 : *Bull. crim.* n° 336. ■ Cass. crim., 27 juin 1990, n° 89-87.077 : *Bull. crim.* n° 264).

Art. 330 *(Ord. n° 60-529, 4 juin 1960).* **– Le ministère public et les parties peuvent s'opposer à l'audition d'un témoin dont le nom ne leur aurait pas été signifié ou qui leur aurait été irrégulièrement signifié.**

La cour statue sur cette opposition.

Si elle est reconnue fondée, ces témoins peuvent être entendus, à titre de renseignements, en vertu du pouvoir discrétionnaire du président.

1) Citation du nom patronymique. La seule mention du nom patronymique du témoin visé au moyen suffit à établir que la personne entendue est celle citée et dénoncée (▪ Cass. crim., 23 mai 2001, n° 00-84.446).

2) Témoin non signifié. Lorsque l'une des parties s'oppose à l'audition d'un témoin dont le nom ne lui aurait pas été signifié, la Cour doit rechercher si le grief pris du défaut de dénonciation dudit témoin est fondé (▪ Cass. crim., 6 mai 1987, n° 86-95.871 : *Bull. crim.* n° 182. ▪ Cass. crim., 28 mai 1986, n° 85-94.344 : *Bull. crim.* n° 181). Lorsque le Ministère public s'est opposé à l'audition sous serment de témoins dont les noms ne lui ont pas été signifiés et qu'aucune contestation n'est soulevée par l'accusé, l'intervention de la Cour n'est pas nécessaire et le Président peut entendre ces témoins en vertu de son pouvoir discrétionnaire et à titre de simple renseignement (▪ Cass. crim., 10 mars 1971, n° 70-92.422 : *Bull. crim.* n° 81).

3) Témoin régulièrement signifié. Il résulte des textes susvisés du Code de procédure pénale que tout témoin cité par le ministère public ou par les parties, dont le nom a été régulièrement signifié, est acquis aux débats devant la cour d'assises et doit déposer, après avoir prêté serment, sauf s'il se trouve dans un cas d'empêchement ou d'incapacité prévu par la loi, ou si toutes les parties ont renoncé à son audition. D'une part, en l'absence de toute disposition légale dispensant ce témoin, acquis aux débats, de comparaître, la cour ne pouvait énoncer qu'elle n'entendait pas recevoir sa déposition, ce témoin pouvant refuser de répondre à toute question concernant les faits visés par une plainte avec constitution de partie civile déposée contre lui par l'accusé, cette procédure étant distincte de celle jugée par la cour d'assises. D'autre part, il appartenait au président de la cour d'assises, dans le cadre des pouvoirs qu'il tient de l'article 309 du Code de procédure pénale, d'écarter, d'office ou à la demande du ministère public ou des parties, toute question compromettant la dignité des débats, ou étrangère à leur objet. Par ailleurs, tout accusé ayant le droit d'interroger ou de faire interroger des témoins, l'audition sollicitée ne pouvait être remplacée par le visionnage de l'audition de l'accusé au cours de sa garde à vue. Enfin, la cour ne pouvait énoncer que l'audition demandée n'était pas nécessaire à la manifestation de la vérité, alors que cette nécessité ne pouvait être appréciée qu'au vu des questions qui seraient posées au témoin et de ses réponses, que la juridiction ne connaissait pas quand elle a écarté la nécessité de cette audition (▪ Cass. crim., 17 juin 2020, n° 19-81.485 : *Bull. crim.* n° 27 ; *Dr. pén.* 2020, comm. 161, obs. A. Maron et M. Haas).

Art. 331 *(Mod., L. n° 2019-222, 23 mars 2019).* **– Les témoins déposent séparément l'un de l'autre, dans l'ordre établi par le président.**

Les témoins doivent, sur la demande du président, faire connaître leurs nom, prénoms, âge, profession, leur domicile ou résidence, s'ils connaissaient l'accusé avant le fait mentionné dans l'arrêt de renvoi, s'ils sont parents ou alliés, soit de l'accusé, soit de la partie civile, et à quel degré. Le président leur demande encore s'ils ne sont pas attachés au service de l'un ou de l'autre.

Avant de commencer leur déposition, les témoins prêtent le serment « de parler sans haine et sans crainte, de dire toute la vérité, rien que la vérité ». Cela fait, les témoins déposent oralement. Le président peut autoriser les témoins à s'aider de documents au cours de leur audition.

Les témoins déposent uniquement, soit sur les faits reprochés à l'accusé, soit sur sa personnalité et sur sa moralité.

Les témoins ne sont pas tenus de faire part de leur intime conviction concernant la culpabilité de l'accusé.

1) Refus de transmission d'une question prioritaire de constitutionnalité. Il n'y a pas lieu de renvoyer au Conseil constitutionnel les dispositions combinées des articles 331 et 335 du Code de procédure pénale – en ce qu'elles prévoient que la famille de l'accusé ne prête pas serment alors que celle de la partie civile est tenue de prêter serment – dès lors que, d'une part, le législateur a pu, sans méconnaître le principe d'égalité devant la loi, régler de façon différente des situations différentes, d'autre part, ces dispositions, procédant du statut de l'accusé, préservent l'exercice des droits de sa défense sans méconnaître la recherche de la vérité et enfin, l'exigence de la prestation de serment des témoins appartenant à la famille de la partie civile constitue une autre garantie pour l'accusé, ces témoins étant passibles de poursuites pénales du chef de faux témoignage (▪ Cass. crim., 3 oct. 2018, n° 18-81.951). Il n'y a pas lieu de renvoyer au

Conseil constitutionnel les dispositions combinées des articles 331 et 335 du Code de procédure pénale – en ce qu'elles ne prévoient strictement aucun encadrement légal spécifique ni aucune garantie particulière dans les cas où des personnes placées sous un régime de protection de type tutelle, curatelle ou curatelle renforcée sont entendues lors du procès d'assises en qualité de « témoin » – car si un majeur protégé cité en qualité de témoin à l'audience de la cour d'assises doit, en principe, prêter serment, sauf s'il se trouve dans l'un des cas d'exclusion du serment prévus par l'article 335 du Code de procédure pénale, toute partie a la possibilité, d'une part, de solliciter une expertise psychiatrique ou psychologique préalable afin de vérifier si les facultés mentales de l'intéressé sont compatibles avec une prestation de serment, d'autre part, de faire citer en qualité de témoin le tuteur ou le curateur (▪ Cass. crim., 20 juin 2018, n° 17-87.327).

I – CONTENU DU PROCES-VERBAL

2) Déposition séparée des témoins. À défaut de donner acte qu'il appartenait aux accusés de solliciter s'ils le jugeaient utile à leurs intérêts, il se déduit des énonciations du procès-verbal des débats que les témoins visés au moyen ont été entendus séparément, conformément aux dispositions de l'article 331, alinéa 1er, du Code de procédure pénale (▪ Cass. crim., 17 oct. 2018, n° 17-87.327). ▪ Cass. crim., 4 janv. 2006, n° 04-86.599 : *Bull. crim.* n° 4). La confrontation entre deux ou plusieurs témoins ne peut être effectuée qu'après que chacun d'eux a été entendu séparément des autres (▪ Cass. crim., 8 juin 2006, n° 05-87.769 : *Bull. crim.* n° 169). Si le procès-verbal ne mentionne pas que les témoins ont été entendus séparément, il suffit qu'il résulte de la lecture même de ce document que lesdits témoins ont été entendus seuls et successivement, en l'absence des autres témoins cités (▪ Cass. crim., 8 juin 2006, n° 05-86.695 : *Bull. crim.* n° 170).

3) Droits de la défense. Il est mentionné au procès-verbal des débats que le président s'est conformé aux prescriptions de l'article 331 du Code de procédure pénale et qu'il doit être présumé, en l'absence de tout incident contentieux ou demande de donner acte qu'il appartenait à l'accusé de faire valoir, qu'aucune méconnaissance desdites dispositions, de nature à porter atteinte aux droits de la défense, n'a été commise au cours de la déposition des témoins (▪ Cass. crim., 9 janv. 2019, n° 17-87.530). Le demandeur ne saurait faire grief au procès-verbal des débats de ne pas faire état de l'incident technique ayant entraîné une rupture de communication de 20 minutes, dès lors que son existence résulte des mentions du procès-verbal des opérations qui lui est annexé ; par ailleurs, en l'absence de demande de donné-acte, il doit être présumé que cet incident technique n'a porté aucune atteinte aux droits de la défense (▪ Cass. crim., 7 mars 2018, n° 16-86.528).

II – DÉPOSITION

A – Déposition sous serment

4) Prestation de serment.

α. Obligation de prêter serment

Témoin cité et/ou dénoncé. Tout témoin cité et dénoncé et même simplement cité ou dénoncé, est acquis aux débats et doit, avant de déposer, prêter le serment prescrit par l'article 331 du Code de procédure pénale. Il ne peut être entendu sans prestations de serment, en vertu du pouvoir discrétionnaire du président, que s'il se trouve dans l'un des cas d'empêchement ou d'incapacité prévu par la loi, ou si le Ministère public et les accusés ont renoncé à son audition, ou encore si les parties ont formé à cette audition une opposition reconnue légalement fondée (▪ Cass. crim., 14 janv. 1987, n° 86-93.675 : *Bull. crim.* n° 20. ▪ Cass. crim., 27 oct. 1965, n° 65-91.529 : *Bull. crim.* n° 213), même s'il a été cité sous une identité erronée (▪ Cass. crim., 17 mai 2000, n° 99-84.622 : *Bull. crim.* n° 195). Tout témoin cité et dénoncé est acquis aux débats et, en dehors des cas prévus par la loi, doit à peine de nullité prêter, avant de déposer, le serment prescrit par l'article 331 du Code de procédure pénale. Méconnaît ce principe le président des assises qui entend sans prestation de serment, en vertu de son pouvoir discrétionnaire et à titre de simple renseignement, un témoin cité et dénoncé au seul motif que ledit témoin a, pour des raisons d'ordre religieux, refusé de prêter serment (▪ Cass. crim., 26 nov. 1980, n° 80-92.740 : *Bull. crim.* n° 318). Lorsqu'un témoin a, avant son audition, prêté le serment prescrit par l'article 331 du Code de procédure pénale, ce serment s'applique à l'ensemble de ses déclarations, celles-ci fussent-elles recueillies à diverses reprises au cours des débats ; en conséquence, sauf survenance d'une cause d'incapacité ou d'incompatibilité, ce témoin ne peut être entendu par la suite, dans la même affaire, à titre de simple renseignement (▪ Cass. crim., 17 mars 1999, n° 98-82.424 : *Bull. crim.* n° 47. ▪ Cass. crim., 14 janv. 1987, n° 86-93.675 : *Bull. crim.* n° 20).

Oubli. Lorsqu'un témoin, acquis aux débats, a été entendu à tort sans prestation de serment, le président des Assises peut, tant que les débats ne sont pas terminés, annuler l'audition irrégulière et procéder à une nouvelle audition du témoin, cette fois sous serment (▪ Cass. crim., 15 févr. 1989, n° 88-84.356 : *Bull. crim.* n° 76. ▪ Cass. crim., 6 févr. 1980, n° 79-91.831 : *Bull. crim.* n° 49).

Formalité substantielle. L'article 331 du Code de procédure pénale édicte une formalité substantielle (▪ Cass. crim., 15 nov. 2006, n° 06-81.331 : *Bull. crim.* n° 286 ; *Dr. pén.* 2007, chron. 5, obs. H. Angevin) dont la violation peut être relevée d'office (▪ Cass. crim., 20 oct. 1999, n° 98-84.939 : *Bull. crim.* n° 225). Toute formalité substantielle, dont l'accomplissement n'est pas régulièrement constaté, est réputée avoir été omise et aux termes de l'article 331, alinéa 3, du Code de procédure pénale ; en l'absence de mention au procès-verbal de l'audition de ce témoin, la cassation est encourue (▪ Cass. crim., 20 oct. 1999, n° 98-84.939 : *Bull. crim.* n° 225. ▪ Cass. crim., 17 mars 1999, n° 98-81.124 : *Bull. crim.* n° 46 ; *Dr. pén.* 1999, comm. 120 et 121, obs. A. Maron).

Mention dans le procès-verbal. S'il résulte des énonciations du procès-verbal des débats, que, pour chacun des témoins entendus, la mention de l'accomplissement des formalités prescrites par l'article 331 du Code de procédure pénale est indiquée après leur déposition, l'accusé ne saurait s'en faire un grief dès lors qu'il résulte des autres mentions du procès-verbal des débats, figurant avant la déposition des témoins, que l'ensemble desdites formalités ont été respectées (▪ Cass. crim., 27 nov. 2019, n° 18-83.942 : *Bull. crim.* n° 35 ; *Dr. pén.* 2020, comm. 19, obs. A. Maron et M. Haas).

b. Prestation cumulative de serment. La prestation cumulative du serment de l'expert de l'article 168 du Code de procédure pénale et de celui du témoin de l'article 331 du même code, n'est pas de nature à entraîner la nullité (▪ Cass. crim., 7 oct. 1992, n° 91-86.320 : *Bull. crim.* n° 313).

5) Formule sacramentelle. a. Principe. Les termes du serment des témoins prescrits par l'article 331 du Code de procédure pénale sont sacramentels et ne comportent ni modification ni retranchement (▪ Cass. crim., 20 déc. 1967, n° 67-93.375 : *Bull. crim.* n° 336).

b. Substance du serment. Le procès-verbal mentionne que les témoins ont été entendus après avoir prêté serment de parler sans haine et sans crainte, de dire toute la vérité et rien que la vérité ; attendu que la formule ainsi employée relève tous les éléments du serment tel qu'il est prescrit par l'article 331 du Code de procédure pénale ; que l'adjonction d'une conjonction surabondante dans le dernier membre de phrase ne saurait vicier ce serment dont la substance n'a pas été modifiée (▪ Cass. crim., 6 déc. 1972, n° 72-92.593 : *Bull. crim.* n° 379). La mention selon laquelle un témoin a prêté le serment « de parler sans haine et sans crainte, de dire la vérité, rien que la vérité » n'est pas de nature à entraîner la nullité, l'omission du mot « toute » n'ayant pas modifié la substance du serment prêté (▪ Cass. crim., 18 juin 1997, n° 96-83.175 : *Bull. crim.* n° 241). Le procès-verbal des débats mentionne que trois témoins ont, après lecture de la formule du serment par le président, déclaré qu'ils refusaient de « jurer et de lever la main droite, leur religion israélite le leur interdisant » ; qu'ils se sont engagés et ont promis « de parler sans haine et sans crainte, de dire toute la vérité rien que la vérité, forme qu'ils ont dit être celle du serment autorisé par leur religion » ; l'engagement ainsi pris par les témoins, contenant toute la substance du serment prescrit par l'article 331 du Code de procédure pénale, il a été satisfait, en l'espèce, aux exigences de ce texte (▪ Cass. crim., 6 mai 1987, n° 86-95.871 : *Bull. crim.* n° 182). Mais la formule par laquelle le témoin s'engage doit reproduire toute la substance du serment ainsi prescrit. La cassation est encourue, lorsqu'il ne résulte pas de la formule employée que le témoin se soit engagé à parler sans haine et sans crainte (▪ Cass. crim., 6 déc. 2000, n° 00-82.623). Le visa erroné de l'article 103 du Code de procédure pénale, aux lieu et place de l'article 331 du Code de procédure pénale, seul applicable à l'audition d'un témoin acquis aux débats entendu par la cour d'assises, ressort comme résultant d'une erreur matérielle manifeste, dès lors qu'il est constaté que l'intégralité des autres témoins cités, entendus à la barre, ont prêté le serment prévu par l'article 331 du Code de procédure pénale (▪ Cass. crim., 7 août 2019, n° 18-86.155).

c. Inscription de faux. Lorsque la mention selon laquelle le témoin a prêté le serment prévu par l'article 331 du Code de procédure pénale est entachée de faux, ce témoin est réputé ne pas avoir prêté serment (▪ Cass. crim., 18 sept. 2019, n° 16-83.324).

B – Personnes devant prêter serment

6) Principe. Tout témoin, régulièrement cité et dénoncé, est acquis aux débats et doit, à peine de nullité, prêter, avant de déposer, le serment prescrit par l'article 331 du Code de procédure pénale ; que les prohibitions édictées par l'article 335 du même code ne peuvent être étendues au-delà des degrés de parenté ou d'alliance qui y sont précisés ; que le témoin ne peut être entendu sans prestation de serment, en vertu du pouvoir discrétionnaire du président, que s'il se trouve dans l'un des cas d'empêchement ou d'incapacité prévus par la loi, ou si le ministère public et l'accusé ont renoncé à son audition (▪ Cass. crim., 19 juin 2019, n° 18-84.584).

7) Historien. Tout témoin cité et dénoncé est acquis aux débats et doit, avant de déposer, prêter le serment prescrit par l'article 331 du Code de procédure pénale. Dès lors, un historien, cité comme témoin et à l'audition duquel aucune partie ne s'est opposée, ne peut être entendu sans serment

(■ Cass. ass. plén., 11 juin 2004, n° 98-82.323 : *Bull. ass. plén.*, n° 1). Médecin. Un médecin, qui a délivré un certificat médical concernant une victime sans en avoir été requis par un officier de police judiciaire et qui n'a été ni appelé à procéder à des constatations conformément à l'article 60 du Code de procédure pénale, ni chargé d'une mission d'expertise après l'ouverture de l'information, doit prêter, à l'audience, le serment prescrit pour les témoins par l'article 331 du même code (■ Cass. crim., 11 janv. 1989, n° 88-82.779 : *Bull. crim.* n° 11). Expert. L'enquête de personnalité prévue par l'article 81 du Code de procédure pénale ne constitue pas une expertise au sens des articles 156 et suivants du même code ; c'est donc à bon droit que celui qui en a été chargé prête le serment de l'article 331 dudit code, alors même qu'il aurait été cité en qualité d'expert (■ Cass. crim., 17 janv. 1990, n° 89-83.876 : *Bull. crim.* n° 31).

8) Coaccusé d'une infraction connexe. Le coaccusé, renvoyé devant la cour d'assises pour un délit connexe et qui a été cité comme témoin lors de la comparution d'un autre accusé renvoyé pour crime, n'est pas soumis au même débat et doit prêter serment (■ Cass. crim., 8 déc. 2004, n° 04-80.790 : *Bull. crim.* n° 313. ■ Cass. crim., 10 déc. 2003, n° 02-88.018 : *Bull. crim.* n° 240. ■ Cass. crim., 14 déc. 1988, n° 88-81.236 : *Bull. crim.* n° 431).

9) Accusé acquitté. L'accusé ayant bénéficié d'un acquittement antérieur, cité comme témoin au procès d'un coaccusé, ne rentre pas dans les cas d'exclusion prévus par la loi et doit prêter serment (■ Cass. crim., 31 janv. 1996, n°s 95-80.330, 95-80.385, 95-80.391 et 95-80.446 : *Bull. crim.* n° 56).

10) Tante d'un accusé. Le procès-verbal des débats constate que Mme F. T., témoin acquis aux débats, a été entendue sans prestation de serment en raison de sa qualité de tante de l'accusé. Mais ce témoin, dès lors qu'il était acquis aux débats, devait prêter le serment prescrit par l'article 331 du Code de procédure pénale (■ Cass. crim., 19 juin 2019, n° 18-84.584).

C – Personnes exclues du serment

11) Illustrations.

a. **Condamné.** La déclaration d'un témoin, selon laquelle il a été condamné à une peine criminelle, est suffisante pour motiver l'exclusion de son témoignage sous la foi du serment, dès lors que cette déclaration n'a fait l'objet d'aucune contestation à l'audience (■ Cass. crim., 19 mai 1998, n° 97-83.052 : *Bull. crim.* n° 171. ■ Cass. crim., 10 mars 1993, n° 92-84.050 : *Bull. crim.* n° 109), à condition que le condamnation soit définitive (■ Cass. crim., 8 déc. 2004, n° 04-80.790 : *Bull. crim.* n° 313). Si la décision n'est pas définitive, le témoin doit être entendu sous serment (■ Cass. crim., 11 mai 1989, n° 88-86.292 : *Bull. crim.* n° 192).

b. **Témoin frappé d'incapacité.** L'accusé ne saurait se faire un grief de ce que ce témoin ait prêté serment, malgré l'incapacité dont il était frappé en application des articles 28 et 34 du Code pénal, dès lors que ledit témoin, d'ailleurs cité à sa requête, a été entendu sous la foi du serment, sans opposition de sa part (■ Cass. crim., 21 févr. 1979, n° 78-93.190 : *Bull. crim.* n° 78).

c. **Partie civile.** Les dispositions de l'article 331 du Code de procédure pénale ne sont pas applicables aux parties civiles, lesquelles sont des parties au procès (■ Cass. crim., 7 déc. 2005, n° 05-80.988 : *Bull. crim.* n° 329. ■ Cass. crim., 29 oct. 2003, n° 02-87.815 : *Bull. crim.* n° 204).

d. **Experts.** Si, à la vérité, le président des assises n'avait pas à adresser aux experts les interpellations prévues par l'article 331 du Code de procédure pénale, ni à se conformer à leur égard aux prescriptions des articles 312 et 332 du même code, les dispositions desdits articles ne concernant pas les experts mais les personnes entendues comme témoins, aucune nullité ne résulte de ce que le président ait cru devoir procéder ainsi (■ Cass. crim., 8 mars 1967, n° 66-93.240 : *Bull. crim.* n° 92).

12) Audition à titre de renseignement. La renonciation des parties à l'audition du témoin lui ayant fait perdre sa qualité de témoin acquis aux débats, le président a fait un usage régulier de son pouvoir discrétionnaire, en procédant ultérieurement à son audition sans prestation de serment (■ Cass. crim., 19 mai 1998, n° 97-83.814 : *Bull. crim.* n° 172).

III – ORALITÉ DES DÉPOSITIONS

A – Principe

13) Les témoins, s'ils doivent déposer oralement, peuvent toutefois, exceptionnellement s'aider de documents si le Président les a autorisés à le faire (■ Cass. crim., 8 janv. 1981, n° 79-94.439 : *Bull. crim.* n° 7). Le procès-verbal mentionne que le président a donné acte que le témoin avait déposé en se référant à ses notes, sans observation des parties, mais que le président n'avait pu donner acte de la lecture de ses notes par le témoin, à défaut de l'avoir constatée. Le témoin s'étant aidé de documents, au cours de sa déposition devant la cour d'assises, sans y avoir été autorisé préalablement par le président, les dispositions de l'article 331 ont été méconnues (■ Cass. crim., 2 déc. 2020, n° 19-85.994). En laissant le témoin déposer devant la cour d'assises en s'aidant de documents écrits, et sans l'y avoir autorisé préalablement, le président de la cour d'assises a méconnu l'article 331, alinéa 3 du Code de procédure pénale (▪ Cass. crim., 28 oct. 2020, n° 19-87.347). Méconnaît ces dispositions l'arrêt incident qui rejette les conclusions de la défense demandant qu'il lui soit donné acte qu'un témoin utilise des documents au cours de sa déposition alors qu'il ne résulte ni de l'arrêt incident ni des mentions du procès-verbal que le président ait donné l'autorisation exigée par ce texte (▪ Cass. crim., 7 nov. 2007, n° 07-80.437 : *Bull. crim.* n° 267). Si, selon l'article 331, alinéa 3, du Code de procédure pénale, les témoins déposent oralement et ne peuvent consulter des notes qu'après y avoir été autorisés par le président, ces dispositions ne concernent que la phase de la déposition spontanée du témoin et non celle des questions lui étant posées, régie par les règles distinctes de l'article 332 du Code de procédure pénale (▪ Cass. crim., 14 nov. 2019, n° 19-80.420 : *Bull. crim.* n° 47). Le demandeur ne peut se faire grief de ce que le procès-verbal des débats ne mentionne pas les motifs pour lesquels le président a autorisé deux témoins à s'aider de documents au cours de leur audition, dès lors qu'il lui appartenait, s'il estimait que les conditions de mise en œuvre de ces autorisations portaient atteinte au principe de l'oralité des débats, de demander qu'il lui en soit donné acte ou d'élever un incident contentieux (▪ Cass. crim., 30 oct. 2019, n° 18-85.583). Si le principe de l'oralité des débats s'oppose à ce que le président donne lecture, au cours de la déposition d'un témoin, de ses déclarations recueillies au cours de l'enquête, cette prohibition cesse lorsque, le témoin ayant achevé sa déposition, le président lui pose des questions (▪ Cass. crim., 30 mars 2011, n° 09-87.419). En donnant lecture des déclarations écrites de ces deux témoins acquis aux débats, à l'audition desquels les parties n'avaient pas renoncé, et sans qu'il ait été statué préalablement sur les conséquences de leur absence, le président de la cour d'assises a méconnu le principe d'oralité des débats (▪ Cass. crim., 20 juin 2018, n° 17-85.938).

B – Présomption d'oralité

14) En l'absence de tout incident contentieux ou demande de donné acte, il doit être présumé que lesdits témoins, qui ont été régulièrement autorisés à s'aider de documents au cours de leur déposition, n'ont pas excédé les limites du droit leur étant reconnu par l'article 331 du Code de procédure pénale et qu'ainsi, aucune atteinte n'a été portée au principe de l'oralité des débats (▪ Cass. crim., 4 mars 2015, n° 14-81.685 : *Bull. crim.* n° 44).

IV – INTERDICTION D'INTERROMPRE LA DÉPOSITION D'UN TÉMOIN

A – Absence d'interruption

15) Le procès-verbal des débats indique que le témoin M. H..., serment préalablement prêté, a fait sa déposition le 22 mai dans la matinée, qu'il a été rappelé les 10 et 11 juin pour de nouvelles questions, qu'au cours de celles posées lors de cette dernière audience, le président a fait expulser l'accusé qui proférait des insultes, son avocat quittant alors la salle d'audience, et qu'ensuite ce témoin a repris sa déposition ; aucune de ces énonciations ne caractérise une violation par le président de l'interdiction d'interrompre la déposition d'un témoin édictée par l'article 331 du Code de procédure pénale (▪ Cass. crim., 17 sept. 2014, n° 13-84.971 : *Bull. crim.* n° 191. ▪ Cass. crim., 30 mars 2011, n° 09-87.419 : *Dr. pén.* 2011, comm. 97, obs. A. Maron et M. Haas). Le président de la cour d'assises ne peut interrompre la déposition spontanée d'un témoin même lorsque ce dernier rappelle les déclarations incriminantes faites par une tierce personne au cours d'une garde à vue sans l'assistance d'un avocat et sans que le droit de se taire lui ait été notifié (▪ Cass. crim., 16 déc. 2015, n° 14-83.238 : *Bull. crim.* n° 308). L'article 331 du Code de procédure pénale n'est pas méconnu lorsque la Cour de cassation est en mesure de s'assurer que le témoin avait achevé sa déposition spontanée, sans avoir été interrompu, avant que des questions ne lui soient posées (▪ Cass. crim., 1er mars 2017, n° 16-83.001). Relève du pouvoir discrétionnaire du président et ne constitue pas une interruption au sens de l'article 331, alinéa 4, du Code de procédure pénale le fait, au cours de la déposition d'un témoin ou de l'exposé d'un expert, de présenter des documents ou des pièces à conviction (▪ Cass. crim., 9 déc. 1992, n° 92-82.206 : *Bull. crim.* n° 413). Mais fait l'exacte application de la loi le président qui, après lui avoir fait prêter serment, ne laisse pas un témoin acquis aux débats poursuivre sa déposition, après que celui-ci a précisé qu'il n'était pas en état de déposer, ni sur les faits reprochés aux accusés, ni sur leur personnalité, ni sur leur moralité (▪ Cass. crim., 31 janv. 1979, n° 78-92.140 : *Bull. crim.* n° 46).

B – Interruption

16) La déposition du témoin faite avant la suspension d'audience ayant été interrompue lorsque des questions lui ont été posées par les parties, l'article 331 du Code de procédure pénale a été méconnu (▪ Cass. crim., 12 févr. 2003, n° 02-82.058 : *Bull. crim.* n° 35 ; *Dr. pén.* 2003, comm. 79, obs. A. Maron et M. Haas).

17) Inapplication à la partie civile. La prohibition de l'interruption de la déposition ne s'applique pas aux parties civiles (■ Cass. crim., 9 janv. 2019, n° 17-87.530).

V – ENCADREMENT DU TÉMOIGNAGE

18) Catégorie de témoins. En imposant certaines limites à l'audition des personnes appelées en qualité de témoins, l'article 331 dernier alinéa du Code de procédure pénale ne fait aucune discrimination selon que celles-ci ont été citées par l'accusation ou par la défense (■ Cass. crim., 4 nov. 1983, n° 83-91.677 : *Bull. crim.* n° 282).

19) Objet du témoignage.
a. Faits prescrits. Aucune disposition légale ne fait obstacle à la déposition d'un témoin sur des faits, même prescrits (■ Cass. crim., 3 nov. 2016, n° 15-87.038).
b. Origine des blessures de la victime. Il résulte du procès-verbal des débats que le conseil de la partie civile et le ministère public se sont opposés à l'audition du docteur Y..., témoin acquis aux débats, corédacteur, à la demande de l'accusé, d'un rapport d'observations sur l'origine des hématomes constatés par le médecin légiste lors de l'autopsie de la victime ; en faisant droit à leur demande, alors, d'une part, que M. Y... avait été inscrit à la demande de l'accusé sur la liste complémentaire des témoins, qu'il avait été régulièrement cité et que son nom avait été signifié à l'ensemble des parties, d'autre part, que l'audition de ce praticien avait pour objet de fournir à la cour un avis sur l'origine des blessures de la victime, enfin, que l'avis technique sollicité était soumis à la discussion contradictoire, la cour n'a pas donné de base légale à sa décision (■ Cass. crim., 14 déc. 2016, n° 16-81.656).
c. Question étrangère à l'accusation. L'article 331, dernier alinéa du Code de procédure pénale n'est pas incompatible avec l'article 6. 3 *d* de la Convention européenne des droits de l'Homme qui n'interdit pas que des restrictions soient apportées au droit de l'accusé de faire interroger un témoin lorsque la question posée est étrangère aux causes de l'accusation ou porte atteinte au respect de la vie privée de ce témoin (■ Cass. crim., 14 mai 1996, n° 95-83.333 : *Bull. crim.* n° 202).

Art. 332 *(Mod., L. n° 2019-222, 23 mars 2019)*. – **Après chaque déposition, le président peut poser des questions aux témoins.**

Le ministère public, ainsi que les conseils de l'accusé et de la partie civile, l'accusé et la partie civile ont la même faculté, dans les conditions déterminées à l'article 312.

Lorsque cela lui paraît nécessaire à la clarté et au bon déroulement des débats, le président peut interrompre les déclarations d'un témoin ou lui poser directement des questions sans attendre la fin de sa déposition.

1) Conformité à la Constitution. L'article 309 du Code de procédure pénale confie au président de la cour d'assises la police de l'audience et la direction des débats. Loin de porter atteinte aux droits de la défense, la faculté qui lui est conférée par les dispositions contestées d'interrompre un témoin et de l'interroger sans attendre la fin de sa déposition, si la clarté et le bon déroulement des débats le requièrent, en assure l'effectivité. Le grief tiré de la méconnaissance des droits de la défense doit donc être écarté. Le dernier alinéa de l'article 332 du Code de procédure pénale, qui ne méconnaît aucune autre exigence constitutionnelle, est conforme à la Constitution (■ Cons. const., 21 mars 2019, n° 2019-778 DC).

2) Absence d'interruption du témoin. Il résulte du procès-verbal des débats qu'au cours de l'audience du 1er avril 2014, M. Y..., témoin acquis aux débats, a déposé devant la cour d'assises sans être interrompu ; qu'après sa déclaration spontanée, des questions ont pu lui être posées en application des articles 311, 312 et 332 du Code de procédure pénale ; qu'une suspension a été ordonnée par le président à ce stade des débats, à l'issue de laquelle de nouvelles questions ont été posées au témoin, au cours desquelles le président a fait présenter des scellés aux membres de la cour et aux jurés, au ministère public, aux accusés et à leurs conseils, ainsi qu'aux conseils des parties civiles, les accusés ayant eu la parole en dernier ; en cet état, la Cour de cassation est en mesure de s'assurer que le témoin avait achevé sa déposition spontanée, sans avoir été interrompu, avant que des questions ne lui soient posées (■ Cass. crim., 1er mars 2017, n° 16-83.001 : *Bull. crim.* n° 63). Au cours des débats devant la cour d'assises, ni l'accusé ni ses avocats, qui étaient pourtant en mesure de le faire, n'ont soulevé d'incident ni demandé de donné-acte à l'occasion des auditions des témoins dont la régularité est contestée par les moyens. Il en résulte que, faute d'avoir été présentées à l'audience de la cour d'assises, les contestations ainsi soulevées pour la première fois devant la Cour de cassation sont tardives (■ Cass. crim., 22 avr. 2020, n° 19-83.475).

3) Questions au témoin. Il résulte du procès-verbal des débats qu'au cours de l'audience du 26 octobre 2017, M. A..., témoin acquis aux débats, a déposé devant la cour d'assises sans être interrompu ; qu'après sa déclaration spontanée, des questions ont pu lui être posées en application des articles 312 et 332 du Code de procédure pénale ; que les débats se sont poursuivis et qu'une suspension a été ordonnée par le président ; qu'à la reprise des débats le 27 octobre 2017, le conseil de l'accusé a déposé des conclusions aux fins qu'il lui soit donné-acte qu'à l'issue de l'audition du témoin au cours de l'audience du 26, le président a repris la parole pour lui poser une question, sans donner ensuite la parole pour d'éventuelles questions aux parties et notamment à l'accusé et son conseil ; par arrêt incident, la cour a fait droit à cette demande ; le témoin M. A..., présent dans la salle d'audience, a été rappelé à la barre pour y être à nouveau entendu dans les conditions antérieures et qu'à l'issue de sa déposition, les dispositions des articles 312 et 332 ont été appliquées ; si c'est à tort que, au cours de l'audience du 27 octobre, le président a invité le témoin à faire une déclaration, la cassation n'est cependant pas encourue dès lors que les parties ont été mises en mesure, dans la continuité de l'audition du 26 octobre, de poser des questions au témoin dans l'ordre prévu par la loi ; d'autre part, la déposition spontanée du témoin a été régulièrement réalisée au cours de l'audience du 26 octobre 2017 (■ Cass. crim., 20 févr. 2019, n° 17-86.696).

4) Notes écrites. Si, selon l'article 331, alinéa 3, du Code de procédure pénale, les témoins déposent oralement et ne peuvent consulter des notes qu'après y avoir été autorisés par le président, ces dispositions ne concernent que la phase de la déposition spontanée du témoin et non celle des questions lui étant posées, régie par les règles distinctes de l'article 332 du Code de procédure pénale (■ Cass. crim., 14 nov. 2019, n° 19-80.420 : *Bull. crim.* n° 47).

5) Questions différées. En l'absence d'observation des parties, le président a fait un usage régulier de son pouvoir de direction des débats ; en effet, s'il résulte de l'article 331, alinéa 4, que le témoin ne peut être interrompu durant sa déposition, aucune disposition légale n'interdit, à l'issue de la déposition, de différer les questions lorsque le bon déroulement des débats, en particulier les contraintes techniques liées à la visio-conférence, le nécessite (■ Cass. crim., 9 mai 2018, n° 17-84.591).

Art. 333 *(Mod., L. n° 93-1013, 24 août 1993).* – **Le président fait dresser d'office ou à la requête du ministère public ou des parties, par le greffier, un procès-verbal des additions, changements ou variations qui peuvent exister entre la déposition d'un témoin et ses précédentes déclarations. Ce procès-verbal est joint au procès-verbal des débats.**

1) Rôle du président.

a. Appréciation souveraine du président. Le président, saisi de conclusions tendant à la correction, dans le procès-verbal, des déclarations de deux témoins, les a rejetées ; il a fait un usage régulier des pouvoirs qu'il tient de l'article 333 du Code de procédure pénale qui l'autorise à apprécier souverainement s'il convient de dresser procès-verbal des additions, changements ou variations qui peuvent exister dans les dépositions des témoins sans que cela puisse constituer une manifestation d'opinion prohibée sur la culpabilité de l'accusé (■ Cass. crim., 13 oct. 2010, n° 10-80.509. ■ Cass. crim., 27 nov. 1991, n° 91-83.678). Le pouvoir exclusif que le président tient de l'article 333 du Code de procédure pénale de faire constater les additions, changements ou variations pouvant exister entre la déposition d'un témoin et ses précédentes déclarations, est souverain, incommunicable et ne peut justifier d'incident contentieux (■ Cass. crim., 26 juin 1996, n° 96-80.287).

b. Compétence du seul président. L'article 333 du Code de procédure pénale confère au président seul, le pouvoir d'ordonner que soit dressé un procès-verbal de variations d'un témoin (■ Cass. crim., 9 avr. 2008, n° 07-86.276. ■ Cass. crim., 24 juin 1998, n° 97-85.466).

c. Conventionalité du pouvoir du président. L'exercice du pouvoir exclusif que le président de la cour d'assises tient de l'article 333 du Code de procédure pénale n'est pas contraire aux dispositions de l'article 6 de la Conv. EDH (■ Cass. crim., 26 févr. 2003, n° 02-86.571).

2) Procès-verbal. a. Procès-verbal de déposition des témoins.

Procès-verbal de déposition et procès-verbal des débats. Le contenu du procès-verbal prévu à l'article 333 du Code de procédure pénale échappe au contrôle de la Cour de cassation (■ Cass. crim., 13 nov. 2003, n° 03-82.609. ■ Cass. crim., 30 oct. 1996, n° 96-80.211).

Si l'article 333 du Code de procédure pénale prévoit que le procès-verbal relatant les dépositions d'un témoin à l'audience doit être joint au procès-verbal des débats, cette prescription ne s'impose pas à peine de nullité, le président pouvant faire inscrire, comme en l'espèce, ces dépositions dans le corps même du procès-verbal des débats (■ Cass. crim., 10 nov. 2021, n° 20-86.292. ■ Cass. crim., 2 mars 2005, n° 04-83.220. ■ Cass. crim., 16 déc. 1987, n° 87-82.205). Il résulte de la combinaison des articles 333 et 378 du Code de procédure pénale que le procès-verbal des auditions, changements et variations relevés dans les déclarations d'un témoin, obéit aux mêmes règles que le procès-verbal auquel il est joint et n'a donc pas à être signé à chacune de ses pages (▪ Cass. crim., 24 févr. 1993, n° 92-82.195).

Absence de contrôle de la Cour de cassation. Le contenu du procès-verbal prévu à l'article 333 du Code de procédure pénale échappe au contrôle de la Cour de cassation (▪ Cass. crim., 13 nov. 2003, n° 03-82.609. ▪ Cass. crim., 30 oct. 1996, n° 96-80.211).

b. Procès-verbal des débats. L'inclusion dans le procès-verbal des débats des variations dans les déclarations d'un ou plusieurs témoins n'entraîne pas de nullité, dès lors que l'ordre de constater ces variations a été donné par le président conformément aux dispositions de l'article 333 du Code de procédure pénale, et, que le président et le greffier ont signé ledit procès-verbal (▪ Cass. crim., 1er mars 1995, n° 94-80.170). Les signatures du greffier et du président, apposées à la fin du procès-verbal, authentifient l'ensemble des énonciations qui les précèdent et, notamment, les déclarations d'une partie civile qui, en vertu de l'article 333 du Code de procédure pénale et sur ordre du président, ont été actées audit procès-verbal (▪ Cass. crim., 17 mai 2000, n° 98-87.157. ▪ Cass. crim., 4 déc. 1985, n° 85-92.120 : *Bull. crim.* n° 389).

Art. 334. – **Chaque témoin, après sa déposition, demeure dans la salle d'audience, si le président n'en ordonne autrement, jusqu'à la clôture des débats.**

Pluralité de dépositions. Si des témoins ont été entendus à deux reprises, et s'ils sont restés dans la salle d'audience après leur première audition, c'est en application des dispositions de l'article 334 du Code de procédure pénale (▪ Cass. crim., 30 avr. 1980, n° 79-93.033 : *Bull. crim.* n° 126).

Art. 335 *(Mod. à compter du 31 décembre 2020, Cons. const., 28 févr. 2020, n° 2019-828/829 QPC, art. 1er : JO 29 févr. et rect. 3 mars 2020 ; mod., L. n° 2020-1672, 24 déc. 2020).* – **Ne peuvent être reçues sous la foi du serment les dépositions :**

1° Du père, de la mère ou de tout autre ascendant de l'accusé ou de l'un des accusés présents et soumis au même débat ;

2° Du fils, de la fille ou de tout autre descendant ;

3° Des frères et sœurs ;

4° Des alliés aux mêmes degrés ;

5° Du mari ou de la femme, du partenaire lié à l'accusé par un pacte civil de solidarité ou de son concubin, au sens de l'article 515-8 du Code civil, lorsque cet état a été allégué par le témoin, l'accusé ou une partie et qu'il n'est pas contesté ou qu'il est établi par les éléments de la procédure ; cette prohibition subsiste même après le divorce, la dissolution du pacte civil de solidarité ou la cessation du concubinage ;

6° De la partie civile ;

7° Des enfants au-dessous de l'âge de seize ans ;

8° De toute personne qui a été accusée, prévenue ou condamnée soit pour le crime dont est saisie la cour d'assises en qualité de coauteur ou de complice, soit pour un crime ou un délit connexe ou formant un ensemble indivisible avec le crime dont est saisie la cour d'assises.

1) Non-conformité partielle avec effet différé. Il résulte de la jurisprudence constante de la Cour de cassation qu'une déposition effectuée sans prêter serment alors que le témoin était tenu de le faire est susceptible de vicier la procédure suivie. Dès lors, la limitation de la liste des personnes susceptibles d'être dispensées de la formalité du serment, à raison de leur proximité avec l'accusé, peut être justifiée par l'intérêt qui s'attache à ce que la cour d'assises puisse facilement s'assurer de l'existence ou non du lien du témoin avec l'accusé. Tel est notamment le cas du mariage, compte tenu de la publicité dont il fait l'objet. Toutefois, tel est aussi le cas du pacte civil de solidarité qui fait l'objet d'un enregistrement en mairie. (...) Dès lors, l'intérêt qui s'attache à faciliter la connaissance par la juridiction des liens unissant l'accusé et le témoin ne saurait, à lui seul, justifier la différence de traitement établie par les dispositions contestées entre le mariage, le concubinage et le pacte civil de solidarité. Il résulte de tout ce qui précède que la différence de traitement instaurée par les dispositions contestées qui n'est justifiée ni par une différence de situation ni par un motif d'intérêt général est contraire au principe d'égalité devant la loi. Dès lors, les mots « Du mari ou de la femme » figurant au 5° de l'article 335 du Code de procédure pénale doivent être déclarés contraires à la Constitution. Il y a lieu de reporter au 31 décembre 2020 la date de l'abrogation des dispositions contestées (▪ Cons. const., 28 févr. 2020, n° 2019-828/829 QPC). Si le Conseil constitutionnel, dans sa décision n° 2019-828/829 QPC du 28 février 2020, a déclaré contraires à la Constitution les mots « Du mari ou de la femme » figurant au 5° de l'article 335 du Code de procédure pénale, en ce qu'il dispense ces personnes de l'obligation de prêter serment devant la cour d'assises lors des débats au cours desquels est jugé leur conjoint, il a reporté les effets de cette abrogation au 31 décembre 2020, sans en faire bénéficier aucunement l'auteur de la question prioritaire de constitutionnalité (▪ Cass. crim., 17 juin 2020, n°s 19-86.535 et 18-84.049).

2) Refus de transmission d'une question prioritaire de constitutionnalité. Il n'y a pas lieu de renvoyer au Conseil constitutionnel les dispositions combinées des articles 331 et 335 du Code de procédure pénale – en ce qu'elles prévoient que la famille de l'accusé ne prête pas serment alors que celle de la partie civile est tenue de prêter serment – dès lors que, d'une part, le législateur a pu, sans méconnaître le principe d'égalité devant la loi, régler de façon différente des situations différentes, d'autre part, ces dispositions, procédant du statut de l'accusé, préservent l'exercice des droits de sa défense sans méconnaître la recherche de la vérité et enfin, l'exigence de la prestation de serment des témoins appartenant à la famille de la partie civile constitue une autre garantie pour l'accusé, ces témoins étant passibles de poursuites pénales du chef de faux témoignage (▪ Cass. crim., 3 oct. 2018, n° 18-81.951). Il n'y a pas lieu de renvoyer au Conseil constitutionnel les dispositions combinées des articles 331 et 335 du Code de procédure pénale – en ce qu'elles ne prévoient strictement aucun encadrement légal spécifique ni aucune garantie particulière dans les cas où des personnes placées sous un régime de protection de type tutelle, curatelle ou curatelle renforcée sont entendues lors du procès d'assises en qualité de « témoin » – car si un majeur protégé cité en qualité de témoin à l'audience de la cour d'assises doit, en principe, prêter serment, sauf s'il se trouve dans l'un des cas d'exclusion du serment prévus par l'article 335 du Code de procédure pénale, toute partie a la possibilité, d'une part, de solliciter une expertise psychiatrique ou psychologique préalable afin de vérifier si les facultés mentales de l'intéressé sont compatibles avec une prestation de serment, d'autre part, de faire citer en qualité de témoin le tuteur ou le curateur (▪ Cass. crim., 20 juin 2018, n° 17-87.327).

I – RAPPEL DES PRINCIPES

A – Exclusion de la prestation de serment

3) Liste limitative des personnes exclues. L'énumération à l'article 335 du Code de procédure pénale des personnes qui ne peuvent être entendues sous la foi du serment est limitative. Elle ne s'applique pas à une personne liée à l'accusé par un pacte civil de solidarité (▪ Cass. crim., 25 mai 2011, n° 10-86.229 : *Bull. crim.* n° 109 ; *Dr. pén.* 2011, n° 98, obs. A. Maron et M. Haas. – Rapp. ▪ Cass. crim., 21 mars 1973, n° 72-93.333 : *Bull. crim.* n° 141. ▪ Cass. crim., 15 oct. 1986, n° 86-90.959 : *Bull. crim.* n° 289), au conjoint de la partie civile (▪ Cass. crim., 24 janv. 1990, n° 89-83.855 : *Bull. crim.* n° 44), à la concubine de l'accusé même si le concubinage présente un certain caractère de stabilité (▪ Cass. crim., 15 oct. 1986, n° 86-90.959 : *Bull. crim.* n° 289. ▪ Cass. crim., 21 mars 1973, n° 72-93.333 : *Bull. crim.* n° 141), au père nourricier et à la mère nourricière de l'accusé (▪ Cass. crim., 3 oct. 1985, n° 84-95.722 : *Bull. crim.* n° 297), au gendre de la victime, celle-ci fût-elle partie civile (▪ Cass. crim., 20 avr. 1983, n° 82-93.831 : *Bull. crim.* n° 112), à une femme unie à l'accusé que par un simple mariage religieux (▪ Cass. crim., 16 déc. 2015, n° 14-87.234 : *Dr. pén.* 2016, 36, obs. A. Maron et M. Haas. ▪ Cass. crim., 12 janv. 1983, n° 82-91.501 : *Bull. crim.* n° 16), à l'oncle et à la cousine germaine de l'accusé (▪ Cass. crim., 9 janv. 1980, n° 79-92.165 : *Bull. crim.* n° 16), à l'épouse de la partie civile qui n'est pas elle-même partie dans l'instance (▪ Cass. crim., 26 juill. 1966, n° 66-90.796 : *Bull. crim.* n° 212), à l'oncle et au cousin de l'accusé (▪ Cass. crim., 1er déc. 1999, n° 99-83.464 : *Bull. crim.* n° 286), au témoin, qui a été au service de l'accusé (▪ Cass. crim., 19 oct. 1977, n° 77-91.205 : *Bull. crim.* n° 311) ou de la partie civile (▪ Cass. crim., 20 déc. 1967, n° 67-93.375 : *Bull. crim.* n° 336).

4) Formalités substantielles. L'article 335 du Code de procédure pénale édicte des formalités substantielles (▪ Cass. crim., 9 oct. 1985, n° 85-92.223 : *Bull. crim.* n° 307).

5) Contestation de la cause d'exclusion. Le fait constitutif d'une cause d'exclusion du serment ne saurait être contesté pour la première fois devant la Cour de cassation (▪ Cass. crim., 14 nov. 2019, n° 18-86.972. ▪ Cass. crim., 16 oct. 2019, n° 18-86.156. ▪ Cass. crim., 3 mars 1999, n° 98-83.213 : *Bull. crim.* n° 31. ▪ Cass. crim., 5 janv. 1994, n° 93-81.900 : *Bull. crim.* n° 9). Répondent suffisamment aux exigences de la loi les mentions du procès-verbal des débats qui relatent que plusieurs témoins, dont il est précisé qu'ils sont acquis aux débats mais visés par la prohibition de l'article 335 du Code de procédure pénale, ont été entendus sans prestation de serment, aucune autre mention du procès-verbal n'établissant que les parties aient élevé une contestation à ce sujet (▪ Cass. crim., 3 avr. 1996, n° 95-83.153 : *Bull. crim.* n° 149).

B – Portée de l'exclusion

6) Pluralité d'accusés. Lorsque plusieurs accusés sont dans la cause, les parents ou alliés à un degré prohibé de l'un d'entre eux ne sont admis à déposer sous serment à l'égard d'aucun des accusés soumis au même débat (▪ Cass. crim., 12 déc. 1990, n° 90-82.175 : *Bull. crim.* n° 428).

7) Pouvoir discrétionnaire du président.

a. Annulation du serment. Le président de la Cour d'assises peut annuler le serment prêté par un témoin, mari de l'accusée, alors même que ni le Ministère public ni les autres parties ne se sont opposés à ce serment. Il peut entendre ensuite ce témoin à titre de renseignement en vertu de son pouvoir discrétionnaire (▪ Cass. crim., 14 nov. 1968, n° 68-91.655 : *Bull. crim.* n° 300).

b. Audition à titre de renseignement. Le président des assises peut faire entendre à titre de renseignements, en vertu de son pouvoir discrétionnaire, toutes personnes dont les déclarations lui paraissent pouvoir aider à la manifestation de la vérité, notamment celles dont l'article 335 du Code de procédure pénale défend de recevoir les dépositions sous la foi du serment (▪ Cass. crim., 7 déc. 1966, n° 66-92.270 : *Bull. crim.* n° 282. ▪ Cass. crim., 15 févr. 1966, n° 65-92.650 : *Bull. crim.* n° 45). Dès lors qu'il n'a été présenté aucune observation ou réclamation de la part de l'une quelconque des parties lorsqu'un témoin, acquis aux débats, a déclaré être le beau-frère de l'accusé, le président peut, sans violation de l'article 331 du Code de procédure pénale, procéder à son audition en vertu de son pouvoir discrétionnaire, sans prestation de serment et à titre de simple renseignement (▪ Cass. crim., 22 déc. 1987, n° 87-83.097 : *Bull. crim.* n° 480).

II – TÉMOINS ÉNUMÉRÉS PAR LA LOI

A – Parents et alliés

8) Illustrations.

a. Ascendants. Doit prêter le serment de témoin le père des victimes mineures entendu en qualité de témoin et non de représentant légal (▪ Cass. crim., 29 nov. 1989, n° 89-82.620 : *Bull. crim.* n° 456). La prohibition prévue par l'article 335-1 du même code ne s'applique qu'au père de l'accusé ou de l'un des accusés présents et soumis au même débat. Cité en qualité de témoin au procès d'un majeur jugé par la Cour d'assises, le père d'un coauteur mineur renvoyé par le même arrêt de la chambre d'accusation devant le Tribunal pour enfants doit prêter le serment prescrit par l'article 331 du Code de procédure pénale. Il ne peut d'autre part être cité en qualité de civilement responsable que devant la juridiction compétente pour juger son fils (▪ Cass. crim., 22 avr. 1977, n° 76-93.011 : *Bull. crim.* n° 129). La mère d'un coaccusé faisant l'objet d'une poursuite distincte par contumace doit être entendue après prestation de serment dès lors qu'elle a été régulièrement citée et dénoncée en qualité de témoin (▪ Cass. crim., 22 juin 1976, n° 76-90.509 : *Bull. crim.* n° 227).

b. Descendants. Demi-sœur. Cette expression, qu'elle s'applique à une sœur consanguine ou à une sœur utérine, désigne une des personnes dont la déposition n'est pas reçue sous la foi du serment, en application de l'article 335 du Code de procédure pénale (▪ Cass. crim., 22 mars 1989, n° 88-83.874. ▪ Cass. crim., 30 mars 1977, n° 77-90.460 : *Bull. crim.* n° 118).

c. Alliés.

Décès du conjoint. L'alliance, comme motif d'exclusion à l'égard des témoins, survit au conjoint qui en fournit le lien (▪ Cass. crim., 3 sept. 1977, n° 76-93.437 : *Bull. crim.* n° 278).

Conjoint de la mère. Le mari de la mère de l'accusé est l'allié au premier degré d'un ascendant de celui-ci et entre dans les prévisions de l'article 335, 4° du Code de procédure pénale (▪ Cass. crim., 26 janv. 2000, n° 99-82.979 : *Bull. crim.* n° 43).

Belle-sœur/beau-frère. Le conjoint du frère ou de la sœur de l'un des époux n'est pas dans l'acception juridique du mot, l'allié de l'autre époux. L'épouse du frère du mari de l'accusée, citée comme témoin, doit dès lors prêter serment avant son audition (▪ Cass. crim., 14 oct. 1992, n° 91-86.985 : *Bull. crim.* n° 323. ▪ Cass. crim., 28 avr. 1978, n° 77-92.994 : *Bull. crim.* n° 131. ▪ Cass. crim., 21 déc. 1972, n° 72-92.529 : *Bull. crim.* n° 399).

Enfant d'une précédente union. L'enfant d'un précédent lit d'une femme remariée avec l'accusé et décédée, ainsi que la sœur de cette femme, sont des alliés de l'accusé. Ils sont donc légalement entendus sans prestation de serment, par application de l'article 335 du Code de procédure pénale (▪ Cass. crim., 3 sept. 1977, n° 76-93.437 : *Bull. crim.* n° 278). Le fils du premier lit de la femme de l'accusé est l'allié de ce dernier et, par application de l'article 335 du Code de procédure pénale, sa déposition ne peut pas être reçue sous la foi du serment (▪ Cass. crim., 18 déc. 1968, n° 68-91.105 : *Bull. crim.* n° 348).

Gendre. Le gendre de l'accusé est un allié au premier degré en ligne directe de celui-ci et entre donc dans les prévisions de l'article 335, 4° du Code de procédure pénale. Dès lors, c'est à bon droit qu'il a été entendu sans prestation de serment, à titre de simples renseignements (▪ Cass. crim., 5 déc. 1990, n° 90-81.209 : *Bull. crim.* n° 418. ▪ Cass. crim., 1er juin 1988, n° 87-90.066 : *Bull. crim.* n° 241).

Belle-famille. Si, en application de l'article 335 du Code de procédure pénale, l'interdiction d'entendre sous la foi du serment la femme de l'accusé subsiste après le divorce, il n'en va pas de même pour les membres de la belle famille de l'accusé dès lors que leur alliance avec celui-ci a cessé à la suite de la dissolution du mariage

(■ Cass. crim., 30 juin 1993, n° 93-80.497 : *Bull. crim.* n° 232. ■ Cass. crim., 4 août 1984, n° 82-91.751 : *Bull. crim.* n° 267).

9) Caractérisation du lien de parenté ou d'alliance. En raison du caractère limitatif des exclusions prévues par la loi, le lien de parenté ou d'alliance doit être précisé à peine de nullité afin de permettre à la Cour de cassation d'exercer son contrôle (■ Cass. crim., 22 oct. 1969, n° 69-90.917 : *Bull. crim.* n° 261). Tout témoin cité et signifié est acquis aux débats et doit à peine de nullité prêter le serment prescrit par l'article 331 du Code de procédure pénale sauf dans les cas prévus par l'article 335, qui, dérogeant au droit commun, ne peuvent être étendus au-delà des limites prévues par ce texte ; il résulte du procès-verbal des débats que le témoin Patrice X..., régulièrement cité et dénoncé par la défense, n'a été entendu qu'à titre de renseignements et n'a pas prêté serment en raison de son lien de parenté avec l'accusé ; cette énonciation, en l'absence de toute précision sur la nature du lien de parenté entre l'accusé et le témoin, ne permet pas à la Cour de cassation de vérifier si ce témoin se trouvait dans l'un des cas d'exclusion visés à l'article 335 et n'est pas à elle seule susceptible de justifier l'audition dudit témoin sans prestation de serment (■ Cass. crim., 21 juin 1995, n° 94-85.194 : *Bull. crim.* n° 228). Si le procès-verbal des débats ne précise pas le lien de parenté ou l'alliance qui unit le témoin et l'accusé, la preuve de ce lien peut être recherchée dans les énonciations de l'arrêt de renvoi (■ Cass. crim., 18 déc. 1968, n° 68-91.105 : *Bull. crim.* n° 348).

B – Conjoints, même divorcés

10) Rappel. Aux termes de l'article 335, 5° du Code de procédure pénale, la déposition de la femme de l'accusé ne peut être reçue sous la foi du serment et la prohibition subsiste même après le divorce. Si le procès-verbal ne précise pas le lien d'alliance qui unit le témoin et l'accusé, la Cour de cassation peut rechercher la preuve de lien en se référant aux pièces de procédure et notamment aux énonciations de l'arrêt de renvoi (■ Cass. crim., 25 juin 1980, n° 79-93.314 : *Bull. crim.* n° 207).

11) Divorce. Une ordonnance de non-conciliation qui n'a qu'un caractère provisoire ne saurait être assimilée à une décision de divorce définitive qui seule a pour effet de rompre le lien d'alliance résultant du mariage. Les dispositions de l'article 335 du Code de procédure pénale sont donc applicables à la mère de la victime, épouse non divorcée de l'accusé (■ Cass. crim., 27 avr. 1988, n° 87-90.279 : *Bull. crim.* n° 183). En présence de la déclaration d'un témoin se disant épouse divorcée de l'accusé, le président peut, en vertu de l'article 335 du Code de procédure pénale, l'entendre sans prestation de serment, dès lors que cet état n'a fait l'objet d'aucune contestation ou réclamation de la part de l'accusé ou du ministère public et bien qu'il ait été produit pour la première fois devant la Cour de cassation un document selon lequel le mariage entre l'accusé et le témoin avait fait l'objet non d'un jugement de divorce, mais d'un jugement d'annulation (■ Cass. crim., 3 oct. 1985, n° 84-94.402 : *Bull. crim.* n° 296 ; *RSC* 1986, 407, obs. A. Braunschweig). La production, pour la première fois devant la Cour de cassation, d'une expédition d'un jugement prononçant le divorce entre le témoin et la fille de l'accusé, est inopérante (■ Cass. crim., 1er juin 1988, n° 87-90.066 : *Bull. crim.* n° 241).

12) Concubins. La déposition sous serment d'un témoin uni religieusement à l'accusé et vivant en concubinage avec lui n'apparaît nullement contraire aux stipulations de l'article 6 de la Convention européenne des droits de l'homme (■ Cass. crim., 17 juin 2020, n° 18-84.049).

C – Partie civile

13) Conservation de la qualité de partie civile. L'audition sans prestation de serment d'une personne citée et dénoncée comme témoin mais qui s'était constituée partie civile au cours de l'information et qui, à défaut de renonciation expresse, a conservé cette qualité lors de l'audience de la cour d'assises (■ Cass. crim., 3 juill. 1990, n° 89-87.171 : *Bull. crim.* n° 274. ■ Cass. crim., 17 nov. 1971, n° 71-92.282 : *Bull. crim.* n° 310). Lorsqu'une mineure, victime d'un crime a été citée et notifiée comme témoin, elle est cependant valablement entendue sans prêter serment, dès lors que son représentant légal s'est constitué partie civile, non seulement en son nom personnel, mais aussi au nom de la mineure. Celle-ci était, en effet, elle-même partie civile et sa déposition ne pouvait, dès lors, aux termes de l'article 335 du Code de procédure pénale, être reçue sous la foi du serment (■ Cass. crim., 29 nov. 1967, n° 67-91.857 : *Bull. crim.* n° 308).

14) Administrateur légal. La mère d'un mineur, lorsqu'elle intervient en qualité d'administrateur légal de la victime, devient partie civile au regard de l'article 335 du Code de procédure pénale (■ Cass. crim., 16 déc. 1992, n° 92-82.179 : *Bull. crim.* n° 423. ■ Cass. crim., 14 déc. 1976, n° 76-91.934 : *Bull. crim.* n° 360). Est régulièrement entendu à l'audience sans prestation de serment un mineur cité comme témoin, dont le père s'était précédemment constitué partie civile en tant que représentant légal de ce mineur (■ Cass. crim., 4 janv. 1968, n° 67-92.518 : *Bull. crim.* n° 2).

15) Abandon de la qualité de partie civile. Le fait pour une personne de se désister de sa constitution de partie civile ne lui confère pas la qualité de témoin acquis aux débats dès lors qu'elle n'a été ni citée ni dénoncée comme témoin ; son audition sans prestation de serment est dès lors régulière (■ Cass. crim., 22 févr. 1989, n° 88-84.342 : *Bull. crim.* n° 88).

16) Témoin sans la qualité de partie civile. Dès lors qu'un témoin n'avait pas la qualité de partie civile au moment où il a été entendu comme témoin, serment préalablement prêté, il n'a été commis aucune violation de l'article 335 du Code de procédure pénale non plus que de l'article 6 de la Convention européenne des droits de l'Homme, rien ne permettant d'induire du fait allégué que la cause de l'accusé n'a pas été entendue équitablement par un tribunal indépendant et impartial (■ Cass. crim., 25 oct. 2000, n° 00-81.418 : *Bull. crim.* n° 313. ■ Cass. crim., 12 mars 1986, n° 85-94.997 : *Bull. crim.* n° 106).

D – Enfant de moins de 16 ans

17) Âge. C'est à la date de sa déposition et non à celle des faits sur lesquels il est appelé à déposer qu'il faut se placer pour apprécier l'âge d'un témoin (■ Cass. crim., 29 nov. 1989, n° 89-82.620 : *Bull. crim.* n° 456).

18) Mineur. L'article 20 de l'ordonnance du 2 février 1945 prescrivant que, sous réserve des dispositions de la présente ordonnance, il sera procédé en ce qui concerne les mineurs âgés de 16 ans au moins, accusés de crime, conformément aux dispositions des articles 191 à 218 et 231 à 380 du Code de procédure pénale, c'est à bon droit que le président de la cour d'assises des mineurs a fait prêter serment à un mineur qui, coïnculpé de l'accusé, avait été renvoyé devant le tribunal pour enfants, dès lors que ce témoin, qui n'était pas soumis au même débat, ne se trouvait pas dans un des cas d'incapacité prévus par l'article 335 dudit code (■ Cass. crim., 18 janv. 1984, n° 83-92.063 : *Bull. crim.* n° 25).

Art. 336. – **Néanmoins, l'audition sous serment des personnes désignées par l'article précédent n'entraîne pas nullité lorsque le ministère public ni aucune des parties ne s'est opposé à la prestation de serment.**

En cas d'opposition du ministère public ou d'une ou plusieurs des parties, le témoin peut être entendu à titre de renseignements, en vertu du pouvoir discrétionnaire du président.

1) Rappel. Aux termes de l'article 336 du Code de procédure pénale, l'audition sous serment des personnes désignées à l'article 335 du même code n'entraîne pas nullité lorsque ni le Ministère public ni aucune des parties ne s'est opposé à la prestation de serment (■ Cass. crim., 29 janv. 2014, n° 13-82.521. ■ Cass. crim., 29 janv. 1970, n° 69-90.825 : *Bull. crim.* n° 45. ■ Cass. crim., 25 oct. 2000, n° 00-81.418 : *Bull. crim.* n° 313. ■ Cass. crim., 29 janv. 1970, n° 69-90.825 : *Bull. crim.* n° 45. ■ Cass. crim., 22 nov. 1967, n° 67-92.183 : *Bull. crim.* n° 299).

2) Procès-verbal imprécis. Le procès-verbal des débats ne précise pas le lien de parenté entre ce témoin et l'accusé, ce qui ne met pas la Cour de cassation en mesure d'exercer son contrôle sur la possibilité, pour ce témoin, d'avoir été entendu sous la foi du serment ; cependant, ni le ministère public ni aucune des parties ne s'étant opposé à la prestation de serment de ce témoin lors de son audition devant la cour d'assises, sa déposition sous serment n'a pu entraîner aucune nullité, par application des dispositions de l'article 336 du Code de procédure pénale (■ Cass. crim., 16 oct. 2019, n° 18-86.156).

3) Procès équitable. L'accusé n'est pas fondé à invoquer une violation de l'article 6 de la Convention européenne des droits de l'Homme et des libertés fondamentales tenant à l'audition sous serment d'un témoin acquis aux débats qui s'était constitué partie civile avant son audition, dès lors qu'il n'a pas usé de la faculté que lui donnait l'article 336 du Code de procédure pénale de s'opposer à la prestation de serment de ce témoin (■ Cass. crim., 13 mars 1985, n° 84-91.658 : *Bull. crim.* n° 112). Aucune des parties ne s'étant opposée à ce que la déposition d'un témoin, qui s'est constitué partie civile au cours de son audition, se poursuive sous la foi du serment précédemment prêté, il ne saurait, en application de l'article 336, alinéa 1er, du Code de procédure pénale, en résulter aucune nullité ; n'ont pas davantage été méconnues les dispositions de l'article 6 de la Convention européenne des droits de l'Homme, rien ne permettant d'induire du serment du témoin, devenu partie civile, que la cause de l'accusé n'ait pas été entendue équitablement (■ Cass. crim., 25 oct. 2000, n° 00-81.418 : *Bull. crim.* n° 313).

4) Pouvoir discrétionnaire du président. En l'absence d'opposition des parties, telle que prévue par l'article 336 du Code de procédure pénale, il relève du pouvoir discrétionnaire du président, selon l'article 310 de ce code, de faire procéder sans serment à l'audition d'une personne visée par l'article 335 du même code (■ Cass. crim., 9 mars 1994, n° 93-83.461 : *Bull. crim.* n° 92).

Art. 337. – **La personne qui, agissant en vertu d'une obligation légale ou de sa propre initiative, a porté les faits poursuivis à la connaissance de la justice, est reçue en témoignage mais le président en avertit la cour d'assises.**

Celui dont la dénonciation est récompensée pécuniairement par la loi peut être entendu en témoignage, à moins qu'il n'y ait opposition d'une des parties ou du ministère public.

1) Commissaires et OPJ. Les commissaires et les officiers de police judiciaire qui ont procédé à l'enquête n'entrent pas dans les prévisions de l'article 337 du Code de procédure pénale ; lorsqu'ils déposent devant la cour d'assises, le président n'a pas à leur donner l'avertissement prévu par ce texte dont les dispositions, au demeurant, ne sont pas prescrites à peine de nullité (■ Cass. crim., 29 nov. 1989, n° 89-82.620 : *Bull. crim.* n° 456. ■ Cass. crim., 4 avr. 1979, n° 78-90.667 : *Bull. crim.* n° 139. ■ Cass. crim., 11 févr. 1970, n° 69-92.519 : *Bull. crim.* n° 63). Mais l'avertissement donné à tort par le président de la cour d'assises ne constitue pas une violation des droits de la défense (■ Cass. crim., 29 nov. 1989, n° 89-82.620 : *Bull. crim.* n° 456. ■ Cass. crim., 5 juin 1969, n° 68-93.185 : *Bull. crim.* n° 192. ■ Cass. crim., 4 avr. 1979, n° 78-90.667).

2) Surveillants militaires des palais nationaux. Les adjudants-chefs, adjudants et surveillants militaires de palais nationaux ne sont pas des militaires de l'armée de terre, de mer ou de l'air en activité de service et pourvus d'emplois et ils n'entrent dans aucun des cas d'incompatibilité limitativement énumérés par l'article 257 du Code de procédure pénale (■ Cass. crim., 13 nov. 1969, n° 69-91.249 : *Bull. crim.* n° 298).

3) Omission de l'avertissement. À supposer que le témoin ait été, en vertu d'une obligation légale, tenu de porter les faits poursuivis à la connaissance de la justice, l'omission de l'avertissement prévu par l'article 337, alinéa 1er, du Code de procédure pénale ne pourrait donner lieu à cassation, les dispositions de ce texte n'étant pas prescrites à peine de nullité (■ Cass. crim., 4 mai 2000, n° 99-87.312. ■ Cass. crim., 22 juin 1977, n° 77-90.345 : *Bull. crim.* n° 231) et n'a pas de caractère substantiel (■ Cass. crim., 18 déc. 1968, n° 68-90.882 : *Bull. crim.* n° 350. ■ Cass. crim., 10 déc. 1968, n° 68-91.583 : *Bull. crim.* n° 335. ■ Cass. crim., 22 nov. 1967, n° 67-92.292 : *Bull. crim.* n° 300).

Art. 338. – Le ministère public ainsi que la partie civile et l'accusé peuvent demander, et le président peut toujours ordonner, qu'un témoin se retire momentanément de la salle d'audience, après sa déposition, pour y être introduit et entendu s'il y a lieu après d'autres dépositions, avec ou sans confrontation.

Art. 339 ***(Mod., L. n° 2004-204, 9 mars 2004).*** **– Le président peut, avant, pendant ou après l'audition d'un témoin ou l'interrogation d'un accusé, faire retirer un ou plusieurs accusés, et les examiner séparément sur quelques circonstances du procès ; mais il a soin de ne reprendre la suite des débats qu'après avoir instruit chaque accusé de ce qui s'est fait en son absence, et ce qui en est résulté.**

1) Rappel. La faculté prévue par l'article 339 du Code de procédure pénale peut s'exercer non seulement à l'occasion de l'audition d'un témoin mais aussi de celle de l'interrogatoire d'un coaccusé (■ Cass. crim., 29 janv. 2003, n° 02-84.682 : *Bull. crim.* n° 21).

2) Audition de la partie civile. Il est vainement invoqué une violation des dispositions de l'article 6-3 *d* de la Convention européenne des droits de l'Homme, dès lors que l'avocat de l'accusé, qui est demeuré dans la salle, a eu la faculté d'interroger la partie civile et qu'au surplus, l'accusé, ayant été instruit des déclarations faites en son absence, n'a sollicité aucune confrontation (■ Cass. crim., 10 nov. 2010, n° 10-81.018. ■ Cass. crim., 17 déc. 1997, n° 97-81.318 : *Bull. crim.* n° 431).

3) Modalités de l'instruction. L'article 339 du Code de procédure pénale, qui invite le président de la Cour d'assises à instruire l'accusé momentanément éloigné de l'audience de ce qui s'est fait en son absence, ne prévoit pas la forme dans laquelle cet acte doit être donné (■ Cass. crim., 12 janv. 1977, n° 76-91.920 : *Bull. crim.* n° 17. ■ Cass. crim., 12 juin 1974, n° 74-90.086 : *Bull. crim.* n° 216). Répond aux exigences de ce texte, l'énonciation du procès-verbal qui constate qu'après son retour à l'audience, l'accusé a été instruit des déclarations de ses coaccusés et a été à nouveau interrogé (■ Cass. crim., 12 janv. 1977, préc.). En revanche, ne répondent pas aux exigences de ce texte et n'établissent pas qu'il a été satisfait à cette obligation, les énonciations du procès-verbal qui se bornent à constater qu'à la reprise des débats, en présence de l'accusé, aucune des parties au procès n'a présenté de demande ou d'observation (■ Cass. crim., 28 oct. 2009, n° 09-82.004 : *Bull. crim.* n° 179).

4) Procès équitable. En ordonnant que la victime, partie civile, soit entendue hors la présence de l'accusé, le président n'a pas méconnu les dispositions de l'article 6.3 *d)* de la Convention européenne des droits de l'Homme, dès lors que l'avocat de l'accusé est demeuré dans la salle et a eu la faculté d'interroger la partie civile et qu'au surplus, ayant été instruit des déclarations faites en son absence, l'accusé n'a sollicité aucune confrontation (■ Cass. crim., 17 déc. 1997, n° 97-81.318 : *Bull. crim.* n° 431 ; *Dr. pén.* 1998, comm. 41, obs. A. Maron).

Art. 340. – **Pendant l'examen, les magistrats et les jurés peuvent prendre note de ce qui leur paraît important soit dans les dépositions des témoins, soit dans la défense de l'accusé, pourvu que les débats ne soient pas interrompus.**

Art. 341 *(Rempl., L. n° 93-2, 4 janv. 1993 ; L. n° 93-1013, 24 août 1993).* – **Dans le cours ou à la suite des dépositions, le président fait, s'il est nécessaire, présenter à l'accusé ou aux témoins les pièces à conviction et reçoit leurs observations.**

Le président les fait aussi présenter, s'il y a lieu, aux assesseurs et aux jurés.

1) Présentation des pièces à conviction.

a. Conditions de la présentation. La présentation des pièces à conviction est, en principe, facultative, et ne devient obligatoire que si elle est réclamée par l'accusé. La Cour de cassation juge, dans ce dernier cas, que, lorsque les pièces à conviction ont disparu, leur disparition n'est pas une cause de nullité s'il n'est pas établi qu'elle a porté atteinte aux droits de la défense (■ Cass. crim., 6 nov. 2013, n° 13-80.038). Si aux termes de l'article 341 du Code de procédure pénale le président fait, s'il est nécessaire, présenter à l'accusé ou aux témoins les pièces à conviction et reçoit leurs observations, ce texte ne fait pas une obligation au Président d'interpeller l'accusé à ce sujet, il appartient à ce dernier, s'il le juge opportun, de demander la parole pour user de la faculté que lui donne la loi (■ Cass. crim., 3 avr. 1974, n° 73-93.393 : *Bull. crim.* n° 142). Les conditions de la présentation des pièces à conviction ne sauraient donner ouverture à cassation dès lors que ni l'accusé ni son avocat n'ont élevé de protestation en cours de cette présentation et que les droits de la défense n'ont pas été méconnus (■ Cass. crim., 20 janv. 2010, n° 09-80.652 : *Bull. crim.* n° 13. ■ Cass. crim., 22 mars 2000, n° 99-86.898. ■ Cass. crim., 22 janv. 1997, n° 96-80.309 : *Bull. crim.* n° 24. ■ Cass. crim., 20 juill. 1976, n° 76-90.983 : *Bull. crim.* n° 262).

b. Ordre de formulation des observations. L'article 341 du Code de procédure pénale ne règle pas l'ordre dans lequel l'accusé et les témoins peuvent formuler leurs observations lors de la présentation des pièces à conviction. Dès lors, il n'importe que, en l'absence de tout incident contentieux relatif à cette présentation, le procès-verbal des débats ne mentionne pas que l'accusé ou son avocat ait eu la parole le dernier (■ Cass. crim., 19 févr. 1997, n° 96-81.542 : *Bull. crim.* n° 65).

c. Insertion au procès-verbal des débats. Les réponses des accusés et les déclarations des témoins faites lors de la présentation des pièces à conviction ne peuvent être insérées au procès-verbal des débats sans l'ordre exprès du président (■ Cass. crim., 12 oct. 1983, n° 82-93.569 : *Bull. crim.* n° 243. ■ Cass. crim., 2 oct. 1975 : *Bull. crim.* n° 200).

d. Direction des débats. Aux termes de l'article 341 du Code de procédure pénale, dans le cours ou à la suite des dépositions, le président fait, s'il est nécessaire, présenter à l'accusé ou aux témoins les pièces à conviction et reçoit leurs observations. En présentant au témoin, pendant son audition, un objet placé sous scellé, le président n'a fait qu'user de son pouvoir de direction des débats (■ Cass. crim., 1er juin 1994, n° 93-84.851 : *Bull. crim.* n° 220). L'article 341 du Code de procédure pénale qui ne concerne que la présentation des pièces à conviction lors de la déposition des témoins n'apporte aucune dérogation au pouvoir de direction des débats, au moment de l'interrogatoire de l'accusé, que l'article 309 du même code confère au président (■ Cass. crim., 1er avr. 1987, n° 86-93.923 : *Bull. crim.* n° 152).

2) Pièces susceptibles d'être présentées.

a. Pièce non présentée lors de l'information. Le président peut produire à l'audience, s'il y a lieu, une pièce à conviction, même dans le cas où elle n'a pas été présentée à l'inculpé au cours de l'information (■ Cass. crim., 28 févr. 1979, n° 78-92.709 : *Bull. crim.* n° 90).

b. Pièce objet d'une expertise. Rien n'interdit au président de faire présenter une pièce à conviction, objet d'une expertise, avant l'audition de l'expert (■ Cass. crim., 5 janv. 1994, n° 93-81.900 : *Bull. crim.* n° 9).

3) Disparition des pièces à conviction. Si le défaut d'accomplissement de la formalité de la présentation des pièces à conviction prévue par l'article 341 du Code de procédure pénale est de nature à vicier les débats lorsque l'accusé en a sollicité l'exécution, il n'en est pas de même lorsque, comme en l'espèce, il est formellement constaté que la présentation demandée est devenue impossible par suite de la disparition des pièces à conviction (■ Cass. crim., 7 déc. 2005, n° 05-80.988 : *Bull. crim.* n° 329). La présentation des pièces à conviction est, en principe, facultative, et ne devient obligatoire que si elle est réclamée par l'accusé. La Cour de cassation juge, dans ce dernier cas, que, lorsque les pièces à conviction ont disparu, leur disparition n'est pas une cause de nullité s'il n'est pas établi qu'elle a porté atteinte aux droits de la défense (■ Cass. crim., 6 nov. 2013, n° 13-80.038). En l'absence de preuve d'une quelconque atteinte aux droits de la défense résultant de la disparition de ce scellé, il n'apparaît pas que son défaut de présentation ait porté atteinte aux droits de la défense, et ait pu vicier la procédure (▪ Cass. crim., 14 nov. 2019, n° 18-83.122, §§ 30 à 32 : *Bull. crim.* n° 26).

Art. 342. – Si, d'après les débats, la déposition d'un témoin paraît fausse, le président, soit d'office, soit à la requête du ministère public ou d'une des parties, peut ordonner spécialement à ce témoin d'être présent aux débats jusqu'à leur clôture et en outre de demeurer dans la salle d'audience jusqu'au prononcé de l'arrêt de la cour d'assises. En cas d'infraction à cet ordre, le président fait mettre le témoin en état d'arrestation provisoire.

Après lecture de l'arrêt de la cour d'assises, ou, dans le cas de renvoi à une autre session, le président ordonne que le témoin soit, par la force publique, conduit sans délai devant le procureur de la République qui requiert l'ouverture d'une information.

Le greffier transmet à ce magistrat une expédition du procès-verbal qui a pu être dressé par application de l'article 333.

Appréciation souveraine du président. Il appartient au président seul d'apprécier souverainement, en vue de l'application éventuelle des articles 333 et 342 du Code de procédure pénale, si, d'après les débats, il peut exister des additions, changements ou variations entre la déposition d'un témoin et ses précédentes déclarations, ou si la déposition d'un témoin paraît fausse (▪ Cass. crim., 25 févr. 1965, n° 64-92.541 : *Bull. crim.* n° 63).

Art. 343. – En tout état de cause, la cour peut ordonner d'office, ou à la requête du ministère public ou de l'une des parties, le renvoi de l'affaire à la prochaine session.

1) Absence de caractère obligatoire du renvoi. Si, dans le cas prévu par l'article 342 du Code de procédure pénale, la cour peut, conformément aux dispositions de l'article 343 du même code, ordonner le renvoi de l'affaire à la prochaine session, aucun texte n'exige qu'elle se prononce à cet égard (▪ Cass. crim., 13 mars 1963, n° 62-93.282 : *Bull. crim.* n° 118).

2) Appréciation souveraine de la cour. L'accusé ne saurait se faire un grief de ce qu'il a reçu tardivement à l'audience des copies de rapports d'expertise, dès lors que les prescriptions de l'article 279 du Code de procédure pénale ne sont pas édictées, à peine de nullité et que la cour apprécie souverainement, aux termes de l'article 343 dudit code, l'opportunité d'un renvoi (▪ Cass. crim., 29 juin 1983, n° 82-93.080 : *Bull. crim.* n° 206. ▪ Cass. crim., 27 avr. 1976, n° 76-90.054 : *Bull. crim.* n° 128). Son appréciation échappe au contrôle de la Cour de cassation (▪ Cass. crim., 25 févr. 1969, n° 68-93.098 : *Bull. crim.* n° 95. ▪ Cass. crim., 25 févr. 1965, n° 64-92.541 : *Bull. crim.* n° 63).

Art. 344 *(Mod., L. n° 2000-516, 15 juin 2000)*. – Dans le cas où l'accusé, la partie civile, les témoins ou l'un d'eux ne parlent pas suffisamment la langue française ou s'il est nécessaire de traduire un document versé aux débats, le président nomme d'office un interprète, âgé de vingt et un ans au moins, et lui fait prêter serment d'apporter son concours à la justice en son honneur et en sa conscience.

Le ministère public, l'accusé et la partie civile peuvent récuser l'interprète en motivant leur récusation. La cour se prononce sur cette récusation. Sa décision n'est susceptible d'aucune voie de recours.

L'interprète ne peut, même du consentement de l'accusé ou du Ministère public, être pris parmi les juges composant la cour, les jurés, le greffier qui tient l'audience, les parties et les témoins.

I – L'INTERPRÈTE

A – Conditions de désignation de l'interprète

1) Mauvaise compréhension de la langue française. Lorsque la partie civile entendue en vertu du pouvoir discrétionnaire du président de la Cour d'assises ne parle pas suffisamment la langue française, c'est à bon droit qu'un interprète est désigné pour l'assister (▪ Cass. crim., 13 févr. 1974, n° 73-92.905 : *Bull. crim.* n° 65). Le procès-verbal des débats constate que l'accusé a été interrogé et a répondu aux diverses interpellations et qu'il ne résulte d'aucune de ses mentions que l'accusé ou son défenseur aient au cours des débats demandé la présence d'une interprète ; dès lors les prescriptions de l'article 344 du Code de procédure pénale n'avaient pas à recevoir application en la cause (▪ Cass. crim., 21 nov. 1973, n° 73-91.856 : *Bull. crim.* n° 427. ▪ Cass. crim., 11 mars 1970, n° 70-90.055 : *Bull. crim.* n° 99).

2) Compréhension mutuelle des accusés. Il doit être constaté, non seulement que les déclarations de chacun des accusés ont été traduites en français mais aussi qu'elles l'ont été dans les langues que comprennent les autres (▪ Cass. crim., 20 juin 1990, n° 89-86.557 : *Bull. crim.* n° 253).

B – Conditions de validité de la désignation de l'interprète

3) L'âge de l'interprète. Il y a présomption de droit que les personnes appelées par le président de la cour d'assises à remplir la fonction d'interprète et qui n'ont été récusées ni par l'accusé ni par le ministère public avaient l'âge requis par la loi (▪ Cass. crim., 17 sept. 2014, n° 13-84.971 : *Bull. crim.* n° 191. ▪ Cass. crim., 14 juin 1967, n° 67-90.547 : *Bull. crim.* n° 181).

4) Le serment de l'interprète. a. **Pas de renouvellement.** Ce serment, prêté dans les termes de l'article 344 du Code de procédure pénale à l'ouverture des débats, conservait sa valeur jusqu'à la fin de l'affaire et n'avait pas à être renouvelé notamment lorsque le même interprète a été appelé à prêter aussi son assistance à un témoin parlant la même langue que les accusés (▪ Cass. crim., 22 oct. 1987, n° 86-96.736 : *Bull. crim.* n° 364).

b. Défaut de serment. L'interprète n'a pas prêté le serment prévu par la loi, ce qui prive l'arrêt attaqué de l'une des conditions essentielles de son existence légale et entraîne la nullité de l'ensemble de la procédure (▪ Cass. crim., 24 juill. 1985, n° 85-92.713 : *Bull. crim.* n° 277).

c. Formule légale non employée. Il n'y a pas nullité lorsque la formule employée pour le serment de l'interprète à l'audience, bien que ne reproduisant pas celle qui est prévue par l'article 344 du Code de procédure pénale, en exprime cependant le sens sans le dénaturer ni le restreindre (▪ Cass. crim., 9 nov. 1983, n° 83-91.668 : *Bull. crim.* n° 296. ▪ Cass. crim., 22 févr. 1977, n° 76-92.413 : *Bull. crim.* n° 70). Lorsqu'il n'a pas eu à traduire de document versé aux débats, l'interprète qui a prêté serment « de bien et fidèlement traduire les paroles des personnes parlant un langage différent » a ainsi prêté serment de remplir fidèlement sa mission, comme le prescrit l'article 344 du Code de procédure pénale (▪ Cass. crim., 24 nov. 1965, n° 65-92.386 : *Bull. crim.* n° 205).

II – LA MISSION DE L'INTERPRÈTE

A – Étendue de la mission de l'interprète

5) Signification des réquisitions du ministère public. La mission de l'interprète appelé à prêter son concours à un accusé ne parlant pas suffisamment la langue française s'applique aux parties des débats pour lesquelles les accusés ne peuvent être suppléés par les conseils qui les assistent. Ce n'est pas le cas de la signification à un accusé qui refuse de comparaître des réquisitions du ministère public à des conclusions déposées par son défenseur (▪ Cass. crim., 3 juin 1988, n° 87-84.240 : *Bull. crim.* n° 246).

6) Arrêt rectificatif. Pour porter un arrêt rectificatif à la connaissance de l'accusé qui ne parle pas la langue française, le greffier doit se faire assister d'un interprète ; à défaut, la formalité est réputée non observée (▪ Cass. crim., 4 janv. 1980, n° 79-93.219 : *Bull. crim.* n° 5).

B – Constatation de la mission de l'interprète

7) Procès-verbal des débats.

a. Mention au procès-verbal. La Cour de cassation estime, lorsqu'un interprète a été désigné par le président de la cour d'assises, qu'il a prêté son concours chaque fois que cela a été nécessaire, en l'absence de donné-acte ou d'incident contentieux, qu'il appartient aux parties de provoquer (▪ Cass. crim., 13 déc. 2017, n° 17-81.202. Rapp. ▪ Cass. crim., 18 nov. 2020, n° 19-87.637). La mention apposée au procès-verbal des débats, selon laquelle les interprètes ont apporté leur concours à chaque fois qu'il a été nécessaire, permet à la Cour de cassation de s'assurer, en l'absence d'énonciation contraire, que chaque accusé concerné a été, pendant toute la durée des audiences, assisté d'un interprète qui a procédé aux traductions indispensables (▪ Cass. crim., 16 déc. 2015, n° 14-83.238 : *Bull. crim.* n° 308). Les constatations que le président a commis d'office Germain Y..., âgé de 59 ans, en qualité d'interprète pour la langue créole et que celui-ci a prêté le serment prescrit par l'article 344 du Code de procédure pénale, suffisent à établir que l'interprète a régulièrement rempli sa mission en prêtant son concours chaque fois que cela a été nécessaire durant les débats en l'absence de toute autre mention contraire ou résultant d'un donné acte qu'il appartenait à l'accusé ou à son avocat de solliciter (▪ Cass. crim., 20 oct. 1999, n° 98-88.078 : *Bull. crim.* n° 226).

b. Erreur matérielle. Il n'importe que l'article 168 ait été visé au lieu de l'article 344, qui aurait dû l'être, dès lors que le serment prêté l'a été dans les termes exacts prescrits par ce dernier texte et qu'il résulte sans équivoque des énonciations du procès-verbal que c'est en qualité d'interprète que Mme Y... a été nommée (▪ Cass. crim., 11 févr. 1987, n° 86-93.391 : *Bull. crim.* n° 69). La mention « interprète officiel », figurant au procès-verbal des débats, est insuffisante pour établir que les prescriptions impératives de l'article 344 du Code de procédure pénale ont été observées en ce qui concerne le serment de l'interprète (▪ Cass. crim., 13 janv. 1965, n° 64-92.394 : *Bull. crim.* n° 12).

c. Droits de la défense. Il est satisfait aux dispositions légales et à l'article 6, § 3 de la Conv. EDH et il n'est pas porté atteinte aux droits de la défense dès lors que le procès-verbal des débats constate que l'interprète, nommé par le président, a, au cours de l'audience, prêté son concours chaque fois que cela a été nécessaire (■ Cass. crim., 9 déc. 1992, n° 92-82.206 : *Bull. crim.* n° 413). Un accusé ne peut se prévaloir devant la Cour de cassation de ce qu'il n'a pas été assisté d'un interprète au cours des débats à défaut de réclamation de lui-même, ou de son conseil, alors qu'un interrogatoire est mentionné dans le procès-verbal des débats (■ Cass. crim., 16 déc. 1976, n° 76-92.640 : *Bull. crim.* n° 370).

8) Procès-verbal d'interrogatoire de l'accusé. Le procès-verbal d'interrogatoire de l'accusé et le procès-verbal des débats qui constatent la présence et l'assistance d'un interprète n'ont pas à mentionner, en outre, quel était le langage à traduire (■ Cass. crim., 11 juin 1969, n° 69-90.437 : *Bull. crim.* n° 196).

9) Absence momentanée de l'interprète. La nullité de la procédure n'est pas encourue en l'absence de conclusions d'incident déposées ou de demande de donné-acte présentée par la défense, invoquant une gêne de l'accusé pour suivre les débats, en raison de l'absence momentanée de l'interprète (■ Cass. crim., 18 nov. 2020, n° 19-87.637).

C – Domaine d'application

10) Débats devant la cour d'assises. L'article 344 du même code qui règle les conditions de nomination et de prestation de serment des interprètes ne vise que les débats devant la cour d'assises (■ Cass. crim., 21 déc. 1977, n° 77-92.044 : *Bull. crim.* n° 407).

11) Inapplication à l'interrogatoire antérieur aux débats. Les dispositions de l'article 344 du Code de procédure pénale ne s'étendent pas à l'interrogatoire de l'accusé par le président prescrit par l'article 272 du même code (■ Cass. crim., 27 nov. 1974, n° 74-92.195 : *Bull. crim.* n° 353. ■ Cass. crim., 7 sept. 1974, n° 74-90.912 : *Bull. crim.* n° 268. ■ Cass. crim., 15 sept. 1973, n° 73-92.293 : *Bull. crim.* n° 340. ■ Cass. crim., 29 janv. 1970, n° 69-90.778 : *Bull. crim.* n° 41. ■ Cass. crim., 21 déc. 1966, n° 66-92.873 : *Bull. crim.* n° 299. ■ Cass. crim., 12 nov. 1964, n° 64-91.201 : *Bull. crim.* n° 296).

III – INCOMPATIBILITÉ AVEC LA QUALITÉ D'INTERPRÈTE

A – Principe

12) Les incompatibilités prévues par l'article 344 du Code de procédure pénale sont de droit étroit et ne peuvent pas être étendues par voie d'analogie (■ Cass. crim., 21 déc. 1977, n° 77-91.810 : *Bull. crim.* n° 409).

B – Illustrations

13) Incompatibilité avec la qualité d'interprète.

a. Partie civile. L'interdiction posée par l'article 344 du Code de procédure pénale s'étend aux parties civiles (■ Cass. crim., 10 nov. 1998, n° 98-81.810 : *Bull. crim.* n° 293).

b. Témoin. Peut être désignée en qualité d'interprète une personne citée comme témoin qui n'a pas déposé du fait de la renonciation des parties à son audition, dès lors qu'elle remplit les autres conditions exigées par l'article 344 du Code de procédure pénale (■ Cass. crim., 20 avr. 1988, n° 87-84.462 : *Bull. crim.* n° 170). La prohibition édictée par le 3e alinéa de l'article 344 du Code de procédure pénale, aux termes duquel l'interprète ne peut être pris, notamment, parmi les témoins, s'applique à tous les témoins, qu'ils aient été cités et déposent sous la foi du serment ou qu'ils aient été entendus en vertu du pouvoir discrétionnaire du Président (■ Cass. crim., 27 oct. 1982, n° 82-91.536 : *Bull. crim.* n° 236).

14) Compatibilité avec la qualité d'interprète. Les incompatibilités prévues par l'article 344 du Code de procédure pénale ne peuvent pas être étendues à un gendarme désigné comme interprète au cours des débats (■ Cass. crim., 21 déc. 1977, n° 77-91.810 : *Bull. crim.* n° 409).

C – Portée. Audition comme témoin de l'interprète

15) L'article 344 du Code de procédure pénale, qui s'oppose à ce que l'interprète soit pris parmi les témoins, n'interdit pas l'audition comme témoin de la personne qui a servi d'interprète pendant l'information (■ Cass. crim., 30 sept. 1992, n° 92-81.595 : *Bull. crim.* n° 295).

Art. 345 ***(Rempl., L. n° 2000-516, 15 juin 2000).*** **– Si l'accusé est atteint de surdité, le président nomme d'office pour l'assister lors du procès un interprète en langue des signes ou toute personne qualifiée maîtrisant un langage ou une méthode permettant de communiquer avec les sourds. Celui-ci prête serment d'apporter son concours à la justice en son honneur et en sa conscience.**

Le président peut également décider de recourir à tout dispositif technique permettant de communiquer avec la personne atteinte de surdité.

Si l'accusé sait lire et écrire, le président peut également communiquer avec lui par écrit.

Les autres dispositions du précédent article sont applicables.

Le président peut procéder de même avec les témoins ou les parties civiles atteints de surdité.

Art. 346 *(L. n° 93-2, 4 janv. 1993).* **– Une fois l'instruction à l'audience terminée, la partie civile ou son avocat est entendu. Le ministère public prend ses réquisitions.**

L'accusé et son avocat présentent leur défense.

La réplique est permise à la partie civile et au ministère public, mais l'accusé ou son avocat auront toujours la parole les derniers.

I – PRISE DE PAROLE DES PARTIES

A – Audition partie civile

1) Le fait pour une partie civile de ne pas user de la faculté que lui confère l'article 346 du Code de procédure pénale ne saurait porter atteinte aux droits de la défense (■ Cass. crim., 23 nov. 1977, n° 77-91.257 : *Bull. crim.* n° 366). Si l'arrêt attaqué est muet sur l'audition des parties civiles, alors que le procès-verbal des débats la mentionne, cette circonstance n'est pas de nature à faire grief au condamné, qui est sans intérêt pour critiquer l'abstention des parties civiles, à supposer qu'elle ait été réelle (■ Cass. crim., 25 janv. 1967, n° 66-92.504 : *Bull. crim.* n° 38).

B – Réquisitions du ministère public

2) Mention au procès-verbal. Si le procès-verbal des débats n'est pas tenu de rendre compte du contenu des réquisitions orales du ministère public prises en application de l'article 346 du Code de procédure pénale, une telle mention, qui ne porte atteinte ni aux droits des accusés ni au principe de l'oralité des débats, ne saurait être de nature à entraîner la cassation (■ Cass. crim., 20 juin 2018, n° 17-85.096. ■ Cass. crim., 12 févr. 2003, n° 02-80.767 : *Bull. crim.* n° 33). Si le procès-verbal des débats ne constate pas que, l'instruction à l'audience terminée, le ministère public ait pris la parole, cette omission n'est pas une cause de nullité dès lors que l'arrêt de condamnation énonce que l'avocat général a été entendu en ses réquisitions pour l'application de la loi pénale (■ Cass. crim., 26 mai 1983, n° 83-90.012 : *Bull. crim.* n° 158. ■ Cass. crim., 27 juin 1979, n° 78-94.125 : *Bull. crim.* n° 233).

3) Moment des réquisitions.

a. Audition d'un témoin après réquisitions. L'audition d'un témoin après les réquisitions du Ministère public, même si elle n'est pas intervenue dans le cours du déroulement normal de la procédure à l'audience, n'a pas porté préjudice aux intérêts du demandeur (■ Cass. crim., 6 févr. 1980, n° 79-91.831 : *Bull. crim.* n° 49).

b. Absence de réquisition avant l'audition sur le fond. Lorsqu'après le réquisitoire sur le fond la Cour est saisie d'un incident sur lequel elle statue, il n'existe aucune violation de la loi dont l'accusé puisse se faire un grief si le ministère public ne prend pas de nouvelles réquisitions avant l'audition sur le fond du défenseur de l'accusé et de l'accusé lui-même (■ Cass. crim., 21 févr. 1973, n° 72-93.070 : *Bull. crim.* n° 90).

4) Liberté de parole du ministère public. Le demandeur ne saurait se faire un grief de ce que l'avocat général, dans ses réquisitions, a donné lecture d'une pièce de la procédure non discutée contradictoirement lors de l'instruction à l'audience, ce dont le président a donné acte, dès lors que la parole du ministère public à l'audience est libre et que, partie au procès, il est indépendant dans l'exercice de ses fonctions et a le droit de dire tout ce qu'il croit convenable au bien de la justice, sauf le droit des parties de combattre les arguments présentés par lui (■ Cass. crim., 1er mars 2017, n° 16-83.001 : *Bull. crim.* n° 63).

II – DROIT DE RÉPLIQUE

A – Pouvoir discrétionnaire du président

5) Fait un usage régulier de son pouvoir discrétionnaire le président qui communique aux parties, à la Cour et au jury, après la plaidoirie de la défense, les documents nouveaux apportés par cette dernière, afin d'en permettre la discussion contradictoire en respectant les règles édictées par l'article 346 du Code de procédure pénale concernant l'usage du droit de réplique. Entre aussi dans son pouvoir discrétionnaire la lecture, dans les mêmes circonstances et sous les mêmes conditions, de toute pièce utile à la manifestation de la vérité (■ Cass. crim., 10 avr. 1991, n° 90-84.232 : *Bull. crim.* n° 171). Lorsque le représentant du ministère public a usé, à l'égard du conseil de l'un des accusés, qui venait de présenter la défense de celui-ci, du droit de réplique qu'il tient de l'article 346 du Code de procédure pénale, et que cet avocat a, à son tour, répliqué, le président est en droit de refuser de redonner la parole à ceux des avocats des autres accusés qui avaient auparavant prononcé leur plaidoirie (■ Cass. crim., 27 nov. 1985, n° 85-93.038 : *Bull. crim.* n° 382).

B – Réouverture des débats

6) Le dépôt de conclusions après la clôture des débats entraîne la réouverture de ceux-ci. Dès lors, après le prononcé de l'arrêt incident, le président doit de nouveau se conformer aux prescriptions de l'article 346 du Code de procédure pénale et redonner la parole aux parties (■ Cass. crim., 27 nov. 1985, n° 85-91.982 : *Bull. crim.* n° 381.

▪ Cass. crim., 27 juin 1979, n° 78-94.289 : *Bull. crim.* n° 234). Lorsque les débats ont été rouverts, le Président de la Cour d'assises doit, avant d'en prononcer à nouveau la clôture, donner la parole à toutes les parties comme le prescrit l'article 346 du Code de procédure pénale. Il ne suffit pas que le procès-verbal constate qu'aucune observation n'a été présentée (▪ Cass. crim., 4 nov. 1972, n° 72-92.046 : *Bull. crim.* n° 324).

III – PAROLE EN DERNIER

A – Applications

7) Domaine. a. Incident contentieux. La règle selon laquelle l'accusé ou son conseil auront toujours la parole les derniers n'est pas applicable seulement une fois l'instruction à l'audience terminée, mais également lors de tout incident contentieux intéressant la défense qui est réglé par un arrêt (▪ Cass. crim., 17 févr. 1983, n° 82-90.664 : *Bull. crim.* n° 62).

b. Suspension d'audience. Le procès-verbal des débats constate que le président a suspendu l'audience à 12 heures 30 après les plaidoiries des avocats de la défense, puis, à la reprise des débats à 14 heures, a donné la parole en dernier aux accusés ; en procédant ainsi, le président a fait l'exacte application de l'article 346 du Code de procédure pénale, lequel prescrit seulement que l'accusé ou son avocat auront toujours la parole en dernier (▪ Cass. crim., 18 nov. 2015, n° 14-86.475 : *Bull. crim.* n° 261).

c. Production de pièces nouvelles. L'accusé ne saurait se faire grief de la production de pièces nouvelles, dès lors que son conseil a eu la parole pour répliquer, conformément aux prescriptions de l'article 346, alinéa 3, du Code de procédure pénale (▪ Cass. crim., 17 juin 1976, n° 76-90.888 : *Bull. crim.* n° 219).

8) Modalités. L'ordre dans lequel, selon l'article 346 du Code de procédure pénale, une fois l'instruction à l'audience terminée, les parties prennent la parole n'est pas prescrit à peine de nullité, sous la réserve que l'accusé ou son conseil ait la parole le dernier (▪ Cass. crim., 30 sept. 1992, n° 92-80.354 : *Bull. crim.* n° 296). En donnant la parole en dernier au seul avocat de l'accusé, il est satisfait aux prescriptions de l'article 346 du Code de procédure pénale (▪ Cass. crim., 14 nov. 1990, n° 90-82.242 : *Bull. crim.* n° 381). La mention du procès-verbal de l'audition en dernier de l'accusé implique nécessairement celle préalable de la partie civile et du ministère public (▪ Cass. crim., 13 nov. 1996, n° 96-80.531 : *Bull. crim.* n° 403).

B – Inapplication

9) Interrogatoire et questions. Il se déduit de l'article 346 du Code de procédure pénale que le principe suivant lequel l'accusé ou son conseil ont toujours la parole en dernier ne s'applique pas lorsque le président, en application de l'article 328 dudit code, interroge l'accusé et reçoit ses déclarations, ni lorsque le ministère public, les avocats des parties civiles et les parties civiles, en application de l'article 312 du même code, lui posent des questions (▪ Cass. crim., 2 déc. 2015, n° 14-85.581 : *Bull. crim.* n° 275).

10) Personne civilement responsable. Ce texte, seul applicable devant la cour d'assises, ne prévoit pas que, devant cette juridiction, une fois l'instruction terminée, le civilement responsable doive être entendu, après le ministère public (▪ Cass. crim., 27 nov. 2019, n° 18-83.553, § 5 : *Bull. crim.* n° 40).

Section IV. – De la clôture des débats et de la lecture des questions

Art. 347 *(L. n° 93-2, 4 janv. 1993).* **– Le président déclare les débats terminés.**

Il ne peut résumer les moyens de l'accusation et de la défense.

Il ordonne que le dossier de la procédure soit déposé entre les mains du greffier de la cour d'assises ; toutefois, il conserve, en vue de la délibération prévue par les articles 355 et suivants, ***(Mots rempl. à compter du 1er janvier 2012, L. n° 2011-939, 10 août 2011)*** **« la décision de renvoi et, en cas d'appel, l'arrêt rendu par la cour d'assises ayant statué en premier ressort ainsi que la feuille de motivation qui l'accompagne ».**

Si, au cours de la délibération, la cour d'assises estime nécessaire l'examen d'une ou plusieurs pièces de la procédure, le président ordonne le transport dans la salle des délibérations du dossier, qui à ces fins sera rouvert en présence du Ministère public et des avocats de l'accusé et de la partie civile.

I – PORTÉE DU TEXTE

A – Absence de formalité substantielle (art. 347, al. 3)

1) Aux termes de l'article 347, alinéa 3, du Code de procédure pénale, le président conserve, en vue de la délibération, la décision de renvoi et, en cas d'appel, l'arrêt rendu par la cour d'assises ayant statué en premier ressort ainsi que la feuille de motivation qui l'accompagne, cette formalité n'est pas substantielle, la loi ne faisant pas dépendre la conviction de la cour et du jury de l'examen de la décision rendue en premier ressort mais du débat oral qui s'est déroulé devant eux (■ Cass. crim., 5 sept. 2018, n° 17-82.287. ■ Cass. crim., 16 oct. 2016, n° 15-83.001. ■ Cass. crim., 20 nov. 2013, n° 12-86.630 : *Bull. crim.* n° 234. ■ Cass. crim., 8 juin 2006, n° 05-86.695 : *Bull. crim.* n° 170. ■ Cass. crim., 6 déc. 1973, n° 73-91.878 : *Bull. crim.* n° 454. ■ Cass. crim., 30 oct. 1973, n° 73-92.083 : *Bull. crim.* n° 392. ■ Cass. crim., 7 mars 1973, n° 72-93.456 : *Bull. crim.* n° 116. ■ Cass. crim., 12 juin 1963, n° 63-90.020 : *Bull. crim.* n° 208).

B – Formalité substantielle (art. 347, al. 4)

2) L'article 347, alinéa 3 du Code de procédure pénale édicte une formalité substantielle, méconnue lorsque le président a, pendant la délibération, rouvert le dossier en la seule présence du ministère public et des parties, alors qu'il n'est pas mentionné dans le procès-verbal des débats que l'avocat de l'accusé était présent (■ Cass. crim., 12 juill. 1983, n° 83-91.078 : *Bull. crim.* n° 220). Constate l'accomplissement régulier des formalités prescrites par l'alinéa 4 de l'article 347 du Code de procédure pénale, le procès-verbal des débats relatant qu'au cours de la délibération la Cour d'assises ayant estimé nécessaire l'examen de plusieurs pièces de la procédure, le président a ordonné le transport dans la salle des délibérations du dossier qui, à cette fin, a été rouvert en présence du ministère public et des conseils de l'accusé et de la partie civile (■ Cass. crim., 7 juin 1967, n° 67-90.438 : *Bull. crim.* n° 176).

II – CLÔTURE DES DÉBATS

A – Audience publique

3) Les débats prennent fin lorsque le président les déclare terminés par application de l'article 347 du même code. À ce moment et pour tout ce qui touche à l'accomplissement des formalités subséquentes, l'audience doit être tenue publiquement (■ Cass. crim., 8 nov. 1967, n° 67-91.599 : *Bull. crim.* n° 287).

B – Action civile

4) L'action civile ne peut être portée devant la Cour d'assises suivie de l'action publique que jusqu'à la clôture des débats prévue par l'article 347 du Code de procédure pénale (■ Cass. crim., 21 déc. 1966, n° 66-92.873 : *Bull. crim.* n° 299).

III – ORALITÉ DES DÉBATS

5) Violation du principe. a. **Lecture anticipée de documents.** S'il est permis au président de faire, au cours de l'interrogatoire de l'accusé, de mémoire ou en se référant à ses notes, des emprunts succincts des pièces de la procédure écrite, ce magistrat ne saurait, sans méconnaître le principe de l'oralité des débats, donner lecture, fût-ce partiellement, des procès-verbaux d'auditions de témoins ou des rapports d'experts, dès lors que ces témoins ou ces experts sont acquis aux débats et que, bien que comparants, ils n'ont pas encore été entendus à la barre (■ Cass. crim., 20 mai 1987, n° 86-95.435 : *Bull. crim.* n° 209). Il est de principe que, devant la cour d'assises, le débat doit être oral ; qu'il s'ensuit notamment qu'il ne peut être donné lecture de tout ou partie du rapport d'un expert acquis aux débats qu'après son audition à la barre (■ Cass. crim., 23 oct. 2013, n° 12-87.786 : *Bull. crim.* n° 202) ni du procès-verbal d'audition à l'instruction d'un témoin présent qu'après qu'a été reçue sa déposition (■ Cass. crim., 27 juin 1990, n° 89-87.170 : *Bull. crim.* n° 265. ■ Cass. crim., 18 juin 1986, n° 86-90.768 : *Bull. crim.* n° 217. ■ Cass. crim., 14 mars 1984, n° 83-92.047 : *Bull. crim.* n° 111). Le principe de l'oralité des débats et l'interdiction d'interrompre les témoins s'opposent à ce que le président de la cour d'assises, au cours de leur déposition, donne lecture des documents écrits se référant à leur témoignage (■ Cass. crim., 26 févr. 1992, n° 91-83.165 : *Bull. crim.* n° 90).

b. Témoin.

Défaillance. Méconnaît le principe de l'oralité des débats la cour d'assises qui, pour rejeter des conclusions tendant au renvoi de l'affaire en raison de la défaillance d'un témoin, énonce que la déposition de ce témoin n'est pas indispensable à la manifestation de la vérité, la cour disposant d'autres éléments d'appréciation susceptibles d'être développés à l'audience par les témoins et experts présents. En prononçant ainsi, la cour d'assises s'est nécessairement référée au contenu des pièces de la procédure écrite, dès lors qu'aucun témoin ou expert n'avait encore été entendu (■ Cass. crim., 6 mai 1998, n° 97-84.479 : *Bull. crim.* n° 155).

Absence. L'absence d'observations des parties lorsqu'est constatée l'absence d'un témoin vaut présomption qu'elles ont d'un commun accord renoncé tacitement à son audition, aucun texte de loi n'exigeant qu'une telle renonciation soit expressément mentionnée au procès-verbal des débats (■ Cass. crim., 25 oct. 1995, n° 95-80.417 : *Bull. crim.* n° 319).

6) Absence de violation du principe.

a. **Lecture de pièces de la procédure.** Ne viole pas le principe de l'oralité des débats le président qui, en vertu de son pouvoir discrétionnaire, donne lecture de pièces de la procédure, dès lors qu'il ne résulte d'aucune mention du procès-verbal, ni d'aucun donné acte qu'il appartenait le cas échéant à l'accusé de requérir, que les lectures effectuées se référaient à des déclarations, recueillies lors de l'instruction, de témoins ou d'experts acquis aux débats et qui n'auraient pas encore été entendus lorsque la lecture a été faite (■ Cass. crim., 27 mars 1991, n° 90-83.401 : *Bull. crim.* n° 147).

b. Transcription d'un enregistrement magnétique. Ne constitue pas une violation du principe de l'oralité des débats le fait, par le président, l'instruction à l'audience étant terminée, de remettre à la Cour et aux jurés la transcription, extraite du dossier, d'un enregistrement magnétique saisi au cours de l'information et dont il a ordonné la lecture (■ Cass. crim., 8 févr. 1989, n° 88-82.890 : *Bull. crim.* n° 59). Le principe de l'oralité des débats n'est pas violé dès lors que le procès-verbal mentionne l'audition de témoins appelés en vertu du pouvoir discrétionnaire du président (■ Cass. crim., 22 févr. 1984, n° 83-93.558 : *Bull. crim.* n° 68).

c. Mention des réquisitions orales du ministère public. Si le procès-verbal des débats n'est pas tenu de rendre compte du contenu des réquisitions orales du ministère public prises en application de l'article 346 du Code de procédure pénale, une telle mention, qui ne porte atteinte ni aux droits des accusés ni au principe de l'oralité des débats, ne saurait être de nature à entraîner la cassation (■ Cass. crim., 12 févr. 2003, n° 02-80.767 : *Bull. crim.* n° 33).

IV – DOCUMENTS CONSERVÉS EN VUE DE LA DÉLIBÉRATION

7) Énumération limitative. C'est à bon droit que la cour d'assises rejette une demande de donné-acte du dépôt de conclusions devant être conservées pendant la délibération et développant des moyens de défense auxquels il devrait être répondu dans le cadre de l'obligation de motivation, dès lors que les débats devant la cour d'assises sont oraux et que ladite demande se heurte à la prohibition, pour le président, de conserver, pendant le délibéré, d'autres documents que ceux limitativement énumérés par l'article 347 du Code de procédure pénale (■ Cass. crim., 28 mai 2015, n° 14-82.559 : *Bull. crim.* n° 130).

8) Feuille de questions. Si l'article 347, alinéa 3, du Code de procédure pénale prévoit que le président conserve, en appel, en vue de la délibération, l'arrêt de la cour d'assises ayant statué en première ressort et la feuille de motivation qui l'accompagne, aucune nullité ne saurait résulter du fait que le président a également conservé la feuille de questions, laquelle, par sa nature, ne constitue qu'un complément des documents précités (■ Cass. crim., 11 déc. 2019, n° 19-80.348).

9) Utilisation des documents. L'article 347 du Code de procédure pénale n'interdit pas aux jurés de faire éventuellement usage pendant la délibération de notes ou autres documents en leur possession (■ Cass. crim., 21 avr. 1982, n° 81-91.472 : *Bull. crim.* n° 97).

Art. 348 *(Mod., L. n° 2000-516, 15 juin 2000).* **– Le président donne lecture des questions auxquelles la cour et le jury ont à répondre. Cette lecture n'est pas obligatoire quand les questions sont posées dans les termes de la décision de mise en accusation ou si l'accusé ou son défenseur y renonce.**

I – LECTURE OBLIGATOIRE

A – Modalités de lecture

1) Lecture en audience publique. La lecture des questions doit, à peine de nullité, être faite en audience publique, à moins qu'en application de ce texte, cette lecture ne soit pas obligatoire, les questions étant posées dans les termes de la décision de mise en accusation (■ Cass. crim., 28 sept. 2011, n° 11-80.929 : *Bull. crim.* n° 188). Méconnaît les dispositions de l'article 348 du Code de procédure pénale le président de la cour d'assises qui, après la clôture des débats, ne donne pas lecture en audience publique des questions alors que certaines n'étaient pas posées dans les termes de la décision de mise en accusation, peu important que les questions aient été lues précédemment, durant l'audience se tenant à huis clos (■ Cass. crim., 28 sept. 2011, n° 11-80.929 : *Bull. crim.* n° 188).

2) Lecture de l'ensemble des questions. Le procès-verbal des débats mentionne que le président, après la clôture des débats, a donné lecture des questions auxquelles la cour et le jury auraient à répondre ; cette mention implique qu'il a été donné connaissance de l'ensemble des questions posées, incluant tant la question principale que la question spéciale (■ Cass. crim., 29 mars 2017, nos 16-82.615 et 16-83.955 : *Bull. crim.* n° 102).

3) Mineurs. Les seules questions dont la lecture soit obligatoire, sous réserve des exceptions prévues par ce texte, sont celles qui portent sur les faits de l'accusation, ce qui n'est pas le cas des questions concernant l'application à un mineur d'une sanction pénale, son exclusion éventuelle de l'excuse atténuante de minorité ou les circonstances atténuantes (■ Cass. crim., 11 oct. 1989, n° 89-80.349 : *Bull. crim.* n° 358). L'ordonnance du 2 février 1945 ne déroge pas aux dispositions de l'article 348 du Code de procédure pénale relatif à la lecture des questions (■ Cass. crim., 11 mai 1989, n° 88-86.276 : *Bull. crim.* n° 194).

B – Question subsidiaire

4) Modification de la qualification légale. Le Président de la Cour d'assises qui, sur une accusation d'assassinat, interroge la cour et le jury, qui ont répondu négativement à la question principale d'homicide volontaire, d'abord par des questions « *in abstracto* » sur la matérialité des faits constitutifs du meurtre, puis sur les circonstances aggravantes de préméditation et de guet-apens, avant de poser, se référant à celles-ci, la question de culpabilité de l'accusé du chef de complicité du crime ainsi spécifié et qualifié, ne pose qu'une seule question subsidiaire – celle de complicité – dont il soit tenu de donner lecture en application de l'article 348 du Code de procédure pénale, les autres questions étant conformes au dispositif de l'arrêt de renvoi (▪ Cass. crim., 5 déc. 1984, n° 84-91.414 : *Bull. crim.* n° 386).

5) Pas d'obligation d'avertir de la modification de la qualification légale. Aucun texte n'oblige le Président à donner avertissement d'une modification de la qualification donnée par l'arrêt de renvoi, si lecture a été faite de la question posée en application de l'article 348 du Code de procédure pénale (▪ Cass. crim., 26 juill. 1972, n° 72-90.957 : *Bull. crim.* n° 260).

6) Refus de lire une question subsidiaire.
a. Conséquence du refus. Dès lors qu'il est saisi de conclusions lui demandant de poser une question subsidiaire, le président ne peut refuser de lire cette question, sans que naisse de son opposition un incident contentieux qui doit alors être tranché par la Cour conformément aux dispositions de l'article 352 du Code de procédure pénale (▪ Cass. crim., 20 août 1997, n° 96-86.476 : *Bull. crim.* n° 289).

b. Procès équitable. Selon les dispositions combinées des articles 348 et 351 du Code de procédure pénale, s'il résulte des débats une qualification légale autre que celle donnée par l'arrêt de renvoi, le président doit poser une question subsidiaire dont il est tenu de donner lecture, sauf si l'accusé ou son défenseur y renonce (▪ Cass. crim., 11 mars 2020, n° 19-80.366 : *Bull. crim.* n° 150) ; il résulte de l'article 6, § 1 de la Conv. EDH que tout accusé a droit notamment à être informé, dans le plus court délai, de la nature et de la cause de l'accusation portée contre lui et doit disposer du temps et des facilités nécessaires à la préparation de sa défense. Méconnaît les dispositions susvisées le président de la cour d'assises qui, après la clôture des débats, donne lecture de questions subsidiaires auxquelles la cour et le jury auraient à répondre, alors qu'il ne résulte pas du procès-verbal des débats que, pour permettre à l'accusé ou à son avocat de faire valoir toutes observations utiles à la défense, le président ait, avant les plaidoiries et réquisitions, prévenu les parties de son intention de poser lesdites questions subsidiaires (▪ Cass. crim., 28 mai 2015, n° 14-82.559 : *Bull. crim.* n° 130).

II – LECTURE FACULTATIVE

A – Questions posées dans les termes de la décision de mise en accusation

7) Principe. Il résulte des pièces de procédure que les questions portant sur la culpabilité de l'accusé ont été posées dans les termes de l'ordonnance de mise en accusation, ce qui dispensait le président de la cour d'assises d'en donner lecture, par application de l'article 348 du Code de procédure pénale (▪ Cass. crim., 20 juin 2018, n° 17-84.650). Le président n'est dispensé de la lecture des questions, conformément aux dispositions de l'article 348 du Code de procédure pénale, que si elles sont posées dans les termes de l'arrêt de renvoi. Tel n'est pas le cas de la question non lue, à laquelle il a été répondu affirmativement et qui interrogeait la cour et le jury sur le point de savoir si l'accusé avait commis des actes de pénétration sexuelle avec violence, contrainte ou surprise alors que le dispositif de l'arrêt de renvoi ne faisait état que d'un acte de pénétration sexuelle (▪ Cass. crim., 15 oct. 1997, n° 96-85.379 : *Bull. crim.* n° 335).

8) Illustration. Si la Cour et le jury sont interrogés dans une question n° 1 sur la culpabilité de l'accusé d'avoir volontairement donné la mort à la victime, la lecture des questions n°s 2 à 4, qualifiées à tort de subsidiaires, n'est pas obligatoire dès lors que celles-ci se bornent à décomposer la question n° 1, sans modifier l'accusation retenue contre l'accusé par l'arrêt de renvoi (▪ Cass. crim., 30 mars 1994, n° 93-83.319 : *Bull. crim.* n° 127).

9) Atténuation : absence d'altération du sens ou de la substance de la formulation de la décision de renvoi. L'article 348 du Code de procédure pénale n'exige pas que les questions soient la reproduction littérale du dispositif de ladite décision (▪ Cass. crim., 31 mars 2005, n° 04-83.037 : *Bull. crim.* n° 114. ▪ Cass. crim., 31 mars 2005, n° 04-83.037 : *Bull. crim.* n° 114). Si la question critiquée s'est écartée de la formulation de l'ordonnance de renvoi, elle ne doit ni en altérer le sens ni en modifier la substance ; dès lors, l'article 348 du Code de procédure pénale, qui n'exige pas que les questions soient la reproduction littérale du dispositif de la décision de mise en accusation, dispensait le président d'en donner lecture (▪ Cass. crim., 17 oct. 2012, n° 10-88.321 : *Bull. crim.* n° 221. ▪ Cass. crim., 15 juin 2011, n° 09-87.135 : *Bull. crim.* n° 127. ▪ Cass. crim., 9 mars 1994, n° 92-82.356 : *Bull. crim.* n° 93. ▪ Cass. crim., 22 juin 1988, n° 87-91.595 : *Bull. crim.* n° 285. ▪ Cass. crim., 30 oct. 1996, n° 95-84.341 : *Bull. crim.* n° 381. ▪ Cass. crim., 9 mars 1994, n° 92-82.356 : *Bull. crim.* n° 93. ▪ Cass. crim., 22 juin 1988, n° 87-91.595 : *Bull. crim.* n° 285. ▪ Cass. crim., 1er févr. 1984, n° 83-92.069 : *Bull. crim.* n° 39).

B – Renonciation de l'accusé

10) Principe. Selon les dispositions combinées des articles 348 et 351 du Code de procédure pénale, s'il résulte des débats une qualification légale autre que celle de l'arrêt de renvoi, le président doit poser une ou plusieurs questions subsidiaires dont il est tenu de donner lecture, sauf si l'accusé ou son défenseur y renonce, lesdites questions fussent-elles déclarées sans objet à l'issue de la délibération sur la culpabilité (▪ Cass. crim., 2 sept. 2005, n° 04-84.776 : *Bull. crim.* n° 216. ▪ Cass. crim., 18 févr. 1998, n° 96-84.643 : *Bull. crim.* n° 69. ▪ Cass. crim., 13 déc. 1995, n° 94-86.146 : *Bull. crim.* n° 381). Il y a violation de l'article 348 du Code de procédure pénale entraînant l'annulation de l'arrêt de condamnation lorsque le procès-verbal des débats ne constate pas que le président ait donné lecture de questions subsidiaires posées par lui comme résultant des débats ni que l'accusé ait renoncé à cette lecture (▪ Cass. crim., 30 juin 1987, n° 86-95.978 : *Bull. crim.* n° 274).

11) Circonstances aggravantes. Est obligatoire, à moins que l'accusé n'y ait expressément renoncé, la lecture par le président d'une question relative à une circonstance aggravante qui n'avait pas été retenue par l'arrêt de renvoi (▪ Cass. crim., 28 avr. 1982, n° 81-93.659 : *Bull. crim.* n° 106).

Méconnaît l'article 6, § 3 *a* et *b* de la Convention européenne des droits de l'Homme le président de la cour d'assises qui pose une question spéciale de préméditation, circonstance aggravante non mentionnée dans la décision de renvoi, sans avoir prévenu les parties avant les réquisitions et les plaidoiries, qu'il envisageait de poser, comme résultant des débats, ladite question spéciale, pour permettre à l'accusé ou à son conseil de faire valoir toutes observations utiles à la défense (▪ Cass. crim., 4 févr. 2009, n° 08-85.144 : *Bull. crim.* n° 28. – V. aussi, ▪ Cass. crim., 13 févr. 2008, n° 07-84.341 : *Bull. crim.* n° 39. ▪ Cass. crim., 13 juin 2007, n° 06-89.266 : *Bull. crim.* n° 160).

C – Condition de la dispense de lecture

12) Pas de soumission à la lecture publique de l'arrêt de renvoi. La dispense de la lecture des questions prévue par l'article 348 du Code de procédure pénale n'est pas subordonnée par la loi à la lecture publique de l'arrêt de renvoi (▪ Cass. crim., 4 nov. 1999, n° 98-87.165 : *Bull. crim.* n° 246. ▪ Cass. crim., 3 avr. 1996, n° 95-83.366 : *Bull. crim.* n° 148. ▪ Cass. crim., 18 nov. 1987, n° 87-81.759 : *Bull. crim.* n° 417).

13) Procès équitable. Les dispositions de l'article 348 du Code de procédure pénale, qui visent à informer l'accusé de la nature et de la cause de l'accusation portée contre lui, sont étrangères aux exigences de l'article 6, paragraphe 1er, de la Convention européenne des droits de l'Homme relative à la publicité des débats judiciaires (▪ Cass. crim., 4 nov. 1999, n° 98-87.165 : *Bull. crim.* n° 246).

III – LIMITES

14) Ne peuvent être posées à la cour et au jury des questions étrangères aux prévisions des articles 348 et 349 du Code de procédure pénale (▪ Cass. crim., 11 juill. 2017, n° 16-85.864 : *Bull. crim.* n° 195).

Art. 349 ***(Mod., L. n° 2000-516, 15 juin 2000).*** **– Chaque question principale est posée ainsi qu'il suit : « L'accusé est-il coupable d'avoir commis tel fait ? »**

Une question est posée sur chaque fait spécifié dans le dispositif de la décision de mise en accusation.

Chaque circonstance aggravante fait l'objet d'une question distincte.

Il en est de même, lorsqu'elle est invoquée, de chaque cause légale d'exemption ou de diminution de la peine.

1) Conformité à la Constitution des articles 349, 350, 353 et 357 du Code de procédure pénale. L'ensemble de ces garanties relatives aux débats devant la cour d'assises et aux modalités de sa délibération, que le grief tiré de ce que les dispositions critiquées laisseraient à cette juridiction un pouvoir arbitraire pour décider de la culpabilité d'un accusé doit être écarté (▪ Cons. const., 1er avr. 2011, nos 2011-113 et 2011-115 QPC).

I – QUESTIONS

A – Questions obligatoirement posées en fait

2) Circonstances aggravantes. Les questions relatives aux circonstances aggravantes doivent être posées en fait (▪ Cass. crim., 15 mars 2006, n° 05-82.785 : *Bull. crim.* n° 77. ▪ Cass. crim., 27 oct. 1983, n° 82-94.464 : *Bull. crim.* n° 270). Est régulière comme portant sur une question de fait et non de droit, la question par laquelle il est demandé à la Cour et au jury si l'accusé a, pour l'exécution d'un homicide, employé des actes de barbarie, dès lors que cette circonstance n'est pas définie par la loi (▪ Cass. crim., 1er déc. 1993, n° 93-82.010 : *Bull. crim.* n° 368). En demandant si l'accusée est la mère légitime de la victime, le président pose une question en fait et non en droit (▪ Cass. crim., 28 oct. 1975, n° 75-91.042 : *Bull. crim.* n° 227).

3) Complicité. Les deux questions qui interrogent la cour et le jury sur une complicité de viol sont radicalement nulles (■ Cass. crim., 26 avr. 1984, n° 83-92.532 : *Bull. crim.* n° 146).

B – Question principale

4) Culpabilité.

a. Formule de la question principale. Si l'emploi du mot « coupable » prescrit par l'article 349 du Code de procédure pénale n'est pas sacramentel dans la question posée à la Cour et au jury, il est du moins nécessaire que les termes substitués soient, au point de vue de l'intention criminelle, absolument équivalents (■ Cass. crim., 28 oct. 1987, n° 86-93.776 : *Bull. crim.* n° 378. ■ Cass. crim., 12 juin 1981, n° 81-90.274 : *Bull. crim.* n° 200. ■ Cass. crim., 29 juin 1966, n° 66-90.064 : *Bull. crim.* n° 185).

b. Procès équitable. Sont reprises dans l'arrêt de condamnation les réponses qu'en leur intime conviction, magistrats et jurés composant la cour d'assises d'appel, statuant dans la continuité des débats, à vote secret et à la majorité qualifiée des deux tiers, ont donné aux questions sur la culpabilité, posées conformément au dispositif de la décision de renvoi et soumises à la discussion des parties ; en cet état, et dès lors qu'ont été assurés l'information préalable sur les charges fondant la mise en accusation, le libre exercice des droits de la défense ainsi que le caractère public et contradictoire des débats, l'arrêt satisfait aux exigences légales et à l'article 6, § 1 de la Conv. EDH (■ Cass. crim., 20 janv. 2010, n° 08-88.301 : *Bull. crim.* n° 14). La réponse négative à une question principale reste acquise au demandeur en cassation lorsque la question subsidiaire, dont la rédaction est censurée, est indépendante de la question principale (■ Cass. crim., 25 avr. 1974, n° 73-93.491 : *Bull. crim.* n° 153).

5) Formulation de la question principale. a. Une question pour chaque fait principal. Il résulte des dispositions de l'article 349 du Code de procédure pénale qu'une question doit être posée sur chaque fait principal (■ Cass. crim., 24 juin 1987, n° 86-96.712 : *Bull. crim.* n° 265). Les crimes d'enlèvement, d'une part, et séquestration illégale, d'autre part, qui constituent, bien que prévus et réprimés par le même texte, des crimes distincts, et doivent faire l'objet de questions séparées ; qu'il en est de même pour les questions de libération volontaire avant le septième jour qui constituent pour chacun de ces crimes, une cause de diminution des peines prévue par l'article 224-1, dernier alinéa, du Code pénal (■ Cass. crim., 20 janv. 2010, n° 08-88.301 : *Bull. crim.* n° 14).

Aucun texte de loi n'interdit de diviser la question sur les éléments constitutifs d'un crime dès lors qu'il n'en résulte ni substitution ni addition au fait retenu par l'arrêt de renvoi (■ Cass. crim., 21 avr. 1982, n° 81-91.472 : *Bull. crim.* n° 97. ■ Cass. crim., 23 mai 1975, n° 75-90.158 : *Bull. crim.* n° 131).

b. Qualification légale différente dans la question principale. Le président des assises ne peut, sans méconnaître les dispositions des articles 349 et 351 du Code de procédure pénale, soumettre à la cour et au jury, par voie de question principale, une accusation comportant une qualification légale autre que celle donnée aux faits par l'arrêt de renvoi (■ Cass. crim., 13 oct. 1982, n° 82-91.058 : *Bull. crim.* n° 217). Si c'est à tort que le président a posé, avant la question principale sur la culpabilité de l'accusé, des questions distinctes sur des éléments de preuve des infractions, et ce en méconnaissance des dispositions de l'article 349 du Code de procédure pénale, l'arrêt n'encourt pas pour autant la censure dès lors que la défense n'a pas élevé d'incident contentieux au sujet des questions (■ Cass. crim., 28 sept. 2011, n° 11-80.929 : *Bull. crim.* n° 188).

c. Omission d'un élément constitutif de la qualification principale. Selon l'article 349 du Code de procédure pénale, la cour d'assises doit être interrogée sur tous les éléments constitutifs de l'infraction. Tel n'est pas le cas lorsque la question principale omet de mentionner le caractère illicite des faits d'importation, de transport et de détention de stupéfiants reprochés à l'accusé (■ Cass. crim., 8 nov. 2000, n° 99-87.557 : *Bull. crim.* n° 334. ■ Cass. crim., 9 juin 1999, n° 98-86.227 : *Bull. crim.* n° 131), lorsque la question principale omet de mentionner l'intention frauduleuse de l'auteur du vol (■ Cass. crim., 28 oct. 1987, n° 86-93.776 : *Bull. crim.* n° 378. ■ Cass. crim., 24 avr. 1980, n° 79-94.001 : *Bull. crim.* n° 120. ■ Cass. crim., 27 janv. 1971, n° 70-91.903 : *Bull. crim.* n° 27), lorsque la question principale omet de mentionner le caractère volontaire de l'homicide reproché à l'accusé sous la qualification de meurtre (■ Cass. crim., 11 févr. 1998, n° 97-80.427 : *Bull. crim.* n° 54), lorsque la question principale demande à la Cour et au jury si l'accusé est coupable d'avoir commis un viol (■ Cass. crim., 3 mai 1984, n° 83-91.384 : *Bull. crim.* n° 191). ... Un acte de pénétration sexuelle ne constitue un viol que s'il a été commis par violence, contrainte ou surprise. N'interroge pas la cour et le jury sur l'un des éléments constitutifs du crime de tentative de viol, objet de l'accusation, la question qui ne mentionne pas que l'acte de pénétration sexuelle que l'accusé a tenté de commettre l'a été par violence, par contrainte ou par surprise (■ Cass. crim., 9 oct. 1985, n° 85-92.223 : *Bull. crim.* n° 307). Si les questions principales ne mentionnent pas le caractère volontaire des destructions, détériorations ou dégradations opérées, la cassation n'est toutefois pas encourue, dès lors que, d'une part, l'évocation de l'usage d'armes de guerre pour les détériorations ou dégradations commises et, d'autre part, la mention dans la feuille de motivation selon laquelle les véhicules détruits par le feu l'ont été à l'occasion de la fuite des malfaiteurs, établissent sans insuffisance leur caractère intentionnel (■ Cass. crim., 9 mai 2019, n° 18-82.885 : *Bull. crim.* n° 90 ; *Dr. pén.* 2019, comm. 136, obs. A. Maron et M. Haas) ou dès lors que les deux questions spéciales, lesquelles se réfèrent aux questions principales, mentionnent expressément le caractère volontaire de ces agissements (■ Cass. crim., 9 mai 2019, n° 18-82.800 : *Bull. crim.* n° 89).

d. Rectification de l'omission. Si un élément constitutif du crime objet de l'accusation a été omis dans le dispositif de l'arrêt de renvoi, il appartient au Président des assises de compléter les termes des questions d'après les énonciations comprises dans l'exposé des faits, dans leur qualification et dans la citation de la loi pénale (■ Cass. crim., 15 sept. 1973, n° 73-92.293 : *Bull. crim.* n° 340). Le président de la cour d'assises peut compléter la question posée à la Cour et au jury, s'il le fait d'après le contenu de l'arrêt de renvoi, dès lors qu'il ne modifie ni la substance ni la nature des faits imputés à l'accusé (■ Cass. crim., 13 nov. 1991, n° 91-80.352 : *Bull. crim.* n° 403. ■ Cass. crim., 15 sept. 1973, n° 73-92.293 : *Bull. crim.* n° 340).

e. Formulation imprécise. Les énonciations de la feuille de motivation permettent de pallier l'imprécision de la formulation d'une question posée à la cour et au jury (■ Cass. crim., 20 oct. 2021, n° 21-80.307 : *Bull. crim.* n° 23 ; *Dr. pén.* 2021, comm. 213, obs. A. Maron et M. Haas).

C – Questions sur chaque fait spécifié

6) Il résulte de l'article 349 du Code de procédure pénale qu'une question doit être posée sur chaque fait spécifié dans le dispositif de l'arrêt de renvoi et sur chacun des éléments qui le caractérisent (■ Cass. crim., 17 mars 2021, n° 20-82.589. ■ Cass. crim., 4 mars 1998, n° 97-82.360 : *Bull. crim.* n° 83). L'article 349 du Code de procédure pénale dispose, en son deuxième alinéa, qu'une question est posée sur chaque fait spécifié dans le dispositif de l'arrêt de renvoi, et, en son troisième alinéa, que chaque circonstance aggravante fait l'objet d'une question distincte (■ Cass. crim., 30 juin 1987, n° 86-95.980 : *Bull. crim.* n° 273).

Si un fait criminel unique portant préjudice à plusieurs personnes peut faire l'objet d'une seule question, il peut faire également l'objet de questions distinctes relatives à chacune des victimes (■ Cass. crim., 13 mai 1981, n° 80-94.885 : *Bull. crim.* n° 158).

D – Circonstances aggravantes

7) Caractérisation de la circonstance aggravante.

a. Mineurs de moins de 15 ans. La Cour et le jury ont répondu affirmativement aux questions les interrogeant sur le point de savoir si chacune des victimes des viols et des agressions sexuelles était, à la date des faits, âgée de moins de 15 ans ; formulées en fait et en ces seuls termes, ces questions caractérisent la circonstance aggravante résultant de la minorité de 15 ans des victimes sans que soit nécessaire l'indication des dates de naissance de celles-ci (■ Cass. crim., 12 janv. 2000, n° 99-82.010 : *Bull. crim.* n° 16. ■ Cass. crim., 7 janv. 1998, n° 97-82.408 : *Bull. crim.* n° 6).

b. Ascendant. La question par laquelle il est demandé si l'accusé, déclaré coupable de viols, est l'ascendant légitime de la victime dont, selon le dispositif de l'arrêt de renvoi, il est le père légitime, est posée dans les termes de la loi et caractérise exactement la circonstance aggravante prévue par l'article 222-24, 4° du Code pénal (■ Cass. crim., 21 janv. 1998, n° 96-86.603 : *Bull. crim.* n° 28). Est régulièrement posée la question interrogeant la Cour et le jury sur le point de savoir si la victime d'un viol était, à la date des faits, âgée de moins de 15 ans, sans que soit nécessaire l'indication de la date de naissance de celle-ci (■ Cass. crim., 12 janv. 2000, n° 99-82.010 : *Bull. crim.* n° 16).

c. Vulnérabilité. Prive sa décision de base légale la cour d'assises qui, pour déclarer l'accusé coupable de viols sur une mineure particulièrement vulnérable en raison de l'hémiplégie dont elle était atteinte, fonde la condamnation qu'elle prononce sur des réponses affirmatives à des questions qui ont omis de caractériser l'apparence de cette vulnérabilité ou la connaissance qu'en avait l'auteur des faits (■ Cass. crim., 11 déc. 1996, n° 96-82.303 : *Bull. crim.* n° 461).

d. Port d'une arme. En matière de vol, le fait que le vol a été aggravé par le port d'une arme apparente ou cachée constitue une circonstance aggravante sur laquelle la Cour et le jury doivent être interrogés par une question distincte (■ Cass. crim., 11 juin 1982, n° 85-96.535 : *Bull. crim.* n° 202).

e. Circonstances aggravante de corrélation. N'est entachée d'aucune complexité prohibée la question demandant si un homicide volontaire a eu pour objet soit de préparer, faciliter ou exécuter la soustraction frauduleuse spécifiée à une précédente question, soit de favoriser la fuite ou d'assurer l'impunité de son auteur (■ Cass. crim., 27 oct. 1965, n° 65-91.168 : *Bull. crim.* n° 215). Mais la circonstance aggravante de corrélation peut aussi être décomposée en deux questions demandant, l'une si le meurtre a eu pour objet de préparer, faciliter ou exécuter la soustraction frauduleuse, l'autre s'il a eu pour objet de favoriser la fuite ou d'assurer l'impunité de l'auteur du vol. Il n'y a pas de contradiction entre les réponses affirmatives à chacune de ces deux questions (■ Cass. crim., 9 déc. 1987, n° 87-83.103 : *Bull. crim.* n° 454). Une question relative à la corrélation entre un crime « ci-dessus spécifié » et un délit « ci-après spécifié », n'est pas complexe, dès lors que les éléments constitutifs du délit figurent seulement dans la question subséquente : il n'y a pas lieu de rechercher dans quel ordre les questions ont été examinées par la Cour et le jury (■ Cass. crim., 20 mai 1976, n° 76-90.666 : *Bull. crim.* n° 172). N'est entachée d'aucun vice de complexité la question demandant si un homicide volontaire a eu pour objet de préparer, faciliter ou exécuter une soustraction frauduleuse (■ Cass. crim., 25 juin 1975, n° 75-90.601 : *Bull. crim.* n° 165).

8) Typologie des circonstances aggravantes.

a. Circonstances aggravantes morales. S'il est admis que les circonstances aggravantes matérielles peuvent légalement n'être l'objet que d'une seule question commune à tous les accusés d'un même crime ou délit, par ce motif qu'une fois établi à l'égard d'un seul, le fait matériel l'est à l'égard de tous, il en est autrement des circonstances aggravantes morales qui, par leur nature même, sont personnelles à chacun d'eux ; la manière abstraite dont les questions ont été posées a eu pour résultat d'amener la cour d'assises à se prononcer, par une seule réponse applicable notamment, à deux accusés, sur la circonstance aggravante de préméditation, alors qu'une telle circonstance est personnelle à chacun d'eux et devait, dès lors, faire l'objet, à l'égard de l'un et de l'autre, de questions distinctes (■ Cass. crim., 20 juin 2012, n° 11-85.683 : *Bull. crim.* n° 155).

b. Circonstances aggravantes matérielles. L'accusé étant déclaré coupable des faits tels qu'ils sont spécifiés et qualifiés par les réponses affirmatives aux questions concernant des circonstances aggravantes matérielles, il ne résulte aucune contradiction de la réponse négative à l'une de ces questions (■ Cass. crim., 8 mars 1972, n° 71-93.012 : *Bull. crim.* n° 88).

c. Circonstances aggravantes réelles. L'emploi de tortures ou d'actes de barbarie constitue, au sens de l'article 303 du Code pénal, une circonstance aggravante réelle, inhérente au fait principal même et engageant la responsabilité de tout auteur ou complice de l'infraction (■ Cass. crim., 21 nov. 1990, n° 90-80.534 : *Bull. crim.* n° 397). Est réelle la circonstance aggravante visée à l'alinéa 3 de l'article 332 du Code pénal, lorsque la victime du viol est une personne particulièrement vulnérable. Il en résulte qu'en cas de pluralité d'auteurs, cette question peut n'être posée qu'une fois. Si elle est posée plusieurs fois, elle ne peut être résolue tantôt affirmativement tantôt négativement, sous peine d'entacher de contradiction la déclaration de la Cour et du jury (■ Cass. crim., 10 oct. 1984, n° 83-92.777 : *Bull. crim.* n° 297).

d. Circonstance aggravante personnelle. Une circonstance aggravante personnelle, notamment celle relative à la qualité d'ascendant de la victime, fait l'objet d'une question unique bien que plusieurs crimes soient retenus contre l'accusé (■ Cass. crim., 28 oct. 1975, n° 75-91.042 : *Bull. crim.* n° 227).

9) Modalités des questions sur les circonstances aggravantes.

a. Référence à une question portant sur un fait principal. La question relative à une circonstance aggravante doit se référer à une autre question portant sur le fait principal imputé à l'accusé (■ Cass. crim., 15 nov. 2006, n° 06-81.331 : *Bull. crim.* n° 286). Les questions relatives aux circonstances aggravantes doivent en énoncer tous les éléments constitutifs (■ Cass. crim., 2 juill. 1987, n° 86-95.975 : *Bull. crim.* n° 279. ■ Cass. crim., 30 avr. 1985, n° 84-95.257 : *Bull. crim.* n° 163).

b. Vote sur les circonstances aggravantes. La Cour et le jury doivent voter sur chaque circonstance aggravante distincte retenue par l'arrêt de renvoi. Encourt la cassation l'arrêt d'une cour d'assises prononçant une condamnation pour crime de vol aggravé alors que la feuille de questions ne porte aucune mention de la réponse de la Cour et du jury à la question concernant la circonstance aggravante de pluralité d'auteurs sans laquelle la soustraction frauduleuse dont l'accusé a été déclaré coupable était dépourvue de caractère criminel (■ Cass. crim., 23 mai 1989, n° 88-86.827 : *Bull. crim.* n° 213).

E – Décision sur la peine

10) Lecture des dispositions relatives à l'individualisation de la peine. En cas de réponse affirmative aux questions régulièrement posées déclarant l'accusé coupable des faits qui lui sont reprochés, la Cour et le jury ne peuvent délibérer sur l'application de la peine qu'après lecture par le président aux jurés des articles 132-18 et 132-24 du Code pénal les informant des modalités du prononcé de la peine. Encourt dès lors la cassation l'arrêt condamnant l'accusé à 30 ans de réclusion criminelle pour meurtre, après que la Cour et les jurés ont, successivement et sans désemparer, répondu par l'affirmative à 2 questions, la première les interrogeant sur la culpabilité de l'accusé et la seconde sur le point de savoir si le maximum de la peine devait être prononcé à son encontre, cette seconde question étant, en outre, irrégulière au regard des dispositions de l'article 349 du Code de procédure pénale (■ Cass. crim., 16 oct. 1996, n° 95-82.274 : *Bull. crim.* n° 365).

11) Cause légale de diminution de la peine. L'article 122-1, alinéa 2, du Code pénal n'édicte pas de cause légale de diminution de la peine au sens de l'article 349 du Code de procédure pénale. Dès lors, il n'y a pas lieu de poser de question sur le trouble psychique ou neuropsychique ayant pu altérer le discernement de l'accusé ou le contrôle de ses actes, la cour d'assises demeurant entièrement libre dans la détermination de la peine (■ Cass. crim., 1er oct. 1997, n° 96-85.267 : *Bull. crim.* n° 322).

12) Délits connexes. N'a pas à être examiné le moyen qui allègue l'irrégularité de questions n'intéressant que des délits connexes dès lors que la peine criminelle prononcée contre l'accusé trouve son seul support légal dans les réponses affirmatives de la Cour et du jury le déclarant coupable de crime (▪ Cass. crim., 26 juin 1996, n° 96-80.287 : *Bull. crim.* n° 278. ▪ Cass. crim., 3 avr. 1996, n° 95-83.153 : *Bull. crim.* n° 149. ▪ Cass. crim., 1er juin 1994, n° 93-84.851 : *Bull. crim.* n° 220).

13) Ordre des questions. La délibération de la Cour et du jury étant secrète, il n'y a pas lieu de rechercher dans quel ordre les questions ont été examinées ; au demeurant, lorsqu'il est, ce qui n'est pas le cas en l'espèce, répondu négativement à la question demandant s'il y a lieu d'exclure un accusé du bénéfice de l'excuse atténuante de minorité, la peine doit être calculée en appliquant d'abord, le cas échéant, les circonstances atténuantes et ensuite l'excuse de minorité (▪ Cass. crim., 28 oct. 1992, n° 92-80.726 : *Bull. crim.* n° 347).

14) Contrôle de la Cour de cassation. La Cour et le jury ayant légalement pris leur décision sur les peines à appliquer aux accusés en conséquence de leurs réponses affirmatives aux questions relatives à un meurtre et à un vol avec arme concomitant, qui seules leur avaient été posées, la cassation ne doit intervenir que par voie de retranchement et sans renvoi (▪ Cass. crim., 11 mai 1988, n° 87-84.099 : *Bull. crim.* n° 209).

F – *Non bis in idem*

15) Le même fait ne peut entraîner une double déclaration de culpabilité ni être retenu à la fois comme élément constitutif d'un crime et comme circonstance aggravante d'une autre infraction. C'est ainsi que les mêmes violences ne peuvent être retenues à la fois comme élément constitutif d'un viol et d'un délit de violences volontaires et comme circonstance aggravante d'un vol (▪ Cass. crim., 6 janv. 1999, n° 98-80.730 : *Bull. crim.* n° 6).

II – PROHIBITION DES QUESTIONS COMPLEXES

A – Définition de la complexité

16) Rappel. Il y a complexité prohibée si la même question posée à la Cour et au jury contient plusieurs faits ou circonstances qui peuvent donner lieu à des réponses distinctes et qui, diversement appréciées, peuvent conduire à des conséquences différentes (▪ Cass. crim., 6 déc. 2000, n° 00-82.942 : *Bull. crim.* n° 366. ▪ Cass. crim., 26 janv. 1989, n° 87-91.479 : *Bull. crim.* n° 32. ▪ Cass. crim., 4 août 1984, n° 84-91.132 : *Bull. crim.* n° 268. ▪ Cass. crim., 5 mars 1981, n° 80-94.426 : *Bull. crim.* n° 83).

B – Hypothèses de complexité

17) Question portant sur plusieurs crimes distincts.

a. Pluralité d'actes – Séquestration et arrestation illégales. Les crimes d'arrestation illégale, d'une part, et de détention ou séquestration illégales, d'autre part, bien que prévus et réprimés par le même texte, constituent des crimes distincts dont la nature et les éléments constitutifs sont différents. Est en conséquence entachée de complexité prohibée la question par laquelle il est demandé à la cour et au jury si un accusé est coupable d'avoir arrêté, détenu et séquestré une personne (▪ Cass. crim., 23 mars 1983, n° 82-93.648 : *Bull. crim.* n° 92. ▪ Cass. crim., 30 oct. 1996, n° 95-85.744 : *Bull. crim.* n° 385. ▪ Cass. crim., 23 mars 1983, n° 82-93.648 : *Bull. crim.* n° 92).

b. Pluralité de participants et identité de victime.

Viol. Lorsque la Cour et le jury, interrogé de manière abstraite, ont répondu affirmativement que plusieurs viols avaient été commis sur la même victime, une deuxième question abstraite ne peut être posée, sans encourir le grief de complexité, sur le point de savoir si lesdits viols avaient été commis par plusieurs auteurs ou complices, cette question unique se référant à des crimes distincts commis par des accusés différents (▪ Cass. crim., 14 janv. 1998, n° 97-81.432 : *Bull. crim.* n° 18. ▪ Cass. crim., 3 juin 1992, n° 91-86.096 : *Bull. crim.* n° 220. ▪ Cass. crim., 26 nov. 1990, n° 90-81.702 : *Bull. crim.* n° 402. ▪ Cass. crim., 24 juin 1987, n° 86-96.712 : *Bull. crim.* n° 265. ▪ Cass. crim., 13 févr. 1985, n° 84-91.471 : *Bull. crim.* n° 74. ▪ Cass. crim., 9 janv. 1985, n° 84-91.868 : *Bull. crim.* n° 20). Les actes de complicité se référant à des faits principaux distincts doivent faire l'objet de questions séparées (▪ Cass. crim., 29 nov. 1989, n° 89-82.400 : *Bull. crim.* n° 458).

c. Pluralité de victimes. Une question unique ne peut être posée sur des faits de viol commis sur plusieurs victimes, sans encourir le grief de complexité prohibée, ces faits constituant des crimes distincts devant faire l'objet de questions séparées (▪ Cass. crim., 2 juill. 1984, n° 83-93.072 : *Bull. crim.* n° 251). Est entachée de complexité la question unique posée à la Cour et au jury sur des faits constitutifs du crime d'abus de confiance qualifié, commis à des dates différentes au préjudice de plusieurs victimes (▪ Cass. crim., 27 mai 1988, n° 87-91.478 : *Bull. crim.* n° 231).

d. Complicité. Lorsque le complice paraît seul aux débats, est entachée de complexité prohibée la question unique comprenant à la fois le fait principal, les circonstances aggravantes et l'accusation de complicité (▪ Cass. crim., 27 janv. 1988, n° 87-80.429 : *Bull. crim.* n° 40).

18) Question portant sur plusieurs circonstances aggravantes.

a. Une question par circonstance aggravante. Il résulte de la combinaison des articles 349 et 356 du Code de procédure pénale que la Cour et le jury doivent être interrogés séparément et donner des réponses distinctes sur chacune des circonstances aggravantes. La question qui réunit plusieurs circonstances aggravantes pouvant donner lieu à des réponses distinctes qui, diversement appréciées, pourraient conduire à des conséquences différentes, est entachée de complexité prohibée (▪ Cass. crim., 16 nov. 1983, n° 83-91.608 : *Bull. crim.* n° 301).

b. Illustrations.

Meurtre aggravé. La question unique relative à la concomitance d'un meurtre et de deux autres crimes est complexe, dès lors qu'elle réunit deux circonstances aggravantes en violation des prescriptions de l'article 349 du Code de procédure pénale (▪ Cass. crim., 14 oct. 1976, n° 76-92.338 : *Bull. crim.* n° 292).

Préméditation et guet-apens. Dans une accusation de tentative d'assassinat, les circonstances aggravantes de préméditation et de guet-apens doivent faire l'objet de deux questions distinctes. Leurs caractères propres sont en effet déterminés par deux dispositions différentes du Code pénal, et si le guet-apens suppose nécessairement la préméditation, celle-ci peut exister sans guet-apens (▪ Cass. crim., 1er mars 1978, n° 77-91.507 : *Bull. crim.* n° 81. ▪ Cass. crim., 19 oct. 1977, n° 77-90.996 : *Bull. crim.* n° 312).

Circonstances aggravantes d'un vol. Encourt la cassation l'arrêt d'une cour d'assises rendu, notamment, sur réponse affirmative à une question réunissant en une seule formule plusieurs circonstances aggravantes d'un vol (▪ Cass. crim., 4 mai 1988, n° 87-90.235 : *Bull. crim.* n° 194. ▪ Cass. crim., 16 nov. 1983, n° 83-91.608 : *Bull. crim.* n° 301). Est complexe la question unique relative à une circonstance aggravante, fût-elle réelle, qui se réfère à des faits principaux distincts (▪ Cass. crim., 30 juin 1987, n° 86-95.978 : *Bull. crim.* n° 274).

19) Question sur un fait principal et des circonstances aggravantes.

a. Une question pour le fait principal et pour chaque circonstance aggravante. Il résulte des dispositions de l'article 349 du Code de procédure pénale que des questions distinctes doivent être posées sur le fait principal et sur chacune des circonstances aggravantes (▪ Cass. crim., 21 févr. 1996, n° 95-82.085 : *Bull. crim.* n° 82. ▪ Cass. crim., 10 janv. 1996, n° 95-82.084 : *Bull. crim.* n° 11).

b. Illustrations. Une question unique ne peut être posée sur des faits d'homicide volontaire commis sur deux personnes ni sur la circonstance aggravante de préméditation, sans encourir le grief de complexité prohibée, dès lors que ces faits ne procèdent pas d'un acte criminel unique et indivisible (▪ Cass. crim., 8 oct. 1986, n° 86-91.568 : *Bull. crim.* n° 278) ou sur le fait principal de tentative d'homicide volontaire et la circonstance aggravante de préméditation (▪ Cass. crim., 15 déc. 1982, n° 82-93.084 : *Bull. crim.* n° 294). En l'espèce où la cour et le jury ont été interrogés à la fois sur la culpabilité de l'accusé relative aux homicides volontaires et aux circonstances aggravantes, les questions sont nulles comme étant entachées de complexité (▪ Cass. crim., 5 mars 1981, n° 80-94.426 : *Bull. crim.* n° 83). Est entachée de complexité la question posée à la Cour et au Jury comprenant à la fois le fait principal de tentative d'homicide volontaire et la circonstance aggravante portant sur le fait que ladite tentative a été commise sur la personne d'un agent de la force publique dans l'exercice de ses fonctions (▪ Cass. crim., 10 janv. 1979, n° 78-92.380 : *Bull. crim.* n° 17). Est entachée de complexité prohibée la question unique qui réunit le fait principal de coups et violences volontaires et la circonstance aggravante consistant en ce que lesdits coups ou violences ont, aux termes de l'article 310 du Code pénal, « entraîné une mutilation, une amputation ou la privation de l'usage d'un membre, la cécité, la perte d'un œil ou d'autres infirmités permanentes » (▪ Cass. crim., 6 mars 1985, n° 84-91.733 : *Bull. crim.* n° 106) de même que la question posée à la Cour et au Jury comprenant à la fois le fait principal de violences et les circonstances aggravantes de violences ayant entraîné des blessures et de violences commises dans l'exercice des fonctions de la victime (▪ Cass. crim., 6 juin 1972, n° 72-91.431 : *Bull. crim.* n° 188).

En matière de vol aggravé, les violences et le fait que ces violences ont entraîné une incapacité totale de travail personnel d'une durée supérieure à huit jours constituent deux circonstances aggravantes distinctes sur lesquelles la cour et le jury doivent être interrogés séparément à peine de nullité (▪ Cass. crim., 28 mars 1984, n° 83-94.192 : *Bull. crim.* n° 131). En matière de coups ou violences volontaires ayant entraîné la mort sans intention de la donner, le fait principal de coups ou violences et la circonstance aggravante de mort occasionnée doivent, à peine de nullité pour complexité, former l'objet de questions distinctes et séparées (▪ Cass. crim., 8 août 1981, n° 81-91.263 : *Bull. crim.* n° 240). Est entachée de complexité la question posée à la Cour et au jury comprenant à la fois le fait principal de vol et la circonstance aggravante de corrélation entre un meurtre et ce délit (▪ Cass. crim., 10 janv. 1990, n° 89-83.444 : *Bull. crim.* n° 19). Le fait, prévu par l'article 343 du Code pénal (ancien), que la personne arrêtée, détenue ou séquestrée l'ait été comme otage constitue une circonstance aggravante du crime défini par l'article 341 du même code et doit dès lors, à peine de complexité, faire l'objet d'une question distincte (▪ Cass. crim., 27 avr. 1988, n° 87-90.583 : *Bull. crim.* n° 184. ▪ Cass. crim., 30 juin 1987, n° 86-95.980 : *Bull. crim.* n° 273. ▪ Cass. crim., 30 juin 1987, n° 86-95.980 : *Bull. crim.* n° 273). Ne peuvent être réunis dans une question unique les faits de viol reprochés à l'accusé et les circonstances aggravantes d'autorité sur la victime et de minorité de celle-ci. Une telle question, entachée de complexité, contrevient aux dispositions de l'article 349 du Code de procédure pénale (▪ Cass. crim., 21 févr. 1996, n° 95-82.085 : *Bull. crim.* n° 82. ▪ Cass. crim., 10 janv. 1996, n° 95-82.084 : *Bull. crim.* n° 11).

20) Circonstance aggravante rattachée à deux questions principales. Est entachée de complexité la question relative à une circonstance aggravante qui se réfère à la fois à deux questions principales concernant des infractions distinctes (▪ Cass. crim., 28 avr. 1982, n° 81-93.659 : *Bull. crim.* n° 106). Mais, si un même fait ne peut être retenu comme constitutif à la fois d'un crime ou d'un délit et d'une circonstance aggravante accompagnant une autre infraction, rien ne s'oppose à ce qu'une même circonstance soit relevée comme aggravant des crimes ou délits distincts (▪ Cass. crim., 14 févr. 1990, n° 89-83.191 : *Bull. crim.* n° 77).

C – Absence de complexité

21) Critères de l'absence de complexité. Les questions concernent des crimes et des délits distincts ; chacune des deux premières questions et chacune des deux suivantes énonce des actes de même nature, commis sur la même personne, par le même accusé dans les mêmes conditions, et entraînant les mêmes conséquences pénales ; ainsi, les faits ont pu être réunis dans la même question enfermant l'indication de l'époque dans les limites de laquelle ils se sont succédé, sans que la question soit entachée de complexité (▪ Cass. crim., 20 janv. 2010, n° 09-80.652 : *Bull. crim.* n° 13. ▪ Cass. crim., 27 juin 2007, n° 06-88.511 : *Bull. crim.* n° 181. ▪ Cass. crim., 25 nov. 1998, n° 98-80.606 : *Bull. crim.* n° 317. ▪ Cass. crim., 17 oct. 1990, n° 89-87.132 : *Bull. crim.* n° 344. ▪ Cass. crim., 17 juin 1964, n° 64-90.412 : *Bull. crim.* n° 203).

22) Illustrations.
a. Fait principal.

Faits commis à plusieurs reprises. Les faits, commis à plusieurs reprises au cours d'une même période, ont pu, pour chacune des périodes considérées, faire l'objet d'une seule question sans que celle-ci soit entachée de complexité prohibée (▪ Cass. crim., 12 mai 1999, n° 98-85.364 : *Bull. crim.* n° 96. ▪ Cass. crim., 12 juill. 1982, n° 82-90.544 : *Bull. crim.* n° 191).

Pluralités de victimes. N'est pas entachée de complexité la question qui interroge la Cour et le jury sur deux homicides volontaires procédant, pour chacun d'entre eux, d'un acte unique et indivisible accompli par les mêmes moyens, dans les mêmes circonstances de temps et de lieu, inspiré par la même pensée homicide et devant entraîner les mêmes conséquences pénales (▪ Cass. crim., 28 oct. 1992, n° 92-80.726 : *Bull. crim.* n° 347).

Tentative. Une question unique peut, sans être entachée de complexité, demander si une tentative a été manifestée par un commencement d'exécution et si elle n'a été suspendue ou n'a manqué son effet que par suite de circonstances indépendantes de la volonté de son ou de ses auteurs (▪ Cass. crim., 30 nov. 1988, n° 87-84.330 : *Bull. crim.* n° 406. ▪ Cass. crim., 18 juill. 1972, n° 72-90.987 : *Bull. crim.* n° 245).

Question unique sous forme d'alternative. N'encourt pas le grief de complexité la question unique posée sous la forme alternative, par laquelle il est demandé à la Cour et au jury si la durée de la séquestration arbitraire est d'un mois ou de moins d'un mois dès lors que, selon les dispositions de l'article 341, 2° du Code pénal, les conséquences pénales sont les mêmes (▪ Cass. crim., 10 janv. 1990, n° 89-83.672 : *Bull. crim.* n° 18) ou si chacun des éléments d'une alternative contenue dans les mêmes questions, conçues dans les termes de la loi, a le même but et tend à faire préciser si l'homicide volontaire et la tentative d'homicide volontaire reprochés ont été concomitants (▪ Cass. crim., 9 juin 1976, n° 76-90.561 : *Bull. crim.* n° 201). N'est pas complexe la question posée sous une forme alternative réunissant divers éléments qui identifient les modes de perpétration de la même infraction, présentent une criminalité égale et entraînent les mêmes conséquences (▪ Cass. crim., 7 déc. 1966, n° 66-92.270 : *Bull. crim.* n° 282). N'est pas entachée de complexité prohibée la question, posée sous la forme alternative, par laquelle il est demandé si un homicide volontaire a été commis « avec préméditation ou guet-apens » (▪ Cass. crim., 4 août 1984, n° 84-91.132 : *Bull. crim.* n° 268).

Coups de feu sur deux personnes. Le fait de tirer deux coups de feu en direction de deux personnes, au cours d'une même tentative de vol, constitue un seul crime. Dès lors n'est pas entachée de complexité la question unique mentionnant les noms des deux victimes (▪ Cass. crim., 31 mai 1978, n° 78-90.025 : *Bull. crim.* n° 177).

Crime contre l'Humanité. Il n'y a complexité prohibée qu'autant que la même question contient plusieurs faits ou circonstances qui peuvent donner lieu à des réponses distinctes et qui, diversement appréciés, peuvent conduire à des conséquences différentes. Tel n'est pas le cas, en matière de crime contre l'humanité, de la question par laquelle il est demandé si l'accusé a, en commettant un acte criminel déterminé, pris part à l'exécution d'un plan concerté pour réaliser la déportation ou l'extermination de populations civiles pendant la guerre, ou bien des persécutions pour des motifs politiques, raciaux ou religieux (■ Cass. crim., 3 juin 1988, n° 87-84.240 : *Bull. crim.* n° 246).

Séquestration et libération volontaire avant le septième jour. L'accusé ne peut se faire grief de ce que la présidente, par des questions uniques, ait interrogé la cour et le jury sur l'infraction de séquestration et sur l'existence d'une libération volontaire avant le septième jour accompli depuis celui de l'appréhension, dès lors que, d'une part, la formulation de la question n'a pas eu pour effet de modifier la qualification délictuelle de l'infraction objet des poursuites et, d'autre part, il appartenait à l'accusé ou à son avocat, s'il entendait contester la formulation de ces questions, d'élever un incident contentieux dans les formes prévues par l'article 352 du Code de procédure pénale (■ Cass. crim., 14 nov. 2019, n° 18-84.269).

b. Circonstances aggravantes.

Circonstances aggravantes matérielles. La circonstance aggravante matérielle d'un crime s'applique à tout auteur déclaré coupable du fait principal. Ainsi la circonstance aggravante résultant du port d'une seule arme s'applique à tous les accusés d'un vol, quel que soit celui qui en était détenteur au moment de l'action (■ Cass. crim., 8 mars 1977, n° 76-92.796 : *Bull. crim.* n° 89). Lorsque la cour et le jury ont été interrogés *in abstracto* sur l'existence du fait principal et sur les circonstances aggravantes matérielles, les questions relatives à la culpabilité des accusés, se référant les unes et les autres à la question constatant l'existence du fait principal, ne sont pas entachées de complexité (■ Cass. crim., 28 janv. 1981, n° 80-93.146 : *Bull. crim.* n° 42. ■ Cass. crim., 8 janv. 1981, n° 79-94.439 : *Bull. crim.* n° 7. ■ Cass. crim., 8 févr. 1977, n° 76-92.324 : *Bull. crim.* n° 49. ■ Cass. crim., 8 mars 1972, n° 71-93.012 : *Bull. crim.* n° 88. ■ Cass. crim., 27 févr. 1963, n° 62-92.388 : *Bull. crim.* n° 94).

Délits connexes. En répondant par l'affirmative à cette question, la cour et le jury ont déclaré l'accusé coupable des délits connexes d'agressions sexuelles, exempts d'actes de pénétration, infractions prévues par l'article 222-27 du Code pénal et distinctes des crimes de viols, objet de la question n° 1 ; enfin, posées dans les termes de la loi, les questions relatives à la circonstance aggravante d'autorité, circonstance de pur fait qui n'a pas à être autrement caractérisée, sont régulières (■ Cass. crim., 17 juin 1964, n° 64-90.412 : *Bull. crim.* n° 203).

Âge de la victime et autorité sur la victime. Les circonstances aggravantes tenant à l'âge de la victime d'une part, et à l'autorité exercée sur elle par l'accusé d'autre part, qui ont bien fait l'objet de deux questions distinctes, s'appliquaient à des faits de même nature, commis à des dates différentes, et n'avaient pas à être réitérées pour chacun d'eux, dès lors qu'elles étaient identiques pour chacune desdites actions et ne pouvaient conduire à des conséquences juridiques différentes (■ Cass. crim., 16 déc. 1992, n° 90-86.385 : *Bull. crim.* n° 424).

Prise d'otages. N'est pas entachée de complexité prohibée la question qui porte qu'une prise d'otages a été exécutée pour faciliter la commission d'un crime et pour permettre la fuite de ses auteurs, dès lors que l'une ou l'autre de ces circonstances, prévues par l'article 343 du Code pénal (ancien), entraîne à elle seule les mêmes conséquences pénales (■ Cass. crim., 27 avr. 1988, n° 87-90.583 : *Bull. crim.* n° 184). La réunion dans une même question des éléments caractérisant la circonstance aggravante de prise d'otage ne constitue pas une complexité prohibée, bien qu'ils comportent une formule alternative (même arrêt).

Séquestration. N'encourt pas le grief de complexité la question qui interroge la Cour et le jury à la fois sur une arrestation illégale et sur la durée de la séquestration, la durée de la séquestration constituant non une circonstance aggravante, mais un élément constitutif de l'arrestation illégale (■ Cass. crim., 24 oct. 1984, n° 83-90.711 : *Bull. crim.* n° 321).

Vol. N'est pas entachée de complexité prohibée la question qui demande si le vol dont un accusé a été déclaré coupable a été commis avec effraction extérieure dans un local d'habitation ; l'aggravation de peine prévue par l'article 382 du Code pénal n'est en effet encourue qu'autant que l'effraction s'est produite dans un local d'habitation ou un lieu où sont conservés des fonds, valeurs, marchandises ou matériels (■ Cass. crim., 18 juin 1986, n° 86-90.131 : *Bull. crim.* n° 216).

Récidive. L'état de récidive, qui ne constitue ni un fait punissable ni une circonstance aggravante au sens de l'article 349 du Code de procédure pénale, n'a pas à donner lieu à une question soumise à la Cour et au jury en sorte que la mention superfétatoire relative à la récidive n'a pu entacher de complexité prohibée la question critiquée (■ Cass. crim., 26 mai 1999, n° 98-86.225 : *Bull. crim.* n° 104).

Art. 349-1 *(L. n° 2000-516, 15 juin 2000).* – **Lorsque est invoquée comme moyen de défense l'existence de l'une des causes d'irresponsabilité pénale prévue par les articles 122-1 (premier alinéa), 122-2, 122-3,**

122-4 (premier et second alinéas), 122-5 (premier et second alinéas) et 122-7 du Code pénal, chaque fait spécifié dans le dispositif de la décision de mise en accusation fait l'objet de deux questions posées ainsi qu'il suit :

« 1° L'accusé a-t-il commis tel fait ? ;

2° L'accusé bénéficie-t-il pour ce fait de la cause d'irresponsabilité pénale prévue par l'article... du Code pénal selon lequel n'est pas pénalement responsable la personne qui... ? »

Le président peut, avec l'accord des parties, ne poser qu'une seule question concernant la cause d'irresponsabilité pour l'ensemble des faits reprochés à l'accusé.

Sauf si l'accusé ou son défenseur y renonce, il est donné lecture des questions posées en application du présent article.

Présomption de légitime défense. Il résulte du procès-verbal des débats et de la feuille de questions que la défense, par conclusions écrites, a demandé que soient posées des questions factuelles relatives à l'application, au cas d'espèce, de la présomption de légitime défense prévue par l'article 122-6 du Code pénal ; que la cour a rejeté ces demandes et qu'ont été posées des questions numérotées 2 et 4 concernant la cause d'irresponsabilité pénale de légitime défense, pour chacun des deux faits reprochés à l'accusé ; qu'il a été répondu négativement à ces deux questions ; en cet état, il a été régulièrement procédé, dès lors que les dispositions de l'article 349-1 du Code de procédure pénale, qui prévoient les questions devant être posées lorsqu'est invoquée, comme moyen de défense, une cause d'irresponsabilité pénale, ne prévoient pas, s'agissant de la légitime défense, de questions spécifiques résultant de la présomption prévue à cet égard par l'article 122-6 du Code pénal (▪ Cass. crim., 7 mars 2018, n° 17-80.066).

Art. 350. – **S'il résulte des débats une ou plusieurs circonstances aggravantes, non mentionnées dans l'arrêt de renvoi, le président pose une ou plusieurs questions spéciales.**

Voir : Conformité à la Constitution des articles 349, 350, 353 et 357 du Code de procédure pénale : V. note sous art. 349, p. 798.

1) Conditions.

a. **Conditions de fond.** Le droit de soumettre à la Cour et au jury les circonstances aggravantes résultant des débats peut s'exercer non seulement quand l'arrêt de renvoi a omis de les relever mais également lorsqu'il les a écartées pour des motifs de fait et non de droit (▪ Cass. crim., 22 mai 1985, n° 84-92.092 : *Bull. crim.* n° 198). Écartées pour des raisons de fait (▪ Cass. crim., 28 juill. 2021, n° 21-83.027).

b. **Conditions de forme.** Si le président peut, aux termes de l'article 350 du Code de procédure pénale, poser, comme résultant des débats, des questions spéciales relatives à des circonstances aggravantes qui n'ont pas été retenues par l'arrêt de renvoi, il a le devoir d'en donner lecture, dès lors qu'il n'est pas constaté que l'accusé a renoncé à cette lecture (▪ Cass. crim., 13 déc. 1995, n° 94-86.146 : *Bull. crim.* n° 381. ▪ Cass. crim., 25 nov. 1987, n° 87-82.272 : *Bull. crim.* n° 431. ▪ Cass. crim., 28 avr. 1982, n° 81-93.659 : *Bull. crim.* n° 106). Le président de la Cour d'assises qui en application de l'article 350 du Code de procédure pénale décide de poser une question spéciale sur une circonstance aggravante non mentionnée dans l'arrêt de renvoi doit au préalable poser les questions résultant du dispositif de l'arrêt de renvoi (▪ Cass. crim., 30 avr. 1985, n° 84-92.235 : *Bull. crim.* n° 165).

2) Compétence du président. Aux termes des articles 350 et 352 du Code de procédure pénale, s'il résulte des débats une ou plusieurs circonstances aggravantes non mentionnées dans l'arrêt de renvoi, le président pose une ou plusieurs questions spéciales (▪ Cass. crim., 29 nov. 2017, n° 17-80.224 : *Bull. crim.* n° 272). S'il s'élève un incident contentieux au sujet des questions, la cour statue dans les conditions prévues à l'article 316 ; en l'absence d'incident contentieux mentionné au procès-verbal des débats, le président avait seul compétence pour statuer (▪ Cass. crim., 21 sept. 2016, n° 14-8707). Le président de la cour d'assises qui, en application de l'article 350 du Code de procédure pénale, décide de poser une question spéciale sur une circonstance aggravante non mentionnée dans l'arrêt de renvoi, a nécessairement estimé que ladite circonstance résultait des débats. Aucune disposition de la loi n'interdit au président de poser une telle question à la requête de l'une des parties (▪ Cass. crim., 23 févr. 1983, n° 82-92.767 : *Bull. crim.* n° 66).

3) Procès équitable. Méconnaît les dispositions de l'article 6 de la Convention européenne des droits de l'Homme le président de la cour d'assises qui, après avoir prononcé la clôture des débats, se borne à donner lecture des questions, au nombre desquelles figurent une question spéciale sur une circonstance aggravante non retenue par l'arrêt de renvoi, et des questions subsidiaires sans avoir prévenu les parties avant les plaidoiries et réquisitions que ces questions seraient posées, pour permettre à l'accusé et à son conseil de faire valoir toutes observations utiles à sa défense, peu important qu'il ait été répondu par la négative à la question spéciale et que les questions subsidiaires aient été déclarées sans objet au cours de la délibération de la cour et du jury (■ Cass. crim., 10 mai 2012, n° 11-81.437 : *Bull. crim.* n° 114).

Art. 351 *(Rempl., L. n° 2018-703, 3 août 2018)*. **– S'il résulte des débats que le fait comporte une qualification légale autre que celle donnée par la décision de mise en accusation, le président pose une ou plusieurs questions subsidiaires.**

Lorsque l'accusé majeur est mis en accusation du chef de viol aggravé par la minorité de quinze ans de la victime, le président pose la question subsidiaire de la qualification d'atteinte sexuelle sur la personne d'un mineur de quinze ans si l'existence de violences ou d'une contrainte, menace ou surprise a été contestée au cours des débats.

1) Question posée après la clôture des débats. V. note sous art. 348, p. 796.

2) Principe fondamental. Le droit conféré au président de la cour d'assises par l'article 351 du Code de procédure pénale s'étend aux diverses modifications que les débats ont apportées au fait principal et aux différents aspects sous lesquels il peut être soumis à la cour et au jury ; c'est un principe fondamental que la cour d'assises doit juger l'accusation telle que les débats la font apparaître et non telle que la procédure écrite l'avait établie (■ Cass. crim., 12 mai 1970, n° 70-90.223 : *Bull. crim.* n° 158). Une question subsidiaire de tentative de meurtre peut être posée comme résultant des débats à l'occasion d'une accusation de complicité de ce crime (■ Cass. crim., 26 mai 1983, n° 83-90.012 : *Bull. crim.* n° 158).

3) Questions subsidiaires.

a. Nécessité des questions subsidiaires.

Appréciation de la cour. La cour, en relevant que les débats avaient « laissé subsister l'accusation telle que l'avait qualifiée l'arrêt de renvoi », a, sans préjuger du fond, souverainement apprécié qu'il n'y avait pas lieu de poser les questions subsidiaires sollicitées par la défense (■ Cass. crim., 17 déc. 1997, n° 97-81.318 : *Bull. crim.* n° 431).

Réponse préalable à la question principale. Si, en application de l'article 351 du Code de procédure pénale, le président de la Cour d'assises doit poser une ou plusieurs questions subsidiaires lorsqu'il résulte des débats que le fait comporte une qualification légale autre que celle donnée par l'arrêt de renvoi, il ne peut le faire qu'à la condition que la Cour et le jury aient au préalable répondu négativement à la question principale posée, conformément à l'article 349 du même code, sur chaque fait spécifié dans le dispositif dudit arrêt de renvoi (■ Cass. crim., 19 nov. 1986, n° 86-92.739 : *Bull. crim.* n° 350).

b. Questions subsidiaires sans objet. Lorsque les questions principales ont été résolues affirmativement, les questions subsidiaires deviennent sans objet (■ Cass. crim., 1er juin 1988, n° 87-91.863 : *Bull. crim.* n° 243).

c. Lecture des questions subsidiaires. Selon les dispositions combinées des articles 348 et 351 du Code de procédure pénale, s'il résulte des débats une qualification légale autre que celle de l'arrêt de renvoi, le président doit poser une ou plusieurs questions subsidiaires dont il est tenu de donner lecture, sauf si l'accusé ou son défenseur y renonce, lesdites questions fussent-elles déclarées sans objet à l'issue de la délibération sur la culpabilité (■ Cass. crim., 18 févr. 1998, n° 96-84.643 : *Bull. crim.* n° 69). Le Président des Assises doit donner lecture d'une question subsidiaire pour permettre aux intéressés de demander une réouverture des débats afin de formuler leurs observations. Aucun texte n'oblige à donner un avertissement pour annoncer, avant la clôture des débats, que ladite question serait posée (■ Cass. crim., 6 déc. 1972, n° 72-92.290 : *Bull. crim.* n° 380).

d. Ordre des questions. Si, en application de l'article 351 du Code de procédure pénale, le président de la cour d'assises doit poser une ou plusieurs questions subsidiaires lorsqu'il résulte des débats que le fait comporte une qualification légale autre que celle donnée par la décision de mise en accusation, la cour d'assises peut suivre, au cours du délibéré, un ordre logique de réponse aux questions, ce qui lui permet de répondre aux questions subsidiaires relatives à l'un des faits, objet de l'accusation, sans avoir répondu aux questions principales qui s'y rapportent, tant que les réponses apportées aux questions posées ne sont pas contradictoires entre elles (■ Cass. crim., 22 avr. 2020, n° 19-84.253 : *Bull. crim.* n° 30 ; *Dr. pén.* 2020, comm. 120, obs. A. Maron et M. Haas).

4) Faits nouveaux et distincts. Il résulte de l'article 351 du Code de procédure pénale que si le président de la cour d'assises doit poser une ou plusieurs questions subsidiaires lorsque le fait objet de l'accusation comporte une qualification légale autre que celle donnée par la décision de mise en accusation, les questions ainsi posées ne peuvent porter sur un fait nouveau distinct et séparé de celui faisant l'objet de l'accusation et ne peuvent ni modifier ni altérer la substance de cette accusation (■ Cass. crim., 20 juin 2018, n° 17-84.864).

5) **Réparation du dommage.** L'obligation, faite au président de la cour d'assises, par l'article 351 du Code de procédure pénale, de poser une question subsidiaire s'il résulte des débats que le fait incriminé comporte une qualification légale autre que celle donnée par l'arrêt de renvoi, est sans incidence sur l'application des dispositions de l'article 372 du même code reconnaissant à la partie civile, en cas d'acquittement de l'accusé, la possibilité de demander réparation du dommage résultant de la faute de celui-ci (■ Cass. crim., 7 oct. 1987, n° 87-80.526 : *Bull. crim.* n° 341).

6) **Procès équitable.** Selon l'article 6, § 3 de la Conv. EDH, tout accusé a droit notamment à être informé de la nature et de la cause de l'accusation portée contre lui et doit disposer du temps et des facilités nécessaires à la préparation de sa défense ; en posant des questions spéciales de préméditation, circonstance aggravante non mentionnée dans la décision de mise en accusation et des questions subsidiaires fussent-elles déclarées sans objet, sans qu'il résulte des énonciations du procès-verbal que, pour permettre à l'accusé ou à son avocat de faire valoir toutes observations utiles à la défense, le président ait prévenu les parties avant les plaidoiries et réquisitions, qu'il envisageait de poser lesdites questions comme résultant des débats, le président a méconnu le texte et le principe sus-énoncés (■ Cass. crim., 10 mai 2012, n° 11-81.437 : *Bull. crim.* n° 114. – V. aussi ■ Cass. crim., 13 juin 2007, n° 06-89.266 : *Bull. crim.* n° 160. ■ Cass. crim., 16 janv. 2008, n° 07-83.218 : *Bull. crim.* n° 11. ■ Cass. crim., 13 févr. 2008, n° 07-84.341 : *Bull. crim.* n° 39. ■ Cass. crim., 4 févr. 2009, n° 08-85.144 : *Bull. crim.* n° 28).

7) **Absence de contrôle par la Cour de cassation.** Dans le cas prévu par l'article 351 du Code de procédure pénale, l'appréciation des résultats du débat n'a pas à être examinée par la Cour de cassation (■ Cass. crim., 5 oct. 1967, n° 67-92.355 : *Bull. crim.* n° 241).

8) **Complicité.** Selon l'article 351 du Code de procédure pénale, s'il résulte des débats que le fait comporte une qualification pénale autre que celle donnée par la décision de mise en accusation, le président doit poser une ou plusieurs questions subsidiaires. Ce texte permet, lorsque l'accusation porte sur la complicité d'un fait, de poser une question portant sur la culpabilité de ce fait, en tant qu'auteur principal. En répondant par l'affirmative aux questions sur la culpabilité comme auteur principal, alors que M. I... était mis en accusation pour complicité, la cour d'assises n'a pas procédé à une requalification interdite et n'a pas porté atteinte au droit de l'accusé de bénéficier d'un procès équitable en changeant la cause de l'accusation portée contre lui. En effet, les questions subsidiaires ne portaient pas sur des faits nouveaux, mais seulement sur une nouvelle qualification des faits, objet de la mise en accusation, laquelle portait sur le rôle de M. I... dans les meurtres et tentatives de meurtres dont la cour d'assises était saisie (■ Cass. crim., 22 avr. 2020, n° 19-84.253 : *Bull. crim.* n° 30 ; *Dr. pén.* 2020, comm. 120, obs. A. Maron et M. Haas).

Art. 351-1 ***(L. n° 2018-703, 3 août 2018).*** **– Le président ne peut poser une ou plusieurs questions prévues aux articles 350 ou 351 que s'il en a préalablement informé les parties au cours des débats et au plus tard avant le réquisitoire, afin de permettre à l'accusé et à son avocat de faire valoir toutes les observations utiles à sa défense.**

Art. 352. – S'il s'élève un incident contentieux au sujet des questions, la cour statue dans les conditions prévues à l'article 316.

1) **Formulation d'une question.** Il appartient à l'accusé ou à son avocat, s'il entendait contester la formulation de la question posée, d'élever un incident contentieux dans les formes prévues par l'article 352 du Code de procédure pénale (■ Cass. crim., 14 nov. 2019, n° 18-84.269. ■ Cass. crim., 20 févr. 2019, n° 17-86.050. ■ Cass. crim., 9 janv. 2019, n° 17-87.530. ■ Cass. crim., 14 nov. 2018, n° 17-86.423. ■ Cass. crim., 23 mai 2012, n° 11-80.742 : *Bull. crim.* n° 133. ■ Cass. crim., 14 sept. 2011, n° 11-80.905 : *Bull. crim.* n° 180). Ne saurait donc être invoqué pour la première fois devant la Cour de cassation le moyen tiré de l'absence de question sur le point de savoir si la victime était bien décédée, en l'absence de jugement déclaratif de décès alors qu'il résulte du procès-verbal des débats qu'à l'issue de l'instruction à l'audience, le président a déclaré que les questions auxquelles la cour et le jury auraient à répondre seraient posées dans les termes de l'ordonnance de renvoi ; que les parties n'ont présenté aucune observation (■ Cass. crim., 14 sept. 2011, n° 11-80.905 : *Bull. crim.* n° 180). De même, l'accusé est sans intérêt à se faire un grief du défaut de réponse à ses conclusions antérieures demandant la position d'une question subsidiaire (■ Cass. crim., 22 nov. 1995, n° 95-81.501 : *Bull. crim.* n° 356).

2) **Pouvoirs du président.** Aux termes de l'article 352 du Code de procédure pénale, s'il s'élève

un incident contentieux au sujet des questions, la Cour statue dans les conditions prévues par l'article 316 dudit code. Tel est le cas lorsque le président ne fait pas droit aux conclusions de la défense, demandant que soient posées des questions subsidiaires (■ Cass. crim., 17 déc. 1997, n° 97-81.318 : *Bull. crim.* n° 431). Le procès-verbal des débats mentionne que le président a donné lecture des questions résultant de l'arrêt de renvoi ainsi que de 3 questions spéciales relatives à la circonstance aggravante de concomitance et que, après cette lecture, aucune observation n'a été formulée : en l'absence d'un incident contentieux élevé en application de l'article 352 du Code de procédure pénale, il n'y a pas lieu à réouverture des débats (■ Cass. crim., 23 juin 1999, n°s 98-80.561, 98-80.571 et 98-80.573 : *Bull. crim.* n° 147). Mais le président excède ses pouvoirs s'il rejette ou délaisse les conclusions de la défense demandant que soit posée une question subsidiaire. Seule la Cour, compétente, en application des articles 316 et 352 du Code de procédure pénale, pour statuer sur les incidents contentieux relatifs aux questions, dispose d'un pouvoir souverain pour refuser, par arrêt motivé, de poser une question réclamée par l'accusé ou son avocat (■ Cass. crim., 6 mai 1997, n° 96-84.082 : *Bull. crim.* n° 173).

3) Audition obligatoire des parties. Aux termes du premier alinéa de l'article 316 du Code de procédure pénale auquel se réfère l'article 352 dudit code, tous incidents contentieux sont réglés par la Cour, le ministère public, les parties ou leurs conseils entendus ; il s'ensuit que lorsque l'un des accusés a déposé des conclusions donnant naissance à un incident contentieux, la Cour ne peut statuer qu'après avoir entendu, outre le ministère public et la partie civile, tous les accusés ou leurs conseils (■ Cass. crim., 27 avr. 1988, n° 87-82.234 : *Bull. crim.* n° 182).

4) Droits de la défense. Ni l'accusé ni son conseil n'ayant élevé d'incident contentieux au moment de leur lecture par le président, le défaut de traduction à l'accusé des questions principales auxquelles la Cour et le jury auront à répondre ne saurait constituer une atteinte aux droits de la défense (■ Cass. crim., 9 mars 1995, n° 94-82.674 : *Bull. crim.* n° 97). Il résulte du procès-verbal des débats qu'à l'issue de l'instruction à l'audience, le président a déclaré que les questions auxquelles la cour et le jury auraient à répondre seraient posées dans les termes de la décision de renvoi. Les parties n'ont présenté aucune observation. Il appartenait à l'accusé ou à son avocat, s'ils entendaient contester la formulation des questions n°s 2 et 4, d'élever un incident contentieux, dans les formes prévues par l'article 352 du Code de procédure pénale (■ Cass. crim., 17 juin 2020, n° 19-80.718).

5) Procès équitable. Ne méconnaît pas les dispositions de l'article 6 de la Convention européenne des droits de l'Homme et ne porte pas atteinte aux droits de la défense le Président de la cour d'assises qui, après avoir prononcé la clôture des débats, fait savoir qu'il va poser comme résultant de ceux-ci, en application de l'article 350 du Code de procédure pénale, une question spéciale sur une circonstance aggravante non retenue par l'arrêt de renvoi ; l'article 352 du même code permet, en effet, à l'accusé d'obtenir la réouverture des débats et ainsi de se défendre spécialement sur les faits constitutifs de ladite circonstance aggravante (■ Cass. crim., 22 mai 1985, n° 84-92.092 : *Bull. crim.* n° 198. ■ Cass. crim., 23 févr. 1983, n° 82-92.767 : *Bull. crim.* n° 66).

Art. 353 ***(Mod. à compter du 1er janvier 2012, L. n° 2011-939, 10 août 2011).*** **– Avant que la cour d'assises se retire, le président donne lecture de l'instruction suivante, qui est, en outre, affichée en gros caractères dans le lieu le plus apparent de la chambre des délibérations :**

Sous réserve de l'exigence de motivation de la décision, la loi ne demande pas compte à chacun des juges et jurés composant la cour d'assises des moyens par lesquels ils se sont convaincus, elle ne leur prescrit pas de règles desquelles ils doivent faire particulièrement dépendre la plénitude et la suffisance d'une preuve ; elle leur prescrit de s'interroger eux-mêmes, dans le silence et le recueillement, et de chercher, dans la sincérité de leur conscience, quelle impression ont faite, sur leur raison, les preuves rapportées contre l'accusé, et les moyens de sa défense. La loi ne leur fait que cette seule question, qui renferme toute la mesure de leurs devoirs : « Avez-vous une intime conviction ? ».

1) Conformité à la Constitution des articles 349, 350, 353 et 357 du Code de procédure pénale. V. note sous art. 349, p. 798.

2) Rappel. Il résulte des articles 353 et 357 du Code de procédure pénale que les arrêts de condamnation prononcés par les cours d'assises ne peuvent comporter d'autres énonciations relatives à la culpabilité que celles qui, tenant lieu de motivation, sont constituées par l'ensemble des réponses données par les magistrats et les jurés aux questions posées conformément à l'arrêt de renvoi (■ Cass. crim., 15 déc. 1999, n° 99-83.910 : *Bull. crim.* n° 307. ■ Cass. crim., 15 déc. 1999, n° 99-84.099 : *Bull. crim.* n° 308. ■ Cass. crim., 30 avr. 1996, n° 95-85.638 : *Bull. crim.* n° 181).

3) Dispositions non substantielles. Le procès-verbal des débats n'a pas à constater l'affichage, dans la salle des délibérations, de l'instruction prévue par l'article 353 du Code de procédure pénale, cette formalité devant être accomplie en dehors des audiences de la cour d'assises. Au surplus, les dispositions dudit article 353 ne sont pas substantielles et aucune nullité ne peut résulter de leur inobservation (▪ Cass. crim., 26 juin 1991, n° 90-87.657 : *Bull. crim.* n° 279. ▪ Cass. crim., 18 déc. 1968, n° 68-92.116 : *Bull. crim.* n° 349. ▪ Cass. crim., 6 nov. 1968, n° 68-91.326 : *Bull. crim.* n° 286. ▪ Cass. crim., 30 janv. 1968, n° 67-92.710 : *Bull. crim.* n° 26. ▪ Cass. crim., 20 déc. 1967, n° 67-92.711 : *Bull. crim.* n° 337. ▪ Cass. crim., 7 oct. 1965, n° 65-92.355 : *Bull. crim.* n° 192).

4) Absence de contrôle de la Cour de cassation. Il n'appartient pas à la Cour de cassation de rechercher ni de contrôler les circonstances dans lesquelles s'est formée la conviction de la Cour et du jury au cours de leur délibération commune qui est essentiellement secrète (▪ Cass. crim., 22 juin 1988, n° 87-91.595 : *Bull. crim.* n° 285).

Art. 354 ***(Mod., L. n° 2016-731, 3 juin 2016).*** **– Le président fait retirer l'accusé de la salle d'audience. Si l'accusé est libre, il lui enjoint de ne pas quitter le palais de justice pendant la durée du délibéré, en indiquant, le cas échéant, le ou les locaux dans lesquels il doit demeurer, et invite le chef du service d'ordre à veiller au respect de cette injonction. Si la longueur prévisible du délibéré le justifie, le président peut désigner tout lieu hors du palais de justice comme local dans lequel l'accusé devra demeurer.**

Il invite le chef du service d'ordre à faire garder les issues de la chambre des délibérations, dans laquelle nul ne pourra pénétrer, pour quelque cause que ce soit, sans autorisation du président.

Le président déclare l'audience suspendue.

Présence de l'accusé dans la salle d'audience. La disposition de l'article 354 du Code de procédure pénale prescrivant de faire retirer l'accusé de la salle d'audience pendant la délibération de la cour et du jury n'est pas édictée à peine de nullité (▪ Cass. crim., 10 janv. 1968, n° 67-92.368 : *Bull. crim.* n° 7).

CHAPITRE VII. – DU JUGEMENT

Section I. – De la délibération de la cour d'assises

Bibliographie : H. Angevin, *Cour d'assises. – Jugement. – Délibération de la cour d'assises. – Peines*, 2009 : *JCl. Proc. pén.*, Fasc. 20.

Art. 355 ***(Mod., L. n° 2016-731, 3 juin 2016).*** **– Les magistrats de la cour et les jurés se retirent dans la chambre des délibérations.**

Ils n'en peuvent sortir qu'après avoir pris leurs décisions.

Si la longueur prévisible du délibéré le justifie, le président peut désigner tout lieu hors du palais de justice comme chambre des délibérations.

1) Personnes autorisées.

a. Auditeurs de justice. Seuls peuvent assister à la délibération de la cour d'assises, qui est secrète, le président, les deux assesseurs et les neuf jurés de jugement, ainsi que, le cas échéant, des auditeurs de justice et des magistrats en stage, en application soit des articles 19 et 25-3 de l'ordonnance du 22 décembre 1958, soit des dispositions de la loi du 8 juillet 1977 (▪ Cass. crim., 22 nov. 2000, n° 00-82.458 : *Bull. crim.* n° 351. ▪ Cass. crim., 21 oct. 1992, n° 91-86.822 : *Bull. crim.* n° 335. ▪ Cass. crim., 19 avr. 1972, n° 71-93.392 : *Bull. crim.* n° 132). La délibération de la cour et du jury étant secrète, la mention dans l'arrêt de condamnation que des auditeurs de justice ont assisté au délibéré « sans voix délibérative » est dès lors dépourvue de portée et ne saurait signifier que lesdits auditeurs y aient participé d'une manière quelconque, fût-ce avec voix consultative (▪ Cass. crim., 30 janv. 1985, n° 83-94.748 : *Bull. crim.* n° 52).

b. Greffier. Si le procès-verbal des débats relate que mention des décisions prises a été faite sur la feuille des questions, de cette énonciation qui n'avait pas à y figurer, on ne saurait déduire que le greffier était présent dans la salle des délibérations au cours du délibéré (▪ Cass. crim., 25 avr. 1968, n° 67-93.267 : *Bull. crim.* n° 123. ▪ Cass. crim., 8 févr. 1968, n° 67-93.101 : *Bull. crim.* n° 40).

2) Délibérations en chambre du conseil. La mention, figurant à l'arrêt de condamnation, que la cour d'assises a délibéré sans désemparer, en chambre du conseil, tant sur la culpabilité que sur l'application de la peine, suffit à constater que les prescriptions de l'article 355 du Code de procédure pénale ont été observées (▪ Cass. crim.,

27 mai 1964, n° 64-90.231 : *Bull. crim.* n° 180. ■ Cass. crim., 27 mai 1964, n° 64-90.231 : *Bull. crim.* n° 180).

Les deux expressions de chambre du conseil et de chambre des délibérations peuvent être indifféremment utilisées pour désigner un même lieu (■ Cass. crim., 22 janv. 2020, n° 19-80.122 : *Bull. crim.* n° 26, § 16 ; *Dr. pén.* 2020, comm. 86, obs. A. Maron et M. Haas).

Art. 356 ***(Mod., L. n° 2016-297, 14 mars 2016 ; L. n° 2021-478, 21 avr. 2021).*** **– La cour et le jury délibèrent puis votent par bulletins écrits et par scrutins distincts et successifs, sur le fait principal d'abord et, s'il y a lieu, sur les causes d'irresponsabilité pénale, sur chacune des circonstances aggravantes, sur les questions subsidiaires, et sur chacun des faits constituant une cause légale d'exemption ou de diminution de la peine.**

La qualification d'inceste prévue aux articles 222-22-3 et 227-27-2-1 du Code pénal fait l'objet, s'il y a lieu, d'une question spécifique.

I – ÉLABORATION DE LA DÉCISION

1) Secret des délibérations. Les délibérations en commun de la Cour et du jury, tant sur la culpabilité que sur l'application de la peine, sont essentiellement secrètes ; que par suite, le demandeur ne saurait se faire un grief de la non-constatation de formalités dont l'observation est laissée à la conscience des juges (■ Cass. crim., 22 mars 1995, n° 94-83.759 : *Bull. crim.* n° 121. ■ Cass. crim., 27 févr. 1963, n° 62-92.503 : *Bull. crim.* n° 93). La délibération de la cour et du jury étant sécrète, il n'y a pas lieu de rechercher dans quel ordre les questions ont été examinées (■ Cass. crim., 27 nov. 1985, n° 83-93.222 : *Bull. crim.* n° 384).

2) Absence d'incertitude de la feuille de questions. La feuille de questions ne doit contenir aucune mention pouvant créer une incertitude sur les conditions dans lesquelles ont été prises les décisions sur la culpabilité de l'accusé et l'application de la peine (■ Cass. crim., 6 juin 1973, n° 72-91.237 : *Bull. crim.* n° 260).

3) Irrévocabilité de la déclaration. La déclaration de la cour et du jury, à cet égard, est irrévocable, aux termes de l'article 356 du Code de procédure pénale et ne peut être critiquée devant la Cour de cassation (■ Cass. crim., 5 févr. 1973, n° 72-93.163 : *Bull. crim.* n° 8).

II – CONTENU DE LA DÉCISION

A – Faits principaux

4) Légitime défense. La question de légitime défense est nécessairement comprise dans la question de culpabilité ; elle a donc été résolue en l'espèce par la réponse affirmative de la cour et du jury sur la culpabilité (■ Cass. crim., 7 avr. 1967, n° 66-93.682 : *Bull. crim.* n° 106).

5) Trouble mental. En répondant affirmativement aux questions relatives à la culpabilité de l'accusé, la Cour et le jury ont, de façon irrévocable, nécessairement estimé qu'il n'était pas atteint d'un trouble psychique ou neuropsychique ayant aboli son discernement, au sens de l'article 122-1, alinéa 1er, du Code pénal (■ Cass. crim., 20 oct. 1999, n° 99-80.596 : *Bull. crim.* n° 228).

6) Complicité. Il résulte de la combinaison des articles 349 et 356 du Code de procédure pénale que la Cour et le jury doivent être interrogés séparément et donner des réponses distinctes sur chacun des faits principaux ; par voie de conséquence, les actes de complicité se référant à ces faits principaux doivent faire également l'objet de questions séparées et de réponses distinctes (■ Cass. crim., 29 nov. 1989, n° 89-82.400 : *Bull. crim.* n° 458).

7) Récidive. L'accusé, qui ne s'est pas pourvu contre cet arrêt et n'a, au cours des débats, élevé à ce sujet aucune réclamation, ne saurait, dès lors, être admis à contester devant la Cour de cassation l'État de récidive légale retenu par la cour d'assises (■ Cass. crim., 21 mars 1984, n° 83-94.108 : *Bull. crim.* n° 122).

B – Peines

8) Compétence de la cour et du jury pour le prononcé des seules peines.

a. Interdiction des droits civiques, civils et de famille. L'interdiction des droits civiques, civils et de famille ne peut être décidée qu'en commun par la Cour et le jury (■ Cass. crim., 8 févr. 1995, n° 94-82.321 : *Bull. crim.* n° 58).

b. Restitution des objets saisis. La Cour seule peut ordonner la restitution des objets saisis, la Cour et le Jury réunis n'ont pas compétence pour le faire. Cette disposition illégale de l'arrêt de condamnation doit être annulée par voie de retranchement, dès lors qu'elle n'affecte ni le prononcé de la peine, ni les réparations allouées aux parties civiles (■ Cass. crim., 8 nov. 1976, n° 76-91.869 : *Bull. crim.* n° 318).

c. Déchéance de l'autorité parentale. La déchéance de l'autorité parentale, mesure d'ordre purement civil, ne peut, en conséquence, être prononcée que par la cour seule, sans l'assistance du jury (■ Cass. crim., 4 janv. 1985, n° 84-92.942 : *Bull. crim.* n° 10).

9) Causes d'atténuation de la peine. Lorsqu'il est, ce qui n'est pas le cas en l'espèce, répondu négativement à la question demandant s'il y a lieu d'exclure un accusé mineur du bénéfice de l'excuse atténuante de minorité, la peine doit être calculée en appliquant d'abord, le cas échéant, les circonstances atténuantes, et ensuite l'excuse de minorité (▪ Cass. crim., 27 nov. 1985, n° 83-93.222 : *Bull. crim.* n° 384). L'atténuation de la peine dérivant de la minorité de l'accusé a pour base la détermination préalable de la peine par lui encourue, (compte tenu éventuellement des circonstances atténuantes), indépendamment de la qualité de mineur (▪ Cass. crim., 7 sept. 1981, n° 81-91.212 : *Bull. crim.* n° 253).

10) Inceste. L'accusé ne saurait se faire un grief d'avoir été condamné pour viols et agressions sexuelles aggravés à caractère incestueux, dès lors que l'article 222-31-1 du Code pénal, introduit par la loi du 14 mars 2016, n'a aggravé ni la définition des infractions ni les peines encourues, et que la cour d'assises a posé la question spécifique d'inceste en application des dispositions de l'article 356, alinéa 2 du Code de procédure pénale (▪ Cass. crim., 27 nov. 2019, n° 18-85.852. ▪ Cass. crim., 14 nov. 2018, n° 17-86.423. ▪ Cass. crim., 7 mars 2018, n° 17-81.341).

Art. 357 ***(L. n° 72-1226, 29 déc. 1972).*** **– Chacun des magistrats et des jurés reçoit, à cet effet, un bulletin ouvert, marqué du timbre de la cour d'assises et portant ces mots : « Sur mon honneur et en ma conscience, ma déclaration est... ».**

Il écrit à la suite ou fait écrire secrètement le mot « oui » ou le mot « non » sur une table disposée de manière que personne ne puisse voir le vote inscrit sur le bulletin. Il remet le bulletin écrit et fermé au président, qui le dépose dans une urne destinée à cet usage.

1) Conformité à la Constitution des articles 349, 350, 353 et 357 du Code de procédure pénale : V. note sous art. 349, p. 798.

2) Absence de contrôle de la Cour de cassation. La délibération de la Cour et du jury étant par essence secrète, il n'appartient pas à la Cour de cassation de rechercher ni de contrôler s'ils ont pu exprimer leur vote dans les conditions prescrites par l'article 357 du Code de procédure pénale (▪ Cass. crim., 6 oct. 1999, n° 98-87.046).

Art. 358 ***(Mod., L. n° 92-1336, 16 déc. 1992).*** **– Le président dépouille chaque scrutin en présence des membres de la cour et du jury, qui peuvent vérifier les bulletins. Il constate sur-le-champ le résultat du vote en marge ou à la suite de la question résolue.**

Les bulletins blancs, ou déclarés nuls par la majorité, sont comptés comme favorables à l'accusé.

Immédiatement après le dépouillement de chaque scrutin, les bulletins sont brûlés.

1) Absence d'obligation de transcription à la main. Il ne résulte ni de l'article 358 du Code de procédure pénale ni d'aucun autre texte, que le président soit tenu de transcrire de sa propre main le résultat des votes de la Cour et du jury ; il suffit que mention en soit faite d'une manière qui, comme en l'espèce, ne laisse place à aucune incertitude sur le sens des réponses formulées et sur la majorité par lesquelles elles se sont exprimées, le caractère d'authenticité des décisions intervenues étant garanti par les signatures conjointes du président et du premier juré sur la feuille de questions (▪ Cass. crim., 17 mars 1999, n° 98-81.239 : *Bull. crim.* n° 48. ▪ Cass. crim., 26 juill. 1976, n° 76-90.786 : *Bull. crim.* n° 268. ▪ Cass. crim., 16 juin 1971, n° 71-90.609 : *Bull. crim.* n° 190. ▪ Cass. crim., 27 févr. 1963, n° 62-92.388 : *Bull. crim.* n° 94).

2) Authentification des décisions de la cour. Les signatures du président et du premier juré apposées à la suite des questions ainsi que des décisions prises sur la culpabilité et sur la peine faisant l'objet d'un seul contexte s'appliquent à la totalité des énonciations les précédant et suffisent à les authentifier (▪ Cass. crim., 4 nov. 1964, n° 64-91.732 : *Bull. crim.* n° 286).

Art. 359 ***(Mod., L. n° 2011-939, 10 août 2011 ; mod. à compter du 1er mars 2022, L. n° 2021-1729, 22 déc. 2021).*** **– Toute décision défavorable à l'accusé se forme à la majorité de sept voix au moins lorsque la cour d'assises statue en premier ressort et à la majorité de huit voix au moins lorsque la cour d'assises statue en appel.**

1) Refus de transmission d'une question prioritaire de constitutionnalité. La question prioritaire de constitutionnalité pose la question de savoir si l'article 359 du Code de procédure pénale, en sa rédaction entrée en vigueur au 1er janvier 2012, est conforme à la Constitution en ce qu'il prévoit qu'en première instance, la décision sur la culpabilité se forme à la majorité de 6 voix sur 9, soit en l'absence de majorité parmi les jurés ; la disposition a déjà été déclarée conforme à la Constitution dans les motifs et le dispositif de la décision n° 2011-635 du Conseil constitutionnel en date du 4 août 2011 (■ Cass. crim., 9 janv. 2013, n° 12-86.783).

2) Feuille de questions.

a. Mention erronée. La feuille de questions mentionne que la décision prise à l'encontre de l'accusée l'a été à la majorité de dix(huit) voix au moins ; il n'importe, dès lors, que l'arrêt de condamnation comporte, sur ce point, une mention erronée et superfétatoire (■ Cass. crim., 26 juin 2002, n° 01-87.505 : *Bull. crim.* n° 146. – Rapp. ■ Cass. crim., 17 déc. 1997, n° 97-81.485 : *Bull. crim.* n° 432. ■ Cass. crim., 25 janv. 1995, n° 94-82.811 : *Bull. crim.* n° 35). En application des articles 359 et 360 du Code de procédure pénale, la déclaration affirmative de la Cour et du jury, relativement à toute décision défavorable à l'accusé, doit constater que la majorité a été acquise par 8(6) voix au moins, lorsque la cour d'assises statue en premier ressort, et par 10(8) voix au moins, lorsqu'elle statue en appel, sans que le nombre de voix puisse être autrement exprimé (■ Cass. crim., 20 févr. 2002, n° 01-85.696 : *Bull. crim.* n° 40).

b. Absence d'ambiguïté. Les réponses aux questions posées ainsi libellées : « Oui à la majorité des voix exigée par l'article 359 du Code de procédure pénale » sont dépourvues d'ambiguïté dès lors que la majorité à laquelle il est fait référence ne peut être, lorsque la cour d'assises statue en appel, que celle de dix(huit) voix au moins (■ Cass. crim., 18 févr. 2004, n° 03-82.789 : *Bull. crim.* n° 46. ■ Cass. crim., 6 févr. 2002, n° 01-85.335 : *Bull. crim.* n° 25).

c. Ambiguïté. En regard des questions n°s 3 et 4 interrogeant la Cour et le jury respectivement sur le point de savoir si le meurtre spécifié aux questions n°s 1 et 2 a été commis alors que M. X... était sous l'empire d'une force ou d'une contrainte à laquelle il n'a pu résister ou d'un trouble psychique ou neuro-psychique ayant aboli son discernement ou entravé le contrôle de ses actes, la feuille de questions ne porte que la mention : « Non » ; ainsi, la Cour de cassation n'a pas été mise en mesure d'exercer son contrôle sur le point de savoir si les dispositions de l'article 359 ont été appliquées (■ Cass. crim., 12 déc. 2018, n° 17-84.951. Voir aussi ■ Cass. crim., 3 mars 2021, n° 20-81.047). En ne contenant aucune indication sur la majorité avec laquelle la réponse à cette question a été résolue, la feuille de question ne met pas la Cour de cassation en mesure d'exercer son contrôle sur la manière dont les dispositions de l'article 359 précité ont été appliquées (■ Cass. crim., 26 févr. 2020, n° 19-80.970).

c. Graphie. L'utilisation d'un chiffre pour constater le résultat d'un vote n'entraîne aucune irrégularité dès lors que les textes ne réglementent pas la graphie des nombres sur la feuille des questions (■ Cass. crim., 15 juin 1976, n° 76-90.436 : *Bull. crim.* n° 214).

3) Règles de majorité. a. Mineurs. Aux termes de l'article 359 du Code de procédure pénale, toute décision défavorable à l'accusé se forme à la majorité de 8 voix au moins ; que cette prescription, qui est substantielle, est applicable à la cour d'assises des mineurs en vertu de l'article 20 de l'ordonnance modifiée du 2 février 1945. Il en est notamment ainsi, en ce qui concerne un accusé mineur, de la réponse affirmative à la question relative à l'application au mineur d'une condamnation pénale (■ Cass. crim., 13 févr. 1991, n° 90-83.475 : *Bull. crim.* n° 71. ■ Cass. crim., 22 oct. 1980, n° 80-91.230 : *Bull. crim.* n° 268).

b. Période de sûreté. La période de sûreté est une modalité d'exécution de la peine privative de liberté ; la décision relative à sa durée doit donc, conformément aux dispositions de l'article 362 du Code de procédure pénale, faire l'objet, comme la peine elle-même, d'un vote acquis à la majorité absolue, et non à la majorité de faveur prévue par l'article 359 du même code (■ Cass. crim., 16 janv. 1985, n° 84-93.553 : *Bull. crim.* n° 29).

Art. 360 ***(Mod., L. n° 2000-516, 15 juin 2000).*** **– La déclaration, lorsqu'elle est affirmative, constate que la majorité de voix exigée par l'article 359 a été acquise sans que le nombre de voix puisse être autrement exprimé.**

1) Indication du nombre de voix. L'article 360 du Code de procédure pénale dispose que la déclaration de la cour et du jury, lorsqu'elle est affirmative, doit constater que la majorité de huit (six) voix au moins a été acquise sans que le nombre de voix puisse être autrement exprimé (■ Cass. crim., 4 mai 1984, n° 83-91.429 : *Bull. crim.* n° 158). Cette constatation qui est la base de l'arrêt de condamnation est substantielle (■ Cass. crim., 15 juin 1983, n° 82-93.468 : *Bull. crim.* n° 186. ■ Cass. crim., 26 juill. 1966, n° 66-91.079 : *Bull. crim.* n° 214). L'indication du nombre des voix qui se sont prononcées pour la culpabilité entraîne la nullité de cette déclaration (■ Cass. crim., 15 juin 1983, n° 82-93.468 : *Bull. crim.* n° 186. ■ Cass. crim., 19 nov. 1974, n° 74-91.508 : *Bull. crim.* n° 336). En ne contenant aucune indication sur la majorité avec laquelle la réponse à cette question a été résolue, la feuille de question ne met pas la Cour de cassation en mesure d'exercer son contrôle sur la manière dont les dispositions de l'article 359 précité ont été appliquées (■ Cass. crim., 26 févr. 2020, n° 19-80.970, § 14).

2) Réponse dépourvue d'ambiguïté. Le libellé de la réponse apportée par la Cour et le jury à la question posée est dépourvu d'ambiguïté dès lors que la majorité exigée par l'article 359 du Code de procédure pénale, à laquelle il est fait référence, ne peut être, lorsque la cour d'assises statue en appel, que celle de dix(huit) voix au moins spéciale (■ Cass. crim., 18 févr. 2004, n° 03-82.789 : *Bull. crim.* n° 46).

Art. 361. – Au cas de contradiction entre deux ou plusieurs réponses, le président peut faire procéder à un nouveau vote.

Déclarations contradictoires. Une déclaration de la Cour et du jury entachée de contradiction ne saurait servir de base à l'application d'une peine (■ Cass. crim., 3 déc. 1997, n° 97-80.446 : *Bull. crim.* n° 410).

Art. 361-1 ***(Mod., L. n° 2014-896, 15 août 2014).*** **– Si, lorsqu'il est fait application des dispositions de l'article 349-1, la cour d'assises a répondu positivement à la première question et négativement à la seconde question, elle déclare l'accusé coupable. Si elle a répondu négativement à la première question ou positivement à la seconde question, elle déclare l'accusé non coupable.**

Si elle a répondu positivement à la première question et positivement à la seconde question portant sur l'application des dispositions du premier alinéa de l'article 122-1 du Code pénal, il est fait application des articles 706-129 et suivants relatifs à la déclaration d'irresponsabilité pénale pour cause de trouble mental.

Si la cour d'assises a répondu positivement à la première question et négativement à la seconde question portant sur l'application du premier alinéa de l'article 122-1 du Code pénal, doit être posée la question de l'application du second alinéa de ce même article.

Art. 362 ***(Mod., L. n° 2020-1672, 24 déc. 2020 ; mod. à compter du 1er mars 2022, L. n° 2021-1729, 22 déc. 2021).*** **– En cas de réponse affirmative sur la culpabilité, le président donne lecture aux jurés des dispositions des articles 130-1, 132-1 et 132-18 du Code pénal ; si les dispositions des deux premiers alinéas de l'article 132-23 du même code sont applicables, le président les informe également des conséquences de la peine prononcée sur la période de sûreté et de la possibilité de la moduler. La cour d'assises délibère alors sans désemparer sur l'application de la peine. Le vote a lieu ensuite au scrutin secret, et séparément pour chaque accusé.**

La décision sur la peine se forme à la majorité absolue des votants. Toutefois, le maximum de la peine privative de liberté encourue ne peut être prononcé qu'à la majorité de sept voix au moins lorsque la cour d'assises statue en premier ressort et qu'à la majorité de huit voix au moins lorsque la cour d'assises statue en appel. Si le maximum de la peine encourue n'a pas obtenu cette majorité, il ne peut être prononcé une peine supérieure à trente ans de réclusion criminelle lorsque la peine encourue est la réclusion criminelle à perpétuité. Les mêmes règles sont applicables en cas de détention criminelle. Si la cour d'assises a répondu positivement à la question portant sur l'application des dispositions du second alinéa de l'article 122-1 du même code, les peines privatives de liberté d'une durée égale ou supérieure aux deux tiers de la peine initialement encourue ne peuvent être prononcées qu'à la majorité qualifiée prévue par la deuxième phrase du présent alinéa.

Si, après deux tours de scrutin, aucune peine n'a réuni la majorité des suffrages, il est procédé à un troisième tour au cours duquel la peine la plus forte proposée au tour précédent est écartée. Si, à ce troisième tour, aucune peine n'a encore obtenu la majorité absolue des votes, il est procédé à un quatrième tour et ainsi de suite, en continuant à écarter la peine la plus forte, jusqu'à ce qu'une peine soit prononcée.

Lorsque la cour d'assises prononce une peine correctionnelle, elle peut ordonner à la majorité qu'il soit sursis à l'exécution de la peine avec ou sans probation.

La cour d'assises délibère également sur les peines accessoires ou complémentaires.

Dans les cas prévus par l'article 706-53-13, elle délibère aussi pour déterminer s'il y a lieu de se prononcer sur le réexamen de la situation du condamné avant l'exécution de la totalité de sa peine en vue d'une éventuelle rétention de sûreté conformément à l'article 706-53-14.

Bibliographie : V. Peltier, *Le choix de la peine devant la cour d'assises spéciale (à propos de l'article 362, alinéa 2 du Code de procédure pénale)* in *La réforme du Code pénal et du Code de procédure pénale* Opinio doctorum, Dalloz, 2009, p. 305 et s.

1) Abrogation partielle de l'article 362. Lorsqu'une cour d'assises composée majoritairement de jurés, qui ne sont pas des magistrats professionnels, prononce une peine à laquelle s'attache une période de sûreté de plein droit, ni les dispositions contestées ni aucune autre ne prévoient que les jurés sont informés des conséquences de la peine prononcée sur la période de sûreté et de la possibilité de la moduler. Il résulte de ce qui précède que les dispositions contestées méconnaissent les exigences constitutionnelles rappelées ci-dessus. La première phrase du premier alinéa de l'article 362 du Code de procédure pénale doit donc être déclarée contraire à la Constitution. (■ Cons. const., 29 mars 2019, n° 2019-770 QPC : *Dr. pén.* 2019, comm. 99, obs. V. Peltier ; *Dr. pén.* 2019, comm. 113, obs. A. Maron et M. Haas ; *RPDP* 2019-2, p. 446 à 448, note É. Bonis).

2) **Application.** Si l'information des jurés sur la période de sûreté est rendue obligatoire par la décision du Conseil constitutionnel, la circonstance qu'elle soit prévue par un décret et non par un texte de valeur législative est sans incidence sur la nature des renseignements ainsi communiqués aux jurés. L'inconstitutionnalité de l'article D. 45-2-1 précité, alléguée par le demandeur, à la supposer établie, n'a pu lui faire grief. La peine prononcée est donc régulière, les conditions de la délibération satisfaisant à toutes les exigences de la loi, et l'information jugée indispensable par le Conseil constitutionnel ayant été donnée aux jurés (■ Cass. crim., 9 juin 2021, n° 20-84.505).

3) **Renvoi d'une question prioritaire de constitutionnalité.** En application de l'article 362 du Code de procédure pénale, le président de la cour d'assises, en cas de réponse affirmative sur la déclaration de culpabilité et avant le délibéré sur la peine, a l'obligation de donner lecture aux jurés des dispositions de l'article 130-1 du Code pénal, qui définit les fonctions de la peine, 132-1, relatif à l'individualisation de la peine, et 132-18, sur le prononcé de la peine ; si la période de sûreté constitue une modalité d'exécution de la peine, il résulte du point 9 de la décision précitée du Conseil constitutionnel qu'elle « présente un lien étroit avec la peine et l'appréciation par le juge des circonstances propres à l'espèce » ; en conséquence, l'absence de lecture, par le président de la cour d'assises, de tout ou partie de l'article 132-23 du Code pénal relatif à la période de sûreté est susceptible de porter atteinte aux principes constitutionnels invoqués, en privant les jurés d'une information de nature à influer sur le choix de la peine ; d'où il suit qu'il y a lieu de transmettre la question (■ Cass. crim., 9 janv. 2019, n° 18-90.030 : *Dr. pén.* 2019, comm. 57, obs. E. Bonis).

4) **Refus de transmission d'une question prioritaire de constitutionnalité.** La question visant à déterminer si les dispositions l'article 362 du Code de procédure pénale, applicables du 1er mars 2020 au 27 décembre 2020, lues à la lumière de l'article D. 45-2-1 du même code sont entachées d'incompétence négative (en ce qu'elles délèguent au pouvoir réglementaire la compétence d'ordonner au président de la cour d'assises de donner lecture aux jurés de diverses dispositions du Code pénal avant de se prononcer sur la peine infligée à l'accusé reconnu coupable) et portent atteinte aux droits et libertés que la Constitution garantit et notamment aux principes de nécessité, de légalité et d'individualisation de la peine, tels que garantis par les articles 7, 8 et 9 de la Déclaration des droits de l'homme et du citoyen de 1789, n'est pas sérieuse. Le Conseil constitutionnel, dans sa décision du 29 mars 2019 (■ Cons. const., 29 mars 2019, n° 2019-770 QPC) a décidé que la première phrase du premier alinéa de l'article 362 du Code de procédure pénale, dans sa rédaction issue de la loi n° 2014-896 du 15 août 2014, est inconstitutionnelle. Il a reporté les effets de son abrogation au 31 mars 2020. Si le législateur est intervenu, par la loi n° 2020-1672 du 24 décembre 2020, après le délai ainsi fixé, des dispositions réglementaires sont intervenues à titre transitoire. Elles sont issues du décret n° 2020-91 du 6 février 2020, et énoncées par l'article D. 45-1-1 du Code de procédure pénale. Elles prévoient que, lors du délibéré de la cour d'assises, le jury est informé par le président, non seulement du principe de personnalisation des peines et des règles de fixation de la durée des peines privatives de liberté, mais encore de l'existence et des conséquences de la période de sûreté sur l'exécution de la peine. En conséquence, ni le principe d'individualisation des peines, ni aucun droit ou liberté garanti par la Constitution n'a été méconnu (■ Cass. crim., 27 mai 2021, n° 20-87.080. ■ Cass. crim., 28 juill. 2021, n° 20-87.084 : *Dr. pén.* 2021, comm. 173, obs. E. Bonis). D'une part, aux termes de la décision n° 2017-694 QPC en date du 2 mars 2018, le Conseil constitutionnel, saisi de questions identiques concernant les articles 362 et 365-1 du Code de procédure pénale, a déclaré contraires à la Constitution les dispositions de l'article 365-1 dudit code en ce qu'elles ne prévoient pas la motivation des peines prononcées par la cour d'assises, d'autre part, aucun changement de circonstances de droit ou de fait n'est intervenu postérieurement à cette décision qui, affectant la portée des dispositions législatives critiquées, en justifierait le réexamen (■ Cass. crim., 11 avr. 2018, nos 17-84.956, 17-84.895 et 17-84.951). La question posée ne présente pas à l'évidence un caractère sérieux dès lors que l'absence de motivation des peines de réclusion criminelle et d'emprisonnement prononcées par les cours d'assises, qui s'explique par l'exigence d'un vote à la majorité absolue ou à la majorité de six ou de huit voix au moins lorsque le maximum de la peine privative de liberté est prononcé, ne porte pas atteinte au droit à l'égalité devant la justice garanti par les articles 6 et 16 de la Déclaration des droits de l'homme et du citoyen de 1789, les personnes accu-

sées devant la cour d'assises étant ainsi dans une situation différente de celles poursuivies devant le tribunal correctionnel (▪ Cass. crim., 26 juin 2013, nos 12-87.637 et 12-87.863 : *JurisData* nos 2013-013152 et 2013-013151. ▪ Cass. crim., 25 sept. 2013, n° 13-81.210 : *JurisData* n° 2013-020581).

I – VOTE SUR LA CULPABILITÉ ET L'APPLICATION DE LA PEINE

5) Définition de la cour d'assises. Aux termes des articles 356 et 362 du Code de procédure pénale, les condamnations prononcées contre l'accusé sur l'action publique doivent faire l'objet d'une délibération commune de la cour et du jury. L'arrêt de condamnation constate suffisamment cette délibération commune lorsqu'il énonce, tout en relatant les noms du président et des assesseurs ayant siège, qu'il a été ainsi jugé par la cour d'assises ; aux termes de l'article 240 du Code de procédure pénale, l'expression « cour d'assises » comprend la cour proprement dite et le jury (▪ Cass. crim., 11 avr. 1964, n° 63-93.128 : *Bull. crim.* n° 111).

A – Délibération unique sur la culpabilité et la peine

6) Modalités de la délibération. La feuille des questions indique que la cour d'assises a délibéré dans les conditions prévues par l'article 362 du Code de procédure pénale ; une telle mention implique, comme le prescrit ce texte, qu'il a été donné lecture aux jurés par le président des dispositions des articles 130-1, 132-1 et 132-18 du Code pénal (▪ Cass. crim., 19 juin 2019, n° 18-81.879). Selon les dispositions des articles 362 et 364 du Code de procédure pénale, auxquelles les articles 877 et 885 à 888 du même code n'apportent pas de dérogation, la cour criminelle, en cas de réponse affirmative sur la culpabilité, doit se prononcer sans désemparer sur la peine, en une délibération unique, et mention des décisions prises doit être portée sur la feuille de questions, qui est signée séance tenante ; ces dispositions sont d'ordre public (▪ Cass. crim., 22 nov. 2000, n° 00-83.337 : *Bull. crim.* n° 352. ▪ Cass. crim., 15 juin 2000, n° 99-87.795 : *Bull. crim.* n° 228. ▪ Cass. crim., 18 nov. 1998, n° 98-80.695 : *Bull. crim.* n° 307). Les décisions sur la culpabilité et sur la peine sont indivisibles et ne sauraient être scindées (▪ Cass. crim., 19 oct. 1966, n° 66-91.034 : *Bull. crim.* n° 232. ▪ Cass. crim., 6 févr. 1964, n° 63-90.592 : *Bull. crim.* n° 44). Dès lors, la cassation visant la décision sur la peine doit être totale et porter à la fois sur l'arrêt, la déclaration de culpabilité et les débats qui l'ont précédée (▪ Cass. crim., 6 févr. 1964, préc.).

7) Concordance feuille de questions et arrêt de condamnation. Les énonciations de la feuille de questions et celles de l'arrêt de condamnation doivent, à peine de nullité, être en concordance (▪ Cass. crim., 8 nov. 2000, n° 99-87.557 : *Bull. crim.* n° 334. ▪ Cass. crim., 20 oct. 1999, n° 98-84.939 : *Bull. crim.* n° 225. ▪ Cass. crim., 6 janv. 1999, n° 98-81.676 : *Bull. crim.* n° 3. ▪ Cass. crim., 9 avr. 1997, n° 96-82.123 : *Bull. crim.* n° 136. ▪ Cass. crim., 3 juin 1988 : *Bull. crim.* n° 246. ▪ Cass. crim., 13 oct. 1982, n° 82-91.058 : *Bull. crim.* n° 217. ▪ Cass. crim., 28 janv. 1981 : *Bull. crim.* n° 41). La feuille de questions mentionne que l'accusé est condamné à l'interdiction de détenir ou porter une arme soumise à autorisation pendant une durée de 15 ans, alors que cette peine n'est pas reprise à l'arrêt pénal. La cassation est encourue (▪ Cass. crim., 27 janv. 2021, n° 20-80.586). L'accusé ne saurait se faire un grief, faute d'intérêt, de ce que la confiscation de l'arme ayant servi à commettre le crime de meurtre, mesure obligatoire aux termes de l'article 304 paragraphe 4 du Code pénal, figure sur l'arrêt de condamnation, sans qu'il en ait été fait mention sur la feuille de questions (▪ Cass. crim., 9 nov. 1978, n° 78-91.283 : *Bull. crim.* n° 309). Si l'arrêt criminel vise les termes généraux de la complicité de l'alinéa 2 de l'article précité, l'arrêt n'encourt pas la censure dès lors que la Cour de cassation est en mesure d'assurer que les feuilles de questions et de motivation sont en concordance, en retenant l'une et l'autre la complicité par instructions et que le défaut prétendu de convergence entre la feuille de questions et la feuille de motivation d'une part, l'arrêt de condamnation d'autre part, est dépourvu de portée, n'ayant pas eu pour effet d'aggraver la peine encourue pour les crimes de complicité reprochés aux 2 accusés (▪ Cass. crim., 11 mars 2020, n° 19-80.539).

B – Lecture des textes relatifs au prononcé de la peine

8) Dispositions visées. Selon l'article 362 du Code de procédure pénale, en cas de réponse affirmative sur la culpabilité de l'accusé, le président de la cour d'assises doit, avant le délibéré sur l'application de la peine, donner lecture aux jurés des dispositions des articles 130-1, relatif aux fonctions de la peine, 132-1, relatif à l'individualisation de la peine, et 132-18, relatif au prononcé des peines de réclusion criminelle du Code pénal ; il résulte des mentions de la feuille de questions que le président a donné lecture des articles 130-1, 132-2 et 132-18 du Code pénal ; en procédant ainsi, le président, qui n'a pas donné aux jurés l'information relative aux principes de l'individualisation de la peine prévus par l'article 132-1 dudit code, a méconnu le texte susvisé

(▪ Cass. crim., 11 mai 2017, n° 16-80.112. – V. aussi ▪ Cass. crim., 27 nov. 2019, n° 18-86.165). Selon les dispositions combinées des articles 349 et 362 du Code de procédure pénale, la Cour et le jury ne peuvent délibérer sur l'application de la peine, en cas de réponse affirmative aux questions régulièrement posées déclarant l'accusé coupable des faits qui lui sont reprochés, qu'après lecture par le président aux jurés des articles 132-18 et 132-24 du Code pénal (130-1, 132-1 et 132-18) les informant des modalités du prononcé de la peine. Il résulte des mentions de la feuille de questions que la Cour et les jurés ont eu à répondre, successivement et sans désemparer, à 2 questions dont, selon le procès-verbal, lecture avait été donnée par le président à la fin des débats à l'audience, la première les interrogeant sur la culpabilité de l'accusé et la seconde sur le point de savoir si le maximum de la peine devait être prononcé à son encontre ; à ces 2 questions, il a été répondu par l'affirmative à la majorité de 8 voix au moins ; en procédant ainsi, et alors, au surplus, que la seconde question était irrégulière comme n'entrant pas dans les prévisions de l'article 349 précité, la cour d'assises a méconnu le sens et la portée des textes susvisés (▪ Cass. crim., 16 oct. 1996, n° 95-82.274 : *Bull. crim.* n° 365). Le visa sur la feuille de questions des articles 132-18 et 132-24 du Code pénal (art. 132-1 et 132-20 actuels) n'est imposé par aucune disposition légale (▪ Cass. crim., 18 nov. 1998, n° 98-80.520 : *Bull. crim.* n° 308). Les dispositions de l'article 132-19, alinéa 2, du Code pénal ne sont pas applicables aux délibérations de la cour d'assises, lesquelles sont régies par l'article 362 du Code de procédure pénale (▪ Cass. crim., 22 janv. 1997, n° 96-80.309 : *Bull. crim.* n° 24). La feuille de questions et de motivation énonce « qu'après avoir délibéré sans désemparer conformément aux dispositions de l'article 362 du Code de procédure pénale », la cour et le jury ont condamné les accusés aux peines précédemment rappelées ; il résulte de ces énonciations que, comme le prescrit l'article 362 précité, le président a donné lecture aux jurés des dispositions des articles 130-1, 132-1 et 132-18 du Code pénal (▪ Cass. crim., 28 mars 2018, n° 17-82.116).

9) Mentions garantissant la validite du vote. La feuille de questions énonçant « qu'après avoir délibéré dans les conditions prévues par l'article 362 du Code de procédure pénale, la Cour et le jury condamnent à la majorité de huit voix au moins Paul X... à la peine de la réclusion criminelle à perpétuité », il en résulte que, comme le prescrit l'article 362 précité, le président a donné lecture aux jurés des dispositions des articles 132-18 et 132-24 du Code pénal (▪ Cass. crim., 20 janv. 2010, n° 09-80.652 : *Bull. crim.* n° 13 ; *AJ Pénal* 2010, 245, obs. J.-B. Perrier ; *Procédures* 2010, n° 129, obs. A.-S. Chavent-Leclère. ▪ Cass. crim., 29 avr. 1997, n° 95-82.669 : *Bull. crim.* n° 155. ▪ Cass. crim., 29 avr. 1997, n° 95-82.669 : *Bull. crim.* n° 155. ▪ Cass. crim., 1er juin 1995, nos 94-82.590, 94-82.610 et 94-82.614 : *Bull. crim.* n° 202. ▪ Cass. crim., 22 mars 1995, n° 94-83.474 : *Bull. crim.* n° 120. ▪ Cass. crim., 8 févr. 1995, n° 94-82.922 : *Bull. crim.* n° 59. ▪ Cass. crim., 14 déc. 1994, n° 94-83.162 : *Bull. crim.* n° 411).

II – DÉCISION SUR LA PEINE

A – Règles de majorité

10) Majorité qualifiée. Aux termes de l'article 362 du Code de procédure pénale, la majorité qualifiée de dix (six à l'heure actuelle) voix au moins n'est requise que pour le prononcé du maximum de la peine privative de liberté encourue (▪ Cass. crim., 7 déc. 2005, n° 04-87.547 : *Bull. crim.* n° 328. ▪ Cass. crim., 3 sept. 2003, n° 03-80.578 : *Bull. crim.* n° 151. ▪ Cass. crim., 23 juill. 1996, n° 95-85.634 : *Bull. crim.* n° 300). Si le maximum de la peine encourue n'a pas obtenu cette majorité, il ne peut être prononcé une peine supérieure à vingt ans de réclusion criminelle lorsque la peine encourue est de trente ans de réclusion criminelle. Cassation de l'arrêt prononçant une peine de vingt-deux ans (▪ Cass. crim., 10 mai 2012, n° 11-81.437 : *Bull. crim.* n° 114), de 25 ans (▪ Cass. crim., 17 juin 2020, n° 19-85.117) de vingt-huit ans de réclusion criminelle (▪ Cass. crim., 8 janv. 1997, n° 96-81.766 : *Bull. crim.* n° 4). Ces dispositions s'appliquent également lorsque cette peine est de nature correctionnelle (▪ Cass. crim., 29 oct. 1997, n° 96-85.230 : *Bull. crim.* n° 300). Après avoir déclaré M. D... coupable de viols sur mineur de quinze ans par une personne ayant autorité et de délits connexes, la cour d'assises, statuant en appel, l'a condamné à vingt ans de réclusion criminelle, soit le maximum de la peine privative de liberté prévue par la loi.

La feuille de questions indique que cette décision a été prise à la majorité absolue des voix.

En prononçant ainsi, le maximum de la peine privative de liberté encourue, à la majorité absolue et non à la majorité de huit voix au moins, la cour d'assises a méconnu les textes susvisés (▪ Cass. crim., 17 mars 2021, n° 20-83.245).

11) Majorité absolue. La feuille de questions énonce que la Cour et le jury ont délibéré dans les conditions prévues par l'article 362 du Code de procédure pénale et voté à la majorité requise par ce texte. Une telle mention implique que la décision a été acquise à la majorité absolue dès lors qu'en l'espèce n'a pas été prononcé le maximum de la peine privative de liberté encourue

(■ Cass. crim., 20 déc. 1995, n° 95-81.557 : *Bull. crim.* n° 391). S'il est vrai que, par application de l'article 362 du Code de procédure pénale, la peine prononcée, inférieure au maximum légal, aurait dû l'être à la majorité absolue des votants, le demandeur ne saurait, faute d'intérêt, se plaindre de ce qu'elle l'ait été à la majorité qualifiée de huit voix au moins (■ Cass. crim., 9 mai 2018, n° 17-82.864 : *JurisData* n° 2018-008839 ; *Dr. pén.* 2018, comm. 141, obs. V. Peltier).

12) Mentions. La mention de cette majorité doit figurer sur la feuille de questions (■ Cass. crim., 3 sept. 2003, n° 03-80.578 : *Bull. crim.* n° 151. ■ Cass. crim., 6 déc. 1995, n° 95-82.023 : *Bull. crim.* n° 368 ; *RSC* 1996, 397, obs. J.-P. Dintilhac). Il n'importe que pareille mention ne figure pas dans l'arrêt de condamnation (■ Cass. crim., 25 janv. 1995, n° 94-82.811 : *Bull. crim.* n° 35). Les énonciations de la feuille de questions, constatant que la peine a été prononcée à la majorité qualifiée, mettent la Cour de cassation en mesure de s'assurer que la décision a été prise à la majorité de huit voix au moins, conformément à l'article 362 du Code de procédure pénale (■ Cass. crim., 22 janv. 2020, n° 19-80.122, §§ 29 et 30 : *Bull. crim.* n° 26 ; *Dr. pén.* 2020, comm. 86, obs. A. Maron et M. Haas). La seule citation des textes dont il a été fait application et l'indication que leurs prescriptions ont été observées ne permettent pas à la Cour de cassation de s'assurer que la cour et le jury ont statué sur la peine à la majorité de 8 voix au moins, comme il leur appartenait de le faire en prononçant le maximum de la peine privative de liberté encourue (■ Cass. crim., 25 mars 2020, n° 19-81.799).

13) Mentions de la feuille de questions. Les seules mentions qui doivent être portées sur la feuille des questions sont celles relatives à la déclaration de culpabilité et à l'application de la peine, à l'exclusion de celles relatives à la condamnation aux frais ou à la contrainte par corps (■ Cass. crim., 4 juin 1975, n° 75-90.207 : *Bull. crim.* n° 144).

B – Domaine des règles de majorité

14) Cour d'assises spéciale. Mais les dispositions de l'article 362, alinéa 2 du Code de procédure pénale ne sont pas applicables devant la cour d'assises spécialement composée (■ Cass. crim., 23 janv. 2013, n° 12-81.829 : *JurisData* n° 2013-002610 ; *Dr. pén.* 2013, comm. 67, obs. V. Peltier. ■ Cass. crim., 21 mai 2008, n° 07-84.112 : *Bull. crim.* n° 12 ; *JurisData* n° 2008-044290 ; *Dr. pén.* 2009, chron. 2, n° 25, obs. V. Peltier ; *AJ Pénal* 2008, 334, obs. M. Herzog-Evans. ■ Cass. crim., 21 mai 2003, n° 02-85.294 : *Bull. crim.* n° 104 ; *JurisData* n° 2003-019449).

C – Nature des peines prononcées

15) Interdictions.

a. Interdiction des droits civiques, civils et de famille. Selon les articles 355 et 362 du Code de procédure pénale, la cour d'assises, composée des magistrats de la Cour et des jurés, délibère, en cas de réponse affirmative sur la culpabilité de l'accusé, sur l'application de la peine principale ainsi que sur les peines accessoires ou complémentaires ; l'interdiction des droits énumérés à l'article 131-26 du Code pénal est une sanction laissée par la loi, dans les cas qu'elle précise, à l'appréciation de la juridiction répressive et qui revêt le caractère d'une peine complémentaire (■ Cass. crim., 8 févr. 1995, n° 94-82.321 : *Bull. crim.* n° 58 ; *RSC* 1995, p. 606, obs. J.-P. Dintilhac). L'article 362 du Code de procédure pénale n'imposant la réunion de la majorité qualifiée de 8 voix au moins que pour le prononcé à l'encontre de l'accusé du maximum de la peine privative de liberté, le moyen qui prétend étendre cette obligation à la peine maximale d'interdiction de droits est, dès lors, infondé (■ Cass. crim., 1er févr. 1995, n° 94-83.257 : *Bull. crim.* n° 42).

b. Interdiction du territoire français. L'observation, par la cour d'assises, des dispositions de l'article 362 du Code de procédure pénale apportant la garantie qu'une telle décision est prise en considération de la gravité de l'infraction et de la situation personnelle et familiale du condamné, la délibération et le vote de la Cour et du jury sur cette peine complémentaire tiennent lieu de motivation spéciale (■ Cass. crim., 18 févr. 2004, n° 03-82.789 : *Bull. crim.* n° 46).

16) Confiscation. La confiscation étant une peine, elle doit être prononcée par la Cour et le jury réunis et doit, dès lors, figurer sur la feuille de questions (■ Cass. crim., 10 janv. 1996, n° 95-82.084 : *Bull. crim.* n° 11. ■ Cass. crim., 22 nov. 1989, n° 89-82.888 : *Bull. crim.* n° 439. ■ Cass. crim., 8 juin 1977, n° 76-93.504 : *Bull. crim.* n° 210). La mention dans la feuille de questions que « la Cour et le jury, après en avoir délibéré dans les conditions prévues par l'article 362 du Code de procédure pénale et avoir voté à la majorité requise par ce texte..., ordonnent, par délibération spéciale, la confiscation des choses qui ont servi ou étaient destinées à commettre les infractions » est suffisante pour identifier les objets dont la confiscation est ordonnée sans qu'il soit besoin de spécifier à qui ils appartiennent, le visa de l'article 362 impliquant, par ailleurs, qu'il a été voté sur ce point au scrutin secret et que le vote a été acquis à la majorité absolue (■ Cass. crim., 17 déc. 1997, n° 97-81.318 : *Bull. crim.* n° 431).

17) Période de sûreté. La période de sûreté constitue une modalité d'exécution de la peine et doit donc, conformément aux dispositions de l'article 362 du Code de procédure pénale, faire l'objet, comme la peine elle-même, d'un vote acquis à la majorité absolue (▪ Cass. crim., 8 juill. 1992, n° 91-86.820 : *Bull. crim.* n° 269. ▪ Cass. crim., 9 mai 1990, n° 89-86.470 : *Bull. crim.* n° 177. ▪ Cass. crim., 16 janv. 1985, n° 84-93.553 : *Bull. crim.* n° 29. ▪ Cass. crim., 10 déc. 1980, n° 80-92.358 : *Bull. crim.* n° 344). S'il résulte des énonciations de la feuille de questions que la cour et le jury, après en avoir délibéré dans les conditions prévues à l'article 362 du Code de procédure pénale et voté à la majorité absolue, ont condamné M. X... à la peine de trente ans de réclusion criminelle puis, par décision spéciale, fixé la durée de la période de sûreté à vingt ans ; en cet état, la Cour de cassation est en mesure de s'assurer que la période de sûreté a été régulièrement prononcée, sur le fondement de l'article 132-23 du Code pénal, faisant présumer que, pendant le délibéré, le président a complètement informé du sens et de la portée de cette disposition légale la cour et le jury, lesquels pouvaient l'être en outre par les parties durant les débats (▪ Cass. crim., 15 mars 2017, n° 16-81.776 : *Bull. crim.* n° 72).

D – Confusion

18) Compétence de la cour et du jury. Aux termes de l'article 362 du Code de procédure pénale, toutes les décisions concernant l'application de la peine sont prises par la Cour et le jury, après réponse affirmative sur la culpabilité. Seuls, dès lors, la Cour et le jury réunis ont qualité, après avoir statué sur la peine, pour décider que celle-ci se confondra, ou non, avec une peine prononcée antérieurement contre l'accusé (▪ Cass. crim., 13 févr. 1980, n° 79-91.574 : *Bull. crim.* n° 57).

19) Peines antérieures. Doit être cassé l'arrêt de la cour d'assises ordonnant que la peine qu'il prononce ne se confondra pas avec celles précédemment prononcées contre l'accusé sans indiquer ces condamnations antérieures (▪ Cass. crim., 19 oct. 1966, n° 66-91.034 : *Bull. crim.* n° 232).

20) Réduction au maximum légal. Selon les articles 132-2, 132-4 et 132-5 du Code pénal et 362 du Code de procédure pénale, lorsqu'à l'occasion de procédures séparées, la personne poursuivie a été reconnue coupable de plusieurs infractions en concours, les peines privatives de liberté successivement prononcées ne peuvent s'exécuter cumulativement que dans la limite du maximum légal le plus élevé ; lorsque la peine de trente ans de réclusion criminelle, encourue pour l'une des infractions en concours, n'a pas été prononcée, le maximum légal de la réclusion criminelle est fixé à vingt ans, en application de l'article 362 du Code de procédure pénale (▪ Cass. crim., 17 sept. 2008, n° 08-82.445 : *JurisData* n° 2008-045441 ; *Dr. pén.* 2009, chron. 3, n° 25, obs. V. Peltier). Cassation de l'arrêt qui a prononcé une peine de 28 ans de réclusion (▪ Cass. crim., 11 déc. 2019, n° 18-87.121).

III – MOTIVATION

21) Période de sûreté. La cour d'assises n'avait pas à prononcer de délibération particulière pour fixer la période de sûreté à la moitié de la peine. En effet, en application de l'article 132-23 du Code pénal, en l'absence de délibération particulière de la cour d'assises, la période de sûreté était, en l'espèce, fixée à cette durée, une délibération spéciale n'étant nécessaire que pour la réduire ou la porter aux deux-tiers de la peine. Aucune obligation de motiver la durée de la période de sûreté de plein droit ne résulte d'une disposition de la loi, ni des décisions du Conseil constitutionnel n° 2018-742 QPC du 26 octobre 2018 et n° 2019-770 QPC du 29 mars 2019 (▪ Cass. crim., 22 janv. 2020, n° 19-80.122, §§ 29 et 30 : *Bull. crim.* n° 26 ; *Dr. pén.* 2020, comm. 86, obs. A. Maron et M. Haas). Aucune disposition légale n'impose à la cour d'assises, dont les délibérations sont régies par le seul article 362 du Code de procédure pénale, de motiver la décision spéciale par laquelle elle porte aux deux tiers de la peine la durée de la période de sûreté assortissant celle-ci, en application de l'article 132-23 du Code pénal (▪ Cass. crim., 23 oct. 2013, n° 12-88.285, F-D : *JurisData* n° 2013-025861 ; *Dr. pén.* 2013, comm. 178, obs. Evelyne Bonis-Garçon). V. note sous art. 365-1, p. 821. Pour condamner M. I... à la réclusion criminelle à perpétuité assortie d'une période de sûreté de 22 ans, la cour d'assises se réfère à l'extrême gravité des faits, l'intéressé n'ayant pas hésité à tirer pour tuer alors qu'il aurait pu s'enfuir. Elle expose que l'intéressé, âgé de 35 ans lors des faits, condamné à de multiples reprises pour des faits de violences, de vols avec armes, d'extorsion, est en récidive. Elle ajoute que, dans un souci de justice et de protection de la société, la cour et le jury ont estimé indispensable de prononcer à son encontre la peine maximale et de fixer à son maximum la période de sûreté. La cour d'assises a exposé les principaux éléments qui l'ont convaincue dans le choix de la peine, conformément à la décision n° 2017-694 QPC du Conseil constitutionnel, en date du 2 mars 2018, qui n'impose pas que la feuille de motivation contienne une analyse de la personnalité de l'accusé et de sa situation matérielle, familiale et sociale, évoquées lors des débats (▪ Cass. crim., 22 avr. 2020., n° 19-84.253 : *Bull. crim.* n° 30 ; *Dr. pén.* 2020, comm. 120, obs. A. Maron et M. Haas).

22) Absence de risque d'arbitraire. En décidant du choix et du quantum de la peine prononcée dans les conditions définies à l'article 362 du Code de procédure pénale après avoir rappelé les dispositions des articles 130-1, 132-1 et 132-18 du Code pénal, la cour et le jury ont écarté tout risque d'arbitraire et n'ont pas méconnu l'article 6 de la Convention européenne de sauvegarde des droits de l'Homme et des libertés (■ Cass. crim., 24 mai 2018, n° 17-82.858).

Art. 363 ***(Mod., L. n° 92-1336, 16 déc. 1992).*** **– Si le fait retenu contre l'accusé ne tombe pas ou ne tombe plus sous l'application de la loi pénale, ou si l'accusé est déclaré non coupable, la cour d'assises prononce l'acquittement de celui-ci.**

Si l'accusé bénéficie d'une cause d'exemption de peine, la cour d'assises le déclare coupable et l'exempte de peine.

Conditions de l'acquittement. L'acquittement d'un accusé ne doit être prononcé que s'il a été déclaré non coupable sur tous les chefs d'accusation retenus contre lui par l'arrêt de renvoi (■ Cass. crim., 11 déc. 1985, n° 85-91.981 : *Bull. crim.* n° 401).

Art. 364. **– Mention des décisions prises est faite sur la feuille de questions, qui est signée séance tenante par le président et par le premier juré désigné par le sort ou, s'il ne peut signer, par celui désigné par la majorité des membres de la cour d'assises.**

1) Délibération unique sur la culpabilité et la peine. V. note sous art. 362, p. 814.

2) Formalités substantielles et d'ordre public. Les formalités prévues par les articles 362 et 364 du Code de procédure pénale sont substantielles et seules capables de conférer aux décisions prises le caractère d'authenticité et d'irrévocabilité fixé par la loi (■ Cass. crim., 18 nov. 1998, n° 98-80.695 : *Bull. crim.* n° 307). Elles sont d'ordre public (■ Cass. crim., 20 oct. 1993, n° 93-82.131 : *Bull. crim.* n° 300. ■ Cass. crim., 17 avr. 1985, n° 84-92.753 : *Bull. crim.* n° 146. ■ Cass. crim., 16 févr. 1983, n° 82-93.451 : *Bull. crim.* n° 60. ■ Cass. crim., 10 mars 1982, n° 81-90.737 : *Bull. crim.* n° 75. ■ Cass. crim., 15 juin 1976, n° 76-90.436 : *Bull. crim.* n° 214).

3) Mineurs. Les prescriptions de l'article 364 du Code de procédure pénale sont applicables à la cour d'assises des mineurs en vertu de l'article 20 de l'ordonnance modifiée du 2 février 1945 (■ Cass. crim., 22 oct. 1980, n° 80-91.230 : *Bull. crim.* n° 268).

4) Feuilles séparées. L'accusé ne saurait se faire un grief qu'aient été posées, tant pour lui-même que pour ses coaccusés, non demandeurs au pourvoi, des questions rédigées sur des feuilles séparées dont ni la teneur ni les réponses faites ne sont critiquées, dès lors que ce procédé n'est pas prohibé par l'article 364 du Code de procédure pénale (■ Cass. crim., 17 déc. 1997, n° 97-81.485 : *Bull. crim.* n° 432). En revanche, constitue une violation de cette disposition le fait, par le président, d'avoir consigné cette décision sur une feuille volante sur laquelle ne figure aucune signature (■ Cass. crim., 16 févr. 1983, n° 82-93.451 : *Bull. crim.* n° 60). Ladite feuille de questions étant composée de 6 feuilles volantes, le défaut d'approbation des quatre premières pages par le président et par le premier juré ne permet pas de s'assurer que les formalités prescrites par l'article 364 du Code de procédure pénale ont été, en fait, observées (■ Cass. crim., 9 juin 1982, n° 81-93.598 : *Bull. crim.* n° 155).

5) Mentions de la feuille de questions. L'article 364 du Code de procédure pénale exige seulement que mention des décisions sur l'application de la peine soit faite sur la feuille des questions (■ Cass. crim., 17 juin 1976, n° 76-90.888 : *Bull. crim.* n° 219), sans qu'il soit nécessaire de préciser que la cour d'assises a délibéré sur l'application de cette peine (■ Cass. crim., 20 févr. 1985, n° 84-94.750 : *Bull. crim.* n° 81. ■ Cass. crim., 7 déc. 1977, n° 77-91.674 : *Bull. crim.* n° 389) ou que ces décisions ont été prises à la majorité (■ Cass. crim., 1er juin 1994, n° 93-84.851 : *Bull. crim.* n° 220. ■ Cass. crim., 2 juill. 1984, n° 83-93.129 : *Bull. crim.* n° 250. ■ Cass. crim., 21 mars 1984, n° 83-94.108 : *Bull. crim.* n° 122. ■ Cass. crim., 1er févr. 1984, n° 83-92.069 : *Bull. crim.* n° 39. ■ Cass. crim., 24 janv. 1967, n° 66-93.109 : *Bull. crim.* n° 33. ■ Cass. crim., 28 nov. 1963, n° 63-92.667 : *Bull. crim.* n° 341. ■ Cass. crim., 28 nov. 1963, n° 63-92.667 : *Bull. crim.* n° 341. ■ Cass. crim., 23 déc. 1963, n° 63-92.128 : *Bull. crim.* n° 372. ■ Cass. crim., 28 nov. 1963, n° 63-92.667 : *Bull. crim.* n° 341) ou dans quelles conditions la majorité prescrite par l'article 362 du même code, quant à la détermination de la peine, avait été réunie (■ Cass. crim., 27 avr. 1976, n° 75-93.298 : *Bull. crim.* n° 126. ■ Cass. crim., 24 janv. 1967, n° 66-93.109 : *Bull. crim.* n° 33. ■ Cass. crim., 23 déc. 1963, n° 63-92.128 : *Bull. crim.* n° 372).

6) Rectification. Le président de la cour d'assises étant le seul rédacteur des questions à poser à la cour et au jury, les rectifications au texte de ces questions ne doivent être approuvées que par le président et non, à la fois, par le président et le premier juré (■ Cass. crim., 12 oct. 1967, n° 67-92.088 : *Bull. crim.* n° 247).

7) Concordance feuille de questions et arrêt de condamnation. Il résulte des articles 364 et 366 du Code de procédure pénale que le contenu de l'arrêt pénal de la cour d'assises doit être en concordance avec celui de la feuille de questions, qui mentionne les décisions prises par la cour et le jury au cours de leur délibération (■ Cass. crim., 27 janv. 2021, n° 20-80.586). Voir aussi notes sous article 362.

8) Secret du délibéré. Le procès-verbal des débats et la feuille de questions n'ayant pas à rendre compte de ce qui s'est passé durant le délibéré, lequel est essentiellement secret, l'omission, dans ces documents, de constatations de fait qu'ils n'ont pas pour objet de rapporter et pour lesquelles aucune demande de donné acte n'a été présentée, ne saurait entraîner une nullité (■ Cass. crim., 28 févr. 2001, n° 98-82.950. ■ Cass. crim., 10 janv. 1968, n° 67-92.368 : *Bull. crim.* n° 7. ■ Cass. crim., 8 févr. 1967, n° 66-92.907 : *Bull. crim.* n° 60).

9) Coaccusés. L'article 364 du Code de procédure pénale, lequel ne prévoit pas que mention doive être faite d'une délibération séparée pour chacun des accusés (■ Cass. crim., 6 mai 1975, n° 74-93.391 : *Bull. crim.* n° 116. ■ Cass. crim., 4 déc. 1974, n° 74-92.388 : *Bull. crim.* n° 362).

10) Date. Séance tenante. Les dispositions de l'article 364 du Code de procédure pénale n'exigent pas qu'il soit constaté, par une mention spéciale de la feuille de questions, que les signatures du président et du premier juré y ont été apposées séance tenante (■ Cass. ass. plén., 11 juin 2004, n° 98-82.323 : *Bull. ass. plén.* n° 1. ■ Cass. crim., 9 mars 1995, n° 94-82.674 : *Bull. crim.* n° 97. ■ Cass. crim., 9 janv. 1991, n° 90-82.258). Surcharge de la date sans approbation. L'article 364 du Code de procédure pénale qui règle la forme de la déclaration de la Cour et du jury n'exigeant pas qu'elle soit datée, la surcharge de la date sans approbation ne saurait donner ouverture à cassation. Les énonciations du procès-verbal des débats et de l'arrêt de condamnation suppléent à cette constatation (■ Cass. crim., 26 janv. 1966, n° 65-92.653 : *Bull. crim.* n° 22. ■ Cass. crim., 10 mars 1982, n° 81-90.737 : *Bull. crim.* n° 75).

11) Précision de la durée et de la nature de la peine. La feuille de questions doit, selon les prescriptions de l'article 364 du Code de procédure pénale, indiquer non seulement la durée de la peine, mais la nature de celle-ci (■ Cass. crim., 15 juin 1983, n° 82-93.468 : *Bull. crim.* n° 186).

12) Dépens. Si l'article 364 du Code de procédure pénale n'exige pas qu'il soit fait mention, sur la feuille de questions, de la condamnation aux frais, aucune nullité ne saurait résulter de ce qu'une telle mention y ait été portée, dès lors qu'il doit être statué, au cours de la délibération commune de la Cour et du jury, sur toutes les dispositions de l'arrêt de condamnation, et notamment sur les dépens et la contrainte par corps (■ Cass. crim., 8 juill. 1985, n° 85-90.450 : *Bull. crim.* n° 257. ■ Cass. crim., 4 juin 1975, n° 75-90.207 : *Bull. crim.* n° 144).

Art. 365. – Les réponses de la cour d'assises aux questions posées sont irrévocables.

1) Principe. Aux termes de l'article 365 du Code de procédure pénale, les réponses de la cour et du jury sont irrévocables et ne peuvent dès lors être remises en cause à l'aide d'arguments de fait qui échappent au contrôle de la Cour de cassation (■ Cass. crim., 6 févr. 1980, n° 79-91.831 : *Bull. crim.* n° 49. ■ Cass. crim., 18 mai 1977, n° 76-93.284 : *Bull. crim.* n° 179. ■ Cass. crim., 20 mai 1976, n° 76-90.666 : *Bull. crim.* n° 172. – V. encore ■ Cass. crim., 19 nov. 1980, n° 80-91.425 : *Bull. crim.* n° 308).

2) Coaccusé acquitté. Le moyen proposé par un accusé est irrecevable en ce qu'il tend à établir la culpabilité d'un coaccusé qui a été acquitté et, par là même, à faire revivre l'action publique éteinte à l'égard de celui-ci (■ Cass. crim., 8 déc. 1971, n° 71-92.184 : *Bull. crim.* n° 342).

Art. 365-1 *(Mod., L. n° 2019-222, 23 mars 2019)*. **– Le président ou l'un des magistrats assesseurs par lui désigné rédige la motivation de l'arrêt.**

En cas de condamnation, la motivation consiste dans l'énoncé des principaux éléments à charge qui, pour chacun des faits reprochés à l'accusé, ont convaincu la cour d'assises et qui ont été exposés au cours des délibérations menées par la cour et le jury en application de l'article 356, préalablement aux votes sur les questions. La motivation consiste également dans l'énoncé des principaux éléments ayant convaincu la cour d'assises dans le choix de la peine, au vu des éléments exposés au cours de la délibération prévue à l'article 362. L'application des dispositions du troisième alinéa de l'article 706-53-13 est également motivée. La motivation des peines complémentaires obligatoires, de la peine de confiscation du produit ou de l'objet de l'infraction ou des obligations particulières du « sursis probatoire » (1) **n'est pas nécessaire.**

(1) Jusqu'au 24 mars 2020, au présent alinéa les mots : « sursis probatoire » sont remplacés par les mots : « sursis avec mise à l'épreuve », L. n° 2019-222, 23 mars 2019, art. 109, XIV.

Lorsqu'en raison de la particulière complexité de l'affaire, liée au nombre des accusés ou des crimes qui leur sont reprochés, il n'est pas possible de rédiger immédiatement la feuille de motivation, celle-ci doit alors être rédigée, versée au dossier et déposée au greffe de la cour d'assises au plus tard dans un délai de trois jours à compter du prononcé de la décision.

Bibliographie : H. Dantras-Bioy, *« Qui peut motiver plus doit s'abstenir de le faire... » – Quelles perspectives pour la motivation du choix de la peine par les cours d'assises ? : Dr. pén.* 2017, étude 10. • M. Pariguet, *Les raisons de la peine -.* – À propos de l'arrêt CEDH, 10 janv. 2013, *V. c/ France : Dr. pén.* 2013, étude 6. • D. Zerouki-Cottin, *Réflexions pluridisciplinaires sur la motivation des peines par la Cour d'assises : RSC* 2018, p. 789. • A. Dadoun, *L'obligation constitutionnelle de motivation des peines : RSC* 2018, p. 805.

1) Refus de transmission d'une question prioritaire de constitutionnalité. D'une part, aux termes de la décision n° 2017-694 QPC en date du 2 mars 2018, le Conseil constitutionnel, saisi de questions identiques concernant les articles 362 et 365-1 du Code de procédure pénale, a déclaré contraires à la Constitution les dispositions de l'article 365-1 dudit code en ce qu'elles ne prévoient pas la motivation des peines prononcées par la cour d'assises, d'autre part, aucun changement de circonstances de droit ou de fait n'est intervenu postérieurement à cette décision qui, affectant la portée des dispositions législatives critiquées, en justifierait le réexamen (■ Cass. crim., 11 avr. 2018, n°s 17-84.956, 17-84.895 et 17-84.951).

I – LÉGALITÉ

2) Application de la loi dans le temps. Les dispositions de la loi du 10 août 2011, entrée en vigueur le 1er janvier 2012 et imposant, aux termes de l'article 365-1 du Code de procédure pénale, la motivation des arrêts d'assises, ne sauraient, s'agissant d'une loi de procédure, entraîner rétroactivement l'annulation d'une décision sur le fond régulièrement rendue avant son entrée en vigueur (■ Cass. crim., 6 févr. 2013, n° 11-87.657 : *Bull. crim.* n° 39).

3) Feuille de motivation non datée. Si la feuille de motivation, signée du président de la cour d'assises et du premier juré, n'est pas datée, aucune nullité n'est cependant encourue, dès lors qu'il n'est pas établi que cette absence de date ait eu pour effet de porter atteinte aux intérêts de l'accusé, notamment en ce qui concerne l'exercice de son droit de se pourvoir en cassation (■ Cass. crim., 18 nov. 2020, n° 19-87.637).

II – MOTIVATION

A – Décision sur la peine

4) Abrogation constitutionnelle. En n'imposant pas à la cour d'assises de motiver le choix de la peine, le législateur a méconnu les exigences tirées des articles 7, 8 et 9 de la Déclaration de 1789. Par suite, et sans qu'il soit besoin d'examiner les autres griefs, le deuxième alinéa de l'article 365-1 du Code de procédure pénale doit être déclaré contraire à la Constitution (■ Cons. const., 2 mars 2018, n° 2017-694 QPC : *Dr. pén.* 2019, chron. 3, n° 10 s, obs. E. Bonis ; *JCP* G 2018, 457, note H. Matsopoulou. D. Guérin, *La motivation des peines : Dr. pén.* 2018, étude 9 ; *Dr. pén.* 2018, comm. 72, obs. E. Bonis et comm. 68, obs. A. Maron et M. Haas ; *RSC* 2018, p. 981, obs. B. de Lamy). L'abrogation immédiate des dispositions contestées aurait pour effet de supprimer les modalités selon lesquelles, en cas de condamnation, la motivation d'un arrêt de cour d'assises doit être rédigée en ce qui concerne la culpabilité. Elle entraînerait ainsi des conséquences manifestement excessives. Par suite, afin de permettre au législateur de remédier à l'inconstitutionnalité constatée, il y a lieu de reporter au 1er mars 2019 la date de cette abrogation. Afin de faire cesser l'inconstitutionnalité constatée à compter de la publication de la présente décision, il y a lieu de juger, pour les arrêts de cour d'assises rendus à l'issue d'un procès ouvert après cette date, que les dispositions du deuxième alinéa de l'article 365-1 du Code de procédure pénale doivent être interprétées comme imposant également à la cour d'assises d'énoncer, dans la feuille de motivation, les principaux éléments l'ayant convaincue dans le choix de la peine (■ Cons. const., 2 mars 2018, préc.).

5) Position antérieure de la Cour de cassation. Selon l'article 365-1 du Code de procédure pénale, en cas de condamnation par la cour d'assises, la motivation consiste dans l'énoncé des principaux éléments à charge qui l'ont convaincue de la culpabilité de l'accusé ; en l'absence d'autre disposition légale le prévoyant, la cour et le jury ne doivent pas motiver le choix de la peine qu'ils prononcent dans les conditions définies à l'article 362 du Code susvisé (■ Cass. crim., 28 juin 2017, n° 16-85.904 : *Bull. crim.* n° 180. ■ Cass. crim., 11 mai 2017, n° 16-83.327 : *Bull. crim.* n° 136. ■ Cass. crim., 8 févr. 2017, n° 16-80.391 : *Bull. crim.* n° 41 ; ■ n° 16-80.389 : *Bull. crim.* n° 41. ■ n° 15-86.914 : *Bull. crim.* n° 41. ■ n° 16-81.242 : *Bull. crim.* n° 41 ; *Dr. pén.* 2017, comm. 63, comm. A. Maron et M. Haas ;

AJ Pénal 2017, 175, obs. E. Dreyer. V. aussi H. Dantras-Bioy, *Dr. pén.* 2017, étude 10). V. note sous art. 362, p. 814.

6) Position actuelle de la Cour de cassation.

a. Principe. Peine criminelle. Selon la décision n° 2017-694 QPC du 2 mars 2018 du Conseil constitutionnel, et notamment son considérant n° 13, en cas de condamnation prononcée après la publication de celle-ci, la cour d'assises doit énoncer les principaux éléments l'ayant convaincue dans le choix de la peine, au vu des éléments exposés au cours de la délibération sur la peine (▪ Cass. crim., 16 déc. 2020, n° 18-86.960). La cour d'assises a indiqué les principaux éléments l'ayant convaincue dans le choix de la peine, et a ainsi justifié sa décision, conformément à la décision du Conseil constitutionnel n° 2017-694 QPC du 2 mars 2018 (▪ Cass. crim., 17 juin 2020, n° 19-80.718. ▪ Cass. crim., 22 avr. 2020, n° 19-83.475. ▪ Cass. crim., 26 févr. 2020, n° 19-80.120. ▪ Cass. crim., 22 janv. 2020, n° 19-80.122, §§ 29 et 30 : *Bull. crim.* n° 26 ; *Dr. pén.* 2020, comm. 86, obs. A. Maron et M. Haas. ▪ Cass. crim., 8 janv. 2020, n° 18-84.614. ▪ Cass. crim., 19 juin 2019, n° 18-82.843. ▪ Cass. crim., 9 mai 2019, n° 18-84.876. ▪ Cass. crim., 27 mars 2019, n° 18-82.351 : *Dr. pén.* 2019, comm. 98, obs. É. Bonis. ▪ Cass. crim., 13 mars 2019, n° 18-84.368 QPC) et à l'article 365-1 du Code de procédure pénale (▪ Cass. crim., 27 nov. 2019, n° 18-84.858). La cour d'assises retient, au titre de sa motivation, quant aux infractions de complicité de tentative d'assassinat dont elle a déclaré MM. O... et G... N... coupables, « même motivation que la page précédente » ; la feuille de motivation renvoie ainsi aux principaux éléments à charge qui, pour les faits de complicité d'assassinat reprochés aux deux accusés, ont convaincu la cour d'assises de leur culpabilité ; les faits de tentative commis par le même auteur de l'assassinat l'ont été dans une même unité de temps et de lieu et avec la même arme ; en prononçant ainsi, la cour d'assises, qui n'était pas tenue de reproduire les mêmes éléments à charge, exposés au cours des délibérations, qui, pour ces seconds faits reprochés aux accusés, l'avaient convaincue, a justifié sa décision (▪ Cass. crim., 11 mars 2020, n° 19-80.539). La décision n° 2017-694 QPC du Conseil constitutionnel, en date du 2 mars 2018, n'impose pas que la feuille de motivation contienne une analyse de la personnalité de l'accusé et de sa situation matérielle, familiale et sociale, évoquées lors des débats (▪ Cass. crim., 22 avr. 2020, n° 19-84.253 : *Bull. crim.* n° 30 ; *Dr. pén.* 2020, comm. 120, obs. A. Maron et M. Haas). **Peine correctionnelle.** ▪ Cass. crim., 16 oct. 2019, n° 18-84.374 : *Bull. crim.* n° 49 ; *Dr. pén.* 2019, comm. 214, obs. V. Peltier). Sur la motivation, *Dr. pén.* 2020, chron. 3, n° 2, obs. E. Bonis.

b. Exemples de motivation admise.

• **Peine criminelle.** Pour faire application des dispositions de l'article 122-1, alinéa 2, du Code pénal et condamner M. U... à 30 ans de réclusion criminelle, l'arrêt relève que, s'agissant de l'état mental de l'accusé, ses actes posés après les faits ont davantage démontré son égocentrisme que son incohérence, que l'ensemble des développements et conclusions des expertises psychiatriques ont conduit la Cour et le jury à retenir une altération du discernement de l'accusé et une diminution de la peine ; la cour d'assises retient ensuite qu'une peine significative, compte tenu de l'extrême gravité des faits, doit être prononcée, assortie d'un suivi socio-judiciaire d'une durée également significative, notamment en raison des soins dont l'accusé devra bénéficier (▪ Cass. crim., 26 févr. 2020, n° 19-80.120). La feuille de motivation justifie la peine de réclusion criminelle prononcée en relevant le comportement froid et impassible de l'accusé après le départ de feu, sa personnalité paranoïaque et psychorigide, son peu d'introspection et de compassion, ainsi que par les conséquences irréversibles de l'incendie dans lequel une jeune femme a trouvé la mort et à l'occasion duquel trois autres victimes ont failli périr (▪ Cass. crim., 22 janv. 2020, n° 19-80.122, §§ 29 et 30 : *Bull. crim.* n° 26).

Pour condamner M. M... à la peine de 30 ans de réclusion criminelle, la cour d'assises, après avoir rappelé les faits dont elle l'a déclaré coupable, a retenu, d'une part, leur particulière gravité, s'agissant d'un double assassinat exécuté par un tir par arme à feu au niveau de la tête de chacune des victimes, d'autre part, la personnalité de l'accusé, non dénuée de dangerosité selon les experts consultés (▪ Cass. crim., 8 janv. 2020, n° 18-84.614).

Pour condamner M. X... à une peine de 20 ans de réclusion criminelle et 10 ans de suivi socio-judiciaire, la cour d'assises, après avoir rappelé la fonction de la peine, a évoqué le parcours personnel du demandeur ainsi que son casier judiciaire, examiné les conclusions des expertises psychiatrique et psychologique réalisées et notamment les préconisations aux fins de prise en charge psychologique de l'accusé et souligné la gravité des faits, commis en état de récidive légale (▪ Cass. crim., 19 juin 2019, n° 18-82.843). Pour condamner M. X... à une peine de 17 ans de réclusion criminelle, la cour d'assises, après avoir rappelé les faits de nature criminelle dont elle l'a déclaré coupable, a retenu, d'une part, leur particulière gravité, liée au jeune âge de la victime, à la nature des actes imposés pendant une longue période et à leur retentissement important sur l'état psychologique de la victime, d'autre part, la personnalité psychotique de l'accusé, dépourvue de toute empathie ou de simple capacité d'écoute des autres (▪ Cass. crim., 27 mars 2019, n° 18-82.351 : *Dr. pén.* 2019, comm. 98, obs. E. Bonis).

• **Peine correctionnelle.** M. W... a été condamné à la peine de 7 ans d'emprisonnement et à celle de 5 ans de suivi socio-judiciaire avec injonction de soins. Pour justifier ces peines, la cour d'assises a retenu, d'une part, la gravité des faits, s'agissant d'un viol, d'autre part, une personnalité marquée par une absence d'introspection (▪ Cass. crim., 16 oct. 2019, n° 18-84.374 : *Bull. crim.* n° 49 ; *Dr. pén.* 2019, comm. 214, obs. V. Peltier).

7) Application dans le temps de l'abrogation constitutionnelle. En énonçant, dans la feuille de motivation, les principaux éléments ayant convaincu la cour d'assises dans le choix de la peine, le président s'est conformé aux exigences formulées par la décision n° 2017-694 QPC du 2 mars 2018, du Conseil constitutionnel, qui énonce que, afin de faire cesser l'inconstitutionnalité constatée du deuxième alinéa de l'article 365-1 du Code de procédure pénale, il y a lieu, à compter de la publication de la décision, soit le 3 mars 2018, de juger, pour les arrêts de cour d'assises rendus à l'issue d'un procès ouvert après cette date, que les dispositions de ce texte doivent être interprétées comme imposant également à la cour d'assises d'énoncer, dans la feuille de motivation, les principaux éléments l'ayant convaincue dans le choix de la peine (▪ Cass. crim., 19 juin 2019, n° 18-84.629. ▪ Cass. crim., 9 mai 2019, n° 18-84.876).

Par décision du 2 mars 2018, le Conseil constitutionnel a déclaré contraire à la Constitution l'article 365-1, deuxième alinéa, du Code de procédure pénale ; cette décision a reporté au 1er mars 2019 la date de cette abrogation et dit que les arrêts de cour d'assises rendus en dernier ressort avant la publication de cette décision et ceux rendus à l'issue d'un procès ouvert avant la même date ne peuvent être contestés sur le fondement de cette inconstitutionnalité (▪ Cass. crim., 20 févr. 2019, n° 17-86.050. ▪ Cass. crim., 9 janv. 2019, n° 17-87.070. ▪ Cass. crim., 12 déc. 2018, n° 18-80.258. ▪ Cass. crim., 14 nov. 2018, n° 17-86.423. ▪ Cass. crim., 17 oct. 2018, n° 17-87.568. ▪ Cass. crim., 5 sept. 2018, nos 17-86.687, 17-83739 et 17-86.097. ▪ Cass. crim., 20 juin 2018, n° 17-82.237 : *Bull. crim.* n° 118, nos 17-83.767, 17-82.086, 17-84.895 et 17-83.717. ▪ Cass. crim., 24 mai 2018, n° 17-82.858 : *Dr. pén.* 2018, comm. 140, note V. Peltier. – Sur la question, V. *Dr. pén.* 2019, chron. 3, n° 10 s, obs. E. Bonis).

8) Convention de sauvegarde des droits de l'Homme et des libertés fondamentales. Il ne résulte d'aucune disposition de la Convention européenne des droits de l'Homme que la cour d'assises, après avoir statué sur la culpabilité, soit tenue de motiver la peine qu'elle prononce (▪ Cass. crim., 20 févr. 2019, n° 17-86.050. ▪ Cass. crim., 9 janv. 2019, n° 17-87.070. ▪ Cass. crim., 12 déc. 2018, n° 18-80.258. ▪ Cass. crim., 14 nov. 2018, n° 17-86.423. ▪ Cass. crim., 17 oct. 2018, n° 17-87.568 : *Dr. pén.* 2018, comm. 221, note E. Bonis. ▪ Cass. crim., 5 sept. 2018, nos 17-86.687, 17-83.739 et 17-86.097. ▪ Cass. crim., 20 juin 2018, n° 17-82.237 : *Bull. crim.* n° 118, nos 17-83.767, 17-82.086, 17-84.895 et 17-83.717. – Sur la question, V. *Dr. pén.* 2019, chron. 3, n° 10 s, obs. E. Bonis).

La requérante se plaint de ne pouvoir comprendre pourquoi elle a été condamnée plus sévèrement que son coaccusé en appel, contrairement au verdict rendu par la cour d'assises de première instance. La Cour estime cependant que si les questions ne comportent de référence « à aucune circonstance concrète et particulière qui aurait pu permettre à la requérante de comprendre le verdict de condamnation », il n'en va pas de même de l'ordonnance de mise en accusation. En effet, elle rappelle qu'il ressortait clairement de cette dernière que chacun des deux coaccusés soutenait une version des faits qui impliquait nécessairement la responsabilité principale ou exclusive de l'autre. La Cour retient que le juge d'instruction, dans son ordonnance de mise en accusation, a conclu que les éléments du dossier rendaient impossible la thèse de la requérante selon laquelle M. aurait agi seul. Partant, au vu de l'examen conjugué de l'acte d'accusation et des questions posées au jury, la requérante ne saurait prétendre ignorer la raison pour laquelle sa peine, prononcée en fonction des responsabilités respectives de chacun des coaccusés, a pu être successivement inférieure et supérieure à celle de son coaccusé. En conclusion, la Cour estime qu'en l'espèce la requérante a disposé de garanties suffisantes lui permettant de comprendre le verdict de condamnation qui a été prononcé à son encontre (▪ CEDH, 10 janv. 2013, n° 60995/09, *Voica c/ France* : *Dr. pén.* 2013, étude 6).

9) Période de sûreté. La cour et le jury ont spécialement voté sur la période de sûreté et qu'il a été joint à la feuille de questions la feuille de motivation prévue par l'article 365-1 du Code de procédure pénale ; que l'absence de motivation des peines prononcées par les cours d'assises, qui s'explique par l'exigence d'un vote, n'est contraire ni à l'article 6 de la Convention de sauvegarde des droits de l'Homme et des libertés fondamentales, ni aux articles 132-23 et 132-24 du Code pénal, ni au principe de personnalisation des peines (▪ Cass. crim., 18 févr. 2015, n° 14-82.487, D : *Juris-Data* n° 2015-005028 ; *Dr. pén.* 2015, comm. 62, obs. V. Peltier).

Aucune disposition légale n'impose à la cour d'assises, dont les délibérations sont régies par le seul article 362 du Code de procédure pénale, de motiver la décision spéciale par laquelle elle porte aux deux tiers de la peine la durée de la période de sûreté assortissant celle-ci, en application de l'article 132-23 du Code pénal (▪ Cass. crim., 23 oct. 2013, n° 12-88.285, F-D : *JurisData* n° 2013-025861 ; *Dr. pén.* 2013, comm. 178, obs. Evelyne Bonis-Garçon).

10) Privation de droits civils, civiques et politiques. La feuille de questions indique que la cour et le jury ont, par délibération spéciale, condamné C... à la privation des droits civiques, civils et de famille pendant 5 ans, sans mentionner de restriction ; que l'arrêt de condamnation énonce cette peine en précisant les droits dont C... est privé ; il n'en résulte aucune discordance entre la feuille de questions et l'arrêt de condamnation dès lors que celui-ci reprend, sans rien omettre, les cinq catégories de droits énumérées par l'article 131-26 du Code pénal (▪ Cass. crim., 5 sept. 2018, n° 17-82.287).

11) Confiscation. Selon l'article 365-1 du Code de procédure pénale, la motivation consiste, en cas de condamnation, dans l'énoncé des principaux éléments ayant convaincu la cour d'assises dans le choix de la peine, la motivation de la peinede la confiscation du produit ou de l'objet de l'infraction n'étant pas nécessaire. Si la cour d'assises n'a pas à préciser les raisons qui la conduisent à ordonner la confiscation du produit ou de l'objet de l'infraction, elle doit néanmoins énumérer les objets dont elle ordonne la confiscation et indiquer, pour chacun d'eux, s'ils constituent l'instrument, le produit ou l'objet de l'infraction, afin de mettre la Cour de cassation en mesure de s'assurer de la légalité de sa décision, et d'apprécier, le cas échéant, son caractère proportionné (▪ Cass. crim., 16 déc. 2020, n° 19-87.622 : *Bull. crim.* n° 18 ; *Dr. pén.* 2021, comm. 41, obs. E. Bonis).

12) Condamnations réhabilitées. Dès lors que la feuille de motivation ne se réfère pas à des condamnations réhabilitées parmi les éléments l'ayant convaincue lors de sa délibération sur la culpabilité de l'accusé et le choix de la peine, la cassation n'est pas encourue (▪ Cass. crim., 18 nov. 2020, n° 19-87.637).

B – Décision sur la culpabilité

13) Contrôle de la Cour de cassation.

a. Modalités. Les énonciations de la feuille de questions et celles de la feuille de motivation mettent la Cour de cassation en mesure de s'assurer que la cour d'assises, statuant en appel, a caractérisé les principaux éléments à charge, résultant des débats, qui l'ont convaincue de la culpabilité de l'accusé et justifié sa décision, conformément aux dispositions conventionnelles invoquées et à l'article 365-1 du Code de procédure pénale (▪ Cass. crim., 10 nov. 2021, n° 20-85.427. ▪ Cass. crim., 19 juin 2019, n° 18-82.843. ▪ Cass. crim., 9 mai 2019, n° 18-82.885 : *Bull. crim.* n° 90 ; *Dr. pén.* 2019, comm. 136, obs. A. Maron et M. Haas. ▪ Cass. crim., 24 mai 2018, n° 16-87.622 : *Bull. crim.* n° 100. ▪ Cass. crim., 20 févr. 2019, n° 17-83.045. ▪ Cass. crim., 20 févr. 2019, n° 17-86.050. ▪ Cass. crim., 15 mars 2017, n° 16-81.776 : *Bull. crim.* n° 72. ▪ Cass. crim., 3 nov. 2016, n° 15-87.038 : *Bull. crim.* n° 286 ; ▪ n° 15-84.339 : *Bull. crim.* n° 285. ▪ Cass. crim., 19 oct. 2016, n° 15-83.937 : *Bull. crim.* n° 272. ▪ Cass. crim., 2 mars 2016, n° 14-83.063 : *Bull. crim.* n° 65. ▪ Cass. crim., 16 déc. 2015, n° 14-87.234 : *Bull. crim.* n° 306. ▪ Cass. crim., 17 sept. 2014, n° 13-85.196. ▪ Cass. crim., 26 juin 2013, n° 12-82.366 : *Bull. crim.* n° 165). Aucune des énonciations ne précise sur quels éléments de violence, contrainte, menace ou surprise, requis par la loi, la cour a fondé sa conviction pour déclarer coupable l'accusé des chefs poursuivis, et ne fait état de ce qu'elle a retenu des actes de pénétration sexuelle justifiant les condamnations des chefs de viols (▪ Cass. crim., 16 févr. 2022, n° 21-80.235). La feuille de motivation relève l'existence de pénétrations sexuelles, sans discerner les années au cours desquelles elles ont été commises, et indique que la contrainte était caractérisée par l'emprise exercée sur une jeune fille de 13 ou 14 ans qui demeurait chez lui. 14. Si cette motivation caractérise en tous ses éléments le crime précité dont l'accusé a été reconnu coupable au titre de l'année 1994, l'emprise exercée sur une adolescente n'étant pas exclusive de la liberté de ses mouvements dont elle pouvait bénéficier chez l'accusé, la cour d'assises n'a pas exposé les principales raisons qui l'ont conduite à considérer que les faits commis sur la même victime en 1997 et 1998, l'avaient été avec violence, contrainte, menace ou surprise. 15. La cassation est, dès lors, encourue (▪ Cass. crim., 8 déc. 2021, n° 20-85.819). Il résulte de l'article 365-1 du Code de procédure pénale qu'en cas de condamnation, la motivation consiste dans l'énoncé des principaux éléments à charge, exposés au cours des délibérations, qui, pour chacun des faits reprochés à l'accusé, ont convaincu la cour d'assises ; la feuille de motivation de la condamnation de M. X... concernant les crimes de viol aggravé et de tentative de meurtre aggravé commis sur Mme Y..., énonce que, d'une part, l'accusé a reconnu être l'auteur des blessures occasionnées à cette personne vulnérable et, d'autre part, la nature de ces lésions et les déclarations de la victime, confirmées par des témoins, caractérisent la volonté homicide ayant animé l'auteur ; ne justifie pas sa décision la cour d'assises, qui n'a pas énoncé les principaux éléments à charge, exposés au cours des délibérations, qui l'ont convaincue de la culpabilité de l'accusé (▪ Cass. crim., 16 nov. 2016, n° 15-86.106 : *Bull. crim.* n° 298. ▪ Cass. crim., 20 nov. 2013, n° 12-86.630 : *Bull. crim.* n° 234 ; *Dr. pén.* 2014, comm. 13, obs. A. Maron et M. Haas ; *AJ Pénal* 2014, 81, obs. P. de Combles de Nayves). Les moyens, qui reviennent à remettre en question l'appréciation souveraine, par la cour et le jury, des faits et circonstances de la cause, ainsi que des éléments de preuve contradictoirement débattus, ne sauraient être admis (■ Cass. crim., 20 févr. 2019, n°s 17-83.045 et 17-86.050. ■ Cass. crim., 9 janv. 2019, n° 17-87.530). Lorsque les énonciations de la feuille de questions et celles de la feuille de motivation mettent la Cour de cassation en mesure de s'assurer que la cour d'assises, statuant en appel, a caractérisé les principaux éléments à charge, résultant des débats, qui l'ont convaincue de la culpabilité de l'accusé, et justifié sa décision, conformément aux articles 6 et 13 de la Convention européenne des droits de l'Homme et 365-1 du Code de procédure pénale, le moyen, qui se borne à remettre en question l'appréciation souveraine, par la cour et le jury, des faits et circonstances de la cause, ainsi que des éléments de preuve contradictoirement débattus, ne saurait être admis (■ Cass. crim., 9 janv. 2013, n° 12-81.626 : *Bull. crim.* n° 10 ; *D.* 2013, 1785, obs. Laurent ; *RSC* 2013, 405, obs. X. Salvat). Il résulte de ce texte qu'en cas de condamnation, la motivation consiste dans l'énoncé des principaux éléments à charge, exposés au cours des délibérations, qui, pour chacun des faits reprochés à l'accusé, ont convaincu la cour d'assises ; en prononçant ainsi, la cour d'assises, sans faire état d'une quelconque énonciation, quelle qu'en soit la nature, permettant de connaître les éléments de violence, contrainte, menace ou surprise, requis par la loi, sur lesquels elle a fondé sa conviction pour les faits ainsi concernés, n'a pas justifié sa décision (■ Cass. crim., 17 oct. 2018, n° 17-83.958, P+B : *JurisData* n° 2018-017996 ; *Procédures* 2018, comm. 376, n° 12, obs. A-S Chavent-Leclère). Pour condamner M. C... à la peine de vingt ans de réclusion criminelle la cour d'assises relève que la peine encourue est de trente ans de réclusion criminelle, que la cour et le jury ont estimé que le discernement de l'accusé n'était pas altéré, qu'il est accessible à une sanction pénale et réadaptable, qu'il est âgé de 67 ans et que son casier judiciaire ne porte mention d'aucune condamnation. Elle ajoute que sa dangerosité criminologique résulte de son absence totale d'empathie envers les victimes et leur famille et de ses déclarations à l'audience, selon lesquelles, dans une situation identique il recommencerait. En statuant ainsi, la cour d'assises, qui n'avait pas à justifier davantage la réponse négative apportée, par la cour et le jury, à la question posée, portant sur l'atténuation de la responsabilité pénale de l'accusé en raison de son état mental, a exposé les principaux éléments qui l'ont convaincue dans le choix de la peine, conformément aux dispositions de l'article 365-1 du Code de procédure pénale, dans sa rédaction issue de la loi n° 2019-222, du 23 mars 2019 (■ Cass. crim., 17 mars 2021, n° 20-80.099).

b. Imprécision de la formulation de la question. Les énonciations de la feuille de motivation permettent de pallier l'imprécision de la formulation d'une question posée à la cour et au jury (■ Cass. crim., 20 oct. 2021, n° 21-80.307 : publié au *Bull.* ; *Dr. pén.* 2021, comm. 213, obs. A. Maron et M. Haas).

c. Pas de reproduction nécessaire de la feuille de motivation dans l'arrêt de condamnation. Aucune disposition légale n'impose que les énonciations de la feuille de motivation, annexée à la feuille de questions en application de l'article 365-1 du Code de procédure pénale, soient reproduites dans l'arrêt de condamnation (■ Cass. crim., 20 févr. 2013, n°s 12-83.402 et 12-84.277 : *RSC* 2013, p. 405, obs. X. Salvat. ■ Cass. crim., 9 janv. 2013, n° 12-81.626). Aucune disposition légale n'impose ni n'interdit que les énonciations de la feuille de motivation, annexée à la feuille de questions en application de l'article 365-1 du Code de procédure pénale, soient reproduites dans l'arrêt de condamnation (■ Cass. crim., 19 juin 2019, n° 18-84.629).

14) Lecture de la motivation de la décision rendue en premier ressort. La lecture de la motivation de la décision rendue en premier ressort, qu'elle soit de culpabilité ou d'acquittement, imposée par l'article 327 du Code de procédure pénale au président de la cour d'assises, statuant en appel, ne porte atteinte ni au droit à un procès équitable ni aux droits de la défense de l'accusé, dès lors que ce magistrat doit indiquer les éléments à charge mais aussi à décharge résultant de la décision de mise en accusation et que la motivation retenue en première instance, faisant partie intégrante des débats, est soumise à la discussion contradictoire des parties (■ Cass. crim., 13 nov. 2014, n° 13-87.875 : *Bull. crim.* n° 238).

15) Signature de la feuille de motivation. La feuille de motivation annexée à la feuille de questions a été signée par le président et le premier juré ; elle répond ainsi en la forme aux exigences légales des articles 365-1 et suivants du Code de procédure pénale (■ Cass. crim., 26 juin 2013, n° 12-85.300 : *Bull. crim.* n° 166).

c. Acquittement partiel. Si l'article 365-1 du Code de procédure pénale prévoit la motivation de la déclaration de culpabilité mais non celle d'un acquittement partiel, le demandeur ne justifie d'aucun grief pouvant résulter du fait que la cour d'assises de Seine-et-Marne a motivé l'acquittement partiel dont il a bénéficié pour le meurtre de M. B. (■ Cass. crim., 20 juin 2018, n° 17-82.237 : *Bull. crim.* n° 118).

III – PROCÈS ÉQUITABLE

16) Droit interne. D'une part, si le président de la cour d'assises, statuant en appel, doit, en application de l'article 327 du Code de procédure pénale, donner connaissance de la motivation de la décision rendue en premier ressort, qu'elle soit de culpabilité ou d'acquittement, c'est après avoir indiqué les éléments à charge mais aussi à décharge résultant de la décision de mise en accusation ; d'autre part, la motivation retenue en première instance, faisant partie intégrante des débats, elle est soumise à la discussion contradictoire des parties, sans porter atteinte ni au droit à un procès équitable ni aux droits de la défense de l'accusé (▪ Cass. crim., 13 nov. 2014, n° 13-87.875 : *Bull. crim.* n° 238).

17) Droit européen.

a. Dispositif antérieur à l'introduction de l'article 365-1. En l'espèce, les questions subsidiaires ayant été déclarées sans objet, seulement deux questions ont été posées au jury : la première sur le fait d'avoir ou non volontairement donné la mort à A.R. et, la seconde, en cas de réponse positive, sur une éventuelle préméditation. La Cour ne peut que constater, dans les circonstances très complexes de l'espèce, que ces deux questions étaient non circonstanciées et laconiques. La Cour note en effet, d'une part, que le requérant avait été acquitté en première instance et, d'autre part, que les raisons et les modalités de la disparition d'A.R., y compris la thèse de l'assassinat, ne reposaient que sur des hypothèses, faute de preuves formelles, qu'il s'agisse par exemple de la découverte du corps ou d'éléments matériels établissant formellement les circonstances de lieu, de temps, ainsi que le mode opératoire de l'assassinat reproché au requérant. Partant, les questions ne comportaient de référence « à aucune circonstance concrète et particulière qui aurait pu permettre au requérant de comprendre le verdict de condamnation » (▪ CEDH, 10 janv. 2013, n° 61198/08, *Agnelet c/ France : JurisData* n° 2013-001832 ; *RSC* 2013, p. 109, note J. Danet ; *JCP* 2013, n° 855, obs. F. Sudre. V. aussi ▪ CEDH, 10 janv. 2013, n° 30010/10, *Fraumens c/ France : JurisData* n° 2013-001840. ▪ CEDH, 10 janv. 2013, n° 44446/10, *Oulahcene c/ France : JurisData* n° 2013-001846. ▪ CEDH, 10 janv. 2013, n° 60995/09, *Voica c/ France*. V. aussi ▪ CEDH, 16 nov. 2010, n° 926/05, *Taxquet c/ Belgique*).

b. Dispositif introduit par l'article 365-1. La Cour prend note de la réforme intervenue depuis l'époque des faits, avec l'adoption de la loi n° 2011-939 du 10 août 2011 qui a notamment inséré, dans le Code de procédure pénale, un nouvel article 365-1. Ce dernier prévoit dorénavant une motivation de l'arrêt rendu par une cour d'assises dans un document qui est appelé « feuille de motivation » et annexé à la feuille des questions. En cas de condamnation, la loi exige que la motivation reprenne les éléments qui ont été exposés pendant les délibérations et qui ont convaincu la cour d'assises pour chacun des faits reprochés à l'accusé. Aux yeux de la Cour, une telle réforme semble donc *a priori* susceptible de renforcer significativement les garanties contre l'arbitraire et de favoriser la compréhension de la condamnation par l'accusé, conformément aux exigences de l'article 6 § 1 de la Convention (▪ CEDH, 10 janv. 2013, n° 61198/08, *Agnelet c/ France : JurisData* n° 2013-001832. ▪ CEDH, 10 janv. 2013, n° 30010/10, *Fraumens c/ France : JurisData* n° 2013-001840. ▪ CEDH, 10 janv. 2013, n° 44446/10, *Oulahcene c/ France : JurisData* n° 2013-001846. ▪ CEDH, 10 janv. 2013, n° 60995/09, *Voica c/ France*. V. aussi ▪ CEDH, 16 nov. 2010, n° 926/05, *Taxquet c/ Belgique*).

Section II. – De la décision sur l'action publique

Bibliographie : H. Angevin, *Cour d'assises. – Jugement. – Décision sur l'action publique, 2001 : JCl. Proc. pén.*, Fasc. 20.

Art. 366 ***(Mod., L. n° 2011-525, 17 mai 2011 ; mod. à compter du 1er mars 2022, L. n° 2021-1729, 22 déc. 2021).*** **– La cour d'assises rentre ensuite dans la salle d'audience. Le président fait comparaître l'accusé, donne lecture des réponses faites aux questions, et prononce l'arrêt portant condamnation, absolution ou acquittement.**

Les textes de loi dont il est fait application sont lus à l'audience par le président ; il est fait mention de cette lecture dans l'arrêt.

La lecture des textes de loi et des réponses faites aux questions n'est pas obligatoire si l'accusé ou son défenseur y renonce.

1) Refus de transmission d'une question prioritaire de constitutionnalité. Il n'y a pas lieu de renvoyer au Conseil constitutionnel les dispositions de l'article 366 du Code de procédure pénale, en ce qu'elles n'imposent pas qu'il soit donné connaissance à l'accusé, lors du prononcé de l'arrêt de condamnation, des dispositions de l'article 132-23 du Code pénal portant application d'une peine de sûreté de plein droit en cas de condamnation à une peine privative de liberté, non assortie du sursis, dont la durée est égale ou supérieure à 10 ans, pour les infractions spécialement prévues par la loi et du droit d'en demander le relèvement car ce texte a pour seul objet de donner connaissance à l'accusé des réponses aux questions et de l'arrêt de condamnation ; il n'y a pas lieu, à ce stade, de donner une information complémentaire à l'accusé sur les modalités d'exécution de la peine, cette information étant nécessairement fournie ultérieurement par le juge de l'application des peines (▪ Cass. crim., 9 janv. 2019, n° 18-90.030).

2) Concordance feuille de questions et arrêt de condamnation. V. note sous art. 362, p. 814 et art. 364, p. 820.

3) Présence obligatoire de l'accusé. Tout accusé, y compris lorsqu'il comparaît libre, a l'obligation d'être présent lors du prononcé de l'arrêt pénal, dès lors qu'aux termes de l'article 366 du Code de procédure pénale, après la délibération de la Cour et du jury, le président fait comparaître l'accusé, donne lecture des réponses faites aux questions et prononce l'arrêt portant condamnation, absolution ou acquittement (▪ Cass. crim., 18 févr. 1998, n°s 97-81.336 et 97-81.483 : *Bull. crim.* n° 67).

4) Présence du ministère public. La présence du ministère public lors de la lecture des réponses aux questions se déduit de la mention de l'arrêt de condamnation constatant que ledit arrêt a été rendu en présence du représentant du ministère public (▪ Cass. crim., 15 mai 1985, n° 84-95.506 : *Bull. crim.* n° 186).

5) Présence de la partie civile. Le demandeur ne saurait se faire un grief de l'absence des parties civiles et de leurs avocats lors du prononcé de l'arrêt pénal de la cour d'assises dès lors que l'article 366, alinéa 1er, du Code de procédure pénale ne prévoit pas leur présence (▪ Cass. crim., 2 nov. 2017, n° 17-80.169 : *Bull. crim.* n° 243).

6) Audience publique. L'arrêt de condamnation doit mentionner qu'il a été prononcé en audience publique. Il peut toutefois être suppléé à l'omission de cette mention par les constatations du procès-verbal des débats (▪ Cass. crim., 14 juin 1989, n° 88-86.373 : *Bull. crim.* n° 257).

7) Acquittement. L'acquittement d'un accusé ne doit être prononcé que s'il a été déclaré non coupable sur tous les chefs d'accusation retenus contre lui par l'arrêt de renvoi (▪ Cass. crim., 11 déc. 1985, n° 85-91.981 : *Bull. crim.* n° 401).

8) Irrévocabilité de la décision. Les réponses de la Cour et du jury aux questions posées et leur décision commune sur la peine ne deviennent irrévocables qu'à compter de leur lecture en audience publique et du prononcé de l'arrêt conformément à l'article 366 du Code de procédure pénale (▪ Cass. crim., 9 déc. 1998, n° 97-84.375 : *Bull. crim.* n° 337 ; *Dr. pén.* 1999, chron. 16, note C. Marsat).

9) Date de l'arrêt. Les mentions de l'arrêt attaqué, selon lesquelles il a été rendu à telle date, suffisent à lui donner date certaine (▪ Cass. crim., 24 nov. 2004, n° 03-87.855 : *Bull. crim.* n° 296).

10) Sanction de l'omission de la formalité prescrite. L'article 366, alinéa 2, du Code de procédure pénale n'attache pas la sanction de la nullité à l'omission de la formalité qu'il prescrit (▪ Cass. crim., 21 mai 2003, n° 02-86.879 : *Bull. crim.* n° 105. ▪ Cass. crim., 8 févr. 1989, n° 88-83.590 : *Bull. crim.* n° 58).

11) Divergence entre le président et le greffier. En cas de divergence entre le président et le greffier sur la constatation au procès-verbal des débats d'un fait ou de l'accomplissement d'une formalité, c'est le témoignage du président qui doit prévaloir et qui fait foi jusqu'à inscription de faux (▪ Cass. crim., 14 juin 1989, n° 88-86.373 : *Bull. crim.* n° 257).

12) Juré supplémentaire. Le procès-verbal des débats mentionne que la cour, les jurés de jugement et le juré supplémentaire sont entrés dans la salle des délibérations puis qu'au moment du prononcé de la décision la cour et les jurés de jugement ont repris leur place, sans le juré supplémentaire. L'accusé ne peut se faire grief qu'il ait été ainsi procédé dès lors que, d'une part, le secret du délibéré étant absolu, il doit être présumé, en l'absence d'énonciation contraire, que le juré supplémentaire, admis à assister au délibéré sans y participer, en application des dispositions de l'article 296 du Code de procédure pénale, n'a exprimé aucune opinion et n'a pris part à aucun vote et, d'autre part, la cour d'assises était légalement constituée lors du prononcé de la décision, le juré supplémentaire n'ayant pas été amené, lors de cette phase ou antérieurement, à remplacer l'un des jurés de jugement (▪ Cass. crim., 7 août 2019, n° 18-84.368).

13) Omission de lecture. L'article 366, alinéa 2, du Code de procédure pénale ne sanctionne d'aucune nullité l'omission par le président de lire à l'audience les textes dont il a été fait application (▪ Cass. crim., 30 oct. 2019, n° 18-85.583).

Art. 367 ***(Mod., L. n° 2011-525, 17 mai 2011 ; mod. à compter du 1er mars 2022, L. n° 2021-1729, 22 déc. 2021).*** **– Si l'accusé est exempté de peine ou acquitté, s'il est condamné à une peine autre qu'une peine ferme privative de liberté, ou s'il est condamné à une peine ferme privative de liberté couverte par la détention provisoire, il est mis immédiatement en liberté s'il n'est retenu pour autre cause.**

Dans les autres cas, tant que l'arrêt n'est pas définitif et, le cas, si l'accusé est condamné à une peine de réclusion criminelle échéant, pendant l'instance d'appel, l'arrêt de la cour d'assises vaut titre de détention jusqu'à ce que la durée de détention ait atteint celle de la peine prononcée, sans préjudice pour l'accusé de son droit à demander sa mise en liberté conformément aux dispositions des articles 148-1 et 148-2. Lorsque l'accusé n'est pas détenu au moment où l'arrêt est rendu et qu'il est condamné à une peine d'emprisonnement, la cour peut, par décision spéciale et motivée, décider de décerner mandat de dépôt, à effet immédiat ou différé, si les éléments de l'espèce justifient une mesure particulière de sûreté.

La cour peut, par décision spéciale et motivée, décider de décerner mandat de dépôt contre la personne renvoyée pour délit connexe qui n'est pas détenue au moment où l'arrêt est rendu, si la peine prononcée est supérieure ou égale à un an d'emprisonnement et si les éléments de l'espèce justifient une mesure particulière de sûreté. Si la peine prononcée est supérieure à six mois, la cour peut également prononcer un mandat de dépôt à effet différé.

Les sanctions pénales prononcées en application des articles 131-6 à 131-11 du Code pénal peuvent être déclarées exécutoires par provision.

1) **Refus de transmission d'une question prioritaire de constitutionnalité.** La question posée ne présente pas un caractère sérieux, dès lors que la détention, prévue par la disposition contestée, jusqu'à la comparution de l'accusé devant la cour d'assises statuant en appel repose sur l'arrêt de condamnation rendu en première instance, dans les limites de la peine prononcée, après imputation de la durée de la détention provisoire effectuée (■ Cass. crim., 1er déc. 2020, n° 20-85.036). La question posée ne présente pas un caractère sérieux, dès lors que l'accusé détenu peut, à tout moment, solliciter sa remise en liberté, la chambre de l'instruction devant statuer dans un délai de 2 mois et veiller, sous le contrôle de la Cour de cassation, à ce que la détention de l'accusé n'excède pas un délai raisonnable, même dans les cas où l'article 380-3-1 du Code de procédure pénale, prévoyant un délai maximum pour l'audiencement de l'affaire en appel, ne s'applique pas en raison de la date de l'appel (■ Cass. crim., 1er déc. 2020, n° 20-85.036. ■ Cass. crim., 10 déc. 2019, n° 19-86.175).

La détention prévue par les alinéas 2 et 3 de l'article 367 du Code de procédure pénale jusqu'à la comparution de l'accusé devant la cour d'assises statuant en appel repose sur l'arrêt de condamnation rendu en première instance, dans les limites de la peine prononcée, après imputation de la durée de la détention provisoire effectuée ; en outre, l'accusé détenu peut à tout moment solliciter sa remise en liberté, la chambre de l'instruction devant statuer dans un délai de deux mois et veiller, sous le contrôle de la Cour de cassation, à ce que la détention de l'accusé n'excède pas un délai raisonnable ; en second lieu, l'accusé, qui, même pour délit connexe, comparaît devant une cour d'assises et bénéficie des garanties propres à la procédure devant cette juridiction, n'est pas placé dans une situation identique à celle du prévenu ; en outre, l'accusé qui comparaît détenu devant la cour d'assises pour crime et délit connexe, et qui n'est déclaré coupable que des faits délictuels, n'est pas dans une situation identique à celle de l'accusé jugé pour délit connexe uniquement, dès lors qu'aussi longtemps que l'arrêt de condamnation n'a pas acquis un caractère définitif, il peut avoir de nouveau à répondre de faits criminels ; si, en application des dispositions contestées, l'arrêt de condamnation prononcé par la cour d'assises peut valoir titre de détention à l'égard d'un accusé déclaré coupable d'un délit et condamné à une peine d'emprisonnement sans sursis, l'article 148-1 du Code de procédure pénale permet en tout état de cause à l'accusé de déposer à tout moment une demande de mise en liberté, sur laquelle la juridiction saisie doit statuer par une décision spécialement motivée (■ Cass. crim., 29 mars 2017, n° 17-90.001).

2) **Acquittement et contrôle judiciaire.** En application de l'article 367, alinéa 1er, du Code de procédure pénale, l'accusé acquitté est immédiatement remis en liberté et il n'est pas prévu que, dans l'hypothèse d'un appel du ministère public, la personne ayant bénéficié de la décision d'acquittement puisse être placée sous contrôle judiciaire (■ Cass. crim., 29 sept. 2004, n° 04-84.496 : *Bull. crim.* n° 227).

3) **Demande de mise en liberté.** Un condamné n'est pas recevable à invoquer la nullité du mandat d'arrêt en exécution duquel il a été placé en détention dès lors que la cour d'assises l'a condamné et que, par application de l'article 367 du Code de procédure pénale, cette décision constitue un nouveau titre de détention (■ Cass. crim., 11 juin 2013, n° 13-81.991 : *Bull. crim.* n° 132).

4) **Mandat de dépôt.**

a. **Régularité du mandat de dépôt.** Selon l'article 367, alinéa 2 du Code de procédure pénale, lorsqu'il comparaît libre, l'accusé ne peut être placé en détention que si la cour, délibérant seule à l'issue du vote sur la peine, décerne mandat de dépôt à son encontre. Ne constitue pas un titre de détention régulier le mandat de dépôt signé par le président qui ne se réfère qu'aux décisions prises par la cour d'assises alors qu'il ne résulte d'aucune autre pièce de procédure qu'à l'issue du vote sur la peine, la cour délibérant sans l'assistance du jury a décerné mandat de dépôt (▪ Cass. crim., 7 mai 2008, n° 08-81.261 : *Bull. crim.* n° 108 ; *Dr. pén.* 2008, comm. 104, obs. A. Maron et M. Haas ; *AJ Pénal* 2008, 330, obs. J. Lasserre Capdeville).

b. Condamné comparaissant libre. Lorsqu'il comparaît libre, l'accusé ne peut être placé en détention que si la Cour décerne mandat de dépôt à son encontre (▪ Cass. crim., 21 juill. 2005, n° 05-83.441 : *Bull. crim.* n° 207).

c. Durée. Il résulte des dispositions de l'article 367, alinéa 2, du Code de procédure pénale que le mandat de dépôt criminel continue de produire ses effets jusqu'à ce que la durée de détention ait atteint celle de la peine prononcée (▪ Cass. crim., 3 mai 2011, n° 11-80.879 : *Bull. crim.* n° 87. – Rapp. ▪ Cass. crim., 25 avr. 2001, n° 01-81.154 : *Bull. crim.* n° 101. ▪ Cass. crim., 20 juin 2001, n° 01-82.548 : *Bull. crim.* n° 153. ▪ Cass. crim., 21 juill. 2005, n° 05-83.441 : *Bull. crim.* n° 207).

5) Commission de réexamen. Lorsque la Commission de réexamen ordonne la suspension de l'exécution d'une condamnation prononcée par une cour d'assises en même temps que le renvoi de l'affaire devant une autre juridiction de même ordre et de même degré, cette décision est sans effet sur la mise à exécution de l'ordonnance de prise de corps qui peut résulter, en application de l'article 367 du code précité, de la condamnation prononcée par la cour d'assises devant laquelle l'affaire est renvoyée (▪ Cass. crim., 29 sept. 2004, n° 04-84.506 : *Bull. crim.* n° 229).

6) Délai raisonnable. L'accusé, appelant d'un arrêt de cour d'assises le condamnant à douze ans de réclusion criminelle, ne peut, dans l'attente de la décision de la cour d'assises d'appel, bénéficier des dispositions de l'article 5, § 3 de la Convention européenne des droits de l'Homme, qui ne concernent que les personnes détenues avant jugement (▪ Cass. crim., 17 oct. 2012, n° 12-85.139 : *Bull. crim.* n° 219. ▪ Cass. crim., 7 mars 2012, n° 11-88.739 : *Bull. crim.* n° 63. ▪ Cass. crim., 15 mai 2002, n°s 02-81.644 et 02-81.645 : *Bull. crim.* n° 114).

7) Droit à la sûreté. La personne condamnée par la cour d'assises à une peine d'emprisonnement non couverte par la détention provisoire doit être considérée, jusqu'à ce que la durée de sa détention ait atteint celle de la peine prononcée, comme détenue régulièrement après condamnation par un tribunal compétent, au sens de l'article 5, § 1, *a*, de la Convention européenne des droits de l'homme. Dès lors, sa situation n'entre pas dans les prévisions de l'article 5, § 1, *c*, de cette Convention. Il en résulte que les décisions prises à son égard sur le fondement des articles 148-1 et 148-2 précités n'ont pas à être motivées par référence aux indices ou aux charges relevés contre elle, qui ont été appréciés par la cour d'assises (▪ Cass. crim., 14 avr. 2021, n° 21-80.865 : *Bull. crim.* n° 23).

Art. 368. – **Aucune personne acquittée légalement ne peut plus être reprise ou accusée à raison des mêmes faits, même sous une qualification différente.**

1) Juridiction de renvoi. Aux termes de l'article 368 du Code de procédure pénale, toute personne légalement acquittée ne peut plus être reprise ni accusée à raison des mêmes faits si bien que lorsque la poursuite comporte des chefs d'accusation multiples, les réponses négatives de la Cour et du jury aux questions portant sur un chef d'accusation sont acquises à l'accusé, et ce chef d'accusation ne peut, après cassation de l'arrêt de condamnation, être repris devant la cour d'assises de renvoi (▪ Cass. crim., 1er avr. 1998, n° 97-83.994 : *Bull. crim.* n° 123 ; *Dr. pén.* 1998, comm. 158, obs. A. Maron. ▪ Cass. crim., 5 févr. 1992, n° 92-80.125 : *Bull. crim.* n° 52).

2) Circonstances aggravantes. Lorsqu'un chef d'accusation comporte une circonstance aggravante, la réponse négative donnée, en première instance, par la Cour et le jury relativement à cette circonstance, laquelle ne peut être détachée du fait principal, ne demeure pas acquise à l'accusé qui comparaît en appel (▪ Cass. crim., 11 sept. 2002, n° 01-85.435 : *Bull. crim.* n° 162).

Art. 369. – **Lorsque dans le cours des débats des charges sont relevées contre l'accusé à raison d'autres faits, et lorsque le ministère public a fait des réserves aux fins de poursuites, le président ordonne que l'accusé acquitté soit, par la force publique, conduit sans délai devant le procureur de la République du siège de la cour d'assises qui doit immédiatement requérir l'ouverture d'une information.**

Art. 370 *(Mod., L. n° 2000-516, 15 juin 2000).* – **Après avoir prononcé l'arrêt, le président avertit, s'il y a lieu, l'accusé de la faculté qui lui est accordée, selon les cas, d'interjeter appel ou de se pourvoir en cassation et lui fait connaître le délai d'appel ou de pourvoi.**

1) Protocole n° 7 additionnel à la Convention de sauvegarde des droits de l'Homme et des libertés fondamentales. Si l'article 2.1 du protocole n° 7 à la Convention européenne des droits de l'Homme reconnaît à toute personne déclarée coupable d'une infraction pénale le droit de faire examiner par une juridiction supérieure la déclaration de culpabilité ou la condamnation, les réserves formulées par la France, lors de la ratification dudit protocole, prévoient que l'examen de la décision de condamnation par une juridiction supérieure peut se limiter à un contrôle de l'application de la loi, tel que le recours en cassation (■ Cass. crim., 23 juin 1999, n°s 98-80.561, 98-80.571 et 98-80.573 : *Bull. crim.* n° 147).

2) Arrêt civil. Aucun texte de loi ne fait obligation au président de donner, après la lecture de l'arrêt civil, l'avertissement prévu par l'article 370 du Code de procédure pénale, lequel ne concerne que la décision sur l'action publique (■ Cass. crim., 8 févr. 1989, n° 88-83.590 : *Bull. crim.* n° 58).

3) Pourvoi en cassation. Les dispositions de l'article 370 du Code de procédure pénale relatives à l'avertissement donné au condamné concernant le pourvoi en cassation et le délai de ce pourvoi ne sont pas prescrites à peine de nullité (■ Cass. crim., 3 juill. 1973, n° 73-90.855 : *Bull. crim.* n° 312).

Section III. – De la décision sur l'action civile

Bibliographie : H. Angevin, *Cour d'assises. - Décision sur l'action civile. - Restitutions. - Retrait de l'autorité parentale : JCl. Proc. pén.* 2002, Fasc. 20.

Art. 371. – Après que la cour d'assises s'est prononcée sur l'action publique, la cour, sans l'assistance du jury, statue sur les demandes en dommages-intérêts formées soit par la partie civile contre l'accusé, soit par l'accusé acquitté contre la partie civile, après que les parties et le ministère public ont été entendus.

La cour peut commettre l'un de ses membres pour entendre les parties, prendre connaissance des pièces et faire son rapport à l'audience, où les parties peuvent encore présenter leurs observations et où le ministère public est ensuite entendu.

1) Compétence de la seule cour. Aux termes de l'article 371, après que la cour d'assises s'est prononcée sur l'action publique, la Cour, sans l'assistance du jury, statue sur les demandes en dommages-intérêts faites soit par la partie civile contre l'accusé, soit par l'accusé acquitté contre la partie civile, après que les parties et le ministère public ont été entendus. Doit être cassé l'arrêt qui mentionne qu'ont siégé le président, les deux assesseurs et les douze jurés de jugement (■ Cass. crim., 3 mars 2021, n° 20-81.047. ■ Cass. crim., 23 oct. 2002, n° 02-81.966 : *Bull. crim.* n° 194). Doit être cassé l'arrêt qui constate que la Cour et le jury ont statué ensemble sur la demande en dommages-intérêts de la partie civile contre l'accusé condamné (■ Cass. crim., 26 juill. 1966, n° 66-90.792 : *Bull. crim.* n° 213). Cassation de l'arrêt civil qui mentionne qu'ont siégé la présidente, les deux assesseurs et le jury (■ Cass. crim., 22 avr. 2020, n° 19-84.713).

2) Citation lors d'une audience ultérieure. Après que la cour d'assises s'est prononcée sur l'action publique, la Cour, sans l'assistance du jury, statue sur les demandes en dommages-intérêts formées par la partie civile contre l'accusé qui doivent être présentées à l'issue de l'audience pénale : doit être cassé l'arrêt qui déclare recevable l'action formée par la partie civile contre l'accusé acquitté en invoquant une faute civile distincte lors d'une session ultérieure de la cour d'assises en l'absence de conclusions déposées lors de l'audience initiale ou de demande expresse de renvoi ou de sursis à statuer (■ Cass. crim., 29 mars 2006, n° 05-84.446 : *Bull. crim.* n° 98).

3) Formalité substantielle. Selon l'article 371 du Code de procédure pénale, après que la cour d'assises s'est prononcée sur l'action publique, la cour, sans l'assistance du jury, statue sur les demandes en dommages-intérêts formées par la partie civile contre l'accusé, après que les parties et le ministère public ont été entendus ; il ne résulte d'aucune mention de l'arrêt civil que l'accusé ou son avocat, ainsi que le ministère public, aient été entendus en leurs observations, conclusions ou moyens de défense ; il s'ensuit que le principe ci-dessus rappelé a été méconnu et que la violation de cette formalité substantielle, qui porte atteinte aux droits de la défense, entraîne la nullité de l'arrêt civil (■ Cass. crim., 23 mai 2012, n° 11-80.742 : *Bull. crim.* n° 133. ■ Cass. crim., 23 oct. 2002, n° 02-81.966 : *Bull. crim.* n° 194. ■ Cass. crim., 13 sept. 2000, n° 00-80.922 : *Bull. crim.* n° 269. ■ Cass. crim., 25 mars 1998, n° 97-83.519 : *Bull. crim.* n° 110). Après avoir condamné le mineur à verser des dommages-intérêts aux deux parties civiles en réparation des préjudices subis, la cour a déclaré ses parents civilement responsables ; mais il ne résulte d'aucune mention de l'arrêt civil que les parents, présents à l'audience et non assistés d'un avocat, ont été entendus par la cour ; il s'ensuit que le principe ci-dessus rappelé a été méconnu et que la violation de cette formalité substantielle, qui porte atteinte aux droits de la défense, entraîne la nullité de l'arrêt civil (▪ Cass. crim., 4 sept. 2019, n° 18-83.038).

4) **Réparation du préjudice de la victime après acquittement.** Dès lors qu'il ne résulte ni du procès-verbal des débats ni de conclusions déposées par la partie civile que celle-ci ait demandé, après le prononcé de l'arrêt d'acquittement, que la cour d'assises statue sur la réparation du dommage résultant pour elle de la faute de l'accusé, telle qu'elle résulte des faits, objet de l'accusation, la cour d'assises n'était pas tenue de le faire d'office (▪ Cass. crim., 23 juin 2004, n° 03-86.082 : *Bull. crim.* n° 170).

5) **Observations des parties.** Si l'article 371 du Code de procédure pénale dispose que la cour d'assises statue sur les demandes en dommages-intérêts formées par la partie civile contre l'accusé après que les parties et le ministère public ont été entendus, aucune disposition de la loi n'interdit que les parties au procès civil fassent présenter leurs observations et leurs moyens de défense par leurs conseils (▪ Cass. crim., 16 janv. 1969, n° 68-90.109 : *Bull. crim.* n° 33).

6) **Faute personnelle d'un fonctionnaire de police.** Pour se déclarer incompétente pour connaître des demandes de réparation des parties civiles à l'encontre de M. Y... sur le fondement de l'article 371 du Code de procédure pénale, la cour d'assises retient notamment que l'infraction pénale pour laquelle l'accusé a été reconnu coupable, commise par lui alors qu'il agissait en tant que fonctionnaire de police dans le cadre de sa mission et avec son arme de service, ne constitue pas, en dépit de sa gravité, une faute personnelle ; mais en prononçant ainsi, sans rechercher si les faits de violences volontaires ayant entraîné la mort sans intention de la donner commis par le policier avec son arme de service ne constituaient pas un manquement volontaire et inexcusable à des obligations d'ordre professionnel et déontologique, la cour d'assises n'a pas justifié sa décision (▪ Cass. crim., 11 sept. 2018, n° 17-82.272).

7) **Demande non formulée par la partie civile.** Pour réparer les préjudices résultant des infractions dont ils sont saisis, les juges doivent statuer dans la limite des demandes dont ils sont saisis par les parties civiles ; en conséquence, il ne peut être fait droit à une demande de solidarité sollicitée par l'un des condamnés, mais non sollicitée par les parties civiles (▪ Cass. crim., 30 oct. 2019, n° 18-82.920 : *Bull. crim.* n° 6). Pour réparer les préjudices résultant des infractions dont ils sont saisis, les juges doivent statuer dans la limite des demandes des parties civiles, et ne peuvent condamner un accusé à verser une indemnité à une partie civile qui n'a pas sollicité sa condamnation ou qui n'est pas victime des faits dont il est reconnu coupable (▪ Cass. crim., 14 oct. 2020, n° 19-86.931).

Art. 371-1 ***(Créé à compter du 1er juin 2019, L. n° 2019-222, 23 mars 2019).*** **– Elle peut également, après avoir recueilli les observations des parties, renvoyer cette décision à une audience ultérieure dont elle fixe la date. Ce renvoi est de droit à la demande des parties civiles.**

L'audience sur les intérêts civils a lieu au tribunal judiciaire dans le ressort duquel se sont tenues les assises. Sauf si la partie civile ou l'accusé a sollicité lors du renvoi le bénéfice de la collégialité, le président de la cour d'assises statue seul et peut prendre les décisions prévues à la présente section.

L'audience est publique. La présence du ministère public n'est pas obligatoire.

Art. 372 ***(Mod., L. n° 92-1336, 16 déc. 1992).*** **– La partie civile, dans le cas d'acquittement comme dans celui d'exemption de peine, peut demander réparation du dommage résultant de la faute de l'accusé, telle qu'elle résulte des faits qui sont l'objet de l'accusation.**

I – CONDITION DE LA RÉPARATION DU PRÉJUDICE

1) **Faute civile distincte.** La cour d'assises doit, après l'acquittement de l'accusé et sur les conclusions de la partie civile, rechercher si, en raison du fait poursuivi, dégagé de tout caractère criminel, l'accusé a commis une faute, distincte de la culpabilité sur laquelle il a été statué (▪ Cass. crim., 4 nov. 1982, n° 81-94.590 : *Bull. crim.* n° 239. ▪ Cass. crim., 14 janv. 1981, n° 80-91.461 : *Bull. crim.* n° 24). Doit en conséquence être annulé l'arrêt qui rejette une demande de dommages-intérêts sans s'expliquer sur la faute précise imputée par la partie civile à l'accusé acquitté (▪ Cass. crim., 3 févr. 1976, n° 75-91.965 : *Bull. crim.* n° 42).

2) **Faits objets de l'accusation.** La cour d'assises peut, après l'acquittement de l'accusé, le condamner à des dommages-intérêts, pourvu que sa décision soit fondée sur les faits qui ont été l'objet

de l'accusation, qu'elle puisse concilier avec la déclaration de non-culpabilité et qu'elle précise la faute, distincte du crime définitivement écarté, qui sert de base à la condamnation (▪ Cass. crim., 29 févr. 2000, n° 97-86.706 : *Bull. crim.* n° 90. ▪ Cass. crim., 11 mars 1987, n° 83-94.993 : *Bull. crim.* n° 121. ▪ Cass. crim., 28 avr. 1971, n° 72-93.374 : *Bull. crim.* n° 125), sans toutefois faire revivre le crime définitivement écarté par le verdict négatif de la Cour et du jury (▪ Cass. crim., 19 févr. 1986, n° 85-92.787 : *Bull. crim.* n° 67. ▪ Cass. crim., 19 févr. 1986, n° 85-92.787 : *Bull. crim.* n° 67. ▪ Cass. crim., 26 févr. 1969, n° 68-91.352 : *Bull. crim.* n° 97). Il ne résulte pas des énonciations de l'arrêt attaqué que le préjudice dont serait due réparation ait pris naissance dans les faits, objet de l'accusation, constitutifs d'une faute civile distincte des infractions définitivement écartées (▪ Cass. crim., 29 févr. 2000, n° 97-86.706 : *Bull. crim.* n° 90). Dès lors que la partie civile n'invoque contre l'accusé aucune faute précise se rattachant à l'accusation mais distincte du crime définitivement écarté par le verdict négatif, justifie sa décision la cour d'assises qui, pour débouter ladite partie civile de sa demande de dommages-intérêts, relève que la preuve d'une telle faute n'est pas rapportée (▪ Cass. crim., 4 nov. 1982, n° 81-94.590 : *Bull. crim.* n° 239). Il ne résulte ni du procès-verbal des débats ni des conclusions déposées par la partie civile que celle-ci ait demandé, après le prononcé de l'arrêt d'acquittement, que la cour d'assises statue sur la réparation du dommage résultant pour elle de la faute de l'accusé, telle qu'elle résulte des faits, objet de l'accusation ; en s'abstenant de se prononcer sur ce point, la cour d'assises, qui n'était pas tenue de le faire d'office, n'encourt pas le grief allégué (▪ Cass. crim., 23 juin 2004, n° 03-86.082 : *Bull. crim.* n° 170).

3) Fait dommageable. Un verdict négatif ne met pas obstacle à ce que la cour d'assises examine si le fait poursuivi, dépouillé des circonstances qui lui imprimaient le caractère d'un crime, n'en est pas moins dommageable et de nature à engager, en cas de faute constatée à la charge de l'accusé, la responsabilité civile de celui-ci (▪ Cass. crim., 23 oct. 1993, n° 93-80.338 : *Bull. crim.* n° 298. ▪ Cass. crim., 7 oct. 1987, n° 87-80.526 : *Bull. crim.* n° 341. ▪ Cass. crim., 11 janv. 1984, n° 83-91.968 : *Bull. crim.* n° 17. ▪ Cass. crim., 15 déc. 1982, n° 81-94.352 : *Bull. crim.* n° 293. ▪ Cass. crim., 4 févr. 1973, n° 72-93.374 : *Bull. crim.* n° 174).

II – MODALITÉS DE LA RÉPARATION

4) Solidarité. La personne qui a favorisé par transmission d'arme la tentative d'évasion avec violence d'un détenu, ne peut être condamnée à réparer solidairement avec lui le préjudice subi par un gardien blessé dans la tentative d'homicide volontaire que ledit détenu a commise en tentant de s'évader, dès lors qu'elle n'a pas été déclarée coupable de complicité de tentative d'homicide volontaire (▪ Cass. crim., 15 déc. 1982, n° 82-91.010 : *Bull. crim.* n° 291).

5) Citation lors d'une audience ultérieure. V. note sous art. 371, p. 831.

6) Partie civile non comparante en 1er ressort. Elle conserve, y compris quand elle n'a pas comparu devant la cour d'assises statuant en premier ressort, le droit d'agir en réparation du dommage que lui ont personnellement causé les faits à l'origine de la poursuite (▪ Cass. crim., 14 avr. 2021, n° 20-86.995).

Art. 373 ***(Mod., L. n° 2016-731, 3 juin 2016).*** **– La cour peut ordonner, d'office ou sur demande d'une partie ou de toute personne intéressée, la restitution des objets placés sous la main de la justice. Toutefois, s'il y a eu condamnation, cette restitution n'est effectuée que si son bénéficiaire justifie que le condamné a laissé passer les délais sans se pourvoir en cassation ou, s'il s'est pourvu, que l'affaire est définitivement jugée.**

La cour peut refuser la restitution lorsque celle-ci présente un danger pour les personnes ou les biens ou lorsque le bien saisi est l'instrument ou le produit direct ou indirect de l'infraction.

En cas de demande de restitution émanant d'une personne autre que les parties, seuls les procès-verbaux relatifs à la saisie des biens peuvent lui être communiqués.

1) Restitutions. Il résulte de l'article 373 du Code de procédure pénale que la cour d'assises ne peut ordonner de restitutions qu'autant que, distinctes des dommages-intérêts alloués en réparation du préjudice causé par l'infraction, elles portent sur des objets identifiés et placés sous la main de la justice (▪ Cass. crim., 10 nov. 1998, n° 97-86.693 : *Bull. crim.* n° 296).

2) Compétence de la seule cour. Il résulte des dispositions de l'article 373 du Code de procédure pénale que la cour seule est compétente pour ordonner la restitution des objets saisis (▪ Cass. crim., 20 nov. 1985, n° 85-92.246 : *Bull. crim.* n° 369). La disposition illégale de l'arrêt de condamnation doit être annulée par voie de retranchement, dès lors qu'elle n'affecte ni le prononcé de la peine, ni les réparations allouées aux parties civiles (▪ Cass. crim., 8 nov. 1976, n° 76-91.869 : *Bull. crim.* n° 318).

3) **Demandeur mis hors de cause.** En ordonnant sur le fondement de l'article 373 du Code de procédure pénale et en dehors de toute action en revendication, la restitution au profit d'un demandeur mis hors de cause par un arrêt d'acquittement, de fonds saisis sur lui au moment de son arrestation, fonds dont la détention n'était pas en soi illicite et dont la confiscation n'avait pas été ordonnée, la Chambre d'accusation n'a en rien violé les textes applicables en la matière (■ Cass. crim., 23 oct. 1979, n° 78-93.974 : *Bull. crim.* n° 294).

Art. 373-1 ***(L. n° 2010-768, 9 juill. 2010).*** **– En cas de condamnation à une peine de confiscation portant sur un bien qui n'est pas sous main de justice, la cour statuant sans l'assistance des jurés peut, afin de garantir l'exécution de cette peine, ordonner la saisie, aux frais avancés du Trésor, du bien confisqué.**

La cour peut également autoriser la remise à l'Agence de gestion et de recouvrement des avoirs saisis et confisqués, en vue de leur aliénation, des biens meubles confisqués dont elle ordonne la saisie, lorsque ces biens ne sont plus nécessaires à la manifestation de la vérité et que leur conservation serait de nature à en diminuer la valeur. Dans ce cas le produit de la vente est consigné.

La décision de la cour est exécutoire nonobstant l'appel qui peut être formé contre la condamnation et, le cas échéant, le caractère non avenu de l'arrêt en phase d'appel prévu à l'article 379-4. Toutefois, le président de la chambre de l'instruction peut ordonner, à la requête du procureur général ou à la demande d'une des parties, la mainlevée totale ou partielle de ces mesures, par décision spéciale et motivée.

Les arrêts d'acquittement ou qui ne confirment pas la confiscation du bien emportent de plein droit mainlevée de la saisie aux frais avancés du Trésor ou, si le propriétaire en fait la demande, restitution du produit de la vente.

Art. 374 ***(Mod., L. n° 2000-516, 15 juin 2000 ; L. n° 2000-1354, 30 déc. 2000).*** **– Lorsqu'elle statue en premier ressort, la cour peut ordonner l'exécution provisoire de sa décision, si celle-ci a été demandée, sans préjudice des dispositions de l'article 380-8.**

Toutefois, l'exécution provisoire des mesures d'instruction est de droit.

Art. 375 ***(L. n° 93-2, 4 janv. 1993).*** **– La cour condamne l'auteur de l'infraction à payer à la partie civile la somme qu'elle détermine, au titre des frais non payés par l'État et exposés par celle-ci. La cour tient compte de l'équité ou de la situation économique de la partie condamnée. Elle peut, même d'office, pour des raisons tirées des mêmes considérations, dire qu'il n'y a pas lieu à cette condamnation.**

1) **Débiteur.** Seul l'auteur de l'infraction peut être condamné à payer à la partie civile l'indemnité prévue par l'article 375 du Code de procédure pénale (■ Cass. crim., 29 févr. 2000, n° 97-86.706 : *Bull. crim.* n° 90).

2) **Réexamen.** Si la partie civile qui s'est vu accorder l'indemnisation de son préjudice par une précédente décision devenue définitive ne peut former à ce titre une nouvelle demande devant la cour d'assises appelée à réexaminer l'affaire, elle est, néanmoins, recevable à intervenir devant cette juridiction au soutien de l'action publique et peut, à cette occasion, demander la condamnation de l'auteur des faits à lui payer les frais exposés par elle dans cette nouvelle instance (■ Cass. crim., 7 déc. 2005, n° 05-80.988 : *Bull. crim.* n° 329).

Rédaction future. Art. 375 ***(Mod. à compter du 1er janvier 2023, L. n° 2021-1729, 22 déc. 2021).*** **–** La cour condamne l'auteur de l'infraction à payer à la partie civile la somme qu'elle détermine, au titre des frais non payés par l'État et exposés par celle-ci. Les parties peuvent produire les justificatifs des sommes qu'elles demandent et la cour tient compte de l'équité ou de la situation économique de la partie condamnée. Elle peut, même d'office, pour des raisons tirées des mêmes considérations, dire qu'il n'y a pas lieu à cette condamnation.

Art. 375-1 ***(L. n° 81-82, 2 févr. 1981).*** **– La partie civile est assimilée au témoin en ce qui concerne le paiement des indemnités, sauf décision contraire du tribunal.**

Art. 375-2 ***(Mod., L. n° 94-89, 1er févr. 1994).*** **– Les personnes condamnées pour un même crime sont tenues solidairement des restitutions et des dommages-intérêts.**

En outre, la cour peut, par décision spéciale et motivée, ordonner que l'accusé qui s'est entouré de coauteurs ou de complices insolvables sera tenu solidairement des amendes.

Infractions connexes ou indivisibles. La solidarité, édictée par l'article 375-2 du Code de procédure pénale entre les individus condamnés pour un même crime, s'applique également à ceux qui ont été déclarés coupables de différentes infractions rattachées entre elles par des liens d'indivisibilité ou de connexité ; qu'il en est ainsi lorsque, au cours de l'exécution d'un vol commis avec usage ou sous la menace d'armes, l'un des auteurs commet, même seul, une tentative de meurtre au moyen de l'une des armes employées (■ Cass. crim., 31 mai 2000, n° 99-84.507 : *Bull. crim.* n° 209). En prononçant par les motifs reproduits aux moyens, la cour d'assises, qui a souverainement apprécié l'existence d'un lien de connexité entre les infractions retenues contre les quatre condamnés et ayant participé de manière indissociable à la création du préjudice de la victime, a fait l'exacte application de l'article 375-2 du Code de procédure pénale ; en effet, la solidarité prévue par ce texte, entre les personnes condamnées pour un même crime, s'applique également à celles qui ont été déclarées coupables de différentes infractions rattachées entre elles par des liens d'indivisibilité ou de connexité (■ Cass. crim., 23 févr. 2000, n° 99-83.419).

Section IV. – De l'arrêt et du procès-verbal

Bibliographie : H. Angevin, *Cour d'assises. – Jugement. – Arrêt et procès-verbal : JCl. Proc. pén.*, Fasc. 20, 2002.

Art. 376 ***(Rempl., L. n° 2011-525, 17 mai 2011).*** **– Le greffier écrit l'arrêt ; les textes de lois appliqués y sont indiqués.**

1) Mentions imprimées à l'avance. La disposition de l'article 376 du Code de procédure pénale, aux termes de laquelle le greffier écrit l'arrêt, n'interdit pas l'usage de formules comportant certaines mentions imprimées à l'avance (■ Cass. crim., 24 nov. 1965, n° 65-91.780 : *Bull. crim.* n° 251).

2) Mentions du nom des jurés. Aucun texte de loi ne prescrit, à peine de nullité, que les noms des jurés soient mentionnés dans l'arrêt de la cour d'assises, le procès-verbal du tirage au sort du jury contenant, à cet égard, toute indication nécessaire pour permettre à la Cour de cassation d'exercer son contrôle (■ Cass. crim., 11 avr. 1961, n° 63-93.128 : *Bull. crim.* n° 111).

3) Omission du nom d'un assesseur. L'omission du nom d'un assesseur dans l'arrêt de condamnation résultant d'une simple erreur matérielle n'est pas une cause de nullité dès lors que les autres pièces de la procédure, et notamment le procès-verbal des débats, permettent d'y suppléer (■ Cass. crim., 18 janv. 1977, n° 76-92.601).

Art. 377. **– La minute de l'arrêt rendu après délibération de la cour d'assises, ainsi que la minute des arrêts rendus par la cour sont signées par le président et le greffier.**

Tous ces arrêts doivent porter mention de la présence du ministère public.

1) Nom des jurés. Aucun texte de loi ne prescrit, à peine de nullité, que les noms des jurés figurent dans l'arrêt, le procès-verbal du tirage au sort du jury et le procès-verbal des débats contenant, à cet égard, toutes indications nécessaires pour permettre à la Cour de cassation d'exercer son contrôle (■ Cass. crim., 20 oct. 1999, n° 99-80.596 : *Bull. crim.* n° 228. ■ Cass. crim., 3 nov. 1994, n° 94-80.233 : *Bull. crim.* n° 346).

2) Signature du greffier. Il se déduit des articles 376, 377, 378 du Code de procédure pénale qu'est requise sur la minute la signature du greffier qui a assisté au prononcé de l'arrêt. Il résulte du procès-verbal des débats que la greffière présente depuis l'ouverture desdits débats, le 13 mai 2019 à 14 h 05, a été remplacée à compter du 16 mai 2019 à 13 h 04. À l'issue de cette audience, la cour d'assises a rendu l'arrêt pénal qui porte la mention, dans son en-tête, de la première greffière et la signature de celle-ci. L'arrêt attaqué comportant la signature d'un greffier autre que celui ayant assisté la juridiction lors du prononcé de l'arrêt, cette irrégularité atteint la validité même de la décision qui ne satisfait pas en elle-même aux conditions essentielles de son existence légale (■ Cass. crim., 4 nov. 2020, n° 19-84.219). Selon les articles 376, 377 et 378 du Code de procédure pénale, un greffier doit signer avec le président la minute des arrêts rendus par la cour d'assises ainsi que le procès-verbal des débats. La seule mention par le président de ce que le greffier n'a pu signer les arrêts incidents, l'arrêt pénal et le procès-verbal des débats « en raison d'un congé-maladie et de son état invalidant ne permettant pas sa signature » est insuffisante, en l'absence de toute précision notamment sur la date à laquelle le greffier est devenu indisponible pour permettre à la Cour de cassation de s'assurer de l'existence d'un événement de force majeure seul susceptible de conférer, faute de signature du greffier, authenticité aux actes en cause (■ Cass. crim., 12 sept. 2007, n°s 07-80.618 et 07-81.925 : *Bull. crim.* n° 202). Si l'arrêt ne mentionne pas qu'il a été signé par le président et le greffier, la Cour de cassation est, néanmoins, en mesure de s'assurer, par comparaison avec celles se trouvant en original au procès-verbal des débats, que les signatures, qui figurent en photocopie sur l'expédition de l'arrêt jointe au dossier, sont bien celles du président et du greffier (■ Cass. crim., 20 oct. 1999, n° 99-80.596 : *Bull. crim.* n° 228). Il n'importe que l'arrêt ait été signé le lendemain de son prononcé dès lors qu'aucune disposition légale n'impose que la minute soit signée le jour même de la décision (■ Cass. crim., 11 janv. 2017, n° 15-86.771).

Art. 378. – Le greffier dresse, à l'effet de constater l'accomplissement des formalités prescrites, un procès-verbal qui est signé par le président et par ledit greffier.

Le procès-verbal est dressé et signé dans le délai de trois jours au plus tard du prononcé de l'arrêt.

1) Refus de transmission d'une question prioritaire de constitutionnalité. Ni l'article 378 du Code de procédure pénale, aux termes duquel le procès-verbal des débats devant la cour d'assises est signé à la fois par le président et le greffier, ni l'article 379 dudit code, aux termes duquel, en application du principe de l'oralité des débats devant la cour d'assises, il n'est pas fait mention au procès-verbal des réponses des accusés ni du contenu des dépositions, sauf décision contraire du président prise d'office ou à la demande du ministère public ou des parties, ne contreviennent à l'article 16 de la Déclaration des droits de l'homme et du citoyen (■ Cass. crim., 26 juin 2013, n° 13-83.409).

I – PROCÈS-VERBAL

A – Nécessité d'un procès-verbal des débats

2) Objet du procès-verbal. Il n'importe que ce procès-verbal ne relate pas, en outre, qu'un débat se soit ouvert sur les intérêts civils après l'arrêt de condamnation, les dispositions de l'article 378 du Code de procédure pénale ne visant que les formalités substantielles accomplies au cours de l'examen des débats et du jugement sur l'action publique (■ Cass. crim., 21 déc. 1966, n° 66-92.873 : *Bull. crim.* n° 299).

3) Procès-verbal distinct de celui des débats. Il est indifférent que les constatations relatives à la prestation de serment des jurés figurent dans un procès-verbal distinct de celui des débats, dès lors que ledit procès-verbal est signé par le président de la cour d'assises et par le greffier (■ Cass. crim., 1er avr. 1965, n° 65-90.669 : *Bull. crim.* n° 105).

4) Absence de procès-verbal des débats. L'absence de cette pièce rend impossible la vérification de l'accomplissement des formalités substantielles imposées par la loi, ce qui doit entraîner l'annulation des débats, de la déclaration de la cour et du jury et de l'arrêt attaqué (■ Cass. crim., 9 janv. 1963, n° 62-92.690 : *Bull. crim.* n° 14).

B – Conditions de validité du procès-verbal

5) Absence de contradictions. Le procès-verbal des débats que dresse le greffier en exécution de l'article 378 du Code de procédure pénale ne constate valablement l'accomplissement des formalités prescrites qu'à la condition d'être exempt de contradictions (■ Cass. crim., 22 juin 2011, n° 10-85.159 : *Bull. crim.* n° 150. ■ Cass. crim., 6 déc. 2000, n° 00-82.942 : *Bull. crim.* n° 366 ; *Dr. pén.* 2001, comm. 92, obs. A. Maron. ■ Cass. crim., 21 oct. 1998, nos 97-80.548 et 97-85.959 : *Bull. crim.* n° 268. ■ Cass. crim., 9 sept. 1998, n° 97-86.187 : *Bull. crim.* n° 228. ■ Cass. crim., 3 sept. 1997, n° 96-84.454 : *Bull. crim.* n° 294. ■ Cass. crim., 21 juin 1995, n° 94-85.194 : *Bull. crim.* n° 228. ■ Cass. crim., 8 juill. 1985, n° 84-91.755 : *Bull. crim.* n° 258). En outre le procès-verbal des débats ne fait foi des faits qu'il constate que dans la mesure où ses énonciations ne sont pas en contradiction avec celles de l'arrêt de condamnation (■ Cass. crim., 8 juill. 1985, n° 84-91.755 : *Bull. crim.* n° 258). Si, en début d'audience, le président a indiqué la date et l'heure d'audition d'un expert acquis aux débats par le moyen de la visio-conférence, il résulte du procès-verbal des débats que cet expert, comparant devant la Cour, a été entendu le lendemain de la date initialement prévue, en dehors du procédé de la visio-conférence ; le moyen arguant que le procès-verbal ne permet pas de s'assurer de la régularité de l'audition de l'expert est inopérant (■ Cass. crim., 26 févr. 2020, n° 19-80.120).

6) Absence d'omission.

a. Omission d'une page du procès-verbal. Aux termes de ce texte, le greffier dresse, à l'effet de constater l'accomplissement des formalités prescrites, un procès-verbal qui est signé par le président et ledit greffier ; en raison de l'absence d'une page, le procès-verbal des débats ne constate pas les formalités accomplies postérieurement à l'audition d'un témoin et le lendemain avant 14 heures ; en l'état de cette omission, la Cour de cassation n'est pas en mesure de connaître quels ont été les actes de procédure effectués et, par là même, de vérifier si les formalités substantielles imposées par la loi, relatives à ces actes, ont été respectées (■ Cass. crim., 29 janv. 2014, n° 13-81.479 : *Bull. crim.* n° 31).

b. Formalité non constatée dans le procès-verbal. Toute formalité non constatée par ce procès-verbal, lequel fait foi jusqu'à inscription de faux, est réputée n'avoir pas été accomplie (■ Cass. crim., 9 oct. 1985, n° 85-92.223 : *Bull. crim.* n° 307).

7) Erreur matérielle indifférente. Si l'arrêt de condamnation contient une erreur de date purement matérielle, cette erreur peut être rectifiée par l'examen des autres pièces de procédure. Tel est le cas de l'arrêt de condamnation qui, bien que se référant au procès-verbal des débats, mentionne une date d'ouverture de ceux-ci différente de celle portée à ce procès-verbal et manifestement inexacte (■ Cass. crim., 8 juin 1994, n° 92-82.657 : *Bull. crim.* n° 227). Toute surcharge non approuvée doit être déclarée non avenue, même si elle a été dactylographiée à l'emplacement d'autres mots préalablement effacés, en l'espèce, à l'aide d'une substance chimique. Néanmoins, s'il résulte sans ambiguïté des mots subsistants que le procès-verbal des débats a bien été signé dans un délai de 3 jours au plus tard du prononcé de l'arrêt, aucune nullité n'est encourue (■ Cass. crim., 11 mai 1983, n° 82-93.844 : *Bull. crim.* n° 138). Le procès-verbal des débats comporte, à tort, deux pages numérotées huit, relatant le déroulement d'une partie des débats, tenus la journée du 18 juin 2018. La seule différence entre ces deux pages est constituée par la mention, sur l'une seule d'elles, d'une suspension d'audience, entre 11 heures 55 et 14 heures. L'accusé ne peut s'en faire grief, car cette suspension, qui s'intercale logiquement dans le déroulement des débats, est attestée par les signatures du président et du greffier, à la fin du procès-verbal, la Cour de cassation étant ainsi en mesure de s'assurer de la régularité de la procédure suivie et de vérifier qu'il n'a été porté aucune atteinte aux droits de la défense (■ Cass. crim., 16 oct. 2019, n° 18-84.374 : *Bull. crim.* n° 49, § 7).

II – SIGNATURE DU PROCÈS-VERBAL

A – Signatures requises

8) Signatures du président et du greffier. Seules sont exigées, pour authentifier l'ensemble des énonciations qui les précèdent, la signature du président et celle du greffier (■ Cass. crim., 12 juin 1981, n° 81-90.899 : *Bull. crim.* n° 199). Il en est spécialement ainsi pour les arrêts incidents insérés dans le procès-verbal (■ Cass. crim., 28 févr. 1979, n° 78-92.709 : *Bull. crim.* n° 90). L'accomplissement des formalités au cours de l'audience n'est pas authentifié si le greffier a omis de signer le procès-verbal des débats (■ Cass. crim., 20 févr. 1980, n° 79-93.071 : *Bull. crim.* n° 67. ■ Cass. crim., 28 avr. 1971, n° 70-92.856 : *Bull. crim.* n° 126). Un seul et même procès-verbal peut légalement constater le déroulement des débats d'une affaire qui a successivement occupé plusieurs séances ; les deux signatures du président et du greffier, apposées à la fin du procès-verbal, suffisent pour authentifier l'accomplissement de toutes les formalités qui y sont énoncées (■ Cass. crim., 15 janv. 1975, n° 74-92.681 : *Bull. crim.* n° 17. ■ Cass. crim., 17 juin 1970, n° 70-90.306 : *Bull. crim.* n° 210).

9) Signature du greffier. Aux termes de ce texte, le greffier dresse, à l'effet de constater l'accomplissement des formalités prescrites, un procès-verbal qui est signé par le président et ledit greffier ; il en résulte que, si plusieurs greffiers se remplacent au cours des débats, il incombe à chacun d'eux d'authentifier, par sa signature, la partie du procès-verbal concernant les actes auxquels il a personnellement assisté (■ Cass. crim., 11 déc. 2019, n° 18-87.121). V. aussi note sous art. 377, p. 835.

10) Pluralité de greffiers. Si plusieurs greffiers se remplacent au cours des débats, il incombe à chacun d'eux d'authentifier, par sa signature, la partie du procès-verbal concernant les actes auxquels il a personnellement assisté (■ Cass. crim., 4 juin 2003, n° 02-84.162 : *Bull. crim.* n° 118. ■ Cass. crim., 9 oct. 2002, n° 01-87.978 : *Bull. crim.* n° 184. ■ Cass. crim., 25 oct. 2000, n° 99-85.208 : *Bull. crim.* n° 312. ■ Cass. crim., 24 mars 1993, n° 92-84.241 : *Bull. crim.* n° 130. ■ Cass. crim., 11 mai 1977, n° 77-90.048 : *Bull. crim.* n° 171. ■ Cass. crim., 16 mars 1976, n° 75-93.070 : *Bull. crim.* n° 96).

B – Importance des signatures

11) Authentification des énonciations du procès-verbal. La mention du greffier qui atteste, à la fin du procès-verbal des débats, que « suivent les signatures » du président et du greffier, authentifie l'ensemble des énonciations qui la précèdent (■ Cass. crim., 17 mai 2000, n° 98-87.157 : *Bull. crim.* n° 194), notamment, celles relatives à chacune des suspensions d'audience (■ Cass. crim., 14 déc. 2016, n° 15-86.303 : *Bull. crim.* n° 344). La signature du président et du greffier apposées à la fin du procès-verbal des débats rédigé sur plusieurs feuilles réunies, et en un seul contexte, authentifient l'ensemble des énonciations dudit procès-verbal (■ Cass. crim., 18 nov. 1992, n° 92-83.406 : *Bull. crim.* n° 381). Le procès-verbal des débats se termine ainsi : le présent procès-verbal, dressé le 19 mai 1981, par le secrétaire-greffier, a été signé par M. le président et le secrétaire-greffier ; cette formule finale constituant une seule phrase, il en résulte que la date indiquée s'applique tant à la confection du procès-verbal par le greffier qu'à sa signature par le président et le même greffier (■ Cass. crim., 20 janv. 1982, n° 81-93.007 : *Bull. crim.* n° 23). Les signatures du président et du greffier, apposées à la fin du procès-verbal des débats, rédigé sur plusieurs feuilles réunies, et en un seul contexte, s'appliquent à la totalité des énonciations qui les précèdent dès lors que rien ne met en doute la force probante des mentions qui y sont contenues (■ Cass. crim., 15 janv. 1976, n° 75-92.844 : *Bull. crim.* n° 14).

C – Délai de signature

12) Délai de trois jours. Aux termes de l'article 378 du Code de procédure pénale, le procès-verbal des débats est dressé et signé dans le délai de trois jours au plus tard du prononcé de l'arrêt. La mention, dans le procès-verbal, de la date à laquelle il a été établi étant essentiellement à la validité de cet acte, l'omission de cette mention entraîne la cassation de l'arrêt et des débats (■ Cass. crim., 17 mars 1999, n° 98-81.124 : *Bull. crim.* n° 46. ■ Cass. crim., 10 janv. 1996, n° 95-81.591 : *Bull. crim.* n° 9 ; *Dr. pén.* 1996, 120, obs. A. Maron. ■ Cass. crim., 25 févr. 1987, n° 86-94.400 : *Bull. crim.* n° 99. ■ Cass. crim., 26 janv. 1983, n° 82-93.124 : *Bull. crim.* n° 35. ■ Cass. crim., 26 janv. 1983, n° 82-93.124 : *Bull. crim.* n° 35. ■ Cass. crim., 20 nov. 1975, n° 75-90.203 : *Bull. crim.* n° 252). Cette exigence est substantielle et l'inobservation des prescriptions de l'article 378 alinéa 2 du Code de procédure pénale a eu pour effet de porter atteinte aux intérêts du demandeur (■ Cass. crim., 23 juill. 1980, n° 80-91.076 : *Bull. crim.* n° 233. ■ Cass. crim., 28 avr. 1977, n° 76-92.995 : *Bull. crim.* n° 147). Si le procès-verbal des débats, signé par le président et le greffier, ne mentionne pas la date à laquelle il a été dressé et clos, aucune nullité n'est cependant encourue, dès lors qu'il n'est pas établi que l'absence de date ait eu pour effet de porter atteinte aux intérêts de l'accusé, notamment en ce qui concerne l'exercice d'un pourvoi en cassation (■ Cass. crim., 10 déc. 2003, n° 03-80.539 : *Bull. crim.* n° 239. ■ Cass. crim., 15 déc. 1999, n°s 99-81.431 et 99-81.432 : *Bull. crim.* n° 310. ■ Cass. crim., 13 nov. 1996, n° 96-80.531 : *Bull. crim.* n° 403 ; *JCP* 1997, I, 4031, chron. A. Maron ; *Dr. pén.* 1997, comm. 53, note A. Maron. ■ Cass. crim., 8 juin 1977, n° 76-93.504 : *Bull. crim.* n° 210).

13) Établissement du délai en cas d'omission de la date. Le procès-verbal des débats doit être daté mais il est possible de suppléer à cette omission lorsqu'il résulte d'énonciations tirées de cette pièce, ou d'autres pièces de la procédure, que ce procès-verbal a été signé dans les trois jours au plus tard du prononcé de l'arrêt (■ Cass. crim., 15 févr. 1979, n° 75-92.706 : *Bull. crim.* n° 59).

Art. 379 ***(Ord. n° 60-529, 4 juin 1960).*** **– À moins que le président n'en ordonne autrement, d'office ou sur la demande du ministère public ou des parties, il n'est fait mention au procès-verbal ni des réponses des accusés ni du contenu des dépositions, sans préjudice, toutefois, de l'exécution de l'article 333 concernant les additions, changements ou variations dans les déclarations des témoins.**

I – INTERDICTION DE PRINCIPE DE MENTIONNER LES RÉPONSES DES ACCUSÉS OU LES DÉPOSITIONS DES TÉMOINS

A – Nature de l'interdiction

1) Ordre public. L'article 379 du Code de procédure pénale est une disposition d'ordre public (■ Cass. crim., 29 juin 1983, n° 82-94.208 : *Bull. crim.* n° 205. ■ Cass. crim., 11 janv. 1977, n° 76-91.974 : *Bull. crim.* n° 12. ■ Cass. crim., 2 oct. 1975, n° 75-90.758 : *Bull. crim.* n° 200. ■ Cass. crim., 2 déc. 1971, n° 72-92.842 : *Bull. crim.* n° 335. ■ Cass. crim., 24 janv. 1968, n° 67-92.411 : *Bull. crim.* n° 23. ■ Cass. crim., 19 nov. 1964, n° 64-91.500 : *Bull. crim.* n° 308). Une demande de donner acte ne peut aboutir à contourner la prohibition prévue à l'article 379 du Code de procédure pénale qui interdit, sauf ordre du président, de faire mention au procès-verbal du contenu de la déposition d'un témoin (■ Cass. crim., 26 févr. 2020, n° 19-80.120. ■ Cass. crim., 14 nov. 2019, n° 19-80.420 : *Bull. crim.* n° 47 ; *Dr. pén.* 2020, comm. 20, obs. A. Maron et M. Haas).

B – Domaine de l'interdiction

2) Objet de la déclaration. Elle s'applique à toute déclaration ou déposition en relation avec la culpabilité de l'accusé (■ Cass. crim., 29 juin 1983, n° 82-94.208 : *Bull. crim.* n° 205. ■ Cass. crim., 11 janv. 1977, n° 76-91.974 : *Bull. crim.* n° 12. ■ Cass. crim., 2 oct. 1975, n° 75-90.758 : *Bull. crim.* n° 200. ■ Cass. crim., 2 déc. 1971, n° 72-92.842 : *Bull. crim.* n° 335. ■ Cass. crim., 24 janv. 1968, n° 67-92.411 : *Bull. crim.* n° 23. ■ Cass. crim., 19 nov. 1964, n° 64-91.500 : *Bull. crim.* n° 308).

3) Personnes.

a. Réponses des accusés. Les réponses des accusés faites lors de la présentation des pièces à conviction ne peuvent être consignées au procès-verbal des débats sans l'ordre exprès du président (■ Cass. crim., 2 déc. 1987, n° 87-83.243 : *Bull. crim.* n° 444) ; la mention des réponses des accusés n'est pas interdite par l'article 379 susvisé dans l'intérêt unique de l'accusé qui les a faites, mais dans l'intérêt de tous les accusés, puisqu'il est impossible de distinguer l'influence que peut avoir sur le sort de chacun d'eux la déclaration de tel ou tel autre (■ Cass. crim., 11 déc. 1968, n° 68-92.890 : *Bull. crim.* n° 338).

4) Document. Si la feuille de motivation se réfère aux déclarations faites par les accusés, tant lors de l'enquête et de l'instruction qu'au cours des débats, il n'en résulte aucune atteinte à l'oralité des débats dès lors que la prohibition résultant des dispositions de l'article 379 du Code de procédure pénale ne s'applique pas à la feuille de motivation prévue à l'article 365-1 du même code (■ Cass. crim., 16 oct. 2019, n° 18-84.608).

b. Réponses des témoins. L'interdiction de mentionner au procès-verbal des débats le contenu de la déposition d'un témoin, à moins que le président n'en ordonne autrement, ne s'applique qu'aux déclarations en relation avec la culpabilité des accusés et de nature à porter atteinte à la défense (■ Cass. crim., 3 juill. 1974, n° 74-90.540 : *Bull. crim.* n° 246). Les réponses d'un témoin faites lors de la présentation des pièces à conviction ne peuvent être consignées au procès-verbal des débats sans l'ordre exprès du président (■ Cass. crim., 12 oct. 1983, n° 82-93.569 : *Bull. crim.* n° 243). En revanche, la mention de la substance de la déposition d'un témoin dans le procès-verbal des débats, en l'absence d'ordre du président, constitue une violation de l'article 379 du Code de procédure pénale. Tel est le cas de la mention de la réponse d'un témoin entendu à titre de simples renseignements qui est en relation avec la culpabilité de l'accusé (■ Cass. crim., 7 déc. 1994, n° 94-82.089 : *Bull. crim.* n° 398).

C – Exclusion du domaine de l'interdiction

5) Exclusions substantielles.

a. Déclarations de l'accusé.

Déclaration sans lien avec la culpabilité de l'accusé. Les mentions au procès-verbal des débats que l'accusé « a observé un mutisme complet » chaque fois qu'il a été interrogé par le président échappent aux dispositions prohibitives de l'article 379 du Code de procédure pénale, le procès-verbal en effet se borne à constater un fait sans relation avec la culpabilité de l'accusé (■ Cass. crim., 26 oct. 1976, n° 76-90.990 : *Bull. crim.* n° 299). La mention faite au procès-verbal des débats que deux questions subsidiaires ont été posées à la requête l'une du ministère public, l'autre de la défense ne rentre pas dans les dispositions prohibitives de l'article 379 du Code de procédure pénale (■ Cass. crim., 31 mai 1967, n° 67-90.016 : *Bull. crim.* n° 169).

Refus d'user d'un droit que lui donne la loi. Les mentions qui constatent seulement le refus de l'accusé d'user d'un droit que lui donne la loi et dont il a été averti par le président conformément aux prescriptions de l'article 346 du même code, sans relation avec les faits du procès et la culpabilité de l'accusé, échappent aux dispositions prohibitives de l'article 379 du Code de procédure pénale (■ Cass. crim., 7 févr. 1990, n° 89-83.125 : *Bull. crim.* n° 66. ■ Cass. crim., 18 nov. 1975, n° 75-91.878 : *Bull. crim.* n° 248. ■ Cass. crim., 17 avr. 1975, n° 74-93.050 : *Bull. crim.* n° 97. ■ Cass. crim., 21 févr. 1973, n° 72-93.069 : *Bull. crim.* n° 91). La mention au procès-verbal des débats : « les accusés ont déclaré n'avoir rien à ajouter pour leur défense » constate que les intéressés ont refusé de faire usage d'un droit que leur donne la loi et échappe aux dispositions prohibitives de l'article 379 du Code de procédure pénale (■ Cass. crim., 18 nov. 1975, n° 75-91.878 : *Bull. crim.* n° 248. ■ Cass. crim., 17 avr. 1975, n° 74-93.050 : *Bull. crim.* n° 97. ■ Cass. crim., 21 févr. 1975, n° 72-93.069 : *Bull. crim.* n° 91. ■ Cass. crim., 19 juill. 1972, n° 72-91.038 : *Bull. crim.* n° 248). Les mentions du procès-verbal des débats selon lesquelles l'accusé a « voulu reprendre l'intégralité des faits pour sa déclaration finale » et « qu'il n'avait rien à ajouter » échappent aux dispositions prohibitives de l'article 379 du Code de procédure pénale, le procès-verbal se bornant ainsi à constater un fait sans relation avec la culpabilité de l'accusé (■ Cass. crim., 7 févr. 1990, n° 89-83.125 : *Bull. crim.* n° 66).

b. Déclarations du témoin. Le pouvoir, donné par l'article 379 du Code de procédure pénale au Président, d'ordonner qu'il soit pris note de la déposition d'un témoin est général. Il s'applique à toutes les dépositions, celles qui sont faites sous la foi du serment comme celles qui ne sont reçues qu'à titre de renseignement, il n'est pas limité au cas où des additions, changements ou variations existent entre la déposition d'un témoin et ses précédentes déclarations (■ Cass. crim., 3 juill. 1974, n° 74-90.540 : *Bull. crim.* n° 246).

La mention de déclarations concernant uniquement la participation aux faits d'un témoin, mention qui n'a pour but que de servir de base à des poursuites éventuelles contre lui, ne tombe pas sous le coup de la prohibition édictée par l'article 379 du Code de procédure pénale (■ Cass. crim., 8 janv. 1969, n° 68-92.115 : *Bull. crim.* n° 18).

c. Déclarations des conseils des parties. Les propos tenus au cours des débats par les conseils des parties n'entrent pas dans les prévisions de l'article 379 du Code de procédure pénale (■ Cass. crim., 14 févr. 1990, n° 89-84.267 : *Bull. crim.* n° 76. ■ Cass. crim., 31 mai 1967, n° 67-90.016 : *Bull. crim.* n° 169).

d. Déclarations des experts. Les dispositions de l'article 379 du Code de procédure pénale ne sont pas applicables aux déclarations des experts sur les opérations techniques auxquelles ils ont procédé, ces déclarations étant sans relation directe avec la culpabilité de l'accusé (■ Cass. crim., 4 nov. 2015, n°s 14-84.661 et 14-86.836 : *Bull. crim.* n° 241).

6) Exceptions liées à la procédure.

a. Incident contentieux. Lors des débats devant la cour d'assises, les dispositions de l'article 379 du Code de procédure pénale ne font pas obstacle à ce que la cour, saisie d'un incident contentieux, se réfère, pour répondre aux arguments invoqués, aux dépositions d'un expert ou d'un témoin qui n'ont pas été consignées au procès-verbal (■ Cass. crim., 2 mars 2016, n° 14-83.063 : *Bull. crim.* n° 65).

b. Arrêt incident. L'article 379 du Code de procédure pénale ne reçoit pas application lorsque la Cour, pour répondre à des conclusions ou réquisitions, se trouve dans l'obligation de relater, dans un arrêt incident, nécessairement motivé, certaines réponses d'un témoin ou de l'accusé (▪ Cass. crim., 8 déc. 1993, n° 93-82.391 : *Bull. crim.* n° 378. ▪ Cass. crim., 29 janv. 1976, n° 75-92.016 : *Bull. crim.* n° 37).

7) Réquisitions orales. Si aucun texte ne prévoit que le procès-verbal des débats rende compte du contenu des réquisitions orales du ministère public prises en application de l'article 346 du Code de procédure pénale, une telle mention, qui ne porte atteinte ni aux droits de l'accusé ni au principe de l'oralité des débats, ne saurait être de nature à entraîner la cassation (▪ Cass. crim., 20 juin 2018, n° 17-85.096).

II – MENTION EXCEPTIONNELLE SUR ORDRE DU PRÉSIDENT

A – Règles de compétence

8) Compétence du président. L'article 379 du Code de procédure pénale attribue au président seul le droit de faire mentionner dans le procès-verbal des débats les réponses des accusés ou le contenu des dépositions des témoins (▪ Cass. crim., 23 nov. 1983, n° 83-90.811 : *Bull. crim.* n° 311. ▪ Cass. crim., 29 juin 1983, n° 82-94.208 : *Bull. crim.* n° 205). Le président n'est pas tenu de motiver sa décision (▪ Cass. crim., 29 juin 1983, n° 82-94.208 : *Bull. crim.* n° 205). La mention des déclarations d'un accusé dans le procès-verbal des débats, en l'absence d'ordre du président, constitue une violation de l'article 379 du Code de procédure pénale (▪ Cass. crim., 23 oct. 2013, n° 12-87.786 : *Bull. crim.* n° 202).

9) Incompétence de la cour. Il n'appartient pas à la cour d'intervenir dans l'exercice du droit personnel et exclusif du président (▪ Cass. crim., 29 juin 1983, n° 82-94.208 : *Bull. crim.* n° 205. ▪ Cass. crim., 1er juin 1983, n° 82-94.368 : *Bull. crim.* n° 166). La cour ne peut, sans violer les dispositions de l'article 379 du Code de procédure pénale, faire état, dans un arrêt incident, de propos tenus, lors de sa déposition, par un témoin acquis aux débats, dont le président n'avait pas ordonné qu'il soit fait mention au procès-verbal des débats. C'est donc à bon droit qu'elle rejette la demande de la défense tendant à ce qu'il lui soit donné acte de tels propos (▪ Cass. crim., 17 oct. 2012, n° 10-88.321 : *Bull. crim.* n° 221). S'il est exact que, par application de l'article 379 du Code de procédure pénale, la Cour est incompétente pour faire mentionner au procès-verbal des débats la déposition d'un témoin, l'accusé est néanmoins irrecevable, faute d'intérêt, à se faire un grief des conditions dans lesquelles a été prise une décision faisant droit à ses conclusions (▪ Cass. crim., 14 juin 1989, n° 87-92.100 : *Bull. crim.* n° 256).

B – Décision du président

10) Libre appréciation du président. Son exercice est laissé à la libre appréciation du président (▪ Cass. crim., 12 mars 1975, n° 74-92.936 : *Bull. crim.* n° 77. ▪ Cass. crim., 3 févr. 1971, n° 70-92.074 : *Bull. crim.* n° 39).

11) Forme de la décision du président indifférente. Si l'article 379 du Code de procédure pénale prescrit de ne faire mention au procès-verbal ni des réponses des accusés, ni du contenu des dépositions, à moins que le président n'en ordonne autrement, d'office ou sur la demande du ministère public ou des parties, ce texte n'exige pas que la décision du président ait la forme d'une ordonnance et soit constatée autrement que par une mention au procès-verbal des débats (▪ Cass. crim., 3 févr. 1971, n° 70-92.074 : *Bull. crim.* n° 39. ▪ Cass. crim., 17 juin 1970, n° 70-90.306 : *Bull. crim.* n° 210).

L'ordre du président de mentionner au procès-verbal des propos tenus par un témoin au cours de sa déposition est nécessairement contenu dans sa décision de donner acte à l'avocat général de ces propos (▪ Cass. crim., 4 juin 1984, n° 83-94.081 : *Bull. crim.* n° 201).

Art. 379-1 *(Anc. art. 380 dénum., L. n° 2004-204, 9 mars 2004).* **– Les minutes des arrêts rendus par la cour d'assises sont réunies et déposées au greffe du tribunal judiciaire, siège de ladite cour.**

Toutefois, les minutes des arrêts rendus par la cour d'assises du département où siège la cour d'appel restent déposées au greffe de ladite cour.

CHAPITRE VIII ANCIEN. – DE L'APPEL DES DÉCISIONS RENDUES PAR LA COUR D'ASSISES EN PREMIER RESSORT

(Chap. mod., L. n° 2002-307, 4 mars 2002 ; dénum. à compter du 1er octobre 2004, L. n° 2004-204, 9 mars 2004. – V. chap. IX)

CHAPITRE VIII. – DU DÉFAUT EN MATIÈRE CRIMINELLE (1)

(L. n° 2004-204, 9 mars 2004)

Bibliographie : H. Angevin, *Défaut en matière criminelle : JCl. Proc. pén.* 2005, Fasc. 20.

Art. 379-2 *(Mod., L. n° 2016-731, 3 juin 2016).* – L'accusé absent sans excuse valable à l'ouverture de l'audience est jugé par défaut conformément aux dispositions du présent chapitre. Il en est de même lorsque l'absence de l'accusé est constatée au cours des débats et qu'il n'est pas possible de les suspendre jusqu'à son retour.

Toutefois, la cour peut également décider de renvoyer l'affaire à une session ultérieure, après avoir décerné mandat d'arrêt contre l'accusé si un tel mandat n'a pas déjà été décerné.

Les dispositions du présent chapitre ne sont pas applicables dans les cas prévus par les articles 320 et 322. Elles ne sont pas non plus applicables si l'absence du condamné au cours des débats est constatée alors que les interrogatoires de l'accusé sur les faits et sur sa personnalité ont déjà été réalisés ; dans ce cas, le procès se poursuit jusqu'à son terme, conformément aux chapitres VI et VII du présent titre, à l'exception des dispositions relatives à la présence de l'accusé, son avocat continuant d'assurer la défense de ses intérêts ; si l'accusé est condamné à une peine ferme privative de liberté non couverte par la détention provisoire, la cour décerne mandat d'arrêt contre l'accusé, sauf si ce mandat a déjà été décerné. Les délais d'appel ou de pourvoi en cassation courent à partir de la date à laquelle l'arrêt est porté à la connaissance de l'accusé.

Mineur. Il résulte des dispositions de l'article 20, alinéa 10, de l'ordonnance du 2 février 1945, relative à l'enfance délinquante, et de l'article 270 du Code de procédure pénale que les mineurs âgés de 16 ans au moins, poursuivis pour crime, peuvent être jugés selon la procédure de défaut en matière criminelle telle que prévue par les articles 379-2 à 379-6 du code précité (■ Cass. crim., 21 mars 2007, n° 06-87.767 : *Dr. pén.* 2007, chron. 5, obs. H. Angevin ; *AJ Pénal* 2007, 322, note F. Molins).

Art. 379-3 *(L. n° 2004-204, 9 mars 2004).* – La cour examine l'affaire et statue sur l'accusation sans l'assistance des jurés, sauf si sont présents d'autres accusés jugés simultanément lors des débats, ou si l'absence de l'accusé a été constatée après le commencement des débats.

Si un avocat est présent pour assurer la défense des intérêts de l'accusé, la procédure se déroule conformément aux dispositions des articles 306 à 379-1, à l'exception des dispositions relatives à l'interrogatoire ou à la présence de l'accusé.

En l'absence d'avocat pour assurer la défense des intérêts de l'accusé, la cour statue sur l'accusation après avoir entendu la partie civile ou son avocat et les réquisitions du ministère public.

En cas de condamnation à une peine ferme privative de liberté, la cour décerne mandat d'arrêt contre l'accusé, sauf si celui-ci a déjà été décerné.

Art. 379-4 *(Mod., L. n° 2016-731, 3 juin 2016).* – Si l'accusé condamné dans les conditions prévues par l'article 379-3 se constitue prisonnier ou s'il est arrêté avant que la peine soit éteinte par la prescription, l'arrêt de la cour d'assises est non avenu dans toutes ses dispositions et il est procédé à son égard à un nouvel examen de son affaire par la cour d'assises conformément aux dispositions des articles 269 à 379-1.

Le mandat d'arrêt délivré contre l'accusé en application de l'article 379-3 ou décerné avant l'arrêt de condamnation vaut mandat de dépôt et l'accusé demeure détenu jusqu'à sa comparution devant la cour d'assises, qui doit intervenir dans le délai prévu par l'article 181 à compter de son placement en détention, faute de quoi il est immédiatement remis en liberté.

Dans un délai d'un mois à compter de la date de son arrestation ou de sa constitution de prisonnier, l'accusé condamné peut toutefois acquiescer à l'arrêt de la cour d'assises et renoncer, en présence de son avocat, au nouvel examen de son affaire. La renonciation est constatée par le président de la cour d'assises, le cas échéant selon la procédure prévue par l'article 706-71. Les délais d'appel ou de pourvoi courent à compter de la notification au parquet ou de la signification aux parties de la constatation de cette renonciation.

1) **Non avenu.** En application de l'article 379-4 du Code de procédure pénale, l'arrêt qui, par défaut, a condamné pénalement l'accusé est non avenu dès lors que ce dernier a été arrêté à l'issue

(1) L. n° 2004-204, 9 mars 2004, art. 209 ; les personnes condamnées par contumace avant l'entrée en vigueur des dispositions de l'article 156 de cette loi sont considérées comme condamnées par défaut. l'ordonnance de prise de corps dont elles ont fait l'objet vaut mandat d'arrêt, qui doit être exécuté conformément aux dispositions de l'article 135-2 du Code de procédure pénale.

de l'audience en exécution de la peine prononcée (▪ Cass. crim., 16 déc. 2015, n° 15-86.896).

2) Personnes condamnées par contumace avant le 1er octobre 2004. Selon l'article 379-4 du Code de procédure pénale, si l'accusé condamné selon la procédure de défaut criminel se constitue prisonnier ou s'il est arrêté avant que la peine soit éteinte par la prescription, l'arrêt de la cour d'assises est non avenu dans toutes ses dispositions et il est procédé à son égard à un nouvel examen de son affaire par la cour d'assises. Encourt la cassation l'arrêt de la cour d'assises qui déclare irrecevable l'appel formé par l'accusé d'un arrêt de contumace rendu avant le 1er octobre 2004, alors que ladite cour d'assises, qui n'était pas désignée par la chambre criminelle pour statuer en appel, devait, en raison de l'arrestation de l'accusé et en application de l'article 379-4 du Code de procédure pénale, procéder à un nouvel examen de l'affaire conformément aux dispositions des articles 269 à 379-3 du même code (▪ Cass. crim., 19 janv. 2011, n° 09-88.363 : *Bull. crim.* n° 10 ; *AJ Pénal* 2011, 245, obs. J.-B. Perrier).

Art. 379-5 *(L. n° 2004-204, 9 mars 2004).* **– L'appel n'est pas ouvert à la personne condamnée par défaut.**

Irrecevabilité de l'appel. Aux termes de l'article 379-5 du Code de procédure pénale, l'appel n'est pas ouvert à la personne condamnée par défaut de sorte que l'appel est irrecevable (▪ Cass. crim., 30 janv. 2008, n° 08-80.341 : *Bull. crim.* n° 26 ; *Dr. pén.* 2008, comm. 77, obs. A. Maron et M. Haas).

Art. 379-6 *(L. n° 2004-204, 9 mars 2004).* **– Les dispositions du présent chapitre sont applicables aux personnes renvoyées pour délits connexes. La cour peut toutefois, sur réquisitions du ministère public et après avoir entendu les observations des parties, ordonner la disjonction de la procédure les concernant. Ces personnes sont alors considérées comme renvoyées devant le tribunal correctionnel et peuvent y être jugées par défaut.**

Art. 379-7 *(L. n° 2016-731, 3 juin 2016).* **– Le présent chapitre n'est pas applicable lorsque l'absence de l'accusé, sans excuse valable, est constatée à l'ouverture de l'audience ou, à tout moment, au cours des débats, devant la cour d'assises désignée à la suite de l'appel formé par l'accusé.**

Dans ce cas, le procès se déroule ou se poursuit jusqu'à son terme, conformément aux chapitres VI et VII du présent titre, à l'exception des dispositions relatives à l'interrogatoire et à la présence de l'accusé, en présence de l'avocat de l'accusé qui assure la défense de ses intérêts.

Si l'accusé est condamné à une peine ferme privative de liberté non couverte par la détention provisoire, la cour décerne mandat d'arrêt contre l'accusé, sauf si ce mandat a déjà été décerné.

Le délai de pourvoi en cassation court à partir de la date à laquelle l'arrêt est porté à la connaissance de l'accusé.

Illustration. En l'espèce, la première formalité exigée par l'article 320, soit la lecture du procès-verbal des débats, a été accomplie le soir de l'audience, mais la seconde, la signification des arrêts rendus hors la présence de l'accusé, ne l'a été que le 14 mai 2018. L'arrêt pénal et l'arrêt civil de la cour d'assises ont été signifiés à la personne de l'accusé, par actes d'huissier de justice, le 14 mai 2018. Comme seule la signification de l'arrêt fait partir le délai de pourvoi en cassation, le pourvoi formé, le 15 mai 2018, contre les arrêts, pénal et civil, signifiés le 14 mai 2018 est recevable (▪ Cass. crim., 14 nov. 2019, n° 18-83.122, §§ 15 à 17 : *Bull. crim.* n° 26).

CHAPITRE IX. – DE L'APPEL DES DÉCISIONS RENDUES PAR LA COUR D'ASSISES EN PREMIER RESSORT

(Anc. chapitre VII, L. n° 2000-516, 15 juin 2000 ; dénum., L. n° 2004-204, 9 mars 2004)

Section I. – Dispositions générales

Bibliographie : *Répertoire.* H. Angevin, *Cour d'assises. – Appel des décisions des cours d'assises : JCl. Proc. pén.* 2016, Fasc. 20, actualisé par H.-C. Le Gall. • H. Angevin, *Mort d'un dogme. À propos de l'instauration, par la loi du 15 juin 2000, d'un second degré de juridiction en matière criminelle : JCP* G 2000, I, 260, p. 1795.

Généralités. B. Bouloc, *L'institution d'un recours en matière criminelle : RSC* 2002, p. 139. • V. Brault-Jamin, *L'appel des arrêts d'assises : RPDP* 2003, p. 689. • C. Charbonneau et F.-J. Pansier, *La loi du 15 juin 2000 sur la présomption d'innocence : première approche : Gaz. Pal.* 21-22 juin 2000, doctr. p. 11. • J. Danet, *Les procès d'assises après la réforme : regard sur les pratiques : RSC* 2003, p. 289. • Y. Jacob, *La réforme de la cour d'assises : une deuxième chance pour les condamnés : RPDP*

2001, p. 158. • J. Pradel, *« L'appel » contre les arrêts d'assises : Un apport heureux de la loi du 15 juin 2000* : *D.* 2001, chron. p. 1964. • W. Roumier, *Pour en finir avec une réforme inachevée* : *Dr. pén.* 2003, chron. 28. • H. Témine, *L'appel des arrêts d'assises* : *RSC* 2001, p. 83.

Art. 380-1 *(Mod., L. n° 2016-731, 3 juin 2016)*. **– Les arrêts de condamnation rendus par la cour d'assises en premier ressort peuvent faire l'objet d'un appel dans les conditions prévues par le présent chapitre.**

Cet appel est porté devant une autre cour d'assises et qui procède au réexamen de l'affaire selon les modalités et dans les conditions prévues par les chapitres II à VIII du présent titre.

1) Fait définitivement jugé. La question relative à l'intention de donner la mort, à laquelle la Cour et le jury statuant en première instance avaient répondu par la négative, portait sur un élément constitutif du crime d'homicide volontaire pour lequel Micheline X... a été renvoyée ; que, dès lors, en raison du lien de dépendance entre les questions relatives à l'élément matériel et celle relative à l'élément intentionnel de ce crime, l'accusation sur le fait reproché à l'accusée n'avait pas été légalement ni définitivement jugée (■ Cass. crim., 10 déc. 2003, n° 02-86.863 : *Bull. crim.* n° 241).

2) Appel incident du procureur de la République. Saisine de la cour d'assises d'appel. L'appel incident formé par le procureur général ne saisit pas la cour d'assises, statuant en appel, des infractions dont l'accusé a été déclaré non coupable ; il s'en déduit que cet appel ne porte que sur la condamnation prononcée (■ Cass. crim., 14 déc. 2016, n° 16-87.086 : *Bull. crim.* n° 343. ■ Cass. crim., 4 mars 2015, n° 14-81.685 : *Bull. crim.* n° 44 ; *D.* 2015, 1395, obs. B. Laurent ; *AJ Pénal* 2015, 434, obs. P. de Combles de Nayves). L'avocat de l'accusé a soulevé un incident contentieux en faisant valoir que le caractère incident de l'appel du ministère public s'opposait à ce que soit de nouveau posée la question spéciale portant sur la préméditation, la réponse négative donnée en première instance par la cour et les jurés équivalant à un acquittement partiel qui ne pouvait plus être remis en cause ; par arrêt incident, la cour a rejeté la demande de la défense et ordonné que soit posée une question spéciale relative à la préméditation ; en prononçant ainsi, dès lors que le président a le pouvoir de soumettre à la cour et au jury la circonstance aggravante de préméditation résultant des débats, quand bien même elle n'aurait pas été examinée au cours de la procédure d'instruction, la cour a justifié sa décision (■ Cass. crim., 29 mars 2017, n°s 16-82.615 et 16-83.955 : *Bull. crim.* n° 102).

3) Domaine de la saisine de la cour d'assises d'appel. Le procureur général ne peut cantonner à une partie de la décision son appel d'un arrêt pénal rendu par une cour d'assises à l'encontre d'un accusé (■ Cass. crim., 14 déc. 2016, n° 16-87.086 : *Bull. crim.* n° 343. ■ Cass. crim., 11 mai 2016, n° 16-82.123 : *Bull. crim.* n° 142. ■ Cass. crim., 10 févr. 2016, n° 16-80.468 : *Bull. crim.* n° 40 et n° 16-80.598 : *Bull. crim.* n° 41. ■ Cass. crim., 27 janv. 2016, n° 15-87.393 : *Bull. crim.* n° 22. ■ Cass. crim., 23 sept. 2015, n° 15-84.897 : *Bull. crim.* n° 208 ; *RSC* 2015, 904, obs. Cordier. ■ Cass. crim., 24 juin 2009, n° 08-88.262 : *Bull. crim.* n° 135 ; *AJ Pénal* 2009, 413, obs. Rousse ; *Procédures* 2009, n° 333, obs. J. Buisson). Il se déduit des dispositions combinées des articles 380-1, alinéa 2, et 380-14, alinéa 3, du Code de procédure pénale que la cour d'assises doit juger l'affaire en son entier comme en cas de renvoi après cassation. Doit être déclaré irrecevable l'appel interjeté par le condamné et cantonné aux seules dispositions de l'arrêt relatives à la peine (■ Cass. crim., 20 mars 2013, n° 13-81.622 : *Bull. crim.* n° 68. ■ Cass. crim., 17 oct. 2012, n° 11-87.476 : *Bull. crim.* n° 220 ; *AJ Pénal* 2013, p. 166, obs. Pronier ; *Procédures* 2012, n° 367, obs. A.-S. Chavent-Leclère. ■ Cass. crim., 2 févr. 2005, n° 05-80.196 : *Bull. crim.* n° 39. ■ Cass. crim., 24 juin 2009, n° 08-88.262 : *Bull. crim.* n° 135). La cour doit statuer elle-même sur les demandes qui lui sont faites au titre de l'action civile ; elle ne peut ni confirmer ni infirmer la décision rendue en premier ressort, ni renvoyer aux premiers juges l'examen d'une demande sur laquelle ils n'avaient pas définitivement statué (■ Cass. crim., 2 févr. 2022, n° 21-80.310 : *Bull. crim.* à paraître).

4) Délit connexe. En application de l'article 380-1, alinéa 3, 1°, du Code de procédure pénale, lorsque l'accusé, renvoyé devant la cour d'assises uniquement pour un délit connexe à un crime, est le seul appelant, la cour d'assises désignée pour statuer en appel siège sans l'assistance des jurés.

Ce texte doit recevoir application même si le ministère public a interjeté appel incident (■ Cass. crim., 7 juill. 2005, n° 05-83.974 : *Bull. crim.* n° 204).

5) Réponse non acquise à l'accusé. Lorsque l'accusé, poursuivi pour assassinat, a été condamné par la cour d'assises de première instance pour violences avec préméditation ayant entraîné la mort sans intention de la donner, la réponse négative à la question relative à l'intention de donner la mort ne lui est pas acquise et l'appel du ministère public saisit la juridiction du second degré de l'accusation initiale du chef d'assassinat qui n'a pas été légalement ni définitivement jugé (■ Cass. crim., 10 déc. 2003, n° 02-86.863 : *Bull. crim.* n° 241).

Art. 380-2 *(L. n° 2000-516, 15 juin 2000 ; mod., L. n° 2002-307, 4 mars 2002).* – **La faculté d'appeler appartient :**

1° À l'accusé ;

2° Au ministère public ;

3° À la personne civilement responsable, quant à ses intérêts civils ;

4° À la partie civile, quant à ses intérêts civils ;

5° En cas d'appel du ministère public, aux administrations publiques, dans les cas où celles-ci exercent l'action publique.

Le procureur général peut également faire appel des arrêts d'acquittement.

1) **Refus de transmission d'une question prioritaire de constitutionnalité.** Il n'y a pas lieu de renvoyer au Conseil constitutionnel l'article 380-2, alinéa 1er, 4° et dernier alinéa du Code de procédure pénale qui permet au seul procureur général d'interjeter appel d'un arrêt d'acquittement (tel qu'interprété par la Cour de cassation considérant que les parties civiles peuvent alors, sans avoir elles-mêmes interjeté appel, solliciter des dommages et intérêts en réparation du crime poursuivi), car l'accusé et le civilement responsable ne sont pas recevables à invoquer une rupture d'égalité entre les parties civiles qui, privées du droit d'appel contre un verdict d'acquittement, ne peuvent se constituer devant la cour d'assises d'appel qu'en cas d'appel du procureur général ; que seule une partie civile aurait qualité pour contester l'article 380-2 du Code de procédure pénale, tel qu'interprété par la jurisprudence (▪ Cass. crim., 12 déc. 2018, n° 18-83.038).

2) **Arrêt d'acquittement.** Seul le procureur général peut interjeter appel d'une décision d'acquittement, même partiel (▪ Cass. crim., 10 févr. 2016, n° 16-80.468 : *Bull. crim.* n° 10. ▪ Cass. crim., 26 juin 2002, n° 02-84.335 : *Bull. crim.* n° 145). Et non le procureur de la République (▪ Cass. crim., 23 mai 2001, n° 01-83.191 : *Bull. crim.* n° 133 ; *RSC* 2001, p. 836, obs. D. Commaret. ▪ Cass. crim., 23 juill. 2003, n° 03-84.118 : *Bull. crim.* n° 140. ▪ Cass. crim., 26 nov. 2003, n° 03-87.030 : *Bull. crim.* n° 223. ▪ Cass. crim., 21 mai 2003, n° 03-82.466 : *Bull. crim.* n° 102. ▪ Cass. crim., 15 janv. 2003, n° 02-88.207 : *Bull. crim.* n° 9), même sur instructions du Procureur général (▪ Cass. crim., 2 sept. 2009, n° 09-84.355 : *Bull. crim.* n° 150 ; *Dr. pén.* 2009, comm. 144, obs. A. Maron et M. Haas ; *AJ Pénal* 2009, 455, obs. M. Brochier et K. Lee).

3) **Renouvellement de constitution de partie civile.** Le demandeur ne saurait faire grief à la cour d'avoir reçu la confirmation de la constitution de partie civile des intéressés, assistés d'un avocat, de leur avoir permis d'assister aux débats et d'y être entendus en cette qualité, dès lors que la partie civile, privée du droit d'appel contre une décision d'acquittement, a la possibilité de renouveler sa constitution devant la cour d'assises statuant en appel, de participer aux débats en cette qualité et de solliciter l'indemnisation de son préjudice (▪ Cass. crim., 23 janv. 2019, n° 17-83.920).

4) **Substitut.** Si l'article 380-2 du Code de procédure pénale réserve le droit d'appel des arrêts d'acquittement au procureur général, ce dernier peut exercer ce droit, en vertu du principe général posé par l'article 34 dudit code, en personne ou par ses substituts ; l'appel interjeté par un avocat général près la cour d'appel de Paris est donc recevable (▪ Cass. crim., 31 mai 2007, n° 06-88.818 : *Bull. crim.* n° 147 ; *Procédures* 2007, comm. n° 261, obs. J. Buisson. ▪ Cass. crim., 26 nov. 2003, n° 03-87.030 : *Bull. crim.* n° 223. ▪ Cass. crim., 26 juin 2002, n° 02-84.335 : *Bull. crim.* n° 145).

Art. 380-2-1 A *(Créé à compter du 1er juin 2019, L. n° 2019-222, 23 mars 2019).* – **L'appel formé par l'accusé ou le ministère public peut indiquer qu'il ne conteste pas les réponses données par la cour d'assises sur la culpabilité et qu'il est limité à la décision sur la peine.**

Dans ce cas, seuls sont entendus devant la cour d'assises statuant en appel les témoins et experts dont la déposition est nécessaire afin d'éclairer les assesseurs et les jurés sur les faits commis et la personnalité de l'accusé, sans que soient entendues les personnes dont la déposition ne serait utile que pour établir sa culpabilité.

Lorsque la cour d'assises se retire pour délibérer, les dispositions relatives aux questions sur la culpabilité ne sont pas applicables.

Art. 380-2-1 *(L. n° 2011-939, 10 août 2011).* – **Même lorsqu'elle n'a pas interjeté appel, la partie civile est avisée par tout moyen de la date à laquelle l'affaire est appelée à l'audience.**

Art. 380-3 *(L. n° 2000-516, 15 juin 2000).* – **La cour d'assises statuant en appel sur l'action publique ne peut, sur le seul appel de l'accusé, aggraver le sort de ce dernier.**

1) Appel du seul condamné. V. note sous art. 380-6, p. 846. Aux termes de l'article 380-3 du Code de procédure pénale, la cour d'assises statuant en appel sur l'action publique ne peut, sur le seul appel de l'accusé, aggraver le sort de ce dernier ; la cour d'assises, statuant en première instance, a condamné l'accusé à la réclusion criminelle à perpétuité ; puis statuant sur le seul appel de l'accusé, une autre cour d'assises a prononcé la peine de trente ans de réclusion criminelle ainsi que celle complémentaire de dix ans d'interdiction des droits civiques, civils et de famille ; en prononçant cette peine complémentaire, à laquelle l'accusé n'avait pas été condamné en première instance, la cour d'assises, qui statuait sur le seul appel de celui-ci, a méconnu le sens et la portée du texte susvisé (■ Cass. crim., 26 mars 2003, n° 02-85.064 : *Bull. crim.* n° 78).

2) Appel incident du ministère public. À la suite de l'appel principal interjeté par l'intéressé, le ministère public a formé appel incident ; dès lors, la peine pouvait être aggravée par la cour d'assises chargée de statuer en appel (■ Cass. crim., 26 févr. 2003, n° 01-88.723. ■ Cass. crim., 26 juin 2002, n° 01-88.253).

Art. 380-3-1 *(Créé à compter du 1er juin 2019, L. n° 2019-222, 23 mars 2019)* (1). **– L'accusé doit comparaître devant la cour d'assises statuant en appel sur l'action publique dans un délai d'un an à compter soit de l'appel, si l'accusé est détenu, soit de la date à laquelle l'accusé a été ultérieurement placé en détention provisoire en application de la décision rendue en premier ressort.**

Toutefois, si l'audience sur le fond ne peut se tenir avant l'expiration de ce délai, le président de la chambre de l'instruction peut, à titre exceptionnel, par une décision mentionnant les raisons de fait ou de droit faisant obstacle au jugement de l'affaire, ordonner la prolongation de la détention pour une nouvelle durée de six mois. La comparution de l'accusé est de droit si lui-même ou son avocat en font la demande. Cette prolongation peut être renouvelée une fois dans les mêmes formes. La durée de six mois prévue au présent alinéa est portée à un an en cas de poursuites pour crime contre l'humanité ou pour un crime constituant un acte de terrorisme.

Si l'accusé n'a pas comparu devant la cour d'assises avant l'expiration des délais prévus au présent article, il est remis immédiatement en liberté s'il n'est pas détenu pour une autre cause.

Rétractation du désistement d'appel. En cas de rétractation du désistement d'appel dont il n'a pas été régulièrement donné acte, la cour d'assises reste tenue de statuer en appel dans le délai prévu à l'article 380-3-1 du Code de procédure pénale. Ce délai court à compter de cette rétractation, comme l'a jugé la Cour de cassation dans une situation comparable, s'agissant du délai imposé à la chambre de l'instruction par l'article 194, alinéa 4, du Code de procédure pénale pour statuer en matière de détention provisoire (■ Cass. crim., 9 févr. 2021, n° 20-86.558 : en cours de publication).

Art. 380-4 *(L. n° 2000-516, 15 juin 2000 ; L. n° 2004-204, 9 mars 2004 ; L. n° 2011 525, 17 mai 2011).* **– Pendant les délais d'appel et durant l'instance d'appel, il est sursis à l'exécution de l'arrêt sur l'action publique.**

Toutefois, l'arrêt de la Cour d'assises continue de produire ses effets à l'encontre de la personne condamnée à une peine privative de liberté conformément aux dispositions du deuxième alinéa de l'article 367.

Art. 380-5 *(L. n° 2000-516, 15 juin 2000).* **– Lorsque la cour d'assises n'est pas saisie de l'appel formé contre le jugement rendu sur l'action publique, l'appel formé par une partie contre le seul jugement rendu sur l'action civile est porté devant la chambre des appels correctionnels. Les articles 380-14 et 380-15 ne sont pas applicables.**

1) Illustration. Aux termes de l'article 380-5 du Code de procédure pénale, lorsque la cour d'assises n'est pas saisie de l'appel formé contre le jugement rendu sur l'action publique, l'appel formé par une partie, contre le seul jugement rendu sur l'action civile, est porté devant la chambre des appels correctionnels (■ Cass. crim., 10 mai 2012, n° 12-82.810 : *Bull. crim.* n° 111. ■ Cass. crim., 28 mars 2001, n° 01-81.943 : *Bull. crim.* n° 84).

2) Présence du ministère public. M. X... ne saurait se faire un grief de ce que la chambre des appels correctionnels, compétente en application de l'article 380-5 du Code de procédure

(1) Dispositions applicables aux procédures dans lesquelles l'appel a été formé postérieurement au 1er juin 2019, L. n° 2019-222, 23 mars 2019.

pénale pour prononcer sur l'appel d'un arrêt de cour d'assises statuant sur intérêts civils, a procédé et prononcé hors la présence du ministère public, dès lors qu'en application des dispositions des articles 464 et 512 dudit code, la présence du ministère public n'est pas obligatoire devant cette juridiction lorsque les débats ne portent plus que sur les intérêts civils (■ Cass. crim., 28 mars 2018, n° 16-84.872 : *Bull. crim.* n° 57).

Art. 380-6 *(L. n° 2000-516, 15 juin 2000)*. **– La cour d'assises statuant en appel sur l'action civile ne peut, sur le seul appel de l'accusé, du civilement responsable ou de la partie civile, aggraver le sort de l'appelant.**

La partie civile ne peut, en cause d'appel, former aucune demande nouvelle ; toutefois, elle peut demander une augmentation des dommages et intérêts pour le préjudice souffert depuis la première décision. Même lorsqu'il n'a pas été fait appel de la décision sur l'action civile, la victime constituée partie civile en premier ressort peut exercer devant la cour d'assises statuant en appel les droits reconnus à la partie civile jusqu'à la clôture des débats ; elle peut également demander l'application des dispositions du présent alinéa, ainsi que de celle de l'article 375.

1) **Refus de transmission d'une question prioritaire de constitutionnalité.** Les dispositions contestées de l'article 380-6 du Code de procédure pénale, relatives aux droits des victimes parties civiles, ne méconnaissent pas les principes d'égalité invoqués ; qu'en effet, d'une part, l'appel portant sur l'arrêt pénal d'une cour d'assises, laquelle juge les infractions les plus graves, entraîne le réexamen de l'affaire en son entier, d'autre part, en matière correctionnelle et de police, la partie civile peut relever appel principal du jugement et n'est ainsi pas privée de la faculté d'exercer l'intégralité des droits qui lui sont reconnus en cette qualité (■ Cass. crim., 18 févr. 2015, n° 14-84.345).

2) **Préjudice souffert depuis la première décision.** La Cour de cassation interprète cette disposition comme permettant à la victime, constituée partie civile en première instance, non appelante, de demander une augmentation des dommages et intérêts pour le préjudice subi depuis la première décision (■ Cass. crim., 16 déc. 2020, n° 19-87.622 : *Bull. crim.* n° 18 ; *Dr. pén.* 2021, comm. 41, obs. É. Bonis. ■ Cass. Crim., 10 juin 2015, n° 14-84.345). Mais l'arrêt civil de la cour d'assises, statuant en appel, qui accorde à une partie civile des dommages et intérêts sans préciser qu'ils réparent un préjudice souffert depuis la décision de première instance encourt la cassation (■ Cass. crim., 16 déc. 2020, n° 19-87.622 : *Bull. crim.* n° 18 ; *Dr. pén.* 2021, comm. 41, obs. É. Bonis. ■ Cass. Crim., 10 mai 2012, n° 11-81.437 : *Bull.* 2012, n° 114. ■ Cass. crim., 15 avr. 2015, n° 13-88.519). L'arrêt civil attaqué a accordé, à des parties civiles non appelantes, des dommages et intérêts qui n'avaient pas été attribués en première instance, sans constater qu'ils réparaient des préjudices subis depuis la décision prononcée par la cour d'assises statuant au premier degré. En statuant ainsi, la cour d'assises n'a pas justifié sa décision (■ Cass. crim., 22 janv. 2020, n° 19-80.122 : *Bull. crim.* n° 26 ; *Dr. pén.* 2020, comm. 86, obs. A. Maron et M. Haas).

3) **Aggravation du sort du condamné.** Il se déduit des dispositions des articles 380-3 et 380-6 du Code de procédure pénale qu'une cour d'assises statuant en appel sur l'action civile ne peut aggraver le sort de l'accusé dès lors que la partie civile n'a pas interjeté appel de l'arrêt ayant déclaré, en premier ressort, sa constitution irrecevable (■ Cass. crim., 27 janv. 2016, n° 15-87.797 : *Bull. crim.* n° 23. ■ Cass. crim., 28 avr. 2004, n° 03-80.695 : *Bull. crim.* n° 101). La Cour de cassation interprète cette disposition comme permettant à la victime, constituée partie civile en première instance, non appelante, de demander une augmentation des dommages et intérêts pour le préjudice subi depuis la première décision (■ Cass. crim., 10 juin 2015, n° 14-84.345). Mais l'arrêt civil de la cour d'assises, statuant en appel, qui accorde à une partie civile des dommages et intérêts sans préciser qu'ils réparent un préjudice souffert depuis la décision de première instance encourt la cassation (■ Cass. crim., 10 mai 2012, n° 11-81.437 : *Bull. crim.* n° 114. ■ Cass. crim., 15 avr. 2015, n° 13-88.519). Selon l'article 380-6 du Code de procédure pénale, la cour d'assises, statuant en appel sur l'action civile, ne peut sur le seul appel de l'accusé, du civilement responsable ou de la partie civile aggraver le sort de l'appelant. La partie civile ne peut, en cause d'appel, former aucune demande nouvelle ; toutefois, elle peut demander une augmentation des dommages et intérêts pour le préjudice souffert depuis la précédente décision. L'arrêt civil attaqué a accordé, à des parties civiles non appelantes, des dommages et intérêts qui n'avaient pas été attribués en première instance, sans constater qu'ils réparaient des préjudices subis depuis la décision prononcée par la cour d'assises statuant au premier degré. En statuant ainsi, la cour d'assises n'a pas justifié sa décision et méconnu le texte et le principe ci-dessus exposé (■ Cass. crim., 22 janv. 2020, n° 19-80.122 : *Bull. crim.* n° 26, § 40).

4) **Aggravation du sort de la partie civile.** La cour d'assises d'appel ne peut, sur le seul appel de

la partie civile, aggraver le sort de celle-ci. Encourt la cassation l'arrêt civil qui, sur le seul appel de la partie civile, réduit les indemnités accordées aux parties civiles par la cour d'assises du premier degré (▪ Cass. crim., 31 oct. 2006, n° 06-82.372 : *Bull. crim.* n° 266 ; *Dr. pén.* 2007, chron. 5, obs. H. Angevin).

5) **Recevabilité appel incident.** Les parties civiles sont irrecevables à former appel incident de l'arrêt civil prononcé par une cour d'assises lorsque l'accusé n'en a pas formé appel principal (▪ Cass. crim., 11 mai 2016, n° 16-82.436 : *Bull. crim.* n° 141. ▪ Cass. crim., 27 janv. 2016, n° 15-87.797 : *Bull. crim.* n° 23). L'appel incident interjeté par l'accusé de l'arrêt ayant prononcé sur les intérêts civils est recevable, dès lors que cet arrêt a fait l'objet d'un appel principal par plusieurs des parties civiles au procès (▪ Cass. crim., 27 janv. 2016, n° 15-87.797 : *Bull. crim.* n° 23. ▪ Cass. crim., 18 juin 2008, n° 08-83.891 : *Bull. crim.* n° 156. ▪ Cass. crim., 23 janv. 2002, n° 02-80.003 : *Bull. crim.* n° 10). L'appel incident de la partie civile contre l'arrêt ayant prononcé sur les intérêts civils est irrecevable lorsque l'accusé n'a interjeté appel que de l'arrêt pénal (▪ Cass. crim., 23 janv. 2002, n° 02-80.003 : *Bull. crim.* n° 10).

6) **Constitution de partie civile devant la cour d'assises d'appel.** Il résulte de l'article 380-6 du Code de procédure pénale qu'une victime non constituée partie civile devant la cour d'assises de première instance ne peut se constituer, pour la première fois, devant celle statuant en appel (▪ Cass. crim., 24 mai 2006, n° 05-86.430 : *Bull. crim.* n° 145. ▪ Cass. crim., 18 juin 2003, n° 02-85.269 : *Bull. crim.* n° 125). À défaut pour le demandeur au pourvoi ou toute autre partie au procès de s'être opposé à cette constitution de partie civile par une demande de donner acte ou en soulevant un incident, la contestation de la recevabilité de cette constitution de partie civile en application de l'article 380-6 du Code de procédure pénale ne peut être présentée pour la première fois devant la Cour de cassation (▪ Cass. crim., 2 févr. 2022, n°s 21-82.009, 21-82.065 : *Bull. crim.* à paraître).

7) **Étendue des droits de la partie civile.** Aux termes de l'article 380-6, alinéa 2, du Code de procédure pénale, même lorsqu'il n'a pas été fait appel de la décision sur l'action civile, la victime constituée partie civile en premier ressort peut exercer devant la cour d'assises statuant en appel les droits reconnus à la partie civile jusqu'à la clôture des débats. Elle peut, ainsi, non seulement exiger, en application de l'article 306, alinéa 3, du code susvisé, le huis clos ou s'opposer à cette mesure, mais aussi intervenir aux débats de la cour d'assises d'appel (▪ Cass. crim., 28 sept. 2005, n° 05-80.429 : *Bull. crim.* n° 243).

8) **Acquittement du condamné.** L'article 380-6 du Code de procédure pénale n'est pas applicable à la partie civile devant la cour d'assises, statuant en appel, lorsque l'accusé a été acquitté par la cour d'assises en première instance, le procureur général étant seul habilité à relever appel d'une décision d'acquittement (▪ Cass. crim., 14 oct. 2020, n° 19-86.931).

Art. 380-7 ***(L. n° 2000-516, 15 juin 2000).*** **– Pendant les délais d'appel et durant l'instance d'appel, il est sursis à l'exécution de l'arrêt sur l'action civile, sous réserve des dispositions de l'article 374.**

Art. 380-8 ***(L. n° 2000-516, 15 juin 2000).*** **– Lorsque la cour d'assises statuant en premier ressort sur l'action civile a ordonné le versement provisoire, en tout ou en partie, des dommages-intérêts alloués, cette exécution provisoire peut être arrêtée, en cause d'appel, par le premier président, statuant en référé si elle risque d'entraîner des conséquences manifestement excessives. Le premier président peut subordonner la suspension de l'exécution provisoire à la constitution d'une garantie, réelle ou personnelle, suffisante pour répondre de toutes restitutions ou réparations.**

Lorsque l'exécution provisoire a été refusée par la cour statuant sur l'action civile ou lorsque l'exécution provisoire n'a pas été demandée, ou si, l'ayant été, la cour a omis de statuer, elle peut être accordée, en cas d'appel par le premier président statuant en référé.

Pour l'application des dispositions du présent article, est compétent le premier président de la cour d'appel dans le ressort de laquelle siège la cour d'assises désignée pour connaître de l'affaire en appel.

Section II. – Délais et formes de l'appel

Art. 380-9 ***(L. n° 2000-516, 15 juin 2000).*** **– L'appel est interjeté dans le délai de dix jours à compter du prononcé de l'arrêt.**

Toutefois, le délai ne court qu'à compter de la signification de l'arrêt, quel qu'en soit le mode, pour la partie qui n'était pas présente ou représentée à l'audience où le jugement a été prononcé, mais seulement dans le cas où elle-même ou son représentant n'auraient pas été informés du jour où l'arrêt serait prononcé.

1) **Recevabilité.** V. note sous art. 380-11, p. 848.

2) **Appel incident.** L'exercice par le ministère public de son droit d'appel incident ne fait pas obstacle à ce qu'il forme, par la suite, dans le délai prévu par l'article 380-9 du Code de procédure pénale, un appel principal de l'arrêt pénal (■ Cass. crim., 11 mai 2016, n° 16-82436 : *Bull. crim.* n° 141).

Art. 380-10 ***(L. n° 2000-516, 15 juin 2000).*** **– En cas d'appel d'une partie, pendant les délais ci-dessus, les autres parties ont un délai supplémentaire de cinq jours pour interjeter appel.**

Détermination du délai. Dans le cas visé à l'article 380-10 du Code de procédure pénale, où l'une des parties a interjeté appel pendant le délai de dix jours prévu par l'article 380-9 du même code, il est imparti pour faire appel incident, à toutes les parties qui auraient été admises à former un appel principal, un délai global de quinze jours après le prononcé de l'arrêt (■ Cass. crim., 18 juin 2008, n° 08-83.891 : *Bull. crim.* n° 156).

Art. 380-11 ***(Mod., L. n° 2021-401, 8 avr. 2021).*** **– L'accusé peut se désister de son appel jusqu'à son interrogatoire par le président prévu par l'article 272.**

Ce désistement rend caducs les appels incidents formés par le ministère public ou les autres parties.

Dans tous les cas, le ministère public peut toujours se désister de son appel formé après celui de l'accusé en cas de désistement de celui-ci.

Le désistement d'appel est constaté par ordonnance du premier président de la cour d'appel ou du président de la chambre criminelle de la Cour de cassation, lorsque celle-ci est saisie en application de l'article 380-14, ou par ordonnance du président de la cour d'assises.

1) **Abrogation constitutionnelle de l'alinéa 5.** Les dispositions contestées s'appliquent à l'accusé qui a régulièrement relevé appel de sa condamnation ; qu'elles le privent du droit de faire réexaminer l'affaire par la juridiction saisie du seul fait que, à un moment quelconque du procès, il s'est soustrait à l'obligation de comparaître tout en rendant immédiatement exécutoire la condamnation contestée ; que ces dispositions portent au droit à un recours juridictionnel effectif une atteinte disproportionnée au regard de l'objectif d'intérêt général poursuivi ; que, par suite, elles méconnaissent les exigences résultant de l'article 16 de la Déclaration de 1789 (■ Cons. const., 13 juin 2014, n° 2014-403 QPC).

2) **Portée de l'abrogation.** M. X..., qui avait interjeté appel de l'arrêt de la cour d'assises du Gard, en date du 18 mai 2011, l'ayant condamné à vingt ans de réclusion criminelle avec période de sûreté fixée aux deux tiers de la peine, n'a pas comparu, le 26 novembre 2012, à la reprise de l'audience de la cour d'assises du Vaucluse ; le président de la cour d'assises a déclaré son appel caduc, par ordonnance en date du même jour, en application de l'article 380-11, alinéa 5, du Code de procédure pénale. Mais cette disposition a été déclarée contraire à la Constitution, par la décision susvisée du Conseil constitutionnel, prenant effet à la date de sa publication au *Journal officiel* de la République française le 15 juin 2014. D'où il suit que l'annulation est encourue (■ Cass. crim., 13 nov. 2014, n° 13-86.326 : *Bull. crim.* n° 237).

3) **Recevabilité.** L'appel principal et l'appel incident du ministère public n'ayant pas les mêmes effets dès lors que l'éventuel désistement de l'accusé, appelant principal, rend caduc le second, mais non le premier, en application de l'article 380-11 du Code de procédure pénale, l'exercice par le ministère public de son droit d'appel incident ne fait pas obstacle à ce qu'il forme, par la suite, dans le délai prévu par l'article 380-9 du Code de procédure pénale, un appel principal de l'arrêt pénal ; dès lors, l'appel principal formé le 11 mars 2016 par le ministère public est recevable (■ Cass. crim., 11 mai 2016, n° 16-82436 : *Bull. crim.* n° 141).

4) **Autorité compétente pour donner acte du désistement.** Le président de la cour d'assises ayant statué au premier degré et épuisé sa compétence, se trouve, dès lors, sans qualité pour donner acte à l'accusé de son désistement d'appel. En conséquence, l'accusé pouvant revenir sur sa décision de désistement d'appel tant qu'il ne lui en a pas été donné acte par une autorité compétente, il y a lieu à désignation d'une cour d'assises chargée de statuer en appel (■ Cass. crim., 2 sept. 2005, n° 05-84.433 : *Bull. crim.* n° 215 ; *Dr. pén.* 2006, comm. 16, obs. A. Maron). Il se déduit des articles 380-14 et 380-11 du Code de procédure pénale qu'en cas de désistement d'appel, sans qu'au préalable la Cour de cassation ait été saisie d'une demande de désignation, il appartient au premier président de la cour d'appel de désigner la cour d'assises chargée de statuer en appel parmi celles de son ressort, et au président de la cour d'assises ainsi désignée de constater ce désistement (■ Cass. crim., 15 nov. 2017, n° 17-86.410 : *Bull. crim.* n° 260).

5) **Caducité.** En cas de désistement d'appel de deux accusés et de désignation d'une cour d'assi-

ses pour un autre accusé appelant, l'appel incident du ministère public à l'égard de chacun de ceux qui se sont désistés est, en application de l'article 380-11 du Code de procédure pénale, caduc (■ Cass. crim., 2 févr. 2005, n° 05-80.577 : *Bull. crim.* n° 40).

6) **Désistement postérieur.** Le désistement intervenu après l'interrogatoire prévu par l'article 272 du Code de procédure pénale ne pouvait entraîner la caducité des appels incidents (■ Cass. crim., 18 janv. 2012, n° 11-84.707).

Art. 380-12 *(Mod., L. n° 2011-94, 25 janv. 2011)*. **– La déclaration d'appel doit être faite au greffe de la cour d'assises qui a rendu la décision attaquée.**

Elle doit être signée par le greffier et par l'appelant lui-même, par un avocat, par un avoué près la cour d'appel, ou par un fondé de pouvoir spécial ; dans ce dernier cas, le pouvoir est annexé à l'acte dressé par le greffier. Si l'appelant ne peut signer, il en sera fait mention par le greffier.

Elle est inscrite sur un registre public à ce destiné et toute personne a le droit de s'en faire délivrer une copie.

Lorsque l'appel est formé par le procureur général et que le siège de la cour d'assises n'est pas celui de la cour d'appel, la déclaration d'appel, signée par le procureur général, est adressée sans délai, en original ou en copie, au greffe de la cour d'assises ; elle est transcrite sur le registre prévu à l'alinéa précédent et annexée à l'acte dressé par le greffier.

1) **Avocat général.** Un avocat général a qualité pour interjeter appel et il peut le faire, dans les délais légaux, auprès du greffe de la cour d'assises du siège de la cour d'appel qui l'adresse au greffe de la cour d'assises de première instance aux fins de transcription dans les conditions prévues par l'article 380-12 du Code de procédure pénale (■ Cass. crim., 31 mai 2007, n° 06-88.818 : *Bull. crim.* n° 147. ■ Cass. crim., 23 juin 2010, n° 09-87.870).

2) **Étendue de l'appel du ministère public.** Il résulte du procès-verbal des débats que le conseil de l'accusé a soulevé une exception d'irrecevabilité de l'appel principal interjeté par le procureur général auprès du greffe de la cour d'appel de Paris, portant à la fois sur la condamnation prononcée par la cour d'assises de Seine-Saint-Denis à l'encontre de M. C... et sur l'acquittement partiel dont il a bénéficié, en faisant valoir que la déclaration d'appel avait été retranscrite de manière incomplète dans le registre du greffe de la cour d'assises de Seine-Saint-Denis, de telle sorte qu'il apparaissait que l'appel était cantonné à l'acquittement partiel, un tel cantonnement étant contraire à la loi ; pour rejeter cette exception, la cour, par arrêt incident, retient que la déclaration d'appel a été régulièrement formée auprès du greffe de la cour d'appel de Paris, qu'elle est sans ambiguïté, et qu'en dépit de l'erreur matérielle commise lors de la retranscription sur le registre du greffe de la cour d'assises de première instance, M. C... ne pouvait se méprendre sur l'étendue de l'appel du ministère public dans la mesure où la déclaration d'appel était annexée à ce registre ; en prononçant ainsi, la cour a justifié sa décision (■ Cass. crim., 20 juin 2018, n° 17-82.237 : *Bull. crim.* 118).

Art. 380-13 *(Mod., L. n° 2002-307, 4 mars 2002)*. **– Lorsque l'appelant est détenu, l'appel peut être fait au moyen d'une déclaration auprès du chef de l'établissement pénitentiaire.**

Cette déclaration est constatée, datée et signée par le chef de l'établissement pénitentiaire. Elle est également signée par l'appelant ; si celui-ci ne peut signer, il en est fait mention par le chef de l'établissement.

Ce document est adressé sans délai, en original ou en copie, au greffe de la cour d'assises qui a rendu la décision attaquée ; il est transcrit sur le registre prévu par le troisième alinéa de l'article 380-12 et annexé à l'acte dressé par le greffier.

Section III. – Désignation de la cour d'assises statuant en appel

Art. 380-14 *(Mod., L. n° 2016-731, 3 juin 2016 ; L. n° 2016-1547, 18 nov. 2016)*. **– Après avoir recueilli les observations écrites du ministère public et des parties ou de leurs avocats, le premier président de la cour d'appel désigne la cour d'assises chargée de statuer en appel parmi les autres cours d'assises du ressort de la cour d'appel.**

Toutefois, si le ministère public ou l'une des parties le demande ou si le premier président estime nécessaire la désignation d'une cour d'assises située hors de ce ressort, le ministère public adresse sans délai au greffe de la chambre criminelle de la Cour de cassation, avec ses observations éventuelles et celles des parties, l'arrêt attaqué et, le cas échéant, le dossier de la procédure.

Dans le mois qui suit la réception de l'appel, la chambre criminelle, après avoir recueilli, si elles n'ont pas déjà été données, les observations écrites du ministère public et des parties ou de leurs avocats, désigne la cour d'assises chargée de statuer en appel. Il est alors procédé comme en cas de renvoi après cassation.

Par dérogation aux dispositions du deuxième alinéa de l'article 380-1, en cas d'appel d'une décision de la cour d'assises d'un département d'outre-mer, de la Nouvelle-Calédonie, de la Polynésie française et des îles Wallis-et-Futuna, le président de la cour d'appel ou la chambre criminelle peut désigner la même cour d'assises, autrement composée, pour connaître de l'appel. Les dispositions du présent alinéa sont également applicables en cas d'appel des décisions de la cour d'assises de Mayotte ou du tribunal criminel de Saint-Pierre-et-Miquelon. En cas de vacance de poste, d'absence, d'empêchement ou d'incompatibilité légale, les fonctions de président de la juridiction criminelle statuant en appel et, le cas échéant, des magistrats assesseurs qui la composent, sont exercées par des conseillers désignés, sur une liste arrêtée pour chaque année civile, par le premier président de la cour d'appel de Paris, ou, pour la cour d'assises de Mayotte, par le premier président de la cour d'appel de Saint-Denis-de-la-Réunion.

1) Ressort. Il résulte du deuxième alinéa de l'article 380-14 du Code de procédure pénale qu'en cas d'appel d'un arrêt rendu par une cour d'assises, le procureur général près la cour d'appel ne peut saisir la chambre criminelle que s'il demande la désignation d'une cour d'assises située en dehors du ressort de ladite cour d'appel (■ Cass. crim., 7 sept. 2016, n° 16-85.070 : *Bull. crim.* n° 236).

2) Outre-mer. Il se déduit de l'article 380-14 du Code de procédure pénale, dans sa rédaction issue de la loi du 18 novembre 2016, qu'en cas d'appel d'une décision rendue par l'une des cours d'assises mentionnées au quatrième alinéa, lorsque la désignation d'une juridiction située hors du ressort de la cour d'appel n'est sollicitée ni par le ministère public, ni par une partie, la chambre criminelle de la Cour de cassation n'a compétence que si le premier président de la cour d'appel estime nécessaire de désigner une cour d'assises située hors de ce ressort, et non pas la même cour d'assises autrement composée (■ Cass. crim., 1er mars 2017, n° 16-87.665 : *Bull. crim.* n° 62). Selon l'article 380-14 du Code de procédure pénale, par dérogation aux dispositions du deuxième alinéa de l'article 380-1 dudit code, en cas d'appel d'une décision de la cour d'assises d'un département d'outre-mer, la chambre criminelle peut désigner la même cour d'assises, autrement composée, pour connaître de l'appel (■ Cass. crim., 12 févr. 2003, n° 02-80.767 : *Bull. crim.* n° 33).

3) Désignation par la chambre criminelle. Il résulte de l'article 380-14 du Code de procédure pénale qu'une cour d'assises n'est compétente pour statuer sur la recevabilité d'un appel en matière criminelle que si elle a été désignée par la chambre criminelle de la Cour de cassation pour statuer en appel (■ Cass. crim., 19 janv. 2011, n° 09-88.363 : *Bull. crim.* n° 10). En application de l'article 380-14 du Code de procédure pénale, en cas d'appel d'une décision de condamnation prononcée par une cour d'assises, le premier président de la cour d'appel désigne la cour d'assises chargée de statuer en appel parmi les autres cours d'assises de son ressort ; que la chambre criminelle de la Cour de cassation n'a compétence pour statuer qu'au cas où la désignation d'une cour d'assises située hors de ce ressort est demandée par le ministère public ou une partie, ou estimée nécessaire par le premier président de la cour d'appel ; il se déduit de ce texte et de l'article 380-11 dudit code qu'en cas de désistement d'appel, sans qu'au préalable la Cour de cassation ait été saisie d'une demande de désignation, il appartient au premier président de la cour d'appel de désigner la cour d'assises chargée de statuer en appel parmi celles de son ressort, et au président de la cour d'assises ainsi désignée de constater ce désistement (■ Cass. crim., 15 nov. 2017, n° 17-86.410 : *Bull. crim.* n° 260).

4) Mineur. En présence de l'appel d'un arrêt de la cour d'assises des mineurs émanant d'un seul accusé majeur, il y a lieu de désigner comme juridiction d'appel une cour d'assises de droit commun (■ Cass. crim., 15 févr. 2001, n° 01-80.751 : *Bull. crim.* n° 44).

Art. 380-15 *(Mod., L. n° 2016-731, 3 juin 2016)*. **– Si l'appel n'a pas été formé dans les délais prévus par la loi ou porte sur un arrêt qui n'est pas susceptible d'appel, le premier président de la cour d'appel ou le président de la chambre criminelle de la Cour de cassation dit n'y avoir pas lieu à désignation d'une cour d'assises chargée de statuer en appel.**

Recevabilité de l'appel. Dès lors que la Cour de cassation n'avait pas expressément prononcé sur la recevabilité de l'appel, la cour d'assises s'est à bon droit déclarée compétente pour statuer sur la régularité de ce recours (■ Cass. crim., 17 oct. 2012, n° 11-87.476 : *Bull. crim.* n° 220. ■ Cass. crim., 2 mars 2005, n° 04-82.900 : *Bull. crim.* n° 74 ; *Dr. pén.* 2005, comm. 83, obs. A. Maron).

Sous-titre II. – De la cour criminelle départementale

Art. 380-16 *(Créé à compter du 1er janvier 2023, L. n° 2021-1729, 22 déc. 2022).* – Par dérogation aux chapitres Ier à V du sous-titre Ier du présent titre, les personnes majeures accusées d'un crime puni de quinze ans ou de vingt ans de réclusion criminelle, lorsqu'il n'est pas commis en état de récidive légale, sont jugées en premier ressort par la cour criminelle départementale.

Cette cour est également compétente pour le jugement des délits connexes.

Elle n'est pas compétente s'il existe un ou plusieurs coaccusés ne répondant pas aux conditions prévues au présent article.

Art. 380-17 *(Créé à compter du 1er janvier 2023, L. n° 2021-1729, 22 déc. 2022).* – La cour criminelle départementale, qui siège au même lieu que la cour d'assises ou, par exception et dans les conditions prévues à l'article 235, dans un autre tribunal judiciaire du même département, est composée d'un président et de quatre assesseurs, choisis par le premier président de la cour d'appel, pour le président, parmi les présidents de chambre et les conseillers du ressort de la cour d'appel exerçant ou ayant exercé les fonctions de président de la cour d'assises et, pour les assesseurs, parmi les conseillers et les juges de ce ressort. Le premier président de la cour d'appel peut désigner deux assesseurs au plus parmi les magistrats exerçant à titre temporaire ou les magistrats honoraires exerçant des fonctions juridictionnelles dans les conditions prévues à la section II du chapitre V *bis* de l'ordonnance n° 58-1270 du 22 décembre 1958 portant loi organique relative au statut de la magistrature.

Art. 380-18 *(Créé à compter du 1er janvier 2023, L. n° 2021-1729, 22 déc. 2022).* – Sur proposition du ministère public, l'audiencement de la cour criminelle départementale est fixé par son président ou, à la demande du procureur général, par le premier président de la cour d'appel.

Art. 380-19 *(Créé à compter du 1er janvier 2023, L. n° 2021-1729, 22 déc. 2022).* – La cour criminelle départementale applique les dispositions du présent code relatives aux cours d'assises sous les réserves suivantes :

1° Il n'est pas tenu compte des dispositions qui font mention du jury ou des jurés ;

2° Les attributions confiées à la cour d'assises sont exercées par la cour criminelle départementale et celles confiées au président de la cour d'assises sont exercées par le président de la cour criminelle départementale

3° La section 2 du chapitre III du sous-titre Ier du présent livre, l'article 282, la section 1 du chapitre V du même sous-titre Ier, les deux derniers alinéas de l'article 293 et les articles 295 à 305 ne sont pas applicables ;

4° Pour l'application des articles 359,360 et 362, les décisions sont prises à la majorité ;

5° Les deux derniers alinéas de l'article 347 ne sont pas applicables et la cour criminelle départementale délibère en étant en possession de l'entier dossier de la procédure.

Art. 380-20 *(Créé à compter du 1er janvier 2023, L. n° 2021-1729, 22 déc. 2022).* – Si la cour criminelle départementale estime, au cours ou à l'issue des débats, que les faits dont elle est saisie constituent un crime puni de trente ans de réclusion criminelle ou de la réclusion criminelle à perpétuité, elle renvoie l'affaire devant la cour d'assises. Si l'accusé comparaissait détenu, il demeure placé en détention provisoire jusqu'à sa comparution devant la cour d'assises ; dans le cas contraire, la cour criminelle départementale peut, après avoir entendu le ministère public et les parties ou leurs avocats, décerner, par la même décision, mandat de dépôt ou mandat d'arrêt contre l'accusé.

Art. 380-21 *(Créé à compter du 1er janvier 2023, L. n° 2021-1729, 22 déc. 2022).* – L'appel des décisions de la cour criminelle départementale est examiné par la cour d'assises dans les conditions prévues au sous-titre Ier du présent titre pour l'appel des arrêts rendus par les cours d'assises en premier ressort.

Art. 380-22 *(Créé à compter du 1er janvier 2023, L. n° 2021-1729, 22 déc. 2022).* – Pour l'application des dispositions relatives à l'aide juridictionnelle, la cour criminelle départementale est assimilée à la cour d'assises.

TITRE II. – DU JUGEMENT DES DÉLITS

CHAPITRE I. – DU TRIBUNAL CORRECTIONNEL

Section I. – De la compétence et de la saisine du Tribunal correctionnel

§ 1. – Dispositions générales

Art. 381 *(Mod., L. n° 92-1336, 16 déc. 1992).* **– Le tribunal correctionnel connaît des délits.**

Sont des délits les infractions que la loi punit d'une peine d'emprisonnement ou d'une peine d'amende supérieure ou égale à 3 750 €.

Bibliographie : A. Maron, *Tribunal correctionnel. – Compétence et saisine : JCl. Proc. pén.*, art. 381 à 392-1, Fasc. 15.

1) **Règle d'ordre public.** En matière répressive, les juridictions sont d'ordre public ; les juridictions correctionnelles étant incompétentes pour connaître des infractions qualifiées crimes par la loi, il appartient aux juges du second degré, saisis de la cause entière par l'appel du ministère public, d'examiner, même d'office, leur compétence lorsque les faits tels qu'ils résultent du débat sont du ressort de la juridiction criminelle (■ Cass. crim., 3 févr. 1988, n° 87-82.336 : *Bull. crim.* n° 55). En matière répressive les juridictions sont d'ordre public ; il en résulte que le prévenu est recevable, même pour la première fois devant la Cour de cassation, à exciper de l'incompétence de la juridiction qui a statué en se fondant sur ce que les faits seraient de nature à justifier la compétence d'un autre ordre de juridiction (■ Cass. crim., 2 mai 1983, n° 80-93.395 : *Bull. crim.* n° 121). Caractère indicatif de compétence des décisions de renvoi d'une juridiction d'instruction. Le renvoi décidé par la juridiction d'instruction n'est qu'indicatif et non attributif de compétence et laisse au juge correctionnel sa pleine liberté d'appréciation en fait comme en droit ; dès lors, bien que le renvoi devant le tribunal correctionnel implique la négation des circonstances constitutives du crime, cette appréciation, qu'elle soit implicite ou qu'elle soit énoncée textuellement dans l'ordonnance, ne lie aucunement les juges du fond qui restent maître de statuer sur la compétence (■ Cass. crim., 23 juin 1992, n° 92-81.460 : *Bull. crim.* n° 248). Le juge de répression qui relève dans le débat des circonstances aggravantes de nature à attribuer aux faits dont il est saisi par l'ordonnance de renvoi, une qualification criminelle, doit se déclarer incompétent, et, en ce cas, il appartient à la Cour de cassation, si elle rejette le pourvoi, de régler de juges (■ Cass. crim., 6 août 1977, n° 77-90.882 : *Bull. crim.* n° 276). Il résulte de la combinaison des articles 385 et 388 du Code de procédure pénale que, lorsque le tribunal correctionnel constate que les faits dont il est saisi par une ordonnance de renvoi du juge d'instruction sont de nature criminelle, il doit renvoyer le ministère public à mieux se pourvoir, sans avoir la possibilité d'annuler ladite ordonnance (■ Cass. crim., 5 mai 2020, n° 20-81.034, § 13).

2) **Étendue de la saisine *in rem* du tribunal correctionnel.** Les tribunaux correctionnels ne peuvent statuer que sur les faits relevés par l'ordonnance ou par la citation qui les a saisis (■ Cass. crim., 9 mars 1966, n° 65-91.796 : *Bull. crim.* n° 89). Il appartient à la juridiction correctionnelle saisie d'un fait qualifié délit, si elle estime, au résultat des débats, que le fait ne constitue qu'une contravention, de prononcer la peine (■ Cass. crim., 13 avr. 2010, n° 09-85.776 : *Bull. crim.* n° 66). Lorsque la juridiction correctionnelle a été régulièrement saisie de deux infractions, dont l'une n'a pu lui être déférée qu'en raison de sa connexité avec l'autre, elle reste compétente pour statuer sur l'action publique et l'action civile, afférentes à cette infraction connexe, alors même que, pour le reste de la poursuite, l'action publique se trouve éteinte : ainsi lorsque la poursuite de l'infraction principale est déclarée prescrite (■ Cass. crim., 31 janv. 1995, n° 92-86.559 : *Bull. crim.* n° 39).

3) **Compétence quant à l'action civile.** Il résulte de l'article 381 du Code de procédure pénale que le juge correctionnel n'est pas compétent pour se prononcer sur l'action en réparation du dommage causé par le fonctionnement défectueux du service public de la justice fondée sur l'article L. 141-1 du Code de l'organisation judiciaire (■ Cass. crim., 7 nov. 2018, n° 18-80.176 : *Bull. crim.* n° 186).

Code monétaire et financier

Art. L. 163-2. – Pour la recherche, la poursuite, l'instruction et le jugement des infractions mentionnées aux alinéas précédents, le tribunal du lieu où le chèque est payable est compétent, sans préjudice de l'application des articles 43, 52 et 382 du Code de procédure pénale.

....

Art. L. 163-7. – Pour la recherche, la poursuite, l'instruction et le jugement des infractions mentionnées aux alinéas précédents, le tribunal du lieu où le chèque est payable est compétent, sans préjudice de l'application des articles 43, 52 et 382 du Code de procédure pénale.

Code de la sécurité intérieure

Art. L. 616-5. – *(Dernier al.)* Pour la poursuite, l'instruction et le jugement de ces infractions, sans préjudice des articles 43, 52, 382, 706-42 et 706-75 du Code de procédure pénale, sont compétents le procureur de la République, le juge d'instruction et la juridiction de jugement du lieu dans lequel le navire à bord duquel une infraction est constatée est immatriculé ou du lieu de résidence administrative de l'agent qui a constaté cette infraction.

Voir : art. 43, p. 164, art. 628-1, p. 1298, art. 628-10, p. 1301, art. 704, p. 1474, art. 704-1, p. 1475, art. 705, p. 1476, art. 705-1, p. 1477, art. 706-17 et s., p. 1516, art. 706-167 et s., p. 1679, pour l'outre-mer, V. art. 804 et s., p. 1879, C. env., art. L. 713-8 (compétence du tribunal de grande instance de Paris en application du protocole au Traité sur l'Antarctique). C. défense, art. L. 1521-9, (pouvoir de police en mer et refus d'obtempérer : compétence de la juridiction du port ou de la position où le navire a été dérouté ou, à défaut, celle de la résidence administrative de l'agent qui a constaté l'infraction). L. n° 72-1138, 22 déc. 1972, relative à la compétence territoriale du ministère public et des juridictions répressives sur certains aérodromes.

Art. 382 *(Mod., L. n° 2016-1547, 18 nov. 2016)*. – **Est compétent le tribunal correctionnel du lieu de l'infraction, celui de la résidence du prévenu ou celui du lieu d'arrestation ou de détention de ce dernier, même lorsque cette arrestation ou cette détention a été opérée ou est effectuée pour une autre cause.**

Pour le jugement du délit d'abandon de famille prévu par l'article 227-3 du Code pénal, est également compétent le tribunal du domicile ou de la résidence de la personne qui doit recevoir la pension, la contribution, les subsides ou l'une des autres prestations visées par cet article. Pour les infractions mentionnées à l'article 113-2-1 du Code pénal, est également compétent le tribunal correctionnel, selon le cas, du lieu de résidence ou du siège des personnes physiques ou morales mentionnées au même article 113-2-1.

La compétence du tribunal correctionnel s'étend aux délits et contraventions qui forment avec l'infraction déférée au tribunal un ensemble indivisible ; elle peut aussi s'étendre aux délits et contraventions connexes, au sens de l'article 203.

Lorsque l'infraction a été commise au préjudice d'un magistrat exerçant ses fonctions au sein du tribunal judiciaire, un tribunal judiciaire dont le ressort est limitrophe est également compétent.

Bibliographie : A. Maron, *Tribunal correctionnel. – Compétence et saisine : JCl. Proc. pén.*, art. 381 à 393-1, Fasc. 15 • M. Gobert, *La connexité dans la procédure pénale française : JCP* G 1961, I, 1607.

1) Règles d'ordre public. Les règles déterminant la compétence territoriale sont d'ordre public (■ Cass. crim., 28 avr. 1986, n° 85-92.398 : *Bull. crim.* n° 141). Est irrecevable, comme nouveau, le moyen pris d'une exception d'incompétence territoriale qui n'a jamais été alléguée devant les juges du fond et dont l'appréciation impose l'examen d'éléments de fait qui ne résultent ni du jugement, ni de l'arrêt (■ Cass. crim., 3 juill. 1985, n° 84-92.118 : *Bull. crim.* n° 254. ■ Cass. crim., 31 mars 2009, n° 08-83.213). La règle édictée par l'article 385, alinéa 1, du Code de procédure pénale, selon laquelle les juridictions de jugement n'ont pas qualité pour statuer sur la nullité de la procédure dont elles sont saisies par le renvoi ordonné par le juge d'instruction ou la chambre d'accusation, s'applique à toutes les nullités, mêmes substantielles touchant à l'ordre public, sauf celles affectant la compétence juridictionnelle (■ Cass. crim., 7 juin 2000, n° 99-82.788 : *Bull. crim.* n° 219). L'autorité de la chose jugée qui s'attache à la décision du tribunal sur l'action publique n'autorise pas la prévenue, appelante sur les seuls intérêts civils, à contester la compétence territoriale du premier juge (■ Cass. crim., 25 juin 2008, n° 07-87.515 : *Bull. crim.* n° 165).

2) Lieu de l'infraction. Lorsque le délit, objet de la poursuite, est complexe et comprend un ensemble de faits qu'il s'agit de constater et d'apprécier au point de vue de leur qualification légale, le juge du lieu où s'est accomplie une partie de ces faits est compétent pour connaître du délit (■ Cass. crim., 3 mars 1976, n° 75-91.232 : *Bull. crim.* n° 80). En l'absence de désignation expresse du lieu spécifique où doit être accomplie la remise du mineur, par la décision de justice accordant le droit de visite ou d'hébergement, le délit prévu par l'article 227-5 du Code pénal est commis au lieu du domicile de la personne ayant le droit de réclamer l'enfant (■ Cass. crim., 14 avr. 1999, n° 98-82.853 : *Bull. crim.* n° 85 ; *Dr. pén.* 1999, comm. 111, obs. M. Véron. ■ Cass. crim., 23 juin 2010, n° 09-83.063 : *Dr. pén.* 2010, comm. 129, obs. A. Maron et M. Haas). Le tribunal compétent pour connaître du délit de non-représentation d'enfant est celui du lieu où doit être effectuée la remise du mineur (■ Cass. crim., 27 oct. 1966, n° 66-91.280 : *Bull. crim.* n° 244. ■ Cass. crim., 27 nov. 1968, n° 68-91.934 : *Bull. crim.* n° 320). Lorsque le juge aux affaires familiales impose au père d'assumer les trajets nécessaires à l'exercice du droit de visite et d'hébergement, il fixe implicitement le lieu de remise des enfants au domicile de la mère (■ Cass. crim., 11 juill. 2017, n° 16-86.662). La dénonciation calomnieuse n'étant consommée que lorsque la dénonciation est parvenu à l'autorité compétente pour y donner suite, c'est au lieu du siège de ladite autorité que le délit est commis (■ Cass. crim., 22 mai 1968, n° 67-92.385 : *Bull. crim.* n° 168). En matière d'escroquerie, le lieu des manœuvres frauduleuses, qui entrent dans les faits constitutifs du délit, justifie la compétence juridictionnelle au titre du lieu l'infraction (■ Cass. crim., 11 janv. 2012, n° 10-88.815). Le délit d'entrave au fonctionnement régulier du comité d'entreprise par omission d'information écrite et préalable du comité d'entreprise est réputé commis au lieu où l'obligation d'information aurait dû recevoir exécution, soit au siège social du comité (■ Cass. crim., 13 janv. 1998, n° 96-81.478 : *Bull. crim.* n° 17. ■ Cass. crim., 13 janv. 1998, n° 96-81.477 : *Bull. crim.* n° 16). Les règles de compétence territoriale particulières édictées en matière de contrefaçon par les articles L. 716-3, L. 717-1 et L. 717-4 du Code de la propriété intellectuelle ne concernent que les juridictions civiles (■ Cass. crim., 5 mars 2014, n° 13-80.252). Lorsqu'un texte présume une infraction commise en un certain lieu, cette présomption permet, seule, de déterminer la juridiction compétente lorsqu'il n'est pas possible de déterminer le lieu de l'infraction (■ Cass. crim., 5 oct. 1967, n° 66-94.001 : *Bull. crim.* n° 240).

3) Lieu d'arrestation. Est compétente la juridiction correctionnelle dans le ressort de laquelle le prévenu a été interpelé et placé en garde à vue (■ Cass. crim., 8 juill. 2015, n° 14-82.084). L'auteur d'un délit interpellé et déféré devant le procureur de la République, qui a utilisé la procédure prévue par l'article 394 du Code de procédure pénale, a été arrêté au sens des articles 43 et 382 dudit code ; peu importe dès lors que le prévenu n'ait pas été placé en détention provisoire (■ Cass. crim., 27 mai 1986, n° 85-96.280).

4) Indivisibilité : notion. L'indivisibilité entre les éléments d'une prévention suppose qu'ils sont dans un rapport mutuel de dépendance, et rattachés entre eux par un lien tellement intime, que l'existence des uns ne se comprendrait pas sans l'existence des autres (■ Cass. crim., 29 juill. 1875 : *Bull. crim.* n° 239). Sont indivisibles des faits commis par un même délinquant, dans le même trait de temps, dans le même lieu, déterminés par le même mobile et procédant de la même cause (■ Cass. crim., 21 oct. 1948 : *Bull. crim.* n° 240. ■ Cass. crim., 15 oct. 1959 : *Bull. crim.* n° 435).

5) Indivisibilité et connexité : effets. Est nul comme vicié d'incompétence le jugement d'un tribunal correctionnel autre que celui du lieu du délit ou de la résidence du prévenu ou celui de son arrestation, alors qu'il n'est pas justifié de l'existence d'aucune autre poursuite indivisible ou du moins connexe pour attribuer aux juges la connaissance de l'ensemble des procédures (■ Cass. crim., 28 mars 1974, n° 73-90.850 : *Bull. crim.* n° 138. ■ Cass. crim., 22 avr. 1966, n° 65-93.353 : *Bull. crim.* n° 122). L'appréciation de la connexité relève du pouvoir souverain des juges du fond (■ Cass. crim., 19 janv. 2000, n°s 96-83.425 et 98-86.979 : *Bull. crim.* n° 31). Ne saurait être invoquée, pour retenir la compétence territoriale du tribunal correctionnel, la connexité avec une infraction qui n'est pas déférée à cette juridiction en raison d'une décision définitive de non-lieu rendue à l'égard de cette infraction (■ Cass. crim., 19 juin 2001, n° 00-86.522 : *Bull. crim.* n° 146 ; *Dr. pén.* 2002, comm. 36, obs. A. Maron). Pour confirmer le jugement des premiers juges s'étant déclarés incompétents au motif que les faits visés par la citation sont identiques ou à tout le moins connexes à ceux qui ont été dénoncés antérieurement par le plaignant au juge d'instruction et qui ont fait l'objet d'une information distincte clôturée par une ordonnance de non-lieu pendante devant la chambre de l'instruction, l'arrêt retient qu'à supposer que les faits visés par la plainte avec constitution de partie civile et par la citation directe ne soient pas exactement les mêmes, ils sont, dans leur ensemble, dans un rapport mutuel de dépendance et rattachés entre eux par un lien tellement intime que l'existence des uns ne se comprendrait pas sans l'existence des autres ; en se prononçant ainsi, la cour d'appel à qui il appartenait de déclarer la citation irrecevable pour les faits qui auraient été compris dans la saisine du juge d'instruction et de statuer sur les autres chefs de la poursuite, n'a pas légalement justifié sa décision (■ Cass. crim., 10 mai 2006, n° 05-87.676). L'indivisibilité des faits compris dans une seule et même poursuite commande de les soumettre simultanément à l'appréciation d'un même juge (■ Cass. crim., 15 oct. 1959 : *Bull. crim.* n° 435. ■ Cass. crim., 5 mai 1960 : *Bull. crim.* n° 245).

Art. 383. – La compétence à l'égard d'un prévenu s'étend à tous coauteurs et complices.

Bibliographie : A. Maron, *Tribunal correctionnel. - Compétence et saisine : JCl. Proc. pén.*, art. 381 à 392-1, Fasc. 15.

En application de l'article 383, est compétent à l'égard d'un complice le tribunal territorialement compétent à l'égard de l'auteur principal, même si les faits imputés au complice ont été quant à eux accomplis en dehors du ressort territorial de ce tribunal (▪ Cass. crim., 29 mai 1989, n° 87-82.073 : *Bull. crim.* n° 218). La compétence du tribunal correctionnel à l'égard d'un prévenu étendue à tous ses coauteurs ou complices subsiste malgré une disjonction des poursuites, dès lors que le tribunal a été valablement saisi par l'ordonnance de renvoi (▪ Cass. crim., 4 mai 1988, n° 87-83.576 : *Bull. crim.* n° 192).

Art. 384. – Le tribunal saisi de l'action publique est compétent pour statuer sur toutes exceptions proposées par le prévenu pour sa défense, à moins que la loi n'en dispose autrement ou que le prévenu n'excipe d'un droit réel immobilier.

Bibliographie : A. Maron, *Tribunal correctionnel. – Compétence et saisine : JCl. Proc. pén.*, art. 381 à 392-1, Fasc. 15. • N. Dantonel-Cor, *Le juge judiciaire répressif et l'acte administratif unilatéral depuis la réforme du Code pénal : RSC* 1999, p. 17. • V. Lesclous, *L'appréciation des actes administratifs par le juge répressif : JCP* G 1994, I, 3747. • J. Moreau, *De la compétence des juridictions pénales pour apprécier la validité des actes administratifs : Procédures* 2005, étude 7.

• Sommaire

I – LE JUGE DE L'ACTION PUBLIQUE EST JUGE DE L'EXCEPTION

A – Principe

1) Le juge saisi de l'action publique est le juge de l'exception, à moins qu'une disposition légale en attribue la connaissance à un juge différent (▪ Cass. crim., 16 déc. 1992, n° 91-80.314 : *Bull. crim.* n° 426). Le juge répressif a, en l'absence d'une disposition formelle de la loi, le devoir de statuer sur toutes les questions soulevées au cours de l'instance, y compris celles qui, proposées au principal, eussent échappé à sa compétence (▪ Cass. crim., 23 janv. 1958 : *Bull. crim.* n° 86). Saisi d'une poursuite pour fraude électorale, le juge répressif ne saurait se dispenser de statuer au motif d'une exception préjudicielle échappant à sa compétence, sans indiquer le texte qui lui fait interdiction de trancher la question (▪ Cass. crim., 24 mars 1949 : *D.* 1949, p. 221, rapport Pépy ; S. 1950, 1, 21, note A. Légal). En vertu de l'article 384 du Code de procédure pénale, le tribunal saisi de l'action publique est compétent, sauf disposition législative contraire, pour statuer sur toute exception proposée par le prévenu pour sa défense (▪ Cass. crim., 30 janv. 1973, n° 72-93.057 : *Bull. crim.* n° 52. ▪ Cass. crim., 6 oct. 1981, n° 80-93.232 : *Bull. crim.* n° 260).

B – Applications

2) Droit de l'Union européenne. Il appartient au juge pénal d'apprécier la compatibilité de la loi nationale avec le droit de l'Union, sous réserve de l'application de l'article 267 du Traité de fonctionnement de l'Union européenne relatif au recours en interprétation devant la Cour de justice de l'Union européenne (▪ Cass. crim., 18 déc. 2019, n° 18-83.062, § 32 : *Bull. crim.*, p. 55).

3) Interprétation d'un traité international. V. TFUE, art. 267, p. 861. La pratique obligeant un juge, confronté à une difficulté sérieuse d'interprétation d'une convention internationale, à demander au ministre des Affaires étrangères d'indiquer le sens de la disposition contestée pour ensuite s'y conformer en toutes circonstances est contraire à l'exigence d'une juridiction indépendante (▪ CEDH, 24 nov. 1994, n° 15287/89, *Beaumartin c/ France* : *D.* 1995, 273, note X. Prétot). Il est de l'office du juge d'interpréter les traités internationaux invoqués dans la cause soumise à son examen, sans qu'il soit nécessaire de solliciter l'avis d'une autorité non juridictionnelle (▪ Cass. crim., 11 févr. 2004, n° 02-84.472 : *Bull. crim.* n° 37. ▪ Cass. crim., 15 janv. 2014, n° 13-84.778 : *Bull. crim.* n° 11 ; *Dr. pén.* 2014, comm. 113, A. Maron et M. Haas). Les autorités judiciaires françaises sont tenues de respecter les réserves et déclarations qui s'incorporent au traité (▪ Cass. crim., 5 janv. 2014, n° 13-84.778 : *Bull. crim.* n° 11. ▪ Cass. crim., 11 sept. 2019, n° 18-81.067. ▪ Cass. crim., 11 sept. 2019, n° 18-82.430). **Cas de la réserve d'interprétation émise par la France à propos de l'article 4 du protocole additionnel n° 7 à la Convention européenne des droits de l'homme** : V. affirmant que cette réserve n'a pas été remise en cause par la Cour européenne des droits de l'homme, ▪ Cass. crim., 22 févr. 2017, n° 14-82.526 : *Bull. crim.* n° 49. ▪ Cass. crim., 11 sept. 2019, 2 arrêts, préc. Mais V. ▪ CEDH, GC, 15 nov. 2016, n°s 24130/11 et 29758/11, *A. et B. c/ Norvège*, § 117 : selon cet arrêt, les réserves formulées par l'Autriche et l'Italie ont été jugées non valables parce qu'elles n'étaient pas accompagnées d'un bref exposé de la loi en cause comme le veut l'article 57, § 2 de la Convention européenne des droits de l'homme, contrairement à la réserve émise par la France (la Cour européenne renvoie à l'arrêt *Göktan c/ France*, 2 juill. 2002, n° 33402/96, § 51).

4) Régularité de procès-verbaux de poursuites. La juridiction répressive est compétente pour prononcer sur l'exception invoquée par le prévenu, tirée d'une prétendue irrégularité affectant l'acte par lequel l'administration a transmis au parquet un procès-verbal de constatation d'une publicité de nature à induire en erreur ; c'est donc à tort que les premiers juges ont ordonné un sursis à statuer dans l'attente d'une décision de la juridiction administrative, cet acte de transmission n'étant pas détachable des poursuites pénales (▪ Cass. crim., 11 déc. 1989, n° 89-85.368 : *Bull. crim.* n° 472). Doit être censuré l'arrêt d'une cour d'appel qui, régulièrement saisie de moyens de défense tirés de l'irrecevabilité de la plainte avec constitution de partie civile et de la nullité du procès-verbal de saisie-contrefaçon, se borne à déclarer lesdites exceptions irrecevables en vertu de l'article 174 du Code de procédure pénale (▪ Cass. crim., 1er mars 1993, n° 92-82.738 : *Bull. crim.* n° 92).

5) Droit pénal. Il appartient au juge répressif, saisi d'une poursuite engagée sur le fondement d'une loi portant amnistie, de trancher les contestations relatives à l'existence de fautes ou de sanctions disciplinaires, dès lors que la solution du procès pénal en dépend, même si la loi réserve expressément le contentieux des contestations relatives au bénéfice de l'amnistie des sanctions disciplinaires ou professionnelles définitives à l'autorité ou à la juridiction qui a rendu la décision (▪ Cass. crim., 21 mars 2000, n° 98-84.714 : *Bull. crim.* n° 128).

6) Exception d'illégalité des actes administratifs réglementaires ou individuels. V. C. pén., art. 111-5, p. 861.

7) Actes et contrats administratifs. Si c'est à tort que la cour d'appel a cru devoir fonder sa décision sur l'article 111-5 du Code pénal alors que seuls les actes administratifs réglementaires ou individuels entrent dans les prévisions de ce texte, la compétence des juridictions administratives pour apprécier la validité d'un contrat administratif ne fait pas obstacle à ce que les tribunaux judiciaires chargés d'instruire ou de prononcer sur les crimes et délits caractérisent les divers éléments constitutifs de l'infraction dont ils sont saisis ; est donc justifiée la décision du juge pénal qui, saisi du délit de fourniture de prestations de pompes funèbres en violation des droits d'exclusivité conférés par une commune à un concessionnaire, se prononce sur la validité, contestée par le prévenu, du contrat de concession (▪ Cass. crim., 25 sept. 1995, n° 94-83.771 : *Bull. crim.* n° 279 ; *Dr. pén.* 1996, comm. 14, obs. J.-H. Robert). La compétence des juridictions administratives pour apprécier la validité d'un contrat administratif ne fait pas obstacle à ce que les tribunaux judiciaires chargés d'instruire ou de prononcer sur les crimes et délits caractérisent les divers éléments constitutifs de l'infraction dont ils sont saisis (▪ Cass. crim., 22 janv. 1997, n° 95-85.936 : *Bull. crim.* n° 27).

8) Droit civil. Les juges du fond sont compétents pour apprécier la valeur de procès-verbaux de constat établis en vertu d'une ordonnance sur requête dont la régularité est contestée devant la juridiction civile et pour statuer sur l'exception prise de l'irrégularité desdits procès-verbaux (▪ Cass. crim., 16 déc. 1992, n° 91-86.314 : *Bull. crim.* n° 426). La validité de son mariage avec un ressortissant français ne constitue pas une exception préjudicielle au jugement d'un étranger poursuivi pour obtention indue de document administratif (■ Cass. crim., 18 mai 1993, n° 93-80.331 : *Bull. crim.* n° 185). La juridiction pénale saisie de poursuites pour usage d'une fausse attestation relative à un bail est compétente pour trancher la question de la validité de ce bail (■ Cass. crim., 29 oct. 1963, n° 63-90.284 : *Bull. crim.* n° 297).

9) Droit du travail. Le juge répressif saisi d'une poursuite pour entrave à l'exercice du droit syndical ne peut refuser de statuer au fond sur l'exception tendant à faire constater l'absence de représentativité, dans l'entreprise, d'une organisation syndicale, une telle exception ayant un caractère péremptoire comme étant de nature à enlever aux faits poursuivis leur caractère punissable (■ Cass. crim., 6 oct. 1981, préc.). En s'abstenant de statuer eux-mêmes sur une question dont dépendait selon eux l'application de la loi pénale, au motif qu'une instance prud'homale était en cours sur la même question, les juges du fond ont violé l'article 384 du Code de procédure pénale (■ Cass. crim., 4 oct. 1977, n° 76-91.922 : *Bull. crim.* n° 287).

10) Droit fiscal. Les poursuites pénales instaurées sur les bases de l'article 1741 du Code général des impôts et la procédure administrative tendant à la fixation de l'assiette et de l'étendue des impositions sont par leur nature et leur objet différentes et indépendantes l'une de l'autre ; le juge répressif saisi d'une infraction prévue et réprimée par ledit article 1741 n'a donc pas à surseoir à statuer jusqu'à ce que la juridiction administrative ait rendu sa décision (■ Cass. crim., 16 mai 1968, n° 69-90.871 : *Bull. crim.* n° 161 ; *JCP* G 1969, II, 15803, note Brière de l'Isle et Lalumière. Mais, depuis, V. annot. n° 30, p. 860). Les juges répressifs, saisis d'une plainte pour fraude fiscale, sont compétents pour statuer sur les exceptions tirées de la nullité de la procédure suivie devant la Commission des infractions fiscales, dont l'avis conforme constitue un préalable nécessaire à la mise en mouvement de l'action publique (■ Cass. crim., 28 janv. 1991, n° 89-86.597 : *Bull. crim.* n° 43).

11) Droit douanier. La contestation, pendante devant le juge civil et relative à une décision de la commission de conciliation et d'expertise douanière, ne présente aucun caractère préjudiciel et ne saurait, dès lors, justifier qu'il soit sursis à statuer par la juridiction correctionnelle simultanément saisie de poursuites pour infraction aux dispositions du Code des douanes (■ Cass. crim., 14 déc. 1981, n° 80-94.138 : *Bull. crim.* n° 328). L'action fiscale introduite par l'administration des douanes ayant le caractère d'une action publique, les juridictions répressives saisies du délit douanier d'importation en contrebande de marchandises prohibées sont compétentes pour statuer sur l'exception afférente à la marque contrefaite, tirée du dépôt frauduleux de cette marque ou du défaut de son caractère distinctif (■ Cass. crim., 19 mai 2016, n° 14-86.971).

12) Droit des étrangers. Il appartient aux juges de l'ordre judiciaire d'apprécier, à l'occasion d'une poursuite pénale pour infraction à la législation relative aux étrangers, si se trouvent réunies les conditions d'application des articles 1er A et 31-1 de la Convention de Genève, au regard de l'immunité pénale prévue par ces textes (■ Cass. crim., 12 juin 2002, n° 01-87.993 : *JurisData* n° 2002-015084 ; *Bull. crim.* n° 134 ; *Dr. pén.* 2002, comm. 118, obs. A. Maron).

13) Régularité d'un jugement étranger. Les juges correctionnels saisis d'une poursuite pour non-représentation d'enfant, devant qui le prévenu soutient qu'un jugement d'adoption prononcé par un tribunal étranger l'a investi des droits de la puissance paternelle sur le mineur, statuent à bon droit sur la régularité internationale de ce jugement (■ Cass. crim., 9 mai 1977, n° 73-90.553 : *Bull. crim.* n° 158).

C – Régime propre de l'exception d'illégalité

1° *Incompétence des juridictions d'instruction*

14) L'exception d'illégalité qui s'analyse en une exception préjudicielle prévue par les articles 384 et 386 du Code de procédure pénale relèvent de la seule compétence des juridictions pénales de jugement (■ Cass. crim., 16 juin 1986, n° 83-94.439 : *Bull. crim.* n° 205).

2° *Obligation de statuer*

15) Lorsqu'un acte administratif, même individuel, est assorti d'une sanction pénale qu'il est demandé à un tribunal judiciaire de prononcer, les juges ont le devoir, non sans doute d'apprécier l'opportunité de cet acte, mais de s'assurer de sa conformité à la loi tant en la forme qu'au fond ; viole ce devoir les juges qui, considérant qu'ils sont saisis d'une question préjudicielle, impartissent au prévenu un délai pour saisir la juridiction compétente (■ Cass. crim., 30 oct. 1990, n° 90-83.202 : *Bull. crim.* n° 366). La juridiction correctionnelle, saisie de poursuites pour conduite malgré invalidation du permis de conduire en raison de la perte totale des points, est tenue d'apprécier la légalité de l'arrêté préfectoral enjoignant à l'intéressé de restituer son permis, dès lors qu'elle est saisie d'une exception d'illégalité de cet acte administratif et qu'il résulte des propres énonciations de l'arrêt que le solde des points pourrait être positif (■ Cass. crim., 30 janv. 2008, n° 06-81.027 : *Bull. crim.* n° 27).

3° Invocation avant toute défense au fond

16) Lorsque l'exception préjudicielle tirée d'une prétendue illégalité de l'arrêté préfectoral de suspension du permis de conduire n'a pas été présentée avant toute défense au fond devant les premiers juges, le moyen qui invoque une telle exception pour la première fois devant la Cour de cassation est irrecevable, non par application de l'article 385 du Code de procédure pénale, mais par application de l'article 386 du même code (▪ Cass. crim., 18 janv. 1993, nos 92-83.147 et 92-81.705, 2 arrêts : *Bull. crim.* n° 22 ; *Dr. pén.* 1993, comm. 171. ▪ Cass. crim., 15 oct. 1997, n° 96-80.228 : *Bull. crim.* n° 338. – V. aussi ▪ Cass. crim., 17 févr. 1993, n° 91-85.212 : *Bull. crim.* n° 79. – Rappr. consacrant la même solution, mais sur le fondement de l'article 385 : ▪ Cass. crim., 9 nov. 1994, n° 94-80.962 : *Bull. crim.* n° 361).

4° Examen d'office de l'exception

17) Si, en application de l'article 386 du Code de procédure pénale, l'exception préjudicielle invoquant l'illégalité d'un acte administratif réglementaire ou individuel doit être présentée par les parties avant toute défense au fond, il se déduit de l'article 111-5 du Code pénal que le juge pénal peut déclarer d'office l'illégalité d'un tel acte lorsqu'il lui apparaît qu'elle conditionne la solution du procès qui lui est soumis (▪ Cass. crim., 7 juin 1995, n° 94-81.416 : *Bull. crim.* n° 208 ; *Dr. pén.* 1995, comm. 226, 3e arrêt, obs. J.-H. Robert). *Contra* : Dès lors que l'exception est présentée pour la première fois devant elle, la cour d'appel n'a pas à s'expliquer d'office sur la légalité de l'acte réglementaire qui en est l'objet (▪ Cass. crim., 15 oct. 1997, n° 96-80.228 : *Bull. crim.* n° 338). C'est à tort qu'une cour d'appel, qui n'était pas tenue d'examiner d'office la légalité du plan local d'urbanisme, s'est fondée sur l'article 385 du Code de procédure pénale (▪ Cass. crim., 19 mars 2019, n° 18-81.274).

II – EXCEPTIONS PRÉJUDICIELLES

A – Notion

18) Exceptions préjudicielles et éléments constitutifs de l'infraction. Le prévenu qui conteste l'existence de l'élément matériel du délit ne soulève pas une question préjudicielle : ainsi lorsqu'un employeur, poursuivi pour avoir licencié, sans avoir respecté la procédure légale, un membre du comité d'entreprise, conteste que la mesure qu'il a prise relève de la qualification de licenciement (▪ Cass. crim., 26 juill. 1988, n° 87-82.181 : *Bull. crim.* n° 308). Un prévenu ne peut être admis à soulever l'exception de nationalité française, alors que la question de sa nationalité étant sans incidence sur la constitution de l'infraction, elle n'est pas en cause (▪ Cass. crim., 4 janv. 1982, n° 80-95.198 : *Bull. crim.* n° 2).

19) Exceptions préjudicielles et exceptions de nullité. L'inscription de faux est une exception de nullité, non une exception préjudicielle ; est donc irrecevable la demande en inscription de faux formée par un prévenu renvoyé devant le tribunal correctionnel par une décision d'une juridiction d'instruction, si cette exception ne fait pas état de motifs de nullité apparus après le renvoi devant la juridiction de jugement (▪ Cass. crim., 16 déc. 1997, n° 96-82.509 : *Bull. crim.* n° 428) ; V. art. 646, p. 1307. Le prévenu qui invoque l'irrégularité d'un plan d'occupation des sols soulève une exception de nullité qui relève de l'article 385 du Code de procédure pénale (▪ Cass. crim., 9 nov. 1994, n° 94-80.962 : *Bull. crim.* n° 361).

20) Exceptions préjudicielles et questions préjudicielles. L'article 319 du Code civil qui crée une exception préjudiciable, non pas seulement au jugement du fond, mais aussi à l'action publique elle-même doit recevoir application non seulement lorsque le délit incriminé porte directement atteinte à la filiation, mais aussi dès que l'infraction dénoncée met en cause l'état civil d'un enfant et que la question de la filiation se rattache directement au fait de l'accusation ; c'est donc à bon droit que la juridiction d'instruction se déclare incompétente lorsqu'un faux en écriture authentique devrait, s'il était établi, donner à un enfant une filiation autre que celle qui lui appartient et entraînerait par suite une suppression d'état (▪ Cass. crim., 22 avr. 1969, n° 68-93.016 : *Bull. crim.* n° 141).

B – Exceptions préjudicielles résultant de la loi

1° Droit pénal

21) Dénonciation calomnieuse. V. C. pén., art. 226-11, p. 861.

Diffamation. V. L. 29 juill. 1881, art. 35, p. 862.

2° Nationalité

Voir : C. civ., art. 29, p. 861.

22) La question préjudicielle de nationalité ne peut être présentée que par la personne dont la nationalité est en cause, par ses héritiers si elle est décédée en cours d'instance, ou par le ministère public (▪ Cass. crim., 20 févr. 2019, n° 18-80.784 : *Bull. crim.* n° 49). En application de l'article 29 du Code civil, la juridiction correctionnelle doit surseoir à statuer lorsque l'exception de nationalité est invoquée par un prévenu poursuivi du chef de soustraction à l'exécution d'une mesure de reconduite à la frontière jusqu'à ce que la question ait été tranchée par la juridiction civile compétente (▪ Cass. crim., 12 mai 2010, n° 09-88.648 : *JurisData* n° 2010-009369 : *Bull. crim.* n° 87 ; *Dr. pén.*

2010, comm. 103, obs. A. Maron et M. Haas. – V. aussi ▪ Cass. crim., 24 juill. 1974, n° 74-91.533 : *Bull. crim.* n° 265). Les juges répressifs ne sauraient rejeter cette exception au seul vu d'un extrait d'acte de naissance (▪ Cass. crim., 12 mai 2010, préc.). Méconnaît l'article 29 du Code civil, l'arrêt qui rejette l'exception d'illégalité de l'arrêté de reconduite à la frontière, présentée par un étranger se disant père d'un enfant français né en France, et refuse de surseoir à statuer jusqu'à ce que la question de nationalité ait été tranchée par la juridiction compétente, au motif que l'authenticité du certificat de nationalité française produit par le prévenu est douteuse et que ce document est dépourvu de force probante (▪ Cass. crim., 28 mai 1997, n° 96-84.450 : *Bull. crim.* n° 210). Lorsqu'à l'occasion de l'examen par la chambre d'accusation d'une demande d'extradition, la personne réclamée qui justifie être en France invoque qu'elle aurait acquis la nationalité française à sa majorité, il s'agit d'une question préjudicielle sur laquelle cette chambre d'accusation ne saurait se prononcer elle-même et a l'obligation de surseoir à statuer (▪ Cass. crim., 2 oct. 1987, n° 87-84.290 : *Bull. crim.* n° 329). La chambre criminelle de la Cour de cassation, statuant sur une requête en révision, doit surseoir à statuer si une question préjudicielle de nationalité lui est posée (▪ Cass. crim., 11 avr. 1970, n° 70-90.059 : *Bull. crim.* n° 120).

3° *Filiation*

Voir : C. civ., art. 319, p. 767.

V. ▪ Cass. crim., 22 avr. 1969, n° 68-93.016 : *Bull. crim.* n° 141, *supra*, n° 19.

4° *Droit des assurances*

Voir : art. 385-1, p. 874.

5° *Droit des étrangers*

23) Ne justifie pas sa décision la cour d'appel qui, pour prononcer une peine de dix ans d'interdiction du territoire français, énonce que la requérante n'est pas en possession d'un titre de séjour délivré au regard de son état de santé et que son pays d'origine offre la possibilité de soins nécessaires à une bonne prise en charge de sa maladie par un personnel compétent, sans rechercher si la situation de la prévenue entrait dans les prévisions des articles 131-30-2, 5°, du Code pénal et L. 313-11, 11°, du Code de l'entrée et du séjour des étrangers et du droit d'asile et alors que l'appréciation de la gravité de cet état de santé et des soins qu'il exigeait relevait de la compétence exclusive du préfet saisi de la demande de renouvellement du titre (▪ Cass. crim., 26 juin 2013, n° 13-80.594 : *Bull. crim.* n° 168).

6° *Procédure fiscale*

24) Si, aux termes de l'article 384 du Code de procédure pénale, le tribunal saisi de l'action publique est compétent pour statuer sur toutes exceptions proposées par le prévenu pour sa défense, c'est à la condition que la loi n'en dispose pas autrement ; or, selon l'article L. 38-2 du Livre des procédures fiscales, l'ordonnance du président du tribunal de grande instance autorisant une visite domiciliaire pour la recherche et la constatation des infractions à la législation sur les contributions indirectes, n'est susceptible que d'un pourvoi en cassation (▪ Cass. crim., 31 janv. 1994, n° 93-81.366 : *Bull. crim.* n° 41. V. aujourd'hui, LPF, art. 38).

7° *Droit de l'urbanisme*

Voir : C. urb., art. L. 480-13, p. 862.

25) Lorsqu'un prévenu, poursuivi pour avoir édifié une construction en méconnaissance des règles d'urbanisme ou des servitudes d'utilité publique, établit qu'il s'est conformé au permis de construire qui lui a été délivré, les juges judiciaires, aux termes de l'article L. 480-13 du Code de l'urbanisme, ne peuvent le condamner que si, préalablement, le permis a été annulé pour excès de pouvoir ou si son illégalité a été constatée par la juridiction administrative. Encourt, dès lors, la censure l'arrêt qui, pour déclarer coupable d'infraction au plan d'occupation des sols des prévenus à qui il était reproché d'avoir construit dans une zone inconstructible, énonce qu'il n'importe que cette construction ait été faite sous le couvert d'un permis de construire, alors que les juges devaient préalablement saisir la juridiction administrative d'une question préjudicielle sur la légalité de ce permis et surseoir à statuer (▪ Cass. crim., 3 mars 1992, n°s 90-81.265 et 91-82.063 : *Bull. crim.* n° 97. – V. aussi ▪ Cass. crim., 30 juin 1981, n° 80-95.148 : *Bull. crim.* n° 226).

8° *Politique de renseignement*

Voir : CSI, art. L. 841-1, p. 862.

9° *Extension : principe de séparation des pouvoirs*

26) Une chambre d'accusation doit vérifier, même d'office, que le juge d'instruction désigné en application de l'article 83 du Code de procédure pénale fait légalement partie du tribunal, pour pouvoir s'assurer de la régularité des actes d'information qu'il a accomplis ; si une contestation sérieuse s'élève sur la légalité de sa désignation, le juge répressif est incompétent pour en connaître, en vertu du principe de la séparation des pouvoirs, et il doit surseoir à statuer jusqu'à décision du juge administratif, après avoir éventuellement renvoyé les parties à le saisir (▪ Cass.

crim., 15 juin 1982, n° 82-91.100 : *Bull. crim.* n° 161). En matière de soustraction et détournement de biens par des personnes exerçant une fonction publique, l'exception de débet est préjudicielle (■ Cass. crim., 26 nov. 1842 : *Bull. crim.* n° 308. ■ Cass. crim., 30 juin 1898 : *Bull. crim.* n° 235 ; S. 1899, 1, p. 535. ■ Cass. crim., 18 déc. 2019, n° 18-85.856 : publié au *Bull.*) ; mais le juge répressif n'a pas à surseoir à statuer lorsque le prévenu : … est poursuivi en qualité de subordonné d'un comptable public, sur le fondement de l'article 432-15 du Code pénal (■ Cass. crim., 2 déc. 2009, n° 09-81.967 : *Bull. crim.* n° 204. ■ Cass. crim., 29 juin 2016, n° 15-83.598 : *Bull. crim.* n° 204) ; … est poursuivi en qualité de comptable de fait (■ Cass. crim., 18 déc. 2019, préc., § 12 : régisseur d'un établissement scolaire) ; … en sa qualité de maire, n'est ni dépositaire public, ni comptable public (■ Cass. crim., 29 juin 2016, n° 15-83.598). Lorsque la constitution de partie civile d'un contribuable, agissant en vertu d'une autorisation accordée en application de l'article L. 316-5 du Code des communes, annulée par décret, est contestée et que cette partie civile invoque l'exception d'illégalité dudit décret, c'est sans enfreindre la règle de la séparation des pouvoirs que la chambre d'accusation a sursis à statuer sur la validité de cette constitution de partie civile en impartissant au demandeur à l'exception un délai pour saisir la juridiction administrative d'un recours en appréciation de la légalité de cet acte administratif individuel non assorti d'une sanction pénale (■ Cass. crim., 12 mai 1992, n° 92-81.080 : *Bull. crim.* n° 186).

C – Droit réel immobilier

1° *Notion*

27) Une simple exception d'enclave n'est pas préjudicielle, l'état d'enclave, s'il justifie le passage sur le terrain d'autrui, ne soulevant aucune question de propriété non plus que relative à un droit réel (■ Cass. crim., 10 févr. 1872 : *Bull. crim.* n° 35. ■ Cass. crim., 4 nov. 1876 : *Bull. crim.* n° 209. ■ Cass. crim., 25 mars 1882 : *Bull. crim.* n° 84). En revanche lorsque le droit d'usage invoqué est non pas un droit personnel résultant notamment d'un bail, mais un droit réel, c'est à bon droit qu'un juge répressif retient l'exception préjudicielle soulevée et fixe le délai pendant lequel la partie qui l'a soulevée aura à se pourvoir devant la juridiction civile (■ Cass. crim., 8 déc. 1860 : *Bull. crim.* n° 281). Il en est de même lorsqu'est invoquée une exception tirée d'un droit de servitude (■ Cass. crim., 10 nov. 1899 : *Bull. crim.* n° 323, solution implicite). V. aussi ■ Cass. crim., 21 déc. 1954 : *Bull. crim.* n° 419.

2° *Conditions de l'exception*

Voir : art. 386, p. 878.

28) L'exception peut être soulevée aussi bien positivement – revendication d'un droit réel immobilier – que négativement – dénégation d'un tel droit – (■ Cass. crim., 25 janv. 1868 : *Bull. crim.* n° 27. ■ Cass. crim., 16 juill. 1870 : *Bull. crim.* n° 145). Il ne résulte pas des articles 384 et 386 du Code de procédure pénale que le prévenu qui propose une exception tirée de l'existence d'un droit réel immobilier doive être lui-même titulaire de celui-ci (■ Cass. crim., 27 nov. 1984, n° 83-94.190 : *Bull. crim.* n° 372).

3° *Autorité de la décision civile*

29) Lorsque la question préjudicielle soulevée est de la compétence d'une juridiction civile, le pourvoi en cassation n'étant, en matière civile, pas suspensif, l'arrêt civil d'une cour d'appel qui statue sur les propriétés d'un terrain revendiqué s'impose au juge pénal et a force exécutoire aussi longtemps qu'il n'a pas été annulé par la Cour de cassation (■ Cass. crim., 14 mai 1957 : *Bull. crim.* n° 402).

4° *Régime de l'exception*

Voir : art. 386, p. 878.

D – Autres cas

30) Bigamie. En cas de poursuites pour bigamie, si le prévenu invoque la nullité absolue de son premier mariage, le juge pénal doit surseoir à statuer en l'attente de la décision de la juridiction civile (■ Cass. crim., 8 août 1811 : S. 1811, 1, 390. ■ Cass. crim., 16 janv. 1826 : S. 1825-27, 1, 260 – jurisprudence sans doute dépassée).

31) Droit fiscal. Selon la réserve d'interprétation émise par le Conseil constitutionnel, les dispositions de l'article 1741 du Code général des impôts ne sauraient, sans méconnaître le principe de nécessité des délits, permettre qu'un contribuable qui a été déchargé de l'impôt par une décision juridictionnelle devenue définitive pour un motif de fond puisse être condamné pour fraude fiscale (■ Cons. const., 24 juin 2016, nos 2016-545 QPC et 2015-546 QPC. ■ Cons. const., 22 juill. 2016, n° 2016-556 QPC. ■ Cons. const., 23 nov. 2018, n° 2018-745 QPC). En conséquence, si le juge pénal n'est pas tenu de surseoir à statuer jusqu'à ce qu'une décision définitive du juge de l'impôt soit intervenue lorsque le prévenu de fraude fiscale justifie de l'existence d'une procédure pendante devant le juge de l'impôt tendant à une décharge de l'imposition pour un motif de fond, par exception, il peut prononcer, dans l'exercice de son pouvoir souverain, le sursis à statuer en cas de risque sérieux de contrariété de décisions, notamment en présence d'une décision non définitive déchargeant le prévenu de l'impôt pour un motif de fond. Dans tous les cas, le juge saisi d'une demande de sursis à statuer doit spécialement motiver sa décision (■ Cass. crim., 11 sept. 2019, n° 18-81.980 : publié au *Bull.* ; *RPDP* 2019, p. 932, obs. V. Peltier). La mise en œuvre du principe constitutionnel de proportionnalité, selon lequel, si l'éventualité que deux procédures, pénale et fiscale, pour des faits de fraude fiscale soient engagées peut conduire à un cumul de sanctions, le montant global des sanctions éventuellement prononcées ne doit pas dépasser le montant le plus élevé de l'une des sanctions encourues, s'applique devant le juge qui se prononce en dernier, qu'il soit le juge pénal ou le juge de l'impôt. Il s'en déduit qu'elle n'implique aucune mesure de sursis à statuer devant le juge répressif (■ Cass. crim., 29 janv. 2020, n° 17-83.577, § 25 : publié au *Bull.*).

E – Régime

Voir : art. 386, p. 878.

Voir également : Sur la question prioritaire de constitutionnalité, V. Annexe 11, p. 3053 ; art. LO 630, p. 1301, art. R. 49-21 et s., p. 1993.

Traité sur le fonctionnement de l'Union européenne 13 décembre 2007

Art. 267. – La Cour de justice de l'Union européenne est compétente pour statuer, à titre préjudiciel :

a) sur l'interprétation des traités ;

b) sur la validité et l'interprétation des actes pris par les institutions, organes ou organismes de l'Union.

Lorsqu'une telle question est soulevée devant une juridiction d'un des États membres, cette juridiction peut, si elle estime qu'une décision sur ce point est nécessaire pour rendre son jugement, demander à la Cour de statuer sur cette question.

Lorsqu'une telle question est soulevée dans une affaire pendante devant une juridiction nationale dont les décisions ne sont pas susceptibles d'un recours juridictionnel de droit interne, cette juridiction est tenue de saisir la Cour.

Si une telle question est soulevée dans une affaire pendante devant une juridiction nationale concernant une personne détenue, la Cour statue dans les plus brefs délais.

Code pénal

Art. 111-5. – Les juridictions pénales sont compétentes pour interpréter les actes administratifs, réglementaires ou individuels et pour en apprécier la légalité lorsque, de cet examen, dépend la solution du procès pénal qui leur est soumis.

Art. 226-11. – Lorsque le fait dénoncé a donné lieu à des poursuites pénales, il ne peut être statué sur les poursuites exercées contre l'auteur de la dénonciation qu'après la décision mettant définitivement fin à la procédure concernant le fait dénoncé.

Code civil

Art. 29 *(Anc. art. 124 du Code de la nationalité recodifié, L. n° 93-933, 22 juill. 1993)*. **–** La juridiction civile de droit commun est seule compétente pour connaître des contestations sur la nationalité française ou étrangère des personnes physiques.

Les questions de nationalité sont préjudicielles devant toute autre juridiction de l'ordre administratif ou judiciaire à l'exception des juridictions répressives comportant un jury criminel.

Code de procédure civile

Art. 1042 *(D. n° 81-500, 12 mai 1981)*. **–** Si une question de nationalité est soulevée par une partie devant une juridiction qui estime qu'il y a question préjudicielle, la juridiction renvoie cette partie à se pourvoir devant le tribunal judiciaire compétent dans le délai d'un mois ou, dans le même délai, à présenter requête au procureur de la République. Lorsque la personne dont la nationalité est contestée se prévaut d'un certificat de nationalité française, ou lorsque la question de nationalité a été relevée d'office, la juridiction saisie au fond impartit le même délai d'un mois au procureur de la République pour saisir le tribunal judiciaire compétent.

Si le délai d'un mois n'est pas respecté, l'instance poursuit son cours. Dans le cas contraire, la juridiction saisie au fond surseoit à statuer jusqu'à ce que la question de nationalité ait été jugée.

Code de la sécurité intérieure

Art. L. 841-1 *(Mod., L. n° 2015-1556, 30 nov. 2015)*. – *[Dispositions déclarées non conformes à la Constitution par la décision du Conseil constitutionnel n° 2015-713 DC du 23 juillet 2015 : V. JO 26 juill. 2015]*.

Sous réserve des dispositions particulières prévues à l'article L. 854-9 du présent code, le Conseil d'État est compétent pour connaître, dans les conditions prévues au chapitre III *bis* du titre VII du livre VII du Code de justice administrative, des requêtes concernant la mise en œuvre des techniques de renseignement mentionnées au titre V du présent livre.

Il peut être saisi par :

1° Toute personne souhaitant vérifier qu'aucune technique de renseignement n'est irrégulièrement mise en œuvre à son égard et justifiant de la mise en œuvre préalable de la procédure prévue à l'article L. 833-4 ;

2° La Commission nationale de contrôle des techniques de renseignement, dans les conditions prévues à l'article L. 833-8.

Lorsqu'une juridiction administrative ou une autorité judiciaire est saisie d'une procédure ou d'un litige dont la solution dépend de l'examen de la régularité d'une ou de plusieurs techniques de recueil de renseignement, elle peut, d'office ou sur demande de l'une des parties, saisir le Conseil d'État à titre préjudiciel. Il statue dans le délai d'un mois à compter de sa saisine.

Code de l'urbanisme

Art. L. 480-13. – Lorsqu'une construction a été édifiée conformément à un permis de construire :

1° *(Mod. à compter du 1er janvier 2019, L. n° 2018-1021, 23 nov. 2018)* Le propriétaire ne peut être condamné par un tribunal de l'ordre judiciaire à la démolir du fait de la méconnaissance des règles d'urbanisme ou des servitudes d'utilité publique que si, préalablement, le permis a été annulé pour excès de pouvoir par la juridiction administrative et, sauf si le tribunal est saisi par le représentant de l'État dans le département sur le fondement du second alinéa de l'article L. 600-6, si la construction est située dans l'une des zones.

Loi du 29 juillet 1881

Art. 35 *(Mod., L. n° 2010-1, 4 janv. 2010 ; L. n° 2021-1729, 22 déc. 2021)*. – La vérité du fait diffamatoire, mais seulement quand il est relatif aux fonctions, pourra être établie par les voies ordinaires, dans le cas d'imputations contre les corps constitués, les armées de terre, de mer ou de l'air, les administrations publiques et contre toutes les personnes énumérées dans l'article 31.

La vérité des imputations diffamatoires et injurieuses pourra être également établie contre les directeurs ou administrateurs de toute entreprise industrielle, commerciale ou financière, dont les titres financiers sont admis aux négociations sur un marché réglementé ou offerts au public sur un système multilatéral de négociation ou au crédit.

La vérité des faits diffamatoires peut toujours être prouvée, sauf lorsque l'imputation concerne la vie privée de la personne.

Le troisième alinéa du présent article ne s'applique pas lorsque les faits sont prévus et réprimés par les articles 222-23 à 222-32 et 227-22 à 227-27 du Code pénal et ont été commis contre un mineur. La preuve contraire est alors réservée. Si la preuve du fait diffamatoire est rapportée, le prévenu sera renvoyé des fins de la plainte.

Dans toute autre circonstance et envers toute autre personne non qualifiée, lorsque le fait imputé est l'objet de poursuites commencées à la requête du ministère public, ou d'une plainte de la part du prévenu, il sera, durant l'instruction qui devra avoir lieu, sursis à la poursuite et au jugement du délit de diffamation.

Le prévenu peut produire pour les nécessités de sa défense, sans que cette production puisse donner lieu à des poursuites pour recel, des éléments provenant d'une violation du secret de l'enquête ou de l'instruction ou de tout autre secret professionnel s'ils sont de nature à établir sa bonne foi ou la vérité des faits diffamatoires.

Art. 385 *(Mod., L. n° 99-515, 23 juin 1999)*. – **Le tribunal correctionnel a qualité pour constater les nullités des procédures qui lui sont soumises sauf lorsqu'il est saisi par le renvoi ordonné par le juge d'instruction ou la chambre de l'instruction.**

Toutefois, dans le cas où l'ordonnance ou l'arrêt qui l'a saisi n'a pas été porté à la connaissance des parties dans les conditions prévues, selon le cas, par le quatrième alinéa de l'article 183 ou par l'article 217, ou si l'ordonnance n'a pas été rendue conformément aux dispositions de l'article 184, le tribunal renvoie la procédure au ministère public pour lui permettre de saisir à nouveau la juridiction d'instruction afin que la procédure soit régularisée.

Lorsque l'ordonnance de renvoi du juge d'instruction a été rendue sans que les conditions prévues par l'article 175 aient été respectées, les parties demeurent recevables, par dérogation aux dispositions du premier alinéa, à soulever devant le tribunal correctionnel les nullités de la procédure.

Lorsque la procédure dont il est saisi n'est pas renvoyée devant lui par la juridiction d'instruction, le tribunal statue sur les exceptions tirées de la nullité de la procédure antérieure.

La nullité de la citation ne peut être prononcée que dans les conditions prévues par l'article 565.

Dans tous les cas, les exceptions de nullité doivent être présentées avant toute défense au fond.

Bibliographie : A. Maron, *Tribunal correctionnel. – Compétence et saisine : JCl. Proc. pén.*, art. 381 à 392-1, Fasc. 15.

• *Sommaire*

I – PRINCIPE DU PROCÈS ÉQUITABLE

1) Compatibilité de l'article 385 avec l'article 6, Conv. EDH. Les articles 179 et 385 du Code de procédure pénale ne portent aucune atteinte au principe du procès équitable prévu par l'article 6 de la Convention européenne des droits de l'Homme dès lors que, d'une part, la défense peut contester la régularité d'une procédure d'instruction en saisissant en temps utile la chambre de l'instruction, d'autre part, en cas de pourvoi formé contre l'arrêt de cette juridiction rejetant une requête en nullité, les articles 570 et 571 dudit code ont pour seul effet d'en différer, le cas échéant, l'examen jusqu'à un éventuel pourvoi contre la décision statuant sur la culpabilité, la constatation d'une irrégularité ayant nécessairement pour effet de remettre en cause la décision sur le fond (■ Cass. crim., 11 juill. 2017, n° 08-84.989 : *Bull. crim.* n° 202, n°s 10-80.810 et 16-83.588).

II – SAISINE PAR RENVOI D'UNE JURIDICTION D'INSTRUCTION

A – Principe : Purge des nullités

1° *Exception de nullité : notion*

2) Inclusion. La nullité, en la forme, d'une constitution de partie civile doit, en application de l'article 385 du Code de procédure pénale, être invoquée avant toute défense au fond (■ Cass. crim., 16 févr. 2010, n° 09-80.516 : *Bull. crim.* n° 24 :

constitution de partie civile par simple lettre. ▪ Cass. crim., 6 janv. 2021, n° 19-87.168, § 6 : constitution de partie civile par courriel moins de 24 h avant l'audience). L'inscription de faux s'analyse en une exception de nullité (▪ Cass. crim., 12 avr. 1988, n° 87-82.444 : *Bull. crim.* n° 154. ▪ Cass. crim., 21 janv. 1991, n° 90-80.261 : *Bull. crim.* n° 35). En application de l'article 385 du Code de procédure pénale, l'exception présentée aux fins de faire constater l'irrecevabilité de la citation directe initiale de la partie civile en raison de la tardiveté du versement de la consignation fixée ne peut être soulevée pour la première fois en cause d'appel par un prévenu qui a accepté de se défendre sur le fond devant le tribunal (▪ Cass. crim., 26 oct. 2004, n° 04-80.587).

3) Exclusion. L'exception d'irrecevabilité d'une constitution de partie civile fondée sur les dispositions de l'article 2 du Code de procédure pénale peut être soulevée en tout état de la procédure et notamment pour la première fois en cause d'appel (▪ Cass. crim., 11 sept. 2001, n° 00-86.641 : *Bull. crim.* n° 175. ▪ Cass. crim., 20 janv. 2021, n° 19-82.456, § 24). Est étrangère à la forclusion édictée par l'article 385 du Code de procédure pénale toute contestation relative au bien-fondé de la qualification en matière de presse, laquelle est irrévocablement fixée par l'acte initial de poursuites et constitue une question de fond qu'il appartient aux juges du fond de relever d'office, toute requalification étant interdite en matière de presse (▪ Cass. crim., 25 oct. 2005, n° 05-81.252 : *Bull. crim.* n° 265). L'article 385 du Code de procédure pénale n'est pas applicable aux exceptions préjudicielles (▪ Cass. crim., 7 juin 1995, n° 94-81.416 : *Bull. crim* n° 208).

2° Domaine quant aux infractions

4) Infractions de presse. L'article 385 du Code de procédure pénale est applicable à la poursuite des infractions à la loi sur la liberté de la presse (▪ Cass. crim., 6 mars 1974, n° 73-92.256 : *Bull. crim.* n° 96. ▪ Cass. crim., 26 avr. 1994, n° 92-82.459 : *Bull. crim.* n° 151. ▪ Cass. crim., 6 janv. 2009, n° 08-80.826 : *Bull. crim.* n° 5).

5) Infractions douanières. L'article 385 du Code de procédure pénale est applicable aux poursuites douanières (▪ Cass. crim., 18 déc. 1969, n° 669-90.341 : *Bull. crim.* n° 352).

6) Infractions fiscales. L'article 385 du Code de procédure pénale est applicable en matière fiscale (▪ Cass. crim., 2 déc. 1975, n° 75-90.418 : *Bull. crim.* n° 266). S'il est vrai que les tribunaux judiciaires sont compétents pour apprécier, en cas de contestation, les conditions dans lesquelles a été donné l'avis favorable aux poursuites pénales émis par la Commission des infractions fiscales, c'est à la condition que cette exception soit invoquée devant les premiers juges et avant toute défense au fond, conformément au principe posé par l'article 385 du Code de procédure pénale (▪ Cass. crim., 29 mars 1989, n° 87-81.891 : *Bull. crim.* n° 153. ▪ Cass. crim., 5 juin 1989, n° 88-85.685 : *Bull. crim.* n° 236).

7) Infractions cambiaires. Même solution (▪ Cass. crim., 2 déc. 1975, n° 75-90.418 : *Bull. crim.* n° 266. ▪ Cass. crim., 17 mai 1989, n° 88-87.539 : *Bull. crim.* n° 200).

8) Infractions en matière de contributions indirectes. Même solution (▪ Cass. crim., 22 mai 1978, n° 77-91.805 : *Bull. crim.* n° 161).

3° Domaine quant aux actes

9) Généralité. Conçu en termes généraux, l'article 385 du Code de procédure pénale vise tous les actes antérieurs à la citation (▪ Cass. crim., 29 déc. 1964, n° 64-91.854 : *Bull. crim.* n° 349. ▪ Cass. crim., 9 nov. 1993, n° 92-85.149. ▪ Cass. crim., 13 févr. 2013, n° 12-84.311 : *Bull. crim.* n° 40). Il en est ainsi, notamment, des actes de l'enquête policière préalable (▪ Cass. crim., 29 déc. 1964, n° 64-91.854 : *Bull. crim.* n° 349).

10) Exclusion des actes relevant d'un appel devant la chambre de l'instruction. La personne mise en examen est mal fondée à critiquer les dispositions de l'arrêt ayant rejeté son exception d'irrégularité de l'ordonnance de renvoi du juge d'instruction faute de signature de l'ensemble des juges co-saisis, dès lors que ce défaut de signature par l'ensemble de ces juges est admis par l'article 83-2 du Code de procédure pénale et a pour seule conséquence de rendre l'appel recevable aux termes de l'article 186-3 dudit code (▪ Cass. crim., 1er oct. 2019, n° 18-86.428 : *Bull. crim.*, p. 30). V. art. 173, *supra*, p. 556 et les annotations sous l'article.

4° Domaine quant aux nullités

11) Nullité d'ordre public. La règle selon laquelle les exceptions de nullité doivent être, à peine de forclusion, présentées avant toute défense au fond, s'applique à toutes les nullités, même substantielles, touchant à l'ordre public (▪ Cass. crim., 6 juill. 1993, n° 93-82.133 : *Bull. crim.* n° 243). Il en va autrement pour les nullités d'ordre public tenant à la compétence juridictionnelle (▪ Cass. crim., 25 févr. 1991, n° 90-81.383 : *Bull. crim.* n° 94. ▪ Cass. crim., 7 juin 2000, n° 99-82.788 : *Bull. crim.* n° 219. ▪ Cass. crim., 14 mars 2012, n° 11-85.827 : *Bull. crim.* n° 73) ; doit donc être invoquée avant toute défense au fond l'incompétence territoriale d'un agent de police judiciaire (▪ Cass. crim., 13 nov. 1996, n° 95-84.897 : *Bull. crim.* n° 405). L'exception d'incompétence d'une juridiction peut donc être soulevée pour la première fois devant la cour d'appel (▪ Cass. crim., 20 oct. 2009, n° 09-81.721 : *Bull. crim.* n° 172).

12) Question prioritaire de constitutionnalité. La question prioritaire de constitutionnalité, portant sur une disposition procédurale relative aux exceptions de nullité, doit être présentée dans les conditions d'une telle exception, avant toute défense au fond (▪ Cass. crim., 15 févr. 2012, n° 11-81.244 : *Bull. crim.* n° 49).

13) Inscription de faux. L'inscription de faux doit, conformément aux dispositions de l'article 385 du Code de procédure pénale, être présentée avant toute défense au fond (▪ Cass. crim., 12 avr. 1988, n° 87-82.444 : *Bull. crim.* n° 154. ▪ Cass. crim., 21 janv. 1991, n° 90-80.261 : *Bull. crim.* n° 35).

5° *Domaine quant aux textes méconnus*

14) Violation d'une directive de l'Union européenne. L'article 385 est applicable à l'exception de nullité de la procédure tirée de ce que l'infraction n'aurait pas été constatée conformément aux prescriptions d'une directive européenne (▪ Cass. crim., 10 déc. 1996, n° 96-80.833 : *Bull. crim.* n° 457).

15) Violation d'un article de la Convention européenne des droits de l'Homme. L'article 385 est applicable à l'exception de nullité fondée sur la violation d'un article de la Convention européenne des droits de l'Homme (▪ Cass. crim., 1er févr. 1995, n° 94-82.449 : violation de l'art. 6, § 1. ▪ Cass. crim., 12 déc. 2007, n° 07-82.353 : *Bull. crim.* n° 311 : violation de l'art. 8. ▪ Cass. crim., 11 févr. 2004, n° 03-80.596 : *Bull. crim.* n° 39 : absence d'indépendance et d'impartialité du juge d'instruction. ▪ Cass. crim., 28 sept. 2004, n° 03-86.604 : *Bull. crim.* n° 224 : violation du droit à un procès équitable et au respect de la présomption d'innocence).

6° *Domaine quant aux personnes*

16) Prévenu. Le prévenu qui, n'ayant ni comparu ni fourni d'excuse reconnue valable, a été jugé contradictoirement dans les conditions prévues par l'article 410 du Code de procédure pénale, ne saurait être considéré comme s'étant défendu devant le tribunal ; dès lors, les exceptions tirées de la nullité de la procédure peuvent être présentées pour la première fois en cause d'appel (▪ Cass. crim., 14 juin 1973, n° 72-92.749 : *Bull. crim.* n° 266. ▪ Cass. crim., 6 juin 2007, n° 06-88.541 : *Bull. crim.* n° 153. ▪ Cass. crim., 5 mars 2013, n° 12-82.363 : *Bull. crim.* n° 57. ▪ Cass. crim., 22 juin 2016, n° 14-80.041). La forclusion édictée par l'article 385 du Code de procédure pénale est applicable au prévenu dont la défense, devant le tribunal correctionnel, a été assurée, en son absence, par un avocat dépourvu de mandat de représentation, dans les conditions prévues par l'article 410, alinéa 3, du Code de procédure pénale, et qui n'a pas contesté devant le premier juge, avant toute défense au fond, la régularité des actes de l'enquête (▪ Cass. crim., 4 avr. 2013, n° 12-85.067 : *Bull. crim.* n° 79). Encourt la censure l'arrêt qui confirme le jugement ayant déclaré nulle la citation du prévenu qui, absent et défaillant en première instance, a demandé à être jugé par la cour d'appel devant laquelle il a comparu volontairement et qui n'a pas repris l'exception de nullité soulevée par le tribunal (▪ Cass. crim., 11 déc. 2013, n° 13-80.271 : *Bull. crim.* n° 255). Le demandeur, n'ayant pas repris avant toute défense au fond devant la cour d'appel les moyens de nullité de la procédure soulevés devant le tribunal, est irrecevable à les invoquer devant la Cour de cassation, en application des articles 385 et 512 du Code de procédure pénale, alors même que, régulièrement cité conformément à l'article 503-1 du Code de procédure pénale, il n'a pas comparu devant la cour d'appel (▪ Cass. crim., 15 juin 2016, n° 14-88.404). Le prévenu, intimé par l'appel du ministère public d'une décision de relaxe, est recevable à réitérer devant la cour d'appel les exceptions qu'il avait soulevées avant toute défense au fond, devant les premiers juges ; la cour d'appel, saisie du seul appel du ministère public, ne peut donc refuser d'examiner les exceptions reprises devant elle par le prévenu au motif qu'en l'absence d'appel de ce dernier la décision du tribunal rejetant ses exceptions de procédure est définitive et ne peut être remise en cause (▪ Cass. crim., 10 juill. 1996, n° 95-83.930 : *Bull. crim.* n° 291).

17) Partie civile. L'article 385 du Code de procédure pénale s'applique à la partie civile comme au prévenu (▪ Cass. crim., 20 déc. 1973, n° 73-90.501 : *Bull. crim.* n° 482. ▪ Cass. crim., 17 janv. 1974, n° 73-90.166 : *Bull. crim.* n° 26).

18) Ministère public. Le ministère public a le droit, dans l'intérêt d'une bonne administration de la justice, de soulever *in limine litis* l'exception de nullité de l'exploit de citation ou d'un acte de procédure, et de demander à la juridiction compétente de prononcer la nullité de cet acte, quand bien même la personne que cet acte concerne se serait abstenue de le faire ; il s'ensuit que le prévenu peut devant la cour d'appel se prévaloir d'une telle exception régulièrement soulevée, et que les juges du second degré ne peuvent l'écarter au motif qu'elle n'aurait pas été présentée par lui *in limine litis* (▪ Cass. crim., 5 mars 1970, n° 67-91.652 : *Bull. crim.* n° 93). Lorsque la citation délivrée au prévenu par la partie civile du chef de contravention d'injures non publiques ne respecte pas les formalités de l'article 53 de la loi du 29 juillet 1881, le ministère public a qualité pour invoquer *in* *limine litis*, conformément au droit commun, l'irrégularité de cet acte (▪ Cass. crim., 26 mai 1977, n° 76-92.121 : *Bull. crim.* n° 196).

19) Assureur et civilement responsable. L'assureur appelé en garantie et le civilement responsable n'ont pas qualité pour soulever la nullité de la procédure d'instruction préalable (▪ Cass. crim., 5 sept. 1988, n° 86-92.682 : *Bull. crim.* n° 313).

7° *Domaine quant aux juridictions*

20) Juridictions pour mineurs. Les dispositions de l'article 385 du Code de procédure pénale sont applicables devant les juridictions pour mineurs (▪ Cass. crim., 7 oct. 1997, n° 96-85.599 : *Bull. crim.* n° 327) ; notamment en cas de renvoi par le juge des enfants (même arrêt).

21) Juridictions d'appel. Principe. Les dispositions de l'article 385 du Code de procédure pénale sont applicables en cause d'appel en vertu de l'article 512 du Code de procédure pénale (▪ Cass. crim., 4 sept. 2001, n° 00-85.984 : *Bull. crim.* n° 171). La cour d'appel ne peut examiner que les griefs de nullité invoqués en première instance (▪ Cass. crim., 21 janv. 1997, n° 94-84.919 : *Bull. crim.* n° 20). Une exception de nullité qui n'a pas été soulevée devant les premiers juges, devant lesquels le demandeur a comparu, ne peut l'être pour la première fois devant la cour d'appel ; si cette juridiction a cru, à tort, devoir y répondre, les moyens, qui reprennent cette exception devant la Cour de cassation, sont irrecevables en application de l'article 385 du Code de procédure pénale (▪ Cass. crim., 4 sept. 2018, n° 17-80.908). A fait à bon droit application des articles 385 et 512 du Code de procédure pénale, la juridiction nationale de la rétention de sûreté qui relève que le requérant est irrecevable à soulever pour la première fois en appel l'irrégularité de la saisine de la juridiction régionale de la rétention de sûreté, juridiction du premier degré, faute de l'avoir fait en première instance, où il avait comparu (▪ Cass. crim., 28 mars 2018, n° 17-86.938). **Portée.** Une cour d'appel ne peut relever d'office une cause de nullité de l'ordonnance de renvoi (▪ Cass. crim., 12 déc. 2009, n° 99-85.310). Il résulte de l'article 385 du Code de procédure pénale que les exceptions de nullité doivent être présentées avant toute défense au fond et, en conséquence, qu'une telle exception est recevable devant la cour d'appel dès lors qu'elle a été soumise aux premiers juges avant toute défense au fond (▪ Cass. crim., 8 juin 2021, n° 20-85.053, § 7). Une cour d'appel doit annuler l'ordonnance de renvoi devant le tribunal correctionnel qui n'analyse pas de manière précise les éléments à charge et à décharge résultant de l'information à l'égard de chacune des personnes mises en examen (▪ Cass. crim., 23 janv. 2019, n° 17-82.170 : *RPDP* 2019, p. 417, obs. Y. Capdepon). Sur le prévenu jugé contradictoirement en application de l'article 410 du Code de procédure pénale, V., annot. n° 15, p. 865.

22) Cour de cassation. Lorsqu'une cour d'appel statue sur une exception de nullité en violation des dispositions de l'article 385 du Code de procédure pénale, le moyen qui reprend cette exception devant la Cour de cassation est irrecevable (▪ Cass. crim., 1er févr. 1995, n° 94-82.449. ▪ Cass. crim., 9 févr. 2005, n° 04-81.776 : *Bull. crim.* n° 47. ▪ Cass. crim., 20 mai 2009, n° 08-80.677 : *Bull. crim.* n° 100. ▪ Cass. crim., 4 mai 2016, n° 15-80.215).

8° *Applications*

23) Cas où la juridiction correctionnelle peut relever les nullités de la procédure antérieure. C'est uniquement dans les cas prévus par les alinéas 2 et 3 de l'article 385 du Code de procédure pénale, que la juridiction correctionnelle a qualité pour constater les nullités des procédures qui lui sont soumises, lorsqu'elle est saisie par le renvoi ordonné par le juge d'instruction (▪ Cass. crim., 5 mars 2003, n° 01-87.045 : *Bull. crim.* n° 60). En dehors de ces cas, les parties sont irrecevables à soulever les exceptions de nullité de la procédure antérieure devant la juridiction de jugement saisie par une ordonnance de renvoi ; encourt dès lors la cassation l'arrêt d'une cour d'appel qui fait droit à l'exception de nullité soulevée par le prévenu faisant valoir qu'il a été renvoyé devant la juridiction correctionnelle sans avoir été interrogé au fond par le juge d'instruction, alors même qu'il n'a présenté à ce magistrat aucune demande d'interrogatoire, tant au cours de l'information que pendant le délai ouvert par l'article 175 du Code de procédure pénale (▪ Cass. crim., 26 mai 2010, n° 10-81.839 : *Bull. crim.* n° 95).

24) Impossibilité de prononcer la nullité de l'ordonnance de renvoi. Les juridictions de jugement n'ont pas qualité pour annuler l'ordonnance de renvoi : ainsi en est-il lorsque le juge d'instruction a, en violation des dispositions de l'article 174, alinéa 3 du Code de procédure pénale, tiré des renseignements d'un acte de procédure annulé (▪ Cass. crim., 13 juin 2019, n° 19-82.326 : *Bull. crim.* n° 112). La juridiction de jugement, qui constate que le juge d'instruction n'a pas statué, comme il en a le devoir, dans son ordonnance de renvoi, sur tous les faits ou tous les prévenus dont il est saisi, n'est pas autorisée par la loi à annuler ladite ordonnance (▪ Cass. crim., 4 mars 2004, n° 03-85.983 : *Bull. crim.* n° 57). La cour d'appel infirme à bon droit le jugement qui, au motif que l'ordonnance de renvoi n'a pas été rendue conformément aux dispositions de l'article 184, a d'une part renvoyé la procédure au ministère public pour lui permettre de saisir à nouveau la juridiction d'instruction afin que la procédure soit régularisée, mais d'autre part annulé l'ordonnance de renvoi (■ Cass. crim., 29 sept. 2010, n° 10-84.003 : *Bull. crim.* n° 145). Il résulte de la combinaison des articles 385 et 388 du Code de procédure pénale que, lorsque le tribunal correctionnel constate que les faits dont il est saisi par une ordonnance de renvoi du juge d'instruction sont de nature criminelle, il doit renvoyer le ministère public à mieux se pourvoir, sans avoir la possibilité d'annuler ladite ordonnance (■ Cass. crim., 5 mai 2020, n° 20-81.034, § 13). *Contra* auparavant : il résulte des articles 184 et 385, alinéa 2 du Code de procédure pénale que l'ordonnance de renvoi d'une personne mise en examen pour des faits dont le juge d'instruction a été régulièrement saisi ne peut être annulée que si elle n'a pas été rendue conformément aux dispositions de l'article 184 du Code de procédure pénale (■ Cass. crim., 22 janv. 2003, n° 01-87.297 : *Bull. crim.* n° 18. V. aussi ■ Cass. crim., 7 oct. 1997, n° 96-85.599 : *Bull. crim.* n° 327 : est annulée à bon droit l'ordonnance de renvoi rendue le jour même de la notification de l'avis de clôture prévu par l'article 175 du Code de procédure pénale).

25) Article 385, alinéa 2. Violation de l'article 184 du Code de procédure pénale. Constitue une violation des dispositions de l'article 184 du Code de procédure pénale le renvoi devant le tribunal correctionnel d'une personne pour des faits pour lesquels elle n'a pas été mise en examen (■ Cass. crim., 23 juin 2020, n° 19-80.373, § 12. ■ Cass. crim., 5 oct. 2021, n° 20-85.710, § 10. V. déjà ■ Cass. crim., 15 sept. 2004, n° 04-83.670 : *Bull. crim.* n° 211, sol. impl.). La mention faite par le juge d'instruction dans son ordonnance de renvoi de pièces antérieurement annulées constitue une irrégularité qui affecte la motivation de cette décision : elle entre donc dans les prévisions des articles 385, alinéa 2 et 184 du Code de procédure pénale (■ Cass. crim., 13 juin 2019, n° 19-82.326 : *Bull. crim.* n° 112). **Combinaison des articles 175 et 184 du Code de procédure pénale.** L'ordonnance dont la motivation ne répond pas aux exigences de l'article 175 du Code de procédure pénale auquel renvoie l'article 184 dudit code relève de l'article 385, alinéa 2 du même code (■ Cass. crim., 2 mars 2011, n° 10-86.940 : *Bull. crim.* n° 47, sol. impl.). Le cas où le juge d'instruction rend une ordonnance de renvoi devant le tribunal correctionnel sans attendre l'expiration du délai accordé aux parties par l'article 175 du Code de procédure pénale pour présenter des observations entre dans les prévisions de l'article 385, alinéa 2 dudit code (■ Cass. crim., 29 sept. 2010, n° 10-84.003 : *Bull. crim.* n° 145). Il résulte de la combinaison des articles 175, 184 et 385 du Code de procédure pénale que, lorsque l'ordonnance de renvoi devant le tribunal correctionnel a été rendue sans que, faute de notification du réquisitoire définitif, les parties aient été mises en mesure de présenter des observations au vu de ces réquisitions, les juges saisis de la poursuite renvoient la procédure au ministère public pour lui permettre de saisir à nouveau la juridiction d'instruction, afin que la procédure soit régularisée ; doit donc être cassé l'arrêt qui retient que le défaut de notification des réquisitions de renvoi devant le tribunal correctionnel a pour seul effet de rendre les parties recevables à soulever devant les juges du fond les nullités de procédure (■ Cass. crim., 21 mars 2012, n° 11-87.660 : *Bull. crim.* n° 79). *Contra* ■ Cass. crim., 14 mai 2013, n° 12-81.023 : *Bull. crim.* n° 103 : les droits du mis en examen tirés du défaut de notification du réquisitoire définitif demeurent entiers devant la juridiction de jugement, auprès de laquelle l'intéressé peut soulever le chef de nullité invoqué, en application de l'article 385, alinéa 3, du Code de procédure pénale. V. aussi ■ Cass. crim., 30 mars 2004, n°s 02-85.180, 03-83.598 : *Bull. crim.* n° 80 : le défaut de notification, par le juge d'instruction, de l'avis de fin d'information prévu par l'article 175 du Code de procédure pénale n'entraîne pas la nullité de l'ordonnance de renvoi devant le tribunal correctionnel. Il a pour seul effet, aux termes de l'article 385, alinéa 3, du Code de procédure pénale, de rendre les parties recevables à soulever devant le tribunal correctionnel les nullités de la procédure, par dérogation aux dispositions du premier alinéa du texte précité. Dans le même sens ■ Cass. crim., 3 nov. 2011, n° 11-80.469 (violation du délai accordé aux parties par l'article 175 du Code de procédure pénale pour présenter des observations, introduire des requêtes et faire des demandes d'acte).

9° *Refus d'application de l'article 385, assorti cependant d'un renvoi facultatif de la procédure au ministère public aux fins de régularisation de l'ordonnance de renvoi*

26) Cas de l'omission de statuer de la juridiction d'instruction. La juridiction de jugement, qui constate que le juge d'instruction n'a pas statué, comme il en a le devoir, dans son ordonnance de renvoi, sur tous les faits ou tous les prévenus dont il est saisi, si elle n'est pas autorisée par la loi à annuler ladite ordonnance, a néanmoins la faculté de transmettre le dossier de la procédure au ministère public, habilité à saisir le juge d'instruction de toutes réquisitions appropriées visant les faits ou les prévenus sur lesquels il n'a pas été statué dans l'ordonnance de règlement (■ Cass. crim., 4 mars 2004, n° 03-85.983 : *Bull. crim.* n° 57. ■ Cass. crim., 5 sept. 2007, n° 06-84.265). ■ Cass. crim., 21 nov. 2007, n° 07-85.922 : *Bull. crim.* n° 288. *Adde* ■ Cass. crim., 22 janv. 2003, n° 01-87.297 : *Bull. crim.* n° 18. *Comp. auparavant* ■ Cass. crim.,

20 oct. 1998, n° 97-81.276 : *Bull. crim.* n° 266 : l'article 385, alinéa 2 du Code de procédure pénale autorise les juridictions correctionnelles à constater la nullité de l'ordonnance portant renvoi d'une personne devant le tribunal correctionnel pour une infraction dont le juge d'instruction n'était pas saisi ; constatant la nullité de l'ordonnance de renvoi, la juridiction doit renvoyer la procédure au ministère public pour lui permettre de saisir de nouveau la juridiction d'instruction. Sur le refus de considérer que l'omission de statuer doit s'analyser comme une disjonction de procédure implicite, V. ▪ Cass. crim., 23 déc. 1969, n° 69-91.612 : *Bull. crim.* n° 362.

B – Régularisation de la procédure

1° Domaine

• Renvoi à l'article 184

27) En application de l'article 385 du Code de procédure pénale, si l'ordonnance n'a pas été rendue conformément aux dispositions de l'article 184 du même code, la sanction de cette non-conformité est le renvoi de la procédure au ministère public pour lui permettre de saisir à nouveau la juridiction d'instruction aux fins de régularisation (▪ Cass. crim., 2 mars 2011, n° 10-86.940 : *Bull. crim.* n° 47). Lorsqu'en violation de l'article 184, le juge d'instruction rend une ordonnance de renvoi devant le tribunal correctionnel sans attendre l'expiration du délai accordé aux parties pour présenter des observations, le procureur de la République a qualité, en application de l'article 385, alinéa 2, du Code de procédure pénale, pour saisir de nouveau le juge d'instruction aux fins de régularisation de la procédure (▪ Cass. crim., 29 sept. 2010, n° 10-84.003 : *Bull. crim.* n° 145. ▪ Cass. crim., 12 oct. 2012, n° 11-83.866. – Comp., antérieurement, ▪ Cass. crim., 30 mars 2004, n°s 02-85.180 et 03-83.598 : *Bull. crim.* n° 80 : l'arrêt affirmait que les parties étaient recevables à soulever devant le tribunal correctionnel les nullités de la procédure, par dérogation aux dispositions de l'article 385 du Code de procédure pénale). Il résulte de la combinaison des articles 175, 184 et 385 du Code de procédure pénale que les juges saisis de la poursuite doivent renvoyer la procédure au ministère public, lorsque l'ordonnance de renvoi devant le tribunal correctionnel a été rendue sans que, faute de notification du réquisitoire définitif, les parties aient été mises en mesure de présenter des observations au vu de ces réquisitions (▪ Cass. crim., 21 mars 2012, n° 11-87.660 : *Bull. crim.* n° 79).

• Amplification du renvoi à l'article 184

28) Renvoi sans mise en examen. La juridiction de jugement, qui constate que le prévenu renvoyé devant elle, n'a pas fait l'objet d'une mise en examen par le juge d'instruction, est tenue, en application de l'article 385, alinéa 2, du Code de procédure pénale, de renvoyer la procédure au ministère public pour lui permettre de saisir à nouveau la juridiction d'instruction par des réquisitions appropriées aux fins de régularisation (▪ Cass. crim., 15 sept. 2004, n° 04-83.670 : *Bull. crim.* n° 211. ▪ Cass. crim., 23 juin 2020, n° 19-80.373, § 12. ▪ Cass. crim., 5 oct. 2021, n° 20-85.710, § 10). Comp. auparavant, ▪ Cass. crim., 21 févr. 2007, n° 06-89.043 : *Bull. crim.* n° 56 : la juridiction correctionnelle, qui constate que le prévenu a été renvoyé devant elle par une ordonnance du juge d'instruction visant certains faits pour lesquels il n'a pas été mis en examen a la faculté de renvoyer l'examen de l'affaire à une audience ultérieure et de transmettre le dossier de la procédure au ministère public pour lui permettre de saisir à nouveau la juridiction d'instruction par des réquisitions appropriées aux fins de régularisation. – Comp. ▪ Cass. crim., 20 oct. 1998, n° 97-81.276 : *Bull. crim.* n° 266.

• Autres cas. Nullité de l'ordonnance de renvoi :

29) V. *supra*, n° 24.

2° Renvoi de la procédure au ministère public

30) Nécessité. La mention faite par le juge d'instruction dans son ordonnance de renvoi à des pièces annulées par la chambre de l'instruction constitue une irrégularité qui, affectant la motivation de cette décision, entre dans les prévisions des articles 385, alinéa 2 et 184, du Code de procédure pénale et est susceptible d'entraîner une nullité, laquelle ne pourra être examinée que par la juridiction d'instruction. C'est donc à bon droit que les juges ont renvoyé l'affaire au ministère public pour saisine du juge d'instruction aux fins de régularisation de l'ordonnance de renvoi devant le tribunal correctionnel (▪ Cass. crim., 13 juin 2019, n° 19-82.326 : *Bull. crim.* n° 112). Doit être cassé l'arrêt qui, alors que l'ordonnance de renvoi n'a pas été rendue conformément aux dispositions de l'article 184 du Code de procédure pénale, retient que le défaut de notification des réquisitions de renvoi devant le tribunal correctionnel a pour seul effet de rendre les parties recevables à soulever devant les juges du fond les nullités de procédure (▪ Cass. crim., 21 mars 2012, n° 11-87.660 : *Bull. crim.* n° 79). Il résulte de la combinaison des articles 385 et 388 du Code de procédure pénale que, lorsque le tribunal correctionnel constate que les faits dont il est saisi par une ordonnance de renvoi du juge d'instruction sont de nature criminelle, il doit renvoyer le ministère public à mieux se pourvoir, sans avoir la possibilité d'annuler ladite ordonnance (■ Cass. crim., 5 mai 2020, n° 20-81.034, § 13).

31) Cour d'appel. La cour d'appel infirme à bon droit le jugement qui, au motif que l'ordonnance de renvoi n'a pas été rendue conformément aux dispositions de l'article 184, a d'une part renvoyé la procédure au ministère public pour lui permettre de saisir à nouveau la juridiction d'instruction afin que la procédure soit régularisée, mais d'autre part annulé l'ordonnance de renvoi (■ Cass. crim., 29 sept. 2010, n° 10-84.003 : *Bull. crim.* n° 145). C'est à tort que l'arrêt attaqué, après avoir infirmé le jugement, en ce qu'il avait prononcé l'annulation de l'ordonnance de renvoi du juge d'instruction par laquelle il était saisi, et rejeté l'exception de nullité invoquée, a renvoyé la procédure devant la juridiction du premier degré en énonçant que la cour d'appel n'annulait pas la décision pour violation ou omission non réparées des formes prescrites par la loi à peine de nullité, mais l'infirmait en contestant l'appréciation du tribunal relative à la validité de l'ordonnance de renvoi : il lui appartenait, après avoir infirmé la décision entreprise, d'évoquer et de statuer au fond (■ Cass. crim., 2 mars 2011, n° 10-86.940 : *Bull. crim.* n° 47). La décision de la cour d'appel de renvoyer la procédure au ministère public, aux fins de régularisation, dans les cas prévus par l'article 385, alinéa 2, du Code de procédure pénale, n'impliquant pas son dessaisissement, il lui appartient, si le jugement est annulé pour violation ou omission non réparée de formes prescrites par la loi à peine de nullité, d'évoquer, de renvoyer au fond à une audience ultérieure, en application de l'article 520 du même code, et de prononcer, le cas échéant, sur le maintien en détention du prévenu ; encourt dès lors la cassation l'arrêt par lequel une cour d'appel, constatant que l'ordonnance de renvoi n'a pas été rendue conformément aux dispositions de l'article 184 du Code de procédure pénale, en ce que l'avis de fin d'information et le réquisitoire définitif n'ont pas été portés à la connaissance du mis en examen, renvoie la procédure au ministère public pour régularisation, annule le jugement, et se considérant ainsi dessaisie sans pouvoir évoquer l'affaire, constate que le titre de détention du prévenu a cessé de produire effet et ordonne la mise en liberté de celui-ci (■ Cass. crim., 3 mars 2015, n° 14-88.472 : *Bull. crim.* n° 39).

32) Actes faits en application de l'ordonnance de renvoi. Si l'ordonnance de renvoi n'a pas été rendue conformément aux dispositions de l'article 184 du Code de procédure pénale, les actes faits en application de ladite ordonnance demeurant valables, les actes accomplis postérieurement à l'ordonnance irrégulière sont interruptifs de la prescription de l'action publique (■ Cass. crim., 1er oct. 2013, n° 12-83.143 : *Bull. crim.* n° 184).

33) Absence de dessaisissement de la juridiction prononçant le renvoi. La décision d'une juridiction de renvoyer la procédure au ministère public, aux fins de régularisation, dans les cas prévus par l'article 385, alinéa 2, du Code de procédure pénale, n'implique pas son dessaisissement (■ Cass. crim., 7 juin 2016, n° 15-87.697). La décision du tribunal correctionnel de renvoyer la procédure au ministère public, aux fins de régularisation, dans les cas prévus par l'article 385, alinéa 2 du Code de procédure pénale, n'impliquant pas le dessaisissement de cette juridiction, il lui appartient, si le prévenu est détenu, de renvoyer au fond l'affaire à une audience ultérieure et de prononcer sur son maintien ou non en détention ; encourt dès lors la cassation l'arrêt d'une chambre de l'instruction qui confirme l'ordonnance d'un juge des libertés et de la détention ayant ordonné la prolongation de la détention d'une personne renvoyée devant la juridiction du fond, alors que, le juge d'instruction, auquel la procédure avait été renvoyée en application de l'article 385, alinéa 2, précité, étant devenu incompétent pour saisir le juge des libertés et de la détention aux fins de statuer sur une telle mesure, ce dernier était lui-même incompétent pour l'ordonner. L'intéressé étant détenu sans titre régulier depuis sa comparution devant le tribunal correctionnel, faute pour cette juridiction d'avoir ordonné son maintien en détention, la cassation est prononcée sans renvoi (■ Cass. crim., 28 févr. 2017, n° 16-87.511 : *Bull. crim.* n° 57).

34) Cour d'appel. La décision de la cour d'appel de renvoyer la procédure au ministère public, aux fins de régularisation, dans les cas prévus par l'article 385, alinéa 2, du Code de procédure pénale, n'implique pas son dessaisissement (■ Cass. crim., 3 mars 2015, n° 14-88.472 : *Bull. crim.* n° 39). Après évocation par la cour d'appel et retour du dossier au ministère public pour transmission au juge d'instruction aux fins de régularisation de la procédure, la juridiction du second degré est seule saisie de la procédure (■ Cass. crim., 10 avr. 2019, n° 18-83.709 : *Bull. crim.* n° 75).

C – Exceptions : recevabilité des exceptions de nullité

35) Infractions de presse. Violation de l'article 50, L. 29 juill. 1881. En matière de presse la nature, l'étendue et l'objet de la poursuite ne peuvent être modifiés par l'ordonnance de renvoi, même définitive, et les juges ont l'obligation d'examiner l'intégralité des propos articulés dans l'acte initial de la poursuite ; la cour d'appel ne peut donc déclarer qu'en application de l'article 385 du Code de procédure pénale, les appelants ne sont pas recevables à critiquer l'étendue de sa saisine au regard du réquisitoire introductif pris en application de l'article 50 de la loi du 29 juillet 1881 et de la plainte assortie d'une constitution de partie civile, avec laquelle il se combine (■ Cass. crim., 11 juill. 1995, n° 94-81.656 : *Bull. crim.* n° 256). Selon les articles 179, alinéa 6, et 385, alinéa 4, du Code de procédure pénale, lorsque la juridiction correctionnelle est saisie par l'ordonnance de renvoi du juge d'instruction, les parties sont irrecevables à soulever des exceptions tirées de la nullité de la procédure antérieure ; il n'en est autrement en matière de presse que lorsqu'est invoquée la méconnaissance des prescriptions de l'article 50 de la loi du 29 juillet 1881 (■ Cass. crim., 24 sept. 2002, n°s 01-88.597 et 01-88.674 : *Bull. crim.* n° 174. ■ Cass. crim., 16 sept. 2003, n°s 01-83.162, 02-84.554 et 02-85.001 : *Bull. crim.* n° 162. ■ Cass. crim., 9 déc. 2014, n° 13-84.143 : *Bull. crim.* n° 261, ne visant que l'article 179).

D – Cas particuliers

1° Fuite de la personne mise en examen

36) Irrecevabilité de l'exception de nullité. Justifie sa décision la cour d'appel qui déclare irrecevables les exceptions de nullité de la procédure d'instruction soulevées devant le tribunal correctionnel par le prévenu, en fuite et vainement recherché au cours de l'information, dès lors qu'en application de l'article 385, alinéa 1er, du Code de procédure pénale, la juridiction correctionnelle, saisie par une ordonnance de renvoi, n'a pas qualité pour constater les nullités de la procédure antérieure, que le prévenu s'est volontairement soustrait à la justice et a été mis en mesure de discuter devant la juridiction de jugement, la valeur probante des éléments réunis contre lui (■ Cass. crim., 16 janv. 2013, 2 arrêts, n°s 12-81.199 et 11-83.6689 : *Bull. crim.* n°s 17 et 18. ■ Cass. crim., 17 déc. 2014, n° 13-86.102 : *Bull. crim.* n° 277. Comp., auparavant, ■ Cass. crim., 3 avr. 2007, n° 06-89.315 : *Bull. crim.* n° 103. ■ Cass. crim., 3 oct. 2007, n° 07-81.030 : *Bull. crim.* n° 207). La personne qui, ayant eu connaissance de l'enquête effectuée sur ses agissements, se soustrait aux recherches engagées à son encontre, doit être considérée comme en fuite, au sens de l'article 131 du Code de procédure pénale, ce qui justifie la délivrance du mandat d'arrêt dont elle est l'objet et la rend irrecevable à se prévaloir des dispositions de l'article 385, alinéa 3, du même code (■ Cass. crim., 17 déc. 2014, n° 13-86.102 : *Bull. crim.* n° 277. ■ Cass. crim., 25 nov. 2015, n°s 13-86.768 et 14-83.876, ajoutant que la délivrance d'un mandat d'arrêt ne permet pas à l'intéressé d'acquérir la qualité de partie au sens de l'article 175 du Code de procédure pénale). Doit être cassé l'arrêt qui, pour écarter l'application de l'article 385, alinéa 3, du Code de procédure pénale, se borne à relever que le prévenu réside aux États-Unis, sans constater que l'intéressé est en fuite, se sait recherché et veut échapper aux poursuites, et, au surplus, en validant le mandat d'arrêt délivré à l'encontre d'une personne résidant hors du territoire de la République sans apprécier le caractère nécessaire et proportionné du recours à cette mesure de contrainte en fonction des circonstances de l'espèce (■ Cass. crim., 11 janv. 2017, n° 16-80.619 : *Bull. crim.* n° 16 ; *Dr. pén.* 2017, comm. 49, obs. A. Maron et M. Haas ; *Procédures* 2017, comm. 46, obs. A.-S. Chavent-Leclère). C'est sans porter atteinte au droit à un procès équitable reconnu par l'article 6 de la Convention européenne des droits de l'Homme qu'une cour d'appel juge qu'il convient de rejeter l'exception de nullité soulevée par un prévenu en fuite vainement recherché au cours de l'information, au motif qu'il n'a pas la qualité de partie au sens de l'article 175 du Code de procédure pénale et que dès lors, il ne saurait se prévaloir de l'article 385, alinéa 3 du Code de procédure pénale : se sachant recherché, s'étant soustrait volontairement à la procédure d'information et se trouvant par conséquent en fuite au cours de celle-ci, il a été mis en mesure, devant les juridictions de jugement, de discuter les éléments de preuve réunis contre lui (■ Cass. crim., 15 mai 2018, n° 17-82.866 : *Bull. crim.* n° 92).

37) Questions prioritaires de constitutionnalité. Reconnaître le bénéfice des dispositions de l'article 385, alinéa 3 du Code de procédure pénale à une personne en fuite lui attribuerait un avantage injustifié par rapport à la personne mise en examen qui a normalement comparu aux actes de la procédure (■ Cass. crim., 4 janv. 2012, n° 10-85.692 QPC : *RSC* 2013, p. 155, obs. D. Roets. ■ Cass. crim., 24 mars 2015, n° 14-88.216 QPC, invoquant en outre l'objectif à valeur constitutionnelle de bonne administration de la justice).

38) Jurisprudence européenne. Le droit à un procès équitable est violé lorsqu'une personne est privée du bénéfice de l'article 385, alinéa 3 du Code de procédure pénale parce qu'elle est considérée comme en fuite, alors que la simple absence du requérant de son lieu de résidence habituel ou du domicile de ses parents ne suffit pas à établir qu'elle avait connaissance des poursuites et du procès à son encontre (■ CEDH, 11 oct. 2012, n° 43353/07, *Abdelali c/ France* : *RSC* 2013, p. 117, obs. J. Danet. – V. aussi ■ CEDH, 1er mars 2006, n° 56581/00, *Sedjovic c/ Italie*. V. Guéry : *Dr. pén.* 2013, étude 7).

2° Autres cas particuliers

39) Disparition de pièces du dossier. La cour d'appel qui constate la disparition, dans le dossier qui lui est soumis, des pièces de l'information préparatoire dont l'existence ou la régularité n'ont pas été contestées dans les conditions prévues par l'article 385 du Code de procédure pénale doit, en vertu de l'effet dévolutif de l'appel, non pas renvoyer le ministère public à reconstituer le dossier mais, si elle ne s'estime pas en mesure de juger l'affaire, ordonner un supplément d'information confié à l'un de ses membres (■ Cass. crim., 6 avr. 1993, n°s 90-80.511 et 92-86.374 : *Bull. crim.* n° 145).

III – AUTRES CAS DE SAISINE

A – Recevabilité des exceptions de nullité

40) Principe. Le juge répressif doit, en application des dispositions de l'article 385 du Code de procédure pénale, statuer sur toutes les exceptions de nullité qui lui ont été régulièrement soumises (■ Cass. crim., 4 sept. 2001, n° 00-85.984 : *Bull. crim.* n° 171). Justifie sa décision la chambre de l'instruction qui, alors qu'elle est saisie de l'appel formé par une partie civile contre une ordonnance du juge d'instruction portant à la fois non-lieu partiel du chef d'homicide involontaire et renvoi du mis en examen devant le tribunal correctionnel pour diverses infractions, rejette la demande dudit mis en examen tendant à l'annulation des dispositions de renvoi devant la juridiction de jugement en raison d'un défaut de notification du réquisitoire définitif du procureur de la République, en retenant que ces dispositions ne lui sont pas soumises au sens de l'article 206 du Code de procédure pénale ; en pareille hypothèse, les droits du mis en examen tirés du défaut de notification du réquisitoire définitif demeurent entiers devant la juridiction de jugement, auprès de laquelle l'intéressé peut soulever le chef de nullité invoqué, en application de l'article 385, alinéa 3, du Code de procédure pénale (■ Cass. crim., 14 mai 2013, n° 12-81.023 : *Bull. crim.* n° 103).

41) Cas des infractions de presse. En matière de presse, hormis la méconnaissance des prescriptions de l'article 50 de la loi du 29 juillet 1881, lorsque la juridiction correctionnelle est saisie par l'ordonnance de renvoi du juge d'instruction, les parties sont irrecevables à soulever des exceptions tirées de la nullité de la procédure antérieure : le prévenu renvoyé devant le tribunal correctionnel par ordonnance du juge d'instruction du chef d'un délit de presse, est donc irrecevable à invoquer, devant le tribunal, l'irrégularité des réquisitions d'enquête délivrées par le ministère public en application de l'article 65 de la loi du 29 juillet 1881 (■ Cass. crim., 16 sept. 2003, n°s 01-83.162, 02-84.554 et 02-85.001 : *Bull. crim.* n° 162) ; même solution pour la violation de l'article 53 de la loi du 29 juillet 1881 (■ Cass. crim., 12 mars 1996, n° 95-81.127 : *Bull. crim.* n° 110. ■ Cass. crim., 6 janv. 2009, n° 08-80.826 : *Bull. crim.* n° 5) ; même solution pour l'article 29 de la loi du 29 juillet 1881 (■ Cass. crim., 6 janv. 2009, préc.). Mais pour la violation de l'article 50 de la loi du 29 juillet 1881, V., annot. n° 31, p. 869.

B – Nullité de la citation

42) Cour d'appel. Les exceptions de nullité de la citation ne peuvent être présentées pour la première fois devant la cour d'appel, après un débat au fond devant le tribunal correctionnel ; la règle est applicable en matière d'infractions de presse (■ Cass. crim., 26 avr. 1994, n° 92-82.459 : *Bull. crim.* n° 151). Pour le cas de l'inobservation des délais de citation, V. art. 553, p. 1192.

43) Citation d'un prévenu résidant à l'étranger. Il résulte de l'article 385 du Code de procédure pénale que les exceptions tenant au mode de délivrance de la citation d'un prévenu résidant à l'étranger qui ont trait à la saisine de la juridiction de jugement et non à sa compétence, doivent, à peine de forclusion, être présentées avant toute défense au fond (■ Cass. crim., 1er déc. 2021, n° 20-81.077, § 8).

IV – RÉGIME DE L'EXCEPTION DE NULLITÉ

A – Exception de nullité devant être invoquée avant toute défense au fond

1° *Principe*

44) Applications. Les exceptions tirées de la nullité soit de la citation, soit de la procédure antérieure doivent être présentées avant toute défense au fond à peine de forclusion (■ Cass. crim., 23 déc. 1963, n° 63-92.282 : *Bull. crim.* n° 373). Aux termes des articles 385, 386, 459 et 512 du Code de procédure pénale, la juridiction doit statuer sur les exceptions que le prévenu lui soumet dans des conclusions régulièrement déposées avant toute défense au fond ; tel est le cas de conclusions adressées à la cour en télécopie la veille de l'audience puis soumises au visa du greffier en début d'audience (■ Cass. crim., 14 oct. 2020, n° 19-83.247). La nullité de la citation, délivrée par la partie civile et mettant en mouvement l'action publique, ne peut être invoquée que préalablement à l'ouverture des débats (■ Cass. crim., 11 juin 1981, n° 80-90.560 : *Bull. crim.* n° 194). Lorsque le prévenu ne comparaît pas, la présentation par son avocat d'une exception de nullité de procédure devant le tribunal correctionnel, après qu'a débuté l'instruction du dossier, est tardive et sanctionnée par l'irrecevabilité (■ Cass. crim., 12 janv. 2012, n° 20-83.031, § 10). Est irrecevable devant la cour d'appel l'exception de nullité que le prévenu n'a pas invoquée *in limine litis* devant les premiers juges ; peu importe que cette exception ait été invoquée avant toute défense au fond par un coprévenu irrecevable à l'invoquer en ce que l'irrégularité concernait un tiers (▪ Cass. crim., 28 mai 2015, n° 14-80.246). La règle *electa una via*, fondée sur l'article 5 du Code de procédure pénale, constitue une fin de non-recevoir, laquelle, aux termes de l'article 385 du code précité, doit être présentée avant toute défense au fond, à peine d'irrecevabilité (▪ Cass. crim., 18 sept. 2018, n° 13-88.631 : *Bull. crim.* n° 160).

45) Cour d'appel. Les prescriptions de l'article 385, dernier alinéa, du Code de procédure pénale s'imposent devant la cour d'appel en vertu de l'article 512 du même code. Fait l'exacte application de ces dispositions la cour d'appel qui déclare irrecevable l'exception de nullité de la citation proposée par le prévenu, dès lors que ladite exception de nullité, bien que régulièrement soulevée devant le tribunal, n'avait pas été reprise avant toute défense au fond devant les juges du second degré (▪ Cass. crim., 28 févr. 2001, n° 00-82.107 : *Bull. crim.* n° 52. ▪ Cass. crim., 15 juin 2016, n° 14-88.404). L'article 385 du Code de procédure pénale, qui est applicable en matière de presse et dont les dispositions s'imposent, en vertu de l'article 512 du même code, devant la cour d'appel, exige seulement, pour que l'exception tirée de la nullité de la citation soit recevable, qu'elle soit proposée avant toute défense au fond. Une telle exception peut donc être soulevée pour la première fois en cause d'appel, sans être frappée de forclusion, à la seule condition qu'aucune défense au fond n'ait été encore présentée, ni en première instance ni devant les juges du second degré (▪ Cass. crim., 14 juin 1973, n° 72-92.748 : *Bull. crim.* n° 265). Il résulte de l'article 385 du Code de procédure pénale qu'au cas où une mesure d'instruction a été ordonnée par un tribunal, le prévenu ne saurait faire état devant la cour d'appel des nullités qui auraient été commises au cours de ce supplément d'information, s'il ne les a pas préalablement soulevées devant le tribunal avant de se défendre au fond (▪ Cass. crim., 29 avr. 1985, n° 84-93.057 : *Bull. crim.* n° 162). Les dispositions de l'article 385 du Code de procédure pénale, selon lesquelles les exceptions de nullité de la procédure doivent être présentées au tribunal correctionnel avant toute défense au fond, ne peuvent être opposées en cause d'appel au prévenu qui n'a pas été mis en mesure de se défendre devant les premiers juges (▪ Cass. crim., 19 déc. 1994, n° 94-80.748). Le prévenu qui, n'ayant ni comparu, ni fourni d'excuse reconnue valable, a été jugé contradictoirement dans les conditions prévues par l'article 410 du Code de procédure pénale, ne saurait être considéré comme s'étant défendu devant la juridiction ; dès lors, les exceptions tirées de la nullité de la procédure peuvent être présentées pour la première fois en cause d'appel (▪ Cass. crim., 3 mars 2020, n° 19-84.709, § 7).

46) Cas des infractions de presse. Aux termes de l'article 385 du Code de procédure pénale, applicable à la poursuite des infractions à la loi sur la liberté de la presse, les exceptions de nullité doivent être présentées avant toute défense au fond (▪ Cass. crim., 6 janv. 2009, n° 08-80.826 : *Bull. crim.* n° 5).

2° *Irrecevabilité de l'exception de nullité tardivement invoquée*

47) Applications. Il se déduit du dernier alinéa de l'article 385 du Code de procédure pénale que la présentation tardive des exceptions de nullité de procédure devant le tribunal correctionnel est sanctionnée par l'irrecevabilité (▪ Cass. crim., 19 sept. 1994, n° 93-85.641 : *Bull. crim.* n° 298. ▪ Cass. crim., 9 nov. 1994, n° 94-80.962 : *Bull. crim.* n° 361). Le prévenu qui a interjeté appel d'un jugement rendu en son absence n'a encore présenté aucune défense au fond lorsqu'il comparaît devant la cour d'appel, et peut dès lors soulever devant elle la nullité de la citation (▪ Cass. crim., 14 juin 1973, n° 72-92.585 : *Bull. crim.* n° 264).

3° *Débat au fond*

48) Moment où le débat est engagé au fond. L'exception de nullité ne peut plus être soulevée une fois que le débat sur le fond a été engagé : le prévenu poursuivi sur citation de la partie civile ne peut donc se voir opposer la forclusion édictée par l'article 385, alinéa 5, du Code de procédure pénale au motif qu'il n'aurait pas présenté les exceptions de nullité lors de l'audience à l'issue de laquelle les juges ont fixé la consignation prévue par l'article 392-1 du même, l'action publique n'étant mise en mouvement qu'après le versement de la somme due par la partie civile (▪ Cass. crim., 22 juin 1999, n° 98-84.424 : *Bull. crim.* n° 145). Méconnaît les dispositions des articles 385 et 386 du Code de procédure pénale l'arrêt qui confirme le jugement ayant déclaré irrecevables les conclusions du prévenu, déposées avant l'audience et visées par le greffier, au motif que l'attention du magistrat n'a pas été attirée sur leur contenu et qu'elles n'ont pas été développées oralement avant les réquisitions du ministère public (▪ Cass. crim., 26 mars 1997, n° 96-83.477 : *Bull. crim.* n° 121. ▪ Cass. crim., 10 déc. 2003, n° 02-87.487 : *Bull. crim.* n° 244). L'interrogatoire du prévenu sur les faits implique qu'il s'est engagé dans la défense au fond ; à défaut de conclusions écrites, il doit résulter des mentions de la décision elle-même que les juges ont été saisis oralement de l'exception dans les conditions prévues par la loi (■ Cass. crim., 29 mars 1995, n° 94-82.320 : *Bull. crim.* n° 137, à propos de l'article 386). Doit être considérée comme soumise aux premiers juges avant toute défense au fond, selon les dispositions de l'article 385 du Code de procédure pénale, une exception fondée sur le défaut de qualité de l'agent ayant constaté l'infraction, qui est soulevée au principal par l'avocat représentant valablement le prévenu dans des conclusions qu'il a régulièrement déposées au début de l'audience et qu'il a développées au cours des débats quand la parole lui a été donnée pour présenter la défense de son client. Encourt en conséquence la cassation l'arrêt qui confirme un jugement ayant refusé d'examiner cette exception au motif qu'elle a été présentée après instruction à l'audience (■ Cass. crim., 9 juill. 1985, n° 84-93.945 : *Bull. crim.* n° 263). Les arguments péremptoires contenus dans l'acte d'opposition à une ordonnance pénale constituent des moyens de défense auxquels la juridiction est tenue de répondre ; par suite, les exceptions de nullité présentées ultérieurement devant la juridiction de jugement sont irrecevables, par application de l'article 385 du Code de procédure pénale (■ Cass. crim., 15 oct. 2014, n° 12-83.594 : *Bull. crim.* n° 209).

49) Cour d'appel. Les dispositions de l'article 385, dernier alinéa, du Code de procédure pénale ne peuvent être invoquées devant la cour d'appel lorsque le jugement entrepris mentionne que l'exception a été régulièrement présentée par voie de conclusions qui ont été débattues devant les premiers juges ; il n'importe que ces conclusions n'aient été visées ni par le président du tribunal, ni par le greffier, comme l'exige l'article 459, alinéa 2, du Code de procédure pénale (■ Cass. crim., 11 juill. 1994, n° 93-80.749 : *Bull. crim.* n° 270). Le prévenu, qui a bénéficié de la procédure de comparution sur reconnaissance préalable de culpabilité et qui interjette appel de la décision d'homologation, est irrecevable à former, pour la première fois devant la cour d'appel, une exception de nullité de la procédure d'enquête, dès lors qu'à l'audience d'homologation de la proposition du procureur de la République, un débat s'est instauré au fond du fait de l'audition, par le juge, du prévenu assisté de son avocat (■ Cass. crim., 22 févr. 2012, n° 11-82.786 : *Bull. crim.* n° 52 ; *Dr. pén.* 2012, comm. 59, A. Maron et M. Haas). Une cour d'appel ne saurait statuer sur une exception de nullité, au motif que le tribunal n'a pu en être valablement saisi en raison de l'état de la jurisprudence de la Cour de cassation à la date de l'audience de jugement (■ Cass. crim., 13 févr. 2013, n° 12-84.311 : *Bull. crim.* n° 40).

50) Il résulte de la combinaison des articles 173, 385 et 469 du Code de procédure pénale que la personne mise en examen dans une information faisant suite à une décision d'incompétence, en raison de la nature criminelle des faits poursuivis, rendue par la juridiction correctionnelle, laquelle avait été saisie autrement que par une ordonnance de renvoi du juge d'instruction, est recevable à soulever devant la chambre de l'instruction, au soutien d'une requête présentée en application de l'article 173 du Code de procédure pénale, un moyen de nullité que ladite juridiction correctionnelle avait auparavant déclaré irrecevable en application de l'article 385 du même code (■ Cass. crim., 4 juin 2014, n° 14-81.097 : *Bull. crim.* n° 146).

4° *Exceptions relevées d'office*

51) Prohibition. Il résulte de l'article 385 du Code de procédure pénale que les exceptions tirées de la nullité de la citation doivent, à peine de forclusion, être présentées avant toute défense au fond et ne peuvent être relevées d'office par les juges (■ Cass. crim., 21 mars 1989, n° 88-82.789 : *Bull. crim.* n° 1138. ■ Cass. crim., 11 déc. 2013, n° 13-80.271 : *Bull. crim.* n° 255). Seules les parties sont recevables à présenter, avant toute défense au fond et à peine de forclusion, les exceptions tirées soit de la nullité de la citation, soit de la procédure antérieure ; les juges ne sauraient relever d'office une telle exception en l'absence du prévenu défaillant (■ Cass. crim., 21 mars 1989, n° 88-82.789 : *Bull. crim.* n° 138).

52) Cas des infractions de presse. Aux termes de l'article 385 du Code de procédure pénale, applicable à la poursuite des infractions à la loi sur la liberté de la presse, les exceptions de nullité devant être présentées avant toute défense au fond, les juges n'ont pas le pouvoir de relever d'office la violation des dispositions de l'article 53 de la loi du 29 juillet 1881 relatives à la qualification des faits et au visa du texte dont l'application est requise (■ Cass. crim., 12 mars 1996, n° 95-81.127 : *Bull. crim.* n° 110. ■ Cass. crim., 6 janv. 2009, n° 08-80.826 : *Bull. crim.* n° 5). Il appartient à la Cour de cassation, qui, en matière de presse, exerce son contrôle sur les pièces de la procédure, de relever d'office le moyen de pur droit pris de la nullité de l'exploit introductif d'instance ; une telle nullité entraîne celle de la poursuite (■ Cass. crim., 6 janv. 2009, préc.).

B – Évocation par la cour d'appel

53) Lorsque la cour d'appel infirme la décision du tribunal correctionnel sur la validité de l'ordonnance de renvoi, elle doit évoquer et statuer au fond (■ Cass. crim., 2 mars 2011, n° 10-86.940 : *Bull. crim.* n° 47. – V. dans le même sens, ■ Cass. crim., 7 oct. 1997, n° 96-85.599 : *Bull. crim.* n° 327).

54) Détention provisoire. La décision de la cour d'appel de renvoyer la procédure au ministère public, aux fins de régularisation, dans les cas prévus par l'article 385, alinéa 2, du Code de procédure pénale, n'impliquant pas son dessaisissement, il lui appartient, si le jugement est annulé pour violation ou omission non réparée de formes prescrites par la loi à peine de nullité, d'évoquer, de renvoyer au fond à une audience ultérieure, en application de l'article 520 du même code, et de prononcer, le cas échéant, sur le maintien en détention du prévenu (▪ Cass. crim., 3 mars 2015, n° 14-88.472 : *Bull. crim.* n° 39).

C – Renonciation à se prévaloir de la nullité

55) La nullité se trouve couverte lorsque le prévenu, après l'avoir régulièrement soulevée, a renoncé, au cours des débats, à s'en prévaloir (▪ Cass. crim., 6 mars 1974, n° 73-92.256 : *Bull. crim.* n° 96). En l'absence de renonciation expresse aux conclusions de nullité régulièrement déposées avant toute défense au fond, méconnaît les dispositions des articles 385 et 386 du Code de procédure pénale l'arrêt qui déclare irrecevable une exception de nullité au motif qu'elle n'a pas été soutenue oralement à l'audience en cause d'appel (▪ Cass. crim., 24 oct. 2017, n° 16-85.875 : *Bull. crim.* n° 233).

Art. 385-1 *(L. n° 83-608, 8 juill. 1983).* – **Dans les cas prévus par les articles 388-1 et 388-2, l'exception fondée sur une cause de nullité ou sur une clause du contrat d'assurance et tendant à mettre l'assureur hors de cause est, à peine de forclusion, présentée par celui-ci avant toute défense au fond. Elle n'est recevable que si elle est de nature à exonérer totalement l'assureur de son obligation de garantie à l'égard des tiers.**

L'assureur mis en cause dans les conditions prévues par l'article 388-2 qui n'intervient pas au procès pénal est réputé renoncer à toute exception ; toutefois, s'il est établi que le dommage n'est pas garanti par l'assureur prétendu, celui-ci est mis hors de cause par le tribunal.

Bibliographie : A. Maron, *Intervention de l'assureur au procès pénal : JCl. Proc. pén.*, art. 381 à 392-1, Fasc. 20.

I – DISPOSITION D'ORDRE PUBLIC

1) Les dispositions de l'article 385-1 du Code de procédure pénale sont d'ordre public (▪ Cass. crim., 9 oct. 1986, n° 85-91.040 : *Bull. crim.* n° 279. ▪ Cass. crim., 18 janv. 1990, n° 89-81.747 : *Bull. crim.* n° 32. ▪ Cass. crim., 5 janv. 2021, n° 19-84.016, § 6. ▪ Cass. crim., 5 janv. 2021, n° 19-84.016, § 6).

II – DOMAINE D'APPLICATION DE L'ARTICLE 385-1

A – Notion d'assureur

2) Les articles 385-1 et 388-1 à 388-3 du Code de procédure pénale, qui permettent la mise en cause, devant la juridiction pénale, de l'assureur du prévenu, s'appliquent non seulement aux sociétés liées à ce dernier par un contrat d'assurance, mais encore à tout organisme qui joue, à l'égard des victimes exerçant contre lui l'action directe, le rôle d'un assureur (▪ Cass. crim., 11 mai 1988, n° 87-81.598 : *Bull. crim.* n° 205).

B – Exceptions relevant de l'article 385-1

3) Exception de nullité ou de non-garantie. L'exception de litispendance n'est pas de celles que l'article 385-1 du Code de procédure pénale autorise l'assureur à présenter devant la juridiction pénale (▪ Cass. crim., 25 oct. 1990, n° 89-83.779 : *Bull. crim.* n° 356). Le moyen invoqué par l'assureur et tiré de l'absence en la cause de son assuré n'est pas une exception de nullité ou de non-garantie au sens de l'article 385-1 du Code de procédure pénale (▪ Cass. crim., 26 juin 2001, n° 00-82.400 : *Bull. crim.* n° 158).

4) Exception d'incompétence des juridictions de l'ordre judiciaire. Il résulte des dispositions combinées des articles 385-1 et 388-1 du Code de procédure pénale que l'assureur intervenant au procès pénal dans une poursuite pour homicide involontaire est recevable à proposer une exception tirée de l'incompétence des juridictions de l'ordre judiciaire pour connaître de l'action civile dirigée contre son assuré (▪ Cass. crim., 2 déc. 2003, n° 02-85.254 : *Bull. crim.* n° 226 ; *RSC* 2004, p. 671, obs. A. Giudicelli : fautes de service de l'agent d'un service public relevant de la compétence exclusive des juridictions administratives).

5) Exception engendrant une exonération totale de l'assureur à l'égard des tiers. L'exception fondée sur une cause de nullité ou sur une clause du contrat d'assurance et tendant à mettre l'assureur hors de cause n'est recevable devant la juridiction répressive que si elle est de nature à exonérer totalement l'assureur de son obligation de garantie à l'égard des tiers (▪ Cass. crim., 9 oct. 1986, préc., n° 1. ▪ Cass. crim., 4 déc. 2001, n° 01-81.985 : *Bull. crim.* n° 249). L'assureur n'est recevable à invoquer devant les juges répressifs, fût-ce à titre subsidiaire, une exception fondée sur une clause du contrat d'assurance et tendant à sa mise hors de cause, que si cette exception est de nature à l'exonérer totalement de son obligation de garantie à l'égard des tiers (▪ Cass. crim., 7 nov.

2017, n° 16-83.232 : *Resp. civ. et assur.* 2018, n° 94, obs. H. Groutel). Seule l'exception tendant à le mettre hors de cause doit être soulevée par lui avant toute défense au fond (■ Cass. crim., 19 déc. 2000, n° 00-80.479 : *Bull. crim.* n° 382). Est recevable l'exception de non-garantie limitée au dommage corporel, présentée par un assureur de responsabilité civile garantissant par ailleurs le dommage matériel découlant des faits, objet de la poursuite (■ Cass. crim., 4 juin 1997, n° 96-84.945 : *Bull. crim.* n° 220 – solution implicite). Est recevable, alors même qu'elle ne serait pas soulevée avant toute défense au fond, l'exception de non-assurance opposée par l'assureur du prévenu à l'une des parties civiles ; une telle exception est en effet de nature à exonérer totalement l'assureur de son obligation de garantie à l'égard de la partie civile à laquelle elle est opposée, sans tendre pour autant à le mettre hors de cause, dès lors qu'elle n'affecte pas la garantie due par lui aux autres parties civiles (■ Cass. crim., 19 déc. 2000, préc.). L'article 385-1 du Code de procédure pénale autorise l'assureur à soulever, devant la juridiction pénale, l'exception de non-assurance (■ Cass. crim., 6 juin 1989, n° 88-85.152 : *Bull. crim.* n° 239). Pour l'exception de nullité du contrat d'assurance invoquée par l'assureur en matière d'assurance automobile, V. ■ CJUE, 20 juill. 2017, C-287/16, *Fidelidade-Companhiade Seguros SA c/ Caisse Suisse de Compensation e.a. : Resp. civ. et assur.* 2017, étude 13, H. Groutel. Sur l'incidence de cette solution pour le procès pénal, et l'incompétence du juge pénal pour connaître d'une telle exception, V. H. Groutel : *Resp. civ. et assur.* 2018, n° 94, préc.). C'est à bon droit qu'une cour d'appel déclare irrecevable l'exception de nullité d'un contrat d'assurance et met hors de cause le Fonds de garantie des assurances obligatoires de dommages, d'une part en retenant que, ne figurant pas sur la liste des exceptions et déchéances inopposables aux tiers, prévues par l'article R. 211-3 du Code des assurances, l'exception de nullité fondée sur la fausse déclaration intentionnelle de l'assuré en application de l'article L. 113-8 dudit code est opposable aux victimes, d'autre part en renvoyant à l'arrêt de la Cour de justice de l'Union européenne du 20 juillet 2017, C-287/16. Ils ajoutent à bon droit que les directives européennes visent à assurer une indemnisation rapide des victimes d'accidents corporels par l'assureur du responsable, sans que puissent leur être opposées les nullités fondées sur les rapports existant entre l'assureur et l'assuré susceptibles de retarder leur indemnisation et qu'au regard de l'arrêt du 20 juillet 2017 de la Cour de justice, le droit communautaire prime sur le droit national, telles les dispositions de l'article R. 211-3 précité (■ Cass. crim., 8 sept. 2020, n° 19-84.983 : publié au *Bull.* ; *Dr. pén.* 2020, n° 197, obs. A. Maron et M. Haas).

C – Exceptions ne relevant pas de l'article 385-1

6) Irrecevabilité. Lorsque l'assureur soulève une exception qui n'entre pas dans les prévisions de l'article 385-1 du Code de procédure pénale, la juridiction répressive doit, sous peine d'excéder ses pouvoirs, déclarer même d'office l'exception irrecevable (■ Cass. crim., 9 oct. 1986, préc., n° 1). Ainsi le juge pénal n'a pas compétence pour examiner l'exception en ce qu'elle oppose seulement l'assureur à l'assuré (■ Cass. crim., 9 oct. 1986, préc., n° 1 : déclaration tardive du sinistre ■ Cass. crim., 18 janv. 1990, préc., n° 1 : exception de non-garantie inopposable à la victime ou à ses ayants droit. ■ Cass. crim., 28 juin 1991, n° 89-85.098 : *Bull. crim.* n° 286 : déchéance inopposable à la victime).

III – CONDITIONS PROCÉDURALES

A – Présentation avant toute défense au fond

7) Principe. Aux termes de l'article 385-1 du Code de procédure pénale, l'exception fondée sur une cause de nullité ou sur une clause du contrat d'assurance et tendant à mettre l'assureur hors de cause doit, à peine de forclusion, être présentée avant toute défense au fond (■ Cass. crim., 25 janv. 1989, n° 88-83.711 : *Bull. crim.* n° 31). La règle vaut pour l'assureur appelé en garantie : l'exception tendant à mettre l'assureur hors de cause doit, à peine de forclusion, être présentée par celui-ci au début de l'audience au cours de laquelle il intervient pour la première fois et avant toute défense au fond (■ Cass. crim., 24 avr. 1989, n° 88-81.664 : *Bull. crim.* n° 163).

8) Application devant la cour d'appel. L'assureur qui est intervenu devant la juridiction de première instance n'est pas recevable à présenter pour la première fois en cause d'appel l'exception de non-garantie (■ Cass. crim., 28 oct. 1992, n° 91-84.436 : *Bull. crim.* n° 346). L'exception fondée sur une cause de nullité ou sur une clause du contrat d'assurance, et tendant à mettre l'assureur hors de cause, est irrecevable dès lors qu'invoquée en cause d'appel elle n'avait pas été soumise aux premiers juges avant toute défense au fond (■ Cass. crim., 5 juin 1996, n° 95-82.542 : *Bull. crim.* n° 537). Il résulte de l'article 388-1 du Code de procédure pénale que lorsque des poursuites pénales sont exercées du chef d'homicide ou blessures involontaires, les assureurs appelés à garantir le dommage sont admis à intervenir et peuvent être mis en cause devant la juridiction répressive, même pour la première fois en cause d'appel ; l'article 385-1 du même code ne fait pas échec à ce principe mais impose seulement à l'assureur de présenter toute exception fondée sur une cause de nullité ou sur une clause du contrat d'assurance et tendant à le mettre hors de cause avant d'exposer lui-même ses prétentions sur le fond (▪ Cass. crim., 22 avr. 1986, n° 85-94.303 : *Bull. crim.* n° 135).

9) Application devant la Cour de cassation. Est nouveau et mélangé de fait, et comme tel irrecevable, le moyen, invoqué pour la première fois devant la Cour de cassation, pris de ce que l'assureur n'aurait pas présenté avant toute défense au fond son exception de nullité ou de non-garantie, conformément aux prescriptions de l'article 385-1 du Code de procédure pénale (▪ Cass. crim., 24 janv. 1996, n° 95-80.855 : *Bull. crim.* n° 41 ; *Dr. pén.* 1996, comm. 145, obs. A. Maron).

10) Incidence de l'exercice des voies de recours. Constitue une nouvelle exception de nullité à laquelle les juges du second degré ne sont pas tenus de répondre la demande de l'assureur invoquant, en cause d'appel, une fausse déclaration intentionnelle de l'assuré, différente de celle que les premiers juges avaient eu à examiner (▪ Cass. crim., 23 mai 1989, n° 88-85.135 : *Bull. crim.* n° 214). Une compagnie d'assurances, partie intervenante, à laquelle il a été donné acte du désistement de son pourvoi contre un arrêt rendu contradictoirement à son encontre, ne saurait – à l'occasion d'un nouveau pourvoi formé contre l'arrêt rendu sur opposition du prévenu, condamné par défaut – remettre en cause, devant la Cour de cassation, ce qui a été ainsi jugé définitivement en ce qui la concerne (▪ Cass. crim., 20 mai 1992, n° 91-81.130 : *Bull. crim.* n° 197).

B – Présence du souscripteur de l'assurance aux débats

11) Respect du contradictoire. Afin de respecter le caractère contradictoire des débats, il appartient à l'assureur, qui soulève devant la juridiction répressive une exception de nullité ou de non-garantie, de mettre en cause, à peine d'irrecevabilité de ladite exception, le souscripteur du contrat lorsqu'il n'est présent à l'instance à aucun titre (▪ Cass. crim., 14 déc. 1989, n° 88-82.456 : *Bull. crim.* n° 481. ▪ Cass. crim., 14 déc. 1989, n° 89-80.192 : *Bull. crim.* n° 480. ▪ Cass. crim., 10 mai 1994, n° 93-83.020 : *Bull. crim.* n° 178. ▪ Cass. crim., 26 juin 2001, préc., n° 3). La délivrance d'une citation à comparaître comme témoin ne satisfaisait pas à cette exigence (▪ Cass. crim., 2 juill. 1996, n° 95-85.986 : *Bull. crim.* n° 281 ; *Dr. pén.* 1996, comm. 277, obs. A. Maron). Il n'est pas dérogé à cette règle en matière d'assurance pour compte (▪ Cass. crim., 28 mai 1997, n° 96-81.244 : *Bull. crim.* n° 208).

C – Saisine de la juridiction civile

12) Litispendance. Un assureur ne saurait faire grief à une cour d'appel d'avoir déclaré irrecevable son exception de nullité du contrat d'assurance dès lors qu'il avait lui-même saisi la juridiction civile d'une instance en annulation dudit contrat et ne s'était pas désisté de cette action (▪ Cass. crim., 4 nov. 1987, n° 86-93.702 : *Bull. crim.* n° 385). Il résulte de la combinaison des articles L. 113-2 et L. 113-8 du Code des assurances que la juridiction répressive, saisie, avant toute défense au fond, d'une demande de nullité du contrat d'assurance ayant pour effet d'exonérer totalement l'assureur de son obligation de garantie à l'égard des tiers, doit se prononcer sur cette exception, peu important que le juge civil ait été préalablement saisi d'une demande de nullité du même contrat, dès lors que ce juge ne s'est pas définitivement prononcé (▪ Cass. crim., 25 oct. 2016, n° 15-86.713 : *Bull. crim.* n° 273 ; *Dr. pén.* 2016, comm. 180, obs. A. Maron et M. Haas). En l'état d'une contestation sur la validité du contrat d'assurance, contestation dont est saisie la juridiction civile, la juridiction pénale a compétence pour prononcer contre l'assureur une condamnation pour le compte de qui il appartiendra ; mais elle ne peut le faire que si et dans la mesure où les conditions d'application de l'article R. 421-8 du Code des assurances sont remplies, ce qu'il lui appartient de vérifier (▪ Cass. crim., 4 nov. 1987, préc.).

13) Autorité de la chose jugée au civil. Les décisions des juridictions civiles ne s'imposent aux juridictions pénales que lorsqu'elles ne sont susceptibles d'aucun recours suspensif d'exécution ou qu'un tel recours n'a pas été exercé contre elles ; encourt la cassation l'arrêt qui, pour mettre un assureur hors de cause, se fonde sur une décision de la juridiction civile ayant prononcé la nullité du contrat d'assurance, sans constater que ce jugement a un caractère définitif (▪ Cass. crim., 13 oct. 1987, n° 86-94.320 : *Bull. crim.* n° 350. ▪ Cass. crim., 25 oct. 2016, n° 15-86.713 : *Bull. crim.* n° 273).

IV – MISE EN ŒUVRE DE L'ARTICLE 385-1

14) Obligation de statuer du juge pénal. Il résulte de l'article 385-1 du Code de procédure pénale que lorsqu'elle est saisie avant toute défense au fond d'une exception fondée sur une cause de nullité ou sur une clause du contrat d'assurance tendant à mettre l'assureur du responsable hors de cause et à l'exonérer totalement de son obligation de garantie à l'égard des tiers, la juridiction pénale est tenue de statuer (▪ Cass. crim., 29 mai 1986, n° 85-92.471 : *Bull. crim.* n° 183). Tel est le cas, notamment, de l'exception tirée d'une fausse déclaration intentionnelle de l'assuré, sanctionnée par l'article L. 113-8 du Code des assurances (▪ Cass. crim.,

27 sept. 1988, n° 87-91.925 : *Bull. crim.* n° 324. ▪ Cass. crim., 14 déc. 1989, n° 89-80.192, préc., n° 11). V. aussi, pour une exception tirée d'une clause dite de complémentarité dont le jeu exclurait nécessairement la garantie de l'assureur qui s'en prévaut, ▪ Cass. crim., 16 déc. 1986, n° 86-91.199 : *Bull. crim.* n° 371. Il importe peu que le souscripteur ne soit pas le prévenu (▪ Cass. crim., 27 sept. 1988, préc.). Pour se prononcer sur le bien-fondé de l'exception de non-garantie que l'assureur du prévenu prétendait tirer du défaut de permis de conduire valable, reproché au prévenu, la cour d'appel devait nécessairement examiner si la faute imputée à l'agent général de cette compagnie, dont celle-ci devait répondre, était de nature à lui interdire de se prévaloir de ladite clause d'exclusion ; que dès lors, en retenant leur compétence, les juges du second degré n'ont violé aucun texte (▪ Cass. crim., 23 oct. 1986, n° 84-93.908 : *Bull. crim.* n° 304).

15) Interprétation du contrat d'assurance. Le juge pénal, saisi d'une exception présentée par l'assureur en application de l'article 385-1 du Code de procédure pénale, ne peut, lorsque les termes du contrat d'assurance sont clairs et précis, dénaturer les obligations qui en résultent, ni modifier les stipulations qu'il renferme (▪ Cass. crim., 4 juin 1997, préc., n° 5. ▪ Cass. crim., 24 sept. 1997, n° 96-84.407 : *Bull. crim.* n° 309. ▪ Cass. crim., 5 déc. 2006, n° 06-81.968 : *Bull. crim.* n° 304 ; *Dr. pén.* 2007, comm. 20, obs. A. Maron).

16) Forclusion. La forclusion résultant de la tardiveté de la présentation de l'exception fondée sur une cause de nullité ou sur une clause du contrat d'assurance ne peut être opposée à l'assureur sans débat contradictoire préalable (▪ Cass. crim., 7 juin 1995, n° 94-84.548 : *Bull. crim.* n° 203. ▪ Cass. crim., 27 mai 2003, n° 02-85.980 : *Dr. pén.* 2003, comm. 140, obs. A. Maron).

17) Droits du souscripteur du contrat d'assurance en cas d'annulation dudit contrat. Le caractère irrévocable des dispositions de l'arrêt attaqué afférentes à l'action civile ne fait pas obstacle à ce que le souscripteur du contrat d'assurance, partie à l'instance, soumette à la censure de la Cour de cassation le chef de la même décision qui a prononcé la nullité du contrat (▪ Cass. crim., 13 mai 1992, n° 91-81.056 : *Bull. crim.* n° 190).

V – RENONCIATION À L'EXCEPTION

18) Conditions. Si l'assureur qui n'intervient pas au procès pénal est, selon l'article 385-1 du Code de procédure pénale, réputé renoncer à toute exception, c'est à la condition, exprimée par ce texte, qu'il ait été mis en cause dans les forme et délai prévus par l'article 388-2 du même code ; justifie dès lors sa décision la cour d'appel qui, pour déclarer recevable une exception de nullité du contrat soulevée par l'assureur, constate que ce dernier, d'abord mis en cause irrégulièrement, le délai de dix jours prévu par l'article 388-2 du Code de procédure pénale n'ayant pas été respecté, n'était intervenu qu'à la suite d'une nouvelle mise en cause régulière, et avait alors opposé l'exception avant toute défense au fond (▪ Cass. crim., 10 nov. 1987, n° 86-96.754 : *Bull. crim.* n° 395). Si l'assureur, lorsqu'il n'intervient pas au procès pénal, est réputé renoncer à toute exception, il peut toutefois être mis hors de cause par les juges, s'il est établi que le dommage n'est pas garanti par l'assureur ; il en résulte que l'assureur, lorsqu'il intervient au procès pénal, ne peut se prévaloir de cette disposition (▪ Cass. crim., 25 janv. 1989, préc., n° 7). Si en vertu de l'alinéa 2 de l'article 385-1 du Code de procédure pénale, l'assureur, mis en cause dans les conditions prévues par les articles 388-1 et 388-2 du même code et qui n'intervient pas au procès pénal, est réputé renoncer à toute exception, cette disposition ne fait pas obstacle, lorsque cet assureur n'a pas comparu en première instance, à ce qu'il soumette à la cour d'appel avant toute défense au fond, les exceptions visées à l'alinéa 1er dudit article 385-1 (▪ Cass. crim., 15 mai 2018, n° 17-82.516).

19) Portée. Le second alinéa de l'article 385-1 du Code de procédure pénale ne fait pas obstacle à ce que l'assureur exerce son droit d'appel contre le jugement qui lui a été déclaré opposable en application de l'article 388-3 et soumette à la cour d'appel, avant toute défense au fond, les exceptions visées à l'article 385-1 (▪ Cass. crim., 15 déc. 1987, n° 86-96.862 : *Bull. crim.* n° 461). Encourt dès lors la cassation l'arrêt qui, pour déclarer irrecevable une exception de nullité du contrat d'assurance présentée, avant toute défense au fond, devant la juridiction du second degré, retient que l'assureur, qui a été régulièrement mis en cause et qui n'a pas comparu devant le tribunal correctionnel, est réputé avoir renoncé à toute exception (▪ Cass. crim., 16 janv. 2007, n° 06-80.185 : *Bull. crim.* n° 9).

Art. 385-2 *(L. n° 83-608, 8 juill. 1983).* **– En ce qui concerne les intérêts civils, le tribunal, après avoir mis les parties en demeure de conclure au fond, statue dans un seul et même jugement sur l'exception d'irrecevabilité et sur le fond du litige.**

Bibliographie : A. Maron, *Tribunal correctionnel. – Compétence et saisine : JCl. Proc. pén.*, art. 381 à 392-1, Fasc. 15.

Art. 386. – **L'exception préjudicielle est présentée avant toute défense au fond.**

Elle n'est recevable que si elle est de nature à retirer au fait qui sert de base à la poursuite le caractère d'une infraction.

Elle n'est admise que si elle s'appuie sur des faits ou sur des titres donnant un fondement à la prétention du prévenu.

Si l'exception est admissible, le tribunal impartit un délai dans lequel le prévenu doit saisir la juridiction compétente. Faute par le prévenu d'avoir introduit l'instance dans ce délai et de justifier de ses diligences, il est passé outre à l'exception.

Si l'exception n'est pas admise, les débats sont continués.

Bibliographie : A. Maron, *Tribunal correctionnel. – Compétence et saisine : JCl. Proc. pén.*, art. 381 à 392-1, Fasc. 15.

I – RECEVABILITÉ DE L'EXCEPTION PRÉJUDICIELLE

A – Présentation avant toute défense au fond

1° Débat engagé au fond

1) Une exception préjudicielle, justifiant le sursis à statuer par le juge répressif, doit être soulevée avant toute défense au fond (▪ Cass. crim., 18 déc. 2019, n° 18-85.856, § 11 : publié au *Bull.* – exception de débet soulevée dans le cadre de poursuites du chef de détournement de fonds publics prévu par l'article 432-15 du Code pénal). Par le dépôt des conclusions au début de l'audience, le tribunal se trouve saisi, dès l'ouverture des débats et avant toute défense au fond, des exceptions ainsi présentées (▪ Cass. crim., 10 déc. 2003, n° 02-87.487 : *Bull. crim.* n° 244). Méconnaît les dispositions des articles 385 et 386 du Code de procédure pénale l'arrêt qui confirme le jugement ayant déclaré irrecevables les conclusions du prévenu, déposées avant l'audience et visées par le greffier, au motif que l'attention du magistrat n'a pas été attirée sur leur contenu et qu'elles n'ont pas été développées oralement avant les réquisitions du ministère public (▪ Cass. crim., 26 mars 1997, n° 96-83.477 : *Bull. crim.* n° 121. ▪ Cass. crim., 10 déc. 2003, n° 02-87.487 : *Bull. crim.* n° 244). Selon l'article 386 du Code de procédure pénale, l'exception préjudicielle doit être présentée avant toute défense au fond. L'interrogatoire du prévenu sur les faits implique qu'il s'est engagé dans la défense au fond : à défaut de conclusions écrites, il doit résulter des mentions de la décision elle-même que les juges ont été saisis oralement de l'exception dans les conditions prévues par la loi (▪ Cass. crim., 29 mars 1995, n° 94-82.320 : *Bull. crim.* n° 137).

2° Applications

2) Cour d'appel. La demande de sursis à statuer en raison d'une exception préjudicielle présentée pour la première fois en appel est irrecevable (▪ Cass. crim., 21 avr. 1964, n° 62-90.673 : *Bull. crim.* n° 119. ▪ Cass. crim., 18 déc. 2019, n° 18-85.856, § 11 : publié au *Bull.*). Un prévenu qui n'a pas relevé appel d'une décision ayant rejeté l'exception préjudicielle qu'il avait soulevée ne saurait soumettre à nouveau cette question à la juridiction du second degré à l'occasion de l'appel d'un jugement sur le fond rendu ultérieurement dans la même affaire (▪ Cass. crim., 3 nov. 1983, n° 82-94.286 : *Bull. crim.* n° 274). L'autorité de la chose jugée fait obstacle à ce que des questions préjudicielles sur lesquelles les premiers juges se sont prononcés par un jugement définitif soient soumises à la juridiction du second degré (▪ Cass. crim., 18 déc. 2019, préc., § 19).

3) Cour de cassation. Deviennent sans objet, faute d'intérêt, les moyens de cassation proposés à l'appui d'un pourvoi formé contre la décision d'une cour d'appel refusant de surseoir à statuer dans l'attente d'un arrêt de la Cour de justice des Communautés européennes, dès lors que cet arrêt est intervenu avant qu'il ne soit statué sur le pourvoi et que le prévenu est ainsi en mesure d'en faire état devant les juges du fond saisis de la poursuite ; dans une telle hypothèse, il n'y a lieu à statuer sur le pourvoi (▪ Cass. crim., 23 janv. 1984, n° 79-91.363 : *Bull. crim.* n° 26).

4) Juridictions d'instruction. Saisies d'une question préjudicielle, les juridictions d'instruction doivent surseoir à statuer (V. à propos de l'exception de nationalité de C. civ., art. 29, p. 861, ▪ Cass. crim., 29 déc. 1964, n° 64-92.733 : *Bull. crim.* n° 347. ▪ Cass. crim., 2 oct. 1987, n° 87-84.290 : *Bull. crim.* n° 329 ; à propos de l'exception de propriété immobilière, ▪ Cass. crim., 28 nov. 2012, n° 12-81.821 : *Bull. crim.* n° 262). Pour l'exception d'illégalité, V., art. 384, annot. n° 13, p. 857.

3° Exception

5) Recours en interprétation devant la Cour de justice de l'Union européenne. La question préjudicielle relative au recours en interprétation prévue par l'article 177 du Traité instituant la Communauté économique européenne (aujourd'hui, TFUE, art. 267) n'est pas soumise aux règles de procédure prévues par l'article 386 du Code de procédure pénale. Elle est recevable bien qu'elle n'ait pas été soulevée avant toute défense au fond et peut donc être présentée pour la première fois devant la cour d'appel (■ Cass. crim., 20 juin 1989, n° 88-84.687 : *Bull. crim.* n° 265. ■ Cass. crim., 16 mai 1991, n° 89-82.396 : *Bull. crim.* n° 210).

4° Mise en œuvre

6) La jonction des incidents au fond, prévue par l'article 459 du Code de procédure pénale, applicable même dans le cas de l'article 386, constitue une mesure d'administration judiciaire qui n'est soumise à aucune forme particulière, n'a pas à être motivée et n'est susceptible d'aucun recours ; n'encourt donc pas la censure l'arrêt qui énonce que, les avocats du prévenu ayant déposé avant toute défense au fond des conclusions demandant à la cour d'appel de statuer par arrêt séparé sur des exceptions dites préjudicielles, les incidents ont été joints au fond, les conseils des prévenus ayant, à l'occasion de l'examen au fond après les réquisitions du ministère public, été invités à s'expliquer tant sur les exceptions que sur le fond (■ Cass. crim., 13 mars 1995, n° 94-81.343 : *Bull. crim.* n° 101).

B – Pertinence de l'exception

7) Illustrations. C'est à bon droit que le juge refuse de recevoir, comme préjudicielle, une exception faisant état du dépôt au ministère de la Justice d'une requête en amnistie à titre individuel, cette exception n'étant pas de nature à retirer au fait qui sert de base à la poursuite le caractère d'une infraction (■ Cass. crim., 7 juin 1968, n° 67-937.40 : *Bull. crim.* n° 183. ■ Cass. crim., 23 nov. 1971, n° 71-9.0737 : *Bull. crim.* n° 319. ■ Cass. crim., 4 sept. 1976, n° 76-90.063 : *Bull. crim.* n° 273. ■ Cass. crim., 8 févr. 1983, n° 82-90.695 : *Bull. crim.* n° 47).

En prononçant un sursis à statuer en présence d'une exception préjudicielle n'étant pas de nature à retirer aux faits servant de base à la poursuite le caractère d'une infraction, le juge a méconnu l'article 386 du Code de procédure pénale : une telle exception est irrecevable et le juge n'a donc pas la faculté de prononcer un tel sursis au motif qu'il pourrait puiser dans la procédure parallèle des indices propres à fonder son intime conviction (■ Cass. crim., 5 juill. 1976, n° 75-93.347 : *Bull. crim.* n° 246).

II – ADMISSION DE L'EXCEPTION PRÉJUDICIELLE

A – Conditions

1° Inapplicabilité des règles de l'article 385

8) L'article 385 du Code de procédure pénale n'est pas applicable aux exceptions préjudicielles (■ Cass. crim., 7 juin 1995, n° 94-81.416 : *Bull. crim.* n° 208 ; *Dr. pén.* 1995, comm. 226, 3ᵉ arrêt, obs. J.-H. Robert).

2° Prétention fondée du prévenu

9) Principe. Si en présence d'une exception préjudicielle, la juridiction pénale doit surseoir à statuer, c'est à la condition que la contestation soit sérieuse (exception de nationalité : ■ Cass. crim., 29 déc. 1964, préc., n° 4).

10) Exception de nationalité. Méconnaît l'article 29 du Code civil, l'arrêt qui rejette l'exception d'illégalité de l'arrêté de reconduite à la frontière, présentée par un étranger se disant père d'un enfant français né en France, et refuse de surseoir à statuer jusqu'à ce que la question de nationalité ait été tranchée par la juridiction compétente, au motif que l'authenticité du certificat de nationalité française produit par le prévenu est douteuse et que ce document est dépourvu de force probante (■ Cass. crim., 28 mai 1997, n° 96-84.450 : *Bull. crim.* n° 210).

11) Exception de propriété immobilière. Une exception préjudicielle fondée sur l'existence de droits réels immobiliers ne peut être admise par les tribunaux répressifs qu'autant qu'elle est présentée par le prévenu (■ Cass. crim., 21 oct. 2020, n° 19-87.071 : publié au *Bull.*). Une exception préjudicielle fondée sur l'existence de droits réels immobiliers ne peut être admise qu'autant que les titres produits ou les faits invoqués sont de nature, dans le cas où ils seraient retenus par les juges compétents, à faire disparaître l'infraction (■ Cass. crim., 20 juin 1963, n° 62-93. 143 : *Bull. crim.* n° 219. ■ Cass. crim., 8 juill. 1986, n° 85-92.820 : *Bull. crim.* n° 231. ■ Cass. crim., 21 oct. 2020, préc.). L'exception ne peut être admise que quand elle s'appuie sur des faits ou sur des titres donnant un fondement à la prétention formulée (■ Cass. crim., 27 nov. 1984, n° 83-94.190 : *Bull. crim.* n° 372). Le juge pénal doit surseoir à statuer et impartir au prévenu un délai pour saisir le juge civil, conformément aux dispositions de l'article 386 du Code de procédure pénale, lorsque l'exception préjudicielle relative à un droit immobilier s'appuie sur des titres de nature à donner un fondement à sa prétention (■ Cass. crim., 12 juin 2013, n° 12-86.886). Il n'y a pas lieu de surseoir à statuer dans les conditions prévues par l'article 384 du Code de procédure pénale lorsqu'un prévenu produit pour sa défense un acte authentique établissant ses droits de propriété de façon certaine (■ Cass. crim., 20 mars 1985, n° 83-93.613 : *Bull. crim.* n° 127). Si aux termes de l'article 384 du Code de procédure pénale, le tribunal saisi de l'action publique ne peut statuer sur une exception concernant un droit réel immobilier, encore faut-il pour que cette exception soit admise qu'elle soit fondée sur un titre apparent ou sur des faits de possession équivalents, et que le titre invoqué ne soit contredit par d'autres titres opposés au demandeur (■ Cass. crim., 27 févr. 1985, n° 84-92.910 : *Bull. crim.* n° 98). La procédure prévue par l'article 386 du Code de procédure pénale pour l'administration de la preuve du bien-fondé de l'exception préjudicielle de propriété présentée par le prévenu n'est applicable, aux termes mêmes dudit article, que lorsque cette exception est de nature à retirer du fait qui sert de base à la poursuite le caractère d'une infraction. Elle ne saurait donc être ordonnée lorsque la preuve de la non-propriété du prévenu serait seulement susceptible de rendre éventuellement responsable une autre personne, son admission aboutissant alors à un renversement de la charge de la preuve des éléments légaux de l'infraction (▪ Cass. crim., 14 oct. 1971, n° 70-90.067 : *Bull. crim.* n° 265).

12) Décision au fond. Une juridiction de jugement ne saurait prononcer une relaxe au motif que la question préjudicielle soulevée présentant une difficulté sérieuse, elle fait naître un doute sur la culpabilité du prévenu (▪ Cass. crim., 28 avr. 1950 : *Bull. crim.* n° 138. ▪ Cass. crim., 21 déc. 1954 : *Bull. crim.* n° 419. ▪ Cass. crim., 5 déc. 1959 : *Bull. crim.* n° 813).

B – Effet

1° Sursis à statuer et saisine de la juridiction compétente

13) Principe. ▪ Cass. crim., 5 oct. 1966, n° 65-92.904 : *Bull. crim.* n° 222. ▪ Cass. crim., 3 mars 1992, n°s 90-81.265 et 91-82.063 : *Bull. crim.* n° 97. Les juges ne sauraient, sans interrompre le cours de la justice pénale, ordonner un sursis à statuer d'une durée indéterminée (sur le principe, V. ▪ Cass. crim., 16 mars 1981, n° 80-94.943 : *Bull. crim.* n° 92). C'est à bon droit qu'est déclaré recevable l'appel contre un jugement qui, en accordant un sursis indéfini et illimité, met fin à la procédure au sens de l'article 507 du Code de procédure pénale (▪ Cass. crim., 29 avr. 1964, n° 62-92.630 : *Bull. crim.* n° 135). Lorsque le tribunal correctionnel a admis la recevabilité d'une exception préjudicielle et a imparti un délai au prévenu pour saisir la juridiction compétente, il ne peut être statué au fond par le juge pénal avant que la juridiction, régulièrement saisie dans le délai imparti, ait prononcé sur l'exception relevant de sa compétence (▪ Cass. crim., 7 mars 2007, n° 06-80.250).

14) Recours en interprétation devant la Cour de justice de l'Union européenne. Un prévenu ne saurait faire grief à la cour d'appel de ne pas avoir saisi la Cour de justice des Communautés européennes d'une demande d'interprétation de l'article 10 du Protocole sur les privilèges et immunités du 8 avril 1965, dès lors qu'une telle saisine relève, en vertu de l'article 234, alinéa 2, du Traité instituant la Communauté européenne (aujourd'hui, TFUE, art. 267, al. 2), d'une faculté laissée à sa seule appréciation (▪ Cass. crim., 19 mars 2008, n° 07-82.124 : *Bull. crim.* n° 71). – Comp. censurant la Cour de cassation pour n'avoir pas indiqué les raisons pour lesquelles elle a considéré que les questions soulevées ne méritaient pas d'être transmises à la CJUE. ▪ CEDH, 13 févr. 2020, n° 25137/16, *Sanofi Pasteur c/ France* : *JCP* G 2020.394, note D. Segoin et V. Steinberg (violation de l'article 6, § 1, Conv. EDH).

Pour l'exception de nationalité, V. CPC, art. 1042, p. 861.

2° Suspension de la prescription de l'action publique

15) La prescription de l'action publique est suspendue lorsqu'un obstacle de droit met la partie poursuivante dans l'impossibilité d'agir ; encourt la cassation l'arrêt qui déclare prescrites l'action publique et l'action civile, alors que le délai de la prescription a été suspendu à compter de l'arrêt ayant sursis à statuer jusqu'à la date de l'arrêt de la juridiction administrative saisie d'une question préjudicielle (▪ Cass. crim., 28 mars 2000, n° 99-84.367 : *Bull. crim.* n° 139).

3° Suspension de l'instance pénale

16) Ne justifie pas sa décision de non-lieu l'arrêt d'une chambre de l'instruction qui statue sans rechercher si la juridiction civile, saisie d'abord en référé, avait ensuite statué au fond, alors que l'information judiciaire ouverte du chef de dégradations volontaires était suspendue tant que la juridiction civile ne s'était pas prononcée sur la question préjudicielle de propriété immobilière (▪ Cass. crim., 28 nov. 2012, préc., n° 4).

Voir également : Sur la question prioritaire de constitutionnalité, Annexe 11, p. 3053 ; art. LO 630, p. 1301, art. R. 49-21 et s., p. 1993.

Traité sur le fonctionnement de l'Union européenne 13 décembre 2007

Art. 267. – La Cour de justice de l'Union européenne est compétente pour statuer, à titre préjudiciel :

a) sur l'interprétation des traités ;

b) sur la validité et l'interprétation des actes pris par les institutions, organes ou organismes de l'Union.

Lorsqu'une telle question est soulevée devant une juridiction d'un des États membres, cette juridiction peut, si elle estime qu'une décision sur ce point est nécessaire pour rendre son jugement, demander à la Cour de statuer sur cette question.

Lorsqu'une telle question est soulevée dans une affaire pendante devant une juridiction nationale dont les décisions ne sont pas susceptibles d'un recours juridictionnel de droit interne, cette juridiction est tenue de saisir la Cour.

Si une telle question est soulevée dans une affaire pendante devant une juridiction nationale concernant une personne détenue, la Cour statue dans les plus brefs délais.

Code de procédure civile

Art. 1042. – Si une question de nationalité est soulevée par une partie devant une juridiction qui estime qu'il y a question préjudicielle, la juridiction renvoie cette partie à se pourvoir devant le tribunal judiciaire compétent dans le délai d'un mois ou, dans le même délai, à présenter requête au procureur de la République. Lorsque la personne dont la nationalité est contestée se prévaut d'un certificat de nationalité française, ou lorsque la question de nationalité a été relevée d'office, la juridiction saisie au fond impartit le même délai d'un mois au procureur de la République pour saisir le tribunal judiciaire compétent.

Si le délai d'un mois n'est pas respecté, l'instance poursuit son cours. Dans le cas contraire, la juridiction saisie au fond sursoit à statuer jusqu'à ce que la question de nationalité ait été jugée.

Loi du 29 juillet 1881

Art. 35. – La vérité du fait diffamatoire, mais seulement quand il est relatif aux fonctions, pourra être établie par les voies ordinaires, dans le cas d'imputations contre les corps constitués, les armées de terre, de mer ou de l'air, les administrations publiques et contre toutes les personnes énumérées dans l'article 31.

La vérité des imputations diffamatoires et injurieuses pourra être également établie contre les directeurs ou administrateurs de toute entreprise industrielle, commerciale ou financière, dont les titres financiers sont admis aux négociations sur un marché réglementé ou offerts au public sur un système multilatéral de négociation ou au crédit.

La vérité des faits diffamatoires peut toujours être prouvée, sauf :

a) Lorsque l'imputation concerne la vie privée de la personne ;

(...)

Les deux alinéas *a* et *b* qui précèdent ne s'appliquent pas lorsque les faits sont prévus et réprimés par les articles 222-23 à 222-32 et 227-22 à 227-27 du Code pénal et ont été commis contre un mineur.

Dans les cas prévus aux deux paragraphes précédents, la preuve contraire est réservée. Si la preuve du fait diffamatoire est rapportée, le prévenu sera renvoyé des fins de la plainte.

(L. n° 2010-1, 4 janv. 2010) Dans toute autre circonstance et envers toute autre personne non qualifiée, lorsque le fait imputé est l'objet de poursuites commencées à la requête du ministère public, ou d'une plainte de la part du prévenu, il sera, durant l'instruction qui devra avoir lieu, sursis à la poursuite et au jugement du délit de diffamation.

Art. 387. – Lorsque le tribunal est saisi de plusieurs procédures visant des faits connexes, il peut en ordonner la jonction soit d'office, soit sur réquisition du ministère public, ou à la requête d'une des parties.

Bibliographie : A. Maron, *Tribunal correctionnel. – Compétence et saisine : JCl. Proc. pén.*, art. 381 à 392-1, Fasc. 15.

Les juges n'ont pas l'obligation d'ordonner la jonction de procédures simplement connexes (■ Cass. crim., 21 nov. 1991, n° 91-80.830 : *Bull. crim.* n° 428). Un prévenu n'est pas recevable à contester la jonction de deux procédures, laquelle constitue une mesure d'administration judiciaire échappant au contrôle de la Cour de cassation (■ Cass. crim., 2 oct. 2002, n° 01-87.644. ■ Cass. crim., 25 févr. 2004, n° 03-81.673).

Art. 388 ***(Mod., L. n° 83-466, 10 juin 1983).*** **– Le tribunal correctionnel est saisi des infractions de sa compétence soit par la comparution volontaire des parties, soit par la citation, soit par la convocation par procès-verbal, soit par la comparution immédiate, soit enfin par le renvoi ordonné par la juridiction d'instruction.**

Bibliographie : A. Maron, *Tribunal correctionnel. – Compétence et saisine : JCl. Proc. pén.*, art. 381 à 392-1, Fasc. 15. • A. et C. Guéry, *De la difficulté pour le juge pénal d'appeler un chat un chat : Dr. pén.* 2005, étude 6.

• ***Sommaire***

I – MODES DE SAISINE

A – Citation directe

1) Lorsqu'une citation régulière n'a pas été délivrée les juges correctionnels ne sont point légalement saisis ; ils ne peuvent, en conséquence, statuer à l'égard du prévenu non comparant qui n'a été avisé que par les gendarmes de la date de l'audience (▪ Cass. crim., 26 avr. 1967, n° 66-91.642 : *Bull. crim.* n° 134). Il résulte des articles 388 et 512 du Code de procédure pénale, que, faute pour le prévenu d'avoir été cité à l'adresse qu'il avait déclarée conformément à l'article 503-1 du Code de procédure pénale, la cour d'appel n'est pas légalement saisie (▪ Cass. crim., 20 févr. 2007, n° 06-86.179 : *Bull. crim.* n° 49). Une citation qui ne contient aucune indication quant à la date à laquelle les personnes citées devaient comparaître ne peut saisir le tribunal correctionnel (▪ Cass. crim., sept. 1987, n° 85-93.226 : *Bull. crim.* n° 310).

B – Convocation par procès-verbal

Pour la convocation par procès-verbal utilisée simultanément à une convocation en vue d'une comparution sur reconnaissance préalable de culpabilité, V., art. 495-15-1, p. 1071.

C – Comparution volontaire

2) Prévenu. La comparution volontaire suppose, au préalable, la mise en mouvement de l'action publique dans les conditions prescrites par l'article 1er de ce code (▪ Cass. crim., 19 mars 1997, n° 96-82.621 : *Bull. crim.* n° 110 ; *RSC* 1997, p. 665, obs. Dintilhac ; *Dr. pén.* 1997, comm. 116, obs. A. Maron). À défaut de poursuites engagées à son encontre, la seule comparution volontaire d'une personne ne saurait mettre en mouvement l'action publique (▪ Cass. crim., 2 févr. 2016, n° 15-82.790 : *Bull. crim.* n° 25). Il résulte des dispositions combinées des articles 388 et 389 du Code de procédure pénale que le tribunal correctionnel peut être valablement saisi des infractions de sa compétence par l'avertissement délivré par le ministère public, à la condition que cet avertissement soit suivi de la comparution volontaire de la personne à laquelle il est adressé (▪ Cass. crim., 27 avr. 1981, n° 80-95.107 : *Bull. crim.* n° 125). Lorsqu'un prévenu a été cité par erreur devant un tribunal autre que celui qui devait le juger et lorsqu'il ne comparaît pas volontairement devant ce dernier tribunal, celui-ci, qui n'a pas été régulièrement saisi, n'a pas le pouvoir de statuer (▪ Cass. crim., 22 avr. 1969, n° 69-90.447 : *Bull. crim.* n° 140).

3) Personne civilement responsable. Une juridiction ne peut condamner une personne comme civilement responsable si elle n'a pas comparu volontairement ou si elle n'a pas été régulièrement citée (▪ Cass. crim., 18 juill. 1924 : *DH* 1924, 603. ▪ Cass. crim., 17 déc. 1925 : *DH* 1926, 52).

4) Témoin. Encourent la cassation les arrêts qui condamnent, sans comparution volontaire, les personnes appelées devant le juge correctionnel en qualité de témoin (▪ Cass. crim., 14 févr. 1903 : *Bull. crim.* n° 7, sur pourvoi dans l'intérêt de la loi et de la condamnée. ▪ Cass. crim., 6 févr. 1926 : *Bull. crim.* n° 51. ▪ Cass. crim., 16 juill. 1958 : *Bull. crim.* n° 550).

5) Partie civile. Même solution pour la personne qui s'est constituée partie civile (▪ Cass. crim., 4 juill. 1929 : *Bull. crim.* n° 191).

D – Renvoi d'une juridiction d'instruction

6) Saisine. Un tribunal correctionnel ne peut statuer sur une procédure qu'autant que l'ordonnance de renvoi qui l'en saisit est devenue définitive ; aussi lorsqu'en raison d'un pourvoi, l'ordonnance de renvoi n'est pas devenue définitive, le tribunal correctionnel, n'étant pas saisi des poursuites contre le prévenu, n'est pas compétent pour prononcer sur sa détention (▪ Cass. crim., 28 nov. 2017, n° 17-85.523 : *Bull. crim.* n° 268). Lorsque le tribunal correctionnel est saisi par une ordonnance de renvoi du juge d'instruction, c'est cette ordonnance qui détermine les faits déférés à la juridiction répressive et fixe l'étendue et la date de sa saisine ; la citation délivrée au prévenu n'a dans ce cas pour objet essentiel que de permettre à ce dernier de se présenter au jour et heure fixés devant la juridiction de jugement (▪ Cass. crim., 11 janv. 1977, n° 76-92.281 : *Bull. crim.* n° 13).

7) Compétence. L'ordonnance de renvoi rendue par le juge d'instruction est simplement indicative de juridiction et ne fait pas obstacle à ce que le tribunal requalifie les faits (■ Cass. crim., 15 févr. 2005, n° 04-84.519 : *Bull. crim.* n° 56).

8) Compétence sur l'action civile. En application de l'article 388 du Code de procédure pénale, si la juridiction correctionnelle a été saisie par une ordonnance de renvoi avant publication d'une loi amnistiant les faits, elle reste compétente pour statuer, le cas échéant, sur les intérêts civils (■ Cass. crim., 22 mai 1990, n° 89-85.044 : *Bull. crim.* n° 209).

II – ÉTENDUE DE LA SAISINE

A – Saisine *in personam*

9) Personne physique. La juridiction de jugement est saisie uniquement à l'égard des personnes visées dans l'acte de saisine (■ Cass. crim., 5 févr. 1959 : *Bull. crim.* n° 86. ■ Cass. crim., 22 juin 1977, n° 75-92.244 : *Bull. crim.* n° 233). Sont dès lors mal fondées les conclusions de la partie civile tendant à la mise en mouvement de l'action publique à l'égard des tiers, non mis en cause (même arrêt).

10) Personne morale. Dès lors que l'obligation d'énoncer le fait poursuivi n'impose pas d'identifier dans la citation l'organe ou le représentant ayant commis l'infraction pour le compte de la personne morale poursuivie, n'excède pas sa saisine la cour d'appel qui détermine quel est cet organe ou représentant (■ Cass. crim., 24 mai 2005, n° 04-86.813 : *Bull. crim.* n° 154).

11) Action civile. L'article 482 du Code civil, écartant expressément la responsabilité de plein droit du mineur émancipé, ses parents n'appartiennent pas à la catégorie des personnes civilement responsables, dont l'article 388 du Code de procédure pénale autorise la citation devant le juge répressif ; le juge pénal n'a donc pas compétence pour rechercher si les parents ont commis une faute, au sens de l'article 1382 du Code civil, en procédant à une déclaration d'émancipation (■ Cass. crim., 9 mars 1972, n° 71-92.160 : *Bull. crim.* n° 95).

B – Saisine *in rem*

1° *Étendue de la saisine* in rem

12) Principe. Le tribunal correctionnel ne peut statuer que sur les faits dont il est saisi par l'acte de poursuite (■ Cass. crim., 16 janv. 2019, n° 17-84.766). Les juridictions correctionnelles doivent statuer sur l'ensemble des faits relevés par l'ordonnance de renvoi ou la citation (■ Cass. crim., 30 mai 2001, n° 00-84.028. ■ Cass. crim., 24 oct. 2001, n° 01-80.500. ■ Cass. crim., 5 mars 2014, n° 13-81.275). Selon l'article 388 du Code de procédure pénale, le tribunal est saisi des infractions de sa compétence notamment par la citation, ce qui inclut l'ensemble des faits visés par les procès-verbaux d'infractions (■ Cass. crim., 22 nov. 2016, n° 15-87.102). Les juridictions correctionnelles doivent statuer sur l'ensemble des faits dont elles sont saisies par la citation, sans excéder leur saisine (■ Cass. crim., 22 oct. 2019, n° 18-86.193). Il est interdit aux juges correctionnels de prendre pour base de leur condamnation un fait autre que celui dont ils ont été régulièrement saisis (■ Cass. crim., 26 juill. 1965, n° 65-90.363 : *Bull. crim.* n° 185. ■ Cass. crim., 20 mars 1968, n° 67-92.330 : *Bull. crim.* n° 97. ■ Cass. crim., 21 févr. 1985, n° 84-91.867 : *Bull. crim.* n° 84). Sauf comparution volontaire, les tribunaux correctionnels ne peuvent statuer que sur les faits relevés par l'acte qui les a saisis (■ Cass. crim., 14 avr. 2021, n° 20-83.021, § 25). Ne méconnaît pas l'étendue de sa saisine la juridiction qui déclare le prévenu coupable pour la période visée à la prévention, même si elle fait état de faits qui ont été relevés postérieurement à ladite période, dès lors qu'ils n'ont été pris en compte que dans l'administration de la preuve des seuls faits poursuivis (■ Cass. crim., 29 janv. 2019, n° 18-80.898). S'il est interdit aux juges de statuer sur des faits autres que ceux qui leur sont déférés, il leur appartient de retenir tous ceux qui, bien que non expressément visés dans le titre de la poursuite, ne constituent que des circonstances du fait principal, se rattachant à lui et propres à le caractériser (■ Cass. crim., 5 mai 2021, n° 20-82.700, § 8). Il incombe à la juridiction correctionnelle de rechercher toute faute d'imprudence ou de négligence entrant dans les prévisions de l'article 221-6 du Code pénal, fondement de la poursuite. C'est donc à bon droit que le juge affirme que s'il ne peut statuer sur des faits autres que ceux mentionnés à l'ordonnance de renvoi, il lui appartient en revanche de retenir tous les faits, qui, même non expressément visés dans la poursuite, ne constituent que des circonstances du fait principal qui lui est déféré et que, s'il ne peut statuer que sur le délit d'homicide involontaire visé à l'ordonnance de renvoi, il n'est pas lié par l'exposé des faits et des circonstances consignés dans ce document, restant libre de rechercher tous autres faits et circonstances contenus dans le dossier d'information relatifs au délit poursuivi, l'exposé que comporte l'ordonnance de renvoi ne comprenant qu'une liste indicative et non exhaustive des faits et circonstances du fait principal (■ Cass. crim., 22 févr. 2022, n° 20-84.351).

13) Délit fiscal. La citation délivrée par la régie des contributions indirectes saisit la juridiction correctionnelle de toutes les infractions paraissant résulter du procès-verbal, base des poursuites

(■ Cass. crim., 21 janv. 1969, n° 68-91.700 : *Bull. crim.* n° 42. ■ Cass. crim., 31 oct. 1973, 2 arrêts, n°s 73-90.597 et 73-90.302 : *Bull. crim.* n° 396).

14) Délit douanier. En matière douanière, l'étendue de la saisine des juridictions est fixée, non seulement par la citation de la partie poursuivante, mais par les procès-verbaux de l'enquête qui lui sont annexés (■ Cass. crim., 5 mai 1997, n° 95-86.136 : *Bull. crim.* n° 64).

2° *Qualification des faits*

15) Liberté de qualifier. Le juge correctionnel n'est pas lié par la qualification donnée par la prévention (■ Cass. crim., 7 juin 1979, n° 78-93.709 : *Bull. crim.* n° 197 : solution implicite. ■ Cass. crim., 13 oct. 1993, n° 93-82.527 : *Bull. crim.* n° 294). Le juge correctionnel doit examiner les faits qui lui sont soumis sous l'incrimination qui leur est spécialement applicable (■ Cass. crim., 30 janv. 1989, n° 86-96.060 : *Bull. crim.* n° 33).

3° *Requalification des faits*

• Devoir de requalifier

16) La juridiction correctionnelle a non seulement le droit, mais encore le devoir de caractériser les faits qui lui sont déférés et d'y appliquer la loi pénale, conformément aux résultats de l'information faite à l'audience, sans ajouter aucun fait nouveau à celui qui servait de base à la prévention (■ Cass. crim., 4 janv. 1963, n° 62-90.230 : *Bull. crim.* n° 4. ■ Cass. crim., 26 juill. 1965, préc., n° 12. ■ Cass. crim., 12 mai 1970, n° 69-92.964 : *Bull. crim.* n° 161. ■ Cass. crim., 26 févr. 1985, n° 84-94.829 : *Bull. crim.* n° 94. ■ Cass. crim., 22 avr. 1986, n° 84-95.759 : *Bull. crim.* n° 136. ■ Cass. crim., 11 mai 2006, n° 05-85.637 : *Bull. crim.* n° 131. ■ Cass. crim., 13 mai 2014, n° 13-81.240 : *Bull. crim.* n° 132). Le juge a le devoir de prononcer une condamnation lorsque l'infraction tombe sous le coup d'une autre disposition d'une même loi, pourvu qu'il s'agisse du même fait (■ Cass. crim., 22 déc. 1965, n° 64-93.672 : *Bull. crim.* n° 287). S'il appartient aux juges répressifs de restituer aux faits dont ils sont saisis leur véritable qualification, c'est à la condition de n'y rien ajouter (■ Cass. crim., 12 sept. 2018, n° 17-82.316 : visa de l'art. préliminaire, de l'art. 388, de l'art. 6, § 1 et 3, Conv. EDH).

17) Prévenu non comparant. La non-comparution du prévenu ne saurait faire obstacle à la requalification de faits, dès lors qu'elle a fait l'objet d'un débat contradictoire, l'avocat du prévenu, qui le représentait valablement, ayant été en mesure de présenter la défense de son client sur la nouvelle qualification envisagée (■ Cass. crim., 27 nov. 2018, n° 17-87.385 : *Bull. crim.* n° 199).

18) Cour d'appel. S'il appartient aux cours d'appel de modifier la qualification des faits et de substituer une qualification nouvelle à celle sous laquelle ils leur étaient déférés, c'est à la condition qu'il ne soit rien changé, ni ajouté aux faits de la prévention et qu'ils restent tels qu'ils ont été retenus dans l'acte saisissant la juridiction (■ Cass. crim., 26 janv. 1982, n° 81-92.141 : *Bull. crim.* n° 32. ■ Cass. crim., 1er juin 2016, n° 14-87.173 : *Bull. crim.* n° 171).

19) Infraction de presse. La juridiction correctionnelle a le pouvoir d'apprécier le mode de participation du prévenu aux faits spécifiés et qualifiés dans la poursuite, les restrictions que la loi sur la presse impose aux pouvoirs de cette juridiction étant relatives uniquement à la qualification par rapport au fait incriminé ; doit être cassé l'arrêt qui retient que ne peuvent être requalifiés en complicité les faits poursuivis sur le fondement de la loi du 29 juillet 1881 à l'encontre d'une personne visée en qualité d'auteur (■ Cass. crim., 9 déc. 2014, n° 13-86.917 : *Bull. crim.* n° 259).

• Interdiction de relaxer sans vérifier la possibilité d'appliquer une autre qualification

20) Il résulte de l'article 388 du Code de procédure pénale que le juge correctionnel, qui n'est pas lié par la qualification donnée aux faits par l'acte de saisine, ne peut prononcer une décision de relaxe que pour autant qu'il a vérifié que les faits dont il est saisi ne sont constitutifs d'aucune infraction. Il a le droit et le devoir de leur restituer leur véritable qualification, sans rien y ajouter, après avoir invité le prévenu à s'expliquer sur la nouvelle qualification qu'il envisage de retenir (■ Cass. crim., 8 déc. 2021, n° 21-81.223, § 15). La juridiction correctionnelle ne peut prononcer une décision de relaxe qu'autant qu'elle a vérifié que les faits dont elle est saisie ne sont constitutifs d'aucune infraction (■ Cass. crim., 13 oct. 1993, n° 93-82.527 : *Bull. crim.* n° 294. ■ Cass. crim., 11 mai 2006, n° 05-85.637 : *Bull. crim.* n° 131. ■ Cass. crim., 1er juin 2016, n° 14-87.173 : *Bull. crim.* n° 171. ■ Cass. crim., 3 sept. 2019, n° 17-85.733. ■ Cass. crim., 17 févr. 2021, n° 19-86.479, § 16). Il en résulte que, lorsqu'en application de ce principe, le juge estime que les faits, tels que qualifiés à la prévention, ne constituent pas une infraction à la loi pénale mais qu'ils pourraient être répréhensibles sous une autre qualification, sur laquelle il décide, par une décision avant-dire droit, de recueillir les observations des parties, il doit se borner, dans ladite décision, à surseoir à statuer sur les poursuites à raison des faits en cause, sans pouvoir prononcer une relaxe du chef de la qualification initialement retenue à la prévention ayant pour effet de le dessaisir de ces faits (■ Cass. crim., 3 sept. 2019, n° 17-85.733). Un prévenu relaxé pour vol aggravé doit être condamné pour les dégradations qu'il a commises et qui étaient comprises, fût-ce comme circonstance aggravante, dans la poursuite, les juges devant restituer aux faits leur véritable qualification (■ Cass. crim., 11 mai 2006, préc., n° 16). Il se déduit des articles 388 et 470 du Code de procédure pénale que le juge correctionnel, qui n'est pas lié par la qualification donnée à la prévention, ne peut prononcer une décision de relaxe qu'autant qu'il a vérifié que les faits dont il est saisi ne sont constitutifs d'aucune infraction à la loi pénale ou ne sont pas imputables au prévenu ; saisis de poursuites pour homicide et blessures par imprudence, les juges du second degré ne sauraient donc retenir que la citation, qui ne vise pas la causalité indirecte évoquée par l'alinéa 4 de l'article 121-3 du Code pénale, reproche au prévenu la seule commission d'une faute simple ayant un lien de causalité direct avec le dommage : après avoir constaté que l'intéressé avait commis des manquements, ils ne pouvaient, sans rechercher s'ils ne caractérisaient pas une faute qualifiée au sens de l'article 121-3, alinéa 4 précité, prononcer la relaxe, alors qu'il résultait de leur appréciation souveraine que ces manquements étaient en lien causal indirect avec l'accident en cause (■ Cass. crim., 12 janv. 2021, n° 20-80.898). Il se déduit de l'article 388 du Code de procédure pénale que si l'abrogation d'une loi pénale entraîne l'extinction de l'action publique fondée sur l'infraction incriminée par cette loi, il n'existe pas d'obstacle qui interdise de rechercher si d'autres infractions pénales ne subsistent pas qui soient susceptibles de poursuites (■ Cass. crim., 17 févr. 2021, préc., § 17).

• **Déclaration d'incompétence**

21) S'il appartient aux juridictions correctionnelles de substituer une qualification nouvelle à celle sous laquelle les faits leurs sont déférés, puis de se déclarer incompétentes si cette dernière leur apparaît criminelle, c'est à la condition qu'il ne soit rien changé, ni ajouté aux faits de la prévention et que ceux-ci restent tels qu'ils ont été retenus dans l'acte de saisine (■ Cass. crim., 22 avr. 1986, préc., n° 16 : impossibilité de requalifier en coups mortels des faits qualifiés omission de secours). Si le tribunal constate que le fait déféré par l'ordonnance de renvoi sous la qualification de délit est de nature à entraîner une peine criminelle, il renvoie le ministère public à se pourvoir ainsi qu'il avisera, comme le prévoit l'article 469 du Code de procédure pénale (■ Cass. crim., 15 févr. 2005, préc., n° 7).

• **Conditions de la requalification**

– **Cour européenne des droits de l'homme**

22) Droit à un procès équitable. L'article 6, § 3 *a)* de la Convention reconnaît à l'accusé le droit d'être informé non seulement de la cause de l'accusation, c'est-à-dire des faits matériels qui lui sont imputés et sur lesquels se fonde l'accusation, mais aussi de la qualification juridique donnée à ces faits, et ce d'une manière détaillée. La portée de cette disposition doit notamment s'apprécier à la lumière du droit plus général à un procès équitable que garantit le paragraphe 1 de l'article 6 de la Convention. Le droit à être informé sur la nature et la cause de l'accusation doit être envisagé à la lumière du droit pour l'accusé de préparer sa défense. Il ne ressort pas du dossier que la juridiction ou le représentant du ministère public aient, au cours des débats, évoqué la possibilité d'une requalification ; or, la juridiction doit, pour faire usage de son droit incontesté de requalifier les faits dont elle est régulièrement saisie, donner la possibilité au requérant d'exercer son droit de défense sur ce point d'une manière concrète et effective, et donc en temps utile. Si tel n'est pas le cas, il y a violation du paragraphe 3 *a)* et *b)* de l'article 6 de la Convention, combiné avec le paragraphe 1 du même article (■ CEDH, 5 mars 2013, n° 61005/09, *Varela Geis c/ Espagne*).

– **Principe**

23) Droits du prévenu. Tout prévenu a droit à être informé de la nature et de la cause de la prévention dont il est l'objet et doit, par suite, être mis en mesure de se défendre, tant sur les diverses infractions qui lui sont imputées, que sur chacune des circonstances aggravantes susceptibles d'être retenues à sa charge (■ Cass. crim., 5 déc. 1978, n° 78-91. 826 : *Bull. crim.* n° 346. ■ Cass. crim., 7 juin 1979, n° 78-93.709 : *Bull. crim.* n° 197. ■ Cass. crim., 2 juill. 1991, n° 91-82.997 : *Bull. crim.* n° 290. ■ Cass. crim., 17 déc. 1997, n° 97-81.852 : *Bull. crim.* n° 434). En application des articles 388 du Code de procédure pénale et 6, § 1 de la Convention européenne des droits de l'Homme, s'il appartient aux juges répressifs de restituer aux faits dont ils sont saisis leur véritable qualification, c'est à la condition que le prévenu ait été mis en mesure de présenter sa défense sur la nouvelle qualification envisagée (■ Cass. crim., 16 mai 2001, n° 00-85.066 : *Bull. crim.* n° 128. ■ Cass. crim., 12 sept. 2001, n° 00-86.493 : *Bull. crim.* n° 177. ■ Cass. crim., 17 oct. 2001, n° 01-81.988 : *Bull. crim.* n° 213. ■ Cass. crim., 4 nov. 2003, n° 03-80.838 : *Bull. crim.* n° 208. ■ Cass. crim., 3 mars 2004, n° 03-84.388 : *Bull. crim.* n° 56. – Visa en outre de l'article préliminaire du Code de procédure pénale : ■ Cass. crim., 5 mars 2003, n° 01-87.045 : *Bull. crim.* n° 60. ■ Cass. crim., 13 févr. 2008, n° 07-81.097 : *Bull. crim.* n° 38. ■ Cass. crim., 7 mai 2008, n° 07-86.931 : *Bull. crim.* n° 109. ■ Cass. crim., 4 juin 2009, n° 08-87.943 : *Bull. crim.* n° 112. ■ Cass. crim., 22 oct. 2014, n° 13-83.901 : *Bull. crim.* n° 215. ■ Cass. crim., 2 sept. 2020, n° 19-83.908, § 5. ■ Cass. crim., 13 oct.

2020, n° 19-84.947, § 27). Un prévenu ne saurait se faire grief d'une requalification, dès lors que celle-ci, qui ne portait pas sur des faits nouveaux, a été soumise au débat contradictoire, qu'elle a fait l'objet de réquisitions du ministère public et que le prévenu a été mis en mesure de s'en expliquer (▪ Cass. crim., 23 oct. 2013, n° 12-80.793 : *Bull. crim.* n° 204. ▪ Cass. crim., 14 juin 2016, n° 15-80.678 : *Bull. crim.* n° 178). Le prévenu ne saurait se faire grief de ce que les faits d'escroquerie pour lesquels il était poursuivi ont été requalifiés en faux et usage dès lors qu'ayant comparu assisté de son avocat, il a été mis en mesure de s'expliquer sur cette requalification, requise à l'audience par le ministère public (▪ Cass. crim., 16 oct. 2013, n° 12-87.096 : *Bull. crim.* n° 204). C'est à bon droit qu'une cour d'appel procède à une requalification dès lors qu'elle a fait l'objet d'un débat contradictoire et que l'avocat du prévenu, qui le représentait valablement, a été en mesure de présenter la défense de son client sur la nouvelle qualification envisagée (▪ Cass. crim., 27 nov. 2018, n° 17-87.385 : *Bull. crim.* n° 199). Jurisprudence de la Cour européenne des droits de l'homme. Pour une violation de l'article 6, § 3, *a)* et *b)* de la Convention européenne des droits de l'Homme à la suite d'une requalification, en cours de délibéré, de faits qualifiés banqueroute en complicité de banqueroute, ▪ CEDH, gde ch., 25 mars 1999, n° 25444/94, *Pelissier et Sassi c/ France*.

24) Prévenu jugé par défaut. Les juges ne peuvent requalifier d'office les faits poursuivis lorsqu'ils statuent par défaut (▪ Cass. crim., 5 janv. 2005, n° 04-82.524 : *Bull. crim.* n° 9 ; *Dr. pén.* 2005, comm. 66, obs. A. Maron).

25) Droits des parties. S'il appartient aux juges répressifs de restituer aux faits dont ils sont saisis leur véritable qualification, c'est à la condition que les parties aient été mises en mesure de s'expliquer sur la nouvelle qualification envisagée (▪ Cass. crim., 27 janv. 2015, n° 14-81.723 : *Bull. crim.* n° 21. ▪ Cass. crim., 16 juin 2015, n° 14-86.387 : *Bull. crim.* n° 147). Encourt la censure l'arrêt qui requalifie d'office des faits de sévices graves envers un animal en mort ou blessures involontaires causées à un animal et conclut à la prescription de l'action publique sans que les parties, notamment la partie civile, aient été invitées à s'expliquer sur cette nouvelle qualification (▪ Cass. crim., 27 janv. 2015, préc.). A méconnu les articles 6, § 1 de la Convention européenne des droits de l'Homme, les articles préliminaire et 388 du Code de procédure pénale, la cour d'appel qui a disqualifié les faits de sévices graves envers un animal en contravention de mauvais traitement à animaux, sans avoir préalablement invité les parties à présenter leurs observations sur la disqualification envisagée susceptible d'entraîner la prescription de l'action publique et par voie de conséquence l'irrecevabilité des demandes des parties civiles (▪ Cass. crim., 16 juin 2015, préc.).

– Renvoi à une audience ultérieure

26) Lorsque la cour d'appel retient que les faits dont elle est saisie doivent être requalifiés, alors que le prévenu, qui ne comparaît pas devant elle, ne peut être mis en mesure d'apporter ses observations sur la requalification sollicitée, il lui appartient de rendre une décision renvoyant l'affaire à une date ultérieure et invitant le prévenu à venir s'expliquer sur la requalification envisagée (▪ Cass. crim., 1er juin 2016, préc., n° 17).

– Applications

27) Encourt la censure l'arrêt qui requalifie d'office des faits poursuivis sans que le prévenu ait été invité à s'expliquer sur cette modification (▪ Cass. crim., 16 mai 2001, préc., n° 22 : banqueroute requalifiée en abus de biens sociaux. ▪ Cass. crim., 12 sept. 2001, préc., n° 22 : entrave aux vérifications et aux contrôles du commissaire aux comptes requalifiée en complicité de ce délit. ▪ Cass. crim., 17 oct. 2001, préc., n° 22 : complicité de vol requalifiée en recel de vol. ▪ Cass. crim., 14 nov. 2002, n° 02-80.954 : *Bull. crim.* n° 207 : trafic de stupéfiants requalifié en complicité. ▪ Cass. crim., 5 mars 2003, préc., n° 22 : escroqueries en bande organisée requalifiées en recel de ces mêmes délits. ▪ Cass. crim., 4 nov. 2003, préc., n° 22 : conduite d'un véhicule sous l'empire d'un état alcoolique requalifiée en conduite en état d'ivresse manifeste. ▪ Cass. crim., 3 mars 2004, préc., n° 22 : détournement d'objets publics par personne dépositaire de l'autorité publique requalifié en prise illégale d'intérêts. ▪ Cass. crim., 16 mai 2007, préc., n° 22 : violences ayant entraîné une incapacité totale de travail supérieure à huit jours sur personne chargée d'une mission de service public requalifiées en violences ayant entraîné une incapacité totale de travail supérieure à huit jours sur gardien d'immeuble. ▪ Cass. crim., 13 févr. 2008, préc., n° 22 : menaces de mort réitérées requalifiées en contravention de violences légères. ▪ Cass. crim., 7 mai 2008, préc., n° 22 : conduite d'un véhicule sous l'empire d'un état alcoolique requalifiée en conduite en état d'ivresse manifeste. ▪ Cass. crim., 4 juin 2009, préc., n° 22 : abus de confiance requalifié en abus de faiblesse. ▪ Cass. crim., 22 oct. 2014, préc., n° 22 : escroquerie par emploi de manœuvres frauduleuses requalifiée en escroquerie par usage d'une fausse qualité).

28) C'est à bon droit qu'une cour d'appel procède à une requalification, après avoir constaté que le prévenu a été mis en mesure de s'expliquer sur cette nouvelle qualification (▪ Cass. crim.,

13 févr. 1997, n° 96-82.751 : *Bull. crim.* n° 63 : vol requalifié en détournement d'objets saisis. ▪ Cass. crim., 28 janv. 2004, n° 02-85.141 : *Bull. crim.* n° 22 : complicité d'abus de biens sociaux requalifiée en entrave au fonctionnement du comité d'entreprise et recel d'abus de biens sociaux requalifié en complicité d'entrave, les détournements de fonds trouvant leur origine dans les faits d'entraves. ▪ Cass. crim., 16 mai 2012, n° 11-85.150 : *Bull. crim.* n° 127 : abus de biens sociaux requalifié en abus de pouvoirs. ▪ Cass. crim., 23 oct. 2013, préc., n° 22 : non-dénonciation de mauvais traitements infligés à une personne vulnérable requalifiée en omission d'empêcher une infraction. ▪ Cass. crim., 12 nov. 2015, n° 14-82.765 : *Bull. crim.* n° 252 : escroquerie par abus de qualité vraie requalifiée en escroquerie par fausse qualité et manœuvres frauduleuses).

29) Circonstance aggravante. Doit être cassé l'arrêt de cour d'appel qui retient la circonstance aggravante de récidive non visée à la prévention et qui n'avait pas donné lieu à de quelconques débats devant les juges du fond (▪ Cass. crim., 17 déc. 1997, n° 97-81.852 : *Bull. crim.* n° 434). Doit être cassé l'arrêt dont aucune mention n'indique que le prévenu, qui n'était pas assisté d'un conseil, a été mis en mesure de s'expliquer sur une circonstance aggravante non visée à la prévention (▪ Cass. crim., 2 juill. 1991, préc., n° 22).

30) Action civile. Encourt la censure l'arrêt d'une cour d'appel qui, pour condamner la personne poursuivie du chef d'abus de confiance à réparer le préjudice subi par une partie civile, dit que les faits caractérisent en réalité le délit d'abus frauduleux d'un état de particulière vulnérabilité, alors qu'il ne résulte ni des mentions de l'arrêt, ni des pièces de procédure que la partie intimée sur le seul appel de cette partie civile ait été invitée à se défendre sur cette nouvelle qualification (▪ Cass. crim., 4 juin 2009, préc., n° 22).

4° *Extension de la saisine à des faits nouveaux*

• Principe

31) S'il appartient aux juges répressifs de restituer aux faits dont ils sont saisis leur véritable qualification, c'est à la condition de rien n'y ajouter ou de ne pas substituer des faits distincts à ceux de la prévention, sauf acceptation expresse par le prévenu d'être jugé sur des faits et circonstances non compris dans la poursuite ; doit donc être cassé l'arrêt qui, pour déclarer le prévenu coupable de complicité d'escroquerie, retient que les faits sont établis puisque M. X..., a donné des instructions au gérant et aux commerciaux de faire signer en blanc aux clients les attestations de livraison, alors que les faits d'instructions au gérant et aux commerciaux pouvant caractériser la complicité d'escroquerie n'étaient pas visés dans la poursuite et qu'il ne résulte pas de l'arrêt que le prévenu, seulement informé d'une éventuelle requalification, ait expressément accepté d'être jugé sur ces faits (▪ Cass. crim., 16 janv. 2019, n° 17-85.230). Les juges ne peuvent statuer que sur les faits dont ils sont saisis à moins que le prévenu n'accepte expressément d'être jugé sur des faits distincts de ceux visés à la prévention (▪ Cass. crim., 20 avr. 2017, n° 16-81.452 : *Bull. crim.* n° 114. ▪ Cass. crim., 29 janv. 2020, n° 18-85.050, § 10. ▪ Cass. crim., 10 mars 2021, n° 20-83.828, § 7) ; méconnaît ce principe l'arrêt qui, pour déclarer le prévenu coupable d'escroquerie, retient des manœuvres frauduleuses accomplies pendant une période non visée par la prévention, sans constater que le prévenu a accepté d'être jugé sur ces faits (▪ Cass. crim., 20 avr. 2017, préc.). Les juges ne peuvent statuer que sur les faits dont ils sont saisis, à moins que le prévenu n'accepte expressément d'être jugé sur des faits distincts de ceux visés à la prévention ; lorsqu'un prévenu est poursuivi du chef d'abus de confiance, sous la prévention d'avoir détourné au préjudice de ses clients des acomptes qui lui avaient été remis à charge de leur livrer des véhicules commandés, il ne saurait donc être condamné pour avoir vendu des véhicules confiés en dépôt-vente, la prévention n'en faisant pas mention (▪ Cass. crim., 19 déc. 2018, n° 17-84.659). S'il appartient aux juges répressifs de restituer aux faits dont ils sont saisis leur véritable qualification, c'est à la condition de n'y rien ajouter, sauf acceptation expresse par le prévenu d'être jugé sur des faits ou circonstances aggravantes non compris dans la poursuite (▪ Cass. crim., 4 mai 1987, n° 86-93.629 : *Bull. crim.* n° 175. ▪ Cass. crim., 22 nov. 1994, n° 94-80.387 : *Bull. crim.* n° 370. ▪ Cass. crim., 18 déc. 1996, n° 96-82.083 : *Bull. crim.* n° 477. ▪ Cass. crim., 22 mars 2000, n° 98-87.496 : *Bull. crim.* n° 133 ▪ Cass. crim., 27 avr. 2000, n° 99-83.648 : *Bull. crim.* n° 171. ▪ Cass. crim., 2 oct. 2001, n° 01-80.334 : *Bull. crim.* n° 197. ▪ Cass. crim., 14 oct. 2015, n° 14-84.747. V. visant le prévenu ayant accepté « formellement » d'être jugé sur les faits nouveaux : ▪ Cass. crim., 23 avr. 1980, n° 79-92.527 : *Bull. crim.* n° 118. ▪ Cass. crim., 18 juin 1980, n° 79-930.40 : *Bull. crim.* n° 196). *Contra* : les juridictions correctionnelles ne peuvent légalement statuer que sur les faits relevés par le titre qui les a saisies, à moins que le prévenu n'ait été mise en mesure de se défendre sur les faits nouveaux (▪ Cass. crim., 12 mai 1970, n° 69-92.964 : *Bull. crim.* n° 161. ▪ Cass. crim., 26 janv. 1982, préc., n° 17). S'il appartient au juge de restituer aux faits poursuivis leur véritable qualification, il ne peut substituer des faits distincts à ceux de la prévention, à moins que le prévenu accepte expressément d'être jugé sur ces faits nouveaux (▪ Cass.

crim., 23 janv. 2001, n° 00-80.600 : *Bull. crim.* n° 20). S'il appartient au juge de restituer aux faits poursuivis leur véritable qualification, il ne peut substituer des faits distincts à ceux de la prévention, à moins que le prévenu accepte expressément d'être jugé sur ces faits nouveaux (▪ Cass. crim., 1er mars 2006, n° 05-83.949). En cas de requalification, les juges doivent préalablement recueillir le consentement de la prévenue à être jugée sur des faits non compris dans leur saisine (▪ Cass. crim., 2 oct. 2001, préc.).

• Portée du principe

32) Absence d'obligation pour le juge. Le juge n'a pas l'obligation de demander au prévenu s'il accepte d'être jugé pour des faits non visés à la prévention susceptibles de lui être reprochés (▪ Cass. crim., 24 mars 2021, n° 20-80.504, § 14 : publié au *Bull.*).

• Applications

33) Faute d'y avoir consenti, un prévenu poursuivi du chef d'une infraction ne saurait être condamné du chef d'une autre, si les éléments constitutifs des deux infractions sont différents et si ceux de l'infraction retenue n'étaient pas compris dans les faits, objet de la prévention (▪ Cass. crim., 22 nov. 1994, préc., n° 30 : recel de chose requalifié en vol aggravé. ▪ Cass. crim., 18 déc. 1996, préc., n° 30 : abus de faiblesse requalifié en vol. ▪ Cass. crim., 22 mars 2000, préc., n° 30 : violences requalifiées en omission de porter secours. ▪ Cass. crim., 27 avr. 2000, préc. : recel de chose requalifié en abus de confiance. ▪ Cass. crim., 23 janv. 2001, préc., n° 30 : abus de confiance requalifié en infraction à la législation sur le démarchage à domicile). Un prévenu ne saurait reprocher à la cour d'appel d'avoir excédé sa saisine en retenant des faits antérieurs à la date visée par la prévention, dès lors qu'il résulte du jugement entrepris qu'il avait expressément accepté de s'expliquer sur l'ensemble des faits dénoncés dans le procès-verbal de l'inspecteur du travail, base de la poursuite (▪ Cass. crim., 16 juin 1998, n° 97-80.138 : *Bull. crim.* n° 195). La censure n'est pas encourue, dès lors que la Cour de cassation est en mesure de s'assurer que les faits reprochés au prévenu et déclarés établis par l'arrêt attaqué entraient en réalité dans les prévisions du texte fondant la poursuite, de sorte que la requalification effectuée par la cour d'appel n'avait pas lieu d'être (▪ Cass. crim., 2 oct. 2001, préc., n° 29. ▪ Cass. crim., 14 nov. 2002, préc., n° 26).

34) Cas des circonstances aggravantes. Si le juge de la répression ne peut statuer sur d'autres faits que ceux qui lui sont déférés par le titre qui le saisit, il lui appartient de relever dans le débat les circonstances qui se rattachent à ces faits et sont propres à leur restituer leur véritable qualification ; le prévenu comparant, qui n'a pas été préalablement informé en première instance d'une circonstance aggravante, mais qui, en appel, a discuté de cet élément modificatif de la prévention relevé d'office comportant extension de la saisine du juge, a été ainsi en mesure de se défendre et, dès lors, la juridiction d'appel, en retenant cette circonstance aggravante, n'a pas porté atteinte aux droits de la défense (▪ Cass. crim., 9 juill. 1980, n° 79-94.650 : *Bull. crim.* n° 222. – Comp. ▪ Cass. crim., 12 nov. 2015, n° 14-82.765 : *Bull. crim.* n° 252, relevant que l'élément en cause était déjà dans les débats devant les premiers juges). Encourt la cassation pour violation de l'article 388 du Code de procédure pénale, sur moyen relevé d'office, l'arrêt qui, sur le fondement d'une ordonnance du juge d'instruction renvoyant devant le tribunal correctionnel divers prévenus pour une qualification correctionnelle, les condamne à une peine aggravée en raison d'une circonstance aggravante non visée dans l'ordonnance de renvoi (▪ Cass. crim., 1er oct. 1987, n° 86-96.148 : *Bull. crim.* n° 323).

Voir : Pour le relevé d'office de l'état de récidive, V. C. pén., art. 132-16-5.

Art. 388-1 ***(Mod., L. n° 2019-222, 23 mars 2019).*** **– La personne dont la responsabilité civile est susceptible d'être engagée à l'occasion d'une infraction d'homicide ou de blessures involontaires qui a entraîné pour autrui un dommage quelconque pouvant être garanti par un assureur doit préciser le nom et l'adresse de celui-ci, ainsi que le numéro de sa police d'assurance. Il en est de même pour la victime lorsque le dommage qu'elle a subi peut être garanti par un contrat d'assurance. Ces renseignements sont consignés dans les procès-verbaux d'audition.**

Lorsque des poursuites pénales sont exercées, les assureurs appelés à garantir le dommage sont admis à intervenir et peuvent être mis en cause devant la juridiction répressive, même pour la première fois en cause d'appel ; ils doivent se faire représenter par un avocat.

En ce qui concerne les débats et les voies de recours, les règles concernant les personnes civilement responsables et les parties civiles sont applicables respectivement à l'assureur du prévenu et à celui de la partie civile sous réserve des dispositions de l'alinéa ci-dessus, du deuxième alinéa de l'article 385-1, de l'article 388-2 et du dernier alinéa de l'article 509.

Bibliographie : A. Maron, *Intervention de l'assureur au procès pénal : JCl. Proc. pén.*, art. 381 à 392-1, Fasc. 20. • G. Durry, *Une innovation en procédure pénale : l'intervention de certains assureurs devant la juridiction de jugement : Mél. Larguier*, p. 105, Presse universitaire Grenoble, 1993. • H. Groutel, *L'action de l'assureur devant les juridictions répressives : Resp. civ. et assur.* 1988, chron. 1.

I – TEXTE D'ORDRE PUBLIC

1) Les dispositions de l'article 388-1 du Code de procédure pénale sont d'ordre public (▪ Cass. crim., 12 déc. 1991, n° 91-80.107 : *Bull. crim.* n° 473. ▪ Cass. crim., 17 févr. 1993, n° 92-81.477 : *Bull. crim.* n° 77. ▪ Cass. crim., 22 janv. 2008, n° 07-82.555 : *Dr. pén.* 2008, comm. 58, obs. A. Maron. ▪ Cass. crim., 27 mai 2014, n° 13-80.849 : *Bull. crim.* n° 137). Le moyen de sa violation peut être relevé d'office par la Cour de cassation, après avis donné aux parties (▪ Cass. crim., 9 mars 2021, n° 20-83.441).

II – TEXTE EXCEPTIONNEL

2) Les dispositions de l'article 388-1 du Code de procédure pénale sont exceptionnelles (▪ Cass. crim., 30 mai 1985, n° 84-95.086 : *Bull. crim.* n° 206).

A – Domaines de l'article 388-1 du Code de procédure pénale quant aux juridictions

1° *Cour d'assises*

3) Bien qu'exceptionnelles, les dispositions de l'article 388-1 du Code de procédure pénale sont applicables devant la cour d'assises lorsqu'ayant déclaré l'accusé coupable d'homicide ou de blessures involontaires, elle statue sur les intérêts civils (▪ Cass. crim., 30 mai 1985, préc., n° 2).

2° *Cour d'appel*

4) Il résulte de l'article 388-1 du Code de procédure pénale que lorsque des poursuites pénales sont exercées du chef d'homicide ou blessures involontaires, les assureurs appelés à garantir le dommage sont admis à intervenir et peuvent être mis en cause devant la juridiction répressive, même pour la première fois en cause d'appel (▪ Cass. crim., 22 avr. 1986, n° 85-94.303 : *Bull. crim.* n° 135. ▪ Cass. crim., 3 mars 2020, n° 19-80.438, § 7). La disposition de l'article 385-1 du même code ne fait pas échec à ce principe, mais elle impose à l'assureur de présenter devant la cour d'appel toute exception fondée sur une cause de nullité ou sur une clause de non-garantie avant d'exposer ses prétentions sur le fond (▪ Cass. crim., 22 avr. 1986, préc.).

B – Domaine de l'article 388-1 du Code de procédure pénale quant aux infractions

5) Il appartient aux juges d'assurer, même d'office, le respect des dispositions de l'article 388-1 du Code de procédure pénale limitant l'intervention ou la mise en cause de l'assureur au cas de poursuites pénales pour infraction d'homicide ou de blessures involontaires (▪ Cass. crim., 2 mars 1988, n° 86-91.105 : *Bull. crim.* n° 111 : assureur du prévenu et poursuites pour incendie involontaire. ▪ Cass. crim., 8 nov. 1988, n° 88-80.218 : *Bull. crim.* n° 379 : assureur de responsabilité et poursuites pour vol du véhicule assuré. ▪ Cass. crim., 29 mars 1989, n° 88-82.843 : *Bull. crim.* n° 151 : assureur de dommage de la partie civile. ▪ Cass. crim., 31 mai 1989, n° 87-84.123 : *Bull. crim.* n° 229 : assureur de la personne civilement responsable et poursuites pour violences aggravées. ▪ Cass. crim., 6 mars 1991, n° 90-83.891 : *Bull. crim.* n° 113 : assureur de la personne civilement responsable et poursuites pour vol avec violences. ▪ Cass. crim., 23 avr. 1991, n° 90-81.451 : *Bull. crim.* n° 189 : poursuites pour conduite en état d'ivresse. ▪ Cass. crim., 23 mai 1991, n° 90-83.280 : *Bull. crim.* n° 220 : poursuites pour violences aggravées commises avec un véhicule et assureur de responsabilité dudit véhicule. ▪ Cass. crim., 24 févr. 1993, n° 92-84.437 : *Bull. crim.* n° 89 : assureur du prévenu et poursuites pour violences. ▪ Cass. crim., 7 oct. 2003, n° 02-88.383 : *Bull. crim.* n° 181 ; *Dr. pén.* 2004, comm. 13, obs. A. Maron : poursuites pour violences aggravées commises avec un véhicule et assureur de responsabilité dudit véhicule. ▪ Cass. crim., 9 mars 2021, n° 20-83.441 : assureur de la victime et poursuites pour violences). Hors les cas d'homicide et de blessures involontaires prévus par l'article 388-1 du Code de procédure pénale, l'assureur de la victime ne dispose devant la juridiction répressive d'aucun recours subrogatoire contre les responsables du dommage ; l'indemnisation éventuelle de la victime par son assureur ne dispense donc pas ces derniers de réparer le préjudice résultant de l'infraction dont ils ont été déclarés coupables (▪ Cass. crim., 26 sept. 1996, n° 96-80.679 : *Bull. crim.* n° 332 : poursuites pour vol. ▪ Cass. crim., 6 mars 1997, n° 96-80.944 : *Bull. crim.* n° 90 : poursuites pour abus de confiance. ▪ Cass. crim., 30 mai 2001, n° 00-85.125 : poursuites pour abus de confiance. ▪ Cass. crim., 4 nov. 2003, n° 02-88.462 : poursuites pour dégradation du bien d'autrui. ▪ Cass. crim., 27 juin 2007, n° 06-81.397 : poursuites pour recel de chose).

C – Domaine de l'article 388-1 du Code de procédure pénale quant aux assureurs

1° *Notion d'assureur*

6) Les articles 388-1, 388-2, 388-3 et 385-1 du Code de procédure pénale, qui permettent la mise en cause, devant la juridiction pénale, de l'assureur du prévenu, s'appliquent non seulement aux sociétés liées à ce dernier par un contrat d'assurance, mais encore à tout organisme qui joue, à l'égard des victimes exerçant contre lui l'action directe, le rôle d'un assureur (■ Cass. crim., 11 mai 1988, n° 87-81.598 : *Bull. crim.* n° 205 : Bureau central français). Une caisse primaire d'assurance maladie ne peut se prévaloir des dispositions de l'article 388-1 du Code de procédure pénale (■ Cass. crim., 26 nov. 1991, n° 90-83.008 : *Bull. crim.* n° 437 – solution implicite). Dans les poursuites exercées pour homicide involontaire contre le syndic de la copropriété d'un immeuble à la suite du décès d'un enfant tué par un bloc de glace détaché du toit de l'immeuble, le prévenu, qui a agi dans l'exercice de ses fonctions d'entretien de l'immeuble, est bénéficiaire du contrat d'assurance de responsabilité civile souscrit par le syndicat des copropriétaires. Il s'ensuit que l'assureur du syndicat des copropriétaires, appelé à garantir le dommage, est dans la cause en qualité d'assureur du prévenu (■ Cass. crim., 26 juin 2001, n° 00-82.400 : *Bull. crim.* n° 158).

2° *Assureurs visés par l'article 388-1*

7) Il résulte de l'article 388-1 du Code de procédure pénale que, lorsque des poursuites pénales sont exercées pour homicide ou blessures involontaires, seuls les assureurs appelés à garantir le dommage sont admis à intervenir et peuvent être mis en cause devant la juridiction répressive (■ Cass. crim., 29 janv. 2019, n° 18-81.430). Seuls les assureurs du prévenu, de la personne civilement responsable et de la partie lésée sont admis à intervenir ou peuvent être mis en cause devant la juridiction répressive saisie de poursuites pour homicide ou blessures involontaires (■ Cass. crim., 12 déc. 1991, préc., n° 1. ■ Cass. crim., 17 févr. 1993, préc., n° 1. ■ Cass. crim., 22 janv. 2008, préc., n° 1) ; est donc irrecevable le recours exercé contre le prévenu par l'assureur d'un tiers lui-même non poursuivi et conducteur d'un véhicule coïmpliqué dans l'accident avec celui du prévenu, pour obtenir le remboursement d'indemnités payées pour le compte de qui il appartiendra aux ayants droit d'une victime (■ Cass. crim., 12 déc. 1991, préc.). Il résulte de l'article 388-1 du Code de procédure pénale que, devant la juridiction répressive saisie de poursuites pour homicide ou blessures involontaires, seul l'assureur du prévenu ou de la personne civilement responsable peut intervenir ou être mis en cause en tant qu'assureur de responsabilité (■ Cass. crim., 2 avr. 1992, n° 91-83.259 : *Bull. crim.* n° 138 : irrecevabilité de la mise en cause de l'assureur de responsabilité d'un tiers, non poursuivi, dont le véhicule est impliqué dans l'accident avec celui du prévenu. ■ Cass. crim., 17 févr. 1993, préc. ■ Cass. crim., 22 janv. 2008, préc., n° 1 : irrecevabilité de la mise en cause de l'assureur de responsabilité du véhicule conduit par le conducteur décédé). Il résulte de l'article 388-1 du Code de procédure pénale qu'en cas de poursuites exercées du chef d'homicide ou de blessures involontaires, l'assureur de toute personne ayant subi un dommage quelconque à l'occasion de cette infraction est recevable, après avoir indemnisé l'assuré et dans la mesure de cette indemnisation, à intervenir à l'instance pour demander le remboursement des sommes versées (■ Cass. crim., 26 mai 1988, n° 86-94.237 : *Bull. crim.* n° 226. ■ Cass. crim., 13 juin 1989, n° 88-80.523 : *Bull. crim.* n° 353).

III – APPLICATION DU TEXTE

A – Intervention de l'assureur

8) Formes et délais. Faute d'avoir mis en cause l'assureur de la victime devant la juridiction répressive, dans les formes et délais prévus aux articles 388-1, alinéa 2, et 388-2 du Code de procédure pénale, le prévenu et son assureur ne sauraient se faire un grief du refus par la cour d'appel de surseoir à statuer dans l'attente de cette mise en cause (■ Cass. crim., 29 févr. 2000, n° 98-85.825 : *Bull. crim.* n° 87).

9) Recevabilité. L'intervention de l'assureur de la victime est recevable dès lors que cette dernière aurait été elle-même recevable à exercer l'action civile si elle n'avait pas été indemnisée en vertu du contrat d'assurance (■ Cass. crim., 26 mai 1988, n° 86-94.237 : *Bull. crim.* n° 226). Faute par la victime d'avoir exercé l'action civile dont elle dispose en réparation de son dommage devant la juridiction répressive, l'intervention de l'assureur est sans objet ; il résulte en effet de l'article 388-3 du Code de procédure pénale que l'intervention volontaire ou forcée de l'assureur à l'instance a pour objet et pour résultat de lui rendre opposable la décision concernant les intérêts civils (■ Cass. crim., 12 oct. 1994, n° 93-85.113 : *Bull. crim.* n° 330). Est recevable, en application de l'article 388-1, alinéa 2, du Code de procédure pénale, la mise en cause de l'assureur du prévenu devant la juridiction pénale qui, après avoir statué sur l'action publique, reste saisie de l'instance civile toujours pendante (■ Cass. crim., 7 oct. 1992, n° 91-86.008 : *Bull. crim.* n° 309).

10) Mise en cause du souscripteur du contrat d'assurance. Il résulte des articles 385-1 et 388-1 du Code de procédure pénale et article 6, § 1 de la Convention européenne des droits de l'Homme que, si le souscripteur du contrat n'est présent à l'instance à aucun titre, l'assureur qui soulève une exception de nullité ou de non-garantie doit, à peine d'irrecevabilité de ladite exception, mettre le souscripteur en cause (■ Cass. crim., 14 déc. 1989, n° 88-82.456 : *Bull. crim.* n° 481. ■ Cass. crim., 14 déc. 1989, n° 89-80.192 : *Bull. crim.* n° 480. ■ Cass. crim., 10 mai 1994, n° 93-83.020 : *Bull. crim.* n° 178. ■ Cass. crim., 26 juin 2001, n° 00-82.400 : *Bull. crim.* n° 158). Il n'est pas dérogé à cette règle en matière d'assurance pour compte (■ Cass. crim., 28 mai 1997, n° 96-81.244 : *Bull. crim.* n° 208).

11) Évocation par la cour d'appel. Est inopérant le moyen de cassation qui fait grief à l'arrêt confirmatif attaqué de n'avoir pas annulé le jugement prononcé contre l'assureur du prévenu sans qu'il eût été appelé à la procédure devant le tribunal correctionnel, car la cour d'appel avait l'obligation de statuer au fond à l'égard de cet assureur intervenu pour la première fois en cause d'appel en application de l'article 388-1 du Code de procédure pénale, dès lors que l'article 520 dudit code lui imposait de statuer au fond après évocation (■ Cass. crim., 6 nov. 2001, n° 01-80.451 : *Bull. crim.* n° 299).

12) Mise en cause de l'assureur du prévenu poursuivi pour homicide ou blessures par imprudence par une partie civile n'invoquant qu'un dommage matériel. Il résulte de l'article 388-1 du Code de procédure pénale qu'en cas de poursuites pour homicide ou blessures involontaires, peuvent être mis en cause les assureurs appelés à garantir un dommage quelconque subi à l'occasion de cette infraction, y compris des dommages matériels occasionnés par une contravention poursuivie concomitamment et consistant dans l'inobservation de prescriptions réglementaires (■ Cass. crim., 11 juill. 2017, n° 16-82.904 : *Bull. crim.* n° 193 ; *Dr. pén.* 2017, comm. 153, obs. A. Maron et M. Haas).

B – Recours de l'assureur

1° *Appel*

13) Délai d'appel. Il résulte de la combinaison des articles 388-1, 415 et 498 du Code de procédure pénale que le délai d'appel ne court, à l'encontre de l'assureur appelé en cause mais non intervenant, qu'à compter de la signification qui lui est faite du jugement (■ Cass. crim., 15 déc. 1987, n° 86-96.862 : *Bull. crim.* n° 461). En cas de pluralité de parties défaillantes ou non comparantes, le délai d'appel ne court, pour chacune d'elles, qu'à compter de la signification qui lui est faite du jugement ; encourt, dès lors, la cassation l'arrêt qui, statuant sur l'appel d'un assureur qui ne s'était pas fait représenter en première instance, déclare cet appel irrecevable au motif qu'il avait été interjeté plus de 10 jours après la signification du jugement à l'assuré (■ Cass. crim., 7 juin 1988, n° 87-83.240 : *Bull. crim.* n° 256).

14) Conditions de l'appel. Il résulte de l'article préliminaire du Code de procédure pénale et de l'article 6, § 1 de la Convention européenne des droits de l'Homme que toute personne ayant été condamnée par une juridiction répressive de première instance sans avoir été partie au procès a le droit d'interjeter appel devant la juridiction supérieure ; est donc recevable l'appel de l'assureur du prévenu qui, n'ayant ni demandé à intervenir, ni été appelé en cause, a été condamné avec le prévenu à payer des dommages-intérêts à la partie civile (■ Cass. crim., 7 oct. 2003, préc., n° 5). Si en vertu de l'article 388-1 du Code de procédure pénale, les assureurs sont admis à intervenir devant la juridiction répressive, et même pour la première fois en cause d'appel, ce texte ne saurait pour autant leur permettre d'intervenir devant une juridiction qui n'est pas régulièrement saisie ; est donc irrecevable l'appel de l'assureur, non partie en première instance, lorsque les appels du prévenu et du civilement responsable sont eux-mêmes irrecevables comme tardifs (■ Cass. crim., 21 mai 1986, n° 85-91.970 : *Bull. crim.* n° 164).

15) Effets de l'appel. L'appel de l'assureur remet en cause devant la juridiction du second degré, quant aux intérêts civils et dans les limites fixées par l'acte d'appel, les dispositions du jugement, dont aucune n'acquiert à son égard l'autorité de la chose jugée ; l'assureur du prévenu ou du civilement responsable est donc recevable, dans la mesure de ses intérêts civils, à remettre en cause devant la juridiction du second degré ce qui avait été jugé en première instance, notamment quant à la qualification de l'infraction (■ Cass. crim., 26 mars 1992, n° 91-83.263 : *Bull. crim.* n° 128. ■ Cass. crim., 20 janv. 1993, n° 92-81.825 : *Bull. crim.* n° 27).

2° *Pourvoi en cassation*

16) En raison de l'indivisibilité des voies de recours instituée par les articles 388-3 et 509 du Code de procédure pénale, la cassation intervenue sur le pourvoi de l'assureur de responsabilité du prévenu produit effet tant dans les rapports entre l'assureur et la victime, qu'entre l'assureur et l'assuré, même si ce dernier ne s'est pas pourvu (■ Cass. crim., 5 juin 1984, n° 83-94.823 : *Bull. crim.* n° 206). Il en est de même tant entre l'assureur demandeur au pourvoi et un tiers payeur, qu'entre l'assuré et cette partie intervenante (■ Cass. crim., 15 mars 1995, n° 93-85.105 : *Bull. crim.* n° 108). Il en est de même dans les rapports tant entre l'assureur, demandeur au pourvoi, et la victime, qu'entre l'assuré et cette victime (■ Cass. crim., 19 mai 2009, n° 08-82.666 : *Bull. crim.* n° 97, se référant en outre à l'article 612-1 du Code de procédure pénale).

C – Recours de l'assuré

17) Appel. Méconnaît le principe de l'effet dévolutif de l'appel d'un prévenu la cour d'appel qui déclare que son recours, limité à l'action civile et formé dans le délai légal, doit produire effet à l'égard de son assureur : le second alinéa de l'article 509 du Code de procédure pénale ne déroge à ce principe qu'au profit de l'assuré, en cas d'appel de l'assureur (■ Cass. crim., 19 juin 1996, n° 95-83.726 : *Bull. crim.* n° 262).

18) Pourvoi en cassation. L'assureur du prévenu est sans qualité, lorsqu'il ne s'est pas pourvu contre l'arrêt attaqué, pour intervenir devant la Cour de cassation au soutien du seul pourvoi de son assuré, même s'il peut éventuellement bénéficier de la cassation qui serait prononcée (■ Cass. crim., 21 nov. 1989, n° 89-80.324 : *Bull. crim.* n° 427).

D – Effet de l'intervention de l'assureur pour l'assuré

19) Il résulte des dispositions combinées des articles 388-1 et 509 du Code de procédure pénale que l'intervention de l'assureur du prévenu pour la première fois en cause d'appel produit effet, en ce qui concerne l'action civile, à l'égard de l'assuré régulièrement appelant, même si ce dernier, après avoir exercé son recours, fait défaut devant la juridiction du second degré ; dès lors, lorsque les juges accordent à l'assureur une réduction des indemnités allouées à la victime, leur décision produit effet à l'égard de l'assuré (■ Cass. crim., 21 juin 1988, n° 87-85.437 : *Bull. crim.* n° 280).

E – Compétence d'attribution de la juridiction correctionnelle

20) Responsabilité de l'assureur. N'excède pas ses pouvoirs la juridiction correctionnelle qui statue sur la responsabilité contractuelle de l'assureur, appelé en garantie, lorsque les circonstances de la résiliation du contrat, antérieurement au dommage, révèlent un manquement de l'assureur à son devoir de conseil (■ Cass. crim., 5 mai 1997, n° 96-83.382 : *Bull. crim.* n° 157). Est applicable devant les juridictions pénales la règle selon laquelle l'assureur qui garantit la responsabilité civile du fait d'un véhicule terrestre à moteur est tenu de présenter une offre d'indemnité à la victime ayant subi une atteinte à sa personne dans le délai maximum de huit mois à compter de l'accident et qu'à défaut, le montant de l'indemnité, offerte par l'assureur ou allouée par le juge, produit de plein droit intérêt au double du taux légal (■ Cass. crim., 4 nov. 2014, n° 13-86.797 : *Bull. crim.* n° 223).

21) Actions récursoires. Est recevable, pour la première fois en cause d'appel, l'intervention de l'assureur de la partie lésée qui, ayant versé à celle-ci une avance sur indemnité, exerce son recours subrogatoire en vertu de l'article 388-1 du Code de procédure pénale, ce dernier texte ne faisant aucune distinction selon l'objet de l'intervention ; l'article 421 du Code de procédure pénale, loin de faire échec à ce principe, impose alors à l'assureur de la victime de présenter sa demande avant les réquisitions du ministère public (■ Cass. crim., 24 juin 1992, n° 91-86.882 : *Bull. crim.* n° 254). Il résulte des dispositions combinées des articles 31 et 33, alinéa 3, de la loi du 5 juillet 1985 que l'assureur de la victime d'une infraction, qui, ayant versé à celle-ci ou à ses ayants droit une avance sur l'indemnisation de l'ensemble de leur préjudice, est admis à intervenir en application de l'article 388-1 du Code de procédure pénale pour exercer son recours subrogatoire (■ Cass. crim., 22 mars 1995, n° 94-81.852 : *Bull. crim.* n° 119). Il résulte de l'article 388-1 du Code de procédure pénale que l'assureur de la victime d'une infraction, qui a versé à celle-ci ou à ses ayants droit une avance sur l'indemnisation de leur préjudice, est admis à exercer son recours subrogatoire devant le juge pénal (■ Cass. crim., 13 févr. 2007, n° 05-87.317). L'assureur d'un prévenu ou de la personne civilement responsable, subrogé dans les droits de la partie civile et des tiers payeurs qu'il a indemnisés, est sans qualité pour exercer devant la juridiction pénale, sur le fondement de l'article 388-1 du Code de procédure pénale, une action récursoire contre des codébiteurs solidaires (■ Cass. crim., 3 juin 1992, n° 91-80.752 : *Bull. crim.* n° 218). L'assureur qui couvre la responsabilité civile du prévenu, conducteur non autorisé d'un véhicule automobile, et de son civilement responsable, et qui a indemnisé la victime en cette qualité, ne peut exercer, devant la juridiction répressive, contre le responsable de l'accident ayant obtenu la garde ou la conduite du véhicule sans autorisation, l'action récursoire prévue à l'article L. 211-1 du Code des assurances (■ Cass. crim., 27 mai 2014, préc., n° 1). Les recours en garantie entre assureurs, ou entre organismes jouant, à l'égard des victimes, le rôle d'assureur, échappent à la compétence de la juridiction pénale (■ Cass. crim., 16 avr. 1992, n° 91-82.591 : *Bull. crim.* n° 166).

F – Tiers payeurs

22) Le tiers payeur régulièrement intervenu en première instance dispose d'un droit d'appel propre indépendant de celui de la victime à laquelle il est subrogé, nonobstant l'absence de recours formé par la partie civile, par le souscripteur du contrat régulièrement appelé en cause et par le prévenu ; le tiers payeur, qui ne peut exercer son recours contre le Fonds de garantie des accidents, tenu à l'indemnisation de la seule victime, a intérêt à faire consacrer par les juges du second degré la garantie due par l'assureur du tiers responsable (■ Cass. crim., 16 févr. 1994, n° 92-85.828 : *Bull. crim.* n° 70).

Art. 388-2 *(L. n° 83-608, 8 juill. 1983).* – **Dix jours au moins avant l'audience, la mise en cause de l'assureur est faite par toute partie qui y a intérêt au moyen d'un acte d'huissier ou d'une lettre recommandée, avec demande d'avis de réception, qui mentionne la nature des poursuites engagées, l'identité du prévenu, de la partie civile et, le cas échéant, de la personne civilement responsable, le numéro des polices d'assurance, le montant de la demande en réparation ou, à défaut, la nature et l'étendue du dommage, ainsi que le tribunal saisi, le lieu, la date et l'heure de l'audience.**

Bibliographie : A. Maron, *Intervention de l'assureur au procès pénal : JCl. Proc. pén.*, art. 381 à 392-1, Fasc. 20.

Selon les dispositions des articles 388-1 et 388-2 du Code de procédure pénale, la mise en cause de l'assureur, devant la juridiction répressive, doit être faite par acte d'huissier ou lettre recommandée avec demande d'avis de réception, 10 jours au moins avant l'audience ; à défaut, la décision sur les intérêts civils est inopposable à l'assureur, non intervenu aux débats (■ Cass. crim., 22 janv. 1997, n° 96-81.002 : *Bull. crim.* n° 23).

Art. 388-3 *(L. n° 83-608, 8 juill. 1983).* – **La décision concernant les intérêts civils est opposable à l'assureur qui est intervenu au procès ou a été avisé dans les conditions prévues par l'article 388-2.**

Bibliographie : A. Maron, *Intervention de l'assureur au procès pénal : JCl. Proc. pén.*, art. 381 à 392-1, Fasc. 20.

I – CONDITIONS DE L'OPPOSABILITÉ

1) Exercice de l'action civile par la victime. Faute par la victime d'avoir exercé l'action civile dont elle dispose en réparation de son dommage devant la juridiction répressive, l'intervention de l'assureur est sans objet (■ Cass. crim., 12 oct. 1994, n° 93-85.113 : *Bull. crim.* n° 330).

2) Assureurs concernés. Il résulte des articles 388-1 et 388-3 du Code de procédure pénale que seuls les assureurs du prévenu d'homicide ou blessures involontaires et de la partie lésée peuvent intervenir ou être mis en cause devant la juridiction pénale, et se voir déclarer opposable la décision concernant les intérêts civils ; encourt dès lors la cassation l'arrêt qui, sur les poursuites exercées contre le conducteur d'une automobile entrée en collision avec une autre, condamne l'assureur de ce second véhicule – dont le conducteur était seulement poursuivi pour conduite sous l'empire d'un état alcoolique – à indemniser la victime, aux motifs que ledit véhicule était impliqué dans l'accident et que les deux automobiles étaient assurées par la même compagnie (■ Cass. crim., 23 avr. 1991, n° 90-81.451 : *Bull. crim.* n° 189).

3) Mise en cause de l'assureur en méconnaissance des formes et délai de l'article 388-2. Est inopposable à l'assureur, non intervenu aux débats, la décision sur les intérêts civils, dès lors que la mise en cause tardive n'a pas été faite dans les formes et délais prévus par l'article 388-2 du Code de procédure pénale (■ Cass. crim., 22 janv. 1997, n° 96-81.002 : *Bull. crim.* n° 23).

4) Assureur soulevant une exception de litispendance. Il résulte de la combinaison des articles 385-1 et 388-3 du Code de procédure pénale que la décision concernant les intérêts civils est opposable à l'assureur qui, étant intervenu au procès, n'a pas soulevé devant la juridiction pénale l'une des exceptions prévues à l'article 385-1 dudit code ; lorsque l'assureur soulève une exception de litispendance, celle-ci n'étant pas de celles que l'article 385-1 du Code de procédure pénale l'autorise à présenter devant la juridiction pénale, il appartient aux juges de constater qu'aucune des exceptions prévues par ce texte n'est soulevée devant eux et de déclarer en conséquence la décision sur les intérêts civils opposable à l'assureur (■ Cass. crim., 25 oct. 1990, n° 89-83.779 : *Bull. crim.* n° 356).

II – EFFETS DE L'OPPOSABILITÉ

5) Principe. Il résulte de l'article 388-3 du Code de procédure pénale que l'intervention volontaire ou forcée de l'assureur à l'instance pénale ne saurait avoir d'autre effet que de lui rendre opposable la décision rendue sur les intérêts civils (■ Cass. crim., 5 janv. 2021, n° 19-86.395, § 22, 23. ■ Cass. crim., 30 nov. 2021, n° 21-81.010, § 19). L'intervention volontaire ou forcée de l'assureur à l'instance pénale a pour objet, selon l'article 388-3 du Code de procédure pénale, de lui rendre opposable la décision rendue sur les intérêts civils (■ Cass. crim., 11 oct. 1989, n° 88-85.841 : *Bull. crim.* n° 347. ■ Cass. crim., 12 oct. 1994, n° 93-85.113 : *Bull. crim.* n° 330. ■ Cass. crim., 2 févr. 2016, n° 15-80.927 : *Bull. crim.* n° 27). En vertu de l'article 388-3 du Code de procédure pénale, l'intervention volontaire de l'assureur a nécessairement pour effet de lui rendre ce jugement opposable, peu important que le tribunal ne l'ait pas expressément constaté dans le dispositif (■ Cass. crim., 16 avr. 2019, n° 18-82.921).

6) Applications. Fait exacte application de l'article 388-3 du Code de procédure pénale la cour d'appel qui, saisie par la partie civile de conclusions tendant à la condamnation du prévenu et de son assureur au paiement des indemnités réclamées, se borne, après avoir condamné le prévenu au paiement desdites indemnités, à déclarer la décision opposable à son assureur (▪ Cass. crim., 11 oct. 1989, préc.). En condamnant une société d'assurances, partie intervenante, au paiement de diverses sommes, la cour d'appel a méconnu le sens et la portée l'article 388-3 du Code de procédure pénale (▪ Cass. crim., 5 janv. 2021, n° 19-86.395, § 23. ▪ Cass. crim., 30 nov. 2021, n° 21-81.010, § 20). Fait une fausse application de l'article 388-3 du Code de procédure pénale une cour d'appel qui confirme un jugement ayant reçu un assureur en sa constitution de partie civile (▪ Cass. crim., 2 févr. 2016, préc.). Le juge doit se borner à déclarer sa décision opposable au Fonds de garantie ; il ne peut donc dire « engagée la garantie du FGA », partie intervenante, ce qui équivaut à une condamnation de cet organisme (▪ Cass. crim., 18 avr. 1991, n° 90-83.283 : *Bull. crim.* n° 185. ▪ Cass. crim., 5 oct. 1994, n° 93-82.700 : *Bull. crim.* n° 316). Le juge pénal ne peut pas condamner l'assureur *in solidum* avec le prévenu, son assuré, à payer une indemnité à la partie civile, alors qu'il ne pouvait que déclarer sa décision opposable à l'assureur (▪ Cass. crim., 19 oct. 2010, n° 10-80.166). En raison de l'impossibilité d'exercice de l'action en réparation du dommage résultant de l'accident du travail, par la victime salariée, contre son employeur, la juridiction correctionnelle ne peut se prononcer ni sur les intérêts civils ni sur la garantie de l'assureur. Méconnaît les dispositions des articles L. 451-1 du Code de la sécurité sociale ainsi que celles de l'article 388-3 du Code de procédure pénale, et excède ses pouvoirs, la cour d'appel qui, après avoir constaté que la victime de blessures involontaires ne pouvait qu'exercer une action en reconnaissance de faute inexcusable devant le tribunal des affaires de sécurité sociale, tranche néanmoins la contestation relative à une exception de non-garantie opposée par un assureur (▪ Cass. crim., 5 févr. 2002, n° 01-82.368 : *Bull. crim.* n° 17 ; *Dr. pén.* 2002, comm. 78, obs. A. Maron). S'il est vrai que l'intervention volontaire ou forcée de l'assureur à l'instance pénale n'a d'autre effet, selon l'article 388-3 du Code de procédure pénale, que de lui rendre opposable la décision sur les intérêts civils, un assureur n'a cependant aucun intérêt à critiquer un arrêt en ce qu'il l'a condamné à indemniser la victime d'un accident dès lors que, intervenant dans le cadre d'une assurance obligatoire, il ne prétend pas pouvoir opposer à ladite victime, devant la juridiction civile, une limitation de garantie ou la réduction proportionnelle prévue par l'article L. 113-9 du Code des assurances (▪ Cass. crim., 8 nov. 1988, n° 87-91.097 : *Bull. crim.* n° 378).

7) Indivisibilité des voies de recours. En raison de l'indivisibilité des voies de recours instituée par les articles 388-3 et 509 du Code de procédure pénale, la cassation intervenue sur le pourvoi de l'assureur de responsabilité du prévenu produit effet tant dans les rapports entre l'assureur et la victime, qu'entre l'assureur et l'assuré, même si ce dernier ne s'est pas pourvu (▪ Cass. crim., 5 juin 1984, n° 83-94.823 : *Bull. crim.* n° 206). Il en est de même tant entre l'assureur demandeur au pourvoi et un tiers payeur, qu'entre l'assuré et cette partie intervenante (▪ Cass. crim., 15 mars 1995, n° 93-85.105 : *Bull. crim.* n° 108). Il en est de même dans les rapports tant entre l'assureur, demandeur au pourvoi, et la victime, qu'entre l'assuré et cette victime (▪ Cass. crim., 19 mai 2009, n° 08-82.666 : *Bull. crim.* n° 97, se référant en outre à l'article 612-1 du Code de procédure pénale).

Art. 388-4 *(L. n° 2014-535, 27 mai 2014).* **– En cas de poursuites par citation prévue à l'article 390 ou convocation prévue à l'article 390-1, les avocats des parties peuvent consulter le dossier de la procédure au greffe du tribunal judiciaire dès la délivrance de la citation ou au plus tard deux mois après la notification de la convocation.**

À leur demande, les parties ou leur avocat peuvent se faire délivrer copie des pièces du dossier. Si le dossier a fait l'objet d'une numérisation, cette copie est remise sous forme numérisée, le cas échéant par un moyen de télécommunication selon les modalités prévues à l'article 803-1. La délivrance de cette copie intervient dans le mois qui suit la demande. Toutefois, en cas de convocation en justice et si la demande est faite moins d'un mois après la notification de cette convocation, cette délivrance intervient au plus tard deux mois après cette notification. La délivrance de la première copie de chaque pièce du dossier est gratuite.

Bibliographie : A. Maron, *Tribunal correctionnel. – Compétence et saisine : JCl. Proc. pén.*, art. 381 à 392-1, Fasc. 15.

Question prioritaire de constitutionnalité. Les dispositions combinées du second alinéa de l'article 388-4 et de l'article 390-1 du Code de procédure pénale ne sont pas contraires aux principes constitutionnels de la présomption d'innocence, de l'égalité devant la loi et du procès équitable, en ce qu'elles obligeraient un prévenu à solliciter, sans garantie sérieuse de les obtenir, les éléments essentiels d'exercice effectif de son droit de se défendre équitablement d'une accusation pénale : en effet, d'une part, la première de ces dispositions prévoit, en cas de poursuites par convocation notifiée par un officier de police judiciaire sur instructions du procureur de la République, que les avocats des parties peuvent consulter le dossier de la procédure au greffe du tribunal de grande instance au plus tard 2 mois après la notification de la convocation, que ces parties ou leur avocat peuvent, à leur demande, se faire délivrer une copie des pièces du dossier, y compris en bénéficiant de modes de transmission numérisée et, le cas échéant, selon un moyen de télécommunication, et qu'enfin, en application de cette même disposition, si la demande de copie de pièces est faite moins d'un mois après la notification de ladite convocation en justice, sa délivrance doit intervenir au plus tard 2 mois après cette notification ; d'autre part, les droits de la personne ayant demandé à bénéficier de la copie de ces pièces sont garantis par l'exigence imposée à la juridiction saisie de répondre aux éventuelles exceptions de nullité tirées de l'absence de délivrance desdites copies (■ Cass. crim., 12 mars 2019, n° 18-87.239 QPC).

Art. 388-5 *(Mod., L. n° 2019-222, 23 mars 2019)*. **– En cas de poursuites par citation prévue à l'article 390 ou convocation prévue à l'article 390-1, les parties ou leur avocat peuvent, avant toute défense au fond ou à tout moment au cours des débats, demander, par conclusions écrites, qu'il soit procédé à tout acte qu'ils estiment nécessaire à la manifestation de la vérité.**

Ces conclusions peuvent être adressées avant le début de l'audience, par lettre recommandée avec demande d'avis de réception ou par remise au greffe contre récépissé.

S'il estime que tout ou partie des actes demandés sont justifiés et qu'il est possible de les exécuter avant la date de l'audience, le président du tribunal peut, après avis du procureur de la République, en ordonner l'exécution selon les règles applicables au cours de l'enquête préliminaire. Les procès-verbaux ou autres pièces relatant leur exécution sont alors joints au dossier de la procédure et mis à la disposition des parties ou de leur avocat. Si le prévenu ou la victime doivent être à nouveau entendus, ils ont le droit d'être assistés, lors de leur audition, par leur avocat, en application de l'article 63-4-3. L'avocat est alors convoqué au plus tard cinq jours ouvrables avant l'audition, et il a accès au dossier au plus tard quatre jours ouvrables avant cette date.

Si les actes demandés n'ont pas été ordonnés par le président du tribunal avant l'audience, le tribunal statue sur cette demande et peut commettre par jugement l'un de ses membres ou l'un des juges d'instruction du tribunal, désigné dans les conditions prévues à l'article 83, pour procéder à un supplément d'information ; l'article 463 est applicable. S'il refuse d'ordonner ces actes, le tribunal doit spécialement motiver sa décision. Le tribunal peut statuer sur cette demande sans attendre le jugement sur le fond, par un jugement qui n'est susceptible d'appel qu'en même temps que le jugement sur le fond.

Bibliographie : A. Maron, *Tribunal correctionnel. – Compétence et saisine : JCl. Proc. pén.*, art. 381 à 392-1, Fasc. 15.

1) Article applicable devant la cour d'appel. L'article 388-5 du Code de procédure pénale est rendu applicable à la cour d'appel par l'article 512 du même code (■ Cass. crim., 20 avr. 2017, n° 16-81.452 : *Bull. crim.* n° 114. ■ Cass. crim., 20 nov. 2018, n° 18-81.719. ■ Cass. crim., 15 janv. 2019, n° 17-87.431. ■ Cass. crim., 23 nov. 2021, n° 21-80.374).

2) Moment du dépôt des conclusions. Il résulte de l'article 388-5 du Code de procédure pénale qu'un supplément d'information peut être sollicité à tout moment au cours des débats. C'est donc à tort que, pour rejeter la demande d'expertise formée par conclusions écrites déposées par le prévenu le jour de l'audience, la cour d'appel énonce qu'une telle demande suppose la saisine préalable du président de la juridiction. Cependant, l'arrêt attaqué n'encourt pas la censure dès lors que, d'une part, le rejet a fait l'objet d'une motivation spéciale, d'autre part, l'opportunité d'ordonner une mesure d'instruction relève de l'appréciation souveraine des juges du fond (■ Cass. crim., 11 sept. 2019, n° 18-81.980 : publié au *Bull.* ; *RPDP* 2019, p. 932, obs. V. Peltier).

3) Refus d'un supplément d'information. L'opportunité d'ordonner une mesure d'instruction relève de l'appréciation souveraine des juges du fond (■ Cass. crim., 9 févr. 2022, n° 20-86.200, § 14). Il résulte de l'article 388-5 du Code de procédure pénale que, si dans le cadre d'une saisine initiale par citation ou par convocation par procès-verbal, la juridiction refuse d'ordonner un supplément d'information régulièrement sollicité au cours des débats par des conclusions écrites, elle doit spécialement motiver sa décision (■ Cass. crim., 20 nov. 2018, n° 18-81.719. ■ Cass. crim., 15 janv. 2019, n° 17-87.431. ■ Cass. crim., 23 nov. 2021, n° 21-80.374, § 6).

§ 2. – De la comparution volontaire et de la citation
(L. n° 81-82, 2 févr. 1981)

Art. 389. – L'avertissement, délivré par le ministère public, dispense de citation, s'il est suivi de la comparution volontaire de la personne à laquelle il est adressé.

Il indique le délit poursuivi et vise le texte de loi qui le réprime.

Lorsqu'il s'agit d'un prévenu détenu, le jugement doit constater le consentement de l'intéressé à être jugé sans citation préalable.

Bibliographie : A. Maron, *Tribunal correctionnel. – Compétence et saisine : JCl. Proc. pén.*, art. 381 à 392-1, Fasc. 15.

1) **Avertissement suivi de comparution volontaire.** Un simple avertissement, délivré par le ministère public, ne dispense de citation que s'il est suivi de la comparution volontaire de la personne à laquelle il est adressé (■ Cass. crim., 26 avr. 1967, n° 66-91.642 : *Bull. crim.* n° 134. ■ Cass. crim., 27 avr. 1981, n° 80-95.107 : *Bull. crim.* n° 125. ■ Cass. crim., 29 nov. 1988, n° 88-82.808 : *Bull. crim.* n° 401). À défaut, les juges ne sont pas saisis et ne peuvent statuer, y compris sur le fondement de l'article 410 du Code de procédure pénale (■ Cass. crim., 26 avr. 1967, préc. ■ Cass. crim., 26 avr. 1967, préc.).

2) **Comparution volontaire sans avertissement préalable.** La comparution volontaire suppose au préalable la mise en mouvement de l'action publique dans les conditions prescrites à l'article 1er du Code de procédure pénale ; la juridiction n'est donc pas saisie si le ministère public n'a pas pris de réquisitions (■ Cass. crim., 7 juin 2000, n° 99-86.818).

3) **Cour d'appel.** L'article 389 du Code de procédure pénale est applicable en cause d'appel en vertu de l'article 512 du même code (■ Cass. crim., 29 nov. 1988, préc., n° 1). Une cour d'appel, saisie de l'appel formé par un prévenu contre un jugement portant condamnation à son égard, ne peut se prononcer sur cet appel, alors que ce prévenu, qui a fait l'objet d'un avertissement à comparaître devant elle pendant qu'il était en détention, a été élargi et n'a pas comparu volontairement (■ Cass. crim., 29 nov. 1988, préc.).

4) L'article 389 du Code de procédure pénale est inapplicable lorsqu'un prévenu, non cité dans les délais légaux, accepte de comparaître et d'être jugé puis se défend au fond ; il ne saurait donc invoquer l'absence d'avertissement et il lui appartient, s'il comparaît, de demander le renvoi de la cause à une audience ultérieure, avant toute défense au fond, conformément aux prescriptions de l'article 553 du Code de procédure pénale (■ Cass. crim., 22 juin 1971, n° 71-90.583 : *Bull. crim.* n° 201).

5) Les deux premiers alinéas de l'article 389 du Code de procédure pénale sont inapplicables au jugement des incidents contentieux relatifs à l'exécution des décisions de condamnation (■ Cass. crim., 9 juin 2015, n° 13-87.074).

6) En cas d'absence d'avertissement avant la comparution volontaire, la nullité alléguée n'ayant pas été soulevée devant la cour d'appel, le moyen du pourvoi qui l'invoque est irrecevable en application de l'article 599 du Code de procédure pénale (■ Cass. crim., 23 avr. 1992, n° 90-82.068).

Art. 390 *(Mod., L. n° 2014-535, 27 mai 2014)*. **– La citation est délivrée dans les délais et formes prévus par les articles 550 et suivants.**

La citation informe le prévenu qu'il peut se faire assister d'un avocat de son choix ou, s'il en fait la demande, d'un avocat commis d'office, dont les frais seront à sa charge sauf s'il remplit les conditions d'accès à l'aide juridictionnelle, et qu'il a également la possibilité de bénéficier, le cas échéant gratuitement, de conseils juridiques dans une structure d'accès au droit.

La citation informe le prévenu qu'il doit comparaître à l'audience en possession des justificatifs de ses revenus ainsi que de ses avis d'imposition ou de non-imposition, ou les communiquer à l'avocat qui le représente.

La citation informe également le prévenu que le droit fixe de procédure dû en application du 3° de l'article 1018 A du Code général des impôts peut être majoré s'il ne comparaît pas personnellement à l'audience ou s'il n'est pas jugé dans les conditions prévues par les premier et deuxième alinéas de l'article 411 du présent code.

Voir : V. art. 179-2, *supra*, p. 589.

Bibliographie : A. Maron, *Tribunal correctionnel. – Compétence et saisine : JCl. Proc. pén.*, art. 381 à 392-1, Fasc. 15.

1) Il se déduit des dispositions de l'article 385 du Code de procédure pénale que seules les parties sont recevables à présenter, avant toute défense au fond et à peine de forclusion, les exceptions tirées de la nullité de la citation. Les juges ne sauraient relever d'office une telle exception en l'absence du prévenu défaillant (■ Cass. crim., 21 mars 1989, n° 88-82.789 : *Bull. crim.* n° 138).

2) Citation imprécise. Lorsque le prévenu invoque l'imprécision d'une citation, c'est à lui de démontrer qu'il a pu se méprendre sur les faits reprochés en raison de l'absence à la prévention d'une indication suffisante du lieu de commission des faits, en rapportant la preuve d'un grief (■ Cass. crim., 10 nov. 2015, n° 14-85.517 : *Bull. crim.* n° 247).

Art. 390-1 *(Mod., L. n° 2019-222, 23 mars 2019)*. **– Vaut citation à personne la convocation en justice notifiée au prévenu, sur instructions du procureur de la République et dans les délais prévus par l'article 552, soit par un greffier, un officier ou agent de police judiciaire, un fonctionnaire ou agent d'une administration relevant de l'article 28 ou un délégué ou un médiateur du procureur de la République soit, si le prévenu est détenu, par le chef de l'établissement pénitentiaire.**

La convocation énonce le fait poursuivi, vise le texte de loi qui le réprime et indique le tribunal saisi, le lieu, la date et l'heure de l'audience. Elle précise, en outre, que le prévenu peut se faire assister d'un avocat de son choix ou, s'il en fait la demande, d'un avocat commis d'office, dont les frais seront à sa charge sauf s'il remplit les conditions d'accès à l'aide juridictionnelle, et qu'il a également la possibilité de bénéficier, le cas échéant gratuitement, de conseils juridiques dans une structure d'accès au droit. Elle l'informe qu'il doit comparaître à l'audience en possession des justificatifs de ses revenus ainsi que de ses avis d'imposition ou de non-imposition. Elle l'informe également que le droit fixe de procédure dû en application du 3° de l'article 1018 A du Code général des impôts peut être majoré s'il ne comparaît pas personnellement à l'audience ou s'il n'est pas jugé dans les conditions prévues par les premier et deuxième alinéas de l'article 411 du présent code.

Elle est constatée par un procès-verbal signé par le prévenu qui en reçoit copie.

Code des douanes

Art. 365-1 *(L. n° 2019-222, 23 mars 2019)*. **–** Vaut citation à personne la convocation en justice notifiée au prévenu, sur instructions du procureur de la République, par un agent des douanes dans les conditions déterminées à l'article 390-1 du Code de procédure pénale.

Bibliographie : A. Maron, *Tribunal correctionnel. – Compétence et saisine : JCl. Proc. pén.*, art. 381 à 392-1, Fasc. 15.

1) Question prioritaire de constitutionnalité. Les dispositions combinées du second alinéa de l'article 388-4 et de l'article 390-1 du Code de procédure pénale ne sont pas contraires aux principes constitutionnels de la présomption d'innocence, de l'égalité devant la loi et du procès équitable, en ce qu'elles obligeraient un prévenu à solliciter, sans garantie sérieuse de les obtenir, les éléments essentiels d'exercice effectif de son droit de se défendre équitablement d'une accusation pénale : en effet, d'une part, la première de ces dispositions prévoit, en cas de poursuites par convocation notifiée par un officier de police judiciaire sur instructions du procureur de la République, que les avocats des parties peuvent consulter le dossier de la procédure au greffe du tribunal de grande instance au plus tard 2 mois après la notification de la convocation, que ces parties ou leur avocat peuvent, à leur demande, se faire délivrer une copie des pièces du dossier, y compris en bénéficiant de modes de transmission numérisée et, le cas échéant, selon un moyen de télécommunication, et qu'enfin, en application de cette même disposition, si la demande de copie de pièces est faite moins d'un mois après la notification de ladite convocation en justice, sa délivrance doit intervenir au plus tard 2 mois après cette notification ; d'autre part, les droits de la personne ayant demandé à bénéficier de la copie de ces pièces sont garantis par l'exigence imposée à la juridiction saisie de répondre aux éventuelles exceptions de nullité tirées de l'absence de délivrance desdites copies (■ Cass. crim., 12 mars 2019, n° 18-87.239 QPC).

2) Infractions dont la procédure de poursuite est prévue par une loi spéciale. La poursuite par la voie de la convocation en justice prévue par l'article 390-1 du Code de procédure pénale n'entre pas dans les prévisions de l'article 397-6 du même code propre aux procédures de convocation par procès-verbal et de comparution immédiate (■ Cass. crim., 30 avr. 2002, n° 00-88.031 : *Bull. crim.* n° 95 ; *Dr. pén.* 2002, comm. 131, obs. A. Maron : infractions à la réglementation relative au contrôle des conditions de travail dans les transports routiers. ■ Cass. crim., 1er juin 2011, n° 10-86.072 : délit de fraude fiscale). ■ Cass. crim., 15 déc. 2015, n° 14-85.570 : *Bull. crim.* n° 301 : infractions de presse.

3) Convocation en justice d'un étranger. L'article 562 du Code de procédure pénale qui prévoit les modalités de citation des personnes résidant à l'étranger ne met pas obstacle à la convocation en justice notifiée à un prévenu contrôlé sur le territoire national, même s'il réside par ailleurs à l'étranger (■ Cass. crim., 30 avr. 2002, n° 00-88.031, préc., n° 1).

4) Officier de police judiciaire détaché. Le détachement d'un officier de police judiciaire auprès de l'administration des Douanes n'exclut pas la possibilité, pour le procureur de la République, auquel il demeure hiérarchiquement subordonné, de le mandater aux fins de convocation d'un prévenu en justice, en application des articles 388 et 390-1 du Code de procédure pénale (■ Cass. crim., 20 avr. 2005, n° 04-80.740 : *Bull. crim.* n° 141).

5) Diligences de l'officier de police judiciaire. Il résulte de la combinaison des articles 390, 390-1 et 555 du Code de procédure pénale que l'officier ou agent de police judiciaire chargé, sur instructions du procureur de la République, de notifier une convocation en justice à un prévenu doit, de sa propre initiative, faire toutes diligences pour parvenir à la délivrance de cet acte à la personne de son destinataire. Cette notification ne constituant pas un acte d'enquête, les dispositions de l'article 77-1-1 du Code de procédure pénale ne lui sont pas applicables. Encourt donc la censure l'arrêt qui annule la convocation délivrée au motif que la consultation de la caisse d'allocations familiales, aux fins de communication de l'adresse du prévenu, aurait dû être préalablement autorisée par le procureur de la République (■ Cass. crim., 29 mai 2013, n° 12-82.033 : *Bull. crim.* n° 122).

6) Saisine du tribunal. Viole l'article 390-1 du Code de procédure pénale, la cour d'appel qui annule un jugement au motif que l'avertissement donné d'avoir à comparaître, en dehors de la procédure de convocation par procès-verbal, n'a pour effet de saisir le tribunal que s'il est suivi de la comparution volontaire de la personne à laquelle il a été adressé, alors qu'une convocation en justice avait été notifiée au prévenu, sur instructions du procureur de la République, dans les délais prévus par l'article 552, par un officier ou agent de police judiciaire dans les formes prévues par ledit article 390-1 (■ Cass. crim., 6 mars 1990, n° 89-86.339 : *Bull. crim.* n° 107). Vaut citation à personne la convocation en justice notifiée à l'opposant à un arrêt par défaut, sur instructions du procureur général et dans les délais de l'article 552 du Code de procédure pénale, par le chef de l'établissement pénitentiaire où il est incarcéré, et précisant la date et l'heure de l'audience de la cour d'appel à laquelle il sera statué sur son opposition ; si l'opposant ne comparaît pas à la date ainsi fixée, la cour d'appel fait l'exacte application des dispositions combinées des articles 390-1 et 494, alinéa 1er, du Code de procédure pénale en déclarant l'opposition non avenue (■ Cass. crim., 21 févr. 1991, n° 90-80.769 : *Bull. crim.* n° 89). En cas de non-comparution du prévenu régulièrement convoqué en justice conformément à l'article 390-1 du Code de procédure pénale, les dispositions de l'article 410 du Code de procédure pénale sont applicables (■ Cass. crim., 6 mars 1990, préc.).

7) Recueil de renseignements par le procureur de la République avant l'audience. Postérieurement à la saisine du tribunal effectuée par convocation en justice selon l'article 390-1 du Code de procédure pénale, le procureur de la République peut recueillir avant l'ouverture des débats des renseignements se bornant à compléter les éléments de l'enquête à l'issue de laquelle il a saisi la juridiction répressive, en les communiquant aux parties afin qu'ils soient soumis au débat contradictoire : il n'y a en pareil cas ni procédé déloyal, ni détournement de procédure violant les droits de la défense (■ Cass. crim., 27 avr. 2000, n° 99-81.415 : *Bull. crim.* n° 173).

8) Convocation en justice imprécise. C'est à bon droit qu'une cour d'appel confirme la disposition du jugement écartant l'exception de nullité de la saisine de la juridiction correctionnelle, prise de ce que le prévenu s'étant vu délivrer deux convocations en justice datées du même jour, mais dont la seconde mentionnait une infraction supplémentaire, il n'aurait pas été en mesure de connaître précisément ce qui lui était reproché et, partant, d'organiser efficacement sa défense ; en effet la seule circonstance que la convocation délivrée en second lieu mentionnait une infraction non visée par la première n'a pu induire l'intéressé en erreur sur le nombre et la nature des faits qui lui étaient reprochés en définitive et, d'ailleurs, ainsi que l'ont relevé les premiers juges, son avocat s'est expliqué dans ses conclusions écrites sur les quatre infractions poursuivies (■ Cass. crim., 8 août 2018, n° 17-84.920 : *Bull. crim.* n° 135).

9) Règlement de juges. Lorsqu'une cour d'appel déclare incompétente la juridiction correctionnelle saisie en application de l'article 390-1 du Code de procédure pénale, il n'existe pas de conflit négatif de juridiction ; une requête en règlement de juges du procureur général est donc sans objet (■ Cass. crim., 16 juill. 1999, n° 99-84.519 : *Bull. crim.* n° 177).

Voir : art. 495-15-1, p. 1071.

Art. 390-2 *(Créé à compter du 2 juin 2014, L. n° 2014-535, 27 mai 2014).* **– Lorsque le délai entre la signification de la citation prévue à l'article 390 ou la notification de la convocation prévue à l'article 390-1 et l'audience devant le tribunal est inférieur à deux mois et que le prévenu ou son avocat n'ont pas pu obtenir**

avant l'audience la copie du dossier demandé en application de l'article 388-4, le tribunal est tenu d'ordonner, si le prévenu en fait la demande, le renvoi de l'affaire à une date fixée à au moins deux mois à compter de la délivrance de la citation ou de la notification de la convocation.

Bibliographie : A. Maron, *Tribunal correctionnel. – Compétence et saisine : JCl. Proc. pén.*, art. 381 à 392-1, Fasc. 15.

1) **Tribunal de police.** L'article 390-2 du Code de procédure pénale est rendu applicable au tribunal de police par l'article 533 dudit code (■ Cass. crim., 27 janv. 2021, n° 20-80.471, § 6. ■ Cass. crim., 7 déc. 2021, n° 21-82.532, § 6).

2) **Connaissance par le juge de la demande de renvoi.** Le juge doit être regardé comme ayant eu connaissance de la demande de renvoi lorsque celle-ci a été reçue au greffe de la juridiction avant l'audience (■ Cass. crim., 19 févr. 2019, n° 18-83.381 : *Bull. crim.* n° 37).

3) **Prévenu faisant le choix d'un nouvel avocat.** C'est à bon droit que le tribunal correctionnel rejette l'exception de nullité tirée de ce que le second l'avocat du prévenu, constitué 6 jours avant l'audience, n'a pas pu recevoir du greffe et en temps utile copie du dossier, dès lors que le prévenu a été convoqué près de trois mois avant l'audience et que son avocat, premier choisi, a reçu copie du dossier plus de 2 mois avant l'audience, si bien que la défense pouvait être assurée (■ Cass. crim., 16 janv. 2019, n° 17-85.852).

Art. 391 *(Mod., L. n° 2019-222, 23 mars 2019)*. **– Toute personne ayant porté plainte est avisée par le parquet de la date de l'audience.**

Lorsque la victime ne comprend pas la langue française, elle a droit, à sa demande, à une traduction de l'avis d'audience. À titre exceptionnel, il peut en être effectué une traduction orale ou un résumé oral.

Lorsque l'avis d'audience a été adressé à la victime mais qu'il n'est pas établi qu'il a été reçu par celle-ci, le tribunal qui statue sur l'action publique parce qu'il estime que la présence de la victime n'est pas indispensable aux débats peut renvoyer le jugement de l'affaire sur l'action civile à une audience ultérieure, composée conformément au troisième alinéa de l'article 464 ; le tribunal doit alors fixer la date de cette audience et la victime doit en être avisée.

Bibliographie : A. Maron, *Tribunal correctionnel. – Compétence et saisine : JCl. Proc. pén.*, art. 381 à 392-1, Fasc. 15.

L'article 391 du Code de procédure pénale qui dispose que « toute personne ayant porté plainte est avisée par le parquet de la date de l'audience » ne constitue pas une prescription dont l'inobservation entraîne la nullité ; en conséquence, est irrecevable l'intervention pour la première fois en cause d'appel de la personne se prétendant lésée par l'infraction et qui, ne s'étant pas portée partie civile en première instance, se prévaut de l'inobservation dudit article (■ Cass. crim., 5 mars 1964, n° 63-92.263 : *Bull. crim.* n° 82).

Art. 392. – La partie civile, qui cite directement un prévenu devant un tribunal répressif, fait, dans l'acte de citation, élection de domicile dans le ressort du tribunal saisi, à moins qu'elle n'y soit domiciliée.

Bibliographie : A. Maron, *Tribunal correctionnel. – Compétence et saisine : JCl. Proc. pén.*, art. 381 à 392-1, Fasc. 15.

Loi du 29 juillet 1881

Art. 53. – La citation précisera et qualifiera le fait incriminé, elle indiquera le texte de loi applicable à la poursuite.

Si la citation est à la requête du plaignant, elle contiendra élection de domicile dans la ville où siège la juridiction saisie et sera notifiée tant au prévenu qu'au ministère public.

Toutes ces formalités seront observées à peine de nullité de la poursuite.

Art. 392-1 *(Mod., L. n° 2019-222, 23 mars 2019)*. **– Lorsque l'action de la partie civile n'est pas jointe à celle du ministère public, le tribunal correctionnel fixe, en fonction des ressources de la partie civile, le montant de la consignation que celle-ci doit, si elle n'a pas obtenu l'aide juridictionnelle, déposer au greffe et le délai dans lequel elle devra être faite sous peine de non-recevabilité de la citation directe. Cette consignation garantit le paiement de l'amende civile susceptible d'être prononcée en application du dernier alinéa.**

Lorsque la partie civile est une personne morale à but lucratif, elle doit, sous peine de non-recevabilité de la citation directe, produire au tribunal son bilan et son compte de résultat afin de permettre la détermination du montant de la consignation.

Dans le cas où la citation directe est délivrée par la partie civile à la suite d'une ordonnance du juge d'instruction de refus d'informer prise conformément à la troisième phrase de l'avant-dernier alinéa de l'article 86, la consignation qui a pu être versée en application de l'article 88 est considérée comme constituant la consignation prévue au présent article.

Lorsque le tribunal correctionnel, saisi par une citation directe de la partie civile, prononce une relaxe, il peut, par ce même jugement, sur réquisitions du procureur de la République, condamner la partie civile au paiement d'une amende civile dont le montant ne saurait excéder 15 000 € s'il estime que la citation directe était abusive ou dilatoire. Les réquisitions du procureur de la République doivent intervenir avant la clôture des débats, après les plaidoiries de la défense, et la partie civile ou son avocat doivent avoir été mis en mesure d'y répliquer. Les dispositions du présent alinéa sont également applicables devant la cour d'appel, lorsque le tribunal correctionnel a, en premier ressort, relaxé la personne poursuivie et statué sur des réquisitions du procureur de la République tendant à la condamnation de la partie civile en application des dispositions du présent alinéa.

Bibliographie : A. Maron, *Tribunal correctionnel. – Compétence et saisine : JCl. Proc. pén.*, art. 381 à 392-1, Fasc. 15.

I – CONSIGNATION

1) Questions prioritaires de constitutionnalité. N'est pas sérieuse la question qui critique l'obligation de verser une consignation fixée en fonction de ses ressources, faite, sauf dispense, à toute personne portant plainte et se constituant partie civile devant le tribunal correctionnel et la possibilité de prononcer des amendes civiles en cas de plaintes abusives ou dilatoires, dès lors que ces dispositions sont la contrepartie du droit accordé à la victime d'exercer l'action publique aux lieu et place du ministère public et tendent à limiter les abus de l'exercice de ce droit (▪ Cass. crim., 11 déc. 2018, n° 18-86.210 QPC). Au regard de l'objet de l'article 472 du Code de procédure pénale, qui tend, comme l'article 392-1, dernier alinéa dudit code, à sanctionner tout abus dans la mise en mouvement de l'action publique par une partie civile, le fait de réserver à la personne poursuivie puis relaxée la faculté de demander à la juridiction pénale réparation du préjudice que lui a causé cet abus et d'en exclure, par voie de conséquence, toute personne dont la mise en mouvement de l'action publique n'implique pas nécessairement la mise en cause, n'est pas de nature à porter atteinte à l'équilibre entre les parties au procès pénal (▪ Cass. crim., 15 janv. 2019, n° 18-90.031 QPC).

2) Jurisprudence européenne : droit au juge. La juridiction qui réclame une consignation d'un montant trop élevé au regard des ressources de la partie civile porte atteinte au droit d'avoir accès à un juge et viole l'article 6, § 1 de la Convention européenne des droits de l'Homme (▪ CEDH, 28 oct. 1998, n° 103/1997/887/1099, *Aït-Mouhoub c/ France*, à propos de la consignation de l'article 88 du Code de procédure pénale).

3) Caractère obligatoire de la consignation. Selon les dispositions de l'article 392-1 du Code de procédure pénale, le tribunal correctionnel a l'obligation d'ordonner la consignation mise à la charge de la partie civile dont l'action n'est pas jointe à celle du ministère public, sous peine de non-recevabilité de la citation directe (▪ Cass. crim., 21 janv. 1997, n° 94-84.919 : *Bull. crim.* n° 20). Le comité d'hygiène, de sécurité et des conditions de travail, qui saisit la juridiction correctionnelle par voie de citation directe, doit en principe être dispensé de verser la consignation prévue par l'article 392-1 du Code de procédure pénale, y compris lorsqu'il n'a pas obtenu, ni même sollicité, le bénéfice de l'aide juridictionnelle, dès lors qu'une telle institution représentative du personnel ne dispose pas de budget propre ; ce n'est que dans le cas où il est établi, notamment au vu des débats à l'audience, que le CHSCT dispose en réalité de ressources, que la juridiction peut l'astreindre au versement d'une consignation, dont elle fixe le montant en fonction du niveau de ces dernières (▪ Cass. crim., 28 mars 2017, n° 16-82.060 : *Bull. crim.* n° 90).

4) Obligation faite aux personnes morales à but lucratif de justifier de leurs ressources. Régularisation en appel. La personne morale à but lucratif qui, ayant fait délivrer une citation directe devant le tribunal correctionnel, a omis de justifier de ses ressources en joignant son bilan et son compte de résultat demeure recevable à apporter ces justifications devant la cour d'appel au soutien de son appel du jugement ayant sanctionné sa carence en déclarant sa citation irrecevable ; interdire à une telle personne, qui a vu sa citation déclarée irrecevable en première instance, faute par elle d'avoir produit les documents comptables exigés, en vue de la fixation de la consignation précité et qui fait appel de ce jugement, la possibilité de produire lesdits documents en appel, porterait atteinte, par un formalisme excessif, au droit de la partie civile d'accéder à une juridiction (■ Cass. crim., 1er sept. 2020, n° 19-84.600, §§ 16, 18 : publié au *Bull.*).

5) Délai de versement de la consignation. Il se déduit de la combinaison des articles 392-1, alinéa 1er, et 801 du Code de procédure pénale que, lorsque la juridiction, pour satisfaire à l'obligation prévue par le premier de ces textes d'indiquer à la partie civile le délai dans lequel doit être versée la consignation, fixe, comme terme, un jour qui s'avère non ouvrable, la limite pour effectuer la consignation s'entend nécessairement du premier jour ouvrable qui suit avant minuit (■ Cass. crim., 28 juin 2017, n° 16-82.169 : *Bull. crim.* n° 185). Comp. : l'article 801 du Code de procédure pénale ne s'applique pas lorsque le tribunal fixe, non pas un délai pour consigner, mais une date avant laquelle la consignation doit être déposée ; c'est donc à bon droit que les juges ont déclaré tardif le dépôt d'une consignation effectuée le 22 avril, alors que le tribunal avait ordonné le versement « avant le 22 avril », soit au plus tard le 21 avril à minuit (■ Cass. crim., 5 oct. 1999, n° 98-84.475 : *Bull. crim.* n° 207). Lorsqu'elle est effectuée sous la forme, non d'un dépôt au greffe mais d'un virement, la consignation est réputée faite à la date à laquelle le compte du régisseur d'avance est crédité de la somme fixée par le juge d'instruction (■ Cass. crim., 12 déc. 2006, n° 06-82.034 : *Bull. crim.* n° 309).

6) Modalités de versement de la consignation. La citation directe délivrée par la partie civile ne peut être déclarée irrecevable en application du texte susvisé, lorsque, dans le délai fixé par le tribunal, le montant de la consignation mise à la charge de la partie civile a été déposé au greffe, par celle-ci ou toute autre personne agissant pour son compte ; lorsque la consignation a été déposée par une personne autre que la partie civile, la juridiction correctionnelle ne saurait, sans ajouter au texte précité, déclarer la citation irrecevable au motif que cette personne n'aurait pas produit un pouvoir spécial (■ Cass. crim., 14 mai 2002, n° 01-85.999 : *Bull. crim.* n° 112). Vaut dépôt de la consignation la réception, dans le délai imparti, et sous réserve que le titre soit ultérieurement honoré, d'un chèque adressé par courrier au greffe de la juridiction qui a rendu la décision aux fins de consignation ; encourt la cassation l'arrêt qui énonce que les parties civiles ont substitué à l'exigence du dépôt au greffe celle de l'envoi postal, ignoré du Code de procédure pénale, comme modalité d'engagement recevable de l'action publique par voie de citation directe (■ Cass. crim., 9 juin 2015, n° 14-80.328 : *Bull. crim.* n° 140).

7) Effets du versement de la consignation. Lorsque les juges ont fixé la consignation prévue par l'article 392-1 du Code de procédure pénale, l'action publique n'est mise en mouvement qu'après le versement de la somme due par la partie civile ; le prévenu poursuivi sur citation de la partie civile ne peut donc se voir opposer la forclusion édictée par l'article 385, alinéa 5, du Code de procédure pénale, au motif qu'il n'aurait pas présenté les exceptions de nullité lors de l'audience à l'issue de laquelle les juges ont fixé la consignation, alors que le débat sur le fond n'était pas engagé (■ Cass. crim., 22 juin 1999, n° 98-84.424 : *Bull. crim.* n° 145). La prescription de l'action publique est interrompue par la citation directe suivie de la consignation par la partie civile dans le délai imparti (■ Cass. crim., 16 nov. 2004, n° 04-80.773). Il se déduit de la combinaison des articles 392-1 et 551 du Code de procédure pénale que la saisine du tribunal, sur citation de la partie civile, est définitivement fixée par le versement de la consignation et que, postérieurement à l'accomplissement de cette formalité, une nouvelle citation ne peut se substituer à celle y ayant donné lieu, dont les mentions sont erronées ou insuffisantes (■ Cass. crim., 21 mai 2014, n° 12-86.668).

8) Irrecevabilité de la citation directe. En application de l'article 385 du Code de procédure pénale, l'exception présentée aux fins de faire constater l'irrecevabilité de la citation initiale de la partie civile en raison de la tardiveté du versement de la consignation fixée ne peut être soulevée pour la première fois en cause d'appel par un prévenu qui a accepté de se défendre sur le fond devant le tribunal (■ Cass. crim., 26 oct. 2004, n° 04-80.587). Le défaut de versement, par la partie civile poursuivante, de la consignation imposée par ce texte n'est pas une cause d'irrecevabilité de la citation directe délivrée à sa requête lorsque le tribunal a omis d'en fixer le montant et le délai de versement (■ Cass. crim., 29 avr. 2003, n° 02-85.315 : *Bull. crim.* n° 90. ■ Cass. crim., 28 sept. 2010, n° 09-88.565). En cas de poursuites devant le tribunal correctionnel sous plusieurs chefs, les uns sur renvoi de la juridiction d'instruction, les autres sur citation directe de la partie civile, la citation directe est irrecevable en l'absence de consignation effectuée par la partie civile, quand bien même celle-ci, dans le cadre de l'information, avait consigné la somme exigée (■ Cass. crim., 18 sept. 2002, n° 01-87.464). Il résulte de l'article 392-1 du Code de procédure pénale que le défaut de consignation dans le délai imparti entraîne l'irrecevabilité de la citation ; il n'importe que la partie poursuivante ait présenté après l'expiration dudit délai une demande d'aide juridictionnelle qui a abouti, dès lors qu'une telle demande n'avait pas pour effet de rouvrir ce délai (■ Cass. crim., 29 janv. 2008, n° 07-84.254). En application de l'article 392-1 du Code de procédure pénale encourt la censure l'arrêt qui, pour écarter une exception de prescription, retient qu'a interrompu la prescription un jugement accordant à cette partie civile un nouveau délai pour verser la consignation, alors que le défaut de versement de la consignation avant l'expiration du délai initialement fixé rendait irrecevable la poursuite (■ Cass. crim., 18 déc. 2007, n° 07-82.106 : *Bull. crim.* n° 315).

9) Appel du jugement fixant la consignation. Le jugement du tribunal correctionnel qui, en application de l'article 392-1 du Code de procédure pénale, fixe le montant de la consignation que la partie civile devra verser au greffe, et le délai de ce versement, ne met pas fin à la procédure, et l'appel qui en est interjeté n'est pas immédiatement recevable (■ Cass. crim., 26 nov. 1997, n° 96-84.570 : *Bull. crim.* n° 402). Le fait, pour l'appelant d'un jugement distinct du jugement sur le fond et ne mettant pas fin à la procédure, de ne pas user de la faculté de déposer la requête prévue à l'article 507, alinéa 4, du Code de procédure pénale tendant à faire déclarer l'appel immédiatement recevable ne rend pas cet appel définitivement irrecevable, mais a pour effet de n'en permettre l'examen qu'en même temps que celui de l'appel ultérieurement formé contre la décision sur le fond ; pour confirmer le jugement entrepris ayant déclaré la citation irrecevable en l'absence de versement de la consignation, une cour d'appel ne peut donc retenir que la décision qui a fixé ce montant était exécutoire faute par les parties civiles d'avoir saisi le Président d'une requête aux fins d'examen immédiat et qu'il leur appartenait de verser la consignation mise à leur charge, alors qu'elle avait l'obligation de statuer en même temps sur les deux recours (■ Cass. crim., 14 févr. 2006, n° 05-81.838 : *Bull. crim.* n° 37). Est irrecevable l'appel par la partie civile d'un jugement ayant fixé le montant de la consignation qu'elle devait déposer au greffe, faute pour celle-ci d'avoir adressé au président de la chambre des appels correctionnels la requête prévue par l'article 507 du Code de procédure pénale (■ Cass. crim., 30 nov. 2005, n° 05-81.759).

10) Restitution de la consignation en cas de relaxe. En application de l'article 392-1 du Code de procédure pénale, la consignation doit être restituée lorsque, au cas de relaxe du prévenu, aucune amende civile n'a été prononcée pour abus de constitution de partie civile (■ Cass. crim., 19 mars 2013, n° 12-83.060).

II – AMENDE CIVILE

11) Droit de réplique. Lorsque la cour d'appel statue sur l'opportunité de condamner la partie civile au paiement d'une amende civile, la partie civile ou son avocat doit être en mesure de répliquer aux réquisitions du parquet portant sur cette amende (■ Cass. crim., 25 mars 2020, n° 19-80.960, § 8).

§ 3. – De la convocation par procès-verbal, de la comparution immédiate et de la comparution différée

(L. n° 81-82, 2 févr. 1981 ; L. n° 83-466, 10 juin 1983 ; L. n° 2019-222, 23 mars 2019)

Art. 393 *(Mod., L. n° 2020-1672, 24 déc. 2020).* **– En matière correctionnelle, lorsqu'il envisage de poursuivre une personne en application des articles 394, 395 et 397-1-1, le procureur de la République ordonne qu'elle soit déférée devant lui.**

Après avoir, s'il y a lieu, informé la personne de son droit d'être assistée par un interprète, constaté son identité et lui avoir fait connaître les faits qui lui sont reprochés ainsi que leur qualification juridique, le procureur de la République l'informe qu'elle a le droit à l'assistance d'un avocat de son choix ou commis d'office. L'avocat choisi ou, dans le cas d'une demande de commission d'office, le bâtonnier de l'ordre des avocats en est avisé sans délai.

L'avocat ou la personne déférée lorsqu'elle n'est pas assistée par un avocat peut consulter sur-le-champ le dossier. L'avocat peut communiquer librement avec le prévenu.

Le procureur de la République avertit alors la personne de son droit de faire des déclarations, de répondre aux questions qui lui sont posées ou de se taire. Après avoir, le cas échéant, recueilli les observations de la personne ou procédé à son interrogatoire, le procureur de la République entend, s'il y a lieu, les observations de l'avocat, portant notamment sur la régularité de la procédure, sur la qualification retenue, sur le caractère éventuellement insuffisant de l'enquête, sur la nécessité de procéder à de nouveaux actes qu'il estime nécessaires à la manifestation de la vérité et sur les modalités d'engagement éventuel des poursuites ou le recours éventuel à la procédure de comparution sur reconnaissance préalable de culpabilité. Au vu de ces observations, le procureur de la République soit procède comme il est dit aux articles 394 à 396 et à l'article 397-1-1, soit requiert l'ouverture d'une information, soit ordonne la poursuite de l'enquête, soit prend toute autre décision sur l'action publique en application de l'article 40-1. S'il ordonne la poursuite de l'enquête et que la personne est à nouveau entendue, elle a le droit d'être assistée, lors de son audition, par son avocat, en application de l'article 63-4-3.

Si le procureur de la République procède comme il est dit aux articles 394 à 397-1-1, il peut décider de fixer à la même audience, afin qu'elles puissent être jointes à la procédure ou examinées ensemble, de précédentes poursuites dont la personne a fait l'objet pour d'autres délits, à la suite d'une convocation par procès-verbal, par officier de police judiciaire ou en vue d'une comparution sur reconnaissance préalable de culpabilité, d'une citation directe, d'une ordonnance pénale ou d'une ordonnance de renvoi du juge d'instruction. Hors le cas de la comparution immédiate, cette décision doit intervenir au moins dix jours avant la date de l'audience. Le prévenu et son avocat en sont informés sans délai.

Mention de ces formalités est faite au procès-verbal à peine de nullité de la procédure.

Code pénal

Art. 431-8-1 *(L. n° 2019-290, 10 avr. 2019)*. – Les articles 393 à 397-7 et 495-7 à 495-15-1 du Code de procédure pénale sont applicables aux délits prévus à la présente section.

Bibliographie : *Répertoire.* V. Lesclous, *Convocation par procès-verbal et comparution immédiate : JCl. Proc. pén.*, art. 393 à 397-6, Fasc. 20.

Généralités. M. Huyette, *JLD comparution immédiate et procès équitable : D.* 2003, p. 1453. • Levy, *Les « flags » une justice ou une police ? Approche statistique de la pratique des flagrants délits : Déviance et contrôle social : Service d'études pénales et criminologiques*, vol. 35, 1982. • J.-A. Nolen, *Les comparutions immédiates et le travail en temps réel : le point de vue du siège : LPA* 14 mars 2001, p. 31. • D. Périer-Daville, *Procédure de comparution immédiate : les lois sur la sécurité : Gaz. Pal.* 1987, 1, doctr. p. 1. • M. Puech, *Commentaire de la loi n° 83-466 du 10 juin 1983 : ALD* 1983, comm. p. 105.

I – QUESTIONS PRIORITAIRES DE CONSTITUTIONNALITÉ

1) Les articles 393 à 397-1 du Code de procédure pénale sont suffisamment clairs et précis pour que, mis en œuvre par le procureur de la République, les modalités de leur application, dont le contrôle entre dans l'office du juge pénal, puissent se faire sans risque d'arbitraire et sans méconnaître les principes constitutionnels de clarté de la loi garantis par l'article 34 de la Constitution, du droit au procès équitable et des droits de la défense garantis par l'article 16 de la Déclaration des droits de l'homme et du citoyen (▪ Cass. crim., 21 août 2013, n° 13-90.023 QPC). La procédure prévue par ces articles, qui permet, dans des conditions clairement déterminées, une modalité particulière des poursuites assure à la personne poursuivie, devant la juridiction de jugement, la plénitude des droits reconnus dont elle aurait pu bénéficier selon toute autre modalité de poursuite (▪ Cass. crim., 5 juin 2019, n° 19-81.883 QPC).

II – CONVENTION EUROPÉENNE DES DROITS DE L'HOMME

2) La procédure prévue par les articles 393 et suivants du Code de procédure pénale n'est pas incompatible avec l'article 6, § 3, *d* de la Convention européenne des droits de l'Homme (▪ Cass. crim., 8 juin 2004, n° 03-86.149).

III – CONTRÔLE DE LA LÉGALITÉ DE LA PROCÉDURE DE COMPARUTION IMMÉDIATE

3) Incriminations déterminées par une loi spéciale. Le recours à la procédure de comparution immédiate ne se heurte pas aux dispositions de l'article 397-6 du Code de procédure pénale lorsqu'une loi spéciale détermine une incrimination, mais ne soumet pas la poursuite à une procédure spéciale (▪ Cass. crim., 26 avr. 1994, n° 93-84.880 : *Bull. crim.* n° 149 : infraction incriminée par le Code du travail).

4) Infractions militaires. Il se déduit des dispositions de l'article 698 du Code de procédure pénale que la procédure de comparution immédiate prévue par les articles 395 et suivants du code précité est applicable aux infractions militaires dont les juridictions de droit commun connaissent en vertu des articles 697 et suivants dudit code (▪ Cass. crim., 4 déc. 1985, n° 85-91.060 : *Bull. crim.* n° 391, à propos de l'ancienne procédure de saisine directe. ▪ Cass. crim., 26 juin 1991, n° 90-87.649 : *Bull. crim.* n° 280).

5) Infractions douanières. Les infractions douanières qui sont constatées par procès-verbaux de saisie, par procès-verbaux de constat ou par tout autre moyen, procès-verbaux ou rapports de la police ou rapports de la Commission de Bruxelles peuvent être, en application de l'article 342 du Code des douanes, poursuivies et prouvées par toutes voies de droit ; il s'ensuit que les délits douaniers passibles d'un emprisonnement entrant dans les prévisions de l'article 395 du Code de procédure pénale peuvent être poursuivis par le ministère public selon la procédure de comparution immédiate (■ Cass. crim., 8 avr. 1999, n° 98-84.889 : *Bull. crim.* n° 73).

6) Déférement devant le procureur de la République. Justifie sa décision la cour d'appel qui, régulièrement saisie de conclusions, après avoir constaté l'impossibilité de s'assurer de la durée de la rétention d'une personne déférée à l'issue de sa garde à vue, faute de connaître l'heure à laquelle elle a comparu devant le procureur de la République, prononce la nullité du procès-verbal de comparution préalable, constate que le tribunal n'a pas été valablement saisi et ordonne la mise en liberté du prévenu. En effet, le procureur de la République ne pouvait, sans constater que le délai maximum de vingt heures, entre la fin de la garde à vue et la présentation de la personne déférée, avait été observé, recourir à la procédure de comparution immédiate. Dès lors, l'inobservation des dispositions de l'article 803-3 dudit code, en pareil cas, entraîne non seulement la mise en liberté de l'intéressé, mais également la nullité de la saisine du tribunal correctionnel, laquelle a pour support nécessaire la rétention du prévenu entachée d'illégalité (■ Cass. crim., 6 déc. 2005, n° 05-82.450 : *Bull. crim.* n° 321).

7) Respect des droits de la défense. L'article 393 qui ne permet pas au procureur de la République d'interroger l'intéressé, ne saurait, sans méconnaître les droits de la défense, l'autoriser à consigner les déclarations de celui-ci sur les faits qui font l'objet de la poursuite dans le procès-verbal mentionnant les formalités de la comparution (■ Cons. const., 6 mai 2011, n° 2011-125 QPC). Est justifié l'arrêt qui rejette le moyen tirée de la nullité alléguée du procès-verbal de comparution immédiate établi en application de l'article 393 du Code de procédure pénale, au motif que le fait pour le magistrat du ministère public d'avoir en main, avant même d'avoir entendu le conseil de l'intéressé, l'imprimé intitulé « comparution immédiate » n'a pas été l'expression d'une décision déjà arrêtée de sa part, dès lors que ce magistrat a recueilli les observations des deux défenseurs ainsi qu'en attestent les mentions portées sur cette pièce, l'un de ceux-ci ayant suggéré que son client soit ultérieurement convoqué devant le tribunal, et que le procès-verbal critiqué a été signé du prévenu et de ses avocats qui n'ont élevé aucune protestation, de sorte que c'est à l'issue du débat, qui s'est ainsi tenu, que la procédure a été orientée : le magistrat du ministère public s'est déterminé quant au mode de poursuite du prévenu, sans qu'il ait été porté atteinte à ses intérêts, au vu des observations de ses avocats (■ Cass. crim., 27 juin 2018, n° 17-84.245). La libre consultation du dossier de la procédure implique la mise à disposition, de la personne déférée et de son avocat, du matériel nécessaire à sa lecture effective. Doit donc être cassé l'arrêt qui, s'agissant d'un dossier de la procédure remis sous la forme d'un CD-ROM, énonce qu'aucune disposition légale ne prévoit la mise à disposition au conseil du prévenu, par l'autorité judiciaire, d'un appareil permettant de le consulter (■ Cass. crim., 9 mars 2022, n° 21-82.580 : *Bull. crim.* à paraître).

IV – CONTRÔLE D'OPPORTUNITÉ DE LA PROCÉDURE DE COMPARUTION IMMÉDIATE

8) Il n'appartient pas à une juridiction de jugement d'annuler les poursuites, pour violation de l'article 62-2 du Code de procédure pénale, au motif que la mesure de garde à vue, décidée dans l'unique but d'assurer le déferement de l'intéressée, n'était pas justifiée, la personne mise en cause s'étant présentée volontairement devant les enquêteurs (■ Cass. crim., 18 nov. 2014, n° 14-81.332 : *Bull. crim.* n° 241. ■ Cass. crim., 20 oct. 2015, 2 arrêts, n°s 13-87.079 et 13-87.080).

9) Choix du procureur de la République. Liberté du choix. L'option donnée au procureur de la République, en matière correctionnelle, par l'article 393 du Code de procédure pénale, d'ouvrir une information ou, s'il estime que celle-ci n'est pas nécessaire, de procéder conformément aux articles 394 à 396, est laissée à la libre appréciation de ce magistrat (■ Cass. crim., 26 avr. 1994, n° 93-84.880 : *Bull. crim.* n° 149. ■ Cass. crim., 19 janv. 2005, n° 04-81.455).

10) Choix du procureur de la République. Irrévocabilité du choix. Le tribunal correctionnel est irrévocablement saisi par le procès-verbal de notification établi par le procureur de la République (■ Cass. crim., 12 janv. 2021, n° 20-80.259, § 11 : publié au *Bull.*). Il résulte des articles 388, 393 et suivants du Code de procédure pénale que, lorsque le procureur de la République saisit le tribunal correctionnel en traduisant sur-le-champ le prévenu devant cette juridiction selon la procédure de comparution immédiate, il ne peut ensuite requérir d'office l'ouverture d'une information sur ces mêmes faits ; la saisine du tribunal étant irrévocable, en application de l'article 388 du Code de procédure pénale, le réquisitoire introductif et la procédure d'information subséquente doivent être annulés (■ Cass. crim., 20 févr. 2007, n° 06-89.229 : *Bull. crim.* n° 52).

V – SAISINE DU TRIBUNAL CORRECTIONNEL

11) Caractère irrévocable de la saisine. En matière de comparution immédiate, le tribunal correctionnel est irrévocablement saisi par le procès-verbal de notification établi par le procureur de la République (■ Cass. crim., 12 janv. 2021, n° 20-80.259, § 11 : publié au *Bull.*).

12) Étendue de la saisine *in rem*. En matière de comparution immédiate, le tribunal statue sur les faits notifiés au prévenu dans le procès-verbal dressé par le procureur général en application de l'article 393 du Code de procédure pénale ; dès lors, les faits tels qu'énoncés dans l'ordonnance prescrivant la détention provisoire sur le fondement de l'article 396 dudit code, à les supposer différents du procès-verbal précité, sont sans incidence sur l'étendue de la saisine du tribunal (■ Cass. crim., 21 mars 2000, n° 99-85.677 : *Bull. crim.* n° 125. ■ Cass. crim., 18 déc. 2013, n° 13-81.168).

VI – RENVOI DU DOSSIER AU PROCUREUR DE LA RÉPUBLIQUE

13) Le tribunal saisi par la comparution immédiate du prévenu apprécie souverainement si l'affaire est en état d'être jugée sans investigations complémentaires (■ Cass. crim., 26 avr. 1994, préc., n° 3).

Voir : art. 706-106, p. 1618.

Art. 393-1 *(Mod., L. n° 2019-222, 23 mars 2019)*. – **Si le procureur de la République procède comme il est dit aux articles 394 à 396 et à l'article 397-1-1, la victime doit être avisée par tout moyen de la date de l'audience.**

L'article 391 est applicable.

Bibliographie : V. Lesclous, *Convocation par procès-verbal et comparution immédiate : JCl. Proc. pén.*, art. 393 à 397-6, Fasc. 20.

Art. 394 *(Mod., L. n° 2019-222, 23 mars 2019 ; L. n° 2021-1729, 22 déc. 2021)*. – **Le procureur de la République peut inviter la personne déférée à comparaître devant le tribunal dans un délai qui ne peut être inférieur à dix jours, sauf renonciation expresse de l'intéressé en présence de son avocat, ni supérieur à six mois. Il lui notifie les faits retenus à son encontre ainsi que le lieu, la date et l'heure de l'audience. Il informe également le prévenu qu'il doit comparaître à l'audience en possession des justificatifs de ses revenus ainsi que de ses avis d'imposition ou de non-imposition. Cette notification, mentionnée au procès-verbal dont copie est remise sur-le-champ au prévenu, vaut citation à personne.**

L'avocat choisi ou le bâtonnier est informé, par tout moyen et sans délai, de la date et de l'heure de l'audience ; mention de cet avis est portée au procès-verbal. L'avocat ou la personne déférée lorsqu'elle n'est pas assistée d'un avocat peut, à tout moment, consulter le dossier.

Si le procureur de la République estime nécessaire de soumettre le prévenu jusqu'à sa comparution devant le tribunal à une ou plusieurs obligations du contrôle judiciaire ou de le placer sous assignation à résidence avec surveillance électronique, il le traduit sur-le-champ devant le juge des libertés et de la détention, statuant en chambre du conseil avec l'assistance d'un greffier. Ce magistrat peut, après audition du prévenu préalablement informé de son droit de se taire sur les faits qui lui sont reprochés, son avocat ayant été avisé et entendu en ses observations, s'il le demande, prononcer l'une de ces mesures dans les conditions et suivant les modalités prévues par les articles 138, 139, 142-5 et 142-6. Cette décision est notifiée verbalement au prévenu et mentionnée au procès-verbal dont copie lui est remise sur-le-champ. Si le prévenu placé sous contrôle judiciaire ou sous assignation à résidence avec surveillance électronique se soustrait aux obligations qui lui sont imposées, les dispositions du deuxième alinéa de l'article 141-2 sont applicables, ainsi que celles de l'article 141-4 ; les attributions confiées au juge d'instruction par cet article sont alors exercées par le procureur de la République.

Bibliographie : V. Lesclous, *Convocation par procès-verbal et comparution immédiate : JCl. Proc. pén.*, art. 393 à 397-6, Fasc. 20.

1) Questions prioritaires de constitutionnalité. Conseil constitutionnel. Droits de la défense. Droit à un recours juridictionnel effectif. Si, en application de l'article 394 du Code de procédure pénale, la personne convoquée par procès-verbal ne peut faire appel de l'ordonnance du juge des libertés et de la détention qui l'a placée sous contrôle judiciaire ou sous assignation à résidence avec surveillance électronique, elle dispose d'autres moyens de procédure lui permettant de contester utilement et dans des délais appropriés les dispositions de cette ordonnance. Par ailleurs, il résulte de la jurisprudence constante de la Cour de cassation que le procureur de la République peut faire appel de la décision du juge des libertés et de la détention refusant de placer un prévenu convoqué par procès-verbal sous contrôle judiciaire ou sous assignation à résidence ; toutefois, à la différence du prévenu, le ministère public ne peut saisir le tribunal correctionnel lorsque le juge des libertés et de la détention n'a pas fait droit à sa demande. Cette différence de traitement ne procède pas de discriminations injustifiées et sont assurées au prévenu des garanties égales, notamment quant au respect du principe des droits de la défense. Les dispositions contestées ne méconnaissent pas non plus le droit à un recours juridictionnel effectif (■ Cons. const., 31 janv. 2019, n°s 2018-758, 2018-759 et 2018-760 QPC). **Droit de se taire.** Il revient au juge des libertés et de la détention d'apprécier si les charges retenues contre le prévenu justifient qu'il soit placé sous contrôle judiciaire ou assigné à résidence. Le prévenu peut être amené, en réponse aux questions de ce magistrat à reconnaître les faits qui lui sont reprochés. En outre, le fait même que le juge des libertés et de la détention invite le prévenu à présenter ses observations peut être de nature à lui laisser croire qu'il ne dispose pas du droit de se taire. Or, les observations du prévenu sont susceptibles d'être portées à la connaissance du tribunal correctionnel. Dès lors, en ne prévoyant pas que le prévenu doit être informé de son droit de se taire, l'article 394, alinéa 3 du Code de procédure pénale méconnaissent les exigences de l'article 9 de la Déclaration de 1789 et doivent être déclarées contraires à la Constitution (■ Cons. const., 30 sept. 2021, n° 2021-934 QPC).

2) **Questions prioritaires de constitutionnalité. Chambre criminelle.** Les articles 393 à 397-1 du Code de procédure pénale sont suffisamment clairs et précis pour que, mis en œuvre par le procureur de la République, les modalités de leur application, dont le contrôle entre dans l'office du juge pénal, puissent se faire sans risque d'arbitraire et sans méconnaître les principes constitutionnels de clarté de la loi garantis par l'article 34 de la Constitution, du droit au procès équitable et des droits de la défense garantis par l'article 16 de la Déclaration des droits de l'homme et du citoyen (■ Cass. crim., 21 août 2013, n° 13-90.023 QPC). Ni le principe de la présomption d'innocence, ni l'exigence du caractère équitable de la procédure ne s'opposent à ce qu'en application du premier alinéa de l'article 394 du Code de procédure pénale, lorsque le procureur de la République invite une personne déférée à comparaître devant le tribunal correctionnel en vertu de cette disposition, il l'informe de la nécessité d'être en possession, à l'audience, de justificatifs de nature à apprécier sa situation financière, dès lors que, si cette prescription répond aux exigences posées pour l'éventuel prononcé d'une peine d'amende aux termes de l'alinéa 3 de l'article 132-1 du Code pénal et de l'alinéa 2 de l'article 132-20 du même code, le défaut de présentation de ces pièces devant la juridiction n'est soumis à aucune sanction (■ Cass. crim., 12 mars 2019, n° 18-87.241). L'article 394 du Code de procédure pénale, pris en son deuxième alinéa, ne contrevient pas aux principes de la présomption d'innocence et du procès équitable, dès lors que, si ce texte octroie aux parties la possibilité de consulter, à tout moment, le dossier de la procédure, soit, par le biais de leur avocat, soit, directement, au cas où la personne déférée n'est pas assistée d'un avocat, cette disposition n'exclut pas la faculté qu'ont les parties de demander une copie du dossier de la procédure (■ Cass. crim., 12 mars 2019, préc.). Les dispositions combinées du troisième alinéa de l'article 394 du Code de procédure pénale avec, d'une part, l'article 138 de ce code, pris en son 6°, d'autre part, avec le même article, pris en son 10°, qui permettent à un juge des libertés et de la détention, saisi à cette fin, de placer sous contrôle judiciaire une personne déférée dans le cadre d'une procédure de comparution par procès-verbal, ne portent pas atteinte aux principes constitutionnels de la présomption d'innocence, de l'égalité devant la loi et du procès équitable, dès lors que ces derniers ne font pas obstacle à ce que l'autorité judiciaire soumette à des mesures restrictives de droits ou impose des mesures de contrôle spécifique, avant toute déclaration de culpabilité, une personne à l'encontre de laquelle existent des indices suffisants quant à sa participation à la commission d'un délit ou d'un crime, lesdites mesures étant prononcées par un juge, et susceptibles de recours juridictionnel (■ Cass. crim., 12 mars 2019, préc.).

3) **Choix du procureur de recourir à la procédure de convocation par procès-verbal.** Sur la liberté de choix du procureur de la République et l'irrévocabilité de ce choix, V., art. 393, p. 902.

4) **Renvoi du dossier au procureur de la République, en vue de la saisine du juge d'instruction.** C'est uniquement lorsqu'il est saisi selon la procédure de comparution immédiate que le tribunal correctionnel peut, en application de l'article 397-2, alinéa 2 du Code de procédure pénale, renvoyer le dossier au procureur de la République, en vue de la saisine du juge d'instruction ; un tel renvoi est donc exclu en cas de procédure de convocation par procès-verbal (■ Cass. crim., 10 juill. 2013, n° 13-81.599 : *Bull. crim.* n° 173). *Contra* : l'article 397-2, alinéa 2, du Code de procédure pénale s'applique aux procédures de convocation par procès-verbal et de comparution immédiate (■ Cass. crim., 15 févr. 2000, n° 99-81.290 : *Bull. crim.* n° 66).

5) **Compétence territoriale du tribunal correctionnel.** Dès lors qu'une personne soupçon-

née d'être l'auteur d'un délit a été interpellée et déférée devant le procureur de la République du lieu où elle a été trouvée, elle a été arrêtée au sens des articles 43 et 382 du Code de procédure pénale. Il s'ensuit que si le procureur de la République utilise la procédure prévue par l'article 394 dudit code, le tribunal correctionnel de son siège est compétent pour juger le prévenu même s'il n'a pas été placé en détention (■ Cass. crim., 27 mai 1986, n° 85-96.280 : *Bull. crim.* n° 175).

6) Contrôle judiciaire. Dans la procédure de convocation par procès-verbal, un contrôle judiciaire ne peut être ordonné, en application de l'article 394 du Code de procédure pénale, que si les délais d'audiencement prévus par ce texte sont respectés (■ Cass. crim., 10 mars 2015, n° 14-88.326). Aucune disposition instaurant la procédure de comparution par procès-verbal n'ouvre la voie de l'appel contre les ordonnances de placement sous contrôle judiciaire du juge des libertés et de la détention ; en l'absence de droit d'appel contre ces ordonnances, le prévenu, à qui il est loisible de saisir le tribunal correctionnel afin de solliciter la mainlevée ou la modification de ces mesures de contrôle judiciaire, en application des articles 141-1 et 148-2 du Code de procédure pénale, n'est pas dépourvu de recours à l'encontre de ces dernières (■ Cass. crim., 12 avr. 2016, n° 16-80.738. ■ Cass. crim., 11 juill. 2018, n° 18-82.791 : *Bull. crim.* n° 131).

7) Point de départ du délai d'appel contre le jugement du tribunal correctionnel. Il résulte les dispositions combinées des articles 394, 410 et 498 du Code de procédure pénale que le délai d'appel ne court qu'à compter de la signification du jugement lorsque le prévenu, non comparant et non excusé, a été convoqué par procès-verbal (■ Cass. crim., 29 janv. 1997, n° 96-82.923).

Art. 395 *(Mod., L. n° 2002-1138, 9 sept. 2002).* **– Si le maximum de l'emprisonnement prévu par la loi est au moins égal à deux ans, le procureur de la République, lorsqu'il lui apparaît que les charges réunies sont suffisantes et que l'affaire est en état d'être jugée, peut, s'il estime que les éléments de l'espèce justifient une comparution immédiate, traduire le prévenu sur-le-champ devant le tribunal.**

En cas de délit flagrant, si le maximum de l'emprisonnement prévu par la loi est au moins égal à six mois, le procureur de la République, s'il estime que les éléments de l'espèce justifient une comparution immédiate, peut traduire le prévenu sur-le-champ devant le tribunal.

Le prévenu est retenu jusqu'à sa comparution qui doit avoir lieu le jour même ; il est conduit sous escorte devant le tribunal.

Bibliographie : V. Lesclous, *Convocation par procès-verbal et comparution immédiate : JCl. Proc. pén.*, art. 393 à 397-6, Fasc. 20.

1) Question prioritaire de constitutionnalité. Les articles 393 à 397-1 du Code de procédure pénale sont suffisamment clairs et précis pour que, mis en œuvre par le procureur de la République, les modalités de leur application, dont le contrôle entre dans l'office du juge pénal, puissent se faire sans risque d'arbitraire et sans méconnaître les principes constitutionnels de clarté de la loi garantis par l'article 34 de la Constitution, du droit au procès équitable et des droits de la défense garantis par l'article 16 de la Déclaration des droits de l'homme et du citoyen (■ Cass. crim., 21 août 2013, n° 13-90.023 QPC).

2) Domaine de la procédure de comparution immédiate quant aux infractions – Infractions militaires. Il se déduit des dispositions de l'article 698 du Code de procédure pénale que la procédure de comparution immédiate, prévue par les articles 395 et suivants dudit code, est applicable aux infractions militaires dont les juridictions de droit commun connaissent en application des articles 697 et suivants du code susvisé (■ Cass. crim., 26 juin 1991, n° 90-87.649 : *Bull. crim.* n° 280. ■ Cass. crim., 15 juin 1994, n° 92-84.444). **Infraction douanières.** Selon les articles 342, alinéa 1er, et 363 du Code des douanes, les délits et contraventions prévus par les lois sur les douanes, qui sont constatés par procès-verbal de saisie ou de constat ou par tous autres moyens, peuvent être, aux termes du premier de ces textes, poursuivis et prouvés par toutes voies de droit ; il s'ensuit que les délits douaniers passibles d'un emprisonnement entrant dans les prévisions de l'article 395 du Code de procédure pénale peuvent être poursuivis par le ministère public selon la procédure de comparution immédiate (■ Cass. crim., 8 avr. 1999, n° 98-84.889 : *Bull. crim.* n° 73).

3) Domaine de la procédure de comparution immédiate quant aux peines encourues. Pour déterminer si, au regard de la peine d'emprisonnement prévue par la loi, il peut être recouru à la procédure de comparution immédiate, seule doit être considérée la peine édictée par les dispositions réprimant le délit objet de la poursuite, sans tenir compte de l'éventuel état de récidive du prévenu (■ Cass. crim., 19 févr. 2002, n° 01-84.903). Lorsque la peine encourue ne correspond pas aux conditions de l'article 395 du Code de procédure pénale, et que la procédure de comparution immédiate est inapplicable, il appartient à la juridiction qui n'est pas valablement saisie de renvoyer le ministère public à mieux se pourvoir (■ Cass. crim., 27 sept. 1988, n° 88-84.865).

4) **Choix du procureur de recourir à la procédure de comparution immédiate.** Sur la liberté de choix du procureur de la République et l'irrévocabilité de ce choix, V., art. 393, p. 902.

5) **Saisine du tribunal correctionnel.** Le tribunal correctionnel est irrévocablement saisi par le procès-verbal de notification établi par le procureur de la République (■ Cass. crim., 12 janv. 2021, n° 20-80.259, § 11 : publié au *Bull.*).

6) **Comparution « le jour même ».** L'exigence d'une comparution « le jour même » de la présentation de l'intéressé au parquet ne saurait être interprétée comme la nécessité de le juger impérativement avant minuit, mais comme celle de le faire comparaître au cours de l'audience considérée, quand bien même celle-ci se terminerait après minuit en raison de contraintes diverses. Mais il doit être satisfait à la réserve d'interprétation du Conseil constitutionnel (n° 2010-80 QPC), exigeant que l'intéressé soit présenté à la formation du siège avant l'expiration du délai de 20 heures couru à compter de la levée de sa garde à vue. (■ Cass. crim., 12 janv. 2021, n° 20-80.259, § 12 : publié au *Bull.* ; *Procédures* 2021, comm. 77, obs. J. Buisson).

7) **Exception de nullité.** Le demandeur ne saurait se faire un grief de ce que la cour d'appel ait rejeté l'exception de nullité tirée de l'impossibilité prétendue de recourir en l'espèce à la procédure de comparution immédiate, dès lors que cette exception n'ayant pas été invoquée devant le tribunal correctionnel, elle ne pouvait être présentée pour la première fois devant la cour d'appel, par application de l'article 385 du Code de procédure pénale (■ Cass. crim., 4 déc. 2002, n° 02-83.381). Dans le cadre de la procédure de comparution immédiate, le prévenu ne peut prétendre invoquer pour la première fois devant la Cour de cassation la nullité du procès-verbal du procureur de la République saisissant le tribunal, et celle de la procédure immédiate, ces nullités prétendues devant être soulevées avant toute défense au fond (■ Cass. crim., 30 mai 1985, n° 84-92.936 : *Bull. crim.* n° 209).

Art. 396 (1) ***(Mod., L. n° 2019-222, 23 mars 2019 ; L. n° 2021-1729, 22 déc. 2021).*** **– Dans le cas prévu par l'article précédent, si la réunion du tribunal est impossible le jour même et si les éléments de l'espèce lui paraissent exiger une mesure de détention provisoire, le procureur de la République peut traduire le prévenu devant le juge des libertés et de la détention, statuant en chambre du conseil avec l'assistance d'un greffier.**

Le juge, après avoir fait procéder, sauf si elles ont déjà été effectuées, aux vérifications prévues par le huitième alinéa de l'article 41, statue sur les réquisitions du ministère public aux fins de détention provisoire. Après avoir informé le prévenu de son droit de se taire, il recueille ses observations éventuelles ou celles de son avocat. L'ordonnance rendue n'est pas susceptible d'appel.

Il peut placer le prévenu en détention provisoire jusqu'à sa comparution devant le tribunal. L'ordonnance prescrivant la détention est rendue suivant les modalités prévues par l'article 137-3, premier alinéa, et doit comporter l'énoncé des considérations de droit et de fait qui constituent le fondement de la décision par référence aux dispositions des 1° à 6° de l'article 144. Cette décision énonce les faits retenus et saisit le tribunal ; elle est notifiée verbalement au prévenu et mentionnée au procès-verbal dont copie lui est remise sur-le-champ. Le prévenu doit comparaître devant le tribunal au plus tard le troisième jour ouvrable suivant. À défaut, il est mis d'office en liberté.

Si le juge estime que la détention provisoire n'est pas nécessaire, il peut soumettre le prévenu, jusqu'à sa comparution devant le tribunal, à une ou plusieurs obligations du contrôle judiciaire ou le placer sous assignation à résidence avec surveillance électronique. La date et l'heure de l'audience, fixées dans les délais prévus à l'article 394, sont alors notifiées à l'intéressé soit par le juge ou par son greffier, si ces informations leur ont été préalablement données par le procureur de la République, soit, dans le cas contraire, par le procureur ou son greffier. Toutefois, si les poursuites concernent plusieurs personnes dont certaines sont placées en détention, la personne reste convoquée à l'audience où comparaissent les autres prévenus détenus. L'article 397-4 ne lui est pas applicable. Si le prévenu placé sous contrôle judiciaire ou sous assignation à résidence avec surveillance électronique se soustrait aux obligations qui lui sont imposées, les dispositions du deuxième alinéa de l'article 141-2 sont applicables.

Bibliographie : V. Lesclous, *Convocation par procès-verbal et comparution immédiate : JCl. Proc. pén.*, art. 393 à 397-6, Fasc. 20.

(1) Dispositions particulières ou dérogatoires résultant de l'état d'urgence sanitaire dû à l'épidémie de covid-19 : V. Ord. n° 2020-303 du 25 mars 2020. – NDLR.

I – QUESTIONS PRIORITAIRES DE CONSTITUTIONNALITÉ

1) Droit de se taire devant le juge des libertés et de la détention. En ne prévoyant pas que le prévenu traduit devant le juge des libertés et de la détention doit être informé de son droit de se taire, les dispositions de l'article 396 du Code de procédure pénale portent atteinte à ce droit. Par conséquent, elles doivent être déclarées contraires à la Constitution. Il y a lieu de juger que, jusqu'à l'entrée en vigueur d'une nouvelle loi, le juge des libertés et de la détention doit informer le prévenu qui comparaît devant lui en application de l'article 396 du Code de procédure pénale de son droit de se taire (▪ Cons. const., 4 mars 2021, n° 2020-886 QPC).

2) Les articles 393 à 397-1 du Code de procédure pénale sont suffisamment clairs et précis pour que, mis en œuvre par le procureur de la République, les modalités de leur application, dont le contrôle entre dans l'office du juge pénal, puissent se faire sans risque d'arbitraire et sans méconnaître les principes constitutionnels de clarté de la loi garantis par l'article 34 de la Constitution, du droit au procès équitable et des droits de la défense garantis par l'article 16 de la Déclaration des droits de l'homme et du citoyen (▪ Cass. crim., 21 août 2013, n° 13-90.023 QPC).

3) L'article 396, alinéa 3 du Code de procédure pénale est conforme aux principes constitutionnels dès lors qu'il prévoit que le juge des libertés et de la détention statue sur les seules réquisitions aux fins de détention provisoire ; que la juridiction de jugement est saisie des seuls faits qui sont l'objet de la poursuite, tels qu'ils figurent dans le procès-verbal dressé par le procureur de la République lors du déferement ; que le juge des libertés et de la détention, qui n'est pas autorité de poursuite, ne peut modifier cette saisine et se borne à fixer la date à laquelle le prévenu doit comparaître devant le tribunal correctionnel, dans la limite du troisième jour ouvrable suivant, à peine de caducité du mandat de dépôt (▪ Cass. crim., 22 juill. 2015, n° 15-90.010 QPC : *Bull. crim.* n° 183).

II – IMPOSSIBILITÉ DE RÉUNIR LA JURIDICTION DE JUGEMENT LE JOUR MÊME

4) Le ministère public n'a pas à rapporter la preuve concrète et effective de l'impossibilité de faire comparaître le prévenu devant la formation de jugement le jour où il a été déféré ; ne justifie pas dès lors sa décision la cour d'appel qui, pour prononcer la nullité de la procédure postérieure à l'établissement des procès-verbaux de comparution de prévenus qui ont été conduits devant le juge des libertés et de la détention, retient que le ministère public ne rapporte pas une telle preuve, en ajoutant ainsi une condition qui n'est pas exigée par la loi (▪ Cass. crim., 23 mai 2006, n° 05-83.149 : *Bull. crim.* n° 142. ▪ Cass. crim., 9 déc. 2009, n° 09-83.175. ▪ Cass. crim., 19 mai 2015, n° 14-84.435).

III – CONDITIONS DU PLACEMENT EN DÉTENTION PROVISOIRE

5) Durée de la peine d'emprisonnement encourue. Il résulte des articles 395, 396 et 397-3 du Code de procédure pénale qu'en cas de recours à la procédure de comparution immédiate pour un délit flagrant puni par la loi d'une peine d'emprisonnement au moins égale à six mois, le prévenu peut être placé et maintenu en détention provisoire dans l'attente du jugement au fond ; peu importe dès lors que le prévenu encoure une peine d'emprisonnement d'une durée inférieure au seuil de trois ans fixé par l'article 143-1 du Code de procédure pénale, alors que ce dernier article n'est pas applicable à la procédure de comparution immédiate (▪ Cass. crim., 5 oct. 2011, n° 11-85.499. ▪ Cass. crim., 9 mai 2012, n° 10-87.331).

IV – ABSENCE DE RECOURS CONTRE LA DÉCISION DU JUGE DES LIBERTÉS ET DE LA DÉTENTION DE PLACER LE PRÉVENU EN DÉTENTION PROVISOIRE

6) Question prioritaire de constitutionnalité. L'article 396, alinéa 3 du Code de procédure pénale est conforme aux principes constitutionnels dès lors que si l'ordonnance de placement en détention n'est pas susceptible d'appel, le prévenu, lors de sa comparution à bref délai devant le tribunal correctionnel, voit nécessairement sa privation de liberté examinée de nouveau ; qu'il dispose, en outre, du droit de présenter tous moyens de nullité visant à contester les modalités de la saisine du juge des libertés et de la détention et les dispositions incluses dans son ordonnance ; que l'article 396, alinéa 3, précité, assure aux justiciables placés dans une telle situation des garanties égales ; qu'ainsi, l'absence de double degré de juridiction ne fait pas obstacle au droit reconnu à l'intéressé de disposer d'autres moyens de contestation dans des délais appropriés (▪ Cass. crim., 22 juill. 2015, QPC, n° 15-90.010 QPC : *Bull. crim.* n° 183).

7) Absence d'appel. L'ordonnance de placement en détention provisoire rendue par le juge des libertés et de la détention dans une procédure de comparution immédiate, lorsque la réunion du tribunal correctionnel est impossible le jour même, est une décision, rendue par une juridiction du premier degré, qui, en l'absence de toute disposition le prévoyant, n'est pas susceptible de recours (▪ Cass. crim., 1er févr. 2006, n° 06-80.697. ▪ Cass. crim., 6 janv. 2016, 3 arrêts, n° 15-86.186 : *Bull. crim.* n° 1 ; n° 15-86.187 ; n° 15-86.188).

8) **Absence de pourvoi en cassation.** Est irrecevable le pourvoi formé par le procureur de la République contre une ordonnance du juge des libertés et de la détention qui refuse de faire droit à des réquisitions de placement en détention provisoire d'un prévenu traduit devant lui en application de l'article 396 du Code de procédure pénale, une telle décision ne pouvant, lorsqu'elle a acquis un caractère définitif, être soumise à la censure de la Cour de cassation que dans l'intérêt de la loi et par le pourvoi du procureur général de cette cour (▪ Cass. crim., 12 janv. 2016, 3 arrêts, nos 15-86.514, 15-86.515 et 15-86.516 : *Bull. crim.* n° 4).

Art. 397 *(Mod., L. n° 93-2, 4 janv. 1993).* – **Lorsque le tribunal est saisi en application des articles 395 et 396, troisième alinéa, le président constate l'identité du prévenu, son avocat ayant été avisé. Il avertit le prévenu qu'il ne peut être jugé le jour même qu'avec son accord ; toutefois, cet accord ne peut être recueilli qu'en présence de son avocat ou, si celui-ci n'est pas présent, d'un avocat désigné d'office sur sa demande par le bâtonnier.**

Si le prévenu consent à être jugé séance tenante, mention en est faite dans les notes d'audience.

Bibliographie : V. Lesclous, *Convocation par procès-verbal et comparution immédiate : JCl. Proc. pén.*, art. 393 à 397-6, Fasc. 20.

1) **Question prioritaire de constitutionnalité.** Les articles 393 à 397-1 du Code de procédure pénale sont suffisamment clairs et précis pour que, mis en œuvre par le procureur de la République, les modalités de leur application, dont le contrôle entre dans l'office du juge pénal, puissent se faire sans risque d'arbitraire et sans méconnaître les principes constitutionnels de clarté de la loi garantis par l'article 34 de la Constitution, du droit au procès équitable et des droits de la défense garantis par l'article 16 de la Déclaration des droits de l'homme et du citoyen (▪ Cass. crim., 21 août 2013, n° 13-90.023 QPC).

2) **Consentement du prévenu.** En cas de comparution immédiate, le président doit recueillir le consentement du prévenu, en présence de son avocat, à être jugé séance tenante et mention doit en est faite dans les notes d'audience ; les mentions du jugement constatant que cette formalité a été accomplie valent jusqu'à inscription de faux (▪ Cass. crim., 12 avr. 2016, n° 16-81.015 : *Bull. crim.* n° 128).

Art. 397-1 (1) *(Mod., L. n° 2004-204, 9 mars 2004).* – **Si le prévenu ne consent pas à être jugé séance tenante ou si l'affaire ne paraît pas en état d'être jugée, le tribunal, après avoir recueilli les observations des parties et de leur avocat, renvoie à une prochaine audience qui doit avoir lieu dans un délai qui ne peut être inférieur à deux semaines, sauf renonciation expresse du prévenu, ni supérieur à six semaines.**

Lorsque la peine encourue est supérieure à sept ans d'emprisonnement, le prévenu, informé de l'étendue de ses droits, peut demander que l'affaire soit renvoyée à une audience qui devra avoir lieu dans un délai qui ne peut être inférieur à deux mois, sans être supérieur à quatre mois.

Dans les cas prévus par le présent article, le prévenu ou son avocat peut demander au tribunal d'ordonner tout acte d'information qu'il estime nécessaire à la manifestation de la vérité relatif aux faits reprochés ou à la personnalité de l'intéressé. Le tribunal qui refuse de faire droit à cette demande doit rendre un jugement motivé.

Bibliographie : V. Lesclous, *Convocation par procès-verbal et comparution immédiate : JCl. Proc. pén.*, art. 393 à 397-6, Fasc. 20.

I – QUESTION PRIORITAIRE DE CONSTITUTIONNALITÉ

1) Les articles 393 à 397-1 du Code de procédure pénale sont suffisamment clairs et précis pour que, mis en œuvre par le procureur de la République, les modalités de leur application, dont le contrôle entre dans l'office du juge pénal, puissent se faire sans risque d'arbitraire et sans méconnaître les principes constitutionnels de clarté de la loi garantis par l'article 34 de la Constitution, du droit au procès équitable et des droits de la défense garantis par l'article 16 de la Déclaration des droits de l'homme et du citoyen (▪ Cass. crim., 21 août 2013, n° 13-90.023 QPC).

(1) Dispositions particulières ou dérogatoires résultant de l'état d'urgence sanitaire dû à l'épidémie de covid-19 : V. Ord. n° 2020-303 du 25 mars 2020. – NDLR.

II – VIOLATION DU DÉLAI DE L'ARTICLE 397-1, ALINÉA 1, DU CODE DE PROCÉDURE PÉNALE

2) **Nullité.** Est nul le jugement qui ne respecte pas les dispositions impératives de l'article 397-1, alinéa 1 du Code de procédure pénale, prescrivant que le délai de renvoi d'une affaire poursuivie selon la procédure de comparution immédiate ne peut excéder six semaines (▪ Cass. crim., 28 avr. 1998, n° 96-81.539 : *Bull. crim.* n° 141). Il en va différemment si le prévenu a comparu libre et assisté de son avocat lors de cette audience (▪ Cass. crim., 9 déc. 2009, n° 09-81.262), le fait qu'il ne sollicite pas alors un nouveau report faisant présumer qu'il a renoncé à bénéficier du délai minimum (▪ Cass. crim., 28 nov. 2012, n° 12-81.939 : *Bull. crim.* n° 264).

3) **Exception de nullité.** L'exception de nullité de la procédure de comparution immédiate, tirée de la violation du délai maximum de six semaines imposé par l'article 397-1, alinéa 1 du Code de procédure pénale n'ayant pas été invoquée devant les juges du fond, elle ne peut être présentée pour la première fois devant la Cour de cassation par application de l'article 385 du Code de procédure pénale (▪ Cass. crim., 13 avr. 2005, n° 04-82.647. ▪ Cass. crim., 28 juin 2016, n° 15-86.424).

4) **Évocation par la cour d'appel.** En cas de violation du délai de l'article 397-1, alinéa 1, du Code de procédure pénale, la cour d'appel doit annuler la décision et évoquer en faisant application de l'article 520 du Code de procédure pénale (▪ Cass. crim., 28 avr. 1998, préc., n° 2. ▪ Cass. crim., 24 juin 2009, n° 08-87.241 : *Bull. crim.* n° 136. ▪ Cass. crim., 9 déc. 2009, préc., n° 2. ▪ Cass. crim., 13 nov. 2012, n° 12-85.664 : *Bull. crim.* n° 244).

5) **Demande de renvoi par le prévenu pour préparer sa défense.** Selon l'article 397-1, alinéa 2 du Code de procédure pénale, lorsque la peine encourue est supérieure à sept ans d'emprisonnement, le prévenu, informé de l'étendue de ses droits, peut demander que l'affaire soit renvoyée à une audience qui devra avoir lieu dans un délai qui ne peut être inférieur à deux mois, sans être supérieur à quatre mois ; le prévenu, informé de l'étendue de ses droits, doit donc expressément demander l'application de ces dispositions : il ne suffit pas qu'il ait sollicité un délai pour préparer sa défense (▪ Cass. crim., 10 mars 2010, n° 09-81.948).

6) **Impartialité du juge des libertés et de la détention.** Selon l'article 137-1 du Code de procédure pénale, le juge des libertés et de la détention ne peut, à peine de nullité, participer au jugement des affaires pénales dont il a connu ; fait l'exacte application de ce texte, la cour d'appel qui, pour annuler le jugement, retient que, dans la composition du tribunal correctionnel devant lequel le prévenu a été traduit selon la procédure de comparution immédiate, figurait le juge des libertés et de la détention, qui avait ordonné sa détention provisoire (▪ Cass. crim., 23 sept. 2010, n° 10-81.245 : *Bull. crim.* n° 140).

Art. 397-1-1 (1) *(L. n° 2019-222, 23 mars 2019).* **– Dans les cas prévus à l'article 395, s'il existe contre la personne des charges suffisantes pour la faire comparaître devant le tribunal correctionnel, mais que l'affaire n'est pas en état d'être jugée selon la procédure de comparution immédiate parce que n'ont pas encore été obtenus les résultats de réquisitions, d'examens techniques ou médicaux déjà sollicités, le procureur de la République peut, si le prévenu est assisté par un avocat choisi par lui ou désigné par le bâtonnier, le poursuivre devant le tribunal correctionnel selon la procédure de comparution à délai différé conformément aux dispositions du présent article.**

Conformément aux dispositions de l'article 396, le prévenu est présenté devant le juge des libertés et de la détention, qui statue sur les réquisitions du ministère public aux fins de contrôle judiciaire, d'assignation à résidence avec surveillance électronique ou de détention provisoire, après avoir recueilli les observations éventuelles du prévenu ou de son avocat. Les réquisitions du procureur précisent les raisons justifiant le recours à la présente procédure, en indiquant s'il y a lieu les actes en cours dont les résultats sont attendus. La détention provisoire ne peut être ordonnée que si la peine d'emprisonnement encourue est égale ou supérieure à trois ans. L'ordonnance rendue est susceptible d'appel dans un délai de dix jours devant la chambre de l'instruction.

L'ordonnance prescrivant le contrôle judiciaire, l'assignation à résidence avec surveillance électronique ou la détention provisoire, rendue dans les conditions et selon les modalités prévues à l'article 396, énonce les faits retenus et saisit le tribunal ; elle est notifiée verbalement au prévenu et mentionnée au procès-verbal dont copie lui est remise sur-le-champ. Le prévenu doit comparaître devant le tribunal au plus tard dans un délai de deux

(1) Dispositions particulières ou dérogatoires résultant de l'état d'urgence sanitaire dû à l'épidémie de covid-19 : V. Ord. n° 2020-303 du 25 mars 2020. – NDLR.

mois, à défaut de quoi il est mis fin d'office au contrôle judiciaire, à l'assignation à résidence avec surveillance électronique ou à la détention provisoire.

Si le prévenu placé sous contrôle judiciaire ou sous assignation à résidence avec surveillance électronique se soustrait aux obligations qui lui sont imposées, les dispositions du deuxième alinéa de l'article 141-2 et de l'article 141-4 sont applicables ; les attributions confiées au juge d'instruction par les mêmes articles 141-2 et 141-4 sont alors exercées par le procureur de la République.

Les procès-verbaux ou autres pièces résultant des réquisitions, examens techniques ou médicaux mentionnés au premier alinéa du présent article sont versés au dossier de la procédure dès leur accomplissement et mis à la disposition des parties ou de leur avocat.

Jusqu'à l'audience de jugement, le prévenu ou son avocat peuvent demander au président du tribunal la réalisation de tout acte qu'ils estiment nécessaire à la manifestation de la vérité, conformément aux dispositions de l'article 388-5, dont les deuxième à dernier alinéas sont applicables. Si le prévenu est détenu, la demande peut être faite au moyen d'une déclaration auprès du chef de l'établissement pénitentiaire. Cette déclaration est constatée et datée par le chef de l'établissement pénitentiaire, qui la signe, ainsi que le demandeur. Si celui-ci ne peut signer, il en est fait mention par le chef de l'établissement.

Pour la mise en œuvre de la procédure de comparution à délai différée, la présentation de la personne devant le procureur de la République prévue à l'article 393 ainsi que sa présentation devant le juge des libertés et de la détention prévue au deuxième alinéa du présent article peuvent intervenir dans un lieu autre que le tribunal si l'état de santé de cette personne ne permet pas de l'y transporter.

Lorsqu'il est fait application des dispositions du présent article, la victime en est avisée par tout moyen. Elle peut alors se constituer partie civile et déposer des demandes d'actes conformément à l'article 388-5.

Art. 397-2 *(Mod., L. n° 2019-222, 23 mars 2019 ; L. n° 2021-1729, 22 déc. 2021).* **– Dans tous les cas prévus au présent paragraphe 3, le tribunal peut, à la demande des parties ou d'office, commettre par jugement l'un de ses membres ou l'un des juges d'instruction de la juridiction désigné dans les conditions de l'article 83, alinéa premier, pour procéder à un supplément d'information ; les dispositions de l'article 463 sont applicables.**

Le tribunal peut, dans les mêmes conditions, s'il estime que la complexité de l'affaire nécessite des investigations supplémentaires approfondies, renvoyer le dossier au procureur de la République.

Le tribunal statue au préalable sur le maintien du prévenu en détention provisoire jusqu'à sa comparution devant un juge d'instruction. Cette comparution doit avoir lieu le jour même, à défaut de quoi le prévenu est remis en liberté d'office. Toutefois, si la gravité ou la complexité de l'affaire justifie que le tribunal commette un juge du pôle de l'instruction compétent et qu'il n'existe pas de pôle au sein du tribunal judiciaire, cette comparution doit intervenir devant le juge d'instruction du pôle territorialement compétent dans un délai de cinq jours ouvrables, à défaut de quoi le prévenu est remis en liberté d'office.

Bibliographie : V. Lesclous, *Convocation par procès-verbal et comparution immédiate : JCl. Proc. pén.*, art. 393 à 397-6, Fasc. 20.

I – SUPPLÉMENT D'INFORMATION

1) L'appréciation, par les juges du fond, de l'opportunité d'un supplément d'information échappe au contrôle de la Cour de cassation (■ Cass. crim., 4 sept. 2002, n° 01-86.275).

II – RENVOI DU DOSSIER AU PROCUREUR DE LA RÉPUBLIQUE

2) Appréciation souveraine de l'opportunité du renvoi. Les juges du fond estiment souverainement si l'affaire est en état d'être jugée sans investigations complémentaires (■ Cass. crim., 26 avr. 1994, n° 93-84.880 : *Bull. crim.* n° 149).

3) Faits relevant d'une qualification criminelle. Lorsque, saisi par la comparution immédiate du prévenu et estimant que la complexité de l'affaire nécessite des investigations complémentaires approfondies, le tribunal correctionnel renvoie la procédure au procureur de la République en vue de saisir le juge d'instruction, il n'a pas à statuer sur sa compétence en jugeant que les faits relèvent d'une qualification criminelle, car les dispositions de l'article 469 du Code de procédure pénale ne sont pas applicables (■ Cass. crim., 27 mai 2003, n° 02-85.619 : *Bull. crim.* n° 107).

4) Domaine du renvoi. C'est uniquement lorsqu'il est saisi selon la procédure de comparution immédiate que le tribunal correctionnel peut, en application de l'article 397-2, alinéa 2 du Code de procédure pénale, renvoyer le dossier au procureur de la République, en vue de la saisine du juge d'instruction ; un tel renvoi est donc exclu en cas de procédure de convocation par procès-verbal (■ Cass. crim., 10 juill. 2013, n° 13-81.599 : *Bull. crim.* n° 173). *Contra* : l'article 397-2, alinéa 2, du Code de procédure pénale s'applique aux procédures de convocation par procès-verbal et de comparution immédiate (■ Cass. crim., 15 févr. 2000, n° 99-81.290 : *Bull. crim.* n° 66). L'article 397-2, alinéa 2, du Code de procédure pénale est inapplicable lorsque le tribunal est saisi par citation directe ; met donc fin à la procédure, au sens de l'article 507 du Code de procédure pénale, le jugement aux termes duquel le tribunal correctionnel, alors qu'il est saisi par voie de citation directe, renvoie le dossier au procureur de la République sur le fondement de l'article 397-2, alinéa 2, du Code de procédure pénale, lequel ne s'applique qu'aux procédures de convocation par procès-verbal et de comparution immédiate (■ Cass. crim., 15 févr. 2000, préc.).

5) Appel contre la décision de renvoi. La décision du tribunal de renvoyer le dossier au procureur de la République, en vue de la saisine du juge d'instruction, n'est pas susceptible d'appel (■ Cass. crim., 29 oct. 2008, n° 08-84.623 : *Bull. crim.* n° 218. ■ Cass. crim., 3 mars 2009, n° 08-87.839. ■ Cass. crim., 10 juill. 2013, préc., n° 4). Est recevable l'appel formé par le procureur de la République contre le jugement du tribunal correctionnel, qui, saisi selon la procédure de la comparution immédiate, a prononcé la nullité de la garde à vue et des actes subséquents et a renvoyé le dossier à ce magistrat, dès lors que ce renvoi a été fait non en vue de la saisine d'un juge d'instruction, mais ensuite de l'annulation des pièces de la procédure (■ Cass. crim., 23 févr. 2011, n° 10-84.922 : *Bull. crim.* n° 39). Lorsqu'en application des dispositions des articles 397-2 et 397-3 du Code de procédure pénale, le tribunal correctionnel a renvoyé le dossier au procureur de la République en vue de l'ouverture d'une information judiciaire, les prévenus étant maintenus en détention, la cour d'appel peut déclarer l'appel irrecevable en ce qui concerne le renvoi du dossier au procureur de la République sans répondre sur les incidents de nullité de procédure, dès lors que, par motifs propres et adoptés, elle constate que les incidents étaient joints au fond ; en effet, en application des dispositions de l'article 459 du Code de procédure pénale, il n'y a pas lieu de statuer sur les nullités par une décision distincte et les prévenus ne sont pas privés de la possibilité de soulever ces nullités (■ Cass. crim., 14 sept. 2011, n° 11-84.761).

6) Conséquence du renvoi : ouverture d'une information. Il se déduit de l'article 397-2, alinéa 2, du Code de procédure pénale que, lorsque le tribunal renvoie le dossier au procureur de la République en raison de la complexité de l'affaire et des investigations supplémentaires approfondies qu'elle implique, ce magistrat requiert l'ouverture d'une information judiciaire (■ Cass. crim., 21 nov. 2012, n° 12-80.621 : *Bull. crim.* n° 254 : *Dr. pén.* 2012, comm. 13, obs. A. Maron et M. Haas). Selon l'article 397-2, alinéas 2 et 3, du Code de procédure pénale, lorsque le tribunal fait application de ce texte, le prévenu doit comparaître le jour même devant le juge d'instruction ; il s'en déduit que le procureur de la République a l'obligation légale de saisir immédiatement ce magistrat en faisant ouvrir une information (■ Cass. crim., 22 janv. 2013, 2 arrêts, n°s 12-87.042 et 12-87.043).

7) Conséquence du renvoi : point de départ du délai de la détention provisoire. La décision de placement en détention provisoire ordonnée par le tribunal correctionnel en application des dispositions de l'article 397-3, alinéa 2, du Code de procédure pénale ne constitue pas le point de départ de la détention ordonnée par le juge des libertés et de la détention statuant après renvoi du dossier par le tribunal au procureur de la République, en vertu de l'article 397-2, alinéa 2, du même code ; encourt, dès lors, la cassation pour violation de l'article 145-1 dudit code, l'arrêt qui ordonne la mise en liberté d'office de la personne mise en examen, au motif que sa détention provisoire n'a pas été prolongée dans le délai de quatre mois à compter de son placement en détention par le tribunal saisi par la comparution immédiate du prévenu, alors que ce délai n'avait commencé à courir qu'à compter de l'ordonnance de placement en détention provisoire rendue par le juge des libertés et de la détention saisi après ouverture d'une information et n'était pas expiré (■ Cass. crim., 23 août 2005, n° 05-83.796 : *Bull. crim.* n° 210).

III – COMPÉTENCE DE LA COUR D'APPEL POUR ORDONNER LES MESURES DE L'ARTICLE 397-2 DU CODE DE PROCÉDURE PÉNALE

8) La juridiction du second degré a, en raison de l'effet dévolutif de l'appel, les mêmes pouvoirs, résultant de l'article 397-2 du Code de procédure pénale, que le tribunal correctionnel ; c'est donc à tort qu'une cour d'appel énonce que seul le tribunal saisi par la procédure de comparution immédiate tient de l'article 397-2 dudit code le pouvoir d'ordonner un supplément d'information ou de renvoyer le dossier au procureur de la République et qu'il ne lui appartient pas de faire application des dispositions de ce texte (■ Cass. crim., 23 mai 2006, n° 05-86.879).

IV – DÉCISION DE MAINTIEN DE LA DÉTENTION PROVISOIRE

9) **Inapplicabilité de l'article 144 du Code de procédure pénale.** Le maintien en détention ordonné à l'issue d'une procédure de comparution immédiate en application de l'article 397-2 du Code de procédure pénale échappe aux prescriptions de l'article 144 du même code ; en conséquence la décision n'a pas à être précédée d'un débat contradictoire préalable et ne requiert pas une motivation conforme aux exigences prévues par cet article (■ Cass. crim., 5 févr. 2019, n° 18-86.405 : *Bull. crim.* n° 32).

Art. 397-2-1 *(Créé, L. n° 2022-52, 24 janv. 2022).* **– S'il lui apparaît que la personne présentée devant lui est mineure, le tribunal renvoie le dossier au procureur de la République.**

S'il s'agit d'un mineur âgé d'au moins treize ans, le tribunal statue au préalable, après avoir entendu les réquisitions du procureur de la République et les observations du mineur et de son avocat, sur son placement ou son maintien en détention provisoire jusqu'à sa comparution soit devant le juge d'instruction spécialisé, soit devant le juge des enfants ou le juge des libertés et de la détention spécialisé, selon les modalités prévues aux articles L. 423-6 ou L. 423-9 du Code de la justice pénale des mineurs. La décision est spécialement motivée au regard de la nécessité de garantir le maintien du mineur à la disposition de la justice. La comparution devant le juge compétent doit avoir lieu dans un délai de vingt-quatre heures, à défaut de quoi le mineur est remis en liberté d'office.

Le présent article est également applicable devant le juge des libertés et de la détention statuant en application de l'article 396 du présent code.

Art. 397-3 (1) *(Mod., L. n° 2007-291, 5 mars 2007).* **– Dans tous les cas prévus par le présent paragraphe, le tribunal peut, conformément aux dispositions de l'article 141-1, placer ou maintenir le prévenu sous contrôle judiciaire. Cette décision est exécutoire par provision. Si le prévenu placé sous contrôle judiciaire se soustrait aux obligations qui lui sont imposées, les dispositions du deuxième alinéa de l'article 141-2 sont applicables.**

Dans les cas prévus par les articles 395 et suivants, le tribunal peut également placer ou maintenir le prévenu en détention provisoire par décision spécialement motivée. La décision prescrivant la détention est rendue suivant les modalités prévues par les articles 135, 137-3, premier alinéa, et 464-1 et est motivée par référence aux dispositions du 1° à 6° de l'article 144. Elle est exécutoire par provision.

Lorsque le prévenu est en détention provisoire, le jugement au fond doit être rendu dans les deux mois qui suivent le jour de sa première comparution devant le tribunal. Faute de décision au fond à l'expiration de ce délai, il est mis fin à la détention provisoire. Le prévenu, s'il n'est pas détenu pour une autre cause, est mis d'office en liberté.

Lorsqu'il a été fait application des dispositions du deuxième alinéa de l'article 397-1, le délai prévu à l'alinéa précédent est porté à quatre mois.

Bibliographie : V. Lesclous, *Convocation par procès-verbal et comparution immédiate : JCl. Proc. pén.*, art. 393 à 397-6, Fasc. 20.

1) **Détention provisoire – Détermination du point de départ pour le calcul de sa durée.** La décision de placement en détention provisoire ordonnée par le tribunal correctionnel en application des dispositions de l'article 397-3, alinéa 2, du Code de procédure pénale ne constitue pas le point de départ de la détention ordonnée par le juge des libertés et de la détention statuant après renvoi du dossier par le tribunal au procureur de la République, en vertu de l'article 397-2, alinéa 2, du même code ; encourt, dès lors, la cassation pour violation de l'article 145-1 dudit code, l'arrêt qui ordonne la mise en liberté d'office de la personne mise en examen, au motif que sa détention provisoire n'a pas été prolongée dans le délai de quatre mois à compter de son placement en détention par le tribunal saisi par la comparution immédiate du prévenu, alors que ce délai n'avait commencé à courir qu'à compter de l'ordonnance de placement en détention provisoire rendue par le juge des libertés et de la détention saisi après ouverture d'une information et n'était pas expiré (■ Cass. crim., 23 août 2005, n° 05-83.796 : *Bull. crim.* n° 210).

2) **Détention provisoire – Effet dévolutif de l'appel.** En l'état de l'appel formé par un prévenu contre la décision du tribunal correction-

(1) Dispositions particulières ou dérogatoires résultant de l'état d'urgence sanitaire dû à l'épidémie de covid-19 : V. Ord. n° 2020-303 du 25 mars 2020. – NDLR.

nel ayant, à l'occasion d'une procédure de comparution immédiate après refus du prévenu d'être jugé le jour même, renvoyé l'examen de l'affaire à une audience ultérieure et ordonné le placement dudit prévenu en détention provisoire, les juges du second degré peuvent, en raison de l'effet dévolutif de l'appel, examiner le bien-fondé de la détention provisoire et statuer sur la nécessité de cette mesure, au besoin en substituant aux motifs insuffisants, voire erronés de la décision rendue en première instance des motifs répondant aux exigences légales (■ Cass. crim., 13 nov. 2012, n° 12-85.664 : *Bull. crim.* n° 244).

3) **Appel d'un détenu – Délai pour statuer de la cour d'appel.** Lorsque le prévenu fait appel de la décision par laquelle le tribunal correctionnel a renvoyé l'affaire à une prochaine audience pour lui permettre de préparer sa défense et a ordonné son placement en détention provisoire, la cour d'appel qui annule le jugement, évoque et statue au fond, doit statuer dans les 4 mois de l'appel conformément à l'article 397-4 du Code de procédure pénale, et non pas dans le délai de 2 mois suivant la première comparution devant le tribunal tel qu'il est fixé par l'article 397-3, alinéa 3 dudit code (■ Cass. crim., 13 nov. 2013, n° 12-86.951 : *Bull. crim.* n° 225).

Art. 397-3-1 *(Créé à compter du 1er oct. 2014, L. n° 2014-896, 15 août 2014).* **– Quand il prononce l'ajournement de la peine aux fins d'investigations sur la personnalité en application de l'article 132-70-1 du Code pénal, le tribunal peut également placer ou maintenir la personne déclarée coupable sous contrôle judiciaire en application du premier alinéa de l'article 397-3 du présent code, sous assignation à résidence avec surveillance électronique en application du premier alinéa de l'article 142-12, ou, dans les cas prévus aux articles 395 à 397-7, en détention provisoire en application du deuxième alinéa de l'article 397-3. La détention provisoire ne peut être décidée que pour l'un des motifs prévus aux 2°, 3°, 5° et 6° de l'article 144. Lorsque la personne a été placée ou maintenue en détention, les deux derniers alinéas de l'article 397-3 sont applicables.**

Bibliographie : V. Lesclous, *Convocation par procès-verbal et comparution immédiate : JCl. Proc. pén.*, art. 393 à 397-6, Fasc. 20.

Art. 397-4 (1) *(Mod., L. n° 2002-1138, 9 sept. 2002).* **– Dans le cas où le prévenu est condamné à un emprisonnement sans sursis, le tribunal saisi en application des articles 395 et suivants peut, quelle que soit la durée de la peine, ordonner, d'après les éléments de l'espèce, le placement ou le maintien en détention par décision spécialement motivée. Les dispositions des articles 148-2 et 471, deuxième alinéa, sont applicables.**

La cour statue dans les quatre mois de l'appel du jugement rendu sur le fond interjeté par le prévenu détenu, faute de quoi celui-ci, s'il n'est pas détenu pour une autre cause, est mis d'office en liberté.

Si la juridiction estime devoir décerner un mandat d'arrêt, les dispositions de l'article 465 sont applicables, quelle que soit la durée de la peine prononcée.

Bibliographie : V. Lesclous, *Convocation par procès-verbal et comparution immédiate : JCl. Proc. pén.*, art. 393 à 397-6, Fasc. 20.

1) **Infraction réprimée par le Code de justice militaire.** Les juridictions de droit commun peuvent, en cas de procédure de comparution immédiate, ordonner par décision spécialement motivée, conformément à l'article 397-4, le placement ou le maintien en détention lorsque le prévenu est condamné à un emprisonnement sans sursis, serait-ce pour une infraction prévue par le Code de justice militaire (■ Cass. crim., 26 juin 1991, n° 90-87.649 : *Bull. crim.* n° 280).

2) **Motivation du placement ou du maintien en détention provisoire.** Le placement ou le maintien en détention provisoire ordonné en application de l'article 397-4 du Code de procédure pénale, à l'issue d'une procédure de comparution immédiate, échappe aux prescriptions de l'article 144 du même code ; le tribunal n'a donc pas à relever que les objectifs du placement en détention provisoire ne sauraient être atteints en cas de placement sous contrôle judiciaire (■ Cass. crim., 13 avr. 2010, n° 09-87.398 : *Bull. crim.* n° 65).

3) **Délai imparti à la cour d'appel pour statuer.** Selon l'article 397-4, alinéa 2 du Code de procédure pénale, la cour d'appel statue dans les 4 mois de l'appel du jugement rendu sur le fond lorsqu'il a été interjeté par le prévenu détenu ; ce texte n'ayant prévu, en cas de dépassement du délai qu'il fixe, d'autre conséquence que la mise d'office en liberté, sa méconnaissance ne saurait entacher de nullité la

(1) Dispositions particulières ou dérogatoires résultant de l'état d'urgence sanitaire dû à l'épidémie de covid-19 : V. Ord. n° 2020-303 du 25 mars 2020. – NDLR.

procédure, ni mettre fin aux poursuites (■ Cass. crim., 13 janv. 1992, n° 91-86.058 : *Bull. crim.* n° 8). Lorsque le prévenu fait appel de la décision par laquelle le tribunal correctionnel a renvoyé l'affaire à une prochaine audience pour lui permettre de préparer sa défense et a ordonné son placement en détention provisoire, la cour d'appel qui, ayant annulé le jugement, évoque et statue au fond, doit statuer dans les 4 mois de l'appel conformément à l'article 397-4 du Code de procédure pénale, et non pas dans le délai de 2 mois suivant la première comparution devant le tribunal tel qu'il est fixé par l'article 397-3, alinéa 3 dudit code (■ Cass. crim., 13 nov. 2013, n° 12-86.951 : *Bull. crim.* n° 225).

Art. 397-5 *(L. n° 83-466, 10 juin 1983).* **– Dans tous les cas prévus par le présent paragraphe et par dérogation aux dispositions des articles 550 et suivants, les témoins peuvent être cités sans délai et par tout moyen. Lorsqu'ils sont requis verbalement par un officier de police judiciaire ou un agent de la force publique, ils sont tenus de comparaître sous les sanctions portées aux articles 438 à 441.**

Bibliographie : V. Lesclous, *Convocation par procès-verbal et comparution immédiate : JCl. Proc. pén.*, art. 393 à 397-6, Fasc. 20.

La procédure de comparution immédiate n'interdit pas au prévenu, au besoin en sollicitant le renvoi de la cause, de faire citer les témoins de son choix en application des dispositions des articles 435 et 397-5 du Code de procédure pénale ; de surcroît le tribunal a la faculté, en vertu de l'article 444, alinéa 3, du même code, d'autoriser sur la proposition des parties l'audition de témoins, non régulièrement cités, mais présents à l'audience (■ Cass. crim., 18 avr. 1988, n° 87-84.819 : *Bull. crim.* n° 161).

Art. 397-6 *(L. n° 83-466, 10 juin 1983 ; L. n° 2021-1109, 24 août 2021).* **– Les dispositions des articles 393 à 397-5 ne sont applicables ni aux mineurs, ni en matière de délits de presse, de délits politiques ou d'infractions dont la procédure de poursuite est prévue par une loi spéciale.**

Par dérogation au premier alinéa du présent article, les articles 393 à 397-5 sont applicables aux délits prévus aux articles 24 et 24 *bis* ainsi qu'aux troisième et quatrième alinéas de l'article 33 de la loi du 29 juillet 1881 sur la liberté de la presse, sauf si ces délits résultent du contenu d'un message placé sous le contrôle d'un directeur de la publication en application de l'article 6 de la même loi ou de l'article 93-2 de la loi n° 82-652 du 29 juillet 1982 sur la communication audiovisuelle.

Bibliographie : V. Lesclous, *Convocation par procès-verbal et comparution immédiate : JCl. Proc. pén.*, art. 393 à 397-6, Fasc. 20.

I – DOMAINE DE L'ARTICLE 397-6 DU CODE DE PROCÉDURE PÉNALE QUANT AUX PROCÉDURES DE POURSUITE

1) Procédure de convocation en justice. Les dispositions de l'article 390-1 du Code de procédure pénale régissant la convocation en justice n'entrent pas dans les prévisions de l'article 397-6 dudit code (■ Cass. crim., 30 avr. 2002, n° 00-88.031 : *Bull. crim.* n° 95 ; *Dr. pén.* 2002, comm. 131, obs. A. Maron). La poursuite par la voie de la convocation en justice ne figure pas au rang des procédures inapplicables aux délits de presse, limitativement énumérées par l'article 397-6 du même code (■ Cass. crim., 15 déc. 2015, n° 14-85.570 : *Bull. crim.* n° 301).

II – DOMAINE DE L'ARTICLE 397-6 DU CODE DE PROCÉDURE PÉNALE QUANT AUX INFRACTIONS

2) Incrimination déterminée par une loi spéciale. Le recours à la procédure de comparution immédiate ne se heurte pas aux dispositions de l'article 397-6 du Code de procédure pénale lorsqu'une loi spéciale détermine une incrimination, mais ne soumet pas la poursuite à une procédure spéciale (■ Cass. crim., 26 avr. 1994, n° 93-84.880 : *Bull. crim.* n° 149).

3) Infractions militaires. Il se déduit des dispositions de l'article 698 du Code de procédure pénale que la procédure de comparution immédiate prévue par les articles 395 et suivants du code précité est applicable aux infractions militaires dont les juridictions de droit commun connaissent en vertu des articles 697 et suivants dudit code (■ Cass. crim., 4 déc. 1985, n° 85-91.060 : *Bull. crim.* n° 391, à propos de l'ancienne procédure de saisine directe. ■ Cass. crim., 26 juin 1991, n° 90-87.649 : *Bull. crim.* n° 280).

4) Infractions douanières. Les infractions douanières qui sont constatées par procès-verbaux de saisie, par procès-verbaux de constat ou par tout autre moyen, procès-verbaux ou rapports de la police ou rapports de la Commission de Bruxelles peuvent être, en application de l'article 342 du Code des douanes, poursuivies et prouvées par toutes voies de droit ; il s'ensuit que les délits douaniers passibles d'un emprisonnement entrant dans les prévisions de l'article 395 du Code de procédure pénale peuvent être poursuivis par le ministère public selon la procédure de comparution immédiate (■ Cass. crim., 8 avr. 1999, n° 98-84.889 : *Bull. crim.* n° 73).

5) Infractions de presse. En application de l'article 397-6 du Code de procédure pénale, la procédure de convocation par procès-verbal prévue à l'article 394 du même code n'est pas applicable en matière de délits de presse ; est nulle la poursuite qui viole cette règle (■ Cass. crim., 20 sept. 2016, n° 15-84.267 : provocation à la haine ou à la violence incriminée par l'article 24, L. 29 juill. 1881).

6) Infractions politiques. Selon les dispositions de l'article 397-6 du Code de procédure pénale, la convocation par procès-verbal, prévue par l'article 394 du même code, n'est pas applicable en matière de délits politiques. Constitue un tel délit l'infraction de participation sans arme à un attroupement après sommation de se disperser, prévue et réprimée par l'article 431-4, premier alinéa, du Code pénal (■ Cass. crim., 28 mars 2017, n° 15-84.940 : *Bull. crim.* n° 82).

III – EXCEPTION DE NULLITÉ POUR VIOLATION DE L'ARTICLE 397-6 DU CODE DE PROCÉDURE PÉNALE

7) L'exception de nullité qui invoque que les procédures des articles 393 à 397-5 du Code de procédure pénale sont inapplicables à certaines infractions doit être présentée avant toute défense au fond, conformément à l'article 385 dudit code ; elle est irrecevable si elle est invoquée pour la première fois devant la cour d'appel et le moyen de cassation qui la reprend est lui-même irrecevable (■ Cass. crim., 31 mars 1993, n° 92-86.411. ■ Cass. crim., 6 févr. 1996, n° 95-85.108).

Art. 397-7 *(Mod., L. n° 2019-222, 23 mars 2019 ; L. n° 2021-1729, 22 déc. 2021).* **– Si le procureur de la République estime que les faits pour lesquels la personne est déférée devant lui en application de l'article 393 doivent faire l'objet, en raison de leur gravité ou de leur complexité, d'une information relevant de la compétence d'un pôle de l'instruction alors qu'il n'existe pas de tel pôle au sein du tribunal judiciaire et que les éléments de l'espèce lui paraissent exiger une mesure de détention provisoire, il peut requérir le placement sous contrôle judiciaire, sous assignation à résidence avec surveillance électronique ou en détention provisoire de cette personne jusqu'à sa comparution devant le juge d'instruction compétent en faisant application du dernier alinéa de l'article 394 ou de l'article 396. Si la personne est placée en détention provisoire, elle doit comparaître devant le juge d'instruction du pôle de l'instruction au plus tard le cinquième jour ouvrable suivant. À défaut, elle est mise d'office en liberté.**

Voir : art. D. 15-4-2, p. 2142.

Section II. – De la composition du tribunal et de la tenue des audiences

§ 1. – Dispositions générales

Art. 398 (1) *(Mod., L. n° 2016-1457, 18 nov. 2016).* **– Le tribunal correctionnel est composé d'un président et de deux juges.**

Lorsqu'un procès paraît de nature à entraîner de longs débats, le président du tribunal judiciaire peut décider qu'un ou plusieurs magistrats du siège supplémentaires assisteront aux débats. Dans le cas où un ou plusieurs magistrats du siège composant le tribunal correctionnel seraient empêchés de suivre les débats jusqu'au prononcé du jugement, ils sont remplacés par le ou les magistrats du siège supplémentaires dans l'ordre de leur nomination au tribunal judiciaire, en commençant par le plus ancien du rang le plus élevé.

Toutefois, pour le jugement des délits énumérés à l'article 398-1, il est composé d'un seul de ces magistrats exerçant les pouvoirs conférés au président.

La désignation des magistrats du tribunal correctionnel appelés à statuer dans les conditions prévues à l'alinéa 3 est faite par le président du tribunal judiciaire selon les modalités fixées pour la répartition des juges entre les diverses chambres de ce tribunal ; s'il y a lieu, le président du tribunal correctionnel répartit les affaires entre ces magistrats.

Avant le début de l'année judiciaire, le président du tribunal judiciaire établit par ordonnance la liste des magistrats, exerçant à titre temporaire de son ressort susceptibles de siéger en qualité d'assesseur au sein de la formation collégiale du tribunal correctionnel. Cette ordonnance peut être modifiée en cours d'année pour

(1) Dispositions particulières ou dérogatoires résultant de l'état d'urgence sanitaire dû à l'épidémie de covid-19 : V. Ord. n° 2020-303 du 25 mars 2020. – NDLR.

prendre en compte une modification de la composition de la juridiction ou pour prévoir un service allégé pendant la période au cours de laquelle les magistrats, les fonctionnaires et les auxiliaires de justice bénéficient de leurs congés annuels. Cette formation ne peut comprendre plus d'un juge non professionnel.

Les décisions prévues au présent article sont des mesures d'administration non susceptibles de recours.

Bibliographie : D. Caron, *Tribunal correctionnel. – Composition du tribunal. – Tenue des audiences : JCl. Proc. pén.*, art. 398 à 399, Fasc. 20, actualisé par J.-B. Thierry.

I – COMPOSITION DU TRIBUNAL CORRECTIONNEL

1) Présidence du tribunal correctionnel. Est régulière la composition du tribunal correctionnel, lorsque celui-ci est présidé par le vice-président du tribunal de grande instance, et non par son président, car l'article 398 du Code de procédure pénale ne réserve pas à ce dernier la présidence du tribunal correctionnel (▪ Cass. crim., 15 juin 1999, n° 98-86.142).

2) Collégialité. Selon l'alinéa 3 de l'article 398, alinéa 1er, du Code de procédure pénale, il n'est dérogé au principe de la collégialité que pour le jugement des délits énumérés à l'article 398-1 ; est irrégulièrement composé le tribunal correctionnel qui, statuant sur le recours exercé par le procureur de la République contre une ordonnance du juge de l'application des peines, en vertu de l'article 733-1, 1 du Code de procédure pénale, était composé de son seul vice-président (▪ Cass. crim., 9 avr. 1997, n° 96-83.307). L'article 5 de la Convention de sauvegarde des droits de l'homme et des libertés fondamentales ne réserve pas à une juridiction collégiale le prononcé d'une peine privative de liberté ; il n'interdit donc pas au tribunal correctionnel de statuer, en application de l'article 398, alinéa 3, du Code de procédure pénale, dans la composition d'un seul magistrat exerçant les pouvoirs conférés au président (▪ Cass. crim., 14 mars 2001, n° 00-86.411).

Le tribunal correctionnel qui, statuant à juge unique, a prononcé une peine assortie d'un sursis avec mise à l'épreuve, doit, lorsqu'il est saisi d'une demande de révocation de cette mesure par le juge d'application des peines, statuer dans la formation collégiale prévue par l'alinéa 1er de l'article 398 du Code de procédure pénale ; aucune disposition légale ou conventionnelle n'interdit aux juges qui ont prononcé une peine assortie d'un sursis avec mise à l'épreuve de faire partie de la juridiction appelée à statuer sur une requête en révocation (▪ Cass. crim., 3 févr. 2004, n° 03-83.873 : *Bull. crim.* n° 27). Le tribunal correctionnel qui, statuant à juge unique, a prononcé une condamnation comportant une interdiction, déchéance ou incapacité, est compétent pour connaître, en la même formation, d'une requête en relèvement de cette mesure présentée ultérieurement conformément à l'article 55-1 du Code pénal (▪ Cass. crim., 27 janv. 1988, n° 87-84.684 : *Bull. crim.* n° 41).

3) Tribunal impartial. La présence du juge de l'application des peines dans la composition du tribunal susceptible de révoquer, à l'occasion du jugement d'un délit, le sursis avec mise à l'épreuve accordé au prévenu par une décision antérieure n'est pas incompatible avec l'article 6 de la Convention européenne des droits de l'Homme. En effet, l'avis que ce juge est appelé à donner, en application de l'article 132-48 du Code de procédure pénale, ne porte pas sur la valeur des charges pesant sur le prévenu, mais sur les modalités d'exécution d'une peine déjà prononcée (▪ Cass. crim., 18 oct. 2000, n° 99-86.289 : *Bull. crim.* n° 302).

4) Sanctions d'une composition irrégulière du tribunal correctionnel. Après avoir constaté que le jugement qu'elle confirme ne comporte pas le nom des magistrats ayant participé aux débats et au délibéré sauf celui du magistrat qui a assuré la lecture de la décision, alors que l'article 486, alinéa 1er, du Code de procédure pénale exige que la minute du jugement mentionne le nom des magistrats qui l'ont rendu, la cour d'appel doit prononcer la nullité du jugement et, après évocation, statuer sur le fond conformément aux dispositions de l'article 520 dudit code (▪ Cass. crim., 14 mai 1990, n° 89-83.945 : *Bull. crim.* n° 191). Le demandeur ne saurait reprocher à la cour d'appel d'avoir rejeté l'exception de nullité soulevée pour la première fois devant elle et prise de ce que, en première instance, il avait comparu devant un juge unique et non devant un tribunal en formation collégiale, dès lors qu'il lui appartenait d'élever cette contestation devant le premier juge pour lui permettre la mise en œuvre de la procédure de renvoi prévue par l'article 398-2 alinéa 1er du Code de procédure pénale (▪ Cass. crim., 1er déc. 1998, n° 98-82.010). Le moyen de cassation, qui invoque la nullité tenant à la composition irrégulière du tribunal correctionnel mais qui n'a pas été opposée à la cour d'appel, est irrecevable en application de l'article 599 du Code de procédure pénale (▪ Cass. crim., 29 nov. 2000, n° 00-81.439. ▪ Cass. crim., 16 nov. 2004, n° 04-81.564).

II – DÉLIBÉRÉ

5) Les renvois successifs du prononcé de la décision n'impliquent pas la prolongation du délibéré et, simples mesures d'ordre, peuvent intervenir après la cessation des fonctions de l'un des magistrats dès lors que ce dernier, selon une mention de la décision faisant foi jusqu'à inscription de faux, était présent aux débats et au délibéré et que la lecture a été faite, conformément à l'article 485, dernier alinéa, du Code de procédure pénale, par un autre magistrat ayant composé la juridiction (■ Cass. crim., 7 oct. 1992, n° 91-86.012 : *Bull. crim.* n° 316). La mention selon laquelle la juridiction a rendu sa décision après avoir délibéré conformément à la loi suffit à établir que l'assesseur supplémentaire qui a assisté aux débats en application de l'article 398, alinéa 2, du Code de procédure pénale n'a ni assisté, ni participé au délibéré (■ Cass. crim., 25 sept. 2012, n° 10-82.938 : *Bull. crim.* n° 198).

III – LECTURE DE LA DÉCISION

6) Il résulte des dispositions combinées de l'article 485 du Code de procédure pénale et de l'article 398 dudit code, qu'en première instance, il est donné lecture de la décision par le président ou par l'un des juges et que cette lecture peut être faite même en l'absence des autres magistrats du siège (■ Cass. crim., 9 févr. 1987, n° 86-92.864 : *Bull. crim.* n° 61). Il résulte de l'article 485, dernier alinéa, du Code de procédure pénale qu'il est donné lecture de la décision par le président ou par l'un des juges ayant participé aux débats et au délibéré et concouru à la décision, et que, dans le cas prévu par l'article 398, alinéa 1er, dudit code, cette lecture peut être faite même en l'absence des autres magistrats du siège (■ Cass. crim., 5 juin 1989, n° 89-81.437 : *Bull. crim.* n° 235).

Art. 398-1 *(Mod., L. n° 2020-1672, 24 déc. 2020 ; L. n° 2021-1040, 5 août 2021 ; L. n° 2022-52, 24 janv. 2022).* **– Sont jugés dans les conditions prévues au troisième alinéa de l'article 398 les délits suivants, lorsqu'ils sont punis d'une peine inférieure ou égale à cinq ans d'emprisonnement :**

1° Les délits ci-après mentionnés, prévus aux dispositions suivantes du Code pénal :

– les violences prévues aux articles 222-11, 222-12, 222-13 et 222-14-5 ;

– les appels ou messages malveillants et agressions sonores prévus à l'article 222-16 ;

– les menaces prévues aux articles 222-17 à 222-18-3 ;

– les atteintes involontaires à l'intégrité de la personne prévues aux articles 222-19-1, 222-19-2, 222-20-1 et 222-20-2 ;

– l'exhibition sexuelle prévue à l'article 222-32 ;

– la cession ou l'offre illicite de stupéfiants à une personne en vue de sa consommation personnelle prévues à l'article 222-39 ;

– le délit de risques causés à autrui prévu à l'article 223-1, lorsqu'il est commis à l'occasion de la conduite d'un véhicule ;

– le délit de recours à la prostitution prévu à l'article 225-12-1 ;

– les atteintes à la vie privée et à la représentation de la personne prévues aux articles 226-1 à 226-2-1, 226-3-1, 226-4 à 226-4-2 et 226-8 ;

– les abandons de famille, les violations des ordonnances prises par le juge aux affaires familiales en cas de violences et les atteintes à l'exercice de l'autorité parentale prévus aux articles 227-3 à 227-11 ;

– le vol, la filouterie, et le détournement de gage ou d'objet saisi prévus aux articles 311-3 et 311-4, 313-5, 314-5 et 314-6 ;

– le recel prévu à l'article 321-1 ;

– les destructions, dégradations et détériorations ne présentant pas de danger pour les personnes et l'installation illicite sur un terrain communal prévues aux articles 322-1 à 322-4-1 ;

– les destructions, dégradations et détériorations involontaires par explosion ou incendie prévues à l'article 322-5 ;

– les menaces de destruction, de dégradation ou de détérioration et les fausses alertes prévues aux articles 322-12 à 322-14 ;

– l'intrusion dans un établissement d'enseignement scolaire prévue aux articles 431-22 à 431-25 ;

– les menaces et actes d'intimidation commis contre les personnes exerçant une fonction publique prévus à l'article 433-3 ;

– les outrages et rébellions prévus aux articles 433-5 à 433-10 ;

– l'opposition à l'exécution de travaux publics ou d'utilité publique prévue à l'article 433-11 ;

– les usurpations de fonctions, de signes, de titres et l'usage irrégulier de qualité prévus aux articles 433-12 à 433-18 ;

– les atteintes à l'état civil des personnes prévues aux articles 433-18-1 à 433-21-1 ;

– le délit de fuite prévu à l'article 434-10 ;

– les délits de prise du nom d'un tiers ou de fausse déclaration relative à l'état civil d'une personne prévus à l'article 434-23 ;

– les atteintes au respect dû à la justice prévues aux articles 434-24, 434-26, 434-35, 434-35-1 et 434-38 à 434-43-1 ;

– les faux prévus aux articles 441-1 à 441-3, 441-5 et 441-6 à 441-8 ;

– la vente à la sauvette prévue aux articles 446-1 et 446-2 ;

– les sévices graves ou actes de cruauté envers les animaux prévus aux articles 521-1 et 521-2 ;

2° Les délits prévus par le Code de la route ;

3° Les délits en matière de chèques prévus aux articles L. 163-2, L. 163-3 et L. 163-7 du Code monétaire et financier ;

4° Les délits en matière de réglementations relatives aux transports prévus aux quatre premières parties du Code des transports ;

5° Les délits de port ou transport d'armes de la catégorie D figurant sur une liste fixée par un décret en Conseil d'État prévus par l'article L. 317-8 du Code de la sécurité intérieure ;

6° Les délits prévus par le Code de l'environnement en matière de chasse, de pêche en eau douce, de protection du patrimoine naturel, ainsi que par le titre VIII du livre V du même code ;

7° Les délits prévus par le Code forestier et par le Code de l'urbanisme ;

8° Les délits prévus par le Code de la construction et de l'habitation ;

9° Les délits prévus par le Code rural et de la pêche maritime en matière de garde et de circulation des animaux et de pêche maritime ;

10° Les délits prévus aux articles L. 335-2, L. 335-3 et L. 335-4 du Code de la propriété intellectuelle, lorsqu'ils sont commis au moyen d'un service de communication au public en ligne ;

10° *bis* Les délits prévus à l'article L. 3136-1 du Code de la santé publique, à l'article 1er de la loi n° 2021-689 du 31 mai 2021 relative à la gestion de la sortie de crise sanitaire ainsi qu'aux articles 9 et 16 de la loi n° 2021-1040 du 5 août 2021 relative à la gestion de la crise sanitaire ;

11° Le délit d'usage de stupéfiants prévu à l'article L. 3421-1 du Code de la santé publique ainsi que le délit prévu à l'article 60 *bis* du Code des douanes.

12° *(12° abr. à compter du 1er janvier 2021, Ord. n° 2020-1144, 16 sept. 2020).*

Pour l'appréciation du seuil de cinq ans d'emprisonnement mentionné au premier alinéa du présent article, il n'est pas tenu compte des aggravations résultant de l'état de récidive ou des dispositions des articles 132-76, 132-77 ou 132-79 du Code pénal.

Sont également jugés dans les conditions prévues au troisième alinéa de l'article 398 du présent code les délits pour lesquels une peine d'emprisonnement n'est pas encourue, à l'exception des délits de presse.

Toutefois, le tribunal statue obligatoirement dans les conditions prévues par le premier alinéa de l'article 398 lorsque le prévenu est en état de détention provisoire lors de sa comparution à l'audience ou lorsqu'il est poursuivi selon la procédure de comparution immédiate. Il statue également dans les conditions prévues par le premier alinéa de l'article 398 pour le jugement des délits prévus au présent article lorsque ces délits sont connexes à d'autres délits non prévus par cet article.

Bibliographie : *Répertoire.* D. Caron, *Tribunal correctionnel. – Composition du tribunal. – Tenue des audiences : JCl. Proc. pén.*, art. 398 à 399, Fasc. 20, actualisé par J.-B. Thierry.

Généralités. Y. Strickler, *Le juge unique en procédure pénale : LPA* 18 févr. 2002, n° 35, p. 9. • A. Vitu, *Le tribunal correctionnel à juge unique, in* L. Cadiet, J.-P. Gridel, J. Héron et *alii*, *Les juges uniques. Dispersion ou réorganisation du contentieux ?* XXIe Colloque des IEJ, 19 et 20 mai 1995, Dalloz, 1996, p. 81.

Art. 398-2 *(Mod., L. n° 2005-1549, 12 déc. 2005).* – Lorsque le tribunal correctionnel, dans sa composition prévue par le troisième alinéa de l'article 398, constate que la qualification retenue dans l'acte qui le saisit ne relève pas des dispositions de l'article 398-1, il renvoie l'affaire devant le tribunal correctionnel siégeant dans les conditions prévues par le premier alinéa de l'article 398.

Lorsque le tribunal correctionnel, dans sa composition prévue par le premier alinéa de l'article 398, constate que la qualification retenue dans l'acte qui le saisit relève des dispositions de l'article 398-1, et sous réserve

des dispositions du dernier alinéa de cet article, l'affaire peut soit être renvoyée devant le tribunal correctionnel siégeant dans les conditions prévues par le troisième alinéa de l'article 398, soit être jugée par le seul président.

Le tribunal correctionnel siégeant dans sa composition prévue par le troisième alinéa de l'article 398 peut, si ce renvoi lui paraît justifié en raison de la complexité des faits ou, au regard notamment des dispositions du dernier alinéa, en raison de l'importance de la peine susceptible d'être prononcée décider, d'office ou à la demande des parties ou du ministère public, de renvoyer l'affaire devant le tribunal correctionnel siégeant dans les conditions prévues au premier alinéa du même article. Les dispositions de l'alinéa qui précède ne sont alors pas applicables. Cette décision constitue une mesure d'administration judiciaire qui n'est pas susceptible de recours.

Le tribunal correctionnel siégeant dans sa composition prévue par le troisième alinéa de l'article 398 ne peut prononcer une peine d'emprisonnement ferme d'une durée supérieure à cinq ans.

Bibliographie : D. Caron, *Tribunal correctionnel. – Composition du tribunal. – Tenue des audiences : JCl. Proc. pén.*, art. 398 à 399, Fasc. 20, actualisé par J.-B. Thierry.

1) Renvoi de l'article 398-2, alinéa 1. Un demandeur ne saurait reprocher à une cour d'appel d'avoir rejeté l'exception de nullité soulevée pour la première fois devant elle et prise de ce que, en première instance, il avait comparu devant un juge unique et non devant un tribunal en formation collégiale, dès lors qu'il lui appartenait d'élever cette contestation devant le premier juge pour lui permettre la mise en œuvre de la procédure de renvoi prévue par l'article 398-2, alinéa 1er du Code de procédure pénale (■ Cass. crim., 1er déc. 1998, n° 98-82.010).

2) Renvoi de l'article 398-2, alinéa 2. Aucun conflit négatif de compétence n'existe, et il n'y a pas lieu à règlement de juges, lorsque, le juge de l'application des peines ayant saisi le tribunal correctionnel d'une requête en révocation de sursis avec mise à l'épreuve et le ministère public ayant audiencé cette demande devant un magistrat siégeant à juge unique, ce dernier renvoie l'affaire devant la formation collégiale, conformément à l'article 398-2 du Code de procédure pénale (■ Cass. crim., 3 juill. 1996, n° 96-82.725 : *Bull. crim.* n° 284).

3) Appel contre une décision de renvoi. Encourt la cassation un arrêt qui déclare immédiatement recevable l'appel d'une décision de renvoi prise en application de l'article 398-2 du Code de procédure pénale, alors que le jugement entrepris ne mettait pas fin à la procédure, et qu'aucune requête n'avait été déposée tendant à son examen immédiat (■ Cass. crim., 16 mai 2000, n° 99-86.681 : *Bull. crim.* n° 188).

Art. 398-3

(L. n° 72-1226, 29 déc. 1972 ; dénum., L. n° 95-125, 8 févr. 1995). – **Les fonctions du ministère public près le tribunal correctionnel sont exercées par le procureur de la République ou l'un de ses substituts ; celles du greffe par un greffier du tribunal judiciaire.**

Bibliographie : D. Caron, *Tribunal correctionnel. – Composition du tribunal. – Tenue des audiences : JCl. Proc. pén.*, art. 398 à 399, Fasc. 20, actualisé par J.-B. Thierry.

1) Le ministère public étant, dans toute juridiction répressive, partie intégrante et nécessaire de cette juridiction, le magistrat du parquet qui, par l'effet d'une citation, a reçu la qualité de témoin dans les poursuites dirigées contre un prévenu, ne saurait, aussi longtemps que cette qualité lui est attachée, exercer les fonctions du ministère public auprès du tribunal correctionnel chargé de statuer sur lesdites poursuites ; jusqu'à ce qu'il ait été pourvu au remplacement de ce magistrat, le tribunal correctionnel ne peut statuer ni sur la régularité de la citation qui lui a été délivrée ni sur les poursuites elles-mêmes (■ Cass. crim., 26 juill. 1983, n° 83-91.899 : *Bull. crim.* n° 228).

2) La mention « la juridiction était assistée de "Mme X..., agent administratif, faisant fonctions de greffier" », en l'absence de toute contestation des avocats des parties présents à l'audience, suffit à établir la régularité de la décision prononcée (■ Cass. crim., 27 sept. 2000, n° 00-81.634).

3) Il doit être présumé que le greffier, qui a assisté à l'audience à laquelle la décision a été prononcée, a également assisté aux débats (■ Cass. crim., 21 févr. 2007, n° 06-85.929).

4) La capacité du greffier qui a assisté la cour d'appel repose sur une présomption, qui, sauf preuve contraire, dispense de toute mention spéciale, relative soit au serment professionnel, soit aux autres conditions que doivent remplir les greffiers d'audience (■ Cass. crim., 11 mars 1998, n° 96-80.026, n° 99).

Art. 399 *(Rempl., L. n° 2004-204, 9 mars 2004).* **– Le nombre et le jour des audiences correctionnelles sont fixés par décision conjointe du président du tribunal judiciaire et du procureur de la République.**

Il en est de même de la composition prévisionnelle de ces audiences, sans préjudice des pouvoirs propres du ministère public en matière d'audiencement.

Les décisions prévues au présent article sont prises, après avis de l'assemblée générale du tribunal, à la fin de l'année judiciaire pour l'année judiciaire suivante, et peuvent, en cas de nécessité, être modifiées en cours d'année dans les mêmes conditions.

En cas d'impossibilité de parvenir à des décisions conjointes, le nombre et le jour des audiences correctionnelles sont fixés par le seul président du tribunal judiciaire, et la composition prévisionnelle de ces audiences est déterminée par le seul procureur de la République, après avis du premier président de la cour d'appel et du procureur général.

Bibliographie : D. Caron, *Tribunal correctionnel. – Composition du tribunal. – Tenue des audiences : JCl. Proc. pén.*, art. 398 à 399, Fasc. 20, actualisé par J.-B. Thierry.

Seules relèvent des dispositions de l'article 399 du Code de procédure pénale, auquel renvoie l'article 13-1 de l'ordonnance du 2 février 1945, et doivent figurer dans l'ordonnance prise en application de l'article R. 212-6 du Code de l'organisation judiciaire, les audiences du tribunal pour enfants visées par le deuxième de ces textes, et non les audiences tenues en chambre du conseil par le juge des enfants (■ Cass. crim., 8 sept. 2015, n° 14-84.315 : *Bull. crim.* n° 192).

§ 2. – Du tribunal correctionnel dans sa formation citoyenne

(L. n° 2011-939, 10 août 2011)

Avertissement : Les dispositions du présent paragraphe (art. 399-1 à 399-11) étaient applicables à titre expérimental du 1er janvier 2012 au 1er janvier 2014 dans les ressorts des cours d'appel de Dijon et Toulouse : A. 12 oct. 2011, art. 1er (*JO* 13 oct. 2011). L'arrêté du 13 juin 2012 (*JO* 23 juin 2012) met fin à l'extension de l'expérimentation prévue à compter du 1er janvier 2013 au 1er janvier 2014 : A. 16 févr. 2012 (*JO* 25 févr. 2012) puis fin de l'expérimentation à compter du 30 avril 2013 : A. 18 mars 2013 (*JO* 22 mars 2013).

Art. 399-1 à 399-11 ***(Créés à titre expérimental à compter du 1er janvier 2012 dans au moins deux cours d'appel et jusqu'au 1er janvier 2014 dans au plus dix cours d'appel, L. n° 2011-939, 10 août 2011).***

Section III. – De la publicité et de la police de l'audience

Art. 400 (1) *(Mod., Ord. n° 2019-950, 11 sept. 2019).* **– Les audiences sont publiques.**

Néanmoins, le tribunal peut, en constatant dans son jugement que la publicité est dangereuse pour l'ordre, la sérénité des débats, la dignité de la personne ou les intérêts d'un tiers, ordonner, par jugement rendu en audience publique que les débats auront lieu à huis clos.

Lorsque le huis clos a été ordonné, celui-ci s'applique au prononcé des jugements séparés qui peuvent intervenir sur des incidents ou exceptions ainsi qu'il est dit à l'article 459, alinéa 4.

Le jugement sur le fond doit toujours être prononcé en audience publique.

Bibliographie : A. Maron, *Tribunal correctionnel. – Publicité et police des audiences : JCl. Proc. pén.*, art. 400 à 405, Fasc. unique. • E. Derieux, *Les comptes rendus d'audience : Légipresse* avr. 1994, p. 25 et s. • J. Pradel, *Les techniques audiovisuelles, la justice et l'histoire : D.* 1986, chron. 18, p. 113 et s.

I – PRINCIPES CONSTITUTIONNELS

1) Il résulte de la combinaison des articles 6, 8, 9 et 16 de la Déclaration de 1789 que le jugement d'une affaire pénale pouvant conduire à une privation de liberté doit, sauf circonstances particulières nécessitant le huis clos, faire l'objet d'une audience publique (■ Cons. const., 2 mars 2004, n° 2004-492 DC).

II – PRINCIPES DU DROIT EUROPÉEN

2) Jurisprudence européenne. Le principe de la publicité de la procédure des organes judiciaires implique que la tenue des débats, comme le prononcé des jugements et arrêts soient publics (■ CEDH, 25 juill. 2000, nos 24954/94, 24971/94 et 24972/94, *Tierce et a. c/ Saint-Marin*). Limiter la

(1) Dispositions particulières ou dérogatoires résultant de l'état d'urgence sanitaire dû à l'épidémie de covid-19 : V. Ord. n° 2020-303 du 25 mars 2020. – NDLR.

publicité au seul prononcé du dispositif d'un jugements rendu à l'issue d'un procès tenu à huis clos n'est pas contraire à l'article 6 (■ CEDH, 1er mars 2011, n° 15924/05, *Welke et Bialek c/ Pologne*). L'article 6, § 1 de la Convention européenne des droits de l'Homme comporte des réserves à l'obligation de publicité des débats ; mais le huis clos, qu'il soit total ou partiel, doit être alors strictement commandé par les circonstances de l'affaire (■ CEDH, GC, 12 avr. 2006, *Martinie c/ France*). Il peut être nécessaire de limiter la transparence et la publicité d'une procédure, par exemple pour protéger un témoin ou sa vie privée, ou pour promouvoir le libre échange d'informations et d'opinions dans l'intérêt de la justice (■ CEDH, 24 avr. 2001, nos 36337/97 et 35974/97, *B. et P. c/ Royaume-Uni*).

3) Jurisprudence interne. L'exigence de publicité édictée par l'article 6, § 1 de la Convention européenne des droits de l'Homme ne concerne que les procédures portant sur « le bien-fondé de toute accusation en matière pénale » (■ Cass. crim., 6 juill. 1994, n° 93-80.505 : *Bull. crim.* n° 268). L'exigence de publicité édictée par l'article 6 de la Convention européenne des droits de l'Homme ne concerne pas les procédures portant sur des incidents d'exécution (■ Cass. crim., 15 juin 1994, n° 93-83.847 : *JurisData* 1994-002964 ; *Bull. crim.* n° 242). Lorsqu'ils ne statuent pas sur le bien-fondé d'une accusation en matière pénale, les juges ne peuvent se voir opposer les dispositions de l'article 6 de la Convention européenne des droits de l'Homme relatives à la publicité de l'audience (■ Cass. crim., 15 févr. 2005, n° 04-81.775 : *JurisData* 2005-027227 ; *Bull. crim.* n° 58). En invitant les photographes à quitter la salle d'audience, le président n'a fait que se conformer aux exigences de l'article 38 *ter* de la loi du 29 juillet 1881, sans méconnaître les dispositions de l'article 6 de la Convention européenne des droits de l'Homme (■ Cass. crim., 25 sept. 2012, n° 10-82.938 : *Bull. crim.* n° 198).

III – LA PUBLICITÉ DES AUDIENCES, RÈGLE DE PRINCIPE

A – Affirmation

4) La publicité des débats judiciaires est une règle qui ne souffre exception que dans les cas limitativement déterminés par la loi (■ Cass. crim., 17 mars 1970, n° 69-92.475 : *Bull. crim.* n° 110. ■ Cass. crim., 4 févr. 1985, n° 84-92.030 : *Bull. crim.* n° 53. ■ Cass. crim., 8 mars 1989, n° 88-84.296 : *Bull. crim.* n° 116. ■ Cass. crim., 17 oct. 2001, n° 01-80.399 : *Bull. crim.* n° 212. ■ Cass. crim., 17 sept. 2008, n° 07-87.967 : *Bull. crim.* n° 193. ■ Cass. crim., 28 sept. 2011, n° 11-80.582. ■ Cass. crim., 16 nov. 2016, n° 15-86.704 : *Bull. crim.* n° 300. ■ Cass. crim., 28 mars 2018, n° 17-82.138 : *Bull. crim.* n° 59 ; *Dr. pén.* 2018, comm. 92, obs. A. Maron et M. Haas ; *Procédures* 2018, comm. 195, obs. J. B. ■ Cass. crim., 11 déc. 2019, n° 18-85.372).

B – Illustrations

5) Aucune disposition de la loi ne déroge à la règle de la publicité des débats lorsque la juridiction correctionnelle est saisie, après décision définitive sur le fond, d'une requête aux fins de restitution d'objets placés sous la main de la justice, que cette requête émane d'une des parties ou d'un tiers (■ Cass. crim., 6 nov. 1969, n° 68-92.059 : *Bull. crim.* n° 295. ■ Cass. crim., 21 juill. 1982, n° 80-91.949 : *Bull. crim.* n° 197. ■ Cass. crim., 27 oct. 1983, n° 82-94.016 : *Bull. crim.* n° 273). Aucune disposition de la loi ne déroge à la règle de la publicité des débats, lorsque la juridiction correctionnelle est saisie, en même temps que du fond de l'affaire, d'un incident contentieux relatif à l'exécution de la sentence sur le fond, et notamment d'une demande de confusion de peines ; cette règle doit être respectée en cas d'appel de l'une des parties, limité au seul chef du jugement ayant statué sur cet incident (■ Cass. crim., 15 mai 1990, n° 89-84.725 : *Bull. crim.* n° 197). Les décisions rendues par application des dispositions de l'article L. 480-7 du Code de l'urbanisme, relatives au relèvement de l'astreinte, en cas de non-exécution des démolitions et remises en état des lieux, doivent être rendues publiquement après examen en audience publique (■ Cass. crim., 2 juin 1981, n° 80-94.399 : *Bull. crim.* n° 186. ■ Cass. crim., 19 janv. 1982, n° 81-91.653 : *Bull. crim.* n° 17). Mais, s'agissant des décisions rendues par application des dispositions de l'article L. 480-7 du Code de l'urbanisme, l'irrégularité commise ne doit pas entraîner l'annulation de la décision, dès lors qu'il n'est pas établi, ni même allégué, qu'elle ait porté atteinte aux intérêts du demandeur (■ Cass. crim., 15 juin 1999, n° 98-85.349 : *Bull. crim.* n° 135). En statuant par arrêt rendu en chambre du conseil, après débats tenus en chambre du conseil, sur le recours exercé contre la décision du juge de l'application des peines refusant d'ordonner qu'une peine sera exécutée sous le régime de la surveillance électronique, la cour d'appel fait l'exacte application de l'article D. 116-10 du Code de procédure pénale ; ne statuant pas sur le bien-fondé d'une accusation en matière pénale, les juges ne peuvent se voir opposer les dispositions des articles 400 et 512 du Code de procédure pénale relatifs à la publicité de l'audience (■ Cass. crim., 15 févr. 2005, préc., n° 2). Fait l'exacte application des dispositions de l'article 400 du Code de procédure pénale la cour d'appel qui, après avoir ordonné que les débats sur une demande de mise en liberté aient lieu à huis clos, rend son arrêt en audience publique, une telle décision ne constituant pas un jugement séparé au sens des dispositions combinées dudit article 400 et de l'article 459, alinéa 4, du même code (■ Cass. crim., 11 juin 2013, n° 13-81.998 : *Bull. crim.* n° 134).

C – Domaine d'application

6) Tribunal pour enfants. Il résulte de l'article 400 du Code de procédure pénale que les dispositions relatives à la publicité des débats et au huis clos devant le tribunal correctionnel sont applicables au tribunal pour enfants si la personne poursuivie, mineure au moment des faits et devenue majeure au jour de l'ouverture des débats, en fait la demande, sauf s'il existe un autre prévenu qui est toujours mineur ou qui, mineur au moment des faits et devenu majeur au jour de l'audience, s'oppose à cette demande (■ Cass. crim., 11 juill. 2017, n° 15-84.572 : *Bull. crim.* n° 204).

7) Cour d'appel. Sur l'application de l'article 400 du Code de procédure pénale, auquel renvoie l'article 512 dudit code, V. ■ Cass. crim., 14 févr. 2012, n° 11-85.172. ■ Cass. crim., 16 nov. 2016, n° 15-86.704 : *Bull. crim.* n° 300. ■ Cass. crim., 12 déc. 2018, n° 18-80.570.

8) Débats portant uniquement sur les intérêts civils. Les dispositions de l'article 400 s'appliquent également lorsque les débats portent uniquement sur les intérêts civils (■ Cass. crim., 28 mars 2018, n° 17-82.138 : *Bull. crim.* n° 59 ; *Dr. pén.* 2018, comm. 92, obs. A. Maron et M. Haas ; *Procédures* 2018, comm. 195, obs. J. B.).

IV – LA PUBLICITÉ DES AUDIENCES, RÈGLE D'ORDRE PUBLIC

A – Principe

9) La publicité des débats judiciaires est une règle d'ordre public (■ Cass. crim., 17 mars 1970, n° 69-92.475 : *Bull. crim.* n° 110. ■ Cass. crim., 4 févr. 1985, n° 84-92.030 : *Bull. crim.* n° 53. ■ Cass. crim., 16 nov. 2016, n° 15-86.704 : *Bull. crim.* n° 300. ■ Cass. crim., 28 mars 2018, n° 17-82.138 : *Bull. crim.* n° 59 ; *Dr. pén.* 2018, comm. 92, obs. A. Maron et M. Haas ; *Procédures* 2018, comm. 195, obs. J. B. ■ Cass. crim., 9 janv. 2019, n° 18-80.890. ■ Cass. crim., 11 déc. 2019, n° 18-85.372). L'observation de la règle de la publicité des audiences est d'ordre public et doit, à peine de nullité, être constatée par la décision (■ Cass. crim., 12 nov. 1974, n° 74-92.001 : *Bull. crim.* n° 325. ■ Cass. crim., 23 avr. 1985, n° 84-92.034 : *Bull. crim.* n° 154. ■ Cass. crim., 1er juin 1988, n° 88-80.081 : *Bull. crim.* n° 244).

10) Exigences de motivation. En matière correctionnelle, lorsque le huis clos a été ordonné pour la durée des débats, il est satisfait aux prescriptions légales concernant la publicité lorsqu'il est constaté que la décision attaquée a été rendue en audience redevenue publique (■ Cass. crim., 21 janv. 1964, n° 63-92.176 : *Bull. crim.* n° 18). Les mentions « ainsi fait et prononcé en audience publique » ou « ainsi fait, jugé et prononcé en audience publique » constatent la publicité non seulement de l'audience au cours de laquelle le jugement ou l'arrêt a été rendu, mais aussi celle des audiences précédentes où ont eu lieu les débats (■ Cass. crim., 27 juin 1967, nos 67-90.455 et 67-90.456 : *Bull. crim.* n° 192. ■ Cass. crim., 15 juin 1976, n° 75-90.299 : *Bull. crim.* n° 215. ■ Cass. crim., 24 avr. 1984, n° 83-90.752 : *Bull. crim.* n° 142). La mention « l'arrêt a été rendu par la cour d'appel statuant publiquement », par sa généralité, constate non seulement la publicité de l'audience où la décision a été rendue, mais aussi celle des audiences précédentes où ont eu lieu les débats (■ Cass. crim., 11 janv. 2017, n° 16-80.234). Lorsque l'arrêt qui constate expressément la publicité de l'audience à laquelle l'affaire a été appelée et retenue et la publicité de celle où il a été prononcé, spécifie que ladite affaire avait été « renvoyée en continuation » à l'audience intermédiaire où les débats se sont poursuivis et terminés et où elle a été mise en délibéré, la publicité de cette audience intermédiaire se trouve par là même constatée (■ Cass. crim., 9 nov. 1965, n° 64-92.358 : *Bull. crim.* n° 225). Encourt la cassation pour contradiction, la décision qui énonce que les débats ont eu lieu à huis clos et porte la mention : « ainsi fait et prononcé en audience publique », cette mention constatant nécessairement la publicité des débats et de l'audience au cours de laquelle la décision a été rendue (■ Cass. crim., 15 oct. 1970, n° 70-90.611 : *Bull. crim.* n° 270).

B – Tempéraments

11) La publicité des débats, principe essentiel de la procédure pénale, doit se concilier avec les pouvoirs de police que confèrent au président les articles 401 et suivants du Code de procédure pénale ; l'expulsion d'un perturbateur vaut pour toute la durée de l'audience quelles que soient les affaires qui y sont successivement jugées, à moins qu'en vertu de ses pouvoirs le président n'autorise expressément le perturbateur à revenir dans la salle d'audience (■ Cass. crim., 10 juill. 1974, n° 74-09.369 : *Bull. crim.* n° 263).

C – Exception : le huis clos

12) Compétence de la formation collégiale. Il résulte des termes de l'article 400 du Code de procédure pénale qu'il appartient à la formation de jugement en son entier et non à son seul président d'ordonner le huis clos par jugement rendu en audience publique (▪ Cass. crim., 9 nov. 2005, n° 04-87.471 : *Bull. crim.* n° 292).

13) Appréciation par la juridiction. En s'abstenant de vérifier par elle-même si la publicité était dangereuse pour l'ordre, la sérénité des débats, la dignité de la personne ou les intérêts d'un tiers, et en indiquant que le huis clos a été prononcé à la demande de la victime pour qui la publicité de l'audience paraissait dangereuse pour les mœurs, la juridiction méconnaît l'article 400 du Code de procédure pénale (▪ Cass. crim., 17 sept. 2008, n° 07-87.967 : *Bull. crim.* n° 193. ▪ Cass. crim., 18 juin 2014, n° 13-81.750. ▪ Cass. crim., 3 sept. 2014, n° 13-82.213). Encourt la cassation l'arrêt qui, sans constater que la publicité est dangereuse pour l'ordre, la sérénité des débats, la dignité de la personne ou les intérêts d'un tiers, se borne à énoncer qu'à la demande d'une partie ou d'un avocat, le président a ordonné le huis clos en application de l'article 400 du Code de procédure pénale (▪ Cass. crim., 9 nov. 2005, préc., n° 11. ▪ Cass. crim., 28 sept. 2011, préc., n° 4). Doit être cassé l'arrêt qui se borne à énoncer que l'avocat des parties civiles a sollicité la tenue des débats à huis clos, que le ministère public et l'avocat du prévenu ont été entendus en leurs observations, et que la cour après en avoir délibéré a ordonné que les débats soient tenus à huis clos : la juridiction s'est abstenue de vérifier par elle-même si la publicité était dangereuse pour l'ordre, la sérénité des débats, la dignité de la personne ou les intérêts d'un tiers (▪ Cass. crim., 11 déc. 2019, n° 18-85.372).

14) Exigences de motivation. Aux termes de l'article 400 du Code de procédure pénale, si la publicité paraît dangereuse pour l'ordre ou les mœurs, le danger doit être expressément constaté par le jugement ou l'arrêt ordonnant le huis clos ; aussi, lorsque la juridiction se borne à énoncer que le ministère public a requis qu'il lui plaise d'ordonner le huis clos en raison de la nature des débats, elle manque à son obligation de motiver son arrêt incident, ce qui entraîne la nullité des débats et de son arrêt sur le fond (▪ Cass. crim., 17 mars 1970, n° 69-92.475 : *Bull. crim.* n° 110. ▪ Cass. crim., 8 mars 1989, préc., n° 4). Le huis clos ne peut être ordonné que si le tribunal ou la cour d'appel constate dans le jugement ou l'arrêt que la publicité est dangereuse pour l'ordre ou les mœurs (▪ Cass. crim., 17 oct. 2001, préc., n° 4). Viole les articles 400 et 512 du Code de procédure pénale, l'arrêt qui se borne à énoncer, d'une part, que l'audience s'est tenue en chambre du conseil et, d'autre part, que la cour a délibéré en chambre du conseil, en s'abstenant de vérifier si la publicité était dangereuse pour l'ordre et la sérénité des débats, la dignité de la personne ou les intérêts d'un tiers (▪ Cass. crim., 14 févr. 2012, n° 11-85.172. ▪ Cass. crim., 16 nov. 2016, n° 15-86.704 : *Bull. crim.* n° 300). En s'abstenant de dire si la publicité était dangereuse pour l'ordre, la sérénité des débats, la dignité de la personne ou les intérêts d'un tiers, la cour d'appel a méconnu les articles 400 et 512 du Code de procésdure pénale et le principe de la publicité des débats judiciaires (▪ Cass. crim., 9 janv. 2019, n° 18-80.090). Est suffisamment motivé l'arrêt qui prononce le huis clos en faisant droit à des réquisitions du ministère public expressément fondées sur ce que la publicité des débats serait dangereuse pour l'ordre et les mœurs (▪ Cass. crim., 29 juill. 1968, n° 68-90.331 : *Bull. crim.* n° 241). Est suffisamment motivé l'arrêt qui prononce le huis clos au motif qu'en raison des faits de l'espèce, la publicité était de nature à nuire à la sérénité des débats et à la dignité de la jeune victime, âgée de douze ans au moment de leur commission (▪ Cass. crim., 18 janv. 2006, n° 05-82.738). Est suffisamment motivé l'arrêt qui prononce le huis clos au motif que la publicité « est dangereuse pour l'ordre ou les mœurs » (▪ Cass. crim., 31 mars 2010, n° 09-82.795 : *Bull. crim.* n° 58).

15) Absence de caractère contentieux du prononcé du huis clos. En matière correctionnelle, l'article 400 du Code de procédure pénale ne confère aucun caractère contentieux au prononcé du huis clos ; la décision peut donc être prise sans qu'il soit nécessaire que le prévenu et son conseil aient la parole en dernier (▪ Cass. crim., 10 févr. 1993, n° 92-83.516 : *Bull. crim.* n° 70. ▪ Cass. crim., 18 janv. 2006, n° 05-82.738. ▪ Cass. crim., 8 juin 2006, n° 05-86.568. ▪ Cass. crim., 18 nov. 2008, n° 08-80.441. ▪ Cass. crim., 31 mars 2010, préc., n° 13).

16) Grief. Un demandeur ne saurait se faire grief de ce que le huis clos n'a pas été ordonné ; en effet, le huis clos a pour objet exclusif de prévenir les inconvénients que le débat public pourrait présenter pour l'ordre ou les mœurs et il est sans rapport avec les droits de la défense ; la loi laisse à la conscience des juges le soin d'apprécier s'il y a lieu, ou non, d'ordonner le huis clos dans les conditions et pour les motifs prévus à l'article 400 du Code de procédure pénale (▪ Cass. crim., 13 mars 1969, n° 68-CS129 : *Bull. crim.* n° 121). Le huis clos, qui constitue une dérogation à la règle de la publicité des débats, a pour objet exclusif de prévenir les inconvénients de cette publicité, en raison de la nature des faits de la cause ; par suite l'exécution incomplète de cette mesure n'affecte à aucun degré les droits de la défense et ne saurait, en conséquence, autoriser de sa part aucune critique (▪ Cass. crim., 22 juin 1977, n° 77-90.345 : *Bull. crim.* n° 231. ▪ Cass. crim., 3 mai 1989, n° 89-80.098). En matière correctionnelle, le prévenu n'est pas recevable à présenter comme moyen de cassation les nullités commises en première instance, s'il ne les a pas opposées devant la cour d'appel, lorsqu'il y a eu appel du ministère public ; est irrecevable le moyen tendant à l'annulation d'un jugement en raison de la prétendue irrégularité de la décision de huis clos, alors que le demandeur n'a déposé en cause d'appel aucune conclusion en ce sens (■ Cass. crim., 1er déc. 1971, n° 71-91.937 : *Bull. crim.* n° 331).

Art. 400-1 ***(L. n° 2016-731, 3 juin 2016).*** **– Pour le jugement des délits de guerre mentionnés au chapitre Ier du livre IV *bis* du Code pénal et des délits mentionnés à l'article 706-73 du présent code, le tribunal peut, par jugement rendu en audience publique, ordonner le huis clos pour le temps de l'audition d'un témoin si la déposition publique de celui-ci est de nature à mettre gravement en danger sa vie ou son intégrité physique ou celles de ses proches.**

Bibliographie : A. Maron, *Tribunal correctionnel. – Publicité et police des audiences : JCl. Proc. pén.*, art. 400 à 405, Fasc. unique.

Art. 401 ***(Rempl., L. n° 93-1013, 24 août 1993).*** **– Le président a la police de l'audience et la direction des débats.**

Bibliographie : A. Maron, *Tribunal correctionnel. – Publicité et police des audiences : JCl. Proc. pén.*, art. 400 à 405, Fasc. unique.

1) La publicité des débats, principe essentiel de la procédure pénale, doit se concilier avec les pouvoirs de police que confèrent au président les articles 401 et suivants du Code de procédure pénale ; l'expulsion d'un perturbateur vaut pour toute la durée de l'audience quelles que soient les affaires qui y sont successivement jugées, à moins qu'en vertu de ses pouvoirs le président n'autorise expressément le perturbateur à revenir dans la salle d'audience (■ Cass. crim., 10 juill. 1974, n° 74-09.369 : *Bull. crim.* n° 253).

2) Aucune violation de l'article 401 du Code de procédure pénale n'a été commise lorsque, à l'audience des débats de la cour d'appel, après avoir interrogé M. X... sur les faits qui lui étaient reprochés, le conseiller rapporteur a ordonné au prévenu de quitter la salle d'audience, au motif qu'il lui avait été vainement demandé, à plusieurs reprises, de se taire, tandis que les parties civiles exposaient leurs explications et demandes ; en effet, le conseiller rapporteur a nécessairement agi sous l'autorité et le contrôle du président (■ Cass. crim., 6 janv. 2015, n° 13-87.255).

3) En invitant les appelants à mettre un terme à leurs explications au motif qu'elles « s'éloignaient des conditions d'application des articles 2 et 3 du Code de procédure pénale », le président n'a fait qu'user du pouvoir de direction des débats qu'il tient de l'article 401 du Code de procédure pénale, sans méconnaître l'article 6, § 1 de la Convention de sauvegarde des droits de l'homme et des libertés fondamentales (■ Cass. crim., 18 oct. 2000, n° 00-83.822). A justifié sa décision le président de la chambre des appels correctionnels qui, après les réquisitions du ministère public, n'a pas autorisé les parties civiles à reprendre la parole, au motif que, celles-ci s'étant déjà longuement expliquées et ayant abondamment développé leur argumentaire, il convenait de mettre un terme à leur attitude vindicative, de nature à porter atteinte, par sa véhémence, à la sérénité des débats et à la dignité des personnes (■ Cass. crim., 17 janv. 2006, n° 05-83.729).

4) Ne saurait être accueilli, en l'absence de contestation ou de demande de donner acte, le moyen de cassation qui invoque que le pouvoir du président de diriger les débats ne lui permet pas de mettre un terme à la plaidoirie de l'avocat, même s'il estime celle-ci inutile ou fastidieuse (■ Cass. crim., 27 nov. 1996, n° 96-80.318).

5) Police de l'audience et respect des convictions religieuses (art. 9, Conv. EDH). L'exclusion d'une partie civile de la salle d'audience au motif qu'elle refuse d'ôter son *hijab* constitue une restriction dans l'exercice du droit de manifester sa religion lorsque la décision prise par la juridiction ne se justifie pas par le maintien de l'ordre lors de l'audience (■ CEDH, 18 sept. 2018, n° 3413/09, *Lachiri c/ Belgique : JCP* G 2018,1054, obs. G. Gonzalez). V., à propos d'un témoin. ■ CEDH, 5 déc. 2017, n° 57792/15, *Hamidović c/ Bosnie-Herzégovine*.

Art. 402. – Le président peut interdire l'accès de la salle d'audience aux mineurs ou à certains d'entre eux.

Bibliographie : A. Maron, *Tribunal correctionnel. – Publicité et police des audiences : JCl. Proc. pén.*, art. 400 à 405, Fasc. unique.

Art. 403 ***(Abr., L. n° 81-82, 2 févr. 1981).***

Art. 404. – Lorsque, à l'audience, l'un des assistants trouble l'ordre de quelque manière que ce soit, le président ordonne son expulsion de la salle d'audience.

Si, au cours de l'exécution de cette mesure, il résiste à cet ordre ou cause du tumulte, il est, sur-le-champ, placé sous mandat de dépôt, jugé et puni d'un emprisonnement de deux ans, sans préjudice des peines portées au Code pénal contre les auteurs d'outrages et de violences envers les magistrats.

Sur l'ordre du président, il est alors contraint par la force publique de quitter l'audience.

Bibliographie : A. Maron, *Tribunal correctionnel. – Publicité et police des audiences : JCl. Proc. pén.*, art. 400 à 405, Fasc. unique.

Art. 405. – Si l'ordre est troublé à l'audience par le prévenu lui-même, il lui est fait application des dispositions de l'article 404.

Le prévenu, même libre, lorsqu'il est expulsé de la salle d'audience, est gardé par la force publique, jusqu'à la fin des débats, à la disposition du tribunal. Il est alors reconduit à l'audience, où le jugement est rendu en sa présence.

Bibliographie : A. Maron, *Tribunal correctionnel. – Publicité et police des audiences : JCl. Proc. pén.*, art. 400 à 405, Fasc. unique.

Aucune violation des articles 401 et suivants du Code de procédure pénale n'a été commise lorsque, à l'audience des débats de la cour d'appel, après avoir interrogé M. X... sur les faits qui lui étaient reprochés, le conseiller rapporteur a ordonné au prévenu de quitter la salle d'audience, au motif qu'il lui avait été vainement demandé, à plusieurs reprises, de se taire, tandis que les parties civiles exposaient leurs explications et demandes ; en effet, les droits de la défense n'ont pas été méconnus, l'avocat du prévenu ayant eu la parole en dernier (■ Cass. crim., 6 janv. 2015, n° 13-87.255).

Section IV. – Des débats

§ 1. – De la comparution du prévenu

Art. 406 ***(Mod., L. n° 2014-535, 27 mai 2014).*** **– Le président ou l'un des assesseurs, par lui désigné, après avoir, s'il y a lieu, informé le prévenu de son droit d'être assisté par un interprète, constate son identité et donne connaissance de l'acte qui a saisi le tribunal. Il informe le prévenu de son droit, au cours des débats, de faire des déclarations, de répondre aux questions qui lui sont posées ou de se taire. Il constate aussi s'il y a lieu la présence ou l'absence de la personne civilement responsable, de la partie civile, des témoins, des experts et des interprètes.**

Bibliographie : D. Caron, *Tribunal correctionnel. – Débats. – Comparution et citation : JCl. Proc. pén.*, art. 406 à 417, Fasc. 20. • H. Marquetty et M. Picquet, *Le droit au silence de la personne soupçonnée se fait enfin entendre ! : Dr. pén.* 2017, étude 16.

1) Prévenu assisté d'un interprète. Il résulte de la combinaison des articles 406 et 407 du Code de procédure pénale que, lorsqu'un prévenu ne parle pas suffisamment la langue française et qu'un interprète a été désigné pour le déroulement des débats, le président de la formation de jugement fait prêter serment à ce dernier avant de constater l'identité de la personne poursuivie, de lui donner connaissance de l'acte qui a saisi la juridiction et de l'informer de son droit, au cours des débats, de faire des déclarations, de répondre aux questions qui lui sont posées ou de se taire ; en recevant le serment de l'interprète après que l'identité du prévenu a été constatée et qu'il a été informé de son droit, au cours des débats, de faire des déclarations, de répondre aux questions qui lui sont posées ou de se taire, la cour d'appel a méconnu les textes susvisés et le principe précédemment rappelé (■ Cass. crim., 21 janv. 2020, n° 19-80.257).

I – INTERROGATOIRE D'IDENTITÉ

2) La disposition de l'article 406 du Code de procédure pénale aux termes duquel le président constate l'identité du prévenu n'est qu'une simple recommandation, dont le défaut de constatation ne saurait entraîner nullité, alors qu'il ne résulte pas des énonciations de l'arrêt qu'une contestation se soit élevée quant à cette identité (■ Cass. crim., 6 mai 1969, n° 68-9319 : *Bull. crim.* n° 162. ■ Cass. crim., 1er mars 1990, n° 89-83.719). Il importe donc peu que l'identité du prévenu ait été vérifiée par le conseiller rapporteur, et non par le président (■ Cass. crim., 3 juill. 1989, n° 87-82.298).

3) La constatation par le président de l'identité du prévenu n'implique pas nécessairement la présence de ce dernier à l'audience ; il n'y a donc aucune contradiction si la décision constate par ailleurs que le prévenu n'était ni comparant, ni représenté à l'audience (■ Cass. crim., 11 oct. 1988, n° 86-93.868. ■ Cass. crim., 4 avr. 1991, n° 90-85.578 : *Bull. crim.* n° 159).

4) Le prévenu, qui n'a pas comparu devant la cour d'appel, ne saurait se faire un grief dans un pourvoi en cassation de ce que le président n'ait pas, en application de l'article 406 du Code de procédure pénale, constaté son identité et donné connaissance de l'acte qui a saisi la cour d'appel (■ Cass. crim., 26 mai 1998, n° 97-85.392).

II – DROIT D'ÊTRE INFORMÉ DES FAITS

5) Convention européenne des droits de l'Homme. L'article 6, § 3 *a)* de la Convention européenne des droits de l'Homme reconnaît à l'accusé le droit d'être informé des faits matériels qui sont mis à sa charge et sur lesquels se fonde l'accusation, et de la nature de l'accusation, c'est-à-dire de la qualification juridique donnée à ces faits (■ CEDH, 25 juin 2000, n° 23969/94, *Mattoccia c/ Italie*).

III – DROIT DE SE TAIRE

A – Jurisprudence constitutionnelle

6) Présomption d'innocence. Selon l'article 9 de la Déclaration des droits de l'homme et du citoyen de 1789 : « Tout homme étant présumé innocent jusqu'à ce qu'il ait été déclaré coupable, s'il est jugé indispensable de l'arrêter, toute rigueur qui ne serait pas nécessaire pour s'assurer de sa personne doit être sévèrement réprimée par la loi ». Il en résulte le principe selon lequel nul n'est tenu de s'accuser, dont découle le droit de se taire (■ Cons. const., 4 nov. 2016, n° 2016-594 QPC).

B – Jurisprudence européenne

7) Le droit de garder le silence n'est pas absolu. Une condamnation ne doit pas être fondée exclusivement ou essentiellement sur le silence du prévenu ou sur son refus de répondre à des questions ou de déposer. Mais le droit de se taire n'interdit pas de prendre en compte le silence de l'intéressé pour apprécier la force des éléments à charge ; la décision d'un prévenu de se taire d'un bout à l'autre de la procédure pénale ne peut pas être sans incidence. Pour rechercher si le fait de tirer de son silence des conclusions défavorables à l'accusé enfreint l'article 6, il faut tenir compte du poids que les juridictions nationales leur ont accordé en appréciant les éléments de preuve et le degré de coercition inhérent à la situation (■ CEDH, GC, 8 févr. 1996, n° 18731/91, *John Murray c/ Royaume-Uni*).

C – Jurisprudence interne

1° Droit de se taire : domaine d'application

8) Procédure ayant pour objet l'examen du bien-fondé des poursuites. Le défaut de notification du droit de se taire est sans incidence dès lors que la procédure n'a pas pour objet l'examen du bien-fondé des poursuites exercées et que l'intéressé a la possibilité d'être assisté d'un avocat (■ Cass. crim., 4 mars 2015, n° 14-87.380 : *Bull. crim.* n° 46).

9) Juridiction correctionnelle se prononçant uniquement sur la peine. Les dispositions de l'article 406 du Code de procédure pénale relatives au droit de se taire devant les juridictions pénales, qui ont pour objet d'empêcher qu'une personne prévenue d'une infraction ne contribue à sa propre incrimination, ne sont pas applicables devant la juridiction correctionnelle lorsque celle-ci est appelée à se prononcer uniquement sur les peines (■ Cass. crim., 17 nov. 2021, n° 21-80.567, § 8 : publié au *Bull.* ; *JCP* G 2022, 208, note N. Jeanne ; *Dr. pén.* 2022, comm. 19, obs. E. Bonis).

10) Tribunal de police. Il résulte de l'article 406 du Code de procédure pénale que, devant le tribunal de police, le président doit informer le prévenu de son droit, au cours des débats, de faire des déclarations, de répondre aux questions qui lui sont posées ou de se taire (■ Cass. crim., 1er juin 2021, n° 20-85.106, § 5).

11) Cour d'appel. En application de l'article 512 du Code de procédure pénale, les dispositions de l'article 406 dudit code sont applicables devant la chambre des appels correctionnels (■ Cass. crim., 8 juill. 2015, n° 14-85.699 : *JurisData* n° 2015-016436 ; *Bull. crim.* n° 178 ; *Dr. pén.* 2015, comm. 132, A. Maron et M. Haas ; *Procédures* 2015, comm. 307, A.-S. Chavent-Leclère. ■ Cass. crim., 16 oct. 2019, n° 18-86.614 : publié au *Bull.* ; *JCP* G 2019, 1295, note P. Collet ; *Dr. pén.* 2019, comm. 211, obs. A. Maron et M. Haas ; *Procédures* 2019, comm. 331, obs. A.-S. Chavent-Leclère. ■ Cass. crim., 16 juin 2021, n° 19-86.630, § 8 : publié au *Bull.* ; *Dr. pén.* 2021, comm. 150, obs. A. Maron et M. Haas. ■ Cass. crim., 9 févr. 2022, n° 21-82.074, § 6).

12) Chambre de l'instruction. Le défaut de notification du droit de se taire est sans incidence sur la régularité de la décision de la chambre de l'instruction en matière d'extradition (■ Cass. crim., 4 mars 2015, préc., n° 6). Il ne saurait être fait grief au président de la chambre de l'instruction d'avoir méconnu l'article 406 du Code de procédure pénale en n'informant pas le mis en examen de son droit, au cours des débats, de faire des déclarations, de répondre aux questions qui lui sont posées ou de se taire, dès lors que cette disposition ne s'applique pas devant la chambre de l'instruction statuant dans le cadre de la procédure de déclaration d'irresponsabilité pénale pour cause de trouble mental, une telle limitation n'étant contraire ni à l'article 6 de la Convention européenne des droits de l'Homme, ni à l'article 14-3 du Pacte international relatif aux droits civils et politiques, ni à la directive 2012/13/UE du 22 mars 2012 (■ Cass. crim., 29 nov. 2017, n° 16-85.490 : *Bull. crim.* n° 271 ; *Dr. pén.* 2018, comm. 16, obs. A. Maron et M. Haas). Il ne saurait être fait grief au président de la chambre de l'instruction d'avoir méconnu les articles 199, 406, 512, 593 du Code de procédure pénale et 6, § 1 de la Convention européenne des droits de l'Homme en n'informant pas le mis en examen de son droit, au cours des débats, de faire des déclarations, de répondre aux questions qui lui seraient posées ou de se taire, une telle notification ne s'imposant pas devant la chambre de l'instruction saisie de l'appel de l'ordonnance du juge d'instruction ayant statué sur la restitution d'objets placés sous main de justice, dès lors qu'une telle limitation n'est pas contraire aux dispositions conventionnelles précitées, l'audition du mis en examen ayant pour objet, non pas d'apprécier la nature des indices pesant sur lui, cette appréciation ayant déjà eu lieu à l'occasion de la mise en examen, après que le juge d'instruction l'eut expressément informé du droit de garder le silence, mais de déterminer si les conditions permettant de faire droit à la demande de restitution, prévues par l'article 99 du Code de procédure pénale, sont caractérisées (■ Cass. crim., 19 déc. 2018, n° 18-84.303 : *RPDP* 2019, p. 617, obs. Dechenaud ; *Dr. pén.* 2019, comm. 36, obs. A. Maron et M. Haas).

13) Cour de justice de la République. Les dispositions de l'article 406 du Code de procédure pénale sont, conformément à l'article 26 de la loi organique n° 93-1252 du 23 novembre 1993, applicables devant la Cour de justice de la République (■ Cass. crim., 4 juin 2021, n° 21-81.050, § 9 : *JCP G* 2021, 839, note J.-H. Robert).

2° Droit de se taire : portée

14) Information collective de coprévenus. Un demandeur ne saurait se faire un grief de ce que les mentions de l'arrêt ne permettent pas de savoir si chaque prévenu a reçu, nominativement et séparément, l'information prévue à l'article 406 du Code de procédure pénale, dès lors qu'une information collective suffit, ces dispositions n'exigeant pas qu'elle soit donnée à chacun des prévenus de manière distincte et individuelle (■ Cass. crim., 27 juin 2018, n° 17-85.959 : *Bull. crim.* n° 126. ■ Cass. crim., 16 oct. 2019, n° 17-87.196).

15) Pluralité d'audiences. L'article 406 du Code de procédure pénale, qui prescrit au président d'informer le prévenu comparant de son droit de se taire, après la constatation de son identité et l'indication de l'acte qui saisit la juridiction, n'impose pas le renouvellement de cette information en cas de renvoi de l'affaire en continuation à une audience ultérieure (■ Cass. crim., 25 mai 2016, n° 15-84.310 : *JurisData* n° 2016-009919). Dans le cas d'une audience programmée pour se dérouler sur plusieurs jours, il suffit que les formalités de l'article 406 du Code de procédure pénale aient été respectées à l'ouverture de l'audience, soit, notamment, la notification du droit de se taire à chacun des prévenus présents tout au long des débats, lesdites formalités n'ayant pas à être réitérées à chaque reprise des débats (■ Cass. crim., 27 juin 2018, n° 16-86.256). En matière correctionnelle, la notification du droit de se taire faite au prévenu lors de l'ouverture des débats n'a pas à être renouvelée à chaque reprise des débats, fusse-t-elle intervenue à la suite d'un arrêt qualifié d'avant dire-droit et ordonnant la réouverture des débats (■ Cass. crim., 16 juin 2021, n° 19-86.630, § 9 : publié au *Bull.* ; *Dr. pén.* 2021, comm. 150, obs. A. Maron et M. Haas).

16) Demande de mise en liberté. Il ne saurait être fait grief à la juridiction d'avoir méconnu l'article 406 du Code de procédure pénale, en n'informant pas la personne concernée comparant devant elle du droit de se taire, dès lors que cette disposition ne trouve pas à s'appliquer lorsque la juridiction correctionnelle est saisie, en application des articles 148-1 et suivants dudit code, d'une demande de mise en liberté (■ Cass. crim., 6 sept. 2016, n° 16-83.907 : *JurisData* n° 2016-018496. ■ Cass. crim., 26 juin 2018, n° 18-82.439).

17) Personne comparaissant en une double qualité. L'arrêt énonçant que le prévenu a été informé de son droit au silence, il en résulte que celui-ci a été informé de ce droit en sa double qualité de prévenu et de représentant à l'audience de la personne morale également prévenue (■ Cass. crim., 9 janv. 2018, n° 17-80.200 : *Bull. crim.* n° 5).

18) Prévenu absent lors des débats. En énonçant que le prévenu, présent à l'appel des causes, assisté de son avocat, s'est absenté au moment où l'affaire a été prise, en indiquant lui remettre pouvoir de le représenter, l'arrêt n'a pas méconnu les dispositions de l'article 406 du Code de procédure pénale, lequel n'est pas applicable si le prévenu est absent lors des débats (■ Cass. crim., 13 nov. 2018, n° 17-83.985). Il résulte des mentions de l'arrêt que le représentant de la personne morale n'a pas comparu à l'audience où il était représenté par un avocat spécialement mandaté ; en l'absence physique du représentant de la personne morale prévenue le président, ou l'assesseur désigné par lui, ne pouvait l'informer de son droit de se taire (■ Cass. crim., 8 janv. 2019, n° 18-80.746).

19) Personne morale. Les dispositions de l'article 406 du Code de procédure pénale n'opèrent pas de distinction entre les personnes morales et les personnes physiques (■ Cass. crim., 9 janv. 2018, n° 17-80.200 : *Bull. crim.* n° 5 (sol. impl.). ■ Cass. crim., 8 août 2018, n° 17-81.957. ■ Cass. crim., 15 déc. 2020, n° 20-81.073, § 6. ■ Cass. crim., 10 nov. 2021, n° 21-81.643, § 6).

20) Prévenu ayant contracté, dans une procédure étrangère, l'engagement de ne pas contester les faits qui lui sont reprochés. L'article 406 du Code de procédure pénale, qui impose à la juridiction de jugement d'informer le prévenu de son droit, au cours des débats, de répondre aux questions qui lui sont posées ou de se taire, reste applicable lorsque ce dernier a contracté, dans le cadre d'une procédure suivie dans un autre pays, l'engagement de ne pas contester les faits qui lui étaient reprochés (■ Cass. crim., 4 déc. 2019, n° 19-82.929 QPC).

3° *Droit de se taire : mentions indiquant son respect*

21) L'arrêt mentionne que le président a informé les prévenus de leurs droits conformément à l'article 406 du Code de procédure pénale et que ceux-ci ont accepté de répondre aux questions ; il en résulte, en l'absence de toutes conclusions déposées par la défense, que les prévenus ont effectivement été informés de leur droit, au cours des débats, de faire des déclarations, de répondre aux questions qui leur seraient posées ou de se taire (■ Cass. crim., 12 juill. 2016, n° 15-81.924). La mention de l'arrêt attaqué, selon laquelle le prévenu, informé de son droit au silence, a souhaité faire des déclarations, satisfait aux exigences de l'article 406 du Code de procédure pénale (■ Cass. crim., 12 juill. 2016, n° 15-85.894). Il résulte des mentions de l'arrêt attaqué qu'à l'audience, le président a constaté l'identité des prévenus et a été entendu en son rapport, que les prévenus, après avoir été informés de leur « droit à garder le silence », ont été entendus en leurs interrogatoires et moyens de défense ; ces mentions suffisent à établir que les prévenus ont été informés par le président du droit de se taire au cours des débats (■ Cass. crim., 12 juill. 2016, n° 15-80.477). Il suffit qu'il résulte des mentions de l'arrêt attaqué et des notes d'audience que soit le président, soit le conseiller rapporteur a donné connaissance au prévenu de ses droits conformément aux dispositions de l'article 406 du Code de procédure pénale (■ Cass. crim., 3 déc. 2019, n° 19-80.613), à la condition que les notes d'audience comportent le visa du président (■ Cass. crim., 9 févr. 2022, n° 21-82.074, § 7).

22) Font foi jusqu'à inscription de faux les énonciations de l'arrêt, que les notes d'audience ne sauraient contredire, selon lesquelles le prévenu a été informé, dès après le rapport du président, de son droit, au cours des débats, de faire des déclarations, de répondre aux questions qui lui sont posées ou de se taire (■ Cass. crim., 9 nov. 2016, n° 15-83.761).

4° *Moment où l'information sur le droit de se taire doit être donnée*

23) Ouverture des débats. L'article 406 du Code de procédure pénale est méconnu lorsque le prévenu n'est informé du droit de faire des déclarations, de répondre aux questions qui lui sont posées ou de se taire qu'après que son avocat a soutenu une demande de nullité et que le ministère public a présenté ses réquisitions sur cette demande : les débats ont débuté dès l'examen de cette demande (■ Cass. crim., 16 oct. 2019, n° 18-86.614 : publié au *Bull.* ; *JCP* G 2019, 1295, note P. Collet ; *Dr. pén.* 2019, comm. 211, obs. A. Maron et M. Haas ; *Procédures* 2019, comm. 331, obs. A.-S. Chavent-Leclère. ■ Cass. crim., 23 nov. 2021, n° 20-80.675, § 14 : publié au *Bull.* ■ Cass. crim., 23 nov. 2021, n° 21-82.010, § 9).

5° *Absence d'information donnée au prévenu sur le droit de se taire*

24) Grief. Principe. La méconnaissance de l'obligation d'informer le prévenu du droit de se taire lui fait nécessairement grief (■ Cass. crim., 8 juill. 2015, n° 14-85.699 : *JurisData* n° 2015-016436 ; *Bull. crim.* n° 178 ; *Dr. pén.* 2015, comm. 132, A. Maron et M. Haas ; *Procédures* 2015, comm. 307, A.-S. Chavent-Leclère. ■ Cass. crim., 6 mars 2019, n° 18-83.098. ■ Cass. crim., 16 oct. 2019, n° 18-86.614 : publié au *Bull.* ; *JCP* G 2019, 1295, note P. Collet ; *Dr. pén.* 2019, comm. 211, obs. A. Maron et M. Haas ; *Procédures* 2019, comm. 331, obs. A.-S. Chavent-Leclère. ■ Cass. crim., 1er juin 2021, n° 20-85.106, § 5. ■ Cass. crim., 10 nov. 2021, n° 21-81.643, § 6). Si, en l'absence de l'information exigée par l'article 406 du Code de procédure pénale, l'atteinte aux intérêts du prévenu est nécessairement caractérisée, il en va de même en cas de notification tardive, lorsque le prévenu prend la parole avant d'avoir reçu cet avertissement (■ Cass. crim., 23 nov. 2021, n° 20-80.675, § 9 : publié au *Bull.* ■ Cass. crim., 25 janv. 2022, n° 21-82.095, § 10. ■ Cass. crim., 1er févr. 2022, n° 21-82.106, § 10).

25) Grief. Nécessité d'une prise de parole. Si l'absence de l'information exigée par l'article 406 fait nécessairement grief aux intérêts de l'intéressé, il en va autrement pour un prévenu qui reçoit cette information après des débats liminaires portant sur une demande présentée, au début de l'audience, par une autre partie, et au cours desquels il n'a pas pris la parole. Dans ce cas, l'accomplissement tardif de cette formalité ne peut entraîner une nullité à l'égard de ce prévenu que s'il justifie qu'il a été porté atteinte à ses intérêts (■ Cass. crim., 4 juin 2021, n° 21-81.656, §§ 11, 12). Si c'est à tort qu'il a été procédé à la notification du droit de se taire à un prévenu après les débats tenus sur une exception de nullité, l'arrêt n'encourt néanmoins pas la censure, dès lors que l'intéressé n'a pas pris la parole à ce stade des débats (■ Cass. crim., 23 nov. 2021, n° 20-80.675, § 14 : publié au *Bull.* ■ Cass. crim., 25 janv. 2022, n° 21-82.095).

6° *Exercice du droit de se taire et motivation de la peine*

26) En retenant, que le refus du prévenu de s'expliquer justifiait qu'il soit condamné à « une peine particulièrement significative », la juridiction n'a pas méconnu le droit au silence du prévenu (■ Cass. crim., 20 févr. 2019, n° 18-80.777 : *Bull. crim.* n° 46).

Art. 407 *(Mod., L. n° 2000-516, 15 juin 2000)*. **– Dans le cas où le prévenu, la partie civile ou le témoin ne parle pas suffisamment la langue française, ou s'il est nécessaire de traduire un document versé aux débats, le président désigne d'office un interprète, âgé de vingt et un ans au moins, et lui fait prêter serment d'apporter son concours à la justice en son honneur et en sa conscience.**

Le ministère public, le prévenu et la partie civile peuvent récuser l'interprète en motivant leur récusation. Le tribunal se prononce sur cette récusation, et sa décision n'est susceptible d'aucune voie de recours.

L'interprète ne peut, même du consentement du prévenu ou du ministère public, être pris parmi les juges composant le tribunal, le greffier qui tient l'audience, les parties et les témoins.

Bibliographie : D. Caron, *Tribunal correctionnel. - Débats. - Comparution et citation : JCl. Proc. pén.*, art. 406 à 417, Fasc. 20.

I – DOMAINE D'APPLICATION DE L'ARTICLE 407

1) Juridictions d'instruction. L'article 407 du Code de procédure pénale est inapplicable aux juridictions d'instruction (■ Cass. crim., 14 nov. 1990, n° 90-85.596 : *Bull. crim.* n° 380. ■ Cass. crim., 18 févr. 1998, n° 97-86.385 : *Bull. crim.* n° 70).

2) Cour d'appel. En application de l'article 512 du Code de procédure pénale, les dispositions de l'article 407 dudit code sont applicables devant la cour d'appel (■ Cass. crim., 25 juin 2019, n° 18-83.476).

3) Les dispositions de l'article 407 du Code de procédure pénale s'étendent au requérant agissant en application de l'article 702-1 du Code de procédure pénale qui régit la procédure de relèvement des interdictions, déchéances ou incapacités (■ Cass. crim., 6 mars 1997, n° 96-80.953 : *Bull. crim.* n° 93 ; *Dr. pén.* 1997, comm. 103, obs. A. Maron).

II – NÉCESSITÉ DE DÉSIGNER UN INTERPRÈTE

4) Jurisprudence européenne. S'il est démontré ou s'il y a des raisons de croire que l'accusé ne connaît pas assez la langue dans laquelle l'information est communiquée, les autorités doivent lui fournir une traduction (■ CEDH, 19 déc. 1989, n° 10964/84, *Brozicek c/ Italie*. ■ CEDH, 17 févr. 2004, n° 73805/01, *Tabaï c/ France*). Mais une traduction verbale de l'acte d'accusation peut suffire, si elle n'empêche pas l'accusé de se défendre, ni ne le prive d'un procès équitable (■ CEDH, 19 déc. 1989, n° 9783/82, *Kamasinski c/ Autriche*).

5) Jurisprudence interne. Désignation d'un interprète avant l'audience. Il résulte de l'article 6, § 3 de la Convention européenne des droits de l'Homme que tout prévenu a le droit de se faire assister gratuitement d'un interprète pour s'entretenir, dans une langue qu'il comprend, avec l'avocat commis pour préparer sa défense ; doit donc être cassé l'arrêt qui énonce que les dispositions du Code de procédure pénale ne permettent, ni n'exigent la désignation d'un interprète en dehors de l'audience ou à l'immédiate approche de celle-ci, pour rejeter l'exception de nullité prise de ce que, ne parlant ni ne comprenant la langue de son client, l'avocat n'a pu s'entretenir avec lui avant l'audience, faute d'avoir obtenu que lui soit adjoint un interprète (■ Cass. crim., 29 juin 2005, n° 04-86.110 : *Bull. crim.* n° 199 ; *Dr. pén.* 2005, comm. 155, obs. A. Maron ; *RSC* 2005, p. 868, obs. D. Commaret).

Désignation d'un interprète à l'audience. La juridiction, qui, au vu des pièces de procédure, n'a pas été saisie d'une demande tendant à la désignation d'un interprète, a apprécié souverainement que le prévenu, ressortissant étranger, qui a comparu assisté par son avocat, avait une connaissance suffisante de la langue française pour être entendu sans l'assistance d'un interprète (■ Cass. crim., 30 juin 1981, n° 80-94.053 : *Bull. crim.* n° 225. ■ Cass. crim., 24 nov. 1999, n° 99-81.028. ■ Cass. crim., 10 oct. 2001, n° 01-81.220. ■ Cass. crim., 22 sept. 2009, n° 08-88.193. ■ Cass. crim., 31 mai 2012, n° 11-83.363). Les juges ne méconnaissent en rien les articles 6, § 3, *a)* et 14 de la Convention européenne des droits de l'Homme en exigeant que les débats se déroulent en langue française, les deux prévenus ayant cette nationalité et étant d'ailleurs, à leur demande, assistés d'un interprète, alors que l'un et l'autre au cours des audiences se sont, selon les constatations de l'arrêt, exprimés aisément dans la langue nationale dont ils prétendaient pourtant ne pas être capables de mesurer et d'apprécier les nuances (■ Cass. crim., 13 mars 1989, n° 86-93.846 : *Bull. crim.* n° 118).

III – ÂGE DE L'INTERPRÈTE

6) Présomption. Si l'interprète désigné par le président doit être âgé de 21 ans au moins, la loi n'exige pas qu'il soit fait mention dans la décision de l'âge de l'interprète ; en l'absence de toute contestation du ministère public et du prévenu, il y a présomption que la personne appelée à remplir cette fonction avait l'âge requis par la loi (■ Cass. crim., 27 juill. 1971, n° 71-90.679 : *Bull. crim.* n° 244. ■ Cass. crim., 15 avr. 1972, n° 71-93.411. ■ Cass. crim., 24 sept. 1996, n° 96-80.349 : *Bull. crim.* n° 329. ■ Cass. crim., 25 juin 1998, n° 97-81.647 : *Bull. crim.* n° 208).

IV – ASSERMENTATION DE L'INTERPRÈTE

7) Nécessité de l'assermentation. Il doit résulter des mentions de l'arrêt que l'interprète était assermenté (■ Cass. crim., 12 janv. 2000, n° 99-83.399 : *Bull. crim.* n° 19. ■ Cass. crim., 25 nov. 2009, n° 09-83.690. ■ Cass. crim., 28 sept. 2010, n° 09-88.107).

8) Mentions attestant l'assermentation. La mention « le prévenu, ne parlant pas suffisamment le français, a été assisté d'un interprète inscrit sur la liste des interprètes » (■ Cass. crim., 12 janv. 2000, préc., n° 6), « la prévenue, ne parlant pas suffisamment la langue française, mais parlant la langue chinoise, un interprète a été nommé » (■ Cass. crim., 25 nov. 2009, préc., n° 6), « M. X... ne parlant pas suffisamment la langue française, mais parlant la langue serbe, un interprète a été nommé » (■ Cass. crim., 28 sept. 2010, préc., n° 6) n'établissent pas que l'interprète était assermenté.

V – SERMENT DE L'INTERPRÈTE

9) Moment de la prestation du serment. Il résulte de la combinaison des articles 406 et 407 du Code de procédure pénale que, lorsqu'un prévenu ne parle pas suffisamment la langue française et qu'un interprète a été désigné pour le déroulement des débats, le président de la formation de jugement fait prêter serment à ce dernier avant de constater l'identité de la personne poursuivie, de lui donner connaissance de l'acte qui a saisi la juridiction et de l'informer de son droit, au cours des débats, de faire des déclarations, de répondre aux questions qui lui sont posées ou de se taire ; en recevant le serment de l'interprète après que l'identité du prévenu a été constatée et qu'il a été informé de son droit, au cours des débats, de faire des déclarations, de répondre aux questions qui lui sont posées ou de se taire, la cour d'appel a méconnu les textes susvisés et le principe précédemment rappelé (■ Cass. crim., 21 janv. 2020, n° 19-80.257).

10) Nécessité de la prestation de serment. L'interprète désigné par le président de la juridiction correctionnelle doit prêter le serment prévu par l'article 407 du Code de procédure pénale (■ Cass. crim., 12 janv. 2000, préc., n° 6. ■ Cass. crim., 25 nov. 2009, préc., n° 6. ■ Cass. crim., 28 sept. 2010, préc., n° 6).

11) Mentions attestant la prestation de serment. Les mentions « le prévenu, ne parlant pas suffisamment le français, a été assisté d'un interprète inscrit sur la liste des interprètes » (■ Cass. crim., 12 janv. 2000, préc., n° 6), « la prévenue, ne parlant pas suffisamment la langue française, mais parlant la langue chinoise, un interprète a été nommé » (■ Cass. crim., 25 nov. 2009, préc., n° 6), « M. X... ne parlant pas suffisamment la langue française, mais parlant la langue serbe, un interprète a été nommé » (■ Cass. crim., 28 sept. 2010, préc., n° 6) n'établissent pas que l'interprète a prêté serment. Si aucune énonciation de l'arrêt n'indique que les interprètes aient prêté à l'audience le serment prescrit par l'article 407 du Code de procédure pénale, la Cour de cassation est en mesure de s'assurer que les deux interprètes entendus étaient inscrits sur la liste des experts près la cour d'appel, établie pour l'année ; en conséquence aucune atteinte n'a été portée aux intérêts du prévenu (■ Cass. crim., 19 juin 2019, n° 18-85.354).

12) Réitération de la prestation de serment. L'interprète, même assermenté comme expert en exécution des dispositions de l'article 160 du Code de procédure pénale, doit prêter le serment prévu par l'article 407 du même code, toutes les fois qu'il est commis pour assurer ses fonctions à l'audience (■ Cass. crim., 16 juin 1970, n° 69-92.008 : *Bull. crim.* n° 205. ■ Cass. crim., 17 déc. 1970, n° 68-91.412 : *Bull. crim.* n° 343).

A – Formule du serment

13) Absence de formule sacramentelle. Les termes du serment des interprètes de l'article 407 du Code de procédure pénale ne sont pas sacramentels (■ Cass. crim., 10 nov. 1964, n° 64-91.283 : *Bull. crim.* n° 293). Satisfait aux prescriptions de la loi la mention de l'arrêt que l'interprète qui a assisté le prévenu a « dans les formes prescrites par la loi, prêté le serment de traduire fidèlement les discours à transmettre entre ceux qui parlent des langages différents » (■ Cass. crim., 20 déc. 1967, n° 67-91.516 : *Bull. crim.* n° 339).

14) Présomption. Lorsque l'arrêt constate que l'interprète a prêté le serment dans les termes et formes voulues par la loi, il y a présomption que le serment prêté est celui de l'article 407 précité (■ Cass. crim., 10 nov. 1964, préc., n° 11). La mention que « que le prévenu, comparant en personne, a été assisté de Madame X..., interprète en langue allemande, qui prête serment », permet de présumer que le serment prêté par l'interprète a été celui prescrit par l'article 407 du Code de procédure pénale (■ Cass. crim., 21 févr. 1996, n° 95-82.305). Lorsqu'un arrêt énonce que le président a fait prêter à l'interprète le serment prescrit par la loi, il en résulte que ce serment est présumé être celui prévu par l'article 407 du Code de procédure pénale (■ Cass. crim., 8 juin 2010, n° 09-88.522).

B – Assistance due par l'interprète

15) Assistance pendant la durée de l'audience. La mention « le président, se conformant aux prescriptions des articles 406 et 407 du Code de procédure pénale, a constaté l'identité du prévenu qui était assisté de Mme X..., interprète en langue arabe » implique que l'interprète a apporté son concours pendant toute la durée de l'audience (■ Cass. crim., 11 janv. 2017, n° 16-80.234).

16) Assistance pour les actes substantiels des débats. La décision devant constater que l'interprète a prêté son concours chaque fois que cela a été nécessaire, il doit être établi que l'interprète a assisté le prévenu pour tous les actes substantiels des débats (■ Cass. crim., 18 juill. 1991, n° 90-86.926 : *Bull. crim.* n° 302). Les mention selon lesquelles « le prévenu a été entendu en ses observations et moyens de défense avec l'assistance d'un interprète » (■ Cass. crim., 5 avr. 2005, n° 04-85.534), « le prévenu ne parlant pas la langue française, un interprète, qui a prêté serment d'apporter son concours à la justice en son honneur et conscience, a été désigné par le président » (■ Cass. crim., 29 nov. 2005, n° 05-81.227. ■ Cass. crim., 4 avr. 2006, n° 05-84.721 : *Bull. crim.* n° 102) établissent que cet interprète est intervenu pour tous les actes substantiels des débats. Lorsque plusieurs accusés ou témoins parlent des langues étrangères différentes, il doit être constaté, non seulement que les déclarations de chacun d'eux ont été traduites en français, mais aussi qu'elles l'ont été dans les langues que comprennent les autres (■ Cass. crim., 20 juin 1990, n° 89-86.557 : *Bull. crim.* n° 253).

C – Grief

17) Absence de désignation d'un interprète. Lorsque le prévenu a comparu à l'audience des débats, il ne saurait être fait grief à la juridiction d'avoir méconnu l'article 407 du Code de procédure pénale : les juges apprécient souverainement si un prévenu a une connaissance suffisante de la langue française pour être entendu sans être assisté par un interprète, dès lors que le prévenu n'a pas sollicité une telle assistance (■ Cass. crim., 10 oct. 2001, préc., n° 4. ■ Cass. crim., 31 mai 2012, préc., n° 4). Le grief pris d'une prétendue violation des articles 13 et 14 de la loi du 10 mars 1927 et de l'article 407 du Code de procédure pénale lors d'un interrogatoire par le procureur général sans l'assistance d'un interprète, qui n'a jamais été allégué devant la chambre d'accusation, ne saurait être proposé pour la première fois devant la Cour de cassation (■ Cass. crim., 15 mars 1988, n° 87-91.517 : *Bull. crim.* n° 129).

18) Absence de prestation de serment. Le fait que l'interprète, inscrit sur une liste d'experts judiciaires et assermenté, n'ait pas prêté à nouveau serment à l'audience de la cour d'appel ne doit pas, selon les dispositions de l'article 802 du Code de procédure pénale, entraîner l'annulation de l'arrêt, dès lors qu'il avait prêté serment en première instance et qu'il n'est pas établi, ni même allégué que cette irrégularité ait eu pour effet de porter atteinte aux intérêts du demandeur (■ Cass. crim., 28 mars 1991, n° 90-83.227 : *Bull. crim.* n° 152. ■ Cass. crim., 16 nov. 2010, n° 09-88.509). Peu importe qu'aucune énonciation de l'arrêt n'indique que l'interprète a prêté à l'audience le serment prescrit par l'article 407 du Code de procédure pénale, dès lors qu'il est inscrit sur la liste des experts près la cour d'appel : aucune atteinte n'a été portée aux intérêts du demandeur (■ Cass. crim., 23 févr. 2011, n° 09-88.510. ■ Cass. crim., 19 juin 2019, n° 18-85.354). *Contra*, auparavant, ■ Cass. crim., 17 déc. 1970, préc., n° 10 (l'omission de faire prêter serment à l'interprète vicie de nullité l'ensemble de la procédure, la prestation de serment de l'interprète, formalité substantielle, n'étant pas prescrite par la loi dans le seul intérêt du prévenu, mais étant ordonnée pour le bien de la justice, afin d'assurer au mieux l'oralité et le caractère contradictoire des débats). V. aussi ■ Cass. crim., 2 févr. 1977, n° 76-92.003 : *Bull. crim.* n° 42. ■ Cass. crim., 28 févr. 1974, n° 73-90.899 : *Bull. crim.* n° 89 (qui en conclut que la partie civile a qualité pour se plaindre de la violation de cette disposition).

19) Prestation du serment de l'interprète par un témoin. Si le serment d'un inspecteur de la direction générale de la concurrence, de la consommation et de la répression des fraudes aurait dû être reçu dans les formes prévues par l'article 446 du Code de procédure pénale pour l'audition des témoins, et non dans celles prescrites par l'article 407 pour les interprètes, la nullité n'est pas encourue dès lors qu'il n'est pas établi que l'inobservation de cette formalité ait eu pour effet de porter atteinte aux intérêts du prévenu, les juges ne s'étant pas fondés sur les déclarations de ce fonctionnaire pour asseoir en tout ou partie leur conviction sur la culpabilité (■ Cass. crim., 7 nov. 2006, n° 06-80.318 : *Bull. crim.* n° 274).

Art. 408 *(Rempl., L. n° 2000-516, 15 juin 2000)*. – **Si le prévenu est atteint de surdité, le président nomme d'office pour l'assister lors du procès un interprète en langue des signes ou toute personne qualifiée maîtrisant un langage ou une méthode permettant de communiquer avec les sourds. Celui-ci prête serment d'apporter son concours à la justice en son honneur et en sa conscience.**

Le président peut également décider de recourir à tout dispositif technique permettant de communiquer avec la personne atteinte de surdité.

Si le prévenu sait lire et écrire, le président peut également communiquer avec lui par écrit.

Les autres dispositions du précédent article sont applicables.

Le président peut procéder de même avec les témoins ou les parties civiles atteints de surdité.

Bibliographie : D. Caron, *Tribunal correctionnel. – Débats. – Comparution et citation : JCl. Proc. pén.*, art. 406 à 417, Fasc. 20.

Un demandeur ne saurait reprocher aux juges d'avoir refusé de renvoyer l'affaire pour permettre à son représentant légal de se faire assister en raison de sa surdité dès lors que, ayant été régulièrement avisé de la date d'audience, il avait la possibilité de déposer un mémoire (■ Cass. crim., 25 mai 1993, n° 92-85.580).

Art. 409. – **Au jour indiqué pour la comparution à l'audience, le prévenu en état de détention y est conduit par la force publique.**

Bibliographie : D. Caron, *Tribunal correctionnel. – Débats. – Comparution et citation : JCl. Proc. pén.*, art. 406 à 417, Fasc. 20.

1) Domaine d'application de l'article 409. L'article 409 du Code de procédure pénale est applicable à la procédure de révocation du sursis avec mise à l'épreuve en vertu de l'article 744 du Code de procédure pénale (■ Cass. crim., 26 mai 1993, n° 92-85.360 : *Bull. crim.* n° 194).

2) Conformité à la Convention européenne des droits de l'Homme. Le demandeur, qui se trouvait en état de détention à la suite de la décision du tribunal correctionnel et qui a été extrait de la maison d'arrêt pour comparaître à l'audience, ne saurait se faire grief d'avoir comparu sous escorte devant la juridiction d'appel, dès lors que le recours à la force publique est prévu par l'article 409 du Code de procédure pénale, dont les dispositions ne sont pas contraires à la convention européenne des droits de l'homme (■ Cass. crim., 14 nov. 2018, n° 17-87.527).

3) Droits de la défense. Aux termes de l'article 409 du Code de procédure pénale, au jour indiqué pour la comparution à l'audience, le prévenu en état de détention y est conduit par la force publique ; le respect de cette disposition est commandé par le libre exercice des droits de la défense (■ Cass. crim., 26 mai 1993, n° 92-85.360 : *Bull. crim.* n° 194). Ne viole aucune disposition légale la cour d'appel qui juge un prévenu comparaissant les poignets entravés par des menottes, dès lors qu'il ne résulte ni des faits constatés, ni d'une demande de donner acte formé par l'intéressé que l'entrave corporelle à laquelle celui-ci a été soumis, dans un but de sécurité publique, aurait pu compromettre la liberté de sa défense (■ Cass. crim., 30 nov. 1976, n° 76-92.088 : *Bull. crim.* n° 344). Un prévenu détenu qui refuse d'être extrait pour l'audience de jugement devant la cour d'appel ne saurait se faire un grief de n'avoir pu s'expliquer sur le bien-fondé de son recours (■ Cass. crim., 7 mars 2000, n° 99-83.640).

4) Jugement d'un prévenu non extrait : nature du jugement. En application de l'article 409 du Code de procédure pénale, une cour d'appel ne saurait, après avoir constaté l'absence du prévenu, qui n'avait pas été extrait pour l'audience, statué par arrêt contradictoire à signifier, au motif que l'intéressé « avait négligé d'aviser les services pénitentiaires de manière à faire organiser son extraction en temps utile » (■ Cass. crim., 12 mai 2010, n° 09-87.219).

Art. 410 *(Mod., L. n° 2004-204, 9 mars 2004)*. – **Le prévenu régulièrement cité à personne doit comparaître, à moins qu'il ne fournisse une excuse reconnue valable par la juridiction devant laquelle il est appelé. Le prévenu a la même obligation lorsqu'il est établi que, bien que même n'ayant pas été cité à personne, il a eu connaissance de la citation régulière le concernant dans les cas prévus par les articles 557, 558 et 560.**

Si ces conditions sont remplies, le prévenu non comparant et non excusé est jugé par jugement contradictoire à signifier, sauf s'il est fait application des dispositions de l'article 411.

Si un avocat se présente pour assurer la défense du prévenu, il doit être entendu s'il en fait la demande, même hors le cas prévu par l'article 411.

Bibliographie : D. Caron, *Tribunal correctionnel. – Débats. – Comparution et citation : JCl. Proc. pén.*, art. 406 à 417, Fasc. 20.

• Sommaire

I – PRINCIPES DU DROIT EUROPÉEN

A – Cour européenne des droits de l'Homme

1° Droit à l'assistance d'un défenseur

1) Quoique non absolu, le droit de tout accusé à être effectivement défendu par un avocat, au besoin commis d'office, figure parmi les éléments fondamentaux du procès équitable (▪ CEDH, GC, 1er mars 2006, n° 56581/00, *Sedjovic c/ Italie*). Un accusé ne perd pas le bénéfice du droit à être effectivement défendu par un avocat du seul fait de son absence aux débats (▪ CEDH, 23 nov. 1993, n° 14032/88, *Poitrimol c/ France*). Le fait que l'accusé, bien que dûment assigné, ne comparaisse pas ne saurait – même à défaut d'excuse – justifier qu'il soit privé du droit à l'assistance d'un défenseur que lui reconnaît l'article 6, § 3 de la Convention (▪ CEDH, 29 mars 2005, n° 59480/00, *Harizi c/ France*). Il appartient aux juridictions d'assurer le caractère équitable d'un procès et de veiller par conséquent à ce qu'un avocat qui, à l'évidence y assiste pour défendre son client en l'absence de celui-ci, se voie donner l'occasion de le faire (▪ CEDH, 23 mai 2013, n° 31070/96, *Van Pelt c/ France*).

2° Droit du prévenu de prendre part à l'audience

2) Une procédure se déroulant en l'absence du prévenu n'est pas en soi incompatible avec l'article 6 de la Convention européenne des droits de l'Homme (▪ CEDH, GC, 1er mars 2006, n° 56581/00, *Sedjovic c/ Italie*). Afin de juger du respect de l'article 6 de la Convention européenne des droits de l'Homme qui emporte pour l'accusé le droit de prendre part à l'audience, il faut prendre en compte toutes les circonstances particulières de l'affaire en cause ; ainsi, eu égard à la participation du requérant aux audiences de première instance et à la nature contradictoire des débats, les exigences d'un procès équitable, telles que définies par la Convention, ne commandent pas la présence de l'intéressé aux débats d'appel (▪ CEDH, GC, 18 oct. 2006, n° 18114/02, *Hermi c/ Italie*).

B – Cour de justice de l'Union européenne

3) Droit pour un prévenu d'assister à son procès. L'article 8, paragraphes 1 et 2, de la directive 2016/343 portant renforcement de certains aspects de la présomption d'innocence et du droit d'assister à son procès dans le cadre des procédures pénales doit être interprété en ce sens qu'il ne s'oppose pas à une réglementation nationale prévoyant, dans la situation où la personne poursuivie a été informée, en temps utile, de la tenue de son procès comme des conséquences d'un défaut de comparution à ce procès et où cette personne a été représentée par un avocat mandaté qu'elle a désigné, que le droit de celle-ci d'assister à son procès n'est pas violé lorsqu'elle a décidé sans équivoque de ne pas comparaître à l'une des audiences tenues dans le cadre de son procès, si, à la suite de cette audience, elle a été informée des actes accomplis en son absence (▪ CJUE, 13 févr. 2020, C-688/18, *T.X. et U.W.*).

C – Jurisprudence nationale

4) L'article 6, § 3 *c)* de la Convention européenne des droits de l'Homme ne confère pas à la personne poursuivie la faculté de s'abstenir de comparaître en justice, mais lui accorde seulement le droit, si elle se présente, de se défendre personnellement ou avec l'assistance d'un conseil (▪ Cass. crim., 9 janv. 1995, n° 94-81.696 : *Bull. crim.*

n° 7). L'article 410 du Code de procédure pénale n'est pas incompatible avec les dispositions de l'article 6 de la Convention européenne des droits de l'Homme, lequel ne confère pas au prévenu la faculté de s'abstenir de comparaître en justice (▪ Cass. crim., 10 janv. 1991, n° 90-80.354 : *Bull. crim.* n° 21. ▪ Cass. crim., 21 juin 1995, n° 94-84.571 : *Bull. crim.* n° 230. ▪ Cass. crim., 6 mai 1997, n° 96-82.328 : *Bull. crim.* n° 176).

5) En application de l'article 6, §§ 1 et 3 de la Convention européenne des droits de l'Homme consacrant le droit au procès équitable et le droit de tout accusé à l'assistance d'un défenseur, un prévenu non comparant et non excusé ne peut être jugé sans que soit entendu l'avocat présent à l'audience pour assurer sa défense (▪ Cass. ass. plén., 2 mars 2001, n° 00-81.388 : *Bull. ass. plén.* n° 56 ; *JCP* 2001, II, 10611, note C. Lievremont ; *Dr. pén.* 2001, comm. 94, obs. A. Maron. ▪ Cass. crim., 16 mai 2001, n° 00-86.331 : *JurisData* n° 2001-009789 ; *Bull. crim.* n° 127. ▪ Cass. crim., 19 févr. 2003, n° 01-88.361 : *Bull. crim.* n° 45. ▪ Cass. crim., 12 mars 2003, n° 02-85.112 : *Bull. crim.* n° 66. ▪ Cass. crim., 12 mars 2003, n° 02-85.313 : *Bull. crim.* n° 67). La présence de l'avocat, chargé par son client de le représenter, a pour effet de donner à l'arrêt un caractère contradictoire (▪ Cass. crim., 16 mai 2001, préc.).

II – PACTE INTERNATIONAL SUR LES DROITS CIVILS ET POLITIQUES

6) L'article 410 du Code de procédure pénale n'est pas incompatible avec les dispositions de l'article 14 du Pacte international sur les droits civils et politiques (▪ Cass. crim., 15 déc. 1998, n° 98-81.109 : *JurisData* n° 005155).

III – DOMAINE D'APPLICATION DE L'ARTICLE 410

7) Les dispositions de l'article 410 du Code de procédure pénale ont un caractère exceptionnel et ne sauraient être étendues à la partie civile (▪ Cass. crim., 25 oct. 1988, n° 86-94.231 : *Bull. crim.* n° 363).

8) Les dispositions des articles 410 et 411 du Code de procédure pénale ne sont pas applicables à la personne citée devant la juridiction correctionnelle en application de l'article 91 du même code, celle-ci n'ayant pas la qualité de prévenu et pouvant se faire représenter à l'audience par un avocat, comme en matière civile ; méconnaît ce principe la cour d'appel qui refuse à la personne citée, non comparante à l'audience, d'être représentée par son avocat, au prétexte qu'elle n'a pas remis de lettre de représentation, et qui statue à l'égard de celle-ci par une décision contradictoire à signifier, en application de l'article 410, alinéa 2, du Code de procédure pénale (▪ Cass. crim., 8 juin 1999, n° 98-82.163 : *Bull. crim.* n° 125).

IV – CONDITIONS D'APPLICATION DE L'ARTICLE 410

A – Citation régulière

1° Prévenu résidant en France

9) Selon l'article 390-1 du Code de procédure pénale, vaut citation à personne la convocation en justice notifiée au prévenu, sur instructions du procureur de la République, dans les délais prévus par l'article 552 du même code, par un greffier ou un officier ou agent de police judiciaire, dans les formes prévues par ledit article 390-1 ; en cas de non-comparution du prévenu, les dispositions de l'article 410 du Code de procédure pénale sont applicables (▪ Cass. crim., 6 mars 1990, n° 89-86.339 : *Bull. crim.* n° 107).

10) Le simple avis d'avoir à comparaître à une audience de renvoi, donné par un avocat à un prévenu non régulièrement cité pour cette audience, ne satisfait pas aux conditions exigées pour que le prévenu non comparant soit jugé en application de l'article 410 du Code de procédure pénale (▪ Cass. crim., 1er juin 1981, n° 80-94.557 : *Bull. crim.* n° 178).

11) L'article 410 du Code de procédure pénale n'est applicable que lorsque le prévenu a été régulièrement cité à personne ou qu'il est établi qu'il a eu connaissance de la citation régulière le concernant dans les cas prévus par les articles 557, 558 et 560 du même code ; encourt cassation l'arrêt qui, à l'égard d'un prévenu cité en mairie, se borne à énoncer que le prévenu, régulièrement cité, ne comparaît pas et n'a fourni aucune excuse (▪ Cass. crim., 10 janv. 1991, n° 90-80.354 : *Bull. crim.* n° 21. ▪ Cass. crim., 17 sept. 1991, n° 90-86.885 : *Bull. crim.* n° 314). L'article 410 du Code de procédure pénale ne s'applique qu'à un prévenu non comparant et non excusé régulièrement cité. Si la délivrance de deux exploits n'entache pas par elle-même la validité de ceux-ci, il en est autrement lorsqu'elle porte atteinte aux intérêts de la personne que ces exploits concernent ; il en est ainsi lorsque cette dualité a été de nature à induire en erreur le prévenu sur la juridiction devant laquelle il devait comparaître et qui l'a jugé sans qu'il ait été en mesure de présenter sa défense (▪ Cass. crim., 30 juin 1993, n° 93-80.556 : *Bull. crim.* n° 235). En prononçant par arrêt contradictoire à signifier à l'égard du prévenu, la cour d'appel a fait l'exacte application des articles 410, 411 et 503-1 du Code de procédure pénale, dès lors qu'il résulte de l'arrêt et des pièces de procédure que le prévenu, régulièrement cité à l'adresse qu'il avait indiquée dans sa déclaration d'appel, n'a pas comparu, sans fournir d'excuse, et ne s'est pas fait représenter, et dès lors que la Cour de cassation est en mesure de s'assurer que la lettre recommandée a été adressée par l'huissier à l'adresse déclarée, peu important qu'elle n'ait pas été réclamée par son destinataire (■ Cass. crim., 28 nov. 2012, n° 12-80639 : *JurisData* n° 2012-027375 ; *Bull. crim.* n° 265). En statuant par arrêt contradictoire à signifier, en application des dispositions de l'article 410 du Code de procédure pénale, alors que le prévenu n'avait pas été cité à l'adresse qu'il avait déclarée conformément aux dispositions de l'article 503-1, dernier alinéa dudit code, la cour d'appel, qui n'était pas légalement saisie, a excédé ses pouvoirs (■ Cass. crim., 20 févr. 2007, n° 06-86.179 : *Bull. crim.* n° 49. ■ Cass. crim., 12 mars 2008, n° 07-84.432).

12) Pour refuser d'ordonner la réouverture des débats sollicitée par l'avocat du prévenu non comparant au motif que son client n'avait pas été touché par la citation, et prononcer une condamnation, l'arrêt doit s'expliquer sur l'urgence particulière qui imposait de ne point différer le jugement de l'affaire, alors que, selon l'article préliminaire du Code de procédure pénale, la procédure pénale doit être équitable et contradictoire et préserver l'équilibre des droits des parties (■ Cass. crim., 21 févr. 2007, n° 06-85.750 : *Dr. pén.* 2007, comm. 94, obs. A. Maron).

2° *Prévenu détenu*

13) Il résulte des articles 409 et 410 du Code de procédure pénale que le prévenu détenu, régulièrement cité à personne, qui n'est pas conduit à l'audience, ne saurait être condamné contradictoirement dès lors que la décision ne constate pas qu'il a manifesté sa volonté de ne pas être présent aux débats (■ Cass. crim., 19 janv. 2010, n° 09-87.474 : *JurisData* n° 2010-051421 ; *Bull. crim.* n° 10 ; *Dr. pén.* 2010, comm. 53, obs. A. Maron et M. Haas). Ce texte est donc inapplicable lorsque le prévenu, détenu à la date où l'affaire a été appelée, se trouve empêché de comparaître par une cause indépendante de sa volonté (■ Cass. crim., 26 janv. 1977, n° 76-93.521 : *Bull. crim.* n° 36. ■ Cass. crim., 5 janv. 1982, n° 81-91.619 : *Bull. crim.* n° 6). Il ne saurait être fait grief à la cour d'appel d'avoir prononcé contradictoirement, dès lors qu'il ne résulte pas de la procédure que la cour d'appel ait été informée de ce que le prévenu avait été placé en détention pour une autre cause, ni que celui-ci lui ait fait connaître qu'il était empêché de comparaître pour une cause indépendante de sa volonté, même si, en application de l'article 409 du Code de procédure pénale, ce prévenu aurait dû être conduit à l'audience par la force publique (■ Cass. crim., 13 févr. 1995, n° 94-82.806).

14) Prévenu détenu à l'étranger. Il résulte des articles 409 et 410 du Code de procédure pénale, et de l'article 6 de la Convention européenne des droits de l'Homme que le prévenu, détenu à l'étranger, régulièrement cité et ayant eu connaissance de la citation, empêché de comparaître en raison de cette détention, ne saurait être jugé en son absence sauf renonciation à sa comparution. Méconnaît, dès lors, ces textes, l'arrêt qui, ne faisant pas droit à une demande de renvoi présentée par l'avocat de ce prévenu, statue par arrêt contradictoire à signifier (■ Cass. crim., 29 juin 2011, n° 10-83.466 : *JurisData* n° 2011-012818 ; *Bull. crim.* n° 154).

3° *Prévenu résidant à l'étranger*

15) Si le prévenu, résidant à l'étranger et cité hors du délai prévu par l'article 552 du Code de procédure pénale, peut couvrir la nullité résultant de l'irrégularité de la citation par une comparution volontaire ou en demandant à être jugé en son absence, représenté par son avocat, aux conditions de l'article 411 du Code de procédure pénale, il ne peut lui être opposé qu'il a eu connaissance de la citation pour le juger en vertu des dispositions de l'article 410 du même code, sans avoir entendu son défenseur (■ Cass. crim., 14 oct. 1991, n° 90-84.659 : *Bull. crim.* n° 340).

B – Excuse

1° *Notion d'excuse*

16) Le refus délibéré de comparaître opposé par le prévenu régulièrement cité ne saurait impliquer une excuse dont la juridiction saisie est tenue d'apprécier la validité par l'application des dispositions de l'article 410 du Code de procédure pénale (■ Cass. crim., 23 juin 1986, n° 85-91.340 : *Bull. crim.* n° 219). Une demande de renvoi par le conseil du prévenu ne peut valoir excuse au sens de l'article 410 du Code de procédure pénale (■ Cass. crim., 21 juin 1995, n° 94-84.571 : *Bull. crim.* n° 230. ■ Cass. crim., 6 mai 1997, n° 96-82.328 : *Bull. crim.* n° 176). Même solution pour une lettre adressée au greffe demandant le renvoi de l'affaire (■ Cass. crim., 15 déc. 1998, n° 98-81.109 : *JurisData* n° 1998–005155).

17) Doit être assimilée à l'excuse prévue par l'article 410 du Code de procédure pénale, sur la validité de laquelle les juges sont tenus de se prononcer, la lettre du prévenu non comparant, parvenue après les débats mais avant le prononcé de la décision et invoquant une cause d'empêchement légitime (■ Cass. crim., 1er févr. 1995, n° 94-80.360. ■ Cass. crim., 27 févr. 1996, n° 95-83.084 : *Bull. crim.* n° 94. ■ Cass. crim., 19 juin 2012, n° 11-87.545 : *JurisData* n° 2012-013512 ; *Bull. crim.* n° 151).

18) Après convocation délivrée dans les formes prévues par l'article 390-1 du Code de procédure pénale, avec mention de la possibilité de se faire assister par un avocat le cas échéant désigné d'office, le prévenu a fait aussitôt l'objet d'une mesure de reconduite à la frontière, alors que, ne sachant ni lire ni écrire le français, il n'était pas en capacité de prendre contact avec un avocat ; les juges en ont déduit que le prévenu s'est trouvé empêché de comparaître devant le tribunal correctionnel pour une cause indépendante de sa volonté : de tels motifs n'établissent pas que l'intéressé n'ait pas été en mesure de fournir une excuse avant l'audience (▪ Cass. crim., 19 mai 2015, n° 14-85.339).

2° *Régime de l'excuse*

19) Appréciation de l'excuse. Les juges apprécient souverainement l'excuse présentée par le prévenu (▪ Cass. crim., 3 févr. 1999, n° 98-81.692. ▪ Cass. crim., 15 déc. 2015, n° 14-86.486 : *Bull. crim.* n° 294. ▪ Cass. crim., 22 janv. 2019, n° 18-80.909).

20) Obligation de statuer sur l'excuse. Les juges sont tenus de statuer sur le bien-fondé de l'excuse invoquée par le prévenu qui a eu régulièrement connaissance de la citation et qui ne comparaît pas (▪ Cass. crim., 16 déc. 1997, n° 96-82.509 : *Bull. crim.* n° 428). Le prévenu, cité à personne, qui ne comparaît pas mais fournit une excuse, ne peut être jugé contradictoirement qu'autant que celle-ci n'est pas reconnue valable par la juridiction de jugement, qui doit le préciser dans sa décision (▪ Cass. crim., 10 sept. 2019, n° 18-85.633). La juridiction n'a pas à se prononcer sur l'excuse présentée par le prévenu pour justifier son absence, à défaut de demande de renvoi de la part de l'avocat qui assure sa défense (▪ Cass. crim., 27 mai 2014, n° 13-82.945).

21) Obligation de motiver. Jurisprudence européenne. L'article 6, §§ 1 et 3, *c)* est violé lorsqu'une juridiction écarte une demande de renvoi à une audience ultérieure, sans qu'il soit possible de savoir si elle a effectivement examiné la question de savoir si l'excuse fournie par le requérant était valable (▪ CEDH, 25 juill. 2013, n° 46460/10, *Rivière et a. c/ France*).

22) Obligation de statuer. Jurisprudence nationale. En application de l'article 410 du Code de procédure pénale, le prévenu cité à personne, qui ne comparaît pas mais fournit une excuse, ne peut être jugé contradictoirement (par jugement contradictoire à signifier) qu'autant que celle-ci n'est pas reconnue valable par la juridiction, qui doit le préciser dans sa décision (▪ Cass. crim., 20 mars 1996, n° 95-83.687 : *Bull. crim.* n° 122. ▪ Cass. crim., 27 févr. 1996, n° 95-83.084 : *Bull. crim.* n° 94. ▪ Cass. crim., 10 nov. 2004, n° 04-82498 : *JurisData* n° 2004-026037 ; *Bull. crim.* n° 284. ▪ Cass. crim., 1er déc. 2009, n° 09-85.861. ▪ Cass. crim., 15 juin 2010, n° 10-80.429 : *Bull. crim.* n° 107. ▪ Cass. crim., 17 avr. 2013, n° 12-86.195. ▪ Cass. crim., 21 janv. 2014, n° 13-81.789 : *JurisData* n° 2014-000585. ▪ Cass. crim., 15 mai 2018, n° 16-87.126 : visa des articles 6, § 1, Conv. EDH et 410 du CPP). Doit être cassé l'arrêt qui, pour rejeter la demande de renvoi formée par le prévenu par courrier reçu le jour de l'audience et statuer sur le fond de l'affaire par décision contradictoire à signifier, retient que le certificat médical du médecin indiquant que le prévenu ne peut se déplacer n'a été adressé à la cour que le jour de l'audience, et qu'il est versé à l'appui d'une demande de renvoi uniquement motivée par le fait que le prévenu se dit non assisté d'un avocat, malgré les diligences de l'Ordre à son endroit : il résulte en effet de ces constatations qu'aucun avocat n'était présent pour assurer la défense de la prévenue, que le certificat médical était joint à la demande de renvoi et qu'il était parvenu à la cour avant l'ouverture des débats (▪ Cass. crim., 15 mai 2018, préc.).

3° *Effet de l'excuse reconnue valable*

23) Le prévenu non comparant, qui a fourni une excuse reconnue valable, doit être jugé par défaut (▪ Cass. crim., 1er avr. 1968, n° 68-90.574 : *Bull. crim.* n° 116).

V – AUDITION DE L'AVOCAT DU PRÉVENU ABSENT

24) Absence de mandat de représentation. Selon l'article 410 du Code de procédure pénale, l'avocat qui se présente pour assurer la défense du prévenu absent doit être entendu s'il en fait la demande, même lorsqu'il est démuni du mandat de représentation prévu par l'article 411 du même code (▪ Cass. crim., 23 oct. 2007, n° 07-82.313 : *JurisData* n° 2007-041356 ; *Bull. crim.* n° 251. ▪ Cass. crim., 3 mars 2015, n° 14-86.498 : *Bull. crim.* n° 41). Encourt la censure l'arrêt qui a décidé de retenir l'affaire sans avoir entendu en dernier l'avocat qui s'était présenté et qui avait demandé le renvoi de l'affaire et sans avoir donné la parole à cet avocat après l'examen sur le fond, au motif que celui-ci n'avait pas de pouvoir de représentation (▪ Cass. crim., 23 oct. 2007, préc.).

25) Droit de l'avocat d'être entendu à sa demande. Le droit d'être entendu que reconnaît le dernier alinéa de l'article 410 du Code de procédure pénale à l'avocat qui se présente pour assurer la défense d'un prévenu implique, même en l'absence du mandat de représentation prévu par le premier alinéa de l'article 411 dudit code, que celui-ci puisse déposer des conclusions qui doivent être visées par le président et le greffier ; la décision à intervenir est alors contradictoire

(■ Cass. crim., 12 déc. 2006, n° 05-86.214 : *Bull. crim.* n° 310). L'arrêt n'encourt cependant pas la censure si la Cour de cassation est en mesure de s'assurer qu'aucun des chefs péremptoires desdites conclusions n'a été délaissé (■ Cass. crim., 12 déc. 2006, préc.). Doit être cassé l'arrêt par lequel la cour d'appel statue par des motifs qui ne mettent pas la Cour de cassation en mesure de s'assurer que l'avocat qui représentait à l'audience, sans mandat de représentation, le prévenu absent, n'avait pas demandé à être entendu, ni que cet avocat avait eu la parole le dernier (■ Cass. crim., 3 mars 2015, n° 14-86.498 : *Bull. crim.* n° 41). Les juges ne peuvent refuser d'entendre l'avocat choisi par le prévenu, dont le nom est mentionné sur le récépissé du dépôt de la demande d'aide juridictionnelle qui figure au dossier (■ Cass. crim., 12 mars 2003, n° 02-85.112 : *Bull. crim.* n° 66).

VI – EXCEPTION DE NULLITÉ EN CAUSE D'APPEL

26) Le prévenu qui, n'ayant ni comparu, ni fourni d'excuse reconnue valable, a été jugé dans les conditions prévues par l'article 410 du Code de procédure pénale, ne saurait être considéré comme s'étant défendu devant le tribunal ; que, dès lors, les exceptions tirées de la nullité de la procédure peuvent être présentées pour la première fois en cause d'appel (■ Cass. crim., 6 juin 2007, n° 06-88.541 : *JurisData* n° 2007-039951 ; *Bull. crim.* n° 153).

VII – QUALIFICATIONS DES JUGEMENTS

27) Sans préjudice de l'application de l'article 568 du même code, la mise en délibéré de l'affaire ne saurait conférer à la décision un caractère autre que celui qui lui est légalement attribué au moment de l'ouverture des débats (■ Cass. crim., 28 oct. 1991, n° 90-87.680).

A – Jugement contradictoire

1° *Prévenu représenté par un avocat*

28) La présence à l'audience de l'avocat qui a reçu mandat exprès de représenter le prévenu a pour effet de donner à l'arrêt un caractère contradictoire (■ Cass. crim., 16 mai 2001, n° 00-86.331 : *JurisData* n° 2001-009789 ; *Bull. crim.* n° 127). Il résulte des articles 410 et 411 du Code de procédure pénale que lorsque le prévenu, non comparant, est représenté à l'audience par un avocat, la décision est rendue contradictoirement à son égard (■ Cass. crim., 7 avr. 2004, n° 03-84.889 : *Bull. crim.* n° 92). Lorsqu'un avocat se présentant pour assurer la défense d'un prévenu absent poursuivi devant la juridiction correctionnelle dépose des conclusions, il s'en déduit qu'il agit en vertu d'un mandat de représentation et la décision à intervenir est rendue contradictoirement ; justifie sa décision la cour d'appel qui, pour écarter l'argumentation de prévenus soutenant que leur appel est recevable dès lors que, n'ayant pas comparu et leur avocat étant dépourvu d'un mandat de comparution, la décision entreprise aurait dû leur être signifiée, retient que le dépôt de conclusions écrites par leur avocat fait présumer l'existence d'un mandat et qu'en conséquence, les premiers juges ont, à juste titre, qualifié le jugement de contradictoire (■ Cass. crim., 14 oct. 2008, n° 08-81.617 : *JurisData* n° 2008-045673 ; *Bull. crim.* n° 207).

2° *Dépôt de conclusions par l'avocat*

29) Le droit d'être entendu que reconnaît le dernier alinéa de l'article 410 du Code de procédure pénale à l'avocat qui se présente pour assurer la défense d'un prévenu implique, même en l'absence du mandat de représentation prévu par le premier alinéa de l'article 411 dudit code, que celui-ci puisse déposer des conclusions qui doivent être visées par le président et le greffier ; la décision à intervenir est alors contradictoire (■ Cass. crim., 12 déc. 2006, n° 05-86214 : *Bull. crim.* n° 310). V. ■ Cass. crim., 14 oct. 2008, préc., n° 27.

3° *Cas du renvoi à une audience ultérieure*

30) Il résulte des articles 410 et 412 du Code de procédure pénale que le prévenu cité à personne, qui n'a pas comparu, mais a fourni une excuse reconnue valable, ne peut être jugé contradictoirement à l'audience à laquelle l'affaire a été renvoyée, que s'il a été cité à personne pour cette nouvelle audience ou s'il est établi qu'il a eu connaissance de la citation ; dans le cas contraire, il est jugé par défaut (■ Cass. crim., 10 mai 1995, n° 94-83.828 : *Bull. crim.* n° 170. ■ Cass. crim., 27 juin 2000, n° 00-80.780 : *Bull. crim.* n° 247. ■ Cass. crim., 7 déc. 2010, n° 09-88.369 : *JurisData* n° 2010-025771 ; *Bull. crim.* n° 196. ■ Cass. crim., 9 janv. 2019, n° 17-81.951. ■ Cass. crim., 4 mars 2020, n° 19-82.057, § 7).

31) À la suite d'un renvoi ordonné contradictoirement, la cour d'appel statue à bon droit par arrêt contradictoire à signifier si, lors de l'audience de renvoi, le prévenu n'est ni présent, ni représenté (■ Cass. crim., 23 mai 2013, n° 12-84.875. *Contra* ■ Cass. crim., 17 déc. 1985, n° 83-92.479 : *Bull. crim.* n° 406. ■ Cass. crim., 17 mars 1987, n° 86-93.100 : *Bull. crim.* n° 128 : la carence de l'intéressé ne fait pas perdre à la procédure le caractère contradictoire qu'elle avait dès l'origine).

32) En cas de renvoi à une audience ultérieure, le prévenu doit être régulièrement avisé de la date à laquelle auront lieu les débats. Encourt, dès lors, la censure le jugement de police qui statue par jugement contradictoire en application de l'article 410 du Code de procédure pénale, alors qu'au moment du renvoi de l'affaire, avait été remis au contrevenant un avis mentionnant une date erronée de l'audience des débats (■ Cass. crim., 10 juin 1998, n° 97-85.541 : *Bull. crim.* n° 189).

33) Les motifs du refus d'accorder un renvoi relèvent du pouvoir souverain d'appréciation de la juridiction (■ Cass. crim., 19 mai 2016, n° 15-80.571).

34) La juridiction qui rejette une demande de renvoi après avoir écarté l'excuse invoquée par le prévenu fait l'exacte application de l'article 410 du Code de procédure pénale en entendant l'avocat du prévenu, même démuni de pouvoir de représentation, lequel a déposé des conclusions (■ Cass. crim., 8 nov. 2016, n° 15-87.771).

B – Jugement contradictoire à signifier

Voir : art. 503-1, p. 1097.

35) La catégorie des jugements contradictoires à signifier vise à inciter le prévenu à faire valoir ses moyens de défense lorsque la juridiction de jugement statue sur le bien-fondé de l'accusation pénale pesant sur lui ; loin de méconnaître les droits de la défense, le statut fait au prévenu tend, au contraire, à les favoriser (■ Cass. crim., 26 sept. 2012, n° 12-80.697 QPC).

36) Lorsque le prévenu, régulièrement cité à personne, n'a pas comparu, sans excuse reconnue valable, il doit être statué par jugement contradictoire à signifier (■ Cass. crim., 5 juin 2007, n° 06-85.965. ■ Cass. crim., 19 mai 2015, n° 14-85.339 : *JurisData* n° 2015-011756. ■ Cass. crim., 15 déc. 2015, n° 14-86.486 : *Bull. crim.* n° 294). Le prévenu est jugé par jugement contradictoire à signifier lorsque, cité régulièrement à personne, il ne comparaît pas, n'est pas excusé et n'est pas représenté lors des débats (■ Cass. crim., 26 sept. 2012, QPC, préc., n° 34). Mais V. art. 411, al. 2, p. 941.

37) Il résulte des articles 410 et 512 du Code de procédure pénale que le prévenu cité à personne, qui ne comparaît pas mais fournit une excuse, ne peut être jugé par jugement ou arrêt contradictoire à signifier qu'autant que celle-ci n'est pas reconnue valable par la juridiction de jugement (■ Cass. crim., 17 avr. 2013, n° 12-86.195. ■ Cass. crim., 21 janv. 2014, n° 13-81.789 : *JurisData* n° 2014-000585). La juridiction doit préciser dans sa décision qu'elle ne reconnaît pas valable l'excuse invoquée (■ Cass. crim., 10 sept. 2019, n° 18-85.633). La juridiction doit statuer, par décision motivée, sur la demande de renvoi dont elle est saisie (■ Cass. crim., 17 avr. 2013, préc.).

38) Il résulte des articles 410, alinéa 2, et 498, alinéa 2, du Code de procédure pénale que le délai d'appel ne court qu'à compter du jour de la signification du jugement, lorsque la décision a été prononcée hors la présence du prévenu et que celui-ci n'a pas été informé de la date à laquelle ce jugement serait rendu ; lorsque le prévenu est présent à l'appel des causes mais non comparant lors des débats et du prononcé de la décision, le jugement est contradictoire et à signifier et le délai d'appel ne court qu'à compter de sa signification (■ Cass. crim., 26 avr. 2006, n° 05-85.389 : *Bull. crim.* n° 113). *Contra* ■ Cass. crim., 20 mai 2015, n° 14-80.171 : doit être qualifié de contradictoire, non de contradictoire à signifier, le jugement dont le prononcé a eu lieu en présence du prévenu.

39) Fait l'exacte application de l'article 503-1 du Code de procédure pénale, la cour d'appel qui statue par arrêt contradictoire à signifier après avoir constaté que le prévenu, cité à l'adresse déclarée lors de son appel, ne comparaît pas et ne fournit aucune excuse valable (■ Cass. crim., 15 févr. 2006, n° 05-85.608 : *Bull. crim.* n° 45. ■ Cass. crim., 12 oct. 2007, n° 07-80.581 : *Bull. crim.* n° 232. ■ Cass. crim., 21 mai 2008, n° 08-80.735 : *Bull. crim.* n° 127).

40) Il résulte des articles 410 et 411 du Code de procédure pénale que, lorsque, saisie d'une demande du prévenu à être jugé en son absence à laquelle sont jointes des conclusions, la juridiction a ordonné sa comparution personnelle et que celui-ci, qui a eu connaissance de la nouvelle citation, n'a pas répondu à cette invitation sans fournir d'excuse reconnue valable, le tribunal n'a pas à répondre à ces conclusions (■ Cass. crim., 31 mai 2000, n° 99-85.443 : *Bull. crim.* n° 210).

Art. 410-1 ***(Mod., L. n° 2004-204, 9 mars 2004).*** **– Lorsque le prévenu cité dans les conditions prévues par le premier alinéa de l'article 410 ne comparaît pas et que la peine qu'il encourt est égale ou supérieure à deux années d'emprisonnement, le tribunal peut ordonner le renvoi de l'affaire et, par décision spéciale et motivée, décerner mandat d'amener ou mandat d'arrêt.**

Si le prévenu est arrêté à la suite du mandat d'amener ou d'arrêt, il est fait application des dispositions de l'article 135-2. Toutefois, dans le cas où la personne est placée en détention provisoire par le juge des libertés et de la détention, elle doit comparaître dans les meilleurs délais, et au plus tard dans le délai d'un mois, devant le tribunal correctionnel, faute de quoi elle est mise en liberté.

Bibliographie : D. Caron, *Tribunal correctionnel. – Débats. – Comparution et citation : JCl. Proc. pén.*, art. 406 à 417, Fasc. 20.

Le renvoi de l'affaire en application des dispositions de l'article 410-1 du Code de procédure pénale relève du seul pouvoir d'appréciation de la juridiction (■ Cass. crim., 4 déc. 1996, n° 96-80.851).

Art. 411 *(Rempl., L. n° 2004-204, 9 mars 2004).* **– Quelle que soit la peine encourue, le prévenu peut, par lettre adressée au président du tribunal et qui sera jointe au dossier de la procédure, demander à être jugé en son absence en étant représenté au cours de l'audience par son avocat ou par un avocat commis d'office. Ces dispositions sont applicables quelles que soient les conditions dans lesquelles le prévenu a été cité.**

L'avocat du prévenu, qui peut intervenir au cours des débats, est entendu dans sa plaidoirie et le prévenu est alors jugé contradictoirement.

Si le tribunal estime nécessaire la comparution personnelle du prévenu, il peut renvoyer l'affaire à une audience ultérieure en ordonnant cette comparution. Le procureur de la République procède alors à une nouvelle citation du prévenu.

Le prévenu qui ne répondrait pas à cette nouvelle citation peut être jugé contradictoirement si son avocat est présent et entendu. Le tribunal peut également, le cas échéant, après avoir entendu les observations de l'avocat, renvoyer à nouveau l'affaire en faisant application des dispositions de l'article 410-1.

Lorsque l'avocat du prévenu qui a demandé à ce qu'il soit fait application des dispositions du présent article n'est pas présent au cours de l'audience, le prévenu est, sauf renvoi de l'affaire, jugé par jugement contradictoire à signifier.

Bibliographie : D. Caron, *Tribunal correctionnel. - Débats. - Comparution et citation : JCl. Proc. pén.*, art. 406 à 417, Fasc. 20.

I – PRINCIPE DE LA COMPARUTION PERSONNELLE DU PRÉVENU

A – Convention européenne des droits de l'Homme

1° *Jurisprudence européenne*

1) Droit de l'accusé de prendre part à l'audience. Une procédure se déroulant en l'absence du prévenu n'est pas en soi incompatible avec l'article 6 de la Convention européenne des droits de l'Homme (■ CEDH, GC, 1er mars 2006, n° 56581/00, *Sedjovic c/ Italie*). Afin de juger du respect de l'article 6 de la Convention européenne des droits de l'Homme qui emporte pour l'accusé le droit de prendre part à l'audience, il faut prendre en compte toutes les circonstances particulières de l'affaire en cause ; ainsi, eu égard à la participation du requérant aux audiences de première instance et à la nature contradictoire des débats, les exigences d'un procès équitable, telles que définies par la Convention, ne commandent pas la présence de l'intéressé aux débats d'appel (■ CEDH, GC, 18 oct. 2006, n° 18114/02, *Hermi c/ Italie*).

2° *Jurisprudence nationale*

2) L'article 6, § 3 *c)* de la Convention européenne des droits de l'Homme ne confère pas à la personne poursuivie la faculté de s'abstenir de comparaître en justice, mais lui accorde seulement le droit, si elle se présente, de se défendre personnellement ou avec l'assistance d'un conseil ; par suite, conformément aux dispositions de l'article 411 du Code de procédure pénale, c'est à bon droit qu'un prévenu qui ne justifiait d'aucune excuse valable de nature à l'empêcher de comparaître, a été jugé en son absence (■ Cass. crim., 9 janv. 1995, n° 94-81.696 : *Bull. crim.* n° 7).

B – Article 411

1° *Refus d'ordonner la comparution du prévenu*

3) Pouvoir des juges. En décidant que la comparution personnelle des prévenus cités directement par la partie civile n'était pas nécessaire, la cour d'appel n'a fait qu'user de la faculté qu'elle tient de l'article 411 du Code de procédure pénale, dont les dispositions ne sont pas contraires aux exigences d'un procès équitable (■ Cass. crim., 14 sept. 2004, n° 03-87.745).

4) Partie civile – Grief. La partie civile qui n'a pas déposé de conclusions en vue de requérir la comparution personnelle du prévenu ne saurait se faire un grief de la méconnaissance des dispositions des articles 411 et 414 du Code de procédure pénale, lesquelles sont prescrites dans l'intérêt du prévenu (■ Cass. crim., 8 juin 1972, n° 71-91.295 : *Bull. crim.* n° 193. ■ Cass. crim., 26 sept. 1995, n° 94-84.003 : *Bull. crim.* n° 286).

2° *Consentement du prévenu à être jugé en son absence*

5) Nécessité d'un consentement non équivoque. Lorsqu'il a fourni une justification écrite de son absence sans demander à comparaître, le prévenu, représenté par son avocat qui a plaidé au fond, a manifesté son consentement non équivoque à être jugé en son absence (■ Cass. crim., 9 juin 2004, n° 03-86.718). Par le mandat donné à son défenseur, le prévenu, dont il est établi par les pièces de la procédure qu'il a eu connaissance de la citation, a manifesté de façon formelle son consentement à être jugé en son absence (■ Cass. crim., 30 janv. 1992, n° 91-80.639 : *Bull. crim.* n° 43).

6) **Cas de la citation nulle.** Si le prévenu résidant à l'étranger et cité hors du délai prévu par l'article 552 du Code de procédure pénale peut couvrir la nullité résultant de l'irrégularité de la citation par une comparution volontaire, ou en demandant à être jugé en son absence, représenté par son avocat aux conditions de l'article 411 du code précité, il ne peut, en ce dernier cas, lui être opposé qu'il a eu connaissance de la citation pour le condamner contradictoirement, en vertu des dispositions de l'article 410 du même code, sans avoir entendu son défenseur (■ Cass. crim., 14 oct. 1991, n° 90-84.659 : *Bull. crim.* n° 340).

II – DROIT À L'ASSISTANCE D'UN DÉFENSEUR

A – Jurisprudence européenne

7) Quoique non absolu, le droit de tout accusé à être effectivement défendu par un avocat, au besoin commis d'office, figure parmi les éléments fondamentaux du procès équitable (■ CEDH, GC, 1er mars 2006, n° 56581/00, *Sedjovic c/ Italie*).

8) Un accusé ne perd pas le bénéfice du droit à être effectivement défendu par un avocat du seul fait de son absence aux débats (■ CEDH, 23 nov. 1993, n° 14032/88, *Poitrimol c/ France*). Le fait que l'accusé, bien que dûment assigné, ne comparaisse pas ne saurait – même à défaut d'excuse – justifier qu'il soit privé du droit à l'assistance d'un défenseur que lui reconnaît l'article 6, § 3 de la Convention (■ CEDH, 29 mars 2005, n° 59480/00, *Harizi c/ France*).

9) Il appartient aux juridictions d'assurer le caractère équitable d'un procès et de veiller par conséquent à ce qu'un avocat qui, à l'évidence y assiste pour défendre son client en l'absence de celui-ci, se voie donner l'occasion de le faire (■ CEDH, 23 mai 2013, n° 31070/96, *Van Pelt c/ France*).

B – Jurisprudence nationale

10) En application de l'article 6, §§ 1 et 3 de la Convention européenne des droits de l'Homme consacrant le droit au procès équitable et le droit de tout accusé à l'assistance d'un défenseur, un prévenu non comparant et non excusé ne peut être jugé sans que soit entendu l'avocat présent à l'audience pour assurer sa défense (■ Cass. ass. plén., 2 mars 2001, n° 00-81.388 : *Bull. ass. plén.* n° 56 ; *JCP* 2001, II, 10611, note C. Lievremont ; *Dr. pén.* 2001, comm. 94, obs. A. Maron. ■ Cass. crim., 16 mai 2001, n° 00-86.331 : *JurisData* n° 2001-009789 ; *Bull. crim.* n° 127. ■ Cass. crim., 19 févr. 2003, n° 01-88.361 : *Bull. crim.* n° 45. ■ Cass. crim., 12 mars 2003, n° 02-85.112 : *Bull. crim.* n° 66. ■ Cass. crim., 12 mars 2003, n° 02-85.313 : *Bull. crim.* n° 67).

III – LETTRE AU PRÉSIDENT DE LA JURIDICTION

A – Nécessité de la lettre

11) **Principe.** Les dispositions de l'article 411, alinéa 1, du Code de procédure pénale ne sont applicables que si le prévenu a expressément demandé à être jugé en son absence par une lettre au président (■ Cass. crim., 8 déc. 1964, n° 64-90.020 : *Bull. crim.* n° 331. ■ Cass. crim., 9 févr. 1965, n° 64-92.511. ■ Cass. crim., 25 juin 1970, n° 69-92.474 : *Bull. crim.* n° 217). La seule déclaration d'un avocat d'après laquelle il « représenterait » le prévenu, ne saurait tenir lieu de la lettre adressée par ce prévenu au président pour demander à être jugé en son absence (■ Cass. crim., 30 déc. 1967, n° 65-92.338 : *Bull. crim.* n° 340).

12) **Tempérament.** Par le mandat donné à son défenseur, le prévenu, dont il est établi par les pièces de la procédure qu'il a eu connaissance de la citation, a manifesté de façon formelle son consentement à être jugé en son absence ; il importe donc peu que les juges n'aient pas constaté soit que le prévenu avait été cité à personne ou avait eu connaissance de la citation et n'avait pas été excusé, soit qu'il avait adressé au président de la cour d'appel une lettre demandant à être jugé en son absence (■ Cass. crim., 30 janv. 1992, préc., n° 5).

B – Preuve de l'existence de la lettre

1° *Principe*

13) La lettre au président doit être jointe à la procédure (■ Cass. crim., 8 déc. 1964, n° 64-90.020 : *Bull. crim.* n° 331. ■ Cass. crim., 9 févr. 1965, n° 64-92.511. ■ Cass. crim., 25 juin 1970, n° 69-92.474 : *Bull. crim.* n° 217). L'existence de la lettre doit résulter de la décision ou du dossier (■ Cass. crim., 25 juin 1970, préc. ■ Cass. crim., 8 févr. 1972, n° 71-90.493 : *Bull. crim.* n° 47. ■ Cass. crim., 27 févr. 1995, n° 94-83.115 : *Bull. crim.* n° 84 ; *Dr. pén.* 1995, comm. 134, obs. A. Maron).

14) Le demandeur ne saurait se faire un grief de ce que la lettre ne figure plus au dossier, dès lors que la décision en consacre formellement l'existence (■ Cass. crim., 28 mars 1968, n° 67-91.350 : *Bull. crim.* n° 113).

2° Cas de l'article 416

15) Dans le cas de l'article 416 du Code de procédure pénale propre au prévenu qui ne peut, en raison de son état de santé comparaître devant le tribunal, après audition à son domicile par un magistrat commis à cet effet, le débat est repris après citation nouvelle du prévenu. La cour d'appel qui, à ce stade après avoir entendu l'avocat, statue contradictoirement à l'égard du prévenu non comparant, justifie sa décision nonobstant l'absence au dossier de la procédure de la lettre de celui-ci prévue par l'article 411, alinéa 1, du Code de procédure pénale demandant à être jugé en son absence (▪ Cass. crim., 22 janv. 2003, n° 02-82.316 : *Bull. crim.* n° 17).

IV – CONCLUSIONS DU PRÉVENU

A – Conclusions adressées par le prévenu

16) Formalisme. Le prévenu qui demande à être jugé en son absence sur le fondement de l'article 411 du Code de procédure pénale ne saurait se faire un grief d'une insuffisance ou d'un défaut de réponse à conclusions, dès lors que les écrits qu'il a adressés à la juridiction ne valent pas conclusions régulièrement déposées au sens de l'article 459 dudit code, faute pour lui d'avoir comparu à l'audience ou d'y avoir été représenté (▪ Cass. crim., 16 juin 2011, n° 10-87.568 : *Bull. crim.* n° 139 ; *Dr. pén.* 2011, comm. 114, obs. A. Maron et M. Haas ; *RSC* 2011, p. 664, obs. J. Danet et 869, obs. Salvat. ▪ Cass. crim., 13 sept. 2011, n° 11-81.093 : *Bull. crim.* n° 177. ▪ Cass. crim., 22 nov. 2011, n° 11 82.826 : *Bull. crim.* n° 236 ; *Dr. pén.* 2012, comm. 14, obs. A. Maron et M. Haas. ▪ Cass. crim., 12 juin 2019, n° 18-84.462. ▪ Cass. crim., 3 sept. 2019, n° 19-80.854). *Contra*, auparavant : le prévenu, non comparant, qui a demandé à être jugé en son absence, conformément aux dispositions de l'article 411, alinéa 1er, du Code de procédure pénale, n'étant soumis à aucun formalisme pour la présentation par écrit de ses moyens de défense, les juges sont tenus de répondre aux moyens qui sont exposés dans la lettre valant conclusion adressée par le prévenu au président de la juridiction (▪ Cass. crim., 27 mai 1987, n° 86-93.921 : *Bull. crim.* n° 223. ▪ Cass. crim., 3 déc. 1991, n° 91-82.786 : *Bull. crim.* n° 455. ▪ Cass. crim., 17 juin 1992, n° 92-80.073 : *Bull. crim.* n° 242. ▪ Cass. crim., 17 mai 1993, n° 92-82.937 : *Bull. crim.* n° 179. ▪ Cass. crim., 4 janv. 1995, n° 94-81.016 : *Bull. crim.* n° 2. ▪ Cass. crim., 6 mai 1997, n° 96-84.807 : *Bull. crim.* n° 175. ▪ Cass. crim., 3 juin 1998, n° 97-83.321 : *Bull. crim.* n° 180. ▪ Cass. crim., 21 oct. 1998, n° 98-80.059 : *Bull. crim.* n° 271).

17) Cas de l'audience de renvoi. Lorsqu'à l'audience, l'avocat de la prévenue, qui n'était pas présente, a déposé des conclusions de nullité visées par le président et le greffier, et sollicité un renvoi, et que, par courriers, la prévenue a demandé un nouveau renvoi, en précisant qu'elle ne se présenterait pas à cette audience, son avocat indiquant qu'en conséquence, il ne s'y rendrait pas non plus, la cour d'appel a déclaré à tort irrecevables les conclusions déposées par la prévenue, aux motifs que celles-ci n'avaient été ni soutenues, ni développées oralement à l'audience de renvoi : la cour d'appel était saisie de ces conclusions, régulièrement déposées, au sens de l'article 459 du Code de procédure pénale (▪ Cass. crim., 25 juin 2014, n° 13-83.072 : *Bull. crim.* n° 168).

18) Cas de la réassignation. Il résulte des articles 410 et 411 du Code de procédure pénale que, lorsque saisie d'une demande du prévenu à être jugé en son absence à laquelle sont jointes des conclusions, la juridiction a ordonné sa comparution personnelle, celui-ci, s'il a eu connaissance de la nouvelle citation et n'a pas répondu à cette invitation sans fournir d'excuse reconnue valable, le tribunal n'a pas à répondre à ces conclusions (▪ Cass. crim., 31 mai 2000, n° 99-85.443 : *Bull. crim.* n° 210).

B – Conclusions de l'avocat

19) Formalisme. Le prévenu ayant demandé à être jugé en son absence en application des articles 411 et 544 du Code de procédure pénale, son avocat ne saurait adresser, par la voie postale, un pouvoir de représentation ainsi que des conclusions, en s'abstenant de se présenter en personne devant la juridiction : l'avocat du prévenu doit être présent à l'audience pour faire valoir les moyens de défense et déposer des conclusions dans la forme prévue par le premier et le deuxième alinéas de l'article 459 du même code (▪ Cass. crim., 10 janv. 1996, n° 95-83.381 : *Bull. crim.* n° 15).

V – RÉASSIGNATION DU PRÉVENU

20) Selon l'article 411 du Code de procédure pénale, si le tribunal estime nécessaire la comparution en personne du prévenu qui a demandé à être jugé en son absence, il est procédé à sa réassignation pour une audience dont la date est fixée par le tribunal. Encourt, dès lors, la cassation, l'arrêt d'une cour d'appel qui, après avoir ordonné la comparution du prévenu ayant demandé par lettre à être représenté par son avocat, a renvoyé l'affaire en continuation à une audience ultérieure, où elle a prononcé contradictoirement en l'absence de l'avocat et du prévenu, sans que ce dernier ait été réassigné (■ Cass. crim., 24 janv. 1996, n° 95-83.681 : *Bull. crim.* n° 45).

VI – QUALIFICATION DU JUGEMENT RENDU

21) Jugement contradictoire. Lorsqu'un avocat se présentant pour assurer la défense d'un prévenu absent poursuivi devant la juridiction correctionnelle dépose des conclusions, il s'en déduit qu'il agit en vertu d'un mandat de représentation et la décision à intervenir est rendue contradictoirement ; justifie sa décision la cour d'appel qui, pour écarter l'argumentation de prévenus soutenant que leur appel n'est pas tardif dès lors que, n'ayant pas comparu et leur avocat étant dépourvu d'un mandat de comparution, la décision entreprise aurait dû leur être signifiée, retient que le dépôt de conclusions écrites par leur avocat fait présumer l'existence d'un mandat et qu'en conséquence, les premiers juges ont, à juste titre, qualifié le jugement de contradictoire (■ Cass. crim., 14 oct. 2008, n° 08-81.617 : *JurisData* n° 2008-045673 ; *Bull. crim.* n° 207). Il résulte des articles 410 et 411 du Code de procédure pénale que lorsque le prévenu, non comparant, est représenté à l'audience par un avocat, la décision est rendue contradictoirement à son égard (■ Cass. crim., 7 avr. 2004, n° 03-84.889 : *Bull. crim.* n° 92). La présence de l'avocat, chargé par son client de le représenter, a pour effet de donner à l'arrêt un caractère contradictoire (■ Cass. crim., 16 mai 2001, préc., n° 10). Mais V. art. 411, dern. al., p. 941.

22) Lorsqu'un prévenu, remplissant les conditions prévues par l'article 411, alinéa 1er, du Code de procédure pénale, a demandé à être jugé en son absence, la décision à intervenir est contradictoire, alors même que l'affaire aurait fait l'objet de remises, avant que ladite décision ne soit prononcée (■ Cass. crim., 9 févr. 1965, n° 62-90.464 : *Bull. crim.*n° 40).

23) Le mandat adressé au tribunal par le prévenu, en application de l'article 411 du Code de procédure pénale confère à l'avocat de celui-ci le pouvoir de le représenter à chaque audience à laquelle la cause est contradictoirement renvoyée et, sauf comparution personnelle, jusqu'au jugement (■ Cass. crim., 17 févr. 2004, n° 03-84.554).

VII – POINT DE DÉPART DU DÉLAI POUR EXERCER UNE VOIE DE RECOURS

24) La prévenue qui, par lettre, a demandé à être jugée en son absence et que son avocat soit entendu, ne peut invoquer les dispositions de l'article 568, alinéa 2 du Code de procédure pénale relatives à la nécessité d'une signification, dès lors que, son avocat entendu, l'arrêt a été rendu à la même audience ; elle disposait, pour se pourvoir, de cinq jours francs à dater du jour où l'arrêt a été prononcé (■ Cass. crim., 29 nov. 1972, n° 72-90.136 : *Bull. crim.* n° 366. ■ Cass. crim., 11 déc. 1975, n° 74-90.607 : *Bull. crim.*n° 277. ■ Cass. crim., 27 nov. 1978, n° 77-93.395 : *Bull. crim.* n° 330. ■ Cass. crim., 14 mai 1991, n° 90-85.107 : *Bull. crim.* n° 202. ■ Cass. crim., 29 mai 1996, n° 95-83.160 : *Bull. crim.* n° 217. ■ Cass. crim., 14 oct. 2008, préc., n° 21).

25) Lorsque l'affaire a été mise en délibéré et l'avertissement prévu par l'article 462, alinéa 2, dudit code donné, le délai du pourvoi en cassation a pour point de départ le jour du prononcé de la décision ; il n'importe qu'il y ait eu deux remises successives de la décision si elles ont été faites à jour fixe (■ Cass. crim., 29 nov. 1988, n° 88-80.879 : *Bull. crim.* n° 400).

Art. 412 ***(Rempl., L. n° 2004-204, 9 mars 2004).*** **– Si la citation n'a pas été délivrée à la personne du prévenu, et s'il n'est pas établi qu'il ait eu connaissance de la citation, la décision, au cas de non-comparution du prévenu, est rendue par défaut, sauf s'il est fait application des dispositions de l'article 411.**

Dans tous les cas, si un avocat se présente pour assurer la défense du prévenu, il doit être entendu s'il en fait la demande. Le jugement est alors contradictoire à signifier, sauf s'il a été fait application de l'article 411.

Dans tous les cas, le tribunal peut, s'il l'estime nécessaire, renvoyer l'affaire à une audience ultérieure, en faisant le cas échéant application des dispositions de l'article 410-1.

Voir : V. art. 559, *infra*, p. 1200.

Bibliographie : D. Caron, *Tribunal correctionnel. – Débats. – Comparution et citation : JCl. Proc. pén.*, art. 406 à 417, Fasc. 20.

1) Cas de la partie civile. Les dispositions de l'article 410 du Code de procédure pénale ont un caractère exceptionnel et ne sauraient être étendues à la partie civile ; il se déduit de l'article 487 du même code, que celle-ci doit être jugée par défaut, ainsi que le prévoit l'article 412 dudit code, dans les cas où, régulièrement citée, elle ne comparaît pas au jour et à l'heure indiqués dans la citation (■ Cass. crim., 25 oct. 1988, n° 86-94.231 : *Bull. crim.* n° 363).

2) Absence de citation régulière. En l'absence de citation régulière, une juridiction ne peut prononcer par décision contradictoire à signifier en retenant qu'un prévenu non comparant a eu connaissance de la date de l'audience, ainsi que l'établit une lettre dans laquelle il indique ne pouvoir se présenter (■ Cass. crim., 4 mars 2008, n° 07-82.997 : *Bull. crim.* n° 56).

3) Constatations permettant de conclure à une décision contradictoire ou par défaut. Tout jugement ou arrêt doit, à peine de nullité, énoncer les constatations qui permettent de décider s'il est contradictoire ou par défaut (■ Cass. crim., 28 oct. 1971, n° 70-90.296 : *Bull. crim.* n° 286. ■ Cass. crim., 4 nov. 1987, n° 87-80.795 : *Bull. crim.* n° 387).

4) Connaissance de la citation par le prévenu. La constatation des juges du fond selon laquelle le prévenu a eu connaissance de la citation régulièrement effectuée échappe au contrôle de la Cour de cassation (■ Cass. crim., 7 mai 1985, n° 85-90.540 : *Bull. crim.* n° 173. ■ Cass. crim., 9 mars 1987, n° 86-96.487 : *Bull. crim.* n° 113. ■ Cass. crim., 26 mai 1998, n° 97-81.328 : *Bull. crim.* n° 174). Mais comp. ■ Cass. crim., 15 mai 1997, n° 96-83.609 : *Bull. crim.* n° 186 : lorsque les pièces de procédure n'établissent pas que le prévenu ait eu connaissance de la citation à comparaître à l'audience à laquelle il n'a pas comparu et n'était pas représenté, la Cour de cassation est en mesure de s'assurer que la décision a été rendue par défaut ; V. dans le même sens, ■ Cass. crim., 20 mars 2001, n° 00-83.479 : *Bull. crim.* n° 70.

5) Mentions de la citation. Lorsqu'en l'absence du destinataire à l'adresse indiquée dans la déclaration d'appel, l'huissier a délivré l'acte au parquet du procureur général après avoir mentionné : « identification difficile – rien sur annuaire », ces mentions de la citation n'établissant pas que l'appelant ne demeurait pas à l'adresse déclarée, l'arrêt attaqué doit être considéré comme ayant été rendu par défaut, comme le prévoit l'article 412 du Code de procédure pénale (■ Cass. crim., 16 sept. 2008, n° 08-81.351 : *Bull. crim.* n° 184 ; *Dr. pén.* 2008, comm. 148, obs. A. Maron et M. Haas).

6) Absence d'accusé de réception de la lettre recommandé de l'huissier. L'absence au dossier de la procédure de l'accusé de réception de la lettre recommandée envoyée par l'huissier n'entraîne pas la nullité de la citation. Il en résulte seulement que, conformément aux articles 412 et 544 du Code de procédure pénale, le prévenu, non cité à personne et qui n'a pas comparu, ne peut être jugé que par défaut si la preuve n'est pas rapportée qu'il a eu connaissance de la citation (■ Cass. crim., 6 févr. 1969, n° 68-92.023 : *Bull. crim.* n° 66).

7) Décision contradictoire à signifier. Il résulte de l'article 412 du Code de procédure pénale que, si la citation à comparaître devant le tribunal n'a pas été délivrée à la personne du prévenu, mais qu'il est établi qu'il en a eu connaissance, la décision, en cas de non-comparution, doit être qualifiée de contradictoire à signifier (■ Cass. crim., 3 juin 2014, n° 13-85.652).

8) Décision par défaut. En application de l'article 412 du Code de procédure pénale, le prévenu cité à personne et qui a comparu à l'audience au cours de laquelle un renvoi a été prononcé, mais qui n'était pas présent lorsque la cour a ordonné ensuite trois renvois successifs à des dates ultérieures et qui n'était pas davantage présent à l'audience où ont eu lieu les débats, ni à celle où l'arrêt a été rendu, ne peut être jugé que par défaut s'il n'avait pas été cité de nouveau pour la date des débats (■ Cass. crim., 22 juill. 1964, n° 64-90.649 : *Bull. crim.* n° 246).

9) Prévenu domicilié à l'étranger. Aux termes de l'article 562 du Code de procédure pénale, les personnes qui habitent à l'étranger sont citées au parquet du procureur de la République près le tribunal saisi, qui vise l'original et envoie la copie au ministre des Affaires étrangères ou à toute autre autorité déterminée par les conventions diplomatiques ; il ressort de là que, conformément à l'article 412 du Code de procédure pénale, un prévenu, domicilié à l'étranger doit, en cas de non comparution, être jugé par défaut si la preuve n'est pas rapportée qu'il a eu connaissance de la citation, et non pas contradictoirement sur le fondement de l'article 410 dudit code (■ Cass. crim., 13 nov. 1975, n° 74-93.491 : *Bull. crim.* n° 246. ■ Cass. crim., 10 oct. 1987, n° 87-00.215 : *Bull. crim.* n° 354). Il ne saurait en être de même lorsqu'une copie de la citation a été remise au prévenu par les autorités consulaires en application de l'article 562 du Code de procédure pénale et qu'il en a accusé réception (■ Cass. crim., 25 févr. 1988, n° 86-90.325 : *Bull. crim.* n° 98).

10) Avocat devant être entendu. En application de l'article 6, §§ 1 et 3 de la Convention européenne des droits de l'Homme consacrant le droit au procès équitable et le droit de tout accusé à l'assistance d'un défenseur, un prévenu non comparant et non excusé ne peut être jugé sans que soit entendu l'avocat présent à l'audience pour assurer sa défense (■ Cass. ass. plén., 2 mars 2001, n° 00-81.388 : *Bull. ass. plén.* n° 56 : *JCP* 2001, II, 10611, note C. Lievremont ; *Dr. pén.* 2001, comm. 94, obs. A. Maron. ■ Cass. crim., 16 mai 2001, n° 00-86331 : *JurisData* n° 2001-009789 ; *Bull. crim.* n° 127. ■ Cass. crim., 19 févr. 2003, n° 01-88.361 : *Bull. crim.* n° 45. ■ Cass. crim., 12 mars 2003, n° 02-85.313 : *Bull. crim.* n° 67). La présence de l'avocat, chargé par son client de le représenter, a pour effet de donner à l'arrêt un caractère contradictoire (■ Cass. crim., 16 mai 2001, préc.).

11) Pourvoi contre un arrêt rendu par défaut. Lorsque la cour d'appel aurait dû statuer par défaut en application de l'article 412 du Code de procédure pénale, le pourvoi formé contre son arrêt avant l'expiration du délai d'opposition est irrecevable (■ Cass. crim., 15 mai 1997, n° 96-83.609 : *Bull. crim.* n° 186. ■ Cass. crim., 20 mars 2001, n° 00-83.479 : *Bull. crim.* n° 70).

Art. 413. – **Nul n'est recevable à déclarer qu'il fait défaut dès lors qu'il est présent au début de l'audience.**

Bibliographie : D. Caron, *Tribunal correctionnel. – Débats. – Comparution et citation : JCl. Proc. pén.*, art. 406 à 417, Fasc. 20.

Applications. En application de l'article 413 du Code de procédure pénale, une décision est contradictoire à l'égard d'un prévenu qui a pris la parole lors des débats, mais était absent lors du prononcé de la peine (■ Cass. crim., 17 févr. 1993, n° 92-82.403 : *Bull. crim.* n° 81). Il en est de même lorsque le prévenu se présente à l'audience, mais quitte la salle avant l'examen de son affaire (■ Cass. crim., 28 févr. 1995, n° 94-84.630 : *Bull. crim.* n° 80).

Art. 414. – **Les dispositions de l'article 411, alinéas 1 et 2, sont applicables chaque fois que le débat sur le fond de la prévention ne doit pas être abordé, et spécialement quand le débat ne doit porter que sur les intérêts civils.**

Bibliographie : D. Caron, *Tribunal correctionnel. – Débats. – Comparution et citation : JCl. Proc. pén.*, art. 406 à 417, Fasc. 20.

1) Lettre au président de la juridiction : cas. Si, selon les dispositions combinées des articles 411, alinéa 1er, et 414 du Code de procédure pénale, le prévenu peut demander à être jugé contradictoirement en son absence, par lettre adressée au président et qui doit être jointe au dossier, c'est à la condition que le débat sur le fond de la prévention ne doive pas être abordé ; il ne saurait être dérogé à ce principe au motif que des conclusions déposées par le conseil auraient eu pour effet de limiter le débat à l'examen de la compétence, alors que le prévenu avait été cité pour être jugé au fond (■ Cass. crim., 3 oct. 1989, n° 87-83.701 : *Bull. crim.* n° 334).

2) Lettre au président de la juridiction : nécessité. Lorsque le débat ne porte que sur les intérêts civils, il résulte de l'article 414 du Code de procédure pénale, qui renvoie à l'article 411, alinéa 1 dudit code, que le prévenu ne peut être jugé contradictoirement que s'il a demandé à être jugé en son absence par une lettre adressée au président qui doit être jointe au dossier (■ Cass. crim., 7 janv. 1964, n° 63-90.276 : *Bull. crim.* n° 10. ■ Cass. crim., 3 déc. 1964, n° 64-91.666 : *Bull. crim.* n° 327. ■ Cass. crim., 21 déc. 1965, n° 65-91.759 : *Bull. crim.* n° 284. ■ Cass. crim., 23 juill. 1969, n° 68-92.132 : *Bull. crim.* n° 233). Mais il résulte des dispositions combinées des articles 544 et 547 du Code de procédure pénale qu'en matière d'appel de police, le prévenu qui n'est passible que d'une peine d'amende peut être jugé contradictoirement par la cour d'appel, bien qu'il soit absent, dès lors qu'il est représenté par un avocat (■ Cass. crim., 12 janv. 1971, n° 70-90.753 : *Bull. crim.* n° 5).

3) Grief. Si, aux termes de l'article 411 du Code de procédure pénale auquel renvoie l'article 414 du même code, le défenseur ne peut être entendu que si le prévenu demande, par lettre adressée au président et qui sera jointe au dossier, à être jugé en son absence, l'inobservation de cette prescription n'autorise pas le prévenu à s'en faire grief pour demander l'annulation de la décision rendue dès lors qu'il a été représenté à l'audience (■ Cass. crim., 21 déc. 1965, n° 65-91.759 : *Bull. crim.* n° 284. ■ Cass. crim., 7 nov. 1977, n° 76-91.824 : *Bull. crim.* n° 334).

Art. 415. – **La personne civilement responsable peut toujours se faire représenter par un avocat *(Mots suppr. à compter du 1er janvier 2012, L. n° 2011-94, 25 janv. 2011)* « ... ». Dans ce cas, le jugement est contradictoire à son égard.**

Bibliographie : D. Caron, *Tribunal correctionnel. – Débats. – Comparution et citation : JCl. Proc. pén.*, art. 406 à 417, Fasc. 20.

1) Représentation par l'avocat. Il résulte de l'article 415 du Code de procédure pénale que la personne civilement responsable peut toujours se faire représenter par un avocat qui n'est pas tenu de produire un pouvoir spécial ; doit donc être cassé l'arrêt qui, pour déclarer irrecevable le mandat de représentation donné à un avocat par le prévenu et le civilement responsable et écarter les conclusions produites, énonce que ce mandat ne précise ni l'audience, ni l'affaire à laquelle il s'applique (■ Cass. crim., 7 nov. 2000, n° 00-81.844).

2) Point de départ du délai pour se pourvoir en cassation. La personne civilement responsable représentée par un avocat et à l'égard de laquelle l'arrêt a été rendu contradictoirement en application des articles 415 et 512 du Code de procédure pénale, ne peut invoquer les dispositions de l'article 568, alinéa 2 dudit code qui ne font courir le délai de pourvoi que de la signification de l'arrêt attaqué, aucune exception n'étant prévue en pareil cas (■ Cass. crim., 8 déc. 1964, n° 64-90.020 : *Bull. crim.* n° 331. ■ Cass. crim., 11 déc. 1975, n° 74-90.607 : *Bull. crim.* n° 277).

Art. 416 *(Mod., L. n° 2004-204, 9 mars 2004)*. **– Si le prévenu ne peut, en raison de son état de santé, comparaître devant le tribunal et s'il existe des raisons graves de ne point différer le jugement de l'affaire, le tribunal ordonne, par décision spéciale et motivée, que le prévenu, éventuellement assisté de son avocat, sera entendu à son domicile ou à la maison d'arrêt dans laquelle il se trouve détenu, par un magistrat commis à cet effet, accompagné d'un greffier. Procès-verbal est dressé de cet interrogatoire. Le débat est repris après citation nouvelle du prévenu, et les dispositions de l'article 411, alinéas 1 et 2, sont applicables. Dans tous les cas, le prévenu est jugé contradictoirement.**

Bibliographie : D. Caron, *Tribunal correctionnel. – Débats. – Comparution et citation : JCl. Proc. pén.*, art. 406 à 417, Fasc. 20.

1) Refus d'application de l'article 416. Le demandeur ne saurait se faire un grief du refus par la cour d'appel d'appliquer les dispositions prévues par l'article 416 du Code de procédure pénale en estimant non probant le certificat médical produit, dès lors qu'il était représenté à l'audience par un avocat de son choix, qui a plaidé au fond, et qu'il a fait déposer des conclusions, tendant notamment à sa relaxe, auxquelles les juges ont répondu (■ Cass. crim., 4 mai 2004, n°s 03-86.073 et 98-83.685 : *Bull. crim.* n° 107).

2) Citation nouvelle. L'article 416 du Code de procédure pénale dispose que le débat est repris après une citation nouvelle du prévenu. Il s'agit d'une formalité substantielle, dont l'omission constitue une atteinte aux droits de la défense : s'il ne résulte ni des mentions de l'arrêt, ni des pièces de la procédure que cette citation nouvelle a été effectuée avant la reprise des débats, il y a lieu à cassation (■ Cass. crim., 13 févr. 1978, n° 77-91.747 : *Bull. crim.* n° 53).

3) Renvoi de l'article 416 à l'article 411. Lorsqu'un prévenu a été entendu en ses explications à son domicile selon la procédure de l'article 416 du Code de procédure pénale, le débat est repris, après citation nouvelle du prévenu et les dispositions de l'article 411, alinéas 1 et 2 dudit code sont applicables (■ Cass. crim., 22 juin 1971, n° 70-92.914 : *Bull. crim.* n° 202). Mais comp. ■ Cass. crim., 26 févr. 1969, n° 68-92.372 : *Bull. crim.* n° 99 : conformément à l'article 416 du Code de procédure pénale, lorsque le prévenu a été entendu à son domicile en raison de son état de santé, le débat est alors repris après citation nouvelle du prévenu, qui est jugé contradictoirement, même s'il n'a pas adressé la lettre demandant au président de la juridiction à être jugé en son absence exigée par l'article 410, alinéa 1 dudit code. Le prévenu ne saurait se faire un grief d'avoir été jugé contradictoirement en l'absence d'envoi de la lettre prévue par l'article 411 du Code de procédure pénale, dès lors qu'il a été entendu sur le fond, assisté de son avocat, et que son conseil a ensuite été admis à faire valoir ses moyens de défense, lors de l'audience à laquelle, régulièrement citée, il n'a pas comparu (■ Cass. crim., 22 janv. 2003, n° 02-82.316 : *Bull. crim.* n° 17).

4) Audience. L'article 416 du Code de procédure pénale pas plus qu'aucun autre texte, ne prescrit que lorsque l'affaire revient à l'audience après audition à son domicile du prévenu, il doive être donné lecture de l'arrêt précédent, ni du procès-verbal d'audition du prévenu. Le nouveau rapport qui doit être présenté et qui a pour objet de faire connaître aux juges d'appel les éléments de la cause sur laquelle ils ont à statuer suffit à porter ces actes à la connaissance de la Cour (■ Cass. crim., 22 juin 1971, n° 70-92.914 : *Bull. crim.* n° 202).

Art. 417 *(Mod., L. n° 2011-1862, 13 déc. 2011)*. **– Le prévenu qui comparaît a la faculté de se faire assister par un défenseur.**

Si le prévenu n'a pas fait choix d'un défenseur avant l'audience, le président l'informe, s'il n'a pas reçu cette information avant l'audience, qu'il peut, à sa demande, bénéficier d'un avocat commis d'office. Si le prévenu formule cette demande, le président commet un défenseur d'office.

Le défenseur ne peut être choisi ou désigné que parmi les avocats inscrits à un barreau.

L'assistance d'un défenseur est obligatoire quand le prévenu est atteint d'une infirmité de nature à compromettre sa défense.

Bibliographie : D. Caron, *Tribunal correctionnel. – Débats. – Comparution et citation : JCl. Proc. pén.*, art. 406 à 417, Fasc. 20.

I – DROIT À L'ASSISTANCE D'UN DÉFENSEUR

A – Principe constitutionnel des droits de la défense

1) Information donnée au prévenu. Il résulte du principe constitutionnel des droits de la défense, que l'exercice de la faculté de se faire assister par un défenseur, prévue par l'article 417, alinéas 1 et 2, du Code de procédure pénale, implique, pour être effectif, que le prévenu ait été préalablement informé de cette faculté (■ Cass. crim., 16 juill. 2010, n° 10-80.551 QPC). Il résulte des articles 16 de la Déclaration des droits de l'homme et du citoyen, ensemble les articles 14, § 3, *d)* du Pacte international relatif aux droits civils et politiques, 6, § 3, *c)* de la Convention européenne des droits de l'Homme et 417 du Code de procédure pénale que l'exercice de la faculté reconnue au prévenu qui comparaît de se faire assister d'un avocat implique, pour être effectif, que le président de la juridiction l'ait préalablement informé de cette faculté (■ Cass. crim., 24 nov. 2010, n° 10-80.551 : *Bull. crim.* n° 188).

B – Convention européenne des droits de l'Homme

1° Jurisprudence européenne

2) Droit non absolu. Quoique non absolu, le droit de tout accusé à être effectivement défendu par un avocat, au besoin commis d'office, figure parmi les éléments fondamentaux du procès équitable (■ CEDH, GC, 1er mars 2006, n° 56581/00, *Sedjovic c/ Italie*).

3) Absence de l'accusé. Un accusé ne perd pas le bénéfice du droit à être effectivement défendu par un avocat du seul fait de son absence aux débats (■ CEDH, 23 nov. 1993, n° 14032/88, *Poitrimol c/ France*). Le fait que l'accusé, bien que dûment assigné, ne comparaisse pas ne saurait – même à défaut d'excuse – justifier qu'il soit privé du droit à l'assistance d'un défenseur que lui reconnaît l'article 6 § 3 de la Convention (■ CEDH, 29 mars 2005, n° 59480/00, *Harizi c/ France*).

4) Droit de l'avocat de défendre son client. Il appartient aux juridictions d'assurer le caractère équitable d'un procès et de veiller par conséquent à ce qu'un avocat qui, à l'évidence y assiste pour défendre son client en l'absence de celui-ci, se voie donner l'occasion de le faire (■ CEDH, 23 mai 2013, n° 31070/96, *Van Pelt c/ France*).

2° Jurisprudence nationale

5) Conformité de l'article 417 à l'article 6, § 3, c, Conv. EDH. L'article 417 du Code de procédure pénale n'est pas contraire aux exigences de l'article 6, § 3, *c)* de la Convention européenne des droits de l'Homme (■ Cass. crim., 4 janv. 2006, n° 05-83.096 : *Bull. crim.* n° 7).

C – Désignation d'un avocat commis d'office

1° Principes

• Jurisprudence européenne

6) Droit non absolu. Quoique non absolu, le droit de tout accusé à être effectivement défendu par un avocat, au besoin commis d'office, figure parmi les éléments fondamentaux du procès équitable (■ CEDH, GC, 1er mars 2006, n° 56581/00, *Sedjovicc/ Italie*).

• Jurisprudence nationale

7) Conditions d'effectivité du droit. L'exercice de la faculté reconnue au prévenu qui comparaît devant la juridiction correctionnelle de se faire assister d'un avocat et, s'il n'en a pas fait le choix avant l'audience et demande cependant à être assisté, de s'en faire désigner un d'office par le président implique, pour être effectif, que ce dernier l'ait préalablement informé de cette faculté s'il n'a pas reçu cette information avant l'audience ; s'il a été informé par la convocation qui lui a été notifiée sur instruction du procureur général par le chef de l'établissement pénitentiaire, de la faculté de se faire assister d'un défenseur, il ne résulte d'aucune mention de l'arrêt ni des pièces de procédure qu'il ait été informé qu'il pouvait, à sa demande, bénéficier d'un avocat commis d'office : en statuant ainsi, la cour d'appel a méconnu l'article 417 du Code de procédure pénale (■ Cass. crim., 12 sept. 2018, n° 17-82.842).

8) Désignation obligatoire. L'article 417 du Code de procédure pénale impose au président de commettre un défenseur d'office au prévenu comparant qui en fait la demande (■ Cass. crim., 22 sept. 1999, n° 98-86.557 : *Bull. crim.* n° 196), lorsque ce prévenu n'a pas fait choix d'un défenseur avant l'audience (■ Cass. crim., 16 janv. 1995, n° 94-80.720 : *Bull. crim.* n° 20. ■ Cass. crim., 4 janv. 2006, préc., n° 2).

9) Contrôle de la Cour de cassation. En indiquant que si le prévenu a comparu seul à l'audience, il avait obtenu auparavant la désignation, au titre de l'aide juridictionnelle, d'un avocat avec lequel il avait été invité à prendre contact, puis qu'il avait été informé, au moment où il a été convoqué par le parquet général, de sa faculté d'être assisté d'un conseil, les juges permettent à la Cour de cassation de s'assurer que le prévenu a été mis en mesure de bénéficier d'un avocat (■ Cass. crim., 27 nov. 2013, n° 12-85.447 : *Bull. crim.* n° 239). Encourt la cassation pour violation des articles 417 et 593 du Code de procédure pénale, l'arrêt d'une cour d'appel qui, pour refuser d'ordonner le renvoi demandé par le prévenu au motif qu'il souhaitait comparaître assisté d'un conseil, se borne à retenir que l'intéressé avait eu le temps de préparer sa défense, sans permettre à la Cour de cassation de s'assurer que celui-ci avait été en mesure de bénéficier de l'assistance d'un avocat de son choix ou commis d'office (▪ Cass. crim., 24 nov. 2010, n° 10-82.772 : *Bull. crim.* n° 189).

10) Formalité substantielle. L'inobservation de cette formalité substantielle porte atteinte aux droits de la défense (▪ Cass. crim., 22 sept. 1999, n° 98-86.557 : *Bull. crim.* n° 196). V. art. 802, p. 1864.

2° Applications

11) Refus de désignation injustifié. Le prévenu ayant sollicité la désignation d'un avocat d'office, les juges ne sauraient rejeter cette demande, au motif que l'intéressé a, depuis 8 mois, eu tout loisir de choisir un avocat ou de s'en faire désigner un (▪ Cass. crim., 22 sept. 1999, préc., n° 5).

12) Refus de désignation justifié. Il n'y a pas lieu à désignation d'un avocat commis d'office lorsque le prévenu a comparu à l'audience des débats assisté de son avocat et que ce dernier, qui a eu la parole en dernier sur les conclusions de renvoi qu'il avait déposées, a indiqué qu'il ne plaiderait pas pour son client, a fait néanmoins des observations orales, puis a quitté la salle d'audience, le prévenu ayant eu la parole en dernier (▪ Cass. crim., 4 janv. 2006, préc., n° 2).

13) Relevé d'office d'un état de récidive. Si, aux termes de l'article 132-16-5 du Code pénal, l'état de récidive légale peut être relevé d'office par la juridiction de jugement, même lorsqu'il n'est pas mentionné dans l'acte de poursuite, c'est à la condition qu'au cours de l'audience, la personne poursuivie en ait été informée et qu'elle ait été mise en mesure d'être assistée d'un avocat et de faire valoir ses observations ; doit être cassé l'arrêt d'une cour d'appel qui a retenu cette circonstance, alors qu'elle n'avait pas été mentionnée dans l'acte de poursuite et que le prévenu qui avait sollicité la désignation d'un avocat commis d'office n'a pas pu en bénéficier (▪ Cass. crim., 23 mai 2013, n° 12-83.721 : *Bull. crim.* n° 114).

II – DOMAINE D'APPLICATION DE L'ARTICLE 417

14) Cour d'appel. Le droit pour le prévenu qui comparaît de se faire assister d'un avocat doit être respecté y compris en cause d'appel (▪ Cass. crim., 24 nov. 2010, n° 10-80.551 : *Bull. crim.* n° 188).

15) Chambre de l'instruction. Hormis le cas de la personne non détenue, l'article 148-2 du Code de procédure pénale n'impose pas la convocation du conseil ; un détenu ne saurait donc se faire un grief de ce que les avocats qu'il avait constitués en première instance n'aient pas été convoqués à l'audience devant la chambre de l'instruction, dès lors qu'il ne résulte pas de l'arrêt attaqué que l'intéressé ait, en application des règles générales édictées par l'article 417 du même code, demandé à être assisté d'un défenseur (▪ Cass. crim., 17 juin 1986, n° 86-91.251 : *Bull. crim.* n° 213).

III – ASSISTANCE OBLIGATOIRE DE L'AVOCAT

16) Infirmité du prévenu. Si, dans le cas d'un prévenu atteint d'une infirmité de nature à compromettre sa défense, l'article 417 du Code de procédure pénale impose l'assistance d'un défenseur, cette prescription ne vise, aux termes de l'alinéa 1er du même texte, que le cas où le prévenu comparaît (▪ Cass. crim., 6 juill. 1977, n° 77-91.231 : *Bull. crim.* n° 259). La connaissance insuffisante de la langue française ne peut être considérée comme constituant, pour un prévenu, « une infirmité de nature à compromettre sa défense » justifiant l'assistance obligatoire d'un défenseur ainsi que le prévoit l'article 417, dernier alinéa du Code de procédure pénale (▪ Cass. crim., 7 nov. 1968, n° 68-91.175 : *Bull. crim.* n° 289).

17) Demande du prévenu. L'article 417 du Code de procédure pénale, qui ne prévoit pas, devant les juridictions correctionnelles, sauf cas particulier d'infirmité, l'assistance obligatoire d'un défenseur, n'impose au président d'en commettre un d'office que si le prévenu comparant, qui n'a pas fait choix d'un avocat avant l'audience, demande cependant à être assisté (▪ Cass. crim., 16 janv. 1995, préc., n° 5).

IV – REFUS D'UNE DEMANDE DE RENVOI

A – Absence d'obligation de procéder à un renvoi

18) Continuité du cours de la justice ; reddition des jugements dans un délai raisonnable. Si l'article 417 du Code de procédure pénale, comme l'article 6, § 3, *c)* de la Convention européenne des droits de l'Homme, reconnaissent au prévenu le droit de se faire assister par un défenseur de son choix, la nécessité d'assurer la continuité du cours de la justice et celle de permettre le jugement des prévenus dans un délai raisonnable font obstacle à ce que l'absence du défenseur choisi entraîne nécessairement le renvoi de l'affaire (▪ Cass. crim., 17 janv. 1996, n° 95-82.114 : *Bull. crim.* n° 29. ▪ Cass. crim., 23 oct. 2018, n° 17-82.454). Le prévenu ne saurait se faire un grief de ce que, pour assurer la continuité du cours de la justice alors que la cause avait déjà été renvoyée trois fois, la cour d'appel ait, à la dernière audience, décidé en présence de son avocat qui a choisi de se retirer en raison d'un mouvement de grève, de faire un rappel des désistements de certaines parties civiles, puis d'entendre deux de ses coprévenus, intimés sur le seul appel de parties civiles (▪ Cass. crim., 30 sept. 2008, n° 07-82.249 : *Bull. crim.* n° 197).

B – Grève de l'avocat choisi par le prévenu

19) Circonstance insurmontable justifiant l'absence de renvoi. La décision d'un barreau de suspendre sa participation aux audiences constitue une circonstance insurmontable justifiant que l'affaire soit retenue sans la présence d'un avocat (▪ Cass. crim., 23 mai 2013, n° 12-83.721 : *Bull. crim.* n° 114. ▪ Cass. crim., 23 mai 2013, n° 12-83.780 : *Bull. crim.* n° 115). La décision du barreau de suspendre pour une durée indéterminée sa participation aux audiences constitue une circonstance insurmontable justifiant, au regard des impératifs de l'espèce, que l'examen d'un mandat d'arrêt européen soit effectué sans que la personne réclamée soit assistée par un avocat (▪ Cass. crim., 8 juill. 2015, n° 14-86.400 : *Bull. crim.* n° 177).

C – Nécessité de motiver le refus d'une demande de renvoi

1° Jurisprudence européenne

20) Motivation obligatoire. Si les demandes de renvoi infondées sont préjudiciables à la bonne administration de la justice, en application de l'article 6, § 3, *c)*, Conv. EDH, celles qui reposent sur des justificatifs objectifs, et non sur de simples affirmations non étayées de l'« accusé », doivent non seulement être effectivement examinées par les juridictions internes, mais également donner lieu à une réponse motivée (▪ CEDH, 25 juill. 2013, n° 46460/10, *Rivière et autres c/ France*).

2° Jurisprudence nationale

21) Absence du défenseur. Fait une exacte application de l'article 417 du Code de procédure pénale, la juridiction qui, pour refuser le renvoi demandé, retient que le prévenu a fait le choix, avant l'audience, d'un défenseur qui ne s'y est pas présenté (▪ Cass. crim., 27 juin 2012, n° 11-86.679 : *Bull. crim.* n° 162). Il résulte de l'article 6, § 3 de la Convention européenne des droits de l'homme que toute personne poursuivie qui ne souhaite pas se défendre elle-même a droit à l'assistance d'un défenseur de son choix : les juges ne peuvent donc, sans motiver leur décision, refuser le renvoi d'une affaire sollicitée par l'avocat et présentée à cette fin par télécopie ; méconnaît ce principe le tribunal de police qui retient une affaire et statue sur la culpabilité du prévenu, alors que l'avocat de ce dernier a demandé le renvoi de l'affaire par télécopie parvenue trois jours avant l'audience, sauf si le tribunal acceptait, en son absence, de prendre en compte les conclusions transmises par ce même moyen (▪ Cass. crim., 27 nov. 2019, n° 19-82.162).

22) Refus par le prévenu de la désignation d'un avocat commis d'office. Il est satisfait aux exigences de l'article 6, § 3, *c)* de la Convention européenne des droits de l'Homme, lorsqu'une juridiction, après un premier renvoi à une date proposée par l'avocat du prévenu, refuse un nouveau renvoi demandé par le prévenu qui, en l'absence non justifiée de son avocat, a refusé la désignation d'un avocat commis d'office (▪ Cass. crim., 17 mai 1993, n° 92-85.733).

23) Avocat protestant contre un délai trop court pour préparer la défense. Un avocat métropolitain ne saurait contester le refus de sa demande de renvoi fondée sur le motif qu'il vient d'être désignée par son client domicilié dans un département d'outre-mer, en soutenant que le droit de se défendre et de bénéficier de l'assistance d'un avocat de son choix ne peut recevoir exception que pour d'impérieux motifs prévus par la loi et strictement proportionnés à leur objet et que ne satisfait pas à cette exigence l'affirmation qu'il est impossible de renvoyer l'affaire si peu de temps avant l'audience : c'est dans l'exercice de son pouvoir souverain d'appréciation que la cour d'appel a refusé de prononcer le renvoi alors que le prévenu a été citée à sa personne à comparaître à l'audience du 7 septembre 2017 par acte du 21 juin 2017 (▪ Cass. crim., 16 janv. 2019, n° 18-80.749).

24) Contrôle de la Cour de cassation. Refusent à bon droit une demande de renvoi, les juges qui relèvent que les prévenus ont été jugés contradictoirement par le tribunal et qu'à la suite de leur appel, ils ont été cités plus de deux mois avant la date de l'audience, de sorte qu'ils ont été en mesure de préparer leur défense durant les quinze mois de l'instance d'appel : ces énonciations permettent à la Cour de cassation de s'assurer que les prévenus ont été mis en mesure de bénéficier d'un avocat de leur choix ou commis d'office (▪ Cass. crim., 27 nov. 2013, n° 13-80.225 : *Bull. crim.* n° 240). Justifie sa décision la juridiction qui, pour rejeter la demande de renvoi présentée par l'avocat du prévenu au motif qu'il avait été saisi du dossier récemment et pour condamner le prévenu représenté par ce conseil muni d'un pouvoir, retient que la procédure a déjà été renvoyée deux fois, dès lors que la Cour de cassation est en mesure de s'assurer qu'il n'a pas été porté atteinte au droit à l'assistance d'un avocat choisi ou commis d'office (■ Cass. crim., 22 févr. 2017, n° 16-82.047 : *Bull. crim.* n° 51).

D – Formes de la demande de renvoi

25) Télécopie. Il se déduit de l'article 6, § 3 de la Convention européenne des droits de l'Homme que la demande de renvoi de l'affaire présentée par l'avocat de la personne poursuivie peut être effectuée par lettre ou par télécopie (■ Cass. crim., 27 nov. 2018, n° 18-81.622 : *Bull. crim.* n° 197. ■ Cass. crim., 27 nov. 2019, n° 19-82.162).

§ 2. – De la constitution de partie civile et de ses effets

Art. 418. – Toute personne qui, conformément à l'article 2, prétend avoir été lésée par un délit, peut, si elle ne l'a déjà fait, se constituer partie civile à l'audience même.

Le ministère d'un *(Mot rempl. à compter du 1er janvier 2012, L. n° 2011-94, 25 janv. 2011)* « avocat » n'est pas obligatoire.

La partie civile peut, à l'appui de sa constitution, demander des dommages-intérêts correspondant au préjudice qui lui a été causé.

Bibliographie : I. Ferrari, *Tribunal correctionnel. – Constitution de partie civile. – Effets : JCl. Proc. pén.*, art. 418 à 426, Fasc. 20.

1) Indifférence au mode de mise en mouvement de l'action publique. Toute personne qui prétend avoir été lésée par un délit peut se constituer partie civile à l'audience, par voie d'intervention, quel que soit le mode de mise en mouvement de l'action publique ; c'est donc à tort qu'une juridiction, pour déclarer irrecevable une constitution de partie civile, énonce que son auteur est seulement intervenu par voie de conclusions déposées à l'audience sur citation directe de Y... en raison des mêmes faits, sans avoir lui-même délivré de citation directe (■ Cass. crim., 12 nov. 2008, n° 07-88.222 : *Bull. crim.* n° 227). Pour la phase d'instruction, comparer ■ Cass. crim., 8 sept. 2020, n° 19-84.995.

I – DOMMAGES-INTÉRÊTS ET RESTITUTIONS

2) Distinction. Les sommes allouées par les juridictions correctionnelles aux parties civiles, en réparation du préjudice causé par une infraction sont, selon les articles 418, 464 et 515 du Code de procédure pénale, des dommages-intérêts et non des restitutions (■ Cass. crim., 14 déc. 1966, n° 65-91.576 : *Bull. crim.* n° 290. ■ Cass. crim., 3 juill. 1975, n° 74-92.961 ; *Bull. crim.* n° 179. ■ Cass. crim., 2 juin 1976, n° 75-90.559 : *Bull. crim.* n° 35. ■ Cass. crim., 7 janv. 1980, n° 79-90.369 : *Bull. crim.* n° 7).

3) Confusion. Une simple erreur de terminologie entre ces expressions ne saurait justifier une cassation (■ Cass. crim., 7 janv. 1975, n° 72-92.458 : *Bull. crim.* n° 5).

II – DISSOCIATION DE L'ACTION CIVILE

A – Principe

4) Distinction de la constitution de partie civile et de l'action civile. Il résulte des dispositions de l'article 418 du Code de procédure pénale que la demande de dommages-intérêts n'est pas une condition nécessaire à la recevabilité de la constitution de partie civile (■ Cass. crim., 26 oct. 1982, n° 81-94.768 : *Bull. crim.* n° 233). La constitution de partie civile peut avoir pour seul objet de corroborer l'action publique (■ Cass. crim., 19 févr. 2002, n° 00-86.244 : *Bull. crim.* n° 34).

B – Caractère facultatif de la demande de réparation

5) Victime agissant par voie d'action. Après avoir reconnu dans son alinéa 1, à toute personne qui, conformément à l'article 2 du même code, prétend avoir été lésée par un délit, le droit de se constituer partie civile devant la juridiction de jugement, l'article 418 du Code de procédure pénale, dans son alinéa 3, accorde à la partie civile ainsi constituée la faculté, distincte de ce droit et dont elle est libre de ne pas user, de demander réparation de son préjudice (■ Cass. crim., 10 oct. 1968, n° 67-92.262 : *Bull. crim.* n° 248. ■ Cass. crim., 15 oct. 1970, n° 68-93.383 : *Bull. crim.* n° 268 ; *D.* 1970, 733, note J.-L. Costa. ■ Cass. crim., 28 mars 1974, n° 72-92.785 : *Bull. crim.* n° 136).

6) Victime agissant par voie d'intervention. L'intervention d'une partie civile peut n'être motivée que par le souci de corroborer l'action publique et d'obtenir que soit établie la culpabilité du prévenu (■ Cass. crim., 7 oct. 1987, n° 86-93.027. ■ Cass. crim., 8 juin 1971, n° 69-92.311 : *Bull. crim.* n° 182 ; *D.* 1971, 594 note J. Maury). Selon l'article 418 du Code de procédure pénale, toute personne qui prétend avoir été lésée par un délit peut se constituer partie civile à l'audience, par voie d'intervention, quel que soit le mode de mise en mouvement de l'action publique ; ainsi de l'intervention d'une partie civile, lorsque les poursuites ont été déclenchées par une autre partie civile (■ Cass. crim., 12 nov. 2008, n° 07-88.222 : *Bull. crim.* : n° 227 ;

D. 2009, 606, note S. Detraz ; *RSC* 2009, p. 389, obs. R. Finielz).

7) Intervention de l'administration fiscale. Saisis de poursuites pour fraude fiscale, les juges n'ont pas à motiver la recevabilité de la constitution de partie civile de l'administration des Impôts, dès lors qu'elle est fondée sur les dispositions des articles L. 232 du Livre des procédures fiscales et 418 du Code de procédure pénale (▪ Cass. crim., 22 janv. 2003, n° 02-83.051). Si l'article L. 232 du Livre des procédures fiscales permet la constitution de partie civile de l'administration des impôts devant le juge d'instruction, lorsque le ministère public a choisi de requérir l'ouverture d'une information judiciaire, et s'il exclut ainsi la possibilité pour cette administration de mettre elle-même l'action publique en mouvement, ce texte, en revanche, ne fait pas obstacle au droit que l'article 418 du Code de procédure pénale accorde à celui qui se prétend lésé par un délit de se constituer partie civile devant la juridiction répressive, préalablement saisie soit par citation directe du Procureur de la République, soit par ordonnance de renvoi (▪ Cass. crim., 20 mai 1985, n° 84-92.585 : *Bull. crim.* n° 191). L'administration fiscale est recevable en sa constitution de partie civile, sans se trouver pour autant dans l'obligation de demander l'allocation de dommages-intérêts (▪ Cass. crim., 10 oct. 1968, n° 67-92.262 : *Bull. crim.* n° 248).

C – Applications

1° *Cas du « failli »*

8) Le droit de porter plainte en se constituant partie civile est une prérogative attachée à la personne dont l'exercice peut avoir pour seul objet d'établir la culpabilité de l'auteur présumé de l'infraction ayant causé un préjudice au plaignant ; dans le cas d'un failli, ce droit peut tendre seulement à la défense de son honneur et de sa considération, indépendamment de toute réparation du dommage par la voie de l'action civile (▪ Cass. crim., 4 nov. 1981, n° 80-93.645 : *Bull. crim.* n° 292. ▪ Cass. crim., 19 oct. 1982, n° 81-93.636 : *Bull. crim.* n° 222). V. C. com., art. L. 641-9, I, al. 2.

2° *Transaction sur l'action civile*

9) La transaction signée entre deux parties, aux termes de laquelle l'une d'elles renonce à toute action judiciaire ou extra-judiciaire contre l'autre, n'est pas de nature à lui interdire de se constituer partie civile dans une procédure pénale dirigée contre cette dernière, dès lors que cette constitution n'a pour objet que de venir au soutien de l'action publique (▪ Cass. crim., 14 janv. 2014, n° 11-81.362 : *Bull. crim.* n° 5).

3° *Composition pénale*

10) Justifie sa décision au regard de l'article 41-2, alinéa 9, du Code de procédure pénale, selon lequel la composition pénale, si elle éteint l'action publique, ne fait pas échec au droit de la partie civile de délivrer citation directe devant le tribunal correctionnel statuant sur les seuls intérêts civils, la cour d'appel qui, pour déclarer recevable la demande de la partie civile, retient qu'à supposer qu'elle ait perçu la somme versée par l'auteur des faits en exécution d'une composition pénale, aucune transaction, au sens des articles 2044 et suivants du Code civil, n'a été conclue (▪ Cass. crim., 24 juin 2008, n° 07-87.511 : *Bull. crim.* n° 162).

4° *Victime déjà indemnisée par l'assureur*

11) L'indemnisation de la victime par son assureur, lequel ne dispose devant la juridiction répressive d'aucun recours subrogatoire contre le responsable du dommage, ne dispense pas ce dernier de réparer le préjudice résultant de l'infraction dont il a été déclaré coupable (▪ Cass. crim., 9 févr. 1994, n° 93-83.047 : *Bull. crim.* n° 59 ; *RTD civ.* 1995, p. 123, obs. P. Jourdain. ▪ Cass. crim., 26 sept. 1996, n° 96-80.679 : *Bull. crim.* n° 332). V. C. assur., art. L. 121-12.

5° *Incompétence des juridictions répressives pour allouer réparation*

12) Principe. Même dans le cas où la réparation du dommage échappe à la compétence de la juridiction répressive, la constitution de partie civile est cependant recevable en ce qu'elle tend à faire établir l'existence de l'infraction (▪ Cass. crim., 10 févr. 1987, n° 85-95.939 : *Bull. crim.* n° 64). La partie civile possède alors, par l'effet de sa constitution, tous les droits reconnus à la partie civile, au nombre desquels celui d'interjeter appel (▪ Cass. crim., 30 avr. 2002, n° 01-85.219 : *Bull. crim.* n° 89).

13) Accident du travail. En cas d'accident du travail, seule l'action tendant à obtenir réparation est interdite devant les juridictions de droit commun par le Code de la sécurité sociale ; dès lors, les juges ont accueilli à bon droit les constitutions des partie civiles se réservant de demander à la juridiction de sécurité sociale compétente la majoration de rente à laquelle elles pouvaient éventuellement prétendre (▪ Cass. crim., 15 oct. 1970, préc., n° 4. ▪ Cass. crim., 28 mars 1974, n° 72-92.785 : *Bull. crim.* n° 136).

14) Faute d'un fonctionnaire non détachable de l'exercice des fonctions. V. dans le même sens, s'agissant de la compétence exclusive des juridictions administratives, ▪ Cass. crim., 22 janv. 1953 : *D.* 1953, 109, rapp. M. Patin).

15) Accident scolaire. Si en cas de dommage causé à un élève au cours de l'exercice de ses fonctions par un membre de l'enseignement public, la responsabilité est celle de l'État, engagée devant les juridictions judiciaires, la partie civile est recevable en son intervention, quand bien même il serait allégué ou démontré que la réparation du dommage causé par l'infraction échapperait à la compétence de la juridiction répressive (▪ Cass. crim., 8 juin 1971, préc., n° 5). ▪ Cass. crim., 20 sept. 2006, n° 05-87.229 : *Bull. crim.* n° 230). V. C. éduc., art. L. 911-4.

III – DROIT À RÉPARATION

16) Relaxe. Dès lors qu'une juridiction correctionnelle se trouve compétemment saisie, au pénal de fait qualifiés délits et au civil d'une demande fondée sur l'allégation d'un préjudice découlant de ces faits punissables, cette juridiction est tenue de statuer au fond, tant sur l'action civile que sur l'action publique. Dans la mesure où elle décide que la partie civile n'a, pas plus que le ministère public, rapporté la preuve qui lui incombait de la réalité des délits imputés au prévenu, elle ne peut que débouter de son action ladite partie civile. Si, en pareil cas, elle se déclarait incompétente pour statuer sur cette action, elle méconnaîtrait l'étendue de ses propres attributions (▪ Cass. crim., 5 mai 1976, n° 75-90.400 : *Bull. crim.* n° 143 ; *D.* 1976, 494, J.-M. Robert. ▪ Cass. crim., 2 juin 1976, n° 75-90.559 : *Bull. crim.* n° 196). V. art. 4-1, p. 69.

17) Demande nouvelle en appel. Il résulte des articles 418, alinéa 3 et 515, alinéa 4 du Code de procédure pénale, d'une part qu'une juridiction répressive n'est régulièrement saisie d'une demande en dommages-intérêts formée par une partie civile qu'autant que celle-ci en a précisé le montant ; d'autre part, qu'une partie civile ne peut en cause d'appel former aucune demande nouvelle et qu'il ne lui est possible de demander une augmentation des dommages-intérêts qu'elle aurait sollicités du tribunal que pour le préjudice souffert depuis la décision de première instance (▪ Cass. crim., 22 mars 1973, n° 72-92.265 : *Bull. crim.* n° 145).

IV – DOUBLE DEGRÉ DE JURIDICTION

A – Cas général

18) La règle du double degré de juridiction fait obstacle à ce que la partie civile, quelle que soit la raison pour laquelle elle n'a pas été partie au jugement de première instance, intervienne pour la première fois en cause d'appel (▪ Cass. crim., 13 déc. 1990, n° 89-87.032 : *Bull. crim.* n° 431. ▪ Cass. crim., 26 janv. 2005, n° 04-82.334 : *Bull. crim.* n° 30. ▪ Cass. crim., 20 avr. 2017, n° 16-83.199 : *Bull. crim.* n° 112).

19) Une partie civile, dont les demandes n'ont pas été satisfaites en première instance et qui n'est pas appelante, ne peut ni être reçue en qualité de partie intervenante devant la cour d'appel saisie de la seule action publique, ni se constituer de nouveau partie civile devant cette juridiction (▪ Cass. crim., 1er sept. 2009, n° 09-81.913 : *Bull. crim.* n° 147).

B – Cas particuliers

20) Administration fiscale. C'est à bon droit qu'une cour d'appel déclare recevable la constitution de partie civile de l'administration fiscale intervenue pour la première fois devant elle, au motif que l'administration fiscale ne saurait être assimilée à une victime se constituant partie civile pour obtenir la réparation d'un préjudice personnel et direct occasionné par une infraction et que la nature spécifique de son action qui n'est ni une action civile ni une action publique, trouve son fondement, non pas dans les articles 2 et 3 du Code de procédure pénale mais dans l'article L. 232 du Livre des procédures fiscales, cette action ne lui ouvrant pas, comme en droit commun, le droit de demander une réparation distincte de celle assurée par les majorations et amendes fiscales mais ayant pour but de lui permettre de suivre la procédure et d'intervenir dans les débats, étant rappelé qu'il incombe à l'administration fiscale, aux côtés du ministère public, d'apporter la preuve de l'élément intentionnel du délit de fraude fiscale, délit pour lequel elle est seule à pouvoir, par sa plainte, déclencher la mise en œuvre de l'action publique (▪ Cass. crim., 8 nov. 2017, n° 17-82.968 : *Bull. crim.* n° 249 ; *Procédures* 2018, comm. 21, obs. A.-S. Chavent-Leclère).

21) Caisses de sécurité sociale. Si les caisses de sécurité sociale sont recevables à intervenir devant les juridictions répressives par le Code de la sécurité sociale, une telle intervention n'échappe pas, pour autant, aux règles qui concernent l'exercice de l'action civile, telles qu'elles résultent, notamment, des articles 418 à 426 du Code de procédure pénale ; qu'en particulier, leur action, comme toute action civile, doit être exercée devant la juridiction du premier degré et avant les réquisitions du ministère public sur le fond, conformément à l'article 421 du Code de procédure pénale (▪ Cass. crim., 26 nov. 1991, n° 90-83.008 : *Bull. crim.* n° 437).

22) Caisse des dépôts et consignations. Si la Caisse des dépôts et consignations est recevable à intervenir devant les juridictions répressives aux fins prévues par les articles 1er et 7 de l'ordonnance du 7 janvier 1959, une telle intervention n'échappe pas, pour autant, aux règles qui concernent l'exercice de l'action civile, telles qu'elles résultent, notamment, des articles 418 à 426 du Code de procédure pénale ; qu'en particulier, son action, comme toute action civile, doit être exercée devant la juridiction du premier degré et avant les réquisitions du ministère public, conformément à l'article 421 du Code précité (▪ Cass. crim., 6 oct. 1993, n° 92-86.729 : *Bull. crim.* n° 277).

Art. 419. – **La déclaration de constitution de partie civile se fait soit avant l'audience au greffe, soit pendant l'audience par déclaration consignée par le greffier ou par dépôt de conclusions.**

Bibliographie : I. Ferrari, *Tribunal correctionnel. – Constitution de partie civile. – Effets : JCl. Proc. pén.*, art. 418 à 426, Fasc. 20.

1) **Nécessité d'une déclaration expresse de constitution de partie civile.** A justifié sa décision la cour d'appel qui, pour dire irrecevable l'appel d'un plaignant prétendant avoir la qualité de partie civile, relève que, ni au cours des débats, ni dans la lettre de son avocat adressée au président, le demandeur n'a expressément déclaré se constituer partie civile (▪ Cass. crim., 19 sept. 2006, n° 05-85.967 : *JurisData* n° 2006-035292 ; *Bull. crim.* n° 223).

2) **Cour de justice de la République.** Aux termes de l'article 13, alinéa 2, de la loi organique du 23 novembre 1993 par une disposition qui déroge aux règles fixées par le Code de procédure pénale pour les débats en matière correctionnelle et applicables à la cour de justice en vertu de l'article 26 de la loi précitée, aucune constitution de partie civile n'est recevable devant la cour de justice de la République ; mais ce même article réserve aux victimes la possibilité de porter l'action en réparation de leurs dommages devant les juridictions de droit commun et de faire ainsi trancher toute contestation sur leurs droits civils, en sorte que l'article 6, § 1 de la Convention européenne des droits de l'Homme n'est pas violé (▪ Cass. crim., 21 juin 1999, n° 99-81.927 : *Bull. crim.* n° 139).

Art. 420. – **Lorsqu'elle est faite avant l'audience, la déclaration de partie civile doit préciser l'infraction poursuivie et contenir élection de domicile dans le ressort du tribunal saisi, à moins que la partie civile n'y soit domiciliée.**

Elle est immédiatement transmise par le greffier au ministère public qui cite la partie civile pour l'audience.

Bibliographie : I. Ferrari, *Tribunal correctionnel. – Constitution de partie civile. – Effets : JCl. Proc. pén.*, art. 418 à 426, Fasc. 20.

Art. 420-1 *(Mod., L. n° 2019-222, 23 mars 2019)*. – **Par dérogation aux dispositions qui précèdent, toute personne qui se prétend lésée peut se constituer partie civile, directement ou par son avocat, par lettre recommandée avec avis de réception, par télécopie ou par le moyen d'une communication électronique parvenue au tribunal vingt-quatre heures au moins avant la date de l'audience, lorsqu'elle demande soit la restitution d'objets saisis, soit des dommages-intérêts ; elle joint à sa demande toutes les pièces justificatives de son préjudice. Ces documents sont immédiatement joints au dossier. Lorsque le délai de vingt-quatre heures n'a pas été respecté mais que le tribunal a effectivement eu connaissance, avant les réquisitions du ministère public sur le fond, de la constitution de partie civile, son irrecevabilité ne peut être relevée.**

Avec l'accord du procureur de la République, la demande de restitution ou de dommages-intérêts peut également être formulée par la victime, au cours de l'enquête de police, auprès d'un officier ou d'un agent de police judiciaire, qui en dresse procès-verbal. Cette demande vaut constitution de partie civile si l'action publique est mise en mouvement et que le tribunal correctionnel ou de police est directement saisi.

Dans le cas prévus aux deux alinéas précédents, la partie civile n'est pas tenue de comparaître.

En cas de contestation sur la propriété des objets dont la restitution est demandée, ou si le tribunal ne trouve pas dans la demande, dans les pièces jointes à celle-ci et dans le dossier, les motifs suffisants pour statuer, la décision sur les seuls intérêts civils est renvoyée à une audience ultérieure à laquelle toutes les parties sont citées à la diligence du ministère public.

Bibliographie : I. Ferrari, *Tribunal correctionnel. – Constitution de partie civile. – Effets : JCl. Proc. pén.*, art. 418 à 426, Fasc. 20.

1) **Nécessité d'une lettre recommandée avec accusé de réception.** Le télex ne constitue pas un mode régulier de constitution de partie civile avant l'audience au regard de l'article 420-1 du Code de procédure pénale (▪ CA Pau, 24 févr. 1993 : *Dr. pén.* 1994, comm. 198, obs. A. Maron). Même solution pour une lettre simple (▪ CA Paris, 25 nov. 1988 : *Dr. pén.* 1989, comm. 45, obs. A. Maron).

2) **Constitution de partie civile par mandataire.** En application de l'article 420-1 du Code de

procédure pénale, une partie civile est irrecevable à se constituer par lettre recommandée par l'intermédiaire d'une personne qu'elle mandate à cette fin ; doit être cassé l'arrêt qui énonce que « la victime peut confier l'exercice de son action civile à un mandataire de son choix » (▪ Cass. crim., 22 févr. 2006, n° 04-87.686).

3) **Cour d'assises.** Les règles de l'article 420-1 du Code de procédure pénale fixant les formes et les conditions de la constitution de partie civile, en l'absence de dispositions spéciales, sont applicables devant la cour d'assises (▪ Cass. crim., 7 août 1982, non publ. au *Bull.*).

4) **Cour d'appel.** Une partie civile, partie au jugement de première instance, peut demander la confirmation du jugement en adressant une lettre à la cour d'appel, conformément aux dispositions des articles 420-1 et 536 du Code de procédure pénale (▪ Cass. crim., 6 sept. 2000, n° 99-86.884). En application de l'article 420-1 du Code de procédure pénale, le prévenu qui se porte partie civile par lettre recommandée avec accusé de réception et qui forme régulièrement opposition à un arrêt précédent rendu à tort par défaut à son égard, peut confirmer cette demande par une nouvelle lettre recommandée avec accusé de réception se référant à sa demande initiale de dommages-intérêts sur laquelle il n'avait pas été statué : à bon droit la cour d'appel a déclaré recevable cette constitution et alloué des dommages-intérêts à la victime, laquelle n'était pas tenue de comparaître en vertu des dispositions de l'article précité (▪ Cass. crim., 9 oct. 1990, n° 87-84.769). La règle du double degré de juridiction fait obstacle à ce que la partie civile, quelle que soit la raison pour laquelle elle n'a pas été partie au jugement de première instance, intervienne pour la première fois en cause d'appel ; à la suite d'une constitution de partie civile intervenue en violation des règles de l'article 420-1 du Code de procédure pénale mais déclarée à tort recevable, la cour d'appel ne peut donc, sans infirmer sur ce point la décision entreprise, déclarer recevable la nouvelle constitution de partie civile formée devant elle (▪ Cass. crim., 13 déc. 1990, n° 89-87.032 : *Bull. crim.* n° 431).

5) **Nullité en la forme d'une constitution de partie civile.** La nullité, en la forme, d'une constitution de partie civile doit, en application de l'article 385 du Code de procédure pénale, être invoquée avant toute défense au fond ; justifie dès lors sa décision la cour d'appel qui, pour rejeter une exception d'irrecevabilité de constitution de partie civile fondée sur le fait qu'elle a été formée par lettre simple, et non par lettre recommandée avec accusé de réception, retient que cette exception n'a pas été invoquée devant le tribunal (▪ Cass. crim., 16 févr. 2010, n° 09-80.516 : *JurisData* n° 2010-001514 ; *Bull. crim.* n° 24). La demanderesse n'ayant pas invoqué devant les juges du fond l'irrecevabilité en la forme de la constitution de partie civile faite par lettre, le moyen pris de cette cause d'irrecevabilité est nouveau et mélangé de fait et comme tel irrecevable (▪ Cass. crim., 15 févr. 2000, n° 99-84.869).

6) **Fonds de garantie.** Selon l'article 706-11 du Code de procédure pénale, le fonds de garantie automobile peut exercer ses droits par toutes voies utiles y compris par voie de constitution de partie civile devant la juridiction répressive et ce, même pour la première fois en cause d'appel ; la cour d'appel, en ce cas, peut donc procéder à une réouverture des débats, pour que soit examinée, de manière contradictoire, cette demande dès lors que le fonds de garantie s'est constitué partie civile dans les formes prévues par les articles 420-1, sans qu'il puisse être prétendu que toute constitution de partie civile, quelle qu'elle soit, est recevable uniquement lorsqu'elle a été faite avant l'audience ou pendant l'audience, mais avant les réquisitions du ministère public sur la peine (▪ Cass. crim., 30 avr. 2002, n° 01-85.339).

Art. 420-2 *(L. n° 81-82, 2 févr. 1981 ; mod., L. n° 2000-516, 15 juin 2000).* **– La décision rendue sur la demande de restitution d'objets saisis ou de dommages-intérêts présentée conformément aux dispositions de l'article 420-1 produit tous les effets d'une décision contradictoire ; elle est signifiée à la partie civile par exploit d'huissier conformément aux dispositions des articles 550 et suivants.**

Bibliographie : I. Ferrari, *Tribunal correctionnel. – Constitution de partie civile. – Effets : JCl. Proc. pén.*, art. 418 à 426, Fasc. 20.

L'article 420-2 du Code de procédure pénale concerne exclusivement les personnes s'étant constituées parties civiles par lettre recommandée ; à défaut, les juges doivent statuer par défaut en application de l'article 487 dudit code (▪ Cass. crim., 10 mars 1999, n° 98-82.778).

Art. 421 *(L. n° 75-624, 11 juill. 1975).* **– À l'audience, la déclaration de partie civile doit, à peine d'irrecevabilité, être faite avant les réquisitions du ministère public sur le fond ou, si le tribunal a ordonné l'ajournement du prononcé de la peine, avant les réquisitions du ministère public sur la peine.**

Bibliographie : I. Ferrari, *Tribunal correctionnel. – Constitution de partie civile. – Effets : JCl. Proc. pén.*, art. 418 à 426, Fasc. 20.

1) **Qualité de partie civile.** Aux termes de l'article 421 du Code de procédure pénale est irrecevable la constitution de partie civile faite à l'audience après les réquisitions sur le fond du ministère public ; l'auteur d'une telle constitution, déclarée à bon droit irrecevable par les juges du fond, n'ayant pas la qualité de partie civile, est par suite irrecevable le pourvoi qu'il prétend former en cette qualité (■ Cass. crim., 4 nov. 1969, n° 68-92.36 : *Bull. crim.* n° 279).

2) **Partie autorisée à intervenir pour la première fois en cause d'appel.** Les règles de l'article 421 du Code de procédure pénale sont applicables devant la cour d'appel à un demandeur autorisé à intervenir pour la première fois en cause d'appel (■ Cass. crim., 24 juin 1992, n° 91-86.882 : *Bull. crim.* n° 254). Aux termes de l'article 388-1 du Code de procédure pénale, lorsque des poursuites sont exercées du chef d'homicide ou de blessures involontaires, les assureurs appelés à garantir le dommage sont admis à intervenir et peuvent être mis en cause devant la juridiction répressive, même pour la première fois en cause d'appel ; les dispositions de l'article 421 du même code, loin de faire échec à ce principe, imposent seulement à l'assureur de la victime, qui réclame le remboursement d'une somme par lui réglée à titre d'avance sur recours, de présenter en pareil cas sa demande avant les réquisitions du ministère public (■ Cass. crim., 24 juin 1992, préc.).

3) **Intervention des organismes sociaux.** L'intervention des organismes sociaux, telle que les caisses de mutualité sociale agricole, devant les tribunaux répressifs n'échappent pas aux règles de l'exercice de l'action civile devant ces juridictions, telles qu'elles découlent des articles 3 et 418 à 426 du Code de procédure pénale ; en particulier, leur action doit, comme toute autre action civile, être intentée au plus tard avant les réquisitions du ministère public sur le fond, devant le juge de première instance, conformément à l'article 421 dudit code (■ Cass. crim., 11 juill. 1977, n° 75-90.831 : *Bull. crim.* n° 262). Même solution pour les caisses d'assurance maladie (■ Cass. crim., 29 mai 1984, n° 83-92.103 : *Bull. crim.* n° 196) ; les caisses de sécurité sociale (■ Cass. crim., 26 nov. 1991, n° 90-83.008 : *Bull. crim.* n° 437) ; la caisse des dépôts et consignations (■ Cass. crim., 12 oct. 1981, n° 80-93.962 : *Bull. crim.* n° 266. ■ Cass. crim., 6 oct. 1993, n° 92-86.729 : *Bull. crim.* n° 277). Le subrogé ne peut en effet avoir plus de droit que le subrogeant (■ Cass. crim., 12 oct. 1981, n° 80-93.962 : *Bull. crim.* n° 266).

4) **Cas de l'ajournement de la peine.** Si le jugement rendu après ajournement de la peine, est contradictoire à l'égard du prévenu non comparant par application de l'article 132-60 du Code pénal, et, si le délai d'appel contre une telle décision court du jour où elle est rendue, sans qu'une signification soit nécessaire en cas d'absence du prévenu, il n'en va pas de même lorsque, par ce jugement, les juges statuent pour la première fois sur l'intervention des parties civiles dans les conditions prévues par l'article 421 dudit code, cette circonstance nouvelle imposant alors la signification du jugement au prévenu (■ Cass. crim., 7 févr. 1996, n° 95-82.546 : *Bull. crim.* n° 63).

Art. 422 ***(Mod., L. n° 81-82, 2 févr. 1981).*** **– La personne qui s'est constituée partie civile ne peut plus être entendue comme témoin.**

Toutefois, la partie civile est assimilée au témoin en ce qui concerne le paiement des indemnités, sauf décision contraire du tribunal.

Bibliographie : I. Ferrari, *Tribunal correctionnel. – Constitution de partie civile. – Effets : JCl. Proc. pén.*, art. 418 à 426, Fasc. 20.

Art. 423. – Le tribunal apprécie la recevabilité de la constitution de partie civile et, s'il échet, déclare cette constitution irrecevable.

L'irrecevabilité peut également être soulevée par le ministère public, le prévenu, le civilement responsable ou une autre partie civile.

Bibliographie : I. Ferrari, *Tribunal correctionnel. – Constitution de partie civile. – Effets : JCl. Proc. pén.*, art. 418 à 426, Fasc. 20.

1) **Décision accessoire à celle rendue sur l'action publique.** Il se déduit des articles 3 et 464 du Code de procédure pénale que lorsque le tribunal correctionnel soulève d'office l'irrecevabilité de la constitution d'une partie civile ou est saisi, par les parties ou le ministère public, d'une telle contestation, en application de l'article 423 du Code de procédure pénale, il ne peut statuer sur la recevabilité desdites constitutions qu'accessoirement à la décision qu'il rend sur le fait délictueux et par le jugement qui prononce sur l'action publique (■ Cass. crim., 15 févr. 2022, n° 20-86.486, § 17 : *Bull. crim.* à paraître).

2) **Distinction de la recevabilité et du bien-fondé de la constitution de partie civile.** La circonstance que la personne poursuivie pourrait n'être pas coupable du délit qui lui est imputé, si elle est de nature à motiver au fond la relaxe du prévenu, ne saurait justifier une décision d'irrecevabilité de l'action civile (■ Cass. crim., 15 mars 1973, n° 72-92.348 : *Bull. crim.* n° 133).

3) Irrecevabilité de la constitution de partie civile. Moment de son appréciation. Il ne résulte pas de l'article 423 du Code de procédure pénale que l'appréciation par le juge du bien-fondé de l'exception d'irrecevabilité d'une constitution de partie civile doive être préalable à la décision sur l'action publique (▪ Cass. crim., 15 oct. 1970, n° 68-93.383 : *Bull. crim.* n° 268 ; *D.* 1970, 733, note Costa).

4) Irrecevabilité de la constitution de partie civile. Irrecevabilité soulevée d'office. L'irrecevabilité d'une constitution de partie civile peut être soulevée, même d'office, en tout état de la procédure (▪ Cass. crim., 31 oct. 2000, n° 99-87.399. ▪ Cass. crim., 15 févr. 2011, n° 10-80.724. ▪ Cass. crim., 15 déc. 2020, n° 19-87.710). Lorsque les poursuites pour diffamation envers un corps constitué n'ont pas été précédées de la délibération de l'assemble générale prévue par l'article 48, 1° de la loi du 29 juillet 1881 sur la presse, les juges doivent relever d'office l'irrecevabilité de la constitution de partie civile (▪ Cass. crim., 15 déc. 2020, préc., § 8).

5) Absence de saisine de la juridiction. Lorsqu'ils relèvent l'irrecevabilité de la constitution de partie civile, les juges doivent constater que la juridiction n'est pas valablement saisie (▪ Cass. crim., 15 déc. 2020, n° 19-87.710, § 8 : diffamation envers un corps constitué et absence de la délibération de l'assemble générale prévue par l'article 48, 1° de la loi du 29 juillet 1881).

Art. 424. – **La partie civile peut toujours se faire représenter par un avocat** ***(Mots suppr. à compter du 1er janvier 2012, L. n° 2011-94, 25 janv. 2011)*** **« ou un avoué ». Dans ce cas le jugement est contradictoire à son égard.**

Bibliographie : I. Ferrari, *Tribunal correctionnel. – Constitution de partie civile. – Effets : JCl. Proc. pén.*, art. 418 à 426, Fasc. 20.

Représentation facultative. La représentation de la partie civile par son avocat, prévue par l'article 424 du Code de procédure pénale, n'est que facultative (▪ Cass. crim., 9 mars 1999, n° 97-84.902).

Art. 425 ***(Mod., L. n° 81-82, 2 févr. 1981).*** – **La partie civile régulièrement citée qui ne comparaît pas ou n'est pas représentée à l'audience est considérée comme se désistant de sa constitution de partie civile.**

En ce cas, et si l'action publique n'a été mise en mouvement que par la citation directe délivrée à la requête de la partie civile, le tribunal ne statue sur ladite action que s'il en est requis par le ministère public, sauf au prévenu à demander au tribunal des dommages-intérêts pour abus de citation directe comme il est dit à l'article 472.

Le jugement constatant le désistement présumé de la partie civile lui est signifié par exploit d'huissier, conformément aux dispositions des articles 550 et suivants. Ce jugement est assimilé à un jugement par défaut, et l'opposition est soumise aux dispositions des articles 489 à 495.

Bibliographie : I. Ferrari, *Tribunal correctionnel. – Constitution de partie civile. – Effets : JCl. Proc. pén.*, art. 418 à 426, Fasc. 20.

1) Article inapplicable au stade de l'instruction. Les dispositions des articles 425 et 426 du Code de procédure pénale ne sont pas applicables devant la juridiction d'instruction (▪ Cass. crim., 13 oct. 2020, n° 20-81.129, § 20).

2) Jugement par défaut. Lorsque l'action publique n'a pas été mise en mouvement par la citation directe délivrée à la requête de la partie civile et que la partie civile est non comparante, il appartient au prévenu de conclure devant les premiers juges à l'application de l'article 425 du Code de procédure pénale et de demander qu'il lui soit donné acte du désistement de la partie civile ; lorsqu'il omet de le faire, le désistement constaté par la juridiction saisie est une décision prononcée par défaut, susceptible d'opposition (▪ Cass. crim., 29 déc. 1964, n° 64-91.654 : *Bull. crim.* n° 346).

3) Action abusive de la partie civile. Lorsque l'action publique a été mise en mouvement par la citation directe de la partie civile, qu'elle est, après renvoi, citée à nouveau, cette fois par le prévenu, pour voir statuer sur l'action qu'elle avait engagée, son désistement à l'audience ne fait pas obstacle à ce que le ministère public ayant été entendu en ses réquisitions sur le délit, des dommages-intérêts soient alloués au prévenu qui en avait fait la demande en raison de cette poursuite abusive par application de l'article 425, alinéa 2 du Code de procédure pénale (▪ Cass. crim., 22 févr. 1966, n° 64-90.865 : *Bull. crim.* n° 56).

4) Cour d'appel. Les dispositions de l'article 425 du Code de procédure pénale sont inconciliables avec les effets de l'appel qui a saisi les juges du second degré ; ce texte doit être considéré comme sans application en cause d'appel, nonobstant les termes de l'article 512 du même code ; dès lors, ne viole aucun des textes susvisés, une cour d'appel qui, statuant par défaut sur l'action civile, confirme le jugement qui a alloué des dommages-intérêts à une partie civile, constituée au cours des débats devant les premiers juges, qui n'a pas comparu et n'était pas représentée en cause d'appel, bien que régulièrement citée (▪ Cass. crim., 24 juill. 1967, n° 67-90.061 : *Bull. crim.* n° 228. ▪ Cass. crim., 6 mars 1968, n° 67-91.795 : *Bull. crim.* n° 101. ▪ Cass. crim., 27 avr. 1968, n° 67-91.540 : *Bull. crim.*

n° 127. ▪ Cass. crim., 17 juill. 1973, n° 73-91.037 : *Bull. crim.* n° 329).

5) **Infraction de presse.** Une simple abstention qui n'implique pas de la part de la personne qui se prétend diffamée la volonté formelle d'abandonner la poursuite qu'elle a engagée, ne saurait être considérée comme emportant désistement de son action, au sens de l'article 49 de la loi du 29 juillet 1881, lequel est seul applicable en matière d'infraction à la loi sur la presse, à l'exclusion de l'article 425 du Code de procédure pénale (▪ Cass. crim., 13 févr. 1973, n° 72-91.192 : *Bull. crim.* n° 77. ▪ Cass. crim., 7 févr. 1984, n° 83-91.104 : *Bull. crim.* n° 44). Ces dispositions sont d'ordre public et il est du devoir des juridictions d'instruction et de jugement d'en faire d'office assurer le respect (▪ Cass. crim., 21 mai 1974, n° 73-91.957 : *Bull. crim.* n° 190). Contra ▪ Trib. corr. Paris, 7 juin 2018 : *JurisData* n° 2018-021041.

6) **Nouvelle citation à l'initiative de la partie civile après son désistement présumé.** Il résulte de la combinaison des articles 425 et 426 du Code de procédure pénale que la partie civile, qui est présumée s'être désistée de l'action qu'elle avait engagée devant la juridiction pénale en ne comparaissant pas à l'audience, ne peut exercer la même action devant cette juridiction sans avoir contesté, par la voie de l'appel ou de l'opposition, la décision ayant constaté le désistement (▪ Cass. crim., 28 nov. 2018, n° 18-80.465 : *Bull. crim.* n° 200 ; *Dr. pén.* 2019, comm. 12, obs. A. Maron et M. Haas. ▪ Cass. crim., 28 nov. 2018, n° 18-80.469).

7) **Point de départ du délai d'opposition.** S'il résulte de la combinaison des articles 425, 491 et 493 du Code de procédure pénale que le délai dans lequel la partie civile peut former opposition au jugement constatant son désistement présumé court à compter de la signification de celui-ci, aucun texte ne lui interdit d'exercer cette faculté avant que cette décision ne lui ait été signifiée (▪ Cass. crim., 13 juin 2018, n° 17-80.913).

Art. 426. – **Le désistement de la partie civile ne met pas obstacle à l'action civile devant la juridiction compétente.**

Bibliographie : I. Ferrari, *Tribunal correctionnel. – Constitution de partie civile. – Effets : JCl. Proc. pén.*, art. 418 à 426, Fasc. 20.

1) **Article inapplicable au stade de l'instruction.** Les dispositions des articles 425 et 426 du Code de procédure pénale ne sont pas applicables devant la juridiction d'instruction (▪ Cass. crim., 13 oct. 2020, n° 20-81.129, § 20).

2) **Effet du désistement.** Aux termes de l'article 425 du Code de procédure pénale, la partie civile qui a mis l'action publique en mouvement et ne comparaît pas à l'audience est considérée comme se désistant de son action. Il se déduit de l'article 426 du Code de procédure pénale que la partie civile qui s'est désistée de l'action qu'elle avait engagée devant la juridiction pénale ne peut, ultérieurement, exercer cette même action que devant la juridiction civile (▪ Cass. crim., 2 mai 1972, n° 71-91.059 : *Bull. crim.* n° 148. ▪ Cass. crim., 19 mai 1998, n° 97-83.958. ▪ Cass. crim., 20 mars 2001, n° 00-86.303), quels que soient les motifs de son désistement (▪ Cass. crim., 16 déc. 2015, n° 13-84.592). Après un tel désistement, la partie civile ne saurait se constituer de nouveau partie civile, à titre incident, dans une procédure engagée par le ministère public, pour les mêmes faits (▪ Cass. crim., 15 mars 2005, n° 04-84.463 : *Bull. crim.* n° 90). Il résulte de la combinaison des articles 425 et 426 du Code de procédure pénale que la partie civile, qui est présumée s'être désistée de l'action qu'elle avait engagée devant la juridiction pénale en ne comparaissant pas à l'audience, ne peut exercer la même action devant cette juridiction sans avoir contesté, par la voie de l'appel ou de l'opposition, la décision ayant constaté le désistement (▪ Cass. crim., 28 nov. 2018, n° 18-80.465 : *Bull. crim.* n° 200 ; *Dr. pén.* 2019, comm. 12, obs. A. Maron et M. Haas. ▪ Cass. crim., 28 nov. 2018, n° 18-80.469).

3) **Désistement après décision au fond.** Dès lors qu'il est statué au fond, la partie civile ne peut abandonner la voie pénale pour la voie civile, sauf accord des autres parties (▪ Cass. crim., 14 juin 1983, n° 81-92.087 : *Bull. crim.* n° 179).

§ 3. – De l'administration de la preuve

(Intitulé rempl., L. n° 93-2, 4 janv. 1993)

Art. 426-1 *(Abr., L. n° 93-1013, 24 août 1993).*

Art. 427. – **Hors les cas où la loi en dispose autrement, les infractions peuvent être établies par tout mode de preuve et le juge décide d'après son intime conviction.**

Le juge ne peut fonder sa décision que sur des preuves qui lui sont apportées au cours des débats et contradictoirement discutées devant lui.

Bibliographie : *Répertoire.* H. Pelletier, *Tribunal correctionnel. – Administration de la preuve. – Principes généraux. – Modes de preuve : Aveux. Procès-verbaux et rapports. Preuve par écrit. Expertises. Transports : JCl. Proc. pén.*, art. 427 à 457, Fasc. 20, actualisé par J.-B. Thierry.

Généralités. C. Ambroise-Castérot, *Recherche et administration des preuves en procédure pénale : la quête du Graal de la Vérité : AJ Pénal* 2005, p. 261. • A. Bergeaud-Wetterwald, *Du bon usage du principe de loyauté des preuves ? (À propos de l'arrêt rendu par la chambre criminelle de la Cour de cassation le 7 janvier 2014) : Dr. pén.* 2014, étude 7. • P. Bonfils et J. Lasserre Capdeville, *Tentative de clarification de la loyauté de la preuve en matière pénale, La réforme du Code pénal et du Code de procédure pénale, Opinio doctorum*, Dalloz, Thèmes et commentaires, 2009, p. 247. • J.-F. Casile, *Plaidoyer en faveur d'aménagements de la preuve de l'infraction informatique : RSC* 2004, p. 65. • P. Conte, *La loyauté de la preuve dans la jurisprudence de la chambre criminelle de la Cour de cassation : vers la solution de la quadrature du cercle ? : Dr. pén.* 2009, étude 8. • P. Conte, *Le principe de loyauté devant le juge pénal : Procédures* 2015, dossier, étude 12. • D. Guérin, *La loyauté de la preuve devant le juge pénal : Procédures* 2015, dossier, étude 11. • G. Heuyer, *Narco-analyses et narco-diagnostic : RSC* 1950, p. 7. • B. de Lamy, *De la loyauté en procédure pénale. Brèves remarques sur l'application des règles de la chevalerie à la procédure pénale, Mél. J. Pradel*, Cujas, 2006, p. 97. • P. Lemoine, *La loyauté de la preuve (à travers quelques arrêts récents de la chambre criminelle) : Rapp. ann. C. cass.* 2004, p. 141. • P. Maistre du Chambon, *La régularité des « provocations policières » : l'évolution de la jurisprudence : JCP* 1989, I, 3422. • E. Molina, *Réflexion critique sur l'évolution paradoxale de la liberté de la preuve des infractions en droit français contemporain : RSC* 2002, p. 263. • J.-F. Renucci, *Loyauté des preuves et distinction entre « provocation à l'infraction » et « provocation à la preuve » : RSC* 2014, p. 843. • D. Roets, *Le droit de ne pas contribuer à sa propre incrimination dans la jurisprudence de la Cour européenne des droits de l'Homme : AJ Pénal* 2008, p. 119. • B. Thellier de Poncheville, *La preuve illicite au regard de la Convention européenne des droits de l'Homme (Analyse de la recevabilité de la preuve illicite produite par un particulier au procès pénal) : RPDP* 2010, p. 537 ; *La preuve illégale dans le procès équitable : Dr. pén.* 2017, étude 18. • M. Van de Kerchove, *La preuve en matière pénale dans la jurisprudence de la Cour et de la Commission européennes des droits de l'homme : RSC* 1992, p. 1.

• Sommaire

I – DOMAINE D'APPLICATION DE L'ARTICLE 427

1) Domaine quant aux infractions. Les règles particulières applicables aux installations nucléaires ne faisant pas exception aux dispositions de l'article 427 du Code de procédure pénale, les infractions, correctionnelles ou de police, au Code de l'environnement peuvent être prouvées par tous moyens. C'est donc à tort que les juges énoncent que les contraventions étant prouvées par des procès-verbaux que seules certaines personnes ont le pouvoir de dresser, en matière de sûreté nucléaire, l'article L. 596-10 du Code de l'environnement confère ce pouvoir exclusivement à l'ASN dont les inspecteurs ont mission de constater les infractions en cette matière (■ Cass. crim., 4 mai 2021, n° 20-80.608).

2) Moyens de défense. Les dispositions de l'article 427 du Code de procédure pénale sont applicables aux moyens de défense ; les juges ne peuvent donc, sans violer les droits de la défense, écarter des débats un rapport d'expertise produit à sa décharge par le prévenu, au seul motif que ce rapport est produit pour la première fois devant la cour d'appel, à l'abri de tout examen critique (■ Cass. crim., 13 janv. 1970, n° 68-93.408 : *Bull. crim.* n° 21).

3) Domaines quant aux juridictions. Tribunal de police. L'article 427 du Code de procédure pénale est applicable devant le tribunal de police en vertu de l'article 536 du même code (■ Cass. crim., 4 mai 2021, n° 20-80.608). **Cour d'appel.** L'article 427 du Code de procédure pénale est applicable devant la cour d'appel en vertu de l'article 512 du même code (■ Cass. crim., 13 janv. 1970, n° 68-93.408 : *Bull. crim.* n° 21).

II – LIBERTÉ DE LA PREUVE

A – Liberté des modes de preuve

4) Régimes pénal et civil de la preuve. La distinction du régime de la preuve en matière civile et en matière pénale et la différence de traitement qui pourrait en résulter entre le prévenu définitivement relaxé et dont la faute civile est envisagée par le juge pénal saisi en appel par la seule partie civile et celui dont la responsabilité est envisagée devant le juge civil, est justifiée au regard de la spécificité de l'action civile engagée par une victime devant le juge répressif, dont le bien-fondé ne peut être apprécié qu'au regard de l'objet et dans la limite de la poursuite (■ Cass. crim., 9 mars 2016, n° 15-83.517 QPC : *Bull. crim.* n° 74).

5) Témoignage des descendants. Les dispositions de l'article 205 du Code de procédure civile, relatives au divorce et à l'incapacité de témoigner, ne sont pas applicables devant la juridiction pénale en raison du principe de la liberté de la preuve ; les juges répressifs peuvent donc se fonder sur le témoignage des enfants d'un couple, une procédure de divorce étant en cours entre leur père, prévenu, et leur mère, victime (■ Cass. crim., 2 juin 2015, n° 14-85.130 : *Bull. crim.* n° 136 ; *JCP* G 2015, 999, note F. Rousseau. *Contra* ■ Cass. crim., 4 févr. 1991, n° 89-86575 : *Bull. crim.* n° 57).

6) Preuve de l'alcoolémie. Aucune disposition de la loi n'édicte que les résultats des analyses sanguines réalisées suivant les méthodes prévues par les articles L. 234-4 et L. 234-5 du Code de la route s'imposent aux juges, lesquels conservent, aux termes de l'article 427 du Code de procédure pénale, le droit de se décider d'après leur intime conviction en fondant leur décision sur les preuves qui leur sont apportées au cours des débats et contradictoirement discutées devant eux (■ Cass. crim., 31 oct. 2006, n° 06-81.809 : *Bull. crim.* n° 265).

7) Proxénétisme. L'article 706-40 du Code de procédure pénale, qui prévoit que les propriétaires et bailleurs de locaux affectés à la prostitution seront informés à la diligence du ministère public, ne déroge pas, en l'absence de disposition expresse, au principe de la libre administration de la preuve tel qu'il résulte de l'article 427 du même code ; la juridiction peut donc retenir que le prévenu avait connaissance de l'activité de prostitution de sa locataire, sans qu'il puisse invoquer la violation de l'article 706-40 précité au motif que le ministère public ne l'avait pas informé que ses locaux servaient de lieux de prostitution (■ Cass. crim., 28 nov. 2001, n° 01-81.823).

B – Preuve légale

8) Usage de stupéfiants. L'usage de stupéfiants, élément constitutif de l'infraction prévue par l'article L. 235-1 du Code de la route, ne peut être prouvé que par analyse sanguine ; une condamnation pour conduite d'un véhicule après usage de stupéfiant ne peut donc se fonder sur les aveux du prévenu (■ Cass. crim., 15 févr. 2012, n° 11-84.607 : *Bull. crim.* n° 48 ; *RPDP* 2012, p. 922, obs. E. Vergès).

III – PRINCIPE DU CONTRADICTOIRE

Voir : art. préliminaire, p. 3.

A – Droit européen

1° Principe de l'égalité des armes

9) Selon le principe de l'égalité des armes, qui est l'un des éléments de la notion plus large de procès équitable, chaque partie doit se voir offrir une possibilité raisonnable de présenter sa cause dans des conditions qui ne la placent pas dans une situation de net désavantage par rapport à son ou ses adversaires. Les États contractants jouissent en la matière d'une certaine marge d'appréciation. Il appartient pourtant à la Cour de statuer en dernier ressort sur le respect des exigences de la Convention (■ CEDH, GC, 19 sept. 2017, n° 35289/11, *Regner c/ République tchèque*). Faute d'avoir pu avoir accès à son dossier et d'obtenir la communication des pièces le composant, l'intéressé n'est pas en mesure de préparer sa défense d'une manière adéquate et ne bénéficie pas de l'égalité des armes, contrairement aux exigences de l'article 6, § 1 de la Convention européenne des droits de l'Homme, combiné avec l'article 6, § 3 (■ CEDH, 18 mai 1997, n° 22209/93, *Foucher c/ France*).

2° *Droit à un procès pénal contradictoire*

• Égalité des armes et contradictoire

10) Droit à un procès équitable. Tout procès pénal doit revêtir un caractère contradictoire et garantir l'égalité des armes entre l'accusation et la défense : c'est là un des aspects fondamentaux du droit à un procès équitable (■ CEDH, GC, 16 févr. 2000, n° 27052/95, *Jasper c/ Royaume Uni*).

• Conséquence du droit à un procès contradictoire

11) Connaissance des preuves. Le droit à un procès pénal contradictoire implique, pour l'accusation comme pour la défense, la faculté de prendre connaissance des observations ou éléments de preuve produits par l'autre partie (■ CEDH, GC, 16 févr. 2000, n° 27052/95, *Jasper c/ Royaume Uni*).

12) Communication des preuves. L'article 6, § 1 de la Convention européenne des droits de l'Homme veut que l'accusation communique à la défense l'ensemble des preuves pertinentes en sa possession, à charge comme à décharge (■ CEDH, GC, 16 févr. 2000, n° 28901/95, *Rowe et Davis c/ Royaume-Uni*).

13) Caractère relatif du droit à la divulgation des preuves. Le droit à une divulgation des preuves pertinentes n'est pas absolu. Dans une procédure pénale donnée, il peut y avoir des intérêts concurrents – tels que la sécurité nationale ou la nécessité de protéger des témoins risquant des représailles ou de garder secrètes des méthodes policières de recherche des infractions – qui doivent être mis en balance avec les droits de l'accusé (■ CEDH, GC, 16 févr. 2000, n° 27052/95, *Jasper c/ Royaume Uni*). Dans certains cas, il peut être nécessaire de dissimuler certaines preuves à la défense, de façon à préserver les droits fondamentaux d'un autre individu ou à sauvegarder un intérêt public important, à la condition que les mesures restreignant les droits de la défense soient absolument nécessaires (■ CEDH, 23 avr. 1997, n°s 21363/93, 21364/93, 21427/93 et 22056/93, *Van Mechelen et a. c/ Pays-Bas*).

B – Article 427, alinéa 2

14) Preuve administrée au cours des débats. Il résulte de l'article 427 du Code de procédure pénale que le juge doit prendre en considération, après les avoir soumises à la discussion contradictoire, les preuves qui lui sont apportées au cours des débats ; doit donc être cassé l'arrêt qui écarte l'expertise médicale établie à la demande de la partie civile en énonçant qu'elle ne peut valablement se prévaloir de l'expertise privée réalisée à sa demande, hors procédure, dont les conclusions n'ont pu être débattues contradictoirement (■ Cass. crim., 8 févr. 2022, n° 21-80.490).

15) Droit du prévenu d'être informé de la nature et de la cause de la prévention. Tout prévenu a droit à être informé d'une manière détaillée de la nature et de la cause de la prévention dont il est l'objet et doit, par suite, être mis en mesure de se défendre tant sur les divers chefs d'infraction qui lui sont imputés, que sur chacune des circonstances aggravantes susceptibles d'être retenues à sa charge (■ Cass. crim., 5 déc. 1978, n° 78-91.826 : *Bull. crim.* n° 346 ; *D.* 1979, 50, note P. Kehrig).

16) Communication des pièces avant l'audience. Viole l'article 427 du Code de procédure pénale la juridiction qui affirme que le principe du contradictoire impose que les pièces soient communiquées avant l'audience pour que celui à qui on les oppose puisse y répondre utilement ; pareil motif écarte les documents en cause du débat contradictoire (■ Cass. crim., 19 juin 1991, n° 90-86.630 : *Bull. crim.* n° 267. ■ Cass. crim., 10 nov. 2004, n° 03-87.628 : *Bull. crim.* n° 285 ; *RPDP* 2005, p. 413, obs. C. Ambroise-Castérot). Il résulte de l'article 427 du Code de procédure pénale que le juge ne peut refuser d'examiner les preuves qui lui sont apportées lors des débats, au motif qu'elles n'auraient pas été préalablement communiquées à la partie adverse (■ Cass. crim., 12 janv. 2005, n° 04-81.982 : *Bull. crim.* n° 17. ■ Cass. crim., 18 févr. 2015, n° 13-84.000 : *Bull. crim.* n° 31. ■ Cass. crim., 9 déc. 2020, préc.).

17) Communication des pièces au cours des débats. Il résulte de l'article 427 du Code de procédure pénale que le juge doit prendre en considération, après les avoir soumises à la discussion contradictoire, les preuves qui lui sont apportées au cours des débats (■ Cass. crim., 9 déc. 2020, n° 19-85.651, § 7).

18) Délibéré. Doit être cassé l'arrêt qui se fonde sur des éléments de conviction irrégulièrement portés à la connaissance des juges par le ministère public pendant le délibéré et qui n'ont pas été communiqués à la partie civile, laquelle n'a pu ainsi être en mesure de les discuter lors de débats contradictoires devant la chambre d'accusation (■ Cass. crim., 20 mai 1980, n° 79-93.444 : *Bull. crim.* n° 153 ; *D.* 1980, 493, note P. Chambon). En se fondant leur conviction sur l'examen, au cours du délibéré, de l'enregistrement audiovisuel de l'audition de la victime mineure d'une agression sexuelle, réalisé en application des dispositions de l'article 706-52 du Code de procédure pénale, les juges n'ont pas méconnu le principe du contradictoire, dès lors qu'une copie de l'enregistrement était jointe au dossier et qu'elle pouvait être visionnée par les avocats des parties dans les conditions fixées par l'alinéa 7 de ce texte (■ Cass. crim., 12 sept. 2007, n° 06-87.498 : *Bull. crim.* n° 207 ; *RSC* 2007, p. 837, obs. R. Finielz).

19) Expertise. Si l'expertise n'a pas en principe un caractère contradictoire en matière pénale, ses résultats doivent être contradictoirement débattus (■ Cass. crim., 9 nov. 1972, n° 71-93.529 : *Bull. crim.* n° 355).

IV – PRINCIPE DE LOYAUTÉ DE LA PREUVE

A – Principe constitutionnel

20) Principe de loyauté dans l'administration de la preuve. Rôle de l'autorité judiciaire. Il appartient à l'autorité judiciaire de veiller au respect du principe de loyauté dans l'administration de la preuve (■ Cons. const., 18 nov. 2011, n°s 2011-191, 2011-194, 2011-195, 2011-196 et 2011-197 QPC).

B – Droit européen

V. art. préliminaire, p. 3. Conv. EDH 4 nov. 1950, art. 6, p. 2631.

21) Procès équitable et recevabilité des preuves. Cour EDH. Si l'article 6 garantit le droit à un procès équitable, il ne réglemente pas pour autant l'admissibilité des preuves en tant que telle, matière qui dès lors relève au premier chef du droit interne (■ CEDH, 12 mai 2000, n° 35394/97, *Khan c/ Royaume-Uni*). Pour qu'un procès soit équitable au sens de l'article 6, § 1 de la Convention, toute preuve obtenue par le biais d'une provocation policière doit être écartée (■ CEDH, 5 févr. 2008, n° 74420/01, *Ramanauskas c/ Litunie*). **CJUE.** Si l'administration de la preuve pénale relève en principe de la compétence des États membres, le principe d'effectivité limite leur autonomie procédurale. En conséquence, les juridictions nationales doivent laisser inappliquées les dispositions qui font obstacle à l'application de sanctions effectives et dissuasives pour lutter contre les fraudes portant atteinte aux intérêts financiers de l'Union ; cependant, les procédures mises en œuvre par les juridictions des États membres doivent, dès le stade de l'enquête préliminaire, respecter les droits fondamentaux garantis par la Charte et les principes généraux du droit de l'Union. Or, dès lors qu'il est constant que des écoutes téléphoniques, qui constituent des ingérences dans le droit consacré à l'article 7 de la Charte, ont été autorisées par une autorité judiciaire incompétente, elles ne peuvent, par application de l'article 52 du même texte, être considérées comme ayant été « prévues par la loi ». Il s'en déduit que même si l'utilisation des éléments de preuve recueillis illégalement était susceptible d'augmenter l'efficacité des poursuites pénales permettant aux autorités nationales de sanctionner, dans certains cas, le non-respect du droit de l'Union, et nonobstant le principe d'effectivité des poursuites pénales, le droit de l'Union ne s'oppose pas à l'application par le juge national d'une règle nationale prévoyant que doivent être écartés d'une procédure pénale des éléments de preuve obtenus illégalement (■ CJUE, 17 janv. 2019, C-310/16, *Dzivev et a. : JurisData* n° 2019-002019).

22) Indifférence à la gravité de la criminalité. Le droit à un procès équitable s'applique à toute forme de criminalité, de la plus simple à la plus complexe (■ CEDH, GC, 10 mars 2009, n° 4378/02, *Bykov c/ Russie*).

1° Rôle de la Cour européenne des droits de l'homme

23) Caractère globalement équitable de la procédure. La Cour n'a pas à se prononcer, par principe, sur l'admissibilité de certains éléments de preuve, par exemple des éléments obtenus de manière illégale au regard du droit interne. Elle doit examiner si la procédure, y compris la manière dont les éléments de preuve ont été recueillis, a été équitable dans son ensemble (■ CEDH, 5 nov. 2002, n° 48539/99, *Allan c/ Royaume Uni*). La Cour ne saurait donc exclure par principe et *in abstracto* l'admissibilité d'une preuve recueillie de manière illégale ; il s'agit seulement de vérifier *in concreto* si, compte tenu des circonstances spécifiques de l'affaire en cause, le procès présente – au total – le caractère équitable requis par l'article 6, § 1 de la Convention européenne des droits de l'homme (■ CEDH, 12 juill. 1988, n° 10862/84, *Schenk c/ Suisse*). Pour déterminer si la procédure dans son ensemble a été équitable, il faut notamment se demander si les droits de la défense ont été respectés. Il faut rechercher si le requérant s'est vu offrir la possibilité de remettre en question l'authenticité de l'élément de preuve et de s'opposer à son utilisation (■ CEDH, GC, 10 mars 2009, n° 4378/02, *Bykov c/ Russie*). Il importe aussi de vérifier si les pièces litigieuses ont joué un rôle déterminant, et pas simplement accessoire, dans le verdict de culpabilité (■ CEDH, GC, 1er juin 2010, n° 22978/05, *Gäfgen c/ Allemagne*). La Convention n'empêche pas de s'appuyer au stade de l'enquête préliminaire, et lorsque la nature de l'infraction peut le justifier, sur des sources telles que des indicateurs anonymes (■ CEDH, 5 févr. 2008, n° 74420/01, *Ramanauskas c/ Litunie*).

2° Provocation par un agent de l'autorité publique

24) Méthodes d'enquête spéciales. La Cour reconnaît la nécessité pour les autorités de recourir à des méthodes d'enquête spéciales, notamment dans les affaires de crime organisé et de corruption. Le recours à de telles méthodes – et en particulier aux techniques d'infiltration – ne saurait en lui-même emporter violation du droit à un procès équitable (■ CEDH, 5 févr. 2008, n° 74420/01, *Ramanauskas c/ Litunie*).

25) Agent infiltré et agent provocateur. L'existence de « bonnes raisons de soupçonner » l'accusé d'avoir une propension à commettre une infraction est de nature à conférer à une opération le caractère d'une « infiltration », compatible avec l'article 6, § 1 de la Convention européenne des droits de l'homme, plutôt que d'une « provocation » ; les suspicions doivent reposer sur des éléments concrets, montrant un commencement de réalisation des faits constitutifs de l'infraction pour laquelle l'accusé est ensuite poursuivi (■ CEDH, 7 sept. 2004, n° 58753/00, p. 19, *Eurofinacom c/ France*. – V. aussi ■ CEDH, 9 juin 1998, n° 44/1997/828/1034, *Teixeira de Castro c/ Portugal*, § 38). Si l'intervention d'agents infiltrés peut être tolérable dans la mesure où elle est clairement circonscrite et entourée de garanties, l'intérêt public ne saurait justifier l'utilisation d'éléments recueillis à la suite d'une provocation policière. Un tel procédé peut priver *ab initio* et définitivement l'accusé d'un procès équitable (■ CEDH, 9 juin 1998, n° 44/1997/828/1034, *Teixeira de Castro c/ Portugal*).

26) Provocation à l'infraction. Il y a provocation policière lorsque les agents impliqués – membres des forces de l'ordre ou personnes intervenant à leur demande – ne se limitent pas à examiner d'une manière purement passive l'activité délictueuse, mais exercent sur la personne qui en fait l'objet une influence de nature à l'inciter à commettre une infraction qu'autrement elle n'aurait pas commise (■ CEDH, 5 févr. 2008, n° 74420/01, *Ramanauskas c/ Litunie*, § 50). La police ne peut pas provoquer la commission d'une infraction (■ CEDH, 26 oct. 2006, n° 59696/00, *Khoudobine c/ Russie*). Un policier outrepasse l'activité d'un agent infiltré lorsqu'il provoque l'infraction, et que rien n'indique que, sans son intervention, celle-ci aurait été perpétrée (■ CEDH, 9 juin 1998, n° 44/1997/828/1034, *Teixeira de Castro c/ Portugal*). L'existence de bonnes raisons de soupçonner l'« accusé » d'avoir une propension à commettre une infraction est de nature à conférer à une opération le caractère d'une « infiltration » plutôt que d'une « provocation » (■ CEDH, 7 sept. 2004, n° 58753/00, *Eurofinacom c/ France*). Il en va différemment lorsque la provocation est le fait d'un particulier, qui a porté plainte, même si la police l'a aidé en lui fournissant du matériel (■ CEDH, 24 juin 2008, n° 74355/01, *Miliniene c/ Lituanie*). Une simulation d'achat de stupéfiants assimilable à une provocation peut emporter violation de l'article 6 § 1 même si l'achat a été effectué par un particulier infiltré, alors que cet achat a été effectivement organisé et surveillé par la police (■ CEDH, 15 déc. 2005, n° 53203/99, *Vanian c/ Russie*). Lorsque rien n'indique que sans la provocation policière, l'infraction aurait été perpétrée, cette provocation et son utilisation dans la procédure ont privé *ab initio* et définitivement le requérant d'un procès équitable (■ CEDH, 9 juin 1998, n° 44/1997/828/1034, *Teixeira de Castro c/ Portugal*, § 39).

27) Charge de la preuve. La preuve de l'absence de provocation incombe à la partie poursuivante pour autant que les allégations du prévenu ne soient pas dépourvues de toute vraisemblance (■ CEDH, 5 févr. 2008, n° 74420/01, *Ramanauskas c/ Litunie*, § 70).

28) Possibilité pour l'accusé d'invoquer la provocation. L'article 6 de la Convention européenne des droits de l'Homme n'est respecté que si, lors de son procès, le requérant a pu utilement invoquer la provocation, que ce soit par la voie d'une exception ou autrement. Il ne suffit donc pas, à cet égard que soient respectées des garanties de caractère général, telles que l'égalité des armes ou les droits de la défense (■ CEDH, 5 févr. 2008, n° 74420/01, *Ramanauskas c/ Litunie*).

3° Provocation par un particulier

29) La Cour n'exclut pas que l'admission de preuves obtenues par un particulier qui a eu recours à une provocation peut, dans certains cas, rendre la procédure inéquitable au regard de l'article 6 de la Convention ; il en est ainsi dans le cas d'une provocation à l'infraction (■ CEDH, 6 avr. 2004, n° 67537/01, *Shannon c/ Royaume-Uni* : à propos d'un journaliste ayant provoqué à la commission d'une infraction sans intervention d'un agent public).

C – Jurisprudence nationale

Voir : *supra*, art. prél., n°s 28 et s.

1° Provocation sans rapport avec la recherche de la preuve

30) Interpellation. Un procédé qui n'a en rien déterminé les agissements d'une personne mise en examen ne porte pas atteinte à la loyauté entrant dans les garanties du droit à la liberté et à la sûreté et du procès équitable ; ainsi le procédé utilisé par les enquêteurs consistant à se faire passer auprès d'un individu pour des acheteurs potentiels de son véhicule ne participe pas d'un stratagème ou d'une machination dès lors qu'il n'avait pas pour but de le provoquer à commettre une infraction mais de l'interpeller en dehors de son lieu de résidence, compte tenu de sa dangerosité et de l'impossibilité de l'arrêter sur les lieux où il était susceptible de se trouver sans risquer de porter gravement atteinte à l'ordre public (■ Cass. crim., 15 déc. 2015, n°s 14-87.935 et 15-84.373 : *Bull. crim.* n° 293).

2° *Principe de loyauté de la preuve et liberté de la preuve*

31) Empreintes digitales. Il ne se produit aucune violation du principe de loyauté des preuves, lorsqu'est mentionnée dans une procédure d'enquête une empreinte digitale ne comportant que dix points de comparaison pertinents avec celle du prévenu, dès lors que le nombre de ces points de comparaison constitue un simple élément de preuve soumis au principe de contradiction et à l'appréciation des juges (■ Cass. crim., 15 déc. 2015, n° 15-82.013 : *Bull. crim.* n° 289).

3° *Recevabilité de la preuve d'origine illicite ou déloyale administrée par une partie ou un tiers à la procédure*

32) Devoir du juge. Aucune disposition légale ne permet aux juges répressifs d'écarter les moyens de preuve produits par les parties au seul motif qu'ils auraient été obtenus de façon illicite ou déloyale ; il leur appartient seulement, en application de l'article 427 du Code de procédure pénale, d'en apprécier la valeur probante ; méconnaît les dispositions de l'article 427 du Code de procédure pénale la cour d'appel qui déclare irrecevable en preuve un document produit par la partie civile poursuivante parce qu'elle n'avait pu l'obtenir que de façon illicite (■ Cass. crim., 15 juin 1993, n° 92-82.509 : *Bull. crim.* n° 210 ; *D.* 1994, 613, note C. Mascala. ■ Cass. crim., 6 avr. 1994, n° 93-82.717 : *Bull. crim.* n° 136. ■ Cass. crim., 11 juin 2002, n° 01-85.559 : *Bull. crim.* n° 131 ; *D.* 2003, 1309, note L. Collet-Akri ; *RSC* 2002, 879, obs. J.-F. Renucci. ■ Cass. crim., 27 janv. 2010, n° 09-83.395 : *Bull. crim.* n° 16). Le juge d'instruction ne peut refuser d'annexer à la procédure des documents produits par les parties à l'appui de leur défense, auraient-ils été obtenus par des procédés déloyaux (■ Cass. crim., 11 févr. 1992, n° 91-86.067 : *Bull. crim.* n° 66). La circonstance que des documents ou des enregistrements remis par une partie ou un témoin aient été obtenus par des procédés déloyaux ne permet pas au juge d'instruction de refuser de les joindre à la procédure, dès lors qu'ils ne constituent que des moyens de preuve qui peuvent être discutés contradictoirement (■ Cass. crim., 30 mars 1999, n° 97-83.464 : *Bull. crim.* n° 59 ; *D.* 2000, 391, note T. Garé).

33) Moyen invoqué pour la première fois devant la Cour de cassation. Le moyen tiré de la déloyauté d'une preuve ne peut être invoqué pour la première fois devant la Cour de cassation (■ Cass. crim., 28 janv. 2015, n° 14-81.610 : *Dr. pén.* 2015, comm. 43, obs. A. Maron et M. Haas). Les griefs, nouveaux et mélangés de fait, en ce qu'ils invoquent pour la première fois devant la Cour de cassation des atteintes portées aux droits de la défense et au principe de loyauté des preuves, au cours d'une enquête administrative, sont comme tels irrecevables (■ Cass. crim., 12 sept. 2018, n° 15-86.288).

4° *Absence de nullité consécutive à l'administration d'une preuve d'origine illicite ou déloyale par une partie ou un tiers à la procédure*

- **Le principe de loyauté ne concerne pas les particuliers**

34) Affirmation du principe. L'obligation de légalité et de loyauté dans le recueil des preuves ne pèse que sur l'autorité publique (■ Cass. crim., 1er déc. 2020, n° 20-82.078 : publié au *Bull.* ; *JCP G* 2021, 228, note P. Collet ; *Dr. pén.* 2021, comm. 37, obs. A. Maron et M. Haas ; *Procédures* 2021, comm. 44, obs. J. Buisson).

35) La preuve fournie par un particulier n'est pas un acte de procédure. L'élément de preuve procuré par un particulier ne peut faire l'objet d'une annulation dès lors que n'émanant pas d'un magistrat ou d'un service d'enquête, il ne constitue pas un acte de procédure ; il n'est donc pas susceptible d'être annulé (■ Cass. crim., 31 janv. 2012, n° 11-85.464 : *Bull. crim.* n° 27 ; *RPDP* 2012, p. 157, obs. C. Ambroise-Castérot. ■ Cass. crim., 7 mars 2012 n° 11-88.118 : *Bull. crim.* n° 64). Ainsi d'une partie (■ Cass. crim., 11 févr. 1992, n° 91-86.067 : *Bull. crim.* n° 66. ■ Cass. crim., 30 mars 1999, n° 97-83.464 : *Bull. crim.* n° 59 ; *D.* 2000, 391, note T. Garé : coïnculpé), d'une partie civile (■ Cass. crim., 28 avr. 1987, n° 86-96.621 : *Bull. crim.* n° 173), d'une victime (■ Cass. crim., 19 janv. 1999, n° 98-83.787 : *Bull. crim.* n° 9 ; *JCP* 1999, II, 10156, note D. Rebut ; *RSC* 1999, 588, obs. J.-P. Delmas Saint-Hilaire : policier victime d'une corruption active), d'un témoin (■ Cass. crim., 28 avr. 1987, préc. ■ Cass. crim., 30 mars 1999, préc.). Cette solution opère même en cas de provocation à la commission de l'infraction en cause : V. à propos de la discrimination raciale ■ Cass. crim., 11 juin 2002, n° 01-85.559 : *Bull. crim.* n° 131 ; *D.* 2003, 1309, note L. Collet-Akri ; *RSC* 2002, 879, obs. J.-F. Renucci (sol. impl.) ; V., depuis, C. pén., art. 225-3-1, créé L. n° 2006-396 du 31 mars 2006. Mais V. ■ CEDH, 6 avr. 2004, n° 67537/01, *Shannon c/ Royaume-Uni*, *supra* n° 27.

36) Interdiction faite au juge d'écarter des débats les moyens de preuve remis par un particulier. Aucune disposition légale ne permet aux juges répressifs d'écarter des moyens de preuve remis par un particulier aux services d'enquête, au seul motif qu'ils auraient été obtenus de façon illicite ou déloyale (■ Cass. crim., 27 janv. 2010, n° 09-83.395 : *Bull. crim.* n° 16).

• Pièces à conviction, « indices de preuve »

37) Enregistrement clandestin. Des bandes magnétiques supportant l'enregistrement, effectué par la partie civile et des témoins, de conversations auxquelles ils ont participé, présentent le caractère de pièces à conviction n'ayant que la valeur d'indice de preuve et ne constituent pas des actes de l'information susceptibles d'être annulés en vertu de l'article 172 du Code de procédure pénale ; leur transcription, après saisie, dans des procès-verbaux par les policiers n'est que la matérialisation de leur contenu afin d'en permettre la consultation ; la saisie et cette transcription sont les seuls actes de procédure susceptibles d'être annulés en application de l'article 172 du Code de procédure pénale (■ Cass. crim., 28 avr. 1987, n° 86-96.621 : *Bull. crim.* n° 173). Les bandes magnétiques supportant l'enregistrement de conversations effectué par des tiers présentent le caractère de pièces à conviction n'ayant que la valeur d'indices de preuve, et ne constituent pas des actes de l'information susceptibles d'être annulés en vertu de l'article 172 du Code de procédure pénale (■ Cass. crim., 6 avr. 1993, n° 93-80.184 : *JCP* 1993, II, 22144, note M.-L. Rassat).

38) Transcription. La transcription, rendue nécessaire pour la consultation d'un enregistrement saisi, ne constitue qu'un indice de preuve pouvant être contradictoirement discuté par les parties (■ Cass. crim., 11 févr. 1992, n° 91-86.067 : *Bull. crim.* n° 66).

39) Témoignage. La circonstance que des propos de caractère professionnel proférés par le médecin ont été enregistrés à son insu, en dehors de toute enquête judiciaire et que les bandes d'enregistrement ou leur transcription ne figurent pas parmi les documents offerts en preuve n'est pas de nature à faire écarter l'audition des témoins auxquels lesdits propos ont été tenus (■ Cass. crim., 18 nov. 1986, n° 85-93.308 : *Bull. crim.* n° 345).

• Pièces à conviction, « moyens de preuve »

40) Enregistrement clandestin. Les enregistrements de conversations privées réalisés par le maître d'hôtel de la victime à l'insu de celle-ci et de ses interlocuteurs, dont ses avocats, sont une pièce à conviction qui ne peut être annulée (■ Cass. crim., 31 janv. 2012, n° 11-85.464 : *Bull. crim.* n° 27 ; *RPDP* 2012, p. 157, obs. C. Ambroise-Castérot). Les enregistrements contestés ne sont pas en eux-mêmes des actes ou des pièces de l'information, au sens de l'article 170 du Code de procédure pénale, et comme tels, susceptibles d'être annulés, mais des moyens de preuve qui peuvent être discutés contradictoirement, et la transcription de ces enregistrements, qui a pour seul objet d'en matérialiser le contenu, ne peut davantage donner lieu à annulation (■ Cass. crim., 19 janv. 1999, n° 98-83.787 : *Bull. crim.* n° 9 ; *JCP* 1999, II, 10156, note D. Rebut ; *RSC* 1999, 588, obs. J.-P. Delmas Saint-Hilaire. ■ Cass. crim., 30 mars 1999, n° 97-83.464 : *Bull. crim.* n° 59 ; *D.* 2000, 391, note T. Garé. ■ Cass. crim., 31 janv. 2012, n° 11-85.464 : *Bull. crim.* n° 27 ; *RPDP* 2012, p. 157, obs. C. Ambroise-Castérot. ■ Cass. crim., 7 mars 2012, n° 11-88.118 : *Bull. crim.* n° 64. ■ Cass. crim., 27 nov. 2013, n° 13-85.042 : *Bull. crim.* n° 238 ; *JCP* G 2014, 139, note S. Detraz ; *Dr. pén.* 2014, comm. 29, obs. J.-H. Robert et 32, obs. A. Maron et M. Haas).

41) Contrôle de la Cour de cassation. La Cour de cassation n'est pas en mesure d'exercer son contrôle sur la régularité de la procédure, lorsque les conditions exactes de la réalisation et de la remise d'un enregistrement litigieux demeurent imprécises (■ Cass. crim., 19 juin 1989, n° 89-81.777 : *Bull. crim.* n° 261). Le versement au dossier d'éléments de preuve ne saurait être déclaré irrégulier au seul motif que les conditions de leur recueil sont restées incertaines (■ Cass. crim., 1er déc. 2020, n° 20-82.078, § 11 : publié au *Bull.* ; *JCP* G 2021, 228, note P. Collet ; *Dr. pén.* 2021, comm. 37, obs. A. Maron et M. Haas ; *Procédures* 2021, comm. 44, obs. J. Buisson).

5° *Obtention déloyale d'une preuve sans recours à une provocation*

42) Ouverture irrégulière d'une enquête de flagrance. Lorsque la fouille d'une remorque a été effectuée en dehors de tout indice apparent d'infraction au sens de l'article 73 du Code de procédure pénale, par des personnes non identifiées, n'ayant pas la qualité d'officier de police judiciaire, hors la présence et le contrôle d'un officier de police judiciaire, au sens des articles 16, 20 et 21-1 dudit code, une juridiction peut souverainement relever que l'obtention de cette preuve, par des procédés illégaux, accompagnée de l'intervention indirecte des services enquêteurs, établit la déloyauté des actes d'enquête (■ Cass. crim., 17 mars 2021, n° 20-82.679).

6° *Provocation à la preuve*

• Régularité

43) Victime dans la nécessité de se défendre. Ne méconnaît pas les dispositions de l'article 6 de la Convention européenne des droits de l'Homme, la cour d'appel qui, après en avoir contradictoirement débattu, admet comme mode de preuve, la production de l'enregistrement d'une conversation téléphonique privée, dès lors qu'elle est justifiée par la nécessité de rapporter la preuve des faits dont l'auteur de l'enregistrement est victime et par les besoins de sa défense ; écarte à bon droit l'argumentation de la prévenue condamnée du chef d'usage d'attestation inexacte qui invoquait le caractère déloyal de l'enregistrement d'une conversation téléphonique entre elle-même et son mari, dans lequel elle reconnaissait le caractère mensonger de l'attestation produite par elle dans leur procédure de divorce (■ Cass. crim., 31 janv. 2007, n° 06-82.383 : *Bull. crim.* n° 27 ; *D.* 2007, 1821, note D. Caron et S. Ménotti ; *RPDP* 2007, p. 385, obs. C. Ambroise-Castérot). Les appels téléphoniques anonymes et réitérés perturbant la vie familiale du destinataire constituent une voie de fait ; leur enregistrement à la diligence du destinataire, afin de permettre l'identification de l'auteur de cette contravention, ne présente pas le caractère d'une atteinte à l'intimité de la vie privée de l'auteur desdits appels (■ Cass. crim., 17 juill. 1984, 2 arrêts, n°s 83-92.332 et 83-92.333 : *Bull. crim.* n° 259).

44) Provocation policière à la preuve. Est régulière l'intervention de gendarmes qui a eu pour seul effet de permettre la constatation d'une infraction dénoncée par le plaignant et dont ils n'ont pas déterminé la commission (■ Cass. crim., 16 janv. 2008, n° 07-87.633 : *Bull. crim.* n° 14 ; *Dr. pén.* 2008, comm. 59, obs. A. Maron ; *RSC* 2008, p. 367, obs. R. Finielz). Est régulière l'action des policiers qui n'a en rien déterminé les agissements délictueux de l'intéressé, mais a eu seulement pour effet de constater l'existence d'une entente en vue de l'importation de cocaïne (■ Cass. crim., 22 avr. 1992, n° 91-83.513). S'il est exact que les policiers se sont cachés dans le bureau de la victime pour y surprendre la conversation qu'elle a eue avec les inculpés au cours de laquelle ceux-ci lui ont remis la somme prévue antérieurement, un tel procédé de la part des enquêteurs, demeurés passifs, est exclusif de toute provocation envers les inculpés à commettre la corruption ; la juridiction a donc écarté à bon droit l'argumentation tirée de l'illégalité d'un stratagème ayant abouti à la transcription d'une conversation (■ Cass. crim., 22 avr. 1992, n° 90-85.125 : *Bull. crim.* n° 169 ; *D.* 1995, 59, note Matsopoulou). Lorsque les gendarmes ont participé à l'organisation d'un rendez-vous, noté les numéros de billets de banque pour confondre un suspect de trafic d'influence et placé une caméra pour surveiller les lieux, la juridiction qui retient que l'intervention des gendarmes a eu pour seul effet de permettre la constatation d'une infraction dénoncée par le plaignant et dont ils n'ont pas déterminé la commission, écarte à bon droit l'argumentation du prévenu qui demande l'annulation de toutes les pièces de la procédure en soutenant que les enquêteurs et la victime avaient mis en scène un stratagème pour le piéger en le conduisant à commettre un délit (■ Cass. crim., 16 janv. 2008, n° 07-87.633 : *Bull. crim.* n° 14 ; *Dr. pén.* 2008, comm. 59, obs. A. Maron ; *RSC* 2008, p. 367, obs. R. Finielz. Mais V. ■ Cass. crim., 20 sept. 2016, n° 16-80.820 : *JCP* G 2016, 1177, note Gallois ; *Dr. pén.* 2016, comm. 164, obs. A. Maron et M. Haas : porte atteinte aux principes du procès équitable et de la loyauté des preuves la participation de l'autorité publique à l'administration d'une preuve obtenue de façon illicite ou déloyale par une partie privée ; sur l'appréciation de cette participation, comp. avec ■ Cass. ass. plén., 10 nov. 2017, n° 17-82.028 : *JCP* G 2017, 1366, A. Gallois ; *JCP* G 2017, 1376, note C. Ribeyre ; *D.* 2018, p. 103, note O. Décima ; *Dr. pén.* 2018, comm. 37, obs. A. Maron et M. Haas ; *RSC*, 2018, p. 117, obs. P.-J. Delage ; *Procédures* 2018, comm. 23, obs. A.-S. Chavent-Leclère). Lorsque la rencontre entre la victime et le prévenu ont été le fait des sollicitations insistantes de celui-ci, les policiers n'ont en rien provoqué la commission de l'infraction ; il importe peu que l'enregistrement ait été effectué par un fonctionnaire de police, puisqu'il a agi non dans l'exercice de ses fonctions, en vue de constater des faits de trafic de stupéfiant, mais en tant que victime de faits de corruption, pour se constituer une preuve des sollicitations dont il était l'objet (■ Cass. crim., 19 janv. 1999, n° 98-83.787 : *Bull. crim.* n° 9 ; *JCP* 1999, II, 10156, note D. Rebut ; *RSC* 1999, 588, obs. J.-P. Delmas Saint-Hilaire).

45) Infraction préexistante. La provocation pour obtenir la preuve d'une infraction déjà commise est régulière, même si elle engendre la commission d'une nouvelle infraction (■ Cass. crim., 2 mars 1971, n° 70-91.810 : *Bull. crim.* n° 71). Ne constitue pas une atteinte au principe de loyauté des preuves une opération policière qui a lieu dans un contexte préexistant de trafic de stupéfiants, qu'elle a pour objet de constater, et qui ne détermine en rien les agissements délictueux, déjà commis et en train de se commettre (■ Cass. crim., 8 juin 2005, n° 05-82.012 : *Bull. crim.* n° 173). Porte atteinte au principe de loyauté des preuves et au droit à un procès équitable la provocation à la commission d'une infraction par un agent de l'autorité publique, en l'absence d'éléments antérieurs permettant d'en soupçonner l'existence : la déloyauté d'un tel procédé rend irrecevables en justice les éléments de preuve ainsi obtenus, quand bien même ce stratagème aurait permis la découverte d'autres infractions déjà commises ou en cours de commission (■ Cass. crim., 11 mai 2006, n° 05-84.837 : *Bull. crim.* n° 132 ; *RSC* 2006, p. 848, obs. R. Finielz et 879, obs. J.-F. Renucci ; *RPDP* 2006, p. 859, obs. P. Maistre du Chambon. ■ Cass. crim., 4 juin 2008, n° 08-81.045 : *Bull. crim.* n° 141 ; *JCP* G 2009, II, 10009, note F. Fourment ; *RSC* 2008, p. 621, obs. J. Francillon). V. C. pén., art. 225-3-1.

46) Provocation à la preuve autorisée par la loi. L'autorité publique peut, sans provoquer à la commission d'une infraction, ni manquer au principe de la loyauté des preuves et au droit à un procès équitable, prendre l'initiative de la mise en œuvre des dispositions de l'article 225-3-1 du Code pénal qui autorise la provocation à la preuve en matière de discrimination (■ Cass. crim., 28 févr. 2017, n° 15-87.378). Pour le refus de transmettre une question prioritaire de constitutionnalité relative à l'article 225-3-1 du Code pénal, V. ■ Cass. crim., 4 févr. 2015, n° 14-90.048 QPC : *Bull. crim.* n° 26. V., acceptant le procédé du *testing* dès avant sa consécration légale, ■ Cass. crim., 11 juin 2002, n° 01-85.559 : *Bull. crim.* n° 131 ; *D.* 2003, 1309, note L. Collet-Akri ; *RSC* 2002, 879, obs. Renucci.

47) Agent public étranger. Ne constitue pas une provocation, par un agent public étranger, à la commission d'une infraction la création, par un service de police new-yorkais, d'un site permettant aux internautes d'échanger sur des pratiques de fraude à la carte bancaire, dès lors que ce site, dont la consultation n'était pas prohibée, était destiné à rassembler les preuves de la commission d'infractions et à en identifier les auteurs, mais n'avait pas pour objet d'inciter les personnes qui y accédaient à passer à l'acte (■ Cass. crim., 30 avr. 2014, n° 13-88.162 : *Bull. crim.* n° 119).

48) Ouverture d'une enquête de flagrance. Est régulière une enquête de flagrance ouverte sur dénonciation, dès lors que le dénonciateur n'a en rien déterminé l'infraction (■ Cass. crim., 1er oct. 2003, n° 03-84.142 ; *Bull. crim.* n° 176 ; *D.* 2004, 1845, note Sanchez).

49) Pratiques anticoncurrentielles. Sauf disposition expresse contraire du Code de commerce, les règles du Code de procédure civile s'appliquent au contentieux des pratiques anticoncurrentielles relevant de l'Autorité de la concurrence ; l'enregistrement d'une communication téléphonique réalisé à l'insu de l'auteur des propos tenus constitue un procédé déloyal et rend irrecevable sa production à titre de preuve (■ Cass. ass. plén., 7 janv. 2011, nos 09-14.316 et 09-14.667 : *Bull. ass. plén.* n° 1 ; *D.* 2011, 562, note F. Fourment).

• Irrégularité

– Enregistrement clandestin par un policier agissant dans l'exercice de ses fonctions

50) Suspect. L'enregistrement effectué de manière clandestine, par un policier agissant dans l'exercice de ses fonctions, des propos qui lui sont tenus, fût-ce spontanément, par une personne suspecte, élude les règles de procédure et compromet les droits de la défense ; la validité d'un tel procédé ne peut être admise (■ Cass. crim., 16 déc. 1997, n° 96-85.589 : *Bull. crim.* n° 427 ; *D.* 1998, 537, note J. Pradel). Comp. : un tel enregistrement est régulier, s'il est soumis à la discussion des parties et ne constitue que l'un des éléments probatoires laissés à l'appréciation souveraine des juges (■ Cass. crim., 13 oct. 2004, nos 00-86726, 00-86727, 01-83943, 01-83944, 01-83945 et 03-81763 : *RPDP* 2005, 410, obs. C. Ambroise-Castérot ; *RSC* 2005, 66, obs. E. Fortis).

51) Personne en garde à vue. La transcription effectuée, contre le gré de l'intéressé, par un officier de police judiciaire, des propos qui lui sont tenus, officieusement, par une personne suspecte, élude les règles de procédure et compromet les droits de la défense ; la validité d'un tel procédé ne peut être admise ; est nul, car constitutif d'un procédé déloyal, un procès-verbal d'investigations des déclarations verbales qu'une personne en garde à vue n'a pas voulu voir consignées dans son audition (■ Cass. crim., 3 avr. 2007, n° 07-80.807 : *Bull. crim.* n° 102).

– Stratagème

52) Notion. Présence d'un stratagème. Constitue un artifice ou un stratagème le fait, par des policiers, d'inviter une personne à téléphoner à une autre en vue de prendre rendez-vous pour une livraison de drogue et d'enregistrer la conversation téléphonique (■ Cass. crim., 13 juin 1989, nos 89-81.388 et 89-81.709 : *Bull. crim.* n° 254). Le placement, durant les périodes de repos séparant les auditions, de deux personnes retenues dans des cellules contiguës préalablement sonorisées, de manière à susciter des échanges verbaux qui seraient enregistrés à leur insu pour être utilisés comme preuve, constitue un stratagème (■ Cass. ass. plén., 6 mars 2015, n° 14-84.339 : *Bull. ass. plén.* n° 2 ; *Dr. pén.* 2015, comm. 58, obs. A. Maron et M. Haas ; *JCP* G 2015, 558, note E. Bonis-Garçon ; *D.* 2015, p. 711, note J. Pradel). Il existe un stratagème lorsque le procureur de la République donne instruction à un officier de police judiciaire de se substituer à la victime dans les négociations avec les auteurs de l'infraction supposée, que cet enquêteur entretient plusieurs conversations téléphoniques, tant à son initiative qu'à celle de ces interlocuteurs, qu'enfin cet officier de police judiciaire ne s'identifie au cours de ces communications qu'en qualité de représentant de la victime et sous un pseudonyme (■ Cass. crim., 11 juill. 2017, n° 17-80.313 : *Bull. crim.* n° 208 ; *Dr. pén.* 2017, comm. 154, obs. A. Maron et M. Haas ; *Procédures* 2017, comm. 244, obs. A.-S. Chavent-Leclere).

53) Notion. Absence de stratagème. Est régulière la sonorisation de la cellule d'un détenu provisoire, dès lors que cette mesure, ordonnée par un juge d'instruction, conformément aux prescriptions légales, et d'une durée de quelques jours, a été exécutée sans recours à un stratagème, lequel ne saurait résider, contrairement à ce qui est allégué, dans le seul fait que, durant cette période, le détenu partageant cette cellule était mis en examen par le même magistrat dans une information distincte (■ Cass. crim., 17 mars 2015, n° 14-88.351 : *Bull. crim.* n° 54 ; *Dr. pén.* 2015, comm. 78, obs. A. Maron et M. Haas). Justifie sa décision la chambre de l'instruction qui, pour écarter l'argumentation de la personne mise en examen prise de la nullité de la mesure de géolocalisation d'un véhicule, relève notamment que les irrégularités supposées commises, qui n'ont pu influer de quelque manière sur le comportement des utilisateurs dudit véhicule ou porter atteinte à leur libre arbitre, ne peuvent être regardées comme un acte positif susceptible de caractériser un stratagème, au sens d'une combinaison de moyens pour atteindre un résultat, en sorte qu'il ne saurait être reproché aux autorités publiques d'avoir recouru à un procédé déloyal (■ Cass. crim., 20 déc. 2017, n° 17-82.435 : *RPDP* 2018, p. 78, obs. Y. Capdepon ; *Procédures* 2018, n° 27, obs. J. B.). La mise sur écoutes téléphoniques du domicile d'un inculpé ne saurait constituer une cause de nullité de la procédure lorsque cette mesure d'investigation a été exécutée sans artifice, ni stratagème (■ Cass. crim., 9 oct. 1980, n° 80-93.140 : *Bull. crim.* n° 255 ; *JCP* 1981, II, 18578, note G. di Marino). Ne méconnaît ni les règles du Code de procédure pénale, ni l'article 8 de la Convention européenne des droits de l'homme concernant le respect de la vie privée, du domicile et de la correspondance, le procès-verbal relatant les constatations effectuées personnellement, sans artifice ni stratagème, par des gardes nationaux de la chasse et de la faune sauvage surveillant un suspect avec une paire de jumelles et agissant dans le cadre d'une enquête préliminaire destinée à constater une infraction, à en rassembler les preuves et à en rechercher les auteurs (■ Cass. crim., 23 août 1994, n° 93-84.739 : *Bull. crim.* n° 291).

54) Comportement de l'agent de l'autorité publique. Nécessité d'une participation directe ou indirecte à la provocation. En l'absence de participation directe ou indirecte de l'autorité publique à l'obtention d'enregistrements litigieux, le principe de la loyauté de la preuve n'est pas été méconnu (■ Cass. ass. plén., 10 nov. 2017, n° 17-82.028 : *JCP* G 2017, 1366, A. Gallois ; *JCP* G 2017, 1376, note C. Ribeyre ; *D.* 2018, p. 103, note O. Décima ; *Dr. pén.* 2018, comm. 37, obs. A. Maron et M. Haas ; *RSC*, 2018, p. 117, obs. P.-J. Delage ; *Procédures* 2018, comm. 23, obs. A.-S. Chavent-Leclère. La présence constante des enquêteurs sur les lieux des rencontres entre la victime et les suspects, la remise aux policiers par le représentant du plaignant des enregistrements litigieux dès la fin de ces rencontres, suivie, le lendemain ou le surlendemain, de leur retranscription par les enquêteurs, et les contacts réguliers entre ces derniers et le représentant du plaignant, d'une part, et l'autorité judiciaire, d'autre part, pendant ces rencontres ayant conduit à l'interpellation des mis en cause à l'issue de la seconde d'entre elles, établissent que l'autorité publique a participé indirectement à l'obtention des enregistrements, par un particulier, sans le consentement des intéressés, de propos tenus par eux à titre privé (■ Cass. crim., 20 sept. 2016, n° 16-80.820 : *Bull. crim.* n° 244 ; *JCP* G 2016, 1177, note A. Gallois ; *RSC* 2016, p. 797, obs. F. Cordier ; *Dr. pén.* 2016, comm. 164, obs. A. Maron et M. Haas ; *contra*, dans la même affaire, ■ Cass. ass. plén., 10 nov. 2017, préc., concluant à l'absence de participation directe ou indirecte de l'autorité publique à l'obtention des enregistrements litigieux. Porte atteinte aux principes du procès équitable et de la loyauté des preuves, en violation des articles 6 de la Convention européenne des droits de l'homme et préliminaire du Code de procédure pénale, la participation de l'autorité publique à l'administration d'une preuve obtenue de façon illicite ou déloyale par une partie privée (■ Cass. crim., 20 sept. 2016, n° 16-80.820 : *Bull. crim.* n° 244 ; *JCP* G 2016, 1177, note Gallois ; *Dr. pén.* 2016, comm. 164, obs. A. Maron et M. Haas). Les dispositions de l'article 342 du Code des douanes, selon lesquelles les délits en matière douanière ou cambiaire peuvent être prouvés par toutes voies de droit, impliquent que les éléments de preuve produits devant le juge pénal n'aient pas été obtenus par des procédés frauduleux ; c'est à bon droit qu'une chambre d'accusation, saisie par application de l'article 171 du Code de procédure pénale, prononce l'annulation de l'acte introductif d'instance fiscale, se référant expressément au traitement de données informatiques dont les supports proviennent d'un vol commis à l'instigation des Douanes françaises (■ Cass. crim., 28 oct. 1991, n° 90-83.692 : *Bull. crim.* n° 381 ; *Dr. pén.* 1992, comm. 42, obs. J.-H. Robert ; *JCP* 1992, II, 21952, note J. Pannier).

55) Nécessité d'une participation directe ou indirecte à la provocation par un agent de l'autorité publique. Preuve de la participation. Si la circonstance que les enregistrements litigieux ont été remis aux enquêteurs par des journalistes ne saurait en elle-même conduire à exclure que l'autorité publique, sur qui seule pèse une obligation de légalité et de loyauté dans le recueil des preuves, ait concouru à la réalisation de ces enregistrements, l'arrêt qui en refuse l'annulation n'encourt pas pour autant la censure. En effet, d'une part, il résulte des pièces de la procédure que des investigations, dont il n'est pas soutenu qu'elles seraient incomplètes, ont été conduites pour déterminer l'origine de ces enregistrements. D'autre part, le versement au dossier d'éléments de preuve ne saurait être déclaré irrégulier au seul motif que les conditions de leur recueil sont restées incertaines (■ Cass. crim., 1er déc. 2020, n° 20-82.078 : publié au *Bull.* ; *JCP* G 2021, 228, note P. Collet ; *Dr. pén.* 2021, comm. 37, obs. A. Maron et M. Haas ; *Procédures* 2021, comm. 44, obs. J. Buisson).

56) Comportement de l'agent de l'autorité publique. Nécessité d'un acte positif. Constitue un artifice ou un stratagème le fait, par des policiers, d'inviter une personne à téléphoner à une autre en vue de prendre rendez-vous pour une livraison de drogue et d'enregistrer la conversation téléphonique (■ Cass. crim., 13 juin 1989, nos 89-81.388 et 89-81.709 : *Bull. crim.* n° 254). Si des policiers se cachent pour surprendre la conversation de la victime avec les inculpés, un tel procédé de la part d'enquêteurs demeurés passifs est exclusif de toute provocation à commettre une infraction (■ Cass. crim., 22 avr. 1992, n° 90-85.125 : *Bull. crim.* n° 169). Ne porte pas atteinte au principe de loyauté des preuves l'exploitation, par le juge d'instruction, des interceptions, dûment autorisées, des communications passées clandestinement par un mis en examen à partir de son lieu de détention, dès lors que le recueil de ces preuves a été obtenu sans actes positifs de l'autorité publique susceptibles de caractériser un stratagème constituant un procédé déloyal (■ Cass. crim., 14 avr. 2015, n° 14-87.914 : *Bull. crim.* n° 87 ; *Dr. pén.* 2015, comm. 90, obs. A. Maron et M. Haas ; *JCP* G 2015, 789, note O. Décima. ■ Cass. crim., 14 avr. 2015, n° 14-88.054 : *Dr. pén.* 2015, comm. 90, obs. A. Maron et M. Haas). Exclut à bon droit que constitue un stratagème la conjugaison de la mesure de sonorisation de la cellule d'une personne et de l'arrivée le même jour d'un codétenu mis en examen dans le cadre d'une instruction ouverte devant le même magistrat instructeur, l'arrêt qui relève que ladite personne a fait seul le choix de ce codétenu, énonciations, qui excluent le recours à un stratagème dans la recherche des preuves par un agent de l'autorité publique (■ Cass. crim., 17 mars 2015, n° 14-88.351 : *Bull. crim.* n° 54 ; *Dr. pén.* 2015, comm. 78, obs. A. Maron et M. Haas). Le principe de loyauté de la preuve n'est pas méconnu lorsque, dans le cadre d'une commission rogatoire internationale délivrée par des autorités judiciaires étrangères, une perquisition a été régulièrement effectuée, à l'occasion de laquelle ont été saisies des données informatiques, puis transmises à l'administration fiscale, conformément au Livre des procédures fiscales : l'autorité publique n'est pas intervenue dans la confection ou l'obtention des pièces litigieuses, qui constituent des moyens de preuve soumis à débat contradictoire (■ Cass. crim., 29 janv. 2020, n° 17-83.577, §§ 19, 20 : publié au *Bull.*). Dès lors que l'autorité publique n'est intervenue ni dans leur confection ni dans leur appropriation, les fichiers informatiques produits à l'appui d'une plainte de l'administration fiscale, quand bien même ils auraient une origine illicite, constituent, non pas des actes ou pièces de l'information susceptibles d'être annulés, au sens de l'article 170 du Code de procédure pénale, mais des moyens de preuve soumis à discussion contradictoire (■ Cass. crim., 27 nov. 2013, n° 13-85.042 : *Bull. crim.* n° 238 ; *Dr. pén.* 2014, comm. 29, obs. J.-H. Robert, et 32, obs. A. Maron et M. Haas ; *JCP* G 2014, 139, note S. Detraz : fichiers informatiques volés par un tiers). Le recueil de renseignements obtenus par les enquêteurs, lors d'une conversation fortuite du suspect avec un tiers, à l'occasion d'une interception téléphonique régulièrement autorisée par le juge d'instruction, n'a pas constitué un procédé de recherche des preuves déloyal (■ Cass. crim., 14 avr. 2015, n° 14-88.515 : *Bull. crim.* n° 83 ; *JCP* G 2015, 789, note O. Décima ; *Dr. pén.* 2015, comm. 90, obs. A. Maron et M. Haas).

57) Nécessité d'une provocation faisant grief. Porte atteinte au droit à un procès équitable et au principe de loyauté des preuves, en violation de l'article 6 de la Convention de sauvegarde des droits de l'homme et des libertés fondamentales, des articles préliminaire et 63-1 du Code de procédure pénale, dudit principe et du droit de ne pas contribuer à sa propre incrimination, le stratagème qui en vicie la recherche par un agent de l'autorité publique ; le placement, durant les périodes de repos séparant les auditions, de deux personnes retenues dans des cellules contiguës préalablement sonorisées, de manière à susciter des échanges verbaux qui seraient enregistrés à leur insu pour être utilisés comme preuve, constitue un procédé déloyal d'enquête mettant en échec le droit de se taire et celui de ne pas s'incriminer soi-même et portant atteinte au droit à un procès équitable (■ Cass. ass. plén., 6 mars 2015, n° 14-84.339 : *Bull. ass. plén.*, n° 2 ; *Dr. pén.* 2015, comm. 58, obs. A. Maron et M. Haas ; *JCP* G 2015, 558, note E. Bonis-Garçon ; *D.* 2015, p. 711, note J. Pradel. – V. ■ CEDH, 5 nov. 2002, n° 48539/99, *Allan c/ Royaume-Uni*). Le stratagème employé par un agent de l'autorité publique pour la constatation d'une infraction ou l'identification de ses auteurs ne constitue pas en soi une atteinte au principe de loyauté de la preuve : seul est proscrit le stratagème qui, par un contournement ou un détournement d'une règle de procédure, a pour objet ou pour effet de vicier la recherche de la preuve en portant atteinte à l'un des droits essentiels ou à l'une des garanties fondamentales de la personne suspectée ou poursuivie ; le moyen, qui se borne à invoquer le fait que le procédé prétendument déloyal a conduit à l'interpellation de

MM. X... et Y..., sans démontrer ni même alléguer une atteinte à l'un de leurs droits, n'est donc pas fondé (■ Cass. ass. plén., 9 déc. 2019, n° 18-86.767, §§ 34 et s. : publié au *Bull.* ; *JCP* G 2020. 129, note H. Matsopoulou ; *RSC* 2020, p. 103, obs. P.-J. Delage ; *Procédures* 2020, n° 43, obs. J. Buisson. ■ Cass. crim., 25 févr. 2020, n° 19-84.529, § 16). Il appartient à l'intéressé de prouver une atteinte à l'un de ses droits (■ Cass. ass. plén., 9 déc. 2019, préc. ■ Cass. crim., 25 févr. 2020, préc., § 17). V. déjà ■ Cass. crim., 7 janv. 2014, n° 13-85.246 : *JurisData* n° 2013-000004 ; *Bull. crim.* n° 1 ; *Dr. pén.* 2014, comm. 32, obs. A. Maron et M. Haas ; *JCP* G 2014.272, note A. Gallois ; *D.* 2014, p. 407, note É. Vergès ; *RSC* 2014, p. 130, obs. J. Danet. V. étude A. Bergeaud-Wetterwald ; *Dr. pén.* 2014, étude n° 7 ; *D.* 2014, 264, note S. Detraz ; *JCP* 2014, 272, note Gallois : la conjugaison des mesures de garde à vue, du placement des mis en cause dans des cellules contiguës et de la sonorisation des locaux de garde à vue a participé d'un stratagème constituant un procédé déloyal de recherche des preuves, qui a amené le gardé à vue à s'incriminer lui-même au cours de sa garde à vue. ■ Cass. crim., 31 mars 2015, n° 14-86.913 : *Dr. pén.* 2015, comm. 90, obs. A. Maron et M. Haas : lorsqu'un échange, informel et spontané, d'une personne en garde à vue avec un officier de police judiciaire, lors d'un temps de repos hors la présence de l'avocat, n'a fait l'objet d'aucune pièce de procédure et que l'enquêteur, qui a ensuite entendu cette personne en présence de son avocat, n'y a nullement fait référence, s'étant borné à demander à l'intéressé s'il avait une déclaration à faire et, sur sa réponse affirmative, ce qui s'était passé, aucun procédé déloyal, tendant à éluder les règles de procédure ou à compromettre les droits de la défense, n'a été mis en œuvre dans le but d'obtenir de la personne gardée à vue qu'elle s'incrimine. *Contra*, auparavant, à propos de la nécessité d'un grief ■ Cass. crim., 11 juill. 2017, n° 17-80.313 : *Bull. crim.* n° 208 ; *Dr. pén.* 2017, comm. 154, obs. A. Maron et M. Haas ; *Procédures* 2017, comm. 244, obs. A.-S. Chavent-Leclère (affaire ayant donné lieu à l'arrêt d'assemblée plénière préc. du 9 déc. 2019) : porte atteinte au droit à un procès équitable et au principe de loyauté des preuves le stratagème qui en vicie la recherche par un agent de l'autorité publique ; ainsi du cas où un procureur de la République donne instruction à un officier de police judiciaire de se substituer à la victime dans les négociations avec les auteurs de l'infraction supposée, où cet enquêteur entretient plusieurs conversations téléphoniques, tant à son initiative qu'à celle de ces interlocuteurs, où enfin cet officier de police judiciaire ne s'identifie au cours de ces communications qu'en qualité de représentant de la victime et sous un pseudonyme, alors que ces conversations, dont certaines ont fait l'objet d'interceptions, ont conduit à l'interpellation des mis en cause. V. aussi pour une interpellation ■ Cass. crim., 20 sept. 2016, n° 16-80.820 : *Bull. crim.* n° 244 ; *JCP* G 2016, 1177, note Gallois ; *Dr. pén.* 2016, comm. 164, obs. A. Maron et M. Haas.

58) Nécessité d'une preuve faisant grief. Une condamnation est justifiée si elle n'est fondée ni exclusivement, ni même essentiellement sur les déclarations des prévenus surprises par un agent de l'autorité agissant de façon déloyale pour obtenir la preuve de leur culpabilité (■ Cass. crim., 3 sept. 2014, n° 11-83.598).

7° *Provocation à la commission d'une infraction*

• La provocation à la commission d'une infraction pénale, cause d'irresponsabilité pénale

59) Manœuvres déterminant l'infraction. La provocation à l'infraction par un agent de l'autorité publique exonère le prévenu de sa responsabilité pénale, lorsqu'elle procède de manœuvres de nature à déterminer les agissements délictueux portant ainsi atteinte au principe de la loyauté des preuves (■ Cass. crim., 5 mai 1999, n° 97-83.117 : *Bull. crim.* n° 87).

• La provocation à la commission d'une infraction, cause d'irrecevabilité de la preuve

60) Distinction provocation à la preuve et provocation à l'infraction. Procédures connexes. La provocation à la commission d'une infraction de transmission d'images pornographiques d'un mineur rend irrégulière la procédure ouverte pour l'infraction différente et antérieure de détention de telles images : si cette infraction n'a pas été provoquée, l'audition au cours de laquelle le prévenu l'a reconnue était consécutive à la provocation ayant déterminé l'ensemble des poursuites (■ Cass. crim., 11 mai 2006, n° 05-84.837 : *Bull. crim.* n° 132 ; *RSC* 2006, p. 848, obs. R. Finielz et 879, obs. J.-F. Renucci ; *RPDP* 2006, p. 859, obs. P. Maistre du Chambon. ■ Cass. crim., 4 juin 2008, n° 08-81.045 : *Bull. crim.* n° 141 ; *JCP* G 2009, II, 10009, note F. Fourment ; *RSC* 2008, p. 621, obs. J. Francillon). Méconnaît le principe de loyauté de la preuve la juridiction qui condamne un individu, dénoncé par un autre, pour avoir commis une infraction de concert avec cet autre qui a été provoqué à la commettre par un fonctionnaire de police (■ Cass. crim., 9 août 2006, n° 06-83.219 : *Bull. crim.* n° 202 ; *RSC* 2006, p. 614, obs. J. Buisson et p. 848, obs. R. Finielz).

61) Distinction provocation à la preuve et provocation à l'infraction. Commission d'infractions antérieures. La provocation pour obtenir la preuve d'une infraction déjà commise est régulière, même si elle engendre la commission d'une nouvelle infraction (■ Cass. crim., 2 mars 1971, n° 70-91.810 : *Bull. crim.* n° 71). Est régulière l'intervention de policiers ayant eu lieu dans un contexte préexistant de trafic de stupéfiants qu'elle avait pour objet de constater et qui n'a en rien déterminé les agissements délictueux déjà commis et en train de se commettre (■ Cass. crim., 8 juin 2005, n° 05-82.012 : *Bull. crim.* n° 173). Porte atteinte au principe de loyauté des preuves et au droit à un procès équitable la provocation à la commission d'une infraction par un agent de l'autorité publique, en l'absence d'éléments antérieurs permettant d'en soupçonner l'existence ; la déloyauté d'un tel procédé rend irrecevables en justice les éléments de preuve ainsi obtenus, quand bien même ce stratagème aurait permis la découverte d'autres infractions déjà commises ou en cours de commission (■ Cass. crim., 4 juin 2008, n° 08-81.045 : *Bull. crim.* n° 141 ; *JCP* G 2009, II, 10009, note F. Fourment ; *RSC* 2008, p. 621, obs. J. Francillon). V. C. pén., art. 225-3-1.

62) Provocation par un agent de l'autorité publique. Porte atteinte au principe de la loyauté des preuves et au droit à un procès équitable, en violation de l'article 6 de la Convention européenne des droits de l'Homme, de l'article préliminaire du Code de procédure pénale et du principe de la loyauté des preuves, la provocation à la commission d'une infraction par un agent de l'autorité publique ou par son intermédiaire (■ Cass. crim., 11 mai 2006, n° 05-84.837 : *Bull. crim.* n° 132 ; *RSC* 2006, p. 848, obs. R. Finielz et 879, obs. J.-F. Renucci ; *RPDP* 2006, 859, obs. P. Maistre du Chambon. ■ Cass. crim., 9 août 2006, n° 06-83.219 : *Bull. crim.* n° 202 ; *RSC* 2006, p. 614, obs. J. Buisson et p. 848, obs. R. Finielz). Constitue une violation du principe de loyauté de la preuve toute provocation à la commission de l'infraction de la part des agents de l'autorité publique (■ Cass. ass. plén., 9 déc. 2019, n° 18-86.767, § 27 : *Bull. crim.*, p. 73 ; *JCP* G 2020, 129, note H. Matsopoulou ; *Procédures* 2020, comm. 43, obs. J. Buisson). Il n'en est pas ainsi lorsqu'un policier qui a tenu un rôle d'intermédiaire entre la victime et les suspects s'est inséré dans un processus infractionnel indivisible caractérisant une entreprise de chantage et n'a en aucune manière provoqué à la commission de l'infraction (même arrêt, § 29). Est régulière la procédure au cours de laquelle un informateur s'est contenté de mettre en relation avec l'OCRTIS une équipe de trafiquants opérant depuis le Pérou et souhaitant importer de la cocaïne en France, à la recherche d'un bagagiste pour faire sortir le produit de l'aéroport, un agent infiltré ayant alors répondu à la demande formulée de réceptionner le produit à son arrivée sur le territoire national, dès lors que ni l'informateur ni l'agent infiltré n'ont provoqué à la commission de l'infraction (■ Cass. crim., 9 mai 2018, n° 17-86.558 : *Bull. crim.* n° 90 ; *Dr. pén.* 2018, comm. 136, obs. A. Maron et M. Haas). Il n'existe aucune provocation à l'infraction par un agent infiltré dès lors que l'élaboration et l'organisation de l'importation de la cocaïne sur le territoire français préexistaient à son intervention, qu'il a toujours attendu d'être contacté par les trafiquants de stupéfiants et que ses agissements n'ont consisté qu'à se conformer aux instructions données par ceux-ci (■ Cass. crim., 27 juin 2018, n° 17-87.554). Porte atteinte au principe de loyauté des preuves et au droit à un procès équitable, en violation de l'article 6 de la Convention européenne des droits de l'homme, de l'article préliminaire du Code de procédure pénale et du principe de la loyauté des preuves, la provocation à la commission d'une infraction par un agent public, fût-elle réalisée à l'étranger par un agent public étranger, ou par son intermédiaire (■ Cass. crim., 7 févr. 2007, n° 06-87.753 : *Bull. crim.* n° 37 ; *D.* 2007, p. 2012, note Demarchi ; *RPDP* 2007, p. 432, obs. D. Chilstein et p. 673, obs. E. Verny ; *RSC* 2007, p. 331, obs. R. Finielz et p. 561, obs. J. Francillon).

63) Principe d'irrecevabilité de la preuve déloyale. La déloyauté d'une provocation à l'infraction rend irrecevables en justice les éléments de preuve ainsi obtenus (■ Cass. crim., 11 mai 2006, n° 05-84.837 : *Bull. crim.* n° 132 ; *D.* 2006, p. 354, note É. Vergès ; *RSC* 2006, 848, obs. Finielz, p. 879, obs. J.-F. Renucci ; *RPDP* 2006, 859, obs. P. Maistre du Chambon. ■ Cass. crim., 9 août 2006, n° 06-83.219 : *Bull. crim.* n° 202 ; *RSC* 2006, p. 614, obs. J. Buisson et p. 848, obs. R. Finielz. ■ Cass. crim., 7 févr. 2007, n° 06-87.753 : *Bull. crim.* n° 37 ; *D.* 2007, 2012, note Demarchi ; *RPDP* 2007, 432, obs. D. Chilstein et 673, obs. E. Verny ; *RSC* 2007, 331, obs. Finielz et 561, obs. J. Francillon. ■ Cass. crim., 4 juin 2008, n° 08-81.045 : *Bull. crim.* n° 141 ; *JCP* G 2009, II, 10009, note F. Fourment ; *RSC* 2008, p. 621, obs. J. Francillon).

64) Absence de soupçon préalable. Porte atteinte au principe de loyauté des preuves et au droit à un procès équitable, la provocation à la commission d'une infraction par un agent de l'autorité publique, en l'absence d'éléments antérieurs permettant d'en soupçonner l'existence ; la déloyauté d'un tel procédé rend irrecevables en justice les éléments de preuve ainsi obtenus, quand bien même ce stratagème aurait permis la découverte d'autres infractions déjà commises ou en cours de commission (■ Cass. crim., 4 juin 2008, n° 08-81.045 : *Bull. crim.* n° 141 ; *JCP* G 2009, II, 10009, note F. Fourment ; *RSC* 2008, p. 621, obs. J. Francillon).

- **La provocation à la commission d'une infraction, cause de nullité**

65) Nullité d'une perquisition. Est nulle une perquisition effectuée au domicile d'un citoyen français, inconnu des services de police jusqu'à cette date, et consécutive à sa connexion à un site pédophile créé et exploité par un service de police new-yorkais aux fins d'identifier les pédophiles utilisant internet (■ Cass. crim., 7 févr. 2007, n° 06-87.753 : *Bull. crim.* n° 37 ; *D.* 2007, 2012, note Demarchi ; *RPDP* 2007, p. 432, obs. D. Chilstein et 673, obs. E. Verny ; *RSC* 2007, p. 331, obs. R. Finielz et 561, obs. J. Francillon).

66) Nullité d'une procédure. Justifie sa décision la chambre d'accusation qui prononce la nullité d'une procédure lorsque ses énonciations établissent que l'interpellation d'une personne a procédé d'une machination de nature à déterminer ses agissements délictueux et que, par ce stratagème, qui a vicié la recherche et l'établissement de la vérité, il a été porté atteinte au principe de la loyauté des preuves (■ Cass. crim., 27 févr. 1996, n° 95-81.366 : *Bull. crim.* n° 93 ; *D.* 1996, 346, note C. Guéry ; *JCP* 1996, II, 22629, note M.-L. Rassat).

8° Régime juridique de l'exception de déloyauté

67) Droit appartenant en propre à une autre personne. C'est à tort que la chambre de l'instruction, pour rejeter la requête du mis en examen tendant à l'annulation d'interrogatoires d'autres mis en examen, énonce que celui-ci est sans qualité pour se prévaloir de la méconnaissance d'un droit appartenant en propre à une autre personne, alors que le demandeur invoquait la déloyauté d'actes accomplis par le juge d'instruction (■ Cass. crim., 15 déc. 2015, n° 15-82.013 : *Bull. crim.* n° 289). Une personne mise en examen est irrecevable à contester la régularité de la géolocalisation en temps réel d'un véhicule volé et faussement immatriculé sur lequel elle ne peut se prévaloir d'aucun droit, sauf le recours, par les autorités publiques, à un procédé déloyal (■ Cass. crim., 7 juin 2016, n° 15-87.755 : *JCP* G 2016, 1176, note O. Décima. ■ Cass. crim., 2 nov. 2016, n° 16-81.716 : *Bull. crim.* n° 281). En subordonnant la recevabilité d'un moyen de nullité pris de l'irrégularité d'une géolocalisation, à la condition que la personne concernée dispose d'un droit sur le véhicule géolocalisé dans le cas où le véhicule a été volé et faussement immatriculé, et hors le cas où serait démontré le recours par les autorités publiques à un procédé déloyal, les articles 230-32 à 230-43, 171 et 802 du Code de procédure pénale et leur interprétation jurisprudentielle constante opèrent une conciliation équilibrée entre, d'une part, les droits de la défense ainsi que le droit à un recours effectif devant une juridiction, d'autre part, les principes de valeur constitutionnelle de prévention des atteintes à l'ordre public et de recherche des auteurs d'infractions ; la différence de situation entre la personne qui dispose de droits sur un véhicule volé et faussement immatriculé, tels le propriétaire de celui-ci ou la personne à qui il en aurait conféré l'usage, et celle qui n'en dispose pas justifie la différence de traitement induite par l'interprétation constante que la Cour de cassation fait des articles 230-32 à 230-44 du Code de procédure pénale, laquelle est en rapport direct avec l'objet de la loi (■ Cass. crim., 14 nov. 2017, n° 17-82.435 QPC : *Bull. crim.* n° 259 ; *RPDP* 2018, p. 78, obs. Y. Capdepon). Hors le cas de recours, par l'autorité publique, à un procédé déloyal, une juridiction oppose à bon droit l'irrecevabilité à un moyen de nullité pris de l'irrégularité de la géolocalisation d'un véhicule volé et faussement immatriculé, présenté par une personne qui ne peut se prévaloir d'aucun droit sur ce dernier, en ce que cette irrecevabilité opère une conciliation équilibrée entre, d'une part, le droit à un procès équitable et celui au respect de la vie privée, d'autre part, l'obligation pour les États d'assurer le droit à la sécurité des citoyens par la prévention des infractions et la recherche de leurs auteurs, n'est pas contraire aux articles 6 et 8 de la Convention européenne des droits de l'homme (■ Cass. crim., 20 déc. 2017, n° 17-82.435 : *Procédures* 2018, n° 27, obs. J. Buisson). La personne qui ne peut se prévaloir d'aucun droit sur l'objet géolocalisé et qui n'a pas été elle-même géolocalisée, est irrecevable à invoquer une irrégularité affectant cette mesure, dès lors qu'elle n'établit pas qu'à cette occasion il aurait été porté atteinte à un autre intérêt qui lui serait propre (■ Cass. crim., 23 nov. 2016, n° 16-81.904 : *Bull. crim.* n° 306).

Art. 428. – L'aveu, comme tout élément de preuve, est laissé à la libre appréciation des juges.

Bibliographie : H. Pelletier, *Tribunal correctionnel. – Administration de la preuve. – Principes généraux. – Modes de preuve : Aveux. Procès-verbaux et rapports. Preuve par écrit. Expertises. Transports : JCl. Proc. pén.*, art. 427 à 457, Fasc. 20, actualisé par J.-B. Thierry.

I – PRINCIPE CONSTITUTIONNEL

1) Nul n'est tenu de s'accuser. Selon l'article 9 de la Déclaration de 1789 : « Tout homme étant présumé innocent jusqu'à ce qu'il ait été déclaré coupable, s'il est jugé indispensable de l'arrêter, toute rigueur qui ne serait pas nécessaire pour s'assurer de sa personne doit être sévèrement réprimée par la loi ». Il en résulte un principe selon lequel nul n'est tenu de s'accuser (■ Cons. const., 8 juill. 2016, n° 2016-552 QPC. – V. aussi ■ Cons. const., 4 nov. 2016, n° 2016-594 QPC). Le droit reconnu aux agents habilités d'exiger la communication d'informations et de documents, prévu par l'article L. 450-3, alinéa 4 du Code de commerce, tend à l'obtention non de l'aveu de la personne contrôlée, mais de documents nécessaires à la conduite de l'enquête de concurrence. Le grief tiré de la méconnaissance des droits et libertés garantis par l'article 9 de la Déclaration de 1789 doit donc être écarté (■ Cons. const., 8 juill. 2016, préc.). Le droit de se taire découle du principe selon lequel nul n'est tenu de s'accuser (■ Cons. const., 4 nov. 2016, préc.).

II – CONVENTION EUROPÉENNE DES DROITS DE L'HOMME

A – Jurisprudence européenne

1° *Aveux obtenus par la torture ou des traitements inhumains ou dégradants*

2) Violation de l'article 6 par violation de l'article 3. L'emploi de déclarations obtenues grâce à une violation de l'article 3 – que cette violation soit qualifiée de torture ou de traitement inhumain ou dégradant – prive automatiquement d'équité la procédure dans son ensemble et viole l'article 6 de la Convention européenne des droits de l'Homme (■ CEDH, GC, 1er juin 2010, n° 22978/05, *Gäfgen c/ Allemagne*).

2° *Droit de ne pas contribuer à sa propre incrimination*

3) Droit de se taire et de ne pas contribuer à sa propre incrimination. Tout accusé a le droit de se taire et de ne point contribuer à sa propre incrimination (■ CEDH, 25 févr. 1993, n° 10588/83, *Funke c/ France*, § 44. ■ CEDH, GC, 17 déc. 1996, n° 19187/91, *Saunders c/ Royaume-Uni*).

4) Droit de ne pas contribuer à sa propre incrimination : domaine quant aux infractions. Le droit de ne pas contribuer à sa propre incrimination s'applique aux procédures pénales concernant tous les types d'infraction criminelle, de la plus simple à la plus complexe (■ CEDH, GC, 17 déc. 1996, *Saunders c/ Royaume-Uni*, préc., n° 3).

5) Violation du droit de ne pas contribuer à sa propre incrimination : cas. Le droit de ne pas contribuer à sa propre incrimination présuppose que, dans une affaire pénale, l'accusation ne cherche pas à fonder son argumentation en ayant recours à des éléments de preuve obtenus par la contrainte ou les pressions, au mépris de la volonté de l'accusé (■ CEDH, GC, 17 déc. 1996, *Saunders c/ Royaume-Uni*, préc., n° 3. – ■ CEDH, GC, 10 mars 2009, n° 4378/02, *Bykov c/ Russie*).

6) Aveux soutirés par un subterfuge. Le droit de garder le silence et de ne pas contribuer à sa propre incrimination sert en principe à protéger la liberté d'un suspect de choisir de parler ou de garder le silence alors qu'il est interrogé par la police. Cette liberté de choix se trouve compromise lorsque, le suspect ayant choisi de garder le silence pendant l'interrogatoire, les autorités usent d'un subterfuge pour lui soutirer des aveux ou d'autres déclarations l'incriminant qu'elles n'ont pu obtenir au cours de l'interrogatoire, tels que des aveux faits à un codétenu informateur de la police, et lorsque les aveux ou déclarations ainsi recueillis sont produits comme preuves au procès (■ CEDH, 5 nov. 2002, n° 48539/99, *Allan c/ Royaume-Uni*). Il y a donc lieu de distinguer les aveux spontanés, même enregistrés clandestinement, et les aveux que l'intéressé a été incité à livrer par un « guet-apens » (■ CEDH, 12 mai 2000, n° 35394/97, *Khan c/ Royaume-Uni*).

B – Jurisprudence nationale

1° *Convention européenne des droits de l'homme*

7) Possibilité de fonder une déclaration de culpabilité sur un aveu. L'article 6, § 1 de la Convention européenne des droits de l'Homme n'exclut pas l'aveu des éléments de preuve pouvant être retenus pour fonder une déclaration de culpabilité (■ Cass. crim., 28 janv. 1998, n° 97-83.196).

Sur le principe de loyauté de la preuve, V. art. 427, p. 958.

2° *Pacte international relatif aux droits civils et politiques*

8) Possibilité de fonder une déclaration de culpabilité sur un aveu. L'article 14 du Pacte international relatif aux droits civils et politiques n'exclut pas l'aveu des éléments de preuve pouvant être retenus pour fonder une déclaration de culpabilité (■ Cass. crim., 28 janv. 1998, n° 97-83.196).

3° *Article 428*

9) Pouvoir souverain d'appréciation des juges du fond. Les juges du fond sont souverains dans leur appréciation des éléments de preuve, notamment des aveux (■ Cass. crim., 21 oct. 1965, n° 65-90.318 : *Bull. crim.* n° 206. ■ Cass. crim., 4 janv. 1985, n° 82-93.066 : *Bull. crim.* n° 11). Il en est ainsi même pour des aveux effectués devant la police et confirmés devant le juge d'instruction (■ Cass. crim., 21 oct. 1965, préc.). Les procès-verbaux rédigés par plusieurs agents des douanes ont force probante jusqu'à inscription de faux quant aux constatations matérielles qu'ils relatent, et jusqu'à preuve contraire quant à l'exactitude et la sincérité des aveux qu'ils rapportent ; les juges du fond peuvent donc se fonder sur les aveux faits devant les agents verbalisateurs et consignés au procès-verbal, en écartant leur rétractation (■ Cass. crim., 18 déc. 1969, n° 69-90.341 : *Bull. crim.* n° 352).

10) Règle civile de l'indivisibilité de l'aveu. La règle de l'indivisibilité de l'aveu édictée par le Code civil n'est applicable qu'à l'aveu judiciaire, et en matière pénale, que lorsqu'il s'agit de retenir un tel aveu comme preuve d'un contrat civil dont la violation est nécessaire pour caractériser le délit ; ce n'est pas le cas en matière de recel de chose (▪ Cass. crim., 10 mai 1988, n° 86-92.545 : *Bull. crim.* n° 204). La règle de l'indivisibilité de l'aveu, posée par le Code civil, ne vaut que pour la preuve de l'existence du contrat dont la violation est un élément constitutif de l'abus de confiance ; en revanche, cette règle ne s'étend pas à la preuve du détournement, élément de fait extérieur au contrat, et qui, comme tel, demeure soumis à la libre appréciation du juge répressif, ainsi qu'il est énoncé à l'article 428 du Code de procédure pénale (▪ Cass. crim., 27 avr. 1968, n° 67-91.540 : *Bull. crim.* n° 127).

Art. 429 *(Mod., L. n° 2000-516, 15 juin 2000).* **– Tout procès-verbal ou rapport n'a de valeur probante que s'il est régulier en la forme, si son auteur a agi dans l'exercice de ses fonctions et a rapporté sur une matière de sa compétence ce qu'il a vu, entendu ou constaté personnellement.**

Tout procès-verbal d'interrogatoire ou d'audition doit comporter les questions auxquelles il est répondu.

Bibliographie : H. Pelletier, *Tribunal correctionnel. – Administration de la preuve. – Principes généraux. – Modes de preuve : Aveux. Procès-verbaux et rapports. Preuve par écrit. Expertises. Transports : JCl. Proc. pén.*, art. 427 à 457, Fasc. 20, actualisé par J.-B. Thierry.

I – RÉGULARITÉ EN LA FORME DU PROCÈS-VERBAL

A – Contenu du procès-verbal

1° *Procès-verbal en matière de contravention routière*

1) Un procès-verbal de contravention au Code de la route est régulier en la forme lorsqu'il comporte, outre les constatations de l'infraction, la signature de l'agent verbalisateur, son numéro matricule et l'indication de son service (▪ Cass. crim., 18 mai 1994, n° 93-85.576 : *Bull. crim.* n° 191).

2° *Règles de rédaction du procès-verbal*

2) Formalités substantielles. Une rature ou un renvoi non approuvés ne sauraient entacher la validité d'un procès-verbal, dès lors qu'ils portent sur une mention non substantielle de celui-ci (▪ Cass. crim., 2 déc. 1992, n° 92-82.884). Pour écarter les exceptions de nullité tirées de l'irrégularité du procès-verbal de saisie conservatoire des denrées et de celui de l'audition de la personne présente lors de la visite domiciliaire, l'arrêt retient à bon droit que la validité des actes n'est affectée ni par l'absence de date sur le premier, ni par l'apposition d'une date erronée sur le second, dès lors que ces dates, qui ne sont pas indispensables à la rédaction des documents et ne conditionnent aucune formalité légale, ne constituent pas des mentions substantielles (▪ Cass. crim., 25 janv. 2005, n° 04-85.847 : *Bull. crim.* n° 71).

3) Exigences de forme formulées dans une circulaire. Est sans incidence sur la validité d'un procès-verbal dressé par un contrôleur du travail, la circonstance que le contrôleur y ait indiqué que la directrice du magasin lui a oralement confirmé que le magasin était bien ouvert tous les jours de la semaine sans que soit mentionné que celle-ci avait été avertie de l'usage qui pourrait être fait de ses propos contrairement aux prescriptions d'une instruction de la direction générale du travail : le défaut de mise en œuvre des préconisations d'une circulaire ministérielle dépourvues de caractère impératif est sans incidence, alors surtout qu'elles sont formulées dans le seul intérêt du salarié entendu par les services de l'inspection du travail (▪ Cass. crim., 6 sept. 2016, n° 14-85.205 : *Bull. crim.* n° 232).

4) Erreur sur la date des faits. Un procès-verbal constatant l'infraction, même s'il comporte une erreur matérielle de date, conserve sa force probante (▪ Cass. crim., 5 sept. 2001, n° 01-82.130).

B – Date de rédaction du procès-verbal

5) Enquête préliminaire. L'enquêteur qui clôt le procès-verbal d'enquête après avoir notifié la convocation à comparaître au prévenu fait exacte application de l'article D. 11, alinéa 1er du Code de procédure pénale ; n'est donc pas nul le procès-verbal d'enquête préliminaire rédigé après l'engagement de la poursuite (▪ Cass. crim., 27 mai 2008, n° 07-84.300 : *Bull. crim.* n° 132. ▪ Cass. crim., 25 nov. 2014, n° 13-86.625 : *Bull. crim.* n° 250).

6) Contributions indirectes. Selon les articles L. 213 du Livre des procédures fiscales et 429 du Code de procédure pénale, en matière de contributions indirectes, aucun délai n'est exigé par la loi, à peine de nullité, pour la rédaction des procès-verbaux de constatations des infractions établis par les agents de l'administration fiscale ; encourt, dès lors, la censure l'arrêt qui, pour déclarer nul un procès-verbal relatant des faits survenus 1 an ou 8 mois auparavant, énonce qu'il n'a pas été rédigé sur-le-champ, comme en cas de délit flagrant, ou à une date proche des faits, et que ce manquement a fait grief aux intérêts des prévenus (▪ Cass. crim., 15 mars 2000, n° 99-81.465 : *Bull. crim.* n° 119).

C – Moment de notification du résultat de la mesure du taux d'alcool

7) Retard de la notification. Rejette à bon droit la nullité d'un procès-verbal constatant la conduite d'un véhicule en étant sous l'empire d'un état alcoolique, la juridiction qui relève que si le résultat de la mesure du taux d'alcool n'a pas été immédiatement notifié au conducteur, comme le prescrit l'article R. 234-4 du Code de la route, c'est parce que l'état alcoolique de l'intéressé ne lui permettait pas de comprendre le sens de cette mesure, alors que, par ailleurs, avisé par les fonctionnaires de police qu'il pouvait demander un second contrôle de son taux d'alcoolémie en application de l'article R. 234-4, 2 du même code, le prévenu a refusé à deux reprises le contrôle auquel lesdits fonctionnaires entendaient le soumettre d'office (▪ Cass. crim., 10 janv. 2007, n° 06-84.263 : *Dr. pén.* 2007, comm. 61, obs. A. Maron).

II – COMPÉTENCE DE L'AGENT VERBALISATEUR

A – Ressort de compétence des OPJ

8) Il résulte de l'article 18, premier alinéa du Code de procédure pénale que, lorsqu'ils appartiennent à un service dont les limites territoriales excèdent celles du ressort de la cour d'appel, les officiers de police judiciaire, habilités conformément à l'article 16, alinéa 4, de ce code, sont compétents pour exercer leurs attributions non pas seulement dans le ressort de la cour d'appel, mais sur toute l'étendue territoriale de ce service. Il en est de même, selon l'article 21-1, des agents de police judiciaire et des agents de police judiciaire adjoints placés sous leur autorité (▪ Cass. crim., 6 déc. 1995, n° 94-85.127 : *Bull. crim.* n° 370).

B – Ressort de compétence des militaires d'une unité navigante

9) Justifie sa décision la cour d'appel qui écarte l'exception de nullité des procès-verbaux dressés au Havre par des militaires affectés à une unité navigante, en résidence à Cherbourg, en retenant qu'il n'était pas contesté que, conformément à l'article R. 15 du Code de procédure pénale, ils avaient été habilités par le procureur général près la cour d'appel de Caen pour exercer les fonctions d'officier de police judiciaire, notamment dans la commune du Havre (▪ Cass. crim., 25 janv. 2005, préc., n° 2).

III – RÉDACTEUR DU PROCÈS-VERBAL PROCÉDANT DANS L'EXERCICE DES FONCTIONS

10) Fonctionnaire de police. Tout fonctionnaire de police est considéré comme étant en service et agissant dans l'exercice de ses fonctions, dès lors qu'il intervient dans sa circonscription et dans le cadre de ses attributions, de sa propre initiative ou sur réquisition, pour prévenir et réprimer tout acte de nature à troubler la sécurité et l'ordre publics ; est donc régulier le procès-verbal, qu'après avoir décliné son identité et présenté sa carte de police, un commissaire de police dresse à un automobiliste qui lui a refusé la priorité alors qu'il était engagé sur un passage piéton (▪ Cass. crim., 15 déc. 2015, n° 15-81.322 : *Bull. crim.* n° 296 ; *Dr. pén.* 2016, comm. 37, obs. A. Maron et M. Haas).

11) Gendarme. Tout militaire de la gendarmerie est considéré comme étant en service et agissant dans l'exercice de ses fonctions dès l'instant où il accomplit en uniforme soit de sa propre initiative, soit sur ordre de son autorité hiérarchique, un acte qui entre légalement dans ses attributions (▪ Cass. crim., 12 oct. 1983, n° 82-94.264 : *Bull. crim.* n° 244). C'est à bon droit qu'une cour d'appel juge régulier le procès-verbal établi par des gendarmes en tenue civile de sport se rendant à une séance d'entraînement commandée par leur hiérarchie, qui avaient fait connaître leur qualité lors de la constatation des infractions, et qu'elle rejette l'argument du prévenu se fondant sur les dispositions du decret du 20 mai 1903 imposant aux gendarmes le port de l'uniforme (▪ Cass. crim., 21 janv. 1998, n° 97-82.269 : *Bull. crim.* n° 31 ; *RSC* 1998, p. 354, obs. J.-P. Dintilhac).

12) Agent de l'Office national des forêts. Tout agent assermenté de l'Office national des forêts (ONF) est habilité, par application des dispositions du Code forestier, à dresser un procès-verbal valant foi jusqu'à preuve du contraire. Encourt, dès lors, la cassation l'arrêt qui, pour annuler le procès-verbal dressé par un agent de l'ONF, retient qu'il a effectué les constatations en tenue civile, en méconnaissance de l'article R. 421-22 du Code de l'environnement, qui prescrit le port de l'uniforme, lequel ne concerne que les agents de l'Office national de la chasse et de la faune (▪ Cass. crim., 3 juin 2009, n° 08-87.434 : *Bull. crim.* n° 111).

IV – CONSTATATIONS PERSONNELLES DE L'AGENT VERBALISATEUR

A – Principe général

13) Le principe selon lequel les procès-verbaux n'ont de valeur probante que dans la mesure où leur auteur rapporte ce qu'il a vu, entendu ou constaté personnellement est de portée générale : il vaut donc pour les procès-verbaux des inspecteurs ou contrôleurs du travail (▪ Cass. crim., 28 avr. 1975, préc., n° 13) ; pour les procès-verbaux du syndic des gens de mer (▪ Cass. crim., 30 mai 1978, préc., n° 13).

B – Déductions de l'agent verbalisateur

14) En vertu de l'article 429 du Code de procédure pénale, les procès-verbaux ne font pas foi des déductions faites par leur auteur à partir du récit de tierces personnes (▪ Cass. crim., 28 avr. 1975, n° 75-90.167 : *Bull. crim.* n° 111. ▪ Cass. crim., 30 mai 1978, n° 77-91.047 : *Bull. crim.* n° 174).

C – Pluralité d'agents constatant une même infraction

15) Excès de vitesse. Il est de principe, pour la constatation d'une contravention d'excès de vitesse, que l'agent qui met en œuvre le cinémomètre et celui qui reçoit et consigne sur le procès-verbal les indications qui lui sont transmises par le premier, participent personnellement à la constatation de l'infraction (▪ Cass. crim., 9 févr. 1981, n° 80-92.593 : *Bull. crim.* n° 49).

1° *Signatures conjointes des agents*

16) Excès de vitesse. Participent personnellement à la constatation d'une contravention d'excès de vitesse, selon les termes de l'article 429 du Code de procédure pénale, et doivent être considérés comme les rédacteurs communs du procès-verbal, qu'ils ont conjointement signé, aussi bien l'agent qui met en œuvre le cinémomètre que celui qui, placé à une certaine distance, reçoit et consigne les indications du premier (▪ Cass. crim., 28 mai 1980, n° 79-93.072 : *Bull. crim.* n° 159).

2° *Signature d'un seul agent*

• Excès de vitesse

17) Participent personnellement à la constatation d'une contravention d'excès de vitesse, selon les termes de l'article 429 du Code de procédure pénale et doivent être considérés comme les rédacteurs communs du procès-verbal, même si un seul d'entre eux en est le signataire, aussi bien l'agent qui met en œuvre le cinémomètre que celui qui, placé à une certaine distance, reçoit et consigne les indications du premier (▪ Cass. crim., 12 févr. 1997, n° 96-82.831 : *Bull. crim.* n° 59. ▪ Cass. crim., 2 mai 2002, n° 01-86.963 : *Bull. crim.* n° 97. ▪ Cass. crim., 8 juin 2006, n° 06-81.293 : *Bull. crim.* n° 166 ; *RSC* 2007, p. 589, obs. J. Buisson). Justifie sa décision la juridiction qui, affirmant que, pour être valable, un procès-verbal doit être signé par les agents de la force publique qui ont eu un rôle dans la constatation d'une infraction, ajoute que le gendarme qui met en œuvre le cinémomètre et celui qui, placé à une certaine distance, consigne les indications reçues du précédent, participent personnellement à la constatation d'une contravention d'excès de vitesse, dans les termes de l'article 429 du Code de procédure pénale, mais précise qu'il n'en est pas de même du gendarme motocycliste qui n'intervient que sur les instructions expresses du militaire chargé de l'appareil et n'a qu'un rôle d'exécutant ; l'absence de signature de ce dernier est donc indifférente (▪ Cass. crim., 5 juill. 1994, n° 93-83.845 : *Bull. crim.* n° 264).

• Concurrence et consommation

18) A fait l'exacte application des dispositions combinées édictées par les articles 429 et 802 du Code de procédure pénale la juridiction qui refuse d'annuler un procès-verbal dressé par deux agents de la Direction générale de la concurrence et de la consommation, bien que cette pièce de procédure n'ait été signée que par un seul des deux verbalisateurs, au motif que le défaut de signature du commissaire Z..., en congé le jour où avait été rédigé le procès-verbal litigieux, ne saurait être générateur de nullité, dès lors que l'un des agents verbalisateurs, en l'espèce le contrôleur Y..., avait signé ledit procès-verbal et était habilité par la loi à relever toutes infractions de sa compétence (▪ Cass. crim., 16 mars 1987, n° 85-95.685 : *Bull. crim.* n° 125 ; *Dr. pén.* 1994, comm. 68, obs. V. Lesclous et C. Marsat).

V – ARTICLE 429, ALINÉA 2

19) Domaine d'application. Les dispositions de l'article 429, alinéa 2 du Code de procédure pénale ne sont applicables qu'aux procès-verbaux d'interrogatoire ou d'audition ; le juge des libertés et de la détention qui recueille les observations du mis en examen lors du débat contradictoire n'a donc pas l'obligation de mentionner les questions auxquelles il a été répondu (▪ Cass. crim., 30 janv. 2007, n° 06-88.284 : *Bull. crim.* n° 22).

VI – SANCTION DE L'IRRÉGULARITÉ DU PROCÈS-VERBAL

A – Inobservation d'un texte réglementaire

20) L'inobservation d'un texte réglementaire ne saurait entraîner la nullité d'un procès-verbal établi conformément à la loi (▪ Cass. crim., 21 janv. 1998, préc., n° 11).

B – Valeur à titre de simples renseignements

21) S'il est vrai que les procès-verbaux établis par des agents n'ayant pas eux-mêmes constaté les contraventions qui y sont rapportées sont dépourvus de la force probante particulière prévue par les articles 429 et 537 du Code de procédure pénale, leurs énonciations valent à titre de simples renseignements et peuvent suffire à fonder à elles seules la conviction des juges (■ Cass. crim., 5 nov. 1996, n° 96-80.151 : *Bull. crim.* n° 392). Si un procès-verbal, établi par un agent n'ayant pas lui-même constaté la contravention, peut valoir à titre de simples renseignements et fonder, à lui seul, la conviction du juge, est dépourvu de la force probante particulière attribuée par les articles 429 et 537 du Code de procédure pénale le procès-verbal qui est établi au vu d'une photographie prise par un appareil automatique soumis à aucun contrôle d'un organisme agréé, alors que la photographie ne permet ni de s'assurer que le feu était rouge, ni d'apprécier si le véhicule l'avait véritablement franchi (■ Cass. crim., 17 oct. 2001, n° 00-86.505).

22) Procès-verbal nul. Selon l'article 429 du Code de procédure pénale, un procès-verbal n'a de valeur probante que s'il est régulier en la forme ; il suit de là qu'aucun renseignement ne saurait être tiré d'un procès-verbal annulé (■ Cass. crim., 6 nov. 1991, n° 90-83.541).

C – Article 429, alinéa 2

23) L'absence de la mention, dans le procès-verbal, des questions posées au cours d'une audition n'affecte pas la validité de cet acte, les dispositions du second alinéa de l'article 429 du Code de procédure pénale n'étant pas prescrites à peine de nullité (■ Cass. crim., 27 mai 2008, n° 07-84.300 : *Bull. crim.* n° 132 ; *RSC* 2009, p. 891, obs. J. Buisson).

D – Exception de nullité

24) En application de l'article 385 du Code de procédure pénale, la nullité d'un procès-verbal d'enquête doit être invoquée avant toute défense au fond (■ Cass. crim., 29 déc. 1964, n° 64-91.854 : *Bull. crim.* n° 349).

Art. 430. – Sauf dans les cas où la loi en dispose autrement, les procès-verbaux et les rapports constatant les délits ne valent qu'à titre de simples renseignements.

Bibliographie : H. Pelletier, *Tribunal correctionnel. – Administration de la preuve. – Principes généraux. – Modes de preuve : Aveux. Procès-verbaux et rapports. Preuve par écrit. Expertises. Transports : JCl. Proc. pén.*, art. 427 à 457, Fasc. 20, actualisé par J.-B. Thierry.

1) Procès-verbal des officiers et agents de police judiciaire. Viole l'article 430 du Code de procédure pénale, la juridiction qui énonce que les faits sont parfaitement établis par les procès-verbaux qui, établis par les officiers et agents de police judiciaire, font foi, selon l'article 431 du Code de procédure pénale, jusqu'à la preuve contraire que n'ont pas rapportée les prévenus, alors que, sauf dans les cas où la loi en dispose autrement, ces procès-verbaux ne valent qu'à titre de simples renseignements (■ Cass. crim., 3 déc. 2008, n° 08-82.179 : *Bull. crim.* n° 246 ; *Dr. pén.* 2009, comm. 58, obs. A. Maron et M. Haas. ■ Cass. crim., 28 oct. 2014, n° 13-84.840 : *Bull. crim.* n° 219). Pour rejeter la demande de la défense tendant à écarter des débats, comme dénués de toute valeur probatoire, les procès-verbaux de transcription des conversations téléphoniques du prévenu qui ont été interceptées, l'arrêt énonce notamment que ces pièces, quoique non signées de l'officier de police judiciaire qui les a établies, valent à titre de simples renseignements au regard de l'article 430 du Code de procédure pénale, la loi n'en ayant pas disposé autrement à leur sujet, et que d'autres éléments de preuve des faits reprochés figurent au dossier ; en statuant ainsi et dès lors qu'il ressort de l'article 100-5 du Code de procédure pénale que si l'officier de police judiciaire commis par le juge d'instruction transcrit les correspondances utiles à la manifestation de la vérité et en dresse des procès-verbaux, ce texte, ni aucun autre, n'oblige cet enquêteur à signer ces documents sur lesquels les juges ont pu, sans encourir la censure, fonder leur conviction quant à la culpabilité du prévenu (■ Cass. crim., 12 sept. 2018, n° 17-84.375).

2) Procès-verbal des agents des douanes. Il résulte de l'article 430 du Code des douanes que la force probante conférée aux procès-verbaux établis par les agents des douanes ne vaut que pour la caractérisation des infractions douanières ; en conséquence, ces procès-verbaux ne valent qu'à titre de simple renseignement pour les délits de droit commun, comme le trafic de stupéfiants (■ Cass. crim., 28 sept. 2016, n° 15-84.383 : *Bull. crim.* n° 253).

3) Procès-verbal des inspecteurs du travail. Si, aux termes de l'article L. 611-10 [art. L. 8113-7] du Code du travail, les inspecteurs du travail constatent les infractions par des procès-verbaux qui font foi jusqu'à preuve contraire, il n'en est ainsi que dans le cas où leur auteur constate une infraction entrant dans le champ de compétence qui lui est reconnu par l'article L. 611-1 [art. L. 8112-1] dudit code ; tel n'étant pas le cas du procès-verbal par lequel l'inspecteur du travail relève un délit d'outrage prévu et réprimé par l'article 433-5, alinéa 2, du Code pénal ; par une appréciation souveraine des faits et circonstances de la cause ainsi que des éléments de preuve contradictoirement débattus, la juridiction peut donc retenir que les propos outrageants n'ont pas été prononcés à l'adresse de la partie civile (■ Cass. crim., 6 févr. 2007, n° 06-83.356 : *Bull. crim.* n° 33).

4) Dénégations du prévenu. Dans le cas d'un procès-verbal valant à titre de simples renseignements, la juridiction peut conclure à l'absence d'infraction après avoir entendu les explications du prévenu (■ Cass. crim., 28 nov. 1896 : *D.* 1897, 502) et ses dénégations (■ Cass. crim., 6 juin 1908 : *DP* 1909, 5, 37).

Art. 431. – **Dans les cas où les officiers de police judiciaire, les agents de police judiciaire ou les fonctionnaires et agents chargés de certaines fonctions de police judiciaire ont reçu d'une disposition spéciale de la loi le pouvoir de constater des délits par des procès-verbaux ou des rapports, la preuve contraire ne peut être rapportée que par écrit ou par témoins.**

Bibliographie : H. Pelletier, *Tribunal correctionnel. – Administration de la preuve. – Principes généraux. – Modes de preuve : Aveux. Procès-verbaux et rapports. Preuve par écrit. Expertises. Transports : JCl. Proc. pén.*, art. 427 à 457, Fasc. 20, actualisé par J.-B. Thierry.

1) Si un prévenu a le droit de combattre un procès-verbal qui fait foi jusqu'à preuve contraire des faits qui y sont constatés par tous les moyens légaux de preuve, la force probante de ce procès-verbal ne peut être infirmée sur ses seules dénégations ou allégations (■ Cass. crim., 23 mai 1950 : *D.* 1950, 470. ■ Cass. crim., 14 oct. 1991, n° 90-84.932 : *Bull. crim.* n° 339).

2) Dans des poursuites pour pollution marine, pour retenir la preuve contraire aux constatations du procès-verbal des douanes et relaxer les prévenus, l'arrêt attaqué a fait état de l'incertitude qui lui paraissait exister en faveur des prévenus ; sans mieux s'expliquer sur les agissements reprochés constatés par procès-verbal faisant foi jusqu'à preuve contraire en application de l'article L. 218-28 du Code de l'environnement et sans vérifier si cette preuve avait été rapportée par écrit ou par témoins dans les conditions prévues par l'article 431 du Code de procédure pénale, la cour d'appel n'a pas justifié sa décision (■ Cass. crim., 13 mai 2014, n° 13-83.910 : *Bull. crim.* n° 131 ; *Dr. pén.* 2014, comm. 109, obs. J.-H. Robert).

Art. 432 *(L. n° 93-2, 4 janv. 1993)*. – **La preuve par écrit ne peut résulter de la correspondance échangée entre le prévenu et son avocat.**

Bibliographie : H. Pelletier, *Tribunal correctionnel. – Administration de la preuve. – Principes généraux. – Modes de preuve : Aveux. Procès-verbaux et rapports. Preuve par écrit. Expertises. Transports : JCl. Proc. pén.*, art. 427 à 457, Fasc. 20, actualisé par J.-B. Thierry.

Voir aussi : V. art. 56, p. 183.

Pour les interceptions de correspondances émises par la voie des communications électroniques et échangées entre un avocat et son client, V. art. 100, p. 349.

I – PRODUCTION EN JUSTICE D'UNE CORRESPONDANCE ENTRE UN AVOCAT ET SON CLIENT

1) Correspondance entre l'avocat et son client produite dans une procédure par ledit client. Justifie sa décision la cour d'appel qui, pour refuser d'écarter des débats des pièces de correspondance échangées entre l'avocat et son client, relève que les pièces qui ont été versées au dossier de la procédure ont été remises spontanément par le client au juge d'instruction, alors que le secret professionnel de l'avocat ne s'impose pas audit client (■ Cass. crim., 29 mai 1989, n° 87-82.073 : *Bull. crim.* n° 218). Une prévenue ne saurait contester aux juges du fond le pouvoir de se fonder sur des éléments de preuve contradictoirement débattus, y compris sur les correspondances échangées entre elle et son avocat, dès lors qu'elle les a elle-même produites à l'appui de ses conclusions régulièrement déposées (■ Cass. crim., 21 janv. 2004, n° 03-80.828 : *Bull. crim.* n° 17).

2) Correspondance entre un avocat et la partie civile produite par le prévenu pour sa défense. Rejette à bon droit la demande d'une partie civile aux fins d'écarter des débats des documents confidentiels produits par le prévenu, documents qu'un avocat avait adressés à la partie civile dans une instance administrative, l'arrêt qui retient qu'au regard du principe du procès équitable, les pièces pouvaient être utiles à la défense du prévenu et qu'il est indifférent que celui-ci ait, pour leur production, été condamné du chef d'atteinte au secret des correspondances ; en effet le droit à un procès équitable et la liberté d'expression justifient que la personne poursuivie du chef de diffamation soit admise à produire, pour les nécessités de sa défense, les pièces de nature à établir la vérité des faits ou sa bonne foi, sans qu'elles puissent être écartées des débats au motif qu'elles auraient été obtenues par des moyens déloyaux (■ Cass. crim., 19 janv. 2010, n° 09-84.408 : *Bull. crim.* n° 12. V. L. 29 juill. 1881, art. 35, p. 862).

II – SAISIE D'UNE CORRESPONDANCE ENTRE UN AVOCAT ET SON CLIENT

A – Avocat pénalement impliqué

1° Avocat soupçonné

3) **Correspondance de nature à établir la preuve de la participation de l'avocat à une infraction.** Si le juge d'instruction est, selon l'article 96 du Code de procédure pénale, investi du pouvoir de saisir les objets et documents utiles à la manifestation de la vérité, ce pouvoir trouve sa limite dans le principe de la libre défense, qui domine toute la procédure pénale et qui commande de respecter les communications confidentielles des inculpés (personnes mises en examen) avec les avocats qu'ils ont choisis ou veulent choisir comme défenseurs ; toutefois, la saisie des correspondances échangées entre un avocat et son client peut, à titre exceptionnel, être ordonnée ou maintenue à la condition que les documents saisis soient de nature à établir la preuve de la participation de l'avocat à une infraction (■ Cass. crim., 12 mars 1992, n° 91-86.843 : *Bull. crim.* n° 112). Si les pièces échangées entre l'avocat et ses clients sont couvertes par le secret professionnel aux termes de l'article 66-5 de la loi du 31 décembre 1971, il n'en demeure pas moins que le juge d'instruction tient des articles 96 et 97 du Code de procédure pénale, le pouvoir de saisir de telles pièces lorsque, comme en l'espèce, elles sont de nature à établir la preuve de la participation de l'avocat à une infraction (■ Cass. crim., 27 juin 2001, n° 01-81.865 : *Bull. crim.* n° 163. ■ Cass. crim., 18 juin 2003, n° 03-81.979 : *Bull. crim.* n° 129. ■ Cass. crim., 4 oct. 2016, n° 16-82.308). Justifie sa décision la chambre de l'instruction qui, pour rejeter le moyen d'annulation présenté par Z..., pris de l'irrégularité de la perquisition à laquelle a procédé le juge d'instruction, dans son cabinet d'avocat, relève que des indices de participation à des faits délictueux existaient à son encontre au jour de cet acte et que la copie du disque dur du système informatique renfermant l'ensemble des informations confidentielles concernant la clientèle de ce cabinet n'avait d'autre but que de perturber le moins possible le fonctionnement du cabinet collectif et qui ajoute que rien n'a été transcrit qui ne concernait la procédure (■ Cass. crim., 14 nov. 2001, n° 01-85.965 : *Bull. crim.* n° 238).

4) **Saisie limitée aux documents nécessaires à la manifestation de la vérité.** Le secret professionnel de l'avocat ne peut faire obstacle à la saisie de pièces susceptibles d'établir la participation éventuelle de celui-ci à une infraction pénale, dès lors que cette saisie, en relation directe avec l'infraction objet de la poursuite, est limitée aux documents nécessaires à la manifestation de la vérité (■ Cass. crim., 14 janv. 2003, n° 02-87.062 : *Bull. crim.* n° 6. ■ Cass. crim., 1er mars 2006, n° 05-87.252 : *Bull. crim.* n° 60).

2° Avocat mis en examen

5) Si, en vertu du principe de la libre défense qui gouverne la procédure pénale, les correspondances adressées par l'inculpé (la personne mise en examen), le prévenu, ou l'accusé à son conseil, sont couvertes par le secret et échappent à toute saisie, il en va autrement lorsqu'il s'agit d'écrits relatifs aux activités ayant donné lieu à l'inculpation (la mise en examen) dudit conseil (■ Cass. crim., 20 janv. 1993, n° 92-85.548 : *Bull. crim.* n° 29).

B – Correspondance étrangère à l'exercice des droits de la défense

6) Si aux termes de l'article 66-5 de la loi du 31 décembre 1971, les pièces échangées entre l'avocat et son client sont couvertes par le secret professionnel, aucune disposition légale ou conventionnelle ne fait obstacle à ce que l'officier de police judiciaire, le procureur de la République ou le juge d'instruction, dans l'exercice des pouvoirs qui leur sont reconnus par les articles 56 à 56-4, 76 et 96 du Code de procédure pénale, procèdent à la saisie de telles pièces utiles à la manifestation de la vérité lorsque leur contenu est étranger à l'exercice des droits de la défense ou lorsqu'elles sont de nature à établir la preuve de la participation de l'avocat à une infraction (■ Cass. crim., 4 oct. 2016, n° 16-82.308). Le secret professionnel du conseil juridique et fiscal, devenu avocat, ne met pas obstacle à la saisie de documents lorsque ceux-ci sont étrangers à l'exercice des droits de la défense ; il en est ainsi d'un rapport d'audit établi par un conseil juridique et fiscal qui, depuis son accès à la profession d'avocat, n'a pas été chargé d'assurer en justice la défense des intérêts de son client (■ Cass. crim., 5 juill. 1993, n° 93-81.275 : *Bull. crim.* n° 236). Si, selon les principes rappelés par l'article 66-5 de la loi du 31 décembre 1971, les correspondances échangées entre le client et son avocat sont, en toutes matières, couvertes par le secret professionnel, il demeure que le juge d'instruction tient de l'article 97 du Code de procédure pénale le pouvoir de les saisir dès lors qu'elles ne concernent pas l'exercice des droits de la défense (■ Cass. crim., 7 mars 1994, n° 93-84.931 : *Bull. crim.* n° 87). Encourt la cassation l'arrêt de la chambre de l'instruction qui refuse d'annuler une saisie, effectuée au cours d'une perquisition au domicile d'une personne mise en examen, de courriers reçus de son avocat ayant trait à l'exécution d'une condamnation pénale, en l'espèce un suivi socio-judiciaire, prononcée dans une instance distincte et qui n'étaient pas dépourvus

de tout lien avec l'exercice des droits de la défense (▪ Cass. crim., 13 déc. 2006, n° 06-87.169 : *Bull. crim.* n° 313. Cf., à propos de C. com., art. L. 450-4. ▪ Cass. crim., 30 nov. 2011, n° 10-81.749 : *Bull. crim.* n° 243. V. aussi ▪ Cass. crim., 24 avr. 2013, n° 12-80.331 : *Bull. crim.* n° 102 : le pouvoir reconnu aux agents de l'Autorité de la concurrence par l'article L. 450-4 du Code de commerce de saisir des documents et supports informatiques trouve sa limite dans le principe de la libre défense qui commande de respecter la confidentialité des correspondances échangées entre un avocat et son client et liées à l'exercice des droits de la défense).

C – Saisie d'une correspondance entre avocats invoquée par l'un de leur client dans une plainte

7) Si en vertu du principe de la libre défense qui domine la procédure pénale, les correspondances adressées par les inculpés (personnes mises en examen), prévenus ou accusés à leurs conseils, sont couvertes par le secret et échappent à toute saisie, il en va autrement lorsqu'il s'agit d'écrits n'ayant pas trait à une poursuite pénale et qui, en outre, sont susceptibles de constituer la preuve d'une infraction dès lors que leur existence en a été révélée par l'avocat destinataire à son client, lequel, n'étant pas tenu par leur caractère confidentiel, en a fait état dans sa plainte (▪ Cass. crim., 9 févr. 1988, n° 87-82.709 : *Bull. crim.* n° 63).

III – DEMANDE DE RESTITUTION DE DOCUMENTS SAISIS ET COUVERTS PAR LE SECRET PROFESSIONNEL

8) Refus de restitution injustifié. Encourt la cassation l'arrêt d'une chambre d'accusation qui, pour rejeter, sur le fondement de l'article 97 du Code de procédure pénale, la requête d'un avocat, resté étranger à la procédure et sollicitant la restitution de notes de travail et de correspondances avec ses clients, saisies à son cabinet par le juge d'instruction, se borne à énoncer que ces documents, afférents à des montages juridiques et financiers intéressant l'information en cours, ne concernent pas la défense des personnes mises en examen, dont ledit avocat n'a pas été chargé, et ne sauraient revêtir un caractère de confidentialité ; la chambre d'accusation ne pouvait déduire l'absence de confidentialité et d'atteinte au secret professionnel de l'avocat de la seule affirmation que les pièces saisies seraient étrangères à l'exercice des droits de la défense dans l'instance pénale en cours et il lui appartenait de s'expliquer, dans ses motifs, sur la nature ou le contenu des documents placés sous scellés, sur l'identité des clients concernés, et de préciser si la restitution sollicitée était de nature à faire obstacle à la manifestation de la vérité ou à la sauvegarde des droits des parties (▪ Cass. crim., 6 févr. 1997, n° 96-83.462 : *Bull. crim.* n° 55).

9) Refus de restitution justifié. Rejette à bon droit la demande d'un avocat de restitution de notes personnelles ainsi que de correspondances échangées entre lui et ses clients, dès lors que cette restitution serait de nature à faire obstacle à la manifestation de la vérité en raison de la relation étroite entre les documents saisis et les faits, objet de la poursuite, y compris ceux pour lesquels cet avocat est lui-même mis en examen, en sorte que son implication dans cette affaire rend inopérante son argumentation relative à la confidentialité et à l'atteinte portée au secret professionnel ; au demeurant les écrits placés sous scellés sont antérieurs à l'ouverture de l'information, ne concernent pas l'activité de défenseur de cet avocat dans aucune instance pénale en cours mais sont en revanche relatifs aux activités ayant donné lieu à sa mise en cause et des indices de la participation de ce dernier à l'infraction existaient au jour de la perquisition au cours de laquelle les documents en cause ont été saisis (▪ Cass. crim., 5 oct. 1999, n° 98-80.007 : *Bull. crim.* n° 206).

Loi n° 71-1130 du 31 décembre 1971

portant réforme de certaines professions judiciaires et juridiques

Art. 66-5 *(Mod., L. n° 2011-331, 28 mars 2011)*. **–** En toutes matières, que ce soit dans le domaine du conseil ou dans celui de la défense, les consultations adressées par un avocat à son client ou destinées à celui-ci, les correspondances échangées entre le client et son avocat, entre l'avocat et ses confrères à l'exception pour ces dernières de celles portant la mention « officielle », les notes d'entretien et, plus généralement, toutes les pièces du dossier sont couvertes par le secret professionnel.

Ces dispositions ne font pas obstacle, à compter de la conclusion d'un contrat de fiducie, à l'application à l'avocat qui a la qualité de fiduciaire, de la réglementation spécifique à cette activité, sauf pour les correspondances, dépourvues de la mention « officielle », adressées à cet avocat par un confrère non avisé qu'il agit en cette qualité.

Le présent article ne fait pas obstacle à l'obligation pour un avocat de communiquer les contrats mentionnés à l'article L. 222-7 du Code du sport et le contrat par lequel il est mandaté pour représenter l'une des parties intéressées à la conclusion de l'un de ces contrats aux fédérations sportives délégataires et, le cas échéant, aux ligues professionnelles qu'elles ont constituées, dans les conditions prévues à l'article L. 222-18 du même code.

Loi du 29 juillet 1881

sur la liberté de la presse

Art. 35, dern. al.. – *(Al. créé, L. n° 2010-1, 4 janv. 2010)* Le prévenu peut produire pour les nécessités de sa défense, sans que cette production puisse donner lieu à des poursuites pour recel, des éléments provenant d'une violation du secret de l'enquête ou de l'instruction ou de tout autre secret professionnel s'ils sont de nature à établir sa bonne foi ou la vérité des faits diffamatoires.

Art. 433. – Les matières donnant lieu à des procès-verbaux faisant foi jusqu'à inscription de faux sont réglées par des lois spéciales. À défaut de disposition expresse, la procédure de l'inscription de faux est réglée comme il est dit au titre II du livre IV.

Bibliographie : H. Pelletier, *Tribunal correctionnel. – Administration de la preuve. – Principes généraux. – Modes de preuve : Aveux. Procès-verbaux et rapports. Preuve par écrit. Expertises. Transports : JCl. Proc. pén.*, art. 427 à 457, Fasc. 20, actualisé par J.-B. Thierry.

Art. 434 *(Ord. n° 60-529, 4 juin 1960)*. **– Si le tribunal estime qu'une expertise est nécessaire, il est procédé conformément aux articles 156 à 166, 168 et 169.**

Bibliographie : H. Pelletier, *Tribunal correctionnel. – Administration de la preuve. – Principes généraux. – Modes de preuve : Aveux. Procès-verbaux et rapports. Preuve par écrit. Expertises. Transports : JCl. Proc. pén.*, art. 427 à 457, Fasc. 20, actualisé par J.-B. Thierry.

Code de la route

Art. R. 235-11 *(Mod., D. n° 2019-1284, 2 déc. 2019)*. **–** Dans un délai de cinq jours suivant la notification des résultats de l'analyse de son prélèvement salivaire ou sanguin, à condition, dans le premier cas, qu'il se soit réservé la possibilité prévue au deuxième alinéa du I de l'article R. 235-6, le conducteur peut demander au procureur de la République, au juge d'instruction ou à la juridiction de jugement qu'il soit procédé à partir du tube prévu au second alinéa de l'article R. 235-9 à un examen technique ou à une expertise en application des articles 60,77-1 et 156 du Code de procédure pénale.

De même, le conducteur peut demander qu'il soit procédé, dans les mêmes délais et conditions, à la recherche de l'usage de médicaments psychoactifs pouvant avoir des effets sur la capacité de conduire le véhicule.

En cas d'examen technique ou d'expertise, ceux-ci sont confiés à un autre laboratoire ou à un autre expert répondant aux conditions fixées par l'article R. 235-9. Celui-ci pratique l'expertise de contrôle en se conformant aux méthodes prescrites en application de l'article R. 235-10.

Refus d'une expertise de droit prévu par un texte spécial. C'est à tort qu'en se prévalant des articles 434 et 463 du Code de procédure pénale, un arrêt refuse de faire droit à la demande d'expertise formulée par le prévenu sur le fondement de l'article R. 235-11 du Code de la route, au motif que dans la mesure où au cours de sa garde à vue et après notification des taux déterminés par voie d'analyse sanguine, le prévenu n'a pas donné suite à l'offre de contre-expertise lui ayant été faite, sa demande, présentée aux mêmes fins lors de l'audience de première instance, revêtait un caractère manifestement dilatoire, alors que l'expertise demandée était de droit (▪ Cass. crim., 18 déc. 2018, n° 17-87.038).

Art. 435. – Les témoins sont cités ainsi qu'il est dit aux articles 550 et suivants.

Bibliographie : H. Pelletier, *Tribunal correctionnel. – Administration de la preuve. – Preuve testimoniale : JCl. Proc. pén.*, art. 427 à 457, Fasc. 30, actualisé par J.-B. Thierry.

I – CONVENTION EUROPÉENNE DES DROITS DE L'HOMME

V. ann. 3, Conv. 4 nov. 1950 de sauvegarde des droits de l'homme et des libertés fondamentales, art. 6, § 3, *d*, p. 2631.

A – Jurisprudence européenne

1° *Droit à un procès équitable*

1) Rôle des juridictions nationales. La recevabilité des preuves relève au premier chef des règles du droit interne, et en principe il revient aux juridictions nationales d'apprécier les éléments recueillis par elles (■ CEDH, 23 avr. 1997, nos 21363/93, 21364/93, 21427/93 et 22056/93, *Van Mechelen et a. c/ Pays-Bas*). L'article 6, § 3 *d)* leur laisse, en principe, le soin de juger de l'utilité d'une offre de preuve par témoins (■ CEDH, 22 avr. 1992, n° 12351/86, *Vidal c/ Belgique*).

2) **Rôle de la Cour européenne des droits de l'homme.** Si le soin de juger de l'utilité d'une offre de preuve par témoins revient par priorité aux juridictions nationales, la Cour européenne des droits de l'homme doit rechercher si la procédure considérée dans son ensemble a revêtu un caractère équitable (■ CEDH, 23 avr. 1997, *Van Mechelen et a.*, préc., n° 1). Elle évalue dans chaque cas quelle incidence peut avoir eue sur l'équité globale du procès l'impossibilité pour l'accusé d'interroger un témoin (■ CEDH, GC, 15 déc. 2011, nos 26766/05 et 22228/06, *Al-Khawaja et Tahery c/ Royaume-Uni*).

2° *Témoin à charge*

3) **Droit de l'accusé à la comparution du témoin en vue d'un débat contradictoire.** Les éléments de preuve doivent en principe être produits devant l'accusé en audience publique, en vue d'un débat contradictoire. Ce principe ne va pas sans exceptions, mais on ne peut les accepter que sous réserve des droits de la défense ; en règle générale, les paragraphes 1 et 3 *d)* de l'article 6 de la Convention européenne des droits de l'Homme commandent d'accorder à l'accusé une occasion adéquate et suffisante de contester un témoignage à charge et d'en interroger l'auteur, au moment de la déposition ou à un stade ultérieur de la procédure (■ CEDH, 23 avr. 1997, *Van Mechelen et a. c/ Pays-Bas*, préc., n° 1). Dans certaines circonstances, il peut s'avérer nécessaire d'avoir recours à des dépositions remontant à la phase de l'instruction préparatoire (■ CEDH, 27 févr. 2001, n° 33354/96, *Lucà c/ Italie*) ; si l'accusé a eu une occasion adéquate et suffisante de contester pareilles dépositions, au moment où elles sont faites ou plus tard, leur utilisation ne se heurte pas en soi à l'article 6, §§ 1 et 3, *d)* (■ CEDH, 13 avr. 2006, n° 75699/01, *Vaturi c/ France*).

4) **Contrôle de la défaillance du témoin.** En principe les témoins doivent déposer au procès et toutes les mesures raisonnables doivent être prises pour assurer leur comparution. Dès lors, si un témoin ne se présente pas pour déposer en personne, l'autorité judiciaire a le devoir de rechercher si cette absence est justifiée (■ CEDH, GC, 15 déc. 2011, *Al-Khawaja et Tahery c/ Royaume-Uni*, préc., n° 2).

5) **Mesures à prendre pour assurer la comparution du témoin.** Combiné avec le paragraphe 3, le paragraphe 1 de l'article 6 de la Convention européenne des droits de l'Homme oblige les États contractants à des mesures positives, qui consistent notamment à permettre à l'accusé d'interroger ou faire interroger les témoins à charge (■ CEDH, 6 déc. 1988, n° 10590/83, *Barberà, Messegué et Jabardo c/ Espagne*. ■ CEDH, 17 juill. 2001, nos 29900/96, 29901/96, 29902/96 et 29903/96, *Sadak et a. c/ Turquie (n° 1)*).

6) **Absence de comparution du témoin à charge.** Du droit de l'accusé d'interroger ou faire interroger les témoins à charge découlent deux exigences : premièrement, l'absence d'un témoin doit être justifiée par un motif sérieux ; deuxièmement, lorsqu'une condamnation se fonde uniquement ou dans une mesure déterminante sur des dépositions faites par une personne que l'accusé n'a pu interroger ou faire interroger ni au stade de l'instruction, ni pendant les débats, les droits de la défense peuvent se trouver restreints d'une manière incompatible avec les garanties de l'article 6 de la Convention européenne des droits de l'homme (■ CEDH, GC, 15 déc. 2011, *Al-Khawaja et Tahery c/ Royaume-Uni*, préc., n° 2. ■ CEDH, 20 sept. 1993, n° 14647/89, *Saïdi c/ France*). Il n'appartient pas à la Cour de dresser *in abstracto* la liste des mesures concrètes devant être adoptées par les autorités nationales pour que l'on puisse dire que l'absence à la barre d'un témoin à charge qu'elles ne sont pas parvenues à localiser est justifiée par un « motif sérieux ». Cependant, on trouve dans sa jurisprudence des indications à cet égard. Ainsi, elle a conclu à la violation de l'article 6 §§ 1 et 3, *d)* de la Convention dans des affaires où les autorités internes n'avaient adopté aucune mesure positive en vue de localiser le témoin et d'assurer la possibilité pour la défense de l'interroger, ou encore dans des cas où les autorités avaient adopté certaines mesures, mais insuffisantes ou inadéquates à la lumière des circonstances de l'espèce (■ CEDH, 22 nov. 2012, n° 46203/08, *Tseber c/ République tchèque*).

7) **Preuve par « ouï-dire ».** L'admission à titre de preuve d'un témoignage « par ouï-dire » (fourni par un témoin absent) constituant l'élément à charge unique ou déterminant n'emporte pas automatiquement violation de l'article 6, § 1 de la Convention européenne des droits de l'Homme, même si la condamnation repose exclusivement ou dans une mesure déterminante sur les dépositions de témoins absents. Mais étant donné les risques inhérents aux témoignages par ouï-dire, le caractère unique ou déterminant d'une preuve de ce type admise dans une affaire est un facteur très important à prendre en compte dans l'appréciation de l'équité globale de la procédure et il doit être contrebalancé par des éléments suffisants, notamment par des garanties procédurales soli-

des. Dans chaque affaire où le problème de l'équité de la procédure se pose en rapport avec une déposition d'un témoin absent, il s'agit de savoir s'il existe des éléments suffisamment compensateurs des inconvénients liés à l'admission d'une telle preuve pour permettre une appréciation correcte et équitable de la fiabilité de celle-ci. L'examen de cette question permet de ne prononcer une condamnation que si la déposition du témoin absent est suffisamment fiable compte tenu de son importance dans la cause (■ CEDH, GC, 15 déc. 2011, *Al-Khawaja et Tahery c/ Royaume-Uni*, préc., n° 2).

8) Abandon des poursuites. Pourvu que les autorités ne puissent être accusées d'avoir manqué de diligence dans leurs efforts pour donner à l'accusé la possibilité d'interroger les témoins, l'indisponibilité de ces derniers ne commande pas à elle seule l'abandon des poursuites (■ CEDH, 21 mars 2002, n° 59895/00, *Calabrò c/ Italie et Allemagne*).

9) Déposition écrite du témoin à charge. Compte tenu de la mesure dans laquelle l'absence d'un témoin nuit aux droits de la défense, lorsque le témoin n'a jamais été interrogé aux stades antérieurs de la procédure, il ne faut admettre sa déposition écrite en lieu et place de sa présence au procès qu'en dernier recours (■ CEDH, GC, 15 déc. 2011, *Al-Khawaja et Tahery c/ Royaume-Uni*, préc., n° 2).

3° Témoin à décharge

10) Refus de convoquer un témoin à décharge. Il revient en principe aux juridictions nationales d'apprécier les éléments produits devant elles et la pertinence de ceux dont les accusés souhaitent la production. L'article 6, § 3 *d)* de la Convention européenne des droits de l'Homme leur laisse, toujours en principe, le soin de juger de l'utilité d'une offre de preuve par témoins. Il n'exige pas la convocation et l'interrogation de tout témoin à décharge et a pour but essentiel une complète égalité des armes en la matière (■ CEDH, GC, 6 mai 2003, n° 48898/99, *Perna c/ Italie*). Dès lors que la demande d'audition de témoin à décharge est formulée conformément au droit interne, pour apprécier le refus d'y procéder, la Cour retient le critère en trois branches qui suit : 1. La demande d'audition de témoin était-elle suffisamment motivée et pertinente au regard de l'objet de l'accusation ? 2. Les juridictions internes ont-elles examiné la pertinence que pouvait avoir la déposition et motivé par des raisons suffisantes leur décision de ne pas auditionner le témoin au procès ? 3. La décision des juridictions internes de ne pas auditionner le témoin a-t-elle nui à l'équité globale du procès ? Si les conclusions tirées au terme des deux premières branches seront généralement très révélatrices quant à savoir si la procédure a été équitable, il ne peut être exclu que dans certains cas, certes exceptionnels, des considérations d'équité pourront justifier une conclusion contraire (■ CEDH, gr. ch., 18 déc. 2018, n° 36658/05, *Murtazaliyeva c/ Russie*, § 158, 168 : *JCP* G 2019, 253, note L. Milano).

11) Obligation de motiver le refus de convoquer un témoin à décharge. Le défaut de justification d'un refus d'interroger ou de convoquer un témoin à décharge peut apporter aux droits de la défense une restriction incompatible avec les garanties d'un procès équitable (■ CEDH, 22 avr. 1992, *Vidal c/ Belgique*, préc., n° 1). Dès lors que l'accusé a formulé une demande d'audition de témoins non abusive et suffisamment motivée, pertinente vu l'objet de l'accusation et sans doute susceptible de renforcer la position de la défense, voire de conduire à un acquittement, les autorités nationales ne peuvent la rejeter que pour des motifs pertinents (■ CEDH, 10 oct. 2013, n° 51355/10, *Topić c/ Croatie*).

12) Atteinte au droit à un procès équitable. Il ne suffit pas de démontrer que « l'accusé » n'a pas pu interroger un témoin à décharge ; encore faut-il que l'intéressé rende vraisemblable que la convocation dudit témoin était nécessaire à la recherche de la vérité et que le refus de l'interroger a causé un préjudice aux droits de la défense. Ainsi, seules des circonstances exceptionnelles peuvent conduire la Cour européenne des droits de l'Homme à conclure à l'incompatibilité avec l'article 6 de la Convention européenne des droits de l'Homme de la non-audition d'une personne comme témoin (■ CEDH, 24 févr. 2009, n° 3584/02, *Tarău c/ Roumanie*). Il en est ainsi lorsqu'une cour d'appel refuse d'entendre des témoins à décharge, en dépit de la demande du requérant en ce sens, avant de le déclarer coupable, tout s'étant passé comme si la cour d'appel, ayant des doutes sur la crédibilité de ces témoins, les avait « récusés » *a priori* sans procéder à leur audition et s'était contentée de cette impression pour prendre le contre-pied du jugement de première instance, qui, lui, avait relaxé le requérant sur la base, notamment, des dépositions de ces mêmes témoins (■ CEDH, 18 mai 2004, n° 56651/00, *Destrehem c/ France*).

B – Jurisprudence nationale

1° Domaine d'application de l'article 6, § 3, d)

13) Notion de témoin. L'article 6, § 3, *d)* de la Convention européenne des droits de l'Homme ne concerne pas le cas de coïnculpés devenus des coprévenus, ceux-ci n'étant pas des témoins (■ Cass. crim., 19 oct. 1987, n° 85-94.605 : *Bull. crim.* n° 353).

14) Juridictions d'instruction. L'article 6, § 3, *d)* de la Convention européenne des droits de l'Homme a pour objet d'assurer les droits de la défense devant les juridictions de jugement, où ces droits demeurent entiers (▪ Cass. crim., 4 janv. 1990, n° 89-85.795 : *Bull. crim.* n° 4. ▪ Cass. crim., 10 mars 1992, n°s 91-86.944 et 92-80.389 : *Bull. crim.* n° 105). Le refus par un juge d'instruction de communiquer à l'avocat de la personne mise en examen l'identité des témoins avec lesquels doit avoir lieu une confrontation, ne porte aucune atteinte au droit de la personne mise en examen d'être confrontée aux témoins à charge, dès lors qu'il ne résulte d'aucune disposition du Code de procédure pénale, ni d'aucune disposition conventionnelle l'obligation pour le juge d'instruction de communiquer au mis en examen les noms de ces personnes (▪ Cass. crim., 14 déc. 2016, n° 16-84.043 : *Bull. crim.* n° 347).

2° *Témoin valablement cité*

15) Cour d'appel. Il résulte des articles 513, alinéa 2, et 435 à 457 du Code de procédure pénale que la cour d'appel est tenue de procéder à l'audition de la victime citée en qualité de témoin et qui n'a pas été entendue par le tribunal, dès lors qu'elle ne constate pas de difficultés particulières rendant matériellement impossible cette audition (▪ Cass. crim., 1er juin 2016, n° 15-83.059 : *Bull. crim.* n° 169). Il résulte de l'article 6, § 3 *d)* de la Convention européenne des droits de l'Homme que, sauf impossibilité dont il leur appartient de préciser les causes, les juges d'appel sont tenus, lorsqu'ils en sont légalement requis, d'ordonner l'audition contradictoire des témoins à charge (▪ Cass. crim., 27 juin 2001, n° 00-87.414 : *Bull. crim.* n° 164. ▪ Cass. crim., 20 sept. 2011, n° 11-81.314 : *Bull. crim.* n° 183). Lorsque les avocats du prévenu formulent une demande d'audition volontaire de témoin, non régulièrement cité, selon les dispositions de l'article 444 du Code de procédure pénale, c'est à bon droit que la cour d'appel a rejeté leur demande dès lors que le prévenu n'avait pas fait citer ce témoin, ainsi que le lui permettaient les articles 435 et 444 dudit code : elle a usé, sans méconnaître les dispositions de l'article 6, § 3, *d)* de la Convention européenne des droits de l'Homme, de la faculté dont elle dispose en vertu de l'article 513, alinéa 2, dudit code (▪ Cass. crim., 5 sept. 2018, n° 16-84.943).

16) Procès-verbal et preuve contraire par témoin. Lorsque le prévenu a fait citer à l'audience un témoin par acte d'huissier, la juridiction ne peut, pour rejeter la demande d'audition ainsi formée, énoncer que « la déclaration d'un éventuel témoin passager et ami du prévenu sera rejetée étant entendu le lien qui lie le conducteur à son passager », dès lors que selon l'article 6, § 3 *d)* de la Convention européenne des droits de l'Homme, tout prévenu a le droit de faire entendre les témoins à décharge et que s'agissant de procès-verbaux dressés par les officiers et agents de police judiciaire qui font foi jusqu'à preuve contraire des contraventions qu'ils constatent, cette preuve contraire ne peut être rapportée que par écrit ou par témoins (▪ Cass. crim., 4 mars 2014, n° 13-81.135 : *Bull. crim.* n° 62).

17) Témoin défaillant et absence de demande de renvoi. Lorsque la défense s'est opposée à ce qu'il soit passé outre à l'absence d'un témoin, le président ayant ordonné pour le faire comparaître des recherches demeurées infructueuses, la cour, qui n'était pas saisie de conclusions motivées tendant au renvoi de l'affaire, apprécie souverainement, au vu des résultats de l'instruction à l'audience, l'opportunité de passer outre à l'absence de ce témoin (▪ Cass. crim., 23 janv. 1991, n° 90-81.846 : *Bull. crim.* n° 40).

18) Motivation du refus d'audition d'un témoin à charge. Le refus des juges de faire droit à une demande d'audition d'un témoin à charge dont ils sont légalement requis doit être motivé (▪ Cass. crim., 27 juin 2001, n° 00-87.414 : *Bull. crim.* n° 164. ▪ Cass. crim., 20 sept. 2011, n° 11-81.314 : *Bull. crim.* n° 183). Saisie de la demande des avocats de l'accusé, tendant à la comparution d'un témoin à charge défaillant, et à défaut, à un renvoi de l'affaire, une cour d'assises motive suffisamment son refus, en relevant, selon son appréciation souveraine, que les dépositions à l'audience de divers témoins ont éclairé suffisamment la cour et que l'audition de ce témoin n'est pas utile à la manifestation de la vérité (▪ Cass. crim., 15 oct. 2003, n° 02-84.346 : *Bull. crim.* n° 191). En passant outre à la défaillance d'un témoin cité par la défense, par des motifs qui établissent que ce témoin a déjà été entendu tant au cours de l'enquête préliminaire que par le juge d'instruction qui l'a confronté au demandeur et qu'une nouvelle audition n'est pas utile, la cour d'appel a justifié sa décision (▪ Cass. crim., 9 mars 2011, n° 10-82.565).

3° *Témoin non cité*

19) Le prévenu n'ayant pas fait citer le témoin devant les premiers juges, ainsi que le lui permettaient les articles 435 et 444 du Code de procédure pénale, la cour d'appel, sans méconnaître les dispositions de l'article 6, § 3 *d)* de la Convention européenne des droits de l'Homme, a pu refuser la demande d'audition d'un témoin présentée pour la première fois en cause d'appel, en usant de la faculté dont elle dispose en vertu de l'article 513 dudit code (▪ Cass. crim., 21 nov. 1996, n° 95-85.995 : *Bull. crim.* n° 420).

4° Grief

20) Absence de demande de l'accusé. Un demandeur n'est pas fondé à invoquer une violation de l'article 6, § 3 *d)* de la Convention européenne des droits de l'Homme, dès lors qu'il n'est pas établi, ni même allégué, qu'il lui ait été refusé de poser des questions à un témoin entendu au cours des débats ou de convoquer et d'interroger des témoins à décharge dans les mêmes conditions que les témoins à charge ; la juridiction correctionnelle a donc pu décider de passer outre à l'absence d'un témoin excusé (▪ Cass. crim., 9 févr. 1987, n° 86-92.864 : *Bull. crim.* n° 61). En ordonnant que la victime, partie civile, soit entendue hors la présence de l'accusé et en l'autorisant à se retirer définitivement sans opposition des parties préalablement consultées, le président de la cour d'assises n'a pas méconnu les dispositions de l'article 6, § 3 *d)* de la Convention européenne des droits de l'Homme, dès lors que l'avocat de l'accusé est demeuré dans la salle et a eu la faculté d'interroger la partie civile et qu'au surplus, ayant été instruit des déclarations faites en son absence, l'accusé n'a sollicité aucune confrontation (▪ Cass. crim., 17 déc. 1997, n° 97-81.318 : *Bull. crim.* n° 431). En l'état d'une enquête préliminaire, suivie d'une citation directe, durant laquelle aucune confrontation entre le prévenu et les témoins à charge n'a été effectuée et n'a pu être ensuite réalisée en raison du refus du tribunal correctionnel d'ordonner pareille confrontation pourtant réclamée par le prévenu, la cour d'appel a pu, sans violer l'article 6, § 3 *d)* de la Convention européenne des droits de l'Homme, refuser la confrontation réclamée par le prévenu avec ces témoins, dès lors qu'il n'a pas fait citer devant la cour d'appel l'ensemble des témoins avec lesquels il souhaitait être confronté, comme le lui permet l'article 513 du Code de procédure pénale (▪ Cass. crim., 26 mai 2004, n° 03-82.613).

21) Fondement de la condamnation. Lorsque des juges se sont prononcés sur la culpabilité du prévenu après avoir constaté que les témoins, dont le prévenu avait demandé l'audition contradictoire, avaient quitté leur domicile sans fournir d'indication sur leur nouvelle adresse et n'avaient pu être touchés par les citations, ni comparu à l'audience, leur décision est justifiée dès lors que la Cour de cassation est en mesure de s'assurer que la déclaration de culpabilité ne repose pas exclusivement sur les dépositions faites par ces témoins lors de l'enquête, mais est également fondée sur d'autres éléments de conviction, en sorte que l'article 6, § 3 *d)* de la Convention européenne des droits de l'Homme n'a pas été méconnu (▪ Cass. crim., 10 mai 2006, n° 05-82.826 : *Bull. crim.* n° 123).

22) Exception de nullité. Lorsqu'une affaire a été renvoyée devant les juges par la juridiction d'instruction, l'exception de nullité soulevée en cause d'appel par le prévenu, prise de l'absence d'audition d'un témoin, en violation des dispositions de l'article 6, § 3 de la Convention européenne des droits de l'Homme, est irrecevable en application des articles 179, alinéa 5, et 385, alinéa 1er, du Code de procédure pénale (▪ Cass. crim., 13 juin 2012, nos 10-82.420 et 11-81.573 : *Bull. crim.* n° 147).

II – ARTICLE 435

23) Question prioritaire de constitutionnalité. Ne sont pas contraires aux articles 1er et 6 de la Déclaration des droits de l'homme et du citoyen de 1789 et à l'article 1er de la Constitution du 4 octobre 1958 et au principe d'égalité en droit, les dispositions de l'article 435 du Code de procédure pénale, dont la portée et les conséquences ne prévoient pas la possibilité, en matière correctionnelle, pour l'une des parties au procès de faire citer à la requête du ministère public des témoins dont la liste a été communiquée, contrairement aux dispositions prévues à l'article 281 du même code en matière criminelle : la diversité des procédures devant des juridictions de nature différente ne porte pas atteinte aux droits invoqués par le demandeur, dès lors que, devant le tribunal correctionnel, il peut, outre la citation de témoins prise en charge selon les modalités prévues à l'article 94 du décret du 19 décembre 1991, inviter ceux-ci à se présenter à l'audience avec lui, verser leurs attestations aux débats ou solliciter un complément d'information pour qu'ils soient entendus (▪ Cass. crim., 18 janv. 2012, n° 11-90.110 QPC).

24) Conciliation avec l'article préliminaire du Code de procédure pénale. L'autorisation donnée au ministère public de s'opposer à l'audition en appel d'un témoin déjà entendu en première instance ne crée aucune inégalité de traitement entre les parties qui serait contraire à l'article préliminaire du Code de procédure pénale prévoyant que la procédure pénale « doit être équitable et contradictoire et préserver l'équilibre des parties » (▪ Cass. crim., 8 janv. 2019, n° 18-80.685, sol. impl.).

25) Absence de citation du témoin par le prévenu. Écarte à bon droit la demande de la prévenue qui sollicite la comparution en témoignage des agents verbalisateurs, l'arrêt qui énonce « que la comparution à l'audience des agents verbalisateurs n'est pas justifiée, et que la mention figurant au procès-verbal fait foi, à défaut pour l'intéressée, d'en démontrer l'inexactitude par des écrits ou par témoins », étant observé, au surplus, que l'appelante, qui n'a pas comparu devant le tribunal, s'est abstenue d'user de la faculté de faire citer elle-même les témoins, ainsi qu'il est prévu par l'article 435 du Code de procédure pénale (▪ Cass. crim., 4 janv. 1995, n° 94-82.964). Il ne saurait être fait grief à la cour d'appel d'avoir rejeté la demande d'audition d'un témoin, dès lors que le prévenu n'a pas fait citer ce témoin conformément aux dispositions de l'article 435 du Code de procédure pénale (▪ Cass. crim., 3 juin 2014, n° 11-88.061).

Art. 436. – **Après avoir procédé aux constatations prévues à l'article 406, le président ordonne aux témoins de se retirer dans la chambre qui leur est destinée. Ils n'en sortent que pour déposer. Le président prend, s'il en est besoin, toutes mesures utiles pour empêcher les témoins de conférer entre eux avant leur déposition.**

Bibliographie : H. Pelletier, *Tribunal correctionnel. – Administration de la preuve. – Preuve testimoniale : JCl. Proc. pén.*, art. 427 à 457, Fasc. 30, actualisé par J.-B. Thierry.

Grief. Les prescriptions de l'article 436 du Code de procédure pénale relatives au retrait du témoin dans la salle qui lui est réservée ne sont pas prescrites à peine de nullité (▪ Cass. crim., 19 mars 2019, n° 17-87.491). Le demandeur ne saurait se faire un grief de ce qu'un témoin a assisté aux débats lors d'une précédente audience avant d'être entendu, dès lors que les dispositions de l'article 436 du Code de procédure pénale ne sont pas prescrites à peine de nullité et qu'il n'invoque aucune atteinte à ses droits qui aurait pu résulter de cette irrégularité (▪ Cass. crim., 17 janv. 2007, n° 06-83.433. ▪ Cass. crim., 12 mars 2008, n° 07-86.277. ▪ Cass. crim., 21 oct. 2009, n° 08-87.474). Si les notes d'audience ne mentionnent pas que les prescriptions des articles 436 et 437 du Code de procédure pénale ont été respectées lors de l'audition d'un témoin, l'inobservation des formalités prévues par ces textes n'a pas eu pour effet de porter atteinte aux intérêts des prévenus au sens de l'article 802 du Code précité, dès lors qu'il ne résulte pas des énonciations du jugement que les premiers juges, pour asseoir en tout ou en partie leur conviction sur la culpabilité, se soient fondés sur les déclarations fournies par ce témoin, lequel, au demeurant, n'a pas fait état d'éléments qui n'étaient déjà apparus lors de l'information judiciaire (▪ Cass. crim., 2 avr. 1990, n° 87-90.729 : *Bull. crim.* n° 142).

Art. 437 *(Rempl., L. n° 2010-1, 4 janv. 2010).* – **Toute personne citée pour être entendue comme témoin est tenue de comparaître, de prêter serment et de déposer sous réserve des dispositions des articles 226-13 et 226-14 du Code pénal.**

Tout journaliste entendu comme témoin sur des informations recueillies dans l'exercice de son activité est libre de ne pas en révéler l'origine.

Bibliographie : H. Pelletier, *Tribunal correctionnel. – Administration de la preuve. – Preuve testimoniale : JCl. Proc. pén.*, art. 427 à 457, Fasc. 30, actualisé par J.-B. Thierry.

1) **Secret professionnel.** Cité comme témoin, un avocat ne peut refuser de prêter serment avant de connaître les questions qui lui seront posées ; ce serment n'est pas de nature à empêcher l'avocat d'invoquer le secret professionnel, s'il est invité à s'expliquer sur des secrets qui ne lui ont été confiés qu'à raison de sa profession ; il n'y a qu'avantage à ce que la dispense de répondre soit invoquée par lui sous la garantie du serment (▪ Cass. crim., 7 mars 1924 : *DH* 1924, 244). La dispense de déposer sur les secrets dont un témoin est dépositaire ne saurait justifier le refus absolu dudit témoin de prêter serment (▪ Cass. crim., 11 juin 1926 : *DH* 1926, 378).

2) **Violation de l'article 437.** Si les notes d'audience ne mentionnent pas que les prescriptions des articles 436 et 437 du Code de procédure pénale ont été respectées lors de l'audition d'un témoin, l'inobservation des formalités prévues par ces textes n'a pas eu pour effet de porter atteinte aux intérêts des prévenus au sens de l'article 802 du Code précité, dès lors qu'il ne résulte pas des énonciations du jugement que les premiers juges, pour asseoir en tout ou en partie leur conviction sur la culpabilité, se soient fondés sur les déclarations fournies par ce témoin, lequel, au demeurant, n'a pas fait état d'éléments qui n'étaient déjà apparus lors de l'information judiciaire (▪ Cass. crim., 2 avr. 1990, n° 87-90.729 : *Bull. crim.* n° 142). Si l'agent de l'administration intéressée aux poursuites ne pouvait être entendu qu'en qualité de témoin, l'arrêt n'encourt pas la censure dès lors qu'il n'est pas établi que l'omission de la formalité du serment ait eu pour effet de porter atteinte aux intérêts du prévenu, les juges d'appel ne s'étant pas fondés sur les déclarations de ce fonctionnaire pour asseoir en tout ou en partie leur conviction sur la culpabilité (▪ Cass. crim., 25 févr. 2009, n° 08-81.231).

3) **Victime entendue comme témoin.** La partie civile, constituée en première instance, qui n'est plus partie en appel, ne peut comparaître

à l'audience ou s'y faire représenter et ne peut être entendue qu'en qualité de témoin (■ Cass. crim., 14 nov. 2017, n° 16-85.161 : *Bull. crim.* n° 252). Il se déduit des articles 437 et 513 du Code de procédure pénale, ensemble l'article 509 du même code que, lorsque les dispositions civiles du jugement sont devenues définitives, la partie civile constituée en première instance, qui n'est plus partie en appel, ne peut être entendue qu'en qualité de témoin et ne saurait, dès lors, être assistée d'un avocat (■ Cass. crim., 29 mars 2017, n° 16-82.484 : *Bull. crim.* n° 94). Il se déduit de l'article 437 du Code de procédure pénale que la personne entendue comme témoin ne peut être assistée d'un avocat ; saisie par le procureur de la République d'un jugement de relaxe, une cour d'appel ne peut donc entendre l'avocat de la victime, qui, déboutée de ses demandes en première instance, n'a pas interjeté appel de la décision sur l'action civile et est entendue comme témoin (■ Cass. crim., 18 juin 2014, n° 13-86.526, n° 154).

Art. 438 ***(Mod., L. n° 2000-1354, 30 déc. 2000).*** **– Le témoin qui ne comparaît pas ou qui refuse, soit de prêter serment, soit de faire sa déposition, peut être, sur réquisitions du ministère public, condamné par le tribunal à une amende de 3 750 €.**

Bibliographie : H. Pelletier, *Tribunal correctionnel. – Administration de la preuve. – Preuve testimoniale : JCl. Proc. pén.*, art. 427 à 457, Fasc. 30, actualisé par J.-B. Thierry.

Art. 439 ***(Mod., L. n° 93-2, 4 janv. 1993).*** **– Si le témoin ne comparaît pas, et s'il n'a pas fait valoir un motif d'excuse reconnu valable et légitime, le tribunal peut, sur réquisitions du ministère public ou même d'office, ordonner que ce témoin soit immédiatement amené devant lui par la force publique pour y être entendu, ou renvoyer l'affaire à une prochaine audience.**

Bibliographie : H. Pelletier, *Tribunal correctionnel. – Administration de la preuve. – Preuve testimoniale : JCl. Proc. pén.*, art. 427 à 457, Fasc. 30, actualisé par J.-B. Thierry.

1) Nécessité pour le prévenu d'invoquer les dispositions de l'article 439. Les demandeurs ne peuvent se faire un grief de la non-comparution de certains témoins, cités à leur requête, alors qu'ils n'ont pas exprimé de protestation ou demandé le renvoi de l'affaire en vue de leur audition dans les conditions prévues par l'article 439 du Code de procédure pénale (■ Cass. crim., 31 mai 1988, n° 87-81.027). La juridiction du second degré a justifié sa décision, notamment au regard de l'article 6 de la Convention européenne des droits de l'homme, en refusant de faire comparaître des témoins que la prévenue avait cités en première instance et qui n'avaient pas comparu, dès lors que la prévenue n'avait pas demandé dans ses conclusions que le tribunal ordonne la comparution forcée de ces témoins ou renvoie l'affaire à une autre audience, en application de l'article 439 du Code de procédure pénale (■ Cass. crim., 13 juin 1996, n° 95-84.563).

2) Diffamation et *exceptio veritatis*. Une partie seulement des témoins cités par des prévenus en application de l'article 55 de la loi du 29 juillet 1881 ayant comparu, ils ont demandé au tribunal d'user envers les autres des pouvoirs que lui donne l'article 439 du Code de procédure pénale ; leur requête a été rejetée et ils ont été déclarés coupables faute d'avoir apporté la preuve offerte. Une cour d'appel ne peut sans contradiction, d'une part, dire que la preuve de la véracité des faits diffamatoires n'était pas rapportée et, d'autre part, refuser la comparution forcée de témoins cités pour établir cette preuve (■ Cass. crim., 24 janv. 1989, n° 87-90.461).

3) Témoin défaillant à une audience de renvoi. Une cour d'appel ayant refusé qu'un témoin, non comparant à l'audience de renvoi, soit amené devant elle par la force publique, la cassation n'est pas encourue dès lors qu'en l'absence d'une nouvelle citation de ce témoin par le prévenu qui en sollicitait l'audition, les dispositions de l'article 439 du Code de procédure pénale ne pouvaient recevoir application (■ Cass. crim., 1er mars 2017, n° 15-87.069).

4) Décision de renvoi à une prochaine audience. Justifie son refus de renvoyer l'affaire à une prochaine audience, alors que la victime, prise d'un malaise, n'a pu être interrogée par le prévenu, la cour d'appel qui énonce qu'il a déjà été confronté à la partie civile lors de l'instruction préparatoire et en première instance, de tels motifs relevant de son appréciation souveraine (■ Cass. crim., 10 janv. 2007, n° 06-81.301). Le renvoi prévu par l'article 439 du Code de procédure pénale est une faculté pour la juridiction, non une obligation (■ Cass. crim., 25 nov. 2009, n° 08-86.431).

Art. 440. – Le témoin qui a été condamné à une amende ou aux frais pour non-comparution peut, au plus tard dans les cinq jours de la signification de cette décision faite à sa personne ou à son domicile, former opposition.

La voie de l'appel ne lui est ouverte que sur le jugement rendu sur cette opposition.

Bibliographie : H. Pelletier, *Tribunal correctionnel. – Administration de la preuve. – Preuve testimoniale : JCl. Proc. pén.*, art. 427 à 457, Fasc. 30, actualisé par J.-B. Thierry.

Art. 441. – Le témoin qui a été condamné pour refus de prêter serment ou de déposer peut interjeter appel.

Bibliographie : H. Pelletier, *Tribunal correctionnel. – Administration de la preuve. – Preuve testimoniale : JCl. Proc. pén.*, art. 427 à 457, Fasc. 30, actualisé par J.-B. Thierry.

Art. 442 *(Mod., L. n° 2000-516, 15 juin 2000)*. **– Avant de procéder à l'audition des témoins, le président interroge le prévenu et reçoit ses déclarations.**

Bibliographie : H. Pelletier, *Tribunal correctionnel. – Administration de la preuve. – Preuve testimoniale : JCl. Proc. pén.*, art. 427 à 457, Fasc. 30, actualisé par J.-B. Thierry.

1) **Cour d'appel.** L'article 442 du Code de procédure pénale est applicable devant la cour d'appel en application de l'article 512 dudit code (▪ Cass. crim., 26 juin 1968, n° 67-91.505 : *Bull. crim.* n° 208. ▪ Cass. crim., 16 mars 1971, n° 70-91.381 : *Bull. crim.* n° 90).

2) **Chambre de l'instruction.** Selon les articles 706-122 alinéa 3 et 442 du Code de procédure pénale, lorsque la chambre de l'instruction est saisie d'un recours contre une ordonnance d'irresponsabilité pénale pour cause de trouble mental, le président procède à l'interrogatoire de la personne mise en examen, si elle est présente, et reçoit ses déclarations (▪ Cass. crim., 8 juill. 2020, n° 19-85.954, § 10 : publié au *Bull.* ; *JCP* G 2020, 1142, note P. Collet).

3) **Nullité.** L'article 442 du Code de procédure pénale ne prescrit pas à peine de nullité l'interrogatoire du prévenu appelant. L'omission de cette formalité ne peut devenir une cause de nullité que s'il est établi que le prévenu n'a pas été appelé à se défendre d'une manière quelconque pendant le débat qui a suivi le rapport (▪ Cass. crim., 26 juin 1968, préc., n° 1. ▪ Cass. crim., 16 mars 1971, préc., n° 1).

4) **Ordre des auditions.** Si en vertu de l'article 442 du Code de procédure pénale, avant de procéder à l'audition des témoins, le président interroge le prévenu et reçoit ses déclarations, le prévenu ne saurait se faire un grief de ce qu'avant de procéder à l'audition des témoins, la cour d'appel, après l'avoir entendu, ait reçu les observations de la partie civile, dès lors qu'il a eu la parole en dernier postérieurement à ces auditions (▪ Cass. crim., 12 juill. 2016, n° 15-83.582).

Art. 442-1 *(L. n° 2000-516, 15 juin 2000)*. **– Sous réserve des dispositions de l'article 401, le ministère public et les avocats des parties peuvent poser directement des questions au prévenu, à la partie civile, aux témoins et à toutes personnes appelées à la barre, en demandant la parole au président.**

Le prévenu et la partie civile peuvent également poser des questions par l'intermédiaire du président.

Bibliographie : H. Pelletier, *Tribunal correctionnel. – Administration de la preuve. – Preuve testimoniale : JCl. Proc. pén.*, art. 427 à 457, Fasc. 30, actualisé par J.-B. Thierry.

1) **Confrontation.** L'article 442-1 du Code de procédure pénale permet de solliciter une confrontation entre les prévenus (▪ Cass. crim., 2 avr. 2014, n° 13-82.520 – solution implicite).

2) **Cour d'appel.** L'article 442-1 du Code de procédure pénale est applicable devant la cour d'appel (▪ Cass. crim., 2 avr. 2014, préc., n° 1 – solution implicite).

Art. 443. – Lorsqu'un témoin est sourd-muet ou ne parle pas suffisamment la langue française, les dispositions des articles 407 et 408 sont applicables.

Bibliographie : H. Pelletier, *Tribunal correctionnel. – Administration de la preuve. – Preuve testimoniale : JCl. Proc. pén.*, art. 427 à 457, Fasc. 30, actualisé par J.-B. Thierry.

Art. 444 *(Rempl., L. n° 93-1013, 24 août 1993)*. **– Les témoins déposent ensuite séparément, soit sur les faits reprochés au prévenu, soit sur sa personnalité et sur sa moralité.**

Parmi les témoins cités, ceux qui sont produits par les parties poursuivantes sont entendus les premiers, sauf pour le président à régler lui-même souverainement l'ordre d'audition des témoins.

Peuvent également, avec l'autorisation du tribunal, être admises à témoigner, les personnes, proposées par les parties, qui sont présentes à l'ouverture des débats sans avoir été régulièrement citées.

Bibliographie : H. Pelletier, *Tribunal correctionnel. – Administration de la preuve. – Preuve testimoniale : JCl. Proc. pén.*, art. 427 à 457, Fasc. 30, actualisé par J.-B. Thierry.

1) Audition séparée des témoins. Un prévenu ne saurait se faire un grief de ce que les témoins n'auraient pas été entendus séparément, dès lors qu'il lui appartenait de former une demande de donner acte au cours des débats (■ Cass. crim., 4 mars 2009, n° 08-85.072. ■ Cass. crim., 16 mars 2011, n° 10-83.951). En l'absence de contestation, soulevée au moment de l'audition des témoins cités devant la cour d'appel, il doit être présumé que ceux-ci ont été entendus séparément, conformément aux dispositions de l'article 444, alinéa 1er, du Code de procédure pénale (■ Cass. crim., 3 nov. 2016, n° 15-82.136).

2) Contenu de la déposition. Pour refuser de faire droit à la demande du prévenu et dire n'y avoir lieu à audition d'un témoin cité à sa requête, la juridiction du second degré, faisant application des dispositions de l'article 444 du Code de procédure pénale, constate, après interpellation de l'intéressé, que celui-ci n'a pas connu des faits et ne peut témoigner de la personnalité ou de la moralité du prévenu ; par ces motifs, qui procèdent de son pouvoir souverain d'appréciation, la cour d'appel a justifié sa décision au regard de l'article 513, alinéa 2, du Code de procédure pénale, sans méconnaître les dispositions de l'article 6, § 3, *d)* de la Convention européenne des droits de l'homme (■ Cass. crim., 26 juill. 1994, n° 94-80.147).

3) Refus d'entendre des témoins de moralité. Un prévenu se plaignant qu'une partie des témoins cités ont été interrompus lorsqu'ils se sont exprimés sur sa personnalité, les juges du fond énoncent que, si les premiers témoins cités par le prévenu n'ont pas été entendus sur la personnalité et la moralité de celui-ci, cependant l'audition des suivants a porté sur ces éléments dès que la demande expresse en a été faite ; les juges ont donc rejeté à bon droit l'exception de nullité tirée du refus du tribunal d'entendre certains témoins de moralité, dès lors qu'en l'absence de toute conclusion réclamant l'audition des témoins cités sur un point particulier, les juges sont en droit de s'assurer de l'utilité ou de l'opportunité du détail des témoignages recueillis (■ Cass. crim., 10 mai 1982, non publ.).

4) Refus d'une confrontation du prévenu avec un témoin. Un prévenu ne saurait se plaindre d'une violation de l'article 6 de la Convention européenne des droits de l'Homme, au motif que la cour d'appel a refusé sa confrontation avec des témoins, alors qu'il n'a pas usé, devant le tribunal, du droit que lui accorde l'article 444 du Code de procédure pénale de faire entendre les témoins utiles à sa défense (■ Cass. crim., 2 oct. 1991, n° 90-83.524. ■ Cass. crim., 3 juin 1992, n° 91-84.562 : *Bull. crim.* n° 219. ■ Cass. crim., 1er oct. 1997, n° 96-85.846).

5) Refus d'entendre une personne présente à l'ouverture des débats et non régulièrement citée. Il résulte des dispositions de l'article 444, alinéa 3, du Code de procédure pénale que la cour d'appel n'est pas tenue de motiver spécialement son refus d'entendre comme témoin une personne présente à l'ouverture des débats qui n'a pas été régulièrement citée, la décision d'autoriser cette audition étant laissée à son appréciation (■ Cass. crim., 4 juin 2019, n° 18-84.720 : *Bull. crim.* n° 101).

Art. 445 – **Les témoins doivent, sur la demande du président, faire connaître leurs nom, prénoms, âge, profession et domicile, s'ils sont parents ou alliés du prévenu, de la personne civilement responsable ou de la partie civile et s'ils sont à leur service.**

Le cas échéant, le président leur fait préciser quelles relations ils ont, ou ont eu, avec le prévenu, la personne civilement responsable, ou la partie civile.

Bibliographie : H. Pelletier, *Tribunal correctionnel. – Administration de la preuve. – Preuve testimoniale : JCl. Proc. pén.*, art. 427 à 457, Fasc. 30, actualisé par J.-B. Thierry.

S'il est vrai que la preuve de la vérité du fait diffamatoire est légalement prohibée, au sens de l'article 35 de la loi du 29 juillet 1881, lorsqu'un témoin, poursuivi dans une autre procédure, se trouve appelé à déposer sous la foi du serment en application de l'article 55 de ladite loi et que les faits diffamatoires sont en rapport avec ceux qui ont motivé sa poursuite, il appartient aux juges, saisis d'une demande de sursis à statuer, de vérifier la réalité de l'empêchement invoqué ; une telle vérification, qui précède l'audition du témoin, entre dans les prévisions de l'article 445 du Code de procédure pénale (■ Cass. crim., 28 juin 1994, n° 94-81.335 : *Bull. crim.* n° 257).

Art. 446 *(Rempl., L. n° 93-2, 4 janv. 1993 ; L. n° 93-1013, 24 août 1993).* – **Avant de commencer leur déposition, les témoins prêtent le serment de dire toute la vérité, rien que la vérité.**

Bibliographie : H. Pelletier, *Tribunal correctionnel. – Administration de la preuve. – Preuve testimoniale : JCl. Proc. pén.*, art. 427 à 457, Fasc. 30, actualisé par J.-B. Thierry.

I – FORMULE DU SERMENT

1) Caractère substantiel. La formule de serment de l'article 446 du Code de procédure pénale est substantielle et ne permet aucun retranchement (▪ Cass. crim., 2 nov. 1971, n° 71-91.023 : *Bull. crim.* n° 289). Est donc nulle la déposition d'un témoin qui prête serment de dire « la vérité, rien que la vérité » (▪ Cass. crim., 25 janv. 1912 : *DP* 1912, 5, 28).

2) Mots surabondants. En jurant de « dire la vérité, toute la vérité, rien que la vérité », le témoin prête bien le serment prescrit par l'article 446 du Code de procédure pénale, l'addition surabondante des mots « la vérité » n'en ayant restreint ni la portée, ni les conséquences légales (▪ Cass. crim., 14 nov. 1972, n° 72-92.301 : *Bull. crim.* n° 341).

II – PREUVE DE LA PRESTATION DE SERMENT

3) Notes d'audience. Il suffit que les notes d'audience signées par le greffier et visées par le président, régulièrement communiquées à la Cour de cassation et dont les énonciations complètent celles de l'arrêt attaqué, mentionnent que les témoins ont fait leur déposition après avoir prêté serment (▪ Cass. crim., 9 déc. 2014, n° 13-85.141. ▪ Cass. crim., 19 mars 2019, n° 17-87.491). Lorsque les notes d'audience portent seulement la mention « serment témoin », il n'est pas établi que le témoin a prêté le serment prescrit par l'article 446 du Code de procédure pénale (▪ Cass. crim., 26 avr. 1977, n° 75-93.045 : *Bull. crim.* n° 137).

4) Mentions de la décision. Est suffisante la mention selon laquelle X. « a été entendu comme témoin conformément à l'article 155 du Code d'instruction criminelle (CPP, art. 446) » : il est ainsi établi que le serment a bien été prêté en la forme prescrite par ledit article (▪ Cass. crim., 27 mai 1933 : *DH* 1933, 381). La mention de l'arrêt attaqué, selon laquelle le témoin a prêté serment, suffit à établir qu'il a été satisfait aux prescriptions de l'article 446 du Code de procédure pénale (▪ Cass. crim., 26 mai 1999, n° 98-85.602 : *Bull. crim.* n° 107 ; *Dr. pén.* 1999, comm. 58, obs. Maron). *Contra*, auparavant : doit être cassé l'arrêt qui se borne à énoncer que le serment a été prêté « conformément à la loi » (▪ Cass. crim., 13 mars 1919 : *Bull. crim.* n° 63). Doit être cassé l'arrêt qui mentionne que les témoins « ont comparu et ont été entendus » (▪ Cass. crim., 5 mai 1981, n° 80-92.973 : *Bull. crim.* n° 140) ou qu'un individu a été « entendu en qualité de témoin par la cour » (▪ Cass. crim., 6 nov. 1991, n° 90-86.667 : *Bull. crim.* n° 400).

III – PERSONNES TENUES DE PRÊTER SERMENT

5) Agents des administrations. La prestation de serment prescrite par l'article 446 du Code de procédure pénale s'applique aux agents des administrations (▪ Cass. crim., 3 mai 1990, n° 89-83.163 : *Bull. crim.* n° 173), même assermentés (▪ Cass. crim., 26 avr. 1977, n° 75-93.045 : *Bull. crim.* n° 137).

6) Agents des administrations dotés de pouvoirs particuliers. Lorsque l'agent d'une administration a le droit d'exposer l'affaire devant la juridiction appelée à en connaître et d'y être entendu à l'appui de ses conclusions, ce droit s'oppose à ce qu'ils soient entendus comme témoins, serment préalablement prêté par application des dispositions de l'article 446 du Code de procédure pénale ; ainsi des fonctionnaires qualifiés pour exercer, conjointement avec le ministère public, des poursuites et actions en réparation des infractions du Code rural (▪ Cass. crim., 7 avr. 1993, n° 92-82.343 : *Bull. crim.* n° 154 ; *Dr. pén.* 1993, comm. 247, obs. A. Maron). Il ne saurait être reproché à la cour d'appel d'avoir fait prêter le serment des témoins au représentant de la Direction générale de la concurrence, de la consommation et de la répression des fraudes, dès lors qu'il résulte des mentions de l'arrêt que, malgré la qualité à lui conférée de « partie jointe au ministère public », cet agent, qui ne tient d'aucun texte la possibilité d'intervenir comme partie à l'instance, n'a pas été entendu en cette prétendue qualité, mais seulement comme témoin conformément aux dispositions de l'article 446 du Code de procédure pénale (▪ Cass. crim., 30 mars 1994, n° 93-82.611 : *Bull. crim.* n° 131). Il en est de même dans le cas des agents de la Direction du Travail et de l'emploi qui n'ont pas qualité pour engager les poursuites relatives aux infractions qu'ils sont chargés de constater (▪ Cass. crim., 26 sept. 1995, n° 94-80.983 : *Bull. crim.* n° 287).

7) Expert prêtant le serment des témoins. Il n'y a pas lieu à nullité lorsqu'un expert a prêté le serment des témoins, dès lors que le serment prêté, sans observations des parties, impliquait celui d'apporter son concours à la justice en son honneur et en sa conscience (▪ Cass. crim., 22 mai 2013, n° 12-82.734).

8) Témoin devenu partie civile. Dès que le plaignant prend, au cours du procès, la qualité de partie civile, il devient partie au procès et cesse d'être témoin ; en conséquence, un arrêt peut valablement, après l'audition d'un témoin sous la foi du serment, lui donner acte de sa constitution de partie civile et annuler le serment qui avait été précédemment prêté (▪ Cass. crim., 8 janv. 1925 : *DP* 1925, 1, 94).

IV – VIOLATION DE L'ARTICLE 446 ET NÉCESSITÉ D'UN GRIEF

9) Déposition ayant pu influencer la décision. Doit être cassé l'arrêt qui a rejeté l'exception de nullité d'un témoignage tirée de l'absence de prestation de serment, alors que la déposition a pu exercer une influence sur la décision de culpabilité des prévenus (■ Cass. crim., 23 oct. 2013, n° 13-83.326). Il y a lieu à nullité lorsqu'un témoin a été entendu sans prestation de serment, si sa déposition, à laquelle la cour d'appel se réfère expressément dans sa motivation, a pu exercer une influence sur la décision de culpabilité du prévenu (■ Cass. crim., 27 oct. 2015, n° 14-85.686. ■ Cass. crim., 5 sept. 2018, n° 17-86.392). Les demandeurs ne sauraient se faire un grief de l'inobservation des dispositions de l'article 446 du Code de procédure pénale relatives au serment des témoins, dès lors que les juges se sont fondés, pour asseoir leur conviction, sur les déclarations d'un témoin faites au cours de son audition par les services de police, et non sur la déposition de celui-ci cité devant la cour d'appel, par laquelle il revenait sur ses premières déclarations, et qui a été écartée par les juges comme non probante (■ Cass. crim., 16 déc. 2015, n° 13-84.592). Le demandeur ne saurait se faire un grief de ce que le témoin n'ait pas prêté serment, comme il aurait dû le faire en application de l'article 446 du Code de procédure pénale, dès lors qu'il ne résulte d'aucune des énonciations de l'arrêt que les juges se soient fondés sur les déclarations de ce témoin pour asseoir en tout ou en partie leur conviction sur la culpabilité (■ Cass. crim., 20 juin 2018, n° 17-85.950. ■ Cass. crim., 20 févr. 2019, n° 18-80.421 : *Bull. crim.* n° 47).

10) Déposition ayant fondé la décision. Pour écarter l'exception de nullité de la procédure suivie devant le tribunal, tirée de l'audition sans prestation de serment du témoin qui avait porté les faits poursuivis à la connaissance de la police, l'arrêt attaqué se borne à énoncer que « devant les premiers juges, Y... n'a fait que confirmer ses déclarations antérieures sans rien y ajouter et qu'en conséquence ses déclarations n'ont pu faire grief au prévenu » ; en prononçant ainsi alors que, pour entrer en voie de condamnation, le tribunal s'était fondé notamment sur le témoignage recueilli, les juges ont méconnu l'article 446 du Code de procédure pénale (■ Cass. crim., 7 nov. 2000, n° 00-83.380 : *Bull. crim.* n° 330). Si l'agent de l'Administration intéressée aux poursuites ne pouvait être entendu qu'en qualité de témoin, l'arrêt n'encourt pas la censure dès lors qu'il n'est pas établi que l'omission de la formalité du serment ait eu pour effet de porter atteinte aux intérêts du prévenu, les juges d'appel ne s'étant pas fondés sur les déclarations fournies par ce fonctionnaire pour asseoir en tout ou en partie leur conviction sur la culpabilité (■ Cass. crim., 3 janv. 1996, n° 94-83.916 : *Bull. crim.* n° 2. ■ Cass. crim., 17 déc. 1997, n° 96-86.164 : *Bull. crim.* n° 433).

11) Témoins entendus à titre de simples renseignements. Doit être cassé l'arrêt qui a rejeté l'exception de nullité tirée de l'audition d'un policier municipal assermenté qui n'avait pas prêté le serment de l'article 446 du Code de procédure pénale, au motif qu'il a été entendu « à titre de simple renseignement », alors que sa déposition a pu exercer une influence sur la décision de culpabilité des prévenus (■ Cass. crim., 23 oct. 2013, préc., n° 9). Même solution pour un commandant divisionnaire de police. ■ Cass. crim., 8 sept. 2021, n° 20-81.216. Il y a lieu à nullité lorsqu'un témoin a été entendu à titre de simples renseignements, sans prestation de serment, lorsque sa déposition, à laquelle la cour d'appel se réfère expressément dans sa motivation, a pu exercer une influence sur la décision de culpabilité du prévenu (■ Cass. crim., 27 oct. 2015, préc., n° 9. ■ Cass. crim., 8 sept. 2021, préc.). En autorisant une personne dont le témoignage est requis à déposer sans prestation de serment, à titre de simple renseignement, le président du tribunal correctionnel s'arroge un pouvoir discrétionnaire que l'article 310 du Code de procédure pénale n'attribue qu'aux présidents des cours d'assises, en violation de l'article 446 dudit code (■ Cass. crim., 17 févr. 1965, n° 64-91.404 : *Bull. crim.* n° 53).

Art. 447. – **Les enfants au-dessous de l'âge de seize ans sont entendus sans prestation de serment.**

Bibliographie : H. Pelletier, *Tribunal correctionnel. – Administration de la preuve. – Preuve testimoniale : JCl. Proc. pén.*, art. 427 à 457, Fasc. 30, actualisé par J.-B. Thierry.

Art. 448. – **Sont reçues dans les mêmes conditions les dépositions :**

1° Du père, de la mère ou de tout autre ascendant du prévenu ou de l'un des prévenus présents et impliqués dans la même affaire ;

2° Du fils, de la fille ou de tout autre descendant ;

3° Des frères et sœurs ;

4° Des alliés aux mêmes degrés ;

5° Du mari ou de la femme ; cette prohibition subsiste même après le divorce.

Bibliographie : H. Pelletier, *Tribunal correctionnel. – Administration de la preuve. – Preuve testimoniale : JCl. Proc. pén.*, art. 427 à 457, Fasc. 30, actualisé par J.-B. Thierry.

1) Énumération limitative. L'énumération de l'article 156 du Code d'instruction criminelle (CPP, art. 448) est limitative (■ Cass. crim., 17 juin 1911 : *Bull. crim.* n° 315. ■ Cass. crim., 5 août 1911 : *DP* 1912, 1, 388. ■ Cass. crim., 20 juin 1952 : *D.* 1953, somm. 32). Elle ne s'applique donc pas aux parents du plaignant (■ Cass. crim., 17 juin 1911, préc.), aux cousins germains du prévenu (■ Cass. crim., 5 août 1911, préc.). Le lien de subordination unissant le contrevenant au témoin ne fait pas partie de ceux que mentionne l'article 448 du Code de procédure pénale comme dispensant de la prestation de serment (■ Cass. crim., 8 janv. 2019, n° 18-81.914).

2) Illustrations. C'est à bon droit que la cour d'appel a entendu des témoins, sœur et épouse des deux prévenus, sans prestation de serment en application de l'article 448 du Code de procédure pénale (■ Cass. crim., 10 déc. 2014, n° 14-80.144). Le lien de subordination unissant le contrevenant au témoin ne faisant pas partie de ceux que mentionne l'article 448 du Code de procédure pénale comme dispensant de la prestation de serment, doit être cassé l'arrêt qui, pour déclarer le prévenu coupable des contraventions reprochées, énonce que les procès-verbaux font foi jusqu'à preuve contraire rapportée par écrit ou par témoin en application de l'article 537 dudit code et, qu'en l'espèce, cette dernière ne résulte pas du témoignage de l'apprenti du contrevenant entendu sans prestation de serment, en raison de son absence totale de crédibilité (■ Cass. crim., 8 janv. 2019, n° 18-81.914).

Art. 449. **– Toutefois, les personnes visées aux articles 447 et 448 peuvent être entendues sous serment lorsque ni le ministère public ni aucune des parties ne s'y sont opposés.**

Bibliographie : H. Pelletier, *Tribunal correctionnel. – Administration de la preuve. – Preuve testimoniale : JCl. Proc. pén.*, art. 427 à 457, Fasc. 30, actualisé par J.-B. Thierry.

Art. 450. **– Le témoin qui a prêté le serment n'est pas tenu de le renouveler, s'il est entendu une seconde fois au cours des débats.**

Le président lui rappellera, s'il y a lieu, le serment qu'il a prêté.

Bibliographie : H. Pelletier, *Tribunal correctionnel. – Administration de la preuve. – Preuve testimoniale : JCl. Proc. pén.*, art. 427 à 457, Fasc. 30, actualisé par J.-B. Thierry.

Art. 451. **– La personne qui, agissant en vertu d'une obligation légale ou de sa propre initiative, a porté les faits poursuivis à la connaissance de la justice, est reçue en témoignage, mais le président en avertit le tribunal.**

Celui dont la dénonciation est récompensée pécuniairement par la loi peut aussi être entendu en témoignage, à moins qu'il n'y ait opposition d'une des parties, ou du ministère public.

Bibliographie : H. Pelletier, *Tribunal correctionnel. – Administration de la preuve. – Preuve testimoniale : JCl. Proc. pén.*, art. 427 à 457, Fasc. 30, actualisé par J.-B. Thierry.

Art. 452. **– Les témoins déposent oralement.**

Toutefois, ils peuvent, exceptionnellement, s'aider de documents avec l'autorisation du président.

Bibliographie : H. Pelletier, *Tribunal correctionnel. – Administration de la preuve. – Preuve testimoniale : JCl. Proc. pén.*, art. 427 à 457, Fasc. 30, actualisé par J.-B. Thierry.

Dès lors que, conformément aux dispositions de l'article 452 du Code de procédure pénale, les témoins ne peuvent utiliser des documents qu'avec l'autorisation du président, celui-ci est fondé à leur demander préalablement les explications nécessaires (■ Cass. crim., 22 févr. 2022, n° 20-84.351, § 11).

Art. 453. **– Le greffier tient note du déroulement des débats et principalement, sous la direction du président, des déclarations des témoins ainsi que des réponses du prévenu.**

Les notes d'audience sont signées par le greffier. Elles sont visées par le président, au plus tard dans les trois jours qui suivent chaque audience.

1) Capacité du greffier. La capacité du greffier repose sur une présomption qui dispense, sauf preuve contraire d'irrégularité, de toute mention spéciale relative notamment à son serment professionnel (■ Cass. crim., 3 mai 1995, n° 94-84.020).

2) Tenue des notes d'audience. Toute partie à une audience correctionnelle peut établir par tout moyen la preuve de l'irrégularité de la procédure suivie lors de cette audience correctionnelle, le cas échéant par la voie de l'inscription de faux.

L'article 459 du Code de procédure pénale permet de déposer devant le tribunal correctionnel des conclusions faisant état d'une telle irrégularité. Selon ce même article, le dépôt de ces conclusions est obligatoirement mentionné dans les notes d'audience et le tribunal est tenu d'y répondre dans son jugement. En outre, les parties à l'audience peuvent demander auprès du président du tribunal correctionnel qu'il leur soit donné acte dans les notes d'audience de propos tenus ou d'incidents. Dès lors, il ne résulte pas de l'article 453, alinéa 1 du Code de procédure pénale l'impossibilité pour une partie d'apporter la preuve de l'existence d'une irrégularité ayant affecté le déroulement d'une audience correctionnelle. Les griefs tirés de la méconnaissance du droit à un procès équitable et des droits de la défense doivent en conséquence être écartés. Par ailleurs, les dispositions contestées n'instituent, par elles-mêmes, aucune différence de traitement dans la tenue des notes d'audience entre les personnes poursuivies devant le tribunal correctionnel. Le fait qu'une personne puisse être jugée pour un délit par la cour d'assises ou pour un crime requalifié en délit jugé par le tribunal correctionnel ne résulte pas des dispositions contestées. Le grief tiré de la méconnaissance du principe d'égalité devant la justice doit donc être écarté (■ Cons. const., 20 sept. 2019, n° 2019-801 QPC). La rédaction des notes d'audience n'est pas prescrite à peine de nullité (■ Cass. crim., 19 août 1875 : *Bull. crim.* n° 269). Le prévenu ne saurait se faire un grief de l'absence de notes d'audience, dès lors qu'il n'est ni établi, ni même allégué qu'il ait usé devant les juges du fond du droit qu'il tient de l'article 457 du Code de procédure pénale, de faire consigner les dires précis des témoins entendus (■ Cass. crim., 16 janv. 2001, n° 00-83.356).

3) Décisions sur incident. Il n'est pas nécessaire que les décisions intervenues sur de simples incidents soient rédigées à part, il suffit qu'elles soient mentionnées aux notes d'audience et signées par le juge et par le greffier (■ Cass. crim., 25 avr. 1914 : *Bull. crim.* n° 216).

4) Ministère public. Le ministère public peut, sans avoir à en articuler les motifs, faire prendre note de toute déposition qui lui semble devoir être retenue comme étant susceptible de servir de base à une action ultérieure (■ Cass. crim., 6 janv. 1893 : *Bull. crim.* n° 5. ■ Cass. crim., 21 juin 1950 : *D.* 1950, 501).

5) Autorité des notes d'audience. Le dispositif qui constitue les jugements et arrêts fait foi jusqu'à inscription de faux ; cette autorité ne peut être déduite de simples notes d'audience dont l'objet est seulement d'assurer aux cours d'appel la connaissance des débats oraux (■ Cass. crim., 23 mai 1967, n° 66-93.857 : *Bull. crim.* n° 160. ■ Cass. crim., 3 sept. 2019, n° 18-82.710). Les constatations faites par les juges, dans l'exercice et les limites de leurs attributions, de faits matériels accomplis par eux font foi jusqu'à inscription de faux et les énonciations des notes d'audience ne sauraient faire échec à de telles constatations (■ Cass. crim., 17 juill. 1980, n° 79-93.039 : *Bull. crim.* n° 228).

6) Notes d'audience, complément des énonciations de la décision. Les notes d'audience régulièrement dressées conformément à l'article 453 du Code de procédure pénale complètent éventuellement les énonciations de l'arrêt (■ Cass. crim., 29 déc. 1923 : *Bull. crim.* n° 452) ; elles peuvent établir la prestation de serment d'un témoin (■ Cass. crim., 16 nov. 1994, n° 94-80.660 : *Bull. crim.* n° 366). Des notes d'audience n'ayant été ni visées par le président, ni signées par le greffier sont dépourvues de force probante et ne sauraient suppléer l'absence de mentions d'un arrêt (■ Cass. crim., 14 nov. 2013, n° 12-87.991 : *Bull. crim.* n° 226). Pour rejeter les conclusions aux fins de partage de responsabilité dont elle était saisie, la cour d'appel énonce qu'au cours des débats devant le tribunal correctionnel, les prévenus comparants n'ont jamais soulevé cette question ; en statuant ainsi, alors que, à défaut d'avoir été mentionnée par le jugement, qui n'y répond pas, la demande de partage des conséquences civiles des infractions poursuivies est constatée par une mention sur les notes d'audience tenues par le greffier et signées par le président en application de l'article 453 du Code de procédure pénale, la cour d'appel n'a pas justifié sa décision (■ Cass. crim., 26 juin 2018, n° 17-83.196).

7) Interruption de la prescription de l'action publique. Prononcée à l'audience même où l'affaire avait été contradictoirement renvoyée, et ayant été dûment constatée par une mention sur les notes d'audience tenues par le greffier et signées par le président en application de l'article 453 du Code de procédure pénale, notes d'audience auxquelles l'arrêt se réfère, une remise de cause constitue, bien qu'il n'y soit pas constaté qu'elle ait été décidée avec le concours et à la demande des parties, un véritable jugement préparatoire ayant le caractère d'un acte d'instruction de nature à interrompre la prescription (■ Cass. crim., 1er avr. 1963, n° 62-90.778 : *Bull. crim.* n° 142. ■ Cass. crim., 24 janv. 1973, n° 72-90.061 : *Bull. crim.* n° 39. ■ Cass. crim., 3 févr. 1993, n° 92-86.673 : *Bull. crim.* n° 140). Cette solution vaut pour les infractions de presse (■ Cass. crim., 17 févr. 2015, n° 13-88.129 : *Bull. crim.* n° 29).

Art. 454 *(Mod., L. n° 2000-516, 15 juin 2000).* **– Après chaque déposition, le président et, dans les conditions prévues à l'article 442-1, le ministère public et les parties posent au témoin les questions qu'ils jugent nécessaires.**

Le témoin peut se retirer après déposition, à moins que le président n'en décide autrement.

Le ministère public, ainsi que la partie civile et le prévenu, peuvent demander, et le président peut toujours ordonner, qu'un témoin se retire momentanément de la salle d'audience après sa déposition, pour y être introduit et entendu s'il y a lieu après d'autres dépositions avec ou sans confrontation.

Bibliographie : H. Pelletier, *Tribunal correctionnel. – Administration de la preuve. – Preuve testimoniale : JCl. Proc. pén.*, art. 427 à 457, Fasc. 30, actualisé par J.-B. Thierry.

Art. 455 *(Rempl., L. n° 93-2, 4 janv. 1993 ; mod., L. n° 93-1013, 24 août 1993).* **– Au cours des débats le président fait, s'il est nécessaire, représenter au prévenu ou aux témoins les pièces à conviction et reçoit leurs observations.**

Bibliographie : H. Pelletier, *Tribunal correctionnel. – Administration de la preuve. – Preuve testimoniale : JCl. Proc. pén.*, art. 427 à 457, Fasc. 30, actualisé par J.-B. Thierry.

Il n'appartient pas aux juges de se prononcer d'office sur l'opportunité du versement aux débats d'une pièce à conviction, dès lors que le prévenu n'en a pas sollicité la communication (■ Cass. crim., 11 mai 2006, n° 05-85.680).

Art. 456 *(L. n° 93-2, 4 janv. 1993).* **– Le tribunal, soit d'office, soit à la demande du ministère public, de la partie civile ou du prévenu, peut ordonner tous transports utiles en vue de la manifestation de la vérité.**

Les parties et leurs avocats sont appelés à y assister. Il est dressé procès-verbal de ces opérations.

Bibliographie : H. Pelletier, *Tribunal correctionnel. – Administration de la preuve. – Preuve testimoniale : JCl. Proc. pén.*, art. 427 à 457, Fasc. 30, actualisé par J.-B. Thierry.

Pour rejeter la demande de complément d'information formée par le prévenu, qui sollicitait un transport sur les lieux, la juridiction du second degré, après avoir constaté la présence d'un album photographique dans le dossier de la procédure, énonce que les locaux de l'officier ministériel ont été transférés et que la mesure sollicitée n'apparaît pas utile à la manifestation de la vérité ; en prononçant ainsi, et dès lors que les parties ont eu la possibilité de discuter contradictoirement les preuves à l'audience, la cour d'appel, qui a souverainement estimé que de nouvelles investigations n'étaient pas nécessaires, a justifié sa décision (■ Cass. crim., 23 oct. 2001, n° 01-83.007).

Art. 457. **– Si d'après les débats la déposition d'un témoin paraît fausse, le président, soit d'office, soit à la requête du ministère public ou de l'une des parties, fait consigner aux notes d'audience les dires précis du témoin.**

Il peut enjoindre spécialement à ce témoin de demeurer à la disposition du tribunal, qui l'entendra à nouveau, s'il y a lieu.

Si le jugement doit être rendu le jour même, le président peut également faire garder ce témoin par la force publique dans ou hors la salle d'audience.

Après lecture du jugement sur le fond, le tribunal ordonne sa conduite devant le procureur de la République qui requiert l'ouverture d'une information pour faux témoignage.

Il est dressé séance tenante par le tribunal, après la lecture du jugement sur le fond, un procès-verbal des faits ou des dires d'où peut résulter le faux témoignage.

Ce procès-verbal et une expédition des notes d'audience sont transmis sans délai au procureur de la République.

Bibliographie : H. Pelletier, *Tribunal correctionnel. – Administration de la preuve. – Preuve testimoniale : JCl. Proc. pén.*, art. 427 à 457, Fasc. 30, actualisé par J.-B. Thierry.

§ 4. – De la discussion par les parties

Bibliographie : J.-L. Gallet, *Tribunal correctionnel. – Discussion par les parties : JCl. Proc. pén.*, art. 458 à 461, Fasc. 20, actualisé par L. Lazerges-Cousquer.

Art. 458. – **Le procureur de la République prend, au nom de la loi, les réquisitions tant écrites qu'orales qu'il croit convenables au bien de la justice.**

Dans le cas où des réquisitions écrites sont prises, mention en est faite dans les notes tenues par le greffier et le tribunal est tenu d'y répondre.

1) Question prioritaire de constitutionnalité. L'article 458 du Code de procédure pénale n'est pas contraire à la Constitution en ce qu'il n'impose pas au ministère public de prendre des réquisitions écrites motivées en matière correctionnelle, car le représentant du ministère public requiert à l'audience du tribunal correctionnel à la lumière des débats et non pas uniquement au vu du dossier, les droits de la défense étant pleinement garantis dans la mesure où le prévenu est informé à l'avance des faits qui lui sont reprochés, peut prendre connaissance du dossier et, à l'issue des débats, a la parole en dernier, ce qui lui permet de répliquer au ministère public (▪ Cass. crim., 10 févr. 2016, n° 15-86.503 QPC).

2) Conclusions du ministère public reprenant le rapport d'une administration. Le procureur général ayant déposé au dossier de la procédure un rapport établi par la Direction générale de la concurrence, de la consommation et de la répression des fraudes et intitulé « conclusions » et le prévenu ayant soulevé une exception de nullité, au motif qu'il appartient au ministère public de prendre des réquisitions écrites personnelles en vertu de l'article 458 du Code de procédure pénale, la cour d'appel énonce à bon droit qu'aucun texte du Code de procédure pénale n'interdit au ministère public, même en cause d'appel, de demander à cette administration un avis sur les pratiques anticoncurrentielles faisant l'objet des poursuites, dès lors que cet avis, exprimé sous la forme de conclusions, est soumis au débat et à la libre discussion des parties devant les juges du fond (▪ Cass. crim., 22 oct. 2003, n° 02-83.372).

3) Pourvoi en cassation en l'absence de réquisitions écrites du parquet devant la cour d'appel. N'est pas recevable, en l'absence de pourvoi des parties civiles, le moyen pris d'un défaut de réponse aux conclusions d'appel des parties civiles, proposé par le ministère public, alors que celui-ci n'avait pas pris de réquisitions écrites devant la cour d'appel en application de l'article 458 du Code de procédure pénale (▪ Cass. crim., 15 nov. 2005, n° 04-87.813 : *Bull. crim.* n° 295).

4) Action civile. S'il est vrai que l'arrêt attaqué ne mentionne pas l'audition du représentant du ministère public présent aux débats, l'irrégularité commise ne doit pas entraîner la nullité, dès lors que, seule l'action civile étant en cause, il n'est ni démontré, ni même allégué que la partie demanderesse ait subi une atteinte à ses intérêts (▪ Cass. crim., 5 janv. 2000, n° 99-83.711).

5) Action fiscale. Devant les juridictions correctionnelles, en application des articles 458 et 512 du Code de procédure pénale, le ministère public, fût-il partie jointe et son appel serait-il irrecevable, prend, au nom de la loi, les réquisitions tant écrites qu'orales qu'il croit convenables au bien de la justice ; la cour d'appel a donc statué à bon droit sur l'action fiscale, seule en cause, après avoir entendu le ministère public (▪ Cass. crim., 12 déc. 2007, n° 07-81.823 : *Bull. crim.* n° 310 ; *Dr. pén.* 2008, comm. 35, obs. J.-H. Robert).

6) Procédure devant le juge des libertés et de la détention. La procédure suivie devant le juge des libertés et de la détention pour la délivrance d'une autorisation de visite et saisie sur le fondement de l'article L. 450-4 du Code de commerce n'est pas régie par les dispositions du Code de procédure pénale ; l'article 458 dudit code est donc inapplicable et aucune disposition de l'article L. 450-4 du Code de commerce ne prévoit l'audition du ministère public en ses réquisitions avant que le juge des libertés et de la détention ne statue (▪ Cass. crim., 12 déc. 2007, n° 07-81.434).

Art. 459. – **Le prévenu, les autres parties et leurs avocats, peuvent déposer des conclusions.**

Ces conclusions sont visées par le président et le greffier ; ce dernier mentionne ce dépôt aux notes d'audience.

Le tribunal qui est tenu de répondre aux conclusions ainsi régulièrement déposées doit joindre au fond les incidents et exceptions dont il est saisi, et y statuer par un seul et même jugement en se prononçant en premier lieu sur l'exception et ensuite sur le fond.

Il ne peut en être autrement qu'au cas d'impossibilité absolue, ou encore lorsqu'une décision immédiate sur l'incident ou sur l'exception est commandée par une disposition qui touche à l'ordre public.

1) Question prioritaire de constitutionnalité. Les dispositions de l'article 459 du Code de procédure pénale, d'où il résulte que les juges ne sont pas tenus de répondre aux écrits qui n'ont pas été régulièrement déposés à l'audience par le prévenu ou son avocat, sont destinés à inciter la personne poursuivie à comparaître ou à se faire représenter à l'audience, où elle a la parole en dernier ; elles permettent ainsi d'assurer l'oralité et le caractère contradictoire des débats sans porter atteinte aux droits de la défense. En conséquence n'est pas pertinente la question prioritaire de constitutionnalité aux termes de laquelle l'article 459 conduisant à déclarer irrecevables les conclusions soumises à un tribunal de police dans de telles conditions, même pour le jugement d'une contravention où seule une amende est encourue, il serait porté atteinte au droit au procès équitable et au respect des droits de la défense au motif que le justiciable, pour défendre sa cause en matière contraventionnelle, serait astreint à engager des frais disproportionnés au regard du montant de l'amende encourue, ce qui le découragerait de se présenter devant le juge et l'inciterait à payer une amende injuste plutôt qu'à la contester (■ Cass. crim., 19 juin 2019, n° 19-82.621 QPC).

I – CONCLUSIONS

2) Notion de conclusions. La contestation adressée par le prévenu à l'officier du ministère public pour contester la vitesse à laquelle il a été contrôlé ne vaut pas conclusions régulièrement déposées au sens de l'article 459 du Code de procédure pénale (■ Cass. crim., 10 déc. 2019, n° 18-87.055).

A – Communication des conclusions aux parties

3) Obligation du juge de communiquer les conclusions aux parties. Il se déduit des articles préliminaire et 459 du Code de procédure pénale qu'il appartient au juge d'ordonner ou d'assurer la communication des conclusions aux autres parties (■ Cass. crim., 16 avr. 2019, n° 18-85.772. ■ Cass. crim., 2 juin 2021, n° 20-84.720, § 7). Une juridiction ne saurait donc écarter des conclusions aux motifs qu'elles n'ont pas été régulièrement communiquées aux parties (■ Cass. crim., 2 juin 2021, préc., § 8).

B – Régularité en la forme des conclusions

4) Un prévenu ne saurait se plaindre que la juridiction n'a pas répondu à ses conclusions, lorsque celles-ci ne sont ni signées par leur auteur, ni revêtues d'aucun des visas prévus par l'article 459 du Code de procédure pénale, de sorte qu'il n'est pas établi que les juges d'appel aient été mis en mesure d'y répondre (■ Cass. crim., 13 oct. 2015, n° 14-86.374 : *Bull. crim.* n° 222).

C – Régularité du dépôt des conclusions

5) Dépôt le jour de l'audience. Il ne saurait être reproché au juge de ne pas avoir répondu aux conclusions de la prévenue, dès lors que, en méconnaissance des dispositions de l'article 459 du Code de procédure pénale, ces conclusions n'ont pas été déposées le jour de l'audience des débats et qu'il n'est pas établi que le président en ait eu connaissance (■ Cass. crim., 17 févr. 1998, n° 97-82.999 : *Bull. crim.* n° 64). Il en est de même lorsqu'il ne résulte ni de l'arrêt attaqué, ni des pièces de procédure que des conclusions aient été déposées à l'audience, n'étant produites par l'avocat du demandeur au pourvoi que des conclusions parvenues par fax à la cour qui ne sont pas signées de leur auteur et qui, en méconnaissance de l'article 459 du Code de procédure pénale, n'ont été visées ni du président d'audience, ni du greffier (■ Cass. crim., 8 mars 2017, n° 15-87.457).

6) Conclusions non soutenues verbalement à l'audience. C'est à tort qu'une cour d'appel dit irrecevable l'exception de nullité tirée du recours à la procédure de comparution immédiate, au motif que les conclusions des appelants soulèvent à nouveau une exception de nullité que les premiers juges ont rejetée, mais qui n'a pas été soutenue à l'audience en cause d'appel, dès lors qu'il ressort des mentions de l'arrêt que l'avocat des prévenus a déposé à l'audience, avant toute défense au fond, des conclusions de nullité et qu'en l'absence de renonciation expresse, la cour d'appel était tenue d'y répondre même si ladite exception n'a pas été soutenue oralement (■ Cass. crim., 24 oct. 2017, n° 16-85.875 : *Bull. crim.* n° 233).

7) Prévenu non comparant ni représenté à l'audience. Le prévenu qui n'a pas comparu à l'audience et n'y a pas été représenté, ne saurait se faire un grief d'une insuffisance ou d'un défaut de réponse à conclusions, dès lors que celles-ci n'ont pas été régulièrement déposées au sens de l'article 459 du Code de procédure pénale (■ Cass. crim., 3 sept. 2019, n° 19-80.854). Le prévenu, qui n'a pas comparu à l'audience et n'y a pas été représenté, ne saurait se faire un grief d'une insuffisance de motifs ou d'un défaut de réponse à ses conclusions, dès lors que la contestation adressée par lui à l'officier du ministère public pour contester la vitesse à laquelle il a été contrôlé ne vaut pas conclusions régulièrement déposées au sens de l'article 459 du Code de procédure pénale (■ Cass. crim., 10 déc. 2019, n° 18-87.055).

8) Prévenu ayant demandé à être jugé en son absence. Il résulte des dispositions combinées des articles 544 et 411 du Code de procédure pénale que, lorsque le prévenu a demandé à être jugé en son absence, son défenseur est entendu. Sont, dès lors, à bon droit, déclarées irrecevables les conclusions que le défenseur adresse par la voie postale à la juridiction d'appel sans se présenter à l'audience et sans satisfaire aux prescriptions de l'article 459 du même code (■ Cass. crim., 10 janv. 1996, n° 95-83.381 : *Bull. crim.* n° 15). C'est à tort que l'arrêt déclare irrecevable une exception de nullité, au motif que la prévenue étant absente et non représentée lors de l'audience, ses conclusions n'ont été ni soutenues, ni développées oralement, alors que la cour d'appel était saisie de ces conclusions, qui étaient visées par le président et le greffier et avaient été régulièrement déposées, au sens de l'article 459 du Code de procédure pénale, lors d'une audience antérieure (▪ Cass. crim., 25 juin 2014, n° 13-83.072 : *Bull. crim.* n° 168).

9) Communication par une partie de ses conclusions aux autres parties. L'article 459 du Code de procédure pénale n'exige pas que la partie qui dépose des conclusions, dans les conditions qu'il prévoit, les communique préalablement aux autres parties ; encourt dès lors la censure l'arrêt qui déclare irrecevables des conclusions régulièrement déposées, au motif qu'elles n'ont pas été adressées aux avocats des autres parties, alors qu'il appartenait aux juges d'ordonner ou d'assurer la communication de ces conclusions (▪ Cass. crim., 23 janv. 2007, n° 06-84.551 : *Bull. crim.* n° 14).

D – Domaine d'application de l'article 459

10) Demande du prévenu tendant à l'audition d'un témoin. Le prévenu ne peut se plaindre d'une violation de l'article 6 de la Convention européenne des droits de l'Homme en raison d'un refus des juges d'entendre un témoin, alors qu'il ne résulte ni de l'arrêt, ni des pièces de procédure qu'il ait régulièrement saisi la cour d'appel, dans les formes prévues par l'article 459 du Code de procédure pénale, d'une demande tendant à cette audition (▪ Cass. ass. plén., 2 déc. 2005, n° 03-81.553 : *Bull. ass. plén.* n° 3). Les juges sont tenus de répondre à la requête tendant à l'audition d'un témoin, dès lors qu'elle a été formulée par conclusions régulièrement déposées en application de l'article 459 du Code de procédure pénale (▪ Cass. crim., 4 mars 2014, n° 13-81.916 : *Bull. crim.* n° 63).

11) Demande de mise en liberté. Après avoir fait droit à la demande de M. X... tendant à ce que les débats aient lieu à huis clos, la cour d'appel, à l'issue de son délibéré, a rejeté sa demande de mise en liberté par décision rendue en audience publique ; en procédant ainsi, la cour d'appel, contrairement à ce qui est allégué par le demandeur, a fait l'exacte application des dispositions de l'article 400 du Code de procédure pénale, la décision rendue sur une demande de mise en liberté ne constituant pas un jugement séparé au sens de cet article et de l'article 459, alinéa 4, du même code (▪ Cass. crim., 11 juin 2013, n° 13-81.998 : *Bull. crim.* n° 134).

12) Note en délibéré. Il ne saurait fait grief à une cour d'appel d'avoir écarté les écritures adressées au greffe par une partie au cours du délibéré, dès lors qu'il relève du pouvoir souverain des juges, saisis d'une note en délibéré, d'apprécier s'il convient d'ordonner la reprise des débats (▪ Cass. crim., 25 juin 1990, n° 89-86.356 : *Bull. crim.* n° 258. ▪ Cass. crim., 1er avr. 1998, n° 97-83.734 : *Bull. crim.* n° 125 ; *Dr. pén.* 1998, comm. 60, obs. A. Maron. ▪ Cass. crim., 14 mars 2007, n° 06-81.010 : *Bull. crim.* n° 83 ; *RPDP* 2007, p. 377, obs. C. Ambroise-Castérot), même si ces écritures sont intitulées « conclusions » et visées par le président et le greffier (▪ Cass. crim., 25 juin 1990, préc.) ou contiennent des chefs de conclusions (▪ Cass. crim., 1er avr. 1998, préc.).

13) Demande de remise de cause. Une demande de remise de cause constitue un incident extrinsèque au fond du procès et les dispositions de l'article 459 du Code de procédure pénale n'interdisent pas aux juges, lorsque des conclusions ont été déposées pour provoquer un incident contentieux, de le joindre au fond ; ainsi c'est sans méconnaître ni les droits de la défense, ni aucun des textes visés au moyen, que la cour d'appel, qui avait souverainement apprécié l'opportunité de la remise de cause sollicitée, comme elle en avait le pouvoir, a décidé que les conclusions qui tendaient seulement à la faire revenir sur sa décision précédente étaient irrecevables (▪ Cass. crim., 14 juin 1988, n° 87-84.020 : *Bull. crim.* n° 272 ; *JCP* G 1989, II, 21218, note W. Jeandidier).

E – Effet des conclusions

14) Pouvoirs de l'avocat. L'avocat, qui en vertu de l'article 459 du Code de procédure pénale a qualité pour rédiger et signer lui-même les conclusions écrites, a également qualité pour renoncer oralement, devant les juges et au nom de la partie qu'il représente, aux moyens proposés dans lesdites conclusions (▪ Cass. crim., 6 mars 1974, n° 73-92.256 : *Bull. crim.* n° 96).

15) Conclusions sur les intérêts civils. Les juges du fond, statuant sur les intérêts civils, doivent se prononcer dans les limites des conclusions dont ils sont saisis (▪ Cass. crim., 19 mars 1985, n° 83-94.870 : *Bull. crim.* n° 115. ▪ Cass. crim., 3 févr. 1987, n° 86-91.214 : *Bull. crim.* n° 54. ▪ Cass. crim., 30 sept. 2003, n° 03-80.039 : *Bull. crim.* n° 173. ▪ Cass. crim., 14 oct. 2003, n° 03-81.366 : *Bull. crim.* n° 190). Méconnaît ce principe l'arrêt qui évalue le préjudice patrimonial d'une partie civile à une somme inférieure à celle proposée par la prévenue (▪ Cass. crim., 19 mars 1985, préc.). Méconnaît ce principe la cour d'appel qui condamne un prévenu à verser des dommages-intérêts à la partie civile, alors que celle-ci avait dirigé sa demande contre un autre prévenu, relaxé par la cour (▪ Cass. crim., 14 oct. 2003, préc.). Pour déclarer irrecevable la demande de restitution présentée par la commune, l'arrêt énonce que la citation initiale délivrée à la requête de la partie civile mentionnait bien une remise en état des lieux mais que cette mesure n'était pas sollicitée au titre des réparations civiles et que la demande présentée à ce titre pour la première fois en cause d'appel est nouvelle ; en se déterminant ainsi, alors que les demandes formées par la partie civile le sont nécessairement à titre de réparation civile, la cour d'appel n'a pas justifié sa décision (▪ Cass. crim., 26 juin 2018, n° 17-85.655).

16) Omission du juge de répondre à des conclusions. Il ne saurait être reproché aux juges du fond d'avoir omis de se prononcer sur le point de savoir si les contraventions étaient prescrites et d'avoir entaché leur décision d'un défaut de réponse à conclusions, dès lors que le juge correctionnel n'est tenu de répondre à des conclusions que s'il est juridiquement constaté qu'il a été mis en demeure de le faire (▪ Cass. crim., 10 juin 1992, n° 91-82.872 : *Bull. crim.* n° 225. ▪ Cass. crim., 8 juin 1994, n° 93-83.548 : *Bull. crim.* n° 229).

II – JONCTION AU FOND DES INCIDENTS ET EXCEPTIONS

17) Donner acte : caractère facultatif. Aucune disposition du Code de procédure pénale n'oblige le juge correctionnel à donner acte aux parties des incidents qu'elles soulèvent (▪ Cass. crim., 21 nov. 2018, n° 17-81.096 : *Bull. crim.* n° 193).

A – Nature juridique de la décision de jonction

18) Mesure d'administration judiciaire. La jonction des incidents au fond, prévue par l'article 459 du Code de procédure pénale, constitue une mesure d'administration judiciaire, applicable même dans le cas de l'article 386 dudit code, qui n'est soumise à aucune forme particulière, qui n'a pas à être motivée ; n'encourt donc pas la censure l'arrêt qui énonce que, les avocats du prévenu ayant déposé avant toute défense au fond des conclusions demandant à la cour d'appel de statuer par arrêt séparé sur des exceptions dites préjudicielles, les incidents ont été joints au fond (▪ Cass. crim., 13 mars 1995, n° 94-81.343 : *Bull. crim.* n° 101). La décision de joindre au fond un incident constitue une mesure d'administration judiciaire ; il importe donc peu que la décision ait été prise non par la juridiction, mais par son président (▪ Cass. crim., 2 juin 2010, n° 09-87.147 : *Bull. crim.* n° 98).

19) Absence de recours. Parce que la jonction des incidents au fond, prévue par l'article 459 du Code de procédure pénale, constitue une mesure d'administration judiciaire, elle n'a pas à être motivée et n'est susceptible d'aucun recours (▪ Cass. crim., 13 mars 1995, préc., n° 12. ▪ Cass. crim., 2 juin 2010, préc., n° 12. ▪ Cass. crim., 16 oct. 2013, n°s 03-83.910, 05-82.121 et 12-81.532). Encourt dès lors la censure l'arrêt d'une cour d'appel qui déclare recevable l'appel formé contre la décision du tribunal joignant au fond l'exception d'irrecevabilité des poursuites prise d'une immunité diplomatique (▪ Cass. crim., 10 mai 2007, n° 06-87.379 : *Bull. crim.* n° 122). Comp. : la jonction obligatoire, au fond, dans les conditions prévues par l'article 459 du Code de procédure pénale, pour qu'il soit ultérieurement statué par un seul et même jugement sur les incidents et exceptions dont les juges sont saisis, ainsi que sur le fond, constitue une décision qui n'entre pas dans la classe des jugements pouvant donner lieu à un appel immédiat en application des articles 507 et 508 du même code (▪ Cass. crim., 3 avr. 1979, n° 78-91.844 : *Bull. crim.* n° 136).

B – Caractère de la jonction

20) Obligation pour la juridiction de joindre au fond. Lorsque les conditions prévues par l'article 459 du Code de procédure pénale sont réunies pour qu'il soit ultérieurement statué par un seul et même jugement sur les incidents et exceptions dont les juges sont saisis, la jonction au fond de ces incidents et exceptions est obligatoire (▪ Cass. crim., 3 avr. 1979, préc., n° 113).

C – Cas de jonction

21) Exception de nullité d'un jugement non motivé. Aux termes de l'article 459 du Code de procédure pénale, le tribunal doit joindre au fond les incidents et exceptions dont il est saisi et statuer par un seul et même jugement en se prononçant en premier lieu sur l'exception, ensuite sur le fond ; il ne peut en être autrement qu'au cas d'impossibilité absolue, ou encore lorsqu'une décision immédiate sur l'incident ou sur l'exception est commandée par une disposition qui touche à l'ordre public. Un jugement non motivé n'étant pas affecté d'une nullité d'ordre public, l'arrêt qui joint au fond une exception de nullité de ce jugement, évoque et procède au jugement sur le fond et sur l'incident par un seul et même arrêt statue conformément aux dispositions de l'article susvisé et de l'article 520 du même code (▪ Cass. crim., 2 déc. 1964, n° 64-90.450 : *Bull. crim.* n° 319).

22) Exception de nullité d'un réquisitoire introductif. L'exception tirée de la nullité du réquisitoire introductif n'étant pas d'ordre public, c'est à bon droit que la cour d'appel, saisie dès l'ouverture des débats de conclusions de nullité de la procédure antérieure, a joint les incidents au fond et statué par un seul et même arrêt, en prononçant en premier lieu sur les exceptions et ensuite sur le fond (▪ Cass. crim., 13 mars 1995, n° 93-84.299 : *Bull. crim.* n° 100).

23) Exception d'incompétence matérielle. N'impose pas une décision immédiate commandée par une disposition qui touche à l'ordre public, au sens du dernier alinéa de l'article 459 du Code de procédure pénale, une exception prise de l'incompétence de la juridiction correctionnelle au profit de la cour d'assises (■ Cass. crim., 16 juin 2009, n° 08-87.090 : *Bull. crim.* n° 124).

24) Exception d'irrecevabilité de la constitution de partie civile. Les demandeurs ne sauraient se faire un grief de ce que l'exception d'irrecevabilité de la constitution de partie civile a été jointe au fond, dès lors qu'il ne résulte pas de l'article 423 du Code de procédure pénale que l'appréciation, par le juge, du bien-fondé d'une telle exception doive être préalable à la décision rendue sur l'action publique (■ Cass. crim., 16 oct. 2013, préc., n° 13).

D – Procédure

25) Rapport du président. Dès lors que les juges d'appel, par application de l'article 459 du Code de procédure pénale, joignent au fond l'exception de nullité dont ils sont régulièrement saisis, conformément à l'article 385 du même code, avant toute défense au fond, le rapport fait par le président après cette décision porte nécessairement, comme les débats qui le suivent, à la fois sur l'incident et sur le fond ; il n'a donc pas à être fait avant que les parties soient entendues sur les nullités invoquées (■ Cass. crim., 1er févr. 1988, n° 86-95.678 : *Bull. crim.* n° 47).

26) Dérogation à l'effet suspensif du pourvoi en cassation contre une décision distincte de la décision sur le fond. En statuant sans attendre les ordonnances du président de la chambre criminelle saisie sur requête des prévenus visant deux décisions de jonction et de refus de sursis à statuer, la cour d'appel, qui s'est d'abord prononcée sur les incidents et exceptions, puis sur le fond, a fait l'exacte application de l'article 459, alinéa 3, du Code de procédure pénale, lequel déroge nécessairement à l'effet suspensif prévu par les articles 570 et 571 du même code (■ Cass. crim., 22 juin 1994, nos 92-85123, 92-85124 et 92-85637 : *Bull. crim.* n° 247).

Art. 460 *(L. n° 93-2, 4 janv. 1993).* **– L'instruction à l'audience terminée, la partie civile est entendue en sa demande, le ministère public prend ses réquisitions, le prévenu, et, s'il y a lieu, la personne civilement responsable, présentent leur défense.**

La partie civile et le ministère public peuvent répliquer. Le prévenu ou son avocat auront toujours la parole les derniers.

Bibliographie : J.-L. Gallet, *Tribunal correctionnel. – Discussion par les parties : JCl. Proc. pén.*, art. 458 à 461, Fasc. 20, actualisé par L. Lazerges-Cousquer.

I – DOMAINE D'APPLICATION DE L'ARTICLE 460

1) Tribunal de police. L'article 460 du Code de procédure pénale s'applique devant le tribunal de police selon l'article 536 du même code (■ Cass. crim., 5 mars 1984, n° 83-93.271 : *Bull. crim.* n° 86).

2) Cour d'appel. Décision sur les intérêts civils. Il résulte de l'article 513 du Code de procédure pénale que les dispositions de l'article 460 dudit code s'appliquent lors de l'audience devant la cour d'appel saisie des seuls intérêts civils sauf en ce qui concerne l'ordre de parole ; lorsqu'une partie est représentée par un avocat, ce dernier doit donc être entendu (■ Cass. crim., 11 mai 2021, n° 19-86.308 : publié au *Bull.* ; *Dr. pén.* 2021, comm. 152, obs. A. Maron et M. Haas).

3) Chambre de l'instruction. Il n'importe que les avocats des parties civiles aient présenté leurs observations après ceux des personnes mises en examen, dès lors que les débats devant la chambre d'accusation (chambre de l'instruction) sont réglés par l'article 199, alinéa 2, du Code de procédure pénale sans application des articles 513 et 460 du même code, et qu'il résulte des mentions de l'arrêt que les avocats des personnes mises en examen ont eu la parole en dernier (■ Cass. crim., 3 mai 1995, n° 95-80.725 : *Bull. crim.* n° 161). V. art. 199, p. 651.

4) Demande en relèvement d'une interdiction. Aux termes de l'article 703 du Code de procédure pénale, la juridiction, saisie d'une demande en relèvement d'une interdiction, déchéance ou incapacité ou d'une publication, statue en chambre du conseil, sur les conclusions du ministère public, le requérant ou son conseil entendus ou dûment convoqués ; il se déduit des dispositions combinées des articles 460 et 513 du même code, ainsi que des principes généraux du droit, que l'avocat de la partie requérante doit avoir la parole le dernier ; il en est de même de la partie elle-même, si elle est présente (■ Cass. crim., 31 janv. 1996, n° 94-85.326 : *Bull. crim.* n° 58. ■ Cass. crim., 15 oct. 2003, n° 03-81.101 : *Bull. crim.* n° 192).

II – MINISTÈRE PUBLIC

A – Présence à l'audience

5) Ministère public, partie intégrante de la juridiction. Le ministère public est partie intégrante et nécessaire des juridictions répressives ; l'arrêt attaqué ne faisant mention de la présence du ministère public aux débats non plus que lors du prononcé de la décision, la Cour de cassation n'est pas en mesure de s'assurer de la régularité de la composition de la juridiction qui a statué (■ Cass. crim., 22 juill. 1987, n° 86-95.418 : *Bull. crim.* n° 299. ■ Cass. crim., 14 févr. 1991, n° 90-80.733 : *Bull. crim.* n° 77). Le ministère public, partie nécessaire au procès-pénal, doit, à peine de nullité, être entendu en ses réquisitions ; la preuve de l'accomplissement de cette formalité d'ordre public doit résulter de l'arrêt lui même (■ Cass. crim., 24 sept. 2019, n° 18-83.682).

6) Mentions de la décision. Lorsqu'un arrêt énonce que les parties en cause ont eu la parole dans l'ordre prévu par les articles 513 et 460 du Code de procédure pénale, les conseils des prévenus ayant eu la parole en dernier, il en résulte que le ministère public, appelant, était représenté à l'audience des débats (■ Cass. crim., 22 mai 1997, n° 94-84.106 : *Bull. crim.* n° 200). Lorsqu'un arrêt mentionne qu'il a été prononcé par le président en présence de M. X., substitut général, de cette mention résulte, à défaut de constatations ou de preuves contraires, la présomption que le ministère public a été présent à toutes les audiences de la cause (■ Cass. crim., 7 sept. 1999, n° 98-87.561 : *Bull. crim.* n° 179). Si les articles 32, 486 et 510 du Code de procédure pénale exigent que le ministère public, partie nécessaire au procès pénal, soit présent à chaque audience des juridictions de jugement, il résulte de l'article 592 du même code que, à l'instar des magistrats composant la juridiction, il est présumé avoir assisté à toutes les audiences de la cause, dès lors qu'il a été entendu en ses réquisitions à celle des débats (■ Cass. crim., 26 mars 1996, n° 93-84.306 : *Bull. crim.* n° 134).

Pour la présence du ministère public lorsque les débats portent sur la seule action civile, V. art. 464, p. 1006.

Pour la présence du ministère public lors du prononcé de la décision, V. art. 485, p. 1041.

B – Réquisitions du parquet

1° Nécessité

7) Mentions de la décision. Le ministère public, partie nécessaire au procès pénal, doit, à peine de nullité, être entendu en ses réquisitions ; la preuve de l'accomplissement de cette formalité doit résulter de l'arrêt lui-même (■ Cass. crim., 10 juill. 1995, n° 94-85.641 : *Bull. crim.* n° 251). Aux termes des articles 460 et 512 du Code de procédure pénale, le ministère public doit être entendu en ses réquisitions ; cette formalité est substantielle et la preuve de son accomplissement doit résulter de l'arrêt. Doit être cassé l'arrêt qui constate la présence, aux audiences, du ministère public, sans indiquer que le représentant du parquet a eu la parole pour donner ses réquisitions (■ Cass. crim., 8 janv. 1972, n° 70-91.567 : *Bull. crim.* n° 8). Lorsqu'un arrêt mentionne qu'à l'audience des débats, à laquelle était présent M. X..., substitut du procureur général, « les parties en cause ont eu la parole dans l'ordre prévu par les articles 513 et 460 du Code de procédure pénale », une telle mention implique que le ministère public a été entendu en ses réquisitions (■ Cass. crim., 4 févr. 1997, n° 96-81.227 : *Bull. crim.* n° 45). Lorsqu'un arrêt énonce que les parties en cause ont eu la parole dans l'ordre prévu par les articles 513 et 460 du Code de procédure pénale, les conseils des prévenus ayant eu la parole en dernier, il en résulte que le ministère public, appelant, a été entendu en ses réquisitions (■ Cass. crim., 22 mai 1997, préc., n° 5. ■ Cass. crim., 30 janv. 2013, n° 11-89.224 : *Bull. crim.* n° 33).

2° Sanction

8) Action publique. Le ministère public, partie nécessaire au procès pénal, doit, à peine de nullité, être entendu en ses réquisitions ; l'inobservation de cette formalité, lorsque l'action publique est en cause, porte atteinte aux intérêts de toutes les parties (■ Cass. crim., 10 juill. 1995, n° 94-85.641 : *Bull. crim.* n° 251).

9) Action fiscale. S'il est vrai que l'arrêt attaqué ne mentionne pas que le ministère public dont la présence à l'audience est constatée a été entendu en ses réquisitions, la nullité qui en résulte, aux termes de l'article 592, alinéa 2 du Code de procédure pénale, ne saurait être prononcée en vertu de l'article 802 du même code, dès lors qu'il n'est pas démontré, ni même allégué que cette irrégularité ait eu pour effet de porter atteinte aux intérêts du demandeur au pourvoi, s'agissant d'ailleurs d'une poursuite où seules des pénalités fiscales étaient encourues (■ Cass. crim., 21 nov. 1977, n° 76-91.777 : *Bull. crim.* n° 358).

10) Action civile. La nullité n'est pas encourue lorsqu'il n'est pas établi, ni même allégué, que l'absence de réquisitions du ministère public ait eu pour effet de porter atteinte aux intérêts civils, seuls en cause, des demandeurs (■ Cass. crim., 22 févr. 1978, préc., n° 8).

III – PRÉVENU

A – Exercice du droit de prendre la parole en dernier

1° Liberté d'exercice du droit

11) Rôle du juge. Si le prévenu ou son conseil doivent toujours aux termes de l'article 513 du

Code de procédure pénale avoir la parole les derniers, ils sont libres de ne pas réclamer l'exercice de ce droit. La violation des droits de la défense consiste à refuser la parole au prévenu ou à son conseil lorsqu'ils la demandent, mais la loi n'oblige pas le président à adresser à la défense une interpellation à cet égard (■ Cass. crim., 28 juin 1967, n° 66-92.883 : *Bull. crim.* n° 197).

2° *Modalités d'exercice du droit*

• Parole au prévenu ou à son avocat

12) Alternative. Il importe peu que la juridiction ait refusé de donner la parole au prévenu à l'issue des débats, lorsqu'il ne résulte d'aucune mention de l'arrêt attaqué qu'il ait demandé à prendre la parole à l'audience, dès lors qu'il résulte des énonciations de l'arrêt que l'avocat du prévenu a eu la parole en dernier et qu'il n'importe, au regard des droits de la défense, que les observations présentées émanent du prévenu ou de son avocat (■ Cass. crim., 9 mars 2016, n° 13-85.943 : *Bull. crim.* n° 71).

13) Cumul. Il résulte des dispositions de l'article 460 du Code de procédure pénale que lorsque l'instruction à l'audience est terminée, le prévenu ou son conseil doivent avoir toujours la parole les derniers ; la plaidoirie du conseil ne dispense pas les juges de donner la parole au prévenu s'il la demande, à peine de violation des droits de la défense (■ Cass. crim., 11 déc. 1990, n° 89-84.772 : *Bull. crim.* n° 425).

• Parole aux parents d'un prévenu mineur

14) En donnant en dernier la parole aux parents d'un prévenu mineur, les juges n'ont pas méconnu des dispositions de l'article 460 du Code de procédure pénale (■ Cass. crim., 18 déc. 2013, n° 13-80.647).

B – Mentions de la décision

15) Notes d'audience. Si l'arrêt ne mentionne pas que le prévenu a eu la parole en dernier, cette mention étant par ailleurs contenue dans les notes d'audience, la cassation n'est pas encourue dès lors que ces notes, signées du président et du greffier, complètent les mentions de l'arrêt (■ Cass. crim., 4 déc. 2013, n° 12-88.004 : *Bull. crim.* n° 249).

C – Jonction des incidents et exceptions au fond

16) Application de l'article 460 aux incidents de procédure. La règle posée par l'alinéa 2 de l'article 460 du Code de procédure pénale selon laquelle le prévenu ou son conseil doivent avoir la parole les derniers ne se limite pas aux débats sur le fond et s'applique également aux incidents (■ Cass. crim., 2 déc. 1986, n° 86-91.388 : *Bull. crim.* n° 363. ■ Cass. crim., 20 mai 1992, n° 91-86.976 : *Bull. crim.* n° 199). Le principe qui veut que dans les procédures intéressant la défense et se terminant par un jugement ou un arrêt, le prévenu ou son conseil aient toujours la parole les derniers, ne saurait s'appliquer aux décisions qui se bornent à régler un incident extrinsèque aux débats sur le fond ou à une exception préjudicielle. Il s'ensuit que, sauf le cas où le renvoi donne lieu à un incident contentieux, il est sans conséquence sur la validité de la décision que le prévenu ou son conseil n'aient pas eu la parole en dernier (■ Cass. crim., 15 juin 1984, n° 83-92.495 : *Bull. crim.* n° 227). Il résulte de la combinaison des articles 460, 513, 710 et 711 du Code de procédure pénale ainsi que des principes généraux du droit, que lorsque le tribunal ou la cour statue sur les incidents contentieux relatifs à l'exécution des décisions, la partie requérante ou son avocat doivent avoir la parole en dernier (■ Cass. crim., 30 juin 2021, n° 20-83.222, § 7).

D – Sanction

17) Nécessité d'un grief. Sur le principe, V. ■ Cass. crim., 19 oct. 2021, n° 21-80.146 : publié au *Bull.* Lorsque le prévenu ou son conseil n'ont pas eu la parole en dernier à propos d'un incident de procédure, il n'y a pas lieu à censure dès lors que, après jonction de l'incident au fond et poursuite des débats, le prévenu ou son avocat a été entendu en dernier avant que la cour d'appel ne se prononçât sur l'ensemble de l'affaire (■ Cass. crim., 2 déc. 1986, préc., n° 17. ■ Cass. crim., 20 mai 1992, préc., n° 17. ■ Cass. crim., 5 mai 1997, n° 85-82.685 : *Bull. crim.* n° 166. ■ Cass. crim., 27 févr. 2002, n° 01-83.119 : *Bull. crim.* n° 51). V. aussi ■ Cass. crim., 18 déc. 2019, n° 19-82.373.

IV – PARTIE CIVILE

A – Nécessité d'un grief

18) Dépôt de conclusions. S'il ne résulte d'aucune mention de l'arrêt attaqué que la partie civile, présente à l'audience, ou l'avocat qui l'assistait, ait été entendu ainsi que le prévoit l'article 460 du Code de procédure pénale, en revanche la décision constate le dépôt de conclusions formulant la demande ; la Cour de cassation est ainsi en mesure de s'assurer qu'aucune atteinte n'a été portée aux intérêts de la partie civile que le texte susvisé a pour objet de préserver (■ Cass. crim., 5 oct. 1994, n° 93-82.769 : *Bull. crim.* n° 320. ■ Cass. crim., 3 nov. 2004, n° 03-85.642 : *Bull. crim.* n° 266).

B – Droit de réplique

19) Cour d'appel. Si les dispositions de l'article 460 du Code de procédure pénale fixent le déroulement des débats devant le tribunal correctionnel, c'est l'article 513 du Code de procédure pénale qui détermine l'ordre des débats devant la cour d'appel ; il n'impose nullement aux juges de faire droit à une demande de réplique présentée par la partie civile (▪ Cass. crim., 15 janv. 1979, n° 78-91.812 : *Bull. crim.* n° 22).

C – Chambre de l'instruction

20) Partie civile entendue en premier. Le demandeur, qui n'allègue pas que le président de la chambre d'accusation (chambre de l'instruction) lui ait refusé le droit qu'il tenait des dispositions combinées des articles 460 et 199 du Code de procédure pénale de répliquer aux réquisitions orales du ministère public, ne saurait soutenir que sa cause n'ait pas été équitablement entendue ; en effet, il résulte des principes généraux du droit interne, lesquels ne sont pas incompatibles avec l'article 6 de la Convention européenne des droits de l'Homme, que la partie civile, poursuivante et appelante, à qui incombe la charge de la preuve de l'infraction, doit être entendue en premier, pour permettre un débat contradictoire (▪ Cass. crim., 19 déc. 1994, n° 94-80.923 : *Bull. crim.* n° 419). V. art. 199, p. 651.

V – PERSONNE CIVILEMENT RESPONSABLE

21) Mentions de la décision. Encourt la cassation l'arrêt qui ne porte pas la mention que la personne civilement responsable a présenté sa défense (▪ Cass. crim., 5 janv. 1974, n° 73-90.952 : *Bull. crim.* n° 3).

Art. 460-1 *(Mod., L. n° 2000-516, 15 juin 2000)*. **– Lorsque la personne qui se prétend lésée s'est constituée partie civile selon les modalités prévues à l'article 420-1, le président donne lecture de sa demande dès que l'instruction à l'audience est terminée. Le ministère public prend ses réquisitions ; le prévenu et, s'il y a lieu, la personne civilement responsable, présentent leur défense.**

Si le tribunal l'estime nécessaire, il peut ordonner la comparution de la partie civile. En ce cas, les débats sur l'ensemble de l'affaire ou uniquement sur les intérêts civils sont renvoyés à une prochaine audience dont la date est immédiatement fixée. Les parties sont tenues de comparaître sans autre citation à l'audience de renvoi. Il en est de même pour les personnes invitées par le tribunal à rester à sa disposition lorsqu'un avertissement écrit leur est immédiatement délivré.

Bibliographie : J.-L. Gallet, *Tribunal correctionnel. – Discussion par les parties : JCl. Proc. pén.*, art. 458 à 461, Fasc. 20, actualisé par L. Lazerges-Cousquer.

1) Ordre de parole. Seule l'audition en dernier de la personne poursuivie ou de son avocat est prescrite à peine de nullité ; la partie civile ne saurait donc se faire un grief de ce que son avocat ait été entendu en cause d'appel après le représentant du ministère public (▪ Cass. crim., 20 mai 2003, n° 01-87.215).

2) Mentions de la décision. Lorsqu'il est prétendu que les droits de la défense ont été méconnus au motif que l'arrêt attaqué, bien que statuant sur appels du ministère public et de la partie civile, fait mention de la seule audition du ministère public et du prévenu à l'exclusion de la partie civile et de son avocat, ce grief est infondé dès lors que l'arrêt mentionne qu'à l'audience des débats, la partie civile appelante a comparu, assistée de son avocat, et que les formalités prescrites par l'article 513 du Code de procédure pénale ont été accomplies dans l'ordre légal : une telle mention implique que la partie civile a été entendue, ainsi que son avocat, conformément aux dispositions dudit article (▪ Cass. crim., 22 sept. 1998, n° 97-81.435).

Art. 461. **– Si les débats ne peuvent être terminés au cours de la même audience, le tribunal fixe, par jugement, le jour où ils seront continués.**

Les parties et les témoins non entendus, ou ceux qui ont été invités à rester à la disposition du tribunal, sont tenus de comparaître, sans autre citation, à l'audience de renvoi.

Bibliographie : J.-L. Gallet, *Tribunal correctionnel. – Discussion par les parties : JCl. Proc. pén.*, art. 458 à 461, Fasc. 20, actualisé par L. Lazerges-Cousquer.

Sursis à statuer de durée indéterminée. Il résulte des articles 461, 512, 591 et 593 du Code de procédure pénale que les juges ne sauraient, sans interrompre le cours de la justice, ordonner un sursis à statuer d'une durée indéterminée (▪ Cass. crim., 20 mai 1987, n° 86-96.649 : *Bull. crim.* n° 210. ▪ Cass. crim., 2 juin 1999, n° 98-84.139). Il résulte des articles 4 du Code civil et 6, § 1 de la Convention européenne des droits de l'Homme, que les juges ne sauraient, sans interrompre le cours de la justice, ordonner un sursis à statuer d'une durée indéterminée (▪ Cass. crim., 1er déc. 1999, n° 98-83.509 : *Bull. crim.* n° 288).

§ 5. – Dispositions applicables devant le tribunal correctionnel dans sa formation citoyenne
(L. n° 2011-939, 10 août 2011)

Avertissement : Les dispositions du présent paragraphe (art. 461-1 à 461-4) étaient applicables à titre expérimental du 1er janvier 2012 au 1er janvier 2014 dans les ressorts des cours d'appel de Dijon et Toulouse : A. 12 oct. 2011, art. 1er (*JO* 13 oct. 2011). L'arrêté du 13 juin 2012 (*JO* 23 juin 2012) met fin à l'extension de l'expérimentation prévue à compter du 1er janvier 2013 au 1er janvier 2014 : A. 16 févr. 2012 (*JO* 25 févr. 2012) puis fin de l'expérimentation à compter du 30 avril 2013 : A. 18 mars 2013 (*JO* 22 mars 2013).

Art. 461-1 à 461-4 ***(Créés à titre expérimental à compter du 1er janvier 2012 dans au moins deux cours d'appel et jusqu'au 1er janvier 2014 dans au plus dix cours d'appel, L. n° 2011-939, 10 août 2011).***

Section V. – Du jugement

§ 1. – Dispositions générales
(L. n° 2011-939, 10 août 2011)

Art. 462. – Le jugement est rendu soit à l'audience même à laquelle ont eu lieu les débats, soit à une date ultérieure.

Dans ce dernier cas, le président informe les parties présentes du jour où le jugement sera prononcé.

Bibliographie : M. Amould, *Tribunal correctionnel. – Jugement : prononcé et date. Différentes catégories. – Supplément d'information. – Expertise : JCl. Proc. pén.*, art. 462 et 463, Fasc. 20.

I – DOMAINE D'APPLICATION DE L'ARTICLE 462

1) L'article 462 du Code de procédure pénale est inapplicable devant la chambre d'accusation – chambre de l'instruction – (▪ Cass. crim., 3 nov. 1977, n° 76-90.225 : *Bull. crim.* n° 327. ▪ Cass. crim., 23 avr. 1981, nos 79-90.346 et 81-90.489 : *Bull. crim.* n° 116).

II – POINT DE DÉPART DES DÉLAIS DE RECOURS

A – Appel

2) Président n'informant pas les parties du jour où la décision sera prononcée. En l'absence de mention dans la décision attaquée de l'avis prévu à l'article 462 du Code de procédure pénale informant les parties du jour où le jugement serait rendu, le délai d'appel prévu par l'article 568 du Code de procédure pénale n'a pu commencer à courir qu'à compter du jour du prononcé du jugement (▪ Cass. crim., 27 janv. 2021, n° 20-80.580, § 13).

3) Mise en délibéré et renvoi à une audience ultérieure. Lorsqu'à l'issue des débats contradictoires, le président de la juridiction a indiqué aux parties ou à leurs avocats la date à laquelle la décision serait prononcée, conformément à l'article 462, alinéa 2 du Code de procédure pénale, le renvoi de ce prononcé à une autre date à nouveau indiquée, fût-ce en l'absence des parties ou de leurs représentants, n'est pas de nature à retirer à la procédure son caractère contradictoire (▪ Cass. crim., 18 mai 1994, n° 93-85.164 : *Bull. crim.* n° 188). La partie civile présente à l'audience des débats et régulièrement mise en demeure d'assister ou d'être représentée à celle à laquelle la décision devait être rendue, ne saurait se prévaloir de sa propre carence qui seule l'a empêchée de connaître la prorogation du délibéré et d'être informée de la date à laquelle le jugement devait effectivement être rendu (▪ Cass. crim., 12 mai 1993, n° 91-86.034 : *Bull. crim.* n° 175. ▪ Cass. crim., 7 févr. 1996, n° 95-81.751 : *Bull. crim.* n° 65). Il en est ainsi de la partie civile présente à l'audience publique où ont eu lieu les débats contradictoires et où le tribunal a indiqué que le délibéré serait rendu à une date ultérieure (▪ Cass. crim., 12 mai 1993, préc.). Il en est ainsi du prévenu présent à l'audience des débats et régulièrement mis en demeure d'assister ou d'être représenté à celle à laquelle la décision devait être rendue (▪ Cass. crim., 7 févr. 1996, préc.).

4) Mentions de la décision. En l'absence de la mention prescrite par l'article 462 du Code de procédure pénale, établissant que, à l'issue des débats, le prévenu a été informé de la date de prononcé du jugement, le délai d'appel ne court qu'à compter de la signification pour la partie qui n'était pas présente ou représentée à l'audience à laquelle le jugement a été rendu (▪ Cass. crim., 13 nov. 1978, n° 78-90.128 : *Bull. crim.* n° 311. ▪ Cass. crim., 15 oct. 1996, n° 96-80.995 : *Bull. crim.* n° 360. ▪ Cass. crim., 23 nov. 1999, n° 99-81.789 : *Bull. crim.* n° 267). La mention de l'avertissement donné aux parties présentes conformément aux prescriptions de l'article 462 du Code de procédure pénale doit figurer en termes exprès dans le jugement (▪ Cass. crim., 13 nov. 1978, préc.). Lorsqu'un jugement ne contient aucune mention, ni de l'avis prévu à l'article 462 du Code de procédure pénale, ni de la présence des parties ou de leurs représentants quand il a été rendu, le délai d'appel ne saurait courir à compter du prononcé de la décision (■ Cass. crim., 31 oct. 2018, n° 18-81.666. ■ Cass. crim., 29 janv. 2019, n° 18-80.985).

B – Pourvoi en cassation

5) Mise en délibéré et renvoi à une audience ultérieure. Lorsqu'après mise en délibéré et renvoi à une audience ultérieure, l'arrêt de la cour d'appel est prononcé à cette dernière date, dont les parties ont été informées ainsi qu'il est dit à l'article 462, alinéa 2 du Code de procédure pénale, le délai de cinq jours francs pour se pourvoir en cassation a pour point de départ le jour du prononcé de la décision (■ Cass. crim., 20 déc. 1971, n° 71-91.634 : *Bull. crim.* n° 360). Lorsque, conformément aux dispositions des articles 462 et 512 du Code de procédure pénale, le prévenu a été averti que l'arrêt sera prononcé à une audience déterminée, il est mis en demeure d'assister à cette audience et la date de celle-ci est le point de départ du délai du pourvoi. Il n'importe que plusieurs remises successives aient été faites à date fixe si, chaque fois, les dispositions de l'article 462 précité ont été respectées et si l'arrêt a été rendu à la dernière de ces dates (■ Cass. crim., 4 févr. 1980, n° 78-93.153 : *Bull. crim.* n° 43. ■ Cass. crim., 13 déc. 1982, n° 81-94.372 : *Bull. crim.* n° 283. ■ Cass. crim., 9 mai 1984, n° 83-93.815 : *Bull. crim.* n° 159). Pour statuer contradictoirement à l'égard du prévenu, l'arrêt attaqué énonce que, régulièrement cité à sa personne, celui-ci n'a pas comparu mais a été représenté par son avocat auquel il a donné mandat à cette fin ; qu'à la demande de celui-ci l'affaire a été renvoyée à une audience ultérieure à laquelle ce défenseur a déposé des conclusions et que, conformément aux dispositions de l'article 462 du Code de procédure pénale, le président a informé les parties de la date à laquelle l'arrêt serait prononcé, date à laquelle la décision a été effectivement rendue ; le prévenu ne peut dès lors invoquer les dispositions de l'article 568, alinéa 2 du Code de procédure pénale qui ne font courir le délai de pourvoi qu'à compter de la signification de l'arrêt ; l'affaire ayant été mise en délibéré et l'avertissement, prévu par l'article 462, alinéa 2 du Code de procédure pénale, ayant été donné, le délai de 5 jours francs pour se pourvoir en cassation a pour point de départ le jour du prononcé de la décision (■ Cass. crim., 29 mai 1996, n° 95-83.160 : *Bull. crim.* n° 217. ■ Cass. crim., 13 mai 2003, n°s 00-87.553 et 02-80.673 : *Bull. crim.* n° 95).

6) Infractions de presse. Les délais de pourvoi en cassation prévus par l'alinéa 1 de l'article 568 du Code de procédure pénale et par l'article 59 de la loi du 29 juillet 1881 ont pour point de départ le jour où l'arrêt attaqué a été rendu, fût-ce en l'absence du demandeur, quand les prescriptions de l'article 462 du Code de procédure pénale ont été respectées et quand bien même le demandeur n'aurait pas été présent à l'audience indiquée par le président et qui a vu ordonner la prolongation du délibéré à une date ultérieure (■ Cass. crim., 4 janv. 1983, n° 82-92.512 : *Bull. crim.* n° 5).

7) Mentions de la décision. En l'absence d'une mention établissant que, à l'issue des débats, le prévenu a été informé de la date à laquelle l'arrêt serait prononcé, après une mise en délibéré, son pourvoi en cassation est recevable, bien que formé plus de cinq jours après cette date (■ Cass. crim., 20 déc. 1984, n° 84-90.964 : *Bull. crim.* n° 412). Il en est ainsi à l'égard d'une partie civile détenue, lorsque celle-ci n'a pas justifié de circonstances l'ayant mise dans l'impossibilité absolue d'exercer son recours en temps utile (■ Cass. crim., 20 juin 1985, n° 83-94.765 : *Bull. crim.* n° 240).

Art. 463 ***(Mod., L. n° 2011-525, 17 mai 2011).*** **– S'il y a lieu de procéder à un supplément d'information, le tribunal commet par jugement un de ses membres qui dispose des pouvoirs prévus aux articles 151 à 155.**

Ce supplément d'information obéit aux règles édictées par les articles 114, 119, 120 et 121.

Le procureur de la République peut obtenir, au besoin par voie de réquisitions, la communication du dossier de la procédure à toute époque du supplément d'information, à charge de rendre les pièces dans les vingt-quatre heures.

Bibliographie : M. Arnould, *Tribunal correctionnel. – Jugement : prononcé et date. Différentes catégories, Supplément d'information. – Expertise : JCl. Proc. pén.*, art. 462 et 463, Fasc. 20.

Voir également : art. 388-5, p. 895 ; art. 394, p. 905 ; art. 397-2, p. 912 ; art. 538, p. 1177.

I – SUPPLÉMENT D'INFORMATION ET IMPARTIALITÉ

1) Le demandeur ne saurait se faire un grief de ce que le président de la chambre des appels correctionnels, après avoir procédé à l'exécution d'un supplément d'information, a participé au jugement de l'affaire ; en effet le supplément d'information ordonné en application de l'article 463 du Code de procédure pénale n'est pas contraire aux dispositions de l'article 6, § 1 de la Convention européenne des droits de l'Homme, dès lors que son exécution n'implique pas que le magistrat commis acquière, à l'occasion de cette mesure, une conviction sur la culpabilité des prévenus (■ Cass. crim., 19 janv. 2000, n° 99-80.655 : *Bull. crim.* n° 35).

II – DÉCISION D'OPPORTUNITÉ RELEVANT DU POUVOIR SOUVERAIN DES JUGES DU FOND

A – Principe

2) L'opportunité d'ordonner un supplément d'information relève de l'appréciation souveraine des juges du fond (■ Cass. crim., 2 mars 1971, n° 70-91.810 : *Bull. crim.* n° 71. ■ Cass. crim., 19 mars 2002, n° 01-84.551. ■ Cass. crim., 29 janv. 2020, n° 17-83.577, § 18 : *Bull. crim.*, p. 47). L'opportunité d'ordonner un supplément d'information est une question de pur fait qui ne relève pas du contrôle de la Cour de cassation (■ Cass. crim., 27 juin 2018, n° 17-84.964. ■ Cass. crim., 19 juin 2019, n° 18-84.069. ■ Cass. crim., 14 nov. 2019, n° 18-85.688, § 15. ■ Cass. crim., 29 janv. 2020, préc.).

B – Limites

3) Motivation de la décision. Si les juges du fond apprécient souverainement l'opportunité de faire droit à une demande de supplément d'information, encore faut-il que la motivation de leur décision ne soit pas inopérante (■ Cass. crim., 25 avr. 2006, n° 05-87.318 : *Bull. crim.* n° 111). Pour confirmer la relaxe du prévenu poursuivi pour violences aggravées, l'arrêt relève que, tant la réalité des blessures que leur origine, qui établit une pénétration par la matraque, sont incontestées mais qu'il demeure un doute important quant au geste précis et à l'intention du prévenu et qu'au vu des incertitudes qui demeurent des investigations complémentaires apparaissent nécessaires que seule une instruction criminelle serait à même d'apporter ; en disposant ainsi, par des motifs n'établissant pas l'exclusion d'une qualification correctionnelle, mais la nécessité d'un supplément d'information, qu'elle se devait elle-même d'ordonner avant de statuer sur sa compétence, la cour d'appel n'a pas justifié sa décision (■ Cass. crim., 19 juin 2019, n° 18-83.898).

4) Nécessité du supplément d'information reconnue par la juridiction elle-même. Il appartient aux juges correctionnels d'ordonner les mesures complémentaires d'instruction, qu'ils constatent avoir été omises et qu'ils déclarent utiles à la manifestation de la vérité (■ Cass. crim., 23 nov. 1971, n° 70-90.603 : *Bull. crim.* n° 318). Doit être cassé pour insuffisance de motifs l'arrêt qui, pour infirmer un jugement de condamnation et relaxer le prévenu, fait état du caractère fragmentaire ou incomplet du dossier de l'information produit aux débats ; il appartient en effet à la cour d'appel d'ordonner les mesures complémentaires d'instruction dont elle reconnaît implicitement qu'elles seraient utiles à la manifestation de la vérité (■ Cass. crim., 22 juin 1976, n° 75-90.105 : *Bull. crim.* n° 229. ■ Cass. crim., 19 juin 1979, n° 78-92.277 : *Bull. crim.* n° 215. ■ Cass. crim., 6 mars 2019, n° 18-80.018). Il appartient aux juges d'ordonner les mesures d'instruction dont ils reconnaissent eux-mêmes la nécessité (■ Cass. crim., 27 sept. 2016, n° 15-85.248 : *Bull. crim.* n° 251. ■ Cass. crim., 15 mai 2018, n° 17-80.794. ■ Cass. crim., 11 sept. 2019, n° 18-84.667. ■ Cass. crim., 4 mars 2020, n° 19-80.171, § 8. ■ Cass. crim., 25 nov. 2020, n° 19-85.205 : publié au *Bull.*, § 24). Selon l'article 463 du Code de procédure pénale, il appartient aux juges correctionnels d'ordonner les mesures d'information qu'ils estiment nécessaires à la manifestation de la vérité ; doit donc être cassé l'arrêt d'une cour d'appel affirmant qu'il ne lui est pas possible, par la voie d'un supplément d'information, d'ordonner la production d'une pièce d'une autre procédure, celle-ci ayant été clôturée, alors qu'elle ne pouvait, sans l'examiner, présumer l'illégalité d'un acte de procédure dont il lui incombait d'ordonner la communication, fût-il compris dans une procédure définitivement close (■ Cass. crim., 25 nov. 1991, n° 91-81.387 : *Bull. crim.* n° 433). Pour relaxer le prévenu, l'arrêt énonce qu'en l'absence d'examen des originaux des procès-verbaux litigieux qui n'ont pas été saisis, les juges ne sauraient statuer sur l'existence ou l'absence de fausseté des faits dénoncés ; en prononçant ainsi, alors qu'il lui appartenait de rechercher, au besoin en ordonnant un supplément d'information, si le prévenu avait dénoncé des faits qu'il savait faux, la cour d'appel n'a pas donné de base légale à sa décision (■ Cass. crim., 19 juin 2018, n° 17-83.039). Pour relaxer les prévenus du chef de banqueroute par emploi de moyens ruineux, l'arrêt attaqué retient que la cour d'appel ne dispose d'aucune expertise comptable ordonnée dans le cadre du dossier pénal et qu'il ne peut être déduit des auditions auxquelles il a été procédé dans le cadre de l'enquête pénale que les dirigeants de la société ont eu l'intention de retarder la date de cessation des paiements ; en statuant ainsi, sans procéder à la recherche, au besoin, en ordonnant un supplément d'information, des éléments dont elle reconnaissait elle-même la nécessité, la cour d'appel n'a pas justifié sa décision (■ Cass. crim., 25 nov. 2020, préc.).

5) Nécessité du supplément d'information – Cas de l'identification de l'organe ou du représentant d'une personne morale. Pour infirmer le jugement et relaxer la société X, l'arrêt, après avoir relevé que la matérialité des infractions n'était plus contestée, énonce qu'aucun élément du dossier ne permet de vérifier que les manquements relevés à l'encontre de ladite société résultent de l'abstention ou de l'action de l'un de ses organes ou représentants, non identifiés, ni qu'ils ont été commis pour le compte de celle-ci et que, par suite, aucune condamnation ne peut intervenir ; les juges ajoutent, qu'étant saisis d'une citation directe entre parties, un supplément d'information, qui reviendrait à rechercher l'auteur potentiel de l'infraction, induirait un cumul des fonctions d'enquête et de jugement contraire aux exigences d'impartialité ; c'est à tort que la cour d'appel a statué ainsi : après avoir constaté la matérialité de l'infraction, elle était tenue, quel que soit le mode de poursuite et, au besoin, en ordonnant un supplément d'information, de rechercher si les manquements relevés résultaient de l'abstention de l'un des organes ou représentants de la société prévenue et s'ils avaient été commis pour le compte de celle-ci (■ Cass. crim., 22 mars 2016, n° 15-81.484 : *Bull. crim.* n° 100, infraction au Code de l'environnement). Lorsqu'ils constatent la matérialité de manquements reprochés à une personne morale, il appartient aux juges de rechercher, au besoin en ordonnant un supplément d'information, si lesdits manquements résultaient de l'abstention de l'un des organes ou représentants de la société prévenue et s'ils avaient été commis pour le compte de celle-ci (■ Cass. crim., 27 sept. 2016, n° 15-85.248 : *Bull. crim.* n° 251, blessures par imprudence ; V. P. Conte, *Dr. pén.* 2017, étude 11). Lorsqu'ils constatent la matérialité d'une infraction non intentionnelle susceptible d'être imputée à une personne morale, il appartient aux juges d'identifier, au besoin en ordonnant un supplément d'information, celui des organes ou représentants de cette personne dont la faute, commise dans les conditions prévues au deuxième ou au troisième alinéa de l'article 121-3 du Code pénal, est à l'origine du dommage (■ Cass. crim., 31 oct. 2017, n° 16-83.683 : *Bull. crim.* n° 241 ; *Dr. pén.* 2018, comm. 2, obs. P. Conte). Lorsqu'il est saisi d'une infraction non intentionnelle, il incombe au juge d'identifier la personne physique, délégataire de la responsabilité de l'employeur, qui représente la personne morale ; la cour d'appel, qui n'était pas tenue d'ordonner un supplément d'information que ses constatations, effectuées à partir des pièces du dossier, rendaient inutile, a justifié sa décision de condamner la personne morale, après avoir considéré l'un de ses salariés comme le représentant de celle-ci en raison d'une délégation de pouvoirs (■ Cass. crim., 8 janv. 2019, n° 17-86.430 : *Dr. pén.* 2019, comm. 67, obs. P. Conte).

III – EXÉCUTION DU SUPPLÉMENT D'INFORMATION

6) Impossibilité de renvoyer au ministère public. Dès lors qu'il estime qu'il y a lieu à un supplément d'information, le tribunal, saisi par voie de citation directe, doit, en application de l'article 463 du Code de procédure pénale, commettre par jugement un de ses membres, et ne peut renvoyer la procédure au procureur de la République (■ Cass. crim., 15 févr. 2000, n° 99-81.290 : *Bull. crim.* n° 66). Il résulte en effet de ce texte que, hors le cas où il est saisi par la voie de la comparution immédiate, le tribunal correctionnel doit effectuer lui-même les investigations complémentaires par voie de supplément d'information (■ Cass. crim., 29 juin 2021, n° 20-86.482, § 7). Seule la juridiction de jugement saisie peut ordonner des investigations complémentaires par voie de supplément d'information. Encourt, dès lors, la cassation l'arrêt d'une cour d'appel qui refuse d'annuler le rapport et les procès-verbaux, versés aux débats, de l'enquête complémentaire ordonnée par le ministère public relativement aux faits dont la juridiction de jugement était saisie (■ Cass. crim., 8 déc. 1999, n° 98-85.893 : *Bull. crim.* n° 298). Selon les articles 463 et 512 du Code de procédure pénale, s'il y a lieu de procéder à un supplément d'information, la cour d'appel commet par arrêt un de ses membres qui dispose des pouvoirs prévus aux articles 151 à 155 du Code de procédure pénale ; ce supplément d'information obéit aux règles édictées par les articles 114 et 119 à 121 du même code ; la cour d'appel, pour ordonner la réouverture des débats et le renvoi de l'affaire à une audience ultérieure, ne saurait donc énoncer qu'il importe que les débats soient rouverts pour que le ministère public diligente une enquête (■ Cass. crim., 6 déc. 2000, n° 00-86.561).

IV – FORCLUSION DE L'ARTICLE 175 DU CODE DE PROCÉDURE PÉNALE

7) La forclusion éditée par l'article 175, alinéa 2, du Code de procédure pénale ne fait pas obstacle à ce que, en application des articles 463 et 512 du même code, les parties puissent saisir la juridiction de jugement de demandes tendant à l'accomplissement d'un supplément d'information (■ Cass. crim., 30 juin 1999, n° 98-80.470 : *Bull. crim.* n° 173).

Art. 464 *(Mod., L. n° 95-125, 8 févr. 1995 ; L. n° 2000-516, 15 juin 2000 ; L. n° 2004-204, 9 mars 2004).* **– Si le tribunal estime que le fait constitue un délit, il prononce la peine.**

Il statue, s'il y a lieu, sur l'action civile, et peut ordonner le versement provisoire, en tout ou partie, des dommages-intérêts alloués.

Il a aussi la faculté, s'il ne peut se prononcer en l'état sur la demande en dommages-intérêts, d'accorder à la partie civile une provision, exécutoire nonobstant opposition ou appel.

Après avoir statué sur l'action publique, le tribunal peut, d'office ou à la demande du procureur de la République ou des parties, renvoyer l'affaire à une date ultérieure pour statuer sur l'action civile, même s'il n'ordonne pas de mesure d'instruction, afin de permettre à la partie civile d'apporter les justificatifs de ses demandes. Ce renvoi est de droit lorsqu'il est demandé par les parties civiles. Le tribunal doit alors fixer la date de l'audience à laquelle il sera statué sur l'action civile. La présence du ministère public à cette audience n'est pas obligatoire. À cette audience, le tribunal est composé du seul président siégeant à juge unique.

Les dispositions du présent article sont applicables lorsque le tribunal correctionnel, dans sa composition prévue par le premier alinéa de l'article 398, estime, au résultat des débats, que le fait qui lui était déféré constitue un délit visé par l'article 398-1.

Bibliographie : J. Leroy, *Tribunal correctionnel. – Jugement sur l'action publique et la demande en réparation. – Dommages et intérêts. – Principes généraux : JCl. Proc. pén.*, art. 464, Fasc. 20. • H. Groutel, *Tribunal correctionnel. – Jugement au fond. – Recours des débiteurs de prestations sociales. – Droit de recourir*, Fasc. 30 ; *Régime de la réparation. – Recours des débiteurs de prestations sociales. – Étendue du recours*, Fasc. 40 ; *Tribunal correctionnel. – Jugement au fond. Dommages et intérêts. – Recours des débiteurs de prestations sociales. – Exercice du recours*, Fasc. 50.

I – ACTION PUBLIQUE

A – Qualification des faits

1) Devoir de qualification du juge. Le juge correctionnel a le droit et le devoir de leur restituer leur véritable qualification à la condition de n'y rien ajouter (■ Cass. crim., 11 mai 2006, n° 05-85.637 : *Bull. crim.* n° 131).

2) Qualification sous la plus haute acception pénale. Les juges ont le devoir de donner aux faits leur exacte qualification sous la plus haute acception pénale dès lors que le prévenu a pu s'expliquer sur la nouvelle qualification (■ Cass. crim., 15 mars 1994, n° 93-81.110 : *Bull. crim.* n° 97).

3) *Specialia generalibus derogant*. Le juge correctionnel doit examiner les faits qui lui sont soumis sous l'incrimination qui leur est spécialement applicable (■ Cass. crim., 30 janv. 1989, n° 86-96.060 : *Bull. crim.* n° 33).

4) Infractions de presse. En application des articles 464 du Code de procédure pénale, 50 et 53 de la loi du 29 juillet 1881, la juridiction correctionnelle a le pouvoir d'apprécier le mode de participation du prévenu aux faits spécifiés et qualifiés dans la poursuite, les restrictions que la loi sur la presse impose aux pouvoirs de cette juridiction étant relatives uniquement à la qualification par rapport au fait incriminé (■ Cass. crim., 9 déc. 2014, n° 13-86.917 : *Bull. crim.* n° 259).

Sur la requalification des faits, V. art. 388, p. 881.

B – Prononcé de la peine

1° *Césure du procès pénal. Principe de prohibition*

5) Selon l'article 464 du Code de procédure pénale, et sauf ajournement ou dispense de peine ordonné dans les conditions prévues par les articles 469-1 et suivants de ce code, le juge pénal ne peut retenir la culpabilité d'un prévenu sans prononcer simultanément la peine (■ Cass. crim., 15 avr. 1985, n° 84-90.573 : *Bull. crim.* n° 132. ■ Cass. crim., 11 févr. 2009, n° 08-85.224 : *Bull. crim.* n° 36 ; *Dr. pén.* 2009, comm. 89, obs. A. Maron. ■ Cass. crim., 10 févr. 2016, n° 15-80.405 : *Bull. crim.* n° 43 ; *Dr. pén.* 2016, comm. 68, obs. A. Maron et M. Haas. ■ Cass. crim., 21 févr. 2017, n° 16-85.507).

2° *Applications*

6) Supplément d'information. Encourt la censure l'arrêt d'une cour d'appel qui, après avoir déclaré les prévenus coupables de certains chefs de la prévention, sans prononcer de peine, ordonne un supplément d'information sur la caractérisation d'une autre infraction (■ Cass. crim., 11 févr. 2009, n° 08-85.224 ; *Bull. crim.* n° 36 ; *Dr. pén.* 2009, comm. 89, obs. A. Maron). Il n'est pas permis aux juges correctionnels de déclarer la culpabilité d'un prévenu tout en subordonnant à une mesure d'instruction la détermination de l'infraction retenue et la peine applicable (■ Cass. crim., 10 juill. 1979, n° 78-91.065 : *Bull. crim.* n° 242). En application de l'article 464 du Code de procédure pénale, c'est à juste titre que les juges du fond font application des sanctions attachées à des infractions déclarées d'ores et déjà établies, tout en ordonnant une mesure d'instruction complémentaire sur d'autres chefs de prévention, non indivisibles des premiers et qu'ils ont ainsi disjoints, comme ils en avaient le pouvoir (■ Cass. crim., 3 mai 1972, n° 71-93.428 : *Bull. crim.* n° 150).

7) Confusion de peines. Selon l'article 464, alinéa 1er, du Code de procédure pénale, si la cour d'appel estime que le fait constitue un délit, elle prononce la peine ; méconnaît ce texte la cour d'appel qui s'abstient de prononcer une peine pour le délit de conduite sous l'empire d'un état alcoolique dont elle a déclaré le prévenu coupable, fût-ce en ordonnant la confusion de cette peine avec celle prononcée au premier degré par le tribunal (■ Cass. crim., 14 mars 2012, n° 11-84.517).

II – ACTION CIVILE

A – L'action civile, accessoire de l'action publique

1° Principe

8) Aux termes de l'article 464 du Code de procédure pénale, les tribunaux répressifs ne peuvent statuer sur les dommages-intérêts que les parties se réclament entre elles, qu'accessoirement à la décision qu'ils rendent sur le fait délictueux et par le jugement qui prononce sur la prévention ; cette obligation est d'ordre public (■ Cass. crim., 26 mars 1963, n° 62-92.654 : *Bull. crim.* n° 129. ■ Cass. crim., 24 juill. 1974, n° 73-92.230 : *Bull. crim.* n° 264. ■ Cass. crim., 15 févr. 2022, n° 20-86.486, § 18 : *Bull. crim.* à paraître). Il en résulte que ces tribunaux ne peuvent se prononcer sur l'action civile qu'autant qu'ils ont préalablement statué au fond sur l'action publique (■ Cass. crim., 5 mai 2009, n° 07-87.362 : *Bull. crim.* n° 85. ■ Cass. crim., 5 janv. 2017, n° 15-82.562). C'est à tort que sur appel du prévenu, une cour d'appel confirme le jugement entrepris sur l'irrecevabilité de la constitution de partie civile, alors que cette juridiction n'était plus compétente pour se prononcer sur les demandes d'une personne s'étant constituée partie civile à l'audience devant le tribunal, puisque celui-ci avait définitivement constaté l'extinction de l'action publique à la suite du désistement présumé de la partie civile ayant fait délivrer la citation directe (■ Cass. crim., 5 janv. 2017, préc.). Il en est spécialement ainsi lorsque le tribunal correctionnel soulève d'office l'irrecevabilité de la constitution d'une partie civile ou est saisi, par les parties ou le ministère public, d'une telle contestation (■ Cass. crim., 15 févr. 2022, préc., § 17 : *Bull. crim.* à paraître).

2° Applications

9) Relaxe. Dès lors qu'une juridiction correctionnelle se trouve compétemment saisie au pénal de faits qualifiés délits et au civil d'une demande fondée sur l'allégation d'un préjudice découlant de ces faits punissables, cette juridiction est tenue de statuer au fond, tant sur l'action civile que sur l'action publique. Dans la mesure où elle décide que la partie civile n'a, pas plus que le ministère public, rapporté la preuve qui lui incombait de la réalité des délits imputés au prévenu, elle ne peut que débouter de son action ladite partie civile. Si, en pareil cas, elle se déclarait incompétente pour statuer sur cette action, elle méconnaîtrait l'étendue de ses propres attributions (■ Cass. crim., 5 mai 1976, n° 75-90.400 : *Bull. crim.* n° 143. ■ Cass. crim., 2 juin 1976, n° 75-90.559 : *Bull. crim.* n° 196). V. art. 470-1, p. 1026.

10) Renvoi de la décision sur l'action civile à une audience ultérieure. Une cour d'appel ne peut, sans violer les règles de sa compétence, après s'être prononcée sur l'action publique, se réserver la connaissance ultérieure de l'action civile dès lors qu'elle ne justifie pas ce renvoi par une mesure d'instruction (■ Cass. crim., 26 mars 1963, n° 62-92.654 : *Bull. crim.* n° 129. ■ Cass. crim., 24 juill. 1974, n° 73-92.230 : *Bull. crim.* n° 264). Les juridictions correctionnelles, après avoir statué sur l'action publique, ne peuvent connaître ultérieurement de l'action civile que si elles s'en sont réservé la faculté par une décision excluant leur dessaisissement (■ Cass. crim., 24 févr. 1993, n° 92-82.543 : *Bull. crim.* n° 87). Encourt, dès lors, la cassation la cour d'appel qui, après avoir liquidé les chefs de préjudice à caractère personnel soumis à son examen et sursis à statuer sur le seul préjudice patrimonial soumis au recours des tiers payeurs, déclare recevable une demande complémentaire ultérieure de la victime tendant à la réparation d'autres chefs de préjudice à caractère personnel (même arrêt).

B – Dommages-intérêts

1° Dommages-intérêts et restitutions

11) Distinction. Les sommes allouées par les juridictions correctionnelles aux parties civiles, en réparation du préjudice causé par une infraction sont, selon les articles 418, 464 et 515 du Code de procédure pénale, des dommages-intérêts et non des restitutions (■ Cass. crim., 14 déc. 1966, n° 65-91.576 : *Bull. crim.* n° 290. ■ Cass. crim., 3 juill. 1975, n° 74-92.961 : *Bull. crim.* n° 179. ■ Cass. crim., 2 juin 1976, n° 75-90.559 : *Bull. crim.* n° 35. ■ Cass. crim., 7 janv. 1980, n° 79-90.369 : *Bull. crim.* n° 7).

12) Confusion. Une simple erreur de terminologie entre ces expressions ne saurait justifier une cassation (■ Cass. crim., 7 janv. 1975, n° 72-92.458 : *Bull. crim.* n° 5).

2° Étendue de la saisine quant à l'action civile

13) Limites fixées par les conclusions des parties. Les juges du fond, statuant sur les intérêts civils, doivent se prononcer dans les limites des conclusions dont ils sont saisis (■ Cass. crim., 19 mars 1985, n° 83-94.870 : *Bull. crim.* n° 115. ■ Cass. crim., 3 févr. 1987, n° 86-91.214 : *Bull. crim.* n° 54. ■ Cass. crim., 30 sept. 2003, n° 03-80.039 : *Bull. crim.* n° 173. ■ Cass. crim., 14 oct. 2003, n° 03-81.366 : *Bull. crim.* n° 190. ■ Cass. crim., 28 mai 2019, n° 18-81.035). Méconnaît ce principe l'arrêt qui évalue le préjudice patrimonial d'une partie civile à une somme inférieure à celle proposée par la prévenue (■ Cass. crim., 19 mars 1985, préc.). Méconnaît ce principe la cour d'appel qui condamne un prévenu à verser des dommages-intérêts à la partie civile, alors que celle-ci avait dirigé sa demande contre un autre prévenu, relaxé par la cour (■ Cass. crim., 14 oct. 2003, préc.).

C – Provision

14) Titulaire du droit d'obtenir une provision. L'article 464 du Code de procédure pénale accorde à la seule victime d'un délit, constituée partie civile, la faculté d'obtenir, avant la solution du procès, le versement d'une provision (■ Cass. crim., 8 nov. 1983, n° 83-90.505 : *Bull. crim.* n° 295). Les caisses de sécurité sociale intervenant dans un procès répressif n'ont donc aucun titre à bénéficier d'un versement provisionnel (même arrêt).

15) Nature juridique de la provision. La provision accordée à la partie civile en vertu de l'article 464 du Code de procédure pénale n'est qu'une avance sur l'indemnité définitive ultérieurement accordée ; elle ne peut dès lors porter intérêt à compter d'une date antérieure à la décision qui l'ordonne (■ Cass. crim., 23 mai 1964, n° 63-92.225 : *Bull. crim.* n° 173).

16) Provision et partage de responsabilité. La faculté ouverte, par l'article 464 du Code de procédure pénale, à la juridiction qui renvoie une affaire sur intérêts civils, de condamner le prévenu à une indemnité provisionnelle, ne fait pas obstacle, à elle seule, à ce qu'il soit ultérieurement statué sur un partage de responsabilité entre ce prévenu et les victimes de l'infraction (■ Cass. crim., 26 juin 2018, n° 17-83.769).

17) Cas des réparations civiles de caractère particulier. En autorisant le tribunal appelé à statuer sur l'action civile à ordonner éventuellement le versement provisoire, en tout ou en partie, des dommages-intérêts, l'article 464, alinéa 2 du Code de procédure pénale énonce une disposition exceptionnelle qui, dérogeant au principe général posé par l'article 506 du même code suivant lequel il est sursis à l'exécution du jugement pendant les délais d'appel et durant l'instance d'appel, doit être interprétée restrictivement et ne peut s'entendre au-delà de ses termes mêmes. Les juges ne sauraient notamment user de cette faculté lorsqu'ils condamnent le prévenu à des réparations civiles dont le caractère particulier exclut toute possibilité ultérieure de restitution (■ Cass. crim., 16 oct. 1968, n° 67-91.992 : *Bull. crim.* n° 255).

D – Renvoi pour statuer sur l'action civile

1° Demande de renvoi par la partie civile

18) Condition de recevabilité. Le droit des parties civiles de demander le renvoi de l'affaire à une audience ultérieure pour qu'il soit statué sur l'action civile n'appartient qu'à celles qui ont préalablement été déclarées recevables (■ Cass. crim., 9 sept. 2008, n° 07-82.027 : *Bull. crim.* n° 180).

2° Renvoi par la juridiction

• Principe

19) Si les tribunaux correctionnels doivent, en application de l'article 464 du Code de procédure pénale, statuer par le même jugement sur l'action publique et sur l'action civile, ils ont cependant, à ce dernier égard, la faculté, en vertu du même article de la loi, d'ordonner un renvoi lorsqu'ils ne peuvent se prononcer en l'état sur la demande en dommages-intérêts (■ Cass. crim., 27 nov. 1968, n° 67-93.560 : *Bull. crim.* n° 316), en ordonnant, s'il y a lieu, les mesures propres à les éclairer (■ Cass. crim., 23 nov. 1976, n° 75-90.852 : *Bull. crim.* n° 335).

• Limite : interruption du cours de la justice

20) Prohibition. Si les tribunaux correctionnels ont la faculté, en application de l'article 464 du Code de procédure pénale, d'ordonner un renvoi à date déterminée lorsqu'ils ne peuvent se prononcer en l'état sur une demande en dommages-intérêts, ils ne sauraient, par contre, sans interrompre le cours de la justice, ordonner qu'il sera sursis à statuer, pour un temps indéterminé, sur une action dont ils sont saisis (■ Cass. crim., 25 janv. 1973, n° 72-91.314 : *Bull. crim.* n° 44. ■ Cass. crim., 14 févr. 1973, n° 71-93.258 : *Bull. crim.* n° 78. ■ Cass. crim., 19 mars 1975, n° 74-92.446 : *Bull. crim.* n° 85. ■ Cass. crim., 23 août 1989, n° 88-87.510 : *Bull. crim.* n° 311. ■ Cass. crim., 7 févr. 1991, n° 90-84.511 : *Bull. crim.* n° 62). Si lorsqu'elles ne peuvent prononcer en l'état sur une demande de dommages et intérêts, les juridictions correctionnelles ont la faculté d'ordonner un renvoi à date fixe, elles ne sauraient en revanche, sans interrompre le cours de la justice, réserver pour un temps indéterminé la liquidation de postes de préjudices (■ Cass. crim., 9 mars 2021, n° 20-81.107, § 8). Les juges ne sauraient, sans interrompre le cours de la justice, ordonner un sursis à statuer d'une durée indéterminée, sans violer l'article 4 du Code civil et l'article 6, § 1 de la Convention européenne des droits de l'homme (■ Cass. crim., 1er déc. 1999, n° 98-83.509 : *Bull. crim.* n° 288).

21) Applications. Équivaut à un renvoi pour un temps indéterminé le renvoi, à trois ans « à la requête de la partie la plus diligente qui sollicitera une nouvelle expertise » (■ Cass. crim., 25 janv. 1973, n° 72-91.314 : *Bull. crim.* n° 44) ; le renvoi « jusqu'à plus amples justifications », la durée du sursis à statuer dépendant uniquement de la volonté d'une seule des parties : il appartenait à la juridiction soit de statuer immédiatement, soit d'impartir un délai à la demanderesse pour justifier de son préjudice, soit encore d'ordonner à cet égard une mesure d'instruction et d'en fixer la durée (■ Cass. crim., 14 févr. 1973, n° 71-93.258 : *Bull. crim.* n° 78) ; le renvoi pour permettre une nouvelle expertise après un délai de sept années, un tel renvoi donnant au sursis à statuer un caractère indéterminé (■ Cass. crim., 19 mars 1975, n° 74-92.446 : *Bull. crim.* n° 85) ; le renvoi de l'affaire jusqu'à ce qu'une décision sur le fond soit prise à l'égard d'une nouvelle procédure concernant le même prévenu et la même victime (■ Cass. crim., 1er déc. 1999, n° 98-83.509 : *Bull. crim.* n° 288). Si les juges tiennent de l'article 464 du Code de procédure pénale la faculté de surseoir à statuer sur le préjudice esthétique et le préjudice d'agrément d'un enfant, dans la mesure où leur étendue définitive ne peut être en l'état déterminée, ils ne peuvent pour autant, sans violer le texte précité, se dispenser de prononcer au jour de leur décision, la réparation de la part de ces préjudices dont ils constatent dès à présent la réalité (■ Cass. crim., 10 mai 1979, n° 78-90.373 : *Bull. crim.* n° 171). Si les juges tiennent de l'article 464 du Code de procédure pénale la faculté de surseoir à statuer tant sur les réparations civiles que sur le remboursement des prestations sociales servies à la victime lorsqu'ils ne peuvent se prononcer en l'état sur l'étendue du dommage, ils ne sauraient, pour autant, sans violer le texte précité, refuser de prendre en considération, pour déterminer l'assiette du recours de l'organisme social à la date de leur décision, les chefs de préjudice qui sont dès à présent susceptibles d'évaluation (■ Cass. crim., 24 avr. 1981, n° 80-91.297 : *Bull. crim.* n° 122). En réservant l'indemnisation de trois postes de préjudice au motif que, cinq ans après l'accident, l'intéressé ne produit aucun élément concret démontrant la viabilité du projet de bâtir sa maison et la volonté de mettre en œuvre ce projet, la cour d'appel a violé l'article 464 par une décision qui s'analyse en un sursis à statuer pour un temps indéterminé, alors qu'elle pouvait, si nécessaire, ordonner une mesure d'instruction et en fixer le terme (■ Cass. crim., 9 mars 2021, n° 20-81.107).

E – Détermination de la part de responsabilité incombant au prévenu

1° *Cas du prévenu unique*

22) Fautes en concours. Si l'auteur de l'infraction est unique, mais a commis des fautes en concours, il n'appartient pas davantage à la juridiction pénale de déterminer la part de responsabilité découlant de chacune de ces fautes, ni d'en tirer de quelconques conséquences quant à la garantie d'un assureur (■ Cass. crim., 26 févr. 2013, n° 12-81.746 : *Bull. crim.* n° 47 ; *Dr. pén.* 2013, comm. 65, obs. A. Maron et M. Haas).

2° *Recours entre prévenus*

23) Incompétence de la juridiction pénale. Il résulte de l'article 464 du Code de procédure pénale qu'en matière civile la compétence de la juridiction pénale, limitée à l'examen des demandes formées par les parties civiles contre les prévenus, ne s'étend pas aux recours de ces derniers entre eux ; il s'ensuit qu'il n'appartient pas à cette juridiction de prononcer un partage de responsabilité entre les coauteurs du dommage dont la réparation a été ordonnée (■ Cass. crim., 16 oct. 2007, n° 07-81.850 : *Bull. crim.* n° 244. ■ Cass. crim., 7 avr. 2009, n° 08-85.519 : *Bull. crim.* n° 65. ■ Cass. crim., 2 oct. 2012, n° 11-84.415 : *Bull. crim.* n° 205).

3° *Recours des caisses de sécurité sociale*

24) Conditions. Au cas où un accident de droit commun est survenu à un assuré social par le fait d'un tiers, les caisses de sécurité sociale ont droit au remboursement de leurs dépenses dans la limite de l'indemnité mise à la charge d'un tiers ; il ne peut être statué sur l'action des caisses qu'autant qu'a été préalablement évalué le préjudice incombant à l'auteur de l'accident. Les juges du fond ne peuvent donc sans violer la loi, accueillir, en l'état, la demande d'une caisse de sécurité sociale (■ Cass. crim., 23 mai 1964, n° 63-92.225 : *Bull. crim.* n° 173. ■ Cass. crim., 4 févr. 1975, n° 74-90.948 : *Bull. crim.* n° 40).

F – Personnes civilement responsables

25) Personne civilement responsable partie à l'action civile. S'il est de principe que la responsabilité civile du commettant à raison d'un fait dommageable constitutif d'une infraction imputable à son préposé est subordonnée à l'existence de l'infraction et par conséquent à la décision définitive sur la poursuite pénale, il résulte tant des dispositions de l'article 10 du Code de procédure pénale que de celle des articles 464 et 539 du même code que lorsqu'il a été jugé définitivement sur l'action publique à l'égard du prévenu et que celui-ci a été reconnu coupable de l'infraction poursuivie, le juge a l'obligation de statuer sur l'action civile exercée contre le commettant déclaré civilement responsable en application de l'article 1384 (art. 1242) du Code civil (■ Cass. crim., 17 mai 1976, n° 75-91.154 : *Bull. crim.* n° 164 ; *D.* 1977, 650, rapp. M. Lecourtier).

26) Personne civilement responsable non partie à l'action civile. Lorsqu'il a été définitivement jugé sur l'action publique à l'égard du prévenu reconnu coupable, il résulte de l'article 464 du Code de procédure pénale que le juge a l'obligation de statuer sur l'action civile même en l'absence de mise en cause du commettant civilement responsable (■ Cass. crim., 30 mai 1980, n° 78-92.764 : *Bull. crim.* n° 166).

G – Présence du ministère public à l'audience

27) Caractère facultatif. Il résulte de l'article 464, alinéa 3, du Code de procédure pénale que la présence du ministère public n'est pas obligatoire lorsque le débat ne porte plus que sur les intérêts civils (▪ Cass. crim.,18 déc. 2001, n° 01-81.045 : *Bull. crim.* n° 274. ▪ Cass. crim., 25 févr. 2003, n° 01-88.320 : *Bull. crim.* n° 54. ▪ Cass. crim., 9 déc. 2014, n° 13-85.141. ▪ Cass. crim., 8 févr. 2017, n° 16-81.194). En application des dispositions des articles 464 et 512 du Code de procédure pénale, la présence du ministère public n'est pas obligatoire devant la cour d'assises lorsqu'en application de l'article 380-5 dudit code, les débats ne portent plus que sur les intérêts civils (▪ Cass. crim., 28 mars 2018, n° 16-84.872 : *Bull. crim.* n° 57). Il résulte des articles 464 et 711 du Code de procédure pénale, dès lors que la présence du ministère public n'est pas obligatoire lorsque, devant la juridiction correctionnelle saisie d'une requête en rectification d'erreur matérielle, le débat ne porte plus que sur les intérêts civils (▪ Cass. crim., 8 févr. 2017, n° 16-81.194. ▪ Cass. crim., 3 nov. 2009, n° 09-80.991 : *Bull. crim.* n° 183). La cour d'appel saisie d'une demande de l'administration fiscale, seule appelante du jugement ayant déclaré le prévenu coupable de fraude fiscale, à fin de voir prononcer, en application de l'article 1745 du Code général des impôts, la solidarité du condamné avec le redevable légal des impôts fraudés, peut statuer hors la présence du ministère public, l'instance ne portant plus que sur les intérêts civils (▪ Cass. crim., 8 févr. 2017, n° 16-81.194. ▪ Cass. crim., 14 mai 2014, n° 13-81.796 : *Dr. pén.* 2014, comm. 108, obs. J.-H. Robert). *Contra*, auparavant : le ministère public est partie intégrante et nécessaire des juridictions répressives ; qu'il en est ainsi même lorsque celles-ci ont à se prononcer uniquement sur l'action civile (▪ Cass. crim., 22 juill. 1987, n° 86-95.418 : *Bull. crim.* n° 299. ▪ Cass. crim., 14 févr. 1991, n° 90-80.733 : *Bull. crim.* n° 77). Le ministère public est représenté auprès de chaque juridiction répressive ; il assiste aux débats et au prononcé des décisions des juridictions du jugement ; il en est ainsi même lorsque celles-ci ont à se prononcer uniquement sur l'action civile ; encourt, dès lors, la cassation l'arrêt qui ne fait aucune mention de sa présence auprès de la juridiction correctionnelle, saisie des seuls intérêts civils (▪ Cass. crim., 30 oct. 1995, n° 94-85.320 : *Bull. crim.* n° 333).

Art. 464-1 *(L. n° 70-643, 17 juill. 1970).* – **À l'égard du prévenu détenu, le tribunal peut, en tout état de cause, par décision spéciale et motivée, lorsque les éléments de l'espèce justifient la prolongation d'une mesure particulière de sûreté, maintenir la détention. Pour l'exécution de cette décision, le mandat continue à produire ses effets.**

Bibliographie : D. Caron, *Tribunal correctionnel. – Jugement. – Détention provisoire. Compétence. – Ajournement, dispense et exemption de peine. Relaxe : JCl. Proc. pén.*, art. 464-1 à 472, Fasc. 20.

I – QUESTION PRIORITAIRE DE CONSTITUTIONNALITÉ

1) N'est pas contraire aux principes constitutionnels la décision de maintien en détention du tribunal prise sur le fondement de l'article 464-1 du Code de procédure pénale : d'une part, elle concerne non plus une personne mise en examen, bénéficiant à ce titre de la présomption d'innocence, mais un prévenu ayant fait l'objet d'une déclaration de culpabilité et contre lequel une peine a été prononcée, d'autre part, cette décision peut faire l'objet de voies de recours (▪ Cass. crim., 17 sept. 2014, n° 14-84.582).

II – PRINCIPES DU DROIT EUROPÉEN

2) Droit à la liberté et à la sûreté. S'il incombe au premier chef aux autorités nationales d'interpréter et d'appliquer le droit interne, il en est autrement lorsque l'inobservation de ce dernier est susceptible d'emporter violation de la Convention. Tel est le cas, notamment, des affaires dans lesquelles l'article 5, § 1 de la Convention européenne des droits de l'Homme est en jeu et la Cour européenne des droits de l'homme doit alors exercer un certain contrôle pour rechercher si le droit interne a été respecté (▪ CEDH, GC, 23 févr. 2012, n° 29226/03, *Creangă c/ Roumanie*). Il est essentiel, en matière de privation de liberté, que le droit interne définisse clairement les conditions de détention et que la loi soit prévisible dans son application, en ce sens qu'elle doit être suffisamment précise pour permettre au citoyen de prévoir, à un degré raisonnable dans les circonstances de la cause, les conséquences de nature à dériver d'un acte déterminé (▪ CEDH, 27 juill. 2006, n° 73947/01, *Zervudacki c/ France*). Toutefois, le respect du droit national n'est pas suffisant : l'article 5, § 1 exige de surcroît la conformité de toute privation de liberté au but consistant à protéger l'individu contre l'arbitraire. Il existe un principe fondamental selon lequel nulle détention arbitraire ne peut être compatible avec l'article 5 § 1, et la notion d'« arbitraire » que contient l'article 5 § 1 va au-delà du défaut de conformité avec le droit national, de sorte qu'une privation de liberté peut être régulière selon la législation interne tout en étant arbitraire et donc contraire à la Convention (▪ CEDH, GC, 23 févr. 2012, n° 29226/03, *Creangă c/ Roumanie*, préc.). Spécialement, la privation de la liberté est une mesure si grave qu'elle ne se justifie que lorsque d'autres mesures, moins sévères, ont été considérées et jugées insuffisantes pour sauvegarder l'intérêt personnel ou public exigeant la détention. Il ne suffit donc pas que la privation de liberté soit conforme au droit national, encore faut-il qu'elle soit nécessaire dans les circonstances de l'espèce (▪ CEDH, 4 mai 2006, n° 38797/03, *Ambruszkiewicz c/ Pologne*).

III – DOMAINE D'APPLICATION DE L'ARTICLE 464-1

3) Cour d'appel. L'article 464-1 du Code de procédure pénale est applicable devant la cour d'appel en vertu de l'article 512 du même code (▪ Cass. crim., 24 mai 2016, n° 16-81.288).

4) Période de sûreté. La juridiction qui, par application des dispositions de l'article 720-2 du Code de procédure pénale, fixe la durée de la période de sûreté, par une décision spéciale, n'a pas à la motiver, l'article 464-1 du Code de procédure pénale étant inapplicable (▪ Cass. crim., 22 mai 1990, n° 89-86.896 : *Bull. crim.* n° 210).

IV – PORTÉE DE L'ARTICLE 464-1

5) Il résulte de l'article 464-1 du Code de procédure pénale que la comparution du prévenu devant les juges correctionnels fait cesser de plein droit la détention provisoire lorsque ceux-ci n'en ordonnent pas le maintien par décision spéciale et motivée (▪ Cass. crim., 11 déc. 2019, n° 19-86.200, § 13).

V – CONDITIONS D'APPLICATION DE L'ARTICLE 464-1

A – Saisine de la juridiction

6) Saisine pour une autre cause. La juridiction correctionnelle ne peut maintenir en détention un prévenu qu'à la condition qu'il soit détenu dans la procédure dont elle est saisie ; alors qu'il ressort de ses propres constatations que le prévenu n'était pas détenu dans la procédure dont elle était saisie, mais pour une autre cause, la cour d'appel a méconnu l'article 464-1 du Code de procédure pénale (▪ Cass. crim., 24 mai 2016, n° 16-81.288).

7) Irrégularité du renvoi prononcé par la juridiction d'instruction. La juridiction correctionnelle, qui constate que le prévenu a été renvoyé devant elle par une ordonnance du juge d'instruction visant certains faits pour lesquels il n'a pas été mis en examen, n'est pas légalement tenue d'annuler l'ordonnance de renvoi et de se dessaisir. Elle a, en effet, la faculté de renvoyer l'examen de l'affaire à une audience ultérieure et de transmettre le dossier de la procédure au ministère public pour lui permettre de saisir à nouveau la juridiction d'instruction par des réquisitions appropriées aux fins de régularisation ; c'est donc à bon droit que la cour d'appel a retenu que le maintien en détention était régulier par application des articles 464-1 et 506 du Code de procédure pénale, en justifiant le rejet de la demande de mise en liberté présentée à l'audience par le prévenu (▪ Cass. crim., 21 févr. 2007, n° 06-89.043 : *Bull. crim.* n° 56).

B – Délai pour statuer

8) En vertu des articles 388 et 464-1 du Code de procédure pénale, la juridiction correctionnelle, saisie par ordonnance de renvoi du juge d'instruction, peut, en tout état de cause, maintenir la détention, lorsque les éléments de l'espèce justifient la prolongation d'une mesure particulière de sûreté, à l'égard du prévenu qui est conduit devant elle dans le délai de deux mois prescrit par l'article 179 du code précité (▪ Cass. crim., 17 déc. 1984, n° 83-93.559 : *Bull. crim.* n° 406). Il s'ensuit qu'en l'état de la procédure devant la Cour de cassation, plus de deux mois s'étant écoulés depuis l'ordonnance du magistrat instructeur, le maintien en détention prescrit par celui-ci a nécessairement pris fin. Le pourvoi formé contre l'arrêt confirmatif devient sans objet (▪ Cass. crim., 7 nov. 1989, n° 89-85.005 : *Bull. crim.* n° 395).

9) Les prescriptions de l'article 148-2 du Code de procédure pénale, relatives aux seules demandes de mainlevée de contrôle judiciaire ou de mise en liberté, ne sont pas applicables au cas d'appel d'une décision ordonnant le maintien en détention en vertu des dispositions de l'article 464-1 du même code. Il s'ensuit qu'il ne saurait être fait grief à une cour d'appel d'avoir, en rejetant les conclusions d'un prévenu détenu qui sollicitait que fût ordonnée d'office sa mise en liberté, méconnu les dispositions de l'article 148-2 du Code de procédure pénale impartissant à la juridiction du second degré saisie un délai de vingt jours pour rendre sa décision (▪ Cass. crim., 2 mai 1988, n° 87-90.334 : *Bull. crim.* n° 187).

C – Exigence de motivation

1° Principe

10) Il résulte des dispositions des articles 464-1 et 569, alinéa 1 du Code de procédure pénale que la décision d'une juridiction correctionnelle ordonnant le maintien de la détention provisoire, lorsque les éléments de l'espèce justifient cette mesure particulière, doit être spéciale et motivée ; à défaut, la cassation est encourue (▪ Cass. crim., 10 mars 1981, n° 80-94.223 : *Bull. crim.* n° 87).

2° Applications

• Motivation satisfaisante

– Motivation propre aux exigences de l'article 464-1

11) Satisfait aux exigences de l'article 464-1 du Code de procédure pénale, la juridiction qui, par une décision spéciale et motivée, ordonne le maintien en détention du prévenu, après avoir retenu sa dangerosité, la gravité des faits et le risque de réitération (▪ Cass. crim., 9 sept. 2015, n° 14-85.802). V. dans le même sens, ▪ Cass. crim., 5 nov. 1998, n° 97-84.337. ▪ Cass. crim., 28 févr. 2001, n° 00-84.108. ▪ Cass. crim., 2 nov. 2011, n° 11-86.373. ▪ Cass. crim., 10 avr. 2013, n° 12-81.868 : *Bull. crim.* n° 83.

– Motivation conforme aux exigences des articles 143 et suivants

12) Lorsqu'un prévenu soutient que sa demande de mise en liberté ne pouvait être rejetée aux seuls motifs qu'il n'avait pas respecté les obligations du contrôle judiciaire, et qu'il présentait un risque de récidive puisqu'il avait été condamné pour violences volontaires du temps de son contrôle judiciaire, sans rechercher si l'assignation à résidence sous surveillance électronique ne constituait pas une mesure suffisamment contraignante pour le maintenir à la disposition de la justice et l'empêcher de récidiver, la cour d'appel justifie sa décision, en se déterminant par de telles considérations de droit et de fait répondant aux exigences des articles 143-1 et suivants du Code de procédure pénale (▪ Cass. crim., 31 janv. 2017, n° 16-86.850. ▪ Cass. crim., 14 mars 2017, n° 16-87.494). Pour rejeter la demande de mise en liberté formée par le prévenu qui avait été condamné pour agressions sexuelles à trois ans d'emprisonnement, dont un avec sursis et mise à l'épreuve, l'arrêt attaqué retient notamment qu'il existe un risque de réitération d'une infraction d'atteinte aux personnes, au vu de la condamnation de l'intéressé pour des violences volontaires commises pendant le temps du contrôle judiciaire auquel il était astreint dans la présente procédure ; en prononçant ainsi, les juges ont justifié leur décision au regard de l'un des objectifs énoncés à l'article 144 du Code de procédure pénale (▪ Cass. crim., 4 oct. 2016, n° 16-84.460). V. déjà dans le même sens, renvoyant aux articles 464-1, 137-3 et 143-1 et suivants du Code de procédure pénale, ▪ Cass. crim., 10 avr. 2002, n° 01-87.051. ▪ Cass. crim., 10 avr. 2002, n° 01-86.559.

13) Motivation incomplète. Aux termes des articles 464-1 et 569-1 du Code de procédure pénale, la décision d'une juridiction correctionnelle maintenant la détention provisoire, lorsque les éléments de l'espèce justifient cette mesure particulière de sûreté, doit être spéciale et motivée. Les motifs imprécis de cette décision peuvent être explicités par les autres motifs des juges du fond relevant les circonstances de l'espèce (▪ Cass. crim., 7 janv. 1972, n° 71-92.387 : *Bull. crim.* n° 3 ; *D.* 1972, 318, note M. Lescure et E. Robert). Les motifs insuffisants d'une cour d'appel peuvent être explicités par les énonciations des juges du fond qui relèvent les circonstances de l'affaire (▪ Cass. crim., 9 mai 1972, n° 71-93.467 : *Bull. crim.* n° 160) ; ... par les motifs de l'arrêt relatifs aux éléments de l'espèce (▪ Cass. crim., 23 mars 1981, n° 80-93.697 : *Bull. crim.* n° 104) ; ... par l'adoption, par elle, des motifs non contraires du jugement et qu'elle a faits siens (▪ Cass. crim., 23 mars 1987, n° 86-94.562).

14) Substitution de motifs par la cour d'appel. Statuant sur des demandes de mise en liberté émanant de prévenus à l'égard desquels le tribunal correctionnel a prononcé des peines d'emprisonnement en ordonnant par décision spéciale leur maintien en détention, la cour d'appel, saisie des appels formés par les intéressés contre le jugement les condamnant, ne saurait, en constatant que la décision prise en application de l'article 464-1 du Code de procédure pénale est dépourvue de motif, s'abstenir d'examiner le bien-fondé dudit maintien en détention ; il lui appartient, en raison de l'effet dévolutif de l'appel, de statuer par des motifs qui lui sont propres sur la nécessité ou l'absence de nécessité de cette mesure de sûreté (▪ Cass. crim., 7 mai 1985, n° 85-90.018 : *Bull. crim.* n° 171. ▪ Cass. crim., 1er mars 1988, n° 86-91.267).

D – Prononcé à titre de mesure de sûreté

15) En jugeant qu'il convient d'ordonner le maintien en détention d'un prévenu afin d'assurer l'effectivité de la peine prononcée à son encontre, une cour d'appel a justifié sa décision par une décision spéciale et motivée qui satisfait aux exigences de l'article 464-1 du Code de procédure pénale, sans violer les articles 5, § 1 et 6, § 2 de la Convention européenne des droits de l'Homme ; c'est à tort que le prévenu considère que cette décision est contraire à la présomption d'innocence qui s'opposerait à ce que sa détention, dont la déclaration de culpabilité et la peine ne sont ni définitives, ni exécutoires puisqu'elles peuvent faire l'objet d'un recours en cassation, soit ordonnée, non à titre de sûreté, mais en vue de l'exécution de la peine (▪ Cass. crim., 10 avr. 2013, préc., n° 10). V. aussi ▪ Cass. crim., 10 avr. 2002, n° 01-85.360.

VI – MISE EN LIBERTÉ

A – Comparution. Principe

16) Il résulte des dispositions des articles 464-1 et 512 du Code de procédure pénale, sous la seule réserve de celles de l'article 397 du même code, que la comparution du prévenu détenu devant les juges correctionnels fait cesser de plein droit la détention provisoire, lorsque ceux-ci n'en ordonnent pas le maintien par décision spéciale et motivée (▪ Cass. crim., 16 sept. 1972, n° 72-92.755 : *Bull. crim.* n° 264 ; *D.* 1973, 330, note P. Le Tourneau. ▪ Cass. crim., 26 mars 1985, n° 84-95.476 : *Bull. crim.* n° 125). Il en est ainsi lorsque la comparution est suivie d'une remise de la cause et que le maintien en détention ne résulte, en l'absence du jugement, que des notes d'audience (▪ Cass. crim., 26 mars 1985, préc.). Il se déduit des dispositions des articles 462 et 464-1 du Code de procédure pénale que la comparution d'un prévenu détenu devant les juges correctionnels se prolonge pendant toute la durée des débats et, même si l'affaire a été mise en délibéré, jusqu'à la clôture de ceux-ci par le jugement ; dès lors, cette comparution ne fait cesser de plein droit la détention provisoire qu'au prononcé dudit jugement, lequel doit ainsi statuer sur le maintien en détention par une décision spéciale et motivée (▪ Cass. crim., 25 juin 1986, n° 85-95.498 : *Bull. crim.* n° 226).

B – Comparution. Renvoi à une audience ultérieure

17) Lorsque le tribunal, saisi d'une poursuite contre un prévenu dont le juge d'instruction a ordonné le maintien en détention provisoire, renvoie l'affaire à une audience ultérieure, le mandat de dépôt devient caduc à compter du jugement et le prévenu doit être mis en liberté si le tribunal n'a pas maintenu la détention par une décision spéciale et motivée (▪ Cass. crim., 13 mars 1978, n° 77-92.579 : *Bull. crim.* n° 92. ▪ Cass. crim., 25 juin 1984, n° 83-94.199 : *Bull. crim.* n° 240).

VII – EFFET DU MANDAT

18) Maintien des effets du mandat. Il résulte des termes de l'article 464-1 du Code de procédure pénale qu'à l'égard du prévenu détenu, la juridiction répressive peut en tout état de cause maintenir la détention et que pour l'exécution de cette décision, le mandat continue à produire ses effets (▪ Cass. crim., 6 mars 1986, n° 85-94.597 : *Bull. crim.* n° 94).

VIII – ABSENCE D'EFFET SUSPENSIF DE L'APPEL

19) L'article 506 du Code de procédure pénale, qui écarte expressément de son champ d'application les dispositions de l'article 464-1 dudit code, exclut, par là même, en la matière, l'effet suspensif de l'appel du procureur de la République (▪ Cass. crim., 13 mars 1978, n° 77-92.579 : *Bull. crim.* n° 92. ▪ Cass. crim., 25 juin 1984, n° 83-94.199 : *Bull. crim.* n° 240).

20) Pourvoi en cassation. Dès lors qu'un prévenu se trouve maintenu en détention par application de l'article 464-1 du Code de procédure pénale en vertu d'une décision du tribunal, cette disposition étant exécutoire nonobstant appel, le pourvoi par lui formé contre l'arrêt d'une chambre d'accusation confirmant son maintien en détention provisoire jusqu'à comparution devant la juridiction de jugement devient sans objet (▪ Cass. crim., 14 oct. 1991, n° 91-84.414 : *Bull. crim.* n° 338).

Art. 464-2 ***(Créé à compter du 24 mars 2020, L. n° 2019-222, 23 mars 2019)*** (1). **– I. – Lorsque la durée totale de l'emprisonnement ferme prononcé, y compris en tenant compte le cas échéant de la révocation de sursis, est inférieure ou égale à un an, le tribunal correctionnel doit :**

1° Soit ordonner que l'emprisonnement sera exécuté sous le régime de la détention à domicile sous surveillance électronique, de la semi-liberté ou du placement à l'extérieur, selon des modalités déterminées par le juge de l'application des peines ;

2° Soit, s'il ne dispose pas des éléments lui permettant de déterminer la mesure d'aménagement adaptée, ordonner que le condamné soit convoqué devant le juge de l'application des peines et le service pénitentiaire d'insertion et de probation conformément aux dispositions de l'article 474, afin que puisse être prononcé une mesure mentionnée au 1° du présent I conformément à l'article 723-15 ;

3° Soit, si l'emprisonnement est d'au moins six mois, décerner un mandat de dépôt à effet différé, en ordonnant que le condamné soit convoqué dans un délai qui ne saurait excéder un mois devant le procureur

(1) Les peines de contrainte pénale prononcées avant le 24 mars 2020 s'exécutent jusqu'à leur terme conformément aux dispositions applicables au jour de leur prononcé, sous la réserve que les attributions confiées en application de l'article 713-47 du Code de procédure pénale au président du tribunal judiciaire ou au juge désigné par lui sont exercées par le juge de l'application des peines, L. n° 2019-222, 23 mars 2019, art. 109, XIX.

de la République afin que ce dernier fixe la date à laquelle il sera incarcéré dans un établissement pénitentiaire ; le procureur de la République peut également donner connaissance au condamné de la date d'incarcération à l'issue de l'audience. Dans ce cas, il n'est pas fait application des articles 723-15 et suivants ;

4° Soit, dans les cas prévus aux articles 397-4, 465 et 465-1, décerner mandat de dépôt ou mandat d'arrêt contre le condamné.

Dans les cas prévus aux 3° et 4° du présent I, le tribunal doit spécialement motiver sa décision, au regard des faits de l'espèce et de la personnalité de leur auteur ainsi que de sa situation matérielle, familiale et sociale, afin de justifier les raisons pour lesquelles il estime devoir prononcer une peine d'emprisonnement sans sursis et celles pour lesquelles il considère que cette peine ne peut être aménagée.

II. – Lorsque la durée totale de l'emprisonnement ferme prononcé, y compris en tenant compte le cas échéant de la révocation de sursis, est supérieure à un an, le tribunal correctionnel doit spécialement motiver sa décision, au regard des faits de l'espèce et de la personnalité de leur auteur ainsi que de sa situation matérielle, familiale et sociale, afin de justifier les raisons pour lesquelles il estime devoir prononcer une peine d'emprisonnement sans sursis.

III. – Le 3° du I est également applicable lorsque la durée totale de l'emprisonnement ferme prononcé par le tribunal correctionnel est supérieure à un an.

IV. – Lorsqu'il décerne un mandat de dépôt à effet différé, le tribunal correctionnel peut, dans les cas prévus aux articles 397-4, 465 et 465-1, assortir ce mandat de l'exécution provisoire.

Code pénal

Art. 132-19 *(Mod. à compter du 24 mars 2020, L. n° 2019-222, 23 mars 2019)*. **–** Lorsqu'un délit est puni d'une peine d'emprisonnement, la juridiction peut prononcer une peine d'emprisonnement ferme ou assortie en partie ou en totalité du sursis pour une durée inférieure à celle qui est encourue. Elle ne peut toutefois prononcer une peine d'emprisonnement ferme d'une durée inférieure ou égale à un mois.

Toute peine d'emprisonnement sans sursis ne peut être prononcée qu'en dernier recours si la gravité de l'infraction et la personnalité de son auteur rendent cette peine indispensable et si toute autre sanction est manifestement inadéquate.

Dans ce cas, si la peine est inférieure ou égale à six mois, elle doit, sauf impossibilité résultant de la personnalité ou de la situation du condamné, faire l'objet d'une des mesures d'aménagement prévues à l'article 132-25. Dans les autres cas prévus au même article 132-25, elle doit également être aménagée si la personnalité et la situation du condamné le permettent, et sauf impossibilité matérielle.

Le tribunal doit spécialement motiver sa décision, au regard des faits de l'espèce et de la personnalité de leur auteur ainsi que de sa situation matérielle, familiale et sociale conformément aux dispositions de l'article 464-2 du Code de procédure pénale.

....

Art. 132-25 *(Mod. à compter du 24 mars 2020, L. n° 2019-222, 23 mars 2019)*. **–** Lorsque la juridiction de jugement prononce une peine inférieure ou égale à six mois d'emprisonnement, un emprisonnement partiellement assorti du sursis ou du sursis probatoire et lorsque la partie ferme de la peine est inférieure ou égale à six mois, ou lorsque la juridiction prononce une peine pour laquelle la durée de l'emprisonnement restant à exécuter à la suite d'une détention provisoire est inférieure ou égale à six mois, elle doit, sauf impossibilité résultant de la personnalité ou de la situation du condamné, ordonner que la peine sera exécutée en totalité sous le régime de la détention à domicile sous surveillance électronique, de la semi-liberté ou du placement à l'extérieur.

Si la peine prononcée ou la partie ferme de la peine prononcée est supérieure à six mois et inférieure ou égale à un an d'emprisonnement, elle doit décider, si la personnalité et la situation du condamné le permettent, que la peine sera exécutée en tout ou partie sous le régime de la détention à domicile sous surveillance électronique, de la semi-liberté ou du placement à l'extérieur.

1) Conformité à la Constitution. Détention à domicile sous surveillance électronique. D'une part, si la peine de détention à domicile sous surveillance électronique emporte l'obligation pour le condamné de demeurer dans son domicile ou tout autre lieu désigné par le juge et de porter un dispositif intégrant un émetteur permettant de vérifier le respect de cette obligation, une telle peine privative de liberté ne peut être prononcée qu'à la place de l'emprisonnement. D'autre part, sa durée maximale, limitée à six mois, ne peut excéder celle de l'emprisonnement encouru. Enfin, la juridiction ou le juge de l'application des peines peuvent autoriser le condamné à s'absenter de son domicile pendant des périodes déterminées pour le temps nécessaire « à l'exercice d'une activité professionnelle, au suivi d'un enseignement, d'un stage, d'une formation ou d'un traitement médical, à la recherche d'un emploi, à la participation à la vie de famille ou à tout projet d'insertion ou de réinsertion ». Dès lors, en permettant de prononcer la peine de détention à domicile sous surveillance électronique pour une durée maximale de six mois, les dispositions contestées ne méconnaissent ni le droit au respect de la vie privée ni la dignité de la personne humaine (Cons. const., 21 mars 2019, n° 2019-778 DC).

I – APPLICATION DANS LE TEMPS DE LA LOI DU 23 MARS 2019

2) Les dispositions des articles 132-19 et 132-25 du Code pénal, 464-2, 474 et 723-15 du Code de procédure pénale issues de la loi du 23 mars 2019, relatives aux conditions et aux modalités de l'aménagement des peines inférieures ou égales à un an, qui, prises globalement, n'ont pas pour résultat de rendre plus sévères les peines prononcées par la décision de condamnation, sont applicables au jugement des faits commis antérieurement à leur entrée en vigueur (▪ Cass. crim., 11 mai 2021, n° 20-85.576, § 42 : publié au *Bull.* ; *JCP* G 2021.774, note L. de Gentili ; *JCP* G 2021, 902, note E. Dreyer. V. aussi ▪ Cass. crim., 10 nov. 2021, n° 21-81.209, § 8 : *Dr. pén.* 2022, comm. 21, obs. F. B.). L'arrêt attaqué, qui a été rendu après l'entrée en vigueur, le 24 mars 2020, des dispositions de la loi n° 2019-222 du 23 mars 2019, a condamné le prévenu à dix-huit mois d'emprisonnement pour des faits commis du 1er janvier 2008 au 31 décembre 2009. Il importe dès lors de déterminer au préalable si les dispositions relatives à l'aménagement des peines d'emprisonnement qui figurent à l'article 74 de ladite loi, lequel modifie ou créé notamment les articles 132-19, 132-25 du Code pénal et 464-2, 474 et 723-15 du Code de procédure pénale, doivent s'appliquer aux condamnations prononcées pour des faits antérieurs à l'entrée en vigueur de la loi précitée. La Cour de cassation juge que les dispositions de cet article, en ce qu'elles interdisent tout aménagement des peines d'emprisonnement sans sursis d'une durée comprise entre un et deux ans, qui relèvent des lois d'exécution et d'application des peines, plus sévères, ne sont applicables qu'aux condamnations prononcées pour des faits commis postérieurement à leur entrée en vigueur (▪ Cass. crim., 20 oct. 2020, n° 19-84.754). Par arrêt de ce jour (▪ Cass. crim., 11 mai 2021, n° 20-85.576), elle juge en revanche que les dispositions des articles 132-19 et 132-25 du Code pénal, 464-2, 474 et 723-15 du Code de procédure pénale issues de la loi du 23 mars 2019, relatives aux conditions et aux modalités de l'aménagement des peines inférieures ou égales à un an, qui n'ont pas pour résultat de rendre plus sévères les peines prononcées par la décision de condamnation, sont applicables au jugement des faits commis antérieurement à leur entrée en vigueur. Il s'en déduit que, lorsque les faits poursuivis sont antérieurs au 24 mars 2020, le juge qui prononce une peine d'emprisonnement supérieure à un an et inférieure ou égale à deux ans doit se prononcer sur son éventuel aménagement au regard des dispositions issues de la loi du 23 mars 2019 relatives à l'aménagement des peines supérieures à 6 mois et inférieures ou égales à un an, seule la condition tenant au quantum de la peine aménageable restant régie par la loi ancienne. Il se déduit de ce principe ainsi que de l'articulation des articles 132-19 du Code pénal, dans ses rédactions antérieure et postérieure à la loi précitée, 132-25 du Code pénal, 464-2 et 593 du Code de procédure pénale, dans leur rédaction issue de cette loi, que, lorsque la date des faits poursuivis est antérieure au 24 mars 2020, si la peine d'emprisonnement prononcée est supérieure à un an et inférieure ou égale à deux ans, au sens de l'article D. 48-1-1 du Code de procédure pénale, l'aménagement de la peine est le principe, sauf en cas de récidive. La juridiction de jugement ne peut écarter l'aménagement que si elle constate que la situation ou la personnalité du condamné ne permettent pas son prononcé ou si elle relève une impossibilité matérielle de le faire. Dans ce cas, elle doit motiver spécialement sa décision, de façon précise et circonstanciée, au regard des faits de l'espèce, de la personnalité et de la situation matérielle, familiale et sociale du condamné. Elle doit en outre, si elle ne décerne aucun mandat de dépôt ou d'arrêt en application des articles 397-4, 465 et 465-1 du Code de procédure pénale, délivrer un mandat de dépôt à effet différé. Dès lors encourt la censure, l'arrêt de la cour d'appel, qui après avoir condamné le prévenu à une peine d'emprisonnement de dix-huit mois pour des faits commis avant le 24 mars 2020, ne se prononce pas sur son aménagement (▪ Cass. crim., 11 mai 2021, n° 20-83.507, § 22 à 32 : publié au *Bull.* V. aussi ▪ Cass. crim., 10 nov. 2021, n° 21-81.209, § 8).

II – AMÉNAGEMENT DE LA PEINE D'EMPRISONNEMENT

A – Jurisprudence antérieure à la loi n° 2019-222 du 23 mars 2019 (fondée sur l'article 485 ancien)

3) Dans le cas où la peine n'est pas supérieure à 2 ans (1 an, depuis la loi n° 2019-222 du 23 mars 2019), ou à un an pour une personne en état de récidive légale, le juge, s'il décide de ne pas l'aménager, doit en outre motiver spécialement cette décision, soit en établissant que la personnalité et la situation du condamné ne permettent pas un tel aménagement, soit en constatant une impossibilité matérielle (■ Cass. crim., 4 mai 2016, n° 15-80.770 : *Bull. crim.* n° 138 ; *Dr. pén.* 2016, comm. 119, obs. E. Bonis-Garçon). Les juges ne sont tenus de spécialement motiver leur décision au regard de la situation matérielle, familiale et sociale du prévenu que pour refuser d'aménager la peine d'emprisonnement sans sursis qu'ils prononcent, lorsque cette peine est d'une durée qui n'excède pas 2 ans (1 an, depuis la loi n° 2019-222 du 23 mars 2019), ou un an en cas de récidive, et non pour justifier la nécessité d'une telle peine (■ Cass. crim., 29 nov. 2016, n° 15-86.116 : *Bull. crim.* n° 315 ; *Dr. pén.* 2017, comm. 15, obs. E. Bonis-Garçon. ■ Cass. crim., 8 janv. 2020, n° 18-86.260). Est justifiée la décision par laquelle la juridiction ne procède pas à l'aménagement d'une peine dès lors que l'absence du prévenu, non comparant, ne permet pas à la cour d'envisager une mesure d'aménagement (■ Cass. crim., 10 déc. 2019, n° 19-82.130). Doit être cassé l'arrêt qui, pour refuser d'aménager une peine d'emprisonnement, énonce que la cour est dans l'impossibilité matérielle d'ordonner un tel aménagement en l'absence de pièces produites : le prévenu, présent à l'audience, pouvait en effet répondre à toutes les questions des juges leur permettant d'apprécier la faisabilité d'une mesure d'aménagement (■ Cass. crim., 17 déc. 2019, n° 19-81.588. ■ Cass. crim., 9 avr. 2019, n° 18-83.874 : *Bull. crim.* n° 70. ■ Cass. crim., 28 janv. 2020, n° 19-83.205). L'absence d'étude technique de faisabilité d'un aménagement de peine ne saurait suffire à établir l'impossibilité matérielle de cet aménagement (■ Cass. crim., 18 mars 2020, n° 18-85.542, § 37 : publié au *Bull.*). V. C. pén., art. 132-19, mod. L. n° 2019-222 du 23 mars 2019.

B – Jurisprudence faisant application de l'article 464-2

4) Conditions de l'aménagement de peine. Principes. Il résulte des articles 132-19 et 132-25 du Code pénal dans leur rédaction issue de la loi n° 2019-222 du 23 mars 2019, applicables à partir du 24 mars 2020, que la juridiction qui prononce une peine inférieure ou égale à six mois d'emprisonnement ferme doit ordonner, sauf impossibilité résultant de la personnalité ou de la situation du condamné, l'aménagement de la totalité de la peine. Selon l'article 464-2 du Code de procédure pénale, dans cette même rédaction, la juridiction de jugement qui prononce une peine d'emprisonnement ferme supérieure à un mois et inférieure ou égale à six mois doit, soit ordonner son aménagement en déterminant la mesure adaptée, soit, si elle ne dispose pas d'éléments lui permettant de déterminer celle-ci, ordonner la convocation du condamné devant le juge de l'application des peines, soit, s'agissant d'une peine de six mois, délivrer un mandat de dépôt à effet différé, soit, dans les cas prévus aux articles 397-4, 465 et 465-1 du Code de procédure pénale, décerner un mandat de dépôt ou d'arrêt contre le condamné. Si le juge décerne un mandat d'arrêt ou de dépôt, à effet différé ou non, il doit motiver sa décision au regard des faits de l'espèce, de la personnalité et de la situation matérielle, familiale et sociale du condamné. Il en résulte que si la peine d'emprisonnement prononcée est inférieure ou égale à six mois en application de l'article D. 48-1-1 du Code de procédure pénale, l'aménagement de la peine est obligatoire. Ce n'est qu'en cas d'impossibilité résultant de la personnalité ou de la situation du condamné que la juridiction de jugement peut écarter l'aménagement de la peine. Dans ce cas, elle doit motiver spécialement sa décision, de façon précise et circonstanciée, au regard des faits de l'espèce, de la personnalité et de la situation matérielle, familiale et sociale du condamné. Lorsque la peine est de six mois, elle doit, en outre, si elle ne décerne aucun mandat de dépôt ou d'arrêt en application de articles 397-4 et 465-1 du Code de procédure pénale, délivrer un mandat de dépôt à effet différé. Lorsque la peine est inférieure à six mois, et dès lors que la loi ne permet pas la délivrance d'un mandat de dépôt à effet différé, elle doit, si elle ne décerne aucun mandat de dépôt ou d'arrêt en application de articles 397-4 et 465-1 du Code de procédure pénale, remettre au condamné un avis de convocation à comparaître devant le juge de l'application des peines conformément à l'article 474 du Code de procédure pénale. En l'espèce, pour dire n'y avoir lieu à aménagement de la peine prononcée, la cour d'appel énonce, qu'en l'absence d'éléments suffisants sur la situation matérielle et professionnelle de l'intéressé, elle se trouve dans l'impossibilité d'organiser valablement *ab initio* l'une des mesures d'aménagement prévues à l'article 132-25 du Code pénal. En se déterminant ainsi, alors que l'aménagement de la peine était obligatoire, l'impossibilité de déterminer les modalités de la mesure n'étant pas de nature à y faire obstacle, la cour d'appel a méconnu les textes et principes susvisés (■ Cass. crim., 11 mai 2021 n° 20-84.412 : publié au *Bull.*). D'une part, la mise à exécution d'une courte peine d'emprisonnement qui résulte nécessairement du refus d'aménager ne peut être fondée sur la circonstance que la juridiction ne dispose pas d'éléments suffisants pour se prononcer. D'autre part, en modifiant la rédaction de l'article 132-70-1 du

Code pénal, le législateur a entendu favoriser le recours à l'ajournement du prononcé de la peine aux fins d'investigations sur la personnalité ou la situation du prévenu, de façon à permettre un aménagement de la peine. En conséquence, si le prévenu est comparant, la juridiction doit l'interroger sur sa situation personnelle et, le cas échéant, peut ordonner un ajournement de la peine aux fins d'investigations sur sa personnalité ou sa situation, en application de l'article 132-70-1 précité. Si le prévenu est non comparant, la juridiction de jugement ne peut refuser d'aménager la peine en se fondant sur sa seule absence. Il lui appartient alors de rechercher, au vu des pièces de la procédure, si le principe d'un aménagement peut être ordonné (▪ Cass. crim., 11 mai 2021, n° 20-85.576, §§ 58 à 61 : publié au *Bull.* ; *JCP* G 2021.774, note L. de Gentili ; *JCP* G 2021, 902, note E. Dreyer). Si elle estime n'être pas en possession d'éléments suffisants sur la personnalité ou la situation d'un prévenu, il appartient à la cour d'appel de l'interroger lorsqu'il est présent à l'audience, afin d'obtenir ces éléments pour apprécier si un aménagement de sa peine, au moins dans son principe, peut être prononcé et, le cas échéant, d'ordonner des investigations complémentaires sur ceux-ci, en application de l'article 132-70-1 du Code pénal (▪ Cass. crim., 8 sept. 2021, n° 20-84.261. ▪ Cass. crim., 19 oct. 2021, n° 21-80.204, § 13).

5) **Conditions de l'aménagement de peine. Applications : refus d'aménagement.** Ne satisfait pas aux exigences de l'article 464-2 du Code de procédure pénale, la décision qui, pour refuser l'aménagement d'une peine d'emprisonnement, énonce que la personnalité du prévenu ne milite pas pour une application particulièrement modérée de la loi pénale, dès lors que son casier judiciaire comporte trente trois mentions, dont de nombreuses pour des faits de menaces de mort ou de violences (▪ Cass. crim., 22 juin 2021, n° 20-85.823, § 8). Doit être cassé l'arrêt qui, pour refuser d'aménager la peine d'un an d'emprisonnement ferme prononcée à l'encontre du prévenu, retient que compte tenu de ses antécédents, de sa dénégation des faits et de son absence d'activité professionnelle, l'aménagement de la partie ferme de la peine prononcée apparaît inopportun : il ne résulte pas de ces motifs une impossibilité d'aménager la peine d'emprisonnement ferme (▪ Cass. crim., 26 janv. 2022, n° 21-81.170, § 16 : publié au *Bull.*). L'impossibilité de déterminer les modalités de l'aménagement d'une peine de quatre mois d'emprisonnement n'est pas de nature à faire obstacle à cet aménagement ; doit donc être cassé l'arrêt qui, pour dire n'y avoir lieu à aménagement immédiat de la peine de quatre mois d'emprisonnement, énonce ne pas disposer d'éléments suffisants sur la situation matérielle et professionnelle du prévenu, en ajoutant qu'il appartiendra au juge de l'application des peines d'envisager cet aménagement le moment venu (▪ Cass. crim., 18 janv. 2022, n° 21-83.314). Le juge ne peut refuser d'aménager la peine au motif qu'il ne serait pas en possession d'éléments lui permettant d'apprécier la mesure d'aménagement adaptée ; dans ce cas, il doit ordonner d'une part l'aménagement de la peine, d'autre part la convocation du prévenu devant le juge de l'application des peines, en application de l'article 464-2, I, 2°, du Code de procédure pénale ; il ne peut pas davantage l'écarter au motif de l'absence d'éléments propres à caractériser un projet de réinsertion, ou, au motif qu'il ne dispose pas d'éléments suffisamment précis et actualisés : si le prévenu est comparant, le juge doit l'interroger sur sa situation personnelle et, le cas échéant, peut ordonner un ajournement de la peine aux fins d'investigations sur sa personnalité ou sa situation, en application de l'article 132-70-1 du Code pénal (▪ Cass. crim., 16 févr. 2022, n° 21-82.830).

6) **Conditions de l'aménagement de peine. Applications : peine d'emprisonnement assortie d'un sursis.** En prononçant une peine d'emprisonnement assortie d'un sursis partiel sans s'expliquer sur les éléments relatifs à la situation matérielle, familiale et sociale des prévenus qu'elle a pris en considération pour fonder sa décision et sans se prononcer sur l'aménagement de la partie ferme de la peine d'emprisonnement, la cour d'appel a méconnu les articles 132-19 et 132-25 du Code pénal et 464-2 du Code de procédure pénale (▪ Cass. crim., 17 nov. 2021, n° 20-86.684, § 15).

Art. 465 *(Mod., L. n° 2004-204, 9 mars 2004)*. **– Dans le cas visé à l'article 464, premier alinéa, s'il s'agit d'un délit de droit commun ou d'un délit d'ordre militaire prévu par le livre III du Code de justice militaire et si la peine prononcée est au moins d'une année d'emprisonnement sans sursis, le tribunal peut, par décision spéciale et motivée, lorsque les éléments de l'espèce justifient une mesure particulière de sûreté, décerner mandat de dépôt ou d'arrêt contre le prévenu.**

Le mandat d'arrêt continue à produire son effet, même si le tribunal, sur opposition, ou la cour, sur appel, réduit la peine à moins d'une année d'emprisonnement.

Le mandat de dépôt décerné par le tribunal produit également effet lorsque, sur appel, la cour réduit la peine d'emprisonnement à moins d'une année.

Toutefois, le tribunal, sur opposition, ou la cour, sur appel, a la faculté, par décision spéciale et motivée, de donner mainlevée de ces mandats.

En toutes circonstances, les mandats décernés dans les cas susvisés continuent à produire leur effet, nonobstant le pourvoi en cassation.

Si la personne est arrêtée à la suite du mandat d'arrêt et qu'il s'agit d'un jugement rendu par défaut, il est fait application des dispositions de l'article 135-2.

Bibliographie : D. Caron, *Tribunal correctionnel. – Jugement. – Détention provisoire. Compétence. – Ajournement, dispense et exemption de peine. Relaxe : JCl. Proc. pén.*, art. 464-1 à 472, Fasc. 20.

I – DOMAINE D'APPLICATION DE L'ARTICLE 465

1) Cour d'appel. L'article 465 du Code de procédure pénale est applicable devant la cour d'appel en application de l'article 512 du même code (■ Cass. crim., 24 oct. 1968, n° 68-91.258 : *Bull. crim.* n° 266).

2) Cour d'assises. Aucune disposition de la loi ne permet à la cour d'assises de décerner mandat de dépôt contre un prévenu libre, serait-ce pour un délit connexe au crime dont elle est saisie ; en effet, l'article 465 du Code de procédure pénale n'est applicable que devant les juridictions correctionnelles (■ Cass. crim., 3 janv. 1991, n° 90-81.458 : *Bull. crim.* n° 1).

3) Infractions militaires. Selon l'article 465 du Code de procédure pénale, si la peine prononcée est au moins d'une année d'emprisonnement sans sursis, le tribunal correctionnel ne peut décerner mandat de dépôt ou d'arrêt contre le prévenu que s'il s'agit d'un délit de droit commun. Ces dispositions ne sont ainsi pas applicables devant les juridictions mentionnées à l'article 697 du code précité, compétentes en matière militaire, lorsque celles-ci ne sont saisies que d'infractions militaires telles que le délit d'insoumission (■ Cass. crim., 25 avr. 1990, n° 89-86.494 : *Bull. crim.* n° 156).

II – MANDAT D'ARRÊT

4) Mandat d'arrêt précédemment délivré par le juge d'instruction. Le mandat d'arrêt délivré par le juge d'instruction reste exécutoire, après la clôture de l'instruction, tant qu'il n'a pas été rapporté, remplacé ou anéanti par un acte exprès de l'autorité judiciaire. La juridiction correctionnelle qui, en prononçant par défaut une condamnation à l'emprisonnement, constate qu'un mandat d'arrêt a été décerné par le juge d'instruction, en entérine les effets, et n'a pas à décerner un nouveau mandat, lorsqu'elle ordonne, sur opposition, le maintien en détention du prévenu (■ Cass. crim., 29 sept. 1992, n° 92-82.584 : *Bull. crim.* n° 290).

5) Mandat d'arrêt délivré contre un prévenu ayant comparu. Est inopérant le grief selon lequel un mandat d'arrêt ne pouvant être valablement décerné qu'à la condition que le prévenu soit en fuite ou qu'il réside hors du territoire de la République, serait irrégulier le mandat d'arrêt délivré par une juridiction à l'encontre d'un prévenu qui a comparu devant la cour d'appel et a été entendu à cette occasion en ses explications : l'absence de mise à exécution du mandat d'arrêt à l'occasion de la comparution du prévenu devant la cour d'appel a nécessairement mis fin aux effets dudit mandat (■ Cass. crim., 18 mai 2011, n° 10-81.045 : *Bull. crim.* n° 101).

6) Mandat d'arrêt délivré à la suite d'une décision contradictoire ou réputée contradictoire. Il résulte tant des dispositions du septième alinéa de l'article 135-2 du Code de procédure pénale que de celles du dernier alinéa de l'article 465 du même code que les dispositions des alinéas 2 et 3 du premier de ces textes ne sont pas applicables à l'exécution d'un mandat d'arrêt décerné à la suite d'une condamnation en matière correctionnelle à une peine privative de liberté par une décision contradictoire ou réputée contradictoire (■ Cass. crim., 11 juin 2013, n° 13-81.998 : *Bull. crim.* n° 134).

7) Mandat délivré pour garantir l'exécution de la peine prononcée. Un mandat d'arrêt peut être délivré afin de garantir l'exécution de la peine prononcée (■ Cass. crim., 15 janv. 2019, n° 18-83.180).

III – MANDAT DE DÉPÔT

8) Débat préalable. Aucun texte n'impose aux juges l'obligation d'engager un débat sur le mandat de dépôt ou d'arrêt qu'ils délivrent en application de l'article 465 du Code de procédure pénale (■ Cass. crim., 24 oct. 1968, n° 68-91.258 : *Bull. crim.* n° 266).

9) Décision non motivée. Le seul défaut de respect par le tribunal de l'exigence de motivation prévue par l'article 465 du Code de procédure pénale n'a pas pour effet de priver le titre de détention décerné de sa légalité ; saisie d'un appel, la cour d'appel peut donc écarter une demande de mise en liberté fondée sur le fait que le tribunal n'a pas spécialement motivé le mandat de dépôt qu'il a délivré, car elle est tenue de statuer par arrêt motivé, dans le délai imparti par l'article 148-2 du même code, sur la nécessité de cette détention, en se déterminant par des considérations de droit et de fait répondant aux exigences de l'article 144 dudit code (■ Cass. crim., 29 nov. 2016, n° 16-85.550 : *Bull. crim.* n° 311. ■ Cass. crim., 6 déc. 2016, n° 16-85.551. ■ Cass. crim., 1er févr. 2017, n° 16-86.691).

Art. 465-1 *(Mod., L. n° 2019-222, 23 mars 2019).* **– Lorsque les faits sont commis en état de récidive légale, le tribunal peut, par décision spéciale et motivée, décerner mandat de dépôt ou d'arrêt contre le prévenu, quelle que soit la durée de la peine d'emprisonnement prononcée.**

Bibliographie : D. Caron, *Tribunal correctionnel. – Jugement. – Détention provisoire. Compétence. – Ajournement, dispense et exemption de peine. Relaxe : JCl. Proc. pén.*, art. 464-1 à 472, Fasc. 20.

Art. 466. **– Si le tribunal régulièrement saisi d'un fait qualifié délit par la loi, estime, au résultat des débats, que ce fait ne constitue qu'une contravention, il prononce la peine et statue, s'il y a lieu, sur l'action civile.**

Bibliographie : D. Caron, *Tribunal correctionnel. – Jugement. – Détention provisoire. Compétence. – Ajournement, dispense et exemption de peine. Relaxe : JCl. Proc. pén.*, art. 464-1 à 472, Fasc. 20.

1) **Pouvoir des parties.** Les parties ne peuvent s'opposer à l'application de l'article 466 du Code de procédure pénale (■ Cass. crim., 2 juill. 1975, n° 74-91.708 : *Bull. crim.* n° 175).

2) **Compétence déterminée par la prévention.** Justifie sa décision la cour d'appel qui, pour rejeter l'exception d'incompétence soulevée par un prévenu soutenant que les faits poursuivis constituaient une contravention, retient que la prévention vise la qualification de vol, laquelle relève du tribunal correctionnel. Il appartient en effet à la juridiction correctionnelle saisie d'un fait qualifié délit, si elle estime, au résultat des débats, que le fait ne constitue qu'une contravention, de prononcer la peine. C'est donc à tort que le prévenu soutient que les juges correctionnels n'étant saisis que des faits visés à la prévention et n'étant pas liés par la qualification que celle-ci leur donne, ils auraient dû se déclarer incompétents au motif que, selon lui, les faits qui lui étaient reprochés revêtaient une qualification contraventionnelle (■ Cass. crim., 13 avr. 2010, n° 09-85.776 : *Bull. crim.* n° 66).

3) **Compétence du tribunal correctionnel pour statuer sur une contravention.** Lorsqu'un tribunal correctionnel constate, au résultat des débats, qu'un fait dont il est saisi constitue en réalité une contravention, cette juridiction, en application des dispositions de l'article 466 du Code de procédure pénale, doit statuer sur cette contravention (■ Cass. crim., 1er sept. 1979, n° 79-92.646 : *Bull. crim.* n° 256). Les parties ne sont pas admises à demander le renvoi de l'affaire devant le tribunal de police (■ Cass. crim., 2 juill. 1975, préc., n° 1). En revanche, le tribunal correctionnel se déclare à juste titre incompétent lorsqu'il est appelé, par une erreur matérielle évidente, à connaître d'une contravention relevant du tribunal de police ainsi que le prévoit l'article 521 du Code de procédure pénale (■ Cass. crim., 19 mai 1981, n° 81-91.707 : *Bull. crim.* n° 165).

4) **Compétence de la cour d'appel pour statuer sur une contravention.** Dans le cas où une cour d'appel constate que les premiers juges se sont déclarés incompétents en raison de ce que les faits constituaient une contravention, elle doit, aux termes des articles 466 et 518 du Code de procédure pénale, statuer sur la contravention ainsi que sur les conclusions de la partie civile (■ Cass. crim., 22 avr. 1964, n° 63-91.643 : *Bull. crim.* n° 123).

5) **Conflit négatif de juridictions.** Lorsqu'un tribunal de police et un tribunal correctionnel ont successivement décliné leur compétence pour connaître d'une même poursuite pour blessures involontaires, le conflit négatif de juridiction qui en résulte peut être réglé par le renvoi de la cause et des parties devant le tribunal correctionnel, cette juridiction étant, en pareil cas, compétente pour statuer sur la prévention, quelle que soit la qualification correctionnelle ou contraventionnelle retenue au terme des débats. La partie civile n'est, dès lors, pas fondée à contester, par voie d'opposition formée en application de l'article 661 du Code de procédure pénale, l'arrêt de la Cour de cassation portant renvoi de l'affaire devant la juridiction correctionnelle (■ Cass. crim., 21 oct. 1998, n° 98-80.775 : *Bull. crim.* n° 272). Lorsque, après une ordonnance du juge d'instruction ayant renvoyé un prévenu devant le tribunal de police, cette juridiction se déclare incompétente au motif que le fait poursuivi constitue un délit, et faute de l'exercice d'une voie de recours dans le délai légal, le conflit négatif de juridiction qui en résulte peut être réglé par le renvoi de la cause et des parties devant le tribunal correctionnel, cette juridiction étant, en pareil cas, compétente pour statuer sur la prévention quelle que soit la qualification correctionnelle ou contraventionnelle qui sera finalement retenue (■ Cass. crim., 12 déc. 1978, n° 78-93.834 : *Bull. crim.* n° 351).

6) **Délits de presse.** L'article 466 du Code de procédure pénale est applicable aux jugements des délits prévus par la loi du 29 juillet 1881 (■ Cass. crim., 1er févr. 2022, n° 21-83.124, § 8).

Art. 467. – Si le fait est une contravention connexe à un délit, le tribunal statue par un seul et même jugement, à charge d'appel sur le tout.

Bibliographie : D. Caron, *Tribunal correctionnel. – Jugement. – Détention provisoire. Compétence. – Ajournement, dispense et exemption de peine. Relaxe : JCl. Proc. pén.*, art. 464-1 à 472, Fasc. 20.

L'article 467 du Code de procédure pénale n'impose pas que la contravention connexe à un délit soit poursuivie en même temps que celui-ci (■ Cass. crim., 20 sept. 1994, n° 93-83.930).

Art. 467-1 ***(Abr., L. n° 92-1336, 16 déc. 1992).***

Bibliographie : D. Caron, *Tribunal correctionnel. – Jugement. – Détention provisoire. Compétence. – Ajournement, dispense et exemption de peine. Relaxe : JCl. Proc. pén.*, art. 464-1 à 472, Fasc. 20.

Art. 468 ***(Rempl., L. n° 92-1336, 16 déc. 1992).*** **– Si le prévenu bénéficie d'une cause légale d'exemption de peine, le tribunal le déclare coupable et l'exempte de peine. Il statue, s'il y a lieu, sur l'action civile, ainsi qu'il est dit aux deuxième et troisième alinéas de l'article 464.**

Bibliographie : D. Caron, *Tribunal correctionnel. – Jugement. – Détention provisoire. Compétence. – Ajournement, dispense et exemption de peine. Relaxe : JCl. Proc. pén.*, art. 464-1 à 472, Fasc. 20.

Art. 469 ***(Mod., L. n° 2004-204, 9 mars 2004).*** **– Si le fait déféré au tribunal correctionnel sous la qualification de délit est de nature à entraîner une peine criminelle, le tribunal renvoie le ministère public à se pourvoir ainsi qu'il avisera.**

Il peut, le ministère public entendu, décerner, par la même décision, mandat de dépôt ou d'arrêt contre le prévenu.

Les dispositions des deux alinéas précédents sont également applicables si le tribunal correctionnel, dans sa composition prévue par le troisième alinéa de l'article 398, estime, au résultat des débats, que le fait qui lui était déféré sous la qualification de l'un des délits visés à l'article 398-1 est de nature à entraîner une peine prévue pour un délit non visé par cet article.

Lorsqu'il est saisi par le renvoi ordonné par le collège de l'instruction ou la chambre de l'instruction, le tribunal correctionnel ne peut pas faire application, d'office ou à la demande des parties, des dispositions du premier alinéa, si la victime était constituée partie civile et était assistée d'un avocat lorsque ce renvoi a été ordonné. Toutefois, le tribunal correctionnel saisi de poursuites exercées pour un délit non intentionnel conserve la possibilité de renvoyer le ministère public à se pourvoir s'il résulte des débats que les faits sont de nature à entraîner une peine criminelle parce qu'ils ont été commis de façon intentionnelle.

Bibliographie : D. Caron, *Tribunal correctionnel. – Jugement. – Détention provisoire. Compétence. – Ajournement, dispense et exemption de peine. Relaxe : JCl. Proc. pén.*, art. 464-1 à 472, Fasc. 20.

I – DOMAINE D'APPLICATION DE L'ARTICLE 469

1) Placement en détention provisoire. Les dispositions de l'article 469 du Code de procédure pénale, selon lesquelles la juridiction correctionnelle qui se déclare incompétente ne peut décerner mandat de dépôt ou d'arrêt qu'après avoir entendu le ministère public sur cette mesure, ne s'appliquent que devant la juridiction qui décerne le titre de détention et non devant celle qui n'a fait que maintenir les effets du mandat régulièrement décerné (■ Cass. crim., 25 mai 2005, n°s 04-86.363 et 04-87.102 : *Bull. crim.* n° 161).

II – TRIBUNAL CORRECTIONNEL SAISI D'UN CRIME

A – Principe de l'incompétence

2) Règle d'ordre public. En matière répressive, les juridictions sont d'ordre public ; lorsqu'il y a appel du ministère public, les juges du second degré, saisis de la cause entière, doivent, même d'office, se déclarer incompétents s'il apparaît que les faits poursuivis relèveraient, s'ils étaient établis, de la juridiction criminelle (■ Cass. crim., 3 janv. 1970, n° 69-93.254 : *Bull. crim.* n° 4. ■ Cass. crim., 26 févr. 1970, n° 69-90.567 : *Bull. crim.* n° 80. ■ Cass. crim., 3 févr. 1988, n° 87-82.336 : *Bull. crim.* n° 55. ■ Cass. crim., 4 janv. 1990, n° 89-82636 : *Bull. crim.* n° 1). En matière répressive, la compétence des juridictions est d'ordre public et il appartient aux juges correctionnels, même d'office et en tout état de la procédure, de se déclarer incompétents lorsque les faits poursuivis ressortissent à la juridiction criminelle (■ Cass. crim., 1er févr. 2005, n° 04-85.351 : *Bull. crim.* n° 32). L'exception d'incompétence peut être soulevée d'office devant la Cour de cassation (■ Cass. crim., 3 janv. 1970, préc.).

B – Exception : correctionnalisation

1° Compatibilité avec les principes constitutionnels

3) Question prioritaire de constitutionnalité. Les dispositions de l'article 469, alinéa 4, du Code de procédure pénale qui interdisent aux parties civiles de soulever l'incompétence du tribunal correctionnel lorsque des faits de nature criminelle ont été correctionnalisés par le juge d'instruction, à condition que la victime ait été constituée au moment du renvoi et qu'elle ait été assistée par un avocat, se combinent avec celles de l'article 186-3, alinéa 1, dudit code qui permettent aux parties civiles d'interjeter appel de cette ordonnance si elles n'acquiescent pas à cette correctionnalisation et en ce que des considérations d'intérêt général imposent, pour une bonne administration de la justice, que d'autres parties civiles que la victime directe ne puissent faire obstacle à l'application de ces principes en déclinant la compétence du tribunal correctionnel (▪ Cass. crim., 4 avr. 2013, n° 12-85.185 QPC).

2° Compatibilité avec la Convention européenne des droits de l'Homme

4) Les dispositions de l'article 469, alinéa 4, du Code de procédure pénale, issues de la loi du 9 mars 2004 et entrées en vigueur le 1er octobre 2004, ne sont pas incompatibles avec les articles 6 et 13 de la Convention européenne des droits de l'Homme (▪ Cass. crim., 20 nov. 2013, n° 12-85.185 : *Bull. crim.* n° 236).

3° Conditions d'application

5) Partie civile victime. Les dispositions de l'article 469, alinéa 4, du Code de procédure pénale, dont il résulte que le juge correctionnel saisi par une ordonnance de renvoi du juge d'instruction ne peut se déclarer incompétent, ne sont applicables que si la victime des faits poursuivis est constituée partie civile, assistée d'un avocat lorsque ce renvoi est ordonné (▪ Cass. crim., 27 mars 2008, n° 07-85.076 : *Bull. crim.* n° 84 ; *D.* 2008, 1719, note D. Caron). L'exception que prévoit l'article 469, alinéa 4 du Code de procédure pénale, ne trouve à s'appliquer qu'au cas où, après qu'une information a été ouverte, la victime des fait poursuivis est constituée partie civile lorsque le renvoi est ordonné (▪ Cass. crim., 8 déc. 2021, n° 20-85.964, § 11).

6) Partie civile non victime. L'article 469, alinéa 4 du Code de procédure pénale visant la seule victime constituée partie civile, il ne concerne pas la partie civile non victime (▪ Cass. crim., 21 juin 2011, n° 10-85.671 : *Bull. crim.* n° 145 ; *RSC* 2011, p. 662, obs. J. Danet : association constituée partie civile dans des poursuites pour harcèlement sexuel). Les parents d'une victime sont irrecevables à soulever l'incompétence de la juridiction correctionnelle au motif que les faits déférés sous la qualification de délits seraient de nature à entraîner une peine criminelle, dès lors que la victime directe était constituée partie civile et assistée d'un avocat lorsque le renvoi a été ordonné, et qu'elle avait alors la faculté d'interjeter appel de l'ordonnance en application de l'article 186-3 du Code de procédure pénale (▪ Cass. crim., 20 nov. 2013, préc., n° 4). V. dans le même sens ▪ Cass. crim., 6 déc. 2016, n° 16-81.273.

7) Tribunal saisi pour des faits non intentionnels. Il résulte de l'alinéa 4 de l'article 469 du Code de procédure pénale que, lorsqu'elle est saisie par le renvoi ordonné par le juge d'instruction ou la chambre de l'instruction d'une infraction non intentionnelle, la juridiction correctionnelle conserve la possibilité de se déclarer incompétente et de renvoyer le ministère public à se pourvoir, s'il apparaît que les faits sont de nature à entraîner une peine criminelle parce qu'ils ont été commis de façon intentionnelle (▪ Cass. crim., 24 mars 2009, n° 08-84.849 : *Bull. crim.* n° 60 ; *D.* 2009, 855, obs. R. Finielz. ▪ Cass. crim., 21 juin 2011, préc., n° 6).

4° Mise en œuvre

8) Pourvoi des parties civiles contre un arrêt de renvoi pour infraction non intentionnelle. Les parties civiles sont irrecevables à se plaindre de ce que la chambre de l'instruction, saisie de l'appel d'une ordonnance de mise en accusation du chef de violences ayant entraîné la mort sans intention de la donner, ait ordonné le renvoi devant le tribunal correctionnel du chef d'homicide involontaire, dès lors que le tribunal saisi de la poursuite a le pouvoir de modifier les dispositions de l'arrêt, le dernier alinéa de l'article 469 du Code de procédure pénale lui ouvrant la faculté de renvoyer le ministère public à se pourvoir s'il résulte des débats que les faits sont de nature à entraîner une peine criminelle pour avoir été commis de façon intentionnelle (▪ Cass. crim., 5 sept. 2006, n° 05-87.407 : *Bull. crim.* n° 204).

9) Nullité de l'instruction. Il résulte de la combinaison des articles 173, 385 et 469 du Code de procédure pénale que la personne mise en examen dans une information faisant suite à une décision d'incompétence, en raison de la nature criminelle des faits poursuivis, rendue par la juridiction correctionnelle, laquelle avait été saisie autrement que par une ordonnance de renvoi du juge d'instruction, est recevable à soulever, au soutien d'une requête présentée en application de l'article 173 du Code de procédure pénale, un moyen de nullité que ladite juridiction correctionnelle avait auparavant déclaré irrecevable en application de l'article 385 du même code (■ Cass. crim., 4 juin 2014, n° 14-81.097 : *Bull. crim.* n° 146).

10) Tromperie et empoisonnement. Saisis de la prévention de tromperie dont ils ont à bon droit déclaré le prévenu coupable, les juges correctionnels ne pouvaient, sans ajouter à cette prévention, retenir une qualification criminelle d'empoisonnement comportant des éléments constitutifs distincts, au regard notamment de l'intention coupable essentiellement différente, et qui serait susceptible de poursuites séparées (■ Cass. crim., 22 juin 1994, n° 93-83.900 : *Bull. crim.* n° 248).

III – MANDAT DE DÉPÔT

11) Mandat de dépôt criminel. La décision par laquelle un tribunal correctionnel, après s'être déclaré incompétent en raison de la nature criminelle des faits, a, sur les réquisitions du ministère public demandant l'application des dispositions de l'alinéa 2 de l'article 469 du Code de procédure pénale, ordonné que le prévenu comparaissant détenu serait maintenu en détention, vaut délivrance d'un mandat de dépôt criminel (■ Cass. crim., 26 juill. 1988, n° 88-83.008 : *Bull. crim.* n° 307). Lorsque la détention provisoire a été ordonnée par une juridiction correctionnelle sur le fondement de l'article 469 du Code de procédure pénale, d'une part, les dispositions de l'article 145-2 du même code ne sont pas applicables et, d'autre part, la chambre de l'instruction n'est pas tenue par l'exigence de motivation spéciale prévue par l'article 145-3 de ce code (■ Cass. crim., 21 mai 2018, n° 18-81.533).

12) Chambre de l'instruction désignée suivant la procédure de règlement de juges. Le mandat de dépôt décerné par le tribunal correctionnel en vertu de l'article 469 du Code de procédure pénale est un mandat de nature criminelle qui conserve ses effets jusqu'à ce qu'il ait été statué sur la compétence et la prévention par la chambre d'accusation désignée suivant la procédure de règlement de juges (■ Cass. crim., 7 mai 1991, n° 91-81.225 : *Bull. crim.* n° 196. ■ Cass. crim., 14 mars 2000, n° 00-80.283 : *Bull. crim.* n° 113. ■ Cass. crim., 27 sept. 2005, n° 05-84.234 : *Bull. crim.* n° 236 ; *RSC* 2006, p. 106, obs. A. Giudicelli). Les dispositions de l'article 145-2 du Code de procédure pénale n'étant pas, dès lors, applicables, la chambre d'accusation désignée suivant la procédure de règlement de juges n'a pas à statuer sur la prolongation de la détention provisoire (■ Cass. crim., 14 mars 2000, préc.).

Art. 469-1 ***(Mod., L. n° 92-1336, 16 déc. 1992).*** **– Nonobstant les dispositions de l'alinéa premier de l'article 464, le tribunal peut, après avoir déclaré le prévenu coupable, soit le dispenser de peine, soit ajourner le prononcé de celle-ci dans les conditions prévues aux articles 132-59 à 132-70 du Code pénal et aux articles 747-3 et 747-4 du présent code. Il statue s'il y a lieu sur l'action civile.**

La dispense de peine exclut l'application des dispositions prévoyant des interdictions, déchéances ou incapacités de quelque nature qu'elles soient qui résulteraient de plein droit d'une condamnation.

Bibliographie : D. Caron, *Tribunal correctionnel. – Jugement. – Détention provisoire. Compétence. – Ajournement, dispense et exemption de peine. Relaxe : JCl. Proc. pén.*, art. 464-1 à 472, Fasc. 20.

Voir également : C. pén., art. 132-58 et s.

I – DOMAINE D'APPLICATION DE LA DISPENSE DE PEINE ET DE L'AJOURNEMENT DU PRONONCÉ DE LA PEINE

1) Infractions de presse. Les dispositions prévoyant la dispense de peine ou l'ajournement du prononcé de la peine ne sont pas applicables en matière d'infractions à la loi sur la presse (■ Cass. crim., 2 déc. 1980, n° 79-91.096 : *Bull. crim.* n° 326).

2) Matières régies par des lois et règlements particuliers. Les dispositions prévoyant la dispense de peine ou l'ajournement du prononcé de la peine ne sont pas applicables dans une matière régie par des lois et règlements particuliers, où les infractions sont sanctionnées par des pénalités qui participent de la nature des réparations civiles (■ Cass. crim., 11 avr. 1983, n° 82-92.433 : *Bull. crim.* n° 93). Il en est ainsi des infractions à la législation sur les contributions indirectes (■ Cass. crim., 11 avr. 1983, préc.) ; des infractions douanières (■ Cass. crim., 19 mars 2003, n° 02-83.531).

II – DISPENSE DE PEINE

3) Faculté du juge. Même dans les cas où les conditions des articles 469-1 et 469-2 du Code de procédure pénale (C. pén., art. 132-59) sont réunies, l'application de la sanction de « dispense de peine » est une faculté discrétionnaire dont les juges du fond ne doivent aucun compte (■ Cass. crim., 20 nov. 1985, n° 84-94.491 : *Bull. crim.* n° 368). Même dans les cas où les conditions des articles 469-1 du Code de procédure pénale et 132-59 du Code pénal sont réunies, l'application de la dispense de peine est une faculté laissée à la libre appréciation des juges du fond, dont ils ne doivent aucun compte (▪ Cass. crim., 29 mai 1996, n° 95-82.306). Les conditions des articles 132-59 du Code pénal et 469-1 du Code de procédure pénale non discutées par le demandeur relèvent de l'appréciation souveraine des juges du fond (▪ Cass. crim., 31 oct. 2000, n° 00-82.690).

4) Mécanisme de la dispense de peine. En application de l'articles 469-1 du Code de procédure pénale, les juges peuvent dispenser le prévenu de toute peine, mais non d'une peine après l'avoir prononcée (▪ Cass. crim., 27 nov. 1978, n° 76-90.944 : *Bull. crim.* n° 332 ; *RSC* 1980, p. 115, obs. J. Larguier).

5) Annulation de plein droit du permis de conduire. Selon les termes de l'article 469-1, alinéa 2, du Code de procédure pénale, la déclaration de culpabilité suivie d'une dispense de peine exclut l'application des dispositions prévoyant des interdictions, déchéances ou incapacités de quelque nature qu'elles soient qui résulteraient de plein droit d'une condamnation, ce qui est le cas de l'annulation de plein droit du permis de conduire résultant d'une condamnation pour conduite sous l'empire d'un état alcoolique en récidive (▪ Cass. crim., 4 févr. 2004, n° 03-85.591 : *Bull. crim.* n° 31).

6) Retrait de points du permis de conduire. Il résulte des dispositions de l'article 469-1 du Code de procédure pénale, qui sont d'interprétation stricte, qu'une décision par laquelle le juge pénal déclare le titulaire d'un permis de conduire coupable d'une infraction justifiant un retrait de points de son permis mais le dispense de peine ne saurait être assimilée à une condamnation au sens de l'article L. 11-1 du Code de la route et ne peut légalement fonder un retrait de points (▪ CE, 16 juin 2014, n° 248628 : *D.* 2005, 2516, note D. Père).

III – AJOURNEMENT DU PRONONCÉ DE LA PEINE

A – Règles procédurales

7) Présence du prévenu à l'audience. La disposition de l'article 469-3 du Code de procédure pénale (C. pén., art. 132-60), prescrivant la présence du prévenu devant la juridiction pour permettre l'ajournement du prononcé de la peine, est d'ordre public et la décision qui la méconnaît est entachée de nullité (▪ Cass. crim., 25 févr. 1992, n° 91-84.063 : *Bull. crim.* n° 84).

8) Composition de la juridiction. Est régulière la composition d'une juridiction qui, après avoir déclaré coupable le prévenu et ajourné le prononcé de la peine, en application de l'article 469-3 du Code de procédure pénale (C. pén., art. 132-60), statue sur la peine dans une composition différente (▪ Cass. crim., 14 nov. 1989, n° 88-83.758 : *Bull. crim.* n° 415).

9) Respect de l'autorité de la chose jugée. Lorsque le juge a statué sur la culpabilité tout en ajournant le prononcé de la peine, il ne peut ultérieurement prononcer de nouveau sur la culpabilité (▪ Cass. crim., 30 mai 2017, n° 16-87.183 : *Bull. crim.* n° 144). Lorsque la juridiction a, par une première décision, déclaré un prévenu coupable du délit qui lui était imputé et renvoyé le prononcé de la peine à une date ultérieure en application de l'article 469-1 du Code de procédure pénale, cette même juridiction ne peut, par la suite, rendre une décision de relaxe incompatible avec la déclaration de culpabilité qui a acquis l'autorité de la chose jugée (▪ Cass. crim., 12 juin 1979, n° 79-90.710 : *Bull. crim.* n° 206. ▪ Cass. crim., 30 mai 2017, préc.).

B – Audience du prononcé de la peine

1° *Conditions de la dispense de peine*

10) Charge de la preuve pesant sur le prévenu. Il appartient au prévenu de satisfaire à l'obligation prise par lui, à l'audience d'ajournement, de réparer le dommage causé par l'infraction et, à l'audience du prononcé de la peine, de rapporter la preuve de cette réparation (▪ Cass. crim., 16 oct. 1991, n° 90-87.390 : *Bull. crim.* n° 352).

2° *Cour d'appel*

- **Premiers juges n'ayant pas statué sur la peine**

11) Décision de la cour d'appel sur la peine. Dès lors que les juges du second degré sont saisis d'un appel contre un jugement qui déclare un prévenu coupable d'une infraction et renvoie le prononcé de la peine à une date ultérieure, ils ne sauraient, sans méconnaître les règles de leur saisine, statuer sur la seule culpabilité, en laissant au tribunal le soin de fixer la peine (▪ Cass. crim., 27 mars 1984, n° 83-92.422 : *Bull. crim.* n° 129 ; *RSC* 1985, p. 122, obs. J. Robert. ▪ Cass. crim., 11 juin 1986, n° 85-92.325 : *Bull. crim.* n° 201. ▪ Cass. crim., 3 sept. 2003, n° 03-81.413). Un tel arrêt a pour conséquence un sursis à statuer indéterminé de la peine (▪ Cass. crim., 16 juin 1999, n° 98-84.659).

12) Date du prononcé de la peine fixée par les premiers juges. La juridiction du second degré doit se prononcer sur la peine sans égard pour la date à laquelle le tribunal avait prévu de le faire (▪ Cass. crim., 4 oct. 1995, n° 94-86.057 : *Bull. crim.* n° 294 ; *Dr. pén.* 1995, comm. 295, obs. A. Maron. ▪ Cass. crim., 23 mars 1999, n° 98-83.175. – *Contra* ▪ Cass. crim., 12 avr. 1988, n° 87-90.609 : *Bull. crim.* n° 147 : il appartient aux juges, s'ils sont saisis par le seul appel du prévenu dont ils ne doivent pas aggraver le sort, d'ordonner une remise de cause de façon à ne statuer sur la peine qu'après l'expiration du délai fixé par le tribunal).

• Premiers juges ayant statué sur la peine

13) Autorité de la chose jugée sur la culpabilité. Lorsque par application des articles 469-1 et 469-3 du Code de procédure pénale (C. pén., art. 132-58 et 132-60) un tribunal a, par jugement devenu définitif, déclaré un prévenu coupable, puis a par une décision ultérieure statué sur la peine, la cour d'appel saisie du seul recours formé contre cette dernière décision ne saurait sans méconnaître à la fois l'autorité de la chose jugée et les règles de sa saisine prononcer à nouveau sur la culpabilité (▪ Cass. crim., 2 janv. 1980, n° 79-92.232 : *Bull. crim.* n° 2. ▪ Cass. crim., 15 mai 1984, n° 82-91.617 : *Bull. crim.* n° 175. ▪ Cass. crim., 13 déc. 2006, n° 06-82.576 : *Bull. crim.* n° 311. ▪ Cass. crim., 19 avr. 2000, n° 99-84.052 : *Bull. crim.* n° 155. ▪ Cass. crim., 13 déc. 2006, n° 06-82.576 : *Bull. crim.* n° 311).

• Action civile

14) Compétence de la cour d'appel. Les juges du second degré, lorsqu'ils sont saisis de l'appel d'un jugement déclarant le prévenu coupable d'une infraction, ajournant le prononcé de la peine, et ordonnant le sursis à statuer sur les intérêts civils, ne sauraient, sans méconnaître l'étendue de leur saisine, statuer sur la culpabilité et la peine en renvoyant la procédure au tribunal correctionnel pour prononcer sur les intérêts civils (▪ Cass. crim., 19 janv. 2005, n° 04-80.996 : *Bull. crim.* n° 23 ; *Dr. pén.* 2005, comm. 81, obs. A. Maron).

• Caractère du jugement

15) Caractère contradictoire. Il résulte des dispositions des articles 469-1 du Code de procédure pénale et 132-61 du Code pénal que la présence du prévenu n'est pas requise lors de l'audience de renvoi après ajournement du prononcé de la peine, le tribunal statuant alors par jugement contradictoire (▪ Cass. crim., 30 mai 2017, n° 16-87.183 : *Bull. crim.* n° 144). Si le jugement rendu après ajournement de la peine est contradictoire à l'égard du prévenu non comparant par application de l'article 469-3 du Code de procédure pénale devenu l'article 132-60 nouveau du Code pénal, et, si le délai d'appel contre une telle décision court du jour où elle est rendue, sans qu'une signification soit nécessaire en cas d'absence du prévenu, il n'en va pas de même lorsque, par ce jugement, les juges statuent pour la première fois sur l'intervention des parties civiles dans les conditions prévues par l'article 421 du Code de procédure pénale, cette circonstance nouvelle imposant alors la signification du jugement au prévenu (▪ Cass. crim., 7 févr. 1996, n° 95-82.546 : *Bull. crim.* n° 63).

• Pourvoi en cassation

16) Sursis à l'exécution de l'arrêt. En cas de pourvoi en cassation contre un arrêt qui déclare le prévenu coupable d'une infraction et ajourne le prononcé de la peine, il est sursis à l'exécution de l'arrêt conformément à l'article 569 du Code de procédure pénale. Doit en conséquence être cassé l'arrêt de la cour d'appel qui, sans attendre la décision de la Cour de cassation, se prononce sur la peine après l'expiration du délai d'ajournement (▪ Cass. crim., 8 févr. 1993, n° 92-83.479 : *Bull. crim.* n° 64).

Art. 469-2 à 469-4 *(Abr., L. n° 92-1336, 16 déc. 1992).*

Art. 469-5 *(Abr., L. n° 93-1417, 30 déc. 1993).*

Art. 470. – Si le tribunal estime que le fait poursuivi ne constitue aucune infraction à la loi pénale ou que le fait n'est pas établi, ou qu'il n'est pas imputable au prévenu, il renvoie celui-ci des fins de la poursuite.

Bibliographie : D. Caron, *Tribunal correctionnel. – Jugement. – Détention provisoire. Compétence. – Ajournement, dispense et exemption de peine. Relaxe : JCl. Proc. pén.*, art. 464-1 à 472, Fasc. 20.

1) Conditions de la relaxe. La juridiction correctionnelle ne peut prononcer la relaxe du prévenu que si elle estime que le fait poursuivi ne constitue aucune infraction, que le fait n'est pas établi ou qu'il n'est pas imputable au prévenu. En conséquence, en renvoyant le prévenu des fins de la poursuite, pour l'infraction de détention de stupéfiants, après avoir constaté qu'il avait été trouvé en possession de cocaïne et de cannabis, ce qu'il reconnaissait, la cour d'appel, qui s'est déterminée par le motif inopérant que la pesée de la drogue devait être annulée, alors que cette annulation, si elle rendait impossible la détermination de la quantité, ne remettait pas en cause la nature de la substance découverte, n'a pas justifié sa décision (▪ Cass. crim., 17 mars 2021, n° 20-85.599).

2) Devoir de qualifier les faits. Le juge correctionnel, qui n'est pas lié par la qualification donnée à la prévention, ne peut prononcer une décision de relaxe qu'autant qu'il a vérifié que les faits dont il est saisi ne sont constitutifs d'aucune infraction (▪ Cass. crim., 17 déc. 1975, n° 75-90.641 : *Bull. crim.* n° 288. ▪ Cass. crim.,

22 janv. 1997, n° 95-81.186 : *Bull. crim.* n° 31 ; *Dr. pén.* 1997, comm. 78, obs. M. Véron. ▪ Cass. crim., 3 sept. 2019, n° 17-85.733).

3) **Autorité d'une décision de non-lieu.** L'ordonnance de non-lieu n'implique pas nécessairement l'absence de tous les éléments constitutifs de l'infraction poursuivie. Il appartient à la juridiction, saisie d'une infraction connexe au délit faisant l'objet d'un non-lieu, de rechercher si les faits dont elle doit connaître ne constituent pas une infraction pénale échappant à la décision de non-lieu (▪ Cass. crim., 24 févr. 1981, n° 80-92.746 : *Bull. crim.* n° 72).

4) **Relaxe après annulation de la procédure.** En relaxant les prévenus après avoir prononcé la nullité de la procédure, les juges, qui demeurent saisis des faits objet de la poursuite, font une exacte application de l'article 470 du Code de procédure pénale (▪ Cass. crim., 6 nov. 2018, n° 17-81.703 : *Bull. crim.* n° 185).

5) **Prévenu dans l'impossibilité de se défendre personnellement contre une accusation en raison de l'altération des facultés physiques ou psychiques : renvoi de l'affaire.** Il se déduit de l'article 6, § 1, et § 3, a et c de la Convention européenne des droits de l'Homme ainsi que les articles préliminaire et 470 du Code de procédure pénale, qu'il ne peut être statué sur la culpabilité d'une personne que l'altération de ses facultés physiques ou psychiques met dans l'impossibilité de se défendre personnellement contre l'accusation dont elle fait l'objet, fût-ce en présence de son tuteur et assistée d'un avocat ; en l'absence de l'acquisition de la prescription de l'action publique ou de disposition légale lui permettant de statuer sur les intérêts civils, la juridiction pénale, qui ne peut interrompre le cours de la justice, est tenue de renvoyer l'affaire à une audience ultérieure et ne peut la juger qu'après avoir constaté que l'accusé ou le prévenu a recouvré la capacité à se défendre (▪ Cass. crim., 5 sept. 2018, n° 17-84.402 : *Bull. crim.* n° 149).

Sur le devoir pour le juge de requalifier les faits, art. 388, p. 881.

Art. 470-1 *(Mod., L. n° 2000-647, 10 juill. 2000).* **– Le tribunal saisi, à l'initiative du ministère public ou sur renvoi d'une juridiction d'instruction, de poursuites exercées pour une infraction non intentionnelle au sens des deuxième, troisième et quatrième alinéas de l'article 121-3 du Code pénal, et qui prononce une relaxe demeure compétent, sur la demande de la partie civile ou de son assureur formulée avant la clôture des débats, pour accorder, en application des règles du droit civil, réparation de tous les dommages résultant des faits qui ont fondé la poursuite.**

Toutefois, lorsqu'il apparaît que des tiers responsables doivent être mis en cause, le tribunal renvoie l'affaire, par une décision non susceptible de recours, devant la juridiction civile compétente qui l'examine d'urgence selon une procédure simplifiée déterminée par décret en Conseil d'État.

Bibliographie : D. Caron, *Tribunal correctionnel. – Jugement. – Détention provisoire. Compétence. – Ajournement, dispense et exemption de peine. Relaxe : JCl. Proc. pén.*, art. 464-1 à 472, Fasc. 20.

Voir également : art. R. 41-2, p. 1978.

I – DOMAINE D'APPLICATION DE L'ARTICLE 470-1

1) **Cour d'appel.** L'article 470-1 du Code de procédure pénale est applicable devant la cour d'appel, en application de l'article 512 du même code (▪ Cass. crim., 20 oct. 1986, n° 85-92.876 : *Bull. crim.* n° 291).

2) **Saisine par le ministère public ou sur renvoi d'une juridiction d'instruction.** Encourt la cassation l'arrêt de la cour d'appel qui, saisie de la poursuite par la partie civile, statue sur le fondement de l'article 470-1 du Code de procédure pénale après avoir relaxé le prévenu (▪ Cass. crim., 3 nov. 1986, n° 85-93.644 : *Bull. crim.* n° 313). L'article 470-1 du Code de procédure pénale est inapplicable lorsque le prévenu a été mis en cause par la victime par voie de citation directe (▪ Cass. crim., 18 nov. 1986, n° 85-96.332 : *Bull. crim.* n° 343).

3) **Infraction non intentionnelle.** Selon l'article 470-1 du Code de procédure pénale, la juridiction correctionnelle n'est compétente, pour statuer sur la demande de la partie civile après relaxe, qu'en cas de poursuites exercées pour une infraction non intentionnelle au sens des deuxième et troisième alinéas de l'article 121-3 du Code pénal ; tel n'est pas le cas de poursuites pour violences (▪ Cass. crim., 11 oct. 2000, n° 00-83.219).

4) **Victime partie civile.** L'article 470-1 du Code de procédure pénale ne permet à la juridiction répressive d'accorder à la partie civile, en application des règles du droit civil, que la réparation de tous les dommages résultant pour elle des faits qui ont fondé la poursuite pour homicide ou blessures involontaires ; tel n'est pas le cas du propriétaire d'un véhicule qui, indemne de toute atteinte à son intégrité physique, sollicite la réparation de son seul dommage matériel (▪ Cass.

crim., 24 janv. 1996, n° 93-83.414 : *Bull. crim.* n° 38 ; *Dr. pén.* 1996, comm. 147, obs. A. Maron). Les dispositions de l'article 470-1 du Code de procédure pénale ne peuvent être étendues au prévenu et à l'assureur de celui-ci (■ Cass. crim., 12 janv. 1988, n° 86-90.705 : *Bull. crim.* n° 9).

II – CONDITIONS D'APPLICATION DE L'ARTICLE 470-1

A – Demande de la partie civile ou de son assureur

5) Principe. La juridiction correctionnelle ne peut faire application de l'article 470-1 du Code de procédure pénale qu'à la demande de la partie civile ou de son assureur (■ Cass. crim., 25 mai 1988, n° 87-84.419 : *Bull. crim.* n° 219. ■ Cass. crim., 12 févr. 1997, n° 96-82.666 : *Bull. crim.* n° 56. ■ Cass. crim., 2 oct. 2007, n° 06-85.799 : *Bull. crim.* n° 230. ■ Cass. crim., 14 mai 2008, n° 08-80.202 : *Bull. crim.* n° 112). Méconnaît le sens et la portée de l'article 470-1 du Code de procédure pénale l'arrêt qui, pour rejeter l'exception d'irrecevabilité de la constitution de partie civile et confirmer le jugement en toutes ses dispositions civiles, retient que le tribunal a statué en faisant application de la loi du 5 juillet 1985, « de sorte qu'il a nécessairement accordé à la partie civile le bénéfice de l'article 470-1 du Code de procédure pénale », alors que, devant le tribunal correctionnel, la partie civile s'était bornée à demander une provision et une mesure d'expertise, sans invoquer les dispositions de l'article 470-1 précité, ni aucune règle de droit civil (■ Cass. crim., 2 oct. 2007, préc.).

6) Demande implicite. Lorsqu'une partie civile demande, à titre subsidiaire, réparation de son préjudice sur le fondement d'une règle de droit civil, elle sollicite nécessairement le bénéfice de l'article 470-1 du Code de procédure pénale (■ Cass. crim., 30 sept. 1998, n° 97-80.135 : *Bull. crim.* n° 241).

7) Demande avant la clôture des débats. La juridiction correctionnelle ne peut faire application de l'article 470-1 du Code de procédure pénale qu'à la demande de la partie civile avant la clôture des débats (■ Cass. crim., 12 févr. 1997, n° 96-82.666 : *Bull. crim.* n° 56. ■ Cass. crim., 29 juin 1999, n° 98-83.517 : *Bull. crim.* n° 161. ■ Cass. crim., 2 oct. 2007, préc., n° 5. ■ Cass. crim., 14 mai 2008, préc., n° 5).

8) Demande pour la première fois en appel. L'article 470-1 du Code de procédure pénale n'est pas applicable lorsque les juges du second degré sont saisis du seul appel de la partie civile contre une décision de relaxe et que l'application de cet article n'a pas été invoquée devant le tribunal (■ Cass. crim., 10 juill. 1989, n° 88-86.054 : *Bull. crim.* n° 286. ■ Cass. crim., 29 janv. 1997, n° 96-82.167 : *Bull. crim.* n° 38 ; *Dr. pén.* 1997, comm. 132, obs. A. Maron. ■ Cass. crim., 14 mai 2008, préc., n° 5). *Contra* : ne constitue pas une demande nouvelle la demande par laquelle pour la première fois en appel la partie civile invoquant les dispositions de l'article 470-1, alinéa 1er du Code de procédure pénale réclame subsidiairement l'application des règles du droit civil pour obtenir réparation du dommage résultant des faits ayant fondé la poursuite (■ Cass. crim., 11 mars 1986, n° 85-91.048 : *Bull. crim.* n° 98. ■ Cass. crim., 20 oct. 1986, préc., n° 1).

B – Mise en cause de tiers responsables

9) Pouvoir d'appréciation des juges. Il appartient aux seuls juges du fond d'apprécier, au vu des éléments de fait qui leur sont soumis par les parties, si des tiers responsables doivent être mis en cause, et si, en conséquence, l'affaire doit être renvoyée devant la juridiction civile compétente, leur décision à cet égard n'étant susceptible, selon l'article 470-1 du Code de procédure pénale, d'aucun recours (■ Cass. crim., 10 févr. 1987, n° 86-91.264 : *Bull. crim.* n° 63. ■ Cass. crim., 22 nov. 2016, n° 15-85.191).

10) Absence de recours. Si la décision de renvoyer l'affaire devant la juridiction civile compétente, rendue en application de l'article 470-1, alinéa 2, du Code de procédure pénale, n'est pas susceptible de recours, cette règle ne fait pas obstacle au droit de la partie civile d'appeler, quant à ses intérêts civils, du jugement de relaxe en vertu de l'article 497, 3° dudit code (■ Cass. crim., 4 oct. 1990, n° 89-86.027 : *Bull. crim.* n° 332).

11) Renvoi devant la juridiction civile. Méconnaît l'article 470-1 du Code de procédure pénale la juridiction qui, après avoir prononcé une relaxe de prévenus mineurs et retenu que des tiers responsables devaient être mis en cause, statue sur la responsabilité civile de leurs parents préalablement au renvoi de l'affaire devant la juridiction civile (■ Cass. crim., 27 mai 2014, n° 13-83.262 : *Bull. crim.* n° 138).

III – APPLICATION DE L'ARTICLE 470-1

A – Application des règles du droit civil

12) Fondement de l'action civile. En application de l'article 470-1 du Code de procédure pénale, la juridiction correctionnelle peut, après avoir relaxé le prévenu du chef du délit d'homicide ou de blessures involontaires, statuer sur le fondement de la responsabilité civile du fait des animaux (■ Cass. crim., 1er oct. 1997, n° 95-83.471 : *Bull. crim.*

n° 316) ; … de la loi du 5 juillet 1985 (▪ Cass. crim., 23 juin 1987, n° 86-90.861 : *Bull. crim.* n° 259. ▪ Cass. crim., 4 déc. 2018, n° 15-83.165. ▪ Cass. crim., 23 juin 2020, n° 19-81.663) ; … de l'article 1891 du Code civil (▪ Cass. crim., 17 sept. 2002, n° 01-83.510 : *Bull. crim.* n° 165) ; … de la responsabilité civile contractuelle (▪ Cass. crim., 3 mars 1993, n° 92-83.293 : *Bull. crim.* n° 96. ▪ Cass. crim., 20 mars 1996, n° 95-81.168 : *Bull. crim.* n° 119. ▪ Cass. crim., 1er juill. 1997, n° 96-85.320 : *Bull. crim.* n° 259. ▪ Cass. crim., 28 sept. 1999, n° 97-82.353 : *Bull. crim.* n° 198. ▪ Cass. crim., 5 juin 2007, n° 06-86.331 : *Bull. crim.* n° 152 ; *RSC* 2008, p. 78, obs. Y. Mayaud).

13) Perte d'une chance. La juridiction répressive peut ainsi retenir une faute contractuelle en relation de cause à effet avec le dommage résultant de la perte de chance de survie de la victime (▪ Cass. crim., 20 mars 1996, n° 95-81.168 : *Bull. crim.* n° 119. ▪ Cass. crim., 28 sept. 1999, n° 97-82.353 : *Bull. crim.* n° 198).

14) Autorité de la chose jugée du criminel sur le civil. En cas de relaxe d'une personne poursuivie pour homicide ou blessures involontaires, la décision rendue sur l'action publique n'a d'autorité au civil qu'en ce qui a été nécessairement jugé sur ladite action ; méconnaît ce principe la cour d'appel qui, statuant sur l'indemnisation de la victime d'un accident en application des règles du droit civil, après relaxe définitive du prévenu, énonce que l'autorité attachée au jugement de relaxe intervenu au motif que les circonstances de l'accident étaient indéterminées, fait obstacle à la recherche d'une faute commise par la victime (▪ Cass. crim., 25 oct. 1990, n° 89-84.539 : *Bull. crim.* n° 357).

B – Indemnités de l'article 475-1 du Code de procédure pénale

15) Il appartient à la cour d'appel, en application de l'article 470-1 du Code de procédure pénale, de statuer, après relaxe du prévenu, sur les indemnités sollicitées par les parties civiles au titre de l'article 475-1 dudit code (▪ Cass. crim., 4 déc. 2018, n° 15-83.165).

C – Séparation des pouvoirs

16) En invitant les parties civiles à mieux se pourvoir sur leur demande de réparation après avoir constaté que la faute de négligence relevée à la charge du prévenu relaxé n'est pas détachable de ses fonctions de maire, la cour d'appel a justifié sa décision sans méconnaître la portée des articles 4-1 et 470-1 du Code de procédure pénale, qui n'apportent pas d'exception au principe de la séparation des pouvoirs (▪ Cass. crim., 4 juin 2002, n° 01-81.280 : *Bull. crim.* n° 127).

D – Droit d'appel de la partie civile

17) La faculté pour la partie civile d'interjeter appel dans l'instance pénale quant à ses intérêts civils est un droit spécifique, général et absolu auquel l'article 470-1 du Code de procédure pénale n'apporte aucune limite ; encourt la cassation l'arrêt qui déclare irrecevable l'appel d'une partie civile au seul motif que celle-ci a omis d'invoquer le texte susvisé devant les premiers juges (▪ Cass. crim., 26 oct. 2004, n° 04-80.126 : *Bull. crim.* n° 252 ; *Dr. pén.* 2005, comm. 114, obs. A. Maron ; *RSC* 2005, p. 100, obs. A. Giudicelli).

Art. 470-2 *(L. n° 2008-174, 25 févr. 2008).* **– Le tribunal correctionnel ne peut relaxer le prévenu en raison d'une des causes d'irresponsabilité pénale prévues par les articles 122-2, 122-3, 122-4, 122-5 et 122-7 du Code pénal qu'après avoir constaté que celui-ci avait commis les faits qui lui étaient reprochés.**

Dans le cas où il estime qu'est applicable le premier alinéa de l'article 122-1 du Code pénal, il statue conformément à l'article 706-133 relatif à la déclaration d'irresponsabilité pénale pour cause de trouble mental.

Bibliographie : D. Caron, *Tribunal correctionnel. – Jugement. – Détention provisoire. Compétence. – Ajournement, dispense et exemption de peine. Relaxe : JCl. Proc. pén.*, art. 464-1 à 472, Fasc. 20.

Art. 471 *(Mod., L. n° 2019-222, 23 mars 2019 ; L. n° 2019-1480, 28 déc. 2019)* (1). **– Nonobstant appel, le prévenu détenu qui n'a pas été condamné à une peine d'emprisonnement sans sursis est mis en liberté immédiatement après le jugement.**

Il en est de même en cas de condamnation à une peine d'emprisonnement, lorsque la détention provisoire a été ordonnée ou maintenue en application de l'article 464-1 ou de l'article 465, premier alinéa, aussitôt que la durée de la détention a atteint celle de la peine prononcée.

(1) Les peines de contrainte pénale prononcées avant le 24 mars 2020 s'exécutent jusqu'à leur terme conformément aux dispositions applicables au jour de leur prononcé, sous la réserve que les attributions confiées en application de l'article 713-47 du Code de procédure pénale au président du tribunal judiciaire ou au juge désigné par lui sont exercées par le juge de l'application des peines, L. n° 2019-222, 23 mars 2019, art. 109, XIX.

Le contrôle judiciaire prend fin sauf si le tribunal en décide autrement lorsqu'il prononce une condamnation à l'emprisonnement sans sursis ou assorti du sursis probatoire. Si un cautionnement a été fourni, les dispositions des premier et deuxième alinéas de l'article 142-2 et du deuxième alinéa de l'article 142-3 sont applicables.

Les sanctions pénales prononcées en application des articles 131-4-1 à 131-11 et 132-25 à 132-70 du Code pénal peuvent être déclarées exécutoires par provision.

Si le tribunal a ordonné le maintien du contrôle judiciaire et que la personne se soustrait aux obligations qui lui sont imposées, les dispositions du deuxième alinéa de l'article 141-2 sont applicables. Lorsque le jugement est exécutoire et que le condamné est placé sous le régime du sursis probatoire, le tribunal correctionnel ou le juge de l'application des peines peut désigner, pour veiller au respect des obligations, la personne physique ou morale qui était chargée de suivre l'intéressé dans le cadre du contrôle judiciaire. Cette personne est en ce cas chargée des missions confiées au service pénitentiaire d'insertion et de probation mentionnées à l'article 132-44 du Code pénal

I – QUESTION PRIORITAIRE DE CONSTITUTIONNALITÉ

1) **Absence de délai pour statuer sur l'appel d'un prévenu détenu.** N'est pas sérieuse la question qui conteste l'absence de délai pour statuer assigné à la cour d'appel saisie de l'appel au fond d'un prévenu détenu ; cette absence, à l'article 471 du Code de procédure pénale, de disposition fixant un délai maximum dans lequel la chambre des appels correctionnels doit statuer ne porte aucune atteinte aux principes constitutionnels, dès lors que le prévenu qui comparaît devant la juridiction correctionnelle selon la procédure de comparution immédiate et celui qui comparaît devant la même juridiction sur ordonnance du juge d'instruction ou sur citation directe du procureur de la République ne sont pas placés dans des situations identiques ; que, par leur appel, l'un et l'autre ont droit à ce que leur cause soit examinée, une seconde fois, en fait et en droit, par d'autres juges, dans les mêmes conditions et avec les mêmes garanties quant à la procédure applicable devant la juridiction de jugement ; qu'en application des dispositions de l'article 148-1 du Code de procédure pénale, l'appelant, détenu, peut solliciter, à tout moment et en tout état de la procédure, sa remise en liberté, la cour d'appel devant statuer dans le délai de deux mois ; qu'enfin, pour respecter l'un des principes de l'article préliminaire et les exigences de l'article 144-1 du code précité, les autorités judiciaires, sous le contrôle de la Cour de cassation, doivent veiller à ce que le jugement au fond du prévenu n'excède pas un délai raisonnable (■ Cass. crim., 4 oct. 2016, n° 16-84.578 QPC : *JurisData* n° 2016-020375).

II – DÉTENTION PROVISOIRE

2) **Placement en détention provisoire : durée du placement. Personne arrêtée en vertu d'un mandat d'arrêt délivré après condamnation.** Il résulte des articles 135-2 et 471 du Code de procédure pénale que la personne arrêtée en vertu d'un mandat d'arrêt délivré à la suite d'une condamnation prononcée en matière correctionnelle par un jugement contradictoire ou réputé contradictoire est placée en détention provisoire jusqu'à l'expiration des délais de recours et, en cas de recours, placée sous le régime de la détention provisoire jusqu'à sa comparution devant la juridiction de jugement et dans la limite de la durée de la peine prononcée en première instance (■ Cass. crim., 11 déc. 2019, n° 19-86.200, § 12).

3) **Placement en détention ordonné par le tribunal sur le fondement de l'article 464-1. Maintien en détention provisoire par la cour d'appel.** Il se déduit des dispositions combinées des articles 471, § 2, et 506 du Code de procédure pénale, qu'à défaut de nouvelle décision la concernant, la détention ordonnée par le tribunal en application de l'article 464-1 dudit code se prolonge jusqu'à l'expiration de la peine prononcée ; en conséquence, lorsqu'un prévenu détenu a été cité à comparaître devant la cour d'appel, son maintien en détention est régulier lorsque celle-ci a renvoyé l'examen de l'affaire à une date ultérieure, sans ordonner son maintien en détention (■ Cass. crim., 26 sept. 1986, n° 86-90.330 : *Bull. crim.* n° 258). Il résulte des dispositions des articles 465, premier alinéa, et 471, alinéa 2, du Code de procédure pénale, qu'après la mise à exécution, sur mandat d'arrêt, de la peine d'emprisonnement ferme prononcée à son encontre, et le maintien en détention ordonné par la cour d'appel à l'issue de la première audience au fond, le prévenu se trouve placé sous le régime de la détention provisoire dans la limite de la durée de la peine prononcée en première instance, et que le renvoi de l'affaire à une audience ultérieure ne nécessite dès lors pas que la détention soit prolongée par une décision spéciale et motivée (■ Cass. crim., 4 déc. 2019, n° 19-86.128, § 15 : publié au *Bull.*).

4) **Article 148-2.** Rejette à bon droit la demande d'un prévenu tendant à voir constater l'illégalité de sa détention, l'arrêt qui énonce que c'est à tort qu'il se prévaut des dispositions de l'article 148-2 du Code de procédure pénale, qui fixent les délais dans lesquels toute juridiction doit se prononcer

sur une demande de mise en liberté et sanctionnent leur inobservation, dès lors qu'en application des articles 464-1 et 471 du Code de procédure pénale, le condamné dont la détention a été maintenue doit être mis en liberté, nonobstant appel, aussitôt que la durée de la détention a atteint celle de la peine prononcée (■ Cass. crim., 25 oct. 2011, n° 11-86.281).

III – CONTRÔLE JUDICIAIRE

5) Restitution du cautionnement. C'est à bon droit que l'arrêt a retenu, en application des articles 471, alinéa 3, 142-2, alinéa 3, et 142-3, alinéa 1, du Code de procédure pénale, qu'en cas de décision de relaxe, même non définitive, le cautionnement est restitué de plein droit au prévenu et il n'appartient pas au juge d'en prononcer la restitution (■ Cass. crim., 27 oct. 1999, n° 98-87.080 : *Bull. crim.* n° 234).

6) Contentieux de l'exécution du cautionnement. Selon les articles 710 et R. 25 du Code de procédure pénale, lorsque le contrôle judiciaire prend fin après une décision sur le fond, les questions relatives à la restitution du cautionnement relèvent du contentieux de l'exécution et doivent être portées devant la juridiction qui a prononcé la sentence. Encourt donc la censure la cour d'appel qui retient sa compétence, alors que la décision de relaxe avait été rendue par le tribunal correctionnel (■ Cass. crim., 27 oct. 1999, préc., n° 4).

IV – EXÉCUTION PROVISOIRE

7) Question prioritaire de constitutionnalité. La faculté pour la juridiction d'ordonner l'exécution provisoire répond à l'objectif d'intérêt général visant à favoriser, en cas de recours, l'exécution de la peine et à prévenir la récidive, et le caractère non suspensif du recours, lorsque l'exécution provisoire a été ordonnée, assure une juste conciliation entre cet objectif et celui à valeur constitutionnelle de bonne administration de la justice (■ Cass. crim., 4 avr. 2018, n° 17-84.577 QPC).

8) Applications. En condamnant les prévenus à une peine complémentaire d'interdiction d'exercer l'activité professionnelle ou sociale de sapeur-pompier volontaire, à l'occasion de laquelle l'infraction avait été commise, et en assortissant cette décision de l'exécution provisoire, les juges ont fait l'exacte application des articles 131-10, 131-27 et 131-28 du Code pénal, ainsi que de l'article 471, alinéa 4, du Code de procédure pénale (■ Cass. crim., 2 nov. 2005, n° 05-82.004 : *Bull. crim.* n° 274). En cas de poursuites pour refus de restitution d'un permis de conduire suspendu ou annulé, les cours et tribunaux peuvent prononcer l'annulation du permis de conduire à titre de peine principale et ordonner l'exécution provisoire de cette sanction, en application des dispositions des articles 131-6 du Code pénal et 471 du Code de procédure pénale (■ Cass. crim., 1er juin 1994, n° 93-81.034 : *Bull. crim.* n° 218). V. aussi pour la suspension du permis de conduire, ■ Cass. crim., 8 oct. 1997, n° 96-86.350.

Art. 472 ***(Mod., L. n° 92-1336, 16 déc. 1992).*** **– Dans le cas prévu par l'article 470, lorsque la partie civile a elle-même mis en mouvement l'action publique, le tribunal statue par le même jugement sur la demande en dommages-intérêts formée par la personne relaxée contre la partie civile pour abus de constitution de partie civile.**

Bibliographie : D. Caron, *Tribunal correctionnel. – Jugement. – Détention provisoire. Compétence. – Ajournement, dispense et exemption de peine. Relaxe : JCl. Proc. pén.*, art. 464-1 à 472, Fasc. 20.

1) Questions prioritaires de constitutionnalité. Au regard de l'objet de l'article 472 du Code de procédure pénale, qui tend, comme l'article 392-1, dernier alinéa dudit code, à sanctionner tout abus dans la mise en mouvement de l'action publique par une partie civile, le fait de réserver à la personne poursuivie puis relaxée la faculté de demander à la juridiction pénale réparation du préjudice que lui a causé cet abus et d'en exclure, par voie de conséquence, toute personne dont la mise en mouvement de l'action publique n'implique pas nécessairement la mise en cause, n'est pas de nature à porter atteinte à l'équilibre entre les parties au procès pénal (■ Cass. crim., 15 janv. 2019, n° 18-90.031 QPC). N'est pas sérieuse la question de savoir si les dispositions de l'article 472 du Code de procédure pénale (qui prévoient une sanction immédiate contre la partie civile ayant engagé les poursuites par citation directe), sont conformes à la constitution, qui garantit les principes de légalité, de sûreté et de sécurité juridique, du droit à un recours effectif et de d'égalité de tous devant la loi, en ce qu'elles ne prévoient aucune sanction immédiate et dissuasive contre le juge qui interpréterait la loi de façon fantaisiste et manifestement contraire au droit positif (loi et jurisprudence constante) qu'il est censé connaître et appliquer loyalement, dans le seul but d'absoudre des délinquants et décréter le caractère abusif d'une constitution de partie civile, et qu'elles ne prévoient pas une sanction identique contre le ministère public ayant engagé les poursuite par la voie de la citation directe : l'article 472 du Code de procédure pénale est étranger à la responsabilité des magistrats, laquelle peut être recherchée sur le fondement d'autres textes (■ Cass. crim., 26 juin 2018, n° 18-82.359 QPC).

2) Infractions de presse. Les dispositions de l'article 472 du Code de procédure pénale doivent désormais être interprétées comme permettant au prévenu, qui a été renvoyé des fins d'une poursuite engagée du chef d'infractions prévues par la loi sur la presse, d'obtenir la condamnation de la partie civile au paiement de dommages-intérêts en cas d'abus, sans distinguer selon que l'action publique a été mise en mouvement par une plainte avec constitution de partie civile devant le juge d'instruction ou par voie de citation directe (■ Cass. crim., 11 juill. 2018, n° 18-90.017 QPC : *Bull. crim.* n° 132 ; *JCP G* 2018, 895, obs. S. Detraz). *Contra* ■ Cass. crim., 27 févr. 2018, n° 17-81.381 : *JurisData* n° 2018-002714 (il résulte de l'article 472 qu'en cas de renvoi des fins de la poursuite, la personne relaxée ne peut demander la condamnation de la partie civile à des dommages-intérêts que lorsque cette dernière a elle-même mis en mouvement l'action publique par citation directe).

3) Action civile *ut singuli*. L'article 472 du Code de procédure pénale est applicable à des associés ayant exercé l'action civile *ut singuli* (■ Cass. crim., 24 juin 2020, n° 19-82.598, § 9).

4) Saisine de la juridiction de jugement par une ordonnance de renvoi. Si la plainte avec constitution de partie civile met en mouvement l'action publique, le tribunal correctionnel n'est saisi, à l'issue de l'information et sauf en matière de presse, que par l'ordonnance de renvoi du juge d'instruction, qui a apprécié l'existence de charges suffisantes contre les personnes qu'il avait précédemment mises en examen, de sorte que la partie civile poursuivante ne peut plus être considérée comme ayant mis en mouvement l'action publique au sens des articles 472 et 800-2 du Code de procédure pénale ; en pareil cas, il n'y a donc pas lieu, pour la cour d'appel, de rechercher si l'action publique avait été mise en mouvement par le ministère public avant que la partie civile ne saisisse le juge d'instruction de sa plainte et ne se constitue partie civile (■ Cass. crim., 4 janv. 2022, n° 20-85.079, §§ 11, 12).

5) Désistement de la partie civile à l'audience. Lorsque l'action publique a été mise en mouvement par la citation directe de la partie civile, son désistement à l'audience ne fait pas obstacle à ce que le ministère public ayant été entendu en ses réquisitions sur le délit, des dommages-intérêts soient alloués au prévenu qui en avait fait la demande en raison du caractère abusif de cette poursuite, par application de l'article 425, alinéa 2 du Code de procédure pénale (■ Cass. crim., 22 févr. 1966, n° 64-90.865 : *Bull. crim.* n° 56).

6) Relaxe en raison de la prescription de l'action publique. L'article 472 du Code de procédure pénale est applicable lorsque la relaxe est prononcée après que la prescription de l'action publique eut été constatée (■ Cass. crim., 16 janv. 2018, n° 16-87.699 : *Bull. crim.* n° 10).

7) Faute requise. Selon l'article 472 du Code de procédure pénale, la partie civile qui a mis en mouvement l'action publique ne peut être condamnée à des dommages et intérêts que s'il est constaté qu'elle a agi de mauvaise foi ou témérairement (■ Cass. crim., 20 mars 2019, n° 18-81.783). L'arrêt relève que la citation directe initiée par Mme X. s'inscrit dans une démarche d'instrumentalisation de la justice pénale, dans un contexte particulièrement conflictuel entre deux ex-époux et marqué par de multiples procédures ; en l'état de ces énonciations, relevant de son pouvoir souverain d'appréciation, d'où il résulte que la partie civile, procédant de façon téméraire, a abusé de son droit d'agir en justice, la cour d'appel a justifié sa décision de la condamner à payer la somme de 3 000 euros au titre de l'article 472 du Code de procédure pénale (■ Cass. crim., 15 janv. 2019, n° 17-85.656). Pour confirmer la condamnation du demandeur au paiement de la somme de 3 000 euros de dommages-intérêts pour procédure abusive, l'arrêt retient que la procédure intentée par l'intéressé s'est révélée particulièrement mal fondée ; en l'état de ce seul motif, sans mieux rechercher si la partie civile avait agi de mauvaise foi ou avec témérité, la cour d'appel n'a pas justifié sa décision (■ Cass. crim., 13 juin 2018, n° 17-83.964. V. ■ Cass. crim., 18 déc. 2019, n° 18-86.438).

Art. 473 *(Abr., L. n° 2004-204, 9 mars 2004).*

Art. 474 *(Mod., L. n° 2019-222, 23 mars 2019)* (1). **– Si le tribunal n'a pas prononcé un mandat de dépôt à effet différé en application du 3° du I de l'article 464-2, en cas de condamnation d'une personne non**

(1) Les peines de contrainte pénale prononcées avant le 24 mars 2020 s'exécutent jusqu'à leur terme conformément aux dispositions applicables au jour de leur prononcé, sous la réserve que les attributions confiées en application de l'article 713-47 du Code de procédure pénale au président du tribunal judiciaire ou au juge désigné par lui sont exercées par le juge de l'application des peines, L. n° 2019-222, 23 mars 2019, art. 109, XIX.

incarcérée à une peine d'emprisonnement inférieure ou égale à un an ou pour laquelle la durée de détention restant à subir est inférieure ou égale à un an, il est remis au condamné qui est présent à l'issue de l'audience un avis de convocation à comparaître, dans un délai qui ne saurait excéder trente jours, devant le juge de l'application des peines en vue de déterminer les modalités d'exécution de la peine. Le condamné est également avisé qu'il est convoqué aux mêmes fins devant le service pénitentiaire d'insertion et de probation dans un délai qui ne saurait être supérieur à quarante-cinq jours. Le présent alinéa est applicable au condamné exécutant une peine sous le régime de la semi-liberté, du placement à l'extérieur ou du placement sous surveillance électronique.

L'avis de convocation devant le juge de l'application des peines précise que, sauf exercice par le condamné des voies de recours, la peine prononcée contre lui sera mise à exécution en établissement pénitentiaire s'il ne se présente pas, sans excuse légitime, devant ce magistrat.

Les dispositions du premier alinéa sont également applicables lorsque la personne est condamnée à une peine d'emprisonnement assortie du sursis probatoire. Toutefois, dans cette hypothèse, le condamné n'est convoqué que devant le service pénitentiaire d'insertion et de probation qui se trouve ainsi saisi de la mesure.

Application dans le temps de la loi du 23 mars 2019. Les dispositions des articles 132-19 et 132-25 du Code pénal, 464-2, 474 et 723-15 du Code de procédure pénale issues de la loi du 23 mars 2019, relatives aux conditions et aux modalités de l'aménagement des peines inférieures ou égales à un an, qui n'ont pas pour résultat de rendre plus sévères les peines prononcées par la décision de condamnation, sont applicables au jugement des faits commis antérieurement à leur entrée en vigueur (■ Cass. crim., 11 mai 2021, n° 20-85.576 : publié au *Bull.* ; *JCP* G 2021, 774, note L. de Gentili ; *JCP* G 2021, 902, note E. Dreyer). L'arrêt attaqué, qui a été rendu après l'entrée en vigueur, le 24 mars 2020, des dispositions de la loi n° 2019-222 du 23 mars 2019, a condamné le prévenu à dix-huit mois d'emprisonnement pour des faits commis du 1er janvier 2008 au 31 décembre 2009. Il importe dès lors de déterminer au préalable si les dispositions relatives à l'aménagement des peines d'emprisonnement qui figurent à l'article 74 de ladite loi, lequel modifie ou créé notamment les articles 132-19, 132-25 du Code pénal et 464-2, 474 et 723-15 du Code de procédure pénale, doivent s'appliquer aux condamnations prononcées pour des faits antérieurs à l'entrée en vigueur de la loi précitée. La Cour de cassation juge que les dispositions de cet article, en ce qu'elles interdisent tout aménagement des peines d'emprisonnement sans sursis d'une durée comprise entre un et deux ans, qui relèvent des lois d'exécution et d'application des peines, plus sévères, ne sont applicables qu'aux condamnations prononcées pour des faits commis postérieurement à leur entrée en vigueur (■ Cass. crim., 20 oct. 2020, n° 19-84.754). Par arrêt de ce jour (■ n° 20-85.576), elle juge en revanche que les dispositions des articles 132-19 et 132-25 du Code pénal, 464-2, 474 et 723-15 du Code de procédure pénale issues de la loi du 23 mars 2019, relatives aux conditions et aux modalités de l'aménagement des peines inférieures ou égales à un an, qui n'ont pas pour résultat de rendre plus sévères les peines prononcées par la décision de condamnation, sont applicables au jugement des faits commis antérieurement à leur entrée en vigueur. Il s'en déduit que, lorsque les faits poursuivis sont antérieurs au 24 mars 2020, le juge qui prononce une peine d'emprisonnement supérieure à un an et inférieure ou égale à deux ans doit se prononcer sur son éventuel aménagement au regard des dispositions issues de la loi du 23 mars 2019 relatives à l'aménagement des peines supérieures à 6 mois et inférieures ou égales à un an, seule la condition tenant au quantum de la peine aménageable restant régie par la loi ancienne. Il se déduit de ce principe ainsi que de l'articulation des articles 132-19 du Code pénal, dans ses rédactions antérieure et postérieure à la loi précitée, 132-25 du Code pénal, 464-2 et 593 du Code de procédure pénale, dans leur rédaction issue de cette loi, que, lorsque la date des faits poursuivis est antérieure au 24 mars 2020, si la peine d'emprisonnement prononcée est supérieure à un an et inférieure ou égale à deux ans, au sens de l'article D. 48-1-1 du Code de procédure pénale, l'aménagement de la peine est le principe, sauf en cas de récidive. La juridiction de jugement ne peut écarter l'aménagement que si elle constate que la situation ou la personnalité du condamné ne permettent pas son prononcé ou si elle relève une impossibilité matérielle de le faire. Dans ce cas, elle doit motiver spécialement sa décision, de façon précise et circonstanciée, au regard des faits de l'espèce, de la personnalité et de la situation matérielle, familiale et sociale du condamné. Elle doit en outre, si elle ne décerne aucun mandat de dépôt ou d'arrêt en application des articles 397-4, 465 et 465-1 du Code de procédure pénale, délivrer un mandat de dépôt à effet différé. Dès lors encourt la censure, l'arrêt de la cour d'appel, qui après avoir condamné le prévenu à une peine d'emprisonnement de dix-huit mois pour des faits commis avant le 24 mars 2020, ne se prononce pas sur son aménagement (■ Cass. crim., 11 mai 2021, n° 20-83.507, §§ 22 à 32 : publié au *Bull.*).

Art. 474-1 *(L. n° 2008-644, 1er juill. 2008).* – En cas de condamnation à des dommages et intérêts, lorsque les articles 706-15-1 et 706-15-2 sont applicables, la personne condamnée présente à l'issue de l'audience est informée qu'en l'absence de paiement volontaire dans un délai de deux mois à compter du jour où la décision sera devenue définitive, le recouvrement pourra, si la victime le demande, être exercé par le fonds de garantie des victimes des actes de terrorisme et d'autres infractions et qu'une majoration des dommages et intérêts, permettant de couvrir les dépenses engagées par le fonds au titre de sa mission d'aide, sera perçue par le fonds, en sus des frais d'exécution éventuels, dans les conditions déterminées à l'article L. 422-9 du Code des assurances.

Art. 475 *(Abr., L. n° 93-2, 4 janv. 1993).*

Art. 475-1 *(Mod., L. n° 2011-1862, 13 déc. 2011 ; L. n° 2021-1729, 22 déc. 2021).* – Le tribunal condamne l'auteur de l'infraction ou la personne condamnée civilement en application de l'article 470-1 à payer à la partie civile la somme qu'il détermine, au titre des frais non payés par l'État et exposés par celle-ci. Les parties peuvent produire les justificatifs des sommes qu'elles demandent et le tribunal tient compte de l'équité ou de la situation économique de la partie condamnée. Il peut, même d'office, pour des raisons tirées des mêmes considérations, dire qu'il n'y a pas lieu à cette condamnation.

Les dispositions du présent article sont également applicables aux organismes tiers payeurs intervenant à l'instance.

1) **Question prioritaire de constitutionnalité.** En se bornant à prévoir que la partie civile peut obtenir de l'auteur de l'infraction une indemnité au titre des frais de procédure qu'elle a exposés pour sa défense, l'article 475-1 du Code de procédure pénale ne méconnaît aucun droit ou liberté que la Constitution garantit (▪ Cons. const., 21 oct. 2011, n° 2011-190 QPC).

I – DOMAINE D'APPLICATION DE L'ARTICLE 475-1

2) **Cour d'appel.** L'article 475-1 du Code de procédure pénale est applicable en cause d'appel selon l'article 512 dudit code (▪ Cass. crim., 11 mars 2014, n° 11-88.420 : *Bull. crim.* n° 74).

3) **Juridiction de renvoi après cassation.** Il résulte de l'article 475-1 du Code de procédure pénale que la juridiction correctionnelle de renvoi ne peut condamner l'auteur de l'infraction à verser à la partie civile une somme correspondant aux frais non payés par l'État et exposés par elle devant la Cour de cassation (▪ Cass. crim., 5 oct. 2004, n° 04-84.056 : *Bull. crim.* n° 231).

II – DÉBITEUR DE LA SOMME DÉTERMINÉE AU TITRE DES FRAIS IRRÉPÉTIBLES

4) **Auteur de l'infraction.** Seul l'auteur de l'infraction peut être condamné par le tribunal à payer à la partie civile la somme qu'il détermine au titre des frais non payés par l'État et exposés par celle-ci (▪ Cass. crim., 15 mai 2018, n° 17-82.093. ▪ Cass. crim., 14 janv. 2020, n° 18-87.014, § 10. ▪ Cass. crim., 25 nov. 2020, n° 19-84.652, § 15).

5) **Assureur du prévenu.** Viole l'article 475-1 du Code de procédure pénale la juridiction qui condamne l'assureur du prévenu, partie intervenante, à verser aux parties civiles une somme au titre des frais non recouvrables qu'elles ont dû exposer (▪ Cass. crim., 6 nov. 2001, n° 01-80.451 : *Bull. crim.* n° 229. ▪ Cass. crim., 15 mai 2018, n° 17-82.093).

6) **Personne civilement responsable.** Viole l'article 475-1 du Code de procédure pénale la juridiction qui condamne la personne civilement responsable du prévenu à verser aux parties civiles une somme au titre des frais non recouvrables qu'elles ont dû exposer (▪ Cass. crim., 30 sept. 2003, n° 03-80.039 : *Bull. crim.* n° 173).

III – CRÉANCIER DE LA SOMME DÉTERMINÉE AU TITRE DES FRAIS IRRÉPÉTIBLES

7) **Partie civile.** Hormis le cas des organismes tiers payeurs (V. art. , annot. n° 7, p. 1034), la somme déterminée en application de l'article 475-1 du Code de procédure pénale ne peut être allouée à une personne autre que la partie civile (▪ Cass. crim., 19 févr. 1998, n° 97-80.177 : *Bull. crim.* n° 72. ▪ Cass. crim., 15 févr. 2005, n° 04-85.038 : *Bull. crim.* n° 55. ▪ Cass. crim., 25 nov. 2020, n° 19-84.652, § 15). Viole l'article 475-1 du Code de procédure pénale la juridiction qui énonce qu'aucune condamnation à réparations n'ayant été prononcée en sa faveur, l'URSSAF ne peut bénéficier des dispositions de ce texte, alors que cet organisme a été déclaré recevable en sa constitution de partie civile (▪ Cass. crim., 11 mars 2014, n° 11-88.420 : *Bull. crim.* n° 74). Le juge peut allouer la somme déterminée en application de l'article 475-1 du Code de procédure pénale à la partie civile, dès lors qu'il l'a reçue en sa constitution de partie civile, peu important qu'il l'ait déboutée de ses demandes indemnitaires (▪ Cass. crim., 15 sept. 2021, n° 20-85.110, § 19).

8) Organismes tiers payeurs intervenant à l'instance. Aux termes de l'article 475, alinéa 2 du Code de procédure pénale, les organismes tiers payeurs intervenant à l'instance bénéficient des dispositions de l'article 475-1 du Code de procédure pénale (■ Cass. crim., 9 mai 2007, n° 07-80.894 : *Bull. crim.* n° 118).

IV – RÉGIME JURIDIQUE DES FRAIS IRRÉPÉTIBLES

9) Désistement d'appel. Il résulte de l'article 475-1 du Code de procédure pénale que, nonobstant le désistement d'appel, la cour d'appel peut allouer à la partie civile une indemnité fondée sur ces dispositions (■ Cass. crim., 13 juin 2018, n° 17-82.678).

10) Moyen invoqué pour la première fois devant la Cour de cassation. Un prévenu ne saurait se faire un grief dans un pourvoi en cassation d'une condamnation prononcée à son encontre par les premiers juges au titre de l'article 475-1 du Code de procédure pénale, dès lors qu'il n'a pas critiqué cette décision devant les juges du second degré (■ Cass. crim., 21 sept. 1999, n° 97-85.551 : *Bull. crim.* n° 191).

11) Solidarité. La solidarité édictée par l'article 480-1 du Code de procédure pénale pour les restitutions et dommages-intérêts n'est pas applicable au paiement des frais non recouvrables visés par l'article 475-1 dudit code (■ Cass. crim., 16 juin 2015, n° 14-82.595 : *Bull. crim.* n° 151. ■ Cass. crim., 17 avr. 2019, n° 18-84.055).

Art. 476 et 477 *(Abr., L. n° 93-2, 4 janv. 1993).*

Art. 478. – **Le prévenu, la partie civile ou la personne civilement responsable, peut réclamer au tribunal saisi de la poursuite la restitution des objets placés sous la main de la justice.**

Le tribunal peut ordonner d'office cette restitution.

Bibliographie : *Répertoire.* L. Eyrignac, *Tribunal correctionnel. – Restitution par les juridictions de jugement des objets placés sous main de justice. Restitution proprement dite : JCl. Proc. pén.*, art. 478 à 484, Fasc. 10.

Généralités. A. Coste-Floret, *Des restitutions ordonnées par les juridictions répressives : RSC* 1937, p. 195. • Doll, *À propos des restitutions : RSC* 1963, p. 155. • J. Granier, *Les restitutions dans le Code de procédure pénale : RSC* 1959, p. 611. • L. Hugueney, *Restitution d'office limitée aux objets retrouvés en nature : RSC* 1941, p. 189.

1) Disposition d'ordre public. Les dispositions des articles 478 et suivants du Code de procédure pénale sont d'ordre public (■ Cass. crim., 3 févr. 1986, n° 84-94.813 : *Bull. crim.* n° 42).

2) Rapport avec l'action civile. L'action en restitution d'objets placés sous la main de la justice, telle que prévue par les articles 478 et suivants du Code de procédure pénale, est distincte de l'action civile avec laquelle elle ne peut interférer (■ Cass. crim., 3 févr. 1986, préc., n° 1. ■ Cass. crim., 7 sept. 1999, n° 98-86.127 : *Bull. crim.* n° 180).

3) Compétence de la juridiction saisie. Une cour d'appel se déclare à bon droit incompétente pour statuer sur la demande de restitution d'objets placés sous scellés au cours d'une procédure distincte des poursuites dont elle est saisie (■ Cass. crim., 17 févr. 1992, n° 91-83.184 : *Bull. crim.* n° 74. ■ Cass. crim., 1er juin 1999, n° 98-83.312).

4) Objets relevant de la procédure de l'article 478. L'article 478 du Code de procédure pénale n'impose pas que les objets dont la restitution est ordonnée aient été saisis dans les formes de l'article 97 du Code de procédure pénale, la seule exigence fixée par le premier de ces textes étant que lesdits objets soient placés sous la main de la justice (■ Cass. crim., 27 mars 1996, n° 94-84.575). Justifie sa décision la cour d'appel qui, pour écarter la demande de restitution d'objets saisis, énonce qu'il n'est pas établi que ces objets, saisis dans le cadre d'une procédure visant une société placée en liquidation, soit la propriété des prévenus (■ Cass. crim., 22 févr. 2017, n° 15-87.417).

5) Mesures provisoires. La compétence des juridictions de jugement pour statuer sur la restitution ou la confiscation des objets saisis n'implique pas la possibilité d'ordonner des mesures provisoires (■ Cass. crim., 9 févr. 2011, n° 10-81.485). V. art. 480, p. 1035.

6) Respect de l'autorité de la chose jugée. La juridiction pénale, lorsqu'elle statue sur une demande de restitution, ne saurait, sans violation de la loi, méconnaître l'autorité de la chose jugée sur l'action publique. Porte atteinte à ce principe l'arrêt qui refuse la restitution d'une voiture volée au motif que le requérant était de mauvaise foi lors de son acquisition, alors qu'une décision antérieure, ayant acquis force de chose jugée, avait relaxé celui-ci d'une poursuite du chef de recel, le prévenu ayant ignoré, lors de l'achat, l'origine frauduleuse du véhicule (■ Cass. crim., 29 avr. 1980, n° 79-92.218 : *Bull. crim.* n° 124). Refuse à bon droit de restituer au prévenu un objet, la cour d'appel qui énonce que, par un arrêt devenu définitif, le demandeur avait été reconnu coupable du recel de ce même objet : il n'importe en effet que cet objet litigieux n'ait été ni confisqué, ni revendiqué par des tiers, dès lors que sa détention a été reconnue illicite par une décision ayant acquis force de chose jugée (■ Cass. crim., 4 nov. 1983, non publ.).

7) Article 2276 du Code civil. Le juge répressif, saisi par le prévenu relaxé d'une demande de restitution d'objets saisis entre ses mains doit, sans qu'il y ait lieu à application de l'article 2279 du Code civil (art. 2276), faire droit à cette demande, dès lors que lesdits objets ne sont pas revendiqués par des tiers, que leur détention n'est pas illicite et que leur confiscation n'a pas été prononcée (■ Cass. crim., 12 mai 1982, n° 81-92.315 : *Bull. crim.* n° 123).

Art. 479. – Toute personne autre que le prévenu, la partie civile ou la personne civilement responsable qui prétend avoir droit sur des objets placés sous la main de la justice, peut également en réclamer la restitution au tribunal saisi de la poursuite.

Seuls, les procès-verbaux relatifs à la saisie des objets peuvent lui être communiqués.

Le tribunal statue par jugement séparé, les parties entendues.

Bibliographie : L. Eyrignac, *Tribunal correctionnel. – Restitution par les juridictions de jugement des objets placés sous main de justice. Restitution proprement dite : JCl. Proc. pén.*, art. 478 à 484, Fasc. 10.

1) Publicité des débats. Aucune disposition de la loi ne déroge à la règle de la publicité des débats lorsque la juridiction correctionnelle est saisie, après décision définitive sur le fond, d'une requête aux fins de restitution d'objets placés sous la main de la justice, que cette requête émane d'une des parties ou d'un tiers (■ Cass. crim., 6 nov. 1969, n° 68-92.059 : *Bull. crim.* n° 295).

2) Conditions du refus de restitution. Le juge répressif, auquel une personne demeurée étrangère aux poursuites demande, sur le fondement de l'article 479 du Code de procédure pénale, la restitution d'un objet saisi, ne peut, motif pris du caractère équivoque de la possession, refuser de faire droit à cette demande, dès lors que cet objet n'est pas revendiqué par un tiers, que sa détention n'est pas illicite et que sa confiscation n'a pas été ordonnée par la juridiction de jugement (■ Cass. crim., 30 oct. 1996, n° 95-85.233 : *Bull. crim.* n° 388).

3) Autonomie de l'article 479 par rapport à l'action en revendication du Code civil. Lorsque des objets ont été saisis au cours d'une information entre les mains d'une personne non inculpée, la demande en restitution formée après le jugement définitif de l'action publique par ladite personne demeurée étrangère aux poursuites ne peut, en l'absence de toute contestation émanant d'autres personnes prétendant avoir des droits propres sur les mêmes objets, être rejetée, motif pris du caractère équivoque de la possession, sur le seul fondement de l'article 2279 du Code civil, ce texte régissant l'action civile en revendication, distincte de l'action en restitution prévue par les articles 479 et 484 du Code de procédure pénale (■ Cass. crim., 11 juill. 1978, n° 78-90.762 : *Bull. crim.* n° 232).

Art. 480. – Si le tribunal accorde la restitution, il peut prendre toutes mesures conservatoires pour assurer jusqu'à décision définitive sur le fond la représentation des objets restitués.

Bibliographie : L. Eyrignac, *Tribunal correctionnel. – Restitution par les juridictions de jugement des objets placés sous main de justice. Restitution proprement dite : JCl. Proc. pén.*, art. 478 à 484, Fasc. 10.

Art. 480-1 *(Rempl., L. n° 92-1336, 16 déc. 1992 ; mod., L. n° 94-89, 1er févr. 1994).* **– Les personnes condamnées pour un même délit sont tenues solidairement des restitutions et des dommages-intérêts.**

En outre, le tribunal peut, par décision spéciale et motivée, ordonner que le prévenu qui s'est entouré de coauteurs ou de complices insolvables sera tenu solidairement des amendes.

Bibliographie : *Répertoire.* J.-Y. Maréchal, *Tribunal correctionnel. – Solidarité : JCl. Proc. pén.*, art. 478 à 484, Fasc. 20. • S. Detraz, *La nature de la solidarité de l'article 1745 du Code général des impôts : Dr. fisc.* 2012, étude 551 ; *JCl. Pénal des affaires*, V° Impôts, Fasc. 10, 20, 30 et 40 ; *JCl. Pénal des affaires*, V° Douanes, Fasc. 10 et 20.

Généralités. S. Frossard, *Quelques réflexions relatives au principe de la personnalité des peines : RSC* 1998, p. 703. • J. Larguier, *Le domaine de la solidarité pour le paiement des amendes pénales : RSC* 1983, p. 649. • A. Legal, *Les garanties d'indemnisation de la victime d'une infraction : Mél. Hugueney*, Sirey, 1964, p. 35. • P. Level, *De quelques atteintes au principe de la personnalité des peines : JCP* G 1960, I, 1583. • R. Meurisse, *De quelques applications du principe de la solidarité pénale : RSC* 1957, p. 439. • P. Raynaud, *La nature de l'obligation des coauteurs d'un dommage, obligation in solidum ou solidarité ? : Mél. Vincent, Dalloz*, 1981, p. 317. • A. Teissier, *La solidarité en matière pénale peut-elle se concilier avec les principes de notre droit pénal ? : JCP* G 1953, I, 1119. • F. Urbino-Soulier, *La solidarité des personnes condamnées en application des articles 1741 à 1743 du Code général des impôts avec le redevable légal des impôts fraudés (CGI, art. 1745) : JCP* E 1987, I, 16446. • A. Vitu, *Condamnation solidaire en cas de vol suivi de recel : RSC* 1989, p. 311 ; *Solidarité pénale et connexité : RSC* 1989, p. 723 ; *Application de la solidarité pénale : RSC* 1991, p. 69.

I – GÉNÉRALITÉS

1) Obligation légale s'imposant au juge. La solidarité édictée par l'article 480-1 du Code de procédure pénale s'impose au juge comme une conséquence légale de la condamnation qu'il prononce (▪ Cass. crim., 19 mai 1981, n° 80-94.485 : *Bull. crim.* n° 166. ▪ Cass. crim., 18 janv. 2005, n° 04-80.417 : *Bull. crim.* n° 21).

2) Mode d'exécution des peines et des réparations civiles. La solidarité imposée aux codébiteurs de dommages-intérêts est une garantie d'exécution de la condamnation déjà prononcée (▪ Cass. crim., 21 juin 1978, n° 77-91.647 : *Bull. crim.* n° 207). La solidarité est un mode d'exécution des peines et des réparations civiles (▪ Cass. crim., 28 févr. 1989, n° 87-91.369 : *Bull. crim.* n° 94 ; *RSC* 1989, p. 723, obs. A. Vitu).

II – DOMAINE D'APPLICATION DE LA SOLIDARITÉ

A – Domaine de la solidarité quant aux personnes

3) Bénéficiaires. La solidarité ne bénéficie qu'aux parties civiles (▪ Cass. crim., 20 févr. 2008, n°s 02-82.676 et 07-82.110 : *Bull. crim.* n° 44). La solidarité ne bénéficie qu'au Trésor public et aux parties civiles (▪ Cass. crim., 28 févr. 1989, préc., n° 2). Pour réparer les préjudices résultant des infractions dont ils sont saisis, les juges doivent statuer dans la limite des demandes dont ils sont saisis par les parties civiles ; en conséquence, il ne peut être fait droit à une demande de solidarité sollicitée par l'un des condamnés, mais non sollicitée par les parties civiles (▪ Cass. crim., 30 oct. 2019, n° 18-82.920 : publié au *Bull.* ; *Dr. pén.* 2020, comm. 207, obs. A. Maron et M. Haas ; *Procédures* 2019, comm. 333, obs. A.-S. Chavent-Leclère – à propos de CPP, art. 371).

B – Domaine de la solidarité quant aux infractions

1° *Même délit*

4) Il ne peut y avoir condamnation solidaire aux réparations civiles que pour un même délit (▪ Cass. crim., 27 sept. 1995, n° 94-80.034 : *Bull. crim.* n° 290. ▪ Cass. crim., 2 oct. 2012, n° 11-84.415 : *Bull. crim.* n° 205).

2° *Même contravention de cinquième classe*

5) En application de l'article 543 du Code de procédure pénale, l'article 480-1 du même code s'applique aux personnes condamnées pour une même contravention de cinquième classe (▪ Cass. crim., 2 oct. 2012, préc., n° 4). L'article 55 du Code pénal (CPP, art. 480-1) est inapplicable aux contraventions des quatre premières classes (▪ Cass. crim., 19 janv. 1971, n° 69-91.908 : *Bull. crim.* n° 15).

3° *Infractions indivisibles ou connexes*

• Principe

6) Il ne peut y avoir condamnation solidaire aux réparations civiles que pour un même délit ou des délits connexes (▪ Cass. crim., 27 sept. 1995, n° 94-80.034 : *Bull. crim.* n° 290. ▪ Cass. crim., 18 déc. 2019, n° 19-80.205). La solidarité, édictée par l'article 480-1 du Code de procédure pénale entre les individus condamnés pour un même délit, s'applique également à ceux qui ont été déclarés coupables de différentes infractions rattachées entre elles par des liens d'indivisibilité ou de connexité (▪ Cass. crim., 22 oct. 1997, n° 96-85.970 : *Bull. crim.* n° 345).

• Conditions

7) Auteur des faits connexes non identifié. La solidarité édictée par l'article 480-1 du Code de procédure pénale ne saurait être étendue aux dommages-intérêts résultant de faits connexes pour lesquels aucune personne n'a été condamnée (▪ Cass. crim., 26 mars 1990, n° 88-84.584 : *Bull. crim.* n° 130 ; *RSC* 1991, p. 69, obs. A. Vitu. ▪ Cass. crim., 18 janv. 2005, n° 04-80.417 : *Bull. crim.* n° 21) ; les condamnés ne peuvent être tenus à réparation solidaire qu'entre eux, dans la limite des faits retenus à leur charge (▪ Cass. crim., 26 mars 1990, n° 88-84.584 : *Bull. crim.* n° 130).

8) Auteur des faits connexes non poursuivi. Les complices condamnés pour un même délit sont, selon l'article 55 du Code pénal (CPP, art. 480-1), tenus solidairement des restitutions ainsi que des dommages-intérêts, quand bien même l'auteur principal n'aurait pas été personnellement poursuivi (▪ Cass. crim., 24 oct. 1989, n° 88-80.793 : *Bull. crim.* n° 380).

• Applications

9) Infraction commise pour assurer l'impunité d'une autre. Les infractions sont connexes notamment lorsque les coupables ont commis les unes pour assurer l'impunité des autres (▪ Cass. crim., 18 oct. 2011, n° 11-81.400 : *Bull. crim.* n° 212).

10) Infractions procédant d'une même conception. Un lien de connexité unit deux infractions procédant d'une même conception, déterminées par la même cause et tendant au même but (▪ Cass. crim., 16 avr. 1970, n° 69-90.865 : *Bull. crim.* n° 135. ▪ Cass. crim., 22 oct. 1997, préc., n° 6).

11) Infraction principale et recel de choses. V. *infra*, 4°.

12) Acte principal et complicité. La connexité entre les actes de complicité et l'infraction principale s'étend à tous les faits poursuivis procédant d'une conception unique ; c'est donc à bon droit qu'une cour d'appel, après avoir déclaré coupable la prévenue de complicité de l'escroquerie commise par deux auteurs principaux, la condamne solidairement avec ceux-ci au paiement des dommages-intérêts alloués à l'ensemble des parties civiles, y compris celles pour lesquelles elle n'avait apportée ni son aide, ni son assistance (■ Cass. crim., 28 nov. 1996, n° 95-80.168 : *Bull. crim.* n° 437). Encourt la cassation l'arrêt qui déclare irrecevable l'action sociale exercée par un actionnaire d'une société anonyme à l'encontre de personnes qui ont été condamnées pour complicité des délits de faux et d'abus de biens sociaux commis par les administrateurs de la société (■ Cass. crim., 28 janv. 2004, n° 02-87.585 : *Bull. crim.* n° 18).

13) Appartenance à une bande organisée. Les juges retiennent à bon droit un lien de connexité en présence de prévenus ayant accompli, même en des temps différents, des infractions, lorsqu'ils relèvent à l'encontre de l'ensemble des mis en cause l'existence d'une bande organisée caractérisée par le fait qu'ils avaient agi de concert, et étaient les maillons d'une même chaîne de fraude (■ Cass. crim., 25 nov. 2020, n° 19-80.525).

4° Infraction principale et recel de chose

• Principe

14) Les infractions sont connexes lorsque les choses enlevées, détournées ou obtenues à l'aide d'un crime ou d'un délit, ont été recelées (■ Cass. crim., 16 déc. 1971, n° 70-91.908 : *Bull. crim.* n° 359. ■ Cass. crim., 19 mai 1981, n° 80-94.485 : *Bull. crim.* n° 166. ■ Cass. crim., 14 janv. 2003, n° 02-81.491). La connexité s'étend du vol au recel sans qu'il soit nécessaire de constater l'existence d'un concert formé à l'avance entre l'auteur du vol et le receleur (■ Cass. crim., 11 mai 1977, n° 76-91.658 : *Bull. crim.* n° 173).

• Conditions

15) Absence de présomption de connexité. Les dispositions de l'article 55 du Code pénal (CPP, art. 480-1) ne vont pas jusqu'à établir une présomption légale de connexité lorsque l'auteur principal ayant enlevé, détourné ou obtenu des objets à l'aide de plusieurs infractions, le receleur n'a détenu que des objets provenant d'une seule ou d'une partie seulement de ces infractions ; doit donc être partiellement annulé l'arrêt qui déclare le receleur d'objets frauduleusement soustraits, solidairement tenu avec l'auteur principal de plusieurs vols, de la totalité des restitutions et des dommages-intérêts, alors qu'il n'a bénéficié que d'objets provenant d'un seul de ces vols et que ceux-ci n'étaient pas rattachés entre eux par un lien de connexité (■ Cass. crim., 20 oct. 1982, n° 81-91.008 : *Bull. crim.* n° 230. ■ Cass. crim., 3 nov. 1986, n° 85-93.880 : *Bull. crim.* n° 315).

16) Auteur de l'infraction principale non identifié. Le receleur qui n'a reçu qu'une partie des objets provenant du délit n'est solidairement responsable avec l'auteur principal de la totalité des dommages-intérêts correspondant à la réparation du préjudice total subi par la victime qu'à la condition que la condamnation s'applique tant à l'auteur identifié du délit qu'au receleur (■ Cass. crim., 2 févr. 1982, n° 81-91.692 : *Bull. crim.* n° 37). La solidarité édictée par l'article 480-1 du Code de procédure pénale ne pouvant être étendue aux dommages-intérêts résultant de faits connexes pour lesquels aucune personne n'a été condamnée, encourt dès lors la censure l'arrêt qui condamne solidairement deux receleurs à réparer la totalité du préjudice subi par la victime d'un vol, alors qu'ils ne sont condamnés que pour le recel d'une partie des objets volés et que les auteurs du vol n'ont pas été identifiés (■ Cass. crim., 18 janv. 2005, n° 04-80.417 : *Bull. crim.* n° 21). Doit être censuré l'arrêt d'une cour d'appel qui, pour condamner solidairement des receleurs à réparer la totalité du préjudice subi par la victime d'un vol unique commis par auteur non identifié et dont partie des objets volés a été retrouvée chez eux, retient qu'en raison de la connexité, la solidarité, applicable en cas de recel partiel, ne saurait être cantonnée à partir des seuls objets retrouvés chez les prévenus (■ Cass. crim., 26 mars 1990, n° 88-84.584 : *Bull. crim.* n° 130).

• Applications

17) Recel partiel. La solidarité opère lorsque les choses provenant d'un crime ou d'un délit ont été recelées en tout ou en partie (■ Cass. crim., 16 déc. 1971, préc., n° 13. ■ Cass. crim., 19 mai 1981, préc., n° 13. ■ Cass. crim., 14 janv. 2003, préc., n° 13). Le receleur qui n'a reçu qu'une partie des objets provenant d'un délit est solidairement responsable avec l'auteur de ce délit de la totalité des dommages et intérêts dus à la victime partie civile, dès lors qu'il existe un lien de connexité entre les délits dont ils sont déclarés coupables (■ Cass. crim., 16 déc. 1971, préc., n° 13. ■ Cass. crim., 14 janv. 2003, préc., n° 13).

18) Recel de recel. La solidarité établie par l'article 55 du Code pénal (CPP, art. 480-1) s'applique même au receleur ayant partiellement obtenu des objets volés d'un premier receleur (■ Cass. crim., 24 juin 1992, n° 91-86.318 : *Bull. crim.* n° 262 ; *Dr. pén.* 1993, comm. 66, obs. M. Véron).

5° Infractions de presse

19) L'article 55 du Code pénal (CPP, art. 480-1) est applicable aux infractions de presse (■ Cass. crim., 24 oct. 1989, n° 88-80.793 : *Bull. crim.* n° 380).

C – Domaine de la solidarité quant à son objet

20) Frais irrépétibles. La solidarité édictée par l'article 480-1 du Code de procédure pénale pour les restitutions et dommages-intérêts n'est pas applicable au paiement des frais non recouvrables régis par l'article 475-1 du même code (■ Cass. crim., 25 juin 2014, n° 13-84.450 : *Bull. crim.* n° 163. ■ Cass. crim., 16 juin 2015, n° 14-82.595 : *Bull. crim.* n° 151). Les frais non recouvrables ne peuvent donner lieu qu'à une condamnation *in solidum* (■ Cass. crim., 29 juin 2016, n° 14-86.372 : *Bull. crim.* n° 109. ■ Cass. crim., 8 mars 2017, n° 15-85.876. ■ Cass. crim., 8 mars 2017, n° 15-87.291). La solidarité édictée par l'article 480-1 du Code de procédure pénale pour les restitutions et dommages-intérêts n'est pas applicable au paiement des frais non recouvrables, lesquels ne peuvent donner lieu qu'à une condamnation *in solidum* (■ Cass. crim., 11 sept. 2019, n° 18-81.676).

D – Prévenu s'étant entouré de coauteurs ou de complices insolvables

21) Motivation. Ne répond pas aux prescriptions de l'article 55, alinéa 2, du Code pénal (CPP, art. 480-1, al. 2) qui exige qu'il soit prononcé par une décision spéciale et motivée, l'arrêt d'une cour d'appel qui se borne à condamner solidairement des prévenus, sans énoncer aucun motif de nature à justifier cette solidarité (■ Cass. crim., 12 nov. 1981, n° 79-90.830 : *Bull. crim.* n° 302 ; *RSC* 1983, 649, obs. J. Larguier. ■ Cass. crim., 26 mars 1990, n° 88-84.584 : *Bull. crim.* n° 130).

III – MÉCANISME DE LA SOLIDARITÉ

A – Obligation au tout. Principe

22) Chaque coprévenu est tenu pour le tout à l'égard de la victime (■ Cass. crim., 22 févr. 1966, n° 64-93.855 : *Bull. crim.* n° 57). Les juges n'ont pas méconnu les dispositions de l'article 480-1 du Code de procédure pénale en condamnant solidairement au paiement des dommages et intérêts tous les prévenus déclarés coupables du même délit de recel d'escroquerie ou de complicité de cette même escroquerie ; étant, en effet, coauteurs d'un même dommage, ils sont tenus de le réparer en totalité au bénéfice de la partie civile, sans qu'il y ait lieu de tenir compte de leur part de responsabilité pour évaluer le montant du préjudice causé personnellement par chacun (■ Cass. crim., 22 janv. 2003, n° 01-88.157). Dans ses rapports avec la partie civile, l'auteur d'un délit, même s'il n'en est pas l'auteur unique, est tenu, en vertu de l'article 55 du Code pénal (CPP, art. 480-1, al. 2), de réparer l'intégralité du préjudice qui en résulte, sous la seule réserve de la part de responsabilité pouvant incomber à la victime (■ Cass. crim., 16 févr. 1977, n° 75-91.125 : *Bull. crim.* n° 61). La solidarité édictée par l'article 480-1 du Code de procédure pénale entre les individus condamnés pour un même délit s'applique à ceux qui ont été déclarés coupables d'infractions connexes sans que le degré ou la nature de leur participation personnelle permette au juge de limiter les effets de cette solidarité (■ Cass. crim., 4 mars 2020, n°s 19-82.341 et 19-82.342).

B – Applications

23) Indifférence des rôles respectifs des prévenus. Les personnes condamnées pour un même délit sont tenues solidairement des restitutions et des dommages-intérêts ; c'est donc à bon droit que la juridiction condamne solidairement les deux coprévenus d'une même escroquerie à l'égard de toutes les victimes sans chercher à établir, pour chacune d'entre elles, quel est celui des deux qui l'a trompée (■ Cass. crim., 5 juin 2002, n° 01-86.734).

24) Évaluation distincte des dommages causés par les prévenus et solidarité. Le préjudice résultant pour la victime d'un délit de blessures involontaires et celui résultant d'une omission volontaire de porter secours à une personne en péril n'ayant pas le même fondement, la réparation qui en est ordonnée pour l'un et pour l'autre de chacun de ces délits doit nécessairement être justifiée par des motifs distincts et donner lieu à une évaluation distincte du dommage ; cette obligation qui s'impose aux juges ne saurait toutefois faire obstacle à l'application éventuelle de la solidarité, si les conditions des articles 55 du Code pénal ou 203 du Code de procédure pénale sur la connexité se trouvent remplies (■ Cass. crim., 20 mars 1972, n° 70-91.735 : *Bull. crim.* n° 112 ; *D.* 1972, 394, note Costa ; *JCP* 1973, II, 17474, note Moret).

25) Partage de responsabilité. Il résulte d'une part de l'article 480-1 du Code de procédure pénale que les personnes condamnées pour un même délit sont tenues solidairement des restitutions et des dommages-intérêts, d'autre part de l'article 464 du même code, qu'en matière civile, la compétence de la juridiction pénale, limitée à l'examen des demandes formées par les parties civiles contre les prévenus, ne s'étend pas aux recours de ces derniers entre eux. Il s'ensuit qu'il n'appartient pas à ladite juridiction de prononcer un partage de responsabilité entre les coauteurs du dommage dont la réparation a été ordonnée. Encourt dès lors la cassation l'arrêt qui, après avoir condamné solidairement plusieurs coauteurs, ainsi que leurs parents en qualité de civilement responsables, à réparer les dommages subis par la victime, procède à une répartition des responsabilités entre coauteurs, dans leurs rapports entre eux, et alloue une provision à une victime, mise à la charge des seuls parents d'un prévenu, de façon à « éviter toute difficulté d'exécution » (■ Cass. crim., 16 oct. 2007, n° 07-81.850 : *Bull. crim.* n° 244). En application de l'article 480-1 du Code de procédure pénale, ensemble les articles 543 et 464 dudit code, la juridiction qui prononce la solidarité n'est pas compétente pour opérer un partage de responsabilité entre les coauteurs des infractions retenues ; encourt dès lors la cassation l'arrêt qui, après avoir condamné solidairement plusieurs coauteurs à réparer les dommages subis par la victime, procède à une répartition des responsabilités entre coauteurs, dans leurs rapports entre eux (■ Cass. crim., 2 oct. 2012, n° 11-84.415 : *Bull. crim.* n° 205).

26) Prévenu relaxé responsable civilement. Il résulte du principe selon lequel chaque responsable d'un même dommage doit être condamné à le réparer en totalité et de la combinaison des articles 480-1 et 509 du Code de procédure pénale que le prévenu définitivement relaxé, à la charge duquel la cour d'appel saisie de la seule action civile caractérise l'existence d'une infraction, est solidairement tenu des dommages-intérêts avec les autres codébiteurs ayant participé à cette infraction (■ Cass. crim., 2 mai 2012, n° 11-84.290 : *Bull. crim.* n° 102). Le prévenu définitivement relaxé, à la charge duquel la cour d'appel caractérise pour les besoins de la seule action civile les éléments constitutifs d'une infraction, est solidairement tenu des dommages-intérêts avec les autres codébiteurs ayant participé à cette infraction (■ Cass. crim., 7 avr. 2021, n° 20-81.339, § 20).

IV – RÉGIME DE LA SOLIDARITÉ

27) Amnistie. L'amnistie ne fait pas obstacle à l'application de l'article 480-1 du Code de procédure pénale qui prévoit que les personnes condamnées pour un même délit sont tenues solidairement au paiement des dommages-intérêts, dès lors qu'en application de l'article 133-10 du Code pénal et de la loi d'amnistie en cause, l'amnistie ne préjudicie pas aux tiers (■ Cass. crim., 10 janv. 2006, n° 05-82.048 : *Bull. crim.* n° 10).

28) Conclusions des parties civiles. En application de l'article 55 du Code pénal (CPP, art. 480-1), les juges ne peuvent, sans commettre un excès de pouvoir, statuer, du point de vue des réparations civiles, à l'égard de celui des prévenus contre lequel les parties civiles n'ont pas pris de conclusions (■ Cass. crim., 12 déc. 1973, n° 72-92.339 : *Bull. crim.* n° 463).

29) Violation de l'article 480-1 invoquée pour la première fois devant la Cour de cassation. Faute d'avoir été proposé devant les juges du fond, le moyen de cassation tiré de la violation de l'article 480-1 du Code de procédure pénale, mélangé de fait, est nouveau et, comme tel, irrecevable (■ Cass. crim., 15 nov. 2016, n° 15-85.789).

30) Qualité pour invoquer la solidarité. La solidarité n'étant qu'un mode d'exécution des réparations civiles qui ne bénéficie qu'aux parties civiles, des prévenus sont sans qualité pour reprocher à la cour d'appel d'avoir omis de maintenir avec d'autres prévenus non appelants la solidarité prononcée par les premiers juges (■ Cass. crim., 20 févr. 2008, préc., n° 3).

Art. 481 ***(Mod., L. n° 2016-731, 3 juin 2016).*** **– Si le tribunal estime que les objets placés sous la main de la justice sont utiles à la manifestation de la vérité ou susceptibles de confiscation, il sursoit à statuer jusqu'à sa décision sur le fond.**

Dans ce cas, le jugement n'est susceptible d'aucun recours.

Le tribunal peut refuser la restitution lorsque celle-ci présente un danger pour les personnes ou les biens ou lorsque le bien saisi est l'instrument ou le produit direct ou indirect de l'infraction.

Bibliographie : L. Eyrignac, *Tribunal correctionnel. – Restitution par les juridictions de jugement des objets placés sous main de justice. Restitution proprement dite : JCl. Proc. pén.*, art. 478 à 484, Fasc. 10.

1) Constitutionnalité. Les dispositions de l'article 481, alinéa 3, du Code de procédure pénale, doivent être interprétées à la lumière des dispositions de la directive 2014/42/UE du Parlement européen et du Conseil du 3 avril 2014, ce dont il résulte que le refus de restitution d'un bien saisi constituant l'instrument ou le produit direct ou indirect de l'infraction est une simple faculté pour la juridiction saisie, impliquant nécessairement d'être mises en œuvre en préservant les droits du requérant de bonne foi dont le titre de propriété ou de détention est régulier, ce dernier bénéficiant en outre d'un recours contre la décision rendue ; en conséquence l'article 481 ne porte pas atteinte au droit de propriété consacré aux articles 2 et 17 de la Déclaration de 1789 (■ Cass. crim., 27 juin 2018, n° 17-87.424 QPC : *Bull. crim.* n° 129 ; *Dr. pén.* 2018, comm. 216, obs. E. Camous ; *Procédures* 2019, comm. 21, obs. A.-S. Chavent-Leclère).

2) Domaine d'application de l'article 481. Si la demande de restitution doit être examinée sur le fondement de l'article 481 du Code de procédure pénale lorsque les biens placés sous main de justice n'ont pas été confisqués, il doit être statué sur cette demande en faisant application des dispositions de l'article 131-21 du Code pénal lorsque les biens ont été confisqués (■ Cass. crim., 7 nov. 2018, n° 17-87.424 : *Bull. crim.* n° 188 ; *Dr. pén.* 2018, comm. 216, obs. E. Camous ; *Procédures* 2019, comm. 21, obs. A.-S. Chavent-Leclère).

3) Droits du propriétaire de bonne foi. Conformément aux dispositions précises et inconditionnelles de l'article 6, § 2 de la directive 2014/42/UE du Parlement européen et du Conseil du 3 avril 2014, les droits du propriétaire de bonne foi doivent être réservés, même lorsque le bien constitue le produit direct ou indirect de l'infraction (■ Cass. crim., 7 nov. 2018, n° 17-87.424 : *Bull. crim.* n° 188 ; *Dr. pén.* 2018, comm. 216, obs. E. Camous ; *Procédures* 2019, comm. 21, obs. A.-S. Chavent-Leclère).

4) Refus de restitution. La juridiction, à laquelle une personne, demeurée étrangère à toute poursuite, demande la restitution d'un bien saisi entre ses mains, doit faire droit à cette demande, dès lors que cet objet n'est pas revendiqué par une autre personne, que sa détention n'est pas en soi illicite et que sa confiscation n'a pas été prononcée (■ Cass. crim., 30 oct. 1996, n° 95-85.233 : *Bull. crim.* n° 388). Encourt la cassation, pour violation des articles 481 et 484 du Code de procédure pénale, l'arrêt de condamnation qui, pour rejeter la demande de restitution d'objets saisis formée par le prévenu, se borne à énoncer qu'il n'a pas établi que ces objets étaient sa propriété, sans rechercher, notamment, s'ils étaient susceptibles de confiscation (■ Cass. crim., 22 mai 1997, n° 96-82.080 : *Bull. crim.* n° 201).

Art. 482. – **Le jugement qui rejette une demande de restitution est susceptible d'appel de la part de la personne qui a formé cette demande.**

Le jugement qui accorde la restitution est susceptible d'appel de la part du ministère public et de la part du prévenu, de la personne civilement responsable, ou de la partie civile à qui cette décision ferait grief.

La cour ne peut être saisie qu'après que le tribunal a statué au fond.

Bibliographie : L. Eyrignac, *Tribunal correctionnel. – Restitution par les juridictions de jugement des objets placés sous main de justice. Restitution proprement dite : JCl. Proc. pén.*, art. 478 à 484, Fasc. 10.

1) Autorité de la chose jugée. Il se déduit de l'article 482 du Code de procédure pénale que le jugement qui rejette une demande de restitution est susceptible d'appel de la part de la personne qui a formulé cette demande, sans que puisse lui être opposée l'autorité de la chose jugée de la décision ordonnant la confiscation (■ Cass. crim., 7 nov. 2018, n° 17-87.424 : *Bull. crim.* n° 188 ; *Dr. pén.* 2018, comm. 216, obs. E. Camous ; *Procédures* 2019, comm. 21, obs. A.-S. Chavent-Leclère. ■ Cass. crim., 22 janv. 2020, n° 19-80.918, § 7).

2) Appel du tiers de bonne foi. Doit être cassé l'arrêt qui refuse la restitution au propriétaire sans caractériser sa mauvaise foi (■ Cass. crim., 22 janv. 2020, n° 19-80.918, § 13. – V. aussi ■ Cass. crim., 7 nov. 2018, n° 17-87.424 : *Bull. crim.* n° 188 ; *Dr. pén.* 2018, comm. 216, obs. E. Camous ; *Procédures* 2019, comm. 21, obs. A.-S. Chavent-Leclère, concernant le tiers de bonne foi – sol. impl.).

3) Portée des droits du tiers de bonne foi. Conformément aux dispositions précises et inconditionnelles de l'article 6, § 2, de la directive 2014/42/UE du Parlement européen et du Conseil du 3 avril 2014, les droits du propriétaire de bonne foi doivent être réservés, même lorsque le bien constitue le produit direct ou indirect de l'infraction (■ Cass. crim., 7 nov. 2018, n° 17-87.424 : *Bull. crim.* n° 188 ; *Dr. pén.* 2018, comm. 216, obs. E. Camous ; *Procédures* 2019, comm. 21, obs. A.-S. Chavent-Leclère. ■ Cass. crim., 22 janv. 2020, n° 19-80.918, § 9).

4) Refus de restitution – Notion. Doit être analysée en un rejet d'une demande de restitution susceptible d'appel, au sens de l'article 482 du Code de procédure pénale, la confiscation d'objets placés sous main de justice qui a été ordonnée par un tribunal alors qu'il était régulièrement saisi, par les parties civiles, d'une demande de restitution de ceux-ci (■ Cass. crim., 26 janv. 2016, n° 14-86.030 : *Bull. crim.* n° 19).

Art. 483 *(Abr., L. n° 85-1407, 30 déc. 1985).*

Bibliographie : L. Eyrignac, *Tribunal correctionnel. – Restitution par les juridictions de jugement des objets placés sous main de justice. Restitution proprement dite : JCl. Proc. pén.*, art. 478 à 484, Fasc. 10.

Art. 484 *(Mod., L. n° 85-1407, 30 déc. 1985).* – **Lorsque la cour d'appel est saisie du fond de l'affaire, elle est compétente pour statuer sur les restitutions dans les conditions prévues par les articles 478 à 481.**

La cour d'appel peut refuser la restitution lorsque celle-ci présente un danger pour les personnes ou les biens.

Bibliographie : L. Eyrignac, *Tribunal correctionnel. – Restitution par les juridictions de jugement des objets placés sous main de justice. Restitution proprement dite : JCl. Proc. pén.*, art. 478 à 484, Fasc. 10.

Voir également : art. 478 à 481, p. 1034.

Art. 484-1 *(L. n° 2010-768, 9 juill. 2010).* **– En cas de condamnation à une peine de confiscation portant sur un bien qui n'est pas sous main de justice, le tribunal correctionnel peut, afin de garantir l'exécution de cette peine, ordonner la saisie, aux frais avancés du Trésor, du bien confisqué.**

Le tribunal peut également autoriser la remise à l'Agence de gestion et de recouvrement des avoirs saisis et confisqués, en vue de leur aliénation, des biens meubles confisqués dont il ordonne la saisie, lorsque ces biens ne sont plus nécessaires à la manifestation de la vérité et que leur conservation serait de nature à en diminuer la valeur. Dans ce cas le produit de la vente est consigné.

La décision du tribunal est exécutoire nonobstant l'appel ou l'opposition qui peut être formé à l'encontre de la condamnation. Toutefois, le président de la chambre des appels correctionnels peut ordonner, à la requête du procureur de la République ou à la demande d'une des parties, la mainlevée totale ou partielle de ces mesures, par décision spéciale et motivée.

Les arrêts de relaxe ou qui ne confirment pas la confiscation du bien emportent de plein droit mainlevée de la saisie aux frais avancés du Trésor ou, si le propriétaire en fait la demande, restitution du produit de la vente.

Un demandeur est sans intérêt à critiquer l'application que la cour d'appel a faite de l'article 484-1 du Code de procédure pénale, lorsque les biens confisqués ont déjà été placés sous main de justice durant l'information judiciaire (■ Cass. crim., 30 avr. 2014, n°s 08-85.410 et 12-85.115 : *Bull. crim.* n° 118).

Art. 485 *(Mod., L. n° 85-1407, 30 déc. 1985).* **– Tout jugement doit contenir des motifs et un dispositif.**

Les motifs constituent la base de la décision.

Le dispositif énonce les infractions dont les personnes citées sont déclarées coupables ou responsables ainsi que la peine, les textes de loi appliqués, et les condamnations civiles.

Il est donné lecture du jugement par le président ou par l'un des juges ; cette lecture peut être limitée au dispositif. Dans le cas prévu par l'alinéa premier de l'article 398, elle peut être faite même en l'absence des autres magistrats du siège.

Bibliographie : L. Lazerges-Cousquer, *Tribunal correctionnel. – Rédaction et prononcé des jugements : JCl. Proc. pén.*, art. 485 et 486, Fasc. 20.

I – MOTIVATION

A – Jurisprudence européenne : droit à un procès équitable

1) Motivation en appel. Les décisions judiciaires doivent indiquer de manière suffisante les motifs sur lesquels elles se fondent. Si l'article 6 § 1 oblige les tribunaux à motiver leurs décisions, cette obligation ne peut se comprendre comme exigeant une réponse détaillée à chaque argument. Ainsi, en rejetant un recours, la juridiction d'appel peut, en principe, se borner à faire siens les motifs de la décision entreprise (■ CEDH, 15 nov. 2001, n° 54210/00, *Papon c/ France*). Mais la notion de procès équitable requiert qu'une juridiction interne qui n'a que brièvement motivé sa décision, que ce soit en incorporant les motifs fournis par une juridiction inférieure ou autrement, ait réellement examiné les questions essentielles qui lui ont été soumises et qu'elle ne se soit pas contentée d'entériner purement et simplement les conclusions d'une juridiction inférieure (■ CEDH, 15 févr. 2007, n° 19997/02, *Boldea c/ Roumanie*).

2) Possibilité d'exercer utilement les voies de recours. Les juges doivent indiquer avec une clarté suffisante les motifs sur lesquels ils se fondent. C'est ainsi qu'un accusé peut exercer utilement les recours existants. La seule lecture à l'audience du dispositif du jugement du tribunal correctionnel avant l'expiration du délai d'appel porte donc atteinte aux droits de la défense, en violation de l'article 6, §§ 1 et 3 de la Convention européenne des droits de l'Homme, d'autant plus que ce dispositif ne comportait pas tous les éléments prévus à l'article 485, troisième alinéa, du Code de procédure pénale, à savoir la référence aux infractions retenues et aux textes de loi appliqués, indications se trouvant dans le corps de la motivation : faute d'avoir pu obtenir le jugement complet avant l'expiration du délai d'appel, le requérant avait donc pour seule issue d'interjeter appel sans connaître aucun élément de la motivation retenue par le tribunal correctionnel (■ CEDH, 24 juill. 2007, n° 53640/00, *Baucher c/ France*).

B – Jurisprudence nationale

1° Dispositif

3) Décision ne comportant pas de dispositif : dispositif implicite. Rejette à bon droit la demande de nullité d'une ordonnance de placement en détention provisoire qui ne comporte aucun dispositif, l'arrêt qui retient que cette ordonnance ne méconnaît aucune des qualités substantielles d'une ordonnance de placement en détention dès lors qu'elle est intervenue après un débat contradictoire, qu'elle est datée, signée, s'applique bien à la personne mise en examen, énonce les considérations de droit et de fait justifiant son placement en détention et qui affirme qu'il n'existe aucun doute sur la décision prise par le juge des libertés et de la détention, laquelle se déduit nécessairement des motifs (■ Cass. crim., 1er oct. 2019, n° 19-84.316).

2° Principes gouvernant l'obligation de motivation

• Motivation au moment du prononcé de la décision

4) Nécessité. La lecture du seul dispositif d'un jugement ou arrêt, à l'audience même à laquelle ont eu lieu les débats, ne saurait impliquer l'inexistence de sa motivation au moment du prononcé, alors qu'il résulte des dispositions combinées des articles 462, 485 et 486 du Code de procédure pénale que le président peut se limiter à cette lecture et déposer au greffe, dans le délai prévu par ce dernier texte, la minute de la décision ; doit donc être écarté comme non fondé le moyen qui, invoquant une méconnaissance des dispositions de la Convention européenne des droits de l'Homme et d'une violation des droits de la défense, soutient qu'aucun motif n'existait au moment du prononcé de la décision (■ Cass. crim., 9 janv. 1989, n° 88-81.787 : *Bull. crim.* n° 5).

• Exigence d'une motivation suffisante

5) Tout jugement ou arrêt doit contenir les motifs propres à justifier la décision et répondre aux chefs péremptoires des conclusions dont les juges du fond sont régulièrement saisis par les parties ; doit être cassé le jugement qui, après la mention préimprimée énonçant que « la culpabilité du prévenu résulte de la procédure et des débats », se borne à reproduire la qualification de la contravention, ainsi que la date et le lieu de celle-ci (■ Cass. crim., 26 nov. 1990, n° 90-81.974 : *Bull. crim.* n° 404). Méconnaît les dispositions de l'article 485 du Code de procédure pénale l'arrêt qui sans préciser les pénalités prononcées sur l'action publique et celles sur l'action fiscale se borne à énoncer : « condamne le prévenu pour chacune des infractions retenues au minimum des amendes prévues par les textes applicables en la matière » (■ Cass. crim., 10 nov. 1970, n° 70-91.387 : *Bull. crim.* n° 295).

3° Applications

• Motivation quant aux faits et éléments constitutifs de l'infraction

6) Tout jugement et arrêt en matière correctionnelle doit énoncer les faits dont le prévenu est jugé coupable et constater l'existence des éléments constitutifs de l'infraction (■ Cass. crim., 6 mars 1996, n° 95-83.310 : *Bull. crim.* n° 105. ■ Cass. crim., 12 mai 2021, n° 20-83.345, § 10). Tout jugement ou arrêt de condamnation doit relever l'existence de chacun des éléments constitutifs de chacune des infractions dont il déclare le prévenu coupable (■ Cass. crim., 9 juin 2021, nos 18-81.243, 20-84.405, § 11. ■ Cass. crim., 2 févr. 2022, n° 20-84.221, § 17). Ne met pas la Cour de cassation en mesure d'exercer son contrôle sur la légalité de la décision attaquée, la cour d'appel qui se limite à adopter les motifs du jugement, lequel se bornait à énoncer « qu'au vu des éléments du dossier et des débats les faits sont établis à l'encontre du prévenu » (■ Cass. crim., 6 mars 1996, préc.).

• Motivation quant aux peines

Voir : V. désormais, art. 464-2, nv., *supra*, p. 1014 ; art. art. 485-1, nv., *infra*, p. 1044.

4° Mentions du dispositif

7) Absence de mention du texte appliqué. Si regrettable que soit l'omission, au regard des prescriptions de l'article 485 du Code de procédure pénale, de viser dans le dispositif de l'arrêt les textes répressifs appliqués, celle-ci ne saurait donner lieu à cassation, dès lors que la décision mentionne expressément les infractions imputées au prévenu et les textes les réprimant ainsi que les peines prononcées ; par suite, aucune incertitude n'existant quant aux textes dont il a été fait application au prévenu pour les infractions retenues contre lui, ainsi qu'aux peines qui lui ont été infligées, aucune nullité ne saurait, au sens de l'article 802 du Code de procédure pénale, découler de cette omission purement matérielle (■ Cass. crim., 24 nov. 1986, n° 85-94.140 : *Bull. crim.* n° 352. ■ Cass. crim., 31 janv. 2012, n° 10-86.968 : *Bull. crim.* n° 25. ■ Cass. crim., 2 oct. 2012, n° 11-84.415 : *Bull. crim.* n° 205. ■ Cass. crim., 14 mai 2013, n° 12-83.416). Il n'importe que le dispositif de l'arrêt attaqué ne contienne pas le visa des textes répressifs appliqués, dès lors qu'il résulte de ses motifs, partiellement repris aux moyens, qu'en raison de la précision de l'ordonnance de renvoi, il n'existait aucune incertitude quant au texte de loi s'appliquant aux faits retenus contre les prévenus (■ Cass. crim., 21 janv. 2014, n° 13-80.745).

8) Mention non prévue. Aux termes de l'article 485 du Code de procédure pénale, en matière correctionnelle, le dispositif de la décision de condamnation énonce les infractions dont les personnes citées sont déclarées coupables ou responsables ainsi que les peines, les textes de loi appliqués, et les condamnations civiles ; doit donc être cassé l'arrêt d'une cour d'appel qui prononce une mesure qui ne constitue ni une peine, ni une condamnation civile, et qui n'est pas légalement prévue (■ Cass. crim., 25 mai 2016, n° 15-81.511 : *Bull. crim.* n° 161 : juridiction ordonnant la communication de sa décision à l'Ordre national des médecins).

II – LECTURE DE LA DÉCISION

A – Présence des juges

9) Visa de l'article 485. Le visa dans la décision de l'article 485 du Code de procédure pénale n'est pas indispensable à sa régularité (■ Cass. crim., 23 oct. 1996, n° 95-85.585 : *Bull. crim.* n° 370).

10) Principe. Il n'importe que l'un des conseillers n'ait pas été présent à la lecture de la décision dès lors que l'arrêt a été lu en audience publique, par un membre de la cour, en présence du ministère public et du greffier ; il résulte en effet des dispositions combinées de l'article 485 du Code de procédure pénale et des articles 398 et 512 dudit code, qu'en cause d'appel, comme en première instance, il est donné lecture de la décision par le président ou par l'un des juges, et que cette lecture peut être faite même en l'absence des autres magistrats du siège ; ce principe n'est pas incompatible avec celui énoncé à l'article 592, alinéa 1er, du même code, lequel concerne le nombre de juges prescrit pour concourir à la décision, mais non pour en donner lecture (■ Cass. crim., 9 févr. 1987, n° 86-92.864 : *Bull. crim.* n° 61).

11) Applications. Il est satisfait à ces prescriptions lorsque l'arrêt constate qu'il a été procédé à sa lecture par l'un des magistrats ayant participé aux débats et au délibéré et ainsi concouru à la décision (■ Cass. crim., 11 avr. 1988, n° 87-84.040 : *Bull. crim.* n° 145. ■ Cass. crim., 17 juin 1992, n° 91-83.979 : *Bull. crim.* n° 243). Peu importe que le nom du magistrat qui a procédé à la lecture de la décision ne soit pas précisé (■ Cass. crim., 9 mai 2018, n° 17-82.178). Devant la cour d'appel, aucune disposition de la loi ne prévoit que ce soit le magistrat qui a fait le rapport prescrit par l'article 513 du Code de procédure pénale qui procède à la lecture de l'arrêt (■ Cass. crim., 6 oct. 1987, n° 87-80.357 : *Bull. crim.* n° 337). La minute d'un arrêt étant signée par un conseiller qui a participé aux débats et au délibéré, il se déduit de cette seule circonstance d'une part que la lecture de la décision a été donnée par ce magistrat à l'audience ultérieure tenue dans une autre composition où l'arrêt a été rendu, ainsi que le permet l'article 485, dernier alinéa, du Code de procédure pénale, d'autre part que le président était empêché (■ Cass. crim., 28 oct. 1992, n° 91-85.793 : *Bull. crim.* n° 348).

12) Présence du magistrat ayant instruit l'affaire. Il n'importe que le magistrat qui avait instruit l'affaire ait assisté au prononcé de la décision dont lecture a été donnée conformément à l'article 485, dernier alinéa, du Code de procédure pénale, dès lors qu'il n'a participé ni aux débats, ni au délibéré (■ Cass. crim., 20 juin 1996, n° 95-82.078 : *Bull. crim.* n° 271).

B – Présence du ministère public

13) Nécessité. La présence du ministère public à l'audience de lecture s'impose non seulement lorsque la décision est rendue en présence des trois magistrats du siège qui ont connu de l'affaire correctionnelle et en ont délibéré, mais encore lorsque la décision est lue par l'un d'entre eux, conformément aux dispositions du dernier alinéa de l'article 485 du Code de procédure pénale (■ Cass. crim., 23 juin 1992, n° 91-84.308 : *Bull. crim.* n° 250) ; doit donc être cassé l'arrêt qui se borne à indiquer que la décision a été prononcée en audience publique par le magistrat du siège qui avait exercé les fonctions de président, lors des débats et du délibéré (■ Cass. crim., 11 févr. 1991, n° 90-80.414 : *Bull. crim.* n° 66 ; *RSC* 1992, p. 117, obs. A. Braunschweig).

Pour la présence du ministère public aux débats, V. art. 460, p. 999.

Pour la présence du ministère public lors des débats ne portant que sur l'action civile, V. art. 464, p. 1006.

Pour la mention de la présence du ministère public dans la minute de la décision, V. art. 486, p. 1050.

C – Composition de la juridiction

14) Composition lors des débats et du prononcé de la décision. Il résulte de l'article 485, dernier alinéa, du Code de procédure pénale qu'il est donné lecture de la décision par le président ou par l'un des juges et que, dans le cas prévu par l'article 398, alinéa premier dudit code, cette lecture peut être faite même en l'absence des autres magistrats du siège ; aux termes de l'article 592 du Code de procédure pénale, sont déclarées nulles les décisions rendues par les juges qui n'ont pas assisté à toutes les audiences sur le fond ; il convient d'entendre par là les audiences au cours desquelles la cause a été instruite, plaidée ou jugée ; ne met pas la Cour de cassation en mesure d'exercer son contrôle sur la régularité de la composition de la juridiction ayant statué, l'arrêt de cour d'appel qui n'indique pas qu'il ait été fait application, pour la lecture de la décision, des dispositions de l'article 485, dernier alinéa, du Code de procédure pénale et qui fait état, pour l'audience des débats et celle du prononcé de la décision, de deux compositions différentes sans mentionner une reprise des débats (▪ Cass. crim., 13 oct. 1988, n° 87-83.736 : *Bull. crim.* n° 346).

15) Magistrat ayant cessé ses fonctions. Les renvois successifs du prononcé de la décision n'impliquent pas la prolongation du délibéré et, simples mesures d'ordre, peuvent intervenir après la cessation des fonctions de l'un des magistrats dès lors que ce dernier, selon une mention de la décision faisant foi jusqu'à inscription de faux, était présent aux débats et au délibéré et que la lecture a été faite, conformément à l'article 485, dernier alinéa, du Code de procédure pénale, par un autre magistrat ayant composé la juridiction (▪ Cass. crim., 7 oct. 1992, n° 91-86.012 : *Bull. crim.* n° 316).

Art. 485-1 ***(Créé à compter à compter du 24 mars 2020, L. n° 2019-222, 23 mars 2019)*** (1). **– En cas de condamnation, sans préjudice des dispositions prévoyant la motivation spéciale de certaines peines, notamment des peines non aménagées d'emprisonnement ferme, la motivation doit également porter sur le choix de la peine au regard des dispositions des articles 132-1 et 132-20 du Code pénal, sauf s'il s'agit d'une peine obligatoire ou de la confiscation du produit ou de l'objet de l'infraction. Les obligations particulières du sursis probatoire n'ont pas à être motivées.**

I – APPLICATION DANS LE TEMPS DE LA LOI DU 23 MARS 2019

1) Principe. L'article 485-1 du Code de procédure pénale dans la rédaction de la loi n° 2019-222 du 23 mars 2019 est applicable immédiatement au jugement des infractions commises avant son entrée en vigueur, en application de l'article 112-2, 2°, du Code pénal, s'agissant d'une disposition relative à la motivation des peines (▪ Cass. crim., 11 mai 2021, n° 20-85.576, § 13 : publié au *Bull.* ; *JCP* G 2021, 774, note L. de Gentili ; *JCP* G 2021, 902, note E. Dreyer). Selon une jurisprudence constante de la Cour de cassation, les lois relatives à la motivation des peines sont des lois de procédure, applicables immédiatement à la répression des infractions commises avant leur entrée en vigueur en application de l'article 112-2, 2° du Code pénal. Il s'en déduit que, pour les décisions rendues à partir du 24 mars 2020, le prononcé de toute peine d'emprisonnement sans sursis ou partiellement assortie du sursis est subordonné au respect des prescriptions nouvelles résultant de la loi n° 2019-222 du 23 mars 2019 (▪ Cass. crim., 11 mai 2021, n° 20-83.507, §§ 13, 14 : publié au *Bull.*).

2) Applications. Justifie sa décision, la cour d'appel, qui, postérieurement au 24 mars 2020, pour prononcer une peine de dix-huit mois d'emprisonnement, statue par des motifs dont il résulte qu'elle a tenu compte des faits de l'espèce, de la personnalité du prévenu et de sa situation personnelle et établissent que la gravité des faits et la personnalité du prévenu rendent la peine d'emprisonnement sans sursis indispensable, toute autre sanction étant manifestement inadéquate (▪ Cass. crim., 11 mai 2021, n° 20-83.507, §§ 10 à 20 : publié au *Bull.*).

II – MOTIVATION DES PEINES

3) Principes constitutionnels. Le principe d'individualisation des peines, qui découle de l'article 8 de la Déclaration des droits de l'homme et du citoyen implique qu'une sanction pénale ne puisse être appliquée que si le juge l'a expressément prononcée, en tenant compte des circonstances propres à chaque espèce. Ces exigences constitutionnelles imposent la motivation des jugements et arrêts de condamnation, pour la culpabilité comme pour la peine (▪ Cons. const., 2 mars 2018, n° 2017-694 QPC : *JurisData* n° 2018-003023 ; *Dr. pén.* 2018, comm. 68, obs. A. Maron et M. Haas ; *Dr. pén.* 2018, comm. 72, obs. E. Bonis).

A – Motivation des peines correctionnelles

1° Jurisprudence antérieure à la loi n° 2019-222 du 23 mars 2019 (fondée sur l'article 485)

• Motivation des différentes peines

4) Motivation des peines en matière correctionnelle : contenu de la motivation (référence

(1) Les peines de contrainte pénale prononcées avant le 24 mars 2020 s'exécutent jusqu'à leur terme conformément aux dispositions applicables au jour de leur prononcé, sous la réserve que les attributions confiées en application de l'article 713-47 du Code de procédure pénale au président du tribunal judiciaire ou au juge désigné par lui sont exercées par le juge de l'application des peines, L. n° 2019-222, 23 mars 2019, art. 109, XIX.

à l'article 132-1, C. pén.). Il résulte des articles 132-1 du Code pénal et 485 du Code de procédure pénale, qu'en matière correctionnelle toute peine doit être motivée au regard de la gravité des faits, de la personnalité de leur auteur et de sa situation personnelle (■ Cass. crim., 1er févr. 2017, nos 15-84.511 et 15-85.199, 2 arrêts : *Bull. crim.* nos 30 et 28. ■ Cass. crim., 15 mars 2017, n° 16-83.838 : *Bull. crim.* n° 73 ; *Dr. pén.* 2017, comm. 102, obs. E. Bonis-Garçon. ■ Cass. crim., 20 juin 2017, n° 16-80.982 : *Bull. crim.* n° 169 ; *Dr. pén.* 2017, comm. 134, obs. A. Maron et M. Haas. ■ Cass. crim., 28 juin 2017, n° 16-87.469 : *Bull. crim.* n° 188 ; *Dr. pén.* 2017, comm. 134, obs. A. Maron et M. Haas. ■ Cass. crim., 11 juill. 2017, n° 16-81.797 : *Bull. crim.* n° 196. ■ Cass. crim., 31 janv. 2018, n° 16-84.155 : *RPDP* 2018, p. 379, obs. E. Bonis. ■ Cass. crim., 21 mars 2018, n° 16-87.296 : *Bull. crim.* n° 50 ; *Dr. pén.* 2018, comm. 96, obs. E. Bonis ; *Procédures* 2018, comm. 196, obs. J. B.). En matière correctionnelle, le juge qui prononce une peine doit motiver sa décision au regard des circonstances de l'infraction, de la personnalité et de la situation personnelle de son auteur ; le juge qui prononce une amende doit, en outre, motiver sa décision en tenant compte des ressources et des charges du prévenu (■ Cass. crim., 27 juin 2018, n° 16-87.009 : *Bull. crim.* n° 128 ; *Procédures* 2018, comm. 310, obs. A.-S. Chavent-Leclère. ■ Cass. crim., 16 janv. 2019, n° 17-86.581 : *Bull. crim.* n° 14. ■ Cass. crim., 3 déc. 2019, n° 18-86.851. ■ Cass. crim., 29 janv. 2020, n° 17-83.577, § 33 : publié au *Bull.* ■ Cass. crim., 18 mars 2020, n° 18-83.986). En matière correctionnelle, toute peine doit être motivée en tenant compte de la gravité des faits, de la personnalité de leur auteur et de sa situation personnelle ; ces exigences s'imposent en ce qui concerne les peines prononcées à l'encontre tant des personnes physiques que des personnes morales (■ Cass. crim., 11 déc. 2018, n° 18-80.555). La seule référence à l'absence d'antécédent judiciaire est insuffisante à satisfaire à l'obligation pour le juge de s'expliquer sur les éléments de la personnalité du prévenu (■ Cass. crim., 8 janv. 2020, n° 19-81.276). *Contra* : en se référant au casier judiciaire du prévenu et en relevant qu'il ne contient aucune condamnation, les juges se sont prononcés en tenant compte de la personnalité du prévenu (■ Cass. crim., 18 mars 2020, n° 18-85.542, § 27 : publié au *Bull.* V. ■ Cass. crim., 18 mars 2020, n° 18-86.492 : publié au *Bull.*, § 27). Lorsque plusieurs peines sont prononcées, la motivation peut être commune à celles-ci (■ Cass. crim., 27 juin 2018, préc. ■ Cass. crim., 13 juin 2019, n° 18-85.442. ■ Cass. crim., 3 déc. 2019, n° 18-85.401). La motivation commune aux différentes peines justifie, du point de vue de la personnalité de leur auteur, aussi bien le prononcé de l'emprisonnement sans sursis que l'interdiction du territoire français et la confiscation (■ Cass. crim., 14 nov. 2019, n° 18-85.688, § 26 : *Dr. pén.* 2020, comm. 24, obs. E. Bonis). La référence par les juges du fond au caractère suffisant d'une peine d'avertissement se rapporte à l'absence de gravité des faits, tandis que la nature de ceux-ci est révélatrice de la personnalité de leur auteur (■ Cass. crim., 6 janv. 2021, n° 20-81.242, § 24 – à propos d'une amende). **Motivation en appel.** Pour confirmer les peines prononcées par le premier juge, la cour d'appel se borne à énoncer que la sanction décidée en première instance apparaît juste et adaptée. En se déterminant ainsi, alors que les peines prononcées par le jugement n'étaient pas motivées, la cour d'appel n'a pas justifié sa décision (■ Cass. crim., 3 mars 2021, n° 20-80.463).

5) Motivation des peines en matière correctionnelle : emprisonnement sans sursis. Le juge qui prononce une peine d'emprisonnement sans sursis doit en justifier la nécessité au regard des faits de l'espèce, de la gravité de l'infraction, de la personnalité de son auteur, de sa situation matérielle, familiale et sociale ainsi que du caractère inadéquat de toute autre sanction (■ Cass. crim., 4 mai 2016, n° 15-80.770 : *Bull. crim.* n° 138 ; *Dr. pén.* 2016, comm. 119, obs. E. Bonis-Garçon). En application des articles 132-1, 132-19, 132-23, 485 et 593 du Code de procédure pénale et des principes constitutionnels tels que dégagés dans la décision n° 2017-694 QPC du 2 mars 2018, la juridiction qui prononce une peine d'emprisonnement sans sursis doit en justifier la nécessité au regard de la gravité de l'infraction, de la personnalité de son auteur et du caractère manifestement inadéquat de toute autre sanction (■ Cass. crim., 10 avr. 2019, n° 18-83.709 : *Bull. crim.* n° 75 ; *RPDP* 2019, p. 444, obs. E. Bonis). En l'absence d'autres éléments portés à leur connaissance, les juges qui prononcent une peine d'emprisonnement sans sursis en matière correctionnelle peuvent, sans méconnaître les dispositions de l'article 132-19 du Code pénal, fonder leur appréciation de la personnalité du prévenu sur le seul casier judiciaire (■ Cass. crim., 15 janv. 2020, n° 18-81.617 : publié au *Bull.*).

6) Motivation des peines en matière correctionnelle : emprisonnement avec sursis. V. ■ Cass. crim., 28 juin 2017, n° 16-87.469 : *Bull. crim.* n° 188 ; *Dr. pén.* 2017, comm. 134, obs. A. Maron et M. Haas. ■ Cass. crim., 9 janv. 2018, n° 17-80.200 : *Bull. crim.* n° 5 ; *RPDP* 2018, p. 379, obs. E. Bonis. ■ Cass. crim., 31 janv. 2018, n° 16-84.155 : *RPDP* 2018, p. 379, obs. E. Bonis. ■ Cass. crim., 31 janv. 2018, n° 17-82.144 : *RPDP* 2018, p. 379, obs. E. Bonis. ■ Cass. crim., 21 mars 2018, n° 16-87.296 : *Bull. crim.* n° 50 ; *Dr. pén.* 2018, comm. 96, obs. E. Bonis ; *Procédures* 2018, comm.

196, obs. J. B. ▪ Cass. crim., 17 oct. 2018, n° 17-86.910 : *Dr. pén.* 2018, comm. 220, obs. E. Garçon. ▪ Cass. crim., 6 nov. 2018, n° 17-85.731.

7) Motivation des peines en matière correctionnelle : amende : principe (référence aux articles 132-1 et 132-20, C. pén.). Il résulte des articles 132-20, alinéa 2, du Code pénal, ensemble l'article 132-1 du même code et les articles 485, 512 et 593 du Code de procédure pénale, qu'en matière correctionnelle, le juge qui prononce une amende doit motiver sa décision au regard des circonstances de l'infraction, de la personnalité et de la situation personnelle de son auteur, en tenant compte de ses ressources et de ses charges (▪ Cass. crim., 1er févr. 2017, n° 15-83.984 : *Bull. crim.* n° 29 ; *JCP* G 2017, 276, note E. Dreyer ; *JCP* G 2017, 277, note J. Leblois-Happe ; *Dr. pén.* 2017, comm. 69, obs. E. Bonis-Garçon. ▪ Cass. crim., 22 mars 2017, n° 16-80.050. ▪ Cass. crim., 30 janv. 2018, n° 16-87.072 : *RPDP* 2018, p. 379, obs. E. Bonis). V. aussi ▪ Cass. crim., 15 mars 2017, n° 16-83.838 : *Bull. crim.* n° 73 ; *Dr. pén.* 2017, comm. 102, obs. E. Bonis-Garçon. Pour l'application de la règle aux délits de presse, V. ▪ Cass. crim., 8 janv. 2019, n° 17-83.470. En matière correctionnelle, le juge qui prononce une amende doit motiver sa décision au regard des circonstances de l'infraction, de la personnalité et de la situation personnelle de son auteur, en tenant compte de ses ressources et de ses charges (▪ Cass. crim., 3 déc. 2019, n° 18-86.851. ▪ Cass. crim., 25 févr. 2020, n° 19-81.419, § 7). Une cour d'appel justifie sa décision en jugeant que le tribunal a fait une juste appréciation de la peine qui doit les sanctionner au regard du bénéfice annuel dégagé par la prévenue s'élevant entre 200 000 et 300 000 euros : en prononçant ainsi, la cour d'appel, a nécessairement pris en compte les ressources et les charges de la prévenu (▪ Cass. crim., 30 janv. 2018, n° 16-87.131 : *Bull. crim.* n° 25 ; *RPDP* 2018, p. 379, obs. E. Bonis). Une cour d'appel ne justifie pas sa décision en se bornant à confirmer les peines prononcées par les premiers juges, sans s'expliquer sur la situation personnelle de la personne morale et sur l'état actuel de ses ressources et de ses charges, autrement qu'en se référant à son chiffre d'affaires à la date des faits, alors que les prévenus comparant devant elle n'ont pas fait état d'autres éléments que ceux figurant dans la procédure (▪ Cass. crim., 14 janv. 2020, n° 19-80.723, §§ 18 et 20). S'il incombe aux juges, lorsqu'ils prononcent une amende, de prendre en considération les ressources et les charges du prévenu, la détermination du montant de cette amende relève de leur appréciation souveraine (▪ Cass. crim., 30 mai 2018, n° 16-87.182).

8) Motivation des peines en matière correctionnelle : amende : exceptions. Le prononcé, par le juge correctionnel, de l'amende prévue à l'article 414 du Code des douanes en répression des infractions de contrebande et d'importation ou d'exportation sans déclaration de marchandises prohibées, est soumis aux dispositions spécifiques de l'article 369 du Code des douanes et échappe, par conséquent, aux prescriptions des articles 132-1 et 132-20, alinéa 2, du Code pénal (▪ Cass. crim., 7 nov. 2018, n° 17-84.616 : *Bull. crim.* n° 187). Le prononcé, par le juge correctionnel, de l'amende fiscale prévue à l'article 1791 du CGI en répression des infractions à la législation sur les contributions indirectes est soumis aux dispositions spécifiques de l'article 1800 du même code et échappe par conséquent aux prescriptions des articles 132-1 et 132-20, alinéa 2, du Code pénal (▪ Cass. crim., 18 juill. 2017, n° 15-86.153 : *Bull. crim.* n° 213 ; *Dr. pén.* 2018, comm. 145, obs. J.-H. Robert ; *Dr. pén.* 2018, comm. 156, obs. V. Peltier).

9) Motivation des peines en matière correctionnelle : peine alternative de travail d'intérêt général. Un prévenu ne saurait se faire un grief d'un défaut de motivation de la peine de travail d'intérêt général au regard de sa situation personnelle, dès lors que le prononcé d'une telle peine étant subordonné à son accord préalable, il implique nécessairement la prise en compte de la gravité des faits, de la personnalité de leur auteur et de la situation personnelle de celui-ci (▪ Cass. crim., 16 avr. 2019, n° 18-83.434 : *Bull. crim.* n° 79 ; *Dr. pén.* 2019, comm. 120, obs. V. Peltier ; *Procédures* 2019, comm. 201, obs. A.-S. Chavent-Leclère).

10) Motivation des peines en matière correctionnelle : peines complémentaires facultatives. Contenu de la motivation (référence à l'article 132-1, C. pén.). V. pour une peine d'interdiction de gérer ▪ Cass. crim., 1er févr. 2017, n° 15-85.199 : *Bull. crim.* n° 28. ▪ Cass. crim., 20 juin 2017, n° 16-80.982 : *Bull. crim.* n° 169 ; *Dr. pén.* 2017, comm. 134, obs. A. Maron et M. Haas. ▪ Cass. crim., 27 juin 2018, n° 16-87.009 : *Bull. crim.* n° 128 ; *Procédures* 2018, comm. 310, obs. A.-S. Chavent-Leclère. – Pour une peine d'inégibilité, ▪ Cass. crim., 1er févr. 2017, n° 15-84.511 : *Bull. crim.* n° 30. – Pour une peine d'interdiction de séjour, ▪ Cass. crim., 11 juill. 2017, n° 16-81.797 : *Bull. crim.* n° 196.

11) Motivation des peines en matière correctionnelle : peines complémentaires facultatives ; cas de la confiscation. Principe. Hormis le cas où la confiscation, qu'elle soit en nature ou en valeur, porte sur un bien qui, dans sa totalité, constitue le produit de l'infraction, le juge, en ordonnant une telle mesure, doit apprécier le caractère proportionné de l'atteinte portée au droit de propriété de l'intéressé lorsqu'une telle garantie est invoquée ou procéder à cet examen d'office lorsqu'il s'agit d'une confiscation de tout ou partie du patrimoine ; il incombe en conséquence au juge qui décide de confisquer un bien, après s'être assuré de son caractère confiscable en application des conditions légales, de préciser la nature et l'origine de ce bien ainsi que le fondement de la mesure et, le cas échéant, de s'expliquer sur la nécessité et la proportionnalité de l'atteinte portée au droit de propriété du prévenu (▪ Cass. crim., 27 juin 2018, préc. ▪ Cass. crim., 12 juin 2019, n° 18-83.396 : *Bull. crim.* n° 105. ▪ Cass. crim., 29 janv. 2020, n° 17-83.577, §§ 34 et 35 : *Bull. crim.* p. 47. ▪ Cass. crim., 18 mars 2020, n° 18-83.986. ▪ Cass. crim., 3 mars 2021, n° 19-87.093). V. aussi ▪ Cass. crim., 21 mars 2018, n° 16-87.296 : *Bull. crim.* n° 50 ; *Dr. pén.* 2018, comm. 96, obs. E. Bonis ; *Procédures* 2018, comm. 196, obs. J. B.). Il incombe au juge qui décide de confisquer un bien, après s'être assuré de son caractère confiscable en application des conditions légales, de préciser, outre la nature et l'origine de ce bien, le fondement de la mesure, en indiquant s'il constitue l'instrument, le produit ou l'objet de l'infraction, afin de mettre la Cour de cassation en mesure de s'assurer de la légalité de sa décision, et d'apprécier, le cas échéant, son caractère proportionné (▪ Cass. crim., 3 nov. 2021, n° 21-80.451, § 10). **Applications**. C'est à tort qu'une juridiction énonce que le principe de proportionnalité ne peut s'appliquer à la confiscation d'un bien qui, dans sa totalité, a été l'instrument des infractions dont le prévenu est déclaré coupable (▪ Cass. crim., 13 nov. 2018, n° 18-80.027). Il résulte des articles 1er du protocole additionnel n° 1 à la Convention européenne des droits de l'Homme et des libertés fondamentales, 131-21, alinéa 6 du Code pénal, 485 du Code de procédure pénale, ensemble l'article 132-1 du Code pénal, que le juge qui prononce une mesure de confiscation de tout ou partie d'un patrimoine doit motiver sa décision au regard de la gravité des faits, de la personnalité de son auteur et de sa situation personnelle, et apprécier le caractère proportionné de l'atteinte portée au droit de propriété de l'intéressé (▪ Cass. crim., 8 mars 2017, n° 15-87.422 : *Bull. crim.* n° 66). Le juge qui prononce une mesure de confiscation de tout ou partie du patrimoine est tenu d'apprécier le caractère proportionné de l'atteinte portée au droit de propriété au regard de la gravité des faits et de la personnalité de leur auteur (▪ Cass. crim., 8 avr. 2021, n° 20-84.347, § 10).

12) Motivation des peines en matière correctionnelle : peines complémentaires obligatoires. Par application de l'article 322-15, II du Code pénal, le prononcé de la peine complémentaire de l'interdiction de détenir ou de porter une arme soumise à autorisation est obligatoire. Ce texte permet à la juridiction, par une décision spécialement motivée, lorsque la condamnation est prononcée par une juridiction correctionnelle, de ne pas prononcer cette peine en considération des circonstances de l'infraction ou de la personnalité de son auteur. Il en résulte que la décision de prononcer cette peine complémentaire obligatoire n'a pas à être motivée, seul le refus de l'appliquer devant faire l'objet d'une motivation spéciale (▪ Cass. crim., 22 avr. 2020, n° 19-84.431, §§ 6, 7 : *Dr. pén.* 2020, comm. 151, obs. E. Bonis).

13) Motivation des peines en matière correctionnelle : mesures réelles. N'encourt pas la censure l'arrêt par lequel une cour d'appel ordonne, en application du Code de l'urbanisme, la réaffectation des lieux dans leur état antérieur par la démolition de la construction des prévenus en refusant de prendre en considération leur situation personnelle et, en particulier, le fait qu'ils n'avaient pas assez d'argent pour se loger dans d'autres conditions : la disproportion manifeste entre l'atteinte à la vie privée et familiale et au domicile et les impératifs d'intérêt général des législations urbanistique et environnementale d'où procéderait l'ordre de démolition, ne saurait en effet être utilement invoquée quand la construction litigieuse est située en zone inondable rouge avec risque très important pour la sécurité des personnes (▪ Cass. crim., 6 nov. 2018, n° 17-85.827). La décision qui ordonne la mesure réelle de démolition n'a pas à être motivée au regard de la gravité des faits, de la personnalité de leur auteur et de sa situation personnelle (▪ Cass. crim., 4 déc. 2018, n° 18-80.592 – sol. impl.). Doit être cassée la décision par laquelle une juridiction ordonne la remise en état des lieux, sans mieux détailler les mesures à prendre au regard des faits visés à la prévention (▪ Cass. crim., 25 juin 2019, n° 18-85.417).

14) Motivation des peines en matière correctionnelle : modalités de la peine. L'exigence selon laquelle, en matière correctionnelle, toute peine doit être motivée au regard de la gravité des faits, de la personnalité de leur auteur et de sa situation personnelle, s'applique au prononcé de cette peine, et non au choix de ses modalités que sont les obligations prévues à l'article 132-45 du Code pénal, lesquelles sont susceptibles d'être modifiées par le juge de l'application des peines (▪ Cass. crim., 22 nov. 2017, n° 16-83.549 : *Bull. crim.* n° 267. ▪ Cass. crim., 2 sept. 2020, n° 19-82.471, § 3) ; le demandeur ne saurait donc se faire un grief de ce que la cour d'appel n'a pas motivé les obligations particulières qui lui ont été imposées dans le cadre de la peine d'emprisonnement avec sursis et mise à l'épreuve prononcée à son encontre (▪ Cass. crim., 22 nov. 2017, préc.). V. aujourd'hui, art. 485-1, *infra*, p. 1044.

15) Motivation des peines en matière correctionnelle : modalités d'exécution de la peine. Période de sûreté. Si la période de sûreté constitue une modalité d'exécution de la peine, il résulte du point 9 de la décision du Conseil constitutionnel n° 2018-742 QPC du 26 octobre 2018 qu'elle « présente un lien étroit avec la peine et l'appréciation par le juge des circonstances propres à l'espèce », de sorte que, faisant corps avec elle, elle doit faire l'objet d'une décision spéciale etmotivée lorsqu'elle est facultative ou excède la durée prévue de plein droit ; toutefois, s'agissant de textes de procédure, l'objectif, reconnu par le Conseil constitutionnel, d'une bonne administration de la justice, commande que la nouvelle interprétation qui en est donnée n'ait pas d'effet rétroactif, de sorte qu'elle ne s'appliquera qu'aux décisions prononcées à compter du présent arrêt (▪ Cass. crim., 10 avr. 2019, n° 18-83.709 : *Bull. crim.* n° 75).

16) Motivation des peines en matière correctionnelle : dispense de peine. V. ▪ Cass. crim., 28 févr. 2018, n° 17-83.554 : *Dr. pén.* 2018, comm. 100, obs. V. Peltier.

• **Justificatifs incombant au prévenu**

17) Il appartient au juge de motiver la peine qu'il prononce en se référant aux éléments qui résultent du dossier et à ceux qu'il a sollicités et recueillis lors des débats ; il revient au prévenu, à la demande du juge ou d'initiative, d'exposer sa situation et de produire, éventuellement, des justificatifs de celle-ci ; lorsque le prévenu n'a pas comparu et n'a pas fourni ni fait fournir d'éléments sur sa situation, il n'incombe pas au juge d'en rechercher d'autres que ceux dont il dispose (▪ Cass. crim., 27 juin 2018, préc. ▪ Cass. crim., 3 sept. 2019, n° 18-82.199). Un gérant de société et ladite société, tous deux prévenus, ne sauraient se faire un grief de ce que la cour d'appel ne s'est pas mieux expliquée sur leur personnalité, dès lors que, absents tant en première instance qu'en appel, ils n'ont fait valoir aucun argument, que ce soit sur la personnalité du gérant ou sur les caractéristiques devant être retenues au titre de la personnalité de la société, au regard notamment de sa forme, de son objet social et de son importance (▪ Cass. crim., 15 janv. 2019, n° 17-87.049). Ne saurait invoquer une violation de l'article 485 du Code de procédure pénale, le prévenu qui n'a pas comparu devant la cour d'appel et n'a fourni, ni fait fournir à la juridiction d'éléments sur sa personnalité et sa situation personnelle, ainsi que sur le montant de ses ressources comme de ses charges, dès lors qu'il n'incombe pas aux juges, en possession des seuls éléments mentionnés en procédure sur ces différents points, de rechercher d'autres éléments qui ne leur auraient pas été soumis (▪ Cass. crim., 25 juin 2019, n° 18-83.654. ▪ Cass. crim., 3 sept. 2019, n° 18-82.199. ▪ Cass. crim., 18 mars 2020, n° 18-85.542, § 28 : publié au *Bull.* ▪ Cass. crim., 8 déc. 2020, n° 20-80.418 : publié au *Bull.*). Le prévenu ne saurait se faire un grief de ce que la cour d'appel ne s'est pas assez expliquée sur sa personnalité, ses ressources et ses charges, dès lors que, absent tant en première instance qu'en appel, il n'a fait valoir aucun argument et qu'il n'incombe pas au juge d'en rechercher d'autres que ceux dont il dispose (▪ Cass. crim., 11 déc. 2019, n° 19-80.372). Est justifiée la décision par laquelle une cour d'appel s'est prononcée au regard des revenus et des charges de la société prévenue, selon les indications qui ont pu apparaître au cours des débats, dès lors que l'intéressé n'allègue pas avoir fourni des éléments qui n'auraient pas été pris en compte (▪ Cass. crim., 25 juin 2019, n° 18-82.329). Est justifiée la décision du juge qui prononce une condamnation à une peine d'amende, sans se référer aux charges du prévenu, dès lors qu'il ne ressort ni des conclusions déposées par lui, ni des énonciations des notes d'audience, que, représenté par son avocat, il se soit prévalu devant la juridiction du caractère disproportionné, au regard de ses charges, de cette amende (▪ Cass. crim., 20 oct. 2020, n° 19-83.967, § 29).

Voir : E. Pichon, *Une jurisprudence vivante : selon la chambre criminelle de la Cour de cassation, si le choix de la peine prononcée par le juge en matière correctionnelle demeure libre, il doit désormais être justifié* : *Dr. pén.* 2017, étude 7.

H. Dantras-Bioy, *Qui peut motiver plus doit s'abstenir de le faire* : *Dr. pén.* 2017, étude 10.

2° *Jurisprudence faisant application de l'article 485-1*

18) Principe général. Selon l'article 485-1 du Code de procédure pénale, en matière correctionnelle, le choix de la peine doit être motivé au regard des dispositions des articles 132-1 et 132-20 du Code pénal, sauf s'il s'agit d'une peine obligatoire ou de la confiscation du produit ou de l'objet de l'infraction. Il en résulte qu'à l'exception de ces cas, toute peine doit être motivée en tenant compte de la gravité des faits, de la personnalité de leur auteur et de sa situation personnelle. L'amende doit être motivée en tenant compte de la gravité des faits, de la personnalité de leur auteur et de sa situation personnelle, dont ses ressources et charges (▪ Cass. crim., 10 nov. 2021, n° 21-81.415, § 8. ▪ Cass. crim., 1 déc. 2021, n° 21-80.014, § 6. ▪ Cass. crim., 8 févr. 2022, n° 21-82.139, § 9).

19) Prononcé d'une peine d'emprisonnement ferme. Il résulte de l'article 485-1 du Code de procédure pénale, qui renvoie aux dispositions de l'article 132-1 du Code pénal, qu'en cas de condamnation, sans préjudice des dispositions prévoyant la motivation spéciale de certaines peines, notamment des peines non aménagées d'emprisonnement ferme, le choix de toute peine correctionnelle doit être motivé en tenant compte des circonstances de l'infraction, de la personnalité de son auteur ainsi que de sa situation matérielle, familiale et sociale. Il ressort de l'alinéa 4 de l'article 132-19 du Code pénal, qui renvoie à l'article 464-2 du Code de procédure pénale, que, le tribunal, qui prononce une peine d'emprisonnement sans sursis non aménagée, doit spécialement motiver sa décision au regard des faits de l'espèce et de la personnalité de leur auteur ainsi que de sa situation matérielle, familiale et sociale afin de justifier, d'une part, les raisons pour lesquelles il estime devoir prononcer une peine d'emprisonnement sans sursis, d'autre part, le cas échéant, celles pour lesquelles il considère que cette peine ne peut être aménagée. Il se déduit de l'ensemble de ces dispositions que le juge qui prononce, en matière correctionnelle, une peine d'emprisonnement ferme doit, quels que soient le quantum et la décision prise quant à son éventuel aménagement, motiver ce choix en faisant apparaître qu'il a tenu compte des faits de l'espèce, de la personnalité de leur auteur, ainsi que de sa situation matérielle, familiale et sociale. Il lui appartient d'établir, au regard de ces éléments, que la gravité de l'infraction et la personnalité de son auteur rendent cette peine indispensable et que toute autre sanction est manifestement inadéquate. Justifie donc sa décision, la cour d'appel, qui, postérieurement au 24 mars 2020, pour prononcer une peine de dix-huit mois d'emprisonnement, statue par des motifs dont il résulte qu'elle a tenu compte des faits de l'espèce, de la personnalité du prévenu et de sa situation personnelle et établissent que la gravité des faits et la personnalité du prévenu rendent la peine d'emprisonnement sans sursis indispensable, toute autre sanction étant manifestement inadéquate (■ Cass. crim., 11 mai 2021, n° 20-83.507, §§ 10 à 20 : publié au *Bull.*).

20) Prononcé d'une peine d'amende. Doit être cassé l'arrêt qui prononce une peine d'amende sans s'expliquer sur le montant des ressources et des charges de la prévenue, qui était représentée à l'audience (■ Cass. crim., 8 févr. 2022, n° 21-82.139).

21) Cour d'appel. En se bornant à confirmer la décision du tribunal correctionnel sans tenir compte des éléments relatifs à la personnalité des prévenus et à leur situation personnelle, une cour d'appel ne justifie pas sa décision (■ Cass. crim., 17 nov. 2021, n° 20-86.684, § 22).

22) Motivation des peines en matière correctionnelle : justificatifs incombant au prévenu. Il n'incombe pas aux juges, en possession des seuls éléments mentionnés en procédure, de rechercher ceux qui ne leur auraient pas été soumis, lorsque le prévenu n'a comparu ni devant les premiers juges ni devant la cour d'appel après avoir fait l'objet d'une première décision de condamnation et n'a fourni, ni fait fournir à la juridiction, à aucun de ces stades, d'éléments sur sa personnalité et sa situation personnelle ainsi que sur le montant de ses charges ; en l'absence d'autres éléments portés à leur connaissance, les juges peuvent alors fonder leur appréciation de la personnalité du prévenu sur le seul casier judiciaire (■ Cass. crim., 11 mai 2021, n° 20-85.576, §§ 19 à 21 : publié au *Bull.* ; *JCP* G 2021.774, note L. de Gentili ; *JCP* G 2021.902, note E. Dreyer).

23) Période de sûreté. Est justifiée la décision de la cour d'appel qui, pour fixer la durée de la période de sûreté aux deux-tiers de celle de la peine, énonce que cette mesure est justifiée par la répétition des agissements de l'intéressé, après avoir justifié le prononcé d'une peine d'emprisonnement ferme à l'égard du prévenu en se référant à la gravité des faits, au rôle du demandeur dans un trafic de stupéfiants organisé, à son état de récidive et à l'absence de gages d'amendement, (■ Cass. crim., 20 oct. 2021, n° 20-87.088 : publié au *Bull.* ; *Dr. pén.* 2021, comm. 217, obs. E. Bonis).

B – Motivation des peines contraventionnelles

24) Contenu de la motivation (jurisprudence antérieure à la loi n° 2019-222 du 23 mars 2019 fondée sur l'article 485). En application des articles 132-1 et 132-20 du Code pénal, 485, 543 et 593 du Code de procédure pénale et des principes constitutionnels tels que dégagés dans la décision n° 2017-694 QPC du 2 mars 2018, la juridiction qui prononce une peine d'amende doit motiver sa décision au regard des circonstances de l'infraction, de la personnalité et de la situation personnelle de son auteur, en tenant compte de ses ressources et de ses charges ; cette obligation de motivation s'applique en matière contraventionnelle (■ Cass. crim., 30 mai 2018, n° 16-85.777 : *Bull. crim.* n° 106 ; *JCP* G 2018, 951, note E. Bonis ; *RPDP* 2018, p. 379, obs. E. Bonis ; *Dr. pén.* 2018, comm. 144, obs. E. Bonis ; *Procédures* 2018, comm. 264, obs. A.-S. Chavent-Leclère). Mais le demandeur ne saurait se faire un grief de ce que le jugement attaqué ne contient aucun motif relatif à l'amende de 135 euros prononcée, dès lors que celle-ci correspond à l'amende forfaitaire qui aurait été due si l'intéressé n'avait pas formulé de requête en exonération et ne pouvait, en application de l'article 530-1 du Code de procédure pénale, être inférieure (même arrêt). Le juge qui prononce une dispense de peine n'est pas tenu de motiver spécialement sa décision au regard de chacune des conditions prévues par l'article 132-59 du Code pénal (■ Cass. crim., 28 févr. 2018, n° 17-83.554 : *Dr. pén.* 2018, comm. 100, obs. V. Peltier). La juridiction qui prononce une peine d'amende doit motiver sa décision au regard des circonstances de l'infraction, de la personnalité et de la situation personnelle de son auteur, en tenant compte de ses ressources et de ses charges, à moins que l'amende prononcée ne dépasse pas le montant de l'amende forfaitaire encourue (■ Cass. crim., 5 janv. 2021, n° 20-83.118 : *Dr. pén.* 2021, n° 64, obs. E. B.).

Art. 486 *(Mod., L. n° 89-461, 6 juill. 1989).* **– La minute du jugement est datée et mentionne les noms des magistrats qui l'ont rendu ; la présence du ministère public à l'audience doit y être constatée.**

Après avoir été signée par le président et le greffier, la minute est déposée au greffe du tribunal dans les trois jours au plus tard du prononcé du jugement. Ce dépôt est mentionné sur le registre spécialement tenu au greffe à cet effet.

En cas d'empêchement du président, mention en est faite sur la minute qui est signée par celui des juges qui donne lecture du jugement.

Bibliographie : L. Lazerges-Cousquer, *Tribunal correctionnel. – Rédaction et prononcé des jugements : JCl. Proc. pén.*, art. 485 et 486, Fasc. 20.

I – MINUTE DE LA DÉCISION

A – Conformité à la décision prononcée

1) Le jugement ou l'arrêt porté sur la minute doit être conforme à celui qui a été prononcé. Cette règle est d'ordre public (■ Cass. crim., 7 nov. 1974, n° 71-91.419 : *Bull. crim.* n° 320). Il ne saurait être fait état des notes d'audience pour contester les mentions d'un arrêt, qui font foi jusqu'à inscription de faux (■ Cass. crim., 28 oct. 1992, n° 91-85.793 : *Bull. crim.* n° 348).

B – Décision rendue au nom du peuple français

2) Si les jugements ou arrêts sont rendus au nom du peuple français, aucun texte ne prescrit que la mention en soit portée dans la décision (■ Cass. crim., 31 janv. 1996, n° 95-81.319 : *Bull. crim.* n° 57).

C – Noms des magistrats ayant rendu la décision

3) Dispositif. L'article 486 du Code de procédure pénale, s'il dispose, notamment, que la minute du jugement mentionne les noms des magistrats qui l'ont rendu, n'exige pas que ces noms soient inscrits dans le dispositif (■ Cass. crim., 4 mars 1971, n° 69-90.955 : *Bull. crim.* n° 77).

4) Formalité prescrite à peine de nullité. Doit être annulé l'arrêt de la cour d'appel qui, constatant que le jugement qu'elle confirme ne comporte pas le nom des magistrats ayant participé aux débats et au délibéré sauf le nom de celui qui a assuré la lecture de la décision, relève que la mention du nom des magistrats est une formalité qui n'est pas prescrite à peine de nullité et qu'il résulte des feuilles d'audience que le tribunal était composé de trois magistrats (■ Cass. crim., 14 mai 1990, n° 89-83.945 : *Bull. crim.* n° 191).

5) Mentions de la décision. Doit être cassé l'arrêt qui mentionne le nom de trois magistrats composant la cour lors du délibéré, mais omet de mentionner la composition lors des débats ; la seule affirmation que la cour d'appel a délibéré conformément à la loi ne suffit pas à déterminer si les magistrats qui ont participé au délibéré sont ceux qui étaient présents lors des débats (■ Cass. crim., 30 mai 2017, n° 16-85.626 : *Bull. crim.* n° 142 ; *Procédures* 2017, comm. 209, obs. A.-S. Chavent-Leclère). Si l'arrêt attaqué indique seulement la composition de la cour d'appel lors des débats et du prononcé de l'arrêt, il ressort de ses autres mentions qu'à l'issue des débats, l'affaire a été mise en délibéré et qu'à cette dernière date, la cour, après en avoir délibéré conformément à la loi, a effectivement statué ; de telles énonciations impliquent que les mêmes juges étaient présents lors des débats, du délibéré et du prononcé de la décision (■ Cass. crim., 6 févr. 2007, n° 06-82.601 : *Bull. crim.* n° 29).

D – Mention de la présence du ministère public

6) Omission du nom du représentant du ministère public. L'omission du nom du représentant du ministère public à l'audience ne relève pas d'une formalité substantielle, compte tenu de la distinction insérée dans l'article 486 du Code de procédure pénale, d'après lequel la minute du jugement mentionne les noms des magistrats qui l'ont rendu, et constate la présence du ministère public (■ Cass. crim., 26 févr. 1970, n° 69-92.346 : *Bull. crim.* n° 81. ■ Cass. crim., 28 mai 1974, n° 72-92.129 : *Bull. crim.* n° 203). Si l'article 486 du Code de procédure pénale exige que la minute de l'arrêt mentionne le nom des magistrats qui l'ont rendu, il n'impose de constater que la présence du ministère public à l'audience (▪ Cass. crim., 12 juill. 1994, n° 93-84.609 : *Bull. crim.* n° 278. ▪ Cass. crim., 6 mai 1996, n° 95-81.766 : *Bull. crim.* n° 187).

7) Présence au prononcé de la décision et mentions de la minute. Si les articles 32, 486 et 510 du Code de procédure pénale exigent que le ministère public, partie nécessaire au procès pénal, soit présent à chaque audience des juridictions de jugement, il résulte de l'article 592 du même code que, à l'instar des magistrats composant la juridiction, il est présumé avoir assisté à toutes les audiences de la cause, dès lors qu'il a été entendu en ses réquisitions à celle des débats ; que, selon l'alinéa 2 de ce texte, la nullité de la décision n'est encourue qu'à défaut de cette audition ; il n'importe que la minute ne mentionne pas la présence du ministère public au prononcé (▪ Cass. crim., 26 mars 1996, n° 93-84.306 : *Bull. crim.* n° 134. ▪ Cass. crim., 25 avr. 2017, n° 16-81.793 : *Bull. crim.* n° 122).

Pour la présence du ministère public lorsque les débats portent sur la seule action civile, V. art. 464, p. 1006.

Pour la présence du ministère public lors du prononcé de la décision, V. art. 485, p. 1041.

E – Signatures du président et du greffier

8) Cour d'appel. Les dispositions de l'alinéa 2 de l'article 486 du Code de procédure pénale sont également applicables devant la cour d'appel (▪ Cass. crim., 16 janv. 2019, n° 17-80.576). Il en est de même de la chambre de l'instruction en vertu de l'article 592 du Code de procédure pénale (▪ Cass. crim., 5 mai 2021, n° 21-81.106).

9) Signature du greffier ayant assisté au prononcé de la décision. La signature devant figurer sur la minute est celle du greffier ayant assisté au prononcé de l'arrêt (▪ Cass. crim., 16 mars 2021, n° 20-80.290, § 8). Il se déduit de l'article 486 du Code de procédure pénale qu'est requise sur la minute la signature du greffier qui a assisté au prononcé de l'arrêt ; la signature d'un greffier autre que celui ayant assisté la juridiction lors du prononcé de l'arrêt est une irrégularité qui atteint la validité même de la décision, laquelle ne satisfait pas en elle-même aux conditions essentielles de son existence légale (▪ Cass. crim., 19 mai 2015, n° 14-83.936 : *Bull. crim.* n° 115).

10) Présomption de régularité. La mention de l'assistance de la cour d'appel par un fonctionnaire faisant fonctions de greffier lors des débats, et par un greffier lors du prononcé de l'arrêt, implique, d'une part, la capacité de chacun d'eux, d'autre part, la signature, seule requise, de la minute par celui qui a assisté au prononcé ; en l'absence de preuve contraire, la régularité de la décision demeure présumée (▪ Cass. crim., 16 mai 1995, n° 93-83.690 : *Bull. crim.* n° 175). La mention de l'assistance d'un greffier différent lors des audiences des débats et du prononcé de la décision implique que la minute, lorsqu'elle ne précise pas le nom du signataire, a été signée par le greffier présent lors du prononcé (▪ Cass. crim., 5 déc. 1996, n° 95-85.960 : *Bull. crim.* n° 453).

11) Nom du greffier. L'article 486 du Code de procédure pénale n'exige pas que le nom du greffier, qui a assisté les magistrats au cours de la procédure, soit mentionné. Il suffit pour le désigner que sa signature figure au bas de l'acte (▪ Cass. crim., 15 déc. 1965, n° 65-90.734 : *Bull. crim.* n° 276).

12) Délai de signature. N'est pas fondé à soutenir que le jugement devrait être annulé, faute d'avoir été signé dans les 3 jours de son prononcé, en méconnaissance des dispositions de l'article 486 du Code de procédure pénale, dès lors que ce délai n'est pas prescrit à peine de nullité, et que son inobservation, à la supposer établie, n'a porté aucun préjudice au demandeur, qui a pu se pourvoir en cassation contre la décision et déposer un mémoire contenant ses moyens de cassation dans le délai légal (▪ Cass. crim., 31 oct. 2018, n° 18-81.222. ▪ Cass. crim., 18 sept. 2019, n° 19-80.582).

II – LECTURE DE LA DÉCISION

13) Mentions de la décision. Les mentions de l'arrêt, selon lesquelles la minute a été signée par l'un des conseillers ayant assisté aux débats et au délibéré, suffit à établir, conformément à l'article 486, alinéa 3, du Code de procédure pénale, que la décision a été lue par ce magistrat (▪ Cass. crim., 17 juin 1992, n° 91-85.872 : *Bull. crim.* n° 244).

III – EMPÊCHEMENT DU PRÉSIDENT

14) Mentions de la décision. Ne met pas la Cour de cassation en mesure de s'assurer de la régularité de la composition de la cour d'appel, l'arrêt qui mentionne que le président et les conseillers ont assisté aux débats et délibéré conformément à la loi, à l'exception du président, empêché pour l'audience de délibéré (▪ Cass. crim., 30 mars 2005, n° 04-82.629 : *Bull. crim.* n° 107).

15) Présomption. Si la minute de l'arrêt est signée par le conseiller qui en a régulièrement donné lecture, il est présumé, en l'absence de mention contraire, que c'est en l'empêchement du magistrat qui a présidé aux débats et au délibéré (■ Cass. crim., 21 nov. 1989, n° 88-85.870 : *Bull. crim.* n° 429. ■ Cass. crim., 28 oct. 1992, préc., n° 1).

IV – DÉPÔT DE LA MINUTE DE LA DÉCISION AU GREFFE

16) Délai de dépôt au greffe non prescrit à peine de nullité. L'article 486, alinéa 2, du Code de procédure pénale, tel qu'interprété de façon constante par la Cour de cassation, juge que ses dispositions, selon lesquelles la minute doit être déposée au greffe du tribunal trois jours au plus tard après le prononcé du jugement, ne sont pas prescrites à peine de nullité (■ Cass. crim., 3 févr. 2015, n° 14-83.654 QPC). Si la minute du jugement n'a pas été déposée, revêtue de la signature du président et de celle du greffier, dans les trois jours au plus tard du prononcé de cette décision, cette formalité, qui est prévue par les articles 486 et 543 du Code de procédure pénale, n'est pas prescrite à peine de nullité (■ Cass. crim., 12 mai 1971, n° 70-92.821 : *Bull. crim.* n° 153).

17) Grief. Il résulte des articles 486 et 512 du Code de procédure pénale que la minute d'un arrêt doit être déposée au greffe, revêtue de la signature du président et de celle du greffier, dans les trois jours du prononcé de la décision ; lorsque l'inobservation de cette prescription n'a pas porté de préjudice au prévenu, celui-ci ne peut, de cette irrégularité, se faire un grief à l'appui d'un pourvoi (■ Cass. crim., 27 nov. 1984, n° 83-93.475 : *Bull. crim.* n° 370. ■ Cass. crim., 21 mars 1995, n° 93-81.642 : *Bull. crim.* n° 115). Le prévenu ne saurait se faire un grief de l'inobservation du délai de trois jours fixé par le texte précité pour le dépôt au greffe de la minute de l'arrêt, dès lors que ces dispositions ne sont pas prescrites à peine de nullité ; il lui appartenait, s'il n'était pas en mesure de faire valoir ses moyens de défense dans le délai d'un mois à compter de la date du pourvoi, de solliciter du président de la chambre criminelle la dérogation prévue par l'article 585-1 du Code de procédure pénale (■ Cass. crim., 24 juin 2009, n° 09-81.119 : *Bull. crim.* n° 134. ■ Cass. crim., 27 nov. 2018, n° 18-82.777).

§ 2. – Dispositions applicables devant le tribunal correctionnel dans sa formation citoyenne

(L. n° 2011-939, 10 août 2011)

Avertissement : Les dispositions du présent paragraphe (art. 486-1 à 486-5) étaient applicables à titre expérimental du 1er janvier 2012 au 1er janvier 2014 dans les ressorts des cours d'appel de Dijon et Toulouse : A. 12 oct. 2011, art. 1er (*JO* 13 oct. 2011). L'arrêté du 13 juin 2012 (*JO* 23 juin 2012) met fin à l'extension de l'expérimentation prévue à compter du 1er janvier 2013 au 1er janvier 2014 : A. 16 févr. 2012 (*JO* 25 févr. 2012) puis fin de l'expérimentation à compter du 30 avril 2013 : A. 18 mars 2013 (*JO* 22 mars 2013).

Art. 486-1 à 486-5 ***(Créés à titre expérimental à compter du 1er janvier 2012 dans au moins deux cours d'appel et jusqu'au 1er janvier 2014 dans au plus dix cours d'appel, L. n° 2011-939, 10 août 2011).***

Section VI. – Du jugement par défaut et de l'opposition

§ 1. – Du défaut

Bibliographie : A. Blanchot, *Tribunal correctionnel. – Jugement en l'absence du prévenu (par défaut ou contradictoire) : JCl. Proc. pén.*, art. 487 et 488, Fasc. 20.

Art. 487. **– Sauf les cas prévus par les articles 410, 411, 414, 415, 416 et 424, toute personne régulièrement citée qui ne comparaît pas au jour et à l'heure fixés par la citation est jugée par défaut, ainsi qu'il est dit à l'article 412.**

Bibliographie : A. Blanchot, *Tribunal correctionnel. – Jugement en l'absence du prévenu (par défaut ou contradictoire) : JCl. Proc. pén.*, art. 487 et 488, Fasc. 20.

Voir également : art. 412, p. 944.

Art. 488. **– Le jugement prononcé par défaut est signifié par exploit d'huissier, conformément aux dispositions des articles 550 et suivants.**

Bibliographie : A. Blanchot, *Tribunal correctionnel. – Jugement en l'absence du prévenu (par défaut ou contradictoire) : JCl. Proc. pén.*, art. 487 et 488, Fasc. 20.

Voir également : art. 550 et s., p. 1185.

§ 2. - De l'opposition

Art. 489. - **Le jugement par défaut est non avenu dans toutes ses dispositions, si le prévenu forme opposition à son exécution.**

Il peut, toutefois, limiter cette opposition aux dispositions civiles du jugement.

Bibliographie : A. Blanchot, *Tribunal correctionnel. - Opposition. - Itératif défaut : JCl. Proc. pén.*, art. 489 à 494-1, Fasc. 20.

I - PRINCIPES DU DROIT EUROPÉEN

A - Jurisprudence de la Cour européenne des droits de l'homme

1) Droit d'accès à un tribunal. Obligation de se constituer prisonnier. Le refus de déclarer recevable l'acte d'appel par l'intermédiaire d'un avocat, au motif que le requérant se dérobe à l'exécution d'un mandat d'arrêt et l'obligation qui en résulte pour le requérant de déférer à ce dernier pour faire opposition audit arrêt, a pour effet de subordonner le droit d'accès au tribunal à une caution constituée par la liberté physique du requérant : il en résulte une violation de l'article 6, § 1 de la Convention (▪ CEDH, 27 avr. 2004, n° 39001/97, *Maat c/ France*). Il en va différemment lorsque, avant le renvoi de l'affaire devant le tribunal, les requérants se trouvent déjà sous le coup de mandats d'arrêt décernés non par la juridiction qui statue par défaut, mais par le juge d'instruction et qu'en prenant la fuite, ils se privent de la possibilité de pouvoir comparaître libres devant la juridiction de jugement (▪ CEDH, 16 mai 2002, n° 38396/97, *Karatas et Sari c/ France*).

Sur la jurisprudence de la Cour européenne des droits de l'homme relative au droit du prévenu de prendre part à l'audience, V. art. 410, p. 934.

Sur la jurisprudence de la Cour européenne des droits de l'homme relative au droit à un tribunal, V. art. 497, p. 1076.

B - Jurisprudence nationale

2) Droit à un tribunal impartial. L'opposition, voie de rétractation, nécessairement portée devant la juridiction ayant rendu la décision de défaut, éventuellement composée des mêmes magistrats, n'est pas en contradiction avec l'obligation d'impartialité édictée par l'article 6, § 1 de la Convention européenne des droits de l'Homme (▪ Cass. crim., 25 juill. 1989, n° 88-87.658 : *Bull. crim.* n° 296). V. dans le même sens ▪ CEDH, 10 juin 1996, n° 17602/91, *Thomann c/ Suisse : RSC* 1997, p. 471, obs. R. Koering-Joulin : « Si une juridiction devait modifier sa composition chaque fois qu'elle fait droit au recours d'un condamné absent, celui-ci se verrait avantagé par rapport aux prévenus qui comparaissent dès l'ouverture de leur procès, car il obtiendrait ainsi que d'autres magistrats le jugent une seconde fois dans la même instance ».

3) Principe de l'égalité des armes. Le principe de l'égalité des armes ne s'applique pas aux modalités d'exercice des voies de recours (▪ Cass. crim., 20 sept. 1994, n° 91-83.264 : *Bull. crim.* n° 299 ; *Dr. pén.* 1994, comm. 249, obs. A. Maron). Le principe de « l'égalité des armes » tel qu'il résulte de l'exigence d'un procès équitable, au sens de l'article 6, § 1 de la Convention européenne des droits de l'Homme, impose que les parties au procès pénal disposent des mêmes droits ; il doit en être ainsi, spécialement, du droit à l'exercice des voies de recours. N'est pas compatible avec ce principe la disposition de l'article 505 du Code de procédure pénale qui ouvre au procureur général près la cour d'appel un délai d'appel plus long que celui accordé aux autres parties par l'article 498 de ce code (▪ Cass. crim., 17 sept. 2008, n° 08-80.598 : *Bull. crim.* n° 188. ▪ Cass. crim., 10 févr. 2009, n° 08-83.837 : *Bull. crim.* n° 30). Mais V., à propos de l'appel et du pourvoi en cassation, ▪ Cons. const., 23 juill. 2010, n°s 2010-15 et 2010-23 QPC et ▪ Cons. const., 31 janv. 2014, n° 2013-343 QPC : *D.* 2014, p. 651, note A. Botton : « La partie civile n'est pas dans une situation identique à celle de la personne mise en examen ou à celle du ministère public ».

Sur le principe constitutionnel du droit à un recours juridictionnel effectif, V. art. 497, p. 1076.

II - FORMES DE L'OPPOSITION

4) Règles d'ordre public. Les formes et les délais de l'opposition d'une condamnation prononcée par défaut sont d'ordre public et les nullités qui s'y réfèrent peuvent être invoquées pour la première fois devant la Cour de cassation, sinon suppléées d'office (▪ Cass. crim., 15 oct. 1984, n° 83-91.514 : *Bull. crim.* n° 300).

5) Opposition formée par un mandataire du prévenu. Est recevable l'opposition à un arrêt de défaut, formée par le prévenu par l'intermédiaire d'un mandataire muni d'un pouvoir spécial (▪ Cass. crim., 30 oct. 2002, n° 02-80.189 : *Bull. crim.* n° 198. ▪ Cass. crim., 11 sept. 2007, n° 06-87.0864 : *Bull. crim.* n° 207 ; *D.* 2007, 2537, note Lacroix, 2912, note Boccon-Gibod). Il importe peu que le prévenu soit l'objet d'un mandat d'arrêt (▪ Cass. crim., 11 sept. 2007, préc.). *Contra* auparavant : selon l'article 489 du Code de procédure pénale, l'opposition à un jugement rendu par défaut, si elle n'est soumise à aucune formalité spéciale, ne peut être formée que par le prévenu lui-même (▪ Cass. crim., 13 juin 1988, n° 87-84.970 ; *Bull. crim.* n° 268). Un avocat, même muni d'un pouvoir spécial, ne peut donc le représenter (▪ Cass. crim., 21 juin 1990, n° 89-83.316 : *Bull. crim.* n° 255. ▪ Cass. crim., 1er févr. 1994, n° 93-82.532 : *Bull. crim.* n° 46. ▪ Cass. crim., 20 sept. 1994, n° 91-83.264 : *Bull. crim.* n° 299 ; *Dr. pén.* 1994, comm. 249, obs. A. Maron).

III – OPPOSITION ET APPEL POUR UNE MÊME DÉCISION

6) Liberté de choix. La partie à l'encontre de laquelle il a été statué par défaut a la faculté de choisir la voie de l'opposition ou celle de l'appel. Si elle opte pour cette dernière, elle se ferme, sans retour, la voie de l'opposition (▪ Cass. crim., 7 févr. 1984, n° 83-91.104 : *Bull. crim.* n° 44).

7) Opposition du prévenu et appel de la partie publique. Lorsque le prévenu fait opposition à un jugement rendu par défaut à son égard, mais frappé d'appel par le ministère public, le tribunal saisi de l'opposition est tenu de surseoir à statuer jusqu'à ce qu'il soit définitivement prononcé sur cet appel (▪ Cass. crim., 11 mars 2003, n° 02-82.509 : *Bull. crim.* n° 63). Un prévenu, condamné par défaut en première instance et comparant devant la cour sur l'appel de l'administration des Douanes, est censé renoncer à user de son droit d'opposition aux dispositions fiscales du jugement dès lors qu'il accepte d'être jugé immédiatement au fond (▪ Cass. crim., 28 nov. 1996, n° 95-85.916 : *Bull. crim.* n° 440).

8) Opposition et appel du prévenu. L'article 489 du Code de procédure pénale dispose que le jugement par défaut est non avenu dans toutes ses dispositions si le prévenu forme opposition à son exécution. Il s'ensuit que lorsque le prévenu, pour un même jugement par défaut, forme opposition et interjette appel, la cour d'appel ne peut statuer sur l'appel que si l'opposition a été auparavant déclarée irrecevable ou que si le prévenu a renoncé à son opposition (▪ Cass. crim., 1er avr. 1968, n° 68-90.574 : *Bull. crim.* n° 116). Dans le cas où l'opposition n'est pas déclarée irrecevable par le tribunal ou que le prévenu n'y a pas renoncé, la juridiction du second degré, qui ne peut statuer immédiatement sur l'appel, même pour en apprécier la recevabilité, doit surseoir à statuer ; elle ne peut se dispenser de fixer le terme à l'issue duquel l'affaire sera de nouveau renvoyée devant elle (▪ Cass. crim., 16 févr. 2022, n° 21-80.110).

IV – EFFETS DE L'OPPOSITION

A – Saisine de la juridiction

9) Lorsqu'une décision rendue par défaut est frappée d'opposition, c'est cette dernière, et non la citation ultérieurement délivrée, qui saisit la juridiction compétente (▪ Cass. crim., 19 janv. 1988, n° 87-82.627 : *Bull. crim.* n° 27).

B – Décision non avenue

1° Principes

10) Décision non avenue en ses dispositions pénales et civiles. Le jugement par défaut est non avenu en toutes ses dispositions si le prévenu forme opposition à son exécution sans limiter l'effet extinctif de cette voie de recours aux dispositions civiles de la décision ; encourt dès lors la cassation l'arrêt, qui, en l'état d'une opposition limitée aux dispositions pénales, constate que les dispositions civiles du jugement frappé d'opposition sont devenues définitives (▪ Cass. crim., 16 mai 2006, n° 05-85.080 : *Bull. crim.* n° 135). Il résulte de l'article 489 du Code de procédure pénale que l'opposition du prévenu à l'exécution d'un jugement ou arrêt prononcé par défaut met à néant cette décision, non avenue en toute ses dispositions, tant pénales que civiles (▪ Cass. crim., 4 avr. 1995, n° 93-82.357 : *Bull. crim.* n° 145. ▪ Cass. crim., 4 oct. 1995, n° 94-80.227 : *Bull. crim.* n° 295).

11) Effet du non avenu pour les parties. L'opposition du prévenu à l'arrêt statuant par défaut anéantit la condamnation prononcée par cet arrêt et remet toutes les parties, y compris le ministère public, au même état qu'auparavant ; dès lors, la cour d'appel ayant à statuer contradictoirement, tant sur l'appel du ministère public que sur celui du prévenu, a recouvré la plénitude de ses pouvoirs et a, à bon droit, sans violer l'article 489 du Code de procédure pénale aggravé la peine initialement prononcée (▪ Cass. crim., 15 sept. 1986, n° 85-94.124 : *Bull. crim.* n° 256). En cas de pluralité de prévenus, l'opposition d'un seul d'entre eux à un jugement rendu par défaut à son égard a pour effet de rendre non avenues les seules dispositions de cette décision le concernant (▪ Cass. crim., 5 déc. 2018, n° 17-85.828).

2° Applications

12) *Reformatio in pejus.* L'interdiction d'aggravation de la peine ne s'applique qu'à l'appel et non à l'opposition du prévenu (▪ Cass. crim., 7 nov. 1941 : *D.* 1942, p. 9, rapp. Nast).

13) Caractère non avenu du jugement frappé d'opposition. Le jugement par défaut étant non avenu dans toutes ses dispositions lorsque le prévenu a formé opposition à son exécution, il n'appartient pas au juge saisi de l'opposition de prononcer sur la régularité de ce jugement ; il ne saurait donc déclarer l'opposition irrecevable, au motif que le prévenu aurait dû, conformément aux dispositions de l'article 503-1 du Code de procédure pénale, être jugé par arrêt contradictoire à signifier (▪ Cass. crim., 12 sept. 2007, n° 07-81.985 : *Bull. crim.* n° 204).

14) Caractère non avenu des peines. L'acte d'opposition à un jugement rendu par défaut a un effet extinctif absolu même au regard d'une mesure de suspension du permis de conduire assortie de l'exécution provisoire et prononcée conformément aux dispositions du Code de la route (▪ Cass. crim., 29 avr. 1981, n° 80-92.277 : *Bull. crim.* n° 135).

15) Caractère non avenu de la condamnation du civilement responsable. L'opposition ne saurait laisser subsister la condamnation du civilement responsable, nécessairement subordonnée à celle de l'auteur de l'infraction (▪ Cass. crim., 4 avr. 1995, n° 93-82.357 : *Bull. crim.* n° 145. ▪ Cass. crim., 4 oct. 1995, n° 94-80.227 : *Bull. crim.* n° 295).

16) Désistement de l'opposition. Le désistement de son opposition par le prévenu est sans effet dès lors que l'opposition suivie de la comparution du prévenu a pour conséquence que l'arrêt par défaut est et demeure non avenu (▪ Cass. crim., 4 déc. 1975, n° 75-90.308 : *Bull. crim.* n° 269).

17) Reprise de la motivation de la décision non avenue. Si l'article 489, alinéa 1er du Code de procédure pénale n'interdit pas à la juridiction appelée à statuer sur l'opposition du prévenu comparant, de faire revivre le jugement ou l'arrêt rendu par défaut, encore faut-il qu'elle justifie sa décision (▪ Cass. crim., 23 juin 1971, n° 70-92.840 : *Bull. crim.* n° 205). L'article 489, alinéa 1, du Code de procédure pénale n'interdit pas à la juridiction appelée à statuer sur l'opposition du prévenu comparant, de s'approprier explicitement, pour justifier sa décision de condamnation, les motifs de son précédent arrêt, aux termes desquels elle avait caractérisé en tous ses éléments le délit reproché (▪ Cass. crim., 26 févr. 1997, n° 96-82.754 : *Bull. crim.* n° 79).

3° Cas particulier

18) Cas de la relaxe. Est irrecevable, faute d'intérêt, l'opposition formée par le prévenu contre un arrêt de défaut qui a prononcé sa relaxe (▪ Cass. crim., 24 mars 1987, n° 86-93.009 : *Bull. crim.* n° 138). S'il est vrai qu'aux termes de l'article 489 du Code de procédure pénale, le jugement par défaut est non avenu dans toutes ses dispositions lorsque le prévenu forme opposition à son exécution, ce texte est sans application à celles des dispositions de la décision prononçant sa relaxe, à l'égard desquelles l'appel est ouvert au ministère public et à la partie civile (▪ Cass. crim., 5 oct. 1994, n° 93-84.277 : *Bull. crim.* n° 319 ; *Dr. pén.* 1994, comm. 273, obs. A. Maron. ▪ Cass. crim., 25 juin 2008, n° 08-80.410 : *Bull. crim.* n° 168. ▪ Cass. crim., 18 mai 2016, n° 15-83.848). Seules les dispositions de condamnation ont été anéanties par l'opposition (▪ Cass. crim., 5 oct. 1994, n° 93-84.277 : *Bull. crim.* n° 319 ; *Dr. pén.* 1994, comm. 273, obs. A. Maron). La cour d'appel ne peut donc constater la nullité de l'ordonnance de renvoi et renvoyé la procédure au ministère public, alors que le prévenu a été définitivement relaxé des faits visés par cette ordonnance (▪ Cass. crim., 25 juin 2008, préc.).

C – Principe du double degré de juridiction

19) Oppositions successives. Il se déduit des articles 489 et 520 du Code de procédure pénale que, lorsque le prévenu a fait opposition à un jugement rendu par défaut à son égard, précédemment frappé d'appel par le ministère public et qui a donné lieu à un arrêt également rendu par défaut à l'encontre duquel il a aussi fait opposition, la cour ainsi saisie doit déclarer la première opposition sans objet, annuler l'arrêt et évoquer. C'est donc à tort qu'en pareil cas, la cour d'appel juge qu'il convient de surseoir à statuer pour permettre au tribunal correctionnel de statuer sur l'opposition faite au jugement afin que le prévenu bénéficie du double degré de juridiction (▪ Cass. crim., 24 sept. 2019, n° 19-84.072 : publié au *Bull.*).

D – Prescription de la peine

20) Décision par défaut. Le jugement ou l'arrêt de condamnation prononcé par défaut et régulièrement signifié fait courir à l'encontre de la personne condamnée le délai de prescription de la peine (▪ Cass. crim., 20 mai 2009, n° 09-81.339 : *Bull. crim.* n° 102).

21) Opposition à la décision par défaut. L'opposition à un jugement par défaut interrompt la prescription de la peine et constitue le point de départ d'un nouveau délai de prescription de l'action publique, la poursuite ayant repris son cours (▪ Cass. crim., 20 mai 2003, n° 02-85.403 : *Bull. crim.* n° 100. ▪ Cass. crim., 20 mai 2009, n° 09-81.339 : *Bull. crim.* n° 102). Il en est ainsi même si l'opposition est irrecevable (▪ Cass. crim., 20 sept. 1994, n° 91-83.264 : *Bull. crim.* n° 299 ; *Dr. pén.* 1994, comm. 249, obs. A. Maron).

Art. 490 ***(Mod., L. n° 85-1407, 30 déc. 1985).*** **– L'opposition est portée à la connaissance du ministère public, à charge par lui d'en aviser la partie civile par lettre recommandée avec demande d'avis de réception.**

Bibliographie : A. Blanchot, *Tribunal correctionnel. – Opposition. – Itératif défaut : JCl. Proc. pén.*, art. 489 à 494-1, Fasc. 20.

Art. 490-1 *(L. n° 85-1407, 30 déc. 1985).* **– Lorsque l'opposant est détenu, l'opposition peut être faite au moyen d'une déclaration auprès du chef de l'établissement pénitentiaire.**

Cette déclaration est constatée, datée et signée, par le chef de l'établissement pénitentiaire. Elle est également signée par le demandeur. Si celui-ci ne peut signer, il en est fait mention par le chef d'établissement.

Ce document est adressé sans délai, en original ou en copie et par tout moyen, au ministère public près la juridiction qui a rendu la décision attaquée.

Bibliographie : A. Blanchot, *Tribunal correctionnel. – Opposition. – Itératif défaut : JCl. Proc. pén.*, art. 489 à 494-1, Fasc. 20.

Art. 491. **– Si la signification du jugement a été faite à la personne du prévenu, l'opposition doit être formée dans les délais ci-après, qui courent à compter de cette signification : dix jours si le prévenu réside en France métropolitaine, un mois s'il réside hors de ce territoire.**

Bibliographie : A. Blanchot, *Tribunal correctionnel. – Opposition. – Itératif défaut : JCl. Proc. pén.*, art. 489 à 494-1, Fasc. 20.

1) Délai. S'il résulte de la combinaison des articles 425, 491 et 493 du Code de procédure pénale que le délai dans lequel la partie civile peut former opposition au jugement constatant son désistement présumé court à compter de la signification de celui-ci, aucun texte ne lui interdit d'exercer cette faculté avant que cette décision ne lui ait été signifiée (▪ Cass. crim., 13 juin 2018, n° 17-80.913).

2) Erreur matérielle. Pour déclarer recevable l'opposition formée par M. I., l'arrêt énonce que la qualification de « déclaration de pourvoi en cassation » donnée par le chef de l'établissement pénitentiaire au recours régularisé le lendemain de la notification par M. I. relève manifestement d'une erreur matérielle et ne correspond nullement à la volonté de l'intéressé de former opposition ; en se déterminant ainsi, et dès lors que l'intéressé avait manifesté sa volonté de former un recours pour voir rejuger son affaire avant l'expiration du délai qui lui était imparti, la cour d'appel n'a pas méconnu l'article 491 du Code de procédure pénale (▪ Cass. crim., 20 févr. 2019, n° 17-85.120).

Art. 492 *(Mod., L. n° 2004-204, 9 mars 2004 ; L. n° 2008-644, 1er juill. 2008).* **– Si la signification du jugement n'a pas été faite à la personne du prévenu, l'opposition doit être formée dans les délais ci-après, qui courent à compter de la signification du jugement faite à domicile, à étude d'huissier de justice ou à parquet : dix jours si le prévenu réside dans la France métropolitaine, un mois s'il réside hors de ce territoire.**

Toutefois, s'il s'agit d'un jugement de condamnation et s'il ne résulte pas, soit de l'avis constatant remise de la lettre recommandée ou du récépissé prévus aux articles 557 et 558, soit d'un acte d'exécution quelconque, ou de l'avis donné conformément à l'article 560, que le prévenu a eu connaissance de la signification, l'opposition tant en ce qui concerne les intérêts civils que la condamnation pénale reste recevable *(Mots suppr. Déc. n° 2018-712 QPC, 8 juin 2018)* **« ... ».**

Dans les cas visés à l'alinéa précédent, le délai d'opposition court à compter du jour où le prévenu a eu cette connaissance.

Bibliographie : A. Blanchot, *Tribunal correctionnel. – Opposition. – Itératif défaut : JCl. Proc. pén.*, art. 489 à 494-1, Fasc. 20.

Voir également : C. pén., art. 133-5.

I – GÉNÉRALITÉS

1) Droit à un recours juridictionnel effectif. En privant la personne condamnée par défaut de la possibilité, lorsque la peine est prescrite, de former opposition, lorsqu'elle n'a pas eu connaissance de sa condamnation avant cette prescription et alors que des conséquences restent attachées à une peine même prescrite, les dispositions contestées portent une atteinte excessive aux droits de la défense et au droit à un recours juridictionnel effectif (▪ Cons. const., 8 juin 2018, n° 2018-712 QPC : *Dr. pén.* 2018, comm. 166, E. Bonis ; *JurisData* n° 2018-009818).

2) Compatibilité de l'article 492 avec la Convention européenne des droits de l'Homme. Les dispositions de l'article 492, alinéa 2, du Code de procédure pénale, qui ne privent pas le prévenu d'un recours mais qui soumettent seulement ledit recours à des conditions de forme et de délai, ne sont pas incompatibles avec l'article 6 de la Convention européenne des droits de l'Homme (▪ Cass. crim., 17 mai 2000, n° 99-85.132 : *Bull. crim.* n° 197).

3) Cour d'appel. L'article 492 du Code de procédure pénale est applicable en cause d'appel (■ Cass. crim., 20 déc. 1988, n° 88-81.035 : *Bull. crim.* n° 441).

4) Assureur. Les dispositions de l'article 492 du Code de procédure pénale, applicables au prévenu, ne le sont pas à son assureur (■ Cass. crim., 28 févr. 1991, n° 90-85.071 : *Bull. crim.* n° 102).

5) Exécution volontaire d'une décision par défaut. L'exécution volontaire d'un jugement par défaut n'emporte pas déchéance du droit de faire opposition, tant que le délai d'opposition n'est pas expiré (■ Cass. crim., 10 déc. 1903 : *DP* 1905, I, 374).

II – JUGEMENT AUTRE QUE DE CONDAMNATION

A – Notion

6) Jugement ne statuant que sur l'action civile. Le délai d'opposition accordé au prévenu, tant en ce qui concerne les intérêts civils que la condamnation pénale, par l'article 492, alinéa 2, du Code de procédure pénale, ne peut s'appliquer aux jugements ne statuant que sur l'action civile (■ Cass. crim., 10 févr. 1970, n° 69-91.219 : *Bull. crim.* n° 59. ■ Cass. crim., 17 janv. 1973, n° 72-92.072 : *Bull. crim.* n° 22).

B – Point de départ du délai d'opposition

7) Décision statuant uniquement sur les intérêts civils. L'opposition à une décision statuant uniquement sur les intérêts civils, et non à un arrêt de condamnation au sens de l'alinéa 2 de l'article 492 du Code de procédure pénale, ne peut être formée que dans les délais prévus par l'alinéa 1 dudit article, soit dans les 10 jours de la signification (■ Cass. crim., 26 mars 1998, n° 97-80.141 : *Bull. crim.* n° 119).

C – Caractère irrévocable de la décision par défaut

8) Cas. Un arrêt par défaut qui ne porte pas condamnation acquiert un caractère définitif s'il a été signifié à domicile ou au parquet, dès lors qu'aucune opposition n'a été formée par le prévenu dans les délais fixés par l'article 492, alinéa 1 du Code de procédure pénale, ni aucun pourvoi déclaré conformément aux prescriptions de l'article 568, dernier alinéa du même code (■ Cass. crim., 17 avr. 1975, n° 75-90.649 : *Bull. crim.* n° 98).

III – JUGEMENT DE CONDAMNATION

A – Dispositions d'ordre public

9) Formes et délai de l'opposition. Les formes et les délais de l'opposition à une condamnation prononcée par défaut sont d'ordre public ; les nullités qui s'y réfèrent peuvent être invoquées pour la première fois devant la Cour de cassation, sinon suppléées d'office (■ Cass. crim., 15 oct. 1984, n° 83-91.514 : *Bull. crim.* n° 300). Selon l'article 492 du Code de procédure pénale, l'opposition à un jugement de condamnation prononcé par défaut, dont la signification n'a pas été faite à la personne du prévenu, reste recevable jusqu'à l'expiration des délais de prescription de la peine lorsqu'il ne résulte ni des avis donnés en application des articles 557, 558, alinéa 3, ou 560 du code précité, ni d'un acte d'exécution quelconque, que l'intéressé a eu connaissance de la signification ; ces dispositions sont d'ordre public (■ Cass. crim., 4 mai 1994, n° 93-85.852 : *Bull. crim.* n° 170 ; *Dr. pén.* 1994, comm. 171, obs. A. Maron).

B – Délai d'opposition

10) Point de départ du délai d'opposition. C'est la date de distribution, non celle de présentation portée sur l'avis postal prévu par l'article 557 du Code de procédure pénale qui fait courir le délai d'opposition (■ Cass. crim., 23 juin 1999, n° 98-84.785 : *Bull. crim.* n° 153). Il résulte des dispositions de l'article 492 du Code de procédure pénale que le délai d'opposition court à dater du jour où le prévenu, même s'il n'a pas personnellement signé l'avis de réception de la lettre recommandée, a retiré lui-même en mairie (à étude d'huissier de justice) la copie de l'exploit de signification (■ Cass. crim., 20 déc. 1988, préc., n° 2).

11) Opposition tardive. Est irrecevable comme tardive l'opposition à un précédent jugement faite par le prévenu, qui a eu connaissance lors de sa signification à l'occasion d'une précédente opposition, formée par son avocat (■ Cass. crim., 30 mars 1999, n° 98-81.271 : *Bull. crim.* n° 61).

C – Actes d'exécution

12) Citation à comparaître. La citation à comparaître est un acte d'exécution (■ Cass. crim., 29 nov. 2005, n° 05-80.468 : *Bull. crim.* n° 311). Mais il ne résulte pas de cet acte que le prévenu ait eu connaissance de la signification de cette décision (même arrêt).

13) Demande de remise de cause. La seule demande de remise de cause présentée par le prévenu qui, condamné par défaut, comparaît sur l'appel interjeté par une autre partie, ne saurait constituer un acte d'exécution au sens de l'article 492, alinéa 2 (■ Cass. crim., 4 mai 1994, n° 93-85.852 : *Bull. crim.* n° 170).

14) Notification d'un arrêt par défaut à un prévenu détenu à l'étranger. Ne constitue pas un acte d'exécution au sens de l'article 492, deuxième alinéa du Code de procédure pénale, et ne fait pas courir le délai d'opposition d'un mois prévu par ce texte, la notification d'un arrêt prononcé par défaut qui est effectuée à une personne détenue à l'étranger en raison d'une demande d'extradition du gouvernement français, dès lors que cette notification n'est pas assortie d'une demande d'extradition portant sur les faits ayant donné lieu à la condamnation par défaut et permettant d'envisager la reprise de la procédure en France en cas de remise du prévenu (▪ Cass. crim., 15 oct. 1984, n° 83-91.514 : *Bull. crim.* n° 300).

15) Exécution partielle de la décision par le prévenu. Lorsque le prévenu a exécuté volontairement une partie de la décision en cause, les juges reconnaissent justement dans les agissements du prévenu des actes d'exécution du jugement de condamnation, au sens du deuxième alinéa de l'article 492 du Code de procédure pénale (▪ Cass. crim., 10 déc. 2019, n° 18-83.851 : publié au *Bull.*).

IV – PRESCRIPTION

16) Prescription de l'action publique. Justifie sa décision la cour d'appel qui, statuant en matière correctionnelle sur l'opposition formée par le prévenu contre un arrêt prononcé par défaut, dit que l'action publique est éteinte par l'effet de la prescription, dès lors que cet arrêt n'a pas été régulièrement signifié dans un délai de trois ans (six ans) suivant son prononcé (▪ Cass. crim., 21 févr. 2012, n° 11-87.163 : *Bull. crim.* n° 51).

17) Prescription de la peine. Le jugement de condamnation prononcé par défaut régulièrement signifié fait courir à l'encontre de la personne condamnée le délai de prescription de la peine (▪ Cass. crim., 20 mai 2009, n° 09-81.339 : *Bull. crim.* n° 102). Aux termes du deuxième alinéa de l'article 492 du Code de procédure pénale, le prévenu ayant fait l'objet d'un jugement de condamnation prononcé par défaut et signifié à parquet peut former opposition jusqu'à l'expiration des délais de prescription de la peine, s'il ne résulte pas qu'il a eu connaissance de la signification ; il résulte de la combinaison de ce texte avec l'article 764 dudit code, que le délai de la prescription de la peine ne peut en ce cas courir qu'à partir de l'expiration du seul délai d'appel (▪ Cass. crim., 16 févr. 1981, n° 80-92.499 : *Bull. crim.* n° 59).

18) Prescription de la peine. Question prioritaire de constitutionnalité. Les dispositions des articles 492 du Code de procédure pénale et 133-5 du Code pénal qui déterminent les conditions dans lesquelles les jugements de condamnation rendus par défaut sont susceptibles d'opposition, ne permettent pas au justiciable, qui n'a eu connaissance du jugement de condamnation qu'après l'expiration du délai de prescription de la peine, de former opposition ; ce risque d'atteinte au droit à un recours effectif justifie le renvoi de la question au Conseil constitutionnel (▪ Cass. crim., 4 avr. 2018, n° 17-85.164 QPC). En privant la personne condamnée par défaut de la possibilité, lorsque la peine est prescrite, de former opposition, lorsqu'elle n'a pas eu connaissance de sa condamnation avant cette prescription et alors que des conséquences restent attachées à une peine même prescrite, les articles 492 du Code de procédure pénale et 133-5 du Code pénal portent une atteinte excessive aux droits de la défense et au droit à un recours juridictionnel effectif (▪ Cons. const., 8 juin 2018, n° 2018-712 QPC : *Dr. pén.* 2018, comm. 166, obs. E. Bonis. – V. L. Griffon-Yarza, De l'imprescriptibilité en matière de jugement par défaut non signifié à personne : *Dr. pén.* 2018, étude 19).

Art. 493. – **La personne civilement responsable et la partie civile peuvent former opposition à tout jugement par défaut à leur encontre, dans les délais fixés à l'article 491, lesquels courent à compter de la signification du jugement, quel qu'en soit le mode.**

Bibliographie : A. Blanchot, *Tribunal correctionnel. – Opposition. – Itératif défaut : JCl. Proc. pén.*, art. 489 à 494-1, Fasc. 20.

1) Domaine d'application de l'article 493. L'article 493 du Code de procédure pénale est rendu applicable devant la cour d'appel par l'article 512 du même code (▪ Cass. crim., 8 juin 1963, n° 62-90.911 : *Bull. crim.* n° 201).

2) Point de départ du délai d'opposition. S'il résulte de la combinaison des articles 425, 491 et 493 du Code de procédure pénale que le délai dans lequel la partie civile peut former opposition au jugement constatant son désistement présumé court à compter de la signification de celui-ci, aucun texte ne lui interdit d'exercer cette faculté avant que cette décision ne lui ait été signifiée (▪ Cass. crim., 13 juin 2018, n° 17-80.913).

3) Opposition formée par le ministère d'un représentant. La partie civile, à la différence du prévenu, peut toujours se faire représenter devant la juridiction répressive ; dès lors les dispositions de l'article 493 du Code de procédure pénale, qui ne soumettent son opposition à aucune formalité spéciale, ne font pas obstacle à ce que cette voie de recours soit exercée par le ministère d'un mandataire de cette partie (▪ Cass. crim., 18 janv. 1990, n° 89-82.298 : *Bull. crim.* n° 33).

4) Indépendance de l'action civile et de l'action publique. L'action civile et l'action publique étant indépendantes, le juge saisi d'une opposition par une partie civile d'un jugement ayant contradictoirement relaxé un prévenu doit statuer au fond sur cette opposition ; la cour d'appel qui a prononcé la relaxe demeure compétente pour statuer sur l'action civile (■ Cass. crim., 28 janv. 1985, n° 83-93.342 : *Bull. crim.* n° 43). En raison de l'indépendance de l'action publique et de l'action civile, même portées simultanément devant la juridiction répressive, la voie de l'opposition n'est ouverte à la partie civile que dans la mesure où les dispositions de la décision rendue par défaut à son égard font grief à ses intérêts ; tel n'est pas le cas lorsque, en reprenant l'exercice de son action civile devant le juge d'instruction, la partie civile a, par là même, acquiescé au jugement de défaut (■ Cass. crim., 29 oct. 1990, n° 87-81.568 : *Bull. crim.* n° 360).

5) Recours contre le désistement présumé de la partie civile. Lorsque le désistement de la partie civile, présumé sur le fondement de l'article 425 du Code de procédure pénale, a été constaté par jugement assimilé à un jugement par défaut, celle-ci peut exercer un recours contre une telle décision, soit par la voie de l'opposition, en application de l'article 425, alinéa 3, du Code de procédure pénale, soit par celle de l'appel, sur le fondement des articles 497 et 499 du code précité (■ Cass. crim., 3 juin 2004, n° 03-87.092 : *Bull. crim.* n° 146).

Art. 493-1 *(L. n° 2016-731, 3 juin 2016).* **– En l'absence d'opposition, les biens confisqués par défaut deviennent la propriété de l'État à l'expiration du délai de prescription de la peine.**

Bibliographie : A. Blanchot, *Tribunal correctionnel. – Opposition. – Itératif défaut : JCl. Proc. pén.*, art. 489 à 494-1, Fasc. 20.

§ 3. – De l'itératif défaut

Art. 494 *(Mod., L. n° 85-1407, 30 déc. 1985).* **– L'opposition est non avenue si l'opposant ne comparaît pas à la date qui lui est fixée soit par la notification à lui faite verbalement et constatée par procès-verbal au moment où l'opposition a été formée, soit par une nouvelle citation, délivrée à la personne de l'intéressé, conformément aux dispositions des articles 550 et suivants.**

Toutefois, en cas de condamnation à une peine privative de liberté sans sursis, le tribunal peut ordonner le renvoi de l'affaire à une prochaine audience sans qu'il y ait lieu à délivrance de nouvelles citations et donner l'ordre à la force publique de rechercher et de conduire l'opposant devant le procureur de la République du siège du tribunal qui, soit le fait comparaître à l'audience de renvoi, soit le met en demeure de s'y présenter.

Si l'opposant est trouvé en dehors du ressort du tribunal, il est conduit devant le procureur de la République du lieu de l'arrestation qui le met en demeure de se présenter à l'audience de renvoi.

Dans tous les cas, le procureur de la République dresse procès-verbal de ses diligences et l'opposant ne peut être retenu plus de vingt-quatre heures.

Si les recherches ordonnées sont demeurées sans effet, le tribunal déclare l'opposition non avenue sans nouveau renvoi. Il en est de même si l'opposant, régulièrement mis en demeure, ne comparaît pas.

Bibliographie : A. Blanchot, *Tribunal correctionnel. – Opposition. – Itératif défaut : JCl. Proc. pén.*, art. 489 à 494-1, Fasc. 20.

I – CONNAISSANCE DE L'AUDIENCE PAR L'OPPOSANT

A – Principe

1) Pour qu'une juridiction correctionnelle puisse statuer par itératif défaut à l'égard de l'opposant il est nécessaire, selon les dispositions de l'article 494 du Code de procédure pénale, que soit notification de la date d'audience lui ait été faite, constatée par procès-verbal au moment de l'opposition, soit qu'une nouvelle citation lui ait été délivrée à sa personne (■ Cass. crim., 23 déc. 1986, n° 86-95.642 : *Bull. crim.* n° 390).

B – Applications

2) Convocation en justice. Vaut citation à personne la convocation en justice notifiée à l'opposant à un arrêt par défaut, sur instructions du procureur général et dans les délais de l'article 552 du Code de procédure pénale, par le chef de l'établissement pénitentiaire où il est incarcéré, et précisant la date et l'heure de l'audience de la cour d'appel à laquelle il sera statué sur son opposition. Si l'opposant ne comparaît pas à la date ainsi fixée, la cour d'appel fait l'exacte application des dispositions combinées des articles 390-1 et 494, alinéa 1er, du Code de procédure pénale en déclarant l'opposition non avenue (■ Cass. crim., 21 févr. 1991, n° 90-80.769 : *Bull. crim.* n° 89).

3) Nécessité d'une convocation régulière. Il est nécessaire que cette convocation soit régulière. Tel n'est pas le cas de la notification faite par un officier de police judiciaire, à un opposant à une décision rendue par une chambre de la cour d'appel, de se présenter devant une chambre du tribunal correctionnel (■ Cass. crim., 28 avr. 1993, n° 92-85.555 : *Bull. crim.* n° 159 ; *Dr. pén.* 1993, comm. 174, obs. A. Maron).

II – OPPOSANT N'AYANT PAS EU CONNAISSANCE DE LA DATE DE L'AUDIENCE

A – Notion de comparution

4) Représentation par un avocat. La comparution exigée par l'article 494, alinéa 1, du Code de procédure pénale s'entend soit de celle de l'opposant lui-même, soit de celle de son avocat (■ Cass. crim., 19 févr. 2003, n° 01-88.361 : *Bull. crim.* n° 45. ■ Cass. crim., 2 sept. 2003, n° 02-86.538 : *Bull. crim.* n° 149). En application de l'article 6, §§ 1 et 3, de la Convention européenne des droits de l'Homme, le droit à un procès équitable et le droit de tout accusé à l'assistance d'un défenseur s'opposent à ce que la juridiction correctionnelle, saisie d'une opposition, déclare celle-ci non avenue au motif que l'opposant n'est pas comparant, alors que l'avocat chargé de le représenter avait demandé à être entendu sur le fond de l'affaire (■ Cass. crim., 19 févr. 2003, préc.).

B – Opposant ne comparaissant pas et non représenté

5) Nouvelle décision par défaut. Lorsque l'opposant à une décision de défaut, non avisé régulièrement par procès-verbal ni cité à personne, ne comparaît pas, la juridiction saisie doit rendre une nouvelle décision de défaut, laquelle est susceptible d'opposition (■ Cass. crim., 19 janv. 1988, n° 87-82.627 : *Bull. crim.* n° 27. ■ Cass. crim., 8 juin 1989, n° 88-80.027 : *Bull. crim.* n° 247 ; *JCP* G 1990, II, 21512, note Y. Picod. ■ Cass. crim., 5 déc. 1989, n° 89-85.577 : *Bull. crim.* n° 465. ■ Cass. crim., 28 avr. 1993, préc., n° 3. ■ Cass. crim., 26 mars 2008, n° 07-81.960 : *Bull. crim.* n° 75. ■ Cass. crim., 22 janv. 2013, n° 12-82.105 : *Bull. crim.* n° 19).

6) Décision réputée contradictoire. Il résulte des articles 489 et 494 du Code de procédure pénale que le prévenu, qui comparaît sur son opposition valablement formée à un arrêt rendu par défaut, ne peut faire l'objet d'une décision d'itératif défaut fondée sur sa non-comparution à une audience ultérieure (■ Cass. crim., 16 nov. 2005, n° 04-87.377 : *Bull. crim.* n° 298).

7) Pourvoi en cassation. Si une décision indique par erreur qu'elle a été rendue par itératif défaut et si elle a été frappée d'un pourvoi en cassation, un tel recours doit être déclaré irrecevable. Cependant, en raison des mentions de la décision attaquée de nature à induire en erreur la partie concernée, le recours en cassation exercé a eu pour effet de différer, jusqu'à la décision de la Cour de cassation, l'ouverture du délai d'opposition (■ Cass. crim., 22 janv. 2013, préc., n° 5).

III – OPPOSANT AYANT EU CONNAISSANCE DE LA DATE DE L'AUDIENCE

A – Itératif défaut

8) Opposition non avenue. La cour d'appel, saisie d'une opposition, déclare à bon droit celle-ci non avenue, lorsque l'opposant, qui a eu connaissance de la date d'audience, n'est ni présent ni représenté et ne fournit aucune excuse valable (■ Cass. crim., 19 févr. 2003, préc., n° 4). Dès lors que la citation à comparaître à l'audience à laquelle il devait être statué sur son opposition a été délivrée à la personne du prévenu, c'est à bon droit qu'une cour d'appel déclare non avenue l'opposition du prévenu non comparant, par application de l'article 494, alinéa 1er, du Code de procédure pénale (■ Cass. crim., 4 avr. 1991, n° 90-82.241 : *Bull. crim.* n° 160). Si après convocation en justice, valant citation à personne, notifiée à l'opposant à un arrêt par défaut, ce dernier ne comparaît pas, la cour d'appel fait l'exacte application des dispositions combinées des articles 390-1 et 494, alinéa 1er, du Code de procédure pénale en déclarant l'opposition non avenue (■ Cass. crim., 21 févr. 1991, préc., n° 2).

9) Appel du jugement de débouté d'opposition. Le jugement de débouté d'opposition faisant corps avec le jugement auquel la partie condamnée a formé opposition et se confondant avec lui, l'appel interjeté contre ce jugement doit être considéré comme dirigé en même temps contre le jugement de défaut antérieur (■ Cass. crim., 26 juin 1989, n° 89-82.119 : *Bull. crim.* n° 272. ■ Cass. crim., 21 oct. 1991, n° 90-87.585 : *Bull. crim.* n° 363. ■ Cass. crim., 14 avr. 2015, nos 14-80.325 et 14-80.326). Encourt dès lors la cassation l'arrêt qui, relevant que la procédure a été régulièrement suivie sans opposition devant les premiers juges, se borne à confirmer le jugement rendu sur itératif défaut et à déclarer que la décision de défaut est ainsi devenue définitive (■ Cass. crim., 26 juin 1989, préc. ■ Cass. crim., 21 oct. 1991, préc.).

10) Point de départ du délai d'appel contre un jugement de débouté d'opposition. Le délai pour faire appel d'un jugement d'itératif défaut court à compter de la signification qui en est faite, quel qu'en soit le mode ; il appartient à l'opposant d'aviser le parquet de toute modification de l'adresse indiquée dans l'acte d'opposition, serait-ce à la suite d'une incarcération pour autre cause (■ Cass. crim., 24 juin 1992, n° 91-87.044 : *Bull. crim.* n° 258).

11) Rabat d'arrêt d'itératif défaut. Cette procédure n'est pas prévue par les dispositions légales régissant la matière de l'opposition et de l'itératif défaut (■ Cass. crim., 13 janv. 2016, n° 15-80.265).

B – Renvoi de l'affaire à une nouvelle audience

12) Faculté discrétionnaire. La possibilité offerte par l'article 494, alinéa 2 du Code de procédure pénale en cas d'itératif défaut suivant une condamnation à une peine privative de liberté sans sursis, d'ordonner le renvoi de l'affaire selon les modalités prévues par ce texte, ouvre aux juges une faculté discrétionnaire de l'exercice de laquelle ils ne doivent aucun compte (■ Cass. crim., 22 nov. 1988, n° 88-82.505). Mais V. numéro suivant ; V. aussi art. 494-1, p. 1061.

13) Refus de la demande de renvoi. L'intéressé ne saurait se faire un grief de ce que la cour d'appel ait déclaré son opposition non avenue, sans avoir renvoyé l'affaire à une autre audience, dès lors que, n'ayant déposé aucune demande en ce sens, il n'a pas comparu à la date qui lui avait été fixée en application des dispositions de l'article 494, alinéa 1, du Code de procédure pénale, par la notification, à lui faite verbalement, et constatée par procès-verbal au moment où cette opposition avait été formée ; ainsi, n'ont pas été méconnues les dispositions de l'article 6 § 3 *c)* de la Convention européenne des droits de l'Homme (■ Cass. crim., 28 mai 2002, n° 01-87.577).

Art. 494-1 *(L. n° 85-1407, 30 déc. 1985).* **– Dans les cas prévus par les premier à cinquième alinéas de l'article 494 et si des circonstances particulières le justifient, le tribunal peut, par décision spécialement motivée, modifier le jugement frappé d'opposition, sans possibilité d'aggravation de la peine.**

Bibliographie : A. Blanchot, *Tribunal correctionnel. - Opposition. - Itératif défaut : JCl. Proc. pén.*, art. 489 à 494-1, Fasc. 20.

1) Domaine d'application de l'article 494-1. Les dispositions de l'article 494-1 du code susvisé ne s'appliquent qu'au cas où l'opposition est, conformément aux prévisions des alinéas 1 à 5 de l'article 494 du même code, déclarée non avenue ; si donc l'opposition n'est pas déclarée non avenue selon les prévisions de ces alinéas, les dispositions de l'article 494-1 dudit code n'étant pas applicables, les juges apprécient souverainement les faits et la peine (■ Cass. crim., 8 juin 1989, n° 88-80.027 : *Bull. crim.* n° 247 ; *JCP* G 1990, II, 21512, note Y. Picod).

2) Applications. Aux termes de l'article 494-1 du Code de procédure pénale, dans les cas prévus par les premier à cinquième alinéas de l'article 494 et si des circonstances particulières le justifient, le tribunal peut, par décision spécialement motivée, modifier le jugement frappé d'opposition, sans possibilité d'aggravation de la peine (■ Cass. crim., 18 oct. 1990, n° 90-84.638 : *Bull. crim.* n° 348. ■ Cass. crim., 19 mars 1997, n° 96-85.716). Encourt, dès lors, la cassation l'arrêt qui, déclarant non avenue l'opposition formée par le prévenu, laisse cependant subsister une condamnation à une amende supérieure au maximum légal encouru (■ Cass. crim., 18 oct. 1990, préc.). Encourt, dès lors, la cassation l'arrêt qui laisse subsister la condamnation du prévenu pour une contravention amnistiée, alors qu'il appartenait à la cour d'appel de faire application de l'article 494-1 du Code de procédure pénale (■ Cass. crim., 19 mars 1997, préc.).

3) Révision d'une condamnation par itératif défaut. Ne constitue pas un fait nouveau, ni un élément inconnu au jour du procès, au sens de l'article 622, 4° du Code de procédure pénale, l'affirmation, par une personne condamnée par itératif défaut, qu'elle n'a pas été en mesure de faire connaître au tribunal un alibi excluant sa responsabilité pénale, lorsqu'il résulte du dossier qu'elle a invoqué cet alibi tant au cours de l'enquête préliminaire que lors de son opposition au jugement par défaut et que les juges pouvaient ainsi en tenir compte, notamment par application de l'article 101 dudit code (■ Cass. crim., 22 mars 1995, n° 94-85.408 : *Bull. crim.* n° 123).

Section VII. – De la procédure simplifiée

(L. n° 2002-1138, 9 sept. 2002)

Art. 495 *(Mod., L. n° 2019-222, 23 mars 2019).* **– I. – Le procureur de la République peut décider de recourir à la procédure simplifiée de l'ordonnance pénale pour les délits mentionnés au II du présent article lorsqu'il résulte de l'enquête de police judiciaire que les faits reprochés au prévenu sont simples et établis, que les renseignements concernant la personnalité, les charges et les ressources de celui-ci sont suffisants pour permettre la détermination**

de la peine, qu'il n'apparaît pas nécessaire, compte tenu de la faible gravité des faits, de prononcer une peine d'emprisonnement ou une peine d'amende d'un montant supérieur à celui fixé à l'article 495-1 et que le recours à cette procédure n'est pas de nature à porter atteinte aux droits de la victime.

II. – La procédure simplifiée de l'ordonnance pénale est applicable aux délits mentionnés à l'article 398-1 du présent code, à l'exception des délits d'atteintes volontaires et involontaires à l'intégrité des personnes.

Cette procédure est également applicable au délit de diffamation prévu à l'article 32 de la loi du 29 juillet 1881 sur la liberté de la presse et au délit d'injure prévu aux deuxième à quatrième alinéas de l'article 33 de la même loi, sauf lorsque sont applicables les dispositions de l'article 42 de ladite loi ou de l'article 93-3 de la loi n° 82-652 du 29 juillet 1982 sur la communication audiovisuelle.

III. – La procédure simplifiée de l'ordonnance pénale n'est pas applicable :

1° Si le prévenu était âgé de moins de dix-huit ans au jour de l'infraction ;

2° Si la victime a fait directement citer le prévenu avant qu'ait été rendue l'ordonnance prévue à l'article 495-1 du présent code ;

3° Si le délit a été commis en même temps qu'un délit ou qu'une contravention pour lequel la procédure d'ordonnance pénale n'est pas prévue.

Bibliographie : X. Pin, *Procédure simplifiée : JCl. Proc. pén.*, art. 495 à 495-6, Fasc. 20. • J. Volff, *L'ordonnance pénale en matière correctionnelle : D.* 2003, chron. p. 2777.

Voir également : art. R. 41-3 à R. 41-10, p. 1978.

I – PRINCIPES CONSTITUTIONNELS

1) Droit à un procès juste et équitable. Le ministère public ne peut recourir à la procédure simplifiée que dans les conditions mentionnées à l'article 495 ; si l'article 495-1 du même code donne au ministère public le pouvoir de choisir la procédure simplifiée, dans le respect des conditions fixées par l'article 495, c'est en raison du fait que la charge de la poursuite et de la preuve lui incombe ; si le président du tribunal estime qu'un débat contradictoire est utile ou qu'une peine d'emprisonnement devrait être prononcée, il doit renvoyer le dossier au ministère public. En outre, les dispositions des articles 495 à 495-6 du Code de procédure pénale apportent à la personne qui fait l'objet d'une ordonnance pénale, quant au respect des droits de la défense, des garanties équivalentes à celles dont elle aurait bénéficié si l'affaire avait été directement portée devant le tribunal correctionnel : en effet, l'ordonnance doit être motivée ; le prévenu dispose d'un délai de quarante-cinq jours à compter de la notification de l'ordonnance pour former opposition ; dans cette hypothèse, l'affaire fait l'objet devant le tribunal correctionnel d'un débat contradictoire et public au cours duquel l'intéressé a droit à l'assistance d'un avocat ; il doit être informé de ces règles. L'ensemble de ces dispositions garantit donc de façon suffisante l'existence d'un procès juste et équitable (■ Cons. const., 29 août 2002, n° 2002-461 DC).

II – PRINCIPES DU DROIT EUROPÉEN

2) Droit à un procès équitable. Un système procédural qui instaure une procédure de jugement simplifié pour des infractions légères commises en grand nombre n'est pas en cause dans son principe au regard du droit à un procès équitable (■ CEDH, 21 févr. 1984, n° 8544/79, *Öztürk c/ Allemagne*, à propos d'une procédure d'ordonnance pénale administrative en matière routière). Il faut que l'accusé ait la possibilité de comparaître personnellement devant une juridiction lors d'une audience, à la suite de son opposition à l'ordonnance (■ CEDH, 1er mars 2007, n° 19497/02, *Erkan Orhan c/ Turquie*. ■ CEDH, 10 févr. 2015, n° 2336/05, *Yoslun c/ Turquie*).

Art. 495-1 ***(Mod., L. n° 2019-222, 23 mars 2019).*** **– Le ministère public qui choisit la procédure simplifiée communique au président du tribunal le dossier de la poursuite et ses réquisitions.**

Le président statue sans débat préalable par une ordonnance pénale portant relaxe ou condamnation à une amende ainsi que, le cas échéant, à une ou plusieurs des peines complémentaires encourues, ces peines pouvant être prononcées à titre de peine principale. Le montant maximal de l'amende pouvant être prononcée est de la moitié de celui de l'amende encourue sans pouvoir excéder 5 000 €. Les peines prévues aux articles 131-5 à 131-8-1 du Code pénal peuvent être prononcées ; la peine de travail d'intérêt général ne peut toutefois être prononcée que si la personne a déclaré, au cours de l'enquête, qu'elle accepterait l'accomplissement d'un tel travail.

S'il estime qu'un débat contradictoire est utile ou qu'une peine d'emprisonnement devrait être prononcée, le juge renvoie le dossier au ministère public.

Bibliographie : X. Pin, *Procédure simplifiée : JCl. Proc. pén.*, art. 495 à 495-6, Fasc. 20.

Art. 495-2 *(Mod., L. n° 2011-1862, 13 déc. 2011).* **– L'ordonnance mentionne les nom, prénoms, date et lieu de naissance et domicile du prévenu, la qualification légale, la date et le lieu du fait imputé, la mention des textes applicables et, en cas de condamnation, la ou les peines prononcées.**

L'ordonnance pénale doit être motivée, au regard notamment des dispositions du I de l'article 495.

Bibliographie : X. Pin, *Procédure simplifiée : JCl. Proc. pén.*, art. 495 à 495-6, Fasc. 20.

Art. 495-2-1 *(L. n° 2011-1862, 13 déc. 2011).* **– Lorsque la victime des faits a formulé au cours de l'enquête de police une demande de dommages et intérêts ou de restitution valant constitution de partie civile conformément au deuxième alinéa de l'article 420-1, le président statue sur cette demande dans l'ordonnance pénale. S'il ne peut statuer sur cette demande pour l'une des raisons mentionnées au dernier alinéa du même article 420-1, il renvoie le dossier au ministère public aux fins de saisir le tribunal sur les intérêts civils. L'article 495-5-1 est alors applicable.**

Bibliographie : X. Pin, *Procédure simplifiée : JCl. Proc. pén.*, art. 495 à 495-6, Fasc. 20.

Art. 495-3 *(Mod., L. n° 2019-222, 23 mars 2019).* **– Dès qu'elle est rendue, l'ordonnance pénale est transmise au ministère public qui, dans les dix jours, peut soit former opposition par déclaration au greffe du tribunal, soit en poursuivre l'exécution.**

Cette ordonnance est portée à la connaissance du prévenu par lettre recommandée avec demande d'avis de réception. Elle peut également être portée à la connaissance du prévenu par le procureur de la République, directement ou par l'intermédiaire d'une personne habilitée ; ce mode de notification est obligatoire si l'ordonnance prononce la peine de jour-amende ou la peine de travail d'intérêt général.

Le prévenu est informé qu'il dispose d'un délai de quarante-cinq jours à compter de cette notification pour former opposition à l'ordonnance, que cette opposition peut être limitée aux dispositions civiles ou pénales de l'ordonnance lorsqu'il a été statué sur une demande présentée par la victime et qu'elle permettra que l'affaire fasse l'objet d'un débat contradictoire et public devant le tribunal correctionnel, au cours duquel il pourra être assisté par un avocat, dont il pourra demander la commission d'office. Le prévenu est également informé que le tribunal correctionnel, s'il l'estime coupable des faits qui lui sont reprochés, aura la possibilité de prononcer contre lui une peine d'emprisonnement si celle-ci est encourue pour le délit ayant fait l'objet de l'ordonnance.

En l'absence d'opposition, l'ordonnance est exécutée suivant les règles prévues par le présent code pour l'exécution des jugements correctionnels.

Toutefois, s'il ne résulte pas de l'avis de réception que le prévenu a reçu la lettre de notification, l'opposition reste recevable jusqu'à l'expiration d'un délai de trente jours qui court de la date à laquelle l'intéressé a eu connaissance, d'une part, de la condamnation, soit par un acte d'exécution, soit par tout autre moyen, d'autre part, du délai et des formes de l'opposition qui lui sont ouvertes.

Le comptable public compétent arrête le recouvrement dès réception de l'avis d'opposition à l'ordonnance pénale établi par le greffe.

Bibliographie : X. Pin, *Procédure simplifiée : JCl. Proc. pén.*, art. 495 à 495-6, Fasc. 20.

1) Option procédurale du ministère public. La procédure simplifiée de l'ordonnance pénale revêtant un caractère subsidiaire et facultatif jusqu'à l'expiration du délai d'opposition à l'exécution de l'ordonnance pénale, le ministère public conserve la faculté d'y renoncer en recourant à la procédure de droit commun (■ Cass. crim., 3 févr. 1998, n° 97-80.847 : *Bull. crim.* n° 41 : arrêt rendu à propos d'une ordonnance pénale contraventionnelle).

2) *Non bis in idem.* Lorsqu'une infraction a fait l'objet d'une ordonnance pénale, une juridiction de jugement statuant selon la procédure ordinaire à propos des mêmes faits doit rechercher si l'ordonnance pénale est passée en force de chose jugée, sans pouvoir indiquer au prévenu qu'il lui appartiendra de former un pourvoi en cassation contre ladite ordonnance (■ Cass. crim., 14 janv. 1987, n° 86-91435 : arrêt rendu à propos d'une ordonnance pénale contraventionnelle).

3) Connaissance de l'ordonnance par le prévenu. Doit être cassé l'arrêt qui retient que l'ordonnance pénale a été régulièrement notifiée par lettre recommandée avec accusé de réception adressée au prévenu qui ne l'a pas retirée, sans rechercher s'il résultait de l'avis de réception que le prévenu avait reçu la lettre de notification de l'ordonnance pénale, alors qu'il prétendait n'avoir eu connaissance de la condamnation intervenue que par un avis postérieur du Trésor public, affirmation que le prévenu n'avait pas à justifier (■ Cass. crim., 15 nov. 2011, n° 11-84.460).

4) Mentions devant figurer dans la notification de l'ordonnance. La notification doit comporter les informations prévues à l'article 495-3, alinéa 3, du Code de procédure pénale, notamment celle relative à la durée du délai d'opposition, à défaut desquelles aucune notification ne peut être régulière ; les juges ne peuvent donc affirmer que les dispositions de l'article 495-3 susvisé n'excluent pas que cette information puisse être effectuée verbalement (▪ Cass. crim., 12 nov. 2014, n° 13-88.109 : *Bull. crim.* n° 234).

5) Point de départ du délai d'opposition. Le prévenu peut former opposition à l'exécution d'une ordonnance pénale dans un délai décompté à partir de l'envoi de la lettre recommandée avec accusé de réception par laquelle cette décision lui est notifiée ; si aucune lettre recommandée n'a été envoyée, l'opposition reste recevable jusqu'à l'expiration du délai qui court de la date à laquelle l'intéressé a eu connaissance de la condamnation, soit par un acte d'exécution, soit par tout autre moyen. Encourt la cassation l'arrêt qui, alors que la notification prévue par le texte précité a été faite par un agent de la police municipale, fixe le point de départ du délai pour former opposition, non à la date à laquelle le prévenu a eu connaissance de l'ordonnance, mais à celle à laquelle a été envoyé à l'agent le courrier portant transmission de la décision (▪ Cass. crim., 28 sept. 2004, n° 03-86.802 : *Bull. crim.* n° 222 ; *RSC* 2005, p. 102, obs. A. Giudicelli : arrêt rendu à propos d'une ordonnance pénale contraventionnelle).

6) Opposition fondée sur la prescription de l'action publique. La juridiction est tenue de répondre à un moyen soulevant, dans l'acte d'opposition à l'ordonnance pénale, la prescription de l'action publique (▪ Cass. crim., 10 nov. 2004, n° 04-83.541 : *Bull. crim.* n° 282 : arrêt rendu à propos d'une ordonnance pénale contraventionnelle).

7) Absence d'autorité de l'ordonnance pénale au civil. Lorsque l'ordonnance pénale a acquis l'autorité de la chose jugée, par suite de l'expiration du délai d'opposition et du paiement de l'amende intervenue depuis la décision du premier juge, la cour d'appel énonce à bon droit que les parties civiles demeurent recevables en leur action ; en effet, l'ordonnance pénale, devenue définitive, n'a pas l'autorité de la chose jugée à l'égard de l'action civile en réparation des dommages causés par l'infraction (▪ Cass. crim., 3 févr. 1998, n° 97-80.847 : *Bull. crim.* n° 41 : arrêt rendu à propos d'une ordonnance pénale contraventionnelle).

Art. 495-3-1 ***(L. n° 2011-1862, 13 déc. 2011).*** **– Lorsqu'il est statué sur les intérêts civils, l'ordonnance pénale est portée à la connaissance de la partie civile selon l'une des modalités prévues au deuxième alinéa de l'article 495-3. La partie civile est informée qu'elle dispose d'un délai de quarante-cinq jours à compter de cette notification pour former opposition aux dispositions civiles de l'ordonnance.**

Bibliographie : X. Pin, *Procédure simplifiée : JCl. Proc. pén.*, art. 495 à 495-6, Fasc. 20.

Art. 495-4 ***(Mod., L. n° 2011-1862, 13 déc. 2011).*** **– En cas d'opposition formée par le ministère public ou par le prévenu, l'affaire est portée à l'audience du tribunal correctionnel. En cas d'opposition formée par le prévenu sur les seules dispositions civiles ou par la partie civile, le tribunal statue conformément à l'avant-dernier alinéa de l'article 464. Le jugement rendu par défaut, sur l'opposition du prévenu, est susceptible d'opposition dans les conditions prévues aux articles 489 à 494-1.**

Jusqu'à l'ouverture des débats, le prévenu peut renoncer expressément à son opposition. L'ordonnance pénale reprend alors sa force exécutoire et une nouvelle opposition n'est pas recevable.

Bibliographie : X. Pin, *Procédure simplifiée : JCl. Proc. pén.*, art. 495 à 495-6, Fasc. 20.

Art. 495-5 ***(Mod., L. n° 2011-1862, 13 déc. 2011).*** **– L'ordonnance pénale, à laquelle il n'a pas été formé opposition ou qui n'a pas été portée par le ministère public à l'audience du tribunal correctionnel, a les effets d'un jugement passé en force de chose jugée.**

Cependant, l'ordonnance pénale statuant uniquement sur l'action publique n'a pas l'autorité de la chose jugée à l'égard de l'action civile en réparation des dommages causés par l'infraction.

Bibliographie : X. Pin, *Procédure simplifiée : JCl. Proc. pén.*, art. 495 à 495-6, Fasc. 20.

Art. 495-5-1 ***(L. n° 2011-1862, 13 déc. 2011).*** **– Lorsque la victime de l'infraction est identifiée et qu'elle n'a pu se constituer partie civile dans les conditions prévues à l'article 495-2-1 ou lorsqu'il n'a pas été statué sur sa demande formulée conformément à l'article 420-1, le procureur de la République doit l'informer de son droit de lui demander de citer l'auteur des faits à une audience du tribunal correctionnel statuant conformément à l'avant-**

dernier alinéa de l'article 464, dont elle est avisée de la date pour lui permettre de se constituer partie civile. Le tribunal statue alors sur les seuls intérêts civils, au vu du dossier de la procédure qui est versé au débat.

Bibliographie : X. Pin, *Procédure simplifiée : JCl. Proc. pén.*, art. 495 à 495-6, Fasc. 20.

Art. 495-6 *(L. n° 2002-1138, 9 sept. 2002 ; mod., L. n° 2004-204, 9 mars 2004)*. – **Les dispositions de la présente section ne font pas échec aux droits de la partie lésée de citer l'auteur des faits devant le tribunal correctionnel.**

Le tribunal statue uniquement sur les intérêts civils si l'ordonnance pénale a acquis la force de chose jugée. À cette audience, le tribunal est composé du seul président siégeant à juge unique.

Bibliographie : X. Pin, *Procédure simplifiée : JCl. Proc. pén.*, art. 495 à 495-6, Fasc. 20.

Art. 495-6-1 et 495-6-2 *(Abr., L. n° 2011-1862, 13 déc. 2011)*.

Section VIII. – De la comparution sur reconnaissance préalable de culpabilité

(L. n° 2004-204, 9 mars 2004)

Art. 495-7 *(Mod., L. n° 2011-1862, 13 déc. 2011)*. – **Pour tous les délits, à l'exception de ceux mentionnés à l'article 495-16 et des délits d'atteintes volontaires et involontaires à l'intégrité des personnes et d'agressions sexuelles prévus aux articles 222-9 à 222-31-2 du Code pénal lorsqu'ils sont punis d'une peine d'emprisonnement d'une durée supérieure à cinq ans, le procureur de la République peut, d'office ou à la demande de l'intéressé ou de son avocat, recourir à la procédure de comparution sur reconnaissance préalable de culpabilité conformément aux dispositions de la présente section à l'égard de toute personne convoquée à cette fin ou déférée devant lui en application de l'article 393 du présent code, lorsque cette personne reconnaît les faits qui lui sont reprochés.**

Code pénal

Art. 431-8-1 *(L. n° 2019-290, 10 avr. 2019)*. – Les articles 393 à 397-7 et 495-7 à 495-15-1 du Code de procédure pénale sont applicables aux délits prévus à la présente section.

Bibliographie : *Répertoire.* É. Verny et C. Ghica-Lemarchand, *De la comparution sur reconnaissance préalable de culpabilité : JCl. Proc. pén.*, art. 495-7 à 495-16, Fasc. 20.

Généralités. J. Buisson, *À propos de la loi n° 2005-847 du 26 juillet 2005, reconnaissance préalable de culpabilité : Procédures* 2005, comm. 234. • Y. Capdepon, *Le juge du siège et l'évolution de la procédure pénale : juger ou contrôler ? : Dr. pén.* 2007, étude 15. • D. Charvet, *Réflexions autour du plaider coupable : D.* 2004, p. 2517. • F. Defferard, *La dénaturation du plaider coupable : Dr. pén.* 2009, étude 13. • P.-J. Delage, *La comparution sur reconnaissance préalable de culpabilité : quand la pratique ramène à la théorie : D.* 2005, p. 1970 ; *De la bonne administration de la procédure de « plaider coupable » : Dr. pén.* 2008, étude 23. • C.-S. Enderlin, *CRPC : l'évolution de l'audience d'homologation en débat : AJ Pénal* 2005, p. 214. • Ch. Guéry, *Le renvoi aux fins de comparution sur reconnaissance préalable de culpabilité : AJ Pénal* 2013, p. 86. • Y. Joseph-Ratineau et F. Boulan, *Comparution sur reconnaissance préalable de culpabilité : à nos actes manqués... : D.* 2010, p. 875. • J. Pradel, *Le ministère public à l'audience d'homologation : D.* 2005, p. 1200. • X. Pradel, M. Seurin, D. Casanova et D. Missistrano, *Le plaider coupable : RPDP* 2005, p. 377. • C. Saas, *De la composition pénale au plaider coupable : le pouvoir de sanction du procureur : RSC* 2004, p. 827. • J.-Ch. Saint-Pau, *Le ministère public concurrence-t-il le juge du siège ? : Dr. pén.* 2007, étude 14. • A. Valoteau, *Le jugement sur reconnaissance préalable de culpabilité : une autre procédure de jugement ou une autre manière de juger ? : Dr. pén.* 2006, étude 8.

Voir également : art. 180-1, p. 590.

Art. 495-8 *(Mod., L. n° 2019-222, 23 mars 2019)*. – **Le procureur de la République peut proposer à la personne d'exécuter une ou plusieurs des peines principales ou complémentaires encourues ; la nature et le quantum de la ou des peines sont déterminés conformément aux articles 130-1 et 132-1 du Code pénal.**

Lorsqu'est proposée une peine d'emprisonnement, sa durée ne peut être supérieure à trois ans ni excéder la moitié de la peine d'emprisonnement encourue. Le procureur peut proposer qu'elle soit assortie en tout ou partie du sursis. Il peut également proposer qu'elle fasse l'objet d'une des mesures d'aménagement énumérées par

l'article 712-6. Si le procureur de la République propose une peine d'emprisonnement ferme, il précise à la personne s'il entend que cette peine soit immédiatement mise à exécution ou si la personne sera convoquée devant le juge de l'application des peines pour que soient déterminées les modalités de son exécution, notamment la semi-liberté, le placement à l'extérieur ou le placement sous surveillance électronique.

Lorsqu'est proposée une peine d'amende, son montant ne peut être supérieur à celui de l'amende encourue. Elle peut être assortie du sursis.

Le procureur de la République peut proposer que la peine d'emprisonnement proposée révoquera tels ou tels sursis précédemment accordés. Il peut également proposer le relèvement d'une interdiction, d'une déchéance ou d'une incapacité résultant de plein droit de la condamnation, en application du second alinéa de l'article 132-21 du Code pénal, ou l'exclusion de la mention de la condamnation du bulletin n° 2 ou n° 3 du casier judiciaire en application des articles 775-1 et 777-1 du présent code.

Les déclarations par lesquelles la personne reconnaît les faits qui lui sont reprochés sont recueillies, et la proposition de peine est faite par le procureur de la République, en présence de l'avocat de l'intéressé choisi par lui ou, à sa demande, désigné par le bâtonnier de l'ordre des avocats, l'intéressé étant informé que les frais seront à sa charge sauf s'il remplit les conditions d'accès à l'aide juridictionnelle. La personne ne peut renoncer à son droit d'être assistée par un avocat. L'avocat doit pouvoir consulter sur-le-champ le dossier.

La personne peut librement s'entretenir avec son avocat, hors la présence du procureur de la République, avant de faire connaître sa décision. Elle est avisée par le procureur de la République qu'elle peut demander à disposer d'un délai de dix jours avant de faire connaître si elle accepte ou si elle refuse la ou les peines proposées.

Le procureur de la République peut, avant de proposer une peine conformément aux dispositions du cinquième alinéa du présent article, informer par tout moyen la personne ou son avocat des propositions qu'il envisage de formuler.

Avertissement : *Rédaction à jour de la loi n° 2014-896 du 15 août 2014 relative à l'individualisation des peines et renforçant l'efficacité des sanctions pénales.*

Bibliographie : É. Verny et C. Ghica-Lemarchand, *De la comparution sur reconnaissance préalable de culpabilité : JCl. Proc. pén.*, art. 495-7 à 495-16, Fasc. 20.

Passerelle. Le procureur de la République peut saisir la juridiction correctionnelle selon l'un des modes prévus par l'article 388 du Code de procédure pénale lorsque, après la délivrance d'une convocation en vue d'une comparution sur reconnaissance préalable de culpabilité, il renonce à proposer une peine dans les conditions prévues par l'article 495-8 dudit code (■ Cass. crim., 29 oct. 2008, n° 08-84.857 : *Bull. crim.* n° 219 ; *D.* 2009, p. 533, note P.-J. Delage. ■ Cass. crim., 9 déc. 2008, 2 arrêts, nos 08-84.854 et 08-84.855. ■ Cass. crim., 7 janv. 2009, n° 08-84.856. ■ Cass. crim., 4 févr. 2009, n° 08-84.853).

Art. 495-9 *(L. n° 2004-204, 9 mars 2004 ; L. n° 2005-847, 26 juill. 2005 ; L. n° 2009-526, 12 mai 2009).* – Lorsque, en présence de son avocat, la personne accepte la ou les peines proposées, elle est aussitôt présentée devant le président du tribunal judiciaire ou le juge délégué par lui, saisi par le procureur de la République d'une requête en homologation. Si la personne n'est pas détenue, elle peut être convoquée devant le président du tribunal judiciaire ou le juge délégué par lui dans un délai inférieur ou égal à un mois.

Le président du tribunal judiciaire ou le juge délégué par lui entend la personne et son avocat *[Dispositions déclarées non conformes à la Constitution par décision du Conseil constitutionnel n° 2004-492 DC du 2 mars 2004]*. Après avoir vérifié la réalité des faits et leur qualification juridique, il peut décider d'homologuer les peines proposées par le procureur de la République. Il statue le jour même par ordonnance motivée. La procédure prévue par le présent alinéa se déroule en audience publique ; la présence du procureur de la République à cette audience n'est pas obligatoire.

Bibliographie : É. Verny et C. Ghica-Lemarchand, *De la comparution sur reconnaissance préalable de culpabilité : JCl. Proc. pén.*, art. 495-7 à 495-16, Fasc. 20.

I – PRINCIPES CONSTITUTIONNELS

1) Principe de la séparation des autorités chargées de l'action publique et des autorités de jugement. Les dispositions régissant la procédure de comparution sur reconnaissance préalable de culpabilité ne portent pas atteinte au principe de séparation des autorités chargées de l'action publique et des autorités de jugement, sous réserve que le président du tribunal de grande instance vérifie la qualification juridique des faits et de s'interroger sur la justification de la peine au regard des circonstances de l'infraction et de la personnalité de son auteur ; qu'il refuse l'homologation s'il estime que la nature des faits, la personnalité de l'intéressé, la situation de la victime ou les intérêts de la société justifient une audience correctionnelle ordinaire ; que conformément à l'économie générale des dispositions contestées, il refuse également d'homologuer la peine proposée si les déclarations de la victime apportent un éclairage nouveau sur les conditions dans lesquelles l'infraction a été commise ou sur la personnalité de son auteur (■ Cons. const., 2 mars 2004, n° 2004-492 DC).

2) Droit à un procès équitable. Les dispositions régissant la procédure de comparution sur reconnaissance préalable de culpabilité ne méconnaissent pas le droit à un procès équitable eu égard à l'ensemble des garanties apportées par la loi : l'avocat, dont l'assistance est obligatoire, est présent tout au long de la procédure de comparution sur reconnaissance préalable de culpabilité ; en particulier, l'avocat est présent lorsque l'intéressé reconnaît les faits, qu'il reçoit la proposition de peine du procureur de la République, qu'il accepte ou refuse cette proposition et, en cas d'acceptation, qu'il comparaît devant le président du tribunal de grande instance ; l'avocat peut librement communiquer avec son client et consulter immédiatement le dossier de la procédure ; l'intéressé est averti qu'il peut demander à bénéficier d'un délai de dix jours avant de donner ou de refuser son accord à la proposition du procureur de la République ; même lorsqu'il aura donné son accord lors de l'homologation, il disposera d'un délai de dix jours pour faire appel de la condamnation (■ Cons. const., 2 mars 2004, n° 2004-492 DC).

3) Principe de la présomption d'innocence. Les dispositions régissant la procédure de comparution sur reconnaissance préalable de culpabilité ne portent pas atteinte au principe de la présomption d'innocence : d'une part, s'il découle de l'article 9 de la Déclaration de 1789 que nul n'est tenu de s'accuser, ni cette disposition ni aucune autre de la Constitution n'interdit à une personne de reconnaître librement sa culpabilité ; d'autre part, le juge du siège n'est lié ni par la proposition du procureur, ni par son acceptation par la personne concernée ; il lui appartient de s'assurer que l'intéressé a reconnu librement et sincèrement être l'auteur des faits et de vérifier la réalité de ces derniers ; s'il rend une ordonnance d'homologation, il doit relever que la personne, en présence de son avocat, reconnaît les faits qui lui sont reprochés et accepte en connaissance de cause la ou les peines proposées par le procureur de la République ; le juge doit donc vérifier non seulement la réalité du consentement de la personne, mais également sa sincérité ; enfin, en cas de refus d'homologation, l'article 495-14 du Code de procédure pénale prévoit que le procès-verbal de la procédure de comparution sur reconnaissance préalable de culpabilité ne peut être transmis à la juridiction d'instruction ou de jugement et que ni le ministère public, ni les parties ne peuvent faire état devant cette juridiction des déclarations faites ou des documents remis au cours de la procédure (■ Cons. const., 2 mars 2004, n° 2004-492 DC).

4) Absence du procureur de la République à l'audience. En précisant que le procureur de la République n'est pas tenu d'être présent à l'audience d'homologation, l'article 495-9 ne méconnaît ni les dispositions de l'article 34 de la Constitution aux termes desquelles : « La loi fixe les règles concernant : ... la procédure pénale... », ni le principe d'égalité devant la justice, ni les exigences constitutionnelles relatives au respect des droits de la défense et à l'existence d'un procès équitable, ni le principe d'individualisation des peines qui découle de l'article 8 de la Déclaration des droits de l'homme et du citoyen de 1789, ni aucun autre principe constitutionnel (■ Cons. const., 22 juill. 2005, n° 2005-520 DC : *RSC* 2006, p. 133, note V. Bück ; *RFD const.* 2006, p. 165, note S. Nicot).

II – PRINCIPES DU DROIT EUROPÉEN

5) Présomption d'innocence. Directive 2016/343/UE. L'article 4, paragraphe 1, de la directive 2016/343/UE du Parlement européen et du Conseil, du 9 mars 2016, portant renforcement de certains aspects de la présomption d'innocence et du droit d'assister à son procès dans le cadre des procédures pénales, doit être interprété en ce sens qu'il ne s'oppose pas à ce qu'un accord dans lequel la personne poursuivie reconnaît sa culpabilité en échange d'une réduction de peine, qui doit être approuvé par une juridiction nationale, mentionne expressément en tant que coauteurs de l'infraction pénale en cause non seulement cette personne, mais également d'autres personnes poursuivies, lesquelles n'ont pas reconnu leur culpabilité et sont poursuivies dans le cadre d'une procédure pénale distincte, à la condition, d'une part, que cette mention soit nécessaire pour la qualification de la responsabilité juridique de la personne qui a conclu ledit accord et, d'autre part, que ce même accord indique clairement que ces autres personnes sont poursuivies dans le cadre d'une procédure pénale distincte et que leur culpabilité n'a pas été légalement établie (■ CJUE, 5 sept. 2019, C-377/18 : *Europe* 2019, comm. 420, obs. F. Gazin. ■ CJUE, ord., 28 mai 2020, C-709-18, visant les articles 3 et 4 de la directive, lus en combinaison avec le considérant 16 de cette directive, ainsi que l'article 47, deuxième alinéa, et l'article 48 de la charte des droits fondamentaux de l'Union européenne).

III – PROCÉDURE

6) Cour d'appel. Exception de nullité. En application de l'article 385 du Code de procédure pénale, selon lequel les exceptions de nullité de la procédure doivent, à peine de forclusion, être présentées avant toute défense au fond, une cour d'appel ne peut examiner une exception de nullité présentée pour la première fois devant elle, alors que le prévenu a comparu devant le président du tribunal de grande instance suivant la procédure de reconnaissance préalable de culpabilité, au motif que la simple audition, par lui, du prévenu assisté de son avocat, ne peut être assimilée à une défense au fond : il s'instaure en effet un débat au fond devant le président du tribunal correctionnel, lequel, après avoir vérifié la réalité des faits et leur qualification juridique, s'il décide d'homologuer la proposition du procureur de la République, constate notamment que la personne, en présence de son avocat, reconnaît les faits reprochés et accepte la ou les peines proposées (■ Cass. crim., 22 févr. 2012, n° 11-82.786 : *JurisData* n° 2012-002578 ; *Bull. crim.* n° 52 ; *Dr. pén.* 2012, comm. 59, obs. A. Maron et M. Haas).

7) Recours contre l'ordonnance de refus d'homologation. Pourvoi en cassation en cas de risque d'excès de pouvoir. Aucun texte n'envisageant la possibilité d'un recours contre l'ordonnance de refus d'homologation des peines proposées par le procureur de la République dans le cadre d'une procédure de comparution sur reconnaissance préalable de culpabilité, un pourvoi en cassation contre une telle décision n'est possible que si son examen fait apparaître un risque d'excès de pouvoir relevant du contrôle de la Cour de cassation (■ Cass. crim., 30 mars 2021, n° 20-86.358, § 3 : publié au *Bull.* ; *Dr. pén.* 2021, comm. 151, obs. A. Maron et M. Haas. V. *infra*, art. 495-11-1).

Art. 495-10 *(Mod., L. n° 2019-222, 23 mars 2019)*. **– Lorsque la personne demande à bénéficier, avant de se prononcer sur la proposition faite par le procureur de la République, du délai prévu à l'avant-dernier alinéa de l'article 495-8, le procureur de la République peut la présenter devant le juge des libertés et de la détention pour que celui-ci ordonne son placement sous contrôle judiciaire, [sous assignation] à résidence avec surveillance électronique ou, à titre exceptionnel et si l'une des peines proposées est égale ou supérieure à deux mois d'emprisonnement ferme et que le procureur de la République a proposé sa mise à exécution immédiate, son placement en détention provisoire, selon les modalités prévues par le dernier alinéa de l'article 394 ou les articles 395 et 396, jusqu'à ce qu'elle comparaisse de nouveau devant le procureur de la République. Cette nouvelle comparution doit intervenir dans un délai compris entre dix et vingt jours à compter de la décision du juge des libertés et de la détention. À défaut, il est mis fin au contrôle judiciaire, à l'assignation à résidence avec surveillance électronique ou à la détention provisoire de l'intéressé si l'une de ces mesures a été prise.**

Bibliographie : É. Verny et C. Ghica-Lemarchand, *De la comparution sur reconnaissance préalable de culpabilité : JCl. Proc. pén.*, art. 495-7 à 495-16, Fasc. 20.

Art. 495-11 *(L. n° 2004-204, 9 mars 2004)*. **– L'ordonnance par laquelle le président du tribunal judiciaire ou le juge délégué par lui décide d'homologuer la ou les peines proposées est motivée par les constatations, d'une part, que la personne, en présence de son avocat, reconnaît les faits qui lui sont reprochés et accepte la ou les peines proposées par le procureur de la République, d'autre part, que cette ou ces peines sont justifiées au regard des circonstances de l'infraction et de la personnalité de son auteur.**

L'ordonnance a les effets d'un jugement de condamnation. Elle est immédiatement exécutoire. Lorsque la peine homologuée est une peine d'emprisonnement ferme, la personne est, selon les distinctions prévues au deuxième alinéa de l'article 495-8, soit immédiatement incarcérée en maison d'arrêt, soit convoquée devant le juge de l'application des peines, à qui l'ordonnance est alors transmise sans délai.

Dans tous les cas, elle peut faire l'objet d'un appel de la part du condamné, conformément aux dispositions des articles 498, 500, 502 et 505. Le ministère public peut faire appel à titre incident dans les mêmes conditions. À défaut, elle a les effets d'un jugement passé en force de chose jugée.

Bibliographie : É. Verny et C. Ghica-Lemarchand, *De la comparution sur reconnaissance préalable de culpabilité : JCl. Proc. pén.*, art. 495-7 à 495-16, Fasc. 20.

1) Appel incident du ministère public. Il résulte de l'article 495-11 du Code de procédure pénale que le ministère public ne dispose pas du droit de relever appel à titre principal d'une ordonnance d'homologation des peines proposées à un prévenu comparant sur reconnaissance préalable de culpabilité, même si elle comporte une disposition contraire à la loi : le ministère public ne dispose en la matière que d'un droit d'appel incident (▪ Cass. crim., 10 nov. 2010, n° 10-82.097 : *Bull. crim.* n° 178. ▪ Cass. crim., 29 mars 2011, n° 10-88.236 : *Bull. crim.* n° 60).

2) Effet d'un jugement passé en force de chose jugée. Le prévenu ayant comparu sur reconnaissance préalable de culpabilité du chef de détention sans autorisation d'armes et de munitions et le président du tribunal ordonné l'homologation de la peine, puis le procureur de la République ayant, ultérieurement, fait citer le prévenu devant le tribunal correctionnel pour le même délit ainsi que pour le délit de contrebande, doit être cassé l'arrêt qui annule la procédure, au motif que les procès-verbaux dressés dans le cadre de la procédure de comparution sur reconnaissance préalable de culpabilité ont été joints au dossier soumis à la juridiction de jugement : d'une part, l'action publique exercée du chef d'infraction à la législation sur les armes était éteinte par la chose jugée ; d'autre part, les dispositions de l'article 495-14 du Code de procédure pénale ne pouvaient s'appliquer au délit distinct de contrebande qui n'avait pas été inclus dans la procédure de comparution sur reconnaissance préalable de culpabilité, alors que l'inobservation de cet article ne peut entraîner que la nullité de la décision ayant fait état des éléments recueillis lors de la mise en œuvre de cette procédure (▪ Cass. crim., 26 oct. 2010, n° 10-82.261).

Art. 495-11-1 *(Créé, L. n° 2019-222, 23 mars 2019).* **– Sans préjudice des cas dans lesquels les conditions prévues au premier alinéa de l'article 495-11 ne sont pas remplies, le président peut refuser l'homologation s'il estime que la nature des faits, la personnalité de l'intéressé, la situation de la victime ou les intérêts de la société justifient une audience correctionnelle ordinaire ou lorsque les déclarations de la victime entendue en application de l'article 495-13 apportent un éclairage nouveau sur les conditions dans lesquelles l'infraction a été commise ou sur la personnalité de son auteur.**

1) Question prioritaire de constitutionnalité. La procédure de comparution sur reconnaissance préalable de culpabilité est une procédure particulière de jugement de certains délits qui peut être librement mise en œuvre par le procureur de la République dès lors que la personne poursuivie a reconnu les faits. Celle-ci ne dispose pas d'un droit à être jugée selon cette procédure. Elle ne dispose pas davantage, lorsque le procureur a décidé d'y recourir et qu'elle a accepté la peine qu'il lui a proposée, d'un droit à son homologation par le président du tribunal judiciaire. Par ailleurs, il résulte de l'article 495-12 du Code de procédure pénale que l'ordonnance de refus d'homologation a pour seul effet que, sauf élément nouveau, le procureur saisit le tribunal correctionnel ou requiert l'ouverture une information judiciaire. Dès lors, l'absence de voie de recours permettant de remettre en cause la décision de refus d'homologation ne méconnaît pas le droit à un recours juridictionnel effectif. En outre, lorsqu'à l'issue de la procédure de comparution sur reconnaissance préalable de culpabilité, le président du tribunal judiciaire, ou le juge délégué, n'a pas homologué la proposition de peine, le deuxième alinéa de l'article 495-14 du même code prévoit que le procès-verbal de la procédure ne peut être transmis à la juridiction d'instruction ou de jugement et que ni le ministère public ni les parties ne peuvent faire état devant cette juridiction des déclarations faites ou des documents remis au cours de la procédure. Dès lors, les dispositions contestées ne portent pas atteinte au respect des droits de la défense, ni au principe d'égalité devant la loi, ni à aucun autre droit ou liberté que la Constitution garantit (▪ Cons. const., 18 juin 2021, n° 2021-918 QPC).

2) Étendue du pouvoir d'appréciation du juge de l'homologation. Il se déduit de la réserve d'interprétation énoncée par le Conseil constitutionnel dans sa décision n° 2004-492 DC du 2 mars 2004 (considérant 107) que le principe de séparation des autorités de poursuite et de jugement commande que le président du tribunal judiciaire ou son délégué exerce, lors de l'audience d'homologation de la peine proposée, son plein office de juge du fond ; dès lors, les motifs énumérés par les articles 495-9, 495-11 et 495-11-1 du Code de procédure pénale ne sauraient limiter son pouvoir d'appréciation. Pour refuser d'homologuer la peine proposée par le procureur de la République, l'ordonnance attaquée énonce que la procédure de comparution sur reconnaissance préalable de culpabilité n'est pas adaptée s'agissant de M. K..., les deux autres mis en examen ayant refusé une telle procédure : le juge retient que le refus d'homologation permettra au tribunal, éventuellement saisi de l'affaire, de statuer en cohérence sur le rôle de chacun des trois mis en examen, dans leur connaissance des faits reprochés. En statuant ainsi, le juge délégué par le président du tribunal n'a commis aucun excès de pouvoir (▪ Cass. crim., 30 mars 2021, n° 20-86.358, §§ 5 à 8 : publié au *Bull.* ; *Dr. pén.* 2021, comm. 151, obs. A. Maron et M. Haas).

Art. 495-12 *(L. n° 2004-204, 9 mars 2004)*. – Lorsque la personne déclare ne pas accepter la ou les peines proposées ou que le président du tribunal judiciaire ou son délégué rend une ordonnance de refus d'homologation, le procureur de la République saisit, sauf élément nouveau, le tribunal correctionnel selon l'une des procédures prévues par l'article 388 ou requiert l'ouverture d'une information.

Lorsque la personne avait été déférée devant lui en application des dispositions de l'article 393, le procureur de la République peut la retenir jusqu'à sa comparution devant le tribunal correctionnel ou le juge d'instruction, qui doit avoir lieu le jour même, conformément aux dispositions de l'article 395 ; si la réunion du tribunal n'est pas possible le jour même, il est fait application des dispositions de l'article 396. Les dispositions du présent alinéa sont applicables y compris si la personne avait demandé à bénéficier d'un délai et avait été placée en détention provisoire en application des dispositions des articles 495-8 et 495-10.

Bibliographie : É. Verny et C. Ghica-Lemarchand, *De la comparution sur reconnaissance préalable de culpabilité : JCl. Proc. pén.*, art. 495-7 à 495-16, Fasc. 20.

Art. 495-13 *(L. n° 2004-204, 9 mars 2004)*. – Lorsque la victime de l'infraction est identifiée, elle est informée sans délai, par tout moyen, de cette procédure. Elle est invitée à comparaître en même temps que l'auteur des faits, accompagnée le cas échéant de son avocat, devant le président du tribunal judiciaire ou le juge délégué par lui pour se constituer partie civile et demander réparation de son préjudice. Le président du tribunal judiciaire ou le juge délégué par lui statue sur cette demande, même dans le cas où la partie civile n'a pas comparu à l'audience, en application de l'article 420-1. La partie civile peut faire appel de l'ordonnance conformément aux dispositions des articles 498 et 500.

Si la victime n'a pu exercer le droit prévu à l'alinéa précédent, le procureur de la République doit l'informer de son droit de lui demander de citer l'auteur des faits à une audience du tribunal correctionnel statuant conformément aux dispositions du quatrième alinéa de l'article 464, dont elle sera avisée de la date, pour lui permettre de se constituer partie civile. Le tribunal statue alors sur les seuls intérêts civils, au vu du dossier de la procédure qui est versé au débat.

Bibliographie : É. Verny et C. Ghica-Lemarchand, *De la comparution sur reconnaissance préalable de culpabilité : JCl. Proc. pén.*, art. 495-7 à 495-16, Fasc. 20.

1) **Constitution de partie civile des Caisses de sécurité sociale.** Est recevable la constitution de partie civile du tiers payeur, intervenant après l'ordonnance d'homologation de la comparution sur reconnaissance préalable de culpabilité ayant statué sur l'action publique et déclaré recevable la constitution de partie civile de la victime, en application de l'article L. 376-1 du Code de la sécurité sociale (■ Cass. crim., 7 mars 2017, n° 16-83.000).

2) **Ordonnance du juge délégué au traitement des procédures de comparution sur reconnaissance préalable de culpabilité.** Des prévenus, qui n'ont pas interjeté appel des ordonnances du juge délégué ayant renvoyé la procédure sur les intérêts civils à une audience du tribunal correctionnel, sont irrecevables à critiquer par un pourvoi en cassation, au travers d'un moyen dirigé contre l'arrêt de la cour d'appel, les décisions du juge délégué (■ Cass. crim., 11 juin 2014, n° 13-83.575).

Art. 495-14 *(L. n° 2004-204, 9 mars 2004)*. – À peine de nullité de la procédure, il est dressé procès-verbal des formalités accomplies en application des articles 495-8 à 495-13.

Lorsque la personne n'a pas accepté la ou les peines proposées ou lorsque le président du tribunal judiciaire ou le juge délégué par lui n'a pas homologué la proposition du procureur de la République, le procès-verbal ne peut être transmis à la juridiction d'instruction ou de jugement, et ni le ministère public ni les parties ne peuvent faire état devant cette juridiction des déclarations faites ou des documents remis au cours de la procédure.

Bibliographie : É. Verny et C. Ghica-Lemarchand, *De la comparution sur reconnaissance préalable de culpabilité : JCl. Proc. pén.*, art. 495-7 à 495-16, Fasc. 20.

1) **Principe.** L'alinéa 2 de l'article 495-14 du Code de procédure pénale n'interdit de faire état de la procédure de comparution sur reconnaissance préalable de culpabilité que lorsque la personne n'a pas accepté la ou les peines proposées ou lorsque le magistrat compétent n'a pas homologué la proposition du procureur de la République, si bien que ces dispositions ne concernent pas la cour saisie d'un appel contre une ordonnance d'homologation sur reconnaissance préalable de culpabilité ; en conséquence, une cour peut se déterminer en retenant que le prévenu avait reconnu sa culpabilité dans le cadre d'une procédure de comparution sur reconnaissance

préalable de culpabilité (▪ Cass. crim., 16 avr. 2019, n° 18-83.059 : *Bull. crim.* n° 78 ; *JCP* G 2019, 637, note J.-B. Perrier ; *Dr. pén.* 2019, comm. 112, obs. A. Maron et M. Haas ; *Procédures* 2019, comm. 198, obs. A.-S. Chavent-Leclère). Doit être cassé, pour violation de l'article 495-14 du Code de procédure pénale, l'arrêt d'une cour d'appel qui énonce notamment que lors de son audition par le procureur de la République, selon la procédure de comparution sur reconnaissance préalable de culpabilité, le prévenu a reconnu sa culpabilité (▪ Cass. crim., 17 sept. 2008, n° 08-80.858 : *Bull. crim.* n° 192 ; *RSC* 2009, p. 413, note R. Finielz ; *D.* 2008, p. 2904, note J. Lasserre Capdeville).

2) **Applications.** Si le procès-verbal de comparution sur reconnaissance préalable de culpabilité ne peut, postérieurement à l'échec de cette procédure, figurer au dossier soumis à la juridiction saisie des poursuites, l'arrêt n'encourt pas la censure, dès lors qu'il n'a pas été porté atteinte aux intérêts du prévenu, les juges du fond ne s'étant pas fondés sur cette pièce pour asseoir en tout ou en partie leur conviction sur la culpabilité et que cette irrégularité est sans effet sur les actes antérieurement accomplis (▪ Cass. crim., 30 nov. 2010, n° 10-80.460 : *Bull. crim.* n° 190). Le prévenu ayant comparu sur reconnaissance préalable de culpabilité du chef de détention sans autorisation d'armes et de munitions et le président du tribunal ordonné l'homologation de la peine, puis le procureur de la République ayant, ultérieurement, fait citer le prévenu devant le tribunal correctionnel pour le même délit ainsi que pour le délit de contrebande, doit être cassé l'arrêt qui annule la procédure, au motif que les procès-verbaux dressés dans le cadre de la procédure de comparution sur reconnaissance préalable de culpabilité ont été joints au dossier soumis à la juridiction de jugement : d'une part, l'action publique exercée du chef d'infraction à la législation sur les armes était éteinte par la chose jugée ; d'autre part, les dispositions de l'article 495-14 du Code de procédure pénale ne pouvaient s'appliquer au délit distinct de contrebande qui n'avait pas été inclus dans la procédure de comparution sur reconnaissance préalable de culpabilité, alors que l'inobservation de cet article ne peut entraîner que la nullité de la décision ayant fait état des éléments recueillis lors de la mise en œuvre de cette procédure (▪ Cass. crim., 26 oct. 2010, n° 10-82.261).

Art. 495-15 *(Mod., L. n° 2007-291, 5 mars 2007 ; L. n° 2021-1729, 22 déc. 2021).* **– Le prévenu qui a fait l'objet, pour l'un des délits mentionnés à l'article 495-7, d'une citation directe ou d'une convocation en justice en application des articles 390 ou 390-1, d'une convocation par procès-verbal en application de l'article 394 ou d'une ordonnance de renvoi en application de l'article 179 peut, soit lui-même, soit par l'intermédiaire de son avocat, indiquer au procureur de la République qu'il reconnaît les faits qui lui sont reprochés et demander l'application de la procédure prévue à la présente section. Dans ce cas, le procureur de la République peut, s'il l'estime opportun, procéder dans les conditions prévues à l'article 495-8, après avoir convoqué le prévenu et son avocat ainsi que, le cas échéant, la victime. L'acte de saisine du tribunal correctionnel est alors caduc, sauf si la personne n'accepte pas les peines proposées ou si le président du tribunal judiciaire ou le juge délégué par lui refuse de les homologuer, lorsque l'un ou l'autre de ces refus intervient plus de dix jours avant la date de l'audience devant se tenir sur le fond devant le tribunal correctionnel.**

Le procureur de la République peut également prendre l'initiative de proposer au prévenu de procéder conformément au premier alinéa du présent article.

Le présent article est applicable tant que le tribunal correctionnel n'a pas examiné l'affaire sur le fond, y compris si celle-ci a fait l'objet d'une décision de renvoi.

Lorsque le tribunal a été saisi par une citation directe délivrée par la partie civile ou que l'ordonnance de renvoi a été prise par le juge d'instruction saisi par une plainte avec constitution de partie civile, le présent article ne peut être mis en œuvre qu'avec l'accord de la partie civile.

Le présent article est applicable au prévenu condamné par le tribunal correctionnel qui a formé appel en limitant la portée de celui-ci aux peines prononcées, lors de la déclaration d'appel ou ultérieurement. Les attributions confiées au procureur de la République et au président du tribunal ou à son délégué par la présente section sont alors exercées respectivement par le procureur général et par le président de la chambre des appels correctionnels ou son délégué.

Bibliographie : É. Verny et C. Ghica-Lemarchand, *De la comparution sur reconnaissance préalable de culpabilité : JCl. Proc. pén.*, art. 495-7 à 495-16, Fasc. 20.

Art. 495-15-1 *(L. n° 2009-526, 12 mai 2009).* **– La mise en œuvre de la procédure prévue par la présente section n'interdit pas au procureur de la République de procéder simultanément à une convocation en justice**

en application de l'article 390-1. La saisine du tribunal résultant de cette convocation en justice est caduque si la personne accepte la ou les peines proposées et que celles-ci font l'objet d'une ordonnance d'homologation.

Bibliographie : É. Verny et C. Ghica-Lemarchand, *De la comparution sur reconnaissance préalable de culpabilité : JCl. Proc. pén.*, art. 495-7 à 495-16, Fasc. 20.

1) **Respect des droits de la défense.** L'article 495-15-1 du Code de procédure pénale est insusceptible de porter atteinte aux droits de la défense, dès lors que l'exercice des droits de la défense est en particulier garanti par les articles 495-8 et 495-9 dudit code et, devant le tribunal correctionnel, par les dispositions de la section IV du chapitre Ier du titre II du livre II de ce même code consacrés aux débats devant cette juridiction (■ Cons. const., 10 déc. 2010, n° 2010-77 QPC).

2) **Date de comparution du prévenu convoqué en application de l'article 390-1.** L'article 495-14 faisant obstacle à ce que le procès-verbal des formalités accomplies en application des articles 495-8 à 495-13 au cours de la procédure de comparution sur reconnaissance préalable de culpabilité soit transmis à la juridiction de jugement et ce même article interdisant au ministère public et aux parties de faire état devant cette juridiction des déclarations faites ou des documents remis au cours de la procédure de comparution sur reconnaissance préalable de culpabilité, il appartient au procureur de la République, dans la mise en œuvre de l'article 495-15-1, de veiller à ce que la convocation en justice adressée en application de l'article 390-1 soit faite à une date suffisamment lointaine pour garantir qu'au jour fixé pour la comparution du prévenu devant le tribunal correctionnel, la procédure sur reconnaissance préalable a échoué ou que les peines proposées ont été homologuées (■ Cons. const., 10 déc. 2010, n° 2010-77 QPC).

Art. 495-16 *(Mod., L. n° 2018-898, 23 oct. 2018).* **– Les dispositions de la présente section ne sont applicables ni aux mineurs de dix-huit ans ni en matière de délits de presse, de délits d'homicides involontaires ou de délits politiques.**

Bibliographie : É. Verny et C. Ghica-Lemarchand, *De la comparution sur reconnaissance préalable de culpabilité : JCl. Proc. pén.*, art. 495-7 à 495-16, Fasc. 20.

Section IX. – De la procédure de l'amende forfaitaire applicable à certains délits

(L. n° 2016-1547, 18 nov. 2016)

Art. 495-17 *(Mod., L. n° 2019-222, 23 mars 2019 ; L. n° 2022-52, 24 janv. 2022).* **– Lorsque la loi le prévoit, l'action publique est éteinte par le paiement d'une amende forfaitaire délictuelle fixée par la loi, qui ne peut excéder le montant prévu au premier alinéa de l'article 131-13 du Code pénal, dans les conditions prévues à la présente section.**

Toutefois, la procédure de l'amende forfaitaire n'est pas applicable si le délit a été commis par un mineur ou en état de récidive légale ou si plusieurs infractions, dont l'une au moins ne peut donner lieu à une amende forfaitaire, ont été constatées simultanément.

Code pénal

Art. 446-1 alinéa 3. – Pour le délit prévu au premier alinéa du présent article, y compris en cas de récidive, l'action publique peut être éteinte, dans les conditions prévues aux articles 495-17 à 495-25 du Code de procédure pénale, par le versement d'une amende forfaitaire d'un montant de 300 €. Le montant de l'amende forfaitaire minorée est de 250 € et le montant de l'amende forfaitaire majorée est de 600 €.

Code de la route

Art. L. 121-5 *(Rempl., L. n° 2019-222, 23 mars 2019).* **–** Les règles relatives à la procédure de l'amende forfaitaire applicable à certaines infractions au présent code sont fixées aux articles 495-17 à 495-25 et 529-7 à 530-4 du Code de procédure pénale.

Le recours à cette procédure, y compris en cas d'extinction de l'action publique résultant du paiement de l'amende forfaitaire, ne fait pas obstacle à la mise en œuvre et l'exécution des mesures administratives de rétention et de suspension du permis de conduire, ou d'immobilisation et de mise en fourrière du véhicule, prévues aux articles L. 224-1 à L. 224-7, L. 325-1 et L. 325-1-2 du présent code.

Code de la santé publique

Art. L. 3352-5 *(Mod., L. n° 2019-222, 23 mars 2019)*. – L'offre ou la vente, sous quelque forme que ce soit, dans les débits et cafés ouverts à l'occasion d'une foire, d'une vente ou d'une fête publique et autorisée par l'autorité municipale, de boissons autres que celles des groupes 1 et 3 définis à l'article L. 3321-1, est punie de 25 000 F3 750 € d'amende.

L'action publique peut être éteinte, y compris en cas de récidive, dans les conditions prévues aux articles 495-17 à 495-25 du Code de procédure pénale, par le versement d'une amende forfaitaire d'un montant de 200 €. Le montant de l'amende forfaitaire minorée est de 150 € et le montant de l'amende forfaitaire majorée est de 450 €.

Art. L. 3353-3 alinéa 5 *(Mod., L. n° 2019-222, 23 mars 2019)*. – Pour le délit prévu au premier alinéa du présent article, y compris en cas de récidive, l'action publique peut être éteinte, dans les conditions prévues aux articles 495-17 à 495-25 du Code de procédure pénale, par le versement d'une amende forfaitaire d'un montant de 300 €. Le montant de l'amende forfaitaire minorée est de 250 € et le montant de l'amende forfaitaire majorée est de 600 €.

Art. L. 3421-1 alinéa 3 *(Mod., L. n° 2019-222, 23 mars 2019)*. – Pour le délit prévu au premier alinéa du présent article, y compris en cas de récidive, l'action publique peut être éteinte, dans les conditions prévues aux articles 495-17 à 495-25 du Code de procédure pénale, par le versement d'une amende forfaitaire d'un montant de 200 €. Le montant de l'amende forfaitaire minorée est de 150 € et le montant de l'amende forfaitaire majorée est de 450 €.

Code des transports

Art. L. 3315-5 alinéa 3 *(Mod., L. n° 2019-222, 23 mars 2019)*. – Pour le délit prévu au premier alinéa du présent article, y compris en cas de récidive, l'action publique peut être éteinte, dans les conditions prévues aux articles 495-17 à 495-25 du Code de procédure pénale, par le versement d'une **amende forfaitaire** d'un montant de 800 €. Le montant de l'amende forfaitaire minorée est de 640 € et le montant de l'amende forfaitaire majorée est de 1 600 €.

Code de la construction et de l'habitation

Art. L. 126-3 *(Mod., L. n° 2019-222, 23 mars 2019)*. – Le fait d'occuper en réunion les espaces communs ou les toits des immeubles collectifs d'habitation en empêchant délibérément l'accès ou la libre circulation des personnes ou le bon fonctionnement des dispositifs de sécurité et de sûreté est puni de deux mois d'emprisonnement et de 3 750 € d'amende.

Lorsque cette infraction est accompagnée de voies de fait ou de menaces, de quelque nature que ce soit, elle est punie de six mois d'emprisonnement et de 7 500 € d'amende.

Les personnes coupables des infractions prévues aux deux premiers alinéas encourent également, à titre de peine complémentaire, une peine de travail d'intérêt général.

Pour le délit prévu au premier alinéa du présent article, y compris en cas de récidive, l'action publique peut être éteinte, dans les conditions prévues aux articles 495-17 à 495-25 du Code de procédure pénale, par le versement d'une amende forfaitaire d'un montant de 200 €. Le montant de l'amende forfaitaire minorée est de 150 € et le montant de l'amende forfaitaire majorée est de 450 €.

Art. 495-18 *(L. n° 2016-1547, 18 nov. 2016)*. – **L'amende forfaitaire doit être acquittée dans les quarante-cinq jours qui suivent la constatation de l'infraction ou, si l'avis d'infraction est ultérieurement envoyé à l'intéressé, dans les quarante-cinq jours qui suivent cet envoi, à moins que l'intéressé ne formule dans le même délai une requête tendant à son exonération auprès du service indiqué dans l'avis d'infraction. Cette requête est transmise au procureur de la République.**

Toutefois, l'amende forfaitaire est minorée si l'intéressé en règle le montant soit entre les mains de l'agent verbalisateur au moment de la constatation de l'infraction, soit dans un délai de quinze jours à compter de la

constatation de l'infraction ou, si l'avis d'infraction est ultérieurement envoyé à l'intéressé, dans un délai de quinze jours à compter de cet envoi.

À défaut de paiement ou d'une requête présentée dans le délai prévu au premier alinéa, l'amende forfaitaire est majorée de plein droit et recouvrée au profit du Trésor public en vertu d'un titre rendu exécutoire par le procureur de la République.

Art. 495-19 *(L. n° 2019-222, 23 mars 2019).* – Le titre mentionné au dernier alinéa de l'article 495-18 est exécuté suivant les règles prévues au présent code pour l'exécution des jugements correctionnels. La prescription de la peine commence à courir à compter de la signature par le procureur de la République du titre exécutoire, qui peut être individuel ou collectif.

Dans les trente jours suivant l'envoi de l'avis invitant l'auteur de l'infraction à payer l'amende forfaitaire majorée, celui-ci peut former auprès du ministère public une réclamation motivée qui a pour effet d'annuler le titre exécutoire en ce qui concerne l'amende contestée. Cette réclamation reste recevable tant que la peine n'est pas prescrite, s'il ne résulte pas d'un acte d'exécution ou de tout autre moyen de preuve que l'intéressé a eu connaissance de l'amende forfaitaire majorée.

Art. 495-20 *(Mod., L. n° 2019-222, 23 mars 2019).* – La requête en exonération prévue à l'article 495-18 ou la réclamation prévue à l'article 495-19 n'est recevable que si elle est adressée par lettre recommandée avec demande d'avis de réception, en utilisant le formulaire joint à l'avis d'amende forfaitaire, et si elle est accompagnée soit d'un document démontrant qu'il a été acquitté une consignation préalable d'un montant égal à celui de l'amende forfaitaire ou d'amende forfaitaire majorée, dans le cas prévu au premier alinéa de l'article 495-18, ou à celui de l'amende forfaitaire majorée, dans le cas prévu au deuxième alinéa de l'article 495-19, soit du récépissé du dépôt de plainte pour le délit d'usurpation d'identité prévu à l'article 434-23 du Code pénal.

Le procureur de la République vérifie que les conditions de recevabilité de la requête ou de la réclamation prévues au présent article sont remplies.

Les requêtes et les réclamations prévues au présent article peuvent également être adressées de façon dématérialisée, selon des modalités précisées par arrêté.

Voir : art. D. 45-21, p. 2176.

Voir : art. 36-14 et s.

Art. 495-21 *(Mod., L. n° 2019-222, 23 mars 2019).* – Au vu de la requête faite en application du premier alinéa de l'article 495-18 ou de la réclamation faite en application du deuxième alinéa de l'article 495-19, le procureur de la République peut soit renoncer à l'exercice des poursuites, soit procéder conformément aux articles 389 à 390-1, 393 à 397-7, 495 à 495-6 ou 495-7 à 495-16, soit aviser l'intéressé de l'irrecevabilité de la contestation non motivée ou qui n'a pas été effectuée en utilisant le formulaire joint à l'avis d'amende forfaitaire ou à l'avis d'amende forfaitaire majorée. La décision d'irrecevabilité du procureur peut être contestée devant le président du tribunal correctionnel ou un juge désigné par le président du tribunal judiciaire.

En cas de condamnation, l'amende prononcée ne peut pas être inférieure au montant de l'amende forfaitaire dans le cas prévu à l'article 495-18, ni être inférieure au montant de l'amende forfaitaire majorée dans le cas prévu à l'article 495-19.

En cas de classement sans suite ou de relaxe, le montant de la consignation est reversé à la personne à qui avait été adressé l'avis de paiement de l'amende forfaitaire ou ayant fait l'objet des poursuites. Les modalités de ce remboursement sont définies par voie réglementaire. En cas de condamnation, l'amende prononcée ne peut être inférieure au montant prévu au deuxième alinéa du présent article, augmenté d'un taux de 10 %.

Par dérogation aux deuxième et troisième alinéas, le tribunal peut, à titre exceptionnel, par décision spécialement motivée au regard des charges et des revenus de la personne, ne pas prononcer d'amende ou prononcer une amende d'un montant inférieur à ceux prévus aux mêmes alinéas.

Art. 495-22 *(Mots rempl., L. n° 2019-222, 23 mars 2019).* – Pour l'application de la présente section, le lieu du traitement automatisé des informations nominatives concernant les infractions constatées par un procès-verbal établi sous format numérique est considéré comme le lieu de constatation de l'infraction.

Art. 495-23 *(Abr., L. n° 2019-222, 23 mars 2019).*

Art. 495-24 *(L. n° 2016-1547, 18 nov. 2016).* – **Lorsque la personne qui a fait l'objet d'une amende forfaitaire majorée ne conteste pas la réalité du délit mais sollicite, en raison de ses difficultés financières, des délais de paiement ou une remise gracieuse, elle adresse sa demande motivée au comptable public compétent.**

Dans ce cas, l'article 495-20 n'est pas applicable.

S'il estime la demande justifiée, le comptable public compétent peut alors octroyer des délais ou rendre une décision de remise gracieuse partielle ou totale, le cas échéant, en appliquant une diminution de 20 % des sommes dues, en application de l'article 707-4.

Art. 495-24-1 *(Créé, L. n° 2019-222, 23 mars 2019).* – **Lorsque les amendes forfaitaires, les amendes forfaitaires minorées et les amendes forfaitaires majorées s'appliquent à une personne morale, leur montant est quintuplé.**

Art. 495-25 *(L. n° 2016-1547, 18 nov. 2016).* – **Un décret précise les modalités d'application de la présente section.**

CHAPITRE II. – DE LA COUR D'APPEL EN MATIÈRE CORRECTIONNELLE

Section I. – De l'exercice du droit d'appel

Art. 496. – **Les jugements rendus en matière correctionnelle peuvent être attaqués par la voie de l'appel.**

L'appel est porté à la cour d'appel.

Bibliographie : D. Guirimand, *Cour d'appel en matière correctionnelle. – Conditions de l'appel : JCl. Proc. pén.*, art. 496 à 520-1, Fasc. 10, actualisé par C. Guéry.

I – DOUBLE DEGRÉ DE JURIDICTION

A – Règles constitutionnelles

1) Absence de valeur constitutionnelle. Le principe du double degré de juridiction n'a pas, en lui-même, valeur constitutionnelle (▪ Cons. const., 12 févr. 2004, n° 2004-491 DC. ▪ Cons. const., 14 mai 2012, n°s 2012-243, 2012-244, 2012-245 et 2012-246 QPC. ▪ Cons. const., 13 sept. 2013, n°s 2013-338 et 2013-339 QPC).

B – Généralité du droit d'appel

2) Principe. Dans tous les cas où la loi n'a pas attribué expressément à une juridiction le pouvoir de statuer en dernier ressort, la faculté d'appel subsiste à l'égard de ses décisions et peut être utilement exercé (▪ Cass. crim., 29 déc. 1964, n° 64-91.912 : *Bull. crim.* n° 350. ▪ Cass. crim., 17 mars 1977, n° 76-93.148 : *Bull. crim.* n° 102 ; *RSC* 1978, p. 118, obs. J.-M. Robert). Aux termes de l'article 496 du Code de procédure pénale, les jugements rendus en matière correctionnelle peuvent être attaqués par la voie de l'appel ; cette règle générale doit recevoir application à moins qu'il n'y soit dérogé par une disposition expresse de la loi (▪ Cass. crim., 3 févr. 2010, n° 09-82.472 : *JurisData* n° 2010-051636 ; *Dr. pén.* 2010, comm. 52, obs. A. Maron et M. Haas ; *D.* 2010, p. 942, note S. Detraz. ▪ Cass. crim., 11 janv. 2012, n° 11-83.446 : *Bull. crim.* n° 7). L'appel d'une décision d'hospitalisation d'office prise sur le fondement de l'article 706-135 du Code de procédure pénale est donc recevable (▪ Cass. crim., 3 févr. 2010, préc.). Une décision constatant un désistement d'opposition constitue un jugement susceptible d'appel (▪ Cass. crim., 11 janv. 2012, préc.).

3) Exception : mesures d'administration judiciaire. La décision par laquelle la juridiction correctionnelle joint au fond un incident constitue une mesure d'administration judiciaire qui n'est susceptible d'aucun recours (▪ Cass. crim., 10 mai 2007, n° 06-87.379 : *Bull. crim.* n° 122. ▪ Cass. crim., 2 juin 2010, n° 09-87.147 : *Bull. crim.* n° 98. ▪ Cass. crim., 30 juin 2010, n° 09-87.882). Les demandeurs ne sauraient se faire un grief de ce que l'exception d'irrecevabilité d'une constitution de partie civile a été jointe au fond, dès lors qu'il s'agit d'une mesure d'administration judiciaire qui n'est susceptible d'aucun recours (▪ Cass. crim., 16 oct. 2013, n°s 03-83.910, 05-82.121 et 12-81.532).

II – OPTION ENTRE L'APPEL ET L'OPPOSITION

4) Droit d'option du prévenu. Le prévenu condamné par défaut a la faculté de choisir la voie de l'opposition ou celle de l'appel ; mais s'il opte pour cette dernière, il se ferme, par son propre fait et sans retour, la voie de l'opposition (■ Cass. crim., 11 juin 1963, n° 62-92.709 : *Bull. crim.* n° 207. ■ Cass. crim., 7 févr. 1984, n° 83-91.104 : *Bull. crim.* n° 44).

III – CUMUL D'APPELS CONTRE UNE MÊME DÉCISION

5) Condition. Aucune disposition légale n'interdit à une partie d'interjeter appel par deux déclarations successives, dès lors qu'elles interviennent dans le délai légal et ne portent pas sur les mêmes dispositions du jugement entrepris (■ Cass. crim., 19 déc. 2000, n° 00-80.479 : *Bull. crim.* n° 382).

IV – CUMUL DE L'APPEL ET DE L'OPPOSITION

A – Cumul par le prévenu

6) Cumul possible. L'article 489 du Code de procédure pénale dispose que le jugement par défaut est non avenu dans toutes ses dispositions si le prévenu forme opposition à son exécution. Il s'ensuit que lorsque le prévenu, pour un même jugement par défaut, forme opposition et interjette appel, la cour d'appel ne peut statuer sur l'appel que si l'opposition a été auparavant déclarée irrecevable ou que si le prévenu a renoncé à son opposition (■ Cass. crim., 1er avr. 1968, n° 68-90.574 : *Bull. crim.* n° 116).

7) Renonciation du prévenu. Un prévenu, condamné par défaut en première instance et comparant devant la cour sur l'appel de l'administration des Douanes, est censé renoncer à user de son droit d'opposition aux dispositions fiscales du jugement dès lors qu'il accepte d'être jugé immédiatement au fond ; le demandeur ne saurait faire grief à l'arrêt attaqué de ne pas avoir ordonné le sursis à statuer jusqu'à l'expiration du délai d'opposition (■ Cass. crim., 28 nov. 1996, n° 95-85.916 : *Bull. crim.* n° 440).

B – Cumul par le ministère public et le prévenu

8) Sursis à statuer de la juridiction saisie de l'opposition. Lorsque le prévenu fait opposition à un jugement rendu par défaut à son égard, mais frappé d'appel par le ministère public, le tribunal saisi de l'opposition est tenu de surseoir à statuer jusqu'à ce qu'il soit définitivement prononcé sur cet appel (■ Cass. crim., 11 mars 2003, n° 02-82.509 : *Bull. crim.* n° 63).

C – Cumul par la partie civile et le prévenu

9) Sursis à statuer de la cour d'appel. En cas d'appel formé par la partie civile contre un jugement prononcé par défaut envers le prévenu, la cour d'appel ne peut statuer à l'égard dudit prévenu tant que reste ouverte à celui-ci devant les premiers juges la voie de l'opposition ; c'est donc à bon droit que la cour d'appel sursoit à statuer sur l'action civile exercée contre le prévenu (■ Cass. crim., 20 févr. 1975, n° 74-90.281 : *Bull. crim.* n° 62. ■ Cass. crim., 12 mai 1976, n° 75-92.208 : *Bull. crim.* n° 153).

10) Conditions de l'appel de la partie civile. Encourt la cassation l'arrêt qui déclare irrecevable l'appel de la partie civile contre un jugement rendu par défaut à l'égard du prévenu faute d'une signification préalable dudit jugement au prévenu (■ Cass. crim., 24 févr. 1965, n° 64-92.413 : *Bull. crim.* n° 58).

D – Cas particulier de la relaxe

11) S'il est vrai qu'aux termes de l'article 489 du Code de procédure pénale, le jugement par défaut est non avenu dans toutes ses dispositions lorsque le prévenu forme opposition à son exécution, ce texte est sans application à celles des dispositions de la décision prononçant sa relaxe, à l'égard desquelles l'appel est ouvert au ministère public et à la partie civile (■ Cass. crim., 5 oct. 1994, n° 93-84.277 : *Bull. crim.* n° 319 ; *Dr. pén.* 1994, comm. 273, obs. Maron. ■ Cass. crim., 25 juin 2008, n° 08-80.410 : *Bull. crim.* n° 168).

Art. 497 *(L. n° 83-608, 8 juill. 1983).* – **La faculté d'appeler appartient :**

1° Au prévenu ;

2° À la personne civilement responsable quant aux intérêts civils seulement ;

3° À la partie civile, quant à ses intérêts civils seulement ;

4° Au procureur de la République ;

5° Aux administrations publiques, dans les cas où celles-ci exercent l'action publique ;

6° Au procureur général près la cour d'appel.

Bibliographie : D. Guirimand, *Cour d'appel en matière correctionnelle. – Conditions de l'appel*, Fasc. 10, actualisé par C. Guéry.

Voir également : Sur le prévenu en fuite, art. 489, p. 1053.

• ***Sommaire***

I – DROIT AU RECOURS

A – Principes constitutionnels

1) Droit à un recours juridictionnel effectif. Le droit à un recours juridictionnel effectif, qui résulte de l'article 16 de la Déclaration de 1789, figure au nombre des droits et libertés que la Constitution garantit et peut être invoqué à l'appui d'une question prioritaire de constitutionnalité (V. pour des exemples en matière pénale, ▪ Cons. const., 7 mai 2015, n° 2015-467 QPC. ▪ Cons. const., 24 janv. 2017, n°s 2016-606 et 2016-607 QPC). En matière de privation de liberté, le droit à un recours juridictionnel effectif impose que le juge judiciaire soit tenu de statuer dans les plus brefs délais. Il appartient aux autorités judiciaires, sous le contrôle de la Cour de cassation, de veiller au respect de cette exigence (▪ Cons. const., 9 sept. 2016, n°s 2016-561 et 2016-562 QPC).

B – Principes du droit européen

1° Jurisprudence européenne

2) Droit à un tribunal. Le « droit à un tribunal », dont le droit d'accès constitue un aspect, n'est pas absolu et se prête à des limitations implicitement admises, notamment en ce qui concerne les conditions de recevabilité d'un recours, car il appelle de par sa nature même une réglementation par l'État, lequel jouit à cet égard d'une certaine marge. Néanmoins, les limitations appliquées ne doivent pas restreindre l'accès ouvert à l'individu d'une manière ou à un point tel que le droit s'en trouve atteint dans sa substance même. En outre, ces limitations ne se concilient avec l'article 6, § 1 que si elles poursuivent un but légitime et s'il existe un rapport raisonnable de proportionnalité entre les moyens employés et le but visé (▪ CEDH, 26 sept. 2006, n° 16846/02, *Labergère c/ France*. ▪ CEDH, 26 juill. 2007, n° 35787/03, *Walchli c/ France*). Il résulte de ces principes que si le droit d'exercer un recours est bien entendu soumis à des conditions légales, les tribunaux doivent, en appliquant des règles de procédure, éviter à la fois un excès de formalisme qui porterait atteinte à l'équité de la procédure, et une souplesse excessive qui aboutirait à supprimer les conditions de procédure établies par les lois (▪ CEDH, 26 juill. 2007, préc.). Une application particulièrement rigoureuse d'une règle procédurale peut porter atteinte au droit d'accès à un tribunal, dans son essence même (▪ CEDH, 26 sept. 2006, préc.).

2° Jurisprudence nationale

3) Principe de l'égalité des armes. Le principe de l'égalité des armes ne s'applique pas aux modalités d'exercice des voies de recours (▪ Cass. crim., 20 sept. 1994, n° 91-83.264 : *Bull. crim.* n° 299 ; *Dr. pén.* 1994, comm. 249, obs. A. Maron). Le principe de « l'égalité des armes » tel qu'il résulte de l'exigence d'un procès équitable, au sens de l'article 6, § 1 de la Convention européenne des droits de l'Homme, impose que les parties au procès pénal disposent des mêmes droits ; il doit en être ainsi, spécialement, du droit à l'exercice des voies de recours. N'est pas compatible avec ce principe la disposition de l'article 505 du Code de procédure pénale qui ouvre au procureur général près la cour d'appel un délai d'appel plus long que celui accordé aux autres parties par l'article 498 de ce code (▪ Cass. crim., 17 sept. 2008, n° 08-80.598 : *Bull. crim.* n° 188. ▪ Cass. crim., 10 févr. 2009, n° 08-83.837 : *Bull. crim.* n° 30). Mais V. *infra* n° 21.

II – QUALITÉ POUR AGIR

A – Ministère public

4) Procureur général. Ne sont pas incompatibles avec le principe du procès équitable découlant de l'article 6 de la Convention européenne des droits de l'Homme, les dispositions des articles 497, 498, 500 et 505 du Code de procédure pénale qui accordent un droit d'appel non seulement à toutes les parties à l'instance pénale, mais aussi au procureur général (■ Cass. crim., 29 févr. 2000, n° 98-87.642 : *Bull. crim.* n° 86).

5) Contributions indirectes. Les infractions en matière de contributions indirectes sont poursuivies à la seule diligence de l'administration fiscale ; le ministère public n'est recevable à intervenir à l'instance en qualité d'appelant que dans le cas où l'infraction poursuivie est punie d'une peine d'emprisonnement (■ Cass. crim., 12 janv. 2005, n° 04-80.841 : *Bull. crim.* n° 14).

B – Partie en premier ressort

1° Principe

6) Intervention ou mise en cause d'un tiers à la procédure. Est irrecevable l'appel formé par un tiers qui n'était pas partie à la procédure devant les premiers juges (■ Cass. crim., 20 déc. 1994, n° 93-84.858). L'intervention ou la mise en cause en appel d'une personne qui n'était pas partie ou appelée en première instance est impossible, même après annulation ou évocation (■ Cass. crim., 13 févr. 1958 : *Bull. crim.* n° 155).

2° Applications

7) Partie se prétendant lésée. La règle du double degré de juridiction ne permet pas, sauf disposition contraire de la loi, à la partie qui se prétend lésée et qui ne s'est pas portée partie civile en première instance, de prendre cette qualité pour la première fois en cause d'appel (■ Cass. crim., 5 mars 1964, n° 63-92.263 : *Bull. crim.* n° 62).

8) Partie civile. La partie civile dont le désistement présumé a été constaté par jugement assimilé à un jugement par défaut peut exercer un recours contre une telle décision, soit par la voie de l'opposition, en application de l'article 425, alinéa 3, du Code de procédure pénale, soit par celle de l'appel, sur le fondement des articles 497 et 499 du code précité (■ Cass. crim., 3 juin 2004, n° 03-87.092 : *Bull. crim.* n° 146). La règle du double degré de juridiction fait obstacle à ce que la partie civile, quelle que soit la raison pour laquelle elle n'a pas été partie au jugement de première instance, intervienne pour la première fois en cause d'appel (■ Cass. crim., 13 déc. 1990, n° 89-87.032 : *Bull. crim.* n° 431). C'est donc à tort qu'une juridiction énonce que l'empêchement pour la victime de se constituer partie civile en raison d'une erreur d'horaire figurant sur l'avis à victime à elle adressé, a porté atteinte au principe du procès équitable dont le respect est prescrit à peine de nullité (■ Cass. crim., 20 avr. 2017, n° 16-83.199 : *Procédures* 2017, comm. 166, obs. A.-S. Chavent-Leclère).

9) Personne civilement responsable. Une cour d'appel déclare à bon droit irrecevable l'appel interjeté par une personne intervenant comme civilement responsable, au motif qu'elle n'était pas partie à l'instance devant les premiers juges (■ Cass. crim., 29 janv. 1997, n° 96-81.476 : *Bull. crim.* n° 42).

10) Tiers payeurs. Le tiers payeur, dont l'intervention a été régulièrement admise par le tribunal, est partie à l'instance et peut donc faire appel (■ Cass. crim., 28 nov. 1989, n° 89-81.771 : *Bull. crim.* n° 450. ■ Cass. crim., 23 juin 1993, n° 92-86.295 : *Bull. crim.* n° 220, à propos du Trésor public. ■ Cass. crim., 16 févr. 1994, n° 92-85.828 : *Bull. crim.* n° 70). Si les caisses de sécurité sociale sont recevables à intervenir devant les juridictions, une telle intervention n'échappe pas, pour autant, aux règles qui concernent l'exercice de l'action civile, telles qu'elles résultent, notamment, des articles 418 à 426 du Code de procédure pénale ; en particulier, leur action, comme toute action civile, doit être exercée devant la juridiction du premier degré et avant les réquisitions du ministère public sur le fond, conformément à l'article 421 du Code de procédure pénale (■ Cass. crim., 26 nov. 1991, n° 90-83.008 : *Bull. crim.* n° 437. ■ Cass. crim., 6 oct. 1993, n° 92-86.729 : *Bull. crim.* n° 277).

3° Exception

11) Personne non partie au premier degré et condamnée. Il résulte de l'article préliminaire du Code de procédure pénale et de l'article 6, § 1 de la Convention européenne des droits de l'Homme que toute personne ayant été condamnée par une juridiction répressive de première instance sans avoir été partie au procès a le droit d'interjeter appel devant la juridiction supérieure (■ Cass. crim., 7 oct. 2003, n° 02-88.383 : *Bull. crim.* n° 181 ; *Dr. pén.* 2004, comm. 13, obs. A. Maron).

12) Administration fiscale. L'administration fiscale ne saurait être assimilée à une victime se constituant partie civile pour obtenir la réparation d'un préjudice personnel et direct occasionné par une infraction ; la nature spécifique de son action, qui n'est ni une action civile ni une action publique, trouve son fondement, non pas dans les articles 2 et 3 du Code de procédure pénale mais dans l'article L. 232 du Livre des procédures fiscales, cette action ne lui ouvrant pas, comme en droit commun, le droit de demander une réparation distincte de celle assurée par les majorations et amendes fiscales mais ayant pour but de lui permettre de suivre la procédure et d'intervenir dans les débats ; le prévenu et le ministère public ayant interjeté appel de la décision rendue en premier ressort, la direction générale des finances publiques, qui n'était pas intervenue devant le tribunal, a donc pu valablement se constituer partie civile en cause d'appel (■ Cass. crim., 8 déc. 2017, n° 17-82.968 ; *Procédures* 2018, comm. 21, obs. A.-S. Chavent-Leclère).

C – Personnes énumérées par l'article 497

13) Énumération limitative. L'article 497 du Code de procédure pénale détermine de façon limitative les personnes qui peuvent appeler d'un jugement rendu en matière correctionnelle (■ Cass. crim., 10 janv. 1984, n° 83-94.291 : *Bull. crim.* n° 12 ; *RSC* 1985, p. 121, obs. J. Robert).

1° Partie civile

14) Partie civile non appelante. Il résulte des dispositions de l'article 497 du Code de procédure pénale que la partie civile, qui n'a pas fait appel du jugement ayant déclaré sa constitution irrecevable, ne saurait intervenir devant la juridiction du second degré ni y faire plaider par avocat (■ Cass. crim., 20 sept. 2006, n° 05-85.869 : *Bull. crim.* n° 233). L'action civile étant indépendante de l'action publique, la partie civile, qui n'a pas fait appel du jugement devenu définitif, emportant extinction de l'action civile, est sans qualité pour contester la recevabilité de l'appel du procureur général (■ Cass. crim., 29 févr. 2000, n° 98-87.642 : *Bull. crim.* n° 86).

2° Administrations publiques

15) Administration des douanes. L'administration des douanes qui, en application des dispositions de l'article 343-2 du Code des douanes, exerce à titre principal l'action publique pour l'application des sanctions fiscales, doit être admise à bénéficier du même droit d'appel que le ministère public (■ Cass. crim., 6 nov. 1973, n° 72-93.930 : *Bull. crim.* n° 401). Ont seuls qualité pour représenter en justice l'administration des douanes et exercer des voies de recours en son nom, sans être tenus de produire un pouvoir spécial, les agents dits « poursuivants » (■ Cass. crim., 2 avr. 1998, n° 96-83.781 : *Bull. crim.* n° 129. ■ Cass. crim., 26 nov. 1998, n° 97-84.336 : *Bull. crim.* n° 320). L'action pour l'application des sanctions fiscales en matière douanière peut être exercée par le ministère public accessoirement à l'action publique, par application de l'article 343 du Code des douanes. Dès lors, la cour d'appel a, à tort, déclaré irrecevable l'appel formé par l'administration des douanes d'un jugement qui, en l'absence de cette administration, a déclaré le prévenu coupable du délit douanier sans prononcer sur les pénalités douanières encourues, alors qu'elle avait l'obligation, après avoir annulé le jugement, d'évoquer et de statuer sur les éventuelles sanctions fiscales encourues (■ Cass. crim., 16 juin 2011, n° 10-86.808 : *JurisData* n° 2011-014737 ; *Bull. crim.* n° 138 ; *Dr. pén.* 2011, comm. 123, J.-H. Robert).

16) Administration des contributions indirectes. Les infractions en matière de contributions indirectes sont poursuivies à la seule diligence de l'administration fiscale (■ Cass. crim., 12 janv. 2005, n° 04-80.841 : *Bull. crim.* n° 14).

Pour les assureurs, V. art. 388-1, p. 888.

III – INTÉRÊT À AGIR

17) Principe. Faute d'intérêt à agir, l'appel est irrecevable (■ Cass. crim., 5 juin 2013, n° 12-86.022 : *Bull. crim.* n° 129).

A – Ministère public

18) Appel limité à l'action publique. Il résulte de l'article 497 du Code de procédure pénale que l'appel du ministère public conduit à ce qu'il soit à nouveau statué sur l'action publique, mais est sans effet sur les intérêts civils (■ Cons. const., 31 janv. 2014, n° 2013-343 QPC : *D.* 2014, p. 651, note A. Botton). Le recours principal ou incident du ministère public est sans effet sur les intérêts civils (■ Cass. crim., 21 sept. 2004, n° 04-81.887 : *Bull. crim.* n° 114).

19) Doit d'appel général. Le ministère public, qui veille au respect de l'application de la loi et à l'exécution des décisions de justice, dispose d'un droit général d'appel des décisions prononcées par la juridiction correctionnelle (■ Cass. crim., 24 mars 2015, n° 14-84.154 : *Bull. crim.* n° 62). Il peut appeler notamment des décisions relatives à l'annulation d'un titre exécutoire portant liquidation d'une astreinte ordonnée en matière d'urbanisme (même arrêt). Écarte à bon droit l'argumentation des prévenus fondée sur l'article 14, § 5 du Pacte international relatif aux droits civils et politiques, dont les dispositions sont reprises à l'article 2, § 1 du protocole annexe n° 7 à la Convention européenne des droits de l'Homme, la juridiction du second degré qui observe que ces dispositions n'excluent pas que le ministère public, partie au procès pénal, puisse, comme le prévoit la loi, relever appel des décisions, y compris de relaxe, rendues par les juridictions répressives ; l'exercice de ce droit d'appel n'est pas incompatible avec le principe du double degré de juridiction, dès lors qu'il permet un nouvel examen des faits et de leur éventuelle imputabilité au prévenu (■ Cass. crim., 29 juin 1999, n° 97-84.166 : *Bull. crim.* n° 158).

20) Appel contre une décision conforme aux réquisitions du procureur de la République. N'est pas irrecevable l'appel du ministère public contre un jugement conforme à ses réquisitions de relaxe (■ Cass. crim., 17 janv. 1991, n° 90-83.051 : *Bull. crim.* n° 29), aucune disposition légale ne réservant au procureur général, dans une telle hypothèse, l'usage de cette voie de recours ; cette règle ne porte pas atteinte au principe de l'égalité des armes (▪ Cass. crim., 24 janv. 2007, n° 06-82.052 : *Bull. crim.* n° 15).

B – Prévenu

21) Action publique et action civile. L'appel du prévenu peut concerner l'action publique comme l'action civile (▪ Cons. const., 31 janv. 2014, préc., n° 17).

C – Partie civile

1° Appel limité aux intérêts civils

22) Principe constitutionnel d'égalité devant la justice. Les dispositions du 3° de l'article 497 du Code de procédure pénale, applicables à l'exercice du droit d'appel des jugements rendus en matière correctionnelle, limitent le droit d'appel de la partie civile à ses seuls intérêts civils. La partie civile n'est pas dans une situation identique à celle de la personne poursuivie ou à celle du ministère public. Il en est notamment ainsi, s'agissant de la personne poursuivie, au regard de l'exercice des droits de la défense et, s'agissant du ministère public, au regard du pouvoir d'exercer l'action publique. Par suite, l'interdiction faite à la partie civile d'appeler seule d'un jugement correctionnel dans ses dispositions statuant au fond sur l'action publique ne méconnaît pas le principe d'égalité devant la justice (▪ Cons. const., 31 janv. 2014, n° 2013-343 QPC : *D.* 2014, p. 651, note A. Botton). Comp. *supra*, n° 3.

23) Principe. Limitation de l'appel aux intérêts civils. L'article 497 du Code de procédure pénale dispose que la faculté d'appeler appartient à la partie civile quant à ses intérêts civils seulement (▪ Cass. crim., 22 mars 1995, n° 94-82.818 : *Bull. crim.* n° 118).

24) Principe. Tempérament : prescription de l'action publique. Si en vertu de l'article 10 du Code de procédure pénale, la juridiction répressive ne peut connaître de l'action civile lorsque l'action publique est prescrite, le droit d'appel conféré par l'article 497 dudit code à la partie civile comprend celui de contester l'acquisition de la prescription de l'action publique retenue par les premiers juges (▪ Cass. crim., 2 mai 2018, n° 17-81.643. ▪ Cass. crim., 9 févr. 2022, n° 21-83.026, § 10). Doit donc être cassé l'arrêt qui énonce qu'en l'absence d'appel du ministère public, le jugement est définitif en ce qu'il a constaté l'extinction de l'action publique et que par conséquent, la partie civile, dont la constitution est recevable, n'est plus légitime à poursuivre la réparation de son préjudice sur le fondement d'une infraction qui n'existe plus (▪ Cass. crim., 9 févr. 2022, préc.).

25) Droit d'appel de la partie civile, droit spécifique, général et absolu. La faculté pour la partie civile d'interjeter appel dans l'instance pénale quant à ses intérêts civils est un droit spécifique, général et absolu, qui n'est pas soumis aux règles limitatives de la procédure civile (▪ Cass. crim., 2 mars 1981, n° 80-93.370 : *Bull. crim.* n° 77), auquel l'article 470-1 du Code de procédure pénale n'apporte aucune limite (▪ Cass. crim., 26 oct. 2004, n° 04-80.126 : *Bull. crim.* n° 252. ▪ Cass. crim., 11 janv. 2005, n° 04-80.411). En conséquence, elle peut exercer ce droit contre une décision prononçant l'annulation de la citation directe par laquelle elle a saisi la juridiction de première instance (▪ Cass. crim., 29 juin 2016, n° 15-81.904).

2° Applications

• **Décisions sur la compétence pénale**

26) Cas général. Si, selon les dispositions de l'article 497 du Code de procédure pénale, la partie civile n'a la faculté d'appeler que quant à ses intérêts civils, il n'en est ainsi qu'à l'égard des dispositions par lesquelles les premiers juges ont statué sur le fond ; dans le cas où, sans statuer au fond sur les faits qui donnaient lieu à l'action civile, ils se sont bornés à prononcer sur la compétence, les juges du second degré se trouvent, par le seul appel de la partie civile, saisis non seulement de ses intérêts civils, mais aussi de l'action publique qui a continué de subsister, et sont, dès lors, tenus de statuer aussi bien sur l'action publique que sur l'action civile, et de régler la compétence (▪ Cass. crim., 26 juin 1975, n° 73-93.066 : *Bull. crim.* n° 167. ▪ Cass. crim., 10 mai 1994, n° 92-81.850 : *Bull. crim.* n° 177). Lorsqu'ils ont, à bon droit, infirmé sur le seul appel des parties civiles le jugement déclarant à tort l'incompétence des juridictions correctionnelles pour connaître des poursuites exercées directement à la requête desdites parties, les juges du second degré sont tenus de statuer au fond sur ces mêmes poursuites, nonobstant l'inaction du ministère public (▪ Cass. crim., 10 mai 1994, préc.).

27) Cas particulier : partie civile prétendant que les faits relèvent d'une qualification criminelle. La faculté d'appeler de la partie civile étant limitée à ses intérêts civils seulement, justifie sa décision la cour d'appel qui, saisie par les parties civiles, seules appelantes, d'un déclinatoire de compétence au motif que les faits objet de la poursuite auraient un caractère criminel, constate que la décision entreprise portant condamnation des prévenus est devenue définitive, rejette l'exception, qualifie les faits au point de vue des intérêts civils et se prononce sur l'indemnisation des parties civiles (▪ Cass. crim., 22 mars 1995, préc., n° 22). En déclarant irrecevables les conclusions des parties civiles appelantes tendant à ce que la juridiction correctionnelle se déclare incompétente au motif que les faits poursuivis revêtaient selon elles une qualification criminelle, les juges du second degré ont fait l'exacte application de l'article 497 du Code de procédure pénale, aux termes duquel la faculté d'appeler appartient à la partie civile, quant à ses intérêts civils seulement (▪ Cass. crim., 2 mars 2004, n° 03-83.353 : *Bull. crim.* n° 54). La cour d'appel, saisie du seul appel de la partie civile, ne peut se déclarer incompétente par le motif que les faits seraient de la compétence de la juridiction criminelle, l'action publique n'étant plus en cause (▪ Cass. crim., 4 mars 1981, n° 80-94.035 : *Bull. crim.* n° 80).

• Décisions sur la validité des poursuites

28) Si la faculté d'appeler n'appartient à la partie civile que quant aux dispositions relatives à ses intérêts civils, cette restriction aux effets de son appel n'a pas lieu lorsqu'il n'a été statué que sur la validité de la poursuite (▪ Cass. crim., 17 mars 1981, n° 79-94.121 : *Bull. crim.* n° 96. ▪ Cass. crim., 18 mai 2021, n° 20-83.274, § 13). La règle s'applique aux infractions de presse (même arrêt). Lorsqu'elle est saisie par l'appel de la partie civile du jugement d'un tribunal correctionnel ayant prononcé la nullité des citations délivrées, une cour d'appel, après avoir infirmé le jugement et rejeté les exceptions de nullité de ces citations, ne peut se borner à prononcer sur les intérêts civils : il lui incombe de statuer sur l'action publique (▪ Cass. crim., 18 mai 2021, préc.).

• Renvoi erroné de la décision sur l'action civile

29) Toute partie civile, constituée devant le tribunal correctionnel, peut faire appel d'un jugement qui, après avoir statué sur l'action publique, a, à tort, renvoyé à une audience ultérieure l'examen de la recevabilité de sa constitution (▪ Cass. crim., 15 févr. 2022, n° 20-86.486, § 19 : *Bull. crim.* à paraître).

• Relaxe du prévenu en première instance

– Intérêts civils

30) Principes constitutionnels. Les dispositions de l'article 497 du Code de procédure pénale limitent le droit d'appel de la partie civile à ses seuls intérêts civils. Il en résulte notamment que, en cas de décision de relaxe rendue en première instance, les juges du second degré saisis du seul appel de la partie civile doivent statuer uniquement sur la demande de réparation de celle-ci. Ils ne peuvent ni déclarer la personne initialement poursuivie coupable des faits pour lesquels elle a été définitivement relaxée, ni prononcer une peine à son encontre (▪ Cons. const., 31 janv. 2014, préc., n° 17).

31) Cour européenne des droits de l'homme. Tout en rappelant que le fait, pour une juridiction pénale, de statuer sur les intérêts civils de la victime est, en soi, conforme aux dispositions de l'article 6 de la Convention européenne des droits de l'Homme, la Cour européenne des droits de l'homme ne saurait admettre que les juridictions pénales appelées à juger l'action civile se prononcent sur la culpabilité pénale d'un prévenu (▪ CEDH, 12 avr. 2012, n° 18851/07, *Lagardère c/ France* : *JCP* G 2012, 724, note A. Dethomas ; D. 2012, p. 1708, note J.-F. Renucci ; *RSC* 2012, p. 695, obs. D. Roets). La Cour considère que, si l'acquittement prononcé au pénal ne doit pas être remis en cause dans le cadre de la procédure en réparation, cela ne doit pas faire obstacle à l'établissement, sur la base d'exigences de preuve moins strictes, d'une responsabilité civile emportant obligation de verser une indemnité à raison des mêmes faits ; toutefois, si la décision interne sur l'action civile devait renfermer une déclaration imputant une responsabilité pénale à la partie défenderesse, cela pourrait entraîner une violation de l'article 6 § 2 de la Convention (▪ CEDH, 11 févr. 2003, n° 56568/00, *Y. c/ Norvège*. ▪ CEDH, 11 févr. 2003, n° 34964/97, *Ringvold c/ Norvège*).

– Faute civile

32) Principe. Le dommage dont la partie civile, seule appelante d'un jugement de relaxe, peut obtenir réparation de la part de la personne relaxée est celui qui résulte de la faute civile démontrée à partir et dans la limite des faits objet de la poursuite (▪ Cass. crim., 5 févr. 2014, n° 12-80.154 : *Bull. crim.* n° 35 ; D. 2014, p. 807, note L. Saenko ; *Dr. pén.* 2014, comm. 46, obs. A. Marion et M. Haas ; *RCA* 2014, n° 145, obs. H. Groutel. ▪ Cass. crim., 5 avr. 2018, n° 16-87.669 : *Bull. crim.* n° 67 ; *JCP* G 2018, 644, note J.-H. Robert. ▪ Cass. crim., 2 mai 2018, n° 17-82.449 : *JurisData* n° 2018-007365 : *JCP* G 2018, 830, note J.-H. Robert). Il se déduit des articles 6, § 2 de la Convention européenne des droits de l'Homme, 1382 du Code civil, 497 du Code de procédure pénale que le dommage dont la partie civile, seule appelante d'un jugement de relaxe, peut obtenir réparation de la part de la personne relaxée est celui qui résulte de la faute civile démontrée à partir et dans la limite des faits objet de la poursuite (▪ Cass. crim., 11 mars 2014, n° 12-88.131 : *JurisData* n° 2014-004463 : *Bull. crim.* n° 70 ; *JCP* G 2014, 653, note J. Pradel ; D. 2014, p. 1188, note. H. Dantras-Bioy ; *Dr. pén.* 2014, comm. 80, obs. A. Maron et M. Haas). Il se déduit des articles 2 et 497 du Code de procédure pénale que le dommage dont la partie civile, seule appelante d'un jugement de relaxe, peut obtenir réparation, doit résulter d'une faute démontrée à partir et dans la limite des faits objet de la poursuite (▪ Cass. crim., 17 févr. 2016, n° 15-80.634 : *JurisData* n° 2016-002740 ; *Bull. crim.* n° 52 ; *Dr. pén.* 2016, comm. 67, obs. A. Maron et M. Haas. ▪ Cass. crim., 19 mai 2016, n° 15-81.491 : *JurisData* n° 2016-009376 : *Bull. crim.* n° 152 ; *Resp. civ. assur.* 2016, comm. 250, obs. H. Groutel. ▪ Cass. crim., 10 mai 2017, n° 15-86.906 : *Dr. pén.* 2017, comm. 114, obs. A. Maron et M. Haas. ▪ Cass. crim., 23 oct. 2019, n° 18-81.745. ▪ Cass. crim., 22 janv. 2020, n° 19-80.541. ▪ Cass. crim., 9 déc. 2020, n° 20-80.029, § 8). Il se déduit des articles 2 et 497 du Code de procédure pénale, ensemble l'article 6, § 1, de la Convention européenne des droits de l'Homme, que le dommage dont la partie civile, seule appelante d'un jugement de relaxe, peut obtenir réparation, doit résulter d'une faute démontrée à partir et dans la limite des faits objet de la poursuite (▪ Cass. crim., 7 déc. 2016, n° 16-80.083 : *Bull. crim.* n° 325. ▪ Cass. crim., 3 mai 2017, n° 16-80.351 : *Dr. pén.* 2017, comm. 114, obs. A. Maron et M. Haas). Les juges du fond apprécient souverainement si la partie civile a subi un préjudice résultant d'une faute civile à partir et dans la limite des faits objets de la poursuite (▪ Cass. crim., 21 mars 2017, n° 16-82.396, à propos de l'article 509). Pour débouter la partie civile, l'arrêt énonce que celle-ci a manqué à son obligation de rapporter la preuve d'une faute civile des prévenus, dans la limite des faits qui étaient visés par la poursuite devant la juridiction répressive, en limitant son argumentaire à la seule reprise d'une condamnation du chef du délit de harcèlement moral, sans l'inscrire dans le processus classique de recherche de responsabilité : fait – préjudice – lien de causalité : en statuant ainsi, alors qu'il lui appartenait de rechercher au terme de l'analyse des éléments de fait contradictoirement débattus, si l'existence d'une faute était ou non caractérisée à partir et dans la limite des faits objet de la poursuite, la cour d'appel n'a pas justifié sa décision (▪ Cass. crim., 15 oct. 2019, n° 18-85.559). V. V. Wester-Ouisse, *Le sort de la victime en cas de relaxe : quelle faute civile ? : D.* 2016, p. 2018. V., art. 470-1 et 509.

33) Application aux infractions intentionnelles. V. ▪ Cass. crim., 11 mars 2014, n° 12-88.131 : *JurisData* n° 2014-004463 : *Bull. crim.* n° 70 ; *JCP* G 2014, 653, note J. Pradel ; D. 2014, p. 1188, note. H. Dantras-Bioy ; *Dr. pén.* 2014, comm. 80, obs. A. Maron et M. Haas (abstention de témoigner en faveur d'un innocent : faits reetenus par les juges pour caractériser la faute civile n'entrant pas dans les prévisions de l'article 434-11 du Code pénal). ▪ Cass. crim., 17 févr. 2016, n° 15-80.634 : *JurisData* n° 2016-002740 ; *Bull. crim.* n° 52 ; *Dr. pén.* 2016, comm. 67, obs. A. Maron et M. Haas (abus de confiance : doute sur l'élément intentionnel et absence de faute civile démontrée à partir et dans la limite des faits objet de la poursuite). ▪ Cass. crim., 19 mai 2016, n° 15-81.491 : *JurisData* n° 2016-009376 : *Bull. crim.* n° 152 ; *Resp. civ. assur.* 2016, comm. 250, obs. H. Groutel (blanchiment : faute civile découlant de faits non visés dans la poursuite). ▪ Cass. crim., 7 déc. 2016, n° 16-80.083 : *Bull. crim.* n° 325 (abus de faiblesse et escroquerie : prise en considération de la qualité de tuteur pour retenir une opération de détournement de fonds et non de remise, alors que cette qualité n'était pas visée dans l'acte de poursuite). ▪ Cass. crim., 3 mai 2017, n° 16-80.351 : *Dr. pén.* 2017, comm. 114, obs. A. Maron et M. Haas (infractions au Code de l'urbanisme : faute caractérisée à partir et dans la limite des faits objets de la poursuite). ▪ Cass. crim., 10 mai 2017, n° 15-86.906 : *Dr. pén.* 2017, comm. 114, obs. A. Maron et M. Haas (complicité de soumission de personnes vulnérables à des conditions d'hébergement indignes : faute civile, distincte des faits positifs d'assistance de son conjoint dans la mise à disposition des bungalows insalubres, seuls visés à la prévention comme élément constitutif de la complicité). ▪ Cass. crim., 5 avr. 2018, n° 16-87.669 : *Bull. crim.* n° 67, *JCP* G 2018, 644, note J.-H. Robert (abus de confiance : le grief tiré du défaut d'établissement d'une faute d'une particulière gravité incompatible avec l'exercice normal des fonctions sociales constituant une faute séparable des fonctions d'un dirigeant social est inopérant, les juges n'ayant pas à s'expliquer sur l'existence d'une telle faute pour caractériser une faute civile démontrée à partir et dans la limite des faits objet de la poursuite). ▪ Cass. crim., 15 oct. 2019, n° 18-85.559 (harcèlement moral). ▪ Cass. crim., 23 oct. 2019, n° 18-81.745 (faux et usage de faux). ▪ Cass. crim., 22 janv. 2020, n° 19-80.541 (abus de faiblesse).

34) Application aux infractions d'imprudence. V. ▪ Cass. crim., 2 mai 2018, n° 17-82.449 : *JurisData* n° 2018-007365 : *JCP* G 2018, 830, note J.-H. Robert (homicide par imprudence : si c'est à tort que la cour d'appel a dit n'y avoir lieu de qualifier la faute d'imprudence ou de négligence imputable au prévenu de simple ou de caractérisée, l'arrêt n'encourt pas la censure dès lors qu'il ressort des constatations des juges que celui-ci, dont le comportement avait contribué à créer la situation ayant permis la réalisation du dommage, avait commis une faute caractérisée qui exposait autrui à un risque d'une particulière gravité qu'il ne pouvait ignorer, de sorte que sa responsabilité civile était engagée, à partir et dans la limite des faits d'homicide involontaire objet de la poursuite).

35) Cas du revirement de jurisprudence *in pejus*. Les faits retenus pour établir une faute civile devant non seulement entrer dans les prévisions du texte pénal, mais aussi relever d'une infraction susceptible d'être poursuivie à la date des faits, tel n'est pas le cas lorsque les faits poursuivis n'entrent dans les prévisions d'une infraction que par l'effet d'une jurisprudence postérieure qui n'était pas prévisible (■ Cass. crim., 30 juin 2021, n° 20-81.570 : publié au *Bull.*).

• **Condamnation du prévenu en première instance**

36) Évaluation du préjudice en appel. En cas d'appel, limité aux seules dispositions civiles, d'un jugement correctionnel ayant déclaré le prévenu coupable des faits reprochés, si la responsabilité du prévenu reconnu coupable des faits reprochés est acquise, en application du principe de l'autorité, au civil, de la chose jugée au pénal, l'évaluation du préjudice en résultant reste en discussion dans la limite des faits constatés qui constituent le soutien nécessaire de la condamnation pénale. Encourt la censure l'arrêt qui, pour fixer le montant des dommages-intérêts dus par une personne déclarée coupable de recel d'abus de biens sociaux, retient que le montant du préjudice subi du fait des détournements a été fixé définitivement par la condamnation pénale, qui a autorité au civil (■ Cass. crim., 1er juin 2016, n° 15-80.721 : *Bull. crim.* n° 168). En vertu du principe de l'autorité, au civil, de la chose jugée au pénal, si la responsabilité civile du prévenu reconnu définitivement coupable de contravention de violences est acquise, le lien de causalité entre ces violences et les préjudices dont la partie civile demande réparation reste en discussion, dans la limite des faits constatés qui constituent le soutien nécessaire de la condamnation pénale. Une cour d'appel, statuant sur intérêts civils après condamnation de deux prévenus pour violences réciproques, ne saurait s'interdire de rechercher, comme cela le lui était demandé par l'un d'entre eux, si la fracture de la main droite subie par l'autre lors de l'altercation ne résultait pas d'un coup de poing que celui-ci lui avait porté et non des violences dont il avait été définitivement déclaré coupable (■ Cass. crim., 5 déc. 2017, n° 17-80.688 : *Bull. crim.* n° 277 ; *Procédures* 2018, comm. 56, obs. A.-S. Chavent-Leclère).

37) Évaluation du préjudice en appel : disqualification des faits par les premiers juges. Lorsqu'il a été définitivement statué sur l'action publique par le tribunal ayant procédé à une disqualification des faits, l'évaluation du préjudice reste en discussion devant la cour d'appel pour tous les chefs de dommage qui découlent des faits objet de la poursuite, les juges du second degré devant notamment apprécier eux-mêmes le lien de causalité fondant la responsabilité (■ Cass. crim., 25 juin 2019, n° 18-84.825 : *Bull. crim.* n° 130 ; *Dr. pén.* 2019, comm. 155, obs. A. Maron et M. Haas).

D – Personnes civilement responsables

38) La personne déclarée civilement responsable par les premiers juges a intérêt à agir et la faculté d'appeler d'une telle décision ; il en est ainsi même si le jugement, à défaut de citation, lui est inopposable (■ Cass. crim., 13 déc. 1982, n° 80-91.114 : *Bull. crim.* n° 282). La personne civilement responsable a intérêt à relever appel du jugement afin d'éviter de se voir opposer ultérieurement l'autorité de chose jugée au cas où elle serait attraite devant la juridiction civile en vue d'être condamnée à réparer ledit dommage (■ Cass. crim., 18 oct. 1983, n° 82-92.151 : *Bull. crim.* n° 251).

E – Tiers payeurs

39) Le tiers payeur dispose d'un droit propre d'appel lui permettant de déférer la décision du premier degré aux juges du second degré, dans la limite de ses intérêts, même si la partie civile aux droits de laquelle il est subrogé n'a pas usé de cette voie de recours (■ Cass. crim., 28 nov. 1989, n° 89-81.771 : *Bull. crim.* n° 450. ■ Cass. crim., 23 juin 1993, n° 92-86.295 : *Bull. crim.* n° 220. ■ Cass. crim., 16 févr. 1994, n° 92-85.828 : *Bull. crim.* n° 70). Encourt, dès lors, la cassation l'arrêt qui, sur le seul appel d'une caisse primaire d'assurance maladie qui demandait de majorer l'indemnité réparant l'atteinte à l'intégrité physique de la victime, rejette cette prétention au motif qu'en l'absence d'appel de la partie lésée, la juridiction du second degré ne peut augmenter ladite indemnité (■ Cass. crim., 28 nov. 1989, préc.). Le tiers payeur, qui ne peut exercer son recours contre le Fonds de garantie tenu à l'indemnisation de la seule victime, a intérêt à faire consacrer par les juges du second degré la garantie due par l'assureur du tiers responsable (■ Cass. crim., 16 févr. 1994, préc., n° 10).

Art. 498 ***(Mod., L. n° 2009-1436, 24 nov. 2009).*** **– Sans préjudice de l'article 505, l'appel est interjeté dans le délai de dix jours à compter du prononcé du jugement contradictoire.**

Toutefois, le délai d'appel ne court qu'à compter de la signification du jugement quel qu'en soit le mode :

1° Pour la partie qui, après débat contradictoire, n'était pas présente ou représentée à l'audience où le jugement a été prononcé, mais seulement dans le cas où elle-même ou son représentant n'auraient pas été informés du jour où le jugement serait prononcé ;

2° Pour le prévenu qui a été jugé en son absence, mais après audition d'un avocat qui s'est présenté pour assurer sa défense, sans cependant être titulaire d'un mandat de représentation signé du prévenu ;

3° Pour le prévenu qui n'a pas comparu dans le cas prévu par le cinquième alinéa de l'article 411, lorsque son avocat n'était pas présent. Il en est de même dans les cas prévus par les articles 410 et 494-1 sous réserve des dispositions de l'article 498-1.

Bibliographie : D. Guirimand, *Cour d'appel en matière correctionnelle. – Conditions de l'appel : JCl. Proc. pén.*, art. 496 à 520-1, Fasc. 10, actualisé par C. Guéry.

I – DROIT D'ACCÈS À UN TRIBUNAL

A – Jurisprudence européenne

1) Limitations proportionnées. Le « droit à un tribunal », dont le droit d'accès constitue un aspect, n'est pas absolu et se prête à des limitations implicitement admises, notamment en ce qui concerne les conditions de recevabilité d'un recours, car il appelle de par sa nature même une réglementation par l'État, lequel jouit à cet égard d'une certaine marge. Néanmoins, les limitations appliquées ne doivent pas restreindre l'accès ouvert à l'individu d'une manière ou à un point tel que le droit s'en trouve atteint dans sa substance même. En outre, ces limitations ne se concilient avec l'article 6 § 1 que si elles poursuivent un but légitime et s'il existe un rapport raisonnable de proportionnalité entre les moyens employés et le but visé d'appréciation (▪ CEDH, 26 juill. 2007, n° 35787/03, *Walchli c/ France*. ▪ CEDH, 26 sept. 2006, n° 16846/02, *Labergère c/ France*).

2) Formalisme excessif et souplesse excessive. Si le droit d'exercer un recours est bien entendu soumis à des conditions légales, les tribunaux doivent, en appliquant des règles de procédure, éviter à la fois un excès de formalisme qui porterait atteinte à l'équité de la procédure, et une souplesse excessive qui aboutirait à supprimer les conditions de procédure établies par les lois (▪ CEDH, 26 juill. 2007, préc., n° 1).

3) Application trop rigoureuse des délais impartis. L'application qui est faite des règles de droit interne, et notamment des règles de délai peut constituer une application particulièrement rigoureuse d'une règle procédurale, qui porte atteinte à son droit d'accès à un tribunal, dans son essence même (▪ CEDH, 26 sept. 2006, préc., n° 1).

4) Rôle des auxiliaires de justice. On peut raisonnablement attendre d'un greffier qu'il fournisse à l'avocat la formule de déclaration à remplir ou, pour le moins, qu'il rappelle, le cas échéant, les formalités nécessaires à accomplir, étant souligné que le greffier devant les juridictions de l'ordre judiciaire est un auxiliaire de justice garant de la procédure et participant à la bonne administration de la justice (▪ CEDH, 26 juill. 2007, préc., n° 1).

B – Jurisprudence nationale

5) Droit à un procès équitable. Les articles 462 et 498 du Code de procédure pénale ne portent pas atteinte à l'exigence d'un procès équitable, dès lors que le délai d'appel est prorogé lorsqu'un obstacle insurmontable a mis la partie concernée dans l'impossibilité d'exercer son recours en temps utile (▪ Cass. crim., 14 avr. 2015, n° 13-87.226).

6) Information à donner aux parties sur le délai d'appel. L'absence d'information donnée par le tribunal sur le point de départ et le délai d'appel ne prive pas le prévenu de la faculté d'exercer un recours effectif (▪ Cass. crim., 20 mai 2015, n° 14-80.171). Aucun texte légal ou conventionnel n'impose aux premiers juges d'informer les parties des modalités d'exercice des voies de recours (▪ Cass. crim., 14 avr. 2015, préc., n° 5). Comp. *supra*, n° 4.

II – DÉLAI D'APPEL

A – Règles d'ordre public

7) Les dispositions relatives aux formes et délais d'appel sont d'ordre public et leur inobservation entraîne une nullité qui peut être invoquée pour la première fois devant la Cour de cassation ou même suppléée d'office (▪ Cass. crim., 16 mars 1964, n° 64-90.031 : *Bull. crim.* n° 96. ▪ Cass. crim., 28 févr. 1968, n° 67-92.517 : *Bull. crim.* n° 68. ▪ Cass. crim., 23 mars 1993, n° 91-81.203 : *Bull. crim.* n° 126. ▪ Cass. crim., 22 mars 2017, n° 16-80.050 : *Bull. crim.* n° 81). Les dispositions relatives aux formes et délais d'appel, qui sont d'ordre public et dont l'inobservation entraîne une nullité qui peut être invoquée pour la première fois devant la Cour de cassation, sont impératives et s'appliquent au ministère public comme à toute autre partie (▪ Cass. crim., 18 mai 2021, n° 20-87.145, § 7).

B – Computation du délai

8) Pour la computation du délai d'appel, le jour du jugement ou de la signification doit être écarté, et le délai prend fin le dixième jour à minuit ; dans le cas d'un jugement prononcé ou signifié le 18 janvier, le délai expire donc le 28 janvier à minuit (▪ Cass. crim., 30 janv. 1973, n° 72-92.400 : *Bull. crim.* n° 46). Un jugement ayant été prononcé un 17 mars, le délai d'appel expirait le 27 mars suivant à minuit (▪ Cass. crim., 27 nov. 2018, n° 18-82.364).

C – Appel du ministère public

9) Le ministère public est soumis aux règles communes. Les dispositions relatives aux formes et délais d'appel, qui sont d'ordre public, s'appliquent au ministère public comme à toute autre partie (■ Cass. crim., 14 janv. 2014, n° 12-84.592 : *Bull. crim.* n° 6).

10) Point de départ du délai d'appel. Le point de départ du délai d'appel du ministère public est la date du jugement attaqué, qu'il soit contradictoire ou par défaut (■ Cass. crim., 2 nov. 1967, n° 66-92.754 : *Bull. crim.* n° 276 ; *D.* 1968, p. 378, note J.-M. Robert).

D – Appel des parties privées

1° Règles communes aux parties privées

11) Avertissement de la date du prononcé du jugement. Lorsqu'à l'issue des débats contradictoires, le président de la juridiction a indiqué aux parties ou à leurs avocats la date à laquelle la décision serait prononcée, le renvoi de ce prononcé à une autre date à nouveau indiquée, fût-ce en l'absence des parties ou de leurs représentants, n'est pas de nature à retirer à la procédure son caractère contradictoire ; le délai d'appel court par conséquent dès le jour du prononcé du jugement (■ Cass. crim., 18 mai 1994, n° 93-85.164 : *Bull. crim.* n° 188). En application de l'article 498 du Code de procédure pénale, l'avertissement donné aux représentants des parties que le jugement est renvoyé à une date ultérieure a pour effet de faire courir le délai d'appel dès le jugement, sans qu'il soit nécessaire de procéder à la signification de ce dernier (■ Cass. crim., 18 févr. 1964, n° 63-90.879 : *Bull. crim.* n° 56). La mention de l'avertissement donné par le président aux parties présentes quant au jour où le jugement sera prononcé, conformément aux prescriptions de l'article 462 du Code de procédure pénale, doit figurer en termes exprès dans le jugement (■ Cass. crim., 13 nov. 1978, n° 78-90.128 : *Bull. crim.* n° 311). Lorsqu'un jugement ne contient aucune mention, ni de l'avis prévu à l'article 462 du Code de procédure pénale, ni de la présence des parties ou de leurs représentants quand il a été rendu, le délai d'appel ne saurait courir à compter du prononcé de la décision (■ Cass. crim., 31 oct. 2018, n° 18-81.666).

12) Nécessité d'une signification régulière. Si aux termes de l'article 498 du Code de procédure pénale le délai d'appel ne court qu'à compter de la signification du jugement quel qu'en soit le mode pour la partie qui n'était pas présente à l'audience où le jugement a été prononcé, c'est à la condition que cette signification ait été faite conformément aux prescriptions des articles 555 et suivants du même code (■ Cass. crim., 11 juill. 1973, n° 73-91.097 : *Bull. crim.* n° 323. ■ Cass. crim., 26 sept. 1988, n° 87-81.162 : *Bull. crim.* n° 328).

13) Incidence de l'appel incident sur le délai de l'appel principal. Est irrecevable l'appel formé par une partie après l'expiration du délai de dix jours prévu par l'article 498 du Code de procédure pénale, et avant l'ouverture du délai exceptionnel institué par l'article 500 du même code ; en effet cette dernière disposition, qui est de droit strict, ne saurait être invoquée par celui dont l'appel a été formé avant l'ouverture aussi bien qu'après l'expiration du délai exceptionnel qu'elle institue (■ Cass. crim., 15 janv. 1970, n° 69-91.650 : *Bull. crim.* n° 28).

14) Impossibilité absolue de respecter le délai d'appel. Si le délai d'appel court à compter du prononcé du jugement contradictoire même si la partie dûment avertie n'était pas présente à l'audience à laquelle le jugement a été prononcé, ce n'est qu'à la condition que cette partie ne justifie pas de circonstances l'ayant mise dans l'impossibilité absolue d'exercer son recours en temps utile (■ Cass. crim., 17 mars 1986, n° 85-92.999 : *Bull. crim.* n° 107. ■ Cass. crim., 29 févr. 1988, n°s 87-81.337 et 87-81.338 : *Bull. crim.* n° 100). Est irrecevable comme tardif, l'appel formé hors des délais légaux, dès lors qu'il n'est pas justifié que l'appelant se soit trouvé dans l'impossibilité absolue de se présenter avant l'heure réglementaire de la fermeture du greffe (■ Cass. crim., 15 juin 1973, n° 72-92.889 : *Bull. crim.* n° 267).

15) Pluralité de parties privées. En cas de pluralité de parties non comparantes ou défaillantes le délai d'appel ne court, pour chacune d'elles, qu'à compter de la signification qui lui est faite du jugement. Encourt, dès lors, la cassation l'arrêt qui, statuant sur l'appel d'un assureur qui ne s'était pas fait représenter en première instance, déclare cet appel irrecevable au motif qu'il avait été interjeté plus de dix jours après la signification du jugement à l'assuré (■ Cass. crim., 7 juin 1988, n° 87-83.240 : *Bull. crim.* n° 256). Lorsqu'un jugement est rendu par défaut à l'égard d'une partie et contradictoire pour une autre, celle-ci doit former son appel dans le délai fixé par l'article 498 du Code de procédure pénale. Ce droit indépendant de celui d'opposition ouvert à la partie défaillante n'est point subordonné à la condition de signification préalable du jugement. Mais la cour doit surseoir, le cas échéant, à statuer sur l'appel jusqu'à ce que les délais d'opposition soient expirés (■ Cass. crim., 12 mai 1976, n° 75-92.208 : *Bull. crim.* n° 153).

2° Appel du prévenu

• Impossibilité absolue de respecter le délai d'appel

16) Si le délai d'appel court à compter du prononcé du jugement contradictoire, même si la partie dûment avertie n'était pas présente à l'audience à laquelle le jugement a été prononcé, ce n'est qu'à la condition que cette partie ne justifie pas de circonstances l'ayant mise dans l'impossibilité absolue d'être présente à la lecture de la décision et d'exercer son recours en temps utile ; justifie de circonstances l'ayant mis dans l'impossibilité absolue d'exercer son recours en temps utile, le prévenu détenu qui étant présent aux débats n'a pas été extrait de la maison d'arrêt le jour où a été prononcé le jugement (▪ Cass. crim., 29 févr. 1988, n°s 87-81.337 et 87-81.338 : *Bull. crim.* n° 100).

• Point de départ du délai fixé à la date du prononcé du jugement

17) Les dispositions de l'alinéa 2, 2° de l'article 498 du Code de procédure pénale, qui font courir le délai d'appel à compter de la signification du jugement, ne s'appliquent qu'aux décisions rendues dans les conditions prévues par l'article 411, alinéa 1er, dudit code, et non au cas, prévu par l'alinéa 2 du même article, où le défendeur est entendu. En ce cas, le prévenu étant représenté par son avocat, le délai d'appel court à compter du prononcé de la décision (▪ Cass. crim., 27 nov. 1978, n° 77-93.395 : *Bull. crim.* n° 330).

• Point de départ du délai d'appel fixé à la date de la signification du jugement

18) Prévenu informé de la date du prononcé du jugement. En application de l'article 498 du Code de procédure pénale, le délai d'appel ne court que du jour de la signification lorsque, après un renvoi contradictoire, le jugement a été rendu hors la présence du prévenu, s'il n'est constaté que celui-ci a été informé de la date à laquelle ledit jugement serait prononcé (▪ Cass. crim., 23 nov. 1967, n° 67-91.603 : *Bull. crim.* n° 304). Ainsi encourt la cassation l'arrêt qui déclare irrecevable l'appel d'un jugement prononcé contradictoirement alors que le prévenu, comparant au début de l'audience devant le tribunal, était absent lors des débats et du prononcé de la décision (▪ Cass. crim., 26 avr. 2006, n° 05-85.389 : *Bull. crim.* n° 113). En l'absence de la mention prescrite par l'article 462 du Code de procédure pénale, établissant que, à l'issue des débats, le prévenu ou son représentant a été informé de la date de prononcé du jugement, le délai d'appel ne court qu'à compter de la signification pour la partie qui n'était pas présente ou représentée à l'audience à laquelle le jugement a été rendu (▪ Cass. crim., 13 oct. 2010, n° 10-81.511 : *Bull. crim.* n° 158). Le prévenu présent à l'audience des débats et régulièrement mis en demeure d'assister ou d'être représenté à celle à laquelle la décision devait être rendue, ne saurait se prévaloir de son absence à cette dernière audience, qui seule l'a empêché de connaître la prorogation du délibéré et d'être informé de la date à laquelle le jugement a été effectivement rendu ; le délai d'appel court par conséquent dès le jour du prononcé du jugement (▪ Cass. crim., 7 févr. 1996, n° 95-81.751 : *Bull. crim.* n° 65). Lorsque le jugement a été régulièrement signifié, dans les conditions prévues par l'article 556 du Code de procédure pénale au domicile du prévenu, non condamné à une peine d'emprisonnement ferme, le délai d'appel court, en application de l'article 498 du Code de procédure pénale, à compter de la date de la signification, sans qu'il y ait lieu de prendre en considération la signature portée sur l'avis de réception de la lettre recommandée (▪ Cass. crim., 21 nov. 2006, n° 06-84.231 : *Bull. crim.* n° 290).

19) Mineur dispensé de comparaître. Aux termes des articles 13, alinéa 2, et 24 de l'ordonnance du 2 février 1945, la dispense de comparaître qui n'est subordonnée pour le mineur à aucune formalité et relève dans son seul intérêt du pouvoir du président a pour conséquence que le jugement rendu par le tribunal est, aux termes de la loi, réputé contradictoire, mais le jugement doit être signifié au mineur ainsi dispensé de comparaître pour qu'il puisse exercer en connaissance de cause son droit d'appel et pour faire courir le délai prévu par l'article 498 du Code de procédure pénale (▪ Cass. crim., 12 juill. 1972, n° 71-93.365 : *Bull. crim.* n° 237).

20) Convocation par procès-verbal. Il résulte les dispositions combinées des articles 394, 410 et 498 du Code de procédure pénale que le délai d'appel ne court qu'à compter de la signification du jugement lorsque le prévenu, non comparant et non excusé, a été convoqué par procès-verbal (▪ Cass. crim., 29 janv. 1997, n° 96-82.923).

• Nécessité d'une signification régulière

21) Si, aux termes de l'alinéa 2 de l'article 498 du Code de procédure pénale, le délai d'appel de dix jours court, pour le prévenu condamné contradictoirement par application de l'article 410 du même code, à compter de la signification du jugement, quel qu'en soit le mode, c'est à la condition que cette signification ait été faite conformément aux prescriptions des articles 555 et suivants du code précité (▪ Cass. crim., 7 mai 2014, n° 13-84.570 : *Bull. crim.* n° 128).

• Effet de la signification sur l'action publique et sur l'action civile

22) L'article 498 du Code de procédure pénale, selon lequel, à l'égard du prévenu jugé contradictoirement dans les conditions déterminées par l'article 410 du même code, le délai d'appel court à compter de la signification, ne limite pas à la décision intervenue sur l'action publique les effets d'une signification effectuée à la requête du ministère public ; dès lors, est irrecevable tant sur les intérêts civils que sur l'action publique l'appel formé par le prévenu plus de dix jours après une telle signification (■ Cass. crim., 15 janv. 1975, n° 73-92.531 : *Bull. crim.* n° 16). L'article 498 du Code de procédure pénale, selon lequel, à l'égard du prévenu jugé contradictoirement dans les conditions déterminées par l'article 410 du Code de procédure pénale, le délai d'appel court à compter de la signification du jugement quel qu'en soit le mode, ne limite pas à la décision sur les intérêts civils les effets d'une signification effectuée à la requête de la partie civile ; dès lors, c'est à bon droit qu'une cour d'appel a déclaré irrecevable, tant sur l'action publique que sur les intérêts civils, l'appel formé par le prévenu plus de dix jours après une telle signification (■ Cass. crim., 2 mars 2004, n° 03-83.315 : *Bull. crim.* n° 55).

3° Appel de la partie civile

23) Les dispositions de l'article 10, alinéa 2, du Code de procédure pénale dès lors que ce texte, applicable seulement aux mesures d'instruction ordonnées par le juge pénal sur les intérêts civils, est étranger aux conditions de recevabilité des voies de recours ; s'agissant d'un jugement rendu sur les seuls intérêts civils, les règles de la procédure pénale sont seules applicables (■ Cass. crim., 29 mars 1990, n° 87-83.236 : *Bull. crim.* n° 137). Cette règle n'est pas contraire au principe d'égalité : la Constitution intègre la procédure pénale dans le domaine de la loi et la procédure civile dans celui du règlement et le Code de procédure pénale, de nature législative, ne peut encourir le grief d'inconstitutionnalité par le seul motif que le Code de procédure civile édicte des règles différentes ; en outre, le principe d'égalité ne s'oppose pas à ce que le législateur règle de façon différente des situations différentes alors que la partie civile a fait le choix d'exercer l'action civile devant le juge pénal et que ce dernier doit se prononcer avec célérité pour des considérations d'ordre public (■ Cass. crim., 1er avr. 2014, n° 14-90.002 : *Bull. crim.* n° 98).

4° Appel des Administrations publiques

• Règles communes

24) Le délai de 10 jours imparti par l'article 498 du Code de procédure pénale court du prononcé du jugement pour l'administration à l'égard de qui il est nécessairement contradictoire même si elle n'est pas présente à l'audience (■ Cass. crim., 20 oct. 1993, n° 92-85.999 : *Bull. crim.* n° 302).

• Administration des Douanes

25) L'administration des douanes, chargée, pour les délits douaniers, d'exercer à titre principal l'action pour l'application des sanctions fiscales, dispose, si elle n'a été ni présente ou représentée à l'audience ni informée du jour où la décision serait prononcée, d'un délai d'appel qui ne commence à courir qu'à partir de la signification du jugement (■ Cass. crim., 5 nov. 2014, n° 13-87.670 : *Bull. crim.* n° 227. ■ Cass. crim., 9 nov. 2016, n° 15-85.509).

26) Le ministère public qui, après dépôt d'un acte introductif d'instance fiscale par l'administration des Douanes, a cité le prévenu devant la juridiction correctionnelle, n'a exercé l'action fiscale qu'accessoirement à l'action publique, en application de l'article 343 du Code des douanes. Il s'ensuit que l'appel interjeté par l'administration des Douanes du jugement du tribunal correctionnel, rendu en son absence et non signifié, qui a relaxé le prévenu, ne saurait être déclaré irrecevable au motif que la juridiction répressive a statué par une décision définitive, opposable à l'administration, faute d'appel du ministère public (■ Cass. crim., 13 mars 2002, n° 01-81.324 : *Bull. crim.* n° 62).

• Administration des Eaux et Forêts

27) En matière forestière, l'action publique appartient tant à l'Administration chargée des forêts qu'au ministère public ; cependant le droit, indépendant de celui du ministère public, reconnu par le Code forestier aux ingénieurs de l'État chargés des forêts d'interjeter appel, au nom de leur administration, contre les jugements susceptibles de préjudicier à leurs intérêts, quand bien même le ministère public ne se pourvoirait pas, ne saurait leur conférer plus de droits qu'à celui-ci ; il s'ensuit que l'appel de l'administration doit être formé dans le délai de 10 jours imparti au procureur de la République par l'article 498 du Code de procédure pénale (■ Cass. crim., 20 oct. 1993, préc., n° 24).

5° Assureur

28) Il résulte de la combinaison des articles 388-1, 415 et 498 du Code de procédure pénale que le délai d'appel ne court, à l'encontre de l'assureur appelé en cause mais non intervenant, qu'à compter de la signification qui lui est faite du jugement (■ Cass. crim., 15 déc. 1987, n° 86-96.862 : *Bull. crim.* n° 461).

Art. 498-1 *(Mod., L. n° 2008-644, 1er juill. 2008).* **– Pour un jugement de condamnation à une peine d'emprisonnement ferme ou à une peine d'emprisonnement assortie d'un sursis partiel, rendu dans les conditions prévues à l'article 410 et qui n'a pas été signifié à personne, le délai d'appel ne court à compter de la signification du jugement faite à domicile, à étude d'huissier de justice ou à parquet que sous réserve des dispositions du deuxième alinéa. Le jugement est exécutoire à l'expiration de ce délai.**

S'il ne résulte pas soit de l'avis constatant la remise de la lettre recommandée ou du récépissé prévus aux articles 557 et 558, soit d'un acte d'exécution quelconque ou de l'avis donné conformément à l'article 560, que le

prévenu a eu connaissance de la signification, l'appel, tant en ce qui concerne les intérêts civils que la condamnation pénale, reste recevable jusqu'à l'expiration des délais de prescription de la peine, le délai d'appel courant à compter de la date à laquelle le prévenu a eu connaissance de la condamnation.

Si la personne a été écrouée en exécution de la condamnation après l'expiration du délai de dix jours prévu par le premier alinéa et qu'elle forme appel conformément aux dispositions du deuxième alinéa, elle demeure toutefois détenue, sous le régime de la détention provisoire et sans préjudice de son droit de former des demandes de mise en liberté, jusqu'à l'audience devant la cour d'appel.

Les dispositions du présent article sont également applicables en cas d'itératif défaut.

Selon l'article 498-1 du Code de procédure pénale, le délai d'appel d'un jugement contradictoire à signifier, prononçant une condamnation à une peine d'emprisonnement en tout ou partie ferme, ne court qu'à compter de la signification qui en est faite. S'il ne résulte pas des pièces de procédure que le prévenu a eu connaissance de la signification, l'appel reste recevable jusqu'à l'expiration des délais de prescription de la peine. Une cour d'appel ne peut donc estimer que le délai d'appel a commencé à courir envers le prévenu, sans constater que le jugement lui a été signifié ; en l'absence de signification, l'appel restait recevable jusqu'à la prescription de la peine (■ Cass. crim., 17 mars 2021, n° 20-81.578).

Art. 499. – Si le jugement est rendu par défaut ou par itératif défaut, le délai d'appel ne court qu'à compter de la signification du jugement, quel qu'en soit le mode.

Bibliographie : D. Guirimand, *Cour d'appel en matière correctionnelle. – Conditions de l'appel : JCl. Proc. pén.*, art. 496 à 520-1, Fasc. 10, actualisé par C. Guéry.

1) Règles d'ordre public. Les dispositions relatives aux formes et délais d'appel sont d'ordre public et leur inobservation entraîne une nullité qui peut être invoquée pour la première fois devant la Cour de cassation ou même suppléée d'office (■ Cass. crim., 16 mars 1964, n° 64-90.031 : *Bull. crim.* n° 96. ■ Cass. crim., 28 févr. 1968, n° 67-92.517 : *Bull. crim.* n° 68. ■ Cass. crim., 23 mars 1993, n° 91-81.203 : *Bull. crim.* n° 126. ■ Cass. crim., 22 mars 2017, n° 16-80.050 : *Bull. crim.* n° 81).

2) Nécessité d'une signification régulière. Si, aux termes de l'article 499 du Code de procédure pénale, dans le cas d'un jugement par défaut, le délai d'appel court à compter de la signification du jugement, quel qu'en soit le mode, c'est à la condition que cette signification ait été faite conformément aux prescriptions des articles 555 et suivants du même code (■ Cass. crim., 7 janv. 1969 : *Bull. crim.* n° 12 ; *JCP* G 1969, II, 15928, note Chambon. ■ Cass. crim., 22 mars 2016, n° 15-84.835 : *Bull. crim.* n° 94). Une signification n'a pas été régulièrement faite à domicile, lorsque l'huissier, s'étant transporté au domicile présumé de l'intéressé, que celui-ci avait quitté, s'est borné à remettre la copie de l'exploit à la concierge et à adresser la lettre recommandée prévue par la loi au nouveau domicile de l'intéressé (■ Cass. crim., 7 janv. 1969, n° 67-93.176 : *Bull. crim.* n° 12). L'huissier doit informer sans délai par lettre recommandée l'intéressé de la remise en mairie de la copie de l'exploit de signification d'un jugement. La signification n'est parfaite et ne fait courir les délais d'appel que dans la mesure où cette formalité prescrite par l'alinéa 3 de l'article 558 a été accomplie dans le temps exigé (■ Cass. crim., 4 avr. 1974, n° 73-92.002 : *Bull. crim.* n° 150). Encourt la censure l'arrêt qui, pour déclarer irrecevable l'appel d'un jugement prononçant sur les intérêts civils, retient comme point de départ du délai la date à laquelle les prévenus ont pris connaissance de la décision lorsqu'un commandement de payer leur a été notifié par la partie civile, alors que le jugement, qui aurait dû être rendu par défaut mais a été qualifié à tort de contradictoire, n'avait pas été signifié dans les formes prescrites par les articles 555 et suivants du Code de procédure pénale, de sorte que le délai d'appel n'avait pas couru (■ Cass. crim., 22 mars 2016, préc.).

3) Obligation du prévenu d'avertir de tout changement d'adresse. Il incombe au prévenu d'avertir le parquet de tout changement de l'adresse indiquée dans l'acte d'opposition, serait-ce à la suite d'une incarcération pour autre cause (■ Cass. crim., 24 juin 1992, n° 91-87.044 : *Bull. crim.* n° 258).

Art. 500. – En cas d'appel d'une des parties pendant les délais ci-dessus, les autres parties ont un délai supplémentaire de cinq jours pour interjeter appel.

Bibliographie : D. Guirimand, *Cour d'appel en matière correctionnelle. – Conditions de l'appel : JCl. Proc. pén.*, art. 496 à 520-1, Fasc. 10, actualisé par C. Guéry. ● F. Chapar, *L'appel incident des jugements rendus par défaut et des jugements réputés contradictoires : D.* 1963, chron. p. 127.

I – RÈGLES DE L'APPEL INCIDENT COMMUNES À TOUTES LES PARTIES

1) Question prioritaire de constitutionnalité. N'est pas sérieuse la question de savoir si les dispositions des articles 498, 500, 500-1, et 509 du Code de procédure pénale qui, combinées, refusent au prévenu le droit à relever appel, dans le délai supplémentaire de 5 jours prévus à l'article 500 du Code de procédure pénale, sur les dispositions pénales du jugement entrepris, en l'absence d'appel principal qui y soit relatif, méconnaissent les principes d'égalité devant la loi et d'égalité devant la justice garantis par les articles 1er, 6 et 16 de la Déclaration des droits de l'homme et du citoyen : d'une part, la personne poursuivie n'est pas dans une situation identique à celle du ministère public, chargé de la protection de l'intérêt général et disposant de moyens de procédure appropriés pour lui permettre de remplir sa mission, d'autre part, la faculté ouverte à celui-ci de faire appel des dispositions pénales d'un jugement dans le délai prévu par l'article 500 du Code de procédure pénale, y compris en l'absence d'appel principal qui y soit relatif, ne saurait, en elle-même, méconnaître les droits du prévenu dans la procédure, dès lors que les dispositions attaquées lui auraient permis, s'il avait relevé appel du jugement à titre principal, d'exercer l'intégralité ses droits qui lui sont reconnus en cette qualité, enfin, la prorogation de délai prévue par l'article 801 du même code s'applique au délai d'appel fixé par l'article 498, rendant ainsi recevable l'appel, qui n'aurait pu être formé dans ce délai, si le demandeur justifie de circonstances l'ayant mis dans l'impossibilité absolue d'exercer son recours en temps utile (■ Cass. crim., 30 mai 2018, n° 17-86.037).

2) Délais d'ordre public. Les dispositions relatives aux formes et délais d'appel sont d'ordre public et leur inobservation entraîne une nullité qui peut être invoquée pour la première fois devant la Cour de cassation ou même suppléée d'office (■ Cass. crim., 16 mars 1964, n° 64-90.031 : *Bull. crim.* n° 96. ■ Cass. crim., 28 févr. 1968, n° 67-92.517 : *Bull. crim.* n° 68. ■ Cass. crim., 23 mars 1993, n° 91-81.203 : *Bull. crim.* n° 126. ■ Cass. crim., 22 mars 2017, n° 16-80.050 : *Bull. crim.* n° 81).

3) Article d'interprétation stricte. La disposition de l'article 500 du Code de procédure pénale est une disposition de droit strict qui ne saurait être étendue à des cas autres que ceux qu'elle vise expressément (■ Cass. crim., 23 nov. 1965, n° 65-91.031 : *Bull. crim.* n° 245. ■ Cass. crim., 8 juill. 1970, n° 70-90.376 : *Bull. crim.* n° 228). Les seules hypothèses dans lesquelles elle est appelée à jouer sont celles où l'appel principal est formé dans les délais fixés par l'article 498 du Code de procédure pénale (■ Cass. crim., 23 nov. 1965, préc. ■ Cass. crim., 8 juill. 1970, préc.). L'article 500 du Code de procédure pénale, qui est de droit strict, ne saurait être invoqué par celui dont l'appel a été formé avant l'ouverture aussi bien qu'après l'expiration du délai exceptionnel qu'il a institué ; est donc irrecevable l'appel formé par une partie après l'expiration du délai de dix jours prévu par l'article 498 du Code de procédure pénale, et avant l'ouverture du délai exceptionnel institué par l'article 500 du même code (■ Cass. crim., 15 janv. 1970, n° 69-91.650 : *Bull. crim.* n° 28).

4) Délai global de quinze jours. Dans le cas visé à l'article 500 du Code de procédure pénale où l'une des parties a interjeté appel pendant le délai de dix jours prévu à l'article 498 du même code, il est imparti, pour faire appel incident, à toutes les parties qui auraient été admises à former appel principal, un délai global de 15 jours après celui où le jugement entrepris a été rendu contradictoirement (■ Cass. crim., 23 nov. 1965, préc., n° 2. ■ Cass. crim., 7 juin 1990, n° 89-81.287 : *Bull. crim.* n° 231. ■ Cass. crim., 6 janv. 2009, n° 08-84.141 : *Bull. crim.* n° 2 ; *Dr. pén.* 2009, comm. 56, obs. A. Maron et M. Haas ; *RSC* 2009, p. 415, obs. R. Finielz. ■ Cass. crim., 9 déc. 2015, n° 14-87.390).

5) Point de départ du délai ; pluralité de parties. Lorsqu'une partie a interjeté appel principal dans les délais de l'article 498 ou 499 du Code de procédure pénale, toutes les autres parties ont, en application de l'article 500 du même code, un délai supplémentaire de 5 jours pour interjeter appel incident. Il en est ainsi même à l'égard de celles des autres parties dont le délai d'appel avait couru à compter d'un autre point de départ que celui de l'appelant principal (■ Cass. crim., 3 juin 1992, n° 91-84.268 : *Bull. crim.* n° 217). Il en est ainsi même à l'égard de celle des autres parties dont le délai d'appel a eu un autre point de départ que celui de l'appelant principal, eût-elle formé son appel le même jour et par le même acte que l'appelant principal (■ Cass. crim., 8 nov. 1995, n° 95-81.301 : *Bull. crim.* n° 340 ; *Dr. pén.* 1995, comm. 53, obs. A. Maron).

6) Irrecevabilité de l'appel principal. Il se déduit de l'article 500 du Code de procédure pénale que l'irrecevabilité de l'appel principal du prévenu rend irrecevable l'appel incident du ministère public et des parties civiles (■ Cass. crim., 29 mai 2013, n° 12-83.326 : *Bull. crim.* n° 123).

7) Désistement de l'appel principal. Le désistement de son appel par l'une des parties n'entraîne pas l'irrecevabilité de l'appel formé par une autre partie dans le délai supplémentaire de 5 jours prévu par l'article 500 du Code de procédure pénale, ledit appel subsistant avec son entier effet évolutif (■ Cass. crim., 19 janv. 1994, n° 93-80.792 : *Bull. crim.* n° 26).

8) Violation de l'article 502. Le défaut de transcription d'une déclaration d'appel sur le registre prévu par l'article 502 du Code de procédure pénale n'affecte pas la validité de l'acte mais a pour seul effet de retarder, jusqu'à l'accomplissement de cette formalité, le point de départ du délai supplémentaire de cinq jours accordé, par l'article 500 dudit code, aux autres parties pour interjeter appel (■ Cass. crim., 4 déc. 2007, n° 07-81.830 : *Bull. crim.* n° 294 ; *Dr. pén.* 2008, comm. 56, obs. A. Maron). Pour le tribunal correctionnel de Créteil, V. ■ CA Paris, 12 nov. 2018 : *Dr. pén.* 2019, comm. 14, obs. B. de Montval.

II – APPEL INCIDENT DU MINISTÈRE PUBLIC

9) Signification de l'appel incident au prévenu. Aucune disposition légale ou conventionnelle n'impose au procureur de la République de signifier son appel incident au prévenu, appelant principal, celui-ci pouvant, en se renseignant au greffe, savoir si un appel incident a été interjeté et utiliser, s'il le juge utile, son droit de désistement prévu par l'article 500-1 du Code de procédure pénale (■ Cass. crim., 2 sept. 2004, n° 04-80.804 : *Bull. crim.* n° 194 ; *Dr. pén.* 2005, comm. 15, obs. A. Maron).

10) Point de départ du délai d'appel incident du ministère public. Si le point de départ du délai d'appel du ministère public est la date du jugement attaqué, qu'il soit contradictoire ou par défaut, ce principe souffre exception dans l'éventualité expressément prévue par l'article 500 du Code de procédure pénale, lequel dispose qu'en cas d'appel d'une des parties pendant les délais prévus par les articles 498 et 499 les autres parties ont un délai supplémentaire pour interjeter appel (■ Cass. crim., 2 nov. 1967, n° 66-92.754 : *Bull. crim.* n° 276 ; *D.* 1968, p. 378, note J.-M. Robert). En cas d'appel principal d'un prévenu détenu, le délai prévu par l'article 500 du Code de procédure pénale ne court qu'à compter du moment où le ministère public est informé de l'appel principal par la transcription de la déclaration du prévenu sur le registre du greffe dans les conditions prévues par l'article 503 du même code (■ Cass. crim., 30 janv. 1969, n° 68-92.456 : *Bull. crim.* n° 58 ; *D.* 1969, p. 559, note J.-M. Robert. ■ Cass. crim., 5 sept. 2006, n° 05-86.559 : *Bull. crim.* n° 203).

11) Appel incident du ministère public contre un non-appelant. Le droit d'appel du ministère public est général à l'égard de tous les prévenus et la loi ne fait aucune distinction quant à leur effet dévolutif entre les divers appels qu'elle prévoit. Est recevable l'appel formé dans les conditions de l'article 500 du Code de procédure pénale par le ministère public contre un coprévenu lui-même non appelant (■ Cass. crim., 7 juin 1990, n° 89-81.287 : *Bull. crim.* n° 231. ■ Cass. crim., 22 févr. 2017, n° 15-87.417).

III – APPEL INCIDENT DU PRÉVENU

12) Appel incident d'un coprévenu. Après appel principal d'un prévenu, l'appel incident formé dans le délai global de quinze jours par un coprévenu est recevable (■ Cass. crim., 14 janv. 1970, n° 69-93.389 : *Bull. crim.* n° 24).

Art. 500-1 ***(Mod., L. n° 2016-731, 3 juin 2016).*** **– Sauf lorsqu'il intervient moins de deux mois avant la date de l'audience devant la cour d'appel, le désistement par le prévenu ou la partie civile de son appel principal entraîne la caducité des appels incidents, y compris celui du ministère public si ce désistement intervient dans les formes prévues pour la déclaration d'appel. Constitue un appel incident l'appel formé dans le délai prévu par l'article 500, ainsi que l'appel formé, à la suite d'un précédent appel, dans les délais prévus par les articles 498 ou 505, lorsque l'appelant précise qu'il s'agit d'un appel incident. Dans tous les cas, le ministère public peut toujours se désister de son appel formé après celui du prévenu en cas de désistement de celui-ci. Le désistement d'appel est constaté par ordonnance du président de la chambre des appels correctionnels.**

Bibliographie : D. Guirimand, *Cour d'appel en matière correctionnelle. – Conditions de l'appel : JCl. Proc. pén.*, art. 496 à 520-1, Fasc. 10, actualisé par C. Guéry.

1) Arrêt civil de cour d'assises. L'article 500-1 du Code de procédure pénale est applicable devant la chambre des appels correctionnels statuant sur l'appel d'un arrêt civil de cour d'assises (■ Cass. crim., 5 oct. 2010, n° 09-85.156 : *Bull. crim.* n° 148).

I – DÉSISTEMENT DE L'APPEL PRINCIPAL

A – Ministère public

2) Possibilité. Aucune disposition légale n'interdit au ministère public de se désister de son appel principal (■ Cass. crim., 12 sept. 2012, n° 11-87.281 : *Bull. crim.* n° 185. V. dans le même sens, implicite, ■ Cass. crim., 12 oct. 2021, n° 20-83.360, § 13 : publié au *Bull.*).

3) Rétractation du désistement. Il résulte des articles 500-1 et 591 du Code de procédure pénale que si aucune disposition légale n'interdit au ministère public de se désister de son appel principal, ce désistement peut être rétracté ; le désistement ne dessaisit pas le juge d'appel tant que sa régularité n'a pas été constatéeet qu'il n'en a pas été donné acte (■ Cass. crim., 27 juin 2007, n° 07-81.464 : *Bull. crim.* n° 176).

4) Désistement par le ministère public de son appel principal : effet sur un appel incident. Lorsque le ministère public se désiste de son appel principal, ce désistement n'entraîne pas la caducité des appels incidents (■ Cass. crim., 12 oct. 2021, n° 20-83.360, § 13 : publié au *Bull.*).

B – Prévenu

5) Délai du désistement. Il résulte de l'article 500-1 du Code de procédure pénale qu'un désistement par le prévenu de son appel principal intervenu moins de deux mois avant l'audience n'entraîne pas la caducité des appels incidents (■ Cass. crim., 19 janv. 2022, n° 20-86.255, § 17 : publié au *Bull.*).

6) Rétractation du désistement. Il ne saurait être fait grief à la juridiction du second degré, saisie du seul appel du prévenu, d'avoir passé outre au désistement d'appel dont il se prévalait, dès lors que ce désistement était assorti de réserves, en l'espèce la contestation de sa culpabilité (■ Cass. crim., 28 nov. 1989, n° 89-81.003 : *Bull. crim.* n° 442). Il se déduit de l'article 500-1 du Code de procédure pénale que le prévenu ne peut plus rétracter son désistement d'appel après qu'il a été constaté par ordonnance du président de la chambre des appels correctionnels (■ Cass. crim., 8 déc. 2021, n° 21-83.220, § 11 : publié au *Bull.*). Dans le même sens, V. ■ Cass. crim., 28 mai 2013, n° 12-86.319 : *Bull. crim.* n° 117).

7) Application de l'article 475-1. Nonobstant le désistement d'appel du prévenu, la cour d'appel peut allouer à la partie civile qui avait fait appel incident une indemnité fondée sur l'application de l'article 475-1 du Code de procédure pénale (■ Cass. crim., 29 janv. 2013, n° 12-83.856 : *Bull. crim.* n° 31).

C – Partie civile

8) Effet sur l'appel du ministère public. Dès lors que le représentant du ministère public avait formé son appel dans le délai prévu par l'article 498 du Code de procédure pénale sans indiquer qu'il s'agissait d'un appel incident, le demandeur ne saurait soutenir que cet appel aurait dû être déclaré caduc sur le fondement de l'article 500-1 du Code précité en conséquence du désistement d'appel de la partie civile (■ Cass. crim., 10 sept. 2002, n° 01-85.716).

D – Absence de présomption

1° Principe

9) Le désistement d'appel ne se présume pas et ne peut être déduit de la défaillance de l'appelant (■ Cass. crim., 11 déc. 1956 : *Bull. crim.* n° 824).

2° Applications

10) Ministère public. La volonté du ministère public de se désister de son appel ne saurait se déduire de ce que, appelant d'un jugement de relaxe prononcé par le tribunal correctionnel, il en a demandé la confirmation, alors qu'il n'a fait qu'user de la liberté de parole que lui confère l'article 33 du Code de procédure pénale (■ Cass. crim., 16 mai 2012, n° 11-83.834 : *Bull. crim.* n° 123).

11) Prévenu. Le désistement d'appel ou la renonciation au bénéfice de l'appel par un prévenu ne peut se présumer (■ Cass. crim., 4 janv. 1966, n° 65-90.601 : *Bull. crim.* n° 1).

12) Partie civile. Les dispositions de l'article 425 du Code de procédure pénale sont inconciliables avec les effets de l'appel qui a saisi les juges du second degré ; ce texte doit être considéré comme sans application en cause d'appel nonobstant les termes de l'article 512 du même code. Encourt donc la cassation l'arrêt qui déboute une partie civile aux motifs que, régulièrement citée, elle ne s'est pas présentée pour soutenir sa demande d'indemnisation et a ainsi laissé présumer qu'elle avait renoncé à celle-ci (■ Cass. crim., 13 avr. 1983, n° 82-91.007 : *Bull. crim.* n° 99. ■ Cass. crim., 11 mars 1992, n° 91-82.162 : *Bull. crim.* n° 109).

II – APPEL INCIDENT

A – Forme

13) Appel incident du procureur de la République. Aucune disposition légale ou conventionnelle n'impose au procureur de la République de signifier son appel incident au prévenu, appelant principal, celui-ci pouvant, en se renseignant au greffe, savoir si un appel incident a été interjeté et utiliser, s'il le juge utile, son droit de désistement prévu par l'article 500-1 du Code de procédure pénale (■ Cass. crim., 2 sept. 2004, n° 04-80.804 : *Bull. crim.* n° 194).

B – Caducité de l'appel incident

14) Désistement par le ministère public de son appel principal : absence de caducité des appels incidents. Lorsque le ministère public se désiste de son appel principal, ce désistement n'entraîne pas la caducité des appels incidents (■ Cass. crim., 12 oct. 2021, n° 20-83.360, § 13 : publié au *Bull.*).

15) Désistement par le prévenu ou la partie civile de leur appel principal : caducité de tous les appels incidents. Selon l'article 500-1 du Code de procédure pénale, seul le désistement, par le prévenu, ou la partie civile, de son appel principal, porté à la connaissance du greffe dans le délai d'un mois à compter de l'appel, entraîne la caducité des appels incidents, y compris celui du ministère public (■ Cass. crim., 16 mars 2005, n° 04-86.135 : *Bull. crim.* n° 92). Encourt donc la cassation l'arrêt qui donne acte au prévenu de son désistement d'appel, reçu au tribunal dans le délai d'un mois à compter de son appel, et statue sur l'appel du ministère public, alors que celui-ci avait précisé son caractère incident (■ Cass. crim., 23 mars 2004, n° 03-82.802 : *Bull. crim.* n° 73 ; *Dr. pén.* 2004, comm. 120, obs. A. Maron. — V. aussi ■ Cass. crim., 2 sept. 2020, n° 19-86.271).

C – Désistement de l'appel incident

16) Désistement du ministère public. Refuse à bon droit de faire droit aux conclusions du ministère public, qui soutient qu'il n'appartient qu'au représentant du parquet général de se désister de l'appel relevé par le représentant du parquet de premier degré, celui-ci étant dessaisi après avoir interjeté appel, l'arrêt qui retient que l'article 500-1 du Code de procédure pénale, qui prévoit la possibilité, pour le ministère public, de se désister de son appel formé après celui du prévenu en cas de désistement de celui-ci, ne distingue pas entre le parquet de première instance et le parquet général (■ Cass. crim., 21 juin 2006, n° 05-86.688 : *Bull. crim.* n° 191 ; *RSC* 2007, p. 329, obs. R. Finielz). Il ne saurait être fait grief à un arrêt d'avoir donné acte au ministère public de son désistement d'appel visant les deux prévenus, dès lors que celui des deux qui avait, seul, interjeté appel s'était préalablement désisté (■ Cass. crim., 21 juin 2006, préc.). Un demandeur, qui n'a pas interjeté appel du jugement, acquiesçant ainsi aux décisions qu'il contient, est sans intérêt à critiquer les dispositions de l'arrêt constatant le désistement d'appel du ministère public, qui ne lui font pas grief (■ Cass. crim., 16 janv. 2019, n° 17-84.924 : *Bull. crim.* n° 15).

Art. 501 *(Mod., L. n° 2009-1436, 24 nov. 2009).* **– Lorsque le tribunal statue sur une demande de mise en liberté conformément aux articles 148-1 et 148-2 ainsi que lorsqu'il statue sur une demande de mainlevée ou de modification du contrôle judiciaire ou de l'assignation à résidence avec surveillance électronique, l'appel doit être formé dans un délai de vingt-quatre heures.**

Bibliographie : D. Guirimand, *Cour d'appel en matière correctionnelle. - Conditions de l'appel : JCl. Proc. pén.*, art. 496 à 520-1, Fasc. 10, actualisé par C. Guéry.

1) Domaine d'application de l'article 501. Une décision de maintien en détention provisoire, qui ne saurait être assimilée à un rejet de demande de mise en liberté, n'est susceptible d'appel que dans le délai prévu par l'article 498, alinéa 1er, du Code de procédure pénale, et non dans le délai de l'article 501 dudit code (■ Cass. crim., 20 juill. 2011, n° 11-83.098 : *Bull. crim.* n° 161).

2) Conditions de recevabilité de la demande de mise en liberté. Les décisions des juridictions correctionnelles statuant sur une demande de mise en liberté, en application de l'article 148-1 du Code de procédure pénale sont, aux termes de l'article 501 de ce code, susceptibles d'appel dans un délai de vingt-quatre heures, sans que la recevabilité de ce recours soit soumise à la procédure prévue par les articles 507 et 508 du même code (■ Cass. crim., 25 juin 1979, n° 79-91.260 : *Bull. crim.* n° 221. ■ Cass. crim., 8 juin 1999, n° 98-82.484 : *Bull. crim.* n° 122).

Art. 502 (1) *(Mod., L. n° 2019-222, 23 mars 2019).* **– La déclaration d'appel doit être faite au greffier de la juridiction qui a rendu la décision attaquée.**

La déclaration indique si l'appel porte sur la décision sur l'action publique ou sur la décision sur l'action civile ou sur les deux décisions. Si l'appel concerne la décision sur l'action publique, la déclaration indique s'il porte sur l'ensemble de la décision ou s'il est limité aux peines prononcées, à certaines d'entre elles ou à leurs modalités d'application. Si la décision sur l'action publique a déclaré le prévenu coupable de plusieurs infractions, l'appel sur cette décision précise s'il concerne l'ensemble des infractions ou certaines d'entre elles. Si la déclaration ne

(1) Dispositions particulières ou dérogatoires résultant de l'état d'urgence sanitaire dû à l'épidémie de covid-19 : V. Ord. n° 2020-303 du 25 mars 2020. – NDLR.

comporte aucune de ces précisions, l'appel est considéré comme portant sur l'intégralité de la décision. Le prévenu qui a limité la portée de son appel sur l'action publique aux peines prononcées dans les conditions prévues au présent alinéa peut, selon les modalités prévues au premier alinéa, revenir sur cette limitation dans un délai d'un mois à compter de la déclaration d'appel ; si l'affaire est audiencée en appel avant ce délai d'un mois, il peut revenir sur cette limitation au moment de l'audience. Le prévenu qui n'a pas limité la portée de son appel lors de la déclaration d'appel peut toujours le faire ultérieurement, jusqu'à l'audience de jugement.

Elle doit être signée par le greffier et par l'appelant lui-même, ou par un avocat, ou par un fondé de pouvoir spécial ; dans ce dernier cas, le pouvoir est annexé à l'acte dressé par le greffier. Si l'appelant ne peut signer, il en sera fait mention par le greffier.

Elle est inscrite sur un registre public à ce destiné et toute personne a le droit de s'en faire délivrer une copie.

Bibliographie : D. Guirimand, *Cour d'appel en matière correctionnelle. - Conditions de l'appel : JCl. Proc. pén.*, art. 496 à 520-1, Fasc. 10, actualisé par C. Guéry.

I – DROIT AU PROCÈS ÉQUITABLE

1) Compatibilité de l'article 502. L'article 502 du Code de procédure pénale, qui exige que la déclaration d'appel soit faite au greffier de la juridiction qui a rendu la décision et signée du greffier et du demandeur ou de son avocat, ne prive pas le prévenu d'un recours, mais le soumet seulement à des conditions de forme et de délai et n'est pas incompatible avec les articles 6 de la Convention européenne des droits de l'Homme et 2 du protocole additionnel n° 7 à cette convention (▪ Cass. crim., 6 mai 2008, n° 07-86.304 : *Bull. crim.* n° 101 ; *Dr. pén.* 2008, comm. 103, obs. A. Maron et M. Haas ; *RSC* 2008, p. 928, obs. R. Finielz. ▪ Cass. crim., 30 oct. 2012, n° 11-88.744. ▪ Cass. crim., 3 sept. 2014, n° 14-81.265. ▪ Cass. crim., 10 juin 2015, n° 14-83.859). L'application stricte des dispositions tenant à la signature du greffier et de l'appelant lui-même, ou d'un avocat., qui ont pour objet de permettre au greffier d'attester de l'identité de l'appelant ou de sa qualité, s'il s'agit d'un avocat ou d'un fondé de pouvoir spécial, ne porte pas atteinte à l'équité de la procédure (▪ Cass. crim., 23 nov. 2021, n° 21-81.848, § 11).

Sur le droit au recours, V. art. 497, p. 1076.

Sur les recours du prévenu en fuite, V. art. 489, p. 1053.

II – RÈGLES D'ORDRE PUBLIC

2) Les dispositions relatives aux formes et délais d'appel sont d'ordre public et leur inobservation entraîne une nullité qui peut être invoquée pour la première fois devant la Cour de cassation ou même suppléée d'office (▪ Cass. crim., 16 mars 1964, n° 64-90.031 : *Bull. crim.* n° 96. ▪ Cass. crim., 28 févr. 1968, n° 67-92.517 : *Bull. crim.* n° 68. ▪ Cass. crim., 23 mars 1993, n° 91-81.203 : *Bull. crim.* n° 126. ▪ Cass. crim., 22 mars 2017, n° 16-80.050 : *Bull. crim.* n° 81. ▪ Cass. crim., 28 janv. 2020, n° 19-86.863, § 7).

III – APPLICATION DE LA LOI DANS LE TEMPS (L. N° 2019-222, 23 MARS 2019)

3) L'article 502 du Code de procédure pénale, dans sa rédaction issue de la loi n° 2019-222 du 23 mars 2019, entrée en vigueur le 1er juin 2019, applicable en la cause, prévoit que le prévenu, qui n'a pas limité la portée de son appel lors de la déclaration d'appel, peut toujours le faire ultérieurement, et jusqu'à l'audience de jugement. Ce texte est applicable à un appel qui a été formé avant son entrée en vigueur, lorsque sa limitation a été faite après cette entrée en vigueur. Si l'article 112-3 du Code pénal prévoit que les recours sont soumis aux règles de forme en vigueur au jour où ils sont exercés, il en est de même en effet de leur limitation (▪ Cass. crim., 14 avr. 2021, n° 20-82.529, §§ 11, 12 : publié au *Bull.*).

IV – RÉGULARITÉ DE LA DÉCLARATION D'APPEL

A – Lieu de la déclaration d'appel

4) Principe. La déclaration d'appel doit être faite au greffier de la juridiction qui a rendu la décision attaquée (▪ Cass. crim., 14 janv. 2014, n° 12-84.592 : *Bull. crim.* n° 6).

5) Conséquences. Encourt la cassation, sur le moyen relevé d'office et pris de la violation des articles 498 et 502 du Code de procédure pénale, l'arrêt qui déclare recevable l'appel du procureur de la République formalisé par l'envoi d'un fax dans le délai de dix jours à compter du jugement, alors que l'acte d'appel dressé par le greffier n'a été signé par l'appelant qu'après l'expiration de ce délai (▪ Cass. crim., 14 janv. 2014, préc., n° 3). Doit être déclaré irrecevable l'appel formé au moyen d'un courrier transmis par télécopie (▪ Cass. crim., 6 mai 2008, préc., n° 1). La circonstance que le demandeur s'était vu interdire de paraître dans la ville, siège de la juridiction d'instruction, ne le privait pas de la faculté d'exercer son recours par avocat ou fondé de pouvoir spécial, comme le prévoit l'article 502 du Code de procédure pénale (■ Cass. crim., 28 sept. 2004, n° 04-84.569).

B – Auteur de la déclaration d'appel

1° Déclaration par fondé de pouvoir spécial

6) Conditions tenant au pouvoir spécial. Aux termes de l'article 502 du Code de procédure pénale, la déclaration d'appel, lorsqu'elle n'est pas faite par l'appelant (ou par un avocat), doit l'être par un fondé de pouvoir spécial, et le pouvoir est alors annexé à l'acte dressé par le greffier. La preuve de l'existence, au moment de la déclaration d'appel, d'un tel pouvoir et de son dépôt au greffe doit résulter des constatations de l'acte d'appel et de ses annexes (■ Cass. crim., 9 mars 1972, n° 70-91.390 : *Bull. crim.* n° 92). À défaut l'appel est irrecevable (■ Cass. crim., 4 janv. 1988, n° 86-92.515 : *Bull. crim.* n° 1).

2° Déclaration par un avocat

7) Inutilité d'un pouvoir spécial. L'avocat qui fait une déclaration d'appel n'est pas tenu de produire un pouvoir spécial (■ Cass. crim., 20 mars 1990, n° 89-87.172 : *Bull. crim.*n° 123. ■ Cass. crim., 5 nov. 1997, n° 96-86.380 : *Bull. crim.* n° 377). Cette règle s'applique quel que soit le barreau dont il relève (■ Cass. crim., 20 mars 1990, préc. ■ Cass. crim., 13 juin 1990, n° 89-84.710 : *Bull. crim.* n° 242. ■ Cass. crim., 9 nov. 2004, n° 04-84.236 : *Bull. crim.* n° 275 ; *Dr. pén.* 2005, comm. 28, obs. A. Maron). Il résulte des dispositions combinées des articles 115 et 502 du Code de procédure pénale que, si l'avocat, qui fait une déclaration d'appel, n'est pas tenu de produire un pouvoir spécial, il ne peut exercer ce recours, au stade de l'information, qu'à la condition que la partie concernée ait préalablement fait choix de cet avocat et en ait informé la juridiction d'instruction (■ Cass. crim., 9 janv. 2007, n° 06-84.738 : *Bull. crim.* n° 3 ; *Dr. pén.* 2007, comm. 65, obs. A. Maron ; *RSC* 2007, p. 324, obs. R. Finielz. ■ Cass. crim., 27 nov. 2012, n° 11-85.130 : *Bull. crim.* n° 260).

8) Nécessité d'un grief. Le prévenu ne peut se plaindre de la décision par laquelle la cour d'appel a déclaré irrecevable son appel visant les dispositions pénales et civiles d'un jugement, motif pris d'un défaut de pouvoir spécial de son avocat et n'a statué que sur l'appel limité aux dispositions pénales, dès lors que la Cour de cassation ayant cassé un arrêt ne statuant que sur les dispositions pénales, après avoir retenu le caractère définitif des dispositions civiles du jugement, la cour d'appel de renvoi ne pouvait être saisie que des dispositions pénales du jugement déféré (■ Cass. crim., 18 déc. 2019, n° 19-80.607).

3° Déclaration par mandataire

9) Preuve de la capacité à agir. Lorsque l'appelant a recours à un mandataire, la preuve de la capacité à agir de ce dernier doit résulter des constatations mêmes de l'acte d'appel et de ses annexes (■ Cass. crim., 25 mai 2004, n° 03-86.245 : *Bull. crim.* n° 135).

4° Déclaration au nom d'une personne morale

10) Absence de mention de l'organe. Satisfait aux exigences de l'article 502 du Code de procédure pénale, la déclaration d'appel formée par l'avocat d'une personne morale, sans que soit mentionné l'organe qui la représente (■ Cass. crim., 10 mars 1999, n° 97-86.546 : *Bull. crim.* n° 35). *Contra*, auparavant, ■ Cass. crim., 4 avr. 1995, n° 93-81.064 : *Bull. crim.* n° 143. ■ Cass. crim., 17 mars 1998, n° 97-80.009 : *Bull. crim.* n° 101.

5° Déclaration au nom de l'administration des impôts

11) Compétence des fonctionnaires du fisc. Les fonctionnaires des Impôts, territorialement compétents pour suivre l'action fiscale, sont habilités à relever appel sans avoir à produire un pouvoir spécial au sens de l'article 502 du Code de procédure pénale (■ Cass. crim., 11 févr. 1991, n° 89-84.703 : *Bull. crim.* n° 65. ■ Cass. crim., 26 sept. 1995, n° 94-83.084 : *Bull. crim.* n° 285. ■ Cass. crim., 4 juin 1998, n° 97-80.620 : *Bull. crim.* n° 186).

6° Déclaration au nom d'une commune

12) Juge à bon droit recevable l'appel d'un maire formé par la directrice du service juridique de la ville, l'arrêt qui relève que le pouvoir ainsi donné, visant à formaliser au greffe un appel dont l'objet a été déterminé par le maire lui-même, est une simple délégation de signature n'entraînant pas transfert de compétence (■ Cass. crim., 4 févr. 2004, n° 01-85.964 : *Bull. crim.* n° 34).

C – Formes de la déclaration

1° Information donnée au déclarant

13) Question prioritaire de constitutionnalité. L'article 502 du Code de procédure pénale n'est pas contraire au droit à un recours juridictionnel effectif, en ce qu'il ne prévoirait pas que les conditions de forme et de délai de l'appel doivent être préalablement portées à la connaissance de la personne concernée : ce texte vise à permettre au greffier d'attester la réalité de l'appel, la personne concernée exerçant son recours en se présentant elle-même ou en mandatant son avocat ou un fondé de pouvoir spécial ; ce choix du législateur est fondé sur un texte de portée claire, auquel la chambre criminelle a apporté une interprétation permettant une dérogation au principe en cas d'impossibilité, pour la personne concernée, de se conformer à l'obligation légale ; les règles posées par l'article 502 du Code de procédure pénale sont accessibles au justiciable, soit, s'il estime devoir assurer seul sa défense, par lui-même, soit sur indication de son avocat, choisi ou commis d'office (■ Cass. crim., 5 juin 2012, n° 11-88.744 QPC). Dans le même sens, ■ Cass. crim., 23 nov. 2021, n° 21-81.848, §§ 10, 12.

14) Aucune disposition légale n'impose que les conditions de forme et de délai de l'appel soient portées à la connaissance de la personne concernée (■ Cass. crim., 25 nov. 1997, n° 96-86.315 : *Bull. crim.* n° 398. ■ Cass. crim., 24 mai 2011, n° 10-87.892 : *Bull. crim.* n° 103. ■ Cass. crim., 23 nov. 2021, n° 21-81.848, § 12). Aucun texte n'impose au greffier d'examiner la recevabilité d'un appel et, à supposer cet acte irrégulier, d'inviter l'avocat du prévenu à le réitérer dans les formes prescrites par la loi (■ Cass. crim., 6 mai 2008, n° 07-86.304 : *Bull. crim.* n° 101). Comp., ■ CEDH, 26 juill. 2007, n° 35787/03, *Walchli c/ France* : on peut raisonnablement attendre d'un greffier qu'il fournisse à l'avocat la formule de déclaration à remplir ou, pour le moins, qu'il rappelle, le cas échéant, les formalités nécessaires à accomplir, étant souligné que le greffier devant les juridictions de l'ordre judiciaire est un auxiliaire de justice garant de la procédure et participant à la bonne administration de la justice. Le grief selon lequel l'obligation de préciser la portée de son recours en relevant appel d'un jugement procéderait d'un formalisme excessif est irrecevable, lorsqu'il est soulevé pour la première fois devant la Cour de cassation (■ Cass. crim., 14 nov. 2019, n° 18-85.688, § 10).

2° *Contenu de la déclaration*

15) Signature. L'acte d'appel, faute de comporter la signature de celui qu'il désigne comme comparant, n'est pas conforme aux exigences de l'article 502 du Code de procédure pénale (■ Cass. crim., 26 sept. 1995, n° 94-83.084 : *Bull. crim.* n° 285).

16) Étendue de la saisine de la cour d'appel. Il appartient à la juridiction du second degré d'apprécier l'étendue de sa saisine au vu du seul acte d'appel (■ Cass. crim., 16 mai 1994, n° 92-85.626. ■ Cass. crim., 14 nov. 2019, n° 18-85.688, § 9). L'affaire n'est dévolue à la cour d'appel que dans la limite fixée par les énonciations précises de l'acte d'appel (■ Cass. crim., 22 nov. 2017, n° 17-80.063).

17) Indication de la décision attaquée. Il résulte des termes de l'article 502 du Code de procédure pénale que la déclaration d'appel doit spécifier le jugement contre lequel cette voie de recours est exercée, ou en cas de pluralité de décisions, chacune de celles-ci (■ Cass. crim., 23 mars 1993, n° 91-81.203 : *Bull. crim.* n° 126). Les juges du second degré doivent statuer sur l'appel dont ils sont régulièrement saisis, dès lors que la déclaration, faite conformément à l'article 502 du Code de procédure pénale, permet d'identifier la décision entreprise (■ Cass. crim., 6 janv. 2021, n° 20-81.018, § 10).

18) Indication des dispositions de la décision attaquées. Lorsque, sur l'imprimé de déclaration d'appel comportant trois cases, dont une réservée aux dispositions fiscales, le prévenu coche les seules cases relatives aux dispositions pénales et aux dispositions civiles, les dispositions douanières du jugement ne sont pas visées par son recours (■ Cass. crim., 14 nov. 2019, n° 18-85.688, § 9).

19) Mentions rectificatives. Les mentions rectificatives portées sur un acte d'appel doivent avoir date certaine et être approuvées par le greffier et le déclarant (■ Cass. crim., 10 sept. 2003, n° 02-84.181 : *Bull. crim.* n° 156). C'est à bon droit qu'une cour d'appel dénie la qualité d'appelantes à des personnes qui, ne figurant pas dans l'acte d'appel, sont désignées dans un acte rectificatif établi sous la seule signature du greffier après l'expiration du délai de recours (■ Cass. crim., 16 nov. 1994, n° 93-85.007 : *Bull. crim.* n° 364 ; *Dr. pén.* 1995, comm. 50, obs. A. Maron).

20) Citation à comparaître ne précisant pas les limites de l'acte d'appel du ministère public. Doit être rejetée l'exception de nullité d'une citation à comparaître motif pris qu'elle ne précise pas les limites de l'acte d'appel du ministère public : les déclarations d'appel sont inscrites sur un registre public, dont toute personne a le droit de se faire délivrer une copie en application de l'article 502 du Code de procédure pénale, de sorte qu'il ne saurait être exigé de la citation à comparaître devant la cour d'appel – qui ne saisit pas la juridiction du second degré de la prévention, laquelle résulte de la citation introductive d'instance et de l'effet dévolutif de l'acte d'appel – qu'elle comporte des informations sur l'étendue de cet acte ; de surcroît, le prévenu, qui a discuté, dans ses conclusions d'appel, les conséquences de la limitation, par le ministère public, de son appel aux peines prononcées, n'a pu se méprendre sur l'objet et la portée de l'acte par lequel il a été attrait devant la juridiction (■ Cass. crim., 26 nov. 2019, n° 18-84.956 : publié au *Bull.*).

3° *Rôle du greffier*

21) Contrôle de la recevabilité de l'appel. Aucune disposition légale n'impose au greffier d'examiner la recevabilité d'un appel (■ Cass.

crim., 6 janv. 2021, n° 20-81.018, § 11). Il n'appartient donc pas au greffier de contrôler l'authenticité de la signature du pouvoir spécial produit (■ Cass. crim., 6 janv. 2021, préc., § 14).

22) **Défaut de transcription de la déclaration.** Le défaut de transcription d'une déclaration d'appel sur le registre prévu par l'article 502 du Code de procédure pénale n'affecte pas la validité de l'acte, mais a pour seul effet de retarder, jusqu'à l'accomplissement de cette formalité, le point de départ du délai supplémentaire de cinq jours accordé, par l'article 500 dudit code, aux autres parties pour interjeter appel (■ Cass. crim., 4 déc. 2007, n° 07-81.830 : *Bull. crim.* n° 294 ; *Dr. pén.* 2008, comm. 56, obs. A. Maron).

D – Réitération de l'appel

23) **Possibilité.** Aucune disposition du Code de procédure pénale n'interdit à la personne qui a exercé son recours dans des conditions irrégulières de le réitérer dans les formes légales avant l'expiration du délai qui lui est imparti (■ Cass. crim., 1er avr. 2003, n° 03-80.406 : *Bull. crim.* n° 81).

Art. 503 *(L. n° 85-1407, 30 déc. 1985).* – **Lorsque l'appelant est détenu, l'appel peut être fait au moyen d'une déclaration auprès du chef de l'établissement pénitentiaire.**

Cette déclaration est constatée, datée et signée par le chef de l'établissement pénitentiaire. Elle est également signée par l'appelant ; si celui-ci ne peut signer, il en est fait mention par le chef de l'établissement.

Ce document est adressé sans délai, en original ou en copie, au greffe de la juridiction qui a rendu la décision attaquée ; il est transcrit sur le registre prévu par le troisième alinéa de l'article 502 et annexé à l'acte dressé par le greffier.

Bibliographie : D. Guirimand, *Cour d'appel en matière correctionnelle. – Conditions de l'appel : JCl. Proc. pén.*, art. 496 à 520-1, Fasc. 10, actualisé par C. Guéry.

1) **Article de portée générale.** L'article 503 du Code de procédure pénale a une portée générale à l'égard de tout appelant détenu, et s'applique à la partie civile lorsqu'elle se trouve en état de détention (■ Cass. crim., 10 févr. 1977, n° 76-90.979 : *Bull. crim.* n° 56).

2) **Formalités substantielles d'ordre public.** Les formalités de l'article 503 du Code de procédure pénale sont substantielles (■ Cass. crim., 25 nov. 1970, n° 70-90.569 : *Bull. crim.* n° 308). L'appelant ne peut donc les remplacer par l'envoi d'une lettre recommandée (■ Cass. crim., 29 nov. 1983, n° 82-90.287 : *Bull. crim.* n° 320). L'appelant détenu ne peut déroger aux modalités de la déclaration d'appel prévues par les articles 502 et 503 du Code de procédure pénale, par l'envoi d'une lettre, qui, sauf circonstances exceptionnelles, ne constitue pas une modalité de l'exercice de cette voie de recours soumise à des formalités d'ordre public et qui doit être exercée dans les 10 jours qui suivent la notification ou la signification de la décision (■ Cass. crim., 28 janv. 2020, n° 19-86.863, § 7). Le courrier réceptionné au greffe de l'établissement pénitentiaire, par lequel le demandeur manifeste son intention d'interjeter appel, ne peut, à lui seul, constituer la déclaration prévue par l'article 503 du Code de procédure pénale ; mais l'appelant détenu n'ayant pas été conduit à ce greffe dans un délai lui permettant d'exercer utilement la voie de recours, il s'est trouvé dans l'impossibilité de s'y conformer de sorte que compte tenu de ces circonstances, la lettre d'intention d'appel reçue au greffe de l'établissement pénitentiaire a produit les mêmes effets qu'une déclaration d'appel (■ Cass. crim., 8 avr. 2021, n° 21-80.843, § 17).

3) **Transcription de la déclaration d'appel.** Il se déduit des articles 503 et D. 45-26 du Code de procédure pénale que, lorsque l'appel est formé par déclaration au chef de l'établissement pénitentiaire, le document doit être adressé le jour même ou le premier jour ouvrable suivant au greffe de la juridiction qui a rendu la décision attaquée, puis transcrit dès sa réception sur le registre des appels, sauf circonstance imprévisible et insurmontable ayant pour effet de différer cette transcription ; n'a donc pas respecté le délai de 15 jours qui lui est imparti pour statuer sur l'appel contre une ordonnance de placement en détention provisoire la chambre de l'instruction qui a décompté ce délai depuis la date de transcription de la déclaration d'appel, alors que cette transcription n'a pas été faite dès réception de ladite déclaration, sans rechercher si ce retard s'expliquait par des circonstances imprévisibles et insurmontables, extérieures au service public de la justice (■ Cass. crim., 8 juill. 2020, n° 20-82.003, § 5).

4) **Détenu à l'étranger.** L'appelant, détenu à l'étranger, s'il se trouve dans l'impossibilité d'user de la faculté prévue par l'article 503 du Code de procédure pénale peut mandater un avocat ou un fondé de pouvoir spécial pour interjeter appel, aucune disposition légale ou conventionnelle n'imposant qu'il soit informé de cette faculté (■ Cass. crim., 22 juill. 2004, n° 04-83.307 : *RSC* 2005, p. 103, obs. A. Giudicelli).

Art. 503-1 *(L. n° 2004-204, 9 mars 2004)*. – **Lorsqu'il est libre, le prévenu qui forme appel doit déclarer son adresse personnelle. Il peut toutefois lui substituer l'adresse d'un tiers chargé de recevoir les citations, rectifications et significations qui lui seront destinées s'il produit l'accord de ce dernier. Cette déclaration est faite par l'avocat du prévenu si c'est celui-ci qui forme l'appel.**

À défaut d'une telle déclaration, est considérée comme adresse déclarée du prévenu celle figurant dans le jugement rendu en premier ressort.

Le prévenu ou son avocat doit signaler auprès du procureur de la République, jusqu'au jugement définitif de l'affaire, tout changement de l'adresse déclarée par lettre recommandée avec demande d'avis de réception.

Toute citation, notification ou signification faite à la dernière adresse déclarée est réputée faite à sa personne et le prévenu qui ne comparaît pas à l'audience sans excuse reconnue valable par la cour d'appel est jugé par arrêt contradictoire à signifier.

Si le prévenu, détenu au moment de l'appel, est remis en liberté avant l'examen de son affaire par la cour d'appel, il doit faire la déclaration d'adresse prévue par le présent article préalablement à sa mise en liberté auprès du chef de la maison d'arrêt.

Bibliographie : D. Guirimand, *Cour d'appel en matière correctionnelle. – Conditions de l'appel : JCl. Proc. pén.*, art. 496 à 520-1, Fasc. 10, actualisé par C. Guéry.

1) Question prioritaire de constitutionnalité. Droits de la défense. Droit à un recours effectif. Tant l'obligation faite au prévenu appelant ou son avocat de signaler au procureur de la République par le seul moyen d'une lettre recommandée avec avis de réception jusqu'au jugement définitif de l'affaire, tout changement de l'adresse qu'il a déclarée au moment où il a formé son appel, que les conséquences d'une omission de cette formalité, conformes à l'objectif de valeur constitutionnelle d'une bonne administration de la justice, ne sauraient porter une atteinte disproportionnée aux droits de la défense et au droit à un recours effectif au juge (■ Cass. crim., 5 mai 2021, n° 20-86.519 QPC).

I – CITATION À UNE ADRESSE NON DÉCLARÉE

2) Nécessité d'une nouvelle citation. Lorsque le prévenu a été cité à une adresse autre que celle mentionnée dans sa déclaration d'appel, la cour d'appel ne peut statuer par arrêt contradictoire à signifier (■ Cass. crim., 6 janv. 2015, n° 13-88.100). Il appartient à la chambre des appels correctionnels, légalement saisie par l'acte d'appel, de constater l'irrégularité de la citation et d'inviter le ministère public à faire citer le prévenu à son adresse déclarée (■ Cass. crim., 24 juin 2015, n° 14-81.452 : *Bull. crim.* n° 164). *Contra*, auparavant, ■ Cass. crim., 20 févr. 2007, n° 06-86.179 : *Bull. crim.* n° 49 : encourt la cassation l'arrêt de la cour d'appel qui statue par arrêt contradictoire à signifier, alors que le prévenu appelant a été cité à une adresse qui n'était pas celle qu'il avait déclarée conformément à l'article 503-1 du Code de procédure pénale, en sorte que la cour d'appel n'était pas légalement saisi à l'égard de celui-ci.

II – CITATION À L'ADRESSE DÉCLARÉE

A – Cas général

1° *Principe*

3) Arrêt contradictoire à signifier. Il résulte de l'article 503-1 du Code de procédure pénale que, lorsque le prévenu libre déclare une adresse en formant appel, la citation faite à cette adresse est réputée faite à personne et que, s'il ne comparaît pas à l'audience sans excuse reconnue valable, il est jugé par arrêt contradictoire à signifier (■ Cass. crim., 6 déc. 2005, n° 05-82.448 : *Bull. crim.* n° 323. ■ Cass. crim., 15 févr. 2006, n° 05-85.608 : *Bull. crim.* n° 45. ■ Cass. crim., 26 mars 2008, n° 07-86.789 : *Dr. pén.* 2008, comm. 91, obs. A. Maron et M. Haas).

2° *Applications*

4) Fait l'exacte application de la loi, la cour d'appel qui statue par arrêt contradictoire à signifier après avoir constaté que le prévenu, cité à l'adresse déclarée lors de son appel, ne comparaît pas et ne fournit aucune excuse valable (■ Cass. crim., 15 févr. 2006, préc., n° 2). Encourt la censure l'arrêt qui, pour statuer par défaut, retient que les dispositions de l'article 503-1, alinéa 4, du Code de procédure pénale, ne concernent que l'appelant qui n'a pas respecté l'obligation de signaler tout changement de l'adresse déclarée (■ Cass. crim., 6 déc. 2005, préc., n° 2). Encourt la cassation l'arrêt de la cour d'appel qui reçoit l'opposition d'un prévenu et met à néant un précédent arrêt justement qualifié de contradictoire à signifier, par lequel la cour d'appel avait statué en l'absence d'un prévenu non excusé, régulièrement cité à l'adresse déclarée dans l'acte d'appel (■ Cass. crim., 22 mai 2007, n° 07-82.263 : *Bull. crim.* n° 134. ■ Cass. crim., 21 mai 2008, n° 08-80.735 : *Bull. crim.* n° 127).

Déclaration d'adresse erronée. Les juges du second degré prononcent à bon droit par décision contradictoire à signifier lorsque le prévenu a été régulièrement cité à l'adresse déclarée dans l'acte d'appel, cette déclaration fût-elle erronée (▪ Cass. crim., 18 mars 2008, n° 07-87.358 : *Dr. pén.* 2008, comm. 91, obs. A. Maron et M. Haas).

B – Changement d'adresse

5) Question prioritaire de constitutionnalité. L'obligation faite au prévenu appelant ou à son avocat, par l'article 503-1, alinéa 3, du Code de procédure pénale de signaler au procureur de la République, par lettre recommandée avec demande d'avis de réception, jusqu'au jugement définitif de l'affaire, tout changement de l'adresse qu'il a déclarée au moment où il a formé son appel, en application du premier alinéa de ce texte, ainsi que les conséquences d'une omission de cette formalité, prévues à l'alinéa 4, sont conformes à l'objectif de valeur constitutionnelle d'une bonne administration de la justice, s'appliquent également à l'ensemble des prévenus ayant exercé cette voie de recours et ne portent pas une atteinte disproportionnée aux droits de la défense (▪ Cass. crim., 1er mars 2011, n° 10-84.301).

1° Changement d'adresse signalée et citation à l'ancienne adresse

6) C'est à tort que la cour d'appel statue par arrêt contradictoire à signifier, lorsque le prévenu n'a pas été cité à la nouvelle adresse qu'il avait déclarée conformément à l'article 503-1, alinéa 3, du Code de procédure pénale. En pareil cas, la cour d'appel n'est pas légalement saisie (▪ Cass. crim., 19 déc. 2007, n° 07-86.686).

2° Changement d'adresse non signalé

• **Obligation du prévenu**

7) Arrêt contradictoire à signifier. Il appartient au prévenu, en application de l'article 503-1, alinéa 3, du Code de procédure pénale, d'informer le procureur de la République du changement de l'adresse déclarée lors de son appel (▪ Cass. crim., 2 oct. 2007, n° 07-80.581 : *Bull. crim.* n° 232. ▪ Cass. crim., 21 juin 2011, n° 10-84.301 : *Bull. crim.* n° 142. ▪ Cass. crim., 13 mai 2014, n° 13-83.247 : *Bull. crim.* n° 130. ▪ Cass. crim., 6 avr. 2016, n° 15-82.607. ▪ Cass. crim., 15 juin 2016, n° 14-88.404 : *Bull. crim.* n° 182▪ Cass. crim., 22 mars 2017, n° 16-81.441). Justifie dès lors sa décision la cour d'appel qui, pour prononcer par décision contradictoire à signifier, énonce que le prévenu, régulièrement cité à mairie à l'adresse déclarée dans sa déclaration d'appel et qui a eu connaissance de la citation le concernant, l'avis de réception de la lettre recommandée étant signé par son destinataire, n'a pas comparu à l'audience et n'a pas fait parvenir de motif d'excuse (▪ Cass. crim., 2 oct. 2007, n° 07-80.581 : *Bull. crim.* n° 232). Justifie dès lors sa décision la cour d'appel qui, pour prononcer par arrêt contradictoire à signifier, retient que, régulièrement cité par acte déposé à l'étude de l'huissier, qui s'était déplacé à l'adresse déclarée lors de l'appel, le prévenu, placé en détention provisoire pour une autre cause, n'a ni comparu, ni fait valoir d'excuse devant la cour d'appel (▪ Cass. crim., 21 juin 2011, n° 10-84.301 : *Bull. crim.* n° 142).

• **Vérification par l'huissier de l'adresse déclarée – Principe**

8) Caractère obligatoire des diligences. Il résulte de la combinaison des articles 503-1, 555, 556, 557, 558, alinéas 2 et 4, du Code de procédure pénale que l'huissier qui délivre une citation à la dernière adresse déclarée du prévenu appelant, conformément à l'article 503-1 du Code de procédure pénale, est tenu d'effectuer les diligences prévues par les articles précités, que l'intéressé demeure ou non à l'adresse dont il a fait le choix, cette citation étant réputée faite à personne (▪ Cass. crim., 2 mars 2011, n° 10-81.945 : *Bull. crim.* n° 43 ; *Dr. pén.* 2011, comm. 54, obs. A. Maron et M. Haas. ▪ Cass. crim., 25 oct. 2011, n° 11-81.692 : *Bull. crim.* n° 213. ▪ Cass. crim., 14 févr. 2012, n° 11-83.556 : *Bull. crim.* n° 40. ▪ Cass. crim., 19 mars 2014, n° 13-81.850 : *Bull. crim.* n° 87 ; *JCP* G 2014, 717, note L. Griffon. ▪ Cass. crim., 6 nov. 2018, n° 17-82.205. ▪ Cass. crim., 23 févr. 2022, n° 20-85.189, § 5). S'il ne trouve personne à l'adresse personnelle déclarée par le prévenu appelant, conformément à l'article 503-1 du Code de procédure pénale, l'huissier chargé de lui délivrer la citation doit, sans avoir à vérifier que l'intéressé y demeure effectivement, effectuer les diligences prévues par les alinéas 2 et 4 de l'article 558 du Code de procédure pénale (▪ Cass. crim., 14 févr. 2012, n° 11-83.556 : *Bull. crim.* n° 40). La seule obligation incombant à l'huissier qui ne trouve pas le prévenu à la dernière adresse déclarée est de se conformer aux dispositions des alinéas 2 ou 4 de l'article 558 du Code de procédure pénale, et de l'indiquer dans l'acte de signification ; il n'a donc pas à vérifier l'exactitude de ce domicile (▪ Cass. crim., 24 mars 2021, n° 20-81.219, § 7. ▪ Cass. crim., 8 mars 2022, n° 21-84.576, § 8). *Contra*, auparavant, ▪ Cass. crim., 19 mars 2008, n° 07-85.149 : *Dr. pén.* 2008, comm. 91, obs. A. Maron et M. Haas. ▪ Cass. crim., 7 janv. 2009, n° 08-83.210 : *Dr. pén.* 2008, comm. 41, obs. A. Maron et M. Haas. ▪ Cass. crim., 23 sept. 2009, n° 08-87.406 : *Bull. crim.* n° 158 : l'huissier qui se transporte à l'adresse déclarée afin de délivrer une citation et dresse un procès-verbal constatant que l'appelant y est inconnu n'a pas d'autre diligence à accomplir, les dispositions des articles 555 et suivants n'étant pas applicables.

– Conséquence

9) La juridiction n'est pas valablement saisie par un procès-verbal de recherches ou de perquisition de l'huissier (■ Cass. crim., 30 mars 2011, n° 10-87.198 : *Bull. crim.* n° 66. ■ Cass. crim., 12 juin 2013, n° 12-86.691).

– Applications

10) Vérifications par l'huissier – Décision contradictoire à signifier. Fait l'exacte application des dispositions de l'article 503-1 du Code de procédure pénale, la cour d'appel qui, pour statuer par décision contradictoire à signifier à l'encontre d'un prévenu appelant non comparant, retient que l'huissier, qui a délivré la citation à l'adresse déclarée par celui-ci, a effectué les diligences prévues par les alinéas 2 et 4 de l'article 558 du Code de procédure pénale, en se transportant à cette adresse et, en l'absence de l'intéressé, lui a envoyé une lettre recommandée avec avis de réception en l'invitant à retirer la copie de l'acte à l'étude dans les plus brefs délais (■ Cass. crim., 27 sept. 2011, n° 11-80.252 : *Bull. crim.* n° 185 ; *Dr. pén.* 2011, comm. 161, obs. A. Maron et M. Haas. ■ Cass. crim., 19 févr. 2013, n° 12-83.781 : *Bull. crim.* n° 42). Peu importe : ... que la lettre recommandée n'ait pas été remise à son destinataire (■ Cass. crim., 17 janv. 2012, n° 11-84.778 : *Bull. crim.* n° 13. ■ Cass. crim., 3 déc. 2019, n° 18-86.607) ; ... que le prévenu n'ait pas signé l'avis de réception de cette lettre (■ Cass. crim., 5 oct. 2011, n° 10-88.851 : *Bull. crim.* n° 194) ; ... que le prévenu ne l'ait l'a pas réclamé, alors que l'agent de la Poste l'a avisé du courrier recommandé (■ Cass. crim., 14 oct. 2014, n° 13-85.779 : *Bull. crim.* n° 205) ; ... qu'il n'ait pas été fait retour du récépissé accompagnant l'avis de passage déposé par l'huissier de justice à l'adresse déclarée par le prévenu (■ Cass. crim., 22 janv. 2020, n° 19-82.262, § 8). L'huissier ayant accompli les diligences de l'article 558, alinéa 2, du Code de procédure pénale après citation du prévenu à son adresse déclarée, la cour d'appel statue à bon droit par décision contradictoire à signifier, dès lors que le prévenu n'établit pas avoir été dans l'impossibilité de l'aviser de son incarcération en Bolivie, circonstance inconnue des juges qui n'ont fait qu'appliquer les dispositions de l'article 503-1 du Code de procédure pénale (■ Cass. crim., 16 déc. 2015, n° 15-81.059).

11) Absence de vérifications par l'huissier. Cour d'appel non saisie. En l'absence des diligences de l'article 558, alinéa 2, du Code de procédure pénale, la signification n'est pas régulière et la cour d'appel n'est pas valablement saisie (■ Cass. crim., 2 mars 2011, n° 10-81.945 : *Bull. crim.* n° 43 ; *Dr. pén.* 2011, comm. 54, obs. A. Maron et M. Haas. ■ Cass. crim., 25 oct. 2011, n° 11-81.692 : *Bull. crim.* n° 213. ■ Cass. crim., 12 juin 2013, n° 12-86.691. ■ Cass. crim., 26 juin 2013, n° 12-80.792 : *Bull. crim.* n° 162. ■ Cass. crim., 26 juin 2013, n° 13-80.463 : *Bull. crim.* n° 163). Il résulte de la combinaison des articles 503-1 et 558 du Code de procédure pénale que l'huissier qui délivre une citation à la dernière adresse déclarée du prévenu appelant, conformément à l'article 503-1 précité, est tenu d'effectuer les diligences prévues par l'article 558, alinéas 2 ou 4, de ce code, et qu'en l'absence d'accomplissement de celles-ci, la juridiction n'est pas valablement saisie (■ Cass. crim., 12 sept. 2018, n° 17-85.711. ■ Cass. crim., 20 nov. 2018, n° 18-80.750). La juridiction ne peut être valablement saisie que lorsque la citation a été délivrée à l'exacte adresse déclarée par l'appelant. Tel n'est pas le cas lorsque la citation omet de préciser la domiciliation du prévenu chez un tiers, cette information étant pourtant portée dans la déclaration d'appel : c'est donc à tort que, pour qualifier son arrêt de contradictoire à signifier, la cour d'appel énonce que le prévenu, non comparant, a été régulièrement cité par huissier à son adresse déclarée dans l'acte d'appel (■ Cass. crim., 30 mars 2021, n° 20-85.836 : publié au *Bull.*). **Applications.** Méconnaît les articles 503-1 et 558, alinéas 2 et 4 du Code de procédure pénale, la cour d'appel qui, pour statuer par arrêt contradictoire à signifier, énonce que le prévenu a été régulièrement cité à sa dernière adresse déclarée dans l'acte d'appel, qu'il n'a pas comparu ni fourni d'excuse et que la citation remise à parquet est réputée faite à sa personne, conformément à l'article 503-1 du Code de procédure pénale, alors que l'huissier, après avoir indiqué dans un procès-verbal de perquisition : « j'ai appris que M. X... est actuellement en France, sans aucune précision sur son adresse », a délivré une citation à parquet (■ Cass. crim., 2 mars 2011, n° 10-81.945 : *Bull. crim.* n° 43 ; *Dr. pén.* 2011, comm. 54, obs. A. Maron et M. Haas). La citation délivrée à parquet, après de vaines recherches à une adresse différente de celle mentionnée dans la déclaration d'appel, et ne résultant d'aucune déclaration modificative postérieure, n'est pas régulière (■ Cass. crim., 26 juin 2013, n° 13-80.463 : *Bull. crim.* n° 163). Mais V. ■ Cass. crim., 16 sept. 2008, n° 08-81.351 : *Bull. crim.* n° 184 ; *Dr. pén.* 2008, comm. 148, obs. A. Maron et M. Haas : doit être jugé par défaut en application de l'article 412 du Code de procédure pénale, le prévenu appelant non comparant cité à parquet après que l'huissier chargé de délivrer l'acte à l'adresse déclarée lors de l'appel s'est borné à mentionner « identification difficile, rien sur annuaire ». Faute de vérification effective, par l'huissier, de l'adresse déclarée, la cour d'appel ne peut faire application de l'article 503-1 du même code et prononcer par arrêt contradictoire à signifier.

C – Citation à l'adresse figurant dans la décision rendue en premier ressort

12) Il résulte de la combinaison des articles 503-1 et 558, alinéas 2 et 4, du Code de procédure pénale qu'à défaut de déclaration de l'adresse personnelle de l'appelant ou de celle d'un tiers chargé de recevoir les citations, doit être considérée comme adresse déclarée du prévenu celle figurant dans le jugement rendu en premier ressort, à laquelle il appartient à l'huissier de justice requis d'effectuer les diligences prévues par l'article 558, alinéas 2 et 4, du Code de procédure pénale, à défaut desquelles le prévenu qui ne comparaît pas ne peut être jugé par arrêt contradictoire à signifier (■ Cass. crim., 26 mars 2014, n° 13-81.353).

D – Détenu libéré

13) Si le prévenu, détenu au moment de l'appel, est remis en liberté avant l'examen de son affaire par la cour d'appel, il doit faire la déclaration de son adresse, préalablement à sa mise en liberté, auprès du chef de la maison d'arrêt ; ce n'est qu'à défaut d'une telle déclaration que sera considérée comme son adresse déclarée celle figurant dans le jugement rendu en premier ressort (■ Cass. crim., 1er oct. 2008, n° 08-83.080. ■ Cass. crim., 7 juin 2011, n° 10-86.153 : *Bull. crim.* n° 118. ■ Cass. crim., 20 juin 2018, n° 17-85.254). Toute citation faite à cette dernière adresse est réputée faite à sa personne et le prévenu, qui ne comparaît pas à l'audience sans excuse reconnue valable par la cour d'appel, est jugé par arrêt contradictoire à signifier (■ Cass. crim., 1er oct. 2008, préc.). Encourt la censure l'arrêt de la cour d'appel qui statue par arrêt contradictoire à signifier, alors que le prévenu appelant, non comparant à l'audience, a été cité non pas à l'adresse qu'il avait déclarée lors de son élargissement de la maison d'arrêt, mais à celle mentionnée dans le jugement de première instance et à laquelle il ne demeurait plus depuis de nombreux mois (■ Cass. crim., 7 juin 2011, préc. ■ Cass. crim., 7 juin 2016, n° 15-85.942).

E – Prévenu résidant à l'étranger

14) L'article 503-1, alinéa 4 du Code de procédure pénale ne trouve pas à s'appliquer au prévenu résidant à l'étranger (■ Cass. crim., 12 mars 2019, n° 18-86.409).

Art. 504. – Une requête contenant les moyens d'appel peut être remise dans les délais prévus pour la déclaration d'appel au greffe du tribunal ; elle est signée de l'appelant ou d'un avocat inscrit à un barreau *(Mots suppr. à compter du 1er janvier 2012, L. n° 2011-94, 25 janv. 2011)* « ... » ou d'un fondé de pouvoir spécial.

La requête, ainsi que les pièces de la procédure, sont envoyées par le procureur de la République au parquet de la cour dans le plus bref délai.

Si le prévenu est en état d'arrestation, il est également dans le plus bref délai, et par ordre du procureur de la République, transféré dans la maison d'arrêt du lieu où siège la cour d'appel.

Bibliographie : D. Guirimand, *Cour d'appel en matière correctionnelle. – Conditions de l'appel : JCl. Proc. pén.*, art. 496 à 520-1, Fasc. 10, actualisé par C. Guéry.

1) Caractère facultatif de la requête. La requête de l'article 504 du Code de procédure pénale est facultative (■ Cass. crim., 25 juin 1979, n° 79-91.260 : *Bull. crim.* n° 221).

2) Délai. L'inobservation des délais prévus par l'article 504 du Code de procédure pénale n'est sanctionnée d'aucune nullité ; la juridiction peut donc rejeter la demande d'annulation de la requête contenant les moyens d'appel du ministère public, prise de son dépôt tardif (■ Cass. crim., 2 avr. 2008, n° 07-85.179).

Art. 505 ***(Rempl., L. n° 2009-1436, 24 nov. 2009).*** **– En cas de jugement de condamnation, le procureur général peut également former son appel dans le délai de vingt jours à compter du jour du prononcé de la décision.**

Sans préjudice de l'application des articles 498 à 500, les autres parties ont alors un délai de cinq jours pour interjeter appel incident. Même en l'absence d'appel incident, la cour d'appel peut, en cas d'appel formé par le seul procureur général en application du présent article, prononcer une peine moins importante que celle prononcée par le tribunal correctionnel.

Bibliographie : D. Guirimand, *Cour d'appel en matière correctionnelle. – Conditions de l'appel : JCl. Proc. pén.*, art. 496 à 520-1, Fasc. 10, actualisé par C. Guéry.

1) Question prioritaire de constitutionnalité. N'est pas sérieuse la question qui prétend que l'article 505 du Code de procédure pénale est contraire à une procédure juste et équitable garantissant l'équilibre des droits des parties en raison de la durée différente du délai d'appel pour le procureur général et les autres parties, dès lors, de première part, que la longueur du délai d'appel dont dispose le procureur général, en cas de jugement de condamnation, se justifie par la nécessité de permettre au parquet général, absent lors du prononcé des décisions, pour répondre à l'objectif constitutionnel d'une bonne administration de la justice, d'assurer l'harmonisation de l'application de la loi pénale dans toute l'étendue du ressort de la cour d'appel, de deuxième part, que le prévenu, comme les autres parties, bénéficie également d'un droit d'appel incident et dispose d'un délai lui permettant de l'exercer utilement et, de troisième part, qu'aucun texte n'impose à aucune partie appelante la signification de son appel, le registre public prévu par l'article 502 du Code de procédure pénale permettant une information suffisante des parties (▪ Cass. crim., 29 juin 2021, n° 21-80.207 QPC, § 4. V. dans le même sens, ▪ Cass. crim., 5 oct. 2021, n° 21-80.207, § 9).

2) Compatibilité avec la Convention européenne des droits de l'Homme. Ne sont pas incompatibles avec le principe du procès équitable découlant de l'article 6 de la Convention européenne des droits de l'Homme, les dispositions des articles 497, 498, 500 et 505 du Code de procédure pénale qui accordent un droit d'appel non seulement à toutes les parties à l'instance pénale mais aussi au procureur général (▪ Cass. crim., 29 févr. 2000, n° 98-87.642 : *Bull. crim.* n° 86).

3) Régularité de l'appel. Lorsqu'un arrêt mentionne que l'appelant est le procureur de la République, alors qu'il s'agit du procureur général, cette erreur purement matérielle ne saurait entraîner la nullité de l'arrêt, dès lors que le procureur général a agi dans le délai qui lui est imparti (▪ Cass. crim., 11 déc. 1963, n° 62-93.567 : *Bull. crim.* n° 357).

4) Règles propres à la collectivité territoriale de Saint-Pierre-et-Miquelon. V. ▪ Cass. crim., 22 mars 2005, n° 04-87.400 : *Bull. crim.* n° 100).

Art. 505-1 ***(Mod., L. n° 2016-731, 3 juin 2016).*** **– Lorsqu'il est fait appel après expiration des délais prévus aux articles 498, 500 ou 505, lorsque l'appel est devenu sans objet, qu'il a été formé sans respecter les formalités prévues à l'article 502 ou qu'il a été formé hors les cas mentionnés à l'article 546 ou lorsque l'appelant s'est désisté de son appel, le président de la chambre des appels correctionnels rend d'office une ordonnance de non-admission de l'appel qui n'est pas susceptible de voies de recours.**

Bibliographie : D. Guirimand, *Cour d'appel en matière correctionnelle. - Conditions de l'appel : JCl. Proc. pén.*, art. 496 à 520-1, Fasc. 10, actualisé par C. Guéry.

1) Question prioritaire de constitutionnalité. L'article 505-1 du Code de procédure pénale ne porte atteinte ni au principe du contradictoire, ni aux droits de la défense, ni au droit à l'assistance d'un avocat, ni au principe de publicité des débats, ni au droit à un recours juridictionnel effectif, ni au principe d'égalité, dès lors qu'il s'applique à tous les justiciables et répond au souci d'une bonne administration de la justice, ne vise que certains cas d'irrecevabilité précisément définis. La décision du président de la chambre des appels correctionnels peut faire l'objet d'un recours pour excès de pouvoir (▪ Cass. crim., 23 mars 2016, n° 15-85.294).

2) Domaine d'application de l'article 505-1. Si le président de la chambre correctionnelle peut d'office, en application du premier de ces textes, prononcer la non-admission des appels formés hors délai, devenus sans objet ou dont le demandeur s'est désisté, il ne saurait sans excès de pouvoir prononcer la non-admission d'un appel irrecevable pour toute autre cause, cette faculté étant réservée à la seule formation de jugement de la cour d'appel en application du second de ces textes (▪ Cass. crim., 25 nov. 2009, n° 09-84.522 : *Bull. crim.* n° 196. ▪ Cass. crim., 3 avr. 2019, n° 17-87.146). Excède ses pouvoirs le président de la chambre des appels correctionnels qui, pour déclarer non-admis l'appel formé dans un cas où cette voie de recours n'est pas ouverte par la loi en application de l'article 546 du Code de procédure pénale, retient que cette voie de recours est devenue sans objet (▪ Cass. crim., 25 nov. 2009, préc.).

3) Excès de pouvoir du président de la chambre des appels correctionnels. Si, selon l'article 505-1 du Code de procédure pénale, l'ordonnance de non-admission d'appel du président de la chambre des appels correctionnels, prévue par ce texte, n'est pas susceptible de recours, il en est autrement lorsque son examen fait apparaître un excès de pouvoir (▪ Cass. crim., 2 avr. 2008, n° 08-80.067 : *Bull. crim.* n° 92 ; *Dr. pén.* 2008, comm. 103, obs. A. Maron et M. Haas ; *RSC* 2008, p. 637, obs. A. Giudicelli. ▪ Cass. crim., 25 nov. 2009, n° 09-84.522 : *Bull. crim.* n° 196. ▪ Cass. crim., 11 oct. 2011, n° 11-85.042 : *Bull. crim.* n° 199. ▪ Cass. crim., 15 juin 2021, n° 20-86.734, § 7. ▪ Cass. crim., 12 oct. 2021, n° 20-83.360, § 11 : publié au *Bull.* ▪ Cass. crim., 8 mars 2022, n° 21-85.094, § 6). Excède ses pouvoirs le président de la chambre des appels correctionnels qui, pour dire n'y avoir lieu à admettre un appel, énonce à tort que celui-ci est tardif (▪ Cass. crim., 2 avr. 2008, préc. ▪ Cass. crim., 3 avr. 2012, préc. ▪ Cass. crim., 12 juin 2014, préc.). Excède ses pouvoirs le président de la chambre des appels correctionnels qui, pour déclarer caduc l'appel incident du ministère public, énonce que le prévenu s'est désisté de son appel principal, alors qu'il s'était rétracté de son désistement avant que celui-ci n'ait été constaté par une ordonnance, de telle sorte que les appels initialement formés avaient retrouvé leur plein effet (▪ Cass. crim., 25 juin 2014, préc.). Excède ses pouvoirs le président de la chambre des appels correctionnels qui, pour déclarer irrecevable l'appel de la partie civile, énonce qu'elle n'est pas recevable à interjeter appel des dispositions pénales du jugement, alors que lorsque le jugement, frappé d'appel par la seule partie civile, a déclaré irrecevable la constitution de partie civile du plaignant qui a saisi le tribunal par citation directe, la cour d'appel ainsi saisie est tenue de statuer tant sur l'action publique que sur l'action civile (▪ Cass. crim., 6 nov. 2019, n° 19-81.545).

Art. 506 ***(Mod., L. n° 2020-1672, 24 déc. 2020).*** **– Pendant les délais d'appel et durant l'instance d'appel, il est sursis à l'exécution du jugement, sous réserve des dispositions des articles 464 (deuxième et troisième alinéas), 464-1, 464-2, 471, 507, 508 et 708.**

Bibliographie : D. Guirimand, *Cour d'appel en matière correctionnelle. - Effets de l'appel : JCl. Proc. pén.*, art. 496 à 520-1, Fasc. 20, actualisé par C. Guéry.

1) Dispositions générales et absolues. Les dispositions concernant l'effet suspensif sont générales et absolues et doivent être observées abstraction faite des vices dont l'appel lui-même peut être entaché et de la décision à intervenir sur cet appel (▪ Cass. crim., 10 avr. 1895 : *Bull. crim.* n° 113. ▪ Cass. crim., 23 déc. 1957 : *Bull. crim.* n° 865).

2) Action civile – Provisions. En autorisant le tribunal appelé à statuer sur l'action civile à ordonner éventuellement le versement provisoire, en tout ou en partie, des dommages-intérêts, l'article 464, alinéa 2 du Code de procédure pénale énonce une disposition exceptionnelle qui déroge au principe général posé par l'article 506 du même code suivant lequel il est sursis à l'exécution du jugement pendant les délais d'appel et durant l'instance d'appel (▪ Cass. crim., 16 oct. 1968, n° 67-91.992 : *Bull. crim.* n° 255).

3) Détention provisoire. Conformément à l'article 506 du Code de procédure pénale, l'appel du prévenu ou du ministère public entraîne le sursis à exécution du jugement en celles de ses dispositions qui constatent la nullité de l'ordonnance de renvoi, mais, en revanche, cet appel n'a aucun effet suspensif à l'égard des autres dispositions du même jugement qui, par application de l'article 464-1, ordonne le maintien en détention provisoire du prévenu (▪ Cass. crim., 25 juin 1984, n° 83-94.199 : *Bull. crim.* n° 240). Il se déduit des dispositions combinées des articles 471, § 2, et 506 du Code de procédure pénale, qu'à défaut de nouvelle décision la concernant, la détention ordonnée par le tribunal en application de l'article 464-1 dudit code, se prolonge jusqu'à l'expiration de la peine prononcée (▪ Cass. crim., 26 sept. 1986, n° 86-90.330 : *Bull. crim.* n° 258).

Art. 507. – Lorsque le tribunal statue par jugement distinct du jugement sur le fond, l'appel est immédiatement recevable si ce jugement met fin à la procédure.

Dans le cas contraire et jusqu'à l'expiration des délais d'appel, le jugement n'est pas exécutoire et le tribunal ne peut statuer au fond.

Si appel n'a pas été interjeté ou si avant l'expiration du délai d'appel la partie appelante n'a pas déposé au greffe la requête prévue à l'alinéa suivant, le jugement est exécutoire et le tribunal statue au fond.

La partie appelante peut déposer au greffe, avant l'expiration des délais d'appel, une requête adressée au président de la chambre des appels correctionnels et tendant à faire déclarer l'appel immédiatement recevable.

Bibliographie : D. Guirimand, *Cour d'appel en matière correctionnelle. - Conditions de l'appel : JCl. Proc. pén.*, art. 496 à 520-1, Fasc. 10, actualisé par C. Guéry.

• *Sommaire*

1) Question prioritaire de constitutionnalité. N'est pas sérieuse la question qui critique les articles 507 et 508 du Code de procédure pénale en ce qu'ils imposent, en cas d'appel d'un jugement distinct du jugement sur le fond de déposer une requête, tendant à faire déclarer cet appel immédiatement recevable par le président de la chambre des appels correctionnels, lequel statue par ordonnance non motivée dans les huit jours de la réception du dossier : ces dispositions répondent à l'objectif de valeur constitutionnelle d'une bonne administration de la justice (▪ Cass. crim., 11 déc. 2018, n° 18-86.210 QPC).

I – RÈGLES GÉNÉRALES

A – Dispositions d'ordre public

2) Les dispositions de l'article 507 sont d'ordre public (▪ Cass. crim., 26 nov. 1997, n° 96-84.570 : *Bull. crim.* n° 402. ▪ Cass. crim., 16 mai 2000, 99-86.681 : *Bull. crim.* n° 188).

B – Domaine d'application de l'article 507

1° *Article applicable à toutes les parties*

3) Ministère public. Les dispositions impératives de l'article 507 du Code de procédure pénale s'appliquent au ministère public comme à toute autre partie (■ Cass. crim., 29 déc. 1971, n° 71-91.256 : *Bull. crim.* n° 367. ■ Cass. crim., 20 déc. 1988, n°s 87-80.881, 87-80.882 et 87-91.620 : *Bull. crim.* n° 436. ■ Cass. crim., 25 févr. 1991, n° 90-81.497 : *Bull. crim.* n° 91. ■ Cass. crim., 22 nov. 1994, n° 94-83.744 : *Bull. crim.* n° 369).

2° Article inapplicable en matière de détention provisoire

4) Les décisions juridictionnelles statuant en matière de détention provisoire sont susceptibles d'appel sans que la recevabilité de ce recours soit soumise à la procédure prévue par les articles 507 et 508 du Code de procédure pénale. Encourt la cassation l'arrêt qui, saisi d'un appel du prévenu sur le maintien en détention prononcé par le tribunal, déclare que le jugement n'ayant pas mis fin à la procédure et la requête prévue par l'article 507 du Code de procédure pénale n'ayant pas été présentée, l'appel ne peut être examiné (■ Cass. crim., 8 juin 1999, n° 98-82.484 : *Bull. crim.* n° 122). V. dans le même sens ■ CA Paris, 14 sept. 1967, 661, note D. S. ; *JCP* G 1968, II, 15691, note P. Chambon.

3° Article applicable aux infractions de presse

5) Principe. La procédure des articles 507 et 508 du Code de procédure pénale s'applique en matière d'infraction de presse (■ Cass. crim., 24 janv. 1973, n° 72-91.510 : *Bull. crim.* n° 41).

6) Régime dérogatoire. Aux termes de l'article 59 de la loi du 29 juillet 1881, l'appel contre les jugements statuant en matière d'infractions à ladite loi sur les incidents et exceptions autres que les exceptions d'incompétence ne peut être formé, à peine de nullité, qu'après le jugement rendu sur le fond et en même temps que l'appel contre ledit jugement ; il n'y est dérogé qu'en cas d'application des articles 507 et 508 du Code de procédure pénale (■ Cass. crim., 29 déc. 1971, n° 71-92.527 : *Bull. crim.* n° 371. ■ Cass. crim., 5 nov. 1991, n° 91-82.347 : *Bull. crim.* n° 395). Il ne saurait donc y avoir appel immédiat formé contre un jugement qui sursoit à statuer et renvoie l'affaire à une prochaine audience, décision qui ne statue ni sur une exception d'incompétence, ni sur le fond (■ Cass. crim., 29 déc. 1971, préc.). Toutefois, il peut être immédiatement interjeté appel du jugement qui ordonne un sursis à statuer, mais renvoie la cause à une date déterminée et ne met pas fin à la procédure, à condition qu'il soit fait application des articles 507 et 508 du Code de procédure pénale (■ Cass. crim., 5 nov. 1991, préc.). L'appel contre une décision qui a prononcé sur une exception d'incompétence est immédiatement recevable (■ Cass. crim., 15 févr. 1988, n° 88-80.521 : *Bull. crim.* n° 70).

7) Autorité de la chose jugée du jugement distinct du jugement sur le fond. Faute par le prévenu de s'être conformé aux prescriptions de l'article 59 de la loi du 29 juillet 1881, le jugement avant dire droit acquiert l'autorité de la chose jugée (■ Cass. crim., 3 mai 1972, n° 71-92.011 : *Bull. crim.* n° 51). En l'absence d'appel d'un jugement ayant statué sur une exception, autre que celle d'incompétence, dans les conditions prévues par l'article 59, alinéa 2, de la loi du 29 juillet 1881, la juridiction du second degré, saisie de l'appel formé contre le jugement sur le fond, n'a pas à examiner l'exception écartée par la décision incidente passée en force de chose jugée (■ Cass. crim., 28 nov. 1995, n° 93-84.134 : *Bull. crim.* n° 360).

4° Article inapplicable aux infractions imputées aux ministres

8) Le rejet par le tribunal correctionnel d'une exception d'incompétence prise de l'application de l'article 68 de la Constitution n'entre pas dans la classe des jugements qui visent les règles posées par les articles 507 et 508 du Code de procédure pénale quant à l'appel des jugements qui ne mettent pas fin à la procédure ; l'appel est donc immédiatement recevable (■ Cass. crim., 9 juill. 1984, n° 84-90.804 : *Bull. crim.* n° 256 ; *D.* 1985, 78, note J.-M. Robert ; *RSC* 1985, p. 607, obs. J. Robert). Les juges du fond sont tenus de statuer sur l'exception soulevée par le prévenu prise de la violation de l'article 26, alinéa 2 de la Constitution du 4 octobre 1958 en examinant immédiatement les circonstances de fait et de droit dans lesquelles a été délivrée une citation à un membre du Parlement. Faute d'un tel examen, il pourrait s'ensuivre une violation des lois constitutionnelles (■ Cass. crim., 5 juill. 1983, n° 82-92.737 : *Bull. crim.* n° 215).

C – Effet des articles 507 et 508 sur le délai d'appel

9) Délai d'appel non suspendu. Les articles 507 et 508 du Code de procédure pénale déterminant les règles selon lesquelles l'appel formé contre une décision qui ne met pas fin à la procédure peut être déclaré immédiatement recevable n'impliquent pas que le délai d'appel soit suspendu jusqu'au jour de la décision sur le fond ; bien au contraire lesdits articles n'apportent aucune dérogation aux dispositions générales et absolues de l'article 498 dudit code, lequel, sauf dans le cas de l'appel du procureur général, fixe à dix jours à compter du prononcé du jugement contradictoire le délai de l'appel (■ Cass. crim., 11 févr. 1965, n° 64-91.951 : *Bull. crim.* n° 45 ; *D.* 1965, 426, note Mazard).

II – JUGEMENTS DISTINCTS DU JUGEMENT SUR LE FOND

A – Jugements sur la compétence

10) Est un jugement distinct du jugement sur le fond le jugement ne faisant pas droit à une exception d'incompétence (■ Cass. crim., 26 juin 1975, n° 73-93.066 : *Bull. crim.* n° 167) ; … le jugement faisant droit à une exception d'incompétence (■ Cass. crim., 11 juin 2014, n° 13-83.575).

B – Jugements statuant sur une exception de nullité

11) Est distinct d'un jugement sur le fond, le jugement qui annule les placements en garde à vue et l'ensemble des actes subséquents, incluant la procédure de comparution immédiate (■ Cass. crim., 6 sept. 2006, n° 06-82.303 : *Bull. crim.* n° 207) ; … le jugement avant dire droit qui rejette les exceptions de nullité présentées par le prévenu (■ Cass. crim., 26 févr. 2008, n° 07-86.436 : *Bull. crim.* n° 48) ; … qui fait droit à une exception de nullité (■ Cass. crim., 25 févr. 1991, n° 90-81.497 : *Bull. crim.* n° 91. ■ Cass. crim., 22 nov. 1994, n° 94-83.744 : *Bull. crim.* n° 369) ; … qui annule la citation de l'un des prévenus et renvoie l'affaire pour nouvelles citations de tous (■ Cass. crim., 15 nov. 2016, n° 15-84.244) ; … qui annule toutes les pièces qui auraient permis de reprendre les poursuites (■ Cass. crim., 21 oct. 1992, n°s 87-92.132 et 89-84.678 : *Bull. crim.* n° 332). Met fin à la procédure au sens de l'article 507 du Code de procédure pénale, mais ne statue pas sur le fond, le jugement qui annule toutes les pièces permettant de reprendre les poursuites (■ Cass. crim., 21 oct. 1992, préc.).

C – Jugements prononçant un sursis à statuer

12) Est distinct d'un jugement sur le fond, le jugement qui prononce un sursis à statuer (■ Cass. crim., 14 juin 1967, n° 66-93.765 : *Bull. crim.* n° 179. ■ Cass. crim., 22 oct. 1984, n° 84-90.844 : *Bull. crim.* n° 311).

D – Jugements ordonnant des mesures d'instruction

13) Est distinct d'un jugement sur le fond, le jugement qui ordonne une expertise (■ Cass. crim., 6 janv. 1970, n° 69-92.912 : *Bull. crim.* n° 9) ; … qui rejette une demande de contre-expertise (■ Cass. crim., 10 mars 1987, n° 86-90.547 : *Bull. crim.* n° 115).

E – Jugements rejetant une exception

14) Est distinct d'un jugement sur le fond, le jugement qui se borne à rejeter une exception de prescription (■ Cass. crim., 6 janv. 1970, n° 69-92.912 : *Bull. crim.* n° 9) ; … une exception de force majeure (■ Cass. crim., 6 janv. 1970, préc.) ; … une exception d'autorité de la chose jugée (■ Cass. crim., 8 déc. 2004, n° 04-80.977 : *Bull. crim.* n° 312).

F – Renvoi de la procédure au ministère public

15) Est un jugement distinct du jugement sur le fond, le jugement qui renvoie la procédure au ministère public pour lui permettre de saisir le juge d'instruction de toutes réquisitions appropriées visant les faits sur lesquels il n'a pas été statué dans l'ordonnance de règlement (■ Cass. crim., 2 sept. 2004, n° 04-83.871 : *Bull. crim.* n° 195) ; … le jugement du tribunal correctionnel qui constate que le juge d'instruction a omis, dans son ordonnance de renvoi, de statuer sur certains faits dont il était saisi, annule ladite ordonnance et renvoie le dossier de la procédure au ministère public (■ Cass. crim., 8 déc. 2004, n° 04-85.877 : *Bull. crim.* n° 311) ; … le jugement par lequel le tribunal correctionnel, saisi selon la procédure de convocation par procès-verbal, renvoie le dossier au procureur de la République (■ Cass. crim., 10 juill. 2013, n° 13-81.599 : *Bull. crim.* n° 173) ; … le jugement du tribunal correctionnel qui, constatant une nullité prévue par l'article 170 du Code de procédure pénale, renvoie le ministère public à se pourvoir ainsi qu'il avisera (■ Cass. crim., 20 déc. 1988, n°s 87-80.881, 87-80.882 et 87-91.620 : *Bull. crim.* n° 436).

G – Autres jugements

16) Est distinct d'un jugement sur le fond le jugement qui fixe le montant de la consignation due par la partie civile (■ Cass. crim., 26 nov. 1997, n° 96-84.570 : *Bull. crim.* n° 402. ■ Cass. crim., 14 févr. 2006, n° 05-81.838 : *Bull. crim.* n° 37) ; … la décision de renvoyer l'affaire devant le tribunal correctionnel siégeant en formation collégiale, prise en application de l'article 398-2 du Code de procédure pénale (■ Cass. crim., 16 mai 2000, n° 99-86.681 : *Bull. crim.* n° 188).

III – JUGEMENTS N'ÉTANT PAS DISTINCTS DU JUGEMENT SUR LE FOND

A – Jugements constatant l'extinction de l'action publique et ordonnant un renvoi sur l'action civile

17) S'il ne met pas fin à la procédure, un jugement qui constate l'extinction de l'action publique par l'amnistie et ordonne le renvoi de la cause sur l'action civile à une audience ultérieure n'est pas, au sens de l'article 507 du Code de procédure pénale, un jugement distinct du jugement sur le fond. Dès lors, la procédure prévue par ledit article et par l'article 508 du même code n'est pas applicable (■ Cass. crim., 22 sept. 1998, n° 97-81.964 : *Bull. crim.* n° 230).

B – Jugements retenant le principe de la responsabilité civile du prévenu

18) Jugements ne mettant pas fin à la procédure. S'il ne met pas fin à la procédure, un jugement qui condamne le prévenu et admet le principe de sa responsabilité civile mais ordonne une mesure d'instruction complémentaire aux fins de fixer le montant du préjudice subi par la victime de l'infraction n'est pas, au sens de l'article 507 du Code de procédure pénale, un jugement distinct du jugement sur le fond ; dès lors, la procédure prévue par ledit article et par l'article 508 du même code n'est pas applicable (■ Cass. crim., 20 nov. 1969, n° 69-91.182. ■ Cass. crim., 13 nov. 1984, n° 80-94.376 : *Bull. crim.* n° 344. ■ Cass. crim., 27 janv. 1993, n° 92-82.136 : *Bull. crim.* n° 45). Est une décision sur le fond une décision d'avant dire droit ordonnant un simple sursis à statuer lorsqu'elle statue sur l'étendue du dommage résultant d'une infraction et se borne à en différer l'évaluation (■ Cass. crim., 28 juin 1983, n° 82-90.994 : *Bull. crim.* n° 200).

C – Jugements donnant acte d'un désistement d'opposition

19) Le jugement par lequel le tribunal correctionnel donne acte à un prévenu du désistement de l'opposition qu'il avait formée constitue une décision sur le fond ; le ministère public est, dès lors, recevable à interjeter immédiatement appel de cette décision (■ Cass. crim., 14 juin 1977, n° 79-92.747 : *Bull. crim.* n° 214. ■ Cass. crim., 11 janv. 2012, n° 11-83.446 : *Bull. crim.* n° 7).

IV – JUGEMENTS NE METTANT PAS FIN À LA PROCÉDURE

20) Ne mettent pas fin à la procédure les dispositions d'un jugement avant dire droit qui n'ont pas de caractère définitif (■ Cass. crim., 6 janv. 1970, n° 69-92.912 : *Bull. crim.* n° 9).

A – Jugements ordonnant des mesures d'instruction

21) Ne met pas fin à la procédure le jugement qui ordonne une expertise (■ Cass. crim., 6 janv. 1970, n° 69-92.912 : *Bull. crim.* n° 9) ; … qui rejette une demande de contre-expertise (■ Cass. crim., 10 mars 1987, n° 86-90.547 : *Bull. crim.* n° 115).

B – Jugements rejetant une exception

22) Ne met pas fin à la procédure le jugement qui se borne à rejeter une exception de prescription (■ Cass. crim., 6 janv. 1970, n° 69-92.912 : *Bull. crim.* n° 9) ; … une exception de force majeure (■ Cass. crim., 6 janv. 1970, préc.) ; … une exception d'autorité de la chose jugée (■ Cass. crim., 8 déc. 2004, n° 04-80.977 : *Bull. crim.* n° 312).

C – Jugements faisant droit à une exception de nullité sans annuler toute la procédure

23) Ne met pas fin à la procédure, même s'il dessaisit la juridiction, le jugement du tribunal correctionnel qui, faisant droit à une exception de nullité régulièrement soulevée, annule la procédure à l'exclusion du réquisitoire introductif et de la désignation du juge d'instruction (■ Cass. crim., 25 févr. 1991, n° 90-81.497 : *Bull. crim.* n° 91. ■ Cass. crim., 8 déc. 2004, n° 04-85.877 : *Bull. crim.* n° 311) ; … le jugement du tribunal correctionnel qui, constatant une nullité prévue par l'article 170 du Code de procédure pénale, renvoie le ministère public à se pourvoir ainsi qu'il avisera (■ Cass. crim., 20 déc. 1988, n°s 87-80.881, 87-80.882 et 87-91.620 : *Bull. crim.* n° 436) ; … le jugement, qui constate la nullité d'une expertise et des actes d'instruction subséquents, la procédure étant toujours en cours, par l'effet de l'annulation de l'ordonnance de renvoi et de la régularité du réquisitoire introductif (■ Cass. crim., 29 déc. 1971, n° 71-91.256 : *Bull. crim.* n° 367. ■ Cass. crim., 22 nov. 1994, n° 94-83.744 : *Bull. crim.* n° 369).

D – Jugements renvoyant la procédure au ministère public

24) Ne met pas fin à la procédure le jugement qui renvoie la procédure au ministère public pour lui permettre de saisir le juge d'instruction de toutes réquisitions appropriées visant les faits sur lesquels il n'a pas été statué dans l'ordonnance de règlement, ne met pas fin à la procédure, toujours en cours par l'effet de la régularité du réquisitoire introductif (■ Cass. crim., 2 sept. 2004, n° 04-83.871 : *Bull. crim.* n° 195) ; … le jugement du tribunal correctionnel qui constate que le juge d'instruction a omis, dans son ordonnance de renvoi, de statuer sur certains faits dont il était saisi, annule ladite ordonnance et renvoie le dossier de la procédure au ministère public, la procédure étant toujours en cours par l'effet de la régularité du réquisitoire introductif (■ Cass. crim., 8 déc. 2004, n° 04-85.877 : *Bull. crim.* n° 311).

E – Jugements retenant le principe de la responsabilité civile du prévenu

25) Le jugement qui condamne le prévenu et admet le principe de sa responsabilité civile mais ordonne une mesure d'instruction complémentaire aux fins de fixer le montant du préjudice subi par la victime de l'infraction ne met pas fin à la procédure ; dès lors, la procédure prévue par les articles 507 et 508 du Code de procédure pénale n'est pas applicable (■ Cass. crim., 20 nov. 1969, n° 69-91.182. ■ Cass. crim., 13 nov. 1984, n° 80-94.376 : *Bull. crim.* n° 344. ■ Cass. crim., 27 janv. 1993, n° 92-82.136 : *Bull. crim.* n° 45).

F – Autres jugements

26) Ne met pas fin à la procédure le jugement du tribunal correctionnel qui, en application de l'article 392-1 du Code de procédure pénale, fixe le montant de la consignation que la partie civile devra verser au greffe, et le délai de ce versement (■ Cass. crim., 26 nov. 1997, n° 96-84.570 : *Bull. crim.* n° 402) ; ... le jugement qui constate l'extinction de l'action publique par l'amnistie et ordonne le renvoi de la cause sur l'action civile à une audience ultérieure (■ Cass. crim., 22 sept. 1998, n° 97-81.964 : *Bull. crim.* n° 230) ; ... la décision de renvoi de l'affaire au tribunal correctionnel en formation collégiale, prise en application de l'article 398-2 du Code de procédure pénale, qui ne dessaisit pas le tribunal correctionnel, la procédure étant toujours en cours par l'effet de ce renvoi (■ Cass. crim., 16 mai 2000, n° 99-86.681 : *Bull. crim.* n° 188).

V – JUGEMENTS METTANT FIN À LA PROCÉDURE

A – Jugements dessaisissant la juridiction

27) Une décision qui dessaisit la juridiction met fin à la procédure ; il en est ainsi de la décision qui déclare irrégulières les citations délivrées aux prévenues et renvoie le ministère public à se pourvoir (■ Cass. crim., 12 juin 1968, n° 67-92.268 : *Bull. crim.* n° 189 ; *JCP* G 1969, II, 15850, note Sacotte). Mais le jugement, qui constate la nullité d'une expertise et des actes d'instruction subséquents, s'il dessaisit la juridiction qui l'a rendu, ne met pas fin à la procédure lorsque celle-ci est toujours en cours ; il en est ainsi par l'effet de l'annulation de l'ordonnance de renvoi et de la régularité du réquisitoire introductif (■ Cass. crim., 29 déc. 1971, n° 71-91.256 : *Bull. crim.* n° 367. ■ Cass. crim., 22 nov. 1994, n° 94-83.744 : *Bull. crim.* n° 369).

B – Jugements faisant droit à une exception d'incompétence

28) Met fin à la procédure au sens de l'article 507 du Code de procédure pénale le jugement qui accueille une exception d'incompétence (■ Cass. crim., 11 juin 2014, n° 13-83.575).

C – Jugements renvoyant la procédure au ministère public

29) En renvoyant le dossier au procureur de la République sur le fondement de l'article 397-2, alinéa 2, du Code de procédure pénale, qui ne s'applique qu'aux procédures de convocation par procès-verbal et de comparution immédiate, alors qu'il est saisi par la citation directe du procureur de la République, le tribunal met fin à la procédure (■ Cass. crim., 15 févr. 2000, n° 99-81.290 : *Bull. crim.* n° 166). Met fin à la procédure au sens de l'article 507 du Code de procédure pénale le jugement par lequel le tribunal correctionnel, saisi selon la procédure de convocation par procès-verbal, renvoie le dossier au procureur de la République. En effet, c'est uniquement lorsqu'il est saisi selon la procédure de comparution immédiate que le tribunal correctionnel peut, en application de l'article 397-2, alinéa 2, du Code de procédure pénale, et par un jugement non susceptible d'appel, renvoyer le dossier au procureur de la République, en vue de la saisine du juge d'instruction (■ Cass. crim., 10 juill. 2013, n° 13-81.599 : *Bull. crim.* n° 173). Un jugement de renvoi de la procédure au ministère public aux fins de régularisation qui ne comporte aucune fixation de date en vue de l'examen ultérieur du dossier a pour effet de dessaisir le tribunal et met de fait fin à la procédure : justifie donc sa décision la cour d'appel qui considère qu'un tel jugement rend immédiatement recevables les appels du ministère public et du prévenu (■ Cass. crim., 18 déc. 2019, n° 19-82.238).

D – Jugements prononçant la nullité de toute la procédure

30) Met fin à la procédure, au sens de l'article 507 du Code de procédure pénale, le jugement qui annule les placements en garde à vue et l'ensemble des actes subséquents, incluant la procédure de comparution immédiate (■ Cass. crim., 6 sept. 2006, n° 06-82.303 : *Bull. crim.* n° 207) ; ... le jugement qui, bien que ne statuant pas sur le fond, annule toutes les pièces qui auraient permis de reprendre les poursuites (■ Cass. crim., 21 oct. 1992, n°s 87-92.132 et 89-84.678 : *Bull. crim.* n° 332) ; ... le jugement du tribunal correctionnel, qui, saisi selon la procédure de la comparution immédiate, prononce la nullité de la garde à vue et des actes subséquents et renvoie le dossier à ce magistrat, dès lors que ce renvoi est fait non en vue de la saisine d'un juge d'instruction, mais ensuite de l'annulation des pièces de la procédure (■ Cass. crim., 23 févr. 2011, n° 10-84.922 : *Bull. crim.* n° 30).

E – Jugements prononçant un sursis à statuer de durée illimitée

31) Met fin à la procédure le jugement distinct du jugement sur le fond qui contient une disposition définitive ; est donc susceptible d'appel un jugement accordant un sursis indéfini et illimité, qui met obstacle au cours normal de la justice (■ Cass. crim., 14 juin 1967, n° 66-93.765 : *Bull. crim.* n° 179. ■ Cass. crim., 22 oct. 1984, n° 84-90.844 : *Bull. crim.* n° 311. ▪ Cass. crim., 14 janv. 1992, n° 88-84.493 : *Bull. crim.* n° 11. ▪ Cass. crim., 20 juill. 1993, n° 92-84.370 : *Bull. crim.* n° 249. ▪ Cass. crim., 15 nov. 2016, n° 15-84.244). Comp. : si le jugement qui ordonne un sursis à statuer, mais renvoie la cause à une date déterminée, ne met pas fin à la procédure, il peut en être immédiatement interjeté appel, à condition qu'il soit fait application des articles 507 et 508 du Code de procédure pénale (▪ Cass. crim., 5 nov. 1991, n° 91-82.347 : *Bull. crim.* n° 395).

VI – REQUÊTE

A – Règles générales

1° *Règles d'ordre public*

32) Les formes et délai de l'appel sont d'ordre public et les nullités qui les sanctionnent peuvent être invoquées pour la première fois devant la Cour de cassation ou même suppléées d'office ; ce principe est applicable au dépôt de la requête prévue par l'article 507 du Code de procédure pénale (▪ Cass. crim., 20 déc. 1988, n°s 87-80.881, 87-80.882 et 87-91.620 : *Bull. crim.* n° 436).

2° *Règles applicables à toutes les parties*

33) Ministère public. Selon les prescriptions de l'article 507 du Code de procédure pénale, il appartient à la partie appelante d'un tel jugement de déposer au greffe, avant l'expiration des délais d'appel, une requête adressée au président de la chambre des appels correctionnels et tendant à faire déclarer l'appel immédiatement recevable ; ces dispositions impératives s'appliquent au ministère public comme à toute autre partie (▪ Cass. crim., 25 févr. 1991, n° 90-81.497 : *Bull. crim.* n° 91. ▪ Cass. crim., 22 nov. 1994, n° 94-83.744 : *Bull. crim.* n° 369).

B – Exercice de la requête

34) Portée de la requête quant à la saisine de la cour d'appel. Si l'article 507 du Code de procédure pénale prescrit le dépôt d'une requête en admission immédiate de l'appel, seul l'acte d'appel fixe les limites de la saisine de la juridiction du second degré (▪ Cass. crim., 23 janv. 1990, n° 89-84.517 : *Bull. crim.* n° 40).

C – Non-exercice de la requête

1° *Requête, simple faculté*

35) Si aux termes des alinéas 3 et 4 de l'article 507 du Code de procédure pénale, la partie appelante d'un jugement distinct du jugement sur le fond et ne mettant pas fin à la procédure peut déposer une requête tendant à faire déclarer l'appel immédiatement recevable, elle est libre de ne pas user de cette faculté (▪ Cass. crim., 26 juin 1975, n° 73-93.066 : *Bull. crim.* n° 167. ▪ Cass. crim., 10 mars 1987, n° 86-90.547 : *Bull. crim.* n° 115. ▪ Cass. crim., 28 avr. 1987, n° 87-80.201 : *Bull. crim.* n° 169. ▪ Cass. crim., 8 déc. 2004, n° 04-80.977 : *Bull. crim.* n° 312. ▪ Cass. crim., 14 févr. 2006, n° 05-81.838 : *Bull. crim.* n° 37).

2° *Caractère exécutoire du jugement distinct du jugement sur le fond*

36) En l'absence d'appel contre le jugement distinct du jugement sur le fond, les dispositions de l'article 507 du Code de procédure pénale n'ont d'autre effet que de voir déclarer l'appel non immédiatement recevable et le jugement exécutoire jusqu'à la décision sur le fond (▪ Cass. crim., 26 juin 1975, n° 73-93.066 : *Bull. crim.* n° 167. ▪ Cass. crim., 8 déc. 2004, n° 04-80.977 : *Bull. crim.* n° 312. ▪ Cass. crim., 14 févr. 2006, n° 05-81.838 : *Bull. crim.* n° 37).

3° *Question tranchée en même temps que l'appel sur le fond*

37) Le fait, pour l'appelant d'un jugement distinct du jugement sur le fond et ne mettant pas fin à la procédure, de ne pas user de la faculté de déposer la requête prévue à l'article 507, alinéa 4, du Code de procédure pénale tendant à faire déclarer l'appel immédiatement recevable ne rend pas cet appel définitivement irrecevable, mais a pour effet de n'en permettre l'examen qu'en même temps que celui de l'appel ultérieurement formé contre la décision sur le fond (▪ Cass. crim., 10 mars 1987, n° 86-90.547 : *Bull. crim.* n° 115). Les juges saisis de l'appel contre le jugement au fond ne sont donc pas dispensés de se prononcer en même temps sur l'appel formé contre le jugement distinct du jugement sur le fond (▪ Cass. crim., 26 juin 1975, n° 73-93.066 : *Bull. crim.* n° 167. ▪ Cass. crim., 26 févr. 2008, n° 07-86.436 : *Bull. crim.* n° 48). Il en est ainsi d'un jugement statuant avant dire droit sur la compétence (▪ Cass. crim., 26 juin 1975, préc.) ; … statuant avant dire droit sur une exception d'autorité de la chose jugée (▪ Cass. crim., 8 déc. 2004, n° 04-80.977 : *Bull. crim.* n° 312). Encourt la censure l'arrêt qui statue sur l'appel d'un jugement ayant déclaré irrecevable la citation directe d'une partie civile, faute de versement de la consignation fixée par un précédent jugement, sans prononcer en même temps sur l'appel formé contre cette première décision, appel dont l'examen immédiat n'avait pas été demandé (▪ Cass. crim., 14 févr. 2006, n° 05-81.838 : *Bull. crim.* n° 37). Encourt la censure l'arrêt d'une cour d'appel qui, saisie des deux recours, omet de statuer sur les exceptions de nullité écartées par le jugement avant dire droit (▪ Cass. crim., 26 févr. 2008, préc.).

4° Absence d'appel contre le jugement sur le fond

38) Il résulte de l'article 508 alinéa 4 du Code de procédure pénale que lorsque le président de la chambre correctionnelle a rejeté la requête tendant à voir statuer immédiatement sur l'appel d'un jugement avant dire droit, cet appel n'est jugé qu'en même temps que l'appel formé contre le jugement sur le fond ; à défaut d'appel contre cette dernière décision, l'appel formé contre la première devient caduc (■ Cass. crim., 28 juin 1983, n° 82-90.994 : *Bull. crim.* n° 200). Doit être déclaré irrecevable l'appel d'un jugement avant dire droit non assorti de la requête prévue par les articles 507 et 508 du Code de procédure pénale, lorsqu'aucun appel n'a été relevé contre la décision intervenue sur le fond. Le pourvoi en cassation formé contre l'arrêt de la cour d'appel statuant dans ces conditions sur la voie de recours exercée à l'égard du jugement avant dire droit est lui aussi irrecevable (■ Cass. crim., 26 mai 1988, n° 87-84.265 : *Bull. crim.* n° 225).

Art. 508. – Le greffier avise le président du tribunal du dépôt de cette requête. Le jugement n'est pas exécutoire et le tribunal ne peut statuer au fond tant qu'il n'a pas été prononcé sur ladite requête.

Dès que le greffier a reçu l'appel et la requête il fait parvenir celle-ci au président de la chambre des appels correctionnels ainsi qu'une expédition du jugement et de l'acte d'appel.

Le président statue sur la requête, par ordonnance non motivée, dans les huit jours de la réception de ce dossier.

S'il rejette la requête, le jugement est exécutoire et le tribunal se prononce au fond ; aucun recours n'est recevable contre l'ordonnance du président et l'appel n'est alors jugé qu'en même temps que l'appel formé contre le jugement sur le fond.

Si, dans l'intérêt de l'ordre public ou d'une bonne administration de la justice, le président fait droit à la requête, il fixe la date à laquelle l'appel sera jugé.

La cour doit statuer dans le mois qui suit l'ordonnance du président, sans que puisse être soulevée devant elle une exception tirée de ce que l'appel formé contre la décision entreprise ne serait pas suspensif ; l'exécution du jugement est suspendue dans ce dernier cas jusqu'à ce qu'intervienne l'arrêt de la cour.

Bibliographie : D. Guirimand, *Cour d'appel en matière correctionnelle. – Effets de l'appel : JCl. Proc. pén.*, art. 496 à 520-1, Fasc. 20, actualisé par C. Guéry.

1) Question prioritaire de constitutionnalité. N'est pas sérieuse la question qui critique les articles 507 et 508 du Code de procédure pénale en ce qu'ils imposent, en cas d'appel d'un jugement distinct du jugement sur le fond de déposer une requête, tendant à faire déclarer cet appel immédiatement recevable par le président de la chambre des appels correctionnels, lequel statue par ordonnance non motivée dans les huit jours de la réception du dossier : ces dispositions répondent à l'objectif de valeur constitutionnelle d'une bonne administration de la justice (■ Cass. crim., 11 déc. 2018, n° 18-86.210 QPC).

2) Désignation du président appelé à statuer sur les requêtes. La répartition des affaires entre les différentes chambres correctionnelles d'une cour d'appel est un acte d'administration judiciaire. Aussi les parties ne sont-elles pas recevables à critiquer la désignation du président appelé à statuer sur les requêtes présentées en application de l'article 507 du Code de procédure pénale (■ Cass. crim., 20 mars 1973, n° 72-90.870 : *Bull. crim.* n° 138).

3) Forme de l'ordonnance du président. Aucune forme particulière n'est imposée aux ordonnances rendues en application de l'article 508, alinéa 3, du Code de procédure pénale, lesquelles ne doivent pas être motivées ; il n'est pas interdit au président de la chambre des appels correctionnels de porter sa décision sur la requête qui, dès lors, fait corps avec l'ordonnance rendue (■ Cass. crim., 4 nov. 1987, n° 87-83.119 : *Bull. crim.* n° 384).

4) Absence de recours contre l'ordonnance du président – Excès de pouvoir. L'ordonnance du président de la cour d'appel prévue par l'article 508 du Code de procédure pénale, par laquelle il est statué sur la requête présentée pour faire déclarer immédiatement recevable l'appel d'un jugement incident n'est, aux termes de cet article, susceptible d'aucun recours ; dès lors la requête présentée au président de la Chambre criminelle au titre de l'article 570 du même code, pour déclarer immédiatement recevable le pourvoi formé contre cette ordonnance, ne saurait être accueillie (■ Cass. crim., 13 févr. 1970, n° 70-90.335 : *Bull. crim.* n° 66). Si, aux termes des alinéas 3 et 4 de l'article 507 du Code de procédure pénale, la partie appelante d'un jugement distinct du jugement sur le fond et ne mettant pas fin à la procédure peut déposer requête à l'effet de faire déclarer son appel immédiatement recevable, elle est libre de ne pas user de cette faculté ; en ce cas, le président de la chambre des appels correctionnels ne peut, sans excéder ses pouvoirs, statuer d'office sur l'examen immédiat du recours (■ Cass. crim., 28 avr. 1987, n° 87-80.201 : *Bull. crim.* n° 169. V. aussi ■ Cass. crim., 9 juin 1987, n° 87-83.119 : *Bull. crim.* n° 237).

5) **Délai imparti à la cour d'appel pour statuer.** Le délai d'un mois fixé par l'article 508 du Code de procédure pénale, en son dernier alinéa, est seulement indicatif et ne comporte pas de sanction (■ Cass. crim., 17 nov. 1993, n° 93-83.531 : *Bull. crim.* n° 343 ; *Dr. pén.* 1994, comm. 54, obs. A. Maron).

Art. 509 ***(Mod., L. n° 2019-222, 23 mars 2019).*** **– L'affaire est dévolue à la cour d'appel dans les limites fixées par l'acte d'appel conformément au deuxième alinéa de l'article 502 et par la qualité de l'appelant ainsi qu'il est dit à l'article 515.**

Lorsque la limitation de la portée de l'appel sur l'action publique aux peines prononcées n'a pas été faite par l'avocat du prévenu ou par le prévenu en présence de son avocat, le prévenu peut revenir sur cette limitation à l'audience.

L'appel de l'assureur produit effet à l'égard de l'assuré en ce qui concerne l'action civile. Il est, dans un délai de trois jours, notifié à l'assuré par lettre recommandée avec demande d'avis de réception adressée par l'assureur.

Bibliographie : D. Guirimand, *Cour d'appel en matière correctionnelle. – Effets de l'appel : JCl. Proc. pén.*, art. 496 à 520-1, Fasc. 20, actualisé par C. Guéry.

• ***Sommaire***

I – RÈGLES GÉNÉRALES

A – Domaine d'application de l'article 509

1) **Chambre de l'application des peines.** Il résulte de l'article D. 49-44-1 du Code de procédure pénale que l'article 509 dudit code est applicable à la chambre de l'application des peines (■ Cass. crim., 18 nov. 2020, n° 20-81.162, § 8 : publié au *Bull.* ; *Dr. pén.* 2021, comm. 18, obs. E. Bonis).

2) **Infractions de presse.** Les dispositions de l'article 48 de la loi du 29 juillet 1881, qui subordonnent la poursuite des délits de diffamation et d'injure envers un membre de l'une ou l'autre chambre à la plainte de la personne intéressée, ne dérogent pas à celles de l'article 509 du Code de procédure pénale, selon lesquelles l'affaire est dévolue à la cour d'appel dans la limite fixée par l'acte d'appel et par la qualité de l'appelant et n'impliquent pas la présence de la victime en instance d'appel (■ Cass. crim., 1er sept. 2009, n° 09-81.913 : *Bull. crim.* n° 147 ; *D.* 2010, p. 47, note Degorce).

3) **Rectification d'erreur matérielle.** Les articles 509 et 515 du Code de procédure pénale ne sont pas applicables en cas de rectification d'erreur matérielle ; les juges du second degré peuvent donc réformer le jugement rectificatif à l'égard de coprévenus non appelants (■ Cass. crim., 17 juin 2003, n° 02-82.003 : *Bull. crim.* n° 124 ; *Dr. pén.* 2003, comm. 117, obs. A. Maron).

B – Pouvoir d'évocation de la cour d'appel

4) Respect de l'effet dévolutif de l'appel. Le pouvoir d'évocation de la cour d'appel ne saurait faire échec aux principes qui, découlant des articles 509 et 515 du Code de procédure pénale, régissent l'effet dévolutif de l'appel (■ Cass. crim., 2 mars 1976, n° 75-91.126 : *Bull. crim.* n° 75).

II – EFFET DÉVOLUTIF DE L'APPEL ET QUALITÉ DE L'APPELANT

A – Principe

5) Affaire dévolue en fait et en droit. Il résulte de l'article 509 du Code de procédure pénale que, dans la limite fixée par l'acte, l'affaire est dévolue d'appel à la cour d'appel qui doit à nouveau statuer en fait et en droit (■ Cass. crim., 30 mai 2017, n° 16-83.474 : *Bull. crim.* n° 143 ; *Procédures* 2017, n° 214, obs. J. Buisson). Doit donc être cassé l'arrêt qui énonce que les motifs du jugement attaqué mettent en mesure de s'assurer que le premier juge a, sans insuffisance ni contradiction, répondu aux chefs péremptoires des conclusions dont il était saisi, caractérisé en tous ses éléments, tant matériels qu'intentionnel, le délit dont il a déclaré coupable le prévenu en lui infligeant une sanction adaptée sa personnalité, soit des motifs dont il ne résulte pas que la cour d'appel a procédé elle-même à l'examen des faits dont elle était saisie par l'appelant (même arrêt).

6) Affaire dévolue dans la limite fixée par la qualité de l'appelant. Aux termes de l'article 509 du Code de procédure pénale, l'affaire est dévolue à la cour d'appel dans la limite fixée par la qualité de l'appelant (■ Cass. crim., 11 févr. 1965, n° 64-91.951 : *Bull. crim.* n° 45 ; *D.* 1965, 426, note Mazard. ■ Cass. crim., 23 avr. 1975, n° 74-92.242 : *Bull. crim.* n° 105. ■ Cass. crim., 6 sept. 1980, n° 79-93.443 : *Bull. crim.* n° 236. ■ Cass. crim., 25 oct. 1983, n° 82-90.223 : *Bull. crim.* n° 263. ■ Cass. crim., 14 mai 1992, n° 91-82.362 : *Bull. crim.* n° 192. ■ Cass. crim., 8 janv. 1998, n° 97-80.512 : *Bull. crim.* n° 8. ■ Cass. crim., 8 oct. 2003, n° 02-81.471 : *Bull. crim.* n° 184. ■ Cass. crim., 10 mars 2004, n° 02-85.285 : *Bull. crim.* n° 64 ; *Dr. pén.* 2004, comm. 98, obs. A. Maron. ■ Cass. crim., 8 juin 2006, n° 06-82.700 : *Bull. crim.* n° 165. ■ Cass. crim., 19 févr. 2014, n° 13-82.065 : *Bull. crim.* n° 44 ; *RSC* 2014, p. 573, obs. S. Detraz. ■ Cass. crim., 18 juin 2014, n° 13-86.361 : *Bull. crim.* n° 157. ■ Cass. crim., 29 janv. 2020, n° 19-81.795, § 7. ■ Cass. crim., 5 janv. 2021, n° 19-85.435, § 8).

7) Appel principal et appel incident. Le fait qu'un appel soit qualifié d'incident n'en modifie pas l'effet dévolutif, la loi ne faisant à cet égard aucune distinction entre les divers appels qu'elle prévoit (■ Cass. crim., 25 nov. 1969, n° 69-91.463 : *Bull. crim.* n° 313. ■ Cass. crim., 21 sept. 2004, n° 04-81.887 : *Bull. crim.* n° 214). Dès lors qu'ils ne sont pas limités, les actes d'appel régulièrement formés par les parties civiles dans le délai d'appel supplémentaire de cinq jours, prévu par l'article 500 du Code de procédure pénale, remettent en cause toutes les dispositions civiles du jugement, ainsi que le prévoit l'article 509 du même code, sans que les limites de l'acte d'appel de la prévenue aient d'incidence sur l'étendue du recours des parties civiles (■ Cass. crim., 8 déc. 2021, n° 20-86.224, § 14 : publié au *Bull.*).

B – Applications

1° Appel de toutes les parties

8) En présence d'un appel du prévenu, uniquement sur les dispositions pénales, du procureur de la République, à titre incident et toutes les parties civiles, l'arrêt attaqué, après avoir retenu, sur l'action publique, que le prévenu devait être relaxé au bénéfice du doute, énonce, sur l'action civile, que l'appel du prévenu ne porte que sur les dispositions pénales du jugement entrepris, que les parties civiles sont appelantes du dispositif civil et en demandent la confirmation, tout comme l'assureur, de sorte qu'il convient de confirmer le jugement en ses dispositions civiles ; en statuant ainsi, la cour d'appel a fait l'exacte application des articles 509 et 515 du Code de procédure pénale : en effet, à défaut d'appel du prévenu en ce qui concerne les dispositions civiles du jugement, celles-ci acquièrent à son égard l'autorité de la chose jugée, l'appel du ministère public étant sans effet sur les intérêts civils et, dans ce cas, la cour d'appel est compétente pour accorder aux parties civiles, sans pouvoir aggraver leur sort, la réparation de leurs dommages dont le principe est définitivement acquis (■ Cass. crim., 15 janv. 2019, n° 18-80.036).

2° Ministère public

• Action publique

9) Cour d'appel saisie de l'intégralité de l'action publique. Sauf indications contraires expressément formulées dans la déclaration d'appel, le recours du ministère public saisit la juridiction de l'intégralité de l'action publique (■ Cass. crim., 5 févr. 1963, n° 59-93.540 : *Bull. crim.* n° 64), qu'il soit principal ou incident (■ Cass. crim., 21 sept. 2004, n° 04-81.887 : *Bull. crim.* n° 214). Encourt dès lors la cassation l'arrêt qui, pour déclarer irrecevable le recours du ministère public et dire définitive la décision de relaxe des premiers juges, énonce que le procureur de la République, qui s'est borné, après l'appel de la partie civile, à former un appel incident, n'a pas souhaité remettre en cause les dispositions pénales du jugement, alors que rien, dans les termes de l'acte d'appel régularisé par le ministère public, n'autorise à lui attribuer l'effet restrictif retenu (▪ Cass. crim., 21 sept. 2004, préc.). L'appel incident du ministère public saisit les juges du second degré de l'action publique dans toute son étendue à l'égard du prévenu (▪ Cass. crim., 22 févr. 2017, n° 14-82.526 : *Bull. crim.* n° 49).

• Action fiscale

10) Exercice par le ministère public. En l'absence du représentant de l'administration des douanes, le ministère public exerce nécessairement l'action fiscale accessoirement à l'action publique (▪ Cass. crim., 24 avr. 2013, n° 12-81.627. ▪ Cass. crim., 5 avr. 2018, n° 17-80.084). Encourt la censure l'arrêt de la cour d'appel qui se dit non saisie de la demande de confiscation formée par le ministère public, alors que son appel portait sur l'action douanière, qu'il exerçait par application de l'article 343, 3°, du Code des douanes et dont relevaient notamment les mesures de confiscation (▪ Cass. crim., 19 févr. 2014, n° 13-82.065 : *Bull. crim.* n° 44 ; *RSC* 2014, p. 573, obs. S. Detraz). Il résulte de l'article 343 du Code des douanes que le ministère public peut, en l'absence de poursuites exercées par l'administration des douanes, poursuivre une personne pour une infraction douanière non passible d'une peine d'emprisonnement, dès lors que cette infraction est connexe à une infraction pénale reprochée à un autre prévenu (▪ Cass. crim., 24 avr. 2013, n° 12-83.602 : *Bull. crim.* n° 101). Méconnaît l'article 509 du Code de procédure pénale la cour d'appel qui confirme la relaxe du prévenu pour les délits de détention, transport et importation non autorisés de stupéfiants, et pour un fait réputé importation en contrebande, alors que l'appel interjeté par le ministère public ne visait que les dispositions pénales du jugement, et qu'en l'absence d'appel des dispositions douanières du jugement, celles-ci étaient devenues définitives (▪ Cass. crim., 17 nov. 2021, n° 20-83.288).

• Action civile

11) Cas général. L'appel du ministère public est essentiellement étranger aux intérêts civils des parties (▪ Cass. crim., 21 nov. 1972, n° 71-9.1942 : *Bull. crim.* n° 347). Le recours, principal ou incident, du ministère public est sans effet sur les intérêts civils (▪ Cass. crim., 15 févr. 1966, n° 65-91.970 : *Bull. crim.* n° 43. ▪ Cass. crim., 10 févr. 1976, n° 75-90.562 : *Bull. crim.* n° 51. ▪ Cass. crim., 21 sept. 2004, n° 04-81.887 : *Bull. crim.* n° 214).

12) Cas de la personne civilement responsable. Lorsque l'acte d'appel du procureur de la République vise expressément chacune des dispositions de la décision entreprise, et notamment celle qui concerne la responsabilité civile de la personne civilement responsable, les effets juridiques de cette voie de recours s'étendent nécessairement à la responsabilité civile encourue, le cas échéant, par cette dernière (▪ Cass. crim., 10 juin 1959 : *Bull. crim.* n° 303. ▪ Cass. crim., 5 févr. 1963, n° 59-93.540 : *Bull. crim.* n° 64).

3° Administration des douanes

• Action fiscale

13) Exercice par l'administration des douanes ou par le ministère public. En l'absence d'appel de l'administration des douanes, l'appel incident du ministère public, qui n'a pas exercé devant les premiers juges l'action pour l'application des sanctions fiscales, soutenue par l'administration des douanes, ne remet pas en cause les amendes et pénalités douanières (▪ Cass. crim., 14 mai 1992, n° 91-82.362 : *Bull. crim.* n° 192). En vertu de l'article 343 du Code des douanes, l'action pour l'application des sanctions fiscales est exercée à titre principal par l'administration des douanes ; si le ministère public peut aussi l'exercer accessoirement à l'action publique, le seul appel de l'Administration contre une décision de relaxe pour infraction douanière remet en cause devant la juridiction du second degré la culpabilité des prévenus et l'application des pénalités fiscales (▪ Cass. crim., 20 août 1996, n° 95-81.582 : *Bull. crim.* n° 307 ; *Dr. pén.* 1996, comm. 270, obs. J.-H. Robert). L'action pour l'application des sanctions fiscales, exercée par l'administration des Douanes sur le fondement de l'article 343-2 du Code des douanes, a le caractère d'une action publique qui est indépendante de l'action en paiement des sommes fraudées ou indûment obtenues, que cette administration tient de l'article 377 *bis* de ce code et qui, seul, a le caractère d'une action civile. Justifie sa décision la cour d'appel qui, saisie de l'appel du prévenu sur les seules dispositions pénales, a sursis à statuer en matière douanière pour permettre la mise en cause de l'administration des douanes (▪ Cass. crim., 8 janv. 1998, n° 97-84.996 : *Bull. crim.* n° 9).

• Action publique

14) Absence de qualité de l'administration des douanes. La cour d'appel, saisie de poursuites sur la seule initiative de l'administration des douanes exerçant l'action fiscale, ne peut prononcer une peine d'emprisonnement pour délit douanier (▪ Cass. crim., 10 juill. 1963, n° 62-91.595 : *Bull. crim.* n° 251), encore que le ministère public ait relevé appel incident du jugement et requis à l'audience d'appel (■ Cass. crim., 16 janv. 1995, n° 94-80.720 : *Bull. crim.* n° 20).

4° Prévenu

15) Action publique et action civile. Sauf indications contraires expressément formulées dans la déclaration d'appel, l'appel du prévenu est dirigé à la fois contre les condamnations pénales et civiles du jugement. Les limitations et restrictions doivent ressortir nettement des termes mêmes de l'acte d'appel (■ Cass. crim., 27 oct. 1971, n° 71-90.754 : *Bull. crim.* n° 84. ■ Cass. crim., 12 nov. 1974, n° 74-91.229 : *Bull. crim.* n° 324). Il est toujours loisible à un prévenu de limiter, à l'audience, l'étendue de son appel (■ Cass. crim., 27 oct. 1971, préc.).

5° Partie civile

16) Principes constitutionnels. Les dispositions du 3° de l'article 497 du Code de procédure pénale, applicables à l'exercice du droit d'appel des jugements rendus en matière correctionnelle, limitent le droit d'appel de la partie civile à ses seuls intérêts civils. La partie civile n'est pas dans une situation identique à celle de la personne poursuivie ou à celle du ministère public. Il en est notamment ainsi, s'agissant de la personne poursuivie, au regard de l'exercice des droits de la défense et, s'agissant du ministère public, au regard du pouvoir d'exercer l'action publique. Par suite, l'interdiction faite à la partie civile d'appeler seule d'un jugement correctionnel dans ses dispositions statuant au fond sur l'action publique, ne méconnaît pas le principe d'égalité devant la justice (■ Cons. const., 31 janv. 2014, n° 2013-343 QPC : *D.* 2014, p. 651, note A. Botton).

17) Jurisprudence judiciaire. Selon l'article 497 du Code de procédure pénale, la faculté d'appeler appartient à la partie civile quant à ses intérêts civils seulement (■ Cass. crim., 22 mars 1995, n° 94-82.818 : *Bull. crim.* n° 118). L'appel d'une partie civile ne saurait profiter à une autre partie civile non appelante (■ Cass. crim., 25 oct. 1983, n° 82-90.223 : *Bull. crim.* n° 263. ■ Cass. crim., 10 sept. 2019, n° 18-82.687).

6° Personne civilement responsable

18) L'appel non limité du civilement responsable saisit la cour d'appel de l'action civile dans son intégralité ; il peut donc discuter non seulement l'étendue du dommage de la victime, mais son principe même (■ Cass. crim., 15 mai 1968, n° 67-90.511 : *Bull. crim.* n° 168 ; *JCP* G 1968, II, 15671, note Meurisse).

III – EFFET DÉVOLUTIF DE L'APPEL ET CONTENU DE L'ACTE D'APPEL

A – Principe

1° Limites fixées par l'acte d'appel

19) Principe. Aux termes de l'article 509 du Code de procédure pénale, l'affaire est dévolue à la cour d'appel dans la limite fixée par l'acte d'appel (■ Cass. crim., 10 juill. 1963, n° 62-91.595 : *Bull. crim.* n° 251. ■ Cass. crim., 11 févr. 1965, n° 64-91.951 : *Bull. crim.* n° 45 ; *D.* 1965, 426, note Mazard. ■ Cass. crim., 15 mai 1968, n° 67-90.511 : *Bull. crim.* n° 168 ; *JCP* G 1968, II, 15671, note Meurisse. ■ Cass. crim., 13 mai 1971, n° 70-91.166 : *Bull. crim.* n° 156. ■ Cass. crim., 23 avr. 1975, n° 74-92.242 : *Bull. crim.* n° 105. ■ Cass. crim., 18 juill. 1975, n° 74-93.147 : *Bull. crim.* n° 189. ■ Cass. crim., 6 sept. 1980, n° 79-93.443 : *Bull. crim.* n° 236. ■ Cass. crim., 25 oct. 1983, n° 82-90.223 : *Bull. crim.* n° 263. ■ Cass. crim., 14 mai 1992, n° 91-82.362 : *Bull. crim.* n° 192. ■ Cass. crim., 6 févr. 1997, n° 95-83.452 : *Bull. crim.* n° 52. ■ Cass. crim., 8 janv. 1998, n° 97-80.512 : *Bull. crim.* n° 8. ■ Cass. crim., 8 oct. 2003, n° 02-81.471 : *Bull. crim.* n° 184. ■ Cass. crim., 10 mars 2004, n° 02-85.285 : *Bull. crim.* n° 64 ; *Dr. pén.* 2004, comm. 98, obs. A. Maron. ■ Cass. crim., 6 déc. 2005, n° 04-87.661 : *Bull. crim.* n° 314. ■ Cass. crim., 19 févr. 2014, n° 13-82.065 : *Bull. crim.* n° 44 ; *RSC* 2014, p. 573, obs. S. Detraz. ■ Cass. crim., 18 juin 2014, n° 13-86.361 : *Bull. crim.* n° 157. ■ Cass. crim., 29 janv. 2020, n° 19-81.795, § 7. ■ Cass. crim., 5 janv. 2021, n° 19-85.435, § 8). Le juge d'appel n'est saisi que par l'acte d'appel et sa juridiction est limitée par les termes de cet acte (■ Cass. crim., 5 févr. 1963, n° 59-93.540 : *Bull. crim.* n° 64).

2° Acte d'appel

20) Précisions. Seul l'acte d'appel fixe les limites de la saisine de la juridiction du second degré, non la requête en admission immédiate de l'appel déposée par le procureur de la République conformément à l'article 507 du Code de procédure pénale (■ Cass. crim., 23 janv. 1990, n° 89-84.517 : *Bull. crim.* n° 40). L'acte d'appel ne saurait être confondu avec la requête exposant les moyens d'appel du procureur de la République (■ Cass. crim., 26 mars 1974, n° 73-92.152 : *Bull. crim.* n° 128). L'acte dit « rapport d'appel » par lequel le procureur de la République a conclu à la confirmation du jugement entrepris ne saurait lier le procureur général, ni porter atteinte aux pouvoirs de la cour d'appel, lesquels, en vertu de l'article 509 du Code de procédure pénale, sont uniquement délimités par les termes de l'acte d'appel et par la qualité de l'appelant selon les modalités précisées à l'article 515 du même code (■ Cass.

crim., 20 févr. 1978, n° 76-93.547 : *Bull. crim.* n° 61). La cour d'appel se trouve saisie non par l'assignation, mais par l'acte d'appel qui précise l'objet et l'étendue de sa saisine ; l'assignation a pour seul objet d'informer les parties de la date à laquelle l'affaire sera appelée (▪ Cass. crim., 28 mars 1968, n° 67-91.350 : *Bull. crim.* n° 113. ▪ Cass. crim., 21 janv. 1991, n° 90-80.261 : *Bull. crim.* n° 35). L'erreur matérielle portée sur la citation à comparaître devant la cour d'appel d'une société désignée à tort comme civilement responsable, alors qu'elle était initialement poursuivie pour y répondre d'une infraction douanière, est sans effet sur la saisine des juges, définie au premier degré notamment par la citation directe initiale et dévolue au second degré par l'acte d'appel et la qualité de l'appelant (▪ Cass. crim., 18 févr. 1991, n° 89-86.513 : *Bull. crim.* n° 84).

B – Applications

1° *Action publique*

21) Encourt la cassation l'arrêt qui, dans des poursuites pour émission de chèques sans provision et tentative d'escroquerie, prononce une condamnation de ce dernier chef alors que les appels du prévenu et du ministère public étaient cantonnés au faits d'émission de chèques sans provision (▪ Cass. crim., 25 oct. 1993, n° 92-82.980 : *Bull. crim.* n° 308).

22) Respect de l'autorité de la chose jugée. Action publique. Sur le seul appel de la partie civile d'un jugement déclarant l'action publique éteinte par l'effet de la prescription, les juges du second degré ne peuvent prononcer une peine, la décision des premiers juges ayant acquis force de chose jugée au regard de l'action publique (▪ Cass. crim., 25 oct. 2006, n° 05-86.993 : *Bull. crim.* n° 253). Lorsque le ministère public a limité son appel d'une décision de condamnation aux peines prononcées et que le prévenu n'a pas lui-même relevé appel de la décision sur sa culpabilité, la cour d'appel n'est pas saisie de cette décision sur la culpabilité, qui est revêtue de l'autorité de la chose jugée (▪ Cass. crim., 26 nov. 2019, n° 18-84.956 : publié au *Bull.*). Si celle-ci est à nouveau présentée devant elle, la cour d'appel ne peut davantage statuer sur l'exception de nullité de l'acte de poursuite qui avait été écartée par les juges du premier degré avant qu'ils ne prononcent sur la culpabilité du prévenu (même arrêt).

23) Respect de l'autorité de la chose jugée. Action civile. La relaxe, prononcée sur l'appel du prévenu, limité aux seules dispositions pénales du jugement, est sans effet sur les condamnations civiles, passées en force de chose jugée (▪ Cass. crim., 2 mai 2018, n° 17-81.185).

2° *Action civile*

• Appel du ministère public et du prévenu

24) Incompétence de la cour d'appel quant à l'action civile. Il se déduit des articles 509 et 515 du Code de procédure pénale, que si l'évocation par la cour d'appel, en vertu des dispositions de l'article 520 du Code de procédure pénale, permet aux juges du second degré de statuer sur le fond, elle ne saurait cependant, lorsque les premiers juges ont eux-mêmes déjà statué au fond, faire échec aux principes qui, découlant des articles 509 et 515 du même code, régissent l'effet dévolutif de l'appel. Il en résulte que, saisie des seuls appels des prévenus et du ministère public, la cour d'appel ne peut modifier, au profit des parties civiles, un jugement contre lequel elles n'ont pas formé appel (▪ Cass. crim., 4 nov. 2021, n° 20-87.028 : publié au *Bull.*). Les juges du second degré ne sauraient sans excès de pouvoir, lorsqu'ils sont saisis des seuls appels du ministère public et d'un prévenu, réviser les condamnations civiles, prononcées en première instance à l'encontre de coprévenus non appelants (▪ Cass. crim., 8 nov. 1972, n° 71-91.309 : *Bull. crim.* n° 327). Saisis des appels du ministère public et d'un seul prévenu, les juges du second degré ne peuvent, en l'absence de l'appel de la partie civile, condamner un coprévenu à des dommages-intérêts, alors que celui-ci avait été relaxé par les premiers juges (▪ Cass. crim., 18 juill. 1975, n° 74-93.147 : *Bull. crim.* n° 189. ▪ Cass. crim., 1er déc. 2020, n° 19-85.630, § 17). Il résulte de l'article 509 du Code de procédure pénale qu'en l'absence d'appel de la partie civile d'un jugement ayant omis de statuer sur sa demande, les juges du second degré, saisis des seuls appels du prévenu et du ministère public, limités aux dispositions pénales, ne peuvent annuler le jugement entrepris, évoquer et condamner le prévenu à des réparations civiles (▪ Cass. crim., 6 déc. 2005, n° 04-87.661 : *Bull. crim.* n° 314).

• Appel du ministère public

25) Si la cour d'appel peut, sur appel du ministère public, écarter la responsabilité pénale du prévenu et mettre hors de cause son employeur, civilement responsable, en raison de son propre appel, elle ne peut décharger ce prévenu, bien qu'elle l'ait relaxé des fins de la poursuite, de sa condamnation à des dommages-intérêts, faute d'appel de sa part contre un jugement devenu définitif, de ce chef, à son égard (▪ Cass. crim., 26 avr. 1972, n° 71-91.120 : *Bull. crim.* n° 143).

• Appel du prévenu

26) Alors qu'elle est saisie par un appel du prévenu des dispositions pénales et civiles d'un jugement qui l'a déclaré coupable, qui a reçu la constitution de partie civile de la victime et a renvoyé à une audience ultérieure l'examen des demandes de celle-ci, une cour d'appel méconnaît l'article 509 du Code de procédure pénale, si elle se borne à confirmer le jugement, alors qu'il lui appartenait de statuer elle-même sur les demandes de la partie civile (▪ Cass. crim., 16 juin 2009, n° 09-80.278 : *Bull. crim.* n° 122 ; *Dr. pén.* 2009, comm. 128, obs. A. Maron).

• **Appel de la partie civile contre une décision de relaxe**

27) Principes constitutionnels. En cas de décision de relaxe rendue en première instance, les juges du second degré saisis du seul appel de la partie civile doivent statuer uniquement sur la demande de réparation de celle-ci. Ils ne peuvent ni déclarer la personne initialement poursuivie coupable des faits pour lesquels elle a été définitivement relaxée, ni prononcer une peine à son encontre (▪ Cons. const., 31 janv. 2014, n° 2013-343 QPC : *D.* 2014, p. 651, note A. Botton).

28) Cour européenne des droits de l'homme. Tout en rappelant que le fait, pour une juridiction pénale, de statuer sur les intérêts civils de la victime est, en soi, conforme aux dispositions de l'article 6 de la Convention européenne des droits de l'homme, la Cour européenne des droits de l'Homme ne saurait admettre que les juridictions pénales appelées à juger l'action civile se prononcent sur la culpabilité pénale d'un prévenu, même décédé (▪ CEDH, 12 avr. 2012, n° 18851/07, *Lagardère c/ France* : *JCP* G 2012, 724, note A. Dethomas ; D. 2012, p. 1708, note J.-F. Renucci ; *RSC* 2012, p. 695, obs. D. Roets). La Cour considère que, si l'acquittement prononcé au pénal ne doit pas être remis en cause dans le cadre de la procédure en réparation, cela ne doit pas faire obstacle à l'établissement, sur la base d'exigences de preuve moins strictes, d'une responsabilité civile emportant obligation de verser une indemnité à raison des mêmes faits ; toutefois, si la décision interne sur l'action civile devait renfermer une déclaration imputant une responsabilité pénale à la partie défenderesse, cela pourrait entraîner une violation de l'article 6, § 2 de la Convention (▪ CEDH, 11 févr. 2003, n° 56568/00, *Y. c/ Norvège*. ▪ CEDH, 11 févr. 2003, n° 34964/07, *Ringvold c/ Norvège*).

29) Jurisprudence judiciaire. Principes. S'il ne peut être proposé de moyens d'office contre les dispositions d'un arrêt relatives à l'action civile, il en est autrement lorsque lesdites dispositions touchent en même temps à l'ordre public ; tel est le cas pour l'application des règles du double degré de juridiction et de dévolution de l'appel ; encourt dès lors la cassation l'arrêt d'une cour d'appel qui, étant saisie du seul appel formé par la partie civile contre l'arrêt ayant relaxé le prévenu, déclare ce recours irrecevable, en retenant que le jugement a acquis l'autorité de la chose jugée sur l'action publique, et que la demande de la partie civile est de ce fait dénuée de tout fondement (▪ Cass. crim., 22 nov. 2005, n° 05-84.826 : *Bull. crim.* n° 302). L'affaire étant dévolue à la cour d'appel dans la limite fixée par l'acte d'appel et la qualité de l'appelant, lorsqu'elle est saisie uniquement de l'appel de la partie civile, et donc des seules dispositions civiles du jugement déféré, la cour peut seulement rechercher si des fautes ont été commises par les prévenus à partir et dans la limite des faits, objet de la poursuite (▪ Cass. crim., 12 sept. 2018, n° 16-87.365. – V. aussi ▪ Cass. crim., 27 oct. 2015, n° 14-87.571). Il se déduit de l'article 509 du Code de procédure pénale que l'autorité de la chose jugée attachée aux dispositions relatives à l'action publique ne fait pas obstacle au droit pour la partie civile, seule appelante d'une décision de relaxe, d'obtenir réparation de son préjudice résultant directement d'une faute civile démontrée, à partir et dans les limites des faits objet de la poursuite (▪ Cass. crim., 7 mars 2017, n° 15-85.971. ▪ Cass. crim., 16 janv. 2018, n° 17-80.070). Il se déduit des articles 2, 509 et 515 du Code de procédure pénale que la cour d'appel, saisie du seul appel de la partie civile, est compétente, même dans le cas où la réparation du dommage ressortirait à la compétence exclusive de la juridiction administrative, pour dire si le prévenu définitivement relaxé a commis une faute civile à partir et dans la limite des faits objet de la poursuite (▪ Cass. crim., 14 nov. 2017, n° 17-80.934 : *Bull. crim.* n° 253). Les juges du fond apprécient souverainement si la partie civile a subi un préjudice résultant d'une faute civile à partir et dans la limite des faits objets de la poursuite (▪ Cass. crim., 21 mars 2017, n° 16-82.396). V. V. Wester-Ouisse, Le sort de la victime en cas de relaxe : quelle faute civile ? : D. 2016, p. 2018. V., art. 470-1 et 497.

30) Jurisprudence judiciaire. Applications. N'encourt pas la censure l'arrêt qui, pour allouer des dommages-intérêts à des sociétés parties civiles appelantes d'un jugement de relaxe, constate que le prévenu, co-gérant de ces sociétés, a omis de remettre des espèces, provenant des caisses des magasins qu'elles exploitent, à l'agence bancaire détenant leurs comptes, dès lors que de telles énonciations caractérisent, à partir et dans la limite des faits, objet de la poursuite, une faute civile qui a entraîné pour les parties civiles un préjudice direct et personnel ouvrant droit à réparation (▪ Cass. crim., 24 juin 2014, n° 13-84.478 : *Bull. crim.* n° 159). Si c'est à tort que les juges affirment que « sur le plan civil, M. X... sera reconnu avoir commis le délit d'escroquerie », ce dernier ayant été définitivement relaxé, l'arrêt n'encourt cependant pas la censure dès lors qu'il résulte de ses énonciations que le comportement du demandeur, analysé à partir et dans la limite des faits objet de la poursuite, est constitutif d'une faute civile qui a entraîné, pour la partie civile, un préjudice direct et certain ouvrant droit à réparation (■ Cass. crim., 25 mars 2015, n° 14-80.420). Il se déduit des articles 2, 497 et 509 du Code de procédure pénale que l'autorité de la chose jugée attachée aux dispositions relatives à l'action publique ne fait pas obstacle au droit, pour la partie civile, seule appelante d'une décision de relaxe, d'obtenir, au cas où une faute civile est démontrée à partir et dans la limite des faits objet de la poursuite, que soit ordonnée par la cour d'appel, statuant sur les seuls intérêts civils, en réparation du préjudice résultant directement de cette faute, l'insertion de la réponse dans les conditions prévues par l'alinéa 8 de l'article 13 de la loi du 29 juillet 1881 ; doit donc être cassé l'arrêt qui, pour débouter la partie civile de ses demandes, énonce que la relaxe du prévenu étant définitive, il n'appartient pas à la cour d'appel, saisie du seul appel sur les dispositions civiles, d'ordonner l'insertion des droits de réponse à l'origine de la saisine du tribunal correctionnel, alors que la partie civile sollicitait, en réparation du préjudice résultant pour elle de la faute civile démontrée à partir et dans la limite des faits objet de la poursuite, que soient ordonnées les insertions refusées (■ Cass. crim., 3 nov. 2020, n° 19-85.276, §§ 18, 20 : *Bull. crim.*, p. 81).

• Appel de la partie civile contre une décision constatant l'extinction de l'action publique

31) Les juges du second degré ne peuvent, sur le seul appel de la partie civile d'un jugement déclarant l'action publique éteinte par l'effet de la prescription, prononcer une peine, la décision des premiers juges ayant acquis force de chose jugée au regard de l'action publique (■ Cass. crim., 26 janv. 2021, n° 20-81.042, § 9). En application de l'article 3 du Code de procédure pénale, les tribunaux répressifs n'étant compétents pour connaître de l'action civile en réparation du dommage né d'une infraction qu'accessoirement à l'action publique, lorsqu'elle est saisie du seul appel de la partie civile formé à l'encontre d'un jugement ayant constaté l'extinction de l'action publique et débouté l'intéressée de ses demandes, la cour d'appel n'est compétente pour prononcer sur le droit à réparation de la partie civile à partir et dans la limite des faits objet de la poursuite, que si elle a préalablement constaté que c'est à tort que les premiers juges ont déclaré l'action publique éteinte (■ Cass. crim., 1er avr. 2020, n° 19-80.069, §§ 14, 15 : publié au *Bull.*).

C – Limitation de l'effet dévolutif par l'acte d'appel

1° *Principe*

• Dispositions distinctes du jugement

32) Saisine pour les dispositions frappées d'appel. Si le jugement contient des dispositions distinctes et s'il n'y a appel que de certaines d'entre elles, la Cour ne peut réformer celles dont elle n'est pas saisie (■ Cass. crim., 5 févr. 1963, n° 59-93.540 : *Bull. crim.* n° 64. ■ Cass. crim., 11 févr. 1965, n° 64-91.951 : *Bull. crim.* n° 45 ; *D.* 1965, 426, note Mazard. ■ Cass. crim., 23 avr. 1975, n° 74-92.242 : *Bull. crim.* n° 105. ■ Cass. crim., 2 mars 1976, n° 75-91.126 : *Bull. crim.* n° 75. ■ Cass. crim., 7 avr. 1976, n° 75-91.866 : *Bull. crim.* n° 104. ■ Cass. crim., 25 oct. 1993, n° 92-82.980 : *Bull. crim.* n° 308. ■ Cass. crim., 10 mars 2004, n° 02-85.285 : *Bull. crim.* n° 64 ; *Dr. pén.* 2004, comm. 98, obs. A. Maron).

• Portée du principe

33) Principe général et absolu. Ce principe est général et absolu (■ Cass. crim., 23 avr. 1975, n° 74-92.242 : *Bull. crim.* n° 105. ■ Cass. crim., 10 mars 2004, n° 02-85.285 : *Bull. crim.* n° 64 ; *Dr. pén.* 2004, comm. 98, obs. A. Maron. ■ Cass. crim., 25 oct. 1993, n° 92-82.980 : *Bull. crim.* n° 308). Il s'applique donc au ministère public (■ Cass. crim., 11 févr. 1965, n° 64-91.951 : *Bull. crim.* n° 45 ; *D.* 1965, 426, note Mazard : appel *a minima* du ministère public. ■ Cass. crim., 23 avr. 1975, n° 74-92.242 : *Bull. crim.* n° 105. ■ Cass. crim., 2 mars 1976, n° 75-91.126 : *Bull. crim.* n° 75. ■ Cass. crim., 25 oct. 1993, préc. ■ Cass. crim., 10 mars 2004, n° 02-85.285 : *Bull. crim.* n° 64 ; *Dr. pén.* 2004, comm. 98, obs. A. Maron).

• Autorité de la chose jugée au premier degré des dispositions non attaquées

34) En cas d'appel limité à certaines dispositions du jugement, toutes celles qui n'ont pas été attaquées échappent à la connaissance des juges du second degré et sont définitivement acquises ; les effets de la chose jugée ne s'attachent qu'à ces dernières, la cour demeurant pleinement compétente pour apprécier librement la valeur de l'appel au regard de la partie du dispositif que l'appelant lui a spécialement déférée (■ Cass. crim., 15 mai 1968, n° 67-90.511 : *Bull. crim.* n° 168 ; *JCP* G 1968, II, 15671, note Meurisse. ■ Cass. crim., 14 juin 1976, n° 75-92.393 : *Bull. crim.* n° 210).

2° *Détermination des limites de l'appel*

35) Termes de l'acte d'appel. Les limitations et restrictions de l'appel doivent ressortir nettement des termes mêmes de l'acte d'appel (■ Cass. crim., 18 mars 1980, n° 79-91.439 : *Bull. crim.* n° 93. ■ Cass.

crim., 8 oct. 2003, n° 02-81.471 : *Bull. crim.* n° 184. ▪ Cass. crim., 16 mai 2018, n° 17-82.353). La cour d'appel ne peut donc réduire la portée d'un appel à partir de ses déductions, alors qu'il ne résulte d'aucune mention de l'acte d'appel que la partie civile ait entendu limiter l'objet et les effets de son appel (▪ Cass. crim., 8 oct. 2003, préc.). Les limitations et restrictions de l'appel doivent être déterminées en fonction, le cas échéant, des deux déclarations d'appel successives déposées par l'appelant dans les délais légaux (▪ Cass. crim., 12 déc. 1988, n° 88-81.478 : *Bull. crim.* n° 417). Une déclaration d'appel d'un prévenu dont ne résulte nettement aucune restriction peut être interprétée par la cour comme un appel lui déférant la cause dans son ensemble (▪ Cass. crim., 30 janv. 1973, n° 72-91.691 : *Bull. crim.* n° 47).

36) Interprétation de l'acte d'appel. En cas de contestation, c'est à la cour d'appel qu'il appartient de déterminer elle-même au vu des actes d'appel l'étendue de sa saisine ; encourt par suite la cassation l'arrêt qui renvoie les parties à faire interpréter par les premiers juges en vue d'en déterminer la portée, l'une des dispositions du jugement frappé d'appel (▪ Cass. crim., 30 janv. 1973, n° 72-91.691 : *Bull. crim.* n° 47). C'est au seul vu de l'acte d'appel qu'il appartient à la juridiction du second degré, sous le contrôle de la Cour de cassation, de se déterminer (▪ Cass. crim., 22 juill. 1970, n° 69-93.137 : *Bull. crim.* n° 241. ▪ Cass. crim., 14 mai 1992, n° 91-82.362 : *Bull. crim.* n° 192. ▪ Cass. crim., 6 févr. 1997, n° 95-83.452 : *Bull. crim.* n° 52. ▪ Cass. crim., 25 mai 2004, n° 03-86.735 : *Bull. crim.* n° 133). La cour d'appel ne saurait donc tenir compte des déclarations de l'appelant à l'audience (▪ Cass. crim., 14 mai 1992, préc.), ni se déterminer à partir de considérations étrangères aux indications de l'acte d'appel, en prenant en compte la qualité de l'appelant (▪ Cass. crim., 6 févr. 1997, n° 95-83.452 : *Bull. crim.* n° 52). L'énonciation, à la suite de la date du jugement entrepris d'une partie seulement de son dispositif n'entraîne pas une limitation de l'effet dévolutif, en l'absence d'une expression de volonté, formellement exprimée (▪ Cass. crim., 22 juill. 1970, n° 69-93.137 : *Bull. crim.* n° 241).

37) Modifications apportées à l'acte d'appel. La volonté d'une partie appelante quant à la portée de son recours ne peut être déduite que du contenu même de la déclaration d'appel, acte authentique reçu par le secrétaire greffier ; ne sauraient être prises en considération pour interpréter cette déclaration ni les mentions marginales qui ne font pas partie du corps de l'acte, ni une correspondance postérieure à l'acte d'appel échangée entre le secrétaire greffier et l'appelant puis transmise au procureur général (▪ Cass. crim., 7 avr. 1976, n° 75-91.866 : *Bull. crim.* n° 104). Les mentions rectificatives portées sur un acte d'appel doivent avoir date certaine et être approuvées par le greffier et le déclarant (▪ Cass. crim., 10 sept. 2003, n° 02-84.181 : *Bull. crim.* n° 156).

38) Désistement partiel de l'appelant lors de l'audience. L'appelant qui avait formé appel de l'ensemble des dispositions du jugement peut se désister à l'audience d'une partie de son recours (▪ Cass. crim., 15 sept. 2021, n° 20-85.110).

3° *Applications*

• Ministère public

39) Méconnaît l'article 509 du Code de procédure pénale la cour d'appel qui, saisie du seul appel du ministère public, limité aux dispositions d'un jugement concernant les modalités d'exécution de la peine, condamne le prévenu à une peine d'emprisonnement (▪ Cass. crim., 8 juin 2006, n° 06-82.700 : *Bull. crim.* n° 165).

• Administration des douanes

40) Action fiscale. Une cour d'appel, saisie de l'appel de l'administration des Douanes limité aux dispositions civiles d'un jugement, ne saurait prononcer sur l'action pour l'application des sanctions fiscales (▪ Cass. crim., 6 févr. 1997, n° 95-83.452 : *Bull. crim.* n° 52. ▪ Cass. crim., 8 janv. 1998, n° 97-80.512 : *Bull. crim.* n° 8). Lorsqu'elle exerce l'action pour l'application des sanctions fiscales, qui a le caractère d'une action publique, l'administration des Douanes et des droits indirectes peut limiter son appel aux sanctions prononcées (▪ Cass. crim., 15 sept. 2021, n° 20-85.110).

41) Action publique. Méconnaît l'article 509 du Code de procédure pénale, la cour d'appel qui, alors qu'elle est saisie du seul appel de l'administration des douanes et droits indirects, limité aux dispositions fiscales du jugement qui l'a déboutée de ses demandes après relaxe des prévenus du chef d'infraction à la législation sur les contributions indirectes, a infirmé ledit jugement et condamné ces derniers à une amende pénale (▪ Cass. crim., 21 oct. 2009, n° 08-83.723 : *Bull. crim.* n° 174).

• Prévenu

– Action publique

42) Le prévenu condamné pénalement qui a limité son appel aux intérêts civils ne saurait être admis à discuter ensuite le principe de sa culpabilité (▪ Cass. crim., 27 oct. 1976, n° 76-90.062 : *Bull. crim.* n° 302). Il ne saurait être fait grief à la juridiction du second degré, saisie du seul appel du prévenu, d'avoir passé outre au désistement d'appel dont il se prévalait, dès lors que ce désistement était assorti de réserves, en l'espèce la contestation de sa culpabilité (■ Cass. crim., 28 nov. 1989, n° 89-81.003 : *Bull. crim.* n° 442). La relaxe, prononcée sur l'appel du prévenu, limité aux seules dispositions pénales du jugement, est sans effet sur les condamnations civiles, passées en force de chose jugée (■ Cass. crim., 2 mai 2018, n° 17-81.185). Alors que le prévenu avait limité son appel aux dispositions pénales de sorte que les dispositions civiles du jugement étaient devenues définitives, c'est à tort que la cour infirme le jugement en ses dispositions civiles (■ Cass. crim., 5 janv. 2021, n° 19-85.435).

– Action civile

43) Le prévenu, condamné en première instance pour blessures involontaires, qui a limité son appel à l'action civile introduite contre lui accessoirement à l'action publique, est recevable à discuter devant les juges du second degré, non pas le principe même de sa responsabilité civile, mais son étendue (■ Cass. crim., 15 mai 1968, n° 67-90.511 : *Bull. crim.* n° 168 ; *JCP* G 1968, II, 15671, note Meurisse).

• Partie civile

44) Appel après relaxe sur l'action publique. Après relaxe d'un prévenu sur l'action publique, devenue définitive, la cour d'appel demeure pleinement compétente pour apprécier la valeur de l'appel formé par une partie civile au regard de la partie du dispositif du jugement que l'appelant lui a spécialement déférée (■ Cass. crim., 6 sept. 1980, n° 79-93.443 : *Bull. crim.* n° 236).

45) Contestation de la compétence territoriale du premier juge. L'autorité de la chose jugée qui s'attache à la décision du tribunal sur l'action publique n'autorise pas la prévenue, appelante sur les seuls intérêts civils, à contester la compétence territoriale du premier juge (■ Cass. crim., 25 juin 2008, n° 07-87.515 : *Bull. crim.* n° 165 ; *Dr. pén.* 2008, comm. 147, obs. A. Maron et M. Haas). Pour la compétence matérielle, V. art. 469, p. 1021.

46) Partie civile non appelante. L'affaire étant dévolue à la cour d'appel dans la limite fixée par l'acte d'appel et la qualité de l'appelant, lorsque les dispositions civiles du jugement sont devenues définitives, la partie civile, constituée en première instance, qui n'est plus partie en appel, ne peut comparaître à l'audience ou s'y faire représenter et ne peut être entendue qu'en qualité de témoin (■ Cass. crim., 29 mars 2017, n° 15-86.434 : *Bull. crim.* n° 95 ; *Procédures* 2017, comm. 109, obs. A.-S. Chavent-Leclère. ■ Cass. crim., 5 mai 2019, n° 18-81.567. V. aussi ■ Cass. crim., 29 mars 2017, n° 16-82.484 : *Bull. crim.* n° 94). Il résulte de l'article 509 du Code de procédure pénale que devant la cour d'appel, saisie du seul appel du procureur de la République, la partie civile, constituée en première instance, qui n'est plus partie en appel, ne peut comparaître à l'audience ou s'y faire représenter et peut être entendue en qualité de témoin (■ Cass. crim., 29 mars 2017, n° 15-86.434 : *Bull. crim.* n° 95 ; *Dr. pén.* 2017, comm. 81, obs. A. Maron et M. Haas), mais non en qualité de partie civile (■ Cass. crim., 9 mars 2005, n° 04-80.384 : *Bull. crim.* n° 86 ; *Dr. pén.* 2005, comm. 99, obs. A. Maron). Méconnaît l'article 509 du Code de procédure pénale la cour d'appel qui, saisie de l'appel, par le procureur de la République, des seules dispositions pénales d'un jugement de relaxe, accepte, après avoir joint au fond l'incident né de la contestation élevée par le prévenu, d'entendre la partie civile qui, déclarée irrecevable en sa constitution et n'ayant pas interjeté appel de cette décision, prétend comparaître volontairement devant elle, ainsi que son avocat (■ Cass. crim., 18 juin 2014, n° 13-86.361 : *Bull. crim.* n° 157).

IV – APPEL DE L'ASSUREUR

A – Recevabilité de l'appel de l'assureur

47) Conditions de la recevabilité. Si, aux termes de l'article 509 du Code de procédure pénale, l'appel de l'assureur, qui produit effet à l'égard de l'assuré en ce qui concerne l'action civile, est dans un délai de trois jours notifié à l'assuré par lettre recommandée avec demande d'avis de réception adressée par l'assureur, cette notification, qui est prévue dans le seul intérêt de l'assuré, ne constitue pas une condition de recevabilité dudit appel (■ Cass. crim., 10 avr. 1986, n° 85-93.805 : *Bull. crim.* n° 123. ■ Cass. crim., 3 nov. 1988, n° 86-91.143 : *Bull. crim.* n° 368).

B – Effet dévolutif de l'appel de l'assureur

48) Effet à l'égard de l'assuré. Selon les dispositions combinées des articles 509, alinéa 2, du Code de procédure pénale et R. 211-2 du Code des assurances, l'appel de l'assureur produit effet, en ce qui concerne l'action civile, à l'égard de toute personne qui, conduisant le véhicule assuré avec l'autorisation du propriétaire de celui-ci ou du souscripteur du contrat, était personnellement revêtue de la qualité d'assuré (■ Cass. crim., 19 avr. 1988, n° 87-84.200 : *Bull. crim.* n° 165). Aux termes de l'article 509, alinéa 2, du Code de procédure pénale l'appel de l'assureur produit effet à l'égard de l'assuré en ce qui concerne l'action civile (■ Cass. crim., 3 nov. 1988, n° 86-91.143 : *Bull. crim.* n° 368. ■ Cass. crim., 7 mars 1989, n° 88-85.156 : *Bull. crim.* n° 106. ■ Cass. crim., 29 sept. 1993, n° 92-85.713 : *Bull. crim.* n° 270). L'appel de l'assureur fait donc obstacle à ce que le jugement devienne définitif à l'égard de l'assuré, et il est loisible au premier de soumettre aux juges d'appel tous les moyens de défense que le second aurait pu faire valoir lui-même (■ Cass. crim., 7 mars 1989, n° 88-85.156 : *Bull. crim.* n° 106). Justifie en conséquence sa décision la cour d'appel qui, saisie par les seuls appels des parties civiles, de l'assureur du prévenu et du Fonds de garantie contre les accidents, modifie le jugement entrepris dans un sens défavorable aux parties civiles (■ Cass. crim., 29 sept. 1993, préc.).

C – Appel du prévenu

49) Le second alinéa de l'article 509 du Code de procédure pénale ne déroge au principe posé par le premier alinéa de ce texte qu'au profit de l'assuré, en cas d'appel de l'assureur. Dès lors, méconnaît l'effet dévolutif de l'appel d'un prévenu la cour d'appel qui déclare que son recours, limité à l'action civile, doit produire effet à l'égard de son assureur (■ Cass. crim., 19 juin 1996, n° 95-83.726 : *Bull. crim.* n° 262 ; *Dr. pén.* 1997, comm. 73, obs. A. Maron).

Art. 509-1 *(Créé à compter du 1er juin 2019, L. n° 2019-222, 23 mars 2019)* (1). **– Le prévenu doit comparaître devant la chambre des appels correctionnels dans un délai de quatre mois à compter soit de l'appel, si le prévenu est détenu, soit de la date à laquelle le prévenu a été ultérieurement placé en détention provisoire, en application de la décision rendue en premier ressort.**

Toutefois, si l'audience sur le fond ne peut se tenir avant l'expiration de ce délai, le président de la chambre peut, à titre exceptionnel, par une décision mentionnant les raisons de fait ou de droit faisant obstacle au jugement de l'affaire, ordonner la prolongation de la détention pour une nouvelle durée de quatre mois. La comparution personnelle du prévenu est de droit si lui-même ou son avocat en font la demande. Cette décision peut être renouvelée une fois dans les mêmes formes.

Lorsqu'un des faits constitutifs de l'infraction a été commis hors du territoire national ou lorsque la personne est poursuivie pour une infraction mentionnée aux articles 706-73 et 706-73-1, le délai mentionné aux deux premiers alinéas du présent article est porté à six mois.

Si le prévenu n'a pas comparu devant la cour d'appel avant l'expiration des délais prévus au présent article, il est remis immédiatement en liberté s'il n'est pas détenu pour une autre cause.

Section II. – De la composition de la chambre des appels correctionnels

Bibliographie : D. Guirimand, *Cour d'appel en matière correctionnelle. Composition. Procédure : JCl. Proc. pén.*, art. 496 à 520-1, Fasc. 30, actualisé par C. Guéry.

Doit être cassé l'ordonnance qui a ordonné la prolongation de la détention provisoire dont aucune mention ni aucune pièce de la procédure dont la Cour de cassation a le contrôle, ne permettent à cette dernière de s'assurer que le prévenu ou son conseil ont été mis en mesure de faire usage de la faculté de demander la comparution personnelle (■ Cass. crim., 15 juin 2021, n° 21-82.956).

Art. 510 (2) *(Mod., L. n° 2020-1672, 24 déc. 2020)*. **– La chambre des appels correctionnels est composée d'un président de chambre et de deux conseillers.**

Toutefois, lorsque le jugement attaqué a été rendu selon les modalités prévues au troisième alinéa de l'article 398 ou selon celles prévues à l'avant-dernier alinéa de l'article 464, la chambre des appels correctionnels est composée d'un seul de ces magistrats exerçant les pouvoirs confiés au président de chambre, sauf si le prévenu est en détention provisoire pour les faits qui lui sont reprochés ou si ***[Dispositions déclarées non conformes à la Constitution par la décision du Conseil constitutionnel n° 2019-778 DC du 21 mars 2019 : JO 24 mars 2019.]*** **l'appelant demande expressément que l'affaire soit examinée par une formation collégiale ; cette demande peut être formée pendant un délai d'un mois à compter de la déclaration d'appel. La chambre des appels correctionnels ainsi composée ne peut alors prononcer une peine d'emprisonnement ferme d'une durée supérieure à cinq ans. Elle peut toutefois, si ce renvoi lui paraît justifié en raison de la complexité des faits ou en raison de l'importance de la peine susceptible d'être prononcée, décider, d'office ou à la demande des parties**

(1) Dispositions applicables aux procédures dans lesquelles l'appel a été formé postérieurement au 1er juin 2019, L. n° 2019-222, 23 mars 2019.

(2) Dispositions particulières ou dérogatoires résultant de l'état d'urgence sanitaire dû à l'épidémie de covid-19 : V. Ord. n° 2020-303 du 25 mars 2020. – NDLR.

ou du ministère public, de renvoyer l'affaire devant la chambre des appels correctionnels siégeant en formation collégiale.

Les fonctions du ministère public sont exercées par le procureur général ou par un de ses avocats généraux ou de ses substituts ; celles du greffe par un greffier de la cour d'appel.

1) Application dans le temps de la loi n° 2019-222 du 23 mars 2019. Les dispositions de l'article 510 du Code de procédure pénale, issues de la loi n° 2019-222 du 23 mars 2019, sont applicables à la répression des infractions commises avant leur entrée en vigueur au 1er juin 2019, s'agissant de dispositions fixant les modalités des poursuites et les formes de la procédure. Il en résulte que lorsque le jugement attaqué a été rendu selon les modalités prévues au troisième alinéa de l'article 398 ou selon celles prévues au troisième alinéa de l'article 464, la chambre des appels correctionnels est composée d'un seul magistrat exerçant les pouvoirs confiés au président de chambre, sauf si l'appelant demande expressément que l'affaire soit examinée par une formation collégiale (▪ Cass. crim., 5 janv. 2021, n° 20-80.569 : publié au *Bull.*).

I – COMPOSITION DE LA COUR D'APPEL

A – Règles de composition de la juridiction

2) Compétence législative. La procédure pénale relevant, selon l'article 34 de la Constitution, du domaine de la loi, la méconnaissance éventuelle des dispositions réglementaires du Code de l'organisation judiciaire, relatives à la composition des juridictions répressives, ne saurait entraîner la nullité des décisions qu'elles rendent (▪ Cass. crim., 3 avr. 1996, n° 95-81.756 : *Bull. crim.* n° 153). La méconnaissance éventuelle des dispositions réglementaires du Code de l'organisation judiciaire est sans incidence sur la régularité de la composition de la cour d'appel qui relève des seules règles fixées par la loi (▪ Cass. crim., 18 janv. 1995, n° 93-85.854 : *Bull. crim.* n° 26).

3) Ordre public. La chambre des appels correctionnels est composée, même lorsqu'elle statue sur les seuls intérêts civils, d'un président de chambre et de deux conseillers, qui doivent assister à toutes les audiences au cours desquelles la cause est instruite, plaidée ou jugée ; ces règles sont d'ordre public, les parties ne pouvant y renoncer (▪ Cass. crim., 1er févr. 2000, n° 99-80.533 : *Bull. crim.* n° 50 ; *Dr. pén.* 2000, comm. 92, obs. A. Maron. ▪ Cass. crim., 28 nov. 2017, n° 17-80.416 : *Bull. crim.* n° 270).

4) Cour d'appel statuant à juge unique. Il résulte de l'article 510, alinéa 2 du Code de procédure pénale que la chambre des appels correctionnels n'est composée d'un seul magistrat exerçant les pouvoirs confiés au président de chambre que lorsque le jugement attaqué a été rendu selon les modalités prévues au quatrième alinéa de l'article 398 du Code de procédure pénale ou selon celles prévues au troisième alinéa de l'article 464 dudit code (▪ Cass. crim., 15 déc. 2020, n° 20-81.563, § 7 : publié au *Bull.* ; *Procédures* 2021, n° 45, obs. A.-S. Chavent-Leclerc. ▪ Cass. crim., 27 mai 2021, n° 20-81.652, § 6). Doit être cassé l'arrêt rendu dans une composition comprenant le seul président, alors que le jugement attaqué avait été rendu par une formation collégiale (▪ Cass. crim., 27 mai 2021, préc., § 7. ▪ Cass. crim., 4 janv. 2022, n° 21-80.886, § 7).

5) Cour d'appel statuant à juge unique. Demande de l'appelant en faveur de la formation collégiale. Il résulte de l'article 510 du Code de procédure pénale que lorsque le jugement attaqué a été rendu selon les modalités prévues au troisième alinéa de l'article 398 ou selon celles prévues au troisième alinéa de l'article 464, la chambre des appels correctionnels est composée d'un seul de ces magistrats exerçant les pouvoirs confiés au président de chambre, sauf si l'appelant demande expressément que l'affaire soit examinée par une formation collégiale. L'article D. 45-23 du même code précise que le président de la chambre des appels correctionnels de la cour d'appel doit, en début d'audience, informer la partie appelante de son droit de demander le renvoi de l'affaire à une formation collégiale, lorsque celle-ci n'a pu, comme en l'espèce, en être informée dans le formulaire de la déclaration d'appel. Cependant, la demanderesse ne saurait se faire un grief de ce qu'elle n'a pas reçu cette information, dès lors qu'elle était assistée de son avocat au cours de l'audience devant la cour d'appel (▪ Cass. crim., 15 févr. 2022, n° 21-81.176).

6) Affectation occasionnelle du président de la chambre de l'instruction. Si le président de la chambre d'accusation (de l'instruction) est exclusivement attaché à ce service, aucune restriction n'est imposée par l'article 510 du Code de procédure pénale à son affectation occasionnelle à la chambre correctionnelle (▪ Cass. crim., 11 juin 1985, n° 84-95.053 : *Bull. crim.* n° 226).

7) Avocat suppléant un conseiller. Seul un avocat faisant partie du barreau institué auprès de la juridiction qui statue a qualité pour siéger afin de suppléer les conseillers pour compléter la cour d'appel (▪ Cass. crim., 3 juin 1991, n° 89-86.573 : *Bull. crim.* n° 235).

8) Sanction de la composition irrégulière. V. art. 592, *infra*, p. 1250.

B – Mentions de l'arrêt

1° Principe

9) Tout jugement ou arrêt doit établir la régularité de la composition de la juridiction qui l'a rendu (■ Cass. crim., 4 oct. 1989, n° 88-87.435 : *Bull. crim.* n° 339. ■ Cass. crim., 19 juin 2019, n° 18-83.224). La Cour de cassation est en mesure de s'assurer, par la lecture de l'ordonnance du Premier président de la cour d'appel organisant les services de cette dernière en date du..., que la chambre correctionnelle était composée conformément aux prescriptions des articles 510 du Code de procédure pénale et L. 312-2 du Code de l'organisation judiciaire (■ Cass. crim., 23 mai 2018, n° 17-83.251).

2° Applications

10) Avocat suppléant un conseiller. La mention selon laquelle la cour d'appel était composée de deux conseillers, et de Me A., « avocat le plus ancien, appelé à remplacer M. B..., conseiller empêché » suffit à établir la régularité de la composition de la juridiction, en l'absence de toute contestation de la part des avocats des parties présents à l'audience (■ Cass. crim., 13 juin 1996, n° 95-85.020 : *Bull. crim.* n° 254). *Contra* auparavant, ■ Cass. crim., 11 juin 1980, n° 79-931.73 : *Bull. crim.* n° 188 : doit être cassé comme ne renfermant pas la preuve de la composition légale de la juridiction dont il émane, l'arrêt qui ne précise pas si l'avocat, appelé à compléter la cour d'appel, en remplacement d'un magistrat empêché, appartenait au barreau institué auprès de cette juridiction, et s'il a été appelé en suivant l'ordre du tableau.

11) Empêchement du président. Dès lors que l'arrêt attaqué énonce que la chambre correctionnelle de la cour d'appel était composée de trois conseillers, le premier nommé étant dit « faire fonction de président », il s'en déduit que celui-ci a été régulièrement appelé à présider en l'empêchement du président titulaire, et que se trouvent respectées les dispositions édictées par l'article 510 du Code de procédure pénale (■ Cass. crim., 24 oct. 1988, n° 87-91.203 : *Bull. crim.* n° 360). Suffisent à établir la régularité de la composition de la juridiction, les mentions d'un arrêt selon lesquelles, lors des débats et du délibéré, la chambre des appels correctionnels était composée de M. D..., président, qu'il a été procédé à l'interrogatoire du prévenu par M. D... faisant fonction de président, alors que l'arrêt a été signé par M. D..., faisant fonction de président : de telles mentions suffisent à établir que ce magistrat a été régulièrement appelé à présider en l'empêchement du président titulaire (■ Cass. crim., 27 juin 1990, n° 89-85.602 : *Bull. crim.* n° 266). *Contra* : encourt la cassation l'arrêt qui ne contient pas les mentions établissant que la composition de la cour d'appel était régulière en ne précisant ni la qualité, ni le mode de désignation du magistrat appelé à remplacer le président titulaire empêché (■ Cass. crim., 13 janv. 1987, n° 86-92.851 : *Bull. crim.* n° 15).

12) Mentions contradictoires. Encourt la cassation l'arrêt qui énonce qu'il a été lu par un conseiller, alors que ce magistrat n'entrait pas dans la composition de la cour d'appel à cette audience, ces mentions contradictoires ne mettant pas la Cour de cassation en mesure de s'assurer de la régularité de la composition de la juridiction (■ Cass. crim., 4 oct. 1989, n° 88-87.435 : *Bull. crim.* n° 339).

II – TRIBUNAL IMPARTIAL

Voir : art. préliminaire, p. 3.

A – Une même affaire pénale

1° Conseiller ayant pris part à l'instruction de l'affaire

• Jurisprudence européenne

13) Le simple fait qu'un juge ait déjà pris des décisions dans une même affaire avant le jugement, notamment au sujet de la détention provisoire, ne peut justifier en soi des appréhensions quant à son impartialité : la question portant sur le maintien d'un placement en détention provisoire ne se confond pas avec la question portant sur la culpabilité de l'intéressé. Toutefois, des circonstances particulières peuvent, dans une affaire donnée, mener à une conclusion différente. Ainsi l'impartialité objective de deux magistrats d'une chambre des appels correctionnels peut paraître sujette à caution dès lors qu'ils avaient fait partie de la chambre de l'instruction qui, dans la même affaire, pour décider du maintien en détention provisoire du prévenu comparaissant devant la cour d'appel, s'était prononcée sur l'existence d'éléments de culpabilité à sa charge (■ CEDH, 22 avr. 2010, n° 29808/06, *Chesne c/ France*).

• Jurisprudence nationale

14) Il importe peu que l'un des conseillers composant la chambre correctionnelle ait participé à un précédent arrêt de la chambre d'accusation (de l'instruction) qui, dans la même procédure, a confirmé une ordonnance du juge d'instruction ayant rejeté une demande d'actes, dès lors que cette décision n'a pas porté sur la valeur des charges pouvant justifier le renvoi des intéressés devant le tribunal correctionnel (■ Cass. crim., 19 févr. 1998, n° 96-83.423 : *Bull. crim.* n° 74). Ne peuvent faire partie de la chambre des appels correctionnels les magistrats qui, dans l'affaire soumise à cette juridiction, ont participé à un arrêt de la chambre d'accusation (de l'instruction) dans lequel a été examinée la valeur des charges pouvant justifier le renvoi devant le tribunal correctionnel (■ Cass. crim., 27 juin 1996, n° 96-80.079 : *Bull. crim.* n° 279).

2° Conseiller ayant pris part au jugement de l'affaire au premier degré

15) Principe. Selon l'article 6 de la Convention européenne des droits de l'homme, un même magistrat ne peut, dans la même affaire, statuer en première instance et en appel (■ Cass. crim., 26 sept. 1996, n° 96-80.057 : *Bull. crim.* n° 333).

16) Application. En application de l'article 6 de la Convention européenne des droits de l'Homme, le magistrat qui a présidé le tribunal correctionnel ayant prononcé une peine d'emprisonnement avec sursis ne peut ensuite siéger à la chambre des appels correctionnels saisie d'une requête en dispense de révocation dudit sursis (■ Cass. crim., 27 févr. 1991, n° 90-84.091 : *Bull. crim.* n° 99). Selon l'article 6 de la Convention européenne des droits de l'homme, ne peut faire partie de la composition de la cour d'appel un magistrat qui, dans l'affaire soumise à cette juridiction, a participé au jugement rendu par le tribunal correctionnel (■ Cass. crim., 6 nov. 2019, n° 18-82.046).

3° Conseiller ayant eu connaissance de l'affaire en qualité de représentant du ministère public

17) Il résulte de l'article 6 de la Convention européenne des droits de l'Homme que toute personne a droit à ce que sa cause soit entendue par un tribunal indépendant et impartial ; ne peut donc participer au jugement d'une affaire un magistrat qui en a connu en qualité de représentant du ministère public (■ Cass. crim., 26 avr. 1990, n° 88-84.586 : *Bull. crim.* n° 162).

B – Affaire pénale et affaire civile

1° Conseiller ayant eu connaissance de l'affaire au civil

18) Selon les articles 6, § 1 de la Convention européenne des droits de l'Homme et 510 du Code de procédure pénale, ne peut faire partie de la chambre des appels correctionnels le magistrat qui, à l'occasion d'une instance civile, s'est déjà prononcé sur les faits qui ont fondé le renvoi du prévenu devant le juge pénal (■ Cass. crim., 8 avr. 2009, n° 08-83.923 : *Bull. crim.* n° 73 ; *D.* 2009, p. 2244, note J. Pradel).

2° Conseiller ayant eu connaissance d'un litige civil entre le prévenu et le plaignant

19) La circonstance que les magistrats composant la juridiction correctionnelle aient eu à se prononcer dans un litige civil opposant un prévenu à un plaignant n'est pas contraire à l'exigence d'impartialité énoncée par l'article 6, § 1 de la Convention européenne des droits de l'Homme (■ Cass. crim., 6 févr. 1989, n° 86-96.875 : *Bull. crim.* n° 46).

C – Autres cas

20) Magistrats conjoints. Deux magistrats conjoints ne peuvent connaître d'une même cause aux deux degrés de juridiction (■ Cass. crim., 19 mai 1978, n° 76-91.681 : *Bull. crim.* n° 159).

21) L'adhésion d'un juge à une association, et spécialement à une association ayant pour mission de veiller à l'information et à la garantie des droits des victimes, laquelle, aux termes de l'article préliminaire II du Code de procédure pénale, entre dans les attributions de l'autorité judiciaire, n'est pas, en soi, de nature à porter atteinte à la présomption d'impartialité dont il bénéficie ; mais il en va autrement lorsqu'une cour d'appel se compose d'un conseiller, par ailleurs vice-président d'une fédération d'associations d'aide aux victimes, laquelle avait conclu, au cours des débats devant cette juridiction, une convention de partenariat avec une autre fédération d'associations, partie civile en la cause, à laquelle étaient adhérentes deux autres associations, elles aussi parties civiles (■ Cass. crim., 13 janv. 2015, n° 12-87.059 : *Bull. crim.* n° 15).

22) Liens familiaux entre une partie et un magistrat de la juridiction. Les liens familiaux entre une partie et un membre de la juridiction ne sont pas de nature à remettre en cause l'impartialité de celle-ci dès lors que ce magistrat n'a pas participé au jugement de l'affaire (■ Cass. crim., 27 janv. 2015, n° 13-87.612).

Art. 510-1 ***(Créé à titre expérimental à compter du 1er janvier 2012 dans au moins deux cours d'appel et jusqu'au 1er janvier 2014 dans au plus dix cours d'appel, L. n° 2011-939, 10 août 2011).***

Avertissement : Dispositions applicables à titre expérimental du 1er janvier 2012 au 1er janvier 2014 dans les ressorts des cours d'appel de Dijon et Toulouse : A. 12 oct. 2011, art. 1er (*JO* 13 oct. 2011). L'arrêté du 13 juin 2012 (*JO* 23 juin 2012) met fin à l'extension de l'expérimentation prévue à compter du 1er janvier 2013 au 1er janvier 2014 : A. 16 févr. 2012 (*JO* 25 févr. 2012) puis fin de l'expérimentation à compter du 30 avril 2013 : A. 18 mars 2013 (*JO* 22 mars 2013).

Art. 511 ***(Rempl., L. n° 2004-204, 9 mars 2004).*** **– Le nombre et le jour des audiences correctionnelles sont fixés à la fin de chaque année judiciaire pour l'année judiciaire suivante par une décision conjointe du premier président et du procureur général prise après avis de l'assemblée générale de la cour d'appel.**

En cas de nécessité, cette décision peut être modifiée dans les mêmes conditions en cours d'année.

En cas d'impossibilité de parvenir à une décision conjointe, le nombre et le jour des audiences correctionnelles sont fixés par le seul premier président.

Bibliographie : D. Guirimand, *Cour d'appel en matière correctionnelle. – Composition. Procédure : JCl. Proc. pén.*, art. 496 à 520-1, Fasc. 30, actualisé par C. Guéry.

Section III. – De la procédure devant la chambre des appels correctionnels

Art. 512 *(Mod., L. n° 2020-1672, 24 déc. 2020)*. **– Les règles édictées pour le tribunal correctionnel sont applicables devant la cour d'appel, y compris les dispositions de l'avant-dernier alinéa de l'article 464, sous réserve des dispositions suivantes.**

Bibliographie : D. Guirimand, *Cour d'appel en matière correctionnelle. – Composition. Procédure : JCl. Proc. pén.*, art. 496 à 520-1, Fasc. 30, actualisé par C. Guéry.

1) **Visioconférence.** Les dispositions de l'article 706-71 du Code de procédure pénale, qui autorisent le recours à la visioconférence pour la comparution du prévenu devant le tribunal correctionnel, sont applicables devant la cour d'appel en application de l'article 512 du même code, en l'absence de dérogation légalement prévue (▪ Cass. crim., 25 mai 2016, n° 16-81.217 : *Bull. crim.* n° 158).

2) **Droit de se taire.** Aux termes de l'article 406 du Code de procédure pénale, devant le tribunal correctionnel, le président ou l'un des assesseurs par lui désigné, après avoir constaté son identité et donné connaissance de l'acte qui a saisi le tribunal, informe le prévenu de son droit, au cours des débats, de faire des déclarations, de répondre aux questions qui lui sont posées ou de se taire ; ces dispositions sont applicables devant la cour d'appel en application de l'article 512 dudit code (▪ Cass. crim., 8 juill. 2015, n° 14-85.699 : *JurisData* n° 2015-016436 ; *Bull. crim.* n° 178 ; *Dr. pén.* 2015, comm. 133, A. Maron et M. Haas ; *Procédures* 2015, comm. 307, A.-S. Chavent-Leclère. ▪ Cass. crim., 16 oct. 2019, n° 18-86.614 : publié au *Bull.* ; *JCP G* 2019, 1295, note P. Collet ; *Dr. pén.* 2019, comm. 211, obs. A. Maron et M. Haas ; *Procédures* 2019, comm. 331, obs. A.-S. Chavent-Leclère. ▪ Cass. crim., 21 avr. 2020, n° 19-85.114, § 6).

3) **Exception de l'article 425 du Code de procédure pénale.** Les dispositions de l'article 425 du Code de procédure pénale, selon lesquelles la partie civile qui ne comparaît pas est considérée comme se désistant, ne s'appliquent pas en cause d'appel (▪ Cass. crim., 11 mars 1992, n° 91-82.162 : *Bull. crim.* n° 109. ▪ Cass. crim., 23 sept. 2003, n° 03-81.056 : *Bull. crim.* n° 168. ▪ Cass. crim., 20 oct. 2010, n° 10-81.118 : *Bull. crim.* n° 167). Dès lors, justifie sa décision la cour d'appel qui, après avoir constaté que la partie civile, qui avait été reçue en sa constitution et indemnisée de son préjudice par le tribunal, n'a pas comparu, ni n'était représentée, statue par défaut à son égard (▪ Cass. crim., 20 oct. 2010, préc.).

4) **Appel de la partie civile et citation à comparaître du prévenu relaxé en première instance.** Il résulte des articles 388 et 512 du Code de procédure pénale que la cour d'appel, saisie de l'appel de la partie civile, ne peut statuer sur la voie de recours exercée que si les parties ont comparu ou ont été citées à comparaître, à la requête du procureur général ; doit donc être cassé l'arrêt qui prononce une condamnation civile contre le prévenu relaxé en première instance, alors que ce prévenu n'a pas été cité devant la cour d'appel et a été totalement omis dans les mentions préalables de l'arrêt (▪ Cass. crim., 1er avr. 2020, n° 18-86.693).

5) **Présence du ministère public à une audience portant sur les intérêts civils.** Il résulte de l'application combinée des articles 464, alinéa 3, et 512 du Code de procédure pénale que la présence du ministère public n'est pas obligatoire devant la cour d'appel lorsque le débat ne porte que sur les intérêts civils, y compris lorsqu'il revient à cette juridiction, saisie du seul appel formé par la partie civile contre un jugement de relaxe, d'apprécier l'existence d'une faute civile à partir et dans la limite des faits objet de la poursuite (▪ Cass. crim., 1er déc. 2020, n° 19-87.379, § 7).

Art. 512-1 ***(Créé à titre expérimental à compter du 1er janvier 2012 dans au moins deux cours d'appel et jusqu'au 1er janvier 2014 dans au plus dix cours d'appel, L. n° 2011-939, 10 août 2011).***

Avertissement : Dispositions applicables à titre expérimental du 1er janvier 2012 au 1er janvier 2014 dans les ressorts des cours d'appel de Dijon et Toulouse : A. 12 oct. 2011, art. 1er (*JO* 13 oct. 2011). L'arrêté du 13 juin 2012 (*JO* 23 juin 2012) met fin à l'extension de l'expérimentation prévue à compter du 1er janvier 2013 au 1er janvier 2014 : A. 16 févr. 2012 (*JO* 25 févr. 2012) puis fin de l'expérimentation à compter du 30 avril 2013 : A. 18 mars 2013 (*JO* 22 mars 2013).

Art. 513 *(Mod., L. n° 93-2, 4 janv. 1993 ; L. n° 95-125, 8 févr. 1995 ; L. n° 2000-516, 15 juin 2000).* **– L'appel est jugé à l'audience sur le rapport oral d'un conseiller ; le prévenu est interrogé.**

Les témoins cités par le prévenu sont entendus dans les règles prévues aux articles 435 à 457. Le ministère public peut s'y opposer si ces témoins ont déjà été entendus par le tribunal. La cour tranche avant tout débat au fond.

Après que l'appelant ou son représentant a sommairement indiqué les motifs de son appel, les parties en cause ont la parole dans l'ordre prévu par l'article 460.

Le prévenu ou son avocat auront toujours la parole les derniers.

Bibliographie : D. Guirimand, *Cour d'appel en matière correctionnelle. – Composition. Procédure : JCl. Proc. pén.*, art. 496 à 520-1, Fasc. 30, actualisé par C. Guéry.

Voir également : Sur la présence obligatoire du ministère public aux débats, art. 464, p. 1006.

• *Sommaire*

I – RAPPORT ORAL

1) Question prioritaire de constitutionnalité. L'article 515, alinéa 1 du Code de procédure pénale n'est pas contraire au droit un procès équitable, ni aux droits de la défense, ni au principe d'égalité devant la loi et à l'interdiction des accusations arbitraires : d'une part, le représentant du ministère public requiert à l'audience du tribunal correctionnel à la lumière des débats et non pas uniquement au vu du dossier, les droits de la défense étant pleinement garantis dans la mesure où le prévenu est informé à l'avance des faits qui lui sont reprochés, peut prendre connaissance du dossier et, à l'issue des débats, a la parole en dernier, ce qui lui permet de répliquer au ministère public ; d'autre part, la formalité du rapport à l'audience de la chambre des appels correctionnels a pour objet d'informer la cour et non pas le prévenu (■ Cass. crim., 10 févr. 2016, n° 15-86.503 QPC).

A – Auteur du rapport oral

2) Conseiller faisant partie de la formation qui rend la décision. Il résulte des dispositions de l'article 513 du Code de procédure pénale que le conseiller, qui a présenté le rapport dans une affaire correctionnelle soumise à la cour d'appel, doit faire partie de la formation juridictionnelle qui rend la décision. L'inobservation de cette exigence légale porte atteinte aux intérêts de toutes les parties en cause (■ Cass. crim., 1er mars 1982, n° 81-91.515 : *Bull. crim.* n° 62). Le rapport peut être effectué par le président (■ Cass. crim., 16 sept. 1978, n° 77-93.459 : *Bull. crim.* n° 249).

3) Présence du rapporteur lors du délibéré et du prononcé de l'arrêt. Le concours du rapporteur est un des éléments essentiels de la composition légale de la juridiction qui statue ; sa participation à la délibération et au prononcé de l'arrêt est substantielle ; son absence à ce moment entraîne la nullité de l'arrêt, nullité d'ordre public (■ Cass. crim., 19 mai 1981, n° 80-94.532 : *Bull. crim.* n° 163).

4) Rapport fait par plusieurs magistrats. Les dispositions de l'article 513, alinéa 1er du Code de procédure pénale n'imposent pas que le rapport soit présenté par un seul des magistrats composant la chambre correctionnelle (■ Cass. crim., 9 mai 2018, n° 16-84.742).

B – Compositions différentes de la cour d'appel pour une même affaire

5) Le rapport oral qui est présenté dans une affaire correctionnelle soumise à la cour d'appel doit être effectué devant la formation juridictionnelle chargée d'en délibérer (■ Cass. crim., 26 sept. 2006, n° 05-87.568 : *Bull. crim.* n° 238).

C – Formalité substantielle

1° Principe

6) Le rapport qui a pour objet de faire connaître aux juges d'appel les éléments de la cause sur laquelle ils auront à se prononcer est une formalité substantielle dont l'accomplissement constitue un préliminaire indispensable à tout débat (■ Cass. crim., 6 nov. 1984, n° 83-93.301 : *Bull. crim.* n° 334. ■ Cass. crim., 12 juin 1989, n° 88-85.495 : *Bull. crim.* n° 249), soit qu'il y ait lieu de juger le fond du procès, soit qu'il s'agisse de prononcer une nullité de procédure ou sur une exception préjudicielle (■ Cass. crim., 7 mars 1963, n° 62-93.629 : *Bull. crim.* n° 111. ■ Cass. crim., 21 mai 1968, n° 67-93.112 : *Bull. crim.* n° 166. ■ Cass. crim., 3 juill. 1975, n° 74-93.232 : *Bull. crim.* n° 178. ■ Cass. crim., 15 déc. 1976, n° 75-91.816 : *Bull. crim.* n° 366). Cette formalité est nécessaire à l'information de la juridiction saisie (■ Cass. crim., 9 juin 2021, n° 20-80.062, § 4).

2° Applications

7) Rapport oral effectué en plusieurs fois. Il n'importe que le rapport sur les faits ait été accompli en plusieurs fois, en fonction du déroulement des débats (■ Cass. crim., 19 mars 2014, n° 12-87.416 : *Bull. crim.* n° 86).

8) Nouveau rapport. Le président ayant fait son rapport avant l'ouverture des débats, il n'importe qu'il ait cru devoir faire un nouveau rapport lors de l'audience de continuation (■ Cass. crim., 14 nov. 1989, n° 88-81.817 : *Bull. crim.* n° 416). Un nouveau rapport devient nécessaire toutes les fois que, depuis l'audience où un rapport a été fait, il a été accompli hors la présence de la cour, des actes de procédure qui doivent servir de base à la décision à intervenir (■ Cass. crim., 29 avr. 1969, n° 68-90.238 : *Bull. crim.* n° 146). En cas de composition différente de la cour d'appel aux deux audiences d'une cause, l'arrêt est nul lorsqu'il ne résulte pas de ses mentions qu'à la seconde audience les débats, après un nouveau rapport, ont été entièrement recommencés devant la nouvelle formation chargée d'en délibérer (■ Cass. crim., 26 sept. 2006, n° 4, préc.). Un nouveau rapport ne s'impose pas lorsque, au cours du délibéré, une pièce nouvelle est présentée à la cour qui, par cette seule production, se trouve informée de cet élément nouveau, et que ladite pièce est communiquée aux parties et donne lieu à un débat (■ Cass. crim., 99 mai 1967, n° 66-93.092 : *Bull. crim.* n° 152).

9) Arrêt au fond. L'accomplissement de la formalité du rapport oral s'impose dès lors que la cour d'appel statue au fond (■ Cass. crim., 3 juill. 1975, n° 74-93.232 : *Bull. crim.* n° 178. ■ Cass. crim., 12 juin 1989, n° 88-85.495 : *Bull. crim.* n° 249. ■ Cass. crim., 16 juin 1993, n° 92-83.457 : *Bull. crim.* n° 213).

10) Exception de nullité jointe au fond. Dès lors que les juges d'appel, par application de l'article 459 du Code de procédure pénale, joignent au fond l'exception de nullité dont ils sont régulièrement saisis, conformément à l'article 385 du même code, avant toute défense au fond, le rapport fait après cette décision porte nécessairement, comme les débats qui le suivent, à la fois sur l'incident et sur le fond (■ Cass. crim., 1er févr. 1988, n° 86-95.678 : *Bull. crim.* n° 47. ■ Cass. crim., 19 sept. 2007, n° 06-85.899 : *Bull. crim.* n° 215. ■ Cass. crim., 3 juin 2009, n° 08-87.434 : *Bull. crim.* n° 111).

11) Action civile seule en cause. Le rapport oral s'impose même si l'action civile reste seule en cause (■ Cass. crim., 3 juill. 1975, préc., n° 8. ■ Cass. crim., 16 juin 1993, n° 92-83.457 : *Bull. crim.* n° 213).

3° Non-application

12) Appel d'un jugement de police. Il résulte des dispositions de l'article 549 du Code de procédure pénale que, lorsque la cour d'appel statue sur l'appel d'un jugement de police, la formalité du rapport prévue par l'article 513 du même code ne trouve pas à s'appliquer (■ Cass. crim., 15 mai 2012, n° 11-84.907 : *Bull. crim.* n° 119).

13) Opposition non avenue. Lorsque le prévenu qui a fait opposition ne comparaît pas, alors qu'il a été régulièrement cité à comparaître, la cour n'a qu'un fait matériel à constater : le défaut de comparution ; elle n'a pas à examiner la validité de l'opposition, et doit se borner à déclarer cette opposition non avenue. Le rapport est donc devenu sans objet (■ Cass. crim., 23 déc. 1963, n° 63-91.815 : *Bull. crim.* n° 371).

14) Arrêt avant dire droit. La règle de l'article 515 du Code de procédure pénale ne saurait recevoir application au cas d'un arrêt avant dire droit qui se borne à ordonner que le prévenu soit entendu à son domicile dans les conditions prévues par l'article 416 dudit code (■ Cass. crim., 21 mai 1968, n° 67-93.112 : *Bull. crim.* n° 166).

15) Faits d'audience. La formalité du rapport prévue par l'article 515 du Code de procédure pénale n'est pas nécessaire lorsque les juges sont appelés à statuer à l'occasion de faits qui se sont produits à l'audience même, de sorte qu'ils ont eu directement connaissance d'un incident qu'ils ont pu régler sans avoir besoin d'être davantage renseignés sur le fond même de la poursuite (■ Cass. crim., 15 juin 1976, n° 75-90.299 : *Bull. crim.* n° 215).

4° *Mention de l'arrêt*

• Mention expresse du rapport oral

16) En application de l'article 513 du Code de procédure, un arrêt de cour d'appel doit, à peine de nullité, constater expressément qu'il a été satisfait à la formalité du rapport oral d'un conseiller, lorsqu'il s'agit de juger le fond du procès ou de statuer soit sur une exception de nullité, soit sur une exception préjudicielle (■ Cass. crim., 15 déc. 1976, n° 75-91.816 : *Bull. crim.* n° 366. ■ Cass. crim., 6 nov. 1984, n° 83-93.301 : *Bull. crim.* n° 334). Il y a lieu à cassation lorsque ni l'arrêt attaqué ni les notes d'audience visées par le greffier ne permettent à la Cour de s'assurer que les dispositions dudit article ont été observées (■ Cass. crim., 26 juin 2018, préc. ■ Cass. crim., 20 nov. 2019, n° 18-81.073). Doit être cassé l'arrêt qui ne porte aucune mention du rapport prévu par le texte précité (■ Cass. crim., 3 nov. 2004, n° 03-87.298 : *Bull. crim.* n° 264), ni même le nom d'un conseiller rapporteur (■ Cass. crim., 16 juin 1993, n° 92-83.457 : *Bull. crim.* n° 213).

• Nullité

17) L'arrêt doit, à peine de nullité, constater qu'il a été satisfait à l'obligation du rapport oral (■ Cass. crim., 15 déc. 1976, n° 75-91.816 : *Bull. crim.* n° 366. ■ Cass. crim., 6 nov. 1984, n° 83-93.301 : *Bull. crim.* n° 334. ■ Cass. crim., 26 juin 2018, n° 17-83.457).

18) Grief. Un rapport, même trop succinct, fait par le président à l'audience de la cour d'appel, ne saurait, en vertu de l'article 802 du Code de procédure pénale, entraîner la nullité de l'arrêt, dès lors qu'il n'est pas établi, ni même allégué que cette irrégularité a eu pour effet de porter atteinte aux intérêts du demandeur (■ Cass. crim., 9 janv. 1978, n° 77-92.241 : *Bull. crim.* n° 10). Le retard apporté à l'accomplissement du rapport oral ne saurait, aux termes de l'article 802 du Code de procédure pénale, entraîner l'annulation de l'arrêt, dès lors que, d'une part, le rapport a été fait avant que la cour d'appel ait été appelée à statuer sur les incidents considérés, et avant l'examen de l'affaire au fond, et que, d'autre part, les prévenus ou leurs conseils ont été en mesure, après le rapport et avant le terme des débats, de présenter, relativement auxdits incidents, toutes observations qu'ils ont estimé utiles ; l'irrégularité relevée n'a donc pas eu pour effet de porter atteinte aux intérêts des demandeurs (■ Cass. crim., 28 nov. 1977, n° 75-92.339 : *Bull. crim.* n° 372).

II – INTERROGATOIRE DU PRÉVENU PAR LE PRÉSIDENT

19) Omission. L'interrogatoire du prévenu devant la cour d'appel n'est pas prescrit à peine de nullité par l'article 513 du Code de procédure pénale et son omission ne peut devenir une cause de nullité que s'il est établi que le prévenu n'a pas été appelé à se défendre au cours du débat oral (■ Cass. crim., 29 avr. 1971, n° 71-90.557 : *Bull. crim.* n° 129).

III – AUDITION D'UN TÉMOIN

V., art. 435.

20) Domaine d'application de l'article 513, alinéa 2 : cour d'appel saisie de la seule action civile. Lorsque seule l'action civile est dévolue à la cour d'appel, l'opportunité de procéder à l'audition d'un témoin, compte tenu des indications qui lui sont données par les parties, relève de son appréciation souveraine (■ Cass. crim., 20 oct. 2021, n° 19-86.294, § 10 : publié au *Bull.*).

A – Audition de témoins nouveaux ordonnée par la cour d'appel

21) Possibilité. Les juges du second degré peuvent, s'ils l'estiment utile, ordonner l'audition de témoins nouveaux qui n'ont pas déposé en première instance (■ Cass. crim., 1er févr. 1994, n° 90-84.235).

B – Violation des règles d'audition du témoin

22) Nécessité d'un grief. Si les prescriptions des articles 435 à 457 et 513 du Code de procédure pénale relatives à l'audition d'un témoin par la chambre des appels correctionnels n'ont pas été respectées, la cassation n'est cependant pas encourue dès lors que la déclaration de culpabilité n'a pas été fondée, même pour partie, sur les déclarations faites à l'audience par le témoin (▪ Cass. crim., 20 févr. 2019, n° 18-80.421 : *Bull. crim.* n° 47 ; *Dr. pén.* 2019, comm. 75, obs. A. Maron et M. Haas. – Dans le même sens, ▪ Cass. crim., 2 avr. 1990, n° 87-90.729 : *Bull. crim.* n° 142).

C – Droit du prévenu à l'audition d'un témoin

1° *Article 513, alinéa 2*

• **Question prioritaire de constitutionnalité**

23) L'article 513, alinéa 2 du Code de procédure pénale n'est pas contraire aux droits de la défense : d'une part, ces droits sont garantis lorsque les témoins cités par le prévenu ont à un moment quelconque de la procédure été entendus ; d'autre part, la cour d'appel doit, avant tout débat au fond, statuer sur le refus opposé par le ministère public à l'audition des témoins déjà entendus par le tribunal (▪ Cass. crim., 3 juin 2012, n° 11-85.777 QPC).

• **Conditions tenant à la demande d'audition du témoin**

24) Demande motivée. S'il est vrai que les juges du fond sont tenus de répondre aux conclusions dont ils sont régulièrement saisis et notamment de s'expliquer sur toute demande de mesure d'instruction complémentaire, c'est à la condition que l'indication de leur objet et de leur intérêt permette à la juridiction d'en apprécier le bien-fondé ; ne répond pas à cette exigence la demande d'audition d'un témoin, désigné seulement par son nom, à l'exclusion de toute précision sur son éventuelle utilité pour la manifestation de la vérité (▪ Cass. crim., 27 oct. 1993, n° 93-80.113 : *Bull. crim.* n° 319).

25) Prévenu n'ayant pas cité le témoin devant les premiers juges. Les demandeurs ne sauraient faire grief à la cour d'appel d'avoir rejeté leur demande d'audition de témoins dès lors qu'ils n'ont pas usé, devant les premiers juges, du droit qu'ils tiennent des articles 437 et 444 du Code de procédure pénale de faire eux-mêmes citer et interroger les témoins de leur choix (▪ Cass. crim., 19 sept. 1989, n° 88-84.172 : *Bull. crim.* n° 321. ▪ Cass. crim., 25 juin 1996, n° 95-80.592 : *Bull. crim.* n° 273 ; *D.* 1997, p. 100, note J.-F. Renucci. ▪ Cass. crim., 5 oct. 2005, n° 05-82.027 : *Bull. crim.* n° 253). La cour d'appel peut user de la faculté dont elle dispose en vertu de l'article 513 du Code de procédure pénale, sans méconnaître les dispositions de l'article 6, § 3 *d*, de la Convention européenne des droits de l'Homme, en refusant d'entendre une personne que le prévenu n'avait pas fait citer comme témoin devant les premiers juges, au motif que « le nom de ce témoin n'apparaît dans aucune pièce du dossier et n'a jamais été cité par aucun des mis en cause » et « qu'aucun élément de fait précis n'est avancé pour justifier de l'intérêt de cette demande d'audition et de son éventuelle contribution à la manifestation de la vérité » (▪ Cass. crim., 21 nov. 1996, n° 95-85.995 : *Bull. crim.* n° 420). La cour d'appel peut refuser de procéder à l'audition d'un témoin cité par la défense en l'absence de toute explication sur les raisons pour lesquelles il n'a pas été fait usage devant les premiers juges du droit que confèrent aux parties les articles 435 et suivants du Code de procédure pénale de faire citer et entendre ledit témoin (▪ Cass. crim., 27 oct. 1993, n° 93-80.113 : *Bull. crim.* n° 319).

26) Prévenu n'ayant pas cité le témoin devant la cour d'appel. Ne méconnaît pas les dispositions de l'article 6, § 3 *d*), de la Convention européenne des droits de l'Homme, la cour d'appel qui, par décision motivée, rejette la demande de complément d'information présentée par un prévenu aux fins d'audition contradictoire d'un coauteur des faits et de témoins à charge, auxquels il n'avait pu être confronté devant le tribunal, dès lors que ce prévenu n'a pas usé de la faculté, prévue par l'article 513, alinéa 2, du Code de procédure pénale, permettant de faire citer l'ensemble de ces témoins devant la juridiction du second degré pour qu'ils soient entendus (▪ Cass. crim., 25 févr. 2014, n° 13-81.508 : *Bull. crim.* n° 49). Lorsque les avocats du prévenu formulent une demande d'audition volontaire de témoin, non régulièrement cité, selon les dispositions de l'article 444 du Code de procédure pénale, c'est à bon droit que la cour d'appel a rejeté leur demande dès lors que le prévenu n'avait pas fait citer ce témoin, ainsi que le lui permettaient les articles 435 et 444 dudit code : elle a usé, sans méconnaître les dispositions de l'article 6, § 3, *d* de la Convention européenne des droits de l'Homme, de la faculté dont elle dispose en vertu de l'article 513, alinéa 2 dudit code (▪ Cass. crim., 5 sept. 2018, n° 16-84.943).

• **Obligation pour la cour d'appel d'ordonner l'audition d'un témoin**

27) Principe. Selon l'article 513, alinéa 2, du Code de procédure pénale, devant la cour d'appel, les témoins cités par le prévenu sont entendus dans les règles prévues aux articles 435 à 457 dudit code, le ministère public pouvant s'y opposer si ces témoins ont déjà été entendus par le tribunal (▪ Cass. crim., 23 juin 2004, n° 04-81.051 : *Bull. crim.* n° 166 ; *RSC* 2004, p. 965, obs. J.-F. Renucci. ▪ Cass. crim., 30 nov. 2004, n° 04-82.461 : *Bull. crim.* n° 300. ▪ Cass. crim., 9 nov. 2005, n° 04-86.127 : *Bull. crim.* n° 287. ▪ Cass. crim., 5 sept. 2018, n° 17-85.122. ▪ Cass. crim., 16 janv. 2019, n° 17-81.946).

28) Applications. Doit donc être cassé l'arrêt qui, pour refuser d'entendre le témoin cité par le prévenu dans les conditions de l'article 513, alinéa 2, du Code de procédure pénale : … ne donne pas les raisons de son refus (▪ Cass. crim., 13 févr. 2008, n° 07-81.097 : *Bull. crim.* n° 38) ; … énonce que l'audition d'un expert, qui, non désigné à ce titre, n'a eu à connaître des faits ni comme témoin, ni comme expert, est inutile (▪ Cass. crim., 3 juin 2009, n° 08-83.665 : *Bull. crim.* n° 109) ; … relève que la cour d'appel n'a été informée de cette citation et de la présence du témoin qu'au cours des débats, « en sorte qu'il n'a pu être procédé ainsi qu'il est prescrit par l'article 436 du Code de procédure pénale » (▪ Cass. crim., 29 mars 2006, n° 05-80.027 : *Bull. crim.* n° 93) ; … alors qu'un procès-verbal de recherches infructueuses a été dressé, ne constate pas les difficultés particulières rendant matériellement impossible cette audition (▪ Cass. crim., 5 sept. 2018, n° 17-85.122) ; … refuse d'entendre un témoin en la personne de M. X., médecin, estimant non nécessaire à son information cette audition au motif que son rapport figure au dossier, alors que le témoin, régulièrement cité, n'avait pas été entendu par le tribunal (▪ Cass. crim., 6 nov. 2018, n° 17-81.420) ; … refuse d'entendre quatre témoins, alors que ceux-ci n'avaient pas été entendus par le tribunal et que le ministère public ne s'était pas opposé à ces auditions (▪ Cass. crim., 16 janv. 2019, n° 17-81.946). Justifie sa décision pour refuser d'ordonner l'audition d'un témoin réclamé par la défense, sans méconnaître les dispositions de l'article 6, § 3 *d*, de la Convention européenne des droits de l'Homme, la cour d'appel qui retient que celui-ci a été entendu par le tribunal (▪ Cass. crim., 17 juin 2008, n° 07-80.767 : *Bull. crim.* n° 151). Justifie sa décision la cour d'appel qui, pour passer outre à la défaillance d'un témoin cité par la défense, retient qu'une nouvelle audition n'est pas utile, ses déclarations écrites figurant au dossier de la procédure et correspondant aux autres témoignages (▪ Cass. crim., 4 mars 2008, n° 07-87.356 : *Bull. crim.* n° 54).

2° *Article 6, § 3 d de la Convention européenne des droits de l'homme*

Sur la jurisprudence de la Cour européenne des droits de l'homme, V. ann. 3, Conv., 4 nov. 1950 de sauvegarde des droits de l'homme et des libertés fondamentales, art. 6, § 3, *d*, p. 2631. V. art. 435, p. 981.

• Notion de témoin

– Jurisprudence de la Cour européenne des droits de l'homme

29) Autonomie de la notion de témoin. La notion de « *témoin* » revêt un sens autonome dans le système de la Convention européenne des droits de l'Homme, quelles que soient les qualifications retenues en droit national (V. par ex. ▪ CEDH, 6 oct. 2016, n° 76438/12, *Constantinides c/ Grèce*). Dès lors qu'une déposition, qu'elle soit faite par un témoin *stricto sensu* ou non, est susceptible de fonder, d'une manière substantielle, la condamnation du prévenu, elle constitue un témoignage à charge et les garanties prévues par l'article 6, §§ 1 et 3 *d)* de la Convention lui sont applicables (V. par ex. ▪ CEDH, 27 févr. 2001, n° 33354/96, *Lucà c/ Italie*).

– Jurisprudence nationale

30) Victime témoin. Les dispositions de l'article 6, § 3 *d*, de la Convention européenne des droits de l'Homme s'appliquent à la victime (▪ Cass. crim., 1er juin 2016, n° 15-83.059 : *Bull. crim.* n° 169), y compris la victime constituée partie civile (▪ Cass. crim., 26 oct. 1994, n° 93-84.493 : *Bull. crim.* n° 343). N'a pas violé l'article 6, § 3 *d*, de la Convention européenne des droits de l'Homme la cour d'appel qui, pour écarter l'argumentation du prévenu qui se prévalait pour conclure à sa relaxe du défaut de confrontation avec la partie civile, dont la déposition constituait, selon ses dires, l'unique charge pesant contre lui, relève que les menaces de représailles exercées par le prévenu sur la victime justifient le refus de ce dernier de comparaître en personne, de tels motifs procédant de son appréciation souveraine (▪ Cass. crim., 26 oct. 1994, n° 93-84.493 : *Bull. crim.* n° 343).

• Droit à l'audition des témoins à charge et à décharge

31) Affirmation du principe. Aux termes de l'article 6, § 3 *d* de la Convention européenne des droits de l'Homme, tout accusé a droit, notamment, à interroger ou faire interroger les témoins à charge ; il s'ensuit que, sauf impossibilité dont il leur appartient de préciser les causes, les juges sont tenus, lorsqu'ils en sont légalement requis, d'ordonner l'audition contradictoire des témoins à charge qui n'ont, à aucun stade de la procédure, été confrontés avec l'accusé (▪ Cass. crim., 12 janv. 1989, n° 88-81.592 : *Bull. crim.* n° 13. ▪ Cass. crim., 22 mars 1989, n° 88-84.580 : *Bull. crim.* n° 144. ▪ Cass. crim., 6 mars 1991, n° 90-84.990 : *Bull. crim.* n° 115. ▪ Cass. crim., 26 mars 1998, n° 97-81.214 : *Bull. crim.* n° 115. ▪ Cass. crim., 4 juin 1998, n° 97-82.618 : *Bull. crim.* n° 184. ▪ Cass. crim., 27 juin 2001, n° 00-87.414 : *Bull. crim.* n° 164).

32) Limite du principe : comparution impossible. Le principe posé par l'article 6, § 3 *d* de la Convention européenne des droits de l'Homme trouve sa limite dans l'impossibilité de faire comparaître un témoin (▪ Cass. crim., 27 juin 1990, n° 89-87.077 : *Bull. crim.* n° 264).

• Applications

33) Les juges du second degré n'enfreignent pas les dispositions de l'article 6, § 3 *d* de la Convention européenne des droits de l'Homme, dès lors qu'ils justifient leur décision en exposant les circonstances particulières qui font obstacle à la confrontation du prévenu avec le témoin ou sont de nature à la priver de toute force probante (▪ Cass. crim., 21 janv. 1991, n° 90-81.264 : *Bull. crim.* n° 32) ; … en exposant les difficultés particulières, tels les risques d'intimidation, de pressions ou de représailles qui rendent impossible la confrontation sollicitée (▪ Cass. crim., 8 févr. 1990, n° 89-81.832 : *Bull. crim.* n° 70).

D – Demande d'audition d'un témoin par la partie civile

34) Texte applicable. L'article 513 du Code de procédure pénale ne concerne que les témoins cités par le prévenu (▪ Cass. crim., 14 mai 2003, n° 02-84.428).

35) Refus. Les parties civiles ne sauraient faire grief à l'arrêt d'avoir rejeté leurs conclusions sollicitant l'audition de témoins dès lors que la cour d'appel n'était pas tenue de procéder à nouveau à l'audition des six témoins qu'elles avaient fait citer en première instance et que les conclusions ne contenaient aucune indication sur l'objet et l'intérêt de l'audition des trois témoins supplémentaires (▪ Cass. crim., 26 nov. 2002, n° 01-88.900 : *Bull. crim.* n° 211).

IV – PAROLE À L'APPELANT OU À SON REPRÉSENTANT POUR INDIQUER LES MOTIFS DE SON APPEL

36) Mentions de l'arrêt. Aucune disposition légale n'impose que figure dans l'arrêt attaqué la mention selon laquelle l'appelant ou son représentant a sommairement indiqué les motifs de son appel (▪ Cass. crim., 30 avr. 2002, n° 01-84.958 : *Bull. crim.* n° 94).

V – PRISE DE PAROLE

37) Ministère public et parties. Il se déduit de l'article 513 du Code de procédure pénale que seuls le ministère public et les parties en cause ont la parole devant la cour d'appel (▪ Cass. crim., 29 mars 2017, n° 15-86.434 : *Bull. crim.* n° 95 ; *Procédures* 2017, comm. 109, obs. A.-S. Chavent-Leclère). Lorsque les dispositions civiles du jugement sont devenues définitives, la partie civile, constituée en première instance, qui n'est plus partie en appel, ne peut comparaître à l'audience ou s'y faire représenter et ne peut être entendue qu'en qualité de témoin (même arrêt). Il se déduit des articles 437 et 513 du Code de procédure pénale, ensemble l'article 509 du même code que, lorsque les dispositions civiles du jugement sont devenues définitives, la partie civile constituée en première instance, qui n'est plus partie en appel, ne peut être entendue qu'en qualité de témoin et ne saurait, dès lors, être assistée d'un avocat (▪ Cass. crim., 29 mars 2017, n° 16-82.484 : *Bull. crim.* n° 94). Lorsque les dispositions civiles de l'arrêt ayant fait l'objet d'une cassation partielle sont devenues définitives, la partie civile, qui n'est plus partie au procès, ne peut comparaître ou se faire représenter, en cette qualité, à l'audience de la juridiction désignée pour statuer sur renvoi après cassation (▪ Cass. crim., 11 avr. 2018, n° 17-83.024 : *Bull. crim.* n° 72 ; *Procédures* 2018, comm. 199, obs. A.-S. C.-L.).

A – Ministère public

38) Mentions de l'arrêt. La mention selon laquelle « les parties en cause ont eu la parole dans l'ordre prévu par les articles 513 et 460 du Code de procédure pénale » implique que, conformément à l'article 515 du Code de procédure pénale, le ministère public a été entendu en ses réquisitions (▪ Cass. crim., 4 févr. 1997, n° 96-81.227 : *Bull. crim.* n° 97. ▪ Cass. crim., 30 janv. 2013, n° 11-89.224 : *Bull. crim.* n° 33).

B – Avocat de la partie civile

39) Obstacle à l'exercice de son droit à la parole. La mention d'un arrêt selon laquelle, au cours du débat sur les intérêts civils, après le rapport du président à l'audience publique, les avocats des parties civiles ont déposé leurs dossiers de plaidoirie à la demande expresse de la cour n'établit pas qu'il ait été fait obstacle à l'exercice de leur droit à la parole tel qu'il est prévu par l'article 513 du Code de procédure pénale (▪ Cass. crim., 15 févr. 1995, n° 94-82.849 : *Bull. crim.* n° 73).

40) Dépôt de conclusions. La partie civile ne saurait se faire un grief de ce que l'arrêt attaqué, statuant uniquement sur les intérêts civils, ne mentionne pas que son avocat, présent à l'audience, ait été entendu ainsi que le prévoit l'article 460 du Code de procédure pénale, dès lors que la décision constate le dépôt des conclusions régulièrement visées formalisant ses prétentions (▪ Cass. crim., 3 nov. 2004, n° 03-85.642 : *Bull. crim.* n° 266).

VI – PAROLE EN DERNIER AU PRÉVENU OU À SON CONSEIL

A – Bénéficiaires de la règle

41) Redevable pécuniaire d'une amende. Selon l'article 513 du Code de procédure pénale, le prévenu ou son avocat auront toujours la parole les derniers ; cette règle s'applique également à la personne redevable pécuniairement d'une amende (■ Cass. crim., 7 nov. 2017, n° 17-80.831 : *Bull. crim.* n° 245).

42) Personne à la fois prévenu et représentant d'une personne morale. Lorsque selon les mentions d'un arrêt, l'intéressé a eu la parole en dernier, il en résulte qu'il a nécessairement exercé ce droit en sa double qualité de prévenu et de représentant de la personne morale également prévenue, et que les prescriptions de l'article 513 du Code de procédure pénale ont donc été observées (■ Cass. crim., 9 janv. 2018, n° 17-80.200 : *Bull. crim.* n° 5).

B – Prévenu et/ou conseil

43) Les dispositions de l'article 513, alinéa 4, du Code de procédure pénale ont été respectées, dès lors que l'avocat du prévenu a été entendu en dernier et que, présent à l'audience, le prévenu n'a pas demandé à prendre la parole (■ Cass. crim., 27 janv. 2010, n° 09-83.395 : *Bull. crim.* n° 16. ■ Cass. crim., 9 mars 2016, n° 13-85.943 : *Bull. crim.* n° 71). Il importe peu que ce soit le prévenu lui-même ou son avocat qui ait la parole le dernier (■ Cass. crim., 25 juin 2013, n° 12-81.820 : *Bull. crim.* n° 159).

C – Domaine de la règle

1° Domaine de la règle quant aux juridictions d'appel

44) Chambre de l'instruction. Il n'importe que les avocats des parties civiles aient présenté leurs observations après ceux des personnes mises en examen, dès lors que les débats devant la chambre d'accusation (de l'instruction) sont réglés par l'article 199, alinéa 2, du Code de procédure pénale sans application des articles 513 et 460 du même code, et qu'il résulte des mentions de l'arrêt que les avocats des personnes mises en examen ont eu la parole en dernier (■ Cass. crim., 3 mai 1995, n° 95-80.725 : *Bull. crim.* n° 161).

2° Domaine de la règle quant aux procédures

• Procédures intéressant la défense

45) Aux termes de l'article 513, dernier alinéa du Code de procédure pénale, le prévenu ou son conseil auront toujours la parole en dernier ; cette règle, qui domine tout le débat pénal, concerne toutes les procédures intéressant la défense et se terminant par un jugement ou un arrêt (■ Cass. crim., 8 juin 1983, n° 82-94.323 : *Bull. crim.* n° 175. ■ Cass. crim., 20 sept. 2000, n° 99-81.392 : *Bull. crim.* n° 272). Il en est ainsi des procédures douanières (■ Cass. crim., 23 août 1993, n° 92-85.012 : *Bull. crim.* n° 258). Il n'en est pas ainsi de la solidarité fiscale qui, constituant une garantie pour le recouvrement de la créance du Trésor public, n'est pas une punition de nature pénale (■ Cass. crim., 22 févr. 2022, n° 21-81.161 : *Bull. crim.* à paraître. *Contra*, à propos de la solidarité fiscale et de la contrainte par corps – contrainte judiciaire –, ■ Cass. crim., 20 sept. 2000, préc.).

46) Demande de relèvement. Selon l'article 703 du Code de procédure pénale, la juridiction saisie d'une demande de relèvement d'une interdiction, d'une déchéance, d'une incapacité ou d'une mesure de publication statue en chambre du conseil sur les conclusions du ministère public, le requérant ou son avocat entendus ou dûment convoqués ; il se déduit des dispositions combinées de cet article et des articles 460 et 513 du même code, ainsi que des principes généraux du droit, que l'avocat de la partie requérante doit avoir la parole en dernier ; il en est de même de la partie elle-même si elle est présente (■ Cass. crim., 15 oct. 2003, n° 03-81.101 : *Bull. crim.* n° 192).

• Incidents de procédure

47) La règle de l'article 513, dernier alinéa du Code de procédure pénale s'applique à tout incident, dès lors qu'il n'est pas joint au fond (■ Cass. crim., 5 janv. 2005, n° 04-82.437 : *Bull. crim.* n° 8. ■ Cass. crim., 12 janv. 2005, n° 04-83.030 : *Bull. crim.* n° 16. ■ Cass. crim., 1er févr. 2011, n° 10-85.378 : *Bull. crim.* n° 16. ■ Cass. crim., 3 mars 2015, n° 14-86.498 : *Bull. crim.* n° 41. ■ Cass. crim., 10 nov. 2020, n° 18-86.186, § 8. ■ Cass. crim., 22 févr. 2022, n° 21-82.137, § 6). Encourt dès lors la censure l'arrêt d'une cour d'appel qui, après en avoir spécialement délibéré, rejette la demande de supplément d'information présentée avant tout débat par l'avocat du prévenu, après avoir entendu, sur cet incident, les avocats des parties civiles et le ministère public (■ Cass. crim., 12 janv. 2005, n° 04-83.030 : *Bull. crim.* n° 16). Encourt la censure l'arrêt de la cour d'appel qui ne met pas la Cour de cassation en mesure de s'assurer que, après rejet de l'opposition exprimée par le prévenu à l'audition de témoins cités par la partie civile, la règle de l'article 513, dernier alinéa du Code de procédure pénale a été respectée (■ Cass. crim., 5 janv. 2005, préc.). Il résulte des mentions de l'arrêt attaqué qu'il a été statué, au cours des débats, sur la demande de renvoi présentée par le prévenu, pour la rejeter, sans que ce dernier n'ait eu la parole le dernier ; en prononçant ainsi, alors que l'incident n'avait pas été joint au fond, la cour d'appel a méconnu le sens et la portée de l'article 513, alinéa 4 du Code de procédure pénale (■ Cass. crim., 23 nov. 2021, n° 21-81.303). N'encourt pas la censure l'arrêt qui constate que, après jonction d'un incident au fond et poursuite des débats, les avocats des prévenus ont eu la parole en dernier, avant que la cour d'appel ne se prononce sur l'ensemble de l'affaire (■ Cass. crim., 27 févr. 2002, n° 01-83.119 : *Bull. crim.* n° 51).

• **Arrêts sur les seuls intérêts civils**

48) Le demandeur ne saurait se faire un grief de ce qu'il n'a pas eu, ainsi que son avocat, la parole en dernier, dès lors que, l'action publique n'étant plus en cause et la cour d'appel ne prononçant que sur les intérêts civils, les dispositions de l'article 513, alinéa 4, du Code de procédure pénale ne sont pas applicables (■ Cass. crim., 13 déc. 1983, n° 82-92.346 : *Bull. crim.* n° 341 : amnistie. ■ Cass. crim., 12 janv. 2010, n° 09-82.171 : *Bull. crim.* n° 4 : chose jugée. ■ Cass. crim., 26 févr. 2013, n° 12-81.746 : *Bull. crim.* n° 47 ; *Dr. pén.* 2013, comm. 65, obs. A. Maron et M. Haas), la partie pénalement condamnée comparaissant en qualité non de prévenu, mais d'intimé (■ Cass. crim., 14 nov. 1989, n° 88-81.817 : *Bull. crim.* n° 416. ■ Cass. crim., 7 sept. 1999, n° 98-86.127 : *Bull. crim.* n° 180). Lorsque l'action publique se trouve éteinte en raison du caractère définitif des dispositions pénales du jugement, l'appelant, pénalement condamné au premier degré, qui limite son appel à l'action civile ne comparaît plus en qualité de prévenu ; dès lors en donnant la parole en premier à son conseil, la cour se conforme aux dispositions de l'article 513 du Code de procédure pénale (■ Cass. crim., 10 juill. 1979, n° 78-92.929 : *Bull. crim.* n° 243). Seule est prescrite à peine de nullité l'audition en dernier du prévenu ou de son avocat ; les demandeurs ne sauraient donc se prévaloir de l'inobservation de l'ordre de parole prévu à l'article 513 du Code de procédure pénale, au motif que, devant la cour d'appel, saisie du seul appel de la partie civile, la partie civile appelante doit avoir la parole en dernier et que la parole a été donnée en dernier à l'avocat de l'intimé (■ Cass. crim., 5 juin 2013, n° 12-86.022 : *Bull. crim.* n° 129).

D – Mentions de l'arrêt

1° Principe

49) Les mentions de l'arrêt doivent mettre la Cour de cassation en mesure de s'assurer qu'il a été satisfait aux dispositions de l'article 513 du Code de procédure pénale (■ Cass. crim., 2 déc. 1992, n° 91-86.698 : *Bull. crim.* n° 399).

2° Applications

50) Encourt la cassation l'arrêt qui porte des mentions d'où il résulte que le ministère public a été entendu le dernier, en violation de l'article 513 du Code de procédure pénale (■ Cass. crim., 19 janv. 1978, n° 77-91.620 : *Bull. crim.* n° 22. ■ Cass. crim., 14 déc. 1989, n° 89-82.912 : *Bull. crim.* n° 482. ■ Cass. crim., 21 oct. 1997, n° 96-85.363 : *Bull. crim.* n° 343). Encourt la cassation l'arrêt qui ne porte pas que le prévenu ou son conseil ont eu la parole en dernier (■ Cass. crim., 25 juill. 1978, n° 77-93.792 : *Bull. crim.* n° 245). La cassation est encourue lorsque le prévenu n'a pas eu la parole en dernier, motif pris de son énervement (■ Cass. crim., 26 juin 2013, n° 12-82.534 : *Dr. pén.* 2013, comm. 147, obs. A. Maron et M. Haas). N'encourt pas la cassation l'arrêt dont les mentions, complétées par les notes d'audience tenues régulièrement par le greffier, mettent la Cour de cassation en mesure de s'assurer que l'avocat du prévenu a eu la parole en dernier (■ Cass. crim., 21 avr. 2020, n° 19-84.506).

E – Nullité

51) Grief. Le prévenu fait vainement grief à la chambre d'accusation (de l'instruction) d'avoir donné la parole en dernier, non à lui-même ou à son conseil, mais au procureur général, dès lors qu'il résulte de ses propres écritures et des pièces de la procédure que, tant dans ses réquisitions écrites qu'à l'audience, ce magistrat a requis un non-lieu, en sorte qu'il n'a pas été porté atteinte aux droits de la défense (■ Cass. crim., 3 mai 1990, n° 90-80.226 : *Bull. crim.* n° 167 ; *D.* 1990, 435, note D. Mayer). S'il est exact que dans le débat pénal le prévenu ou son conseil doit toujours avoir la parole en dernier, la décision critiquée n'encourt cependant pas la censure, aucune atteinte n'ayant été portée aux intérêts du demandeur, dès lors qu'il n'est ni établi ni allégué que la compagnie d'assurances, qui ne soulevait aucune exception de non-garantie, ait eu des intérêts contraires à ceux du prévenu (■ Cass. crim., 14 juin 1990, n° 89-85.575 : *Bull. crim.* n° 246). Le ministère public s'étant borné à s'en rapporter à justice sur la demande de renvoi formée pour le prévenu, celui-ci ne saurait se faire un grief de ce que le président n'a pas donné la parole à la défense pour qu'elle réplique (■ Cass. crim., 20 sept. 2011, n° 11-81.314 : *Bull. crim.* n° 183 ; *Dr. pén.* 2011, comm. 143, obs. A. Maron et M. Haas ; *RSC* 2012, p. 198, obs. J. Danet). En refusant la désignation d'un avocat d'office et en quittant la salle d'audience, les prévenus n'ont pas entendu faire valoir leurs moyens de défense : ils ne sauraient donc invoquer que la parole ne leur a pas été confiée en dernier (■ Cass. crim., 23 mai 2013, n° 12-83.780 : *Bull. crim.* n° 115).

Art. 514 ***(Mod., L. n° 93-2, 4 janv. 1993).*** **– Si la cour estime que l'appel est tardif ou irrégulièrement formé, elle le déclare irrecevable.**

Si elle estime que l'appel, bien que recevable, n'est pas fondé, elle confirme le jugement attaqué.

Bibliographie : D. Guirimand, *Cour d'appel en matière correctionnelle. - Composition. Procédure : JCl. Proc. pén.*, art. 496 à 520-1, Fasc. 30, actualisé par C. Guéry.

Art. 515 *(L. n° 83-608, 8 juill. 1983).* **– La cour peut, sur l'appel du ministère public, soit confirmer le jugement, soit l'infirmer en tout ou en partie dans un sens favorable ou défavorable au prévenu.**

La cour ne peut, sur le seul appel du prévenu, du civilement responsable, de la partie civile ou de l'assureur de l'une de ces personnes, aggraver le sort de l'appelant.

La partie civile ne peut, en cause d'appel, former aucune demande nouvelle ; toutefois elle peut demander une augmentation des dommages-intérêts pour le préjudice souffert depuis la décision de première instance.

Bibliographie : ***Répertoire.*** D. Guirimand, *Cour d'appel en matière correctionnelle. – Effets de l'appel : JCl. Proc. pén.*, art. 496 à 520-1, Fasc. 20, actualisé par C. Guéry.

Généralités. P.-D. de Boisvilliers, *La règle de l'interdiction d'aggraver le sort du prévenu : RSC* 1993, p. 694. • P.-D. de Boisvilliers, *La règle de l'interdiction d'aggraver le sort de la partie civile et de la partie civilement responsable : RSC* 1994, p. 237. • F. Ehrhard, *L'interdiction de la « reformatio in pejus » : RSC* 1939, p. 469.

• *Sommaire*

I – PROCÉDURES EXCLUES DU DOMAINE DE L'ARTICLE 515 DU CODE DE PROCÉDURE PÉNALE

1) Rectification d'erreur matérielle. Les articles 509 et 515 du Code de procédure pénale ne sont pas applicables en cas de rectification d'erreur matérielle (▪ Cass. crim., 17 juin 2003, n° 02-82.003 : *Bull. crim.* n° 124 ; *Dr. pén.* 2003, comm. 117, obs. A. Maron).

2) Taxation de frais de justice. Les articles 509 et 515 du Code de procédure pénale sont sans application au recours de la partie prenante en matière de taxation de frais de justice criminels, correctionnels et de police (▪ Cass. crim., 3 juin 2008, n° 07-87.883 : *Bull. crim.* n° 136 ; *Dr. pén.* 2008, comm. 136, obs. A. Maron et M. Haas).

II – RÈGLES GÉNÉRALES

3) Violation de la *reformatio in pejus*. Violation relevée d'office. La violation de la prohibition de la *reformatio in pejus* formulée par l'article 515 du Code de procédure pénale peut être relevée d'office par la Cour de cassation (▪ Cass. crim., 8 oct. 2003, n° 02-86.992 : *Bull. crim.* n° 183).

4) Évocation et respect de l'effet dévolutif de l'appel. Lorsque la cour d'appel doit évoquer et statuer sur le fond conformément à l'article 520 du Code de procédure pénale, elle doit respecter les articles 509 et 515 du même code relatifs à l'effet dévolutif de l'appel auxquels l'article 520 précité ne fait pas exception (■ Cass. crim., 4 oct. 2011, n° 11-84.138 : *Bull. crim.* n° 190 ; *Dr. pén.* 2011, comm. 157, obs. A. Maron et M. Haas. V. aussi ■ Cass. crim., 23 mars 1987, n° 85-96.719 : *Bull. crim.* n° 131). Justifie dès lors sa décision la cour d'appel qui, après avoir annulé le jugement et avant de renvoyer les débats à une date ultérieure, dit qu'elle n'aura pas à se prononcer sur l'action publique dès lors que, ni les prévenus, ni le ministère public n'ont interjeté appel de la décision et que les prévenus étaient seulement intimés par la partie civile (■ Cass. crim., 4 oct. 2011, préc.).

5) Réformation d'un jugement ayant accordé réparation à la partie civile : sort des sommes. L'obligation de rembourser des sommes allouées à des parties civiles en réparation de leurs préjudices et versées par une compagnie d'assurances, à la suite des dispositions d'un jugement du tribunal correctionnel assorties de l'exécution provisoire, résulte de plein droit de la réformation de cette décision de première instance (■ Cass. crim., 25 mars 2014, n° 12-84.668 : *Bull. crim.* n° 92).

III – APPEL DU MINISTÈRE PUBLIC

A – Dévolution de l'intégralité de l'action publique

6) Principe. Sauf indications contraires expressément formulées dans la déclaration d'appel, le recours du ministère public saisit la juridiction de l'intégralité de l'action publique (■ Cass. crim., 5 févr. 1963, n° 59-93.540 : *Bull. crim.* n° 64). Par l'appel du ministère public, la cour d'appel se trouve saisie de la cause entière quant à l'action publique (■ Cass. crim., 7 déc. 1999, n° 99-82.473 : *Bull. crim.* n° 290). Il s'ensuit qu'une cour d'appel ne peut déclarer irrecevable l'exception de nullité de la citation, régulièrement soulevée devant les premiers juges par un prévenu déclaré coupable de divers délits et intimé sur l'appel du ministère public, aux motifs qu'elle est saisie du seul appel du ministère public et que ce prévenu n'a pas interjeté appel du jugement rejetant l'exception, alors que, n'ayant pas été relaxé, il y aurait eu intérêt et qu'il aurait ainsi acquiescé à la décision, laquelle, devenue définitive, ne pourrait plus être remise en cause (■ Cass. crim., 7 déc. 1999, préc.).

7) Appel principal ou appel incident. Sauf indications contraires expressément formulées dans la déclaration d'appel, le recours, principal ou incident, du ministère public, sans effet sur les intérêts civils, saisit la juridiction de l'intégralité de l'action publique (■ Cass. crim., 21 sept. 2004, n° 04-81.887 : *Bull. crim.* n° 214). En conséquence encourt la censure la cour d'appel qui, aux motifs que le procureur de la République n'a pas souhaité remettre en cause les dispositions pénales du jugement, déclare irrecevable son appel incident, alors que rien dans les termes de l'acte d'appel n'autorise à lui attribuer l'effet restrictif retenu (■ Cass. crim., 21 sept. 2004, préc.).

B – Inapplication de la prohibition de la *reformatio in pejus*

8) Pouvoirs de la cour d'appel sur l'action publique. Le ministère public ne saurait porter atteinte par sa requête d'appel ni par ses conclusions prises à l'audience aux pouvoirs de la cour quant à l'appréciation de la peine ; la cour reste donc libre d'aggraver la peine prononcée par les premiers juges, en présence d'une requête d'appel dans laquelle le procureur de la République émet l'avis que « la peine prononcée paraît pleinement justifiée et que le jugement devrait être confirmé » (■ Cass. crim., 3 nov. 1964, n° 64-91.612 : *Bull. crim.* n° 284 ; *JCP* G 1964, II, 13966, rapp. J.-C. Combaldieu. V. dans le même sens, ■ Cass. crim., 30 janv. 1985, n° 79-92.608 : *Bull. crim.* n° 51). En application de l'article 515 du Code de procédure pénale, la cour d'appel, saisie du recours du ministère public contre un jugement de condamnation, peut élever les peines prononcées par les premiers juges, quelles que soient les réquisitions prises à l'audience par le représentant du ministère public (■ Cass. crim., 16 janv. 2019, n° 17-81.136).

9) Cassation de l'arrêt d'appel sur pourvoi du seul prévenu. Après cassation, la cour de renvoi doit statuer non seulement sur l'appel du prévenu mais également sur celui du ministère public et peut aggraver la peine antérieurement prononcée, même si la cassation est intervenue sur le seul pourvoi du prévenu (■ Cass. crim., 13 oct. 2015, n° 14-87.111 : *Bull. crim.* n° 221 ; *Dr. pén.* 2015, comm. 168, obs. A. Maron et M. Haas).

C – Cas particulier de l'ajournement du prononcé de la peine

1° *Action publique*

10) Dès lors qu'ils sont saisis de l'appel d'un jugement déclarant le prévenu coupable d'une infraction et ajournant le prononcé de la peine, les juges ne sauraient, sans méconnaître l'étendue de leur saisine, statuer sur la seule culpabilité en laissant au tribunal le soin de fixer la peine ; il leur appartient, en cas d'appel du ministère public, de se prononcer sur la peine sans égard pour la date à laquelle le tribunal avait prévu de le faire (■ Cass. crim., 18 mars 1987, n° 87-80.250 : *Bull. crim.* n° 129. ■ Cass. crim., 28 févr. 1991, n° 90-82.555 : *Bull. crim.*

n° 101. ▪ Cass. crim., 4 oct. 1995, n° 94-86.057 : *Bull. crim.* n° 294).

2° *Action civile*

11) Lorsqu'ils sont saisis de l'appel d'un jugement déclarant le prévenu coupable d'une infraction, ajournant le prononcé de la peine, et ordonnant le sursis à statuer sur les intérêts civils, les juges du second degré ne sauraient, sans méconnaître l'étendue de leur saisine, statuer sur la culpabilité et la peine en renvoyant la procédure au tribunal correctionnel pour prononcer sur les intérêts civils (▪ Cass. crim., 19 janv. 2005, n° 04-80.996 : *Bull. crim.* n° 23).

3° *Respect de l'article 515*

12) Dès lors que les juges du second degré sont saisis de l'appel contre un jugement qui a déclaré un prévenu coupable d'une infraction, qui a renvoyé le prononcé de la peine à une date ultérieure et qui a sursis à statuer sur les intérêts civils, ils ne sauraient sans méconnaître les règles de la saisine statuer sur la seule culpabilité et laisser au tribunal le soin de fixer la peine et les réparations civiles. La cour d'appel, dès lors que le délai d'ajournement est expiré, doit évoquer et statuer par application des dispositions de l'article 520 du Code de procédure pénale, sans toutefois faire échec aux principes des articles 509 et 515 dudit code (▪ Cass. crim., 23 mars 1987, n° 85-96.719 : *Bull. crim.* n° 131).

IV – APPELS DU MINISTÈRE PUBLIC ET DU PRÉVENU

13) Absence d'effet pour la partie civile non appelante. Les juges du second degré, saisis des seuls appels du ministère public et du prévenu, ne peuvent réformer au profit de la partie civile, non appelante et intimée, un jugement auquel elle a tacitement acquiescé (▪ Cass. crim., 19 mars 1991, n° 90-81.621 : *Bull. crim.* n° 132. ▪ Cass. crim., 16 juin 2015, n° 14-84.522 : *Bull. crim.* n° 152 : appel également de l'assureur du prévenu. ▪ Cass. crim., 30 mars 2016, n° 14-83.428. ▪ Cass. crim., 15 janv. 2020, n° 18-84.670 : application à l'administration des Douanes. ▪ Cass. crim., 2 déc. 2020, n° 20-81.684, § 7). Faute d'appel de sa part, ils doivent donc la débouter, en conséquence de la relaxe qu'ils prononcent sur un chef de prévention, sans pouvoir lui allouer des dommages-intérêts à raison de la condamnation du prévenu pour un autre chef de prévention non retenu par les premiers juges (▪ Cass. crim., 19 mars 1991, préc.).

14) Absence d'effet pour un coprévenu non appelant ; action civile. Saisis des appels du ministère public et d'un seul prévenu, les juges du second degré ne peuvent, en l'absence de l'appel de la partie civile, condamner un coprévenu à des dommages-intérêts, alors que celui-ci avait été relaxé par les premiers juges (▪ Cass. crim., 18 juill. 1975, n° 74-93.147 : *Bull. crim.* n° 189. ▪ Cass. crim., 1er déc. 2020, n° 19-85.630, § 17).

V – APPELS DU PRÉVENU ET DE LA PARTIE CIVILE

15) Action publique : prohibition de la *reformatio in pejus*. Les juges du second degré, saisis des seuls appels de la partie civile et du prévenu, ne peuvent aggraver le sort de celui-ci sur l'action publique (▪ Cass. crim., 19 juin 2018, n° 16-86.643). Il résulte de l'article 509, alinéa 2 du Code de procédure pénale que la cour d'appel ne peut, sur le seul appel des parties civiles et du prévenu, aggraver la peine prononcée à l'encontre de ce dernier (▪ Cass. crim., 16 mars 2021, n° 20-82.174, § 7 : publié au *Bull.* ; *Dr. pén.* 2021, comm. 100, obs. E. Bonis).

16) Action civile : appel du prévenu sur la seule action publique. En présence d'un appel du prévenu, uniquement sur les dispositions pénales, du procureur de la République, à titre incident et toutes les parties civiles, l'arrêt attaqué, après avoir retenu, sur l'action publique, que le prévenu devait être relaxé au bénéfice du doute, énonce, sur l'action civile, que l'appel du prévenu ne porte que sur les dispositions pénales du jugement entrepris, que les parties civiles sont appelantes du dispositif civil et en demandent la confirmation, tout comme l'assureur, de sorte qu'il convient de confirmer le jugement en ses dispositions civiles ; en statuant ainsi, la cour d'appel a fait l'exacte application des articles 509 et 515 du Code de procédure pénale : en effet, à défaut d'appel du prévenu en ce qui concerne les dispositions civiles du jugement, celles-ci acquièrent à son égard l'autorité de la chose jugée, l'appel du ministère public étant sans effet sur les intérêts civils et, dans ce cas, la cour d'appel est compétente pour accorder aux parties civiles, sans pouvoir aggraver leur sort, la réparation de leurs dommages dont le principe est définitivement acquis (▪ Cass. crim., 15 janv. 2019, n° 18-80.036).

VI – APPEL DU SEUL PRÉVENU ; PROHIBITION DE LA *REFORMATIO IN PEJUS*

A – Action publique

1° *Aggravation résultant d'une décision sur la compétence*

17) Arrêt d'incompétence en raison d'une qualification criminelle. En application de l'article 515, alinéa 2 du Code de procédure pénale, une chambre des appels correctionnels ne peut décliner sa compétence au motif que les faits seraient criminels, et aggraver ainsi le sort du prévenu, seul appelant, en l'exposant à des peines criminelles substituées à la peine correctionnelle prononcée contre lui par les premiers juges (■ Cass. crim., 19 juill. 1966, n° 66-91.823 : *Bull. crim.* n° 203).

2° Aggravation de la peine

18) Principe de la prohibition de la *reformatio in pejus*. Il résulte de l'article 509, alinéa 2 du Code de procédure pénale que la cour d'appel ne peut, sur le seul appel du prévenu, en l'absence d'appel du ministère public, aggraver le sort de l'appelant (■ Cass. crim., 19 mai 2021, n° 20-86.869, § 6).

19) Aggravation par remplacement d'une peine. Une cour d'appel, saisie des seuls appels du prévenu et de ses représentants légaux, après avoir confirmé le jugement sur la déclaration de culpabilité, ne peut l'infirmer sur la peine en prononçant un emprisonnement d'une durée de trois mois avec sursis en lieu et place de la peine de travail d'intérêt général prononcée par les premiers juges (■ Cass. crim., 30 mars 2016, n° 14-87.074). V. dans le même sens, s'agissant de l'allongement de la durée de la peine d'emprisonnement, ■ Cass. crim., 25 mai 2016, n° 15-80.596.

20) Aggravation d'une peine d'emprisonnement et prononcé d'un sursis. Pour l'application de l'article 515 du Code de procédure pénale, seule est à prendre en considération la durée de la peine prononcée, indépendamment de ses modalités d'exécution (■ Cass. crim., 21 nov. 2001, n° 01-82.335 : *Bull. crim.* n° 242. ■ Cass. crim., 16 mars 2021, n° 20-82.174, § 10 : publié au *Bull.* ; *Dr. pén.* 2021, comm. 100, obs. E. Bonis). Saisie du seul appel du prévenu, une cour d'appel ne peut élever la peine d'emprisonnement prononcée au premier degré, même en l'assortissant du sursis (■ Cass. crim., 13 juin 1968, n° 68-90.940 : *Bull. crim.* n° 193. ■ Cass. crim., 31 mars 1993, n° 91-84.172 : *Bull. crim.* n° 137. ■ Cass. crim., 16 mars 2021, préc.). Une telle mesure constitue seulement une dispense provisoire d'exécuter la peine, laquelle subsiste intégralement et devra être subie au cas où, par suite d'une nouvelle condamnation, le sursis viendrait à être révoqué ; le sort de l'appelant se trouve ainsi aggravé en l'absence d'appel du ministère public, en sorte que les dispositions de l'article 515 du Code de procédure pénale sont méconnues (■ Cass. crim., 13 juin 1968, préc.). Il n'importe que la condamnation à l'emprisonnement ait été assortie du sursis avec mise à l'épreuve, une telle mesure, relative aux modalités d'exécution de la peine, étant sans incidence sur la durée de la peine elle-même (■ Cass. crim., 31 mars 1993, préc.).

21) Aggravation d'une peine d'amende et prononcé d'un sursis. Pour apprécier la gravité de la peine d'amende prononcée par la cour d'appel, saisie des appels du prévenu et des parties civiles, seul est à prendre en considération son montant indépendamment de ses modalités d'exécution (■ Cass. crim., 16 mars 2021, n° 20-82.174, § 10 : publié au *Bull.* ; *Dr. pén.* 2021, comm. 100, obs. E. Bonis) ; a donc méconnu ce texte, la cour d'appel qui, après avoir confirmé la déclaration de culpabilité, a infirmé le jugement sur la peine, portant l'amende de 3 000 € sans sursis à 4 000 € avec sursis (même arrêt).

22) Substitution d'un type de sursis à un autre. Ne méconnaît pas les exigences de l'article 515, alinéa 2, du Code de procédure pénale, la cour d'appel qui substitue à un sursis simple un sursis avec mise à l'épreuve, dès lors que de telles mesures relatives aux modalités d'exécution de la peine sont sans incidence sur la durée de la peine elle-même (■ Cass. crim., 4 avr. 2002, n° 01-84.625 : *Bull. crim.* n° 78).

23) Révocation d'un sursis. Les juges du second degré, qui se trouvent saisis, par l'effet dévolutif de l'appel interjeté par le prévenu, de toutes les questions de droit et de fait soumises aux premiers juges, peuvent, sur ce seul appel, décider de révoquer un sursis qui ne l'a pas été par le tribunal tout en écartant la révocation ordonnée par lui, dès lors que loin d'aggraver le sort du condamné, une telle décision lui est favorable (■ Cass. crim., 5 mai 1998, n° 97-82.391 : *Bull. crim.* n° 148). Comp. : à l'occasion de l'appel formé par le seul prévenu contre un jugement qui, sur requête du juge de l'application des peines, a ordonné la révocation d'un sursis avec mise à l'épreuve assortissant une condamnation à l'emprisonnement et a refusé d'ordonner la révocation d'un autre sursis de même nature assortissant une autre condamnation, la cour d'appel, en l'absence d'appel du ministère public, ne peut ordonner la révocation refusée par les premiers juges, sans violer les dispositions de l'article 515 du Code de procédure pénale (■ Cass. crim., 9 avr. 1991, n° 91-80.935 : *Bull. crim.* n° 168).

24) Action fiscale. L'action pour l'application des sanctions fiscales exercée par l'administration des Douanes sur le fondement de l'article 343-2 du Code des douanes a le caractère d'une action publique qui est indépendante du droit d'obtenir le paiement des sommes fraudées ou indûment obtenues, que cette administration tient de l'article 377 *bis* de ce code et qui, seul, a le caractère d'une action civile. Justifie sa décision la cour d'appel qui, saisie de l'appel du prévenu sur les seules dispositions pénales, a sursis à statuer en matière douanière pour permettre la mise en cause de l'administration des Douanes (■ Cass. crim., 8 janv. 1998, n° 97-84.996 : *Bull. crim.* n° 9).

B – Action civile

25) La cour d'appel ne peut augmenter, sur le seul appel du prévenu, le montant des dommages et intérêts octroyés aux parties civiles, non appelantes (■ Cass. crim., 30 nov. 2021, n° 21-81.999, § 8). La cour d'appel ne peut, sur le seul appel du prévenu, aggraver le sort de l'appelant. Lorsque le tribunal correctionnel a condamné le prévenu à payer à la partie civile une somme à titre de dommages-intérêts et dit que les intérêts sur cette somme commenceront à courir à compter du jugement, la cour d'appel, saisie du seul appel du prévenu, ne peut ajouter que le point de départ des intérêts au taux légal serait fixé à une date antérieure et ordonner leur capitalisation (■ Cass. crim., 7 déc. 2016, n° 15-84.954).

VII – APPEL DE LA SEULE PARTIE CIVILE

A – Absence d'effets pour le prévenu

Sur l'appel de la seule partie civile contre un jugement de relaxe, V. art. 509, p. 1110.

26) Appel d'une décision de relaxe. Les juges du second degré, saisis du seul appel de la partie civile, ne peuvent prononcer aucune peine contre le prévenu définitivement relaxé (■ Cass. crim., 30 mars 2005, n° 03-84.621 : *Bull. crim.* n° 103).

B – Prohibition de la *reformatio in pejus*

27) Principe. Aux termes de l'article 515 du Code de procédure pénale, la cour d'appel ne peut, sur le seul appel de la partie civile, modifier le jugement dans un sens défavorable à celle-ci (■ Cass. crim., 15 févr. 1966, n° 65-91.970 : *Bull. crim.* n° 43. ■ Cass. crim., 21 janv. 2020, n° 19-83.960, § 8 et 9, visant en outre l'article 509). En application de l'article 515 du Code de procédure pénale, la cour d'appel ne peut, sur le seul appel de la partie civile, aggraver le sort de celle-ci (■ Cass. crim., 14 mai 2019, n° 17-87.259 : *Bull. crim.* n° 91).

28) Arrêt refusant de statuer sur l'action civile. Aux termes de l'article 515 du Code de procédure pénale, la cour ne peut, sur le seul appel de la partie civile, modifier le jugement dans un sens défavorable à celle-ci ; en outre l'appel du ministère public est sans effet sur les intérêts civils. Méconnaît les dispositions de l'article 515 du Code de procédure pénale, la cour qui, sur les seuls appels du ministère public et de la partie civile, tout en confirmant les peines prononcées, se déclare incompétente pour statuer sur l'action civile au motif que le préjudice ne serait pas la conséquence directe de l'infraction (■ Cass. crim., 15 févr. 1966, n° 65-91.970 : *Bull. crim.* n° 43). Doit être cassé l'arrêt qui juge irrecevable la constitution de partie civile, seule appelante du jugement qui l'avait reçue en sa constitution mais l'avait déboutée de ses demandes, en la privant ainsi de la possibilité de corroborer l'action publique (■ Cass. crim., 21 janv. 2020, n° 19-83.960, § 10).

29) Aggravation par réduction du montant des dommages-intérêts. Méconnaît les articles 509 et 515 du Code de procédure pénale la cour d'appel qui, sur le seul appel de la partie civile, aggrave son sort en réduisant le montant des dommages-intérêts alloués par les juges du premier degré (■ Cass. crim., 7 déc. 2016, n° 16-80.180).

30) Action abusive de la partie civile (CPP, art. 472). Les dispositions de l'article 515, alinéa 2 du Code de procédure pénale ne font pas obstacle à ce que le prévenu relaxé en première instance puisse saisir la juridiction du second degré, statuant sur le seul appel de la partie civile ayant mis en mouvement l'action publique, d'une demande tendant à faire constater que la poursuite exercée est abusive et qu'elle lui cause un préjudice ouvrant droit à réparation ; il n'importe que, devant les premiers juges, le prévenu n'ait pas sollicité de dommages-intérêts sur le fondement de l'article 472 du Code précité (■ Cass. crim., 27 mai 2004, n° 03-81.080 : *Bull. crim.* n° 140 ; *RSC* 2005, p. 105, obs. A. Giudicelli. *Contra* : ■ Cass. crim., 19 juin 1989, n° 88-85.534 : *Bull. crim.* n° 260. ■ Cass. crim., 5 févr. 2003, n° 02-83.646. ■ Cass. crim., 8 oct. 2003, n° 02-86.992 : *Bull. crim.* n° 183). Il se déduit des articles 515 et 472 du Code de procédure pénale qu'à l'égard du prévenu relaxé et débouté par le tribunal de la demande de dommages et intérêts pour procédure abusive qu'il avait formée contre la partie civile ayant engagé l'action publique, les juges du second degré, saisis du seul appel de cette dernière, sont tenus de limiter l'indemnisation susceptible d'être accordée à la réparation du préjudice résultant, pour le prévenu intimé, de la poursuite de cette procédure devant eux ; encourt donc la cassation l'arrêt qui condamne cette partie civile à verser au prévenu non appelant des dommages-intérêts en raison de la procédure abusive dont celui-ci a été l'objet devant le tribunal (■ Cass. crim., 17 déc. 2014, n° 13-87.476 : *Bull. crim.* n° 276).

C – Demande nouvelle en appel

31) Questions prioritaires de constitutionnalité. L'article 515 du Code de procédure pénale est conforme au principe d'égalité et à l'article 6 de la Déclaration des droits de l'homme et du citoyen : ... s'il interdit à la victime qui opte pour l'exercice de l'action civile devant les juridictions répressives de majorer en appel ses prétentions indemnitaires, alors que, devant les juridictions civiles, cette même demande aurait été recevable, ledit principe ne s'oppose pas à ce que le législateur règle de façon différente des situations différentes, alors que la partie civile a fait le choix d'exercer l'action civile devant le juge pénal (■ Cass. crim., 5 mai 2015, n° 14-86.436 QPC) ; ... s'il interdit à la victime qui opte pour l'exercice de l'action civile devant les juridictions répressives, de formuler en appel des demandes complémentaires, alors que, devant les juridictions civiles, cette même demande aurait été recevable, ledit principe ne s'oppose pas à ce que le législateur règle de façon différente des situations différentes, alors que la partie civile a fait le choix d'exercer l'action civile devant le juge pénal et que ce dernier doit se prononcer avec célérité pour des considérations d'ordre public (■ Cass. crim., 8 avr. 2015, n° 14-85.862 QPC).

1° Règle d'intérêt privé

32) Principe. L'interdiction faite par l'article 515 du Code de procédure pénale à la partie civile de former, en cause d'appel, une demande nouvelle n'est pas d'ordre public (■ Cass. crim., 20 juill. 1976, n° 75-90.109 : *Bull. crim.* n° 259. ■ Cass. crim., 7 févr. 1984, n° 82-92.131 : *Bull. crim.* n° 42. ■ Cass. crim., 18 oct. 1988, n° 84-94.959 : *Bull. crim.* n° 349. ■ Cass. crim., 18 sept. 1996, n° 95-84.134 : *Bull. crim.* n° 318. ■ Cass. crim., 21 nov. 2012, n° 11-85.867 : *Bull. crim.* n° 253. ■ Cass. crim., 9 mars 2016, n° 14-88.126. ■ Cass. crim., 26 juin 2018, n° 17-83.568).

33) Conséquences. L'exception tirée de la violation de l'article 515 du Code de procédure pénale ne peut être soulevée d'office par la cour d'appel (■ Cass. crim., 20 juill. 1976, n° 75-90.109 : *Bull. crim.* n° 259. ■ Cass. crim., 7 févr. 1984, n° 82-92.131 : *Bull. crim.* n° 42. ■ Cass. crim., 18 oct. 1988, n° 84-94.959 : *Bull. crim.* n° 349. ■ Cass. crim., 18 sept. 1996, n° 95-84.134 : *Bull. crim.* n° 318). Le moyen tiré de l'irrecevabilité d'une demande nouvelle en cause d'appel ne peut être proposé pour la première fois devant la Cour de cassation (■ Cass. crim., 3 mars 1977, n° 74-92.884 : *Bull. crim.* n° 86. ■ Cass. crim., 18 oct. 1988, n° 84-94.959 : *Bull. crim.* n° 349. ■ Cass. crim., 21 nov. 2012, n° 11-85.867 : *Bull. crim.* n° 253. ■ Cass. crim., 9 mars 2016, n° 14-88.126. ■ Cass. crim., 20 nov. 2018, n° 17-81.672).

2° Demande n'étant pas nouvelle

34) Partie civile n'ayant pu compléter sa demande devant les premiers juges. N'est pas nouvelle, au sens de l'article 515 du Code de procédure pénale, la demande de dommages-intérêts formée pour la première fois en cause d'appel par la partie civile qui avait soulevée l'incompétence du tribunal correctionnel, dès lors que les premiers juges ont, par un seul et même jugement, statué sur la compétence et sur l'action publique, sans mettre la partie civile en mesure de compléter devant eux sa demande (■ Cass. crim., 17 juin 1992, n° 91-84.213 : *Bull. crim.* n° 241).

35) Modification du fondement juridique de la demande – Cas général. Ne constitue pas une demande nouvelle en cause d'appel, la demande de la partie civile qui, tendant aux mêmes fins que celle soumise aux premiers juges, repose sur un fondement juridique différent (■ Cass. crim., 29 juin 1999, n° 98-81.962 : *Bull. crim.* n° 164. ■ Cass. crim., 31 mars 2020, n° 19-85.545, § 16). Ainsi de la demande de réparation formée en première instance contre une société prise en qualité de personne civilement responsable de « son préposé », puis de la demande effectuée en appel contre ladite société en sa qualité de personne civilement responsable « de son dirigeant » (■ Cass. crim., 29 juin 1999, préc.).

36) Modification du fondement juridique de la demande – Cas de l'article 470-1 du Code de procédure pénale. L'article 470-1 du Code de procédure pénale n'est pas applicable lorsque les juges du second degré sont saisis du seul appel de la partie civile contre une décision de relaxe et que l'application de cet article n'a pas été invoquée devant le tribunal (■ Cass. crim., 10 juill. 1989, n° 88-86.054 : *Bull. crim.* n° 286. ■ Cass. crim., 29 janv. 1997, n° 96-82.167 : *Bull. crim.* n° 38 ; *Dr. pén.* 1997, comm. 132, obs. A. Maron. ■ Cass. crim., 14 mai 2008, n° 08-80.202 : *Bull. crim.* n° 112). *Contra* : n'est pas nouvelle au sens de l'article 515 du Code de procédure pénale la demande par laquelle, pour la première fois en appel, la partie civile réclame subsidiairement le bénéfice des dispositions de l'article 470-1, alinéa 1er du Code de procédure pénale, étendues à la juridiction du second degré par l'article 512 du même code, et qui en cas de relaxe du prévenu poursuivi pour homicide ou blessures involontaires, autorisent les juges, sur requête de la partie civile ou de son assureur, à faire application des règles de droit civil en vue de l'indemnisation de ladite partie civile, une telle demande ayant pour objet, au même titre que l'action civile originaire, la réparation des dommages résultant des faits poursuivis (■ Cass. crim., 11 mars 1986, n° 85-91.048 : *Bull. crim.* n° 98. ■ Cass. crim., 20 oct. 1986, n° 85-92.876 : *Bull. crim.* n° 291).

37) Demande d'une mesure d'instruction par la partie civile. L'article 515 du Code de procédure pénale n'interdit pas à une partie civile de solliciter une mesure d'instruction aux fins de parfaire l'évaluation d'un chef de dommage déjà soumis au débat en première instance (■ Cass. crim., 31 mars 2020, n° 19-85.545, § 16).

3° *Demande nouvelle et montant des dommages-intérêts*

38) Chef de dommage déjà soumis aux premiers juges. Le préjudice causé par une infraction doit être déterminé au jour de la décision et les dispositions de l'article 515, alinéa 3, du Code de procédure pénale, prohibant en cause d'appel les demandes nouvelles, ne sauraient interdire à la partie civile d'élever le montant de sa demande pour un chef de dommage déjà soumis au premier juge (■ Cass. crim., 7 oct. 2008, n° 07-87.792 : *Bull. crim.* n° 202. ■ Cass. crim., 30 juin 2009, n° 08-86.096. ■ Cass. crim., 18 mars 2014, n° 12-83.274 : *Bull. crim.* n° 81. ■ Cass. crim., 13 oct. 2015, n° 14-86.436). Les dispositions de l'article 515, alinéa 3, du Code de procédure pénale, prohibant en cause d'appel les demandes nouvelles, ne sauraient interdire à la partie civile de présenter sous un nouveau poste de préjudice un chef de dommage déjà soumis, sous une autre rubrique, au premier juge (■ Cass. crim., 8 déc. 2020, n° 19-86.399, § 12).

39) Chef de dommage apparu depuis la décision de première instance. La partie civile peut demander un complément de dommages-intérêts pour le préjudice nouveau souffert depuis la décision de première instance et se rattachant directement aux faits dont il est la conséquence. Est de nature à constituer un tel préjudice celui qui s'est aggravé ou était inconnu à la date du jugement et sur lequel il n'avait pu être statué (■ Cass. crim., 7 avr. 2021, n° 20-80.737, § 19). Une partie civile ne pouvant en cause d'appel former aucune demande nouvelle, il ne lui est possible de demander une augmentation des dommages-intérêts qu'elle aurait sollicités du tribunal que pour le préjudice souffert depuis la décision de première instance (■ Cass. crim., 22 mars 1973, n° 72-92.265 : *Bull. crim.* n° 145). Il résulte de l'article 515, alinéa 3, du Code de procédure pénale que la partie civile ayant obtenu en première instance le montant intégral des dommages-intérêts qu'elle réclamait ne peut, en cause d'appel, demander une augmentation de ce montant, sauf dans le cas de l'existence d'un préjudice souffert depuis la décision de première instance (■ Cass. crim.,18 sept. 2007, n° 07-80.684 : *Bull. crim.* n° 209). La partie civile ne saurait toutefois étendre sa demande nouvelle à la période antérieure à la décision de première instance (■ Cass. crim., 28 mai 1973, n° 72-92.299 : *Bull. crim.* n° 240).

40) Partie civile non appelante. Selon les dispositions de l'article 515, alinéa 3, du Code de procédure pénale, la partie civile, même non appelante, peut demander un complément de dommages-intérêts pour le préjudice nouveau souffert depuis la décision de première instance et se rattachant directement aux faits mêmes dont il est la conséquence (■ Cass. crim., 17 mars 1993, n° 92-83.595 : *Bull. crim.* n° 119. ■ Cass. crim., 7 avr. 2021, préc.). Il en est ainsi pour une caisse d'assurance maladie, bien fondée, quoique non appelante, à intervenir devant les juges du second degré saisis par le seul appel du prévenu, afin d'obtenir le remboursement des dépenses à elle occasionnées depuis le jugement de première instance ; encourt dès lors la cassation l'arrêt qui refuse à une caisse, non appelante, mais intervenante sur l'appel d'une autre partie, le remboursement de ses dépenses postérieures au jugement (■ Cass. crim., 4 janv. 1980, n° 79-90.687 : *Bull. crim.* n° 6). Doit être cassé l'arrêt qui, pour confirmer la décision des premiers juges ayant déclaré la partie civile recevable en sa constitution et ayant condamné le prévenu à l'indemniser du préjudice moral résultant directement de l'infraction, retient que la partie civile n'a pas interjeté appel de cette décision, alors que la partie civile avait également sollicité la condamnation du prévenu à lui payer des dommages-intérêts au titre du préjudice moral enduré depuis le jugement (■ Cass. crim., 8 déc. 2021, n° 21-80.200).

VIII – APPEL DU FONDS DE GARANTIE DES ASSURANCES OBLIGATOIRES DE DOMMAGES

41) Effet de l'appel du Fonds de garantie pour la partie civile en l'absence d'appel du prévenu. Si, en l'absence d'appel du prévenu, la condamnation de ce dernier au profit de la partie civile ne peut, en application de l'article 515 du Code de procédure pénale, être modifiée dans un sens défavorable à celle-ci dans leurs rapports réciproques, il n'en est pas de même à l'égard du fonds de garantie, partie intervenante à titre principal, dont l'appel remet en cause ses propres rapports avec ladite partie civile ; dans ces conditions, la cour d'appel a l'obligation d'examiner la demande du fonds de garantie en disant si, à son égard, la fixation des réparations civiles doit être modifiée ou non (■ Cass. crim., 8 oct. 1975, n° 73-93.619 : *Bull. crim.* n° 210) et de statuer à nouveau sur l'évaluation du dommage de ladite partie civile (■ Cass. crim., 20 juin 1991, n° 90-80.756 : *Bull. crim.* n° 268).

42) Effet de l'appel du Fonds de garantie pour le prévenu non appelant. Si l'article L. 421-5 du Code des assurances accorde au Fonds de garantie contre les accidents la faculté, exorbitante du droit commun, d'agir à titre principal devant les juridictions répressives et même pour la première fois en cause d'appel, en vue notamment de contester le principe ou le montant de l'indemnité réclamée, cette disposition doit se combiner avec celle de l'article 515 du Code de procédure pénale, qui interdit à la cour, à défaut d'appel du prévenu, de modifier le jugement dans un sens défavorable à la partie civile ; aussi, en l'absence d'appel du prévenu, le recours du Fonds de garantie ne peut avoir d'effet que dans les rapports de cet organisme avec les parties civiles, les condamnations prononcées contre le prévenu lui-même n'étant pas remises en question (▪ Cass. crim., 20 juin 1991, n° 90-81.146 : *Bull. crim.* n° 269).

IX – APPEL DE LA SEULE ADMINISTRATION FISCALE

43) Lorsque les juges prononcent une condamnation pour fraude fiscale en application des articles 1741, 1742 et 1743 du Code général des impôts, l'administration fiscale, partie civile, est recevable devant la juridiction du second degré, y compris sur son seul appel, à demander que soit prononcée la solidarité du condamné avec le redevable légal des impôts fraudés (▪ Cass. crim., 16 janv. 2013, n° 12-82.546 : *Bull. crim.* n° 14 ; *Dr. pén.* 2013, comm. 92, obs. J.-H. Robert).

Art. 515-1 *(L. n° 81-82, 2 févr. 1981).* **– Lorsque le tribunal, statuant sur l'action civile, a ordonné le versement provisoire, en tout ou en partie, des dommages-intérêts alloués, cette exécution provisoire peut être arrêtée, en cause d'appel, par le premier président statuant en référé si elle risque d'entraîner des conséquences manifestement excessives. Le premier président peut subordonner la suspension de l'exécution provisoire à la constitution d'une garantie, réelle ou personnelle, suffisante pour répondre de toutes restitutions ou réparations.**

Lorsque l'exécution provisoire a été refusée par le tribunal statuant sur l'action civile ou lorsque l'exécution provisoire n'a pas été demandée, ou si, l'ayant été, le tribunal a omis de statuer, elle peut être accordée, en cas d'appel, par le premier président statuant en référé.

Bibliographie : D. Guirimand, *Cour d'appel en matière correctionnelle. – Effets de l'appel : JCl. Proc. pén.*, art. 496 à 520-1, Fasc. 20, actualisé par C. Guéry.

1) **Pourvoi en cassation contre l'ordonnance du premier président.** L'ordonnance d'un premier président statuant en référé, par application de l'article 515-1 du Code de procédure pénale, sur une demande de suspension de l'exécution provisoire des dispositions civiles d'un jugement pénal, n'entre pas dans les prévisions de l'article 567 du même code et ne peut, dès lors, faire l'objet d'un pourvoi devant la chambre criminelle de la Cour de cassation (▪ Cass. crim., 13 av. 1983, n° 82-91.662 : *Bull. crim.* n° 101 ; *RSC* 1984, p. 99, obs. J.-H. Robert).

2) **Décision du JAP.** La compétence du juge de l'application des peines pour définir les modalités de la réparation des dommages causés par l'infraction, en application de l'article 132-45 du Code pénal, n'exclut pas, lorsque le prévenu a interjeté appel des seules dispositions civiles de la décision, que le premier président soit saisi, en application de l'article 515-1, alinéa 2, du Code de procédure pénale, d'une demande tendant à ce que la condamnation civile soit assortie de l'exécution provisoire (▪ CA Grenoble, 21 nov. 1995 : *Dr. pén.* 1997, comm. 42, obs. A. Maron).

Art. 516. – Si le jugement est réformé parce que la cour estime qu'il n'y a ni crime, ni délit, ni contravention ou que le fait n'est pas établi ou qu'il n'est pas imputable au prévenu, elle renvoie celui-ci des fins de la poursuite.

Dans ce cas, si le prévenu acquitté demande des dommages-intérêts, dans les conditions prévues à l'article 472, il porte directement sa demande devant la cour d'appel.

Bibliographie : D. Guirimand, *Cour d'appel en matière correctionnelle. – Effets de l'appel : JCl. Proc. pén.*, art. 496 à 520-1, Fasc. 20, actualisé par C. Guéry.

1) **Droit du prévenu relaxé d'être indemnisé par la partie civile – Réformation du jugement.** Les dispositions de l'article 516, alinéa 2 du Code de procédure pénale ne peuvent s'appliquer que lorsque les juges du second degré infirment le jugement entrepris et relaxent le prévenu (solution implicite, dans le cas où, sur appel de la seule partie civile ayant mis en mouvement l'action publique, la cour d'appel confirme le jugement de relaxe : ▪ Cass. crim., 3 déc. 1985, n° 84-94.843 : *Bull. crim.* n° 387. ▪ Cass. crim., 22 juin 1987, n° 86-93.019 : *Bull. crim.* n° 258). Comp. : les dispositions de l'article 515, alinéa 2 du Code de procédure pénale ne font pas obstacle à ce que le prévenu relaxé en première instance puisse saisir la juridiction du second degré, statuant sur le seul appel de la partie civile ayant mis en mouvement l'action publique, d'une demande tendant à faire constater que la poursuite exercée est abusive et qu'elle lui cause un

préjudice ouvrant droit à réparation ; il n'importe que, devant les premiers juges, le prévenu n'ait pas sollicité de dommages-intérêts sur le fondement de l'article 472 du Code précité (▪ Cass. crim., 27 mai 2004, n° 03-81.080 : *Bull. crim.* n° 140 ; *RSC* 2005, p. 105, obs. A. Giudicelli. *Contra* : ▪ Cass. crim., 19 juin 1989, n° 88-85.534 : *Bull. crim.* n° 260. ▪ Cass. crim., 5 févr. 2003, n° 02-83.646. ▪ Cass. crim., 8 oct. 2003, n° 02-86.992 : *Bull. crim.* n° 183).

2) Droit du prévenu relaxé d'être indemnisé par la partie civile – Possibilité pour les juges d'appel de réévaluer le préjudice du prévenu non appelant. Les dispositions combinées des articles 472 et 515, alinéa 3, du Code de procédure pénale ne font pas obstacle à ce que les juges du second degré élèvent le montant des réparations allouées au prévenu relaxé, bien que celui-ci n'ait pas interjeté appel, dès lors qu'il s'agit d'une aggravation du préjudice postérieur au jugement et se rattachant directement à l'abus de constitution de partie civile dont elle est la conséquence et le développement (▪ Cass. crim., 18 oct. 1993, n° 92-84.261 : *Bull. crim.* n° 296. ▪ Cass. crim., 18 oct. 1995, n° 94-83.119 : *Bull. crim.* n° 312).

Art. 517 ***(Mod., L. n° 92-1336, 16 déc. 1992).*** **– Si le jugement est réformé parce que la cour estime que le prévenu bénéficie d'une cause légale d'exemption de peine, elle se conforme aux dispositions de l'article 468.**

Bibliographie : D. Guirimand, *Cour d'appel en matière correctionnelle. – Effets de l'appel : JCl. Proc. pén.*, art. 496 à 520-1, Fasc. 20, actualisé par C. Guéry.

Art. 518. – Si le jugement est annulé parce que la cour estime que le fait ne constitue qu'une contravention, elle prononce la peine et statue, s'il y a lieu, sur l'action civile.

Bibliographie : D. Guirimand, *Cour d'appel en matière correctionnelle. – Effets de l'appel : JCl. Proc. pén.*, art. 496 à 520-1, Fasc. 20, actualisé par C. Guéry.

Prohibition de la *reformatio in pejus*. Si, en application de l'article 518 du Code de procédure pénale, la cour d'appel peut procéder aux disqualifications qui résultent des débats, c'est à la condition qu'elle respecte les prescriptions de l'article 515 du même code (prohibition de la *reformatio in pejus*), au cas où l'appel émane du seul prévenu (▪ Cass. crim., 5 mai 1960, 2 arrêts : *Bull. crim.* n°s 244 et 245).

Art. 519. – Si le jugement est annulé parce que la cour estime que le fait est de nature à entraîner une peine criminelle, la cour d'appel se déclare incompétente. Elle renvoie le ministère public à se pourvoir ainsi qu'il avisera.

Elle peut, le ministère public entendu, décerner par la même décision, mandat de dépôt ou d'arrêt contre le prévenu.

Bibliographie : D. Guirimand, *Cour d'appel en matière correctionnelle. – Effets de l'appel : JCl. Proc. pén.*, art. 496 à 520-1, Fasc. 20, actualisé par C. Guéry.

I – DÉCLARATION D'INCOMPÉTENCE

1) Règles d'ordre public. En matière répressive, la compétence des juridictions est d'ordre public et il appartient aux juges correctionnels, même d'office et en tout état de la procédure, de se déclarer incompétents lorsque les faits poursuivis ressortissent à la juridiction criminelle (▪ Cass. crim., 3 févr. 1988, n° 87-82.336 : *Bull. crim.* n° 55. ▪ Cass. crim., 4 janv. 1990, n° 89-82.636 : *Bull. crim.* n° 1. ▪ Cass. crim., 1er févr. 2005, n° 04-85.351 : *Bull. crim.* n° 32). La cour d'appel peut se déclarer incompétente sans avoir égard à un précédent arrêt avant dire droit rendu par elle, dès lors qu'aucune autorité de chose jugée quant à la compétence ne saurait s'attacher à une telle décision (▪ Cass. crim., 1er févr. 2005, préc.).

II – MANDAT DE DÉPÔT OU D'ARRÊT

2) Placement en détention provisoire après réformation du jugement attaqué. La cour d'appel qui annule le jugement parce que les faits qui lui ont été déférés sous une qualification délictuelle sont de nature à entraîner une peine criminelle, ne peut décerner mandat de dépôt ou d'arrêt contre le prévenu qu'après avoir entendu à nouveau le ministère public sur cette mesure (▪ Cass. crim., 3 sept. 1985, n° 85-93.058 : *Bull. crim.* n° 251). Elle ne peut se borner à ordonner le maintien en détention du prévenu (▪ Cass. crim., 8 févr. 1989, n° 88-86.875 : *Bull. crim.* n° 60).

3) Maintien en détention provisoire après confirmation du jugement attaqué. Les dispositions de l'article 469 du Code de procédure pénale selon lesquelles la juridiction correctionnelle qui se déclare incompétente ne peut décerner mandat de dépôt ou d'arrêt qu'après avoir entendu le ministère public sur cette mesure, ne s'appliquent que devant la juridiction qui décerne le titre de détention et non devant la cour d'appel qui, statuant en application de l'article 519 du Code de procédure pénale, confirme la décision d'incompétence des premiers juges et ne fait que maintenir les effets du mandat régulièrement décerné par eux (▪ Cass. crim., 3 sept. 1985, n° 85-91.501 : *Bull. crim.* n° 251. ▪ Cass. crim., 25 mai 2005, n°s 04-86.363 et 04-87.102 : *Bull. crim.* n° 161).

Art. 520. – **Si le jugement est annulé pour violation ou omission non réparée de formes prescrites par la loi à peine de nullité, la cour évoque et statue sur le fond.**

Bibliographie : D. Guirimand, *Cour d'appel en matière correctionnelle. – Effets de l'appel : JCl. Proc. pén.*, art. 496 à 520-1, Fasc. 20, actualisé par C. Guéry.

• Sommaire

I – RÈGLES GÉNÉRALES

A – Conformité aux principes constitutionnels

1) Questions prioritaires de constitutionnalité. Si l'article 520 du Code de procédure pénale impose à la cour d'appel d'évoquer et de statuer sur le fond après annulation du jugement, c'est dans tous les cas et par un arrêt susceptible d'un pourvoi en cassation : il n'est ainsi porté atteinte ni au droit du prévenu à un recours juridictionnel effectif, ni à son droit à un procès équitable garantis par l'article 16 de la Déclaration des droits de l'homme et du citoyen (▪ Cass. crim., 15 févr. 2011, n° 10-90.123 QPC : *Bull. crim.* n° 26 ; *Dr. pén.* 2011, comm. 47, obs. A. Maron et M. Haas. ▪ Cass. crim., 29 mars 2011, n° 11-90.003, QPC. ▪ Cass. crim., 29 mars 2011, n° 10-87.066 QPC. ▪ Cass. crim., 29 mars 2011, n° 11-90.004, QPC. ▪ Cass. crim., 13 sept. 2011, n° 11-84.138 QPC).

B – Conformité à la Convention européenne des droits de l'Homme

2) Les dispositions de l'article 520 du Code de procédure pénale ne sont pas contraires à la Convention européenne des droits de l'Homme (▪ Cass. crim., 7 déc. 2010, n° 10-87.339 : *Bull. crim.* n° 194 ; *Dr. pén.* 2011, comm. 58, obs. A. Maron et M. Haas).

3) Protocole n° 7, Conv. EDH. Rejette à bon droit la demande des avocats des prévenus tendant à renvoyer la procédure devant le tribunal correctionnel initialement saisi, l'arrêt qui, après avoir annulé le jugement, évoqué et statué au fond, conformément aux dispositions de l'article 520 du Code de procédure pénale, retient que l'application de ces dispositions ne constitue pas une atteinte au droit des prévenus à un double degré de juridiction dès lors, notamment, que le présent arrêt est susceptible d'un pourvoi en cassation : aux termes des réserves formulées par la France lors de la ratification du Protocole n° 7 de la Convention européenne des droits de l'Homme, l'examen de la décision de condamnation par une juridiction supérieure peut se limiter à un contrôle de l'application de la loi, tel que le recours en cassation (▪ Cass. crim., 3 mars 2015, n° 14-80.250). V. dans le même sens, (▪ Cass. crim., 26 févr. 1997, n° 96-82.850. ▪ Cass. crim., 8 juill. 2015, n°s 14-82.351 et 14-82.352).

C – Domaine d'application de l'article 520 du Code de procédure pénale

4) Infractions de presse. En l'absence de dispositions contraires expresses, la disposition de l'article 520 du Code de procédure est applicable aux infractions prévues par loi du 29 juillet 1881 sur la presse (▪ Cass. crim., 12 juill. 1983, n° 82-91.814 : *Bull. crim.* n° 221).

D – La violation de l'article 520 du Code de procédure pénale, moyen de cassation relevé d'office

5) La violation de l'article 520 du Code de procédure pénale peut être relevée d'office par la Cour de cassation (▪ Cass. crim., 5 juin 1980, n° 80-90.842 : *Bull. crim.* n° 178. ▪ Cass. crim., 15 oct. 2003, n° 03-82.683 : *Bull. crim.* n° 193. ▪ Cass. crim., 27 avr. 2004, n° 04-80.645 : *Bull. crim.* n° 97. ▪ Cass. crim., 3 avr. 2007, n° 06-89.315 : *Bull. crim.* n° 103).

II – CONDITIONS DE L'ÉVOCATION

A – Mise en mouvement de l'action publique

6) L'article 520 du Code de procédure pénale doit recevoir application dès lors que, toute autre condition à son application étant remplie, l'action publique a été mise en mouvement devant le tribunal compétent (▪ Cass. crim., 10 nov. 1976, n° 76-90.943 : *Bull. crim.* n° 322).

B – Annulation du jugement

7) La cour d'appel ne peut évoquer et statuer sur le fond qu'après avoir annulé le jugement déféré pour violation ou omission non réparée de formes prescrites par la loi à peine de nullité ; la confirmation du jugement attaqué met dès lors obstacle à l'application des dispositions de l'article 520 du Code de procédure pénale (▪ Cass. crim., 8 août 1981, n° 81-92.535 : *Bull. crim.* n° 239. ▪ Cass. crim., 18 nov. 2015, n° 14-82.805 : *Bull. crim.* n° 264).

8) L'évocation opérée par la cour d'appel en application de l'article 520 du Code de procédure pénale implique nécessairement qu'elle a annulé le jugement entrepris, même si elle ne l'a pas expressément précisé (▪ Cass. crim., 26 juill. 1989, n° 89-82.795 : *Bull. crim.* n° 297).

C – Cas d'évocation

1° *Principe*

9) Disposition non limitative. La disposition de l'article 520 du Code de procédure pénale, qui fait obligation à la cour d'appel d'évoquer le fond lorsque le jugement est annulé pour violation ou omission des formes prescrites par la loi à peine de nullité, n'est pas limitative (▪ Cass. crim., 7 oct. 1964, n° 64-90.262 : *Bull. crim.* n° 259. ▪ Cass. crim., 12 juin 1968, n° 67-92.268 : *Bull. crim.* n° 189 ; *JCP* G 1969, II, 15850, note J.-C. Sacotte. ▪ Cass. crim., 5 nov. 1970, n° 69-91.154 : *Bull. crim.* n° 291 ; *D.* 1971, p. 90, note J.-M. Robert. ▪ Cass. crim., 14 mars 1974, n° 73-93.274 : *Bull. crim.* n° 114 ; *D.* 1974, p. 604, note J.-M. Robert. ▪ Cass. crim., 17 févr. 1976, n° 75-91.821 : *Bull. crim.* n° 59. ▪ Cass. crim., 5 juin 1980, n° 80-90.842 : *Bull. crim.* n° 178. ▪ Cass. crim., 30 nov. 1987, n° 86-95.467 : *Bull. crim.* n° 433. ▪ Cass. crim., 19 déc. 1995, n° 94-82.442 : *Bull. crim.* n° 389. ▪ Cass. crim., 27 avr. 2004, n° 04-80.645 : *Bull. crim.* n° 97. ▪ Cass. crim., 20 févr. 2007, n° 06-84.607 : *Bull. crim.* n° 50 ; *RSC* 2007, p. 838, obs. R. Finielz. ▪ Cass. crim., 3 avr. 2007, n° 06-87.264 : *Bull. crim.* n° 104. ▪ Cass. crim., 2 mars 2011, n° 10-86.940 : *Bull. crim.* n° 47 ; *RSC* 2011, p. 421, obs. J. Danet. ▪ Cass. crim., 22 mars 2017, n° 16-80.050 : *Bull. crim.* n° 81).

10) Annulation du jugement pour toute cause autre que l'incompétence. Les cours d'appel doivent évoquer et statuer au fond, chaque fois qu'elles annulent un jugement pour toute autre cause que celle d'incompétence (▪ Cass. crim., 7 oct. 1964, n° 64-90.262 : *Bull. crim.* n° 259. ▪ Cass. crim., 16 févr. 1972, n° 71-90.104 : *Bull. crim.* n° 60. ▪ Cass. crim., 10 janv. 1974, n° 73-90.560 : *Bull. crim.* n° 17. ▪ Cass. crim., 8 août 1981, n° 81-92.535 : *Bull. crim.* n° 239. ▪ Cass. crim., 7 déc. 2010, n° 10-87.339 : *Bull. crim.* n° 194 ; *Dr. pén.* 2011, comm. 58, obs. A. Maron et M. Haas), sans qu'il y ait à distinguer si les irrégularités constatées portent sur le jugement, sur l'instruction ou sur les actes mêmes en vertu desquels le tribunal a été saisi (▪ Cass. crim., 25 juill. 1972, n° 72-91.748 : *Bull. crim.* n° 254).

2° *Applications*

11) Irrégularité affectant la saisine de la juridiction de jugement. L'article 520 du Code de procédure pénale est applicable en cas d'annulation d'un jugement : … par lequel le tribunal s'est à tort dessaisi de la poursuite (▪ Cass. crim., 12 juin 1968, n° 67-92.268 : *Bull. crim.* n° 189 ; *JCP* G 1969, II, 15850, note J.-C. Sacotte. ▪ Cass. crim., 14 mars 1974, n° 73-93.274 : *Bull. crim.* n° 114 ; *D.* 1974, p. 604, note J.-M. Robert. ▪ Cass. crim., 11 juin 1974, n° 72-90.388 : *Bull. crim.* n° 210. ▪ Cass. crim., 5 juin 1980, n° 80-90.842 : *Bull. crim.* n° 178. ▪ Cass. crim., 23 févr. 1983, n° 81-93.729 : *Bull. crim.* n° 65. ▪ Cass. crim., 4 oct. 1993, n° 93-82.512 : *Bull. crim.* n° 274. ▪ Cass. crim., 20 févr. 2007, n° 06-84.607 : *Bull. crim.* n° 50 ; *RSC* 2007, p. 838, obs. R. Finielz) ; … qui a déclaré à tort une citation irrégulière (▪ Cass. crim., 31 mai 1989, n° 88-83.151 : *Bull. crim.* n° 228. ▪ Cass. crim., 4 oct. 1993, n° 93-82.512 : *Bull. crim.* n° 274).

12) Les dispositions de l'article 520 du Code de procédure pénale s'étendent : … aux cas où l'irrégularité s'attache à l'enquête et affecte l'acte par lequel le tribunal est saisi (■ Cass. crim., 15 oct. 2003, n° 03-82.683 : *Bull. crim.* n° 193. ■ Cass. crim., 3 avr. 2007, n° 06-87.264 : *Bull. crim.* n° 104) ; … au cas où l'irrégularité affecte l'acte par lequel le tribunal compétent est saisi (■ Cass. crim., 27 avr. 2004, n° 04-80.645 : *Bull. crim.* n° 97. ■ Cass. crim., 12 avr. 2005, n° 05-80.870 : *Bull. crim.* n° 120) ; … au cas où l'irrégularité affecte la convocation du prévenu devant la juridiction, et non l'acte de saisine que constitue en l'espèce l'ordonnance de renvoi rendue par le juge d'instruction (■ Cass. crim., 12 sept. 2018, n° 17-82.265).

13) Jugement sur la compétence. L'article 520 du Code de procédure pénale est applicable en cas d'annulation d'un jugement : … par lequel le tribunal s'est déclaré à tort incompétent (■ Cass. crim., 8 juill. 1964, n° 63-93.043 : *Bull. crim.* n° 226 ; *RSC* 1965, p. 149, obs. J.-M. Robert. ■ Cass. crim., 26 avr. 1972, n° 70-93.153 : *Bull. crim.* n° 144) ; … par lequel la juridiction du premier degré s'est déclarée à tort territorialement compétente (■ Cass. crim., 31 mars 2010, n° 09-82.795 : *Bull. crim.* n° 58) ; … par lequel un tribunal a méconnu les dispositions de l'article 59, alinéas 2 et 3 de loi du 29 juillet 1881 sur la presse relatives aux exceptions d'incompétence (■ Cass. crim., 12 juill. 1983, n° 82-91.814 : *Bull. crim.* n° 221).

14) Jugement au fond. L'article 520 du Code de procédure pénale est applicable en cas d'annulation d'un jugement : … par lequel le tribunal n'a pas énoncé ou a laissé incertaines les infractions dont les prévenus ont été déclarés coupables (■ Cass. crim., 5 nov. 1970, n° 69-91.154 : *Bull. crim.* n° 291 ; *D.* 1971, p. 90, note J.-M. Robert) ; … par lequel le tribunal ayant ajourné le prononcé de la peine a méconnu l'effet dévolutif de l'appel attaché à sa précédente décision prononçant sur la culpabilité (■ Cass. crim., 22 févr. 1988, n° 86-92.466 : *Bull. crim.* n° 83) ; … par lequel le tribunal a omis de statuer sur l'action civile (■ Cass. crim., 12 mars 1984, n° 82-93.863 : *Bull. crim.* n° 98). Il se déduit des articles 2, 509 et 520 du Code de procédure pénale que, lorsqu'une cour d'appel statue sur le seul appel de la partie civile d'un jugement de relaxe ayant omis de prononcer sur l'action civile, elle doit annuler le jugement, évoquer et statuer sur l'action en réparation du dommage pouvant résulter de la faute civile du prévenu définitivement relaxé démontrée à partir et dans la limite des faits objet de la poursuite (■ Cass. crim., 10 déc. 2019, n° 18-85.327).

15) Autres cas. L'article 520 du Code de procédure pénale est applicable en cas d'annulation d'un jugement : par lequel le tribunal a déclaré à tort l'action publique prescripte (■ Cass. crim., 27 mars 2002, n°s 00-81.712, 00-88.111 : *Bull. crim.* n° 70) ; … par lequel le tribunal a omis de prononcer sur l'action civile (■ Cass. crim., 10 nov. 2020, n° 19-80.962, § 9 : publié au *Bull.*) ; … par lequel le tribunal a jugé à tort une constitution de partie civile irrecevable (■ Cass. crim., 17 févr. 1976, n° 75-91.821 : *Bull. crim.* n° 59. ■ Cass. crim., 15 nov. 1978, n° 77-93.181 : *Bull. crim.* n° 376. ■ Cass. crim., 29 avr. 1996, n° 95-82.081 : *Bull. crim.*, n° 167) ; … par défaut improprement qualifié de contradictoire (■ Cass. crim., 18 janv. 1995, n° 94-80.898 : *Bull. crim.* n° 24. ■ Cass. crim., 7 déc. 2010, n° 09-88.369 : *Bull. crim.* n° 196) ; … ayant à tort déclaré recevable l'opposition à un jugement par défaut (■ Cass. crim., 3 nov. 1999, n° 98-86.019 : *Bull. crim.* n° 240) ; … qui ne mentionne pas le nom des magistrats qui l'ont rendu (■ Cass. crim., 31 janv. 1994, n° 93-81.724 : *Bull. crim.* n° 40) ; … par lequel les premiers juges n'ont pas respecté le délai de renvoi de l'affaire qui leur était soumise selon la procédure de comparution immédiate (■ Cass. crim., 28 avr. 1998, n° 96-81.539 : *Bull. crim.* n° 141) ; … qui a condamné un prévenu, non comparant, cité devant le tribunal, sans que soit observé le délai prévu par l'article 552 du Code de procédure pénale (■ Cass. crim., 10 nov. 1976, n° 76-90.943 : *Bull. crim.* n° 322). L'article 520 du Code de procédure pénale est applicable lorsque l'irrégularité affecte la convocation du prévenu devant la juridiction et non l'acte de saisine que constitue l'ordonnance de renvoi rendue par le juge d'instruction (■ Cass. crim., 22 mars 2017, n° 16-80.050 : *Bull. crim.* n° 81).

III – MISE EN ŒUVRE DE L'ÉVOCATION

A – Évocation obligatoire

16) La disposition de l'article 520 du Code de procédure pénale fait obligation à la cour d'appel d'évoquer le fond lorsque le jugement est annulé pour violation ou omission des formes prescrites par la loi à peine de nullité (V. par exemple ■ Cass. crim., 8 juill. 1964, n° 63-93.043 : *Bull. crim.* n° 226 ; *RSC* 1965, p. 149, obs. J.-M. Robert. ■ Cass. crim., 7 oct. 1964, n° 64-90.262 : *Bull. crim.* n° 259. ■ Cass. crim., 12 juin 1968, n° 67-92.268 : *Bull. crim.* n° 189 ; *JCP G* 1969, II, 15850, note Sacotte. ■ Cass. crim., 5 nov. 1970, n° 69-91.154 : *Bull. crim.* n° 291 ; *D.* 1971, p. 90, note J.-M. Robert. ■ Cass. crim., 16 févr. 1972, n° 71-90.104 : *Bull. crim.* n° 60. ■ Cass. crim., 18 juill. 1985, n° 84-95.325 : *Bull. crim.* n° 268. ■ Cass. crim., 15 oct. 2003, n° 03-82.683 : *Bull. crim.* n° 193). Lorsque les conditions d'application de l'article 520 du Code de procédure pénale sont réunies : … la cour d'appel a le devoir d'évoquer (■ Cass. crim., 11 juin 1974, n° 72-90.388 : *Bull. crim.* n° 210) ; … l'évocation est imposée à la cour d'appel (■ Cass. crim., 17 févr. 1976, n° 75-91.821 : *Bull. crim.* n° 59) ; … la cour d'appel est tenue d'évoquer (■ Cass. crim., 3 avr. 2007, n° 06-89.315 : *Bull. crim.* n° 103).

17) Les termes de l'article 520 du Code de procédure pénale sont impératifs (■ Cass. crim., 25 juill. 1972, n° 72-91.748 : *Bull. crim.* n° 254).

18) Évocation implicite. L'évocation peut être implicite (■ Cass. crim., 7 mars 1972, n° 71-90.817 : *Bull. crim.* n° 83. ■ Cass. crim., 26 avr. 1972, n° 70-93.153 : *Bull. crim.* n° 144. ■ Cass. crim., 15 nov. 1978, n° 77-93.181 : *Bull. crim.* n° 316. ■ Cass. crim., 2 févr. 1988, n° 87-81.147 : *Bull. crim.* n° 52).

B – Respect de l'effet dévolutif de l'appel

1° *Principe*

19) Si l'évocation prononcée par la cour d'appel, en vertu des dispositions de l'article 520 du Code de procédure pénale, permet aux juges du second degré de remplir directement la mission des premiers juges, elle ne saurait cependant, lorsque ces derniers ont déjà statué au fond, faire échec aux principes qui, découlant des articles 509 et 515 du même code, régissent l'effet dévolutif de l'appel (■ Cass. crim., 2 mars 1976, n° 75-91.126 : *Bull. crim.* n° 75. ■ Cass. crim., 27 mai 1988, n° 86-94.075 : *Bull. crim.* n° 229. ■ Cass. crim., 4 nov. 2021, n° 20-87.028, § 13).

2° *Applications*

• Action publique

– Déclaration de culpabilité

20) Fait l'exacte application des dispositions de l'article 520 du Code de procédure pénale la cour d'appel qui, saisie des appels de certains prévenus et du ministère public, a, sur l'exception de nullité régulièrement soulevée par la défense, annulé en son entier la procédure d'information, y compris l'ordonnance de renvoi, et le jugement déféré en leurs seules dispositions concernant les prévenus appelants, puis a évoqué et, au vu de l'enquête préliminaire et des débats, a statué au fond, déclarant lesdits prévenus coupables des faits reprochés (■ Cass. crim., 4 sept. 1990, n° 89-86.408 : *Bull. crim.* n° 307).

– Ajournement du prononcé de la peine

21) Lorsqu'elle est saisie, par le prévenu seul, de l'appel d'un jugement ayant ajourné le prononcé de la peine, la cour d'appel est tenue d'évoquer le fond et a, dès lors, l'obligation de statuer tant sur la culpabilité que sur la peine (■ Cass. crim., 22 mai 1986, n° 85-90.210 : *Bull. crim.* n° 166).

22) Dès lors que les juges du second degré sont saisis de l'appel contre un jugement qui a déclaré un prévenu coupable d'une infraction, qui a renvoyé le prononcé de la peine à une date ultérieure et qui a sursis à statuer sur les intérêts civils, ils ne sauraient sans méconnaître les règles de la saisine statuer sur la seule culpabilité et laisser au tribunal le soin de fixer la peine et les réparations civiles. La cour d'appel, dès lors que le délai d'ajournement est expiré, doit évoquer et statuer par application des dispositions de l'article 520 du Code de procédure pénale, sans toutefois faire échec aux principes des articles 509 et 515 dudit code (■ Cass. crim., 23 mars 1987, n° 85-96.719 : *Bull. crim.* n° 131).

– Pouvoirs de la partie civile sur l'action publique

23) Jugement de première instance n'ayant pas statué au fond. Si, aux termes des articles 509 et 515 du Code de procédure pénale, la faculté d'appeler n'appartient à la partie civile que pour ses intérêts civils, seulement, il n'en est ainsi qu'à l'égard des décisions par lesquelles les premiers juges ont statué au fond (■ Cass. crim., 5 juill. 1976, n° 75-93.347 : *Bull. crim.* n° 246. ■ Cass. crim., 10 mai 1994, n° 92-81.850 : *Bull. crim.* n° 177). Lorsque sur l'appel de la partie civile seule, la cour d'appel doit annuler un jugement qui a ordonné à tort le sursis à statuer et a renvoyé l'affaire à une date indéterminée, elle se trouve donc investie, en vertu de l'évocation qui s'impose à elle, du pouvoir de statuer comme les premiers juges, même en l'absence d'appel du ministère public et du prévenu, tant sur l'action publique que sur l'action civile (■ Cass. crim., 5 juill. 1976, n° 75-93.347 : *Bull. crim.* n° 246). Lorsqu'ils infirment, à bon droit, sur le seul appel des parties civiles le jugement déclarant à tort l'incompétence des juridictions correctionnelles pour connaître des poursuites exercées directement à la requête desdites parties, les juges du second degré sont tenus de statuer au fond sur ces mêmes poursuites, nonobstant l'inaction du ministère public (■ Cass. crim., 10 mai 1994, n° 92-81.850 : *Bull. crim.* n° 177).

• Action fiscale

24) Appel de l'administration fiscale. Déclare à tort irrecevable l'appel formé par l'administration des douanes d'un jugement qui, sur l'action fiscale du ministère public exercée concurremment à l'action publique, et en l'absence de cette administration, a déclaré le prévenu coupable du délit douanier sans prononcer sur les pénalités douanières encourues, alors que, saisie d'un appel du ministère public, elle avait l'obligation, après avoir annulé le jugement, d'évoquer et de statuer sur les éventuelles sanctions fiscales encourues (■ Cass. crim., 16 juin 2011, n° 10-86.808 : *Bull. crim.* n° 138).

• Action civile

– Prévenu

25) Lorsque plusieurs prévenus ont été condamnés pour vol et recel et que seuls certains d'entre eux ont relevé appel de la décision, c'est à bon droit que la cour d'appel, évoquant sur l'action civile, condamne solidairement les seuls appelants à dédommager la partie civile (■ Cass. crim., 27 mai 1988, n° 86-94.075 : *Bull. crim.* n° 229).

– Partie civile

26) Partie en première instance. L'article 520 du Code de procédure pénale ne permet pas à la cour d'appel de se prononcer à l'égard d'une partie qui ne se trouvait pas en cause en première instance (■ Cass. crim., 8 nov. 1983, n° 81-93.797 : *JurisData* n° 1983-002230 : *Bull. crim.* n° 292).

27) Caisse de sécurité sociale. Saisie par l'appel non limité des prévenus et du ministère public dans une instance pénale contre les tiers responsables, une cour d'appel ne peut, dès lors qu'elle a évoqué et statué au fond sur l'action publique et sur les intérêts civils, refuser de remplir le rôle des premiers juges et écarter les demandes des caisses de sécurité sociale, au motif que ces dernières n'avaient pas appelé du jugement, l'évocation ayant investi les juges d'appel de la mission de statuer par un arrêt commun, conformément aux dispositions du Code de la sécurité sociale, sur leurs demandes et celles des victimes, assurées sociales (■ Cass. crim., 9 déc. 1964, n° 64-90.611 : *Bull. crim.* n° 334).

C – Effets de l'évocation

1° *Obligation de remplir le rôle des premiers juges*

• Principe

28) Les cours d'appel, en annulant sur appel la décision prononcée par le tribunal correctionnel, se trouvent alors tenues de remplir directement le rôle des premiers juges (■ Cass. crim., 10 janv. 1974, n° 73-90.560 : *Bull. crim.* n° 17. ■ Cass. crim., 12 mars 1984, n° 82-93.863 : *Bull. crim.* n° 98. ■ Cass. crim., 31 mai 1989, n° 88-83.151 : *Bull. crim.* n° 228), dans la limite de leur saisine par les actes d'appel (■ Cass. crim., 6 janv. 2015, n° 13-88.036 : *Bull. crim.* n° 1 ; *Dr. pén.* 2015, comm. 24, obs. A. Maron et M. Haas). Elles sont par conséquent investies comme eux, même en l'absence d'appel de la partie civile, de la mission de statuer tant sur l'action pénale que sur l'action civile (■ Cass. crim., 10 janv. 1974, n° 73-90.560 : *Bull. crim.* n° 17. ■ Cass. crim., 12 mars 1984, n° 82-93.863 : *Bull. crim.* n° 98). Lorsque la cour d'appel statue sur l'appel d'un jugement ayant omis de prononcer sur une action civile, elle doit annuler ce jugement, évoquer et statuer à nouveau conformément à l'article 520 du Code de procédure pénale, en remplissant la mission des premiers juges et par suite, prononcer sur l'action civile (■ Cass. crim., 10 nov. 2020, n° 19-80.962, § 9 : publié au *Bull.*).

• Applications

– Appel de la seule partie civile

29) Jugement prononçant la nullité de la citation. Lorsque la cour d'appel infirme le jugement qui a déclaré nul l'exploit introductif d'instance, elle doit statuer sur l'action publique comme sur l'action civile, alors même que seule la partie civile aurait usé de la voie de l'appel (■ Cass. crim., 12 oct. 1993, n° 92-84.409 : *Bull. crim.* n° 284).

30) Décision d'irrecevabilité de la partie civile. Lorsque le tribunal se borne à prononcer l'irrecevabilité des constitutions de parties civiles, la cour d'appel se trouve, en vertu de l'évocation qui lui est imposée par l'article 520 du Code de procédure pénale, tenue de remplir directement le rôle des premiers juges, et, par suite, investie comme eux, même en l'absence d'appel du ministère public, du pouvoir de statuer aussi bien sur l'action publique que sur 'action civile (■ Cass. crim., 17 févr. 1976, n° 75-91.821 : *Bull. crim.* n° 59). Lorsque le jugement frappé d'appel a déclaré irrecevable la constitution de partie civile de la victime qui a saisi le tribunal correctionnel par citation directe, la cour d'appel, dans l'hypothèse où elle infirme cette décision, doit statuer tant sur l'action publique que sur l'action civile, alors même que seule la partie civile aurait usé de cette voie de recours (■ Cass. crim., 29 avr. 1996, n° 95-82.081 : *Bull. crim.* n° 167).

31) Jugement de relaxe ayant omis de statuer sur l'action civile. Il se déduit des articles 520, 591 et 593 Code de procédure pénale, ensemble les articles 2 et 509 du même code que, lorsqu'une cour d'appel statue sur le seul appel de la partie civile d'un jugement de relaxe ayant omis de prononcer sur l'action civile, elle doit annuler le jugement, évoquer et statuer sur l'action en réparation du dommage pouvant résulter de la faute civile du prévenu définitivement relaxé démontrée à partir et dans les limites des faits objet de la poursuite ; c'est donc à tort que a cour d'appel énonce que l'omission de statuer sur les demandes de la partie civile doit être réparée par la juridiction qui a omis de statuer, saisie par une requête à cette fin, et qu'elle ne pourra être saisie que de l'appel éventuel de la décision réparant cette omission (■ Cass. crim., 16 mai 2018, n° 17-82.353).

– Appel du seul ministère public

32) Déclaration d'incompétence du tribunal. Les cours d'appel, en réformant sur appel la décision prononcée par le tribunal correctionnel, se trouvent alors tenues de remplir directement le rôle des premiers juges et par conséquent investies comme eux, même en l'absence d'appel de la partie civile, de la mission de statuer tant sur l'action pénale que sur l'action civile (▪ Cass. crim., 8 juill. 1964, n° 63-93.043 : *Bull. crim.* n° 226 ; *RSC* 1965, p. 149, obs. J.-M. Robert. ▪ Cass. crim., 26 avr. 1972, n° 70-93.153 : *Bull. crim.* n° 144).

– Appel du ministère public et du prévenu

33) Opposition au jugement puis à l'arrêt de la cour d'appel. Il se déduit des articles 489 et 520 du Code de procédure pénale que, lorsque le prévenu a fait opposition à un jugement rendu par défaut à son égard, précédemment frappé d'appel par le ministère public et qui a donné lieu à un arrêt également rendu par défaut à l'encontre duquel il a aussi fait opposition, la cour ainsi saisie doit déclarer la première opposition sans objet, annuler l'arrêt et évoquer. C'est donc à tort qu'en pareil cas, la cour d'appel juge qu'il convient de surseoir à statuer pour permettre au tribunal correctionnel de statuer sur l'opposition faite au jugement afin que le prévenu bénéficie du double degré de juridiction (▪ Cass. crim., 24 sept. 2019, n° 19-84.072 : publié au *Bull.*).

34) Décision d'irrecevabilité de la partie civile. Fait une exacte application de la loi la cour d'appel qui, saisie des dispositions pénales et civiles du jugement par les appels des prévenus et du ministère public, et constatant que le jugement ne comportait pas de motivation, en prononce l'annulation, évoque et statue au fond, tant sur l'action publique que sur l'action civile, même en l'absence de la partie civile, non appelante et non comparante (▪ Cass. crim., 6 janv. 2015, n° 13-88.036 : *Bull. crim.* n° 1 ; *Dr. pén.* 2015, comm. 24, obs. A. Maron et M. Haas).

2° Interdiction de mettre les premiers juges en contradiction avec eux-mêmes

• Décision sur l'action civile : principes

35) Affirmation du principe. Par application de l'article 520 du Code de procédure pénale, lorsque les tribunaux répressifs ont statué au fond, en première instance, sur l'action civile accessoirement à l'action publique, le premier juge ne peut, après infirmation de sa décision, être à nouveau saisi de ce chef et se trouver ainsi exposé à se mettre en opposition avec le jugement qu'il a rendu. En conséquence lorsque l'arrêt statuant sur les appels non limités du ministère public, du prévenu et de la partie civile infirme la décision du premier juge en ce qu'il a établi un partage de responsabilité entre le prévenu et la victime et déclare le prévenu seul responsable, elle ne peut renvoyer les parties devant le premier juge pour être statué, après expertise, sur le montant du préjudice corporel subi par la victime (▪ Cass. crim., 9 oct. 1969, n° 67-92.665 : *Bull. crim.* n° 246. – V. dans le même sens ▪ Cass. crim., 10 oct. 1973, n° 73-91.345 : *Bull. crim.* n° 348 ; *D.* 1975, p. 84, note A.-M. H. ▪ Cass. crim., 7 déc. 2010, n° 10-87.339 : *Bull. crim.* n° 194 ; *Dr. pén.* 2011, comm. 58, obs. A. Maron et M. Haas). Cette règle est d'ordre public (▪ Cass. crim., 10 oct. 1973, n° 73-91.345 : *Bull. crim.* n° 348 ; *D.* 1975, p. 84, note A.-M. H.). Il se déduit de l'article 520 du Code de procédure pénale que la cour d'appel ne peut évoquer les points du litige relatif à l'action civile, qui n'ont pas été tranchés par les premiers juges, que lorsque le renvoi devant ces derniers les exposerait à se contredire sur ce qu'ils avaient décidé (▪ Cass. crim., 27 juin 2018, n° 17-83.026. ▪ Cass. crim., 28 mai 2019, n° 18-81.035). C'est donc à tort : … qu'après avoir confirmé le jugement, qui avait accueilli la constitution de partie civile de l'employeur de la prévenue et renvoyé l'affaire sur les intérêts civils, en ses dispositions relatives à la culpabilité de ladite prévenue, l'arrêt, évoquant sur l'action civile, condamne cette dernière à payer à la victime les sommes de 15 000 euros et de 2 000 euros en réparation de son préjudice matériel et moral (▪ Cass. crim., 27 juin 2018, préc.) ; … que la cour d'appel condamne le prévenu à payer certaines sommes pour un poste de préjudice dont les premiers juges se sont réservés la liquidation (▪ Cass. crim., 28 mai 2019, préc.).

36) Conséquence du principe. La cour d'appel en pareil cas doit se réserver le jugement de la suite de l'affaire (▪ Cass. crim., 7 mars 1972, n° 71-90.817 : *Bull. crim.* n° 83).

• Décision sur l'action civile : limites

37) La cour d'appel n'est tenue d'évoquer les points du litige relatif à l'action civile, qui n'ont pas été tranchés par les premiers juges, que lorsque le renvoi devant ces derniers les exposerait à se contredire sur ce qu'ils avaient décidé (▪ Cass. crim., 15 juin 2011, n° 10-87.312 : *Bull. crim.* n° 126 ; *Dr. pén.* 2011, comm. 113, obs. A. Maron et M. Haas. ▪ Cass. crim., 2 nov. 2016, n° 15-83.473 : *JurisData* n° 2016-022707 : *Bull. crim.* n° 279. ▪ Cass. crim., 1er déc. 2021, n° 20-82.518, § 7). Doit donc être cassé l'arrêt qui, après avoir confirmé le jugement en ses dispositions relatives à la culpabilité du prévenu, évoque sur l'action civile et condamne le prévenu à payer à la partie civile la somme de 20 000 euros en réparation de son préjudice moral (▪ Cass. crim., 1er déc. 2021, préc., § 8).

3° Obligation de statuer au fond

• Principe

Voir : V. annot nos 9 et 10, p. 1142 et les arrêts cités.

• Illustrations

Pour des exemples, V. annot. nos 11 à 15, p. 1142 et les arrêts cités.

38) Déclaration de culpabilité. Fait l'exacte application des dispositions de l'article 520 du Code de procédure pénale la cour d'appel qui, saisie des appels de certains prévenus et du ministère public, a, sur l'exception de nullité régulièrement soulevée par la défense, annulé en son entier la procédure d'information, y compris l'ordonnance de renvoi, et le jugement déféré en leurs seules dispositions concernant les prévenus appelants, puis a évoqué et, au vu de l'enquête préliminaire et des débats, a statué au fond, déclarant lesdits prévenus coupables des faits reprochés (■ Cass. crim., 4 sept. 1990, n° 89-86.408 : *Bull. crim.* n° 307).

39) Incompétence territoriale des premiers juges. Si l'exception d'incompétence territoriale de la juridiction de proximité peut être soulevée pour la première fois en cause d'appel, celle-ci doit évoquer, lorsqu'elle est elle-même compétente, après annulation du jugement (■ Cass. crim., 31 mars 2010, n° 09-82.795 : *Bull. crim.* n° 58).

40) Ajournement du prononcé de la peine. Encourt la cassation l'arrêt par lequel la cour d'appel omet d'évoquer après avoir annulé le jugement ayant statué sur la peine en méconnaissance de l'effet dévolutif de l'appel attaché à la décision ayant prononcé sur la culpabilité avec ajournement de la peine (■ Cass. crim., 22 févr. 1988, n° 86-92.466 : *Bull. crim.* n° 83).

• Conséquences

– Prohibition du refus de statuer

41) Les juges d'appel ne peuvent pas se borner à ordonner le retrait, de la procédure, des pièces annulées et le dépôt de celles-ci au greffe (■ Cass. crim., 21 nov. 2000, n° 00-83.693 : *Bull. crim.* n° 344).

– Prohibition du renvoi de l'affaire aux premiers juges

42) Encourt la censure l'arrêt qui, après avoir infirmé la décision entreprise en ce que le tribunal s'était à tort déclaré non saisi, a renvoyé la procédure devant la juridiction du premier degré, au lieu d'évoquer et de statuer sur le fond (■ Cass. crim., 20 févr. 2007, n° 06-84.607 : *Bull. crim.* n° 50 ; *RSC* 2007, p. 838, obs. R. Finielz). Encourt la censure l'arrêt qui, après avoir, pour les motifs que la cour d'appel énonce, déclaré irrecevable l'exception de nullité de la procédure d'instruction que les premiers juges avaient accueillie, a renvoyé pour être statué au fond le dossier de la procédure devant le tribunal correctionnel dont elle venait d'infirmer la décision, alors qu'elle était tenue d'évoquer en application de l'article 520 du Code de procédure pénale et de prononcer elle-même sur le fond de la poursuite (■ Cass. crim., 3 avr. 2007, n° 06-89.315 : *Bull. crim.* n° 103).

– Prohibition du renvoi de l'affaire au ministère public

43) Lorsqu'une cour d'appel annule les pièces d'une procédure d'information jusques et y compris le jugement du tribunal correctionnel, en motivant cette annulation par la violation des formes prescrites par la loi à peine de nullité, elle doit évoquer et statuer sur le fond, tant au regard de l'action publique que de l'action civile, sans pouvoir renvoyer le ministère public à se pourvoir ainsi qu'il aviserait (■ Cass. crim., 20 oct. 1986, n° 85-91.746 : *Bull. crim.* n° 295). Encourt la cassation l'arrêt qui a annulé un jugement ayant condamné un prévenu, non comparant, cité devant le tribunal, sans que soit observé le délai prévu par l'article 552 du Code de procédure pénale, puis, évoquant, a constaté la nullité de la citation par application de l'article 553 du même code, mais a refusé de statuer au fond, en renvoyant le ministère public à se pourvoir ainsi qu'il aviserait, alors que d'une part la nullité relevée était de celles qu'une défense au fond aurait pu couvrir, que d'autre part, l'action publique avait été mise en mouvement devant le tribunal compétent et que, dès lors, l'article 520 du même code devait recevoir application (■ Cass. crim., 10 nov. 1976, n° 76-90.943 : *Bull. crim.* n° 322. ■ Cass. crim., 12 avr. 2005, n° 05-80.870 : *Bull. crim.* n° 120). Encourt la cassation l'arrêt qui, après avoir annulé, à raison du défaut de qualité pour instruire du magistrat qui y avait procédé, l'interrogatoire de première comparution de l'inculpé (la personne mise en examen) et toute la procédure ultérieure, jusque et y compris l'ordonnance de renvoi, a refusé d'évoquer et de statuer au fond et a renvoyé le ministère public à se pourvoir (■ Cass. crim., 30 nov. 1987, n° 86-95.467 : *Bull. crim.* n° 433).

44) Détention provisoire. Ayant à connaître d'un jugement statuant sur une demande de mise en liberté entaché d'irrégularité, la cour d'appel se doit, en application de l'article 520 du Code de procédure pénale, de le déclarer nul et, étant dans l'obligation d'évoquer, elle se trouve dès lors saisie de la demande de mise en liberté sur laquelle il lui appartient de statuer faute de quoi le prévenu serait remis d'office en liberté (■ Cass. crim., 18 juill. 1985, n° 84-95.925 : *Bull. crim.* n° 260).

4° *Décision au fond*

45) Un seul arrêt. L'article 520 du Code de procédure pénale ne fait pas obligation à la cour d'appel de se prononcer par deux décisions distinctes, mais il implique au contraire un seul et même arrêt ; dès lors la condamnation du prévenu par la cour d'appel et son maintien en détention se substitue immédiatement à la décision annulée (■ Cass. crim., 7 janv. 1965, n° 63-93.032 : *Bull.*

crim. n° 6 ; *D.* 1965, p. 114, note J. M. Robert). L'arrêt qui joint au fond une exception de nullité du jugement déféré, évoque et procède au jugement sur le fond et sur l'incident par un seul et même arrêt statue conformément aux dispositions de l'article 520 du Code de procédure pénale (▪ Cass. crim., 2 déc. 1964, n° 64-90.450 : *Bull. crim.* n° 319).

46) Annulation partielle. Aucune disposition des articles 174 et 520 du Code de procédure pénale n'exige de la cour d'appel qu'elle annule intégralement un acte de procédure ou un jugement dont elle constate l'irrégularité, avant d'évoquer l'affaire au fond lorsqu'elle y est tenue (▪ Cass. crim., 25 juin 1984, n° 83-94.199 : *Bull. crim.* n° 240). S'il est vrai qu'une cour d'appel est tenue, d'une part, en vertu desdites dispositions, d'évoquer et de statuer au fond lorsqu'elle annule un jugement pour violation ou omission non réparée des formes prescrites par la loi à peine de nullité, et doit, d'autre part, statuer sur les nullités qui, commises par les premiers juges ou régulièrement soulevées devant eux, lui sont opposées, aucun texte en revanche ne lui fait obligation de relever d'office celles qui ne concernent pas la compétence (▪ Cass. crim., 2 févr. 1988, n° 87-81.147 : *Bull. crim.* n° 52).

47) Impossibilité de confirmer le jugement précédemment annulé. Les juges d'appel ne peuvent confirmer, après évocation, un jugement qu'ils ont annulé (▪ Cass. crim., 31 mars 2010, n° 09-82.795 : *Bull. crim.* n° 58. ▪ Cass. crim., 15 mai 2012, n° 11-87.417).

5° *Obligation de statuer sur les jugements sur incident*

48) Principe. La cour d'appel qui évoque a l'obligation de statuer au fond, non seulement lorsqu'elle annule un jugement correctionnel pour violation des formes prescrites par la loi à peine de nullité, mais encore lorsqu'il a été mal jugé sur un incident (▪ Cass. crim., 3 janv. 1964, n° 63-92.790 : *Bull. crim.* n° 3 : nullité d'une saisie. ▪ Cass. crim., 7 déc. 2010, n° 10-87.339 : *Bull. crim.* n° 194 ; *Dr. pén.* 2011, comm. 58, obs. A. Maron et M. Haas. ▪ Cass. crim., 2 mars 2011, n° 10-86.940 : *Bull. crim.* n° 47 ; *RSC* 2011, p. 421, obs. J. Danet).

49) Applications. Doit donc être cassé l'arrêt qui, après avoir infirmé le jugement, en ce qu'il avait prononcé l'annulation de l'ordonnance de renvoi du juge d'instruction par laquelle il était saisi, et rejeté l'exception de nullité invoquée, a renvoyé la procédure devant la juridiction du premier degré en énonçant que la cour d'appel n'annulait pas la décision pour violation ou omission non réparées des formes prescrites par la loi à peine de nullité, mais l'infirmait en contestant l'appréciation du tribunal relative à la validité de l'ordonnance de renvoi (▪ Cass. crim., 2 mars 2011, n° 10-86.940 : *Bull. crim.* n° 47 ; *RSC* 2011, p. 421, obs. J. Danet). Selon l'article 520 du Code de procédure pénale, dont les termes ne sont pas limitatifs, la cour d'appel, qui annule un jugement ayant à tort ordonné un sursis à statuer et renvoyé l'examen de l'affaire à une audience ultérieure, a l'obligation d'évoquer et de statuer tant sur l'incident que sur le fond (▪ Cass. crim., 11 déc. 1989, n° 89-85.368 : *Bull. crim.* n° 472).

IV – CAS D'ÉVOCATION IMPOSSIBLE

50) Incompétence *ratione loci* des premiers juges. La cour d'appel, lorsqu'elle annule pour cause d'incompétence *ratione loci*, doit se déclarer incompétente sans évoquer, l'affaire n'ayant pas été soumise à la juridiction compétente du premier degré (▪ Cass. crim., 10 août 1963, n° 63-92.003 : *Bull. crim.* n° 269), sauf si elle est elle-même territorialement compétente (▪ Cass. crim., 31 mars 2010, n° 09-82.795 : *Bull. crim.* n° 58).

51) Absence de saisine des premiers juges. L'évocation est impossible lorsque les premiers juges n'ont pas été régulièrement saisis (▪ Cass. crim., 21 mars 1979, n° 78-92.998 : *Bull. crim.* n° 115. ▪ Cass. crim., 15 déc. 1998, n° 96-82.166 : *Bull. crim.* n° 341). Si c'est à tort que la cour d'appel a évoqué alors que le premier juge n'avait pas été saisi de la poursuite, l'arrêt n'encourt pas, pour autant, la censure dès lors que la Cour de cassation est en mesure de s'assurer que les citations incriminées ne satisfaisaient pas aux exigences de l'article 53, alinéa 2, de la loi du 29 juillet 1881 et qu'en conséquence, comme l'a jugé la cour d'appel, la poursuite était nulle (▪ Cass. crim., 15 déc. 1998, préc.).

52) Jugement inopposable au prévenu. L'évocation est impossible lorsque le prévenu n'a pas été informé de la date d'audience ou n'a pas été cité et que le jugement lui est ainsi inopposable ; la cour d'appel doit en pareil cas renvoyer le ministère public à se pourvoir (▪ Cass. crim., 13 déc. 1982, n° 80-91.114 : *Bull. crim.* n° 282. ▪ Cass. crim., 17 nov. 1987, n° 86-94.186 : *Bull. crim.* n° 414. ▪ Cass. crim., 5 juin 1991, n° 90-83.361 : *Bull. crim.* n° 239. ▪ Cass. crim., 22 oct. 2019, n° 19-80.240).

53) Principe de l'autorité de la chose jugée. Le principe de l'autorité de la chose jugée, fût-ce en méconnaissance de la loi, fait obstacle à ce qu'une action civile soit reprise devant la cour d'appel qui a précédemment confirmé le jugement du tribunal correctionnel ordonnant qu'il soit sursis à statuer *sine die* sur cette action (▪ Cass. crim., 5 oct. 2021, n° 20-85.476).

Art. 520-1 *(L. n° 2004-204, 9 mars 2004)*. – **En cas d'appel d'une ordonnance rendue en application de l'article 495-11, la cour évoque l'affaire et statue sur le fond sans pouvoir prononcer une peine plus sévère que celle homologuée par le président du tribunal ou le juge délégué par lui, sauf s'il y a appel formé par le ministère public.**

TITRE III. – DU JUGEMENT DES CONTRAVENTIONS

(L. n° 2005-47, 26 janv. 2005)

CHAPITRE I. – DE LA COMPÉTENCE DU TRIBUNAL DE POLICE

(Intitulé mod. à compter du 1er juillet 2017, L. n° 2011-1862, 13 déc. 2011 mod.)

Art. 521 *(Rempl., L. n° 2011-1862, 13 déc. 2011 ; mod., L n° 2016-1547, 18 nov. 2016)*. – **Le tribunal de police connaît des contraventions.**

Bibliographie : J. Buisson, *Tribunal de police et juridiction de proximité. – Compétence : JCl. Proc. pén.*, art. 521 à 522-2, Fasc. 20.

1) **Répartition des compétences entre le tribunal de police et la juridiction de proximité.** L'article R. 610-5 du Code pénal, qui punit le manquement aux obligations édictées par les décrets et arrêtés de police de l'amende prévue pour les contraventions de la première classe, n'est pas applicable lorsque la méconnaissance de telles obligations est sanctionnée par un texte spécial ; tel étant le cas de la violation de l'arrêté préfectoral pris en application de l'article L. 3132-29 du Code du travail, qui ne peut constituer que la contravention de la cinquième classe prévue par l'article R. 3135-2 du même code, la juridiction de proximité est incompétente (■ Cass. crim., 6 sept. 2016, n° 14-85.205 : *Bull. crim.* n° 232).

2) **Compétence du tribunal correctionnel en matière contraventionnelle.** Si le tribunal correctionnel régulièrement saisi d'un fait qualifié délit par la loi estime, d'après les débats, que le fait ne constitue qu'une contravention, il doit prononcer la peine en application de l'article 466 du Code de procédure pénale. En revanche, il se déclare à juste titre incompétent lorsqu'il est appelé, par une erreur matérielle évidente, à connaître d'une contravention relevant du tribunal de police ainsi que le prévoit l'article 521 dudit code (■ Cass. crim., 19 mai 1981, n° 81-91.707 : *Bull. crim.* n° 165).

Art. 522 *(Mod., Ord. n° 2012-1218, 2 nov. 2012)*. – **Est compétent le tribunal de police du lieu de commission ou de constatation de la contravention ou celui de la résidence du prévenu.**

Est également compétent le tribunal de police du siège de l'entreprise détentrice du véhicule en cas de contravention, soit aux règles relatives au chargement ou à l'équipement de ce véhicule, soit aux réglementations relatives aux transports terrestres.

Est également compétent le tribunal de police du lieu du port de débarquement de la personne mise en cause, du port d'immatriculation du navire, du port où le navire a été conduit ou peut être trouvé ou de la résidence administrative de l'agent qui a constaté l'infraction, lorsque la contravention a été commise à bord d'un navire.

Les articles 383 à 387 sont applicables au jugement des infractions de la compétence du tribunal de police.

Bibliographie : J. Buisson, *Tribunal de police et juridiction de proximité. – Compétence : JCl. Proc. pén.*, art. 521 à 522-2, Fasc. 20.

1) **Question prioritaire de constitutionnalité.** N'est pas sérieuse la question prioritaire de constitutionnalité prétendant que l'article 522 du Code de procédure pénale laisse au ministère public un choix discrétionnaire lui permettant la saisine d'une juridiction éloignée du lieu du domicile de la personne poursuivie, ce qui pose à celle-ci des difficultés pratiques et la contraint à engager des frais importants pour se défendre et accéder au juge, ces circonstances étant de nature à la décourager de contester une simple amende contraventionnelle. La règle contestée se borne à définir des critères précis de compétence territoriale des tribunaux, garantissant l'égalité d'accès et de traitement des citoyens devant les juridictions, dans le souci d'assurer une bonne administration de la justice (■ Cass. crim., 19 juin 2019, n° 19-82.621 QPC).

I – RÈGLES D'ORDRE PUBLIC

2) L'exception d'incompétence territoriale est d'ordre public et peut être soulevée pour la première fois devant la Cour de cassation (■ Cass. crim., 4 janv. 1978, n° 76-92.446 : *Bull. crim.* n° 6. ■ Cass. crim., 28 févr. 2006, n° 05-85.840 : *Bull. crim.* n° 57).

II – CONTRAVENTIONS CONNEXES

3) Extension de la compétence territoriale. Le tribunal de police du lieu de commission d'une contravention est compétent pour connaître des contraventions connexes commises même en dehors de son ressort (■ Cass. crim., 17 oct. 1978, n° 77-93.784 : *Bull. crim.* n° 274 : excès de vitesse commis sur le territoire de différentes communes).

III – CONCOURS DES COMPÉTENCES TERRITORIALES

4) Conséquence pour le prévenu. Les dispositions de l'article 522 du Code de procédure pénale, qui aménagent un concours de compétence territoriale, ne sont pas de celles laissées à la discrétion du prévenu ; ce dernier ne peut donc reprocher au tribunal de police du lieu de constatation de l'infraction de s'être déclaré compétent en lieu et place du tribunal de police du lieu de sa résidence (■ Cass. crim., 5 avr. 1993, n° 92-85.996).

5) Articulation des alinéas 1 et 2 de l'article 522. Sauf dans les cas limitativement prévus par l'article 522, alinéa 2 du Code de procédure pénale, la connaissance des contraventions n'est attribuée, aux termes de l'alinéa 1er dudit article, qu'au tribunal de police du lieu de commission ou de constatation de l'infraction ou à celui de la résidence du prévenu. Encourt dès lors la cassation, l'arrêt d'une cour d'appel qui déclare le tribunal de police du siège social d'une entreprise territorialement compétent pour connaître d'infractions à la règle du repos dominical, alors que l'activité de cette entreprise n'entre pas dans l'un des cas visés à l'article 522, alinéa 2, du code précité et que les contraventions ont été commises et constatées hors du ressort du tribunal saisi de la poursuite (■ Cass. crim., 27 juin 1995, n° 94-84.037 : *Bull. crim.* n° 237).

6) Contraventions aux règles relatives soit au chargement ou à l'équipement du véhicule d'une entreprise, soit aux réglementations relatives aux transports terrestres. Doit être cassé l'arrêt qui, pour dire incompétent le tribunal de police, dans le ressort duquel avait été constatée, lors d'un contrôle sur route, la contravention à la coordination des transports poursuivie, énonce qu'est seul compétent celui du siège de l'entreprise détentrice du véhicule contrôlé : il résulte de l'article 522 du Code de procédure pénale que la connaissance des contraventions aux règles relatives au chargement ou à l'équipement d'un véhicule, aux conditions de travail dans les transports routiers ou à la coordination des transports (aux règles relatives aux transports terrestres) est attribuée non seulement au tribunal de police du siège de l'entreprise détentrice du véhicule, mais aussi au tribunal de police du lieu de commission ou de constatation de la contravention ou celui de la résidence du prévenu (■ Cass. crim., 10 nov. 1992, n° 92-83.055 : *Bull. crim.* n° 369 ; *Dr. pén.* 1993, comm. 97, obs. A. Maron).

IV – CONTRAVENTIONS DOUANIÈRES

7) Encourt la cassation au regard de l'article 522 du Code de procédure pénale, l'arrêt d'une cour d'appel qui énonce qu'est compétent pour juger des contraventions douanières commises au siège d'une société, le tribunal de police dans le ressort duquel se trouve la Direction nationale des renseignements et enquêtes douanières, dans les locaux de laquelle ont été centralisés et analysés les résultats de l'enquête, alors qu'il ne résulte d'aucune constatation que le lieu retenu pour déterminer la compétence de la juridiction ait été l'un de ceux énumérés par le texte précisé (■ Cass. crim., 29 oct. 1998, n° 97-84.433 : *Bull. crim.* n° 282).

Art. 522-1 *(L. n° 2005-47, 26 janv. 2005 ; abr. à compter du 1er juillet 2017, L. n° 2011-1862, 13 déc. 2011).*

Bibliographie : J. Buisson, *Tribunal de police et juridiction de proximité. – Compétence : JCl. Proc. pén.*, art. 521 à 522-2, Fasc. 20.

1) Véhicule d'une société et responsabilité personnelle de son dirigeant pour contravention routière. Lorsque la responsabilité pénale personnelle du dirigeant d'une société est recherchée du chef d'un excès de vitesse commis avec un véhicule immatriculé au nom de cette société, la juridiction territorialement compétente est soit celle du lieu de commission ou de constatation de l'infraction, soit celle du lieu du siège social de cette personne morale à la date de la contravention (■ Cass. crim., 4 juin 2014, n° 13-87.278 : *Bull. crim.* n° 145).

2) Contraventions routières constatées par un appareil de contrôle automatisé. Aux termes de l'article L. 130-9, alinéa 3, du Code de la route, pour l'application des dispositions relatives à l'amende forfaitaire majorée, le lieu du traitement informatisé des informations nominatives concernant les constatations effectuées par les appareils de contrôle automatisé est considéré comme le lieu de constatation de l'infraction. Doit donc être cassée la décision par laquelle, pour se déclarer incompétente, la juridiction de proximité retient que, si l'infraction peut, en application de cet article, être considérée comme constatée à Rennes, lieu du traitement informatisé des informations nominatives concernant les appareils de contrôle automatisé, la pratique et la bonne administration de la justice commandent que le contrevenant saisisse la juridiction du ressort de son domicile (■ Cass. crim., 13 févr. 2008, n° 07-82.519). Comp. : en application de l'article 522-1 du Code de procédure pénale renvoyant à l'article 522 du même code, est compétente la juridiction de proximité à raison du domicile du prévenu, dès lors que la compétence de la juridiction de proximité de Rennes, où est établi le centre de traitement des contraventions constatées par un système automatisé, lieu de constatation de l'infraction en application de l'article L. 130-9 du Code de la route, n'est pas exclusive (■ Cass. crim., 28 juin 2016, n° 15-83.248).

Code de la route

Art. L. 130-9 *(Mod., L. n° 2019-1428, 24 déc. 2019 ; L. n° 2022-217, 21 févr. 2022)*. **–** Lorsqu'elles sont effectuées par ou à partir des appareils de contrôle automatique ayant fait l'objet d'une homologation, les constatations relatives aux infractions dont la liste est fixée par décret en Conseil d'État font foi jusqu'à preuve du contraire. Ces constatations peuvent faire l'objet d'un procès-verbal revêtu d'une signature manuelle numérisée.

Lorsque ces constatations font l'objet d'un traitement automatisé de données à caractère personnel mis en oeuvre conformément aux dispositions de la loi n° 78-17 du 6 janvier 1978 relative à l'informatique, aux fichiers et aux libertés, la durée maximale de conservation de ces données ne peut excéder dix ans, sans préjudice de la possibilité pour le conducteur du véhicule ayant fait l'objet du contrôle de demander au procureur de la République territorialement compétent d'ordonner l'effacement des données le concernant lorsqu'il a récupéré le nombre de points ayant été retirés de son permis de conduire ou lorsque la procédure le concernant a donné lieu à une décision définitive de relaxe.

Pour l'application des dispositions relatives à l'amende forfaitaire, le lieu du traitement automatisé des données à caractère personnel concernant les constatations effectuées par ou à partir des appareils de contrôle automatisé est considéré comme le lieu de constatation de l'infraction.

Lorsque l'excès de vitesse est constaté par le relevé d'une vitesse moyenne, entre deux points d'une voie de circulation, supérieure à la vitesse maximale autorisée entre ces deux points, le lieu de commission de l'infraction est celui où a été réalisée la deuxième constatation, sans préjudice des dispositions du précédent alinéa.

Les collectivités territoriales et leurs groupements gestionnaires de voirie peuvent installer les appareils mentionnés au premier alinéa du présent article servant au contrôle des règles de sécurité routière, sur avis favorable du représentant de l'État dans le département et après consultation de la commission départementale de la sécurité routière, sur la base d'une étude d'accidentalité portant sur les sections de route concernées et en tenant compte des appareils de contrôle automatiques déjà installés. Les constatations effectuées par les appareils installés par les collectivités territoriales et leurs groupements sont traitées dans les mêmes conditions que celles effectuées par les appareils installés par les services de l'État. Les modalités de dépôt et d'instruction des demandes d'avis sont fixées par décret.

Un décret en Conseil d'État précise les modalités d'application du présent article ainsi que la procédure pour l'expérimentation de la constatation des niveaux d'émissions sonores des véhicules par des appareils de contrôle automatique fixes et mobiles. Cette expérimentation est de deux ans.

Art. 522-2 ***(L. n° 2005-47, 26 janv. 2005 ; abr. à compter du 1er juillet 2017, L. n° 2011-1862, 13 déc. 2011).***

Bibliographie : J. Buisson, *Tribunal de police et juridiction de proximité. – Compétence : JCl. Proc. pén.*, art. 521 à 522-2, Fasc. 20.

Art. 523 ***(Mod., L. n° 2016-1457, 18 nov. 2016 ; L. n° 2021-1729, 22 déc. 2021).*** **– Le tribunal de police est constitué par un juge du tribunal judiciaire, un officier du ministère public ainsi qu'il est dit aux articles 45 et suivants, et un greffier.**

Lorsqu'il connaît des contraventions des quatre premières classes, à l'exception de celles déterminées par un décret en Conseil d'État, ainsi que des contraventions de la cinquième classe relevant de la procédure de l'amende forfaitaire, le tribunal de police peut être constitué par un magistrat exerçant à titre temporaire ou

par un magistrat honoraire exerçant des fonctions juridictionnelles dans les conditions prévues à la section II du chapitre V *bis* de l'ordonnance n° 58-1270 du 22 décembre 1958 portant loi organique relative au statut de la magistrature. Si l'importance du contentieux le justifie, le président du tribunal judiciaire peut décider qu'à titre exceptionnel, le magistrat exerçant à titre temporaire ou le magistrat honoraire exerçant des fonctions juridictionnelles préside une partie des audiences du tribunal de police consacrées aux contraventions de la cinquième classe, à l'exception de celles déterminées par décret en Conseil d'État.

Bibliographie : J. Buisson, *Tribunal de police et juridiction de proximité. – Compétence : JCl. Proc. pén.*, art. 521 à 522-2, Fasc. 20.

La composition d'un tribunal de police est irrégulière lorsque, en cas d'empêchement du commissaire de police qui occupe habituellement le siège du ministère public, les fonctions du ministère public sont exercées par un remplaçant qui n'a pas été désigné par le procureur général près la cour d'appel conformément aux dispositions des articles 46 et suivants du Code de procédure pénale (▪ Cass. crim., 22 oct. 1987, n° 87-80.955 : *Bull. crim.* n° 366).

Art. 523-1 *(L. n° 2005-47, 26 janv. 2005 ; abr. à compter du 1er juillet 2017, L. n° 2011-1862, 13 déc. 2011).*

Bibliographie : J. Buisson, *Tribunal de police et juridiction de proximité. – Organisation : JCl. Proc. pén.*, art. 523 et 523-1, Fasc. 30.

CHAPITRE II. – DE LA PROCÉDURE SIMPLIFIÉE

Art. 524 *(Mod., L. n° 92-1336, 16 déc. 1992).* **– Toute contravention de police, même commise en état de récidive, peut être soumise à la procédure simplifiée prévue au présent chapitre.**

Cette procédure n'est pas applicable :

1° *(1° abr. à compter du 1er juillet 2016, Ord. n° 2016-413, 7 avr. 2016)* **;**

2° Si le prévenu, auteur d'une contravention de la cinquième classe était âgé de moins de dix-huit ans au jour de l'infraction.

Cette procédure ne peut plus être poursuivie lorsque la victime du dommage causé par la contravention a fait citer directement le prévenu avant qu'ait été rendue l'ordonnance prévue à l'article 525.

Bibliographie : J. Buisson, *Tribunal de police. – Procédure simplifiée : ordonnance pénale : JCl. Proc. pén.*, art. 524 à 530-3, Fasc. 10.

1) **Question prioritaire de constitutionnalité.** La possibilité, pour le ministère public, en cas de contestation d'une contravention soumise, par application des articles 529-1 et 529-2 du Code de procédure pénale, à la procédure de l'amende forfaitaire, de soumettre le litige à la procédure simplifiée de l'ordonnance pénale n'est pas contraire à l'objectif, à valeur constitutionnelle, de bonne administration de la justice (▪ Cass. crim., 23 janv. 2019, n° 18-90.032 QPC).

2) **Procédure facultative et subsidiaire.** La procédure simplifiée prévue aux articles 524 et suivants du Code de procédure pénale revêtant un caractère subsidiaire et facultatif jusqu'à l'expiration du délai d'opposition à l'exécution de l'ordonnance pénale, le ministère public conserve la faculté d'y renoncer en recourant à la procédure de droit commun (▪ Cass. crim., 3 févr. 1998, n° 97-80.847 : *Bull. crim.* n° 41).

Art. 525 *(Mod., L. n° 2011-1862, 13 déc. 2011).* **– Le ministère public qui choisit la procédure simplifiée communique au juge compétent du tribunal de police le dossier de la poursuite et ses réquisitions.**

Le juge statue sans débat préalable par une ordonnance pénale portant soit relaxe, soit condamnation à une amende ainsi que, le cas échéant, à une ou plusieurs des peines complémentaires encourues.

S'il estime qu'un débat contradictoire est utile le juge renvoie le dossier au ministère public aux fins de poursuites dans les formes de la procédure ordinaire.

Bibliographie : J. Buisson, *Tribunal de police et juridiction de proximité. – Compétence : JCl. Proc. pén.*, art. 521 à 522-2, Fasc. 20.

Interruption de la prescription de l'action publique. Les réquisitions du ministère public prises en application de l'article 525 du Code de procédure pénale et la décision du juge de lui renvoyer le dossier aux fins de poursuites dans les formes ordinaires sont des actes interruptifs de la prescription de l'action publique (▪ Cass. crim., 23 sept. 2008, n° 08-80.748. ▪ Cass. crim., 23 sept. 2008, n° 08-80.749). Les réquisitions d'ordonnance pénale, écrites, datées et signées, qui satisfont en la forme aux conditions essentielles de leur existence, ont eu un effet interruptif de la prescription (▪ Cass. crim., 4 déc. 2013, n° 12-88.004 : *Bull. crim.* n° 249).

Art. 526 *(Rempl., L. n° 93-2, 4 janv. 1993 ; mod., L. n° 92-1336, 16 déc. 1992)*. – **L'ordonnance contient les nom, prénoms, date et lieu de naissance et domicile du prévenu, la qualification légale, la date et le lieu du fait imputé, la mention des textes applicables et, en cas de condamnation, le montant de l'amende.**

Le juge n'est pas tenu de motiver l'ordonnance pénale.

Bibliographie : J. Buisson, *Tribunal de police. – Procédure simplifiée : ordonnance pénale : JCl. Proc. pén.*, art. 524 à 530-3, Fasc. 10.

Art. 527 *(Mod., L. n° 2016-731, 3 juin 2016)*. – **Le ministère public peut, dans les dix jours de l'ordonnance, former opposition à son exécution par déclaration au greffe du tribunal.**

Si, à l'expiration du délai prévu à l'alinéa précédent, le ministère public n'a pas fait opposition, l'ordonnance pénale est notifiée au prévenu selon les modalités prévues au deuxième alinéa de l'article 495-3 et exécutée suivant les règles prévues par le présent code pour l'exécution des jugements de police.

Le prévenu peut, dans un délai de trente jours à compter de la date d'envoi de la lettre ou de la date à laquelle le procureur de la République a porté l'ordonnance à sa connaissance, former opposition à l'exécution de celle-ci.

À défaut de paiement ou d'opposition dans le délai ci-dessus, l'amende et le droit fixe de procédure sont exigibles.

Toutefois, s'il ne résulte pas de l'avis de réception que le prévenu a reçu la lettre de notification, l'opposition reste recevable jusqu'à l'expiration d'un délai de trente jours qui courent de la date à laquelle l'intéressé a eu connaissance, d'une part, de la condamnation, soit par un acte d'exécution, soit par tout autre moyen, d'autre part, du délai et des formes de l'opposition qui lui est ouverte.

Le comptable public compétent arrête le recouvrement dès réception de l'avis d'opposition à l'ordonnance pénale établi par le greffe.

Bibliographie : J. Buisson, *Tribunal de police. – Procédure simplifiée : ordonnance pénale : JCl. Proc. pén.*, art. 524 à 530-3, Fasc. 10.

I – COMPUTATION DU DÉLAI POUR FORMER OPPOSITION

1) *Dies a quo ; dies ad quem.* Aux termes de l'article 527 du Code de procédure pénale, le prévenu peut former opposition à l'exécution d'une ordonnance pénale dans un délai de trente jours à compter de la date d'envoi de la lettre recommandée avec avis de réception par laquelle cette décision lui est notifiée ; il en résulte que, pour la computation dudit délai, le jour d'envoi de la lettre doit être écarté. Dans le cas d'une ordonnance pénale ayant été notifiée par lettre envoyée un 22 octobre, le délai d'opposition expire donc le 21 novembre à 24 heures (■ Cass. crim., 23 juin 1987, n° 87-82.416 : *Bull. crim.* n° 262. ■ Cass. crim., 4 sept. 2018, n°s 17-87.276 à 17-87.279, 4 arrêts). Lorsque la lettre de notification a été envoyée un 17 août, l'opposition, intervenue le 18 septembre suivant, a donc été formée après l'expiration du délai de trente jours (■ Cass. crim., 5 oct. 2021, n° 21-81.234).

2) Opposition par lettre : date d'envoi de la lettre, non de sa réception. Il résulte des articles 527, alinéa 3, et R. 45 du Code de procédure pénale que le prévenu peut former opposition à l'exécution d'une ordonnance pénale, par lettre adressée au chef du greffe du tribunal qui a rendu la décision, dans un délai de trente jours à compter de la date d'envoi de la lettre recommandée avec demande d'avis de réception par laquelle cette décision est portée à sa connaissance. Encourt dès lors la cassation le jugement d'une juridiction de proximité (tribunal de police) qui, pour déclarer irrecevable comme tardive l'opposition à l'exécution d'une ordonnance pénale, prend en considération non pas la date d'envoi du courrier adressé à cette fin par le prévenu au greffe de la juridiction mais la date de réception de ce courrier (■ Cass. crim., 19 juin 2012, n° 11-88.609 : *Bull. crim.* n° 140).

II – DATE À LAQUELLE LE PRÉVENU A EU CONNAISSANCE DE L'ORDONNANCE

3) Notification par agent municipal. Encourt la cassation l'arrêt qui, alors que la notification prévue par le texte précité a été faite par un agent de la police municipale, fixe le point de départ du délai pour former opposition, non à la date à laquelle le prévenu a eu connaissance de l'ordonnance, mais à celle à laquelle a été envoyé à l'agent le courrier portant transmission de la décision (■ Cass. crim., 28 sept. 2004, n° 03-86.802 : *Bull. crim.* n° 222 ; *RSC* 2005, p. 102, obs. A. Giudicelli).

4) Acte d'exécution. Un avertissement envoyé par le Trésor public doit être considéré comme un acte d'exécution (■ Cass. crim., 27 avr. 1994, n° 93-83.623 : *Bull. crim.* n° 153. ■ Cass. crim., 25 juin 2013, n° 12-83.248).

5) Pouvoir d'appréciation de la juridiction. Lorsque l'avis de réception de la lettre de notification de l'ordonnance pénale est absent du dossier, il n'est pas établi que le prévenu a reçu la lettre de notification ; la juridiction ne peut donc décompter le délai d'opposition à partir de la date d'envoi de ladite lettre (■ Cass. crim., 23 nov. 1994, n° 93-85.585). La signature apposée sur l'avis de réception de la notification de l'ordonnance pénale étant celle d'une salariée de l'entreprise, habituellement mandatée à cette fin par le prévenu, la cour d'appel en déduit que l'intéressé a eu connaissance de l'ordonnance pénale à cette date, la salariée précitée ne soutenant pas avoir été empêchée de lui remettre la lettre de notification ou en avoir différé la remise ; en l'état de ces constatations, qui procèdent de son pouvoir souverain d'appréciation des faits et circonstances de la cause, la cour d'appel a justifié sa décision (■ Cass. crim., 8 oct. 2008, n° 08-83.449).

III – OPPOSITION PAR LETTRE

6) Opposition par avocat ou mandataire spécial. Il se déduit des articles 527, alinéa 3, et R. 45 du Code de procédure pénale que, dans le délai prévu par la loi, le prévenu peut former opposition à l'exécution d'une ordonnance pénale, soit par lettre adressée au chef de greffe du tribunal qui a rendu la décision attaquée, soit par déclaration au greffe ; il peut former cette opposition non pas seulement en personne, mais aussi par avocat ou par fondé de pouvoir spécial (■ Cass. crim., 5 nov. 2013, n° 12-84.923 : *Bull. crim.* n° 212. ■ Cass. crim., 20 juin 2017, n° 17-87.361). Au contraire d'un fondé de pouvoir spécial, l'avocat qui forme opposition à l'exécution d'une ordonnance pénale n'a pas à justifier d'un pouvoir spécial (■ Cass. crim., 20 juin 2017, préc.).

Voir : art. R. 42 et s., p. 1980.

Art. 528 *(L. n° 72-5, 3 janv. 1972 ; mod., L. n° 2005-47, 26 janv. 2005 ; L. n° 2011-1862, 13 déc. 2011).* **– En cas d'opposition formée par le ministère public ou par le prévenu, l'affaire est portée à l'audience du tribunal de police dans les formes de la procédure ordinaire. Le jugement rendu par défaut, sur l'opposition du prévenu, est susceptible d'opposition dans les conditions prévues aux articles 489 à 494-1.**

Jusqu'à l'ouverture des débats, le prévenu peut renoncer expressément à son opposition. L'ordonnance pénale reprend alors sa force exécutoire et une nouvelle opposition est irrecevable.

Bibliographie : J. Buisson, *Tribunal de police. – Procédure simplifiée : ordonnance pénale : JCl. Proc. pén.*, art. 524 à 530-3, Fasc. 10.

1) Il résulte de l'article 528 du Code de procédure que le tribunal ne peut statuer sur les mérites d'une opposition à l'exécution d'une ordonnance pénale que s'il a été saisi de l'infraction concernée contre le prévenu qui a fait l'objet de ladite ordonnance ; c'est donc à tort que, pour écarter le moyen de nullité de la citation, pris de ce que cet acte ne concernait pas la personne visée par l'ordonnance pénale, et entrer en voie de condamnation contre la société, le jugement énonce que la contravention de l'article L. 121-6 du Code de la route peut être reprochée tant au représentant légal de la personne morale détenant le véhicule qu'à cette personne morale elle-même, et que le ministère public, qui dispose du droit d'apprécier l'opportunité des poursuites, peut faire citer l'un et/ou l'autre sans avoir à s'en expliquer, tant que la prescription de l'action publique n'est pas acquise : le prévenu qui avait formé opposition à l'exécution de l'ordonnance pénale rendue à son encontre n'avait pas été cité devant lui (■ Cass. crim., 21 janv. 2020, n° 19-84.370, §§ 7 à 9).

2) Audience dans les formes de la procédure ordinaire après opposition. Encourt la cassation le jugement d'un tribunal de police qui, statuant sur opposition à une ordonnance pénale, se borne à confirmer celle-ci sans répondre à un argument péremptoire de défense, contenu dans l'acte d'opposition. Il résulte, en effet, de l'article 528 du Code de procédure pénale qu'en cas d'opposition à l'ordonnance pénale, l'affaire est portée à l'audience du tribunal de police dans les formes de la procédure ordinaire (■ Cass. crim., 9 juin 1980, n° 79-93.266 : *Bull. crim.* n° 181). Le juge de proximité (le tribunal de police) est tenu de répondre à un moyen soulevant, dans l'acte d'opposition à l'ordonnance pénale, la prescription de l'action publique (■ Cass. crim., 10 nov. 2004, n° 04-83.541 : *Bull. crim.* n° 282).

Art. 528-1 *(L. n° 72-5, 3 janv. 1972).* **– L'ordonnance pénale à laquelle il n'a pas été formé opposition a les effets d'un jugement passé en force de chose jugée.**

Cependant, elle n'a pas l'autorité de la chose jugée à l'égard de l'action civile en réparation des dommages causés par l'infraction.

Bibliographie : J. Buisson, *Tribunal de police. – Procédure simplifiée : ordonnance pénale : JCl. Proc. pén.*, art. 524 à 530-3, Fasc. 10.

1) **Autorité de la chose jugée et action publique.** Condamné pour infraction au Code de la route selon la procédure ordinaire, un prévenu soutient devant la cour d'appel que cette infraction a fait l'objet d'une ordonnance pénale qu'il a exécutée. Pour rejeter cette exception de chose jugée, la cour d'appel énonce que le tribunal a été régulièrement saisi et s'est prononcé avant qu'intervienne l'ordonnance pénale, dont elle ne tiendra pas compte, dès lors que celle-ci doit précéder la procédure ordinaire devant le tribunal et non la suivre, ajoutant qu'il appartiendra au prévenu de se pourvoir, comme il avisera, contre ladite ordonnance. En statuant ainsi, la cour d'appel qui reconnaît que le même fait a donné lieu à deux poursuites distinctes contre le prévenu et qui n'a pas recherché si l'ordonnance pénale susvisée était, conformément à l'article 528-1 du Code de procédure pénale, passée en force de chose jugée, n'a pas donné de base légale à sa décision (■ Cass. crim., 14 janv. 1987, n° 86-91.435).

2) **Autorité de la chose jugée et action civile.** L'ordonnance pénale prononcée selon les articles 524 et suivants du Code de procédure pénale, et devenue définitive, n'a pas l'autorité de la chose jugée à l'égard de l'action civile en réparation des dommages causés par l'infraction. Le tribunal de police demeure donc compétent pour statuer sur l'action civile, même si l'ordonnance pénale est devenue définitive depuis sa saisine (■ Cass. crim., 3 févr. 1998, n° 97-80.847 : *Bull. crim.* n° 41).

Art. 528-2 *(Mod., L. n° 2011-1862, 13 déc. 2011).* **– Les dispositions du présent chapitre ne font pas échec au droit de la partie lésée de citer directement le contrevenant devant le tribunal de police dans les conditions prévues par le présent code.**

Lorsque la citation est délivrée après qu'une ordonnance pénale a été rendue sur les mêmes faits, le tribunal de police statue :

Sur l'action publique et sur les intérêts civils si l'ordonnance pénale a fait l'objet d'une opposition dans les délais prévus à l'article 527 et au plus tard à l'ouverture des débats ;

Sur les intérêts civils seulement si aucune opposition n'a été formée ou si le prévenu a déclaré expressément, au plus tard à l'ouverture des débats, renoncer à son opposition ou à son droit d'opposition. Il en est de même s'il est établi que l'ordonnance pénale a fait l'objet d'un paiement volontaire.

Bibliographie : J. Buisson, *Tribunal de police. – Procédure simplifiée : ordonnance pénale : JCl. Proc. pén.*, art. 524 à 530-3, Fasc. 10.

CHAPITRE II *BIS*. – DE LA PROCÉDURE DE L'AMENDE FORFAITAIRE

(L. n° 85-1407, 30 déc. 1985)

Section I. – Dispositions applicables à certaines contraventions

(Intitulé rempl., L. n° 89-469, 10 juill. 1989 ; L. n° 99-515, 23 juin 1999)

Art. 529 *(Mod., L. n° 99-515, 23 juin 1999 ; L. n° 2011-1862, 13 déc. 2011).* **– Pour les contraventions dont la liste est fixée par décret en Conseil d'État, l'action publique est éteinte par le paiement d'une amende forfaitaire qui est exclusive de l'application des règles de la récidive.**

Toutefois, la procédure de l'amende forfaitaire n'est pas applicable si plusieurs infractions, dont l'une au moins ne peut donner lieu à amende forfaitaire, ont été constatées simultanément ou lorsque la loi prévoit que la récidive de la contravention constitue un délit.

Bibliographie : J.-H. Robert, *Tribunal de police. – Amende et indemnité forfaitaires : JCl. Proc. pén.*, art. 524 à 530-4, Fasc. 20.

Voir egalement : art. R. 48-1 et s., p. 1981.

1) **Procédure facultative.** Si l'action publique peut être éteinte par le paiement d'une amende forfaitaire, aucune disposition légale n'interdit au ministère public d'exercer l'action publique dans les conditions du droit commun (■ Cass. crim., 12 mars 2002, n° 01-84.596 : *Bull. crim.* n° 61).

2) **Extinction de l'action publique.** L'action publique est éteinte par le paiement de l'amende forfaitaire (■ Cass. crim., 8 déc. 1992, n° 91-80.573 : *Bull. crim.* n° 405. ■ Cass. crim., 7 juin 1995, n° 93-84.757 : *Bull. crim.* n° 206). Il résulte des articles 529 et R. 48-1 du Code de procédure pénale que, pour les contraventions qu'ils visent, l'action publique est éteinte par le paiement d'une amende forfaitaire (■ Cass. crim., 10 nov. 2020, n° 20-80.746, § 11).

Ordonnance n° 45-174 du 2 février 1945
relative à l'enfance délinquante

Art. 21, al. 1 *(Abr. et codifié à compter du 31 mars 2021, Ord. n° 2019-950, 11 sept. 2019 - V. CJPM, art. L. 423-1).*

Code de la justice pénale des mineurs

Art. L. 423-1. – Sous réserve des dispositions relatives à la procédure simplifiée prévue aux articles 524 à 530-1 du Code de procédure pénale, les contraventions de police des quatre premières classes commises par les mineurs sont jugées par le tribunal de police.

Code pénal

Art. 621-1 alinéa 2. – II. – L'outrage sexiste est puni de l'amende prévue pour les contraventions de la 4e classe. Cette contravention peut faire l'objet des dispositions du Code de procédure pénale relatives à l'amende forfaitaire, y compris celles concernant l'amende forfaitaire minorée.

Art. 529-1 *(Mod., L. n° 2004-204, 9 mars 2004).* **– Le montant de l'amende forfaitaire peut être acquitté soit entre les mains de l'agent verbalisateur au moment de la constatation de l'infraction, soit auprès du service indiqué dans l'avis de contravention dans les quarante-cinq jours qui suivent la constatation de l'infraction ou, si cet avis est ultérieurement envoyé à l'intéressé, dans les quarante-cinq jours qui suivent cet envoi.**

Bibliographie : J.-H. Robert, *Tribunal de police. – Amende et indemnité forfaitaires : JCl. Proc. pén.*, art. 524 à 530-4, Fasc. 20.

Art. 529-2 *(Mod., L. n° 2004-204, 9 mars 2004).* **– Dans le délai prévu par l'article précédent, le contrevenant doit s'acquitter du montant de l'amende forfaitaire, à moins qu'il ne formule dans le même délai une requête tendant à son exonération auprès du service indiqué dans l'avis de contravention. Cette requête est transmise au ministère public. Dans les cas prévus par l'article 529-10, cette requête doit être accompagnée de l'un des documents exigés par cet article.**

À défaut de paiement ou d'une requête présentée dans le délai de quarante-cinq jours, l'amende forfaitaire est majorée de plein droit et recouvrée au profit du Trésor public en vertu d'un titre rendu exécutoire par le ministère public.

Bibliographie : J.-H. Robert, *Tribunal de police. – Amende et indemnité forfaitaires : JCl. Proc. pén.*, art. 524 à 530-4, Fasc. 20.

1) Consignation. Il résulte des articles 529-2, 529-10 et R. 49-18, alinéa 2, du Code de procédure pénale que la consignation vaut paiement de l'amende forfaitaire dans le seul cas où aucune requête en exonération ou réclamation n'a été formulée ; doit donc être cassé le jugement qui, pour constater l'extinction de l'action publique en application de l'article 529 dudit code, retient que le paiement du montant de l'amende forfaitaire minorée, même effectué en dehors du délai prévu, vaut reconnaissance de la réalité de l'infraction et prive l'intéressé de toute faculté de contestation (■ Cass. crim., 15 déc. 2015, n° 15-81.695).

2) Recevabilité de la requête en exonération. Il se déduit des dispositions de l'article R. 49-4 du Code de procédure pénale que lorsqu'elle n'est pas accompagnée de l'avis de contravention correspondant à l'amende considérée, la requête présentée en application de l'article 529-2 dudit code doit être déclarée irrecevable (■ Cass. crim., 3 mars 2009, n° 08-84.162 : *Bull. crim.* n° 48). Il doit s'agir de l'original de l'avis de contravention correspondant à l'amende considérée (■ Cass. crim., 17 juin 2014, n° 13-85.388). En conséquence, c'est à tort que la juridiction de proximité (le tribunal de police) fait droit à la requête en incident contentieux présentée en application de l'article 530-2 du Code de procédure pénale et annule le titre exécutoire d'un procès-verbal de contravention, alors que l'avis correspondant à cette infraction n'avait pas été joint à la requête adressée à l'officier du ministère public, contrairement aux dispositions des articles 530 et R. 49-4 du Code de procédure pénale, ce dont il résultait que la requête en incident contentieux était, de ce fait, elle-même irrecevable (■ Cass. crim., 8 janv.

2013, n° 12-80.340 : *Bull. crim.* n° 4). En raison de son pouvoir général de représentation, auquel l'article 529-2 du Code de procédure pénale n'apporte aucune restriction, un avocat peut introduire, au nom de son client destinataire d'un avis de contravention, la contestation prévue par ce texte (▪ Cass. crim., 22 janv. 2020, n° 19-84.325, § 9 : publié au *Bull.* ; *Procédures* 2020, comm. 71, obs. A.-S. Chavent-Leclère).

3) Représentation par un avocat. Il se déduit de la combinaison des articles 529-2 et 530 du Code de procédure pénale, des dispositions de la loi n° 71-1130 du 31 décembre 1971 portant réforme de certaines professions judiciaires et juridiques, ainsi que des stipulations de l'article 6 § 3 de la Convention européenne des droits de l'homme que le contrevenant ou l'intéressé, lorsqu'il entend présenter une requête en exonération d'une infraction au Code de la route qui lui est reprochée ou une réclamation en contestation d'une amende forfaitaire majorée, a la faculté, s'il l'estime nécessaire à la défense de ses intérêts et sans préjudice des prérogatives que l'autorité de poursuite tient de l'article 530-1 dudit code, d'être représenté dans ses démarches par un avocat (▪ Cass. crim., 1er sept. 2020, nos 19-83.092, 19-86.433, § 15 : publié au *Bull.* ; *Dr. pén.* 2020, n° 171, obs. J.-H. Robert).

4) Saisine de la juridiction de jugement. En cas de poursuites devant la juridiction de jugement, le demandeur ne saurait faire grief au jugement attaqué de n'avoir pas répondu aux demandes ou exceptions qu'il invoquait dans sa requête en exonération au ministère public, prévue à l'article 529-2 du Code de procédure pénale, mais qu'il n'a pas réitérée par conclusions régulières devant cette juridiction (▪ Cass. crim., 16 nov. 1992, n° 91-86.301 : *Bull. crim.* n° 377. ▪ Cass. crim., 18 juin 1997, n° 96-84.926 : *Bull. crim.* n° 246. ▪ Cass. crim., 8 sept. 2009, n° 09-80.693 : *Bull. crim.* n° 153).

5) Renonciation du ministère public à se prévaloir de l'irrégularité de la requête en exonération. Lorsqu'à la suite d'une réclamation formulée par le contrevenant contre l'avis à payer une amende forfaitaire, le ministère public, qui n'a pas délivré de titre exécutoire, le fait citer devant la juridiction de jugement, il renonce lui-même à se prévaloir de l'irrégularité de la requête en exonération présentée par ce dernier (▪ Cass. crim., 23 nov. 2011, n° 11-84.556).

6) Interruption de la prescription de l'action publique. La requête en exonération d'une amende forfaitaire prévue par l'article 529-2 du Code de procédure pénale ne constitue pas un acte d'instruction ou de poursuite susceptible d'interrompre la prescription de l'action publique (▪ Cass. crim., 15 sept. 2010, n° 10-80.273 : *Bull. crim.* n° 136. ▪ Cass. crim., 3 sept. 2014, n° 13-86.153 : *Dr. pén.* 2015, comm. 6, obs. J.-H. Robert. *Contra* ▪ Cass. crim., 24 oct. 2007, n° 07-82.327). Constitue un acte de poursuite, interruptif de la prescription de l'action publique, la transmission de la procédure par l'officier du ministère public, destinataire des contestations en matière de contravention d'excès de vitesse, à l'officier du ministère public territorialement compétent en raison du domicile du contrevenant (▪ Cass. crim., 5 mars 2013, n° 12-84.527 : *Bull. crim.* n° 58).

7) Augmentation de 10 % de l'amende. Lorsqu'un prévenu est cité, pour excès de vitesse, devant la juridiction de proximité à la suite d'une requête en exonération de l'amende forfaitaire présentée sur le fondement de l'article 529-2 du Code de procédure pénale, l'amende prononcée ne peut être augmentée d'une somme de 10 %. Cette augmentation n'est prévue, par l'article 530-1, dernier alinéa, du code précité, que dans les cas visés par l'article 529-10, lequel ne concerne que les personnes titulaires du certificat d'immatriculation déclarées redevables pécuniairement de l'amende en application de l'article L. 121-3 du Code de la route (▪ Cass. crim., 24 mai 2006, n° 05-86.885 : *Bull. crim.* n° 146. ▪ Cass. crim., 13 mai 2009, nos 08-88.029 et 08-88.030 : *Bull. crim.* n° 92 ; *Dr. pén.* 2009, comm. 95, obs. J.-H. Robert. ▪ Cass. crim., 24 mars 2010, n° 09-86.375 : *Bull. crim.* n° 56 ; *Dr. pén.* 2010, comm. 69, obs. J.-H. Robert).

8) Cas de l'article L. 121-2 du Code de la route. Il résulte de la combinaison de cet article L. 21-1 du Code de la route (L. 121-2) avec l'article 529-2 du Code de procédure pénale que l'indication du véritable utilisateur du véhicule doit être donnée lors de la réclamation (▪ Cass. crim., 23 oct. 1991, n° 91-80.671 : *Bull. crim.* n° 370). Satisfait aux obligations des articles 529-2 du Code de procédure pénale et L. 121-2 du Code de la route, la société de location de véhicules, qui, pour s'exonérer de sa responsabilité pénale, à la suite de la réception d'amendes forfaitaires majorées, en sa qualité de titulaire du certificat d'immatriculation, fournit à l'officier du ministère public l'identité des différentes entreprises locataires des véhicules verbalisés (▪ Cass. crim., 20 mars 2002, n° 01-85.719 : *Bull. crim.* n° 69).

Art. 529-2-1 *(Créé, L. n° 2021-401, 8 avr. 2021).* – **Lorsqu'il s'agit d'une contravention de cinquième classe ou lorsque le règlement le prévoit, l'amende forfaitaire est minorée si le contrevenant s'acquitte du montant de l'amende forfaitaire minorée soit entre les mains de l'agent verbalisateur au moment de la**

constatation de l'infraction, soit dans un délai de quinze jours à compter de la constatation de l'infraction ou, si l'avis de contravention est ultérieurement envoyé à l'intéressé, dans un délai de quinze jours à compter de cet envoi.

En cas de non-paiement de l'amende forfaitaire minorée dans les conditions prévues au premier alinéa, le contrevenant est redevable de l'amende forfaitaire.

Section II. – Dispositions applicables à certaines infractions à la police des services publics de transports terrestres

(L. n° 85-1407, 30 déc. 1985)

Art. 529-3 *(Mod., Ord. n° 2015-855, 15 juill. 2015)*. – Pour les contraventions des quatre premières classes à la police des services publics de transports ferroviaires et des services de transports publics de personnes, réguliers et à la demande, constatées par les agents mentionnés aux 4° et 5° du I de l'article L. 2241-1 du Code des transports, l'action publique est éteinte, par dérogation à l'article 521 du présent code, par une transaction entre l'exploitant et le contrevenant.

Toutefois, les dispositions de l'alinéa précédent ne sont pas applicables si plusieurs infractions dont l'une au moins ne peut donner lieu à transaction ont été constatées simultanément.

Bibliographie : J.-H. Robert, *Tribunal de police. – Amende et indemnité forfaitaires : JCl. Proc. pén.*, art. 524 à 530-4, Fasc. 20.

Voir également : art. R. 49-8-1 et s., p. 1985.

Procédure facultative. Si, pour les contraventions des quatre premières classes à la police des services de transports publics de personnes, constatées par des agents assermentés, l'exploitant dispose du droit de proposer au contrevenant une transaction qui éteint l'action publique, aucune disposition légale ne lui impose d'y recourir ; il peut laisser le soin au ministère public d'exercer l'action publique dans les conditions du droit commun (■ Cass. crim., 14 avr. 1999, n° 98-83.277).

Art. 529-4 *(Mod., L. n° 2019-1428, 24 déc. 2019)*. – [I.] – La transaction est réalisée par le versement à l'exploitant au profit duquel la prestation de sûreté est réalisée, d'une indemnité forfaitaire et, le cas échéant, de la somme due au titre du transport.

Ce versement est effectué :

1. Soit, au moment de la constatation de l'infraction, entre les mains d'un agent mentionné au 4° ou au 5° du I de l'article L. 2241-1 du Code des transports ;

2. Soit, dans un délai de trois mois à compter de la constatation de l'infraction, auprès du service de l'exploitant mentionné au premier alinéa indiqué dans la proposition de transaction ; dans ce dernier cas, il y est ajouté aux sommes dues le montant des frais de constitution du dossier.

À défaut de paiement immédiat entre ses mains, l'agent mentionné au 4° ou au 5° du I de l'article L. 2241-1 du Code des transports est habilité à recueillir le nom et l'adresse du contrevenant ; en cas de besoin, il peut requérir l'assistance d'un officier ou d'un agent de police judiciaire.

Le montant de l'indemnité forfaitaire et, le cas échéant, celui des frais de constitution du dossier sont acquis à l'exploitant mentionné au premier alinéa.

II. – À défaut de paiement immédiat entre leurs mains, les agents mentionnés aux 4° et 5° du I de l'article L. 2241-1 du Code des transports, s'ils ont été agréés par le procureur de la République et assermentés, sont habilités à relever l'identité et l'adresse du contrevenant.

Si le contrevenant refuse ou se trouve dans l'impossibilité de justifier de son identité, l'agent mentionné aux 4° et 5° du I de l'article L. 2241-1 du Code des transports en rend compte immédiatement à tout officier de police judiciaire de la police nationale ou de la gendarmerie nationale territorialement compétent, qui peut alors lui ordonner sans délai de lui présenter sur-le-champ le contrevenant. À défaut de cet ordre, l'agent mentionné aux 4° et 5° du I de l'article L. 2241-1 du Code des transports ne peut retenir le contrevenant. Lorsque l'officier de police judiciaire mentionné au présent alinéa décide de procéder à une vérification d'identité, dans les conditions prévues à l'article 78-3, le délai prévu au troisième alinéa de cet article court à compter du relevé d'identité.

Il est mis fin immédiatement à la procédure prévue à l'alinéa précédent si le contrevenant procède au versement de l'ensemble des sommes dues au titre de la transaction.

III. – Les conditions d'application du II du présent article sont fixées par décret en Conseil d'État. Ce décret précise notamment les conditions dans lesquelles les agents mentionnés aux 4° et 5° du I de l'article L. 2241-1 du Code des transports doivent, aux frais de l'entité dont dépend l'agent, suivre une formation spécifique afin de pouvoir obtenir l'agrément délivré par le procureur de la République. Il définit en outre les conditions dans lesquelles le représentant de l'État approuve l'organisation que l'entité dont dépend l'agent arrête aux fins d'assurer les contrôles précités et les modalités de coordination et de transmission d'informations entre l'entité dont dépend l'agent et la police ou la gendarmerie nationales.

Bibliographie : J.-H. Robert, *Tribunal de police. – Amende et indemnité forfaitaires : JCl. Proc. pén.*, art. 524 à 530-4, Fasc. 20.

Voir également : art. R. 49-8-1 et s., p. 1985.

Obligation de l'agent du service de transport public de rendre compte à un officier de police judiciaire. Justifie sa décision la juridiction qui affirme que les dispositions de l'article 529-4 du Code de procédure pénale, qui obligent l'agent du service de transport public à rendre compte à un officier de police judiciaire, ne sont pas applicables lorsque le contrevenant ne refuse pas de justifier de son identité, ni ne se trouve dans l'impossibilité de le faire ; les agents de la RATP, en retenant la contrevenante contre sa volonté à l'intérieur du véhicule, sans ordre d'un officier de police judiciaire, ont donc enfreint les dispositions de cet article, mais l'article 73 dudit code les autorisait à appréhender l'intéressé, auteur de violences sur des personnes chargées d'une mission de service public, et à le conduire devant l'officier de police judiciaire le plus proche (■ Cass. crim., 2 juin 2004, n° 03-87.876 : *Bull. crim.* n° 143).

Code des transports

Art. L. 2241-1 *(Mod., Ord. n° 2019-552, 3 juin 2019 ; L. n° 2019-1428, 24 déc. 2019)*. – I. – Sont chargés de constater par procès-verbaux les infractions aux dispositions du présent titre (Mots ajoutés, L. n° 2018-703, 3 août 2018, art. 15, V), les contraventions prévues à l'article 621-1 du Code pénal ainsi que les contraventions prévues par les règlements relatifs à la police ou à la sûreté du transport et à la sécurité de l'exploitation des systèmes de transport ferroviaire ou guidé, outre les officiers et les agents de police judiciaire :

1° Les fonctionnaires ou agents de l'État assermentés missionnés à cette fin et placés sous l'autorité du ministre chargé des transports ;

2° Les agents assermentés missionnés de l'Établissement public de sécurité ferroviaire ;

3° Les agents assermentés missionnés du gestionnaire d'infrastructures de transport ferroviaire et guidé ;

4° Les agents assermentés de l'exploitant du service de transport ou les agents assermentés d'une entreprise de transport agissant pour le compte de l'exploitant ;

5° Les agents assermentés missionnés des services internes de sécurité de la SNCF et de la Régie autonome des transports parisiens ;

6° Les agents de police municipale.

7° Les agents assermentés de la filiale mentionnée au 5° de l'article L. 2111-9.

II. – Les contraventions aux dispositions des arrêtés de l'autorité administrative compétente de l'État concernant la circulation, l'arrêt et le stationnement des véhicules dans les cours des gares sont constatées également par :

1° *(1° abr. à compter du 24 mars 2016, L. n° 2016-339, 22 mars 2016)* ;

2° Les agents de police judiciaire adjoints ;

3° Les agents chargés de la surveillance de la voie publique mentionnés au 3° de l'article L. 130-4 du Code de la route ;

4° Les agents assermentés mentionnés au 13° de l'article L. 130-4 du Code de la route.

....

Art. R. 2241-33 *(D. n° 2019-726, 9 juill. 2019 et ann.).* – Le montant de l'indemnité forfaitaire prévue par l'article 529-4 du Code de procédure pénale est fixé à 40 % du montant de l'amende forfaitaire majorée applicable à la classe de contravention correspondante.

L'exploitant peut appliquer un montant inférieur à celui fixé à l'alinéa précédent. Pour l'infraction de voyage sans titre de transport mentionnée à l'article R. 2241-8, ce montant ne peut être inférieur à 25 % du montant de l'amende forfaitaire majorée applicable à la classe de contravention correspondante.

L'exploitant informe par tout moyen à sa disposition les voyageurs, d'une manière précise, intelligible et accessible, du montant des indemnités forfaitaires appliquées par type de manquement sur son réseau.

Les auteurs des infractions prévues à l'article R. 2241-8 commises dans les services de transport non urbains doivent s'acquitter, en outre, de la somme due au titre du transport.

Les montants prévus par le présent article sont arrondis à l'euro immédiatement inférieur.

Art. 529-5 ***(Mod., L. n° 2019-1428, 24 déc. 2019).*** **– Dans le délai prévu par l'article précédent, le contrevenant doit s'acquitter du montant des sommes dues au titre de la transaction, à moins qu'il ne formule dans un délai de trois mois à compter de la constatation de l'infraction une protestation auprès du service de l'exploitant. Cette protestation, accompagnée du procès-verbal d'infraction, est transmise au ministère public.**

À défaut de paiement ou de protestation dans un [le] délai de trois mois précité, le procès-verbal d'infraction est adressé par l'exploitant au ministère public et le contrevenant devient redevable de plein droit d'une amende forfaitaire majorée recouvrée par le Trésor public en vertu d'un titre rendu exécutoire par le ministère public.

Bibliographie : J.-H. Robert, *Tribunal de police. – Amende et indemnité forfaitaires : JCl. Proc. pén.*, art. 524 à 530-4, Fasc. 20.

Art. 529-5-1 ***(L. n° 2009-526, 12 mai 2009 ; mod. à compter du 1er juillet 2017, L. n° 2011-1862, 13 déc. 2011).*** **– Les officiers du ministère public près d'un ou plusieurs tribunaux de police dont la liste et le ressort sont fixés par décret sont compétents pour établir les titres exécutoires des amendes forfaitaires majorées prévus par l'article 529-5 lorsqu'ils concernent des contraventions mentionnées à l'article 529-3 et commises au préjudice de certains exploitants de services de transport public de personnes dont la liste est précisée par décret. En cas de protestation ou de réclamation devant donner lieu à la saisine du tribunal de police, ces officiers du ministère public transmettent le dossier de la procédure au ministère public compétent à raison du domicile du contrevenant.**

Bibliographie : J.-H. Robert, *Tribunal de police. – Amende et indemnité forfaitaires : JCl. Proc. pén.*, art. 524 à 530-4, Fasc. 20.

Art. 529-6 ***(Mod., L. n° 2019-1428, 24 déc. 2019).*** **– I. – Pour les contraventions pour non-paiement du péage constatées par les agents assermentés de l'exploitant d'une autoroute ou d'un ouvrage routier ouvert à la circulation publique et soumis à péage, y compris dans le cadre de l'article L. 130-9 du Code de la route, l'action publique est éteinte, par dérogation à l'article 521 du présent code, par une transaction entre l'exploitant et le contrevenant.**

Toutefois, le premier alinéa n'est pas applicable si plusieurs infractions, dont l'une au moins ne peut donner lieu à transaction, ont été constatées simultanément.

II. – La transaction est réalisée par le versement à l'exploitant d'une indemnité forfaitaire, de la somme due au titre du péage et, le cas échéant, au titre du droit départemental de passage institué en application de l'article L. 321-11 du Code de l'environnement.

Ce versement est effectué, dans un délai de deux mois à compter de l'envoi de l'avis de paiement au domicile de l'intéressé, auprès du service de l'exploitant indiqué dans la proposition de transaction. Pour les contraventions constatées à la suite de l'usage d'un dispositif de péage permettant l'identification des véhicules et la perception du montant du péage sans recours à une barrière physique, faute pour le conducteur d'avoir fait usage de l'une des modalités de paiement mises à sa disposition avant et après le trajet concerné, la transaction est réalisée par le versement à l'exploitant d'une indemnité forfaitaire minorée et de la somme due au titre du péage si ce versement est effectué dans un délai inférieur ou égal à quinze jours à compter de l'envoi de l'avis de paiement au domicile de l'intéressé.

Le montant de l'indemnité forfaitaire, de l'indemnité forfaitaire minorée, de la somme due au titre du péage et, le cas échéant, au titre du droit départemental de passage institué en application du même article L. 321-11 est acquis à l'exploitant.

III. – Dans le délai prévu au deuxième alinéa du II, le contrevenant doit s'acquitter du montant des sommes dues au titre de la transaction, à moins qu'il ne formule dans ce même délai une protestation auprès de l'exploitant. Cette protestation, accompagnée du procès-verbal de contravention, est transmise au ministère public.

À défaut de paiement ou de protestation dans le délai de deux mois précité, le procès-verbal de contravention est adressé par l'exploitant au ministère public et le titulaire du certificat d'immatriculation, ou l'une des personnes visées aux trois derniers alinéas de l'article L. 121-2 du Code de la route, devient redevable de plein droit d'une amende forfaitaire majorée recouvrée par le Trésor public en vertu d'un titre rendu exécutoire par le ministère public. Si le contrevenant n'a pas payé le montant de cette amende dans un délai de quatre mois à compter de l'envoi à son domicile du titre exécutoire, le Trésor public fait opposition auprès de l'autorité administrative compétente au transfert du certificat d'immatriculation du véhicule du contrevenant en cas de vente d'occasion.

Bibliographie : J.-H. Robert, *Tribunal de police. – Amende et indemnité forfaitaires : JCl. Proc. pén.*, art. 524 à 530-4, Fasc. 20.

Section II *bis*. – Dispositions applicables à certaines infractions au Code de la route

(L. n° 89-469, 10 juill. 1989)

Art. 529-7 *(Mod., L. n° 2016-1547, 18 nov. 2016)*. **– Pour les contraventions au Code de la route des deuxième, troisième, quatrième et cinquième classes dont la liste est fixée par décret en Conseil d'État, à l'exception de celles relatives au stationnement, l'amende forfaitaire est minorée si le contrevenant en règle le montant dans les conditions prévues par l'article 529-8.**

Bibliographie : J.-H. Robert, *Tribunal de police. – Amende et indemnité forfaitaires : JCl. Proc. pén.*, art. 524 à 530-4, Fasc. 20.

V. art. D. 45-3 et s., *infra*, p. 2173.

Art. 529-8 *(Mod., L. n° 2015-177, 16 févr. 2015)*. **– Le montant de l'amende forfaitaire minorée peut être acquitté soit entre les mains de l'agent verbalisateur au moment de la constatation de l'infraction, soit dans un délai de quinze jours à compter de la constatation de l'infraction ou, si l'avis de contravention est ultérieurement envoyé à l'intéressé, dans le délai de quinze jours à compter de cet envoi.**

En cas de non-paiement de l'amende forfaitaire minorée dans les conditions prévues ci-dessus, le contrevenant est redevable de l'amende forfaitaire.

Bibliographie : J.-H. Robert, *Tribunal de police. – Amende et indemnité forfaitaires : JCl. Proc. pén.*, art. 524 à 530-4, Fasc. 20.

Voir également : art. R. 49-11, p. 1987.

1) Paiement de l'amende forfaitaire minorée – Charge de la preuve. Il appartient au contrevenant auquel est réclamée l'amende forfaitaire et qui forme une réclamation au motif qu'il s'est acquitté de l'amende forfaitaire minorée de rapporter la preuve qu'il l'a fait dans les délais prévus par l'article 529-8 du Code de procédure pénale (■ Cass. crim., 29 avr. 2009, n° 09-80.064 : *Bull. crim.* n° 81. ■ Cass. crim., 29 janv. 2014, n° 13-84.612).

2) Extinction de l'action publique par le paiement de l'amende forfaitaire minorée – Conditions. Le juge ne peut pas renvoyer un contrevenant des fins de la poursuite dont il est l'objet au motif qu'il a payé l'amende forfaitaire minorée, alors qu'il constate que ce paiement est intervenu après l'expiration du délai fixé par l'article 529-8 du Code de procédure pénale (■ Cass. crim., 3 déc. 2013, n° 13-80.451).

Art. 529-9 *(Mod., L. n° 2004-204, 9 mars 2004)*. **– L'amende forfaitaire doit être versée dans le délai de quarante-cinq jours à compter de la constatation de l'infraction ou l'envoi de l'avis de contravention.**

Les dispositions de l'article 529-2 relatives à la requête aux fins d'exonération et à la majoration de plein droit sont applicables.

Bibliographie : J.-H. Robert, *Tribunal de police. – Amende et indemnité forfaitaires : JCl. Proc. pén.*, art. 524 à 530-4, Fasc. 20.

1) Défaut de conformité de l'avis de contravention. Le défaut de conformité de l'avis de contravention à l'article 529-9 du Code de procédure pénale n'est pas de nature, au sens de l'article 802 du Code de procédure pénale, à faire grief aux droits de la défense du prévenu, dès lors qu'il a exercé son recours dans les délais légaux (■ Cass. crim., 26 févr. 2008, n° 07-86.138).

2) **Paiement de l'amende forfaitaire au-delà du délai imparti.** Le bénéfice du règlement de l'amende forfaitaire étant réservé au contrevenant qui s'acquitte volontairement du paiement de celle-ci dans le délai fixé par l'article 529-9 du Code de procédure pénale, il y a lieu, à défaut, à majoration de son montant (▪ Cass. crim., 5 oct. 1994, n° 94-81.931. ▪ Cass. crim., 10 avr. 1995, n° 94-84.506).

3) **Extinction de l'action publique.** L'action publique est éteinte lorsque le paiement de l'amende forfaitaire, par l'envoi d'un timbre amende, a été enregistré dans le délai de quarante-cinq jours prévu par l'article 529-9 du Code de procédure pénale ; le contrevenant cité en pareil cas devant la juridiction de jugement doit donc être relaxé (▪ Cass. crim., 8 sept. 2010, n° 09-87.799).

Art. 529-10 *(Mod., Ord. n° 2021-443, 14 avr. 2021)*. – **Lorsque l'avis d'amende forfaitaire concernant une des infractions mentionnées à l'article L. 121-3 du Code de la route a été adressé au titulaire du certificat d'immatriculation ou aux personnes visées aux trois derniers alinéas de l'article L. 121-2 de ce code, la requête en exonération prévue par l'article 529-2 ou la réclamation prévue par l'article 530 n'est recevable que si elle est adressée par lettre recommandée avec demande d'avis de réception, en utilisant le formulaire joint à l'avis d'amende forfaitaire, et si elle est accompagnée :**

1° Soit de l'un des documents suivants :

a) **Le récépissé du dépôt de plainte pour vol ou destruction du véhicule ou pour le délit d'usurpation de plaque d'immatriculation prévu par l'article L. 317-4-1 du Code de la route, ou une copie de la déclaration de destruction de véhicule établie conformément aux dispositions du Code de la route ;**

b) **Une lettre signée de l'auteur de la requête ou de la réclamation précisant l'identité, l'adresse, ainsi que la référence du permis de conduire de la personne qui était présumée conduire le véhicule lorsque la contravention a été constatée ;**

c) **Des copies de la déclaration de cession du véhicule et de son accusé d'enregistrement dans le système d'immatriculation des véhicules ;**

d) **Un document attestant, selon des modalités précisées par arrêté conjoint des ministres chargé des transports, de la sécurité routière et de la justice, qu'un système de délégation de conduite automatisé était activé conformément à ses conditions d'utilisation au moment de l'infraction.**

2° Soit d'un document démontrant qu'il a été acquitté une consignation préalable d'un montant égal à celui de l'amende forfaitaire dans le cas prévu par le premier alinéa de l'article 529-2, ou à celui de l'amende forfaitaire majorée dans le cas prévu par le deuxième alinéa de l'article 530 ; cette consignation n'est pas assimilable au paiement de l'amende forfaitaire et ne donne pas lieu au retrait des points du permis de conduire prévu par le quatrième alinéa de l'article L. 223-1 du Code de la route.

L'officier du ministère public vérifie si les conditions de recevabilité de la requête ou de la réclamation prévues par le présent article sont remplies.

Les requêtes et les réclamations prévues au présent article peuvent également être adressées de façon dématérialisée, selon des modalités précisées par arrêté.

Bibliographie : J.-H. Robert, *Tribunal de police. – Amende et indemnité forfaitaires : JCl. Proc. pén.*, art. 524 à 530-4, Fasc. 20.

1) **Obligation de consignation : conformité à la Convention européenne des droits de l'Homme.** Le but poursuivi par l'obligation de consigner, à savoir prévenir l'exercice de recours dilatoires ou abusifs et éviter l'encombrement excessif du rôle du tribunal de police, dans le domaine de la circulation routière qui concerne l'ensemble de la population et se prête à des contestations fréquentes, est légitime (▪ CEDH, 30 juin 2009, n° 49852/06, *Schneider c/ France*).

2) **Domaine d'application de l'article 529-10.** L'article 529-10 ne concerne que les personnes titulaires du certificat d'immatriculation déclarées redevables pécuniairement de l'amende en application de l'article L. 121-3 du Code de la route (▪ Cass. crim., 24 mai 2006, n° 05-86.885 : *Bull. crim.* n° 146. ▪ Cass. crim., 13 mai 2009, n°s 08-88.029 et 08-88.030 : *Bull. crim.* n° 92 ; *Dr. pén.* 2009, comm. 95, obs. J.-H. Robert. ▪ Cass. crim., 24 mars 2010, n° 09-86.375 : *Bull. crim.* n° 56 ; *Dr. pén.* 2010, comm. 69, obs. J.-H. Robert).

3) **Recours contre la décision d'irrecevabilité rendue par l'officier du ministère public – Principes constitutionnels.** L'article 529-10 du Code de procédure pénale prévoyant que l'officier du ministère public vérifie si les conditions de recevabilité de la requête en exonération ou de la réclamation sont remplies, le droit à un recours juridictionnel effectif impose que la décision de l'officier du ministère public déclarant irrecevable

la réclamation puisse être contestée devant la juridiction de proximité (le tribunal de police) (■ Cons. const., 29 sept. 2010, n° 2010-38 QPC : *Dr. pén.* 2010, comm. 120, obs. J.-H. Robert ; *RSC* 2011, p. 187, obs. B. de Lamy. ■ Cass. crim., 25 mars 2014, n° 13-80.170 : *Bull. crim.* n° 93. ■ Cass. crim., 3 mars 2021, n° 20-83.840, § 12). Il en va de même de la décision déclarant irrecevable une requête en exonération lorsque cette décision a pour effet de convertir la somme consignée en paiement de l'amende forfaitaire (■ Cons. const., 29 sept. 2010, préc.).

4) Recours contre la décision d'irrecevabilité rendue par l'officier du ministère public – Convention européenne des droits de l'Homme. La décision d'irrecevabilité de l'officier du ministère public a entraîné l'encaissement de la consignation équivalant au paiement de l'amende forfaitaire, si bien que, nonobstant la contestation du requérant, l'amende a été payée et l'action publique a été éteinte, sans qu'un « tribunal », au sens de l'article 6, § 1 de la Convention européenne des droits de l'Homme, ait examiné le fondement de l'« accusation » dirigée contre le requérant et entendu ses arguments y relatifs. Le droit d'accès à un tribunal du requérant s'est donc trouvé atteint dans sa substance même (■ CEDH, 8 mars 2012, n° 12039/08, *Cadène c/ France* : *Dr. pén.* 2012, comm. 71, obs. J.-H. Robert). ■ CEDH, 8 mars 2012, n° 14166/09, *Célice c/ France*. – V. aussi ■ CEDH, 8 mars 2012, n° 39243/10, *Josseaume c/ France*).

5) Location de véhicule. Il n'appartient pas au juge qui statue en matière contraventionnelle de se prononcer sur la validité de la réclamation portant sur l'avis d'amende forfaitaire, adressée par le loueur de voiture à l'officier du ministère public, antérieurement à la décision de poursuite contre le locataire (■ Cass. crim., 18 mai 2016, n° 15-85.401).

Art. 529-11 *(Mod., L. n° 2011-1862, 13 déc. 2011).* **– L'avis de contravention prévu par les articles 529-1 et 529-8 ou l'avis de paiement de la transaction prévue par l'article 529-6 peut être envoyé à la suite de la constatation d'une contravention au Code de la route réalisée grâce à un appareil homologué de contrôle automatique. En cas de réclamation portée devant le tribunal de police, le procès-verbal ou le rapport de l'officier ou de l'agent de police judiciaire ou de l'agent verbalisateur faisant état du résultat de ce contrôle est alors dressé. Ce procès-verbal peut être revêtu d'une signature manuelle numérisée.**

Bibliographie : J.-H. Robert, *Tribunal de police. – Amende et indemnité forfaitaires : JCl. Proc. pén.*, art. 524 à 530-4, Fasc. 20.

Section III. – Dispositions communes

(L. n° 85-1407, 30 déc. 1985)

Art. 530 *(Mod., L. n° 2010-788, 12 juill. 2010).* **– Le titre mentionné au second alinéa de l'article 529-2, au second alinéa de l'article 529-5 ou au second alinéa du II de l'article 529-6 est exécuté suivant les règles prévues par le présent code pour l'exécution des jugements de police. La prescription de la peine commence à courir à compter de la signature par le ministère public du titre exécutoire, qui peut être individuel ou collectif.**

Dans les trente jours de l'envoi de l'avis invitant le contrevenant à payer l'amende forfaitaire majorée, l'intéressé peut former auprès du ministère public une réclamation motivée qui a pour effet d'annuler le titre exécutoire en ce qui concerne l'amende contestée. Cette réclamation reste recevable tant que la peine n'est pas prescrite, s'il ne résulte pas d'un acte d'exécution ou de tout autre moyen de preuve que l'intéressé a eu connaissance de l'amende forfaitaire majorée. S'il s'agit d'une contravention au Code de la route, la réclamation n'est toutefois plus recevable à l'issue d'un délai de trois mois lorsque l'avis d'amende forfaitaire majorée est envoyé par lettre recommandée à l'adresse figurant sur le certificat d'immatriculation du véhicule, sauf si le contrevenant justifie qu'il a, avant l'expiration de ce délai, déclaré son changement d'adresse au service d'immatriculation des véhicules ; dans ce dernier cas, le contrevenant n'est redevable que d'une somme égale au montant de l'amende forfaitaire s'il s'en acquitte dans un délai de quarante-cinq jours, ce qui a pour effet d'annuler le titre exécutoire pour le montant de la majoration.

La réclamation doit être accompagnée de l'avis d'amende forfaitaire majorée correspondant à l'amende considérée ainsi que, dans le cas prévu par l'article 529-10, de l'un des documents exigés par cet article, à défaut de quoi elle est irrecevable.

Bibliographie : J.-H. Robert, *Tribunal de police. – Amende et indemnité forfaitaires : JCl. Proc. pén.*, art. 524 à 530-4, Fasc. 20.

I – CHARGE DE LA PREUVE DE L'ENVOI DE L'AVIS D'AMENDE FORFAITAIRE MAJORÉE

1) Il incombe au ministère public de prouver l'envoi de l'avis d'amende forfaitaire majorée au contrevenant qui soutient n'avoir pas reçu un tel avis (■ Cass. crim., 18 mai 2016, n° 15-84.729 : *Bull. crim.* n° 147. ■ Cass. crim., 13 déc. 2016, n° 15-86.095. ■ Cass. crim., 4 janv. 2017, n° 16-80.630 : *Bull. crim.* n° 3. ■ Cass. crim., 7 mars 2017, n° 16-84.199). Cette preuve ne peut résulter de la production de bordereaux collectifs d'envoi d'amendes forfaitaires majorées valant titres exécutoires au Trésor public (■ Cass. crim., 18 mai 2016, préc.) ; ... de la production par le ministère public de l'avis de l'amende forfaitaire majorée par recommandé simple, dont le numéro a été communiqué (■ Cass. crim., 4 janv. 2017, n° 16-80.630). Encourt en conséquence la cassation l'arrêt qui, en pareil cas, retient que la réclamation adressée au ministère public était irrecevable au motif que... l'avis d'amende forfaitaire majorée ne lui était pas joint (■ Cass. crim., 18 mai 2016, préc.) ; ... le contrevenant n'invoque aucun motif légitime pouvant expliquer la non-réception de l'avis d'amende forfaitaire majorée (■ Cass. crim., 13 déc. 2016, préc.).

II – RÉCLAMATION

A – Compétence

2) Seul le ministère public, sous le contrôle du tribunal de police, apprécie la recevabilité d'une réclamation formée par un contrevenant et, par voie de conséquence, la validité du titre exécutoire servant de fondement aux poursuites, de sorte qu'il n'appartient pas au comptable public de formuler de prétention de ce chef (■ Cass. 2e civ., 18 oct. 2001, n° 00-16.597 : *Bull. civ.* II, n° 155).

B – Auteur de la réclamation

3) Il résulte de la combinaison des articles 529-2, 529-9 et 530 du Code de procédure pénale que le titre rendu exécutoire par le ministère public aux fins de recouvrement de l'amende forfaitaire majorée de plein droit, ne peut être annulé que par une réclamation motivée émanant du seul contrevenant et que l'officier du ministère public ne peut, au vu d'une réclamation formulée par un tiers, annuler ce titre et faire citer devant la juridiction de jugement la personne à l'encontre de laquelle il a été délivré (■ Cass. crim., 7 avr. 2009, n° 08-87.773 : *Bull. crim.* n° 58).

4) Représentation par un avocat. Il se déduit de la combinaison des articles 529-2 et 530 du Code de procédure pénale, des dispositions de la loi n° 71-1130 du 31 décembre 1971 portant réforme de certaines professions judiciaires et juridiques, ainsi que des stipulations de l'article 6 § 3 de la Convention européenne des droits de l'homme que le contrevenant ou l'intéressé, lorsqu'il entend présenter une requête en exonération d'une infraction au Code de la route qui lui est reprochée ou une réclamation en contestation d'une amende forfaitaire majorée, a la faculté, s'il l'estime nécessaire à la défense de ses intérêts et sans préjudice des prérogatives que l'autorité de poursuite tient de l'article 530-1 dudit code, d'être représenté dans ses démarches par un avocat (■ Cass. crim., 1er sept. 2020, nos 19-83.092, 19-86.433, § 15 : publié au *Bull.*).

C – Recevabilité de la réclamation

5) Doit être déclarée recevable la réclamation formulée en application de l'article 530 du Code de procédure pénale, dès lors qu'elle est motivée et accompagnée des avis correspondant aux amendes contestées (■ Cass. crim., 2 sept. 2005, n° 05-84.293 : *Bull. crim.* n° 214).

D – Irrecevabilité de la réclamation

6) Absence de l'avis en original. Il se déduit des dispositions des articles 530, alinéa 3, et 530-1, alinéa 1er, du Code de procédure pénale que la réclamation du contrevenant, lorsqu'elle n'est pas accompagnée de l'original de l'avis correspondant à l'amende considérée, peut être déclarée irrecevable par l'officier du ministère public (■ Cass. crim., 18 janv. 2000, n° 99-80.185 : *Bull. crim.* n° 26). Si le contrevenant saisit le tribunal de police d'une requête sur le fondement de l'article 530-2 du Code de procédure pénale, celui-ci peut donc rejeter cette requête en énonçant que l'officier du ministère public était fondé à écarter la réclamation dès lors que, malgré les injonctions qui lui ont été faites, le prévenu n'a pas fourni, en original, les avis correspondant aux amendes (■ Cass. crim., 18 janv. 2000, préc.). L'omission du titulaire d'un certificat d'immatriculation de déclarer son changement d'adresse au service de l'immatriculation des véhicules ne saurait constituer un motif légitime justifiant qu'il soit dans l'impossibilité de joindre à sa réclamation l'avis d'amende forfaitaire majorée correspondant à l'amende considérée, en sorte que la réclamation est irrecevable en application des dispositions du troisième alinéa de l'article 530 du Code de procédure pénale, lu à la lumière du considérant 7 de la décision du Conseil constitutionnel n° 2015-467 QPC du 7 mai 2015 (■ Cass. crim., 17 sept. 2019, n° 18-86.289 : publié au *Bull.*).

7) Prescription de la réclamation. Il résulte de l'article 530 du Code de procédure pénale que l'action en réclamation ne peut plus être exercée lorsque trois années se sont écoulées depuis la signature par le ministère public du titre exécutoire, qui peut être individuel ou collectif (■ Cass. crim., 6 déc. 2016, n° 16-82.532).

8) Validité de la réclamation. Il n'appartient pas au juge qui statue en matière contraventionnelle de se prononcer sur la validité de la réclamation portant sur l'avis d'amende forfaitaire formulée antérieurement à la décision de poursuite (■ Cass. crim., 28 mai 2019, n° 18-86.153).

III – RECOURS CONTRE LA DÉCISION D'IRRECEVABILITÉ DE LA RÉCLAMATION

A – Fondement du recours

9) Droit à un recours juridictionnel effectif. Le droit à un recours juridictionnel effectif impose que la décision du ministère public déclarant la réclamation prévue par le troisième alinéa de l'article 530 du Code de procédure pénale irrecevable au motif qu'elle n'est pas accompagnée de l'avis d'amende forfaitaire majorée puisse être contestée devant le juge de proximité (le tribunal de police), soit que le contrevenant prétende que, contrairement aux prescriptions du deuxième alinéa de l'article 530, l'avis d'amende forfaitaire majorée ne lui a pas été envoyé, soit qu'il justifie être dans l'impossibilité de le produire pour des motifs légitimes (■ Cons. const., 7 mai 2015, n° 2015-467 QPC : *Dr. pén.* 2015, comm. 118, obs. V. Peltier). Il résulte des articles 529-10, 530 et 530-2 du Code de procédure pénale que le droit à un recours juridictionnel effectif impose que la décision du ministère public déclarant irrecevable la requête en exonération présentée par la personne destinataire d'un avis de contravention puisse être contestée devant la juridiction de proximité (le tribunal de police) ; le contrevenant ayant, en application des dispositions de l'article 711 du Code de procédure pénale, saisi la juridiction de jugement, c'est donc à tort que celle-ci a déclaré cette demande irrecevable au regard de l'article 530-2 du même code (■ Cass. crim., 25 mars 2014, n° 13-80.170 : *Bull. crim.* n° 93 ; *Dr. pén.* 2014, comm. 89, obs. J.-H. Robert ; *D.* 2014, p. 1029, note J.-P. Céré).

B – Instrument du recours

10) Requête en incident contentieux. Il se déduit des articles 530 du Code de procédure pénale et 6 de la Convention européenne des droits de l'Homme, ensemble les articles 530-1 et 530-2 du Code de procédure pénale, et notamment de l'article 530 du Code de procédure pénale tel qu'interprété par la décision du Conseil constitutionnel en date du 7 mai 2015, que la décision du ministère public déclarant la réclamation prévue par le troisième alinéa de cet article irrecevable au motif qu'elle n'est pas accompagnée de l'avis d'amende forfaitaire majorée peut faire l'objet d'un incident contentieux devant le juge de proximité (le tribunal de police), soit que le contrevenant prétende que, contrairement aux prescriptions du deuxième alinéa du même texte, l'avis d'amende forfaitaire majorée ne lui pas été envoyé, soit qu'il justifie être dans l'impossibilité de le produire pour un motif légitime (■ Cass. crim., 18 mai 2016, n° 15-86.095 : *Bull. crim.* n° 148. ■ Cass. crim., 13 déc. 2016, n° 15-86.097. ■ Cass. crim., 7 mars 2017, n° 16-84.199. V., déjà, solution implicite, ■ Cass. crim., 25 mars 2014, n° 13-80.170 : *Bull. crim.* n° 93 ; *Dr. pén.* 2014, comm. 89, obs. J.-H. Robert ; *D.* 2014, p. 1029, note J.-P. Céré. ■ Cass. crim., 18 mai 2016, n° 15-84.729 : *Bull. crim.* n° 147). Le moyen qui conteste que la requête en incident contentieux constitue un recours juridictionnel effectif au sens de la Convention européenne des droits de l'Homme, ne saurait être accueilli (■ Cass. crim., 7 mars 2017, n° 16-84.199). La procédure de l'amende forfaitaire majorée est compatible avec les dispositions de l'article 6 de la Convention européenne des droits de l'Homme dès lors que le contrevenant dispose d'un recours, ayant la possibilité de faire valoir ses droits devant le tribunal de police, à l'occasion d'un débat contradictoire (■ Cass. 2e civ., 16 mai 2002, n° 00-20.129 : *Bull. civ.* II, n° 98).

V. art. 530-2, p. 1168.

11) Cour européenne des droits de l'homme. Lorsque l'officier du ministère public déclare une réclamation irrecevable pour un autre motif que le défaut de motivation ou l'absence de l'avis d'amende forfaitaire majorée, la voie prévue par l'article 530-2 du Code de procédure pénale est propre à redresser la violation de l'article 6, § 1 de la Convention européenne des droits de l'Homme (■ CEDH, 14 févr. 2012, n° 1292/08, *Boutiah c/ France*).

C – Issue du recours

12) Classement sans suite ou poursuites. Si la juridiction de jugement fait droit à la requête et déclare la réclamation recevable, l'officier du ministère public peut, en application de l'article 530-1 du Code de procédure pénale, soit classer l'affaire sans suite, soit exercer des poursuites selon les procédures prévues aux articles 524 à 528-2 ou aux articles 531 et suivants du même code (■ Cass. crim., 7 mars 2017, n° 16-84.199).

V. art. 530-1, p. 1166.

IV – PRESCRIPTION DE L'ACTION PUBLIQUE

13) Il suffit, pour que la prescription de l'action publique ne soit pas acquise, que le délai soit interrompu par la délivrance du titre exécutoire qui fait courir la prescription de la peine (■ Cass. crim., 28 mai 2019, n° 18-86.153). La réclamation du contrevenant entraîne, conformément à l'article 530 du Code de procédure pénale, l'annulation du titre exécutoire, lequel avait fait courir la prescription de la peine, et la reprise des poursuites ; elle a pour conséquence, à compter de la réception par le ministère public, d'ouvrir un nouveau délai de prescription de l'action publique et il suffit alors qu'un acte de poursuite – un mandement aux fins de citation adressé à un huissier ayant ce caractère – intervienne dans le délai d'un an (■ Cass. crim., 11 juin 1992, n° 92-80.397 : *Bull. crim.* n° 231. ■ Cass. crim., 1er févr. 2000, n° 99-84.764 : *Bull. crim.* n° 51 ; *Dr. pén.* 2000, comm. 61, obs. J.-H. Robert. ■ Cass. crim., 14 sept. 2005, n° 05-81.978 : *Bull. crim.* n° 230 ; *Dr. pén.* 2000, comm. 61, obs. J.-H. Robert. ■ Cass. crim., 4 déc. 2013, n° 13-83.284 : *Bull. crim.* n° 248. ■ Cass. crim., 15 janv. 2014, n° 13-84.533 : *Bull. crim.* n° 13). Encourt la censure le jugement de la juridiction qui déclare l'action publique éteinte par l'effet de la prescription sans tenir compte de la réclamation du contrevenant qui avait entraîné, conformément aux dispositions de l'article 530 du Code de procédure pénale, l'annulation du titre exécutoire et la reprise des poursuites (■ Cass. crim., 14 sept. 2005, n° 05-81.978 : *Bull. crim.* n° 230. ■ Cass. crim., 4 déc. 2013, préc. ■ Cass. crim., 15 janv. 2014, préc.).

Art. 530-1 *(Mod., L. n° 2010-788, 12 juill. 2010)*. – **Au vu de la requête faite en application du premier alinéa de l'article 529-2, de la protestation formulée en application du premier alinéa de l'article 529-5, de celle prévue par le III de l'article 529-6 ou de la réclamation faite en application du deuxième alinéa de l'article 530, le ministère public peut, soit renoncer à l'exercice des poursuites, soit procéder conformément aux articles 524 à 528-2 ou aux articles 531 et suivants, soit aviser l'intéressé de l'irrecevabilité de la réclamation non motivée ou non accompagnée de l'avis.**

En cas de condamnation, l'amende prononcée ne peut être inférieure au montant de l'amende ou de l'indemnité forfaitaire dans les cas prévus par le premier alinéa de l'article 529-2, le premier alinéa de l'article 529-5 ou le premier alinéa du III de l'article 529-6, ni être inférieure au montant de l'amende forfaitaire majorée dans les cas prévus par le second alinéa de l'article 529-2, le second alinéa de l'article 529-5 et le second alinéa du III de l'article 529-6.

Dans les cas prévus par l'article 529-10, en cas de classement sans suite ou de relaxe, s'il a été procédé à la consignation prévue par cet article, le montant de la consignation est reversé à la personne à qui avait été adressé l'avis de paiement de l'amende forfaitaire ou ayant fait l'objet des poursuites. Les modalités de ce remboursement sont définies par voie réglementaire. En cas de condamnation, l'amende prononcée ne peut être inférieure au montant prévu à l'alinéa précédent augmenté d'une somme de 10 %.

Bibliographie : J.-H. Robert, *Tribunal de police. – Amende et indemnité forfaitaires : JCl. Proc. pén.*, art. 524 à 530-4, Fasc. 20.
Voir également : art. R. 49-7, p. 1985.

I – CHOIX OUVERTS AU MINISTÈRE PUBLIC

1) Impossibilité de délivrer un second titre exécutoire. Il résulte de l'article 530-1 du Code de procédure pénale qu'en cas de réclamation recevable du contrevenant, le ministère public ne peut que renoncer aux poursuites ou poursuivre l'intéressé par ordonnance pénale ou par citation devant la juridiction de jugement. En conséquence, après réclamation du contrevenant et annulation du premier titre exécutoire émis par l'officier du ministère public, ce dernier ne saurait délivrer un second titre exécutoire donnant lieu à un avis forfaitaire d'amende majorée ; ce second titre, qui ne peut être considéré comme régulier, n'est pas susceptible d'interrompre le délai de prescription (■ Cass. crim., 9 avr. 2019, n° 18-83.215 : *Bull. crim.* n° 71).

II – MONTANT MINIMUM OBLIGATOIRE DE L'AMENDE

2) Conformité au principe de nécessité des peines. L'instauration d'un minimum de peine d'amende applicable aux contraventions les moins graves ne méconnaît pas, en elle-même, le principe de nécessité des peines (■ Cons. const., 16 sept. 2011, n° 2011-162 QPC).

3) Conformité au principe d'individualisation des peines. Les dispositions de l'article 530-1 du Code de procédure pénale ne sont pas contraires au principe d'individualisation des peines (■ Cons. const., 16 sept. 2011, n° 2011-162 QPC). Le régime de l'amende forfaitaire majorée ne porte pas atteinte au pouvoir du juge de fixer librement le quantum de la peine et n'est donc pas incompatible avec l'article 6 de la Convention européenne des droits de l'Homme, dès lors que le juge de police, qui fixe la peine dans les limites comprises entre le montant de l'amende forfaitaire majorée et le maximum encouru, dispose du pouvoir de proportionner le montant de l'amende à la gravité de la contravention commise, à la personnalité de son auteur et à ses ressources (■ Cass. crim., 16 juin 1999, n° 98-82.881 : *Bull. crim.* n° 138. ■ Cass. crim., 9 oct. 2002, n° 02-82.413). En application des articles 132-1 et 132-20 du Code pénal, 485, 543 et 593 du Code de procédure pénale et des principes constitutionnels tels que dégagés dans la décision n° 2017-694 QPC du 2 mars 2018, la juridiction qui prononce une peine d'amende doit motiver sa décision au regard des circonstances de l'infraction, de la personnalité et de la situation personnelle de son auteur, en tenant compte de ses ressources et de ses charges ; cette obligation de motivation s'applique en matière contraventionnelle ; toutefois, s'agissant de textes de procédure, l'objectif, reconnu par le Conseil constitutionnel, d'une bonne administration de la justice, commande que la nouvelle interprétation qui en est donnée n'ait pas d'effet rétroactif, de sorte qu'elle ne s'appliquera qu'aux décisions prononcées à compter du présent arrêt ; le demandeur ne saurait se faire un grief de ce que le jugement attaqué ne contient aucun motif relatif à l'amende de 135 euros prononcée, dès lors que celle-ci correspond à l'amende forfaitaire qui aurait été due si l'intéressé n'avait pas formulé de requête en exonération et ne pouvait, en application de l'article 530-1 du Code de procédure pénale, être inférieure (■ Cass. crim., 30 mai 2018, n° 16-85.777 : *Bull. crim.* n° 106 ; *JCP* G 2018, 951, note E. Bonis ; *RPDP* 2018, p. 379, obs. E. Bonis ; *Dr. pén.* 2018, comm. 144, obs. E. Bonis ; Procédures 2018, comm. 264, obs. A.-S. Chavent-Leclère. ■ Cass. crim., 11 sept. 2018, n° 17-83.285). La juridiction qui prononce une peine d'amende doit motiver sa décision au regard des circonstances de l'infraction, de la personnalité et de la situation personnelle de son auteur, en tenant compte de ses ressources et de ses charges, à moins que l'amende prononcée ne dépasse pas le montant de l'amende forfaitaire encourue (■ Cass. crim., 5 janv. 2021, n° 20-83.118 : *Dr. pén.* 2021, comm. 64, obs. E. B.).

4) Application. En cas de recours contre une amende forfaitaire, l'amende prononcée, en cas de condamnation, ne peut être inférieure à celle qui aurait été due si l'intéressé n'avait pas présenté de réclamation (■ Cass. crim., 20 oct. 1999, n° 99-83.046 : *Bull. crim.* n° 229. ■ Cass. crim., 1er mars 2006, n° 05-86.895 : *Bull. crim.* n° 61. ■ Cass. crim., 12 sept. 2007, n° 06-86.752 : *Bull. crim.* n° 206. ■ Cass. crim., 22 janv. 2013, n° 12-82.679 : *RPDP* 2013, p. 127, obs. C. Ambroise-Castérot. ■ Cass. crim., 10 janv. 2017, n° 16-82.838). À défaut, la décision encourt la cassation (■ Cass. crim., 20 oct. 1999, préc. ■ Cass. crim., 22 janv. 2013, préc. ■ Cass. crim., 30 oct. 2018, n° 18-81.156. ■ Cass. crim., 9 mars 2021, n° 20-84.981. ■ Cass. crim., 9 nov. 2021, n° 21-81.398). Le montant de l'amende forfaitaire étant de 135 euros, doit être cassée la décision selon laquelle l'amende demandée par le ministère public de 450 euros étant beaucoup trop lourde compte tenu des revenus du prévenu qui ne couvrent pas ses charges, il y a lieu, au regard de la situation difficile de sa société, ainsi que de sa situation financière personnelle, de ramener le montant de l'amende à 90 euros, soit l'amende forfaitaire minorée (Cass. crim., 30 oct. 2018, n° 18-81.156). Fait grief au contrevenant la juridiction qui, en violation de l'article 530-1 du Code de procédure pénale, prononce une amende inférieure à celle qui aurait été due si l'intéressé n'avait pas présenté de réclamation et le prive ainsi du droit de faire appel (■ Cass. crim., 12 sept. 2007, n° 06-86.752 : *Bull. crim.* n° 206).

5) Exception : paiement de l'amende minorée. Le contrevenant soutenant n'avoir jamais reçu l'avis de contravention lui permettant de prendre connaissance de l'amende forfaitaire dont il faisait l'objet, c'est à bon droit que la juridiction en déduit, eu égard à la situation personnelle et matérielle de l'intéressé, qu'il y a lieu de ramener le montant de l'amende encourue à celui de l'amende forfaitaire minorée, à défaut pour le ministère public d'avoir rapporté la preuve, qui lui incombe, de l'envoi d'un avis de contravention à l'intéressé : celui-ci pouvait en effet être regardé comme ayant été privé de la possibilité de s'acquitter en temps utile du montant de l'amende forfaitaire minorée (■ Cass. crim., 30 oct. 2018, n° 17-87.213).

6) Dispense de peine. Les dispositions des articles 539 et 530-1, alinéa 2, du Code de procédure pénale ne font pas obstacle à ce que la juridiction de proximité (le tribunal de police) prononce une dispense de peine prévue, en matière contraventionnelle, par les articles 132-59 et suivants du Code pénal, pour toute contravention ayant fait l'objet d'une procédure d'amende forfaitaire majorée (■ Cass. crim., 9 juill. 1991, n° 91-81.343 : *Bull. crim.* n° 293. ■ Cass. crim., 9 nov. 2005, n° 05-84.504 : *Bull. crim.* n° 291).

III – AUGMENTATION DE 10 % DU MONTANT DE L'AMENDE

7) Domaine d'application. Lorsqu'un prévenu est cité, pour excès de vitesse, devant la juridiction de proximité à la suite d'une requête en exonération de l'amende forfaitaire présentée sur le fondement de l'article 529-2 du Code de procédure pénale, l'amende prononcée ne peut être augmentée d'une somme de 10 %. Cette augmentation n'est prévue, par l'article 530-1, dernier alinéa, du code précité, que dans les cas visés par l'article 529-10, lequel ne concerne que les personnes titulaires du certificat d'immatriculation déclarées redevables pécuniairement de l'amende en application de l'article L. 121-3 du Code de la route (▪ Cass. crim., 24 mai 2006, n° 05-86.885 : *Bull. crim.* n° 146. ▪ Cass. crim., 13 mai 2009, n°s 08-88.029 et 08-88.030 : *Bull. crim.* n° 92 ; *Dr. pén.* 2009, comm. 95, obs. J.-H. Robert. ▪ Cass. crim., 24 mars 2010, n° 09-86.375 : *Bull. crim.* n° 56 ; *Dr. pén.* 2010, comm. 69, obs. J.-H. Robert).

Art. 530-2 *(Mod., L. n° 2011-1862, 13 déc. 2011).* **– Les incidents contentieux relatifs à l'exécution du titre exécutoire et à la rectification des erreurs matérielles qu'il peut comporter son déférés au tribunal de police, qui statue conformément aux dispositions de l'article 711.**

I – PORTÉE DE L'ARTICLE 530-2

1) Droit à un recours juridictionnel effectif. Le droit à un recours juridictionnel effectif impose que la décision du ministère public déclarant la réclamation prévue par le troisième alinéa de l'article 530 du Code de procédure pénale irrecevable au motif qu'elle n'est pas accompagnée de l'avis d'amende forfaitaire majorée puisse être contestée devant le juge de proximité (le tribunal de police), soit que le contrevenant prétende que, contrairement aux prescriptions du deuxième alinéa de l'article 530, l'avis d'amende forfaitaire majorée ne lui a pas été envoyé, soit qu'il justifie être dans l'impossibilité de le produire pour des motifs légitimes (▪ Cons. const., 7 mai 2015, n° 2015-467 QPC : *Dr. pén.* 2015, comm. 118, obs. V. Peltier). Il résulte des articles 529-10, 530 et 530-2 du Code de procédure pénale que le droit à un recours juridictionnel effectif impose que la décision du ministère public déclarant irrecevable la requête en exonération présentée par la personne destinataire d'un avis de contravention puisse être contestée devant la juridiction de proximité (le tribunal de police) ; le contrevenant ayant, en application des dispositions de l'article 711 du Code de procédure pénale, saisi la juridiction de jugement, c'est donc à tort que celle-ci a déclaré cette demande irrecevable au regard de l'article 530-2 du même code (▪ Cass. crim., 25 mars 2014, n° 13-80.170 : *Bull. crim.* n° 93 ; *Dr. pén.* 2014, comm. 89, obs. J.-H. Robert ; *D.* 2014, p. 1029, note J.-P. Céré).

2) Article 530-2, fondement du droit au recours. Il se déduit des articles 530 du Code de procédure pénale et 6 de la Convention européenne des droits de l'Homme, ensemble les articles 530-1 et 530-2 du Code de procédure pénale, et notamment de l'article 530 du Code de procédure pénale tel qu'interprété par la décision du Conseil constitutionnel en date du 7 mai 2015, que la décision du ministère public déclarant la réclamation prévue par le troisième alinéa de cet article irrecevable au motif qu'elle n'est pas accompagnée de l'avis d'amende forfaitaire majorée peut faire l'objet d'un incident contentieux devant le juge de proximité (le tribunal de police), soit que le contrevenant prétende que, contrairement aux prescriptions du deuxième alinéa du même texte, l'avis d'amende forfaitaire majorée ne lui pas été envoyé, soit qu'il justifie être dans l'impossibilité de le produire pour un motif légitime (▪ Cass. crim., 18 mai 2016, n° 15-86.095 : *Bull. crim.* n° 148. ▪ Cass. crim., 13 déc. 2016, n° 15-86.097. ▪ Cass. crim., 7 mars 2017, n° 16-84.199. V., déjà, ▪ Cass. crim., 29 mai 2002, n° 01-87.396 : *Bull. crim.* n° 124. V. aussi, solution implicite, ▪ Cass. crim., 25 mars 2014, n° 13-80.170 : *Bull. crim.* n° 93 ; *Dr. pén.* 2014, comm. 89, obs. J.-H. Robert ; *D.* 2014, p. 1029, note J.-P. Céré. ▪ Cass. crim., 18 mai 2016, n° 15-84.729 : *Bull. crim.* n° 147).

3) Conformité à l'article 6, Conv. EDH. Le moyen qui conteste que la requête en incident contentieux constitue un recours juridictionnel effectif au sens de la Convention européenne des droits de l'Homme, ne saurait être accueilli (▪ Cass. crim., 7 mars 2017, n° 16-84.199). La procédure de l'amende forfaitaire majorée est compatible avec les dispositions de l'article 6 de la Convention européenne des droits de l'Homme dès lors que le contrevenant dispose d'un recours, ayant la possibilité de faire valoir ses droits devant le tribunal de police, à l'occasion d'un débat contradictoire (▪ Cass. 2e civ., 16 mai 2002, n° 00-20.129 : *Bull. civ.* II, n° 98 – saisine d'un juge de l'exécution).

II – CONDITIONS À L'EXERCICE DU RECOURS

4) Condition préalable : respect de l'article 530 du Code de procédure pénale. Il se déduit de la combinaison des articles 530, 530-2, 710 et 711 du Code de procédure pénale que, pour être admis à invoquer, devant la juridiction de proximité, un incident contentieux relatif à l'exécution du titre exécutoire, le demandeur doit, au préalable, formuler une réclamation motivée auprès de l'officier du ministère public, accompagnée des avis correspondants aux amendes contestées, et que ce n'est que dans l'hypothèse où cette requête est déclarée irrecevable par l'officier ministériel public, que le tribunal peut être régulièrement saisi (■ Cass. crim., 25 oct. 2000, n° 00-82.939 : *Bull. crim.* n° 311. ■ Cass. crim., 26 févr. 2014, n° 13-87.328 : *Bull. crim.* n° 57). Le tribunal n'est donc pas régulièrement saisi par un contrevenant qui n'a pas préalablement saisi l'officier du ministère public de sa contestation (■ Cass. crim., 26 févr. 2014, préc.). La requête en incident contentieux présentée en application de l'article 530-2 du Code de procédure pénale est irrecevable lorsque l'avis de contravention correspondant à la contravention considérée n'était pas joint à la réclamation de l'intéressé adressée à l'officier du ministère public, contrairement aux prescriptions des articles 530 et R. 49-4 dudit code (■ Cass. crim., 8 janv. 2013, n° 12-80.340 : *Bull. crim.* n° 4).

5) Délai pour former le recours. L'incident contentieux est recevable jusqu'à prescription de la peine (■ Cass. avis, 5 mars 2007, n° 07-00.004 : *D.* 2007, 1764, note P. Bonfils et M. Giacopelli).

III – MISE EN ŒUVRE DU RECOURS

6) Décision erronée de l'officier du ministère public. Selon l'article 530-2 du Code de procédure pénale, donne lieu à incident contentieux relatif à l'exécution du titre exécutoire la décision de l'officier du ministère public de déclarer irrecevable la réclamation formée par le contrevenant pour un motif autre que ceux prévus par l'article 530-1, alinéa 1, du même code (■ Cass. crim., 29 oct. 1997, n° 97-81.904 : *Bull. crim.* n° 357. ■ Cass. avis, 5 mars 2007, n° 07-00.004 : *D.* 2007. 1764, note P. Bonfils et M. Giacopelli). Encourt la cassation le jugement déclarant irrecevable une requête présentée sur le fondement de l'article 530-2 du Code de procédure pénale alors que la réclamation n'avait pas été déclarée irrecevable en raison de l'absence de motivation ou du défaut d'accompagnement de l'avis correspondant à l'amende considérée et que, dès lors, l'officier du ministère public devait, en application de l'article R. 49-8 du code précité, informer le comptable du Trésor de l'annulation du titre exécutoire (■ Cass. avis, 5 mars 2007, préc.).

7) Appréciation du caractère tardif de la réclamation du contrevenant. Selon l'article 530-2 du Code de procédure pénale, les incidents contentieux relatifs à l'exécution des titres exécutoires doivent être réglés par le tribunal de police qui statue conformément aux dispositions de l'article 711 du Code de procédure pénale. Encourt dès lors la cassation le jugement qui, pour rejeter la requête présentée par le contrevenant sur le fondement de l'article 530-2 du Code de procédure pénale, énonce que l'appréciation du délai ouvert pour la réclamation prévue par l'article 530 du même code appartient au ministère public, alors que le tribunal devait se prononcer sur le bien-fondé de la décision de l'officier du ministère public déclarant irrecevable comme tardive la réclamation du contrevenant (■ Cass. crim., 29 mai 2002, n° 01-87.396 : *Bull. crim.* n° 124).

IV – ISSUE DU RECOURS

8) Annulation du titre exécutoire par la juridiction. Si la juridiction de proximité (le tribunal de police) juge que la réclamation était recevable, le titre exécutoire est annulé, ce qui a pour effet d'ouvrir un nouveau délai de prescription de l'action publique (■ Cass. avis, 5 mars 2007, n° 07-00.004 : *D.* 2007, 1764, note P. Bonfils et M. Giacopelli).

Bibliographie : J.-H. Robert, *Tribunal de police. – Amende et indemnité forfaitaires : JCl. Proc. pén.*, art. 524 à 530-4, Fasc. 20.

Art. 530-2-1 *(L. n° 2003-495, 12 juin 2003)*. **– Lorsque les avis de contravention ou d'amende forfaitaire majorée sont adressés à une personne résidant à l'étranger, les délais prévus par les articles 529-1, 529-2, 529-8, 529-9 et 530 sont augmentés d'un mois.**

Les dispositions des articles 529-10 et 530 du présent code et des articles L. 121-2 et L. 121-3 du Code de la route relatives aux titulaires du certificat d'immatriculation du véhicule sont applicables aux personnes dont l'identité figure sur les documents équivalents délivrés par des autorités étrangères.

Bibliographie : J.-H. Robert, *Tribunal de police. – Amende et indemnité forfaitaires : JCl. Proc. pén.*, art. 524 à 530 4, Fasc. 20.

Art. 530-3 *(Mod., L. n° 2016-1547, 18 nov. 2016)*. **– Un décret en Conseil d'État fixe le montant des amendes et indemnités forfaitaires, des amendes forfaitaires minorées et des amendes forfaitaires majorées ainsi que des frais de constitution de dossier et précise les modalités d'application du présent chapitre, en déterminant notamment les conditions dans lesquelles les agents habilités à constater les infractions sont assermentés et perçoivent le montant des amendes forfaitaires et celui des transactions.**

Lorsque les amendes forfaitaires, les amendes forfaitaires minorées et les amendes forfaitaires majorées s'appliquent à une personne morale, leur montant est quintuplé.

Bibliographie : J.-H. Robert, *Tribunal de police. – Amende et indemnité forfaitaires : JCl. Proc. pén.*, art. 524 à 530-4, Fasc. 20.

Art. 530-4 *(Mod., Ord. n° 2010-420, 27 avr. 2010).* **– Lorsque la personne qui a fait l'objet d'une amende forfaitaire majorée ne conteste pas la réalité de la contravention mais sollicite, en raison de ses difficultés financières, des délais de paiement ou une remise gracieuse, elle adresse sa demande motivée non pas à l'officier du ministère public, mais au comptable du Trésor public.**

Dans ce cas, l'article 529-10 n'est pas applicable.

S'il estime la demande justifiée, le comptable public compétent peut alors octroyer des délais ou rendre une décision de remise gracieuse partielle ou totale, le cas échéant en appliquant une diminution de 20 % des sommes dues, conformément à l'article 707-4.

Bibliographie : J.-H. Robert, *Tribunal de police. – Amende et indemnité forfaitaires : JCl. Proc. pén.*, art. 524 à 530-4, Fasc. 20.

Art. 530-5 *(L. n° 2011-525, 17 mai 2011).* **– Les délais mentionnés aux articles 529-8, 529-9 et 530 s'apprécient, en cas d'envoi du règlement de l'amende par courrier, au regard de la date d'envoi du moyen de paiement attestée par le cachet de l'opérateur postal.**

Bibliographie : J.-H. Robert, *Tribunal de police. – Amende et indemnité forfaitaires : JCl. Proc. pén.*, art. 524 à 530-4, Fasc. 20.

Art. 530-6 *(Mod., L. n° 2019-222, 23 mars 2019).* **– Pour l'application des dispositions relatives à l'amende forfaitaire, le lieu du traitement automatisé des informations nominatives concernant les infractions constatées par un procès-verbal établi sous format numérique est considéré comme le lieu de constatation de l'infraction.**

Art. 530-7 *(L. n° 2016-1547, 18 nov. 2016 ; abr., L. n° 2019-222, 23 mars 2019).*

CHAPITRE III. – DE LA SAISINE DU TRIBUNAL DE POLICE

(Intitulé mod. à compter du 1er juillet 2017, L. n° 2011-1862, 13 déc. 2011)

Art. 531 *(Mod., L. n° 2011-1862, 13 déc. 2011).* **– Le tribunal de police est saisi des infractions de sa compétence soit par le renvoi qui lui en est fait par la juridiction d'instruction, soit par la comparution volontaire des parties, soit par la citation délivrée directement au prévenu et à la personne civilement responsable de l'infraction.**

Bibliographie : J. Buisson, *Tribunal de police et juridiction de proximité. – Saisine et instruction définitive : JCl. Proc. pén.*, art. 531 à 543, Fasc. 20, actualisé par M. Wagner.

1) **Saisine de la juridiction.** Il résulte de l'article 531 du Code de procédure pénale que le juge de police ne peut statuer que sur les faits dont il est régulièrement saisi (▪ Cass. crim., 4 déc. 2001, n° 01-85.208. ▪ Cass. crim., 15 févr. 2006, n° 05-86.379).

2) **Saisine *in rem*.** Le juge de police, qui n'est pas lié par la qualification donnée à la prévention, ne peut prononcer une décision de relaxe qu'autant qu'il a vérifié que les faits dont il est saisi ne sont constitutifs d'aucune contravention (▪ Cass. crim., 31 mai 2005, n° 04-86.384 : *Bull. crim.* n° 166).

3) **Requalification des faits.** Il résulte des articles 531 du Code de procédure pénale et 6 de la Convention européenne des droits de l'Homme que, s'il appartient au juge répressif de restituer aux faits dont il est saisi leur véritable qualification, c'est à la condition que le prévenu ait été mis en mesure de se défendre sur la nouvelle qualification envisagée (▪ Cass. crim., 10 juin 2009, n° 08-88.412).

Art. 532. **– L'avertissement délivré par le ministère public dispense de citation s'il est suivi de la comparution volontaire de la personne à laquelle il est adressé.**

Il indique l'infraction poursuivie et vise le texte de loi qui la réprime.

Bibliographie : J. Buisson, *Tribunal de police et juridiction de proximité. – Saisine et instruction définitive : JCl. Proc. pén.*, art. 531 à 543, Fasc. 20, actualisé par M. Wagner.

1) **Comparution volontaire.** Il résulte des articles 531 et 532 du Code de procédure pénale que la comparution volontaire suppose au préalable la mise en mouvement de l'action publique dans les conditions prescrites à l'article 1er du Code de procédure pénale (▪ Cass. crim., 13 déc. 2016, n° 16-81.976). Doit être cassée la décision par laquelle le juge s'est estimé saisi par la seule com-

parution volontaire et a condamné le contrevenant, alors que ce dernier, à qui était imputée une contravention au Code de la route, avait comparu volontairement devant le tribunal de police, mais que le ministère public n'avait pas pris de réquisitions (■ Cass. crim., 7 juin 2000, n° 99-86.818).

2) **Saisine *in personam*.** Il résulte des articles 531 et 532 du Code de procédure pénale, et 6 § 3, de la Convention européenne des droits de l'Homme, que tout prévenu a le droit d'être informé de la nature et de la cause de la prévention dont il est l'objet et que nul ne peut être jugé par une juridiction répressive s'il n'a été régulièrement appelé à y comparaître comme prévenu ; doit donc être cassée la décision par laquelle le tribunal de police condamne une personne qui a été invitée à comparaître pour être entendue en qualité de victime, alors qu'aucun acte ne saisissait le tribunal d'une quelconque prévention à son encontre (■ Cass. crim., 18 mars 2015, n° 14-81.666).

Art. 533 *(Mod., L. n° 2011-1862, 13 déc. 2011)*. **– Les articles 388-1, 388-2, 388-3, 388-4 et 390 à 392-1 sont applicables devant le tribunal de police.**

Bibliographie : J. Buisson, *Tribunal de police et juridiction de proximité. – Saisine et instruction définitive : JCl. Proc. pén.*, art. 531 à 543, Fasc. 20, actualisé par M. Wagner.

CHAPITRE IV. – DE L'INSTRUCTION DÉFINITIVE DEVANT LE TRIBUNAL DE POLICE

(Intitulé mod. à compter du 1er juillet 2017, L. n° 2011-1862, 13 déc. 2011)

Art. 534. – Avant le jour de l'audience, le président peut, sur la requête du ministère public ou de la partie civile, estimer ou faire estimer les dommages, dresser ou faire dresser des procès-verbaux, faire ou ordonner tous actes requérant célérité.

Bibliographie : J. Buisson, *Tribunal de police et juridiction de proximité. – Saisine et instruction définitive : JCl. Proc. pén.*, art. 531 à 543, Fasc. 20, actualisé par M. Wagner.

Art. 535 *(Mod., L. n° 2011-1862, 13 déc. 2011)*. **– Les dispositions des articles 400 à 405, 406 à 408, sont applicables à la procédure devant le tribunal de police.**

Toutefois, les sanctions prévues par l'article 404, alinéa 2, ne peuvent être prononcées que par le tribunal correctionnel, saisi par le ministère public, au vu du procès-verbal dressé par le juge du tribunal de police relatant l'incident.

Bibliographie : J. Buisson, *Tribunal de police et juridiction de proximité. – Saisine et instruction définitive : JCl. Proc. pén.*, art. 531 à 543, Fasc. 20, actualisé par M. Wagner.

Art. 536 *(Mod., L. n° 93-2, 4 janv. 1993 ; L. n° 93-1013, 24 août 1993)*. **– Sont également applicables les règles édictées par les articles 418 à 426 concernant la constitution de partie civile ; par les articles 427 à 457 relatifs à l'administration de la preuve sous réserve de ce qui est dit à l'article 537 ; par les articles 458 à 461 concernant la discussion par les parties ; par l'article 462 relatif au jugement.**

Bibliographie : J. Buisson, *Tribunal de police et juridiction de proximité. – Saisine et instruction définitive : JCl. Proc. pén.*, art. 531 à 543, Fasc. 20, actualisé par M. Wagner.

Art. 537 *(Mod., L. n° 78-788, 28 juill. 1978)*. **– Les contraventions sont prouvées soit par procès-verbaux ou rapports, soit par témoins à défaut de rapports et procès-verbaux, ou à leur appui.**

Sauf dans les cas où la loi en dispose autrement, les procès-verbaux ou rapports établis par les officiers et agents de police judiciaire et les agents de police judiciaire adjoints, ou les fonctionnaires ou agents chargés de certaines fonctions de police judiciaire auxquels la loi a attribué le pouvoir de constater les contraventions, font foi jusqu'à preuve contraire.

La preuve contraire ne peut être rapportée que par écrit ou par témoins.

Bibliographie : J. Buisson, *Tribunal de police et juridiction de proximité. – Saisine et instruction définitive : JCl. Proc. pén.*, art. 531 à 543, Fasc. 20, actualisé par M. Wagner.

• *Sommaire*

I – CONFORMITÉ DE L'ARTICLE 537 DU CODE DE PROCÉDURE PÉNALE AUX PRINCIPES CONSTITUTIONNELS

A – Présomption d'innocence

1° Conseil constitutionnel

1) Possibilité d'instaurer une présomption de culpabilité. De l'article 9 de la Déclaration des droits de l'homme et du citoyen selon lequel « Tout homme étant présumé innocent jusqu'à ce qu'il ait été déclaré coupable, s'il est jugé indispensable de l'arrêter, toute rigueur qui ne serait pas nécessaire pour s'assurer de sa personne doit être sévèrement réprimée par la loi », il résulte qu'en principe le législateur ne saurait instituer de présomption de culpabilité en matière répressive ; toutefois, à titre exceptionnel, de telles présomptions peuvent être établies, notamment en matière contraventionnelle, dès lors qu'elles ne revêtent pas de caractère irréfragable, qu'est assuré le respect des droits de la défense et que les faits induisent raisonnablement la vraisemblance de l'imputabilité (▪ Cons. const., 16 juin 1999, n° 99-411 DC : *D.* 1999, 589, note Y. Mayaud).

2° Questions prioritaires de constitutionnalité

2) Possibilité d'instaurer une présomption de culpabilité. L'article 537 du Code de procédure pénale qui, en présence d'un procès-verbal de constatation d'une contravention impose que la preuve contraire aux énonciations du procès-verbal soit rapportée par écrit ou par témoins n'est pas contraire à la présomption d'innocence, dès lors qu'en présence des constatations d'un procès-verbal établissant la matérialité de la contravention, la présomption de culpabilité instituée ne revêt pas de caractère irréfragable et que le respect des droits de la défense est assuré (▪ Cass. crim., 13 sept. 2011, n° 11-90.077 QPC).

3) Procès-verbaux faisant foi jusqu'à preuve contraire. L'article 537 du Code de procédure pénale n'est contraire ni à l'article 66 de la Constitution, ni à l'article 7 de la Déclaration des droits de l'homme et du citoyen du 26 août 1789, dès lors que, d'une part, seuls font foi jusqu'à preuve contraire les procès-verbaux régulièrement établis, sous le contrôle de l'autorité judiciaire, et rapportant des faits que leur auteur a personnellement constatés, ce qui exclut tout risque d'arbitraire, que, d'autre part, cette présomption ne revêt pas de caractère irréfragable, et qu'enfin, le respect des droits de la défense, devant la juridiction de jugement, assure l'équilibre des droits des parties (▪ Cass. crim., 15 janv. 2014, n° 13-90.032 QPC : *Bull. crim.* n° 14. ▪ Cass. crim., 8 sept. 2020, n° 20-82.520, § 4).

B – Respects des droits de la défense

4) Questions prioritaires de constitutionnalité. L'article 537 du Code de procédure pénale qui, en présence d'un procès-verbal de constatation d'une contravention impose que la preuve contraire aux énonciations du procès-verbal soit rapportée par écrit ou par témoins n'est pas contraire aux droits de la défense, dès lors... qu'en présence des constatations d'un procès-verbal établissant la matérialité de la contravention, la présomption de culpabilité instituée ne revêt pas de caractère irréfragable et que le respect des droits de la défense est assuré (▪ Cass. crim., 13 sept. 2011, n° 11-90.077 QPC) ; ... que le respect des droits de la défense est assuré devant la juridiction de jugement et que se trouve ainsi assuré l'équilibre des droits des parties (▪ Cass. crim., 22 janv. 2013, n° 12-90.067 QPC : *RPDP* 2013, p. 130, obs. C. Ambroise-Castérot). L'article 537 du Code de procédure pénale n'est pas contraire aux droits de la défense, dont le respect est assuré devant la juridiction de jugement, laquelle ne peut exiger du prévenu qu'il fasse citer plusieurs témoins, seul étant à prendre en considération, au regard de la disposition critiquée, le caractère probant de la déclaration de chaque témoin cité, fût-il unique ; se trouve ainsi préservé l'équilibre des droits des parties (▪ Cass. crim., 29 nov. 2016, n° 16-83.659 QPC : *Bull. crim.* n° 317. V. dans le même sens, ▪ Cass. crim., 28 mars 2017, n° 16-83.659 : *Bull. crim.* n° 86).

II – CONFORMITÉ DE L'ARTICLE 537 DU CODE DE PROCÉDURE PÉNALE À L'ARTICLE 6 DE LA CONVENTION EUROPÉENNE DES DROITS DE L'HOMME

A – Jurisprudence européenne

5) Présomption de responsabilité et procès équitable. Tout système juridique connaît des présomptions de fait ou de droit et la Convention européenne des droits de l'Homme n'y met évidemment pas obstacle en principe, mais, en matière pénale, elle oblige les États contractants à ne pas dépasser à cet égard un certain seuil. Ainsi, le principe de la présomption d'innocence, consacré à l'article 6, § 2 de la Convention, ne se désintéresse pas des présomptions de fait ou de droit qui se rencontrent dans les lois répressives. Il commande aux États de les enserrer dans des limites raisonnables prenant en compte la gravité de l'enjeu et préservant les droits de la défense (V. par ex. ▪ CEDH, 4 mars 2014, n°s 18640/10, 18647/10, 18663/10, 18668/10 et 18698/10, *Grande Stevens c/ Italie*). Si, s'agissant d'une contravention au Code de la route, le Code pénal français crée une présomption de responsabilité à partir d'un comportement objectif, sans qu'il soit besoin d'établir un élément intentionnel, cette présomption n'est pas irréfragable, la preuve contraire pouvant être rapportée par écrit ou par témoignages ; il n'en résulte aucune violation de l'article 6 § 2 de la Convention (▪ Comm. EDH, 19 juin 1998, n° 38410/97, *Fontaine c/ France*).

6) Force probante des procès-verbaux et procès équitable. Quant à la force probante attribuée par la loi aux rapports et aux procès-verbaux, la Convention européenne des droits de l'Homme laisse à chaque État contractant le soin de réglementer la force probante des éléments de preuve, et leur recevabilité relève au premier chef des règles du droit interne. Il revient en principe aux juridictions nationales d'apprécier les éléments recueillis par elles, la tâche des organes de la Convention consistant donc à rechercher si la procédure examinée dans son ensemble revêt un caractère équitable. Lorsque le requérant a eu connaissance du dossier, a pu présenter ses arguments et moyens de défense, dans le cadre de débats contradictoires, et que le tribunal de police a rejeté ses arguments par un jugement motivé de façon détaillée, il a bénéficié, devant le tribunal de police, d'un procès équitable, au sens de l'article 6 § 1 de la Convention européenne des droits de l'Homme (▪ Comm. EDH, 19 juin 1998, n° 38410/97, *Fontaine c/ France*. V. aussi ▪ Comm. EDH, 13 févr. 2001, n° 51406/99, *Gaucher c/ France*, relevant que l'article 537 du Code de procédure pénale français permet au requérant de rapporter la preuve contraire à celle présentée par l'accusation, soit par un écrit, soit par un témoignage).

B – Jurisprudence nationale

7) L'article 537 du Code de procédure pénale n'est pas contraire à l'article 6 § 1 de la Convention européenne des droits de l'Homme (▪ Cass. crim., 13 sept. 2011, n° 11-80.432 : *Bull. crim.* n° 175).

III – DOMAINE D'APPLICATION DE L'ARTICLE 537 DU CODE DE PROCÉDURE PÉNALE

8) Inclusion des contraventions devenant délictuelles en raison de la récidive. L'article 537 du Code de procédure pénale trouve à s'appliquer lorsque les faits n'acquièrent un caractère délictuel qu'en raison de l'état de récidive dans laquelle ils ont été commis (▪ Cass. crim., 13 juin 2007, n° 06-85.441 : *Bull. crim.* n° 161).

9) Exclusion de l'article L. 121-3 du Code de la route. Méconnaît les dispositions des articles 537 du Code de procédure pénale et L. 121-3 du Code de la route, la cour d'appel qui, pour condamner le titulaire du certificat d'immatriculation en qualité de pécuniairement redevable de l'amende écarte une attestation susceptible d'apporter la preuve qu'il n'était pas le conducteur du véhicule, aux motifs que cette preuve devait être rapportée par écrit ou par témoin, alors qu'en application de l'alinéa premier du second de ces textes le pécuniairement redevable de l'amende peut apporter tous éléments pour l'établir (▪ Cass. crim., 29 mai 2013, n° 12-85.303 : *Bull. crim.* n° 120. ▪ Cass. crim., 17 déc. 2013, n° 12-87.923 : *Bull. crim.* n° 256).

IV – CONDITIONS D'APPLICATIONS DE L'ARTICLE 537 DU CODE DE PROCÉDURE PÉNALE

10) Rapport. Courrier d'un commissaire de police. Le courrier du commissaire de police donnant la liste des infractions dont il a été témoin en circulant dans son véhicule de service banalisé et précisant les circonstances, la date, le lieu et l'heure de ces infractions constitue un rapport constatant l'infraction, au sens de l'article 537 du

Code de procédure pénale (■ Cass. crim., 8 janv. 2019, n° 18-83.375)

11) Validité du procès-verbal. Ne justifie pas sa décision de condamnation la juridiction qui ne répond pas aux conclusions visées par le greffier et déposées avant tout débat au fond, excipant de la nullité du procès-verbal en raison du défaut de précision du lieu de commission de l'infraction permettant de vérifier la vitesse autorisée sur la portion de route où a été effectué le contrôle routier (■ Cass. crim., 19 juin 2018, n° 17-87.039). La validité d'un procès-verbal de constatation d'une contravention à la circulation routière n'est pas subordonnée à l'interception du véhicule ayant servi à commettre l'infraction (■ Cass. crim., 2 mai 2018, n° 17-84.370).

12) Force probante et constatation personnelle de l'agent verbalisateur. Justifie sa décision, sans méconnaître la force probante attachée par l'article 537 du Code de procédure pénale aux procès-verbaux établissant la preuve des contraventions, la juridiction de proximité qui relaxe un prévenu poursuivi pour avoir déposé des cartons sur la voie publique en infraction avec les dispositions du règlement sanitaire départemental, dès lors que le procès-verbal, base de la poursuite, ne relève aucun élément d'où il résulterait que l'agent verbalisateur ait personnellement constaté les circonstances dans lesquelles les cartons en cause avaient été abandonnés et qu'il appartenait au juge de rechercher si les constatations du procès-verbal étaient de nature à démontrer la culpabilité du prévenu (■ Cass. crim., 13 févr. 2007, n° 06-85.976 : *Bull. crim.* n° 41 ; *Dr. pén.* 2007, comm. 78, obs. A. Maron). Les constatations de l'agent verbalisateur, selon lesquelles le véhicule conduit par le prévenu a opéré, au lieu indiqué, un changement de direction sans avertissement préalable, suffisent à établir la matérialité de l'infraction relevée (■ Cass. crim., 20 sept. 2016, n° 16-80.148 : *Bull. crim.* n° 240). Justifie sa décision, sans méconnaître les dispositions de l'article 537 du Code de procédure pénale, la cour d'appel qui, pour renvoyer des fins de la poursuite le titulaire du certificat d'immatriculation du véhicule poursuivi sur le fondement de l'article L. 121-3 du Code de la route pour excès de vitesse, retient que l'intéressé verse une attestation d'un témoin établissant qu'au moment des faits, il se trouvait en un autre lieu, dès lors que le procès-verbal d'infraction ne constate pas l'identité du conducteur du véhicule (■ Cass. crim., 1er oct. 2008, n° 08-82.725 : *Bull. crim.* n° 200).

13) Procès-verbal valant à titre de simple renseignement. S'il est vrai que les procès-verbaux établis par des agents n'ayant pas eux-mêmes constaté les contraventions qui y sont rapportées sont dépourvus de la force probante particulière prévue par les articles 429 et 537 du Code de procédure pénale et par l'article R. 253 du Code de la route, leurs énonciations valent à titre de simples renseignements et peuvent suffire à fonder à elles seules la conviction des juges (■ Cass. crim., 5 nov. 1996, n° 96-80.151 : *Bull. crim.* n° 392). En écartant le procès-verbal de constatation, au motif que ne rapportant pas, en lui-même la preuve de l'infraction prévue par les articles R. 316-3 et R. 316-3-1 du Code de la route, en ce qu'il ne comportait ni l'indication des vitres du véhicule concernées par le défaut de transparence supposé, ni les éléments ayant permis à l'agent verbalisateur de constater que le pourcentage de transparence desdites vitres était inférieur à celui exigé par la réglementation applicable, au sens de l'article 537 du Code de procédure pénale, le juge a justifié sa décision, sur ce point ; mais il lui appartenait, en revanche, en présence d'un procès-verbal de renseignement judiciaire comportant ces indications d'apprécier souverainement la force probante de ce dernier soumis au débat contradictoire (■ Cass. crim., 27 nov. 2018, n° 18-80.948). La preuve de l'infraction aux règles relatives à la transparence des vitres de véhicule peut résulter des énonciations du procès-verbal qui la constate, sans qu'il soit nécessaire de mesurer le taux de la transmission de la lumière des vitres (■ Cass. crim., 18 sept. 2019, n° 19-80.582). La précision « Vitres noires ne permettant aucune visibilité à l'intérieur » caractérise les constatations nécessaires au sens de l'article 537 du Code de procédure pénale (■ Cass. crim., 27 nov. 2019, n° 18-86.962).

14) Notion de constatation. La foi due aux procès-verbaux en vertu de l'article 537 du Code de procédure pénale ne s'attache qu'aux constatations matérielles qui y figurent et non aux déductions qui en sont tirées par leurs auteurs (■ Cass. crim., 21 avr. 2020, n° 19-86.467 : publié au *Bull.*). Doit être cassée la décision qui, pour relaxer le prévenu au bénéfice du doute, énonce qu'en relevant, dans un procès-verbal, uniquement la qualification légale de la contravention « sans circonstancier les faits », l'agent verbalisateur n'a pas matérialisé l'infraction poursuivie (■ Cass. crim., 3 mars 2004, n° 03-85.556 : *Dr. pén.* 2004, comm. 119, obs. A. Maron). Comp. : encourt la censure la décision qui, pour déclarer le prévenu coupable de conduite d'un véhicule sans avoir respecté les distances de sécurité, énonce que « le procès-verbal de contravention, qui se borne à mentionner la qualification de l'infraction sans autre précision sur d'éventuelles circonstances concrètes ne contredit pas les dispositions de l'article 537 du Code de procédure pénale », alors que le procès-verbal de contravention, qui ne précisait pas les circonstances concrètes dans lesquelles l'infraction avait été relevée, de nature à établir que la distance de sécurité avec le véhicule qui le précédait n'avait pas été respectée, ne comportait pas de constatations au sens dudit article (■ Cass. crim., 27 janv. 2016, n° 15-80.581 : *Bull. crim.* n° 21 ; *Dr. pén.* 2016, comm. 51, obs. A. Maron et M. Haas. V. dans le même sens, ■ Cass. crim., 19 avr. 2017, n° 16-86.156. ■ Cass. crim., 27 nov. 2018, n° 18-82.577). Le procès-verbal pour conduite d'un véhicule ne respectant pas les prescriptions de transparence des vitres, prévues par les articles R. 316-3 et R. 316-3-1 du Code de la route, qui ne précise pas concrètement quelles vitres sont concernées, ni en quoi leur transparence est insuffisante, ne comporte pas de constatations au sens de l'article 537 du Code de procédure pénale (■ Cass. crim., 27 nov. 2018, n° 18-82.378. ■ Cass. crim., 14 mai 2019, n° 18-84.367). Il en est de même du procès-verbal, qui relève que le défaut de transparence supposé concerne les vitres latérales avant du véhicule, mais ne comporte aucune appréciation personnelle de l'agent lui ayant permis de constater que le pourcentage de transparence desdites vitres était inférieur à celui exigé par la réglementation applicable (■ Cass. crim., 27 nov. 2018, n° 18-82.824. 27 nov. 2018, n° 18-80.941 : *Dr. pén.* 2019, comm. 32, obs. J.-H. Robert). La preuve de l'infraction à la réglementation sur la transparence des vitres de véhicule est établie par la constatation, par l'agent verbalisateur, de ce que celle-ci n'est pas suffisante (■ Cass. crim., 23 oct. 2018, n° 18-80.854). La précision par l'agent verbalisateur, dans la case « observations » : « Film noir empêchant totalement de voir le conducteur » caractérise les constatations nécessaires au sens de l'article 537 du Code de procédure pénale (■ Cass. crim., 27 nov. 2018, n° 18-82.197). Le procès-verbal de contravention, qui n'indique pas les circonstances matérielles concrètes, hormis le temps et le lieu, de nature à caractériser le défaut de maîtrise de la vitesse du véhicule, ne comporte pas de constatations au sens de l'article 537 du Code de procédure pénale (■ Cass. crim., 4 juin 2019, n° 18-86.331). Doit être cassé la décision qui, pour renvoyer le prévenu des fins de la poursuite, énonce qu'il n'y a pas de feu rouge devant le [...] mentionné dans le procès-verbal et que le procès-verbal, qui ne précise pas les circonstances concrètes dans lesquelles l'infraction a été relevée, ne comporte pas de constatations au sens de l'article 537 du Code de procédure pénale : la simple constatation de l'inobservation d'un feu rouge suffit en effet à établir la matérialité de l'infraction (■ Cass. crim., 8 mai 2019, n° 18-84.707). L'infraction de dépassement par la droite n'appelle pas d'autre mention que le fait lui-même, le lieu, la date et l'heure de commission de la contravention (■ Cass. crim., 26 févr. 2020, n° 19-84.252). L'infraction de conduite d'un véhicule en tenant un téléphone en main n'appelle pas d'autre constatation que celle d'un tel l'usage (■ Cass. crim., 19 oct. 2021, n° 21-81.982).

V – PREUVE CONTRAIRE AUX ÉNONCIATIONS DU PROCÈS-VERBAL

A – Conformité à la Convention européenne des droits de l'Homme

15) Principe de l'égalité des armes. L'article 537 du Code de procédure pénale, qui dispose que les contraventions sont prouvées, soit par procès-verbaux ou rapports, soit par témoins, et que la preuve contraire ne peut être rapportée que par écrit ou par témoins, n'est pas incompatible avec le principe conventionnel de « l'égalité des armes » dès lors qu'il impose à chacune des parties au procès pénal les mêmes modes de preuve (■ Cass. crim., 10 juill. 1996, n° 95-85.785 : *Bull. crim.* n° 289. ■ Cass. crim., 12 nov. 1997, n° 96-84.325 : *Bull. crim.* n° 380).

16) Droit au témoin. Viole les articles 6, § 3 de la Convention européenne des droits de l'Homme, 537 et 593 du Code de procédure pénale, la juridiction qui, pour rejeter la demande d'audition d'un témoin déposée par le prévenu, énonce que « la déclaration d'un éventuel témoin passager et ami du prévenu sera rejetée étant entendu le lien qui lie le conducteur à son passager », alors que la preuve contraire aux énonciations des procès-verbaux dressés en matière contraventionnelle ne peut être rapportée que par écrit ou par témoins (■ Cass. crim., 4 mars 2014, n° 13-81.135 : *Bull. crim.* n° 62 ; *Dr. pén.* 2014, comm. 82, obs. A. Maron et M. Haas).

B – Principes

17) Objet de la preuve. Le juge du tribunal de police énonce que la contrevenante, seule conductrice du véhicule immatriculé, ayant justifié sa présence rue C... à l'heure de la contravention qui lui est imputée apporte la preuve contraire au procès-verbal, conformément à l'article 537 du Code de procédure pénale : d'une part, elle produit l'attestation du directeur de l'école située rue C... qui certifie que son fils était bien présent à l'école et précise également qu'il n'avait pas été en garderie préalablement ; d'autre part, elle produit également un plan indiquant une distance de 3,3 km entre le lieu de l'école et le lieu de l'infraction. En statuant ainsi, le tribunal de police n'a pas justifié sa décision : les éléments produits par la prévenue ne portaient pas sur l'infraction poursuivie mais sur diverses circonstances de celle-ci (■ Cass. crim., 9 nov. 2019, n° 19-82.356. – V. aussi ■ Cass. crim., 10 déc. 2019, n° 19-82.354).

18) Preuve contraire par écrit ou témoins. Doit être cassée la décision qui prononce la relaxe d'un contrevenant sans constater que la preuve contraire aux énonciations du procès-verbal avait été rapportée par écrit ou par témoins (■ Cass. crim., 28 janv. 2020, n° 19-85.251. ■ Cass. crim., 19 oct. 2021, n° 21-82.149, § 8). Une juridiction ne peut dire une contravention non constituée, au motif que le ministère public ne rapporte aucune photographie, ni aucun autre élément probatoire au soutien des termes du procès-verbal et que le prévenu soutient qu'il n'était pas présent sur les lieux le jour de la verbalisation, alors que la preuve contraire aux énonciations du procès-verbal doit être rapportée par écrit ou par témoins (■ Cass. crim., 28 mars 2017, n° 16-83.566). Pour accueillir l'exception de nullité du procès-verbal de constatation des infractions servant de base aux poursuites, l'annuler et relaxer le prévenu, l'arrêt retient que le procès-verbal de transport ne fait aucune mention du port des signes distinctifs de leurs fonctions par les inspecteurs de l'environnement lors de l'intervention, que cette absence de signes distinctifs lors d'un contrôle effectué la nuit n'a pas permis au prévenu de s'assurer qu'il était en présence d'inspecteurs de l'environnement et que cette situation ambiguë a nécessairement porté atteinte à ses intérêts : cette décision doit être cassée dès lors qu'il appartenait à la juridiction de constater que la preuve contraire aux énonciations des procès-verbaux avait été rapportée par écrit ou par témoin (■ Cass. crim., 4 déc. 2018, n° 17-86.511).

19) Relaxe au bénéfice du doute. Une cour d'appel ne peut, sans violer les dispositions de l'article 537 du Code de procédure pénale, prononcer la relaxe du prévenu au simple bénéfice du doute, sans constater expressément que la preuve contraire aux énonciations d'un procès-verbal a été rapportée dans les conditions prévues par la loi (■ Cass. crim., 25 avr. 1977, n° 77-90.125 : *Bull. crim.* n° 134. ■ Cass. crim., 16 févr. 2005, n° 04-86.729 : *Bull. crim.* n° 236 ; *RSC* 2005, p. 596, obs. A. Giudicelli ; *RSC* 2006, p. 405, obs. J. Buisson. ■ Cass. crim., 8 déc. 2015, n° 15-81.470 : *Dr. pén.* 2016, comm. 51, obs. A. Maron et M. Haas).

20) Relaxe faute d'élément intentionnel. Doit être cassé l'arrêt qui relaxe un contrevenant au motif que l'élément intentionnel de la contravention est absent, alors qu'en matière de contravention, il suffit pour l'application de la loi pénale que le fait punissable soit matériellement constaté, seule la force majeure étant de nature à supprimer l'infraction (■ Cass. crim., 13 oct. 2020, n° 20-80.468, § 6).

C – Notion d'écrit

21) Attestation écrite. Une attestation écrite ne constitue pas une preuve écrite ou par témoins au sens de l'article 537 du Code de procédure pénale (■ Cass. crim., 7 févr. 2001, n° 00-84.520 : *Bull. crim.* n° 39. ■ Cass. crim., 25 avr. 2001, n° 00-87.946 : *Bull. crim.* n° 100. ■ Cass. crim., 18 juin 2003, n° 03-80.262 : *Dr. pén.* 2003, comm. 154, obs. A. Maron ; *RSC* 2004, p. 428, obs. J. Buisson. ■ Cass. crim., 23 nov. 2021, n° 21-83.613, § 9. ■ Cass. crim., 18 janv. 2022, n° 21-81.985, § 15).

22) Ticket horodateur. Un ticket horodateur est un écrit au sens de l'article 537 du Code de procédure pénale (■ Cass. crim., 13 déc. 2016, n° 15-86.915 : *Bull. crim.* n° 337).

23) Enregistrement d'un chronotachygraphe. L'enregistrement d'un chronotachygraphe constitue un écrit au sens de l'article 537 du Code de procédure pénale permettant d'apporter la preuve contraire au procès-verbal, base des poursuites (■ Cass. crim., 30 oct. 2018, n° 18-81.318 : *Bull. crim.* n° 180 ; *Dr. pén.* 2018, comm. 212, obs. J.-H. Robert).

24) Photographie. Est justifiée la condamnation d'un automobiliste pour excès de vitesse, dès lors que le prévenu, reconnu formellement sur le cliché photographique par le juge, n'a pas rapporté la preuve contraire par écrit ou par témoin (■ Cass. crim., 4 sept. 2019, n° 18-80.550).

D – Applications

25) Parcmètres. Si les appareils de mesure appelés « parcmètres » ne sont pas, en l'état actuel des textes, soumis au contrôle de l'État, cette absence de vérification réglementaire est sans incidence sur la valeur des procès-verbaux constatant une infraction à la réglementation sur le stationnement payant des véhicules ; il appartient au contrevenant de rapporter la preuve du mauvais fonctionnement de l'appareil (■ Cass. crim., 23 mai 1984, n° 83-94.782 : *Bull. crim.* n° 189. ■ Cass. crim., 25 mars 1992, n° 91-83.057 : *Bull. crim.* n° 127. ■ Cass. crim., 15 févr. 2000, n° 99-83.971 : *Bull. crim.* n° 67).

26) Photographies. Condamne un prévenu à bon droit, la juridiction qui relève qu'en joignant à l'appui de sa réclamation plusieurs documents photographiques, il ne rapporte pas la preuve contraire par l'un des moyens admis par l'article 537 du Code de procédure pénale (■ Cass. crim., 29 mars 2017, n° 16-84.476. ■ Cass. crim., 11 sept. 2018, n° 18-80.208. ■ Cass. crim., 18 juin 2019, n° 19-80.233).

27) Mentions du procès-verbal. Encourt la cassation le jugement qui relaxe un prévenu du chef de la contravention de stationnement gênant sur un emplacement réservé aux livraisons au seul motif que le procès-verbal ne porte pas la mention « sans manutention » (■ Cass. crim., 12 oct. 2005, n° 05-81.542 : *Bull. crim.* n° 257).

28) Excès de vitesse et marge d'erreur de l'appareil de contrôle. Encourt la censure le jugement de la juridiction de proximité (le tribunal de police) relaxant un prévenu au motif que l'excès de vitesse constaté est infime et se situe dans la marge d'erreur pouvant exister dans les appareils de contrôle alors que, en application de l'article 537 du Code de procédure pénale, la preuve contraire aux constatations d'un procès-verbal ne peut être rapportée que par écrit ou par témoins (■ Cass. crim., 9 nov. 2005, n° 05-83.651 : *Bull. crim.* n° 288).

29) Excès de vitesse et preuve contraire par expertise. Fait exacte application de l'article 537 du Code de procédure pénale, la juridiction qui juge que constitue la preuve contraire aux énonciations du procès-verbal de contravention d'excès de vitesse le rapport de l'expert désigné par la juridiction concluant à l'impossibilité, pour le véhicule, d'atteindre les vitesses relevées par l'appareil de contrôle automatique (■ Cass. crim., 8 mars 2016, n° 15-83.019 : *Bull. crim.* n° 68).

30) Excès de vitesse et preuve contraire par enregistrement d'un chronotachygraphe. L'enregistrement d'un chronotachygraphe constituant un écrit au sens de l'article 537 du Code de procédure pénale permettant d'apporter la preuve contraire au procès-verbal, base des poursuites le juge, qui n'est pas saisi d'une contestation du ministère public sur la fiabilité des données y figurant relatives à la vitesse du véhicule en cause, en apprécie souverainement la force probante (■ Cass. crim., 30 oct. 2018, n° 18-81.318 : *Bull. crim.* n° 180 ; *Dr. pén.* 2018, comm. 212, obs. J.-H. Robert).

31) Contravention à à la réglementation sur la transparence des vitres de véhicule et preuve contraire. Le contrevenant a la possibilité de rapporter la preuve contraire conformément à l'article 537 du Code de procédure pénale notamment en établissant que le facteur de transmission régulière de la lumière est d'au moins 70 % (■ Cass. crim., 23 oct. 2018, n° 18-80.854. ■ Cass. crim., 27 nov. 2018, n° 18-80.513 : *Dr. pén.* 2019, comm. 32, obs. J.-H. Robert. ■ Cass. crim., 25 juin 2019, n° 18-86.661). Le juge ne saurait donc prononcer une relaxe au motif qu'aucun élément objectif ne résulte de la procédure permettant de caractériser le pourcentage de facteur de transmission régulière de la lumière (■ Cass. crim., 13 nov. 2018, n° 18-80.944).

Art. 538 ***(Mod., L. n° 2011-1862, 13 déc. 2011).*** **– S'il y a lieu à supplément d'information, il y est procédé par le juge du tribunal de police ou par le juge de proximité, conformément aux articles 114, 119, 120 et 121.**

Les dispositions de l'article 463, alinéa 3, sont applicables.

Bibliographie : J. Buisson, *Tribunal de police et juridiction de proximité. – Saisine et instruction définitive : JCl. Proc. pén.*, art. 531 à 543, Fasc. 20, actualisé par M. Wagner.

1) Exécution du supplément d'information. Si un supplément d'information est nécessaire, la juridiction est tenue de procéder elle-même à son exécution, conformément aux dispositions de l'article 538 du Code de procédure pénale ; encourt dès lors la censure l'arrêt de la cour d'appel qui déclare régulier le supplément d'information opéré par le ministère public (■ Cass. crim., 20 juill. 2011, n° 10-83.846 : *Bull. crim.* n° 162).

2) Contrôle de la Cour de cassation. L'opportunité d'ordonner un supplément d'information est une question de pur fait qui échappe au contrôle de la Cour de cassation (■ Cass. crim., 10 mai 2011, n° 10-88.697).

3) Nullités commises au cours du supplément d'information. Il résulte des dispositions combinées des articles 385 et 522 du Code de procédure pénale qu'au cas où un supplément d'information a été ordonné par le tribunal de police le prévenu ne saurait faire état devant la Cour de cassation des nullités qui auraient été commises au cours de l'exécution de cette mesure s'il ne les a pas préalablement soulevées devant le tribunal saisi par une nouvelle citation, avant de se défendre au fond (■ Cass. crim., 17 juill. 1975, n° 75-90.785 : *Bull. crim.* n° 188).

Art. 539 ***(Mod., L. n° 2011-1862, 13 déc. 2011).*** **– Si le tribunal de police estime que le fait constitue une contravention, il prononce la peine, sous réserve des dispositions des articles 132-59 à 132-70 du Code pénal et des articles 747-3 et 747-4 du présent code.**

Il statue s'il y a lieu sur l'action civile conformément aux dispositions de l'article 464, alinéas 2 et 3.

Bibliographie : J. Buisson, *Tribunal de police et juridiction de proximité. – Saisine et instruction définitive : JCl. Proc. pén.*, art. 531 à 543, Fasc. 20, actualisé par M. Wagner.

1) Domaine d'application de l'article : cause d'appel. L'article 539 du Code de procédure pénale est applicable en cause d'appel (■ Cass. crim., 17 janv. 1989, n° 88-82.354. ■ Cass. crim., 17 janv. 1989, n° 88-82.353 : *Bull. crim.* n° 20).

2) Interdiction de sursoir à statuer sur la peine. Doit être cassé pour violation de l'article 539 du Code de procédure pénale la décision d'une juridiction qui déclare le prévenu coupable d'une contravention, ordonne un supplément d'information et sursoit à statuer sur la peine (■ Cass. crim., 17 janv. 1989, n° 88-82.354). Doit être cassé pour violation de l'article 539 du Code de procédure pénale la décision d'une juridiction qui déclare la culpabilité du prévenu pour une première contravention, ordonne un supplément d'information pour la seconde, et sursoit à statuer sur la peine, en l'absence d'indivisibilité existant entre les deux contraventions poursuivies (■ Cass. crim., 17 janv. 1989, n° 88-82.353, préc., n° 1).

3) Dispense de peine et contravention ayant fait l'objet d'une procédure d'amende forfaitaire majorée. Les dispositions des articles 539 et 530-1, alinéa 2, du Code de procédure pénale ne font pas obstacle à ce qu'une juridiction prononce une dispense de peine prévue, en matière contraventionnelle, par les articles 132-59 et suivants du Code pénal, pour toute contravention ayant fait l'objet d'une procédure d'amende forfaitaire majorée (■ Cass. crim., 9 nov. 2005, n° 05-84.504 : *Bull. crim.* n° 291. ■ Cass. crim., 30 oct. 2012, n° 12-81.603 : *Bull. crim.* n° 230).

4) Compétence pour statuer sur l'action civile. Il résulte des articles 464 et 539 du Code de procédure pénale qu'en matière correctionnelle et de police, les tribunaux ne sont compétents pour connaître de l'action civile en réparation du dommage provenant d'une infraction qu'accessoirement à l'action publique ; en conséquence, ces juridictions, lorsqu'elles accordent, après relaxe, réparation des dommages résultant des faits qui ont fondé la poursuite, ne peuvent se prononcer sur le principe du préjudice qu'après avoir statué sur l'action publique (■ Cass. crim., 19 déc. 2006, n° 06-81.438).

Art. 539-1 *(Abr., L. n° 92-1336, 16 déc. 1992).*

Art. 540 *(Mod., L. n° 2011-1862, 13 déc. 2011).* **– Si le tribunal de police estime que le fait constitue un crime ou un délit, il se déclare incompétent. Il renvoie le ministère public à se pourvoir ainsi qu'il avisera.**

Bibliographie : J. Buisson, *Tribunal de police et juridiction de proximité. – Saisine et instruction définitive : JCl. Proc. pén.*, art. 531 à 543, Fasc. 20, actualisé par M. Wagner.

Art. 541 *(Mod., L. n° 2011-1862, 13 déc. 2011 ; L. n° 2021-1729, 22 déc. 2021).* **– Si le tribunal de police estime que le fait ne constitue aucune infraction à la loi pénale, ou que le fait n'est pas établi, ou qu'il n'est pas imputable au prévenu, il renvoie celui-ci des fins de la poursuite.**

Les articles 470-1 et 472 sont applicables.

Bibliographie : J. Buisson, *Tribunal de police et juridiction de proximité. – Saisine et instruction définitive : JCl. Proc. pén.*, art. 531 à 543, Fasc. 20, actualisé par M. Wagner.

Censure constitutionnelle de l'alinéa 2. Il résulte de l'alinéa 2 de l'article 541 du Code de procédure pénale que la personne citée directement par la partie civile à comparaître devant le tribunal de police ne peut, dans la même instance, demander que cette dernière soit condamnée, en cas de relaxe, au paiement de dommages-intérêts pour abus de constitution de partie civile. Or, cette possibilité est ouverte, en cas de désistement de la partie civile, pour la personne directement citée devant le tribunal de police en application de l'article 536 du Code de procédure pénale. Elle l'est aussi pour le prévenu qui, après avoir été cité directement devant le tribunal de police, est relaxé en appel, en application de l'article 549 du même code. Dès lors, les dispositions contestées procèdent à une distinction injustifiée entre les justiciables poursuivis par citation directe devant le tribunal de police. Par conséquent, elles méconnaissent le principe d'égalité devant la justice et doivent donc être déclarées contraires à la Constitution (■ Cons. const., 26 mai 2021, n° 2021-909 QPC).

Art. 542 *(Mod., L. n° 2011-1862, 13 déc. 2011).* **– Si le prévenu bénéficie d'une cause légale d'exemption de peine, le tribunal de police ou la juridiction de proximité le déclare coupable et l'exempte de peine. Il statue, s'il y a lieu, sur l'action civile ainsi qu'il est dit à l'article 539.**

Bibliographie : J. Buisson, *Tribunal de police et juridiction de proximité. – Saisine et instruction définitive : JCl. Proc. pén.*, art. 531 à 543, Fasc. 20, actualisé par M. Wagner.

Art. 543 *(Mod., L. n° 2011-525, 17 mai 2011 ; L. n° 2021-1729, 22 déc. 2021).* **– Sont applicables à la procédure devant le tribunal de police les articles 475-1 à 486 concernant les frais de justice et dépens, la restitution des objets placés sous la main de la justice et la forme des jugements.**

Toutefois, les dispositions de l'article 480-1 ne sont applicables qu'aux condamnés pour contraventions de la cinquième classe.

Bibliographie : J. Buisson, *Tribunal de police et juridiction de proximité. – Saisine et instruction définitive : JCl. Proc. pén.*, art. 531 à 543, Fasc. 20, actualisé par M. Wagner.

1) **Censure constitionnelle de la référence faite à l'article 475-1 du Code de procédure pénale.** Si aucune exigence constitutionnelle n'impose qu'une partie au procès puisse obtenir du perdant le remboursement des frais qu'elle a exposés en vue de l'instance, la faculté d'un tel remboursement affecte l'exercice du droit d'agir en justice et les droits de la défense. D'une part, en application de l'article 543 du Code de procédure pénale, qui fait référence aux dispositions de l'article 475-1 du même code applicables en matière correctionnelle, le tribunal de police peut condamner l'auteur d'une contravention à payer à la partie civile la somme qu'il détermine au titre des frais non payés par l'État et exposés par celle-ci pour sa défense. D'autre part, par sa décision du 5 avril 2019, le Conseil constitutionnel a déclaré contraire à la Constitution le premier alinéa de l'article 800-2 du même code et reporté son abrogation au 31 mars 2020. Faute pour le législateur d'avoir adopté en temps utile de nouvelles dispositions pour remédier à cette inconstitutionnalité, la personne poursuivie pénalement est dans l'impossibilité, depuis cette date, d'obtenir du tribunal de police, en cas de relaxe, une indemnité au titre des frais non payés par l'État et exposés par celle-ci pour sa défense. Dans ces conditions, les dispositions contestées portent atteinte à l'équilibre des droits des parties dans le procès pénal. Par suite, elles doivent être déclarées contraires à la Constitution (■ Cons. const., 26 mai 2021, n° 2021-910 QPC).

2) **Domaine de la solidarité.** Il résulte de l'article 543 du Code de procédure pénale que la solidarité édictée par l'article 480-1 du même code n'est applicable qu'aux condamnés pour contraventions de la cinquième classe ; doit être cassée la décision qui condamne solidairement et conjointement deux prévenus coauteurs d'une contravention de quatrième classe (■ Cass. crim., 28 juin 1995, n° 94-83.028 : *Bull. crim.* n° 245).

3) **Partage de responsabilité : incompétence du juge pénal.** Si selon les articles 480-1 et 543 du Code de procédure pénale, les personnes condamnées pour un même délit ou la même contravention de cinquième classe sont tenues solidairement des restitutions et des dommages-intérêts, il n'appartient pas à la juridiction pénale de prononcer un partage de responsabilité entre les coauteurs du dommage dont la réparation a été ordonnée ; encourt dès lors la cassation l'arrêt qui, tenu de condamner solidairement plusieurs coauteurs à réparer les dommages subis par la victime, procède à une répartition des responsabilités dans leurs rapports entre eux (■ Cass. crim., 2 oct. 2012, n° 11-84.415 : *Bull. crim.* n° 205).

CHAPITRE V. – DU JUGEMENT PAR DÉFAUT ET DE L'OPPOSITION

Art. 544 *(Mod., L. n° 2011-1862, 13 déc. 2011).* **– Sont applicables devant le tribunal de police et devant la juridiction de proximité les dispositions des articles 410 à 415 relatives à la comparution et à la représentation du prévenu et de la personne civilement responsable.**

Toutefois, lorsque la contravention poursuivie n'est passible que d'une peine d'amende, le prévenu peut se faire représenter par un avocat ou par un fondé de procuration spéciale.

Bibliographie : J. Buisson, *Tribunal de police. – Défaut. Opposition. Appel : JCl. Proc. pén.*, art. 544 à 549, Fasc. Commentaires.

Voir également : art. 410 à 415, p. 934.

1) **Représentation par un avocat.** Il résulte des dispositions de l'article 544 du Code de procédure pénale que le prévenu traduit devant le tribunal de police pour une contravention passible d'une simple peine d'amende est régulièrement représenté par un avocat ; dès lors une juridiction ne saurait reprocher au prévenu de s'être abstenu de demander par lettre adressée au président à être jugé en son absence, et c'est à tort que la juridiction d'appel a décidé que son mandataire, présent à l'audience, ne pouvait présenter ses observations devant la cour et qu'elle devait statuer contradictoirement, par application de l'article 410, alinéa 2, du code précité (■ Cass. crim., 3 mars 2004, n° 03-85.524 : *Dr. pén.* 2004, comm. 99, obs. A. Maron).

2) **Inutilité pour l'avocat d'être muni d'un pouvoir spécial.** Il résulte de l'article 544 du Code de procédure pénale qu'en matière de police, lorsque la contravention poursuivie n'est passible que d'une peine d'amende, un avocat

peut représenter le prévenu sans être tenu de produire un pouvoir spécial ; une juridiction ne peut donc statuer par arrêt contradictoire à signifier, sans entendre l'avocat présent au motif qu'il n'était pas muni d'un pouvoir spécial (■ Cass. crim., 17 nov. 1998, n° 97-86.104 : *Bull. crim.* n° 300 ; *Dr. pén.* 1999, comm. 93, obs. A. Maron).

3) **Représentation par un fondé de procuration spéciale.** Il résulte de l'article 544 du Code de procédure pénale que le prévenu, lorsque la contravention poursuivie n'est passible que d'une peine d'amende, ainsi que le redevable pécuniaire de l'amende peuvent se faire représenter, devant le tribunal de police, par un avocat ou par un fondé de procuration spéciale (■ Cass. crim., 24 mai 2011, n° 10-88.783). Il se déduit de l'article 544 du Code de procédure pénale que, lorsque la contravention est passible d'autres peines que celle de l'amende, le prévenu ne peut se faire représenter par un fondé de procuration spéciale (■ Cass. crim., 22 juin 2011, n° 11-80.070 : *Bull. crim.* n° 151).

4) **Dépôt de conclusions.** Il résulte des articles 459, 536 et 544 du Code de procédure pénale que le prévenu, lorsque la contravention poursuivie n'est passible que d'une peine d'amende, peut se faire représenter, devant le tribunal de police, par un avocat ou par un fondé de procuration spéciale, et que l'exercice de cette représentation inclut la possibilité de déposer des conclusions (■ Cass. crim., 3 avr. 2013, n° 12-85.057).

Art. 545. – Sont également applicables les dispositions des articles 487 et 488 relatives aux jugements par défaut, et 489 à 495 relatives à l'opposition.

Bibliographie : J. Buisson, *Tribunal de police. – Défaut. Opposition. Appel : JCl. Proc. pén.*, art. 544 à 549, Fasc. Commentaires.

Voir également : art. 487 à 490, p. 1052, art. 490-1, p. 1056, art. 491 à 493, p. 1056, art. 493-1, p. 1059, art. 494 et 494-1, p. 1059.

Le renvoi qu'effectue le texte à l'article 495 est une erreur, depuis la loi n° 93-2 du 4 janvier 1993 qui en a abrogé l'ancienne rédaction.

CHAPITRE VI. – DE L'APPEL DES JUGEMENTS DE POLICE

Art. 546 *(Mod., L. n° 2014-1170, 13 oct. 2014).* **– La faculté d'appeler appartient au prévenu, à la personne civilement responsable, au procureur de la République au procureur général et à l'officier du ministère public près le tribunal de police et la juridiction de proximité, lorsque l'amende encourue est celle prévue pour les contraventions de la cinquième classe, lorsqu'a été prononcée la peine prévue par le 1° de l'article 131-16 du Code pénal, ou lorsque la peine d'amende prononcée est supérieure au maximum de l'amende encourue pour les contraventions de la deuxième classe.**

Lorsque des dommages et intérêts ont été alloués, la faculté d'appeler appartient également au prévenu et à la personne civilement responsable.

Cette faculté appartient dans tous les cas à la partie civile quant à ses intérêts civils seulement.

Dans les affaires poursuivies à la requête du directeur régional de l'administration chargée des forêts, l'appel est toujours possible de la part de toutes les parties, quelles que soient la nature et l'importance des condamnations.

Bibliographie : J. Buisson, *Tribunal de police. – Défaut. Opposition. Appel : JCl. Proc. pén.*, art. 544 à 549, Fasc. Commentaires.

I – CONFORMITÉ AUX PRINCIPES CONSTITUTIONNELS

A – Conseil constitutionnel

1) **Appel de la partie civile.** En limitant le droit d'appel de la partie civile à ses seuls intérêts civils, les dispositions de l'article 546 du Code de procédure pénale ne méconnaissent ni le principe d'égalité devant la justice, ni le droit à un recours effectif. En effet, d'une part, la partie civile n'est pas dans une situation identique à celle de la personne poursuivie ou à celle du ministère public ; par suite, l'interdiction faite à la partie civile d'appeler seule d'un jugement correctionnel dans ses dispositions statuant au fond sur l'action publique, ne méconnaît pas le principe d'égalité devant la justice ; d'autre part, la partie civile a la faculté de relever appel quant à ses intérêts civils, et en ce cas, selon la portée donnée par la Cour de cassation au 3° de l'article 497 du Code de procédure pénale, elle est en droit, nonobstant la relaxe du prévenu en première instance, de reprendre, contre lui, devant la juridiction pénale d'appel, sa demande en réparation du dommage que lui ont personnellement causé les faits à l'origine de la poursuite (■ Cons. const., 31 janv. 2014, n° 2013-363 QPC).

B – Cour de cassation

2) **Appel du prévenu.** Ne présente pas un caractère sérieux la question qui présente l'article 546 du Code de procédure pénale comme

incompatible avec le principe d'égalité devant la justice et les garanties de droit de la défense en ce qu'il prive de la voie de l'appel le contrevenant condamné à une amende inférieure ou égale à 150 euros, car le principe du double degré de juridiction auquel le texte critiqué apporte une exception n'a pas, en lui-même, valeur constitutionnelle (■ Cass. crim., 25 sept. 2012, n° 12-84.570 QPC).

II – CONFORMITÉ À LA CONVENTION EUROPÉENNE DES DROITS DE L'HOMME

3) Droit de saisir une juridiction supérieure. Selon le paragraphe 2 de l'article 2 du Protocole n° 7 additionnel à la Convention européenne des droits de l'Homme, le droit de faire examiner par une juridiction supérieure la déclaration de culpabilité ou la condamnation peut faire l'objet d'exceptions pour les infractions mineures (■ Cass. crim., 6 févr. 2002, n° 01-84.216 : *Bull. crim.* n° 23). Les dispositions de l'article 546 du Code de procédure pénale qui n'ouvrent pas la possibilité pour le prévenu condamné à une amende inférieure au montant maximum de l'amende de deuxième classe de faire appel du jugement, ne sont pas contraires à la Convention européenne des droits de l'Homme dont l'article 2 du protocole additionnel n° 7 prévoit que le droit de faire examiner par une juridiction supérieure la condamnation peut faire l'objet d'exceptions pour les infractions mineures (■ Cass. crim., 24 oct. 2017, n° 17-80.782. ■ Cass. crim., 31 oct. 2018, n° 18-82.003).

III – ARTICLE D'ORDRE PUBLIC

A – Principe

4) Affirmation. Les dispositions de l'article 546 du Code de procédure pénale sont d'ordre public (■ Cass. crim., 1er oct. 1987, n° 86-96.004 : *Bull. crim.* n° 318. ■ Cass. crim., 10 janv. 1991, n° 90-82.389 : *Bull. crim.* n° 19. ■ Cass. crim., 11 oct. 2011, n° 11-85.042 : *Bull. crim.* n° 199. ■ Cass. crim., 28 mai 2013, n° 12-85.252 : *Bull. crim.* n° 116. ■ Cass. crim., 8 sept. 2015, n° 14-85.919).

B – Applications

5) Cour de cassation. Le moyen de cassation tiré de la violation de l'article 546 du Code de procédure pénale est relevé d'office par la Cour de cassation (■ Cass. crim., 1er oct. 1987, n° 86-96.004 : *Bull. crim.* n° 318. ■ Cass. crim., 10 janv. 1991, n° 90-82.389 : *Bull. crim.* n° 19. ■ Cass. crim., 28 mai 2013, n° 12-85.252 : *Bull. crim.* n° 116).

6) Cour d'appel. Les restrictions apportées par l'article 546 du Code de procédure pénale quant à la faculté d'appeler en matière de police, visant à assurer une bonne administration de la justice, sont impératives et s'appliquent au ministère public comme à toute autre partie sans que les juges aient à provoquer leurs explications sur ce point ; une cour d'appel peut donc relever d'office l'irrecevabilité de l'appel interjeté en violation dudit article sans avoir invité au préalable les parties à présenter leurs observations (■ Cass. crim., 17 févr. 2015, n° 14-80.770 : *Bull. crim.* n° 27).

IV – DOMAINE D'APPLICATION DE L'ARTICLE 546 QUANT AUX INFRACTIONS

7) Infractions de presse. L'article 546 du Code de procédure pénale s'applique en matière d'infractions à la loi sur la presse (■ Cass. crim., 10 avr. 1964, n° 63-90.241 : *Bull. crim.* n° 103. ■ Cass. crim., 21 avr. 1980, n° 79-92.427 : *Bull. crim.*1980, n° 114. ■ Cass. crim., 18 juill. 1985, n° 85-90.907 : *Bull. crim.* n° 272. ■ Cass. crim., 3 mars 1993, n° 92-85.500 : *Bull. crim.* n° 98).

V – CONDITIONS DE L'APPEL

A – Conditions tenant à la nature du jugement

1° *Jugement en premier ressort*

8) Cour d'appel rendant un arrêt d'irrecevabilité. Doit être cassé l'arrêt par lequel une cour d'appel déclare à tort qu'un appel est irrecevable (■ Cass. crim., 20 mars 1984, n° 83-93.111 : *Bull. crim.* n° 115 ; *RSC* 1985, p. 336, obs. J. Robert. ■ Cass. crim., 29 janv. 1992, n° 91-80.070 : *Bull. crim.* n° 37. ■ Cass. crim., 6 mars 2012, n° 11-85.333 : *Bull. crim.* n° 59. ■ Cass. crim., 25 mars 2014, n° 13-82.578 : *Dr. pén.* 2014, comm. 101, obs. V. Peltier).

9) Pourvoi en cassation. Le pourvoi en cassation contre un jugement susceptible d'appel est irrecevable si le demandeur n'a pas usé de la voie de l'appel (■ Cass. crim., 20 oct. 1965, n° 65-90.610 : *Bull. crim.* n° 203. ■ Cass. crim., 28 janv. 1976, n° 75-90.398 : *Bull. crim.* n° 34. ■ Cass. crim., 21 avr. 1980, n° 79-92.427 : *Bull. crim.* n° 114. ■ Cass. crim., 24 juin 1986, n° 85-91.581 : *Bull. crim.* n° 220. ■ Cass. crim., 5 déc. 1990, n° 90-80.290 : *Bull. crim.* n° 417. ■ Cass. crim., 3 mars 1993, n° 92-85.500 : *Bull. crim.* n° 98. ■ Cass. crim., 8 févr. 2000, nos 98-82.373 et 99-81.218 : *Bull. crim.* n° 57. ■ Cass. crim., 21 mars 2000, n° 99-84.087 : *Bull. crim.* n° 124. ■ Cass. crim., 20 juin 2006, n° 05-86.014 : *Bull. crim.* n° 182).

2° *Jugement en dernier ressort*

10) Cour d'appel statuant au fond. Doit être cassé, pour violation des dispositions d'ordre public de l'article 546 du Code de procédure pénale, l'arrêt qui, au lieu de le déclarer irrecevable, examine le bien-fondé d'un appel formé contre un jugement de police rendu en dernier ressort (■ Cass. crim., 10 janv. 1991, n° 90-82.389 : *Bull. crim.* n° 19. ■ Cass. crim., 7 févr. 1994, n° 92-80.561 : *Bull. crim.* n° 54. ■ Cass. crim., 28 mai 2013, n° 12-85.252 : *Bull. crim.* n° 116). L'examen au fond, par la cour d'appel, d'un recours formé irrégulièrement contre la décision d'une juridiction de proximité rendue en dernier ressort ne saurait avoir pour effet, en cas de pourvoi, d'ouvrir un nouveau délai de recours au jour de la notification de l'arrêt de la Cour de cassation (■ Cass. crim., 10 janv. 1991, n° 90-82.389 : *Bull. crim.* n° 19. ■ Cass. crim., 28 mai 2013, n° 12-85.252 : *Bull. crim.* n° 116. – solution implicite).

3° Erreur sur la qualification du jugement

• Appel d'un jugement affirmant à tort être rendu en premier ressort

11) Cour d'appel statuant au fond. Encourt la cassation l'arrêt qui, en violation des dispositions d'ordre public de l'article 546 du Code de procédure pénale, a statué au fond, alors que la cour d'appel aurait dû déclarer ce recours irrecevable ; mais l'erreur commise par le premier juge, qui a qualifié à tort sa décision de jugement « en premier ressort », ne saurait avoir pour effet de préjudicier au prévenu ; en conséquence, il y a lieu de dire que le délai de pourvoi contre cette décision ne commencera à courir que du jour de la notification de l'arrêt déclarant le pourvoi en cassation irrecevable (■ Cass. crim., 1er oct. 1987, n° 86-96.004 : *Bull. crim.* n° 318. ■ Cass. crim., 8 sept. 2015, n° 14-85.919).

12) Cour d'appel rendant un arrêt d'irrecevabilité de l'appel. Fait exacte application de la loi une cour d'appel qui déclare un appel irrecevable, les conditions de l'article 546 du Code de procédure pénale n'étant pas réunies ; mais l'erreur commise par le premier juge, qui a qualifié à tort sa décision de jugement « en premier ressort », ne saurait avoir pour effet de préjudicier au prévenu ; en conséquence, il échet de dire que le délai de pourvoi contre cette décision ne commencera à courir que du jour de la notification de l'arrêt de la chambre criminelle déclarant irrecevable le pourvoi en cassation contre l'arrêt d'appel (■ Cass. crim., 14 mars 1991, n° 90-86.416 : *Bull. crim.* n° 129. ■ Cass. crim., 29 mai 1996, n° 95-83.546 : *Bull. crim.* n° 218 ; *Dr. pén.* 1997, comm. 29, obs. A. Maron). Mais doit être déclaré recevable le pourvoi contre un tel jugement, formé dans les deux jours du prononcé de l'arrêt contradictoire de la cour d'appel qui, à bon droit, avait constaté l'irrecevabilité de l'appel (■ Cass. crim., 5 nov. 1996, n° 96-81.879 : *Bull. crim.* n° 391. ■ Cass. crim., 9 déc. 2014, n° 14-80.873 : *Bull. crim.* n° 256).

• Pourvoi contre une décision affirmant à tort être rendue en dernier ressort

13) Délai d'appel différé. Si le pourvoi en cassation formé contre un jugement portant à tort qu'il a été rendu en dernier ressort est irrecevable, il a cependant pour effet de différer, jusqu'à la notification de l'arrêt de la Cour de cassation, l'ouverture du délai d'appel du jugement (■ Cass. crim., 13 avr. 1983, n° 82-93.751 : *Bull. crim.* n° 100. ■ Cass. crim., 29 oct. 1986, n° 85-96.356 : *Bull. crim.* n° 312. ■ Cass. crim., 1er mars 1988, n° 87-83.449 : *Bull. crim.* n° 105. ■ Cass. crim., 3 mars 1993, n° 92-85.500 : *Bull. crim.* n° 98. ■ Cass. crim., 21 mars 2000, n° 99-84.087 : *Bull. crim.* n° 124. ■ Cass. crim., 7 juin 2006, n° 05-85.952 : *Bull. crim.* n° 156. ■ Cass. crim., 20 juin 2006, n° 05-86.014 : *Bull. crim.* n° 182. ■ Cass. crim., 4 févr. 2009, n° 08-85.939 : *Bull. crim.* n° 27. ■ Cass. crim., 23 nov. 2011, n° 11-83.954 : *Bull. crim.* n° 238. ■ Cass. crim., 15 sept. 2015, n° 15-81.646). Mais il n'importe que le jugement ait déclaré à tort être rendu en dernier ressort, dès lors qu'à la demande du prévenu, la cour d'appel a examiné son bien-fondé (■ Cass. crim., 8 févr. 2000, nos 98-82.373 et 99-81.218 : *Bull. crim.* n° 57).

B – Conditions tenant aux parties

1° Appel du ministère public

14) Identité de l'officier du ministère public. Une cour d'appel déclare à bon droit un appel recevable, même si l'identité de l'officier du ministère public appelant n'est pas indiquée, la nécessité d'une telle mention ne résultant d'aucune disposition légale (■ Cass. crim., 28 mai 2015, n° 14-81.707).

15) Jugement conforme aux réquisitions du ministère public. Est vain le moyen qui fait grief à la cour d'appel d'avoir déclaré recevable l'appel du ministère public contre un jugement conforme à ses réquisitions de relaxe, cette circonstance ne le privant pas de la faculté d'user d'une voie de recours qui lui est ouverte par l'article 546 du Code de procédure pénale, sans autres restrictions que celles prévues par ce texte (■ Cass. crim., 17 janv. 1991, n° 90-83.051 : *Bull. crim.* n° 29).

16) Contravention douanière. Lorsque les poursuites ne tendent qu'au prononcé des sanctions fiscales prévues pour une contravention douanière de troisième classe, le ministère public n'a pas qualité pour exercer la voie de recours ouverte par l'article 546 du Code de procédure pénale (■ Cass. crim., 20 févr. 1997, n° 95-84.764 : *Bull. crim.* n° 73).

2° Appel de l'administration des douanes

17) Administration des douanes exerçant l'action publique pour l'application des sanctions fiscales. Si les dispositions de l'article 546 du Code de procédure pénale restreignent sous certaines réserves la faculté d'appeler en matière de police selon la nature et l'importance des condamnations prononcées ou encourues, elles ne sauraient faire obstacle, en revanche, à ce que l'administration des douanes qui, en application des dispositions de l'article 343-2 du Code des douanes, exerce à titre principal l'action publique pour l'application des sanctions fiscales, soit admise à bénéficier du même droit d'appel que le ministère public (■ Cass. crim., 6 nov. 1973, n° 72-93.930 : *Bull. crim.* n° 401).

3° Appel du prévenu

18) Personne redevable pécuniairement d'une amende. Les dispositions de l'article 546 du Code de procédure pénale sont applicables à la personne déclarée redevable pécuniairement d'une amende (■ Cass. crim., 31 janv. 2012, n° 11-86.178 : *Bull. crim.* n° 26).

19) Jugement contenant des dispositions pénales et civiles. Selon l'article 546 du Code de procédure pénale, le jugement du tribunal de police contenant des dispositions pénales et civiles entre dans la catégorie des décisions rendues en premier ressort susceptibles d'appel de la part du prévenu quelle que soit la peine prononcée ou encourue (■ Cass. crim., 18 juill. 1990, n° 88-80.211 : *Bull. crim.* n° 290. ■ Cass. crim., 7 juin 2006, n° 05-85.952 : *Bull. crim.* n° 156).

20) Dommages-intérêts : notion. Les dommages-intérêts visés par l'article 546 du Code de procédure pénale concernent toutes les réparations civiles, quelle qu'en soit la nature. Est donc recevable l'appel d'un prévenu condamné à effectuer des travaux dans un délai déterminé, lorsque cette obligation constitue non une pénalité, mais une sanction qui a le caractère de réparation civile (■ Cass. crim., 4 juill. 1963, n° 63-90.150 : *Bull. crim.* n° 242. ■ Cass. crim., 8 déc. 1965, n° 64-90.182 : *Bull. crim.* n° 266).

21) Condamnation à des dommages-intérêts. Le jugement du tribunal de police est susceptible d'appel lorsqu'il prononce sur les intérêts civils ; encourt donc la cassation l'arrêt qui déclare irrecevable l'appel du prévenu contre un jugement du tribunal de police l'ayant déclaré coupable de deux contraventions au Code de la santé publique, ayant ajourné le prononcé de la peine et ayant prononcé sur les intérêts civils (■ Cass. crim., 10 déc. 2002, n° 02-84.285 : *Bull. crim.* n° 220).

4° Appel de la partie civile

22) Décision sur les intérêts civils : notion. Si, en matière d'appel de jugement de police, aux termes de l'article 546 du Code de procédure pénale, la faculté d'appel n'appartient à la partie civile que pour ses intérêts civils, cette restriction n'a d'effet qu'à l'égard des décisions par lesquelles le premier juge a statué au fond ; dans le cas où il décide à tort de surseoir à statuer et renvoie l'affaire *sine die*, la cour d'appel, sur l'appel de la seule partie civile, se trouve donc, en vertu de l'évocation qui lui est imposée par l'article 520 dudit code, tenue de remplir directement le rôle du premier juge et investie du pouvoir de statuer sur l'action publique comme sur l'action civile, même en l'absence d'appel du ministère public (■ Cass. crim., 10 juill. 1963, n° 62-91.623 : *Bull. crim.* n° 248). Statue sur les intérêts civils : le tribunal qui se déclare incompétent (■ Cass. crim., 16 avr. 1975, n° 73-91.205 : *Bull. crim.* n° 93. ■ Cass. crim., 3 mars 1993, n° 92-85.500 : *Bull. crim.* n° 98) ; ... qui déclare nulle la citation à comparaître délivrée au prévenu (■ Cass. crim., 20 juin 2006, n° 05-86.014 : *Bull. crim.* n° 182) ; ... qui déclare irrecevable la constitution de partie civile (■ Cass. crim., 17 déc. 1979, n° 79-90.744 : *Bull. crim.* n° 358).

5° Appel de l'administration des Eaux et Forêts

23) Agents de l'Office national de la chasse et de la faune sauvage. Méconnaît les dispositions de l'article 546, alinéa 4, du Code de procédure pénale, la cour d'appel qui déclare l'appel du prévenu irrecevable, tout en relevant que les infractions avaient été poursuivies sur l'initiative d'agents de l'Office national de la chasse et de la faune sauvage, lesquels sont, aux termes de l'article 2 du décret n° 95-1272 du 6 décembre 1995, assimilés aux agents assermentés de l'État chargés des forêts (■ Cass. crim., 14 mai 2008, n° 07-87.168 : *Bull. crim.* n° 110 ; *RSC* 2008, p. 916, obs. J.-H. Robert ; *Dr. pén.* 2008, comm. 131, obs. J.-H. Robert).

C – Conditions tenant à la décision rendue en première instance

24) Amende prononcée contre une personne morale : refus de tenir compte du montant quintuplé. C'est à tort que le moyen soutient qu'en raison de la combinaison des articles 546 du Code de procédure pénale et 131-41 du Code pénal, il conviendrait de fixer le taux de ressort applicable aux personnes morales prévenues d'une contravention en tenant compte du montant de ladite amende, égal au quintuple de celui applicable aux personnes physiques : la cour d'appel énonce à bon droit que l'article 546 précité doit être interprété de façon restrictive et ne fait aucune distinction entre les personnes physiques et les personnes morales (■ Cass. crim., 7 janv. 2020, n° 19-83.179, §§ 6 et 7. ■ Cass. crim., 7 janv. 2020, n° 19-83.220, §§ 6 et 7).

25) Pluralité de contraventions – Total des amendes encourues. Il résulte des dispositions de l'article 546 du Code de procédure pénale que, lorsqu'un tribunal est saisi pour la même poursuite de plusieurs contraventions lui permettant de prononcer plusieurs amendes, il y a lieu de totaliser les amendes encourues pour déterminer si le jugement est susceptible d'appel (■ Cass. crim., 20 oct. 1965, n° 65-90.610 : *Bull. crim.* n° 203. ■ Cass. crim., 5 juill. 1976, n° 76-90.180 : *Bull. crim.* n° 245. ■ Cass. crim., 20 mars 1984, n° 83-93.111 : *Bull. crim.* n° 115 ; *RSC* 1985, p. 336, obs. J. Robert. ■ Cass. crim., 29 oct. 1986, n° 85-96.356 : *Bull. crim.* n° 312. ■ Cass. crim., 11 avr. 1991, n° 91-80.133 : *Bull. crim.* n° 174. ■ Cass. crim., 8 févr. 2000, n°s 98-82.373 et 99-81.218 : *Bull. crim.* n° 57. ■ Cass. crim., 30 avr. 2002, n° 01-86.725 : *Bull. crim.* n° 90. ■ Cass. crim., 4 févr. 2009, n° 08-85.939 : *Bull. crim.* n° 27. ■ Cass. crim., 25 mars 2014, n° 13-82.578 : *Dr. pén.* 2014, comm. 101, obs. V. Peltier).

26) Pluralité de contraventions – Total des amendes prononcées. Il résulte des dispositions de l'article 546 du Code de procédure pénale que l'appel est ouvert au prévenu lorsque la peine d'amende prononcée est supérieure au maximum de l'amende encourue pour les contraventions de la deuxième classe ; dès lors, lorsqu'un tribunal est saisi pour la même poursuite de plusieurs contraventions lui permettant de prononcer plusieurs amendes, il y a lieu de totaliser les amendes prononcées pour déterminer si le jugement est susceptible d'appel (■ Cass. crim., 7 oct. 1997, n° 96-84.283. ■ Cass. crim., 6 mars 2012, n° 11-85.333 : *Bull. crim.* n° 59. ■ Cass. crim., 25 mars 2014, n° 13-82.578. ■ Cass. crim., 22 juin 2021, n° 20-86.963, § 8).

Art. 547 *(Mod., L. n° 2004-204, 9 mars 2004).* – **L'appel des jugements de police est porté à la cour d'appel.**

Cet appel est interjeté dans les délais prévus par les articles 498 à 500.

L'appel est suivi et jugé dans la même forme que les appels des jugements correctionnels. La cour est cependant composée du seul président de la chambre des appels correctionnels, siégeant à juge unique.

Les articles 502 à 504, alinéas 1er et 2, sont applicables à l'appel des jugements de police.

Bibliographie : J. Buisson, *Tribunal de police. – Défaut. Opposition. Appel : JCl. Proc. pén.*, art. 544 à 549, Fasc. Commentaires.

I – FORMES DES APPELS DES JUGEMENTS CORRECTIONNELS

1) Formes applicables. Selon l'article 547, alinéa 3 du Code de procédure pénale, l'appel des jugements de police est suivi et jugé dans la même forme que les appels des jugements correctionnels : il en résulte que s'applique en matière de police la règle de l'article 599 dudit code selon lequel le prévenu n'est pas recevable à présenter comme moyen de cassation les nullités commises en première instance s'il ne les a pas opposées devant la cour d'appel, à l'exception de la nullité pour cause d'incompétence lorsqu'il y a eu appel du ministère public (■ Cass. crim., 10 juill. 1963, n° 62-93.113 : *Bull. crim.* n° 249) ; ... de l'article 502 relatif aux formes de la déclaration d'appel (■ Cass. crim., 9 mars 1972, n° 70-91.390 : *Bull. crim.* n° 92) ; ... de l'article 406 selon lequel le président ou l'un des assesseurs, par lui désigné, informe le prévenu de son droit, au cours des débats, de faire des déclarations, de répondre aux questions qui lui sont posées ou de se taire (■ Cass. crim., 12 juill. 2016, n° 15-85.506). En application de l'article 547 du Code de procédure pénale la cour d'appel doit procéder aux disqualifications que commande l'exacte application de la loi, méconnue par les premiers juges ; dès lors, saisie de la cause entière par l'effet dévolutif de l'appel, elle doit, dans le cas où le fait reproché, constitutif d'un délit, a été déféré à tort au juge de police, statuer au fond et prononcer les peines correctionnelles applicables (■ Cass. crim., 12 oct. 1994, n° 93-85.703 : *Bull. crim.* n° 326). L'appel des jugements de police étant suivi et jugé dans la même forme que les appels des jugements correctionnels selon l'article 547 du Code de procédure pénale, le prévenu doit être informé devant la chambre des appels correctionnels statuant à juge unique de son droit, au cours des débats, de faire des déclarations, de répondre aux questions qui lui sont posées ou de se taire (■ Cass. crim., 19 déc. 2017, n° 17-80.917).

2) Formes inapplicables. Nonobstant l'article 547 du Code de procédure pénale, il résulte des dispositions de l'article 549 du Code de procédure pénale que, lorsque la cour d'appel statue sur l'appel d'un jugement de police, la formalité du rapport prévue par l'article 513 du même code ne trouve pas à s'appliquer (■ Cass. crim., 15 mai 2012, n° 11-84.907 : *Bull. crim.* n° 119).

II – COUR D'APPEL STATUANT À JUGE UNIQUE

3) Mentions de l'arrêt. Les mentions de l'arrêt doivent mettre la Cour de cassation en mesure de s'assurer que la cour d'appel, qui a statué en application de l'article 547 du Code de procédure pénale, était présidée par un conseiller désigné par ordonnance du premier président pour présider la chambre en remplacement du président empêché (■ Cass. crim., 5 oct. 2004, n° 04-84.056 : *Bull. crim.* n° 231). Lorsqu'un arrêt mentionne que la cour d'appel était composée de M. X..., conseiller, statuant à juge unique, en application des dispositions de l'article 547 du Code de procédure pénale, cette mention suffit à établir que ce magistrat a été régulièrement appelé à présider en l'empêchement du président titulaire (■ Cass. crim., 30 nov. 2016, n° 16-80.317).

4) Cour d'appel statuant en formation collégiale. L'appel des jugements de police devant être porté devant le président de la chambre des appels correctionnels, siégeant à juge unique, doit être cassé l'arrêt qui mentionne que la cour d'appel était composée de trois magistrats (■ Cass. crim., 14 juin 2006, n° 05-84.266 : *Bull. crim.* n° 180. ■ Cass. crim., 29 janv. 2019, n° 17-87.454). Le jugement de la contravention de diffamation non publique prévue par l'article R. 621-1 du Code pénal ne fait pas exception à cette disposition (■ Cass. crim., 11 avr. 2012, n° 11-87.688 : *Bull. crim.* n° 89). Le moyen tiré de la violation de cette disposition peut être relevé d'office par la Cour de cassation (■ Cass. crim., 29 oct. 2013, n° 12-84.835. ■ Cass. crim., 29 janv. 2019, préc.).

Art. 548 *(Abr., L. n° 2009-1436, 24 nov. 2009).*

Art. 549 *(Mod., L. n° 2011-1862, 13 déc. 2011).* **– Les dispositions des articles 505 à 509, 511 et 514 à 520, sont applicables aux jugements rendus par les tribunaux de police.**

La cour d'appel, saisie de l'appel d'un jugement d'incompétence du tribunal de police, si elle constate que le fait poursuivi constitue un délit, prononce la peine et statue, s'il y a lieu, sur les dommages-intérêts.

Bibliographie : J. Buisson, *Tribunal de police. – Défaut. Opposition. Appel : JCl. Proc. pén.*, art. 544 à 549, Fasc. Commentaires.

1) Infractions de presse. Il se déduit de la généralité des termes de l'article 549 du Code de procédure pénale que les articles 507 et 508 s'appliquent aussi bien aux poursuites en matière de presse, qu'à celles de droit commun, sous la seule réserve en ce qui concerne les premières, que, conformément à l'article 59, alinéa 2 de la loi du 29 juillet 1881, est toujours immédiatement recevable l'appel d'un jugement distinct de la décision sur le fond, qui statue sur une exception d'incompétence, qu'il s'agisse d'une décision mettant fin, ou non, à la procédure (■ Cass. crim., 13 avr. 1967, n° 65-91.293 : *Bull. crim.* n° 122).

2) Dispositions applicables par renvoi. L'article 446 du Code de procédure pénale, selon lequel les témoins, avant de commencer leur déposition, prêtent le serment de dire toute la vérité, rien que la vérité, est applicable devant la cour d'appel en vertu des articles 512 et 549 dudit code (■ Cass. crim., 6 mars 1973, n° 72-92.684 : *Bull. crim.* n° 111). Il résulte des dispositions de l'article 549 du Code de procédure pénale que, lorsque la cour d'appel statue sur l'appel d'un jugement de police, la formalité du rapport prévue par l'article 513 du même code ne trouve pas à s'appliquer (■ Cass. crim., 15 mai 2012, n° 11-84.907 : *Bull. crim.* n° 119).

3) Appel d'un jugement d'incompétence. En application de l'article 549 du Code de procédure pénale, une cour, saisie par l'appel du prévenu d'un jugement d'incompétence d'un tribunal de police, doit, soit qu'elle se détermine dans le même sens que le jugement entrepris, soit qu'elle l'infirme, faire application des dispositions des articles 518 et 549 dudit code, c'est-à-dire, dans l'un et l'autre cas, examiner l'affaire au fond (■ Cass. crim., 18 juill. 1963, n° 63-90.368 : *Bull. crim.* n° 260). Saisie de l'appel d'un jugement d'incompétence du tribunal de police, une cour d'appel, qui constate que le fait poursuivi est un délit, ne peut confirmer le jugement, mais doit, par application de l'article 549 du Code de procédure pénale, se prononcer au fond (■ Cass. crim., 2 mai 2001, n° 00-85.493 : *Bull. crim.* n° 103). Elle ne saurait donc se borner à confirmer la décision d'incompétence (■ Cass. crim., 10 janv. 2006, n° 05-81.259).

TITRE IV. – DES CITATIONS ET SIGNIFICATIONS

Art. 550 *(Mod., L. n° 93-913, 19 juill. 1993).* **– Les citations et significations, sauf disposition contraire des lois et règlements, sont faites par exploit d'huissier de justice.**

Les notifications sont faites par voie administrative.

L'huissier ne peut instrumenter pour lui-même, pour son conjoint, pour ses parents et alliés et ceux de son conjoint, en ligne directe à l'infini, ni pour ses parents et alliés collatéraux, jusqu'au degré de cousin issu de germain inclusivement.

L'exploit de citation ou de signification contient la désignation du requérant, la date, les nom, prénoms et adresse de l'huissier, ainsi que les nom, prénoms et adresse du destinataire ou, si le destinataire est une personne morale, sa dénomination et son siège.

La personne qui reçoit copie de l'exploit signe l'original ; si elle ne veut ou ne peut signer, mention en est faite par l'huissier.

Bibliographie : P. Lemoine, *Citations et significations : JCl. Proc. pén.*, art. 550 à 566, Fasc. 20.

1) Question prioritaire de constitutionnalité. N'est pas sérieuse la question de savoir si les dispositions combinées des articles 281 et 550 du Code de procédure pénale sont conformes au principe d'égalité devant la loi pénale, en ce qu'il en résulte en pratique que l'accusé ou la partie civile doivent solliciter le parquet général pour qu'il soit procédé à la citation de témoins complémentaires, sans connaître au préalable la liste des témoins que le parquet général va citer : en effet, les dispositions contestées n'imposent, en elles-mêmes, aucun ordre d'antériorité entre le ministère public et les parties, dans la communication des noms des témoins dont ils sollicitent la comparution devant la cour d'assises. Elles s'appliquent de la même manière à toutes les personnes appelées à comparaître comme accusé devant une cour d'assises et à toutes les parties civiles, qui, dans les mêmes conditions, reçoivent la signification des témoins que le ministère public envisage de citer et lui font connaître les témoins qu'ils lui demandent de citer à sa requête. Il n'en résulte, dès lors, aucun manquement au principe d'égalité (■ Cass. crim., 22 sept. 2021, n° 21-82.136 QPC).

I – COMPÉTENCE DE L'HUISSIER

2) Nullité de la citation en cas d'incompétence. Une citation délivrée par un huissier territorialement incompétent est entachée d'une nullité qui la prive de tout effet légal. C'est à l'huissier qu'il incombe de s'assurer de sa compétence qui est d'ordre public ; il est indifférent que le prévenu ait lui-même, en l'absence de fraude, contribué à l'erreur de l'huissier (■ Cass. crim., 8 janv. 1991, n° 90-80.593 : *Bull. crim.* n° 13).

II – SCEAU DE L'HUISSIER

3) Formalité non requise. L'apposition du sceau de l'huissier sur l'exploit de signification n'est prévue par aucune disposition légale, et il suffit qu'il ait été satisfait aux prescriptions de l'article 550, paragraphe 4 du Code de procédure pénale (■ Cass. crim., 14 nov. 1972, n° 72-91.109 : *Bull. crim.* n° 339).

III – SIGNATURE SUR LA COPIE DE L'EXPLOIT

4) Formalité substantielle. Selon les dispositions du dernier alinéa de l'article 550 du Code de procédure pénale, la personne qui reçoit copie d'un exploit signe l'original, et si elle ne veut ou ne peut signer, mention en est faite par l'huissier ; ces formalités sont substantielles (■ Cass. crim., 23 juill. 1975, n° 75-91.057 : *Bull. crim.* n° 191. ■ Cass. crim., 26 mars 1992, n° 91-85.341 : *Bull. crim.* n° 130).

IV – MENTION SPÉCIALE

5) Cas. L'article 550 du Code de procédure pénale n'exige de mention spéciale relative à la signature de l'exploit de signification par la personne à qui cette signification est faite que lorsque cette personne « ne veut ou ne peut signer ». L'énonciation que l'exploit a été délivré à la personne de l'accusé vaut jusqu'à inscription de faux (■ Cass. crim., 24 janv. 1973, n° 72-93.062 : *Bull. crim.* n° 38).

6) Formalité substantielle. V. ■ Cass. crim., 23 juill. 1975. ■ Cass. crim., 26 mars 1992, cités annot. n° 3, p. 1186.

V – NULLITÉ DE LA CITATION

7) Il y a nullité de la citation pour violation de l'article 550 du Code de procédure pénale lorsque l'original de l'exploit ne comporte pas la signature de la personne qui en a reçu copie et qu'il n'est pas précisé qu'elle n'a pu ou voulu signer. Dès lors que le prévenu n'a été ni présent ni représenté à l'audience, la nullité de l'exploit par lequel il a été cité a eu pour effet de porter atteinte à ses intérêts (■ Cass. crim., 26 mars 1992, n° 91-85.341 : *Bull. crim.* n° 130).

8) Nécessité d'un grief. Le prévenu ne saurait se faire un grief d'irrégularités qui auraient été commises dans l'exploit d'huissier par lequel l'appel du procureur général lui a été signifié, dès lors que lesdites irrégularités n'ont pu avoir aucune conséquence préjudiciable à la défense (■ Cass. crim., 29 juill. 1968, n° 68-90.331 : *Bull. crim.* n° 241). L'inobservation des formes prescrites par les articles 550 et suivants du Code de procédure pénale n'entraîne pas la nullité de la citation lorsque les prévenus n'ont pu se méprendre sur l'objet et la portée de l'acte par lequel ils ont été cités devant le tribunal (▪ Cass. crim., 13 juin 1995, n° 93-82.144 : *Bull. crim.* n° 217). Une cour d'appel refuse à bon droit d'annuler une citation au motif que le prévenu y est cité en son nom personnel mais à l'adresse de la société dont il est le gérant, dès lors que ce dernier a pu connaître de façon suffisamment précise les faits qui lui étaient reprochés (▪ Cass. crim., 28 juin 2011, n° 11-80.430). Dès lors que le prévenu n'a été ni présent ni représenté à l'audience, la nullité de l'exploit par lequel il a été cité a eu pour effet de porter atteinte à ses intérêts (▪ Cass. crim., 26 mars 1992, cité *supra* n° 3).

VI – CAS DES CONTRAVENTIONS ROUTIÈRES

9) Personne morale titulaire du certificat d'immatriculation. Pour l'application de l'article L. 121-3, alinéa 3, du Code de la route, la citation doit être délivrée à la seule personne physique qui était, au moment des faits, le représentant légal de la personne morale titulaire du certificat d'immatriculation et qui, à ce titre, est pécuniairement redevable de l'amende encourue (▪ Cass. crim., 19 déc. 2012, 2 arrêts, n°s 12-80.607 et 12-80.861 : *Bull. crim.* n° 284. ▪ Cass. crim., 19 déc. 2012, n° 12-81.984. ▪ Cass. crim., 22 janv. 2013, n° 12-81.606 : *RPDP* 2013, p. 125, obs. C. Ambroise-Castérot).

10) Personne morale locataire du véhicule verbalisé. Il résulte de la combinaison des articles L. 121-2 et L. 121-3 du Code de la route que, lorsque le locataire d'un véhicule verbalisé pour excès de vitesse est une personne morale, seul le représentant légal de celle-ci peut être déclaré redevable pécuniairement de l'amende encourue. Justifie par conséquent sa décision la juridiction qui renvoie des fins de la poursuite la personne morale locataire du véhicule verbalisé pour excès de vitesse, dès lors que le représentant légal n'a pas été cité par un acte visant la société prise en la personne de ce dernier, signifié à une personne habilitée trouvée au lieu du siège social (▪ Cass. crim., 13 oct. 2010, n° 10-81.865 : *Bull. crim.* n° 160. ▪ Cass. crim., 13 oct. 2010, n° 10-81.866).

Art. 551 *(Mod., L. n° 2008-644, 1er juill. 2008).* – **La citation est délivrée à la requête du ministère public, de la partie civile, et de toute administration qui y est légalement habilitée. L'huissier doit déférer sans délai à leur réquisition.**

La citation énonce le fait poursuivi et vise le texte de loi qui le réprime.

Elle indique le tribunal saisi, le lieu, l'heure et la date de l'audience, et précise la qualité de prévenu, de civilement responsable, ou de témoin de la personne citée.

Si elle est délivrée à la requête de la partie civile, elle mentionne, s'il s'agit d'une personne physique, ses nom, prénoms, profession et domicile réel ou élu et, s'il s'agit d'une personne morale, sa forme, sa dénomination, son siège social et l'organe qui la représente légalement.

La citation délivrée à un témoin doit en outre mentionner que la non-comparution, le refus de témoigner et le faux témoignage sont punis par la loi.

Bibliographie : P. Lemoine, *Citations et significations : JCl. Proc. pén.*, art. 550 à 566, Fasc. 20.

I – DOMAINE D'APPLICATION DE L'ARTICLE 551

A – Inclusions

1) Infractions de presse. L'article 551, alinéa 4, du Code de procédure pénale, qui s'applique en matière de presse cumulativement avec les dispositions de l'article 53 de la loi du 29 juillet 1881, exige que la citation, si elle est délivrée à la requête de la partie civile, mentionne les nom, prénoms, profession et domicile réel ou élu de celle-ci (▪ Cass. crim., 22 juin 1967, n° 67-91.220 : *Bull. crim.* n° 188).

2) Infractions douanières. En application des articles 6 § 3 *a* de la Convention européenne des droits de l'Homme, 365 du Code des douanes, et 551 du Code de procédure pénale, la citation doit mettre le prévenu en mesure de connaître avec précision les faits qui lui sont reprochés et le texte de loi qui les réprime (▪ Cass. crim., 29 juin 2005, n° 04-82.614 : *Bull. crim.* n° 201).

B – Exclusions

1° *Responsabilité pécuniaire des amendes routières*

3) Article L. 121-3 du Code de la route. Selon l'article L. 121-3 du Code de la route, le titulaire du certificat d'immatriculation d'un véhicule est redevable pécuniairement de l'amende encourue pour une contravention à la réglementation sur les vitesses maximales autorisées, à moins qu'il n'établisse l'existence d'un vol ou de tout autre événement de force majeure ou qu'il n'apporte tous éléments permettant d'établir qu'il n'est pas l'auteur véritable de l'infraction. Méconnaît le sens et la portée dudit texte la cour d'appel, qui, pour relaxer le prévenu de la contravention d'excès de vitesse, énonce qu'il ne pouvait être déclaré redevable pécuniairement de l'amende encourue, dès lors qu'il n'avait pas été cité sur le fondement de cette disposition, alors que l'article L. 121-3 du Code de la route n'est pas un texte d'incrimination (■ Cass. crim., 1er oct. 2003, n° 02-87.349 : *Bull. crim.* n° 179 ; *Dr. pén.* 2004, comm. 6, obs. J.-H. Robert). *Comp.* ■ Cass. crim., 17 févr. 2004, n° 03-83.794 : *Bull. crim.* n° 43 : refuse à bon droit d'annuler une citation qui impute des contraventions au Code de la route et vise l'article L. 121-3 sans indiquer avec précision en quelle qualité (prévenu ou redevable du paiement des amendes encourues) l'intéressé est cité devant le tribunal, la cour d'appel qui énonce que, loin de créer une incertitude sur la poursuite, la citation est conforme aux exigences de l'article 551 du Code de procédure pénale, et vise l'article L. 121-3 du Code de la route, mettant le prévenu en mesure de préparer sa défense, non seulement sur sa responsabilité pénale, mais aussi sur sa responsabilité pécuniaire.

Sur l'article L. 121-3 du Code de la route et les mentions de la citation, V. art. 550, p. 1185.

2° *Cour d'appel*

4) Citation à comparaître devant la cour d'appel. La citation à comparaître devant la cour d'appel, laquelle est saisie par l'acte d'appel, a seulement pour effet d'informer les parties de la date à laquelle l'affaire doit être appelée et n'est pas soumise aux prescriptions de l'article 551, alinéa 2, du Code de procédure pénale (■ Cass. crim., 5 janv. 1993, n° 91-86.921 : *Bull. crim.* n° 4). Écarte donc à bon droit l'exception de nullité soulevée par le prévenu, prise de ce que la citation à comparaître devant la cour d'appel ne comportait ni l'indication des faits qui lui étaient reprochés ni le visa des textes servant de base aux poursuites, l'arrêt qui énonce qu'ayant comparu en première instance sur la citation du ministère public, le prévenu ne saurait prétendre en cause d'appel avoir ignoré ce qui lui était reproché et avoir été ainsi empêché d'exercer sa défense (même arrêt). Le prévenu ne saurait se faire un grief d'indications inexactes concernant le délit reproché dans la convocation pour l'audience d'appel, dès lors que, d'une part, cet acte a seulement pour effet d'informer les parties de la date à laquelle l'affaire doit être appelée, les prescriptions de l'article 551, alinéa 2, du Code de procédure pénale ne lui étant pas applicables et, d'autre part, la cour d'appel est saisie des faits tels que visés dans la convocation devant le tribunal correctionnel dont le prévenu avait connaissance (■ Cass. crim., 16 mai 2018, n° 17-81.686).

3° *Peine complémentaire*

5) Indication non obligatoire. Selon l'article 551, alinéa 2 du Code de procédure pénale, le prononcé d'une peine complémentaire n'est pas subordonné au visa, dans le titre de poursuite, du texte qui le prévoit ; doit donc être cassé l'arrêt qui, pour infirmer partiellement le jugement ayant notamment ordonné la suspension du permis de conduire du prévenu, énonce que cette peine complémentaire, prévue par le Code de la route, ne pouvait pas être prononcée, en l'absence de visa de ce texte dans la citation délivrée au prévenu (■ Cass. crim., 24 janv. 1996, n° 94-86.152 : *Bull. crim.* n° 46).

II – DROIT DU PRÉVENU D'ÊTRE INFORMÉ DE LA PRÉVENTION

A – Principe

6) Convention européenne des droits de l'Homme. En application des articles 6 § 1 *a* et *b* de la Convention européenne des droits de l'Homme et 551, alinéa 2, du Code de procédure pénale, est régulière la citation qui, énonçant le fait poursuivi et visant le texte qui le réprime, garantit le droit du prévenu à être informé de la nature et de la cause de l'accusation portée contre lui afin de préparer sa défense (■ Cass. crim., 31 oct. 2006, n° 06-84.670 : *Bull. crim.* n° 269). En application des articles 6 § 3 *a* de la Convention européenne des droits de l'Homme, 365 du Code des douanes, et 551 du Code de procédure pénale la citation doit mettre le prévenu en mesure de connaître avec précision les faits qui lui sont reprochés et le texte de loi qui les réprime (■ Cass. crim., 29 juin 2005, n° 04-82.614 : *Bull. crim.* n° 201). Selon l'article 551 du Code de procédure pénale, la citation doit, à peine de nullité, énoncer notamment le fait poursuivi et le texte de loi qui le réprime ; par ailleurs, selon l'article 6 de la Convention européenne des droits de l'Homme, tout prévenu a droit à être informé d'une manière détaillée de la nature et de la cause de la prévention (■ Cass. crim., 6 mars 1990, n° 87-90.236 : *Bull. crim.* n° 106).

B – Objet de l'information

7) Principe : énonciation du fait poursuivi et du texte applicable. L'article 551, alinéa 2, du Code de procédure pénale, exige seulement que la citation énonce le fait poursuivi et vise le texte qui le réprime ; dès lors, l'absence dans l'acte de saisine du tribunal correctionnel de l'identité et du nombre précis de clients acquéreurs du cannabis offert par le prévenu est sans incidence sur sa validité (■ Cass. crim., 16 mai 2018, n° 17-84.909 : *Bull. crim.* n° 95).

1° Énonciation du fait poursuivi

8) Énonciation suffisante. Selon l'article 551, alinéa 2, du Code de procédure pénale la citation est régulière lorsqu'elle énonce les faits poursuivis et vise les textes de loi qui les répriment ; la citation, qui comportait la description détaillée des faits poursuivis et la référence aux principaux textes de loi qui les répriment, mettait la prévenue en mesure de préparer sa défense ; doit donc être cassé l'arrêt qui, après avoir notamment relevé que celle-ci comportait des « contradictions, insuffisances, imprécisions » et que les faits étaient poursuivis sous une double qualification, « sans que soit visé le texte prévoyant et réprimant la tentative », énonce que la prévenue n'a pas été mise « en mesure de comprendre, de manière non équivoque, quels étaient les faits précis qui lui étaient reprochés et sous quelle qualification » (▪ Cass. crim., 10 sept. 2008, n° 08-80.817 : *Bull. crim.* n° 183). Doit être cassé l'arrêt qui, pour prononcer la nullité de la citation et par voie de conséquence le jugement, énonce que, la citation, incomplète faute de mentionner les références de la décision préfectorale portant injonction de restituer le permis de conduire invalidé, n'a pas permis au prévenu de préparer utilement sa défense et ne satisfait pas aux exigences des articles 551 du Code de procédure pénale et 6 § 3 *a* de la Convention européenne des droits de l'Homme, même s'il résulterait du dossier que l'intéressé connaissait l'interdiction de conduire dont il faisait l'objet, alors qu'est régulière la citation qui, énonçant le fait poursuivi et visant le texte qui le réprime, garantit le droit du prévenu à être informé de la nature et de la cause de l'accusation portée contre lui afin de préparer sa défense (▪ Cass. crim., 31 oct. 2006, n° 06-84.670 : *Bull. crim.* n° 269).

9) Citation complétée par document annexé. La citation telle que complétée par les pièces qui lui sont jointes est régulière lorsqu'elle énonce les faits poursuivis et vise les textes de loi qui les répriment (▪ Cass. crim., 3 nov. 2020, n° 20-81.298, § 7. ▪ Cass. crim., 25 nov. 2020, n° 19-82.000, § 13). Une citation telle que complétée par les pièces qui lui sont jointes, est régulière lorsqu'elle énonce les faits poursuivis et vise les textes de loi qui les répriment (▪ Cass. crim., 9 avr. 2019, n° 18-86.159. ▪ Cass. crim., 7 déc. 2021, n° 21-82.524, § 8). Il est satisfait aux exigences de l'article 551 du Code de procédure pénale par la citation qui mentionne les circonstances de temps et de lieu relatives aux faits poursuivis, dès lors qu'elle se combine avec le procès-verbal de l'inspecteur du travail, base de la poursuite, dont le prévenu a eu connaissance avant toute déclaration sur les faits (▪ Cass. crim., 17 déc. 1991, n° 90-84.813 : *Bull. crim.* n° 483). Doit être approuvé l'arrêt qui, pour rejeter l'exception de nullité de la citation, énonce que celle-ci, d'une part, indique le lieu des faits, les années concernées par le contrôle, les infractions reprochées aux prévenus et les textes applicables, ainsi que les amendes et pénalités encourues, d'autre part, porte en annexe le procès-verbal de notification des infractions, en date du 28 mars 2011, qui permettait aux prévenus d'avoir connaissance des faits relevés lors du contrôle, et ce de manière détaillée : il résulte de ces énonciations que les prévenus, informés de la nature des infractions poursuivies et des textes applicables, ont été mis en mesure de préparer leur défense (▪ Cass. crim., 14 juin 2017, n° 16-81.926). Doit être approuvé l'arrêt qui, pour rejeter l'exception de nullité des citations tirée de leur imprécision, énonce, après en avoir rappelé les mentions, qu'à celles-ci sont annexés les procès-verbaux de notification d'infractions établis par les agents des douanes qui décrivent avec minutie les faits reprochés, que les prévenus ont été parfaitement informés des infractions reprochées, des textes de loi les réprimant, des sanctions encourues et des faits précis au titre desquels ils sont poursuivis, et qu'il est ainsi répondu aux prescriptions de l'article 551 du Code de procédure pénale : il résulte de ces énonciations que les prévenus ont été mis en mesure de préparer leur défense (▪ Cass. crim., 22 févr. 2017, n° 15-82.952 : *Bull. crim.* n° 53).

10) Énonciation insuffisante. Est nulle une citation à laquelle n'étaient pas joints les procès-verbaux de notification d'infraction, seuls à même d'en préciser l'objet et qui ne permettait pas aux prévenus, en l'absence d'indication sur la matérialité des opérations incriminées, de connaître les faits qui leur étaient reprochés (▪ Cass. crim., 29 juin 2005, n° 04-82.614 : *Bull. crim.* n° 201).

2° Énonciation du texte applicable

11) Codification à droit constant. Il importe peu que les textes d'incrimination en vigueur lors des faits, visés dans la citation, aient été déplacés sous d'autres numérotations, dès lors que le changement de l'emplacement d'un texte, à droit constant, ne modifie ni la teneur des dispositions transférées, ni leur portée (▪ Cass. crim., 1er avr. 2014, n° 13-830.89 : *Bull. crim.* n° 95).

12) Énonciation suffisante. Écarte à bon droit l'argumentation de la prévenue, qui soutenait que la citation était irrégulière en ce qu'elle ne visait que les articles 226-13 et 226-31 du Code pénal et non les dispositions régissant la profession d'avocat, l'arrêt qui relève que la citation mentionnait que le prévenu était poursuivi pour avoir, en sa qualité d'avocat, commis une violation du secret professionnel (▪ Cass. crim., 28 oct. 2008, n° 08-81432 : *Bull. crim.* n° 215). Est justifiée la décision qui rejette l'exception de nullité de la citation prise de l'absence de visa des textes de répression et de l'arrêté municipal réglementant la circulation, en retenant qu'ont été visés dans ladite citation les articles 417-6 du Code de la route, L. 2212-2-2 et L. 2212-6 du Code général des collectivités locales et que la mention des arrêtés municipaux réglementant le stationnement dans la rue où ont été commises les infractions n'est pas prescrite à peine de nullité (■ Cass. crim., 26 avr. 2006, n° 06-80.263 : *Bull. crim.* n° 114) ; même solution pour l'absence d'indication d'un arrêté préfectoral réglementant la circulation (■ Cass. crim., 16 janv. 2008, n° 06-88.637 : *Bull. crim.* n° 10 : articles R. 412-7 II et R. 412-7 III du Code de la route). Si l'article A. 37-2 du Code de procédure pénale prévoit que l'avis de contravention doit comporter les références des textes d'incrimination et de répression, cette obligation ne s'impose pas à peine de nullité dès lors que ces textes sont visés dans la citation à comparaître régulièrement délivrée (■ Cass. crim., 10 nov. 2004, n° 04-84.316 : *Bull. crim.* n° 281). L'article 551, alinéa 2, du Code de procédure pénale exige seulement que la citation délivrée au prévenu énonce le fait poursuivi et vise le texte prévoyant l'incrimination ; il n'est, dès lors, pas nécessaire que la citation, qui informe le prévenu des faits de non-représentation d'enfant réprimés par l'article 227-5 du Code pénal, précise la nature du droit qui l'oblige à représenter l'enfant (■ Cass. crim., 13 mars 1996, n° 95-83.111 : *Bull. crim.* n° 114). Selon l'article 551, alinéa 2, du Code de procédure pénale, la citation est régulière lorsqu'elle énonce le fait poursuivi et vise le texte de loi qui le réprime. Sont donc régulières les citations délivrées par l'administration des Douanes qui, comportant le détail des faits reprochés et la référence aux règlements communautaires et à l'article 410 du Code des douanes, dont la violation constitue l'infraction visée par la poursuite, permettent aux prévenus d'avoir une information complète du contenu de celle-ci. Il importe peu que les citations n'aient pas précisé les articles applicables de ces règlements et qu'aient été visés à tort d'autres textes du Code des douanes non appliqués en l'espèce (■ Cass. crim., 14 janv. 2004, n° 02-87.935 : *Bull. crim.* n° 13).

13) Énonciation insuffisante. Il y a lieu de casser la décision de condamnation prise par une cour d'appel, alors que la citation à comparaître n'indique pas si le prévenu est poursuivi pour une infraction aux dispositions d'une loi ou pour un délit prévu par l'article d'un code, et qu'au surplus elle commet une erreur sur l'article dudit code applicable : il résultait de la citation une ambiguïté sur le fondement de la poursuite (■ Cass. crim., 6 mars 1990, n° 87-90.236 : *Bull. crim.* n° 106).

3° *Indication du lieu de l'audience*

14) Indications contradictoires. Aux termes de l'article 551 du Code de procédure pénale, la citation doit, à peine de nullité, indiquer la juridiction saisie, le lieu, l'heure et la date de l'audience ; est donc nulle la citation qui indique une juridiction, alors que l'exploit délivré au prévenu en indique une autre (■ Cass. crim., 7 mai 1996, n° 95-82.637 : *Bull. crim.* n° 193. ■ Cass. crim., 4 mai 2006, n° 05-85.239 : *Bull. crim.* n° 121. ■ Cass. crim., 3 sept. 2008, n° 08-82.434 : *Bull. crim.* n° 175).

4° *Indication de l'heure de l'audience*

15) Absence d'indication. Il y a nullité de la citation pour violation de l'article 551 du Code de procédure pénale lorsque celle-ci n'indique pas l'heure de l'audience (■ Cass. crim., 5 mai 1987, n° 86-95.262 : *Bull. crim.* n° 179. ■ Cass. crim., 22 mai 1990, n° 89-86.836 : *Bull. crim.* n° 208. ■ Cass. crim., 7 mai 1996, n° 95-82.637 : *Bull. crim.* n° 193).

5° *Identification du prévenu*

16) Identification suffisante. Justifie sa décision tant au regard de l'article 550 que de l'article 551 du Code de procédure pénale, la cour d'appel qui, pour écarter l'exception de nullité de la citation délivrée à « M. X... représenté par Coopérative Taxi 13 », soulevée par le prévenu qui soutenait que cette rédaction ne lui permettait pas de savoir qui, de la personne physique ou de la personne morale, était réellement visé, relève que l'ordonnance du juge d'instruction ayant renvoyé M. X... devant le tribunal correctionnel pour travail dissimulé, régulièrement notifiée à l'intéressé, a dit n'y avoir lieu à suivre contre la société coopérative Taxi 13, personne morale, en raison de sa dissolution, et que, dès lors, le prévenu n'a pu se méprendre sur l'objet et la portée de l'acte (■ Cass. crim., 3 avr. 2013, n° 08-83.982 : *Bull. crim.* n° 77).

6° *Identification de l'organe ou représentant d'une personne morale*

17) Identification non requise. L'obligation d'énoncer le fait poursuivi n'imposant pas d'identifier dans la citation l'organe ou le représentant ayant commis l'infraction pour le compte de la personne morale poursuivie, n'excède pas sa saisine la cour d'appel qui détermine quel est cet organe ou représentant (■ Cass. crim., 24 mai 2005, n° 04-86.813 : *Bull. crim.* n° 154. ■ Cass. crim., 5 juin 2012, n° 11-86.609).

7° *Précision de la qualité de la personne citée*

18) Absence de précision. Est nulle la citation délivrée à une « mairie » d'avoir à comparaître devant le tribunal correctionnel, qui ne précise pas la qualité de prévenu, de civilement responsable ou de témoin de la personne citée, et ne vise aucun texte (■ Cass. crim., 30 janv. 2007, n° 05-87.617 : *Bull. crim.* n° 23).

C – Nullité pour défaut d'information

1° *Conditions de forme de la nullité*

19) Invocation avant toute défense au fond. En application de l'article 385 du Code de procédure pénale, le prévenu qui excipe de la nullité de la citation au motif qu'elle méconnaît les exigences de l'article 551 du Code de procédure pénale doit l'invoquer avant toute défense en fond (■ Cass. crim., 23 déc. 1963, n° 63-92.282 : *Bull. crim.* n° 373). Il n'appartient pas au juge de relever d'office la nullité de l'acte de poursuite (■ Cass. crim., 19 mars 1997, n° 96-82.912). Le moyen proposé, en ce qu'il invoque pour la première fois devant la Cour de cassation une nullité de la citation du prévenu au motif qu'elle méconnaît les exigences de l'article 551 du Code de procédure pénale est irrecevable en application de l'article 385 du Code de procédure pénale (■ Cass. crim., 15 nov. 1990, n° 90-81821 : *Bull. crim.* n° 386).

2° *Portée de la nullité*

• Nécessité d'un grief

– Principe

20) Si selon les dispositions de l'article 565 du Code de procédure pénale, la nullité d'un exploit peut résulter de l'inobservation des formes prévues par les articles 550 et suivants dudit code, cette nullité ne peut être prononcée que lorsque les irrégularités ou omissions constatées ont eu pour effet de porter atteinte aux intérêts de la personne qu'il concerne (■ Cass. crim., 20 nov. 1968, n° 68-90.799 : *Bull. crim.* n° 306). Il n'y a pas lieu d'annuler une citation qui ne respecte pas les exigences de l'article 551 du Code de procédure pénale dès lors que le prévenu a été en mesure de préparer sa défense (■ Cass. crim., 10 sept. 2008, n° 08-80.817 : *Bull. crim.* n° 183. ■ Cass. crim., 22 févr. 2017, n° 15-82.952 : *Bull. crim.* n° 53. ■ Cass. crim., 14 juin 2017, n° 16-81.926).

– Applications

21) Est nulle la citation qui n'indique pas l'heure de l'audience ; si le prévenu n'y a été ni présent ni représenté, cette nullité a eu pour effet de porter atteinte à ses intérêts (■ Cass. crim., 22 mai 1990, n° 89-86.836 : *Bull. crim.* n° 208. ■ Cass. crim., 7 mai 1996, n° 95-82.637 : *Bull. crim.* n° 193). Est nulle la citation qui indique une juridiction, alors que l'exploit délivré au prévenu en indique une autre ; si le prévenu n'a été ni présent ni représenté à l'audience, la nullité de la citation a eu pour effet de porter atteinte à ses intérêts (■ Cass. crim., 7 mai 1996, préc. ■ Cass. crim., 4 mai 2006, n° 05-85.239 : *Bull. crim.* n° 121. ■ Cass. crim., 3 sept. 2008, n° 08-82.434 : *Bull. crim.* n° 175). Lorsqu'une citation n'indique pas en quelle qualité la personne qu'elle vise est citée (prévenu, civilement responsable ou témoin), cette absence porte nécessairement atteinte aux intérêts de ladite personne, en ne lui permettant pas d'organiser sa défense (■ Cass. crim., 30 janv. 2007, n° 05-87.617 : *Bull. crim.* n° 23). Aucune atteinte n'a été portée aux droits du demandeur dès lors que la citation précise la nature et la date des impositions éludés, notamment au regard des principes d'annualité de l'impôt sur le revenu et du reversement mensuel de la TVA encaissée, ainsi que le montant des droits fraudés et les textes réprimant les soustractions frauduleuses (■ Cass. crim., 23 févr. 2011, n° 10-88.068 : *Bull. crim.* n° 37).

• Citation commune à plusieurs parties civiles

22) Nullité limitée à l'auteur de l'irrégularité. La nullité d'une citation commune délivrée à un prévenu par plusieurs parties civiles ne peut avoir d'effet qu'à l'égard de celle desdites parties civiles qui est l'auteur de l'irrégularité constatée par les juges (■ Cass. crim., 14 nov. 1989, n° 86-92.599 : *Bull. crim.* n° 414).

III – CITATION PAR LA PARTIE CIVILE

23) Personne morale partie civile. L'article 551, alinéa 4, du Code de procédure pénale qui dispose que la citation délivrée à la requête de la partie civile mentionne les nom, prénoms, profession et domicile réel ou élu de celle-ci, n'exige pas de mentionner l'identité de celui qui agit en justice au nom de la personne morale (■ Cass. crim., 23 mai 2006, n° 04-86.541 : *Bull. crim.* n° 140. ■ Cass. crim., 26 sept. 2006, n° 05-87.681 : *Bull. crim.* n° 237 ; *RSC* 2007, p. 74, obs. E. Fortis). *Contra*, auparavant, ■ Cass. crim., 15 mai 1984, n° 84-90.253 : *Bull. crim.* n° 179. ■ Cass. crim., 10 mars 1993, n° 90-83.144 : *Bull. crim.* n° 111. ■ Cass. crim., 3 juin 2004, n° 03-83.539 : *Bull. crim.* n° 148. ■ Cass. crim., 28 sept. 2004, n° 04-80.688 : *Bull. crim.* n° 223.

Code monétaire et financier

Art. L. 465-3-6. – VIII. – Par dérogation au premier alinéa de l'article 551 du Code de procédure pénale, la citation visant les délits (portant atteinte à la transparence des marchés d'instruments financiers) ne peut être délivrée qu'à la demande du procureur de la République financier, à la condition qu'il ait la possibilité d'exercer les poursuites en application du présent article.

Art. 552 *(Mod., L. n° 2008-644, 1er juill. 2008)*. **– Le délai entre le jour où la citation est délivrée et le jour fixé pour la comparution devant le tribunal correctionnel ou de police est d'au moins dix jours, si la partie citée réside dans un département de la France métropolitaine ou si, résidant dans un département d'outre-mer, elle est citée devant un tribunal de ce département.**

Ce délai est augmenté d'un mois si la partie citée devant le tribunal d'un département d'outre-mer réside dans un autre département d'outre-mer, dans un territoire d'outre-mer, à Saint-Pierre-et-Miquelon ou Mayotte ou en France métropolitaine, ou si, cité devant un tribunal d'un département de la France métropolitaine, elle réside dans un département ou territoire d'outre-mer, à Saint-Pierre-et-Miquelon ou Mayotte.

Si la partie citée réside à l'étranger, ce délai est augmenté d'un mois si elle demeure dans un État membre de l'Union européenne et de deux mois dans les autres cas.

Bibliographie : P. Lemoine, *Citations et significations : JCl. Proc. pén.*, art. 550 à 566, Fasc. 20.

1) Infractions de presse. En matière d'infractions de presse, l'application de l'article 54 de la loi du 29 juillet 1881 relatif au délai de distance est exclusive de celle de l'article 552 du Code de procédure pénale (■ Cass. crim., 28 janv. 1964, n° 63-90.463 : *Bull. crim.* n° 32).

2) Nullité de la citation en cas de violation du délai de 10 jours. Doit être déclarée nulle la citation délivrée sans respect du délai de 10 jours prévu par l'article 552 du Code de procédure pénale, lorsque la personne citée ne se présente pas à l'audience (■ Cass. crim., 20 mars 1974, n° 73-92.599 : *Bull. crim.* n° 122. ■ Cass. crim., 31 janv. 1990, n° 89-84.819 : *Bull. crim.* n° 53. ■ Cass. crim., 19 oct. 1999, nos 99-82.466 et 99-82.467 : *Bull. crim.* n° 233). Lorsque le prévenu a été cité à l'audience du tribunal correctionnel sans que soit respecté le délai de l'article 552, la citation devait être déclarée nulle d'office par le tribunal, dont le jugement ne peut être qualifié de contradictoire à signifier ; il en résulte que le délai d'appel de dix jours contre une décision rendue dans ces conditions ne peut être opposé au condamné (■ Cass. crim., 17 mars 2021, n° 20-81.578, § 13).

3) Nouvelle citation après une précédente n'ayant pas respecté le délai de 10 jours. L'arrêt prononçant la nullité de la citation délivrée au prévenu intimé en raison de l'inobservation du délai prévu par l'article 552 du Code de procédure pénale ne fait pas obstacle à ce que la cour d'appel statue ultérieurement sur l'appel dont elle demeure saisie, après avoir constaté la délivrance, à l'initiative du ministère public ou de la partie civile, d'une autre citation respectant le délai précité (■ Cass. crim., 13 avr. 1999, n° 98-82.466 : *Bull. crim.* n° 75).

4) Prévenu étranger. Le prévenu, résidant à l'étranger et cité hors du délai prévu par l'article 552 du Code de procédure pénale, peut couvrir la nullité résultant de l'irrégularité de la citation par une comparution volontaire ou en demandant à être jugé en son absence, représenté par son avocat, aux conditions de l'article 411 du Code de procédure pénale (■ Cass. crim., 14 oct. 1991, n° 90-84.659 : *Bull. crim.* n° 340). Il résulte de la combinaison des articles 552, 553 et 562 du Code de procédure pénale que le délai de remise d'une citation à comparaître devant une juridiction, délivrée à une personne résidant à l'étranger, ne court qu'à compter de la remise effective de l'acte à celle-ci (■ Cass. crim., 6 oct. 2010, n° 10-81.585 : *Bull. crim.* n° 153).

Art. 553. **– Si les délais prescrits à l'article précédent n'ont pas été observés, les règles suivantes sont applicables :**

1° Dans le cas où la partie citée ne se présente pas, la citation doit être déclarée nulle par le tribunal ;

2° Dans le cas où la partie citée se présente, la citation n'est pas nulle mais le tribunal doit, sur la demande de la partie citée, ordonner le renvoi à une audience ultérieure.

Cette demande doit être présentée avant toute défense au fond, ainsi qu'il est dit à l'article 385.

Bibliographie : P. Lemoine, *Citations et significations : JCl. Proc. pén.*, art. 550 à 566, Fasc. 20.

I – CAS DES INFRACTIONS DE PRESSE

A – Application de l'article 553 du Code de procédure pénale

1) Principe. L'inobservation du délai de citation fixé par l'article 54 de la loi du 29 juillet 1881 emporte l'application de l'article 553 du Code de procédure pénale (■ Cass. crim., 30 avr. 1968, n° 66-92.207 : *Bull. crim.* n° 133. ■ Cass. crim., 21 mai 1985, n° 84-92.240 : *Bull. crim.* n° 196).

2) Mise en œuvre. La juridiction doit procéder à la combinaison des articles 54 de la loi du 29 juillet 1881 et 553, 1° du Code de procédure pénale (■ Cass. crim., 27 mai 1986, n° 85-90.049 : *Bull. crim.* n° 177. ■ Cass. crim., 21 nov. 1989, n° 89-81.524 : *Bull. crim.* n° 431. ■ Cass. crim.,

9 nov. 1992, n° 91-82.688 : *Bull. crim.* n° 362. ■ Cass. crim., 19 oct. 1999, n° 98-86.247. ■ Cass. crim., 15 déc. 2015, n° 14-85.570 : *Bull. crim.* n° 301). V. annot. n°s 3 et 4, p. 1193.

B – Conséquences

3) Nullité de la citation. Il résulte de la combinaison des articles 54 de la loi du 29 juillet 1881 et 553, 1° du Code de procédure pénale que lorsque la partie citée ne se présente pas, la citation délivrée en violation du délai de citation fixé par l'article 54 précité est entachée de nullité et ne saisit pas la juridiction de jugement (■ Cass. crim., 19 oct. 1999, n° 98-86.247). Une décision de renvoi prononcée à tort, dans ces conditions, constitue, en elle-même, une atteinte aux droits de la défense, au sens de l'article 565 du Code de procédure pénale (■ Cass. crim., 9 nov. 1992, n° 91-82.688 : *Bull. crim.* n° 362). Encourt la cassation l'arrêt qui retient, en pareil cas, que, si le jugement doit être annulé, la cour doit évoquer l'affaire et constater qu'elle a été régulièrement saisie par l'appel du ministère public (■ Cass. crim., 15 déc. 2015, n° 14-85.570 : *Bull. crim.* n° 301).

4) Renvoi à une audience ultérieure. Il résulte de la combinaison des articles 54 de la loi sur la liberté de la presse et 553, 2° du Code de procédure pénale que, dans le cas où la partie citée se présente ou est représentée devant le tribunal, la citation donnée à trop bref délai n'est pas nulle ; ladite partie a seulement la faculté de demander le renvoi de l'affaire à une audience ultérieure afin d'utiliser le délai légal (■ Cass. crim., 21 nov. 1989, n° 89-81.524 : *Bull. crim.* n° 431).

II – CAS GÉNÉRAL

A – Nullité de la citation

5) Selon les articles 552 et 553 du Code de procédure pénale, une citation doit être annulée lorsque les délais prescrits par le premier de ces textes n'ont pas été respectés et que la partie citée ne se présente pas (■ Cass. crim., 31 janv. 1990, n° 89-84.819 : *Bull. crim.* n° 53. ■ Cass. crim., 17 mars 2021, n° 20-81.578, § 10). C'est donc à tort qu'en pareil cas la juridiction a prononcé contre le prévenu : ... par arrêt contradictoire à signifier (■ Cass. crim., 27 févr. 2007, n° 06-87.185 : *Bull. crim.* n° 64. ■ Cass. crim., 16 févr. 2021, n° 19-87.669) ; ... par décision par défaut (■ Cass. crim., 5 janv. 2010, n° 09-85.531 : *Bull. crim.* n° 1). C'est à bon droit qu'une cour d'appel statue par arrêt contradictoire à signifier, après avoir écarté l'exception tirée de l'irrégularité de la citation au motif qu'il n'est pas établi que l'appelant ait eu connaissance de la date d'audience dans le délai fixé par l'article 552, dernier alinéa, du Code de procédure pénale, dès lors que le prévenu était représenté à l'audience par son avocat et que celui-ci n'a pas demandé en application des dispositions de l'article 553, 2° dudit code le renvoi de l'affaire à une audience ultérieure (■ Cass. crim., 31 oct. 2018, n° 18-80.205).

B – Renvoi à une audience ultérieure

1° Renvoi à la demande de la partie citée

6) Renvoi obligatoire. Lorsque le délai exigé par la loi entre le jour où la citation a été délivrée et le jour fixé pour la comparution n'a pas été observé et que la partie citée est présente, la citation n'est pas nulle, mais les juges doivent, si la partie le demande, ordonner le renvoi à une audience ultérieure ; doit être cassé l'arrêt qui, pour rejeter sa demande de renvoi et statuer au fond, retient que le prévenu a été représenté par un avocat en première instance et qu'il ne critique ni l'expertise médicale de la victime, ni le jugement frappé d'appel (■ Cass. crim., 27 févr. 2007, n° 06-85.909 : *Bull. crim.* n° 63).

7) Demande avant toute défense au fond. Un prévenu ne saurait se prévaloir de l'inobservation du délai prescrit pour la citation, dès lors qu'ayant comparu volontairement il n'a pas demandé avant toute défense au fond le renvoi de la cause à une audience ultérieure, comme il est dit à l'article 553 du Code de procédure pénale (■ Cass. crim., 7 nov. 1968, n° 68-91.175 : *Bull. crim.* n° 289. ■ Cass. crim., 22 juin 1971, n° 71-90.583 : *Bull. crim.* n° 201). Mais V. annot. n° 8, p. 1193.

2° Renvoi prononcé par la juridiction

8) Renvoi obligatoire. Lorsque la cour d'appel déclare l'appel recevable et à supposer que le délai de citation n'ait pas été observé, elle doit, le cas échéant, renvoyer l'affaire dont elle reste saisie à une audience ultérieure pour permettre au prévenu d'organiser sa défense (■ Cass. crim., 27 mai 1986, n° 85-90.049 : *Bull. crim.* n° 177).

Art. 554 ***(Ord. n° 60-529, 4 juin 1960).*** **– La signification des décisions, dans les cas où elle est nécessaire, est effectuée à la requête du ministère public ou de la partie civile.**

Bibliographie : P. Lemoine, *Citations et significations : JCl. Proc. pén.*, art. 550 à 566, Fasc. 20.

En matière pénale, les règles de signification d'une décision sont fixées par l'article 554 du Code de procédure pénale ; les dispositions du Code de procédure civile sont inapplicables (■ Cass. crim., 5 nov. 1970, n° 69-92.038 : *Bull. crim.* n° 292).

Art. 555 *(Rempl., L. n° 92-1336, 16 déc. 1992).* **– L'huissier doit faire toutes diligences pour parvenir à la délivrance de son exploit à la personne même du destinataire ou, si le destinataire est une personne morale, à son représentant légal, à un fondé de pouvoir de ce dernier ou à toute personne habilitée à cet effet ; il lui en remet une copie.**

Lorsque la signification est faite à une personne morale, l'huissier doit, en outre et sans délai, informer celle-ci par lettre simple de la signification effectuée, du nom du requérant ainsi que de l'identité de la personne à laquelle la copie a été remise.

Bibliographie : P. Lemoine, *Citations et significations : JCl. Proc. pén.*, art. 550 à 566, Fasc. 20.

I – CAS GÉNÉRAL

A – Mentions dans l'exploit

1) Impossibilité de délivrer l'exploit à son destinataire. Il résulte de l'article 555 du Code de procédure pénale, selon lequel l'huissier doit faire toutes diligences pour parvenir à la délivrance de son exploit à la personne même de l'intéressé, que les circonstances caractérisant l'impossibilité d'une telle signification doivent être mentionnées dans l'exploit (▪ Cass. crim., 20 févr. 1986, n° 84-92.277 : *Bull. crim.* n° 69 ; *RSC* 1986, p. 893, obs. A. Braunschweig).

2) Mentions faisant foi jusqu'à inscription de faux. La mention par l'huissier, dans un exploit, des diligences accomplies par lui, vaut jusqu'à inscription de faux (▪ Cass. crim., 6 févr. 1969, n° 68-92.023 : *Bull. crim.* n° 66 ; *JCP* 1969, II, 15994, note P. Escande. ▪ Cass. crim., 4 nov. 1969, n° 68-91.213 : *Bull. crim.* n° 284). Les juges répressifs ne sont pas tenus de constater dans leur décision l'accomplissement par l'huissier des diligences de l'article 555 du Code de procédure pénale qui résultent des mentions figurant sur ledit exploit et font foi jusqu'à inscription de faux (▪ Cass. crim., 2 mai 1968, n° 67-92.325 : *Bull. crim.* n° 138).

B – Notification par un officier ou agent de police judiciaire

3) Diligences requises. Il résulte de la combinaison des articles 390, 390-1 et 555 du Code de procédure pénale que l'officier ou agent de police judiciaire chargé, sur instructions du procureur de la République, de notifier une convocation en justice à un prévenu doit, de sa propre initiative, faire toutes diligences pour parvenir à la délivrance de cet acte à la personne de son destinataire (▪ Cass. crim., 29 mai 2013, n° 12-82.033 : *Bull. crim.* n° 122).

C – Nullité

4) Nécessité d'un grief. N'est pas nulle la citation délivrée en méconnaissance des dispositions de l'article 555 du Code de procédure pénale à une personne morale, dès lors que celle-ci, qui a été représentée devant les juges du fond par un avocat et s'est défendue au fond, ne justifie d'aucune atteinte à ses intérêts (▪ Cass. crim., 20 oct. 2009, n° 09-81.721 : *Bull. crim.* n° 172). Dans le cas de la citation d'une personne morale, en l'absence des diligences à effectuer pour parvenir à la remise d'une citation à une personne compétente pour la recevoir, il n'en résulte pas de nullité, dès lors que le représentant légal de la personne morale a eu connaissance de l'acte et a été mis en mesure d'assurer sa défense en se faisant représenter par un avocat (▪ Cass. crim., 6 avr. 2004, n° 02-88.007 : *Bull. crim.* n° 84. V. dans le même sens, ▪ Cass. crim., 12 avr. 2016, n° 15-81.487). Écartent à bon droit l'exception de nullité d'une citation prise de la délivrance d'une citation à l'ancien représentant légal de la société CSF, les juges qui relèvent que cette citation n'a occasionné aucun grief à la prévenue dans la mesure où le nom du représentant légal figure de manière superfétatoire sur le mandement de citation, l'article 555 du Code de procédure pénale n'imposant pas de le mentionner et qui ajoutent que l'original de l'acte a été délivré à « la société CSF prise en la personne de son représentant légal » en son siège administratif et remis à son directeur qui l'a signé et n'a pas contesté avoir qualité pour l'accepter (▪ Cass. crim., 9 mars 2010, n° 09-82.823).

II – CAS DES INFRACTIONS DE PRESSE

5) Citation du directeur de la publication. Il résulte des articles 9 à 13 et 42 de la loi du 29 juillet 1881, ainsi que de l'article 5 de la loi du 1er août 1986, que le directeur de la publication d'un journal, ou celui qui a pris cette qualité dans la publication, peut, par dérogation aux articles 555 et suivants du Code de procédure pénale, être cité au siège de l'entreprise éditrice, à raison des écrits ou images publiés par l'organe de presse dont il est responsable (▪ Cass. crim., 21 janv. 1997, n° 94-8.4919 : *Bull. crim.* n° 20. ▪ Cass. crim., 11 déc. 2001, n° 00-83.838 : *Bull. crim.* n° 264). La délivrance de la citation dans ces conditions n'est pas de nature à porter atteinte aux droits de la défense, ni à entraver l'exercice des droits reconnus au prévenu par l'article 55 de la loi du 29 juillet 1881, dès lors que les formalités prévues par les articles 557 et 558 du Code de procédure pénale ont été accomplies (mêmes arrêts).

6) Citation de l'auteur de l'écrit diffamatoire. Ni l'article 43, ni l'article 53 de la loi du 29 juillet 1881 ne dérogent aux dispositions des articles 550 et 555 à 558 du Code de procédure pénale quant aux conditions dans lesquelles doit intervenir la délivrance de la citation introductive d'instance destinée à l'auteur d'un écrit, prévenu de diffamation publique ; il en résulte que le siège du journal dans lequel a été publié l'article incriminé ne saurait être considéré comme le domicile de cet auteur au sens des articles 556 et 557 dudit code (■ Cass. crim., 2 mai 1990, n° 89-83.986 : *Bull. crim.* n° 165).

III – CAS DES INFRACTIONS ROUTIÈRES

7) Personne morale titulaire du certificat d'immatriculation. En application des articles L. 121-2 et L. 121-3, alinéa 3 du Code de la route, et des articles 550 et 555 du Code de procédure pénale, lorsque des poursuites sont exercées à raison des infractions visées par les deux premiers de ces textes et que sont en cause des véhicules dont le certificat d'immatriculation est établi au nom d'une personne morale, la citation à comparaître devant la juridiction de jugement doit être délivrée à la seule personne physique qui était, au moment des faits, le représentant légal de la personne morale et à laquelle incombe uniquement la responsabilité pécuniaire des infractions (■ Cass. crim., 19 déc. 2012, 2 arrêts, n°s 12-80.607 et 12-80.861 : *Bull. crim.* n° 284. ■ Cass. crim., 19 déc. 2012, n° 12-81.984. ■ Cass. crim., 22 janv. 2013, n° 12-81.606 : *RPDP* 2013, p. 125, obs. C. Ambroise-Castérot). Doit donc être cassé l'arrêt qui, pour écarter cette exception motif pris de ce que seul le représentant légal de la personne morale peut être reconnu redevable pécuniairement des infractions à la réglementation du stationnement commises avec les véhicules appartenant à la société, et dire M. X..., représentant légal de la personne morale, pécuniairement responsable des amendes prononcées, retient que la citation à comparaître devant la juridiction a été délivrée à la société, prise en la personne de son représentant légal, et que celle-ci a été mise en mesure d'exercer sa défense (■ Cass. crim., 19 déc. 2012, préc.).

8) Personne morale locataire du véhicule verbalisé. Il résulte de la combinaison des articles L. 121-2 et L. 121-3 du Code de la route que, lorsque le locataire d'un véhicule verbalisé pour excès de vitesse est une personne morale, seul le représentant légal de celle-ci peut être déclaré redevable pécuniairement de l'amende encourue. Justifie par conséquent sa décision la juridiction qui renvoie des fins de la poursuite la personne morale locataire du véhicule verbalisé pour excès de vitesse, dès lors que le représentant légal n'a pas été cité par un acte visant la société prise en la personne de ce dernier, signifié à une personne habilitée trouvée au lieu du siège social (■ Cass. crim., 13 oct. 2010, n° 10-81.865 : *Bull. crim.* n° 160. ■ Cass. crim., 13 oct. 2010, n° 10-81.866).

Art. 555-1 ***(L. n° 2008-644, 1er juill. 2008).*** **– Vaut signification à personne par exploit d'huissier la notification d'une décision effectuée soit, si la personne est détenue, par le chef de l'établissement pénitentiaire, soit, si la personne se trouve dans les locaux d'une juridiction pénale, par un greffier ou par un magistrat.**

Bibliographie : P. Lemoine, *Citations et significations : JCl. Proc. pén.*, art. 550 à 566, Fasc. 20.

Il appartient à un prévenu qui interjette appel de signaler au procureur de la République son incarcération ; à défaut, il ne saurait se plaindre du non-respect des dispositions de l'article 555-1 du Code de procédure pénale, alors que la citation a été signifiée à l'étude de l'huissier de justice après vérification que le prévenu demeurait bien à l'adresse déclarée et qu'une lettre recommandée avec accusé de réception lui a été adressée conformément aux dispositions de l'article 558 dudit code (■ Cass. crim., 12 oct. 2010, n° 10-81.244).

Art. 556 ***(Ord. n° 60-529, 4 juin 1960).*** **– Si la personne visée par l'exploit est absente de son domicile, la copie est remise à un parent, allié, serviteur ou à une personne résidant à ce domicile.**

L'huissier indique dans l'exploit la qualité déclarée par la personne à laquelle est faite cette remise.

Bibliographie : P. Lemoine, *Citations et significations : JCl. Proc. pén.*, art. 550 à 566, Fasc. 20.

1) Déclaration de domicile devant le juge d'instruction : article 556 inapplicable. Doit être approuvé l'arrêt qui a rejeté l'exception de nullité d'une citation tirée de ce qu'elle n'a pas été délivrée à personne, mais directement à domicile élu, dès lors que le prévenu avait déclaré comme domicile le cabinet de son avocat lors de l'instruction et qu'il n'avait apporté par la suite aucune modification à sa déclaration d'adresse : en effet, lorsque la citation est faite à la dernière adresse déclarée devant le juge d'instruction, les articles 556 et 557 du Code de procédure pénale sont inapplicables (■ Cass. crim., 11 déc. 2001, n° 00-85.212 : *Bull. crim.* n° 263 ; *Dr. pén.* 2002, comm. 61, obs. A. Maron).

2) **Remise de la citation à une personne sans qualité pour la recevoir.** Est irrégulière la citation effectuée par un huissier qui, ne s'étant pas rendu au domicile de l'intéressé pour tenter de délivrer l'exploit à sa personne, comme l'article 555 du Code de procédure pénale lui en fait obligation, s'est borné à remettre la copie à une concierge qui n'avait aucune qualité pour la recevoir, contrairement aux prescriptions de l'article 556 du même code (■ Cass. crim., 7 janv. 1969, n° 67-93.176 : *Bull. crim.* n° 12 ; *JCP* 1969, II, 15928, note P. Chambon). Est irrégulière la signification à domicile d'un jugement qui ne permet pas de s'assurer que la copie de la décision a été remise à l'une des personnes énumérées par l'article 556 du Code de procédure pénale ; une telle signification ne peut produire ses effets que si l'avis de réception de la lettre recommandée a été signé par la personne visée par l'exploit (■ Cass. crim., 5 mars 1986, n° 85-93.543 : *Bull. crim.* n° 90).

Art. 557 ***(Mod., L. n° 2009-526, 12 mai 2009).*** **– Si la copie a été remise à une personne résidant au domicile de celui que l'exploit concerne, l'huissier informe sans délai l'intéressé de cette remise, par lettre recommandée avec avis de réception. Lorsqu'il résulte de l'avis de réception, signé par l'intéressé, que celui-ci a reçu la lettre recommandée de l'huissier, l'exploit remis à domicile produit les mêmes effets que s'il avait été délivré à personne.**

L'huissier peut également, à la place de la lettre recommandée avec demande d'avis de réception mentionnée à l'alinéa précédent, envoyer à l'intéressé par lettre simple une copie de l'acte accompagnée d'un récépissé que le destinataire est invité à réexpédier par voie postale ou à déposer à l'étude de l'huissier, revêtu de sa signature. Lorsque ce récépissé signé a été renvoyé, l'exploit remis à domicile produit les mêmes effets que s'il avait été remis à personne.

Le domicile de la personne morale s'entend du lieu de son siège.

Bibliographie : P. Lemoine, *Citations et significations : JCl. Proc. pén.*, art. 550 à 566, Fasc. 20.

Voir également : Sur l'incompétence de l'huissier : art. 550, p. 1185.

I – DOMAINE DE L'ARTICLE 557

A – Exclusions

1) **Adresse déclarée devant le juge d'instruction.** Doit être approuvé l'arrêt qui a rejeté l'exception de nullité d'une citation tirée de ce qu'elle n'a pas été délivrée à personne, mais directement à domicile élu, dès lors que le prévenu avait déclaré comme domicile le cabinet de son avocat lors de l'instruction et qu'il n'avait apporté par la suite aucune modification à sa déclaration d'adresse : en effet, lorsque la citation est faite à la dernière adresse déclarée devant le juge d'instruction, les articles 556 et 557 du Code de procédure pénale sont inapplicables (■ Cass. crim., 11 déc. 2001, n° 00-85.212 : *Bull. crim.* n° 263 ; *Dr. pén.* 2002, comm. 61, obs. A. Maron).

2) **Signification à domicile élu.** Une partie civile ne saurait invoquer la nullité de la signification faite à domicile élu au motif qu'elle n'aurait pas donné lieu à l'envoi par l'huissier d'une lettre recommandée l'avisant de cette signification conformément aux prescriptions des articles 556 et 557 du Code de procédure pénale, dès lors que lesdits articles sont inapplicables en cas de signification à domicile élu (■ Cass. crim., 12 janv. 1982, n° 81-92.110 : *Bull. crim.* n° 11. ■ Cass. crim., 2 oct. 1985, n° 84-95.412 : *Bull. crim.* n° 292). *Contra* auparavant ■ Cass. crim., 16 nov. 1971, n° 71-90.611 : *Bull. crim.* n° 308 : les formalités prévues par les articles 556 et 557 du Code de procédure pénale s'imposent à toutes les significations, quel qu'en soit le mode, et notamment aux significations à domicile élu.

B – Inclusions

3) **Infractions de presse : citation du directeur de la publication.** Il résulte des articles 9 à 13 et 42 de la loi du 29 juillet 1881, ainsi que de l'article 5 de la loi du 1er août 1986, que le directeur de la publication d'un journal, ou celui qui a pris cette qualité dans la publication, peut, par dérogation aux articles 555 et suivants du Code de procédure pénale, être cité au siège de l'entreprise éditrice, à raison des écrits ou images publiés par l'organe de presse dont il est responsable (■ Cass. crim., 21 janv. 1997, n° 94-8.4919 : *Bull. crim.* n° 20. ■ Cass. crim., 11 déc. 2001, n° 00-83.838 : *Bull. crim.* n° 264). La délivrance de la citation dans ces conditions n'est pas de nature à porter atteinte aux droits de la défense, ni à entraver l'exercice des droits reconnus au prévenu par l'article 55 de la loi du 29 juillet 1881, dès lors que les formalités prévues par les articles 557 et 558 du Code de procédure pénale ont été accomplies (mêmes arrêts).

II – LETTRE RECOMMANDÉE

4) **Irrégularité de la lettre recommandée.** La lettre recommandée est une formalité extérieure à l'exploit, qui n'a d'autre objet que de faire connaître à l'intéressé que l'exploit le concernant

a été remis à l'une des personnes visées par la loi. Il s'ensuit que les irrégularités de ladite lettre (méconnaissance des règles des articles 556 et 557 du Code de procédure pénale) ne pourraient entacher de nullité l'exploit de signification que s'il était établi, en fait, qu'elles ont mis l'intéressé dans l'impossibilité absolue d'exercer son droit d'appel (■ Cass. crim., 16 nov. 1971, n° 71-90.611 : *Bull. crim.* n° 308).

5) Absence de mention, sur l'original de l'exploit, de l'envoi de la lettre recommandée. S'il appartient à l'huissier, ainsi que le lui prescrit l'article 563 du Code de procédure pénale, de mentionner, sur l'original de l'exploit de citation, l'envoi de la lettre recommandée avec avis de réception, informant le prévenu de la remise de la copie à une personne résidant à son domicile, cette omission ne saurait entraîner l'annulation de l'exploit, dès lors qu'il se déduit nécessairement des termes de l'arrêt que, par ladite lettre qui remplissait les conditions de l'article 557 du même code, cet avis a bien été reçu par son destinataire et qu'il n'a donc été porté aucune atteinte à ses intérêts (■ Cass. crim., 17 nov. 1971, n° 70-92.068 : *Bull. crim.* n° 312).

6) Absence de la lettre recommandée. Lorsqu'il ne résulte pas des mentions de l'acte que la formalité de l'envoi de la lettre recommandée a été accomplie et alors qu'aucun récépissé d'envoi ou avis de réception de lettre recommandée ne figure au dossier, la signification ne peut être considérée comme parfaite ; elle ne saurait donc faire courir le délai d'appel (■ Cass. crim., 6 nov. 1996, n° 96-82.055 : *Bull. crim.* n° 396 : arrêt rendu à propos de l'absence de la lettre recommandée prescrite par l'article 558 du Code de procédure pénale).

III – AVIS DE RÉCEPTION

7) Absence de l'avis au dossier. L'absence au dossier de l'avis de réception de la lettre recommandée adressée par l'huissier ne peut entraîner la nullité de la citation du moment que celle-ci établit elle-même, par des mentions qui font foi jusqu'à inscription de faux, que les formalités prévues par l'article 558 du même code ont bien été accomplies (■ Cass. crim., 6 nov. 1984, n° 83-93.301 : *Bull. crim.* n° 334).

8) Signature de l'avis de réception : absence de contrôle de la Cour de cassation. Échappe au contrôle de la Cour de cassation la constatation faite par la cour d'appel que le prévenu cité à son domicile a signé l'avis de réception de la lettre recommandée à lui adressée par l'huissier conformément à l'article 557 du Code de procédure pénale (■ Cass. crim., 7 mai 1985, n° 85-90.540 : *Bull. crim.* n° 173).

IV – LETTRE SIMPLE DE L'HUISSIER

9) Expédition sans délai. Il se déduit de l'article 557 du Code de procédure pénale que la lettre simple que l'huissier peut envoyer au destinataire de l'acte doit, comme la lettre recommandée avec demande d'avis de réception qu'elle remplace, être expédiée sans délai ; tel n'est pas le cas d'une lettre expédiée trois jours après la signification (■ Cass. crim., 7 mai 2014, n° 13-84.570 : *Bull. crim.* n° 128).

V – NULLITÉ

10) Nullité devant être invoquée avant toute défense au fond. Statue à bon droit, en application de l'article 385 du Code de procédure pénale, l'arrêt qui énonce que l'intéressé est irrecevable à soulever pour la première fois devant la cour d'appel l'irrégularité de l'acte introductif d'instance prise de la violation des articles 557 et 558 du même code (■ Cass. crim., 11 juill. 2017, n° 16-85.281).

11) Nullité de l'exploit de signification. Lorsque la lettre recommandée n'a pas été régulièrement adressée, conformément aux dispositions de l'article 557 du Code de procédure pénale, l'exploit de signification se trouve entaché de nullité et ne peut faire courir le délai d'appel, même si l'intéressé a en fait eu connaissance de la décision entreprise (■ Cass. crim., 9 nov. 1967, n° 67-91.224 : *Bull. crim.* n° 289).

Art. 558 *(Mod., L. n° 2009-526, 12 mai 2009)* (1). **– Si l'huissier ne trouve personne au domicile de celui que l'exploit concerne, il vérifie immédiatement l'exactitude de ce domicile.**

Lorsque le domicile indiqué est bien celui de l'intéressé, l'huissier mentionne dans l'exploit ses diligences et constatations, puis il informe sans délai l'intéressé, par lettre recommandée avec demande d'avis de réception, en lui faisant connaître qu'il doit retirer dans les plus brefs délais la copie de l'exploit signifié à l'étude de l'huissier de justice, contre récépissé ou émargement, par l'intéressé ou par toute personne spécialement mandatée. Si

(1) Les significations en mairie effectuées conformément au présent article dans sa rédaction antérieure à la loi n° 2008-644 du 1er juillet 2008 demeurent valables jusqu'au 31 décembre 2008.

l'exploit est une signification de jugement rendu par itératif défaut, la lettre recommandée mentionne la nature de l'acte signifié et le délai d'appel.

Lorsqu'il résulte de l'avis de réception, signé par l'intéressé, que celui-ci a reçu la lettre recommandée de l'huissier, l'exploit déposé à l'étude de l'huissier de justice produit les mêmes effets que s'il avait été délivré à personne.

L'huissier peut également, à la place de la lettre recommandée avec demande d'avis de réception mentionnée aux précédents alinéas, envoyer à l'intéressé par lettre simple une copie de l'acte ou laisser à son domicile un avis de passage invitant l'intéressé à se présenter à son étude afin de retirer la copie de l'exploit contre récépissé ou émargement. La copie et l'avis de passage sont accompagnés d'un récépissé que le destinataire est invité à réexpédier par voie postale ou à déposer à l'étude de l'huissier, revêtu de sa signature. Lorsque l'huissier laisse un avis de passage, il adresse également une lettre simple à la personne.

Lorsque ce récépissé a été renvoyé, l'exploit déposé à l'étude de l'huissier de justice produit les mêmes effets que s'il avait été remis à personne.

Si l'exploit est une citation à comparaître, il ne pourra produire les effets visés aux troisième et cinquième alinéas que si le délai entre, d'une part, le jour où l'avis de réception est signé par l'intéressé, le jour où le récépissé a été renvoyé ou le jour où la personne s'est présentée à l'étude et, d'autre part, le jour indiqué pour la comparution devant le tribunal correctionnel ou de police est au moins égal à celui fixé, compte tenu de l'éloignement du domicile de l'intéressé, par l'article 552.

Bibliographie : P. Lemoine, *Citations et significations : JCl. Proc. pén.*, art. 550 à 566, Fasc. 20.

I – CAS DES INFRACTIONS DE PRESSE

1) Citation du directeur de la publication au siège de l'entreprise. Il résulte des articles 9 à 13 et 42 de la loi du 29 juillet 1881, ainsi que de l'article 5 de la loi du 1er août 1986, que le directeur de la publication d'un journal, ou celui qui a pris cette qualité dans la publication, peut, par dérogation aux articles 555 et suivants du Code de procédure pénale, être cité au siège de l'entreprise éditrice, à raison des écrits ou images publiés par l'organe de presse dont il est responsable ; la délivrance de la citation, dans ces conditions, n'est pas de nature à porter atteinte aux droits de la défense, ni à entraver l'exercice des droits reconnus au prévenu par l'article 55 de la loi du 29 juillet 1881, dès lors que les formalités prévues par l'article 558 du Code de procédure pénale ont été accomplies (▪ Cass. crim., 21 janv. 1997, n° 94-84.919 : *Bull. crim.* n° 20. ▪ Cass. crim., 11 déc. 2001, n° 00-83.838 : *Bull. crim.* n° 264).

2) Citation de l'auteur de l'écrit diffamatoire : notion de domicile. Ni l'article 43, ni l'article 53 de la loi du 29 juillet 1881 ne dérogent aux dispositions des articles 550 et 555 à 558 du Code de procédure pénale quant aux conditions dans lesquelles doit intervenir la délivrance de la citation introductive d'instance destinée à l'auteur d'un écrit, prévenu de diffamation publique ; il en résulte que le siège du journal dans lequel a été publié l'article incriminé ne saurait être considéré comme le domicile de cet auteur – solution rendue à propos des articles 556 et 557 du Code de procédure pénale – (▪ Cass. crim., 2 mai 1990, n° 89-83.986 : *Bull. crim.* n° 165. ▪ Cass. crim., 12 janv. 1993, n° 91-81.748 : *Bull. crim.* n° 14).

II – CAS GÉNÉRAL

A – Lettre recommandée

3) Mentions impératives. Selon l'article 558 du Code de procédure pénale, lorsque l'exploit est une signification de jugement rendu par itératif défaut, la lettre recommandée avec avis de réception, par laquelle l'intéressé est informé de cette remise, doit mentionner la nature de l'acte signifié et le délai d'appel. Cette prescription légale est impérative (▪ Cass. crim., 6 févr. 1978, n° 77-90.515 : *Bull. crim.* n° 43).

4) Expédition « sans délai ». Lorsqu'il ne résulte d'aucune mention de l'exploit, ni d'aucune pièce de la procédure que la lettre recommandée, prévue par l'article 558 du Code de procédure pénale, a été adressée « sans délai » à l'intéressé, ladite signification ne peut être considérée comme parfaite. La signification ne saurait donc faire courir le délai des voies de recours que dans la mesure où cette formalité a été accomplie dans le temps exigé (▪ Cass. crim., 14 févr. 1978, n° 77-90.348 : *Bull. crim.* n° 55). Ainsi d'une expédition faite dès le lendemain (▪ Cass. crim., 21 nov. 1996, n° 96-80.893 : *Bull. crim.* n° 423). Cette obligation n'est pas satisfaite lorsque l'expédition de la lettre recommandée a lieu 7 jours après la signification (▪ Cass. crim., 26 sept. 1988, n° 87-81.162 : *Bull. crim.* n° 323) ; … 3 jours après la signification (▪ Cass. crim., 28 juin 1990, n° 89-86.716 : *Bull. crim.* n° 272. ▪ Cass. crim., 13 déc. 1995, n° 95-80.713 : *Bull. crim.* n° 382). Comp. ▪ Cass. crim., 16 nov. 1971, n° 71-90.611 : *Bull. crim.* n° 308 (arrêt rendu à propos de la violation de l'article 557 du Code de procédure pénale prescrivant également l'expédition de la lettre recommandée « sans délai ») : la lettre recommandée est une formalité extérieure à l'exploit, qui n'a d'autre objet que de faire connaître à l'intéressé que l'exploit le concernant a été remis à l'une des personnes visées par la loi ; il s'ensuit que les irrégularités de ladite lettre ne pourraient entacher de nullité l'exploit de signification que s'il était établi, en fait, qu'elles ont mis l'intéressé dans l'impossibilité absolue d'exercer son droit d'appel.

5) Absence de la lettre recommandée. Lorsqu'il ne résulte pas des mentions de l'acte que la formalité de l'envoi de la lettre recommandée a été accomplie et alors qu'aucun récépissé d'envoi ou avis de réception de lettre recommandée ne figure au dossier, la signification ne peut être considérée comme parfaite ; elle ne saurait donc faire courir le délai d'appel (▪ Cass. crim., 6 nov. 1996, n° 96-82.055 : *Bull. crim.* n° 396).

B – Avis de réception de la lettre recommandée

6) Signature figurant sur l'avis. Le juge du fond apprécie souverainement si la signature figurant sur l'avis de réception de la lettre recommandée est celle ou non du prévenu (▪ Cass. crim., 7 mai 2014, n° 13-87.322 : *Bull. crim.* n° 127).

7) Absence au dossier de l'avis de réception. L'absence au dossier de l'avis de réception de la lettre recommandée adressée par l'huissier ne peut entraîner la nullité de la citation du moment que celle-ci établit elle-même, par des mentions qui font foi jusqu'à inscription de faux, que les formalités prévues par l'article 558 du même code ont bien été accomplies (▪ Cass. crim., 6 nov. 1984, n° 83-93.301 : *Bull. crim.* n° 334).

C – Combinaison des articles 179-1 et 558 du Code de procédure pénale

8) Application partielle de l'article 558. Il n'importe, dans le cas où s'appliquent ensemble les articles 179-1 et 558 du Code de procédure pénale, que les lettres mentionnées aux alinéas 2 et 4 de l'article 558 du Code de procédure pénale n'aient pas été remises à leur destinataire (▪ Cass. crim., 25 nov. 2020, n°s 19-86.979, 16-86.240, § 15).

D – Combinaison des articles 503-1 et 558 du Code de procédure pénale

1° Diligences imposées à l'huissier

9) Citation à la dernière adresse déclarée. La seule obligation incombant à l'huissier qui ne trouve pas le prévenu à la dernière adresse déclarée est de se conformer aux dispositions des alinéas 2 ou 4 de l'article 558 du Code de procédure pénale, et de l'indiquer dans l'acte de signification ; il n'a donc pas à vérifier l'exactitude de ce domicile (▪ Cass. crim., 24 mars 2021, n° 20-81.219, § 7). Il résulte de la combinaison des articles 503-1, 555, 556, 557, 558, alinéas 2 et 4 du Code de procédure pénale, que l'huissier qui délivre une citation à la dernière adresse déclarée du prévenu appelant, conformément à l'article 503-1 dudit code, est tenu d'effectuer les diligences prévues par les articles 555, 556, 557, 558, alinéas 2 et 4, du même code, que l'intéressé demeure ou non à l'adresse dont il a fait le choix, cette citation étant alors réputée faite à personne ; si tel est le cas, la juridiction statue par arrêt contradictoire à signifier (▪ Cass. crim., 2 mars 2011, n° 10-81.945 : *Bull. crim.* n° 43. ▪ Cass. crim., 27 sept. 2011, n° 11-80.252 : *Bull. crim.* n° 185. ▪ Cass. crim., 25 oct. 2011, n° 11-81.692 : *Bull. crim.* n° 213. ▪ Cass. crim., 19 févr. 2013, n° 12-83.781 : *Bull. crim.* n° 42. ▪ Cass. crim., 26 juin 2013, n° 12-80.792 : *Bull. crim.* n° 162) ; peu importe que la lettre recommandée n'ait pas été remise à son destinataire (▪ Cass. crim., 17 janv. 2012, n° 11-84.778 : *Bull. crim.* n° 13. ▪ Cass. crim., 14 oct. 2014, n° 13-85.779 : *Bull. crim.* n° 205. ▪ Cass. crim., 22 oct. 2014, n° 14-80.057). À défaut de ces diligences, la cour d'appel n'est pas valablement saisie (▪ Cass. crim., 2 mars 2011, préc. ▪ Cass. crim., 11 juill. 2017, n° 17-80.157. ▪ Cass. crim., 20 nov. 2018, n° 18-80.750), même en présence d'un procès-verbal de recherches (▪ Cass. crim., 30 mars 2011, n° 10-87.198 : *Bull. crim.* n° 66). L'huissier qui délivre une citation à la dernière adresse déclarée du prévenu appelant, conformément à l'article 503-1 du Code de procédure pénale, est tenu d'effectuer les diligences prévues par l'article 558, alinéa 2 ou 4 de ce code ; en l'absence d'accomplissement de celles-ci, la juridiction doit constater l'irrégularité de la citation ; il appartient alors à la cour d'appel, légalement saisie par l'acte d'appel, de constater l'irrégularité de la citation et d'inviter le ministère public à faire citer le prévenu à son adresse déclarée (▪ Cass. crim., 16 mars 2022, n° 21-82.912). Il résulte de la combinaison des articles 503-1 et 558, alinéas 2 et 4 du Code de procédure pénale, que l'huissier de justice qui délivre une citation à la dernière adresse déclarée du prévenu appelant, conformément à l'article 503-1 du Code de procédure pénale est tenu d'effectuer les diligences prévues par l'article 558, alinéas 2 et 4, dudit code, que l'intéressé demeure ou non à l'adresse dont il a fait le choix, cette citation étant réputée faite à personne ; c'est donc à tort que, pour statuer par arrêt contradictoire à signifier, la cour d'appel, après avoir constaté que le prévenu n'a pas comparu à son audience, retient que la citation à parquet, faite à la dernière adresse déclarée, est réputée faite à personne (▪ Cass. crim., 6 nov. 2018, n° 17-82.205. ▪ Cass. crim., 21 avr. 2020, n° 19-84.717). C'est à tort qu'en l'absence de ces diligences, la cour statue par arrêt contradictoire à signifier, alors que les mentions des actes ne spécifiaient pas si l'avis de passage de l'huissier avait été donné par lettre simple ou par lettre recommandée ni si un récépissé avait été renvoyé, la cour d'appel ne pouvant constater que les prévenus avaient eu connaissance de citations régulièrement effectuées (▪ Cass. crim., 12 sept. 2018, n° 17-85.711). Il résulte de la combinaison des articles 558, 553, ensemble l'article 503-1 du Code de procédure pénale, que l'huissier de justice qui ne trouve personne au domicile de celui que l'exploit concerne informe sans délai celui-ci, soit par lettre recommandée, soit par avis de passage ou lettre simple accompagnés d'un récépissé à retourner signé et qu'en l'absence de retour dudit récépissé et de comparution à l'audience de la partie citée, la juridiction n'est pas valablement saisie (▪ Cass. crim., 20 févr. 2019, n° 18-82.254 : *Bull. crim.* n° 45). Peut statuer par arrêt contradictoire à signifier la cour d'appel qui constate que, bien que cité régulièrement à adresse déclarée, par acte délivré en étude de l'huissier qui a procédé aux vérifications prescrites aux articles 555 et suivants du Code de procédure pénale, le prévenu n'a pas comparu ni n'a été représenté, dès lors qu'il résulte de l'acte lui-même que les formalités prévues par l'article 558 dudit code ont été accomplies, peu important qu'il n'ait pas été fait retour du récépissé prévu par l'alinéa 4 de ce texte (▪ Cass. crim., 15 juin 2021, n° 20-84.271 : publié au *Bull.*).

10) Citation à étude d'huissier. En cas d'assignation à étude d'huissier, accompagnée, conformément à l'article 558 du Code de procédure pénale, de la lettre recommandée avec avis de réception adressée à l'adresse déclarée par le prévenu sur l'acte par lequel il relevait appel, et non réclamée, la cour d'appel statue à bon droit, en application de l'article 503-1 du même code, par arrêt contradictoire à signifier si le prévenu n'a ni comparu, ni fait valoir d'excuse, dès lors qu'il n'a pas signalé de changement d'adresse et que l'huissier n'a pas à vérifier que le prévenu demeure effectivement à l'adresse qu'il a déclarée (▪ Cass. crim., 20 avr. 2017, n° 15-86.338).

2° *Mentions de la citation quant aux diligences de l'huissier*

11) Transport de l'huissier à l'adresse déclarée. Il résulte des articles 503-1, 555 et 558 du Code de procédure pénale que l'huissier, chargé de délivrer une citation à l'adresse déclarée par l'appelant conformément à l'article 503-1 du Code de procédure pénale, est tenu de se transporter à cette adresse ; ce transport devant résulter des mentions de la citation, à défaut, la cour d'appel ne peut pas statuer par arrêt contradictoire à signifier à l'égard du prévenu, absent à l'audience (▪ Cass. crim., 11 mai 2010, n° 09-87.168 : *Bull. crim.* n° 75).

E – Nullité de la citation

12) Présentation avant toute défense au fond. Une cour d'appel fait droit à tort à l'exception de nullité fondée par le prévenu sur l'inobservation des formalités prescrites par l'article 558 du Code de procédure pénale, en l'absence de mention de l'envoi par l'huissier instrumentaire de la lettre recommandée avec avis de réception exigée par ledit article, alors que les exceptions de nullité de la citation ne peuvent être présentées pour la première fois devant elle, après un débat au fond devant le tribunal (▪ Cass. crim., 26 avr. 1994, n° 92-82.459 : *Bull. crim.* n° 151. ▪ Cass. crim., 11 juill. 2017, n° 16-85.281).

13) Nécessité d'un grief. V., art. 565. C'est à bon droit que, pour écarter le moyen de nullité concernant les citations à comparaître des prévenus et se déclarer saisie de l'affaire, la cour énonce que si les diligences prévues par l'article 558, alinéas 2 et 4, du Code de procédure pénale, n'ont pas été respectées, et si en conséquence la nullité des citations est encourue, la nullité d'un exploit ne peut toutefois être prononcée, en application des dispositions de l'article 565 dudit code, que lorsque l'irrégularité a eu pour effet de porter atteinte aux intérêts de la personne qu'il concerne ; en effet, les prévenus, qui ont comparu à la première audience de la cour, puis à l'audience de renvoi, assistés à chaque fois de leur avocat, lequel a déposé des conclusions lors des deux audiences, et présenté leur défense tant sur les demandes de nullité qu'au fond, ne justifient d'aucune atteinte à leurs intérêts (▪ Cass. crim., 12 sept. 2018, n° 17-82.265).

Art. 559 *(Mod., L. n° 2019-222, 23 mars 2019)*. **– Si la personne visée par l'exploit est sans domicile ou résidence connus, l'huissier remet une copie de l'exploit au parquet du procureur de la République du tribunal saisi.**

Les dispositions qui précèdent sont applicables à la signification d'un acte concernant une personne morale dont le siège est inconnu.

Lorsque le procureur de la République constate par procès-verbal qu'une personne qu'il veut citer à comparaître est sans domicile ou résidence connus ou, s'il s'agit d'une personne morale, que son siège est inconnu, ce procès-verbal, qui comporte les mentions prévues aux deuxième et troisième alinéas de l'article 551, vaut citation à parquet. Il permet de juger la personne par défaut selon les modalités prévues à l'article 412.

Bibliographie : P. Lemoine, *Citations et significations : JCl. Proc. pén.*, art. 550 à 566, Fasc. 20.

1) Questions prioritaires de constitutionnalité. Ne présente pas un caractère sérieux la question qui fait grief au législateur de ne pas avoir prévu, en cas de signification d'un acte à parquet, l'envoi d'une lettre recommandée afin d'avertir le destinataire, alors que cette formalité est prévue en cas de signification à domicile, dès lors que la signification à parquet, aux termes de la loi, est réservée aux situations dans lesquelles le domicile ou la résidence du destinataire sont inconnus (■ Cass. crim., 13 janv. 2016, n° 15-81.466). N'est pas sérieuse la question prioitaire de constitutionnalité selon laquelle, par la combinaison des articles 498 et 559 du Code de procédure pénale, la signification d'un jugement de condamnation faite à parquet fait courir un délai d'appel de 10 jours, en laissant ainsi au seul Parquet le soin de signifier et de recevoir la signification faisant courir le délai d'appel dont il pourra ensuite demander la non-admission, et ce, sans que la partie ne puisse en avoir autrement connaissance dans le bref délai de 10 jours qui lui est imparti pour faire appel : en effet, la jurisprudence réserve l'application combinée des articles 498 et 559 du Code de procédure pénale au cas où le prévenu, non comparant et non représenté, a été cité soit à sa personne soit à l'adresse qu'il avait déclarée au cours de la procédure, notamment en application des articles 116 et 179-1 de ce code ; en outre, l'huissier de justice ne peut signifier le jugement à parquet que s'il justifie dans son acte avoir effectué des diligences en vue de la délivrance de celui-ci à la personne concernée, conformément aux articles 555 et 558 dudit code, préalablement au constat qu'il dresse du défaut de domicile ou de résidence connus de l'intéressée ; enfin, il est loisible à la personne concernée d'établir, le cas échéant, qu'un obstacle insurmontable l'a mise dans l'impossibilité de satisfaire aux obligations qui lui incombaient, de sorte qu'il serait justifié d'écarter l'application de l'article 505-1 du code précité (■ Cass. crim., 12 mars 2019, n° 18-85.382 QPC).

2) Infractions en matière de presse. L'article 559 du Code de procédure pénale est applicable en matière d'infractions de presse – solution implicite – (■ Cass. crim., 18 sept. 2001, n° 00-86.649 : *Bull. crim.* n° 182. ■ Cass. crim., 18 janv. 2005, n° 04-80.777 : *Bull. crim.* n° 20).

3) Signification à parquet en l'absence des conditions de l'article 559. Selon les dispositions de l'article 559 du Code de procédure pénale, c'est seulement dans le cas où la personne visée par l'exploit n'a pas, en France, de domicile ou résidence connus, que l'huissier de justice remet une copie de l'exploit au parquet du tribunal saisi ; cette formalité est, légalement, dépourvue d'effets si la condition exigée par ledit article n'est pas remplie (■ Cass. crim., 14 nov. 1973, n° 73-92.335 : *Bull. crim.* n° 418. ■ Cass. crim., 20 juill. 1977, n° 77-90.654 : *Bull. crim.* n° 265. ■ Cass. crim., 29 janv. 1980, n° 79-91.559 : *Bull. crim.* n° 37. ■ Cass. crim., 17 juin 1980, n° 79-93.973 : *Bull. crim.* n° 192. ■ Cass. crim., 27 juin 2000, n° 00-80.069 : *Bull. crim.* n° 245). Ainsi une signification à parquet ne peut faire courir le délai d'appel, alors que l'adresse du prévenu était connue du procureur de la République (■ Cass. crim., 14 nov. 1973, préc. ■ Cass. crim., 20 juill. 1977, préc.), ou vient à être connue de lui après ladite signification (■ Cass. crim., 27 juin 2000, préc.). Il résulte de la combinaison des articles 555, 556, 557, 558, 562 et 565 du Code de procédure pénale qu'une signification ne peut être valablement délivrée au parquet que si la personne à qui elle est destinée n'a en France ni domicile, ni de résidence connus ; est, en conséquence, entachée de nullité la signification faite à parquet à la requête du procureur général lorsque le prévenu ne peut être considéré comme se trouvant sans domicile ni résidence connus (■ Cass. crim., 10 févr. 1977, n° 76-92.331 : *Bull. crim.* n° 54).

4) Absence de signification à parquet en présence des conditions de l'article 559. Lorsque, les conditions de l'article 559 du Code de procédure pénale étant remplies, l'huissier ne procède pas à une signification à parquet, la cour d'appel ne peut juger le prévenu qui ne comparaît pas, aurait-il eu connaissance de la date de l'audience (■ Cass. crim., 4 mars 2008, n° 07-82.997 : *Bull. crim.* n° 56).

5) Signification d'une décision à une personne en fuite. Lorsque l'accusé est en fuite et sans résidence connue, la signification de l'arrêt de la chambre d'accusation le renvoyant devant la cour d'assises est régulièrement faite au parquet du procureur général par application des articles 268, dernier alinéa, et 559 du Code de procédure pénale. Cette signification fait courir le délai de pourvoi (■ Cass. crim., 2 sept. 1997, n° 97-83.533 : *Bull. crim.* n° 290).

6) Signification d'une décision à une personne détenue en France. Il se déduit des articles 503 et 556 à 559 du Code de procédure pénale que, sauf à avoir été transféré ou libéré entretemps, l'appelant ne peut être valablement cité qu'à l'établissement pénitentiaire où il est détenu et où il a fait appel sans avoir déclaré une autre adresse ; encourt dès lors la cassation l'arrêt qui, après avoir relevé que la prévenue, ni comparante ni représentée, a interjeté appel à partir du centre pénitentiaire où elle était détenue, a statué par défaut, sans constater l'irrégularité de la citation délivrée à une autre adresse et sans inviter le ministère public à la faire citer à son lieu de détention (■ Cass. crim., 25 mars 2015, n° 14-80.127 : *Bull. crim.* n° 67).

7) Signification d'une décision à une personne détenue à l'étranger. Lorsqu'un accusé est détenu à l'étranger dans un pays ayant adhéré à la Convention européenne d'entraide judiciaire du 20 avril 1959, l'arrêt de renvoi doit, après signification conformément aux prescriptions des articles 268 et 559 du Code de procédure pénale, lui être notifié, ainsi que prévu par l'article 7 de ladite Convention, pour que coure le délai de pourvoi en cassation (■ Cass. crim., 15 mai 1990, n° 90-80.827 : *Bull. crim.* n° 193).

Art. 559-1 *(L. n° 2008-644, 1er juill. 2008)*. – **Si l'exploit est une signification de décision, l'huissier doit avoir accompli les diligences prévues par les articles 555 à 559 dans un délai maximal de quarante-cinq jours à compter de la requête du ministère public ou de la partie civile. À l'expiration de ce délai, l'huissier doit informer le ministère public qu'il n'a pu accomplir la signification. Le ministère public peut alors faire procéder à la signification selon les modalités prévues par l'article 560.**

Le procureur de la République peut dans sa requête porter jusqu'à trois mois le délai prévu par le premier alinéa.

Bibliographie : P. Lemoine, *Citations et significations : JCl. Proc. pén.*, art. 550 à 566, Fasc. 20.

Art. 560 *(Mod., L. n° 95-125, 8 févr. 1995)*. – **Lorsqu'il n'est pas établi que l'intéressé a reçu la lettre qui lui a été adressée par l'huissier conformément aux dispositions des articles 557 et 558, ou lorsque l'exploit a été délivré au parquet, un officier ou un agent de police judiciaire peut être requis par le procureur de la République à l'effet de procéder à des recherches en vue de découvrir l'adresse de l'intéressé. En cas de découverte de ce dernier, l'officier ou l'agent de police judiciaire lui donne connaissance de l'exploit, qui produit alors les mêmes effets que s'il avait été délivré à personne.**

Dans tous les cas, l'officier ou l'agent de police judiciaire dresse procès-verbal de ses recherches et le transmet sans délai au procureur de la République.

Lorsqu'il s'agit d'une citation à prévenu, le procureur de la République peut également donner l'ordre à la force publique de rechercher l'intéressé. En cas de découverte de ce dernier, il en est immédiatement avisé et peut adresser, par tout moyen, une copie de l'exploit pour notification par un officier ou un agent de police judiciaire. Cette notification vaut signification à personne. Lorsqu'un prévenu visé par un acte de citation n'a pu être découvert avant la date fixée pour l'audience, l'ordre de recherche peut être maintenu. En cas de découverte, le procureur de la République peut faire notifier à l'intéressé, en application de l'article 390-1, une convocation en justice.

Le procureur de la République peut également requérir de toute administration, entreprise, établissement ou organisme de toute nature soumis au contrôle de l'autorité administrative, sans qu'il soit possible de lui opposer le secret professionnel, de lui communiquer tous renseignements en sa possession aux fins de déterminer l'adresse du domicile ou de la résidence du prévenu.

Bibliographie : P. Lemoine, *Citations et significations : JCl. Proc. pén.*, art. 550 à 566, Fasc. 20.

Incompatibilité des articles 498 et 560 du Code de procédure pénale. La disposition de l'article 560 du Code de procédure pénale, suivant laquelle l'exploit remis à l'intéressé après signification au parquet produit les mêmes effets que s'il avait été délivré à personne, ne saurait s'appliquer à la signification des jugements contradictoires énumérés à l'article 498 du même code, aux termes duquel le délai d'appel court, en pareil cas et sans exception, à compter de la signification quel qu'en soit le mode (■ Cass. crim., 21 nov. 1973, n° 72-91.173 : *Bull. crim.* n° 430).

Art. 561 *(Mod., L. n° 92-1336, 16 déc. 1992 ; L. n° 93-913, 19 juill. 1993)*. – **Dans les cas prévus aux articles 557 et 558, la copie est délivrée sous enveloppe fermée ne portant d'autres indications, d'un côté que les nom, prénoms, adresse de l'intéressé ou, si le destinataire est une personne morale, que ses dénomination et adresse et de l'autre que le cachet de l'étude de l'huissier apposé sur la fermeture du pli.**

Bibliographie : P. Lemoine, *Citations et significations : JCl. Proc. pén.*, art. 550 à 566, Fasc. 20.

1) Infractions en matière de presse. Les prescriptions exceptionnelles et impératives de l'article 53 de la loi du 29 juillet 1881, touchant à la protection de la liberté de la presse, dérogent aux dispositions des articles 392 et 561 du Code de procédure pénale (■ Cass. crim., 16 févr. 1993, n° 89-81.277. ■ Cass. crim., 16 févr. 1993, n° 89-81.278).

2) **Nullité devant être invoquée avant toute défense au fond.** En application de l'article 385 du Code de procédure pénale, une cour d'appel énonce à bon droit que l'exception de nullité de la citation invoquée par la prévenue, tirée de la violation des articles 555 et 561 du même code, est irrecevable pour n'avoir pas été soumise au tribunal correctionnel, avant toute défense au fond (■ Cass. crim., 30 avr. 1996, n° 96-80.068 : *Bull. crim.* n° 175).

Art. 562 ***(Rempl., L. n° 92-1336, 16 déc. 1992).*** **– Si la personne réside à l'étranger, elle est citée au parquet du procureur de la République près le tribunal saisi. Le procureur de la République vise l'original et en envoie la copie au ministre des Affaires étrangères ou à toute autorité déterminée par les conventions internationales.**

Les dispositions de l'alinéa précédent sont applicables aux personnes morales qui ont leur siège à l'étranger.

Bibliographie : P. Lemoine, *Citations et significations : JCl. Proc. pén.*, art. 550 à 566, Fasc. 20.

I – TEXTE IMPÉRATIF

1) **Impossibilité de recourir à un autre mode de citation.** Toute personne habitant à l'étranger doit être citée à comparaître par acte d'huissier délivré au parquet de la juridiction saisie qui en envoie la copie au ministre des Affaires étrangères ou à toute autre autorité déterminée par les conventions diplomatiques ; en cas de non-comparution la décision est rendue par défaut, sauf s'il est établi que l'intéressé a eu connaissance de la citation, auquel cas il peut être statué contradictoirement si le délai séparant le jour de la remise de la copie et celui fixé pour l'audience est au moins égal, compte tenu de l'éloignement du domicile de la personne citée, à celui fixé par l'article 552 du Code de procédure pénale. Doit être cassé l'arrêt qui juge que le prévenu qui n'a pas comparu, a été jugé contradictoirement au motif qu'il avait été « régulièrement cité au domicile par lui élu », alors qu'aucune disposition légale ne prévoit qu'une citation puisse être délivrée au domicile élu en France par une personne habitant l'étranger (■ Cass. crim., 17 juin 1986, n° 85-92.202 : *Bull. crim.* n° 212). L'article 503-1, alinéa 4 du Code de procédure pénale ne trouve pas à s'appliquer au prévenu résidant à l'étranger (■ Cass. crim., 12 mars 2019, n° 18-86.409 : *RSC* 2019, p. 432, F. Cordier ; *RPDP* 2020, p. 468, obs. L. Desessard).

2) **Grief.** Les demandeurs ne sauraient se faire grief de l'inaccomplissement allégué des formalités de citation d'un témoin à l'étranger prévues par l'article 562 du Code de procédure pénale, dès lors qu'ils n'ont pas soulevé d'incident à l'audience ni formé de demande de renvoi (■ Cass. crim., 3 nov. 2021, n° 21-80.497).

II – ABSENCE DE CITATION AU PARQUET

3) **Prévenu étranger ayant reçu copie du mandement de citation.** C'est à tort qu'un arrêt annule un jugement en raison de l'irrégularité des modalités de convocation d'un prévenu résidant à l'étranger, motif pris de l'absence de citation du prévenu au Parquet du procureur de la République saisi, alors que, si le prévenu a reçu, non la copie de la citation faite au Parquet, comme le prévoit l'article 562 du Code de procédure pénale, mais celle du mandement de citation, cette irrégularité ne pouvait entraîner aucun doute dans son esprit sur la nature ou l'étendue de la saisine de la juridiction, le mandement comportant la mention des faits et des qualifications reprochées (■ Cass. crim., 19 févr. 2019, n° 18-81.589).

III – ABSENCE DE TRANSMISSION DE LA COPIE DE LA CITATION À L'AUTORITÉ ÉTRANGÈRE

4) **Juridiction non saisie.** Toute personne habitant à l'étranger doit être citée par acte d'huissier au parquet de la juridiction saisie, qui transmet la copie dudit acte au ministère des Affaires étrangères ou à toute autorité déterminée par les conventions internationales ; à défaut, la juridiction n'est pas régulièrement saisie (■ Cass. crim., 4 oct. 2011, n° 10-85.739 : *Bull. crim.* n° 192). Mais ce défaut de transmission ne rend pas la citation nulle, laquelle interrompt la prescription de l'action publique (■ Cass. crim., 20 avr. 2017, n° 15-85.815).

5) **Sort de la partie civile.** Toute citation destinée à une personne résidant à l'étranger doit être délivrée au parquet du procureur de la République sans que le défaut de transmission de l'acte en cause, par l'un des moyens prévus par l'article 562 du Code de procédure pénale, puisse être opposé à la partie civile poursuivante ; lorsqu'une partie civile a fait citer une personne résidant à l'étranger en se conformant aux dispositions de l'article, il ne saurait donc lui être opposée l'annulation de la citation, en raison du défaut de cette transmission (■ Cass. crim., 11 mai 1999, n° 97-83.143 : *Bull. crim.* n° 92).

IV – PRÉVENU RÉSIDANT À L'ÉTRANGER NE COMPARAISSANT PAS

6) Jugement contradictoire. Lorsque le prévenu habitant à l'étranger a été cité, en application des dispositions de l'article 562 du Code de procédure pénale, au parquet du procureur de la République près le tribunal saisi, et que la copie de la citation a été transmise au ministre des Relations extérieures ou à toute autre autorité déterminée par les conventions diplomatiques, il peut, lorsqu'il ne comparaît pas, être jugé contradictoirement si les circonstances de l'espèce établissent qu'il a eu connaissance de la citation en temps utile (■ Cass. crim., 19 janv. 1993, n° 91-82.490 : *Bull. crim.* n° 26. ■ Cass. crim., 13 oct. 2009, n° 09-81.830 : *Bull. crim.* n° 168). Tel est le cas lorsqu'en vertu d'une telle convention, la copie de la citation a été adressée à l'autorité judiciaire d'un État étranger et que cette autorité ayant, pour lui remettre cette copie, convoqué le prévenu, celui-ci a désigné un fondé de pouvoir à qui elle a été délivrée (■ Cass. crim., 19 janv. 1993, préc.).

7) Jugement par défaut. Lorsque la personne prévenue habite à l'étranger, si elle ne comparaît pas et n'est pas représentée, et s'il n'est pas établi qu'elle a eu connaissance de la citation délivrée en application de l'article 562 du Code de procédure pénale, la décision est rendue par défaut, l'article 503-1, alinéa 4 dudit code ne trouvant pas à s'appliquer (■ Cass. crim., 12 mars 2019, n° 18-86.409. ■ Cass. crim., 1er févr. 2022, n° 21-81.901).

V – COMPUT DES DÉLAIS

8) Comput du délai d'appel du prévenu résidant à l'étranger. Il résulte des dispositions combinées des articles 498 et 562 du Code de procédure pénale que le délai d'appel d'un jugement signifié à l'étranger ne court qu'à compter de la remise de l'acte effectuée dans les conditions prévues par la convention internationale applicable (ainsi de l'article 7 de la Convention européenne d'entraide judiciaire, s'il s'agit d'un État l'ayant ratifiée) ; doit être cassé l'arrêt qui, pour déclarer irrecevable comme tardif l'appel du prévenu, omet de s'assurer que la signification du jugement entrepris avait été effectuée au destinataire par l'autorité du pays de sa résidence (■ Cass. crim., 18 juin 1996, n° 95-80.668 : *Bull. crim.* n° 256. ■ Cass. crim., 4 mai 2004, n° 04-80.817 : *Bull. crim.* n° 104).

9) Comput du délai d'appel du prévenu résidant à l'étranger ayant une adresse en France. Déclare à bon droit irrecevable comme tardif l'appel du prévenu, formé plus de dix jours après la signification à parquet, l'arrêt qui énonce que l'appel doit être interjeté dans un délai de dix jours à compter de la signification du jugement, quel qu'en soit le mode : l'arrêt n'a pas méconnu les dispositions de l'article 562 du Code de procédure pénale dès lors qu'il résulte des pièces de procédure que le procureur de la République ne disposait, lorsque la signification à parquet a été effectuée, d'aucun élément de nature à établir que le prévenu aurait eu une adresse en France, et que celui-ci ne lui a signalé aucune adresse en France dans le délai d'appel (■ Cass. crim., 19 sept. 2012, n° 11-86.547).

10) Comput du délai d'appel du procureur général. À l'égard d'un prévenu habitant à l'étranger, l'appel du procureur général est valablement formé dès lors que, conformément aux dispositions de l'article 562 du Code de procédure pénale, la signification en a été faite au parquet dans le délai fixé par l'article 505 du même code, sans qu'il y ait lieu de rechercher à quelle date la copie de l'exploit aurait pu, après sa transmission à l'étranger, y être remise à son destinataire (■ Cass. crim., 5 févr. 1974, n° 73-92.243 : *Bull. crim.* n° 53).

11) Comput du délai entre la citation à comparaître et la date d'audience. Il résulte de la combinaison des articles 552, 553 et 562 du Code de procédure pénale que le délai d'une citation à comparaître devant une juridiction, délivrée à une personne résidant à l'étranger, ne court qu'à compter de la remise effective de l'acte à celle-ci, et non de la remise de la citation à parquet ; encourt la cassation l'arrêt qui déclare une citation régulière alors que ce délai ne s'est pas écoulé le moment où M. X..., domicilié à l'étranger, s'est vu remettre la citation et le jour de l'audience (■ Cass. crim., 6 oct. 2010, n° 10-81.585 : *Bull. crim.* n° 153).

VI – CONVOCATION EN JUSTICE D'UN PRÉVENU RÉSIDANT À L'ÉTRANGER PRÉSENT SUR LE TERRITOIRE NATIONAL

12) Article 562 inopérant. L'article 390-1 du Code de procédure pénale permet la convocation en justice du prévenu contrôlé sur le territoire national, et auquel est notifiée cette convocation, même s'il réside à l'étranger, l'article 562 du Code de procédure pénale qui prévoit les modalités de citation des personnes résidant à l'étranger ne pouvant y mettre obstacle (■ Cass. crim., 30 avr. 2002, n° 00-88.031 : *Bull. crim.* n° 95 ; *Dr. pén.* 2002, comm. 131, obs. Maron).

Art. 563. – **Dans tous les cas, l'huissier doit mentionner sur l'original de l'exploit, et sous forme de procès-verbal, ses diligences ainsi que les réponses qui ont été faites à ses différentes interpellations.**

Le procureur de la République peut prescrire à l'huissier de nouvelles recherches, s'il estime incomplètes celles qui ont été effectuées.

L'original de l'exploit doit être adressé à la personne à la requête de qui il a été délivré, dans les vingt-quatre heures.

En outre, si l'exploit a été délivré à la requête du procureur de la République, une copie de l'exploit doit être jointe à l'original.

Bibliographie : P. Lemoine, *Citations et significations : JCl. Proc. pén.*, art. 550 à 566, Fasc. 20.

1) Omission d'une mention requise : sanction. S'il appartient à l'huissier, ainsi que le lui prescrit l'article 563 du Code de procédure pénale, de mentionner, sur l'original de l'exploit de citation, l'envoi de la lettre recommandée avec avis de réception, informant le prévenu de la remise de la copie à une personne résidant à son domicile, cette omission ne saurait entraîner l'annulation de l'exploit, dès lors qu'il se déduit nécessairement des termes de l'arrêt que, par ladite lettre qui remplissait les conditions de l'article 557 du même code, cet avis a bien été reçu par son destinataire et qu'il n'a donc été porté aucune atteinte à ses intérêts (■ Cass. crim., 17 nov. 1971, n° 70-92.068 : *Bull. crim.* n° 312).

2) Mention non requise. Aucun texte n'oblige l'huissier à préciser la source de ses informations par la désignation des personnes qui ont répondu à ses interpellations (■ Cass. crim., 21 nov. 1973, n° 72-91.173 : *Bull. crim.* n° 430).

3) Mentions valant jusqu'à inscription de faux. La personne citée ne saurait dénier la réalité des diligences qu'elle ne s'est pas inscrite en faux contre cet exploit dont les constatations revêtent le caractère de l'authenticité (■ Cass. crim., 21 nov. 1973, préc., n° 2).

Art. 564. – **Les huissiers sont tenus de mettre, à la fin de l'original et de la copie de l'exploit, le coût de celui-ci, à peine d'une amende civile de 20 F (3 €) à 100 F (15 €), cette amende est prononcée par le président de la juridiction saisie de l'affaire.**

Bibliographie : P. Lemoine, *Citations et significations : JCl. Proc. pén.*, art. 550 à 566, Fasc. 20.

Art. 565. – **La nullité d'un exploit ne peut être prononcée que lorsqu'elle a eu pour effet de porter atteinte aux intérêts de la personne qu'il concerne, sous réserve, pour les délais de citation, des dispositions de l'article 553, 2°.**

Bibliographie : P. Lemoine, *Citations et significations : JCl. Proc. pén.*, art. 550 à 566, Fasc. 20.

I – PAS DE NULLITÉ SANS GRIEF

1) Contrôle du grief par la Cour de cassation. V. ■ Cass. crim., 27 févr. 1973, n° 72-91.941 : *Bull. crim.* n° 98.

2) Nullité d'intérêt privé invoquée par le ministère public. Le ministère public a le droit, dans l'intérêt d'une bonne administration de la justice, de soulever *in limine litis* l'exception de nullité de l'exploit de citation ou d'un acte de procédure, et de demander à la juridiction compétente de prononcer la nullité de cet acte, quand bien même la personne que cet acte concerne se serait abstenue de le faire. Il s'ensuit que le prévenu peut devant la cour d'appel se prévaloir d'une telle exception régulièrement soulevée, et que les juges du second degré ne peuvent l'écarter au motif qu'elle n'aurait pas été présentée par lui *in limine litis* (■ Cass. crim., 5 mars 1970, n° 67-91.652 : *Bull. crim.* n° 93 ; *JCP* G 1970, II, 16556, note M.-L. Rassat).

II – GRIEF INHÉRENT À LA VIOLATION DE LA RÈGLE

3) Infractions de presse. Ni l'article 565 du Code de procédure pénale, ni la loi du 6 août 1975 instituant l'article 802 du même code n'ont en rien abrogé les dispositions exceptionnelles et impératives des alinéas 2 et 3 de l'article 53 de la loi du 29 juillet 1881 sur la liberté de la presse, lesquelles tendent à garantir les droits de la défense et touchent à la protection de la liberté d'expression telle que la réglemente cette loi. Dès lors en cas d'inobservation des prescriptions de l'alinéa 2 de l'article 53 de ladite loi, la nullité de la citation, invoquée avant toute défense au fond, doit être prononcée, sans que les articles 565 et 802 précités puissent recevoir application (■ Cass. crim., 25 févr. 1980, n° 76-93.016 : *Bull. crim.* n° 70). En application des articles 550 et 555 à 558 du Code de procédure pénale, auxquels les articles 43 et 53 de la loi du 29 juillet 1881 n'apportent aucune dérogation, la citation délivrée en dehors des conditions fixées par ces textes est nécessairement de nature à porter atteinte aux droits de la défense, en entravant l'exercice des droits reconnus au prévenu par l'article 55 de la loi du 29 juillet 1881 (▪ Cass. crim., 12 janv. 1993, n° 91-81.748 : *Bull. crim.* n° 14). L'article 565 du Code de procédure pénale est applicable en matière de presse (▪ Cass. crim., 21 mai 1985, n° 84-92.240 : *Bull. crim.* n° 196). Il résulte de la combinaison des articles 54 de la loi du 29 juillet 1881 et 553, 1° du Code de procédure pénale que lorsque la partie citée ne se présente pas, la citation délivrée en violation de l'article 54 précité est entachée de nullité, et ne saisit la juridiction répressive ni de l'action civile, ni de l'action publique ; l'inobservation du délai de citation porte nécessairement atteinte aux intérêts de la partie qui ne comparaît pas, de même que la décision de renvoi irrégulièrement prononcée par la juridiction de jugement (▪ Cass. crim., 9 nov. 1992, n° 91-82.688 : *Bull. crim.* n° 362. ▪ Cass. crim., 19 oct. 1999, n° 98-86.247). La délivrance de la citation, en dehors des conditions fixées par les articles 9 à 13 et 42 de la loi du 29 juillet 1881, ainsi par l'article 5 de la loi du 1er août 1986, est nécessairement de nature à porter atteinte aux droits de la défense, en entravant l'exercice des droits reconnus au prévenu par l'article 55 de la loi du 29 juillet 1881 ; c'est à la partie poursuivante qu'il appartient de démontrer l'absence éventuelle d'effet de l'irrégularité constatée (▪ Cass. crim., 7 avr. 1994, n° 92-82.890 : *Bull. crim.* n° 143).

III – ARTICLE L. 121-6, CODE DE LA ROUTE

4) Pour faire droit aux conclusions du prévenu invoquant la nullité de la citation, le jugement attaqué énonce qu'aux termes de l'article L. 121-6 du Code de la route, il incombe au représentant légal de la personne morale de dénoncer le conducteur du véhicule concerné. Le juge ajoute, de première part, que la citation à comparaître a bien été délivrée à la personne de M. [F] en visant le prévenu en tant que représentant légal de la personne morale, de deuxième part, que la citation d'une personne physique, même prise en sa qualité de représentant légal d'une personne morale, s'adresse à cette personne physique et de troisième part, que les véhicules concernés sont la propriété de la personne morale et non celle de la personne physique. Il en conclut que la citation de M. [F] est atteinte de nullité. En se déterminant ainsi, alors que la citation avait été régulièrement délivrée à M. [F], personne physique, représentant légal de la société Distillerie [Z] qui détenait le véhicule, le tribunal a méconnu les articles 565 du Code de procédure pénale et L. 121-6 du Code de la route (▪ Cass. crim., 22 juin 2021, n° 20-86.103. ▪ Cass. crim., 22 juin 2021, n° 20-86.107).

Art. 566. – Si un exploit est déclaré nul par le fait de l'huissier, celui-ci peut être condamné aux frais de l'exploit et de la procédure annulée, et éventuellement à des dommages-intérêts envers la partie à laquelle il est porté préjudice.

La juridiction qui déclare la nullité a compétence pour prononcer ces condamnations.

Bibliographie : P. Lemoine, *Citations et significations : JCl. Proc. pén.*, art. 550 à 566, Fasc. 20.

LIVRE TROISIÈME

DES VOIES DE RECOURS EXTRAORDINAIRES (1)

TITRE PREMIER. – DU POURVOI EN CASSATION

CHAPITRE I. – DES DÉCISIONS SUSCEPTIBLES D'ÊTRE ATTAQUÉES ET DES CONDITIONS DU POURVOI

Art. 567. – Les arrêts de la chambre de l'instruction et les arrêts et jugements rendus en dernier ressort en matière criminelle, correctionnelle et de police peuvent être annulés en cas de violation de la loi sur pourvoi en cassation formé par le ministère public ou par la partie à laquelle il est fait grief, suivant les distinctions qui vont être établies.

Le recours est porté devant la chambre criminelle de la Cour de cassation.

Bibliographie : *Répertoire.* A. Maron, *JCl. Proc. pén.*, art. 567 à 575, Fasc. 10, Fasc. 20.

Généralités. J. et L. Boré, *La cassation en matière pénale : D.*, coll. Dalloz Action, 2017. • J.-M. Deleneuville, *La constitution de partie civile de la victime en liquidation judiciaire : D.* 2006, p. 1233. • D. Guihal et Th. Fossier, *Le régime des poursuites pénales engagées contre un majeur protégé : JCP* G 2007, I, 146. • H. Matsopoulou, *L'incidence d'une procédure collective sur l'exercice de l'action civile : JCP* G 1998, I, 164. • C. Souweine, *Action civile et procédures collectives après la loi du 26 juillet 2005 : D.* 2005, p. 501.

• Sommaire

(1) Dans les présentes dispositions, à compter du 24 mars 2020, les références au placement sous surveillance électronique sont remplacées par des références à la détention à domicile sous surveillance électronique, sauf lorsqu'il est fait mention du placement sous surveillance électronique mobile, L. n° 2019-222, 23 mars 2019, art. 74, X et 109, XIX.

I – DÉCISIONS SUSCEPTIBLES DE POURVOI

A – Inclusions

1) Déni de justice. Décisions inconciliables du juge pénal et du juge civil. Le pourvoi dirigé contre deux décisions dont l'une émane du juge pénal et l'autre du juge civil est recevable lorsque, même non rendues en dernier ressort et alors qu'aucune d'elles n'est susceptible d'un recours ordinaire, elles sont inconciliables et aboutissent à un déni de justice (▪ Cass. ass. plén., 29 nov. 1996, n° 93-20.799 : *Bull. ass. plén.* n° 8 ; *JCP* G 1997, II, 22807, note T. Le Bars. ▪ Cass. ass. plén., 3 juill. 2015, n° 14-13.205). Un tel pourvoi, qui n'est pas prévu par le Code de procédure pénale, doit être formulé selon les formes prévues par le Code de procédure civile (▪ Cass. crim., 5 oct. 2021, n° 20-84.191, § 14 : publié au *Bull.*).

2) Décisions en matière d'infractions de presse. L'article 567 est applicable en matière de presse (▪ Cass. crim., 18 juill. 1985, n° 85-90.907 : *Bull. crim.* n° 272).

B – Exclusions

3) Mesures d'administration judiciaire. La décision par laquelle une juridiction d'instruction, estimant l'information terminée, ordonne la communication de la procédure au ministère public, aux fins de réquisitions, constitue une mesure d'administration judiciaire qui n'est pas susceptible de pourvoi en cassation (▪ Cass. crim., 29 avr. 1996, n°s 94-82.166 et 95-81.956 : *Bull. crim.* n° 168 ; *JCP* G 1996, II, 22700, note P. Chambon). Une mesure d'administration judiciaire n'est pas soumise au contrôle de la Cour de cassation (▪ Cass. crim., 4 juill. 1996, n° 96-82.908 : *Bull. crim.* n° 285. ▪ Cass. crim., 5 mai 1997, n° 96-86.431 : *Bull. crim.* n° 161. ▪ Cass. crim., 12 oct. 1998, n° 98-84.163 : *Bull. crim.* n° 251. ▪ Cass. crim., 12 oct. 1998, n° 98-83.743 : *Bull. crim.* n° 252).

4) Décisions non juridictionnelles. Des arrêts de la chambre d'accusation donnant acte au procureur général de ses réquisitions, désignant le magistrat chargé d'instruire en application de l'article 682 du Code de procédure pénale et ordonnant la communication du dossier au ministère public ne constituent pas des actes juridictionnels et ne sont pas susceptibles de pourvoi (▪ Cass. crim., 31 janv. 1991, nos 90-87.177, 90-87.178 et 90-87.179 : *Bull. crim.* n° 54).

C – Décisions en dernier ressort

5) Principe. Le pourvoi en cassation est une voie de recours extraordinaire, ouverte seulement contre les arrêts et jugements rendus en dernier ressort, qui ne sont pas susceptibles d'être attaqués par les voies ordinaires au moment où le recours est formé (▪ Cass. crim., 11 mars 1991, n° 90-83.855 : *Bull. crim.* n° 117).

6) Applications. Est irrecevable le pourvoi formé contre une décision rendue en premier ressort (▪ Cass. crim., 18 juill. 1985, n° 85-90.907 : *Bull. crim.* n° 272. ▪ Cass. crim., 20 mars 2001, n° 00-83.479 : *Bull. crim.* n° 70). La partie civile est irrecevable à se pourvoir contre un arrêt rendu par défaut à son égard, alors que seule la voie de l'opposition lui est ouverte (▪ Cass. crim., 8 mars 1983, n° 82-93.595 : *Bull. crim.* n° 72. ▪ Cass. crim., 11 mars 1991, n° 90-83.855 : *Bull. crim.* n° 117). Est irrecevable le pourvoi formé contre une décision qui n'est pas rendue en dernier ressort (▪ Cass. crim., 28 sept. 2005, n° 05-84.275 : *Bull. crim.* n° 240). Lorsque la cour d'appel aurait dû statuer par défaut en application de l'article 412 du Code de procédure pénale, le pourvoi formé contre son arrêt avant l'expiration du délai d'opposition est irrecevable (▪ Cass. crim., 15 mai 1997, n° 96-83.609 : *Bull. crim.* n° 186. ▪ Cass. crim., 20 mars 2001, n° 00-83.479 : *Bull. crim.* n° 70).

II – CAS D'OUVERTURE DU POURVOI EN CASSATION

7) Violation de la loi. Il résulte des termes de l'article 567 du Code de procédure pénale que la Cour de cassation ne statue sur un pourvoi que lorsque celui-ci fait grief à la décision attaquée d'avoir violé la loi ; à défaut le pourvoi est sans objet et irrecevable (▪ Cass. crim., 29 nov. 1982, n° 81-93.489 : *Bull. crim.* n° 269). Cette règle valant pour le ministère public, est irrecevable le mémoire d'un procureur général qui n'invoque la violation d'aucun texte et sollicite l'approbation de la décision de la cour d'appel (même arrêt).

Voir aussi : V. art. 591, p. 1250.

III – CAPACITÉ

A – Action publique

8) Majeur sous curatelle. Un majeur, placé sous curatelle avec interdiction d'engager toute procédure judiciaire sans l'assistance de son curateur, a la capacité de se pourvoir seul en cassation lorsqu'il est traduit devant une juridiction pénale (■ Cass. crim., 19 mai 1998, n° 97-81.018 : *Bull. crim.* n° 170. – *Contra*, auparavant, ■ Cass. crim., 28 oct. 1997, n° 97-80.051 : *Bull. crim.* n° 354).

B – Action civile

9) Liquidation judiciaire. Le pourvoi contre une décision ayant statué sur les intérêts civils, par un demandeur déclaré en liquidation judiciaire, est irrecevable s'il est formé sans le concours du liquidateur (■ Cass. crim., 22 mars 2000, n° 99-80.769 : *Bull. crim.* n° 129).

IV – QUALITÉ

10) Principe. Nul ne peut se pourvoir ni intervenir devant la Cour de cassation contre un jugement ou un arrêt rendu en dernier ressort s'il n'a pas été partie à l'instance (■ Cass. crim., 29 janv. 1979, n° 77-92.775 : *Bull. crim.* n° 38).

A – Ministère public

11) Généralité du droit de se pourvoir. Le ministère public puise dans les articles 567 et 591 du Code de procédure pénale le droit de se pourvoir en cassation, afin de poursuivre l'annulation d'une décision qui lui apparaît entachée d'illégalité (■ Cass. crim., 20 oct. 1964, n° 62-92.075 : *Bull. crim.* n° 268. ■ Cass. crim., 29 janv. 1975, n° 74-92.064 : *Bull. crim.* n° 33). Son pourvoi est dès lors recevable quelles que soient les réquisitions orales qu'il a pu prendre au cours des débats et qui ne sauraient le lier, la décision rendue leur serait-elle conforme (■ Cass. crim., 20 oct. 1964, préc.).

12) Arrêt de non-lieu de la chambre de l'instruction. Les dispositions de l'article 567 du Code de procédure pénale autorisent le ministère public à se pourvoir en cassation contre les arrêts de la chambre d'accusation (de l'instruction) qui constituent une décision de non-lieu à suivre (■ Cass. crim., 21 nov. 1972, n° 72-91.652 : *Bull. crim.* n° 349. ■ Cass. crim., 17 juill. 1976, n° 76-90.390 : *Bull. crim.* n° 255).

B – Administration des douanes

13) Action pour l'application des sanctions fiscales. Les dispositions de l'article 567 du Code de procédure pénale autorisent l'administration des Douanes à se pourvoir contre les arrêts de la chambre d'accusation (de l'instruction) qui constituent une décision de non-lieu à suivre dans les poursuites qu'elle exerce à titre principal pour l'application des sanctions fiscales en vertu de l'article 343, alinéa 2, du Code des douanes (■ Cass. crim., 4 nov. 1991, n° 90-82.711 : *Bull. crim.* n° 390).

C – Administration fiscale

14) Action publique. Il résulte de l'article L. 232 du Livre des procédures fiscales que l'administration des Impôts, lorsqu'elle est constituée partie civile dans une information ouverte sur sa plainte par le procureur de la République, est sans qualité pour remettre en question, en l'absence de recours du ministère public, ce qui a été jugé sur l'action publique (■ Cass. crim., 28 avr. 1997, n° 96-86.314 : *Bull. crim.* n° 148).

D – Personne poursuivie en fuite

1° Jurisprudence européenne

15) Droit d'accès à un tribunal. L'irrecevabilité d'un pourvoi en cassation, fondée uniquement sur le fait que le demandeur ne s'est pas constitué prisonnier en exécution de la décision de justice faisant l'objet du pourvoi, contraint l'intéressé à s'infliger d'ores et déjà à lui-même la privation de liberté résultant de la décision attaquée, alors que cette décision ne peut être considérée comme définitive aussi longtemps qu'il n'a pas été statué sur le pourvoi ou que le délai de recours ne s'est pas écoulé. On porte ainsi atteinte à la substance même du droit de recours, en imposant au demandeur une charge disproportionnée, rompant le juste équilibre qui doit exister entre, d'une part, le souci légitime d'assurer l'exécution des décisions de justice et, d'autre part, le droit d'accès au juge de cassation et l'exercice des droits de la défense. La Cour estime donc que le requérant a subi une entrave excessive à son droit d'accès à un tribunal (■ CEDH, 29 juill. 1998, n° 51/1997/835/1041, *Guérin c/ France*. ■ CEDH, 29 juill. 1998, n° 43/1997/827/1033, *Omar c/ France*).

2° Jurisprudence nationale

• Instruction

16) Question prioritaire de constitutionnalité. La personne en fuite qui, se sachant recherchée, se soustrait volontairement à la procédure d'information, se place, de son propre fait, dans l'impossibilité de bénéficier des dispositions des articles 173 et 567 du Code de procédure pénale ; le bénéfice de ces dispositions, dont le corollaire est le droit d'accéder à la procédure, constituerait dans ce cas un avantage injustifié par rapport à la personne mise en examen ou au témoin assisté qui a normalement comparu aux actes de la procédure et serait contraire à l'objectif, à valeur constitutionnelle, de bonne administration de la justice ; la personne qui a fait l'objet d'un mandat d'arrêt peut en contester la validité, selon les procédures prévues au Code de procédure pénale, après avoir acquis la qualité de partie à la procédure ; sont ainsi conciliés le droit à un recours juridictionnel effectif et la recherche des auteurs d'infractions nécessaire à la sauvegarde de droits et de principes de valeur constitutionnelle (▪ Cass. crim., 19 févr. 2014, n° 13-84.705 QPC : *Bull. crim.* n° 47).

17) Absence de la qualité de partie. La personne en fuite qui fait l'objet d'un mandat d'arrêt délivré par le juge d'instruction avant tout interrogatoire et qui, se sachant recherchée, se soustrait volontairement à la procédure d'information n'a pas la qualité de personne mise en examen et, par voie de conséquence, n'est pas partie au sens de l'article 173 du Code de procédure pénale, non plus que témoin assisté. Justifie dès lors sa décision la chambre de l'instruction qui déclare irrecevable sa requête tendant à l'annulation du mandat d'arrêt décerné à son encontre. En application de l'article 567 du Code de procédure pénale, est lui-même irrecevable, comme émanant d'une personne qui n'est pas partie, le pourvoi formé contre un tel arrêt (▪ Cass. crim., 5 mars 2014, n° 13-84.705 : *Bull. crim.* n° 66).

• Condamné en fuite

18) Déclaration de pourvoi. Aucune disposition légale ni aucun principe de droit ne s'oppose à ce qu'un condamné, qui n'a pas obéi à un mandat de justice décerné contre lui, fasse lui-même une déclaration de pourvoi (▪ Cass. crim., 7 nov. 1989, n° 89-85.339 : *Bull. crim.* n° 397. ▪ Cass. crim., 7 sept. 1993, n° 93-83.471 : *Bull. crim.* n° 263. ▪ Cass. crim., 15 févr. 1994, n° 93-82.199 : *Bull. crim.* n° 66 ; *Dr. pén.* 1995, chron. 4, V. Lesclous et C. Marsat).

E – Partie civile

19) Constitution de partie civile irrecevable. L'auteur d'une constitution de partie civile déclarée irrecevable par les juges du fond n'a pas la qualité de partie civile ; est par suite irrecevable le pourvoi qu'il prétend former en cette qualité (▪ Cass. crim., 4 nov. 1969 : *JCP* G 1969, II, 16268, note P. Chambon).

20) Décisions sur l'action publique. Il résulte des articles 2 et 567 du Code de procédure pénale que la partie civile est sans qualité pour contester le bien-fondé d'une décision de condamnation sur l'action publique (▪ Cass. crim., 22 févr. 1990, n° 89-82.968 : *Bull. crim.* n° 90). La partie civile est sans qualité pour se prévaloir d'un moyen, fondé sur la violation ou fausse application de la loi d'amnistie, dès lors que cette violation ou fausse application n'est pas susceptible de préjudicier à ses intérêts (▪ Cass. crim., 25 janv. 1983, n° 82-90.137 : *Bull. crim.* n° 30. ▪ Cass. crim., 15 oct. 1996, n° 95-84.536 : *Bull. crim.* n° 361).

21) Décision ayant statué sur la validité des poursuites. Si, par application de l'article 567 du Code de procédure pénale, la partie civile ne peut se pourvoir que quant aux dispositions relatives à ses intérêts civils, cette restriction aux effets de son pourvoi n'a pas lieu lorsqu'il n'a été statué que sur la validité de la poursuite (▪ Cass. crim., 11 mai 1981, n° 79-94.093 : *Bull. crim.* n° 150. ▪ Cass. crim., 17 mars 1993, n° 92-82.348 : *Bull. crim.* n° 124. ▪ Cass. crim., 6 févr. 2001, n° 00-84.692). D'après les articles 58 de la loi du 29 juillet 1881 et 567 du Code de procédure pénale, la partie civile ne peut se pourvoir que quant aux dispositions de l'arrêt relatives à ses intérêts civils. Toutefois cette restriction aux effets de son pourvoi n'a pas lieu lorsqu'il n'a été statué que sur la validité de la poursuite (▪ Cass. crim., 5 janv. 1974, n° 73-90.035 : *Bull. crim.* n° 4).

22) Action civile éteinte. Lorsqu'un condamné s'est pourvu seulement contre l'arrêt de la cour d'assises prononçant une condamnation pénale et que l'arrêt statuant sur les intérêts civils n'ayant fait l'objet d'aucun recours est devenu définitif, l'action civile est éteinte et la partie civile est sans qualité pour intervenir devant la Cour de cassation (▪ Cass. crim., 5 oct. 1972, n° 72-91.211 : *Bull. crim.* n° 269).

23) Exception d'incompétence de la juridiction répressive. La partie civile est irrecevable à soulever devant la Cour de cassation, à l'appui de son seul pourvoi, l'exception d'incompétence de la juridiction répressive qui, par un même arrêt, a statué sur la compétence et sur l'action publique (▪ Cass. crim., 17 juin 1992, n° 91-84.213 : *Bull. crim.* n° 241. ▪ Cass. crim., 12 mai 1998, n° 97-84.101. ▪ Cass. crim., 18 févr. 2003, n° 02-82.911. ▪ 18 oct. 2006, n° 06-81.933). En l'absence de pourvoi du ministère public, la partie civile, sur son pourvoi et celui du prévenu, est irrecevable à soulever devant la Cour de cassation l'incompétence de la juridiction correctionnelle qui, par un même arrêt, a statué sur la compétence et l'action publique, lorsque le prévenu n'invoque pas cette incompétence (▪ Cass. crim., 22 juin 1994, n° 93-83.900 : *Bull. crim.* n° 248 ; *JCP* G 1993, II, 22310, note M.-L. Rassat. ▪ Cass. crim., 27 févr. 2007, n° 05-80.058). En l'absence de pourvoi du ministère public, la partie civile, sur son seul recours, est irrecevable à soulever devant la Cour de cassation l'incompétence de la juridiction correctionnelle, qui, par un même arrêt, a statué sur la compétence ainsi que sur l'action publique, et a prononcé sur les intérêts civils (▪ Cass. crim., 30 janv. 2007, n° 05-80.892).

F – Personne civilement responsable

24) Action publique. Le civilement responsable d'un condamné à l'amende ne saurait, sauf disposition légale dérogatoire, être tenu au paiement de celle-ci ; il est dès lors irrecevable à se pourvoir contre les seules dispositions d'un arrêt condamnant le prévenu à une amende (■ Cass. crim., 1er oct. 1987, n° 87-80.766 : *Bull. crim.* n° 327).

G – Tiers

1° Cas général

25) Principe. Il résulte des dispositions des articles 567 et 568 du Code de procédure pénale que seules les personnes qui ont été parties au procès peuvent être admises à exercer un recours en cassation (■ Cass. crim., 3 févr. 1976, n° 75-91.248 : *Bull. crim.* n° 39).

Voir aussi : V. art. 99, p. 339.

2° Cas du témoin assisté

• Principe

26) Absence de la qualité de partie. N'étant pas partie à la procédure, le témoin assisté n'a pas qualité pour exercer les voies de recours (■ Cass. crim., 21 juin 2005, 2 arrêts, nos 04-87.797 et 05-81.694 : *Bull. crim.* n° 181). Le témoin assisté ne peut donc se pourvoir en cassation contre les arrêts de la chambre de l'instruction (■ Cass. crim., 13 nov. 2001, n° 01-85.506 : *Bull. crim.* n° 232). Il en est ainsi en cas d'arrêt de la chambre de l'instruction infirmant, sur l'appel de la partie civile, l'ordonnance ayant, d'office, constaté la prescription (■ Cass. crim., 28 mars 2006, n° 05-86.661 : *Bull. crim.* n° 87).

27) Dépôt d'un mémoire devant la Cour de cassation. N'étant pas partie à la procédure, le témoin assisté ne tire d'aucune disposition légale la faculté de déposer un mémoire devant la Cour de cassation (■ Cass. crim., 8 févr. 2006, n° 05-80.301 : *Bull. crim.* n° 34. ■ Cass. crim., 17 oct. 2006, n° 05-85.519 : *Bull. crim.* n° 250 ; *Dr. pén.* 2007, comm. 11, obs. A. Maron).

• Tempéraments

28) Cas de la requête en nullité. Le droit reconnu au témoin assisté, par l'article 173, alinéa 3, du Code de procédure pénale, de saisir la chambre de l'instruction d'une requête aux fins d'annulation d'actes de la procédure implique que, bien que n'étant pas partie à la procédure, celui-ci soit recevable à se pourvoir contre l'arrêt statuant sur une demande d'annulation (■ Cass. crim., 21 juin 2005, n° 05-81.491 : *Bull. crim.* n° 181).

29) Excès de pouvoir de la chambre de l'instruction par méconnaissance des règles de compétence. Bien que n'étant pas partie à la procédure, le témoin assisté est recevable à se pourvoir en cassation contre l'arrêt d'une chambre de l'instruction qui, excédant ses pouvoirs par la méconnaissance des règles de compétence des juridictions d'instruction, porte atteinte à ses intérêts (■ Cass. crim., 31 oct. 2017, n° 16-86.897 : *Bull. crim.* n° 237 ; *Dr. pén.* 2017, comm. 184, obs. M. Haas).

30) Dépôt d'un mémoire devant la Cour de cassation. Le témoin assisté peut déposer un mémoire devant la Cour de cassation saisie d'un pourvoi contre l'arrêt de la chambre de l'instruction ayant confirmé l'ordonnance de non-lieu rendue par le juge d'instruction, la décision à intervenir étant susceptible de lui faire grief (■ Cass. crim., 16 juin 2011, n° 10-85.079 : *Bull. crim.* n° 134).

3° Cas de la personne nommément visée dans un réquisitoire

31) Qualité de partie. Bien que n'ayant pas encore reçu notification d'une inculpation (mise en examen), se trouve néanmoins avoir acquis la qualité de partie au procès la personne contre laquelle des réquisitions nominatives ont été prises. Elle est dès lors recevable à se pourvoir (■ Cass. crim., 12 avr. 1988, n° 87-91.698 : *Bull. crim.* n° 150). Comp. ■ Cass. ass. plén., 13 oct. 2017, n° 17-83.620 : *Bull. ass. plén.* n° 1 ; *Dr. pén.* 2017, comm. 184, obs. M. Haas : la seule circonstance qu'une personne soit nommément citée dans le réquisitoire aux fins d'informer adressé par le ministère public à la commission d'instruction de la Cour de justice de la République ne lui confère pas la qualité de partie.

4° Cas de la personne nommément visée dans une plainte avec constitution de partie civile

32) Absence de la qualité de partie. La personne visée dans une plainte avec constitution de partie civile, n'étant pas partie à la procédure tant qu'elle n'est pas mise en examen, est sans qualité pour se pourvoir en cassation contre l'arrêt de la chambre de l'instruction qui, sur l'appel interjeté par la partie civile contre l'ordonnance du juge d'instruction déclarant sa plainte irrecevable, accueille la plainte contestée après avoir relevé que l'ordonnance entreprise s'analyse en un refus d'informer, et renvoie le dossier de la procédure du juge d'instruction (■ Cass. crim., 2 oct. 2012, n° 11-87.979 : *Bull. crim.* n° 201 ; *Dr. pén.* 2012, comm. 169, obs. A. Maron et M. Haas). Si la personne nommément visée par une plainte avec constitution de partie civile bénéficie, en vertu de l'article 104 (113-2) du Code de procédure pénale, de certains droits, elle n'en devient pas pour autant partie à la procédure ; elle est donc sans qualité pour se pourvoir en cassation (■ Cass. crim., 30 oct. 1990, n° 90-83.414 : *Bull. crim.* n° 362).

V – INTÉRÊT

A – Ministère public

33) Décisions affectant l'intérêt général. Le ministère public ne peut poursuivre l'annulation des décisions de justice qu'autant qu'elles affectent l'intérêt général (■ Cass. crim., 3 mai 1994, n° 94-80.823 : *Bull. crim.* n° 161). Le pourvoi formé par le procureur général, qui n'invoque aucune violation affectant l'intérêt général dont il a la garde, est irrecevable (■ Cass. crim., 25 oct. 2006, n° 05-85.998 : *Bull. crim.* n° 254).

34) Action publique. Est recevable le pourvoi du ministère public contre un arrêt qui a déclaré à tort irrecevable comme tardif l'appel du prévenu contre l'arrêt qui l'a condamné (■ Cass. crim., 18 mars 1991, n° 90-83.752 : *Bull. crim.* n° 131). Est recevable le pourvoi du ministère public sollicitant l'annulation d'une décision de cour d'appel qui, sur le seul appel du prévenu, a aggravé le sort de ce dernier (■ Cass. crim., 30 oct. 1946 : *Bull. crim.* n° 192). Lorsque le prévenu a été condamné, sur réquisitions du ministère public, à une peine qui est celle appliquée par la loi à la nature de l'infraction dont il a été déclaré coupable, le pourvoi en cassation du procureur général près une cour d'appel est irrecevable (■ Cass. crim., 11 mai 1988, n° 87-92.056 : *Bull. crim.* n° 206).

35) Désistement du pourvoi. L'action publique appartient à la société et non au fonctionnaire public ou au magistrat chargé par la loi de l'exercer ; il en résulte que le ministère public n'a pas le droit de se désister d'un pourvoi qu'il a formé et d'anéantir, de sa propre autorité, l'effet d'un acte qui, dans un intérêt d'ordre public, a saisi la Cour de cassation ; dès lors, l'acte par lequel l'officier du ministère public a déclaré se désister du pourvoi qu'il avait formé est sans effet (■ Cass. crim., 11 avr. 1991, n° 91-80.133 : *Bull. crim.* n° 174). Aucune disposition légale ne le lui interdisant, le ministère public a la faculté de se désister de son pourvoi (■ Cass. crim., 2 mai 2002, n° 01-87.488 : *Bull. crim.* n° 96 ; *Dr. pén.* 2002, comm. 129, obs. A. Maron, à propos d'un pourvoi contre un arrêt ayant déclaré irrecevable une requête aux fins de placement en détention provisoire).

36) Action civile. Le ministère public n'est pas recevable à se pourvoir contre une décision qui ne concerne que des intérêts civils (■ Cass. crim., 25 oct. 2006, n° 05-85.998 : *Bull. crim.* n° 254). Il ne saurait donc se faire un grief de ce que la partie civile n'aurait pas été avisée de la date de l'audience à laquelle devait être examinée la demande de mise en liberté d'un détenu (■ Cass. crim., 3 mai 1994, n° 94-80.823 : *Bull. crim.* n° 161).

B – Prévenu

1° *Action publique*

37) Nécessité d'une décision faisant grief. Le condamné ne peut, faute d'intérêt, se faire un grief de ce que l'arrêt a prononcé contre lui une peine inférieure à celle qu'il avait encourue. En ce cas l'arrêt doit être annulé dans l'intérêt de la loi si le procureur général près la Cour de cassation le requiert (■ Cass. crim., 12 nov. 1974, n° 74-92.063 : *Bull. crim.* n° 326). Est irrecevable, faute d'intérêt, le pourvoi du demandeur contre une décision de relaxe, prononcée à son profit, ayant retenu, dans sa motivation, l'existence de relations sexuelles entre lui-même et la partie civile en leur déniant néanmoins tout caractère délictuel (■ Cass. crim., 3 mai 1995, n° 94-84.040 : *Bull. crim.* n° 160). Lorsque l'arrêt de la cour d'appel déclare amnistiés les faits poursuivis, en raison de la nature de l'infraction, le prévenu n'est pas admis à critiquer cet arrêt et son pourvoi est irrecevable (■ Cass. crim., 10 janv. 1983, n° 82-91.220 : *Bull. crim.* n° 9).

2° *Action civile*

38) Nécessité d'une décision faisant grief. Le demandeur est sans intérêt à se plaindre d'une omission n'ayant d'autre conséquence que de réduire sa dette (■ Cass. crim., 5 janv. 1956 : *Bull. crim.* n° 21).

C – Partie civile

39) Nécessité d'une décision faisant grief. Lorsqu'un arrêt, bien que faisant droit à la demande d'indemnisation formée par la partie civile, déclare non établie une partie des infractions sur lesquelles était fondée cette demande, la relaxe partielle ainsi prononcée fait grief, au sens de l'article 567 du Code de procédure pénale, à ladite partie civile dont le pourvoi est dès lors recevable (■ Cass. crim., 21 avr. 1977, n° 76-90.508 : *Bull. crim.* n° 124). La partie civile, non appelante du jugement et entendue à titre d'intimée devant la cour d'appel qui a relaxé le prévenu et a donné acte à ce dernier de son désistement sur les intérêts civils, est sans intérêt à agir en cassation. Son pourvoi doit dès lors être déclaré irrecevable (■ Cass. crim., 15 févr. 1993, n° 92-81.810 : *Bull. crim.* n° 72).

VI – EFFET DU POURVOI.

40) Effet dévolutif. Portée. Il résulte de l'article 567 du Code de procédure pénale que si le pourvoi a pour effet de déférer à la Cour de cassation la décision attaquée dans son intégralité, cet effet est limité par la qualité du demandeur, par sa volonté ou par son intérêt à agir (■ Cass. crim.,

19 mai 2020, n° 20-81.436. ■ Cass. crim., 16 juin 2020, n° 19-81.477, § 9 : publié au *Bull.*). Dès lors, une partie civile n'ayant pas qualité à critiquer les mesures énumérées à l'article 137 du Code de procédure pénale, son pourvoi ne saisit pas la chambre criminelle de la mesure de contrôle judiciaire dont le prévenu fait l'objet (■ Cass. crim., 19 mai 2020, préc.).

Art. 567-1 *(Mod., L. n° 93-2, 4 janv. 1993).* **– Si le président de la chambre criminelle constate qu'il a été formé un pourvoi contre une décision qui n'est pas susceptible de voie de recours, il rend une ordonnance de non-admission du pourvoi. Sa décision n'est pas susceptible de recours.**

Bibliographie : A. Maron, *JCl. Proc. pén.*, art. 567 à 575, Fasc. 10, Fasc. 30.

I – DÉCISIONS NON SUSCEPTIBLES DE RECOURS

A – Principe

1) Non-admission du pourvoi. Il appartient au président de la chambre criminelle de constater, sur le fondement de l'article 567-1 du Code de procédure pénale, la non-admission du pourvoi formé contre une décision non susceptible de recours (■ Cass. crim., 6 juin 1996, n° 96-80.711 : *Bull. crim.* n° 241. ■ Cass. crim., 12 oct. 1998, n° 98-84.163 : *Bull. crim.* n° 251).

B – Applications

2) Arrêt d'irrecevabilité d'un appel contre une ordonnance du juge d'instruction. Il appartient au président de la chambre criminelle de constater, sur le fondement de l'article 567-1 du Code de procédure pénale, la non-admission du pourvoi formé contre la décision du président de la chambre d'accusation qui, faute de pouvoir statuer sur une demande étrangère à l'unique objet de l'appel d'une ordonnance de renvoi devant le tribunal de police, en constate l'irrecevabilité par application de l'article 186, alinéa 6, du Code de procédure pénale (■ Cass. crim., 6 juin 1996, n° 96-80.711 : *Bull. crim.* n° 241).

3) Arrêt d'irrecevabilité d'une demande d'acte. Il appartient au président de la chambre criminelle de constater, sur le fondement de l'article 567-1 du Code de procédure pénale, la non-admission du pourvoi formé contre l'ordonnance d'un président de chambre d'accusation qui déclare irrecevable la requête du prévenu saisissant directement la chambre d'accusation d'une demande d'actes, une telle ordonnance étant insusceptible de recours, conformément à l'article 221-2 du même code (■ Cass. crim., 24 déc. 1997, n° 97-84.942 : *Bull. crim.* n° 436).

4) Ordonnance de placement en détention provisoire par le juge des libertés et de la détention lors d'une procédure de comparution immédiate. L'ordonnance de placement en détention provisoire rendue par le juge des libertés et de la détention dans une procédure de comparution immédiate, lorsque la réunion du tribunal correctionnel est impossible le jour même, est une décision, rendue par une juridiction du premier degré, qui, en l'absence de texte le prévoyant, n'est pas susceptible de recours ; il appartient dès lors au président de la chambre criminelle de constater, sur le fondement de l'article 567-1 du Code de procédure pénale, la non-admission du pourvoi formé contre une telle ordonnance (■ Cass. crim., 1er févr. 2006, n° 06-80.697 : *Bull. crim.* n° 1).

5) Mesures d'administration judiciaire. Conformément à l'article 567-1 du Code de procédure pénale, le président de la chambre criminelle constate, par ordonnance, la non-admission du pourvoi formé contre l'ordonnance du président de la chambre d'accusation rejetant une requête tendant à la rétractation d'une précédente décision rendue au visa de l'article 173 du Code de procédure pénale, aucune disposition de ce code ne prévoyant une telle requête et l'ordonnance qui la rejette ne constituant qu'une mesure d'administration judiciaire (■ Cass. crim., 26 nov. 1993, n° 93-84.620 : *Bull. crim.* n° 359). Constitue une mesure d'administration judiciaire soustraite au contrôle de la Cour de cassation la décision d'une cour d'appel qui confirme un jugement de tribunal correctionnel ayant ordonné la jonction d'un dossier avec d'autres, connexes ; le pourvoi formé contre un tel arrêt ne saurait, dès lors, donner lieu à examen immédiat sur le fondement des dispositions des articles 567-1, 570 et 571 du Code de procédure pénale (■ Cass. crim., 12 oct. 1998, n° 98-84.163 : *Bull. crim.* n° 251). La décision d'une chambre d'accusation qui, après exécution d'actes d'instruction par son président délégué à cet effet, prescrit la communication du dossier d'information au procureur général près la cour d'appel, constitue une mesure d'administration judiciaire échappant au contrôle de la Cour de cassation ; le pourvoi formé contre un tel arrêt ne saurait, dès lors, donner lieu à examen immédiat sur le fondement des dispositions des articles 567-1, 570 et 571 du Code de procédure pénale (■ Cass. crim., 12 oct. 1998, n° 98-83.743 : *Bull. crim.* n° 252).

6) Mesure prise dans l'intérêt d'une bonne administration de la justice. L'ordonnance de jonction de deux procédures criminelles, rendue par le président de la cour d'assises en application de l'article 285 du Code de procédure pénale, constitue une mesure prise dans l'intérêt d'une bonne administration de la justice qui, en l'absence de tout incident contentieux au sens des articles 305-1 et 316 de ce code, échappe au contrôle de la Cour de cassation et n'est susceptible d'aucune voie de recours. Il appartient au président de la chambre criminelle, conformément aux dispositions de l'article 567-1, de constater la non-admission du pourvoi formé contre une telle décision (▪ Cass. crim., 25 oct. 1996, n° 96-85.076 : *Bull. crim.* n° 374).

7) Pourvoi contre une décision non susceptible de faire grief au demandeur. Il appartient au président de la chambre criminelle de constater, sur le fondement des articles 567-1, 570 et 571 du Code de procédure pénale, la non-admission du pourvoi formé contre l'arrêt d'une chambre d'accusation lorsqu'il est établi par une attestation du greffier de cette juridiction qu'aucune décision susceptible de faire grief au demandeur n'a été rendue, à la date indiquée par celui-ci (▪ Cass. crim., 4 déc. 1997, n° 97-85.092 : *Bull. crim.* n° 415).

II – DÉCISIONS NON SUSCEPTIBLES DE RECOURS ET RISQUE D'EXCÈS DE POUVOIR

8) Arrêts statuant sur un appel contre une ordonnance du juge d'instruction ou du juge des libertés et de la détention. Il résulte de l'article 567-1 du Code de procédure pénale que la décision du président de la chambre d'accusation, prise en application de l'article 186, alinéa 6, de ce code n'est pas susceptible de pourvoi en cassation, sauf en cas de risque d'excès de pouvoir constaté par ordonnance du président de la chambre criminelle (▪ Cass. crim., 29 avr. 1997, n° 96-82.089 : *Bull. crim.* n° 154).

9) Référé-détention. Si, selon l'article 187-3 du Code de procédure pénale, le premier président de la cour d'appel, saisi d'un référé-détention, statue par une ordonnance qui n'est pas susceptible de recours, il en est autrement lorsque son examen fait apparaître un risque d'excès de pouvoir relevant du contrôle de la Cour de cassation (▪ Cass. crim., 12 mars 2014, n° 13-88.509 : *Bull. crim.* n° 78). La régularité de la procédure de référé-détention ne peut être contestée qu'à l'occasion d'un pourvoi formé contre l'ordonnance du premier président et dans le seul cas de risque d'excès de pouvoirs (▪ Cass. crim., 9 août 2017, n° 17-83.250 : *Bull. crim.* n° 215).

10) Arrêts statuant sur une requête en nullité au stade de l'instruction. Si, selon l'article 173 du Code de procédure pénale, quatrième alinéa, l'ordonnance d'irrecevabilité du président de la chambre d'accusation, prévue par ce texte, n'est pas susceptible de recours, il en est autrement lorsque son examen fait apparaître un risque d'excès de pouvoir relevant du contrôle de la Cour de cassation (▪ Cass. crim., 26 nov. 1993, n° 93-84.406 : *Bull. crim.* n° 360 ; *Dr. pén.* 1994, comm. 48, obs. A. Maron. ▪ Cass. crim., 5 mai 1997, n° 97-80.869 : *Bull. crim.* n° 160. ▪ Cass. crim., 6 mai 1998, n° 98-80.283 : *Bull. crim.* n° 153).

11) Arrêt de la cour d'assises réglant un incident contentieux. Les arrêts incidents par lesquels la cour d'assises, statuant en premier ressort, règle un incident contentieux ne peuvent faire l'objet d'un recours ; seul peut être formé un pourvoi contre un arrêt, non susceptible d'appel, par lequel la cour d'assises de première instance met fin à la procédure, dans le cas où son examen fait apparaître un risque d'excès de pouvoir (▪ Cass. crim., 26 avr. 2017, n° 16-86.326 : *Bull. crim.* n° 123).

12) Arrêts du président de la chambre de l'application des peines. Si, selon les dispositions combinées des articles D. 49-42, D. 49-44-1 et 505-1 du Code de procédure pénale, la décision par laquelle le président de la chambre de l'application des peines constate que l'appel est tardif, devenu sans objet ou que l'appelant s'est désisté de son appel, n'est pas susceptible de recours, il en est autrement lorsque son examen fait apparaître un risque d'excès de pouvoir relevant du contrôle de la Cour de cassation (▪ Cass. crim., 18 déc. 2013, n° 12-87.281 : *Bull. crim.* n° 266).

Art. 567-1-1 *(Ord. n° 2006-673, 8 juin 2006).* – **Lorsque la solution d'une affaire soumise à la chambre criminelle lui paraît s'imposer, le premier président ou le président de la chambre criminelle peut décider de faire juger l'affaire par une formation de trois magistrats. Cette formation peut renvoyer l'examen de l'affaire à l'audience de la chambre à la demande de l'une des parties ; le renvoi est de droit si l'un des magistrats composant la formation restreinte le demande. La formation déclare non admis les pourvois irrecevables ou non fondés sur un moyen sérieux de cassation.**

Bibliographie : A. Maron, *JCl. Proc. pén.*, art. 567 à 575, Fasc. 30.

Conformité de l'article 567-1-1 à la Convention européenne des droits de l'Homme. La procédure de non-admission des pourvois irrecevables ou non fondés sur un moyen sérieux de cassation est conforme aux dispositions de l'article 6 de la Convention européenne des droits de l'Homme ; elle est fondée sur l'absence de moyen sérieux dans les termes de l'article 567-1-1 du Code de procédure pénale, laquelle est explicitée par le rapporteur, pour permettre le respect du contradictoire, avant que la formation collégiale ne se prononce. En conséquence, doit être rejetée la requête en récusation fondée sur le grief de partialité formulée à l'encontre du conseiller qui a proposé la non-admission d'un pourvoi (■ Cass. crim., 1er sept. 2015, n° 15-83.533 : *Bull. crim.* n° 186 ; *Dr. pén.* 2015, comm. 149, obs. A. Maron et M. Haas).

Art. 567-2 (1) *(Mod., L. n° 2021-401, 8 avr. 2021)*. – **La chambre criminelle saisie d'un pourvoi contre un arrêt de la chambre de l'instruction ou de la chambre correctionnelle de la cour d'appel rendu en matière de détention provisoire doit statuer dans les trois mois qui suivent la réception du dossier à la Cour de cassation, faute de quoi la personne mise en examen est mise d'office en liberté.**

Le demandeur en cassation ou son avocat doit, à peine de déchéance, déposer son mémoire exposant les moyens de cassation dans le délai d'un mois à compter de la réception du dossier, sauf décision du président de la chambre criminelle prorogeant, à titre exceptionnel, le délai pour une durée de huit jours. Après l'expiration de ce délai, aucun moyen nouveau ne peut être soulevé par lui et il ne peut plus être déposé de mémoire.

Dès le dépôt du mémoire, le président de la chambre criminelle fixe la date de l'audience.

Bibliographie : A. Maron, *JCl. Proc. pén.*, art. 567 à 575, Fasc. 10, Fasc. 30.

1) Domaine d'application de l'article 567-2. La faculté, prévue par l'article 567-2 du Code de procédure pénale, de transmettre directement au greffe de la Cour de cassation un mémoire personnel dans le délai d'un mois à compter de la réception du dossier, n'est offerte qu'au demandeur qui se pourvoit contre un arrêt de la chambre d'accusation statuant en matière de détention provisoire ; tel n'est pas le cas du mis en examen qui se pourvoit contre un arrêt de cette juridiction rendu en matière de contrôle judiciaire (10 août 1993, n° 93-82.470 : *Bull. crim.* n° 257. ■ Cass. crim., 19 nov. 1997, n° 97-84.042 : *Bull. crim.* n° 392). Le demandeur ne saurait se prévaloir des dispositions de l'article 567-2 du Code de procédure pénale applicables aux seuls pourvois contre des arrêts de chambre de l'instruction rendus en matière de détention provisoire, dès lors que la Cour de cassation est saisie en application de l'article 574 dudit code d'un pourvoi contre un arrêt portant renvoi d'un prévenu devant le tribunal correctionnel (■ Cass. crim., 15 déc. 2015, nos 14-87.935 et 15-84.373 : *Bull. crim.* n° 293).

2) Signature du mémoire personnel. Le demandeur à la cassation encourt la déchéance de son pourvoi, par application des dispositions de l'article 567-2 du Code de procédure pénale, dès lors qu'il n'a pas signé lui-même son mémoire personnel (■ Cass. crim., 11 juill. 1990, n° 90-82.937 : *Bull. crim.* n° 281).

3) Mémoire personnel ne visant aucun texte. Équivaut à un défaut de présentation de mémoire dans le délai d'un mois de la réception du dossier par la Cour de cassation, sanctionné par la déchéance prévue par l'article 567-2 du Code de procédure pénale, la production, par le demandeur qui s'est pourvu contre un arrêt rendu en matière de détention provisoire, d'un mémoire ne visant aucun texte de loi et n'offrant à juger aucun moyen de droit (■ Cass. crim., 11 déc. 2012, n° 12-86.576 : *Bull. crim.* n° 273).

4) Délai de dépôt du mémoire. Partie civile. Les dispositions de l'article 567-2 du Code de procédure pénale fixant le délai dans lequel, en cas de pourvoi contre un arrêt de la chambre d'accusation rendu en matière de détention provisoire, le demandeur ou son conseil doit déposer son mémoire, s'applique à la partie civile ; une demande d'aide judiciaire ne saurait apporter dérogation à ces dispositions (■ Cass. crim., 20 févr. 1990, n° 89-86.760 : *Bull. crim.* n° 83).

5) Rétractation d'arrêt par la chambre criminelle. Lorsqu'à la suite d'une erreur non imputable au demandeur, la Cour de cassation a statué à tort sur un pourvoi, l'arrêt est nul et non avenu, et les délais prévus à l'article 567-2 du Code de procédure pénale commencent à courir à compter de la notification de l'arrêt rendu sur la requête en rétractation(■ Cass. crim., 29 janv. 2020, n° 19-86.466).

Art. 568 *(Mod., L. n° 2004-204, 9 mars 2004)*. – **Le ministère public et toutes les parties ont cinq jours francs après celui où la décision attaquée a été prononcée pour se pourvoir en cassation.**

(1) Dispositions particulières ou dérogatoires résultant de l'état d'urgence sanitaire dû à l'épidémie de covid-19 : V. Ord. n° 2020-303 du 25 mars 2020. – NDLR.

Toutefois, le délai de pourvoi ne court qu'à compter de la signification de l'arrêt, quel qu'en soit le mode :
1° Pour la partie qui, après débat contradictoire, n'était pas présente ou représentée à l'audience où l'arrêt a été prononcé, si elle n'avait pas été informée ainsi qu'il est dit à l'article 462, alinéa 2 ;
2° Pour le prévenu qui a été jugé en son absence, mais après audition d'un avocat qui s'est présenté pour assurer sa défense, sans cependant être titulaire d'un mandat de représentation signé du prévenu ;
3° Pour le prévenu qui n'a pas comparu, soit dans les cas prévus par l'article 410, soit dans le cas prévu par le cinquième alinéa de l'article 411, lorsque son avocat n'était pas présent ;
4° Pour le prévenu qui a été jugé par itératif défaut.
Le délai du pourvoi contre les arrêts ou les jugements par défaut ne court, à l'égard du prévenu, que du jour où ils ne sont plus susceptibles d'opposition. À l'égard du ministère public, le délai court à compter de l'expiration du délai de dix jours qui suit la signification.
Les dispositions de l'article 498-1 sont applicables pour déterminer le point de départ du délai de pourvoi en cassation de la personne condamnée à une peine d'emprisonnement ferme ou à une peine d'emprisonnement assortie d'un sursis partiel.

Bibliographie : O. de Bouillane de Lacoste, *JCl. Proc. pén.*, art. 567 à 575, Fasc. 50.

1) **Arrêt statuant sur une infraction de droit commun et une infraction de presse.** Lorsqu'un même arrêt a statué à la fois sur deux infractions respectivement prévues par la loi sur la liberté de la presse et par un autre texte, le délai de pourvoi en cassation est de 3 jours non francs, en ce qui concerne les dispositions relatives à la première de ces infractions et de 5 jours, pour le surplus (▪ Cass. crim., 15 janv. 1991, n° 90-84.155 : *Bull. crim.* n° 23. ▪ Cass. crim., 25 févr. 2003, n° 02-81.907 : *Bull. crim.* n° 48. ▪ Cass. crim., 19 févr. 2019, n° 18-80.195 : *Dr. pén.* 2019, comm. 74, obs. A. Maron et M. Haas). En cas de poursuites exercées pour des infractions de presse et des infractions de droit commun, la validité ou la recevabilité du pourvoi doit être appréciée selon que cette voie de recours concerne les premières de ces infractions ou les secondes (▪ Cass. crim., 14 janv. 2014, n° 12-88.212 : *Bull. crim.* n° 7).

2) **Dérogations au délai de l'article 568.** Si dans des cas exceptionnels, il peut être dérogé aux prescriptions de l'article 568 du Code de procédure pénale relatives aux délais du pourvoi en cassation, c'est à la condition que par un événement de force majeure ou par un obstacle invincible et indépendant de sa volonté, le demandeur se soit trouvé dans l'impossibilité de s'y conformer (▪ Cass. crim., 28 mars 1977, n° 76-91.433 : *Bull. crim.* n° 113. ▪ Cass. crim., 13 janv. 2015, n° 13-87.188 : *Bull. crim.* n° 14. ▪ Cass. crim., 12 sept. 2018, n° 17-85.080. ▪ Cass. crim., 10 déc. 2019, n° 18-85.833, § 13 : publié au *Bull.*). Est recevable le pourvoi, formé après l'expiration du délai de cinq jours francs prévu à l'article 568 du Code de procédure pénale par le demandeur, qui s'est trouvé dans l'impossibilité absolue d'exercer son recours en temps utile en raison de la fermeture des locaux du greffe (▪ Cass. crim., 14 févr. 2007, n° 06-82.283 : *Bull. crim.* n° 48). Est irrecevable le pourvoi formé après l'heure de fermeture du greffe (▪ Cass. crim., 13 janv. 2015, préc.). Il ne peut être dérogé aux dispositions des articles 568 et 576 du Code de procédure pénale que dans le cas où le demandeur, non détenu, justifie s'être trouvé en raison d'une circonstance indépendante de sa volonté dans l'impossibilité absolue de déclarer son pourvoi au greffe ou de s'y faire représenter, dans le délai légal (▪ Cass. crim., 30 oct. 2018, n° 17-87.537 : *Bull. crim.* n° 179 ; *Dr. pén.* 2018, comm. 215, obs. A. Maron et M. Haas, à propos d'une personne internée en hôpital psychiatrique). Bien que l'article 505-1 du Code de procédure pénale ne prévoie pas les formes selon lesquelles la notification de l'arrêt du président de la chambre correctionnelle de la cour d'appel doit être faite, le recours à une lettre simple pour y procéder, en l'état d'une procédure qui n'est pas contradictoire, ne permet pas de s'assurer que la partie civile a été mise en mesure de former un pourvoi dans le délai prévu par l'article 568 du même code à compter de cette notification ; en conséquence, il convient de déclarer recevable le pourvoi formé (▪ Cass. crim., 6 nov. 2019, n° 19-81.545).

3) **Dérogations au délai de l'article 568. Ordonnance n° 2020-303 du 25 mars 2020 (art. 4, al. 1).** V. ▪ Cass. crim., 1er déc. 2021, n° 20-82.726.

4) **Pourvoi à titre conservatoire.** Le demandeur n'établissant pas avoir été dans l'impossibilité de manifester lui-même, ou par l'intermédiaire de son avocat, son intention de se pourvoir, fût-ce à titre conservatoire, dans le délai légal, son pourvoi est irrecevable (▪ Cass. crim., 13 janv. 2015, préc.).

5) **Administration des Douanes.** Les dispositions de l'article 568, dernier alinéa, du Code de procédure pénale aux termes desquelles, à l'égard du ministère public, le délai du pourvoi contre les arrêts de défaut court à compter de l'expiration du délai de 10 jours qui suit la signification, sont applicables au pourvoi formé par l'administration des Douanes qui poursuit à titre principal l'action pour

l'application des sanctions fiscales en matière douanière et cambiaire (■ Cass. crim., 11 juin 1990, n° 89-84.909 : *Bull. crim.* n° 236).

6) Prévenu représenté par un avocat. Le prévenu qui, remplissant les conditions prévues par l'article 544, alinéa 2, du Code de procédure pénale, a demandé à être jugé en son absence et a été représenté par son avocat, ne peut invoquer les dispositions de l'article 568, alinéa 2, du même code qui ne font courir le délai du pourvoi qu'à compter de la signification de l'arrêt ; l'affaire ayant été mise en délibéré et l'avertissement prévu par l'article 462, alinéa 2, dudit code ayant été donné, le délai du pourvoi en cassation a pour point de départ le jour du prononcé de la décision (■ Cass. crim., 29 mai 1996, n° 95-83.160 : *Bull. crim.* n° 217. ■ Cass. crim., 13 mai 2003, n°s 00-87.553 et 02-80.673 : *Bull. crim.* n° 95). Il n'importe qu'il y ait eu deux remises successives de la décision si elles ont été faites à jour fixe (■ Cass. crim., 29 nov. 1988, n° 88-80.879 : *Bull. crim.* n° 400). L'affaire qui fait l'objet de renvois successifs à des dates fixes dont les parties présentes sont régulièrement informées conserve un caractère contradictoire à l'égard du prévenu présent lors de la première audience, même s'il ne comparaît pas lors des audiences ultérieures. Les décisions ainsi prononcées n'ont pas à lui être signifiées et le délai du pourvoi commence à courir à partir du prononcé de la décision (■ Cass. crim., 17 déc. 1985, n° 83-92.479 : *Bull. crim.* n° 406). Le prévenu qui, par lettre, a demandé à être jugé en son absence et que son avocat soit entendu, ne peut invoquer les dispositions de l'article 568, alinéa 2 du Code de procédure pénale relatives à la nécessité d'une signification, dès lors que, son avocat entendu, l'arrêt a été rendu à la même audience ; il disposait, pour se pourvoir, de cinq jours francs à dater du jour où l'arrêt a été prononcé (■ Cass. crim., 29 nov. 1972, n° 72-90.136 : *Bull. crim.* n° 366. ■ Cass. crim., 11 déc. 1975, n° 74-90.607 : *Bull. crim.* n° 277. ■ Cass. crim., 27 nov. 1978, n° 77-93.395 : *Bull. crim.* n° 330. ■ Cass. crim., 14 mai 1991, n° 90-85.107 : *Bull. crim.* n° 202. ■ Cass. crim., 29 mai 1996, n° 95-83.160 : *Bull. crim.* n° 217. ■ Cass. crim., 14 oct. 2008, préc., n° 21).

7) Prévenu détenu. Lorsque le prévenu détenu qui était présent aux débats n'a pas été extrait de la maison d'arrêt le jour du prononcé de l'arrêt et qu'il n'était pas représenté par un avocat, le délai du pourvoi ne peut courir qu'à compter de la signification dudit arrêt. L'omission de cette formalité a pour conséquence de suspendre le délai de pourvoi (■ Cass. crim., 7 févr. 2007, n° 06-84.427 : *Bull. crim.* n° 36).

8) Personne civilement responsable. La personne civilement responsable représentée par un avocat et à l'égard de laquelle l'arrêt a été rendu contradictoirement en application des articles 415 et 512 du Code de procédure pénale ne peut invoquer les dispositions de l'article 568, alinéa 2 dudit code qui ne font courir le délai de pourvoi que de la signification de l'arrêt attaqué, aucune exception n'étant prévue en pareil cas (■ Cass. crim., 8 déc. 1964, n° 64-90.020 : *Bull. crim.* n° 331. ■ Cass. crim., 11 déc. 1975, n° 74-90.607 : *Bull. crim.* n° 277).

9) Pourvoi contre les arrêts de la chambre de l'instruction. en vueSi l'article 217 du Code de procédure pénale prévoit en son premier alinéa que les arrêts rendus par la chambre de l'instruction sont portés à la connaissance des avocats des parties, il résulte du troisième alinéa de ce texte que seule la signification ou la notification aux parties des arrêts contre lesquels elles peuvent former un pourvoi en cassation fait courir le délai de cinq jours prévu par l'article 568 du Code de procédure pénale (■ Cass. crim., 15 févr. 2005, n° 04-87.040 : *Bull. crim.* n° 54). Il résulte de la combinaison des articles 217, alinéa 3, et 568 du Code de procédure pénale que le délai de pourvoi en cassation contre un arrêt de la chambre d'accusation court, tant que le juge d'instruction n'a pas clôturé son information, du jour de la notification dudit arrêt par lettre recommandée ou par les soins du chef de l'établissement pénitentiaire s'il s'agit d'une personne détenue (■ Cass. crim., 4 mars 1997, n° 96-83.636 : *Bull. crim.* n° 82). Il résulte de la combinaison des articles 217 et 568 du Code de procédure pénale que la partie civile a 5 jours francs, après celui où l'arrêt lui a été signifié, pour se pourvoir en cassation contre un arrêt de la chambre de l'instruction (■ Cass. crim., 20 févr. 2019, n° 18-82.572). Il résulte de la combinaison des articles 217 et 568 du Code de procédure pénale que le délai pour se pourvoir en cassation est de 5 jours francs, après la signification à l'intéressé de l'arrêt de la chambre de l'instruction confirmant l'ordonnance du juge d'instruction ayant déclaré irrecevable sa constitution de partie civile initiale ; en conséquence, lorsqu'il ressort des pièces de la procédure que l'arrêt du 21 septembre 2018 confirmant l'ordonnance du magistrat instructeur déclarant irrecevables les constitutions de partie civile de M. et Mme L..., n'a pas été signifié à ces derniers mais qu'il a seulement été notifié, les pourvois en cassation formés le 9 octobre 2018 sont recevables (■ Cass. crim., 13 nov. 2019, n° 18-86.442 : publié au *Bull.*).

10) Pourvoi contre les ordonnances du président de la chambre de l'instruction. Le pourvoi en cassation contre une ordonnance du président de la chambre d'accusation, prise en application de l'article 186, alinéa 6, du Code de procédure pénale, doit être formé dans le délai de 5 jours francs prévu par l'article 568 du même code ; ce délai court à compter de la notification de l'ordonnance (■ Cass. crim., 29 avr. 1997, n° 96-82.089 : *Bull. crim.* n° 154).

11) Pourvoi contre l'ordonnance du premier président de la cour d'appel en matière de concurrence. Aux termes de l'article L. 450-4 du Code de commerce, le pourvoi en cassation contre l'ordonnance du premier président de la cour d'appel statuant sur la validité d'une ordonnance du juge des libertés et de la détention autorisant des opérations de visite et saisie en vue de rechercher la preuve de pratiques anticoncurrentielles est soumis aux dispositions du Code de procédure pénale ; il s'ensuit que lorsque la décision est rendue après débat contradictoire et que les parties ont été informées de la date à laquelle elle serait prononcée, le délai de cinq jours francs prévu par l'article 568 de ce code court du jour de ce prononcé (■ Cass. crim., 19 déc. 2012, 2 arrêts, n°s 11-88.472 et 12-81.350 : *Bull. crim.* n° 286).

Art. 568-1 ***(Mod., L. n° 2013-711, 5 août 2013).*** **– Lorsque la décision attaquée est un arrêt d'une chambre de l'instruction, statuant dans les conditions énoncées au quatrième alinéa de l'article 695-31 ou au quatrième alinéa de l'article 695-46, le délai de pourvoi mentionné au premier alinéa de l'article 568 est ramené à trois jours francs.**

Le dossier est transmis, par tout moyen permettant d'en conserver une trace écrite, au greffe de la chambre criminelle de la Cour de cassation dans les quarante-huit heures à compter de la déclaration de pourvoi.

Bibliographie : A. Maron, *JCl. Proc. pén.*, art. 567 à 575, Fasc. 30.

Procédure équitable. Selon l'article préliminaire du Code de procédure pénale, la procédure pénale doit être équitable et contradictoire et préserver l'équilibre des droits des parties ; il se déduit des articles 568-1, alinéa 2, 574-2 et 587 du même code que, s'agissant d'un pourvoi formé contre un arrêt statuant en matière de mandat d'arrêt européen, sur lequel la Cour de cassation doit se prononcer dans les quarante jours à compter de sa date, si le procureur général dispose en principe, pour déposer son mémoire, d'un délai de cinq jours à compter de la réception du dossier à la Cour de cassation, c'est à la condition que, à peine de déchéance, il ait lui-même, sauf circonstances insurmontables, transmis ce dossier au greffe de la chambre criminelle dans les 48 heures à compter de sa déclaration de pourvoi, ainsi que le lui impose le deuxième alinéa de l'article 568-1 précité. Doit donc être déclaré déchu de son pourvoi le procureur général qui a transmis le dossier, avec son mémoire, vingt-neuf jours après la déclaration de pourvoi, laissant à son contradicteur seulement quelques jours pour présenter des observations en défense (■ Cass. crim., 23 janv. 2013, n° 13-80.444 : *Bull. crim.* n° 30).

Art. 569 ***(Mod., L. n° 2009-1436, 24 nov. 2009).*** **– Pendant les délais du recours en cassation et, s'il y a eu recours, jusqu'au prononcé de l'arrêt de la Cour de cassation, il est sursis à l'exécution de l'arrêt de la cour d'appel, sauf en ce qui concerne les condamnations civiles, et à moins que la cour d'appel ne confirme le mandat décerné par le tribunal en application de l'article 464-1 ou de l'article 465, premier alinéa, ou ne décerne elle-même mandat sous les mêmes conditions et selon les mêmes règles.**

Le contrôle judiciaire et l'assignation à résidence avec surveillance électronique prennent fin, sauf si la cour d'appel en décide autrement, lorsqu'elle prononce une condamnation à l'emprisonnement sans sursis ou assorti du « sursis avec mise à l'épreuve » (1). **Lorsqu'un cautionnement a été fourni, les dispositions des premier et deuxième alinéas de l'article 142-2 et du deuxième alinéa de l'article 142-3 sont applicables.**

En cas d'acquittement, d'exemption de peine ou de condamnation soit à l'emprisonnement assorti du sursis simple ou du « sursis avec mise à l'épreuve » (1)**, soit à l'amende, le prévenu détenu est, nonobstant pourvoi, mis en liberté immédiatement après l'arrêt.**

Il en est de même en cas de condamnation à une peine d'emprisonnement, lorsque la détention provisoire a été ordonnée ou maintenue dans les conditions prévues par l'alinéa 1er aussitôt que la durée de la détention aura atteint celle de la peine prononcée.

Le troisième alinéa de l'article 498-1 est applicable en cas de pourvoi en cassation formé contre un arrêt de condamnation rendu dans les conditions prévues à l'article 410.

Bibliographie : O. de Bouillane de Lacoste, *JCl. Proc. pén.*, art. 567 à 575, Fasc. 50.

(1) Selon les dispositions de la loi n° 2019–222 du 23 mars 2019, les mots « sursis avec mise à l'épreuve » sont remplacés par les mots « sursis probatoire » à compter du 24 mars 2020. — NDLR.

I – DOMAINE DE L'ARTICLE 569 QUANT AUX DÉCISIONS

1) Jugements et arrêts. Les dispositions de l'article 569 du Code de procédure pénale ne s'appliquent qu'aux jugements et arrêts (■ Cass. crim., 21 juin 2016, n° 15-84.172 : *Bull. crim.* n° 191). Il est donc sans application à l'arrêté ayant prononcé le retrait de l'habilitation à exercer les attributions attachées à la qualité d'officier de police judiciaire (même arrêt).

2) Exclusion des décisions des juridictions d'instruction. L'article 569 n'est applicable que devant les juridictions de jugement, à l'exclusion des juridictions d'instruction (■ Cass. crim., 30 oct. 1995, n° 95-83.115 : *Bull. crim.* n° 331. ■ Cass. crim., 1er févr. 2005, n° 04-86.768 : *Bull. crim.* n° 33).

3) Exclusion des condamnations civiles. Selon l'article 569 du Code de procédure pénale, l'effet suspensif du pourvoi en cassation ne s'attache pas à l'exécution des condamnations civiles prononcées par une juridiction répressive (■ Cass. crim., 5 juin 1997, n° 96-82.783 : *Bull. crim.* n° 228). Conformément à l'article 569 du Code de procédure pénale, il n'est pas sursis à l'exécution de la mesure de mise en conformité des lieux jusqu'à ce que la décision soit définitive, dès lors que cette mesure a été prononcée à titre de condamnation civile (■ Cass. crim., 3 nov. 2009 n° 08-88.178 : *Bull. crim.* n° 184 ; *Dr. pén.* 2010, comm. 24, obs. J.-H. Robert). Fait l'exacte application de l'article 569, premier alinéa du Code de procédure pénale, la cour d'appel, qui, pour rejeter l'argumentation des prévenus, selon laquelle l'astreinte ne pouvait courir qu'à compter du rejet de leur pourvoi contre l'arrêt les condamnant et ordonnant la publication de la décision, énonce que cette mesure a été prononcée à titre de réparation civile et que le pourvoi ne suspend l'exécution que des condamnations pénales (■ Cass. crim., 16 nov. 2010, n° 10-80.297 : *Bull. crim.* n° 181).

II – APPLICATION DE L'ARTICLE 569

4) Effet suspensif du pourvoi. Malgré le maintien en détention prescrit par la cour d'appel, la peine d'emprisonnement prononcée contre un prévenu n'est exécutoire, en raison de l'effet suspensif du pourvoi en cassation, qu'à compter du rejet de ce pourvoi (■ Cass. crim., 20 oct. 1992, n° 92-83.285 : *Bull. crim.* n° 328). Le délai imparti au prévenu, pour remettre en état les lieux, court à compter du jour où cette décision sera passée en force de chose jugée et une disposition contraire énoncée par un jugement ou un arrêt est nécessairement sans portée. Doit donc être écarté, comme sans objet, le moyen qui relève que la cour d'appel ne pouvait régulièrement fixer à la date de notification de sa décision le point de départ du délai d'un an laissé au prévenu pour faire procéder à la destruction de l'ouvrage litigieux (■ Cass. crim., 22 oct. 2019, n° 18-85.910).

5) Maintien du contrôle judiciaire par la cour d'appel. Selon l'article 569, alinéa 2, du Code de procédure pénale, le contrôle judiciaire prend fin après arrêt sur le fond, sauf si la cour d'appel en décide autrement lorsqu'elle prononce une condamnation à l'emprisonnement sans sursis ou assortie du sursis avec mise à l'épreuve ; lorsqu'un cautionnement a été fourni, les dispositions des premier et deuxième alinéas de l'article 142-2 et du deuxième alinéa de l'article 142-3 du Code de procédure pénale sont applicables. Encourt donc la censure la cour d'appel qui, après avoir infligé au prévenu une condamnation avec sursis frappée de pourvoi, nonobstant les dispositions de l'article 569, alinéa 2, précitées, se déclare compétente pour statuer sur une requête en modification de contrôle judiciaire et réduit, notamment, le montant du cautionnement initialement fixé par le juge d'instruction et les garanties offertes à ce titre (■ Cass. crim., 19 juin 1995, n° 94-85.773 : *Bull. crim.* n° 224).

Art. 570 *(Mod., L. n° 93-1013, 24 août 1993 ; L. n° 2022-52, 24 janv. 2022).* **– Lorsque le tribunal ou la cour d'appel statue par jugement ou arrêt distinct de l'arrêt sur le fond, le pourvoi en cassation est immédiatement recevable si cette décision met fin à la procédure. Si le président de la chambre criminelle constate qu'une décision a été à tort considérée par la partie intéressée comme mettant fin à la procédure, il apprécie si le pourvoi doit néanmoins être reçu dans l'intérêt de l'ordre public ou d'une bonne administration de la justice, ou si, au contraire, il ne doit pas être reçu, et rend d'office à cet effet une ordonnance d'admission ou de non-admission.**

Dans le cas où la décision n'a pas mis fin à la procédure et jusqu'à l'expiration des délais de pourvoi, l'arrêt n'est pas exécutoire et la cour d'appel ne peut statuer au fond.

Si aucun pourvoi n'a été interjeté ou si, avant l'expiration du délai du pourvoi, la partie demanderesse au pourvoi n'a pas déposé au greffe la requête prévue par l'alinéa suivant, le jugement ou l'arrêt est exécutoire et le tribunal ou la cour d'appel statue au fond. Il en est de même, nonobstant les dispositions de l'alinéa suivant, en cas d'arrêt rendu soit sur appel d'une ordonnance du juge d'instruction en application des articles 81, neuvième alinéa, 82-1,

deuxième alinéa, 156, deuxième alinéa, ou 167, avant-dernier alinéa, soit en raison du défaut, par le juge d'instruction, d'avoir rendu une telle ordonnance. Dans ces cas, si la procédure a été néanmoins transmise à la Cour de cassation, le président de la chambre criminelle ordonne qu'il en soit fait retour à la juridiction saisie.

Le demandeur en cassation peut déposer au greffe, avant l'expiration des délais de pourvoi, une requête adressée au président de la chambre criminelle de la Cour de cassation et tendant à faire déclarer son pourvoi immédiatement recevable.

Bibliographie : ***Répertoire.*** A. Maron, *JCl. Proc. pén.*, art. 567 à 575, Fasc. 40. • O. de Bouillane de Lacoste, *JCl. Proc. pén.*, art. 567 à 575, Fasc. 50.

Généralités. J. Brouchot, *Des voies de recours contre les décisions pénales distinctes des décisions sur le fond : JCP* G 1964, I, 1828. • D. Caron, *Les ordonnances du président de la chambre criminelle de la Cour de cassation statuant sur les pourvois formés contre des décisions ne mettant pas fin à la procédure : Rapp. C. cass.* 1994, p. 109.

Voir : art. 571, p. 1227.

• Sommaire

1) Impartialité du président de la chambre criminelle de la Cour de cassation. En exposant qu'il a formé un pourvoi en cassation et que par ordonnance, le président de la chambre criminelle a dit n'y avoir lieu de recevoir en l'état ce pourvoi, en l'absence d'éléments susceptibles de remplir les conditions prévues à l'article 570 du Code de procédure pénale, le requérant fait valoir que le président de la chambre criminelle a déjà connu de l'affaire, ce qui est de nature à faire douter de son impartialité : mais rien ne s'oppose à ce que les mêmes magistrats composent la chambre criminelle lors de l'examen de pourvois successifs formés au cours de la même procédure (■ Cass. crim., 18 sept. 2019, n° 19-85.745).

2) Dispositions d'ordre public. Les dispositions de l'article 570 du Code de procédure pénale sont d'ordre public (■ Cass. crim., 19 mai 1980, n° 79-93.161 : *Bull. crim.* n° 148 ; *D.* 1981, p. 177, note W. Jeandidier).

I – CONFORMITÉ DE L'ARTICLE 570 AUX PRINCIPES CONSTITUTIONNELS

3) Droit d'accès au juge. Les dispositions des articles 570 et 571 du Code de procédure pénale n'ont pour effet que de différer, dans certains cas, dans l'intérêt de l'ordre public ou d'une bonne administration de la justice, l'examen du pourvoi, et ne font pas obstacle à l'accès au juge (■ Cass. crim., 31 mai 2010, n°s 10-80.637 et 10-80.649 QPC. ■ Cass. crim., 9 juill. 2010, n° 10-83.274 QPC. ■ Cass. crim., 2 sept. 2010, n° 10-83.848 QPC. ■ Cass. crim., 8 sept. 2010, n° 10-84.389 QPC. ■ Cass. crim., 22 sept. 2010, n° 10-90.095 QPC).

4) Clarté de la loi et principe d'égalité devant la loi. Les dispositions des articles 570 et 571 du Code de procédure pénale, d'une part, sont rédigées en termes suffisamment clairs et précis pour les rendre intelligibles, d'autre part, ne méconnaissent aucun des textes constitutionnels invoqués ni le principe de l'examen différé de tout pourvoi formé contre une décision distincte de l'arrêt sur le fond et ne mettant pas fin à la procédure, destiné à préserver la célérité des poursuites, ni l'exception à ce principe, l'admission immédiate d'un tel pourvoi ne pouvant être décidée que par le président de la chambre criminelle, qui statue par une ordonnance fondée sur l'intérêt de l'ordre public ou d'une bonne administration de la justice (■ Cass. crim., 6 mai 2015, n° 15-80.079 QPC. ■ Cass. crim., 6 mai 2015, n° 15-80.076 QPC. ■ Cass. crim., 6 mai 2015, n° 15-80.078 QPC. ■ Cass. crim., 6 mai 2015, n° 15-80.080 QPC. ■ Cass. crim., 6 mai 2015, n° 15-80.077 QPC).

5) Droit à un recours juridictionnel effectif. Les dispositions des articles 570 et 571 du Code de procédure pénale, qui ne permettent pas au prévenu, qui n'interjette pas appel du jugement de condamnation pénale, de voir juger le pourvoi qu'il a précédemment formé contre un arrêt de la chambre de l'instruction ayant rejeté sa demande d'annulation de pièces de la procédure et dont l'examen immédiat n'a pas été admis par le président de la chambre criminelle, ne portent pas atteinte au droit à un recours juridictionnel effectif ; en effet, le régime procédural prévu à ces articles, qui autorise le pourvoi en cassation formé contre une décision distincte de celle sur le fond et ne mettant pas fin à la procédure, mais encadre les conditions dans lesquelles son examen par la Cour de cassation peut être immédiat, en confiant au président de la chambre criminelle le soin de se prononcer sur ce point au regard des intérêts en cause, est fondé sur des considérations légitimes tenant à l'intérêt de l'ordre public et d'une bonne administration de la justice (■ Cass. crim., 9 mars 2016, n° 15-84.491 QPC).

II – ARRÊTS N'ENTRANT PAS DANS LES PRÉVISIONS DE L'ARTICLE 570

A – Décisions sur le fond

6) Inclusion. L'arrêt qui statue sur le principe de la culpabilité ne doit pas être considéré comme un arrêt avant dire droit, mais comme un arrêt sur le fond. Il n'entre pas dans les prévisions de l'article 570 du Code de procédure pénale. Le pourvoi contre un tel arrêt est immédiatement recevable (■ Cass. crim., 7 avr. 1976, n° 76-90.780 : *Bull. crim.* n° 106). Ainsi de l'arrêt qui condamne le prévenu et renvoie à une audience ultérieure pour statuer sur l'action civile (même arrêt). L'arrêt qui, après s'être prononcé sur la culpabilité, ajourne le prononcé de la peine en application des dispositions de l'article 469-3 du Code de procédure pénale, n'entre pas dans les prévisions de l'article 570 dudit code. Le pourvoi contre un tel arrêt est immédiatement recevable (■ Cass. crim., 8 févr. 1977, n° 77-90.100 : *Bull. crim.* n° 46).

7) Exclusion. N'est pas un arrêt sur le fond : ... la décision d'une chambre de l'instruction qui, saisie sur le fondement de l'article 186-3 du Code de procédure pénale, confirme l'ordonnance du juge d'instruction renvoyant la personne mise en examen devant le tribunal correctionnel (■ Cass. crim., 20 févr. 2019, n° 17-86.951 : *Bull. crim.* n° 42) ; ... la décision ordonnant un supplément d'information (■ Cass. crim., 5 mars 2019, n° 18-85.489).

B – Décisions ne pouvant faire l'objet d'un pourvoi qu'en même temps que l'arrêt sur le fond

1° *Infractions de droit commun*

8) Arrêt de cour d'assises statuant sur les incidents contentieux. Aux termes de l'article 316 du Code de procédure pénale, les arrêts de la cour d'assises statuant sur les incidents contentieux ne peuvent être attaqués par la voie du recours en cassation qu'en même temps que l'arrêt sur le fond. Les articles 570 et 571 du même code sont étrangers aux arrêts de cette sorte (■ Cass. crim., 15 juill. 1981, n° 81-91.837 : *Bull. crim.* n° 229).

2° *Infractions en matière de presse*

9) Dérogation à l'article 59 de la loi du 29 juillet 1881. Selon l'article 59 de la loi du 29 juillet 1881, le pourvoi contre les arrêts des cours d'appel, ayant statué, en matière de presse, sur les incidents et exceptions autres que les exceptions d'incompétence, ne peut être formé, à peine de nullité, qu'après l'arrêt sur le fond et en même temps que le pourvoi contre cet arrêt ; cependant, il est dérogé à ces dispositions par les articles 570 et 571 du Code de procédure pénale qui confèrent au président de la chambre criminelle le pouvoir de rendre d'office une ordonnance d'admission ou de non-admission d'un pourvoi formé contre un arrêt ne mettant pas fin à la procédure, (■ Cass. crim., 15 mars 1973, n° 71-93.706 : *Bull. crim.* n° 135. ■ Cass. crim., 11 avr. 1996, n° 95-85.296 : *Bull. crim.* n° 157). Il en est ainsi alors même que ce pourvoi n'aurait pas été assorti de la requête prévue par ces textes et serait, ainsi, dépourvu de tout effet suspensif (■ Cass. crim., 11 avr. 1996, n° 95-85.296 : *Bull. crim.* n° 157). Si l'ordonnance constate que ni l'intérêt de l'ordre public, ni celui d'une bonne administration de la justice ne commandent l'examen d'un tel pourvoi, celui-ci se trouve frappé de nullité, par application de l'article 59, deuxième alinéa, de la loi du 29 juillet 1881 et devra, le cas échéant, être renouvelé en même temps que le pourvoi qui serait formé contre l'arrêt statuant au fond (■ Cass. crim., 11 avr. 1996, préc.). Les dispositions des articles 570 et 571 du Code de procédure pénale autorisent le président de la chambre criminelle à apprécier si un pourvoi contre un arrêt ne mettant pas fin à la procédure doit être reçu dans l'intérêt de l'ordre public ou d'une bonne administration de la justice, mais elles ne lui permettent pas, en matière de presse, de relever ce pourvoi de la nullité qui le frappe en vertu de l'article 59, alinéa 2, de la loi du 29 juillet 1881, applicable tant aux arrêts de cour d'appel qu'aux décisions de la chambre de l'instruction (26 oct. 2004, n° 04-84.685 : *Bull. crim.* n° 257).

10) Absence de dérogation à l'article 59 de la loi du 29 juillet 1881. N'entre pas dans la classe des décisions visées par l'article 507 du Code de procédure pénale le jugement avant dire droit qui se prononce sur une exception d'incompétence au sens de l'alinéa 2 de l'article 59 de la loi du 29 juillet 1881 ; dès lors, doit être, de droit, soumis à la chambre criminelle, sans qu'il y ait lieu à application des dispositions des articles 570 et suivants du Code de procédure pénale, l'arrêt de la cour d'appel qui statue sur l'appel formé contre un tel jugement, et ce, malgré une ordonnance du président de la chambre des appels correctionnels disant l'appel non immédiatement recevable, cette ordonnance intervenant dans une hypothèse ne se trouvant pas dans la compétence du président de la chambre des appels correctionnels (■ Cass. crim., 15 févr. 1988, n° 88-80.521 : *Bull. crim.* n° 70).

11) Poursuites cumulatives pour des infractions de droit commun et de presse. En cas de poursuites exercées pour des infractions de presse et des infractions de droit commun, la validité ou la recevabilité du pourvoi doit être appréciée selon que cette voie de recours concerne les premières de ces infractions ou les secondes. Il résulte de l'article 59, alinéa 2, de la loi du 29 juillet 1881 que le pourvoi contre les arrêts des cours d'appel ayant statué en matière de presse sur des incidents et exceptions autres que les exceptions d'incompétence ne peut être formé qu'après l'arrêt sur le fond, et ce à peine de nullité. Est en conséquence nul le pourvoi formé contre un arrêt ayant rejeté des exceptions de nullité et de prescription portant sur des infractions de presse. Est en revanche irrecevable en l'état le pourvoi en ce qu'il est formé contre les dispositions du même arrêt, relatives à des infractions de droit commun, qui rejettent une exception de nullité et ne mettent en conséquence pas fin à la procédure, le pourvoi ne pouvant à cet égard être examiné, en application de l'article 570 du Code de procédure pénale, qu'en même temps que l'arrêt sur le fond (■ Cass. crim., 14 janv. 2014, n° 12-88.212 : *Bull. crim.* n° 7).

C – Contentieux spécifiques

12) Contentieux de la détention provisoire. Le contentieux de la détention provisoire, dans son ensemble, échappe aux prévisions des articles 570 et 571 du Code de procédure pénale en raison des brefs délais auxquels il est soumis (■ Cass. crim., 26 juill. 1989, n°s 89-83.113 et 89-83.114 : *Bull. crim.* n° 298). Il en résulte que n'est pas suspensif, au sens de ces textes, le pourvoi formé par un inculpé (personne mise en examen) contre l'arrêt avant dire droit de la chambre d'accusation qui, saisie de l'appel de ce dernier contre une ordonnance du juge d'instruction rejetant sa demande de mise en liberté, a ordonné la production de l'original du dossier de l'information se trouvant entre les mains du magistrat instructeur (même arrêt). L'arrêt de la chambre des appels correctionnels qui, statuant en comparution immédiate, a placé le prévenu en détention provisoire, après annulation du jugement, et a fixé la date de l'audience où elle a renvoyé l'examen de l'affaire n'entre pas dans la classe des décisions visées par les articles 570 et 571 du Code de procédure pénale ; le pourvoi, qui ne suspend pas la procédure en cours devant la cour d'appel, doit donc être de droit immédiatement examiné par la chambre criminelle (■ Cass. crim., 29 août 2012, n° 12-85.664 : *Bull. crim.* n° 176).

13) Contentieux du contrôle judiciaire. Les arrêts de la chambre d'accusation qui statuent sur le contrôle judiciaire entrent dans le cadre d'un contentieux spécifique et ne sont pas soumis à la procédure prévue par les dispositions des articles 570 et 571 du Code de procédure pénale (■ Cass. crim., 12 avr. 1988, n° 88-81.387 : *Bull. crim.* n° 148 – solution implicite).

D – Décisions relevant d'un pourvoi en cassation spécifique

14) Arrêt de renvoi devant le tribunal correctionnel. L'arrêt qui ordonne le renvoi d'un inculpé (personne mise en examen) devant le tribunal correctionnel n'entre pas, par sa nature, dans les prévisions des articles 570 et 571 du Code de procédure pénale, car les conditions dans lesquelles un recours peut être exercé à son égard devant la Cour de cassation sont prévues par l'article 574 du même code ; le pourvoi formé contre cet arrêt doit donc être immédiatement soumis à la Chambre criminelle (■ Cass. crim., 7 juin 1978, n° 78-90.534 : *Bull. crim.* n° 184). La décision de la chambre d'accusation (de l'instruction) admettant la recevabilité de l'action civile ne présente pas un caractère définitif dès lors qu'elle ne s'impose pas à la juridiction de jugement. Il s'ensuit que le pourvoi formé par la personne mise en examen contre l'arrêt de renvoi de la chambre d'accusation rendu sur son appel et prononçant également sur la recevabilité de l'action civile, doit être déclaré irrecevable par application de l'article 574 du Code de procédure pénale (■ Cass. crim., 20 janv. 1998, n° 96-85.591 : *Bull. crim.* n° 22).

E – Décisions échappant à tout recours

15) **Ordonnance du premier président de la cour d'appel statuant en application de l'article 508.** S'il est exact qu'aux termes de l'article 508 du Code de procédure pénale l'ordonnance du président de la chambre des appels correctionnels, statuant sur l'éventuelle saisine de la cour d'appel d'un jugement ne mettant pas fin à la procédure n'est susceptible d'aucun recours, la requête présentée au président de la chambre criminelle sur le pourvoi formé contre cette décision et mettant en cause les conditions essentielles de l'existence légale de cette dernière n'entre pas dans le cadre de l'application des articles 567-1, 570 et 571 du Code de procédure pénale. Il n'y a donc pas lieu à statuer sur ladite requête, le pourvoi devant être de droit soumis à la chambre criminelle (■ Cass. crim., 9 juin 1987, n° 87-83.119 : *Bull. crim.* n° 237).

F – Décisions présentant un caractère définitif

16) **Arrêt prononçant l'irrecevabilité de la constitution de partie civile.** L'arrêt de la chambre d'accusation (de l'instruction) qui déclare irrecevable une constitution de partie civile comporte, de ce chef, le caractère d'une décision définitive. Il n'entre pas dès lors dans la classe des arrêts visés par les articles 570 et 571 du Code de procédure pénale. Il s'ensuit que le pourvoi formé contre un tel arrêt est de droit recevable (■ Cass. crim., 11 janv. 1972, n° 71-93.622 : *Bull. crim.* n° 10. ■ Cass. crim., 4 avr. 1995, n° 95-81.008 : *Bull. crim.* n° 144).

17) **Arrêt prononçant la recevabilité de la constitution de partie civile.** L'arrêt de la chambre d'accusation qui admet la recevabilité de la partie civile comporte, de ce chef, le caractère d'une décision définitive. Il n'entre pas, dès lors, dans la classe des arrêts visés par les articles 570 et 571 du Code de procédure pénale. Il s'ensuit que le pourvoi formé contre un tel arrêt est de droit recevable (■ Cass. crim., 29 juill. 1968, n° 68-92.308 : *Bull. crim.* n° 240).

G – Décisions contenant des dispositions touchant au fond ou mettant fin à la procédure et des dispositions avant dire droit

18) Le pourvoi contre l'arrêt d'une chambre d'accusation (de l'instruction) contenant, d'une part, des dispositions touchant au fond ou mettant fin à la procédure, et, d'autre part, des dispositions avant dire droit, n'entre pas dans la classe des décisions visées par les articles 570 et 571 du Code de procédure pénale, et doit être, de droit, soumis à la chambre criminelle (■ Cass. crim., 17 nov. 1988, n° 88-83.159 : *Bull. crim.* n° 391).

H – Décisions dont la nature impose un pourvoi immédiat

19) **Arrêt de cour d'assises statuant sur une demande de renvoi de la cause.** L'arrêt de la cour d'assises statuant sur une demande de renvoi de la cause n'entre pas dans la classe des décisions prévues par les articles 570 et 571 du Code de procédure pénale, en sorte que le pourvoi doit être immédiatement soumis à la chambre criminelle (■ Cass. crim., 3 juill. 1987, n° 87-83.152 : *Bull. crim.* n° 284).

20) **Arrêt rejetant une exception prise de l'application de dispositions constitutionnelles.** L'arrêt attaqué concernant une poursuite délictuelle contre un membre du gouvernement, en obligeant celui-ci à se défendre sur le fond, pourrait conduire, dès cette phase de la procédure, à une violation des lois constitutionnelles ; dès lors le rejet d'une exception prise de l'application des dispositions de la Constitution commande une décision immédiate et n'entre pas dans la classe des arrêts que visent les règles posées par les articles 570 et 571 du Code de procédure pénale quant aux pourvois formés contre les décisions ne mettant pas fin à la procédure (■ Cass. crim., 19 avr. 1988, n° 87-84.273 : *Bull. crim.* n° 167).

III – JUGEMENTS OU ARRÊTS DISTINCTS DE L'ARRÊT SUR LE FOND METTANT FIN À LA PROCÉDURE

A – Décisions des juridictions de jugement

21) **Exemples.** Entrent dans la catégorie des jugements ou arrêts mettant fin à la procédure et rendant le pourvoi immédiatement recevable, les arrêts ou jugements en dernier ressort qui : ... rejettent une exception de prescription de la peine pour accueillir l'opposition formée par un prévenu contre un jugement rendu par défaut à son encontre (■ Cass. crim., 14 févr. 1983, n° 81-94.781 : *JurisData* n° 1983-700602 : *Bull. crim.* n° 51) ; ... ordonnent un sursis à statuer

indéfini et illimité, interrompant ainsi le cours de la justice (▪ Cass. crim., 7 juin 1972, n° 71-90.656 : *Bull. crim.* n° 191. ▪ Cass. crim., 14 févr. 1973, n° 71-93.258 : *Bull. crim.* n° 78). Il en est de même : ... de l'arrêt par lequel une cour d'assises, saisie de l'affaire en premier ressort, statue sur un incident contentieux, lorsque celui-ci, non susceptible d'appel, met fin à la procédure et qu'au surplus, son examen fait apparaître un risque d'excès de pouvoir relevant du contrôle de la Cour de cassation (▪ Cass. crim., 10 juin 2009, n° 09-81.902 : *Bull. crim.* n° 119 ; *D.* 2009, p. 2244, obs. J. Pradel) ; ... de l'arrêt avant dire droit dont certaines des dispositions présentent un caractère définitif, le pourvoi étant de droit recevable et n'y ayant pas lieu pour le président de la chambre criminelle de statuer sur une requête présentée par application de l'article 570 du Code de procédure pénale (▪ Cass. crim., 14 janv. 1963, n° 63-90.019 : *Bull. crim.* n° 20).

B – Décisions des chambres de l'instruction

22) Exemples. Entrent dans la catégorie des arrêts de chambres de l'instruction mettant fin à la procédure, les arrêts qui : ... accueillent une exception d'incompétence (▪ Cass. crim., 6 mars 1957, n° 5103/56 : *Bull. crim.* n° 228) ; ... renvoient la personne poursuivie en jugement sans avoir vérifié, alors qu'elle en est requise, la recevabilité de l'action civile (▪ Cass. crim., 18 mai 1962, n° 93965/61 : *Bull. crim.* n° 210) ; ... ordonnent le dessaisissement d'un juge d'instruction au profit d'un autre appartenant à un tribunal différent (▪ Cass. crim., 16 janv. 1979, n° 78-92.225 : *Bull. crim.* n° 25 ; *JCP* G 1980, II, 19380, note Remplon ; *D.* 1981, p. 178, note W. Jeandidier).

IV – DÉCISIONS NE METTANT PAS FIN À LA PROCÉDURE

A – Décisions des juridictions de jugement

23) Exemples. Entrent dans les prévisions des articles 570 et 571 du Code de procédure pénale les jugements ou arrêts qui : ... rejettent une exception de nullité de la citation (▪ Cass. crim., 19 oct. 1972, n° 72-92.749 : *Bull. crim.* n° 296), ou de prescription (▪ Cass. crim., ord., 15 janv. 1963, n° 62-93.629 : *Bull. crim.* n° 21. ▪ Cass. crim., 3 févr. 1993, n° 92-86.673 : *JurisData* n° 1993-000579 ; *Bull. crim.* n° 59) ; ... annulent le jugement, évoquent et renvoient la cause à une audience ultérieure (▪ Cass. crim., 23 janv. 1990, n° 89-84.517 : *JurisData* n° 1990-700779 ; *Bull. crim.* n° 40) ; ... annulent une ordonnance de renvoi devant le tribunal correctionnel, renvoient le ministère public à se pourvoir et ordonnent la mise en liberté du prévenu (▪ Cass. crim., 6 juill. 1993, n° 93-82.133 : *JurisData* n° 1993-704868 ; *Bull. crim.* n° 243) ; ... déclarent recevable une constitution de partie civile (▪ Cass. crim., 20 nov. 1979 : *Bull. crim.* n° 328. ▪ Cass. crim., 28 mars 1990, n° 89-84.509 : *JurisData* n° 1990-701444 ; *Bull. crim.* n° 136).

B – Décisions des chambres de l'instruction

24) Exemples. Entrent dans les prévisions des articles 570 et 571 du Code de procédure pénale, les arrêts de la chambre de l'instruction qui : ... statuent sur une demande d'annulation d'actes ou de pièces de la procédure (▪ Cass. crim., ord., 2 juin 1993, n° 93-82.187 : *JurisData* n° 1993-704872 ; *Bull. crim.* n° 196. ▪ Cass. crim., 26 juin 1995, n° 95-82.333 : *JurisData* n° 1995-002036 ; *Bull. crim.* n° 235 (demande de nullité jugée mal fondée). ▪ Cass. crim., 6 déc. 1995, n° 95-84.701 : *JurisData* n° 1995-004063 ; *Bull. crim.* n° 369 (demande de nullité jugée recevable et fondée). ▪ Cass. crim., 17 janv. 1997 : *JurisData* n° 1997-005668 ; *Bull. crim.* n° 17) ; ... rejettent une exception de prescription (▪ Cass. crim., 22 avr. 1992, n° 92-80.594 : *JurisData* n° 1992-001906 ; *Bull. crim.* n° 171) ; ... renvoient le dossier à un autre juge d'instruction, dans l'intérêt d'une bonne administration de la justice (▪ Cass. crim., 10 déc. 1990, n° 90-86.500 : *Bull. crim.* n° 422) ; ... confirment l'ordonnance par laquelle le juge d'instruction s'est déclaré territorialement compétent (▪ Cass. crim., 11 févr. 1992, n° 91-86.066 : *JurisData* n° 1992-001913 ; *Bull. crim.* n° 63) ; ... infirment l'ordonnance par laquelle le juge d'instruction avait déclaré la constitution de partie civile irrecevable et renvoie le dossier au magistrat instructeur (▪ Cass. crim., 29 mars 1995, n° 94-85.464 : *JurisData* n° 1995-001084 ; *Bull. crim.* n° 131) ; ... rejettent une demande de la partie civile tendant à l'allocation d'une provision (▪ Cass. crim., 5 déc. 1991, n° 91-85.220 : *JurisData* n° 1991-003637 ; *Bull. crim.* n° 462) ; ... statuent sur une demande de restitution d'objet saisi présentée par la partie civile ou par la personne mise en examen (▪ Cass. crim., 21 août 1986, n° 85-91.868 : *Bull. crim.* n° 248).

25) Exceptions de l'article 570, alinéa 3. Les arrêts rendus, soit sur appel de l'une des ordonnances du juge d'instruction visées aux articles 81, neuvième alinéa, 82-1, deuxième alinéa, 156, deuxième alinéa, et 167, quatrième alinéa, du Code de procédure pénale, soit en raison du défaut par le juge d'instruction d'avoir rendu une telle ordonnance, constituent une exception expressément prévue par les articles 570, troisième alinéa, et 571, septième alinéa, à la procédure applicable aux pourvois formés contre les arrêts préparatoires, interlocutoires ou d'instruction rendus par les chambres d'accusation (de l'instruction) ; en pareil cas, le président de la chambre criminelle ordonne le retour de la procédure à la juridiction saisie (▪ Cass. crim., 23 déc. 1993, n° 93-85.234 : *Bull. crim.* n° 396. ▪ Cass. crim., 11 avr. 1996, n° 96-80.987 : *Bull. crim.* n° 158).

V – PROCÉDURE DU POURVOI DE L'ARTICLE 570

A – Soumission aux règles ordinaires du pourvoi

26) Principe. Les articles 570 et 571 du Code de procédure pénale n'apportent aucune dérogation aux dispositions des articles 584 et suivants du même code (■ Cass. crim., 12 mars 2014, n° 13-87.411 : *Bull. crim.* n° 77). Les articles 570 et 571 du Code de procédure pénale n'apportent aucune dérogation aux articles 584, 585 et 585-1 du même code qui fixent les conditions de forme et de délai applicables aux mémoires produits au soutien d'un pourvoi en cassation (■ Cass. crim., 23 juin 2004, n°s 02-83.638 et 04-82.555 : *Bull. crim.* n° 167. ■ Cass. crim., 10 avr. 2013, n° 12-81.868 : *Bull. crim.* n° 83. ■ Cass. crim., 13 déc. 2017, n°s 15-84.251 et 16-82.797).

B – Formes du pourvoi

27) Signature de la requête par le demandeur. La requête prévue par les articles 570 et 571 du Code de procédure pénale, tendant à l'examen immédiat du pourvoi formé contre un arrêt avant dire droit, doit être signée par le demandeur en cassation lui-même, sous peine d'irrecevabilité (■ Cass. crim., 19 juin 1990, n° 90-83.309 : *Bull. crim.* n° 249).

28) Mémoire. Les observations déposées au soutien de la requête aux fins d'examen immédiat du pourvoi présentée par le demandeur ne peuvent tenir lieu de mémoire et ne saisissent pas la cour des moyens qu'elles pourraient contenir (■ Cass. crim., 12 mars 2014, n° 13-87.411 : *Bull. crim.* n° 77). Lorsque le président de la chambre criminelle, statuant en application des articles 570 et 571 du Code de procédure pénale sur le pourvoi formé contre un arrêt de la chambre de l'instruction ne mettant pas fin à la procédure a, en l'absence de la requête prévue par le premier de ces articles, ordonné qu'il soit fait retour du dossier à la juridiction d'instruction saisie, le mémoire produit contre cet arrêt, à l'occasion du pourvoi ultérieurement formé contre la décision de condamnation du prévenu, doit être déclaré irrecevable si le demandeur n'a pas, en application des articles 584 et 585 du code précité, produit de mémoire personnel dans le délai de dix jours suivant le pourvoi formé contre le premier arrêt et si aucun avocat à la Cour de cassation ne s'est alors constitué, en application de l'article 585-1 dudit code, dans le délai d'un mois suivant ce pourvoi (■ Cass. crim., 10 avr. 2013, n° 12-81.868 : *Bull. crim.* n° 83). Lorsque le président de la chambre criminelle, statuant en application des articles 570 et 571 Code de procédure pénale, a refusé d'ordonner l'examen d'un pourvoi formé contre un arrêt ne mettant pas fin à la procédure, les moyens proposés contre cet arrêt, à l'occasion du pourvoi formé contre un arrêt ultérieur de renvoi devant la cour d'assises, doivent être déclarés irrecevables, si le demandeur n'avait pas produit de mémoire personnel dans le délai de dix jours suivant le pourvoi formé contre le précédent arrêt, en application des articles 584 et 585 du code précité et si aucun avocat à la Cour de cassation ne s'était alors constitué dans le délai d'un mois suivant ce même pourvoi en application de l'article 585-1 dudit code (■ Cass. crim., 23 juin 2004, n°s 02-83.638 et 04-82.555 : *Bull. crim.* n° 167).

29) Transmission du mémoire. Aux termes des articles 584 et 585 du Code de procédure pénale, auxquels les articles 570 et 571 n'apportent aucune dérogation, seul le demandeur condamné pénalement a la faculté de transmettre son mémoire directement au greffe de la Cour de cassation, après l'expiration du délai de 10 jours suivant la déclaration de pourvoi ; il en résulte que le prévenu qui s'est pourvu en cassation contre un arrêt ayant rejeté une exception d'incompétence n'a pas la faculté de transmettre son mémoire directement au greffe de la Cour de cassation, après l'expiration du délai de dix jours suivant la déclaration du pourvoi (■ Cass. crim., 2 juin 1981, n° 81-91.637 : *Bull. crim.* n° 181).

C – Délai du pourvoi

30) Délai de l'article 568. Si les articles 570 et 571 du Code de procédure pénale déterminent les règles selon lesquelles le pourvoi formé contre une décision qui ne met pas fin à la procédure peut être déclaré immédiatement recevable, il ne découle pas de ces textes que le délai de pourvoi soit suspendu jusqu'au jour de la décision sur le fond ; bien au contraire les articles précités n'apportent aucune dérogation aux dispositions générales et absolues de l'article 568 dudit code, lequel fixe à 5 jours francs, après celui où la décision attaquée a été prononcée, le délai pour se pourvoir en cassation (■ Cass. crim., 24 févr. 1966, n° 64-93.807 : *Bull. crim.* n° 70. ■ Cass. crim., 4 avr. 1991, n° 90-80.216 : *Bull. crim.* n° 158. ■ Cass. crim., 29 avr. 1996, n°s 95-85.079 et 95-85.084 : *Bull. crim.* n° 169. ■ Cass. crim., 17 juin 2015, n° 14-80.977 : *Bull. crim.* n° 153).

VI – EFFET SUSPENSIF DE LA REQUÊTE ET DU POURVOI

31) Absence de dépôt de la requête dans le délai imparti. Il résulte de l'article 570, alinéa 3, du Code de procédure pénale, qu'en l'absence de dépôt, avant l'expiration du délai de pourvoi, de la requête prévue à l'alinéa 4 du même article, l'arrêt distinct de l'arrêt sur le fond et ne mettant pas fin à la procédure est exécutoire, même en l'absence de notification de l'ordonnance du président de la chambre criminelle de la Cour de cassation déclarant d'office n'y avoir lieu à recevoir, en l'état, le pourvoi formé contre cet arrêt (■ Cass. crim., 7 juin 2000, n° 99-87.847 : *Bull. crim.* n° 214. ■ Cass. crim., 15 sept. 2004, n° 04-83.960 : *Bull. crim.* n° 208).

32) Impossibilité pour la juridiction de statuer au fond en l'attente de l'issue de la requête. Il résulte des articles 570 et 571 du Code de procédure pénale que lorsque la cour d'appel a statué par un arrêt distinct de l'arrêt sur le fond, et que sa décision n'a pas mis fin à la procédure, le demandeur en cassation peut déposer au greffe, avant l'expiration du délai de pourvoi, une requête adressée au président de la chambre criminelle de la Cour de cassation, et tendant à faire déclarer son pourvoi immédiatement recevable ; en pareil cas, l'arrêt n'est pas exécutoire, et il ne peut être statué au fond tant qu'il n'a pas été prononcé sur ladite requête ou, après admission de celle-ci, sur le pourvoi (■ Cass. crim., 19 mai 1980, n° 79-93.161 : *Bull. crim.* n° 148 ; *D.* 1981, p. 177, note W. Jeandidier). – Comp. ■ Cass. crim., 8 juin 2010, n°s 09-82.732 et 09-84.085 : *Bull. crim.* n° 101 : la requête en examen immédiat du pourvoi présentée en application de l'article 570 du Code de procédure pénale ne met pas obstacle à la poursuite de l'information jusqu'à son règlement et son renvoi devant le tribunal correctionnel, et il n'importe que le tribunal ait statué au fond avant la décision du président de la chambre criminelle sur l'admission du pourvoi, dès lors que la cour d'appel a annulé le jugement, évoqué, et statué au fond postérieurement à l'ordonnance rejetant la requête.

Voir aussi : V. art. 459, p. 995.

33) Poursuite de l'information. La requête en examen immédiat du pourvoi présentée en application de l'article 570 du Code de procédure pénale ne met pas obstacle à la poursuite de l'information jusqu'à son règlement et le renvoi devant le tribunal correctionnel (■ Cass. crim., 8 juin 2010, n°s 09-82.732 et 09-84.085 : *Bull. crim.* n° 101). L'effet suspensif du pourvoi, prévu par les articles 570 et 571 du Code de procédure pénale lorsque sont remplies les conditions fixées par ces textes, ne s'attache qu'aux arrêts qui peuvent donner lieu à des actes d'exécution et ne fait pas obstacle à la poursuite de l'information (■ Cass. crim., 29 avr. 1996, n° 95-81.948 : *Bull. crim.* n° 170. ■ Cass. crim., 8 juin 2010, n°s 09-82.732 et 09-84.085 : *Bull. crim.* n° 101). L'effet suspensif attaché au pourvoi en cassation par les articles 570 et 571 du Code de procédure pénale, lorsque sont remplies les conditions fixées par ces textes, ne fait obstacle ni à la réalisation de l'expertise médicale ordonnée par l'arrêt objet du pourvoi ni à la poursuite de l'information (■ Cass. crim., 18 déc. 2013, n°s 13-86.739 et 13-86.740 : *Bull. crim.* n° 263). Le pourvoi en cassation, assorti d'une requête déposée conformément à l'article 570 du Code de procédure pénale, formé contre un arrêt de la chambre de l'instruction qui se borne à rejeter une requête en annulation, est sans incidence sur le déroulement de l'instruction (■ Cass. crim., 2 oct. 2018, n° 18-84.131 : *Bull. crim.* n° 163).

34) Arrêt ordonnant la mise en liberté de la personne mise en examen. Lorsque la chambre d'accusation (de l'instruction) annule partiellement des actes de la procédure et, par voie de conséquence, ordonne la mise en liberté de la personne mise en examen, son arrêt, en application des articles 570 et 571 du Code de procédure pénale, n'est pas exécutoire pendant le délai de pourvoi en cassation ; en cas de pourvoi, il n'est exécutoire que dans les conditions prévues par lesdits articles (■ Cass. crim., 23 juin 1999, n° 99-82.187 : *Bull. crim.* n° 150). Lorsque la chambre d'accusation (de l'instruction), saisie en vertu de l'article 171 du Code de procédure pénale, annule des actes de l'information et, par voie de conséquence, ordonne la mise en liberté de l'inculpé (la personne mise en examen) sans faire appel aux dispositions de l'article 201, alinéa 2, du même code, son arrêt, en application des articles 570 et 571 du Code de procédure pénale, n'est pas exécutoire pendant le délai de pourvoi en cassation ; en cas de pourvoi, il n'est exécutoire que dans les conditions prévues par les articles 570 et 571 précités (■ Cass. crim., 24 avr. 1990, n° 89-86.639 : *Bull. crim.* n° 150).

VII – DÉCISIONS DE LA COUR DE CASSATION

35) Moyen pris de la violation des articles 570 et 571 soulevé d'office par la Cour de cassation. Le moyen pris de la violation des articles 570 et 571 du Code de procédure pénale peut être soulevé d'office par la Cour de cassation (■ Cass. crim., 23 juin 1999, n° 99-82.187 : *Bull. crim.* n° 150).

36) Examen immédiat du pourvoi prescrit d'office par le président de la chambre criminelle. L'irrecevabilité d'une requête déposée conformément aux articles 570 et 571 du Code de procédure pénale ne fait pas obstacle à ce que l'examen immédiat du pourvoi soit prescrit d'office par le président de la chambre criminelle (■ Cass. crim., 19 juin 1990, n° 90-83.309 : *Bull. crim.* n° 249). Il en est de même en l'absence de requête (■ Cass. crim., 10 déc. 1990, n° 90-86.500 : *Bull. crim.* n° 422. ■ Cass. crim., 2 juin 1993, n° 93-82.187 : *Bull. crim.* n° 196. ■ Cass. crim., 5 déc. 1996, n° 96-84.322 : *Bull. crim.* n° 451).

37) Pourvoi contre une décision qui, procédant à une appréciation des faits, échappe au contrôle de la Cour de cassation. Lorsqu'elle statue sur une demande qui lui est présentée, en application de l'article 195 du Code de procédure pénale, par le procureur général, la chambre d'accusation procède à une appréciation des faits qui échappe au contrôle de la Cour de cassation. Le pourvoi formé contre l'arrêt qui rejette une telle demande ne saurait dès lors être déclaré immédiatement recevable, sur le fondement des articles 570 et 571 du Code de procédure pénale, l'article 469 du même code étant au demeurant applicable devant la juridiction correctionnelle saisie (▪ Cass. crim., 5 déc. 1996, n° 96-84.322 : *Bull. crim.* n° 451).

Art. 571 *(Mod., L. n° 93-1013, 24 août 1993).* **– Le greffier avise le président du tribunal ou le premier président de la cour d'appel du dépôt de cette requête. Le jugement ou l'arrêt n'est pas exécutoire et il ne peut être statué au fond tant qu'il n'a pas été prononcé sur ladite requête.**

Dès que le greffier a reçu le pourvoi et la requête, il fait parvenir celle-ci au président de la chambre criminelle ainsi qu'une expédition du jugement ou de l'arrêt et de la déclaration de pourvoi.

Le président de la chambre criminelle statue sur la requête par ordonnance dans les huit jours de la réception de ce dossier.

S'il rejette la requête, le jugement ou l'arrêt est exécutoire et le tribunal ou la cour d'appel se prononce au fond ; aucun recours n'est recevable contre l'ordonnance du président et le pourvoi n'est alors jugé qu'en même temps que le pourvoi formé contre le jugement ou l'arrêt sur le fond.

Si, dans l'intérêt de l'ordre public ou d'une bonne administration de la justice, le président fait droit à la requête, il fixe la date à laquelle le pourvoi sera jugé.

La chambre criminelle doit statuer dans les deux mois qui suivent l'ordonnance du président, sans que puisse être soulevée devant elle une exception tirée de ce que le pourvoi formé contre la décision entreprise ne serait pas suspensif. L'exécution du jugement ou de l'arrêt est suspendue jusqu'à ce qu'intervienne l'arrêt de la chambre criminelle.

Les dispositions de l'article 570 et du présent article sont applicables aux pourvois formés contre les arrêts préparatoires, interlocutoires ou d'instruction rendus par les chambres de l'instruction à l'exception des arrêts visés au troisième alinéa de l'article 570.

Lorsque le président de la chambre criminelle déclare immédiatement recevable le pourvoi formé contre un arrêt de la chambre de l'instruction, saisie par application de l'article 173, il peut ordonner au juge d'instruction saisi de suspendre son information, à l'exception des actes urgents.

Bibliographie : A. Maron, *JCl. Proc. pén.*, art. 567 à 575, Fasc. 40.

Voir également : Sur la conformité de l'article 571 du Code de procédure pénale aux principes constitutionnels, V. art. 570, p. 1219.

1) Dispositions d'ordre public. Les dispositions de l'article 571 du Code de procédure pénale sont d'ordre public (▪ Cass. crim., 19 mai 1980, n° 79-93.161 : *Bull. crim.* n° 148 : *D.* 1981, p. 177, note W. Jeandidier).

2) Soumission aux règles ordinaires du pourvoi. Les articles 570 et 571 du Code de procédure pénale n'apportent aucune dérogation aux articles 584, 585 et 585-1 du même code qui fixent les conditions de forme et de délai applicables aux mémoires produits au soutien d'un pourvoi en cassation (▪ Cass. crim., 23 juin 2004 n°s 02-83.638 et 04-82555 : *Bull. crim.* n° 167. ▪ Cass. crim., 10 avr. 2013, n° 12-81.868 : *Bull. crim.* n° 83. ▪ Cass. crim., 13 déc. 2017, n°s 15-84.251 et 16-82.797).

I – ARRÊTS ENTRANT DANS LA CLASSE DES ARRÊTS PRÉPARATOIRES, INTERLOCUTOIRES OU D'INSTRUCTION

3) Arrêts préparatoires, interlocutoires ou d'instruction. Entrent dans la classe des arrêts préparatoires, interlocutoires ou d'instruction : ... l'arrêt par lequel la chambre d'accusation (de l'instruction) d'une part rejette une exception d'irrecevabilité de l'action publique et d'autre part ordonne un complément d'information (▪ Cass. crim., 10 juin 1971, n° 71-91.355 : *Bull. crim.* n° 186) ; ... l'arrêt de la chambre d'accusation (de l'instruction), qui, dans le cadre d'une demande de mise en liberté, ordonne sur le fondement de l'article 194, alinéa 2, du Code de procédure pénale, des vérifications et renvoie l'affaire à une date ultérieure (▪ Cass. crim., 5 janv. 1987, n° 86-96.276 : *Bull. crim.* n° 1).

4) Arrêts préparatoires. A le caractère d'un arrêt préparatoire au sens de l'article 571, dernier (avant-dernier) alinéa du Code de procédure pénale, l'arrêt qui confirme l'ordonnance du juge d'instruction fixant le montant de la consignation à verser préalablement à la mise en mouvement de l'action publique par une plainte avec constitution de partie civile (▪ Cass. crim., 3 juin 1986, n° 85-95.640 : *Bull. crim.* n° 189.

■ Cass. crim., 24 avr. 1990, n° 89-83.517 : *Bull. crim.* n° 149).

5) Arrêts d'instruction. L'arrêt d'une chambre d'accusation (de l'instruction) statuant sur une demande de contre-expertise formulée par l'une des parties est un arrêt d'instruction entrant dans les prévisions de l'article 570 (lire : 571), alinéa 7 du Code de procédure pénale (■ Cass. crim., 5 mai 1964, n° 63-92.934 : *Bull. crim.* n° 144).

II – ARRÊTS N'ENTRANT PAS DANS LA CLASSE DES ARRÊTS PRÉPARATOIRES, INTERLOCUTOIRES OU D'INSTRUCTION

6) Arrêt admettant la recevabilité de l'action civile. L'arrêt de la chambre d'accusation (de l'instruction) qui admet la recevabilité de la partie civile n'entre pas dans la classe des arrêts visés par le dernier (avant-dernier) alinéa de l'article 571 du Code de procédure pénale contre lesquels le pourvoi n'est immédiatement recevable que s'il en a été décidé ainsi par ordonnance du président de la chambre criminelle de la Cour de cassation statuant sur requête adressée par le demandeur en cassation ; le pourvoi contre un tel arrêt est donc immédiatement recevable (■ Cass. crim., 6 mars 1990, n° 88-81.385 : *Bull. crim.* n° 104. ■ Cass. crim., 13 janv. 2004, n° 02-88.025 : *Bull. crim.* n° 8).

7) Arrêt de mise en accusation. Les arrêts portant mise en accusation et renvoi d'inculpés (personnes mises en examen) devant la cour d'assises n'entrent pas dans la classe des arrêts préparatoires, interlocutoires ou d'instruction prévus par le dernier (avant-dernier) alinéa de l'article 571 du Code de procédure pénale. Il s'ensuit que le pourvoi formé contre ces arrêts doit être transmis à la chambre criminelle seule compétente pour statuer sans qu'il y ait lieu de présenter une requête au président de ladite chambre (■ Cass. crim., 21 juill. 1966, n° 66-92.423 : *Bull. crim.* n° 207).

III – RÉGIME JURIDIQUE DU POURVOI EN CASSATION CONTRE LES ARRÊTS PRÉPARATOIRES, INTERLOCUTOIRES OU D'INSTRUCTION

8) Conditions de l'examen immédiat du pourvoi. Le pourvoi contre une décision qui entre dans la classe des arrêts préparatoires, interlocutoires ou d'instruction visés par le dernier (avant-dernier) alinéa de l'article 571 du Code de procédure pénale ne peut être immédiatement reçu que si le demandeur a déposé à cet effet dans le délai prescrit la requête prévue à l'article 570 du même code, ou encore si le président de la chambre criminelle en a ainsi décidé d'office dans l'intérêt de l'ordre public ou d'une bonne administration de la justice (■ Cass. crim., 5 mai 1964, n° 63-92.934 : *Bull. crim.* n° 144. ■ Cass. crim., 10 juin 1971, n° 71-91.355 : *Bull. crim.* n° 186. ■ Cass. crim., 3 juin 1986, n° 85-95.640 : *Bull. crim.* n° 189. ■ Cass. crim., 24 avr. 1990, n° 89-83.517 : *Bull. crim.* n° 149). Dans le cas contraire, le pourvoi ne peut être examiné par la Cour de cassation qu'en même temps que le pourvoi formé contre la décision sur le fond (mêmes arrêts).

9) Cas de l'absence de requête ou de rejet de la requête. Il résulte des articles 570 et 571 du Code de procédure pénale que, lorsque la chambre d'accusation (de l'instruction) a statué par un arrêt préparatoire, interlocutoire ou d'instruction ne mettant pas fin à la procédure, et en l'absence d'une requête adressée au président de la chambre criminelle, tendant à faire déclarer le pourvoi immédiatement recevable, ou en cas d'ordonnance de ce magistrat refusant l'examen immédiat du pourvoi, celui-ci n'a pas d'effet suspensif et l'arrêt de la chambre d'accusation est exécutoire (■ Cass. crim., 4 nov. 1992, n° 92-84.972 : *Bull. crim.* n° 356. ■ Cass. crim., 2 juin 1993, n° 93-82.187 : *Bull. crim.* n° 196). Lorsque le président de la chambre criminelle dit n'y avoir lieu à examen immédiat d'un pourvoi, ce pourvoi ne peut, aux termes de l'article 571 du Code de procédure pénale, être jugé qu'en même temps que le pourvoi formé contre le jugement ou l'arrêt sur le fond (■ Cass. crim., 26 janv. 2016, n° 15-84.374 : *Bull. crim.* n° 17).

10) Arrêt sur le fond ; notion. Ne constitue pas un arrêt sur le fond, au sens de l'article 571 du Code de procédure pénale, la décision rendue par la chambre de l'instruction qui, saisie d'appels formés à l'encontre d'une ordonnance de renvoi devant le tribunal correctionnel présentant le caractère d'une décision complexe en ce qu'elle rejetait une exception d'incompétence, sur le fondement de l'article 186, alinéa 3, du Code de procédure pénale, confirme l'ordonnance du juge d'instruction renvoyant les personnes mises en examen devant le tribunal correctionnel (■ Cass. crim., 25 août 2021, n° 21-83.238, § 9 : publié au *Bull.*).

Art. 571-1 *(L. n° 85-1407, 30 déc. 1985).* – **Le désistement du pourvoi est constaté par ordonnance du président de la chambre criminelle.**

Bibliographie : O. de Bouillane de Lacoste, *JCl. Proc. pén.*, art. 567 à 575, Fasc. 50.

I – CONDITIONS DU DÉSISTEMENT

1) Désistement du ministère public. L'action publique appartient à la société et non au fonctionnaire public ou au magistrat chargé par la loi de l'exercer ; il en résulte que le ministère public n'a pas le droit de se désister d'un pourvoi qu'il a formé et d'anéantir, de sa propre autorité, l'effet d'un acte qui, dans un intérêt d'ordre public, a saisi la Cour de cassation ; dès lors, l'acte par lequel l'officier du ministère public a déclaré se désister du pourvoi qu'il avait formé est sans effet (▪ Cass. crim., 11 avr. 1991, n° 91-80.133 : *Bull. crim.* n° 174). Aucune disposition légale ne le lui interdisant, le ministère public a la faculté de se désister de son pourvoi (▪ Cass. crim., 2 mai 2002, n° 01-87.488 : *Bull. crim.* n° 96 ; *Dr. pén.* 2002, comm. 129, obs. A. Maron, à propos d'un pourvoi contre un arrêt ayant déclaré irrecevable une requête aux fins de placement en détention provisoire).

2) Rétractation du désistement. Un retrait de désistement est valable, s'il est intervenu avant toute décision de donné acte dudit désistement (▪ Cass. crim., 17 mars 1971, n° 71-90.541 : *Bull. crim.* n° 92). La production de moyens de cassation, postérieurement à un désistement de pourvoi mais avant qu'il en ait été donné acte, équivaut à une rétractation de ce désistement et laisse subsister le pourvoi avec tous ses effets (▪ Cass. crim., 7 mars 1994, n° 93-81.052 : *Bull. crim.* n° 88).

3) Moment du désistement. Le demandeur ne peut déclarer se désister de son pourvoi après que le rapport a été fait à l'audience (▪ Cass. crim., 12 mars 2014, n° 13-81.273 : *Bull. crim.* n° 76).

II – EFFETS DU DÉSISTEMENT

4) Effet irrévocable du désistement. Une compagnie d'assurances, partie intervenante, à laquelle il a été donné acte du désistement de son pourvoi contre un arrêt rendu contradictoirement à son encontre, ne saurait, à l'occasion d'un nouveau pourvoi formé contre l'arrêt rendu sur opposition du prévenu, condamné par défaut, remettre en cause, devant la Cour de cassation, ce qui a été ainsi jugé définitivement en ce qui la concerne (▪ Cass. crim., 20 mai 1992, n° 91-81.130 : *Bull. crim.* n° 197).

5) Caractère exécutoire de l'arrêt frappé du pourvoi. Un arrêt de condamnation ne devient exécutoire qu'à la date à laquelle il est donné acte du désistement du pourvoi dont il a fait l'objet (▪ Cass. crim., 24 oct. 1991, n° 91-81.675 : *Bull. crim.* n° 373. ▪ Cass. crim., 12 juill. 1996, n° 96-82.933 : *Bull. crim.* n° 296 ; *Dr. pén.* 1996, comm. 255, obs. A. Maron). Il en est autrement lorsque, par suite d'une erreur non imputable au demandeur, les pièces du pourvoi ainsi que l'acte de désistement n'ont été transmis que tardivement à la Cour de cassation, et il appartient au président de la chambre criminelle, compétent en application de l'article 571-1 du Code de procédure pénale, de fixer dans son ordonnance, la date à laquelle la condamnation doit être considérée comme étant devenue définitive (▪ Cass. crim., 12 juill. 1996, préc.).

6) Effet du désistement sur la condamnation au paiement des frais non payés par l'État (art. 618-1, CPP). Lorsque la partie civile ou la personne poursuivie se désiste de son pourvoi, il n'y a pas lieu de statuer sur sa demande sur le fondement de l'article 618-1 du Code de procédure pénale. En revanche, il convient de statuer sur celle présentée par le défendeur au pourvoi, y compris lorsqu'il s'agit d'un témoin assisté admis à intervenir devant la Cour de cassation. En effet, tout défendeur au pourvoi a la qualité de partie à l'instance de cassation au sens du texte susvisé (▪ Cass. crim., 20 nov. 2012, n° 11-84.580).

Art. 572. – **Les arrêts d'acquittement prononcés par la cour d'assises ne peuvent faire l'objet d'un pourvoi que dans le seul intérêt de la loi, et sans préjudicier à la partie acquittée.**

Bibliographie : A. Maron, *JCl. Proc. pén.*, art. 567 à 575, Fasc. 30.

Voir également : V. art. 597, p. 1257.

1) Conformité de l'article 572 à la Convention européenne des droits de l'Homme. L'article 572 du Code de procédure pénale n'est pas contraire aux dispositions de la Convention européenne des droits de l'Homme qui, en vertu de son article 1er, ne garantit que les droits et libertés des personnes relevant de la juridiction des parties contractantes (▪ Cass. crim., 21 févr. 2007, n° 06-81.713 : *Bull. crim.* n° 53 ; *Dr. pén.* 2007, comm. 78, obs. A. Maron).

2) Cas de l'acquittement partiel. En application de l'article 572 du Code de procédure pénale, l'arrêt de la cour d'assises déclarant l'accusé coupable de certains des crimes lui étant reprochés, et prononçant son acquittement pour le surplus, ne peut être annulé, en l'absence d'indivisibilité, que dans ses seules dispositions portant condamnation (▪ Cass. crim., 16 juill. 1996, n° 96-82.945 : *Bull. crim.* n° 297). En application des articles 620 et 621 du Code de procédure pénale, le droit de se pourvoir dans l'intérêt de la loi n'appartient qu'au procureur général près la Cour de cassation ; il résulte des dispositions de l'article 596 du même code que le ministère public ne peut se pourvoir contre la décision de condamnation d'une cour d'assises que si l'arrêt a prononcé une peine autre que celle appliquée par la loi à la nature du crime. En conséquence, en application de l'article 572 du Code de procédure pénale, le procureur général près la cour d'appel, qui n'invoque à l'appui de son recours que des griefs concernant les énonciations de la feuille de questions et, plus spécialement, l'absence de constatation formelle des acquittements partiels consécutifs aux réponses négatives de la cour à des questions relatives à certains chefs d'accusation, est sans qualité pour se pourvoir contre l'arrêt attaqué dès lors que les peines prononcées ne sont pas autres que celles appliquées par la loi à la nature des crimes et délits dont les accusés ont été déclarés coupables (■ Cass. crim., 21 févr. 2007, n° 06-81.713 : *Bull. crim.* n° 53 ; *Dr. pén.* 2007, comm. 78, obs. A. Maron).

Art. 573 ***(Mod., L. n° 92-1336, 16 déc. 1992 ; L. n° 93-913, 19 juill. 1993).*** **– Peuvent toutefois donner lieu à un recours en cassation de la part des parties auxquelles ils font grief les arrêts prononcés par la cour d'assises soit après acquittement dans les conditions prévues par l'article 371, soit après acquittement ou exemption de peine dans les conditions prévues par l'article 372.**

Il en est de même des arrêts statuant sur les restitutions, comme il est dit à l'article 373.

Bibliographie : A. Maron, *JCl. Proc. pén.*, art. 567 à 575, Fasc. 30.

Art. 574. – L'arrêt de la chambre de l'instruction portant renvoi du prévenu devant le tribunal correctionnel ou de police ne peut être attaqué devant la Cour de cassation que lorsqu'il statue, d'office ou sur déclinatoire des parties, sur la compétence ou qu'il présente des dispositions définitives que le tribunal, saisi de la prévention, n'a pas le pouvoir de modifier.

Bibliographie : A. Maron, *JCl. Proc. pén.*, art. 567 à 575, Fasc. 40.

I – CONFORMITÉ DE L'ARTICLE 574 AUX PRINCIPES CONSTITUTIONNELS

1) Droit d'accès au juge et respect des droits de la défense. Les dispositions claires et précises de l'article 574 du Code de procédure pénale assurent un accès effectif au juge et garantissent le respect des droits de la défense, lors de débats publics à l'audience (■ Cass. crim., 15 déc. 2010, n° 10-84.112 QPC : *Bull. crim.* n° 209). L'article 574 du Code de procédure pénale assure un accès effectif au juge et garantit le respect des droits de la défense, dès lors que le pourvoi est recevable lorsque les dispositions de l'arrêt de la chambre de l'instruction ne peuvent pas être modifiées par le tribunal devant lequel le prévenu est renvoyé (■ Cass. crim., 9 févr. 2011, n° 10-87.448 QPC. ■ Cass. crim., 20 juin 2017, n° 17-82.215 QPC).

2) Principe d'égalité devant la loi. L'article 574 du Code de procédure pénale assure des droits équivalents entre les prévenus, à partir de situations procédurales distinctes (■ Cass. crim., 20 juin 2017, n° 17-82.215 QPC).

II – TITULAIRES DU DROIT D'EXERCER LE POURVOI DE L'ARTICLE 574

3) Pourvoi du ministère public. Il résulte des dispositions de l'article 574 du Code de procédure pénale que l'arrêt de la chambre d'accusation (d'instruction) portant renvoi du prévenu devant le tribunal correctionnel peut être attaqué par le ministère public lorsque les conditions de l'article 574 du Code de procédure pénale sont remplies ; il en est ainsi lorsque l'arrêt statue sur la compétence, soit d'office soit sur déclinatoire des parties (■ Cass. crim., 26 nov. 1990, n° 90-81.484 : *Bull. crim.* n° 400).

4) Pourvoi du prévenu. V. par exemple ■ Cass. crim., 2 déc. 1969, n° 68-91.953 : *Bull. crim.* n° 319. ■ Cass. crim., 13 janv. 1988, n° 84-95.047 : *Bull. crim.* n° 18. ■ Cass. crim., 13 janv. 1988, n° 86-95.348 : *Bull. crim.* n° 18. ■ Cass. crim., 3 mai 1990, n° 90-80.226 : *Bull. crim.* n° 167. ■ Cass. crim., 7 juill. 2005, n° 05-80.914 : *Bull. crim.* n° 202.

5) Pourvoi de la partie civile. L'arrêt de la chambre d'accusation (de l'instruction) portant renvoi du prévenu devant le tribunal correctionnel peut être attaqué devant la Cour de cassation par la partie civile, lorsque les conditions de l'article 574 du Code de procédure pénale sont remplies ; il en est ainsi lorsqu'il statue sur la compétence, soit d'office, soit sur déclinatoire des parties (■ Cass. crim., 21 déc. 1982, n° 82-92.054 : *Bull. crim.* n° 300 ; *JCP* G 1984, II, 20143, note W. Jeandidier. ■ Cass. crim., 21 oct. 1997, n° 96-85.907 : *Bull. crim.* n° 342).

III – RECEVABILITÉ DU POURVOI EN CASSATION

A – Exemples de dispositions non définitives

6) Énonciations relatives aux éléments constitutifs de l'infraction. Les énonciations qui sont relatives aux éléments constitutifs de l'infraction poursuivie ne contiennent aucune disposition définitive que le tribunal n'aura pas le pouvoir de modifier (■ Cass. crim., 13 janv. 1988, n° 86-95.348 : *Bull. crim.* n° 18).

7) Requalification des faits. Lorsque la chambre de l'instruction requalifie les faits et ordonne le renvoi de la personne mise en examen devant la juridiction correctionnelle, les énonciations de son arrêt ne présentent aucune disposition que le tribunal saisi de la poursuite n'aurait pas le pouvoir de modifier (■ Cass. crim., 13 janv. 1988, n° 84-95.047 : *Bull. crim.* n° 18). En effet, le tribunal tient du dernier alinéa de l'article 469 du Code de procédure pénale la faculté de renvoyer le ministère public à se pourvoir s'il résulte des débats que les faits sont de nature à entraîner une peine criminelle parce qu'ils ont été commis de façon intentionnelle ; il s'ensuit qu'est irrecevable en application de l'article 574 du même code le moyen qui se borne à critiquer les énonciations de l'arrêt relatives aux charges que la chambre de l'instruction a retenues et à la qualification qu'elle a donnée aux faits poursuivis (■ Cass. crim., 5 sept. 2006, n° 05-87.407 : *Bull. crim.* n° 204).

8) Énonciations relatives au caractère suffisant des charges. L'arrêt qui prononce le renvoi devant le tribunal correctionnel en relevant qu'il existe des charges suffisantes ne contient aucune disposition définitive que le tribunal saisi de la prévention n'aurait pas le pouvoir de modifier ; le pourvoi en cassation est dès lors irrecevable (■ Cass. crim., 3 janv. 1964, n° 62-93.633 : *Bull. crim.* n° 4. ■ Cass. crim., 20 oct. 1977, n° 76-90.927 : *Bull. crim.* n° 314. ■ Cass. crim., 13 janv. 1988, 2 arrêts, n°s 84-95.047 et 86-95.348 : *Bull. crim.* n° 18. ■ Cass. crim., 1er oct. 2019, n° 18-86.428 : publié au *Bull.* ; *JCP* G 2019, 1158, note S. Detraz).

9) Arrêt statuant sur une exception de chose jugée. L'arrêt qui prononce le renvoi devant le tribunal correctionnel en statuant sur une exception de chose jugée ne constitue pas une décision s'imposant définitivement aux juges du fond, devant qui les droits du prévenu restent entiers ; le moyen dirigé contre ces dispositions est donc irrecevable (■ Cass. crim., 20 oct. 1977, n° 76-90.927 : *Bull. crim.* n° 314. ■ Cass. crim., 1er oct. 2019, n° 18-86.428 : publié au *Bull.* ; *JCP* G 2019, 1158, note S. Detraz – autorité de la chose jugée par le Conseil constitutionnel).

10) Arrêt admettant la recevabilité de la constitution de partie civile. La décision de la chambre d'accusation (chambre de l'instruction) admettant la recevabilité de l'action civile ne présente pas un caractère définitif, dès lors qu'elle ne s'impose pas à la juridiction de jugement ; il s'ensuit que le pourvoi formé par la personne mise en examen contre l'arrêt de renvoi de la chambre d'accusation rendu sur son appel et prononçant également sur la recevabilité de l'action civile, doit être déclaré irrecevable par application de l'article 574 du Code de procédure pénale (■ Cass. crim., 20 janv. 1998, n° 96-85.591 : *Bull. crim.* n° 22).

11) Arrêt rejetant l'application du principe *ne bis in idem*. Un arrêt rendu sur l'appel d'une ordonnance de renvoi devant le tribunal correctionnel ne comporte aucune disposition définitive s'imposant à cette juridiction, s'il statue sur l'application de la règle *ne bis in idem* (■ Cass. crim., 1er oct. 2019, n° 18-86.428 : publié au *Bull.* ; *JCP* G 2019, 1158, note S. Detraz).

12) Arrêt rejetant l'exception d'illégalité de décrets dont le Conseil constitutionnel a fait application dans une décision. Les dispositions d'un tel arrêt ne présentent aucun caractère définitif (■ Cass. crim., 1er oct. 2019, n° 18-86.428 : publié au *Bull.* ; *JCP* G 2019, 1158, note S. Detraz).

B – Exemples de dispositions définitives

13) Arrêt de renvoi rendu sur le seul appel de la partie civile contre une décision de non-lieu. Le pourvoi du prévenu contre l'arrêt de la chambre d'accusation (de l'instruction) le renvoyant devant la juridiction correctionnelle est recevable lorsque ce renvoi est ordonné sur le seul appel de la partie civile contre une ordonnance de non-lieu ; en effet un tel arrêt, en ce qu'il fait droit à l'appel de la partie civile aussi bien sur l'action publique que sur l'action civile et ordonne la poursuite de l'action publique, contient une disposition définitive que le tribunal saisi de l'affaire ne saurait modifier ; par suite, il entre dans la classe des arrêts visés par l'article 574 du Code de procédure pénale et se trouve valablement soumis, par l'effet du pourvoi, au contrôle de la Cour de cassation (■ Cass. crim., 2 déc. 1969, n° 68-91.953 : *Bull. crim.* n° 319. ■ Cass. crim., 20 oct. 1977, n° 76-90.927 : *Bull. crim.* n° 314. ■ Cass. crim., 29 mai 1985, n° 84-90.720 : *Bull. crim.* n° 202. ■ Cass. crim., 19 nov. 2013, n°s 12-82.818, 12-82.849 et 12-82.850 : *Bull. crim.* n° 229. ■ Cass. crim., 3 mars 2015, n° 14-80.388 : *Bull. crim.* n° 40). Cette solution s'impose alors même que la partie civile serait sans qualité pour agir (■ Cass. crim., 20 oct. 1977, préc. ■ Cass. crim., 13 janv. 1988, 2 arrêts, n°s 84-95.047 et 86-95.348 : *Bull. crim.* n° 18). L'arrêt qui ordonne le renvoi devant le tribunal correctionnel de personnes dont la chambre de l'instruction, statuant sur l'appel, par les seules parties civiles, de l'ordonnance de non-lieu rendue par le juge d'instruction, a, par une précédente décision ordonné la mise en examen, présente des dispositions définitives que le tribunal, saisi de la prévention, ne saurait modifier (■ Cass. crim., 29 nov. 2017, n° 17-85.569).

14) Arrêt de renvoi ne satisfaisant pas, en la forme, aux conditions essentielles de son existence légale. Selon l'article 574 du Code de procédure pénale, le pourvoi contre un arrêt de la chambre d'accusation (d'instruction) portant renvoi du prévenu devant le tribunal correctionnel ou de police est recevable lorsque ledit arrêt statue sur la compétence ou qu'il présente des dispositions définitives que le tribunal, saisi de la prévention, n'a pas le pouvoir de modifier ; il en est ainsi lorsque l'arrêt ne satisfait pas, en la forme, aux conditions essentielles de son existence légale, l'article 174 dudit code interdisant à la juridiction de jugement d'examiner la régularité des procédures d'instruction renvoyées devant elle par la chambre d'accusation (d'instruction) ; le moyen pris de ce que les inculpés (personnes mises en examen) n'ont pas eu la parole en dernier rend recevable l'examen d'un tel pourvoi (■ Cass. crim., 3 mai 1990, n° 90-80.226 : *Bull. crim.* n° 167. ■ Cass. crim., 7 juill. 2005, n° 05-80.914 : *Bull. crim.* n° 202).

15) Examen d'une question prioritaire de constitutionnalité. Lorsque le pourvoi d'un prévenu contre un arrêt de la chambre de l'instruction est, en l'état, susceptible d'être recevable au regard de l'article 574 du Code de procédure pénale, il y a lieu d'examiner la question prioritaire de constitutionnalité posée par lui à l'occasion dudit pourvoi (■ Cass. crim., 19 févr. 2019, n° 18-86.428).

IV – RECEVABILITÉ DU MOYEN DE CASSATION

A – Moyen recevable

16) Arrêt de renvoi statuant sur la compétence. Par application de l'article 574 du Code de procédure pénale, l'arrêt de la chambre d'accusation (d'instruction) portant renvoi du prévenu devant le tribunal correctionnel peut être attaqué devant la Cour de cassation lorsqu'il statue sur la compétence soit d'office, soit sur déclinatoire des parties. Tel est le cas lorsque la chambre d'accusation (d'instruction) saisie par ordonnance du juge d'instruction prise en vertu de l'article 181 dudit code décide que les faits, objet des poursuites, constituent non pas un crime, mais un délit (■ Cass. crim., 26 nov. 1990, n° 90-81.484 : *Bull. crim.* n° 400. ■ Cass. crim., 21 oct. 1997, n° 96-85.907 : *Bull. crim.* n° 342).

17) Arrêt de renvoi ne satisfaisant pas aux conditions essentielles de son existence légale. Est recevable le moyen par lequel un prévenu conteste la décision de le renvoyer devant le tribunal correctionnel au motif que les faits qui lui sont reprochés ne sont plus incriminés : un tel arrêt, dépourvu de support légal, ne satisfait plus aux conditions essentielles de son existence légale. Un tel moyen doit être relevé d'office (■ Cass. crim., 13 janv. 1988, n° 84-95.047 : *Bull. crim.* n° 18).

B – Moyen irrecevable

18) Arrêt de renvoi ne comportant pas de disposition définitive. N'est pas recevable, de la part du prévenu, le moyen formulant un grief au sujet duquel l'arrêt ne contient pas une disposition définitive que le tribunal n'aurait pas le pouvoir de modifier (■ Cass. crim., 2 déc. 1969, n° 68-91.953 : *Bull. crim.* n° 319 : moyen contestant la qualification du contrat violé en matière d'abus de confiance et invoquant la prescription de l'action publique. ■ Cass. crim., 20 oct. 1977, n° 76-90.927 : *Bull. crim.* n° 314 : moyen dirigé contre un arrêt de renvoi ayant statué sur une exception de chose jugée, et sur le caractère suffisant des charges. ■ Cass. crim., 21 déc. 1982, n° 82-92.054 : *Bull. crim.* n° 300 ; *JCP* G 1984, II, 20143, note W. Jeandidier : moyen critiquant la qualification des faits retenue par l'arrêt de renvoi. ■ Cass. crim., 13 janv. 1988, n° 86-95.348 : *Bull. crim.* n° 18 : moyen critiquant les énonciations d'un arrêt de renvoi relatives aux éléments constitutifs de l'infraction poursuivie et aux charges que la chambre de l'instruction a retenues. ■ Cass. crim., 21 oct. 1997, n° 96-85.907 : *Bull. crim.* n° 342 : moyen critiquant la requalification des faits opéré par l'arrêt de renvoi. ■ Cass. crim., 14 oct. 2020, n° 20-84.433, § 10 : moyen qui, contestant la décision ayant refusé de dire l'action publique prescrite, revient à critiquer les énonciations de l'arrêt relatives aux charges que la chambre de l'instruction a retenues contre le prévenu).

Art. 574-1 (1) *(Mod., L. n° 2016-731, 3 juin 2016).* **– La chambre criminelle saisie d'un pourvoi contre l'arrêt portant mise en accusation ou ordonnant le renvoi devant le tribunal correctionnel doit statuer dans les trois mois de la réception du dossier à la Cour de cassation.**

Le demandeur en cassation ou son avocat doit, à peine de déchéance, déposer son mémoire exposant les moyens de cassation dans le délai d'un mois à compter de la réception du dossier à la Cour de cassation, sauf

(1) Dispositions particulières ou dérogatoires résultant de l'état d'urgence sanitaire dû à l'épidémie de covid-19 : V. Ord. n° 2020-303 du 25 mars 2020. – NDLR.

décision du président de la chambre criminelle prorogeant, à titre exceptionnel, le délai pour une durée de huit jours. Après l'expiration de ce délai, aucun moyen nouveau ne peut être soulevé par lui et il ne peut plus être déposé de mémoire.

S'il n'est pas statué dans le délai prévu au premier alinéa, le prévenu est mis d'office en liberté.

Bibliographie : O. de Bouillane de Lacoste, *JCl. Proc. pén.*, art. 567 à 575, Fasc. 50.

1) **Obligation pour la Cour de cassation de statuer dans un délai de trois mois à compter de la réception du dossier.** Lorsqu'une exception d'incompétence des juridictions de l'ordre judiciaire est soulevée pour la première fois devant la chambre criminelle de la Cour de cassation, et dès lors que l'article 574-1 du Code de procédure pénale la met dans l'obligation de statuer dans les trois mois de la (réception du dossier) sans pouvoir renvoyer le prononcé de sa décision sur le fond, à peine de remise en liberté du demandeur à l'expiration de ce délai, elle ne peut elle-même surseoir à sa décision sur le fond et doit renvoyer l'affaire devant la même chambre d'accusation (de l'instruction), pour lui permettre de surseoir à statuer jusqu'à la solution de la question préjudicielle, après annulation de l'arrêt attaqué (■ Cass. crim., 15 juin 1982, n° 82-91.100 : *JCP* G 1983, II, 20059, note P. Chambon : n° 161).

2) **Notion de dossier.** Ne fait pas courir les délais prévus par l'article 574-1 du Code de procédure pénale la réception, à la Cour de cassation, de l'arrêt d'une chambre d'accusation (de l'instruction) portant renvoi devant la cour d'assises, accompagné de la copie des réquisitions du parquet général tendant à ce renvoi et de l'expédition des déclarations de pourvoi, ces seuls documents ne constituant pas, au sens dudit article, le dossier dont l'examen permettrait, à l'avocat du demandeur et à la chambre criminelle, d'examiner la régularité de la procédure antérieure à l'arrêt attaqué (■ Cass. crim., 7 oct. 1988, n° 88-85.516 : *Bull. crim.* n° 330).

3) **Irrecevabilité du pourvoi.** Un mémoire, déposé plus d'un mois après la réception du dossier à la Cour de cassation, ne remplit pas les conditions exigées par l'article 574-1 du Code de procédure pénale et étant, dès lors, irrecevable, ne saisit pas la Cour de cassation des moyens qu'il pourrait contenir (■ Cass. crim., 1er oct. 2019, n° 18-86.428).

4) **Déchéance du pourvoi.** L'absence de mémoire exposant les moyens de cassation déposé dans le délai d'un mois prévu par l'article 574-1 du Code de procédure pénale est une cause de déchéance du pourvoi (■ Cass. crim., 1er sept. 1987, nos 85-92.518 et 87-83.370 : *Bull. crim.* n° 308).

5) **Moyen de cassation additionnel.** Le moyen de cassation produit dans un mémoire additionnel, après l'expiration du délai d'un mois imparti par l'article 574-1 du Code de procédure pénale, est irrecevable (■ Cass. crim., 18 juin 1991, n° 91-82.028 : *Bull. crim.* n° 263).

Art. 574-2 (1) *(L. n° 2004-204, 9 mars 2004)*. – **La chambre criminelle de la Cour de cassation saisie d'un pourvoi contre un arrêt visé à l'article 568-1 statue dans le délai de quarante jours à compter de la date du pourvoi.**

Le demandeur en cassation ou son avocat doit, à peine de déchéance, déposer son mémoire exposant les moyens de cassation dans le délai de cinq jours à compter de la réception du dossier à la Cour de cassation. La transmission du mémoire peut être effectuée par tout moyen permettant d'en conserver une trace écrite.

Après l'expiration de ce délai, aucun moyen nouveau ne peut être soulevé par lui et il ne peut plus être déposé de mémoire.

Dès la réception du mémoire, le président de la chambre criminelle fixe la date de l'audience.

Bibliographie : A. Maron, *JCl. Proc. pén.*, art. 567 à 575, Fasc. 30.

1) **Question prioritaire de constitutionnalité.** Seraient-ils brefs, les délais posés par l'article 574-2, alinéa 2, du Code de procédure pénale, ne portent pas atteinte à l'exercice effectif, par la personne recherchée, de ses droits de la défense (■ Cass. crim., 29 sept. 2010, n° 10-84.995 QPC).

2) **Violation du délai de dépôt du mémoire.** Il résulte de l'article 574-2 du Code de procédure pénale qu'après l'expiration du délai de délai de 5 jours à compter de la réception du dossier à la Cour de cassation, il ne peut plus être déposé de mémoire (■ Cass. crim., 25 févr. 2020, n° 20-80.532,

(1) Dispositions particulières ou dérogatoires résultant de l'état d'urgence sanitaire dû à l'épidémie de covid-19 : V. Ord. n° 2020-303 du 25 mars 2020. – NDLR.

§ 8). Ni le demandeur ni son avocat n'ayant déposé de mémoire exposant les moyens de cassation dans le délai de cinq jours à compter de la réception du dossier à la Cour de cassation, il y a lieu de déclarer l'intéressé déchu de son pourvoi par application de l'article 574-2 du Code de procédure pénale (■ Cass. crim., 22 juill. 2004, n° 04-84.241 : *Bull. crim.* n° 184. ■ Cass. crim., 24 mai 2017, n° 17-82.655). Est irrecevable le mémoire aux fins de question prioritaire de constitutionnalité non signé par le demandeur lui-même, et parvenu au greffe de la Cour de cassation plus de cinq jours après la réception du dossier par cette juridiction, délai après l'expiration duquel aucun nouveau mémoire ne peut plus être déposé (■ Cass. crim., 15 mai 2013, n° 13-82.844).

3) Mémoire non signé par le demandeur lui-même. Le mémoire produit n'étant pas signé par la demanderesse elle-même, il y a lieu de déclarer l'intéressée déchue de son pourvoi par application de l'article 574-2 du Code de procédure pénale (■ Cass. crim., 22 juill. 2004, n° 04-84.158 : *Bull. crim.* n° 183). Le mémoire, adressé au greffe de la chambre de l'instruction dans le délai de l'article 574-2, alinéa 2, du Code de procédure pénale, soit dans les 5 jours de la réception du dossier à la Cour de cassation, non signé par le demandeur, est irrecevable et ne saisit donc pas la Cour des moyens qu'il pourrait contenir (■ Cass. crim., 16 janv. 2019, n° 18-87.134 : *Bull. crim.* n° 17 ; *Dr. pén.* 2019, comm. 54, obs. A. Maron et M. Haas, Procédures 2019, n° 96, obs. J. B.). Il résulte des articles 574-2 et 584 du Code de procédure pénale que le mémoire personnel produit au soutien d'un pourvoi contre un arrêt statuant sur la remise d'une personne à un État membre de l'Union européenne en exécution d'un mandat d'arrêt européen doit, à peine de déchéance du pourvoi, être signé par le demandeur lui-même (■ Cass. crim., 15 mai 2013, n° 13-82.844. ■ Cass. crim., 22 août 2017, n° 17-85.031 : *Bull. crim.* n° 216) ; ne remplit donc pas les conditions résultant de ces deux textes le mémoire accompagné d'une feuille manuscrite placée en tête et distincte des feuillets supportant le texte dactylographié, présentant l'argumentation du demandeur et se terminant par la mention « Fait pour (le demandeur) » (■ Cass. crim., 21 janv. 2020, n° 20-80.008). Est irrecevable le mémoire aux fins de question prioritaire de constitutionnalité non signé par le demandeur lui-même, et parvenu au greffe de la Cour de cassation plus de cinq jours après la réception du dossier par cette juridiction, délai après l'expiration duquel aucun nouveau mémoire ne peut plus être déposé (■ Cass. crim., 15 mai 2013, n° 13-82.844).

4) Droit au procès équitable. Il résulte de l'article préliminaire du Code de procédure pénale que la procédure doit être équitable, contradictoire et préserver les droits des parties. Il s'en déduit, en application des articles 568-1, alinéa 2, 574-2 et 587 du même code, que, s'agissant d'un pourvoi contre un arrêt statuant sur un mandat d'arrêt européen, sur lequel il doit être statué dans les quarante jours à compter du pourvoi, si le procureur général auteur du pourvoi dispose d'un délai de cinq jours, pour déposer un mémoire, à compter de la réception du dossier à la Cour de cassation, c'est à condition que, à peine de déchéance et sauf circonstances insurmontables, il ait lui-même transmis ce dossier au greffe de la chambre criminelle dans les quarante-huit heures à compter de sa déclaration de pourvoi, ainsi que le lui impose l'article 568-1, alinéa 2, précité. Doit donc être déclaré déchu de son pourvoi le procureur général qui a transmis le dossier, avec son mémoire, vingt-neuf jours après la déclaration de pourvoi, laissant à son contradicteur seulement quelques jours pour présenter des observations en défense (■ Cass. crim., 23 janv. 2013, n° 13-80.444 : *Bull. crim.* n° 30).

Art. 575 *(Déclaré contraire à la Constitution : abr. à compter du 24 juill. 2010, Cons. const. n° 2010-15/23 QPC, 23 juill. 2010 : JO 24 juill. 2010).*

Bibliographie : A. Maron, *JCl. Proc. pén.*, art. 567 à 575, Fasc. 20.

Abrogation de l'article 575 du Code de procédure pénale par le Conseil constitutionnel. La partie civile n'est pas dans une situation identique à celle de la personne mise en examen ou à celle du ministère public ; toutefois, l'article 575 du Code de procédure pénale a pour effet, en l'absence de pourvoi du ministère public, de priver la partie civile de la possibilité de faire censurer, par la Cour de cassation, la violation de la loi par les arrêts de la chambre de l'instruction statuant sur la constitution d'une infraction, la qualification des faits poursuivis et la régularité de la procédure ; en privant ainsi une partie de l'exercice effectif des droits qui lui sont garantis par le Code de procédure pénale devant la juridiction d'instruction, cette disposition apporte une restriction injustifiée aux droits de la défense ; par suite, l'article 575 de ce code doit être déclaré contraire à la Constitution (■ Cons. const., 23 juill. 2010, n° 2010-15/23 QPC : *D.* 2010, p. 2686, note C. Lacroix. *Adde RPDP* 2013, p. 277, note P. Conte).

CHAPITRE II. – DES FORMES DU POURVOI

Art. 576 (1). – **La déclaration de pourvoi doit être faite au greffier de la juridiction qui a rendu la décision attaquée.**

Elle doit être signée par le greffier et par le demandeur en cassation lui-même ou par un *(Mot rempl. à compter du 1er janv. 2012, L. n° 2011-94, 25 janv. 2011)* « avocat » près la juridiction qui a statué, ou par un fondé de pouvoir spécial ; dans ce dernier cas, le pouvoir est annexé à l'acte dressé par le greffier. Si le déclarant ne peut signer, le greffier en fera mention.

Elle est inscrite sur un registre public, à ce destiné et toute personne a le droit de s'en faire délivrer une copie.

Bibliographie : A. Maron, *JCl. Proc. pén.*, art. 576 à 590, Fasc. 10.

I – CONFORMITÉ DE L'ARTICLE 576 AUX PRINCIPES CONSTITUTIONNELS

1) Droit d'accès au juge. L'article 576 du Code de procédure pénale, en prévoyant que toute personne non avocat près la juridiction qui a statué doit disposer d'un pouvoir spécial pour former un pourvoi, ne met pas obstacle à l'accès à la Cour de cassation (■ Cass. crim., 16 avr. 2013, nos 13-81.560, 13-81.561, 13-81.562 et 13-81.563 QPC).

II – DOMAINE D'APPLICATION DE L'ARTICLE 576

2) Pourvoi contre les décisions de la juridiction nationale de la rétention de sûreté. Les articles 706-53-15 et R. 53-8-43 du Code de procédure pénale, relatifs à la procédure applicable à la juridiction nationale de la rétention de sûreté, ne dérogent pas aux conditions de recevabilité du pourvoi en cassation fixées par les articles 576 et 577 du Code de procédure pénale (■ Cass. crim., 12 déc. 2012, n° 12-83.240 : *Bull. crim.* n° 280).

III – CARACTÈRE SUBSTANTIEL DES FORMALITÉS PRÉVUES PAR L'ARTICLE 576

3) Déclaration de pourvoi au greffier de la juridiction qui a rendu la décision attaquée. La formalité prévue par l'article 576 du Code de procédure pénale qui dispose que la déclaration de pourvoi doit être faite au greffier de la juridiction qui a rendu la décision attaquée et qu'elle doit être signée par le greffier et par le demandeur en cassation lui-même ou par un (avocat) près la juridiction qui a statué ou par un fondé de pouvoir spécial, est une formalité substantielle ; il ne peut y être suppléé par une lettre missive alors que la personne condamnée ne justifie pas avoir été dans l'impossibilité absolue de satisfaire aux prescriptions légales. N'est donc pas recevable le pourvoi en cassation formé par lettre recommandée adressée au greffier de la juridiction qui a rendu la décision attaquée (■ Cass. crim., 21 mars 1988, n° 88-80.689 : *Bull. crim.* n° 132. ■ Cass. crim., 19 juin 2018, n° 17-87.007. – V. aussi ■ Cass. crim., 7 nov. 1989, n° 89-85.723 : *Bull. crim.* n° 396. ■ Cass. crim., 12 déc. 2012, n° 12-83.240 : *Bull. crim.* n° 280). N'est pas recevable le pourvoi en cassation formé par courriel, faute d'une déclaration au greffe, conformément à l'article 576 du Code de procédure pénale (■ Cass. crim., 18 juin 2019, n° 18-86.593). Le pourvoi déclaré par un avocat au greffe de la cour d'appel de Bordeaux, alors que le jugement attaqué avait été rendu par le tribunal de police de Bordeaux, ne répond pas aux exigences de l'article 576 du Code de procédure pénale (■ Cass. crim., 25 juin 2019, n° 18-84.637).

IV – DÉCLARATION DE POURVOI FORMÉE PAR UN AVOCAT

4) Pouvoir spécial non requis. Il résulte de l'article 576 du Code de procédure pénale et de l'article 1er, III, de la loi n° 71-1130 du 31 décembre 1971, dans sa rédaction issue de la loi du 25 janvier 2011, portant réforme de la représentation devant les cours d'appel, qu'un avocat inscrit au barreau de Paris peut, sans être muni d'un pouvoir spécial, former un pourvoi contre un arrêt rendu par la cour d'appel de Versailles, dès lors qu'il avait assisté le prévenu devant le tribunal correctionnel de Nanterre dans l'instance ayant donné lieu à l'arrêt attaqué (■ Cass. crim., 5 juin 2013, n° 12-86.022 : *Bull. crim.* n° 130). En matière criminelle, le défenseur de l'accusé doit être assimilé à l'accusé lui-même et a, par suite, qualité pour former au nom de celui-ci un pourvoi en cassation contre l'arrêt civil sans avoir à justifier du pouvoir spécial prévu par l'article 576 du Code de procédure pénale (■ Cass.

(1) Dispositions particulières ou dérogatoires résultant de l'état d'urgence sanitaire dû à l'épidémie de covid-19 : V. Ord. n° 2020-303 du 25 mars 2020. – NDLR.

crim., 8 mars 1989, n° 87-91.973 : *Bull. crim.* n° 113). Il se déduit de l'article 576, alinéa 2, du Code de procédure pénale que tout avocat inscrit à l'un des barreaux d'une cour d'appel a qualité pour former un pourvoi en cassation dans l'ensemble du ressort de cette cour (■ Cass. crim., 11 avr. 2018, n° 16-87.622 QPC : *Bull. crim.* n° 75 ; *Dr. pén.* 2018, comm. 114, obs. A. Maron et M. Haas. ■ Cass. crim., 24 mai 2018, n° 16-87.622 : *Bull. crim.* n° 100).

5) Pouvoir spécial non requis. Matière criminelle. En matière criminelle, le défenseur de l'accusé doit être assimilé à l'accusé lui-même et a, par suite, qualité pour former au nom de celui-ci un pourvoi en cassation sans avoir à justifier du pouvoir spécial prévu par l'article 576 du Code de procédure pénale (■ Cass. crim., 11 févr. 1981, n° 80-93.001 : *Bull. crim.* n° 54, à propos de l'arrêt pénal. ■ Cass. crim., 8 mars 1989, n° 87-91.973 : *Bull. crim.* n° 113, à propos de l'arrêt civil).

6) Pouvoir spécial requis. Il résulte de l'article 576, alinéa 2, du Code de procédure pénale que l'avocat formant le pourvoi doit exercer auprès de la juridiction qui a statué. Est en conséquence irrecevable : ... le pourvoi formé par un avocat, inscrit en dehors du ressort de la cour d'appel (■ Cass. crim., 17 juin 2020, n° 20-81.889, § 7) ; ... le pourvoi formé sans pouvoir spécial par un avocat inscrit au barreau de Paris contre un jugement rendu par la juridiction de proximité de Rambouillet (■ Cass. crim., 5 nov. 2013, n° 12-88.376 : *Bull. crim.* n° 211) ; ... le pourvoi formé sans pouvoir spécial par un avocat inscrit au barreau de Blois, substituant un avocat au barreau de Paris, contre un jugement rendu par la juridiction de proximité de Tours (■ Cass. crim., 6 mai 2014, n° 13-86.824 : *Bull. crim.* n° 120 ; *Dr. pén.* 2014, comm. 112, obs. A. Maron et M. Haas).

7) Substitution d'avocat. La question ne se pose pas de savoir si les dispositions de l'article 576, alinéa 2, du Code de procédure pénale, telles qu'interprétées par la Cour de cassation, ne seraient pas contraires au droit à un recours juridictionnel effectif en ce qu'elles interdisent que la déclaration de pourvoi en cassation soit formée par un avocat indiquant substituer l'un de ses confrères alors même que l'avocat substituant serait par ailleurs dispensé de justifier d'un pouvoir spécial dès lors qu'il exerce près la juridiction dont émane la décision attaquée ou pourrait postuler devant elle en application de la loi du 31 décembre 1971 : la disposition législative contestée, en tant qu'elle concerne la possibilité de substitution d'un avocat par un autre pour former un pourvoi en cassation, est inapplicable au litige, car il se déduit de ce texte que tout avocat inscrit à l'un des barreaux d'une cour d'appel a qualité pour former un pourvoi en cassation dans l'ensemble du ressort de cette cour, en sorte qu'un avocat à Paris, quoique n'ayant pas assisté le condamné devant la cour d'assises de Seine-Saint-Denis, avait qualité pour former un pourvoi en cassation contre l'arrêt de condamnation prononcé par cette juridiction (■ Cass. crim., 11 avr. 2018, n° 16-87.622 QPC : *Bull. crim.* n° 75 ; *Dr. pén.* 2018, comm. 114, obs. A. Maron et M. Haas). – V. aussi ■ Cass. crim., 29 nov. 2017, n° 16-85.490 : *Bull. crim.* n° 271 ; *Dr. pén.* 2018, comm. 16, obs. A. Maron et M. Haas. – ■ Cass. crim., 24 mai 2018, n° 16-87.622 : *Bull. crim.* n° ; *Dr. pén.* 2018, comm. 137, obs. A. Maron et M. Haas. – V. auparavant ■ Cass. crim., 23 mai 1995 n° 94-82.502 : *Bull. crim.* n° 185 : un avocat, ayant reçu pouvoir de former un pourvoi en cassation, ne peut, pour l'accomplissement de son mandat, se faire substituer par un confrère de son choix n'appartenant pas à la même société civile professionnelle d'avocat. Il en est ainsi, même dans le cas où la substitution a été expressément prévue par le pouvoir spécial établi par le demandeur au pourvoi. Si, selon l'article 576 du Code de procédure pénale, l'avocat postulant est dispensé de produire au greffe du tribunal de police une procuration écrite lorsqu'il déclare se pourvoir en cassation au nom de son client, encore faut-il qu'il ne résulte pas des termes de cette déclaration que celui-ci ne l'a pas mandaté à cette fin ; est, en conséquence, irrecevable le pourvoi en cassation formé par l'avocat postulant qui déclare tenir son mandat de l'avocat du prévenu (■ Cass. crim., 25 nov. 1997, n° 97-82.082 : *Bull. crim.* n° 400). Formé par un avocat qui, en premier lieu, n'exerce pas près la juridiction ayant statué, en deuxième lieu, ne peut se prévaloir des dispositions de l'article 5-1, alinéa 1 de la loi du 31 décembre 1971 modifiée, à défaut d'avoir assisté ou représenté l'association demanderesse devant le tribunal correctionnel de Nanterre et, en troisième lieu, n'est pas désigné nominativement comme mandataire dans le pouvoir spécial annexé à la déclaration de pourvoi, ni n'est associé, au sein d'une même société civile professionnelle, à l'avocat qui y est expressément désigné, le pourvoi doit être déclaré irrecevable en application de l'article 576, alinéa 2 du Code de procédure pénale, dans sa rédaction issue de la loi du 25 janvier 2011 portant réforme de la représentation devant les cours d'appel (■ Cass. crim., 8 janv. 2019, n° 17-81.396).

V – DÉCLARATION DE POURVOI PAR UN FONDÉ DE POUVOIR SPÉCIAL

8) Pouvoir délivré par le directeur général départemental des finances publiques. Constitue le pouvoir spécial requis par les dispositions de l'article 576 du Code de procédure pénale le mandat délivré par le directeur général départemental des finances publiques à un inspecteur principal de la direction régionale à l'effet de le représenter devant la cour d'appel dans le cadre d'une affaire précisément visée et d'effectuer, en son nom, tout acte de procédure (■ Cass. crim., 12 sept. 2018, n° 17-82.386).

9) Pouvoir spécial annexé au pourvoi. Est irrecevable le pourvoi en cassation lorsque le pouvoir spécial émanant du demandeur en cassation n'est pas annexé à l'acte dressé par le greffier (■ Cass. crim., 22 févr. 2022, n° 21-82.646).

10) Preuve du pouvoir. Dans le cas où la déclaration de pourvoi est signée par un fondé de pouvoir spécial, le pouvoir est annexé à l'acte dressé par le greffier ; il résulte de ces dispositions que le document annexé à la déclaration de pourvoi doit faire preuve du mandat dont celui-ci est investi (■ Cass. crim., 9 oct. 1989, n° 88-87.237 : *Bull. crim.* n° 44 ; *RSC* 1990, p. 595, obs. A. Braunschweig. ■ Cass. crim., 16 mars 2011, n° 10-83.202 : *Bull. crim.* n° 55). Tel est le cas du pouvoir transmis par télécopie qui comporte la signature de celui dont il émane (■ Cass. crim., 9 oct. 1989, préc.) ; tel n'est pas le cas d'un document qui, tel un simple courriel, ne comporte pas la signature du mandant (■ Cass. crim., 16 mars 2011, préc.).

11) Contenu du pouvoir. Le pouvoir doit établir, sans équivoque, la volonté du demandeur d'exercer un recours en cassation ; un pouvoir, signé par le demandeur, donnant mandat à cet avocat « pour faire toutes suites nécessaires, suite à l'arrêt rendu par la cour d'appel le ... » n'établit pas que l'intéressé ait personnellement décidé de se pourvoir en cassation et ait spécialement chargé son avocat de former ce recours en son nom ; le pourvoi est donc irrecevable (■ Cass. crim., 25 févr. 1998, n° 97-80.801 : *Bull. crim.* n° 75 ; *Dr. pén.* 1998, comm. 107, obs. A. Maron). Une lettre ne visant aucune décision de justice encore prononcée ne saurait constituer un pouvoir spécial au sens de l'article 576 du Code de procédure pénale (■ Cass. crim., 14 mai 2002, n° 02-81.070 : *Bull. crim.* n° 110. ■ Cass. crim., 6 oct. 2004, n° 03-86.381 : *Bull. crim.* n° 238). Il se déduit de l'article 576 du Code de procédure pénale que le pouvoir, lorsqu'il est nécessaire, doit comporter des mentions qui établissent l'intention non équivoque du demandeur de former un pourvoi en cassation, après qu'il a pris connaissance de la décision ; un pouvoir ne peut être établi antérieurement à la décision que lorsque des circonstances particulières font obstacle à ce que le demandeur puisse prendre connaissance de celle-ci dans le délai du pourvoi (■ Cass. crim., 29 mars 2017, n° 17-80.020 : *Bull. crim.* n° 98 (2)). Est irrecevable le pourvoi formé par un mandataire qui n'a pas reçu pouvoir exprès d'effectuer la déclaration de pourvoi. Ne saurait constituer un tel pouvoir la procuration générale donnée à l'effet d'« ester en justice, transiger, compromettre, sinon assigner et défendre devant les tribunaux et cours compétents » ; ainsi il n'est pas établi que le mandataire ait reçu expressément pouvoir de la part de la partie civile pour former un recours en cassation contre l'arrêt de la chambre d'accusation (de l'instruction) portant refus d'informer sur la plainte déposée par ladite partie civile. À défaut de déclaration faite par le représentant spécial, le pourvoi n'est pas recevable (■ Cass. crim., 16 avr. 1991, n° 90-84.437 : *Bull. crim.* n° 180).

VI – DÉROGATION À L'ARTICLE 576

12) Impossibilité absolue de s'y conformer. Il ne peut être dérogé aux dispositions des articles 568 et 576 du Code de procédure pénale que dans le cas où le demandeur, non détenu, justifie s'être trouvé en raison d'une circonstance indépendante de sa volonté dans l'impossibilité absolue de déclarer son pourvoi au greffe ou de s'y faire représenter, dans le délai légal (■ Cass. crim., 12 sept. 2018, n° 17-87.080. ■ Cass. crim., 30 oct. 2018, n° 17-87.537 : *Bull. crim.* n° 179 ; *Dr. pén.* 2018, comm. 215, obs. A. Maron et M. Haas, à propos d'une personne internée en hôpital psychiatrique).

Art. 577 *(L. n° 85-1407, 30 déc. 1985).* – **Lorsque le demandeur en cassation est détenu, le pourvoi peut être formé au moyen d'une déclaration auprès du chef de l'établissement pénitentiaire.**

Cette déclaration est constatée, datée et signée par le chef de l'établissement pénitentiaire. Elle est également signée par le demandeur ; si celui-ci ne peut signer, il en est fait mention par le chef de l'établissement.

Ce document est adressé sans délai, en original ou en copie, au greffe de la juridiction qui a rendu la décision attaquée ; il est transcrit sur le registre prévu par le troisième alinéa de l'article 576 et annexé à l'acte dressé par le greffier.

Bibliographie : *JCl. Proc. pén.*, art. 576 à 590, Fasc. 10, obs. A. Maron.

1) Domaine d'application de l'article 577. Les articles 706-53-15 et R. 53-8-43 du Code de procédure pénale, relatifs à la procédure applicable à la juridiction nationale de la rétention de sûreté, ne dérogent pas aux conditions de recevabilité du pourvoi en cassation fixées par les articles 576 et 577 du Code de procédure pénale (■ Cass. crim., 12 déc. 2012, n° 12-83.240 : *Bull. crim.* n° 280).

2) Formes. N'est pas recevable : ... le pourvoi formé par lettre transcrite sur les registres du greffe de la cour d'appel (■ Cass. crim., 7 nov. 1989, n° 89-85.723 : *Bull. crim.* n° 396. ■ Cass. crim., 12 déc. 2012, n° 12-83.240 : *Bull. crim.* n° 280) ; … la déclaration de pourvoi faite par lettre recommandée adressée au greffe de la cour d'appel (■ Cass. crim., 19 juin 2018, n° 17-87.007) ; … la déclaration de pourvoi faite par lettre (■ Cass. crim., 12 sept. 2018, n° 17-85.103. ■ Cass. crim., 16 janv. 2019, n° 17-85.414. ■ Cass. crim., 16 janv. 2019, n° 17-85.414) ; … la déclaration de pourvoi faite devant le chef de l'établissement pénitentiaire qui n'est pas signée par le demandeur détenu (■ Cass. crim., 12 déc. 2018, n° 18-85.508).

3) **Caractère substantiel de la formalité prévue par l'article 576.** Selon les articles 576 et 577 du Code de procédure pénale, le pourvoi doit être formé par déclaration au greffier de la juridiction qui a rendu la décision attaquée et lorsque le demandeur en cassation est détenu, il peut être formé au moyen d'une déclaration auprès du chef de l'établissement pénitentiaire ; il s'agit là de formes substantielles auxquelles il ne peut être dérogé, sauf impossibilité absolue (■ Cass. crim., 7 nov. 1989, n° 89-85.723 : *Bull. crim.* n° 396).

Art. 578. – Le demandeur en cassation doit notifier son recours au ministère public et aux autres parties par lettre recommandée avec demande d'avis de réception, dans un délai de trois jours.

Bibliographie : A. Maron, *JCl. Proc. pén.*, art. 576 à 590, Fasc. 10.

Voir également : V. art. 579, p. 1238.

Art. 579 *(Ord. n° 60-529, 4 juin 1960 ; mod., L. n° 2004-204, 9 mars 2004)*. **– La partie qui n'a pas reçu la notification prévue à l'article 578 a le droit de former opposition à l'arrêt rendu par la Cour de cassation, par déclaration au greffe de la juridiction qui a rendu la décision, dans les cinq jours de la notification prévue à l'article 614.**

Bibliographie : A. Maron, *JCl. Proc. pén.*, art. 576 à 590, Fasc. 20.

1) **Formes de l'opposition, règles d'ordre public.** Les formes de l'opposition à un arrêt rendu par la Cour de cassation sont d'ordre public (■ Cass. crim., 18 juin 2019, n° 18-87.105).

2) **Domaine de l'opposition.** Aux termes des articles 579 et 589 du Code de procédure pénale, la procédure d'opposition aux arrêts rendus par la chambre criminelle de la Cour de cassation n'est prévue qu'au bénéfice de la partie qui n'a pas reçu notification du pourvoi formé par le demandeur en cassation ou qui n'a pas reçu copie des mémoires déposés à l'appui du pourvoi. L'opposition formée par un demandeur contre l'arrêt ayant déclaré son pourvoi irrecevable doit donc être déclarée irrecevable (■ Cass. crim., 4 avr. 2001, n° 00-87.886 : *Bull. crim.* n° 94).

3) **Nécessité d'être partie.** Un individu qui a été mis personnellement en cause dans une plainte avec constitution de partie civile mais qui n'a pas été nommément visé par les réquisitions du ministère public tendant à l'ouverture d'une information ne saurait être considéré comme « inculpé » (« personne mise en examen »). Dès lors, faute d'être partie à l'instance, cet individu ne peut être admis à intervenir en défense devant la Cour de cassation. Il s'ensuit qu'en cas de pourvoi en cassation la partie civile demanderesse n'a pas à lui signifier son recours ni à lui adresser copie de son mémoire ampliatif et que l'opposition par lui formée à l'arrêt rendu par la Cour de cassation est irrecevable (■ Cass. crim., 8 oct. 1985, n° 84-93.761 : *Bull. crim.* n° 299).

4) **Nécessité d'un grief.** Il résulte des dispositions combinées des articles 579 et 614 du Code de procédure pénale, que la partie défenderesse au pourvoi qui n'a pas reçu la notification prévue à l'article 578 n'a le droit de former opposition à l'arrêt rendu par la chambre criminelle qu'en cas de cassation, une telle décision étant seule susceptible de faire grief à ses intérêts (■ Cass. crim., 19 déc. 1994, n° 92-86.781 : *Bull. crim.* n° 418).

5) **Notification par lettre recommandée.** L'opposition à un arrêt rendu par la Cour de cassation n'est pas recevable lorsque le demandeur au pourvoi a notifié à la partie opposante son pourvoi et son mémoire en demande par lettres recommandées avec avis de réception, conformément aux articles 579 et 589 du Code de procédure pénale, même si ces lettres ne sont pas parvenues à leur destinataire et ont été retournées à l'expéditeur avec la mention « non réclamé » (■ Cass. crim., 29 mai 2001, n° 00-86.752 : *Bull. crim.* n° 412).

6) **Délai de 5 jours.** La citation délivrée à une partie en vue de comparaître à l'audience de la cour d'appel statuant comme juridiction de renvoi après arrêt de cassation vaut signification dudit arrêt. Le délai de 5 jours imparti pour former opposition à l'arrêt de cassation court à compter de la date de la citation (■ Cass. crim., 5 déc. 2001, n° 01-80.749 : *Bull. crim.* n° 252). Dès lors qu'il ne résulte d'aucune pièce de la procédure que l'officier du ministère public ait, dans les conditions prescrites par l'article 578 du Code de procédure pénale, notifié à M. X… le recours qu'il avait dili-

genté contre le jugement de la juridiction de proximité, peu important que le mémoire de cet officier du ministère public ait été notifié à l'intéressé, l'opposition est recevable en la forme, le délai d'opposition n'ayant pu courir, en l'absence de signification de l'arrêt de la Cour de cassation (■ Cass. crim., 31 oct. 2018, n° 14-80.167).

7) **Applications de l'article 579.** Est recevable l'opposition formée contre un arrêt de la Cour de cassation, lorsqu'elle est faite dans les formes et dans le délai prévus à l'article 579 du Code de procédure pénale, et alors qu'il est justifié que le demandeur à l'opposition n'a pas reçu, en violation de l'article 578 du même code, la notification du recours prévu par ce texte (■ Cass. crim., 16 juill. 1969, n° 69-90.379 : *Bull. crim.* n° 227. ■ Cass. crim., 15 juin 1987, n° 85-95.421 : *Bull. crim.* n° 248. ■ Cass. crim., 26 juin 1990, n° 89-86.338 : *Bull. crim.* n° 259).

Art. 580 à 582 *(Abr., L. n° 81-759, 6 août 1981).*

Art. 583 et 583-1 *(Abr., L. n° 2000-516, 15 juin 2000).*

Art. 584. – **Le demandeur en cassation, soit en faisant sa déclaration, soit dans les dix jours suivants, peut déposer, au greffe de la juridiction qui a rendu la décision attaquée, un mémoire signé par lui, contenant ses moyens de cassation. Le greffier lui en délivre reçu.**

Bibliographie : A. Maron, *JCl. Proc. pén.*, art. 576 à 590, Fasc. 20.

Voir également : Pour le demandeur pénalement condamné, art. 585, p. 1242.

I – CONFORMITÉ DE L'ARTICLE 584 AUX PRINCIPES CONSTITUTIONNELS

1) **Principes d'égalité, des droits de la défense, du droit à l'accès à un juge, du droit à un recours juridictionnel effectif, du droit au procès juste et équitable, du droit à l'impartialité et l'indépendance des juridictions.** Le fait que le délai de dix jours pour se pourvoir en cassation fixé pour la partie civile par l'article 584 du Code de procédure pénale diffère de celui accordé au demandeur pénalement condamné, qui est d'une durée d'un mois selon les articles 585 et 585-1 dudit code, se justifie par des raisons d'intérêt général tenant à une différence objective de situation, de sorte qu'il n'est pas porté atteinte au principe d'égalité devant la loi, pas plus qu'au respect des droits de la défense, au droit à l'accès à un juge, à la garantie des droits et à la séparation des pouvoirs, au droit à un recours juridictionnel effectif, aux droits de la défense et au droit au procès juste et équitable, au droit à l'impartialité et l'indépendance des juridictions (■ Cass. crim., 12 avr. 2016, 3 arrêts n°s 16-80.920, 16-80.921 et 16-80.926 QPC).

2) **Droit à un recours effectif.** En énonçant en matière pénale, sauf dérogations prévues par la loi, que le demandeur ayant fait le choix de se défendre sans l'assistance d'un avocat au Conseil d'État et à la Cour de cassation, doit déposer son mémoire personnel dans les dix jours à compter de la date de son pourvoi, l'article 584 du Code de procédure pénale n'a pas pour effet de priver l'intéressé de droits substantiels ou du droit à un recours effectif par l'imposition d'un délai trop bref (■ Cass. crim., 10 août 2016, n° 15-87.650 QPC).

II – CONFORMITÉ DE L'ARTICLE 584 À LA CONVENTION EUROPÉENNE DES DROITS DE L'HOMME

3) **Article 6, Conv. EDH.** L'article 584 du Code de procédure pénale ne méconnaît pas l'article 6 de la Convention européenne des droits de l'Homme (■ Cass. crim., 30 mars 2016, n° 14-88.191 : *Bull. crim.* n° 106).

III – DOMAINE D'APPLICATION DE L'ARTICLE 584

V. art. 570, 571, p. 1219.

A – *Ratione materiae*

4) **Question prioritaire de constitutionnalité soulevée à l'occasion d'un pourvoi.** Lorsqu'une question prioritaire de constitutionnalité est soulevée à l'occasion d'un pourvoi par un mémoire personnel, celui-ci doit être déposé dans la forme et les délais prévus par les articles 584 et suivants du Code de procédure pénale (■ Cass. crim., 12 janv. 2011, n° 10-86.924. ■ Cass. crim., 11 juin 2013, n° 13-82.744 : *Dr. pén.* 2013, comm. 163, obs. A. Maron et M. Haas. ■ Cass. crim., 10 févr. 2021, n° 20-86.286, § 2. ■ Cass. crim., 14 déc. 2021, n° 21-85.594, § 1).

5) **Pourvoi contre un arrêt de la chambre de l'instruction en matière de détention provisoire.** La faculté, prévue par l'article 567-2 du Code de procédure pénale, de transmettre directement au greffe de la Cour de cassation un mémoire personnel dans le délai d'un mois à compter de la réception du dossier, qui déroge à l'article 584 dudit code, n'est offerte qu'au demandeur qui se pourvoit contre un arrêt de la chambre

de l'instruction statuant en matière de détention provisoire ; cette dérogation ne s'applique donc pas à la personne mise en examen qui se pourvoit contre un arrêt de cette juridiction rendu en matière de contrôle judiciaire (▪ Cass. crim., 7 juill. 2010, n° 10-82.989 : *Bull. crim.* n° 122). Mais lorsque le document signé par le demandeur et produit à l'appui du pourvoi en matière de détention provisoire n'est pas rédigé en langue française, il saurait être considéré comme un mémoire au sens de l'article 584 du Code de procédure pénale (▪ Cass. crim., 4 mars 1986, n° 85-96.523 : *Bull. crim.* n° 85).

6) Pourvoi contre un arrêt de la chambre de l'application des peines. Le pourvoi contre un arrêt de la chambre de l'application des peines doit obéir aux conditions de forme de l'article 584 dudit code (▪ Cass. crim., 18 déc. 2013, n° 13-80.918 : *Bull. crim.* n° 262).

7) Mandat d'arrêt européen. Le mémoire personnel produit au soutien d'un pourvoi contre un arrêt statuant sur la remise d'une personne à un État membre de l'Union européenne en exécution d'un mandat d'arrêt européen doit, à peine de déchéance du pourvoi, respecter les conditions de forme de l'article 584 du Code de procédure pénale (▪ Cass. crim., 22 août 2017, n° 17-85.031 : *Bull. crim.* n° 216. ▪ Cass. crim., 21 janv. 2020, n° 20-80.008. ▪ Cass. crim., 25 févr. 2020, n° 20-80.532, § 2).

B – *Ratione personae*

8) Prévenu. V. par exemple, ▪ Cass. crim., 4 oct. 2000, n° 99-86.285 : *Bull. crim.* n° 289. ▪ Cass. crim., 22 mai 2007, n° 07-80.622 : *Bull. crim.* n° 135. ▪ Cass. crim., 12 mars 2014, n° 13-81.273 : *Bull. crim.* n° 76. ▪ Cass. crim., 9 avr. 2014, n° 13-87.086 : *Bull. crim.* n° 18 ; *Dr. pén.* 2014, comm. 97, obs. A. Maron et M. Haas. ▪ Cass. crim., 8 juill. 2015, n° 14-86.400 : *Bull. crim.* n° 177. ▪ Cass. crim., 30 mars 2016, n° 14-88.191 : *Bull. crim.* n° 106.

9) Partie civile. L'article 584 du Code de procédure pénale s'applique à la partie civile (V. par exemple ▪ Cass. crim., 9 juill. 1982, n° 82-90.302 : *Bull. crim.* n° 185. ▪ Cass. crim., 17 nov. 1992, n° 92-82.990 : *Bull. crim.* n° 378. ▪ Cass. crim., 24 mars 2015, n° 14-84.300 : *Bull. crim.* n° 64).

IV – CONDITIONS DE FORME FORMULÉES PAR L'ARTICLE 584

A – Langue du mémoire

10) Utilisation de la langue française. Un document signé par le demandeur et produit à l'appui du pourvoi qui n'est pas rédigé en langue française ne saurait être considéré comme un mémoire au sens de l'article 584 du Code de procédure pénale (▪ Cass. crim., 4 mars 1986, n° 85-96.523 : *Bull. crim.* n° 85).

B – Signature du demandeur au pourvoi

1° *Signature originale*

11) N'est pas signé par le demandeur, le mémoire sur lequel ne figure que la reproduction de la signature de ce dernier (▪ Cass. crim., 20 déc. 2006, n° 06-84.314 : *Bull. crim.* n° 324 ; *Dr. pén.* 2007, comm. 93).

2° *Signature électronique ou numérisée*

12) Selon l'article 584 du Code de procédure pénale, le mémoire personnel du demandeur en cassation doit être signé par ce dernier ; aucun texte n'envisage la possibilité d'un recours à une signature électronique ou numérisée dans cette hypothèse (▪ Cass. crim., 9 avr. 2019, n° 18-82.315 : *Bull. crim.* n° 67).

3° *Signature du demandeur lui-même*

13) Principe. L'article 584 du Code de procédure pénale exige la signature du demandeur lui-même (▪ Cass. crim., 8 janv. 1997, n° 96-84.698 : *Bull. crim.* n° 2. ▪ Cass. crim., 23 févr. 2005, n° 04-83.569 : *Bull. crim.* n° 70). Un mémoire non signé, qui contient un moyen, et la lettre d'accompagnement signée, qui n'en contient pas, ne sauraient être regardés comme formant un tout indissociable au sens de l'article 584 du Code de procédure pénale (▪ Cass. crim., 30 mars 2016, n° 14-88.191 : *Bull. crim.* n° 106). Il importe peu que le mémoire porte la signature d'un avocat, serait-il muni d'un pouvoir spécial (▪ Cass. crim., 8 janv. 1997, préc. ▪ 23 févr. 2005, préc.). Il est insuffisant que le mémoire : ... ne comporte la signature du demandeur que sur une feuille distincte des feuillets paginés supportant le texte dactylographié établi à l'en-tête du cabinet de son avocat qui a déposé ledit mémoire (▪ Cass. crim., 22 août 2017, n° 17-85.031 : *Bull. crim.* n° 216) ; ... soit accompagné d'une feuille manuscrite placée en tête et distincte des feuillets supportant le texte dactylographié, présentant l'argumentation du demandeur et se terminant par la mention « Fait pour (le demandeur) » (▪ Cass. crim., 21 janv. 2020, n° 20-80.008). Le mémoire personnel, qui ne porte aucune signature ou porte une signature autre que celle du demandeur, ne saisit pas la Cour de cassation des moyens qu'il peut contenir (▪ Cass. crim., 18 déc. 2019, n° 19-82.373, § 8).

14) Application au prévenu. Un mémoire, qui n'est pas signé par le prévenu demandeur, ne remplit pas les conditions exigées par l'article 584 du Code de procédure pénale (▪ Cass. crim., 8 juill. 2015, n° 14-86.400 : *Bull. crim.* n° 177). Il n'importe qu'un tel mémoire soit produit au nom du prévenu par un avocat (▪ Cass. crim., 4 oct. 2000, n° 99-86.285 : *Bull. crim.* n° 289. ▪ Cass. crim., 12 mars 2014, n° 13-81.273 : *Bull. crim.* n° 76. ▪ Cass. crim., 18 sept. 2019, n° 19-83.983). Il en est ainsi en dépit de l'envoi, à l'initiative du même avocat, et après le dépôt du rapport du conseiller commis, d'un nouveau document, signé du demandeur et reçu au greffe de la Cour de cassation (▪ Cass. crim., 22 mai 2007, n° 07-80.622 : *Bull. crim.* n° 135. ▪ Cass. crim., 9 avr. 2014, n° 13-87.086 : *Bull. crim.* n° 18 ; *Dr. pén.* 2014, comm. 97, obs. A. Maron et M. Haas). Il se déduit des articles 584 du Code de procédure pénale et 24 de l'ordonnance n° 45-174 du 2 février 1945 que, lorsque le demandeur au pourvoi est mineur, le mémoire personnel doit être signé soit par ce dernier, soit par son représentant légal (▪ Cass. crim., 14 nov. 2017, n° 17-80.893 : *Bull. crim.* n° 254).

15) Application à la partie civile. Le mémoire, qui n'est pas signé par le demandeur, partie civile, ne remplit pas les conditions exigées par l'article 584 du Code de procédure pénale (▪ Cass. crim., 24 mars 2015, n° 14-84.300 : *Bull. crim.* n° 64. ▪ Cass. crim., 20 mars 2019, n° 18-83.419).

16) Cas des personnes morales. Le mémoire déposé par une personne morale mais non signé du représentant de celle-ci est irrecevable et ne saisit pas la Cour de cassation des moyens qu'il peut contenir (▪ Cass. crim., 23 févr. 1988, n° 87-84.467 : *Bull. crim.* n° 89). Lorsqu'un mémoire est établi au nom de la société demanderesse, sans indication du nom du représentant qualifié de cette personne morale, cette carence fait obstacle à la reconnaissance de la signature figurant sur ce document, laquelle, par application de l'article 584 du Code de procédure pénale, doit émaner du demandeur lui-même (▪ Cass. crim., 11 mars 1991, n° 89-80.205 : *Bull. crim.* n° 118).

C – Délai de dix jours

17) Délai non franc. Il résulte des termes employés par l'article 584 du Code de procédure pénale que le délai de dix jours qu'il vise n'est pas franc (▪ Cass. crim., 9 juill. 1982, n° 82-90.302 : *Bull. crim.* n° 185. ▪ Cass. crim., 13 mai 1986, n° 85-91.170 : *Bull. crim.* n° 160).

18) Non-respect du délai. Le mémoire, qui n'a pas été déposé dans le délai de dix jours suivant la déclaration de pourvoi au greffe de la juridiction qui a rendu la décision attaquée, ne remplit pas les conditions exigées par l'article 584 du Code de procédure pénale (▪ Cass. crim., 9 juill. 1982, n° 82-90.302 : *Bull. crim.* n° 185. ▪ Cass. crim., 13 mai 1986, n° 85-91.170 : *Bull. crim.* n° 160. ▪ Cass. crim., 15 nov. 2016, n° 15-86.940. ▪ Cass. crim., 9 mai 2018, n° 17-84.194).

D – Dépôt au greffe

19) Transmission du mémoire par lettre adressée au greffe de la juridiction qui a rendu la décision attaquée. Un mémoire, transmis par lettre au greffe de la juridiction qui a rendu la décision attaquée, ne satisfait pas aux conditions de l'article 584 du Code de procédure pénale (▪ Cass. crim., 18 déc. 2013, n° 13-80.918 : *Bull. crim.* n° 262. ▪ Cass. crim., 11 mai 2016, n° 15-86.060 : *Bull. crim.* ° 145).

20) Transmission directe du mémoire au greffe de la Cour de cassation. Le mémoire qui, émanant d'un demandeur non condamné pénalement, a été transmis directement à la Cour de cassation sans le ministère d'un avocat en ladite cour ne répond pas aux exigences de l'article 584 du Code de procédure pénale et est irrecevable (▪ Cass. crim., 19 oct. 2021, n° 21-81.371). Le mémoire, qui, émanant d'un demandeur non condamné pénalement, n'a pas été déposé au greffe de la juridiction ayant statué et a été transmis sans le ministère d'un avocat à la Cour de cassation après l'expiration du délai de dix jours suivant les déclarations de pourvoi, ne répond pas aux conditions des articles 584 et 585 du Code de procédure pénale (▪ Cass. crim., 12 avr. 1988, n° 87-81.374 : *Bull. crim.* n° 149. ▪ Cass. crim., 30 oct. 2000, n° 00-83.010 : *Bull. crim.* n° 320 ; *Dr. pén.* 2001, comm. 24, obs. A. Maron. ▪ Cass. crim., 29 janv. 2014, n° 13-84.832 : *Bull. crim.* n° 28. ▪ Cass. crim., 19 févr. 2014, n° 13-85.233 : *Bull. crim.* n° 45. ▪ Cass. crim., 28 juin 2017, n° 16-84.087 : *Bull. crim.* n° 186. ▪ Cass. crim., 18 sept. 2019, n° 19-80.194. ▪ Cass. crim., 28 janv. 2020, n° 19-83.724).

E – Sanction de la violation des conditions de forme

21) Irrecevabilité du mémoire. Le mémoire qui ne remplit pas les conditions exigées par l'article 584 du Code de procédure pénale est irrecevable et ne saisit pas la Cour de cassation des moyens qu'il pourrait contenir (V. par exemple ▪ Cass. crim., 9 juill. 1982, n° 82-90.302 : *Bull. crim.* n° 185. ▪ Cass. crim., 12 avr. 1988, n° 87-81.374 : *Bull. crim.* n° 149. ▪ Cass. crim., 11 mars 1991, n° 89-80.205 : *Bull. crim.* n° 118. ▪ Cass. crim., 4 oct. 2000, n° 99-86.285 : *Bull. crim.* n° 289. ▪ Cass. crim., 20 déc. 2006, n° 06-84.314 : *Bull. crim.* n° 324 ; *Dr. pén.* 2007, comm. 93. ▪ Cass. crim., 8 juill. 2015, n° 14-86.400 : *Bull. crim.* n° 177. ▪ Cass. crim., 30 mars 2016, n° 14-88.191 : *Bull. crim.* n° 106. ▪ Cass. crim., 28 juin 2017, n° 16-84.087 : *Bull. crim.* n° 187. ▪ Cass. crim., 22 août 2017, n° 17-85.031 : *Bull. crim.* n° 216. ▪ Cass. crim.,

25 juill. 2018, n° 18-81.461 : *Bull. crim.* n° 133. ▪ Cass. crim., 21 janv. 2020, n° 20-80.008).

22) Impossibilité absolue de se conformer aux conditions de forme. Il ne peut être dérogé aux dispositions de l'article 584 du Code de procédure pénale que dans le cas où le demandeur, non condamné pénalement, justifie s'être trouvé en raison d'une circonstance indépendante de sa volonté dans l'impossibilité absolue de s'y conformer (▪ Cass. crim., 30 oct. 2018, n° 17-87.537 : *Bull. crim.* n° 179 ; *Dr. pén.* 2018, comm. 215, obs. A. Maron et M. Haas, à propos d'une personne internée en hôpital psychiatrique. ▪ Cass. crim., 5 mai 2021, n°s 19-81.171 et 20-83.814 : confinement dû à la Covid).

Art. 585. – **Après l'expiration de ce délai, le demandeur condamné pénalement peut transmettre son mémoire directement au greffe de la Cour de cassation ; les autres parties ne peuvent user du bénéfice de la présente disposition sans le ministère d'un avocat à la Cour de cassation.**

Dans tous les cas, le mémoire doit être accompagné d'autant de copies qu'il y a de parties en cause.

Bibliographie : A. Maron, *JCl. Proc. pén.*, art. 576 à 590, Fasc. 20.

I – CONFORMITÉ DE L'ARTICLE 585 AUX PRINCIPES CONSTITUTIONNELS

1) Principes des droits de la défense, de l'égalité des armes et de l'égalité devant la loi. La possibilité offerte, par les articles 585, 585-1 et 585-2 du Code de procédure pénale, au seul demandeur condamné pénalement, ainsi qu'au ministère public, de transmettre directement leur mémoire en demande au greffe de la Cour de cassation, dans le délai d'un mois après la date du pourvoi, se justifie par des raisons d'intérêt général tenant à une différence objective de situation (▪ Cass. crim., 9 janv. 2013, n° 12-86.753 QPC. ▪ Cass. crim., 15 janv. 2014, n° 13-87.328 QPC : *Bull. crim.* n° 15). Le délai plus important accordé par l'article 585 du Code de procédure pénale au condamné pénal pour déposer un mémoire devant la Cour de cassation trouve sa justification dans la différence de situation où se trouve celui-ci par rapport à une personne non condamnée (▪ Cass. crim., 16 avr. 2013, n°s 13-81.560, 13-81.561, 13-81.562 et 13-81.563 QPC). La possibilité offerte, par les articles 585 et 585-1 du Code de procédure pénale, au seul demandeur condamné pénalement, de transmettre son mémoire personnel au greffe de la Cour de cassation, dans le délai d'un mois après la date du pourvoi, alors que la partie civile ne dispose que d'un délai de dix jours, se justifie par des raisons d'intérêt général tenant à une différence objective de situation (▪ Cass. crim., 12 avr. 2016, 4 arrêts, n°s 16-80.920, 16-80.921, 16-80.926 et 16-80.927). Les particularités du recours en cassation justifient que seuls les avocats spécialistes de cette technique soient admis à présenter des observations orales à l'audience (▪ Cass. crim., 15 janv. 2014, n° 13-87.328 : *Bull. crim.* n° 15).

II – CONFORMITÉ DE L'ARTICLE 585 À LA CONVENTION EUROPÉENNE DES DROITS DE L'HOMME

2) Droit à un procès équitable. Selon les dispositions de l'article 585 du Code français de procédure pénale, le demandeur au pourvoi, condamné en matière pénale, n'a pas besoin d'être assisté d'un avocat pour présenter son mémoire au greffe de la Cour de cassation. Dès lors, l'efficacité de la défense exige que le demandeur soit avisé du délai qui lui est imparti pour présenter un mémoire au soutien de son pourvoi. Or, l'article 588 du Code de procédure pénale prévoit bien que le conseiller rapporteur doit fixer un délai, mais seulement « si un ou plusieurs avocats se sont constitués ». Dans la présente espèce, le demandeur n'ayant pas constitué d'avocat, aucun délai ne lui fut imparti par le conseiller rapporteur. Il s'agit là d'un élément qui a contribué à le priver d'une défense concrète et effective ; il y a donc eu violation de l'article 6 de la Convention européenne des droits de l'Homme (▪ CEDH, 9 avr. 1992, n° 12914/87, §§ 61, 62, *Melin c/ France*).

III – DOMAINE D'APPLICATION DE L'ARTICLE 585

A – Domaine d'application *ratione personae*

3) Débiteur condamné pénalement. Notion de condamnation. N'est pas pénalement condamné le prévenu qui, ayant été déclaré coupable du délit, objet des poursuites, a été dispensé de peine (▪ Cass. crim., 12 avr. 1988, n° 87-81.374 : *Bull. crim.* n° 149). N'entre pas dans les prévisions des articles 584 et 585 du Code de procédure pénale l'arrêt par lequel : ... après une condamnation pénale devenue définitive, la cour d'appel se borne à statuer sur une requête en restitution d'objets saisis (▪ Cass. crim., 25 mai 1987, n° 83-94.329 : *Bull. crim.* n° 212. ▪ Cass. crim., 10 juill. 1996, n° 95-85.629 : *Bull. crim.* n° 285) ; ... une chambre de l'instruction rejette une demande d'annulation de pièces de la procédure (▪ Cass. crim., 26 oct. 2010, n° 10-85.963 : *Bull. crim.* n° 169).

4) Ministère public. L'article 585 du Code de procédure pénale n'est pas applicable aux requêtes déposées par le ministère public à l'appui de ses pourvois (■ Cass. crim., 8 déc. 1965, n° 65-91.719 : *Bull. crim.* n° 267). Les dispositions des articles 584 et 585 du Code de procédure pénale ne sont pas applicables aux mémoires déposés à l'appui de ses pourvois par le ministère public, chargé de veiller à l'application de la loi (■ Cass. crim., 23 janv. 2001, n° 00-84.439 : *Bull. crim.* n° 17).

B – Domaine d'application *ratione materiae*

5) Infractions en matière de presse. Il résulte des articles préliminaire du Code de procédure pénale, 6, § 1, de la Convention européenne des droits de l'Homme et 58, alinéa 2, de la loi du 29 juillet 1881 sur la liberté de la presse, que le prévenu non condamné pénalement peut, comme la partie civile, quand il est demandeur au pourvoi, user du bénéfice de l'article 585 du Code de procédure pénale ; le mémoire personnel déposé dans le mois du pourvoi au greffe de la Cour de cassation sans le ministère d'un avocat à la Cour de cassation est, en conséquence, recevable (■ Cass. crim., 13 déc. 2016, n° 16-80.812 : *Bull. crim.* n° 336).

6) Contributions indirectes. Les articles 584 et 585 du Code de procédure pénale sont applicables en matière de contributions indirectes dès lors que les pénalités ont un caractère mixte, répressif et indemnitaire (■ Cass. crim., 19 janv. 2000, n° 99-81.634 : *Bull. crim.* n° 30).

IV – CONDITIONS D'APPLICATION DE L'ARTICLE 585

A – Transmission du mémoire

1° *Mode de transmission*

7) Transmission par télécopie. La transmission par télécopie n'est pas prévue par l'article 585 du Code de procédure pénale (■ Cass. crim., 7 déc. 2010, n° 10-80.451 : *Bull. crim.* n° 195 ; *Dr. pén.* 2011, comm. 55, obs. A. Maron et M. Haas. ■ Cass. crim., 28 mai 2015, n° 14-82.559 : *Bull. crim.* n° 130). Il résulte de l'article 585 du Code de procédure pénale que le mémoire personnel transmis par télécopie est irrecevable (■ Cass. crim., 16 janv. 2019, n° 18-83.861 : *Bull. crim.* n° 16 ; *Dr. pén.* 2019, comm. 54, obs. A. Maron et M. Haas ; *Procédures* 2019, n° 97, obs. J. B.).

2° *Transmission du mémoire par un demandeur pénalement condamné*

8) Aux termes des articles 584 et 585 du Code de procédure pénale, seul le demandeur condamné pénalement a la faculté de transmettre son mémoire directement au greffe de la Cour de cassation, après l'expiration du délai de dix jours suivant la déclaration de pourvoi (■ Cass. crim., 25 mai 1987, n° 83-94.329 : *Bull. crim.* n° 212. ■ Cass. crim., 26 oct. 2010, n° 10-85.963 : *Bull. crim.* n° 169).

3° *Transmission du mémoire par un demandeur non pénalement condamné*

9) Partie civile. Infractions de droit commun. Lorsqu'un mémoire est transmis directement à la Cour de cassation sans le ministère d'un avocat en cette cour non par un demandeur non pénalement condamné mais par une partie civile, il est irrecevable par application des articles 584 et 585 du Code de procédure pénale et ne saisit pas la chambre criminelle des moyens qu'il pourrait contenir (■ Cass. crim., 17 nov. 1992, n° 92-82.990 : *Bull. crim.* n° 378).

10) Partie civile. Infractions en matière de presse. Lorsqu'un mémoire est transmis directement à la Cour de cassation sans le ministère d'un avocat en cette cour non par un demandeur non pénalement condamné mais par une partie civile, il est recevable lorsqu'il vient au soutien du pourvoi formé contre une décision statuant en matière de délits de presse, la partie civile étant dispensée du ministère d'avocat, aux termes de l'article 58, alinéa 2, de la loi du 29 juillet 1881 (■ Cass. crim., 17 nov. 1992, n° 92-82.990 : *Bull. crim.* n° 378).

B – Ministère d'un avocat à la Cour de cassation

11) Ministère obligatoire. Après l'expiration du délai de dix jours imparti par l'article 584 du Code de procédure pénale, le demandeur ne peut user du bénéfice de cette disposition sans le ministère d'un avocat à la Cour de cassation (■ Cass. crim., 9 juill. 1982, n° 82-90.302 : *Bull. crim.* n° 185). Si le demandeur condamné pénalement est recevable à transmettre directement à la chambre criminelle un mémoire signé par lui, dans les conditions prévues par les articles 585 et 585-1 du Code de procédure pénale, cette faculté n'est pas accordée à l'avocat qui l'a représenté devant les juges du fond et qui n'a pas qualité pour l'assister devant la Cour de cassation, ni pour demander communication des réquisitions du ministère public qui seront présentées à l'audience, conformément à l'article 602 de ce code ; seuls les avocats au Conseil d'État et à la Cour de cassation peuvent exercer leur ministère, en matière de représentation et d'assistance des parties, devant la Cour de cassation (■ Cass. crim., 14 févr. 1996, n° 95-81.887 : *Bull. crim.* n° 77).

12) Signature du mémoire. Le mémoire qui n'est pas signé par un avocat à la Cour de cassation est irrecevable, par application de l'article 585 du Code de procédure pénale (■ Cass. crim., 28 janv. 2014, n° 12-86.497 : *Bull. crim.* n° 24. ■ Cass. crim., 13 janv. 2016, n° 14-84.072 : *Bull. crim.* n° 11. ■ Cass. crim., 10 sept. 2019, n° 18-82.687).

V – SANCTION DE LA VIOLATION DES CONDITIONS DE FORME

13) Irrecevabilité du mémoire. Le mémoire qui ne remplit pas les conditions exigées par l'article 585 du Code de procédure pénale est irrecevable et ne saisit pas la Cour de cassation des moyens qui pourraient y être formulés (V. par exemple, ▪ Cass. crim., 25 mai 1987, n° 83-94.329 : *Bull. crim.* n° 212. ▪ Cass. crim., 10 juill. 1996, n° 95-85.629. ▪ Cass. crim., 26 oct. 2010, n° 10-85.963 : *Bull. crim.* n° 169. ▪ Cass. crim., 7 déc. 2010, n° 10-80.451 : *Bull. crim.* n° 195 ; *Dr. pén.* 2011, comm. 55, obs. A. Maron et M. Haas. ▪ Cass. crim., 9 janv. 2013, n° 12-86.753. ▪ Cass. crim., 28 janv. 2014, n° 12-86.497 : *Bull. crim.* n° 24. ▪ Cass. crim., 13 janv. 2016, n° 14-84.072 : *Bull. crim.* n° 11). Un mémoire unique déposé au soutien de plusieurs pourvois, qui, faute de se rapporter à une procédure particulière, ne met pas la Cour de cassation en mesure de contrôler les conditions de sa recevabilité et de celle des moyens proposés, qui peuvent varier en fonction de la qualité du demandeur dans l'instance au fond, ainsi que des dispositions de l'arrêt attaqué, est irrecevable (▪ Cass. crim., 16 janv. 2019, n° 18-83.862).

Art. 585-1 *(L. n° 93-1013, 24 août 1993).* – **Sauf dérogation accordée par le président de la chambre criminelle, le mémoire du demandeur condamné pénalement doit parvenir au greffe de la Cour de cassation un mois au plus tard après la date du pourvoi.**

Il en est de même pour la déclaration de l'avocat qui se constitue au nom d'un demandeur au pourvoi.

Bibliographie : A. Maron, *JCl. Proc. pén.*, art. 576 à 590, Fasc. 20.

I – CONFORMITÉ DE L'ARTICLE 585-1 AUX PRINCIPES CONSTITUTIONNELS

A – Principes des droits de la défense, de l'égalité des armes et de l'égalité devant la loi

1) Possibilité accordée au seul demandeur condamné pénalement et au ministère public de transmettre directement leur mémoire à la Cour de cassation dans un délai allongé. La possibilité offerte, par les articles 585, 585-1 et 585-2 du Code de procédure pénale, au seul demandeur condamné pénalement, ainsi qu'au ministère public, de transmettre directement leur mémoire en demande au greffe de la Cour de cassation, dans le délai d'un mois après la date du pourvoi, se justifie par des raisons d'intérêt général tenant à une différence objective de situation (▪ Cass. crim., 9 janv. 2013, n° 12-86.753 QPC. ▪ Cass. crim., 15 janv. 2014, n° 13-87.328 QPC : *Bull. crim.* n° 15).

2) Délai allongé accordé à l'avocat au Conseil d'État et à la Cour de cassation. En réservant, dans l'article 585-1 du Code de procédure pénale, à l'avocat un délai plus long pour déposer un mémoire ampliatif au nom du demandeur qui a fait le choix de recourir à son assistance, le législateur, à qui il est loisible de déroger à l'égalité pour des raisons d'intérêt général, pourvu qu'il n'en résulte pas une différence de traitement injustifiée entre des personnes placées dans une situation comparable, a pu, sans porter atteinte au principe d'égalité devant la loi, prendre en compte la nécessité, pour ce conseil qui participe à la bonne administration de la justice, de prendre connaissance du dossier de son client et d'évaluer la pertinence des moyens de défense invoqués par ce dernier, tout en assurant la gestion de l'ensemble de son cabinet (▪ Cass. crim., 10 août 2016, n° 15-87.650 QPC).

B – Principe des droits de la défense, du droit à l'accès à un juge, du droit à un recours juridictionnel effectif, du respect de la présomption d'innocence et autres garanties

3) Possibilité refusée à la partie civile de transmettre directement son mémoire à la Cour de cassation dans un délai allongé. La possibilité offerte, par les articles 585 et 585-1 du Code de procédure pénale, au seul demandeur condamné pénalement, de transmettre son mémoire personnel au greffe de la Cour de cassation, dans le délai d'un mois après la date du pourvoi, alors que la partie civile ne dispose que d'un délai de dix jours, se justifie par des raisons d'intérêt général tenant à une différence objective de situation, de sorte qu'il n'est pas porté atteinte aux principes de l'égalité devant la loi et la justice des citoyens, au respect des droits de la défense, au droit à l'accès à un juge, à la garantie des droits et à la séparation des pouvoirs, au droit à un recours juridictionnel effectif, au droit au procès juste et équitable, au droit à l'impartialité et l'indépendance des juridictions (▪ Cass. crim., 12 avr. 2016, n° 16-80.926).

4) Expression « demandeur condamné pénalement ». L'expression « demandeur condamné pénalement » n'a pour objet que d'opérer une distinction avec les autres demandeurs ayant formé un pourvoi en cassation, afin de déterminer les conditions spécifiques de production d'un mémoire, sans mettre en cause, d'une quelconque manière, le caractère suspensif de l'exécution de la décision attaquée et donc sans porter atteinte aux principes constitutionnels (■ Cass. crim., 5 juin 2019, n° 19-81.883).

II – MISE EN ŒUVRE DE L'ARTICLE 585-1

5) **Sollicitation de la dérogation du président de la chambre criminelle.** Un prévenu ne saurait se faire un grief de l'inobservation du délai de trois jours fixé par l'article 486, alinéa 2, du Code de procédure pénale pour le dépôt au greffe de la minute de l'arrêt, dès lors que ces dispositions ne sont pas prescrites à peine de nullité ; il lui appartenait, s'il n'était pas en mesure de faire valoir ses moyens de défense dans le délai d'un mois à compter de la date du pourvoi, de solliciter du président de la chambre criminelle la dérogation prévue par l'article 585-1 dudit code (■ Cass. crim., 24 juin 2009, n° 09-81.119 : *Bull. crim.* n° 134. ■ Cass. crim., 27 nov. 2018, n° 18-82.777. ■ Cass. crim., 16 janv. 2019, n° 17-87.070 : *Dr. pén.* 2019, comm. 54, obs. A. Maron et M. Haas).

6) **Sanction de l'inobservation du délai d'un mois.** À défaut de dérogation accordée par le président de la chambre criminelle, le mémoire parvenu au greffe plus d'un mois après la date du pourvoi n'est pas recevable au regard de l'article 585-1 du Code de procédure pénale et ne saisit pas la Cour de cassation des moyens qu'il pourrait contenir (■ Cass. crim., 7 déc. 2010, n° 10-80.451 : *Bull. crim.* n° 195. ■ Cass. crim., 19 déc. 2012, n° 11-88.190 : *Bull. crim.* n° 283. ■ Cass. crim., 8 juill. 2015, n° 14-86.938 : *Bull. crim.* n° 180. ■ Cass. crim., 11 mai 2017, n° 16-83.327 : *Bull. crim.* n° 136 ; *Dr. pén.* 2017, comm. 115, obs. A. Maron et M. Haas).

7) **Mémoire soulevant une question prioritaire de constitutionnalité.** Les règles de l'article 585-1 du Code de procédure pénales sont applicables à un mémoire personnel soulevant une question prioritaire de constitutionnalité (■ Cass. crim., 7 mars 2018, n° 17-87.169 : *Bull. crim.* n° 43).

8) **Mémoire personnel.** Aux termes de l'article 585-1 du Code de procédure pénale, sauf dérogation accordée par le président de la chambre criminelle, la déclaration de l'avocat qui se constitue au nom d'un demandeur au pourvoi doit parvenir au greffe de la Cour de cassation 1 mois, au plus tard, après la date de ce pourvoi ; il en est de même du mémoire personnel d'un demandeur condamné pénalement (■ Cass. crim., 7 mai 2018, n° 17-85.477. ■ Cass. crim., 30 oct. 2018, n° 18-81.663).

Art. 585-2 *(L. n° 2007-291, 5 mars 2007)*. – **Sauf dérogation accordée par le président de la chambre criminelle, le mémoire du ministère public, lorsque ce dernier se pourvoit en cassation, doit parvenir au greffe de la Cour de cassation au plus tard un mois après la date du pourvoi.**

Bibliographie : A. Maron, *JCl. Proc. pén.*, art. 576 à 590, Fasc. 20.

1) **Question prioritaire de constitutionnalité.** Principes des droits de la défense, de l'égalité des armes et de l'égalité devant la loi. La possibilité offerte, par les articles 585, 585-1 et 585-2 du Code de procédure pénale, au seul demandeur condamné pénalement, ainsi qu'au ministère public, de transmettre directement leur mémoire en demande au greffe de la Cour de cassation, dans le délai d'un mois après la date du pourvoi, se justifie par des raisons d'intérêt général tenant à une différence objective de situation (■ Cass. crim., 15 janv. 2014, n° 13-87.328 QPC : *Bull. crim.* n° 15).

2) **Date du dépôt du mémoire : dépôt au greffe de la Cour de cassation.** Le service pénal du parquet général est distinct du greffe de la Cour de cassation en ce qu'il est placé sous la direction du secrétaire en chef du parquet, en application de l'article R. 123-3 du Code de l'organisation judiciaire ; il s'en déduit que la date d'arrivée du mémoire portée par ce service ne peut valoir date à laquelle il parvient au greffe de la Cour de cassation au sens de l'article 585-2 du Code de procédure pénale (■ Cass. crim., 13 mars 2018, n° 17-82.964 : *Bull. crim.* n° 44) ; dès lors, le mémoire, ne répondant pas aux exigences du texte précité, pour être parvenu avec le dossier au greffe de la Cour de cassation plus d'un mois après la date du pourvoi, sans qu'une dérogation ait été accordée par le président de la chambre criminelle, n'est pas recevable et ne saisit pas la Cour de cassation des moyens qu'il pourrait contenir (■ Cass. crim., 13 mars 2018, préc. ■ Cass. crim., 5 mars 2019, n° 17-87.402).

3) **Comput du délai d'un mois.** Lorsqu'un délai est exprimé en mois, il expire le jour du dernier mois qui porte le même quantième que le jour de l'acte, de l'événement, de la décision, ou de la notification qui fait courir le délai, lequel ne peut être prorogé qu'en application des dispositions de l'article 801 du Code de procédure pénale. Est donc irrecevable comme tardif le mémoire du ministère public parvenu au greffe de la Cour de cassation le vendredi 11 mai 2012, alors que le pourvoi avait été formé le mercredi 10 avril 2012 (■ Cass. crim., 5 févr. 2013, n° 12-83.577 : *Bull. crim.* n° 6).

4) **Irrecevabilité du mémoire parvenu après expiration du délai d'un mois.** Le mémoire du

ministère public parvenu au greffe de la Cour de cassation plus d'un mois après la date du pourvoi, à défaut de dérogation accordée par le président de la chambre criminelle, n'est pas recevable au regard de l'article 585-2 du Code de procédure pénale. Un tel mémoire ne saisit donc pas la Cour de cassation des moyens qu'il pourrait contenir (▪ Cass. crim., 22 janv. 2008, n° 07-86.458 : *Bull. crim.* n° 16. ▪ Cass. crim., 23 janv. 2008, n° 07-85.900 : *Bull. crim.* n° 17 ; *Dr. pén.* 2008, comm. 78, obs. A. Maron et M. Haas. ▪ Cass. crim., 6 nov. 2012, n° 12-82.353 : *Bull. crim.* n° 237. ▪ Cass. crim., 10 janv. 2012, n° 11-82.441 : *Bull. crim.* n° 4). Peu importe qu'une copie du mémoire ait été réceptionnée au greffe de la Cour de cassation dans le délai imparti par l'article 585-2 du Code de procédure pénale, si le mémoire n'y est parvenu qu'après l'expiration dudit délai (▪ Cass. crim., 10 mai 2017, n° 16-83.666). Lorsque la tardiveté de l'enregistrement du mémoire n'est pas imputable au demandeur, il y a lieu de le déclarer recevable (▪ Cass. crim., 8 déc. 2021, n° 21-81.223, § 12).

Art. 586 ***(Mod., L. n° 2004-204, 9 mars 2004).*** **– Le greffier, dans le délai maximum de vingt jours à dater de la déclaration de pourvoi, cote et paraphe les pièces du dossier auquel il joint une expédition de la décision attaquée, une expédition de l'acte de pourvoi et, s'il y a lieu, le mémoire du demandeur. Du tout, il dresse inventaire.**

Bibliographie : A. Maron, *JCl. Proc. pén.*, art. 576 à 590, Fasc. 20.

1) Violation du délai imparti pour mettre le dossier en état. Il résulte des pièces de la procédure que le greffier de la juridiction qui a rendu la décision attaquée n'a pas, comme les dispositions de l'article 586 du Code de procédure pénale lui en faisaient obligation, mis le dossier en état dans le délai de vingt jours à dater de la déclaration de pourvoi ; ce manquement est toutefois sans incidence sur la validité de la procédure et n'a pas porté atteinte aux droits de la défense, la demanderesse, condamnée pénalement, ayant pu, conformément aux dispositions de l'article 585 du code susvisé, transmettre directement son mémoire au greffe de la Cour de cassation (▪ Cass. crim., 21 nov. 1990, n° 90-80.813).

2) Absence de cotation des pièces par le greffier de la chambre de l'instruction. La cotation des pièces de la procédure n'incombe pas au greffier du juge d'instruction, mais au greffier de la chambre d'accusation (de l'instruction), en application des dispositions de l'article 586 du Code de procédure pénale, dont la méconnaissance, aussi regrettable soit-elle, ne saurait entraîner aucune nullité, dès lors qu'il n'est pas établi que le dossier transmis à la Cour de cassation serait incomplet, et qu'aucune observation sur la teneur du dossier mis à la disposition du conseil de l'inculpé (la personne mise en examen) n'a été faite par lui devant la chambre d'accusation (de l'instruction) (▪ Cass. crim., 18 juin 1991, n° 91-82.028 : *Bull. crim.* n° 263).

3) Inventaire. L'article 586 du Code de procédure pénale ne prévoit pas communication au demandeur de l'inventaire dressé par le greffier en vertu de ce texte (▪ Cass. crim., 29 sept. 1999, n° 98-87.528). Aucune disposition légale ou réglementaire n'autorise le demandeur à obtenir communication de la copie de l'inventaire prévu par l'article 586 du Code de procédure pénale (▪ Cass. crim., 15 juin 2004, n° 04-81.547).

Art. 587 ***(Mod., L. n° 2021-401, 8 avr. 2021).*** **– Lorsque le dossier est ainsi en état, le greffier le remet au magistrat du ministère public, qui l'adresse immédiatement au procureur général près la Cour de cassation ; celui-ci le transmet, à son tour, au greffe de la chambre criminelle.**

Bibliographie : A. Maron, *JCl. Proc. pén.*, art. 576 à 590, Fasc. 20.

1) Question prioritaire de constitutionnalité. N'est pas sérieuse la question selon laquelle, en ne prévoyant pas la transmission immédiate par le procureur général près la Cour de cassation au greffe de la chambre criminelle et en ne prévoyant pas une sanction au non-respect de cette formalité, les articles 567-2, 586 et 587 du Code de procédure pénale portent atteinte aux droits et libertés garantis par la Constitution, et notamment aux droits de la défense, au droit à un procès équitable, à un recours effectif et notamment au droit au pourvoi en cassation ; en effet, les dispositions de l'article 587 du Code de procédure pénale qui prévoient que le procureur général près la Cour de cassation transmet au greffe de la chambre criminelle, dès qu'il lui parvient, le dossier d'un pourvoi contre un arrêt rendu en matière de détention provisoire, sont impératives et la méconnaissance du délai institué par l'article 567-2 du même code est elle-même sanctionnée par la mise en liberté du demandeur au pourvoi (▪ Cass. crim., 11 juin 2013, n° 13-82.744 QPC : *Bull. crim.* n° 137).

2) Dossier en copie. Aucune disposition légale ne prescrit la transmission à la Cour de cassation des pièces originales, le dossier visé aux articles 586 et 587 du Code de procédure pénale étant celui déposé au greffe de la chambre d'accusation (de l'instruction), lequel, selon l'article 186, alinéa 5, du même code, peut être adressé au procureur général en copie (■ Cass. crim., 15 déc. 1987, n° 87-85.476 : *Bull. crim.* n° 463).

3) **Contenu du dossier devant être transmis à la chambre criminelle.** Ne peut être accueilli le moyen qui soutient que l'intégralité des pièces de la procédure doit se trouver, après qu'elles ont été cotées et paraphées, au greffe de la chambre criminelle de la Cour de cassation, en ce que le respect de cette formalité d'ordre public permettrait de s'assurer de la régularité de la procédure notamment quant aux règles régissant la prescription de l'action publique ; dès lors que toutes les pièces soumises au contrôle de la Cour de cassation ont été régulièrement transmises au greffe de la chambre criminelle, un tel moyen revient à remettre en cause l'état de la procédure antérieure à l'arrêt de renvoi (■ Cass. crim., 23 juin 1999, n°s 98-80.561, 98-80.571 et 98-80.573 : *Bull. crim.* n° 147).

4) **Dossier incomplet.** Lorsque, à la suite d'un pourvoi formé contre un arrêt de la chambre d'accusation (de l'instruction) renvoyant des accusés devant la cour d'assises, le dossier transmis à la Cour de cassation est incomplet, en violation des dispositions des articles 586 et 587 du Code de procédure pénale, la chambre criminelle est dans l'impossibilité d'exercer son contrôle afin de s'assurer que les juges ont observé les prescriptions de l'article 206 du même code, et la cassation est dès lors encourue (■ Cass. crim., 24 juill. 1991, n° 91-83.199 : *Bull. crim.* n° 305).

Art. 588 ***(Mod., L. n° 2021-401, 8 avr. 2021).*** **– Si un ou plusieurs avocats se sont constitués, le président de la chambre fixe un délai pour le dépôt des mémoires entre les mains du greffier de la chambre criminelle.**

Le président de cette chambre commet un conseiller pour le rapport après le dépôt des mémoires.

Bibliographie : A. Maron, *JCl. Proc. pén.*, art. 576 à 590, Fasc. 20.

Art. 589 ***(Mod., L. n° 2004-204, 9 mars 2004).*** **– La partie intéressée au pourvoi qui n'aurait pas reçu copie des mémoires produits à l'appui du pourvoi pourra former opposition à l'arrêt rendu par la Cour de cassation, par déclaration au greffe de la juridiction qui a rendu la décision, dans les cinq jours de la notification prévue à l'article 614.**

Bibliographie : A. Maron, *JCl. Proc. pén.*, art. 576 à 590, Fasc. 20.

1) **Dispositions d'ordre public.** Les formes de l'opposition à un arrêt rendu par la Cour de cassation sont d'ordre public (■ Cass. crim., 31 mai 1967, n° 67-90.869 : *Bull. crim.* n° 168. ■ Cass. crim., 4 mars 1980, n° 79-90.773 : *Bull. crim.* n° 76. ■ Cass. crim., 24 juin 1987, n° 87-80.880 : *Bull. crim.* n° 264. ■ Cass. crim., 18 juin 2019, n° 18-87.105). L'opposant peut toutefois justifier avoir été dans l'impossibilité absolue de satisfaire aux prescriptions de l'article 589 du Code de procédure pénale (■ Cass. crim., 31 mai 1967, préc.).

I – DOMAINE D'APPLICATION DE L'OPPOSITION

2) **Domaine *ratione personae*.** La procédure d'opposition aux arrêts rendus par la chambre criminelle de la Cour de cassation n'est ouverte qu'au seul défendeur au pourvoi, dans les conditions prévues par les articles 579 et 589 du Code de procédure pénale (■ Cass. crim., 16 janv. 2019, n° 17-86.232).

A – Exclusions

3) **Arrêt de rejet d'un pourvoi rendu par la Cour de cassation.** Aux termes de l'article 618 du Code de procédure pénale, lorsqu'une demande en cassation a été rejetée, la partie qui l'avait formée ne peut plus se pourvoir en cassation contre le même arrêt ou jugement, sous quelque prétexte et par quelque moyen que ce soit ; dès lors, l'opposition à un arrêt de rejet rendu par la Cour de cassation n'entre pas dans les prévisions des articles 579 et 589 du Code de procédure pénale et est irrecevable (■ Cass. crim., 1er avr. 1987, n° 87-80.361 : *Bull. crim.* n° 151. ■ Cass. crim., 19 oct. 2016, n° 16-80.327).

4) **Arrêt d'irrecevabilité d'un pourvoi rendu par la Cour de cassation.** Aux termes des articles 579 et 589 du Code de procédure pénale, la procédure d'opposition aux arrêt rendus par la chambre criminelle de la Cour de cassation n'est prévue qu'au bénéfice de la partie qui n'a pas reçu notification du pourvoi formé par le demandeur en cassation ou qui n'a pas reçu copie des mémoires déposés à l'appui du pourvoi ; dès lors, l'opposition formée par un demandeur contre l'arrêt ayant déclaré son pourvoi irrecevable doit être déclarée irrecevable (■ Cass. crim., 4 avr. 2001, n° 00-87.886 : *Bull. crim.* n° 94).

5) **Arrêt de dessaisissement d'une juridiction au profit d'une autre (art. 665, CPP).** N'est pas recevable l'opposition d'un arrêt de la Cour de

cassation ayant dessaisi une cour d'assises au profit d'une autre, dans l'intérêt d'une bonne administration de la justice, conformément aux dispositions de l'article 665 du Code de procédure pénale ; aux termes de l'article 589 du Code de procédure pénale, l'opposition est réservée en effet à la partie qui n'a pas reçu la notification d'un pourvoi en cassation ou des mémoires produits par le demandeur (■ Cass. crim., 8 janv. 1998, n° 97-85.557 : *Bull. crim.* n° 10).

B – Inclusions

6) Opposition d'une partie civile à un arrêt rendu en matière de détention provisoire. Est recevable l'opposition formée par une partie civile contre l'arrêt de la Cour de cassation censurant la décision d'une chambre d'accusation (de l'instruction) statuant en matière de détention provisoire, lorsque la demanderesse à l'opposition, en méconnaissance des dispositions des articles 578 et 589 du Code de procédure pénale, n'a reçu ni la notification du pourvoi à la suite duquel a été rendu l'arrêt de cassation, ni la copie du mémoire produit à l'appui dudit pourvoi (■ Cass. crim., 9 oct. 1990, n° 89-84.795 : *Bull. crim.* n° 335).

II – CONDITIONS DE FORME DE L'OPPOSITION

A – Notification du pourvoi et du mémoire

7) Notification par le procureur général près la cour d'appel. Est recevable en son opposition la partie intéressée au pourvoi à laquelle, en violation des dispositions des articles 578 et 589 du Code de procédure pénale, le procureur général n'a notifié ni son pourvoi, ni copie du mémoire produit à l'appui dudit pourvoi (■ Cass. crim., 14 nov. 2001, n° 00-88.017 : *Bull. crim.* n° 236. ■ Cass. crim., 3 mai 2017, n° 16-83.577).

8) Notification par lettre recommandée avec demande d'avis de réception. L'opposition à un arrêt rendu par la Cour de cassation n'est pas recevable lorsque le demandeur au pourvoi a notifié à la partie opposante son pourvoi et son mémoireen demande par lettres recommandées avec avis de réception, conformément aux articles 579 et 589 du Code de procédure pénale ; il importe peu que ces lettres ne soient pas parvenues à leur destinataire, ayant été retournées à l'expéditeur avec la mention « non réclamé » (■ Cass. crim., 29 mai 2001, n° 00-86.752 : *Bull. crim.* n° 135).

B – Déclaration du pourvoi au greffe

9) Opposition par lettre recommandée. Aux termes de l'article 589 du Code de procédure pénale, l'opposition doit être formée par déclaration au greffe de la juridiction ayant rendu la décision déférée à la censure de la Cour de cassation ; les formes de l'opposition à un arrêt rendu par la Cour de cassation étant d'ordre public, l'opposition formée par lettre recommandée au greffe de la cour d'appel est irrégulière et ne saurait être reçue (■ Cass. crim., 24 juin 1987, n° 87-80.880 : *Bull. crim.* n° 264).

10) Déclaration au greffe de la juridiction ayant rendu la décision objet de l'opposition. Aux termes de l'article 589 du Code de procédure pénale, l'opposition à un arrêt rendu par la chambre criminelle de la Cour de cassation doit être formée par déclaration au greffe de la juridiction ayant rendu la décision déférée à la censure de la Cour de cassation, et non pas au greffe de la Cour de cassation ; en pareil cas, la déclaration d'opposition est irrecevable (■ Cass. crim., 31 mai 1967, n° 67-90.869 : *Bull. crim.* n° 168).

III – OPPOSITION ET RABAT D'ARRÊT

11) Lorsque l'erreur alléguée dans une requête en rabat d'arrêt ne relève pas de la catégorie des erreurs matérielles, elle ne saurait, à la supposer avérée, entraîner le rabat de l'arrêt (■ Cass. crim., 7 oct. 2020, n° 20-82.377, § 2).

12) Doit être déclaré irrecevable la requête en rétractation d'un arrêt de cassation dès lors que le requérant, défendeur au pourvoi, a la possibilité d'attaquer ledit arrêt par la voie de l'opposition, conformément aux dispositions de l'article 589 du Code de procédure pénale (■ Cass. crim., 18 oct. 1988, n° 87-83.678 : *Bull. crim.* n° 350).

Art. 590 ***(Mod., Ord. n° 60-529, 4 juin 1960).*** **– Les mémoires contiennent les moyens de cassation et visent les textes de loi dont la violation est invoquée.**

Ils sont rédigés sur timbre, sauf si le demandeur est un condamné à une peine criminelle.

Ils doivent être déposés dans le délai imparti. Aucun mémoire additionnel n'y peut être joint, postérieurement au dépôt de son rapport par le conseiller commis. Le dépôt tardif d'un mémoire proposant des moyens additionnels peut entraîner son irrecevabilité.

Bibliographie : A. Maron, *JCl. Proc. pén.*, art. 576 à 590, Fasc. 20.

1) Question prioritaire de constitutionnalité. L'article 590 n'est contraire ni à la garantie des droits telle qu'énoncée par les articles 6 et 16 de la Déclaration des droits de l'homme et du citoyen, ni au principe d'égalité devant la loi, ni au droit d'accès au juge : ses dispositions, qui font obstacle à ce que le demandeur en cassation présente des moyens nouveaux après le dépôt de son rapport par le conseiller, sans que ce magistrat soit tenu d'informer préalablement les parties de la date prévisible de ce dépôt, répondent à l'objectif de valeur constitutionnelle d'une bonne administration de la justice et offrent aux parties concernées un accès au juge proportionné à la voie de recours extraordinaire que constitue le pourvoi en cassation. D'une part, le rapport ne peut être rédigé qu'après que le demandeur a été mis en mesure de faire valoir dans le délai qui, soit lui est imparti par le conseiller en application de l'article 588 du Code de procédure pénale, soit résulte des dispositions impératives des articles 567-2, 574-1, 574-2, 584 et 585 dudit code, l'ensemble des moyens qu'il estime de nature à emporter la cassation, de sorte qu'il lui appartient de les soulever utilement dans l'un ou l'autre des délais précités ; d'autre part, le moment du dépôt de son rapport, par le conseiller rapporteur, dépend de la complexité des questions de droit posées, ce qui rend sans fondement le grief fait à l'article 590 susvisé de ne pas prévoir d'autre obligation s'imposant au conseiller rapporteur que celle de déposer son rapport dans un délai raisonnable ; enfin, dans l'hypothèse d'une réouverture des débats, le demandeur n'est pas privé de la faculté de proposer un moyen de cassation s'il résulte des nouveaux débats un élément dont la méconnaissance l'aurait mis dans l'impossibilité de présenter antérieurement ledit moyen (▪ Cass. crim., 23 oct. 2018, n° 17-85.871).

2) Notion de mémoire. Des observations qui se bornent à solliciter, en raison de l'extinction de l'action publique, la restitution de sommes et objets saisis ou confisqués, ne constituent pas un mémoire au sens de l'article 590 du Code de procédure pénale et sont donc irrecevables (▪ Cass. crim., 25 juin 2013, n° 12-80.859 : *Bull. crim.* n° 150).

3) Contenu du mémoire. Le mémoire qui ne vise aucun texte de loi et n'offre à juger aucun moyen de droit ne remplit pas les conditions exigées par l'article 590 du Code de procédure pénale et est, dès lors, irrecevable (▪ Cass. crim., 11 déc. 2012, n° 12-86.576 : *Bull. crim.* n° 273. ▪ Cass. crim., 10 juin 2015, n° 14-86.068 : *Bull. crim.* n° 144. ▪ Cass. crim., 20 déc. 2017, n° 16-87.195. ▪ Cass. crim., 23 janv. 2019, n° 18-86.173. ▪ Cass. crim., 19 juin 2019, n° 18-82.843. ▪ Cass. crim., 1er févr. 2022, n° 21-81.549, § 7). Doit être écarté l'argument d'un mémoire en défense qui soutient l'irrecevabilité d'un pourvoi en ce que le moyen de ce dernier ne vise que les motifs de l'arrêt attaqué sans préciser le chef de dispositif dont l'annulation serait encourue : en effet, la lecture du moyen fait apparaître sans ambiguïté que le pourvoi vise l'interprétation donnée par la cour d'appel de l'article du Code de procédure pénale sur lequel elle a fondé sa décision (▪ Cass. crim., 11 déc. 2019, n° 19-80.272 : publié au *Bull.*).

4) Production tardive du mémoire. Le mémoire ampliatif, produit après le dépôt du rapport du conseiller rapporteur, est irrecevable en application de l'article 590 du Code de procédure pénale, nonobstant la demande d'admission à l'aide juridictionnelle formée elle-même après le dépôt du rapport (▪ Cass. crim., 11 avr. 2012, n° 11-88.815 : *Bull. crim.* n° 88 ; *Dr. pén.* 2012, comm. 95, obs. A. Maron et M. Haas. ▪ Cass. crim., 11 déc. 2018, n° 18-85.460). Peut être déclaré irrecevable, en application de l'article 590 du Code de procédure pénale, le mémoire ampliatif déposé par un avocat à la Cour de cassation après l'expiration du délai imparti par le conseiller rapporteur en vertu de l'article 588 du même code (▪ Cass. crim., 1er avr. 2014, n° 13-82.159 : *Bull. crim.* n° 96 ; *Dr. pén.* 2014, comm. 98, obs. A. Maron et M. Haas). Lorsqu'il apparaît que le mémoire « rectificatif » déposé hors délai est identique au mémoire précédemment déposé dans le délai fixé en application de l'article 588 du Code de procédure pénale et ne comporte que l'ajout du nom d'un des demandeurs pour lesquels l'avocat aux Conseils s'était constitué, il n'y a pas lieu de déclarer ce mémoire irrecevable, s'agissant à l'évidence de la rectification d'une simple omission (▪ Cass. crim., 30 janv. 2019, n° 17-86.344). Un mémoire additionnel, produit après le dépôt du rapport du conseiller rapporteur, est irrecevable par application de l'article 590 du Code de procédure pénale (▪ Cass. crim., 25 juin 2013, n° 12-86.537 : *Bull. crim.* n° 161. ▪ Cass. crim., 17 févr. 2015, n° 14-83.651 QPC). Un mémoire additionnel déposé après le dépôt de son rapport par le conseiller commis est irrecevable dès lors que ledit mémoire, qui fait état de la jurisprudence constante de la Cour de cassation, ne contient aucun élément dont la méconnaissance l'aurait mis dans l'impossibilité de soulever les questions dans les délais (▪ Cass. crim., 25 févr. 2020, n° 20-80.532, § 9).

5) Mémoire au soutien d'une question prioritaire de constitutionnalité. Lorsqu'une question prioritaire de constitutionnalité est soulevée à l'occasion d'un pourvoi, le mémoire qui la présente doit être déposé dans le délai d'instruction de ce pourvoi. Aux termes de l'article 590 du Code de procédure pénale, aucun mémoire additionnel ne peut être joint, postérieurement au dépôt de son rapport par le conseiller commis ; il en va de même, en raison du principe susvisé, du mémoire distinct et motivé prévu par l'article 23-5 de l'ordonnance du 7 novembre 1958. Lorsque le mémoire est irrecevable, la question prioritaire de constitutionnalité est elle-même irrecevable (▪ Cass. crim., 17 févr. 2015, n° 14-83.651 QPC.

■ Cass. crim., 4 sept. 2018, n° 17-85.871 : *Bull. crim.* n° 143. ■ Cass. crim., 17 avr. 2019, n° 17-85.936 QPC. ■ Cass. crim., 6 août 2020, n° 19-86.336. ■ Cass. crim., 23 sept. 2020, n° 19-87.064). Lorsque la question prioritaire de constitutionnalité est soulevée à l'occasion d'un pourvoi, par un mémoire personnel, celui-ci doit être déposé dans la forme et les délais prévus par les articles 584 et suivants du Code de procédure pénale ; dès lors, lorsqu'un mémoire est déposé plus de 10 jours après la déclaration de pourvoi directement à la Cour de cassation par un demandeur non condamné pénalement, sans le ministère d'un avocat en ladite Cour, et en l'absence de mémoire au fond régulièrement déposé, il n'est pas recevable (■ Cass. crim., 23 sept. 2020, n° 20-84.535). Si le mémoire spécial qui présente la question prioritaire de constitutionnalité soulevée à l'occasion d'un pourvoi doit être déposé dans le délai d'instruction de celui-ci et ne peut intervenir postérieurement au dépôt du rapport au fond du conseiller rapporteur en application de l'article 590 du Code de procédure pénale, une telle exigence et l'irrecevabilité qui en découle ne peuvent être opposées à la question prioritaire de constitutionnalité qui porte précisément sur l'éventuelle contrariété à la Constitution de cet article (■ Cass. crim., 23 oct. 2018, n° 17-85.871).

Art. 590-1 ***(L. n° 2016-731, 3 juin 2016).*** **– Le demandeur en cassation qui n'a pas constitué avocat et n'a pas déposé son mémoire dans le délai prévu à l'article 584 est déchu de son pourvoi.**

Il en est de même, sauf dérogation accordée par le président de la chambre criminelle, du demandeur condamné pénalement n'ayant pas constitué avocat et du ministère public qui n'ont pas fait parvenir leur mémoire au greffe de la Cour de cassation dans les délais prévus, respectivement, au premier alinéa de l'article 585-1 et à l'article 585-2.

Le demandeur condamné à une peine non prévue par la loi ne peut toutefois être déchu de son pourvoi.

Lorsque l'auteur d'un pourvoi, qui a été condamné à des peines prévues par la loi, n'a pas constitué avocat ni déposé de mémoire personnel dans le délai légal, et que le président de la chambre criminelle a rejeté la demande de dérogation aux fins de constitution, il y a lieu de le déclarer déchu de son pourvoi par application de l'article 590-1 du Code de procédure pénale, peu important qu'un mémoire ampliatif et des observations complémentaires aient été déposés ultérieurement (■ Cass. crim., 29 janv. 2020, n° 17-83.577, §§ 6 et 7).

Art. 590-2 ***(L. n° 2016-731, 3 juin 2016).*** **– La déchéance du pourvoi, dans les cas et conditions prévus aux articles 567-2,574-1,574-2 et 590-1, est prononcée par ordonnance du président de la chambre criminelle ou du conseiller par lui désigné.**

CHAPITRE III. – DES OUVERTURES À CASSATION

Art. 591. – Les arrêts de la chambre de l'instruction ainsi que les arrêts et jugements rendus en dernier ressort par les juridictions de jugement, lorsqu'ils sont revêtus des formes prescrites par la loi, ne peuvent être cassés que pour violation de la loi.

Bibliographie : O. de Bouillane de Lacoste, *JCl. Proc. pén.*, art. 591 à 600, Fasc. 10, Fasc. 20, Fasc. 30.

1) Décision en dernier ressort. Le pourvoi en cassation contre une décision qui n'est pas rendue en dernier ressort au sens de l'article 591 du Code de procédure pénale est irrecevable (■ Cass. crim., 13 avr. 1967, n° 65-91.293 : *Bull. crim.* n° 122).

2) Pourvoi en cassation du ministère public. Le ministère public puise dans les articles 567 et 591 du Code de procédure pénale le droit de se pourvoir en cassation, afin de poursuivre l'annulation d'une décision qui lui paraît entachée d'illégalité (■ Cass. crim., 15 nov. 1973, n° 72-93.425 : *Bull. crim.* n° 420), quelles que soient les réquisitions orales qu'il ait pu prendre au cours des débats en vertu des dispositions de l'article 33 du Code de procédure pénale et qui ne sauraient le lier (■ Cass. crim., 20 oct. 1964, n° 62-92.075 : *Bull. crim.* n° 268).

3) Effets de la cassation. En application de l'article 591 du Code de procédure pénale, la cassation d'un arrêt remet la cause et les parties au même état où elles étaient avant la décision cassée ; elle postule dès lors l'annulation de tout ce qui a été la suite nécessaire ou l'exécution des dispositions annulées de cette décision (■ Cass. crim., 31 mars 1998, n° 97-82.447).

Art. 592 ***(Mod., L. n° 72-1226, 29 déc. 1972).*** **– Ces décisions sont déclarées nulles lorsqu'elles ne sont pas rendues par le nombre de juges prescrit ou qu'elles ont été rendues par des juges qui n'ont pas assisté à toutes les audiences de la cause. Lorsque plusieurs audiences ont été consacrées à la même affaire, les juges qui ont concouru à la décision sont présumés avoir assisté à toutes ces audiences.**

Ces décisions sont également déclarées nulles lorsqu'elles ont été rendues sans que le ministère public ait été entendu.

Sont, en outre, déclarées nulles les décisions qui, sous réserve des exceptions prévues par la loi, n'ont pas été rendues ou dont les débats n'ont pas eu lieu en audience publique.

Bibliographie : O. de Bouillane de Lacoste, *JCl. Proc. pén.*, art. 591 à 600, Fasc. 10.

I – COMPOSITION DES JURIDICTIONS

A – Régularité de la composition des juridictions

1° *Action publique*

1) Preuve de la composition de la juridiction par les mentions de la décision. En application de l'article 592 du Code de procédure pénale, tout jugement ou arrêt doit établir la régularité de la composition de la juridiction qui l'a rendu (▪ Cass. crim., 4 oct. 1989, n° 88-87.435 : *Bull. crim.* n° 339. ▪ Cass. crim., 26 avr. 2000, n° 99-85.777. ▪ Cass. crim., 28 nov. 2007, n° 07-82.069. ▪ Cass. crim., 19 juin 2019, n° 18-83.226). Tout arrêt doit faire la preuve par lui-même de la composition légale de la juridiction dont il émane (▪ Cass. crim., 20 déc. 2000, n° 00-86.219 : *Bull. crim.* n° 384). Tout jugement ou arrêt doit contenir la preuve de la composition régulière de la juridiction dont il émane (▪ Cass. crim., 15 mai 2013, n° 12-84.811 : *Bull. crim.* n° 107. ▪ Cass. crim., 8 juin 2017, n° 16-83.263 : *Bull. crim.* n° 161).

2) Présomption de régularité de la composition des juridictions. Lorsque plusieurs audiences ont été consacrées à la même affaire, les juges qui ont concouru à la décision sont présumés avoir assisté à toutes les audiences, en application de l'article 592 du Code de procédure pénale (▪ Cass. crim., 26 sept. 2006, n° 05-87.568 : *Bull. crim.* n° 238).

3) Limite de la présomption de régularité de la composition des juridictions. La présomption de régularité, prévue par l'article 592 du Code de procédure pénale, ne trouve pas à s'appliquer lorsque l'un des juges a été remplacé à l'une des audiences par suite d'un empêchement. La composition différente de la cour d'appel aux deux audiences d'une cause entraîne la nullité de l'arrêt lorsqu'il ne résulte pas de ses mentions qu'à la seconde audience les débats, après un nouveau rapport, ont été entièrement recommencés devant la nouvelle formation chargée d'en délibérer (▪ Cass. crim., 26 sept. 2006, n° 05-87.568 : *Bull. crim.* n° 238).

4) Composition de la juridiction et pluralité d'audiences – Action publique. Il suffit qu'il résulte des énonciations de l'arrêt attaqué que la composition de la cour d'appel était la même lors des débats de l'affaire et lors du prononcé de l'arrêt ; il n'importe qu'à une audience la cour ait été composée de façon différente, dès lors qu'à cette audience l'affaire a été seulement appelée et renvoyée à une audience ultérieure et qu'il n'a été rien débattu, ni rien décidé sur le fond de l'affaire (▪ Cass. crim., 1er févr. 1972, n° 71-91.328 : *Bull. crim.* n° 40). La disposition de l'article 592 du Code de procédure pénale, aux termes de laquelle sont déclarés nuls les arrêts rendus par les juges qui n'ont pas assisté à toutes les audiences, ne s'applique qu'aux audiences au cours desquelles la cause a été instruite, plaidée ou jugée ; elle ne saurait être étendue aux audiences au cours desquelles l'affaire a été appelée et renvoyée à une date ultérieure, ni à celles au cours desquelles a été ordonné, avant dire droit, un complément d'information (▪ Cass. crim., 20 janv. 1992, n° 91-81.939 : *Bull. crim.* n° 19). L'un des conseillers qui composaient la cour au moment des débats ne faisant plus partie de cette juridiction au moment de la prorogation du délibéré, l'arrêt ne satisfait pas, en la forme, aux conditions essentielles de son existence légale (▪ Cass. crim., 23 janv. 2019, n° 18-82.047 : *Bull. crim.* n° 24).

2° *Action civile*

5) Composition de la juridiction et pluralité d'audiences – Question prioritaire de constitutionnalité. N'est pas sérieuse la question qui soutient que l'article 592 du Code de procédure pénale contrevient au principe d'égalité et à l'article 6 de la Déclaration des droits de l'homme et du citoyen en ce qu'il prévoit la nullité des arrêts rendus par les juridictions répressives qui statuent sur la seule action civile au terme d'audiences successives qui n'ont pas été tenues par les mêmes magistrats, alors que cette règle de l'identité des magistrats ne s'impose pas devant les juridictions civiles. En effet, les dispositions de l'article 592 du Code de procédure pénale n'exigent pas que les audiences successives au cours desquelles il a été statué par un arrêt avant dire droit puis par un arrêt au fond soient composées des mêmes magistrats (▪ Cass. crim., 6 août 2014, n° 13-87.728 QPC).

6) Composition de la juridiction et pluralité d'audiences – Cour d'appel. Il résulte des articles 510 et 592 du Code de procédure pénale que la chambre des appels correctionnels est composée, même lorsqu'elle statue sur les seuls intérêts civils, d'un président de chambre et de deux conseillers, qui doivent assister à toutes les audiences au cours desquelles la cause est instruite, plaidée ou jugée ; ces règles sont d'ordre public, les parties ne pouvant y renoncer. Viole ces dispositions l'arrêt qui mentionne qu'un conseiller rapporteur a entendu seul les plaidoiries, les avocats ne s'y étant pas opposés, et qu'il en a rendu compte à la cour d'appel dans son délibéré (▪ Cass. crim., 1er févr. 2000, n° 99-80.533 : *Dr. pén.* 2000, comm. 92, obs. A. Maron).

B – Sanction de l'irrégularité de la composition des juridictions

7) Juridictions de jugement. Il résulte de l'article 592 du Code de procédure pénale que les arrêts et jugements rendus en dernier ressort par les juridictions de jugement sont déclarés nuls lorsqu'ils ne sont pas rendus par le nombre de juges prescrit (▪ Cass. crim., 15 déc. 2020, n° 20-81.563, § 8 : publié au *Bull.* ▪ Cass. crim., 15 févr. 2022, n° 21-83.789). Selon les dispositions de l'article 592 du Code de procédure pénale, les décisions rendues en dernier ressort par les juridictions de jugement sont déclarées nulles lorsqu'elles ont été rendues par des juges qui n'ont pas assisté à toutes les audiences de la cause (▪ Cass. crim., 20 avr. 2017, n° 16-83.623. ▪ Cass. crim., 23 janv. 2019, n° 18-82.047 : *Bull. crim.* n° 24 ; *Dr. pén.* 2019, comm. 55, obs. A. Maron et M. Haas. ▪ Cass. crim., 15 déc. 2020, préc.). Est nul l'arrêt qui a été prononcé et signé par un magistrat qui n'a pas participé aux débats et au délibéré (▪ Cass. crim., 31 mars 2020, n° 19-85.501, § 8). Les arrêts de cour d'assises sont déclarés nuls lorsqu'ils ont été rendus par des jurés qui n'ont pas assisté à toutes les audiences de la cause (▪ Cass. crim., 1er déc. 1999, n° 99-83.464 : *Bull. crim.* n° 286. ▪ Cass. crim., 17 janv. 2001, n° 00-83.716). Aucun texte de loi ne prescrit à peine de nullité que les noms des jurés figurent dans l'arrêt de condamnation (▪ Cass. crim., 6 févr. 2002, n° 01-84.566 : *Bull. crim.* n° 24. ▪ Cass. crim., 28 juin 2017, n° 16-85.904 : *Bull. crim.* n° 180 ; *Dr. pén.* 2017, comm. 135, obs. A. Maron et M. Haas). La constitution du jury de la cour d'assises est soumise au contrôle de la Cour de cassation. Lorsque le procès-verbal des débats mentionne deux fois le même nom pour deux jurés différents, la chambre criminelle n'est pas en mesure de s'assurer que le jury a été régulièrement composé et la cassation est encourue (▪ Cass. crim., 8 juin 2017, n° 16-83.263 : *Bull. crim.* n° 161 ; *Dr. pén.* 2017, comm. 134, obs. A. Maron et M. Haas).

8) Chambre de l'instruction. Il résulte de l'article 592 du Code de procédure pénale que les arrêts de la chambre de l'instruction sont déclarés nuls lorsqu'ils ne sont pas rendus par le nombre de juges prescrit (▪ Cass. crim., 15 déc. 2020, n° 20-81.563, § 8 : publié au *Bull.*). Aux termes de l'article 592 du Code de procédure pénale, les décisions de la chambre d'accusation (de l'instruction) sont déclarées nulles lorsqu'elles ont été rendues par des juges qui n'ont pas participé à toutes les audiences de la cause (▪ Cass. crim., 22 avr. 2020, n° 20-80.827. ▪ Cass. crim., 15 déc. 2020, préc.) ; encourt, dès lors, la cassation l'arrêt lu et signé par un magistrat absent lors des débats et du délibéré (▪ Cass. crim., 20 déc. 2000, n° 00-86.219 : *Bull. crim.* n° 384).

II – AUDITION DU MINISTÈRE PUBLIC

9) Présence du ministère public à l'audience. Si les articles 32, 486 et 510 du Code de procédure pénale exigent que le ministère public, partie nécessaire au procès pénal, soit présent à chaque audience des juridictions de jugement, il résulte de l'article 592 du même code que, à l'instar des magistrats composant la juridiction, il est présumé avoir assisté à toutes les audiences de la cause, dès lors qu'il a été entendu en ses réquisitions à celle des débats (▪ Cass. crim., 26 mars 1996, n° 93-84.306 : *Bull. crim.* n° 134. ▪ Cass. crim., 4 sept. 1996, n° 93-83.764 : *Bull. crim.* n° 313).

10) Présence du ministère public lors du prononcé de la décision. Selon l'alinéa 2 de l'article 592 du Code de procédure pénale, la nullité de la décision n'est encourue qu'à défaut d'audition du ministère public lors des débats ; il n'importe que la minute ne mentionne pas la présence du ministère public au prononcé (▪ Cass. crim., 26 mars 1996, n° 93-84.306 : *Bull. crim.* n° 134. ▪ Cass. crim., 4 sept. 1996, n° 93-83.764 : *Bull. crim.* n° 313). *Contra* ▪ Cass. crim., 18 janv. 1995, n° 94-81.296 : *Bull. crim.* n° 27 : Il résulte des articles 32, 486, 510, 512, 592 et 593 du Code de procédure pénale que le ministère public, partie intégrante et nécessaire des juridictions répressives, doit, à peine de nullité, être présent lors des débats, être entendu dans ses réquisitions et assister au prononcé de la décision ; cette dernière disposition s'impose, non seulement lorsque le jugement est rendu en présence des trois magistrats du siège qui ont connu de l'affaire et en ont délibéré, mais encore lorsque la décision est lue par l'un d'eux conformément aux dispositions édictées par l'article 485 du Code de procédure pénale.

III – PUBLICITÉ DES DÉBATS ET DE LA DÉCISION

A – Jurisprudence de la Cour européenne des droits de l'homme

11) Principe de la publicité de la procédure : portée. Du principe de la publicité de la procédure des organes judiciaires découlent deux aspects différents : la tenue de débats publics et le prononcé public des jugements et arrêts

(■ CEDH, 25 juill. 2000, nos 24954/94, 24971/94 et 24972/94, *Tierce et a. c/ St Marin*, § 93).

B – Jurisprudence nationale

12) Publicité des audiences des juridictions de jugement. À défaut de constatations contraires au procès-verbal des débats, il y a présomption que la publicité s'est prolongée pendant toute la durée de l'affaire (■ Cass. crim., 14 déc. 1988, n° 88-81.236 : *Bull. crim.* n° 431).

13) Publicité des audiences de la chambre de l'instruction en matière de détention provisoire. Si l'article 199, alinéa 2, du Code de procédure pénale prévoit la publicité en matière de détention provisoire pour les personnes mises en examen majeures, l'inobservation de cette dernière formalité ne saurait donner ouverture à cassation que s'il en résulte une atteinte aux intérêts de la partie concernée (■ Cass. crim., 25 juill. 2007, n° 07-83.550 : *RSC* 2008, n° 187, p. 933, obs. R. Finielz).

Art. 593. – **Les arrêts de la chambre de l'instruction, ainsi que les arrêts et jugements en dernier ressort sont déclarés nuls s'ils ne contiennent pas de motifs ou si leurs motifs sont insuffisants et ne permettent pas à la Cour de cassation d'exercer son contrôle et de reconnaître si la loi a été respectée dans le dispositif.**

Il en est de même lorsqu'il a été omis ou refusé de prononcer soit sur une ou plusieurs demandes des parties, soit sur une ou plusieurs réquisitions du ministère public.

Bibliographie : O. de Bouillane de Lacoste, *JCl. Proc. pén.*, art. 591 à 600, Fasc. 10. • C. Sévely-Fournier, *Répression et motivation – Réflexions sur la motivation des arrêts et jugements des juridictions répressives : RSC* 2009, p. 793.

I – CAS GÉNÉRAL

A – Jurisprudence de la Cour européenne des droits de l'homme

1) Obligation de motiver. L'article 6 de la Convention européenne des droits de l'Homme implique, à la charge du tribunal, l'obligation de se livrer à un examen effectif des moyens, arguments et offres de preuve des parties, sauf à en apprécier la pertinence. Cependant, si l'article 6 § 1 oblige les tribunaux à motiver leurs décisions, il ne peut se comprendre comme exigeant une réponse détaillée à chaque argument. L'étendue de ce devoir peut varier selon la nature de la décision. C'est pourquoi la question de savoir si un tribunal a manqué à son obligation de motiver découlant de l'article 6 de la Convention ne peut s'analyser qu'à la lumière des circonstances de l'espèce. En outre, la notion de procès équitable requiert qu'une juridiction interne qui n'a que brièvement motivé sa décision, que ce soit en incorporant les motifs fournis par une juridiction inférieure ou autrement, ait réellement examiné les questions essentielles qui lui ont été soumises et qu'elle ne se soit pas contentée d'entériner purement et simplement les conclusions d'une juridiction inférieure (■ CEDH, 15 févr. 2007, n° 19997/02, *Boldea c/ Roumanie*, §§ 28, 29, 30).

2) Qualité de la motivation. Les juges doivent indiquer avec une clarté suffisante les motifs sur lesquels ils se fondent. C'est ainsi, par exemple, qu'un accusé peut exercer utilement les recours existants (■ CEDH, 16 déc. 1992, n° 12945/87, *Hadjianastassiou c/ Grèce*, § 33).

B – Jurisprudence nationale

1° Principes généraux

3) Obligation de motiver. Tout arrêt doit être motivé ; l'insuffisance des motifs équivaut à leur absence (■ Cass. crim., 3 oct. 2012, n° 12-80.569 : *Bull. crim.* n° 212). Tout jugement ou arrêt doit comporter les motifs propres à justifier la décision et répondre aux chefs péremptoires des conclusions des parties ; l'insuffisance ou la contradiction des motifs équivaut à leur absence (■ Cass. crim., 26 avr. 2017, n° 15-85.909 : *Bull. crim.* n° 130. ■ Cass. crim., 22 janv. 2019, n° 18-82.614 : *Bull. crim.* n° 23. ■ Cass. crim., 12 juin 2019, n° 19-82.557 : *Bull. crim.* n° 106. ■ Cass. crim., 26 févr. 2020, n° 19-84.383).

4) Omission de prononcer sur la demande d'une partie. En application de l'article 593 du Code de procédure pénale, les arrêts et jugements sont déclarés nuls lorsqu'il a été omis de prononcer sur une ou plusieurs demandes des parties (■ Cass. crim., 25 oct. 2006, n° 05-85.998 : *Bull. crim.* n° 254).

5) Contradiction des motifs et du dispositif. En application de l'article 593 du Code de procédure pénale, tout jugement ou arrêt doit comporter les motifs propres à justifier la décision ; la contradiction entre les motifs et le dispositif équivaut à leur absence (■ Cass. crim., 18 sept. 2012, n° 11-84.279 : *Bull. crim.* n° 186. ■ Cass. crim., 3 oct. 2012, n° 12-82.498 : *Bull. crim.* n° 207).

2° Juridictions de jugement

6) Absence ou insuffisance de motifs. En application de l'article 593 du Code de procédure pénale, les arrêts et jugements en dernier ressort sont déclarés nuls s'ils ne contiennent pas de motifs ou si leurs motifs sont insuffisants et ne permettent pas à la Cour de cassation d'exercer son contrôle et de reconnaître si la loi était respectée dans le dispositif (▪ Cass. crim., 2 mars 2011, n° 10-84.060 : *Bull. crim.* n° 45).

7) Absence de réponse à un moyen péremptoire de défense. En s'abstenant de répondre aux conclusions déposées par le demandeur et visées dans l'arrêt attaqué, conclusions qui contenaient un moyen péremptoire de défense, la cour d'appel a violé l'article 593 du Code de procédure pénale (▪ Cass. crim., 5 mars 1963, n° 62-92.450 : *Bull. crim.* n° 101).

8) Motivation propre à justifier la décision. En application de l'article 593 du Code de procédure pénale, tout jugement ou arrêt doit comporter les motifs propres à justifier la décision ; l'insuffisance ou la contradiction des motifs équivaut à leur absence (▪ Cass. crim., 14 févr. 2006, n° 05-82.287 : *Bull. crim.* n° 43. ▪ Cass. crim., 16 févr. 2010, n° 08-86.301 : *Bull. crim.* n° 30. ▪ Cass. crim., 12 mai 2010, n° 10-82.746 : *Bull. crim.* n° 86. ▪ Cass. crim., 30 mars 2011, n° 09-86.641. ▪ Cass. crim., 23 oct. 2013, n° 13-80.824 : *Bull. crim.* n° 205. ▪ Cass. crim., 29 janv. 2014, n° 13-80.093 : *Bull. crim.* n° 33. ▪ Cass. crim., 11 janv. 2017, n° 16-80.619. ▪ Cass. crim., 27 juin 2018, n° 17-84.280 : *Bull. crim.* n° 127).

9) Motivation d'un arrêt de condamnation. En application de l'article 593 du Code de procédure pénale, tout arrêt de condamnation doit être motivé et constater l'existence de tous les éléments légaux de l'infraction poursuivie (▪ Cass. crim., 4 sept. 1971, n° 71-91.883 : *Bull. crim.* n° 250). Tout jugement ou arrêt en matière correctionnelle ou de police doit constater l'existence de tous les éléments constitutifs des infractions qu'il réprime ; l'insuffisance des motifs équivaut à leur absence (▪ Cass. crim., 2 juin 1999, n° 98-81.454 : *Bull. crim.* n° 118). Le juge répressif ne peut déclarer un prévenu coupable d'une infraction sans en avoir caractérisé tous les éléments constitutifs (▪ Cass. crim., 8 févr. 2017, n° 16-80.102 : *Bull. crim.* n° 42. ▪ Cass. crim., 19 juin 2018, n° 17-85.046 : *Bull. crim.* n° 112). Le juge répressif ne peut prononcer une peine sans avoir relevé tous les éléments constitutifs de l'infraction qu'il réprime (▪ Cass. crim., 12 janv. 2010, n° 09-81.936 : *Bull. crim.* n° 3. ▪ Cass. crim., 16 déc. 2015, n° 15-80.916 : *Bull. crim.* n° 310).

10) Obligation de répondre aux chefs péremptoires des conclusions des parties. En application de l'article 593 du Code de procédure pénale, tout jugement ou arrêt doit répondre aux chefs péremptoires des conclusions des parties ; l'insuffisance ou la contradiction des motifs équivaut à leur absence (▪ Cass. crim., 28 mars 1979, n° 77-92.961 : *Bull. crim.* n° 126. ▪ Cass. crim., 14 févr. 2006, n° 05-82.287 : *Bull. crim.* n° 43. ▪ Cass. crim., 30 mars 2011, n° 09-86.641. ▪ Cass. crim., 16 juin 2011, n° 10-86.383 : *Bull. crim.* n° 137. ▪ Cass. crim., 23 oct. 2013, n° 13-80.824 : *Bull. crim.* n° 205. ▪ Cass. crim., 29 janv. 2014, n° 13-80.093 : *Bull. crim.* n° 33. ▪ Cass. crim., 11 janv. 2017, n° 16-80.619).

11) Obligation de répondre aux réquisitions du ministère public. En application de l'article 593 du Code de procédure pénale, les juges sont tenus de répondre aux réquisitions du ministère public (▪ Cass. crim., 14 févr. 2006, n° 05-82.287 : *Bull. crim.* n° 43).

12) Obligation d'examiner les faits sous toutes leurs qualifications. En application de l'article 593 du Code de procédure pénale, la juridiction correctionnelle ne peut entrer en voie de relaxe du chef d'homicide involontaire sans avoir préalablement recherché, dans le respect du principe de la contradiction, toute faute d'imprudence ou de négligence entrant dans les prévisions de l'article 221-6 du Code pénal (▪ Cass. crim., 15 mars 2016, n° 13-88.530 : *Bull. crim.* n° 78).

13) Pouvoir souverain d'appréciation et motivation – Action publique. Si la loi a abandonné à la conscience des juges correctionnels le soin d'apprécier souverainement la valeur des preuves apportées à l'appui de la poursuite ou au soutien de la défense, elle exige d'eux, en cas de condamnation, qu'après avoir déclaré l'existence du délit et constaté ses éléments, ils affirment, en termes non équivoques, la culpabilité du prévenu (▪ Cass. crim., 1er juin 1934 : *DH* 1934, 399).

14) Pouvoir souverain d'appréciation et motivation – Action civile. Si les juges apprécient souverainement le préjudice résultant d'une infraction, il en est différemment lorsque cette appréciation est déduite de motifs insuffisants, contradictoires ou erronés ; à défaut, la cassation est encourue en application de l'article 593 du Code de procédure pénale (▪ Cass. crim., 25 oct. 2000, n° 00-80.433 : *Bull. crim.* n° 309).

3° *Chambre de l'instruction*

15) Absence ou insuffisance de motifs. En application de l'article 593 du Code de procédure pénale, les arrêts de la chambre de l'instruction sont déclarés nuls s'ils ne contiennent pas de motifs ou si leurs motifs sont insuffisants et ne permettent pas à la Cour de cassation d'exercer son contrôle (▪ Cass. crim., 29 janv. 2014, n° 13-82.785 : *Bull. crim.* n° 29).

16) Motivation propre à justifier la décision. En application de l'article 593 du Code de procédure pénale, tout arrêt (de la chambre de l'instruction) doit comporter les motifs propres à justifier la décision ; l'insuffisance ou la contradiction des motifs équivaut à leur absence (■ Cass. crim., 12 mai 2010, n° 10-82.746 : *Bull. crim.* n° 86. ■ Cass. crim., 8 juin 2016, n° 16-81.912 : *Bull. crim.* n° 175. ■ Cass. crim., 15 mai 2019, n°s 18-80.121 et 19-81.531 : *Bull. crim.* n° 94. ■ Cass. crim., 26 févr. 2020 n° 19-84.339, § 8. ■ Cass. crim., 12 mai 2020, n° 20-81.247, § 11).

17) Obligation de répondre aux articulations essentielles des mémoires des parties. En application de l'article 593 du Code de procédure pénale, tout arrêt (de la chambre de l'instruction) est tenu de répondre aux articulations essentielles des mémoires dont il est saisi ; l'insuffisance ou la contradiction des motifs équivaut à leur absence (■ Cass. crim., 18 mai 1998, n° 98-81.085 : *Bull. crim.* n° 167. ■ Cass. crim., 12 mai 2010, n° 10-82.746 : *Bull. crim.* n° 86. ■ Cass. crim., 20 mai 2014, n° 14-81.429 : *Bull. crim.* n° 134. ■ Cass. crim., 26 juin 2019, n°s 18-84650 et 18-84.651. ■ Cass. crim., 12 mai 2020, n° 20-81.247, § 11).

18) Obligation de répondre aux réquisitions du ministère public. Les juges de la chambre de l'instruction ne peuvent omettre d'examiner ou refuser de prononcer sur les réquisitions du ministère public (■ Cass. crim., 27 sept. 2000, n° 00-84.635 : *Bull. crim.* n° 281).

19) Pouvoir souverain d'appréciation et motivation. Si les chambres d'accusation (de l'instruction) apprécient souverainement, au point de vue du fait, l'existence des charges, leurs arrêts doivent être motivés de manière à permettre à la Cour de cassation d'exercer son contrôle et de s'assurer de la légalité de la décision rendue ; les juges ne peuvent omettre d'examiner ou refuser de prononcer sur les réquisitions du ministère public (■ Cass. crim., 27 sept. 2000, n° 00-84.635 : *Bull. crim.* n° 281).

II – CAS DE LA COUR D'ASSISES

A – Jurisprudence de la Cour européenne des droits de l'homme

20) Droit à un procès équitable et motivation. Il ne saurait être question de remettre en cause l'institution du jury populaire. La tâche de la Cour européenne des droits de l'homme est d'examiner si la procédure a revêtu, dans son ensemble, un caractère équitable. La Convention ne requiert pas que les jurés donnent les raisons de leur décision et l'article 6 ne s'oppose pas à ce qu'un accusé soit jugé par un jury populaire même dans le cas où son verdict n'est pas motivé. Il n'en demeure pas moins que pour que les exigences d'un procès équitable soient respectées, le public, et au premier chef l'accusé, doit être à même de comprendre le verdict qui a été rendu. C'est là une garantie essentielle contre l'arbitraire. Devant les cours d'assises avec participation d'un jury populaire, il faut s'accommoder des particularités de la procédure où, le plus souvent, les jurés ne sont pas tenus de – ou ne peuvent pas – motiver leur conviction. Dans ce cas, l'article 6 exige de rechercher si l'accusé a pu bénéficier des garanties suffisantes de nature à écarter tout risque d'arbitraire et à lui permettre de comprendre les raisons de sa condamnation. Enfin, doit être prise en compte, lorsqu'elle existe, la possibilité pour l'accusé d'exercer des voies de recours (■ CEDH, GC, 16 nov. 2010, n° 926/05, *Taxquet c/ Belgique*, §§ 84, 90, 92).

21) Droit pour l'accusé de comprendre la décision. L'examen conjugué de l'acte d'accusation et des questions posées au jury doit permettre de savoir quels éléments de preuve et circonstances de fait, parmi tous ceux ayant été discutés durant le procès, ont en définitive conduit les jurés à répondre par l'affirmative aux questions, et ce afin de pouvoir notamment : différencier les coaccusés entre eux ; comprendre le choix d'une qualification plutôt que d'une autre ; connaître les motifs pour lesquels des coaccusés sont moins responsables aux yeux du jury et donc moins sévèrement punis ; justifier le recours aux circonstances aggravantes (■ CEDH, 10 janv. 2013, n° 53406/10, *Leguillon c/ France*, §§ 52, 54, 58, 59, 67).

22) Réforme de la loi du 10 août 2011 (feuille de motivation). La Cour (européenne des droits de l'homme) prend note de la réforme intervenue avec l'adoption de la loi n° 2011-939 du 10 août 2011 qui a notamment inséré, dans le Code de procédure pénale, un nouvel article 365-1. Aux yeux de la Cour, une telle réforme semble *a priori* susceptible de renforcer significativement les garanties contre l'arbitraire et de favoriser la compréhension de la condamnation par l'accusé, conformément aux exigences de l'article 6, § 1 de la Convention (■ CEDH, 10 janv. 2013, n° 53406/10, *Leguillon c/ France*, § 68).

B – Jurisprudence nationale

23) Convention européenne des droits de l'Homme et absence de motivation. Sont reprises dans l'arrêt de condamnation les réponses qu'en leur intime conviction, magistrats et jurés composant la cour d'assises d'appel, statuant dans la continuité des débats, à vote secret et à la majorité qualifiée des deux tiers, ont donné aux questions sur la culpabilité, les unes, principales, posées conformément au dispositif de la décision de renvoi, les autres, subsidiaires, soumises à la discussion des parties ; en cet état, et dès lors qu'ont été assurés l'information préalable sur les charges fondant la mise en accusation, le libre exercice des droits de la défense ainsi que le caractère public et contradictoire des débats, l'arrêt satisfait aux exigences de l'article 6, § 1 de la Convention européenne des droits de l'Homme, et des articles 591 et 593 du Code de procédure pénale (▪ Cass. crim., 14 oct. 2009, n° 08-86.480 : *Bull. crim.* n° 170 ; *D.* 2009, 2278, note J. Pradel, 2545, note K. Gachi ; *Dr. pén.* 2009, comm. 143, obs. A. Maron et M. Haas).

24) Motivation de la peine prononcée. Abrogation de l'article 365-1, alinéa 2, par le Conseil constitutionnel. Il ressort des articles 7, 8 et 9 de la Déclaration des droits de l'homme et du citoyen de 1789 qu'il appartient au législateur, dans l'exercice de sa compétence, de fixer des règles de droit pénal et de procédure pénale de nature à exclure l'arbitraire dans la recherche des auteurs d'infractions, le jugement des personnes poursuivies ainsi que dans le prononcé et l'exécution des peines. Le principe d'individualisation des peines, qui découle de l'article 8 de cette déclaration, implique qu'une sanction pénale ne puisse être appliquée que si le juge l'a expressément prononcée, en tenant compte des circonstances propres à chaque espèce. Ces exigences constitutionnelles imposent la motivation des jugements et arrêts de condamnation, pour la culpabilité comme pour la peine. En n'imposant pas à la cour d'assises de motiver le choix de la peine, le législateur a méconnu les exigences tirées des articles 7, 8 et 9 de la Déclaration de 1789 (▪ Cons. const., 2 mars 2018, n° 2017-694 QPC : *JCP* G 2018, 457, note H. Matsopoulou). – V. auparavant, ▪ Cass. crim., 11 mai 2017, n° 16-83.327 : *Bull. crim.* n° 136. ▪ Cass. crim., 28 juin 2017, n° 16-85.904 : *Bull. crim.* n° 180 : selon l'article 365-1 du Code de procédure pénale, en cas de condamnation par la cour d'assises, la motivation consiste dans l'énoncé des principaux éléments à charge qui l'ont convaincue de la culpabilité de l'accusé ; dès lors, en l'absence d'autre disposition légale le prévoyant, la cour et le jury ne doivent pas motiver le choix de la peine qu'ils prononcent dans les conditions définies à l'article 362 du code susvisé. Des énonciations, qui, dans la feuille de motivation, relèvent non pas de la déclaration de culpabilité mais de la motivation de la peine, contreviennent donc à ce principe et en application de l'article 591 dudit code, la cassation est encourue (▪ Cass. crim., 8 févr. 2017, 4 arrêts, n°s 15-86.914, 16-80.389, 16-80.391 et 16-81.242 : *Bull. crim.* n° 41).

25) Abrogation de l'article 365-1, alinéa 2, par le Conseil constitutionnel. Application par la chambre criminelle de la Cour de cassation. Par décision du 2 mars 2018, le Conseil constitutionnel a déclaré contraire à la Constitution l'article 365-1, deuxième alinéa du Code de procédure pénale ; cette décision a reporté au 1er mars 2019 la date de cette abrogation et dit que les arrêts de cour d'assises rendus en dernier ressort avant la publication de cette décision et ceux rendus à l'issue d'un procès ouvert avant la mêmedate ne peuvent être contestés sur le fondement de cette inconstitutionnalité (▪ Cass. crim., 24 mai 2018, n° 17-82.858. ▪ Cass. crim., 20 juin 2018, n° 17-82.237 : *Bull. crim.* n° 118. ▪ Cass. crim., 9 janv. 2019, n° 17-87.070 : *Bull. crim.* n° 7). Il résulte de l'article 365-1, deuxième alinéa du Code de procédure pénale qu'en cas de condamnation, la motivation consiste dans l'énoncé des principaux éléments à charge, exposés au cours des délibérations, qui, pour chacun des faits reprochés à l'accusé, ont convaincu la cour d'assises ; en prononçant une condamnation pour viols et agressions sexuelles aggravés, sans faire état d'une quelconque énonciation, quelle qu'en soit la nature, permettant de connaître les éléments de violence, contrainte, menace ou surprise, requis par la loi, sur lesquels elle a fondé sa conviction pour les faits ainsi concernés, la cour d'assises, n'a pas justifié sa décision (▪ Cass. crim., 17 oct. 2018, n° 17-83.958 : *Bull. crim.* n° 171). Les énonciations de la feuille de questions et celles de la feuille de motivation mettent la Cour de cassation en mesure de s'assurer que la cour d'assises, statuant en appel, a caractérisé les principaux éléments à charge, résultant des débats, qui l'ont convaincue de la culpabilité de l'accusé, et justifié sa décision, conformément aux dispositions conventionnelles invoquées et à l'article 365-1 du Code de procédure pénale (▪ Cass. crim., 17 oct. 2018, n° 17-87.327. ▪ Cass. crim., 14 nov. 2018, n° 18-80.400). Il ne résulte d'aucune disposition de la Convention européenne des droits de l'Homme que la cour d'assises, après avoir statué sur la culpabilité, soit tenue de motiver la peine qu'elle prononce (▪ Cass. crim., 20 juin 2018, n° 17-83.767. ▪ Cass. crim., 5 sept. 2018, n° 17-86.097. ▪ Cass. crim., 17 oct. 2018, n° 17-87.568).

Art. 594 *(Abr., L. n° 2000-516, 15 juin 2000).*

Art. 595 *(Ord. n° 60-529, 4 juin 1960 ; mod., L. n° 93-2, 4 janv. 1993).* – **Lorsque la chambre de l'instruction statue sur le règlement d'une procédure, tous moyens pris de nullités de l'information doivent lui être proposés, faute de quoi les parties ne sont plus recevables à en faire état, sauf le cas où elles n'auraient pu les connaître, et sans préjudice du droit qui appartient à la Cour de cassation de relever tous moyens d'office.**

Bibliographie : O. de Bouillane de Lacoste, *JCl. Proc. pén.*, art. 591 à 600, Fasc. 30.

I – CHAMBRE DE L'INSTRUCTION

1) **Ordonnance de renvoi complexe.** Les articles 206 et 595 du Code de procédure pénale font obligation à la chambre d'accusation (de l'instruction), statuant sur le règlement d'une procédure, d'examiner les moyens de nullité de l'information qui lui sont proposés par les parties. Tel est le cas lorsque la chambre d'accusation (de l'instruction) déclare recevable l'appel d'une ordonnance de renvoi qui présente un caractère complexe, notamment, en ce qu'elle prononce, même implicitement, sur une constitution de partie civile contestée par l'appelant (■ Cass. crim., 4 nov. 1999, n° 99-84.679 : *Bull. crim.* n° 243). Il se déduit des articles 186, 206 et 595 du Code de procédure pénale que, lorsqu'elle est saisie d'une ordonnance de renvoi devant le tribunal correctionnel intervenue sans que le juge d'instruction ait statué sur la contestation de la recevabilité d'une constitution de partie civile, la chambre de l'instruction est tenue d'annuler cette ordonnance qui présente un caractère complexe, d'évoquer et de procéder au règlement de l'entier dossier de la procédure d'information à l'égard de toutes les personnes mises en examen (■ Cass. crim., 10 févr. 2016, n° 15-84.152 : *Bull. crim.* n° 37).

II – COUR D'APPEL

2) **Nullité invoquée pour la première fois devant la cour d'appel.** Doit être approuvé l'arrêt par lequel les juges d'appel, après avoir relevé que les moyens de nullité de l'information soulevés devant eux par les prévenus n'avaient pas été proposés devant la chambre d'accusation (de l'instruction) statuant sur le règlement de la procédure, alors qu'ils étaient connus des prévenus, énoncent que ceux-ci sont irrecevables à en faire état devant la chambre des appels correctionnels (■ Cass. crim., 15 mars 2000, n° 99-81.084 : *Bull. crim.* n° 115).

III – COUR DE CASSATION

3) **Nullité invoquée pour la première fois devant la Cour de cassation.** Il résulte de l'article 595 du Code de procédure pénale que lorsque la chambre d'accusation (de l'instruction) statue sur le règlement d'une procédure, la partie, qui n'a pas soulevé devant cette juridiction la nullité d'un acte d'instruction, ne saurait l'invoquer pour la première fois devant la Cour de cassation (■ Cass. crim., 19 juill. 1993, n° 93-82.258 : *Bull. crim.* n° 245 ; *Dr. pén.* 1993, comm. 230, obs. A. Maron. ■ Cass. crim., 11 juill. 2017, n°s 08-84.989 : *Bull. crim.* n° 202. ■ Cass. crim., 20 déc. 2017, n° 17-84.017 ; *Bull. crim.* n° 299). Lorsque la Cour de cassation, faisant application de l'article 595 du Code de procédure pénale, déclare irrecevables des moyens de nullité qui n'ont pas été proposés à la chambre d'accusation, sa décision implique que ces moyens, s'ils étaient relevés d'office, ne pourraient être accueillis (■ Cass. crim., 27 nov. 1996, n° 96-83.920 : *Bull. crim.* n° 429 – solution implicite).

Art. 596. – **En matière criminelle et dans le cas où l'accusé a été condamné, si l'arrêt a prononcé une peine autre que celle appliquée par la loi à la nature du crime, l'annulation de l'arrêt pourra être poursuivie tant par le ministère public que par la partie condamnée.**

Bibliographie : O. de Bouillane de Lacoste, *JCl. Proc. pén.*, art. 591 à 600, Fasc. 10.

1) **Pourvoi du ministère public.** Le ministère public puise dans les articles 567 et 591 du Code de procédure pénale le droit de se pourvoir en cassation afin de poursuivre l'annulation d'une décision qui lui paraît entachée d'illégalité. On ne saurait donc prétendre qu'en application de l'article 596 dudit code, il serait irrecevable à se pourvoir contre un arrêt qui a prononcé des peines appliquées par la loi à la nature des crimes : cet article, en effet, ne prévoit pas un cas d'ouverture à cassation et ne limite donc pas les droits des parties à se pourvoir (■ Cass. crim., 23 janv. 1985, n° 84-92.788 : *Bull. crim.* n° 35).

2) **Prononcé d'une peine excédant le maximum légal.** Encourt cassation l'arrêt prononçant une peine d'amende dépassant le maximum prévu par la loi. Mais les peines étant, en matière correctionnelle, indivisibles et inséparables de la déclaration de culpabilité, il y a lieu d'annuler pour le tout la condamnation à l'emprisonnement et à l'amende, lorsque la peine d'amende infligée dépasse le maximum fixé par la loi. En revanche, lorsque la violation de la loi constatée ne concerne que l'application de la peine prononcée contre un des coprévenus, la cassation doit être limitée à ce prévenu et ne pas s'étendre à ses coprévenus (■ Cass. crim., 20 mars 1973, n° 72-93.258 : *Bull. crim.* n° 139).

Art. 597. – **La même action appartient au ministère public contre les arrêts d'acquittement mentionnés à l'article 363 si la décision a été prononcée sur la base de la non-existence d'une loi pénale qui pourtant aurait existé.**

Bibliographie : O. de Bouillane de Lacoste, *JCl. Proc. pén.*, art. 591 à 600, Fasc. 10.

Art. 598. – **Lorsque la peine prononcée est la même que celle portée par la loi qui s'applique à l'infraction, nul ne peut demander l'annulation de l'arrêt sous le prétexte qu'il y aurait erreur dans la citation du texte de la loi.**

Bibliographie : O. de Bouillane de Lacoste, *JCl. Proc. pén.*, art. 591 à 600, Fasc. 30. • J. Audier, *Le « biais » de la peine justifiée : RSC* 1978, p. 553.

1) Questions prioritaires de constitutionnalité – Théorie de la peine justifiée. N'est pas sérieuse la question prioritaire de constitutionnalité aux termes de laquelle les dispositions de l'article 598 du Code de procédure pénale, qui fondent la théorie de la « peine justifiée », porteraient atteinte aux droits de la défense et au principe d'individualisation des peines ; cette question critique en effet non pas l'article 598 du Code de procédure pénale mais la « théorie de la peine justifiée », élaborée à partir de cette disposition législative (■ Cass. crim., 19 mai 2010, n° 09-87.651 QPC : *RSC* 2011, 185, obs. B. de Lamy ; *Dr. pén.* 2010, comm. 87, obs. A. Maron et M. Haas). N'est pas sérieuse la question prioritaire de constitutionnalité aux termes de laquelle la théorie de la peine justifiée élaborée à partir de l'article 598 du Code de procédure pénale porterait atteinte aux principes de nécessité et d'individualisation des peines, ainsi qu'au droit à un recours juridictionnel effectif et aux droits de la défense ; en effet, les dispositions de cet article ne méconnaissent, à l'évidence, aucun des principes et droits invoqués (■ Cass. crim., 25 janv. 2012, n° 11-87.944 QPC).

I – APPLICATIONS DE LA THÉORIE DE LA PEINE JUSTIFIÉE

A – Action publique

2) Erreur de qualification des faits poursuivis. Conformément aux dispositions de l'article 598 du Code de procédure pénale, une erreur de qualification ne saurait entraîner de censure de l'arrêt dès lors que la peine prononcée par la loi pour la qualification exacte est la même (■ Cass. crim., 20 oct. 1986, n° 86-90.224 : *Bull. crim.* n° 293. ■ Cass. crim., 20 janv. 1993, n° 92-80.011 : *Bull. crim.* n° 28. – *Contra* ■ Cass. crim., 21 janv. 1981, n° 80-90.845 : *Bull. crim.* n° 32 : est justifiée la peine prononcée qui excède le maximum de celle qui est prévue pour l'infraction visée par les juges, dès lors qu'elle entre dans les prévisions de l'article qu'ils auraient dû appliquer). Lorsque les faits poursuivis entrent dans les prévisions de la loi ancienne et de la loi nouvelle et sont punis des mêmes peines, la peine prononcée est justifiée dans les conditions prévues par l'article 598 du Code de procédure pénale (■ Cass. crim., 14 juin 1995, n° 94-83.025 : *Bull. crim.* n° 218). Est justifiée, selon l'article 598 du Code de procédure pénale, une peine prononcée pour trafic d'influence, dès lors que les faits constatés par l'arrêt caractérisent le délit de corruption passive (■ Cass. crim., 1er oct. 1984, n° 83-93.550 : *Bull. crim.* n° 277 ; *D.* 1985, 380, note H. Fenaux : à propos du prononcé d'une peine inférieure au minimum légal de chacune des deux qualifications). Lorsqu'un arrêt a déclaré à tort auteur d'une escroquerie un individu qui, selon les constatations des juges du fond, avait commis un abus de confiance, l'erreur de qualification relevée par la Cour de cassation ne saurait donner ouverture à cassation dès lors que la peine prononcée est justifiée par le délit de vol dont le prévenu a été également déclaré coupable (■ Cass. crim., 16 déc. 1991, n° 90-82.822 : *Bull. crim.* n° 477).

3) Confusion entre la consommation et la tentative d'une infraction. Lorsqu'un arrêt a déclaré à tort coupable d'escroquerie l'auteur d'une tentative de ce même délit, l'erreur relevée par la Cour de cassation ne saurait donner ouverture à cassation, la peine étant justifiée (■ Cass. crim., 9 mars 1983, n° 82-91.981 : *Bull. crim.* n° 76).

4) Confusion entre les qualités d'auteur et de complice. Pour la peine prononcée à la suite de la confusion commise par les juges du fond entre les qualités d'auteur et de complice, V. par ex. ■ Cass. crim., 29 janv. 1965, n° 64-91.731 : *Bull. crim.* n° 30 ; *D.* 1965, 288, note R. Combaldieu. ■ Cass. crim., 30 janv. 1979, n° 78-90.287 : *Bull. crim.* n° 44.

B – Action civile

5) Application de la théorie de la décision justifiée. Lorsque les faits poursuivis entrent dans les prévisions de la loi ancienne et de la loi nouvelle et sont punis des mêmes peines, les dommages-intérêts alloués sont justifiés dans les conditions prévues par l'article 598 du Code de procédure pénale (■ Cass. crim., 14 juin 1995, n° 94-83.025 : *Bull. crim.* n° 218). Une erreur de qualification relevée par la Cour de cassation ne saurait donner ouverture à cassation dès lors que les réparations civiles sont justifiées (■ Cass. crim., 21 avr. 1980, n° 78-92.567 : *Bull. crim.* n° 115), les juges ayant, quelle que soit la qualification retenue, l'obligation de réparer dans sa totalité le préjudice résultant de l'infraction réprimée (■ Cass. crim., 16 déc. 1991, n° 90-82.822 : *Bull. crim.* n° 477). Lorsque la peine prononcée contre un prévenu et les réparations civiles mises à sa charge sont justifiées par la déclaration de culpabilité du chef de l'une des infractions pour lesquelles il est poursuivi, il n'y a pas lieu d'examiner le moyen par lequel il conteste la déclaration de culpabilité du chef d'une autre infraction (■ Cass. crim., 21 mai 1997, n° 96-83.360 : *Bull. crim.* n° 193).

C – Régime juridique

6) Pourvoi dans l'intérêt de la loi. En cas d'erreur de qualification, la peine étant toutefois justifiée, l'arrêt ne peut être soumis à la censure de la Cour de cassation que dans l'intérêt de la loi et par le pourvoi du procureur général de cette cour ; il s'ensuit que le pourvoi du procureur général près la cour d'appel n'est pas recevable. Le procureur général près la Cour de cassation peut former le pourvoi à l'audience de la chambre criminelle en reprenant à son compte le moyen que proposait le procureur général près la cour d'appel (■ Cass. crim., 20 janv. 1993, n° 92-80.011 : *Bull. crim.* n° 28).

7) Requalification par la Cour de cassation. Un même fait poursuivi à tort sous la double qualification de diffamation publique envers un citoyen chargé d'un mandat public et de diffamation publique envers un particulier ne peut donner lieu à une double déclaration de culpabilité. Il appartient à la Cour de cassation de restituer aux faits leur seul et unique caractère délictueux, et de déclarer, s'il échet, la peine justifiée, en application de l'article 598 du Code de procédure pénale (■ Cass. crim., 21 avr. 1980, n° 78-92.567 : *Bull. crim.* n° 115).

8) Refus d'examiner un moyen de cassation. Lorsque la peine prononcée est justifiée par la déclaration de culpabilité du chef d'une première infraction, il n'y a pas lieu d'examiner le moyen qui discute une seconde infraction (■ Cass. crim., 2 déc. 1991, n° 90-82.186 : *D.* 1993, 219, note H. Fenaux. ■ Cass. crim., 14 déc. 1994, n° 92-85.557 : *Bull. crim.* n° 415. ■ Cass. crim., 21 mai 1997, n° 96-83.360 : *Bull. crim.* n° 193. ■ Cass. crim., 19 mai 2009, n° 08-87.145).

II – LIMITES À LA THÉORIE DE LA PEINE JUSTIFIÉE

9) Erreur sur l'état de récidive. Lorsque les juges ont retenu à tort un état de récidive, leur décision doit être cassée même si la peine qu'ils ont prononcée est inférieure au maximum légal de la peine encourue en l'absence de récidive ; la constatation non justifiée de l'état de récidive a pu en effet exercer une influence sur l'application de la peine et préjudicier ainsi au demandeur (■ Cass. crim., 5 janv. 1965, n° 64-91.898 : *Bull. crim.* n° 3. ■ Cass. crim., 23 mars 1982, n° 81-93.750 : *Bull. crim.* n° 85).

10) Violation d'une règle d'ordre public. Lorsque l'erreur de qualification commise a eu pour conséquence la violation des règles d'ordre public relatives à l'organisation et à la compétence des juridictions pénales, la théorie de la peine justifiée est inapplicable et il y a lieu à cassation (■ Cass. crim., 1er juill. 1997, n° 96-83.433 : *Bull. crim.* n° 261).

11) Amnistie. Doit être censuré l'arrêt qui déclare à tort le prévenu coupable d'un délit amnistié de droit en concours avec d'autres infractions. Toutefois, la cassation a lieu seulement par voie de retranchement et sans renvoi, dès lors que la déclaration de culpabilité et les peines prononcées sont justifiées, tant au regard de l'article 319 ancien du Code pénal que de l'article 19 de la loi du 3 août 1995 portant amnistie, du chef du délit d'homicide involontaire, non amnistié, dont le prévenu a été également déclaré coupable, la Cour de cassation étant en mesure d'appliquer directement la règle de droit, ainsi que le permet l'article L. 131-5 du Code de l'organisation judiciaire (■ Cass. crim., 9 déc. 1997, n° 96-85.958 : *Bull. crim.* n° 419).

III – REMISE EN CAUSE DE LA THÉORIE ?

A – Jurisprudence européenne

12) Requalification et droit au procès équitable. La Cour considère qu'en matière pénale, une information précise et complète des charges pesant contre un accusé, et donc la qualification juridique que la juridiction pourrait retenir à son encontre, est une condition essentielle de l'équité de la procédure. S'il n'est pas établi que les prévenus, poursuivis pour banqueroute, ont eu connaissance de la possibilité de requalification des faits en complicité de banqueroute par la cour d'appel, il y a atteinte au droit au procès équitable (■ CEDH, 25 mars 1999, n° 25444/94, *Pelissier et Sassi c/ France*, §§ 52 et s. : *D.* 2000, 357, note D. Roets).

B – Jurisprudence nationale

13) Pour des arrêts parfois interprétés en doctrine comme signifiant une remise en cause de la théorie de la peine justifiée, V. ■ Cass. ass. plén., 8 juill. 2005, n° 99-83.846 : *Bull. ass. plén.* n° 1 ; *D.* 2006, 1654, obs. T. Garé. ■ Cass. crim., 25 févr. 2009, n° 08-80.314. ■ Cass. crim., 17 oct. 2018, n° 17-83.958 : *Bull. crim.* n° 171 ; *Dr. pén.* 2018, comm. 218, obs. A. Maron et M. Haas. ■ Cass. crim., 9 mai 2019, n° 18-82.800 : *Dr. pén.* 2019, comm. 136, obs. A. Maron et M. Haas.

Bibliographie : V. – L. Boré, *Feu la peine justifiée ?* : *D.* 2011, 251. – A. Maron et M. Haas, obs. *Dr. pén.* 2018, comm. 218. – M.-L. Rassat, *Mort de la théorie de la peine justifiée ?* : *Dr. pén.* 2019, étude 9.

Art. 599 *(Mod., L. n° 2000-516, 15 juin 2000).* – **En matière correctionnelle, le prévenu n'est pas recevable à présenter comme moyen de cassation les nullités commises en première instance s'il ne les a pas opposées devant la cour d'appel, à l'exception de la nullité pour cause d'incompétence lorsqu'il y a eu appel du ministère public.**

En matière criminelle, l'accusé n'est pas recevable à présenter comme moyen de cassation les nullités qu'il n'a pas soulevées devant la cour d'assises statuant en appel conformément aux prescriptions de l'article 305-1.

Bibliographie : O. de Bouillane de Lacoste, *JCl. Proc. pén.*, art. 591 à 600, Fasc. 10, Fasc. 30. • O. de Nervo, *Quelques réflexions sur les moyens soulevés d'office en matière correctionnelle et de police : JCP* G 1994, I, 3752.

I – MOYEN MÉLANGÉ DE FAIT ET DE DROIT

A – Principe

1) Irrecevabilité du moyen. Est irrecevable le moyen, mélangé de fait et de droit, formulé pour la première fois devant la Cour de cassation (▪ Cass. crim., 22 janv. 1975, n° 74-91.347 : *Bull. crim.* n° 28. ▪ Cass. crim., 13 mars 1989, n° 88-82.335. ▪ Cass. crim., 29 avr. 2014, n° 14-80.980 : *Bull. crim.* n° 115. ▪ Cass. crim., 21 sept. 2016, n° 15-84.367. ▪ Cass. crim., 27 juin 2017, n° 16-83.534).

B – Applications

2) Moyen invoquant l'irrecevabilité de la constitution de partie civile. Le moyen, mélangé de fait et de droit, qui invoque pour la première fois l'irrecevabilité de la constitution de la partie civile devant la Cour de cassation, est irrecevable par application de l'article 599 du Code de procédure pénale (▪ Cass. crim., 21 sept. 2016, n° 15-84.367. ▪ Cass. crim., 27 juin 2017, n° 16-83.534).

3) Moyen invoquant l'exception de prescription de l'action publique. Si l'exception de prescription est d'ordre public et peut, à ce titre, être invoquée pour la première fois devant la Cour de cassation, c'est à la condition que se trouvent, dans les constatations des juges du fond, les éléments nécessaires pour en apprécier la valeur ; à défaut de telles constatations, qui manquent en l'espèce et qu'il appartenait au besoin au demandeur de provoquer, le moyen, mélangé de fait et de droit, ne peut qu'être écarté (▪ Cass. crim., 3 mai 1990, n° 89-81.370 : *Bull. crim.* n° 168).

4) Moyen invoquant une amnistie. Si le moyen tiré de l'amnistie peut être invoqué pour la première fois devant la Cour de cassation, c'est à la condition que cette cour trouve dans les constatations des juges du fond les éléments nécessaires pour en apprécier la valeur ; à défaut de telles constatations, le moyen, mélangé de fait est nouveau et, comme tel, irrecevable (▪ Cass. crim., 16 juin 1999, n° 98-81.925 : *Bull. crim.* n° 137).

5) Moyen invoquant une violation du droit de l'Union européenne. Le moyen proposé, en ce qu'il invoque pour la première fois devant la Cour de cassation la méconnaissance par les juges du fond de l'article 16 du traité de Rome et de la jurisprudence communautaire et alors qu'aucune énonciation de l'arrêt attaqué ne permet d'établir que les véhicules importés provenaient directement de l'un des États membres de la CEE, est irrecevable comme mélangé de fait et de droit (▪ Cass. crim., 13 mars 1989, n° 88-82.335).

6) Moyen invoquant une violation de la Convention européenne des droits de l'Homme. Est nouveau, mélangé de fait et de droit, et comme tel irrecevable, le moyen qui invoque pour la première fois devant la Cour de cassation la méconnaissance des dispositions de l'article 6 § 3 de la Convention européenne des droits de l'Homme (▪ Cass. crim., 23 mai 2012, n° 11-85.768 : *Bull. crim.* n° 132).

II – MOYEN NOUVEAU

7) Moyen invoquant une violation de la Convention européenne des droits de l'Homme. Faute d'avoir été proposé devant le juge du fond, le moyen pris de la violation de la Convention européenne des droits de l'Homme est nouveau et, comme tel, irrecevable (▪ Cass. crim., 23 mai 2012, n° 11-85.768 : *Bull. crim.* n° 132. ▪ Cass. crim., 16 avr. 2013, n° 12-81.518). Est nouveau, et mélangé de fait, et comme tel irrecevable, le grief qui invoque pour la première fois devant la Cour de cassation la méconnaissance des dispositions de l'article 10 de la Convention européenne des droits de l'homme (▪ Cass. crim., 22 sept. 2021, n° 20-80.489, § 12 : publié au *Bull.*).

8) Moyen invoquant une absence de réponse du bureau d'aide juridictionnelle. Il ne résulte ni de l'arrêt attaqué ni des pièces de procédure que M. X... ait fait valoir devant la cour d'appel l'absence de réponse de la part du bureau d'aide juridictionnelle à ses demandes de nomination d'huissiers dans le cadre de l'aide juridictionnelle aux fins de faire citer des témoins ; le moyen, nouveau et mélangé de fait, est, comme tel, irrecevable (▪ Cass. crim., 15 juin 2011, n° 10-83.491).

Voir aussi : V. art. 599, annot. n° 14, p. 1261.

III – MATIÈRE CONTRAVENTIONNELLE

9) Application de l'article 599. Conformément à l'article 547, alinéa 3, du Code de procédure pénale, la règle de l'article 599 dudit code s'applique en matière de police (■ Cass. crim., 10 juill. 1963, n° 62-93.113 : *Bull. crim.* n° 249).

IV – MATIÈRE CORRECTIONNELLE

A – Principe

1° Affirmation du principe

10) Irrecevabilité du moyen invoquant une nullité pour la première fois devant la Cour de cassation. Aux termes de l'article 599 du Code de procédure pénale, en matière correctionnelle, le prévenu n'est pas recevable à présenter comme moyen de cassation les nullités commises en première instance, s'il ne les a pas opposées devant la cour d'appel, à l'exception de la nullité pour cause d'incompétence, lorsqu'il y a eu appel du ministère public (■ Cass. crim., 1er déc. 1971, n° 71-91.937 : *Bull. crim.* n° 331. ■ Cass. crim., 30 mai 1988, n° 87-84.277 : *Bull. crim.* n° 232).

2° Applications du principe

11) Nullités commises en première instance. Est irrecevable le moyen qui invoque l'irrégularité du huis clos prononcé en première instance, alors que le demandeur n'a déposé en cause d'appel aucune conclusion tendant à l'annulation du jugement en raison de la prétendue irrégularité de huis clos (■ Cass. crim., 1er déc. 1971, n° 71-91.937 : *Bull. crim.* n° 331). En application de l'article 599 du Code de procédure pénale, le prévenu, qui n'a pas comparu devant la cour d'appel bien que régulièrement cité, n'est pas recevable à invoquer pour la première fois devant la Cour de cassation la prétendue nullité de la signification du jugement dont il avait relevé appel dès lors que cette nullité n'a pas été opposée devant la cour d'appel (■ Cass. crim., 10 mai 1989, n° 88-86.069 : *Bull. crim.* n° 185. ■ Cass. crim., 5 déc. 1991, n° 87-85.502 : *Bull. crim.* n° 461). La nullité de procédure invoquée, tenant au non-respect par les premiers juges du délai maximum de renvoi de six semaines prévu par l'article 397-1 du Code de procédure pénale, n'a pas été invoquée en cause d'appel et ne saurait, aux termes de l'article 599 de ce même code, être proposée pour la première fois devant la Cour de cassation (■ Cass. crim., 28 juin 2016, n° 15-86.424). Est irrecevable le moyen invoquant la nullité tirée de ce que X... n'aurait pas eu la parole en dernier, alors qu'il ne résulte ni des énonciations de l'arrêt attaqué ni d'aucunes conclusions régulièrement déposées par le prévenu qu'ait été invoquée devant la cour d'appel cette prétendue nullité de procédure commise en première instance (■ Cass. crim., 30 mai 1988, n° 87-84.277 : *Bull. crim.* n° 232).

12) Défaut de pouvoir de l'appelant. Le prévenu n'a pas, devant les juges du second degré, invoqué le défaut de pouvoir du curateur pour représenter à l'instance le majeur protégé et, en sa seule qualité, relever appel au nom de ce dernier ; en application de l'article 599 du Code de procédure pénale, le demandeur n'est pas recevable à invoquer pour la première fois devant la Cour de cassation ce défaut de pouvoir (■ Cass. crim., 1er juin 1994 n° 87-80.278 : *Bull. crim.* n° 216).

3° Limite du principe

13) Pourvoi de la partie civile ; absence de pourvoi du ministère public. En l'absence de pourvoi du ministère public, la partie civile, sur son pourvoi et celui du prévenu, est irrecevable à soulever devant la Cour de cassation l'incompétence de la juridiction correctionnelle qui, par un même arrêt, a statué sur la compétence et l'action publique, lorsque le prévenu n'invoque pas cette incompétence (■ Cass. crim., 22 juin 1994, n° 93-83.900 : *Bull. crim.* n° 248).

B – Cas de l'exception d'incompétence

14) Principe. L'exception tirée de l'incompétence des juridictions de l'ordre judiciaire étant d'ordre public, elle peut être soulevée pour la première fois devant la Cour de cassation (■ Cass. crim., 28 oct. 1981, n° 81-90.228 : *Bull. crim.* n° 287. ■ Cass. crim., 26 sept. 1989, n° 89-80.281 : *Bull. crim.* n° 328) ; il n'importe donc que le demandeur n'ait pas opposé devant les juges du fond l'exception dont il pouvait se prévaloir (■ Cass. crim., 28 oct. 1981, préc. ■ 26 sept. 1989, préc.). En matière répressive les juridictions sont d'ordre public ; il en résulte que le prévenu est recevable, même pour la première fois devant la Cour de cassation, à exciper de l'incompétence de la juridiction qui a statué en se fondant sur ce que les faits seraient de nature à justifier la compétence d'un autre ordre de juridiction (■ Cass. crim., 2 mai 1983, n° 80-93.395 : *Bull. crim.* n° 121).

15) Limites du principe : moyen nouveau. Le moyen pris d'une exception d'incompétence qui n'apparaît d'aucune constatation du juge du fait et qui n'a jamais été allégué devant lui, est irrecevable comme nouveau lorsqu'il est soulevé pour la première fois devant la Cour de cassation (■ Cass. crim., 3 mars 1964, n° 63-92.522 : *Bull. crim.* n° 78). Est irrecevable comme nouveau le moyen pris d'une exception d'incompétence territoriale qui n'a jamais été alléguée devant les juges du fond et dont l'appréciation impose l'examen d'éléments de fait qui ne résultent ni du jugement ni de l'arrêt (■ Cass. crim., 3 juill. 1985, n° 84-92.118 : *Bull. crim.* n° 254).

V – MATIÈRE CRIMINELLE

A – Nullités de la procédure précédant l'ouverture des débats

16) Principe. L'accusé n'est pas recevable à présenter comme moyen de cassation une nullité entachant la procédure qui précède l'ouverture des débats, qu'il n'a pas soulevée devant la cour d'assises dès la constitution définitive du jury de jugement (■ Cass. crim., 20 août 1997, n° 96-85.549 : *Bull. crim.* n° 287. ■ Cass. crim., 2 sept. 2005, n° 04-84.776 : *Bull. crim.* n° 216. ■ Cass. crim., 13 nov. 2008, n° 08-80.813. ■ Cass. crim., 20 janv. 2010, n° 09-83.455).

17) Applications. Le demandeur est irrecevable à contester la régularité de la composition de la cour d'assises dès lors qu'il ne résulte d'aucune pièce de procédure que l'accusé ou son avocat, qui pouvaient obtenir communication des pièces relatives à la composition de la cour, aient soulevé, avant l'ouverture des débats, une exception prise de l'irrégularité de cette composition (■ Cass. crim., 25 sept. 2002, n° 01-88.024 : *Bull. crim.* n° 176 ; *Dr. pén.* 2002, comm. 142, obs. A. Maron et M. Haas (irrégularité de la désignation du président de la cour d'assises). ■ Cass. crim., 25 sept. 2002, n° 02-80.766 : *Bull. crim.* n° 177 ; *Dr. pén.* 2002, comm. 142, obs. A. Maron et M. Haas (irrégularité de la désignation des assesseurs). – Comp. ■ Cass. crim., 11 mai 1988, n° 87-91.864 : *Bull. crim.* n° 207 (président de la cour d'assises ayant participé à l'arrêt de mise en accusation) : les articles 305-1 et 599, alinéa 2, du Code de procédure pénale ne s'appliquent pas aux nullités entachant la composition de la cour d'assises). Dès lors qu'il ne résulte d'aucune pièce de procédure que l'accusé ou son avocat ait soulevé, avant l'ouverture des débats, des exceptions prises de la communication tardive de l'arrêt modifiant la composition de la liste des jurés de session et de l'absence d'interrogatoire préalable de l'accusé, les moyens sont irrecevables en application des articles 305-1 et 599, alinéa 2, du Code de procédure pénale (■ Cass. crim., 19 janv. 2011 n° 10-83.003). À supposer qu'une irrégularité sanctionnée par une nullité ait entaché la composition de la Cour qui procède à la révision de la liste du jury de session, l'accusé n'est pas recevable, en application de l'article 599, alinéa 2, du Code de procédure pénale, à présenter une telle nullité comme moyen de cassation dès lors qu'il ne l'a pas soulevée devant la cour d'assises conformément aux prescriptions de l'article 305-1 du même code (■ Cass. crim., 8 mars 1989, n° 88-80.471 : *Bull. crim.* n° 115).

18) Obligation du président de la cour d'assises. Aucune disposition légale ou conventionnelle ne fait obligation au président de la cour d'assises de rappeler aux parties, avant l'ouverture des débats, les prescriptions des articles 305-1 et 599, alinéa 2, du Code de procédure pénale (■ Cass. crim., 8 janv. 1997, n° 96-81.854 : *Bull. crim.* n° 6. ■ Cass. crim., 20 août 1997, n° 96-85.549 : *Bull. crim.* n° 287).

B – Cas de l'exception d'incompétence

19) En matière criminelle, les juridictions sont d'ordre public ; le moyen d'incompétence invoqué par les demandeurs, bien qu'il n'ait été proposé ni devant le tribunal, ni devant la cour, est recevable aux termes de l'article 599 du Code de procédure pénale, le ministère public ayant été, comme les prévenus, appelant du jugement de première instance (■ Cass. crim., 22 avr. 1966, n° 65-93.353 : *Bull. crim.* n° 122. ■ Cass. crim., 28 mars 1974, n° 73-90.850 : *Bull. crim.* n° 138).

Art. 600. – **Nul ne peut, en aucun cas, se prévaloir contre la partie poursuivie de la violation ou omission des règles établies pour assurer la défense de celle-ci.**

Bibliographie : O. de Bouillane de Lacoste, *JCl. Proc. pén.*, art. 591 à 600, Fasc. 30.

I – DOMAINE D'APPLICATION DE L'ARTICLE 600

1) Article applicable aux décisions des juridictions d'instruction. V., solution implicite, ■ Cass. crim., 24 avr. 1975, n° 74-93.055 : *Bull. crim.* n° 108. ■ Cass. crim., 17 mars 1992, n° 91-83.500.

II – DÉFAUT DE QUALITÉ DE LA PARTIE POURSUIVANTE

2) Direction des services fiscaux. La direction des services fiscaux, partie poursuivante, ne saurait être admise à se faire un grief de ce que les prévenus aient été représentés par leurs conseils sans avoir demandé l'autorisation d'être jugés en leur absence ; en effet, en vertu de l'article 600 du Code de procédure pénale, nul ne peut, en aucun cas, se prévaloir contre les parties poursuivies de la violation ou omission de règles établies pour assurer la défense de celles-ci (■ Cass. crim., 23 janv. 1978, n° 77-90.119 : *Bull. crim.* n° 25. ■ Cass. crim., 2 févr. 1994, n° 92-83.330. ■ Cass. crim., 26 sept. 1995, n° 94-84.003 : *Bull. crim.* n° 286).

III – DÉFAUT DE QUALITÉ DE LA PARTIE CIVILE

3) Violation des règles fixant l'ordre de parole. La partie civile demanderesse ne saurait se faire un grief d'une prétendue violation des dispositions du dernier alinéa de l'article 513 du Code de procédure pénale, au motif que le ministère public aurait eu la parole en dernier ; ces dispositions ne concernent que les prévenus, d'où il suit qu'en application de l'article 600 dudit code, le moyen est irrecevable (■ Cass. crim., 2 juin 1980, n° 78-93.482 : *Bull. crim.* n° 168). La partie civile est sans qualité pour invoquer le moyen selon lequel le conseil de l'inculpé (personne mise en examen) n'a pas eu la parole le dernier, moyen qui ne concerne que l'inculpé (la personne mise en examen) et est dès lors irrecevable par application de l'article 600 du Code de procédure pénale (■ Cass. crim., 17 mars 1992, n° 91-83.500).

4) Violation de l'article 13, ordonnance du 2 février 1945. La partie civile ne saurait se faire un grief d'une prétendue violation des dispositions de l'article 13, alinéa 1er de l'ordonnance du 2 février 1945, lesquelles sont prescrites dans le seul intérêt des prévenus mineurs ; dès lors le moyen est irrecevable, en application de l'article 600 du Code de procédure pénale (■ Cass. crim., 12 janv. 1993, n° 92-81.318).

5) Violation des règles d'audition et de mise en examen de la personne poursuivie. Les moyens présentées par les parties civiles demanderesses et qui concernent les conditions dans lesquelles il a été procédé à l'audition de la personne poursuivie par un officier de police judiciaire et à son inculpation (mise en examen) par le juge d'instruction ne sont pas recevables aux termes de l'article 600 du Code de procédure pénale (■ Cass. crim., 24 avr. 1975, n° 74-93.055 : *Bull. crim.* n° 108).

CHAPITRE IV. – DE L'INSTRUCTION DES RECOURS ET DES AUDIENCES

Art. 601. – **Les règles concernant la publicité, la police et la discipline des audiences doivent être observées devant la Cour de cassation.**

Bibliographie : O. de Bouillane de Lacoste, *JCl. Proc. pén.*, art. 601 à 604, Fasc. 20.

Art. 602. – **Les rapports sont faits à l'audience. Les avocats des parties sont entendus dans leurs observations après le rapport, s'il y a lieu. Le ministère public présente ses réquisitions.**

Bibliographie : O. de Bouillane de Lacoste, *JCl. Proc. pén.*, art. 601 à 604, Fasc. 20. • C. Bouglé, *Au cœur des traditions mystérieuses de la Cour de cassation : D.* 2006, 1991. • J.-F. Burgelin, *La paille et la poutre : D.* 2004, 886. • P. Lyon-Caen, *Le parquet général de la Cour de cassation : D.* 2003, 211. • J. Sainte-Rose, *Le parquet général de la Cour de cassation réformé par la jurisprudence de la Cour européenne des droits de l'Homme : mythe ou réalité : D.* 2003, 1443.

I – DROIT À UN PROCÈS ÉQUITABLE (CONV. EDH, ART. 6, § 1)

A – Communication du rapport du conseiller rapporteur

1) Violation du droit au procès équitable. La Cour entend rechercher si, considérée dans sa globalité, la procédure devant la chambre criminelle de la Cour de cassation revêtit en l'espèce un caractère « équitable » au sens de l'article 6, § 1. L'avocat général reçut communication du rapport du conseiller rapporteur et du projet d'arrêt préparé par celui-ci. Le Gouvernement l'indique lui-même, ledit rapport se compose de deux volets : le premier contient un exposé des faits, de la procédure et des moyens de cassation, et le second, une analyse juridique de l'affaire et un avis sur le mérite du pourvoi. Ces documents ne furent pas transmis aux requérants ou à leurs conseils. C'est l'intégralité dudit rapport ainsi que le projet d'arrêt qui furent communiqués à l'avocat général, mais pas aux avocats des parties. Étant donné l'importance du rapport du conseiller rapporteur, principalement du second volet de celui-ci, le rôle de l'avocat général et les conséquences de l'issue de la procédure pour les requérants, le déséquilibre ainsi créé, faute d'une communication identique du rapport aux conseils des requérants, ne s'accorde pas avec les exigences du procès équitable (■ CEDH, 31 mars 1998, n°s 21/1997/805/1008 et 22/1997/806/1009, *Reinhardt et Slimane-Kaïd c/ France*, §§ 104 et s. ■ CEDH, 25 janv. 2000, n° 29507/95, *Slimane-Kaïd c/ France*. ■ CEDH, 27 nov. 2003, n° 48943/99, *Slimane-Kaïd c/ France*). À la suite de ces arrêts, l'avocat général a continué de recevoir le rapport du conseiller rapporteur, mais sans plus aucune indication sur le sens de la décision envisagée, ni le ou les projets d'arrêts, considérés comme faisant partie du délibéré. Sur la procédure actuelle, V. la charte de la procédure devant la Cour de cassation.

2) Non-violation du droit au procès équitable. Concernant la question de la transmission du projet de décision du conseiller rapporteur au rapporteur public, devant le Conseil d'État, la Cour relève que, pour remplir son rôle, qui consiste à exposer publiquement, et en toute indépendance, son opinion sur les questions que présentent à juger les requêtes et sur les solutions qu'elles appellent, il procède à une analyse du dossier comparable à celle faite par le rapporteur. Elle souligne que le rapporteur public, qu'il partage ou non l'orientation du conseiller rapporteur, s'appuie notamment sur le projet de décision de celui-ci pour arrêter la position qu'il soumet publiquement à la formation de jugement. La Cour peut donc admettre que les conclusions du rapporteur public, en ce qu'elles intègrent l'analyse du conseiller rapporteur, sont de nature à permettre aux parties de percevoir les éléments décisifs du dossier et la lecture qu'en fait la juridiction, leur offrant ainsi l'opportunité d'y répondre avant que les juges n'aient statué. La Cour est donc d'avis que cette particularité procédurale, qui permet aux justiciables de saisir la réflexion de la juridiction pendant qu'elle s'élabore et de faire connaître leurs dernières observations avant que la décision ne soit prise, ne porte pas atteinte au caractère équitable du procès. Au surplus, la Cour note que le requérant ne démontre pas en quoi le rapporteur public serait susceptible d'être qualifié d'adversaire ou de partie dans la procédure, condition préalable pour être à même d'alléguer une rupture de l'égalité des armes (■ CEDH, 4 juin 2013, n° 54984/09, *Marc-Antoine c/ France*, § 32).

B – Communication du projet d'arrêt du conseiller rapporteur

3) Violation du droit au procès équitable. Le défaut de communication au requérant ou à son conseil, avant l'audience, du rapport du conseiller rapporteur, alors que ce document serait fourni à l'avocat général, et l'impossibilité pour eux d'y répondre méconnaissent le droit à un procès équitable. La Cour estime que la communication du projet d'arrêt à l'avocat général, à l'exclusion du requérant ou de son conseil, pose *a fortiori* un problème identique (■ CEDH, 27 nov. 2003, n° 48943/99, *Slimane-Kaïd c/ France*, § 17).

4) Non-violation du droit au procès équitable. S'agissant du projet de décision du conseiller rapporteur, lequel est un magistrat de la formation de jugement chargé d'instruire le dossier, la Cour note qu'il ne s'agit pas d'une pièce produite par une partie et susceptible d'influencer la décision juridictionnelle, mais d'un élément établi au sein du Conseil d'État dans le cadre du processus d'élaboration de la décision finale. Partant, un tel document de travail interne à la formation de jugement, couvert par le secret, ne saurait être soumis au principe du contradictoire garanti par l'article 6 § 1 de la Convention (■ CEDH, 4 juin 2013, n° 54984/09, *Marc-Antoine c/ France*, § 31).

C – Communication des conclusions de l'avocat général

5) Communication par l'avocat général, aux avocats des parties, du sens de ses conclusions. La Cour entend rechercher si, considérée dans sa globalité, la procédure devant la chambre criminelle de la Cour de cassation revêtit en l'espèce un caractère « équitable » au sens de l'article 6 § 1. De nos jours, certes, l'avocat général informe avant le jour de l'audience les conseils des parties du sens de ses propres conclusions et, lorsque, à la demande desdits conseils, l'affaire est plaidée, ces derniers ont la possibilité de répliquer aux conclusions en question oralement ou par une note en délibéré. Eu égard au fait que seules des questions de pur droit sont discutées devant la Cour de cassation et que les parties y sont représentées par des avocats hautement spécialisés, une telle pratique est de nature à offrir à celles-ci la possibilité de prendre connaissance des conclusions litigieuses et de les commenter dans des conditions satisfaisantes (■ CEDH, 31 mars 1998, n°s 21/1997/805/1008 et 22/1997/806/1009, *Reinhardt et Slimane-Kaïd c/ France*, §§ 104 et s. ■ CEDH, 27 nov. 2003, n° 48943/99, *Slimane-Kaïd c/ France*).

6) Cas du demandeur non assisté d'un avocat. À la différence de l'affaire Reinhardt et Slimane-Kaïd, le requérant a choisi, en l'espèce, de se défendre sans la représentation d'un avocat à la Cour de cassation. Le requérant ne disposa pas de l'accès aux conclusions de l'avocat général. Dès lors, compte tenu de l'enjeu pour l'intéressé dans la procédure et de la nature des conclusions de l'avocat général, l'impossibilité pour le requérant de répondre à celles-ci avant que la Cour de cassation ne rejette son pourvoi a méconnu son droit à une procédure contradictoire. S'il est vrai que le requérant n'a pas demandé à bénéficier de l'aide juridictionnelle pour disposer d'une représentation par un avocat spécialisé, il n'en a pas pour autant renoncé au bénéfice des garanties d'une procédure contradictoire. Faute d'avoir offert au requérant un examen équitable de sa cause devant la Cour de cassation dans le cadre d'un procès contradictoire, il y a eu, en l'espèce, violation de l'article 6 § 1 (■ CEDH, 8 févr. 2000, n° 27362/95, *Voisine c/ France*, §§ 25 et s.).

D – Participation du conseiller rapporteur au délibéré

7) Non-violation du droit au procès équitable. Le conseiller rapporteur étant un membre de la formation de jugement (il s'agit d'un conseiller ou conseiller référendaire désigné par le président de la chambre criminelle) et n'exprimant pas son opinion sur l'affaire en public, sa participation au délibéré ne pose pas de problème sous l'angle de l'article 6 § 1 de la Convention (■ CEDH, 27 nov. 2003, n° 48943/99, *Slimane-Kaïd c/ France*, § 19).

E – Présence de l'avocat général au délibéré de la Cour de cassation

8) **Violation du droit au procès équitable.** La seule présence de l'avocat général au délibéré de la chambre criminelle de la Cour de cassation est incompatible avec l'article 6 § 1 de la Convention (■ CEDH, 27 nov. 2003, n° 48943/99, *Slimane-Kaïd c/ France*, § 20).

II – MONOPOLE DES AVOCATS AU CONSEIL D'ÉTAT ET À LA COUR DE CASSATION

A – Jurisprudence européenne

9) **Communication par l'avocat général, aux avocats des parties, du sens de ses conclusions.** L'avocat général informe avant le jour de l'audience les conseils des parties du sens de ses propres conclusions et, lorsque, à la demande desdits conseils, l'affaire est plaidée, ces derniers ont la possibilité de répliquer aux conclusions en question oralement ou par une note en délibéré. Il se conçoit légitimement que pareille pratique puisse être réservée à des avocats spécialisés au vu de la spécificité de la procédure devant la Cour de cassation (■ CEDH, 8 févr. 2000, n° 27362/95, *Voisine c/ France*, §§ 28, 29).

10) **Prise de parole devant la Cour de cassation.** Il est clair que la spécificité de la procédure devant la Cour de cassation peut justifier de réserver aux seuls avocats spécialisés le monopole de la prise de parole. Toutefois, cette spécificité ne peut justifier qu'il ne soit pas offert au demandeur en cassation, auquel il est reconnu en droit interne le droit de se défendre personnellement, des moyens de procédure qui lui assureront le droit à un procès équitable devant cette juridiction (■ CEDH, 8 févr. 2000, n° 27362/95, *Voisine c/ France*, § 33).

B – Jurisprudence nationale

11) **Question prioritaire de constitutionnalité.** Prise de parole devant la Cour de cassation. Les particularités du recours en cassation justifient que seuls les avocats spécialistes de cette technique soient admis à présenter des observations orales à l'audience de la Cour de cassation (■ Cass. crim., 15 janv. 2014, n° 13-87.328 QPC : *Bull. crim.* n° 15).

12) **Monopole des avocats au Conseil d'État et à la Cour de cassation.** Si le demandeur condamné pénalement est recevable à transmettre directement à la chambre criminelle un mémoire signé par lui, dans les conditions prévues par les articles 585 et 585-1 du Code de procédure pénale, cette faculté n'est pas accordée à l'avocat qui l'a représenté devant les juges du fond et qui n'a pas qualité pour l'assister devant la Cour de cassation ni, comme en l'espèce, demander, à ce titre, communication des réquisitions du ministère public qui seront présentées à l'audience, conformément à l'article 602 de ce code ; il résulte de l'article 4 de la loi du 31 décembre 1971 portant réforme de certaines professions judiciaires et juridiques, que seuls les avocats au Conseil d'État et à la Cour de cassation peuvent exercer leur ministère, en matière de représentation et d'assistance des parties, devant la Cour de cassation (■ Cass. crim., 14 févr. 1996, n° 95-81.887 : *Bull. crim.* n° 77).

III – COMPARUTION PERSONNELLE DU DEMANDEUR AU POURVOI

13) **Refus.** Le demandeur ayant présenté ses critiques de la décision attaquée dans le mémoire personnel qu'il a déposé, sa comparution devant la chambre criminelle n'apparaît pas nécessaire et il n'y a pas lieu de l'ordonner (■ Cass. crim., 5 nov. 1997, n° 96-86.380 : *Bull. crim.* n° 377).

Art. 603. – **Dans les délibérations de la cour, les opinions sont recueillies par le président, suivant l'ordre des nominations, en commençant par le conseiller le plus ancien.**

Le rapporteur opine toujours le premier et le président le dernier.

Bibliographie : O. de Bouillane de Lacoste, *JCl. Proc. pén.*, art. 601 à 604, Fasc. 20.

Art. 603-1 *(L. n° 67-523, 3 juill. 1967)*. – **Les arrêts de la Cour de cassation rendus en matière pénale mentionnent les noms du président, du rapporteur, des autres magistrats qui les ont rendus, de l'avocat général ainsi que des avocats qui ont postulé dans l'instance et, en outre, les nom, prénoms, profession, domicile des parties et les moyens produits.**

Bibliographie : O. de Bouillane de Lacoste, *JCl. Proc. pén.*, art. 601 à 604, Fasc. 20.

Art. 604 *(Rempl., L. n° 2011-525, 17 mai 2011)*. – **La Cour de cassation, en toute affaire criminelle, correctionnelle ou de police, peut statuer sur le pourvoi aussitôt après l'expiration d'un délai de dix jours à compter de la réception du dossier.**

Elle doit statuer d'urgence et par priorité et, en tout cas, avant l'expiration d'un délai de trois mois à compter de la réception du dossier lorsque le pourvoi est formé contre un arrêt de renvoi en cour d'assises. Toutefois, dans les cas prévus à l'article 571, ce délai est réduit à deux mois.

Bibliographie : O. de Bouillane de Lacoste, *JCl. Proc. pén.*, art. 601 à 604, Fasc. 20.

CHAPITRE V. – DES ARRÊTS RENDUS PAR LA COUR DE CASSATION

Art. 605. – **La Cour de cassation, avant de statuer au fond, recherche si le pourvoi a été régulièrement formé. Si elle estime que les conditions légales ne sont pas remplies, elle rend, suivant les cas, un arrêt d'irrecevabilité, ou un arrêt de déchéance.**

Bibliographie : O. de Bouillane de Lacoste, *JCl. Proc. pén.*, art. 601 à 604, Fasc. 10.

Art. 606. – **La Cour de cassation rend un arrêt de non-lieu à statuer si le pourvoi est devenu sans objet.**

Bibliographie : O. de Bouillane de Lacoste, *JCl. Proc. pén.*, art. 601 à 604, Fasc. 10.

I – DÉFAUT D'INTÉRÊT

1) Pourvoi sans objet du procureur général. En application de l'article 606 du Code de procédure pénale, le pourvoi du procureur général d'une cour d'appel est devenu sons objet lorsque l'arrêt rendu a fait droit à ses réquisitions (▪ Cass. crim., 9 déc. 2015, n°s 13-84.163 et 14-85.090 : *Bull. crim.* n° 284).

2) Pourvoi sans objet de la personne poursuivie. En application de l'article 606 du Code de procédure pénale, il n'y a pas lieu de statuer sur le pourvoi, devenu sans objet, d'un mis en examen qui, postérieurement à la formulation de cette voie de recours, a fait l'objet d'une ordonnance de non-lieu devenue définitive (▪ Cass. crim., 11 mars 2014, n° 13-86.965 : *Bull. crim.* n° 71). Est devenu sans objet le pourvoi en cassation d'un condamné contre un arrêt ayant rejeté sa requête en relèvement d'incapacité résultant de plein droit, en application de l'article L. 7 du Code électoral, de la condamnation, dès lors qu'à la suite de la question prioritaire de constitutionnalité formée par le demandeur au pourvoi, le Conseil constitutionnel a déclaré ledit article contraire à la Constitution et dit que son abrogation permet aux intéressés de demander, à compter du jour de la publication de cette décision, leur inscription immédiate sur la liste électorale (▪ Cass. crim., 23 juin 2010, n° 09-86.425 : *Bull. crim.* n° 116). Est sans objet le pourvoi contre la décision d'une chambre de l'instruction confirmant : ... une ordonnance de placement en détention, alors que cette détention a pris fin par la mise en liberté de l'intéressé (▪ Cass. crim., 28 mai 2019, n° 19-81.972) ; ... une ordonnance prolongeant la détention provisoire, alors qu'en application de l'article 181 du Code de procédure pénale, lorsque la décision de mise en accusation est devenue définitive, l'accusé n'est plus recevable à invoquer, à l'appui de sa demande de mise en liberté, l'irrégularité prétendue du titre de détention provisoire antérieur (▪ Cass. crim., 18 juin 2019, n° 19-82.358 : *Bull. crim.* n° 120).

II – EXTINCTION DE L'ACTION PUBLIQUE

3) Décès du prévenu. En cas de pourvoi dirigé par un prévenu contre un arrêt de la chambre d'accusation (de l'instruction) le renvoyant devant le tribunal correctionnel et lorsque ledit prévenu vient à décéder au cours de l'instance en cassation, l'action publique s'éteint et les juges répressifs se trouvent, dès lors, incompétents pour connaître de l'action civile. Il y a lieu de déclarer l'action publique éteinte et de constater que le pourvoi est devenu sans objet en ce qui concerne l'action civile (▪ Cass. crim., 5 mai 1998, n° 97-82.669 : *Bull. crim.* n° 149). S'il est de principe que la Cour de cassation reste compétente pour statuer sur l'action civile après le décès du prévenu, survenu au cours de l'instance en cassation, il ne saurait en être ainsi lorsque la décision attaquée n'a statué que sur l'action publique ; tel étant le cas en l'espèce, il y a lieu de déclarer l'action publique éteinte et de constater que le pourvoi du demandeur est devenu sans objet (▪ Cass. crim., 9 févr. 1987, n° 86-92.864 : *Bull. crim.* n° 61). Dès lors qu'il résulte des documents régulièrement communiqués que, d'une part, le demandeur est décédé le [...] et qu'en application de l'article 6 du Code de procédure pénale, l'action publique est éteinte à son égard ; que, d'autre part, les héritiers de G... n'ont pas manifesté, dans le délai de 3 mois indiqué à leur conseil, l'intention de reprendre l'instance, s'agissant d'une demande de restitution d'un bien dont la propriété était revendiquée par l'intéressé, il n'y a pas lieu de statuer sur le pourvoi en application de l'article 606 du Code de procédure pénale, l'action publique étant éteinte (▪ Cass. crim.,

16 janv. 2019, n° 17-86.966). S'il est de principe que, lorsque la décision attaquée a statué à la fois sur l'action publique et l'action civile, et que le prévenu décède au cours de l'instance en cassation, la Cour de cassation reste compétente pour prononcer sur l'action civile, il en est autrement lorsque l'arrêt a été rendu par une juridiction d'instruction. En effet, les juges répressifs, qui ne peuvent statuer sur l'action publique, se trouvent, dès lors, incompétents pour statuer sur l'action civile (■ Cass. crim., 22 sept. 2020, n° 20-81.861, § 3).

4) Amnistie. En application de l'article 606 du Code de procédure pénale, le pourvoi formé contre une décision rejetant une requête en dispense de révocation de sursis devient sans objet dès lors que la peine assortie du sursis révoqué est amnistiée (■ Cass. crim., 27 févr. 1996, n° 94-84.542 : *Bull. crim.* n° 92).

III – DÉCISION ATTAQUÉE DÉCLARÉE NON AVENUE

5) Pourvoi sans objet à la suite d'une opposition. Il résulte de l'article 489 du Code de procédure pénale que l'opposition du prévenu à l'exécution d'un jugement ou arrêt prononcé par défaut, dès lors qu'elle met à néant cette décision, non avenue en toute ces dispositions, tant pénales que civiles, ne saurait laisser subsister la condamnation du civilement responsable, nécessairement subordonnée à celle de l'auteur de l'infraction. Devient, dès lors, sans objet, le pourvoi formé par le civilement responsable contre un arrêt contradictoire à son égard, mais déclaré non avenu par une nouvelle décision à la suite de l'opposition du prévenu condamné par défaut (■ Cass. crim., 4 oct. 1995, n° 94-80.227 : *Bull. crim.* n° 295).

IV – DÉCISION ATTAQUÉE SUIVIE D'UNE DÉCISION NON FRAPPÉE DE POURVOI

6) Assureur. En l'absence de pourvoi contre l'arrêt de la cour d'assises qui, après expertise, prononce définitivement sur les intérêts civils, deviennent sans objet, au sens de l'article 606 du Code de procédure pénale, les pourvois antérieurement formés par l'assureur de l'accusé contre les arrêts qui avaient statué tant sur l'action publique que, avant dire droit au fond, sur l'action civile (■ Cass. crim., 21 oct. 1992, n° 89-84.135 : *Bull. crim.* n° 334).

V – POURVOI CONTRE UN ARRÊT AVANT DIRE DROIT

7) Pourvoi contre l'arrêt sur le fond irrecevable. Selon les articles 570 et 571 du Code de procédure pénale, le pourvoi contre un arrêt ne mettant pas fin à la procédure ne peut être examiné qu'en même temps que le pourvoi contre l'arrêt sur le fond ; ce dernier pourvoi étant irrecevable, le pourvoi formé contre l'arrêt du 6 février 1997 est donc sans objet (■ Cass. crim., 27 nov. 1997, nos 97-81.901 et 97-84.568 : *Bull. crim.* n° 406).

VI – MOYEN DEVENU SANS OBJET

8) L'article 606 du Code de procédure pénale est applicable, et il n'y a pas lieu de statuer sur le pourvoi, lorsqu'il résulte du mémoire en défense, produit devant la Cour de cassation, que le seul moyen invoqué par le demandeur est devenu sans objet (■ Cass. crim., 28 juin 1990, n° 89-84.650 : *Bull. crim.* n° 271).

VII – DÉTENTION PROVISOIRE

9) Titre de détention remplacé par un autre. Le pourvoi formé contre un arrêt de la chambre d'accusation (de l'instruction) rejetant la demande de mise en liberté d'un inculpé (personne mise en examen) détenu en vertu d'un mandat de dépôt du juge d'instruction devient sans objet lorsque l'arrêt de mise en accusation de cet inculpé (personne mise en examen) acquiert un caractère définitif. En effet, l'accusé n'est plus détenu provisoirement en vertu du mandat de dépôt mais en exécution de l'ordonnance de prise de corps comprise dans l'arrêt de mise en accusation et par application de l'article 606 du Code de procédure pénale, il n'y a pas lieu de statuer sur un tel pourvoi (■ Cass. crim., 1er mars 1990, n° 89-86.802 : *Bull. crim.* n° 101). Devient sans objet et doit entraîner une décision de non-lieu à statuer dans les conditions prévues par l'article 606 du Code de procédure pénale, le pourvoi formé par un condamné contre un arrêt de la cour d'appel qui a rejeté sa demande de mise en liberté présentée en application de l'article 148-1 de ce code, dès lors qu'a été précédemment rejeté le pourvoi qu'il avait formé contre l'arrêt de la même juridiction le condamnant à une peine d'emprisonnement en ordonnant son maintien en détention (■ Cass. crim., 15 avr. 1985, n° 85-90.460 : *Bull. crim.* n° 130). Devient sans objet, en application de l'article 606 du Code de procédure pénale, le pourvoi formé à l'encontre de l'arrêt de la cour d'appel confirmant un jugement du tribunal correctionnel, ayant renvoyé l'affaire et prolongé la détention du prévenu, dès lors que postérieurement, le tribunal a à nouveau renvoyé l'affaire et renouvelé, dans les mêmes conditions, la prolongation de sa détention (■ Cass. crim., 4 déc. 2012, n° 12-86.529 : *Bull. crim.* n° 269).

10) Titre de détention caduc. Il résulte de la combinaison des articles 179 et 464-1 du Code de procédure pénale que le maintien en détention ordonné par le juge d'instruction par une ordonnance distincte de celle renvoyant le prévenu devant le tribunal correctionnel ne saurait excéder 2 mois, sauf au tribunal de décider la prolongation de cette mesure par une décision spéciale et motivée si les éléments de l'espèce le justifient. Il s'ensuit qu'en l'état de la procédure devant la Cour de cassation, plus de 2 mois s'étant écoulés depuis l'ordonnance du magistrat instructeur, le maintien en détention prescrit par celui-ci a nécessairement pris fin. Le pourvoi formé contre l'arrêt confirmatif devient sans objet (■ Cass. crim., 7 nov. 1989, n° 89-85.005 : *Bull. crim.* n° 395).

Art. 607. – **Lorsque le pourvoi est recevable, la Cour de cassation, si elle le juge mal fondé, rend un arrêt de rejet.**

Bibliographie : O. de Bouillane de Lacoste, *JCl. Proc. pén.*, art. 601 à 604, Fasc. 10.

Art. 608 *(Mod., L. n° 93-2, 4 janv. 1993).* – **Sauf décision contraire de la Cour de cassation, l'arrêt donnant acte du désistement d'une partie est enregistré gratis.**

Bibliographie : O. de Bouillane de Lacoste, *JCl. Proc. pén.*, art. 601 à 604, Fasc. 10.

Art. 609. – **Lorsque la Cour de cassation annule un arrêt ou un jugement rendu en matière correctionnelle ou de police, elle renvoie le procès et les parties devant une juridiction de même ordre et degré que celle qui a rendu la décision annulée.**

Bibliographie : O. de Bouillane de Lacoste, *JCl. Proc. pén.*, art. 601 à 604, Fasc. 10.

1) Question prioritaire de constitutionnalité. Les dispositions des articles 132-19 du Code pénal, 609 et 612 du Code de procédure pénale qui, telles qu'interprétées par la Cour de cassation, conduisent à écarter l'indivisibilité entre la peine irrégulièrement prononcée et la déclaration de culpabilité en permettant de limiter la cassation à la seule peine prononcée en sorte que la déclaration de culpabilité et le prononcé de la peine sont décidés par deux juridictions distinctes, ne sont pas contraires au droit à un tribunal, au droit à un recours juridictionnel effectif et à un procès équitable et ne portent pas atteinte aux principes de nécessité, proportionnalité et individualisation de la peine, dès lors que le juge appelé à statuer sur la peine est en possession de tous les éléments de fait afférents au délit dont l'auteur a été définitivement déclaré coupable et qui sont dans le débat contradictoire, et apprécie ainsi, en toute connaissance de cause, au regard de la gravité et des circonstances de l'infraction et de la personnalité de celui qui l'a commise, la sanction qui lui apparaît adéquate (■ Cass. crim., 9 mars 2016, n° 15-83.927 QPC : *Bull. crim.* n° 75 ; *Dr. pén.* 2016, comm. 87, obs. E. Bonis-Garçon).

I – RÈGLES GÉNÉRALES

2) Domaine d'application de l'article 609. L'article 609 du Code de procédure pénale est applicable devant les juridictions d'instruction (■ Cass. crim., 4 déc. 1984, n° 83-93.133 : *Bull. crim.* n° 382. ■ Cass. crim., 6 juill. 2011, n° 11-82.370 : *Bull. crim.* n° 156. ■ Cass. crim., 23 avr. 2013, n° 13-82.431 : *Bull. crim.* n° 96).

Voir aussi : V. art. 609-1, p. 1272.

3) Moyen relevé d'office tiré de la violation de l'article 609. La violation de l'article 609 du Code de procédure pénale peut être soulevée d'office par la Cour de cassation (■ Cass. crim., 4 déc. 1984, n° 83-93.133 : *Bull. crim.* n° 382. ■ Cass. crim., 7 juin 1995, n° 94-85.153 : *Bull. crim.* n° 205. ■ Cass. crim., 7 janv. 2003, n° 01-88.702 : *Bull. crim.* n° 2. ■ Cass. crim., 24 mai 2011, n°s 10-81.054 et 10-87.002 : *Bull. crim.* n° 105).

4) Composition de la juridiction de renvoi. Cour d'appel. En application de l'article 609 du Code de procédure pénale, une juridiction devant laquelle une affaire a été renvoyée après cassation est irrégulièrement composée si elle comprend l'un des magistrats ayant fait partie de la chambre de la cour d'appel dont l'arrêt a été cassé (■ Cass. crim., 20 oct. 1999, n° 99-81.809 : *Bull. crim.* n° 224).

5) Composition de la juridiction de renvoi. Chambre de l'instruction. En application des articles 186 et 609 du Code de procédure pénale, et 6, § 1 de la Convention européenne des droits de l'Homme, la chambre de l'instruction, saisie d'un appel après annulation d'une ordonnance présidentielle déclarant un précédent appel non admis, est irrégulièrement composée si elle est présidée par le magistrat ayant rendu l'ordonnance annulée (■ Cass. crim., 27 juin 2007, n° 07-82.824 : *Bull. crim.* n° 177).

II – SAISINE DE LA JURIDICTION DE RENVOI. CASSATION SANS RÉSERVE

A – Principe : affaire remise en l'état où elle était avant l'arrêt cassé

1° Affirmation du principe

6) La cassation sans réserve d'un arrêt remet la cause et les parties au même et semblable état où elles étaient avant l'arrêt cassé (■ Cass. crim., 18 déc. 1973, n° 73-92.096 : *Bull. crim.* n° 468. ■ Cass. crim., 29 févr. 1988, n°s 87-81.337 et 87-81.338 : *Bull. crim.* n° 100. ■ Cass. crim., 30 sept. 1991, n° 90-83.579 : *Bull. crim.* n° 321. ■ Cass. crim., 12 déc. 1994, n° 93-82.511 : *Bull. crim.* n° 400. ■ Cass. crim., 24 mai 2011, n°s 10-81.054 et 10-87.002 : *Bull. crim.* n° 105. ■ Cass. crim., 6 juill. 2011, n° 11-82.370 : *Bull. crim.* n° 156). Il résulte de l'article 609 du Code de procédure pénale que lorsqu'un arrêt est annulé par la Cour de cassation, la juridiction de renvoi se trouve saisie de la cause dans l'état où elle se trouvait quand elle a été soumise aux juges dont la décision a été cassée (■ Cass. crim., 5 mars 2013, n° 12-82.363 : *Bull. crim.* n° 57. ■ Cass. crim., 23 avr. 2013, n° 13-82.431 : *Bull. crim.* n° 96. ■ Cass. crim., 16 juin 2021, n° 20-80.204, § 5).

2° Conséquences du principe

• **Annulation des suites de l'arrêt cassé**

7) Affirmation du principe. La cassation sans réserve postule l'annulation de tout ce qui a été la suite ou l'exécution de l'arrêt cassé (■ Cass. crim., 18 déc. 1973, n° 73-92.096 : *Bull. crim.* n° 468. ■ Cass. crim., 29 févr. 1988, n°s 87-81.337 et 87-81.338 : *Bull. crim.* n° 100. ■ Cass. crim., 30 sept. 1991, n° 90-83.579 : *Bull. crim.* n° 321. ■ Cass. crim., 12 déc. 1994, n° 93-82.511 : *Bull. crim.* n° 400. ■ Cass. crim., 24 mai 2011, n°s 10-81.054 et 10-87.002 : *Bull. crim.* n° 105. ■ Cass. crim., 6 juill. 2011, n° 11-82.370 : *Bull. crim.* n° 156. ■ Cass. crim., 16 juin 2021, n° 20-80.204, § 5). La cassation remet la cause et les parties au même état où elles étaient avant la décision annulée. Elle postule l'annulation de tout ce qui a été la suite ou l'exécution des dispositions censurées (■ Cass. crim., 4 janv. 2022, n° 21-81.279, § 15 : publié au *Bull.*).

8) Applications du principe. La cassation postule l'annulation de l'arrêt ultérieur qui, dans le but de régulariser l'arrêt cassé, a procédé à une rectification d'erreur matérielle (■ Cass. crim., 24 mai 2011, n°s 10-81.054 et 10-87.002 : *Bull. crim.* n° 105). Encourt l'annulation l'arrêt portant condamnation pour abus de biens sociaux dans des poursuites engagées au seul vu des résultats d'une visite domiciliaire autorisée en application de l'article L. 16 B du Livre des procédures fiscales, dès lors que postérieurement à cet arrêt, ladite ordonnance, frappée de pourvoi, a été annulée (■ Cass. crim., 30 sept. 1991, n° 90-83.579 : *Bull. crim.* n° 321). Doit être annulé l'arrêt de la cour d'appel de renvoi qui, sur opposition d'une partie civile, a statué sur les intérêts civils alors que l'arrêt initial, rendu par défaut à l'égard de cette partie civile et qui a statué au fond sur l'action publique, a été cassé en toutes ses dispositions sur pourvoi de la prévenue (■ Cass. crim., 12 déc. 1994, n° 93-82.511 : *Bull. crim.* n° 400). La cassation de l'arrêt ayant ordonné la mise en examen supplétive des intéressés doit entraîner l'annulation, par voie de conséquence, de tout ce qui en a été la suite ou l'exécution ; doit donc être cassé l'arrêt qui, sur renvoi, refuse d'annuler les mises en examen supplétives intervenues, au motif qu'il n'y a eu aucune atteinte aux droits de la défense, dès lors que, d'une part, la procédure de mise en examen a été respectée et que, d'autre part, les indices graves ou concordants justifiaient la mise en examen ; il importe peu que les juges d'instruction aient conservé la liberté, en application de l'article 116 du Code de procédure pénale, de ne pas mettre les intéressés en examen (■ Cass. crim., 4 janv. 2022, n° 21-81.279, § 17 : publié au *Bull.*).

• **Cour d'appel de renvoi saisie de l'affaire telle qu'elle se présentait devant la première cour d'appel**

– Affirmation du principe

9) La cour d'appel désignée après cassation comme cour de renvoi est saisie de l'affaire telle qu'elle s'était présentée devant la première cour d'appel en ce qui concerne toutes les dispositions qui ont été annulées par l'arrêt de cassation (■ Cass. crim., 8 mai 1974, n° 73-92.291 : *Bull. crim.* n° 167. ■ Cass. crim., 15 sept. 2009, n° 08-86.830 : *Bull. crim.* n° 154). La juridiction de renvoi après cassation est saisie, par application de l'article 609 du Code de procédure pénale, du même procès avec les mêmes parties, c'est-à-dire du procès tel qu'il a été présenté devant les premiers juges dans l'instance (■ Cass. crim., 3 mai 1988, n° 87-84.365 ; *Bull. crim.* n° 188). Il appartient à juridiction de renvoi après cassation de se prononcer sur l'appel formé contre le jugement de première instance et non d'apprécier le bien-fondé de l'arrêt de la cour d'appel qui a été cassé (■ Cass. crim., 16 avr. 2019, n° 18-80.614).

– Applications du principe

10) Conclusions dont la cour de renvoi est saisie. Saisie, après cassation, de la cause en l'état où elle se trouvait devant la cour d'appel dont l'arrêt a été cassé, la cour de renvoi l'est nécessairement des conclusions déposées devant celle-ci ; son arrêt doit être cassé pour n'avoir pas répondu aux chefs péremptoires des conclusions des parties (■ Cass. crim., 22 oct. 2019, n° 18-86.055).

11) Étendue de la saisine *in rem* de la cour de renvoi – Requalification. Lorsqu'en matière correctionnelle, l'affaire est, après cassation prononcée sans restriction, renvoyée devant une cour d'appel, celle-ci est saisie de la cause telle qu'elle s'était présentée devant la juridiction précédente. Le nouveau débat embrasse tous les faits qui ont été l'objet du premier et les nouveaux juges qui ne sont pas liés par la qualification retenue par la décision frappée d'appel ont le droit et le devoir de rechercher la qualification légale que ces faits doivent recevoir (■ Cass. crim., 16 févr. 1966, n° 65-91.820 : *Bull. crim.* n° 50).

12) Situation du prévenu. Doit être censuré l'arrêt de la cour d'appel qui, sur renvoi après cassation, déclare irrecevable l'exception présentée devant elle par le prévenu et prise de la nullité de la garde à vue, au motif que cette exception n'avait pas été proposée avant toute défense au fond devant la juridiction du second degré dont l'arrêt avait été annulé, alors que le prévenu n'ayant pas assuré sa défense en première instance, la cour d'appel désignée était tenue de statuer tant sur ladite exception que sur le fond (■ Cass. crim., 5 mars 2013, n° 12-82.363 : *Bull. crim.* n° 57). Il résulte de l'article 609 du Code de procédure pénale que, lorsque la chambre criminelle casse un arrêt sans réserve en ce qui concerne la peine, la cour d'appel de renvoi doit statuer sur l'ensemble des peines prononcées ; dès lors, lorsqu'une décision ayant condamné le prévenu à une peine d'emprisonnement et à une amende douanière est cassée sans réserve en ce qui concerne la peine, la cour de renvoi ne saurait juger qu'elle n'est pas saisie de l'amende au motif que celle-ci aurait le caractère d'une simple pénalité fiscale (■ Cass. crim., 7 avr. 2004, n° 03-83.985 : *Bull. crim.* n° 91).

13) Situation de la partie civile. Saisie par un arrêt de cassation rendue sur le seul pourvoi du procureur général ayant censuré une décision annulant les poursuites, la juridiction de renvoi doit statuer tant sur l'action publique que sur l'action civile (■ Cass. crim., 19 sept. 2007, n° 06-84.763 : *Bull. crim.* n° 214).

14) Situation des tiers à la procédure. Une partie qui n'a pas figuré dans l'instance ayant donné lieu à la décision cassée n'est pas recevable à se constituer partie civile devant le juge de renvoi (■ Cass. crim., 3 mai 1988, n° 87-84.365 : *Bull. crim.* n° 188).

• **Absence d'autorité de la chose jugée du premier arrêt d'appel**

15) Affirmation du principe. La juridiction d'appel saisie par un arrêt de renvoi de la Cour de cassation rendu sans réserve sur le pourvoi d'une des parties en cause a le droit et le devoir de statuer sur tous les chefs faisant l'objet de la demande soumise aux premiers juges, la décision cassée n'ayant pu acquérir, en aucun point, au regard de cette demande, l'autorité de la chose jugée ; il appartient donc à la cour de renvoi de statuer sur tous les chefs de la demande soumise aux premiers juges, qu'elle qu'ait été la portée du moyen qui a servi de base à la cassation (■ Cass. crim., 30 mars 1965, n° 64-92.417 : *Bull. crim.* n° 92. ■ Cass. com., 21 oct. 1970, n° 69-11.054 : *Bull. crim.* n° 274. ■ Cass. crim., 6 févr. 1973, n° 72-91.750 : *Bull. crim.* n° 63. ■ Cass. crim., 17 mai 1978, n° 77-92.569 : *Bull. crim.* n° 151. ■ Cass. crim., 16 avr. 2019, n° 18-80.614).

16) Applications du principe – Action publique. La cour d'appel de renvoi devant laquelle la cause a été renvoyée se trouve saisie de l'affaire en son entier, telle qu'elle s'était présentée devant la première cour d'appel. En se refusant à statuer sur certains chefs des conclusions du prévenu au motif que la cassation était nécessairement intervenue sur la seule critique produite devant la Cour de cassation et que, dès lors, il était irrecevable à reprendre devant la cour de renvoi des moyens qui, d'après cette cour de renvoi, auraient été définitivement rejetés par l'arrêt cassé, les juges d'appel ont méconnu et violé le principe ci-dessus rappelé (■ Cass. crim., 6 févr. 1973, n° 72-91.750 : *Bull. crim.* n° 63).

17) Applications du principe – Action civile. Lorsque sur le pourvoi du seul prévenu, la Cour de cassation casse sans réserve l'arrêt par lequel la première cour d'appel a statué sur les réparations civiles, la cour de renvoi se trouve saisie de la connaissance de l'action civile tout entière et a le droit et le devoir de statuer sur tous les chefs de la demande soumise aux premiers juges. En s'abstenant de le faire et en déclarant que la victime ne s'étant pas pourvue devant la Cour de cassation, elle n'était pas recevable à réclamer une majoration de son préjudice au motif que la décision de la première cour d'appel avait acquis l'autorité de la chose jugée, la cour d'appel de renvoi a violé les articles 515, 609 et 612 du Code de procédure pénale (■ Cass. crim., 30 mars 1965, n° 64-92.417 : *Bull. crim.* n° 92). En cas de cassation sans réserve d'un arrêt ayant prononcé une condamnation pénale et statué sur les intérêts civils, la décision ainsi annulée n'a pu acquérir en aucun point l'autorité de la chose jugée quelle qu'ait été la portée du moyen ayant servi de base à la cassation ; il importe donc peu que le pourvoi ait été limité aux condamnations pénales et que la partie civile n'ait été attraite ni devant la Cour de cassation, ni devant la cour de renvoi (■ Cass. com., 21 oct. 1970, n° 69-11.054 : *Bull. civ.* IV, n° 274). Le premier arrêt d'appel ayant été annulé en tant qu'il avait déclaré les prévenus coupables des faits au préjudice de la partie civile, c'est à bon droit que la cour d'appel de renvoi a jugé que les condamnations civiles prononcées au profit de cette dernière manquaient de base légale et étaient, par là même, remises en cause : il appartenait à la cour de renvoi de statuer au regard tant de l'action publique que de l'action civile sur tous les chefs de prévention et de demandes dont elle était saisie (■ Cass.

crim., 17 mai 1978, n° 77-92.569 : *Bull. crim.* n° 151). Lorsque la cassation a porté sur la condamnation globale correspondant aux préjudices de la partie civile, et non pas poste par poste, prononcée par l'arrêt cassé, elle affecte tous les postes de préjudice réparés par cette somme totale, y compris ceux qui n'étaient pas critiqués devant la Cour de cassation ; la cour d'appel doit donc statuer sur tous ces postes et recalculer la somme globale allouée (■ Cass. crim., 16 avr. 2019, n° 18-80.614).

B – Limites du principe

1° Portée des limites

18) Affaire dévolue à la cour d'appel de renvoi dans les limites imprimées par la qualité du demandeur, par l'acte de pourvoi et la cassation intervenue. Si le pourvoi a pour effet de déférer à la Cour de cassation la décision attaquée dans son intégralité, cet effet est limité par la qualité du demandeur, par sa volonté ou par son intérêt à agir ; après cassation l'affaire est dévolue à la cour d'appel de renvoi dans les limites fixées par l'acte de pourvoi (■ Cass. crim., 6 mars 2007, n° 06-84.160 : *Bull. crim.* n° 67. ■ Cass. crim., 15 sept. 2009, n° 08-86.830 : *Bull. crim.* n° 154. ■ Cass. crim., 8 juill. 2015, n° 14-84.084 : *Bull. crim.* n° 171 ; *Dr. pén.* 2015, comm. 148, obs. A. Maron et M. Haas) et dans les limites de la cassation intervenue (■ Cass. crim., 24 févr. 2015, n° 14-82.350 : *Bull. crim.* n° 32. ■ Cass. crim., 16 janv. 2019, n° 17-86.290). Après cassation, l'affaire est dévolue à la cour d'appel de renvoi dans les limites de l'acte de pourvoi et dans celles fixées par l'arrêt rendu sur le pourvoi (■ Cass. crim., 18 juin 2019, n° 18-83.258). Il résulte des dispositions combinées des articles 567 et 609-1 du Code de procédure pénale qu'après cassation, l'affaire est dévolue à la chambre de l'instruction de renvoi dans les limites de l'acte de pourvoi et dans celles fixées par l'arrêt rendu sur le pourvoi ; en conséquence, seules sont recevables à proposer des moyens de nullité devant la chambre de l'instruction de renvoi les parties sur le pourvoi desquelles la cassation a été prononcée (■ Cass. ass. plén., 9 déc. 2019, n° 18-86.767, § 14 : publié au *Bull.*). Une chambre de l'instruction statuant sur renvoi après cassation partielle n'est saisie que dans la limite de la cassation prononcée et ne saurait en conséquence statuer au-delà de cette limite sans excéder ses pouvoirs (■ Cass. crim., 19 mars 2019, n° 01-88.240 : *Bull. crim.* n° 63).

19) Étendue de la saisine *in personam*. Sauf dans les cas prévus à l'article 612-1 du Code de procédure pénale, la juridiction pénale saisie sur renvoi après cassation ne peut statuer qu'à l'égard des seules parties à la procédure qui se sont pourvues contre la décision censurée (■ Cass. crim., 7 juin 1995, n° 94-85.153 : *Bull. crim.* n° 205). L'annulation prononcée par la Cour de cassation ne peut s'appliquer qu'aux dispositions de l'arrêt attaqué concernant le prévenu, seul demandeur au pourvoi ; en prononçant à l'égard de ses coprévenus, pour lesquels l'arrêt de la première cour d'appel avait acquis l'autorité de la chose jugée, la cour d'appel de renvoi a excédé ses pouvoirs et la cassation est donc encourue (■ Cass. crim., 7 juin 1995, n° 94-85.153 : *Bull. crim.* n° 205).

2° Application des limites

• Situation du prévenu

20) Prévenu relaxé par la première cour d'appel. Lorsqu'un prévenu, relaxé par le tribunal correctionnel pour un premier délit et déclaré coupable d'un second, forme un pourvoi contre les dispositions civiles et pénales de l'arrêt ayant confirmé sa condamnation et obtient la cassation de cet arrêt « en toutes ses dispositions », il ne peut se voir condamner par la cour d'appel de renvoi pour le délit pour lequel il a été relaxé, la relaxe ayant acquis l'autorité de chose jugée (■ Cass. crim., 6 mars 2007, n° 06-84.160 : *Bull. crim.* n° 67). Après cassation, l'affaire est dévolue à la cour d'appel de renvoi dans les limites fixées par l'acte de pourvoi ; en cas de pourvoi formé par les seuls prévenus, encourt dès lors la cassation l'arrêt qui statue sur deux chefs de prévention ayant fait l'objet, devant la première cour d'appel, de décisions de relaxe qui ont acquis, en l'absence de pourvoi du ministère public, l'autorité de la chose jugée (■ Cass. crim., 8 juill. 2015, n° 14-84.084 : *Bull. crim.* n° 171). Lorsque sur le seul pourvoi de la partie civile, seules les dispositions civiles du premier arrêt d'appel ont été cassées, la cour d'appel de renvoi ne peut statuer sur l'action publique, la relaxe du prévenu ayant acquis l'autorité de la chose jugée (■ Cass. crim., 24 févr. 2015, n° 14-82.350 : *Bull. crim.* n° 32). Lorsqu'une décision de relaxe est annulée sur le seul pourvoi de la partie civile, la juridiction de renvoi ne peut prononcer une peine, la décision ayant acquis force de chose jugée en ce qui concerne l'action publique (■ Cass. crim., 7 janv. 2003, n° 01-88.702 : *Bull. crim.* n° 2).

21) Aggravation du sort du prévenu par la cour de renvoi. Sur renvoi après cassation, même intervenue sur le seul pourvoi du prévenu, la cour d'appel est saisie, sauf en ce qui concerne les dispositions non annulées, de la cause telle qu'elle s'était présentée devant la juridiction précédente, de sorte qu'appelée à statuer, non seulement sur l'appel de ce prévenu, mais encore sur celui du ministère public, elle peut aggraver la peine antérieurement prononcée par le tribunal (■ Cass. crim., 8 juill. 2015, n° 14-84.084 : *Bull. crim.* n° 171). L'acte d'appel de l'administration des contributions indirectes étant conçu en termes généraux et ne contenant aucune limitation ou réserve, la cour de renvoi doit statuer sur la cause dans son ensemble et elle a l'obligation de statuer aussi bien sur la culpabilité des prévenus pour lesquels les premiers juges s'étaient prononcés que sur celle des prévenus pour lesquels ils avaient omis de statuer alors qu'ils avaient été régulièrement cités devant eux (▪ Cass. crim., 23 oct. 1963, n° 61-92.942 : *Bull. crim.* n° 286).

• Situation de la partie civile

22) Pourvoi limité à la seule action publique. Lorsque l'arrêt criminel d'une cour d'assises a seul été frappé de pourvoi, la cassation de cet arrêt n'entraîne pas celle de l'arrêt statuant sur les intérêts civils, lequel a acquis l'autorité de la chose jugée ; n'étant plus partie au procès, la victime ou ses ayants droit sont donc irrecevables à intervenir en qualité de partie civile devant la cour d'assises de renvoi (▪ Cass. crim., 23 déc. 1986, n° 86-92.804 : *Bull. crim.* n° 387. ▪ Cass. crim., 13 avr. 1988 n° 87-90.447 : *Bull. crim.* n° 156).

23) Effet *in personam* du pourvoi d'une partie civile. La cassation encourue sur le pourvoi d'une partie civile ne saurait bénéficier à une autre partie civile qui ne s'est pas pourvue ; il en résulte que la cour de renvoi ne saurait tenir compte de l'erreur matérielle dont est affecté le dispositif de l'arrêt de cassation et statuer sur le cas de la partie qui avait omis de se pourvoir (▪ Cass. crim., 4 déc. 1984, n° 83-93.133 : *Bull. crim.* n° 382).

III – SAISINE DE LA COUR D'APPEL DE RENVOI. CASSATION PARTIELLE

A – Principe

24) Saisine de la cour de renvoi dans la limite de la cassation intervenue. En cas de cassation partielle, la juridiction de renvoi n'est saisie que dans la limite de la cassation intervenue et ne saurait en conséquence statuer au-delà de cette limite sans excéder ses pouvoirs (▪ Cass. crim., 18 nov. 1965, n° 64-92.448 : *Bull. crim.* n° 242. ▪ Cass. crim., 10 déc. 1980, n° 80-90.847 : *Bull. crim.* n° 343. ▪ Cass. crim., 11 juill. 1990, n° 89-86.483 : *Bull. crim.* n° 280. ▪ Cass. crim., 15 oct. 1997, n° 96-84.280 : *Bull. crim.* n° 339).

25) Applications du principe. La cour d'appel de renvoi ne peut prononcer l'affichage de la décision alors que la cassation n'a porté que sur les dispositions de l'arrêt relatives à la démolition d'un ouvrage (▪ Cass. crim., 15 oct. 1997, n° 96-84.280 : *Bull. crim.* n° 339). Lorsqu'un arrêt relaxant un prévenu du chef de blessures involontaires a été cassé en ses seules dispositions rejetant le recours de la Caisse primaire d'assurance maladie en remboursement des prestations servies à la victime, la juridiction de renvoi ne peut se prononcer sur la responsabilité du prévenu à l'égard de la partie civile que dans la mesure où cette décision permet de déterminer l'étendue du recours de la caisse (▪ Cass. crim., 10 déc. 1980, n° 80-90.847 : *Bull. crim.* n° 343). Lorsqu'une décision de relaxe est censurée en ses seules dispositions de nature civile, la juridiction de renvoi ne peut prononcer de peine (▪ Cass. crim., 11 juill. 1990, n° 89-86.483 : *Bull. crim.* n° 280). En admettant par le rejet des griefs formulés à leur encontre, la pertinence des motifs donnés par la première cour d'appel au rejet des exceptions soulevées devant elle, la Cour de cassation, quelque générale qu'ait été la formule employée dans le dispositif, a entendu écarter définitivement du débat judiciaire lesdites exceptions. C'est à bon droit que la cour d'appel de renvoi les a déclarées irrecevables (▪ Cass. crim., 3 déc. 1970, n° 70-91.166 : *Bull. crim.* n° 323).

B – Exception au principe

26) Arrêt d'appel n'ayant pas statué au fond. Lorsque l'arrêt attaqué n'a pas statué au fond, les effets du pourvoi de la partie civile s'étendent à l'action publique ; ainsi lorsque l'arrêt attaqué n'a statué que sur la prescription de l'action publique (▪ Cass. crim., 23 févr. 1994, n° 93-81.171 : *Bull. crim.* n° 76). Si, par application de l'article 567 du Code de procédure pénale, la partie civile ne peut se pourvoir que quant aux dispositions relatives à ses intérêts civils, cette restriction aux effets de son pourvoi n'a pas lieu lorsqu'il n'a été statué que sur la validité de la poursuite ; en conséquence, la juridiction de renvoi sera tenue de statuer sur la prévention tant du point de vue pénal que du point de vue civil (▪ Cass. crim., 19 déc. 1995, n° 95-80.850 : *Bull. crim.* n° 390).

Art. 609-1 *(Mod., L. n° 2000-1354, 30 déc. 2000).* **– Lorsque la Cour de cassation annule un arrêt d'une chambre de l'instruction statuant sur un appel d'une ordonnance de règlement, elle renvoie le procès et les parties devant une autre chambre de l'instruction qui devient compétente pour la poursuite de l'ensemble de la procédure.**

Lorsque la Cour de cassation annule un arrêt de chambre de l'instruction autre que ceux visés à l'alinéa précédent, la compétence de la chambre de l'instruction de renvoi est limitée, sauf si la Cour de cassation en décide autrement, à la solution du contentieux qui a motivé sa saisine et, après décision définitive, sous la réserve des dispositions du premier alinéa de l'article 207, il est fait retour du dossier à la chambre de l'instruction primitivement saisie, aux fins prévues, s'il y a lieu, par le deuxième alinéa dudit article ou par le troisième alinéa de l'article 206.

Bibliographie : O. de Bouillane de Lacoste, *JCl. Proc. pén.*, art. 601 à 604, Fasc. 30.

I – ÉTENDUE DE LA SAISINE DE LA CHAMBRE DE L'INSTRUCTION DE RENVOI

A – Cassation totale

1° Principe

1) Saisine limitée au contentieux considéré. Lorsque la Cour de cassation annule un arrêt de chambre de l'instruction autre que ceux visés à l'alinéa premier de l'article 609-1 du Code de procédure pénale, la compétence (*sic*) de la chambre de l'instruction de renvoi est limitée à la solution du contentieux qui a motivé sa saisine (■ Cass. crim., 24 avr. 2013, n° 13-81.318). Il en résulte que le désistement de l'appel du prévenu concernant ce contentieux entraîne, par voie de conséquence, la fin de la procédure (même arrêt).

2° Portée du principe

2) Application de l'article 609 du Code de procédure pénale. Il résulte de l'article 609 du Code de procédure pénale que, lorsqu'un arrêt est annulé par la Cour de cassation, la juridiction de renvoi se trouve saisie de la cause dans l'état où elle se trouvait quand elle a été soumise aux juges dont la décision a été cassée (■ Cass. crim., 23 avr. 2013, n° 13-82.431 : *Bull. crim.* n° 96). Lorsqu'à propos de l'exécution d'un mandat d'arrêt européen, la Cour de cassation casse un arrêt de la chambre de l'instruction pour ne pas s'être assurée que la prescription de l'action publique n'était pas acquise, la chambre de l'instruction de renvoi ne saurait, au motif que sa compétence est limitée, sauf si la Cour de cassation en décide autrement, à la solution du contentieux qui a motivé sa saisine, affirmer qu'elle ne doit statuer que sur cette question de la prescription : elle devait statuer tant sur les exceptions de nullité du mandat d'arrêt européen soulevées par la personne recherchée que sur les conditions légales d'exécution dudit mandat (même arrêt).

3) Saisine *in personam*. La cassation encourue sur le pourvoi d'une partie civile ne saurait bénéficier à une autre partie civile qui ne s'est pas pourvue ; la chambre d'accusation (de l'instruction) statuant comme juridiction de renvoi ne saurait donc statuer sur le cas d'une partie qui a omis de se pourvoir (■ Cass. crim., 4 déc. 1984, n° 83-93.133 : *Bull. crim.* n° 382).

3° Applications

4) Moyens de nullité. Seules sont recevables à proposer des moyens de nullité devant la chambre de l'instruction de renvoi les parties sur le pourvoi desquelles la cassation a été prononcée (■ Cass. crim., 19 mars 2002, n° 01-88.240 : *Bull. crim.* n° 63). Il résulte des articles 174 et 609-1 du Code de procédure pénale que, devant la chambre d'accusation (de l'instruction) statuant sur renvoi après cassation, seuls peuvent être invoqués les moyens de nullité qui avaient été soulevés devant la chambre d'accusation (de l'instruction) dont l'arrêt a été annulé (■ Cass. crim., 24 mai 2000, n° 99-87.839 : *Bull. crim.* n° 201 ; *Dr. pén.* 2000, comm. 133, obs. A. Maron. ■ Cass. crim., 11 juin 2002, n°s 01-80.267 et 02-82.093 : *Bull. crim.* n° 130). Fait donc l'exacte application de ces textes la chambre d'accusation (de l'instruction) de renvoi qui refuse d'examiner un moyen tiré de la notification tardive des droits prévus à l'article 63-1 du Code de procédure pénale au motif que ce moyen n'avait été soulevé ni dans la requête en annulation, ni dans les mémoires régulièrement déposés avant l'audience de la chambre d'accusation (de l'instruction) initialement saisie (■ Cass. crim., 24 mai 2000, n° 99-87.839 : *Bull. crim.* n° 201 ; *Dr. pén.* 2000, comm. 133, obs. A. Maron). Il se déduit des articles 174, alinéas 2 et 3 et 609-1 du Code de procédure pénale qu'il appartient à la chambre de l'instruction, statuant comme juridiction de renvoi après cassation d'un arrêt ayant prononcé sur des nullités, lorsqu'elle constate l'annulation d'actes de procédure, d'annuler l'ensemble des actes ayant pour support l'acte vicié et d'ordonner la cancellation des actes partiellement annulés, ainsi que toute référence directe et explicite aux actes irréguliers ; en conséquence, en cas d'annulation de la mise en examen de l'intéressé, la juridiction de renvoi ne saurait s'abstenir de prononcer l'annulation du renvoi devant le tribunal correctionnel et d'ordonner la cancellation de la mention de l'ordonnance prescrivant ce renvoi, au motif qu'il ne lui appartiendrait pas de suggérer à la juridiction initialement saisie quelque application de la règle de droit que ce soit et qu'elle devrait ordonner qu'il lui soit fait retour de la procédure (■ Cass. crim., 29 janv. 2020, n° 19-83.817). Il se déduit des articles 174, alinéas 2 et 3 et 609-1 du Code de procédure pénale que la chambre de l'instruction de renvoi qui, prononçant sur la requête en nullité initialement soumise à la juridiction primitivement saisie, annule une pièce de procédure doit procéder également aux annulations de conséquence qui s'imposent, peu important que les pièces concernées n'aient pas été, le cas échéant, versées au dossier soumis à la précédente juridiction ; il lui appartient en effet d'examiner le dossier dans l'état où il est mis à disposition des avocats des parties en application des dispositions de l'article 197, alinéa 3, du Code de procédure pénale ; cet examen par la chambre de l'instruction de renvoi ne prive pas les parties, le témoin assisté ou le juge d'instruction du droit de soulever la nullité d'actes viciés en eux-mêmes devant la chambre de l'instruction primitivement saisie dans le cadre d'une autre requête en nullité régulièrement déposée dans les conditions prévues par l'article 173 du Code de procédure pénale (■ Cass. crim., 19 mai 2020, n° 18-83.339, 18-82.844, §§ 26 et s. : publié au *Bull.*). Il résulte des articles 174, alinéas 2 et 3 et 609-1 du Code de procédure pénale combinés qu'après que la juridiction de renvoi a annulé les pièces de procédure selon ce que commande la solution du litige dont elle est saisie, la chambre de l'instruction primitivement saisie ne peut, à l'occasion de l'examen d'une nouvelle requête en nullité, prononcer sans excéder ses pouvoirs l'annulation de pièces au motif qu'elles trouveraient leur fondement exclusif et nécessaire dans des pièces annulées par la cour de renvoi. Elle a en revanche le pouvoir soit d'annuler des actes viciés en eux-mêmes, quand bien même les pièces concernées auraient été, le cas échéant, versées au dossier soumis à la juridiction de renvoi, lorsque les lesdites nullités sont étrangères à la solution du contentieux dont la juridiction de renvoi était saisie, soit de prononcer la nullité de pièces qui n'avaient pas encore été versées au dossier de cette juridiction de renvoi, mais ont les actes initialement annulés par celle-ci comme fondement nécessaire et exclusif (■ Cass. crim., 19 mai 2020, préc., §§ 36, 37).

5) Contentieux de la détention provisoire. Comme le précise l'article 609-1 du Code de procédure pénale, lorsqu'au cours d'une information un arrêt de la chambre d'accusation (de l'instruction) ayant statué sur la détention provisoire est cassé, cette cassation n'entraîne le dessaisissement de la chambre d'accusation (de l'instruction) qu'en ce qui concerne l'instance particulière qui lui était soumise et ne lui interdit pas, serait-ce dans la même composition, de se prononcer dans les autres instances relatives à cette information (■ Cass. crim., 28 juin 1995, n° 95-82.120 : *Bull. crim.* n° 239. – V. déjà ■ Cass. crim., 3 juin 1986, n° 86-90.023 : *Bull. crim.* n° 190).

B – Cassation partielle

1° Principe

6) Saisine dans la limite de la cassation prononcée. La chambre de l'instruction désignée comme cour de renvoi après cassation partielle n'est tenue de statuer que dans les limites de l'annulation prononcée (■ Cass. crim., 13 mars 2012, n° 11-88.737 : *Bull. crim.* n° 67) et ne saurait en conséquence statuer au-delà de cette limite sans excéder ses pouvoirs (■ Cass. crim., 19 mars 2002, n° 01-88.240 : *Bull. crim.* n° 63).

2° Applications

7) Sort des dispositions non censurées par la Cour de cassation. Sont irrecevables les demandes d'annulation portant sur des actes relevant des dispositions de l'arrêt attaqué que la Cour de cassation a expressément maintenues (■ Cass. crim., 19 mars 2002, n° 01-88.240 : *Bull. crim.* n° 63). La chambre d'accusation (de l'instruction), statuant comme juridiction de renvoi après cassation partielle d'un arrêt ayant prononcé sur des nullités de procédure, ne saurait, sans excéder ses pouvoirs, modifier l'interprétation qui a été donnée, par la juridiction initialement saisie, à des actes de l'information, lorsque cette interprétation n'a pas été censurée par l'arrêt de cassation intervenu ; dès lors, encourt la cassation la chambre d'accusation (de l'instruction) de renvoi qui refuse d'annuler des actes portant sur des faits dont le juge d'instruction, selon les constatations de la décision initiale, qui n'avait pas été censurée sur ce point, n'était pas régulièrement saisi (■ Cass. crim., 4 juin 1997, n° 97-81.706 : *Bull. crim.* n° 221).

II – POUVOIRS DE LA CHAMBRE DE L'INSTRUCTION DE RENVOI

8) Appréciation des circonstances de l'espèce. La chambre d'accusation (de l'instruction) qui statue sur renvoi de cassation, dispose du pouvoir souverain d'apprécier les circonstances de l'espèce ; dès lors, n'excède pas ses pouvoirs la chambre d'accusation (de l'instruction) qui interprète un procès-verbal établi par les agents des Douanes dans un sens différent de celui qu'avait retenu la chambre d'accusation (de l'instruction) initialement saisie (■ Cass. crim., 24 mai 2000, n° 99-87.839 : *Bull. crim.* n° 201 ; *Dr. pén.* 2000, comm. 133, obs. A. Maron).

III – COMPÉTENCE DE LA CHAMBRE DE L'INSTRUCTION DE RENVOI

9) Règle d'ordre public. Les principes généraux régissant l'organisation judiciaire et la compétence des juridictions sont d'ordre public ; tout juge est tenu, même d'office et en tout état de la procédure, de vérifier sa compétence. En conséquence, lorsque, après cassation d'un arrêt confirmant une ordonnance de non-lieu, la nouvelle chambre de l'instruction, qui a été choisie comme juridiction de renvoi par la Cour de cassation en application de l'article 609-1 du Code de procédure pénale pour la poursuite de l'ensemble de la procédure, infirme ladite ordonnance et fait irrégulièrement retour du dossier au magistrat instructeur initialement saisi, hors du ressort de sa propre juridiction, la chambre de l'instruction se trouvant appelée à statuer sur l'appel formé contre la seconde ordonnance de non-lieu rendue a l'obligation de constater l'incompétence du magistrat instructeur désigné et, par voie de conséquence, de se déclarer elle-même incompétente (■ Cass. crim., 23 juin 2009, n° 07-84.531 : *Bull. crim.* n° 129).

IV – PROCÉDURE DEVANT LA CHAMBRE DE L'INSTRUCTION DE RENVOI

10) Sort de la personne dont le pourvoi a été rejeté. Il résulte de l'article préliminaire et des articles 174 et 197 du Code de procédure pénale que, devant la chambre de l'instruction appelée à statuer sur renvoi après cassation d'un précédent arrêt, toutes les parties et leurs avocats doivent être avisés de la date de l'audience afin d'être mis en mesure de déposer un mémoire et, pour les seconds, de présenter leurs observations. C'est donc à tort qu'une chambre de l'instruction de renvoi affirme qu'elle ne saurait connaître, sans excéder les limites de sa saisine, du cas d'une partie dont le pourvoi a été rejeté. La censure n'est cependant pas encourue de ce chef dès lors que, d'une part, la chambre de l'instruction ayant été saisie par un arrêt de cassation partielle prononcée sur les pourvois d'autres personnes visées par les poursuites, l'intéressé n'était pas recevable à proposer un moyen de nullité et que, d'autre part, le demandeur n'établit, ni même n'allègue, qu'en prononçant l'annulation partielle de certaines pièces de la procédure, les juges aient commis une violation de la loi portant atteinte à ses intérêts (■ Cass. crim., 19 mars 2002, n° 01-88.240 : *Bull. crim.* n° 63).

Art. 610 ***(Mod., L. n° 2000-1354, 30 déc. 2000).*** **– En matière criminelle, la Cour de cassation prononce le renvoi du procès, savoir :**

– devant une chambre de l'instruction autre que celle qui a prononcé la mise en accusation, si l'arrêt annulé émane d'une chambre de l'instruction ;

– devant une cour d'assises autre que celle qui a rendu l'arrêt, si l'arrêt est annulé pour cause de nullité commise à la cour d'assises ;

– devant une cour d'appel autre que celle dans le ressort de laquelle siège la cour d'assises qui a rendu l'arrêt, si l'arrêt est annulé seulement du chef des intérêts civils.

Bibliographie : O. de Bouillane de Lacoste, *JCl. Proc. pén.*, art. 601 à 604, Fasc. 30.

1) Question prioritaire de constitutionnalité. N'est pas sérieuse la question selon laquelle l'article 610 du Code de procédure pénale, tel qu'interprété par la jurisprudence qui juge que lorsqu'un arrêt est annulé par la Cour de cassation, la juridiction de renvoi se trouve saisie de la cause dans l'état qui était le sien quand elle a été soumise aux juges dont la décision a été cassée, serait contraire au principe d'égalité des citoyens devant la loi, en ce qu'il conduit à ce qu'une personne qui forme seul un pourvoi en cassation peut être condamnée plus sévèrement par la cour de renvoi, alors que la personne condamnée pénalement qui interjette seul appel ne peut voir son sort aggravé par la cour d'appel : la possibilité pour la cour d'assises de renvoi de prononcer une peine plus sévère que celle retenue par la cour d'assises du premier degré est un effet de l'appel du ministère public contre la décision de cette dernière et non un effet de la cassation (■ Cass. crim., 28 nov. 2012, n° 12-82.292).

2) Arrêt de cassation renvoyant devant une cour d'assises. L'arrêt de cassation, rendu en application de l'article 610 du Code de procédure pénale et renvoyant le procès devant une cour d'assises emporte, dès son prononcé, l'incompétence de la chambre d'accusation (de l'instruction) qui était appelée à statuer sur la détention pendant l'instance en cassation, en vertu des dispositions de l'article 148-1, alinéa 3, du Code de procédure pénale, et attribue compétence, dans l'intervalle des sessions d'assises, à la chambre d'accusation (de l'instruction) dans le ressort de laquelle est située la cour de renvoi (■ Cass. crim., 26 oct. 1993, n° 93-82.574 : *Bull. crim.* n° 310).

3) Arrêt de cassation renvoyant devant une chambre de l'instruction. Il résulte de la combinaison des articles 185, 186, 191, 220 et 610 du Code de procédure pénale que si la chambre d'accusation (de l'instruction) d'une cour d'appel connaît des appels des ordonnances rendues par les juges d'instruction de son ressort, cette attribution se trouve, dans le cas où son arrêt de mise en accusation est annulé par la Cour de cassation, dévolue à la chambre d'accusation (de l'instruction) devant laquelle le procès est renvoyé (■ Cass. crim., 31 mars 1987, 2 arrêts, n°s 86-95.529 et 86-95.814 : *Bull. crim.* n° 147). Il résulte de l'article 610 du Code de procédure pénale que, lorsque la Cour de cassation casse et annule l'arrêt d'une chambre d'accusation (de l'instruction) prononçant le renvoi d'un accusé devant une cour d'assises, la cassation remettant la cause et les parties au même et semblable état où elles étaient avant l'arrêt cassé et tout ce qui a été la suite ou l'exécution de celui-ci devant être annulé, les arrêts pénal et civil rendus par ladite cour d'assises doivent être cassés par voie de conséquence (■ Cass. crim., 4 déc. 1991, n° 90-80.388).

Art. 611. – **Lorsque le renvoi aura été fait à une chambre de l'instruction, celle-ci désigne, s'il échet, dans son ressort, la juridiction de jugement. Toutefois, la Cour de cassation peut désigner par avance, même dans un autre ressort, la juridiction criminelle devant laquelle doit, le cas échéant, être renvoyé l'accusé.**

Bibliographie : O. de Bouillane de Lacoste, *JCl. Proc. pén.*, art. 605 à 619, Fasc. 30.

Application. Il résulte de l'article 611 du Code de procédure pénale que, lorsque l'arrêt de la Cour de cassation qui l'a saisie comme cour de renvoi n'a pas réglé de juges par avance, la chambre de l'instruction ne peut renvoyer l'affaire que devant une juridiction de jugement de son ressort (▪ Cass. crim., 25 juin 1991, n° 91-82.315 : *Bull. crim.* n° 273, arrêt visant également l'article 612 du Code de procédure pénale. ▪ Cass. crim., 27 juin 2012, n° 12-82.660 : *Bull. crim.* n° 161). Méconnaît donc cette règle de compétence et encourt la censure l'arrêt, qui, statuant sur renvoi après cassation, renvoie un accusé devant une cour d'assises extérieure à son ressort sans que celle-ci ait été désignée au titre d'un règlement de juges (▪ Cass. crim., 27 juin 2012, préc.).

Art. 612. – **En matière correctionnelle ou de police, si l'arrêt et la procédure sont annulés pour cause d'incompétence, la Cour de cassation renvoie le procès devant les juges qui doivent en connaître et les désigne.**

La Cour de cassation peut n'annuler qu'une partie de la décision lorsque la nullité ne vicie qu'une ou quelques-unes de ces dispositions.

Bibliographie : O. de Bouillane de Lacoste, *JCl. Proc. pén.*, art. 605 à 619, Fasc. 30.

1) **Question prioritaire de constitutionnalité.** Les dispositions des articles 132-19 du Code pénal, 609 et 612 du Code de procédure pénale qui, telles qu'interprétées par la Cour de cassation, conduisent à écarter l'indivisibilité entre la peine irrégulièrement prononcée et la déclaration de culpabilité en permettant de limiter la cassation à la seule peine prononcée en sorte que la déclaration de culpabilité et le prononcé de la peine sont décidés par deux juridictions distinctes, ne sont pas contraires au droit à un tribunal, au droit à un recours juridictionnel effectif et à un procès équitable et ne portent pas atteinte aux principes de nécessité, proportionnalité et individualisation de la peine, dès lors que le juge appelé à statuer sur la peine est en possession de tous les éléments de fait afférents au délit dont l'auteur a été définitivement déclaré coupable et qui sont dans le débat contradictoire, et apprécie ainsi, en toute connaissance de cause, au regard de la gravité et des circonstances de l'infraction et de la personnalité de celui qui l'a commise, la sanction qui lui apparaît adéquate (▪ Cass. crim., 9 mars 2016, n° 15-83.927 QPC : *Bull. crim.* n° 75 ; *Dr. pén.* 2016, comm. 87, obs. E. Bonis-Garçon).

2) **Décision de renvoi prise par la chambre de l'instruction en l'absence de règlement de juges.** Il résulte des articles 611 et 612 du Code de procédurepénale que, lorsque l'arrêt de la Cour de cassation qui l'a saisie comme cour de renvoi n'a pas réglé de juges par avance, la chambre de l'instruction ne peut renvoyer l'affaire que devant une juridiction de jugement de son ressort (▪ Cass. crim., 25 juin 1991, n° 91-82.315 : *Bull. crim.* n° 273).

3) **Arrêt annulé sur le seul pourvoi de la partie civile.** Il résulte des articles 6, 657, 609 et 612 du Code de procédure pénale que lorsqu'une décision de relaxe est annulée sur le seul pourvoi de la partie civile, la juridiction de renvoi ne peut prononcer une peine, la décision ayant acquis force de chose jugée en ce qui concerne l'action publique (▪ Cass. crim., 7 janv. 2003, n° 01-88.702 : *Bull. crim.* n° 2).

Art. 612-1 *(Mod., L. n° 2004-204, 9 mars 2004)*. – **En toute matière, lorsque l'intérêt de l'ordre public ou d'une bonne administration de la justice le commande, la Cour de cassation peut ordonner que l'annulation qu'elle prononce aura effet à l'égard des parties à la procédure qui ne se sont pas pourvues.**

Le condamné qui ne s'est pas pourvu et au profit duquel l'annulation de la condamnation a été étendue en application des dispositions du premier alinéa ne peut être condamné à une peine supérieure à celle prononcée par la juridiction dont la décision a été annulée.

Bibliographie : O. de Bouillane de Lacoste, *JCl. Proc. pén.*, art. 605 à 619, Fasc. 20.

1) **Prohibition de la reformation *in pejus*.** L'application de l'article 612-1 du Code de procédure pénale ne peut conduire à aggraver la peine prononcée contre un condamné qui ne s'est pas pourvu (▪ Cass. crim., 29 févr. 2000, n° 97-86.706 : *Bull. crim.* n° 90 ; *Dr. pén.* 2000, comm. 107, obs. A. Maron).

2) **Désistement du pourvoi.** Pour une application de l'article 612-1 à une partie s'étant désistée de son pourvoi, V. ▪ Cass. crim., 25 juin 1996, n° 95-80.592 : *Bull. crim.* n° 273.

3) **Cassation sans renvoi.** Pour l'extension du bénéfice de la cassation prononcée à un prévenu

qui ne s'est pas pourvu, en application de l'article 612-1 du Code de procédure pénale, avec, cependant, une cassation sans renvoi, la Cour de cassation étant en mesure d'appliquer la règle de droit appropriée et de mettre fin au litige, V. ▪ Cass. crim., 19 janv. 2000, n°s 96-83.425 et 98-86.979 : *Bull. crim.* n° 31.

Art. 613. – **Dans tous les cas où la Cour de cassation est autorisée à choisir une cour ou un tribunal pour le jugement d'une affaire renvoyée, ce choix ne peut résulter que d'une délibération spéciale prise immédiatement en la chambre du conseil ; il en est fait mention expresse dans l'arrêt.**

Bibliographie : O. de Bouillane de Lacoste, *JCl. Proc. pén.*, art. 605 à 619, Fasc. 30.

Art. 614 *(Mod., L. n° 2004-204, 9 mars 2004)*. – **Une expédition de l'arrêt qui a admis la demande en cassation et ordonné le renvoi devant une nouvelle juridiction est délivrée au procureur général près la Cour de cassation dans les trois jours. Cette expédition est adressée, avec le dossier de la procédure, au magistrat chargé du ministère public près la cour ou le tribunal de renvoi.**

L'arrêt de la Cour de cassation est notifié aux parties, à la diligence de ce magistrat.

Une expédition est également adressée par le procureur général près la Cour de cassation au magistrat chargé du ministère public près la cour ou le tribunal qui a rendu l'arrêt ou le jugement annulé.

Bibliographie : O. de Bouillane de Lacoste, *JCl. Proc. pén.*, art. 605 à 619, Fasc. 20.

I – CARACTÈRES DE LA SIGNIFICATION DE L'ARRÊT DE LA COUR DE CASSATION

1) Absence de caractère substantiel. La signification aux parties des arrêts admettant une demande en cassation, prévue par l'article 614 du Code de procédure pénale, n'a pas le caractère d'une formalité substantielle de la procédure préalable à la comparution d'un accusé devant la cour d'assises de renvoi (▪ Cass. crim., 12 janv. 1966, n° 65-92.226 : *Bull. crim.* n° 9).

2) Signification non prescrite à peine de nullité. La signification aux parties des arrêts admettant une demande en cassation n'est pas prescrite à peine de nullité (▪ Cass. crim., 12 janv. 1966, n° 65-92.226 : *Bull. crim.* n° 9. ▪ Cass. crim., 10 janv. 1989, n° 87-84.973 : *Bull. crim.* n° 6).

3) Cas de la détention provisoire. La signification à l'inculpé (personne mise en examen) d'un arrêt admettant une demande en cassation, telle que prévue à l'article 614 du Code de procédure pénale, n'est pas une condition préalable à la reprise de la procédure suivie en matière de détention provisoire devant la chambre d'accusation (de l'instruction) de renvoi ; la chambre d'accusation (de l'instruction) de renvoi peut donc statuer à une date où l'arrêt de la Cour de cassation n'avait pas encore été signifié aux parties (▪ Cass. crim., 8 déc. 1992, n° 92-85.265 : *Bull. crim.* n° 407).

II – EFFETS DE LA SIGNIFICATION DE L'ARRÊT DE LA COUR DE CASSATION

4) Suspension de la prescription de l'action publique et de l'action civile. En cas de pourvoi en cassation, la prescription de l'action publique et de l'action civile, prévue par l'article 65 de la loi du 29 juillet 1881, est suspendue pendant la durée de l'instance en cassation, et jusqu'à la signification aux parties prescrite par l'article 614 du Code de procédure pénale de l'arrêt rendu sur le pourvoi (▪ Cass. crim., 5 mars 1979, n° 78-92.809 : *Bull. crim.* n° 94. ▪ Cass. crim., 19 avr. 1983, n° 82-92.366 : *Bull. crim.* n° 111).

5) Interruption de la prescription de l'action publique. La prescription qui est interrompue et suspendue par le pourvoi en cassation contre un arrêt de cour d'appel recommence à courir à dater de la signification de l'arrêt de la Cour de cassation au prévenu et est interrompue à nouveau par la signification régulièrement faite dudit arrêt à la partie civile (▪ Cass. crim., 6 mai 1986, n° 84-90.788 : *Bull. crim.* n° 153).

6) Point de départ du délai d'opposition à l'arrêt de la Cour de cassation. L'opposition à l'arrêt rendu par la Cour de cassation doit être formée dans les cinq jours de la signification de l'arrêt de la Cour de cassation prévue par l'article 614 du Code de procédure pénale faite à la diligence du ministère public près la juridiction de renvoi (▪ Cass. crim., 20 oct. 1971, n° 70-92.587 : *Bull. crim.* n° 273).

Art. 615. – **Lorsqu'un arrêt ou un jugement est annulé pour violation des formes substantielles prescrites par la loi, une expédition de la décision est transmise au ministre de la Justice.**

Bibliographie : O. de Bouillane de Lacoste, *JCl. Proc. pén.*, art. 605 à 619, Fasc. 20.

Art. 616 *(Abr., L. n° 81-759, 6 août 1981)*.

Art. 617. – **L'arrêt qui a rejeté la demande en cassation, ou a prononcé la cassation sans renvoi, est délivré, dans les trois jours, au procureur général près la Cour de cassation, par extrait signé du greffier, lequel extrait est adressé au magistrat chargé du ministère public près la cour ou le tribunal qui a rendu l'arrêt ou le jugement attaqué.**

Il est notifié aux parties, à la diligence de ce magistrat, par lettre recommandée avec demande d'avis de réception.

Bibliographie : O. de Bouillane de Lacoste, *JCl. Proc. pén.*, art. 605 à 619, Fasc. 20.

1) **Notification non prescrite à peine de nullité.** La notification aux parties des arrêts de rejet et des arrêts de déchéance n'est pas prescrite à peine de nullité et n'a pas le caractère d'une formalité substantielle de la procédure préalable à la comparution d'un accusé devant la cour d'assises (■ Cass. crim., 17 mars 1993, n° 92-83.816 : *Bull. crim.* n° 120). Il n'importe donc qu'un tel arrêt n'ait pas été notifié dans les formes de l'article 617 du Code de procédure pénale : la cour d'assises n'en est pas moins valablement saisie (même arrêt).

2) **Mise en conformité des lieux (art. L. 480-7, C. urb.) – Point de départ du délai.** Il s'évince des dispositions des articles 617 du Code de procédure pénale et L. 480-7 du Code de l'urbanisme que le délai imparti par le juge pour effectuer des travaux de mise en conformité ne court qu'à compter du jour où la décision, devenue définitive, est exécutoire ; à défaut de notification du rejet du pourvoi formé à son encontre, l'arrêt de la cour d'appel acquiert un caractère exécutoire au jour où les prévenus ont connaissance de ce rejet par tout moyen certain, notamment par la mention qui en est faite dans une décision de justice contradictoire (■ Cass. crim., 8 nov. 2016, n° 15-86.889). Le délai dans lequel la remise en état doit être effectué commence à courir, par application des articles 569, 708 et 617 du Code de procédure pénale, à compter du jour où la décision est passée en force de chose jugée ou, en cas de pourvoi, à compter du jour où la décision, devenue définitive, est exécutoire (■ Cass. crim., 24 oct. 2017, n° 16-87.178 : *Bull. crim.* n° 235).

3) **Procédure de l'article 91 du Code de procédure pénale – Point de départ du délai.** Le délai de trois mois imparti au prévenu bénéficiaire d'une ordonnance de non-lieu pour réclamer des dommages-intérêts au dénonciateur a pour point de départla date de l'arrêt de la Cour de cassation qui a déclaré irrecevable le pourvoi formé contre l'arrêt de la chambre d'accusation (de l'instruction) confirmant l'ordonnance de non-lieu, sans qu'il y ait lieu de tenir compte de la date à laquelle la décision de la Cour de cassation a été portée à la connaissance du prévenu par la notification prévue à l'article 617 du Code de procédure pénale (■ Cass. crim., 21 oct. 1975, n° 75-90.056 : *Bull. crim.* n° 219).

Art. 618. – **Lorsqu'une demande en cassation a été rejetée, la partie qui l'avait formée ne peut plus se pourvoir en cassation contre le même arrêt ou jugement, sous quelque prétexte et par quelque moyen que ce soit.**

Bibliographie : O. de Bouillane de Lacoste, *JCl. Proc. pén.*, art. 605 à 619, Fasc. 10.

1) **Texte général et absolu.** L'article 618 du Code de procédure pénale, général et absolu, s'applique sans restriction à tous les arrêts ou jugements et notamment aux arrêts de la chambre d'accusation (de l'instruction) (■ Cass. crim., 25 janv. 1984, n° 83-94.499 : *Bull. crim.* n° 31).

2) **Prohibition d'un second pourvoi contre la même décision par le même demandeur.** Un arrêt rendu par la chambre criminelle de la Cour de cassation n'est, du chef des parties sur le pourvoi desquelles il a été statué, susceptible d'aucun recours sous quelque forme que ce soit ; s'il en était autrement, les parties pourraient saisir une seconde fois la Cour de cassation de l'examen de leur pourvoi, contrairement à l'article 618 du Code de procédure pénale (■ Cass. crim., 8 juill. 1964, n° 63-93.377 : *Bull. crim.* n° 228). Le demandeur qui a déjà formé, contre la même décision, un recours qui a été rejeté par la chambre criminelle n'est plus recevable à se pourvoir en cassation contre cet arrêt, en application de l'article 618 du Code de procédure pénale (■ Cass. crim., 26 janv. 1999, n° 98-87.139 : *Bull. crim.* n° 13). Le demandeur, ayant épuisé, par l'exercice qu'il en avait fait le même jour à 15 heures 02, le droit de se pourvoir contre l'arrêt pénal, était irrecevable à se pourvoir à nouveau contre la même décision à 15 heures 48 ; seules sont recevables les pourvois formés à 15 heures 48 contre l'arrêt civil (■ Cass. crim., 2 févr. 2005, n° 04-82.650 : *Dr. pén.* 2005, comm. 65, obs. A. Maron). Lorsque la Cour de cassation se trouve saisie simultanément de deux pourvois formés contre un même arrêt, le premier avant sa signification, le second après ladite signification, ce second pourvoi doit, par application de l'article 618 du Code de procédure pénale, être déclaré non recevable, le demandeur ayant épuisé le droit de se pourvoir par l'exercice qu'il en avait fait précé-

demment (■ Cass. crim., 25 janv. 1984, n° 83-94.499 : *Bull. crim.* n° 31).

3) **Prohibition de l'opposition par le même demandeur à un arrêt de rejet de la Cour de cassation.** Le demandeur en cassation dont le pourvoi a été rejeté est non recevable à se pourvoir contre l'arrêt de rejet, soit par opposition, soit par toute autre voie (■ Cass. crim., 9 mars 1966, n° 65-90.551 : *Bull. crim.* n° 85). La procédure d'opposition aux arrêts rendus par la chambre criminelle de la Cour de cassation n'est offerte en effet qu'au seul défendeur au pourvoi et dans les conditions prévues par les articles 579 et 589 du Code de procédure pénale (■ Cass. crim., 28 janv. 1981, n° 80-93.400 : *Bull. crim.* n° 40. ■ Cass. crim., 1er avr. 1987, n° 87-80.361 : *Bull. crim.* n° 151. ■ Cass. crim., 12 juill. 1988, n° 88-81.126 : *Bull. crim.* n° 299. ■ Cass. crim., 23 août 1989, n° 89-83.577 : *Bull. crim.* n° 309. ■ Cass. crim., 25 févr. 1991, n° 90-83.880 : *Bull. crim.* n° 92. ■ Cass. crim., 7 oct. 1997, n° 97-84.805 : *Bull. crim.* n° 325).

Art. 618-1 *(Rempl., L. n° 2011-1862, 13 déc. 2011 ; L. n° 2021-1729, 22 déc. 2021).* **– Lorsqu'une demande en cassation formée par la personne poursuivie ou par la partie civile a été rejetée, la cour peut condamner le demandeur à payer à l'autre partie la somme qu'elle détermine, au titre des frais non payés par l'État et exposés par celle-ci. Les parties peuvent produire les justificatifs des sommes qu'elles demandent et la cour tient compte de l'équité ou de la situation économique du demandeur pour décider du prononcé de cette condamnation et en fixer le montant.**

Voir : Pour l'abrogation de l'ancienne version de l'article 618-1 (L. n° 2000-5516, 15 juin 2000) par le Conseil constitutionnel, V. Cons. const., 1er avr. 2011, n° 2011-112.

Bibliographie : O. de Bouillane de Lacoste, *JCl. Proc. pén.*, art. 605 à 619, Fasc. 10.

1) **Question prioritaire de constitutionnalité.** N'est pas sérieuse la question prioritaire de constitutionnalité selon laquelle l'article 618-1 du Code de procédure pénale pourrait porter atteinte au principe d'égalité devant la justice, aux droits de la défense et à l'équilibre des droits entre les parties au procès pénal : d'une part, aucune exigence constitutionnelle n'impose au législateur de prévoir, au bénéfice du demandeur à la cassation, qui a pris l'initiative de l'instance, la faculté d'obtenir de la partie constituée en défense le remboursement des frais qu'il a exposés ; d'autre part, il ne résulte des dispositions contestées aucune différence de traitement entre les parties au procès pénal, la partie civile, tout comme les personnes mises en cause, étant privée du droit d'obtenir une somme au titre des frais qu'elles ont exposés lorsqu'elles sont à l'initiative du pourvoi (■ Cass. crim., 6 nov. 2019, n° 19-81.578 QPC).

2) **Arrêt prononçant un rejet total ou partiel du pourvoi.** Les dispositions de l'article 618-1 du Code de procédure pénale sont applicables en cas de rejet du pourvoi, qu'il soit total ou partiel (■ Cass. crim., 16 mai 2018, n° 17-81.151).

3) **Texte applicable à tout demandeur au pourvoi – Témoin assisté.** Tout défendeur au pourvoi a la qualité de partie à l'instance de cassation au sens de l'article 618 du Code de procédure pénale ; il en est ainsi du témoin assisté (■ Cass. crim., 20 nov. 2012, n° 11-84.580 : *Bull. crim.* n° 250).

Art. 619 *(Mod., L. n° 2021-401, 8 avr. 2021).* **– Lorsque, après cassation d'un premier arrêt ou jugement rendu en dernier ressort, le deuxième arrêt ou jugement rendu dans la même affaire, entre les mêmes parties, procédant en la même qualité, est attaqué par les mêmes moyens, l'affaire est portée devant l'assemblée plénière dans les formes prévues par les articles L. 431-6 à L. 431-10 du Code de l'organisation judiciaire.**

Bibliographie : O. de Bouillane de Lacoste, *JCl. Proc. pén.*, art. 605 à 619, Fasc. 10.

Code de l'organisation judiciaire

Art. L. 431-6 *(Ord. n° 2006-673, 8 juin 2006 - JORF 9 juin 2006).* **–** Le renvoi devant l'assemblée plénière peut être ordonné lorsque l'affaire pose une question de principe, notamment s'il existe des solutions divergentes soit entre les juges du fond, soit entre les juges du fond et la Cour de cassation ; il doit l'être lorsque, après cassation d'un premier arrêt ou jugement, la décision rendue par la juridiction de renvoi est attaquée par les mêmes moyens.

Art. L. 431-7 *(Ord. n° 2006-673, 8 juin 2006 - JORF 9 juin 2006).* **–** Le renvoi devant une chambre mixte ou devant l'assemblée plénière est décidé soit, avant l'ouverture des débats, par ordonnance non motivée du premier président, soit par arrêt non motivé de la chambre saisie.

Le renvoi est de droit lorsque le procureur général le requiert avant l'ouverture des débats.

Art. L. 431-8 *(Ord. n° 2006-673, 8 juin 2006 - JORF 9 juin 2006).* **–** En cas d'empêchement de l'un des membres, il est remplacé par un conseiller désigné par le premier président ou, à défaut de celui-ci, par le président de chambre qui le remplace.

Art. L. 431-9 *(Ord. n° 2006-673, 8 juin 2006 - JORF 9 juin 2006).* **–** La chambre mixte et l'assemblée plénière se prononcent sur le pourvoi même si les conditions de leur saisine n'étaient pas réunies.

Art. L. 431-10 *(Ord. n° 2006-673, 8 juin 2006 - JORF 9 juin 2006).* **–** Les modalités d'application du présent chapitre sont fixées par décret en Conseil d'État.

Art. R. 431-11 *(D. n° 2008-522, 2 juin 2008).* **–** Le premier président désigne, conformément à l'article R. 431-3, sur proposition de chacun des présidents de chambre, parmi les conseillers de chaque chambre, celui qui sera appelé à siéger aux chambres mixtes au titre de cette chambre.

Dans l'ordonnance portant constitution d'une chambre mixte, le premier président indique les chambres qui doivent la composer et, dans chacune de celles-ci, désigne, sur proposition du président de chambre, pour siéger à la chambre mixte, un conseiller en sus de celui qui est désigné pour l'année judiciaire en cours. Lorsque la présidence de la chambre mixte est assurée par le président de l'une des chambres qui la composent, le premier président, ou, à défaut, le président de chambre qui le supplée, désigne un autre conseiller de cette chambre pour siéger à la chambre mixte.

Art. R. 431-12 *(D. n° 2008-522, 2 juin 2008).* **–** Le premier président désigne, sur proposition de chacun des présidents de chambre, parmi les conseillers de chaque chambre, celui qui sera appelé à siéger à l'assemblée plénière au titre de cette chambre.

Art. R. 431-13 *(D. n° 2008-522, 2 juin 2008).* **–** Le premier président, ou, à défaut, le président de chambre qui le supplée, désigne par ordonnance, en application de l'article L. 431-8, le conseiller appelé à remplacer un membre empêché d'une chambre mixte ou de l'assemblée plénière.

Ce conseiller doit appartenir à la même chambre que le magistrat qu'il remplace.

Art. R. 431-14 *(D. n° 2008-522, 2 juin 2008 ; D. n° 2021-1341, 13 oct. 2021).* **–** Un ou deux membres de la chambre mixte ou de l'assemblée plénière, selon le cas, sont chargés du rapport par le premier président.

1) Compétence de l'assemblée plénière de la Cour de cassation. Il résulte des dispositions de l'article 619 du Code de procédure pénale que la compétence des chambres réunies (l'assemblée plénière) a pour fondement la résistance que la juridiction de renvoi oppose sur une même thèse de droit dans la même affaire à l'autorité de l'arrêt de cassation qui l'a saisie ; cette compétence suppose que le second arrêt soit rendu entre les mêmes parties, procédant en la même qualité et qu'il soit attaqué par le même moyen que le précédent (▪ Cass. crim., 12 mars 1963, n° 62-90.434 : *Bull. crim.* n° 113). À défaut, des arrêts rendus dans une même affaire par les juridictions d'appel successives auxquelles elle a été soumise et qui ne sont d'ailleurs pas fondés sur les mêmes motifs et n'ont pas été attaqués par les mêmes moyens relèvent de la compétence de la chambre criminelle de la Cour de cassation (▪ Cass. crim., 4 juin 1971, n° 69-93.144 : *Bull. crim.* n° 177). Si l'article 619 du Code de procédure pénale prévoit la possibilité de saisir la Cour de cassation, qui doit alors statuer en assemblée plénière, lorsque le deuxième arrêt, rendu dans la même affaire, entre les mêmes parties procédant en la même qualité, est attaquée par les mêmes moyens, la Cour de cassation ne peut, en revanche, être appelée à revenir sur la doctrine affirmée en son premier arrêt lorsque la juridiction de renvoi s'y est conformée ; il en résulte que n'est pas recevable le moyen par lequel il est seulement reproché à la cour de renvoi d'avoir statué en conformité de l'arrêt de cassation qui l'a saisie (▪ Cass. crim., 12 juill. 1971, n° 70-90.859 : *Bull. crim.* n° 228. ▪ Cass. ch. mixte, 30 avr. 1971, n° 61-11.829 : *Bull. civ.*, ch. mixte, n° 8 ; *JCP* G 1971, II, 16800, note R. Lindon. ▪ Cass. crim., 19 oct. 1971, n° 71-90.795 : *Bull. crim.* n° 269. ▪ Cass. crim., 8 mai 1973, n° 72-92.386 : *Bull. crim.* n° 212. ▪ Cass. crim., 8 juin 1977, n° 76-92.522 : *Bull. crim.* n° 209. ▪ Cass. crim., 3 oct. 1977, n° 76-91.526 : *Bull. crim.* n° 280. ▪ Cass. crim., 3 mai 1988, n° 87-84.365 : *Bull. crim.* n° 188. ▪ Cass. crim., 15 oct. 1997, n° 96-84.280 : *Bull. crim.* n° 339).

2) Sur l'absence de motivation de l'arrêt par lequel la chambre criminelle de la Cour de cassation ordonne le renvoi d'une affaire devant l'assemblée plénière, V. ▪ Cass. crim., 27 sept. 1989, n° 89-84.439 : *Bull. crim.* n° 330.

CHAPITRE VI. – DU POURVOI DANS L'INTÉRÊT DE LA LOI

Art. 620. – Lorsque, sur l'ordre formel à lui donné par le ministre de la Justice, le procureur général près la Cour de cassation dénonce à la chambre criminelle des actes judiciaires, arrêts ou jugements contraires à la loi, ces actes, arrêts ou jugements peuvent être annulés.

Bibliographie : O. de Bouillane de Lacoste, *JCl. Proc. pén.*, art. 620 et 621, Fasc. 10.

Voir également : art. 572, p. 1229.

I – DOMAINE DU POURVOI DANS L'INTÉRÊT DE LA LOI

A – Action civile

1) Exclusion – Portée. Les dispositions purement civiles d'un arrêt qui, sur le seul appel de la partie civile, a alloué des dommages-intérêts, ne sont pas de celles qui peuvent être attaquées par la voie du pourvoi en annulation d'ordre du garde des Sceaux, le recours prévu, dans un intérêt public, par l'article 620 du Code de procédure pénale, ne pouvant, d'aucune façon, préjudicier aux droits définitivement acquis par la partie civile ; il n'en est pas de même, toutefois, quant aux motifs de l'arrêt qui, après avoir exposé les faits de la cause, relèvent l'existence des éléments constitutifs du délit et qui, par là même, présentent au moins pour partie un caractère pénal ; ainsi le pourvoi doit être déclaré recevable mais seulement en ce qu'il est dirigé contre lesdits motifs (■ Cass. crim., 1er oct. 1980, n° 79-92.092 : *Bull. crim.* n° 238).

B – Action publique

2) Motif d'un arrêt. Des moyens de cassation, en ce qu'ils portent sur des motifs de l'arrêt attaqué qui sont sans influence sur le dispositif, ne peuvent relever que d'un pourvoi formé sur ordre du garde des Sceaux (■ Cass. crim., 20 mars 2019, n° 17-81.975 : *Bull. crim.* n° 57). Pour la cassation par voie de retranchement et sans renvoi des motifs surabondants d'un arrêt, V. ■ Cass. crim., 24 juill. 1969, n° 69-90.761 : *Bull. crim.* n° 235 (avec la transcription du motif censuré). V. aussi ■ Cass. crim., 1er oct. 1980, préc., n° 1.

3) Décision amnistiée. Le garde des Sceaux peut se pourvoir dans l'intérêt de la loi même quand la condamnation prononcée par la décision attaquée est amnistiée (■ Cass. crim., 20 déc. 1982, n° 81-94.490 : *Bull. crim.* n° 298).

4) Réitération d'un pourvoi dans l'intérêt de la loi dans une même affaire. V. admettant cette possibilité, ■ Cass. crim., 30 avr. 1969 : *Bull. crim.* n° 149 ; *JCP* G 1970, II, 16448, note L. Boyer ; *D.* 1969, 449, rapp. F. Chapar.

5) Pourvoi dans l'intérêt de la loi faisant suite à un précédent pourvoi dans la même affaire. Le fait que la Cour de cassation ait antérieurement rejeté, faute de moyen produit et pour le seul motif que la procédure est régulière en la forme, le pourvoi formé par le condamné ne fait pas obstacle à ce que soit ultérieurement accueilli un pourvoi dans l'intérêt de la loi et du condamné, fondé sur un moyen sur lequel l'arrêt antérieur n'a pas statué (■ Cass. crim., 26 juin 1963, n° 63-90.829 : *Bull. crim.* n° 228). Est irrecevable le pourvoi fondé sur des irrégularités entachant certaines des questions posées à la cour et au jury et formé d'ordre du ministre de la Justice contre un arrêt d'une cour d'assises qui a déjà fait l'objet d'un pourvoi en cassation du condamné dont le rejet a été prononcé, dès lors que les griefs allégués ne reposent sur aucun élément dont la Cour de cassation n'ait déjà eu connaissance et qu'elle n'avait pas à relever d'office, la peine prononcée trouvant son support légal dans des questions régulièrement posées et résolues affirmativement (■ Cass. crim., 9 oct. 1986, n° 85-92.520 : *Bull. crim.* n° 280). Doit être déclaré irrecevable le pourvoi formé, d'ordre du garde des Sceaux, par le procureur général près la Cour de cassation lorsque, par un arrêt de rejet, antérieurement rendu dans la même affaire, la Cour de cassation a déjà statué sur le moyen invoqué au soutien de ce nouveau pourvoi (■ Cass. crim., 13 nov. 1996, n° 96-82.434 : *Bull. crim.* n° 400).

II – EFFETS DU POURVOI DANS L'INTÉRÊT DE LA LOI

A – Effet suspensif du pourvoi

6) Absence. Une décision définitive, frappée d'un pourvoi dans l'intérêt de la loi, continue à être exécutoire tant qu'il n'a pas été prononcé sur ce pourvoi par la Cour de cassation (■ Cass. crim., 28 mars 2001, n° 01-80.390 : *Bull. crim.* n° 86). Il est donc erroné de prétendre qu'un arrêt de renvoi se trouvant frappé d'un pourvoi dans l'intérêt de la loi formé par application des dispositions de l'article 620 du Code de procédure pénale, l'ordonnance de prise de corps, faute d'être définitive, se trouverait privée de toute force exécutoire et qu'elle ne pourrait dès lors constituer un titre justifiant le maintien en détention de l'accusé (même arrêt).

B – Effet dévolutif du pourvoi

7) Répercussion du pourvoi sur un autre arrêt que celui attaqué. Le pourvoi formé en vertu de l'article 620 du Code de procédure pénale contre un jugement de débouté d'opposition doit être considéré comme dirigé aussi contre le jugement de défaut qui avait été frappé d'opposition (▪ Cass. crim., 28 oct. 1975, n° 75-91.376 : *Bull. crim.* n° 225).

C – Effets pour les parties

1° Principe

8) Pourvoi ne pouvant ni profiter ni nuire aux parties. La voie de recours instituée par les articles 620 et 621 du Code de procédure pénale ne pouvant ni profiter, ni nuire aux parties, celles-ci ne sont pas recevables à intervenir dans le débat (▪ Cass. crim., 26 juin 1963, n° 63-90.829 : *Bull. crim.* n° 228).

2° Tempérament

9) Cas du prévenu. Sur la possibilité que le pourvoi soit formé par le garde des Sceaux dans l'intérêt de la loi mais aussi du condamné, V. ▪ Cass. crim., 25 mars 1836 : *Bull. crim.* n° 93. V. par exemple, pour des applications, ▪ Cass. crim., 30 avr. 1969 : *Bull. crim.* n° 149 ; *JCP* G 1970, II, 16448, note L. Boyer ; *D.* 1969, 449, rapp. F. Chapar. ▪ Cass. crim., 28 oct. 1975, n° 75-91.376 : *Bull. crim.* n° 225. ▪ Cass. crim., 12 oct. 1994, n° 94-82.291 : *Bull. crim.* n° 327. ▪ Cass. crim., 6 nov. 2013, n° 13-83.798 : *Bull. crim.* n° 221. ▪ Cass. crim., 29 nov. 2017, n° 17-86.758.

3° Applications

• Prévenu

– Cassation sans renvoi

10) Cassation sans renvoi pure et simple. La cassation prononcée en vertu de l'article 620 du Code de procédure pénale ne peut jamais porter préjudice au prévenu qui a été relaxé ; il s'ensuit que la cassation doit être prononcée alors dans l'intérêt de la loi et sans renvoi (▪ Cass. crim., 24 juill. 1974, n° 74-91.533 : *Bull. crim.* n° 265. ▪ Cass. crim., 21 nov. 1979, n° 79-92.192 : *Bull. crim.* n° 332. ▪ Cass. crim., 23 juin 1993, n° 92-81.909 : *Bull. crim.* n° 221. ▪ Cass. crim., 14 déc. 1994, n° 94-83.064 : *Bull. crim.* n° 412). Il est de principe qu'un même individu ne peut être condamné qu'une seule fois pour un même fait. En conséquence il y a lieu de faire droit au pourvoi formé dans l'intérêt de la loi et d'un prévenu, lorsque ce dernier a été condamné successivement à raison d'un même fait par deux jugements distincts. Seul le jugement qui a acquis le premier l'autorité de la chose jugée continue d'exister, le second est annulé sans renvoi (▪ Cass. crim., 28 oct. 1975, n° 75-91.376 : *Bull. crim.* n° 225).

11) Cassation sans renvoi par voie de retranchement. V. par exemple ▪ Cass. crim., 7 janv. 1992, n° 91-80.682 : *Bull. crim.* n° 2 (cassation par voie de retranchement d'un arrêt de cour d'appel, en ce qu'il a condamné les prévenus à la peine complémentaire de l'interdiction pendant 10 ans du territoire français, non prévue par la loi, toutes autres dispositions dudit arrêt étant expressément maintenues). ▪ Cass. crim., 29 nov. 2017, n° 17-86.758 : cassation dans l'intérêt de la loi et du condamné du jugement attaqué en ses seules dispositions relatives à la peine (prononcé d'une peine excédant le maximum légal), toutes autres dispositions étant expressément maintenues.

12) Cassation sans renvoi avec substitution de peine. Selon l'article 131-1 du Code pénal, la durée de la réclusion criminelle est de 10 ans au moins. Encourt la cassation l'arrêt d'une cour d'assises qui, pour vols aggravés, condamne les accusés à 8 ans et 5 ans de réclusion criminelle. La cassation encourue, prononcée par application de l'article 620 du Code de procédure pénale, sur le pourvoi du procureur général près la Cour de cassation, d'ordre du garde des Sceaux, ne peut préjudicier au condamné. L'application de la règle de droit doit conduire dans l'intérêt du condamné à la substitution à la peine de réclusion criminelle d'une peine d'emprisonnement de même durée (▪ Cass. crim., 14 déc. 1994, n° 94-84.202 : *Bull. crim.* n° 413). V. aussi ▪ Cass. crim., 6 nov. 2013, n° 13-83.798 : *Bull. crim.* n° 221 (peine de vingt-cinq ans de réclusion criminelle, non prévue par la loi, ramenée à la peine maximale encourue, d'une durée de vingt ans de réclusion criminelle). ▪ Cass. crim., 9 janv. 2019, n° 18-84.592 (fixation de la durée de la période de sûreté, dans les limites légales non respectées par la décision cassée).

13) Cassation sans renvoi avec maintien du bénéfice de la disposition illégale. La cassation prononcée en vertu de l'article 620 du Code de procédure pénale ne peut préjudicier au condamné ; il s'ensuit qu'elle sera prononcée dans le seul intérêt de la loi et sans renvoi, le condamné conservant le bénéfice de la mesure de sursis avec mise à l'épreuve, même illégalement accordée (▪ Cass. crim., 31 mars 1999, n° 98-84.460 : *Bull. crim.* n° 68).

– Cassation avec renvoi

14) Illustration. Doit être cassé, dans l'intérêt de la loi et du condamné, en application des dispositions de l'article 620 du Code de procédure pénale, l'arrêt d'une cour d'assises qui prononce une peine supérieure à celle encourue. Dans ce cas, la cassation est prononcée avec renvoi et ne peut avoir pour conséquence de remettre en cause les décisions favorables à l'accusé qui lui restent acquises (■ Cass. crim., 12 oct. 1994, n° 94-82.291 : *Bull. crim.* n° 327).

• Partie civile

15) Pourvoi ne pouvant préjudicier à la partie civile. Le pourvoi formé par application de l'article 620 du Code de procédure pénale dans l'intérêt de la loi et du condamné ne peut en aucun cas préjudicier aux droits acquis à la partie civile, à l'égard de laquelle l'arrêt subsiste et conserve l'autorité de la chose jugée (■ Cass. crim., 30 avr. 1969, n° 69-90.721 : *Bull. crim.* n° 149 ; *JCP* G 1970, II, 16448, note L. Boyer ; *D.* 1969, 449, rapp. F. Chapar). Lorsque le pourvoi est formé dans l'intérêt de la loi et du condamné, il ne peut avoir pour conséquence de préjudicier à la partie civile ; dès lors il se trouve nécessairement limité aux dispositions pénales (■ Cass. crim., 28 oct. 1975, n° 75-91.376 : *Bull. crim.* n° 225).

Art. 621. – **Lorsqu'il a été rendu par une cour d'appel ou d'assises, ou par un tribunal correctionnel ou de police, un arrêt ou jugement en dernier ressort, sujet à cassation, et contre lequel néanmoins aucune des parties ne s'est pourvue dans le délai déterminé, le procureur général près la Cour de cassation peut d'office et nonobstant l'expiration du délai se pourvoir, mais dans le seul intérêt de la loi, contre ledit jugement ou arrêt. La cour se prononce sur la recevabilité et le bien-fondé de ce pourvoi. Si le pourvoi est accueilli, la cassation est prononcée, sans que les parties puissent s'en prévaloir et s'opposer à l'exécution de la décision annulée.**

Bibliographie : O. de Bouillane de Lacoste, *JCl. Proc. pén.*, art. 620 et 621, Fasc. 10.

I – CONDITIONS DU POURVOI DANS LE SEUL INTÉRÊT DE LA LOI

1) Pourvoi réservé au procureur général près la Cour de cassation. Aux termes des articles 620 et 621 du Code de procédure pénale, le droit de se pourvoir en cassation dans l'intérêt de la loi n'appartient qu'au procureur général près la Cour de cassation (■ Cass. crim., 26 juin 1963, n° 63-12.000 : *Bull. crim.* n° 229). Est donc irrecevable le pourvoi dans l'intérêt de la loi formé par : ... le procureur général près une cour d'appel (■ Cass. crim., 11 déc. 1963, n° 63-91.803 : *Bull. crim.* n° 356. ■ Cass. crim., 20 nov. 1985, n° 85-91.622 : *Bull. crim.* n° 366. ■ Cass. crim., 11 mai 1988, n° 87-92.056 : *Bull. crim.* n° 206. ■ Cass. crim., 21 févr. 2007, n° 06-81.713 : *Bull. crim.* : n° 53) ; ... le procureur de la République contre un arrêt de cour d'assises (■ Cass. crim., 7 juin 2001, n° 00-87.157 : *Bull. crim.* n° 141).

2) Pourvoi pouvant être formé à l'audience de la Cour de cassation. Le pourvoi dans l'intérêt de la loi fondé sur l'article 621 du Code de procédure pénale peut être pris sur réquisitions orales du procureur général près la Cour de cassation prises à l'audience (■ Cass. crim., 12 nov. 1974, n° 74-92.063 : *Bull. crim.* n° 326. ■ Cass. crim., 19 nov. 1974, n° 74-91.119 : *Bull. crim.* n° 335. ■ Cass. crim., 10 févr. 1977, n° 76-93.441 : *Bull. crim.* n° 55. ■ Cass. crim., 11 juill. 1990, n° 89-86.483 : *Bull. crim.* n° 280. ■ Cass. crim., 2 déc. 1998, n° 97-84.937 : *Bull. crim.* n° 327). Ainsi : ... lorsque le pourvoi du procureur général près la cour d'appel est irrecevable (■ Cass. crim., 19 oct. 1999, n° 98-87.630 : *Bull. crim.* n° 221) ; ... lorsque le demandeur est déchu de son pourvoi (■ Cass. crim., 3 avr. 1978, n° 77-92.723 : *Bull. crim.* n° 121).

II – ABSENCE D'EFFET POUR LES PARTIES

3) Principe. Lorsque la cassation est prononcée dans le seul intérêt de la loi, les parties ne peuvent se prévaloir, ni s'opposer à l'exécution de la décision annulée (■ Cass. crim., 15 déc. 1999, n° 99-84.099 : *Bull. crim.* n° 308. ■ Cass. crim., 20 nov. 2018, n° 18-81.661. ■ Cass. crim., 13 oct. 2020, n° 20-80.150 : publié au *Bull.*). La voie de recours instituée par les articles 620 et 621 du Code de procédure pénale ne pouvant ni profiter, ni nuire aux parties, celles-ci ne sont pas recevables à intervenir dans le débat (■ Cass. crim., 26 juin 1963, n° 63-90.829 : *Bull. crim.* n° 228). V. par exemple, affirmant que l'arrêt est cassé : ... « dans le seul intérêt de la loi » (■ Cass. crim., 11 juill. 1990, n° 89-86.483 : *Bull. crim.* n° 280 : prononcé d'une peine par une juridiction n'étant saisie que de l'action civile. ■ Cass. crim., 2 déc. 1998, n° 97-84.937 : *Bull. crim.* n° 327) ; ... « mais seulement dans l'intérêt de la loi » (■ Cass. crim., 30 avr. 1996, n° 95-82.500 : *Bull. crim.* n° 178. ■ Cass. crim., 17 févr. 2010, n° 09-87.570 : *Bull. crim.* n° 35). Pour une partie civile, V. ■ Cass. crim., 19 oct. 1999, n° 98-87.630 : *Bull. crim.* n° 221 (refus erroné d'accorder à la partie civile le pouvoir de déclencher les poursuites).

4) Portée : cassation sans effet sur une disposition favorable à une partie. V. par exemple ■ Cass. crim., 19 nov. 1974, n° 74-91.119 : *Bull. crim.* n° 335 (omission d'appliquer une peine d'amende édictée par la loi). ■ Cass. crim., 2 déc.

1998, n° 97-84.937 : *Bull. crim.* n° 327 (relaxe injustifiée). ▪ Cass. crim., 30 avr. 1996, n° 95-82.500 : *Bull. crim.* n° 178 (non-lieu injustifié). ▪ Cass. crim., 17 févr. 2010, n° 09-87.570 : *Bull. crim.* n° 35 (dispense injustifiée d'inscription d'un condamné au fichier judiciaire national automatisé des auteurs d'infractions sexuelles ou violentes).

III – MODALITÉS DE LA CASSATION

5) Principe de la cassation sans renvoi. La cassation a lieu sans renvoi, dans les conditions fixées par l'article 621 du Code de procédure pénale, les parties ne pouvant s'en prévaloir, ni s'opposer à l'exécution de la décision annulée (▪ Cass. crim., 15 déc. 1999, n° 99-84.099 : *Bull. crim.* n° 308). Pour des cassations partielles, V. par exemple ▪ Cass. crim., 3 avr. 1978, n° 77-92.723 : *Bull. crim.* n° 121. ▪ Cass. crim., 19 oct. 1999, n° 98-87.630 : *Bull. crim.* n° 221 (cassation de l'arrêt en ses dispositions contraires à la loi « toutes autres dispositions de l'arrêt étant maintenues ») ; ▪ Cass. crim., 11 juill. 1990, n° 89-86.483 : *Bull. crim.* n° 280 (cassation par voie de retranchement).

TITRE II. – DES DEMANDES EN RÉVISION

(Titre rempl. à compter du 1er oct. 2014, L. n° 2014-640, 20 juin 2014)

CHAPITRE Ier. – DES DEMANDES EN RÉVISION ET EN RÉEXAMEN

Art. 622 *(Rempl., L. n° 2014-640, 20 juin 2014).* **– La révision d'une décision pénale définitive peut être demandée au bénéfice de toute personne reconnue coupable d'un crime ou d'un délit lorsque, après une condamnation, vient à se produire un fait nouveau ou à se révéler un élément inconnu de la juridiction au jour du procès de nature à établir l'innocence du condamné ou à faire naître un doute sur sa culpabilité.**

Bibliographie : *Répertoire.* H. Angevin, actualisé par M. Lafourcade, *JCl. Proc. pén.*, art. 622 à 626-1, Fasc. 20.

Généralités. F. Fournié, *« Réviser la révision », À propos de la nouvelle procédure de révision et de réexamen des condamnations pénales : JCP* G 2014, n° 777. • C. Ribeyre, *La réforme des procédures de révision et de réexamen, ou comment mieux corriger l'erreur judiciaire : Dr. pén.* 2014, étude 17.

I – QUESTION PRIORITAIRE DE CONSTITUTIONNALITÉ

A – Procédure

1) Commission d'instruction de la Cour de révision et de réexamen des condamnations pénales. Les articles 622 et suivants du Code de procédure pénale ne prévoient aucun recours contre les décisions de la commission d'instruction de la Cour de révision et de réexamen des condamnations pénales. Il résulte de la combinaison de l'article 61-1 de la Constitution et de l'article 23-1 de l'ordonnance n° 58-1607 du 7 novembre 1958 portant loi organique sur le Conseil constitutionnel, issu de la loi organique n° 2009-1523 du 10 décembre 2009, qu'une question prioritaire de constitutionnalité ne peut être présentée que devant les juridictions qui relèvent du Conseil d'État ou de la Cour de cassation ; dès lors, une telle question ne peut être présentée devant la commission d'instruction de la Cour de révision et de réexamen des condamnations pénales et est en tout état de cause irrecevable (▪ Cass. cour rév., 24 nov. 2014, n° 14REV105).

B – Fond

2) Droit à un recours effectif. Les règles de recevabilité de la requête édictées à l'article 622 du Code de procédure pénale, requête qui tend à la révision d'une condamnation pénale définitive après épuisement des voies de recours ordinaires, ne portent pas atteinte au droit à un recours effectif (▪ Cass. com. rév., 4 juill. 2013, n° 13REV078 QPC).

II – PROCÉDURE

3) Conditions de recevabilité de la requête en révision. La requête en révision n'est recevable que si elle se rapporte à une décision définitive (▪ Cass. cour rév., 18 juin 2015, n° 14RE1043 : *Bull. crim. cour rév.* n° 3).

III – FAIT NOUVEAU

A – Notion de fait nouveau

4) Éléments déjà connus des juges dont la décision fait l'objet de la demande de révi-

sion. Des éléments qui étaient déjà connus de la juridiction dont la décision fait l'objet de la demande de révision ne présentent pas un caractère nouveau au sens de l'article 622 du Code de procédure pénale (■ Cass. cour rév., 24 sept. 2015, n° 11REV101 : *Bull. crim. cour rév.* n° 4).

5) Griefs sans rapport avec la notion de fait nouveau. Des griefs qui sont liés à une défaillance de la défense et au renversement de la charge de la preuve ne constituent pas des faits ou des éléments de nature à justifier une révision (■ Cass. cour rév., 10 déc. 2015, n° 14REV017 : *Bull. crim. cour rév.* n° 5).

6) Constatations du Comité des droits de l'homme. Les constatations du Comité des droits de l'homme des Nations unies communiquées sur la base de l'article 5-4 du protocole facultatif se rapportant au Pacte international des droits civils et politiques du 16 décembre 1966 ne revêtent pas de caractère contraignant à l'égard de l'État auquel elles sont adressées ; elles ne constituent pas en elles-mêmes des faits nouveaux au sens de l'article 622 du Code de procédure pénale (■ Cass. cour rév., 10 déc. 2015, n° 14REV017 : *Bull. crim. cour rév.* n° 5). Il importe donc peu que ce comité ait retenu que le défaut d'une défense appropriée devant le tribunal correctionnel dans l'affaire du requérant, le renversement de la charge de la preuve dans ce même jugement et le défaut de notification personnelle de la décision constituaient une violation des paragraphes 2 et 5 de l'article 14 du protocole facultatif se rapportant au Pacte, lus conjointement avec l'article 2 du Pacte (même arrêt).

7) Décision du Conseil constitutionnel. Pour une décision du Conseil constitutionnel considérée comme un fait nouveau, V. ■ Cass. crim., 8 janv. 2019, n° 18-85.561, visant une « modification des circonstances de droit » créée par la décision. ■ Cass. crim., 21 oct. 2020, n° 20-85.339 (à propos d'une réserve d'interprétation du Conseil constitutionnel).

B – Doute sur la culpabilité

1° Formation de jugement de la cour de révision

8) Rôle. Selon l'article 622 du Code de procédure pénale, dans sa rédaction issue de la loi n° 2014-640 du 20 juin 2014, la révision d'une décision pénale définitive suppose la survenance, après une condamnation, d'un fait nouveau ou la révélation d'un élément inconnu de la juridiction au jour du procès, de nature à établir l'innocence du condamné ou à faire naître un doute sur sa culpabilité ; ainsi, il appartient à la formation de jugement de la Cour de révision de prendre en compte l'ensemble des faits nouveaux ou éléments inconnus lors du procès sur lesquels s'appuie la requête examinée (■ Cass. cour rév., 24 sept. 2015, n° 11REV101 : *Bull. crim. cour rév.* n° 4).

2° *Applications*

9) Rétractation de la partie civile. La rétractation de la partie civile, sœur du condamné, étant tardive puisque postérieure de douze ans à la révélation des faits, et ambivalente comme dictée, selon leur mère, par le remords d'avoir provoqué l'éclatement de la famille, n'est pas suffisante pour faire naître un doute sur la culpabilité du condamné, au sens de l'article 622 du Code de procédure pénale, dans sa rédaction issue de la loi n° 2014-640 du 20 juin 2014, en l'absence d'autres éléments objectifs, le remboursement des dommages-intérêts n'ayant eu aucun caractère spontané, et dès lors que les juges du fond ont nécessairement apprécié la sincérité des accusations de la victime au regard des soupçons d'agression sexuelle qui pesaient alors sur son père, au préjudice d'une autre de ses filles, et des doutes qu'exprimait déjà la benjamine de la famille sur la véracité des accusations portées par sa sœur (■ Cass. cour rév., 18 juin 2015, n° 13REV144 : *Bull. crim. cour rév.* n° 2).

10) Crime similaire imputé à un tiers. Pour le refus de conclure à un doute sur la culpabilité, dans le cas d'un condamné pour meurtre sollicitant la révision de sa condamnation en excipant de poursuites exercées, plus de vingt ans après, contre son cocondamné pour un homicide volontaire qui aurait été commis dans des conditions similaires et qui révélerait, notamment, des traits de personnalité insuffisamment pris en compte lors du premier procès, V. ■ Cass. cour rév., 24 sept. 2015, n° 11REV101 : *Bull. crim. cour rév.* n° 4).

11) Annulation d'une mise en demeure préfectorale. En cas de condamnation d'une société civile immobilière, condamnée pour mise à disposition de locaux d'habitation impropres à cette destination malgré mise en demeure, d'une part, l'annulation de cette mise en demeure préfectorale, après que le jugement pénal est devenu définitif, n'a pas retiré aux faits leur caractère délictueux ; d'autre part, l'expertise produite par la requérante à l'appui de sa requête conclut que « les locaux en cause ne sont pas conformes aux normes techniques relatives aux logements décents » ; dès lors aucun des éléments invoqués à l'appui de la requête ne constitue un fait nouveau ou ne révèle un élément inconnu de la juridiction au jour du procès, de nature à établir l'innocence du condamné ou à faire naître un doute sur sa culpabilité, au sens de l'article 622 du Code de procédure pénale (■ Cass. cour rév., 10 déc. 2015, n° 14REV004 : *Bull. crim. cour rév.* n° 6).

Art. 622-1 ***(Créé à compter du 1er oct. 2014, L. n° 2014-640, 20 juin 2014).*** **– Le réexamen d'une décision pénale définitive peut être demandé au bénéfice de toute personne reconnue coupable d'une infraction lorsqu'il résulte d'un arrêt rendu par la Cour européenne des droits de l'homme que la condamnation a été prononcée en violation de la convention européenne de sauvegarde des droits de l'homme et des libertés fondamentales ou de ses protocoles additionnels, dès lors que, par sa nature et sa gravité, la violation constatée entraîne, pour le condamné, des conséquences dommageables auxquelles la satisfaction équitable accordée en application de l'article 41 de la convention précitée ne pourrait mettre un terme. Le réexamen peut être demandé dans un délai d'un an à compter de la décision de la Cour européenne des droits de l'homme. Le réexamen d'un pourvoi en cassation peut être demandé dans les mêmes conditions.**

Bibliographie : H. Angevin, actualisé par M. Lafourcade, *JCl. Proc. pén.*, art. 622 à 626-1, Fasc. 20.

1) **Décision rendue en violation des dispositions du Pacte international des droits civils et politiques selon le Comité des droits de l'homme des Nations unies.** L'article 622-1 du Code de procédure pénale prévoit que le réexamen d'une décision pénale définitive peut être demandé au bénéfice de toute personne reconnue coupable d'une infraction lorsqu'il résulte d'un arrêt rendu par la Cour européenne des droits de l'homme que la condamnation a été prononcée en violation de la Convention de sauvegarde des droits de l'Homme et des libertés fondamentales ou de ses protocoles additionnels ; dès lors, cette procédure ne peut être mise en œuvre au bénéfice d'un requérant se prévalant de constatations du Comité des droits de l'homme des Nations unies aux termes desquelles une juridiction française aurait commis à son préjudice une violation du Pacte international relatif aux droits civils et politiques (■ Cass. cour rév., 10 déc. 2015, n° 14REV017 : *Bull. crim. cour rév.* n° 5).

2) **Application de l'article 622-1.** Entre dans les prévisions de l'article 622-1 du Code de procédure pénale la demande de réexamen d'un pourvoi en cassation, formée par une personne condamnée pour diffamation publique envers des fonctionnaires publics, fondée sur une décision de la Cour européenne des droits de l'homme ayant constaté une violation de l'article 6 de la Convention européenne des droits de l'Homme en raison d'un manque d'impartialité objective de la formation de jugement de la chambre criminelle ayant rejeté son pourvoi et une violation de l'article 10 de ladite Convention, la condamnation constituant une ingérence disproportionnée dans son droit à la liberté d'expression qui n'était donc pas nécessaire dans une société démocratique : en effet, par leur nature et leur gravité, ces violations entraînent pour le condamné des conséquences dommageables, auxquelles la satisfaction équitable accordée par la Cour européenne des droits de l'homme n'a pas mis un terme (■ Cass. cour rév., 14 avr. 2016, n° 15REV135).

3) **Violation du droit de l'Union européenne.** Après une procédure pénale clôturée par une décision nationale passée en force de chose jugée, le droit de l'Union, en particulier les principes d'équivalence et d'effectivité, doit être interprété en ce sens qu'il n'impose pas à un juge national d'étendre une voie de recours de droit interne prévue en cas de violation de la Convention européenne des droits de l'Homme, aux violations du droit de l'Union, notamment aux atteintes au droit fondamental garanti à l'article 50 de la Charte des droits fondamentaux de l'Union européenne et à l'article 54 de la Convention d'application de l'accord de Schengen – principe *non bis in idem* – (CJUE, gr. ch., 24 oct. 2018, aff. C-234/17, *XC, YB, ZA* : *Europe* 2018, n° 453, obs. D. Simon).

Art. 622-2 ***(Créé à compter du 1er oct. 2014, L. n° 2014-640, 20 juin 2014).*** **– La révision et le réexamen peuvent être demandés :**

1° Par le ministre de la Justice ;

2° Par le procureur général près la Cour de cassation ;

3° Par le condamné ou, en cas d'incapacité, par son représentant légal ;

4° Après la mort ou l'absence déclarée du condamné, par son conjoint, le partenaire lié par un pacte civil de solidarité, son concubin, ses enfants, ses parents, ses petits-enfants ou arrière-petits-enfants, ou ses légataires universels ou à titre universel.

La révision peut, en outre, être demandée par les procureurs généraux près les cours d'appel.

Bibliographie : H. Angevin, actualisé par M. Lafourcade, *JCl. Proc. pén.*, art. 622 à 626-1, Fasc. 20.

CHAPITRE II. – DE LA COUR DE RÉVISION ET DE RÉEXAMEN

Art. 623 *(Rempl. à compter du 1er oct. 2014, L. n° 2014-640, 20 juin 2014).* – La demande en révision ou la demande en réexamen est adressée à la cour de révision et de réexamen. Celle-ci est composée de dix-huit magistrats de la Cour de cassation, dont le président de la chambre criminelle, qui préside la cour de révision et de réexamen. Les dix-sept autres magistrats sont désignés, par l'assemblée générale de la Cour de cassation, pour une durée de trois ans, renouvelable une fois.

Chacune des chambres de la Cour de cassation y est représentée par trois de ses membres.

Dix-sept magistrats suppléants sont désignés dans les mêmes conditions. Le conseiller de la chambre criminelle dont le rang est le plus élevé est désigné suppléant du président de la chambre criminelle.

Bibliographie : H. Angevin, actualisé par M. Lafourcade, *JCl. Proc. pén.*, art. 622 à 626-1, Fasc. 20.

Art. 623-1 *(Créé à compter du 1er oct. 2014, L. n° 2014-640, 20 juin 2014).* – La cour de révision et de réexamen désigne en son sein, pour une durée de trois ans, renouvelable une fois, cinq magistrats titulaires et cinq magistrats suppléants composant la commission d'instruction des demandes en révision et en réexamen. Cette dernière désigne en son sein un président. Les magistrats qui siègent au sein de la commission d'instruction et leurs suppléants ne peuvent siéger au sein de la formation de jugement de la cour de révision et de réexamen.

Les treize autres magistrats composent la formation de jugement de la cour de révision et de réexamen, qui statue en révision ou en réexamen. La formation de jugement est présidée par le président de la chambre criminelle.

Le parquet général près la Cour de cassation assure les fonctions du ministère public devant la commission d'instruction et la formation de jugement.

Ne peuvent siéger au sein de la commission d'instruction et de la formation de jugement ou y exercer les fonctions du ministère public les magistrats qui, dans l'affaire soumise à la cour de révision et de réexamen, ont, au sein d'autres juridictions, soit fait un acte de poursuite ou d'instruction, soit participé à une décision sur le fond relative à la culpabilité du requérant.

Bibliographie : H. Angevin, actualisé par M. Lafourcade, *JCl. Proc. pén.*, art. 622 à 626-1, Fasc. 20.

CHAPITRE III. – DE LA PROCÉDURE SUIVIE DEVANT LA COUR DE RÉVISION ET DE RÉEXAMEN

Art. 624 *(Rempl. à compter du 1er oct. 2014, L. n° 2014-640, 20 juin 2014).* – La demande en révision ou la demande en réexamen est adressée à la commission d'instruction des demandes en révision et en réexamen, qui se prononce sur sa recevabilité.

Lorsque la demande est manifestement irrecevable, le président de la commission ou son délégué peut la rejeter par une ordonnance motivée non susceptible de recours.

La commission peut ordonner l'exécution d'un supplément d'information confié à l'un ou à plusieurs de ses membres aux fins de procéder, directement ou par commission rogatoire, dans les formes prévues au présent code, à tout acte d'information utile à l'instruction de la demande, à l'exception de l'audition de toute personne à l'égard de laquelle il existe des raisons plausibles de soupçonner qu'elle a commis ou tenté de commettre une infraction.

Après avoir recueilli les observations écrites ou orales du requérant ou de son avocat, celles du ministère public ainsi que, si elle intervient à l'instance, après en avoir été dûment avisée, celles de la partie civile constituée au procès dont la révision ou le réexamen est demandé ou de son avocat, le requérant ou son avocat ayant la parole le dernier, la commission saisit la formation de jugement de la cour de révision et de réexamen si la demande lui paraît recevable.

La commission statue par une décision motivée non susceptible de recours. Cette décision, sur demande du requérant ou de son avocat, est rendue en séance publique.

Bibliographie : H. Angevin, actualisé par M. Lafourcade, *JCl. Proc. pén.*, art. 622 à 626-1, Fasc. 20.

Art. 624-1 *(Créé à compter du 1er oct. 2014, L. n° 2014-640, 20 juin 2014)*. – Lorsque la commission d'instruction des demandes en révision et en réexamen est saisie d'une demande en réexamen, son président statue par ordonnance. Il saisit la formation de jugement de la cour de révision et de réexamen des demandes formées dans le délai mentionné à l'article 622-1 pour lesquelles il constate l'existence d'un arrêt de la Cour européenne des droits de l'homme établissant une violation de la convention applicable au condamné.

Bibliographie : H. Angevin, actualisé par M. Lafourcade, *JCl. Proc. pén.*, art. 622 à 626-1, Fasc. 20.

Art. 624-2 *(Créé à compter du 1er oct. 2014, L. n° 2014-640, 20 juin 2014)*. – Lorsque la commission d'instruction des demandes en révision et en réexamen est saisie d'une demande en révision en application de l'article 622, elle prend en compte l'ensemble des faits nouveaux ou des éléments inconnus sur lesquels ont pu s'appuyer une ou des requêtes précédemment présentées et saisit la formation de jugement de la cour de révision et de réexamen des demandes pour lesquelles elle estime qu'un fait nouveau s'est produit ou qu'un élément inconnu au jour du procès s'est révélé.

Lorsque les éléments nouveaux laissent apparaître qu'un tiers pourrait être impliqué dans la commission des faits, la commission en avise sans délai le procureur de la République compétent, qui effectue les investigations nécessaires et peut ouvrir une information judiciaire, laquelle ne peut être confiée à un magistrat ayant déjà connu de l'affaire. Le procureur de la République ou le juge d'instruction ne peut saisir un service ou un officier de police judiciaire ayant participé à l'enquête à l'origine de la condamnation du demandeur.

Application. V. ▪ Cass. crim., 8 janv. 2019, n° 18-85.561.

Bibliographie : H. Angevin, actualisé par M. Lafourcade, *JCl. Proc. pén.*, art. 622 à 626-1, Fasc. 20.

Art. 624-3 *(Créé à compter du 1er oct. 2014, L. n° 2014-640, 20 juin 2014)*. – Si la formation de jugement de la cour de révision et de réexamen estime que l'affaire n'est pas en l'état, elle ordonne l'exécution d'un supplément d'information confié à l'un ou à plusieurs de ses membres aux fins de procéder, directement ou par commission rogatoire, dans les formes prévues au présent code, à tout acte d'information utile à l'instruction de la demande, à l'exception de l'audition de toute personne à l'égard de laquelle il existe des raisons plausibles de soupçonner qu'elle a commis ou tenté de commettre une infraction.

Lorsque l'affaire est en état, la formation de jugement de la cour l'examine au fond et statue, par un arrêt motivé non susceptible de recours, à l'issue d'une audience publique au cours de laquelle sont recueillies les observations orales ou écrites du requérant ou de son avocat, celles du ministère public ainsi que, si elle intervient à l'instance, après en avoir été dûment avisée, celles de la partie civile constituée au procès dont la révision ou le réexamen est demandé ou de son avocat. Le requérant ou son avocat a la parole le dernier.

Le président de la cour peut, au cours des débats, demander l'audition par la formation de jugement de toute personne utile à l'examen de la demande.

Bibliographie : H. Angevin, actualisé par M. Lafourcade, *JCl. Proc. pén.*, art. 622 à 626-1, Fasc. 20.

Art. 624-4 *(Créé à compter du 1er oct. 2014, L. n° 2014-640, 20 juin 2014)*. – Pour l'application du présent titre, le requérant est représenté dans la procédure et assisté au cours des débats par un avocat choisi par lui ou, à sa demande, commis d'office. Si la demande en révision ou en réexamen n'a pas été déclarée manifestement irrecevable en application du deuxième alinéa de l'article 624 et que le requérant n'a pas d'avocat, le président de la commission d'instruction lui en désigne un d'office. La victime peut être représentée dans la procédure et assistée au cours des débats par un avocat choisi par elle ou, à sa demande, commis d'office.

Bibliographie : H. Angevin, actualisé par M. Lafourcade, *JCl. Proc. pén.*, art. 622 à 626-1, Fasc. 20.

Rôle de l'avocat. Aux termes de l'article 624-4 du Code de procédure pénale, le requérant est représenté dans la procédure par un avocat choisi par lui ou commis d'office ; il s'en déduit que les demandes formées au cours de la procédure, telles que les demandes d'actes ou de copies de pièces prévues aux articles 624-5 et 624-6 dudit code, ne peuvent qu'être formées par l'intermédiaire de l'avocat du requérant ; les demandes de copies et d'actes formées directement par le requérant sont donc irrecevables (▪ Cass. cour rév., comm. instr., 24 nov. 2014, n° 13REV155 : *Bull. crim. comm. instr.* n° 2).

Art. 624-5 *(Créé à compter du 1er oct. 2014, L. n° 2014-640, 20 juin 2014)*. – Le requérant peut, au cours de l'instruction de sa demande, saisir la commission d'instruction des demandes en révision et en réexamen

d'une demande écrite et motivée tendant à ce qu'il soit procédé à tous actes qui lui paraissent nécessaires pour l'instruction de sa requête. La commission statue sur la demande, par une décision motivée et non susceptible de recours, dans le délai de trois mois à compter de la réception de la demande.

Bibliographie : H. Angevin, actualisé par M. Lafourcade, *JCl. Proc. pén.*, art. 622 à 626-1, Fasc. 20.

Demandes devant être formulées par l'intermédiaire de l'avocat. Les demandes d'actes ou de copies de pièces prévues aux articles 624-5 et 624-6 du Code de procédure pénale ne peuvent qu'être formées par l'intermédiaire de l'avocat du requérant, en application de l'article 624-4 dudit code selon lequel le requérant est représenté dans la procédure par un avocat choisi par lui ou commis d'office ; les demandes de copies et d'actes formées directement par le requérant sont donc irrecevables (■ Cass. cour rév., comm. instr., 24 nov. 2014, n° 13REV155 : *Bull. crim. comm. instr.* n° 2).

Art. 624-6 *(Créé à compter du 1er oct. 2014, L. n° 2014-640, 20 juin 2014).* – **Le requérant et la partie civile peuvent se faire délivrer copie de tout ou partie des pièces et actes du dossier. Si le dossier a fait l'objet d'une numérisation, cette copie est remise sous forme numérisée, le cas échéant par un moyen de télécommunication selon les modalités prévues à l'article 803-1. La délivrance de la première copie de chaque pièce ou acte du dossier est gratuite. La délivrance de cette copie doit intervenir dans le mois qui suit la demande de délivrance de cette dernière.**

Bibliographie : H. Angevin, actualisé par M. Lafourcade, *JCl. Proc. pén.*, art. 622 à 626-1, Fasc. 20.

Demandes devant être formulées par l'intermédiaire de l'avocat. Les demandes d'actes ou de copies de pièces prévues aux articles 624-5 et 624-6 du Code de procédure pénale ne peuvent qu'être formées par l'intermédiaire de l'avocat du requérant, en application de l'article 624-4 dudit code selon lequel le requérant est représenté dans la procédure par un avocat choisi par lui ou commis d'office ; les demandes de copies et d'actes formées directement par le requérant sont donc irrecevables (■ Cass. cour rév., comm. instr., 24 nov. 2014, n° 13REV155 : *Bull. crim. comm. instr.* n° 2).

CHAPITRE IV. – DE LA DÉCISION DE LA COUR DE RÉVISION ET DE RÉEXAMEN

Art. 624-7 *(Créé à compter du 1er oct. 2014, L. n° 2014-640, 20 juin 2014).* – **La formation de jugement de la cour de révision et de réexamen rejette la demande si elle l'estime mal fondée. Si elle estime la demande fondée, elle annule la condamnation prononcée, sauf lorsqu'il est fait droit à une demande en réexamen du pourvoi du condamné.**

S'il est possible de procéder à de nouveaux débats contradictoires, la formation de jugement de la cour de révision et de réexamen renvoie le requérant devant une juridiction de même ordre et de même degré, mais autre que celle dont émane la décision annulée. Toutefois, en cas de demande en réexamen et si le réexamen du pourvoi du condamné, dans des conditions conformes à la convention européenne de sauvegarde des droits de l'homme et des libertés fondamentales, est de nature à remédier à la violation constatée par la Cour européenne des droits de l'homme, elle renvoie le requérant devant l'assemblée plénière de la Cour de cassation.

S'il y a impossibilité de procéder à de nouveaux débats, notamment en cas d'amnistie, de décès, de contumace ou de défaut d'un ou de plusieurs condamnés, d'irresponsabilité pénale, en cas de prescription de l'action ou de la peine, la formation de jugement de la cour de révision et de réexamen, après l'avoir expressément constatée, statue au fond en présence des parties civiles, s'il y en a au procès, et des curateurs nommés par elle à la mémoire de chacun des morts ; dans ce cas, elle annule seulement celles des condamnations qui lui paraissent non justifiées et décharge, s'il y a lieu, la mémoire des morts.

Si l'impossibilité de procéder à de nouveaux débats ne se révèle qu'après l'arrêt de la cour de révision et de réexamen annulant l'arrêt ou le jugement de condamnation et prononçant le renvoi, la cour, sur la réquisition du ministère public, rapporte la désignation par elle faite de la juridiction de renvoi et statue comme il est dit au troisième alinéa.

Si l'annulation de la décision à l'égard d'un condamné vivant ne laisse rien subsister à sa charge qui puisse être pénalement qualifié, aucun renvoi n'est prononcé.

L'annulation de la condamnation entraîne la suppression de la fiche du casier judiciaire. La cour de révision et de réexamen peut également ordonner la suppression des mentions figurant dans les fichiers de police judiciaire, dans le fichier automatisé des empreintes digitales, dans le fichier national automatisé des empreintes génétiques et dans le fichier judiciaire national automatisé des auteurs d'infractions sexuelles ou violentes si,

compte tenu de la finalité de ces fichiers, la conservation de ces données n'apparaît plus nécessaire. Dans le cas prévu à l'avant-dernier alinéa, la suppression de ces mentions est obligatoirement ordonnée.

Bibliographie : H. Angevin, actualisé par M. Lafourcade, *JCl. Proc. pén.*, art. 622 à 626-1, Fasc. 20.

1) **Annulation sans renvoi.** Lorsque l'annulation de l'arrêt objet de la requête en révision ne laisse rien subsister qui puisse être pénalement qualifié, à la charge de l'intéressé, il n'y a pas lieu, en application de l'article 624-7 du Code de procédure pénale, d'ordonner le renvoi de l'affaire (■ Cass. cour rév., 2 avr. 2015, n° 14RE1019).

2) **Renvoi devant l'assemblée plénière de la Cour de cassation.** Dès lors que la demande visait au réexamen d'un pourvoi, qui avait été examiné par la chambre criminelle de la Cour de cassation dans une composition ne répondant pas aux exigences de l'article 6, § 1, de la Convention et qui invoquait la violation de l'article 10 de la Convention, le réexamen de ce pourvoi est de nature à remédier à ces violations, de sorte que celui-ci doit, en application de l'alinéa 2 de l'article 624-7 *in fine* du Code de procédure pénale, être renvoyé devant l'assemblée plénière de la Cour de cassation (■ Cass. cour rév., 14 avr. 2016, n° 15REV135). V. l'arrêt rendu sur ce renvoi, ■ Cass. ass. plén., 16 déc. 2016, n° 08-86.295 : *Bull. ass. plén.* n° 1 (2).

3) **Portée de l'annulation ; action civile.** L'annulation, par la Cour de révision et de réexamen, dont les décisions ne sont pas susceptibles de recours, d'une condamnation pénale entraîne, de plein droit, l'annulation des condamnations civiles exclusivement fondées sur la culpabilité originairement retenue, qu'il s'agisse d'une réparation accordée par la juridiction pénale saisie de l'action civile en même temps que de l'action publique, ou de dommages-intérêts alloués séparément par le juge civil (■ Cass. crim., 23 nov. 2021, n° 20-86.014, § 15).

CHAPITRE V. – DES DEMANDES DE SUSPENSION DE L'EXÉCUTION DE LA CONDAMNATION

Art. 625 *(Rempl. à compter du 1er oct. 2014, L. n° 2014-640, 20 juin 2014).* – **La commission d'instruction et la formation de jugement peuvent saisir la chambre criminelle d'une demande de suspension de l'exécution de la condamnation. Le condamné peut également demander la suspension de l'exécution de sa condamnation à la commission d'instruction et à la formation de jugement, qui transmettent sa demande à la chambre criminelle. Les membres de la chambre criminelle qui siègent au sein de la cour de révision et de réexamen ne prennent pas part aux débats ni à la décision.**

La chambre criminelle, lorsqu'elle ordonne la suspension de l'exécution de la condamnation, peut décider que cette suspension est assortie de l'obligation de respecter tout ou partie des conditions d'une libération conditionnelle prévues aux articles 731 et 731-1, y compris, le cas échéant, celles résultant d'un placement sous surveillance électronique mobile.

Elle précise dans sa décision les obligations et interdictions auxquelles est soumis le condamné, en désignant le juge de l'application des peines sous le contrôle duquel celui-ci est placé. Le juge de l'application des peines peut modifier les obligations et interdictions auxquelles est soumis le condamné, dans les conditions prévues à l'article 712-6.

Ces obligations et interdictions s'appliquent pendant une durée d'un an, qui peut être prolongée, pour la même durée, par la chambre criminelle.

En cas de violation par le condamné des obligations et interdictions auxquelles il est soumis, le juge de l'application des peines peut saisir la chambre criminelle pour qu'il soit mis fin à la suspension de l'exécution de la condamnation. Il peut décerner les mandats prévus à l'article 712-17 et ordonner l'incarcération provisoire du condamné en application de l'article 712-19. La chambre criminelle doit alors se prononcer dans un délai d'un mois. Si elle ne met pas fin à la suspension de l'exécution de la condamnation, elle peut modifier les obligations et interdictions auxquelles le condamné est soumis.

Si la formation de jugement de la cour, statuant en réexamen, annule la condamnation sans ordonner la suspension de son exécution, la personne qui exécute une peine privative de liberté demeure détenue, sans que cette détention puisse excéder la durée de la peine prononcée, jusqu'à la décision, selon le cas, de la Cour de cassation statuant en assemblée plénière ou de la juridiction du fond. Cette décision doit intervenir dans le délai d'un an à compter de la décision d'annulation de la cour de révision et de réexamen. Faute de décision de la Cour de cassation ou de la juridiction du fond dans ce délai, la personne est mise en liberté, à

moins qu'elle ne soit détenue pour une autre cause. Pendant ce même délai, la personne est considérée comme placée en détention provisoire et peut former des demandes de mise en liberté dans les conditions prévues aux articles 148-6 et 148-7. Ces demandes sont examinées dans les conditions prévues aux articles 148-1 et 148-2. Toutefois, lorsque la formation de jugement de la cour de révision et de réexamen a renvoyé l'affaire devant l'assemblée plénière de la Cour de cassation, les demandes de mise en liberté sont examinées par la chambre de l'instruction de la cour d'appel dans le ressort de laquelle siège la juridiction ayant condamné l'intéressé.

1) **Appréciation des mérites d'une demande de suspension.** L'appréciation des mérites de la demande de suspension de la condamnation présentée par un condamné ne saurait être dissociée de celle des chances de succès de sa demande en révision (▪ Cass. crim., 8 août 2018, n° 18-83.560 : *Dr. pén.* 2018, comm. 187, obs. V. Peltier. ▪ Cass. crim., 4 mai 2021, n° 21-81.265). L'appréciation du bien-fondé de cette demande suppose celle des incidences de l'exécution de la condamnation en particulier sur la vie privée ou professionnelle du requérant ; elle doit donc être rejetée lorsqu'il n'est ni établi ni même allégué que l'exécution de la condamnation aurait des incidences graves sur la vie privée ou professionnelle de M. M... (▪ Cass. crim., 21 oct. 2020, préc. ▪ Cass. crim., 4 mai 2021, préc.).

2) **Rejet d'une demande de suspension – Illustration.** Si la rétractation d'un des dénonciateurs, fils du condamné, a pu justifier la saisine de la cour de révision et de réexamen des condamnations pénales, cette rétractation, en l'état des autres éléments du dossier dont dispose la chambre criminelle, ne constitue pas un motif suffisant de suspension de l'exécution de la condamnation ; au surplus, en raison du contexte familial dans lequel s'inscrivent les faits, il convient d'éviter, entre M. X... et les membres de sa famille, tous contacts susceptibles d'interférer avec les débats devant la formation de jugement de la cour de révision et de réexamen des condamnations pénales (▪ Cass. crim., 23 août 2017, n° 17-84.146).

3) **Admission d'une demande de suspension – Illustration.** V. ▪ Cass. crim., 8 janv. 2019, n° 18-85.561, visant « une probabilité suffisante d'une admission de la demande en révision pour pouvoir ordonner la suspension de l'exécution de la condamnation pénale infligée au requérant ».

Art. 625-1 ***(L. n° 89-431, 23 juin 1989 ; implicitement abr. à compter du 1er oct. 2014, L. n° 2014-640, 20 juin 2014).***

CHAPITRE VI. – DES DEMANDES D'ACTES PRÉALABLES

Art. 626 ***(Rempl. à compter du 1er oct. 2014, L. n° 2014-640, 20 juin 2014).*** **– La personne reconnue coupable d'un crime ou d'un délit par une décision pénale définitive ou, en cas d'incapacité, son représentant légal ou, en cas de décès ou d'absence déclarée, les personnes mentionnées au 4° de l'article 622-2 qui envisagent de saisir la cour de révision et de réexamen d'une demande en révision peuvent saisir le procureur de la République d'une demande écrite et motivée tendant à ce qu'il soit procédé à tous actes qui leur paraissent nécessaires à la production d'un fait nouveau ou à la révélation d'un élément inconnu au jour du procès. La demande doit porter sur des actes déterminés et, lorsqu'elle concerne une audition, préciser l'identité de la personne dont l'audition est souhaitée.**

Le procureur statue sur la demande, par une décision motivée, dans un délai de deux mois à compter de la réception de la demande. En cas de refus, le demandeur peut former un recours auprès du procureur général, qui se prononce dans un délai d'un mois.

Bibliographie : H. Angevin, actualisé par M. Lafourcade, *JCl Proc. pén.*, art. 622 à 626-1, Fasc. 20.

CHAPITRE VII. – DE LA RÉPARATION À RAISON D'UNE CONDAMNATION

Art. 626-1 ***(Créé à compter du 1er oct. 2014, L. n° 2014-640, 20 juin 2014).*** **– Sans préjudice du chapitre unique du titre IV du livre Ier du Code de l'organisation judiciaire, un condamné reconnu innocent à la suite d'une révision ou d'un réexamen accordé en application du présent titre a droit à réparation intégrale du préjudice matériel et moral que lui a causé la condamnation. Toutefois, aucune réparation n'est due lorsque la personne a été condamnée pour des faits dont elle s'est librement et volontairement accusée ou laissée accuser à tort en vue de faire échapper l'auteur des faits aux poursuites.**

Peut également demander une réparation, dans les mêmes conditions, toute personne justifiant du préjudice que lui a causé la condamnation.

À la demande de l'intéressé, le préjudice est évalué par expertise contradictoire réalisée dans les conditions mentionnées à la section 9 du chapitre Ier du titre III du livre Ier du présent code.

La réparation est allouée par le premier président de la cour d'appel dans le ressort de laquelle réside l'intéressé et suivant la procédure prévue aux articles 149-2 à 149-4. Si la personne en fait la demande, la réparation peut également être allouée par la décision d'où résulte son innocence. Devant la cour d'assises, la réparation est allouée par la cour statuant, comme en matière civile, sans l'assistance des jurés.

Cette réparation est à la charge de l'État, sauf recours contre la partie civile, le dénonciateur ou le faux témoin par la faute desquels la condamnation a été prononcée. Elle est payée comme frais de justice criminelle, correctionnelle et de police.

Si le demandeur le requiert, l'arrêt ou le jugement d'où résulte l'innocence du condamné est affiché dans la ville où a été prononcée la condamnation, dans la commune du lieu où le crime ou le délit a été commis, dans celle du domicile du demandeur, dans celles du lieu de naissance et du dernier domicile du condamné, s'il est décédé ou déclaré absent ; dans les mêmes conditions, il est ordonné qu'il soit inséré au *Journal officiel* et publié par extraits dans cinq journaux au choix de la juridiction qui a prononcé la décision.

Les frais de la publicité mentionnée à l'avant-dernier alinéa sont à la charge du Trésor.

Bibliographie : H. Angevin, actualisé par M. Lafourcade, *JCl. Proc. pén.*, art. 622 à 626-1, Fasc. 20.

LIVRE QUATRIÈME

DE QUELQUES PROCÉDURES PARTICULIÈRES (1)

TITRE PREMIER. – DES RÈGLES DE PROCÉDURE APPLICABLES AUX CRIMES CONTRE L'HUMANITÉ ET AUX CRIMES DE GUERRE

(L. n° 2011-1862, 13 déc.)

Art. 627 *(L. n° 2002-268, 26 févr. 2002).* – **Pour l'application du statut de la Cour pénale internationale signé le 18 juillet 1998, la France participe à la répression des infractions et coopère avec cette juridiction dans les conditions fixées par le présent titre.**

Les dispositions qui suivent sont applicables à toute personne poursuivie devant la Cour pénale internationale ou condamnée par celle-ci à raison des actes qui constituent, au sens des articles 6 à 8 et 25 du statut, un génocide, des crimes contre l'humanité ou des crimes de guerre.

Bibliographie : *Répertoire.* O. Beauvallet, *JCl. Proc. pén.*, art. 662 à 627-20, Fasc. 15, Cour pénale internationale, et Fasc. 20 de la coopération avec la Cour pénale internationale.

Généralités. G. Canivet, *Les influences croisées entre juridictions nationales et internationales : RSC* 2005, p. 799. • J. Cantegreil, *Sur la seconde loi française d'adaptation du Statut de Rome, essai de prospective systémale : RSC* 2004, p. 803. • A. Cassese, *La justice pénale internationale : D.* 2001, p. 2758. • J. Cazala, *Est-il risqué pour les États de coopérer avec les juridictions pénales internationales ? Réflexions sur les relations entre juridictions pénales nationales, tribunaux pénaux internationaux et Cour européenne des droits de l'homme : RSC* 2003, p. 721. • M. Delmas-Marty, *Le droit pénal comme éthique de la mondialisation : RSC* 2004, p. 1 ; *La CPI et les interactions entre droit interne et international : RSC* 2005, p. 473. • T. Herran (Dir.), *Les vingt ans du statut de Rome : bilan et perspectives de la CPI, Pédone,* 2020. • S. Manacorda et G. Werle, *L'adaptation des systèmes pénaux nationaux au Statut de Rome. Le paradigme du « Völkerstrafgesetzbuch » allemand : RSC* 2003, p. 501. • P.-M. Martin, *La cour pénale internationale : Quel avenir pour une illusion ? : D.* 1998, chron. p. 337.

(1) Dans les présentes dispositions, à compter du 24 mars 2020, les références au placement sous surveillance électronique sont remplacées par des références à la détention à domicile sous surveillance électronique, sauf lorsqu'il est fait mention du placement sous surveillance électronique mobile, L. n° 2019-222, 23 mars 2019, art. 74, X et 109, XIX.

Sous-titre premier. – De la coopération avec la Cour pénale internationale

(L. n° 2011-1862, 13 déc. 2011)

CHAPITRE I. – DE LA COOPÉRATION JUDICIAIRE

Section I. – De l'entraide judiciaire

Art. 627-1 *(Mod., L. n° 2020-1672, 24 déc. 2020)*. – Les demandes d'entraide sont exécutées, selon les cas, par le procureur de la République antiterroriste ou par le juge d'instruction de Paris qui agissent sur l'ensemble du territoire national en présence, le cas échéant, du procureur près la Cour pénale internationale ou de son représentant, ou de toute autre personne mentionnée dans la demande de la Cour pénale internationale.

Les procès-verbaux établis en exécution de ces demandes sont adressés à la Cour pénale internationale par les autorités compétentes en vertu de l'article 87 du statut.

En cas d'urgence, les copies certifiées conformes des procès-verbaux peuvent être adressées directement et par tout moyen à la Cour pénale internationale. Les procès-verbaux sont ensuite transmis dans les formes prévues aux alinéas précédents.

Art. 627-2 *(L. n° 2002-268, 26 févr. 2002)*. – Les demandes d'entraide sont exécutées, selon les cas, par le procureur de la République ou par le juge d'instruction de Paris qui agissent sur l'ensemble du territoire national en présence, le cas échéant, du procureur près la Cour pénale internationale ou de son représentant, ou de toute autre personne mentionnée dans la demande de la Cour pénale internationale.

Les procès-verbaux établis en exécution de ces demandes sont adressés à la Cour pénale internationale par les autorités compétentes en vertu de l'article 87 du statut.

En cas d'urgence, les copies certifiées conformes des procès-verbaux peuvent être adressées directement et par tout moyen à la Cour pénale internationale. Les procès-verbaux sont ensuite transmis dans les formes prévues aux alinéas précédents.

Art. 627-3 *(Mod., L. n° 2010-768, 9 juill. 2010)*. – L'exécution sur le territoire français des mesures conservatoires mentionnées au *k* du paragraphe 1 de l'article 93 du statut est ordonnée, aux frais avancés du Trésor et selon les modalités prévues par le présent code, par le procureur de la République de Paris. La durée maximale de ces mesures est limitée à deux ans. Elles peuvent être renouvelées dans les mêmes conditions avant l'expiration de ce délai à la demande de la Cour pénale internationale.

Le procureur de la République de Paris transmet aux autorités compétentes, en vertu de l'article 87 du statut, toute difficulté relative à l'exécution de ces mesures, afin que soient menées les consultations prévues aux articles 93, paragraphe 3, et 97 du statut.

Section II. – De l'arrestation et de la remise

Art. 627-4 *(L. n° 2002-268, 26 févr. 2002)*. – Les demandes d'arrestation aux fins de remise délivrées par la Cour pénale internationale sont adressées, en original et accompagnées de toutes pièces justificatives, aux autorités compétentes en vertu de l'article 87 du statut qui, après s'être assurées de leur régularité formelle, les transmettent au procureur général près la cour d'appel de Paris et, dans le même temps, les mettent à exécution dans toute l'étendue du territoire de la République.

En cas d'urgence, ces demandes peuvent aussi être adressées directement et par tout moyen au procureur de la République territorialement compétent. Elles sont ensuite transmises dans les formes prévues à l'alinéa précédent.

Art. 627-5 *(Mod., L. n° 2011-392, 14 avr. 2011)*. – Toute personne appréhendée en vertu d'une demande d'arrestation aux fins de remise doit être déférée dans les vingt-quatre heures au procureur de la République territorialement compétent. Dans ce délai, les dispositions des articles 63-1 à 63-7 du présent code lui sont applicables.

Après avoir vérifié l'identité de cette personne, ce magistrat l'informe, dans une langue qu'elle comprend, qu'elle fait l'objet d'une demande d'arrestation aux fins de remise et qu'elle comparaîtra, dans un délai maximum de cinq jours, devant le procureur général près la cour d'appel de Paris. Le procureur de la République l'informe également qu'elle pourra être assistée par un avocat de son choix ou, à défaut, par un avocat commis d'office par le bâtonnier de l'ordre des avocats, informé sans délai et par tout moyen. Il l'avise de même qu'elle pourra s'entretenir immédiatement avec l'avocat désigné.

Mention de ces informations est faite au procès-verbal, qui est aussitôt transmis au procureur général près la cour d'appel de Paris.

S'il décide de ne pas laisser en liberté la personne réclamée, le procureur de la République la présente au juge des libertés et de la détention qui ordonne son incarcération à la maison d'arrêt. Toutefois, s'il estime que sa représentation à tous les actes de la procédure est suffisamment garantie au regard des principes édictés à l'article 59 de la convention portant statut de la Cour pénale internationale signée à Rome le 18 juillet 1998, le juge des libertés et de la détention peut soumettre la personne réclamée, jusqu'à sa comparution devant la chambre de l'instruction, à une ou plusieurs des mesures prévues aux articles 138 et 142-5. L'article 696-21 est applicable.

Art. 627-6 *(L. n° 2002-268, 26 févr. 2002)*. – La personne réclamée est transférée, s'il y a lieu, et écrouée à la maison d'arrêt du ressort de la cour d'appel de Paris. Le transfèrement doit avoir lieu dans un délai maximum de cinq jours à compter de sa présentation au procureur de la République, faute de quoi la personne réclamée est immédiatement libérée sur décision du président de la chambre de l'instruction de la cour d'appel de Paris, à moins que le transfèrement ait été retardé par des circonstances insurmontables.

Le procureur général près cette même cour lui notifie, dans une langue qu'elle comprend, la demande d'arrestation aux fins de remise ainsi que les chefs d'accusation portés contre elle.

Lorsque la personne réclamée a déjà demandé l'assistance d'un avocat et que celui-ci a été dûment convoqué, le procureur général reçoit ses déclarations.

Dans les autres cas, ce magistrat lui rappelle son droit de choisir un avocat ou de demander qu'il lui en soit désigné un d'office. L'avocat choisi ou, dans le cas d'une demande de commission d'office, le bâtonnier de l'ordre des avocats en est informé par tout moyen et sans délai. L'avocat peut consulter sur-le-champ le dossier et communiquer librement avec la personne réclamée. Le procureur général reçoit les déclarations de cette dernière après l'avoir avertie qu'elle est libre de ne pas en faire. Mention de cet avertissement est faite au procès-verbal.

Art. 627-7 *(L. n° 2002-268, 26 févr. 2002)*. – La chambre de l'instruction est immédiatement saisie de la procédure. La personne réclamée comparaît devant elle dans un délai de huit jours à compter de sa présentation au procureur général. Sur la demande de ce dernier ou de la personne réclamée, un délai supplémentaire de huit jours peut être accordé avant les débats. Il est ensuite procédé à un interrogatoire, dont il est dressé procès-verbal.

Les débats se déroulent et l'arrêt est rendu en audience publique, sauf si la publicité est de nature à nuire au bon déroulement de la procédure en cours, aux intérêts d'un tiers ou à la dignité de la personne. Dans ces cas, la chambre de l'instruction, à la demande du ministère public, de la personne réclamée ou d'office, statue par un arrêt rendu en chambre du conseil qui n'est susceptible de pourvoi en cassation qu'en même temps que l'arrêt portant sur la remise prévue à l'article 627-8.

Le ministère public et la personne réclamée sont entendus, cette dernière assistée, le cas échéant, de son avocat et, s'il y a lieu, en présence d'un interprète.

Art. 627-8 *(L. n° 2002-268, 26 févr. 2002)*. – Lorsque la chambre de l'instruction constate qu'il n'y a pas d'erreur évidente, elle ordonne la remise de la personne réclamée et, si celle-ci est libre, son incarcération à cette fin. Toute autre question soumise à la chambre de l'instruction est renvoyée à la Cour pénale internationale qui lui donne les suites utiles.

La chambre de l'instruction statue dans les quinze jours de la comparution devant elle de la personne réclamée. En cas de pourvoi, la chambre criminelle de la Cour de cassation statue dans un délai de deux mois suivant la réception du dossier à la Cour de cassation.

La remise à la Cour pénale internationale de la personne demandée est subordonnée par l'article 627-8 du Code de procédure pénale au seul constat qu'il n'y a pas d'erreur évidente sur celle-ci. C'est à bon droit que la chambre de l'instruction s'est déclarée incompétente pour connaître de crimes contre l'Humanité commis au Congo, par un ressortissant rwandais, dès lors qu'une demande de remise avait été formulée par la Cour pénale internationale. En effet, en application de l'article 698-11 du Code de procédure pénale, la compétence des juridictions françaises ne peut être exercée que par le ministère public si aucune juridiction internationale ou nationale ne demande la remise ou l'extradition de la personne (▪ Cass. crim., 4 janv. 2011, n° 10-87.760 : *JurisData* n° 2011-000204 ; *Bull. crim.* n° 2).

Art. 627-9 *(Mod., L. n° 2011-392, 14 avr. 2011).* **– La mise en liberté ou la mainlevée ou la modification du contrôle judiciaire ou de l'assignation à résidence sous surveillance électronique peut être demandée à tout moment à la chambre de l'instruction de la Cour d'appel de Paris qui procède conformément à l'article 59 du statut et à la procédure prévue aux articles 148-1 et suivants du présent code. La chambre de l'instruction statue par un arrêt rendu en audience publique et motivé par référence aux dispositions du paragraphe 4 de l'article 59 susvisé.**

La demande de mise en liberté introduite par une personne arrêtée en vertu d'un mandat délivré par la Cour pénale internationale en vue d'une remise à cette juridiction doit être appréciée et motivée par référence aux dispositions du paragraphe 4 de l'article 59 de son Statut, et non par référence à celles de l'article 144 du Code de procédure pénale (▪ Cass. crim., 4 janv. 2011, n° 10-87.759 : *JurisData* n° 2011-000185 ; *Bull. inf. C. cass.* 1er mai 2011, n° 533).

Art. 627-10 *(L. n° 2002-268, 26 févr. 2002).* **– L'arrêt rendu par la chambre de l'instruction et, le cas échéant, le lieu et la date de la remise de la personne réclamée, ainsi que la durée de la détention subie en vue de cette remise, sont portés à la connaissance de la Cour pénale internationale, par tout moyen, par les autorités compétentes en vertu de l'article 87 du statut.**

La personne réclamée est remise dans un délai d'un mois à compter du jour où cette décision est devenue définitive, faute de quoi elle est immédiatement libérée sur décision du président de la chambre de l'instruction, à moins que sa remise ait été retardée par des circonstances insurmontables.

Art. 627-11 *(L. n° 2002-268, 26 févr. 2002).* **– Les dispositions des articles 627-4 à 627-10 sont également applicables si la personne réclamée est poursuivie ou condamnée en France pour d'autres chefs que ceux visés par la demande de la Cour pénale internationale. Toutefois, la personne détenue dans ces conditions ne peut bénéficier d'une mise en liberté au titre des articles 627-6, 627-9 et du second alinéa de l'article 627-10.**

La procédure suivie devant la Cour pénale internationale suspend, à l'égard de cette personne, la prescription de l'action publique et de la peine.

Art. 627-12 *(L. n° 2002-268, 26 févr. 2002).* **– Le transit sur le territoire français est autorisé conformément à l'article 89 du statut par les autorités compétentes en vertu de l'article 87 du statut.**

Art. 627-13 *(L. n° 2002-268, 26 févr. 2002).* **– Lorsque la cour sollicite l'extension des conditions de la remise accordée par les autorités françaises, la demande est transmise aux autorités compétentes en vertu de l'article 87 du statut, qui la communiquent, avec toutes les pièces justificatives ainsi que les observations éventuelles de l'intéressé, à la chambre de l'instruction de la cour d'appel de Paris.**

Si, au vu des pièces considérées et, le cas échéant, des explications de l'avocat de la personne concernée, la chambre de l'instruction constate qu'il n'y a pas d'erreur évidente, elle autorise l'extension sollicitée.

Art. 627-14 *(L. n° 2002-268, 26 févr. 2002).* **– La personne qui a fait l'objet d'une arrestation provisoire dans les conditions prévues à l'article 92 du statut peut, si elle y consent, être remise à la Cour pénale internationale avant que les autorités compétentes en vertu de l'article 87 du statut aient été saisies d'une demande formelle de remise de la part de la juridiction internationale.**

La décision de remise est prise par la chambre de l'instruction de la cour d'appel de Paris après que celle-ci a informé la personne concernée de son droit à une procédure formelle de remise et a recueilli son consentement.

Au cours de son audition par la chambre de l'instruction, la personne concernée peut se faire assister par un avocat de son choix ou, à défaut, par un avocat commis d'office par le bâtonnier et, s'il y a lieu, par un interprète.

La personne qui a fait l'objet d'une arrestation provisoire dans les conditions prévues à l'article 92 du statut et qui n'a pas consenti à être remise à la cour peut être libérée si les autorités compétentes en vertu de l'article 87 du statut ne reçoivent pas de demande formelle de remise dans le délai prescrit par le règlement de procédure et de preuve de cette juridiction internationale.

La libération est décidée par la chambre de l'instruction sur requête présentée par l'intéressé. La chambre de l'instruction statue dans les huit jours de la comparution devant elle de la personne arrêtée.

Art. 627-15 *(L. n° 2002-268, 26 févr. 2002).* – Toute personne détenue sur le territoire de la République peut, si elle y consent, être transférée à la Cour pénale internationale à des fins d'identification ou d'audition ou pour l'accomplissement de tout autre acte d'instruction. Le transfert est autorisé par le ministre de la Justice.

CHAPITRE II. – DE L'EXÉCUTION DES PEINES ET DES MESURES DE RÉPARATION PRONONCÉES PAR LA COUR PÉNALE INTERNATIONALE

Section I. – De l'exécution des peines d'amende et de confiscation ainsi que des mesures de réparation en faveur des victimes

Art. 627-16 *(L. n° 2002-268, 26 févr. 2002).* – Lorsque la Cour pénale internationale en fait la demande, l'exécution des peines d'amende et de confiscation ou des décisions concernant les réparations prononcées par celle-ci est autorisée par le tribunal correctionnel de Paris saisi, à cette fin, par le procureur de la République. La procédure suivie devant le tribunal correctionnel obéit aux règles du présent code.

Le tribunal est lié par la décision de la Cour pénale internationale, y compris en ce qui concerne les dispositions relatives aux droits des tiers. Toutefois, dans le cas d'exécution d'une ordonnance de confiscation, il peut ordonner toutes les mesures destinées à permettre de récupérer la valeur du produit, des biens ou des avoirs dont la cour a ordonné la confiscation, lorsqu'il apparaît que l'ordonnance de confiscation ne peut pas être exécutée. Le tribunal entend le condamné ainsi que toute personne ayant des droits sur les biens, au besoin par commission rogatoire. Ces personnes peuvent se faire représenter par un avocat.

Lorsque le tribunal constate que l'exécution d'une ordonnance de confiscation ou de réparation aurait pour effet de porter préjudice à un tiers de bonne foi qui ne peut relever appel de ladite ordonnance, il en informe le procureur de la République aux fins de renvoi de la question à la Cour pénale internationale qui lui donne toutes suites utiles.

Art. 627-17 *(L. n° 2002-268, 26 févr. 2002).* – L'autorisation d'exécution rendue par le tribunal correctionnel en vertu de l'article précédent entraîne, selon la décision de la Cour pénale internationale, transfert du produit des amendes et des biens confisqués ou du produit de leur vente à la cour ou au fonds en faveur des victimes. Ces biens ou sommes peuvent également être attribués aux victimes, si la cour en a décidé et a procédé à leur désignation.

Toute contestation relative à l'affectation du produit des amendes, des biens ou du produit de leur vente est renvoyée à la Cour pénale internationale qui lui donne les suites utiles.

Section II. – De l'exécution des peines d'emprisonnement

Art. 627-18 *(Mod., L. n° 2004-204, 9 mars 2004).* – Lorsque, en application de l'article 103 du statut, le Gouvernement a accepté de recevoir une personne condamnée par la Cour pénale internationale sur le territoire de la République afin que celle-ci y purge sa peine d'emprisonnement, la condamnation prononcée est directement et immédiatement exécutoire dès le transfert de cette personne sur le sol national, pour la partie de peine restant à subir.

Sous réserve des dispositions du statut et de la présente section, l'exécution et l'application de la peine sont régies par les dispositions du présent code, à l'exception des articles 728-2 à 728-8.

Art. 627-19 *(L. n° 2002-268, 26 févr. 2002).* – Dès son arrivée sur le territoire de la République, la personne transférée est présentée au procureur de la République du lieu d'arrivée, qui procède à son interrogatoire d'identité et en dresse procès-verbal. Toutefois, si l'interrogatoire ne peut être immédiatement effectué, la personne est conduite à la maison d'arrêt où elle ne peut être détenue plus de vingt-quatre heures. À l'expiration de ce délai, elle est conduite d'office devant le procureur de la République par les soins du chef d'établissement.

Au vu des pièces constatant l'accord entre le Gouvernement français et la Cour pénale internationale concernant le transfert de l'intéressé, d'une copie certifiée conforme du jugement de condamnation et d'une notification par la cour de la date de début d'exécution de la peine et de la durée restant à accomplir, le procureur de la République ordonne l'incarcération immédiate de la personne condamnée.

Art. 627-20 *(L. n° 2002-268, 26 févr. 2002)*. – Si la personne condamnée dépose une demande de placement à l'extérieur, de semi-liberté, de réduction de peine, de fractionnement ou de suspension de peine, de placement sous surveillance électronique (1) ou de libération conditionnelle, sa requête est adressée au procureur général près la cour d'appel dans le ressort de laquelle elle est incarcérée qui la transmet au ministre de la justice.

Celui-ci communique la requête à la Cour pénale internationale dans les meilleurs délais, avec tous les documents pertinents.

La Cour pénale internationale décide si la personne condamnée peut ou non bénéficier de la mesure considérée. Lorsque la décision de la cour est négative, le Gouvernement indique à la cour s'il accepte de garder la personne condamnée sur le territoire de la République ou s'il entend demander son transfert dans un autre État qu'elle aura désigné.

Sous-titre II. – Des juridictions compétentes pour la poursuite, l'instruction et le jugement des crimes contre l'humanité et des crimes et délits de guerre

(L. n° 2011-1862, 13 déc. 2011) (2)

Art. 628 *(L. n° 2011-1862, 13 déc. 2011)*. – Les crimes contre l'humanité et les crimes et délits de guerre *(Mots aj. à compter d'une date fixée par décret et au plus tard le 1er janv. 2020, L. n° 2019-222, 23 mars 2019)* « , ainsi que les infractions qui leur sont connexes, » sont poursuivis, instruits et jugés selon les règles du présent code sous réserve des dispositions du présent sous-titre.

Art. 628-1 *(Mod., L. n° 2020-1672, 24 déc. 2020)*. – Pour la poursuite, l'instruction et le jugement des infractions entrant dans le champ d'application de l'article 628, le procureur de la République antiterroriste, le pôle de l'instruction et la cour d'assises de Paris exercent une compétence concurrente à celle qui résulte de l'application des articles 43 et 52.

En ce qui concerne les mineurs, le procureur de la République antiterroriste, le pôle de l'instruction, le tribunal pour enfants et la cour d'assises des mineurs de Paris exercent une compétence concurrente à celle qui résulte de l'application de l'ordonnance n° 45-174 du 2 février 1945 relative à l'enfance délinquante.

Lorsqu'ils sont compétents pour la poursuite et l'instruction des infractions entrant dans le champ d'application de l'article 628, le procureur de la République antiterroriste et le pôle de l'instruction de Paris exercent leurs attributions sur toute l'étendue du territoire national.

Par dérogation à l'article 34, le ministère public près la cour d'assises statuant en première instance est représenté, lorsqu'il exerce sa compétence pour la poursuite des infractions entrant dans le champ d'application

(1) Selon les dispositions de la loi n° 2019-222 du 23 mars 2019, les références au placement sous surveillance électronique sont remplacées par des références à la détention à domicile sous surveillance électronique, sauf lorsqu'il est fait mention du placement sous surveillance électronique mobile, à compter du 24 mars 2020. – NDLR.

(2) Les dispositions du présent sous-titre, dans leur rédaction résultant de la loi n° 2019-222 du 23 mars 2019, sont applicables aux faits pouvant être qualifiés de crime contre l'humanité et de crimes ou délits de guerre commis avant l'entrée en vigueur de ces dispositions et qui peuvent être réprimés sous une autre qualification pénale en vigueur au moment où ils ont été commis.

de l'article 628, par le procureur de la République antiterroriste en personne ou par ses substituts. En appel, le procureur général peut se faire représenter par le procureur de la République antiterroriste ou l'un de ses substituts.

Par dérogation au second alinéa de l'article 380-1, en cas d'appel d'un arrêt de la cour d'assises de Paris compétente en application du présent article, le premier président de la cour d'appel de Paris ou la chambre criminelle de la Cour de cassation peut désigner cette même cour d'assises, autrement composée, pour connaître de l'appel.

Art. 628-2 *(Mod., L. n° 2019-222, 23 mars 2019).* – Le procureur de la République près un tribunal judiciaire autre que celui de Paris peut, pour les infractions entrant dans le champ d'application de l'article 628, requérir le collège de l'instruction de se dessaisir au profit de la juridiction d'instruction de Paris. Les parties sont préalablement avisées et invitées à faire connaître leurs observations par le collège de l'instruction ; l'ordonnance est rendue huit jours au plus tôt et un mois au plus tard à compter de cet avis.

L'ordonnance par laquelle le collège de l'instruction se dessaisit ne prend effet qu'à compter du délai de cinq jours prévu à l'article 628-6 ; lorsqu'un recours est exercé en application de ce même article, le collège de l'instruction demeure saisi jusqu'à ce que l'arrêt de la chambre criminelle de la Cour de cassation soit porté à sa connaissance.

Dès que l'ordonnance est devenue définitive, le procureur de la République adresse le dossier de la procédure au procureur de la République antiterroriste.

Le présent article est applicable devant la chambre de l'instruction.

Art. 628-3 *(L. n° 2011-1862, 13 déc. 2011).* – Lorsqu'il apparaît au collège de l'instruction de Paris que les faits dont il a été saisi ne constituent pas une des infractions entrant dans le champ d'application de l'article 628 et ne relèvent pas de sa compétence à un autre titre, ce magistrat se déclare incompétent soit sur requête du procureur de la République *(Mot aj. à compter d'une date fixée par décret et au plus tard le 1er janv. 2020, L. n° 2019-222, 23 mars 2019)* « antiterroriste », soit, après avis de ce dernier, d'office ou sur requête des parties. Celles des parties qui n'ont pas présenté une requête sont préalablement avisées et invitées à faire connaître leurs observations ; l'ordonnance est rendue au plus tôt huit jours après cet avis.

Le deuxième alinéa de l'article 628-2 est applicable à l'ordonnance par laquelle le collège de l'instruction de Paris se déclare incompétent.

Dès que l'ordonnance est devenue définitive, le procureur de la République de Paris adresse le dossier de la procédure au procureur de la République territorialement compétent.

Le présent article est applicable lorsque la chambre de l'instruction de la cour d'appel de Paris statue sur sa compétence.

Le présent article est applicable lorsque la chambre de l'instruction de la cour d'appel *(Mots rempl. à compter d'une date fixée par décret et au plus tard le 1er janv. 2020, L. n° 2019-222, 23 mars 2019)* « antiterroriste » statue sur sa compétence.

Art. 628-4 *(L. n° 2011-1862, 13 déc. 2011).* – Lorsque le tribunal correctionnel ou le tribunal pour enfants de Paris se déclare incompétent pour les motifs prévus à l'article 628-3, il renvoie le ministère public à se pourvoir ainsi qu'il avisera ; il peut, le ministère public entendu, décerner, par la même décision, mandat de dépôt ou d'arrêt contre le prévenu.

Art. 628-5 *(L. n° 2011-1862, 13 déc. 2011).* – Dans les cas prévus aux articles 628-2 à 628-4, le mandat de dépôt ou d'arrêt conserve sa force exécutoire ; les actes de poursuite ou d'instruction et les formalités intervenus avant que la décision de dessaisissement ou d'incompétence soit devenue définitive n'ont pas à être renouvelés.

Art. 628-6 *(Créé et mod., L. n° 2011-1862, 13 déc. 2011).* – Toute ordonnance rendue sur le fondement des articles 628-2 ou 628-3 par laquelle un juge d'instruction statue sur son dessaisissement ou le juge d'instruction de Paris statue sur sa compétence peut, à l'exclusion de toute autre voie de recours, être déférée dans les cinq jours de sa notification, à la requête du ministère public ou des parties, à la chambre criminelle de la Cour de cassation qui désigne, dans les huit jours suivant la date de réception du dossier, la juridiction chargée de poursuivre l'information. Le ministère public peut également saisir directement la chambre criminelle de la Cour de cassation lorsque le juge d'instruction n'a pas rendu son ordonnance dans le délai d'un mois prévu au premier alinéa de l'article 628-2.

La chambre criminelle qui constate que le juge d'instruction du tribunal judiciaire de Paris n'est pas compétent peut néanmoins, dans l'intérêt d'une bonne administration de la justice, décider que l'information est poursuivie à ce tribunal.

L'arrêt de la chambre criminelle est porté à la connaissance du juge d'instruction ainsi qu'à celle du ministère public et signifié aux parties.

Le présent article est applicable à l'arrêt rendu sur le fondement du dernier alinéa des articles 628-2 et 628-3 par lequel une chambre de l'instruction statue sur son dessaisissement ou sa compétence.

Art. 628-7 *(Mod., L. n° 2020-1672, 24 déc. 2020).* – Par dérogation à l'article 712-10, sont seuls compétents le juge de l'application des peines du tribunal judiciaire de Paris, le tribunal de l'application des peines de Paris et la chambre de l'application des peines de la cour d'appel de Paris pour prendre les décisions concernant les personnes condamnées pour une infraction entrant dans le champ d'application de l'article 628, quel que soit le lieu de détention ou de résidence du condamné.

Ces décisions sont prises après avis du juge de l'application des peines compétent en application de l'article 712-10.

Pour l'exercice de leurs attributions, les magistrats des juridictions mentionnées au premier alinéa du présent article peuvent se déplacer sur l'ensemble du territoire national, sans préjudice de l'application de l'article 706-71 sur l'utilisation de moyens de télécommunication.

Le ministère public auprès des juridictions du premier degré de Paris compétentes en application du présent article est représenté par le procureur de la République antiterroriste en personne ou par ses substituts.

Art. 628-8 *(L. n° 2011-1862, 13 déc. 2011).* – Le chapitre II du titre XXV du présent livre IV, à l'exception des articles 706-88-1 et 706-88-2, est applicable à l'enquête, la poursuite et l'instruction des crimes entrant dans le champ d'application de l'article 628.

Pour l'application du sixième alinéa de l'article 706-88, l'intervention de l'avocat peut être différée pendant une durée maximale de soixante-douze heures.

Art. 628-9 *(L. n° 2011-1862, 13 déc. 2011).* – Peuvent exercer les fonctions d'assistant spécialisé auprès des juridictions et magistrats mentionnés à l'article 628-1 les fonctionnaires de catégories A et B ainsi que les personnes titulaires, dans des matières définies par décret, d'un diplôme national sanctionnant une formation d'une durée au moins égale à quatre années d'études supérieures après le baccalauréat qui remplissent les conditions d'accès à la fonction publique et justifient d'une expérience professionnelle minimale de quatre années.

Les assistants spécialisés suivent une formation obligatoire préalable à leur entrée en fonction.

Les assistants spécialisés participent aux procédures sous la responsabilité des magistrats, sans pouvoir toutefois recevoir délégation de signature, sauf pour les réquisitions prévues aux articles 60-1, 60-2, 77-1-2, 99-3 et 99-4.

Ils accomplissent toutes les tâches qui leur sont confiées par les magistrats et peuvent notamment :

1° Assister les juges d'instruction dans tous les actes d'information ;

2° Assister les magistrats du ministère public dans l'exercice de l'action publique ;

3° Assister les officiers de police judiciaire agissant sur délégation des magistrats ;

4° Remettre aux magistrats des documents de synthèse ou d'analyse qui peuvent être versés au dossier de la procédure ;

5° Mettre en œuvre le droit de communication reconnu aux magistrats en application de l'article 132-22 du Code pénal.

Le procureur général peut leur demander d'assister le ministère public devant la juridiction d'appel.

Ils ont accès au dossier de la procédure pour l'exécution des tâches qui leur sont confiées et sont soumis au secret professionnel sous les peines prévues à l'article 226-13 du même code.

Un décret en Conseil d'État précise les modalités d'application du présent article, notamment la durée pour laquelle les assistants spécialisés sont nommés et les modalités selon lesquelles ils prêtent serment.

Art. 628-10 *(Rempl., L. n° 2019-222, 23 mars 2019)*. **– Le présent sous-titre est également applicable, lorsque la loi pénale française est applicable, aux crimes de torture au sens de l'article 1er de la convention contre la torture et autres peines ou traitements cruels, inhumains ou dégradants adoptée à New York le 10 décembre 1984 ainsi qu'aux crimes de disparition forcée.**

TITRE PREMIER *BIS*. – DE LA QUESTION PRIORITAIRE DE CONSTITUTIONNALITÉ

(Titre créé à compter du 1er mars 2010, L. org. n° 2009-1523, 10 déc. 2009)

Art. LO 630 *(L. org. n° 2009-1523, 10 déc. 2009)*. **– Les conditions dans lesquelles le moyen tiré de ce qu'une disposition législative porte atteinte aux droits et libertés garantis par la Constitution peut être soulevé dans une instance pénale, ainsi que les conditions dans lesquelles le Conseil constitutionnel peut être saisi par la Cour de cassation de la question prioritaire de constitutionnalité, obéissent aux règles définies par les articles 23-1 à 23-7 de l'ordonnance n° 58-1067 du 7 novembre 1958 portant loi organique sur le Conseil constitutionnel.**

Bibliographie : *Répertoire.* D. Guérin et A. Borzeix, *Question prioritaire de constitutionnalité*, art. LO 630, Fasc. 20.

Généralités. D. de Béchillon, *Cinq cours suprêmes ? Apologie (mesurée) du désordre : Pouvoirs* avr. 2011, n° 137, p. 33 à 47 ; *Remettre en cause la chose jugée en application d'une loi inconstitutionnelle ? : JCP G* 2010, act. 237. • A. Borzeix, *La question prioritaire de constitutionnalité : exception de procédure ou question préjudicielle ? : Gaz. Pal.* 2 mars 2010, n° 59-61, p. 18 ; *La question prioritaire de constitutionnalité : quelle confiance légitime, quelle sécurité juridique ? : RDP* 2010, p. 981. • P. Cassia et E. Saulnier-Cassia, *Contrôle de constitutionnalité « a posteriori » et contrôle de conventionalité de la loi : une coexistence impossible ? : D.* 2008, p. 166 ; *Imbroglio autour de la question prioritaire de constitutionnalité : D.* 2010, p. 1234 à 1242. • D. Deumier,*QPC : la question fondamentale du pouvoir d'interprétation (à propos du filtrage) : RTD civ.* 2010, p. 504 à 508. • G. Drago, *Exception d'inconstitutionnalité – Prolégomènes d'une pratique contentieuse : JCP G* 2008, I, 217 ; *La Cour de cassation, juge constitutionnel : RDP* 2011, p. 1438 à 1445. • P. Gervier, *Le changement de circonstances dans la jurisprudence du Conseil constitutionnel : RDP* 2012, p. 89 à 112. • B. de Lamy, *Un nouveau procédé de constitutionnalisation du droit pénal : la QPC. Bilan critique, Mél. en l'honneur du professeur Jacques-Henri Robert* : LexisNexis 2012, p. 377 à 388. • C. Lazerges, *La question prioritaire de constitutionnalité devant le Conseil constitutionnel en droit pénal : entre audace et prudence : RSC* 2011, p. 193 à 207. • A. Levade, *La question prioritaire de constitutionnalité : la guerre des trois n'aura pas lieu, sur l'impossibilité des conflits : JCP G* 2011, n° 26, hors-série. • M. Bertrand, *La question prioritaire de constitutionnalité : une nouvelle voie de droit. À propos de la loi organique du 10 décembre 2009 et de la décision du Conseil constitutionnel n° 2009-595 DC : JCP G* 2009, n° 52, 602 ; *La question prioritaire de constitutionnalité, les améliorations apportées par l'Assemblée nationale au projet de loi organique : JCP G* 2009, 280.

I – OBJET DE LA QUESTION PRIORITAIRE DE CONSTITUTIONNALITÉ

A – Norme contrôlée

1) Convention internationale. La question prioritaire de constitutionnalité doit être déclarée irrecevable dès lors que la question posée porte, non sur la conformité d'une loi à la Constitution, mais sur la conformité d'une convention internationale ratifiée par la France à la Constitution (■ Cass. crim., 17 mai 2011, n° 10-82.938 : *JurisData* n° 2011-018650 ; *Bull. crim.* n° 98 ; *Dr. pén.* 2011, n° 11, comm. 136, J.-H. Robert).

2) Interprétation jurisprudentielle. La question portant sur l'interprétation jurisprudentielle de l'article 324-1 du Code pénal, selon laquelle cette incrimination de blanchiment est également applicable à l'auteur de l'infraction d'origine est irrecevable en ce qu'elle ne concerne pas la compatibilité de la portée d'une disposition législative résultant d'une interprétation jurisprudentielle constante de la Cour de cassation avec les droits et libertés que la Constitution garantit. En effet, elle ne revient qu'à contester la conformité de cette interprétation avec le libellé du texte législatif en cause (■ Cass. crim., 16 sept. 2015, n° 15-83.204 : *JurisData* n° 2015-022473).

3) Examen de constitutionnalité. Doit être déclarée irrecevable une question prioritaire de constitutionnalité qui vise, non à l'examen de constitutionnalité de la norme contestée mais à la précision de son champ d'application. Tel est le cas de la question portant sur l'article 2 du Code de procédure pénale et le grief formulé à son encontre parce qu'il ne prévoit pas l'impossibilité pour le Président de la République en exercice, lors de la durée de son mandat, de se constituer partie civile devant une juridiction pénale (■ Cass. crim., 10 nov. 2010, n° 10-85.678 : *Bull. crim.* n° 180).

B – Norme de référence

4) Droits et libertés garanties par la Constitution – Incompétence négative. Si la méconnaissance par le législateur de sa propre compétence peut être invoquée à l'appui d'une question prioritaire de constitutionnalité dans le cas où est affecté un droit ou une liberté que la Constitution garantit, elle ne saurait l'être à l'encontre d'une disposition législative antérieure à la Constitution du 4 octobre 1958 (■ Cons. const., 17 sept. 2010, n° 2010-28 QPC : *JurisData* n° 2010-030754 ; *JO* 18 sept. 2010, p. 16953, texte n° 56, consid. 9. ■ Cons. const., 3 déc. 2010, déc. n° 2010-73 QPC : *JO* 4 déc. 2010, p. 21358, texte n° 86, consid. ■ Cass. crim., 12 sept. 2012, n° 12-90.048 : *JurisData* n° 2012-020792).

5) Convention européenne des droits de l'Homme. Aux termes de l'article 61-1 de la Constitution, seules les dispositions portant atteinte aux droits et libertés que la Constitution garantit peuvent faire l'objet d'une question préjudicielle de constitutionnalité. Il s'ensuit que la question invoquant la violation de dispositions de la Convention européenne des droits de l'Homme est irrecevable (■ Cass. crim., 5 avr. 2011, n° 10-88.079 : *JurisData* n° 2011-032573).

6) Droit de l'Union européenne. Le Conseil constitutionnel n'a pas à se prononcer sur le grief tiré de la méconnaissance du droit de l'Union européenne qu'il ne lui appartient pas d'examiner (■ Cons. const., 3 déc. 2021, n° 2021-952 QPC).

II – QUESTION PRIORITAIRE DE CONSTITUTIONNALITÉ ET QUESTION PRÉJUDICIELLE

7) Question prioritaire de constitutionnalité et renvoi préjudiciel – Compatibilité. L'article 267 TFUE s'oppose à une législation d'un État membre qui instaure une procédure incidente de contrôle de constitutionnalité des lois nationales, pour autant que le caractère prioritaire de cette procédure a pour conséquence d'empêcher, tant avant la transmission d'une question de constitutionnalité à la juridiction nationale chargée d'exercer le contrôle de constitutionnalité des lois que, le cas échéant, après la décision de cette juridiction sur ladite question, toutes les autres juridictions nationales d'exercer leur faculté ou de satisfaire à leur obligation de saisir la Cour de questions préjudicielles. En revanche, l'article 267 TFUE ne s'oppose pas à une telle législation nationale pour autant que les autres juridictions nationales restent libres, de saisir, à tout moment de la procédure qu'elles jugent approprié, et même à l'issue de la procédure incidente de contrôle de constitutionnalité, la Cour de toute question préjudicielle qu'elles jugent nécessaire ; d'adopter toute mesure nécessaire afin d'assurer la protection juridictionnelle provisoire des droits conférés par l'ordre juridique de l'Union, et de laisser inappliquée, à l'issue d'une telle procédure incidente, la disposition législative nationale en cause si elles la jugent contraire au droit de l'Union. Il appartient à la juridiction de renvoi de vérifier si la législation nationale en cause au principal peut être interprétée conformément à ces exigences du droit de l'Union (■ CJUE, 22 juin 2010, aff. jtes C-188/10 et C-189/10, *Melki et Abdeli : Rec. CJCE* 2010, I, p. 5667).

8) Question prioritaire de constitutionnalité et renvoi préjudiciel – Articulation. La CJUE est seule compétente pour se prononcer à titre préjudiciel sur la question de savoir si les dispositions de l'article 695-46, 4° du Code de procédure pénale posant que la chambre de l'instruction saisie d'une demande de remise en application du mandat d'arrêt européen « statue sans recours dans le délai de trente jours à compter de la réception de la demande », découlent nécessairement de l'obligation faite à l'autorité judiciaire de l'État membre par le paragraphe 4 de l'article 27 et le *c)* du paragraphe 3 de l'article 28 de la décision-cadre de prendre sa décision au plus tard trente jours après la réception de la demande. Il y a donc lieu de la lui renvoyer et de surseoir à statuer sur la question prioritaire de constitutionnalité. Compte tenu du délai de trois mois dans lequel le Conseil constitutionnel est tenu, en application de l'article 23-10 de l'ordonnance n° 58-1067 du 7 novembre 1958 (Ord. n° 58-1067, 7 nov. 1958, art. 23-10), d'examiner la question prioritaire de constitutionnalité, de l'objet de la question préjudicielle posée relative à l'espace de liberté, de sécurité et de justice, et de la privation de liberté dont le requérant fait l'objet dans la procédure à l'origine de la présente question prioritaire de constitutionnalité, il y a lieu de demander la mise en œuvre de la procédure d'urgence prévue par l'article 23 *bis* du protocole n° 3 au traité sur le fonctionnement de l'Union européenne sur le statut de la Cour de justice de l'Union européenne (■ Cons. const., 4 avr. 2013, n°s 2013-314P QPC et 2013-006207 QPC, *Anatomie d'une première : renvoi préjudiciel du Conseil constitutionnel à la Cour de justice : JCP* G 2013, p. 649, note A. Levade). En revanche, lorsque les dispositions européennes, en l'occurrence la directive 2004/83/CE du 29 avril 2004, dont les dispositions de l'article L. 712-2 du Code de l'entrée et du séjour des étrangers et du droit d'asile assurent l'exacte transposition, ne laissent aucun doute sur leur interprétation, il n'y a pas lieu de saisir la CJUE d'une question préjudicielle. Le contrôle de conventionnalité peut ainsi être directement exercé dans le cadre de question prioritaire de constitutionnalité (■ CE, 10e et 9e ss-sect., 8 oct. 2010, n° 338505, *Daoudi* : *JurisData* n° 2010-017781 ; *JCP* A 2010, act. 746).

Ordonnance n° 58-1067 du 7 novembre 1958

portant loi organique sur le Conseil constitutionnel

Section I. – Dispositions applicables devant les juridictions relevant du Conseil d'État ou de la Cour de cassation

Art. 23-1 *(L. org. n° 2009-1523, 10 déc. 2009)*. **–** Devant les juridictions relevant du Conseil d'État ou de la Cour de cassation, le moyen tiré de ce qu'une disposition législative porte atteinte aux droits et libertés garantis par la Constitution est, à peine d'irrecevabilité, présenté dans un écrit distinct et motivé. Un tel moyen peut être soulevé pour la première fois en cause d'appel. Il ne peut être relevé d'office.

Devant une juridiction relevant de la Cour de cassation, lorsque le ministère public n'est pas partie à l'instance, l'affaire lui est communiquée dès que le moyen est soulevé afin qu'il puisse faire connaître son avis.

Si le moyen est soulevé au cours de l'instruction pénale, la juridiction d'instruction du second degré en est saisie.

Le moyen ne peut être soulevé devant la cour d'assises. En cas d'appel d'un arrêt rendu par la cour d'assises en premier ressort, il peut être soulevé dans un écrit accompagnant la déclaration d'appel. Cet écrit est immédiatement transmis à la Cour de cassation.

Bibliographie : A. Maron et M. Haas, *J'ai la mémoire qui flanche : Dr. pén.* 2013, n° 11, comm. 163.

1) Instance en cours. Selon l'article 61-1 de la Constitution, lorsque, à l'occasion d'une instance en cours devant une juridiction, il est soutenu qu'une disposition législative porte atteinte aux droits et libertés que la Constitution garantit, le Conseil constitutionnel peut être saisi de cette question sur renvoi du Conseil d'État ou de la Cour de cassation qui se prononce dans un délai déterminé. Le pourvoi formé contre une ordonnance du juge d'instruction rendue dans une procédure qui ne concerne pas les demandeurs étant irrecevable, il n'existe, à leur égard, pas d'instance en cours devant la Cour de cassation, et la question priorité de constitutionnalité doit être jugée irrecevable (■ Cass. crim., 21 juin 2011, n° 10-86.242 : *Bull. crim.* n° 147).

2) Mémoire, formalisme. Conformément à l'article 23-1, alinéa 4 de l'ordonnance du 7 novembre 1958, la question prioritaire de constitutionnalité doit être soulevée dans un écrit accompagnant la déclaration d'appel (■ Cass. crim., 7 déc. 2011, n° 11-87.360 : *JurisData* n° 2011-028851). Pour être recevable au sens de l'article 584 du Code de procédure pénale, le mémoire doit avoir été déposé au greffe de la juridiction, en l'occurrence la chambre d'application des peines, et non adressé à cette dernière par lettre recommandée (■ Cass. crim., 31 oct. 2012, n° 12-85.401).

3) Mémoire, dépôt tardif. Lorsque la question prioritaire de constitutionnalité est soulevée à l'occasion d'un pourvoi en cassation, le mémoire personnel qui la présente doit être déposé dans la forme et les délais prévus aux articles 23-1 de l'ordonnance n° 58-1067 du 7 novembre 1958 et 584 et suivants du Code de procédure pénale. Doit donc être déclaré irrecevable le mémoire comprenant la question prioritaire reçu à la Cour de cassation plus d'un mois après la formation du pourvoi (■ Cass. crim., 24 mai 2014, n° 14-81.664 : *JurisData* n° 2014-010561).

4) Précision de la question. Le jugement ordonnant que la question prioritaire de constitutionnalité relative à la conformité de l'article 723-16 du Code de procédure pénale soit transmise à la Cour de cassation ne soulève aucune question prioritaire de constitutionnalité au sens de l'article 23-2 de la loi organique du 10 décembre 2009 (■ Cass. crim., 28 avr. 2011, n° 11-90.014). La question ne précisant pas en quoi le texte visé ne serait pas conforme aux droits et libertés garantis par la Constitution qu'elle invoque doit être déclarée irrecevable. Il en va ainsi de la question posant la conformité de l'article 122 du Code de procédure pénale à l'article 9 de la Déclaration des droits de l'homme de 1789 et à l'article 66 de la Constitution (■ Cass. crim., 22 juin 2011, n° 11-90.044 : *JurisData* n° 2011-013573). Le renvoi général au Conseil constitutionnel de la combinaison de deux articles du Code de procédure pénale et de deux ensembles législatifs comportant des dispositions multiples ne permet pas à la Cour de cassation d'exercer son contrôle sur ceux de ces textes qui, selon l'auteur de la question, ne seraient pas conformes à la Constitution (■ Cass. crim., 4 mai 2011, n° 11-80.618).

5) Modification de la question. La question prioritaire de constitutionnalité étant transmise, les parties ne peuvent pas modifier par voie de mémoire devant la Cour de cassation (■ Cass. crim., 22 janv. 2013, n° 12-90.065 : *JurisData* n° 2013-000706).

Art. 23-2 *(L. org. n° 2009-1523, 10 déc. 2009)*. – La juridiction statue sans délai par une décision motivée sur la transmission de la question prioritaire de constitutionnalité au Conseil d'État ou à la Cour de cassation. Il est procédé à cette transmission si les conditions suivantes sont remplies :

1° La disposition contestée est applicable au litige ou à la procédure, ou constitue le fondement des poursuites ;

2° Elle n'a pas déjà été déclarée conforme à la Constitution dans les motifs et le dispositif d'une décision du Conseil constitutionnel, sauf changement des circonstances ;

3° La question n'est pas dépourvue de caractère sérieux.

En tout état de cause, la juridiction doit, lorsqu'elle est saisie de moyens contestant la conformité d'une disposition législative, d'une part, aux droits et libertés garantis par la Constitution et, d'autre part, aux engagements internationaux de la France, se prononcer par priorité sur la transmission de la question de constitutionnalité au Conseil d'État ou à la Cour de cassation.

La décision de transmettre la question est adressée au Conseil d'État ou à la Cour de cassation dans les huit jours de son prononcé avec les mémoires ou les conclusions des parties. Elle n'est susceptible d'aucun recours. Le refus de transmettre la question ne peut être contesté qu'à l'occasion d'un recours contre la décision réglant tout ou partie du litige.

1) Application de la disposition contestée. La question qui tend à critiquer les insuffisances d'une disposition non appliquée à la procédure est irrecevable. La question prioritaire de constitutionnalité doit donc être relative aux textes qui constituent le fondement de la décision attaquée (■ Cass. crim., 13 mai 2015, n° 15-81.763 : *JurisData* n° 2015-010971).

2) Question nouvelle, absence de changement de circonstances. Il n'y a pas lieu de soumettre une question à un nouvel examen de constitutionnalité en l'absence de changements intervenus, depuis la précédente décision, dans les normes de constitutionnalité applicables ou dans les circonstances, de droit ou de fait, de nature à affecter la portée des dispositions législatives critiquées. Le Conseil constitutionnel ayant déclaré par décision du 30 juillet 2010 que les articles 62, 63, 63-1, 63-4, alinéas 1er à 6 et 77 du Code de procédure pénale étaient contraires à la Constitution et ayant décidé, après avoir constaté que le dernier alinéa de l'article 63-4 et l'article 706-73 avaient été déclarés conformes à la Constitution, qu'il n'y avait pas eu de changement de circonstances appelant un nouvel examen, doit être déclarée irrecevable la question qui tend à un nouveau renvoi de ces dispositions (■ Cass. crim., 13 oct. 2010, n° 10-82.865). Les dispositions relatives au harcèlement moral ne sont pas affectées par la décision n° 2012-240 QPC du 4 mai 2012 ayant déclaré contraire à la Constitution l'article 222-33 du Code pénal réprimant le délit de harcèlement sexuel de manière imprécise, dès lors que l'incrimination de harcèlement moral précise que les faits commis doivent présenter un caractère répété et avoir pour objet ou pour effet une dégradation des conditions de travail susceptible de porter atteinte aux droits et à la dignité de la personne harcelée, d'altérer sa santé physique ou mentale ou de compromettre son avenir professionnel (■ Cass. crim., 11 juill. 2012, n° 11-88.114 : *JurisData* n° 2012-015544 ; *Bull. crim.* n° 170 ; *JCP* S 2012, act. 372).

3) Question nouvelle, changement de circonstances. Les évolutions ayant contribué à banaliser le recours à la garde à vue, y compris pour des infractions mineures, et celles ayant renforcé l'importance de la phase d'enquête policière dans la constitution des éléments sur le fondement desquels une personne mise en cause est jugée, ramenant le nombre de gardes à vue à plus de 790 000 pour l'année 2009, s'analysent en des modifications des circonstances de droit et de fait et justifient un réexamen de la constitutionnalité des dispositions relatives à la garde à vue (■ Cons. const., déc. 30 juill. 2010, n° 2010-14/22 QPC). L'article 365-1 du Code de procédure pénale a été créé par la loi du 10 août 2011. Le Conseil constitutionnel a spécialement examiné cet article dans les considérants 29 à 31 de sa décision du 4 août 2011 et l'a déclaré conforme à la Constitution. Toutefois, depuis cette déclaration de conformité, d'une part, la Cour de cassation a jugé, dans trois arrêts du 8 février 2017, que les dispositions de l'article 365-1 du Code de procédure pénale excluent la possibilité pour la cour d'assises de motiver la peine qu'elle prononce en cas de condamnation. D'autre part, le premier alinéa de l'article 362 du Code de procédure pénale a été modifié par la loi du 15 août 2014, afin de prévoir qu'en cas de réponse affirmative sur la culpabilité, le président de la cour d'assises donne lecture aux jurés des articles 130-1 et 132-1 du Code pénal, qui rappellent les finalités de la peine et la nécessité d'individualiser celle-ci. Il en résulte un changement des circonstances justifiant le réexamen des dispositions contestées (■ Cons. const., déc. 2 mars 2018, n° 2017-694 QPC ; B. de Lamy, *Motivation des peines : le Conseil constitutionnel franchit le Rubicon. À propos de la motivation des peines par les Cours d'assises* : *RSC* 2018, p. 981 ; A. Botton, *Motivation des peines par les cours d'assises : interprétation d'une censure d'interprétation* : *D.* 2018, p. 1191 ; E. Bonis : *Dr. pén.* 2018, comm. 72).

4) Caractère sérieux de la question. Ne présente pas, à l'évidence, un caractère sérieux la critique formulée aux articles 40, alinéa 1, 40-1, 75, 79 et 80 du Code de procédure pénale, qui permettent au procureur de la République, lorsqu'il estime que les faits portés à sa connaissance constituent un délit, de décider que la poursuite se fera, après enquête préliminaire, par la voie de la citation directe devant le tribunal, sans ouverture d'information, celles-ci ne modifiant pas le déroulement du procès pénal, et ne privant pas la personne d'un procès juste et équitable, celle-ci ayant, devant la juridiction, des garanties équivalentes à celles dont elle aurait bénéficié si l'affaire avait fait l'objet d'une information (■ Cass. crim., 11 févr. 2014, n° 13-88.059 : *Bull. crim.* n° 39). Ne présente pas, à l'évidence, un caractère sérieux la question portant sur la clarté de l'article 227-23 du Code pénal, dès lors qu'il définit de manière suffisamment claire et précise le délit d'enregistrement ou fixation d'images ou représentations pornographiques de mineurs, et que son interprétation entre dans l'office du juge pénal (■ Cass. crim., 6 juin 2012, n° 12-90.016 : *JurisData* n° 2012-012755 ; *Dr. pén.* 2012, étude 8, P. Conte). Il en va de même, pour des raisons identiques, de l'article 313-6-1 du Code pénal (■ Cass. crim., 4 déc. 2012, n° 12-90.001) et de l'article 222-22 du Code pénal (■ Cass. crim., 3 oct. 2012, n° 12-90.052 : *JurisData* n° 2012-022172).

Art. 23-3 *(L. org. n° 2009-1523, 10 déc. 2009).* **–** Lorsque la question est transmise, la juridiction sursoit à statuer jusqu'à réception de la décision du Conseil d'État ou de la Cour de cassation ou, s'il a été saisi, du Conseil constitutionnel. Le cours de l'instruction n'est pas suspendu et la juridiction peut prendre les mesures provisoires ou conservatoires nécessaires.

Toutefois, il n'est sursis à statuer ni lorsqu'une personne est privée de liberté à raison de l'instance ni lorsque l'instance a pour objet de mettre fin à une mesure privative de liberté.

La juridiction peut également statuer sans attendre la décision relative à la question prioritaire de constitutionnalité si la loi ou le règlement prévoit qu'elle statue dans un délai déterminé ou en urgence. Si la juridiction de première instance statue sans attendre et s'il est formé appel de sa décision, la juridiction d'appel sursoit à statuer. Elle peut toutefois ne pas surseoir si elle est elle-même tenue de se prononcer dans un délai déterminé ou en urgence.

En outre, lorsque le sursis à statuer risquerait d'entraîner des conséquences irrémédiables ou manifestement excessives pour les droits d'une partie, la juridiction qui décide de transmettre la question peut statuer sur les points qui doivent être immédiatement tranchés.

Si un pourvoi en cassation a été introduit alors que les juges du fond se sont prononcés sans attendre la décision du Conseil d'État ou de la Cour de cassation ou, s'il a été saisi, celle du Conseil constitutionnel, il est sursis à toute décision sur le pourvoi tant qu'il n'a pas été statué sur la question prioritaire de constitutionnalité. Il en va autrement quand l'intéressé est privé de liberté à raison de l'instance et que la loi prévoit que la Cour de cassation statue dans un délai déterminé.

Effets du sursis : il résulte de l'article 23-3 de l'ordonnance modifiée du 7 novembre 1958 portant loi organique sur le Conseil constitutionnel que la juridiction qui a transmis une question prioritaire de constitutionnalité ne peut surseoir à statuer que jusqu'à réception de la décision de la Cour de cassation, de sorte qu'une question prioritaire de constitutionnalité concernant la même disposition législative ne peut être formulée qu'à l'occasion d'un recours contre la décision de cette juridiction réglant tout ou partie du litige (■ Cass. crim., 17 janv. 2012, n° 11-90.112 : *JurisData* n° 2012-000387).

Section II. – Dispositions applicables devant le Conseil d'État et la Cour de cassation

Art. 23-4 *(L. org. n° 2009-1523, 10 déc. 2009).* **–** Dans un délai de trois mois à compter de la réception de la transmission prévue à l'article 23-2 ou au dernier alinéa de l'article 23-1, le Conseil d'État ou la Cour de cassation se prononce sur le renvoi de la question prioritaire de constitutionnalité au Conseil constitutionnel. Il est procédé à ce renvoi dès lors que les conditions prévues aux 1° et 2° de l'article 23-2 sont remplies et que la question est nouvelle ou présente un caractère sérieux.

Art. 23-5 *(L. org. n° 2009-1523, 10 déc. 2009).* **–** Le moyen tiré de ce qu'une disposition législative porte atteinte aux droits et libertés garantis par la Constitution peut être soulevé, y compris pour la première fois en cassation, à l'occasion d'une instance devant le Conseil d'État ou la Cour de cassation. Le moyen est présenté, à peine d'irrecevabilité, dans un mémoire distinct et motivé. Il ne peut être relevé d'office.

En tout état de cause, le Conseil d'État ou la Cour de cassation doit, lorsqu'il est saisi de moyens contestant la conformité d'une disposition législative, d'une part, aux droits et libertés garantis par la Constitution et, d'autre part, aux engagements internationaux de la France, se prononcer par priorité sur le renvoi de la question de constitutionnalité au Conseil constitutionnel.

Le Conseil d'État ou la Cour de cassation dispose d'un délai de trois mois à compter de la présentation du moyen pour rendre sa décision. Le Conseil constitutionnel est saisi de la question prioritaire de constitutionnalité dès lors que les conditions prévues aux 1° et 2° de l'article 23-2 sont remplies et que la question est nouvelle ou présente un caractère sérieux.

Lorsque le Conseil constitutionnel a été saisi, le Conseil d'État ou la Cour de cassation sursoit à statuer jusqu'à ce qu'il se soit prononcé. Il en va autrement quand l'intéressé est privé de liberté à raison de l'instance et que la loi prévoit que la Cour de cassation statue dans un délai déterminé. Si le Conseil d'État ou la Cour de cassation est tenu de se prononcer en urgence, il peut n'être pas sursis à statuer.

En application de l'article 23-5 de l'ordonnance n° 58-1067 du 7 novembre 1958, la question prioritaire de constitutionnalité ne peut être posée devant la Cour de cassation qu'à l'occasion d'un pourvoi et non à l'occasion d'une requête fondée sur l'article 665, alinéas 2 et 4, du Code de procédure pénale (■ Cass. crim., 16 déc. 2014, n° 14-88.038 : *JurisData* n° 2014-034402 ; *Dr. pén.* 2015, comm. 59, A. Maron et M. Haas).

Art. 23-6 *(Abr., L. org. n° 2010-830, 22 juill. 2010).*

Art. 23-7 *(L. org. n° 2009-1523, 10 déc. 2009).* **–** La décision motivée du Conseil d'État ou de la Cour de cassation de saisir le Conseil constitutionnel lui est transmise avec les mémoires ou les conclusions des parties. Le Conseil constitutionnel reçoit une copie de la décision motivée par laquelle le Conseil d'État ou la Cour de cassation décide de ne pas le saisir d'une question prioritaire de constitutionnalité. Si le Conseil d'État ou la Cour de cassation ne s'est pas prononcé dans les délais prévus aux articles 23-4 et 23-5, la question est transmise au Conseil constitutionnel.

La décision du Conseil d'État ou de la Cour de cassation est communiquée à la juridiction qui a transmis la question prioritaire de constitutionnalité et notifiée aux parties dans les huit jours de son prononcé.

TITRE II. – DU FAUX

Bibliographie : J.-Y. Maréchal, *JCl. Proc. pén.*, art. 642 à 647-4, Fasc. 20, Faux. • V. Malabat, *Rép. pén. Dalloz*, Faux.

Art. 642. – Lorsqu'il est porté à la connaissance du procureur de la République qu'une pièce arguée de faux figure dans un dépôt public ou a été établie dans un dépôt public, le procureur de la République peut se transporter dans ce dépôt pour procéder à tous examens et vérifications nécessaires.

Le procureur de la République ne peut déléguer les pouvoirs ci-dessus à un officier de police judiciaire.

Le procureur de la République peut, en cas d'urgence, ordonner le transport au greffe des documents suspectés.

Pouvoirs du procureur de la République. L'interdiction faite au procureur de la République de déléguer les pouvoirs prévus à l'alinéa 1 de l'article 642 du Code de procédure pénale ne l'empêche pas de charger des officiers de police judiciaire de procéder à des actes d'enquête nécessaires à la manifestation de la vérité, sur le fondement de l'article 41 du même code (■ Cass. crim., 9 mai 1990 : *Gaz. Pal.* 1990, 2, chron. dr. crim., p. 638).

Art. 643. – Dans toute information pour faux en écritures, le juge d'instruction, aussitôt que la pièce arguée de faux a été produite devant lui ou a été placée sous main de justice, en ordonne le dépôt au greffe. Il la revêt de sa signature, ainsi que le greffier qui dresse du dépôt un acte décrivant l'état de la pièce.

Toutefois, avant le dépôt au greffe, le juge d'instruction peut ordonner que la pièce soit reproduite par photographie ou par tout autre moyen.

Art. 644. – Le juge d'instruction peut se faire remettre par qui il appartiendra et saisir toutes pièces de comparaison. Celles-ci sont revêtues de sa signature et de celle du greffier qui en fait un acte descriptif comme il est dit à l'article précédent.

Art. 645. – Tout dépositaire public de pièces arguées de faux, ou ayant servi à établir des faux, est tenu, sur ordonnance du juge d'instruction, de les lui remettre et de fournir, le cas échéant, les pièces de comparaison qui sont en sa possession.

Si les pièces ainsi remises par un officier public ou saisies entre ses mains ont le caractère d'actes authentiques, il peut demander à ce qu'il lui en soit laissé une copie, certifiée conforme par le greffier, ou une reproduction par photographie ou par tout autre moyen.

Ladite copie ou reproduction est mise au rang des minutes de l'office jusqu'à restitution de la pièce originale.

Art. 646. – **Si au cours d'une audience d'un tribunal ou d'une cour une pièce de la procédure, ou une pièce produite, est arguée de faux, la juridiction décide, après avoir recueilli les observations du ministère public et des parties, s'il y a lieu ou non de surseoir jusqu'à ce qu'il ait été prononcé sur le faux par la juridiction compétente.**

Si l'action publique est éteinte ou ne peut être exercée du chef de faux, et s'il n'apparaît pas que celui qui a produit la pièce ait fait sciemment usage d'un faux, le tribunal ou la cour saisi de l'action principale statue incidemment sur le caractère de la pièce prétendue entachée de faux.

I – COMPÉTENCE

1) Compétence exclusive de la juridiction de jugement. La procédure d'inscription de faux incident n'étant pas applicable devant les juridictions d'instruction, les dispositions des articles 179 et 181 du Code de procédure pénale ne font pas obstacle à ce que ladite procédure soit mise en œuvre devant la juridiction de jugement, lorsque celle-ci est saisie par une décision de renvoi d'une juridiction d'instruction (▪ Cass. crim., 18 nov. 2015, n° 15-83.400 : *JurisData* n° 2015-025736 ; *Dr. pén.* 2016, comm. 15, A. Maron et M. Haas. ▪ Cass. crim., 3 févr. 2004, n° 03-87.053 : *Bull. crim.* n° 25. – *Adde*, ▪ Cass. crim., 10 nov. 1987, n° 87-82.758 : *Bull. crim.* n° 396). L'article 313 du Code de procédure civile n'est pas applicable devant les juridictions pénales, et l'incident de faux régi par les dispositions de l'article 646 du Code de procédure pénale n'est pas recevable devant une chambre de l'instruction. Il en découle que le Ministère public n'a pas l'obligation d'engager une procédure civile d'inscription de faux préalablement à toute mesure conservatoire de saisie pénale, cette dernière étant régie par le Code pénal et le Code de procédure pénale (▪ Cass. crim., 19 mai 2016, n° 16-80.682 : *JurisData* n° 2016-009323).

2) Plainte principale. Celui qui se prétend lésé par une pièce publique ou authentique arguée de faux et qui ne s'est pas inscrit en faux contre cette pièce conserve le droit d'engager une procédure de faux principal dans les conditions de droit commun devant les juridictions d'instruction (▪ Cass. crim., 6 mai 1997, n° 96-83.581 : *JurisData* n° 1997-003026 ; *Bull. crim.* n° 16).

3) Qualification de la demande d'inscription en faux. La demande en inscription de faux s'analyse en une exception de nullité de sorte qu'elle doit être présentée avant toute défense au fond devant le tribunal (▪ Cass. crim., 12 avr. 1988 : *Bull. crim.* n° 154. ▪ Cass. crim., 11 oct. 2006, n° 05-86.077. ▪ Cass. crim., 2 mai 2007 : *JurisData* n° 2007-039328). Il en résulte que, renvoyé devant une juridiction de jugement à l'issue de l'instruction, le prévenu doit avoir, sous peine d'irrecevabilité, soulevé le moyen de nullité devant la juridiction d'instruction (▪ Cass. crim., 16 déc. 1997, n° 82-96.509 : *JurisData* n° 1997-005178 ; *Bull. crim.* n° 428).

II – PROCÉDURE

4) Procédure de la demande d'inscription en faux. Les pièces arguées de faux doivent l'être pendant l'audience. Il en résulte que des lettres adressées au président de la cour d'appel avant la clôture des débats ne sauraient suffire (▪ Cass. crim., 21 janv. 1991, n° 90-80.261 : *JurisData* n° 1991-700595). Semblablement, doit être déclarée irrecevable la demande adressée pour la première fois devant la Cour, après les débats, par une note au cours de son délibéré (▪ Cass. crim., 10 nov. 2004, n° 04-82.169. ▪ Cass. crim., 21 janv. 1991 : *Bull. crim.* n° 35).

5) Appréciation souveraine des juges. La décision relative à une demande d'inscription de faux relève de l'appréciation souveraine des juges (▪ Cass. crim., 9 déc. 1998 : *JurisData* n° 1998-005115 ; *Bull. crim.* n° 337). Peut être écartée une demande d'inscription en faux dès lors qu'il est observé que les faits contestés ne sont pas de nature à influencer l'issue du procès (▪ Cass. crim., 15 juin 1976 : *Bull. crim.* n° 215).

Art. 647 *(L. n° 67-523, 3 juill. 1967).* – **La demande en inscription de faux contre une pièce produite devant la Cour de cassation est adressée au premier président. Elle est déposée au greffe. Elle est signée par le demandeur ou par un avocat au Conseil d'État et à la Cour de cassation ou par un fondé de pouvoir spécial. Dans ce dernier cas, le pouvoir est annexé à l'acte dressé par le greffier. Si la personne qui dépose la demande ne peut signer, le greffier en fait mention.**

Art. 647-1 *(L. n° 67-523, 3 juill. 1967).* – **Le premier président statue dans le mois du dépôt de la requête au greffe, après avis du procureur général.**

Il rend une ordonnance de rejet ou une ordonnance portant permission de s'inscrire en faux.

En cas de rejet et sauf s'il en est expressément dispensé, le demandeur est condamné au paiement d'une amende dont le taux est fixé par décret.

Art. 647-2 *(L. n° 67-523, 3 juill. 1967)*. **– L'ordonnance portant permission de s'inscrire en faux est signifiée au défendeur dans le délai de quinze jours, avec sommation de déclarer s'il entend se servir de la pièce arguée de faux.**

À cette sommation doit être jointe une copie de la requête et de l'ordonnance portant permission de s'inscrire en faux.

En application des articles 39 alinéa 2 et 647-2 du Code de procédure pénale, la signification de l'ordonnance portant autorisation de s'inscrire en faux doit être faite à la personne qui figure comme partie à la décision frappée de pourvoi en cassation. Ainsi, est inopérante la signification faite au Procureur général près de la cour d'appel de Paris, alors que seul le ministère public près la cour d'assises instituée au siège du tribunal, en l'espèce le procureur de la République près le tribunal de grande instance d'Évry où se trouve le greffe de la cour d'assises de l'Essonne, était concerné (▪ Cass. crim., 29 mars 1995 : *JurisData* n° 1995-000987 ; *Bull. crim.* n° 134 ; *Dr. pén.* 1995, comm. 192, note A. Maron).

Art. 647-3 *(L. n° 67-523, 3 juill. 1967)*. **– Le défendeur doit répondre, dans un délai de quinze jours, s'il entend ou s'il n'entend pas se servir de la pièce arguée de faux.**

Cette déclaration est signifiée au demandeur.

Effets de l'absence de réponse du défendeur. Les défendeurs au pourvoi n'ayant pas manifesté, dans le délai de 15 jours prévu par l'article 647-3 du Code de procédure pénale, leur intention de soutenir l'exactitude des énonciations contestées, celles-ci doivent être considérées comme inexactes (▪ Cass. crim., 5 nov. 2019, n° 18-80.554 : *Bull. crim. à paraître*. ▪ Cass. crim., 2 juin 1999, n° 97-81.863 : *JurisData* n° 1999-003228 ; *Bull. crim.* n° 119 ; *Dr. pén.* 2000, comm. 24 et 25, obs. A. Maron. ▪ Cass. crim., 28 sept. 1999, n° 98-83.594 : *JurisData* n° 1999-004560. ▪ Cass. crim., 2 déc. 2009 : *Procédures* 2010, comm. 96, obs. J. Buisson. ▪ Cass. crim., 24 mai 2011, n°s 10-81.054 et 10-87.002 : *JurisData* n° 2011-010977. ▪ Cass. crim., 9 sept. 2015, n° 13-82.518 : *JurisData* n° 2015-021544). Il résulte des articles 647 et suivants du Code de procédure pénale que lorsque, l'autorisation de s'inscrire en faux ayant été accordée par le premier président de la Cour de cassation, et les significations prévues à l'article 647-2 du Code de procédure pénale ayant été effectuées, le ministère public n'a pas manifesté l'intention de soutenir l'exactitude des énonciations contestées, celles-ci doivent être considérées comme inexactes (▪ Cass. crim., 26 nov. 2016, n° 15-81.287 : *JurisData* n° 2016-025585). L'inscription en faux ayant été autorisée par le Premier président de la Cour de cassation, les parties disposent de 15 jours pour la contester. À défaut d'avoir manifesté l'intention de soutenir l'exactitude des énonciations contestées dans le délai de 15 jours prévu par l'article 647-3 du Code de procédure pénale, celles-ci doivent être tenues pour inexactes (▪ Cass. crim., 19 juin 2018, n° 16-82.602). Les énonciations de l'arrêt attaqué, selon lesquelles l'avocat du prévenu a été entendu en sa plaidoirie, à l'audience des débats, doivent être considérées comme inexactes, la demanderesse les ayant arguées de faux et le ministère public n'ayant pas soutenu l'exactitude des énonciations contestées (*même arrêt*).

Art. 647-4 *(L. n° 67-523, 3 juill. 1967)*. **– Dans le cas où le défendeur entend se servir de la pièce arguée de faux, le premier président doit renvoyer les parties à se pourvoir devant telle juridiction qu'il désignera pour y être procédé, suivant la loi, au jugement de l'inscription de faux incident.**

Pour l'inscription de faux en matière douanière, V. C. douanes, art. 339 à 341.

TITRE III. – DE LA MANIÈRE DE PROCÉDER EN CAS DE DISPARITION DES PIÈCES D'UNE PROCÉDURE

Bibliographie : A. Bonnet, *De la manière de procéder en cas de disparition des pièces d'une procédure : JCl. Proc. pén.*, art. 648 à 651, Fasc. 20.

Art. 648. **– Lorsque, par suite d'une cause extraordinaire, des minutes d'arrêts ou de jugements rendus en matière criminelle, correctionnelle ou de police, et non encore exécutés, ou des procédures en cours et leurs copies établies conformément à l'article 81 ont été détruites, enlevées ou se trouvent égarées et qu'il n'a pas été possible de les rétablir, il est procédé ainsi qu'il suit.**

1) Nature des pièces disparues. Selon l'article 648 du Code de procédure pénale, les dispositions de l'article 651 du même code ne sont applicables que lorsque, par suite d'une cause extraordinaire, des minutes d'arrêts ou de jugements rendus en matière criminelle, correctionnelle ou de police, et non encore exécutés, ou des procédures en cours et leurs copies établies conformément à l'article 81 ont été détruites, enlevées ou se trouvent égarées. N'entrent pas dans la liste visée par l'article 648, des conclusions d'un avocat déposées devant la cour d'appel et développées à l'audience (▪ Cass. crim., 15 juin 1994, n° 93-82.455 : *JurisData* n° 1994-001494 ; *JCP* G, 1994, IV, 2147 ; *Bull. crim.* n° 239).

2) Caractère essentiel des documents manquants. Ne viole pas l'article 648 du Code de procédure pénale la décision de condamnation prononcée par un tribunal correctionnel, dès lors qu'une reconstitution partielle a été ordonnée et que la déclaration de culpabilité s'est fondée sur des pièces essentielles apportées aux débats et contradictoirement discutées (▪ Cass. crim., 2 oct. 2004, n° 06-87.658 : *JurisData* n° 2007-041296). Les dispositions de l'article 648 du Code de procédure pénale ne peuvent recevoir application lorsque la cour d'appel s'estime en mesure de juger l'affaire. Tel est le cas lorsque les pièces égarées ont fait l'objet d'une discussion contradictoire en première instance et que le prévenu n'explique pas en quoi l'absence de copie de ces pièces au stade de l'appel est de lui faire grief (▪ Cass. crim., 30 juin 2010, n° 09-83.689 : *JurisData* n° 2010-014876). Le demandeur ne saurait se faire un grief de ce que l'arrêt a refusé d'annuler le jugement en raison de la disparition de scellés dès lors qu'il résulte des énonciations dudit jugement que le tribunal n'a pas fondé sa décision sur ces seuls éléments de preuve (▪ Cass. crim., 7 juin 2017, n° 15-87.214 : *Bull. crim.* n° 158).

3) Reconstitution des pièces. Dès lors que la pièce de la procédure dont la disparition est alléguée, a pu être rétablie, il est vainement fait grief à l'arrêt attaqué d'avoir, en refusant d'annuler la procédure à partir du point où la pièce se trouve manquer, méconnu les dispositions des articles 648 à 651 du Code de procédure pénale. Tel est le cas lorsque plusieurs actes intervenus pour la réalisation d'une commission rogatoire générale disparue, attestent de son existence (▪ Cass. crim., 10 mars 1993, n° 91-80.936 : *JurisData* n° 1993-704828 ; *JCP* G 1993, IV, 1691).

4) Reconstitution partielle. Une reconstitution partielle, à partir de laquelle la juridiction saisie ne peut statuer, oblige à la procédure décrite aux articles 648 à 651 du Code de procédure pénale (▪ CA Paris, 4 déc. 1990 : *JurisData* n° 1990-025546).

Art. 649. – **S'il existe une expédition ou copie authentique du jugement ou de l'arrêt, elle est considérée comme minute et en conséquence remise par tout officier public ou tout dépositaire au greffe de la juridiction qui a rendu la décision, sur l'ordre qui lui en est donné par le président de cette juridiction.**

Cet ordre lui sert de décharge.

Art. 650. – **Lorsqu'il n'existe plus en matière criminelle d'expédition ni de copie authentique de l'arrêt, mais s'il existe encore la déclaration de la cour et du jury mentionnée sur la feuille de questions, comme il est dit à l'article 364, il est procédé, d'après cette déclaration, au prononcé d'un nouvel arrêt.**

Art. 651. – **Lorsque la déclaration de la cour et du jury ne peut plus être représentée ou lorsque l'affaire a été jugée par contumace et qu'il n'en existe aucun acte par écrit, l'instruction est recommencée à partir du point où les pièces se trouvent manquer.**

Il en est de même en toute autre matière, lorsqu'il n'existe plus d'expédition ni de copie authentique de la décision.

1) Obligation de reprendre l'instruction. Il découle des articles 648 à 651 du Code de procédure pénale que le feuillet de la feuille de questions sur lequel doit figurer la déclaration de la Cour et du jury concernant l'application de la peine ayant disparu du dossier de la procédure, l'arrêt de la cour d'assises et l'ensemble de la déclaration de la Cour et du jury ainsi que les débats qui l'ont précédée doivent être annulés. L'instruction doit être recommencée à partir du point où les pièces se trouvent manquer (▪ Cass. crim., 4 mai 1994, n° 93-83.674 : *JurisData* n° 1994-001516).

2) Détention provisoire. Justifie la mainlevée de la détention provisoire, la chambre d'accusation constatant que la preuve de la désignation du juge d'instruction n'est pas établie, non plus que celle de la saisine de ce magistrat, la décision prise en application de l'article 83 du Code de procédure pénale, comme le réquisitoire introductif ne figurant que sous forme de photocopies non certifiées conformes par le greffier. En effet, selon l'article 648 du Code de procédure pénale, lorsque par suite d'une cause extraordinaire des procédures en cours et leurs copies établies conformément à l'article 81 ont été détruites, enlevées ou se trouvent égarées et qu'il n'a pas été possible de les rétablir il est procédé conformément aux prescriptions de l'article 651, lequel édicte que l'instruction est recommencée à partir du point où les pièces se trouvent manquer (■ Cass. crim., 14 févr. 1989, n° 88-86.815 : *JurisData* n° 1989-701042 ; *Bull. crim.* n° 72 ; *JCP* G 1989, IV, 166).

3) **Autorité de la chose jugée.** Il résulte des dispositions des articles 648 à 651 du Code de procédure pénale que, lorsque, par suite d'une cause extraordinaire, la minute d'un arrêt, rendu en matière correctionnelle et non exécuté, a été détruite et qu'il n'existe pas d'expédition ou de copie authentique pouvant y suppléer, la procédure est recommencée à partir du point où les pièces se trouvent à manquer. En conséquence, ne peut être déclarée éteinte l'atteinte publique sans tenir compte du fait que le pourvoi antérieurement formé et la procédure de reconstitution qui s'en est suivie ont nécessairement suspendu le cours de la prescription de l'action publique (■ Cass. crim., 29 mai 1997, n°s 96-80.261 et 96-82.691 : *JurisData* n° 1997-003434 ; *Bull. crim.* n° 215 ; *JCP* G 1997, IV, 2079 ; *Procédures* 1997, comm. 242, obs. J. Buisson).

4) **Prescription.** Les articles 648 et 651 du Code de procédure pénale qui imposent, en cas de disparition des pièces d'une procédure, que l'instruction soit recommencée à partir du point où les pièces se trouvent manquer, impliquent nécessairement la suspension de l'accomplissement de la prescription (■ Cass. crim., 26 sept. 2000, n° 99-86.348 : *JurisData* n° 2000-006085 ; *Bull. crim.* n° 278 ; *D.* 2001, somm. p. 521, obs. J. Pradel).

TITRE IV. – DE LA MANIÈRE DONT SONT REÇUES LES DÉPOSITIONS DES MEMBRES DU GOUVERNEMENT ET CELLES DES REPRÉSENTANTS DES PUISSANCES ÉTRANGÈRES

Bibliographie : J.-P. Valat, *Audition des témoins : JCl. Proc. pén.*, art. 101 à 113-8.

Art. 652 *(Mod., L. n° 2000-516, 15 juin 2000)*. – **Le Premier ministre et les autres membres du Gouvernement ne peuvent comparaître comme témoins qu'après autorisation du conseil des ministres, sur le rapport du garde des Sceaux, ministre de la Justice.**

Cette autorisation est donnée par décret.

Les dispositions de cet article ne s'appliquent pas aux membres du Gouvernement entendus comme témoin assisté.

Art. 653. – **Lorsque la comparution a lieu en vertu de l'autorisation prévue à l'article précédent, la déposition est reçue dans les formes ordinaires.**

Art. 654. – **Lorsque la comparution n'a pas été demandée ou n'a pas été autorisée, la déposition est reçue par écrit dans la demeure du témoin, par le premier président de la cour d'appel ou, si le témoin réside hors du chef-lieu de la cour, par le président du tribunal judiciaire de sa résidence.**

Il sera, à cet effet, adressé par la juridiction saisie de l'affaire, au magistrat ci-dessus désigné, un exposé des faits ainsi qu'une liste des demandes et questions sur lesquels le témoignage est requis.

Ne méconnaît pas les dispositions de l'article 6 § 3 *d* de la Convention européenne de sauvegarde des droits de l'homme et des libertés fondamentales, la Cour d'assises qui par arrêt incident rejette la demande d'audition du Premier ministre en qualité de témoin, dès lors qu'au vu de l'instruction orale à laquelle il avait été procédé, l'audition du témoin n'était pas apparue indispensable à la manifestation de la vérité et que les conclusions dont elle était saisie n'articulaient aucun fait ou circonstance de nature à caractériser l'importance du témoignage (■ Cass. crim., 1er juin 1995, n°s 94-82.590, 94-82.610 et 94-82.614 : *Bull. crim.* n° 202).

Art. 655. – **La déposition ainsi reçue est immédiatement remise au greffe ou envoyée, close et cachetée, à celui de la juridiction requérante et communiquée, sans délai, au ministère public ainsi qu'aux parties intéressées.**

À la cour d'assises, elle est lue publiquement et soumise aux débats.

Art. 656. – **La déposition écrite d'un représentant d'une puissance étrangère est demandée par l'entremise du ministre des Affaires étrangères. Si la demande est agréée, cette déposition est reçue par le premier président de la cour d'appel ou par le magistrat qu'il aura délégué.**

Il est alors procédé dans les formes prévues aux articles 654, alinéa 2, et 655.

TITRE IV *BIS*. – DE LA MANIÈRE DONT SONT REÇUES LES DÉPOSITIONS DES PERSONNELS DE CERTAINS SERVICES OU UNITÉS SPÉCIALISÉS

(L. n° 2011-267, 14 mars 2011 ; intitulé mod., L. n° 2016-483, 20 avr. 2016)

Art. 656-1 ***(Mod., L. n° 2016-483, 20 avr. 2016 ; L. n° 2021-1729, 22 déc. 2021).*** **– Lorsque le témoignage d'un agent d'un service mentionné à l'article L. 811-2 du Code de la sécurité intérieure ou d'un service désigné par le décret en Conseil d'État prévu à l'article L. 811-4 du même code ou d'une personne mentionnée à l'article 413-14 du Code pénal est requis au cours d'une procédure judiciaire sur des faits dont il aurait eu connaissance lors d'une mission intéressant la défense et la sécurité nationale, son identité réelle ne doit jamais apparaître au cours de la procédure judiciaire.**

Le cas échéant, son appartenance à l'un de ces services et la réalité de sa mission sont attestées par son autorité hiérarchique.

Les questions posées ne doivent avoir ni pour objet ni pour effet de révéler, directement ou indirectement, la véritable identité de cet agent. Les auditions sont reçues dans des conditions permettant la garantie de son anonymat.

S'il est indiqué par l'autorité hiérarchique que l'audition requise, même effectuée dans les conditions d'anonymat indiquées aux premier et troisième alinéas, comporte des risques pour l'agent, ses proches ou son service, cette audition est faite dans un lieu assurant l'anonymat et la confidentialité. Ce lieu est choisi par le chef du service et peut être le lieu de service d'affectation de l'agent.

Si une confrontation doit être réalisée entre une personne mise en examen ou comparaissant devant la juridiction de jugement et un agent mentionné au premier alinéa en raison des éléments de preuve à charge résultant de constatations personnellement effectuées par cet agent, cette confrontation est réalisée dans les conditions prévues par l'article 706-61.

Aucune condamnation ne peut être prononcée sur le seul fondement des déclarations recueillies dans les conditions prévues par le présent article.

Le présent article est applicable au témoignage des agents étrangers affectés dans des services de police judiciaire spécialement chargés de la lutte contre le terrorisme sur des faits dont ils auraient eu connaissance à l'occasion de l'exercice de leurs fonctions.

Art. 656-2 *(Créé, L. n° 2021-1729, 22 déc. 2021).* **– L'autorité judiciaire peut recueillir le témoignage d'experts d'organisations internationales ou utiliser un rapport qu'ils ont rédigé comme faisceau d'indices permettant d'établir l'élément matériel de l'infraction ou comme éléments permettant de contribuer à la manifestation de la vérité. La demande de témoignage est transmise par le ministre des affaires étrangères.**

TITRE V. – DES RÈGLEMENTS DE JUGES

Bibliographie : *Répertoire.* H. Angevin et F. Déferrer, *Règlement des juges : JCl. Proc. pén.*, art. 657 à 661, Fasc. 20.

Généralités. G. Bonet, *Le règlement de juges dans la jurisprudence moderne de la chambre criminelle : JCP* G 1961, I, 1607. • V. Guyenot, *Le dessaisissement de juridictions dans la procédure pénale française : RSC* 1963, p. 279.

Art. 657 *(L. n° 85-1407, 30 déc. 1985).* **– Lorsque deux juges d'instruction, appartenant à un même tribunal ou à des tribunaux différents, se trouvent simultanément saisis de la même infraction, le ministère public peut, dans l'intérêt d'une bonne administration de la justice, requérir l'un des juges de se dessaisir au profit de l'autre. Le dessaisissement n'a lieu que si les deux juges en sont d'accord. Si le conflit de compétence subsiste, il est procédé, selon les cas, conformément aux dispositions des articles 84, 658 ou 659.**

1) Saisie simultanée. La procédure prévue à l'article 657 du Code de procédure pénale n'a vocation à s'appliquer que si deux juges d'instruction sont simultanément saisis. Si tel n'est pas le cas, celui qui se dessaisit et abandonne au Ministère public la reprise de la procédure met fin à l'information en dehors des cas prévus par la loi (■ Cass. crim., 16 janv. 1979 : *Bull. crim.* n° 25 ; *JCP* G 1980, II, 19380, note L. Remplon).

2) Identité d'infractions : infractions connexes. La procédure de l'article 657 s'applique également en présence d'infractions connexes (■ Cass. crim., 1er déc. 1976, n° 76-91.393 : *Bull. crim.* n° 348).

3) Mise en examen. Le dessaisissement d'une juridiction d'instruction au profit d'une autre, à raison d'infractions identiques ou d'infractions connexes dont elles sont toutes deux saisies, n'est pas subordonné à la condition de la mise en examen de mêmes personnes dans les procédures instruites séparément (■ Cass. crim., 9 déc. 1997, n° 96-86.607 : *Bull. crim.* n° 418).

4) Conflit positif de compétence. Le conflit de compétence positif naît des ordonnances passées en force de chose jugée et contradictoires rendues par les deux juges d'instruction simultanément saisis (■ Cass. crim., 23 juill. 1985, n° 85-93.923 : *Bull. crim.* n° 276). En l'absence de décisions passées en force de chose jugée et contradictoires entre elles, aucun conflit positif de juridiction n'interrompt le cours de la justice de sorte que la procédure décrite aux articles 657 et suivants du Code de procédure pénale ne s'applique pas (■ Cass. crim., 27 mars 1997, n° 96-82.890 : *Bull. crim.* n° 127. ■ Cass. crim., 14 déc. 2011, n° 11-87.302 : *Bull. crim.* n° 258, à propos de la saisine simultanée d'une juridiction d'instruction et de jugement). L'exception de litispendance doit être écartée dès lors que, d'une part, la procédure de règlement de juge prévue aux articles 657 à 659 du Code de procédure pénale n'a pas été engagée, et d'autre part, qu'aucune décision définitive n'a été rendue (■ Cass. crim., 8 juill. 2015, n° 14-81.905).

5) Conflit négatif de compétence. Le conflit négatif de juridiction résultant d'une ordonnance et d'un jugement passés en force de chose jugée, contradictoires entre eux, interrompt le cours de la justice qu'il importe de faire cesser par renvoi à une nouvelle juridiction (■ Cass. crim., 26 mai 2020, n° 20-82.282).

Art. 658 ***(Mod., L. n° 2011-1862, 13 déc. 2011).*** **– Lorsque deux tribunaux correctionnels, deux juges d'instruction ou deux tribunaux de police appartenant au même ressort de cour d'appel se trouvent saisis simultanément de la même infraction, il est réglé de juges par la chambre de l'instruction qui statue sur requête présentée par le ministère public, ou les parties. Cette décision est susceptible d'un recours en cassation.**

Il n'y a lieu à règlement de juges que lorsqu'il existe un conflit de juridictions par suite duquel le cours de la justice se trouve interrompu. Tel n'est pas le cas lorsque deux tribunaux correctionnels se déclarant saisis des mêmes faits n'ont rendu aucune décision juridictionnelle (■ Cass. crim., 6 avr. 2004, n° 03-86.415 : *JurisData* n° 2004-023483 ; *Bull. crim.* n° 88 ; *D.* 2004, p. 1501 ; *JCP* G 2004, IV, 2116). Il n'existe aucun conflit de juridiction au sens des articles 657 et suivants du Code de procédure pénale lorsque les organes en conflit ne sont pas tous deux de nature juridictionnelle. Ainsi de la Commission de la concurrence établie par la loi du 19 juillet 1977, en sorte qu'il n'y a pas lieu de procéder à un règlement de juges (■ Cass. crim., 27 avr. 1981, n° 79-93.619 : *Bull. crim.* n° 126).

Art. 659 ***(Mod., L. n° 93-2, 4 janv. 1993).*** **– Tous autres conflits de compétence sont portés devant la chambre criminelle de la Cour de cassation, laquelle est saisie par requête du ministère public, ou des parties. La Cour de cassation peut aussi, à l'occasion d'un pourvoi dont elle est saisie, régler de juges d'office et même par avance. Elle peut statuer sur tous actes faits par la juridiction qu'elle dessaisit.**

1) Généralité de compétence de la Cour de cassation. Le conflit de compétences existant entre deux juridictions d'instruction de degrés différents n'entre pas dans les prévisions des articles 657 et 658 du Code de procédure pénale et doit être réglé par la Cour de cassation en application de l'article 659 du même code (■ Cass. crim., 3 oct. 1975, n° 75-92.590 : *Bull. crim.* n° 206). Il en va de même du conflit existant entre des juridictions appartenant à des ressorts différents, l'une d'instruction et l'autre de jugement (■ Cass. crim., 27 mars 1997, n° 96-82.890 : *Bull. crim.* n° 127). Le conflit de compétence susceptible d'exister entre la décision d'une chambre de l'instruction et celle d'une cour d'assises est porté devant la chambre criminelle de la Cour de cassation. Il en résulte qu'une Cour d'assises ne peut, après avoir constaté sa propre incompétence, notamment en raison de la minorité de l'auteur des faits, saisir de sa propre autorité une autre juridiction (■ Cass. crim., 15 mars 2006, n° 06-81.028 : *Bull. crim.* n° 83 ; *D.* 2006, p. 1185).

2) Conflits négatifs de compétence. Il résulte de la combinaison des articles 658 et 659 du Code de procédure pénale que la Cour de cassation est seule compétente pour régler de juges en cas de conflit négatif, même si ce conflit a été créé par deux juridictions appartenant au même ressort de cour d'appel (■ Cass. crim., 13 déc. 1994 : *JurisData* n° 1994-002727 ; *Bull. crim.* n° 404. ■ Cass. crim., 14 nov. 1991, n° 91-82.246 : *Bull. crim.* n° 409). Il y a conflit négatif de juridiction lorsqu'après renvoi du prévenu devant un tribunal correctionnel, la juridiction de jugement se déclare incompétente en raison de la qualification criminelle des faits. En pareil cas, considérant l'ordonnance de renvoi non avenue, la cause et les prévenus sont renvoyés en l'état devant la juridiction d'instruction qui au vu de l'instruction déjà faite et de tout supplément d'information, s'il y a lieu, statuera tant sur la prévention que sur la compétence (■ Cass. crim., 25 mai 1971, n° 71-90.953 : *Bull. crim.* n° 171. ■ Cass. crim., 27 avr. 1988, n° 88-82.312 : *Bull. crim.* n° 185). Il n'existe en revanche aucun conflit négatif de compétence lorsque, saisi par voie de citation directe, un tribunal correctionnel se déclare incompétent au regard de la qualification criminelle des faits. En effet, le conflit négatif de juridiction suppose que la juridiction de jugement ait été saisie par une ordonnance du juge d'instruction avec laquelle elle se trouverait en contradiction (■ Cass. crim., 11 janv. 1977, n° 76-93.325 : *Bull. crim.* n° 15. ■ Cass. crim., 16 juill. 1999, n° 99-84.519 : *Bull. crim.* n° 177).

3) Saisine de la Cour de cassation. La Cour de cassation n'ayant pas été saisie de la résolution d'un conflit positif de compétence entre une juridiction d'instruction et une juridiction de jugement, doit être déclarée irrecevable l'exception de nullité de la citation devant le tribunal correctionnel au motif que le prévenu se trouverait déjà mis en examen à raison des mêmes faits (■ Cass. crim., 27 mars 1997, préc.).

4) Pouvoirs de la Cour de cassation. Par application de l'article 659 du Code de procédure pénale, la chambre criminelle peut, en réglant les juges, statuer sur tous les actes faits par la juridiction dont la décision a fait naître le conflit. Elle peut ainsi annuler les réquisitions supplétives prises par le Ministère public, ainsi que les actes subséquents, dès lors qu'ils n'étaient pas nécessaires à la saisine du magistrat instructeur au profit duquel a joué le désistement (■ Cass. crim., 5 févr. 1992, n°s 91-85387 et 91-85393 : *Bull. crim.* n° 56).

5) Effets du règlement des juges. La décision de règlement des juges annulant l'arrêt de mise en accusation devant une juridiction incompétente est sans incidence sur la validité du mandat de dépôt criminel. En effet, en application de l'article 181-7° du Code de procédure pénale le mandat de dépôt criminel conserve sa force exécutoire lors du prononcé de la décision de mise en accusation et l'accusé reste détenu (■ Cass. crim., 8 oct. 2013, n° 13-85.014 : *JurisData* n° 2013-022005 ; *Bull. crim.* n° 189 ; *AJ Pénal* 2014, p. 43, obs. J.-B. Perrier. ■ Cass. crim., 11 sept. 2013, n° 13-84.857 : *Bull. crim.* n° 179). L'annulation d'une ordonnance de renvoi portant disqualification des faits n'a pas d'incidence sur la validité des actes antérieurement accomplis. Ainsi, le renvoi devant une Cour d'assises sans mise en examen préalable est-il possible à la suite d'un arrêt de règlement des juges, dès lors que l'intéressé avait reçu cette qualité antérieurement au règlement, et qu'il avait, en cette qualité, été renvoyé devant une juridiction incompétente (■ Cass. crim., 19 mars 1997, n° 96-86.683 : *Bull. crim.* n° 111). L'arrêt de règlement des juges laisse subsister les dispositions de l'ordonnance du juge d'instruction ayant renvoyé les prévenus devant la juridiction correctionnelle en raison des faits à l'égard desquels cette juridiction ne s'est pas déclarée incompétente. C'est donc à bon droit que la juridiction nouvellement désigné refuse de statuer sur les faits à l'égard desquels l'ordonnance de renvoi a été maintenue (■ Cass. crim., 24 oct. 1974, n° 74-91.528 : *Bull. crim.* n° 302).

6) Vérification de compétence. La désignation faite par la Cour de cassation n'empêche pas à la juridiction de renvoi de vérifier sa compétence si des éléments nouveaux, susceptibles de modifier l'appréciation de la Cour de cassation, apparaissent. Par suite, doit être cassé l'arrêt de la juridiction désignée refusant de statuer sur le déclinatoire de compétence proposé par le procureur général au vu des pièces d'exécution du supplément d'information (■ Cass. crim., 13 mai 1950 : *Bull. crim.* n° 2013 ; *D.* 1950, p. 648).

Art. 660 ***(Ord. n° 60-529, 4 juin 1960).*** **– La chambre criminelle peut, avant de régler de juges, ordonner la communication de la requête aux parties. Dans ce cas, les pièces de la procédure lui sont transmises, dans le délai par elle fixé, avec les observations des intéressés, et le cours de la procédure est suspendu.**

Renvoi de l'examen de la requête. Peut être renvoyé à une audience ultérieure l'examen de la requête, afin qu'elle soit signifiée, à l'initiative des requérants, à l'ensemble des parties et leur permette ainsi de présenter leurs observations par le ministère d'un avocat au Conseil d'État et à la Cour de cassation (■ Cass. crim., 26 oct. 2011, n° 11-87.302 : *Bull. crim.* n° 219).

Art. 661 ***(Ord. n° 60-529, 4 juin 1960).*** **– L'arrêt portant règlement de juges est signifié aux parties intéressées. Celles-ci peuvent, hors le cas où la communication de la requête a été ordonnée, former opposition à cet arrêt, par acte reçu au greffe du lieu où siège l'une des juridictions en conflit, dans les formes et délais du pourvoi en cassation.**

L'opposition emporte effet suspensif si la chambre criminelle en décide ainsi.

L'opposition est jugée dans les quinze jours de l'arrivée des pièces au greffe de la Cour de cassation. Si l'opposition est rejetée, la chambre criminelle peut condamner le demandeur à une amende civile de 15 €.

1) **Signification de la juridiction désignée.** Il résulte de la combinaison des articles 679 et 661 du Code de procédure pénale que l'arrêt de la chambre criminelle de la Cour de cassation portant désignation de juridiction n'a pas à être signifié à la personne qui, simplement susceptible d'être inculpée, n'est ni accusée au sens de l'article 6, paragraphe 3 a, de la Convention européenne de sauvegarde des droits de l'homme et des libertés fondamentales ni partie au procès et n'a donc pas la qualité de partie intéressée au regard de l'article 661 du Code de procédure pénale (■ Cass. crim., 27 juin 1989, n° 88-87.092 : *Bull. crim.* n° 275). *Contra*, La signification par l'article 661 « aux parties intéressées » que n'interdit aucune disposition légale doit recevoir application et notamment bénéficier à toute personne dénoncée dans la plainte avec constitution de partie civile et susceptible d'être inculpée. Cependant, lorsque le défaut de signification de la juridiction n'a pas porté atteinte aux droits de la défense, le demandeur ne saurait se faire de l'omission critiquée un grief à l'appui de son pourvoi (■ Cass. crim., 5 févr. 1985, n° 83-94.970 : *Bull. crim.* n° 60).

2) **Opposition.** Un conflit négatif de compétence entre le tribunal de police et le tribunal correctionnel, résolu par la chambre criminelle de la Cour de cassation au profit du dernier, ne peut être contesté par voie d'opposition, dès lors que le renvoi décidé ne fait pas obstacle, conformément à l'article 466 du Code de procédure pénale, à ce que le Tribunal correctionnel prononce une peine, lorsqu'il estime, au terme des débats, que le délit poursuivi ne constitue qu'une contravention (■ Cass. crim., 21 oct. 1998, n° 98-80.775 : *Bull. crim.* n° 272).

3) **Délais.** L'opposition tardive est irrecevable, sauf si le demandeur démontre l'impossibilité absolue dans laquelle il se serait trouvé d'exercer la voie de recours dans le délai de cinq jours francs prévu par l'article 661 du Code de procédure pénale (■ Cass. crim., 13 juin 2006, n° 06-83.821).

TITRE VI. – DES RENVOIS D'UN TRIBUNAL À UN AUTRE

Bibliographie : *Répertoire.* H. Angevin et F. Defferrard, *Renvois d'un tribunal à un autre : JCl. Proc. pén.*, art. 662 à 667-1, Fasc. 20.

Généralités. S. Bendel-Vasseur, *La procédure de récusation et de renvoi pour cause de suspicion légitime : Bull. inf. C. cass.* 15 nov. 2010, p. 6. • P. Buffeteai, *Réflexions sur l'« intérêt d'une bonne administration de la justice » : RPDP* 1998, p. 168. • D.-N. Commaret, *Une juste distance ou réflexions sur l'impartialité du magistrat : D.* 1998, chron. p. 262. • A. Maron, *Assiste-t-on à une renaissance du renvoi pour cause de suspicion légitime ? : JCP* G 1995, I, 3681 ; *Incidences de la Convention européenne de sauvegarde des droits de l'homme sur la procédure de suspicion légitime : Dr. pén.* 1995, chron. 34, 39 et 44. • P. Nérac, *Les garanties d'impartialité du juge répressif : JCP* G 1978, I, 2890. • J. Pradel, *La notion européenne de tribunal indépendant et impartial selon le droit français : RSC* 1990, p. 692.

Art. 662 *(L. n° 93-2, 4 janv. 1993).* – **En matière criminelle, correctionnelle ou de police, la chambre criminelle de la Cour de cassation peut dessaisir toute juridiction d'instruction ou de jugement et renvoyer la connaissance de l'affaire à une autre juridiction du même ordre, pour cause de suspicion légitime.**

La requête aux fins de renvoi peut être présentée soit par le procureur général près la Cour de cassation, soit par le ministère public établi près la juridiction saisie, soit par les parties.

La requête doit être signifiée à toutes les parties intéressées qui ont un délai de dix jours pour déposer un mémoire au greffe de la Cour de cassation.

La présentation de la requête n'a point d'effet suspensif à moins qu'il n'en soit autrement ordonné par la Cour de cassation.

I – LA SUSPICION LÉGITIME

A – Personnes concernées

1) **Ministère public et Cour de cassation.** L'article 662 du Code de procédure pénale n'autorise le renvoi d'une affaire que d'une Cour, d'un tribunal ou d'un juge d'instruction à un autre, mais nullement d'un officier du Ministère public à un autre magistrat du parquet (■ Cass. crim., 7 avr. 1976, n° 75-92.601 : *Bull. crim.* n° 107 ; *RSC* 1976, p. 991, note J.-H. Robert). Ne peuvent non plus faire l'objet d'un renvoi pour cause de suspicion légitime les chambres de la Cour de

cassation (■ Cass. crim., 15 juin 1934 : *Bull. crim.* n° 119).

B – Notion

1° Éléments de définition

• Approche générale

2) Garanties suffisantes d'impartialité. Il résulte de l'article 662 du Code de procédure pénale ainsi que de l'article 6 de la Conv. EDH que le renvoi pour cause de suspicion légitime est justifié dès lors que les circonstances objectives font apparaître que la juridiction appelée à statuer ne présente pas des garanties suffisantes d'impartialité (■ Cass. crim., 30 nov. 1994, n° 94-85.539 : *JurisData* n° 1994-002584 ; *Bull. crim.* n° 392 ; *Dr. pén.* 1995, comm. 56, note A. Maron. ■ Cass. crim., 4 mars 1998, n° 97-86.544 : *JurisData* n° 1998-001684 ; *Bull. crim.* n° 86 ; *Dr. pén.* 1998, comm. 150, note A. Maron. ■ Cass. crim., 5 janv. 2005, n° 04-86.947 : *Bull. crim.* n° 10). Toutefois, le prévenu n'est pas recevable à mettre en cause l'impartialité des magistrats composant la chambre des appels correctionnels, en invoquant l'article 6 de la Convention européenne des droits de l'Homme, dès lors qu'il n'a pas usé de la possibilité d'en obtenir le respect en récusant ces magistrats en application de l'article 668 du Code de procédure pénale ou en présentant une requête en suspicion légitime sur le fondement de l'article 662 du même code (■ Cass. crim., 5 avr. 2018, n° 17-83.166 : *Bull. crim.* n° 65).

• Illustrations

3) Séparation des fonctions de poursuite et d'instruction. Le seul fait que le juge chargé d'instruire une affaire ait effectué des actes de poursuite dans une autre procédure concernant la même personne n'est pas de nature à faire naître un doute objectivement justifié sur l'impartialité du magistrat concerné (■ Cass. crim., 20 févr. 2008, n°s 02-82.676 et 07-82.110 : *Bull. crim.* n° 44). La circonstance que le magistrat instructeur désigné pour conduire l'information soit le conjoint d'un membre du parquet, dont il n'apparaît pas qu'il soit intervenu dans le déroulement de la procédure, ne suffit pas à mettre en doute l'impartialité du juge d'instruction au sens de l'article 662 du Code de procédure pénale (■ Cass. crim., 14 janv. 2003, n° 02-87.062 : *Bull. crim.* n° 6).

4) Conflit avocat-magistrat. L'existence d'un conflit entre un avocat et un magistrat présidant une audience correctionnelle ayant gagné l'ensemble du barreau et du tribunal est de nature à faire naître un doute sur l'impartialité du magistrat instructeur saisi du dossier ainsi que sur celle des magistrats qui seront par la suite éventuellement chargés du jugement de l'affaire (■ Cass. crim., 3 nov. 1994, n° 94-84.752 : *Bull. crim.* n° 351 ; *Dr. pén.* 1995, comm. 27, note A. Maron).

5) Procédure disciplinaire. Le fait que deux chambres civiles de la cour d'appel de Rouen aient, en application de l'article R. 212-5 du Code de l'organisation judiciaire, statué à l'égard du prévenu dans une instance disciplinaire, n'est pas objectivement de nature à faire naître un doute sur l'impartialité d'une autre chambre de la même cour d'appel qui doit le juger, en matière pénale, pour les mêmes faits, dès lors que cette juridiction sera composée de magistrats qui n'ont pas connu de la procédure disciplinaire (■ Cass. crim., 24 janv. 1996, n° 96-80.266 : *JurisData* n° 1996-001291 ; *Bull. crim.* n° 47 ; *Dr. pén.* 1996, comm. 96, note A. Maron).

6) Hostilité envers le demandeur. Le fait pour un juge d'instruction d'avoir, à l'issue de l'interrogatoire du mis en examen, manifesté publiquement son hostilité, constitue un motif suffisant de suspicion légitime pour attribuer à un autre juge d'instruction la connaissance de l'information (■ Cass. crim., 21 août 1990, n° 90-84.352 : *Bull. crim.* n° 305). La circonstance qu'un magistrat ait, après pourvoi en cassation, à instruire à nouveau sur les faits dénoncés par la partie civile après lui avoir opposé un refus d'informer injustifié, constitue, au sens de l'article 6 de la Convention européenne des droits de l'Homme, un élément objectif de nature à faire naître un doute sur son impartialité. Il existe, dès lors, des motifs suffisants pour attribuer à un autre juge d'instruction la connaissance de l'information (■ Cass. crim., 4 mars 1998, préc.). En revanche, ne peut être vu comme motif de nature à mettre en cause l'impartialité du magistrat instructeur, le fait qu'il ait communiqué au procureur de la République des éléments du dossier, pouvant justifier, au regard des indices graves et concordants pesant sur l'intéressé, la levée de l'immunité parlementaire dont bénéficiait le demandeur (■ Cass. crim., 10 juill. 1996, n° 96-82.640 : *Bull. crim.* n° 294).

7) Proximité avec la partie civile. La partie civile ayant pris directement à sa charge les frais de déplacement du juge d'instruction pour assister, sur place, à l'exécution d'une commission rogatoire internationale, il existe un doute sur l'impartialité de ce magistrat et dès lors des motifs suffisants de suspicion légitime (■ Cass. crim., 30 sept. 1992, n° 92-83.017 : *JurisData* n° 1992-003287 ; *Dr. pén.* 1995, comm. 193, note A. Maron).

8) Connexité. Le lien de connexité existant entre deux procédures, dont l'une a fait l'objet d'un renvoi pour cause de suspicion légitime, justifie qu'il en soit de même pour la deuxième (■ Cass. crim., 3 nov. 1994, n° 94-84.753 : *Bull. crim.* n° 352).

2° *Éléments de distinction*

9) Suspicion légitime et récusation. Le soupçon d'impartialité dirigé contre un magistrat n'entre pas dans les prévisions de la requête pour suspicion d'une juridiction mais dans celle d'une récusation prévue par l'article 668, 9° du Code de procédure pénale (■ Cass. crim., 25 nov. 1976, n° 76-92.090 : *Bull. crim.* n° 343 ; *Gaz. Pal.* 1976, 2, p. 789, note anonyme ; *RSC* 1977, p. 603, obs. J. Robert). La requête tendant à mettre en cause les garanties d'impartialité de la présidente d'un tribunal correctionnel ayant apporté un soutien logistique aux parties civiles en leur distribuant un formulaire pré-imprimé intitulé « constitution de partie civile » accompagné d'un document intitulé « présentation des dossiers de demande d'indemnisation » et ayant tenu une réunion avec les avocats des parties civiles hors la présence des avocats des prévenus, s'analyse en une requête en récusation entrant dans les prévisions de l'article 668, 9°, du Code de procédure pénale et qui, selon les dispositions de l'article 669 du même code, doit être présentée à peine de nullité au premier président de la cour d'appel (■ Cass. crim., 17 avr. 2013 : *Bull. crim.* n° 94). Il en va de même d'une requête mettant en cause le collège de l'instruction du tribunal de grande instance de Bordeaux, chargé de la procédure dans laquelle les requérants sont mis en examen, pour avoir procédé à la désignation et à la rémunération d'un expert dans des conditions irrégulières et avoir tenu, personnellement ou par avocat, des propos polémiques (■ Cass. crim., 20 juin 2013, n° 13-84.177 : *JurisData* n° 2013-012442 ; *Bull. crim.* n° 149).

10) Récusation « collective ». La récusation mettant en cause tous les membres d'une juridiction équivaut à une demande de renvoi pour cause de suspicion légitime : (■ Cass. crim., 30 mars 1931 : *Bull. crim.* n° 101. ■ Cass. crim., 2 déc. 1932 : *Bull. crim.* n° 248. ■ Cass. crim., 3 août 1933 : *Bull. crim.* n° 178. ■ Cass. crim., 2 janv. 1936 : *Bull. crim.* n° 10).

11) Procès équitable. Il découle de l'article 6 de la Conv. EDH qu'un magistrat visé par une plainte avec constitution de partie civile ne saurait statuer sur cette plainte sans faire naître un doute sur son impartialité. Aussi, doit être cassé l'arrêt de la chambre de l'instruction refusant d'annuler l'ordonnance de refus d'informer rendue par le juge d'instruction visé par une plainte, sans égard à l'argument selon lequel la Cour de cassation n'avait pas été saisie d'une requête en suspicion légitime (■ Cass. crim., 16 mai 2000, n° 99-85.444 : *JurisData* n° 2000-002478 ; *Bull. crim.* n° 191).

12) Déloyauté du parquet. Le demandeur ne saurait soutenir que les conditions déloyales dans lesquelles l'action pénale a été exercée contre lui, au cours d'une précédente poursuite devant un tribunal correctionnel, ne lui offrent pas la garantie d'être jugé équitablement par cette même juridiction, saisie d'une nouvelle poursuite. En effet à les supposer établis, les faits ainsi reprochés aux représentants du ministère public ne sont pas de nature à faire échec au droit du demandeur d'être entendu par un tribunal indépendant et impartial, dès lors qu'ils sont étrangers à la conduite de l'action pénale concernant la présente procédure. Il n'existe donc aucun motif, au sens de l'article 662 du Code de procédure pénale et de l'article 6 de la Convention européenne de sauvegarde des droits de l'homme et des libertés fondamentales, pour attribuer à un autre tribunal la connaissance de l'affaire (■ Cass. crim., 20 mars 1996, n° 96-81.215 : *Bull. crim.* n° 124).

II – REQUÊTE TENDANT AU RENVOI

13) Question prioritaire de constitutionnalité. Le mémoire présentant une question prioritaire de constitutionnalité soulevée à l'occasion d'une requête tendant au renvoi d'une affaire devant une autre juridiction pour cause de suspicion légitime, sans le recours au ministère d'un avocat au Conseil d'État et à la Cour de cassation, doit porter la signature du requérant en personne, un mémoire présenté par son avocat, s'il n'est pas avocat aux Conseils, n'étant pas recevable (■ Cass. crim., 14 nov. 2012, n° 12-86.954 : *JurisData* n° 2012-025738).

14) Nécessité de la requête. Aucun texte n'autorise une juridiction pénale à renvoyer la procédure dont elle est saisie devant une autre juridiction pénale (■ Cass. crim., 8 juill. 2015, n°s 14-82.351 et 14-82.352 : *JurisData* n° 2015-017008). Le transfert administratif d'un dossier d'une chambre à une autre chambre pour bonne administration de la justice ne constitue pas une procédure de renvoi d'une juridiction à une autre, pas plus qu'une procédure de suspicion légitime (■ CA Paris, 12 juin 2002, n° 01/03842 : *JurisData* n° 2002-188462). Le demandeur ne saurait mettre en cause devant la Cour de cassation l'impartialité des juges composant le tribunal correctionnel et la chambre des appels correctionnels, dès lors qu'il n'a pas usé de la possibilité d'en obtenir le respect en récusant ces magistrats en application de l'article 668 du Code de procédure pénale ou en présentant une requête en suspicion légitime sur le fondement de l'article 662 du même code (■ Cass. crim., 9 sept. 2009, n° 08-87.312). La partie civile, qui n'a pas usé des procédures prévues aux articles 662 et 668 et suivants du Code de procédure pénale, n'est pas recevable à invoquer pour la première fois devant la Cour de cassation une cause de récusation ou de suspicion légitime à l'égard de l'un des magistrats ayant participé à la décision attaquée (■ Cass. crim., 30 sept. 1992, n° 92-83.027).

15) Qualité pour présenter la requête. La délivrance d'un mandat d'arrêt par le juge d'instruction, au cours de l'information et avant tout interrogatoire, ne confère pas à celui qui en est l'objet la qualité de personne mise en examen, et, par voie de conséquence, celle de partie au sens de l'article 662 du Code de procédure pénale. Il en résulte que la requête tendant au renvoi pour cause de suspicion légitime introduite par une personne faisant l'objet d'un mandat d'arrêt doit être déclarée irrecevable (■ Cass. crim., 28 avr. 2011, n° 10-87.750 : *Bull. crim.* n° 86). La requête tendant au renvoi, pour cause de suspicion légitime devant une autre juridiction du même ordre, de la connaissance de la procédure suivie devant la cour d'appel, qui n'a pas été présentée par le requérant lui-même, ainsi que l'exige l'article 662 du Code de procédure pénale mais par un avocat, est irrecevable (■ Cass. crim., 14 nov. 2012, n° 12-86.954 : *JurisData* n° 2012-025738). La requête présentée ni par le demandeur lui-même ni par un avocat aux Conseils agissant en son nom, mais par un avocat au barreau de Paris ne satisfait pas aux conditions de l'article 662 du Code de procédure pénale (■ Cass. crim., 27 mars 2019, n° 19-82.144).

16) Articulation des griefs. Le demandeur a l'obligation d'articuler les griefs. La mise en cause de tous magistrats du siège et du parquet d'une cour d'appel, instruction comprise, ne peut être analysée en une mise en cause personnelle du magistrat instructeur, de nature à faire naître un doute justifié sur son impartialité (■ Cass. crim., 1er juill. 2009, n° 09-87.090).

17) Signification de la requête. La requête qui n'a pas été signifiée à toute partie intéressée doit être déclarée irrecevable (■ Cass. crim., 3 juill. 1975, n° 75-91.640 : *Bull. crim.* n° 180. ■ Cass. crim., 5 sept. 1988, n° 88-84.081 : *Bull. crim.* n° 314). Il résulte de l'article 662, alinéa 3 du Code de procédure pénale qu'une requête tendant au renvoi pour cause de suspicion légitime doit être signifiée aux témoins assistés, parties intéressées au sens de ce texte (■ Cass. crim., 30 mai 2012, n° 12-83.749 : *Bull. crim.* n° 138).

18) Publicité (absence). La procédure particulière aux requêtes en dessaisissement pour cause de suspicion légitime commande que les débats, qui sont, par leur nature, susceptibles de porter atteinte à l'ordre public ou aux intérêts de la justice, aient lieu en chambre du conseil (■ Cass. crim., 20 sept. 1989, n° 89-83.954 : *Bull. crim.* n° 323 ; *JurisData* n° 1989-004344 ; *RSC* 1990, p. 113, obs. A. Braunschweig).

19) Effet suspensif de la requête. Aux termes de l'article 662 du Code de procédure pénale, une requête en dessaisissement n'a pas d'effet suspensif s'il n'en est décidé autrement par la Cour de cassation (■ Cass. crim., 24 janv. 2018, n° 16-87.597). L'effet suspensif de la requête peut être ordonné par la Cour de cassation pour les besoins de l'examen du dossier (■ Cass. crim., 6 nov. 1987 : *JCP* G 1988, II, 20988, note W. Jeandidier). Il résulte de l'article 662, alinéa 4, du Code de procédure pénale que le requérant peut demander que sa requête ait un effet suspensif dès sa présentation, sans qu'il y ait lieu d'attendre qu'aient été accomplies les diligences prévues par l'alinéa 3 dudit article, tendant au respect du principe de la contradiction (■ Cass. crim., 5 juin 2013, n° 13-84.137 : *Bull. crim.* n° 130).

III – DÉCISION DE LA COUR DE CASSATION

A – Sources

20) La Cour de cassation fait apparaître les motifs ou l'absence de motif de renvoi pour cause de suspicion légitime, au sens tant de l'article 662 du Code de procédure pénale que de l'article 6, § 1, de la Convention européenne de sauvegarde des droits de l'homme et des libertés fondamentales (■ Cass. crim., 3 nov. 1994, n° 94-84.752 : *Bull. crim.* n° 351. ■ Cass. crim., 24 janv. 1996, n° 96-80.266 : *JurisData* n° 1996-001291 ; *Bull. crim.* n° 47 ; *Dr. pén.* 1996, comm. 96, note A. Maron. ■ Cass. crim., 20 mars 1996, n° 96-81.215 : *JurisData* n° 1996-001599 ; *Bull. crim.* n° 124. ■ Cass. crim., 2 janv. 2005, n° 04-86.947 : *Bull. crim.* n° 10).

B – Effets du renvoi

21) Validité des actes antérieurs. Le renvoi d'une affaire d'une juridiction à une autre, dans l'intérêt d'une bonne administration de la justice, tel que prévu par l'article 662 du Code de procédure pénale, ne peut avoir pour effet de rendre inexistants des actes de procédure valablement réalisés antérieurement à l'arrêt de dessaisissement de la Cour de cassation (■ Cass. crim., 26 mars 1985, n° 83-94.510 : *Bull. crim.* n° 128).

Art. 663 *(Mod., L. n° 2004-204, 9 mars 2004)*. **– Lorsque deux juges d'instruction, appartenant à un même tribunal ou à des tribunaux différents, se trouvent simultanément saisis d'infractions connexes ou d'infractions différentes en raison desquelles une même personne ou les mêmes personnes sont mises en examen, le ministère public peut, dans l'intérêt d'une bonne administration de la justice et nonobstant les dispositions des articles 43, 52 et 382, requérir l'un des juges de se dessaisir au profit de l'autre. Le dessaisissement a lieu si les juges en sont d'accord. En cas de désaccord, il est fait application, s'il y a lieu, des dispositions de l'article 664.**

I – DOMAINE D'APPLICATION

1) Conflit négatif de compétence. L'article 663 du Code de procédure pénale n'est pas applicable lorsque deux juges d'instruction saisis de faits connexes contre une même personne se sont déclarés successivement incompétents. Il revient alors à la Cour de cassation de statuer comme en matière de règlement des juges (■ Cass. crim., 26 févr. 1969, n° 68-90.002 : *Bull. crim.* n° 100).

2) Relations entre procédures de dessaisissement. Les dispositions de l'article 706-77 du Code de procédure pénale viennent compléter celles de l'article 663 du même code sans se substituer à celles-ci ou les exclure. La chambre de l'instruction, saisie de l'appel d'une ordonnance de dessaisissement, est donc autorisée à relever les éléments établissant la connexité de cette information avec celle ouverte devant la JIRS et à justifier le dessaisissement de la juridiction de droit commun sur le fondement de l'article 663 du Code de procédure pénale énonçant que si les règles des articles 706-77 et suivants du Code de procédure pénale sont d'ordre public, elles n'ont pas pour autant vocation à se substituer à la règle de l'article 663 du Code de procédure pénale instituant elle aussi une procédure d'exception dérogeant aux règles de compétence habituelles entre deux juridictions simultanément saisies sans que ne soit précisée leur spécialisation (■ Cass. crim., 3 sept. 2019, n° 19-80.388).

3) Connexité. La connexité au sens de l'article 663 du Code de procédure pénale est établie dès lors que l'instruction porte sur des infractions, notamment de falsification de preuves et de faux témoignages, qui auraient été commises à différents stades d'une même procédure (■ Cass. crim., 3 mai 2000, n° 99-83.350 : *Bull. crim.* n° 177). La connexité est établie, et l'article 663 du Code de procédure pénale applicable lorsqu'il apparaît que l'inculpé, objet d'une instruction pour importation de stupéfiants, était en contact, pour la revente, avec un individu mis en cause dans une autre information pour trafic de stupéfiants (■ Cass. crim., 27 févr. 1995, n° 94-82.099 : *Bull. crim.* n° 85).

Voir : Sur la notion de connexité, V. sous art. 203, p. 665.

II – DEMANDE DE DESSAISISSEMENT

4) Réquisitions de dessaisissement. La juridiction d'instruction n'est pas compétente pour mettre en œuvre la procédure de dessaisissement prévue par l'article 663 du Code de procédure pénale, dont l'initiative est réservée au ministère public (■ Cass. crim., 31 mars 2009). La seule absence d'opposition manifestée par le procureur de la République ne peut s'analyser en des réquisitions de dessaisissement (■ Cass. crim., 21 sept. 2016, n° 16-82.635 : *Bull. crim.* n° 247).

5) Appel. Par une jurisprudence constante, la Cour de cassation estime que l'ordonnance de dessaisissement rendue sur le fondement de l'article 663 du Code de procédure pénale, par un juge d'instruction au profit d'un autre, appartenant à un tribunal différent, est une ordonnance portant sur la compétence et qu'elle est donc susceptible d'appel (■ Cass. crim., 16 oct. 2019, n° 19-83.392, § 7). Le Ministère public peut interjeter appel d'une ordonnance du juge d'instruction refusant la demande de dessaisissement sur le fondement de l'article 663 du Code de procédure pénale. Il résulte des articles 185 et 593 du Code de procédure pénale que lorsque saisie sur appel du procureur de la République, la chambre d'accusation constate que c'est à tort que le juge d'instruction requis, en application des dispositions de l'article 663 du Code de procédure pénale, a refusé ce dessaisissement, il lui appartient de se prononcer elle-même sur le dessaisissement demandé (■ Cass. crim., 4 oct. 1988, n° 88-83.389 : *Bull. crim.* n° 329).

III – CONDITIONS DU DESSAISISSEMENT

6) Accord des juges d'instruction. Lorsque deux juges d'instruction se trouvent simultanément saisis d'infractions connexes ou d'infractions différentes en raison desquelles une même personne est mise en examen, le ministère public peut, dans l'intérêt d'une bonne administration de la justice, requérir l'un des juges de se dessaisir au profit de l'autre. Le dessaisissement a lieu si les deux juges en sont d'accord (■ Cass. crim., 16 oct. 2019, n° 19-83.392, § 4). Le dessaisissement ordonné sur le fondement de l'article 663 du Code de procédure pénale ne peut recevoir application que si le juge d'instruction bénéficiaire se révèle d'accord. Faute de l'accord précité, la procédure prévue par l'article 664 du Code de procédure pénale devra être utilisée (■ Cass. crim., 4 oct. 1988, n° 88-83.389 : *Bull. crim.* n° 329). L'accord requis par l'article 663 du Code de procédure pénale peut résulter des pièces de la procédure (■ Cass. crim., 21 nov. 1989, n° 89-85.128 : *Bull. crim.* n° 433).

7) Situation des personnes impliquées. L'article 663 du Code de procédure pénale n'exige pas pour son application que l'inculpé (mis en examen) ait été détenu (■ Cass. crim., 21 nov. 1989, préc.). L'article 663 du Code de procédure pénale ne subordonne pas l'intervention d'une décision de dessaisissement à l'inculpation (mise en examen) préalable des personnes soupçonnées dès lors qu'il existe contre ces dernières des présomptions suffisantes que les infractions séparément poursuivies ont pu être commises par les mêmes personnes (■ Cass. crim., 12 juin 1990, n° 90-81.775 : *JurisData* n° 1990-702068 ; *Bull. crim.* n° 241). Comp., Le dessaisissement d'une juridiction d'instruction au profit d'une autre, à raison d'infractions identiques ou d'infractions connexes dont elles sont toutes deux saisies, n'est pas subordonné à la condition de la mise en examen de mêmes personnes dans les procédures instruites séparément (■ Cass. crim., 9 déc. 1997, n° 96-86.607 : *Bull. crim.* n° 418).

IV – EFFETS DU DESSAISISSEMENT

8) Effet immédiat. Le dessaisissement d'un juge d'instruction, requis par le procureur de la République de son siège, a lieu immédiatement et de plein droit, en cas d'accord entre les deux magistrats instructeurs concurrents, sans que des réquisitions nouvelles ou supplétives du ministère public du siège du magistrat le mieux désigné soient nécessaires (■ Cass. crim., 23 janv. 2002, n° 01-87.620 : *Bull. crim.* n° 11. ■ Cass. crim., 8 juin 2005, n° 05-82.070 : *Bull. crim.* n° 175). Il en résulte que la compétence du juge des libertés et de la détention ayant décidé d'une détention provisoire à la demande du juge demeuré saisi ne peut être mise en cause, même en cas de contestation de l'ordonnance du juge d'instruction s'étant dessaisi (■ Cass. crim., 8 juin 2005, préc.). Identiquement, l'accord donné par le juge d'instruction à sa saisine la rend immédiatement valable, s'opposant à une annulation de la commission rogatoire délivrée et aux actes d'instruction réalisés pour défaut de compétence (■ Cass. crim., 6 févr. 1996, n° 95-85.710 : *Bull. crim.* n° 62).

9) Recours. Lorsque le juge d'instruction s'est dessaisi sur le fondement de la connexité d'informations judiciaires, au visa de l'article 663 du Code de procédure pénale et non dans le cadre des dispositions de l'article 706-77 du Code de procédure pénale, le recours prévu à l'article 706-78 du Code précité n'est pas recevable (■ Cass. crim., 3 sept. 2019, n° 19-80.388 : *Bull. crim. à paraître*).

Art. 664 *(Mod., L. n° 93-2, 4 janv. 1993).* **– Lorsqu'une personne mise en examen ou un prévenu est détenu provisoirement en vertu d'une décision prescrivant la détention ou en exécution d'une condamnation, le ministère public peut, dans l'intérêt d'une bonne administration de la justice, notamment pour éviter le transfèrement du détenu, requérir le renvoi de la procédure de la juridiction d'instruction ou de jugement saisie à celle du lieu de détention. Il est procédé comme en matière de règlement de juges.**

La demande prévue à l'article 664 du Code de procédure pénale pour le renvoi de la connaissance d'une affaire à la juridiction proche du lieu de détention suppose qu'une juridiction se trouve effectivement saisie (■ Cass. crim., 4 sept. 1991, n° 91-84.509).

Art. 665 *(Mod., L. n° 2016-731, 3 juin 2016).* **– Le renvoi d'une affaire d'une juridiction à une autre peut être ordonné pour cause de sûreté publique par la chambre criminelle, mais seulement à la requête du procureur général près la Cour de cassation.**

Le renvoi peut également être ordonné, dans l'intérêt d'une bonne administration de la justice, par la chambre criminelle, soit sur requête du procureur général près la Cour de cassation, soit sur requête du procureur général près la cour d'appel dans le ressort de laquelle la juridiction saisie a son siège, agissant d'initiative ou sur demande des parties.

La requête mentionnée au deuxième alinéa doit être signifiée à toutes les parties intéressées, qui ont un délai d'un mois pour déposer un mémoire au greffe de la Cour de cassation.

Dans les dix jours de la réception de la demande et s'il n'y donne pas suite, le procureur général près la cour d'appel informe le demandeur des motifs de sa décision. Ce dernier peut alors former un recours devant le procureur général près la Cour de cassation qui, s'il ne saisit pas la chambre criminelle l'informe des motifs de sa décision.

La chambre criminelle statue dans les huit jours de la requête.

1) Question prioritaire de constitutionnalité – Égalité des parties. Ne présente pas un caractère sérieux la question tendant à remettre en cause le monopole du procureur général dans le dépaysement d'une affaire prévu à l'article 665 du Code de procédure pénale dès lors que, d'une part, la Cour de cassation s'assure, afin que soit respecté le principe de la contradiction, que la requête soit notifiée à chacune des parties qui sont informées du droit de déposer un mémoire au greffe, dans le délai de huit jours de la notification, le respect de ces principes garantissant l'existence d'une procédure juste et équitable et l'équilibre des droits des parties, et que, d'autre part, la différence de traitement établie par ce texte entre le procureur général qui a seul le pouvoir de saisir la Cour de cassation d'une demande de renvoi, et les autres parties, se justifie en ce que l'appréciation de l'opportunité de cette saisine, dans l'intérêt d'une bonne administration de la justice, ne peut relever que des attributions du ministère public (▪ Cass. crim., 15 juin 2011, n° 11-83.703 : *Bull. crim.* n° 133).

I – CONDITIONS DU RENVOI DANS L'INTÉRÊT D'UNE BONNE ADMINISTRATION DE LA JUSTICE

2) Saisine d'une juridiction. En prévoyant le renvoi de la connaissance d'une affaire d'une juridiction à une autre, les dispositions de l'article 665 du Code de procédure pénale impliquent que celle de ces deux juridictions qu'il s'agit de dessaisir se trouve effectivement saisie. Dans le cas contraire, la requête est déclarée irrecevable (▪ Cass. crim., 24 févr. 1993, n° 93-80.462 : *Bull. crim.* n° 90 ; *JCP* G 1993, IV, 1615 ; *RSC* 1994, p. 125, obs. A. Braunschweig. ▪ Cass. crim., 17 mars 1993, n° 93-81.040 : *JurisData* n° 1993-704827 ; *Bull. crim.* n° 122).

3) Bonne administration de la justice (refus). Ne répond à aucun motif de renvoi pour cause de bonne administration de la justice la demande introduite par le procureur général près la cour d'appel de Lyon, tendant au renvoi, devant une autre juridiction, de la procédure suivie devant la Cour d'assises de l'Ain, dès lors que les textes permettent que l'appel en matière criminelle soit porté devant la même cour d'assises, autrement composée, ou devant une autre cour d'assises (▪ Cass. crim., 18 nov. 2015, n° 15-86.436 : *Bull. crim.* n° 262). La mise en cause d'un magistrat dans une plainte avec constitution de partie civile n'est pas à elle seule de nature à justifier le dessaisissement de la juridiction d'instruction régulièrement saisie de la procédure (▪ Cass. crim., 21 sept. 1993, n° 93-84.156 : *Bull. crim.* n° 267). Les difficultés causées par l'éloignement de l'inculpée, qui réside dans le ressort du tribunal de grande instance d'Ajaccio, ne sont pas à elles seules de nature à justifier le dessaisissement de la juridiction d'instruction de Papeete, dans le ressort de laquelle le délit poursuivi a été commis et où est situé le domicile de la partie civile, le juge saisi pouvant agir par commission rogatoire pour la poursuite de l'information (▪ Cass. crim., 6 oct. 1993, n° 93-82.506 : *Bull. crim.* n° 279).

4) Bonne administration de la justice (motifs valables). L'état de handicap de l'accusé peut être une cause de renvoi dans l'intérêt d'une bonne administration de la justice (▪ Cass. crim., 22 mai 2013, n° 13-83.597 : *Bull. crim.* n° 111). Le renvoi peut également répondre à la volonté de retrouver un climat plus serein et d'apaisement des parties à la procédure (▪ Cass. crim., 8 janv. 1997, n° 96-84.882 : *Bull. crim.* n° 3).

II – PROCÉDURE DU RENVOI DANS L'INTÉRÊT D'UNE BONNE ADMINISTRATION DE LA JUSTICE

5) Compétence. La compétence des juridictions répressives étant d'ordre public, il résulte de l'article 665 du Code de procédure pénale qu'une juridiction ne peut être valablement saisie dans l'intérêt d'une bonne administration de la justice que par la chambre criminelle de la Cour de cassation. La procédure ne peut donc être renvoyée par une juridiction d'appel à une autre en application des articles 47 et 97 du Code de procédure civile (▪ Cass. crim., 9 déc. 2014, n° 13-84.394 : *JurisData* n° 2014-030539).

6) Signification. À défaut de signification à parties, la requête tendant au renvoi devant une autre juridiction dans l'intérêt d'une bonne administration de la justice doit être déclarée irrecevable (▪ Cass. crim., 17 mai 2011, n° 11-83.617 : *Bull. crim.* n° 99). La requête du procureur général doit être notifiée aux parties qui doivent être informées de leur droit de déposer un mémoire au greffe de la Cour de cassation (▪ Cass. crim., 2 sept. 2010, n° 10-86.257 : *Bull. crim.* n° 130).

7) Opposition. L'opposition est réservée à la partie qui n'a pas reçu la notification d'un pourvoi en cassation ou des mémoires produits par le demandeur. Elle est irrecevable contre un arrêt de la Cour de cassation ayant dessaisi une juridiction au profit d'une autre (▪ Cass. crim., 8 janv. 1998, n° 97-85.557 : *Bull. crim.* n° 10).

Art. 665-1 *(L. n° 93-2, 4 janv. 1993)*. – **Le renvoi peut encore être ordonné par la chambre criminelle si la juridiction normalement compétente ne peut être légalement composée ou si le cours de la justice se trouve autrement interrompu.**

La requête aux fins de renvoi peut être présentée, soit par le procureur général près la Cour de cassation, soit par le ministère public établi près la juridiction saisie.

La requête doit être signifiée à toutes les parties intéressées qui ont un délai de dix jours pour déposer un mémoire au greffe de la Cour de cassation.

La chambre criminelle statue dans les quinze jours de la requête.

La procédure de l'article 665-1 du Code de procédure pénale peut être utilisée lorsque tous les magistrats d'une juridiction ont été récusés (■ Cass. crim., 15 nov. 1951 : *Bull. crim.* n° 308). Le tribunal aux armées ayant cessé de fonctionner, l'erreur matérielle contenue dans une de ces décisions ne peut être corrigée, ce qui interrompt le cours de la justice. En application de l'article 665-1 du Code de procédure pénale, il y a donc lieu de désigner le Tribunal des forces armées de Paris qui sera compétent pour statuer sur ladite requête de rectification matérielle (■ Cass. crim., 1er déc. 1993, n° 93-83.230 : *Bull. crim.* n° 369).

Art. 666 *(L. n° 93-2, 4 janv. 1993)*. **– Tout arrêt qui a statué sur une demande en renvoi pour l'une des causes précitées sera signifié aux parties intéressées à la diligence du procureur général près la Cour de cassation.**

Art. 667 *(L. n° 93-2, 4 janv. 1993)*. **– L'arrêt qui a rejeté une demande en renvoi pour sûreté publique, pour les motifs énoncés au premier alinéa de l'article 665-1, pour suspicion légitime ou dans l'intérêt d'une bonne administration de la justice n'exclut pas une nouvelle demande en renvoi fondée sur des faits survenus depuis.**

Art. 667-1 *(L. n° 99-515, 23 juin 1999)*. **– Si la juridiction normalement compétente ne peut être composée en raison de l'existence des incompatibilités prévues par la loi, le premier président de la cour d'appel peut ordonner le renvoi devant la juridiction limitrophe située dans le ressort de cette cour et désignée par l'ordonnance prévue au dernier alinéa du présent article.**

La requête aux fins de renvoi est présentée par le procureur de la République de la juridiction saisie.

Elle est signifiée à toutes les parties intéressées, qui ont un délai de dix jours pour présenter leurs observations auprès du premier président.

Celui-ci statue dans les quinze jours de la requête. Sa décision constitue une mesure d'administration judiciaire qui n'est pas susceptible de recours.

Après avis des présidents des tribunaux judiciaires concernés et du procureur général, le premier président prend chaque année une ordonnance indiquant, pour chacune des juridictions de son ressort, la juridiction devant laquelle des procédures sont susceptibles d'être envoyées en application des dispositions du présent article. Cette ordonnance ne peut être modifiée en cours d'année.

TITRE VII. – DE LA RÉCUSATION

Bibliographie : Répertoire. F. Defferrard, *Récusation : JCl. Proc. pén.*, art. 668 à 674-2, Fasc. 20.

Généralités. F. Bussy, *Nul ne peut être juge et partie : D.* 2004, chron. p. 1745. • D.-N. Commaret, *Une juste distance ou réflexions sur l'impartialité du magistrat : D.* 1998, chron. p. 262. • R. Koering-Joulin, *La notion européenne de tribunal indépendant et impartial au sens de l'article 6, § 1 : RSC* 1990, p. 765 ; *Le juge impartial : Justices* 1998, n° 10. • Ph. Nérac, *Les garanties d'impartialité du juge répressif : JCP* G 1978, I, 2890.

Art. 668 *(Mod., L. n° 2004-204, 9 mars 2004)*. **– Tout juge ou conseiller peut être récusé pour les causes ci-après :**

1° Si le juge ou son conjoint ou son partenaire lié par un pacte civil de solidarité ou son concubin sont parents ou alliés de l'une des parties ou de son conjoint de son partenaire lié par un pacte civil de solidarité ou de son concubin jusqu'au degré de cousin issu de germain inclusivement.

La récusation peut être exercée contre le juge, même au cas de divorce ou de décès de son conjoint de son partenaire lié par un pacte civil de solidarité ou de son concubin, s'il a été allié d'une des parties jusqu'au deuxième degré inclusivement ;

2° Si le juge ou son conjoint ou son partenaire lié par un pacte civil de solidarité ou son concubin, si les personnes dont il est tuteur, subrogé tuteur, curateur ou conseil judiciaire, si les sociétés ou associations à l'administration ou à la surveillance desquelles il participe ont intérêt dans la contestation ;

3° Si le juge ou son conjoint ou son partenaire lié par un pacte civil de solidarité ou son concubin est parent ou allié, jusqu'au degré indiqué ci-dessus, du tuteur, subrogé tuteur, curateur ou conseil judiciaire d'une des parties ou d'un administrateur, directeur ou gérant d'une société, partie en cause ;

4° Si le juge ou son conjoint ou son partenaire lié par un pacte civil de solidarité ou son concubin se trouve dans une situation de dépendance vis-à-vis d'une des parties ;

5° Si le juge a connu du procès comme magistrat, arbitre ou conseil, ou s'il a déposé comme témoin sur les faits du procès ;

6° S'il y a eu procès entre le juge, son conjoint, son partenaire lié par un pacte civil de solidarité ou son concubin, leurs parents ou alliés en ligne directe, et l'une des parties, son conjoint ou ses parents ou alliés dans la même ligne ;

7° Si le juge ou son conjoint ou son partenaire lié par un pacte civil de solidarité ou son concubin ont un procès devant un tribunal où l'une des parties est juge ;

8° Si le juge ou son conjoint ou son partenaire lié par un pacte civil de solidarité ou son concubin, leurs parents ou alliés en ligne directe ont un différend sur pareille question que celle débattue entre les parties ;

9° S'il y a eu entre le juge ou son conjoint ou son partenaire lié par un pacte civil de solidarité ou son concubin et une des parties toutes manifestations assez graves pour faire suspecter son impartialité.

I – PERSONNES CONCERNÉES

1) Ministère public. Le ministère public ne décidant pas du bien-fondé de l'accusation en matière pénale, le moyen pris de la partialité éventuelle de ce magistrat est inopérant (■ Cass. crim., 22 mai 2001, n° 00-83.793. ■ Cass. crim., 22 janv. 2002, n° 00-87.322).

2) Conseiller rapporteur. Le rôle de l'avocat général, devant la Cour de cassation, est seulement de s'assurer qu'il a été jugé conformément à la loi ; qu'aucune disposition légale n'impose au conseiller rapporteur de communiquer à quiconque son projet de rapport, ni le projet d'arrêt qu'il a préparé. Ainsi, les griefs tirés de l'absence de communication au requérant d'une copie du rapport établi par le Conseiller rapporteur n'entrent dans les prévisions d'aucun des cas de récusation prévus par l'article 668 du Code de procédure pénale (■ Cass. crim., 6 mars 2001, n° 00-87.321 : *Bull. crim.* n° 58).

3) Jurés d'une Cour d'assises. Pour leur récusation, V. art. 297, al. 1, p. 743.

4) Juge des libertés et de la détention. La procédure de récusation s'applique également au juge des libertés et de la détention (■ Cass. crim., 25 sept. 2018, n° 18-84.067, D : *JurisData* n° 2018-018132 ; A. Botton, *Le juge des libertés et de la détention, un magistrat récusable* : *JCP* G 2018, n° 49, p. 1275 ; P.-J. Delage, *Constestation du JLD : pas sans demande préalable de récusation* : *RSC* 2019, p. 132).

II – SITUATIONS CONCERNÉES

5) Caractère limitatif des cas énoncés par l'article 668. Seuls les cas mentionnés à l'article 668 du Code de procédure pénale sont susceptibles de justifier la récusation d'un magistrat (■ Cass. crim., 18 sept. 2019, n° 19-85.745).

6) Lien de parenté. Le fait que le magistrat instructeur chargé de l'affaire soit le conjoint d'un membre du parquet chargé de suivre l'information ne justifie pas la récusation dès lors qu'il n'est pas établi que le magistrat du ministère public, conjoint du juge d'instruction saisi du dossier, soit, en l'espèce, intervenu dans le déroulement de la procédure (■ Cass. crim., 14 janv. 2003, n° 02-87.062 : *JurisData* n° 2003-017560 ; *Bull. crim.* n° 6).

7) Recours successifs. Aucune disposition légale ou conventionnelle ne faisant obstacle à ce qu'un même magistrat puisse faire partie de la commission appelée à connaître de requêtes successives tendant à la révision d'une même condamnation, la requête en récusation doit être rejetée (■ Cass. crim., 15 févr. 2005, n° 05-80.732 : *JurisData* n° 2005-027226 ; *Bull. crim.* n° 59 ; *JCP* G 2005, IV, 1691 ; *D.* 2006, somm. p. 618, obs. J. Pradel). Les dispositions de l'article 6, § 1, de la Convention européenne des droits de l'Homme et celles de l'article 668 du Code de procédure pénale ne font pas non plus obstacle à ce que les mêmes magistrats composent la chambre criminelle lors de pourvois successifs au cours de la même affaire (■ Cass. crim., 22 nov. 2005 : *JurisData* n° 2005-031121 ; *Bull. crim.* n° 305 ; *D.* 2006, somm. p. 618, obs. J. Pradel).

8) Connaissance antérieure de la cause. Ne peuvent faire partie de la Chambre correctionnelle d'une cour d'appel les magistrats qui, dans l'affaire soumise à cette juridiction, ont participé à un arrêt de la Chambre d'accusation dans lequel a été examinée la valeur des charges pouvant justifier le renvoi devant le tribunal correctionnel (■ Cass. crim., 6 nov. 1986, n° 85-93.055 : *D.* 1987, p. 237, note J. Pradel). En revanche aucune disposition légale n'interdit à un juge ayant rendu une décision civile concernant la garde d'un mineur de faire ensuite partie de la juridiction correctionnelle qui sanctionne l'infraction. L'article 668, 9° du Code de procédure pénale n'a pas vocation à s'appliquer (■ Cass.

crim., 19 avr. 1983, n° 80-93.436 : *Bull. crim.* n° 10). La décision de référé n'ayant qu'un caractère provisoire, et ne préjugeant pas le fond, la circonstance que l'un des magistrats composant la juridiction correctionnelle ait précédemment statué en qualité de juge des référés, dans le litige civil opposant le prévenu aux victimes, n'est pas contraire à l'exigence d'impartialité énoncée par l'article 6 de la Convention européenne de sauvegarde des droits de l'homme et des libertés fondamentales (▪ Cass. crim., 16 juin 1988, n° 87-82.682 : *Bull. crim.* n° 274).

9) Succession des fonctions judiciaires. Le seul fait que le juge chargé d'instruire l'affaire ait effectué des poursuites dans une affaire précédente concernant la même personne n'est pas de nature à faire naître un doute objectivement justifié sur son impartialité dès lors que les procédures successivement ouvertes portent sur des faits distincts (▪ Cass. crim., 20 févr. 2008, n°s 02-82.676 et 07-82.110 : *Bull. crim.* n° 44).

10) Prévenus ou faits distincts. La participation des magistrats de la chambre des appels correctionnels, dans une composition identique, à des débats successifs, relatifs à des poursuites portant sur les mêmes faits mais dirigées contre des prévenus différents, n'est pas contraire à l'exigence d'impartialité énoncée par l'article 6 de la Convention européenne des droits de l'Homme (▪ Cass. crim., 2 déc. 2009, n° 09-81.856). Les dispositions de la Convention européenne de sauvegarde des droits de l'homme et des libertés fondamentales relatives à l'exigence d'un tribunal impartial n'interdisent pas aux juges de se prononcer sur la prévention reprochée à une personne qu'ils ont déjà condamnée à l'occasion d'une autre procédure suivie contre elle, même si elle concernait des faits similaires (▪ Cass. crim., 13 nov. 1997, n° 96-83.506).

11) Comportement du magistrat. Le défaut d'impartialité du juge des libertés et de la détention ne saurait se déduire du seul fait qu'il a rendu successivement à l'encontre de la personne qui lui est présentée une décision d'incarcération provisoire en vue de lui permettre de préparer sa défense dans le délai qu'elle a sollicité, puis une ordonnance de placement en détention provisoire. Ne peut donc être reproché à la chambre de l'instruction de n'avoir pas fait usage de la possibilité de récusation offerte par l'article 668 du Code de procédure pénale (▪ Cass. crim., 10 août 2016, n° 16-83.318 : *Bull. crim.* n° 227). Si l'adhésion d'un juge à une association, et spécialement à une association ayant pour mission de veiller à l'information et à la garantie des droits des victimes, laquelle, aux termes de l'article préliminaire II du Code de procédure pénale, entre dans les attributions de l'autorité judiciaire, n'est pas, en soi, de nature à porter atteinte à la présomption d'impartialité dont il bénéficie, il en va autrement si des liens étroits existent entre ce juge et la victime. Tel est le cas lorsqu'une convention de partenariat a été signée entre les deux fédérations, dont l'une était partie civile dans la procédure et l'autre avait pour vice-président l'un des juges siégeant dans la formation de jugement (▪ Cass. crim., 13 janv. 2015, n° 12-87.059 : *Bull. crim.* n° 15 ; *Procédures* 2015, comm. 92, S. Chavent-Leclère ; *JCP* G 2015, n° 8, p. 221, note H. Matsopoulou). Les soupçons de partialité qui peuvent peser sur un juge ne sauraient s'étendre à un autre par le seul fait qu'ils siègent habituellement ensemble (▪ Cass. crim., 18 déc. 2001, n° 01-84.170 : *Bull. crim.* n° 273).

12) Légion d'honneur. La qualité de membre de l'ordre de la Légion d'honneur, conférée à des magistrats, en raison de services civils ou sous les armes, ne saurait, à elle seule, avoir pour effet de les faire participer, avec l'ensemble des personnes, civiles ou militaires, également distinguées dans le même ordre, à une communauté de vues et d'esprit, y compris sur les sujets concernant la défense, de sorte qu'il pourrait en résulter un soupçon de partialité à leur encontre lorsqu'est en cause, dans l'affaire qu'ils ont à juger, un acte accompli au nom de la France et dans l'exercice de ses fonctions, par un agent de l'État bénéficiaire de la même distinction (▪ Cass. crim., 20 juin 2017, n° 16-80.935).

III – DISTINCTION ENTRE RÉCUSATION ET RENVOI À UNE AUTRE JURIDICTION POUR CAUSE DE SUSPICION LÉGITIME

Voir : art. 662, p. 1314.

IV – RENONCIATION

13) Le demandeur n'est pas recevable à mettre en cause devant la Cour de cassation l'impartialité des magistrats de la cour d'appel, en invoquant l'article 6 de la Convention européenne des droits de l'Homme, dès lors qu'il n'a pas usé de la faculté qu'il avait d'en demander la récusation, par application de l'article 668 du Code de procédure pénale. À défaut de s'en prévaloir avant la clôture des débats il est supposé avoir renoncé à la faculté offerte par l'article 668 du Code de procédure pénale (▪ Cass. ass. plén., 11 juin 2004 : *JurisData* n° 2004-024113 ; *Bull. ass. plén.* n° 1. ▪ Cass. crim., 22 févr. 2005 : *JurisData* n° 2005-027560 ; *Bull. crim.* n° 68 ; *JCP* G 2005, IV, 1774. ▪ Cass. crim., 2 mars 2011, n° 10-83.257 : *Bull. crim.* n° 46 ; *Dr. pén.* 2012, chron. 2, obs. E. Garçon et V. Peltier. ▪ Cass. crim., 12 mars 2014, n° 13-81.273 ; *Bull. crim.* n° 76).

V – AUTORITÉ DE LA CHOSE JUGÉE

14) La récusation étant une mesure d'administration judiciaire, elle ne saurait avoir pour effet de remettre en cause la chose jugée (▪ Cass. crim., 6 juill. 2011, n° 11-82.861 : *Bull. crim.* n° 157).

VI – SUBSIDIARITÉ DU GRIEF D'IMPARTIALITÉ FONDÉ SUR L'ARTICLE 6 DE LA CONVENTION EUROPÉENNE DES DROITS DE L'HOMME

15) Le demandeur, qui n'a pas usé de la faculté, offerte par l'article 668 du Code de procédure pénale, de demander la récusation du président de la chambre de l'instruction, n'est pas recevable à mettre en cause l'impartialité de ce magistrat à l'occasion d'un pourvoi en cassation (▪ Cass. crim., 28 janv. 2020, n° 19-80.091 : *Bull. crim. à paraître*) sauf à alléguer des circonstances qu'il n'était pas en mesure de connaître avant la clôture des débats (▪ Cass. crim., 7 août 2019, n° 18-87.174 : *Bull. crim. à paraître*). Le prévenu n'est pas recevable à mettre en cause, devant la chambre de l'instruction, l'impartialité de l'un des juges d'instruction, en invoquant une violation de l'article 6 de la Convention européenne des droits de l'Homme, dès lors qu'il lui appartenait de faire usage de la procédure de récusation prévue par l'article 668 du Code de procédure pénale (▪ Cass. crim., 28 mars 2017, n° 17-80.041). Le prévenu n'est pas recevable à mettre en cause l'impartialité des magistrats composant la chambre des appels correctionnels, en invoquant l'article 6 de la Convention européenne des droits de l'Homme, dès lors qu'il n'a pas usé de la possibilité d'en obtenir le respect en récusant ces magistrats en application de l'article 668 du Code de procédure pénale ou en présentant une requête en suspicion légitime sur le fondement de l'article 662 du même code (▪ Cass. crim., 5 avr. 2018, n° 17-83.166 : *Bull. crim.* n° 65). Le prévenu ne peut faire grief à l'arrêt d'avoir rejeté son moyen de nullité du débat contradictoire et de l'ordonnance de prolongation de la détention provisoire, pris du défaut d'impartialité du juge des libertés et de la détention, dès lors que l'interessé n'a pas usé, comme l'y autorisaient les articles 668 et suivants du Code de procédure pénale, de sa possibilité de récuser ce magistrat dans les formes prévues par ces texte (▪ Cass. crim., 25 sept. 2018, n° 18-84.067 : *JurisData* n° 2018-018132 ; A. Botton, *Le juge des libertés et de la détention, un magistrat récusable* : *JCP* G 2018, n° 49, p. 1275).

Art. 669 ***(L. n° 93-2, 4 janv. 1993).*** **– La personne mise en examen, le prévenu, l'accusé et toute partie à l'instance qui veut récuser un juge d'instruction, un juge de police, un, plusieurs ou l'ensemble des juges du tribunal correctionnel, des conseillers de la cour d'appel ou de la cour d'assises doit, à peine de nullité, présenter requête au premier président de la cour d'appel.**

Les magistrats du ministère public ne peuvent être récusés.

La requête doit désigner nommément le ou les magistrats récusés et contenir l'exposé des moyens invoqués avec toutes les justifications utiles à l'appui de la demande.

La partie qui aura procédé volontairement devant une cour, un tribunal ou un juge d'instruction ne sera reçue à demander la récusation qu'à raison des circonstances survenues depuis, lorsqu'elles seront de nature à constituer une cause de récusation.

Art. 670. – Le premier président notifie en la forme administrative la requête dont il a été saisi au président de la juridiction à laquelle appartient le magistrat récusé.

La requête en récusation ne dessaisit pas le magistrat dont la récusation est proposée. Toutefois, le premier président peut, après avis du procureur général, ordonner qu'il sera sursis soit à la continuation de l'information ou des débats, soit au prononcé du jugement.

Il résulte de l'article 670 du Code de procédure pénale qu'une requête en récusation ne dessaisit pas le magistrat contre lequel elle est proposée sauf décision du premier président de la cour d'appel de surseoir à la continuation des débats ou au jugement (▪ Cass. crim., 24 janv. 2018, n° 16-87.597).

Art. 671. – Le premier président reçoit le mémoire complémentaire du demandeur, s'il y a lieu, et celui du magistrat dont la récusation est proposée ; il prend l'avis du procureur général et statue sur la requête.

L'ordonnance statuant sur la récusation n'est susceptible d'aucune voie de recours. Elle produit effet de plein droit.

L'ordonnance statuant sur la récusation n'est susceptible, selon l'article 671 du Code de procédure pénale, d'aucune voie de recours (▪ Cass. crim., 30 mars 1971, n° 70-CS143 : *Bull. crim.* n° 114. ▪ Cass. crim., 5 oct. 1999, n° 98-81.395. ▪ Cass. crim., 14 mars 2001, n° 01-81.700 : *Bull. crim.* n° 69).

Art. 672. – Toute demande de récusation visant le premier président de la cour d'appel doit faire l'objet d'une requête adressée au premier président de la Cour de cassation qui, après avis du procureur général près ladite cour, statue par une ordonnance, laquelle n'est susceptible d'aucune voie de recours. Les dispositions de l'article 670 sont applicables.

Art. 673. – Toute ordonnance rejetant une demande de récusation prononce la condamnation du demandeur à une amende civile de 75 à 750 €.

Pouvoir de modulation. Si l'article 673 du même code impose au premier président de la Cour de cassation ou de la cour d'appel, lorsqu'il rejette une demande de récusation, de prononcer la condamnation du demandeur à une amende civile, ce texte lui donne le pouvoir d'en moduler le montant, de sorte qu'est garanti le principe de l'individualisation de la sanction (■ Cass. crim., 6 juill. 2011, préc.).

Art. 674. – Aucun des juges ou conseillers visés à l'article 668 ne peut se récuser d'office sans l'autorisation du premier président de la cour d'appel dont la décision, rendue après avis du procureur général, n'est susceptible d'aucune voie de recours.

Art. 674-1 *(L. n° 67-523, 3 juill. 1967).* – La demande en récusation d'un magistrat de la Cour de cassation, saisie en matière pénale, doit être motivée ; elle est déposée au greffe. Le ministère d'un avocat n'est pas obligatoire.

Art. 674-2 *(L. n° 67-523, 3 juill. 1967).* – La chambre compétente statue dans le mois du dépôt de la requête au greffe, après observations du magistrat récusé.

Pour le surplus, les dispositions du livre II, titre XX du Code de procédure civile seront observées.

TITRE VIII. – DU JUGEMENT DES INFRACTIONS COMMISES À L'AUDIENCE DES COURS ET TRIBUNAUX

Bibliographie : A. Damien, *La liberté de la défense et le délit d'audience : Gaz. Pal.* 1982, 1, doctr. p. 192 ; *La répression des délits d'audience commis par des avocats après la loi du 15 juin 1982 : ibid.* 1982, 2, doctr. 514. • P. Lemoine, *Jugement des infractions commises à l'audience des Cours et des tribunaux : JCl. Proc. pén.*, art. 675 à 678, Fasc. 20.

Art. 675 *(Mod., L. n° 93-2, 4 janv. 1993).* – Sous réserve des dispositions des articles 342 et 457, alinéa 6, les infractions commises à l'audience sont jugées, d'office ou sur les réquisitions du ministère public, suivant les dispositions ci-après, nonobstant toutes règles spéciales de compétence ou de procédure.

Sous les réserves énoncées à l'article 675 du Code de procédure pénale, il résulte de la combinaison de ce texte avec les articles 676 et 677 du même code que les délits commis à l'audience d'un tribunal correctionnel ou d'une Cour sont jugés d'office ou sur les réquisitions du ministère public. La juridiction dresse procès-verbal du fait, entend le prévenu, les témoins, le ministère public, et, éventuellement le défenseur, et applique sans désemparer les peines prévues par la loi (■ Cass. crim., 14 sept. 1988, n° 88-84.390 : *Bull. crim.* n° 322).

Art. 676. – S'il se commet une contravention de police pendant la durée de l'audience, le tribunal ou la cour dresse procès-verbal du fait, entend le prévenu, les témoins, le ministère public, et, éventuellement, le défenseur, et applique sans désemparer les peines portées par la loi.

Art. 677 *(Mod., L. n° 2011-1862, 13 déc. 2011).* – Si le fait commis pendant la durée de l'audience d'un tribunal correctionnel ou d'une cour est un délit, il peut être procédé comme il est dit à l'article précédent. Dans ce cas, si la peine prononcée est supérieure à un mois d'emprisonnement, un mandat de dépôt peut être décerné.

Si le fait, qualifié délit, a été commis à l'audience d'un tribunal de police, le président en dresse procès-verbal, qu'il transmet au procureur de la République ; il peut, si la peine encourue est supérieure à six mois d'emprisonnement, ordonner l'arrestation de l'auteur, et sa conduite immédiate devant le procureur de la République.

Par dérogation aux dispositions qui précèdent, lorsqu'il a été commis pendant la durée d'une audience d'un tribunal de police, d'un tribunal correctionnel ou d'une cour le délit d'outrage prévu par l'article 434-24 du Code

pénal, le président en dresse procès-verbal qu'il transmet au procureur de la République. Les magistrats ayant participé à l'audience lors de la commission du délit ne peuvent composer la juridiction saisie des poursuites.

Art. 678 *(Mod., L. n° 2005-47, 26 janv. 2005 ; L. n° 2011-1862, 13 déc. 2011).* **– Si le fait commis est un crime, la cour ou le tribunal après avoir fait arrêter l'auteur, l'interroge et dresse procès-verbal des faits ; cette juridiction transmet les pièces et ordonne la conduite immédiate de l'auteur devant le procureur de la République compétent qui requiert l'ouverture d'une information.**

TITRE IX ANCIEN. – DES CRIMES ET DÉLITS COMMIS PAR DES MAGISTRATS ET CERTAINS FONCTIONNAIRES

Art. 679 à 688 *(Abr., L. n° 93-2, 4 janv. 1993).*

TITRE IX. – DES INFRACTIONS COMMISES HORS DU TERRITOIRE DE LA RÉPUBLIQUE

(Anc. chap. X mod., dénum. L. n° 93-913, 19 juill. 1993)

CHAPITRE I. – DE LA COMPÉTENCE DES JURIDICTIONS FRANÇAISES

(L. n° 92-1336, 16 déc. 1992)

Bibliographie : D. Chilstein, *De la retenue en matière de compétence universelle*, in *La réforme du Code pénal et du Code de procédure pénale*, Opinio Doctorum, Dalloz, coll. Thèmes et commentaires, 2009, p. 25. • A. Giudecilli, *Actualité de la compétence universelle : RSC* 2019, p. 479. • A. Gogorza, *Compétence universelle et réconciliation sociale : RSC* 2010, p. 353 ; *La compétence universelle en matière de crimes contre l'Humanité*, in *La réforme du Code pénal et du Code de procédure pénale*, préc., p. 35. • M.-H. Gozzi, *La compétence universelle emporte compétence de la loi française : D.* 2004, p. 309 ; M. Jacquelin, *Juridictions pénales mixtes : RSC* 2018, p. 229. • J.-B. Jeangène Vilmer, *La compétence universelle à l'épreuve des crises diplomatiques : RSC* 2016, p. 701. • C. Madelaine, *La conventionalité du système de compétence universelle français : JCP* G 2009, p. 114. • M. Massé, *Compétence universelle et amnistie : RSC* 2003, p. 425. • J.-F. Renucci, *La CEDH consacre le principe de la compétence universelle : RSC* 2009, p. 1573. • M. Touillier, *L'interprétation conventionnelle de la légalité criminelle au secours de la compétence universelle des juridictions françaises : Dr. pén.* 2009, étude 23.

Art. 689 *(Rempl., L. n° 93-913, 19 juill. 1993).* **– Les auteurs ou complices d'infractions commises hors du territoire de la République peuvent être poursuivis et jugés par les juridictions françaises soit lorsque, conformément aux dispositions du livre Ier du Code pénal ou d'un autre texte législatif, la loi française est applicable, soit lorsqu'une convention internationale ou un acte pris en application du traité instituant les Communautés européennes donne compétence aux juridictions françaises pour connaître de l'infraction.**

1) Constitutionnalité. Les règles de compétence extraterritoriale de la loi pénale française permettant aux victimes directes de nationalité française d'obtenir en France la poursuite des auteurs d'une infraction commise à l'étranger et l'indemnisation du préjudice résultant éventuellement de ladite infraction, s'expliquent par le principe selon lequel l'État français est tenu d'assurer la protection de ses ressortissants et n'imposent pas que cette protection soit étendue aux victimes par ricochet. À cet égard, la question tendant à remettre en cause la compatibilité des articles 113-7 du Code pénal et 689 du Code de procédure pénale, tels qu'interprétés par la Cour de cassation, avec le droit à un recours juridictionnel effectif, le principe de prohibition absolue du déni de justice et le principe d'égalité ne présente pas de caractère sérieux (▪ Cass. crim., 12 juin 2018, n° 17-86.640 : *JurisData* n° 2018-010250 ; *Dr. pén.* 2018, comm. 150, P. Conte).

2) Liberté d'appréciation des juridictions françaises. Lorsque le Tribunal pénal international pour le Rwanda décide de se dessaisir d'une poursuite au profit des juridictions d'un État, aucune disposition du statut de ce tribunal international ni du règlement de procédure et de preuve applicable devant lui ne limite le pouvoir d'appréciation des juridictions auxquelles l'affaire est ainsi renvoyée (■ Cass. crim., 30 oct. 2019, n° 18-84.663). C'est donc à bon droit que la chambre de l'instruction a considéré que le juge d'instruction saisi doit s'assurer à la fin de l'information de l'existence ou non de charges suffisantes de nature à justifier le renvoi devant la juridiction de jugement de la personne concernée par le dessaisissement de la juridiction internationale (même arrêt).

3) Défaut de compétence des juridictions françaises. La nationalité française de l'épouse et des enfants de la victime ne suffit pas à attribuer la compétence aux juridictions répressives françaises, dès lors que les faits ont été commis en dehors du territoire de la République et que les auteurs, tout comme la victime, ont la nationalité étrangère (■ Cass. crim., 31 janv. 2001, n° 00-82.984 : *Bull. crim.* n° 31). Les faits de torture commis à l'étranger, sur l'époux, étranger, d'une Française ne sont pas susceptibles de conférer à cette dernière la qualité de victime au sens de l'article 113-7 du Code pénal. Les dispositions de la Convention européenne des droits de l'Homme, notamment en ce qui concerne la détermination des victimes d'actes de torture et de traitements inhumains et dégradants, ne sauraient s'interpréter comme étant de nature à remettre en cause les règles relatives à la compétence internationale des lois et juridictions pénales françaises (■ Cass. crim., 8 nov. 2016, n° 16-84.115 : *JurisData* n° 2016-023296 ; *Dr. pén.* 2017, comm. 16, note P. Conte). Seule la qualité de Français de la victime directe de l'infraction commise à l'étranger attribue compétence aux lois et juridictions française sur le fondement des articles 113-7 du Code pénal et 689 du Code de procédure pénale. C'est donc par une juste application de la loi que la chambre de l'instruction a confirmé une ordonnance de refus d'informer relativement aux répercussions psychologiques voire physiques sur Mustafa Y... des crimes dont a été victime son frère (■ Cass. crim., 20 nov. 2018, n° 17-86.640).

4) Obligation d'examen de la compétence des juridictions françaises. Encourt la cassation l'arrêt de la chambre de l'instruction qui se prononce sur le seul examen abstrait de la plainte, sans rechercher, par une information préalable, si l'arrestation et les conditions de détention des plaignants, qu'elle devait analyser au regard, notamment, de la troisième Convention de Genève du 12 août 1949 et du Pacte international relatif aux droits civils et politiques du 19 décembre 1966, n'entraient pas dans les prévisions de l'article 224-1 du Code pénal et, comme telles, en raison de la nationalité française desdits plaignants, ne relevaient pas de la compétence des lois et juridictions françaises, en application des articles 113-7 du Code pénal et 689 du Code de procédure pénale (■ Cass. crim., 5 janv. 2005, n° 03-84.652 : *Bull. crim.* n° 1).

5) Solidarité des compétences judiciaire et législative. Il ressort notamment de l'article 689 du Code de procédure pénale en vigueur depuis le 1er mars 1994 mais dont les dispositions ne font que reprendre l'état du droit antérieur que la loi française est applicable chaque fois que les tribunaux français sont compétents (■ Cass. crim., 3 mai 1995, n° 95-80.725 : *JurisData* n° 1995-001678 ; *Bull. crim.* n° 161 ; *RSC* 1995, p. 836, obs. J.-P. Dintilhac). L'exercice par une juridiction française de la compétence universelle emporte la compétence de la loi française, même en présence d'une loi étrangère portant amnistie (■ Cass. crim., 23 oct. 2002, n° 02-85.379 : *Bull. crim.*n° 195). De l'avis de la Cour EDH, l'impérieuse nécessité de l'interdiction de la torture et de la poursuite éventuelle des personnes qui enfreignent cette règle universelle, ainsi que l'exercice par un État signataire de la compétence universelle prévue par la Convention contre la torture, seraient vidés de leur substance s'il fallait retenir seulement la compétence juridictionnelle de cet État, sans pour autant admettre l'applicabilité de la législation pertinente dudit État (■ CEDH, 17 mars 2009, n° 13113/03, *Ould Dah c/ France* : *RSC* 2009, p. 1573, note J.-F. Renucci ; *JCP* G 2009, II, 114, note C. Madelaine).

6) Attribution légale de compétence universelle. C'est à bon droit que la chambre d'accusation (chambre de l'instruction) décline la compétence des juridictions pénales françaises aux motifs, d'une part, qu'il n'existe aucun indice de la présence des suspects en France, d'autre part, qu'en l'absence d'effet direct des dispositions des quatre conventions de Genève, relatives à la recherche et à la poursuite des auteurs d'infractions graves, l'article 689 du Code de procédure pénale ne saurait recevoir application (■ Cass. crim., 26 mars 1996, n° 95-81.527 : *JurisData* n° 1996-001513 ; *Bull. crim.* n° 132 ; *RSC* 1996, p. 684, obs. J.-P. Dintilhac ; *Dr. pén.* 1996, comm. 131, obs. J.-H. Robert). Les Conventions de Genève n'étant pas d'application directe, la compétence des juridictions répressives françaises ne saurait être retenue sur leur seul fondement (■ CA Paris, 24 nov. 1994, *Javor et a.*, inédit : *RSC* 1995, p. 399, C. Lombois, De la compassion territoriale).

7) Attribution conventionnelle de compétence internationale. Il résulte de l'article 17 de la Convention de Vienne du 19 décembre 1988 que les autorités britanniques ont donné aux autorités françaises l'autorisation de procéder au contrôle du voilier, immatriculé à Gibraltar, territoire dépendant du Royaume-Uni, et battant pavillon britannique, et ont abandonné auxdites autorités françaises leur compétence sur ce navire. C'est donc à bon droit que, s'inscrivant dans la lutte internationale contre le trafic de stupéfiants, les autorités françaises ont procédé à l'arraisonnement dudit voilier, qui naviguait en haute mer, au large de l'archipel de la Guadeloupe, et ont, après la découverte de 800 kg de cocaïne, mis en examen trois membres de l'équipage (■ Cass. crim., 8 août 2007, n° 07-83.689 : *JurisData* n° 2007-040326 ; *Bull. crim.* n° 190). Les juridictions françaises sont compétentes pour connaître des infractions de trafic illicite de stupéfiants réputées commises en haute mer, dès lors que conformément à la Convention de Vienne du 19 décembre 1988, l'État du pavillon a donné son accord pour un transfert de la compétence de ses juridictions aux juridictions françaises aux fins de poursuivre les auteurs et complices des infractions précitées (■ Cass. crim., 29 avr. 2009, n° 09-80.157 : *JurisData* n° 2009-048146 ; *Bull. crim.* n° 83 ; *DMF* 2009, p. 922, note A. Bellayer-Roille ; *RSC* 2009, p. 853, obs. R. Finielz ; *Gaz. Pal.* 2009, p. 3188, note R. Mésa ; *D.* 2010, p. 187, note G. Poissonnier).

8) Immunités de juridiction des chefs d'État en exercice. La coutume internationale s'oppose à ce que les chefs d'État en exercice puissent, en l'absence de dispositions internationales contraires s'imposant aux parties concernées, faire l'objet de poursuites devant les juridictions pénales d'un État étranger. Il appartient à la communauté internationale de fixer les éventuelles limites de ce principe, lorsqu'il peut être confronté à d'autres valeurs reconnues par cette communauté, et notamment celle de la prohibition de la torture. En l'état du droit international, le crime de tortures ou d'actes de barbarie, quelle qu'en soit la gravité, ne relève pas des exceptions au principe de l'immunité de juridiction des chefs d'État étrangers en exercice (■ Cass. crim., 2 sept. 2020, n° 18-84.682, §§ 24-26 : *Dr. pén.* 2020, n° 12, comm. 200, A. Gogorza). En l'état du droit international, le crime de terrorisme, quelle qu'en soit la gravité, ne relève des exceptions au principe de l'immunité de juridiction des chefs d'État étrangers en exercice. C'est donc à tort que la chambre de l'instruction a estimé qu'aucune immunité ne saurait couvrir les faits de complicité de destruction d'un bien par l'effet d'une substance explosive ayant entraîné la mort d'autrui, en relation avec une entreprise terroriste (■ Cass. crim., 13 mars 2001, n° 00-87.215 : *Bull. crim.* n° 64 ; *Dr. pén.* 2001, n° 4, 100003, note J.-H. Robert). Le demandeur qui ne remplit pas les fonctions de chef d'État, de chef du gouvernement ou de ministre des Affaires étrangères ne saurait se prévaloir d'une immunité de juridiction (■ Cass. crim., 15 déc. 2015, n° 15-83.156 : *JurisData* n° 2015-028198 ; *Bull. crim.* n° 292).

9) Immunité des agents de l'État : actes relevant de la souveraineté. La coutume internationale qui s'oppose à la poursuite des États devant les juridictions pénales d'un État étranger s'étend aux organes et entités qui constituent l'émanation de l'État ainsi qu'à leurs agents en raison d'actes qui relèvent de la souveraineté de l'État concerné (■ Cass. crim., 23 nov. 2004, n° 04-84.265 : *JurisData* n° 2004-026042 ; *Bull. crim.* n° 292 ; *JCP* G 2005, IV, 1132. ■ Cass. crim., 19 janv. 2010, n° 09-84.818 : *JurisData* n° 2010-051196 ; *Bull. crim.* n° 9, ■ Cass. crim., 16 oct. 2018, n° 16-84.436 : *JurisData* n° 2018-017992 ; *Dr. pén.* 2019, comm. 1, A. Gogorza). Des actes de torture dénoncés dans le cadre de la politique antiterroriste menée par le Gouvernement des États-Unis à la suite des attentats du 11 septembre 2001 ne peuvent être assimilés à de simples actes de gestion mais constituent des actes relevant de l'exercice de la souveraineté de l'État (■ Cass. crim., 13 janv. 2021, n° 20-80.511, § 24 : *Dr. pén.* 2021, n° 4, comm. 67, A. Gogorza).

10) Immunités ratione materiae : exceptions. Il appartient à la communauté internationale de fixer les éventuelles limites de ce principe, lorsqu'il peut être confronté à d'autres valeurs reconnues par cette communauté, et notamment celle de la prohibition de la torture. En l'état du droit international, les crimes de tortures et actes de barbarie, quelle qu'en soit la gravité, ne relèvent pas des exceptions au principe de l'immunité de juridiction (■ Cass. crim., 13 janv. 2021, préc.). En l'état du droit international, les infractions d'homicide et blessures non intentionnels, d'exposition d'autrui à un risque et de non-assistance à une personne en péril constatées à l'occasion d'un naufrage maritime, quelle qu'en soit la gravité, ne relèvent pas des exceptions au principe de l'immunité des représentants de l'État dans l'expression de sa souveraineté (■ Cass. crim., 16 oct. 2018, préc.). Relativement à la violation de la réglementation internationale de navigation maritime, la Cour constate qu'en accordant l'immunité concernée, les juridictions internes ne se sont pas écartées des normes internationales actuellement admises. Et ce d'autant plus que la requérante n'a apporté aucun élément permettant de conclure que l'état du droit international se soit développé dans un sens contraire (■ CEDH, 27 janv. 2022, n° 21119/19, § 30, *Assoc. des familles* *des victimes du Joola c/ France*, à propos de la décision de la chambre criminelle précitée).

11) Immunités et obligation d'informer. Si le juge d'instruction a généralement l'obligation d'informer sur tous les faits résultant de la plainte, sous toutes les qualifications possibles, et si cette obligation n'est pas contraire en son principe à l'immunité de juridiction des États étrangers et de leurs représentants, celle-ci trouve son fondement dans la seule nécessité pour le juge de ne pas retenir une immunité pénale avant d'avoir vérifié les conditions de son application dans le dossier dont il est saisi (▪ Cass. crim., 2 sept. 2020, n° 18-84.682, § 21).

Le juge d'instruction a l'obligation d'informer sur tous les faits résultant de la plainte, sous toutes les qualifications possibles, cette obligation n'étant pas contraire en son principe à l'immunité de juridiction des États étrangers et de leurs représentants. Doit donc être cassé l'arrêt de la chambre de l'instruction décidant qu'il n'y a pas lieu d'informer des chefs de tortures et traitements inhumains et dégradants et détention arbitraire commis au Cameroun, en invoquant, au regard des personnes mises en cause dans la plainte, la coutume internationale et l'immunité de juridiction des États étrangers et de leurs représentants (▪ Cass. crim., 19 mars 2013, n° 12-81.676 : *JurisData* n° 2013-004862 ; *Bull. crim.* n° 65 ; *JDI* 2013, comm. 19, E. Fohrer-Dedeurwaerder ; *Gaz. Pal.* 2013, p. 43, note F. Fourment ; *AJ Pénal* 2013, p. 415, note G. Roye. ▪ Cass. crim., 17 juin 2014, n° 13-80.158 : *JurisData* n° 2014-013558). L'immunité de juridiction instaurée par le droit international coutumier en faveur des personnes qui occupent un rang élevé dans l'État et le principe de souveraineté ne s'opposent pas à ce que le juge d'instruction soit saisi du délit de corruption active d'agents publics étrangers, prévu par l'article 435-3 du Code pénal et du chef duquel est poursuivi le demandeur, qui constitue un délit distinct, dans ses éléments constitutifs, de celui de corruption passive des mêmes agents prévu par l'article 435-1 du même code, dont n'est pas saisi ce magistrat, ces deux délits supposant deux faits principaux dont l'un ne saurait être l'accessoire de l'autre et étant susceptibles d'une appréciation différente, au regard de leurs éléments constitutifs (▪ Cass. crim., 11 oct. 2017, n° 17-80.258).

12) Immunités, droit international et contrôle de constitutionnalité. La compatibilité de la loi avec le droit international coutumier en matière d'immunité des chefs d'État étrangers ne relève pas du contrôle de constitutionnalité. À cet égard, la question relative aux articles 689 du Code de procédure pénale et 113-2 du Code pénal, qui sous couvert d'atteinte aux principes de réciprocité, de souveraineté nationale et d'immunité du chef d'État français, soulève ce point, n'a pas à être transmise au Conseil constitutionnel (▪ Cass. crim., 28 juin 2017, n° 17-80.258).

Art. 689-1 *(Rempl., L. n° 93-913, 19 juill. 1993).* **– En application des conventions internationales visées aux articles suivants, peut être poursuivie et jugée par les juridictions françaises, si elle se trouve en France, toute personne qui s'est rendue coupable hors du territoire de la République de l'une des infractions énumérées par ces articles. Les dispositions du présent article sont applicables à la tentative de ces infractions, chaque fois que celle-ci est punissable.**

1) Présence en France. La présence en France d'au moins l'une des personnes poursuivies justifie l'exercice de la compétence universelle à l'encontre de tous les autres participants à l'infraction (▪ Cass. crim., 10 janv. 2007, n° 04-87.245 : *D.* 2007, p. 305, note P. Girault ; *RPDP* 2007, p. 427, obs. D. Chilstein ; *RSC* 2007, p. 566, obs. A. Delage). La résidence habituelle en France où le suspect est établi avec sa famille fait présumer sa présence sur le territoire de la République (même arrêt).

2) Appréciation de la présence en France. Pour l'application de la compétence universelle prévue aux articles 689-1 et 689-2 du Code de procédure pénale, l'appréciation des éléments de présence en France des auteurs présumés d'actes de torture au moment de l'ouverture de l'information relève du pouvoir souverain des juges du fond et, en conséquence, échappe au contrôle de la Cour de cassation (▪ Cass. crim., 21 janv. 2009, n° 07-88.330 : *JurisData* n° 2009-046741 ; *Bull. crim.* n° 22 ; *RSC* 2009, p. 829, obs. Y. Mayaud ; *Dr. pén.* 2009, étude 7, par O. Beauvallet).

3) Présence et réquisitoire contre X. La présence en France des participants présumés à l'infraction ne fait pas obstacle à la délivrance d'un réquisitoire introductif d'instance contre personne non dénommée dès lors, d'une part, que ledit réquisitoire vise des procès-verbaux d'enquête joints en annexe, et d'autre part, que les personnes soupçonnées d'avoir commis les faits dénoncés sont nommément désignées dans la plainte des victimes, ce qui permet de les identifier (▪ Cass. crim., 10 janv. 2007, préc.). La personne qui n'est visée ni dans la plainte ni dans aucun réquisitoire ne peut faire l'objet de poursuites devant les juridictions pénales françaises sur le fondement de la compétence universelle, telle que prévue par l'article 689-2 du Code de procédure pénale (▪ Cass. crim., 9 avr. 2008, n° 07-86.412).

4) **Compétence universelle spéciale TPIY.** Il résulte des dispositions des articles 1er et 2 de la loi du 2 janvier 1995 portant adaptation de la législation française aux dispositions de la résolution 827 du conseil de sécurité des Nations Unies instituant un tribunal international, en vue de juger les personnes présumées responsables de violations graves du droit international humanitaire, commises sur le territoire de l'ex-Yougoslavie depuis le 1er janvier 1991, que les juridictions françaises ne peuvent poursuivre et juger, que s'ils sont trouvés en France, les auteurs ou complices de crimes ou délits définis par la loi française qui constituent, au sens des articles 2 à 5 du statut du tribunal international, des infractions graves aux Conventions de Genève du 12 août 1949, des violations des lois ou coutumes de la guerre, un génocide ou des crimes contre l'humanité. La présence en France de victimes de telles infractions ne saurait à elle seule justifier la mise en mouvement de l'action publique, dès lors que les auteurs ou complices soupçonnés de ces infractions n'ont pas été découverts sur le territoire français (▪ Cass. crim., 26 mars 1996, n° 95-81.527 : *JurisData* n° 1996-001513 ; *Bull. crim.* n° 132 ; *RSC* 1996, p. 684, obs. J.-P. Dintilhac ; *Dr. pén.* 1996, comm. 131, obs. J.-H. Robert).

Art. 689-2 *(Rempl., L. n° 93-913, 19 juill. 1993)*. **– Pour l'application de la convention contre la torture et autres peines ou traitements cruels, inhumains ou dégradants, adoptée à New York le 10 décembre 1984, peut être poursuivie et jugée dans les conditions prévues à l'article 689-1 toute personne coupable de tortures au sens de l'article 1er de la convention.**

1) **Étendue de la compétence française.** L'article 689-2 du Code de procédure pénale issu de la loi du 30 décembre 1985, dont les dispositions ont été reprises par les articles 689-1 et 689-2 du Code de procédure pénale modifiés par la loi du 16 décembre 1992, donne compétence à la juridiction française pour poursuivre et juger, s'il est trouvé en France, quiconque, hors du territoire de la République, s'est rendu coupable de faits qualifiés crime ou délit qui constituent des tortures et autres peines ou traitements cruels inhumains ou dégradants au sens de l'article 1er de la Convention de New York du 10 décembre 1984, en vigueur en France depuis le 26 juin 1987. Cette compétence trouve à s'appliquer même lorsque les infractions ont été commises en haute mer (▪ Cass. crim., 3 mai 1995. ▪ Cass. crim., 3 mai 1995, n° 95-80.725 : *JurisData* n° 1995-001678 ; *Bull. crim.* n° 161 ; *RSC* 1995, p. 836, obs. J.-P. Dintilhac). La chambre de l'instruction ne saurait écarter la compétence de la juridiction française sur le fondement des règles fixées par le livre Ier du Code pénal alors qu'elle constate que les faits étaient susceptibles de revêtir la qualification d'actes de torture au sens de l'article 1er de la Convention contre la torture et autres peines ou traitements cruels, inhumains ou dégradants du 10 décembre 1984. En pareil cas, en effet, seules les dispositions de l'article 689-2 du Code de procédure pénale, qui donnent compétence aux juridictions françaises pour poursuivre et juger, si elle se trouve en France, toute personne, auteur ou complice, française ou étrangère, qui s'est rendue coupable, hors du territoire de la République, de faits entrant dans le champ d'application de ladite Convention, sont applicables (▪ Cass. crim., 21 janv. 2009, préc.). Si les tortures ou actes de barbarie ont été érigés en crime autonome par le Code pénal entré en vigueur le 1er mars 1994, ils n'en constituaient pas moins, sous l'empire du droit antérieur, une circonstance aggravante des crimes et des délits, ayant notamment pour effet de donner une qualification criminelle aux violences prévues par l'article 309 ancien du Code pénal. Il en résulte que l'exercice de la compétence universelle est justifié à leur égard (▪ Cass. crim., 23 oct. 2002, n° 02-85.379 : *JurisData* n° 2002-016287 ; *Bull. crim.* n° 195 ; *JCP* G 2003, II, 10078, note J.-F. Roulot ; *Rev. crit. DIP* 2003, p. 309, note H. Matsopoulou ; *RSC* 2003, p. 425, obs. M. Massé ; *D.* 2004, somm. p. 309, obs. M.-H. Gozzi).

2) **Qualifications absorbantes (Jurisprudence antérieure à la loi n° 2010-930 du 9 août 2010, portant adaptation du droit français à l'institution de la Cour pénale internationale).** L'article 689-2 du Code de procédure pénale dispose que les juridictions françaises sont compétentes, dans les conditions prévues par l'article 689-1 du même code, pour juger les personnes qui se seraient rendues coupables, à l'étranger, de tortures, au sens de l'article 1er de la Convention de New York du 10 décembre 1984, dès lors que les faits délictueux sont susceptibles de revêtir, selon la loi française, une qualification entrant dans les prévisions de cet article. Il en résulte que la compétence des juridictions françaises ne peut être écartée au motif que les faits de torture dénoncés sont absorbés par la qualification plus haute de génocide dès lors que cette dernière n'est pas la seule à pouvoir être retenue (▪ Cass. crim., 6 janv. 1998, nos 96-82.491 et 96-82.492 : *JurisData* n° 1998-000212 ; *Bull. crim.* n° 2 ; *Dr. pén.* 1998, comm. 70, obs. J.-H. Robert ; *JCP* G 1998, II, 10158, note J.-F. Roulot ; *RSC* 1998, p. 837, obs. M. Massé ; *RGDI publ.* 1998, p. 825, obs. D. Alland et F. Ferrand ; *D.* 2000, somm. p. 25, obs. Y. Mayaud). Identiquement, la circonstance que les faits de torture puissent être absorbés par la qualification plus large de crime contre l'Humanité n'est pas un obstacle à l'exercice de la compétence universelle reconnue par l'article 689-2 du Code de procédure

pénale, la qualification définitive n'étant acquise qu'au stade du jugement (■ Cass. crim., 10 janv. 2007, n° 04-87.245 : *D.* 2007, p. 305, note P. Girault ; *RPDP* 2007, p. 427, obs. D. Chilstein ; *RSC* 2007, p. 566, obs. A. Delage).

3) **Preuves suffisantes.** L'exercice de la compétence prévue par l'article 689-2 du Code de procédure pénale implique que les accusations soient étayées par des éléments matériels. C'est donc à raison que la chambre de l'instruction confirme une ordonnance de non-lieu à poursuivre, dès lors que l'information a été complétée et qu'elle n'a pas fait ressortir des éléments à charge suffisants, la circonstance que les faits dénoncés se soient déroulés dans un contexte de guerre civile étant insuffisante (■ Cass. crim., 29 mars 2017, n° 16-80.897). En revanche, il appartient à la chambre de l'instruction de vérifier si le fait de subir un simulacre d'exécution tel que décrit par le plaignant, pris en lui-même ou cumulé aux violences dont il a signalé l'existence, ne caractérisent pas un acte de torture au sens de l'article 1er de la convention de New York et de l'article 222-1 du Code pénal, de sorte que les faits imputés à leur auteur fondent à eux seuls la compétence de la loi française (■ Cass. crim., 23 janv. 2019, n° 18-80.842).

4) **Compétence universelle et réparation.** Les États sont en droit de limiter leur compétence pour allouer réparation des actes de torture accomplis à l'étranger. Cela étant, il y a lieu de réitérer que cette conclusion ne met pas en cause le large consensus dans la communauté internationale sur l'existence d'un droit des victimes d'actes de torture à une réparation appropriée et effective, ni le fait que les États sont encouragés à donner effet à ce droit en dotant leurs juridictions de la compétence pour connaître de telles demandes de réparation, y compris quand elles résultent de faits commis en dehors de leurs frontières géographiques. D'ailleurs la Cour n'exclut pas, s'agissant d'un domaine dynamique, qu'il puisse connaître des développements à l'avenir. Dès lors, et bien qu'elle conclue ici à la non-violation de l'article 6 § 1, la Cour invite les États parties à la Convention à tenir compte dans leur ordre juridique de toute évolution favorisant la mise en œuvre effective du droit à réparation pour des actes de torture, tout en examinant avec vigilance toute requête de cette nature afin d'y déceler, le cas échéant, les éléments qui feraient obligation à leurs juridictions de se déclarer compétentes pour l'examiner (■ CEDH, GC, 15 mars 2018, n° 51357/07, *Naït-Liman c/ Suisse*, § 217-220).

Art. 689-3 *(Rempl., L. n° 93-913, 19 juill. 1993).* **– Pour l'application de la convention européenne pour la répression du terrorisme, signée à Strasbourg le 27 janvier 1977, et de l'accord entre les États membres des Communautés européennes concernant l'application de la convention européenne pour la répression du terrorisme, fait à Dublin le 4 décembre 1979, peut être poursuivie et jugée dans les conditions prévues à l'article 689-1 toute personne coupable de l'une des infractions suivantes :**

1° Atteinte volontaire à la vie, tortures et actes de barbarie, violences ayant entraîné la mort, une mutilation ou une infirmité permanente ou, si la victime est mineure, une incapacité totale de travail supérieure à huit jours, enlèvement et séquestration réprimés par le livre II du Code pénal ainsi que les menaces définies aux articles 222-17, alinéa 2, et 222-18 de ce code, lorsque l'infraction est commise contre une personne ayant droit à une protection internationale, y compris les agents diplomatiques ;

2° Atteintes à la liberté d'aller et venir définies à l'article 421-1 du Code pénal ou tout autre crime ou délit comportant l'utilisation de bombes, de grenades, de fusées, d'armes à feu automatiques, de lettres ou de colis piégés, dans la mesure où cette utilisation présente un danger pour les personnes, lorsque ce crime ou délit est en relation avec une entreprise individuelle ou collective ayant pour but de troubler gravement l'ordre public par l'intimidation ou la terreur.

Art. 689-4 *(Rempl., L. n° 93-913, 19 juill. 1993).* **– Pour l'application de la convention sur la protection physique des matières nucléaires, ouverte à la signature à Vienne et New York le 3 mars 1980, peut être poursuivie et jugée dans les conditions prévues à l'article 689-1 toute personne coupable de l'une des infractions suivantes :**

1° Délit prévu à l'article 6-1 de la loi n° 80-572 du 25 juillet 1980 sur la protection et le contrôle des matières nucléaires ;

2° Délit d'appropriation indue prévue par l'article 6 de la loi n° 80-572 du 25 juillet 1980 précitée, atteinte volontaire à la vie ou à l'intégrité de la personne, vol, extorsion, chantage, escroquerie, abus de confiance, recel, destruction, dégradation ou détérioration ou menace d'une atteinte aux personnes ou aux biens définis par les livres II et III du Code pénal, dès lors que l'infraction a été commise au moyen des matières nucléaires entrant dans le champ d'application des articles 1er et 2 de la convention ou qu'elle a porté sur ces dernières.

Art. 689-5 *(Rempl., L. n° 93-913, 19 juill. 1993)*. – Pour l'application de la convention pour la répression d'actes illicites contre la sécurité de la navigation maritime et pour l'application du protocole pour la répression d'actes illicites contre la sécurité des plates-formes fixes situées sur le plateau continental, faits à Rome le 10 mars 1988, peut être poursuivie et jugée dans les conditions prévues à l'article 689-1 toute personne coupable de l'une des infractions suivantes :

1° Crime défini aux articles 224-6 et 224-7 du Code pénal ;

2° Atteinte volontaire à la vie ou à l'intégrité physique, destruction, dégradation ou détérioration, menace d'une atteinte aux personnes ou aux biens réprimées par les livres II et III du Code pénal ou délits définis par l'article 224-8 de ce code et par l'article L. 331-2 du Code des ports maritimes, si l'infraction compromet ou est de nature à compromettre la sécurité de la navigation maritime, où d'une plate-forme fixe située sur le plateau continental ;

3° Atteinte volontaire à la vie, tortures et actes de barbarie ou violences réprimés par le livre II du Code pénal, si l'infraction est connexe soit à l'infraction définie au 1°, soit à une ou plusieurs infractions de nature à compromettre la sécurité de la navigation maritime ou d'une plate-forme visées au 2°.

Art. 689-6 *(Rempl., L. n° 93-913, 19 juill. 1993)*. – Pour l'application de la convention pour la répression de la capture illicite d'aéronefs, signée à La Haye le 16 décembre 1970, et de la convention pour la répression d'actes illicites dirigés contre la sécurité de l'aviation civile, signée à Montréal le 23 septembre 1971, peut être poursuivie et jugée dans les conditions prévues à l'article 689-1 toute personne coupable de l'une des infractions suivantes :

1° Détournement d'un aéronef non immatriculé en France et tout autre acte de violence dirigé contre les passagers ou l'équipage, et commis par l'auteur présumé du détournement, en relation directe avec cette infraction.

2° Toute infraction concernant un aéronef non immatriculé en France et figurant parmi celles énumérées aux *a*, *b* et *c*, du 1° de l'article 1er de la convention pour la répression d'actes illicites dirigés contre la sécurité de l'aviation civile précitée.

Art. 689-7 *(L. n° 92-1336, 16 déc. 1992)*. – Pour l'application du protocole pour la répression des actes illicites de violence dans les aéroports servant à l'aviation civile internationale, fait à Montréal le 24 février 1988, complémentaire à la convention pour la répression d'actes illicites dirigés contre la sécurité de l'aviation civile, faite à Montréal le 23 septembre 1971, peut être poursuivie et jugée dans les conditions prévues à l'article 689-1 toute personne qui s'est rendue coupable, à l'aide d'un dispositif matériel, d'une substance ou d'une arme :

1° De l'une des infractions suivantes si cette infraction porte atteinte ou est de nature à porter atteinte à la sécurité dans un aérodrome affecté à l'aviation civile internationale :

a) Atteintes volontaires à la vie, tortures et actes de barbarie, violences ayant entraîné la mort, une mutilation ou une infirmité permanente ou, si la victime est mineure, une incapacité totale de travail pendant plus de huit jours, réprimés par le livre II du Code pénal, lorsque l'infraction a été commise dans un aérodrome affecté à l'aviation civile internationale ;

b) Destructions, dégradations et détériorations réprimées par le livre III du Code pénal, lorsque l'infraction a été commise à l'encontre des installations d'un aérodrome affecté à l'aviation civile internationale ou d'un aéronef stationné dans l'aérodrome et qui n'est pas en service ;

c) Délit prévu au quatrième alinéa (3°) de l'article L. 282-1 du Code de l'aviation civile, lorsque l'infraction a été commise à l'encontre des installations d'un aérodrome affecté à l'aviation civile internationale ou d'un aéronef dans l'aérodrome et qui n'est pas en service ;

2° De l'infraction définie au sixième alinéa (5°) de l'article L. 282-1 du Code de l'aviation civile, lorsqu'elle a été commise à l'encontre des services d'un aérodrome affecté à l'aviation civile internationale.

Art. 689-8 *(Mod., Ord. n° 2019-963, 18 sept. 2019)*. – Pour l'application de la directive (UE) 2017/1371 du Parlement européen et du Conseil du 5 juillet 2017 relative à la lutte contre la fraude portant atteinte aux intérêts financiers de l'Union au moyen du droit pénal et de la convention relative à la lutte contre la corruption impliquant des fonctionnaires des Communautés européennes ou des fonctionnaires des États membres de l'Union européenne faite à Bruxelles le 26 mai 1997, peut être poursuivi et jugé dans les conditions prévues à l'article 689-1 :

1° Tout fonctionnaire communautaire au service d'une institution des Communautés européennes ou d'un organisme créé conformément aux traités instituant les Communautés européennes et ayant son siège en France, coupable du délit prévu aux articles 435-1 et 435-7 du Code pénal ou d'une infraction portant atteinte aux intérêts financiers de l'Union européenne au sens de la directive (UE) 2017/1371 du Parlement européen et du Conseil du 5 juillet 2017 relative à la lutte contre la fraude portant atteinte aux intérêts financiers de l'Union au moyen du droit pénal ;

2° Tout Français ou toute personne appartenant à la fonction publique française coupable d'un des délits prévus aux articles 435-1, 435-3, 435-7 et 435-9 du Code pénal ou d'une infraction portant atteinte aux intérêts financiers de l'Union européenne au sens de la directive (UE) 2017/1371 du Parlement européen et du Conseil du 5 juillet 2017 relative à la lutte contre la fraude portant atteinte aux intérêts financiers de l'Union au moyen du droit pénal ;

3° Toute personne coupable du délit prévu aux articles 435-3 et 435-9 du Code pénal ou d'une infraction portant atteinte aux intérêts financiers de l'Union européenne au sens de la directive (UE) 2017/1371 du Parlement européen et du Conseil du 5 juillet 2017 relative à la lutte contre la fraude portant atteinte aux intérêts financiers de l'Union au moyen du droit pénal, lorsque ces infractions sont commises à l'encontre d'un ressortissant français.

Art. 689-9 *(L. n° 2000-516, 15 juin 2000)*. – Pour l'application de la convention internationale pour la répression des attentats terroristes, ouverte à la signature à New York le 12 janvier 1998, peut être poursuivie et jugée dans les conditions prévues à l'article 689-1 toute personne coupable d'un crime ou d'un délit d'acte de terrorisme défini par les articles 421-1 et 421-2 du Code pénal ou du délit d'association terroriste prévu par l'article 421-2-1 du même code lorsque l'infraction a été commise en employant un engin explosif ou un autre engin meurtrier défini à l'article 1er de ladite convention.

Art. 689-10 *(L. n° 2001-1062, 15 nov. 2001)*. – Pour l'application de la convention internationale pour la répression du financement du terrorisme, ouverte à la signature à New York le 10 janvier 2000, peut être poursuivie et jugée dans les conditions prévues à l'article 689-1 toute personne coupable d'un crime ou d'un délit défini par les articles 421-1 à 421-2-2 du Code pénal lorsque cette infraction constitue un financement d'actes de terrorisme au sens de l'article 2 de ladite convention.

Art. 689-11 *(Rempl., et mod., L. n° 2019-222, 23 mars 2019)*. – Hors les cas prévus au sous-titre Ier du titre Ier du livre IV pour l'application de la convention portant statut de la Cour pénale internationale, ouverte à la signature à Rome le 18 juillet 1998, peut être poursuivie et jugée par les juridictions françaises, si elle réside habituellement sur le territoire de la République, toute personne soupçonnée d'avoir commis à l'étranger l'une des infractions suivantes :

1° Le crime de génocide défini au chapitre Ier du sous-titre Ier du titre Ier du livre II du Code pénal ;

2° Les autres crimes contre l'humanité définis au chapitre II du même sous-titre Ier, si les faits sont punis par la législation de l'État où ils ont été commis ou si cet État ou l'État dont la personne soupçonnée a la nationalité est partie à la convention précitée ;

3° Les crimes et les délits de guerre définis aux articles 461-1 à 461-31 du même code, si les faits sont punis par la législation de l'État où ils ont été commis ou si cet État ou l'État dont la personne soupçonnée a la nationalité est partie à la convention précitée.

La poursuite de ces crimes ne peut être exercée qu'à la requête du procureur de la République antiterroriste et si aucune juridiction internationale ou nationale ne demande la remise ou l'extradition de la personne. À cette fin, le ministère public s'assure de l'absence de poursuite diligentée par la Cour pénale internationale et vérifie qu'aucune autre juridiction internationale compétente pour juger la personne n'a demandé sa remise et qu'aucun autre État n'a demandé son extradition. Lorsque, en application de l'article 40-3 du présent code, le procureur général près la cour d'appel de Paris est saisi d'un recours contre une décision de classement sans suite prise par le procureur de la République antiterroriste, il entend la personne qui a dénoncé les faits si celle-ci en fait la demande. S'il estime le recours infondé, il en informe l'intéressé par une décision écrite motivée.

Bibliographie : D. Brach-Thiel, *Et toujours pas de vraie compétence universelle en matière de crimes contre l'Humanité : AJ pénal* 2019, p. 195.

1) Compatibilité avec le statut de la Cour pénale internationale. L'article 689-11 du Code de procédure pénale respecte le Statut de la Cour pénale internationale. La remise d'une personne à la juridiction pénale internationale ne suppose pas de vérifier si des poursuites pour les mêmes faits ont également lieu dans d'autres pays (■ Cass. crim., 4 janv. 2011, n° 10-87.760 : *Bull. crim.* n° 2).

2) Double incrimination. Les crimes contre l'humanité sont définis au chapitre II du sous-titre Ier du Code pénal et nécessairement commis en exécution d'un plan concerté à l'encontre d'un groupe de population civile dans le cadre d'une attaque généralisée ou systématique. Dès lors, l'exigence posée par l'article 689-11 du Code de procédure pénale, selon laquelle les faits doivent être punis par la législation de l'État où ils ont été commis, inclut nécessairement l'existence dans cette législation d'une infraction comportant un élément constitutif relatif à une attaque lancée contre une population civile en exécution d'un plan concerté (■ Cass. crim. 24 nov. 2021, n° 21-81.344, §§ 12-13 : *Dr. pén.* 2022, n° 1, comm. 3, A. Gogorza ; D. Rebut, *Absence de compétence universelle pour juger les crimes contre l'humanité commis en Syrie : JCP* G 2022, n° 2, p. 66 ; R. Salomon, *Compétence universelle de la loi française au regard de crimes contre l'humanité : JCP* G 2022, n° 2, p. 65).

Art. 689-12 *(L. n° 2009-1503, 8 déc. 2009).* – **Pour l'application du règlement (CE) n° 561/2006 du Parlement européen et du Conseil du 15 mars 2006 relatif à l'harmonisation de certaines dispositions de la législation sociale dans le domaine des transports par route, peut être poursuivie et jugée dans les conditions prévues à l'article 689-1 toute personne coupable d'infractions à la réglementation du temps de conduite et de repos au sens du chapitre II du même règlement commises dans un État de l'Union européenne.**

Art. 689-13 *(L. n° 2013-711, 5 août 2013).* – **Pour l'application de la convention internationale pour la protection de toutes les personnes contre les disparitions forcées, adoptée à New York, le 20 décembre 2006, peut être poursuivie et jugée dans les conditions prévues à l'article 689-1 du présent code toute personne coupable ou complice d'un crime défini au 9° de l'article 212-1 ou à l'article 221-12 du Code pénal lorsque cette infraction constitue une disparition forcée au sens de l'article 2 de la convention précitée.**

Art. 689-14 *(L. n° 2018-607, 13 juill. 2018).* – **Pour l'application de la convention pour la protection des biens culturels en cas de conflit armé, faite à La Haye le 14 mai 1954, et du deuxième protocole relatif à la convention de La Haye de 1954 pour la protection des biens culturels en cas de conflit armé, fait à La Haye le 26 mars 1999, peut être poursuivie et jugée dans les conditions prévues à l'article 689-1 toute personne qui réside habituellement sur le territoire de la République et qui s'est rendue coupable des infractions d'atteinte aux biens culturels mentionnés aux *a* à *c* du 1 de l'article 15 du protocole précité. La poursuite de ces infractions ne peut être exercée qu'à la requête du ministère public.**

Art. 690 et 691 *(Abr., L. n° 92-1336, 16 déc. 1992).*

CHAPITRE II. – DE L'EXERCICE DES POURSUITES ET DE LA JURIDICTION TERRITORIALEMENT COMPÉTENTE

(L. n° 92-1336, 16 déc. 1992)

Art. 692 *(Rempl., L. n° 93-913, 19 juill. 1993).* – **Dans les cas prévus au chapitre précédent, aucune poursuite ne peut être exercée contre une personne justifiant qu'elle a été jugée définitivement à l'étranger pour les mêmes faits et, en cas de condamnation, que la peine a été subie ou prescrite.**

Bibliographie : *Répertoire.* A. Huet et R. Koering-Joulin, *Effets en France des décisions répressives étrangères : JCl. International*, Fasc. 404-10.

Généralités. . A. Migon Colombet, *Vers une reconnaissance internationale du principe non bis in dem : JCP* E 2015, n° 36, p. 1398. – D. Rebut, *Vers une application sans limite du principe ne (non) bis in idem dans l'Union européenne ? : JCP* G 2016, n° 1, p. 32. ● Q. Vreulx, *« Transnationaliser » le principe ne bis in idem, une nécessité dans le contexte d'une répression économique et financière mondialisée : RTDF* 2016, p. 25-31.

1) Portée transnationale du principe *ne bis in idem*. Les dispositions des articles 4 du protocole n° 7 à la Convention européenne des droits de l'Homme et 14-7 du pacte international relatif aux droits civils et politiques, qui font obstacle à des doubles poursuites pour des faits uniques, ne trouvent à s'appliquer que dans le cas où les deux procédures ont été engagées sur le territoire du même État (■ Cass. crim., 14 mars 2018, n° 16-82.117 : *Dr. pén.* 2018, comm. 110 J.-H. Robert ; *AJ pénal* 2018,

p. 254, obs. P. Combles de Nayves). La Cour retient que, comme cela ressort des termes de cette disposition, l'article 4 du protocole n° 7 ne fait pas obstacle à ce qu'une personne soit poursuivie ou punie pénalement par les juridictions d'un État partie à la convention en raison d'une infraction pour laquelle elle avait été acquittée ou condamnée par un jugement définitif dans un autre État partie. En résumé, les poursuites à l'encontre du requérant ayant été conduites par les juridictions de deux États différents, à savoir l'Allemagne et la France, l'article 4 du protocole n° 7 ne trouve pas à s'appliquer (■ CEDH, 20 févr. 2018, req. n° 67521/14, §§ 40-41, *Krombach c/ France*).

I – AUTORITÉ DE LA CHOSE JUGÉE, FAITS COMMIS EN FRANCE

2) Faits entièrement commis en France. Il résulte de l'article 692 du Code de procédure pénale que les décisions rendues par des juridictions étrangères n'ont l'autorité de la chose jugée que lorsqu'elles concernent des faits commis en dehors du territoire de la République (■ Cass. crim., 3 déc. 1998, n° 97-82.424 : *Bull. crim.* n° 331).

3) Faits partiellement commis en France. Il résulte de l'article 692 du Code de procédure pénale que les décisions rendues par des juridictions étrangères n'ont l'autorité de la chose jugée que lorsqu'elles concernent des faits commis en dehors du territoire de la République. Les faits partiellement commis en France échappent donc à l'article 692 précité (■ Cass. crim., 17 janv. 2018, n° 16-86.491 : P. Conte, Mêmes faits poursuivis à l'étranger ou en France : *Dr. pén.* 2018, n° 4. ■ Cass. crim., 14 mars 2018, n° 16-82.117 : *JurisData* n° 2018-003623 ; *Dr. pén.* 2018, comm. 110, note J.-H. Robert ; *AJ pénal* 2018, p. 254, obs. P. Combles de Nayves).

4) Incidence de l'aveu recueilli à l'étranger sur le caractère équitable de la procédure française. C'est à bon droit que la cour d'appel a écarté l'exception prise de l'application de la règle *ne bis in idem* et déclaré M. K... coupable du délit de corruption d'agent public étranger, l'arrêt attaqué énonçant que le choix d'un plaider coupable dans le cadre d'un *plea bargaining* aux États-Unis ne signifie pas nécessairement que l'intéressé renonce à nier sa culpabilité devant une juridiction étrangère, cette décision pouvant obéir à un choix stratégique dans le contexte des procédures judiciaires américaines pour éviter à tout prix la tenue d'un procès aux conséquences incertaines et éventuellement dramatiques (■ Cass. crim., 1er avr. 2021, n° 19-83.969, § 8). En effet, le moyen qui tend à soumettre les poursuites régulièrement engagées par une autorité judiciaire française à un contrôle de nécessité et de proportionnalité est infondé en ce qu'il se heurte à la souveraineté de l'État français et au principe d'opportunité des poursuites (■ même arrêt, § 13).

5) Liberté des juridictions françaises. Les faits instruits étant commis en France, les dispositions de l'article 692 du Code de procédure pénale n'ont pas vocation à s'appliquer, la compétence des juridictions françaises étant exclusive quelle que soit la nationalité des prévenus. À cet égard, la prescription qui s'applique à l'infraction originaire commise à l'étranger, tout comme la requalification de celle-ci par les autorités judiciaires étrangères, sont sans incidence sur la caractérisation du délit de blanchiment jugé en France (■ Cass. crim., 25 sept. 2019, n° 17-84.515).

6) Déduction de peine. En dehors des cas où un texte spécial en dispose autrement, et sous réserve de la déduction, lors de l'exécution de la peine prononcée par la juridiction nationale, de la peine subie à l'étranger, les décisions rendues par les juridictions pénales étrangères n'ont pas, en France, l'autorité de la chose jugée, lorsqu'elles concernent des faits commis sur le territoire de la République (■ Cass. crim., 23 oct. 2013, n° 13-83.499 : *JurisData* n° 2013-023290 ; *Bull. crim.* n° 201 ; *D.* 2013, p. 2950, D. Rebut ; *AJ pénal* 2014, p. 127, obs. T. Herran). Comp. ■ Cass. crim., 15 avr. 2015, n° 15-90.001 : *JurisData* n° 2015-008142 ; *Dr. pén.* 2015, comm. 119, note É. Bonis-Garçon, sous l'angle de la nécessité des peines). Comp. : L'exception de la chose jugée à l'étranger prévue aux articles 113-9 du Code pénal et 692 du Code de procédure pénale ne saurait faire obstacle à l'exercice de poursuites exercées sur le fondement de la compétence territoriale française (■ Cass. crim., 8 juin 2005, n° 05-81.800 : *Bull. crim.* n° 174. ■ Cass. crim., 26 sept. 2007, n° 07-83.829 : *JurisData* n° 2007-040849 ; *Bull. crim.* n° 224 ; *D.* 2008, p. 1179, note D. Rebut).

II – AUTORITÉ DE LA CHOSE JUGÉE, FAITS COMMIS À L'ÉTRANGER

7) Articulation des dispositions nationales avec le statut du TPIR. En faisant application de la règle *ne bis in idem* en raison de la décision rendue par une juridiction rwandaise à propos d'un fait également poursuivi en France, la chambre de l'instruction a fait l'exacte application de l'article 692 du Code de procédure pénale. En effet, ce texte n'est contraire à aucune disposition internationale, dès lors que le statut du Tribunal pénal international pour le Rwanda, s'il prévoit l'application de *ne bis in idem* entre la juridiction internationale et une juridiction nationale, n'empêche aucun État de l'étendre au cas où des faits poursuivis sur son territoire ont fait l'objet d'un jugement définitif par une juridiction nationale d'un autre État (■ Cass. crim., 30 oct. 2019, n° 18-84.663).

8) Condamnation définitive. Il ressort des articles 113-9 du Code pénal et 692 du Code de procédure pénale qu'un étranger ayant commis hors du territoire de la République un crime ou un délit puni d'emprisonnement contre une victime de nationalité française ne peut échapper à toute poursuite en France que s'il justifie avoir été définitivement jugé à l'étranger pour les mêmes faits. La décision du procureur général irlandais de ne pas engager de poursuites, faute d'éléments de preuve suffisants, est assimilable à une décision de classement et n'est pas définitive au sens de l'article 692 du Code de procédure pénale (■ Cass. crim., 2 mai 2018, n° 18-80.860 : *RSC* 2018, p. 684, note Y. Mayaud).

L'exception d'autorité de la chose jugée prise de ce que le prévenu a bénéficié, pour les mêmes faits, d'une décision de relaxe prononcée par la cour criminelle de Tamatave (Madagascar) est inopérante dès lors que les juges énoncent que cette décision n'est pas définitive, étant frappée d'un pourvoi devant la Cour de cassation de l'État étranger (■ Cass. crim., 10 sept. 2014, n° 14-84.186 : *JurisData* n° 2014-021790 ; *Bull. crim.* n° 184). Une décision d'une juridiction étrangère, se bornant à déclarer irrecevable en la forme un recours contre le classement administratif d'une plainte, ne saurait constituer un jugement définitif intervenu à la suite de l'exercice de l'action publique et faisant obstacle à la poursuite des mêmes faits en France (■ Cass. crim., 20 juin 2012, n° 12-81.729 : *JurisData* n° 2012-015047 ; *Bull. crim.* n° 156 ; *D.* 2012, p. 2500, note D. Brach-Thiel). Une décision étrangère de classement sans suite, rendue au motif qu'il n'existait pas de charges suffisantes pour renvoyer les inculpés devant le tribunal, n'a pas de valeur de jugement définitif (■ Cass. crim., 6 déc. 2005, n° 04-86.378 : *JurisData* n° 2005-031595 ; *Bull. crim.* n° 317 ; *D.* 2006, p. 622, note J. Pradel ; *RSC* 2006, p. 307, obs. G. Vermelle, à propos de l'article 113-9 du Code pénal identiquement rédigé).

9) Peine exécutée. Aucune disposition légale ou conventionnelle ne permet d'imputer sur l'exécution d'une peine privative de liberté prononcée par une juridiction nationale, saisie sur dénonciation officielle des faits, pour un crime ou un délit commis par un citoyen français sur le territoire d'un État étranger, la durée de l'incarcération subie dans ce pays en exécution d'une condamnation infligée, pour les mêmes faits, par une juridiction dudit État, dès lors que le condamné ne justifie pas qu'il a intégralement exécuté sa peine (■ Cass. crim., 26 oct. 1993, n° 93-83.808 : *JurisData* n° 1993-002556 ; *Bull. crim.* n° 315 ; *Gaz. Pal.* 1994, 1, somm. p. 32, obs. J.-P. Doucet ; *JCP* G 1994, IV, n° 304 ; *RSC* 1994, p. 326, obs. B. Bouloc). Comp., à propos de l'imputation de la peine exécutée à l'étranger lorsque la France exerce sa compétence territoriale (■ Cass. crim., 23 oct. 2013, n° 13-83.499 : *JurisData* n° 2013-023290 ; *Bull. crim.* n° 201 ; *D.* 2013, p. 2950, D. Rebut ; *AJ Pénal* 2014, p. 127, obs. T. Herran).

10) Prescription de la peine. La prescription de la peine s'apprécie au jour de la dénonciation des faits aux autorités françaises (■ Cass. crim., 16 oct. 2001, n° 00-83.543 : *Bull. crim.* n° 209, à propos de l'article 113-9 du Code pénal identiquement rédigé).

11) Amnistie. L'article 4 du Protocole n° 7 à la Convention ne trouve pas à s'appliquer à des faits amnistiés qualifiés d'assassinats de civils et des coups et blessures graves infligés à un enfant, lesquels constituent des violations graves des droits fondamentaux de l'homme. En effet, à supposer que les amnisties soient possibles lorsqu'elles s'accompagnent de circonstances particulières telles qu'un processus de réconciliation et/ou une forme de réparation pour les victimes, l'amnistie octroyée au requérant n'en resterait pas moins inacceptable lorsque rien, comme en l'espèce, n'indique la présence de telles circonstances. Il en résulte qu'en dressant un nouvel acte d'accusation contre le requérant et en le condamnant pour crimes de guerre contre la population civile, les autorités nationales ont agi dans le respect tant des obligations découlant des articles 2 et 3 de la Convention que des exigences et recommandations figurant dans les mécanismes et instruments internationaux susmentionnés (■ CEDH, 24 mai 2014, n° 4455/10, *Margus c/ Croatie*).

III – ESPACE SCHENGEN

V. Conv. d'application de l'accord de Schengen, 14 juin 1985, art. 55 à 58, *JO* n° L 239, 22 sept. 2000, p. 0019-0062.

12) Faits commis en France. En raison des réserves émises par le France, l'article 54 de la convention d'application des accords de Schengen du 19 juin 1990 ne peut s'appliquer lorsque les faits poursuivis ont été commis en France. C'est donc sans porter atteinte au principe *ne bis in idem* que la cour d'appel a pu condamner le prévenu pour recel aggravé en dépit du non-lieu à poursuivre décidé par la justice belge (■ Cass. crim., 7 nov. 2012, n° 11-83.156 : *JurisData* n° 2012-028177).

13) Notion de jugement définitif-classement sans suite. La décision du procureur de la République suisse de classer l'affaire sans avoir procédé à une enquête approfondie au sens de la jurisprudence de la Cour de justice de l'Union européenne, et d'archiver la procédure sans autre formalité, n'a pas valeur de jugement définitif au sens des articles 692 du Code de procédure pénale et 113-9 du Code pénal (■ Cass. crim., 13 juin 2019, n° 18-86.273). N'a pas justifié sa décision, la chambre de l'instruction qui se contente d'annuler partiellement une mise en examen sans répondre au mémoire par lequel l'intéressé faisait valoir qu'une plainte déposée en Suisse à son encontre comportant une parfaite identité de plaignants, de faits et de qualifications avec la plainte déposée en France qui a conduit à sa mise en examen, avait fait l'objet d'une décision de classement sans suite du procureur de Lugano, équivalente à une décision judiciaire d'acquittement au sens de l'article 120 du Code de procédure pénale suisse (■ Cass. crim., 8 nov. 2017, n° 17-81.546). *Comp.* un étranger ayant commis hors du territoire de la République un crime ou un délit puni d'emprisonnement contre une victime de nationalité française ne peut échapper à toute poursuite en France que s'il justifie avoir été définitivement jugé à l'étranger pour les mêmes faits. La décision prise par une juridiction étrangère ne peut être regardée comme un jugement définitif que si, à la date où elle a été rendue, l'action publique avait été engagée. Le classement sans suite décidé par le ministère public près une juridiction étrangère, confirmé par cette juridiction, qui a dit n'y avoir lieu à l'exercice de l'action publique, sauf survenance de faits nouveaux, n'a pas valeur de jugement définitif au sens des articles 113-9 du Code pénal et 54 de la convention d'application des accords de Schengen (■ Cass. crim., 2 avr. 2014, n° 13-80.474 : *JurisData* n° 2014-006174). Le principe *ne bis in idem* énoncé à l'article 54 de la convention d'application de l'accord de Schengen, lu à la lumière de l'article 50 de la charte des droits fondamentaux de l'Union européenne, doit être interprété en ce sens qu'une décision du ministère public mettant fin aux poursuites pénales et clôturant, de manière définitive sous réserve de sa réouverture ou de son annulation, la procédure d'instruction menée contre une personne, sans que des sanctions aient été imposées, ne peut pas être qualifiée de décision définitive, au sens de ces articles, lorsqu'il ressort de la motivation de cette décision que ladite procédure a été clôturée sans qu'une instruction approfondie ait été menée, le défaut d'audition de la victime et celui d'un éventuel témoin constituant un indice de l'absence d'une telle instruction (■ CJUE, gr. ch., 29 juin 2016, aff. C-486/14, *Kossowski*).

14) Notion de jugement définitif-ordonnance de non-lieu. L'article 54 de la convention d'application de l'accord de Schengen doit être interprété en ce sens qu'une ordonnance de non-lieu à renvoi devant une juridiction de jugement qui fait obstacle, dans l'État contractant où cette ordonnance a été rendue, à de nouvelles poursuites pour les mêmes faits contre la personne ayant bénéficié de cette ordonnance, à moins qu'il ne survienne de nouvelles charges contre cette personne, doit être considérée comme une décision portant jugement définitif, au sens de cet article, faisant ainsi obstacle à de nouvelles poursuites contre la même personne pour les mêmes faits dans un autre État contractant (■ CJUE, 4e ch., 5 juin 2014, aff. C-398/12, M : *Europe* 2014, comm. 318, n° 8-9, D. Simon).

15) Notion de jugement définitif-alternatives aux poursuites. Le principe *ne bis in idem*, consacré à l'article 54 de la convention d'application de l'accord de Schengen s'applique également à des procédures d'extinction de l'action publique par lesquelles le ministère public d'un État membre met fin, sans l'intervention d'une juridiction, à la procédure pénale engagée dans cet État, après que le prévenu ait satisfait à certaines obligations et, notamment, ait acquitté une certaine somme d'argent fixée par le ministère public (■ CJCE, 11 févr. 2003 aff. jointes C-187/01 et C-385/01, Gözütok et Brügge, § 28 à 30 : *D.* 2003, p. 1458, note F. Julien-Laferrière).

16) Prescription. En vertu de l'article 54 de la convention d'application de l'accord de Schengen, la prescription de l'action publique dans un État ne fait obstacle à la poursuite des mêmes faits dans un autre État qu'à la condition que ladite prescription ait été constatée par un jugement définitif rendu à la suite de l'exercice de l'action publique (■ Cass. crim., 12 mai 2009, n° 07-85.875 : *JurisData* n° 2009-048217 ; *JCP* G 2009, n° 37, p. 215, A. Donnier).

Art. 693 *(Mod., L. n° 2013-1117, 6 déc. 2013).* **– La juridiction compétente est celle du lieu où réside le prévenu, celle de sa dernière résidence connue, celle du lieu où il est trouvé, celle de la résidence de la victime ou, si l'infraction a été commise à bord ou à l'encontre d'un aéronef, ou que les victimes de l'infraction ont été les personnes se trouvant à bord d'un aéronef, celle du lieu de décollage, de destination ou d'atterrissage de celui-ci. Ces dispositions ne sont pas exclusives de l'application éventuelle des règles particulières de compétence prévues par les articles 628-1, 697-3, 704-1, 705, 706-17, 706-75, 706-107, 706-108 et 706-176.**

La juridiction de Paris exerce une compétence concurrente à celle qui résulte de la première phrase du premier alinéa. Lorsque le procureur de la République près un tribunal judiciaire autre que celui de Paris requiert le juge d'instruction saisi d'une infraction entrant dans le champ d'application du chapitre Ier du présent titre de se dessaisir au profit de la juridiction d'instruction de Paris, les articles 628-2 et 628-6 sont applicables.

TITRE X. – DE L'ENTRAIDE JUDICIAIRE INTERNATIONALE

(Rempl., L. n° 2004-204, 9 mars 2004)

Bibliographie : ***Répertoire.*** O. Beauvallet, *L'entraide judiciaire internationale : JCl. Proc. pén.*, art. 694 à 694-9, Fasc. 20.

Généralités. C. Ambroise-Casterot, *Les juridictions pénales face aux questions préjudicielles de la Cour de justice de l'Union européenne : JCP* G 2020, nos 1-2, p. 39. • Cl. Ghicca-Lemarchand, *La commission rogatoire internationale en droit pénal : RSC* 2003, p. 33. • M. Massé, *L'entraide judiciaire internationale (version française) : RSC* 2004, p. 470 et *RSC* 2005, p. 405. • J.-C. Saint Pau, *L'entraide judiciaire internationale : Dr. pén.* 2004, chron. 9.

CHAPITRE I. – DISPOSITIONS GÉNÉRALES

Section I. – Transmission et exécution des demandes d'entraide

Art. 694 *(Rempl., L. n° 2004-204, 9 mars 2004)*. **– En l'absence de convention internationale en stipulant autrement :**

1° Les demandes d'entraide émanant des autorités judiciaires françaises et destinées aux autorités judiciaires étrangères sont transmises par l'intermédiaire du ministère de la justice. Les pièces d'exécution sont renvoyées aux autorités de l'État requérant par la même voie ;

2° Les demandes d'entraide émanant des autorités judiciaires étrangères et destinées aux autorités judiciaires françaises sont transmises par la voie diplomatique. Les pièces d'exécution sont renvoyées aux autorités de l'État requérant par la même voie.

En cas d'urgence, les demandes d'entraide sollicitées par les autorités françaises ou étrangères peuvent être transmises directement aux autorités de l'État requis compétentes pour les exécuter. Le renvoi des pièces d'exécution aux autorités compétentes requérant est effectué selon les mêmes modalités. Toutefois, sauf convention internationale en stipulant autrement, les demandes d'entraide émanant des autorités judiciaires étrangères et destinées aux autorités judiciaires françaises doivent faire l'objet d'un avis donné par la voie diplomatique par le gouvernement étranger intéressé.

1) Régularité des actes réalisés à l'étranger. La chambre de l'instruction est incompétente pour statuer, tant sur la validité de l'autorisation écrite accordée par le procureur général de l'État requis aux juges d'instruction de se transporter dans cet État (en l'occurrence le Rwanda) et de procéder eux-mêmes aux auditions de témoins demandées par commission rogatoire internationale, que sur la régularité des actes accomplis par ces magistrats, dans les formes définies, en l'absence de convention d'entraide judiciaire, par l'autorité judiciaire de l'État requis (▪ Cass. crim., 20 juin 2012, n° 12-81.024 : *Bull. crim.* n° 157 ; *RSC* 2012, p. 624, obs. J. Danet ; *AJ Pénal* 2013, p. 53, obs. G. Poissonier). C'est à bon droit que la chambre de l'instruction a rejeté une demande d'annulation de mise en examen intervenue en Pologne dès lors que, s'il est exact que le juge français n'a pas qualité pour examiner la régularité de la procédure étrangère, la Cour de cassation est en mesure de s'assurer que l'acte dont la nullité est alléguée n'a pas été accompli en violation des droits de la défense, ni d'aucun principe général du droit, en ce que la personne ensuite mise en examen en France est recevable à contester devant la chambre de l'instruction l'existence à son encontre d'indices graves ou concordants d'avoir commis les faits qui lui sont reprochés ou à demander au juge d'instruction de revenir sur sa décision et de lui octroyer le statut de témoin assisté (▪ Cass. crim., 7 juin 2017, n° 16-87.114 : *Bull. crim.* n° 151 ; *AJ Pénal* 2017, p. 452, obs. J. Gallois). Le juge français n'a pas qualité pour connaître de la régularité d'une sonorisation réalisée en Espagne, y compris lorsque ladite opération a été demandée par un juge d'instruction français. C'est donc à bon droit que la chambre de l'instruction a rejeté une requête en annulation dès lors que ladite mesure n'a porté aucune atteinte aux droits de la défense et aux principes généraux du droit (■ Cass. crim., 4 oct. 2017, n° 17-81.291). Si la chambre de l'instruction est compétente pour apprécier la régularité des actes d'exécution d'une commission rogatoire internationale adressée par un magistrat étranger, elle est sans pouvoir pour se prononcer sur d'éventuelles irrégularités commises dans le cadre de la procédure étrangère en l'absence de toute intervention d'un juge national (■ Cass. crim., 27 juin 2018, n° 17-85101 : *JurisData* n° 2018-011204).

2) **Emploi des renseignements obtenus de l'étranger.** Les renseignements transmis par les attachés de sécurité intérieure, réalisés en application des dispositions régissant l'organisation des services de sécurité intérieure au sein des missions diplomatiques à l'étranger, ne constituent pas des actes de police judiciaire et sont seulement destinés à guider d'éventuels actes d'investigation des autorités françaises, de sorte que ces éléments, le cas échéant soumis au débat contradictoire devant la juridiction de jugement dans le respect des droits de la défense, ne peuvent, en application du dernier alinéa de l'article préliminaire du Code de procédure pénale, servir d'unique fondement à une déclaration de culpabilité (■ Cass. crim., 19 sept. 2017, n° 17-82.317 : *Bull. crim.* n° 223 ; *D.* 2018, p. 155, note T. Herran ; *AJ Pénal* 2017, p. 507, note G. Roussel).

3) **Interprétation des conventions d'entraide internationale.** Il est de l'office du juge d'interpréter les traités internationaux invoqués dans la cause soumise à son examen. Par ailleurs, les autorités judiciaires françaises, lorsqu'elles utilisent les informations qui leur ont été communiquées dans le cadre d'une convention d'entraide judiciaire en matière pénale, sont tenues de respecter les règles fixées par cette convention à laquelle s'incorporent les réserves et déclarations formulées, qui obligent les États parties dans leurs rapports réciproques. Encourt donc la cassation l'arrêt de la chambre de l'instruction refusant de chercher les réserves d'interprétation émises par le Grand-Duché du Luxembourg et faisant obstacle, à défaut de consentement des autorités luxembourgeoises, à l'extension de l'information à des infractions non visées dans la commission rogatoire internationale (■ Cass. crim., 15 janv. 2014, n° 13-84.778 : *JurisData* n° 2014-000371 ; *Bull. crim.* n° 11).

4) **Principe de spécialité.** Le demandeur ne saurait se faire un grief de ce que la chambre de l'instruction a rejeté sa demande tendant à voir prononcer la nullité, fondée sur la violation du principe de spécialité, du versement à la procédure de pièces issues de l'exécution en France d'une commission rogatoire internationale allemande portant sur des interceptions téléphoniques, dès lors qu'en application de l'article 23, § 6, de la Convention du 29 mai 2000 relative à l'entraide judiciaire en matière pénale entre les États membres de l'Union européenne, aucun consentement préalable des autorités compétentes de l'État allemand requérant n'était exigé s'agissant de données obtenues, en application de ladite convention, par les autorités compétentes de l'État français requis et provenant de cet État (■ Cass. crim., 9 déc. 2015, n° 15-83.204 : *Bull. crim.* n° 282).

Art. 694-1 *(L. n° 2004-204, 9 mars 2004)*. **– En cas d'urgence, les demandes d'entraide émanant des autorités judiciaires étrangères sont transmises, selon les distinctions prévues à l'article 694-2, au procureur de la République ou au juge d'instruction du tribunal judiciaire territorialement compétent. Elles peuvent également être adressées à ces magistrats par l'intermédiaire du procureur général.**

Si le procureur de la République reçoit directement d'une autorité étrangère une demande d'entraide qui ne peut être exécutée que par le juge d'instruction, il la transmet pour exécution à ce dernier ou saisit le procureur général dans le cas prévu à l'article 694-4.

Avant de procéder à l'exécution d'une demande d'entraide dont il a été directement saisi, le juge d'instruction la communique immédiatement pour avis au procureur de la République.

Art. 694-2 *(L. n° 2004-204, 9 mars 2004)*. **– Les demandes d'entraide émanant des autorités judiciaires étrangères sont exécutées par le procureur de la République ou par les officiers ou agents de police judiciaire requis à cette fin par ce magistrat.**

Elles sont exécutées par le juge d'instruction ou par des officiers de police judiciaire agissant sur commission rogatoire de ce magistrat lorsqu'elles nécessitent certains actes de procédure qui ne peuvent être ordonnés ou exécutés qu'au cours d'une instruction préparatoire.

Art. 694-3 *(L. n° 2004-204, 9 mars 2004)*. **– Les demandes d'entraide émanant des autorités judiciaires étrangères sont exécutées selon les règles de procédure prévues par le présent code.**

Toutefois, si la demande d'entraide le précise, elle est exécutée selon les règles de procédure expressément indiquées par les autorités compétentes de l'État requérant, à condition, sous peine de nullité, que ces règles ne réduisent pas les

droits des parties ou les garanties procédurales prévus par le présent code. Lorsque la demande d'entraide ne peut être exécutée conformément aux exigences de l'État requérant, les autorités compétentes françaises en informent sans délai les autorités de l'État requérant et indiquent dans quelles conditions la demande pourrait être exécutée. Les autorités françaises compétentes et celles de l'État requérant peuvent ultérieurement s'accorder sur la suite à réserver à la demande, le cas échéant, en la subordonnant au respect desdites conditions.

L'irrégularité de la transmission de la demande d'entraide ne peut constituer une cause de nullité des actes accomplis en exécution de cette demande.

1) **Contrôle des actes réalisés en France.** Si les demandes d'entraide judiciaire émanant des autorités judiciaires étrangères sont exécutées selon les règles de procédure prévues par la législation de la partie requise, rien d'interdit, en application de l'article 173 du Code de procédure pénale, que la chambre de l'instruction soit saisie d'une requête en annulation de pièces d'exécution en France d'une commission rogatoire délivrée par une autorité judiciaire étrangère, à la condition que ces pièces puissent être mises à la disposition de la juridiction compétente pour en assurer le contrôle (■ Cass. crim., 24 juin 1997, n° 96-85.581 : *Bull. crim.* n° 252. ■ Cass. crim., 3 juin 2003, n° 02-87.484 : *Bull. crim.* n° 113 ; *JCP* G 2003, IV, 2366). Encourt donc la cassation l'arrêt de la chambre de l'instruction rejetant une demande d'annulation des interrogatoires effectués pendant une garde à vue au motif qu'il s'agissait d'une procédure étrangère et que ne disposant pas de l'ensemble de la procédure, le contrôle de ces éléments était du ressort exclusif des juridictions étrangères. En effet dès lors que les interrogatoires avaient été versés à la procédure soumise à l'appréciation de la chambre de l'instruction, elle était tenue d'en apprécier la régularité (■ Cass. crim., 16 févr. 2010, n° 09-88.273 : *JurisData* n° 2010-001570 ; *Bull. inf. C. cass.* 2010, n° 1051 ; *Procédures* 2010, comm. 195, A.-S. Chavent-Leclere).

2) **Conditions d'exécution d'un demande d'entraide.** Le juge français n'a pas à connaître de l'intégralité de la procédure suivie en Côte d'Ivoire pour procéder à l'exécution de la commission rogatoire du juge ivoirien (■ Cass. crim., 31 oct. 2018, n° 17-86.107).

3) **Nature des actes réalisés en France.** Ne porte pas atteinte aux droits de la défense ni au droit de propriété, la saisie conservatoire de comptes bancaires exécutée en France en application de l'article 694-3 du Code de procédure pénale, dès lors que ladite saisie a été réalisée conformément à l'article 97 du Code de procédure pénale et qu'elle était destinée à empêcher les requérantes d'user de leurs biens, et suivait un objectif d'intérêt général résidant dans l'exécution par l'État français de ses obligations résultant de la Convention des Nations unies contre la corruption (■ Cass. crim., 11 juin 2008, n° 07-87.319 : *Bull. crim.* n° 145).

Art. 694-4 *(L. n° 2004-204, 9 mars 2004).* **– Si l'exécution d'une demande d'entraide émanant d'une autorité judiciaire étrangère est de nature à porter atteinte à l'ordre public ou aux intérêts essentiels de la Nation, le procureur de la République saisi de cette demande ou avisé de cette demande en application du troisième alinéa de l'article 694-1 la transmet au procureur général qui détermine, s'il y a lieu, d'en saisir le ministre de la justice et donne, le cas échéant, avis de cette transmission au juge d'instruction.**

S'il est saisi, le ministre de la justice informe l'autorité requérante, le cas échéant, de ce qu'il ne peut être donné suite, totalement ou partiellement, à sa demande. Cette information est notifiée à l'autorité judiciaire concernée et fait obstacle à l'exécution de la demande d'entraide ou au retour des pièces d'exécution.

Art. 694-4-1 *(L. n° 2015-912, 24 juill. 2015).* **– Si une demande d'entraide émanant d'une autorité judiciaire étrangère concerne des faits commis hors du territoire national susceptibles d'être en lien avec les missions réalisées, aux fins de la défense et de la promotion des intérêts fondamentaux de la Nation prévus à l'article L. 811-3 du Code de la sécurité intérieure, par un service spécialisé de renseignement prévu à l'article L. 811-2 du même code, le procureur de la République saisi de cette demande, ou avisé en application de l'article 694-1 du présent code, la transmet au procureur général qui en saisit le ministre de la justice, et informe, le cas échéant, le juge d'instruction de cette transmission.**

Le ministre de la justice en informe le ministre dont relève le service spécialisé de renseignement concerné et recueille son avis.

Dans le délai d'un mois, ce dernier fait connaître au ministre de la justice si l'exécution de la demande d'entraide est de nature à porter atteinte aux intérêts fondamentaux de la Nation.

Le ministre de la justice informe, s'il y a lieu, l'autorité requérante de ce qu'il ne peut être donné suite, totalement ou partiellement, à sa demande. Cette décision est notifiée à l'autorité judiciaire initialement saisie et fait obstacle à l'exécution de la demande d'entraide ou au retour des pièces d'exécution.

Section II. – De l'entraide aux fins d'audition, de surveillance ou d'infiltration

(Intitulé rempl., L. n° 2010-768, 9 juill. 2010)

Art. 694-5 *(L. n° 2004-204, 9 mars 2004)*. **– Les dispositions de l'article 706-71 sont applicables pour l'exécution simultanée, sur le territoire de la République et à l'étranger, de demandes d'entraide émanant des autorités judiciaires étrangères ou d'actes d'entraide réalisés à la demande des autorités judiciaires françaises.**

Les interrogatoires, les auditions ou les confrontations réalisés à l'étranger à la demande des autorités judiciaires françaises sont exécutés conformément aux dispositions du présent code, sauf si une convention internationale y fait obstacle.

L'interrogatoire ou la confrontation d'une personne poursuivie ne peut être effectué qu'avec son consentement.

Les dispositions des articles 434-13 et 434-15-1 du Code pénal sont applicables aux témoins entendus sur le territoire de la République à la demande des autorités judiciaires de l'État requérant dans les conditions prévues par le présent article.

Les dispositions de l'article 694-5, alinéa 2 du Code de procédure pénale ne sont applicables qu'aux auditions, interrogatoires et confrontations réalisés dans les conditions prévues à l'article 706-71 du même code (■ Cass. crim., 9 déc. 2015, n° 15-83.204 : *JurisData* n° 2015-027536 ; *Bull. crim.* n° 282).

Art. 694-6 *(L. n° 2004-204, 9 mars 2004)*. **– Lorsque la surveillance prévue à l'article 706-80 doit être poursuivie dans un État étranger, elle est autorisée, dans les conditions prévues par les conventions internationales, par le procureur de la République chargé de l'enquête.**

Les procès-verbaux d'exécution des opérations de surveillance ou rapports y afférents ainsi que l'autorisation d'en poursuivre l'exécution sur le territoire d'un État étranger sont versés au dossier de la procédure.

Art. 694-7 *(L. n° 2004-204, 9 mars 2004)*. **– Avec l'accord préalable du ministre de la justice saisi d'une demande d'entraide judiciaire à cette fin, des agents de police étrangers peuvent poursuivre sur le territoire de la République, sous la direction d'officiers de police judiciaire français, des opérations d'infiltration conformément aux dispositions des articles 706-81 à 706-87. L'accord du ministre de la justice peut être assorti de conditions. L'opération doit ensuite être autorisée par le procureur de la République près le tribunal judiciaire de Paris ou le juge d'instruction du même ressort dans les conditions prévues par l'article 706-81.**

Le ministre de la justice ne peut donner son accord que si les agents étrangers sont affectés dans leur pays à un service spécialisé et exercent des missions de police similaires à celles des agents nationaux spécialement habilités mentionnés à l'article 706-81.

Art. 694-8 *(L. n° 2004-204, 9 mars 2004)*. **– Avec l'accord des autorités judiciaires étrangères, les agents de police étrangers mentionnés au deuxième alinéa de l'article 694-7 peuvent également, dans les conditions fixées par les articles 706-81 à 706-87, participer sous la direction d'officiers de police judiciaire français à des opérations d'infiltration conduites sur le territoire de la République dans le cadre d'une procédure judiciaire nationale.**

Art. 694-9 *(L. n° 2004-204, 9 mars 2004)*. **– Lorsque, conformément aux stipulations prévues par les conventions internationales, le procureur de la République ou le juge d'instruction communique à des autorités judiciaires étrangères des informations issues d'une procédure pénale en cours, il peut soumettre l'utilisation de ces informations aux conditions qu'il détermine.**

Section III. – De l'entraide aux fins de saisie des produits d'une infraction en vue de leur confiscation ultérieure

(L. n° 2010-768, 9 juill. 2010)

Art. 694-10 *(Mod., L. n° 2013-1117, 6 déc. 2013)*. **– En l'absence de convention internationale en stipulant autrement, les articles 694-11 à 694-13 sont applicables aux demandes d'entraide émanant des autorités étrangères compétentes, tendant à la saisie, en vue de leur confiscation ultérieure, des biens meubles**

ou immeubles, quelle qu'en soit la nature, ayant servi ou qui étaient destinés à commettre l'infraction ou qui paraissent être le produit direct ou indirect de l'infraction ainsi que de tout bien dont la valeur correspond au produit de cette infraction.

1) **Droit applicable.** Les saisies pénales opérées en application des dispositions de l'article 706-154 du Code de procédure pénale en exécution d'une demande d'entraide internationale doivent être réalisées, en application des articles 694-10 à 694-13 du même code, selon les modalités prévues par celui-ci, sauf si la convention internationale en stipule autrement (Cass. crim., 27 mars 2017, n° 16-85.773). Les articles 1re, 3 et 5 de la convention européenne d'entraide judiciaire en matière pénale du 20 avril 1959 autorisent un État signataire à demander l'exécution, par un État cocontractant, d'une mesure provisoire de saisie, laquelle doit être mise en oeuvre conformément au droit interne de l'État requis, soit pour la saisie d'un bateau sur le territoire de la République française, en application des articles 76, 694-10 à 694-13 et 706-37 du Code de procédure pénale (▪ Cass. crim., 27 juin 2018, n° 17-85101 : *JurisData* n° 2018-011204).

2) **Demande d'entraide.** L'article 4 du second protocole additionnel à la convention européenne d'entraide judiciaire en matière pénale, du 8 novembre 2001, à l'égard duquel la France n'a formulé aucune réserve, prévoit que les demandes d'entraide peuvent être adressées directement par l'autorité judiciaire de la partie requérante à l'autorité judiciaire de la partie requise et renvoyées par la même voie (▪ Cass. crim., 27 juin 2018, préc.).

3) **Délais d'appel.** Il résulte des articles 10 et 11 de la Convention de coopération en matière judiciaire entre la France et le Sénégal du 29 mars 1974, rendus applicables par l'article 694-10 du Code de procédure pénale, que le délai d'appel d'une décision judiciaire rendue en France et destinée à être notifiée à une personne se trouvant sur le territoire du Sénégal ne commence à courir que du jour où cette décision a été remise à son destinataire par les autorités de cet État (▪ Cass. crim., 11 juill. 2017, n° 16-85.773. ▪ Cass. crim., 27 mars 2017, n° 16-85.773).

4) **Contestation du bien-fondé de la saisie.** Les personnes concernées par l'exécution d'une demande d'entraide pénale internationale en matière de saisie ou de confiscation peuvent soumettre l'appréciation du bien-fondé de la saisie entreprise, comme le contrôle de l'origine du patrimoine immobilier des demandeurs et de celle des fonds saisis, à l'autorité judiciaire étrangère requérante. Celle-ci doit être sollicitée dans les formes applicables dans le pays concerné (▪ Cass. crim., 4 déc. 2019, nos 19-80.413, § 21, 19-80.411, § 21 et 19-80.407, § 22).

Art. 694-11 ***(L. n° 2010-768, 9 juill. 2010).*** **– Sans préjudice de l'application de l'article 694-4, la demande présentée en application de l'article 694-10 est rejetée si l'un des motifs de refus mentionnés à l'article 713-37 apparaît d'ores et déjà constitué.**

Voir : annotations sous l'article 694-10 du Code de procédure pénale.

Art. 694-12 ***(Mod., L. n° 2013-1117, 6 déc. 2013).*** **– L'exécution sur le territoire de la République de saisies faisant l'objet d'une demande présentée par une autorité judiciaire étrangère, en application d'une convention internationale, est ordonnée, aux frais avancés du Trésor et selon les modalités du présent code, par le juge d'instruction sur requête ou après avis du procureur de la République.**

Voir : annotations sous l'article 694-10 du Code de procédure pénale.

Art. 694-13 ***(L. n° 2010-768, 9 juill. 2010).*** **– Le refus d'autoriser l'exécution de la décision de confiscation prononcée par la juridiction étrangère emporte de plein droit, aux frais du Trésor, mainlevée des saisies ordonnées. Il en est de même lorsque les poursuites engagées à l'étranger ont pris fin.**

Voir : annotations sous l'article 694-10 du Code de procédure pénale.

CHAPITRE II. – DISPOSITIONS PROPRES À L'ENTRAIDE ENTRE LA FRANCE ET LES AUTRES ÉTATS MEMBRES DE L'UNION EUROPÉENNE

Bibliographie : P. Beauvais, *De l'entraide judiciaire à l'enquête pénale européenne, À propos de la Directive du 3 avril 2014 concernant la décision d'enquête européenne : RTDE* 2015, p. 777. • W. Roumier, *Réforme de l'entraide judiciaire en matière pénale : instauration de la décision d'enquête européenne : Dr. pén.* 2017, n° 1, alerte 1. • F.-X. Roux-Demare, *La décision d'enquête européenne ou l'adoption d'un instrument inédit de l'Europe pénale : AJ Pénal* 2017, p. 115.

Art. 694-14 *(Anc. art. 695 ; dénum. mod., Ord. n° 2016-1636, 1er déc. 2016).* **– Les dispositions du présent chapitre sont applicables aux demandes d'entraide entre la France et les autres États membres de l'Union européenne.**

Section I. – Des décisions d'enquête européenne prévues par la directive 2014/41/UE du 3 avril 2014 (1)

(Rempl., Ord. n° 2016-1636, 1er déc. 2016)

Art. 694-15 *(Ord. n° 2016-1636, 1er déc. 2016).* **– Sauf lorsqu'il en est disposé autrement par le présent code, les demandes d'entraide judiciaire en matière pénale entre la France et les autres États membres de l'Union européenne se font par l'intermédiaire des décisions d'enquête européenne, conformément aux dispositions de la présente section.**

Art. 694-16 *(Ord. n° 2016-1636, 1er déc. 2016).* **– Une décision d'enquête européenne est une décision judiciaire émise par un État membre, appelé État d'émission, demandant à un autre État membre, appelé État d'exécution, en utilisant des formulaires communs à l'ensemble des États, de réaliser dans un certain délai sur son territoire des investigations tendant à l'obtention d'éléments de preuve relatifs à une infraction pénale ou à la communication d'éléments de preuve déjà en sa possession.**

La décision d'enquête peut également avoir pour objet d'empêcher provisoirement sur le territoire de l'État d'exécution toute opération de destruction, de transformation, de déplacement, de transfert ou d'aliénation d'éléments susceptibles d'être utilisés comme preuve.

Elle peut aussi avoir pour objet le transfèrement temporaire dans l'État d'émission d'une personne détenue dans l'État d'exécution, afin de permettre la réalisation dans l'État d'émission d'actes de procédure exigeant la présence de cette personne, ou le transfèrement temporaire dans l'État d'exécution d'une personne détenue dans l'État d'émission aux fins de participer sur ce territoire aux investigations demandées.

Les preuves mentionnées aux deux premiers alinéas peuvent également porter sur la violation par une personne des obligations résultant d'une condamnation pénale, même si cette violation ne constitue pas une infraction.

1) Notion d'autorité d'émission. L'article 1er, paragraphe 1, et l'article 2, sous *c)*, de la directive 2014/41/UE du Parlement européen et du Conseil, du 3 avril 2014, concernant la décision d'enquête européenne en matière pénale, doivent être interprétés en ce sens que relève des notions d'« autorité judiciaire » et d'« autorité d'émission », au sens de ces dispositions, le procureur d'un État membre ou, plus généralement, le parquet d'un État membre, indépendamment du rapport de subordination légale qui pourrait exister entre ce procureur ou ce parquet et le pouvoir exécutif de cet État membre, et de l'exposition dudit procureur ou dudit parquet au risque d'être soumis, directement ou indirectement, à des ordres ou à des instructions individuels de la part de ce pouvoir dans le cadre de l'adoption d'une décision d'enquête européenne (▪ CJUE, gde ch., 8 déc. 2020, n° C-584/19 : *Dr. pén.* 2021, n° 2, comm. 35, A. Gogorza).

2) Qualification d'autorité d'émission au regard des pouvoirs dans des procédures nationales similaires (accès à des données personnelles). L'article 2, sous *c), i)*, de la directive 2014/41/UE du Parlement européen et du Conseil du 3 avril 2014, concernant la décision d'enquête européenne en matière pénale, doit être interprété en ce sens qu'il s'oppose à ce qu'un procureur soit compétent pour émettre, lors de la phase préliminaire d'une procédure pénale, une décision d'en-

(1) Les dispositions de la présente ordonnance entrent en vigueur le 22 mai 2017.

Les demandes d'entraide reçues avant le 22 mai 2017 demeurent régies par les instruments antérieurs relatifs à l'entraide en matière pénale et par les dispositions du Code de procédure pénale dans leur rédaction applicable antérieurement à l'entrée en vigueur de la présente ordonnance.

Les décisions de gel d'éléments de preuve prises en vertu de la décision-cadre 2003/577/JAI et reçues avant le 22 mai 2017 sont également régies par cette décision-cadre et par les dispositions du Code de procédure pénale dans leur rédaction applicable antérieurement à l'entrée en vigueur de la présente ordonnance.

À compter du 22 mai 2017, les demandes d'entraide sont adressées aux États membres selon le formalisme prévu pour les décisions d'enquête européenne, même aux États n'ayant pas à cette date transposé la directive 2014/41/UE du 3 avril 2014 concernant la décision d'enquête européenne en matière pénale. Les demandes d'entraide émanant de ces États sont assimilées à des demandes effectuées sur le fondement des dispositions de la directive et examinées conformément aux dispositions du Code de procédure pénale résultant de l'article 1er de la présente ordonnance.

quête européenne, au sens de cette directive, visant à obtenir des données relatives au trafic et des données de localisation liées aux télécommunications, lorsque, dans le cadre d'une procédure nationale similaire, l'adoption d'une mesure d'enquête visant à accéder à de telles données relève de la compétence exclusive du juge (■ CJUE, 16 déc. 2021, aff. C-724/19).

3) **Caractère non juridictionnel de l'autorité d'exécution.** L'autorité d'exécution d'une décision d'enquête européenne, au sens de l'article 2, sous *d)*, de ladite directive, qui procède à la reconnaissance et à l'exécution d'une décision d'enquête européenne, ne saurait être considérée comme chargée de « rendre un jugement », au sens de l'article 267 TFUE. Il incombe, à cet égard, exclusivement aux autorités judiciaires compétentes de l'État membre d'émission de se prononcer de manière définitive sur ces preuves dans le cadre de la procédure pénale ouverte dans celui-ci. Partant, lorsqu'il agit en tant qu'autorité d'exécution, au sens de l'article 2, sous *d)*, de la directive 2014/41, un parquet n'agit pas dans le cadre d'une procédure destinée à aboutir à une décision de caractère juridictionnel, au sens de la jurisprudence de la Cour rappelée au point 37 du présent arrêt, de sorte qu'il n'est pas habilité à poser une question préjudicielle (■ CJUE, 2 sept. 2021, XK, aff. C-66/20, §§ 43-46 : *RSC* 2022, n° 1, p. 895 et s., J. Tricot).

4) **Rapports entre autorités d'exécution et d'émission (accès à des données personnelles).** L'article 6 et l'article 9, paragraphes 1 et 3, de la directive 2014/41 doivent être interprétés en ce sens que la reconnaissance, par l'autorité d'exécution, d'une décision d'enquête européenne émise en vue d'obtenir des données relatives au trafic et des données de localisation liées aux télécommunications ne peut se substituer aux exigences applicables dans l'État d'émission, lorsque cette décision a été indûment émise par un procureur alors que, dans le cadre d'une procédure nationale similaire, l'adoption d'une mesure d'enquête visant à obtenir de telles données relève de la compétence exclusive du juge (■ CJUE, 16 déc. 2021, aff. C-724/19).

Art. 694-17 *(Ord. n° 2016-1636, 1er déc. 2016).* – **Les États membres reconnaissent sans aucune formalité une décision d'enquête européenne et ils l'exécutent de la même manière et selon les mêmes modalités que si la demande émanait d'une autorité judiciaire nationale, sauf si est applicable un motif valable prévu par la présente section de non-reconnaissance, de non-exécution ou de report de la décision, et sous réserve de l'application des formalités expressément demandées par l'autorité d'émission non contraires aux principes fondamentaux du droit de l'État d'exécution.**

Art. 694-18 *(Ord. n° 2016-1636, 1er déc. 2016).* – **Il n'y a pas lieu à émission d'une décision d'enquête européenne :**

1° Lorsqu'est mise en place une équipe commune d'enquête en application des articles 695-2 et 695-3 ; toutefois, lorsqu'une autorité compétente participant à une équipe commune d'enquête requiert l'assistance d'un État membre autre que ceux qui y participent, une décision d'enquête européenne peut être émise à cette fin ;

2° Lorsqu'il est fait application des articles 695-9-1 à 695-9-30 sur le gel de biens susceptibles de confiscation, dès lors que la demande de saisie de ces biens n'est pas également demandée parce qu'ils sont susceptibles de constituer des éléments de preuve ;

3° Lorsqu'est demandée une observation transfrontalière en application de l'article 40 de la convention d'application des accords de Schengen du 19 juin 1990.

Art. 694-19 *(Ord. n° 2016-1636, 1er déc. 2016).* – **Les modalités d'application de la présente section sont précisées par décret.**

Sous-section 1. – Dispositions relatives à l'émission d'une décision d'enquête européenne par les autorités judiciaires françaises

§ 1. – Dispositions générales

Art. 694-20 *(Mod., L. n° 2020-1672, 24 déc. 2020).* – **Le procureur de la République, le juge d'instruction, la chambre de l'instruction et son président ainsi que les juridictions de jugement ou d'application des peines et leurs présidents peuvent, à l'occasion des procédures dont ils sont saisis et dans l'exercice de leurs attributions, émettre une décision d'enquête européenne dès lors qu'elle apparaît nécessaire à la constatation, à la poursuite ou au jugement d'une infraction ou à l'exécution d'une peine et proportionnée au regard des droits de la personne**

suspecte, poursuivie ou condamnée et que les mesures demandées peuvent être réalisées en application des dispositions du présent code.

Cette émission peut intervenir d'office ou, conformément aux dispositions des articles 77-2, 82-1, 315, 388-5 et 459, sur demande de la personne suspecte ou poursuivie, de la victime ou de la partie civile.

Les autorités judiciaires mentionnées au premier alinéa ne peuvent émettre une décision d'enquête que pour l'exécution de mesures qu'elles sont elles-mêmes habilitées à ordonner ou exécuter conformément aux dispositions du présent code. Si la décision d'enquête concerne un acte exigeant l'autorisation préalable du juge des libertés et de la détention, elle ne peut être émise qu'après l'autorisation de ce dernier. Les autorisations du juge des libertés et de la détention prévues aux articles 76, 230-33, 230-34 et 706-92 peuvent ne pas mentionner l'adresse du lieu privé dans lequel une perquisition pourra intervenir ou dans lequel un dispositif de géolocalisation pourra être installé ou retiré, si cette adresse n'est pas connue lors de la délivrance de la décision d'enquête, à condition de mentionner l'identité de la personne chez laquelle ces opérations pourront intervenir. La première décision du juge des libertés et de la détention prévue au 1° de l'article 230-33 permettant la poursuite pour un mois de la géolocalisation décidée pour quinze jours ou huit jours par le procureur de la République peut être délivrée avant l'émission de la décision d'enquête.

Lorsqu'à l'occasion de l'exécution d'une décision d'enquête européenne, le magistrat se transporte sur le territoire de l'État d'exécution en application du cinquième alinéa de l'article 41 ou de l'article 93-1, il peut émettre une décision d'enquête en complément de la précédente décision.

Art. 694-21 *(Créé à compter du 22 mai 2017, Ord. n° 2016-1636, 1er déc. 2016).* – Toute décision d'enquête européenne est rédigée en utilisant un formulaire complété, signé, et dont le contenu est certifié comme étant exact et correct par l'autorité judiciaire d'émission, qui comporte notamment les informations suivantes :

1° L'identité et la qualité du magistrat ou de la juridiction qui l'émet ;

2° L'objet et les motifs de la décision ;

3° Les informations nécessaires disponibles sur la ou les personnes concernées ;

4° Une description de l'infraction faisant l'objet de l'enquête ou de la poursuite, et les dispositions de droit pénal applicables ;

5° Une description de la ou des mesures d'enquête demandées et des preuves à obtenir, ainsi que, le cas échéant, des formalités à respecter en application des dispositions prévues par le présent code, notamment l'autorisation préalable d'un juge de l'État d'exécution dans les conditions prévues à l'article 694-20 ;

6° Le cas échéant, les références d'une décision d'enquête européenne antérieure que complète la nouvelle décision ;

7° Le cas échéant, le délai dans lequel doit être exécutée la demande, notamment si ce délai est inférieur à quatre mois, en raison de délais de procédure, de la gravité de l'infraction ou d'autres circonstances particulièrement urgentes, ou la date spécifique à laquelle la mesure d'enquête doit être exécutée, ou le fait que la mesure d'enquête doit être réalisée en temps réel, de manière continue et au cours d'une période déterminée.

Art. 694-22 *(Créé à compter du 22 mai 2017, Ord. n° 2016-1636, 1er déc. 2016).* – La décision d'enquête européenne fait l'objet d'une traduction dans une langue officielle de l'État d'exécution ou dans l'une des langues officielles des institutions de l'Union européenne acceptées par cet État.

Art. 694-23 *(Créé à compter du 22 mai 2017, Ord. n° 2016-1636, 1er déc. 2016).* – La décision d'enquête européenne est transmise directement aux autorités compétentes de l'État d'exécution par tout moyen permettant de laisser une trace écrite et d'en établir l'authenticité.

Toute autre communication officielle est effectuée directement entre le magistrat mandant et l'autorité d'exécution.

Art. 694-24 *(Créé à compter du 22 mai 2017, Ord. n° 2016-1636, 1er déc. 2016).* – Le fait que la mesure d'enquête réalisée dans l'État d'exécution ait été contestée avec succès devant les autorités de cet État et conformément au droit de cet État n'entraîne pas par lui-même la nullité des éléments de preuve adressés aux autorités judiciaires françaises, mais ces éléments ne peuvent servir de seul fondement à la condamnation de la personne.

Le non-respect des délais d'exécution de la demande d'enquête européenne ne peut constituer une cause de nullité des actes accomplis.

§ 2. – Dispositions particulières à certaines mesures d'enquête

Art. 694-25 *(Créé à compter du 22 mai 2017, Ord. n° 2016-1636, 1er déc. 2016).* – Une personne détenue sur le territoire national ne peut être transférée dans un autre État pour les nécessités de l'exécution d'une décision d'enquête européenne que si elle y consent préalablement et que si son transfèrement n'est pas susceptible de prolonger sa détention.

Art. 694-26 *(Créé à compter du 22 mai 2017, Ord. n° 2016-1636, 1er déc. 2016).* – Lorsqu'une personne détenue sur le territoire d'un État membre est transférée sur le territoire national en exécution d'une décision d'enquête européenne émise par une autorité judiciaire française, sa mise en liberté ne peut être ordonnée que sur demande de l'État d'exécution.

Elle ne peut être soumise à aucune poursuite ni aucune mesure restrictive ou privative de liberté pour des faits commis ou des condamnations prononcées avant son départ du territoire de l'État d'exécution et qui ne sont pas mentionnés dans la décision d'enquête européenne.

Les dispositions de l'alinéa précédent ne sont toutefois pas applicables lorsque la personne a été libérée et qu'elle est demeurée ou revenue sur le territoire national pendant au moins quinze jours après que sa présence a été requise.

Art. 694-27 *(Créé à compter du 22 mai 2017, Ord. n° 2016-1636, 1er déc. 2016).* – Lorsqu'une décision d'enquête est émise en vue de déterminer si une personne physique ou morale détient ou contrôle un ou plusieurs comptes auprès d'un établissement bancaire ou financier ou d'obtenir des renseignements concernant des comptes bancaires déterminés et des opérations bancaires qui ont été réalisées pendant une période déterminée, le magistrat indique dans sa demande les raisons pour lesquelles il considère que les informations demandées sont susceptibles d'être utiles à la manifestation de la vérité et les raisons qui l'amènent à supposer que des banques situées dans l'État d'exécution détiennent le compte ainsi que, le cas échéant, les banques qui pourraient être concernées.

Art. 694-28 *(Créé à compter du 22 mai 2017, Ord. n° 2016-1636, 1er déc. 2016).* – Lorsqu'il émet une décision d'enquête afin d'obtenir l'assistance technique d'un État membre aux fins de mise en place d'une interception de télécommunications, le magistrat précise dans sa demande les informations nécessaires à l'identification de la personne visée par la demande d'interception, la durée souhaitée de l'interception et toutes les données techniques nécessaires à la mise en place de la mesure.

Sous-section 2. – Dispositions relatives à la reconnaissance et l'exécution par les autorités judiciaires françaises d'une décision d'enquête européenne émanant d'un autre État membre

Art. 694-29 *(Créé à compter du 22 mai 2017, Ord. n° 2016-1636, 1er déc. 2016).* – Toute décision d'enquête européenne transmise aux autorités françaises doit être émise ou validée par une autorité judiciaire. Cette décision peut concerner, dans l'État d'émission, soit des procédures pénales, soit des procédures qui ne sont pas relatives à des infractions pénales mais qui sont engagées contre des personnes physiques ou morales par des autorités administratives ou judiciaires pour des faits punissables dans l'État d'émission au titre d'infractions aux règles de droit et par une décision pouvant donner lieu à un recours devant une juridiction compétente, notamment en matière pénale.

Art. 694-30 *(Créé à compter du 22 mai 2017, Ord. n° 2016-1636, 1er déc. 2016).* – La décision d'enquête européenne destinée aux autorités françaises est adressée, selon les distinctions prévues aux deuxième et troisième alinéas, au procureur de la République ou au juge d'instruction du tribunal judiciaire territorialement compétent pour exécuter la mesure demandée.

Lorsque la décision d'enquête porte sur des actes qui ne peuvent être ordonnés ou exécutés qu'au cours d'une instruction préparatoire, ou qui ne peuvent être exécutés au cours d'une enquête qu'avec l'autorisation du juge des libertés et de la détention, la décision d'enquête est reconnue par le juge d'instruction, et elle est exécutée par ce magistrat ou par des officiers ou agents de police judiciaire agissant sur commission rogatoire de celui-ci.

Dans les autres cas, la décision d'enquête est reconnue par le procureur de la République et elle est exécutée par ce magistrat ou par les officiers ou agents de police judiciaire requis par lui à cette fin.

Si le magistrat saisi n'est pas compétent, il transmet sans délai la décision d'enquête au procureur de la République ou au juge d'instruction compétent et en informe immédiatement l'État d'émission.

§ 1. – Reconnaissance des décisions d'enquête européenne

Art. 694-31 *(Mod., L. n° 2019-222, 23 mars 2019)*. – Le magistrat saisi refuse de reconnaître ou d'exécuter une décision d'enquête européenne dans l'un des cas suivants :

1° Si un privilège ou une immunité fait obstacle à son exécution ; lorsque ce privilège ou cette immunité est susceptible d'être levé par une autorité française, la reconnaissance et l'exécution de la décision ne sont refusées qu'après que le magistrat saisi a adressé sans délai à l'autorité compétente une demande de levée de ce privilège ou de cette immunité et que celui-ci n'a pas été levé ; si les autorités françaises ne sont pas compétentes, la demande de levée est laissée au soin de l'État d'émission ;

2° Si la demande d'enquête est contraire aux dispositions relatives à l'établissement de la responsabilité pénale en matière d'infraction de presse de la loi du 29 juillet 1881 sur la liberté de la presse et de la loi n° 82-652 du 29 juillet 1982 sur la communication audiovisuelle ;

3° Si la décision porte sur la transmission d'informations ayant fait l'objet d'une classification en application des dispositions de l'article 413-9 du Code pénal ; en ce cas, la reconnaissance et l'exécution de la décision ne sont refusées qu'après que le magistrat saisi a adressé sans délai à l'autorité administrative compétente une demande tendant à la déclassification et à la communication des informations en application de l'article L. 2312-4 du Code de la défense et que cette demande n'a pas été acceptée ; si la demande de déclassification est partiellement acceptée, la reconnaissance et l'exécution de la décision d'enquête européenne ne peuvent porter que sur les informations déclassifiées ;

4° Si la demande concerne une procédure mentionnée à l'article 694-29 du présent code et qui n'est pas relative à une infraction pénale relève des dispositions du deuxième alinéa de l'article 694-17 du présent code, lorsque la mesure demandée ne serait pas autorisée par la loi française dans le cadre d'une procédure nationale similaire ;

5° Si l'exécution de la décision d'enquête ou les éléments de preuve susceptibles d'être transférés à la suite de son exécution pourraient conduire à poursuivre ou punir à nouveau une personne qui a déjà été jugée définitivement, pour les faits faisant l'objet de la décision, par les autorités judiciaires françaises ou celles d'un autre État membre de l'Union européenne lorsque, en cas de condamnation, la peine a été exécutée, est en cours d'exécution ou ne peut plus être ramenée à exécution selon les lois de l'État de condamnation ;

6° Si les faits motivant la décision d'enquête européenne ne constituent pas une infraction pénale selon la loi française alors qu'ils ont été commis en tout ou en partie sur le territoire national et qu'il existe des raisons sérieuses de penser qu'ils n'ont pas été commis sur le territoire de l'État d'émission ;

7° S'il existe des raisons sérieuses de croire que l'exécution de la mesure d'enquête serait incompatible avec le respect par la France des droits et libertés garantis par la Convention européenne de sauvegarde des droits de l'homme et des libertés fondamentales et la charte des droits fondamentaux de l'Union européenne ;

8° Si les faits motivant la décision d'enquête ne constituent pas une infraction pénale selon la loi française, sauf s'ils concernent une catégorie d'infractions mentionnée à l'article 694-32 et sanctionnée dans l'État d'émission d'une peine ou une mesure de sûreté privative de liberté d'une durée d'au moins trois ans, ou sauf si la mesure demandée est l'une de celles mentionnées par l'article 694-33 ;

9° Si la mesure demandée n'est pas autorisée par le présent code pour l'infraction motivant la décision d'enquête, sauf s'il s'agit d'une des mesures mentionnées à l'article 694-33.

Dans les cas mentionnés aux 1°, 2°, 5°, 6° et 7° ci-dessus, avant de décider de ne pas reconnaître ou exécuter, en tout ou partie, une décision d'enquête européenne, le magistrat saisi consulte l'autorité d'émission par tout moyen approprié et, le cas échéant, demande à cette autorité de lui fournir sans tarder toute information nécessaire.

Le magistrat saisi informe l'autorité d'émission, sans délai et par tout moyen permettant de laisser une trace écrite, de toute décision prise en application du présent article.

Art. 694-32 *(Créé à compter du 22 mai 2017, Ord. n° 2016-1636, 1er déc. 2016).* – Les catégories d'infractions pour lesquelles une décision d'enquête ne peut être refusée en application du 8° de l'article 694-31 sont les suivantes :

1° Participation à une organisation criminelle ;

2° Terrorisme ;

3° Traite des êtres humains ;

4° Exploitation sexuelle des enfants et pédopornographie ;

5° Trafic de stupéfiants et de substances psychotropes ;

6° Trafic d'armes, de munitions et d'explosifs ;

7° Corruption ;

8° Fraude, y compris la fraude portant atteinte aux intérêts financiers des Communautés européennes au sens de la convention du 26 juillet 1995 relative à la protection des intérêts financiers des Communautés européennes ;

9° Blanchiment des produits du crime ;

10° Faux-monnayage et contrefaçon de monnaie, y compris de l'euro ;

11° Cybercriminalité ;

12° Crimes et délits contre l'environnement, y compris le trafic d'espèces animales menacées et le trafic d'espèces et d'essences végétales menacées ;

13° Aide à l'entrée et au séjour irréguliers ;

14° Homicide volontaire, coups et blessures graves ;

15° Trafic d'organes et de tissus humains ;

16° Enlèvement, séquestration et prise d'otage ;

17° Racisme et xénophobie ;

18° Vol organisé ou vol à main armée ;

19° Trafic illicite de biens culturels, y compris d'antiquités et d'œuvres d'art ;

20° Escroquerie ;

21° Extorsion ;

22° Contrefaçon et piratage de produits ;

23° Falsification de documents administratifs et trafic de faux ;

24° Falsification de moyens de paiement ;

25° Trafic illicite de substances hormonales et d'autres facteurs de croissance ;

26° Trafic illicite de matières nucléaires et radioactives ;

27° Trafic de véhicules volés ;

28° Viol ;

29° Incendie volontaire ;

30° Crimes et délits relevant de la cour pénale internationale ;

31° Détournement illicite d'aéronefs ou de navires ;

32° Sabotage.

L'escroquerie figurant dans la liste dressée par l'article 694-32 du Code de procédure pénale, auquel renvoie l'article 695-23 du même code, le mandat d'arrêt européen doit être exécuté sans contrôle de la double incrimination des faits reprochés (▪ Cass. crim., 26 févr. 2020, n° 20-80.777).

Art. 694-33 *(Créé à compter du 22 mai 2017, Ord. n° 2016-1636, 1er déc. 2016).* – Les mesures pour lesquelles une décision d'enquête ne peut être refusée en application des 8° et 9° de l'article 694-31 sont les suivantes :

1° L'obtention d'informations ou d'éléments de preuve qui sont déjà en possession des autorités françaises et qui auraient pu être obtenus, en application du droit national, dans le cadre d'une procédure pénale ou aux fins de la décision d'enquête européenne ;

2° L'obtention d'informations contenues dans des traitements automatisés de données à caractère personnel mis en œuvre par les services de la police nationale et de la gendarmerie nationale ou les autorités judiciaires directement accessibles dans le cadre d'une procédure pénale ;

3° L'audition d'un témoin, d'un expert, d'une victime, d'un suspect, d'une personne poursuivie ou d'un tiers ;

4° L'identification d'abonnés titulaires d'un numéro de téléphone spécifique ou de personnes détentrices d'une adresse de protocole internet spécifique ;

5° Toute autre mesure d'enquête non intrusive qui ne porte pas atteinte aux droits ou libertés individuels.

Art. 694-34 *(Créé à compter du 22 mai 2017, Ord. n° 2016-1636, 1er déc. 2016).* – Si l'exécution de la décision d'enquête européenne risque de nuire à des intérêts nationaux essentiels en matière de sécurité, de mettre en danger la source d'information ou de comporter l'utilisation d'informations ayant fait l'objet d'une classification en application des dispositions de l'article 413-9 du Code pénal et se rapportant à des activités de renseignement, les dispositions des articles 694-4 et 694-4-1 du présent code sont applicables, et la reconnaissance ou l'exécution de la décision d'enquête européenne peuvent être refusées par le ministre de la Justice.

Avant de prendre sa décision, le ministre de la Justice consulte l'autorité d'émission par tout moyen approprié et, le cas échéant, lui demande de lui fournir sans tarder toute information nécessaire.

Si le ministre de la Justice décide de ne pas refuser la reconnaissance ou l'exécution de la décision d'enquête européenne et qu'il s'agit d'informations classifiées en application des dispositions de l'article 413-9 du Code pénal, les dispositions du 3° de l'article 694-31 du présent code sont applicables.

Art. 694-35 *(Créé à compter du 22 mai 2017, Ord. n° 2016-1636, 1er déc. 2016).* – Le magistrat saisi prend la décision relative à la reconnaissance ou à l'exécution de la décision d'enquête européenne avec la même célérité et priorité que dans le cadre d'une procédure nationale similaire et au plus tard trente jours après la réception de la décision d'enquête européenne.

S'il n'est pas possible, dans un cas spécifique, de respecter ce délai, il en informe sans tarder l'autorité compétente de l'État d'émission par tout moyen disponible, en indiquant les raisons du retard et une estimation du temps nécessaire pour prendre une décision. Dans ce cas, ce délai peut être prorogé de trente jours maximum.

§ 2. – Exécution de la décision d'enquête

Art. 694-36 *(Créé à compter du 22 mai 2017, Ord. n° 2016-1636, 1er déc. 2016).* – La décision d'enquête est exécutée conformément aux formalités et procédures expressément indiquées par l'autorité d'émission, sauf si la loi en dispose autrement et sous réserve, à peine de nullité, que ces règles ne réduisent pas les droits des parties et les garanties procédurales appliquant les principes fondamentaux prévus à l'article préliminaire du présent code.

Art. 694-37 *(Créé à compter du 22 mai 2017, Ord. n° 2016-1636, 1er déc. 2016).* – La décision d'enquête est exécutée dans les meilleurs délais et au plus tard dans les quatre-vingt-dix jours suivant la date de la décision prévue par l'article 694-35. Si des circonstances particulières justifient une prolongation de ce délai, l'autorité d'émission en est immédiatement informée, ainsi que des raisons qui la motivent et de la date prévisible d'exécution de la décision d'enquête.

Le magistrat saisi peut décider de reporter l'exécution de la décision d'enquête si elle risque de nuire à une enquête ou à des poursuites en cours ou si les objets, documents ou données concernés sont déjà utilisés dans le cadre d'une autre procédure. La décision d'enquête est mise à exécution sans délai dès lors que les raisons ayant justifié le report ont cessé. L'autorité d'émission en est immédiatement informée.

Art. 694-38 *(Créé à compter du 22 mai 2017, Ord. n° 2016-1636, 1er déc. 2016).* – Lorsque la mesure d'enquête demandée n'est pas prévue par le présent code ou qu'elle ne pourrait être exécutée dans le cadre d'une procédure nationale similaire, le magistrat saisi a recours, chaque fois que cela s'avère possible, à toute autre mesure d'investigation permettant d'obtenir les éléments demandés par l'autorité d'émission.

Toutefois, sous réserve des dispositions de l'article 694-31 et de l'article 694-34, il doit toujours faire droit aux demandes prévues à l'article 694-33.

Le magistrat saisi peut également ordonner une autre mesure d'enquête que celle demandée si elle permet d'obtenir le même résultat de façon moins intrusive.

Il informe sans délai l'autorité d'émission des décisions prises en application du présent article, y compris lorsqu'aucune mesure ne peut être substituée à la mesure demandée.

Art. 694-39 *(Créé à compter du 22 mai 2017, Ord. n° 2016-1636, 1er déc. 2016).* – Le magistrat saisi ne peut refuser l'assistance des autorités de l'État d'émission à l'exécution de la décision d'enquête sur le territoire national que si elle apparaît de nature à réduire les droits des parties et les garanties procédurales appliquant les principes fondamentaux prévus à l'article préliminaire ou de nature à nuire aux intérêts fondamentaux de la Nation.

Art. 694-40 *(Créé à compter du 22 mai 2017, Ord. n° 2016-1636, 1er déc. 2016).* – Si, en cours d'exécution de la décision d'enquête, le magistrat saisi juge opportun de diligenter des mesures d'enquête non prévues initialement ou qui n'avaient pas pu être spécifiées au moment de l'émission de la décision d'enquête européenne, il en informe sans délai l'autorité d'émission afin qu'elle puisse, le cas échéant, demander de nouvelles mesures.

Art. 694-41 *(Créé à compter du 22 mai 2017, Ord. n° 2016-1636, 1er déc. 2016).* – Lorsque des mesures exécutées sur le territoire national en application d'une décision d'enquête européenne auraient pu, si elles avaient été exécutées dans le cadre d'une procédure nationale, faire l'objet d'une contestation, d'une demande de nullité ou de toute autre forme de recours en application des dispositions du présent code, ces recours peuvent, dans les mêmes conditions et selon les mêmes modalités, être formés contre ces mesures par les personnes intéressés. Ces personnes sont informées de leur possibilité d'exercer ces recours lorsque cette information est prévue par les dispositions du présent code.

Ces recours ne suspendent pas l'exécution de la mesure d'enquête, sauf si cette suspension est prévue par les dispositions du présent code.

Ne peuvent être invoqués à l'appui de ces recours les motifs de fond à l'origine de la décision d'enquête européenne, qui ne peuvent être contestés que par une action intentée dans l'État d'émission.

Le non-respect des délais d'exécution de la demande d'enquête européenne ne peut constituer une cause de nullité des actes accomplis.

Art. 694-42 *(Créé à compter du 22 mai 2017, Ord. n° 2016-1636, 1er déc. 2016).* – Les procès-verbaux, objets saisis et tous autres éléments de preuve recueillis en exécution de la décision d'enquête sont remis dans les meilleurs délais à l'autorité d'émission.

Le magistrat saisi peut décider de suspendre cette remise dans l'attente d'une décision relative au recours formé contre un acte d'exécution de la décision d'enquête, sauf si cette dernière fait état de motifs suffisants pour considérer qu'une remise immédiate est indispensable au bon déroulement de l'enquête ou à la préservation de droits individuels. Toutefois, la remise des éléments de preuve est dans tous les cas suspendue si elle est de nature à causer un préjudice grave et irréversible à la personne concernée.

Le magistrat saisi peut ordonner la remise temporaire à l'autorité d'émission des procès-verbaux, objets saisis et autres éléments de preuve recueillis en exécution de la décision d'enquête, à charge pour cette autorité de les restituer dès qu'ils ne lui sont plus nécessaires, notamment lorsqu'ils sont utiles à une procédure en cours en France.

§ 3. – Dispositions particulières à certaines mesures d'enquête

Art. 694-43 *(Créé à compter du 22 mai 2017, Ord. n° 2016-1636, 1er déc. 2016).* – Lorsque la décision d'enquête européenne concerne une infraction en matière de taxes ou d'impôts, de douane et de change, sa reconnaissance ne peut être refusée au motif que la loi française n'impose pas le même type de taxe ou de droits ou prévoit des dispositions différentes en matière de taxes, d'impôts, de douane ou de change.

Art. 694-44 *(Créé à compter du 22 mai 2017, Ord. n° 2016-1636, 1er déc. 2016).* – Les dispositions de l'article 694-26 sont applicables au transfèrement d'une personne détenue dans l'État d'émission aux fins d'exécution d'une décision d'enquête émise par un État membre et nécessitant sa présence sur le territoire national.

Art. 694-45 *(Créé à compter du 22 mai 2017, Ord. n° 2016-1636, 1er déc. 2016).* – Lorsque l'État d'émission sollicite, au titre d'une décision d'enquête européenne, le transfèrement temporaire d'une personne détenue en France, le magistrat saisi peut, sans préjudice des dispositions de l'article 694-31, refuser l'exécution de la demande si la personne concernée s'y oppose ou si son transfèrement est susceptible de prolonger la durée de sa détention.

Si la demande concerne un mineur ou un majeur bénéficiant d'une mesure de protection en application des dispositions du titre XI du livre 1er du Code civil, son représentant légal, son tuteur ou son curateur est préalablement invité à donner son avis.

S'il fait droit à la demande, le magistrat saisi fixe le délai dans lequel la personne détenue doit être renvoyée en France et précise, le cas échéant, les modalités particulières de prise en charge devant être observées afin de garantir le respect de ses droits et la sécurité du transfèrement.

La période de détention subie par la personne en dehors du territoire national est intégralement prise en compte pour le calcul de sa durée totale de détention.

Effets du dépassement des délais de retour. Le dépassement du délai fixé pour le retour en France d'une personne détenue, transférée temporairement au titre d'une décision d'enquête européenne, n'est pas sanctionné par la mise en liberté de l'intéressé (■ Cass. crim., 13 oct. 2020, n° 20-82.376, § 12).

Art. 694-46 *(Créé à compter du 22 mai 2017, Ord. n° 2016-1636, 1er déc. 2016)*. – Lorsqu'il est saisi d'une décision d'enquête visant à empêcher provisoirement toute opération de destruction, de transformation, de déplacement, de transfert ou d'aliénation d'éléments susceptibles d'être utilisés comme preuve, le magistrat rend sa décision dans les meilleurs délais et, si possible, dans les vingt-quatre heures suivant sa réception.

Lorsque l'autorité d'émission demande, dans la décision, que les éléments saisis en application du premier alinéa soient transférés vers l'État d'émission, les dispositions de l'article 694-42 sont applicables.

Lorsque l'autorité d'émission demande, dans la décision, que les éléments saisis en application du premier alinéa soient conservés sur le territoire national jusqu'à une date qu'elle fixe, le magistrat saisi peut déterminer à quelles conditions ces éléments sont conservés. Si, conformément à ces conditions, il envisage de lever la mesure provisoire, il en informe l'autorité d'émission afin qu'elle puisse formuler des observations.

Art. 694-47 *(Créé à compter du 22 mai 2017, Ord. n° 2016-1636, 1er déc. 2016)*. – Lorsque l'État d'émission sollicite, au titre d'une décision d'enquête européenne, la mise en place d'une mesure d'infiltration sur le territoire national, les modalités de la mesure portant sur la durée de l'infiltration, ses modalités précises ou le statut juridique des agents infiltrés sont fixées d'un commun accord par le magistrat saisi et l'autorité compétente de l'État d'émission.

À défaut d'accord, le magistrat saisi peut, sans préjudice des dispositions de l'article 694-31, refuser l'exécution de la demande.

Art. 694-48 *(Créé à compter du 22 mai 2017, Ord. n° 2016-1636, 1er déc. 2016)*. – Lorsque l'État d'émission sollicite, au titre d'une décision d'enquête européenne, l'audition d'une personne par un moyen de communication audiovisuelle selon les modalités prévues par l'article 706-71, le magistrat saisi peut, sans préjudice des dispositions de l'article 694-31, refuser l'exécution de la demande s'il s'agit de l'audition d'une personne suspecte ou poursuivie et si celle-ci s'y oppose.

S'il s'agit de l'audition d'un témoin, les dispositions du présent code réprimant le refus de déposer ou de prêter serment, et celles des articles 434-13, 434-14 et 434-15-1 du Code pénal réprimant le faux témoignage sont applicables.

Art. 694-49 *(Créé à compter du 22 mai 2017, Ord. n° 2016-1636, 1er déc. 2016)*. – Lorsque l'État d'émission sollicite, au titre d'une décision d'enquête européenne, l'exécution d'une mesure d'investigation qui requiert l'obtention de preuve en temps réel, de manière continue et au cours d'une période déterminée, les modalités pratiques de la mesure sont fixées d'un commun accord par le magistrat saisi et l'autorité compétente de l'État d'émission.

Les dispositions du premier alinéa sont notamment applicables au suivi d'opérations bancaires ou d'autres opérations financières qui sont réalisées sur un ou plusieurs comptes spécifiques et aux opérations de surveillance de l'acheminement ou du transport des objets, biens ou produits tirés de la commission d'une infraction ou servant à la commettre.

À défaut d'accord, le magistrat saisi peut, sans préjudice des dispositions de l'article 694-31, refuser l'exécution de la demande.

Sous-section 3. – Coûts d'exécution

Art. 694-50 *(Créé à compter du 22 mai 2017, Ord. n° 2016-1636, 1er déc. 2016)*. – Les frais d'exécution des demandes d'entraide européenne sont à la charge de l'État d'exécution, sauf, lorsqu'ils peuvent être considérés comme exceptionnellement élevés, à être partagés avec l'État d'émission en cas d'accord entre les autorités compétentes ou, à défaut, à être supportés par l'État d'émission.

Sont toutefois toujours à la charge de l'État d'émission les frais occasionnés par une décision d'enquête européenne concernant :

1° Le transfèrement de la personne vers l'État d'émission et depuis celui-ci ;

2° La transcription, le décodage et le déchiffrement de communications interceptées.

Section II. – Des équipes communes d'enquête

Bibliographie : Y. Gautier, *Les équipes communes d'enquête : Europe* 2002, nos 8-9, comm. 276. • S. Vuelta Simon, *Dernières nouvelles des équipes d'enquête : entre partage et souveraineté : RSC* 2007, p. 267.

Voir également : Résolution du Conseil relative à un modèle d'accord pour la création d'une équipe commune d'enquête, 19 janv. 2017, n° C018, p. 0001.

Art. 695-2 *(L. n° 2004-204, 9 mars 2004).* – **Avec l'accord préalable du ministre de la justice et le consentement du ou des autres États membres concernés, l'autorité judiciaire compétente peut créer une équipe commune d'enquête, soit lorsqu'il y a lieu d'effectuer, dans le cadre d'une procédure française, des enquêtes complexes impliquant la mobilisation d'importants moyens et qui concernent d'autres États membres, soit lorsque plusieurs États membres effectuent des enquêtes relatives à des infractions exigeant une action coordonnée et concertée entre les États membres concernés.**

Les agents étrangers détachés par un autre État membre auprès d'une équipe commune d'enquête, dans la limite des attributions attachées à leur statut, peuvent, sous la direction de l'autorité judiciaire compétente, avoir pour mission, le cas échéant, sur toute l'étendue du territoire national :

1° De constater tous crimes, délits ou contraventions et d'en dresser procès-verbal, au besoin dans les formes prévues par le droit de leur État ;

2° De recevoir par procès-verbal les déclarations qui leur sont faites par toute personne susceptible de fournir des renseignements sur les faits en cause, au besoin dans les formes prévues par le droit de leur État ;

3° De seconder les officiers de police judiciaire français dans l'exercice de leurs fonctions ;

4° De procéder à des surveillances et, s'ils sont spécialement habilités à cette fin, à des infiltrations, dans les conditions prévues aux articles 706-81 et suivants et sans qu'il soit nécessaire de faire application des dispositions des articles 694-7 et 694-8.

Les agents étrangers détachés auprès d'une équipe commune d'enquête peuvent exercer ces missions, sous réserve du consentement de l'État membre ayant procédé à leur détachement.

Ces agents n'interviennent que dans les opérations pour lesquelles ils ont été désignés. Aucun des pouvoirs propres de l'officier de police judiciaire français, responsable de l'équipe, ne peut leur être délégué.

Un original des procès-verbaux qu'ils ont établis et qui doit être rédigé ou traduit en langue française est versé à la procédure française.

Durée d'une équipe commune d'enquête. Aux termes de l'article 13 de la convention de Bruxelles du 29 mai 2000 relative à l'entraide judiciaire en matière pénale entre les États membres de l'Union européenne et de l'article 1er de la décision-cadre 2002/465/JAI du Conseil du 13 juin 2002 relative aux équipes communes d'enquête, qui a fait l'objet d'une transposition en droit interne par la loi du 9 mars 2004, créant les articles 695-2 et 695-3 du Code de procédure pénale, les autorités compétentes de deux États membres au moins peuvent, d'un commun accord, créer une équipe commune d'enquête, avec un objectif précis et pour une durée limitée pouvant être prolongée avec l'accord de toutes les parties.

Aucun texte ne prévoyant que doivent être expressément indiquées les dates de début et de fin de l'équipe commune d'enquête, la durée est celle prévue par les autorités judiciaires en cause, et à défaut de précision contraire, ce délai a commencé à courir dès la signature de l'accord (■ Cass. crim., 30 juin 2021, n° 20-84.449, §§ 13-15).

Art. 695-3 *(L. n° 2004-204, 9 mars 2004).* – **Dans le cadre de l'équipe commune d'enquête, les officiers et agents de police judiciaire français détachés auprès d'une équipe commune d'enquête peuvent procéder aux opérations prescrites par le responsable d'équipe, sur toute l'étendue du territoire de l'État où ils interviennent, dans la limite des pouvoirs qui leur sont reconnus par le présent code.**

Leurs missions sont définies par l'autorité de l'État membre compétente pour diriger l'équipe commune d'enquête sur le territoire duquel l'équipe intervient.

Ils peuvent recevoir les déclarations et constater les infractions dans les formes prévues par le présent code, sous réserve de l'accord de l'État sur le territoire duquel ils interviennent.

Section III. – De l'unité Eurojust

Art. 695-4 *(Mod., L. n° 2013-711, 5 août 2013 ; L. n° 2021-1729, 22 déc. 2021).* – L'Agence Eurojust, organe de l'Union européenne doté de la personnalité juridique agissant en tant que collège ou par l'intermédiaire du membre national, est chargée de promouvoir et d'améliorer la coordination et la coopération entre les autorités compétentes des États membres de l'Union européenne dans toutes les enquêtes et poursuites relevant de sa compétence.

L'Agence Eurojust peut également, avec l'accord des États membres concernés :

1° Coordonner l'exécution des demandes d'entraide judiciaire émises par un État non membre de l'Union européenne lorsque ces demandes se rattachent à des investigations portant sur les mêmes faits et doivent être exécutées dans deux États membres au moins ;

2° Faciliter l'exécution des demandes d'entraide judiciaire devant être exécutées dans un État non membre de l'Union européenne lorsqu'elles se rattachent à des investigations portant sur les mêmes faits et émanent d'au moins deux États membres.

Art. 695-5 *(Mod., L. n° 2013-711, 5 août 2013 ; L. n° 2021-1729, 22 déc. 2021).* – L'Agence Eurojust, agissant par l'intermédiaire du membre national ou en tant que collège, peut :

1° Informer le procureur général des infractions dont elle a connaissance et lui demander de faire procéder à une enquête ou de faire engager des poursuites ;

2° Demander au procureur général de dénoncer ou de faire dénoncer des infractions aux autorités compétentes d'un autre État membre de l'Union européenne ;

3° Demander au procureur général de faire mettre en place une équipe commune d'enquête ;

4° Demander au procureur général ou au juge d'instruction de lui communiquer les informations issues de procédures judiciaires qui sont nécessaires à l'accomplissement de ses tâches.

L'Agence Eurojust agissant par l'intermédiaire du membre national peut, en outre, demander au procureur général de faire prendre toute mesure d'investigation particulière ou toute autre mesure justifiée par les investigations ou les poursuites.

Art. 695-5-1 *(L. n° 2013-711, 5 août 2013 ; L. n° 2021-1729, 22 déc. 2021).* – L'unité Eurojust, agissant en tant que collège, peut adresser au procureur général ou au juge d'instruction un avis écrit et motivé sur la manière de résoudre un conflit de compétences ou sur des difficultés ou refus récurrents rencontrés dans l'exécution de demandes présentées ou de décisions prises en matière de coopération judiciaire en application, notamment, d'instruments fondés sur le principe de reconnaissance mutuelle.

Le procureur général ou le juge d'instruction peuvent faire état auprès du collège d'Eurojust des difficultés ou refus mentionnés au premier alinéa et solliciter de celui-ci qu'il rende un avis écrit et motivé à ce sujet.

Art. 695-6 *(Mod., L. n° 2013-711, 5 août 2013 ; L. n° 2021-1729, 22 déc. 2021).* – Lorsque le procureur général ou le juge d'instruction saisi ne donne pas suite à une demande ou à un avis de l'Agence Eurojust, il l'informe sans retard injustifié de la décision intervenue et de ses motifs.

Toutefois, cette motivation n'est pas obligatoire lorsqu'elle peut porter atteinte à des intérêts nationaux essentiels en matière de sécurité ou compromettre le succès d'une enquête en cours ou la sécurité d'une personne physique.

Art. 695-7 *(Mod., L. n° 2013-711, 5 août 2013 ; L. n° 2021-1729, 22 déc. 2021).* – Lorsqu'une demande présentée ou une décision prise en matière de coopération judiciaire en application, notamment, d'un instrument mettant en œuvre le principe de reconnaissance mutuelle nécessite, en vue d'une exécution coordonnée, l'intervention de l'Agence Eurojust, celle-ci peut en assurer la transmission aux autorités requises par l'intermédiaire du membre national intéressé.

En cas d'urgence, la demande de coopération peut être adressée au dispositif permanent de coordination d'Eurojust.

Section IV. – Du membre national d'Eurojust

(Intitulé mod., L. n° 2013-711, 5 août 2013)

Art. 695-8 *(Mod., L. n° 2013-711, 5 août 2013 ; L. n° 2021-1729, 22 déc. 2021).* – Le membre national est un magistrat hors hiérarchie mis à disposition de l'Agence Eurojust pour une durée de cinq ans, renouvelable une fois, par arrêté du ministre de la justice.

Le ministre de la justice peut lui adresser des instructions dans les conditions fixées par l'article 30.

Art. 695-8-1 *(L. n° 2013-711, 5 août 2013 ; L. n° 2021-1729, 22 déc. 2021).* – Pour les nécessités liées à l'accomplissement de sa mission, le membre national de l'Agence Eurojust a accès, dans les mêmes conditions que les magistrats du ministère public, aux données contenues dans tout traitement automatisé de données à caractère personnel.

Art. 695-8-2 *(L. n° 2013-711, 5 août 2013 ; L. n° 2021-1729, 22 déc. 2021).* – I. – Le membre national est informé par le procureur général, le procureur de la République ou le juge d'instruction des investigations ou procédures en cours ainsi que des condamnations relatives à des affaires susceptibles d'entrer dans le champ de compétence d'Eurojust lorsqu'elles ont donné lieu ou sont de nature à donner lieu à la transmission à au moins deux États membres de demandes ou de décisions en matière de coopération judiciaire en application, notamment, d'instruments fondés sur le principe de reconnaissance mutuelle et lorsque l'une des conditions suivantes est remplie :

1° Ces investigations, procédures ou condamnations portent sur une infraction punissable, dans l'un au moins des États membres concernés, d'une peine ou d'une mesure de sûreté privative de liberté égale ou supérieure à cinq ans et qui entre dans l'une des catégories suivantes :

a) Traite des êtres humains ;

b) Abus sexuels ou exploitation sexuelle, y compris pédopornographie et sollicitation d'enfants à des fins sexuelles ;

c) Trafic de drogue ;

d) Trafic d'armes à feu, de leurs éléments et munitions ;

e) Corruption ;

f) Infractions portant atteinte aux intérêts financiers de l'Union européenne ;

g) Faux-monnayage ou falsification de moyens de paiement ;

h) Blanchiment de capitaux ;

i) Attaques visant les systèmes d'information ;

2° Les éléments du dossier font apparaître l'implication d'une organisation criminelle ;

3° Les éléments du dossier font apparaître que, par leur ampleur ou leur incidence transfrontalière, les faits sont susceptibles d'affecter gravement l'Union européenne ou de concerner des États membres autres que ceux directement impliqués.

Le membre national est, en outre, informé par le procureur général, le procureur de la République ou le juge d'instruction des investigations, des procédures et des condamnations relatives aux infractions terroristes qui intéressent, ou sont susceptibles d'intéresser, au moins un autre État membre.

II. – Le membre national est également informé par le procureur général, le procureur de la République ou le juge d'instruction :

1° De la mise en place des équipes communes d'enquête et des résultats de leurs travaux ;

2° De la mise en œuvre d'une mesure de surveillance de l'acheminement ou du transport des objets, biens ou produits tirés de la commission d'une ou plusieurs infractions ou servant à les commettre lorsque la mesure concerne au moins trois États, dont au moins deux États membres ;

3° Des conflits de compétences avec un autre État membre et des difficultés ou refus récurrents d'exécution de demandes présentées ou de décisions prises en matière de coopération judiciaire en application, notamment, d'instruments fondés sur le principe de reconnaissance mutuelle.

III. – Le procureur général, le procureur de la République ou le juge d'instruction n'est pas tenu de communiquer à l'Agence Eurojust les informations mentionnées aux I et II lorsque cette communication serait de nature à porter atteinte à la sécurité de la Nation ou à compromettre la sécurité d'une personne.

Art. 695-8-3 *(L. n° 2013-711, 5 août 2013).* – Le membre national est compétent pour recevoir et transmettre au procureur général compétent des informations relatives aux enquêtes de l'Office européen de lutte antifraude dont il est destinataire.

Art. 695-8-4 *(L. n° 2013-711, 5 août 2013).* – En qualité d'autorité nationale compétente, le membre national peut recevoir et transmettre, selon le cas, aux autorités compétentes des autres États membres ou aux autorités judiciaires françaises toutes demandes présentées ou toutes décisions prises par les unes ou les autres en matière de coopération judiciaire en application, notamment, d'instruments fondés sur le principe de reconnaissance mutuelle. Il peut assurer le suivi de ces demandes et décisions et en faciliter l'exécution.

Lorsqu'il fait usage de ces prérogatives, le membre national en avise dans les plus brefs délais l'autorité judiciaire compétente.

Lorsqu'une demande ou une décision en matière de coopération judiciaire a fait l'objet, de la part des autorités judiciaires françaises, d'une exécution partielle ou insuffisante, le membre national peut demander à ces autorités l'accomplissement des mesures complémentaires qui lui paraissent nécessaires.

Art. 695-8-5 *(L. n° 2013-711, 5 août 2013 ; L. n° 2021-1729, 22 déc. 2021).* – I. – Le membre national peut, en qualité d'autorité nationale avec l'autorisation de l'autorité judiciaire compétente, présenter des demandes ou prendre des décisions en matière de coopération judiciaire en application, notamment, d'instruments fondés sur le principe de reconnaissance mutuelle.

Dès l'exécution de l'acte mentionné dans l'autorisation, le membre national en informe cette autorité et lui adresse les pièces d'exécution, en original ou en copie selon la décision de celle-ci.

II. – Le membre national peut proposer au procureur général ou au procureur de la République de procéder aux actes suivants ou de requérir qu'il y soit procédé :

1° Actes nécessaires à l'exécution des demandes présentées ou des décisions prises en matière de coopération judiciaire par un autre État membre en application, notamment, d'instruments fondés sur le principe de reconnaissance mutuelle ;

2° Actes d'investigation qui ont été considérés, à l'issue d'une réunion de coordination organisée par l'Agence Eurojust, comme nécessaires pour l'efficacité d'investigations conduites sur le territoire de plusieurs États membres ;

3° Opérations de surveillance de l'acheminement ou du transport des objets, biens ou produits tirés de la commission d'une ou plusieurs infractions ou servant à les commettre.

Le représentant du ministère public fait connaître, dans les meilleurs délais, au membre national la suite qu'il entend donner à sa proposition.

Art. 695-9 *(L. n° 2004-204, 9 mars 2004 ; rempl., L. n° 2013-711, 5 août 2013 ; L. n° 2021-1729, 22 déc. 2021).* – Le membre national peut participer, en tant que représentant d'Eurojust, à la mise en place et au fonctionnement des équipes communes d'enquête.

Section V. – De l'émission et de l'exécution des décisions de gel de biens

(L. n° 2005-750, 4 juill. 2005 ; intitulé mod., Ord. n° 2016-1636, 1er déc. 2016)

Bibliographie : M. Massé, *L'évolution en matière de gel et de confiscation : RSC* 2006, p. 463.

§ 1. – Dispositions générales

Art. 695-9-1 *(Mod., Ord. n° 2016-1636, 1er déc. 2016).* – Une décision de gel de biens est une décision prise par une autorité judiciaire d'un État membre de l'Union européenne, appelé État d'émission, afin d'empêcher la destruction, la transformation, le déplacement, le transfert ou l'aliénation d'un bien susceptible de faire l'objet d'une confiscation et se trouvant sur le territoire d'un autre État membre, appelé État d'exécution.

L'autorité judiciaire est compétente, selon les règles et dans les conditions déterminées par la présente section, pour prendre et transmettre aux autorités judiciaires des autres États membres de l'Union européenne ou pour exécuter, sur leur demande, une décision de gel de biens ou d'éléments de preuve.

La décision de gel de biens ou d'éléments de preuve est soumise aux mêmes règles et entraîne les mêmes effets juridiques que la saisie.

Art. 695-9-2 *(Rempl., Ord. n° 2016-1636, 1er déc. 2016).* – Peut faire l'objet d'une décision de gel tout bien meuble ou immeuble, corporel ou incorporel, ainsi que tout acte juridique ou document attestant d'un titre ou d'un droit sur ce bien, dont l'autorité judiciaire de l'État d'émission estime qu'il est le produit d'une infraction ou correspond en tout ou partie à la valeur de ce produit, ou constitue l'instrument ou l'objet d'une infraction.

Les dispositions de la présente section ne sont pas applicables aux demandes tendant à empêcher la destruction, la transformation, le déplacement, le transfert ou l'aliénation d'un objet, document ou donnée, susceptible de servir de pièce à conviction, même s'il s'agit du produit d'une infraction ou qu'il constitue l'instrument ou l'objet d'une infraction, ces demandes devant faire l'objet d'une décision d'enquête européenne conformément aux dispositions de la section I du présent chapitre.

Art. 695-9-3 *(Mod., Ord. n° 2016-1636, 1er déc. 2016)*. – Toute décision de gel de biens est accompagnée d'un certificat décerné par l'autorité judiciaire ayant ordonné la mesure et comprenant les mentions suivantes :

1° L'identification de l'autorité judiciaire qui a pris, validé ou confirmé la décision de gel et de l'autorité compétente pour exécuter ladite décision dans l'État d'émission, si celle-ci est différente de l'autorité d'émission ;

2° *(2° suppr. à compter du 22 mai 2017, Ord. n° 2016-1636, 1er déc. 2016)* ;

3° La date et l'objet de la décision de gel ;

4° Les données permettant d'identifier les biens ou éléments de preuve faisant l'objet de la décision de gel, notamment la description précise de ces biens ou éléments, leur localisation dans l'État d'exécution et la désignation de leur propriétaire ou de leur gardien ;

5° L'identité de la ou des personnes physiques ou morales soupçonnées d'avoir commis l'infraction ou qui ont été condamnées et qui sont visées par la décision de gel ;

6° Les motifs de la décision de gel, le résumé des faits connus de l'autorité judiciaire qui en est l'auteur, la nature et la qualification juridique de l'infraction qui la justifie y compris, s'il y a lieu, l'indication que ladite infraction entre, en vertu de la loi de l'État d'émission, dans l'une des catégories d'infractions mentionnées à l'article 694-32 et y est punie d'une peine privative de liberté d'une durée égale ou supérieure à trois ans d'emprisonnement ;

7° La description complète de l'infraction lorsque celle-ci n'entre pas dans l'une des catégories d'infractions visées au 6° ;

8° Les voies de recours contre la décision de gel pour les personnes concernées, y compris les tiers de bonne foi, ouvertes dans l'État d'émission, la désignation de la juridiction devant laquelle ledit recours peut être introduit et le délai dans lequel celui-ci peut être formé ;

9° Le cas échéant, les autres circonstances pertinentes de l'espèce ;

10° La signature de l'autorité judiciaire d'émission ou celle de son représentant attestant l'exactitude des informations contenues dans le certificat.

C'est à bon droit que la chambre de l'instruction a rejeté le grief pris de ce que l'ordonnance de mise à exécution de la décision de gel aurait été prise par le juge d'instruction sans contrôle de la régularité du certificat prévu par l'article 695-9-3 du Code de procédure pénale, dès lors qu'on ne saurait déduire de l'omission dans l'ordonnance du motif exact de la demande et de la mention du certificat que le juge d'instruction s'est prononcé sans avoir eu connaissance des pièces transmises par les autorités étrangères, et ce d'autant plus que le certificat a été mis à disposition des parties au greffe de la cour d'appel dans les conditions prévues par l'article 197, alinéa 3, du Code de procédure pénale. En effet, il ne résulte pas en l'état de la procédure que l'exécution de la décision de gel ait été ordonnée par le juge d'instruction sans que ce dernier ait examiné le certificat figurant au dossier de procédure prévu par l'article 695-9-3 du Code de procédure pénale (■ Cass. crim., 10 oct. 2017, n° 17-80.118).

Art. 695-9-4 *(Mod. à compter du 22 mai 2017, Ord. n° 2016-1636, 1er déc. 2016)*. – La décision de gel de biens est accompagnée d'une demande d'exécution d'une décision de confiscation du bien.

À défaut, le certificat contient l'instruction de conserver le bien dans l'État d'exécution jusqu'à la réception de la demande visée à l'alinéa précédent et mentionne la date probable à laquelle une telle demande sera présentée.

La demande est transmise par l'État d'émission et traitée par l'État d'exécution conformément aux règles applicables à l'entraide judiciaire en matière pénale et à la coopération internationale en matière de confiscation.

Art. 695-9-5 *(L. n° 2005-750, 4 juill. 2005)*. – Le certificat doit être traduit dans la langue officielle ou dans une des langues officielles de l'État d'exécution ou dans l'une des langues officielles des institutions des Communautés européennes acceptées par cet État.

Art. 695-9-6 *(L. n° 2005-750, 4 juill. 2005)*. – La décision de gel et le certificat sont, sous réserve des dispositions du deuxième alinéa, transmis directement par l'autorité judiciaire de l'État d'émission à l'autorité judiciaire de l'État d'exécution, par tout moyen laissant une trace écrite et dans des conditions permettant à cette dernière autorité, d'en vérifier l'authenticité.

Lorsqu'un État membre de l'Union européenne a fait une déclaration à cet effet, la décision de gel et le certificat sont expédiés par l'intermédiaire d'une ou plusieurs autorités centrales désignées par ledit État.

§ 2. – Dispositions relatives aux décisions de gel de biens prises par les autorités judiciaires françaises
(Intitulé mod. à compter du 22 mai 2017, Ord. n° 2016-1636, 1er déc. 2016).

Art. 695-9-7 *(Mod. à compter du 22 mai 2017, Ord. n° 2016-1636, 1er déc. 2016).* – Le procureur de la République, les juridictions d'instruction, le juge des libertés et de la détention et les juridictions de jugement compétents, en vertu des dispositions du présent code, pour ordonner une saisie de biens, sont compétents pour prendre, dans les mêmes cas et conditions, des décisions de gel visant des biens ou des éléments de preuve situés sur le territoire d'un autre État membre de l'Union européenne et pour établir les certificats afférents à ces décisions.

Art. 695-9-8 *(L. n° 2005-750, 4 juill. 2005).* – La décision de gel prise par un juge d'instruction est transmise par celui-ci, avec son certificat, à l'autorité judiciaire de l'État d'exécution, selon les modalités prévues à l'article 695-9-6. Dans les autres cas, la décision et le certificat sont transmis par le ministère public près la juridiction qui en est l'auteur.

Art. 695-9-9 *(L. n° 2005-750, 4 juill. 2005).* – Les décisions qui emportent mainlevée de la décision de gel sont transmises sans délai, selon les modalités prévues à l'article 695-9-8, à l'autorité judiciaire de l'État d'exécution.

§ 3. – Dispositions relatives à l'exécution des décisions de gel de biens prises par les autorités étrangères
(Intitulé mod. à compter du 22 mai 2017, Ord. n° 2016-1636, 1er déc. 2016)

Art. 695-9-10 *(Mod., Ord. n° 2016-1636, 1er déc. 2016).* – Le juge d'instruction est compétent pour statuer sur les demandes de gel de biens ainsi que pour les exécuter.

Art. 695-9-11 *(Mod., Ord. n° 2016-1636, 1er déc. 2016).* – La décision de gel et le certificat émanant de l'autorité judiciaire de l'État d'émission sont transmis, selon les modalités prévues à l'article 695-9-6, au juge d'instruction territorialement compétent, le cas échéant par l'intermédiaire du procureur de la République ou du procureur général.

Le juge d'instruction territorialement compétent est celui du lieu où se situe l'un quelconque des biens faisant l'objet de la demande de gel ou, si ce lieu n'est pas précisé, le juge d'instruction de Paris.

Si l'autorité judiciaire à laquelle la demande de gel a été transmise n'est pas compétente pour y donner suite, elle la transmet sans délai à l'autorité judiciaire compétente et en informe l'autorité judiciaire de l'État d'émission.

Art. 695-9-12 *(Mod., L. n° 2010-768, 9 juill. 2010).* – Avant d'y statuer, le juge d'instruction saisi directement d'une demande de gel la communique pour avis au procureur de la République.

Le procureur de la République qui reçoit directement une demande de gel la transmet pour exécution, avec son avis, au juge d'instruction.

Dans le cas prévu à l'article 694-4, le procureur de la République saisit le procureur général.

Art. 695-9-13 *(Mod., L. n° 2010-768, 9 juill. 2010).* – Après s'être assuré de la régularité de la demande, le juge d'instruction se prononce sur l'exécution de la décision de gel dans les meilleurs délais et, si possible, dans les vingt-quatre heures suivant la réception de ladite décision.

Il exécute ou fait exécuter immédiatement la décision de gel.

Il informe sans délai l'autorité judiciaire de l'État d'émission de l'exécution de la décision de gel par tout moyen laissant une trace écrite.

Art. 695-9-14 *(Abr. à compter du 22 mai 2017, Ord. n° 2016-1636, 1er déc. 2016).*

Art. 695-9-15 *(Mod., L. n° 2010-768, 9 juill. 2010).* – **Les décisions de gel de biens ordonnées à des fins de confiscation ultérieure sont exécutées, aux frais avancés du Trésor, selon les modalités prévues par le présent code.**

Le juge d'instruction ne peut mettre à exécution la décision de gel sous la forme d'une ordonnance de saisie prévue par l'article 706-150 du Code de procédure pénale, une telle mesure étant, en application de l'article 695-9-15 du même code, soumise aux mêmes modalités que celles des saisies spéciales immobilières (■ Cass. crim., 5 avr. 2018 n° 16-87.169 : *JurisData* n° 2018-005148). Toutefois, la décision déclarant le recours en contestation de la saisie irrecevable à l'expiration d'un délai de dix jours n'encourt pas la censure dès lors, d'une part, qu'en application de l'article 695-9-22 du Code de procédure pénale, qui renvoie aux dispositions de l'article 173 du même code, le recours contre la décision d'exécution de la mesure de gel doit être exercé dans les dix jours de la date à laquelle le juge d'instruction a notifié celle-ci aux personnes concernées, sous la forme d'une déclaration faite au greffe de la juridiction compétente ; et, d'autre part, que ces dispositions, qui garantissent l'effectivité du recours, font une exacte transposition de la décision-cadre n° 2003/577/JAI du 22 juillet 2003, laquelle, si elle exige, en application du principe d'équivalence, que les Étatsmembres, qui bénéficient d'une marge d'appréciation, organisent le recours contre la décision d'exécution de la mesure de gel conformément à la législation en vigueur, n'impose toutefois pas que celle-ci comporte des informations précises sur les délais et modalités dudit recours (même arrêt).

Art. 695-9-16 *(Mod., L. n° 2010-768, 9 juill. 2010).* – **L'exécution d'une décision de gel peut être refusée si le certificat n'est pas produit, s'il est établi de manière incomplète ou s'il ne correspond manifestement pas à la décision de gel. Toutefois, le juge d'instruction peut impartir un délai à l'auteur de la décision pour que le certificat soit produit, complété ou rectifié, accepter un document équivalent ou, s'il s'estime suffisamment éclairé, dispenser l'autorité judiciaire de l'État d'émission de toute production complémentaire.**

Art. 695-9-17 *(Mod., L. n° 2017-86, 27 janv. 2017).* – **Sans préjudice de l'application de l'article 694-4, l'exécution d'une décision de gel est refusée dans l'un des cas suivants :**

1° Si une immunité y fait obstacle ou si le bien ou l'élément de preuve est insaisissable selon la loi française ;

2° S'il ressort du certificat que la décision de gel se fonde sur des infractions pour lesquelles la personne visée dans ladite décision a déjà été jugée définitivement par les autorités judiciaires françaises ou par celles d'un État autre que l'État d'émission, à condition, en cas de condamnation, que la peine ait été exécutée, soit en cours d'exécution ou ne puisse plus être ramenée à exécution selon les lois de l'État de condamnation ;

3° S'il est établi que la décision de gel a été prise dans le but de poursuivre ou de condamner une personne en raison de son sexe, de sa race, de sa religion, de son origine ethnique, de sa nationalité, de sa langue, de ses opinions politiques ou de son orientation sexuelle ou identité de genre, ou que l'exécution de ladite décision peut porter atteinte à la situation de cette personne pour l'une de ces raisons ;

4° Si la décision de gel a été prise à des fins de confiscation ultérieure d'un bien et que les faits qui la justifient ne constituent pas une infraction permettant, selon la loi française, d'ordonner la saisie de ce bien.

Toutefois, le motif de refus prévu au 4° n'est pas opposable lorsque la décision de gel concerne une infraction qui, en vertu de la loi de l'État d'émission, entre dans l'une des catégories d'infractions mentionnées à l'article 694-32 et y est punie d'une peine privative de liberté d'une durée égale ou supérieure à trois ans d'emprisonnement.

Art. 695-9-18 *(L. n° 2005-750, 4 juill. 2005).* – **Nonobstant les dispositions du 4° de l'article 695-9-17, l'exécution de la décision de gel ne peut, en matière de taxes ou d'impôts, de douanes et de change, être refusée au motif que la loi française ne prévoit pas le même type de taxes ou d'impôts ou le même type de réglementation en matière de taxes ou d'impôts, de douane et de change que la loi de l'État d'émission.**

Art. 695-9-19 *(Mod., Ord. n° 2016-1636, 1er déc. 2016).* – **Le refus d'exécuter une décision de gel de biens ou d'éléments de preuve est motivé. Il est notifié sans délai à l'autorité judiciaire de l'État d'émission par tout moyen laissant une trace écrite.**

Lorsqu'il est impossible d'exécuter la décision de gel parce que le bien ont disparu, ont été détruits, n'ont pas été retrouvés à l'endroit indiqué dans le certificat ou qu'il n'a pas été possible de les localiser, même après consultation de l'autorité judiciaire de l'État d'émission, le juge d'instruction en informe sans délai l'autorité judiciaire dudit État par tout moyen laissant une trace écrite.

Art. 695-9-20 *(Mod., Ord. n° 2016-1636, 1er déc. 2016).* – L'exécution d'une décision de gel de biens peut être différée :

1° Lorsqu'elle risque de nuire à une enquête pénale en cours ;

2° Lorsque l'un quelconque des biens en cause a déjà fait l'objet d'une mesure de gel ou de saisie dans le cadre d'une procédure pénale ;

3° Lorsque la décision de gel est prise en vue de la confiscation ultérieure d'un bien et que celui-ci fait déjà l'objet d'une décision de gel ou de saisie dans le cadre d'une procédure non pénale en France ;

4° Lorsque l'un quelconque des biens en cause est un document ou un support protégé au titre de la défense nationale, tant que la décision de le déclassifier n'a pas été notifiée par l'autorité administrative compétente au juge d'instruction en charge de l'exécution de la décision de gel.

Le juge d'instruction qui décide de différer l'exécution de la décision de gel en informe sans délai l'autorité judiciaire de l'État d'émission par tout moyen laissant une trace écrite, en lui précisant le motif du report et, si possible, sa durée prévisible.

Art. 695-9-21 *(Mod., L. n° 2010-768, 9 juill. 2010).* – Dès que le motif de report n'existe plus, le juge d'instruction procède à l'exécution de la décision de gel, dans les conditions prévues à l'article 695-9-13.

Art. 695-9-22 *(Mod., Ord. n° 2016-1636, 1er déc. 2016).* – Celui qui détient le bien objet de la décision de gel ou toute autre personne qui prétend avoir un droit sur ledit bien peut, par voie de requête remise au greffe de la chambre de l'instruction de la cour d'appel territorialement compétente dans les dix jours à compter de la date de mise à exécution de la décision considérée, former un recours à l'encontre de cette dernière. Les dispositions de l'article 173 sont alors applicables.

Le recours n'est pas suspensif et ne permet pas de contester les motifs de fond de la décision de gel.

La chambre de l'instruction peut, par une décision qui n'est susceptible d'aucun recours, autoriser l'État d'émission à intervenir à l'audience par l'intermédiaire d'une personne habilitée par ledit État à cet effet ou, le cas échéant, directement par l'intermédiaire des moyens de télécommunications prévus à l'article 706-71. Lorsque l'État d'émission est autorisé à intervenir, il ne devient pas partie à la procédure.

1) **Existence d'un recours.** Il résulte des dispositions de l'article 695-9-22 du Code de procédure pénale que toute personne qui prétend avoir un droit sur un bien gelé peut, par voie de requête remise au greffe de la chambre de l'instruction de la cour d'appel territorialement compétente, dans les dix jours à compter de la date de mise à exécution de la décision considérée, former un recours à l'encontre de cette dernière, dans les formes prévues par l'article 173 du Code de procédure pénale (▪ Cass. crim., 13 févr. 2013, n° 12-82.999 : *Bull. crim.* n° 4 ; *Dr. pén.* 2013, comm. 64, obs. A. Maron et M. Haas). Il résulte de l'article 695-9-22 du Code de procédure pénale que le détenteur d'un bien faisant l'objet d'une mesure de gel ainsi que toute personne qui prétend avoir un droit sur ledit bien peut exercer un recours contre la décision ordonnant cette mesure (▪ Cass. crim., 19 mai 2016, n° 15-86.375).

2) **Délais du recours.** En application de l'article 695-9-22 du Code de procédure pénale, qui renvoie aux dispositions de l'article 173 du même code, le recours contre la décision d'exécution de la mesure de gel doit être exercé dans les 10 jours de la date à laquelle le juge d'instruction a notifié celle-ci aux personnes concernées, sous la forme d'une déclaration faite au greffe de la juridiction compétente. Ces dispositions, qui garantissent l'effectivité du recours, font une exacte transposition de la décision-cadre n° 2003/577/JAI du 22 juillet 2003, laquelle, si elle exige, en application du principe d'équivalence, que les États membres, qui bénéficient d'une marge d'appréciation, organisent le recours contre la décision d'exécution de la mesure de gel conformément à la législation en vigueur, n'impose toutefois pas que celle-ci comporte des informations précises sur les délais et modalités dudit recours (▪ Cass. crim., 5 avr. 2018, n° 16-87.169 : *JurisData* n° 2018-005148).

Art. 695-9-23 *(Abr., L. n° 2010-768, 9 juill. 2010).*

Art. 695-9-24 *(Mod., L. n° 2010-768, 9 juill. 2010).* – La personne intéressée par la décision de gel peut également s'informer, auprès du greffe du juge d'instruction, des voies de recours contre la décision de gel ouvertes dans l'État d'émission et mentionnées dans le certificat.

Art. 695-9-25 *(Mod., L. n° 2010-768, 9 juill. 2010).* – Le procureur général informe l'autorité judiciaire de l'État d'émission du recours éventuellement exercé et des moyens soulevés, afin que cette autorité puisse produire ses observations, le cas échéant par l'intermédiaire des moyens de télécommunications prévus à l'article 706-71. Il l'avise des résultats de cette action.

Art. 695-9-26 *(Abr. à compter du 22 mai 2017, Ord. n° 2016-1636, 1er déc. 2016).*

Art. 695-9-27 *(Mod., Ord. n° 2016-1636, 1er déc. 2016).* – Lorsque la demande a été émise en vue de la confiscation ultérieure du bien, celui-ci est conservé sur le territoire français selon les règles du présent code.

Si le juge d'instruction, en application de ces règles, envisage de ne pas conserver le bien, il en avise l'autorité judiciaire de l'État d'émission et la met à même de produire ses observations avant de prendre sa décision.

Art. 695-9-28 *(Abr., L. n° 2010-768, 9 juill. 2010).*

Art. 695-9-29 *(L. n° 2005-750, 4 juill. 2005 ; mod., L. n° 2010-768, 9 juill. 2010 ; à compter du 22 mai 2017, Ord. n° 2016-1636, 1er déc. 2016).* – Le juge d'instruction informe l'autorité judiciaire de l'État d'émission de toute autre mesure de gel ou saisie dont le bien concerné par la décision de gel fait l'objet.

Art. 695-9-30 *(Mod., L. n° 2010-768, 9 juill. 2010).* – La mainlevée totale ou partielle de la mesure de gel peut être demandée par toute personne intéressée.

Lorsque le juge d'instruction envisage, d'office ou à la demande de toute personne intéressée, de donner mainlevée de la mesure de gel, il en avise l'autorité judiciaire de l'État d'émission et la met à même de produire ses observations.

La mainlevée de la décision de gel prononcée par l'autorité judiciaire de l'État d'émission emporte de plein droit, aux frais avancés du Trésor, mainlevée des mesures d'exécution prises à la demande de cette autorité.

Section V *bis*. – De la transmission et de l'exécution des décisions de gel en application du règlement (UE) 2018/1805 du Parlement européen et du Conseil du 14 novembre 2018 concernant la reconnaissance mutuelle des décisions de gel et des décisions de confiscation

Art. 695-9-30-1 *(Créé, L. n° 2021-1729, 22 déc. 2021).* – Pour l'application du règlement (UE) 2018/1805 du Parlement européen et du Conseil du 14 novembre 2018 concernant la reconnaissance mutuelle des décisions de gel et des décisions de confiscation, les autorités compétentes mentionnées aux 8 et 9 de l'article 2 du même règlement sont les suivantes :

1° Les autorités d'émission des décisions de gel sont le procureur de la République, les juridictions d'instruction, le juge des libertés et de la détention et les juridictions de jugement compétents en application du présent code ;

2° L'autorité d'exécution des décisions de gel prises par les juridictions d'un autre État membre de l'Union européenne est le juge d'instruction territorialement compétent, le cas échéant par l'intermédiaire du procureur de la République ou du procureur général. Le juge d'instruction territorialement compétent est celui du lieu où se situe l'un des biens gelés ou, à défaut, le juge d'instruction de Paris.

Art. 695-9-30-2 *(Créé, L. n° 2021-1729, 22 déc. 2021).* – Il est procédé dans les conditions prévues aux articles 695-9-22 et 695-9-24 du présent code pour l'application de l'article 33 du règlement (UE) 2018/1805 du Parlement européen et du Conseil du 14 novembre 2018 concernant la reconnaissance mutuelle des décisions de gel et des décisions de confiscation.

Section VI. – De l'échange simplifié d'informations entre services en application de la décision-cadre du Conseil de l'Union européenne du 18 décembre 2006

(Ord. n° 2011-1069, 8 sept. 2011)

§ 1. – Dispositions générales

Art. 695-9-31 *(Mod., L. n° 2018-898, 23 oct. 2018).* – Pour l'application de la décision-cadre 2006/960/JAI du Conseil du 18 décembre 2006, les services ou unités de la police nationale, de la gendarmerie nationale, de la direction générale des douanes et droits indirects et de la direction générale des finances publiques désignés par arrêté du ministre de la justice et, selon le cas, du ministre de l'intérieur ou du ministre chargé du budget peuvent, dans les conditions prévues à la présente section, aux fins de prévenir une infraction, d'en rassembler les preuves ou d'en rechercher les auteurs, échanger avec les services compétents d'un autre État membre de l'Union européenne des informations qui sont à leur disposition, soit qu'ils les détiennent, soit qu'ils puissent y accéder, notamment par consultation d'un traitement automatisé de données, sans qu'il soit nécessaire de prendre ou solliciter une réquisition ou toute autre mesure coercitive

Art. 695-9-32 *(Ord. n° 2011-1069, 8 sept. 2011)*. – Sans préjudice des dispositions de l'article 11 relatives au secret de l'enquête et de l'instruction, les informations ou données échangées sont confidentielles. Les modalités de leur transmission et de leur conservation garantissent le respect de ce principe.

§ 2. – Dispositions applicables aux demandes d'informations émises par les services français

Art. 695-9-33 *(Ord. n° 2011-1069, 8 sept. 2011)*. – S'il existe des raisons de supposer qu'un État membre détient des informations entrant dans les prévisions de l'article 695-9-31 utiles à la prévention d'une infraction ou aux investigations tendant à en établir la preuve ou à en rechercher les auteurs, les services et unités mentionnés au même article peuvent en solliciter la transmission auprès des services compétents de cet État.

La demande de transmission expose les raisons laissant supposer que les informations sont détenues par ces services. Elle précise à quelles fins les informations sont demandées et, lorsque les informations sont relatives à une personne déterminée, le lien entre cette personne et les fins de la demande.

Art. 695-9-34 *(Ord. n° 2011-1069, 8 sept. 2011)*. – Les informations obtenues ne peuvent être utilisées à titre de preuve qu'avec l'accord de l'État membre qui les a transmises.

Art. 695-9-35 *(Ord. n° 2011-1069, 8 sept. 2011)*. – Les informations obtenues ne peuvent être utilisées à d'autres fins que celles pour lesquelles elles ont été communiquées qu'avec l'accord de l'État membre qui les a transmises.

Toutefois, même en l'absence d'accord, elles peuvent être utilisées pour prévenir un danger grave et immédiat pour la sécurité publique.

En outre, les dispositions du premier alinéa ne font pas obstacle à l'exercice, par les autorités judiciaires, du pouvoir qu'elles tiennent des articles 12 et 13. Elles ne font pas davantage obstacle à l'exercice de leur mission par les autorités chargées par la loi de contrôler les modalités de traitement et de conservation des informations transmises.

Art. 695-9-36 *(Ord. n° 2011-1069, 8 sept. 2011)*. – À la demande de l'État membre qui a transmis l'information, le service ou l'unité qui l'a obtenue informe le service compétent de cet État de l'utilisation qui en a été faite.

§ 3. – Dispositions applicables aux demandes d'informations reçues par les services français

Art. 695-9-37 *(Ord. n° 2011-1069, 8 sept. 2011)*. – Les services et unités mentionnés à l'article 695-9-31 transmettent, à leur demande, aux services compétents des États membres les informations, mentionnées au même article, utiles à la prévention d'une infraction ou aux investigations tendant à en établir la preuve ou à en rechercher les auteurs.

Art. 695-9-38 *(Mod., Ord. n° 2016-1636, 1er déc. 2016)*. – Si des faits permettent de penser que des informations mentionnées à l'article 695-9-31 pourraient être utiles à un autre État membre soit pour prévenir une infraction entrant dans l'une des catégories énumérées à l'article 694-32 et punie en France d'une peine privative de liberté d'une durée égale ou supérieure à trois ans d'emprisonnement, soit pour conduire les investigations tendant à établir la preuve ou à rechercher les auteurs d'une telle infraction, le service ou l'unité qui détient ces informations les transmet, sans demande préalable, aux services compétents de cet État.

C'est à bon droit que la chambre de l'instruction a écarté l'argument du mis en examen qui soutenait que la remise au juge d'instruction par un policier allemand d'un CD-Rom contenant des écoutes téléphoniques judiciaires, en dehors d'une demande officielle d'entraide, méconnaît les prescriptions de la convention européenne en date du 29 mai 2000 relative à l'entraide judiciaire en matière pénale, motif pris que l'article 7 de ladite convention, ainsi que l'article 7 de la décision-cadre du 18 décembre 2006 relative à la simplification de l'échange d'informations et de renseignements entre les services répressifs des États membres de l'Union prévoient la possibilité pour un État membre de remettre à un autre État membre, en dehors de toute demande, des renseignements pouvant contribuer à l'identification de l'auteur d'un meurtre. En se déterminant ainsi, et dès lors que l'article 7 de la décision-cadre a été transposé, en droit interne, à l'article 695-9-38 du Code de procédure pénale, la chambre de l'instruction a justifié sa décision sans porter atteinte au droit à un procès équitable et aux droits de la défense (■ Cass. crim., 19 oct. 2016, n° 16-81.920 : *JurisData* n° 2016-021559).

Art. 695-9-39 *(Ord. n° 2011-1069, 8 sept. 2011)*. – **Lorsque les informations détenues par les services et unités mentionnés à l'article 695-9-31 leur ont été transmises par un État membre sur le fondement des dispositions de la décision-cadre 2006/960/JAI, elles ne peuvent être transmises à un autre État membre qu'avec l'accord de l'État qui les avait transmises et dans les conditions fixées par lui.**

Lorsque les informations détenues par ces mêmes services ou unités avaient été transmises à la France par un État membre sur un autre fondement que la décision-cadre 2006/960/JAI ou par un État tiers, elles ne peuvent être transmises à un autre État membre qu'avec l'accord de l'État qui les avait transmises et dans les conditions fixées par lui chaque fois que la France y est tenue par ses engagements internationaux.

Art. 695-9-40 *(Ord. n° 2011-1069, 8 sept. 2011)*. – **Les informations ne peuvent être transmises aux services compétents de l'État membre qui les a demandées qu'avec l'autorisation préalable d'un magistrat chaque fois que cette autorisation est requise en France pour accéder à ces mêmes informations ou les transmettre à un service ou à une unité de police judiciaire.**

Lorsque cette autorisation est nécessaire, le service ou l'unité à laquelle les informations sont demandées la sollicite auprès du magistrat compétent.

Les pièces d'une procédure pénale en cours ne peuvent être transmises, selon le cas, qu'avec l'accord de la juridiction d'instruction, ou lorsqu'une enquête est en cours ou que la juridiction de jugement est saisie, du ministère public.

Art. 695-9-41 *(Ord. n° 2011-1069, 8 sept. 2011)*. – **Les services et unités mentionnés à l'article 695-9-31 ne peuvent refuser de communiquer les informations demandées par un État membre que s'il existe des motifs laissant supposer que leur communication :**

1° Porterait atteinte aux intérêts fondamentaux de l'État en matière de sécurité nationale ;

2° Nuirait au déroulement d'investigations en matière pénale ou compromettrait la sécurité des personnes ;

3° Ou serait manifestement disproportionnée ou sans objet au regard des finalités pour lesquelles elle a été demandée.

Art. 695-9-42 *(Ord. n° 2011-1069, 8 sept. 2011)*. – **Les services et unités mentionnés à l'article 695-9-31 peuvent refuser de transmettre les informations demandées lorsqu'elles se rapportent à une infraction punie en France d'une peine d'emprisonnement inférieure ou égale à un an et qu'elles ne leur paraissent pas présenter un intérêt suffisant pour justifier les contraintes attachées à leur transmission.**

Art. 695-9-43 *(Ord. n° 2011-1069, 8 sept. 2011)*. – **Lors de la transmission de l'information, le service ou l'unité mentionnée à l'article 695-9-31 indique au service destinataire les conditions d'utilisation de celle-ci.**

Chaque fois qu'il l'estime utile, il peut demander au service destinataire de l'informer de l'utilisation qui a été faite de l'information transmise.

Art. 695-9-44 *(Ord. n° 2011-1069, 8 sept. 2011)*. – **Lorsqu'une information a été transmise par un service ou une unité mentionné à l'article 695-9-31 au service compétent d'un État membre et que celui-ci envisage de la communiquer à un autre État ou d'en faire une utilisation différente de celle pour laquelle la transmission avait été décidée, le service ou l'unité qui avait procédé à la transmission initiale est compétent pour apprécier s'il y a lieu d'autoriser, à la demande de l'État destinataire, la retransmission ou la nouvelle utilisation de l'information et, le cas échéant, pour fixer les conditions de celle-ci.**

Art. 695-9-45 *(Ord. n° 2011-1069, 8 sept. 2011).* – Les informations transmises par les services et unités mentionnés à l'article 695-9-31 peuvent être utilisées par le service destinataire à titre de preuve, sauf mention contraire lors de leur transmission.

Art. 695-9-46 *(Ord. n° 2011-1069, 8 sept. 2011 ; L. n° 2021-1729, 22 déc. 2021).* – Les informations transmises par les services ou unités mentionnés à l'article 695-9-31 aux services compétents d'un État membre sont également transmises à l'Agence Eurojust et à l'unité Europol dans la mesure où elles portent sur une infraction relevant de leur mandat.

Art. 695-9-47 *(Ord. n° 2011-1069, 8 sept. 2011).* – Un arrêté du ministre de la justice, du ministre de l'intérieur et du ministre chargé du budget désigne les points de contact auxquels les demandes de transmission d'informations peuvent être adressées par les services compétents des États membres.

Art. 695-9-47-1 *(Créé, Ord. n° 2021–958, 19 juill. 2021).* – Les personnes mentionnées à l'article L. 135 ZC du livre des procédures fiscales répondent par l'intermédiaire de l'unité nationale d'Europol mentionnée au paragraphe 2 de l'article 7 du règlement 2016/794 du 11 mai 2016 relatif à l'Agence de l'Union européenne pour la coopération des services répressif (Europol) aux demandes dûment justifiées d'informations relatives aux comptes bancaires présentées au cas par cas par Europol dans les limites de ses responsabilités et pour l'accomplissement de ses missions.

Les dispositions de l'alinéa précédent s'appliquent sans préjudice des dispositions des paragraphes 6 et 7 de l'article 7 précité du règlement 2016/794.

§ 4. – Application à certains États non membres de l'Union européenne

Art. 695-9-48 *(Ord. n° 2011-1069, 8 sept. 2011).* – Les dispositions de la présente section sont applicables à l'échange des informations mentionnées à l'article 695-9-31 entre les services ou unités mentionnés au même article et les services compétents des États non membres de l'Union européenne associés à la mise en œuvre, à l'application et au développement de l'acquis de Schengen.

Art. 695-9-49 *(Ord. n° 2011-1069, 8 sept. 2011).* – Les modalités d'application des dispositions de la présente section sont déterminées par décret en Conseil d'État. Ce décret fixe, notamment, les modalités et délais dans lesquels les informations sont transmises aux services qui les ont sollicitées.

Section VII. – De la coopération entre les bureaux de recouvrement des avoirs des États membres en matière de dépistage et d'identification des produits du crime ou des autres biens en rapport avec le crime en application de la décision 2007/845/JAI du Conseil du 6 décembre 2007

(L. n° 2013-1117, 6 déc. 2013 ; applicable le 1er févr. 2014)

Art. 695-9-50 *(L. n° 2013-1117, 6 déc. 2013).* – Pour l'application de la décision 2007/845/JAI du Conseil du 6 décembre 2007, relative à la coopération entre les bureaux de recouvrement des avoirs des États membres en matière de dépistage et d'identification des produits du crime ou des autres biens en rapport avec le crime, et en l'absence de convention internationale en stipulant autrement, les services désignés comme bureau de recouvrement des avoirs français peuvent, dans les conditions prévues à la présente section, aux fins de dépistage et d'identification des biens meubles ou immeubles susceptibles de faire l'objet d'un gel, d'une saisie ou d'une confiscation ordonnés par une autorité judiciaire compétente ou de servir au recouvrement d'une telle confiscation, échanger avec les autorités étrangères compétentes des informations qui sont à leur disposition, soit qu'ils les détiennent, soit qu'ils peuvent les obtenir, notamment par consultation d'un traitement automatisé de données, sans qu'il soit nécessaire de prendre ou de solliciter une réquisition ou toute autre mesure coercitive.

Art. 695-9-51 *(L. n° 2013-1117, 6 déc. 2013).* – Dans ce cadre, ces services peuvent obtenir toutes informations utiles auprès de toute personne physique ou morale, publique ou privée, sans que le secret professionnel leur soit opposable, sous réserve des dispositions de l'article 66-5 de la loi n° 71-1130 du 31 décembre 1971 portant réforme de certaines professions judiciaires et juridiques.

Art. 695-9-52 *(L. n° 2013-1117, 6 déc. 2013).* – Les deux premiers alinéas de l'article 695-9-40 sont applicables aux demandes d'information reçues par les bureaux de recouvrement des avoirs français.

Art. 695-9-53 *(L. n° 2013-1117, 6 déc. 2013).* – La présente section est applicable à l'échange des informations mentionnées à l'article 695-9-51 entre les bureaux de recouvrement des avoirs français et les autorités compétentes des États parties à toute convention contenant des dispositions relatives au dépistage, à la saisie et à la confiscation des produits du crime.

Section VIII. – De la prévention et du règlement des conflits en matière d'exercice de la compétence en application de la décision-cadre du Conseil de l'Union européenne du 30 novembre 2009

(Sect. créée à compter du 1er octobre 2015, L. n° 2015-993, 17 août 2015)

Bibliographie : M. Duffourc, *Conflits de compétences entre juridictions répressives des États membres : Dr. pén.* 2010, étude 21. • B. Theillier de Poncheville, *La transposition manquée de la décision cadre 2009/948/JAI : AJ Pénal* 2016, p. 528.

Art. 695-9-54 *(Créé à compter du 1er oct. 2015, L. n° 2015-993, 17 août 2015).* – Pour l'application de la décision-cadre 2009/948/JAI du Conseil, du 30 novembre 2009, relative à la prévention et au règlement des conflits en matière d'exercice de la compétence dans le cadre des procédures pénales, lorsque des procédures pénales parallèles, conduites dans plusieurs États membres, et ayant pour objet les mêmes personnes pour les mêmes faits, sont susceptibles de donner lieu à des jugements définitifs, les autorités compétentes des États membres concernés communiquent entre elles des informations relatives aux procédures pénales et examinent ensemble de quelle manière elles peuvent limiter les conséquences négatives de la coexistence de telles procédures parallèles.

Art. 695-9-55 *(Créé à compter du 1er oct. 2015, L. n° 2015-993, 17 août 2015).* – Pour l'application de l'article 695-9-54, les dispositions de l'article 11 relatives au secret de l'enquête et de l'instruction ne font pas obstacle à la communication par l'autorité judiciaire compétente en application du présent code, et sous réserve de confidentialité, d'informations, issues de procédures pénales, relatives aux faits, aux circonstances, à l'identité des personnes mises en cause ou poursuivies et, le cas échéant, à leur détention provisoire ou à leur garde à vue, à l'identité des victimes et à l'état d'avancement de ces procédures.

Lorsque des consultations ont été engagées avec les autorités compétentes des États membres concernés, toute autre information pertinente relative à la procédure peut leur être aussi communiquée, à leur demande, sous la même réserve de confidentialité, à la condition que cette communication ne nuise pas au bon déroulement de l'enquête ou de l'instruction.

Art. 695-9-56 *(Créé à compter du 1er oct. 2015, L. n° 2015-993, 17 août 2015).* – Les informations demandées par l'autorité requérante de nature à nuire aux intérêts fondamentaux de l'État en matière de sécurité nationale ou à compromettre la sécurité d'une personne ne sont pas communiquées.

Art. 695-9-57 *(Créé à compter du 1er oct. 2015, L. n° 2015-993, 17 août 2015).* – L'autorité judiciaire qui décide, sur la base des informations qu'elle a recueillies conformément à l'article 695-9-54 et après consultation avec les autorités compétentes des autres États membres concernés, de s'abstenir de tout nouvel acte dans l'attente des résultats d'une procédure pénale parallèle à celle qu'elle conduit en avertit les parties.

CHAPITRE III. – DISPOSITIONS PROPRES À L'ENTRAIDE ENTRE LA FRANCE ET CERTAINS ÉTATS

Art. 695-10 *(L. n° 2004-204, 9 mars 2004).* – Les dispositions des sections 1 et 2 du chapitre II sont applicables aux demandes d'entraide entre la France et les autres États parties à toute convention comportant des stipulations similaires à celles de la convention du 29 mai 2000 relative à l'entraide judiciaire en matière pénale entre les États membres de l'Union européenne.

CHAPITRE IV. – DU MANDAT D'ARRÊT EUROPÉEN, DES PROCÉDURES DE REMISE ENTRE ÉTATS MEMBRES DE L'UNION EUROPÉENNE RÉSULTANT DE LA DÉCISION-CADRE DU CONSEIL DE L'UNION EUROPÉENNE DU 13 JUIN 2002 ET DES PROCÉDURES DE REMISE RÉSULTANT D'ACCORDS CONCLUS PAR L'UNION EUROPÉENNE AVEC D'AUTRES ÉTATS (1)

(Intitulé rempl., L. n° 2013-711, 5 août 2013)

Bibliographie : B. Aubert, *Le mandat d'arrêt européen devant la chambre criminelle : RSC* 2008, p. 429. • J. Buisson, *Mandat d'arrêt européen : Procédures* 2012, comm. 333 ; *Exécution d'un mandat d'arrêt européen : Procédures* 2005, comm. 258. • P. Beauvais, *L'émergence d'une autorité judiciaire européenne : RTD eur.* 2020, p. 437. • M.-A. Chapelle, *Entraide judiciaire internationale : JCl. Proc. pén.*, art. 695-11 à 695-51, Fasc. 20. • P. Corre, *La confiance mutuelle, fondement du mandat d'arrêt européen et outil modulateur d'intégration de l'État membre : Rev. UE* 2020, p. 74. • N. Descot et E. Rubi-Cavagna, *Le juge judiciaire en matière pénale et l'espace européen des libertés : Rev. UE* 2020, p. 184. • A. Gogorza, *L'autorité judiciaire à l'épreuve de la coopération pénale au sein de l'UE : variations sur une notion fondamentale : Dr. pén.* 2021, n° 4. • C. Guillard, *Mandat d'arrêt européen et retrait d'un État membre de l'Union européenne : Rev. UE* 2020, p. 81. • T. Herran, *La jurisprudence de la Cour de justice et du Tribunal de l'Union européenne : RDUE* 1/2019, p. 257 ; *La notion d'autorité judiciaire dans le mandat d'arrêt européen : AJ pénal* 2019, p. 453. • B. de Lamy, *La confiance mutuelle comme fondement du mandat d'arrêt européen, un peu mais pas trop pour l'instant...*, in *Les droits et le Droit*, Mélanges B. Bouloc, Dalloz, 2007, p. 559. • V. Malabat, *Observations sur la nature du mandat européen : Dr. pén.* 2004, étude 17 ; *Absence de contrôle de la double incrimination des faits : étendue du pouvoir d'appréciation de la chambre de l'instruction : JCP G* 2008, II, 101008. • V. Michel, *Indépendance et contrôle juridictionnel du parquet français : Europe* 2020, comm. 94, n° 3. • C. Mayeur-Carpentier, *Le mandat d'arrêt européen et l'indépendance de l'autorité judiciaire d'émission : Rev. UE* 2020, p. 87. • J. Pradel, *Le mandat d'arrêt européen, un premier pas vers une révolution copernicienne dans le droit français de l'extradition : D.* 2004, chron. p. 1392 et *D.* 2004, p. 1462. • D. Rebut, *Le Ministère public français et la notion d'autorité judiciaire d'emission du mandat d'arrêt européen : beaucoup de bruit pour rien ? : JCP G* 2020, nos 1-2, p. 37. • J.-F. Renucci, *Le mandat d'arrêt européen et les droits de l'homme : RSC* 2004, p. 963. • G. Taupiac-Nouvel, *Étude sur l'expérience et pertinence du mandat d'arrêt européen : RDP* 2006, étude 15 ; *La garantie des droits fondamentaux dans la mise en œuvre des instruments de coopération judiciaire pénale européenne : RD pén.* 2010, étude 22 ; *L'espace pénal européen : heurts et malheurs d'une identité singulière : Revue de l'Union européenne* 2018, p. 206. • B. Thellier de Poncheville, *Radiographie de la jurisprudence de la Cour de cassation en matière de mandat d'arrêt européen : RTDE* 2012, p. 515.

(1) L. n° 2013-711, 5 août 2013, art. 27

I. – Les articles 695-11 à 695-58 du Code de procédure pénale ne sont pas applicables aux demandes de remise adressées à la France par un État non membre de l'Union européenne et lié par un accord conclu par l'Union européenne et instituant un mécanisme de remise sur la base d'un mandat d'arrêt lorsque ces demandes concernent des faits commis avant la date indiquée dans la déclaration faite par le Gouvernement français au titre des dispositions transitoires.

II. – Les mêmes articles 695-11 à 695-58 ne sont pas applicables aux demandes de remise adressées par la France à un État lié par un accord conclu par l'Union européenne et instituant un mécanisme de remise sur la base d'un mandat d'arrêt lorsque ces demandes concernent des faits commis avant la date indiquée dans la déclaration faite par cet État au titre des dispositions transitoires.

III. – Dans les cas mentionnés aux I et II ou lorsqu'un mandat d'arrêt tel que prévu par un accord conclu par l'Union européenne avec un État non membre de l'Union européenne instituant un mécanisme de remise sur la base d'un mandat d'arrêt ne peut être adressé ou reçu, pour quelque motif que ce soit, les articles 696 à 696-47 du Code de procédure pénale sont applicables.

IV. – Sous réserve des dispositions du I, lorsqu'une personne recherchée a été arrêtée sur la base d'une demande d'arrestation provisoire émanant d'un État non membre de l'Union européenne et lié par un accord conclu par l'Union européenne et instituant un mécanisme de remise sur la base d'un mandat d'arrêt et que la demande d'extradition y afférente n'est pas parvenue à la France avant la date d'entrée en vigueur de cet accord, la procédure applicable est celle prévue aux articles 696 à 696-47 du Code de procédure pénale, sauf si un mandat d'arrêt, au sens dudit accord, en original ou en copie certifiée conforme, est reçu par le procureur général dans le délai prévu par la convention applicable avec l'État concerné à compter de l'arrestation provisoire de la personne recherchée. Dans ce cas, la procédure applicable est celle prévue aux articles 695-22 à 695-58 du même code et les délais mentionnés auxdits articles commencent à courir à compter de la réception du mandat d'arrêt.

Section I. – Dispositions générales

Art. 695-11 *(L. n° 2004-204, 9 mars 2004).* **– Le mandat d'arrêt, européen est une décision judiciaire émise par un État membre de l'Union européenne, appelé État membre d'émission, en vue de l'arrestation et de la remise par un autre État membre, appelé État membre d'exécution, d'une personne recherchée pour l'exercice de poursuites pénales ou pour l'exécution d'une peine ou d'une mesure de sûreté privative de liberté.**

L'autorité judiciaire est compétente, selon les règles et sous les conditions déterminées par le présent chapitre, pour adresser aux autorités judiciaires des autres États membres de l'Union européenne ou pour exécuter sur leur demande un mandat d'arrêt européen.

1) **Constitutionnalité : absence de contrôle de la condition de renvoi.** Si la condition de renvoi à laquelle les autorités de l'État d'exécution du mandat d'arrêt européen ont subordonné la remise de l'intéressé, en application de l'article 5, § 3, de la décision-cadre 2002/584/JAI du Conseil du 13 juin 2002, ne fait pas immédiatement grief à celui-ci, ni l'article 695-11 du Code de procédure pénale ni l'article 728-15 dudit code, dans sa version issue de la loi n° 2013-711 du 5 août 2013, applicable à l'exécution, sur le territoire d'un autre État membre de l'Union européenne, d'une condamnation prononcée par une juridiction française, ni aucune autre disposition législative ne permettent à la personne remise de contester devant une juridiction, après condamnation définitive, la décision du représentant du ministère public de faire droit, à la demande de l'État d'exécution, à son transfèrement. Au regard des conséquences qu'est susceptible d'entraîner, pour la personne remise, la mise à exécution par le ministère public, à la demande de l'État d'exécution, de la condition de renvoi posée par celui-ci en application de l'article 5, § 3, précité, l'absence de voie de droit permettant de la contester est de nature à méconnaître les exigences découlant de l'article 16 de la Déclaration des droits de l'homme et du citoyen de 1789. En conséquence, la question prioritaire de constitutionnalité doit être renvoyée (▪ Cass. crim., 15 févr. 2022, n° 21-85.447, §§ 2-5).

2) **Nature de la détention consécutive à un MAE.** Une personne détenue en vue de l'exécution d'un mandat d'arrêt européen ne peut être considérée comme étant détenue en vue d'être conduite devant l'autorité judiciaire compétente compte tenu de l'existence de raisons plausibles de la soupçonner d'avoir commis une infraction, au sens de l'article 5, § 1, *c)* de la Convention européenne des droits de l'homme, mais relève de l'article 5, § 1, *f)* de ladite convention. Il s'ensuit que la chambre de l'instruction, saisie du contentieux de l'exécution d'un mandat d'arrêt européen aux fins de poursuites, n'a pas à s'assurer de l'existence d'indices graves ou concordants à l'encontre de la personne recherchée (▪ Cass. crim., 30 mars 2021, n° 21-81.554, §§ 11-12).

3) **Application de la loi dans le temps.** Il résulte des articles 695-11 et suivants du Code de procédure pénale ainsi que de l'article 215 de la loi du 9 mars 2004 que les dispositions relatives au mandat d'arrêt européen, qui ne constituent pas des lois relatives au régime d'exécution et d'application des peines au sens de l'article 112-2-3 du Code pénal, s'appliquent, conformément à la déclaration faite par le Gouvernement français en application de l'article 32 de la décision-cadre du Conseil du 13 juin 2002, aux faits commis à compter du 1er novembre 1993 (▪ Cass. crim., 5 août 2004, n° 04-84.529 : *JurisData* n° 2004-026779 ; *Bull. crim.* n° 186). Il se déduit des mêmes textes qu'un mandat d'arrêt européen peut recevoir exécution lorsque la demande de remise pour l'exécution d'une peine privative de liberté concerne au moins un fait commis après le 1er novembre 1993 justifiant la peine prononcée (▪ Cass. crim., 21 sept. 2004, n° 04-84.575 : *JurisData* n° 2004-02.506 ; *Bull. crim.* n° 217). Les dispositions relatives au mandat d'arrêt européen ne constituant pas des lois relatives au régime d'exécution et d'application des peines au sens de l'article 112-2-3 du Code pénal, et n'entrant pas dans le champ d'application des dispositions de l'article 7 de la Convention européenne des droits de l'Homme, elles peuvent s'appliquer à des faits commis à compter du 1er novembre 1993 (▪ Cass. crim., 23 nov. 2004, n° 04-86.131 : *JurisData* n° 2004-026045). La limite du 1er novembre 1993 n'est valable que pour accéder aux demandes de remises présentées à la France. Dès lors que conformément à l'article 32 de la décision-cadre du Conseil du 13 juin 2002, l'État requis, en l'occurrence la Belgique, n'a fixé aucune limite comparable, les demandes de remises adressées par la France sont applicables quelle que soit la date de commission des infractions (▪ Cass. crim., 13 mai 2009, n° 08-88.008 : *JurisData* n° 2009-048547 ; *Bull. crim.* n° 94).

4) **Brexit : effets sur le mandat d'arrêt européen.** L'article 50 TUE doit être interprété en ce sens que la seule notification par un État membre de son intention de se retirer de l'Union européenne conformément à cet article n'a pas pour conséquence que, en cas d'émission par cet État membre d'un mandat d'arrêt européen à l'encontre d'une personne, l'État membre d'exécution doive refuser d'exécuter ce mandat d'arrêt euro-

péen ou différer son exécution dans l'attente de précisions sur le régime juridique qui sera applicable dans l'État membre d'émission après son retrait de l'Union européenne. En l'absence de motifs sérieux et avérés de croire que la personne faisant l'objet dudit mandat d'arrêt européen risque d'être privée des droits reconnus par la charte des droits fondamentaux de l'Union européenne et la décision-cadre 2002/584/JAI du Conseil, du 13 juin 2002, relative au mandat d'arrêt européen et aux procédures de remise entre États membres, telle que modifiée par la décision-cadre 2009/299/JAI du Conseil, du 26 février 2009, à la suite du retrait de l'Union européenne de l'État membre d'émission, l'État membre d'exécution ne saurait refuser d'exécuter ce même mandat d'arrêt européen tant que l'État membre d'émission fait partie de l'Union européenne (■ CJUE, 19 sept. 2018, aff. C-327/18, PPU, RO, *F. Gazin*, Europe 2018, comm. 47, n° 11 ; T. Herran, *RDUE* 1/2019, p. 271). C'est à bon droit que la chambre de l'instruction autorise une remise vers le Royaume-Uni retenant que les modifications législatives éventuelles qui pourraient découler de la procédure du Brexit ne sont pas de nature, en l'état de la législation sur les mandats d'arrêt européen qui n'a pas été remis en cause à ce jour, à faire obstacle à l'exécution d'un mandat d'arrêt délivré par ce pays, que le système judiciaire britannique actuellement en vigueur garantit les droits et libertés fondamentaux des justiciables, et que le Brexit est sans incidence sur cette législation intérieure applicable au Royaume-Uni. En effet, en se prononçant ainsi et, dès lors d'une part, qu'elle s'est assurée que les droits fondamentaux de l'intéressé étaient préservés et, d'autre part, que les dispositions relatives notamment à la déduction de la période de détention subie dans l'État d'exécution ont été transposées dans le droit national britannique et qu'il l'applique, indépendamment du droit de l'Union, à toute personne extradée sur son territoire, la chambre de l'instruction n'a méconnu aucun texte (■ Cass. crim., 15 janv. 2019, n° 18-86.968). Si, d'une part, en application de l'article 50, § 3, du Traité de fonctionnement de l'Union européenne, le Royaume-Uni a dénoncé au Conseil européen son intention de se retirer de l'Union le 29 mars 2017 avec effet au 29 mars 2019, et d'autre part, les traités cessent d'être applicables à l'État concerné à partir de la date d'entrée en vigueur de l'accord de retrait ou, à défaut, deux ans après la notification sauf si le Conseil européen, en accord avec l'État membre concerné, décide à l'unanimité de proroger ce délai, c'est à bon droit que la cour d'appel a appliqué la décision cadre du 13 juin 2002 actuellement en vigueur et les dispositions des articles 695-11 et suivants du Code de procédure pénale pour ordonner la remise de M. A aux autorités judiciaires britanniques. En ces circonstances, il n'y a pas lieu de poser une question préjudicielle à la Cour de justice de l'Union européenne (■ Cass. crim., 2 mai 2018, n° 18-82.167 : *JurisData* n° 2018-007091).

5) Brexit : période de transition. Lorsque la personne recherchée a été arrêtée avant la fin de la période de transition, soit le 31 décembre 2020 à minuit, aux fins de l'exécution d'un mandat d'arrêt européen émis par les autorités judiciaires britanniques, l'exécution de ce mandat reste régie par les règles de la décision-cadre 2002/584/JAI du Conseil, peu important qu'une contestation soit encore pendante devant les juridictions de l'État d'exécution postérieurement à la date précitée. Cette solution s'impose en outre eu égard à l'objectif poursuivi par l'accord de retrait d'assurer la sécurité juridique dans les relations entre les États membres et le Royaume-Uni, postérieurement au retrait de cet État, ce qui commande que les procédures judiciaires en cours, initiées durant la période de transition dans l'État d'exécution, puissent être achevées selon les règles régissant le droit de l'Union, y compris après la fin de cette période (■ Cass. crim., 26 janv. 2021, n° 21-80.329, §§ 10-11).

6) Articulation avec l'extradition. Aucune disposition légale ou conventionnelle n'interdit d'accorder aux autorités judiciaires d'un État membre de l'Union européenne la remise d'une personne, réclamée en exécution d'un mandat d'arrêt européen décerné à raison de faits pour lesquels une procédure d'extradition engagée par cet État, avant le 12 mars 2004, date d'entrée en vigueur des textes relatifs au mandat d'arrêt européen, n'a pas encore été menée à son terme (■ Cass. crim., 15 mars 2005, n° 05-81.107 : *Bull. crim.* n° 88).

7) Applicabilité du mandat d'arrêt européen : notion de mesure de sûreté. Une mesure éducative s'exerçant dans le cadre d'un enfermement, destiné à s'assurer de la personne de l'intéressé pour éviter qu'il ne prenne la fuite, constitue une mesure de sûreté privative de liberté, et entre donc entrant dans les prévisions de l'article 695-11 du Code de procédure pénale (■ Cass. crim., 10 févr. 2016, n° 16-80.510 : *JurisData* n° 2016-00230). Une condamnation à un internement psychiatrique des chefs de violences, résistance violente et violences à agent de la force publique constitue une mesure de sûreté susceptible de faire l'objet d'un mandat d'arrêt européen, dès lors que, devant être réévaluée tous les six mois, elle répond aux conditions de durée fixées par l'article 695-12 du Code de procédure pénale (■ Cass. crim., 25 mai 2005, n° 05-82.525 : *JurisData* n° 2005-028787).

8) Applicabilité du MAE : demande pour exécution d'une peine prononcée par un État tiers. L'article 1er, paragraphe 1, et l'article 8, paragraphe 1, sous *c*), de la décision-cadre 2002/584/JAI du Conseil, du 13 juin 2002, relative au mandat d'arrêt européen et aux procédures de remise entre États membres, telle que modifiée par la décision-cadre 2009/299/JAI du Conseil, du 26 février 2009, doivent être interprétés en ce sens qu'un mandat d'arrêt européen peut être émis sur le fondement d'une décision judiciaire de l'État membre d'émission qui ordonne l'exécution, dans cet État membre, d'une peine prononcée par une juridiction d'un État tiers lorsque, en application d'un accord bilatéral entre ces États, le jugement en question a été reconnu par une décision d'une juridiction de l'État membre d'émission. Toutefois, l'émission du mandat d'arrêt européen est soumise à la condition, d'une part, que la personne recherchée ait été condamnée à une peine privative de liberté d'au moins 4 mois et, d'autre part, que la procédure ayant conduit à l'adoption dans l'État tiers du jugement reconnu par la suite dans l'État membre d'émission ait respecté les droits fondamentaux et, en particulier, les obligations découlant des articles 47 et 48 de la Charte des droits fondamentaux de l'Union européenne (▪ CJUE, 17 mars 2021, Aff. C-488/19, JR).

9) Autorité judiciaire habilitée à émettre un mandat d'arrêt européen, CJUE. La notion d'« autorité judiciaire d'émission », au sens de l'article 6, paragraphe 1, de la décision-cadre 2002/584/JAI du Conseil, du 13 juin 2002, relative au mandat d'arrêt européen et aux procédures de remise entre États membres, telle que modifiée par la décision-cadre 2009/299/JAI du Conseil, du 26 février 2009, doit être interprétée en ce sens qu'elle ne vise pas les parquets d'un État membre qui sont exposés au risque d'être soumis, directement ou indirectement, à des ordres ou à des instructions individuels de la part du pouvoir exécutif, tel qu'un ministre de la Justice, dans le cadre de l'adoption d'une décision relative à l'émission d'un mandat d'arrêt européen (▪ CJUE, gr. ch., 27 mai 2019, aff. jtes C-508/18 et C-82/19 PPU). La notion d'« autorité judiciaire d'émission », au sens de l'article 6, § 1, de la décision-cadre 2002/584/JAI du Conseil, du 13 juin 2002, relative au mandat d'arrêt européen et aux procédures de remise entre États membres, telle que modifiée par la décision-cadre 2009/299/JAI du Conseil, du 26 février 2009, doit être interprétée en ce sens qu'elle vise le procureur général d'un État membre qui, tout en étant structurellement indépendant du pouvoir judiciaire, est compétent pour exercer les poursuites pénales et dont le statut, dans cet État membre, lui confère une garantie d'indépendance par rapport au pouvoir exécutif dans le cadre de l'émission du mandat d'arrêt européen (▪ CJUE, gr. ch., 27 mai 2019, aff. C-509/18, *T. Herran : AJ pénal* 2019, p. 453). La notion de « mandat d'arrêt européen », visée à l'article 1er, paragraphe 1, de la décision-cadre 2002/584/JAI du Conseil, du 13 juin 2002, doit être interprétée en ce sens que relèvent de cette notion les mandats d'arrêt européens émis par les parquets d'un État membre, bien que ces parquets soient exposés au risque d'être soumis, directement ou indirectement, à des ordres ou à des instructions individuels de la part du pouvoir exécutif, tel qu'un ministre de la Justice, dans le cadre de l'émission de ces mandats d'arrêt, pour autant que lesdits mandats d'arrêt font l'objet, obligatoirement, afin de pouvoir être transmis par lesdits parquets, d'une homologation par un tribunal qui contrôle de façon indépendante et objective, en ayant accès à l'intégralité du dossier répressif auquel sont versés d'éventuels ordres ou instructions individuels de la part du pouvoir exécutif, les conditions d'émission ainsi que la proportionnalité de ces mêmes mandats d'arrêt, adoptant ainsi une décision autonome qui leur donne leur forme définitive (▪ CJUE, 9 oct. 2019, aff. C-489/19 PPU).

10) Autorité judiciaire habilitée à émettre un mandat d'arrêt européen : position de la CJUE sur le Parquet français. L'article 6, paragraphe 1, de la décision-cadre 2002/584/JAI du Conseil, du 13 juin 2002, relative au mandat d'arrêt européen et aux procédures de remise entre États membres, telle que modifiée par la décision-cadre 2009/299/JAI du Conseil, du 26 février 2009, doit être interprété en ce sens que relèvent de la notion d'« autorité judiciaire d'émission », au sens de cette disposition, les magistrats du Parquet d'un État membre, chargés de l'action publique et placés sous la direction et le contrôle de leurs supérieurs hiérarchiques, dès lors que leur statut leur confère une garantie d'indépendance, notamment par rapport au pouvoir exécutif, dans le cadre de l'émission du mandat d'arrêt européen. Il ressort des observations écrites et orales présentées lors de l'audience devant la Cour par le Gouvernement français que l'article 64 de la Constitution garantit l'indépendance de l'autorité judiciaire qui est composée des magistrats du siège et des magistrats du Parquet et que, en vertu de l'article 30 du Code de procédure pénale, le ministère public exerce ses fonctions de manière objective à l'abri de toute instruction individuelle émanant du pouvoir exécutif, le ministre de la Justice pouvant seulement adresser aux magistrats du Parquet des instructions générales de politique pénale afin d'assurer la cohérence de cette politique sur l'ensemble du territoire. Selon ce Gouvernement, ces instructions générales ne sauraient en aucun cas avoir pour effet d'empêcher un magistrat du Parquet d'exercer son pouvoir d'appréciation quant au caractère proportionné de l'émission d'un mandat d'arrêt européen. En outre, conformément à l'article 31 du Code de procédure pénale, le ministère public exercerait l'action publique et requerrait l'application de la loi dans le respect du principe d'impartialité. De tels éléments suffisent à démontrer que, en France, les magistrats du parquet disposent du pouvoir d'apprécier de manière indépendante, notamment par rapport au pouvoir exécutif, la nécessité et le caractère proportionné de l'émission d'un mandat d'arrêt européen et exercent ce pouvoir de manière objective, en prenant en compte tous les éléments à charge et à décharge […]. L'indépendance du ministère public n'est pas non plus remise en cause par le fait que celui-ci est chargé de l'exercice de l'action publique. En effet, ainsi que le Parquet général du Grand-Duché de Luxembourg l'a relevé lors de l'audience devant la Cour, la notion d'« autorité judiciaire d'émission », au sens de l'article 6, paragraphe 1, de la décision-cadre 2002/584, ne vise pas seulement les juges ou les juridictions d'un État membre. À cet égard, la Cour a jugé que cette notion s'applique également au procureur général d'un État membre compétent pour exercer les poursuites pénales, pourvu que son statut lui confère une garantie d'indépendance par rapport au pouvoir exécutif dans le cadre de l'émission du mandat d'arrêt européen (■ CJUE, 12 déc. 2019, aff. C-566/19 PPU et C-626/19 PPU. ■ *Adde*, ■ CJUE, ord., 21 janv. 2020, aff. C-813/19 PPU, *MN : JurisData* n° 2020-001632, V. Michel ; *Europe* 2020, comm. 94, n° 3 ; T. Herran, *Les procédures nationales d'émission du mandat d'arrêt européen au crible de la Cour de justice de l'Union européenne : RPDP* 2020, n° 4).

11) Autorité et pouvoir judiciaire de l'État d'émission. L'article 1er, paragraphes 2 et 3, de la décision-cadre 2002/584/JAI du Conseil, du 13 juin 2002, relative au mandat d'arrêt européen et aux procédures de remise entre États membres, telle que modifiée par la décision-cadre 2009/299/JAI du Conseil, du 26 février 2009, doit être interprété en ce sens que, lorsque l'autorité judiciaire d'exécution appelée à décider de la remise d'une personne faisant l'objet d'un mandat d'arrêt européen dispose d'éléments faisant état de l'existence de défaillances systémiques ou généralisées en ce qui concerne l'indépendance du pouvoir judiciaire de l'État membre d'émission, s'agissant notamment de la procédure de nomination des membres de ce pouvoir, cette autorité ne peut refuser la remise de cette personne : 1) dans le cadre d'un mandat d'arrêt européen émis aux fins de l'exécution d'une peine ou d'une mesure de sûreté privatives de liberté, que si ladite autorité constate qu'il existe, dans les circonstances particulières de l'affaire, des motifs sérieux et avérés de croire que, compte tenu notamment des éléments fournis par ladite personne et relatifs à la composition de la formation de jugement ayant connu de son affaire pénale ou à toute autre circonstance pertinente pour l'appréciation de l'indépendance et de l'impartialité de cette formation, le droit fondamental de la même personne à un procès équitable devant un tribunal indépendant et impartial, établi préalablement par la loi, consacré à l'article 47, deuxième alinéa, de la Charte des droits fondamentaux de l'Union européenne, a été violé ; et 2) dans le cadre d'un mandat d'arrêt européen émis aux fins de l'exercice de poursuites pénales, que si cette même autorité constate qu'il existe, dans les circonstances particulières de l'affaire, des motifs sérieux et avérés de croire que, compte tenu notamment des éléments fournis par la personne concernée et relatifs à sa situation personnelle, à la nature de l'infraction pour laquelle celle-ci est poursuivie, au contexte factuel dans lequel ce mandat d'arrêt européen s'inscrit ou à toute autre circonstance pertinente pour l'appréciation de l'indépendance et de l'impartialité de la formation de jugement vraisemblablement appelée à connaître de la procédure relative à cette personne, cette dernière court, en cas de remise, un risque réel de violation de ce droit fondamental (■ CJUE, 22 févr. 2022, aff. jointes C-562/21 PPU et C-563/21 PPU). *Comp.* L'indépendance attendue d'une autorité judiciaire habilitée à émettre un MAE ne doit pas être évaluée sur la base d'éléments tendant à démontrer l'existence de défaillances systémiques ou généralisées concernant l'indépendance du pouvoir judiciaire de l'État membre dont relèvent ces parquets sinon à l'aune de règles statutaires et organisationnelles applicables à ces parquets et au risque d'être soumis à des ordres ou à des instructions individuels de la part pouvoir exécutif dans l'émission d'un MAE (■ CJUE, gr. ch., 17 déc. 2020, aff. C-354/20, PPU et C-412/20 PPU).

12) Autorité judiciaire habilitée à émettre un mandat d'arrêt européen, jurisprudence nationale. C'est à bon droit que la chambre de l'instruction a estimé qu'une organisation hiérarchique des membres d'un parquet indépendant n'empêche pas ceux-ci d'être des autorités judiciaires au sens de la jurisprudence de la Cour de justice de l'Union européenne, pourvu que le procureur au sommet de cette hiérarchie ne soit pas lui-même soumis à des ordres individuels de la part du pouvoir exécutif. Tel est le cas du procureur général de la République de Croatie à propos duquel l'article 125 (1) de la Constitution de cet État prévoit qu'il a un statut autonome et indépendant, peu importe que le procureur général de la République exerce éventuellement un contrôle hiérarchique sur le procureur général du comté (■ Cass. crim., 7 janv. 2020, n° 19-87.741, § 7-10, à paraître). Un mandat européen émis par un juge du tribunal de Hanovre émane d'une autorité judiciaire au sens de l'article 6, § 1 de la décision cadre 2002/584/JAI du Conseil, du 13 juin 2002 telle que modifiée par la décision cadre 2009/299/JAI du Conseil, du 26 février 2009, interprétée à la lumière des arrêts de la Cour de justice de l'Union européenne (■ CJUE, aff. C-508/18 et C-82/19) en ce que le juge n'est pas exposé au risque que son pouvoir décisionnel fasse l'objet d'ordres ou d'instructions extérieurs, notamment de la part du pouvoir exécutif (■ Cass. crim., 24 juill. 2019, n° 19-84.068, *A.-S. Chavent-Leclère : Procédures* 2019, comm. 267, n° 10).

13) Protection juridictionnelle effective. La décision-cadre 2002/584, telle que modifiée par la décision-cadre 2009/299, doit être interprétée en ce sens que les exigences inhérentes à une protection juridictionnelle effective dont doit bénéficier une personne à l'égard de laquelle est émis un mandat d'arrêt européen aux fins de poursuites pénales sont remplies dès lors que, selon la législation de l'État membre d'émission, les conditions de délivrance de ce mandat et notamment son caractère proportionné font l'objet d'un contrôle juridictionnel dans cet État membre. Tel est le cas de la France dès lors que la décision d'émettre un mandat d'arrêt européen peut, en tant qu'acte de procédure, faire l'objet d'une action en nullité sur le fondement de l'article 170 du Code de procédure pénale. Une telle action, ouverte aussi longtemps que se déroule l'instruction pénale, permet aux parties à la procédure de faire respecter leurs droits. Si le mandat d'arrêt européen est émis à l'encontre d'une personne qui n'est pas encore partie à la procédure, celle-ci pourra exercer l'action en nullité après sa remise effective et sa comparution devant le juge d'instruction (■ CJUE, 12 déc. 2019, aff. C-566/19 PPU et C-626/19 PPU). La constatation selon laquelle le système mis en place par l'ensemble des règles procédurales existant dans l'ordre juridique français répond à l'exigence d'une protection juridictionnelle effective, telle qu'elle ressort du point 49 de la présente ordonnance, ne saurait être remise en cause par le fait que ladite action en nullité, telle que celle en cause au principal, n'est ouverte qu'aux parties à la procédure, ce qui implique que, lorsque le mandat d'arrêt européen est émis à l'encontre d'une personne qui n'est pas encore partie à la procédure, celle-ci ne pourra exercer l'action en nullité qu'après sa remise effective et sa comparution devant le juge d'instruction (*préc. – Adde* ■ CJUE, ord., 21 janv. 2020, aff. C-813/19 PPU, *MN : JurisData* n° 2020-001632, préc.). *Comp.* L'article 8, paragraphe 1, sous *c)*, de la décision-cadre 2002/584/JAI du Conseil, du 13 juin 2002, relative au mandat d'arrêt européen et aux procédures de remise entre États membres, telle que modifiée par la décision-cadre 2009/299/JAI du Conseil, du 26 février 2009, lu à la lumière de l'article 47 de la Charte des droits fondamentaux de l'Union européenne et de la jurisprudence de la Cour, doit être interprété en ce sens que les exigences inhérentes à la protection juridictionnelle effective dont doit bénéficier une personne faisant l'objet d'un mandat d'arrêt européen aux fins de poursuites pénales ne sont pas remplies lorsque tant le mandat d'arrêt européen que la décision judiciaire sur laquelle il se greffe sont émis par un procureur, pouvant être qualifié d'« autorité judiciaire d'émission », au sens de l'article 6, paragraphe 1, de cette décision-cadre, mais qu'ils ne peuvent pas faire l'objet d'un contrôle juridictionnel dans l'État membre d'émission avant la remise de la personne recherchée par l'État membre d'exécution (■ CJUE, 10 mars 2021, aff. C-648/20 PPU, PI).

14) Information relative à la protection juridictionnelle effective. Le droit à une protection juridictionnelle effective n'exige pas que le droit de recours prévu par la législation de l'État membre d'émission contre la décision d'émettre un mandat d'arrêt européen aux fins de poursuites pénales puisse être exercé avant la remise de la personne concernée aux autorités compétentes de cet État membre. Aucune violation du droit à une protection juridictionnelle effective ne peut, dès lors, résulter de la seule circonstance que la personne visée par un mandat d'arrêt européen émis aux fins de poursuites pénales ne soit informée des voies de recours ouvertes dans l'État membre d'émission et n'obtienne l'accès aux pièces du dossier qu'après sa remise aux autorités compétentes de l'État membre d'émission (■ CJUE, 28 janv. 2021, IR, aff. C-649/19, B. Nicaud : *Dalloz actualité* 19 févr. 2021).

15) Autorité judiciaire d'exécution : indépendance. La notion d' autorité judiciaire d'exécution d'un MAE constitue une notion autonome du droit de l'Union qui doit être interprétée en ce sens qu'elle englobe les autorités d'un État membre qui, sans nécessairement être des juges ou des juridictions, participent à l'administration de la justice pénale de cet État membre, agissent de manière indépendante dans l'exercice des fonctions inhérentes à l'exécution d'un mandat d'arrêt européen et exercent leurs fonctions dans le cadre d'une procédure qui respecte les exigences découlant d'une protection juridictionnelle effective. Le procureur d'un État membre qui, tout en participant à l'administration de la justice, peut recevoir, dans le cadre de l'exercice de son pouvoir décisionnel, une instruction individuelle de la part du pouvoir exécutif ne constitue pas une « autorité judiciaire d'exécution », au sens de ces dispositions (■ CJUE, gr. ch., 24 nov. 2020, aff. C-510/19).

Art. 695-12 *(Mod., L. n° 2009-526, 12 mai 2009)*. **– Les faits qui peuvent donner lieu à l'émission d'un mandat d'arrêt européen sont, aux termes de la loi de l'État membre d'émission, les suivants :**

1° Les faits punis d'une peine privative de liberté d'une durée égale ou supérieure à un an ou, lorsqu'une condamnation à une peine est intervenue, quand la peine prononcée est égale ou supérieure à quatre mois d'emprisonnement ;

2° Les faits punis d'une mesure de sûreté privative de liberté d'une durée égale ou supérieure à un an ou, lorsqu'une mesure de sûreté a été infligée, quand la durée à subir est égale ou supérieure à quatre mois de privation de liberté.

Contrôle de la chambre de l'instruction. Il ne saurait être fait grief à la chambre de l'instruction d'avoir exercé son contrôle sur les conditions posées par l'article 695-12 du Code de procédure pénale relatives à la nature et à la gravité des faits pouvant donner lieu à mandat d'arrêt européen, au regard du droit de l'État d'émission, dès lors que, dans l'hypothèse où les faits ne rempliraient pas ces conditions, il serait fait obstacle à l'émission et, par voie de conséquence, à l'exécution dudit mandat (■ Cass. crim., 7 mars 2007, n° 07-80.899 : *JurisData* n° 2007-038061). La chambre de l'instruction ne saurait cependant refuser l'exécution d'un mandat d'arrêt européen au motif qu'il est assorti d'une mesure de sûreté d'une durée insuffisante – en l'occurrence une durée de détention préventive de trois mois – dès lors que selon le droit de l'État d'émission, l'infraction en cause encourt une peine privative de liberté de cinq années (même arrêt).

Art. 695-13 *(Mod., Ord. n° 2016-1636, 1er déc. 2016)*. **– Tout mandat d'arrêt européen contient les renseignements suivants :**

– l'identité et la nationalité de la personne recherchée ;

– la désignation précise et les coordonnées complètes de l'autorité judiciaire dont il émane ;

– l'indication de l'existence d'un jugement exécutoire, d'un mandat d'arrêt ou de toute autre décision judiciaire ayant la même force selon la législation de l'État membre d'émission et entrant dans le champ d'application des articles 695-12 et 694-32 ;

– la nature et la qualification juridique de l'infraction, notamment au regard de l'article 694-32 ;

– la date, le lieu et les circonstances dans lesquels l'infraction a été commise ainsi que le degré de participation à celle-ci de la personne recherchée ;

– la peine prononcée, s'il s'agit d'un jugement définitif, ou les peines prévues pour l'infraction par la loi de l'État membre d'émission ainsi que, dans la mesure du possible, les autres conséquences de l'infraction.

1) Documents annexes. Les informations exigées au titre de l'article 695-13 du Code de procédure pénale peuvent figurer dans un document annexe au mandat d'arrêt européen, dès lors qu'ils en font partie intégrante (■ Cass. crim., 30 mars 2005, n° 05-81.221 : *Bull. crim.* n° 108). Tel est le cas d'un document intitulé « pièce de situation » dans lequel apparaissent la date, le lieu et les circonstances des infractions, ainsi que le degré de participation reproché à la personne objet du mandat d'arrêt européen (même arrêt). Il en va de même des compléments d'information obtenus par l'État d'exécution en application de l'article 695-33 du Code de procédure pénale (■ Cass. crim., 8 juin 2005, n° 05-82.800 : *JurisData* n° 2005-028909 ; *Bull. crim.* n° 170).

2) Insuffisance d'informations. Lorsque les informations contenues dans le mandat d'arrêt européen sont insuffisantes pour permettre à la chambre de l'instruction de statuer sur la remise, cette juridiction est tenue de les solliciter auprès des autorités de l'État d'émission (■ Cass. crim., 21 nov. 2007, n° 07-87.499 : *JurisData* n° 2007-041757 ; *JCP* G 2007, act. 637. ■ Cass. crim., 22 août 2012, n° 12-85.119 : *JurisData* n° 2012-019510).

3) Identification de l'autorité émettrice. Aux termes de l'article 35 de la loi espagnole du 20 novembre 2014 relative à la reconnaissance mutuelle des décisions pénales au sein de l'Union européenne, l'autorité compétente pour émettre un mandat d'arrêt européen est le tribunal ou le juge ayant à connaître de l'affaire dans laquelle le mandat doit être décerné, d'où il résulte qu'en droit espagnol le juge qui délivre un mandat d'arrêt européen est celui qui a délivré le mandat d'arrêt national (■ Cass. crim., 8 oct. 2019, n° 19-85.819, § 10).

4) Preuve du mandat national. Le caractère certain de l'existence du mandat national résulte des mentions du mandat d'arrêt européen, lesdits mandats ayant été décernés par un juge d'instruction parfaitement identifié dans la procédure (■ Cass. crim., 8 oct. 2019, n° 19-85.819, § 11).

Art. 695-14 *(Mod., L. n° 2013-711, 5 août 2013)*. **– Le mandat d'arrêt européen adressé à l'autorité compétente d'un autre État membre doit être traduit dans la langue officielle ou dans une des langues**

officielles de l'État membre d'exécution ou dans l'une des langues officielles des institutions de l'Union européenne acceptées par cet État.

Art. 695-15 *(L. n° 2004-204, 9 mars 2004).* – **Lorsque la personne recherchée se trouve en un lieu connu sur le territoire d'un autre État membre, le mandat d'arrêt européen peut être adressé directement à l'autorité judiciaire d'exécution, par tout moyen laissant une trace écrite, dans des conditions permettant à cette autorité d'en vérifier l'authenticité.**

Dans les autres cas, la transmission d'un mandat d'arrêt européen peut s'effectuer soit par la voie du Système d'information Schengen, soit par le biais du système de télécommunication sécurisé du Réseau judiciaire européen, soit, s'il n'est pas possible de recourir au Système d'information Schengen, par la voie de l'Organisation internationale de police criminelle (Interpol) ou par tout autre moyen laissant une trace écrite et dans des conditions permettant à l'autorité judiciaire d'exécution d'en vérifier l'authenticité.

Un signalement dans le Système d'information Schengen, accompagné des informations prévues à l'article 695-13, vaut mandat d'arrêt européen.

À titre transitoire, jusqu'au moment où le Système d'information Schengen aura la capacité de transmettre toutes les informations visées à l'article 695-13, le signalement vaut mandat d'arrêt européen en attendant l'envoi de l'original.

1) **Signalement Schengen.** Le signalement du « mandat d'arrêt international » dans le système Schengen accompagné des informations prévues à l'article 695-13 du Code de procédure pénale vaut mandat d'arrêt européen (▪ Cass. crim., 1er févr. 2005, n° 04-87.787 : *JurisData* n° 2005-026872. ▪ Cass. crim., 5 oct. 2004, n° 04-85.385 : *JurisData* n° 2004-025174).

2) **Correctifs apportés au signalement dans le système Schengen.** Il importe peu que le signalement du mandat d'arrêt européen dans le système Schengen n'ait pas comporté, dans un premier temps, l'ensemble des informations prévues par l'article 695-13 du Code de procédure pénale, dès lors que les États concernés ont, comme les y autorise la décision-cadre n° 2002/584/JAI du 13 juin 2002 qui consacre le principe de confiance mutuelle, procédé aux rectifications et compléments nécessaires afin que figurent toutes les informations requises pour permettre la mise en œuvre de ce mandat (▪ Cass. crim., 27 mai 2015, n° 15-82.503 : *JurisData* n° 2015-012542).

Section II. – Dispositions relatives à l'émission d'un mandat d'arrêt européen par les juridictions françaises

§ 1. – Conditions d'émission du mandat d'arrêt européen

Art. 695-16 *(Mod., L. n° 2009-526, 12 mai 2009).* – **Le ministère public près la juridiction d'instruction, de jugement ou d'application des peines ayant décerné un mandat d'arrêt met celui-ci à exécution sous la forme d'un mandat d'arrêt européen soit à la demande de la juridiction, soit d'office, selon les règles et sous les conditions déterminées par les articles 695-12 à 695-15.**

En l'absence de renonciation au bénéfice du principe de spécialité, lorsque la personne recherchée a déjà été remise à la France pour un fait quelconque autre que celui pour lequel elle est de nouveau recherchée, le ministère public près la juridiction de jugement, d'instruction ou d'application des peines ayant décerné un mandat d'amener met celui-ci à exécution sous la forme d'un mandat d'arrêt européen.

Le ministère public est également compétent, s'il l'estime nécessaire, pour assurer, sous la forme d'un mandat d'arrêt européen, l'exécution des peines privatives de liberté d'une durée supérieure ou égale à quatre mois prononcées par les juridictions de jugement, selon les règles et sous les conditions déterminées par les articles 695-12 à 695-15.

1) **Émission d'un MAE après amnistie révoquée.** L'article 50 de la Charte des droits fondamentaux de l'Union européenne doit être interprété en ce sens qu'il ne s'oppose pas à l'émission d'un mandat d'arrêt européen contre une personne ayant fait l'objet de poursuites pénales initialement interrompues par une décision juridictionnelle définitive adoptée sur le fondement d'une amnistie, et reprises à la suite de l'adoption d'une loi révoquant cette amnistie et annulant ladite décision juridictionnelle, lorsque cette dernière a été adoptée avant toute appréciation de la responsabilité pénale de la personne concernée (▪ CJUE, 16 déc. 2021, aff. C-203/20, T. Besse, *Mandat d'arrêt européen : pardonner ce n'est pas juger… : Dalloz actualité*, 18 nov. 2021).

2) Demande d'extension du MAE. Il résulte des articles 695-13, 695-16, alinéa 2, 695-18 3°, et 695-20 du Code de procédure pénale, d'une part, que la demande adressée par le ministère public à l'autorité judiciaire de l'État d'exécution du mandat d'arrêt européen en vue d'obtenir son consentement à l'extension des effets dudit mandat doit contenir l'indication de la décision judiciaire qui la fonde, et, d'autre part, qu'en l'absence de renonciation au bénéfice du principe de spécialité, lorsque la personne a déjà été remise à la France pour un fait quelconque autre que celui pour lequel elle est de nouveau recherchée, le ministère public près la juridiction de jugement, d'instruction ou d'application des peines ayant décerné un mandat d'amener met celui-ci à exécution sous la forme d'un mandat d'arrêt européen (■ Cass. crim., 10 janv. 2018, n° 17-83.974). Ainsi, doit être déclarée irrégulière la procédure d'extension des effets du mandat d'arrêt européen, dès lors que le mandat d'arrêt qui en est le support a été annulé, sans remplacement (même arrêt).

Art. 695-17 *(Mod., L. n° 2013-711, 5 août 2013).* **– Lorsque le ministère public a été informé de l'arrestation de la personne recherchée, il adresse sans délai au ministre de la justice une copie du mandat d'arrêt transmis à l'autorité judiciaire de l'État membre d'exécution.**

Lorsque la personne arrêtée est recherchée aux fins d'exécution d'une peine ou d'une mesure de sûreté privative de liberté et que, ayant été condamnée en son absence, elle demande que lui soit communiquée la décision de condamnation, le ministère public, dès qu'il est informé de cette demande, transmet une copie de la décision à l'autorité judiciaire de l'État membre d'exécution pour qu'elle la remette à l'intéressé.

Art. 695-17-1 *(Créé à compter du 15 nov. 2016, L. n° 2016-731, 3 juin 2016).* **– Si le ministère public est informé par l'autorité judiciaire de l'État membre d'exécution d'une demande de la personne arrêtée tendant à la désignation d'un avocat sur le territoire national, il transmet à cette personne les informations utiles lui permettant de faire le choix d'un avocat ou, à la demande de la personne, fait procéder à la désignation d'office d'un avocat par le bâtonnier.**

§ 2. – Effet du mandat d'arrêt européen

Art. 695-18 *(L. n° 2004-204, 9 mars 2004).* **– Lorsque le ministère public qui a émis le mandat d'arrêt européen a obtenu la remise de la personne recherchée, celle-ci ne peut être poursuivie, condamnée ou détenue en vue de l'exécution d'une peine privative de liberté pour un fait quelconque antérieur à la remise et autre que celui qui a motivé cette mesure, sauf dans l'un des cas suivants :**

1° Lorsque la personne a renoncé expressément, en même temps qu'elle a consenti à sa remise, au bénéfice de la règle de la spécialité dans les conditions prévues par la loi de l'État membre d'exécution ;

2° Lorsque la personne renonce expressément, après sa remise, au bénéfice de la règle de la spécialité dans les conditions prévues à l'article 695-19 ;

3° Lorsque l'autorité judiciaire de l'État membre d'exécution, qui a remis la personne, y consent expressément ;

4° Lorsque, ayant eu la possibilité de le faire, la personne recherchée n'a pas quitté le territoire national dans les quarante-cinq jours suivant sa libération définitive, ou si elle y, est retournée volontairement après l'avoir quitté ;

5° Lorsque l'infraction n'est pas punie d'une peine privative de liberté.

1) Absence de la décision au fondement de l'extension des poursuites. N'est pas sérieuse la question mettant en cause l'interprétation jurisprudentielle constante que donne la chambre criminelle de la Cour de cassation aux articles 695-18 et 194, alinéa 4, du Code de procédure pénale aux termes de laquelle, dans le cas où un demandeur fait valoir que ne figure pas en procédure la décision de remise des autorités judiciaires requises en application de l'article 27 de la décision cadre 2002/584/JAI relative au mandat d'arrêt européen et aux procédures d'extradition, il appartient à la chambre de l'instruction d'en demander le versement au dossier, une telle demande constituant une vérification au sens de l'article 194, alinéa 4, du Code de procédure pénale, puis de rechercher si la personne mise en examen avait été placée en détention provisoire pour des chefs d'accusation pour lesquels ces autorités avaient ordonné, au moins pour partie, sa remise. En effet, d'une part, la règle de la spécialité en droit de l'Union visant notamment à garantir les droits de la personne remise, il appartient à celle-ci d'alléguer devant la chambre de l'instruction la violation dudit principe ; d'autre part, la chambre de l'instruction, saisie en appel, est tenue de statuer dans les plus brefs délais après, le cas échéant, avoir sollicité des autorités étrangères la décision de remise

(▪ Cass. crim., 22 mars 2022, n° 22-90.001. ▪ Cass. crim., 5 avr. 2022, n° 22-80.282).

2) Principe de spécialité : portée. Une personne remise à la France en exécution d'un mandat d'arrêt européen et qui n'a pas renoncé au principe de spécialité ne peut faire l'objet d'une mesure de détention provisoire pour une infraction autre que celle qui a motivé sa remise, avant que son consentement ait été obtenu, sauf si cette mesure privative de liberté est légalement justifiée par les autres chefs d'accusation figurant dans le mandat d'arrêt européen (▪ Cass. crim., 5 oct. 2021, n° 1-84.194, § 11. ▪ Cass. crim., 8 déc. 2021, n° 21-85.551, § 12). En cas de contestation soulevée devant elle sur ce point, il appartient à la chambre de l'instruction de s'assurer du respect du principe de spécialité, tel qu'interprété par la Cour de justice de l'Union européenne.

Dans le cas où le demandeur fait valoir que ne figure pas en procédure la décision de remise des autorités judiciaires requises, il appartient à la chambre de l'instruction d'en demander le versement au dossier, une telle demande constituant une vérification au sens de l'article 194, alinéa 4, du Code de procédure pénale (▪ Cass. crim., 5 oct. 2021, préc., § 12-13. ▪ Cass. crim., 8 déc. 2021, préc., 13).

3) Principe de spécialité : départ volontaire du pays d'émission. La règle de la spécialité ne s'oppose pas à une mesure restrictive de liberté prise contre une personne visée par un premier mandat d'arrêt européen en raison de faits autres que ceux qui ont constitué le motif de sa remise en exécution de ce mandat et antérieurs à ces faits, lorsque cette personne a quitté volontairement le territoire de l'État membre d'émission du premier mandat et y a été remise, en exécution d'un second mandat d'arrêt européen émis postérieurement à ce départ aux fins de l'exécution d'une peine privative de liberté, pour autant que, au titre du second mandat d'arrêt européen, l'autorité judiciaire d'exécution de celui-ci a donné son accord aux fins de l'extension des poursuites aux faits ayant donné lieu à cette mesure restrictive de liberté (▪ CJUE, 24 sept. 2020, aff. C-195/20 PPU, § 46).

4) Contrôle du principe de spécialité, généralités. Dans le cas où le demandeur fait valoir que ne figure pas en procédure la décision de remise des autorités judiciaires requises, il appartient à la chambre de l'instruction d'en demander le versement au dossier, une telle demande constituant une vérification au sens de l'article 194, alinéa 4, du Code de procédure pénale, puis de rechercher si la personne mise en examen avait été placée en détention provisoire pour des chefs d'accusation pour lesquels ces autorités avaient ordonné, au moins pour partie, sa remise (▪ Cass. crim., 8 déc. 2021, n° 21-85.551, § 15).

5) Contrôle principe de spécialité, révocation du sursis. Lorsque le ministère public qui a émis le mandat d'arrêt européen a obtenu la remise de la personne recherchée, celle-ci ne peut être poursuivie, condamnée ou détenue en vue de l'exécution d'une peine privative de liberté pour un fait quelconque antérieur à la remise et autre que celui qui a motivé cette mesure. Dès lors que l'exception prise de la violation du principe de spécialité a été soulevée devant elle, la Cour d'appel doit en apprécier le bien-fondé. Doit donc être cassé l'arrêt par lequel la Cour d'appel révoque le sursis avec mise à l'épreuve relatif à une peine prononcée pour des faits antérieurs à la remise de M. X..., en énonçant qu'elle n'est pas compétente, selon l'article 695-18 du Code de procédure pénale pour statuer sur le contentieux relatif à l'exécution des mandats d'arrêt européens et qu'il appartiendra au ministère public de décider de mettre ou de ne pas mettre à exécution la peine d'emprisonnement résultant de la révocation du sursis, assortie de l'exécution provisoire, au regard des dispositions applicables au mandat d'arrêt européen (▪ Cass. crim., 17 juin 2020, n° 19-84.791, § 11).

6) Domaine de l'extension. Les articles 695-18 et 695-20 du Code de procédure pénale, relatifs à la procédure d'extension d'un mandat d'arrêt européen, ne s'appliquent pas lorsque l'intéressé a été remis aux autorités françaises sur le fondement des deux mandats d'arrêt européens, et que, ne pouvant être déféré simultanément au juge d'instruction de Bordeaux et au juge de l'application des peines de Toulouse, la décision de le déférer de manière prioritaire au juge d'instruction de Bordeaux a été prise (▪ Cass. crim., 11 avr. 2018, n° 17-80.381).

7) Consentement à l'extension du mandat d'arrêt européen : droit d'être entendue. Une personne remise à l'autorité judiciaire d'émission en exécution d'un mandat d'arrêt européen bénéficie du droit d'être entendue par l'autorité judiciaire d'exécution lorsque cette dernière est saisie, par l'autorité judiciaire d'émission, d'une demande de consentement au titre des dispositions de cette décision-cadre (extension du mandat d'arrêt européen). Cette audition peut avoir lieu dans l'État membre d'émission, les autorités judiciaires de ce dernier étant en ce cas tenues de veiller à ce que le droit d'être entendue de la personne concernée s'exerce de manière utile et effective, sans la participation directe de l'autorité judiciaire d'exécution. Il appartient toutefois à l'autorité judiciaire d'exécution de veiller à ce qu'elle dispose d'éléments suffisants, notamment quant à la position de la personne concernée, pour lui permettre de prendre en toute connaissance de cause – et dans le plein respect des droits de la défense de cette dernière – sa décision relative à la demande de consentement formulée au titre de l'article 27, paragraphe 4, de la décision-cadre 2002/584 ou de l'article 28, paragraphe 3, de celle-ci, et d'inviter, le cas échéant, l'autorité judiciaire d'émission à lui fournir d'urgence des informations complémentaires (▪ CJUE, 26 oct. 2021, Aff. C-428/21 PPU et C-429/21 PPU, B. Nicaud, *Mandat d'arrêt européen : limitation du droit d'être entendu en cas de demande de consentement à la poursuite pour d'autres infractions* : *Dalloz actualité*, 18 nov. 2021).

8) **Extension du mandat d'arrêt européen : formes de la demande.** Il résulte des articles 695-13, 695-16, alinéa 2, 695-18 3°, et 695-20 du Code de procédure pénale, d'une part, que la demande adressée par le ministère public à l'autorité judiciaire de l'État d'exécution du mandat d'arrêt européen en vue d'obtenir son consentement à l'extension des effets dudit mandat doit contenir l'indication de la décision judiciaire qui la fonde, et, d'autre part, qu'en l'absence de renonciation au bénéfice du principe de spécialité, lorsque la personne a déjà été remise à la France pour un fait quelconque autre que celui pour lequel elle est de nouveau recherchée, le ministère public près la juridiction de jugement, d'instruction ou d'application des peines ayant décerné un mandat d'amener met celui-ci à exécution sous la forme d'un mandat d'arrêt européen (▪ Cass. crim., 10 janv. 2018, n° 17-83.974).

Art. 695-19 *(L. n° 2004-204, 9 mars 2004)*. **– Pour le cas visé au 2° de l'article 695-18, la renonciation est donnée devant la juridiction d'instruction, de jugement ou d'application des peines dont la personne relève après sa remise et a un caractère irrévocable.**

Lors de la comparution de la personne remise, la juridiction compétente constate l'identité et recueille les déclarations de cette personne. Il en est dressé procès-verbal. L'intéressé, assisté le cas échéant de son avocat et, s'il y a lieu, d'un interprète, est informé des conséquences juridiques de sa renonciation à la règle de la spécialité sur sa situation pénale et du caractère irrévocable de la renonciation donnée.

Si, lors de sa comparution, la personne remise déclare renoncer à la règle de la spécialité, la juridiction compétente, après avoir entendu le ministère public et l'avocat de la personne, en donne acte à celle-ci. La décision précise les faits pour lesquels la renonciation est intervenue.

Art. 695-20 *(L. n° 2004-204, 9 mars 2004)*. **– Pour les cas visés au 3° des articles 695-18 et 695-21, la demande de consentement est adressée par le ministère public à l'autorité judiciaire de l'État membre d'exécution. Elle doit contenir, dans les conditions prévues à l'article 695-14, les renseignements énumérés à l'article 695-13.**

Pour le cas mentionné au 3° de l'article 695-18, elle est accompagnée d'un procès-verbal consignant les déclarations faites par la personne remise concernant l'infraction pour laquelle le consentement de l'autorité judiciaire de l'État membre d'exécution est demandé.

Nullité. L'inobservation de la formalité substantielle prescrite par l'article 695-20, alinéa 2, du Code de procédure pénale porte atteinte aux intérêts de la personne concernée (▪ Cass. crim., 3 nov. 2011, n° 11-83.578 : *JurisData* n° 2011-023738). Il résulte des articles 695-18 et 695-20 du Code de procédure pénale que la demande adressée par le ministère public à l'autorité judiciaire de l'État d'exécution d'un mandat d'arrêt européen en vue d'obtenir, en application de l'article 695-18, alinéa 3, du Code de procédure pénale, son consentement à l'extension des effets dudit mandat à des faits antérieurs à la remise et autres que ceux qui ont motivé cette mesure, doit être accompagnée d'un procès-verbal consignant les déclarations de la personne remise concernant l'infraction pour laquelle ce consentement est demandé ; que l'omission de cette formalité substantielle porte nécessairement atteinte aux intérêts de la personne concernée, dès lors qu'elle n'a pas expressément renoncé à la règle de la spécialité (▪ Cass. crim., 6 nov. 2013, n° 13-84.718 : *JurisData* n° 2013-024907 ; *Bull. crim.* n° 219).

Art. 695-21 *(Mod., L. n° 2011-525, 17 mai 2011)*. **– I. – Lorsque le ministère public qui a émis le mandat d'arrêt européen a obtenu la remise de la personne recherchée, celle-ci ne peut, sans le consentement de l'État membre d'exécution, être remise à un autre État membre en vue de l'exercice des poursuites, de l'exécution d'une peine ou d'une mesure de sûreté privatives de liberté pour un fait quelconque antérieur à la remise et différent de l'infraction qui a motivé cette mesure, sauf dans l'un des cas suivants :**

1° Lorsque la personne ne bénéficie pas de la règle de la spécialité conformément aux 1° à 4° de l'article 695-18 ;

2° Lorsque la personne accepte expressément, après sa remise, d'être livrée à un autre État membre dans les conditions prévues à l'article 695-19 ;

3° Lorsque l'autorité judiciaire de l'État membre d'exécution, qui a remis la personne, y consent expressément.

II. – Lorsque le ministère public qui a délivré un mandat d'arrêt européen a obtenu la remise de la personne recherchée, celle-ci ne peut être extradée vers un État non membre de l'Union européenne sans le consentement de l'autorité compétente de l'État membre qui l'a remise.

Il se déduit des articles 695-21 et 695-46 du Code de procédure pénale que l'autorité compétente pour consentir à l'extension des effets d'un mandat d'arrêt européen, y compris à une mesure d'extradition vers un État non membre de l'Union européenne, est la chambre de l'instruction qui a autorisé la remise de l'intéressé. La chambre de l'instruction ne peut donc se déclarer incompétente pour répondre à une demande d'extradition formulée par l'État d'émission, lui-même saisi de la demande par un État non membre de l'Union européenne (■ Cass. crim., 19 oct. 2010, n° 10-85.582 : *Bull. crim.* n° 166 ; *AJ Pénal* 2011, p. 86, obs. J. Lasserre Capdeville).

Section III. – Dispositions relatives à l'exécution d'un mandat d'arrêt européen décerné par les juridictions étrangères

§ 1. – Conditions d'exécution

Art. 695-22 *(Mod., L. n° 2017-86, 27 janv. 2017 ; L. n° 2021-1729, 22 déc. 2021).* **– L'exécution d'un mandat d'arrêt européen est refusée dans les cas suivants :**

1° Si les faits pour lesquels il a été émis pouvaient être poursuivis et jugés par les juridictions françaises et que l'action publique est éteinte par l'amnistie ;

2° Si la personne recherchée a fait l'objet, par les autorités judiciaires françaises ou par celles d'un autre État membre que l'État d'émission, d'une décision définitive pour les mêmes faits que ceux faisant l'objet du mandat d'arrêt européen à condition, en cas de condamnation, que la peine ait été exécutée ou soit en cours d'exécution ou ne puisse plus être ramenée à exécution selon les lois de l'État de condamnation ;

3° Si la personne recherchée était âgée de moins de treize ans au moment des faits faisant l'objet du mandat d'arrêt européen ;

4° *(Abrogé)* **;**

5° S'il est établi que ledit mandat d'arrêt a été émis dans le but de poursuivre ou de condamner une personne en raison de son sexe, de sa race, de sa religion, de son origine ethnique, de sa nationalité, de sa langue, de ses opinions politiques ou de son orientation sexuelle ou identité de genre, ou qu'il peut être porté atteinte à la situation de cette personne pour l'une de ces raisons.

Bibliographie : E. Rubi-Cavagna, *Protection des droits fondamentaux et efficacité du mandat d'arrêt européen : la nouvelle conjugaison de la CJUE* : *D.* 2018, p. 1899. ● G. Taupiac-Nouvel, *Le principe de reconnaissance mutuelle des décisions pénales dans l'Union européenne : principe fondateur de l'Europe pénale, in La Chambre criminelle de la Cour de cassation face aux droits européens*, B. de Lamy et D. Guérin (dir.) : *Institut universitaire Varenne, coll. Colloque et essais*, déc. 2017.

I – REFUS DE REMISE : RÈGLE GÉNÉRALE

1) Sous réserve du respect, garanti par l'article 1er § 3 de la Décision-cadre du 13 juin 2002, des droits fondamentaux de la personne recherchée et des principes juridiques fondamentaux consacrés par l'article 6 du Traité sur l'Union européenne, l'exécution d'un mandat d'arrêt européen ne saurait être refusée pour des motifs autres que ceux que prévoit la Décision-cadre et les textes pris pour son application. Ainsi l'exécution d'un mandat d'arrêt européen ne peut être différée et subordonnée à l'engagement pris par l'État d'émission de procéder à l'hospitalisation de la personne remise dès lors qu'il n'est pas précisé en quoi la mise en observation de la personne détenue dans l'annexe psychiatrique d'un centre pénitentiaire prévue par la loi de l'État d'émission, et non, comme la prévoit le droit français, son hospitalisation dans un établissement non pénitentiaire, serait contraire aux dispositions de la Décision-cadre (■ Cass. crim., 28 févr. 2012, n° 12-80.744).

II – HYPOTHÈSES LÉGALES DE REFUS DE REMISE

A – Prescription

2) Lorsque les faits objet de la demande de remise tombent sous la compétence des juridictions françaises, la chambre de l'instruction est tenue de vérifier que la prescription de l'action publique n'est pas acquise selon le droit français, l'examen de cette question ne pouvant être abandonné aux autorités d'émission du mandat d'arrêt européen (■ Cass. crim., 8 août 2012, n° 12-84.760 : *JurisData* n° 2012-018805 ; *Procédures* 2012, comm. 33, obs. J. Buisson). La compétence des juridictions françaises au sens de l'article 695-22, 4°, se définit par rapport à l'article 689 du Code de procédure pénale (■ Cass. crim., 29 nov. 2006, n° 06-88.142 : *JurisData* n° 2006-036427). Le refus de remise fondé sur l'article 695-22, 4° suppose d'avoir vérifié la compétence des juridictions françaises pour connaître des faits (■ Cass. crim., 18 mai 2010, n° 10-82.978 : *JurisData* n° 2010-007205) et que la prescription de l'action publique ou de la peine n'ait pas été acquise (■ Cass. crim., 26 avr. 2006, n° 06-82.164 : *JurisData* n° 2006-033588. ■ Cass. crim., 29 nov. 2006, n° 06-88.142 : *JurisData* n° 2006-036427).

B – *Ne bis in idem*

3) La notion de mêmes faits figurant à l'article 3, point 2, de la décision-cadre 2002/584/JAI du Conseil, du 13 juin 2002, relative au mandat d'arrêt européen et aux Procédures de remise entre États membres, constitue une notion autonome du droit de l'Union. Une personne déjà condamnée pour des faits isolés de détention de stupéfiants par les juridictions de l'État d'émission du mandat d'arrêt européen peut être poursuivie pour des faits distincts relevant de la criminalité organisée et d'autres actes de détention de stupéfiants, non couverts par la première condamnation (CJUE, gde ch., 16 nov. 2010, aff. C-261/09, *Gaetano Mantello, Principe ne bis in idem dans le cadre de l'émission d'un mandat d'arrêt européen : Europe* 2011, n° 1, comm. 14, F. Kauff-Gazin). L'article 3, point 2, et l'article 4, point 3, de la décision cadre 2002/584, telle que modifiée par la décision-cadre 2009/299, doivent être interprétés en ce sens qu'une décision du ministère public, telle que celle du bureau central des enquêtes hongrois en cause au principal, ayant mis fin à une enquête engagée contre un auteur inconnu, au cours de laquelle la personne qui fait l'objet d'un mandat d'arrêt européen n'a été entendue qu'en qualité de témoin, sans que des poursuites pénales aient été menées contre cette personne et que cette décision ait été prise à l'égard de celle-ci, ne saurait être invoquée aux fins de refuser l'exécution de ce mandat d'arrêt européen sur le fondement de l'une ou l'autre de ces dispositions (■ CJUE, 25 juill. 2018, aff. C-268/17, AY).

C'est à bon droit que la chambre de l'instruction écarte l'application de l'article 695-22, 2° du Code de procédure pénale dès lors que le mandat d'arrêt européen vise des faits de participation à une organisation terroriste commis jusqu'en novembre 2002 en Espagne alors que la personne recherchée a été définitivement jugée le 14 septembre 2007, par le tribunal correctionnel de Paris... du chef de participation à une association de malfaiteurs à caractère terroriste pour des faits commis en France, notamment dans les Pyrénées-Atlantiques, courant 2002 et jusqu'au 18 décembre 2002. Il s'en déduit que la personne recherchée n'a pas été condamnée pour les mêmes faits en France (■ Cass. crim., 18 déc. 2013, n° 13-87.755 : *Bull. crim.* n° 268 ; *JurisData* n° 2013-030150).

C – Discrimination

4) Le statut de réfugié politique accordé en raison des risques que l'intéressé pourrait courir dans l'État dont il est ressortissant ne saurait l'exonérer de poursuites pénales du chef d'appartenance à une organisation criminelle mises en œuvre par un État tiers, membre de l'Union européenne, dès lors qu'aucun fait établi ou même allégué ne laisse supposer le caractère politique de la demande, au sens de l'article 695-22, 5° du Code de procédure pénale et que, d'autre part, l'article 695-33 du même code permet aux juges de demander à l'État d'émission les informations complémentaires nécessaires sur le sort qui serait réservé à l'intéressé à l'issue de la procédure suivie dans cet État au regard notamment tant des dispositions de la Convention européenne des droits de l'Homme que de celles de la Convention de Genève du 28 juillet 1951 auxquelles la France et l'État demandeur sont parties (■ Cass. crim., 26 sept. 2007, n° 07-86.099 : *JurisData* n° 2007-040604 ; *Bull. crim.* n° 229 ; *JCP* G 2007, II, 10192, note V. Malabat).

D – Minorité

5) L'article 3, point 3, de la décision-cadre 2002/584/JAI du Conseil du 13 juin 2002, relative au mandat d'arrêt européen et aux procédures de remise entre États membres, telle que modifiée par la décision-cadre 2009/299/JAI du Conseil du 26 février 2009, doit être interprété en ce sens que l'autorité judiciaire de l'État membre d'exécution doit uniquement refuser la remise des personnes mineures faisant l'objet d'un mandat d'arrêt européen qui, selon le droit de l'État membre d'exécution, n'ont pas l'âge requis pour être tenues pénalement responsables des faits à l'origine d'un mandat émis à l'encontre de celles-ci. L'autorité judiciaire de l'État membre d'exécution doit seulement vérifier si la personne concernée a atteint l'âge minimal pour être tenue pénalement responsable, dans l'État membre d'exécution, des faits à l'origine d'un tel mandat, sans devoir tenir compte d'éventuelles conditions supplémentaires relatives à une évaluation personnalisée, auxquelles le droit de cet État membre subordonne concrètement la poursuite ou la condamnation d'une personne mineure pour de tels faits (■ CJUE, 23 janv. 2018, aff. C-367/16, *Dawid Piotrowski*).

III – REFUS DE REMISE ET PROTECTION DES DROITS FONDAMENTAUX

6) Moment de la contestation. L'argument selon lequel une remise attenterait aux droits fondamentaux ne peut être soulevé pour la première fois devant la Cour de cassation (■ Cass. crim., 15 janv. 2019, n° 18-87.184).

A – Vie privée et familiale

7) Contrôle de la proportionnalité de la remise. Dès lors que la personne objet d'un mandat d'arrêt européen en vue de l'exécution d'une peine d'emprisonnement fait valoir qu'elle souhaite exécuter sa peine en France, compte tenu de ses attaches familiales et professionnelles dans ce pays, il appartient à la chambre de l'instruction de vérifier que la remise sollicitée ne porte pas une atteinte disproportionnée au droit au respect de la vie privée et familiale, et ce même si l'intéressé n'a pas expressément visé l'article 8 de la Conv. EDH (■ Cass. crim., 12 avr. 2016, n° 16-82.175 : *JurisData* n° 2016-006970). La chambre de l'instruction ne peut, afin d'accéder à une demande de remise pour l'exécution d'une sanction pénale, refuser d'examiner la demande de l'intéressé invoquant une atteinte disproportionnée à sa vie privée et familiale garantie par l'article 8 de la Conv. EDH, dès lors que ce dernier faisait valoir dans un mémoire qu'il était réfugié politique, qu'il vivait maritalement en France avec deux enfants scolarisés et qu'il était le seul soutien de la famille (■ Cass. crim., 10 nov. 2010, n° 10-87.282). Le caractère disproportionné de l'atteinte au droit au respect de sa vie privée et familiale, garanti par l'article 7 de la Charte des droits fondamentaux de l'Union européenne, relève de l'appréciation souveraine de la chambre de l'instruction (■ Cass. crim., 16 oct. 2018, n° 18-85.384). Le requérant n'est pas recevable à invoquer pour la première fois devant la Cour de cassation un moyen tiré du caractère disproportionné de l'atteinte portée au principe du respect de sa vie privée et familiale par la mise à exécution du mandat d'arrêt européen (■ Cass. crim., 25 juill. 2018, n° 18-83.892).

8) Contrôle de la proportionnalité de l'émission (non). C'est à tort que les juges se sont prononcés sur la proportionnalité de l'atteinte portée au droit au respect de la vie privée et familiale de la demanderesse par la délivrance du mandat d'arrêt européen par les autorités allemandes. En effet, les juges doivent apprécier la proportionnalité de l'atteinte portée au droit au respect de la vie privée et familiale de la personne recherchée par l'exécution du mandat d'arrêt européen, et non par sa délivrance (■ Cass. crim., 20 oct. 2021, n° 21-85.58, §§ 9-10).

B – Traitements inhumains et dégradants

9) Interprétation de la CJUE. Les articles 1er, paragraphe 3, 5 et 6, paragraphe 1, de la décision-cadre 2002/584/JAI du Conseil, du 13 juin 2002, relative au mandat d'arrêt européen et aux Procédures de remise entre États membres, telle que modifiée par la décision-cadre 2009/299/JAI du Conseil, du 26 février 2009, doivent être interprétés en ce sens que, en présence d'éléments objectifs, fiables, précis et dûment actualisés témoignant de l'existence de défaillances soit systémiques ou généralisées, soit touchant certains groupes de personnes, soit encore certains centres de détention en ce qui concerne les conditions de détention dans l'État membre d'émission, l'autorité judiciaire d'exécution doit vérifier, de manière concrète et précise, s'il existe des motifs sérieux et avérés de croire que la personne concernée par un mandat d'arrêt européen émis aux fins de l'exercice de poursuites pénales ou de l'exécution d'une peine privative de liberté courra, en raison des conditions de sa détention dans cet État membre, un risque réel de traitement inhumain ou dégradant, au sens de l'article 4 de la charte des droits fondamentaux de l'Union européenne, en cas de remise audit État membre. À cette fin, elle doit demander la fourniture d'informations complémentaires à l'autorité judiciaire d'émission, laquelle, après avoir, au besoin, requis l'assistance de l'autorité centrale ou de l'une des autorités centrales de l'État membre d'émission, au sens de l'article 7 de ladite décision-cadre, doit communiquer ces informations dans le délai fixé dans une telle demande. L'autorité judiciaire d'exécution doit reporter sa décision sur la remise de la personne concernée jusqu'à ce qu'elle obtienne les informations complémentaires lui permettant d'écarter l'existence d'un tel risque. Si l'existence de ce risque ne peut pas être écartée dans un délai raisonnable, cette autorité doit décider s'il y a lieu de mettre fin à la procédure de remise (■ CJUE, 5 avr. 2016, aff. C-404/15 et C-659/15, *Pal Aranyosi et Robert Caldararu* : *JCP* G 2016, n° 5, act., D. Berlin, Les limites du mandat d'arrêt européen ; *Europe* 2016, comm. 192, obs. F. Gazin). Lorsque l'autorité judiciaire d'exécution dispose d'éléments attestant de l'existence de défaillances systémiques ou généralisées des conditions de détention au sein des établissements pénitentiaires de l'État membre d'émission, il incombe à ses juridictions de vérifier l'exactitude desdits éléments en tenant compte de toutes les données actualisées disponibles (■ CJUE, 1re ch., 25 juill. 2018, aff. C-220/18 PPU, ML : *JurisData* n° 2018-015541 ; *Europe* 2018, n° 10, comm. 360, D. Simon ; T. Herran, *RDUE* 1/2019, p. 257). Premièrement, l'autorité judiciaire d'exécution ne peut écarter l'existence d'un risque réel que la personne visée par un mandat d'arrêt européen émis aux fins de l'exécution d'une peine privative de liberté fasse l'objet d'un traitement inhumain ou dégradant, au sens de l'article 4 de la charte des droits fondamentaux de l'Union européenne, au seul motif que cette personne dispose, dans l'État membre d'émission, d'une voie de recours lui permettant de contester ses conditions de détention, bien que l'existence d'une telle voie de recours puisse être prise en compte par ladite autorité aux fins de décider de la remise de la personne concernée. Deuxièmement, l'autorité judiciaire d'exécution est tenue d'examiner uniquement les conditions de détention au sein des établissements pénitentiaires dans lesquels il est probable, selon les informations dont elle dispose, que ladite personne sera détenue, y compris à titre temporaire ou transitoire. Troisièmement, l'autorité judiciaire d'exécution doit vérifier, à cette fin, les seules conditions de détention concrètes et précises de la personne concernée qui sont pertinentes pour déterminer si celle-ci courra un risque réel de traitement inhumain ou dégradant, au sens de l'article 4 de la charte des droits fondamentaux. Quatrièmement, l'autorité judiciaire d'exécution peut prendre en compte des informations fournies par des autorités de l'État membre d'émission autres que l'autorité judiciaire d'émission, telles que, en particulier, l'assurance que la personne concernée ne fera pas l'objet d'un traitement inhumain ou dégradant, au sens de l'article 4 de la charte des droits fondamentaux (même arrêt).

10) Jurisprudence nationale. Lorsque les informations contenues dans le mandat d'arrêt sont insuffisantes pour permettre à la chambre de l'instruction de statuer sur la remise de la personne recherchée dans le respect de ses droits fondamentaux, cette juridiction est tenue de les solliciter auprès des autorités de l'État d'émission. C'est donc à tort que la chambre de l'instruction a écarté les moyens de la personne réclamée tirés du risque de violation de ses droits fondamentaux en raison notamment des conditions de détention dans les prisons slovènes, en énonçant que l'intéressé n'est pas demandé pour l'exécution d'une peine et qu'il n'est pas démontré qu'il serait susceptible de subir dans les prisons de Slovénie des traitements inhumains et dégradant. En effet, il lui revenait d'analyser les éléments produits par la personne réclamée, tirés d'arrêts de la Cour européenne des droits de l'homme et de documents établis par les organes du Conseil de l'Europe, qui faisaient état d'un risque réel de traitement inhumain ou dégradant des personnes détenues dans l'État membre d'émission en raison des conditions générales de détention, et de carences des mécanismes de contrôle desdites conditions, afin d'évaluer si ces informations, objectives et fiables, étaient précises et dûment actualisées, et si elle devait, le cas échéant, solliciter des informations supplémentaires des autorités de l'État d'émission (■ Cass. crim., 26 mars 2019, n° 19-81.731). A légalement justifié sa décision, une chambre de l'instruction accédant à une demande de remise formulée par les autorités roumaines, dès lors, d'une part, qu'elle s'est assurée de ce que les droits de la défense de l'intéressé ont été respectés lors du déroulement de son procès en Roumanie, et d'autre part, qu'elle a considéré, au vu de l'insuffisance des preuves versées au dossier, que n'était pas démontrée l'existence de défaillances systémiques ou généralisées, touchant soit certains groupes de personnes, soit certains centres de détention en ce qui concerne les conditions de détention dans l'État membre d'émission, de nature à faire exception au régime général d'automaticité des remises du mandat d'arrêt européen en raison d'une insuffisance de la protection des droits fondamentaux dans ce dernier, de sorte qu'elle n'avait pas à procéder à des recherches que ses constatations rendaient inopérantes (■ Cass. crim., 12 juill. 2016, n° 16-84.000). La chambre de l'instruction, relevant au regard de l'insuffisance des preuves versées au dossier, que n'était pas démontrée l'existence de défaillances systémiques ou généralisées, touchant soit certains groupes de personnes, soit certains centres de détention en ce qui concerne les conditions de détention dans l'État membre d'émission, de nature à faire exception au régime général d'automaticité des remises du mandat d'arrêt européen en raison d'une insuffisance de la protection des droits fondamentaux dans ce dernier, n'a pas à procéder à des recherches que ses constatations rendaient inopérantes (■ Cass. crim., 24 juill. 2019, n° 19-84.167 : *Bull. crim. à paraître*).

Il ne saurait être fait grief à la chambre de l'instruction d'avoir ordonné la remise différée de l'intéressé qui faisait valoir que les charges retenues à son encontre reposaient sur les déclarations de M. D... recueillies en violation des articles 3 et 6 de la Conv. EDH dès lors que le mandat d'arrêt européen satisfaisait aux prescriptions de l'article 695-13 du Code de procédure pénale et qu'il avait été relevé que les allégations de M. D... étaient infondées, la juridiction suprême espagnole ayant acquitté les gardes civils des accusations portées à leur encontre (■ Cass. crim., 20 mai 2014, n° 14-83.138 : *JurisData* n° 2014-012204). Pour refuser la remise, en exécution d'un mandat d'arrêt européen, au motif d'un risque d'atteinte aux droits fondamentaux au sens de l'article 3 de la Convention européenne des droits de l'homme, la juridiction doit constater l'existence d'une base factuelle suffisante à l'appui d'un tel motif (■ Cass. crim., 24 juill. 2019, n° 19-84.167, *A.-S. Cha-*

vent-Leclère : Procédures 2017, comm. 267, n° 10). Tel n'est pas le cas lorsque l'intéressé, atteint d'un syndrome anxieux sévère et des troubles du comportement sous-tendus « par une phase processuelle probablement schizophrénique » n'a pas établi les défaillances systématiques ou généralisées, touchant soit certains groupes de personnes, soit certains centres de détention en ce qui concerne les conditions de détention dans l'État membre d'émission (même arrêt).

11) Contrôle de la CEDH, présomption de protection équivalente. L'obligation juridique pesant sur l'autorité judiciaire d'exécution du MAE résulte des dispositions pertinentes de la décision-cadre telles qu'interprétées par la CJUE depuis l'arrêt Aranyosi et Căldăraru. En l'état de la jurisprudence de la Cour de justice, l'autorité judiciaire d'exécution était autorisée à déroger, dans des circonstances exceptionnelles, aux principes de confiance et de reconnaissance mutuelle entre États membres en reportant, voire, le cas échéant, en refusant l'exécution du MAE. Saisie de la contestation de l'exécution du MAE au motif que celle-ci exposerait le requérant au risque d'être détenu en Roumanie dans des conditions contraires à l'article 4 de la Charte des droits fondamentaux, il appartenait à cette dernière d'apprécier la réalité des défaillances systémiques dans l'État membre d'émission alléguées par le requérant puis, le cas échéant, de procéder à un examen concret et précis du risque individuel de traitement inhumain et dégradant auquel celui-ci serait exposé en cas de remise. La Cour relève la convergence, s'agissant de la caractérisation d'un risque individuel réel, entre les exigences posées par la CJUE qui met à la charge de l'autorité judiciaire d'exécution un contrôle qui comporte deux étapes portant successivement sur l'existence, dans l'État d'émission, de défaillances systémiques ou généralisées puis sur celle, appréciée de manière concrète et précise, de motifs sérieux et avérés de croire que la personne concernée courra un risque réel d'être exposée, en raison des conditions de sa détention dans l'État d'émission, à un traitement contraire à l'article 4 de la Charte de droits fondamentaux et celles qui résultent de sa jurisprudence qui met à la charge des autorités nationales l'obligation de contrôler s'il existe un risque réel et individualisable, apprécié de manière concrète, que cette personne soit, en raison des mêmes circonstances, soumise à un traitement contraire à l'article 3. Il s'ensuit que la chambre de l'instruction aurait dû refuser l'exécution du MAE si, au terme du contrôle décrit précédemment, elle avait considéré qu'il existait des motifs sérieux et avérés de croire que le requérant courra, en cas de remise, un risque réel d'être soumis à un traitement inhumain et dégradant en raison de ses conditions de détention. Pour autant, ce pouvoir d'appréciation des faits et des circonstances ainsi que des conséquences juridiques devant y être attachées dont dispose l'autorité judiciaire est exercé dans le cadre strictement défini par la jurisprudence de la CJUE et pour assurer l'exécution d'une obligation juridique dans le plein respect du droit de l'Union européenne, à savoir l'article 4 de la Charte des droits fondamentaux qui assure une protection équivalente à celle qui résulte de l'article 3 de la Convention. Dans ces conditions, l'autorité judiciaire d'exécution ne saurait être regardée comme disposant, pour assurer ou refuser l'exécution du MAE, d'une marge de manœuvre autonome de nature à entraîner la non-application de la présomption de protection équivalente (■ CEDH, 25 mars 2021, req. n°s 40324/16 et 12623/17, *Bivolaru et Moldovan*, §§ 113-115).

12) Contrôle de la CEDH, insuffisance manifeste renversant la présomption de protection équivalente. En présence de ladite présomption, la Cour doit rechercher si la protection des droits fondamentaux offerte par l'autorité judiciaire d'exécution est entachée en l'espèce d'une insuffisance manifeste susceptible de renverser la présomption de protection équivalente. Pour ce faire, elle s'attachera à déterminer si l'autorité judiciaire d'exécution disposait ou non de bases factuelles suffisamment solides pour devoir conclure que l'exécution du MAE entraînerait pour le requérant un risque concret et individuel d'être exposé à des traitements contraires à l'article 3 en raison de ses conditions de détention (■ CEDH, 25 mars 2021, req. n°s 40324/16 et 12623/17, *Bivolaru et Moldovan*, § 118). En premier lieu, la Cour relève que le requérant a produit devant les juridictions internes des éléments attestant des défaillances systémiques ou généralisées au sein des établissements pénitentiaires de l'État d'émission. Elle note le caractère sérieux et précis des éléments qu'il a présentés, à l'appui de ses allégations, devant la chambre de l'instruction puis devant la Cour de cassation), faisant état de manière concordante et répétée des défaillances du système pénitentiaire roumain et, en particulier, des caractéristiques de l'établissement de Gherla, centre dans lequel les autorités roumaines envisageaient de l'incarcérer. La Cour note ensuite les diligences avec lesquelles le juge interne a fait usage de la possibilité que lui offre l'article 695-33 du Code de procédure pénale en sollicitant des informations complémentaires auprès des autorités roumaines. Au vu des éléments produits par le requérant, elle a demandé des informations complémentaires aux autorités compétentes de cet État portant sur les conditions concrètes de détention de l'intéressé afin d'apprécier la réalité du risque que celui-ci soit exposé à des traitements inhumains et dégradants en cas de remise. Au vu des précisions qui lui ont été apportées dans le cadre de cet échange d'informations, l'autorité judiciaire d'exécution a estimé que l'exécution du MAE litigieux n'emportait pas de risque d'une violation de l'article 3 à l'encontre du requérant. Au vu de ces mêmes éléments, la Cour considère pour sa part que cette autorité disposait de bases factuelles suffisantes pour reconnaître l'existence d'un tel risque. En premier lieu, la Cour estime que les informations fournies par l'État d'émission n'ont pas été suffisamment mises en perspective avec sa jurisprudence, en particulier en ce qui concerne la situation de l'établissement pénitentiaire de Gherla présenté comme celui dans lequel le requérant devait être incarcéré [...]. La Cour rappelle que, dans sa jurisprudence, une superficie de 3 m² de surface au sol par détenu en cellule collective constitue la norme minimale applicable au regard des exigences de l'article 3 de la Convention (V. pour la confirmation de ce standard, ▪ CEDH, GC, 20 oct. 2016, n° 7334/13, *Muršić c/ Croatie*, § 137). Elle considère, au vu de l'ensemble des éléments présentés devant elle, en particulier ceux fournis par les autorités roumaines sur sa demande, que l'autorité judiciaire d'exécution disposait d'informations relatives à l'espace personnel qui serait réservé au requérant donnant lieu à une forte présomption de violation de l'article 3. En deuxième lieu, la Cour relève que les engagements des autorités roumaines relativement aux autres aspects des conditions de détention au sein de l'établissement de Gherla, telles la liberté de circulation et les activités hors cellule, qui auraient été de nature à permettre d'écarter l'existence d'un risque réel de violation de l'article 3, étaient formulés de manière stéréotypée et n'ont pas été mobilisés par l'autorité judiciaire d'exécution dans son évaluation du risque. En troisième lieu, la Cour considère que, si les autorités roumaines n'ont pas exclu que le requérant puisse être détenu dans un autre établissement pénitentiaire que celui de Gherla, la précaution prise à cet égard par l'autorité judiciaire d'exécution, à savoir la recommandation que le requérant soit détenu dans un établissement offrant des conditions identiques sinon meilleures, n'est pas suffisante pour écarter un risque réel de traitement inhumain et dégradant dès lors, d'une part, qu'elle ne permettait pas de procéder à l'évaluation d'un tel risque s'agissant d'un établissement déterminé et, d'autre part, que les éléments attestant de l'existence des défaillances systémiques du système pénitentiaire de l'État d'émission dont elle disposait établissaient qu'un nombre important de prisons n'offraient pas des conditions de détention conformes aux standards consacrés par la Cour. Au vu de tout ce qui précède, la Cour considère que l'autorité judiciaire d'exécution disposait de bases factuelles suffisamment solides, provenant en particulier de sa propre jurisprudence, pour caractériser l'existence d'un risque réel que le requérant soit exposé à des traitements inhumains et dégradants en raison de ses conditions de détention en Roumanie et ne pouvait dès lors s'en remettre exclusivement aux déclarations des autorités roumaines (▪ CEDH, 25 mars 2021, req. n°s 40324/16 et 12623/17, *Bivolaru et Moldovan*, §§ 119-126).

C – Indépendance du pouvoir judiciaire

13) L'article 1er, paragraphe 3, de la décision-cadre 2002/584/JAI du Conseil, du 13 juin 2002, relative au mandat d'arrêt européen et aux procédures de remise entre États membres, telle que modifiée par la décision-cadre 2009/299/JAI du Conseil, du 26 février 2009, doit être interprété en ce sens que, lorsque l'autorité judiciaire d'exécution appelée à décider de la remise d'une personne faisant l'objet d'un mandat d'arrêt européen émis aux fins de l'exercice de poursuites pénales dispose d'éléments, tels que ceux figurant dans une proposition motivée de la Commission européenne, adoptée en application de l'article 7, paragraphe 1, TUE, tendant à démontrer l'existence d'un risque réel de violation du droit fondamental à un procès équitable garanti par l'article 47, deuxième alinéa, de la charte des droits fondamentaux de l'Union européenne, en raison de défaillances systémiques ou généralisées en ce qui concerne l'indépendance du pouvoir judiciaire de l'État membre d'émission, ladite autorité doit vérifier, de manière concrète et précise, si, eu égard à la situation personnelle de cette personne, ainsi qu'à la nature de l'infraction pour laquelle elle est poursuivie et au contexte factuel qui sont à la base du mandat d'arrêt européen, et compte tenu des informations fournies par l'État membre d'émission en application de l'article 15, paragraphe 2, de la décision-cadre 2002/584, telle que modifiée, il existe des motifs sérieux et avérés de croire que ladite personne courra un tel risque, en cas de remise à ce dernier État (▪ CJUE, gr. ch., 25 juill. 2018, aff. C-216/18, PPU, LM : *JurisData* n° 2018-015540 ; *Europe* 2018, comm. 360, n° 10, D. Simon ; T. Herran, *RDUE* 1/2019, p. 264).

Art. 695-22-1 *(L. n° 2013-711, 5 août 2013 ; L. n° 2021-1729, 22 déc. 2021)*. **– Lorsque le mandat d'arrêt européen est émis aux fins d'exécution d'une peine ou d'une mesure de sûreté privative de liberté, son exécution peut être refusée dans le cas où l'intéressé n'a pas comparu en personne lors du procès à l'issue**

duquel la peine ou la mesure de sûreté a été prononcée sauf si, selon les indications portées par l'État membre d'émission dans le mandat d'arrêt européen, il se trouve dans l'un des cas suivants :

1° Il a été informé dans les formes légales et effectivement, de manière non équivoque, en temps utile, par voie de citation ou par tout autre moyen, de la date et du lieu fixés pour le procès et de la possibilité qu'une décision puisse être rendue à son encontre en cas de non-comparution ;

2° Ayant eu connaissance de la date et du lieu du procès, il a été défendu pendant celui-ci par un conseil, désigné soit par lui-même, soit à la demande de l'autorité publique, auquel il avait donné mandat à cet effet ;

3° Ayant reçu signification de la décision et ayant été expressément informé de son droit d'exercer à l'encontre de celle-ci un recours permettant d'obtenir un nouvel examen de l'affaire au fond, en sa présence, par une juridiction ayant le pouvoir de prendre une décision annulant la décision initiale ou se substituant à celle-ci, il a indiqué expressément qu'il ne contestait pas la décision initiale ou n'a pas exercé dans le délai imparti le recours qui lui était ouvert ;

4° La décision dont il n'a pas reçu signification doit lui être signifiée dès sa remise lors de laquelle il est en outre informé de la possibilité d'exercer le recours prévu au 3° ainsi que du délai imparti pour l'exercer.

Justifie la remise pour exécution d'une peine 7 ans d'emprisonnement prononcée par défaut, la chambre de l'instruction s'étant enquis que le demandeur disposerait de la faculté, dans les trente jours de sa remise, d'user des recours prévus par le droit national pour obtenir un nouveau jugement au fond (▪ Cass. crim., 15 oct. 2013, n° 13-86.329 : *JurisData* n° 2013-022799 ; *Bull. crim.* n° 190). Ne saurait être caractérisé le motif de refus d'exécution du mandat d'arrêt européen prévu par l'article 695-22-1 du Code de procédure pénale, dès lors que, d'une part, M. X... a été informé dans les formes légales et effectivement, de manière non équivoque, en temps utile, par voie de citation ou par tout autre moyen, de la date et du lieu fixés pour le procès et de la possibilité qu'une décision puisse être rendue à son encontre en cas de non-comparution, et, d'autre part, qu'ayant reçu signification de la décision et ayant été expressément informé de son droit d'exercer à l'encontre de celle-ci un recours permettant d'obtenir un nouvel examen de l'affaire au fond, en sa présence, par une juridiction ayant le pouvoir de prendre une décision annulant la décision initiale ou se substituant à celle-ci, il n'a pas exercé dans le délai imparti le recours qui lui était ouvert (▪ Cass. crim., 12 déc. 2017, n° 17-86.688).

Art. 695-23 *(Mod., Ord. n° 2016-1636, 1er déc. 2016 ; L. n° 2021-1729, 22 déc. 2021).* **– L'exécution d'un mandat d'arrêt européen peut également être refusée si le fait faisant l'objet dudit mandat d'arrêt ne constitue pas une infraction au regard de la loi française.**

Par dérogation au premier alinéa, un mandat d'arrêt européen est exécuté sans contrôle de la double incrimination des faits reprochés lorsque les agissements considérés sont, aux termes de la loi de l'État membre d'émission, punis d'une peine privative de liberté d'une durée égale ou supérieure à trois ans d'emprisonnement ou d'une mesure de sûreté privative de liberté d'une durée similaire et entrent dans l'une des catégories d'infractions prévues par l'article 694-32 :

Lorsque les dispositions de l'alinéa précédent sont applicables, la qualification juridique des faits et la détermination de la peine encourue relèvent de l'appréciation exclusive de l'autorité judiciaire de l'État membre d'émission.

En matière de taxes et d'impôts, de douane et de change, l'exécution d'un mandat d'arrêt européen ne pourra être refusée au motif que la loi française n'impose pas le même type de taxes ou d'impôts ou ne contient pas le même type de réglementation en matière de taxes, d'impôts, de douane et de change que la loi de l'État membre d'émission.

1) Le principe de double incrimination. Le mandat d'arrêt européen ne peut être exécuté si le fait, objet dudit mandat, ne constitue pas une infraction au regard de la loi française. C'est donc à tort que la chambre de l'instruction accorde la remise de l'intéressé pour l'ensemble des infractions visées par le MAE alors que certains des faits (en l'occurrence l'émission de chèques sans provision, octroi d'un avantage à un créancier au préjudice de la masse, défaut de déclaration de faillite, et défaut de réponse aux convocations et questions du curateur) ne sont susceptibles d'aucune qualification en France ou ont des éléments constitutifs différents (▪ Cass. crim., 5 août 2005, n° 04-84.511 : *Bull. crim.* n° 187). Sauf à ce que les faits visés dans le mandat d'arrêt européen entrent dans l'une des catégories visées à l'article 695-23 alinéa 2, la remise de l'intéressé ne peut être accordée pour des faits ne faisant l'objet d'aucune qualification pénale selon la loi française (▪ Cass. crim., 14 sept. 2005, n° 05-84.999 : *Bull. crim.* n° 227). La Common Law constitue une source de droit répondant aux exigences de prévisibilité et d'accessibilité de la loi d'incrimination et des peines, et permet le contrôle de double incrimination. C'est donc à bon droit que la chambre de l'instruction a accepté la remise aux autorités écossaises dès lors que l'autorité judiciaire mandante a précisé que la commission d'un attentat à la pudeur, de pratiques et de comportements libidineux envers les mineurs n'ayant pas atteint l'âge de la puberté constitue une infraction dans la Common Law qui a été consacrée comme source de droit au sens de l'article 7 de la Convention européenne des droits de l'Homme, ce que l'intéressé ne pouvait ignorer (▪ Cass. crim., 27 juill. 2016, n° 16-84.592).

2) Double incrimination et condamnation unique. La remise d'une personne recherchée en vertu d'un mandat d'arrêt européen peut être accordée lorsque la condamnation à une peine unique a été prononcée pour l'une au moins des infractions répondant aux conditions prévues par les articles 695-12 et 695-23 du Code de procédure pénale et qu'elle n'excède pas le maximum de la peine encourue pour les infractions pouvant donner lieu à la remise (▪ Cass. crim., 29 nov. 2006, n° 06-87.993 : *Bull. crim.* n° 302).

3) Double incrimination et identité des qualifications. Le contrôle de la condition de double incrimination prévue par l'article 695-23 du Code de procédure pénale s'opère par la recherche d'une qualification juridique connue de la loi française applicable aux faits poursuivis par l'État membre d'émission et non par comparaison de l'identité des éléments constitutifs des infractions dans les deux législations (▪ Cass. crim., 7 janv. 2020, n° 19-87.741, § 18 : *Bull. crim. à paraître*). Dès lors qu'elle a constaté que les faits visés par le mandat d'arrêt européen constituent une infraction au regard de la loi française, la chambre de l'instruction n'a pas à rechercher si ces délits étaient l'un continu et l'autre instantané à l'occasion de son examen de la réciprocité d'incrimination (▪ Cass. crim., 5 avr. 2018, n° 18-81.528).

4) Exception à la règle de double incrimination : domaine. Le mandat d'arrêt européen est exécuté sans contrôle de la double incrimination des faits reprochés lorsque l'autorité judiciaire de l'État d'émission a retenu une qualification relevant de l'une des trente-deux catégories qu'il énumère et que les agissements considérés sont, aux termes de la loi de cet État, punis d'une peine privative de liberté d'une durée égale ou supérieure à trois ans d'emprisonnement ou d'une mesure de sûreté privative de liberté d'une durée similaire ; lorsque ces dispositions sont applicables, la qualification juridique des faits relève de l'appréciation exclusive de l'autorité judiciaire de l'État membre d'émission. Il n'appartient pas à la chambre de l'instruction, sauf inadéquation manifeste entre les faits et la qualification retenue, d'apprécier le bien-fondé de la qualification donnée par l'autorité judiciaire de l'État d'émission (▪ Cass. crim., 21 nov. 2007, n° 07-87.540 : *Bull. crim.* n° 291 ; *Dr. pén.* 2008, comm. 26, obs. A. Maron ; *JCP* G 2007, n°s 51-52, act. 638 ; *JCP* G 2008, II, 101008, note V. Malabat. ▪ Cass. crim., 15 déc. 2010, n° 10-88.204. ▪ Cass. crim., 12 juill. 2016, n° 16-84.000 : *JurisData* n° 2016-013716). L'escroquerie figurant dans la liste dressée par l'article 694-32 du Code de procédure pénale, auquel renvoie l'article 695-23 du même code, le mandat d'arrêt européen doit être exécuté sans contrôle de la double incrimination des faits reprochés (▪ Cass. crim., 26 févr. 2020, n° 20-80.777).

5) Exception à la règle de double incrimination : mise en œuvre. Pour apprécier si le mandat d'arrêt européen contre une personne condamnée en Espagne pour l'infraction d'apologie du terrorisme et humiliation de ceux qui en sont les victimes doit être exécuté sans examiner si cette infraction est également punie en Belgique, les juridictions belges doivent tenir compte de la durée de la peine prévue par la loi espagnole applicable aux faits commis, sans égard aux modifications ultérieures de la loi (▪ CJUE, 3 mars 2020, aff. C-717/18).

6) Absence de contrôle de la double incrimination et principe de légalité criminelle. Dès lors que le demandeur n'a produit aucun élément conduisant à douter de la conformité du texte d'incrimination dans l'État d'émission au principe de légalité des délits et des peines, tel que consacré par l'article 49 de la Charte des droits fondamentaux de l'Union européenne, la chambre de l'instruction peut considérer que les faits décrits dans le mandat étaient susceptibles de constituer une infraction au regard de la loi française, en recherchant une qualification juridique connue de la loi française applicable aux faits, non par comparaison de l'identité des éléments constitutifs des infractions dans les deux législations (▪ Cass. crim., 7 janv. 2020, n° 19-87.741, §§ 18 et 20 : *Bull. crim. à paraître*). Si l'article 2, paragraphe 2, de la décision-cadre supprime le contrôle de la double incrimination pour les catégories d'infractions mentionnées à cette disposition (V. art. 695-23, al. 2, p. 1382), la définition de celles-ci et des peines applicables continue de relever de la compétence du droit de l'État membre d'émission, lequel, comme il est d'ailleurs énoncé à l'article 1er, paragraphe 3, de cette même décision-cadre, doit respecter les droits fondamentaux et les principes juridiques fondamentaux tels qu'ils sont consacrés à l'article 6 du traité sur l'Union européenne et, par conséquent, le principe de légalité des délits et des peines. Il s'ensuit que l'article 2, paragraphe 2, de la décision-cadre, en tant qu'il supprime le contrôle de la double incrimination pour les infractions mentionnées à cette disposition, n'est pas invalide en raison d'une violation du principe de légalité des délits et des peines (■ CJCE, 3 mai 2007, aff. C-303/05, *Advocaten voor de Wereld : Europe* 2007, comm. 181, obs. F. Kauff-Gazin).

7) Incrimination française et trouble mental. Il résulte des dispositions de l'article 695-23 du Code de procédure pénale que les juges doivent seulement s'assurer que les faits à l'origine du mandat d'arrêt constituent une infraction au regard de la loi pénale française. Dès lors, le demandeur ne saurait se faire un grief de ce que la chambre de l'instruction n'a pas recherché s'il n'était pas atteint d'un trouble psychique ou neuropsychique ayant aboli son discernement ou le contrôle de ses actes, et s'il n'était pas en conséquence pénalement irresponsable au regard du droit français (■ Cass. crim., 11 août 2021, n° 21.84-381, §§ 29-30).

Art. 695-24 *(Mod., L. n° 2013-711, 5 août 2013 ; L. n° 2021-1729, 22 déc. 2021).* **– L'exécution d'un mandat d'arrêt européen peut être refusée :**

1° Si, pour les faits faisant l'objet du mandat d'arrêt, la personne recherchée fait l'objet de poursuites devant les juridictions françaises ou si celles-ci ont décidé de ne pas engager les poursuites ou d'y mettre fin ;

2° Si la personne recherchée pour l'exécution d'une peine ou d'une mesure de sûreté privatives de liberté est de nationalité française, a établi sa résidence sur le territoire national ou demeure sur ce territoire et si la décision de condamnation est exécutoire sur le territoire français en application de l'article 728-31 ;

3° Si les faits pour lesquels il a été émis ont été commis, en tout ou en partie, sur le territoire français ;

4° Si l'infraction a été commise hors du territoire de l'État membre d'émission et que la loi française n'autorise pas la poursuite de l'infraction lorsqu'elle est commise hors du territoire national ;

5° Si la personne recherchée a fait l'objet, par les autorités judiciaires d'un État tiers, d'une décision définitive pour les mêmes faits que ceux faisant l'objet du mandat d'arrêt européen, à condition, en cas de condamnation, que la peine ait été exécutée ou soit en cours d'exécution ou ne puisse plus être ramenée à exécution selon les lois de l'État de condamnation ;

6° Si les faits pour lesquels le mandat d'arrêt européen a été émis pouvaient être poursuivis et jugés par les juridictions françaises et si la prescription de l'action publique ou de la peine se trouve acquise.

1) Refus de remise pour l'exécution d'une peine : objectif de réinsertion. L'article 4, point 6, de la décision-cadre 2002/584 énonce un motif de non-exécution facultative du mandat d'arrêt européen en vertu duquel l'autorité judiciaire d'exécution peut refuser d'exécuter un tel mandat délivré aux fins de l'exécution d'une peine privative de liberté lorsque la personne recherchée « demeure dans l'État membre d'exécution, en est ressortissante ou y réside » et que cet État s'engage à faire exécuter cette peine conformément à son droit interne (...) Ce motif de non-exécution facultative a notamment pour but de permettre à l'autorité judiciaire d'exécution d'accorder une importance particulière à la possibilité d'accroître les chances de réinsertion sociale de la personne recherchée à l'expiration de la peine à laquelle cette dernière a été condamnée (...). L'article 4, point 6, de la décision-cadre 2002/584/JAI du Conseil, du 13 juin 2002, relative au mandat d'arrêt européen et aux Procédures de remise entre États membres, et l'article 18 TFUE doivent être interprétés en ce sens que, si un État membre peut, dans le cadre de la transposition dudit article 4, point 6, décider de limiter les situations dans lesquelles l'autorité judiciaire d'exécution nationale peut refuser de remettre une personne relevant du champ d'application de cette disposition, il ne saurait exclure de manière absolue et automatique de ce champ d'application les ressortissants d'autres États membres qui demeurent ou résident sur son territoire quels que soient les liens de rattachement que ceux-ci présentent avec ce dernier (CJUE, 5 sept. 2012, aff. C-42/11, *Joao Pedro Lopes Da Silva Jorge : JurisData* n° 2012-020024 ; *AJDA* 2012, p. 2267, obs. M. Aubert, E. Broussy et H. Cassagnabère ; *AJ Pénal* 2013, p. 111, obs. J. Lelieur ; Europe 2012, comm. 427, F. Gazin). L'article 4, point 6, de la décision-cadre 2002/584/JAI doit être interprété en ce sens que, lorsque, comme dans l'affaire au principal, la personne qui fait l'objet d'un mandat d'arrêt européen délivré aux fins de l'exécution d'une peine privative de liberté réside dans l'État membre d'exécution et présente avec ce dernier des liens de rattachement familiaux, sociaux et professionnels, l'autorité judiciaire d'exécution peut, pour des considérations liées à la réinsertion sociale de cette personne, refuser d'exécuter ce mandat, alors même que l'infraction qui est à la base de ce mandat n'est punissable, conformément au droit de l'État membre d'exécution, que d'une peine d'amende, dès lors que, conformément à ce même droit national, cette circonstance ne fait pas obstacle à ce que la peine privative de liberté infligée à la personne recherchée soit effectivement exécutée dans cet État membre, ce qu'il appartient à la juridiction de renvoi de vérifier (■ CJUE, 1re ch., 13 déc. 2018, aff. C-514/17 : *JurisData* n° 2018-025475 ; *Europe* 2019, comm. 73, n° 2, F. Gazin).

2) Refus de remise pour l'exécution d'une peine : conditions procédurales. Il se déduit de l'article 695-24 du Code de procédure pénale que lorsque la personne recherchée sur mandat d'arrêt européen pour l'exécution d'une peine privative de liberté justifie qu'elle est de nationalité française ou réside régulièrement de façon ininterrompue depuis au moins 5 ans sur le territoire national et fait valoir, pour s'opposer à sa remise, que la décision est exécutoire sur le territoire français en application du 728-31 du Code de procédure pénale, la chambre de l'instruction doit vérifier si l'État requérant envisage de formuler une demande aux fins de reconnaissance et d'exécution de la condamnation sur le territoire français ou si le procureur de la République entend susciter une telle demande en application de l'article 728-34 du Code de procédure pénale (■ Cass. crim., 26 nov. 2019, n° 19-86.817, § 11). Le fait que les autorités étrangères, sollicitées par un supplément d'information, n'ont pas précisé si elles acceptent que la personne exécute la peine prononcée par leurs juridictions en France, ne peut être interprété comme un refus. En effet, se prononçant ainsi, sans avoir obtenu de réponse sur les intentions des autorités judiciaires de l'État membre d'émission quant à l'exécution en France de la peine prononcée, alors que figure parmi les objectifs de la Décision-cadre du 13 juin 2002 modifiée relative au mandat d'arrêt européen et aux Procédures de remise entre États membres la possibilité d'exécuter une peine ou une mesure privatives de liberté sur le territoire de l'État requis, lorsque la personne recherchée demeure dans cet État, en est ressortissante ou y réside, la chambre de l'instruction n'a pas justifié sa décision (■ Cass. crim., 11 juill. 2017, n° 17-83.796).

3) Refus de remise pour l'exécution d'une peine, durée et continuité de la résidence. Le fait qu'un étranger justifie d'une résidence régulière et ininterrompue en France, depuis plus de 5 ans est insuffisant au titre de l'article 695-24, 2° du Code de procédure pénale, si son premier titre de séjour régulier date de moins d'un an. En effet, la remise ne peut être refusée, sur le fondement de ce texte, pour l'exécution d'une peine privative de liberté, que si la personne recherchée est de nationalité française ou réside régulièrement de façon ininterrompue depuis au moins 5 ans sur le territoire national et que la décision de condamnation est exécutoire sur le territoire français en application de l'article 728-31 du même code (■ Cass. crim., 5 sept. 2018, n° 18-84.762) La chambre de l'instruction n'a pas à se prononcer sur des pièces remises au cours du délibéré ni à consulter les autorités judiciaires de l'État requérant sur la possibilité d'exécution des peines en France, dès lors que la condition tenant à la durée et à la continuité de la résidence, posée par l'article 695-24 du Code de procédure pénale, n'est pas remplie (■ Cass. crim., 9 mai 2018, n° 18-82.388).

4) Refus de remise pour exécution d'une peine : position du procureur de la République. Lorsque, sollicité en application de l'article 695-33 du Code de procédure pénale, par la chambre de l'instruction devant laquelle la personne réclamée en vertu d'un mandat d'arrêt européen décerné en vue de l'exécution d'une peine privative de liberté a justifié qu'elle est de nationalité française ou réside régulièrement de façon ininterrompue depuis au moins 5 ans sur le territoire national et a fait valoir, pour s'opposer à sa remise, que la décision est exécutoire sur le territoire français en application de l'article 728-31 du Code de procédure pénale, l'État requérant a formulé une demande aux fins de reconnaissance et d'exécution de la condamnation, la chambre de l'instruction ne peut statuer sur la remise sans avoir invité le procureur de la République compétent à lui faire connaître sans délai sa décision sur ladite demande ni fait état de sa réponse (■ Cass. crim., 19 févr. 2019, n° 19-80.513). S'il ressort des motifs de l'arrêt que les autorités italiennes ont donné suite à la question qui leur avait été posée dans le cadre du complément d'information précédemment ordonné, ledit arrêt ne fait pas état d'une réponse qui aurait été apportée par le procureur de la République au fait de savoir si celui-ci entendait ou non décider de reconnaître la décision italienne de condamnation comme exécutoire sur le territoire français en application de l'article 728-42 du Code de procédure pénale. Dans ces conditions, la remise de l'intéressé ne saurait être ordonnée (même arrêt).

5) Faits perpétrés sur le territoire de la République. En application de l'article 695-24, 3° du Code de procédure pénale, la chambre de l'instruction est autorisée à refuser l'exécution d'un mandat d'arrêt européen, alors même que les faits entrent dans les catégories d'infraction de participation à une organisation criminelle et de terrorisme, prévues par l'article 695-23 du Code de procédure pénale, dès lors qu'ils ont été pour partie commis sur le territoire français (■ Cass. crim., 8 juill. 2004, n° 04-83.662 : *Bull. crim.* n° 181 ; *Dr. pén.* 2004, comm. 169, A. Maron).

Art. 695-25 *(L. n° 2004-204, 9 mars 2004)*. **– Tout refus d'exécuter un mandat d'arrêt européen doit être motivé.**

Une décision de refus de remise ne fait pas obstacle à une nouvelle saisine de la chambre de l'instruction pour les mêmes faits contre la même personne, fondée sur des éléments survenus ou révélés depuis la demande précédente, permettant une appréciation différente des conditions légales de l'exécution d'un mandat d'arrêt européen (■ Cass. crim., 15 mai 2012, n° 12-82.775 : *JurisData* n° 2012-011165).

§ 2. - Procédure d'exécution

Art. 695-26 *(Mod., L. n° 2019-222, 23 mars 2019).* – **Dans le cas où la personne recherchée se trouve en un lieu connu sur le territoire national, le mandat d'arrêt émanant d'un État membre de l'Union européenne ou d'un État lié à l'Union européenne par un accord mentionné à la section 5 du présent chapitre peut être adressé directement, en original ou en copie certifiée conforme, par tout moyen laissant une trace écrite, au procureur général territorialement compétent qui l'exécute après s'être assuré de la régularité de la requête. Dans les autres cas, le mandat d'arrêt européen est exécuté au vu de la transmission effectuée dans les conditions prévues au deuxième alinéa de l'article 695-15.**

Les articles 74-2 et 230-33 sont applicables à la recherche d'une personne faisant l'objet d'un mandat d'arrêt européen. Les attributions du procureur de la République et du juge des libertés et de la détention sont alors respectivement exercées par le procureur général et le président de la chambre de l'instruction ou le conseiller par lui désigné.

Si le procureur général auquel un mandat d'arrêt européen a été adressé estime qu'il n'est pas territorialement compétent pour y donner suite, il le transmet au procureur général territorialement compétent et en informe l'autorité judiciaire de l'État membre d'émission.

L'original mentionné au dernier alinéa de l'article 695-15 ou la copie certifiée conforme doit parvenir au plus tard six jours ouvrables après la date de l'arrestation de la personne recherchée.

Dans le cas où la personne recherchée bénéficie d'un privilège ou d'une immunité en France, le procureur général territorialement compétent en demande sans délai la levée aux autorités françaises compétentes. Si les autorités françaises ne sont pas compétentes, la demande de levée est laissée aux soins de l'autorité judiciaire de l'État membre d'émission.

Dans le cas où la personne recherchée a déjà été remise à la France à titre extraditionnel par un autre État sous la protection conférée par le principe de spécialité, le procureur général territorialement compétent prend toutes les mesures nécessaires pour s'assurer du consentement de cet État.

1) **Nullité.** Le délai de 6 jours ouvrables, exigé pour la réception de la copie certifiée conforme du mandat d'arrêt, qui court à compter de la date d'arrestation de la personne recherchée, n'est pas prévu à peine de nullité (■ Cass. crim., 1er sept. 2004, n° 04-84.987 : *JurisData* n° 2004-024838 ; *Bull. crim.* n° 192. ■ Cass. crim., 25 janv. 2006, n° 05-87.718 : *JurisData* n° 2006-031897 ; *Bull. crim.* n° 28 ; *Dr. pén.* 2007, étude 1, E. Fohrer-Dedeurwaerder. ■ Cass. crim., 9 août 2017, n° 17-84.448).

2) **Contrôle des opérations antérieures à l'arrestation.** S'il est vrai que les juridictions nationales se sont estimées incompétentes pour examiner, dans le cadre de l'exécution du MAE, les devoirs d'enquête exécutés sur commission rogatoire internationale, en vue de localiser le requérant et l'arrêter, la Cour note toutefois que le grief du requérant n'est pas étayé au moyen d'indices factuels attestant de manœuvres abusives de la part des services de police. Elle estime en outre que, si des mesures d'observation ont été prises, ces mesures sont étrangères à l'arrestation du requérant qui en aurait résulté. Il s'ensuit que la légalité de la privation de liberté du requérant ne dépendait pas, en l'absence d'indication d'arbitraire de celle-ci, de la légalité des opérations préalables en vue de localiser et d'arrêter le requérant (■ CEDH, 17 avr. 2018, *Pirozzi c/ Belgique* n° 21055/11, § 49).

Art. 695-27 *(Mod. à compter du 15 nov. 2016, L. n° 2016-731, 3 juin 2016).* – **Toute personne appréhendée en exécution d'un mandat d'arrêt européen doit être conduite dans les quarante-huit heures devant le procureur général territorialement compétent. Pendant ce délai, les dispositions des articles 63-1 à 63-7 sont applicables.**

Après avoir vérifié l'identité de cette personne, le procureur général l'informe, dans une langue qu'elle comprend, de l'existence et du contenu du mandat d'arrêt européen dont elle fait l'objet. Il l'avise également qu'elle peut être assistée par un avocat de son choix ou, à défaut, par un avocat commis d'office par le bâtonnier de l'ordre des avocats, informé sans délai et par tout moyen. Il l'avise de même qu'elle peut s'entretenir immédiatement avec l'avocat désigné.

Le procureur général informe également la personne qu'elle peut demander à être assistée dans l'État membre d'émission du mandat par un avocat de son choix ou par un avocat commis d'office ; si la personne en fait la demande, celle-ci est aussitôt transmise à l'autorité judiciaire compétente de l'État membre d'émission.

Mention de ces informations est faite, à peine de nullité de la procédure, au procès-verbal.

L'avocat désigné en application du deuxième alinéa peut consulter sur-le-champ le dossier et communiquer librement avec la personne recherchée.

Le procureur général informe ensuite la personne recherchée de sa faculté de consentir ou de s'opposer à sa remise à l'autorité judiciaire de l'État membre d'émission et des conséquences juridiques résultant de ce consentement. Il l'informe également qu'elle peut renoncer à la règle de la spécialité et des conséquences juridiques de cette renonciation.

Lorsque le mandat d'arrêt européen a été émis aux fins d'exécution d'une peine ou d'une mesure de sûreté privative de liberté et que la personne se trouve dans le cas prévu au 4° de l'article 695-22-1 et n'a pas été informée dans les formes légales de l'existence des poursuites pénales ayant abouti à la décision de condamnation, elle peut demander à recevoir copie de celle-ci avant la remise. Le procureur général informe de cette demande l'autorité compétente de l'État membre d'émission. Dès que cette autorité lui a adressé copie de la décision, le procureur général la communique à l'intéressé. Cette communication est faite pour information. Elle ne vaut pas signification de la décision et ne fait courir aucun délai de recours.

1) **Question prioritaire de constitutionnalité.** Il n'y a pas lieu à renvoyer au Conseil constitutionnel la question tendant à faire constater que l'article 695-27 du Code de procédure pénale relatif à l'exécution du mandat d'arrêt européen est contraire à l'article 16 de la Déclaration des droits de l'homme et du citoyen ainsi qu'au principe du respect des droits de la défense, en ce qu'il prévoit une rétention d'une durée de quarante-huit heures de la personne recherchée, déjà placée en garde à vue pour une autre cause, avant sa conduite devant le procureur général. En effet, la question tend à contester, non la constitutionnalité de la disposition qu'elle vise, mais l'interprétation qu'en ont donné les juridictions judiciaires, s'agissant du cumul de la durée de la garde à vue dans une procédure de droit commun et de celle de la rétention subséquente au titre de la mise à exécution d'un mandat d'arrêt européen (▪ Cass. crim., 11 juin 2010, n° 10-81.810 QPC : *JurisData* n° 2010-008746 ; *JCP* G 2010, p. 863, obs. D. Mainguy).

2) **Nature juridique de la rétention judiciaire.** La rétention judiciaire résultant de l'exécution d'un mandat d'arrêt européen, sont des mesures de nature distincte qui n'ont pas le même objet, même si l'article 695-27 du Code de procédure pénale prévoit que pendant le délai de rétention, les dispositions des articles 63-1 à 63-5 de ce code ont vocation à s'appliquer (▪ Cass. crim., 1er mars 2006, n° 06-80.503 : *JurisData* n° 2006-032596). Ainsi, une garde à vue cumulée à la rétention judiciaire prévue à l'article 695-27 du Code de procédure pénale peut dépasser la durée maximale de la garde à vue (▪ Cass. crim., 13 avr. 2010, n° 10-81.810 : *Bull. crim.* n° 68 ; *D.* 2010, p. 1214, obs. C. Girault).

3) **Désignation de l'avocat.** Il résulte de l'article 695-27 du Code de procédure pénale que lorsque la personne appréhendée en exécution d'un mandat d'arrêt européen sollicite l'assistance d'un avocat dans l'État d'émission, une telle demande doit être aussitôt transmise à cet État par l'autorité judiciaire de l'État d'exécution (▪ Cass. crim., 18 déc. 2019, n° 19-87.333. ▪ Cass. crim., 24 mai 2017, n° 17-82.655 : *Bull. crim.* n° 141). L'article 695-27 du Code de procédure pénale ne sanctionne cependant pas de nullité le retard apporté à la transmission d'une demande de désignation d'avocat dans l'État d'émission du mandat d'arrêt, et aucune atteinte aux droits de la défense ne saurait résulter du seul retard apporté à la communication de cette demande à l'autorité judiciaire émettrice du mandat d'arrêt, dès lors que le renvoi a été ordonné pour permettre l'exercice de ces droits (▪ Cass. crim., 26 févr. 2020, n° 20-80.813, §§ 12-13 : *Bull. crim. à paraître*). En outre, les dispositions de l'article 695-27 du Code de procédure pénale n'imposent pas de s'assurer de la désignation effective de l'avocat dans le pays d'émission du mandat d'arrêt. C'est donc à bon droit que la chambre de l'instruction a rejeté l'argumentation de M. A. selon laquelle l'assistance d'un avocat de son choix dans l'État membre d'émission du mandat n'avait pas été effective, en relevant que la possibilité de solliciter la désignation d'un avocat dans le pays d'émission du mandat implique le droit à une assistance par cet avocat dans le pays concerné et que les justificatifs de la transmission de la demande d'avocat figurant au dossier, les exigences de cet article avaient bien été respectées (▪ Cass. crim., 15 janv. 2019, n° 18-86.968).

4) **Notification des droits.** C'est à bon droit que la chambre de l'instruction refuse d'annuler l'entière procédure pour notification tardive des droits que confèrent les articles 63-1 à 63-7 du Code de procédure pénale et omission de la noti-

fication de certains d'entre eux, dès lors que la validité de la procédure d'exécution d'un mandat d'arrêt européen ne peut être affectée par l'éventuelle annulation des procès-verbaux établis au cours de la rétention judiciaire de l'intéressé (■ Cass. crim., 23 sept. 2014, n° 14-86.162 : *JurisData* n° 2014-021807 ; *Bull. crim.* n° 195).

5) Préparation de la défense. Il se déduit des articles 695-27, 695-29 du Code de procédure pénale ainsi que de l'article 5 de la Conv. EDH, qu'une personne recherchée aux fins d'exécution d'un mandat d'arrêt européen doit disposer du temps et des facilités nécessaires à la préparation de sa défense devant la chambre de l'instruction. Tel n'est pas le cas lorsque ni la personne recherchée ni son avocat n'ont été avisés de la date d'audience devant la chambre de l'instruction dans les formes et délai prévus par l'article 197 du Code de procédure pénale (■ Cass. crim., 22 juill. 2009, n° 09-84.775 : *JurisData* n° 2009-049218 ; *Bull. crim.* n° 143 ; *Dr. pén.* 2009, comm. 130, A. Maron et M. Haas ; Procédures 2009, comm. 328, J. Buisson).). Semblablement, n'a pas disposé des facilités nécessaires à la préparation de sa défense, une personne recherchée, admise à l'aide juridictionnelle, n'ayant pas reçu l'assistance gratuite d'un interprète dans une langue qu'elle comprend, pour lui permettre de s'entretenir avec l'avocat commis d'office et de déposer un mémoire au plus tard la veille de l'audience (■ Cass. crim., 8 déc. 2010, n° 10-87.818 : *Bull. crim.* n° 199).

6) Moment de la contestation. Le grief pris de l'inobservation prétendue des dispositions de l'article 695-27, premier alinéa, du Code de procédure pénale, n'ayant pas été allégué devant la chambre de l'instruction, il ne saurait être invoqué pour la première fois devant la Cour de cassation (■ Cass. crim., 24 nov. 2004, n° 04-86.314 : *JurisData* n° 2004-025902 ; *Bull. crim.* n° 299. ■ Cass. crim., 19 août 2004, n° 04-84.978 : *Bull. crim.* n° 189).

Art. 695-28 ***(Mod., L. n° 2011-392, 14 avr. 2011).*** **– À la suite de la notification du mandat d'arrêt européen, s'il décide de ne pas laisser en liberté la personne recherchée, le procureur général la présente au premier président de la cour d'appel ou au magistrat du siège désigné par lui.**

Le premier président de la cour d'appel ou le magistrat du siège désigné par lui ordonne l'incarcération de la personne recherchée à la maison d'arrêt du siège de la cour d'appel dans le ressort de laquelle elle a été appréhendée, à moins qu'il n'estime que sa représentation à tous les actes de la procédure est suffisamment garantie.

Dans ce dernier cas, le premier président de la cour d'appel ou le magistrat du siège désigné par lui peut soumettre la personne recherchée, jusqu'à sa comparution devant la chambre de l'instruction, à une ou plusieurs des mesures prévues aux articles 138 et 142-5. Cette décision est notifiée verbalement à la personne et mentionnée au procès-verbal dont une copie lui est remise sur-le-champ. Elle est susceptible de recours devant la chambre de l'instruction, qui doit statuer au plus tard lors de la comparution de la personne devant elle en application de l'article 695-29.

L'article 695-36 est applicable à la personne recherchée laissée en liberté ou placée sous contrôle judiciaire ou sous assignation à résidence sous surveillance électronique si elle se soustrait volontairement ou ne respecte pas les obligations du contrôle judiciaire ou de l'assignation à résidence sous surveillance électronique.

Le procureur général en avise sans délai le ministre de la justice et lui adresse une copie du mandat d'arrêt.

1) Question prioritaire de constitutionnalité : réserve d'interprétation. Les dispositions de l'article 695-28 du Code de procédure pénale ne sauraient, sans imposer une rigueur non nécessaire méconnaissant la liberté individuelle ni porter une atteinte disproportionnée à la liberté d'aller et venir, être interprétées comme excluant la possibilité pour le magistrat du siège, saisi aux fins d'incarcération dans le cadre de l'exécution d'un mandat d'arrêt européen, de laisser la personne recherchée en liberté sans mesure de contrôle dès lors que celle-ci présente des garanties suffisantes de représentation. Identiquement, le respect des droits de la défense exige que la personne présentée au premier président de la cour d'appel ou au magistrat qu'il a désigné puisse être assistée par un avocat et avoir, le cas échéant, connaissance des réquisitions du procureur général (■ Cons. const., 9 déc. 2016, déc. n° 2016-602 QPC : *JO* 11 déc. 2016, n° 280).

2) Effets de l'ordre d'incarcération. Il se déduit des articles 695-28, 695-31, 695-34, 695-37 et 695-39 du Code de procédure pénale que l'ordre d'incarcération donné par le premier président de la cour d'appel, en vertu duquel la personne recherchée a comparu détenue devant la chambre de l'instruction qui a autorisé sa remise, voit ses effets prolongés, même si la remise est différée, tant que ladite chambre, saisie par l'intéressé, n'a pas ordonné sa mise en liberté. Ainsi, la chambre de l'instruction ne peut refuser de statuer sur une demande de mise en liberté introduite par la personne objet du mandat d'arrêt européen, au motif que les effets de l'ordre d'incarcération provisoire délivré par le premier président ont cessé au jour où l'arrêt de la chambre de l'instruction ordonnant la remise de l'intéressée a acquis un caractère définitif (■ Cass. crim., 27 juill. 2016, n° 16-82.830).

Art. 695-28-1 *(L. n° 2014-1353, 13 nov. 2014).* **– Pour l'examen des demandes d'exécution d'un mandat d'arrêt européen concernant les auteurs d'actes de terrorisme, le procureur général près la cour d'appel de Paris, le premier président de la cour d'appel de Paris ainsi que la chambre de l'instruction de la cour d'appel de Paris et son président exercent une compétence concurrente à celle qui résulte de l'application des articles 695-26 et 695-27.**

§ 3. – Comparution devant la chambre de l'instruction

Art. 695-29 *(L. n° 2004-204, 9 mars 2004).* **– La chambre de l'instruction est immédiatement saisie de la procédure. La personne recherchée comparaît devant elle dans un délai de cinq jours ouvrables à compter de la date de sa présentation au procureur général.**

1) **Textes applicables.** Les dispositions de l'article 197, alinéa 2 du Code de procédure pénale prévoyant un délai minimum de cinq jours entre la date de la convocation et celle de l'audience devant la chambre de l'instruction, ne sont pas applicables lorsque la juridiction statue en matière de mandat d'arrêt européen (■ Cass. crim., 14 sept. 2005, n° 05-84.551 : *JurisData* n° 2005-029808 ; *Bull. crim.* n° 228 ; *Procédures* 2005, comm. 258, obs. J. Buisson). *Contra* : Il se déduit des articles 695-27, 695-29 du Code de procédure pénale ainsi que de l'article 5 de la Conv. EDH, qu'une personne recherchée aux fins d'exécution d'un mandat d'arrêt européen doit disposer du temps et des facilités nécessaires à la préparation de sa défense devant la chambre de l'instruction (■ Cass. crim., 22 juill. 2009, n° 09-84.775 : *JurisData* n° 2009-049218 ; *Bull. crim.* n° 143 ; *Dr. pén.* 2009, comm. 130, A. Maron et M. Haas ; *Procédures* 2009, comm. 328, J. Buisson).

2) **Sur la procédure d'extension du mandat d'arrêt européen.** V. sous art. 695-46, p. 1398.

3) **Calcul des délais.** Ne constituent pas des jours ouvrables au sens de l'article 801 du Code de procédure pénale, les jours fériés et chômés (■ Cass. crim., 25 juin 2013, n° 13-84.355 : *JurisData* n° 2013-014546).

4) **Refus de comparaître.** Il résulte des articles 695-29, 695-30 et 695-31 du Code de procédure pénale que la personne recherchée doit comparaître devant la chambre de l'instruction, afin qu'elle lui demande s'il consent à sa remise aux autorités requérantes et s'il renonce à la règle de spécialité.

Lorsque l'intéressé est détenu et que, sans motif légitime, il refuse son extraction, il est réputé avoir comparu, avoir refusé de consentir à sa remise aux autorités requérantes et ne pas avoir renoncé à la règle de spécialité (■ Cass. crim., 1er juin 2021, n° 21-82.663, §§ 7-8).

Art. 695-30 *(L. n° 2004-204, 9 mars 2004).* **– Lors de la comparution de la personne recherchée, la chambre de l'instruction constate son identité et recueille ses déclarations, dont il est dressé procès-verbal.**

L'audience est publique, sauf si la publicité est de nature à nuire au bon déroulement de la procédure en cours, aux intérêts d'un tiers ou à la dignité de la personne. Dans ce cas, la chambre de l'instruction, à la demande du ministère public, de la personne recherchée ou d'office, statue par un arrêt rendu en chambre du conseil qui n'est susceptible de pourvoi en cassation qu'en même temps que l'arrêt autorise la remise prévue par le quatrième alinéa de l'article 695-31.

Le ministère public et la personne recherchée sont entendus, cette dernière assistée, le cas échéant, de son avocat et, s'il y a lieu, en présence d'un interprète.

La chambre de l'instruction peut, par une décision qui n'est susceptible d'aucun recours, autoriser l'État membre d'émission à intervenir à l'audience par l'intermédiaire d'une personne habilitée par ledit État à cet effet. Lorsque l'État membre d'émission est autorisé à intervenir, il ne devient pas partie à la procédure.

1) **Interrogatoire.** Lorsque la chambre de l'instruction est saisie de l'exécution d'un mandat d'arrêt européen, les débats s'ouvrent par un interrogatoire de la personne recherchée, dont il est dressé procès-verbal. En cas de renvoi de l'affaire, sans que l'intéressé dûment appelé ne comparaisse à cette nouvelle audience, la chambre de l'instruction, différemment composée, ne peut procéder à nouveau à la formalité de l'interrogatoire, de sorte que son absence ne viole aucun texte (■ Cass. crim., 15 janv. 2022, n° 22-80.072, §§ 15-18).

2) **Notification du droit de se taire.** La procédure d'exécution d'un mandat d'arrêt européen ne conduit pas les juridictions françaises compétentes à recueillir des éléments d'accusation à l'égard de la personne concernée. L'audition, devant la chambre de l'instruction, de la personne recherchée ne vise qu'à constater son identité, à recevoir ses observations sur la procédure dont elle fait l'objet, et à lui permettre de consentir ou non à sa remise, et non à la soumettre à un interrogatoire sur les faits objet du mandat d'arrêt. Ainsi, l'absence de notification du droit de se taire dans cette phase de la procédure n'est pas contraire aux droits de la défense, et notamment au droit de la personne de ne pas contribuer à sa propre incrimination, ni au principe d'égalité, de sorte que la question prioritaire de constitutionnalité n'a pas un caractère sérieux (■ Cass. crim., 6 janv. 2015, n° 14-87.893 : *JurisData* n° 2015-000760 ; *JCP* G 2016, n° 45, doctr., p. 1190, obs. S. Détraz). L'audition devant la chambre de l'instruction de la personne recherchée ne vise qu'à constater son identité, à recevoir ses observations sur le déroulement de la procédure dont elle fait l'objet, et à lui permettre de consentir ou non à sa remise, et non à la soumettre à un interrogatoire sur les faits objet du mandat d'arrêt. Ainsi, l'absence de notification du droit de se taire par la chambre de l'instruction qui statue sur l'exécution d'un mandat d'arrêt européen n'est pas contraire aux droits de la défense, et notamment au droit de la personne de ne pas contribuer à sa propre incrimination (■ Cass. crim., 30 mars 2021, n° 21-81.361, §§ 9-10).

3) **Contrôle des indices graves ou concordants.** Une personne détenue en vue de l'exécution d'un mandat d'arrêt européen ne peut être considérée comme étant détenue en vue d'être conduite devant l'autorité judiciaire compétente compte tenu de l'existence de raisons plausibles de la soupçonner d'avoir commis une infraction, au sens de l'article 5, § 1, *c)* de la Convention européenne des droits de l'homme, mais relève de l'article 5, § 1, *f)* de ladite convention. Il s'ensuit que la chambre de l'instruction, saisie du contentieux de l'exécution d'un mandat d'arrêt européen aux fins de poursuites, n'a pas à s'assurer de l'existence d'indices graves ou concordants à l'encontre de la personne recherchée (■ Cass. crim., 30 mars 2021, n° 21-81.554, §§ 11-12).

4) **Publicité.** L'audience de la chambre de l'instruction saisie de la procédure d'exécution d'un mandat d'arrêt européen est publique, sauf si la publicité est de nature à nuire au bon déroulement de la procédure en cours, aux intérêts d'un tiers ou à la dignité de la personne. Le principe de publicité de l'audience énoncé à l'article 695-30 du Code de procédure pénale s'applique au prononcé de la décision comme aux débats. Méconnaît donc ce principe la chambre de l'instruction dont les débats se sont déroulés en audience publique, mais dont l'arrêt a été rendu en chambre du conseil (■ Cass. crim., 19 déc. 2006, n° 06-88.419 : *Bull. crim.* n° 319 ; *JurisData* n° 2006-036799).

5) **Déroulement des débats.** Devant la chambre de l'instruction saisie de l'exécution d'un mandat d'arrêt européen, les débats s'ouvrent par un interrogatoire de la personne recherchée, dont il est dressé procès-verbal. Cet interrogatoire étant indivisible des débats, il doit y être procédé par les mêmes juges qui participent à l'audience au fond et au prononcé de la décision. Ainsi, en cas de renvoi de l'affaire pour examen ultérieur, la chambre de l'instruction, différemment composée, ne peut statuer au fond, sans avoir procédé à nouveau à la formalité de l'interrogatoire (■ Cass. crim., 15 oct. 2014, n° 14-86.215 : *JurisData* n° 2014-024140).

6) **Assistance de l'interprète.** Ne saurait être accueillie une demande d'annulation du procès-verbal de notification du mandat d'arrêt européen pour défaut d'assistance d'un interprète, alors que la personne recherchée a déclaré lors de la procédure comprendre le français, qu'elle n'a pas réclamé d'interprète lors de son placement en rétention judiciaire et a pu s'exprimer sans difficultés apparentes, et qu'à aucun moment, l'avocat qui l'assistait lors de la notification du mandat d'arrêt européen n'a émis de réserve quant à la compréhension de la langue française par son client (■ Cass. crim., 27 juill. 2016, n° 16-84.592 : *JurisData* n° 2016-015043).

Art. 695-31 *(L. n° 2004-204, 9 mars 2004).* **– Si, lors de sa comparution, la personne recherchée déclare consentir à sa remise, la chambre de l'instruction l'informe des conséquences juridiques de son consentement et de son caractère irrévocable.**

Lorsque la personne recherchée maintient son consentement à la remise, la chambre de l'instruction lui demande si elle entend renoncer à la règle de la spécialité, après l'avoir informée des conséquences juridiques d'une telle renonciation et de son caractère irrévocable.

Si la chambre de l'instruction constate que les conditions légales d'exécution du mandat d'arrêt européen sont remplies, elle rend un arrêt par lequel elle donne acte à la personne recherchée de son consentement à être remise ainsi que, le cas échéant, de sa renonciation à la règle de la spécialité et accorde la remise. La chambre de l'instruction statue, sauf si un complément d'information a été ordonné dans les conditions énoncées à

l'article 695-33, dans les sept jours de la comparution devant elle de la personne recherchée. Cette décision n'est pas susceptible de recours.

Si la personne recherchée déclare ne pas consentir à sa remise, la chambre de l'instruction statue par une décision dans le délai de vingt jours à compter de la date de sa comparution, sauf si un complément d'information a été ordonné dans les conditions énoncées à l'article 695-33. Cette décision peut faire l'objet d'un pourvoi en cassation, par le procureur général ou par la personne recherchée, dans les conditions énoncées aux articles 568-1 et 574-2.

Lorsque la personne recherchée bénéficie d'un privilège ou d'une immunité en France, les délais mentionnés aux troisième et quatrième alinéas ne commencent à courir qu'à compter du jour où la chambre de l'instruction a été informée de sa levée.

Lorsque le consentement d'un autre État s'avère nécessaire, conformément au dernier alinéa de l'article 695-26, ces délais ne commencent à courir qu'à compter du jour où la chambre de l'instruction a été informée de la décision de cet État.

Lorsqu'elle revêt un caractère définitif, la décision de la chambre de l'instruction est notifiée par tout moyen et sans délai à l'autorité judiciaire de l'État membre d'émission par les soins du procureur général.

1) **Aptitude au consentement à la remise.** Un majeur protégé placé sous le régime de la tutelle ne peut consentir à sa remise en exécution d'un mandat d'arrêt européen. La chambre de l'instruction est tenue d'examiner la situation de la personne recherchée selon les dispositions de l'article 695-31, alinéa 4 du Code de procédure pénale (■ Cass. crim., 17 févr. 2016, n° 16-80.653 : *Bull. crim.* n° 58 ; *JurisData* n° 002524 ; *Europe* 2006, chron. 2, obs. J. Tricot).

2) **Irrévocabilité du consentement à la remise.** En application de l'article 695-31 du Code de procédure pénale, la personne recherchée en vertu d'un mandat d'arrêt européen, qui, informée lors de sa comparution devant la chambre de l'instruction des conséquences juridiques et du caractère irrévocable de son consentement, déclare consentir à sa remise aux autorités judiciaires de l'État requérant, ne peut se pourvoir contre l'arrêt lui donnant acte dudit consentement, une telle décision n'étant pas susceptible de recours (■ Cass. crim., 11 juin 2013, n° 13-83.502 : *Bull. crim.* n° 135 ; *JurisData* n° 2013-012440).

3) **Refus de comparution.** V. ss art. 695-29, p. 1389.

Art. 695-32 *(Rempl., L. n° 2013-711, 5 août 2013).* **– Lorsque la personne recherchée est de nationalité française ou réside régulièrement sur le territoire national de façon ininterrompue depuis au moins cinq ans, l'exécution du mandat d'arrêt européen peut être subordonnée à la vérification qu'elle peut être renvoyée en France pour y effectuer la peine qui sera éventuellement prononcée par l'autorité judiciaire de l'État d'émission pour les faits faisant l'objet du mandat.**

1) **Opposition (jurisprudence antérieure à la loi n° 2013-711 du 5 août 2013 créant l'article 695-22-1 du Code de procédure pénale).** La chambre de l'instruction n'a pas à rechercher si l'intéressé a pu former opposition dès lors que ce dernier n'a pas sollicité l'application des dispositions facultatives de l'article 695-32, 1° du Code de procédure pénale (■ Cass. crim., 29 nov. 2006, n° 06-87.993 : *Bull. crim.* n° 302 ; *JCP G* 2006, act. 580). Ne viole pas l'article 695-32, 1° du Code de procédure pénale, la chambre de l'instruction accordant la remise pour l'exécution d'une peine modifiée en appel d'une personne détenue en France, dès lors qu'il ressort des informations dépourvues de toute ambiguïté fournies par les autorités requérantes, qui n'ont pas à produire copie de la décision de condamnation, que l'intéressé a été personnellement convoqué à l'audience devant la cour d'appel (■ Cass. crim., 8 févr. 2011, n° 11-80.261 : *JurisData* n° 2011-001688 ; *Bull. crim.* n° 21 ; *Procédures* 2011, n° 4, comm. 151).

2) **Exécution de la peine en France.** La chambre de l'instruction ne saurait refuser d'examiner une demande sollicitant l'application des dispositions de l'article 695-32, 2, du Code de procédure pénale, se bornant à énoncer qu'elle n'est pas tenue de rechercher si la peine peut être exécutée sur le territoire national. Elle est en effet tenue de répondre à l'argumentation de la personne recherchée qui invoque sa situation familiale au soutien de sa demande d'exécution de peine sur le territoire français (■ Cass. crim., 26 oct. 2005, n° 05-85.847 : *JurisData* n° 2005-030707 ; *Bull. crim.* n° 270). Les dispositions de l'article 695-32, qui ne constituent qu'une simple faculté laissée à la libre appréciation des juges du fond, ne bénéficient qu'aux personnes de nationalité française ou résidant régulièrement depuis plus de cinq ans sur le territoire national de façon ininterrompue, condition qui doit être établie devant la chambre de l'instruction (■ Cass. crim., 27 juill. 2016, n° 16-84.592 : *JurisData* n° 2016-015043).

Art. 695-33 *(L. n° 2004-204, 9 mars 2004).* **– Si la chambre de l'instruction estime que les informations communiquées par l'État membre d'émission dans le mandat d'arrêt européen sont insuffisantes pour lui permettre de statuer sur la remise, elle demande à l'autorité judiciaire dudit État la fourniture, dans le délai maximum de dix jours pour leur réception, des informations complémentaires nécessaires.**

1) **Droits fondamentaux, complément d'informations.** Lorsque les informations contenues dans le mandat d'arrêt sont insuffisantes pour permettre à la chambre de l'instruction de statuer sur la remise de la personne recherchée dans le respect de ses droits fondamentaux, cette juridiction est tenue de les solliciter auprès des autorités de l'État d'émission. C'est donc à tort que la chambre de l'instruction a écarté les moyens de la personne réclamée tirés du risque de violation de ses droits fondamentaux en raison notamment des conditions de détention dans les prisons slovènes, en énonçant que l'intéressé n'est pas demandé pour l'exécution d'une peine et qu'il n'est pas démontré qu'il serait susceptible de subir dans les prisons de Slovénie des traitements inhumains et dégradant. En effet, il lui revenait d'analyser les éléments produits par la personne réclamée, tirés d'arrêts de la Cour européenne des droits de l'homme et de documents établis par les organes du Conseil de l'Europe, qui faisaient état d'un risque réel de traitement inhumain ou dégradant des personnes détenues dans l'État membre d'émission en raison des conditions générales de détention, et de carences des mécanismes de contrôle desdites conditions, afin d'évaluer si ces informations, objectives et fiables, étaient précises et dûment actualisées, et si elle devait, le cas échéant, solliciter des informations supplémentaires des autorités de l'État d'émission (▪ Cass. crim., 26 mars 2019, n° 19-81.731). Lorsque les informations contenues dans le mandat d'arrêt sont insuffisantes pour permettre à la chambre de l'instruction de statuer sur la remise de la personne recherchée dans le respect de ses droits fondamentaux, cette juridiction est tenue de les solliciter auprès des autorités de l'État d'émission (▪ Cass. crim., 9 juin 2015, n° 15-82.750 : *Bull. crim.* n° 141. ▪ Cass. crim., 27 juin 2007, n° 07-83.957 : *Bull. crim.* n° 182).

2) **Dialogue entre États.** Si la chambre de l'instruction estime que les informations communiquées par l'État d'émission du mandat d'arrêt européen sont insuffisantes pour lui permettre de statuer sur la remise, elle demande à l'autorité judiciaire dudit État la fourniture des informations complémentaires nécessaires (▪ Cass. crim., 26 févr. 2020, n° 20-80.714, § 7). Il en va ainsi en matière de prescription, la chambre de l'instruction devant se renseigner sur le cours de cette dernière (même arrêt, § 11). La chambre de l'instruction ne peut refuser de mettre à exécution une demande de remise au constat des imprécisions ou contradictions relevées dans la traduction du mandat d'arrêt européen, dès lors qu'il lui revient, en application de l'article 695-33 du Code de procédure pénale, de demander aux autorités judiciaires de l'État d'émission des informations complémentaires qu'elle juge nécessaires au regard des exigences posées par l'article 695-13 du Code de procédure pénale (▪ Cass. crim., 22 mars 2016, n° 16-81.186 : *JurisData* n° 2016-005306). Identiquement, lorsqu'un mandat d'arrêt européen pour l'exécution du reliquat d'une peine concerne une personne résidant en France de manière ininterrompue, la chambre de l'instruction se doit de vérifier auprès des autorités étrangères si elles souhaitaient que le reliquat de peine soit exécuté sur leur territoire ou en France (▪ Cass. crim., 10 août 2016, n° 16-84.723 : *JurisData* n° 2016-015879). Si la chambre de l'instruction estime que les informations communiquées par l'État membre d'émission dans le mandat d'arrêt européen sont insuffisantes pour lui permettre de statuer sur la remise, elle demande à l'autorité judiciaire dudit État la fourniture, dans le délai maximum de 10 jours pour leur réception, des informations complémentaires nécessaires. C'est donc à tort qu'elle a refusé la remise de l'intéressé aux autorités allemandes et ordonné sa mise en liberté, après avoir énoncé que le complément d'information n'indique pas, malgré la demande de précisions faite auxdites autorités, dans quelles conditions la peine globale de 7 mois et 2 semaines d'emprisonnement a été fixée, étant observé, par ailleurs, que le mandat d'arrêt ne comportait pas l'indication de la présence ou non de M. Z... lors du procès à l'issue duquel cette peine a été fixée. En se déterminant ainsi, sans rechercher auprès des autorités allemandes, par un nouveau supplément d'information, si la fixation de la peine globale nécessitait une décision juridictionnelle et la tenue d'une audience à laquelle M. Z... aurait été convoqué, la chambre de l'instruction n'a pas justifié sa décision (▪ Cass. crim., 5 déc. 2018, n° 18-86.318).

3) **Formalisme et contrôle des informations transmises.** Le demandeur ne saurait se faire un grief de ce que les informations complémentaires demandées aux autorités judiciaires belges aient été transmises par courrier électronique, dès lors que l'article 695-33 du Code de procédure pénale n'impose aucun formalisme pour l'envoi de ces éléments et que le document, portant l'en-tête de la juridiction, ainsi que les nom, sceau et signature du juge, aucun doute ne peut être élevé s'agissant de l'authenticité de son auteur. Si les

autorités judiciaires de l'État d'exécution doivent vérifier que les informations demandées émanent de celles de l'État d'émission, il ne leur appartient pas de s'immiscer dans l'organisation interne des juridictions de ce dernier (■ Cass. crim., 25 juin 2013, n° 13-84.149 : *JurisData* n° 2013-013799 ; *Bull. crim.* n° 158).

4) **Réfugié politique.** La chambre de l'instruction n'est pas tenue, pour ordonner la remise d'un demandeur d'asile, d'interroger les autorités judiciaires italiennes sur le respect de l'article 3 de la Convention européenne des droits de l'Homme, dès lors que l'intéressé ne pouvait se prévaloir du statut de réfugié (■ Cass. crim., 21 nov. 2018, n° 18-86.101 : *JurisData* n° 2018-020707).Lorsque la demande de remise concerne une personne bénéficiant du statut de réfugié politique en France, en raison des risques encourus dans son pays d'origine, la Chambre de l'instruction ne saurait accéder à sa remise sans procéder à des mesures d'informations complémentaires prévues à l'article 695-33, et sans s'assurer, dans le respect des articles 33, 1, de la Convention de Genève du 28 juillet 1951 et 3 de la Convention européenne des droits de l'Homme, que cette dernière ne sera pas, ensuite, remise à son pays d'origine (■ Cass. crim., 9 juin 2015, n° 15-82.750 : *JurisData* n° 2015-013726 ; *Europe* janv. 2016, chron. 1). Encourt la cassation l'arrêt de la chambre de l'instruction qui autorise la remise d'un réfugié politique aux autorités allemandes, sans vérification du sort qui lui sera réservé, dès lors qu'il lui revient de vérifier dans le respect des articles 33, 1, de la Convention de Genève du 28 juillet 1951 et 3 de la Convention européenne des droits de l'Homme, que les autorités allemandes ne remettraient pas la personne recherchée aux autorités de son pays d'origine (■ Cass. crim., 21 nov. 2007, n° 07-87.499 : *JurisData* n° 2007-041757 ; *JCP* G 2007, act. 637 ; *D.* 2008, p. 20, obs. C. Girault). Dès lors que l'article 695-33 du Code de procédure pénale permet de demander des informations complémentaires sur le sort qui serait réservé à une personne bénéficiant du statut de réfugié politique à l'issue de la procédure suivie dans l'État d'émission, au regard notamment des dispositions de la Convention européenne des droits de l'Homme et de celles de la Convention de Genève du 28 juillet 1951, la chambre de l'instruction ne saurait s'opposer à une demande de remise au seul constat de la qualité de réfugié politique (■ Cass. crim., 26 sept. 2007, n° 07-86.099 : *JurisData* n° 2007-040604 ; *Bull. crim.* n° 229 ; *JCP* G 2007, II, 10192, note V. Malabat).

Art. 695-34 ***(Mod., L. n° 2011-392, 14 avr. 2011, en vigueur le 1er juin 2011).* – La mise en liberté peut être demandée à tout moment à la chambre de l'instruction selon les formes prévues aux articles 148-6 et 148-7.**

L'avocat de la personne recherchée est convoqué, par lettre recommandée avec demande d'avis de réception, quarante-huit heures au moins avant la date de l'audience. La chambre de l'instruction statue après avoir entendu le ministère public ainsi que la personne recherchée ou son avocat, dans les plus brefs délais et au plus tard dans les quinze jours de la réception de la demande, par un arrêt rendu dans les conditions prévues à l'article 199. Toutefois, lorsque la personne recherchée n'a pas encore comparu devant la chambre de l'instruction, les délais précités ne commencent à courir qu'à compter de la première comparution devant cette juridiction.

La chambre de l'instruction peut également, lorsqu'elle ordonne la mise en liberté de la personne recherchée et à titre de mesure de sûreté, astreindre l'intéressé à se soumettre à une ou plusieurs des obligations énumérées aux articles 138 et 142-5.

Préalablement à sa mise en liberté, la personne recherchée doit signaler à la chambre de l'instruction ou au chef de l'établissement pénitentiaire son adresse.

Elle est avisée qu'elle doit signaler à la chambre de l'instruction, par nouvelle déclaration ou par lettre recommandée avec demande d'avis de réception, tout changement de l'adresse déclarée.

Elle est également avisée que toute notification ou signification faite à la dernière adresse déclarée sera réputée faite à sa personne.

Mention de cet avis, ainsi que de la déclaration d'adresse, est portée soit au procès-verbal, soit dans le document qui est adressé sans délai, en original ou en copie, par le chef d'établissement pénitentiaire à la chambre de l'instruction.

1) **Durée de la détention – Question prioritaire de constitutionnalité.** Alors que ni l'article 695-34 ni aucune autre disposition législative ne prévoient de durée maximum à l'incarcération de la personne recherchée et qu'il n'existe pas d'obligation d'un réexamen périodique du bien-fondé de la détention par un juge, les deuxième et troisième phrases du deuxième alinéa de l'article 695-34 du Code de procédure pénale ne méconnaissent aucun droit ou liberté que la Constitution garantit et doivent être déclarées conformes à la Constitution. En effet, en pre-

mier lieu, les articles 695-29, 695-31 et 695-33 du Code de procédure pénale enserrent dans des délais fixes et brefs la procédure de comparution devant la chambre de l'instruction, chargée de statuer sur l'exécution du mandat d'arrêt européen. En deuxième lieu, en application des articles 574-2 et 695-31 du même code, lorsque la personne recherchée ne consent pas à sa remise à l'État d'émission du mandat d'arrêt européen et qu'elle se pourvoit en cassation contre la décision de la chambre de l'instruction, la Cour de cassation est tenue de statuer dans un délai de quarante jours. En dernier lieu, en application de l'article 695-37 du même code, le procureur général doit prendre les mesures nécessaires afin que la personne recherchée soit remise à l'autorité judiciaire de l'État d'émission au plus tard dans les dix jours suivant la décision définitive de la chambre de l'instruction. À l'expiration de ce délai, si la personne recherchée se trouve toujours en détention, elle est libérée d'office. Il n'en va différemment qu'en cas de force majeure empêchant la remise ou si, pour des raisons humanitaires sérieuses, il doit être sursis temporairement à cette remise. Dans ces deux hypothèses, en application des articles 695-37 et 695-38, une nouvelle date de remise est convenue avec l'autorité judiciaire de l'État d'émission. La personne recherchée doit alors être remise au plus tard dans les dix jours suivant cette date. Si elle se trouve toujours en détention à l'issue de ce délai, elle est libérée d'office. Il résulte de ce qui précède que les dispositions régissant l'exécution du mandat d'arrêt européen garantissent que l'incarcération de la personne recherchée ne puisse excéder un délai raisonnable. Par ailleurs, la personne recherchée peut solliciter, à tout instant de la procédure, sa mise en liberté devant la chambre de l'instruction (▪ Cons. const., 9 déc. 2016, déc. n° 2016-602 QPC, cons. : *JO* 11 déc. 2016, n° 288). La personne incarcérée dans l'attente de sa remise différée aux autorités judiciaires de l'État requérant peut solliciter, à tout instant de la procédure, sa mise en liberté devant la chambre de l'instruction, qui, lorsque l'intéressé fait l'objet de poursuites en France, est chargée d'apprécier, sous le contrôle de la Cour de cassation, le caractère raisonnable de la durée de sa détention notamment au regard des diligences à accomplir. Il appartient à l'autorité judiciaire de l'État requis de concilier l'obligation de remettre la personne recherchée à l'État requérant avec la nécessité de veiller à ce que la durée de sa détention ne présente pas un caractère excessif au regard du temps indispensable à l'exécution de ce mandat menée de manière suffisamment diligente, ainsi que l'a rappelé la Cour de justice de l'Union européenne dans son arrêt du 16 juillet 2015 (C-237/15PPU). À cet égard, la question prioritaire de constitutionnalité portant sur l'absence de durée maximale d'incarcération prévue aux articles 695-34, alinéa 1, 695-37 et 695-39, alinéa 1, du Code de procédure pénale, ne présente pas un caractère sérieux et ne saurait faire l'objet d'une transmission (▪ Cass. crim., 17 oct. 2017, n° 17-84.667 : *Bull. crim.* n° 229).

2) Formes de la demande de mise en liberté. Doit être déclarée irrecevable la demande de mise en liberté formée oralement à l'audience, dès lors que celle-ci doit être faite dans les formes prévues par les articles 148-6 et 148-7 du Code de procédure pénale (▪ Cass. crim., 24 juin 2008, n° 08-83.877 : *JurisData* n° 2008-044897 ; *Bull. crim.* n° 161).

3) Sur les effets de l'ordre d'incarcération. V. ss art. 695-28, p. 1388.

Art. 695-35 *(Mod., L. n° 2011-392, 14 avr. 2011)*. **– La mainlevée ou la modification du contrôle judiciaire ou de l'assignation à résidence sous surveillance électronique peut être ordonnée à tout moment par la chambre de l'instruction dans les conditions prévues à l'article 199, soit d'office, soit sur les réquisitions du procureur général, soit à la demande de la personne recherchée après avis du procureur général.**

La chambre de l'instruction statue dans les quinze jours de sa saisine.

Art. 695-36 *(Mod., L. n° 2011-392, 14 avr. 2011)*. **– Si la personne recherchée se soustrait volontairement aux obligations du contrôle judiciaire ou de l'assignation à résidence sous surveillance électronique ou si, après avoir bénéficié d'une mise en liberté non assortie du contrôle judiciaire ou de l'assignation à résidence sous surveillance électronique, il apparaît qu'elle entend manifestement se dérober à l'exécution d'un mandat d'arrêt européen, la chambre de l'instruction peut, sur les réquisitions du ministère public, décerner mandat d'arrêt à son encontre.**

Les dispositions de l'article 74-2 sont alors applicables, les attributions du procureur de la République et du juge des libertés et de la détention prévues par cet article étant respectivement confiées au procureur général et au président de la chambre de l'instruction ou un conseiller par lui désigné.

Lorsque l'intéressé a été appréhendé, l'affaire doit être examinée par la chambre de l'instruction dans les plus brefs délais et au plus tard dans les dix jours de sa mise sous écrou.

La chambre de l'instruction confirme, s'il y a lieu, la révocation du contrôle judiciaire ou de l'assignation à résidence sous surveillance électronique et ordonne l'incarcération de l'intéressé.

Le ministère public et la personne recherchée sont entendus, cette dernière assistée, le cas échéant, de son avocat et, s'il y a lieu, en présence d'un interprète.

Le dépassement du délai mentionné au deuxième alinéa entraîne la mise en liberté d'office de l'intéressé.

§ 4. – Remise de la personne recherchée

Art. 695-37 *(Mod., L. n° 2009-526, 12 mai 2009)*. – Le procureur général prend les mesures nécessaires afin que la personne recherchée soit remise à l'autorité judiciaire de l'État d'émission au plus tard dans les dix jours suivant la date de la décision définitive de la chambre de l'instruction.

Si la personne recherchée est en liberté lorsque la décision de la chambre de l'instruction autorisant la remise est prononcée, le procureur général peut ordonner l'arrestation de l'intéressé et son placement sous écrou. L'article 74-2 est alors applicable. Les attributions du procureur de la République et du juge des libertés et de la détention sont alors respectivement exercées par le procureur général et le président de la chambre de l'instruction ou le conseiller par lui désigné. Lorsque la personne recherchée a été appréhendée, le procureur général donne avis de cette arrestation, sans délai, à l'autorité judiciaire de l'État, d'émission.

Si la personne recherchée ne peut être remise dans le délai de dix jours pour un cas de force majeure, le procureur général en informe immédiatement l'autorité judiciaire de l'État d'émission et convient avec elle d'une nouvelle date de remise. La personne recherchée est alors remise au plus tard dans les dix jours suivant la nouvelle date ainsi convenue.

À l'expiration des délais visés au premier alinéa ou dans la deuxième phrase du troisième alinéa, si la personne recherchée se trouve toujours en détention, elle est, sauf application du premier alinéa de l'article 695-39, remise d'office en liberté.

1) **Force majeure.** Constitue un cas de force majeure empêchant le respect du délai de dix jours suivant la décision définitive de remise au sens de l'article 695-37, alinéa 3 du Code de procédure pénale, le grand nombre de mandats émis et l'impossibilité de savoir quand et quel serait le dernier mandat d'arrêt européen délivré contre l'intéressé. En pareil cas, le parquet général est autorisé à saisir les autorités judiciaires d'émission afin de différer la remise de la personne recherchée, sans que la chambre de l'instruction ne puisse convenir elle-même d'une nouvelle date de remise (■ Cass. crim., 20 mars 2012, n° 12-81.284 : *JurisData* n° 2012-005815 ; *Bull. crim.* n° 76). Justifie sa décision la chambre de l'instruction pour laquelle l'impossibilité de réserver des billets d'avion ne constitue pas un cas de force majeure (■ Cass. crim., 28 oct. 2015, n° 15-84.979 : *JurisData* n° 2015-024545).

2) **Nouvelle date de remise.** L'article 23, paragraphe 3, de la décision-cadre 2002/584/JAI du Conseil du 13 juin 2002, relative au mandat d'arrêt européen et aux procédures de remise entre États membres, telle que modifiée par la décision-cadre 2009/299/JAI du Conseil du 26 février 2009, doit être interprété en ce sens que, l'autorité judiciaire d'exécution et l'autorité judiciaire d'émission conviennent d'une nouvelle date de remise, en vertu de cette disposition, lorsque la remise de la personne recherchée, dans un délai de dix jours suivant une première nouvelle date de remise convenue en application de ladite disposition, s'avère impossible en raison de la résistance opposée de manière réitérée par cette personne, pour autant que, en raison de circonstances exceptionnelles, cette résistance n'a pu être prévue par ces autorités et que les conséquences de celle-ci sur la remise n'ont pu être évitées, malgré toutes les diligences déployées par lesdites autorités, ce qu'il appartient à la juridiction de renvoi de vérifier (■ CJUE, 25 janv. 2017, aff. C 640/15, *Tomas Vilkas*). L'article 15, paragraphe 1, et l'article 23 de la décision-cadre 2002/584, telle que modifiée par la décision-cadre 2009/299, doivent être interprétés en ce sens que les mêmes autorités demeurent tenues de convenir d'une nouvelle date de remise en cas d'expiration des délais fixés à cet article 23 (même arrêt).

3) **Retard de la remise et libération.** La décision-cadre 2002/584/JAI du Conseil, du 13 juin 2002, relative au mandat d'arrêt européen et aux procédures de remise entre États membres, doit être interprétée en ce sens qu'elle s'oppose à une disposition nationale qui prévoit une obligation générale et inconditionnelle de remise en liberté d'une personne recherchée et arrêtée en vertu d'un mandat d'arrêt européen dès qu'un délai de 90 jours s'est écoulé à compter de son arrestation, lorsqu'il existe un risque très sérieux de fuite de celle-ci, qui ne peut pas être ramené à un niveau acceptable par l'imposition de mesures adéquates (■ CJUE, 1re ch., 12 févr. 2019, aff. C-492/18 : *D.* 2019, p. 313).

Art. 695-38 *(L. n° 2004-204, 9 mars 2004).* **– Les dispositions de l'article 695-37 ne font pas obstacle à ce que la chambre de l'instruction, après avoir statué sur l'exécution du mandat d'arrêt européen, puisse surseoir temporairement à la remise pour des raisons humanitaires sérieuses, en particulier si la remise de la personne recherchée est susceptible d'avoir pour elle des conséquences graves en raison notamment de son âge ou de son état de santé.**

Le procureur général en informe alors immédiatement l'autorité judiciaire d'émission et convient avec elle d'une nouvelle date de remise. La personne recherchée est alors remise au plus tard dans les dix jours suivant la nouvelle date convenue.

À l'expiration de ce délai, si la personne recherchée se trouve toujours en détention, elle est, sauf application du premier alinéa de l'article 695-39, remise d'office en liberté.

Bibliographie : D. Roets, *Des raisons humanitaires sérieuses justifiant un sursis temporaire à l'exécution de la remise d'une personne objet d'un mandat d'arrêt européen : Dr. pén.* 2010, étude 15.

Il résulte de l'article 695-38 du Code de procédure pénale que la chambre de l'instruction, après avoir statué sur l'exécution du mandat d'arrêt européen, peut surseoir temporairement à la remise pour des raisons humanitaires sérieuses. Ne justifie pas sa décision la chambre de l'instruction qui statue sur la remise sans chercher l'existence de telles raisons justifiant qu'il soit temporairement sursis à la remise, alors que l'intéressé avait refusé de consentir à la remise, exposant notamment qu'il avait un enfant gravement handicapé (▪ Cass. crim., 25 nov. 2009, n° 09-87.072 : *JurisData* n° 2009-051111 ; *Dr. pén.* 2010, étude 15, D. Roets ; *Procédures* 2009, comm. 153, obs. J. Buisson).

C'est à bon droit que la chambre de l'instruction autorise une remise, dont il a été sursis à exécution en attente de l'examen des conclusions d'expert, dès lors que ces dernières lui permettent de constater qu'il n'existe plus de raisons humanitaires sérieuses justifiant qu'il soit temporairement sursis à la remise (▪ Cass. crim., 28 nov. 2006 : *JurisData* n° 2006-036425). Il se déduit des dispositions de l'article 695-38 du Code de procédure pénale qu'après avoir statué sur l'exécution du mandat d'arrêt européen, la chambre de l'instruction, qui ordonne qu'il soit sursis à son exécution pour des raisons humanitaires sérieuses, a seule compétence pour fixer le délai dans lequel le mandat ne pourra être exécuté, le procureur général ne pouvant, qu'à l'issue du délai ainsi fixé, convenir d'une date de remise avec l'autorité judiciaire d'émission dans les conditions prévues par l'alinéa 2 de ce texte (▪ Cass. crim., 29 nov. 2006, n° 06-88.142 : *JurisData* n° 2006-036427).

Art. 695-39 *(L. n° 2004-204, 9 mars 2004).* **– Lorsque la personne recherchée est poursuivie en France ou y a déjà été condamnée et doit y purger une peine en raison d'un fait autre que celui visé par le mandat d'arrêt européen, la chambre de l'instruction peut, après avoir statué sur l'exécution du mandat d'arrêt, différer la remise de l'intéressé. Le procureur général en avise alors immédiatement l'autorité judiciaire d'émission.**

La chambre de l'instruction peut également décider la remise temporaire de la personne recherchée. Le procureur général en informe immédiatement l'autorité judiciaire d'émission et convient avec elle, par écrit, des conditions et des délais de la remise.

1) Effets de la remise temporaire. Il résulte de l'article 695-39 du Code de procédure pénale que, lorsque la personne recherchée est poursuivie en France, la chambre de l'instruction peut décider sa remise temporaire aux fins d'exécution du mandat d'arrêt européen, ladite remise temporaire, décidée après accord des autorités judiciaires d'exécution et d'émission, constituant l'exécution du mandat d'arrêt européen qui, par suite de cette exécution, se trouve privé d'effet lors du retour de l'intéressé et ne peut justifier la poursuite de sa détention. En effet, la remise temporaire constitue une modalité d'exécution du mandat d'arrêt européen qui, par suite de cette exécution, se trouve privé d'effet et ne peut justifier une nouvelle détention (▪ Cass. crim., 6 mai 2020, n° 20-81.183, §§ 10 et 16).

2) Conditions de la remise temporaire. L'article 695-39 du Code de procédure pénale ne soumet pas la décision de remise temporaire de la personne recherchée et poursuivie en France à l'absence de mesure de sûreté la concernant (▪ Cass. crim., 14 déc. 2004, n° 04-86.955 : *JurisData* n° 2004-026420 ; *Bull. crim.* n° 317). Les juges n'ont pas à rendre compte de l'usage de la faculté offerte par l'article 695-39 du Code de procédure pénale (▪ Cass. crim., 19 avr. 2005, n° 05-81.692 : *JurisData* n° 2005-028290 ; *Bull. crim.* n° 137 ; *JCP* G 2005, n° 24, IV, 2358).

Art. 695-40 *(L. n° 2004-204, 9 mars 2004).* **– Lors de la remise, le procureur général mentionne la durée de la détention subie sur le territoire national du fait de l'exécution d'un mandat d'arrêt européen.**

§ 5. – Cas particuliers

Art. 695-41 *(Mod., L. n° 2016-731, 3 juin 2016).* – **Lors de l'arrestation de la personne recherchée, il est procédé, à la demande de l'autorité judiciaire de l'État membre d'émission, ou à l'initiative de l'autorité judiciaire d'exécution, à la saisie, dans les formes prévues par l'article 56, par les deux premiers alinéas de l'article 56-1, par les articles 56-2, 56-3, 56-5 et 57 et par le premier alinéa de l'article 59, des objets :**

1° Qui peuvent servir de pièces à conviction, ou

2° Qui ont été acquis par la personne recherchée du fait de l'infraction.

Lorsqu'elle statue sur la remise de la personne recherchée, la chambre de l'instruction ordonne la remise des objets saisis en application des 1° et 2°, le cas échéant, après avoir statué sur une contestation formulée en vertu des dispositions du deuxième alinéa de l'article 56-1.

Cette remise peut avoir lieu même si le mandat d'arrêt européen ne peut être exécuté par suite de l'évasion ou du décès de la personne recherchée.

La chambre de l'instruction peut, si elle le juge nécessaire pour une procédure pénale suivie sur le territoire national, retenir temporairement ces objets ou les remettre sous condition de restitution.

Sont toutefois réservés les droits que l'État français ou des tiers auraient acquis sur ces objets. Si de tels droits existent, ces objets sont rendus le plus tôt possible et sans frais à l'État français à la fin des poursuites exercées sur le territoire de l'État d'émission.

Art. 695-42 *(L. n° 2004-204, 9 mars 2004 ; L. n° 2021-1729, 22 déc. 2021).* – **Lorsque plusieurs États membres ont émis un mandat d'arrêt européen à l'encontre de la même personne, que ce soit pour le même fait ou pour des faits différents, le choix du mandat d'arrêt européen à exécuter est opéré par la chambre de l'instruction, le cas échéant, après consultation de l'Agence Eurojust, compte tenu de toutes les circonstances et notamment du degré de gravité et du lieu de commission des infractions, des dates respectives des mandats d'arrêt européens, ainsi que du fait que le mandat d'arrêt a été émis pour la poursuite ou pour l'exécution d'une peine ou d'une mesure de sûreté privative de liberté.**

En cas de conflit entre un mandat d'arrêt européen et une demande d'extradition présentée par un État tiers, la chambre de l'instruction peut surseoir à statuer dans l'attente de la réception des pièces. Elle décide de la priorité à donner au mandat d'arrêt européen ou à la demande d'extradition compte tenu de toutes les circonstances, notamment celles visées au premier alinéa et celles figurant dans la convention ou dans l'accord applicable.

1) **Formalisme.** La chambre de l'instruction qui statue sur le fondement de l'article 695-42 du Code de procédure pénale n'a pas à établir un procès-verbal dans les termes de l'article 695-30 du même code (■ Cass. crim., 20 mars 2012, n° 12-81.284 : *JurisData* n° 2012-005815).

2) **Limitation des pouvoirs de la chambre de l'instruction.** Lorsque plusieurs États membres de l'Union européenne ont émis un mandat d'arrêt européen à l'encontre de la même personne, la chambre de l'instruction peut uniquement choisir celui des mandats à exécuter. Viole l'article 695-42 du Code de procédure pénale, la chambre de l'instruction ordonnant la remise de l'intéressé à l'autorité judiciaire italienne tout en ajoutant que cette remise sera exécutée prioritairement à celle ordonnée au titre du mandat d'arrêt européen émis par l'autorité judiciaire allemande, sous réserve que M. X... soit remis à celle-ci lorsque sa présence sur le sol italien ne sera plus nécessaire (■ Cass. crim., 24 août 2012, n° 12-85.244 : *JurisData* n° 2012-018807 ; *Dr. pén.* 2012, comm. 136, A. Maron et M. Haas ; *Procédures* 2012, comm. 304, obs. J. Buisson ; *Gaz. Pal.* 9-11 sept. 2012, p. 17, obs. R. Mésa).

3) **Cadre du contentieux.** S'il résulte de l'article 695-42 du Code de procédure pénale que, lorsque plusieurs États membres ont émis un mandat d'arrêt européen à l'encontre de la même personne, le choix du mandat d'arrêt européen à exécuter est opéré par la chambre de l'instruction, en tenant compte, notamment, des distinctions prévues par ce texte, ce choix peut cependant être effectué dans le cadre de la procédure prévue aux articles 710 et 711 du Code de procédure pénale (■ Cass. crim., 24 janv. 2012, n° 11-89.177 : *JurisData* n° 2012-001287 ; *Bull. crim.* n° 21 ; *Dr. pén.* 2012, comm. 136, A. Maron et M. Haas).

Art. 695-43 *(L. n° 2004-204, 9 mars 2004).* – **Lorsque, dans des cas spécifiques et en particulier si, consécutivement à un pourvoi en cassation, la décision définitive sur l'exécution du mandat d'arrêt européen ne peut être rendue par les autorités judiciaires compétentes dans le délai de soixante jours à compter de l'arrestation de la personne recherchée, le procureur général territorialement compétent en informe immédiatement l'autorité**

judiciaire de l'État membre d'émission en lui indiquant les raisons du retard. Ce délai est alors prolongé de trente jours supplémentaires.

Lorsque, dans des circonstances exceptionnelles, notamment après un arrêt de cassation avec renvoi, la décision définitive sur l'exécution du mandat d'arrêt européen n'a pas été prise dans le délai de quatre-vingt-dix jours à compter de la date de l'arrestation de la personne recherchée, le procureur général territorialement compétent en informe le ministre de la justice qui, à son tour, en avise Eurojust, en précisant les raisons du retard.

Après un arrêt de cassation avec renvoi, la chambre de l'instruction à laquelle la cause est renvoyée statue dans les vingt jours à compter du prononcé de l'arrêt de la Cour de cassation. Cette chambre connaît des éventuelles demandes de mise en liberté formées par la personne réclamée.

Si l'inobservation des délais fixés par l'article 695-43 du Code de procédure pénale pour la remise de la personne recherchée en exécution d'un mandat d'arrêt européen n'est assortie d'aucune sanction, viole le sens et la portée de l'article 17 de la décision-cadre du Conseil du 13 juin 2002, la chambre de l'instruction qui refuse de statuer passé ce délai (■ Cass. crim., 14 sept. 2005, n° 05-84.551 : *JurisData* n° 2005-029808 ; *Bull. crim.* n° 228 ; *Procédures* 2005, comm. 258, note J. Buisson).

Art. 695-44 *(L. n° 2004-204, 9 mars 2004)*. – Lorsque le mandat d'arrêt européen a été émis pour l'exercice de poursuites pénales, la chambre de l'instruction accède à toute demande d'audition de la personne recherchée présentée par l'autorité judiciaire de l'État membre d'émission.

La personne recherchée ne peut être entendue ou interrogée, à moins qu'elle n'y renonce expressément, qu'en présence de son avocat ou ce dernier dûment appelé.

L'avocat de la personne recherchée est convoqué au plus tard cinq jours ouvrables avant la date de l'audience, par lettre recommandée avec demande d'avis de réception, télécopie avec récépissé ou verbalement avec émargement au dossier de la procédure.

L'audition de l'intéressé est conduite, en présence s'il y a lieu d'un interprète, par le président de la chambre de l'instruction, assisté d'une personne habilitée à cet effet par l'autorité judiciaire de l'État membre d'émission.

Le procès-verbal de l'audience, qui mentionne ces formalités, est aussitôt transmis à l'autorité judiciaire de l'État membre d'émission.

Art. 695-45 *(L. n° 2004-204, 9 mars 2004)*. – La chambre de l'instruction peut également, lorsque cela est possible et que la personne recherchée y consent, accepter le transfèrement temporaire de cette dernière selon les formes prévues aux articles 695-28 et 695-29, aux premier à troisième alinéas de l'article 695-30, et au dernier alinéa de l'article 695-31, à charge pour l'autorité judiciaire de l'État membre d'émission de la renvoyer pour assister aux audiences la concernant.

La décision est rendue à l'audience. Elle est immédiatement exécutoire.

Art. 695-46 *(Mod., Ord. n° 2016-1636, 1er déc. 2016 ; L. n° 2021-1729, 22 déc. 2021)*. – La chambre de l'instruction devant laquelle la personne recherchée a comparu est saisie de toute demande émanant des autorités compétentes de l'État membre d'émission en vue de consentir à des poursuites ou à la mise à exécution d'une peine ou d'une mesure de sûreté prononcées pour d'autres infractions que celles ayant motivé la remise et commises antérieurement à celle-ci.

La chambre de l'instruction est également compétente pour statuer, après la remise de la personne recherchée, sur toute demande des autorités compétentes de l'État membre d'émission en vue de l'exercice de poursuites ou de consentir à la remise de la personne recherchée à un autre État membre en vue de l'exécution d'une peine ou d'une mesure de sûreté privatives de liberté pour un fait quelconque antérieur à la remise et différent de l'infraction qui a motivé cette mesure.

Dans les deux cas, un procès-verbal consignant les déclarations faites par la personne remise est également transmis par les autorités compétentes de l'État membre d'émission et soumis à la chambre de l'instruction. Ces déclarations peuvent, le cas échéant, être complétées par les observations faites par un avocat de son choix ou, à défaut, commis d'office par le bâtonnier de l'ordre des avocats.

La chambre de l'instruction statue après s'être assurée que la demande comporte aussi les renseignements prévus à l'article 695-13 et avoir, le cas échéant, obtenu des garanties au regard des dispositions de l'article 695-32, dans le délai de trente jours à compter de la réception de la demande. Cette décision peut

faire l'objet d'un pourvoi en cassation, par le procureur général ou par la personne recherchée, dans les conditions énoncées aux articles 568-1 et 574-2.

Le consentement est donné lorsque les agissements pour lesquels il est demandé constituent l'une des infractions visées à l'article 694-32, et entrent dans le champ d'application de l'article 695-12.

Le consentement est refusé pour l'un des motifs visés aux articles 695-22 et 695-23 et peut l'être pour l'un de ceux mentionnés à l'article 695-24.

Bibliographie : J. Rossetto, *Le mandat d'arrêt européen à l'épreuve du renvoi préjudiciel : JCP A* 2013, p. 2166. • D. Simon, *« Il y a toujours une première fois » À propos de la décision 2013-314 QPC du Conseil constitutionnel du 4 avr. 2013 : Europe* 2013, étude 5.

1) Recours juridictionnel : possibilité de le prévoir. Pour juger de la conformité du quatrième alinéa de l'article 695-46 du Code de procédure pénale (dans sa rédaction issue de la loi n° 2004-204, 9 mars 2004) aux droits et libertés que garantit la Constitution, il appartient au Conseil constitutionnel de déterminer si la disposition de ce texte qui prévoit que la chambre de l'instruction « statue sans recours dans le délai de trente jours... à compter de la réception de la demande » découle nécessairement de l'obligation faite à l'autorité judiciaire de l'État membre par le paragraphe 4 de l'article 27 et le *c)* du paragraphe 3 de l'article 28 de la décision-cadre de prendre sa décision au plus tard trente jours après la réception de la demande ; qu'au regard des termes précités de la décision-cadre, une appréciation sur la possibilité de prévoir un recours contre la décision de la juridiction initialement saisie au-delà du délai de trente jours et suspendant l'exécution de cette décision exige qu'il soit préalablement statué sur l'interprétation de l'acte en cause ; que, conformément à l'article 267 du traité sur le fonctionnement de l'Union européenne, la Cour de justice de l'Union européenne est seule compétente pour se prononcer à titre préjudiciel sur une telle question ; que, par suite, il y a lieu de la lui renvoyer et de surseoir à statuer sur la question prioritaire de constitutionnalité posée (▪ Cons. const., 4 avr. 2013, n° 2013-421 QPC, Anatomie d'une première : renvoi préjudiciel du Conseil constitutionnel à la Cour de justice : *JCP G* 2013, p. 649, note A. Levade).

Les articles 27, paragraphe 4, et 28, paragraphe 3, sous *c)*, de la décision-cadre doivent être interprétés en ce sens qu'ils ne s'opposent pas à ce que les États membres prévoient un recours suspendant l'exécution de la décision de l'autorité judiciaire qui statue, dans un délai de trente jours à compter de la réception de la demande, afin de donner son consentement soit pour qu'une personne soit poursuivie, condamnée ou détenue en vue de l'exécution d'une peine ou d'une mesure de sûreté privatives de liberté, pour une infraction commise avant cette remise en exécution d'un mandat d'arrêt européen, autre que celle qui a motivé sa remise, soit pour la remise d'une personne à un État membre autre que l'État membre d'exécution, en vertu d'un mandat d'arrêt européen émis pour une infraction commise avant ladite remise, pour autant que la décision définitive est adoptée dans les délais visés à l'article 17 de la même décision-cadre, c'est-à-dire dans les dix jours suivant le consentement à la remise, ou soixante jours en l'absence dudit consentement (▪ CJUE, 30 mai 2013, aff. C-168/13 PPU, *Jeremy F. : JurisData* n° 2013-011757 ; *Europe* 2013, comm. 294, D. Simon ; *JCP G* 2013, p. 851, C. Mauro).

2) Recours juridictionnel effectif : prévision. Saisie à titre préjudiciel par la décision du Conseil constitutionnel du 4 avril 2013 susvisée, la Cour de justice de l'Union européenne a dit pour droit que : « Les articles 27, paragraphe 4, et 28, paragraphe 3, sous *c)*, de la décision-cadre 2002/584/JAI du Conseil, du 13 juin 2002, relative au mandat d'arrêt européen et aux Procédures de remise entre États membres, telle que modifiée par la décision-cadre 2009/299/JAI du Conseil, du 26 février 2009, doivent être interprétés en ce sens qu'ils ne s'opposent pas à ce que les États membres prévoient un recours suspendant l'exécution de la décision de l'autorité judiciaire qui statue, dans un délai de trente jours à compter de la réception de la demande, afin de donner son consentement soit pour qu'une personne soit poursuivie, condamnée ou détenue en vue de l'exécution d'une peine ou d'une mesure de sûreté privatives de liberté, pour une infraction commise avant sa remise en exécution d'un mandat d'arrêt européen, autre que celle qui a motivé cette remise, soit pour la remise d'une personne à un État membre autre que l'État membre d'exécution, en vertu d'un mandat d'arrêt européen émis pour une infraction commise avant ladite remise, pour autant que la décision définitive est adoptée dans les délais visés à l'article 17 ». Par suite, en prévoyant que la décision de la chambre de l'instruction est rendue « sans recours », le quatrième alinéa de l'article 695-46 du Code de procédure pénale (rédaction antérieure) ne découle pas nécessairement des actes pris par les institutions de l'Union européenne relatifs au mandat d'arrêt européen. Considérant qu'après la remise de l'intéressé aux autorités judiciaires de l'État d'émission d'une personne arrêtée en France en exécution d'un mandat d'arrêt européen, la chambre de l'instruction, saisie, conformément à l'article 695-46 du Code de procédure pénale, d'une demande d'extension des effets dudit mandat à d'autres infractions, éventuellement plus graves que celles qui ont motivé la remise, ou pour l'exécution d'une peine ou d'une mesure privative de liberté, est tenue de procéder aux vérifications formelles et aux appréciations de droit relatives aux infractions, condamnations et mesures visées ; qu'en privant les parties de la possibilité de former un pourvoi en cassation contre l'arrêt de la chambre de l'instruction statuant sur une telle demande, les dispositions contestées apportent une restriction injustifiée au droit à exercer un recours juridictionnel effectif ; que, par suite, au quatrième alinéa de l'article 695-46 du Code de procédure pénale, les mots « sans recours » doivent être déclarés contraires à la Constitution (■ Cons. const., 14 juin 2013, n° 2013-314 : *JurisData* n° 2013-012009 ; *JO* 16 juin 2013, p. 100024, Articulation des contrôles : l'examen de la constitutionnalité « par suite » d'un arrêt préjudiciel ; *JCP* G 2013, p. 842, A. Levade ; *Procédures* 2013, comm. 265, J. Buisson).

3) Extension du mandat d'arrêt européen. L'ordonnance n° 2016-1636 du 1er décembre 2016, relative à la décision d'enquête européenne en matière pénale, n'a pas eu pour objet de revenir sur la transposition, par la loi n° 2004-202 du 9 mars 2004, de la décision-cadre du 13 juin 2002 relative au mandat d'arrêt européen, dont l'article 27 prévoit une exception au principe de spécialité, notamment, en cas de consentement de l'autorité judiciaire d'exécution à l'extension des effets du mandat d'arrêt européen en vertu duquel elle a précédemment ordonné la remise de la personne recherchée, et précise que ce consentement est donné lorsque l'infraction pour laquelle il est demandé entraîne elle-même l'obligation de remise, qu'il doit être refusé si l'un des motifs de refus obligatoires mentionnés par l'article 3 est applicable, et peut l'être pour l'un des motifs de refus facultatifs prévus par l'article. À cet égard, doit être écarté le moyen selon lequel trois des quatre infractions visées par le mandat ne figurent pas dans la liste de l'article 694-32 du Code de procédure pénale, auquel renvoie l'article 695-46, l'arrêt attaqué énonçant que la nouvelle rédaction du dernier alinéa du second de ces textes, issue de l'ordonnance n° 2016-1636 du 1er décembre 2016 relative à la décision d'enquête européenne en matière pénale, a effectivement pour effet d'exclure du champ des demandes d'extension les infractions qui ne figurent pas dans la liste énumérée par le premier (■ Cass. crim., 30 nov. 2021, n° 21-86.560, §§ 7-12).

Section IV. – Transit

Art. 695-47 *(Mod., L. n° 2013-711, 5 août 2013)*. **– Le ministre de la justice autorise le transit à travers le territoire français d'une personne recherchée en vertu d'un mandat d'arrêt européen.**

Lorsque la personne recherchée est de nationalité française ou réside régulièrement de façon ininterrompue depuis au moins cinq ans sur le territoire national, l'autorisation peut être subordonnée à la condition qu'elle soit, après avoir été entendue, renvoyée sur le territoire national pour y subir la peine privative de liberté qui sera éventuellement prononcée à son encontre par l'autorité judiciaire de l'État membre d'émission pour les faits faisant l'objet du mandat d'arrêt.

Lorsque la personne recherchée est de nationalité française ou réside régulièrement de façon ininterrompue depuis au moins cinq ans sur le territoire national et que le mandat d'arrêt européen a été émis pour l'exécution d'une peine ou d'une mesure de sûreté privatives de liberté, le transit est refusé.

Art. 695-48 *(L. n° 2004-204, 9 mars 2004)*. **– La demande d'autorisation de transit est accompagnée des renseignements suivants :**

– l'identité et la nationalité de la personne recherchée ;

– l'indication de l'existence d'un mandat d'arrêt européen ;

– la nature et la qualification juridique de l'infraction ;

– la date, le lieu et les circonstances dans lesquels l'infraction a été commise ainsi que le degré de participation à celle-ci de la personne recherchée.

Art. 695-49 *(L. n° 2004-204, 9 mars 2004)*. **– La demande d'autorisation de transit ainsi que les renseignements prévus à l'article 695-48 sont transmis au ministre de la justice par tout moyen permettant d'en conserver une trace écrite. Celui-ci fait connaître sa décision par le même procédé.**

Art. 695-50 *(L. n° 2004-204, 9 mars 2004)*. **– En cas d'atterrissage fortuit sur le territoire national, l'État membre d'émission fournit au ministre de la justice les renseignements prévus à l'article 695-48.**

Art. 695-51 *(Mod., L. n° 2013-711, 5 août 2013).* – Les dispositions des articles 695-47 à 695-50 sont applicables aux demandes de transit présentées par un État membre de l'Union européenne ou par un État lié à l'Union européenne par un accord mentionné à la section 5 du présent chapitre pour l'extradition vers son territoire d'une personne en provenance d'un État non membre de l'Union européenne.

Section V. – Des procédures de remise résultant d'accords conclus par l'Union européenne avec d'autres États

(L. n° 2013-711, 5 août 2013)

Art. 695-52 *(L. n° 2013-711, 5 août 2013).* – En l'absence de stipulation contraire de l'accord concerné, le présent chapitre s'applique aux demandes de remise entre la France et un État non membre de l'Union européenne dès l'entrée en vigueur d'un accord conclu par l'Union européenne avec cet État et instituant un mécanisme de remise sur la base d'un mandat d'arrêt.

Pour l'application de la présente section, les mots « mandat d'arrêt » sont entendus au sens de l'accord mentionné au premier alinéa.

Art. 695-53 *(L. n° 2013-711, 5 août 2013).* – La remise d'une personne qui a la nationalité française ou qui avait cette nationalité au moment des faits visés par le mandat d'arrêt émis par un État non membre de l'Union européenne est refusée.

Art. 695-54 *(L. n° 2013-711, 5 août 2013).* – Le transit d'une personne qui a la nationalité française ou qui avait cette nationalité au moment des faits visés par le mandat d'arrêt émis par un État non membre de l'Union européenne est refusé. Les deux derniers alinéas de l'article 695-47 ne sont pas applicables aux procédures de remise résultant d'accords conclus par l'Union européenne avec d'autres États.

Art. 695-55 *(L. n° 2013-711, 5 août 2013).* – Les deuxième à dernier alinéas de l'article 695-23 ne sont pas applicables aux procédures de remise mentionnées à la présente section.

Par dérogation au premier alinéa du même article 695-23, la remise d'une personne est exécutée sans contrôle de la double incrimination des faits reprochés lorsque les agissements considérés sont, aux termes de la loi de l'État non membre de l'Union européenne, punis d'une peine privative de liberté d'une durée égale ou supérieure à douze mois d'emprisonnement ou d'une mesure de sûreté privative de liberté d'une durée similaire et entrent dans l'une des catégories d'infractions suivantes :

1° Participation à un groupe de personnes agissant dans un but commun aux fins de commettre une ou plusieurs infractions relevant d'activités de terrorisme visées aux articles 1er et 2 de la Convention européenne pour la répression du terrorisme, signée à Strasbourg le 27 janvier 1977, ainsi qu'aux articles 1er à 4 de la décision-cadre du 13 juin 2002 relative à la lutte contre le terrorisme (2002/475/JAI) ;

2° Trafic illicite de stupéfiants ou de substances psychotropes ;

3° Homicide volontaire ;

4° Coups et blessures graves ;

5° Enlèvement, séquestration ou prise d'otage ;

6° Viol.

Art. 695-56 *(L. n° 2013-711, 5 août 2013).* – Pour la mise en œuvre du 2° de l'article 695-24 dans le cadre des procédures de remise prévues à la présente section, l'exécution du mandat d'arrêt peut être refusée si la personne recherchée pour l'exécution d'une peine ou d'une mesure de sûreté privative de liberté n'est pas de nationalité française mais réside régulièrement de façon ininterrompue depuis au moins cinq ans sur le territoire national et que le procureur général s'engage à faire procéder à cette exécution sur le fondement d'une convention de transfèrement ou d'un accord international spécifique.

Art. 695-57 *(L. n° 2013-711, 5 août 2013).* – La remise n'est pas accordée à un État non membre de l'Union européenne si l'infraction à raison de laquelle elle est demandée a un caractère politique, sauf s'il s'agit d'une infraction mentionnée aux articles 1er et 2 de la Convention européenne pour la répression du terrorisme, signée à Strasbourg le 27 janvier 1977, de l'infraction d'association de malfaiteurs en vue de la commission de ces infractions, ou des infractions mentionnées aux articles 1er à 4 de la décision-cadre du 13 juin 2002 précitée.

Art. 695-58 *(L. n° 2013-711, 5 août 2013).* **– Pour l'application de l'article 695-46, dans le cadre des procédures de remise prévues à la présente section, le consentement est refusé à un État non membre de l'Union européenne si l'infraction à raison de laquelle elle est demandée a un caractère politique, sauf s'il s'agit d'une infraction mentionnée aux articles 1er et 2 de la Convention européenne pour la répression du terrorisme, signée à Strasbourg le 27 janvier 1977, de l'infraction d'association de malfaiteurs en vue de la commission de ces infractions, ou des infractions mentionnées aux articles 1er à 4 de la décision-cadre du 13 juin 2002 précitée.**

CHAPITRE V. – DE L'EXTRADITION

Les dispositions du chapitre V du titre X du livre IV résultant de la loi 2004-204 du 9 mars 2004 et qui diffèrent de celles de la loi du 10 mars 1927 relative à l'extradition des étrangers ne sont applicables qu'aux demandes d'extradition formées après la date de leur entrée en vigueur.

Toutefois, les dispositions du second alinéa de l'article 696-18 du même code sont applicables aux recours formés contre les décrets d'extradition notifiés après la date de publication de la présente loi.

Bibliographie : *Répertoires.* E. Servidio-Delabre, *JCl. Procédure pénale*, Art. 696 à 696-47, fasc. 20 : Extradition. • D. Brach-Thiel : *Rép. Pén. Dalloz, Extradition.* • D. Rebut : *Rép. internat. Dalloz, Extradition.*

Généralités. G. Grécourt, *Réflexion autour de la notion d'infraction politique : Dr. pén.* 2017, étude 17, n° 9. • C. Huglo, *L'extradition en ce qui concerne les délits politiques : Gaz. Pal.* 1973, 2, doct., p. 589. • J.-J. Lemouland, *Les critères jurisprudentiels de l'infraction politique : RSC* 1988, p. 16. • H. Labayle, *Droits de l'Homme, traitements inhumains et peine capitale : Réflexion sur l'édification d'un ordre public européen en matière d'extradition par la Cour européenne des droits de l'Homme : JCP* G 1990, doctr. 3452. • G. Levasseur, *La notion d'infraction politique en matière d'extradition : JDI* 2000, p. 509 et s. • A. Moizan, *Il n'y a pas « d'importantes défaillances dans le traitement des dossiers d'extradition en France » : Dalloz actualité*, 13 déc. 2019. • S. Roussel et C. Nicolas, *De l'extradition pour crime contre l'Humanité : AJDA* 2018, p. 1446.

Art. 696 *(Rempl., L. n° 2004-204, 9 mars 2004).* **– En l'absence de convention internationale en stipulant autrement, les conditions, la procédure et les effets de l'extradition sont déterminés par les dispositions du présent chapitre. Ces dispositions s'appliquent également aux points qui n'auraient pas été réglementés par les conventions internationales.**

1) Application de la loi dans le temps. La loi applicable est fonction de la date de demande d'extradition, quelle que soit celle de la commission des faits (■ Cass. crim., 9 nov. 2005, n° 05-85.096 : *JurisData* n° 2005-030982 ; *Bull. crim.* n° 289).

2) Sources du droit extraditionnel. En l'absence de convention internationale d'extradition liant les États requis et requérant, les conditions de cette dernière doivent être déterminées par les dispositions des articles 696-1 et suivants du Code de procédure pénale. Ainsi, faute d'accord bilatéral d'extradition entre la France et les Émirats arabes unis et faute pour les Émirats arabes unis d'être partie à la Convention européenne d'extradition, seules les dispositions du Code de procédure pénale sont applicables (■ Cass. crim., 29 oct. 2008, n° 08-85.713 : *JurisData* n° 2008-045866 ; *Bull. crim.* n° 217). Dans les relations entre la France et la Fédération de Russie, les conditions, la procédure et les effets de l'extradition étant régis par la Convention européenne d'extradition du 13 décembre 1957 à l'exception des points non réglementés par cet accord, la chambre de l'instruction ne saurait, sans se contredire, accorder la remise au motif qu'elle ne se trouve en l'espèce aucun des empêchements à l'extradition tels que mentionnés aux articles 695-1 et suivants du Code de procédure pénale et notamment que les faits ne sont pas prescrits au regard de la loi française (■ Cass. crim., 16 sept. 2009, n° 09-83.267 : *JurisData* n° 2009-049694 ; *Bull. crim.* n° 156). Une demande d'extradition émise par la Tunisie à propos d'un trafic de stupéfiants doit être examinée à l'aune de la convention bilatérale d'extradition franco-tunisienne du 28 juin 1972, seule applicable (■ Cass. crim., 24 oct. 2017, n° 17-84.673).

3) Articulation des sources. Une extradition régie par convention internationale n'est pas subordonnée à d'autres conditions que celles énoncées par le traité (■ Cass. crim., 26 nov. 2019, n° 19-80.274).

4) Abrogation d'une convention bilatérale par adhésion à la convention européenne d'extradition. Le demandeur ne peut se prévaloir des stipulations de la convention bilatérale d'extradition signée le 23 septembre 1970 entre la Yougoslavie et la France, laquelle a été abrogée du fait de l'adhésion postérieure de la France, puis, le 30 septembre 2002, de la Serbie-Monténégro, à la convention européenne d'extradition du 13 décembre 1957 (■ Cass. crim., 19 févr. 2019, n° 18-82.495).

Section I. – Des conditions de l'extradition

Art. 696-1 *(Rempl., L. n° 2004-204, 9 mars 2004)*. – **Aucune remise ne pourra être faite à un gouvernement étranger de personnes n'ayant pas été l'objet de poursuites ou d'une condamnation pour une infraction prévue par la présente section.**

Art. 696-2 *(Rempl., L. n° 2004-204, 9 mars 2004)*. – **Le gouvernement français peut remettre, sur leur demande, aux gouvernements étrangers, toute personne n'ayant pas la nationalité française qui, étant l'objet d'une poursuite intentée au nom de l'État requérant ou d'une condamnation prononcée par ses tribunaux, est trouvée sur le territoire de la République.**

Néanmoins, l'extradition n'est accordée que si l'infraction cause de la demande a été commise :

– soit sur le territoire de l'État requérant par un ressortissant de cet État ou par un étranger ;

– soit en dehors de son territoire par un ressortissant de cet État ;

– soit en dehors de son territoire par une personne étrangère à cet État, quand l'infraction est au nombre de celles dont la loi française autorise la poursuite en France, alors même qu'elles ont été commises par un étranger à l'étranger.

1) **Qualité d'État requérant.** La région administrative spéciale de Hong-Kong de la République populaire de Chine ne constitue pas un État souverain au sens des articles 696-1, 696-2 et 696-15 du Code de procédure pénale (■ Cass. crim., 14 févr. 2012, n° 11-87.679 : *JurisData* n° 2012-002125).

2) **Question prioritaire de constitutionnalité – Non-extradition des nationaux.** En interdisant l'extradition des nationaux français, le législateur a reconnu à ces derniers le droit de n'être pas remis à une autorité étrangère pour les besoins de poursuites ou d'une condamnation pour une infraction pénale. La différence de traitement dans l'application de cette protection, selon que la personne avait ou non la nationalité française à l'époque de l'infraction pour laquelle l'extradition est requise, est fondée sur une différence de situation en rapport direct avec l'objet de la loi ; le législateur a également entendu faire obstacle à l'utilisation des règles relatives à l'acquisition de la nationalité pour échapper à l'extradition. Par suite, en prévoyant que la nationalité de la personne dont l'extradition est demandée s'apprécie à l'époque de l'infraction, les articles 696-2 et 696-4, 1° du Code de procédure pénale contestés ne méconnaissent pas le principe d'égalité devant la loi (■ Cons. const., 14 nov. 2014, n° 2014-427 QPC : *JO* 16 nov. 2014, n° 265, p. 19311).

3) **Non-extradition des nationaux – Nature de la règle.** L'intéressé ne saurait renoncer au principe de non-extradition des nationaux, dès lors que la réserve à la convention du 13 décembre 1957 reconnaissant ledit principe édicte des dispositions impératives liant les États parties (■ Cass. crim., 17 juin 2003, n° 03-81.864 : *JurisData* n° 2003-020104).

4) **Non-extradition des nationaux – Périmètre de la règle.** N'est pas assimilable à la nationalité, la situation d'apatride (■ Cass. crim., 2 mars 1954 : *Bull. crim.* n° 92. ■ CA Paris, ch. acc., 29 nov. 1961 : *JCP* G 1963, II, 13126, 1re esp.). On ne saurait utilement se fonder sur la circonstance que les États peuvent, dans certaines conditions, s'opposer à l'extradition de leurs nationaux, pour établir l'existence d'une méconnaissance du principe d'égalité à l'endroit des personnes apatrides, propre à entacher d'illégalité le décret accordant aux autorités polonaises l'extradition d'une personne se trouvant privée de nationalité. Il n'existe aucun principe général du droit de l'extradition faisant obstacle à la remise des apatrides, y compris vers un État dont la personne réclamée a eu la nationalité (■ CE, 11 juin 2010, n° 334454 : *JurisData* n° 2010-008790 ; *JCP* A 2010, act. 494).

5) **Moment d'acquisition de la nationalité.** Selon l'article 6 des réserves du Gouvernement français à la Convention européenne d'extradition du 13 décembre 1957, la nationalité française de la personne réclamée ne fait obstacle à l'extradition que si elle est possédée par l'intéressé au moment des faits visés par la demande de l'État étranger. L'individu ayant acquis la nationalité française postérieurement aux faits peut donc faire l'objet d'une extradition (■ Cass. crim., 27 mars 2001, n° 01-80.275 : *Bull. crim.* n° 81).

6) **Contestation de la nationalité.** En l'absence de contestation sérieuse, et des éléments en appui de ses allégations, il n'y a pas lieu à renvoi préjudiciel devant le juge de la nationalité (■ CE, 14 déc. 2005, n° 276589 : *JurisData* n° 2005-069402).

Art. 696-3 *(L. n° 2004-204, 9 mars 2004)*. – **Les faits qui peuvent donner lieu à l'extradition, qu'il s'agisse de la demander ou de l'accorder, sont les suivants :**

1° Tous les faits punis de peines criminelles par la loi de l'État requérant ;

2° Les faits punis de peines correctionnelles par la loi de l'État requérant, quand le maximum de la peine d'emprisonnement encourue, aux termes de cette loi, est égal ou supérieur à deux ans, ou, s'il s'agit d'un condamné, quand la peine prononcée par la juridiction de l'État requérant est égale ou supérieure à deux mois d'emprisonnement.

En aucun cas l'extradition n'est accordée par le gouvernement français si le fait n'est pas puni par la loi française d'une peine criminelle ou correctionnelle.

Les faits constitutifs de tentative ou de complicité sont soumis aux règles précédentes, à condition qu'ils soient punissables d'après la loi de l'État requérant et d'après celle de l'État requis.

Si la demande a pour objet plusieurs infractions commises par la personne réclamée et qui n'ont pas encore été jugées, l'extradition n'est accordée que si le maximum de la peine encourue, d'après la loi de l'État requérant, pour l'ensemble de ces infractions, est égal ou supérieur à deux ans d'emprisonnement.

1) Double incrimination – Faits incriminés en France. La chambre de l'instruction ne peut émettre un avis favorable à l'extradition pour un fait qui ne constitue pas une infraction en droit français. Doit donc être refusée la remise demandée par les autorités canadiennes pour les faits d'omission, par une personne en liberté, de se conformer à la condition d'une promesse ou d'un engagement contracté devant un juge, au motif qu'il s'agit d'une infraction punie par la loi canadienne d'une peine de 2 ans d'emprisonnement. En effet, la violation des obligations du contrôle judiciaire, à laquelle correspond en droit français un tel comportement, si elle est susceptible de conduire à la révocation du contrôle judiciaire et à une incarcération, n'est pas érigée en délit autonome par le Code pénal (▪ Cass. crim., 19 juin 2019, n° 19-80.182). Les faits objet de l'extradition doivent être punis par la loi française au jour où ils ont été commis. La chambre de l'instruction ne saurait donc répondre favorablement à une demande d'extradition des États-Unis d'Amérique aux fins de poursuites pénales pour trafic d'espèces protégées commis en 2010 et 2011, au motif que ces faits sont réprimés par l'article 415-6 du Code de l'environnement, dès lors que cette infraction a été créée par la loi n° 2013-619 du 16 juillet 2013, autrement dit postérieurement aux faits. Il revient à la chambre de l'instruction de vérifier si les faits étaient punissables à la date à laquelle ils ont été commis (▪ Cass. crim., 14 oct. 2015, n° 15-84.426 : *JurisData* n° 2015-022758). Il se déduit de l'article 696-3 du Code de procédure pénale qu'il appartient aux juridictions françaises de rechercher si les faits visés dans la demande d'extradition sont punis par la loi française d'une peine criminelle ou correctionnelle, indépendamment de la qualification donnée par l'État requérant. La règle de double incrimination se trouve donc satisfaite dès lors que les faits sont constitutifs en France d'escroquerie, quand bien même l'infraction retenue à l'étranger, à savoir l'émission de chèques sans provision, ne serait pas punissable en France (▪ Cass. crim., 21 mars 2017, n° 16-87.722).

2) Double incrimination – Faits incriminés dans l'État requérant. Les infractions de génocide et de crimes contre l'humanité auraient-elles été visées par des instruments internationaux, en l'espèce la Convention sur le génocide du 9 décembre 1948 et celle sur l'imprescriptibilité des crimes contre l'humanité du 26 novembre 1968 applicables à la date de la commission des faits, en l'absence, à cette même date, d'une définition précise et accessible de leurs éléments constitutifs ainsi que de la prévision d'une peine par la loi rwandaise, le principe de légalité criminelle, consacré par le Pacte international relatif aux droits civils et politiques ainsi que par la Convention européenne des droits de l'Homme et ayant valeur constitutionnelle en droit français, fait obstacle à ce que lesdits faits soient considérés comme punis par la loi de l'État requérant, au sens de l'article 696-3, 1°, du Code de procédure pénale (▪ Cass. crim., 26 févr. 2014, n° 13-87.888 : *D.* 2014, p. 702, note D. Roets ; *JCP* G 2014, p. 538, T. Herran ; *RGDIP* 2014, p. 407, note B. Tranchant. ▪ Cass. crim., 14 oct. 2015, n° 15-84.420 : *JurisData* n° 2015-022750 ; *JCP* G 2016, n° 3, p. 56, obs. D. Rebut. ▪ Cass. crim., 5 oct. 2016, n° 16-84.717 : *JurisData* n° 2016-021508). *Comp.* : Une remise aux fins de poursuivre des faits qualifiés de crimes contre l'humanité, qui étaient définis à la date de leur commission en vertu des principes généraux du droit international auxquels renvoie le droit pénal de l'État requérant ne peut être regardée comme ayant été accordée en méconnaissance du principe de non-rétroactivité de la loi pénale imposé par l'ordre public français (▪ CE, 2e et 7e ch. réunies, 18 juin 2018, n° 415046 : *JurisData* n° 2018-010729 ; *JCP* A 2018, act. 561, veille C. Friedrich ; J.-M. Pastor, *D. actualité*, 25 juin 2018 ; *AJDA* 2018, p. 1446, note S. Roussel et C. Nicolas.).

3) Qualification juridique des faits. Il n'appartient pas à la chambre de l'instruction de vérifier si les faits ont reçu, de la part des autorités de l'État requérant, une exacte qualification juridique au regard de la loi pénale de ce dernier (▪ Cass. crim., 7 août 2019, n° 18-86.297). S'il appartient à la chambre de l'instruction de contrôler que les faits, qualifiés au regard de la loi française de participation à une association de malfaiteurs sont punis par la loi étrangère d'une peine privative de liberté d'un maximum d'au moins 2 ans, peu importe, en revanche, que la qualification retenue soit différente de celle de l'État requérant (■ Cass. crim., 19 janv. 2005, n° 04-86.304 : *JurisData* n° 2005-027030).

Il résulte des principes généraux du droit de l'extradition qu'il n'appartient pas aux autorités françaises, lorsqu'elles se prononcent sur une demande d'extradition, de vérifier si les faits pour lesquels l'extradition est demandée ont reçu, de la part des autorités de l'État requérant, une exacte qualification juridique au regard de la loi pénale de cet État (■ CE, 24 mai 1985 : *Rec. CE* 1985, n° 160) Il leur appartient, en revanche, de vérifier qu'est respecté le principe, énoncé au paragraphe 1 de l'article 2 de la Convention européenne d'extradition, de la double incrimination par la législation de l'État requérant et par celle de l'État requis, lequel, s'il n'implique pas que la qualification pénale des faits soit identique dans ces deux législations, requiert que les faits soient incriminés par l'une et l'autre et satisfassent à la condition relative aux peines encourues, dans le respect des principes de non-rétroactivité de la loi pénale et d'application immédiate de la loi pénale moins sévère, tels qu'ils sont imposés par l'ordre public français (■ CE, 2e et 7e ch. réunies, 18 juin 2018, n° 415046, préc.).

Art. 696-4 *(L. n° 2004-204, 9 mars 2004)*. **– L'extradition n'est pas accordée :**

1° Lorsque la personne réclamée a la nationalité française, cette dernière étant appréciée à l'époque de l'infraction pour laquelle l'extradition est requise ;

2° Lorsque le crime ou le délit à un caractère politique ou lorsqu'il résulte des circonstances que l'extradition est demandée dans un but politique ;

3° Lorsque les crimes ou délits ont été commis sur le territoire de la République ;

4° Lorsque les crimes ou délits, quoique commis hors du territoire de la République, y ont été poursuivis et jugés définitivement ;

5° Lorsque, d'après la loi de l'État requérant ou la loi française, la prescription de l'action s'est trouvée acquise antérieurement à la demande d'extradition, ou la prescription de la peine antérieurement à l'arrestation de la personne réclamée et d'une façon générale toutes les fois que l'action publique de l'État requérant est éteinte ;

6° Lorsque le fait à raison duquel l'extradition a été demandée est puni par la législation de l'État requérant d'une peine ou d'une mesure de sûreté contraire à l'ordre public français ;

7° Lorsque la personne réclamée serait jugée dans l'État requérant par un tribunal n'assurant pas les garanties fondamentales de procédure et de protection des droits de la défense ;

8° Lorsque le crime ou le délit constitue une infraction militaire prévue par le livre III du Code de justice militaire.

I – NATIONALITÉ

1) Moment d'appréciation de la nationalité, question prioritaire de constitutionnalité. V. sous art. 696-2, p. 1403.

II – INFRACTION POLITIQUE

A – Notion d'infraction politique

2) Les infractions politiques sont celles qui portent atteinte à l'ordre public, qui sont dirigées contre la constitution du gouvernement et contre la souveraineté, qui troublent l'ordre établi par les lois fondamentales de l'État et la distribution des pouvoirs (■ CA Grenoble, ch. acc., 13 janv. 1947 : *JCP* G 1947, II, 3664, note J. Magnol). Quels que soient les mobiles qui ont animé son auteur, les faits entrant dans les prévisions de l'article 413-10 du Code pénal réprimant, au titre des atteintes aux intérêts fondamentaux de la Nation, la divulgation d'une information ayant un caractère de secret de la défense nationale, constituent une infraction politique. C'est donc par une juste application des articles 3. 1 de la Convention européenne d'extradition du 13 décembre 1957 et 5, 2 de la loi du 10 mars 1927 relative à l'extradition, que la chambre d'accusation a refusé de faire droit à la demande d'extradition émise par le Gouvernement de la Grande-Bretagne (■ Cass. crim., 3 nov. 1999, n° 99-80.329). En revanche, des faits qualifiés de participation sur le territoire d'un État étranger à une unité armée irrégulière agissant contrairement aux intérêts de l'État demandeur n'est pas une infraction politique par sa nature et ne peut être regardée, compte tenu de sa gravité, comme ayant un caractère politique (■ CE, 31 déc. 2019, n° 426831).

B – Appréciation du caractère politique de l'infraction

3) Le fait, pour un avocat, d'avoir fourni des moyens de correspondance à des détenus qui étaient poursuivis pour s'être associés dans le but de commettre des crimes contre les personnes et pour avoir effectivement commis plusieurs crimes de cette nature, peut donner lieu à extradition. La circonstance que ces crimes, qui ne sont pas politiques par leur objet, auraient eu pour but « de renverser l'ordre établi en République fédérale d'Allemagne » ne suffit pas, compte tenu de leur gravité, à les faire regarder comme ayant un caractère politique. Par ailleurs, le mobile avancé par le requérant, tendant à faire respecter les droits de la défense n'est pas, à le supposer établi, de nature à donner un caractère politique aux infractions qui lui sont reprochées dès lors que l'aide apportée à des détenus dont il était l'avocat visait non pas à assurer les droits de la défense mais à la poursuite de leurs activités criminelles (■ CE, ass., 7 juill. 1978, n° 10079, *Croissant : Rec. CE* 292 ; *Gaz. Pal.* 24-25 janv. 1979, p. 7, note P. Derouin). La circonstance que des crimes qualifiés d'« assassinats par groupes armés et organisés », qui ne constituent pas des infractions politiques par leur nature, auraient été commis dans le cadre d'une lutte pour l'indépendance du Pays basque, ne suffit pas, compte tenu de leur gravité, à les faire regarder comme ayant un caractère politique. Par ailleurs le fait qu'ils auraient été commis alors que l'intéressé agissait dans le cadre de groupes armés et organisés n'est pas davantage de nature à donner un caractère politique aux infractions reprochées (■ CE, ass., 26 sept. 1984, n° 62847 : *Rec. CE* 1984, p. 308 ; *JCP* G 1984, G, II, 20346, concl. Genevois).

C – But politique de la demande d'extradition

4) L'extradition ne peut être légalement accordée lorsqu'il ressort des circonstances de l'affaire qu'elle est demandée dans un but politique (■ CE, 24 juin 1977, n° 01591 : *D.* 1977, concl. Genevois ; *Gaz. Pal.* 1977, 2, 640, note Ladhari). Les stipulations de l'accord de coopération franco-malien posant que « L'extradition ne sera pas exécutée si l'infraction pour laquelle elle est demandée est considérée par la partie requise comme une infraction politique ou comme une infraction connexe à une telle infraction » doivent être interprétées conformément au principe fondamental reconnu par les lois de la République, selon lequel l'État doit refuser l'extradition d'un étranger lorsqu'elle est demandée dans un but politique. En conséquence, elles ne sauraient limiter le pouvoir de l'État français de refuser l'extradition au seul cas des infractions de nature politique et des infractions qui leur sont connexes (■ CE, ass., 3 juill. 1996, n° 169219, *Koné : JurisData* n° 1996-050682 ; *JCP* G 1996, II, 22720, note X. Prétot ; *D.* 1996, jurispr. p. 509, note F. Julien-Laferrière ; *RFDA* 1997, p. 870, concl. J.-M. Delarue, notes de L. Favoreu, P. Gaïa, H. Labayle et P. Devolvé). Revêt une finalité politique et ne peut être légalement accordée, la demande d'extradition présentée par la Russie contre un réfugié politique kazakh, dès lors que cette demande a été concertée entre l'État requérant et le pays dont le réfugié est national et que ce dernier avait auparavant fait pression sur d'autres pays pour qu'ils demandent l'extradition de l'intéressé (■ CE, 9 déc. 2016, n° 394399 : *JurisData* n° 2016-026901).

III – LOCALISATION DES FAITS

5) Sens de la règle. Les faits commis en France englobent les infractions de conséquence telles que le recel. Dès lors, même si l'infraction principale, à savoir le vol, a été commise à l'étranger, la personne recherchée n'étant ni inculpée en qualité d'auteur ou de complice du vol dans l'État requérant, la France est tenue de s'opposer à son extradition (à propos de la loi du 10 mars 1927, ■ CE, 30 avr. 1982, n° 36189 : *D.* 1982, note D. Mayer et F. Julien-Laferrière). Dès lors que l'infraction de recel ayant débuté à l'étranger s'est poursuivie sur le territoire de la République, la France doit, conformément aux dispositions de la loi du 10 mars 1927, refuser l'extradition de l'intéressé pour ce chef de poursuite (■ CE, 9 déc. 1983, n° 54382 : *JCP* G 1984, II, 20193, concl. Genevois).

6) Portée de la règle. Si l'article 696-4 du Code de procédure pénale prévoit en son 3° que l'extradition n'est pas accordée pour un crime ou un délit commis en France, ces dispositions ne sauraient prévaloir sur les stipulations de la Convention européenne d'extradition, qui a une autorité supérieure à celle de la loi en vertu des prescriptions de l'article 55 de la Constitution et de celles de l'article 696 du Code de procédure pénale. À cet égard, l'article 7 de la Convention européenne d'extradition du 13 décembre 1957, aux termes duquel « la Partie requise pourra refuser d'extrader l'individu réclamé à raison d'une infraction qui, selon la législation, a été commise en tout ou en partie sur son territoire », implique que les autorités d'un État signataire de cette convention puissent accorder l'extradition d'un étranger pour des faits commis sur leur territoire (■ CE, 14 déc. 2005, n° 276589 : *JurisData* n° 2005-069402. ■ CE, 23 juill. 2003, n° 252930 : *JurisData* n° 2003-066090 relativement à la loi du 10 mars 1927). À défaut d'erreur manifeste d'appréciation, le décret accordant l'extradition pour des faits commis totalement ou partiellement en France, ne saurait donc être annulé pour excès de pouvoir (■ CE, 20 mars 2017, n° 400546).

IV – OBSTACLES À L'ACTION

A – La prescription

7) Code de procédure pénale. L'extradition ne peut pas être accordée si la prescription est acquise d'après la législation de la partie requérante ou de la partie requise (■ Cass. crim., 23 juill. 2014, n° 14-83.390 : *JurisData* n° 2014-018440). Il appartient à la chambre de l'instruction de vérifier que l'action publique (■ Cass. crim., 8 juin 2016, n° 16-81.756 : *JurisData* n° 2016-02130) ou la peine à l'origine de l'extradition n'est pas prescrite (■ Cass. crim., 23 juill. 2014, préc.).

8) Convention européenne d'extradition. Statuant sur une demande d'extradition fondée sur la Convention du 13 décembre 1957, la chambre de l'instruction est tenue de vérifier, au besoin d'office, si, au regard des lois ukrainienne et française, la prescription de l'action publique ne s'était pas trouvée acquise ou n'avait pas été régulièrement interrompue antérieurement à la demande d'extradition (■ Cass. crim., 23 sept. 2015, n° 15-83.99 : *JurisData* n° 2015-021005 ; *AJ Pénal* 2016, p. 41, obs. Brach-Thiel). Il résulte aux termes de l'article 10 de la Convention européenne d'extradition du 13 décembre 1957 que « L'extradition ne sera pas accordée si la prescription de l'action ou de la peine est acquise d'après la législation soit de la partie requérante, soit de la partie requise ». Cette disposition ne précisant pas la date à laquelle il y a lieu de se placer pour apprécier la prescription de la peine, les dispositions applicables, sur ce point, sont celles du 5° de l'article 5 de la loi du 10 mars 1927 relative à l'extradition des étrangers, reprises au 5° de l'article 696-4 du Code de procédure pénale, dont il résulte que la prescription de la peine s'apprécie à la date de l'arrestation de la personne réclamée (■ CE, 22 mars 2006, n° 205005). L'article 10 précité de la Convention européenne d'extradition ne précisant pas la date à laquelle il y a lieu de se placer pour apprécier la prescription de l'action ou de la peine, les dispositions applicables sur ce point sont celles de l'article 5-5° de la loi du 10 mars 1927, selon lesquelles la prescription de l'action s'apprécie à la date de la demande d'extradition et la prescription de la peine à la date de l'arrestation de la personne réclamée (■ CE, 29 sept. 1989, n° 100373 : *JCP* G 1989, act. 102554).

9) Obligation de vérification. Il appartient à la chambre de l'instruction de vérifier, au besoin d'office, si à la date de la demande d'extradition, la prescription ne s'était pas trouvée acquise au regard de la législation française (■ Cass. crim., 7 août 2019, n° 18-84.182).

10) Infractions clandestines. L'extradition n'est pas accordée si les poursuites ou la condamnation sont prescrites en vertu de la législation de l'État requis. La chambre de l'instruction ne saurait émettre un avis favorable à une demande d'extradition de la Corée, notamment pour abus de biens sociaux, au motif que le point de départ desdits délits avait été retardé en France jusqu'au jour où ils sont apparus dans des conditions permettant l'exercice de l'action publique. Il lui revient en effet de vérifier pour les abus de biens sociaux susceptibles d'avoir été commis plus de trois ans avant l'engagement des poursuites, si les conditions ayant alors pu permettre ces poursuites étaient ou non réunies (■ Cass. crim., 1er avr. 2015, n° 15-80.302 : *JurisData* n° 2015-007525).

11) Infractions continues. Si une infraction continue, en l'occurrence une séquestration, se prescrit à partir du moment où elle prend fin, il appartient à la chambre de l'instruction de s'expliquer sur la prolongation de l'activité délictuelle, des motifs hypothétiques, basés sur le constat que la victime de l'infraction, opposant politique à la dictature argentine, enlevée le 30 octobre 1976, n'a toujours pas été retrouvée, étant insuffisants pour écarter la prescription prévue à l'article 7 du Code de procédure pénale (■ Cass. crim., 18 févr. 2015, n° 14-84.193 : *JurisData* n° 2015-002536). La prescription des infractions continues ne court qu'à partir du jour où elles ont pris fin dans leurs actes constitutifs et dans leurs effets. Cette date ne pouvant être déterminée lorsque la victime d'une détention ou d'une séquestration arbitraire n'a pas été retrouvée, c'est à bon droit que la chambre de l'instruction a rejeté l'exception de prescription de l'action publique (■ Cass. crim., 24 mai 2018, n° 17-86.340 : P. Conte, *Séquestration de personne : Dr. pén.* 2019, comm. 123 ; H. Diaz, *D. actualité*, 18 juin 2018 ; A. Gogorza, *D.* 2018, p. 1480). En prévoyant que les infractions continues ne peuvent commencer à se prescrire tant qu'elles sont en train de se commettre, les dispositions contestées fixent des règles qui ne sont pas manifestement inadaptées à la nature de ces infractions (■ Cons. const., 24 mai 2019, n° 2019-785 QPC : J.-B. Perrier, *La constitutionnalité des règles relatives à la prescription des infractions continues : D.* 2019, p. 1815). La seule circonstance que des poursuites aient été engagées en Argentine pour des faits anciens, au demeurant clairement énoncés dans l'acte d'accusation [...], alors que le requérant avait quitté l'Argentine depuis près de 30 ans, n'a pas pour effet de rendre de fait imprescriptibles les infractions reprochées, et de porter ainsi atteinte au principe de sécurité juridique, ni de priver l'intéressé du droit et des moyens de préparer utilement sa défense et de bénéficier d'un procès équitable (■ CE, 11 déc. 2019, n° 431003).

12) Interruption de la prescription. Il appartenait à la chambre de l'instruction de vérifier, au regard du droit de l'État requérant, si la prescription était acquise ou si elle avait été régulièrement interrompue (■ Cass. crim., 4 janv. 2006, n° 05-86.258 : *JurisData* n° 2006-031781 ; *Bull. crim.* n° 128. ■ Cass. crim., 14 févr. 2006, n° 05-87.070 : *JurisData* n° 2006-032637. ■ Cass. crim., 21 mai 2008, n° 08-81.664 : *JurisData* n° 2008-044512. ■ Cass. crim., 7 août 2019, n° 18-86.297).

13) Suspension de la prescription. La situation de conflit armé ayant sévi au Kosovo entre les mois de mars 1998 et juin 1999 constitue une cause de suspension de la prescription au sens de l'article 9-3 du Code de procédure pénale. En effet, il ressort de nombreux rapports des Nations unies que les services de police et les juridictions répressives se sont trouvés, de ce fait, dans l'impossibilité de fonctionner et de poursuivre les crimes et délits de droit commun. Il ressort en particulier de ces rapports que le conflit a entraîné le départ de la très grande majorité des policiers et magistrats d'origine serbe, et qu'il a été nécessaire de procéder à de nouvelles nominations, lesquelles ne sont intervenues, progressivement, qu'à partir de la fin du mois de mars 2000. À cet égard, le moyen tiré de ce que les stipulations de la convention d'extradition du 23 septembre 1970 liant la France et la République socialiste fédérative de Yougoslavie auraient été méconnues du fait de l'acquisition de la prescription en droit français doit être écarté (▪ CE, 25 oct. 2018, n° 419865).

B – Amnistie

14) Le refus d'extradition sur le fondement d'une loi d'amnistie implique de vérifier que les infractions ou les peines pour lesquelles l'extradition est demandée entrent dans le champ de l'amnistie invoquée (▪ CE, 29 sept. 1989, n° 100373 : *JurisData* n° 1989-644600. ▪ CE, 7 déc. 1990, n° 112395).

C – *Ne bis in idem*

15) Faits jugés en France, notion de condamnation définitive : le refus d'extradition fondé sur l'article 696-4 4° implique que les faits objets de la demande aient été définitivement jugés, ce qui n'est pas le cas lorsque le requérant a été mis en examen et placé sous contrôle judiciaire (▪ Cass. crim., 13 févr. 2008, n° 07-88.009). Une sentence prononcée à l'encontre de la requérante pour plusieurs infractions ne présente pas un caractère définitif, dès lors qu'elle est soumise à la condition d'observation des obligations de la probation et est susceptible, dans l'hypothèse de la violation de ces obligations, d'être revue par le tribunal (▪ CE, 1er juin 2011, n° 342419 : *JurisData* n° 2011-010577).

16) Faits jugés par un État tiers. Il résulte de la Convention européenne d'extradition et de la loi du 10 mars 1927 que l'extradition ne peut être refusée sur le fondement de la règle *ne bis in idem* que lorsque, pour les faits à raison desquels la mesure est demandée, la personne réclamée a été définitivement jugée en France ou lorsque les autorités françaises ont décidé de ne pas engager des poursuites ou de mettre fin aux poursuites qu'elles ont exercées (▪ Cass. crim., 8 juill. 1997, n° 96-86.258 : *JurisData* n° 1997-003667 ; *Bull. crim.* n° 267).

V – SANCTION INCOMPATIBLE AVEC L'ORDRE PUBLIC FRANÇAIS

17) Justifie un avis favorable à l'extradition, l'arrêt de la chambre de l'instruction qui, d'une part, énonce que M. Z... n'a pas fui une situation politique qui le mettait en danger en Tchétchénie mais a entendu se soustraire aux poursuites pénales qui étaient engagées contre lui, et d'autre part, relève que les autorités de la Fédération de Russie, en formulant leur demande, ont expressément assuré que, conformément aux exigences posées par la Convention européenne des droits de l'Homme, les garanties fondamentales de procédure et de protection des droits de la défense de la personne extradée seront respectées et que celle-ci ne sera pas soumise à la torture, à une peine ou un quelconque traitement inhumain ou dégradant ; qu'en cas de condamnation à une peine d'emprisonnement, M. Z... sera détenu dans un établissement pénitentiaire dans des conditions conformes aux exigences posées par la Convention européenne des droits de l'Homme, et qu'il ne sera pas astreint à un travail physique non consenti et pourra bénéficier des soins médicaux nécessaires, les représentants de l'ambassade de France en Russie ayant la possibilité de le visiter (▪ Cass. crim., 11 avr. 2018, n° 18-80.705).

A – Charia

18) Il ne saurait être donné un avis favorable à la demande d'extradition émise aux fins de jugement par les juridictions des Émirats arabes unis avec pour seule réponse aux articulations essentielles du mémoire arguant du risque pour la personne réclamée de subir une peine telle que l'amputation, prévue par la loi religieuse (Charia) en vigueur dans ce pays, que la demande d'extradition et son exécution ne contreviennent pas aux dispositions de l'ordre public procédural français. En effet, il revient à la chambre de l'instruction de chercher en pareil cas si la personne réclamée n'encourt pas le risque de se voir appliquer une peine, contraire à l'ordre public français (▪ Cass. crim., 29 oct. 2008, n° 08-85.713 : *JurisData* n° 2008-045866 ; *Bull. crim.* n° 217).

B – Perpétuité

19) L'article 3 de la Convention européenne de sauvegarde des droits de l'homme et des libertés fondamentales fait obstacle à l'extradition d'une personne exposée à une peine incompressible de réclusion perpétuelle, sans possibilité de réexamen et, le cas échéant, d'élargissement (▪ CE, 9 nov.

2015, n° 387245 : *JurisData* n° 2015-025125 ; *Dr. adm.* 2016, 4, chron., S. Platon). *Contra.* En admettant même qu'une condamnation à la peine de réclusion criminelle à perpétuité ne donne que rarement et tardivement lieu à un aménagement de peine ou à une libération conditionnelle, l'extradition d'une personne exposée à une peine incompressible de réclusion perpétuelle n'est contraire ni à l'ordre public français, ni aux stipulations de l'article 3 de la Convention européenne de sauvegarde des droits de l'homme et des libertés fondamentales (▪ CE, 6 nov. 2000, n° 214777 : *JurisData* n° 2000-061471 ; *Rec. CE* 2000, p. 485 ; *RFDA* 2001, p. 1037, concl. de Silva ; *D.* 2001, p. 178. ▪ CE, 12 juill. 2001, n° 227747 : *JurisData* n° 2001-063122. ▪ CE, 26 nov. 2012, n° 359979. ▪ CE, 8 avr. 2013, n° 364165).

C – Peines cumulées

20) La confusion des peines, qui est une faculté pour les juridictions répressives françaises, ne constitue pas une règle d'ordre public applicable au droit de l'extradition. L'emprisonnement de longue durée auquel est exposée la personne réclamée par l'effet du cumul des peines encourues dans l'État requérant, à raison des trois infractions dont elle a été reconnu coupable, n'est contraire ni à l'ordre public français, ni au principe de proportionnalité des peines, ni aux stipulations du traité d'extradition entre la France et les États-Unis du 23 avril 1996 (▪ CE, 10 févr. 2006, n° 283982 : *JurisData* n° 2006-069628).

D – Peine de mort

21) Incompatibilité avec l'ordre public français. Il résulte de la loi du 9 octobre 1981 abolissant la peine de mort en France et de l'article 1er du protocole n° 6 à la Convention européenne de sauvegarde des droits de l'homme et des libertés fondamentales selon lequel « La peine de mort est abolie. Nul ne peut être condamné à une telle peine ni exécuté », que l'application de la peine de mort à une personne ayant fait l'objet d'une extradition accordée par le gouvernement français serait contraire à l'ordre public français (▪ CE, 27 févr. 1987, n° 78665 : *JurisData* n° 1987-046111 ; *Rec. CE* 1987, p. 81).

22) Peine de mort : garantie de non-exécution. Peut cependant être accordée l'extradition d'une personne encourant la peine de mort dès lors que l'État requérant a donné au gouvernement français l'assurance que la peine, à supposer qu'elle soit prononcée, ne sera pas mise à exécution (▪ CE, ass., 15 oct. 1993, n° 144590 : *JurisData* n° 1993-045387 ; *Rec. CE* 1993, p. 283, concl. Vigouroux. ▪ CE, 8 avr. 1998, *Stacy* : *JurisData* n° 1998-050434 ; *Rec. CE* 1998, p. 960). La réserve « que les faits motivant la demande d'extradition conservent les qualifications visées selon lesquelles ils ne sont pas punissables de la peine capitale » est insuffisante dès lors qu'aucune convention entre la France et l'État requérant n'a pour effet de lier les juridictions de ce dernier en ce qui concerne la qualification juridique des faits objet de l'extradition. Le gouvernement français n'ayant pas obtenu l'assurance que la peine de mort ne serait pas exécutée au cas où elle serait prononcée, le décret d'extradition est entaché d'excès de pouvoir (▪ CE, 27 févr. 1987, n° 78665 : *JurisData* n° 1987-046111 ; *Rec. CE* 1987, p. 81). La « réserve de garanties suffisantes que l'intéressé ne puisse être condamné à la peine capitale... » à laquelle s'ajoute une note diplomatique du gouvernement algérien indiquant que l'intéressé n'était « pas exposé à une condamnation à la peine capitale » n'ont pas pour effet de lier les juridictions algériennes et ne garantissent pas que la peine de mort, si elle venait à être prononcée, ne serait pas exécutée (▪ CE, 14 déc. 1987, n° 85491 : *JurisData* n° 1987-605037 ; *Rec. CE* 1987, tables p. 733). Ne méconnaît pas l'article 6 § 1 de la Convention européenne de sauvegarde des droits de l'homme et des libertés fondamentales, le décret qui accorde l'extradition du requérant, passible de la peine de mort à la condition que la peine de mort ne soit ni requise, ni prononcée, ni appliquée, le gouvernement français ayant obtenu de l'État requérant, d'une part, l'assurance que si l'extradition était accordée, la peine de mort ne serait pas prononcée ni infligée et, d'autre part, l'engagement pris au nom de l'État que le Ministère public ne requerrait pas la peine capitale contre l'intéressé (▪ CE, 6 nov. 2000, n° 214-2000 : *JurisData* n° 2000-061471 ; *Rec. CE* 2000, p. 485 ; *RFDA* 2001, p. 1037, concl. de Silva ; *D.* 2001, p. 178).

VI – GARANTIES PROCÉDURALES

A – Jugement par défaut

23) Il résulte tant des principes de l'ordre public français que des conventions internationales signées par la France, qu'en matière pénale, une personne condamnée par défaut doit pouvoir obtenir d'être rejugée en sa présence, sauf s'il est établi d'une manière non équivoque qu'elle a renoncé à son droit à comparaître et à se défendre. Une personne évadée de prison et étant longtemps restée introuvable doit être regardée comme ayant manifesté, de manière non équivoque, sa volonté de renoncer à comparaître en personne devant ses juges et de se soustraire à la justice. Dans ces conditions, elle n'est pas fondée à soutenir qu'en accordant son extradition, alors qu'elle n'aurait pas la garantie d'être jugée à nouveau dans l'État requérant, le décret attaqué aurait été pris dans des conditions contraires à l'ordre public français, aux stipulations de l'article 6, paragraphe 1, de la Convention européenne de sauvegarde des droits de l'homme et des libertés fondamentales, aux réserves du gouvernement français relatives à l'article 1er de la Convention européenne d'extradition ou aux stipulations de l'article 14 du Pacte international relatif aux droits civils et politiques (▪ CE, 18 mars 2005, n° 273714 : *JurisData* n° 2005-068084 ; *Rec. CE* 2005, p. 115). Ne peut être regardée comme ayant été prononcée dans des conditions contraires aux stipulations de l'article 6 de la Convention européenne de sauvegarde des droits de l'homme et des libertés fondamentales, et constituer un motif de refus d'extradition, une condamnation pénale par contumace, dès lors qu'il ressort des pièces du dossier que la personne recherchée a été représentée à l'instance par plusieurs avocats commis d'office, qu'elle a été également représentée en appel devant le tribunal compétent et qu'elle bénéficie du droit d'être à nouveau jugé, en sa présence, s'elle en fait la demande (▪ CE, 19 janv. 2009, *Sorin C.* : *JurisData* n° 2009-074801).

B – Droits de la défense

24) L'extradition n'est pas accordée, lorsque la personne réclamée serait jugée dans l'État requérant par un tribunal n'assurant pas les garanties fondamentales de procédure et de protection des droits de la défense. Pour autant, doit être cassé l'arrêt de la chambre de l'instruction qui pour émettre un avis défavorable à la demande d'extradition présentée par les autorités judiciaires albanaises aux fins de poursuite énonce que les difficultés des autorités judiciaires albanaises à faire prévaloir les règles assurant les garanties fondamentales de procédure et de protection des droits de la défense sont démontrées par de nombreux documents, et notamment les rapports du Conseil de l'Europe datés de septembre 2013 et de janvier 2014 relatifs à la visite en Albanie, du 23 au 27 septembre 2013, du Commissaire aux droits de l'homme. Il appartient en pareil cas à la chambre de l'instruction d'ordonner un complément d'information aux fins de rechercher si, en l'espèce, la personne réclamée bénéficiera des garanties fondamentales de procédure et de protection des droits de la défense (▪ Cass. crim., 21 oct. 2014, n° 14-85.257 : *JurisData* n° 2014-025007. ▪ Cass. crim., 21 oct. 2014, n° 14-86.071 : *JurisData* n° 2014-024932).

Doit être approuvé l'arrêt de la chambre de l'instruction ayant elle-même recherché si la personne réclamée bénéficiera des garanties fondamentales relatives à sa sécurité, à la procédure et à la protection des droits de la défense, observant notamment que l'intéressé sera jugé par des juridictions ordinaires et non militaires (▪ Cass. crim., 7 août 2019, n° 18-86.297 : *Bull. crim. à paraître*). Justifie sa décision la chambre de l'instruction qui constate que la personne réclamée n'avait pas le statut de réfugié et qui recherche par elle-même si elle bénéficierait des garanties fondamentales relatives à sa sécurité, à la procédure et à la protection des droits de la défense (▪ Cass. crim., 8 avr. 2015, n° 15-80.602 : *JurisData* n° 2015-008109).

Justifie sa décision la chambre de l'instruction qui, saisie d'une demande d'extradition, même au stade de l'exécution de la décision de condamnation, a vérifié que l'intéressé avait été appelé à son procès et en mesure d'exercer les recours utiles de sorte qu'il n'y a pas lieu de se prévaloir d'une méconnaissance de l'article 6 de la Convention européenne des droits de l'Homme, et du non-respect, par les juridictions de l'État requérant, des garanties fondamentales de procédure et de protection des droits de la défense (▪ Cass. crim., 15 nov. 2016, n° 16-85.335 : *JurisData* n° 2016-024881).

VII – EFFETS POTENTIELS DE L'EXTRADITION SUR LA SANTÉ

25) Règles générales. Il résulte des principes généraux du droit applicables à l'extradition que la remise d'un étranger peut être refusée si elle est susceptible d'avoir des conséquences d'une gravité exceptionnelle pour la personne réclamée, notamment en raison de son âge ou de son état de santé (▪ CE, 10 févr. 2006, n° 284771 : *JurisData* n° 2006-069629). Comp. Relativement à la Convention européenne d'extradition, il appartient à la chambre de l'instruction de rechercher, en application de l'article 1er, alinéa 2 des réserves du gouvernement de la République française à la Convention européenne d'extradition du 13 décembre 1957, si, compte tenu des conditions de détention dans les établissements pénitentiaires de Russie, la remise de la personne recherchée n'était pas susceptible d'avoir des conséquences d'une gravité exceptionnelle sur l'état de santé de l'intéressé (▪ Cass. crim., 9 oct. 2012, n° 12-85.134 : *JurisData* n° 2012-024359). Comp., l'extradition d'un détenu atteint de schizophrénie paranoïaque vers un pays (les États-Unis) où il n'a aucune attache et où l'environnement carcéral est différent et éventuellement plus hostile, pourrait entraîner une aggravation significative de son état de santé mental susceptible de constituer un traitement contraire à l'article 3 (▪ CEDH, 16 avr. 2013, n° 17299/12, *Aswat c/ Royaume-Uni* § 57).

26) Mécanisme de coopération avec les tribunaux pénaux internationaux. La remise au titre du mécanisme pour les tribunaux internationaux n'a pas à être refusée si l'incompatibilité de l'état de santé avec la détention n'est pas caractérisée, et que rien n'établit que l'intéressé soit soumis, à l'occasion de cette demande de transfèrement, à des conditions mettant en péril sa santé, alors qu'il n'existe aucune contre-indication médicale à la détention ou à un transfert. Ainsi est justifié le rejet d'une demande de non-lieu à exécution d'une demande de transfèrement en Tanzanie dès lors que le certificat du médecin pénitentiaire relevant que l'état de santé de M. K... (85 ans) contre-indique le port d'entraves au niveau des membres inférieurs, nécessite l'usage quotidien d'un fauteuil roulant et un transport par ambulance lors des extractions n'a pas avisé le chef de l'établissement pénitentiaire d'une incompatibilité avec un maintien en détention (▪ Cass. crim., 30 sept. 2020, n° 20-83.181, §§ 18-20).

VIII – PROTECTION SUBSIDIAIRE

27) Il résulte des articles 3 de la Convention européenne de sauvegarde des droits de l'homme, 696-15 du Code de procédure pénale et L. 712-1 du Code de l'entrée et du séjour des étrangers et du droit d'asile que la chambre de l'instruction qui constate que la personne réclamée encourt, en cas d'extradition vers son pays d'origine, le risque d'être soumise à un traitement inhumain et dégradant, doit donner un avis défavorable. Un tel risque est avéré lorsque la personne bénéficie de la protection subsidiaire aussi longtemps qu'il n'y a pas été mis fin (▪ Cass. crim., 13 janv. 2021, n° 20-81.359, §§ 10-13).

Art. 696-5 ***(L. n° 2004-204, 9 mars 2004).*** **– Si, pour une infraction unique, l'extradition est demandée concurremment par plusieurs États, elle est accordée de préférence à l'État contre les intérêts, duquel l'infraction était dirigée, ou à celui sur le territoire duquel elle a été commise.**

Si les demandes concurrentes ont pour cause des infractions différentes, il est tenu compte, pour décider de la priorité, de toutes circonstances de fait, et, notamment, de la gravité relative et du lieu des infractions, de la date respective des demandes, de l'engagement qui serait pris par l'un des États requérants de procéder à la réextradition.

Art. 696-6 ***(L. n° 2004-204, 9 mars 2004).*** **– Sous réserve des exceptions prévues à l'article 696-34, l'extradition n'est accordée qu'à la condition que la personne extradée ne sera ni poursuivie, ni condamnée pour une infraction autre que celle ayant motivé l'extradition et antérieure à la remise.**

1) Sens du principe de spécialité. Il résulte de l'article 696-6 du Code de procédure pénale que lorsque la juridiction qui a émis le mandat d'arrêt a obtenu la remise de la personne recherchée, celle-ci ne peut être poursuivie, condamnée ou détenue en vue de l'exécution d'une peine privative de liberté pour un fait quelconque antérieur à la remise et autre que celui qui a motivé cette mesure. Il s'ensuit qu'une personne remise à la France en exécution d'un mandat d'arrêt et qui n'a pas renoncé au principe de spécialité ne peut faire l'objet d'une mesure de détention provisoire pour une infraction autre que celle qui a motivé sa remise (▪ Cass. crim., 12 avr. 2022, n° 22-80.284, §§ 9-10). En l'absence, à la procédure, de la décision d'extradition de l'État requis permettant de vérifier le principe de spécialité, il appartient à la chambre de l'instruction de demander, en application de l'article 194 du Code de procédure pénale, le versement en procédure de la décision de remise des autorités compétentes de l'État requis, puis de rechercher si l'intéressé avait été placé en détention provisoire pour des chefs de mise en examen pour lesquels ces autorités avaient ordonné, en tout ou partie, sa remise (▪ même arrêt, § 16). L'individu qui aura été livré ne pourra être poursuivi ou jugé contradictoirement pour aucune infraction autre que celle ayant motivé l'extradition sauf si l'intéressé a consenti à être jugé pour d'autres faits et si son consentement a été communiqué au gouvernement étranger qui a consenti à l'extradition ou qu'en cas de non-consentement, ce gouvernement a préalablement donné son adhésion aux nouvelles poursuites, enfin, si l'extradé n'a pas quitté le territoire français dans les 30 jours à compter de son élargissement définitif (▪ Cass. crim., 15 janv. 1986, n° 85-93.830 : *JurisData* n° 1986-000143, à propos d'une extradition obtenue par la France en application de la loi du 10 mars 1927 et d'une convention franco-belge d'extradition).

2) Applications du principe de spécialité. La règle de la spécialité de l'extradition n'interdit pas aux juridictions de l'État requérant de restituer leur exacte qualification aux faits en raison desquels l'extradition a été consentie par l'État requis, dès lors que cette décision n'a pas pour conséquence d'étendre leur saisine à des faits nouveaux antérieurs à la remise de la personne extradée et constitutifs d'une infraction distincte ; que tel est le cas lorsque ces juridictions se bornent à retenir une circonstance aggravante nouvelle (▪ Cass. crim., 24 nov. 1998, n° 98-83.385 : *JurisData* n° 1998-005105 ; *Bull. crim.* n° 313). La règle de spécialité de l'extradition n'interdit pas à la juridiction pénale de l'État requérant de prendre en compte une circonstance aggravante non visée lors de la demande d'extradition, dès lors que cette décision n'a pas pour conséquence d'étendre sa saisine à des faits nouveaux antérieurs à la remise de la personne extradée et constitutifs d'une infraction distincte (à propos de la Convention européenne d'extradition, ▪ Cass. crim., 22 juin 1999, n° 98-82.046 : *JurisData* n° 1999-002988 ; *Bull. crim.* n° 143 ; *JCP* G 1999, somm. 2870).

3) **Caractère supplétif de l'article 696-6 du Code de procédure pénale.** Les dispositions de l'article 696-6 du Code de procédure pénale ont un caractère supplétif et ne sont pas applicables, en vertu de l'article 696 du même code, à une demande d'extradition régie par la Convention relative à l'extradition entre les États membres de l'Union européenne. En pareille hypothèse, le principe de spécialité est régi par l'article 10 de la Convention précitée (▪ CE, 9 nov. 2015, n° 388890 : *JurisData* n° 2015-025253).

Art. 696-7 *(L. n° 2004-204, 9 mars 2004)*. – **Dans le cas où une personne réclamée est poursuivie ou a été condamnée en France, et où son extradition est demandée au gouvernement français à raison d'une infraction différente, la remise n'est effectuée qu'après que la poursuite est terminée, et, en cas de condamnation, après que la peine a été exécutée.**

Toutefois, cette disposition ne fait pas obstacle à ce que la personne réclamée puisse être envoyée temporairement pour comparaître devant les tribunaux de l'État requérant, sous la condition expresse qu'elle sera renvoyée dès que la justice étrangère aura statué.

Est régi par les dispositions du présent article le cas où la personne réclamée est soumise à la contrainte judiciaire par application des dispositions du titre VI du livre V du présent code.

L'article 696-7 du Code de procédure pénale selon lequel la remise d'une personne dont l'extradition est demandée n'est effectuée, le cas échéant, qu'après que la poursuite dont celle-ci ferait l'objet en France est terminée, ne reçoit application qu'en cas de poursuites pénales diligentées sur le territoire national ; que, par suite, le moyen tiré de la méconnaissance de cet article eu égard à la procédure d'expulsion dirigée contre M. X et dont celui-ci a demandé l'annulation devant le tribunal administratif est inopérant (▪ CE, 30 mai 2005, n° 277436). En application de l'article 24 de la Convention bilatérale entre la France et l'Algérie et de l'article 696-7 du Code de procédure pénale, dans le cas où une personne réclamée a été condamnée en France, et où son extradition est demandée au gouvernement français à raison d'une autre infraction, la remise n'est effectuée qu'après l'exécution de la peine (▪ Cass. crim., 6 déc. 2017, n° 17-85.634).

Section II. – De la procédure d'extradition de droit commun

Art. 696-8 *(L. n° 2004-204, 9 mars 2004)*. – **Sous réserve des dispositions du quatrième alinéa, toute demande d'extradition est adressée au gouvernement français par voie diplomatique et accompagnée soit d'un jugement ou d'un arrêt de condamnation, même par défaut, soit d'un acte de procédure pénale décrétant formellement ou opérant de plein droit le renvoi de la personne poursuivie devant la juridiction répressive, soit d'un mandat d'arrêt ou de tout autre acte ayant la même force et décerné par l'autorité judiciaire, pourvu que ces derniers actes renferment l'indication précise du fait pour lequel ils sont délivrés et la date de ce fait.**

Les pièces ci-dessus mentionnées doivent être produites en original ou en copie certifiée conforme.

Le gouvernement requérant doit produire en même temps la copie des textes de loi applicables au fait incriminé. Il peut joindre un exposé des faits de la cause.

Lorsqu'elle émane d'un État membre de l'Union européenne, la demande d'extradition est adressée directement par les autorités compétentes de cet État au ministre de la justice, qui procède comme il est dit à l'article 696-9.

1) **Voie diplomatique.** L'absence de mention sur le décret d'extradition de ce que la demande a été introduite par voie diplomatique ne l'entache pas d'illégalité (▪ CE, 11 déc. 1998, n° 190449).

2) **Ordre d'arrestation.** Il n'importe que l'ordre d'arrestation international adressé aux autorités françaises par le procureur du Roi du Maroc ne porte pas la signature de ce magistrat dès lors que les autres pièces accompagnant la demande d'extradition sont régulièrement signées de sa main et qu'au surplus le document dont la régularité est contestée se trouve revêtu du cachet du tribunal de première instance de Tanger (▪ Cass. crim., 15 nov. 2006, n° 06-86.731).

3) **Moment de la communication des pièces.** Satisfait aux exigences de l'article 696-8 du Code de procédure pénale et de l'article 12 de la Convention européenne d'extradition du 13 décembre 1957 une communication des pièces postérieurement à la demande d'extradition dès lors que leur transmission, consécutive à la demande de la chambre de l'instruction ayant

suspendu sa décision, a permis la tenue d'un débat contradictoire ultérieur devant la juridiction nouvellement réunie (■ CE, 19 janv. 2009, n° 317125).

4) **Convention européenne d'extradition.** La copie certifiée conforme du mandat d'arrêt, base de la demande d'extradition, constitue une expédition authentique de ce mandat au sens de l'article 12.2 a, de la Convention européenne d'extradition du 13 décembre 1957 (■ Cass. crim., 12 oct. 2010, n° 10-85.526).

5) **Traduction des pièces.** Aucune disposition de la loi du 10 mars 1927 n'impose la traduction des pièces de justice jointes à une demande d'extradition, ni ne fixe les conditions de forme d'une éventuelle traduction (■ Cass. crim., 21 sept. 1984, n° 84-94.034 : *Bull. crim.* n° 274). Encourt la cassation la décision émettant un avis défavorable à la demande d'extradition, qui énonce que le mandat d'arrêt servant de fondement à cette procédure s'analyse en une simple traduction faite par un traducteur non identifiable et que cette copie, non certifiée conforme, ne remplit pas les conditions posées par l'article 696-8 du Code de procédure pénale dès lors qu'il appartenait à la chambre de l'instruction d'ordonner un complément d'information tendant à la production d'une copie certifiée conforme de ce mandat d'arrêt (■ Cass. crim., 11 déc. 2012, n° 12-86.508, F-D : *JurisData* n° 2012-031137).

Art. 696-9 ***(Mod., L. n° 2009-526, 12 mai 2009).*** **– La demande d'extradition est, après vérification des pièces, transmise, avec le dossier, par le ministre des affaires étrangères au ministre de la justice qui, après s'être assuré de la régularité de la requête, l'adresse au procureur général territorialement compétent.**

Art. 696-9-1 ***(Mod., L. n° 2019-222, 23 mars 2019).*** **– Pour la recherche d'une personne faisant l'objet d'une demande d'extradition ou d'arrestation provisoire aux fins d'extradition, les articles 74-2 et 230-33 sont applicables. Les attributions du procureur de la République et du juge des libertés et de la détention prévues par cet article sont respectivement exercées par le procureur général et le président de la chambre de l'instruction ou le conseiller par lui désigné.**

Art. 696-10 ***(Rempl., L. n° 2009-526, 12 mai 2009 ; mod., L. n° 2011-392, 14 avr. 2011).*** **– Toute personne appréhendée à la suite d'une demande d'extradition doit être conduite dans les quarante-huit heures devant le procureur général territorialement compétent. Les articles 63-1 à 63-7 sont applicables durant ce délai.**

Après avoir vérifié l'identité de la personne réclamée, le procureur général l'informe, dans une langue qu'elle comprend, de l'existence et du contenu de la demande d'extradition dont elle fait l'objet et l'avise qu'elle peut être assistée par un avocat de son choix ou, à défaut, par un avocat commis d'office par le bâtonnier de l'ordre des avocats, qui sera alors informé sans délai et par tout moyen. Il l'avise qu'elle peut s'entretenir immédiatement avec l'avocat désigné. Mention de ces informations est faite, à peine de nullité de la procédure, au procès-verbal.

L'avocat peut consulter sur-le-champ le dossier et communiquer librement avec la personne recherchée.

Le procureur général fait connaître également à la personne réclamée qu'elle a la faculté de consentir ou de s'opposer à son extradition et lui indique les conséquences juridiques si elle y consent. Il l'informe qu'elle a la faculté de renoncer à la règle de la spécialité et lui indique les conséquences juridiques de cette renonciation.

Le procureur général reçoit les déclarations de la personne réclamée et, s'il y a lieu, de son conseil, dont il est dressé procès-verbal.

1) **Délai de présentation au Procureur général.** Le délai de quarante-huit heures prévu par l'article 696-10 du Code de procédure pénale, dans sa rédaction issue de la loi du 12 mai 2009, n'est pas applicable lorsque la personne réclamée a fait l'objet d'une arrestation provisoire, conformément aux dispositions de l'article 696-23 du même code (■ Cass. crim., 12 mai 2010, n° 10-81.249 : *JurisData* n° 2010-008647 ; *Bull. crim.* n° 84). Comp. ■ Cass. crim., 24 oct. 2007, n° 07-85.056 : *Bull. crim.* n° 256, antérieurement à la loi du 12 mai 2009.

2) **Contestation de l'arrestation provisoire.** La personne réclamée ne peut critiquer, à l'occasion de l'examen d'une demande d'extradition, les conditions de son arrestation provisoire, celles-ci étant sans incidence sur la validité de la procédure d'extradition (■ Cass. crim., 24 oct. 2007, n° 07-85.056 : *Bull. crim.* n° 256. ■ Cass. crim., 29 juin 2011, n° 11-82.160. ■ Cass. crim., 4 mars 2015, n° 14-87.380 : *JurisData* n° 2015-004037).

3) **Avocat.** L'absence d'information du demandeur par le procureur général sur son droit d'être assisté d'un avocat n'a pas porté atteinte à ses intérêts dès lors qu'il a effectivement bénéficié de l'assistance d'un avocat et qu'il a fait choix de ne pas consentir à son extradition (■ Cass. crim., 29 juin 2011, n° 11-82.160).

4) **Articulation avec une situation d'urgence.** V. sous art. 696-23, p. 1424.

Art. 696-11 *(Rempl., L. n° 2009-526, 12 mai 2009 ; mod., L. n° 2011-392, 14 avr. 2011, en vigueur le 1er juin 2011).* **– À la suite de la notification de la demande d'extradition, s'il décide de ne pas laisser en liberté la personne réclamée, le procureur général la présente au premier président de la cour d'appel ou au magistrat du siège désigné par lui.**

Le premier président de la cour d'appel ou le magistrat du siège désigné par lui ordonne l'incarcération et le placement sous écrou extraditionnel de la personne réclamée à la maison d'arrêt du siège de la cour d'appel.

Toutefois, s'il estime que sa représentation à tous les actes de la procédure est suffisamment garantie, le procureur général peut soumettre la personne réclamée, jusqu'à sa comparution devant la chambre de l'instruction, à une ou plusieurs des mesures prévues aux articles 138 et 142-5. Cette décision est notifiée verbalement et mentionnée au procès-verbal dont copie lui est remise sur-le-champ. Elle est susceptible de recours devant la chambre de l'instruction qui doit statuer dans un délai de cinq jours.

L'article 696-21 est applicable à la personne recherchée laissée en liberté ou placée sous contrôle judiciaire ou sous assignation à résidence sous surveillance électronique si elle se soustrait volontairement ou ne respecte pas les obligations du contrôle judiciaire ou de l'assignation à résidence sous surveillance électronique.

1) Question prioritaire de constitutionnalité – Libération. Les dispositions de l'article 698-11 du Code de procédure pénale ne sauraient, sans imposer une rigueur non nécessaire méconnaissant la liberté individuelle ni porter une atteinte disproportionnée à la liberté d'aller et venir, être interprétées comme excluant la possibilité pour le magistrat du siège saisi aux fins d'incarcération dans le cadre d'une procédure d'extradition de laisser la personne réclamée en liberté sans mesure de contrôle dès lors que celle-ci présente des garanties suffisantes de représentation (▪ Cons. const., 9 sept. 2016, n° 2016-561/562 QPC : *JurisData* n° 2016-020427 ; *JO* 15 sept. 2016, consid. 12).

2) Question prioritaire de constitutionnalité – Droits de la défense. Le respect des droits de la défense exige que la personne présentée au premier président de la cour d'appel ou au magistrat qu'il a désigné puisse être assistée par un avocat et avoir, le cas échéant, connaissance des réquisitions du procureur général (▪ Cons. const., 9 sept. 2016, préc., consid. 13).

3) Question prioritaire de constitutionnalité – Recours effectif. Ni les dispositions contestées de l'article 696-11 du Code de procédure pénale, ni aucune autre disposition législative ne prévoient de recours spécifique à l'encontre de la mesure d'incarcération. Cependant l'article 696-19 du Code de procédure pénale reconnaît à la personne placée sous écrou extraditionnel la faculté de demander à tout moment à la chambre de l'instruction sa mise en liberté. À cette occasion, elle peut faire valoir l'irrégularité de l'ordonnance de placement sous écrou extraditionnel. Il en résulte que l'intéressé n'est pas privé de la possibilité de contester la mesure d'incarcération (▪ Cons. const., 9 sept. 2016, préc., consid. 14).

4) Cour de cassation : droits de la défense et recours effectif. Les dispositions des articles 696-11 et 696-19 du Code de procédure pénale ayant été déclarées conformes à la Constitution par décision du Conseil constitutionnel n° 561/562 QPC en date du 9 septembre 2016, le moyen pris de la violation des droits de la défense et de l'insuffisance du contrôle juridictionnel sur l'écrou extraditionnel est inopérant (▪ Cass. crim., 5 oct. 2016, n° 16-84.669 : *JurisData* n° 2016-020389 ; *Bull. crim.* n° 262).

5) Compétence de la chambre de l'instruction. C'est à bon droit que la chambre de l'instruction s'est déclarée incompétente pour connaître d'un nouvel écrou extraditionnel, dès lors qu'elle relève que pareille demande ne peut avoir pour finalité de garantir la remise de la personne aux autorités marocaines, en l'état de la déclaration du gouvernement français auprès de la Cour européenne des droits de l'homme, selon laquelle il ne mettrait pas à exécution le décret d'extradition. En effet, compte tenu de cette déclaration, il ressort que, au moment où elle a statué, la procédure d'extradition n'était plus en cours, au sens de l'article 5, § 1, *f)* de la Convention européenne des droits de l'Homme (▪ Cass. crim., 29 mars 2017, n° 17-80.239 : *JurisData* n° 2017-006748).

6) Motivation. Répond aux exigences de l'article 696-11 du Code de procédure pénale, l'arrêt de la chambre de l'instruction énonçant que le seul défaut éventuel de respect de l'exigence de motivation invoquée du titre de détention n'a pas pour effet de priver l'écrou extraditionnel de sa légalité, dès lors que la mise en liberté peut être demandée à tout moment à la chambre de l'instruction qui statue sur la nécessité de la privation de liberté en se déterminant sur des considérations de droit et de fait et que la disposition légale critiquée n'apparaît pas être inconventionnelle (▪ Cass. crim., 27 juin 2018, n° 18-82.533).

7) Contrôle judiciaire : durée et demande de mainlevée. La mesure de contrôle judiciaire est

parution de la personne réclamée devant cette juridiction n'a pas pour objet l'examen du bien-fondé des poursuites exercées contre elle et que celle-ci a la possibilité d'être assistée d'un avocat (■ Cass. crim., 4 mars 2015, n° 14-87.377 : *JurisData* n° 2015-004070).

10) Assistance de l'avocat. Il résulte de l'article 6 § 3 de la Convention européenne des droits de l'Homme que tout accusé a le droit de se défendre lui-même ou d'avoir l'assistance d'un défenseur de son choix et, s'il n'a pas les moyens de rémunérer un défenseur, de pouvoir être assisté gratuitement par un avocat d'office, lorsque les intérêts de la justice l'exigent. Partant, viole le principe et le texte susvisé, la chambre de l'instruction qui émet un avis favorable à l'extradition, alors qu'à la suite d'un complément d'information, la personne réclamée a comparu devant elle assistée d'un interprète mais en l'absence de son avocat. Il lui appartenait en effet de s'assurer de l'effectivité de la défense du mis en cause (■ Cass. crim., 8 janv. 2013, n° 12-86.876 : *JurisData* n° 2013-000313 ; *Bull. crim.* n° 7 ; *Procédures* 2013, comm. 83, obs. J. Buisson). Il ne saurait se faire un grief du refus opposé par la chambre de l'instruction à la demande formulée par un avocat au barreau de New-York de présenter à l'audience des observations orales, dès lors que, d'une part, il n'a nullement été justifié par ce dernier de titres lui permettant d'exercer sa profession sur le territoire national, et que, d'autre part, selon les énonciations non contestées de l'arrêt, les avocats choisis par la personne réclamée et présents, ont produit un mémoire commun et ont présenté des observations orales, ce dont il se déduit qu'aucune atteinte n'a été portée aux droits de la défense et au droit de l'intéressé à un procès équitable (■ Cass. crim., 4 mars 2015, n° 14-87.377 : *JurisData* n° 2015-004070).

11) Parole en dernier. Il se déduit de l'article 199 et des principes généraux du droit que, dans tous les débats se terminant par un jugement ou un arrêt, le prévenu ou son conseil doivent toujours avoir la parole en dernier. Il en doit également être ainsi lorsque la chambre de l'instruction statue en matière d'extradition (■ Cass. crim., 17 mai 1984, n° 83-92.068 : *Bull. crim.* n° 183 ; *JCP* G 1985, II, 20332, note J. Borricard ; *D.* 1984, jurispr. p. 536, note W. Jeandidier ; *Gaz. Pal.* 1984, 2, p. 779, rapp. Cruvellié).

12) Interprète. Tout avocat, même de nationalité étrangère, plaidant devant les juridictions répressives françaises, est tenu de le faire en français, seule langue de procédure admise. C'est donc à bon droit que la chambre de l'instruction a refusé à un avocat polonais intervenant aux côtés d'un avocat français, la possibilité de présenter des observations dans l'intérêt de son client lors de l'audience de la chambre de l'instruction examinant une demande d'extradition (■ Cass. crim., 8 févr. 2012, n° 11-88.044 : *Bull. crim.* n° 39). Le procès-verbal d'interrogatoire ne portant pas la signature de l'interprète présent lors de l'audience des débats mais celle de l'interprète présent au moment du prononcé de l'arrêt, ne saurait entraîner la nullité de la décision dès lors qu'il n'est pas établi ni même allégué qu'il ait été porté atteinte aux intérêts de la personne réclamée (■ Cass. crim., 16 sept. 2009, n° 09-83.267 : *JurisData* n° 2009-049694 ; *Bull. crim.* n° 156).

Art. 696-14 *(L. n° 2004-204, 9 mars 2004)*. **– Si, lors de sa comparution, la personne réclamée déclare consentir à être extradée et que les conditions légales de l'extradition sont remplies, la chambre de l'instruction, après avoir informé cette personne des conséquences juridiques de son consentement, lui en donne acte dans les sept jours à compter de la date de sa comparution, sauf si un complément d'information a été ordonné.**

L'arrêt de la chambre de l'instruction n'est pas susceptible de recours.

1) Validité du consentement. Il n'appartient pas au Conseil d'État de contrôler la validité de la renonciation au bénéfice de la loi relative à l'extradition reçue par les autorités judiciaires et donc du consentement à l'extradition (■ CE, 3 mars 2003, n° 248353, n° 2003-065094, à propos de la loi du 10 mars 1927).

2) Recours. Aucune disposition légale n'autorise la personne qui fait l'objet d'une demande d'extradition à se pourvoir en cassation contre la décision de la chambre d'accusation qui lui a donné acte de la déclaration par laquelle elle renonçait au bénéfice de ladite loi et consentait à être livrée aux autorités du pays requérant (■ Cass. crim., 15 déc. 1993, n° 93-85.393 : *Bull. crim.* n° 388, sous l'empire de la loi du 10 mars 1927). Celui qui a renoncé à se prévaloir de la loi du 10 mars 1927 et de la Convention européenne d'extradition lors de sa comparution devant la chambre de l'instruction ne peut revenir sur le consentement qu'il a ainsi donné à son extradition (■ CE, 3 mars 2003, préc.).

3) Reprise de la procédure après consentement. Lorsque la remise de l'intéressé ayant consenti à son extradition n'a pu intervenir, rien n'interdit la reprise de la procédure pour les mêmes faits, sur le fondement d'un autre titre exécutoire, alors même que cette fois-ci l'intéressé ne consentirait pas à l'extradition (■ Cass. crim., 20 mars 1990, n° 89-87.153 : *Bull. crim.* n° 122 ; *JCP* G 1990, II, 101542).

Art. 696-15 *(L. n° 2004-204, 9 mars 2004).* – **Lorsque la personne réclamée a déclaré au procureur général ne pas consentir à son extradition, la chambre de l'instruction est saisie, sans délai, de la procédure. La personne réclamée comparaît devant elle dans un délai de dix jours ouvrables à compter de la date de sa présentation au procureur général.**

Les dispositions des deuxième, troisième et quatrième alinéas de l'article 696-13 sont applicables.

Si, lors de sa comparution, la personne réclamée déclare ne pas consentir à être extradée, la chambre de l'instruction donne son avis motivé sur la demande d'extradition. Elle rend son avis, sauf si un complément d'information a été ordonné, dans le délai d'un mois à compter de la comparution devant elle de la personne réclamée.

Cet avis est défavorable si la cour estime que les conditions légales ne sont pas remplies ou qu'il y a une erreur évidente.

Le pourvoi formé contre un avis de la chambre de l'instruction ne peut être fondé que sur des vices de forme de nature à priver cet avis des conditions essentielles de son existence légale.

Situations visées par l'article 696-15 du Code de procédure pénal. Le consentement de l'État étranger à l'extradition de la personne remise en vertu d'un mandat d'arrêt européen vers un État non membre de l'Union européenne n'entre pas dans les conditions légales visées par l'article 696-15 du Code de procédure pénale (▪ Cass. crim., 2 déc. 2020, n° 19-87.428, § 16).

I – PROCÉDURE DEVANT LA CHAMBRE DE L'INSTRUCTION

Voir : V. sous art. 696-13, p. 1415.

II – DÉCISION DE LA CHAMBRE DE L'INSTRUCTION

1) Délais pour statuer. Si, aux termes de l'article 696-15, alinéa 3, du Code de procédure pénale, la chambre de l'instruction rend son avis dans un délai d'un mois à compter de la comparution devant elle de la personne réclamée, il ne résulte d'aucune disposition légale que l'inobservation de ce délai soit assortie d'une sanction (▪ Cass. crim., 11 mai 2005, n° 05-81.111 : *JurisData* n° 2005-028669 ; *Bull. crim.* n° 147. ▪ Cass. crim., 26 avr. 2006, n° 06-80.878 : *JurisData* n° 2006-033673. ▪ Cass. crim., 13 sept. 2011, n° 11-84.665. ▪ Cass. crim., 18 févr. 2015, n° 14-84.193 : *JurisData* n° 2015-002536).

A – Avis favorable

2) Motifs hypothétiques. La chambre de l'instruction ne saurait donner un avis favorable à une demande d'extradition en se déterminant par des motifs hypothétiques, sans mieux s'expliquer sur le fait de savoir en quoi la prescription d'un acte de séquestration débuté en 1976 n'est pas acquise (▪ Cass. crim., 18 févr. 2015, n° 14-84.193 : *JurisData* n° 2015-002536).

3) Motifs insuffisants. Ne satisfait pas aux conditions essentielles de son existence légale l'arrêt de la chambre de l'instruction écartant l'argumentation du procureur général et de la personne réclamée qui invoquaient la situation de « réfugié géorgien », au motif notamment qu'il n'y avait pas lieu de craindre la rigueur des institutions de son pays d'origine puisque l'extradition était requise par l'État russe et non par l'État géorgien dont il a la nationalité, dès lors qu'il lui revient de chercher si en cas de remise aux autorités russes la situation de l'intéressé ne risquait pas d'être aggravée pour des considérations de race, de religion, de nationalité ou d'opinions politiques (▪ Cass. crim., 16 sept. 2009, n° 09-83.267 : *JurisData* n° 2009-049694 ; *Bull. crim.* n° 156). Ne satisfait pas aux conditions essentielles de son existence l'arrêt de la chambre de l'instruction qui écarte l'argumentation de la personne recherchée invoquant, outre son état de santé, les conditions de détention en Russie et émet un avis favorable à la demande d'extradition présentée par les autorités judiciaires russes, au motif qu'il n'est pas établi que l'état de santé de l'intéressé requerrait des soins et précautions autres que communs et que son extradition serait susceptible d'avoir, sur ce point, des conséquences d'une gravité exceptionnelle. En effet, il appartient à la chambre de l'instruction de rechercher, en application de l'article 1er alinéa 2 des réserves du gouvernement de la République française à la Convention européenne d'extradition du 13 décembre 1957, si, compte tenu des conditions de détention dans les établissements pénitentiaires de Russie, la remise de la personne recherchée n'était pas susceptible d'avoir des conséquences d'une gravité exceptionnelle sur son état de santé (▪ Cass. crim., 9 oct. 2012, n° 12-85.134 : *JurisData* n° 2012-024356).

4) Protection de la vie privée. La chambre de l'instruction ne saurait écarter l'argument tiré de la violation de l'article 8 de la Convention européenne des droits de l'Homme, au seul motif que l'atteinte au respect de la vie privée et familiale trouve sa justification dans la nature même de la procédure d'extradition. En effet, il appartient aux juges de répondre à l'argumentation de la personne réclamée, laquelle faisait valoir l'existence de liens familiaux stables en France, étant marié et père d'un enfant, en sorte que l'extradition était de nature à porter une atteinte disproportionnée à son droit au respect de sa vie privée et familiale garanti par l'article 8 de la Convention européenne des droits de l'Homme (■ Cass. crim., 15 nov. 2016, n° 16-85.335 : *JurisData* n° 2016-024881 ; *Bull. crim.* n° 293). *Contra*, si une décision d'extradition est susceptible de porter atteinte au droit au respect de la vie privée et familiale, au sens de l'article 8 de la Convention européenne de sauvegarde des droits de l'homme et des libertés fondamentales, cette atteinte trouve, en principe, sa justification dans la nature même de la procédure d'extradition, qui est de permettre, dans l'intérêt de l'ordre public et sous les conditions fixées par les dispositions qui la régissent, tant le jugement hors de France de personnes qui sont poursuivies à l'étranger pour des crimes ou des délits eux-mêmes commis hors de France que l'exécution, par les mêmes personnes, des condamnations pénales prononcées contre elles à l'étranger pour de tels crimes ou délits. Dès lors, le moyen tiré de la méconnaissance des stipulations de l'article 8 de la Convention européenne de sauvegarde des droits de l'homme et des libertés fondamentales doit être écarté (■ CE, 2e et 7e ch. réunies, 25 oct. 2018, n° 419865). Il en va de même du moyen tiré de la violation de l'article 8 de la convention précitée en tant que le décret attaqué a autorisé l'extradition en priorité vers un pays plutôt qu'un autre en cas de demandes concurrentes doit être écarté (■ CE, 15 juin 2001, n° 222654 : *JurisData* n° 2001-062554. ■ CE, 11 juin 2010 : *JurisData* n° 2010-008790 ; *JCP A* 2010, act. 494).

5) Écrou extraditionnel. La personne placée sous écrou extraditionnel demeure de plein droit détenue après l'avis favorable donné à la demande d'extradition (■ Cass. crim., 19 mars 2002, n° 02-80.130 : *Bull. crim.* n° 65).

B – Avis défavorable

6) Protection subsidiaire. Il résulte des articles 3 de la Convention européenne de sauvegarde de droit de l'Homme, 696-15 du Code de procédure pénale et L. 712-1 du Code de l'entrée et du séjour des étrangers et du droit d'asile que la chambre de l'instruction qui constate que la personne réclamée encourt, en cas d'extradition vers son pays d'origine, le risque d'être soumise à un traitement inhumain et dégradant, doit donner un avis défavorable. Un tel risque est avéré lorsque la personne bénéficie de la protection subsidiaire aussi longtemps qu'il n'y a pas été mis fin (■ Cass. crim., 13 janv. 2021, n° 20-81.359, §§ 10-13).

7) Causes de l'avis défavorable. La chambre de l'accusation n'est autorisée à donner un avis défavorable à une demande d'extradition que si elle estime que les conditions légales ne sont pas réunies ou s'il y a une erreur évidente (■ Cass. crim., 7 janv. 1955 : *Bull. crim.* n° 5). Des circonstances autres telles que la conduite irréprochable de l'intéressé (■ Cass. crim., 13 nov. 1952 : *Bull. crim.* n° 252) ou sa conduite exemplaire pendant la guerre (■ Cass. crim., 9 févr. 1954 : *Bull. crim.* n° 62) ne constituent pas des motifs valables au refus d'extradition.

8) Complément d'information. En cas de doute sur l'une des conditions légales, en l'occurrence sur l'aptitude, par l'État requérant, à faire prévaloir les règles assurant les garanties fondamentales de procédure et de protection des droits de la défense démontrées par de nombreux documents, et notamment les rapports du Conseil de l'Europe et du Commissaire aux droits de l'homme, il appartient à la chambre de l'instruction d'ordonner un complément d'information aux fins de rechercher si, en l'espèce, la personne réclamée bénéficiera des garanties fondamentales de procédure et de protection des droits de la défense (■ Cass. crim., 21 oct. 2014, n° 14-85.257 : *JurisData* n° 2014-025007 ; *Bull. crim.* n° 213 ; *JCP G* 2014, 1175).

III – RECOURS CONTRE LA DÉCISION DE LA CHAMBRE DE L'INSTRUCTION

9) Contrôle de la procédure – Refus de transmission de question prioritaire de constitutionnalité. Si l'article 696-15, dernier alinéa, du Code de procédure pénale réserve à la Cour de cassation, saisie d'un pourvoi contre l'avis de la chambre de l'instruction donné sur une demande d'extradition, le seul contrôle de la régularité de la procédure, incluant le respect des garanties fondamentales accordées à la personne réclamée, cette limitation ne prive pas celle-ci du droit à un recours effectif, l'examen des moyens, qui seraient irrecevables devant la Cour de cassation en application de cette disposition, ressortissant à la compétence de la juridiction administrative, appelée à statuer sur un recours contre l'éventuel décret d'extradition succédant à l'avis donné par l'autorité judiciaire ; qu'en conséquence, un tel partage de compétences entre les deux ordres de juridiction pour statuer sur les recours formés contre les décisions rendues en matière d'extradition n'a pas pour effet de porter atteinte au droit garanti par l'article 16 de la Déclaration des droits de l'homme et du citoyen. Il n'y a donc pas lieu de renvoyer la question au Conseil constitutionnel (■ Cass. crim., 26 juin 2013, n° 13-82.156 : *JurisData* n° 2013-013796 ; *Bull. crim.* n° 171).

10) **Contrôle de la procédure – Pouvoir d'appréciation de la chambre de l'instruction.** Le demandeur ne peut être admis à critiquer les motifs de l'arrêt qui se rattachent directement et servent de support à l'avis de la chambre de l'instruction sur la suite à donner à la demande d'extradition (■ Cass. crim., 13 oct. 2004, n° 04-84.470 : *Bull. crim.* n° 241, à propos de la loi du 10 mars 1927. ■ Cass. crim., 6 avr. 2006, n° 06-80.878 : *JurisData* n° 2006-033. ■ Cass. crim., 8 févr. 2012, n° 11-88.044 : *JurisData* n° 2012-002138. ■ Cass. crim., 20 août 2014, n° 14-83.724 : *JurisData* n° 2014-022568). Tout moyen de forme ou de procédure touchant à l'avis de la chambre de l'instruction de la cour d'appel sur une demande d'extradition échappe à la compétence du Conseil d'État saisi d'un recours contre le décret d'extradition. Par suite, il n'appartient pas au Conseil d'État d'examiner les moyens tirés de ce que cet avis aurait dû être précédé d'un renvoi préjudiciel devant le juge de la nationalité et de ce qu'il aurait été rendu par la chambre de l'instruction au-delà du délai d'un mois prescrit par l'article 696-15 du Code de procédure pénale (■ CE, 17 oct. 2012, n° 358538).

Art. 696-16 *(L. n° 2004-204, 9 mars 2004).* – **La chambre de l'instruction peut, par une décision qui n'est susceptible d'aucun recours, autoriser l'État requérant à intervenir à l'audience au cours de laquelle la demande d'extradition est examinée, par l'intermédiaire d'une personne habilitée par ledit État à cet effet. Lorsque l'État requérant est autorisé à intervenir, il ne devient pas partie à la procédure.**

1) **Dépôt de mémoire.** Si, aux termes de l'article 696-16 du Code de procédure pénale, en matière d'extradition, l'État requérant peut être autorisé par la chambre de l'instruction à intervenir à l'audience, il n'en devient pas pour autant partie à la procédure et, en application de l'article 198 dudit code, ne dispose donc pas de la faculté de déposer un mémoire. Ne tire pas les conséquences légales de ses constatations l'arrêt de la chambre de l'instruction qui tout en rappelant qu'en application de l'article 198 du Code de procédure pénale, l'État requérant ne saurait déposer de mémoire, a cependant déclaré recevable le document, intitulé « observations », produit par l'avocat de celui-ci au soutien de la demande d'extradition, en relevant qu'il avait été communiqué aux parties (■ Cass. crim., 9 avr. 2014, n° 14-80.436 : *JurisData* n° 2014-007711 ; *Bull. crim.* n° 110).

2) **Demande d'éclaircissements.** En demandant des éclaircissements sur la demande d'extradition au représentant de l'État russe, préalablement autorisé à intervenir, en application de l'article 696-16 du Code de procédure pénale, sans pour autant devenir partie à la procédure, la chambre de l'instruction, qui a également permis à la personne réclamée et à ses avocats de lui poser des questions, n'a méconnu aucune disposition légale ou conventionnelle (■ Cass. crim., 4 mars 2015, n° 14-87.380 : *JurisData* n° 2015-004037 ; *Bull. crim.* n° 46).

Art. 696-17 *(L. n° 2004-204, 9 mars 2004).* – **Si l'avis motivé de la chambre de l'instruction repousse la demande d'extradition et que cet avis est définitif, l'extradition ne peut être accordée.**

La personne réclamée, si elle n'est pas détenue pour une autre cause, est alors mise d'office en liberté.

1) **Nouvelle demande d'extradition.** Il résulte de l'article 696-17 du Code de procédure pénale qu'un avis défavorable émis à une première demande d'extradition ne fait pas obstacle à ce qu'une autre demande soit formée par les mêmes autorités, contre la même personne, pour les mêmes faits, dès lors que la seconde trouve son fondement dans de nouveaux accords internationaux, qui modifient les conditions de droit initiales. Il en va ainsi de la Convention relative à l'extradition entre les États membres de l'Union européenne, faite à Dublin le 27 septembre 1996, applicable dans les relations entre la France et l'Espagne aux demandes d'extradition présentées postérieurement au 1er juillet 2005, dès lors que celle-ci comporte dans son article 3 des dispositions spécifiques aux infractions qualifiées de conspiration ou d'association de malfaiteur ayant pour but de commettre une ou plusieurs infractions visées aux articles 1 et 2 de la Convention européenne pour la répression du terrorisme (■ Cass. crim., 15 juin 2011, n° 11-81.912 : *JurisData* n° 2011-012805 ; *Bull. crim.* n° 129).

2) **Loi du 10 mars 1927.** L'article 17 de la loi du 10 mars 1927 signifie seulement que le Gouvernement ne peut passer outre à un avis défavorable d'extradition. Cet article ne fait pas obstacle à une nouvelle saisine de la chambre d'accusation pour les mêmes faits contre la même personne, lorsque le Gouvernement est lui-même saisi d'une nouvelle demande fondée sur des éléments qui, survenus ou révélés depuis la demande précédente, permettent une appréciation différente des conditions légales de l'extradition (■ Cass. crim., 12 mars 1991, n° 90-86.710 : *Bull. crim.* n° 123).

Art. 696-18 *(L. n° 2004-204, 9 mars 2004).* – **Dans les cas autres que celui prévu à l'article 696-17, l'extradition est autorisée par décret du Premier ministre pris sur le rapport du ministre de la justice. Si, dans**

le délai d'un mois à compter de la notification de ce décret à l'État requérant, la personne réclamée n'a pas été reçue par les agents de cet État, l'intéressé est, sauf cas de force majeure, mis d'office en liberté et ne peut plus être réclamé pour la même cause.

Le recours pour excès de pouvoir contre le décret mentionné à l'alinéa précédent doit, à peine de forclusion, être formé dans le délai d'un mois. L'exercice d'un recours gracieux contre ce décret n'interrompt pas le délai de recours contentieux.

1) Conditions de détention conformes à la dignité de la personne humaine. Il résulte de la jurisprudence de la Cour de cassation (■ Cass. crim., 8 juill. 2020, n° 20-81.739) que le juge judiciaire a l'obligation de garantir à la personne placée dans des conditions indignes de détention un recours préventif et effectif permettant de mettre un terme à la violation de l'article 3 de la Convention européenne des droits de l'homme, qu'il incombe à ce juge, en tant que gardien de la liberté individuelle, de veiller à ce que la détention provisoire soit, en toutes circonstances, mise en œuvre dans des conditions respectant la dignité des personnes et de s'assurer que cette privation de liberté est exempte de tout traitement inhumain et dégradant. Lorsque la description faite par le demandeur de ses conditions personnelles de détention est suffisamment crédible, précise et actuelle, de sorte qu'elle constitue un commencement de preuve de leur caractère indigne, la juridiction est tenue de faire procéder à des vérifications complémentaires afin d'en apprécier la réalité. Ces principes, énoncés au bénéfice des personnes placées en détention provisoire, valent également pour les personnes placées sous le régime de l'écrou extraditionnel (■ Cass. crim., 30 mars 2021, n° 21-80.421, §§ 17-18).

2) Convention européenne d'extradition. Il résulte de l'article 18-4 de la Convention européenne d'extradition, seul applicable dans les relations entre la France et l'Italie, que lorsque l'extradition a été accordée par l'État requis, le délai de 30 jours à l'expiration duquel la personne réclamée doit être mise en liberté faute d'avoir été reçue par l'État requérant court à compter de la date qui avait été prévue pour sa remise en application du paragraphe 3 dudit article. Doit donc être annulé l'arrêt de la chambre de l'instruction qui, conformément à la loi du 10 mars 1927, fixe le point de départ du délai de remise au jour de la notification du décret d'extradition aux agents de la puissance requérante (■ Cass. crim., 12 juill. 2000, n° 00-83.559 : *JurisData* n° 2000-006009 ; *Bull. crim.* n° 259). Le délai de trente jours, prévu par l'article 18-4 de la Convention européenne d'extradition, court de la date fixée pour la remise à la Partie requérante par la Partie requise et non de celle de la notification du décret d'extradition (■ Cass. crim., 13 sept. 2000, n° 00-84.084 : *JurisData* n° 2000-006335).

3) Reprise d'une procédure d'extradition contraire à la Convention européenne des droits de l'Homme. Lorsque la Cour européenne des droits de l'homme a constaté par un arrêt que la mise à exécution d'un décret accordant l'extradition d'une personne à l'État qui la réclame emporterait violation de l'une des stipulations de la convention, l'exécution de cet arrêt implique qu'il ne puisse être procédé à l'extradition de la personne sur le fondement de ce décret. Si un tel arrêt de la Cour ne fait pas obstacle à ce que soit ultérieurement reprise une décision d'extradition à l'égard de la personne réclamée, au vu d'éléments nouveaux de nature à satisfaire aux exigences de la convention et, en particulier, de garanties apportées par l'État requérant, une telle décision doit alors prendre la forme d'un nouveau décret et suppose que la chambre de l'instruction, préalablement saisie de ces éléments nouveaux ait été consultée une nouvelle fois sans voir repoussé la demande d'extradition (■ CE, 22 déc. 2017, n° 408811 : *JurisData* n° 2017-026047 : X. Domino, *AJDA* 2018, p. 345).

4) Mise à exécution du décret d'extradition. Aux termes de l'article 696-18 du Code de procédure pénale : « […] l'extradition est autorisée par décret du Premier ministre pris sur le rapport du ministre de la Justice. […] Le recours pour excès de pouvoir contre le décret mentionné à l'alinéa précédent doit, à peine de forclusion, être formé dans le délai d'un mois. L'exercice d'un recours gracieux contre ce décret n'interrompt pas le délai de recours contentieux ». Il résulte du second alinéa de cet article, tel qu'interprété au regard de l'article 16 de la Déclaration des droits de l'homme et du citoyen et à la lumière d'un usage constant, qu'un décret d'extradition ne saurait être mis à exécution tant que le délai de recours n'est pas expiré et, le cas échéant, tant que le Conseil d'État, saisi d'un recours dans ce délai, n'a pas statué (■ CE, 24 févr. 2022, n° 461401, § 3).

Art. 696-19 ***(Mod., L. n° 2011-392, 14 avr. 2011).*** **– La mise en liberté peut être demandée à tout moment à la chambre de l'instruction selon les formes prévues aux articles 148-6 et 148-7.**

L'avocat de la personne réclamée est convoqué, par lettre recommandée avec demande d'avis de réception, quarante-huit heures au moins avant la date de l'audience. La chambre de l'instruction statue après avoir entendu

le ministère public ainsi que la personne réclamée ou son avocat, dans les plus brefs délais et au plus tard dans les vingt jours de la réception de la demande, par un arrêt rendu dans les conditions prévues à l'article 199. Si la demande de mise en liberté a été formée par la personne réclamée dans les quarante-huit heures de la mise sous écrou extraditionnel, le délai imparti à la chambre de l'instruction pour statuer est réduit à quinze jours.

La chambre de l'instruction peut également, lorsqu'elle ordonne la mise en liberté de la personne réclamée et à titre de mesure de sûreté, astreindre l'intéressé à se soumettre à une ou plusieurs des obligations énumérées aux articles 138 et 142-5.

Préalablement à sa mise en liberté, la personne réclamée doit signaler à la chambre de l'instruction ou au chef de l'établissement pénitentiaire son adresse. Elle est avisée qu'elle doit signaler à la chambre de l'instruction, par nouvelle déclaration ou par lettre recommandée avec demande d'avis de réception, tout changement de l'adresse déclarée. Elle est également avisée que toute notification ou signification faite à la dernière adresse déclarée sera réputée faite à sa personne.

Mention de cet avis, ainsi que de la déclaration d'adresse, est portée soit au procès-verbal, soit dans le document qui est adressé sans délai, en original ou en copie par le chef de l'établissement pénitentiaire à la chambre de l'instruction.

1) Droit transitoire. L'article 14 de la loi du 10 mars 1927, dont les dispositions diffèrent de celles de l'article 696-19 du Code de procédure pénale, demeure applicable aux demandes de mise en liberté présentées par des personnes ayant fait l'objet d'une demande d'extradition formée avant l'entrée en vigueur de la loi du 9 mars 2004 (■ Cass. crim., 24 nov. 2004, n° 04-85.365 : *JurisData* n° 2004-026134 ; *Bull. crim.* n° 297 ; *JCP G* 2005, somm., p. 1126).

2) Urgence sanitaire. N'entrent pas dans les prévisions de l'article 18 de l'ordonnance du 25 mars 2020 portant adaptation des règles de procédure pénale sur le fondement de la loi du 23 mars 2020 d'urgence pour faire face à l'épidémie de Covid-19 les demandes de mise en liberté formées, sur le fondement de l'article 696-19 du Code de procédure pénale, par une personne placée sous écrou extraditionnel (■ Cass. crim., 20 août 2020, n° 20-82.858, § 4).

I – DURÉE DE LA DÉTENTION

3) Question prioritaire de constitutionnalité – Contrôle de la durée d'incarcération. Si la personne réclamée peut solliciter à tout instant de la procédure, qu'elle soit juridictionnelle ou administrative, sa mise en liberté devant la chambre de l'instruction, la liberté individuelle ne saurait, toutefois, être tenue pour sauvegardée si l'autorité judiciaire ne contrôlait pas, à cette occasion, la durée de l'incarcération, en tenant compte notamment des éventuels recours exercés par la personne et des délais dans lesquels les autorités juridictionnelles et administratives ont statué. Ce contrôle exige que l'autorité judiciaire fasse droit à la demande de mise en liberté lorsque la durée totale de la détention, dans le cadre de la procédure d'extradition, excède un délai raisonnable (■ Cons. const., 9 sept. 2016, n° 2016-561/562 QPC : *JurisData* n° 2016-020427 ; *JO* 15 sept. 2016, consid. 19).

4) Durée de la privation de liberté (art. 5 § 1 de la Conv. EDH). Il résulte de l'article 5 § 1, *f* de la Conv. EDH que si le déroulement d'une procédure d'extradition justifie une privation de liberté, c'est à la condition que cette procédure soit menée avec la diligence requise. Il appartient donc à la chambre de l'instruction de vérifier si les autorités françaises conduisaient la procédure d'extradition avec une diligence suffisante, de sorte que la durée de la privation de liberté n'excède pas le délai raisonnable nécessaire pour atteindre le but visé par l'article 5, § 1, *f*, de la Convention précitée (■ Cass. crim., 8 juin 2016, n° 16-81.912 : *JurisData* n° 2016-011070 ; *Bull. crim.* n° 175). Ne justifie pas sa décision, la chambre de l'instruction rejetant la demande de libération d'une personne sous le coup de deux demandes d'extradition au motif que la procédure à laquelle il a été donné priorité a été menée de manière diligente. En se prononçant ainsi, alors que la deuxième demande était interrompue et sans date de reprise éventuelle, la chambre de l'instruction méconnaît l'article 5 § 1, *f* de la Conv. EDH (■ Cass. crim., 5 oct. 2016, n° 16-84.669 : *JurisData* n° 2016-020389 ; *Bull. crim.* n° 262). La chambre de l'instruction qui, ayant examiné la diligence avec laquelle la procédure a été conduite par les autorités françaises, en conclut que la durée de la privation de liberté de la personne placée sous écrou extraditionnel n'est pas excessive et dont les énonciations de l'arrêt mettent la Cour de cassation en mesure de s'assurer qu'elle s'est déterminée par référence aux garanties offertes par l'intéressé en vue de satisfaire à la demande d'extradition, n'a méconnu aucun texte (■ Cass. crim., 28 janv. 2020, n° 19-86.833, § 22).

5) Durée de la détention (art. 5 § 3 de la Conv. EDH). Le demandeur ne saurait se faire grief de ce que la chambre de l'instruction ait refusé de faire droit à sa demande de mise en liberté fondée sur la longueur selon lui excessive de la procédure d'extradition, dès lors que l'article 5.3 de la Conv. EDH prévoit que doit être jugée dans un délai raisonnable ou libérée pendant la procédure la personne arrêtée ou détenue dans les conditions prévues au paragraphe 1 *c* dudit article ; que tel n'étant pas le cas du demandeur, détenu dans les conditions prévues au paragraphe 1 *f* de ce texte, le moyen ne peut qu'être écarté (■ Cass. crim., 14 janv. 2003, n° 02-87.054).

II – MOTIFS DE LA DÉTENTION

6) Garanties en vue de la demande d'extradition. L'article 696-19 du Code de procédure pénale, qui s'applique à la demande de mise en liberté présentée par une personne détenue sous écrou provisoire dans l'attente d'une décision d'extradition, ne renvoie pas aux articles 137-3 et 144 de ce même code. Ainsi, lorsque la chambre de l'instruction statue sur une demande de mise en liberté présentée par un étranger placé sous écrou extraditionnel, elle ne doit se référer qu'aux garanties offertes par l'intéressé en vue de satisfaire à la demande de l'État requérant (■ Cass. crim., 30 mars 2021, n° 21-80.339, §§ 13-14. ■ Cass. crim., 27 mars 2001, n° 01-80.332 : *Bull. crim.* n° 79. ■ Cass. crim., 24 sept. 2004, n° 04-84.324 : *JurisData* n° 2004-025414. ■ Cass. crim., 1er févr. 2006, n° 05-86.536 : *JurisData* n° 2006-032382. Cass. crim., 8 mars 2011, n° 10-88.762 : *JurisData* n° 2011-004289 ; *Bull. crim.* n° 49). Justifie donc sa décision la chambre de l'instruction rejetant une demande de mise en liberté aux motifs que l'intéressé est soupçonné de faits graves et sévèrement sanctionnés dans son pays d'origine et que, du fait des condamnations ainsi encourues, il risque de se soustraire à la justice de ce pays s'il était remis en liberté, d'autant plus que l'intéressé, déjà condamné en France et poursuivi en Hongrie, n'offre que de très aléatoires garanties de représentation et que le contrôle judiciaire serait insuffisant (■ Cass. crim., 24 sept. 2004, préc.). Doit également être approuvée la chambre de l'instruction rejetant la demande de mise en liberté d'un ressortissant congolais ne justifiant pas de garantie sérieuse de représentation en justice et risquant de se soustraire à la justice helvétique (■ Cass. crim., 1er févr. 2006, préc.). La chambre de l'instruction n'a pas à rechercher, comme en matière de détention provisoire, si une assignation à résidence est suffisante pour assurer la présence en France de l'intéressé (■ Cass. crim., 8 mars 2011, préc.).

III – DEMANDE DE LIBÉRATION

7) Moment de la demande : il résulte des dispositions de l'article 14, alinéa 2 de la loi du 10 mars 1927 relative à l'extradition des étrangers que la chambre d'accusation peut être saisie, à tout moment de la procédure et conformément aux règles qui gouvernent la procédure, d'une demande de mise en liberté (■ Cass. crim., 15 juin 1984, n° 84-91.741 : *Bull. crim.* n° 225).

8) Publicité de l'audience. Il se déduit des termes de l'article 696-19 du Code de procédure pénale qui renvoie aux dispositions de l'article 199 du même code que, si la personne placée sous écrou extraditionnel qui sollicite sa mise en liberté est majeure, les débats se déroulent et l'arrêt est rendu en audience publique, sauf décision contraire de la chambre de l'instruction rendue sur opposition du ministère public, de la personne ou de son avocat (■ Cass. crim., 28 janv. 2020, n° 19-86.833, § 8).

9) Forme de la demande (jurisprudence antérieure à la loi du 9 mars 2004). Sont recevables les demandes de mise en liberté présentées par mémoire devant la chambre de l'instruction saisie d'une demande d'extradition. Doit donc être cassé l'arrêt de la chambre de l'instruction déclarant irrecevable une demande de mise en liberté présentée dans un mémoire au motif que lesdites demandes doivent être formées selon les règles posées par les articles 148-6, 148-7 et 148-8 du Code de procédure pénale (■ Cass. crim., 5 févr. 2002, n° 01-87.980 : *Bull. crim.* n° 20).

10) Recours (loi du 10 mars 1927). L'article 16 de la loi du 10 mars 1927 selon lequel la chambre d'accusation statuant sans recours n'est pas en contradiction avec l'article 5 de la Conv. EDH, dès lors que cette disposition ne concerne que l'avis d'extradition et que la demande de mise en liberté fondée sur l'illégalité de la détention est susceptible d'un recours devant la Cour de cassation (■ Cass. crim., 26 avr. 1983, n° 83-91.142 : *Bull. crim.* n° 115).

IV – RÉPARATION

11) Mécanisme de réparation, refus de transmission d'une question prioritaire de constitutionnalité : la personne placée sous écrou extraditionnel dispose de la possibilité de rechercher, aux fins d'indemnisation, la responsabilité de l'État du fait du fonctionnement défectueux du service de la justice, en application des dispositions de l'article L. 141-1 du Code de l'organisation judiciaire. En revanche, aucun principe constitutionnel n'impose l'instauration d'un régime de réparation de plein droit, de sorte que le fait que les personnes détenues au titre d'une mise sous écrou extraditionnel ne soient pas incluses dans le régime spécifique d'indemnisation sans faute instauré par l'article 149 du Code de procédure pénale ne méconnaît pas l'article 16 de la Déclaration des droits de l'homme et du citoyen de 1789 (CNRD, 9 juill. 2014, nos 14CRD024 et 14CRD025 : *Bull. crim.* nos 4 et 5).

Art. 696-20 *(Mod., L. n° 2011-392, 14 avr. 2011, en vigueur le 1er juin 2011).* – La mainlevée du contrôle judiciaire, de l'assignation à résidence sous surveillance électronique ou la modification de ceux-ci peut être ordonnée à tout moment par la chambre de l'instruction dans les conditions prévues à l'article 199, soit d'office, soit sur les réquisitions du procureur général, soit à la demande de la personne réclamée après avis du procureur général.

La chambre de l'instruction statue dans les vingt jours de sa saisine.

La mesure de contrôle judiciaire est maintenue de plein droit en cas d'avis favorable donné à la demande d'extradition, la personne dont l'extradition est réclamée pouvant à tout moment, tant au cours de la phase judiciaire que de la phase administrative, solliciter devant la chambre de l'instruction la mainlevée ou la modification de cette mesure (■ Cass. crim., 19 janv. 2022, n° 21-86.314, § 8).

Il résulte qu'en l'absence de certitude sur l'authenticité de l'ordonnance de non-lieu étrangère produite par la personne objet d'une demande d'extradition, ou de confirmation par l'État requérant qu'il renonçait à sa demande, la chambre de l'instruction a souverainement apprécié la nécessité de maintenir une mesure de contrôle judiciaire (■ Cass. crim., 22 oct. 2013, n° 13-85.474 : *JurisData* n° 2013-023218).

Art. 696-21 *(Mod., L. n° 2011-392, 14 avr. 2011).* – Si la personne réclamée se soustrait volontairement aux obligations du contrôle judiciaire ou de l'assignation à résidence sous surveillance électronique ou si, après avoir bénéficié d'une mise en liberté non assortie du contrôle judiciaire ou de l'assignation à résidence sous surveillance électronique, il apparaît qu'elle entend manifestement se dérober à la demande d'extradition, la chambre de l'instruction peut, sur les réquisitions du ministère public, décerner mandat d'arrêt à son encontre.

Les dispositions de l'article 74-2 sont alors applicables, les attributions du procureur de la République et du juge des libertés et de la détention prévues par cet article étant respectivement confiées au procureur général et au président de la chambre de l'instruction ou un conseiller par lui désigné.

Lorsque l'intéressé a été appréhendé, l'affaire doit venir à la première audience publique ou au plus tard dans les dix jours de sa mise sous écrou.

La chambre de l'instruction confirme, s'il y a lieu, la révocation du contrôle judiciaire ou de l'assignation à résidence sous surveillance électronique ou de la mise en liberté de l'intéressé.

Le ministère public et la personne réclamée sont entendus, cette dernière assistée, le cas échéant, de son avocat et, s'il y a lieu, en présence d'un interprète.

Le dépassement du délai mentionné au deuxième alinéa entraîne la mise en liberté d'office de l'intéressé.

Art. 696-22 *(L. n° 2004-204, 9 mars 2004 ; L. n° 2021-1729, 22 déc. 2021).* – Si la personne réclamée est en liberté lorsque la décision du gouvernement ayant autorisé l'extradition n'est plus susceptible de recours, le procureur général peut ordonner la recherche et l'arrestation de l'intéressé, y compris en faisant application de l'article 74-2, et son placement sous écrou extraditionnel. Lorsque celui-ci a été appréhendé, le procureur général donne avis de cette arrestation, sans délai, au ministre de la justice. La remise à l'État requérant de la personne réclamée s'effectue dans les sept jours suivant la date de l'arrestation, faute de quoi elle est mise d'office en liberté.

Art. 696-23 *(Mod., L. n° 2011-392, 14 avr. 2011).* – En cas d'urgence et sur la demande directe des autorités compétentes de l'État requérant, le procureur général territorialement compétent peut ordonner l'arrestation provisoire d'une personne réclamée aux fins d'extradition par ledit État.

Après avoir vérifié son identité, le procureur général informe la personne réclamée, dans une langue qu'elle comprend, de l'existence et du contenu de la demande d'arrestation provisoire. S'il décide de ne pas la laisser en liberté, le procureur général la présente au premier président de la cour d'appel ou au magistrat désigné par lui, qui statue conformément à l'article 696-11.

La demande d'arrestation provisoire, transmise par tout moyen permettant d'en conserver une trace écrite, indique l'existence d'une des pièces mentionnées à l'article 696-8 et fait part de l'intention de l'État requérant d'envoyer une demande d'extradition. Elle comporte un bref exposé des faits mis à la charge de la personne réclamée et mentionne, en outre, son identité et sa nationalité, l'infraction pour laquelle l'extradition sera demandée, la date et le lieu où elle a été commise, ainsi que, selon le cas, le quantum de la peine encourue ou de la peine prononcée et, le cas échéant, celui de la peine restant à purger et, s'il y a lieu, la nature et la date des actes interruptifs de prescription. Une copie de cette demande est adressée par l'État requérant au ministre des affaires étrangères.

Le procureur général avise sans délai le ministre de la justice de cette arrestation.

1) Appréciation de l'urgence. La chambre de l'instruction n'a pas à se prononcer sur l'urgence en vertu de laquelle les autorités étrangères demandent l'arrestation provisoire de la personne réclamée aux fins d'extradition (■ Cass. crim., 12 mai 2010, n° 10-81.249 : *JurisData* n° 2010-008647 ; *Bull. crim.* n° 84. ■ Cass. crim., 10 févr. 1987, n° 86-96.131 : *Bull. crim.* n° 87 sous l'empire de la loi du 10 mars 1927).

2) Garantie de présentation à un magistrat au sens conventionnel du terme. Il résulte de l'article 5 de la Convention européenne des droits de l'Homme que la présentation immédiate de toute personne arrêtée ou détenue devant un juge ou un autre magistrat habilité par la loi, qui est exigée par le paragraphe 3 de ce texte, ne s'applique qu'aux personnes visées par le paragraphe 1, *c)* et non à celles contre lesquelles une procédure d'extradition est en cours, qui sont visées par le paragraphe 1, *f)* (■ Cass. crim., 8 mars 2011, n° 10-88.762 : *JurisData* n° 2011-004289 ; *Bull. crim.* n° 49).

3) Délai de présentation au procureur général. V. sous art. 696-10, p. 1413.

4) Droit à l'information. Les dispositions de l'article 696-23, alinéa 1er, du Code de procédure pénale sont exclusives de celles de l'article 696-10, applicables seulement à la personne interpellée au titre d'une demande d'extradition. Dès lors que l'intéressé a eu connaissance, dans le plus court délai, des raisons de son arrestation au sens de l'article 5.2 de la Convention européenne des droits de l'Homme, il n'est pas admis à soutenir que la procédure était nulle au motif que le procès-verbal établi, lorsqu'il a été déféré devant le procureur de la République, ne comportait pas la mention des informations prévues par l'article 696-10 du Code de procédure pénale (■ Cass. crim., 15 sept. 2004, n° 04-83.882 : *JurisData* n° 2004-025062 ; *JCP G* 2004, somm. 3197 ; *D.* 2004, IR 2691).

5) Arrestation provisoire, compétence. Lorsqu'une convention d'extradition autorise l'État requérant à solliciter l'arrestation provisoire et immédiate d'une personne en fuite, le procureur de la République territorialement compétent est, en application de l'article 693-23 du Code de procédure pénale, dont les dispositions sont exclusives de celles des articles 696-10 et suivants, seul compétent pour ordonner l'arrestation provisoire et le placement sous écrou extraditionnel de la personne recherchée. La chambre de l'instruction n'est pas compétente pour donner son avis sur la demande d'arrestation provisoire (■ Cass. crim., 30 mars 2021, n° 21-80.421, §§ 13-14. ■ Cass. crim., 7 avr. 2009, n° 09-80.703 : *JurisData* n° 2009-048197 ; *Bull. crim.* n° 71).

Art. 696-24 *(L. n° 2004-204, 9 mars 2004).* **– La personne arrêtée provisoirement dans les conditions prévues à l'article 696-23 est mise en liberté si, dans un délai de trente jours à dater de son arrestation, lorsque celle-ci aura été opérée à la demande des autorités compétentes de l'État requérant, le gouvernement français ne reçoit pas l'un des documents mentionnés à l'article 696-8.**

Si, ultérieurement, les pièces susvisées parviennent au gouvernement français, la procédure est reprise, conformément aux articles 696-9 et suivants.

Durée de l'arrestation provisoire – Convention européenne d'extradition. Selon l'article 16-4 de la Convention européenne d'extradition, la détention ne peut en aucun cas excéder 40 jours après l'arrestation provisoire, les délais fixés par cet article ayant pour point de départ l'arrestation provisoire et pour terme la saisine de la partie requise (■ Cass. crim., 4 nov. 1986, n° 86-94.480 : *Bull. crim.* n° 319). L'article 16-4 de la Convention européenne d'extradition du 13 décembre 1957 n'impose la mise en liberté de la personne recherchée que lorsque la partie requise n'a pas été saisie de la demande d'extradition et des pièces y afférentes dans le délai de quarante jours à compter de l'arrestation provisoire, de sorte que la libération n'est pas de droit (■ Cass. crim., 10 févr. 1987, n° 86-96.131 : *Bull. crim.* n° 67).

Art. 696-24-1 *(L. n° 2014-1353, 13 nov. 2014).* **– Pour l'examen des demandes d'extradition concernant les auteurs d'actes de terrorisme, le procureur général près la cour d'appel de Paris, le premier président de la cour d'appel de Paris ainsi que la chambre de l'instruction de la cour d'appel de Paris et son président exercent une compétence concurrente à celle qui résulte de l'application des articles 696-9, 696-10 et 696-23.**

Section III. – De la procédure simplifiée d'extradition entre les états membres de l'union européenne

(L. n° 2004-204, 9 mars 2004)

Art. 696-25 *(Mod., L. n° 2009-526, 12 mai 2009 ; L. n° 2021-1729, 22 déc. 2021).* **– Hors les cas où s'appliquent les dispositions du présent titre relatives au mandat d'arrêt européen, lorsqu'une demande**

d'arrestation provisoire aux fins d'extradition émane d'un État partie à la convention du 10 mars 1995 relative à la procédure simplifiée d'extradition entre les États membres de l'Union européenne, il est procédé conformément aux dispositions des articles 696-10 et 696-11.

La personne réclamée est en outre informée qu'elle peut consentir à son extradition selon la procédure simplifiée prévue à la présente section.

La présente section est applicable aux demandes d'arrestation provisoire aux fins d'extradition adressées à la France par la Confédération suisse en application de l'accord entre la République française et le Conseil fédéral suisse relatif à la procédure simplifiée d'extradition et complétant la convention européenne d'extradition du 13 décembre 1957.

La présente section est également applicable aux demandes d'arrestation provisoire aux fins d'extradition adressées à la France par un État partie au troisième protocole additionnel du 10 novembre 2010 à la convention européenne d'extradition du 13 décembre 1957.

Appartenance à l'UE – Appréciation. Les dispositions des articles 696-25 et suivants du Code de procédure pénale, prises pour l'application de la Convention du 10 mars 1995 relative à la procédure simplifiée d'extradition entre les États membres de l'Union européenne, sont inapplicables faute pour le pays demandeur d'être membre de l'Union européenne au jour de la demande d'arrestation provisoire (■ Cass. crim., 26 sept. 2007, n° 07-84.617 : *JurisData* n° 2007-040847 ; *Bull. crim.* n° 225).

Art. 696-26 *(Mod., L. n° 2011-525, 17 mai 2011).* – Dans un délai de deux jours à compter de l'arrestation de la personne réclamée, le procureur général notifie à cette dernière, dans une langue qu'elle comprend, les pièces en vertu desquelles elle a été appréhendée. Il l'avise qu'elle peut consentir à son extradition devant la chambre de l'instruction selon la procédure simplifiée. Il l'informe également qu'elle peut renoncer à la règle de la spécialité. Mention de ces informations est faite au procès-verbal, à peine de nullité de la procédure.

L'intéressé a droit à l'assistance d'un avocat dans les conditions prévues aux deuxième et troisième alinéas de l'article 696-10.

Art. 696-27 *(L. n° 2004-204, 9 mars 2004).* – Lorsque la personne réclamée déclare au procureur général consentir à son extradition, elle comparaît devant la chambre de l'instruction dans un délai de cinq jours ouvrables à compter de la date à laquelle elle a été présentée au procureur général.

Lorsque la personne réclamée déclare audit magistrat ne pas consentir à son extradition, il est procédé comme il est dit aux articles 696-15 et suivants si une demande d'extradition est parvenue aux autorités françaises.

Art. 696-28 *(L. n° 2004-204, 9 mars 2004).* – Lorsque la personne réclamée comparaît devant la chambre de l'instruction en application du premier alinéa de l'article 696-27, le président de la chambre constate son identité et recueille ses déclarations, dont il est dressé procès-verbal.

Le président demande ensuite à la personne réclamée, après l'avoir informée des conséquences juridiques de son consentement, si elle entend toujours consentir à son extradition.

Lorsque la personne réclamée déclare ne plus consentir à son extradition, les dispositions du deuxième alinéa de l'article 696-27 sont applicables.

Lorsque la personne réclamée maintient son consentement à l'extradition, la chambre de l'instruction lui demande également si elle entend renoncer à la règle de la spécialité, après l'avoir informée des conséquences juridiques d'une telle renonciation.

Le consentement de la personne réclamée à être extradée et, le cas échéant, sa renonciation à la règle de la spécialité sont recueillis par procès-verbal établi lors de l'audience. La personne réclamée y appose sa signature.

L'audience est publique, sauf si la publicité est de nature à nuire au bon déroulement de la procédure en cours, aux intérêts d'un tiers ou à la dignité de la personne. Dans ce cas, la chambre de l'instruction, à la demande du ministère public, de la personne réclamée ou d'office, statue par un arrêt rendu en chambre du conseil.

Le ministère public et la personne réclamée sont entendus, cette dernière assistée, le cas échéant, de son avocat et, s'il y a lieu, en présence d'un interprète.

Art. 696-29 *(L. n° 2004-204, 9 mars 2004).* – Si la chambre de l'instruction constate que les conditions légales de l'extradition sont remplies, elle rend un arrêt par lequel elle donne acte à la personne réclamée de son consentement formel à être extradée ainsi que, le cas échéant, de sa renonciation à la règle de la spécialité et accorde l'extradition.

La chambre de l'instruction statue dans les sept jours à compter de la date de la comparution devant elle de la personne réclamée.

Art. 696-30 *(L. n° 2004-204, 9 mars 2004)*. – Si la personne réclamée forme, dans le délai légal, un pourvoi en cassation contre l'arrêt de la chambre de l'instruction accordant son extradition, le président de la chambre criminelle de la Cour de cassation ou le conseiller délégué par lui rend, dans un délai de quinze jours à compter de l'introduction du pourvoi, une ordonnance par laquelle il constate que la personne réclamée a ainsi entendu retirer son consentement à l'extradition et, le cas échéant, qu'elle a renoncé à la règle de la spécialité. Cette ordonnance n'est pas susceptible de recours.

Si la personne réclamée a fait l'objet d'une demande d'extradition, il est alors procédé ainsi qu'il est dit aux articles 696-15 et suivants.

Art. 696-31 *(L. n° 2004-204, 9 mars 2004)*. – Lorsque l'arrêt de la chambre de l'instruction accorde l'extradition de la personne réclamée et que cet arrêt est définitif, le procureur général en avise le ministre de la justice, qui informe les autorités compétentes de l'État requérant de la décision intervenue.

Le ministre de la justice prend les mesures nécessaires afin que l'intéressé soit remis aux autorités de l'État requérant au plus tard dans les vingt jours suivant la date à laquelle la décision d'extradition leur a été notifiée.

Si la personne extradée ne peut être remise dans le délai de vingt jours pour un cas de force majeure, le ministre de la justice en informe immédiatement les autorités compétentes de l'État requérant et convient avec elles d'une nouvelle date de remise. La personne extradée est alors remise au plus tard dans les vingt jours suivant la date ainsi convenue.

La mise en liberté est ordonnée si, à l'expiration de ce délai de vingt jours, la personne extradée se trouve encore sur le territoire de la République.

Les dispositions de l'alinéa précédent ne sont pas applicables en cas de force majeure ou si la personne extradée est poursuivie en France ou y a déjà été condamnée et doit y purger une peine en raison d'un fait autre que celui visé par la demande d'extradition.

Art. 696-32 *(Mod., L. n° 2011-392, 14 avr. 2011)*. – La mise en liberté ou la mainlevée ou la modification du contrôle judiciaire ou de l'assignation à résidence sous surveillance électronique peut être demandée à tout moment à la chambre de l'instruction selon les formes prévues aux articles 148-6 et 148-7. Les dispositions des articles 696-19 et 696-20 sont alors applicables.

Art. 696-33 *(L. n° 2004-204, 9 mars 2004)*. – Les dispositions des articles 696-26 à 696-32 sont applicables si la personne dont l'arrestation provisoire a été demandée fait l'objet d'une demande d'extradition et consent à être extradée plus de dix jours après son arrestation et au plus tard le jour de sa première comparution devant la chambre de l'instruction, saisie dans les conditions énoncées à la section 2 du présent chapitre, ou si la personne dont l'extradition est demandée consent à être extradée au plus tard le jour de sa première comparution devant la chambre de l'instruction, saisie dans les mêmes conditions.

Section IV. – Des effets de l'extradition

Art. 696-34 *(L. n° 2004-204, 9 mars 2004)*. – Par dérogation aux dispositions de l'article 696-6, la règle de la spécialité ne s'applique pas lorsque la personne réclamée y renonce dans les conditions prévues aux articles 696-28 et 696-40 ou lorsque le gouvernement français donne son consentement dans les conditions prévues à l'article 696-35.

Ce consentement peut être donné par le gouvernement français, même au cas où le fait, cause de la demande, ne serait pas l'une des infractions déterminées par l'article 696-3.

Art. 696-35 *(L. n° 2004-204, 9 mars 2004 ; L. n° 2021-1729, 22 déc. 2021)*. – Dans le cas où le gouvernement requérant demande, pour une infraction antérieure à l'extradition, l'autorisation de poursuivre ou de mettre à exécution une condamnation concernant l'individu déjà remis, l'avis de la chambre de l'instruction devant laquelle la personne réclamée avait comparu peut être formulé sur la seule production des pièces transmises à l'appui de la nouvelle demande.

Sont également transmises par le gouvernement étranger et soumises à la chambre de l'instruction les pièces contenant les observations de l'individu remis ou la déclaration qu'il entend n'en présenter aucune. Ces explications peuvent être complétées par un avocat choisi par lui, ou qui est désigné ou commis d'office.

Lorsque la personne réclamée déclare consentir à l'extension de son extradition, la procédure prévue à la section 3 du présent chapitre est applicable.

Loi du 10 mars 1927. Selon l'article 22 de la loi du 10 mars 1927, dans le cas où l'État requérant demande l'autorisation de poursuivre un individu déjà livré, pour une infraction antérieure à l'extradition, l'avis de la chambre d'accusation est donné au vu des observations de l'étranger et des explications d'un avocat choisi par lui ou commis d'office, de sorte que la procédure d'extension d'extradition est contradictoire. Le délai de cinq jours francs pour se pourvoir contre l'avis donné sur la demande commence à courir le lendemain du jour où l'arrêt a été prononcé, l'article 217 du Code de procédure pénale n'étant pas applicable en la matière (■ Cass. crim., 19 avr. 1988, n°s 88-80.073 et 88-80.072 : *Bull. crim.* n° 168. ■ Cass. crim., 30 nov. 1999, n° 99-82.003 : *Bull. crim.* n° 280).

Art. 696-36 *(L. n° 2004-204, 9 mars 2004)*. – **L'extradition obtenue par le gouvernement français est nulle si elle est intervenue en dehors des conditions prévues par le présent chapitre.**

Aussitôt après l'incarcération de la personne extradée, le procureur de la République l'avise qu'elle a le droit de demander que soit prononcée la nullité de l'extradition dans les conditions de forme et de délai prévues au présent article et qu'elle a le droit de choisir un avocat ou de demander qu'il lui en soit désigné un d'office.

La nullité est prononcée, même d'office, par la juridiction de jugement dont la personne extradée relève après sa remise ou, si elle ne relève d'aucune juridiction de jugement, par la chambre de l'instruction. La chambre de l'instruction compétente est, lorsque l'extradition a été accordée pour l'exécution d'un mandat d'arrêt délivré dans une information en cours, celle dans le ressort de laquelle a eu lieu la remise.

La requête en nullité présentée par la personne extradée doit, à peine d'irrecevabilité, être motivée et faire l'objet d'une déclaration au greffe de la juridiction compétente dans un délai de dix jours à compter de l'avis prévu au deuxième alinéa.

La déclaration fait l'objet d'un procès-verbal signé par le greffier et par le demandeur ou son avocat. Si le demandeur ne peut signer, il en est fait mention par le greffier.

Lorsque le demandeur ou son avocat ne réside pas dans le ressort de la juridiction compétente, la déclaration au greffe peut être faite au moyen d'une lettre recommandée avec demande d'avis de réception.

Lorsque le demandeur est détenu, la requête peut également être faite au moyen d'une déclaration auprès du chef de l'établissement pénitentiaire. Cette déclaration fait l'objet d'un procès-verbal signé par le chef de l'établissement pénitentiaire et par le demandeur. Si celui-ci ne peut signer, il en est fait mention par le chef de l'établissement. Le procès-verbal est adressé sans délai, en original ou en copie et par tout moyen, au greffe de la juridiction saisie.

1) Principe de spécialité. La règle de la spécialité n'interdit pas aux juridictions de l'État requérant de restituer leur exacte qualification aux faits à raison desquels l'extradition a été consentie par l'État requis, dès lors que cette décision n'a pas pour conséquence d'étendre leur saisine à des faits distincts, antérieurs à la remise de la personne extradée. Tel est le cas lorsque ces juridictions se bornent à requalifier le mode de participation à l'infraction dénoncée. Par ailleurs, la modification de la localisation de l'infraction, effectuée en considération les éléments révélés par l'information, ne saurait constituer davantage une atteinte à la règle invoquée (■ Cass. crim., 22 sept. 1998, n°s 98-83.600 et 98-83.599 : *JurisData* n° 1998-004078). La requalification des faits, ne modifiant pas le rôle de l'accusé au sein de l'infraction ayant motivé l'extradition, n'est pas contraire au principe de spécialité (■ Cass. crim., 7 déc. 2011, n° 10-85.713 : *JurisData* n° 2011-027492). En revanche, doit être annulé le jugement qui a reconnu coupable de dénonciation calomnieuse le prévenu, alors qu'il était extradé par les autorités espagnoles parce qu'il faisait l'objet d'une information judiciaire pour escroquerie. En effet, en l'absence d'un consentement spécial du gouvernement espagnol, le tribunal correctionnel ne pouvait, sans méconnaître les dispositions de l'article 14 de la Convention européenne d'extradition, condamner le prévenu pour un délit autre que celui ayant motivé son extradition, commis avant sa remise aux autorités françaises (■ CA Toulouse, ch. inst., 21 avr. 2004 : *JurisData* n° 2004-248345).

2) Irrégularités commises à l'étranger. La nullité de l'interrogatoire de première comparution, prise de ce que la décision d'extradition ne figurait pas au dossier de la procédure, doit être déclarée irrecevable même invoquée au soutien que décision d'extradition n'aurait pas été notifiée dès lors que ce grief, qui se rattache à l'instruction d'une demande française d'extradition par les autorités de l'État étranger requis, ne peut, à le supposer établi, constituer une cause de nullité de l'extradition pouvant être invoquée devant les juridictions françaises (■ Cass. crim., 8 juin 2016, n° 16-80.256. ■ Cass. crim., 21 mai 1996, n° 96-81.112 : *JurisData* n° 1996-003178 ; *Bull. crim.* n° 207. ■ Cass. crim., 4 juin 1964 : *JCP* G 1964, II, rapp. Comte).

3) Notification des délais pour agir. La nullité de l'extradition ne saurait résulter du fait que la personne réclamée, qui a bénéficié de l'assistance d'un avocat dès sa présentation au juge d'instruction ayant suivi sa remise, n'a pas été informée de ce qu'elle disposait d'un délai de dix jours, à peine d'irrecevabilité, pour soulever la nullité de la procédure d'extradition en application de l'article 696-36 du Code de procédure pénale. En effet, l'inobservation de cette prescription a pour seul effet de ne pas faire courir ledit délai et de rendre la personne extradée recevable à invoquer devant la chambre de l'instruction la nullité de la procédure d'extradition (■ Cass. crim., 8 juin 2016, préc. ■ Cass. crim., 28 mars 2017, n° 17-80.512).

4) Motivation de la requête en nullité. Il résulte de l'article 696-36 du Code de procédure pénale que la requête en nullité présentée par la personne extradée doit, à peine d'irrecevabilité, être motivée et peut faire l'objet, dans le délai de 10 jours à compter de l'avis qui lui a été donné par le procureur de la République, soit d'une déclaration au greffe de la juridiction compétente, soit d'une déclaration auprès du chef de l'établissement pénitentiaire par l'intéressé lorsque celui-ci est détenu. Par ailleurs, le défaut de motivation de ladite requête ne peut être suppléé, postérieurement audit délai, par le dépôt au greffe de la chambre de l'instruction d'un mémoire précisant les nullités qui vicieraient l'extradition dont le mis en examen a fait l'objet (■ Cass. crim., 22 janv. 2019, n° 18-82.633).

Art. 696-37 *(L. n° 2004-204, 9 mars 2004).* **– Les juridictions mentionnées à l'article 696-36 sont juges de la qualification donnée aux faits qui ont motivé la demande d'extradition.**

Art. 696-38 *(L. n° 2004-204, 9 mars 2004).* **– Dans le cas où l'extradition est annulée, l'extradé, s'il n'est pas réclamé par le gouvernement requis, est mis en liberté et ne peut être repris, soit à raison des faits qui ont motivé son extradition, soit à raison des faits antérieurs, que si, dans les trente jours qui suivent la mise en liberté, il est arrêté sur le territoire français.**

Art. 696-39 *(L. n° 2004-204, 9 mars 2004).* **– Est considérée comme soumise sans réserve à l'application des lois de l'État requérant, à raison d'un fait quelconque antérieur à l'extradition et différent de l'infraction qui a motivé cette mesure, la personne remise qui a eu, pendant trente jours à compter de sa libération définitive, la possibilité de quitter le territoire de cet État.**

Loi du 10 mars 1927. Celui qui n'use pas de la faculté de quitter le territoire français et se maintient délibérément en France après un délai de trente jours à compter de son élargissement définitif doit être considéré, aux termes de l'article 26 de la loi du 10 mars 1927, comme étant soumis sans réserve à l'application de la loi française pour les infractions commises antérieurement à l'extradition et différentes de celles qui l'avaient motivée (■ Cass. crim., 2 avr. 1979, n° 78-91.780 : *Bull. crim.* n° 132).

Art. 696-40 *(L. n° 2004-204, 9 mars 2004).* **– Lorsque le gouvernement français a obtenu l'extradition d'une personne en application de la convention du 27 septembre 1996 relative à l'extradition entre les États membres de l'Union européenne, la personne ainsi extradée peut être poursuivie ou condamnée pour une infraction antérieure à la remise, autre que celle ayant motivé l'extradition, si elle renonce expressément, après sa remise, au bénéfice de la règle de la spécialité dans les conditions ci-après.**

La renonciation doit porter sur des faits précis antérieurs à la remise. Elle a un caractère irrévocable. Elle est donnée devant la chambre de l'instruction de la cour d'appel dans le ressort de laquelle l'intéressé est incarcéré ou a sa résidence.

Lors de la comparution de la personne extradée, qui donne lieu à une audience publique, la chambre de l'instruction constate l'identité et recueille les déclarations de cette personne. Il en est dressé procès-verbal. L'intéressé, assisté le cas échéant de son avocat et, s'il y a lieu, d'un interprète, est informé par la chambre de l'instruction des conséquences juridiques de sa renonciation à la règle de la spécialité sur sa situation pénale et du caractère irrévocable de la renonciation donnée.

Si, lors de sa comparution, la personne extradée déclare renoncer à la règle de la spécialité, la chambre de l'instruction, après avoir entendu le ministère public et l'avocat de la personne, en donne acte à celle-ci. L'arrêt de la chambre de l'instruction précise les faits pour lesquels la renonciation est intervenue (1).

Art. 696-41 *(L. n° 2004-204, 9 mars 2004)*. – Dans le cas où, l'extradition d'un étranger ayant été obtenue par le gouvernement français, le gouvernement d'un pays tiers sollicite à son tour du gouvernement français l'extradition du même individu à raison d'un fait antérieur à l'extradition, autre que celui jugé en France, et non connexe à ce fait, le Gouvernement ne défère, s'il y a lieu, à cette requête qu'après s'être assuré du consentement du pays par lequel l'extradition a été accordée.

Toutefois, cette réserve n'a pas lieu d'être appliquée lorsque l'individu extradé a eu, pendant le délai fixé à l'article 696-39, la faculté de quitter le territoire français.

Section V. – Dispositions diverses

Art. 696-42 *(L. n° 2004-204, 9 mars 2004)*. – L'extradition, par voie de transit sur le territoire français ou par les bâtiments des services maritimes français, d'une personne n'ayant pas la nationalité française, remise par un autre gouvernement est autorisée par le ministre de la justice, sur simple demande par voie diplomatique, appuyée des pièces nécessaires pour établir qu'il ne s'agit pas d'un délit politique ou purement militaire.

Cette autorisation ne peut être donnée qu'aux États qui accordent, sur leur territoire, la même faculté au gouvernement français.

Le transport s'effectue sous la conduite d'agents français et aux frais du gouvernement requérant.

Art. 696-43 *(L. n° 2004-204, 9 mars 2004)*. – La chambre de l'instruction qui a statué sur la demande d'extradition décide s'il y a lieu ou non de transmettre, en tout ou en partie, les titres, valeurs, argent ou autres objets saisis au gouvernement requérant.

Cette remise peut avoir lieu, même si l'extradition ne peut s'accomplir, par suite de l'évasion ou de la mort de l'individu réclamé.

La chambre de l'instruction ordonne la restitution des papiers et autres objets énumérés ci-dessus qui ne se rapportent pas au fait imputé à la personne réclamée. Elle statue, le cas échéant, sur les réclamations des tiers détenteurs et autres ayants droit.

Art. 696-44 *(L. n° 2004-204, 9 mars 2004)*. – Au cas de poursuites répressives exercées à l'étranger, lorsqu'un gouvernement étranger juge nécessaire la notification d'un acte de procédure ou d'un jugement à un individu résidant sur le territoire français, la pièce est transmise suivant les formes prévues aux articles 696-8 et 696-9, accompagnée, le cas échéant, d'une traduction française. La signification est faite à personne, à la requête du Ministère public. L'original constatant la notification est renvoyé par la même voie au gouvernement requérant.

Art. 696-45 *(L. n° 2004-204, 9 mars 2004)*. – Lorsque, dans une cause pénale instruite à l'étranger, le gouvernement étranger juge nécessaire la communication de pièces à conviction ou de documents se trouvant entre les mains des autorités françaises, la demande est transmise suivant les formes prévues aux articles 696-8 et 696-9. Il y est donné suite, à moins que des considérations particulières ne s'y opposent, et sous l'obligation de renvoyer les pièces et documents dans le plus bref délai.

Art. 696-46 *(L. n° 2004-204, 9 mars 2004)*. – Lorsque l'audition d'un témoin résidant en France est jugée nécessaire par un gouvernement étranger, le gouvernement français, saisi d'une demande transmise dans les formes prévues aux articles 696-8 et 696-9, l'engage à se rendre à la convocation qui lui est adressée.

Néanmoins, la citation n'est reçue et signifiée qu'à la condition que le témoin ne pourra être poursuivi ou détenu pour des faits ou condamnations antérieurs à son audition.

Art. 696-47 *(L. n° 2004-204, 9 mars 2004)*. – L'envoi des individus détenus, en vue d'une confrontation, doit être demandé dans les formes prévues aux articles 696-8 et 696-9. Il est donné suite à la demande, à

(1) L. n° 2004-204, 9 mars 2004, art. 214-II ; les dispositions de l'article 969-40 entreront en vigueur dès que la Convention du 27 septembre 1996 relative à l'extradition entre les États membres de l'Union européenne sera applicable à la France, sous réserve de son application par l'État destinataire de la demande d'extradition.

moins que des considérations particulières ne s'y opposent, et sous la condition de renvoyer lesdits détenus dans le plus bref délai.

Art. 696-47-1 *(Créé, L. n° 2019-222, 23 mars 2019)*. **– Lorsqu'à la suite d'une demande d'extradition émanant du Gouvernement français la personne a déjà été remise et que, en l'absence de renonciation au principe de spécialité par la personne ou par le Gouvernement étranger, il est demandé l'autorisation d'étendre les poursuites à d'autres infractions commises avant l'arrivée de la personne sur le territoire national, cette demande est accompagnée d'un mandat d'arrêt si un tel mandat avait déjà été délivré et, dans le cas contraire, d'un mandat d'amener.**

Convention européenne d'extradition du 13 décembre 1957

signée à Paris
(Publiée par D. n° 86-736, 14 mai 1986)

Les gouvernements signataires, membres du Conseil de l'Europe,

Considérant que le but du Conseil de l'Europe est de réaliser une union plus étroite entre ses membres ;

Considérant que cet objectif peut être atteint par la conclusion d'accords ou par l'adoption d'une action commune dans le domaine juridique ;

Convaincus que l'acceptation de règles uniformes en matière d'extradition est de nature à faire progresser cette œuvre d'unification.

Sont convenus de ce qui suit :

Art. 1er. – *Obligation d'extrader.*

Les Parties contractantes s'engagent à se livrer réciproquement, selon les règles et sous les conditions déterminées par les articles suivants, les individus qui sont poursuivis pour une infraction ou recherchés aux fins d'exécution d'une peine ou d'une mesure de sûreté par les autorités judiciaires de la Partie requérante.

Art. 2. – *Faits donnant lieu à extradition.*

1. Donneront lieu à extradition les faits punis par les lois de la Partie requérante et de la Partie requise d'une peine privative de liberté ou d'une mesure de sûreté privative de liberté d'un maximum d'au moins un an ou d'une peine plus sévère. Lorsqu'une condamnation à une peine est intervenue ou qu'une mesure de sûreté a été infligée sur le territoire de la Partie requérante, la sanction prononcée devra être d'une durée d'au moins quatre mois.

2. Si la demande d'extradition vise plusieurs faits distincts punis chacun par la loi de la Partie requérante et de la Partie requise d'une peine privative de liberté ou d'une mesure de sûreté privative de liberté, mais dont certains ne remplissent pas la condition relative au taux de la peine, la Partie requise aura la faculté d'accorder également l'extradition pour ces derniers.

3. Toute Partie contractante dont la législation n'autorise pas l'extradition pour certaines infractions visées au paragraphe 1 du présent article pourra, en ce qui la concerne, exclure ces infractions du champ d'application de la Convention.

4. Toute Partie contractante qui voudra se prévaloir de la faculté prévue au paragraphe 3 du présent article notifiera au Secrétaire général du Conseil de l'Europe, au moment du dépôt de son instrument de ratification ou d'adhésion, soit une liste des infractions pour lesquelles l'extradition est autorisée, soit une liste des infractions pour lesquelles l'extradition est exclue, en indiquant les dispositions légales autorisant ou excluant l'extradition. Le Secrétaire général du Conseil communiquera ces listes aux autres signataires.

5. Si, par la suite, d'autres infractions viennent à être exclues de l'extradition par la législation d'une Partie contractante, celle-ci notifiera cette exclusion au Secrétaire général du Conseil qui en informera les autres signataires. Cette notification ne prendra effet qu'à l'expiration d'un délai de trois mois à compter de la date de sa réception par le Secrétaire général.

6. Toute Partie qui aura fait usage de la faculté prévue aux paragraphes 4 et 5 du présent article pourra à tout moment soumettre à l'application de la présente Convention des infractions qui en ont été exclues. Elle notifiera ces modifications au Secrétaire général du Conseil qui les communiquera aux autres.

7. Toute Partie pourra appliquer la règle de la réciprocité en ce qui concerne les infractions exclues du champ d'application de la Convention en vertu du présent article.

Art. 3. – *Infractions politiques.*

1. L'extradition ne sera pas accordée si l'infraction pour laquelle elle est demandée est considérée par la Partie requise comme une infraction politique ou comme un fait connexe à une telle infraction.

2. La même règle s'appliquera si la Partie requise a des raisons sérieuses de croire que la demande d'extradition motivée par une infraction de droit commun a été présentée aux fins de poursuivre ou de punir un individu pour des considérations de race, de religion, de nationalité ou d'opinions politiques ou que la situation de cet individu risque d'être aggravée pour l'une ou l'autre de ces raisons.

3. Pour l'application de la présente Convention, l'attentat à la vie d'un chef d'État ou d'un membre de sa famille ne sera pas considéré comme infraction politique.

4. L'application du présent article n'affectera pas les obligations que les Parties auront assumées ou assumeront aux termes de toute autre convention internationale de caractère multilatéral.

Art. 4. – *Infractions militaires.*

L'extradition à raison d'infractions militaires qui ne constituent pas des infractions de droit commun est exclue du champ d'application de la présente Convention.

Art. 5. – *Infractions fiscales.* - En matière de taxes et impôts, de douane, de change, l'extradition sera accordée, dans les conditions prévues par la présente Convention, seulement s'il en a été ainsi décidé entre Parties contractantes pour chaque infraction ou catégorie d'infractions.

La réception, postérieurement à un premier avis défavorable, de l'« échange de lettres » prévu en matière d'infractions fiscales par la réserve du Gouvernement français à l'article 5 de la Convention européenne d'extradition du 13 décembre 1957, qui rend inutile une nouvelle demande d'extradition, constitue un élément nouveau autorisant une nouvelle saisine de la chambre de l'instruction (■ Cass. crim., 5 janv. 2005 : *Bull. crim.* n° 7).

Art. 6. – *Extradition des nationaux.*

1. *a)* Toute Partie contractante aura la faculté de refuser l'extradition de ses ressortissants.

b) Chaque Partie contractante pourra, par une déclaration faite au moment de la signature ou du dépôt de son instrument de ratification ou d'adhésion, définir, en ce qui la concerne, le terme « ressortissants » au sens de la présente Convention.

c) La qualité de ressortissant sera appréciée au moment de la décision sur l'extradition. Toutefois, si cette qualité n'est reconnue qu'entre l'époque de la décision et la date envisagée pour la remise, la Partie requise pourra également se prévaloir de la disposition de l'alinéa *a)* du présent paragraphe.

2. Si la Partie requise n'extrade pas son ressortissant, elle devra, sur la demande de la Partie requérante, soumettre l'affaire aux autorités compétentes afin que des poursuites judiciaires puissent être exercées s'il y a lieu. À cet effet, les dossiers, informations et objets relatifs à l'infraction seront adressés gratuitement par la voie prévue au paragraphe 1 de l'article 12. La Partie requérante sera informée de la suite qui aura été donnée à sa demande.

Art. 7. – *Lieu de perpétration.*

1. La Partie requise pourra refuser d'extrader l'individu réclamé à raison d'une infraction qui, selon sa législation, a été commise en tout ou en partie sur son territoire ou en un lieu assimilé à son territoire.

2. Lorsque l'infraction motivant la demande d'extradition aura été commise hors du territoire de la Partie requérante, l'extradition ne pourra être refusée que si la législation de la Partie requise n'autorise pas la poursuite d'une infraction du même genre commise hors de son territoire ou n'autorise pas l'extradition pour l'infraction faisant l'objet de la demande.

Art. 8. – *Poursuites en cours pour les mêmes faits.*

Une Partie requise pourra refuser d'extrader un individu réclamé si cet individu fait l'objet de sa part de poursuites pour le ou les faits à raison desquels l'extradition est demandée.

Art. 9. – *Non bis in idem.*

L'extradition ne sera pas accordée lorsque l'individu réclamé a été définitivement jugé par les autorités compétentes de la Partie requise, pour le ou les faits à raison desquels l'extradition est demandée. L'extradition pourra être refusée si les autorités compétentes de la Partie requise ont décidé de ne pas engager de poursuites ou de mettre fin aux poursuites qu'elles ont exercées pour le ou les mêmes faits.

Il résulte des articles 1er et 9 de la Convention européenne d'extradition du 13 décembre 1957 et des articles 5-4° et 16 de la loi du 10 mars 1927 que la chambre d'accusation n'est autorisée à refuser l'extradition sur le fondement de la règle *non bis in idem* que lorsque, pour les faits à raison desquels cette mesure est demandée, la personne réclamée a été définitivement jugée en France ou lorsque, pour ces faits, les autorités françaises ont décidé de ne pas engager de poursuite ou de mettre fin aux poursuites qu'elles ont exercées ; méconnaît ces dispositions la chambre d'accusation qui refuse l'extradition au seul motif que la personne réclamée a déjà été jugée, pour les mêmes faits, par les juridictions d'un État tiers (■ Cass. crim., 8 juill. 1997 : *Bull. crim.* n° 267).

Art. 10. – *Prescription.*

L'extradition ne sera pas accordée si la prescription de l'action ou de la peine est acquise d'après la législation soit de la Partie requérante, soit de la Partie requise.

Lorsque l'extradition est demandée aux fins d'exécution d'une peine, la chambre d'accusation ne peut donner un avis défavorable, en application des dispositions précitées, que si la prescription de la peine est acquise selon la législation de l'État requérant ou celle de l'État requis (■ Cass. crim., 27 janv. 1998 : *Bull. crim.* n° 33).

Art. 11. – *Peine capitale.*

Si le fait à raison duquel l'extradition est demandée est puni de la peine capitale par la loi de la Partie requérante et que, dans ce cas, cette peine n'est pas prévue par la législation de la Partie requise, ou n'y est généralement pas exécutée, l'extradition pourra n'être accordée qu'à la condition que la Partie requérante donne des assurances jugées suffisantes par la Partie requise que la peine capitale ne sera pas exécutée.

Art. 12. – *Requête et pièces à l'appui.*

1. La requête sera formulée par écrit et présentée par la voie diplomatique. Une autre voie pourra être convenue par arrangement direct entre deux ou plusieurs Parties.

2. Il sera produit à l'appui de la requête :

a) L'original ou l'expédition authentique soit d'une décision de condamnation exécutoire, soit d'un mandat d'arrêt ou de tout autre acte ayant la même force, délivré dans les formes prescrites par la loi de la Partie requérante ;

b) Un exposé des faits pour lesquels l'extradition est demandée. Le temps et le lieu de leur perpétration, leur qualification légale et les références aux dispositions légales qui leur sont applicables seront indiqués le plus exactement possible ; et

c) Une copie des dispositions légales applicables ou, si cela n'est pas possible, une déclaration sur le droit applicable, ainsi que le signalement aussi précis que possible de l'individu réclamé et tous autres renseignements de nature à déterminer son identité et sa nationalité.

Il est satisfait aux exigences de l'article 12-2 de la Convention européenne d'extradition dès lors qu'ont été produites les seules pièces qui concernent la personne réclamée, à l'exclusion de celles intéressant des coauteurs demeurés étrangers à la procédure d'extradition (■ Cass. crim., 1er mars 1988 : *Bull. crim.* n° 107).

Art. 13. – *Complément d'informations.*

Si les informations communiquées par la Partie requérante se révèlent insuffisantes pour permettre à la Partie requise de prendre une décision en application de la présente Convention, cette dernière Partie demandera le complément d'informations nécessaire et pourra fixer un délai pour l'obtention de ces informations.

Art. 14. – *Règle de la spécialité.*

1. L'individu qui aura été livré ne sera ni poursuivi, ni jugé, ni détenu en vue de l'exécution d'une peine ou d'une mesure de sûreté, ni soumis à toute autre restriction de sa liberté individuelle, pour un fait quelconque antérieur à la remise, autre que celui ayant motivé l'extradition, sauf dans les cas suivants :

a) Lorsque la Partie qui l'a livré y consent. Une demande sera présentée à cet effet, accompagnée des pièces prévues à l'article 12 et d'un procès-verbal judiciaire consignant les déclarations de l'extradé. Ce consentement sera donné lorsque l'infraction pour laquelle il est demandé entraîne elle-même l'obligation d'extrader aux termes de la présente Convention ;

b) Lorsque, ayant eu la possibilité de le faire, l'individu extradé n'a pas quitté dans les quarante-cinq jours qui suivent son élargissement définitif, le territoire de la Partie à laquelle il a été livré ou s'il y est retourné après l'avoir quitté.

2. Toutefois, la Partie requérante pourra prendre les mesures nécessaires en vue, d'une part, d'un renvoi éventuel du territoire, d'autre part, d'une interruption de la prescription conformément à sa législation, y compris le recours à une procédure par défaut.

3. Lorsque la qualification donnée au fait incriminé sera modifiée au cours de la procédure, l'individu extradé ne sera poursuivi ou jugé que dans la mesure où les éléments constitutifs de l'infraction nouvellement qualifiée permettraient l'extradition.

1) Le procès-verbal d'audition de l'extradé, dressé par les autorités judiciaires étrangères en vertu de l'article 14 de la Convention européenne d'extradition du 13 décembre 1957, doit faire apparaître qu'il est établi en vue d'une demande d'extension de l'extradition précédemment accordée et doit recueillir les observations de l'intéressé à ce sujet (■ Cass. crim., 19 juill. 1989 : *Bull. crim.* n° 292).

2) La règle de la spécialité de l'extradition n'interdit pas à la juridiction pénale de l'État requérant de prendre en compte la circonstance aggravante de la récidive, qui n'avait pas été visée lors de la demande d'extradition, cette décision n'ayant pas pour conséquence d'étendre sa saisine à des faits nouveaux antérieurs à la remise de la personne extradée et constitutifs d'une infraction distincte (■ Cass. crim., 22 juin 1999 : *Bull. crim.* n° 143).

3) Le principe de la spécialité de l'extradition n'est pas applicable lorsque la personne réclamée y a renoncé expressément en application de l'article 66.2 de la Convention signée à Schengen le 19 juin 1990 (■ Cass. crim., 22 juin 1999 : *Bull. crim.* n° 144).

Art. 15. – *Réextradition à un État tiers.*

Sauf dans le cas prévu au paragraphe 1, alinéa *b)* de l'article 14, l'assentiment de la Partie requise sera nécessaire pour permettre à la Partie requérante de livrer à une autre Partie ou à un État tiers l'individu qui lui aura été remis et qui serait recherché par l'autre Partie ou par l'État tiers pour des infractions antérieures à la remise. La Partie requise pourra exiger la production des pièces prévues au paragraphe 2 de l'article 12.

Art. 16. – *Arrestation provisoire.*

1. En cas d'urgence, les autorités compétentes de la Partie requérante pourront demander l'arrestation provisoire de l'individu recherché ; les autorités compétentes de la Partie requise statueront sur cette demande conformément à la loi de cette Partie.

2. La demande d'arrestation provisoire indiquera l'existence d'une des pièces prévues au paragraphe 2, alinéa *a)* de l'article 12 et fera part de l'intention d'envoyer une demande d'extradition ; elle mentionnera l'infraction pour laquelle l'extradition sera demandée, le temps et le lieu où elle a été commise ainsi que, dans la mesure du possible, le signalement de l'individu recherché.

3. La demande d'arrestation provisoire sera transmise aux autorités compétentes de la Partie requise soit par la voie diplomatique, soit directement par la voie postale ou télégraphique, soit par l'Organisation internationale de Police criminelle (Interpol), soit par tout autre moyen laissant une trace écrite ou admis par la Partie requise. L'autorité requérante sera informée sans délai de la suite donnée à sa demande.

4. L'arrestation provisoire pourra prendre fin si, dans le délai de dix-huit jours après l'arrestation, la Partie requise n'a pas été saisie de la demande d'extradition et des pièces mentionnées à l'article 12 ; elle ne devra, en aucun cas, excéder quarante jours après l'arrestation. Toutefois, la mise en liberté provisoire est possible à tout moment, sauf pour la Partie requise à prendre toute mesure qu'elle estimera nécessaire en vue d'éviter la fuite de l'individu réclamé.

5. La mise en liberté ne s'opposera pas à une nouvelle arrestation et à l'extradition si la demande d'extradition parvient ultérieurement.

1) Aux termes de l'article 16-4 de la Convention européenne d'extradition, l'arrestation provisoire de l'individu recherché ne doit en aucun cas excéder quarante jours.

Le point de départ du délai est la date de l'arrestation provisoire ; son terme est la date à laquelle le ministère français des Affaires étrangères a reçu la demande d'extradition par voie diplomatique (■ Cass. crim., 4 nov. 1986 : *Bull. crim.* n° 319. ■ Cass. crim., 10 mars 1987 : *Bull. crim.* n° 117. ■ Cass. crim., 3 avr. 2002 : *Bull. crim.* n° 74).

Encourt la cassation l'arrêt de la chambre d'accusation qui, pour faire droit à une demande de mise en liberté fondée sur l'article 16-4 de la Convention, ne s'assure pas de la date à laquelle la France, Partie requise, a reçu la demande d'extradition transmise par la voie diplomatique (■ Cass. crim., 24 mars 1987 : *Bull. crim.* n° 137. ■ Cass. crim., 28 avr. 1987 : *Bull. crim.* n° 171).

2) Pour que la demande d'arrestation provisoire soit régulière au regard de l'article 162 de la Convention européenne d'extradition, il suffit qu'elle indique l'existence d'une des pièces prévues par l'article 12-2 de ladite Convention, sans que soit exigée la présence matérielle de cette pièce (■ Cass. crim., 3 mai 1994 : *Bull. crim.* n° 162).

3) Les pièces dont la réception marque, selon l'article 16-4 de la Convention européenne d'extradition, le terme de l'arrestation provisoire, doivent s'entendre des seules pièces qui concernent la personne réclamée (■ Cass. crim., 26 mai 1994 : *Bull. crim.* n° 205).

Les « pièces » dont la réception marque, selon l'article 16-4 de la Convention européenne d'extradition, le terme de l'arrestation provisoire doivent s'entendre des seules pièces qui concernent la personne réclamée, à l'exclusion de celles intéressant des coauteurs restés étrangers à la procédure d'extradition (■ Cass. crim., 1er mars 1988 : *Bull. crim.* n° 107).

L'article 16-4 de la Convention européenne d'extradition du 13 décembre 1957 n'impose la mise en liberté de la personne recherchée que lorsque la Partie requise n'a pas été saisie de la demande d'extradition et des pièces y afférentes dans le délai de quarante jours à compter de l'arrestation provisoire.

La chambre d'accusation n'a pas à se prononcer sur le caractère de l'urgence en vertu de laquelle la Partie requérante a demandé l'arrestation provisoire (■ Cass. crim., 10 févr. 1987 : *Bull. crim.* n° 67).

Art. 17. – *Concours de requêtes.*

Si l'extradition est demandée concurremment par plusieurs États, soit pour le même fait, soit pour des faits différents, la Partie requise statuera compte tenu de toutes circonstances et notamment de la gravité relative et du lieu des infractions, des dates respectives des demandes, de la nationalité de l'individu réclamé et de la possibilité d'une extradition ultérieure à un autre État.

Art. 18. – *Remise de l'extradé.*

1. La Partie requise fera connaître à la Partie requérante par la voie prévue au paragraphe 1 de l'article 12, sa décision sur l'extradition.
2. Tout rejet complet ou partiel sera motivé.
3. En cas d'acceptation, la Partie requérante sera informée du lieu et de la date de remise, ainsi que de la durée de la détention subie en vue de l'extradition par l'individu réclamé.
4. Sous réserve du cas prévu au paragraphe 5 du présent article, si l'individu réclamé n'a pas été reçu à la date fixée, il pourra être mis en liberté à l'expiration d'un délai de quinze jours à compter de cette date et il sera en tout cas mis en liberté à l'expiration d'un délai de trente jours ; la Partie requise pourra refuser de l'extrader pour le même fait.
5. En cas de force majeure empêchant la remise ou la réception de l'individu à extrader, la Partie intéressée en informera l'autre Partie ; les deux Parties se mettront d'accord sur une nouvelle date de remise et les dispositions du paragraphe 4 du présent article seront applicables.

Selon l'article 18-4 de la Convention européenne d'extradition, seul applicable dans les relations entre la France et l'Italie, lorsque l'extradition a été accordée par l'État requis, le délai de 30 jours à l'expiration duquel la personne réclamée doit être mise en liberté faute d'avoir été reçue par l'État requérant court à compter de la date qui avait été prévue pour sa remise en application du paragraphe 3 dudit article. Doit dès lors être annulé l'arrêt de la chambre d'accusation qui, faisant application, de manière au demeurant erronée, de l'article 18 de la loi du 10 mars 1927 relative à l'extradition des étrangers, énonce, pour ordonner la mise en liberté d'une personne placée sous écrou extraditionnel à la demande du gouvernement italien, que le décret d'extradition ayant été notifié à l'intéressé depuis plus de 1 mois, le délai fixé pour sa remise à l'État requérant est expiré (■ Cass. crim., 12 juill. 2000 : *Bull. crim.* n° 259).

Art. 19. – *Remise ajournée ou conditionnelle.*

1. La Partie requise pourra, après avoir statué sur la demande d'extradition, ajourner la remise de l'individu réclamé pour qu'il puisse être poursuivi par elle ou, s'il a déjà été condamné, pour qu'il puisse purger, sur son territoire, une peine encourue à raison d'un fait autre que celui pour lequel l'extradition est demandée.
2. Au lieu d'ajourner la remise, la Partie requise pourra remettre temporairement à la Partie requérante l'individu réclamé dans des conditions à déterminer d'un commun accord entre les Parties.

1) La remise temporaire prévue par l'article 19, alinéa 2, de la Convention européenne d'extradition suppose que la personne extradée soit incarcérée en France en vertu du seul titre de détention étranger et que celui-ci ne soit pas levé pendant son séjour. Fait l'exacte application de ce texte l'arrêt de la chambre de l'instruction qui constate que la personne extradée par la Suisse et remise temporairement à la France pour y être jugée a été incarcérée pendant son séjour sur le territoire français en exécution d'une peine prononcée par une juridiction helvétique et que l'intéressé ne pouvait purger, simultanément avec cette dernière peine, une peine prononcée par une juridiction française (■ Cass. crim., 7 févr. 2007 : *Bull. crim.* n° 38 ; *Bull. inf. C. cass.* 2007, n° 1172).

2) Il se déduit de l'article 19, alinéa 2, de la Convention européenne d'extradition du 13 décembre 1957 que, lorsqu'elle a émis un avis favorable à la demande de l'État requérant, la chambre de l'instruction n'a pas compétence pour fixer les modalités de la remise de la personne concernée, celles-ci relevant d'un accord entre les États parties à l'extradition ; encourt la cassation pour excès de pouvoir l'arrêt d'une chambre de l'instruction qui fixe elle-même la durée d'une remise temporaire à l'État requérant au motif que la personne dont l'extradition est demandée exécute une peine d'emprisonnement sur le territoire français (■ Cass. crim., 10 juill. 2013 : *Bull. crim.* n° 174).

Art. 20. – *Remise d'objets.*

1. À la demande de la Partie requérante, la Partie requise saisira et remettra, dans la mesure permise par sa législation, les objets :

a) Qui peuvent servir de pièces à conviction, ou

b) Qui, provenant de l'infraction, auraient été trouvés au moment de l'arrestation en la possession de l'individu réclamé ou seraient découverts ultérieurement.

2. La remise des objets visés au paragraphe 1 du présent article sera effectuée même dans le cas où l'extradition déjà accordée ne pourrait avoir lieu par suite de la mort ou de l'évasion de l'individu réclamé.

3. Lorsque lesdits objets seront susceptibles de saisie ou de confiscation sur le territoire de la Partie requise, cette dernière pourra, aux fins d'une procédure pénale en cours, les garder temporairement ou les remettre sous condition de restitution.

4. Sont toutefois réservés les droits que la Partie requise ou des tiers auraient acquis sur ces objets. Si de tels droits existent, les objets seront, le procès terminé, restitués le plus tôt possible et sans frais à la Partie requise.

Art. 21. – *Transit.*

1. Le transit à travers le territoire de l'une des Parties contractantes sera accordé sur demande adressée par la voie prévue au paragraphe 1 de l'article 12 à la condition qu'il ne s'agisse pas d'une infraction considérée par la Partie requise du transit comme revêtant un caractère politique ou purement militaire compte tenu des articles 3 et 4 de la présente Convention.

2. Le transit d'un ressortissant, au sens de l'article 6, du pays requis du transit, pourra être refusé.

3. Sous réserve des dispositions du paragraphe 4 du présent article, la production des pièces prévues au paragraphe 2 de l'article 12 sera nécessaire.

4. Dans le cas où la voie aérienne sera utilisée, il sera fait application des dispositions suivantes :

a) Lorsqu'aucun atterrissage ne sera prévu, la Partie requérante avertira la partie dont le territoire sera survolé, et attestera l'existence d'une des pièces prévues au paragraphe 2, alinéa *a)* de l'article 12. Dans le cas d'atterrissage fortuit, cette notification produira les effets de la demande d'arrestation provisoire visée à l'article 16 et la Partie requérante adressera une demande régulière de transit ;

b) Lorsqu'un atterrissage sera prévu, la Partie requérante adressera une demande régulière de transit.

5. Toutefois, une Partie pourra déclarer, au moment de la signature de la présente Convention ou du dépôt de son instrument de ratification ou d'adhésion, qu'elle n'accordera le transit d'un individu qu'aux mêmes conditions que celles de l'extradition ou à certaines d'entre elles. Dans ces cas, la règle de la réciprocité pourra être appliquée.

6. Le transit de l'individu extradé ne sera pas effectué à travers un territoire où il y aurait lieu de croire que sa vie ou sa liberté pourraient être menacées en raison de sa race, de sa religion, de sa nationalité ou de ses opinions politiques.

Art. 22. – *Procédure.*

Sauf disposition contraire de la présente Convention, la loi de la Partie requise est seule applicable à la procédure de l'extradition ainsi qu'à celle de l'arrestation provisoire.

Art. 23. – *Langues à employer.*

Les pièces à produire seront rédigées soit dans la langue de la Partie requérante, soit dans celle de la Partie requise. Cette dernière pourra réclamer une traduction dans la langue officielle du Conseil de l'Europe qu'elle choisira.

Aux termes de l'article 23 de la Convention européenne d'extradition du 13 décembre 1957, seule la Partie requise a la faculté de demander à la Partie requérante la traduction des pièces que cette dernière doit produire en application de l'article 12 dans l'une des deux langues des États intéressés. Dès lors, l'étranger est sans droit pour réclamer une telle traduction (■ Cass. crim., 26 janv. 1988 : *Bull. crim.* n° 36).

Art. 24. – *Frais.*

1. Les frais occasionnés par l'extradition sur le territoire de la Partie requise seront à la charge de cette Partie.

2. Les frais occasionnés par le transit à travers le territoire de la Partie requise du transit seront à la charge de la Partie requérante.

3. Dans le cas d'extradition en provenance d'un territoire non métropolitain de la Partie requise, les frais occasionnés par le transport entre ce territoire et le territoire métropolitain de la Partie requérante seront à la charge de cette dernière. Il en sera de même des frais occasionnés par le transport entre le territoire non métropolitain de la Partie requise et le territoire métropolitain de celle-ci.

Art. 25. – *Définition des « mesures de sûreté ».*

Au sens de la présente Convention, l'expression « mesures de sûreté » désigne toutes mesures privatives de liberté qui ont été ordonnées en complément ou en substitution d'une peine, par sentence d'une juridiction pénale.

Art. 26. – *Réserves.*

1. Toute Partie contractante pourra, au moment de la signature de la présente Convention ou du dépôt de son instrument de ratification ou d'adhésion, formuler une réserve au sujet d'une ou plusieurs dispositions déterminées de la Convention.

2. Toute Partie contractante qui aura formulé une réserve la retirera aussitôt que les circonstances le permettront. Le retrait des réserves sera fait par notification adressée au Secrétaire général du Conseil de l'Europe.

3. Une Partie contractante qui aura formulé une réserve au sujet d'une disposition de la Convention ne pourra prétendre à l'application de cette disposition par une autre Partie que dans la mesure où elle l'aura elle-même acceptée.

Art. 27. – *Champ d'application territorial.*

1. La présente Convention s'appliquera aux territoires métropolitains des Parties contractantes.

2. Elle s'appliquera également, en ce qui concerne la France, à l'Algérie et aux départements d'outre-mer, et en ce qui concerne le Royaume-Uni de Grande-Bretagne et d'Irlande du Nord, aux îles Anglo-Normandes et à l'île de Man.

3. La République fédérale d'Allemagne pourra étendre l'application de la présente Convention au *Land* Berlin par une déclaration adressée au Secrétaire général du Conseil de l'Europe. Celui-ci notifiera cette déclaration aux autres Parties.

4. Par arrangement direct entre deux ou plusieurs Parties contractantes, le champ d'application de la présente Convention pourra être étendu aux conditions qui sont stipulées dans cet arrangement à tout territoire d'une de ces Parties autre que ceux visés aux paragraphes 1, 2 et 3 du présent article, et dont une des Parties assure les relations internationales.

Art. 28. – *Relations entre la présente Convention et les accords bilatéraux.*

1. La présente Convention abroge, en ce qui concerne les territoires auxquels elle s'applique, celles des dispositions des traités, conventions ou accords bilatéraux qui, entre deux Parties contractantes, régissent la matière de l'extradition.

2. Les Parties contractantes ne pourront conclure entre elles des accords bilatéraux ou multilatéraux que pour compléter les dispositions de la présente Convention ou pour faciliter l'application des principes contenus dans celle-ci.

3. Lorsque, entre deux ou plusieurs Parties contractantes, l'extradition se pratique sur la base d'une législation uniforme les parties auront la faculté de régler leurs rapports mutuels en matière d'extradition en se fondant exclusivement sur ce système, nonobstant les dispositions de la présente Convention. Le même principe sera applicable entre deux ou plusieurs Parties contractantes dont chacune a en vigueur une loi prévoyant l'exécution sur son territoire des mandats d'arrêt décernés sur le territoire de l'autre ou des autres. Les Parties contractantes qui excluent ou viendraient à exclure de leurs rapports mutuels l'application de la présente Convention, conformément aux dispositions du présent paragraphe, devront adresser une notification à cet effet au Secrétaire général du Conseil de l'Europe. Celui-ci communiquera aux autres Parties contractantes toute notification reçue en vertu du présent paragraphe.

Art. 29. – *Signature, ratification, entrée en vigueur.*

1. La présente Convention demeurera ouverte à la signature des Membres du Conseil de l'Europe. Elle sera ratifiée et les instruments de ratification seront déposés auprès du Secrétaire général du Conseil.

2. La Convention entrera en vigueur quatre-vingt-dix jours après la date du dépôt du troisième instrument de ratification.

3. Elle entrera en vigueur à l'égard de tout signataire qui la ratifiera ultérieurement quatre-vingt-dix jours après le dépôt de son instrument de ratification.

Art. 30. – *Adhésion.*

1. Le Comité des Ministres du Conseil de l'Europe pourra inviter tout État non Membre du Conseil à adhérer à la présente Convention. La résolution concernant cette invitation devra recevoir l'accord unanime des Membres du Conseil ayant ratifié la Convention.

2. L'adhésion s'effectuera par le dépôt, auprès du Secrétaire général du Conseil, d'un instrument d'adhésion qui prendra effet quatre-vingt-dix jours après son dépôt.

Art. 31. – *Dénonciation.*

Toute Partie contractante pourra, en ce qui la concerne, dénoncer la présente Convention en adressant une notification au Secrétaire général du Conseil de l'Europe. Cette dénonciation prendra effet six mois après la date de la réception de sa notification par le Secrétaire général du Conseil.

Art. 32. – *Notifications.*

Le Secrétaire général du Conseil de l'Europe notifiera aux Membres du Conseil et au gouvernement de tout État ayant adhéré à la présente Convention :

a) Le dépôt de tout instrument de ratification ou d'adhésion ;

b) La date de l'entrée en vigueur ;

c) Toute déclaration faite en application des dispositions du paragraphe 1 de l'article 6 et du paragraphe 5 de l'article 21 ;

d) Toute réserve formulée en application des dispositions du paragraphe 1 de l'article 26 ;

e) Le retrait de toute réserve effectué en application des dispositions du paragraphe 2 de l'article 26 ;

f) Toute notification de dénonciation reçue en application des dispositions de l'article 31 de la présente Convention et la date à laquelle celle-ci prendra effet.

En foi de quoi, les soussignés, dûment autorisés à cet effet, ont signé la présente Convention.

RÉSERVES DE LA FRANCE

(Réserves et déclarations du gouvernement de la République française consignées dans l'instrument de ratification déposé le 10 février 1986)

Art. 1er. – L'extradition ne sera pas accordée lorsque la personne réclamée serait jugée dans l'État requérant par un tribunal n'assurant pas les garanties fondamentales de procédure et de protection des droits de la défense ou par un tribunal institué pour son cas particulier, ou lorsque l'extradition est demandée pour l'exécution d'une peine ou d'une mesure de sûreté infligée par un tel tribunal.

L'extradition pourra être refusée si la remise est susceptible d'avoir des conséquences d'une gravité exceptionnelle pour la personne réclamée, notamment en raison de son âge ou de son état de santé.

Art. 2. – S'agissant des personnes poursuivies, l'extradition ne sera accordée que pour les faits punis par la loi française et par la loi de l'État requérant d'une peine ou mesure de sûreté privative de liberté d'un maximum d'au moins deux ans.

S'agissant des peines plus sévères que les peines ou mesures de sûreté privatives de liberté, l'extradition pourra être refusée si ces peines ou mesures de sûreté ne sont pas prévues dans l'échelle des peines applicables en France.

Art. 3. – La France se réserve le droit d'apprécier, en fonction des circonstances particulières de chaque affaire, si l'attentat à la vie d'un chef d'État ou d'un membre de sa famille revêt ou non un caractère politique.

Art. 5. – La France déclare qu'en matière de taxes, d'impôts, de douane et de change, l'extradition sera accordée à l'État requérant s'il en a été ainsi décidé par simple échange de lettres dans chaque cas particulier.

Art. 6. – L'extradition sera refusée lorsque la personne réclamée avait la nationalité française au moment des faits.

Art. 14. – La France exigera que l'infraction nouvellement qualifiée vise les mêmes faits que ceux en raison desquels l'extradition a été accordée et que cette nouvelle qualification n'emporte pas l'application d'une peine pour laquelle l'extradition pourrait être refusée.

Art. 16. – En cas de demande d'arrestation provisoire, la France exigera également un bref exposé des faits mis à la charge de la personne réclamée.

Art. 21. – La France se réserve la faculté de n'accorder le transit qu'aux mêmes conditions que celles de l'extradition.

Art. 23. – La France déclare qu'elle demandera une traduction des requêtes aux fins d'extradition et des pièces annexes dans l'une des langues officielles du Conseil de l'Europe et qu'elle choisit le français.

Art. 27. – Le Gouvernement de la République française déclare qu'en ce qui concerne la France, la Convention s'applique aux départements européens et d'outre-mer de la République.

Convention européenne du 27 janvier 1977

pour la répression du terrorisme
(Publiée par D. n° 87-1024, 21 déc. 1987
Entrée en vigueur le 22 déc. 1987)

Les États membres du Conseil de l'Europe, signataires de la présente Convention,

Considérant que le but du Conseil de l'Europe est de réaliser une union plus étroite entre ses membres ;

Conscients de l'inquiétude croissante causée par la multiplication des actes de terrorisme ;

Souhaitant que des mesures efficaces soient prises pour que les auteurs de tels actes n'échappent pas à la poursuite et au châtiment ;

Convaincus que l'extradition est un moyen particulièrement efficace de parvenir à ce résultat,

sont convenus de ce qui suit :

Art. 1er. – Pour les besoins de l'extradition entre États contractants, aucune des infractions mentionnées ci-après ne sera considérée comme une infraction politique, comme une infraction connexe à une infraction politique ou comme une infraction inspirée par des mobiles politiques :

a) Les infractions comprises dans le champ d'application de la Convention pour la répression de la capture illicite d'aéronefs, signée à La Haye le 16 décembre 1970 ;

b) Les infractions comprises dans le champ d'application de la Convention pour la répression d'actes illicites dirigés contre la sécurité de l'aviation civile, signée à Montréal le 23 septembre 1971 ;

c) Les infractions graves constituées par une attaque contre la vie, l'intégrité corporelle ou la liberté des personnes ayant droit à une protection internationale, y compris les agents diplomatiques ;

d) Les infractions comportant l'enlèvement, la prise d'otage ou la séquestration arbitraire ;

e) Les infractions comportant l'utilisation de bombes, grenades, fusées, armes à feu automatiques ou de lettres ou colis piégés dans la mesure où cette utilisation présente un danger pour des personnes ;

f) La tentative de commettre une des infractions précitées ou la participation en tant que coauteur ou complice d'une personne qui commet ou tente de commettre une telle infraction.

Art. 2. – 1. Pour les besoins de l'extradition entre États contractants, un État contractant peut ne pas considérer comme infraction politique, comme infraction connexe à une telle infraction ou comme infraction inspirée par des mobiles politiques tout acte grave de violence qui n'est pas visé à l'article 1er et qui est dirigé contre la vie, l'intégrité corporelle ou la liberté des personnes.

2. Il en sera de même en ce qui concerne tout acte grave contre les biens, autres que ceux visés à l'article 1er, lorsqu'il a créé un danger collectif pour des personnes.

3. Il en sera de même en ce qui concerne la tentative de commettre une des infractions précitées ou la participation en tant que coauteur ou complice d'une personne qui commet ou tente de commettre une telle infraction.

Art. 3. – Les dispositions de tous traités et accords d'extradition applicables entre les États contractants, y compris la Convention européenne d'extradition, sont en ce qui concerne les relations entre États contractants modifiées dans la mesure où elles sont incompatibles avec la présente Convention.

Art. 4. – Pour les besoins de la présente Convention et pour autant qu'une des infractions visées aux articles 1er ou 2 ne figure pas sur la liste de cas d'extradition dans un traité ou une convention d'extradition en vigueur entre les États contractants, elle est considérée comme y étant comprise.

Art. 5. – Aucune disposition de la présente Convention ne doit être interprétée comme impliquant une obligation d'extrader si l'État requis a des raisons sérieuses de croire que la demande d'extradition motivée par une infraction visée à l'article 1er ou 2 a été présentée aux fins de poursuivre ou de punir une personne pour considérations de race, de religion, de nationalité ou d'opinions politiques ou que la situation de cette personne risque d'être aggravée pour l'une ou l'autre de ces raisons.

Art. 6. – 1. Tout État contractant prend les mesures nécessaires pour établir sa compétence aux fins de connaître d'une infraction visée à l'article 1er dans le cas où l'auteur soupçonné de l'infraction se trouve sur son territoire et où l'État ne l'extrade pas après avoir reçu une demande d'extradition d'un État contractant dont la compétence de poursuivre est fondée sur une règle de compétence existant également dans la législation de l'État requis.

2. La présente Convention n'exclut aucune compétence pénale exercée conformément aux lois nationales.

Art. 7. – Un État contractant sur le territoire duquel l'auteur soupçonné d'une infraction visée à l'article 1er est découvert et qui a reçu une demande d'extradition dans les conditions mentionnées au paragraphe 1er de l'article 6 soumet, s'il n'extrade pas l'auteur soupçonné de l'infraction, l'affaire sans aucune exception et sans retard injustifié à ses autorités compétentes pour l'exercice de l'action pénale. Ces autorités prennent leur décision dans les mêmes conditions que pour toute infraction de caractère grave conformément aux lois de cet État.

Art. 8. – 1. Les États contractants s'accordent l'entraide judiciaire la plus large possible en matière pénale dans toute procédure relative aux infractions visées à l'article 1er ou 2. Dans tous les cas, la loi applicable en ce qui concerne l'assistance mutuelle en matière pénale est celle de l'État requis. Toutefois, l'entraide judiciaire ne pourra pas être refusée pour le seul motif qu'elle concerne une infraction politique ou une infraction connexe à une telle infraction ou une infraction inspirée par des mobiles politiques.

2. Aucune disposition de la présente Convention ne doit être interprétée comme impliquant une obligation d'accorder l'entraide judiciaire si l'État requis a des raisons sérieuses de croire que la demande d'entraide motivée par une infraction visée à l'article 1er ou 2 a été présentée aux fins de poursuivre ou de punir une personne pour des considérations de race, de religion, de nationalité ou d'opinions politiques ou que la situation de cette personne risque d'être aggravée pour l'une ou l'autre de ces raisons.

3. Les dispositions de tous traités et accords d'entraide judiciaire en matière pénale applicables entre les États contractants, y compris la Convention européenne d'entraide judiciaire en matière pénale, sont en ce qui concerne les relations entre États contractants modifiées dans la mesure où elles sont incompatibles avec la présente Convention.

Art. 9. – 1. Le Comité européen pour les problèmes criminels du Conseil de l'Europe suit l'exécution de la présente Convention.

2. Il facilite autant que de besoin le règlement amiable de toute difficulté à laquelle l'exécution de la Convention donnerait lieu.

Art. 10. – 1. Tout différend entre États contractants concernant l'interprétation ou l'application de la présente Convention qui n'a pas été réglé dans le cadre du paragraphe 2 de l'article 9 sera, à la requête de l'une des Parties au différend, soumis à l'arbitrage. Chacune des Parties désignera un arbitre et les deux arbitres désigneront un troisième arbitre. Si dans un délai de trois mois à compter de la requête d'arbitrage, l'une des Parties n'a pas procédé à la désignation d'un arbitre, l'arbitre sera désigné, à la demande de l'autre Partie, par le Président de la Cour européenne des droits de l'homme. Si le Président de la Cour européenne des droits de l'homme est le ressortissant de l'une des Parties au différend, la désignation de l'arbitre incombera au Vice-Président de la Cour ou, si le Vice-Président est le ressortissant de l'une des Parties au différend, au membre le plus ancien de la Cour qui n'est pas le ressortissant de l'une des Parties au différend. La même procédure s'appliquera au cas où les deux arbitres ne pourraient pas se mettre d'accord sur le choix du troisième arbitre.

2. Le tribunal arbitral arrêtera sa procédure. Ses décisions seront prises à la majorité. Sa sentence sera définitive.

Art. 11. – 1. La présente Convention est ouverte à la signature des États membres du Conseil de l'Europe. Elle sera ratifiée, acceptée ou approuvée. Les instruments de ratification, d'acceptation ou d'approbation seront déposés près le secrétaire général du Conseil de l'Europe.

2. La Convention entrera en vigueur trois mois après la date du dépôt du troisième instrument de ratification, d'acceptation ou d'approbation.

3. Elle entrera en vigueur à l'égard de tout État signataire qui la ratifiera, l'acceptera ou l'approuvera ultérieurement, trois mois après la date du dépôt de son instrument de ratification, d'acceptation ou d'approbation.

Art. 12. – 1. Tout État peut, au moment de la signature ou au moment du dépôt de son instrument de ratification, d'acceptation ou d'approbation, désigner le ou les territoires auxquels s'appliquera la présente Convention.

2. Tout État peut, au moment du dépôt de son instrument de ratification, d'acceptation ou d'approbation ou à tout autre moment par la suite étendre l'application de la présente Convention par déclaration adressée au secrétaire général du Conseil de l'Europe, à tout autre territoire désigné dans la déclaration et dont il assure les relations internationales ou pour lequel il est habilité à stipuler.

3. Toute déclaration faite en vertu du paragraphe précédent pourra être retirée, en ce qui concerne tout territoire désigné dans cette déclaration, par notification adressée au secrétaire général du Conseil de l'Europe. Le retrait prendra effet immédiatement ou à une date ultérieure précisée dans la notification.

Art. 13. – 1. Tout État peut, au moment de la signature ou au moment du dépôt de son instrument de ratification, d'acceptation ou d'approbation, déclarer qu'il se réserve le droit de refuser l'extradition en ce qui concerne toute infraction énumérée dans l'article 1er qu'il considère comme une infraction politique, comme une infraction connexe à une infraction politique ou comme une infraction inspirée par des mobiles politiques, à condition qu'il s'engage à prendre dûment en considération, lors de l'évaluation du caractère de l'infraction, son caractère de particulière gravité, y compris :

a) Qu'elle a créé un danger collectif pour la vie, l'intégrité corporelle ou la liberté des personnes ; ou bien

b) Qu'elle a atteint des personnes étrangères aux mobiles qui l'ont inspirée ; ou bien

c) Que des moyens cruels ou perfides ont été utilisés pour sa réalisation.

2. Tout État peut retirer en tout ou en partie une réserve formulée par lui en vertu du paragraphe précédent, au moyen d'une déclaration adressée au secrétaire général du Conseil de l'Europe et qui prendra effet à la date de sa réception.

3. Un État qui a formulé une réserve en vertu du paragraphe 1er de cet article ne peut prétendre à l'application de l'article 1er par un autre État ; toutefois, il peut, si la réserve est partielle ou conditionnelle, prétendre à l'application de cet article dans la mesure où il l'a lui-même accepté.

Art. 14. – Tout État contractant pourra dénoncer la présente Convention en adressant une notification écrite au secrétaire général du Conseil de l'Europe. Une telle dénonciation prendra effet immédiatement ou à une date ultérieure précisée dans la notification.

Art. 15. – La Convention cesse de produire ses effets à l'égard de tout État contractant qui se retire du Conseil de l'Europe ou qui cesse d'y appartenir.

Art. 16. – Le secrétaire général du Conseil de l'Europe notifiera aux États membres du Conseil :

a) Toute signature ;

b) Le dépôt de tout instrument de ratification, d'acceptation ou d'approbation ;

c) Toute date d'entrée en vigueur de la présente Convention conformément à son article 11 ;

d) Toute déclaration ou notification reçue en application des dispositions de l'article 12 ;

e) Toute réserve formulée en application du paragraphe 1er de l'article 13 ;

f) Le retrait de toute réserve effectué en application du paragraphe 2 de l'article 13 ;

g) Toute notification reçue en application de l'article 14, et la date à laquelle la dénonciation prendra effet ;

h) Toute cessation des effets de la Convention en application de l'article 15.

En foi de quoi, les soussignés, dûment autorisés à cet effet, ont signé la présente Convention.

Fait à Strasbourg, le 27 janvier 1977, en français et en anglais, les deux textes faisant également foi, en un seul exemplaire qui sera déposé dans les archives du Conseil de l'Europe. Le secrétaire général du Conseil de l'Europe en communiquera copie certifiée conforme à chacun des États signataires.

RÉSERVE ET DÉCLARATIONS DE LA FRANCE

Réserve

Le Gouvernement de la République française déclare qu'il se réserve le droit de refuser l'extradition en conformité avec les dispositions de l'article 13, paragraphe 1, de la Convention.

Déclarations

1. La France entend rappeler, conformément à la déclaration qu'elle avait faite lors de la signature de la Convention, le 27 janvier 1977, que la lutte à mener contre le terrorisme doit se concilier avec le respect des

principes fondamentaux de notre droit pénal et de notre Constitution, laquelle proclame dans son préambule que « tout homme persécuté en raison de son action en faveur de la liberté a droit d'asile sur les territoires de la République » et que l'application de la Convention européenne pour la répression du terrorisme ne saurait avoir pour résultat de porter atteinte au droit d'asile.

2. Le Gouvernement de la République française déclare qu'il n'appliquera la Convention européenne pour la répression du terrorisme qu'aux infractions commises postérieurement à la date de son entrée en vigueur.

3. Conformément à l'article 12-1 de la Convention, le Gouvernement de la République française déclare que la Convention européenne pour la répression du terrorisme s'applique aux départements européens et d'outre-mer de la République française.

Voir : H. Labayle et R. Koering-Joulin, *Dix ans après... de la signature (1977) à la ratification (1987) de la Convention européenne pour la répression du terrorisme : JCP* G 1988, I, 3349.

CHAPITRE VI. – DE L'EXÉCUTION DES DÉCISIONS DE CONTRÔLE JUDICIAIRE AU SEIN DES ÉTATS MEMBRES DE L'UNION EUROPÉENNE EN APPLICATION DE LA DÉCISION-CADRE DU CONSEIL DE L'UNION EUROPÉENNE DU 23 OCTOBRE 2009

(Chap. créé à compter du 1er octobre 2015, L. n° 2015-993, 17 août 2015)

Section I. – Dispositions générales

Art. 696-48 *(Créé à compter du 1er oct. 2015, L. n° 2015-993, 17 août 2015).* **– Le présent chapitre détermine les règles applicables, en vue de garantir la comparution en justice et de promouvoir, le cas échéant, le recours à des mesures alternatives à la détention provisoire pour la personne ne résidant pas dans l'État membre de la procédure pénale qui la concerne, à la reconnaissance et au suivi, dans un État membre de l'Union européenne, des décisions de placement sous contrôle judiciaire prononcées par une autorité judiciaire française, ainsi qu'à la reconnaissance et à l'exécution en France de décisions équivalentes prononcées par les autorités compétentes d'un autre État membre de l'Union européenne.**

L'État sur le territoire duquel a été prononcé le placement d'une personne sous contrôle judiciaire est appelé État d'émission. L'État auquel sont demandés la reconnaissance et le contrôle sur son territoire des mesures ordonnées est appelé État d'exécution.

Art. 696-49 *(Créé à compter du 1er oct. 2015, L. n° 2015-993, 17 août 2015).* **– Pour la préparation et au cours de l'exécution des décisions prises en application du présent chapitre, les autorités compétentes de l'État d'émission et de l'État d'exécution, sauf impossibilité pratique, se consultent notamment pour déterminer si l'État d'exécution consent à la transmission d'une décision de placement sous contrôle judiciaire en application du 2° de l'article 696-52.**

Art. 696-50 *(Créé à compter du 1er oct. 2015, L. n° 2015-993, 17 août 2015).* **– Les obligations auxquelles une personne peut être astreinte à se soumettre dans l'État d'exécution sont les suivantes :**

1° L'obligation pour la personne d'informer une autorité spécifique de tout changement de résidence ;

2° L'interdiction de se rendre dans certains lieux ou dans certaines zones définies de l'État d'émission ou de l'État d'exécution ;

3° L'obligation de rester en un lieu déterminé, le cas échéant durant des périodes déterminées ;

4° Les restrictions quant à la possibilité de quitter le territoire de l'État d'exécution ;

5° L'obligation de se présenter à des heures précises devant une autorité spécifique ;

6° L'obligation d'éviter tout contact avec certaines personnes ayant un lien avec l'infraction ou les infractions qui auraient été commises ;

7° Le cas échéant, les autres obligations, notifiées au secrétariat général du Conseil de l'Union européenne, que l'État d'exécution est disposé à contrôler.

Art. 696-51 *(Créé à compter du 1er oct. 2015, L. n° 2015-993, 17 août 2015).* – En application du 7° de l'article 696-50, peuvent également être suivies en France, dans les mêmes conditions, les obligations énumérées à l'article 138.

Art. 696-52 *(Créé à compter du 1er oct. 2015, L. n° 2015-993, 17 août 2015).* – Une décision de placement sous contrôle judiciaire peut donner lieu à une transmission à l'autorité compétente d'un autre État membre de l'Union européenne lorsque :

1° La personne concernée réside de manière habituelle, dans des conditions régulières, sur le territoire de l'État d'exécution et, ayant été informée des mesures concernées, consent à y retourner ;

2° La personne concernée demande que la décision de placement sous contrôle judiciaire s'exécute dans un autre État membre que celui dans lequel elle réside de manière habituelle, dans des conditions régulières, et l'autorité compétente de cet État consent à la transmission de la décision de placement sous contrôle judiciaire la concernant.

Art. 696-53 *(Créé à compter du 1er oct. 2015, L. n° 2015-993, 17 août 2015).* – Toute décision de placement sous contrôle judiciaire prise en application du présent chapitre aux fins de reconnaissance et de contrôle sur le territoire de la République ou sur celui d'un autre État membre est accompagnée d'un certificat précisant notamment :

1° La désignation de l'État d'émission et de l'État d'exécution ;

2° La désignation de l'autorité compétente ayant ordonné le placement sous contrôle judiciaire ;

3° La désignation de l'autorité compétente dans l'État d'émission pour le suivi de ces mesures de contrôle judiciaire ;

4° L'identité de la personne placée sous contrôle judiciaire, l'adresse de son ou de ses derniers domiciles connus dans l'État d'émission, dans l'État d'exécution ou dans un autre État ;

5° Les motifs de la transmission de la décision de placement sous contrôle judiciaire au regard de l'article 696-52 ;

6° Les langues que comprend la personne placée sous contrôle judiciaire ;

7° La date, le lieu et les circonstances dans lesquels les infractions auraient été commises ainsi que la nature et la qualification juridique des faits ;

8° La date de la décision de placement sous contrôle judiciaire, celle à laquelle elle est devenue exécutoire, ainsi que, le cas échéant, l'existence d'un recours engagé contre cette décision à la date à laquelle est transmis le certificat ;

9° Les obligations auxquelles est soumise la personne faisant l'objet de la décision de placement sous contrôle judiciaire, ainsi que, le cas échéant, la durée d'application et l'existence d'une possible prorogation de cette décision ;

10° Le cas échéant, la durée probable pendant laquelle ces mesures de contrôle devraient être nécessaires eu égard aux circonstances de l'affaire connues au moment de la transmission de la décision de placement sous contrôle judiciaire ;

11° Le cas échéant, les motifs spécifiques des obligations prévues par la décision de placement sous contrôle judiciaire.

Le certificat est signé par l'autorité compétente de l'État d'émission qui atteste l'exactitude des informations y étant contenues.

Art. 696-54 *(Créé à compter du 1er oct. 2015, L. n° 2015-993, 17 août 2015).* – Le retrait du certificat vaut retrait de la demande de reconnaissance et d'exécution et fait obstacle à la mise à exécution de la décision de placement sous contrôle judiciaire en application du présent chapitre.

Art. 696-55 *(Créé à compter du 1er oct. 2015, L. n° 2015-993, 17 août 2015).* – La transmission de la copie certifiée conforme de la décision de placement sous contrôle judiciaire, du certificat ainsi que de toutes les correspondances et pièces les concernant s'effectue directement entre les autorités compétentes de l'État d'émission et celles de l'État d'exécution, par tout moyen laissant une trace écrite et dans des conditions permettant au destinataire d'en vérifier l'authenticité.

Lorsqu'un État a désigné une ou plusieurs autorités centrales pour assurer la réception de ces transmissions, des copies de la décision de placement sous contrôle judiciaire, du certificat ainsi que de toutes les correspondances et pièces les concernant sont également adressées, si l'État le demande, à l'autorité ou aux autorités centrales désignées.

Section II. – Dispositions relatives à la transmission par les autorités judiciaires françaises des décisions relatives au contrôle judiciaire aux autorités compétentes d'un autre État membre de l'Union européenne

Art. 696-56 *(Créé à compter du 1er oct. 2015, L. n° 2015-993, 17 août 2015).* – Les autorités judiciaires compétentes pour décider du placement sous contrôle judiciaire en application des dispositions du présent code sont également compétentes pour placer une personne sous contrôle judiciaire dans un autre État membre de l'Union européenne et transmettre cette décision aux fins de reconnaissance et d'exécution dans cet État, conformément au présent chapitre.

Art. 696-57 *(Créé à compter du 1er oct. 2015, L. n° 2015-993, 17 août 2015).* – La consultation de l'autorité compétente de l'État d'exécution, prévue à l'article 696-49, est effectuée par les autorités judiciaires compétentes pour demander ou ordonner le placement sous contrôle judiciaire.

Art. 696-58 *(Créé à compter du 1er oct. 2015, L. n° 2015-993, 17 août 2015).* – L'autorité judiciaire ayant ordonné le placement sous contrôle judiciaire ou le ministère public transmet une copie certifiée conforme de la décision de placement sous contrôle judiciaire, le certificat prévu à l'article 696-53, ainsi qu'une traduction de ce certificat, soit dans l'une des langues officielles de l'État d'exécution, soit dans l'une de celles des institutions de l'Union européenne acceptées par cet État.

Art. 696-59 *(Créé à compter du 1er oct. 2015, L. n° 2015-993, 17 août 2015).* – L'autorité qui a ordonné le placement sous contrôle judiciaire reste compétente pour assurer le suivi des mesures ordonnées tant qu'elle n'a pas été informée de la reconnaissance de cette décision par l'autorité compétente de l'État d'exécution.

Elle reste également compétente si elle est informée que la personne concernée ne peut être retrouvée sur le territoire de l'État d'exécution.

Art. 696-60 *(Créé à compter du 1er oct. 2015, L. n° 2015-993, 17 août 2015).* – Pour autant que le suivi n'a pas commencé dans l'État d'exécution, l'autorité qui a ordonné le placement sous contrôle judiciaire peut décider de retirer le certificat lorsqu'elle estime, au vu de l'adaptation qui serait apportée par l'État d'exécution aux obligations prévues par la décision de placement sous contrôle judiciaire ou de la durée maximale de suivi des obligations dans cet État, ne pas devoir maintenir la demande aux fins de reconnaissance et d'exécution. Ce retrait intervient dans le délai de dix jours suivant la réception des informations relatives à cette adaptation ou à cette durée maximale du contrôle judiciaire.

Art. 696-61 *(Créé à compter du 1er oct. 2015, L. n° 2015-993, 17 août 2015).* – Pour autant que le suivi n'a pas commencé dans l'État d'exécution, l'autorité judiciaire qui a ordonné le placement sous contrôle judiciaire peut décider de retirer le certificat lorsqu'elle est informée par l'autorité compétente de l'État d'exécution qu'en cas de délivrance d'un mandat d'arrêt européen par suite de l'inobservation dans l'État d'exécution des mesures de contrôle ordonnées, la remise de la personne concernée devrait être refusée.

Si elle décide de procéder au retrait du certificat, l'autorité judiciaire en informe l'autorité compétente de l'État d'exécution dans les meilleurs délais, au plus tard dans les dix jours suivant la réception de l'information ayant motivé ce retrait.

Art. 696-62 *(Créé à compter du 1er oct. 2015, L. n° 2015-993, 17 août 2015).* – Lorsqu'elle a informé l'autorité judiciaire qu'elle reconnaît la décision de placement sous contrôle judiciaire, l'autorité compétente de l'État d'exécution devient seule compétente pour assurer le suivi sur son territoire des obligations ordonnées par cette décision.

Art. 696-63 *(Créé à compter du 1er oct. 2015, L. n° 2015-993, 17 août 2015).* – L'autorité qui a ordonné le placement sous contrôle judiciaire redevient compétente pour assurer l'exécution de cette décision dans les cas suivants :

1° Lorsque la personne concernée établit sa résidence régulière habituelle dans un autre État que l'État d'exécution ;

2° Lorsque, après avoir été informée de l'adaptation, en application de la législation de l'État d'exécution, d'une ou plusieurs obligations de la décision de placement sous contrôle judiciaire qu'elle a ordonnée, l'autorité judiciaire a notifié à l'autorité compétente de l'État d'exécution sa décision de retirer le certificat ;

3° Lorsque la décision de placement sous contrôle judiciaire a été modifiée par l'autorité judiciaire et que l'autorité compétente de l'État d'exécution refuse d'assurer le suivi des obligations ainsi modifiées ;

4° Lorsque la législation de l'État d'exécution prévoit une durée maximale d'exécution de la décision de placement sous contrôle judiciaire et que l'autorité judiciaire qui a ordonné le placement sous contrôle judiciaire, avisée de cette durée maximale, a décidé de retirer le certificat et a notifié ce retrait à l'autorité compétente de l'État d'exécution ou lorsque, n'ayant pas retiré le certificat, ce délai a expiré ;

5° Lorsque l'autorité compétente de l'État d'exécution a informé l'autorité judiciaire compétente de sa décision de mettre un terme au suivi des mesures ordonnées au motif que les avis qui lui avaient été adressés sur l'éventuelle nécessité d'une prolongation du contrôle judiciaire ou sur les manquements aux obligations de la personne concernée sont restés sans réponse de la part de l'autorité judiciaire compétente.

Lorsqu'un transfert de compétence du suivi des mesures ordonnées est susceptible d'intervenir en application du présent article, les autorités judiciaires compétentes et celles de l'État d'exécution se consultent mutuellement afin d'éviter, dans toute la mesure possible, toute interruption dans le suivi de ces mesures.

Art. 696-64 *(Créé à compter du 1er oct. 2015, L. n° 2015-993, 17 août 2015).* – L'autorité judiciaire qui a ordonné le placement sous contrôle judiciaire peut, avant l'expiration de la durée d'exécution du contrôle judiciaire prévue par la législation de l'État d'exécution, d'office ou à la demande de l'autorité compétente de cet État, aviser cette autorité qu'elle n'a pas donné mainlevée de la décision de placement sous contrôle judiciaire et qu'il est nécessaire de prolonger le suivi des mesures de contrôle initialement ordonnées.

L'autorité judiciaire qui a ordonné le placement sous contrôle judiciaire répond dans les meilleurs délais à toute demande d'information de l'autorité compétente de l'État d'exécution sur la nécessité du maintien des mesures ordonnées.

Dans les cas mentionnés aux deux premiers alinéas, elle précise également la durée pendant laquelle le suivi des mesures ordonnées sera probablement encore nécessaire.

Art. 696-65 *(Créé à compter du 1er oct. 2015, L. n° 2015-993, 17 août 2015).* – Les autorités judiciaires françaises restent compétentes pour prendre toute décision ultérieure au placement sous contrôle judiciaire, notamment pour ordonner toute modification ou mainlevée des obligations ou pour révoquer la mesure.

Lorsqu'elles modifient ou ordonnent la mainlevée des obligations ou en cas de recours contre toute décision de placement sous contrôle judiciaire, elles en avisent sans délai l'autorité compétente de l'État d'exécution et peuvent faire application des dispositions prévues aux articles 696-60 et 696-63 en cas d'adaptation des mesures modifiées ou de refus de suivi des mesures de contrôle modifiées par l'autorité compétente de l'État d'exécution.

Section III. – Dispositions relatives à la reconnaissance et au suivi sur le territoire de la République des décisions de contrôle judiciaire ordonnées par les autorités compétentes des autres États membres de l'Union européenne

Sous-section 1. – Réception des demandes relatives aux décisions de contrôle judiciaire

Art. 696-66 *(Créé à compter du 1er oct. 2015, L. n° 2015-993, 17 août 2015).* – Le procureur de la République reçoit les demandes tendant à la reconnaissance et à l'exécution sur le territoire de la République des décisions de placement sous contrôle judiciaire ordonnées par les autorités compétentes des autres États membres, ainsi que toutes les décisions de prorogation, de modification ou de mainlevée, afférentes aux mesures déjà ordonnées et reconnues.

Il peut procéder ou faire procéder à tout complément d'information qu'il estime utile. Lorsque le certificat mentionné à l'article 696-53 est incomplet ou ne correspond manifestement pas à une demande de placement sous contrôle judiciaire, il impartit un délai maximal de dix jours à l'autorité compétente de l'État d'émission pour compléter ou rectifier le certificat.

Art. 696-67 *(Créé à compter du 1er oct. 2015, L. n° 2015-993, 17 août 2015).* – Le procureur de la République compétent est celui dans le ressort duquel se situe la résidence habituelle et régulière de la personne placée sous contrôle judiciaire ou celle où la personne demande à résider. À défaut, le procureur de la République près le tribunal judiciaire de Paris est compétent.

Si le procureur de la République auquel la demande a été adressée par l'État d'émission n'est pas compétent, il la transmet sans délai au procureur de la République compétent. L'autorité compétente de l'État d'émission est informée de la transmission.

Art. 696-68 *(Créé à compter du 1er oct. 2015, L. n° 2015-993, 17 août 2015).* – Lorsque, avant de transmettre la décision de placement sous contrôle judiciaire et le certificat, l'autorité compétente de l'État d'émission consulte le procureur de la République dans le cas où, en application du 2° de l'article 696-52, la reconnaissance de la décision est subordonnée au consentement de l'État d'exécution, le procureur consent à la transmission de la décision de placement sous contrôle judiciaire si la personne concernée a la nationalité française. Dans les autres cas, il saisit sans délai le ministre de la justice. Le ministre peut consentir à la transmission de la décision si la personne concernée a la nationalité d'un État membre de l'Union européenne autre que la France et s'il existe des motifs exceptionnels justifiant l'exécution de la décision en France. Il tient compte notamment de l'intérêt de sa décision pour la bonne administration de la justice, de l'existence de liens personnels et familiaux en France et de l'absence de risque de troubles à l'ordre public.

Le procureur de la République informe l'autorité compétente de l'État d'émission de la décision de consentir ou non à la transmission de la demande de reconnaissance de la décision de placement sous contrôle judiciaire.

Art. 696-69 *(Créé à compter du 1er oct. 2015, L. n° 2015-993, 17 août 2015).* – Dans les trois jours ouvrables à compter de la réception de la demande et des décisions prévues à l'article 696-66, le procureur de la République saisit le juge des libertés et de la détention territorialement compétent de la demande, accompagnée de ses réquisitions.

Sous-section 2. – Reconnaissance des décisions de contrôle judiciaire

Art. 696-70 *(Créé à compter du 1er oct. 2015, L. n° 2015-993, 17 août 2015).* – Le juge des libertés et de la détention est compétent, dans les conditions prévues au présent chapitre, pour statuer sur les demandes de reconnaissance des décisions de placement sous contrôle judiciaire ordonnées par les autorités compétentes des autres États membres. Il est compétent, en cas de décision ultérieure de prorogation ou de modification des mesures de contrôle judiciaire, pour adapter ces mesures conformément à l'article 696-75 ou pour refuser de suivre les mesures qui ne font pas partie de celles mentionnées aux articles 696-50 et 696-51.

Il est également compétent pour la mise à exécution et le suivi des mesures reconnues et pour faire cesser l'exécution et le suivi des mesures dont la mainlevée a été ordonnée par l'autorité compétente de l'État d'émission.

Si le juge des libertés et de la détention estime nécessaire d'entendre la personne placée sous contrôle judiciaire, il peut utiliser les moyens de télécommunication mentionnés à l'article 706-71, qu'elle demeure sur le territoire de la République ou à l'étranger.

Art. 696-71 *(Créé à compter du 1er oct. 2015, L. n° 2015-993, 17 août 2015).* – La reconnaissance et le suivi d'une décision de placement sous contrôle judiciaire ordonnée par l'autorité compétente d'un autre État ne peuvent être refusés que dans les cas prévus aux articles 696-73 et 696-74.

En l'absence de l'un des motifs de refus prévus aux mêmes articles 696-73 et 696-74, le juge des libertés et de la détention reconnaît la décision de placement sous contrôle judiciaire comme étant exécutoire sur le territoire de la République et prend sans délai les mesures nécessaires à son exécution, sous réserve du respect du délai pendant lequel l'État d'émission peut retirer le certificat.

Art. 696-72 *(Créé à compter du 1er oct. 2015, L. n° 2015-993, 17 août 2015).* – Lorsqu'il envisage d'opposer l'un des motifs de refus prévus aux 1° à 3° de l'article 696-73 ou au 2° de l'article 696-74, le juge des libertés et de la détention en informe l'autorité compétente de l'État d'émission si le procureur de la République ne l'a pas déjà fait et lui impartit un délai maximal de dix jours afin de lui permettre de fournir, le cas échéant, toutes informations supplémentaires.

Art. 696-73 *(Mod., Ord. n° 2016-1636, 1er déc. 2016).* – La reconnaissance et l'exécution de la décision de placement sous contrôle judiciaire sont refusées dans les cas suivants :

1° Le certificat n'est pas produit, est incomplet ou ne correspond manifestement pas à une décision de placement sous contrôle judiciaire et n'a pas été complété ou corrigé dans le délai fixé ;

2° Les conditions prévues aux articles 696-50 à 696-52 ne sont pas remplies, notamment lorsque, en application du 2° de l'article 696-52, la reconnaissance de la décision est subordonnée au consentement de la France et que ce consentement n'a pas été sollicité ou a été refusé ;

3° La décision de placement sous contrôle judiciaire est fondée sur des infractions pour lesquelles la personne placée sous contrôle judiciaire a déjà été jugée définitivement par les juridictions françaises ou par celles d'un État de l'Union européenne autre que l'État d'émission, à condition que la peine ait été exécutée, soit en cours d'exécution ou ne puisse plus être mise à exécution selon la loi de l'État ayant prononcé cette condamnation ;

4° La décision est fondée sur des faits qui ne constituent pas des infractions au regard de la loi française. Toutefois, ce motif de refus n'est pas opposable :

a) Lorsque la décision de placement sous contrôle judiciaire concerne une infraction qui, en vertu de la loi de l'État d'émission, entre dans l'une des catégories d'infractions mentionnées à l'article 694-32 et y est punie d'une peine ou d'une mesure de sûreté privative de liberté d'une durée égale ou supérieure à trois ans d'emprisonnement ;

b) Lorsque la décision de placement sous contrôle judiciaire concerne une infraction en matière de taxes et d'impôts, de douane et de change, en raison de ce que le droit français n'impose pas le même type de taxes ou d'impôts ou ne contient pas le même type de réglementation en matière de taxes, d'impôts, de douane et de change que le droit de l'État d'émission ;

5° Les faits pouvaient être jugés par les juridictions françaises et la prescription de l'action publique est acquise selon la loi française à la date de la réception du certificat ;

6° La personne placée sous contrôle judiciaire bénéficie en France d'une immunité faisant obstacle à l'exécution de la décision ;

7° La décision a été prononcée à l'encontre d'un mineur de treize ans à la date des faits.

Art. 696-74 *(Créé à compter du 1er oct. 2015, L. n° 2015-993, 17 août 2015).* – La reconnaissance et le suivi de la décision de placement sous contrôle judiciaire peuvent être refusés dans les cas suivants :

1° Lorsque la remise de la personne concernée ne pourrait être ordonnée en cas de délivrance à l'encontre de cette personne d'un mandat d'arrêt européen en raison du non-respect des mesures ordonnées dans le cadre du contrôle judiciaire ;

2° Lorsque la décision de placement sous contrôle judiciaire est fondée sur des infractions pour lesquelles la personne placee sous contrôle judiciaire a déjà été jugée définitivement par la juridiction d'un État non membre de l'Union européenne, à condition que la peine ait été exécutée, soit en cours d'exécution ou ne puisse plus être mise à exécution selon la législation de cet État.

Art. 696-75 *(Créé à compter du 1er oct. 2015, L. n° 2015-993, 17 août 2015).* – Le juge des libertés et de la détention apprécie s'il y a lieu de procéder à l'adaptation des mesures de contrôle judiciaire ordonnées par l'autorité compétente de l'État d'émission.

Lorsque la nature de la mesure ordonnée par l'autorité compétente de l'État d'émission ne correspond pas aux mesures prévues par la législation française, le juge des libertés et de la détention remplace la mesure ordonnée par la mesure qui correspond le mieux à celle ordonnée et qui aurait pu être légalement prononcée par une autorité judiciaire française pour les mêmes faits.

La mesure de contrôle judiciaire ainsi adaptée ne peut être plus sévère que celle initialement prononcée.

Art. 696-76 *(Créé à compter du 1er oct. 2015, L. n° 2015-993, 17 août 2015).* – Lorsque le juge des libertés et de la détention estime que la personne concernée ne pourrait pas être remise sur la base d'un mandat d'arrêt européen mais qu'il est possible de reconnaître néanmoins ladite décision et de prendre les mesures nécessaires au suivi des mesures ordonnées, il en informe sans délai l'autorité compétente de l'État d'émission.

Art. 696-77 *(Créé à compter du 1er oct. 2015, L. n° 2015-993, 17 août 2015).* – Sous réserve de la suspension du délai résultant de l'avis donné à l'autorité compétente de l'État d'émission en application de l'article 696-72, le juge des libertés et de la détention décide s'il y a lieu de reconnaître la décision de placement sous contrôle judiciaire comme étant exécutoire sur le territoire de la République dans le délai maximal de sept jours ouvrables à compter de sa saisine par le procureur de la République.

La décision d'adaptation des mesures de contrôle judiciaire ordonnées par l'autorité compétente de l'État d'émission est motivée par référence à la législation française.

La décision de refus est motivée par référence aux articles 696-73 et 696-74.

Art. 696-78 *(Créé à compter du 1er oct. 2015, L. n° 2015-993, 17 août 2015).* – La décision du juge des libertés et de la détention prise en application du premier alinéa de l'article 696-70 est notifiée sans délai à la personne placée sous contrôle judiciaire. Celle-ci est informée par une mention portée dans l'acte de notification que, si elle n'accepte pas cette décision, elle dispose d'un délai de cinq jours pour saisir la chambre de l'instruction d'une requête précisant, à peine d'irrecevabilité, les motifs de droit ou de fait de sa contestation et qu'elle a la possibilité de se faire représenter devant cette juridiction par un avocat de son choix ou, à défaut, par un avocat commis d'office par le bâtonnier de l'ordre des avocats.

Lorsque le juge des libertés et de la détention a procédé à l'adaptation des mesures de contrôle judiciaire ordonnées par l'autorité compétente de l'État d'émission, sa décision est portée sans délai à la connaissance de ces autorités par tout moyen laissant une trace écrite.

Art. 696-79 *(Créé à compter du 1er oct. 2015, L. n° 2015-993, 17 août 2015).* – La décision du juge des libertés et de la détention prise en application du premier alinéa de l'article 696-70 est susceptible d'appel selon les modalités prévues aux articles 185 et 186.

Le recours ne permet pas de contester le principe du placement sous contrôle judiciaire, ni la nature des mesures ordonnées par l'État d'émission.

Art. 696-80 *(Créé à compter du 1er oct. 2015, L. n° 2015-993, 17 août 2015).* – Sauf si un complément d'information a été ordonné, la chambre de l'instruction statue au plus tard dans les vingt jours ouvrables à compter de la déclaration d'appel, par une ordonnance motivée rendue en chambre du conseil.

Si la chambre de l'instruction estime nécessaire d'entendre la personne placée sous contrôle judiciaire, elle peut utiliser les moyens de télécommunication mentionnés à l'article 706-71, que la personne en cause demeure sur le territoire de la République ou à l'étranger.

La chambre de l'instruction peut, par une mesure d'administration judiciaire, autoriser l'État d'émission à intervenir à l'audience par l'intermédiaire d'une personne habilitée par ce même État à cet effet. Lorsque l'État d'émission est autorisé à intervenir, il ne devient pas partie à la procédure.

Lorsque la chambre de l'instruction envisage d'opposer l'un des motifs de refus prévus aux 1° à 3° de l'article 696-73 ou au 2° de l'article 696-74, il n'y a pas lieu d'informer l'autorité compétente de l'État d'émission s'il a déjà été procédé à cette information par le procureur de la République ou par le juge des libertés et de la détention en application de l'article 696-72.

Art. 696-81 *(Créé à compter du 1er oct. 2015, L. n° 2015-993, 17 août 2015).* – La décision de la chambre de l'instruction est notifiée sans délai à la personne placée sous contrôle judiciaire. Celle-ci est informée par une mention portée dans l'acte de notification des voies et délais de recours.

Cette décision peut faire l'objet d'un pourvoi en cassation, par le procureur général ou par la personne concernée, dans les conditions énoncées aux articles 568-1 et 574-2.

Art. 696-82 *(Créé à compter du 1er oct. 2015, L. n° 2015-993, 17 août 2015).* – Lorsque la décision relative à la reconnaissance de la décision de placement sous contrôle judiciaire et au suivi des mesures ordonnées ne peut être prise par le juge des libertés et de la détention dans les vingt jours ouvrables qui suivent la réception de la décision et du certificat, ou par la chambre de l'instruction dans les vingt jours ouvrables à compter de la déclaration d'appel, le procureur de la République en informe sans délai l'autorité compétente de l'État d'émission en lui indiquant les raisons du retard et le délai supplémentaire estimé nécessaire pour que soit prise la décision.

Dans le cas où le ministère public, le juge des libertés et de la détention ou la chambre de l'instruction a demandé à l'autorité compétente de l'État d'émission de compléter ou de corriger le certificat, le cours du délai prévu au premier alinéa du présent article est suspendu à compter de la demande jusqu'à la transmission par l'État d'émission des pièces demandées et au plus tard jusqu'à l'expiration du délai imparti en application de l'article 696-72.

Art. 696-83 *(Créé à compter du 1er oct. 2015, L. n° 2015-993, 17 août 2015).* – Le ministère public informe sans délai l'autorité compétente de l'État d'émission des décisions définitives prises en application du premier alinéa de l'article 696-70.

Lorsque la décision consiste en un refus de reconnaissance et d'exécution des mesures ordonnées, ou comporte une adaptation des mesures ordonnées, le procureur de la République informe également l'autorité compétente de l'État d'émission des motifs de la décision.

Sous-section 3. – Suivi des décisions de contrôle judiciaire

Art. 696-84 *(Créé à compter du 1er oct. 2015, L. n° 2015-993, 17 août 2015).* – Le suivi des mesures de contrôle judiciaire ordonnées est régi par le présent code.

Dès que la décision de placement sous contrôle judiciaire est reconnue comme exécutoire en France, le juge des libertés et de la détention prend les mesures nécessaires au suivi des mesures ordonnées, le cas échéant telles qu'elles ont été adaptées.

Lorsque la reconnaissance de la décision comprend une adaptation des mesures ou que l'autorité compétente de l'État d'émission a été informée par l'autorité judiciaire que la personne concernée ne pourra être remise en application d'un mandat d'arrêt européen, le suivi des mesures ordonnées ne peut débuter qu'à l'expiration d'un délai de dix jours à compter de la notification de cette décision ou de la transmission de cette information.

Art. 696-85 *(Créé à compter du 1er oct. 2015, L. n° 2015-993, 17 août 2015).* – Si la personne placée sous contrôle judiciaire ne peut être retrouvée sur le territoire de la République, le juge des libertés et de la détention informe l'autorité compétente de l'État d'émission de l'impossibilité de surveiller les mesures ordonnées.

Art. 696-86 *(Créé à compter du 1er oct. 2015, L. n° 2015-993, 17 août 2015).* – Au cours du suivi des mesures de contrôle, le juge des libertés et de la détention peut à tout moment inviter l'autorité compétente de l'État d'émission à fournir des informations pour indiquer si le suivi des mesures est toujours nécessaire.

Le juge des libertés et de la détention informe sans délai l'autorité compétente de l'État d'émission de tout manquement à une mesure et de toute autre constatation pouvant entraîner le réexamen, le retrait, la modification des mesures de contrôle judiciaire ordonnées ou l'émission d'un mandat d'arrêt ou de toute autre décision ayant le même effet.

Le juge des libertés et de la détention informe également l'autorité compétente de l'État d'émission, par tout moyen laissant une trace écrite, de tout changement de résidence de la personne concernée.

Art. 696-87 *(Créé à compter du 1er oct. 2015, L. n° 2015-993, 17 août 2015).* – Lorsque le juge des libertés et de la détention a transmis plusieurs avis en application du deuxième alinéa de l'article 696-86 concernant la même personne à l'autorité compétente de l'État d'émission sans que celle-ci ait pris de décision de réexamen, de retrait, de modification des mesures de contrôle judiciaire ordonnées et sans qu'un mandat d'arrêt ou toute autre décision ayant le même effet ait été ordonné, il peut inviter l'autorité compétente de l'État d'émission à rendre une telle décision, en lui accordant un délai raisonnable pour le faire.

Art. 696-88 *(Créé à compter du 1er oct. 2015, L. n° 2015-993, 17 août 2015).* – Si l'autorité compétente de l'État d'émission ne statue pas dans le délai précisé par le juge des libertés et de la détention, celui-ci peut décider de mettre un terme au suivi des mesures ordonnées.

Art. 696-89 *(Créé à compter du 1er oct. 2015, L. n° 2015-993, 17 août 2015).* – Lorsque le juge des libertés et de la détention est avisé que la personne concernée établit sa résidence régulière et habituelle dans un autre État, il en informe sans délai et par tout moyen laissant une trace écrite les autorités compétentes de l'État d'émission. Dans ce cas, le juge des libertés et de la détention est dessaisi du suivi des mesures ordonnées.

CHAPITRE VII. – DE L'EXÉCUTION DES DÉCISIONS DE PROTECTION EUROPÉENNE AU SEIN DES ÉTATS MEMBRES DE L'UNION EUROPÉENNE EN APPLICATION DE LA DIRECTIVE 2011/99/UE DU PARLEMENT EUROPÉEN ET DU CONSEIL, DU 13 DÉCEMBRE 2011, RELATIVE À LA DÉCISION DE PROTECTION EUROPÉENNE

(Chap. créé à compter du 1er oct. 2015, L. n° 2015-993, 17 août 2015)

Art. 696-90 *(Créé à compter du 1er oct. 2015, L. n° 2015-993, 17 août 2015).* – Une décision de protection européenne peut être émise par l'autorité compétente d'un État membre, appelé État d'émission, aux fins d'étendre sur le territoire d'un autre État membre, appelé État d'exécution, une mesure de protection adoptée dans l'État d'émission, imposant à une personne suspectée, poursuivie ou condamnée et pouvant être à l'origine d'un danger encouru par la victime de l'infraction, une ou plusieurs des interdictions suivantes :

1° Une interdiction de se rendre dans certains lieux, dans certains endroits ou dans certaines zones définies dans lesquelles la victime se trouve ou qu'elle fréquente ;

2° Une interdiction ou une réglementation des contacts avec la victime ;

3° Une interdiction d'approcher la victime à moins d'une certaine distance, ou dans certaines conditions.

Section I. – Dispositions relatives à l'émission d'une décision de protection européenne par les autorités françaises

Art. 696-91 *(Créé à compter du 1er oct. 2015, L. n° 2015-993, 17 août 2015).* – Une décision de protection européenne peut être émise par le procureur de la République, sur demande de la victime ou de son représentant légal. La victime est informée de ce droit lorsqu'est prise à son bénéfice une des interdictions mentionnées à l'article 696-90.

Le procureur de la République compétent est celui près le tribunal judiciaire dans le ressort duquel se trouve l'autorité compétente qui a ordonné l'interdiction sur le fondement de laquelle peut être émise une décision de protection européenne.

Si le procureur de la République auquel la demande a été adressée n'est pas compétent, il la transmet sans délai au procureur de la République compétent et en avise la victime.

Art. 696-92 *(Créé à compter du 1er oct. 2015, L. n° 2015-993, 17 août 2015).* – Le procureur de la République vérifie si la décision fondant la mesure de protection a été adoptée selon une procédure contradictoire.

Si tel n'est pas le cas, le procureur de la République notifie à l'auteur de l'infraction la décision ou le jugement contenant les mesures de protection dont il entend étendre les effets, avant de prendre la décision de protection européenne.

Art. 696-93 *(Créé à compter du 1er oct. 2015, L. n° 2015-993, 17 août 2015).* – Lorsqu'il est saisi d'une demande d'émission d'une décision de protection européenne, le procureur de la République apprécie la nécessité d'y faire droit en tenant compte notamment de la durée du séjour envisagé par la victime dans l'État d'exécution.

Il peut procéder ou faire procéder à tout complément d'enquête qu'il estime utile.

Art. 696-94 *(Créé à compter du 1er oct. 2015, L. n° 2015-993, 17 août 2015).* – Les mesures de protection qui se fondent sur une décision, une ordonnance, un jugement ou un arrêt qui a été transmis pour exécution à un autre État membre en application des articles 696-48 à 696-65 ou des articles 764-1 à 764-17 ne peuvent donner lieu à l'émission en France d'une décision de protection européenne.

Art. 696-95 *(Créé à compter du 1er oct. 2015, L. n° 2015-993, 17 août 2015).* – Le procureur de la République transmet la décision de protection européenne à l'autorité compétente de l'État d'exécution par tout moyen laissant une trace écrite et dans des conditions permettant au destinataire d'en vérifier l'authenticité, accompagnée de sa traduction soit dans l'une des langues officielles de l'État d'exécution, soit dans l'une de celles des institutions de l'Union européenne acceptées par cet État.

Le procureur de la République transmet une copie de la décision de protection européenne à l'autorité judiciaire française qui a décidé la mesure de protection sur le fondement de laquelle a été émise la décision de protection européenne.

Art. 696-96 *(Créé à compter du 1er oct. 2015, L. n° 2015-993, 17 août 2015)*. – L'autorité judiciaire qui a prononcé la décision sur le fondement de laquelle le procureur de la République a émis une décision de protection européenne informe celui-ci :

1° De toute modification ou révocation de cette mesure ;

2° Du transfèrement de l'exécution de cette mesure à un autre État membre, appelé État de surveillance, en application des articles 696-48 à 696-65 ou des articles 764-1 à 764-17, lorsque ce transfert a donné lieu à l'adoption de mesures sur le territoire de l'État de surveillance.

Le procureur de la République modifie ou révoque en conséquence la décision de protection européenne, et en informe sans délai l'autorité compétente de l'État d'exécution de la décision de protection européenne.

Section II. – Dispositions relatives à la reconnaissance et à l'exécution par les autorités françaises d'une décision de protection européenne

Art. 696-97 *(Créé à compter du 1er oct. 2015, L. n° 2015-993, 17 août 2015)*. – Le procureur de la République reçoit les demandes tendant à la reconnaissance et à l'exécution sur le territoire de la République des décisions de protection européennes émises par les autorités compétentes des autres États membres.

Le procureur de la République compétent est celui dans le ressort duquel la victime projette de séjourner ou de résider. À défaut, le procureur de la République près le tribunal judiciaire de Paris est compétent.

Si le procureur de la République auquel la décision de protection européenne a été transmise par l'État membre d'émission n'est pas compétent pour y donner suite, il la transmet sans délai au procureur de la République compétent et en informe l'autorité compétente de l'État d'émission.

Art. 696-98 *(Créé à compter du 1er oct. 2015, L. n° 2015-993, 17 août 2015)*. – Le procureur de la République peut procéder ou faire procéder à tout complément d'enquête qu'il estime utile.

S'il estime que les informations accompagnant la décision de protection européenne sont incomplètes, il en informe sans délai l'autorité compétente de l'État d'émission et lui impartit un délai maximal de dix jours pour lui communiquer les informations demandées.

Art. 696-99 *(Créé à compter du 1er oct. 2015, L. n° 2015-993, 17 août 2015)*. – Dans les sept jours ouvrables à compter de la réception de la décision de protection européenne ou des informations complémentaires demandées en application de l'article 696-98, le procureur de la République saisit le juge des libertés et de la détention de la demande de reconnaissance et de mise à exécution de la décision de protection européenne, accompagnée de ses réquisitions.

Le juge des libertés et de la détention statue sur les demandes de reconnaissance des décisions de protection européenne dans un délai de dix jours à compter de la saisine du procureur de la République.

Art. 696-100 *(Créé à compter du 1er oct. 2015, L. n° 2015-993, 17 août 2015)*. – La reconnaissance de la décision de protection européenne est refusée dans les cas suivants :

1° La décision de protection européenne est incomplète ou n'a pas été complétée dans le délai fixé par l'autorité compétente de l'État d'exécution ;

2° Les conditions énoncées à l'article 696-90 ne sont pas remplies ;

3° La mesure de protection a été prononcée sur le fondement d'un comportement qui ne constitue pas une infraction selon la loi française ;

4° La décision de protection européenne est fondée sur l'exécution d'une mesure ou d'une sanction concernant un comportement qui relève de la compétence des juridictions françaises et qui a donné lieu à une amnistie conformément à la législation française ;

5° L'auteur de l'infraction bénéficie en France d'une immunité qui fait obstacle à l'exécution en France de la décision de protection européenne ;

6° La décision de protection européenne est fondée sur des faits qui pouvaient être jugés par les juridictions françaises et la prescription de l'action publique est acquise selon la loi française ;

7° La décision de protection européenne est fondée sur des infractions pour lesquelles la personne soupçonnée, poursuivie ou condamnée a déjà été jugée définitivement par les juridictions françaises ou par celles d'un État membre autre que l'État d'émission, à condition que la peine ait été exécutée, soit en cours d'exécution ou ne puisse plus être mise à exécution selon la loi de l'État membre ayant prononcé cette condamnation ;

8° L'auteur de l'infraction était âgé de moins de treize ans à la date des faits.

Art. 696-101 *(Créé à compter du 1er oct. 2015, L. n° 2015-993, 17 août 2015)*. – La reconnaissance de la décision de protection européenne peut être refusée si cette décision est fondée :

1° Sur des infractions commises en totalité, en majeure partie ou pour l'essentiel sur le territoire de la République ou en un lieu assimilé ;

2° Sur des infractions pour lesquelles la personne soupçonnée, poursuivie ou condamnée a déjà été jugée définitivement par les juridictions d'un autre État qui n'est pas membre de l'Union européenne, à condition que la peine ait été exécutée, soit en cours d'exécution ou ne puisse plus être mise à exécution selon la loi de l'État ayant prononcé cette condamnation.

Art. 696-102 *(Créé à compter du 1er oct. 2015, L. n° 2015-993, 17 août 2015)*. – Lorsqu'il décide de reconnaître la décision de protection européenne, le juge des libertés et de la détention détermine les mesures de protection prévues par la législation française pour assurer la protection de la victime. La mesure adoptée correspond, dans la mesure la plus large possible, à celle adoptée dans l'État d'émission.

Il statue par ordonnance précisant la mesure à respecter sur le territoire de la République et rappelant les dispositions de l'article 434-42-1 du Code pénal.

Art. 696-103 *(Créé à compter du 1er oct. 2015, L. n° 2015-993, 17 août 2015)*. – L'ordonnance du juge des libertés et de la détention prise en application de l'article 696-102 est notifiée sans délai à l'auteur de l'infraction.

L'auteur de l'infraction est, en outre, informé par une mention portée dans l'acte de notification qu'il dispose d'un délai de cinq jours pour saisir la chambre de l'instruction d'une requête précisant, à peine d'irrecevabilité, les motifs de droit ou de fait de sa contestation.

Le juge des libertés et de la détention informe l'autorité compétente de l'État d'émission, par tout moyen laissant une trace écrite, de la mesure de protection adoptée et des conséquences encourues en cas de violation de cette mesure.

Art. 696-104 *(Créé à compter du 1er oct. 2015, L. n° 2015-993, 17 août 2015)*. – Le juge des libertés et de la détention informe l'autorité compétente de l'État d'émission, par tout moyen laissant une trace écrite, ainsi que la victime, de toute décision de refus et en précise les motifs dans les dix jours à compter de sa décision.

À cette occasion, il informe la victime qu'elle dispose d'un délai de cinq jours pour saisir la chambre de l'instruction aux fins de contester ce refus.

Art. 696-105 *(Créé à compter du 1er oct. 2015, L. n° 2015-993, 17 août 2015)*. – Le procureur de la République informe sans délai l'autorité compétente de l'État d'émission, par tout moyen laissant une trace écrite, de tout manquement aux mesures exécutoires sur le territoire de la République.

Art. 696-106 *(Créé à compter du 1er oct. 2015, L. n° 2015-993, 17 août 2015)*. – Lorsque le juge des libertés et de la détention a été informé par l'autorité compétente de l'État d'émission d'une modification des mesures fondant la décision de protection européenne, il modifie en conséquence les mesures reconnues et mises à exécution. Si ces mesures ne relèvent plus de celles mentionnées à l'article 696-90, il donne mainlevée de la mesure exécutoire en France.

Art. 696-107 *(Créé à compter du 1er oct. 2015, L. n° 2015-993, 17 août 2015)*. – Le juge des libertés et de la détention met fin à l'exécution de la décision de protection dès qu'il est informé par l'autorité compétente de l'État d'émission de sa révocation.

Il peut également mettre fin à ces mesures :

1° Lorsqu'il existe des éléments permettant d'établir que la victime ne réside pas ou ne séjourne pas sur le territoire de la République, ou qu'elle l'a quitté ;

2° Lorsque, à la suite de la modification par l'État d'émission de la décision de protection européenne, les conditions prévues à l'article 696-90 ne sont plus remplies, ou les informations transmises par cet État sont insuffisantes pour lui permettre de modifier en conséquence les mesures prises en application de la décision de protection européenne ;

3° Lorsque la condamnation ou la décision fondant la décision de protection européenne a été transmise pour exécution aux autorités françaises conformément aux articles 696-66 et 764-18, postérieurement à la reconnaissance sur le territoire de la République de la décision de protection européenne.

Le juge des libertés et de la détention en informe sans délai la victime. Il en informe également l'autorité compétente de l'État membre d'émission, par tout moyen laissant une trace écrite et permettant au destinataire d'en vérifier l'authenticité.

TITRE X *BIS*. – DU PARQUET EUROPÉEN

(Titre créé à compter du 1er juin 2021, L. n° 2020-1672, 24 déc. 2020)

Bibliographie : F. Baab, *Le Parquet européen, une coopération judiciaire renforcée : Dr. pén.* 2021, n° 4. • Dossier spécial *« La coopération pénale dans l'Union européenne et le Parquet européen » : Dr. pén.* 2021, n° 4. • A. Botton, *Le procureur européen délégué français, modèle de futur parquet national ? À propos de la loi n° 2020-1672 du 24 décembre 2020 relative au Parquet européen, à la justice environnementale et à la justice spécialisée : JCP* G 2021, n° 7, Doctr. 201. • A. Botton et G. Taupiac-Nouvel, *Coopération renforcée pour la création du Parquet européen. Aspects procéduraux du règlement (UE) du 12 octobre 2017 : JCP* G 2018, n° 5, doct. 122. • O. Cahn, *Mutations du Ministère public sous l'influence du parquet européen : faisons un rêve...* Lexbase pénal, déc. 2019 (N° Lexbase : N1487BYQ). • H. Christodoulou, *Le parquet européen : prémices d'une autorité judiciaire de l'Union européenne, Nouvelle Bibliothèque des Thèses, Dalloz,* 2021, Vol. 201 ; *La protection extensible des intérêts financiers de l'Union européenne par le parquet européen,* Lexbase Pénal, mai 2020 (N° Lexbase : N2821BY7). • E. Letouzey, *L'intégration du parquet européen dans la procédure pénale française : la révolution tranquille : Droit pén.* 2021, n° 2, étude 6. • A. Gogorza, *Loi relative au parquet européen : d'une nouvelle figure du parquet à un nouveau modèle de procès pénal : Lexbase pénal* févr. 2021, n° L2698LZX. • M. Segond, *Le périmètre d'intervention du parquet européen : AJ pénal* 2018, 287.

CHAPITRE Ier. – COMPÉTENCE ET ATTRIBUTIONS DES PROCUREURS EUROPÉENS DÉLÉGUÉS

Art. 696-108 ***(Créé à compter du 1er juin 2021, L. n° 2020-1672, 24 déc. 2020).*** **– Les procureurs européens délégués sont compétents sur l'ensemble du territoire national pour rechercher, poursuivre et renvoyer en jugement les auteurs et complices des infractions pénales portant atteinte aux intérêts financiers de l'Union européenne mentionnées aux articles 4, 22, 23 et 25 du règlement (UE) 2017/1939 du Conseil du 12 octobre 2017 mettant en œuvre une coopération renforcée concernant la création du Parquet européen, qui sont commises après le 20 novembre 2017.**

Art. 696-109 ***(Créé à compter du 1er juin 2021, L. n° 2020-1672, 24 déc. 2020).*** **– Pour les infractions relevant de leur compétence, les procureurs européens délégués exercent, en application des articles 4 et 13 du règlement (UE) 2017/1939 du Conseil du 12 octobre 2017 précité, les attributions du procureur de la République et du procureur général près la cour d'appel, y compris pour l'application des articles 12, 12-1, 225 et 229-1 du présent code et pour l'exercice des voies de recours.**

L'article 30, la première phrase de l'article 33, les quatre premiers alinéas de l'article 35, les articles 36, 37, 39-1, 39-2 et 40-3, le troisième alinéa de l'article 41 et l'article 44 ne sont pas applicables. Pour l'application de l'article 695-2, le procureur européen délégué peut constituer une équipe commune d'enquête avec le consentement du ou des autres États membres concernés, après en avoir informé le ministre de la justice.

Art. 696-110 *(Créé à compter du 1er juin 2021, L. n° 2020-1672, 24 déc. 2020).* – Les procédures dont sont saisis les procureurs européens délégués relèvent de la compétence des juridictions de jugement de Paris, tant en première instance qu'en appel.

Par dérogation aux articles 206, 207, 207-1, 221-1 à 221-3, la chambre de l'instruction de la cour d'appel de Paris ne peut pas évoquer ces procédures.

CHAPITRE II. – PROCÉDURE

Section I. – Saisine du Parquet européen

Art. 696-111 *(Créé à compter du 1er juin 2021, L. n° 2020-1672, 24 déc. 2020 ; L. n° 2021-1729, 22 déc. 2021).* – Les signalements prévus aux 1 à 3 et au 5 de l'article 24 du règlement (UE) 2017/1939 du Conseil du 12 octobre 2017 mettant en œuvre une coopération renforcée concernant la création du Parquet européen sont directement adressés au procureur européen délégué par les autorités nationales compétentes mentionnées à l'article 19, au second alinéa de l'article 40 et à l'article 80 du présent code, qui en informent alors simultanément le procureur de la République spécialisé compétent. Ces signalements peuvent aussi être adressés au procureur européen délégué par le procureur de la République spécialisé compétent, lorsque celui-ci a été informé par les autorités nationales compétentes mentionnées au présent article.

Art. 696-112 *(Créé à compter du 1er juin 2021, L. n° 2020-1672, 24 déc. 2020).* – Lorsque le Parquet européen décide d'exercer sa compétence, le procureur de la République ou le juge d'instruction saisi d'une enquête ou d'une information portant sur des faits relevant de l'article 696-108 est tenu de se dessaisir de la procédure au profit du Parquet européen en application du 1 de l'article 25 et du 5 de l'article 27 du règlement (UE) 2017/1939 du Conseil du 12 octobre 2017 précité.

Le procureur de la République requiert le juge d'instruction initialement saisi de se dessaisir au profit du Parquet européen. Le juge d'instruction notifie son ordonnance de dessaisissement aux parties.

Section II. – Cadres procéduraux

Art. 696-113 *(Créé à compter du 1er juin 2021, L. n° 2020-1672, 24 déc. 2020).* – Dans les procédures relevant de sa compétence, le procureur européen délégué conduit les investigations conformément aux dispositions applicables à l'enquête de flagrance ou à l'enquête préliminaire et aux dispositions du Code des douanes.

Art. 696-114 *(Créé à compter du 1er juin 2021, L. n° 2020-1672, 24 déc. 2020 ; L. n° 2021-1729, 22 déc. 2021).* – Toutefois, lorsqu'il est nécessaire soit de mettre en examen une personne ou de la placer sous le statut de témoin assisté, soit de recourir à des actes d'investigation qui ne peuvent être ordonnés qu'au cours d'une instruction, en raison de leur durée ou de leur nature, le procureur européen délégué conduit les investigations conformément aux dispositions applicables à l'instruction, sous réserve des dispositions de la section 3 du présent chapitre.

Lorsqu'il poursuit les investigations après l'expiration des délais d'enquête prévus à l'article 75-3, le procureur européen délégué est également tenu de procéder conformément aux dispositions applicables à l'instruction.

Art. 696-115 *(Créé à compter du 1er juin 2021, L. n° 2020-1672, 24 déc. 2020).* – Lorsque le procureur de la République se dessaisit au profit du Parquet européen, les investigations se poursuivent dans le cadre de l'article 696-113 ou, s'il y a lieu, de l'article 696-114.

Lorsque le juge d'instruction rend une ordonnance de dessaisissement au profit du Parquet européen, les investigations se poursuivent dans le cadre du même article 696-114.

Section III. – Dispositions spécifiques à la procédure prévue à l'article 696-114

Art. 696-116 *(Créé à compter du 1er juin 2021, L. n° 2020-1672, 24 déc. 2020).* – La présente section précise les dispositions spécifiques à la procédure prévue à l'article 696-114, qui s'applique dès lors que le procureur européen délégué conduit les investigations conformément au même article 696-114.

Dans le cadre de cette procédure, ne sont pas applicables les dispositions de l'article 80 relatives au réquisitoire introductif et aux réquisitoires supplétifs ainsi que les autres dispositions du présent code prévoyant que le ministère public adresse des réquisitions ou des avis au juge d'instruction.

Art. 696-117 *(Créé à compter du 1er juin 2021, L. n° 2020-1672, 24 déc. 2020).* – Dans le cadre de la procédure prévue à l'article 696-114, les actes et décisions mentionnés à la présente section sont pris, selon les distinctions prévues aux sous-sections 1 à 3 :

1° Soit par le procureur européen délégué ;

2° Soit par le juge des libertés et de la détention saisi par réquisitions écrites et motivées du procureur européen délégué.

Sous-section 1. – Actes et décisions relevant de la procédure prévue à l'article 696-114

Art. 696-118 *(Créé à compter du 1er juin 2021, L. n° 2020-1672, 24 déc. 2020).* – Au cours de la procédure prévue à l'article 696-114, le procureur européen délégué accomplit les actes et prend les décisions en matière :

1° De mise en examen ;

2° D'interrogatoire et de confrontation ;

3° D'audition de témoins, y compris du témoin assisté ;

4° De recevabilité de la constitution de partie civile et d'audition de la partie civile ;

5° De transport ;

6° De commission rogatoire ;

7° D'expertise ;

8° De mandat de recherche, de comparution ou d'amener.

Art. 696-119 *(Créé à compter du 1er juin 2021, L. n° 2020-1672, 24 déc. 2020).* – Les décisions en matière de placement, de maintien et de modification du contrôle judiciaire sont prises par le procureur européen délégué. Ces décisions peuvent être prises tant dans le cadre de la procédure prévue à l'article 696-114 que dans le cadre des procédures de convocation par procès-verbal ou de comparution à délai différé prévues aux articles 394 et 397-1-1.

La personne placée sous contrôle judiciaire par le procureur européen délégué peut immédiatement contester cette décision devant le juge des libertés et de la détention, qui statue dans un délai maximal de soixante-douze heures sur cette contestation lors d'un débat contradictoire. Si le juge confirme le placement sous contrôle judiciaire, la personne peut faire appel de cette décision devant la chambre de l'instruction.

Art. 696-120 *(Créé à compter du 1er juin 2021, L. n° 2020-1672, 24 déc. 2020).* – Les décisions en matière de placement, de prolongation et de modification de l'assignation à résidence avec surveillance électronique sont prises par le juge des libertés et de la détention, saisi par réquisitions écrites et motivées du procureur européen délégué et après, le cas échéant, un débat contradictoire organisé conformément aux articles 142-6 et 142-7.

Art. 696-121 *(Créé à compter du 1er juin 2021, L. n° 2020-1672, 24 déc. 2020).* – Les décisions en matière de placement et de prolongation de la détention provisoire sont prises par le juge des libertés et de la détention qui, après avoir été saisi par réquisitions écrites et motivées du procureur européen délégué, statue à l'issue d'un débat contradictoire organisé conformément aux dispositions de l'article 145.

Art. 696-122 *(Créé à compter du 1er juin 2021, L. n° 2020-1672, 24 déc. 2020).* – Toutefois, le procureur européen délégué est compétent pour ordonner les mesures suivantes, d'office ou à la demande de la personne mise en examen :

1° Supprimer tout ou partie des obligations comprises dans l'assignation à résidence avec surveillance électronique ou accorder une dispense occasionnelle ou temporaire de les observer ;

2° Ordonner la mainlevée de l'assignation à résidence avec surveillance électronique ;

3° Modifier ou autoriser, en application de l'article 142-9, le chef d'établissement pénitentiaire ou le directeur du service pénitentiaire d'insertion et de probation à modifier les horaires de présence de la personne mise en examen au domicile ou dans les lieux d'assignation lorsqu'il s'agit de modifications favorables à cette dernière ne touchant pas à l'équilibre de la mesure de contrôle ;

4° Ordonner la mise en liberté, le cas échéant assortie d'un contrôle judiciaire, d'une personne placée en détention provisoire.

Si le procureur européen délégué ne fait pas droit à la demande de la personne dans les cinq jours, il transmet le dossier, assorti de son avis motivé, au juge des libertés et de la détention, qui statue dans les trois jours ouvrables à compter de cette transmission, selon les modalités prévues aux articles 140 et 148.

Art. 696-123 *(Créé à compter du 1er juin 2021, L. n° 2020-1672, 24 déc. 2020).* – Le procureur européen délégué est également compétent pour prendre les décisions relatives aux modalités d'exécution d'une détention provisoire ou à l'exercice de ses droits par une personne placée en détention provisoire en application des articles 145-4 à 145-4-2 et 148-5 du présent code et des articles 35, 36, 39 et 40 de la loi n° 2009-1436 du 24 novembre 2009 pénitentiaire.

Art. 696-124 *(Créé à compter du 1er juin 2021, L. n° 2020-1672, 24 déc. 2020).* – La décision de décerner un mandat d'arrêt est prise par le juge des libertés et de la détention, saisi par réquisitions écrites et motivées du procureur européen délégué.

Art. 696-125 *(Créé à compter du 1er juin 2021, L. n° 2020-1672, 24 déc. 2020).* – Le procureur européen délégué met le mandat d'arrêt à exécution sous la forme d'un mandat d'arrêt européen conformément à l'article 695-16.

Art. 696-126 *(Créé à compter du 1er juin 2021, L. n° 2020-1672, 24 déc. 2020).* – Les perquisitions, visites domiciliaires et saisies doivent, en l'absence de flagrance ou d'assentiment exprès de la personne chez laquelle elles ont lieu, être effectuées avec l'autorisation du juge des libertés et de la détention saisi par réquisitions écrites et motivées du procureur européen délégué dans les conditions prévues à l'article 76.

Art. 696-127 *(Créé à compter du 1er juin 2021, L. n° 2020-1672, 24 déc. 2020).* – Les décisions ordonnant une interception de correspondance émise par la voie des télécommunications, une géolocalisation, une enquête sous pseudonyme ou une technique spéciale d'enquête prévue à la section 6 du chapitre II du titre XXV du présent livre sont prises par le juge des libertés et de la détention, saisi par réquisitions écrites et motivées du procureur européen délégué, sauf si ces mesures sont ordonnées dans des conditions d'utilisation et de durée permettant au procureur de la République d'y recourir dans le cadre de l'enquête de flagrance ou de l'enquête préliminaire.

Art. 696-128 *(Créé à compter du 1er juin 2021, L. n° 2020-1672, 24 déc. 2020).* – Les décisions ordonnant les saisies spéciales prévues au titre XXIX du présent livre et les mesures conservatoires prévues à l'article 706-166 sont prises par le juge des libertés et de la détention, saisi par réquisitions écrites et motivées du procureur européen délégué, sous réserve des pouvoirs propres du procureur prévus au premier alinéa de l'article 706-154.

Sous-section 2. – Des droits des parties

Art. 696-129 *(Créé à compter du 1er juin 2021, L. n° 2020-1672, 24 déc. 2020).* – Dans le cadre de la procédure prévue à l'article 696-114, les personnes mises en examen, témoins assistés ou parties civiles exercent l'intégralité des droits qui leur sont reconnus par le présent code au cours de l'instruction, en particulier le droit d'être assisté par un avocat et d'avoir accès au contenu de la procédure, de formuler une demande d'acte auprès du procureur européen délégué, de présenter une requête en annulation ou de former un recours devant la chambre de l'instruction.

Art. 696-130 *(Créé à compter du 1er juin 2021, L. n° 2020-1672, 24 déc. 2020).* – Dès lors que le procureur européen délégué a procédé à la mise en examen d'une personne ou l'a placée sous le statut de témoin assisté, ou dès lors que le juge des libertés et de la détention a autorisé l'un des actes prévus aux articles 696-124 ou 696-127 dans des conditions ne permettant pas d'y recourir dans le cadre de l'enquête de flagrance ou de l'enquête préliminaire, le procureur européen délégué :

1° Applique les dispositions de l'article 105 à l'ensemble des personnes à l'encontre desquelles il existe des indices graves et concordants d'avoir participé aux faits ;

2° Avise la victime de l'infraction de son droit de se constituer partie civile dans les conditions prévues à l'article 80-3.

Art. 696-131 *(Créé à compter du 1er juin 2021, L. n° 2020-1672, 24 déc. 2020).* – La victime ne peut se constituer partie civile conformément aux articles 87 et 89 que lorsqu'il a été procédé à un des actes mentionnés au premier alinéa de l'article 696-130.

La partie civile dispose des droits prévus à l'article 89-1.

Sous-section 3. – De la clôture de la procédure

Art. 696-132 *(Créé à compter du 1er juin 2021, L. n° 2020-1672, 24 déc. 2020).* – Aussitôt que la procédure prévue à l'article 696-114 lui paraît terminée, le procureur européen délégué en avise les parties et leurs avocats conformément au I de l'article 175.

Si les parties en ont fait la demande conformément au III du même article 175, elles disposent d'un délai d'un mois, si une personne mise en examen est détenue, ou de trois mois, dans les autres cas, pour lui adresser des observations selon les modalités prévues à l'avant-dernier alinéa de l'article 81 ou pour formuler des demandes ou présenter des requêtes sur le fondement du neuvième alinéa du même article 81, des articles 82-1 et 82-3, du premier alinéa de l'article 156 et du troisième alinéa de l'article 173, sous réserve que ces demandes ou requêtes ne soient pas irrecevables en application des articles 82-3 et 173-1. À l'expiration de ce délai, les parties ne peuvent plus adresser de telles observations ni formuler ou présenter de telles demandes ou requêtes.

À l'issue du délai, le procureur européen délégué procède alors au règlement du dossier au vu des observations éventuelles des parties. Il rend son ordonnance conformément aux articles 176 à 184, sous réserve de la compétence du juge des libertés et de la détention pour, sur réquisitions écrites et motivées du procureur européen délégué, ordonner le maintien de la personne sous assignation à résidence avec surveillance électronique ou en détention provisoire.

En matière correctionnelle, s'il ne renvoie pas la personne mise en examen devant le tribunal correctionnel et si les conditions prévues à l'article 180-1 sont réunies, le procureur européen délégué peut lui proposer de faire application de la procédure de comparution sur reconnaissance préalable de culpabilité, dont il prononce la mise en œuvre par ordonnance.

Si les conditions prévues à l'article 180-2 sont réunies, le procureur européen délégué peut prononcer, par ordonnance, la mise en œuvre de la procédure prévue à l'article 41-1-2. Dans les cas mentionnés au dernier alinéa de l'article 180-2, la procédure prévue à l'article 696-114 est reprise à l'égard de la personne morale.

Les dispositions des deux premiers alinéas du présent article sont également applicables au témoin assisté.

CHAPITRE III. – DE L'ARTICULATION DES COMPÉTENCES ENTRE LE PROCUREUR EUROPÉEN, LES PROCUREURS EUROPÉENS DÉLÉGUÉS ET L'AUTORITÉ JUDICIAIRE FRANÇAISE

Art. 696-133 *(Créé à compter du 1er juin 2021, L. n° 2020-1672, 24 déc. 2020).* – Lorsque le procureur européen conduit personnellement l'enquête en application du 4 de l'article 28 du règlement (UE) 2017/1939 du Conseil du 12 octobre 2017 mettant en œuvre une coopération renforcée concernant la création du Parquet européen, il exerce les attributions du procureur européen délégué.

Art. 696-134 *(Créé à compter du 1er juin 2021, L. n° 2020-1672, 24 déc. 2020).* – Lorsque le Parquet européen décide de ne pas exercer sa compétence, le procureur de la République saisi de l'enquête ou le juge d'instruction saisi de l'information demeurent compétents, y compris dans les cas mentionnés au 6 de l'article 25 du règlement (UE) 2017/1939 du Conseil du 12 octobre 2017 précité.

Tant que le Parquet européen n'a pas statué sur l'exercice de sa compétence, il n'y a pas lieu d'examiner la recevabilité d'une plainte avec constitution de partie civile déposée devant le juge d'instruction pour des faits susceptibles de relever de l'article 696-108 du présent code. La prescription de l'action publique est suspendue jusqu'à la réponse du Parquet européen.

Art. 696-135 *(Créé à compter du 1er juin 2021, L. n° 2020-1672, 24 déc. 2020).* – Lorsque, dans les cas mentionnés au 6 de l'article 25 du règlement (UE) 2017/1939 du Conseil du 12 octobre 2017 précité, le procureur de la République saisi de l'enquête refuse de se dessaisir au profit du Parquet européen, le procureur général compétent désigne le magistrat compétent pour poursuivre les investigations.

Art. 696-136 *(Créé à compter du 1er juin 2021, L. n° 2020-1672, 24 déc. 2020)*. – Lorsque, dans les cas mentionnés au 6 de l'article 25 du règlement (UE) 2017/1939 du Conseil du 12 octobre 2017 précité, le juge d'instruction saisi de l'information refuse de se dessaisir au profit du Parquet européen, il invite les parties à faire connaître leurs observations dans un délai de cinq jours.

À l'issue de ce délai, le juge d'instruction rend une ordonnance de refus de dessaisissement qui est notifiée au procureur de la République et aux parties.

Dans les cinq jours de sa notification, cette ordonnance peut être déférée, à la requête du Parquet européen, du procureur de la République ou des parties, à la chambre criminelle de la Cour de cassation.

La chambre criminelle de la Cour de cassation désigne, dans les huit jours suivant la date de réception du dossier, le magistrat compétent pour poursuivre les investigations. L'arrêt de la chambre criminelle est porté à la connaissance du Parquet européen, du juge d'instruction et du ministère public et notifié aux parties. Le juge d'instruction demeure saisi jusqu'à ce que cet arrêt soit porté à sa connaissance.

Art. 696-137 *(Créé à compter du 1er juin 2021, L. n° 2020-1672, 24 déc. 2020)*. – Lorsque le Parquet européen décide de renvoyer l'affaire aux autorités nationales en application de l'article 34 du règlement (UE) 2017/1939 du Conseil du 12 octobre 2017 précité, le procureur européen délégué en informe :

1° Le procureur de la République compétent dans les cas mentionnés aux 1 à 3 du même article 34 ;

2° Le procureur général compétent dans le cas mentionné au 6 dudit article 34.

Le procureur de la République doit alors indiquer, dans les cas mentionnés aux 2 et 3 du même article 34, s'il accepte ou non de se charger de l'affaire dans un délai maximal de trente jours à compter de la réception de l'information.

Lorsque le Parquet européen se dessaisit dans le cadre de la procédure prévue à l'article 696-113 du présent code, les investigations se poursuivent dans le cadre de l'enquête de flagrance ou de l'enquête préliminaire.

Lorsque le Parquet européen se dessaisit dans le cadre de la procédure prévue à l'article 696-114, les investigations se poursuivent dans le cadre d'une information judiciaire.

TITRE XI. – DES INFRACTIONS EN MATIÈRE MILITAIRE ET DES CRIMES ET DÉLITS CONTRE LES INTÉRÊTS FONDAMENTAUX DE LA NATION

(L. n° 93-2, 4 janv. 1993 ; intitulé mod., L. n° 92-1336, 16 déc. 1992 ; mod., L. n° 2011-1862, 13 déc. 2011)

CHAPITRE I. – DE LA POURSUITE, DE L'INSTRUCTION ET DU JUGEMENT DES INFRACTIONS EN MATIÈRE MILITAIRE EN TEMPS DE PAIX

(L. n° 82-621, 21 juill. 1982 ; intitulé mod., L. n° 2011-1862, 13 déc. 2011)

Bibliographie : *Répertoire.* D. Dassa-Le Deist, *Crimes et délits contre les intérêts fondamentaux de la nation : JCl. Proc. pén.*, art. 697 à 702, Fasc. 20.

Généralités. A. Guidicelli, *Légistique appliquée : que sont les articles 697 et suivants du Code de procédure pénale devenus ? : RSC* 2008, p. 106. • Ministère de la Défense, *Actes du colloque « Droit pénal et défense », École militaire, 27 et 28 mars 2001, Dir. des affaires juridiques*, SGA, 2001.

Section I. – Compétence

Art. 697 *(Mod., L. n° 2013-1168, 18 déc. 2013)*. – Dans le ressort d'une ou de plusieurs cours d'appel, un tribunal judiciaire est compétent pour l'instruction et, s'il s'agit de délits, le jugement des infractions mentionnées à l'article 697-1.

Des magistrats sont affectés, après avis de l'assemblée générale, aux formations de jugement, spécialisées en matière militaire, de ce tribunal.

Dans le même ressort, une cour d'assises est compétente pour le jugement des crimes mentionnés à l'article 697-1.

Un décret pris sur le rapport conjoint du garde des Sceaux, ministre de la Justice, et du ministre chargé de la défense fixe la liste de ces juridictions.

Décret n° 2014-1443 du 3 décembre 2014

modifiant le décret n° 82-1120 du 23 décembre 1982 fixant la liste et le ressort des juridictions compétentes pour connaître des infractions en matière militaire et de sûreté de l'État

ANNEXE. – LISTE ET RESSORT DES JURIDICTIONS COMPÉTENTES POUR CONNAÎTRE DES INFRACTIONS ENTRANT DANS LES CATÉGORIES MENTIONNÉES AUX ARTICLES 697-1 ET 702 (ALINÉA 2) DU CODE DE PROCÉDURE PÉNALE

TRIBUNAUX de grande instance compétents	COURS D'ASSISES COMPÉTENTES	COMPÉTENCE TERRITORIALE s'étendant au ressort des cours d'appel ou du tribunal supérieur d'appel de :
Bordeaux	Cour d'assises de la Gironde	Bordeaux, Limoges, Pau.
Lille	Cour d'assises du Nord	Amiens, Douai, Reims, Rouen.
Lyon	Cour d'assises du Rhône	Chambéry, Grenoble, Lyon, Riom.
Marseille	Cour d'assises des Bouches-du-Rhône	Aix-en-Provence, Bastia, Nîmes.
Metz	Cour d'assises de la Moselle	Besançon, Colmar, Dijon, Metz, Nancy.
Paris	Cour d'assises de Paris	Bourges, Paris, Orléans, Versailles, Nouméa, Papeete, Saint-Denis, Saint-Pierre.
Rennes	Cour d'assises d'Ille-et-Vilaine	Angers, Caen, Poitiers, Rennes.
Cayenne	Cour d'assises de la Guyane	Basse-Terre, Cayenne, Fort-de-France.
Toulouse	Cour d'assises de la Haute-Garonne	Toulouse, Montpellier, Agen.

1) **Domaine d'application.** Les dispositions des articles 697, 697-1 et 698-1 du Code de procédure pénale ne s'appliquent qu'aux juridictions de droit commun, statuant en matière militaire en temps de paix ; elles ne sauraient être étendues aux tribunaux aux armées qui connaissent, en exécution de l'article 59 du Code de justice militaire, des infractions de toute nature commises par des membres des forces armées hors du territoire de la République (▪ Cass. crim., 22 janv. 1992, n° 91-82.776 : *Bull. crim.* n° 22).

2) **Affectation des magistrats aux formations spécialisées en matière militaire.** Il résulte des dispositions de l'article 697, alinéa 2, du Code de procédure pénale qu'il appartient au seul président du tribunal de grande instance compétent pour le jugement des infractions mentionnées à l'article 697-1 du même code, d'affecter des magistrats, après avis de l'assemblée générale, aux formations de jugement de ce tribunal, spécialisées en matière militaire (▪ Cass. crim., 29 avr. 1987, n° 85-96.334 : *Bull. crim.* n° 174).

3) **Compétence du juge d'instruction spécialisé en matière militaire – Incompétence corrélative du juge d'instruction de droit commun.** Il résulte des articles 697, 697-1 et 698 du Code de procédure pénale que l'incompétence du juge d'instruction pour informer contre les personnes entrant dans les prévisions des articles ci-dessus visés n'existe légalement qu'à partir du moment où la qualité de ces personnes ou de l'une d'elles résulte des éléments du dossier soumis à ce magistrat et parvient ainsi avec certitude à sa connaissance. Encourt la cassation l'arrêt de la chambre de l'instruction qui annule l'ensemble de la procédure en retenant une exception d'incompétence au profit de la juridiction militaire alors que l'ouverture de l'information a été faite

contre personne non dénommée et que la mise en cause d'un militaire n'est apparue qu'au moment du placement d'un adjudant sous le statut de témoin assisté par le juge d'instruction désigné dans le cadre d'un supplément d'information ordonné par la chambre de l'instruction (▪ Cass. crim., 7 sept. 2010, n° 09-87.625 : *Bull. crim.* n° 131). Si la personne mise en examen peut invoquer à tout moment l'incompétence du juge d'instruction en charge du dossier, elle ne peut, après l'échéance du délai de forclusion prévu à l'article 173-1 du Code de procédure pénale, demander l'annulation des actes accomplis antérieurement par ce magistrat, la chambre de l'instruction conservant néanmoins le pouvoir d'annuler lesdits actes au cas où il lui apparaîtrait qu'ils ont été réalisés par un juge manifestement incompétent. Justifie dès lors sa décision la chambre de l'instruction qui refuse d'étendre l'annulation, prise de ce que le juge d'instruction n'était pas compétent, au regard des articles 697 et 697-1 du Code de procédure pénale, pour connaître d'un délit commis dans l'exécution du service par un militaire, au réquisitoire introductif et à la totalité de la procédure ultérieure, au motif que la personne mise en examen est, en vertu de l'article 173-1 du Code de procédure pénale, irrecevable à demander, plus de six mois plus tard, l'annulation du réquisitoire introductif (▪ Cass. crim., 24 oct. 2007, n° 07-83.916 : *JurisData* n° 2007-041102 ; *Bull. crim.* n° 253 ; *RSC* 2008, p. 358, obs. R. Finielz).

4) Juge d'instruction spécialisé en matière militaire – Inapplication de la dénonciation ou de l'avis du ministre chargé de la défense ou de l'autorité militaire au juge d'instruction habilité en matière militaire. L'article 698-1 du Code de procédure pénale, qui subordonne les poursuites exercées pour les infractions visées à l'article 697-1 dudit code soit à la dénonciation, soit à l'avis préalable des autorités militaires, ne régit que la mise en mouvement de l'action publique à l'encontre des militaires par le procureur de la République, le juge d'instruction, habilité en matière militaire conformément à l'article 697 du même code, ayant le pouvoir de mettre en examen toute personne ayant pris part aux faits dont il est saisi (▪ Cass. crim., 3 sept. 2003, n° 03-83.074 : *Bull. crim.* n° 153. ▪ Cass. crim., 9 juill. 2003, n° 03-81.944 : *Bull. crim.* n° 137. ▪ Cass. crim., 16 juill. 1997, n° 96-83.705 : *Bull. crim.* n° 275 ; *Procédures* 1998, comm. 16, note J. Buisson).

Art. 697-1 ***(Mod., L. n° 2011-1862, 13 déc. 2011).*** **– Les juridictions mentionnées à l'article 697 connaissent des crimes et des délits commis sur le territoire de la République par les militaires dans l'exercice du service.**

Ces juridictions sont compétentes à l'égard de toutes personnes majeures, auteurs ou complices, ayant pris part à l'infraction.

Par dérogation aux dispositions du premier alinéa ci-dessus, ces juridictions ne peuvent connaître des infractions de droit commun commises par les militaires de la gendarmerie dans l'exercice de leurs fonctions relatives à la police judiciaire ou à la police administrative ; elles restent néanmoins compétentes à leur égard pour les infractions commises dans le service du maintien de l'ordre.

Si le tribunal correctionnel mentionné à l'article 697 se déclare incompétent pour connaître des faits dont il a été saisi, il renvoie le ministère public à se pourvoir ainsi qu'il avisera ; il peut, le ministère public entendu, décerner par la même décision mandat de dépôt ou d'arrêt contre le prévenu.

1) Compétence des juridictions spécialisées – Compétence personnelle : qualité de militaire. Les objecteurs de conscience sont, en application de l'article L. 116-4 du Code du service national, assimilés aux assujettis du service de défense ; ils relèvent donc, en temps de paix, pour l'application du livre III du Code de justice militaire de la compétence des tribunaux de droit commun dans les conditions prévues par les articles 697 à 698-8 du Code de procédure pénale (▪ Cass. crim., 3 oct. 1986, n° 85-93.115 : *Bull. crim.* n° 267 ; *D.* 1987, 82, note G. Azibert ; *RSC* 1987, 464, obs. A. Braunschweig. ▪ Cass. crim., 18 févr. 1987, n° 86-93.241 : *Bull. crim.* n° 82).

2) Compétence des juridictions spécialisées – Compétence matérielle : infractions commises dans l'exercice du service. Ne constituent des crimes ou délits de droit commun commis dans l'exécution du service, au sens de l'article 697-1 du Code de procédure pénale, que les infractions commises par un militaire, dans le cadre de la mission de service qui lui est confiée. Justifie sa décision la chambre d'accusation qui estime que les juridictions visées à l'article 697 du même code ne sont pas compétentes pour connaître des infractions de droit commun commises, même à l'intérieur de l'établissement militaire, par des militaires qui ne sont affectés à aucune tâche et n'accomplissent aucun devoir attaché à leurs fonctions, et ainsi n'exécutent aucun service (▪ Cass. crim., 2 oct. 1987, n° 87-80.858 : *Bull. crim.* n° 330 ; *RSC* 1988, 334, obs. A. Braunschweig. ▪ Cass. crim., 17 nov. 1993, n° 93-83.320 : *Bull. crim.* n° 346).

Art. 697-2 ***(Abr., L. n° 99-929, 10 nov. 1999 ; rétabli dans la version suivante, L. n° 2011-1862, 13 déc. 2011).*** **– Les juridictions spécialisées en matière militaire mentionnées à l'article 697, dans le ressort**

desquelles est situé soit le port d'attache d'un navire de la marine nationale, soit l'aérodrome de rattachement d'un aéronef militaire, sont compétentes pour connaître de toute infraction commise à bord ou à l'encontre de ce navire ou de cet aéronef, en quelque lieu qu'il se trouve.

Art. 697-3 ***(L. n° 82-621, 21 juill. 1982).*** **– La compétence territoriale des juridictions mentionnées à l'article 697 est déterminée conformément aux articles 43, 52, 382 et 663. Sont également compétentes les juridictions du lieu de l'affectation ou du débarquement. En outre, la juridiction territorialement compétente à l'égard des personnels des navires convoyés est celle à laquelle seraient déférés les personnels du navire convoyeur.**

Compétence territoriale. La compétence territoriale des juridictions de droit commun spécialisées en matière militaire est déterminée, notamment, conformément à l'article 52 du Code de procédure pénale. Encourt la cassation, l'arrêt de la chambre de l'instruction qui confirme l'ordonnance d'incompétence alors que le domicile administratif des personnes soupçonnées d'avoir participé à l'infraction reprochée se situait dans le ressort de la cour d'appel de Paris entrant dans la compétence territoriale du tribunal de grande instance de Paris, juridiction spécialisée en matière militaire en application du décret n° 82-1120 du 23 décembre 1982 (■ Cass. crim., 8 sept. 2015, n° 14-81.050 : *JurisData* n° 2015-019988).

Art. 697-4 ***(L. n° 2011-1862, 13 déc. 2011, en vigueur à compter du 1er janvier 2012).*** **– Les juridictions mentionnées à l'article 697 ayant leur siège à Paris sont également compétentes pour connaître des crimes et des délits commis hors du territoire de la République par les membres des forces armées françaises ou à l'encontre de celles-ci dans les cas prévus au chapitre Ier du titre II du livre Ier du Code de justice militaire. En outre, un ou plusieurs magistrats affectés aux formations du tribunal correctionnel de Paris spécialisées en matière militaire sont chargés, par ordonnance du président du tribunal judiciaire, du jugement des contraventions commises dans ces circonstances.**

Le président du tribunal judiciaire de Paris et le procureur de la République près ce tribunal désignent, respectivement, un ou plusieurs juges d'instruction et magistrats du parquet chargés spécialement de l'enquête, de la poursuite et de l'instruction des infractions mentionnées au premier alinéa.

Art. 697-5 ***(L. n° 2011-1862, 13 déc. 2011, en vigueur à compter du 1er janvier 2012).*** **– Pour le jugement des délits et des contraventions mentionnés à l'article 697-4, une chambre détachée du tribunal judiciaire de Paris spécialisée en matière militaire peut être instituée à titre temporaire hors du territoire de la République par décret en Conseil d'État dans les conditions prévues par les traités et accords internationaux.**

Section II. – Procédure

Art. 698 ***(Mod., L. n° 2011-1862, 13 déc. 2011, en vigueur à compter du 1er janvier 2012).*** **– Les infractions relevant de la compétence des juridictions mentionnées aux articles 697 et 697-4 sont poursuivies, instruites et jugées selon les règles du présent code, sous réserve des dispositions particulières des articles 698-1 à 698-9 et, s'agissant des infractions commises hors du territoire de la République, des dispositions particulières du Code de justice militaire.**

Toutefois, le procureur de la République compétent en application de l'article 43 a qualité pour accomplir ou faire accomplir les actes nécessités par l'urgence et requérir à cet effet le juge d'instruction de son siège. Les dispositions des articles 698-1 à 698-5 sont alors applicables.

1) Application des dispositions de droit commun – Saisine directe. Il résulte des articles 1er, alinéa 1er, de la loi du 21 juillet 1982 et 698 du Code de procédure pénale que les infractions mentionnées à l'article 697-1 de ce code sont instruites et jugées par les juridictions de droit commun selon les règles du même code ; si des dispositions particulières ont été édictées par les articles 698-1 à 698-8, celles-ci ne font pas obstacle à la mise en œuvre de la procédure de saisine directe (■ Cass. crim., 4 déc. 1985, n° 85-91.060 : *Bull. crim.* n° 391).

2) Application des dispositions de droit commun – Comparution immédiate. Il se déduit des dispositions de l'article 698 du Code de procédure pénale que la procédure de comparution immédiate, prévue par les articles 395 et suivants du Code précité, est applicable aux infractions militaires dont les juridictions de droit commun connaissent en application des articles 697 et suivants du Code susvisé ; en outre, lesdites juridictions peuvent, en ce cas, ordonner par décision spécialement motivée, conformément à l'article 397-4, le placement ou le maintien en détention lorsque le prévenu est condamné à un emprisonnement sans sursis (▪ Cass. crim., 26 juin 1991, n° 90-87.649 : *Bull. crim.* n° 280 ; *RSC* 1992, p. 346, obs. A. Braunschweig).

Art. 698-1 *(L. n° 82-621, 21 juill. 1982).* **– Sans préjudice de l'application de l'article 36, l'action publique est mise en mouvement par le procureur de la République territorialement compétent, qui apprécie la suite à donner aux faits portés à sa connaissance, notamment par la dénonciation du ministre chargé de la défense ou de l'autorité militaire habilitée par lui. À défaut de cette dénonciation, le procureur de la République doit demander préalablement à tout acte de poursuite,** ***(L. n° 2011-1862, 13 déc. 2011)*** **« y compris en cas de réquisitoire supplétif ou de réquisitions faisant suite à une plainte avec constitution de partie civile, » sauf en cas de crime ou de délit flagrant, l'avis du ministre chargé de la défense ou de l'autorité militaire habilitée par lui. Hormis le cas d'urgence, cet avis est donné dans le délai d'un mois. L'avis est demandé par tout moyen dont il est fait mention au dossier de la procédure.**

La dénonciation ou l'avis figure au dossier de la procédure, à peine de nullité, sauf si cet avis n'a pas été formulé dans le délai précité ou en cas d'urgence.

L'autorité militaire visée au premier alinéa du présent article est habilitée par arrêté du ministre chargé de la défense.

1) **Conformité à la Constitution.** En premier lieu, en imposant au ministère public de solliciter avant tout acte de poursuite, en cas de crime ou de délit visé par les articles 697-1 ou 697-4 du Code de procédure pénale, l'avis du ministre chargé de la défense ou de l'autorité militaire habilitée par lui, le législateur a entendu garantir que puissent, le cas échéant, être portées à la connaissance de l'institution judiciaire les spécificités du contexte militaire des faits à l'origine de la poursuite ou des informations particulières relatives à l'auteur présumé eu égard à son état militaire ou à sa mission ; cet avis n'a pas à être demandé en cas de crime ou de délit flagrant ; il ne lie pas le ministère public dans l'appréciation de la suite à donner aux faits ; figurant au dossier de la procédure, il peut être discuté par les parties. En second lieu, il ressort du deuxième alinéa de l'article 698-1 du Code de procédure pénale que l'avis du ministre chargé de la défense ou de l'autorité militaire habilitée par lui figure au dossier de la procédure, à peine de nullité, sauf s'il n'a pas été formulé dans le délai d'un mois ou en cas d'urgence ; en cas d'annulation de la procédure, les poursuites peuvent être reprises, après régularisation, par le ministère public, de la demande d'avis initialement omise ; à défaut, la partie lésée conserve la possibilité soit de mettre en mouvement l'action publique dans les conditions déterminées aux articles 85 et suivants du Code de procédure pénale, soit d'exercer l'action civile pour obtenir réparation du dommage que lui ont personnellement causé les faits à l'origine de la poursuite. Il s'ensuit que la différence de traitement qui, pour la partie lésée, résulte des dispositions des premier et deuxième alinéas de l'article 698-1 dudit code et du premier alinéa de l'article 698-2, ne procède pas de discriminations injustifiées et que sont assurées à la partie lésée des garanties égales, notamment quant au respect du principe des droits de la défense. Les dispositions contestées ne portent pas davantage d'atteinte substantielle à son droit d'exercer un recours effectif devant une juridiction (▪ Cons. const., 24 avr. 2015, n° 2015-461 QPC : *JurisData* n° 2015-009743 ; *JO* 26 avr. 2015, p. 7354 ; *Procédures* 2015, comm. 203, note J. Buisson).

2) **Domaine de la dénonciation ou de l'avis du ministre chargé de la défense ou de l'autorité militaire.** L'article 698-1 du Code de procédure pénale, qui subordonne les poursuites exercées pour les infractions visées à l'article 697-1 dudit code soit à la dénonciation, soit à l'avis préalable des autorités militaires, ne régit que la mise en mouvement de l'action publique à l'encontre des militaires par le procureur de la République, le juge d'instruction, habilité en matière militaire conformément à l'article 697 du même code, ayant le pouvoir de mettre en examen toute personne ayant pris part aux faits dont il est saisi (▪ Cass. crim., 3 sept. 2003, n° 03-83.074 : *Bull. crim.* n° 153. ▪ Cass. crim., 9 juill. 2003, n° 03-81.944 : *Bull. crim.* n° 137. ▪ Cass. crim., 16 juill. 1997, n° 96-83.705 : *Bull. crim.* n° 275 ; *Procédures* 1998, comm. 16, note J. Buisson). Les dispositions de l'article 698-1 du Code de procédure pénale, qui imposent au procureur de la République d'obtenir soit une dénonciation, soit un avis du ministre chargé de la Défense ou de l'autorité militaire habilitée par lui pour exercer l'action publique devant les juridictions mentionnées à l'article 697 du même code, ne sauraient être invoquées lorsqu'il s'agit des infractions définies par les articles 411-1 à 411-11 et 413-1 à 413-12 du Code pénal concernant les atteintes à la défense nationale (▪ Cass. crim., 20 févr. 2002, n° 01-82.246 : *Bull. crim.* n° 36. ▪ Cass. crim., 1er août 1987, n° 87-83.014 : *Bull. crim.* n° 302 ; *RSC* 1988, 117, obs. A. Braunschweig et 368, obs. C. Lombois).

3) **Exception à la dénonciation ou à l'avis du ministre chargé de la défense ou de l'autorité militaire – Flagrance.** Il résulte de l'alinéa 2

de l'article 53 du Code de procédure pénale (dans sa rédaction antérieure à la loi du 23 juin 1999) qu'est assimilé au délit flagrant le délit commis dans un établissement militaire dont le chef de corps requiert un officier de police judiciaire de le constater (■ Cass. crim., 26 oct. 1993, n° 92-86.403 : *Bull. crim.* n° 313).

4) Portée de la dénonciation ou de l'avis du ministre chargé de la défense ou de l'autorité militaire – Requalification des faits. Le juge correctionnel qui n'est pas lié par la qualification donnée à la prévention, principe auquel ne dérogent pas les dispositions de l'article 698-1 du Code de procédure pénale, ne peut prononcer une décision de relaxe qu'autant qu'il a vérifié que les faits dont il est saisi ne sont constitutifs d'aucune infraction ; encourt la cassation la cour d'appel qui, ayant relevé que les faits reprochés à l'intéressé ne constituaient pas le délit d'insoumission mais celui de désertion, ordonne la relaxe au motif que la requalification était impossible, l'autorité militaire n'ayant visé dans son avis que la seule insoumission (■ Cass. crim., 13 oct. 1993, n° 93-82.527 : *Bull. crim.* n° 294).

5) Défaut de dénonciation ou d'avis du ministre chargé de la défense ou de l'autorité militaire. L'exception fondée sur une cause de nullité ayant trait au défaut de dénonciation ou d'avis par le ministre chargé de la Défense ou de l'autorité militaire habilitée par lui peut être présentée pour la première fois en cause d'appel (■ Cass. crim., 22 juin 1988, n° 87-91.621 : *Bull. crim.* n° 288).

Art. 698-2 *(Mod., L. n° 2013-1168, 18 déc. 2013)*. – **L'action civile en réparation du dommage causé par l'une des infractions mentionnées au premier alinéa des articles 697-1 ou 697-4 appartient à ceux qui ont personnellement souffert du dommage directement causé par l'infraction. L'action publique peut être mise en mouvement par la partie lésée dans les conditions déterminées aux articles 85 et suivants.**

Toutefois, l'action publique ne peut être mise en mouvement que par le procureur de la République lorsqu'il s'agit de faits commis dans l'accomplissement de sa mission par un militaire engagé dans le cadre d'une opération mobilisant des capacités militaires, se déroulant à l'extérieur du territoire français ou des eaux territoriales françaises, quels que soient son objet, sa durée ou son ampleur, y compris la libération d'otages, l'évacuation de ressortissants ou la police en haute mer.

1) Mise en mouvement de l'action publique par la partie lésée – Conformité à la Constitution de l'alinéa 1er. Il résulte du premier alinéa de l'article 698-2 du Code de procédure pénale que la partie lésée ne peut mettre en mouvement l'action publique que par la voie de la constitution de partie civile devant le juge d'instruction ; en adoptant ces dispositions, le législateur a, eu égard aux contraintes inhérentes à l'exercice de leurs missions par les forces armées, entendu limiter, en matière délictuelle, le risque de poursuites pénales abusives exercées par la voie de la citation directe en imposant une phase d'instruction préparatoire destinée, d'une part, à vérifier si les faits constituent une infraction et la suffisance des charges à l'encontre de la personne poursuivie et, d'autre part, à établir les circonstances particulières de la commission des faits ; la partie lésée conserve la possibilité de mettre en mouvement l'action publique en se constituant partie civile devant le juge d'instruction ou d'exercer l'action civile pour obtenir réparation du dommage que lui ont personnellement causé les faits à l'origine de la poursuite. Il s'ensuit que la différence de traitement qui, pour la partie lésée, résulte des dispositions des premier et deuxième alinéas de l'article 698-1 dudit code et du premier alinéa de l'article 698-2, ne procède pas de discriminations injustifiées et que sont assurées à la partie lésée des garanties égales, notamment quant au respect du principe des droits de la défense. Les dispositions contestées ne portent pas davantage d'atteinte substantielle à son droit d'exercer un recours effectif devant une juridiction (■ Cons. const., 24 avr. 2015, n° 2015-461 QPC : *JurisData* n° 2015-009743 ; *JO* 26 avr. 2015, p. 7354 ; *Procédures* 2015, comm. 203, note J. Buisson).

2) Mise en mouvement de l'action publique par la partie lésée – Conformité à la Constitution de l'alinéa 2. Même en l'absence d'engagement des poursuites par le ministère public, les dispositions de l'article 698-2, alinéa 2 du Code de procédure pénale, qui réservent au ministère public le monopole du déclenchement de l'action publique à l'égard de toute infraction commise par un militaire en opération hors du territoire national ne privent pas la partie lésée de la possibilité d'obtenir réparation du dommage que lui ont personnellement causé les faits commis par le militaire devant, selon le cas, le juge administratif ou le juge civil. Il en résulte que le grief tiré de la méconnaissance du droit à un recours juridictionnel effectif doit être écarté. [...] Le législateur a tenu compte de la spécificité de ces opérations et n'a pas instauré de discrimination injustifiée entre, d'une part, les victimes d'infractions commises par un militaire dans l'accomplissement de sa mission lors de telles opérations et, d'autre part, les victimes des mêmes infractions commises en France par un militaire ou commises à l'étranger par un civil. En outre, les victimes des infractions visées par les dispositions contestées peuvent obtenir réparation du dommage causé par ces infractions [...]. Dès lors, le grief tiré de la méconnaissance du principe d'égalité devant la justice doit être écarté (▪ Cons. const., 27 sept. 2019, n° 2019-803 QPC : *AJ pénal* 2019, p. 610, obs. K. Mariat ; *Dr. pén.* 2020, chron. 9, n° 7, obs. M. Brénaut ; *RSC* 2020, p. 110, obs. P.-J. Delage).

3) Mise en mouvement de l'action publique par la partie lésée. *V. antérieurement à la loi du 10 novembre 1999* : en vertu des dispositions de l'article 6.1 de la Convention européenne des droits de l'Homme, selon lequel toute personne a droit à ce que sa cause soit entendue par un tribunal indépendant et impartial qui décidera, notamment, des contestations sur ses droits en matière civile, la plainte avec constitution de partie civile d'un gendarme, pour dénonciations calomnieuses contre des militaires est recevable en dépit des dispositions de l'article 698-2 (dans leur rédaction antérieure à la loi du 10 novembre 1999) car, en l'espèce, le Parquet ayant refusé d'engager des poursuites, cette constitution de partie civile est déterminante pour le droit du plaignant d'agir en réparation (▪ Cass. crim., 19 juin 2001, n° 00-82.357 : *Bull. crim.* n° 147 ; *Dr. pén.* 2001, chron. 48, obs. C. Marsat). Aucune fin de non-recevoir (notamment celle tirée de l'article 113-8 du Code pénal) ne peut être opposée à la partie lésée, autre que celles prévues par les articles 85 et suivants du Code de procédure pénale, seuls textes auxquels renvoie l'article 698-2 du code précité, dès lors qu'il a été satisfait aux exigences prévues par l'article 698-1 dudit code (▪ Cass. crim., 10 mai 2012, n° 12-81.197 : *Bull. crim.* n° 115 ; *D.* 2012, 2145, concl. M. Gauthier ; *D.* 2012, 2151, note J. Baillet et G. Poissonnier ; *RSC* 2012, 353, note P.-J. Delage).

4) Action civile exercée par la partie lésée. Estime à bon droit que, s'agissant d'une faute de service, elle n'est pas compétente pour statuer sur les demandes formulées, la cour d'appel devant laquelle, pour obtenir réparation du dommage causé par une infraction commise dans une enceinte militaire, des parties civiles invoquent les dispositions de l'article 697-1 du Code de procédure pénale, dans sa rédaction issue de la loi du 21 juillet 1982, qui permettent de porter devant la juridiction pénale, devenue compétente, l'action civile exercée. En effet, ladite loi n'a pas dérogé au principe selon lequel les conséquences dommageables d'une faute non détachable de la fonction ne peuvent être appréciées par une juridiction de l'ordre judiciaire dès lors que, la responsabilité de l'État se trouvant substituée à celle de l'auteur de cette faute, seuls les tribunaux administratifs sont compétents pour se prononcer sur l'indemnisation du préjudice résultant de celle-ci (▪ Cass. crim., 29 nov. 1988, n° 86-96.056 : *Bull. crim.* n° 403). Constituent des fautes détachables du service les fautes personnelles commises par un militaire, dans l'enceinte militaire, hors le cadre de la mission de service qui lui est confiée (▪ Cass. crim., 1er févr. 1989, n° 88-85.618 : *Bull. crim.* n° 43).

Art. 698-3 *(L. n° 82-3, 21 juill. 1982).* **– Lorsque le procureur de la République, le juge d'instruction et les officiers de police judiciaire sont amenés, soit à constater des infractions dans les établissements militaires, soit à rechercher, en ces mêmes lieux, des personnes ou des objets relatifs à ces infractions, ils doivent adresser à l'autorité militaire des réquisitions tendant à obtenir l'entrée dans ces établissements.**

Les réquisitions doivent, sauf nécessité, préciser la nature et les motifs des investigations jugées nécessaires. L'autorité militaire est tenue de s'y soumettre et se fait représenter aux opérations.

Le procureur de la République, le juge d'instruction et les officiers de police judiciaire veillent, en liaison avec le représentant qualifié de l'autorité militaire, au respect des prescriptions relatives au secret militaire. Le représentant de l'autorité militaire est tenu au respect du secret de l'enquête et de l'instruction.

Art. 698-4 *(L. n° 82-621, 21 juill. 1982).* **– Les supérieurs hiérarchiques doivent satisfaire à la demande des officiers de police judiciaire tendant à mettre à leur disposition un militaire en activité de service, lorsque soit les nécessités de l'enquête, soit l'exécution d'une commission rogatoire ou d'un mandat de justice exigent cette mesure.**

Art. 698-5 *(Rempl. à compter du 1er janv. 2012, L. n° 2011-1862, 13 déc. 2011 ; mod., L. n° 2013-1168, 18 déc. 2013).* **– Les articles L. 123-1 à L. 123-5, L. 211-12, L. 211-13, L. 211-22, L. 211-24, L. 221-3, L. 261-6, L. 262-2, L. 264-3, L. 264-5, L. 265-1, L. 265-3, L. 266-2, L. 267-1, L. 267-2, L. 268-2 et le deuxième alinéa de l'article L. 311-2 du Code de justice militaire sont applicables. Conformément à l'article L. 211-21 du même code, la personne mise en examen, le prévenu ou le condamné militaire doit être détenu dans des locaux séparés.**

1) Domaine d'application de l'article 698-5 du Code de procédure pénale. Les dispositions de l'article 698-5 du Code de procédure pénale ne sont applicables qu'aux juridictions compétentes aux termes de l'article 697 du même code pour connaître de l'instruction ou du jugement des infractions mentionnées à l'article 697-1 ; tel n'est pas le cas lorsque la juridiction ordinaire est saisie d'une poursuite engagée en raison d'une infraction de droit commun contre un inculpé qui n'était pas militaire au moment des faits. Fait l'exacte application de la loi la chambre d'accusation qui repousse la demande de mainlevée du contrôle judiciaire de l'inculpé ayant soutenu qu'il ne pouvait, en vertu de l'article 137 du Code de justice militaire (devenu art. L. 211-22, C. just. mil.), être placé sous contrôle judiciaire (▪ Cass. crim., 4 janv. 1984, n° 83-92.704 : *Bull. crim.* n° 3). L'alinéa 2 de l'article 702 du Code de procédure pénale (qui attribue compétence aux juridictions spécialisées en matière de crimes et délits contre les intérêts fondamentaux de la nation commis en temps de paix) ne rend pas applicables les dispositions de l'article 698-5 du même code qui étendent les prescriptions de l'article 137 du Code de justice militaire (devenu art. 211-22, C. just. mil.) aux militaires qui font l'objet de poursuites pour infractions militaires ou de droit commun commises dans l'exercice du service ; par conséquent, l'inculpé militaire, poursuivi pour infraction à l'article 78 du Code pénal (ancien), peut être placé sous contrôle judiciaire (▪ Cass. crim., 16 juill. 1986, n° 86-90.401 : *Bull. crim.* n° 234).

2) Dérogation aux règles de droit commun. Il résulte des articles 738 (devenu art. 132-41, C. pén., lequel prévoit le sursis avec mise à l'épreuve à l'égard d'un « crime et d'un délit de droit commun ») et 698-5 du Code de procédure pénale que le sursis avec mise à l'épreuve ne peut être prononcé par les juridictions de droit commun saisies d'infractions militaires (▪ Cass. crim., 30 sept. 1992, n° 92-82.620 : *Bull. crim.* n° 298).

Art. 698-6 ***(Mod., L. n° 2019-222, 23 mars 2019 ; L. n° 2021-1729, 22 déc. 2021).*** **– Par dérogation aux dispositions du titre Ier du livre II, notamment aux articles 240 et 248, premier alinéa, et sous réserve des dispositions de l'article 698-7, la cour d'assises prévue par les articles 697 et 697-4 est composée d'un président et, lorsqu'elle statue en premier ressort, de quatre assesseurs, ou lorsqu'elle statue en appel, de six assesseurs. Ces assesseurs sont désignés comme il est dit aux alinéas 2 et 3 de l'article 248 et aux articles 249 à 253. Le premier président de la cour d'appel peut désigner, lorsque la cour d'assises statue en premier ressort, deux assesseurs au plus, parmi les magistrats exerçant à titre temporaire ou les magistrats honoraires exerçant des fonctions juridictionnelles dans les conditions prévues à la section II du chapitre V *bis* de l'ordonnance n° 58-1270 du 22 décembre 1958 portant loi organique relative au statut de la magistrature. Lorsqu'elle statue en appel, il peut désigner trois assesseurs au plus, parmi les magistrats honoraires exerçant des fonctions juridictionnelles dans les conditions prévues à la même section II.**

La cour ainsi composée applique les dispositions du titre I du livre II sous les réserves suivantes :

1° Il n'est pas tenu compte des dispositions qui font mention du jury ou des jurés ;

2° Les dispositions des articles 254 à 267, 282, 288 à 292, 293, alinéas 2 et 3, 295 à 305 ne sont pas applicables ;

3° Pour l'application des articles 359, 360 et 362, les décisions sont prises à la majorité.

Les deux derniers alinéas de l'article 347 ne sont pas applicables et la cour d'assises peut délibérer en étant en possession de l'entier dossier de la procédure.

Par dérogation aux dispositions du deuxième alinéa de l'article 380-1, en cas d'appel d'une décision d'une cour d'assises composée comme il est dit au présent article, la chambre criminelle de la Cour de cassation peut désigner la même cour d'assises, autrement composée, pour connaître de l'appel.

1) Conformité à la Constitution. Ne peuvent être mises en causes les dispositions de l'article 698-6 du Code de procédure pénal modifié par la loi n° 2019-222 du 23 mars 2019, qui permettent à la cour d'assises spéciale de délibérer en étant en possession de l'entier dossier de la procédure. En effet, la question de leur constitutionnalité ne présente pas un caractère sérieux dès lors que les cours d'assises spécialement composées connaissent de toutes les infractions entrant dans le champ spécifique de compétence que la loi leur impartit, en matière de criminalité organisée, et que les accusés qui en relèvent sont tous soumis aux mêmes règles de procédure et peuvent exercer les droits de la défense au cours des débats sans restriction ni discrimination par rapport aux accusés renvoyés devant les cours d'assises de droit commun (▪ Cass. crim., 27 janv. 2021, n° 20-84.483, § 11).

Il n'y a pas lieu de transmettre au Conseil constitutionnel la question prioritaire de constitutionnalité soutenant que l'article 698-6 du Code de procédure pénale, selon lequel l'accusé d'un acte de terrorisme, à la différence de tout accusé d'un crime de droit commun, se voit refuser le droit que les réponses défavorables données aux questions soient acquises à une majorité qualifiée, porterait atteinte aux droits et libertés garantis par la Constitution par les articles 6 et 9 de la Déclaration des droits de l'homme, qui garantissent respectivement l'égalité devant la loi et le respect de la présomption d'innocence : en déclarant conforme à la Constitution, par sa décision n° 86-813 DC du 3 septembre 1986, l'article 706-25 du Code de procédure pénale, qui renvoie, pour le jugement des accusés majeurs en matière de terrorisme, aux règles fixées par les dispositions contestées de l'article 698-6 du même code, le Conseil constitutionnel a nécessairement validé ces dernières dispositions au regard de leur constitutionnalité de sorte que la question posée ne présente pas un caractère sérieux (▪ Cass. crim., 19 mai 2010, n° 09-82.582).

2) Conformité à la Convention européenne des droits de l'Homme. Les dispositions de l'article 698-6 3° du Code de procédure pénale, qui prévoient que les décisions de la cour d'assises composée selon ce texte sont prises à la majorité des voix, ne portent pas atteinte au principe d'égalité reconnu par l'article 14 de la Convention européenne des droits de l'Homme, dès lors que les mêmes règles de compétence et de procédure s'appliquent à tous les auteurs d'infractions entrant dans le champ d'application de la même loi pénale sans aucune distinction, et que les droits de la défense peuvent s'exercer sans discrimination (▪ Cass. crim., 11 juill. 2012, n° 11-85.220 : *Bull. crim.* n° 166).

3) Demande de mise en liberté de l'accusé – Compétence. C'est à bon droit que la chambre d'accusation a retenu sa compétence pour statuer sur une demande de mise en liberté dès lors qu'elle a constaté que la cour d'assises composée conformément à l'article 698-6 du Code de procédure pénale, seule compétente pour juger l'accusé, n'était pas en session ; il n'importe à cet égard qu'ait été alors en session la cour d'assises composée conformément aux dispositions des articles 240 et suivants du Code de procédure pénale, celle-ci n'étant pas la juridiction de jugement saisie au sens de l'article 148-1 dudit code (▪ Cass. crim., 2 mars 1988, n° 87-91.594 : *Bull. crim.* n° 112).

4) Composition de la cour d'assises – Conformité à la Convention européenne des droits de l'Homme. La cour d'assises instituée par l'article 698-6 du Code de procédure pénale étant composée de magistrats désignés par le premier président de la cour d'appel selon les règles prévues par les articles 248 à 253 du même code, il ne peut être soutenu que cette juridiction ne satisferait pas aux exigences d'indépendance et d'impartialité prévues par l'article 6.1 de la Convention européenne de sauvegarde des droits de l'Homme (▪ Cass. crim., 22 sept. 1998, n° 98-83.555 : *Bull. crim.* n° 231).

5) Composition de la cour d'assises. La Cour n'est tenue de donner acte que des faits survenus à l'audience, constatés à cette occasion et susceptibles de porter atteinte aux droits de la défense. Dès lors, c'est à bon droit qu'elle refuse de donner acte de réserves concernant sa composition et le mode de désignation de ses membres (▪ Cass. crim., 26 juill. 1993, n° 92-86.470 : *Bull. crim.* n° 251).

6) Plénitude de juridiction de la cour d'assises. L'arrêt de renvoi devenu définitif fixe irrévocablement la compétence de la cour d'assises spécialement composée, laquelle, en vertu des articles 231 et 698-6 du Code de procédure pénale, a la plénitude de juridiction pour juger les accusés renvoyés devant elle (▪ Cass. crim., 24 sept. 1998, n°s 97-84.017 et 97-84.030 : *Bull. crim.* n° 234).

7) Exception de nullité soulevée devant la cour d'assises. Bien que la cour d'assises composée conformément aux dispositions de l'article 698-6 du Code de procédure pénale, notamment pour le jugement des crimes énumérés à l'article 706-16 du même code, ne comporte pas de jury, aucun texte de loi n'exclut les affaires de sa compétence du champ d'application de l'article 305-1 ; dès lors, les accusés ne sauraient se faire un grief de ce que le président, dans leur propre intérêt, leur ait rappelé, bien qu'il n'en eût pas l'obligation, que s'ils entendaient invoquer des nullités entachant la procédure antérieure, ils devaient le faire à ce moment, à peine de forclusion (▪ Cass. crim., 4 mai 1988, n° 87-83.273 : *Bull. crim.* n° 193).

8) Formulation des questions. Satisfait aux exigences des articles 6 § 1 de la Convention européenne des droits de l'Homme et 593 du Code de procédure pénale l'arrêt de condamnation reprenant les réponses qu'en leur intime conviction les magistrats composant la cour d'assises d'appel spécialement composée, statuant dans la continuité des débats, à vote secret et à la majorité, ont donné aux questions sur la culpabilité posées conformément aux dispositifs des décisions de renvoi, dès lors qu'ont été assurés l'information préalable sur les charges fondant la mise en accusation, le libre exercice des droits de la défense ainsi que le caractère public et contradictoire des débats (▪ Cass. crim., 15 juin 2011, n° 10-80.508 : *Bull. crim.* n° 128).

9) Prononcé de la peine. Selon l'article 698-6, alinéa 2, 3°, du Code de procédure pénale, les décisions sont prises à la majorité pour l'application de l'article 362 du même code ; il s'ensuit que ne sont pas applicables devant la cour d'assises spécialement composée les dispositions de l'alinéa 2 de ce texte, qui sont inhérentes aux majorités qualifiées prévues devant la cour d'assises avec jury et selon lesquelles il ne peut être prononcé de peine supérieure à vingt ans de réclusion criminelle lorsque celle encourue est de trente ans (▪ Cass. crim., 21 mai 2003, n° 02-85.294 : *Bull. crim.* n° 104). Si, selon l'article 362, alinéa 2, du Code de procédure pénale, lorsque la peine de trente ans de réclusion criminelle n'a pas été prononcée, le maximum légal de la réclusion criminelle est fixé à vingt ans, ces dispositions ne sont pas applicables devant la cour d'assises spécialement composée (■ Cass. crim., 21 mai 2008, n° 07-84.112 : *Bull. crim.* n° 129).

Art. 698-7 *(L. n° 82-621, 21 juill. 1982 ; L. n° 2000-516, 15 juin 2000).* **– Les dispositions de l'article 698-6 ne sont applicables, pour le jugement des crimes de droit commun commis dans l'exécution du service par les militaires, que s'il existe un risque de divulgation d'un secret de la défense nationale.**

Lorsque la mise en accusation est prononcée en application de l'article 214, premier alinéa, la chambre de l'instruction constate dans son arrêt, s'il y a lieu, qu'il existe un risque de divulgation d'un secret de la défense nationale et ordonne que la cour d'assises saisie soit composée conformément aux dispositions de l'article 698-6.

Art. 698-8 *(L. n° 82-621, 21 juill. 1982).* **– Les juridictions compétentes pour juger les infractions prévues par le livre III du Code de justice militaire peuvent également prononcer les peines militaires de la destitution et de la perte du grade.**

Art. 698-9 *(Mod., L. n° 2011-1862, 13 déc. 2011).* **– Les juridictions de jugement mentionnées « aux articles 697 et 697-5 » peuvent, en constatant dans leur décision que la publicité risque d'entraîner la divulgation d'un secret de la défense nationale, ordonner, par décision rendue en audience publique, que les débats auront lieu à huis clos. Lorsque le huis clos a été ordonné, celui-ci s'applique au prononcé des jugements séparés qui peuvent intervenir sur des incidents ou exceptions.**

La décision au fond est toujours prononcée en audience publique.

CHAPITRE II. – DES JURIDICTIONS COMPÉTENTES EN CAS DE GUERRE, DE MOBILISATION, D'ÉTAT DE SIÈGE OU D'ÉTAT D'URGENCE

(L. n° 82-621, 21 juill. 1982)

Art. 699 *(Mod., L. n° 82-621, 21 juill. 1982).* **– En temps de guerre, les tribunaux des forces armées sont immédiatement établis.**

Jusqu'à leur mise en place effective, les affaires de leur compétence sont portées devant les juridictions mentionnées à l'article 697. Celles-ci se dessaisissent des affaires au profit des tribunaux des forces armées dès que ceux-ci les revendiquent.

Art. 699-1 *(L. n° 82-621, 21 juill. 1982).* **– Lorsque le Gouvernement décide l'application des mesures de mobilisation ou de mise en garde dans les conditions prévues par l'ordonnance n° 59-147 du 7 janvier 1959 portant organisation générale de la défense, les dispositions du Code de justice militaire relatives au temps de guerre peuvent être rendues applicables par décret en conseil des ministres pris sur le rapport du garde des Sceaux, ministre de la Justice, et du ministre chargé de la défense.**

Art. 700 *(Mod., L. n° 82-621, 21 juill. 1982).* **– En cas d'état de siège ou d'état d'urgence déclaré, un décret en conseil des ministres, pris sur le rapport du garde des Sceaux, ministre de la Justice, et du ministre chargé de la Défense, peut établir des tribunaux territoriaux des forces armées dans les conditions prévues par le Code de justice militaire.**

La compétence de ces tribunaux résulte des dispositions du Code de justice militaire pour le temps de guerre et des dispositions particulières des lois sur l'état de siège ou l'état d'urgence.

En ce qu'elles concernent la procédure, les lois sur l'état de siège et l'état d'urgence ne sont applicables que si elles sont compatibles avec les dispositions de procédure pénale militaire relatives au temps de guerre.

L'état de siège est un fait préexistant à la déclaration qui le constate ; la juridiction substituée à la juridiction ordinaire, à raison et par suite des circonstances, régit d'une manière indivisible tous les faits qui s'y rattachent (■ Cass. crim., 12 oct. 1848 : *DP* 1848, 1, 215, concl. Dupin). Les juridictions militaires ne sont plus compétentes après la levée de l'état de siège pour connaître du crime d'intelligences avec l'ennemi imputé à un non-militaire, alors même que l'infraction aurait été commise durant l'état de siège (■ Cass. crim., 15 janv. 1920 : *D.* 1920, 1, 33, note M. N.).

CHAPITRE III. – DES CRIMES ET DÉLITS CONTRE LES INTÉRÊTS FONDAMENTAUX DE LA NATION

(L. n° 82-621, 21 juill. 1982 ; intitulé mod., L. n° 92-1336, 16 déc. 1992)

Art. 701 *(Mod., L. n° 92-1336, 16 déc. 1992)*. **– En temps de guerre, les crimes et délits contre les intérêts fondamentaux de la Nation et les infractions qui leur sont connexes sont instruits et jugés par les juridictions des forces armées ainsi qu'il est dit au Code de justice militaire.**

Toutefois, le procureur de la République a qualité pour accomplir ou faire accomplir les actes nécessités par l'urgence et requérir à cet effet le juge d'instruction de son siège. Les dispositions des articles 698-1 à 698-5 sont alors applicables. Il doit se dessaisir ou requérir le dessaisissement du juge d'instruction dès que l'urgence a cessé.

Art. 702 *(Mod., L. n° 2019-222, 23 mars 2019)*. **– En temps de paix, les crimes et délits contre la sûreté de l'État sont instruits et jugés par les juridictions de droit commun et selon les règles du présent code.**

Lorsque les faits poursuivis constituent un crime ou un délit prévu et réprimé par les articles 411-1 à 411-11 et 413-1 à 413-12 du Code pénal ou une infraction connexe, la compétence est dévolue aux juridictions prévues et organisées par les articles 697 et 698-6. Sont également compétents sur toute l'étendue du territoire national le procureur de la République, le tribunal judiciaire et la cour d'assises de Paris selon les modalités déterminées aux articles 628-1 à 628-6 et 698-6.

Si le tribunal correctionnel mentionné à l'article 697 se déclare incompétent pour connaître des faits dont il a été saisi, il renvoie le ministère public à se pourvoir ainsi qu'il avisera ; il peut, le ministère public entendu, décerner par la même décision mandat de dépôt ou d'arrêt contre le prévenu.

1) **Compétence.** Doit être écartée l'argumentation des prévenus, qui soutenaient que le tribunal de grande instance, siégeant en formation militaire, était incompétent à l'égard de personnes civiles dès lors qu'en application de l'article 702, alinéa 2, du Code de procédure pénale, lorsque les faits poursuivis constituent un crime ou un délit prévu et réprimé par l'article 413-5 du Code pénal ou une infraction connexe, la compétence est dévolue aux juridictions pénales statuant en matière militaire, telles que prévues et organisées par l'article 697 du Code de procédure pénale (■ Cass. crim., 31 mars 2004, n° 01-87.493 : *Bull. crim.* n° 83).

2) **Inapplication de l'article 698-1 du Code de procédure pénale relatif à la dénonciation ou à l'avis du ministre chargé de la défense ou de l'autorité militaire.** Les dispositions de l'article 698-1 du Code de procédure pénale, qui imposent au procureur de la République d'obtenir soit une dénonciation, soit un avis du ministre chargé de la Défense ou de l'autorité militaire habilitée par lui pour exercer l'action publique devant les juridictions mentionnées à l'article 697 du même code, ne sauraient être invoquées lorsqu'il s'agit des infractions définies par les articles 411-1 à 411-11 et 413-1 à 413-12 du Code pénal concernant les atteintes à la défense nationale (■ Cass. crim., 20 févr. 2002, n° 01-82.246 : *Bull. crim.* n° 36. ■ Cass. crim., 1er août 1987, n° 87-83.014 : *Bull. crim.* n° 302 ; *RSC* 1988, 117, obs. A. Braunschweig et 368, obs. C. Lombois).

3) **Inapplication de l'article 698-1 du Code de procédure pénale relatif à l'application des dispositions du Code de justice militaire.** L'alinéa 2 de l'article 702 du Code de procédure pénale ne rend pas applicables les dispositions de l'article 698-5 du même code qui étendent les prescriptions de l'article 137 du Code de justice militaire (devenu art. L. 211-22, C. just. mil.) aux militaires qui font l'objet de poursuites pour infractions militaires ou de droit commun commises dans l'exercice du service ; par conséquent, l'inculpé militaire, poursuivi pour infraction à l'article 78 du Code pénal (ancien), peut être placé sous contrôle judiciaire (■ Cass. crim., 16 juill. 1986, n° 86-90.401 : *Bull. crim.* n° 234).

TITRE XII. – DES DEMANDES PRÉSENTÉES EN VUE D'ÊTRE RELEVÉ DES INTERDICTIONS, DÉCHÉANCES, OU INCAPACITÉS OU MESURES DE PUBLICATION

(L. n° 72-1226, 29 déc. 1972 ; L. n° 75-624, 11 juill. 1975)

Bibliographie : C. Zambeaux et C. Ghica Lemarchand, *Relèvement des interdictions, déchéances, incapacités ou mesures de publication : JCl. Proc. pén.*, Fasc. 20. • H. Matsopoulou, *Le nouveau régime des incapacités commerciales : Dr. pén.* 2008, étude 24.

Art. 702-1 *(Mod., L. n° 2009-1436, 24 nov. 2009)*. **– Toute personne frappée d'une interdiction, déchéance ou incapacité ou d'une mesure de publication quelconque résultant de plein droit d'une condamnation pénale ou prononcée dans le jugement de condamnation à titre de peine complémentaire peut demander à la juridiction qui**

a prononcé la condamnation ou, en cas de pluralité de condamnations, à la dernière juridiction qui a statué, de la relever, en tout ou partie, y compris en ce qui concerne la durée, de cette interdiction, déchéance ou incapacité. Si la condamnation a été prononcée par une cour d'assises, la juridiction compétente pour statuer sur la demande est la chambre de l'instruction dans le ressort de laquelle la cour d'assises a son siège.

Lorsque la demande est relative à une déchéance, interdiction ou incapacité prononcée en application de l'article 201 de la loi n° 85-98 du 25 janvier 1985 relative au redressement et à la liquidation judiciaires des entreprises, la juridiction ne peut accorder le relèvement que si l'intéressé a apporté une contribution suffisante au paiement du passif du débiteur. La juridiction peut accorder, dans les mêmes conditions, le relèvement des interdictions, déchéances et incapacités résultant des condamnations pour banqueroutes prononcées en application des articles 126 à 149 de la loi n° 67-563 du 13 juillet 1967 sur le règlement judiciaire, la liquidation des biens, la faillite personnelle et les banqueroutes. Pour l'application du présent article, le tribunal correctionnel est composé d'un seul magistrat exerçant les pouvoirs du président. Il en est de même de la chambre des appels correctionnels ou de la chambre de l'instruction, qui est composée de son seul président, siégeant à juge unique. Ce magistrat peut toutefois, si la complexité du dossier le justifie, décider d'office ou à la demande du condamné ou du ministère public de renvoyer le jugement du dossier devant la formation collégiale de la juridiction. Le magistrat ayant ordonné ce renvoi fait alors partie de la composition de cette juridiction. La décision de renvoi constitue une mesure d'administration judiciaire qui n'est pas susceptible de recours.

Sauf lorsqu'il s'agit d'une mesure résultant de plein droit d'une condamnation pénale, la demande ne peut être portée devant la juridiction compétente qu'à l'issue d'un délai de six mois après la décision initiale de condamnation. En cas de refus opposé à cette première demande, une autre demande ne peut être présentée que six mois après cette décision de refus. Il en est de même, éventuellement, des demandes ultérieures. En cas d'interdiction du territoire prononcée à titre de peine complémentaire à une peine d'emprisonnement, la première demande peut toutefois être portée devant la juridiction compétente avant l'expiration du délai de six mois en cas de remise en liberté. La demande doit être déposée au cours de l'exécution de la peine.

Les dispositions du deuxième alinéa (1°) de l'article 131-6 du Code pénal permettant de limiter la suspension du permis de conduire à la conduite en dehors de l'activité professionnelle sont applicables lorsque la demande de relèvement d'interdiction ou d'incapacité est relative à la peine de suspension du permis de conduire.

Pour l'application du présent article, le tribunal correctionnel est composé d'un seul magistrat exerçant les pouvoirs du président. Il en est de même de la chambre des appels correctionnels ou de la chambre de l'instruction, qui est composée de son seul président, siégeant à juge unique. Ce magistrat peut toutefois, si la complexité du dossier le justifie, décider d'office ou à la demande du condamné ou du ministère public de renvoyer le jugement du dossier devant la formation collégiale de la juridiction. Le magistrat ayant ordonné ce renvoi fait alors partie de la composition de cette juridiction. La décision de renvoi constitue une mesure d'administration judiciaire qui n'est pas susceptible de recours.

1) Peines limitativement énumérées. Pour rejeter la requête en relèvement des mesures de publication et d'affichage, formée verbalement à l'audience, par le prévenu poursuivi pour fraude fiscale, la cour d'appel énonce que l'article 132-21 du Code pénal sur lequel celui-ci fonde sa demande et qui prévoit la possibilité d'un relèvement par la décision même de condamnation, ne vise que les interdictions, déchéances et incapacités. Elle a justifié sa décision, dès lors que la procédure de relèvement immédiat prévue par ce texte ne s'applique qu'aux peines qu'il énumère limitativement (▪ Cass. crim., 3 juin 2004, n° 03-87.508 : *JurisData* n° 2004-024331 ; *Bull. crim.* n° 153. ▪ Cass. crim., 21 sept. 2005, n° 05-81.671 : *JurisData* n° 2005-030493). La peine complémentaire de confiscation, lorsqu'elle est devenue définitive, entraîne la dévolution du bien confisqué dans le domaine privé de l'État, ce qui est incompatible avec une procédure de relèvement (▪ Cass. crim., 30 juin 2021, n° 21-80.192).

2) Peines de substitution. Le relèvement des interdictions, déchéances ou incapacités ne s'applique pas aux peines de substitution à l'emprisonnement prononcées à titre de peines principales (▪ Cass. crim., 31 mai 1994, n° 93-83.486 : *Bull. crim.* n° 214, pour une interdiction des droits civiques prononcée à titre de peine principale ; *RSC* 1955, p. 100, obs. B. Bouloc. ▪ Cass. crim., 7 nov. 1984, n° 84-93.508 : *Bull. crim.* n° 340).

3) Mesure de sûreté. L'incapacité attachée à certaines condamnations, édictée par la loi du 2 janvier 1970, modifiée par la loi du 21 juillet 1994, régissant les conditions d'accès à la profession d'agent immobilier ne constitue pas une peine complémentaire mais une mesure de sûreté qui, dès l'entrée en vigueur de la loi qui l'institue, frappe la personne antérieurement condamnée. La cour d'appel a donc justifié sa décision de rejeter la requête en relèvement de l'incapacité professionnelle résultant de plein droit de la condamnation d'un agent immobilier pour tromperie (■ Cass. crim., 26 nov. 1997, n° 96-83.792 : *JurisData* n° 1997-005355 ; *Bull. crim.* n° 404).

4) Sanction disciplinaire. Encourt la cassation le jugement qui, après avoir dit que serait exclue du bulletin numéro 2 la mention d'une condamnation prononcée pour abus de confiance contre le requérant, relève celui-ci de l'incapacité d'exercer la profession de notaire résultant de la destitution prononcée contre lui et constituant une sanction disciplinaire, une sanction disciplinaire échappant aux prévisions légales (■ Cass. crim., 4 janv. 1990, n° 89-84.199 : *JurisData* n° 1990-700314 ; *Bull. crim.* n° 3 ; *JCP* G 1990, II, 21543, obs. Ph. Salvage ; *RSC* 1990, p. 559, obs. A. Vitu).

5) Mesures à caractère réel. Les mesures à caractère réel sont exclues de la procédure de relèvement. Il en va ainsi de l'annulation du permis de conduire (■ Cass. crim., 17 juin 1986 : *JurisData* n° 1986-001542), de la fermeture obligatoire d'un débit de boissons (■ Cass. crim., 28 juin 1977 : *Bull. crim.* n° 246. ■ Cass. crim., 4 févr. 1981 : *JurisData* n° 1981-000722), de la démolition ordonnée en application de l'article L. 480-5 du Code de l'urbanisme (■ Cass. crim., 23 nov. 1994 : *Dr. pén.* 1995, comm. 72), de la fermeture d'une agence de voyage (■ CA Paris, 13e ch., 23 janv. 1997 : *JurisData* n° 1997-021069), la mise en conformité des lieux ou des ouvrages, la démolition de ces derniers ou la réaffectation du sol, prévues par l'article L. 480-5 du Code de l'urbanisme (■ Cass. crim., 30 oct. 2007, n° 07-80.003 : *Dr. pén.* 2008, comm. 4, obs. M. Véron. ■ Cass. crim., 6 nov. 2012, n° 12-82.449 : *Bull. crim.* n° 239).

6) Permis de conduire.

a. Suspension. L'article 702-1, dernier alinéa, du Code de procédure pénale entré en vigueur le 1er mars 1994 permet, en toute hypothèse, à la juridiction répressive, de limiter cette mesure à la conduite en dehors de l'activité professionnelle comme le prévoient les dispositions de l'article 131-6 du Code pénal (■ Cass. crim., 26 juill. 1994, n° 93-85.407 : *Bull. crim.* n° 287).

b. Perte de points. Il résulte de l'article L. 11-4 du Code de la route, excluant l'application des articles 55-1 du Code pénal et 799 du Code de procédure pénale, alors applicables, à la perte de points affectant le permis de conduire, que cette mesure ne présente pas le caractère d'une sanction pénale, accessoire à une condamnation, et qu'en conséquence, ni son incompatibilité alléguée avec la disposition conventionnelle susvisée ni son fondement légal ne relèvent de l'appréciation du juge répressif (■ Cass. crim., 11 juill. 1994, n° 93-85.801 : *Bull. crim.* n° 271).

c. Annulation du permis de conduire. N'est pas non plus une sanction pénale l'annulation du permis de conduire (■ Cass. crim., 17 juin 1986 : *JurisData* n° 1986-001542).

7) Interdiction du territoire français.

a. Droit interne. En rejetant la demande de relèvement du condamné, sans rechercher si, au jour de la demande, le maintien de la mesure en cause respectait un juste équilibre entre, d'une part, le droit au respect de sa vie privée et familiale du requérant et, d'autre part, les impératifs de sûreté publique, de prévention des infractions pénales et de protection de la santé publique, prévus par l'article 8 de la Convention européenne des droits de l'Homme, la cour d'appel n'a pas donné de base légale à sa décision (■ Cass. crim., 13 juin 2007 : *JurisData* n° 2007-040093 ; *Bull. crim.* n° 162 ; *Dr. pén.* 2008, chron. 2, n° 16, obs. V. Peltier ; *AJ Pénal* 2007, p. 435, obs. M. Herzog-Evans). Selon l'article 702-1 du Code de procédure pénale, toute personne frappée d'une interdiction prononcée à titre de peine complémentaire peut en solliciter le relèvement auprès de la juridiction qui l'a instituée ; cette règle s'étend aux requêtes en relèvement de l'interdiction de séjour depuis l'abrogation de l'article 44-2 du Code pénal (■ Cass. crim., 5 sept. 1994, n° 94-83.525 : *Bull. crim.* n° 294 ; *JurisData* n° 1994-002918 ; *RSC* 1995, p. 344, obs. B. Bouloc ; *RSC* 1995, p. 124, obs. J.-P. Dintilhac). Il résulte de la combinaison des articles 702-1 et 703 du Code de procédure pénale que lorsque l'interdiction du territoire français est prononcée par la chambre des appels correctionnels, la requête en relèvement de cette interdiction est portée devant la même juridiction ; l'exception d'incompétence est d'ordre public et peut être soulevée pour la première fois devant la Cour de cassation. En s'abstenant de relever, même d'office, son incompétence, la chambre de l'application des peines a méconnu les textes susvisés et le principe ci-dessus énoncé (■ Cass. crim., 6 nov. 2013, n° 12-83.529 : *Bull. crim.* n° 222 ; *JurisData* n° 2013-024876).

b. Droit européen. La mesure d'interdiction du territoire français constitue une mesure de prévention spécifique en matière de police des étrangers ; par conséquent, l'article 6 § 1 de la Conv. EDH ne s'applique pas à la procédure en relèvement de cette interdiction (■ CEDH, 5 oct. 2000, n° 39652/98, *Maaouia c/ France* : *JCP* 2001, I, 291, note F. Sudre).

8) Point de départ du délai. Le délai de six mois, à l'issue duquel la demande en relèvement des interdictions, déchéances ou incapacités ou mesures de publication prononcées à titre de peine complémentaire, qui constitue un incident d'exécution, peut être portée devant la juridiction compétente, a pour point de départ le jour où la décision ayant prononcé cette peine est devenue définitive (■ Cass. crim., 13 janv. 2016, n° 14-86.337 : *Bull. crim.* n° 12 ; *Dr. pén.* 2016, comm. 53, obs. E. Bonis-Garçon. – Rapp. ■ Cass. crim., 9 juin 1999, n° 98-83.947 : *JurisData* n° 1999-002619 ; *Bull. crim.* n° 134).

9) Saisine de la juridiction. Pour déclarer irrecevable la demande en relèvement, l'arrêt attaqué énonce « qu'il résulte des dispositions combinées des alinéas 1 et 2 de l'article 703 du Code de procédure pénale que la saisine juridique de la juridiction résulte de la demande présentée par le condamné et que c'est donc à la date de la demande qu'il convient de se placer pour apprécier la régularité de la saisine ». Mais attendu qu'en prononçant ainsi, alors que la demande n'a été portée devant la cour d'appel qu'au moment où le procureur général l'en a saisie, les juges ont méconnu le sens des textes susvisés (■ Cass. crim., 9 juin 1999, n° 98-83.947 : *Bull. crim.* n° 134 ; *JurisData* n° 1999-002619).

10) Identité de juridiction. Il résulte de la combinaison des articles 702-1 et 703 du Code de procédure pénale que lorsque l'interdiction du territoire français est prononcée par la chambre des appels correctionnels, la requête en relèvement de cette interdiction est portée devant la même juridiction (■ Cass. crim., 6 nov. 2013, n° 12-83.529 : *Bull. crim.* n° 222 ; *JurisData* n° 2013-024876). Le tribunal correctionnel qui, statuant à juge unique, a prononcé une condamnation comportant une interdiction, déchéance ou incapacité, est compétent pour connaître, en la même formation, d'une requête en relèvement de cette mesure présentée ultérieurement (■ Cass. crim., 27 janv. 1988, n° 87-84.684 : *JurisData* n° 1988-700510 ; *Bull. crim.* n° 41).

11) Disparition de la juridiction. Il y a lieu, en application des articles 662 du Code de procédure pénale, 5 et 382 du Code de justice militaire et 55-1 du Code pénal, de désigner une juridiction de droit commun pour statuer sur la requête en relèvement d'incapacité électorale attachée à une condamnation prononcée par un tribunal militaire aux armées dès lors que, ce tribunal n'existant plus, le cours de la justice se trouve ainsi interrompu (■ Cass. crim., 21 mai 1990, n° 89-83.449 : *JurisData* n° 1990-701909 ; *Bull. crim.* n° 205).

12) Chambre du conseil. Si c'est à tort que la requête a été jugée en audience publique et non pas en chambre du conseil, l'irrégularité commise ne doit pas entraîner l'annulation de la décision, dès lors qu'il n'est pas établi, ni même allégué, que l'inobservation des formes ainsi prescrites par la loi a eu pour effet de porter atteinte aux intérêts du demandeur (■ Cass. crim., 20 févr. 2013, n° 12-83.869 : *Bull. crim.* n° 45).

13) Motivation. Le juge saisi d'une requête en relèvement d'interdiction est tenu de motiver sa décision et de répondre aux chefs péremptoires de l'argumentation du requérant (■ Cass. crim., 28 févr. 2001, n° 99-87.963 : *Bull. crim.* n° 55 ; *JurisData* n° 2001-008893 ; *RSC* 2001, p. 839, obs. Commaret). Le juge saisi d'une requête en relèvement d'interdiction est tenu de motiver sa décision au regard de la situation de l'intéressé au jour de la demande (■ Cass. crim., 15 oct. 2003, n° 02-86.505 : *JurisData* n° 2003-020789 ; *Bull. crim.* n° 194). En matière de relèvement, les juges disposent d'un pouvoir d'appréciation dont ils ne doivent aucun compte (■ Cass. crim., 4 mai 2000, n° 99-84.001 : *Bull. crim.* n° 179. ■ Cass. crim., 27 juin 1990, n° 89-85.602 : *JurisData* n° 1990-702379 ; *Bull. crim.* n° 266. ■ Cass. crim., 14 déc. 1982 : *Bull. crim.* n° 289. ■ Cass. crim., 3 juill. 1975 : *Bull. crim.* n° 179. ■ Cass. crim., 5 févr. 1979 : *Bull. crim.* n° 51).

14) Proportionnalité. Les juges ne pouvaient, sans insuffisance, justifier le maintien de la peine complémentaire en cause sans apprécier le caractère actuel de la dangerosité de l'intéressé en lien avec le terrorisme, lequel ne saurait résulter de son seul engagement djihadiste antérieur, même profond, mais désormais ancien, quand bien même serait-il rapporté au contexte toujours actuel de menace terroriste islamiste. De tels motifs, qui ferment toute possibilité d'évolution de la situation de M. [V], ne permettent aucun contrôle de proportionnalité de la nécessité de maintenir la peine d'interdiction définitive du territoire français (■ Cass. crim., 7 déc. 2021, n° 20-84.367). La Cour de cassation est en mesure de s'assurer que, pour rejeter la requête en relèvement d'interdiction définitive du territoire français de M. X..., l'arrêt attaqué, après avoir rappelé les raisons d'ordre privé et familial invoquées par le demandeur, prononce par des motifs d'où il se déduit que les juges ont, sans insuffisance ni contradiction, souverainement apprécié l'absence de disproportion entre le respect de la vie privée et familiale de l'intéressé et le but recherché par la mesure d'éloignement (■ Cass. crim., 20 févr. 2013, n° 12-83.869 : *Bull. crim.* n° 45. – V. encore ■ Cass. crim., 3 juin 2015, n° 14-86.507 : *Procédures* 2015, n° 275, note A.-S. Chavent-Leclère. ■ Cass. crim., 30 mars 2011, n° 09-86.641 : *Bull. crim.* n° 68 ; *JurisData* n° 2011-006130. ■ Cass. crim., 7 janv. 2009, n° 08-82.892 : *Bull. crim.* n° 7. ■ Cass. crim., 12 mars 2008, n° 07-82.970 : *JurisData* n° 2008-043746 ; *Dr. pén.* 2009, chron. 3, n° 10, obs. V. Peltier). En rejetant une requête en relèvement de la peine d'interdiction définitive du territoire français, prononcée à titre complémentaire, sans rechercher si le maintien de la mesure en cause respectait un juste équilibre entre, d'une part, le droit au respect de la vie privée et familiale du requérant et, d'autre part, les impératifs de sûreté publique, de prévention des infractions pénales et de protection de la santé publique, prévus par l'article 8 de la Convention européenne des droits de l'Homme, la cour d'appel n'a pas donné de base légale à sa décision (■ Cass. crim., 25 mai 2005, n° 04-85.180 : *Bull. crim.* n° 158 ; *JurisData* n° 2005-028907. ■ Cass. crim., 13 mars 2001, n° 00-82.670 : *Bull. crim.* n° 63).

15) Impartialité. Les dispositions des articles 702-1 et 703 du Code de procédure pénale donnant compétence, pour statuer sur les demandes de relèvement d'interdictions, déchéances ou incapacités, à la juridiction qui a prononcé la condamnation, éventuellement composée des mêmes magistrats, ne sont pas incompatibles avec l'obligation d'impartialité prévue par l'article 6 de la Convention européenne des droits de l'Homme, dès lors qu'il s'agit, comme en l'espèce, de trancher un incident d'exécution et non de décider du bien-fondé d'une accusation en matière pénale (■ Cass. crim., 9 janv. 2002, n° 01-80.397 : *Bull. crim.* n° 1 ; *JurisData* n° 2002-012800. ■ Cass. crim., 15 juin 1994, n° 93-83.847 : *Bull. crim.* n° 242 ; *JurisData* n° 2005-030493 ; D. 1995, 94, obs. Renucci).

16) Ordonnance 2 novembre 1945. Selon l'article 28 *bis* de l'ordonnance du 2 novembre 1945, il ne peut être fait droit à une demande de relèvement d'une interdiction du territoire que si le ressortissant étranger réside hors de France (■ Cass. crim., 28 mars 2001, n° 00-87.029 : *Bull. crim.* n° 85). L'article 28 *bis* de l'ordonnance du 2 novembre 1945 subordonnant la recevabilité d'une demande de relèvement d'une interdiction du territoire à la présence hors de France du requérant est applicable tant aux demandes présentées devant l'autorité administrative qu'à celles formées, comme en l'espèce, devant l'autorité judiciaire (■ Cass. crim., 28 mars 2001, n° 00-87.029 : *Bull. crim.* n° 85).

17) Inscription au casier judiciaire. L'exclusion de la mention d'une condamnation au bulletin n° 2 du casier judiciaire n'emporte relèvement de toutes interdictions, déchéances ou incapacités de quelque nature qu'elles soient, que lorsque celles-ci résultent de plein droit de la condamnation (■ Cass. crim., 28 janv. 2004, n° 03-81.703 : *JurisData* n° 2004-022242 ; *Bull. crim.* n° 20).

18) Interprète. Aux termes de l'article 407 du Code de procédure pénale, dans le cas où le prévenu ne parle pas suffisamment la langue française, le président désigne d'office un interprète ; ces dispositions s'étendent au requérant agissant en application de l'article 702-1 du Code de procédure pénale (■ Cass. crim., 6 mars 1997, n° 96-80.953 : *Bull. crim.* n° 93 ; *JurisData* n° 1997-001675 ; *Dr. pén.* 1997, comm. 103, obs. Maron. A. Marton, Champ d'application du droit à la désignation d'un interprète : *Dr. pén.* 1997, comm. 103).

19) Parole en dernier. V. art. 703, annot. n° 2, p. 1473. Selon les articles 702-1 et 703 du Code de procédure pénale, la juridiction saisie d'une demande en relèvement d'interdiction statue, en chambre du conseil, sur les conclusions du ministère public, le requérant ou son conseil entendus ou dûment convoqués ; il résulte de ces dispositions, ainsi que des principes généraux du droit, que le requérant ou son avocat doit avoir la parole le dernier (■ Cass. crim., 16 janv. 1996, n° 95-80.404 : *Bull. crim.* n° 23).

20) Formation collégiale. L'article 702-1, dernier alinéa, du Code de procédure pénale n'exige pas que la décision de renvoyer le jugement du dossier devant la formation collégiale, qui constitue une mesure d'administration judiciaire, soit formalisée par écrit (■ Cass. crim., 14 juin 2014, n° 12-87.476).

Art. 703 ***(Mod., L. n° 93-913, 19 juill. 1993).*** **– Toute demande présentée par un condamné en vue d'être relevé d'une interdiction, d'une déchéance, d'une incapacité ou d'une mesure de publication, formée en application des dispositions du premier alinéa de l'article 702-1 précise la date de la condamnation ainsi que les lieux où a résidé le requérant depuis sa condamnation ou sa libération.**

Elle est adressée, selon le cas, au procureur de la République ou au procureur général qui s'entoure de tous les renseignements utiles, prend, s'il y a lieu, l'avis du juge de l'application des peines et saisit la juridiction compétente.

La juridiction saisie statue en chambre du conseil sur les conclusions du ministère public, le requérant ou son conseil entendus ou dûment convoqués. S'il paraît nécessaire d'entendre un condamné qui se trouve détenu, il peut être procédé conformément aux dispositions de l'article 712 du présent code.

La décision est signifiée à la requête du ministère public lorsqu'elle est rendue hors de la présence du requérant ou de son conseil. Elle peut être, selon le cas, frappée d'appel ou déférée à la Cour de cassation.

Mention de la décision par laquelle un condamné est relevé totalement ou partiellement d'une interdiction, déchéance, incapacité ou d'une mesure de publication est faite en marge du jugement ou de l'arrêt de condamnation et au casier judiciaire.

1) Chambre du conseil. La juridiction saisie en application de l'article 703 du Code de procédure pénale doit statuer en chambre du conseil (■ Cass. crim., 10 janv. 1995, n° 94-81.779 : *Bull. crim.* n° 12). Encourt la cassation l'arrêt qui fait état de mentions contradictoires ne permettant pas à la Cour de cassation de contrôler la régularité de la procédure (■ Cass. crim., 24 févr. 1988, n° 87-84.719 : *Bull. crim.* n° 97. ■ Cass. crim., 4 févr. 1985, n° 84-92.030 : *Bull. crim.* n° 53. ■ Cass. crim., 27 nov. 1974, n° 73-93.378 : *Bull. crim.* n° 354). S'il est vrai que les mentions contradictoires de l'arrêt attaqué, reprises au moyen, ne permettent pas de déterminer si la décision a été rendue en chambre du conseil ou en audience publique, l'irrégularité commise ne saurait pour autant entraîner la cassation, dès lors qu'il n'est ni justifié ni même allégué que, à la supposer établie, la lecture publique de la décision ait porté atteinte aux intérêts de la personne concernée (■ Cass. crim., 20 févr. 2013, n° 12-83.869 : *Bull. crim.* n° 45. ■ Cass. crim., 12 juin 1996, n° 95-83.910 : *JurisData* n° 1996-003572 ; *Procédures* 2013, n° 163, obs.

A.-S. Chavent-Leclère. ▪ Cass. crim., 13 avr. 1999, n° 98-81.744 : *Bull. crim.* n° 79 ; *JurisData* n° 1999-001999 ; *Dr. pén.* 1999, comm. 108, obs. A. Maron. ▪ Cass. crim., 12 juin 1996, n° 95-83.910 : *JurisData* n° 1996-003572). Le ministère public a qualité pour se pourvoir contre un arrêt qui, en méconnaissance de cette disposition, a statué en audience publique sur la demande d'un condamné et a rejeté cette demande (▪ Cass. crim., 27 nov. 1974, préc.).

2) Parole en dernier. Selon l'article 703 du Code de procédure pénale, la juridiction saisie d'une demande de relèvement d'une interdiction, d'une déchéance, d'une incapacité ou d'une mesure de publication statue en chambre du conseil sur les conclusions du ministère public, le requérant ou son avocat entendus ou dûment convoqués ; qu'il se déduit des dispositions combinées de cet article et des articles 460 et 513 du même code, ainsi que des principes généraux du droit, que l'avocat de la partie requérante doit avoir la parole en dernier ; qu'il en est de même de la partie elle-même si elle est présente (▪Cass. crim., 20 févr. 2019, n° 18-81.135. ▪ Cass. crim., 15 oct. 2003, n° 03-81.101 : *Bull. crim.* n° 192. ▪ Cass. crim., 31 janv. 1996, *Bull. crim.* n° 58 ; *JurisData* n° 1996-001143 ; *Dr. pén.* 1997, chron. 11, obs. Lesclous et Marsat. Cass. crim., 16 janv. 1996, n° 95-80.404 : *Bull. crim.* n° 23 ; *JurisData* n° 1996-001037).

3) Droit de caractère civil. En statuant en chambre du conseil, comme le prévoit l'article 703 du Code de procédure pénale, la cour d'appel n'a pas méconnu les dispositions des articles 6 et 8 de la Convention européenne des droits de l'Homme ; en effet, l'exigence de publicité de l'audience devant la juridiction qui décide des contestations sur des droits et obligations de caractère civil ne saurait être invoquée, dès lors que le droit pour un étranger à demeurer sur le territoire de son choix, quand bien même il affecterait indirectement le respect de sa vie privée et familiale, n'est pas un droit de caractère civil au sens de l'article 6.1 de la Convention européenne des droits de l'Homme (▪ Cass. crim., 4 mai 2000, n° 99-84.001 : *Bull. crim.* n° 179 ; *JurisData* n° 2000-002270).

4) Requête. La réduction de la durée de l'interdiction de séjour et sa dispense d'exécution ne peuvent être ordonnées que par un jugement ou un arrêt rendu sur requête déposée à l'une de ces fins et instruite selon les règles de compétence fixées tant par ces textes que par l'article 703 du Code de procédure pénale (▪ Cass. crim., 15 oct. 1991, n° 91-81.174 : *Bull. crim.* n° 344. ▪ Cass. crim., 19 août 1985 : *Bull. crim.* n° 280. ▪ Cass. crim., 23 nov. 1976 : *Bull. crim.* n° 337).

5) Communication des conclusions du ministère public. L'article 703 du Code de procédure pénale, qui ne méconnaît pas les dispositions de l'article 6 de la Convention européenne des droits de l'homme, ne prévoit pas la communication au condamné des conclusions du ministère public (▪ Cass. crim., 16 oct. 2019, n° 18-87.016).

6) Justice militaire. En vertu de l'article 362-1 du Code de justice militaire, le tribunal permanent des Forces armées est compétent pour statuer dans les conditions prévues par l'article 703 du Code de procédure pénale sur les requêtes en relèvement des interdictions, déchéances ou incapacités professionnelles, quelle que soit la juridiction les ayant prononcées (▪ Cass. crim., 3 juill. 1980, n° 79-94.975 : *Bull. crim.* n° 214).

TITRE XIII. – DE LA PROCÉDURE APPLICABLE AUX INFRACTIONS EN MATIÈRE ÉCONOMIQUE ET FINANCIÈRE

(Intitulé rempl., L. n° 2004-204, 9 mars 2004)

CHAPITRE Ier. – DES COMPÉTENCES DES JURIDICTIONS INTERRÉGIONALES SPÉCIALISÉES EN MATIÈRE ÉCONOMIQUE ET FINANCIÈRE (1)

(L. n° 2013-1117, 6 déc. 2013 ; applic. 1er févr. 2014)

Bibliographie : *Répertoire.* A. Blanchot, *Infractions en matière économique et financière. – Poursuite. Instruction. Jugement. – Assistants spécialisés : JCl. Proc. pén.*, art. 704 à 706-1-1, Fasc. 20.

(1) Loi n° 2013-117, 6 déc. 2013, applic. 1er févr. 2014 ; art. 70 : « Les juridictions mentionnées au premier alinéa de l'article 704 du Code de procédure pénale, dans sa rédaction antérieure à la présente loi, demeurent compétentes pour poursuivre l'instruction et le jugement des affaires en cours, sans préjudice de la possibilité d'un dessaisissement au profit des juridictions mentionnées aux articles 704 et 705 du même code, dans leur rédaction résultant de la présente loi, selon les procédures définies aux articles 704-2, 704-3, 705-2 et 705-3 dudit code, dans leur rédaction résultant de la présente loi ».

Généralités. G. Accomando et A. Benech, *La spécialisation de la justice pénale en matière économique et financière : RPDP* 2000, p. 52 et s. • J. Robert, *Les lois du 11 juillet et du 16 août 1975 en matière pénale : JCP* 1975, I, 2729. • A. Gallois, *Des personnages méconnus du procès pénal : les assistants spécialisés : Procédures* 2009, Focus 58. • A. Giudicelli, *Poursuite, instruction et jugement en matière économique et financière : RSC* 2002, p. 627. • M.-E. Carier et C. Mauro, *Les JIRS : un modèle de spécialisation réussie : JCP* 2015, 147. • H. Robert, *Une nouvelle étape normative vers le renforcement des moyens de lutte contre la criminalité d'argent. À propos de la loi du 6 décembre 2013 : JCP* 2014, doctr. 182.

Art. 704 *(Mod., Ord. n° 2019-1015, 2 oct. 2019 ; L. n° 2021-1729, 22 déc. 2021).* – **Dans les affaires qui sont ou apparaîtraient d'une grande complexité, en raison notamment du grand nombre d'auteurs, de complices ou de victimes ou du ressort géographique sur lequel elles s'étendent, la compétence territoriale d'un tribunal judiciaire peut être étendue au ressort de plusieurs cours d'appel pour l'enquête, la poursuite, l'instruction et, s'il s'agit de délits, le jugement des infractions suivantes :**

1° Délits prévus par les articles 222-38, 223-15-2, 313-1, 313-2, 313-6, 314-1, 314-2, 323-1 à 323-4-1, 324-1, 324-2, 432-10 à 432-15, 433-1, 433-2, 434-9, 434-9-1, 442-1 à 442-8 et 321-6-1 du Code pénal ;

2° Délits prévus par le Code de commerce ;

3° Délits prévus par le Code monétaire et financier ;

4° Délits prévus par le Code de la construction et de l'habitation ;

5° Délits prévus par le Code de la propriété intellectuelle ;

6° Délits prévus par les articles 1741 à 1753 *bis* A du Code général des impôts ;

7° Délits prévus par le Code des douanes ;

8° Délits prévus par le Code de l'urbanisme ;

9° Délits prévus par le Code de la consommation ;

10° Délits prévus aux articles L. 106 à L. 109 du Code électoral ;

11° *(11° abr., L. n° 2003-706, 1er août 2003)* **;**

12° Délits prévus par les articles L. 324-3, L. 324-4, L. 324-13 et L. 324-14 du Code de la sécurité intérieure ;

13° Délits prévus par la loi du 28 mars 1885 sur les marchés à terme ;

14° *(14° abr., L. n° 2004-204, 9 mars 2004)* **;**

15° Délits prévus par la loi n° 86-897 du 1er août 1986 portant réforme du régime juridique de la presse.

La compétence des juridictions mentionnées au premier alinéa s'étend aux infractions connexes.

Un décret fixe la liste et le ressort de ces juridictions, qui comprennent une section du parquet et des formations d'instruction et de jugement spécialisées pour connaître de ces infractions.

Au sein de chaque tribunal judiciaire dont la compétence territoriale est étendue au ressort d'une ou plusieurs cours d'appel, le premier président, après avis du président du tribunal judiciaire donné après consultation de la commission restreinte de l'assemblée des magistrats du siège, désigne un ou plusieurs juges d'instruction et magistrats du siège chargés spécialement de l'instruction et, s'il s'agit de délits, du jugement des infractions entrant dans le champ d'application du présent article. Pour siéger au sein du tribunal correctionnel, peuvent être désignés des magistrats honoraires exerçant des fonctions juridictionnelles dans les conditions prévues à la section II du chapitre V *bis* de l'ordonnance n° 58-1270 du 22 décembre 1958 portant loi organique relative au statut de la magistrature. Le procureur général, après avis du procureur de la République, désigne un ou plusieurs magistrats du parquet chargés de l'enquête et de la poursuite des infractions entrant dans le champ d'application du présent article.

Au sein de chaque cour d'appel dont la compétence territoriale est étendue au ressort d'une ou plusieurs cours d'appel, le premier président, après consultation de la commission restreinte de l'assemblée des magistrats du siège, et le procureur général désignent, respectivement, des magistrats du siège et du parquet général chargés spécialement du jugement des délits et du traitement des affaires entrant dans le champ d'application du présent article. Pour siéger au sein de la chambre des appels correctionnels, peuvent être désignés des magistrats honoraires exerçant des fonctions juridictionnelles dans les conditions prévues à la section II du chapitre V *bis* de l'ordonnance n° 58-1270 du 22 décembre 1958 précitée.

Dans le ressort de certaines cours d'appel, dont la liste est fixée par décret, un tribunal judiciaire est compétent pour l'enquête, la poursuite, l'instruction et, s'il s'agit de délits, le jugement de ces infractions, dans les affaires qui sont ou apparaîtraient d'une grande complexité.

La compétence de ces juridictions s'étend aux infractions connexes.

Un décret fixe la liste de ces juridictions, qui comprennent une section du parquet et des formations d'instruction et de jugement spécialisées pour connaître de ces infractions.

Voir également : art. D. 47-2, p. 2188 et 47-3, p. 2188 s'agissant de la liste et du ressort des juridictions spécialisées.

Mise en œuvre des règles de compétence – Rôle de la partie civile. C'est à tort que la chambre de l'instruction a estimé qu'une partie était autorisée à se constituer directement devant une juridiction spécialisée en invoquant la complexité de l'affaire alors que la mise en œuvre des règles d'attribution prévues par les articles 704 et 705 (devenu l'art. 704-1) du Code de procédure pénale relève de la seule autorité judiciaire (▪ Cass. crim., 12 janv. 2005, n° 04-81.139 : *Bull. crim.* n° 15). Les parties ne sont pas admises à contester la mise en œuvre, au regard de la complexité apparente de l'affaire, des règles de compétence des juridictions spécialisées en matière économique et financière prévues par l'article 704 du Code de procédure pénale (▪ Cass. crim., 26 juin 2001, n° 00-86.526 : *Bull. crim.* 159 ; *RSC* 2002, 630, obs. A.Giudicelli).

Art. 704-1 ancien *(Abr., L. n° 2013-1117, 6 déc. 2013).*

Art. 704-1 *(Anc. art. 705 dénum., L. n° 2013-1117, 6 déc. 2013 ; applic. 1er févr. 2014).* **– Pour la poursuite, l'instruction et, s'il s'agit de délits, le jugement des infractions prévues à l'article 704 et des infractions connexes, le procureur de la République, le juge d'instruction et la formation correctionnelle spécialisée du tribunal judiciaire visé au même article exercent une compétence concurrente à celle qui résulte de l'application des articles 43, 52, 382 et 706-42.**

Lorsqu'ils sont compétents pour la poursuite et l'instruction des infractions entrant dans le champ d'application de l'article 704, le procureur de la République et le juge d'instruction exercent leurs attributions sur toute l'étendue du ressort fixé en application de l'article 704.

La juridiction saisie reste compétente quelles que soient les incriminations retenues lors du règlement ou du jugement de l'affaire sous réserve de l'application des dispositions des articles 181 et 469. Si les faits constituent une contravention, le juge d'instruction prononce le renvoi de l'affaire devant le tribunal de police compétent en application de l'article 522.

Compétence concurrente. La chambre de l'instruction écarte à juste titre le moyen de nullité, pris de l'incompétence matérielle de la juridiction interrégionale spécialisée de Paris, dès lors qu'il résulte de ses énonciations que les faits dénoncés comme étant susceptibles de constituer des infractions électorales (non visées par l'art. 704 dans sa rédaction alors en vigueur) laissaient objectivement supposer la commission de délits de nature économique et financière et que selon l'article 705 du Code de procédure pénale, devenu l'article 704-1, le procureur de la République de la juridiction interrégionale spécialisée exerce, pour la poursuite des infractions prévues à l'article 704 et des infractions connexes, une compétence concurrente à celle qui résulte de l'application de l'article 43 du même code (▪ Cass. crim., 15 mars 2016, n° 15-85.362 : *Bull. crim.* n° 79).

Art. 704-2 *(Anc. art. 705-1 dénum., L. n° 2013-1117, 6 déc. 2013, applic. 1er févr. 2014 ; mod. à compter du 1er janvier 2017, L. n° 2007-291, 5 mars 2007).* **– Le procureur de la République près un tribunal judiciaire autre que ceux visés à l'article 704 peut, pour les infractions énumérées dans cet article, requérir le collège de l'instruction de se dessaisir au profit de la ou de l'une des juridictions d'instruction compétentes en application de cet article. Les parties sont préalablement avisées et invitées à faire connaître leurs observations par le collège de l'instruction ; l'ordonnance est rendue huit jours au plus tôt et un mois au plus tard à compter de cet avis.**

Lorsque le collège de l'instruction décide de se dessaisir, son ordonnance ne prend effet qu'à compter du délai de cinq jours prévu par l'article 704-3 ; lorsqu'un recours est exercé en application de cet article, le collège de l'instruction demeure saisi jusqu'à ce que soit porté à sa connaissance l'arrêt de la chambre de l'instruction, passé en force de chose jugée ou celui de la chambre criminelle de la Cour de cassation.

Dès que l'ordonnance est passée en force de chose jugée, le procureur de la République adresse le dossier de la procédure au procureur de la République du tribunal judiciaire désormais compétent.

Les dispositions du présent article sont applicables devant la chambre de l'instruction.

1) Dessaisissement de la juridiction de droit commun – Initiative du dessaisissement. L'article 705-1 du Code de procédure pénale (devenu art. 704-2, CPP) réserve au seul ministère public l'initiative de la procédure de dessaisissement de la juridiction de droit commun au profit de la juridiction spécialisée. Excède ses pouvoirs le juge d'instruction qui se dessaisit au profit d'une juridiction interrégionale spécialisée aux motifs que « l'affaire apparaît d'une particulière complexité en raison de sa technicité, mise en relief par les rapports d'expertise et le grand nombre de victimes » (▪ Cass. crim., 28 mars 2007, n° 07-82.215 : *Bull. crim.* n° 96).

2) Dessaisissement de la juridiction de droit commun – Effet du dessaisissement. Le dessaisissement du juge d'instruction initialement saisi, requis par le procureur de la République de son siège, a lieu immédiatement et de plein droit, en cas d'accord entre ce magistrat et le juge d'instruction spécialisé, sans que des réquisitions nouvelles ou supplétives du ministère public du siège du magistrat saisi soient nécessaires (■ Cass. crim., 23 janv. 2003, n° 01-87.620 : *Bull. crim.* n° 11 ; *RSC* 2002, 629, obs. A. Giudicelli).

Art. 704-3 *(Anc. art. 705-2 ; dénum., L. n° 2013-1117, 6 déc. 2013).* – **L'ordonnance rendue en application de l'article 704-2 peut, à l'exclusion de toute autre voie de recours, être déférée dans les cinq jours de sa notification, à la requête du ministère public ou des parties, soit à la chambre de l'instruction si la juridiction spécialisée au profit de laquelle le dessaisissement a été ordonné ou refusé se trouve dans le ressort de la même cour d'appel que la juridiction initialement saisie, soit, dans le cas contraire, à la chambre criminelle de la Cour de cassation. La chambre de l'instruction ou la chambre criminelle désigne, dans les huit jours suivant la date de réception du dossier, la juridiction chargée de poursuivre l'information. Le ministère public peut également saisir directement la chambre de l'instruction ou la chambre criminelle de la Cour de cassation lorsque le collège de l'instruction n'a pas rendu son ordonnance dans le délai d'un mois prévu au premier alinéa de l'article 704-2.**

L'arrêt de la chambre de l'instruction ou de la chambre criminelle est porté à la connaissance du collège de l'instruction ainsi qu'au ministère public et notifié aux parties.

Les dispositions du présent article sont applicables à l'arrêt de la chambre de l'instruction rendu sur le fondement du dernier alinéa de l'article 704-2, le recours étant alors porté devant la chambre criminelle.

Art. 704-4 *(Anc. art. 706-1-1, L. n° 2004-204, 9 mars 2004 ; dénum., L. n° 2013-1117, 6 déc. 2013).* – **Le procureur général près la cour d'appel, dans le ressort de laquelle se trouve une juridiction compétente en application de l'article 704, anime et coordonne, en concertation avec les autres procureurs généraux du ressort interrégional, la conduite de la politique d'action publique pour l'application de cet article.**

CHAPITRE II. – DES COMPÉTENCES PARTICULIÈRES DU TRIBUNAL DE GRANDE INSTANCE DE PARIS ET DU PROCUREUR DE LA RÉPUBLIQUE FINANCIER

(L. n° 2013-1117, 6 déc. 2013 ; applicable le 1er févr. 2014)

Art. 705 *(Mod., L. n° 2020-1672, 24 déc. 2020).* – **Le procureur de la République financier, le juge d'instruction et le tribunal correctionnel de Paris exercent une compétence concurrente à celle qui résulte de l'application des articles 43, 52, 704 et 706-42 pour la poursuite, l'instruction et le jugement des infractions suivantes :**

1° Délits prévus aux articles 432-10 à 432-15, 433-1 et 433-2, 434-9, 434-9-1, 445-1 à 445-2-1 du Code pénal, dans les affaires qui sont ou apparaîtraient d'une grande complexité, en raison notamment du grand nombre d'auteurs, de complices ou de victimes ou du ressort géographique sur lequel elles s'étendent ;

2° Délits prévus aux articles L. 106 à L. 109 du Code électoral, dans les affaires qui sont ou apparaîtraient d'une grande complexité, en raison notamment du grand nombre d'auteurs, de complices ou de victimes ou du ressort géographique sur lequel elles s'étendent ;

3° Délits prévus aux articles 313-1 et 313-2 du Code pénal, lorsqu'ils portent sur la taxe sur la valeur ajoutée, dans les affaires qui sont ou apparaîtraient d'une grande complexité, en raison notamment du grand nombre d'auteurs, de complices ou de victimes ou du ressort géographique sur lequel elles s'étendent ;

4° Délits prévus aux articles 435-1 à 435-10 du Code pénal ;

5° Délits prévus aux articles 1741 et 1743 du Code général des impôts, lorsqu'ils sont commis en bande organisée ou lorsqu'il existe des présomptions caractérisées que les infractions prévues à ces mêmes articles résultent d'un des comportements mentionnés aux 1° à 5° du II de l'article L. 228 du Livre des procédures fiscales ;

6° Blanchiment des délits mentionnés aux 1° à 5° du présent article et infractions connexes.

7° Délits d'association de malfaiteurs prévus à l'article 450-1 du Code pénal, lorsqu'ils ont pour objet la préparation de l'une des infractions mentionnées aux 1° à 6° du présent article punie d'au moins cinq ans d'emprisonnement ;

8° Délits prévus à l'article 434-43-1 du Code pénal.

9° Délits prévus à l'article L. 420-6 du Code de commerce.

Lorsqu'ils sont compétents pour la poursuite ou l'instruction des infractions entrant dans le champ d'application du présent article, le procureur de la République financier et le juge d'instruction de Paris exercent leurs attributions sur toute l'étendue du territoire national.

Au sein du tribunal judiciaire de Paris, le premier président, après avis du président du tribunal judiciaire donné après consultation de la commission restreinte de l'assemblée des magistrats du siège, désigne un ou plusieurs juges d'instruction et magistrats du siège chargés spécialement de l'instruction et, s'il s'agit de délits, du jugement des infractions entrant dans le champ d'application du présent article.

Au sein de la cour d'appel de Paris, le premier président, après consultation de la commission restreinte de l'assemblée des magistrats du siège, et le procureur général désignent, respectivement, des magistrats du siège et du parquet général chargés spécialement du jugement des délits et du traitement des affaires entrant dans le champ d'application du présent article.

Prérogatives du procureur de la République financier. Le procureur de la République financier tient de l'article 40 du Code de procédure pénale le droit de requérir l'ouverture d'une information, au vu de tout renseignement dont il est destinataire, concernant des infractions entrant dans le champ de sa compétence matérielle, définie à l'article 705 du même code, serait-elle, comme en l'espèce, concurrente de celle du procureur de la République près le tribunal de grande instance de Paris (▪ Cass. crim., 22 mars 2016, n°s 15-83.207 et 15-83.205 : *Bull. crim.* n°s 92 et 93). Justifie sa décision la chambre de l'instruction qui écarte le grief de nullité du réquisitoire introductif en considérant que l'ex-qualité de président de la République du demandeur « ou la qualité de deux des personnes mises en cause » pouvait fonder, en l'espèce, la compétence du procureur de la République financier dès lors que la complexité de l'affaire, concernant des infractions entrant dans le champ de la compétence matérielle du procureur financier, est laissée à l'appréciation des juges du fond et que le réquisitoire introductif satisfait aux conditions essentielles de son existence légale (▪ Cass. crim., 22 mars 2016, n° 15-83.206 : *Bull. crim.* n° 88).

Art. 705-1 *(Mod., L. n° 2016-819, 21 juin 2016).* **– Le procureur de la République financier et les juridictions d'instruction et de jugement de Paris ont seuls compétence pour la poursuite, l'instruction et le jugement des délits prévus aux articles L. 465-1 à L. 465-3-3 du Code monétaire et financier. Cette compétence s'étend aux infractions connexes.**

Le procureur de la République financier et le juge d'instruction de Paris exercent leurs attributions sur toute l'étendue du territoire national.

Art. 705-2 *(L. n° 2013-1117, 6 déc. 2013).* **– Le procureur de la République près un tribunal judiciaire autre que celui de Paris peut, pour les infractions mentionnées à l'article 705, requérir le juge d'instruction initialement saisi de se dessaisir au profit de la juridiction d'instruction de Paris. Les parties sont préalablement avisées et invitées à faire connaître leurs observations par le juge d'instruction. L'ordonnance est rendue huit jours au plus tôt et un mois au plus tard à compter de cet avis.**

Lorsque le juge d'instruction décide de se dessaisir, son ordonnance ne prend effet qu'à compter du délai de cinq jours prévu à l'article 705-3 ; lorsqu'un recours est exercé en application de ce même article, le juge d'instruction demeure saisi jusqu'à ce que soit porté à sa connaissance l'arrêt de la chambre criminelle de la Cour de cassation.

Dès que l'ordonnance est passée en force de chose jugée, le procureur de la République territorialement compétent adresse le dossier de la procédure au procureur de la République financier.

1) Dessaisissement – Motivation. Encourt l'annulation l'ordonnance par laquelle un juge d'instruction, saisi de faits d'escroquerie à la taxe sur la valeur ajoutée, se dessaisit au profit de la juridiction d'instruction de Paris, en application de l'article 705-2 du Code de procédure pénale, dès lors que ses motifs, procédant de considérations générales, ne mettent pas la Cour de cassation en mesure d'exercer son contrôle sur le bien-fondé du dessaisissement ordonné (▪ Cass. crim., 8 oct. 2014, n° 14-86.646 : *Bull. crim.* n° 201, pan. 1506, obs. C. Mascala ; *AJ Pénal* 2015, 212, obs. J. Lasserre Capdeville. ▪ Cass. crim., 28 janv. 2015, n° 15-80.382 : *Bull. crim.* n° 25 ; *D.* 2015, pan. 1506, obs. C. Mascala ; *AJ Pénal* 2015, 326, obs. L. Ascensi). Tel n'est pas le cas lorsque, pour dire y avoir lieu à dessaisissement, le juge se borne à énoncer que l'instruction efficace des dossiers « passe par une concentration des affaires entre les mains d'une seule et même juridiction et qu'il convient, dans l'intérêt d'une bonne administration de la justice » de se dessaisir (▪ Cass. crim., 8 oct. 2014, préc.). Tel est en revanche le cas lorsque le juge d'instruction énonce que les faits d'escroquerie, d'une grande complexité, portent sur la taxe sur la valeur ajoutée du marché spécifique des « droits carbone » et revêtent une dimension internationale et ajoute que le parquet national financier est saisi d'une vingtaine de dossiers concernant des délits similaires qui mettent en cause les mêmes équipes, utilisant les mêmes réseaux pour commettre les escroqueries et procéder au blanchiment de leurs produits (▪ Cass. crim., 28 janv. 2015, préc.).

2) **Dessaisissement – Autorité de la chose jugée.** Aucune autorité de la chose jugée ne s'attache à un arrêt annulant, pour insuffisance de motifs, une précédente ordonnance de dessaisissement ; un tel arrêt n'interdit donc pas au juge d'instruction de prendre une nouvelle ordonnance de dessaisissement (■ Cass. crim., 28 janv. 2015, préc.).

Art. 705-3 *(L. n° 2013-1117, 6 déc. 2013).* – **L'ordonnance rendue en application de l'article 705-2 peut, à l'exclusion de toute autre voie de recours, être déférée dans les cinq jours de sa notification, à la requête du procureur de la République ou des parties, à la chambre criminelle de la Cour de cassation. La chambre criminelle désigne, dans les huit jours suivant la date de réception du dossier, le juge d'instruction chargé de poursuivre l'information. Le procureur de la République peut également saisir directement la chambre criminelle de la Cour de cassation lorsque le juge d'instruction n'a pas rendu son ordonnance dans le délai d'un mois prévu au premier alinéa de l'article 705-2.**

L'arrêt de la chambre criminelle est porté à la connaissance du juge d'instruction et du ministère public et notifié aux parties.

Art. 705-4 *(L. n° 2013-1117, 6 déc. 2013).* – **Le procureur général près la cour d'appel de Paris anime et coordonne, en concertation avec les autres procureurs généraux, la conduite de la politique d'action publique pour l'application de l'article 705.**

Art. 705-5 *(L. n° 2016-731, 3 juin 2016).* – **La juridiction saisie en application du présent chapitre reste compétente quelles que soient les incriminations retenues lors du règlement ou du jugement de l'affaire, sous réserve de l'application des articles 181 et 469. Si les faits constituent une contravention, le juge d'instruction prononce le renvoi de l'affaire devant le tribunal de police compétent en application de l'article 522.**

CHAPITRE III. – DISPOSITIONS DIVERSES

(L. n° 2013-1117, 6 déc. 2013)

Art. 706 *(Mod., L. n° 2013-1117, 6 déc. 2013).* – **Peuvent exercer des fonctions d'assistant spécialisé auprès d'un pôle de l'instruction mentionné à l'article 52-1 ou d'un tribunal judiciaire mentionné aux articles 704 ou 705 les fonctionnaires de catégorie A ou B ainsi que les personnes titulaires, dans des matières définies par décret, d'un diplôme national sanctionnant une formation d'une durée au moins égale à quatre années d'études supérieures après le baccalauréat qui remplissent les conditions d'accès à la fonction publique et justifient d'une expérience professionnelle minimale de quatre années.**

Les assistants spécialisés suivent une formation obligatoire préalable à leur entrée en fonction.

Les assistants spécialisés participent aux procédures sous la responsabilité des magistrats, sans pouvoir toutefois recevoir délégation de signature, sauf pour les réquisitions prévues par les articles 60-1, 60-2, 77-1-1, 77-1-2, 99-3 et 99-4.

Ils accomplissent toutes les tâches qui leur sont confiées par les magistrats et peuvent notamment :

1° Assister les juges d'instruction dans tous les actes d'information ;

2° Assister les magistrats du ministère public dans l'exercice de l'action publique ;

3° Assister les officiers de police judiciaire agissant sur délégation des magistrats ;

4° Remettre aux magistrats des documents de synthèse ou d'analyse qui peuvent être versés au dossier de la procédure ;

5° Mettre en œuvre le droit de communication reconnu aux magistrats en application de l'article 132-22 du Code pénal.

Le procureur général peut leur demander d'assister le ministère public devant la juridiction d'appel.

Ils ont accès au dossier de la procédure pour l'exécution des tâches qui leur sont confiées et sont soumis au secret professionnel sous les peines prévues à l'article 226-13 du Code pénal.

Un décret en Conseil d'État précise les modalités d'application du présent article, notamment la durée pour laquelle les assistants spécialisés sont nommés et les modalités selon lesquelles ils prêtent serment.

Voir : V. art. R. 50 *bis* et s., p. 1997.

Bibliographie : A. Gallois, *Des personnages méconnus du procès pénal : les assistants spécialisés : Procédures* 2009, Focus 58.

1) **Distinction entre les assistants spécialisés et les personnes qualifiées.** Justifie sa décision la chambre de l'instruction qui relève qu'aux termes de l'article 706 du Code de procédure pénale, les attributions des assistants spécialisés auprès d'un pôle de l'instruction consistent, entre autres, à assister le juge d'instruction dans tous les actes d'information et les officiers de police judiciaire agissant sur délégation

des magistrats et que, préalablement à l'exercice de leur activité, ils prêtent le serment de l'article R. 50 *quater* du même code, devant la cour d'appel, de conserver le secret des informations sur les affaires judiciaires ainsi que sur les actes du parquet et des juridictions d'instruction et de jugement dont ils auraient eu connaissance à l'occasion de leurs travaux au sein des juridictions et qui en déduit qu'étant ainsi destinés, après avoir prêté serment, à assister le juge d'instruction ou l'officier de police judiciaire par délégation, les assistants spécialisés ne peuvent être assimilés aux personnes qualifiées auxquelles peuvent recourir les enquêteurs et à qui l'article 60 du Code de procédure pénale impose de prêter serment (■ Cass. crim., 31 janv. 2017, n° 16-84.626. ■ Cass. crim., 31 janv. 2017, n° 16-84.623. ■ Cass. crim., 31 janv. 2017, n° 16-84.613).

2) **Impartialité et loyauté des actes des assistants spécialisés.** Justifie sa décision la chambre de l'instruction qui, pour écarter la requête en annulation de la désignation de l'assistant spécialisé et de tous les actes effectués par lui, retient que les actes effectués par l'assistant spécialisé sont soumis au principe de loyauté de la preuve au même titre que tous les actes de procédure et que le message adressé par celui-ci, président du Syndicat des pharmaciens inspecteurs de santé publique, aux membres de ce syndicat et relatif à la tenue de réunions avec l'administration sur la reconnaissance de la spécificité de pharmacien inspecteur de la santé publique, ne permet pas de douter de son impartialité (■ Cass. crim., 16 déc. 2014, n° 14-82.815).

Art. 706-1 *(Anc. art. 706-1-2 ; dénum., L. n° 2013-1117, 6 déc. 2013 ; applicable le 1er févr. 2014).* **– Les articles 706-80 à 706-87 sont applicables à l'enquête relative aux délits prévus par les articles L. 335-2, L. 335-3, L. 335-4, L. 343-4, L. 521-10, L. 615-14, L. 716-9 et L. 716-10 du Code de la propriété intellectuelle lorsqu'ils sont commis en bande organisée.**

Art. 706-1-1 *(Mod., L. n° 2018-898, 23 oct. 2018).* **– Les articles 706-80 à 706-87** *[Rédaction conforme au dernier alinéa de l'article 1er de la décision du Conseil constitutionnel n° 2013-679 DC du 4 déc. 2013 : JO 7 déc. 2013]*, **706-95 à 706-103, 706-105 et 706-106 sont applicables à l'enquête, à la poursuite, à l'instruction et au jugement des délits prévus :**

1° Aux articles 432-11, 432-15, 433-1, 433-2, 434-9, 434-9-1, 435-1 à 435-4 et 435-7 à 435-10 du Code pénal ;

2° Aux articles 1741 et 1743 du Code général des impôts, lorsqu'ils sont commis en bande organisée ou lorsqu'il existe des présomptions caractérisées que ces infractions résultent d'un des comportements mentionnés aux 1° à 5° du II de l'article L. 228 du Livre des procédures fiscales ;

3° Au dernier alinéa de l'article 414 et à l'article 415 du Code des douanes, lorsqu'ils sont punis d'une peine d'emprisonnement d'une durée supérieure à cinq ans. ;

4° Aux articles L. 465-1 à L. 465-3-3 du Code monétaire et financier lorsqu'ils sont commis en bande organisée.

Les articles mentionnés au premier alinéa du présent article sont également applicables à l'enquête, à la poursuite, à l'instruction et au jugement du blanchiment des délits mentionnés aux 1° à 3°.

Art. 706-1-2 *(Mod. à compter du 2 juin 2014, L. n° 2014-535, 27 mai 2014).* **– Les articles 706-80 à 706-87, 706-95 à 706-103 et 706-105 sont applicables à l'enquête, à la poursuite, à l'instruction et au jugement des délits prévus au dernier alinéa des articles L. 241-3 et L. 242-6 du Code de commerce.**

Art. 706-1-3 *(Abr. à compter du 1er févr. 2014, L. n° 2013-1117, 6 déc. 2013).*

TITRE XIII *BIS*. – DE LA PROCÉDURE APPLICABLE AUX INFRACTIONS EN MATIÈRE SANITAIRE ET ENVIRONNEMENTALE

(Mod., L. n° 2020-1672, 24 déc. 2020)

Bibliographie : *La procédure applicable aux infractions sanitaires : JCl. Proc. pén.*, art. 706-2 et 706-2-1.

Art. 706-2 *(Mod., L. n° 2020-1672, 24 déc. 2020).* **– I. – La compétence territoriale d'un tribunal judiciaire peut être étendue au ressort d'une ou de plusieurs cours d'appel pour l'enquête, la poursuite, l'instruction et, s'il s'agit de délits, le jugement des infractions définies ci-après dans les affaires relatives à un produit de santé tel que défini par l'article L. 5311-1 du Code de la santé publique ou à un produit destiné à l'alimentation de l'homme ou de l'animal ou à un produit ou une substance ou aux pratiques et prestations de service,**

médicales, paramédicales ou esthétiques et qui sont réglementés en raison de leurs effets ou de leur dangerosité, qui sont ou apparaîtraient d'une grande complexité :
- atteintes à la personne humaine, au sens du titre II du livre II du Code pénal ;
- infractions prévues par le Code de la santé publique ;
- infractions prévues par le Code rural et de la pêche maritime ou le Code de la consommation ;
- infractions prévues par le Code de l'environnement et le Code du travail ;
- infractions prévues par le Code du sport

Cette compétence s'étend aux infractions connexes.

Un décret fixe la liste et le ressort de ces juridictions, qui comprennent une section du parquet et des formations d'instruction et de jugement spécialisées pour connaître de ces infractions.

Le procureur de la République, le juge d'instruction et la formation correctionnelle spécialisée de ces tribunaux exercent, dans les conditions et selon les modalités prévues par l'article 704-1, une compétence concurrente à celle qui résulte de l'application des articles 43, 52, 382 et 706-42.

Le procureur de la République près un tribunal judiciaire autre que ceux visés au présent article peut, pour les infractions énumérées ci-dessus, requérir le juge d'instruction, dans les conditions et selon les modalités prévues par les articles 704-2 et 704-3, de se dessaisir au profit de la juridiction d'instruction du tribunal judiciaire à compétence territoriale étendue par application du présent article.

II. – Dans les conditions et selon les modalités prévues aux deuxième à dixième alinéas de l'article 706, peuvent exercer des fonctions d'assistant spécialisé en matière sanitaire ou environnementale les fonctionnaires de catégorie A ou B relevant des ministres chargés de la santé, de la recherche, de l'agriculture et de l'environnement ainsi que les personnes titulaires, dans des matières définies par décret, d'un diplôme national sanctionnant une formation d'une durée au moins égale à quatre années d'études supérieures après le baccalauréat qui remplissent les conditions d'accès à la fonction publique et justifient d'une expérience professionnelle minimale de quatre années.

Voir également : art. D. 47-5, p. 2189 s'agissant de la liste et du ressort des juridictions spécialisées et art. D. 47-6, p. 2191 s'agissant des assistants spécialisés.

Dessaisissement au profit de la juridiction spécialisée. L'ordonnance de dessaisissement au profit de la juridiction d'instruction spécialisée en matière sanitaire n'encourt aucun grief dès lors qu'il résulte de ladite ordonnance que les infractions dont le juge d'instruction est saisi relatives, notamment, aux atteintes à la personne humaine par exposition durable à un produit ou une substance réglementés en raison de leurs effets ou de leur dangerosité, entrent dans les prévisions de l'article 706-2 du Code précité (■ Cass. crim., 21 juill. 2005, n° 05-84.530 : *Bull. crim.* n° 208).

Art. 706-2-1 *(L. n° 2004-204, 9 mars 2004)*. – Le procureur général près la cour d'appel, dans le ressort de laquelle se trouve une juridiction compétente en application de l'article 706-2, anime et coordonne, en concertation avec les autres procureurs généraux du ressort interrégional, la conduite de la politique d'action publique pour l'application de cet article.

Art. 706-2-2 *(Mod., L. n° 2020-1672, 24 déc. 2020)*. – Les articles 706-80 à 706-87 et 706-95 à 706-103 sont applicables à l'enquête, à la poursuite, à l'instruction et au jugement :

1° Des délits prévus aux articles L. 5421-2, L. 5421-13, L. 5426-1, L. 5432-1, L. 5432-2, L. 5432-3, L. 5438-4, L. 5438-6, L. 5439-1, L. 5439-2, L. 5442-10, L. 5442-14, L. 5461-3 et L. 5462-3 du Code de la santé publique, lorsqu'ils sont punis d'une peine d'emprisonnement d'une durée supérieure à cinq ans ;

2° Des délits prévus aux articles L. 451-2 et L. 454-3 du Code de la consommation.

Les articles 706-80 à 706-87 et 706-95 à 706-103 du présent code sont également applicables à l'enquête, à la poursuite, à l'instruction et au jugement du blanchiment des délits mentionnés aux 1° et 2° du présent article.

CHAPITRE II. – DES PÔLES RÉGIONAUX SPÉCIALISÉS EN MATIÈRE D'ATTEINTES À L'ENVIRONNEMENT

(L. n° 2020-1672, 24 déc. 2020)

Art. 706-2-3 *(Abr. à compter du 1er juin 2019, L. n° 2019-222, 23 mars 2019, art. 45, III, 1° et 109, XIII ; rétabli, L. n° 2020-1672, 24 déc. 2020)*. – I. – Dans le ressort de chaque cour d'appel, la compétence territoriale d'un

tribunal judiciaire est étendue au ressort de la cour d'appel pour l'enquête, la poursuite, l'instruction et le jugement des délits, à l'exclusion de ceux mentionnés aux articles 706-75 et 706-107 du présent code, prévus par le Code de l'environnement, par le Code forestier, au titre V du livre II du Code rural et de la pêche maritime, aux 1° et 2° du I de l'article L. 512-1 et à l'article L. 512-2 du Code minier ainsi qu'à l'article 76 de la loi n° 2014-1170 du 13 octobre 2014 d'avenir pour l'agriculture, l'alimentation et la forêt, dans les affaires qui sont ou apparaîtraient complexes, en raison notamment de leur technicité, de l'importance du préjudice ou du ressort géographique sur lequel elles s'étendent.

Cette compétence s'étend aux infractions connexes.

Un décret fixe la liste de ces juridictions qui comprennent une section du parquet et des formations d'instruction et de jugement spécialisées pour connaître de ces infractions.

Le procureur de la République, le juge d'instruction et la formation correctionnelle de ces tribunaux exercent une compétence concurrente à celle qui résulte de l'application des articles 43, 52, 382, 706-2 et 706-42 du présent code.

Lorsqu'ils sont compétents pour la poursuite et l'instruction des infractions entrant dans le champ d'application du présent article, le procureur de la République et le juge d'instruction exercent leurs attributions sur toute l'étendue du ressort de la cour d'appel.

La juridiction saisie reste compétente quelles que soient les incriminations retenues lors du règlement ou du jugement de l'affaire sous réserve de l'application des dispositions des articles 181 et 469. Si les faits constituent une contravention, le juge d'instruction prononce le renvoi de l'affaire devant le tribunal de police compétent en application de l'article 522.

Le procureur de la République près un tribunal judiciaire autre que ceux mentionnés au présent article peut, pour les infractions entrant dans le champ du présent article, requérir le juge d'instruction, dans les conditions et selon les modalités prévues aux articles 704-2 et 704-3, de se dessaisir au profit de la juridiction d'instruction du tribunal judiciaire à compétence territoriale étendue par application du présent article.

II. – Dans les conditions et selon les modalités prévues aux deuxième à dernier alinéas de l'article 706, peuvent exercer des fonctions d'assistant spécialisé en matière environnementale les fonctionnaires de catégorie A ou B relevant des ministres chargés de l'environnement, de l'agriculture et de l'économie ainsi que les personnes titulaires, dans des matières définies par décret, d'un diplôme national sanctionnant une formation d'une durée au moins égale à quatre années d'études supérieures après le baccalauréat qui remplissent les conditions d'accès à la fonction publique et justifient d'une expérience professionnelle minimale de quatre années.

TITRE XIV. – DU RECOURS EN INDEMNITÉ OUVERT À CERTAINES VICTIMES DE DOMMAGES RÉSULTANT D'UNE INFRACTION

(Mod., L. n° 81-82, 2 févr. 1981)

Art. 706-3 *(Mod., L. n° 2019-222, 23 mars 2019)*. **– Toute personne, y compris tout agent public ou tout militaire, ayant subi un préjudice résultant de faits volontaires ou non qui présentent le caractère matériel d'une infraction peut obtenir la réparation intégrale des dommages qui résultent des atteintes à la personne, lorsque sont réunies les conditions suivantes :**

1° Ces atteintes n'entrent pas dans le champ d'application de l'article 53 de la loi de financement de la Sécurité sociale pour 2001 ni de l'article L. 126-1 du Code des assurances ni du chapitre Ier de la loi n° 85-677 du 5 juillet 1985 tendant à l'amélioration de la situation des victimes d'accidents de la circulation et à l'accélération des procédures d'indemnisation et n'ont pas pour origine un acte de chasse ou de destruction des animaux susceptibles d'occasionner des dégâts ;

2° Ces faits :

– soit ont entraîné la mort, une incapacité permanente ou une incapacité totale de travail personnel égale ou supérieure à un mois ;

– soit sont prévus et réprimés par les articles 222-22 à 222-30, 224-1 A à 224-1 C, 225-4-1 à 225-4-5, 225-5 à 225-10, 225-14-1 et 225-14-2, et 227-25 à 227-27 du Code pénal ;

3° La personne lésée est de nationalité française ou les faits ont été commis sur le territoire national.
La réparation peut être refusée ou son montant réduit à raison de la faute de la victime.

Bibliographie : H. Groutel, *JCl. Proc. pén.*, art. 706-3 à 706-15, Fasc. 20.

Voir également : art. R. 50-1 à R. 50-28, p. 1998.

Loi n° 2000-1257 du 23 décembre 2000

de financement de la sécurité sociale pour 2001

Art. 53 (extrait). – I. – Peuvent obtenir la réparation intégrale de leurs préjudices :

1° Les personnes qui ont obtenu la reconnaissance d'une maladie professionnelle occasionnée par l'amiante au titre de la législation française de sécurité sociale ou d'un régime assimilé ou de la législation applicable aux pensions civiles et militaires d'invalidité ;

2° Les personnes qui ont subi un préjudice résultant directement d'une exposition à l'amiante sur le territoire de la République française ;

3° Les ayants droit des personnes visées aux 1° et 2°.

II. – Il est créé, sous le nom de « Fonds d'indemnisation des victimes de l'amiante », un établissement public national à caractère administratif, doté de la personnalité juridique et de l'autonomie financière, placé sous la tutelle des ministres chargés de la sécurité sociale et du budget.

Code des assurances

Art. L. 126-1 *(L. n° 2019-222, 23 mars 2019)*. – Les victimes d'actes de terrorisme commis sur le territoire national, les personnes de nationalité française victimes à l'étranger de ces mêmes actes, y compris tout agent public ou tout militaire, ainsi que leurs ayants droit, quelle que soit leur nationalité, sont indemnisés dans les conditions définies aux articles L. 422-1 à L. 422-3.

La réparation peut être refusée ou son montant réduit à raison de la faute de la victime.

NB : Conformément à la loi n° 2019-222 du 23 mars 2019, ces dispositions entrent en vigueur le 1er avril 2019. À cette date, les procédures en cours devant les juridictions civiles sont transférées en l'état au tribunal de grande instance de Paris. Les affaires peuvent être renvoyées par la juridiction initialement saisie avant le 1er avril 2019 pour une audience postérieure à cette date devant le tribunal de grande instance de Paris. Il n'y a pas lieu de renouveler les actes, formalités et jugements régulièrement intervenus avant le transfert des procédures. Les parties sont informées par la juridiction antérieurement compétente qu'il leur appartient d'accomplir les actes de la procédure devant le tribunal de grande instance de Paris.

Bibliographie : H. Groutel, *Accident de la circulation survenu à l'étranger et législation sur les victimes d'infraction : Resp. civ. et assur.* 1994, chron. 10. • H. Groutel, *La poursuite de l'expansion internationale de l'indemnisation des victimes d'infraction : Resp. civ. et assur.* 1995, chron. 10. • H. Groutel, *Un nouveau conflit de frontière entre la loi du 5 juillet 1985 et la législation sur les victimes d'infraction : Resp. civ. et assur.* 1995, chron. 24. • H. Groutel, *Le rôle du Fonds d'indemnisation des victimes d'infraction : permanence et changement : Resp. civ. et assur.* 1997, chron. 1. • H. Groutel, *L'application aux accidents du travail de la législation sur l'indemnisation des victimes d'infraction : Resp. civ. et assur.* 1997, chron. 21. • H. Groutel, *L'indemnisation des proches de la victime d'une agression sexuelle : Resp. civ. et assur.* 1998, chron. 3. • H. Groutel, *Indemnisations des victimes d'infraction et loi étrangère : Resp. civ. et assur.* 2004, étude 25. • H. Groutel, *L'accident de service d'un agent public et l'indemnisation des victimes d'infraction : Resp. civ. et assur.* 2005, étude 12. • H. Groutel, *Victimes d'infraction : d'exclusions en exclusions : Resp. civ. et assur.* 2007, étude 3. • H. Groutel, *Victimes d'infraction : la nationalité de la personne lésée : Resp. civ. et assur.* 2019, art. 9, • J.-M. Guth et A. Maron, *La loi du 6 juillet 1990 relative aux victimes d'infraction : Dr. pén.* mai 1991, chron. 19. • J. Knetsch, *La preuve de la qualité de victime d'acte de terrorisme devant le FGTI : Resp. civ. et assur.* 2018, étude 7.

• *Sommaire*

1) Question prioritaire de constitutionnalité. N'est pas sérieuse la question de savoir si l'article 706-3 du Code de procédure pénale serait contraire aux articles 4 et 17 de la Déclaration des droits de l'homme et du citoyen en ce que l'indemnisation des préjudices personnels des ayants droit de la victime d'une infraction peut être refusée ou réduite en cas de faute de cette dernière : cette disposition ne porte atteinte ni au principe de responsabilité ni au droit de propriété, tels que respectivement garantis par les articles 4 et 17 de la Déclaration ; en outre, elle ne méconnaît pas le principe d'égalité devant la loi, garanti par l'article 6 de ladite Déclaration, en ce qu'elle repose sur une différence objective de situations tenant au fait générateur de l'indemnisation, considéré en toutes ses circonstances, la différence de traitement résultant de la faute de la victime immédiate étant en rapport direct avec l'objet de la loi, qui réserve à certaines victimes le bénéfice de l'indemnisation par la solidarité nationale des préjudices résultant d'une infraction (▪ Cass. 2e civ., 7 janv. 2021, n° 20-16.397 : *Resp. civ. et assur.* 2021, comm. 67, obs. H. Groutel).

2) Application de la loi dans le temps. La loi n° 2013-711 du 5 août 2013, en ce qu'elle modifie les dispositions de l'article 706-3 du Code de procédure pénale, est une loi de fond, qui ne peut, en l'absence de dispositions spéciales, régir les demandes d'indemnisation antérieures à son entrée en vigueur (▪ Cass. 2e civ., 26 mars 2015, n° 13-25.046 : *Bull. civ.* II, n° 78. ▪ Cass. 2e civ., 30 juin 2016, n° 15-18.963 : *Resp. civ. et assur.* 2016, comm. 298, obs. H. Groutel). L'existence du droit à indemnisation de la victime par le Fonds de garantie des victimes des actes de terrorisme et d'autres infractions qui ne naît pas à la date du fait dommageable, doit être appréciée au jour de la demande ; ayant relevé que M. X... avait été victime d'une infraction en France et qu'il avait saisi la commission d'indemnisation des victimes d'infractions de sa demande d'indemnisation postérieurement à l'entrée en vigueur de la loi n° 2013-711 du 5 août 2013, la cour d'appel en a exactement déduit que son droit à indemnisation devait être examiné au regard de cette loi nouvelle (▪ Cass. 2e civ., 12 janv. 2017, n° 16-10.060 : *Resp. civ. et assur.* 2017, comm. 102, obs. H. Groutel). Viole les articles 112-1, 121-3 du Code pénal, et 706-3 du Code de procédure pénale, la cour d'appel qui pour déclarer recevable la requête d'une victime, en présence d'une loi nouvelle qui abroge l'incrimination sur laquelle la saisine de la commission d'indemnisation des victimes d'infractions était fondée, énonce que l'article 706-3 du Code de procédure pénale institue en faveur des victimes d'infractions un mode de réparation autonome répondant à des règles qui lui sont propres et que le caractère matériel de l'infraction doit s'apprécier au jour de la commission du fait dommageable, peu important qu'une loi postérieure ait modifié l'incrimination (▪ Cass. 2e civ., 13 janv. 2005, n° 03-17.594 : *JurisData* n° 2005-026442 ; *Bull. civ.* II, n° 7 ; *Resp. civ. et assur.* 2005, comm. 92).

I – CARACTÈRES DE LA RÉPARATION

A – Caractère autonome

3) Principe. L'article 706-3 du Code de procédure pénale institue en faveur des victimes d'infractions un mode de réparation autonome répondant à des règles qui lui sont propres (■ Cass. 2e civ., 18 juin 1986, n° 84-17.283 : *Bull. civ.* II, n° 93. ■ Cass. 2e civ., 1er juill. 1992, n° 91-19.918 : *Bull. civ.* II, n° 181 ; *Resp. civ. et assur.* 1992, comm. 407 ; *Dr. pén.* 1992, comm. 247, obs. A. Maron. ■ Cass. 2e civ., 13 oct. 1993, n° 91-21.540 : *Bull. civ.* II, n° 285 ; *Resp. civ. et assur.* 1994, comm. 7. ■ Cass. 2e civ., 8 déc. 1993, n° 91-21.299 : *Bull. civ.* II, n° 359 ; *Resp. civ. et assur.* 1994, comm. 47 ; *Dr. pén.* 1994, comm. 77, obs. A. Maron. ■ Cass. 2e civ., 5 févr. 2004, n° 02-14.324 : *JurisData* n° 2004-022115 ; *Bull. civ.* II, n° 46 ; *Resp. civ. et assur.* 2004, comm. 141. ■ Cass. 2e civ., 14 déc. 2017, n° 16-24.169 : *Bull. civ.* II n° 233 ; *JCP* G 2018, 246, note S. Detraz ; *Resp. civ. et assur.* 2018, comm. 67, obs. H. Groutel. ■ Cass. 2e civ., 5 juill. 2018, n° 17-22.453 : *Resp. civ. et assur.* 2018, comm. 241, obs. H. Groutel. ■ Cass. 2e civ., 4 juill. 2019, n° 18-13.853 ; *Resp. civ. et assur.* 2019, comm. 269, obs. H. Groutel).

4) Portée. Les articles 706-3 et suivants du Code de procédure pénale instituent en faveur des victimes d'infractions un régime d'indemnisation autonome, répondant à des règles qui lui sont propres ; le recours subrogatoire dont dispose le FGTI contre toute personne tenue à un titre quelconque d'assurer la réparation totale ou partielle du dommage, en application de l'article 706-11 du même code, ne prive pas la victime du droit d'agir à l'encontre de son assureur sur le fondement du contrat d'assurance qu'elle a souscrit en vue d'indemniser le risque d'accidents corporels : en effet, la mise en cause du FGTI ou son intervention dans l'instance engagée à cette fin lui garantit la possibilité d'exercer son recours subrogatoire et l'absence de double indemnisation de la victime et, dans les cas où le FGTI n'aurait pas été partie à cette instance, il dispose d'une action en répétition contre la victime devant la CIVI, en application de l'article 706-10 afin d'obtenir le remboursement total ou partiel de l'indemnité ainsi accordée (■ Cass. 2e civ., 17 juin 2021, n° 19.24.645 : *Resp. civ. et assur.* 2021, comm. 145, obs. crit. H. Groutel).

5) Indépendance de la commission d'indemnisation des victimes d'infractions quant à l'évaluation du dommage. La commission d'indemnisation des victimes d'infractions fixe en fonction des éléments de la cause, le montant de l'indemnité allouée sans être tenue par l'évaluation de la juridiction précédemment saisie (■ Cass. 2e civ., 9 juin 1993, n° 91-18.677 : *Bull. civ.* II, n° 201 ; *Resp. civ. et assur.* 1993, comm. 337, obs. H. Groutel – juridiction répressive. ■ Cass. 2e civ., 9 juin 1993, n° 91-21.069 : *Bull. civ.* II, n° 202 ; *Resp. civ. et assur.* 1993, comm. 337, obs. H. Groutel – juridiction répressive. ■ Cass. 2e civ., 4 juill. 2019, n° 18-13.853 : *Bull. civ.* II, p. 207 ; *Resp. civ. et assur.* 2019, comm. 269, obs. H. Groutel – juridiction administrative). C'est donc à tort que la commission d'indemnisation des victimes d'infractions énonce que la vérification des demandes formulées au titre du préjudice économique ne se justifierait que si celles-ci étaient d'un montant supérieur à celles octroyées par la cour d'assises et se fondaient sur une éventuelle aggravation de ces préjudices ; en s'estimant ainsi liée par la décision ayant statué sur l'action civile, la Commission a méconnu l'étendue de ses pouvoirs (■ Cass. 2e civ., 9 juin 1993, n° 91-18.677, préc.). Il en est de même lorsque la Commission : ... se détermine par la seule référence à la décision pénale, sans rechercher par elle-même les éléments du préjudice (■ Cass. 2e civ., 9 juin 1993, n° 91-21.069, préc.) ; ... énonce que le préjudice ayant été fixé par un arrêt de la cour d'assises, la Commission ne pouvait en diminuer l'appréciation, en s'estimant liée par la décision pénale (■ Cass. 2e civ., 18 juin 1986, n° 84-17.283 : *Bull. civ.* II, n° 93. ■ Cass. 2e civ., 13 oct. 1993, n° 91-21.540 : *Bull. civ.* II, n° 285 ; *Resp. civ. et assur.* 1994, comm. 7) ; ... énonce qu'aucun partage de responsabilité pour faute n'ayant été institué par la juridiction ayant souverainement statué sur la responsabilité tant pénale que civile, le fonds de garantie des victimes d'actes de terrorisme et d'autres d'infractions n'est plus recevable à se prévaloir d'une quelconque faute de la victime (■ Cass. 2e civ., 18 juin 1986, préc. ■ Cass. 2e civ., 8 déc. 1993, n° 91-21.299 : *Bull. civ.* II, n° 359 ; *Resp. civ. et assur.* 1994, comm. 47 ; *Dr. pén.* 1994, comm. 77, obs. A. Maron) ; ... énonce que la Commission ne saurait substituer son appréciation à celle de la juridiction pénale qui a statué au vu de l'ensemble des éléments du dossier pénal (■ Cass. 2e civ., 16 févr. 1994, n° 92-17.511 : *Bull. civ.* II, n° 62).

6) Incidence procédurale du caractère autonome de la réparation – Expertise *in futurum*. Les articles 706-3 à 706-15 et R. 50-1 à R. 50-28 du Code de procédure pénale instaurant un régime d'indemnisation autonome et exclusif répondant à des règles qui lui sont propres, le fonds de garantie des victimes d'actes de terrorisme et d'autres d'infractions, qui n'a de rapport avec la victime qu'à l'occasion de cette procédure, ne peut être appelé à intervenir à l'expertise organisée, en application de l'article 145 du Code de procédure civile (expertise *in futurum*), à la demande de la victime, entre elle et l'auteur de l'infraction (■ Cass. 2e civ., 14 déc. 2017, n° 16-24.169 : *Bull. civ.* II n° 233 ; *JCP* G 2018, 246, note S. Detraz ; *Resp. civ. et assur.* 2018, comm. 67, obs. H. Groutel).

B – Absence de caractère subsidiaire

7) Victime pouvant être indemnisée à un autre titre. Les dispositions des articles 706-3 et 706-9 du Code de procédure pénale n'imposent pas à la victime d'une infraction de tenter d'obtenir l'indemnisation de son préjudice de la part des personnes responsables du dommage causé par l'infraction ou tenues à un titre quelconque d'en assurer la réparation préalablement à la saisine d'une commission d'indemnisation des victimes d'infraction (■ Cass. 2e civ., 23 juin 1993, n° 91-19.791 : *Bull. civ.* II, n° 224. ■ Cass. 2e civ., 6 nov. 1996, n° 94-17.970 : *Bull. civ.* 1996, II, n° 243 ; *Resp. civ. et assur.* 1997, ss. chron. 1, H. Groutel. ■ Cass. 2e civ., 19 févr. 1997, n° 95-10.159 : *Bull. civ.* II, n° 48 ; *Resp. civ. et assur.* 1997, ss. chron. 7, H. Groutel ; *Dr. pén.* 1997, comm. 88, obs. A. Maron. ■ Cass. 2e civ., 13 déc. 2001, n° 00-12.105 : *JurisData* n° 2001-012099 ; *Bull. civ.* II, n° 191 ; *Resp. civ. et assur.* 2002, comm. 97). Aucune disposition de la loi du 6 juillet 1990 n'interdit à la victime d'agir devant une commission d'indemnisation des victimes d'infractions même si elle a perçu une provision du débiteur qui lui a fait une offre d'indemnisation (■ Cass. 2e civ., 19 févr. 1997, préc.). V. *contra*, auparavant, ■ Cass. 2e civ., 3 mars 1993, n° 91-17.790 : *Bull. civ.* II, n° 84 : les victimes d'infractions ne peuvent se prévaloir des dispositions de l'article 706-3 du Code de procédure pénale que lorsqu'elles ne peuvent être indemnisées à un autre titre ; ainsi des victimes d'un accident causé sur la voie publique par un animal appartenant à un tiers non assuré ou sous sa garde qui peuvent invoquer la garantie du Fonds de garantie accidents.

II – CONDITIONS DE LA RÉPARATION RELATIVES AU FAIT MATÉRIEL

A – Inclusion

1° *Fait matériel présentant le caractère d'une infraction*

• Notion

8) Fait émanant d'un tiers. Pour que des faits présentent le caractère matériel d'une infraction, il faut l'intervention d'un tiers (■ Cass. 2e civ., 11 févr. 1998, n° 95-20.382 : *Bull. civ.* II, n° 52). Dès lors qu'il ressort du rapport d'expertise que la cause de l'explosion était inconnue, la cour d'appel a, par ce seul motif, pu déduire qu'il n'était pas démontré que le préjudice subi par la victime résultait de faits présentant le caractère matériel d'une infraction (■ Cass. 2e civ., 20 avr. 2000, n° 98-17.579 : *Bull. civ.* II, n° 62). Il appartient aux juges du fond de relever les circonstances caractérisant l'intervention d'un tiers (■ Cass. 2e civ., 12 sept. 2002, n° 00-17.971, préc.). En recherchant si la disparition d'une personne présente le caractère matériel d'une infraction, la cour d'appel ne fait qu'user des pouvoirs qu'elle tient de l'article 706-3 du Code de procédure pénale (■ Cass. 2e civ., 11 févr. 1998, n° 95-20.382 : *Bull. civ.* II, n° 52). Pour une mort pouvant résulter d'un suicide, V. ■ Cass. 2e civ., 12 sept. 2002, n° 00-17.971 : *JurisData* n° 2002-015483 ; *Bull. civ.* II, n° 181 ; *Resp. civ. et assur.* 2002, comm. 358.

9) Fait non imputable. Pour l'application de l'article 706-3 du Code de procédure pénale, l'infraction n'est prise en considération qu'en tant qu'élément objectif indépendamment de la personne de son auteur ; il est donc indifférent que l'auteur présumé de l'infraction (en l'espèce une personne morale, à l'époque où sa responsabilité pénale ne pouvait pas être engagée) ne puisse être poursuivi en raison d'une cause de non-imputabilité. Dès lors, en déterminant le comportement fautif de l'employeur de la victime à l'origine du préjudice subi par cette dernière et en précisant que ce fait présente le caractère matériel du délit de blessures involontaires, la cour d'appel a légalement justifié sa décision (■ Cass. 2e civ., 30 nov. 2000, n° 99-19.848 : *Bull. civ.* II, n° 161).

10) Fait d'un jeune enfant. Le fait pour un enfant de 4 ans, de pousser son camarade de jeu pour lui prendre la voiturette qu'il tenait dans la main ne constitue pas, compte tenu de son âge, une maladresse ou une imprudence pouvant revêtir le caractère matériel de l'infraction de blessures involontaires (■ Cass. 2e civ., 13 juin 2019, n° 18-15.541).

11) Fait justifié. Ne présentent pas le caractère matériel d'une infraction, au sens de l'article 706-3 du Code de procédure pénale, les faits pour lesquels leur auteur bénéficie de la cause d'irresponsabilité pénale prévue par l'article 122-4, alinéa 1, du Code pénal, selon lequel n'est pas pénalement responsable la personne qui accomplit un acte prescrit ou autorisé par des dispositions législatives ou reglementaires (■ Cass. 2e civ., 26 mars 2015, n° 13-17.257 : *Bull. civ.* II, n° 79).

12) Abrogation de la loi pénale. Viole les articles 112-1, 121-3 du Code pénal, et 706-3 du Code de procédure pénale, la cour d'appel qui pour déclarer recevable la requête d'une victime, en présence d'une loi nouvelle qui abroge l'incrimination sur laquelle la saisine de la commission d'indemnisation des victimes d'infractions était fondée, énonce que l'article 706-3 du Code de procédure pénale institue en faveur des victimes d'infractions un mode de réparation autonome répondant à des règles qui lui sont propres et que le caractère matériel de l'infraction doit s'apprécier au jour de la commission du fait dommageable, peu important qu'une loi postérieure ait modifié l'incrimination (■ Cass. 2e civ., 13 janv. 2005, n° 03-17.594 : *JurisData* n° 2005-026442 ; *Bull. civ.* II, n° 7 ; *Resp. civ. et assur.* 2005, comm. 92).

• Autorité de la chose jugée au pénal sur le civil

13) Portée. Seuls sont revêtus de l'autorité absolue de la chose jugée le dispositif d'un jugement pénal et les motifs qui en constituent le soutien nécessaire (■ Cass. 2e civ., 28 mars

2019, n° 18-13.278). Les décisions pénales ont au civil autorité absolue à l'égard de tous en ce qui concerne ce qui a été jugé quant à l'existence du fait incriminé et la culpabilité de celui auquel ce fait est imputé (▪ Cass. 2e civ., 17 janv. 2019, n° 18-10.350 : *Bull. civ.* II, p. 75 ; *JCP* G 2019, 304, note C. Ambroise-Castérot ; *Resp. civ. et assur.* 2019, comm. 103, obs. H. Groutel). L'autorité de la chose jugée au pénal sur le civil ne s'étend qu'à ce qui a été nécessairement décidé par le juge répressif quant à l'existence du fait qui forme la base commune de l'action civile et de l'action pénale, à sa qualification et à l'innocence ou la culpabilité de celui à qui le fait est imputé (▪ Cass. 2e civ., 5 mars 2020, n° 19-12.720, § 9 : *Bull. civ.* II, p. 70).

14) **Notions civile et pénale d'ITT.** L'autorité de la chose jugée, attachée au jugement déclarant l'auteur des faits, dont M. E... a été victime, coupable de violences avec arme ayant entraîné une incapacité totale de travail inférieure à 8 jours, ne fait pas obstacle à ce qu'il soit jugé que ces faits délictueux ont entraîné, pour la victime, une incapacité totale de travail personnel, au sens de l'article 706-3 du Code de procédure pénale, supérieure à l'ITT retenue par le juge répressif pour l'application du texte pénal d'incrimination (même arrêt, § 11). L'autorité de la chose jugée ne peut être opposée lorsque des événements postérieurs sont venus modifier la situation antérieurement reconnue en justice (▪ Cass. 2e civ., 17 janv. 2019, n° 18-10.350 : *Bull. civ.* II, p. 75 ; *JCP* G 2019, 304, note C. Ambroise-Castérot ; *Resp. civ. et assur.* 2019, comm. 103, obs. H. Groutel).

15) **Décision de classement sans suite.** Une décision de classement sans suite n'ayant qu'un caractère provisoire, le président de la commission d'indemnisation, saisi d'une demande de provision, doit rechercher si les faits qui lui sont soumis présentent le caractère matériel d'une infraction (▪ Cass. 2e civ., 1er juill. 1992, n° 91-12.662 : *Bull. civ.* II, n° 179 ; *Resp. civ. et assur.* 1992, comm. 402). Pour le classement sans suite effectué par une autorité étrangère, V. aussi ▪ Cass. 2e civ., 2 févr. 2017, n° 16-10.248 : *Resp. civ. et assur.* 2017, comm. 137).

16) **Ouverture d'une information.** Le président de la commission d'indemnisation des victimes d'infractions, pour allouer à une victime une provision à valoir sur le préjudice qu'elle a subi du fait du décès de son père, se borne à énoncer qu'une information est ouverte du chef d'assassinat, et que, quelles que soient les circonstances de l'infraction, dès lors que celle-ci n'est pas contestable, la fille du décédé remplit les conditions d'indemnisation ; en se déterminant ainsi, par une simple affirmation, sans analyser les faits qui lui étaient soumis ni rechercher s'ils présentaient le caractère matériel d'une infraction, le président de la commission d'indemnisation des victimes d'infractions n'a pas mis la Cour de cassation en mesure d'exercer son contrôle (▪ Cass. 2e civ., 7 oct. 1992, n° 91-20.881 : *Bull. civ.* II, n° 229 ; *Resp. civ. et assur.* 1992, comm. 444).

17) **Décision niant le caractère pénal des faits.** Les juridictions pénales ayant dénié aux faits qui leur étaient soumis, dans leur intégralité, le caractère d'infraction pénale, sans se limiter à prendre en considération le seul élément intentionnel, l'absence constatée d'infraction pénale ne peut conduire la commission d'indemnisation des victimes d'infractions, malgré l'autonomie dont elle jouit pour apprécier les faits qui lui sont soumis, à retenir que la condition d'application de l'article 706-3 du Code de procédure pénale relative à l'existence du caractère matériel de l'infraction est remplie, dans la mesure où les faits purement matériels reprochés aux prévenus ne sont pas susceptibles de constituer l'élément matériel d'une quelconque infraction pénale, même distincte de celles dont ils ont été relaxés (▪ Cass. 2e civ., 23 janv. 2003, n° 01-14.532 : *JurisData* n° 2003-017471 ; *Bull. civ.* II, n° 14).

18) **Décision de condamnation.** Les décisions pénales ont au civil autorité absolue à l'égard de tous en ce qui concerne ce qui a été jugé quant à l'existence du fait incriminé et la culpabilité de celui auquel le fait est imputé (▪ Cass. 2e civ., 17 déc. 1998, n° 96-22.614 : *Bull. civ.* II, n° 305. ▪ Cass. 2e civ., 5 juill. 2018, n° 17-22.453 : *Resp. civ. et assur.* 2018, comm. 241, obs. H. Groutel). Doit donc être cassé l'arrêt : ... qui, pour rejeter la demande d'indemnisation de la victime, énonce qu'il n'est pas établi qu'elle ait été victime de faits présentant le caractère matériel d'une infraction et qu'elle ne démontre pas le préjudice qu'elle invoque ; en statuant ainsi tout en constatant que la victime avait subi des faits présentant le caractère matériel d'une infraction ayant abouti à la condamnation pénale de l'auteur, ce dont il résultait nécessairement l'existence d'un préjudice, la cour d'appel a violé les articles 706-3 du Code de procédure pénale et 1351 du Code civil (▪ Cass. 2e civ., 17 déc. 1998, préc.) ; ... qui accorde réparation intégrale de son préjudice au demandeur, alors qu'en raison de l'arrêt rendu par la juridiction pénale, la cour devait tenir pour établie qu'il avait commis une faute en lien direct avec l'atteinte à son intégrité physique susceptible de rendre sérieusement contestable son droit à indemnisation (▪ Cass. 2e civ., 5 juill. 2018, préc.).

19) **Décision d'acquittement.** Encourt la cassation l'arrêt d'une cour d'appel qui accueille, sur le fondement de l'article 706-3 du Code de procédure pénale, une demande en dommages-intérêts, en estimant rapportée la preuve de faits pré-

sentant le caractère matériel d'un viol, alors qu'il résultait des constatations de celle-ci que la seule personne visée par la plainte pour viol de la demanderesse, et poursuivie pour ce seul chef d'infraction devant une cour d'assises, avait été acquittée par une décision définitive (■ Cass. 2e civ., 21 mai 2015, n° 14-18.339 : *Bull. civ.* II, n° 119).

Lorsqu'il n'est pas contesté que le demandeur a été blessé par arme à feu et que l'arrêt d'acquittement est motivé par l'insuffisance de preuves de la participation de la personne poursuivie aux faits qui lui sont reprochés et ne remet pas en cause la matérialité de ceux-ci, la cour d'appel doit rechercher si l'intéressé a été victime de faits, volontaires ou non, présentant le caractère matériel d'une infraction (■ Cass. 2e civ., 8 févr. 2018, n° 17-12.516).

20) Décision pénale sur l'action civile. L'article 706-3 du Code de procédure pénale institue en faveur des victimes d'infraction un mode de réparation répondant à des règles qui lui sont propres, aussi une commission d'indemnisation des victimes d'infraction doit-elle, elle-même, apprécier si une faute pouvait être retenue à l'encontre de la victime sans s'estimer liée par la décision qui a statué sur l'action civile de celle-ci (■ Cass. 2e civ., 8 déc. 1993, n° 91-21.299 : *Bull. civ.* II, n° 359. ■ Cass. 2e civ., 15 avr. 2010, n° 09-14.184. ■ Cass. 2e civ., 5 juill. 2018, n° 17-22.453 : *Resp. civ. et assur.* 2018, comm. 241, obs. H. Groutel). Apprécie souverainement l'étendue des préjudices allégués, sans s'estimer tenue par la décision pénale, la commission d'indemnisation des victimes d'infractions qui énonce que la cour d'assises avait fait une juste appréciation de leurs montants (■ Cass. 2e civ., 24 nov. 1993, n° 92-12.461 : *Bull. civ.* II, n° 341).

2° *Qualification des faits matériels*

• **Qualification nécessaire**

21) Nécessité de préciser la nature et les éléments matériels de l'infraction retenue. En se déterminant ainsi sans préciser ni la nature, ni les éléments matériels de l'infraction qu'elle retient, une cour d'appel ne justifie pas légalement sa décision au regard des articles 706-3 du Code de procédure pénale, 121-3, alinéa 3, et 222-19 du Code pénal (■ Cass. 2e civ., 5 avr. 2007, n° 06-11.933 : *Bull. civ.* II, n° 83 ; *JurisData* n° 2007-038338 ; *Resp. civ. et assur.* 2007, comm. 215). Doit donc être cassé l'arrêt qui retient qu'il résulte suffisamment d'une expertise que le fait que l'IRM qui aurait permis de faire immédiatement le diagnostic n'ait pas été pratiqué est constitutif d'une faute et que les manquements relevés constituent bien des faits présentant le caractère matériel d'une infraction, sans indiquer laquelle (même arrêt).

22) Pouvoir de la commission d'indemnisation des victimes d'infractions de requalifier les faits. Les décisions pénales ont au civil l'autorité absolue de la chose jugée en ce qui concerne la qualification du fait incriminé (■ Cass. 2e civ., 14 déc. 2000, n° 99-14.221 : *JurisData* n° 2000-007408). Dès lors doit être cassé l'arrêt qui, pour fixer le préjudice, retient que les victimes ont subi des agressions sexuelles, alors que la décision pénale avait retenu des violences volontaires sur mineurs par personne ayant autorité (même arrêt). L'article 706-3 du Code de procédure pénale permet la réparation des dommages résultant des atteintes à la personne lorsque les faits qui les ont causés sont prévus et réprimés par les articles 222-22 à 222-30 et 227-27 du Code pénal ; cette énumération est limitative ; la qualification retenue par le juge pénal s'impose au juge de l'indemnisation. Dès lors, la cour d'appel a décidé à bon droit que la commission d'indemnisation des victimes d'infractions ne pouvait, face à la qualification de proxénétisme aggravé retenue par le tribunal correctionnel, en application des articles 225-5 et 225-7, alinéa 1er, 1 et 5 dudit code, requalifier les faits en agressions sexuelles pour faire droit à la demande d'indemnisation (■ Cass. 2e civ., 27 mars 2003, n° 02-10.479 : *JurisData* n° 2003-018417 ; *Bull. civ.* II, n° 82 ; *Resp. civ. et assur.* 2003, comm. 201). Doit être cassé l'arrêt qui déclare irrecevable la veuve d'un homme tué d'un coup de revolver, motif pris de ce que, poursuivi du chef d'homicide volontaire, l'auteur du coup de feu avait été acquitté ; en statuant ainsi, alors qu'elle relevait que la cour d'assises statuant sur les intérêts civils avait estimé qu'en maniant maladroitement son arme, l'accusé avait occasionné par sa faute la mort de la victime, la commission qui avait constaté les éléments matériels de l'infraction d'homicide involontaire, n'a pas tiré les conséquences légales de ses constatations et violé l'article 706-3 du Code de procédure pénale (■ Cass. 2e civ., 11 juill. 1988, n° 87-15.061 : *Bull. civ.* II, n° 170 ; *Resp. civ. et assur.* 1988, comm. 39).

• **Fait ayant entraîné la mort, une incapacité permanente ou une incapacité totale de travail personnel égale ou supérieure à un mois**

23) Faits définis par leur résultat. Si les dispositions de l'article 706-3 du Code de procédure pénale, dans leur rédaction alors applicable, permettent aux proches de la victime d'une infraction d'être indemnisés intégralement de leurs préjudices personnels selon les règles du droit commun, c'est à la condition que soient satisfaites les exigences prévues par ce texte et notamment que les faits subis par la victime directe, lorsqu'ils ne sont pas constitutifs d'agressions sexuelles, d'atteintes sexuelles ou de traite d'êtres humains, aient entraîné la mort, une incapacité permanente ou une incapacité totale de travail personnel égale ou supérieure à un mois (■ Cass. 2e civ., 6 mars 2014, n° 13-14.162 : *Bull. civ.* II, n° 64).

24) Abstention d'empêcher un crime ou un délit contre l'intégrité corporelle. Les faits présentant le caractère matériel de l'infraction d'abstention volontaire d'empêcher un crime ou un délit contre l'intégrité d'une personne, prévue par l'article 223-6 du Code pénal, entrent dans le champ d'application des articles 706-3 et suivants du Code de procédure pénale (▪ Cass. 3ᵉ civ., 16 mai 2013, n° 12-16.320 : *Bull. civ.* III, n° 93 – solution implicite) ; mais le demandeur doit être débouté s'il n'établit pas avoir subi une incapacité temporaire totale de travail supérieure à un mois ou être en état d'incapacité permanente partielle résultant de l'infraction (même arrêt).

25) Faits constitutifs d'une atteinte à la personne – Refus d'assistance à une personne en danger. Les faits qui présentent le caractère matériel de l'infraction de non-assistance à personne en danger, prévue par l'article 223-6 du Code pénal, constituent une atteinte à la personne relevant de l'application de l'article 706-3 du Code de procédure pénale (▪ Cass. 2ᵉ civ., 10 juin 2004, n° 03-12.133 : *Bull. civ.* II, n° 284 – solution implicite).

26) Faits constitutifs d'une atteinte à la personne – Abus frauduleux de l'état d'ignorance ou de faiblesse. Les faits qui présentent le caractère matériel de l'infraction d'abus frauduleux de l'état d'ignorance ou de la situation de faiblesse, prévue et réprimée par l'article 223-15-2 du Code pénal, constituent une atteinte à la personne relevant de l'application de l'article 706-3 du Code de procédure pénale (▪ Cass. 2ᵉ civ., 8 mars 2012, n° 11-13.832 : *JurisData* n° 2012-003568 ; *Bull. civ.* II, n° 43 ; *Resp. civ. et assur.* 2012, comm. 166, obs. H. Groutel).

• **Faits spécifiés par renvoi au Code pénal**

Voir : art. 706-14, p. 1509.

27) Énumération limitative des infractions visées par l'article 706-3. L'article 706-3 du Code de procédure pénale permet la réparation des dommages résultant des atteintes à la personne lorsque les faits qui les ont causés sont prévus et réprimés par les articles 222-22 à 222-30 et 227-27 du Code pénal ; cette énumération est limitative (▪ Cass. 2ᵉ civ., 27 mars 2003, n° 02-10.479 : *JurisData* n° 2003-018417 ; *Bull. civ.* II, n° 82 ; *Resp. civ. et assur.* 2003, comm. 201).

28) Assimilation de la tentative à l'infraction consommée. Il résulte de la combinaison des articles 222-22, 222-27 et 222-31 du Code pénal que la tentative d'agression sexuelle, qui est assimilée à l'infraction consommée, entre dans les prévisions de l'article 706-3 du Code de procédure pénale ; les faits d'agression sexuelle sont en effet visés par l'article 706-3 du Code de procédure pénale et ce texte ne distingue pas selon les modalités d'exécution de l'infraction (▪ Cass. 2ᵉ civ., 29 mars 2006, n° 04-18.483 : *JurisData* n° 2006-032913 ; *Bull. civ.* II, n° 92 ; *Resp. civ. et assur.* 2006, comm. 190, obs. H. Groutel. ▪ Cass. 2ᵉ civ., 15 mars 2007, n° 06-11.797 : *Bull. civ.* II, n° 70 ; *Resp. civ. et assur.* 2007, comm. 187).

3° Faits matériels commis à l'étranger

29) Applicabilité de l'article 706-3 du Code de procédure pénale. L'indemnisation de la victime d'une infraction commise à l'occasion d'un accident de la circulation survenu à l'étranger entre dans le champ d'application de l'article 706-3 du Code de procédure pénale dès lors que la loi du 5 juillet 1985 n'est pas rendue applicable par la convention de La Haye du 4 mai 1971 (▪ Cass. 2ᵉ civ., 8 déc. 1999, n° 97-20.120 : *Bull. civ.* II, n° 182 ; *Resp. civ. et assur.* 2000, comm. 182, obs. H. Groutel).

30) Loi française d'application nécessaire excluant toute référence à un droit étranger. La législation française concernant l'indemnisation des victimes d'infractions par les commissions d'indemnisation des victimes d'infractions institue un droit à réparation du dommage résultant d'une infraction commise à l'étranger ; cette loi est destinée à assurer une indemnisation fondée sur la solidarité nationale, au moyen d'un système de garantie du risque social de la délinquance, confié à une juridiction civile spécialisée, avec une dérogation à la règle d'application de la loi du lieu du délit ; elle a, ainsi, le caractère d'une loi d'application nécessaire excluant toute référence à un droit étranger (▪ Cass. 2ᵉ civ., 3 juin 2004, n° 02-12.989 : *JurisData* n° 2004-023910 ; *Bull. civ.* II, n° 265 ; *Resp. civ. et assur.* 2004, étude 25, H. Groutel. ▪ Cass. 2ᵉ civ., 25 janv. 2007, n° 06-10.514 : *Bull. civ.* II, n° 18 ; *Resp. civ. et assur.* 2007, comm. 118, obs. H. Groutel). Par suite, viole l'article 706-3 du Code de procédure pénale, une cour d'appel qui, pour dire non établi le droit à indemnisation d'une victime blessée aux États-Unis par jet-ski, alors qu'elle était passager d'un autre jet-ski, énonce qu'il n'est nullement démontré que la collision entre deux jet-ski puisse recevoir une qualification dans la législation pénale américaine (▪ Cass. 2ᵉ civ., 25 janv. 2007, n° 06-10.514, préc.).

31) Refus d'application fondé sur la directive 2000/26/CE du 16 mai 2000. (C. ass., art. L. 310-2-2, L. 424-1 à L. 424-7, L. 451-1 à L. 451-5). V. ▪ CA Versailles, 3ᵉ ch., 2 juin 2016, n° 255. ▪ CA Angers, ch. A- civ., 12 sept. 2017, n° 15/02261. ▪ CA Toulouse, 3ᵉ ch., 14 juin 2018, n° 406/2018. – Sur ces arrêts, V. obs. crit. H. Groutel, Le Français victime d'un accident de la circulation dans un État de l'Union européenne : FGTI ou pas FGTI ? : *Resp. civ. et assur.* 2018, étude 12.

B – Exclusions

1° Date des faits

32) Faits commis avant le 1er janvier 1976. Le régime des articles 706-3 et suivants du Code de procédure pénale n'est pas applicable à des faits commis avant le 1er janvier 1976 ; ainsi des crimes contre l'humanité commis par les nazis entre 1942 et 1944 (■ Cass. 2e civ., 13 mars 2003 n° 02-10.830 : *JurisData* n° 2003-018177 ; *Bull. civ.* II, n° 63 ; *Resp. civ. et assur.* 2003, comm. 178, obs. H. Groutel. ■ Cass. 2e civ., 1er juill. 2010, n° 09-68.090 : *JurisData* n° 2010-011773 ; *Resp. civ. et assur.* 2010, comm. 285).

2° Infractions en rapport avec un accident de la circulation

33) Caractère dérogatoire de la loi du 5 juillet 1985. Il résulte de l'article 706-3, 1° du Code de procédure pénale que sont exclues du mode de réparation qu'il institue les atteintes entrant dans le champ d'application du chapitre 1er de la loi du 5 juillet 1985. Il en découle que la victime d'un accident de la circulation ayant subi un préjudice résultant de faits involontaires qui présentent le caractère matériel d'une infraction ne peut obtenir du FGTI la réparation de ses dommages (■ Cass. 2e civ., 21 janv. 2021, n° 19-16.632 : *Resp. civ. et assur.* 2021, comm. 68, obs. H. Groutel). En cas d'accident de la circulation, seules sont exclues du champ d'application de l'article 706-3 du Code de procédure pénale, les atteintes pour lesquelles la loi du 5 juillet 1985 est applicable (■ Cass. 2e civ., 11 juin 1998, n° 96-13.945 : *Bull. civ.* II, n° 185). Pour les accidents survenus à l'étranger, V., n° 23.

34) Accident de la circulation survenu à l'étranger. L'indemnisation de la victime d'une infraction commise à l'occasion d'un accident do la circulation survenu à l'étranger entre dans le champ d'application de l'article 706-3 du Code de procédure pénale dès lors que la loi du 5 juillet 1985 n'est pas rendue applicable par la convention de La Haye du 4 mai 1971 (■ Cass. 2e civ., 8 déc. 1999, n° 97-20.120 : *JurisData* n° 1999-004445 ; *Bull. civ.* II, n° 182 ; *Resp. civ. et assur.* 2000, comm. 82, obs. H. Groutel). V. aussi ■ Cass. 2e civ., 17 nov. 2016, n° 15-23.299 : *Resp. civ. et assur.* 2017, comm. 36, obs. H. Groutel.

35) Compétition sportive. Les dispositions relatives à l'indemnisation des victimes d'une infraction ne sont applicables entre concurrents d'une compétition sportive qu'en cas de violation des règles du sport pratiqué constitutives d'une infraction pénale (■ Cass. 2e civ., 4 nov. 2004, n° 03-15.808 : *Bull. civ.* II, n° 485. ■ Cass. 2e civ., 29 mars 2018, n° 17-16.873 : *JurisData* n° 2018-004771 ; *Bull. civ.* II, n° 63 ; *JCP* G 2018, 706, note S. Detraz. ■ Cass. 2e civ., 4 juill. 2019, n° 18-18.774 : *Resp. civ. et assur.* 2019, comm. 270).

3° Infractions en rapport avec un accident du travail

• Principe d'exclusion

36) Accident du travail imputable à l'employeur ou à ses préposés. Les dispositions légales d'ordre public sur la réparation des accidents du travail excluent les dispositions propres à l'indemnisation des victimes d'infractions (■ Cass. 2e civ., 7 mai 2003 : *JurisData* n° 2003-018958 ; *Bull. civ.* II, n° 138 ; *Resp. civ. et assur.* 2003, ss. chron. 23, H. Groutel, arrêt n° 1. ■ Cass. 2e civ., 23 oct. 2003, n° 02-16.580 : *Bull. civ.* II, n° 322. ■ Cass. 2e civ., 16 déc. 2004, n° 03-17.701 : *JurisData* n° 2004-026270 ; *Resp. civ. et assur.* 2005, comm. 55). Les dispositions propres à l'indemnisation des victimes d'infraction ne sont pas applicables aux victimes d'un accident du travail imputable à l'employeur ou ses préposés, ainsi qu'à leurs ayants droit (■ Cass. 2e civ., 3 mai 2006, n° 04-19.080 : *JurisData* n° 2006-033306 ; *Bull. civ.* II, n° 114 ; *Resp. civ. et assur.* 2006, comm. 232, obs. H. Groutel).

37) Accident du travail imputable à un préposé d'un autre employeur travaillant sur le même chantier. Les dispositions propres à l'indemnisation des victimes d'infractions ne sont pas applicables aux victimes d'un accident du travail imputable à un préposé d'un autre employeur que celui de la victime travaillant sur le même chantier (■ Cass. 2e civ., 21 déc. 2006, n° 05-20.344 : *JurisData* n° 2006-036629 ; *Bull. civ.* II, n° 369 ; *Resp. civ. et assur.* 2007, ss. étude 3, H. Groutel).

• Atténuations

38) Accident du travail imputable à la faute intentionnelle de l'employeur ou de l'un de ses préposés. Les dispositions propres à l'indemnisation des victimes d'infractions sont applicables aux victimes d'un accident du travail imputable à la faute intentionnelle de l'employeur ou de l'un de ses préposés (■ Cass. 2e civ., 7 mai 2009, n° 08-15.738 : *Bull. civ.* II, n° 116 ; *Resp. civ. et assur.* 2009, ss. étude 8, H. Groutel. ■ Cass. 2e civ., 4 févr. 2010, n° 09-13.332 : *JurisData* n° 2010-051403 ; *Bull. civ.* II, n° 24 ; *Resp. civ. et assur.* 2010, comm. 113, obs. H. Groutel). *Contra*, auparavant, ■ Cass. 2e civ., 7 févr. 2008, n° 07-10.838 : *JurisData* n° 2008-042655 ; *Bull. civ.* II, n° 26 ; *Resp. civ. et assur.* 2008, comm. 139, 1re esp., obs. H. Groutel. Ainsi des violences commises par l'employeur sur son salarié (■ Cass. 2e civ., 4 févr. 2010, préc.).

39) Cas des victimes exclues du bénéfice de la législation sociale applicable aux accidents du travail. Peuvent être indemnisées, selon les dispositions de l'article 706-3 du Code de procédure pénale, les victimes exclues du bénéfice de la législation sociale applicable aux accidents du travail (■ Cass. 2e civ., 7 mai 2009, n° 07-19.365 : *JurisData* n° 2009-048157 ; *Bull. civ.* II, n° 115 ; *Resp. civ. et assur.* 2009, ss. étude 8, H. Groutel. ▪ Cass. 2e civ., 28 avr. 2011, n° 10-17.717 : *Bull. civ.* II, n° 94 ; *JurisData* n° 2011-007090 ; *Resp. civ. et assur.* 2011, comm. 256, obs. H. Groutel). C'est donc à bon droit qu'une cour d'appel décide que le préjudice moral subi par la tante d'une victime mortellement blessée dans un accident du travail résultant d'une infraction d'homicide involontaire pouvait être réparé, la demanderesse n'ayant pas la qualité d'ayant-droit au sens de la législation sociale (▪ Cass. 2e civ., 7 mai 2009, préc.).

40) Accident du travail imputable à la faute d'un tiers. Les dispositions propres à l'indemnisation des victimes d'infractions sont applicables aux victimes d'un accident du travail imputable à la faute d'un tiers (▪ Cass. 2e civ., 5 févr. 2015, n° 13-11.945 : *Bull. civ.* II, n° 20).

4° Infractions relevant d'une indemnisation par le Fonds de garantie automobile

41) Principe d'exclusion. Les dommages garantis par le Fonds de garantie des assurances obligatoires de dommages sont exclus de la compétence de la commission d'indemnisation des victimes d'infractions (▪ Cass. 2e civ., 8 janv. 2009, n° 07-21.828 : *JurisData* n° 2009-046450 ; *Bull. civ.* II, n° 3 ; *Resp. civ. et assur.* 2009, comm. 88, obs. H. Groutel. ▪ Cass. 2e civ., 24 sept. 2020, n° 19-12.992 : *Resp. civ. et assur.* 2020, comm. 207, obs. H. Groutel). Il en est ainsi des atteintes à la personne causées accidentellement par des personnes circulant sur le sol dans des lieux ouverts à la circulation publique (▪ Cass. 2e civ., 8 janv. 2009, préc.). Peu importe la vocation subsidiaire de ce fonds en présence d'un assureur du responsable susceptible d'indemniser la victime (▪ Cass. 2e civ., 16 juin 2011, n° 10-23.488 : *JurisData* n° 2011-011732 ; *Resp. civ. et assur.* 2011, comm. 329, obs. H. Groutel. ▪ Cass. 2e civ., 24 sept. 2020, préc.). A violé l'article L. 421-1, alinéa 3, du Code des assurances, l'arrêt qui, pour exclure l'indemnisation de la victime par le Fonds de garantie automobile et confirmer la décision de la commission d'indemnisation des victimes d'infractions ayant accueilli la demande, retient que les lieux du dommage n'étaient pas ouverts à la circulation publique des véhicules terrestres à moteur, alors qu'aux termes dudit article il suffit que le lieu du dommage soit ouvert à la circulation publique (▪ Cass. 2e civ., 27 mai 1999, n° 97-15.473 : *Bull. civ.* II, n° 103).

5° Victime admise au bénéfice du Service d'aide au recouvrement des victimes

42) Bénéfice de l'aide au recouvrement exclusif de la saisine de la commission d'indemnisation des victimes d'infractions aux fins d'indemnisation. Il résulte des articles 706-15-1 et 706-15-2 du Code de procédure pénale que la victime admise au bénéfice du Service d'aide au recouvrement des victimes sur le fondement d'une condamnation à être indemnisée, n'est pas recevable à saisir une commission d'indemnisation des victimes d'infractions aux fins d'indemnisation (▪ Cass. 2e civ., 4 juill. 2013, n° 12-23.621 : *Bull. civ.* II, n° 153).

III – CONDITIONS DE LA RÉPARATION RELATIVES AU DOMMAGE

Voir : art. 706-14, p. 1509.

A – Réparation des seules conséquences dommageables de l'infraction

43) Principe. Seules les conséquences dommageables de l'infraction ouvrent droit à réparation au profit de la victime ou de ses ayants droit (▪ Cass. 2e civ., 29 mars 2001, n° 99-15.602 : *JurisData* n° 2001-008897 ; *Bull. civ.* II, n° 66 ; *Resp. civ. et assur.* 2001, comm. 187, obs. H. Groutel).

44) Applications. L'incarcération de l'auteur de l'infraction n'étant pas une conséquence dommageable de l'infraction ouvrant droit à réparation, c'est à bon droit qu'une cour d'appel rejette la demande d'un enfant tendant à l'indemnisation du préjudice économique résultant de l'incarcération de son père, auteur d'une infraction (▪ Cass. 2e civ., 29 mars 2001, n° 99-15.602 : *JurisData* n° 2001-008897 ; *Bull. civ.* II, n° 66 ; *Resp. civ. et assur.* 2001, comm. 187, obs. H. Groutel). Ayant relevé qu'au cours d'une tentative d'interpellation du conducteur d'un scooter qui s'enfuyait, un policier a subi des blessures dues à une chute purement accidentelle, une cour d'appel peut en déduire qu'il n'a pas existé de lien de causalité direct et certain entre ces blessures et le refus d'obtempérer et que le préjudice subi ne résultait donc pas de faits présentant le caractère matériel d'une infraction (▪ Cass. 2e civ., 5 mars 2020, n° 18-26.137 : *Bull. civ.* II, p. 190).

B – Réparation des seuls dommages résultant d'une atteinte à la personne

1° Principe

45) Victime directe des faits présentant le caractère matériel d'une infraction. Les victimes des faits prévus à l'article 706-3 du Code de procédure pénale ne peuvent obtenir que la réparation des dommages résultant d'atteintes à leur personne (▪ Cass. 2e civ., 23 juin 1993, n° 91-21.384 : *Bull. civ.* II, n° 229). Pour les ayants droit de la victime, V. , p. 1481.

2° Applications

46) Préjudice économique. La victime d'une tentative de meurtre ayant saisi une commission d'indemnisation des victimes d'infractions d'une demande en indemnisation de son dommage, incluant, en plus de celui résultant d'une incapacité permanente partielle, un préjudice économique né de la diminution de ses revenus professionnels depuis cette agression, a violé l'article 706-3 du Code de procédure pénale la commission d'indemnisation des victimes d'infractions qui a refusé d'inclure ce dernier chef de demande dans le calcul de l'indemnité globalement allouée, au motif qu'un dommage de cette nature ne résulterait pas d'une atteinte à la personne (▪ Cass. 2e civ., 2 mars 1994, n° 92-14.906 : *Bull. civ.* II, n° 82 ; *Resp. civ. et assur.* 1994, comm. 209).

47) Préjudice financier. N'entre pas dans la prévision de l'article 706-3 du Code de procédure pénale la réparation du préjudice financier constitué par la perte des sommes remises à la suite de faits présentant le caractère matériel de l'infraction d'abus frauduleux de l'état d'ignorance ou de la situation de faiblesse, prévue et réprimée par l'article 223-15-2 du Code pénal (▪ Cass. 2e civ., 8 mars 2012, n° 11-13.832 : *Bull. civ.* II, n° 43 ; *JurisData* n° 2012-003568 ; *Resp. civ. et assur.* 2012, comm. 166, obs. H. Groutel).

48) Cas des frais irrépétibles. L'indemnisation ne saurait donc comprendre une somme représentant le montant des frais irrépétibles que la victime a engagés devant la juridiction pénale (même arrêt). Les honoraires d'avocat et les frais d'expertise ne présentent pas le caractère d'un dommage résultant d'une atteinte à la personne (▪ Cass. 2e civ., 20 juill. 1993, n° 91-21.806 : *Bull. civ.* II, n° 271). Le remboursement à la victime des faits prévus par l'article 706-3 du Code de procédure pénale des frais irrépétibles qu'elle a exposés devant la juridiction pénale ne peut être accordé par une commission d'indemnisation des victimes d'infractions (▪ Cass. 2e civ., 5 janv. 1994, n° 92-12.264 : *Bull. civ.* II, n° 9. ▪ Cass. 2e civ., 5 janv. 1994, n° 92-10.031 : *Bull. civ.* II, n° 10 ; *Resp. civ. et assur.* 1994, comm. 132 et chron. 10, H. Groutel) ; mais aucun texte n'interdit à la Commission d'allouer à cette victime une somme sur le fondement de l'article 700 du Code de procédure civile (▪ Cass. 2e civ., 5 janv. 1994, n° 92-12.264, préc.). La victime de faits prévus à l'article 706-3 du Code de procédure pénale ne peut obtenir réparation que des dommages résultant des atteintes à sa personne. La rémunération de l'expert désigné par la juridiction répressive statuant sur les intérêts civils, qui est comprise dans les dépens de l'instance pénale, ne constitue pas une dépense exposée par la victime du fait de son dommage corporel. Justifie, dès lors, sa décision la cour d'appel qui retient que la rémunération des experts désignés par la juridiction pénale, qui ne correspond pas à un dommage résultant de l'atteinte à la personne, ne peut être mise à la charge du Fonds de garantie des victimes des actes de terrorisme et d'autres infractions (▪ Cass. 2e civ., 9 juin 2016, n° 15-20.456 : *Bull. civ.* II, n° 962).

Voir : M. Jaquet, *La condamnation aux frais et dépens devant les commissions d'indemnisation : Dr. pén.* 1998, chron. 20.

IV – NATURE DE LA RÉPARATION

A – Réparation conforme au droit commun

49) Droit à réparation intégrale. L'article 706-3 du Code de procédure pénale consacre pour la victime un droit à réparation intégrale des dommages résultant des atteintes à sa personne conformément au droit commun (▪ Cass. 2e civ., 29 sept. 1998, n° 09-80.008 : *Bull.*, avis n° 11 ; *Resp. civ. et assur.* 1999, comm. 39. ▪ Cass. 2e civ., 6 janv. 2000 n° 98-13.023 : *JurisData* n° 2000-000027 ; *Bull. civ.* II, n° 3 ; *Resp. civ. et assur.* 2000, comm. 83, obs. H. Groutel. ▪ Cass. 2e civ., 13 déc. 2018, n° 17-28-019 : *Resp. civ. et assur.* 2019, n° 69, obs. H. Groutel, visant « le principe de la réparation intégrale sans perte ni profit pour la victime »). *Contra* auparavant ▪ Cass. 2e civ., 21 oct. 1987, nos 85-14.723, 86-11.548 et 86-14.366, 3 arrêts : *Bull. civ.* II, n° 204. ▪ Cass. 2e civ., 4 janv. 1989, n° 87-19.274 : *Bull. civ.* II, n° 3 : l'indemnité dont les victimes d'infraction peuvent, moyennant certaines conditions, demander le bénéfice n'a pas le caractère de dommages-intérêts mais est un secours apporté par l'État en vertu du devoir de solidarité.

B – Conséquences

50) Causalité nécessaire entre le fait matériel et le dommage. Fait une exacte application de l'article 706-3 du Code de procédure pénale, la cour d'appel qui accueille la requête en indemnisation du mari qui, se lançant à la poursuite d'un voleur qui vient d'arracher le sac à main de son épouse, chute sur une racine d'arbre et se blesse, en relevant que le préjudice subi résultait du fait de vol sans qu'il puisse être fait grief à cette personne, compte tenu des circonstances, de ne pas être restée passive et d'essayer de récupérer l'objet dérobé en poursuivant l'auteur de l'infraction (▪ Cass. 2e civ., 9 avr. 2009, n° 08-16.424 : *Bull. civ.* II, n° 93).

51) Appréciation souveraine de la réparation par les juges du fond. C'est dans l'exercice de son pouvoir souverain d'appréciation qu'une commission d'indemnisation des victimes d'infractions a fixé le montant de l'indemnité à laquelle elle a jugé que la victime avait droit (▪ Cass. 2e civ., 3 févr. 1988, n° 86-16.719 : *Bull. civ.* II, n° 33). C'est dans l'exercice de son pouvoir souverain d'appréciation que la commission d'indemnisation des victimes d'infraction, se référant à la méthode et au mode de calcul qui lui ont paru les mieux appropriés, a fixé les indemnités devant réparer intégralement les préjudices invoqués (■ Cass. 2e civ., 7 juill. 1993, n° 92-10.448 : *Bull. civ.* II, n° 247 ; *Resp. civ. et assur.* 1993, comm. 309). Apprécie souverainement l'étendue des préjudices allégués, sans s'estimer tenue par la décision pénale, la commission d'indemnisation des victimes d'infractions qui énonce que la cour d'assises avait fait une juste appréciation de leurs montants (■ Cass. 2e civ., 24 nov. 1993, n° 92-12.461 : *Bull. civ.* II, n° 341).

V – RÉGIME DE LA RÉPARATION

A – Absence de condition de ressources

52) Caractère suffisant du dommage physique. Toute victime qui allègue une incapacité permanente partielle peut se prévaloir des dispositions de l'article 706-3 du Code de procédure pénale, qui, contrairement à l'article 706-14 dudit code, ne subordonne l'indemnisation à aucune condition de ressources (■ Cass. 2e civ., 6 janv. 1993, n° 91-14.476 : *Bull. civ.* II, n° 3).

B – Faute de la victime directe

1° Règles générales

53) Nécessité de ne prendre en compte que la seule faute de la victime directe. Seule la faute de la victime directe doit être prise en considération par le juge de l'indemnisation pour déterminer si la réparation doit être refusée ou si son montant doit seulement être réduit ; en conséquence, c'est par des motifs inopérants tenant à la qualité de victime par ricochet du demandeur, à l'existence de paiements antérieurement intervenus à son profit de la part du condamné et à l'existence d'un recours subrogatoire ouvert au FGTI, qu'une juridiction retient le principe d'une réparation simplement partielle (■ Cass. 2e civ., 2 déc. 2019, n° 18-21.360 : *Bull. civ.* II, p. 132 ; *Resp. civ. et assur.* 2020, comm. 64, obs. H. Groutel).

54) Contrôle exercé par la Cour de cassation. La Cour de cassation contrôle les motifs par lesquels les juges du fond discutent l'existence de la faute (V. par exemple ■ Cass. 2e civ., 1er juill. 1992, n° 91-20.570 : *Bull. civ.* II, n° 184 ; *Resp. civ. et assur.* 1992, comm. 445. ■ Cass. 2e civ., 23 juin 1993, n° 91-21.307 : *Bull. civ.* II, n° 228. ■ Cass. 2e civ., 4 juill. 2002, n° 01-03.420 : *Bull. civ.* II, n° 155 ; *JurisData* n° 2002-015093 ; *Resp. civ. et assur.* 2002, comm. 333).

55) Règle de l'opposabilité de la faute applicable à toutes les victimes. La règle selon laquelle l'indemnité prévue en faveur des victimes d'infractions peut être refusée ou son montant réduit en raison du comportement de la personne lésée lors de l'infraction ou de ses relations avec l'auteur des faits, est une disposition d'ordre général applicable à toutes les victimes ; doit être cassée la décision par laquelle la juridiction énonce que, dans le cas des victimes visées à l'article 706-14 du Code de procédure pénale, la loi n'a pas prévu que le comportement de la victime puisse avoir une incidence sur l'indemnisation du préjudice matériel (■ Cass. 2e civ., 18 oct. 1989, n° 88-10.196 : *Bull. civ.* II, n° 185).

56) Victime en situation illégale. La seule circonstance que la victime se trouvait dans une situation illégale puisqu'elle négociait l'achat de stupéfiants ne peut lui être opposée si cette circonstance n'est pas unie par un lien de causalité avec l'infraction (■ Cass. 2e civ., 2 févr. 1994, n° 92-14.005 : *Bull. civ.* II, n° 45 ; *Resp. civ. et assur.* 1994, comm. 176). Une victime placée en détention lors des faits dont est résulté son préjudice n'est pas exclue du champ d'application de l'article 706-3 du Code de procédure pénale (■ Cass. 2e civ., 8 nov. 1993, n° 92-14.004 : *Bull. civ.* II, n° 319).

57) Nécessité d'une faute causale. Dès lors que la commission d'indemnisation des victimes d'infraction a pu déduire qu'il n'y avait pas de lien de causalité entre la faute de la victime et la réalisation de l'infraction pénale, la victime avait droit à la réparation intégrale de ses dommages (■ Cass. 2e civ., 2 févr. 1994, n° 92-14.005 : *Bull. civ.* II, n° 45 ; *Resp. civ. et assur.* 1994, comm. 176). V. aussi ■ Cass. 2e civ., 1er juill. 1992, n° 91-20.570 : *Bull. civ.* II, n° 184 ; *Resp. civ. et assur.* 1992, comm. 445. ■ Cass. 2e civ., 18 juin 1997, n° 95-19.618 : *Bull. civ.* II, n° 192. ■ Cass. 2e civ., 17 déc. 1997, n° 96-15.970 : *Resp. civ. et assur.* 1997, comm. 91 ; *Dr. pén.* 1998, comm. 44, obs. A. Maron). Le lien de causalité entre la faute de la victime et le dommage doit être direct et certain (■ Cass. 2e civ., 28 févr. 2013, n° 12-15.634 : *Bull. civ.* II, n° 45. ■ Cass. 2e civ., 13 sept. 2018, n° 17-22.276 : *Resp. civ. et assur.* 2018, comm. 302, obs. H. Groutel. ■ Cass. 2e civ., 4 juill. 2019, n° 18-18.906 : *Resp. civ. et assur.* 2019, comm. 271). Doit être cassé l'arrêt qui a indemnisé en intégralité le demandeur de son préjudice corporel consécutif à la tentative d'assassinat dont il a été victime, alors que les motifs des juges font ressortir l'existence d'un lien entre son comportement délictueux (trafic de stupéfiants) et son dommage (■ Cass. 2e civ., 8 mars 2018, n° 17-13.233). Doit être approuvé l'arrêt qui a refusé d'indemniser le demandeur de son préjudice corporel, au motif qu'il s'est délibérément exposé, par son comportement, à un risque de représailles, ce dont la cour a pu déduire l'existence d'une faute du demandeur ayant concouru à la réalisation de son dommage (■ Cass. 2e civ., 14 juin 2018, n° 17-21.647 : *Resp. civ. et assur.* 2018, comm. 242, obs. H. Groutel). Doit être approuvé l'arrêt qui a refusé d'indemniser le demandeur de son préjudice, au motif qu'il a commis une faute consciente et délibérée en lien de causalité direct et certain avec le dommage (■ Cass. 2e civ., 11 mars 2021, n° 19-25.129 : *Resp. civ. et assur.* 2021, comm. 90, obs. H. Groutel).

58) Appréciation souveraine par les juges du fond de l'effet de la faute de la victime sur le montant de la réparation. Ayant constaté que la victime avait absorbé une quantité importante de boissons alcoolisées et retenu que la chute accidentelle dans l'escalier s'expliquait par son état d'ivresse, la cour d'appel en a justement déduit que ces éléments démontraient qu'elle avait, par ce comportement fautif, directement concouru au dommage résultant de l'infraction de non-assistance à personne en danger et souverainement estimé que son indemnisation devait être réduite de moitié (■ Cass. 2e civ., 10 juin 2004, n° 03-12.133 : *Bull. civ.* II, n° 284). V. dans le même sens, ■ Cass. 2e civ., 3 mai 2018, n° 17-16.771. Une cour d'appel a pu souverainement estimer que la faute de la victime : … excluait, en raison de sa gravité, tout droit à indemnisation (■ Cass. 2e civ., 14 juin 2018, n° 17-21.647 : *Resp. civ. et assur.* 2018, comm. 242, obs. H. Groutel. ■ Cass. 2e civ., 25 juin 2020, n° 19-18.581 : *Resp. civ. et assur.* 2020, comm. 170, obs. H. Groutel) ; … excluait, en raison d'une faute consciente et délibérée tout droit à indemnisation (■ Cass. 2e civ., 11 mars 2021, n° 19-25.129 : *Resp. civ. et assur.* 2021, comm. 90, obs. H. Groutel)… réduisait son droit à indemnisation de 50 % (■ Cass. 2e civ., 13 sept. 2018, n° 17-22.276 : *Resp. civ. et assur.* 2018, comm. 302, obs. H. Groutel).

2° *Applications*

• Existence de la faute

59) Absence de faute. V. par exemple ■ Cass. 2e civ., 23 juin 1993, n° 91-21.307 : *Bull. civ.* II, n° 228.

60) Présence d'une faute. V. par exemple ■ Cass. 2e civ., 4 juill. 2002, n° 01-03.420 : *JurisData* n° 2002-015093 : *Bull. civ.* II, n° 155 ; *Resp. civ. et assur.* 2002, comm. 333 : constitue une faute le fait, de manière consciente et délibérée, de prendre le risque de participer à une rencontre avec un clan adverse accompagné de son propre groupe armé, ce qui démontre la conscience du risque d'une altercation violente pouvant aller jusqu'à l'usage d'armes à feu. V. pour des faits similaires ■ Cass. 2e civ., 14 juin 2018, n° 17-21.647 : *Resp. civ. et assur.* 2018, comm. 242, obs. H. Groutel. ■ Cass. 2e civ., 4 juill. 2019, n° 18-18.906 : *Resp. civ. et assur.* 2019, comm. 271 : insulte à la mémoire d'un mort appartenant à une communauté dont la culture appelle des représailles sanglantes. Pour les victimes corses d'un règlement de comptes, ayant longtemps été des éléments actifs d'une mouvance radicalisée responsable d'attentats et d'assassinats, génératrice de rivalités et de haines qui perdurent, V. ■ Cass. 2e civ., 25 juin 2020, n° 19-18.581 : *Resp. civ. et assur.* 2020, comm. 170, note H. Groutel.

• Refus d'indemnisation

61) Illustrations. Une personne s'étant rendue chez un ami qui a pratiqué sur elle une injection d'héroïne ayant entraîné des lésions neurologiques irréversibles, et ayant sollicité d'une commission d'indemnisation des victimes d'infraction la réparation de son préjudice, est légalement justifiée la décision qui rejette cette demande en retenant que la victime et son ami avaient l'habitude, depuis plusieurs années, de se droguer et de se faire mutuellement des piqûres et que la victime, en raison même de sa pratique de l'usage des drogues et de ses liens d'amitié avec la personne ayant pratiqué l'injection ne pouvait ignorer le risque majeur qu'elle encourait lors de cette injection à l'origine du dommage, et en déduisant que la victime avait commis une faute entraînant le refus de toute indemnisation (■ Cass. 2e civ., 16 mars 1994, n° 92-16.003 : *Bull. civ.* II, n° 93 ; *Resp. civ. et assur.* 1994, comm. 211). Une cour d'appel retenant que la victime d'une infraction s'était rendue au domicile de l'auteur de l'infraction, l'avait insulté et frappé, que ce dernier, affolé, s'était emparé d'un revolver à grenaille et avait tiré, a pu déduire de ces constatations que le comportement fautif de la victime était directement lié à son préjudice et excluait toute indemnisation (■ Cass. 2e civ., 17 déc. 1997, n° 96-15.970 : *Resp. civ. et assur.* 1997, comm. 91 ; *Dr. pén.* 1998, comm. 44, obs. A. Maron). Pour une victime dont la mort apparaît directement liée à sa participation délibérée et consciente à une activité délictueuse qui présentait pour elle des dangers et sans laquelle elle n'aurait pas été assassinée, V. ■ Cass. 2e civ., 13 déc. 2001, n° 00-11.805 : *JurisData* n° 2001-012101 ; *Bull. civ.* II, n° 193 ; *Resp. civ. et assur.* 2002, comm. 99. C'est à bon droit que les juges refusent toute indemnisation à une personne participant à une activité délictueuse et dangereuse, et victime d'une agression motivée par un différent lié à cette activité : la cour d'appel a pu en déduire l'existence d'un lien de causalité direct et certain entre le comportement fautif de cette victime et l'action criminelle dont elle a été victime (■ Cass. 2e civ., 7 mars 2019, n° 18-13.267).

• Indemnisation partielle

62) Illustrations. Lorsque des violences qui viennent d'être exercées par la victime sur sa concubine sont en relation de causalité avec les coups de feu tirés par celle-ci dans sa direction, ce précédent comportement fautif doit entraîner une réduction du montant de son indemnisation ; en jugeant le contraire, la cour d'appel a violé l'article 706-3 du Code de procédure pénale (■ Cass. 2e civ., 11 avr. 2002, n° 00-17.774 : *JurisData* n° 2002-014059 ; *Bull. civ.* II, n° 77 ; *Resp. civ. et assur.* 2002, comm. 232). Ayant constaté que la victime avait absorbé une quantité importante de boissons alcoolisées et retenu que la chute accidentelle dans l'escalier s'expliquait par son état d'ivresse, la cour d'appel en a justement déduit que ces éléments démontraient qu'elle avait, par ce comportement fautif, directement concouru au dommage résultant de l'infraction de non-assistance à personne en danger et souverainement estimé que son indemnisation devait être réduite de moitié (■ Cass. 2e civ., 10 juin 2004, n° 03-12.133 : *Bull. civ.* II, n° 284).

C – Situation des ayants droit de la victime directe

1° *Transmission du droit à réparation de la victime*

63) Héritiers. L'article 706-3 du Code de procédure pénale consacrant pour la victime un droit à réparation intégrale des dommages résultant des atteintes à sa personne, ses ayants droit, agissant en qualité d'héritiers, peuvent demander réparation du dommage de leur auteur décédé conformément au droit (■ Cass. avis., 9 sept. 1998, n° 09-80.008 : *Bull.*, avis n° 11 ; *Resp. civ. et assur.* 1999, comm. 39. ■ Cass. 2e civ., 6 janv. 2000, n° 98-13.023 : *JurisData* n° 2000-000027 ; *Bull. civ.* II, n° 3 ; *Resp. civ. et assur.* 2000, comm. 83, note H. Groutel). *Contra* auparavant V. ■ Cass. 2e civ., 21 oct. 1987, nos 85-14723, 86-11548 et 86-14366, 3 arrêts : *Bull. civ.* II, n° 204. ■ Cass. 2e civ., 4 janv. 1989, n° 87-19.274 : *Bull. civ.* II, n° 3. Doit donc être cassé l'arrêt qui énonce que les ayants droit de la victime ne sont recevables qu'à réclamer l'indemnisation de leur préjudice personnel, à l'exclusion de tout autre pour lequel ils n'auraient pas d'action sur le fondement de l'article 706-3 du Code de procédure pénale (■ Cass. 2e civ., 6 janv. 2000, préc.).

2° *Réparation du préjudice propre des ayants droit*

64) Réparation de droit commun. Les ayants droit de la victime directe d'une infraction peuvent obtenir la réparation intégrale de leur propre préjudice selon les règles du droit commun (■ Cass. 2e civ., 5 nov. 1998 n° 96-20.657 : *JurisData* n° 1998-004153 ; *Bull. civ.* II, n° 260 ; *Resp. civ. et assur.* 1998, comm. 387, obs. H. Groutel. ■ Cass. 2e civ., 24 mai 2018, n° 17-19.740). L'article 706-3 du Code de procédure pénale n'exclut pas, lorsque la victime d'une infraction a survécu, l'indemnisation du préjudice personnel de ses parents selon les règles du droit commun (■ Cass. 2e civ., 14 janv. 1999, n° 96-19.289 : *Bull. civ.* II, n° 11).

65) Applications – Réparation accordée. Doit donc être cassé l'arrêt qui : ... pour débouter des ayants droit de leurs demandes tendant à l'indemnisation de l'incapacité permanente partielle qu'ils estiment avoir subie en raison du décès de la victime, énonce que les dispositions de l'article 706-3 instaurent seulement, au profit des victimes d'infractions limitativement énumérées, une réparation des dommages résultant des atteintes portées à leur personne (■ Cass. 2e civ., 5 nov. 1998, préc.) ; ... pour débouter les parents et le frère de la victime de leurs demandes en réparation du préjudice moral qu'ils ont subi lors de la commission de l'infraction dont a été victime leur fille et sœur, énonce que seule la victime peut obtenir réparation des dommages concernant des atteintes à sa personne, que les parents et leur fils, qui n'ont pas été personnellement victimes des actes incriminés, ne peuvent prétendre à aucune indemnisation (■ Cass. 2e civ., 14 janv. 1999, préc.) ; ... pour débouter les ayants droit d'une victime hospitalisée à l'étranger, ayant supporté des frais de déplacement pour se rendre auprès d'elle, de leur demande d'indemnisation, énonce que ce règlement n'est pas prévu par l'article 706-3 du Code de procédure pénale, sans rechercher si les suites de l'accident ne rendaient pas nécessaires, en l'espèce, les frais de déplacement exposés par les parents de la victime (■ Cass. 2e civ., 20 oct. 2005, n° 04-13.633 : *JurisData* n° 2005-030320 ; *Bull. civ.* II, n° 263 ; *Resp. civ. et assur.* 2006, comm. 20). Fait une exacte application de l'article 706-3 du Code de procédure pénale, la cour d'appel qui accueille la requête en indemnisation du mari qui, se lançant à la poursuite d'un voleur qui vient d'arracher le sac à main de son épouse, chute sur une racine d'arbre et se blesse, en relevant que le préjudice subi résultait du fait de vol sans qu'il puisse être fait grief à cette personne, compte tenu des circonstances, de ne pas être restée passive et d'essayer de récupérer l'objet dérobé en poursuivant l'auteur de l'infraction (■ Cass. 2e civ., 9 avr. 2009, n° 08-16.424 : *Bull. civ.* II, n° 93). La victime d'une tentative de meurtre ayant saisi une commission d'indemnisation des victimes d'infractions d'une demande en indemnisation de son dommage, incluant, en plus de celui résultant d'une incapacité permanente partielle, un préjudice économique né de la diminution de ses revenus professionnels depuis cette agression, a violé l'article 706-3 du Code de procédure pénale la commission d'indemnisation des victimes d'infraction qui a refusé d'inclure ce dernier chef de demande dans le calcul de l'indemnité globalement allouée, au motif qu'un dommage de cette nature ne résulterait pas d'une atteinte à la personne (■ Cass. 2e civ., 2 mars 1994, n° 92-14.906 : *Bull. civ.* 1994, II, n° 82 ; *Resp. civ. et assur.* 1994, comm. 209).

66) Applications – Refus de réparation. Les sujétions inhérentes à la comparution en justice n'entrent pas dans les prévisions de l'article 706-3 du Code de procédure pénale (■ Cass. 2e civ., 8 mars 2006, n° 04-18.023 : *JurisData* n° 2006-032557 ; *Bull. civ.* II, n° 69 ; *Resp. civ. et assur.* 2006, comm. 162). Ainsi lorsque l'exercice d'une voie de recours par l'auteur de l'infraction engendre un préjudice moral par l'évocation, pour la seconde fois devant une cour d'assises, des faits subis par la victime, ce qui a ravivé la douleur de ses proches (même arrêt). Le préjudice spécifique d'accompagnement de fin de vie a pour objet d'indemniser les troubles et perturbations dans les conditions d'existence d'un proche qui partageait habituellement une communauté de vie affective et effective avec la victime ; n'a pas donné de base légale à sa décision au regard de l'article 706-3 du Code de procédure pénale et du principe de la réparation intégrale, sans perte ni profit pour la victime, la cour d'appel qui a alloué des dommages-intérêts en réparation de leur préjudice d'accompagnement aux nièces et beau-frère de la victime sans constater l'existence d'une communauté de vie effective entre eux et la victime (■ Cass. 2e civ., 21 nov. 2013, n° 12-28.168 : *Bull. civ.* II, n° 223).

3° *Incidence de la faute de la victime directe*

67) Opposabilité aux ayants droit. Viole l'article 706-3 du Code de procédure pénale, en assignant à la restriction qui figure au dernier alinéa de ce texte une limite qu'il ne comporte pas, la commission d'indemnisation des victimes d'infractions qui, statuant sur la demande d'indemnisation présentée par la veuve de la victime d'un homicide volontaire, énonce que quel qu'ait été le comportement de la victime et à supposer qu'il n'ait pas été étranger aux faits, il ne peut être opposé aux enfants de la requérante (■ Cass. 2e civ., 15 juin 1988, n° 87-11.561 : *Bull. civ.* II, n° 144 ; *Resp. civ. et assur.* 1988, comm. 10). Viole l'article 706-3 du Code de procédure pénale, la commission d'indemnisation des victimes d'infractions qui apprécie le droit à indemnisation de la victime par ricochet, sans tenir compte de la faute de la victime directe (■ Cass. 2e civ., 18 déc. 1996, n° 94-21.006 : *Bull. civ.* II, n° 297 ; *Resp. civ. et assur.* 1997, ss. chron. 7, H. Groutel). Une juridiction peut retenir, dans l'exercice de son pouvoir souverain d'appréciation, qu'il existe un lien de causalité entre le comportement de la victime et son assassinat, et décider en conséquence, dans l'exercice de son pouvoir souverain, que sa faute excluait tout droit à indemnisation de ses ayants droit (■ Cass. 2e civ., 23 nov. 2017, n° 16-27.013 : *Resp. civ. et assur.* 2018, comm. 42). C'est à bon droit que les juges ont souverainement estimé que la faute de la victime excluait pour elle et ses proches tout droit à indemnisation (■ Cass. 2e civ., 11 mars 2021, n° 19-25.129 : *Resp. civ. et assur.* 2021, comm. 90, obs. H. Groutel. Dans le même sens ■ Cass. 2e civ., 1er avr. 2021, n° 19-26.072 : *Resp. civ. et assur.* 2021, comm. 106, obs. H. Groutel).

D – Calcul de l'indemnité

68) Application des règles du droit commun de la responsabilité. L'indemnité allouée aux victimes d'infraction doit être calculée suivant les règles du droit commun de la responsabilité (■ Cass. 2e civ., 5 janv. 1994, n° 91-21.446 ; *Bull. civ.* II, n° 8).

E – Postes de préjudice

69) Préjudice temporaire des souffrances endurées. Le préjudice moral lié aux souffrances psychiques et aux troubles qui y sont associés étant inclus dans le poste de préjudice temporaire des souffrances endurées, quelle que soit l'origine desdites souffrances, le préjudice lié à la conscience de sa mort prochaine, qualifié dans l'arrêt de préjudice d'angoisse de mort imminente, ne peut être indemnisé séparément ; encourt en conséquence la cassation, l'arrêt qui indemnise séparément le préjudice lié à la conscience de sa mort prochaine, qu'il qualifie de préjudice d'angoisse de mort imminente (■ Cass. 2e civ., 2 févr. 2017, n° 16-11.411 : *Bull. civ.* II, n° 30). Le préjudice moral lié aux souffrances psychiques et aux troubles qui y sont associés étant inclus dans le poste de préjudice temporaire des souffrances endurées ou dans le poste de préjudice du déficit fonctionnel permanent, il ne peut être indemnisé séparément au titre d'un préjudice distinct (■ Cass. 2e civ., 5 févr. 2015, n° 14-10.097 : *Bull. civ.* II, n° 22. ■ Cass. 2e civ., 13 déc. 2018, n° 17-28.716 : *Bull. civ.* II, p. 139).

70) Préjudice de déficit fonctionnel temporaire. Le poste de préjudice de déficit fonctionnel temporaire, qui répare la perte de qualité de vie de la victime et des joies usuelles de la vie courante pendant la maladie traumatique, intègre le préjudice sexuel subi pendant cette période ; encourt dès lors la cassation, pour avoir indemnisé deux fois le même préjudice, l'arrêt qui, après avoir alloué à la victime une somme au titre de son préjudice de déficit fonctionnel temporaire, lui en accorde une autre en réparation de son préjudice sexuel temporaire (■ Cass. 2e civ., 11 déc. 2014, n° 13-28.774 : *Bull. civ.* II, n° 247). Toute personne ayant subi un préjudice résultant de faits volontaires ou non qui présentent le caractère matériel d'une infraction peut obtenir réparation intégrale des dommages qui résultent des atteintes à la personne, lorsque, notamment, ces faits ont entraîné une incapacité totale de travail personnel égale ou supérieure à un mois ; cette incapacité ne se confond pas avec le déficit fonctionnel temporaire au regard duquel est évalué le montant de l'indemnisation. Dès lors, encourt la cassation l'arrêt qui limite la durée de cette incapacité à celle du déficit fonctionnel temporaire total fixée par l'expert et correspondant à deux jours d'hospitalisation (■ Cass. 2e civ., 19 nov. 2015, n° 14-25.519 : *Bull. civ.* II, n° 255).

71) Préjudice de déficit fonctionnel permanent. Le préjudice moral lié aux souffrances psychiques et aux troubles qui y sont associés étant inclus dans le poste de préjudice temporaire des souffrances endurées ou dans le poste de préjudice du déficit fonctionnel permanent, il ne peut être indemnisé séparément au titre d'un préjudice distinct (▪ Cass. 2e civ., 5 févr. 2015, n° 14-10.097 : *Bull. civ.* II, n° 22).

72) Préjudices permanents exceptionnels. Le poste des préjudices permanents exceptionnels indemnise des préjudices extrapatrimoniaux atypiques, directement liés au handicap permanent qui prend une résonance particulière pour certaines victimes en raison soit de leur personne, soit des circonstances et de la nature du fait dommageable, notamment de son caractère collectif pouvant exister lors de catastrophes naturelles ou industrielles ou d'attentats. Pour fixer à une certaine somme l'indemnité devant être versée à la victime au titre du préjudice extrapatrimonial, l'arrêt énonce notamment que le préjudice permanent exceptionnel sera réparé par l'allocation d'une indemnité, le rapport d'expertise judiciaire soulignant l'impact psychologique des séquelles visibles sur la vie affective et familiale de la victime. En statuant ainsi, sans caractériser l'existence d'un poste de préjudice permanent exceptionnel distinct du déficit fonctionnel permanent et du préjudice esthétique par ailleurs indemnisés, la cour d'appel a violé l'article 706-3 du Code de procédure pénale et le principe de la réparation intégrale du préjudice sans perte ni profit pour la victime (▪ Cass. 2e civ., 16 janv. 2014, n° 13-10.566 : *Bull. civ.* II, n° 214).

Art. 706-4 *(Mod., L. n° 92-665, 16 juill. 1992)*. – **L'indemnité est allouée par une commission instituée dans le ressort de chaque tribunal judiciaire. Cette commission a le caractère d'une juridiction civile qui se prononce en premier ressort.**

La commission est composée de deux magistrats du siège du tribunal judiciaire et d'une personne majeure, de nationalité française et jouissant de ses droits civiques, s'étant signalée par l'intérêt qu'elle porte aux problèmes des victimes. Elle est présidée par l'un des magistrats.

Les membres de la commission et leurs suppléants sont désignés pour une durée de trois ans par l'assemblée générale des magistrats du siège du tribunal.

Les fonctions du ministère public sont exercées par le procureur de la République ou l'un de ses substituts.

Un décret en Conseil d'État détermine les modalités d'application du présent article.

Bibliographie : H. Groutel, *JCl. Proc. pén.*, art. 706-3 à 706-15, Fasc. 20.

Voir également : V. art. R. 50-1, p. 1998, art. R. 50-13 et s., p. 1999.
V. COJ, art. R. 214-1 à R. 214-6.

1) Composition de la commission d'indemnisation des victimes d'infractions. Les commissions d'indemnisation des victimes d'infractions doivent être composées, à peine de nullité, de deux magistrats du siège du tribunal de grande instance et d'une personne majeure, de nationalité française et jouissant de ses droits civiques s'étant signalée par l'intérêt qu'elle porte aux problèmes des victimes ; il se déduit de ces textes que cette juridiction doit être échevinale (▪ Cass. 2e civ., 15 avr. 1991, n° 90-12.643 : *Bull. civ.* II, n° 128 ; *Resp. civ. et assur.* 1991, comm. 245. Cass. 2e civ., 23 juin 1993, n° 91-12.414 : *Bull. civ.* II, n° 230. Cass. 2e civ., 16 févr. 1994, n° 92-13.498 : *Bull. civ.* II, n° 64). Doit donc être cassée la décision : ... qui indique que la commission était composée de trois juges, une telle mention ne permettant pas de savoir si la commission était régulièrement composée (▪ Cass. 2e civ., 15 avr. 1991, préc.) ; ... qui indique que « lors des débats et du délibéré la Commission était composée de Mme Alten président, M. X... et Mme Y..., membres de ladite Commission », de telles mentions ne permettant pas de savoir si la Commission était régulièrement composée (▪ Cass. 2e civ., 23 juin 1993, préc.) ; ... qui indique que « la Commission était composée de M. X..., président, M. Y..., juge, M. Z... », de telles mentions ne permettent pas de savoir si la Commission était régulièrement composée (▪ Cass. 2e civ., 16 févr. 1994, préc.).

2) Absence de limitation du droit d'appel. L'article 706-4 du Code de procédure pénale n'institue aucune limitation au droit d'appel. Encourt dès lors la cassation l'arrêt qui déclare irrecevable, en raison du montant de l'indemnité allouée à une victime, l'appel du Fonds de garantie des victimes des actes de terrorisme (▪ Cass. 2e civ., 1er avr. 1998, n° 96-12.612 : *Bull. civ.* II, n° 118).

3) Rapport oral du magistrat qui a instruit l'affaire. Selon l'article R. 50-19 du Code de procédure pénale, à l'audience de la commission d'indemnisation des victimes d'infractions, le magistrat qui a instruit l'affaire fait son rapport ; cette prescription est d'ordre public. Lorsqu'il ne résulte ni de la décision attaquée, ni du dossier qu'il a été fait rapport, cette omission entraîne la nullité de la décision (▪ Cass. 2e civ., 23 juin 1993, n° 91-21.151 : *Bull. civ.* II, n° 231).

4) Allocation d'indemnités. Il résulte des articles 706-4, 706-9 et R. 50-24 du Code de procédure pénale que la commission d'indemnisation des victimes d'infractions alloue des indemnités aux victimes, qui sont versées par le Fonds de garantie des victimes des actes de terrorisme et d'autres infractions ; il n'appartient pas à la commission ni à la cour d'appel de condamner ledit fonds à verser ces indemnités ; viole donc ces textes la cour d'appel qui condamne le fonds à verser des indemnités à la victime (■ Cass. 2e civ., 2 juill. 2015, n° 14-18.351 : *Bull. civ.* II, n° 181. ■ Cass. 2e civ., 7 mars 2019, n° 17-25.855. ■ Cass. 2e civ., 28 mars 2019, n° 18-13.897).

Art. 706-5 *(Mod., L. n° 2020-833, 2 juill. 2020)*. – **À peine de forclusion, la demande d'indemnité doit être présentée dans le délai de trois ans à compter de la date de l'infraction ; lorsque des poursuites pénales sont exercées, ce délai est prorogé et n'expire qu'un an après la décision de la juridiction qui a statué définitivement sur l'action publique ou sur l'action civile engagée devant la juridiction répressive. Toutefois, la commission relève le requérant de la forclusion lorsque l'information prévue à l'article 706-15 n'a pas été donnée, lorsque le requérant n'a pas été en mesure de faire valoir ses droits dans les délais requis ou lorsqu'il a subi une aggravation de son préjudice ou pour tout autre motif légitime.**

Lorsqu'une décision d'une juridiction répressive a alloué des dommages et intérêts à la victime et que la demande est jugée irrecevable, le délai prévu au deuxième alinéa de l'article 706-15-2 ne court qu'à compter de la notification de la décision de la commission. (1)

Bibliographie : H. Groutel, *JCl. Proc. pén.*, art. 706-3 à 706-15, Fasc. 20.

Voir également : art. R. 50-7, p. 1998.

1) Question prioritaire de constitutionnalité. Il ne peut être sérieusement soutenu qu'une atteinte serait portée au principe d'égalité des citoyens devant la loi en ce qu'il fait courir le délai de 3 ans pour saisir la commission d'indemnisation des victimes d'infractions de la date de l'infraction sans prévoir les cas dans lesquels les faits n'acquièrent la qualification d'infraction que plus de 3 ans après leur commission, dès lors que l'article 706-5 du Code de procédure pénale prévoit d'une part que lorsque des poursuites pénales sont exercées, le délai de saisine de la CIVI est prorogé et n'expire qu'un an après la décision de la juridiction qui a statué définitivement sur l'action publique ou sur l'action civile engagée devant la juridiction répressive ou un an après l'avis donné par la juridiction en application de l'article 706-15 lorsque l'auteur de l'infraction est condamné à verser des dommages-intérêts, et d'autre part que lorsque le requérant n'a pas été en mesure de faire valoir ses droits dans les délais requis, la commission le relève de la forclusion (■ Cass. 2e civ., 31 janv. 2019, n° 18-40.045 : *Resp. civ. assur.* 2019, comm. 104).

I – FORCLUSION

A – Délai

1° Point de départ du délai

2) Date de l'infraction ou de la décision sur l'action publique ou sur l'action civile. Le point de départ du délai de forclusion n'est pas la date de consolidation des blessures mais celle de l'infraction ou celle de la décision ayant statué définitivement sur l'action publique ou sur l'action civile engagée devant les juridictions répressives (■ Cass. 2e civ., 17 janv. 2008, n° 06-20.953 : *JurisData* n° 2008-042346 ; *Resp. civ. et assur.* 2008, comm. 101).

2° Prorogation du délai en cas d'exercice de poursuites pénales

3) Classement sans suite. Il résulte de l'article 706-5 du Code de procédure pénale que le délai fixé par cet article n'est prorogé que si des poursuites pénales sont exercées ; en relevant que la plainte déposée par la victime avait donné lieu à un classement sans suite qui ne constitue pas une décision juridictionnelle, et en déclarant irrecevable comme tardive une demande présentée plus d'un an après l'infraction, la commission d'indemnisation des victimes a légalement justifié sa décision (■ Cass. 2e civ., 30 sept. 1981, n° 81-13.015 : *Bull. civ.* II, n° 174).

4) Point de départ du délai supplémentaire d'un an. Lorsque des poursuites pénales sont engagées, le délai pour présenter une demande d'indemnité n'expire qu'un an après la décision de la juridiction qui a statué définitivement sur l'action publique ou sur l'action civile engagée devant la juridiction répressive (■ Cass. 2e civ., 11 juin 1998, n° 96-10.292 : *Bull. civ.* II, n° 187 ; *Resp. civ. et assur.* 1998, comm. 312. ■ Cass. 2e civ., 26 sept. 2002, n° 00-18.149 : *Bull. civ.* II, n° 95 ; *Resp. civ. et assur.*

(1) Dispositions applicables à toutes les décisions juridictionnelles rendues à compter du 1er oct. 2008.

2002, comm. 362. ▪ Cass. 2e civ., 3 juill. 2014, n° 13-23.437 : *Bull. civ.* II, n° 167. ▪ Cass. 2e civ., 11 juin 2015, n° 14-19.597 : *Bull. civ.* II, n° 152. ▪ Cass. 2e civ., 7 févr. 2019, n° 18-11.759). Lorsque la juridiction pénale n'a pas encore statué sur l'action civile dont elle est saisie et qui est toujours pendante faute de découverte des ayants droit de l'auteur de l'infraction précédemment condamné, une cour d'appel ne saurait donc énoncer que l'article 706-5 du Code de procédure pénale ne prévoit nullement en cas de non-exercice de l'action civile engagée devant la juridiction pénale une prorogation du délai pendant le temps de la prescription de cette action (▪ Cass. 2e civ., 11 juin 1998, préc.). Doit être approuvée la cour d'appel qui, ayant retenu que le juge pénal n'avait jamais liquidé le préjudice corporel d'une victime d'infraction dont il avait, par un jugement avant dire droit rendu contradictoirement en 1999, ordonné l'expertise médicale, a décidé que la saisine par cette dernière en 2009 d'une commission d'indemnisation restait recevable en l'absence de toute décision définitive rendue sur l'action civile par ce juge (▪ Cass. 2e civ., 3 juill. 2014, préc.).

5) Point de départ du délai supplémentaire d'un an. Condamnation de l'auteur à des dommages-intérêts. Lorsque l'auteur d'une infraction mentionnée aux articles 706-3 et 706-14 du Code de procédure pénale est condamné à verser des dommages-intérêts, le délai d'un an après la décision de la juridiction répressive qui a statué définitivement sur l'action publique ou sur l'action civile court à compter de l'avis donné par ladite juridiction en application de l'article 706-15 dudit code (▪ Cass. 2e civ., 28 mars 2013, n° 12-15.377 : *Bull. civ.* II, n° 66. ▪ Cass. 2e civ., 11 juin 2015, n° 14-19.597 : *Bull. civ.* II, n° 152) ; encourt dès lors la cassation, l'arrêt d'une cour d'appel qui décide que l'avis donné en application du dernier de ces textes ne fait pas courir ce délai en cas de décision non définitive rendue par la juridiction répressive (▪ Cass. 2e civ., 28 mars 2013, préc. ▪ Cass. 2e civ., 11 juin 2015, préc.). La mention erronée figurant dans l'avis délivré en application de l'article 706-15 du Code de procédure pénale, selon laquelle le point de départ du délai de saisine de la commission d'indemnisation des victimes d'infraction prévu par l'article 706-5 du même code est la date à laquelle le jugement contenant l'avis devient définitif, a pour effet de ne pas faire courir le délai du recours (▪ Cass. 2e civ., 29 mars 2018, n° 17-14.980 : *Resp. civ. et assur.* 2018, comm. 170, obs. H. Groutel).

3° *Suspension des délais*

6) Mineur non émancipé et majeur protégé. En application des règles du Code civil, la prescription ne court pas contre les mineurs non émancipés et les majeurs en tutelle. Aucun texte n'écarte cette suspension, au profit des mineurs, de la prescription du délai édicté par l'article 706-5 du Code de procédure pénale, ce délai n'étant pas préfix (▪ Cass. 2e civ., 18 mars 1998, n° 97-10.555 : *Bull. civ.* II, n° 95 ; *RSC* 1999, p. 349, obs. A. Giudicelli ; *Resp. civ. assur.* 1998, comm. 194. ▪ Cass. 2e civ., 20 avr. 2000, n° 98-17.711 : *Bull. civ.* II, n° 63 ; *Resp. civ. et assur.* 2000, comm. 297. Cass. 2e civ., 26 sept. 2002, n° 00-18.149 ; *Bull. civ.* II, n° 95 ; *Resp. civ. et assur.* 2002, comm. 362).

4° *Aggravation du préjudice*

7) Absence de nouveau délai. En application de l'article 706-5 du Code de procédure pénale, la demande d'indemnité doit être présentée, à peine de forclusion, dans les délais requis, sans qu'il soit distingué entre la demande initiale et la demande d'indemnité complémentaire présentée au titre de l'aggravation du préjudice. Dès lors, c'est à bon droit qu'une cour d'appel, saisie par le requérant d'une demande de réparation des conséquences de l'aggravation de son préjudice décide que celui-ci ne bénéficie pas d'un nouveau délai pour agir mais peut seulement solliciter un relevé de forclusion (▪ Cass. 2e civ., 30 juin 2016, n° 15-21.360 : *Bull. civ.* II, n° 184 ; *Resp. civ. assur.* 2016, n° 299). Sur le relevé de forclusion, V., *infra*, II. Relevé de forclusion.

B – Forclusion opposée par le Fonds de garantie des victimes d'infractions

8) Preuve. Il appartient au Fonds de garantie des victimes d'infractions, lorsqu'il prétend opposer au demandeur une forclusion tirée de l'intervention d'une décision de la juridiction répressive statuant sur les intérêts civils, d'apporter la preuve de cette décision (▪ Cass. 2e civ., 19 oct. 2006, n° 05-11.880 : *JurisData* n° 2006-035401 ; *Bull. civ.* II, n° 279).

II – RELEVÉ DE FORCLUSION

9) Excès de pouvoir du président de la commission d'indemnisation des victimes d'infractions. Excède ses pouvoirs le président d'une commission d'indemnisation des victimes d'infractions qui se substitue à la commission pour statuer sur la forclusion encourue par la victime n'ayant pas présenté sa demande dans le délai légal : seule la commission d'indemnisation des victimes d'infractions peut, aux conditions précisées par l'article 706-5 du Code de procédure pénale, relever le requérant de la forclusion qu'il encourt (▪ Cass. 2e civ., 11 mars 1987, n° 85-16.088 : *Bull. civ.* II, n° 67. ▪ Cass. 2e civ., 23 nov. 1988, n° 87-18.951 : *Bull. civ.* II, n° 227 ; *Resp. civ. et assur.* 1989, comm. 52. ▪ Cass. 2e civ., 11 févr. 1999, nos 95-21.534 et 96-14.587 : *Bull. civ.* II, n° 27 ; *JurisData* n° 1999-000692).

10) Demande de relevé de forclusion par une note en délibéré. En vertu de l'article R. 50-17 du Code de procédure pénale, les observations des parties doivent être adressées à la commission d'indemnisation au plus tard 15 jours avant la date de l'audience. Par suite, la victime qui a exposé les raisons de la tardiveté de sa demande dans une note en délibéré ne saurait faire grief à une décision de ne pas avoir recherché si ces circonstances justifiaient un relevé de forclusion (■ Cass. 2e civ., 30 sept. 1981, n° 81-13.015 : *Bull. civ.* II, n° 174).

11) Appréciation souveraine du motif de relevé de conclusion. Les juges du fond apprécient souverainement l'existence d'un motif légitime de relevé de forclusion (■ Cass. 2e civ., 18 mars 2010, n° 09-66.443 : *JurisData* n° 2010-002205 ; *Resp. civ. et assur.* 2010, comm. 152). Ils peuvent considérer ainsi que la production tardive de la grosse du jugement qui a condamné pénalement et civilement l'auteur des faits ne constitue pas un tel motif (même arrêt).

12) Motivation du relevé de forclusion. Ne donne pas de base légale à sa décision la commission d'indemnisation des victimes d'infractions qui accueille les demandes de la victime tendant au relevé de la forclusion encourue au motif que l'infraction a eu des conséquences dramatiques qui ont empêché la demanderesse de faire valoir ses droits dans les délais requis, sans préciser les raisons pour lesquelles celle-ci n'avait pas été en mesure de faire valoir ses droits (■ Cass. 2e civ., 1er juill. 1992, n° 91-21.070 : *Bull. civ.* II, n° 180 ; *Resp. civ. et assur.* 1992, comm. 447. ■ Cass. 2e civ., 9 juin 1993, n° 91-21.283 : *Bull. civ.* II, n° 200 ; *Resp. civ. et assur.* 1993, comm. 305).

13) Relevé de forclusion obligatoire. Aggravation du préjudice. Il résulte de l'article 706-5 du Code de procédure pénale que la commission d'indemnisation des victimes d'infraction est tenue de relever le requérant de la forclusion lorsqu'il a subi une aggravation de son préjudice (■ Cass. 2e civ., 30 juin 2016, n° 15-21.360 : *Bull. civ.* II, n° 184).

14) Effet du relevé de forclusion – Aggravation du préjudice. En application de l'article 706-5 du Code de procédure pénale, le préjudice nouveau subi par la victime par ricochet du fait du décès de la victime directe, survenu après l'expiration du délai de forclusion, étant indissociable de son préjudice initial, le relevé de forclusion prévu par ce texte à son profit lorsqu'elle n'a pas agi dans le délai initial requis, lui permet de faire valoir ses droits à indemnisation pour l'ensemble de son préjudice, dès lors que l'aggravation du préjudice que constitue ce décès est en relation de causalité directe et certaine avec les faits ayant causé le dommage initial (■ Cass. 2e civ., 28 juin 2012, n° 11-13.948 : *JurisData* n° 2012-014217 ; *Bull. civ.* II, n° 121 ; *Resp. civ. et assur.* 2012, comm. 304).

Art. 706-5-1 *(Mod., L. n° 2008-644, 1er juill. 2008)*. **– La demande d'indemnité, accompagnée des pièces justificatives, est transmise sans délai par le greffe de la commission d'indemnisation au fonds de garantie des victimes des actes de terrorisme et autres infractions.**

Celui-ci est tenu, dans un délai de deux mois à compter de la réception, de présenter à la victime une offre d'indemnisation. Le refus d'offre d'indemnisation par le fonds de garantie doit être motivé. Ces dispositions sont également applicables en cas d'aggravation du préjudice.

En cas d'acceptation par la victime de l'offre d'indemnisation, le fonds de garantie transmet le constat d'accord au président de la commission d'indemnisation aux fins d'homologation.

En cas de refus motivé du fonds de garantie, ou de désaccord de la victime sur l'offre qui lui est faite, l'instruction de l'affaire par le président de la commission ou le magistrat assesseur se poursuit.

Lorsque le préjudice n'est pas en état d'être liquidé et que le fonds de garantie ne conteste pas le droit à indemnisation, il peut, en tout état de la procédure, verser une provision à la victime. Le fonds de garantie tient le président de la commission d'indemnisation immédiatement informé (1).

Les modalités d'application du présent article sont fixées par décret en Conseil d'État.

Bibliographie : H. Groutel, *JCl. Proc. pén.*, art. 706-3 à 706-15, Fasc. 20.

Voir également : art. R. 50-12-1 et R. 50-12-2, p. 1999.

1) Acceptation de l'offre d'indemnisation pour le compte d'un mineur non émancipé. Hors le cas de tutelle avec conseil de famille, les représentants légaux d'un mineur ayant subi un préjudice résultant de faits volontaires ou non qui présentent le caractère matériel d'une infraction doivent recueillir l'autorisation du juge aux affaires familiales, en sa qualité de juge des tutelles des mineurs, préalablement à l'acceptation de l'offre d'indemnisation prévue

(1) Dispositions applicables à toutes les décisions juridictionnelles rendues à compter du 1er oct. 2008.

par l'article 706-5-1 du Code de procédure pénale, dès lors qu'elle emporte pour le mineur renonciation à un droit (■ Cass., avis, 25 mars 2013, n° 12-70.019 : *Bull. civ.*, avis n° 6).

2) **Action civile de la victime indemnisée par le Fonds de garantie.** Le versement d'une indemnité par le Fonds de garantie des victimes des actes de terrorisme et autres infractions n'éteint pas l'action de la partie civile, laquelle demeure recevable à demander la condamnation de l'accusé au paiement d'une indemnité complémentaire, à la seule condition, édictée par l'article 706-12 du Code de procédure pénale, d'indiquer le montant de celle qui lui a été accordée (■ Cass. crim., 4 avr. 2007, n° 06-85.845).

Art. 706-6 *(Mod., L. n° 90-589, 6 juill. 1990)*. **– La commission ou son président peut procéder ou faire procéder à toutes auditions et investigations utiles, sans que puisse leur être opposé le secret professionnel. Ils peuvent notamment se faire communiquer copie des procès-verbaux constatant l'infraction ou de toutes les pièces de la procédure pénale, même en cours. Ils peuvent également requérir :**

1° De toute personne ou administration, la communication de renseignements sur la situation professionnelle, financière, fiscale ou sociale des personnes ayant à répondre du dommage causé par l'infraction ou du requérant ;

2° De tout service de l'État, collectivité publique, organisme de sécurité sociale, organisme assurant la gestion des prestations sociales ou compagnies d'assurance susceptibles de réparer tout ou partie du préjudice, la communication des renseignements relatifs à l'exécution de leurs obligations éventuelles.

Les renseignements ainsi recueillis ne peuvent être utilisés à d'autres fins que l'instruction de la demande d'indemnité et leur divulgation est interdite.

Le président de la commission peut accorder une ou plusieurs provisions en tout état de la procédure ; il est statué dans le délai d'un mois à compter de la demande de provision.

Bibliographie : H. Groutel, *JCl. Proc. pén.*, art. 706-3 à 706-15, Fasc. 20.

Voir également : art. R. 50-15, p. 2000.

I – RECHERCHES INCOMBANT AU PRÉSIDENT DE LA COMMISSION D'INDEMNISATION DES VICTIMES D'INFRACTIONS

1) **Cas du classement sans suite.** Une décision de classement sans suite n'ayant qu'un caractère provisoire, le président de la commission d'indemnisation des victimes d'infractions, saisie d'une demande de provision, doit rechercher si les faits qui lui sont soumis présentent le caractère matériel d'une infraction (■ Cass. 2e civ., 1er juill. 1992, n° 91-12.662 : *Bull. civ.* II, n° 179 ; *Resp. civ. et assur.* 1992, comm. 402).

2) **Cas de l'ouverture d'une information.** Le président d'une commission d'indemnisation des victimes d'infractions ne peut, pour allouer à une personne une provision à valoir sur le préjudice qu'elle a subi du fait du décès de son père, se borner à énoncer qu'une information est ouverte du chef d'assassinat, et que, quelles que soient les circonstances de l'infraction, dès lors que celle-ci n'est pas contestable, la fille du décédé remplit les conditions d'indemnisation ; en se déterminant ainsi, par une simple affirmation, sans analyser les faits qui lui étaient soumis ni rechercher s'ils présentaient le caractère matériel d'une infraction, le président de la commission d'indemnisation des victimes d'infractions n'a pas mis la Cour de cassation en mesure d'exercer son contrôle (■ Cass. 2e civ., 7 oct. 1992, n° 91-20.881 : *Bull. civ.* II, n° 229 ; *Resp. civ. et assur.* 1992, comm. 444).

II – DÉCISION DU PRÉSIDENT DE LA COMMISSION D'INDEMNISATION DES VICTIMES D'INFRACTIONS

3) **Absence de caractère subsidiaire de la demande d'indemnisation.** Viole les dispositions de l'article 706-9 du Code de procédure pénale le président d'une commission d'indemnisation des victimes d'infractions qui refuse d'accorder une provision à la victime au motif que celle-ci ne fournit aucune justification sur l'assurance du véhicule permettant de connaître la nature et l'étendue de ses droits éventuels à indemnisation, alors que lesdites dispositions n'imposent pas à la victime d'une infraction de tenter d'obtenir l'indemnisation de son préjudice des personnes responsables du dommage causé par l'infraction ou tenues à un titre quelconque d'en assurer la réparation préalablement à la saisine de la commission ou de son président (■ Cass. 2e civ., 13 déc. 2001, n° 00-12.105 : *Juris-Data* n° 2001-012099 ; *Bull. civ.* II, n° 191 ; *Resp. civ. et assur.* 2002, comm. 97).

4) **Nécessité d'un droit à indemnisation non sérieusement contestable.** Le président d'une

commission d'indemnisation des victimes d'infractions ne peut allouer une provision que si le droit à indemnisation du requérant n'est pas sérieusement contestable (■ Cass. 2e civ., 20 juill. 1993, n° 91-20.883 : *Bull. civ.* II, n° 270 ; *Resp. civ. et assur.* 1993, comm. 307. ■ Cass. 2e civ., 13 déc. 2001, n° 00-12.105 : *Juris-Data* n° 2001-012099 ; *Bull. civ.* II, n° 191 ; *Resp. civ. et assur.* 2002, comm. 97).

5) Prise en compte de la faute de la victime. Ne fait qu'user des pouvoirs qu'il tient de l'article 706-6 du Code de procédure pénale, le président d'une commission d'indemnisation des victimes d'infractions qui refuse d'allouer la provision demandée en énonçant que la victime s'est livrée à une provocation et qu'elle a contribué par sa faute à déclencher l'agression qu'elle a subie (■ Cass. 2e civ., 25 mai 1994, n° 92-16.650 : *Bull. civ.* II, n° 140).

6) Exclusion de la règle « le criminel tient le civil en l'état ». Le principe selon lequel « le criminel tient le civil en l'état » n'est pas applicable aux demandes de provision formées devant une commission d'indemnisation des victimes d'infractions (■ Cass. 2e civ., 15 nov. 2001, n° 00-12.506 : *Bull. civ.* II, n° 166 ; *Dr. pén.* 2002, comm. 64, obs. A. Maron).

Art. 706-7 ***(Mod., L. n° 90-589, 6 juill. 1990).*** **– Lorsque des poursuites pénales ont été engagées, la décision de la commission peut intervenir avant qu'il ait été statué sur l'action publique.**

La commission peut, pour l'application du dernier alinéa de l'article 706-3, surseoir à statuer jusqu'à décision définitive de la juridiction répressive. Dans tous les cas, elle doit surseoir à statuer à la demande de la victime.

Les débats ont lieu et la décision est rendue en chambre du conseil.

Bibliographie : H. Groutel, *JCl. Proc. pén.*, art. 706-3 à 706-15, Fasc. 20.

Voir également : art. R. 50-19 et s., p. 2000.

1) Débats en chambre du conseil. Selon l'article 706-7 du Code de procédure pénale relatif à la procédure suivie devant les commissions d'indemnisation des victimes d'infraction, les débats ont lieu et la décision est rendue en chambre du conseil ; si l'article 6, § 1 de la Convention européenne des droits de l'Homme prévoit que toute personne a droit à ce que sa cause soit entendue publiquement et que le jugement doit être rendu publiquement, cet article ne peut être invoqué que si ce droit à la publicité a été revendiqué. Dès lors, s'il ne résulte ni de la décision ni des productions, que l'intéressé ait demandé à la commission de débattre de sa cause et de statuer en audience publique, le moyen tiré de la non-publicité des débats et du prononcé de la décision, invoqué pour la première fois devant la Cour de cassation, ne peut être accueilli (■ Cass. 2e civ., 1er juill. 1992, n° 91-13.661 : *Bull. civ.* II, n° 178. Cass. 2e civ., 14 janv. 1999, n° 96-22.155).

2) Exclusion de la règle « le criminel tient le civil en l'état ». Le principe selon lequel « le criminel tient le civil en l'état » n'est pas applicable aux demandes de provision formées devant une commission d'indemnisation des victimes d'infractions (■ Cass. 2e civ., 15 nov. 2001, n° 00-12.506 : *Bull. civ.* II, n° 166 ; *Dr. pén.* 2002, comm. 64, obs. A. Maron).

3) Possibilité pour la commission d'indemnisation des victimes d'infractions de surseoir à statuer. Selon l'article 706-7 du Code de procédure pénale, lorsque des poursuites pénales ont été engagées, la commission d'indemnisationdes victimes d'infractions peut surseoir à statuer jusqu'à décision définitive de la juridiction répressive. Viole les articles 706-3, dernier alinéa, et 706-7, alinéas 1 et 2, du Code de procédure pénale, la commission qui, pour allouer a une victime le maximum de l'indemnité, énonce qu'elle ne peut, sans méconnaître la règle générale édictée à l'article 4 du Code de procédure pénale, apprécier les responsabilités respectives avant la décision définitive sur l'action publique, et qu'en tout état de cause, l'importance du préjudice entraînera, en cas de partage de responsabilité, une indemnité bien supérieure au plafond légal, alors que, n'usant pas de la possibilité de surseoir à statuer, la Commission devait, dès lors qu'elle y était conviée par les conclusions de l'agent judiciaire du Trésor, apprécier si le comportement de la victime était de nature à faire écarter toute indemnisation ou à en réduire le montant (■ Cass. 2e civ., 1er avr. 1987, n° 85-16.076 : *Bull. civ.* II, n° 80 ; *JCP* G 1988, II, 21029, note P. Chambon).

Art. 706-8 ***(Mod., L. n° 90-589, 6 juill. 1990).*** **– Lorsque la juridiction statuant sur les intérêts civils a alloué des dommages-intérêts d'un montant supérieur à l'indemnité accordée par la commission, la victime peut demander un complément d'indemnité. Elle doit présenter sa demande dans le délai d'un an après que la décision statuant sur les intérêts civils est devenue définitive.**

Bibliographie : H. Groutel, *JCl. Proc. pén.*, art. 706-3 à 706-15, Fasc. 20.

Voir également : art. R. 50-7, p. 1998, art. R. 50-11, p. 1999.

I – CONDITIONS D'APPLICATION DE L'ARTICLE 706-8

1) Nature de la juridiction ayant statué. Les dispositions de l'article 706-8 du Code de procédure pénale concernent les réparations allouées tant par la juridiction répressive que par la juridiction civile (■ Cass. 2e civ., 9 déc. 2004, n° 03-17.152 : *JurisData* n° 2004-026055 ; *Bull. civ.* II, n° 519 ; *Resp. civ. et assur.* 2005, comm. 54).

2) Moment où la juridiction statue. Il résulte de l'article 706-8 du Code de procédure pénale que lorsque la juridiction statuant sur les intérêts civils a alloué des dommages-intérêts d'un montant supérieur à l'indemnité accordée par la commission d'indemnisation des victimes d'infractions, la victime peut demander un complément d'indemnité si cette décision est postérieure à celle de ladite commission (■ Cass. 2e civ., 12 mai 2011, n° 10-19.115 : *Bull. civ.* II, n° 109. ■ Cass. 2e civ., 22 sept. 2016, n° 16-40.224 QPC), que cette décision soit irrévocable ou non (■ Cass. 2e civ., 2 juill. 2015, n° 14-18.351 : *Bull. civ.* II, n° 181). L'article 706-8 du Code de procédure pénale n'est donc pas applicable à une demande d'indemnisation soumise par des victimes à une commission d'indemnisation des victimes d'infractions postérieurement à la décision de la cour d'assises ayant statué sur l'action civile (■ Cass. 2e civ., 22 sept. 2016, QPC, préc.).

3) Juridiction allouant des dommages-intérêts supérieurs à ceux accordés par la commission d'indemnisation des victimes d'infractions. L'article 706-8 du Code de procédure pénale ne subordonne pas l'allocation d'une indemnité complémentaire à la preuve d'éléments nouveaux autres qu'une décision d'une juridiction civile ou répressive allouant des dommages-intérêts supérieurs à ceux accordés précédemment par la commission d'indemnisation des victimes d'infractions (■ Cass. 2e civ., 2 juill. 2015, n° 14-18.351 : *Bull. civ.* II, n° 181. ■ Cass. 2e civ., 24 oct. 2019, n° 18-15.827 : *Resp. civ. et assur.* 2020, comm. 7, obs. H. Groutel).

II – DÉCISION DE LA COMMISSION D'INDEMNISATION DES VICTIMES D'INFRACTIONS

4) Appréciation souveraine du montant de l'indemnité complémentaire. La commission d'indemnisation des victimes d'infractions, saisie sur la base de l'article 706-8 du Code de procédure pénale, apprécie souverainement le montant de l'indemnité complémentaire sans être tenue par l'évaluation de la juridiction répressive (■ Cass. 2e civ., 25 mai 1987, n° 86-10.674 : *Bull. civ.* II, n° 116. ■ Cass. 2e civ., 8 déc. 1993, n° 92-10.753 : *Bull. civ.* II, n° 358 ; *Resp. civ. et assur.* 1994, comm. 46).

Art. 706-9 ***(L. n° 90-589, 6 juill. 1990).*** **– La commission tient compte, dans le montant des sommes allouées à la victime au titre de la réparation de son préjudice :**

– des prestations versées par les organismes, établissements et services gérant un régime obligatoire de sécurité sociale et par ceux qui sont mentionnés aux articles 1106-9, 1234-8 et 1234-20 du Code rural [ancien] ;

– des prestations énumérées au II de l'article 1er de l'ordonnance n° 59-76 du 7 janvier 1959 relative aux actions en réparation civile de l'État et de certaines autres personnes publiques ;

– des sommes versées en remboursement des frais de traitement médical et de rééducation ;

– des salaires et des accessoires du salaire maintenus par l'employeur pendant la période d'inactivité consécutive à l'événement qui a occasionné le dommage ;

– des indemnités journalières de maladie et des prestations d'invalidité versées par les groupements mutualistes régis par le Code de mutualité.

Elle tient compte également des indemnités de toute nature reçues ou à recevoir d'autres débiteurs au titre du même préjudice.

Les sommes allouées sont versées par le fonds de garantie des victimes des actes de terrorisme et d'autres infractions.

Bibliographie : H. Groutel, *JCl. Proc. pén.*, art. 706-3 à 706-15, Fasc. 20. • H. Goutel, *La prise en compte des prestations sociales en matière d'indemnisation des victimes d'infraction : Resp. civ. et assur.* 1999, chron. n° 1.

Voir également : art. R. 50-9, p. 1998.

1) Absence de caractère subsidiaire de l'indemnisation versée par le Fonds d'indemnisation des actes de terrorisme et d'autres infractions. Les dispositions de l'article 706-9 du Code de procédure pénale n'imposent pas à la victime d'une infraction de tenter d'obtenir l'indemnisation de son préjudice des personnes responsables du dommage causé par l'infraction ou tenues à un titre quelconque d'en assurer la réparation préalablement à la saisine d'une commission d'indemnisation des victimes d'infractions (■ Cass. 2e civ., 23 juin 1993, n° 91-19.791 : *Bull. civ.* II, n° 224. ▪ Cass. 2e civ., 6 nov. 1996, n° 94-17.970 : *Bull. civ.* 1996, II, n° 243 ; *Resp. civ. et assur.* 1997, ss. chron. 1, H. Groutel. ▪ Cass. 2e civ., 19 févr. 1997, n° 95-10.159 : *Bull. civ.*, II, n° 48 ; *Resp. civ. et assur.* 1997, ss. chron. 7, H. Groutel ; *Dr. pén.* 1997, comm. 88, obs. A. Maron. ▪ Cass. 2e civ., 13 déc. 2001, n° 00-12.105 : *JurisData* n° 2001-012099 ; *Bull. civ.* II, n° 191 ; *Resp. civ. et assur.* 2002, comm. 97). Aucune disposition de la loi du 6 juillet 1990 n'interdit à la victime d'agir devant une commission d'indemnisation des victimes d'infractions même si elle a perçu une provision du débiteur qui lui a fait une offre d'indemnisation (▪ Cass. 2e civ., 19 févr. 1997, préc.).

2) Calcul de l'indemnité conformément au droit commun de la responsabilité. L'indemnité allouée aux victimes d'infractions doit être calculée suivant les règles du droit commun de la responsabilité (▪ Cass. 2e civ., 7 oct. 1992, n° 91-19.705 : *Bull. civ.* II, n° 230 ; *Resp. civ. et assur.* 1992, comm. 448. Cass. 2e civ., 23 juin 1993, n° 91-19.703 : *Bull. civ.* II, n° 227. ▪ Cass. 2e civ., 5 févr. 2004, n° 02-14.181 : *Bull. civ.* II, n° 47). Encourt donc la cassation, la décision d'une commission d'indemnisation des victimes d'infraction qui, après avoir retenu que l'indemnité de la victime devait être réduite de moitié en raison de sa propre faute, fixe l'indemnisation en retenant la moitié du préjudice résiduel de la victime, après déduction sur son préjudice global des prestations déjà versées par les caisses de sécurité sociale, sans évaluer le préjudice global résultant de l'atteinte à la personne et sans déduire de la somme allouée à la victime, calculée en tenant compte de la réduction décidée en raison de sa faute, les prestations versées par les caisses de sécurité sociale (▪ Cass. 2e civ., 7 oct. 1992, n° 91-19.705 : *Bull. civ.* II, n° 230 ; *Resp. civ. et assur.* 1992, comm. 448. ▪ Cass. 2e civ., 23 juin 1993, n° 91-19.703 : *Bull. civ.* II, n° 227. ▪ Cass. 2e civ., 5 févr. 2004, n° 02-14.181 : *Bull. civ.* II, n° 47). Viole l'article 706-9 du Code de procédure pénale et le principe de la réparation intégrale l'arrêt qui refuse d'imputer sur la perte de revenus du conjoint survivant le capital-décès versé par une caisse de sécurité sociale alors que ce dernier, dépendant, selon le Code de la sécurité sociale, du montant des revenus du défunt, indemnise la perte de revenus résultant du décès (▪ Cass. 2e civ., 17 mars 2011, n° 10-19.718 : *Bull. civ.* II, n° 68). En application de l'article 706-9 du Code de procédure pénale et du principe de la réparation intégrale, le montant des indemnités journalières servies par l'organisme social, qui inclut la cotisation sociale généralisée et la cotisation pour le remboursement de la dette sociale, doit être imputé non sur le montant net du salaire mais sur un montant comprenant celui de ces deux prélèvements (▪ Cass. 2e civ., 25 juin 2009, n° 08-17.912 : *Bull. civ.* II, n° 172).

3) Prestations versées par les organismes gérant un service obligatoire de sécurité sociale. Selon l'article 706-9 du Code de procédure pénale, la commission d'indemnisation des victimes d'infractions doit tenir compte, dans le montant des sommes allouées à la victime au titre de la réparation de son préjudice, des prestations versées par les organismes, établissements et services gérant un régime obligatoire de sécurité sociale (▪ Cass. 2e civ., 22 janv. 2009, n° 07-16.974 : *Bull. civ.* II, n° 25 ; *Resp. civ. et assur.* 2009, comm. 101, obs. H. Groutel. ▪ Cass. 2e civ., 12 févr. 2009, n° 08-11.080 : *JurisData* n° 2009-047032 ; *Resp. civ. et assur.* 2009, comm. 103, note H. Groutel). Doivent être imputées sur le montant des indemnités allouées, toutes les prestations sans distinction versées en conséquence du fait dommageable par tous organismes, établissements et services gérant un régime obligatoire de sécurité sociale (▪ Cass. 2e civ., 12 févr. 2009, préc.).

4) Indemnités de toute nature reçues ou à recevoir d'autres débiteurs au titre du même préjudice. La commission d'indemnisation des victimes d'infractions tient compte également des indemnités de toute nature reçues ou à recevoir d'autres débiteurs au titre du même préjudice (▪ Cass. 2e civ., 11 déc. 2014, n° 13-28.774 : *Bull. civ.* II, n° 247. ▪ Cass. 2e civ., 9 juin 2016, n° 15-20.632 : *Resp. civ. assur.* 2016, n° 300, obs. H. Groutel. ▪ Cass. 2e civ., 20 oct. 2016, n° 15-24.812 : *Bull. civ.* II, n° 235 ; *Resp. civ. assur.* 2017, n° 10, obs. H. Groutel. ▪ Cass. 2e civ., 23 mars 2017, n° 16-14.456). Doit donc être cassé l'arrêt par lequel une cour d'appel indemnise la perte de chance pour la victime de retrouver un emploi, de trouver un emploi mieux rémunéré, d'améliorer sa situation et de se constituer une retraite décente, sans rechercher s'il n'y avait pas lieu de déduire de l'indemnité allouée les sommes perçues par ladite victime au titre des prestations d'invalidité versées par une caisse primaire d'assurance maladie (▪ Cass. 2e civ., 11 déc. 2014, préc.). Lorsque les revenus du défunt sont pris en considération pour le calcul du montant du capital-décès, celui-ci n'est pas indépendant, dans ses modalités de calcul et d'attribution, de celles de la réparation du préjudice selon le droit commun, en sorte qu'il revêt un caractère indemnitaire ; viole les dispositions de l'article 706-9 du Code de procédure pénale, la cour d'appel qui retient qu'un tel capital-décès versé par une mutuelle revêt un caractère forfaitaire et n'a pas à être pris en compte dans le calcul du préjudice d'une victime (▪ Cass. 2e civ., 20 oct. 2016, préc.). Une juridiction ne saurait déduire de l'indemnité allouée à la victime au titre de son préjudice économique, le capital versé par une compagnie d'assurances en application de la garantie accident souscrite, au motif que ce capital ayant vocation à réparer la perte de revenus consécutive au décès, il doit être déduit de l'indemnité allouée au conjoint survivant, sans constater que ce capital avait un caractère indemnitaire (■ Cass. 2e civ., 23 mars 2017, préc.). Les indemnités allouées par le Fonds de garantie des victimes des actes de terrorisme et d'autres infractions ne sont pas subsidiaires à la prestation de compensation du handicap, n'ayant pas à être obligatoirement sollicitée par une victime pouvant y prétendre et n'étant pas versée par un organisme gérant un régime obligatoire de sécurité sociale, de sorte que, si elle n'a pas été sollicitée, cette prestation ne saurait être considérée comme une indemnité à recevoir au sens de l'article 706-9 du Code de procédure pénale (■ Cass. 2e civ., 4 févr. 2016, n° 14-29.255 : *Bull. civ.* II, n° 40 ; *Resp. civ. et assur.* 2016, comm. 151, obs. H. Groutel. ■ Cass. 2e civ., 24 mai 2018, n° 17-17.378 : *Resp. civ. et assur.* 2018, comm. 215, obs. H. Groutel. ■ Cass. 2e civ., 13 déc. 2018, n° 17-28.019). Dès lors, c'est à bon droit qu'une cour d'appel a liquidé l'indemnité due à une victime sans attendre que celle-ci demande ladite prestation (■ Cass. 2e civ., 4 févr. 2016, préc.). Selon l'article 706-9 du Code de procédure pénale, la commission d'indemnisation des victimes d'infractions tient compte, dans le montant des sommes allouées à la victime au titre de la réparation de son préjudice des indemnités de toute nature reçues ou à recevoir d'autres débiteurs au titre du même préjudice, sans qu'il y ait lieu de distinguer celles qui sont mentionnée dans la liste des prestations de l'article 29 de la loi n° 85-677 du 5 juillet 1985 et donnent lieu à recours subrogatoire contre la personne tenue à réparation ; la prestation de compensation du handicap constituant une prestation indemnitaire, c'est donc à bon droit que la cour d'appel a dit qu'il convenait d'en tenir compte (■ Cass. 2e civ., 13 déc. 2018, n° 17-28.019 : *Resp. civ. et assur.* 2019, n° 69, obs. H. Groutel). Les indemnités allouées par le Fonds de garantie des victimes des actes de terrorisme et d'autres infractions n'étant pas subsidiaires à la prestation de compensation du handicap, celle-ci, qui n'a pas à être obligatoirement sollicitée par une victime pouvant y prétendre et qui n'est pas versée par un organisme gérant un régime obligatoire de sécurité sociale, ne saurait, en l'absence de demande de la victime, être considérée comme une indemnité à recevoir au sens de l'article 706-9 du Code de procédure pénale (même arrêt).

5) **Sommes de caractère forfaitaire.** Viole l'article 706-9 du Code de procédure pénale, une cour d'appel qui déduit de la réparation du préjudice subi par une victime une somme versée au titre d'une garantie accident corporel souscrite auprès d'une société d'assurances, alors qu'il résultait du contrat d'assurances produit aux débats que la somme versée à la victime, fonction d'un capital fixé aux conditions particulières affecté d'un pourcentage résultant d'un barème de référence, était indépendante dans ses modalités de calcul et d'attribution de celles de la réparation du préjudice selon le droit commun et, par suite, revêtait un caractère nécessairement forfaitaire (■ Cass. 2e civ., 20 oct. 2005, n° 04-13.633 : *JurisData* n° 2005-030320 ; *Bull. civ.* II, n° 263 ; *Resp. civ. et assur.* 2006, comm. 20. – *Rappr.* Cass. ass. plén., 19 déc. 2003, n° 01-10.670 : *Bull. ass. plén.* n° 7. – V. dans le même sens, ■ Cass. 2e civ., 28 mars 2019, n° 18-13.336 : *Resp. civ. et assur.* 2019, comm. 165, obs. H. Groutel).

6) **Règles d'imputation des prestations des tiers payeurs résultant de l'article 31 de la loi du 5 juillet 1985.** Les dispositions de l'article 31 de la loi du 5 juillet 1985, selon lequel le recours des tiers payeurs s'exerce poste par poste sur les seules indemnités qui réparent les préjudices qu'ils ont pris en charge, s'appliquent lorsque l'accident relève de la législation sur les accidents du travail. Il s'ensuit que, conformément à l'article 706-9 du Code de procédure pénale, la commission d'indemnisation des victimes d'infractions doit tenir compte, pour l'indemnisation du préjudice subi par la victime d'un accident du travail présentant le caractère d'une infraction commise par une personne autre que l'employeur et ses préposés, des prestations énumérées à l'article 29 de la loi n° 85-677 du 5 juillet 1985 pour le montant qui résulte, poste par poste, de l'application de l'article 31 (■ Cass. 2e civ., 22 janv. 2009, n° 07-16.974 : *Bull. civ.* II, n° 25 ; *Resp. civ. et assur.* 2009, comm. 101, obs. H. Groutel). Les dispositions de l'article 31, alinéa 2, de la loi n° 85-677 du 5 juillet 1985, qui instituent un droit de préférence au bénéfice de la victime subrogeante lorsqu'elle n'a été indemnisée qu'en partie, ne peuvent s'appliquer à l'indemnisation de la victime par le Fonds d'indemnisation des actes de terrorisme et d'autres infractions à l'égard duquel les tiers payeurs ne disposent d'aucun recours subrogatoire (■ Cass. 2e civ., 10 déc. 2015, n° 14-25.757 : *Bull. civ.* II, n° 276). Dès lors, c'est à bon droit qu'une cour d'appel fixe l'indemnité due à une victime d'infraction dont le droit à indemnisation a été réduit en raison de sa faute, sans faire application de l'article 31, alinéa 2, précité, en déduisant, poste par poste, les prestations visées à l'article 706-9 du Code de procédure pénale (même arrêt).

Art. 706-10 *(Mod., L. n° 90-589, 6 juill. 1990)*. **– Lorsque la victime, postérieurement au paiement de l'indemnité, obtient, du chef du même préjudice, une des prestations ou indemnités visées à l'article 706-9,**

le fonds peut demander à la commission qui l'avait accordée d'ordonner le remboursement total ou partiel de l'indemnité ou de la provision.

Bibliographie : H. Groutel, *JCl. Proc. pén.*, art. 706-3 à 706-15, Fasc. 20.

Principe de la réparation intégrale. La victime d'une infraction n'ayant pas informé une commission d'indemnisation des victimes d'infractions, malgré l'obligation qui lui était faite par l'article R. 50-9 du Code de procédure pénale, de ce qu'antérieurement à la décision de cette commission de l'indemniser, elle avait perçu une pension d'invalidité, fait l'exacte application des articles 706-9 et 706-10 du Code de procédure pénale et du principe selon lequel la réparation du préjudice doit être intégrale, une cour d'appel qui retient que le remboursement des arrérages perçus et du capital représentatif devait venir en déduction de la somme allouée par le fonds de garantie au titre de l'incapacité permanente partielle (▪ Cass. 2e civ., 14 nov. 2002, n° 01-02.049 : *Bull. civ.* II, n° 257).

Art. 706-11 *(Mod., L. n° 2016-731, 3 juin 2016)* (1). – **Le fonds est subrogé dans les droits de la victime pour obtenir des personnes responsables du dommage causé par l'infraction ou tenues à un titre quelconque d'en assurer la réparation totale ou partielle le remboursement de l'indemnité ou de la provision versée par lui, dans la limite du montant des réparations à la charge desdites personnes. Le recours du fonds ne peut s'exercer contre l'Agence de gestion et de recouvrement des avoirs saisis et confisqués.**

Le fonds peut exercer ses droits par toutes voies utiles, y compris par voie de constitution de partie civile devant la juridiction répressive et ce, même pour la première fois, en cause d'appel. Lorsqu'il se constitue partie civile par lettre recommandée, le fonds peut demander le remboursement des sommes mises à sa charge sans limitation de plafond.

Les administrations ou services de l'État et des collectivités publiques, les organismes de sécurité sociale, les organismes qui assurent la gestion des prestations sociales, les établissements financiers et les entreprises d'assurance sont tenus de réunir et de communiquer au fonds les renseignements dont ils disposent ou peuvent disposer et qui sont utiles à la mise en œuvre de son action récursoire. Les renseignements ainsi recueillis ne peuvent être utilisés à d'autres fins que celles prévues au présent article ou à l'article L. 422-8 du Code des assurances. Leur divulgation est interdite.

Lorsque l'auteur de l'infraction a fait l'objet d'une obligation d'indemnisation de la victime dans le cadre d'une peine de sanction-réparation, d'un « sursis avec mise à l'épreuve » (2) **ou d'une décision d'aménagement de peine ou de libération conditionnelle et que la victime a été indemnisée par le fonds, soit en application du présent titre, soit du titre XIV *bis*, cette obligation doit alors être exécutée au bénéfice du fonds de garantie dans l'exercice de son recours subrogatoire et de son mandat de recouvrement au profit de la victime.**

Bibliographie : H. Groutel, *JCl. Proc. pén.*, art. 706-3 à 706-15, Fasc. 20.

1) **Question prioritaire de constitutionnalité.** La question prioritaire de constitutionnalité qui prétend que les dispositions de l'article 706-11, alinéa 1er du Code de procédure pénale ne sont pas conformes à l'article 6 de la Déclaration des droits de l'homme et du citoyen du 26 août 1789 ne présente pas un caractère sérieux en ce qu'au regard des principes constitutionnels de responsabilité personnelle et d'égalité, la disposition contestée n'exonère pas la personne pénalement responsable de son obligation d'indemniser la victime de l'infraction et n'opère aucune substitution en permettant l'exercice d'un recours subrogatoire par le Fonds de garantie des victimes d'actes de terrorisme et d'autres infractions contre un autre débiteur d'indemnisation (▪ Cass. 2e civ., 9 déc. 2010, n° 10-17.884 QPC : *Resp. civ. et assur.* 2011, comm. 63).

I – JURIDICTIONS COMPÉTENTES POUR CONNAÎTRE DU RECOURS SUBROGATOIRE DU FONDS DE GARANTIE

A – Juridictions répressives

2) **Constitution de partie civile du Fonds de garantie.** Aux termes de l'article 706-11 du Code de procédure pénale (le Fonds de garantie des victimes d'actes de terrorisme et d'autres infractions) peut exercer son recours subrogatoire par voie de constitution de partie civile devant la juri-

(1) Dispositions applicables à toutes les décisions juridictionnelles rendues à compter du 1er oct. 2008.

(2) Selon les dispositions de la loi n° 2019-222 du 23 mars 2019, les mots « sursis avec mise à l'épreuve » sont remplacés par les mots « sursis probatoire » à compter du 24 mars 2020. – NDLR.

diction répressive (■ Cass. crim., 7 mai 1980, n° 78-93.542 : *Bull. crim.* n° 138).

3) Constitution de partie civile devant les juridictions de jugement. Le recours subrogatoire du Fonds ne peut s'exercer que devant les juridictions de jugement et non par voie de constitution de partie civile devant la chambre de l'instruction (■ Cass. crim., 5 oct. 2010, n° 09-82.862 : *JurisData* n° 2010-018917 ; *Bull. crim.* n° 146 ; *Resp. civ. et assur.* 2011, comm. 16).

B – Juridictions civiles

4) Procès pénal en cours. Le Fonds de garantie des victimes d'actes de terrorisme et d'autres infractions, subrogé dans les droits de la victime, peut choisir la voie civile pour obtenir le remboursement des sommes versées à celle-ci sans attendre l'issue d'une procédure pénale non encore menée à son terme (■ Cass. 2e civ., 28 mai 2009, n° 08-11.025 : *JurisData* n° 2009-048363 ; *Resp. civ. et assur.* 2009, comm. 217).

II – RECOURS DU FONDS DE GARANTIE

5) Préservation du recours du Fonds de garantie. En raison de la subrogation du Fonds de garantie des victimes d'actes de terrorisme et d'autres infractions dans les droits de la victime qu'instituent les articles 706-3 et 706-11 du Code de procédure pénale, régissant un mode d'indemnisation fondé sur la solidarité nationale, et en application des principes qui gouvernent la procédure devant le juge administratif, ce dernier, informé de ce que la personne victime d'une infraction au sens des dispositions ci-dessus a saisi une commission d'indemnisation des victimes d'infraction pénale ou obtenu une indemnité versée par le Fonds de garantie, doit, à peine d'irrégularité de son jugement, mettre en cause le fonds dans l'instance dont il est saisi afin, d'une part, de permettre à celui-ci d'exercer son droit de subrogation et, d'autre part, de s'assurer qu'il ne procédera pas, s'il donne suite à la demande de condamnation, à une double indemnisation des mêmes préjudices (■ CE, avis, 7 avr. 2010, n° 333407 : *JurisData* n° 2010-003415 ; *Resp. civ. et assur.* 2010, comm. 184, obs. H. Groutel).

6) Absence de toute décision de justice statuant sur le préjudice de la victime et opposable à l'auteur de l'infraction. Il résulte de l'article 706-11 du Code de procédure pénale que le recours subrogatoire que le Fonds de garantie des victimes d'actes de terrorisme et d'autres infractions exerce contre l'auteur de l'infraction, déclaré responsable par une juridiction du dommage causé à la victime des faits, n'est pas subordonné à l'intervention préalable d'une décision de justice statuant sur le préjudice de cette victime et opposable à l'auteur de l'infraction ; ni le désistement de son action civile par la victime, ni l'irrecevabilité comme tardive de la constitution de partie civile du Fonds devant la juridiction répressive ne font obstacle à son recours subrogatoire devant les juridictions civiles. C'est donc à tort qu'une cour d'appel juge que le Fonds, quand bien même il établit avoir réglé les indemnités allouées à la victime, ne dispose d'aucune voie pour exercer son recours subrogatoire à l'encontre de l'auteur des faits, au motif que celui-ci n'aurait pas été reconnu, par une décision judiciaire qui lui serait opposable, responsable des dommages causés à la victime ou tenu à un titre quelconque d'en assurer la réparation (■ Cass. 2e civ., 29 mars 2012, n° 11-14.106 : *JurisData* n° 2012-005824 ; *Bull. civ.* II, n° 64 ; *Resp. civ. et assur.* 2012, comm. 168).

7) Recours en l'absence de demande de la victime non comparante. La juridiction correctionnelle peut évaluer les indemnités revenant à la victime selon les règles du droit commun puis, constatant qu'elles excédaient la somme versée par le Fonds de garantie des victimes d'actes de terrorisme et d'autres infractions, faire droit intégralement à la demande de cet organisme en ordonnant le remboursement des sommes versées à ladite victime, non comparante : le Fonds peut en effet exercer son recours même en l'absence d'une demande des victimes qu'il a indemnisées (■ Cass. crim., 11 févr. 1998, n° 97-83.153).

III – EFFETS DE LA SUBROGATION

8) Principe. Il résulte de l'article 706-11 du Code de procédure pénale que le Fonds de garantie des victimes d'actes de terrorisme et d'autres infractions est subrogé dans les droits de la victime pour obtenir des personnes responsables du dommage causé par l'infraction ou tenues à un titre quelconque d'en assurer la réparation totale ou partielle le remboursement de l'indemnité ou de la provision versée par lui, dans la limite des réparations à la charge desdites personnes et qu'il peut exercer ses droits par toutes voies utiles (■ Cass. 2e civ., 1er mars 2018, n° 16-20.603 : *Bull. civ.* II, n° 36 ; *Resp. civ. et assur.* 2018, comm. 171, obs. H. Groutel). Selon l'article 706-11 du Code de procédure pénale, le Fonds de garantie des victimes d'infraction est subrogé dans les droits de la victime pour obtenir des personnes responsables du dommage causé par l'infraction ou tenues à un titre quelconque d'en assurer la réparation totale ou partielle le remboursement de l'indemnité ou de la provision versée par lui, dans la limite du montant des réparations à la charge desdites personnes ; lorsqu'une somme a été allouée en première instance aux différentes parties civiles constituées, lesquelles n'ont pas interjeté appel de cette décision, la cour d'appel ne saurait donc condamner le débiteur à payer au fonds de garantie des victimes d'infraction une somme d'un montant supérieur (▪ Cass. crim., 9 janv. 2019, n° 17-87.070 : *Bull. crim.* n° 7). Le FGTI, subrogé dans les droits de la victime, peut se prévaloir de l'arrêt rendu, sur intérêts civils, au profit de cette dernière et prononçant des condamnations assorties des intérêts au taux légal ; il est donc fondé à recouvrer sur le fondement de ce titre exécutoire les intérêts courus de plein droit, à compter du paiement subrogatoire, sur les indemnités qu'il a versées (▪ Cass. 2e civ., 29 août 2019, n° 17-31.014 : *Bull. civ.* II, p. 209).

9) Décision fondant le recours du Fonds de garantie. Le Fonds de garantie des victimes d'actes de terrorisme et d'autres infractions ayant indemnisé les victimes d'une infraction de leur préjudice, en application d'une décision d'une commission d'indemnisation des victimes d'infractions rendue postérieurement à un jugement pénal leur allouant certaines sommes, le caractère autonome du mode de réparation institué en faveur des victimes d'infractions par l'article 706-3 du Code de procédure pénale fait obstacle à ce que le fonds exerce le recours subrogatoire prévu par l'article 706-11 du même code sur le fondement du jugement rendu par la juridiction répressive (▪ Cass. 2e civ., 5 févr. 2004, n° 02-14.324 : *JurisData* n° 2004-022115 ; *Bull. civ.* II, n° 46 ; *Resp. civ. et assur.* 2004, comm. 141).

10) Débiteurs de la créance subrogatoire du Fonds de garantie. L'article 706-11 du Code de procédure pénale édicte au profit du Fonds de garantie des victimes d'actes de terrorisme et d'autres infractions une subrogation dans les droits de la victime d'une infraction à l'encontre, non seulement des personnes responsables du dommage causé par l'infraction, mais également de celles tenues à un titre quelconque d'en assurer la réparation totale ou partielle ; cette disposition ne limite nullement la subrogation aux actions fondées sur une responsabilité délictuelle et n'impose aucun préalable dans le choix des personnes actionnées ; une cour d'appel, qui a relevé que l'agression de la victime avait eu lieu à bord d'un train, a exactement déduit que le Fonds pouvait exercer son recours subrogatoire contre la SNCF, tenue d'une obligation contractuelle de sécurité de résultat à l'égard de la victime transportée (▪ Cass. 2e civ., 7 avr. 2011, n° 10-17.884 : *JurisData* n° 2011-005591 : *Bull. civ.* II, n° 87 ; *Resp. civ. et assur.* 2011, comm. 184).

11) Exclusion prévue par l'article L. 333-1, 2°, du Code de la consommation (surendettement). En application de l'article 706-11 du Code de procédure pénale, le Fonds de garantie des victimes des actes de terrorisme et autres infractions peut se prévaloir de l'exclusion prévue à l'article L. 333-1, 2° du Code de la consommation, selon lequel, dans la procédure de surendettement, sont exclues de toute remise, de tout rééchelonnement ou effacement : 1°) Les dettes alimentaires ; 2°) Les réparations pécuniaires allouées aux victimes dans le cadre d'une condamnation pénale ; Les amendes prononcées dans le cadre d'une condamnation pénale sont exclues de toute remise, de tout rééchelonnement ou effacement ; 3°) Les dettes ayant pour origine des manœuvres frauduleuses commises au préjudice des organismes de protection sociale énumérés à l'article L. 114-12 du Code de la sécurité sociale (▪ Cass. avis, 6 juill. 2015, n° 15-70.002 : *Bull.* avis n° 5. ▪ Cass. 2e civ., 12 mai 2016, n° 15-13.742 : *Bull. civ.* II, n° 132).

12) Opposabilité des exceptions au Fonds de garantie. Il résulte de l'article 706-11 du Code de procédure pénale que, dans l'instance sur recours subrogatoire du Fonds de garantie des victimes d'actes de terrorisme et d'autres infractions, l'auteur d'une infraction ou son assureur est en droit d'opposer à ce dernier les exceptions qu'il aurait été en mesure d'opposer à la victime subrogeante et notamment de discuter l'existence et le montant des indemnités allouées en réparation des préjudices subis (▪ Cass. 2e civ., 3 nov. 2011, n° 10-17.358 : *JurisData* n° 2011-023964 ; *Bull. civ.* II, n° 202 ; *Resp. civ. et assur.* 2012, comm. 11, obs. H. Groutel. ▪ Cass. 2e civ., 14 avr. 2016, n° 15-16.831 : *Bull. civ.* II, n° 109). Dans l'instance introduite par le Fonds d'indemnisation des victimes d'actes de terrorisme et autres infractions pour exercer le recours subrogatoire qu'il détient dans les droits de la victime aux termes de l'article 706-11 du Code de procédure pénale, le défendeur est en droit d'opposer au Fonds les moyens de défense qu'il aurait été en mesure d'opposer à la victime subrogeante (▪ Cass. 2e civ., 7 févr. 2013, n° 11-26.519 : *Bull. civ.* II, n° 25). Dès lors, méconnaît ces dispositions la cour d'appel : ... qui retient que le jugement par lequel la commission d'indemnisation des victimes d'infractions a liquidé le préjudice est définitif et que le Fonds de garantie des victimes des actes de terrorisme et d'autres infractions est donc subrogé pour l'intégralité des sommes versées à la victime (▪ Cass. 2e civ., 14 avr. 2016, préc.) ; ... qui fixe le point de départ de la prescription au jour du paiement par le Fonds de garantie, alors qu'il était soutenu que la prescription était acquise à la date de ce paiement (▪ Cass. 2e civ., 14 janv. 2016, n° 15-13.040 : *Bull. civ.* II, n° 13) ; qui méconnaît la règle selon laquelle le Fonds subrogé dans les droits des victimes et soumis à la prescription applicable à leur action contre le responsable, peut se voir opposer par l'assureur la prescription acquise antérieurement à son assignation (■ Cass. 2e civ., 29 sept. 2016, n° 15-25.541 : *Resp. civ. et assur.* 2016, comm. 339, obs. H. Groutel).

13) Titre exécutoire. Pour rejeter la demande formée par le Fonds de garantie des victimes des actes de terrorisme et d'autres infractions, l'arrêt retient que ce dernier agit en remboursement des sommes qu'il a allouées aux victimes dans le cadre de transactions et que, ce faisant, il ne peut agir contre l'auteur des infractions sur le seul fondement de l'arrêt de la cour d'assises comme constituant un titre exécutoire lui permettant d'exercer son recours subrogatoire et qu'il lui appartient d'obtenir un titre exécutoire condamnant M. X... à lui rembourser les sommes qu'il a payées en exécution des transactions intervenues avec les victimes ; en statuant ainsi, alors que le Fonds disposait d'un arrêt définitif émanant de la juridiction répressive dont il pouvait se prévaloir, comme subrogé dans les droits des victimes, afin d'obtenir le recouvrement des indemnités versées en exécution des constats d'accord homologués dans la limite des réparations mises à la charge du responsable, ce dont il résultait que la demande de saisie se fondait sur un titre exécutoire, la cour d'appel a violé l'article 706-11 du Code de procédure pénale (■ Cass. 2e civ., 31 janv. 2019, n° 17-28.708).

14) Recouvrement forcé de sa créance par le Fonds de garantie. Le Fonds de garantie des victimes d'actes de terrorisme et d'autres infractions est subrogé dans les droits de la victime pour obtenir, des personnes responsables du dommage causé par l'infraction ou tenues à un titre quelconque d'en assurer la réparation totale ou partielle, le remboursement de l'indemnité ou de la provision versée par lui, dans la limite du montant des réparations à la charge desdites personnes ; il peut ainsi agir en recouvrement forcé contre le débiteur de la condamnation sur le fondement de la décision ayant prononcé cette condamnation au profit de la victime dans les droits de laquelle il est légalement subrogé ; viole l'article 706-11 du Code de procédure pénale la cour d'appel qui déclare nulle la saisie pratiquée par le Fonds sur le fondement d'une décision rendue par la juridiction répressive statuant sur intérêts civils, alors que le Fonds disposait d'un arrêt définitif émanant de cette juridiction dont il pouvait se prévaloir, comme subrogé dans les droits de la victime, afin d'obtenir le recouvrement des indemnités versées en exécution de la décision de la commission d'indemnisation des victimes d'infractions dans la limite des réparations mises à la charge du responsable, ce dont il résultait que sa demande de saisie se fondait sur un titre exécutoire (■ Cass. 2e civ., 8 sept. 2016, n° 14-24.392 : *Bull. civ.* II, n° 201 ; *Resp. civ. et assur.* 2016, n° 302, obs. H. Groutel). Le Fonds d'indemnisation des actes de terrorisme et d'autres infractions est subrogé dans les droits de la victime pour obtenir des personnes responsables du dommage causé par l'infraction ou tenues à un titre quelconque d'en assurer la réparation totale ou partielle le remboursement de l'indemnité ou de la provision versée par lui, dans la limite des réparations à la charge desdites personnes et peut exercer ses droits par toutes voies utiles ; viole l'article 706-11 du Code de procédure pénale, la cour d'appel qui déclare nulle et de nul effet la saisie pratiquée par le FGTI sur le fondement d'une décision rendue par la juridiction répressive, statuant sur intérêts civils alors que le FGTI disposait d'un arrêt définitif émanant de cette juridiction dont il pouvait se prévaloir, comme subrogé dans les droits de la victime, afin d'obtenir le recouvrement des indemnités versées en exécution de la décision de la commission d'indemnisation des victimes d'infractions dans la limite des réparations mises à la charge du responsable, ce dont il résultait que sa demande de saisie se fondait sur un titre exécutoire (■ Cass. 2e civ., 8 sept. 2016, n° 14-24.392 : *Bull. civ.* II, n° 201 ; *Resp. civ. et assur.* 2016, n° 302, obs. H. Groutel).

Art. 706-12 *(L. n° 77-5, 3 janv. 1977).* – **Si la victime ou ses ayants droit se constituent partie civile devant la juridiction répressive ou engagent une action contre les personnes responsables du dommage, ils doivent indiquer, en tout état de la procédure, s'ils ont saisi la commission instituée par l'article 706-4 et si, le cas échéant, celle-ci leur a accordé une indemnité.**

À défaut de cette indication, la nullité du jugement en ce qui concerne ses dispositions civiles pourra être demandée par toute personne intéressée pendant deux ans à compter de la date à partir de laquelle ledit jugement est devenu définitif.

Bibliographie : H. Groutel, *JCl. Proc. pén.*, art. 706-3 à 706-15, Fasc. 20.

Voir également : art. R. 50-27, p. 2001.

1) Action en nullité du jugement – Point de départ du délai de 2 ans. Si l'article 706-12 du Code de procédure pénale impose à la victime ou à ses ayants droit d'indiquer, en tout état de la procédure, s'ils ont saisi la commission instituée par l'article 706-4 dudit code et si, le cas échéant, celle-ci leur a accordé une indemnité, la nullité, pour défaut de cette indication, du jugement ou de l'arrêt en ce qui concerne ses dispositions civiles, ne peut être soulevée, pendant 2 ans, qu'à compter de la date à partir de laquelle ledit jugement ou ledit arrêt est devenu définitif (▪ Cass. crim., 22 sept. 1999, n° 99-80.594 : *Bull. crim.* n° 194).

2) Action civile de la victime indemnisée par le Fonds de garantie. Le versement d'une indemnité par le Fonds de garantie des victimes des actes de terrorisme et autres infractions n'éteint pas l'action de la partie civile, laquelle demeure recevable à demander la condamnation de l'accusé au paiement d'une indemnité complémentaire, à la seule condition, édictée par l'article 706-12 du Code de procédure pénale, d'indiquer le montant de celle qui lui a été accordée (▪ Cass. crim., 4 avr. 2007, n° 06-85.845).

Art. 706-13 *(Abr., L. n° 90-589, 6 juill. 1990).*

Art. 706-14 *(Mod., L. n° 2000-516, 15 juin 2000).* **– Toute personne qui, victime d'un vol, d'une escroquerie, d'un abus de confiance, d'une extorsion de fond ou d'une destruction, d'une dégradation ou d'une détérioration d'un bien lui appartenant, ne peut obtenir à un titre quelconque une réparation ou une indemnisation effective et suffisante de son préjudice, et se trouve de ce fait dans une situation matérielle ou psychologique grave, peut obtenir une indemnité dans les conditions prévues par les articles 706-3 (3° et dernier alinéa) à 706-12, lorsque ses ressources sont inférieures au plafond prévu par l'article 4 de la loi n° 91-647 du 10 juillet 1991, relative à l'aide juridique pour bénéficier de l'aide juridictionnelle partielle, compte tenu, le cas échéant, de ses charges de famille.**

L'indemnité est au maximum égale au triple du montant mensuel de ce plafond de ressources.

Ces dispositions sont aussi applicables aux personnes mentionnées à l'article 706-3 qui, victimes d'une atteinte à la personne prévue par cet article, ne peuvent à ce titre prétendre à la réparation intégrale de leur préjudice, les faits générateurs de celui-ci ayant entraîné une incapacité totale de travail inférieure à un mois.

Bibliographie : H. Groutel, *JCl. Proc. pén.*, art. 706-3 à 706-15, Fasc. 20.

Voir également : art. R. 50-10, p. 1999.

I – CONDITIONS PROCÉDURALES DE L'ARTICLE 706-14

1) Délai pour saisir la commission d'indemnisation des victimes d'infractions. Lorsque l'auteur d'une infraction mentionnée aux articles 706-3 et 706-14 du Code de procédure pénale est condamné à verser des dommages-intérêts, le délai d'un an imparti, à peine de forclusion, à la partie civile par l'article 706-5 de ce code pour saisir une commission d'indemnisation des victimes d'infraction court à compter du jour où elle est informée de la possibilité de cette saisine en application de l'article 706-15 du même code. Encourt, dès lors, la cassation, l'arrêt d'une cour d'appel qui décide que l'avis donné en application du dernier de ces textes ne fait pas courir ce délai en cas de décision non définitive rendue par la juridiction répressive (▪ Cass. 2e civ., 11 juin 2015, n° 14-19.597 : *Bull. civ.* II, n° 152).

II – CONDITIONS DE L'ARTICLE 706-14 TENANT AUX INFRACTIONS

2) Caractère limitatif de la liste des infractions visées par l'article 706-14. La liste des infractions énumérées à l'article 706-14 du Code de procédure pénale est limitative (▪ Cass. 2e civ., 30 nov. 1988, n° 87-13.772 : *Bull. civ.* II, n° 234. ▪ Cass. 2e civ., 6 nov. 1991, n° 90-16.040 : *Bull. civ.* II, n° 293. ▪ Cass. 2e civ., 29 janv. 1992, n° 90-14.609 : *Bull. civ.* II, n° 37 ; *Resp. civ. et assur.* 1992, comm. 132. ▪ Cass. 2e civ., 29 janv. 1992, n° 89-20.997 : *Bull. civ.* II, n° 38 ▪ Cass. 2e civ., 6 juin 2002, n° 00-21.219 : *JurisData* n° 2002-014566 : *Bull. civ.* II, n° 119 ; *Resp. civ. et assur.* 2002, comm. 203. ▪ Cass. 2e civ., 26 sept. 2002, n° 01-02.767 : *JurisData* n° 2002-01552 ; *Bull. civ.* II, n° 194 ; *Resp. civ. et assur.* 2002, comm. 359). En conséquence doit être cassée : ... la décision du président de la commission d'indemnisation des victimes d'infractions qui, pour allouer une provision à une victime, relève que la falsification de chèque et l'usage de chèque falsifié reposent sur le même mécanisme que l'escroquerie et sont punis des mêmes peines (▪ Cass. 2e civ., 30 nov. 1988, préc.) ; ... la décision qui relève que le délit d'émission de chèque sans provision est assimilé, quant à la répression, au délit d'escroquerie et qu'il apparaît ainsi qu'il est parfaitement assimilable à ce délit, même si un décret-loi le définit de façon plus précise (▪ Cass. 2e civ., 6 nov. 1991, préc.) ; ... la décision qui énonce que l'émission de chèque sans provision est punie des peines de l'escroquerie et que ce chef de préjudice doit être considéré comme entrant dans les prévisions de l'article 706-14 du Code de procédure pénale (▪ Cass. 2e civ., 29 janv. 1992, n° 90-14.609, préc.) ; ... la décision qui énonce que l'abus de faiblesse est une infraction voisine de l'escroquerie et que l'article 706-14 du Code de procédure pénale s'inspire de l'article 406 de l'ancien Code pénal qui qualifiait d'abus de confiance l'abus de la faiblesse d'un mineur (■ Cass. 2e civ., 6 juin 2002, préc.).

3) Obligation de qualifier les faits. Doit être cassée, pour violation de l'article 706-14 du Code de procédure pénale, la décision par laquelle la commission d'indemnisation des victimes d'infractions, pour allouer une réparation, se borne à relater des faits, sans préciser la nature de l'infraction retenue pour justifier l'indemnisation (■ Cass. 2e civ., 8 déc. 1993, n° 92-16.478 : *Bull. civ.* II, n° 357 ; *Resp. civ. et assur.* 1994, comm. 43).

4) Qualification des faits par le juge répressif. La qualification des faits retenue par le juge répressif s'impose au juge de l'indemnisation (■ Cass. 2e civ., 29 janv. 1992, n° 89-20.997 : *Bull. civ.* II, n° 38. ■ Cass. 2e civ., 6 juin 2002, n° 00-21.219 : *JurisData* n° 2002-014566 ; *Bull. civ.* II, n° 119 ; *Resp. civ. et assur.* 2002, comm. 203). Doit donc être cassée la décision qui, pour allouer une indemnité à la victime d'agissements de mineurs ayant donné lieu à leur condamnation du chef d'extorsion de fonds par violence, retient que cette qualification légale n'exclut pas que ces faits puissent également être qualifiés de vol dans la mesure où la remise des fonds déterminée par la contrainte ne peut être considérée comme volontaire, de telle sorte que la requête devrait être déclarée recevable comme visant l'une des infractions prévues dans l'article 706-14 du Code de procédure pénale (■ Cass. 2e civ., 29 janv. 1992, préc.).

III – CONDITIONS DE L'ARTICLE 706-14 TENANT AUX VICTIMES

A – Personnes protégées

5) Dispositif d'indemnisation réservé aux personnes physiques. Le dispositif d'indemnisation prévu par l'article 706-14 du Code de procédure pénale s'exerce au profit des personnes se trouvant dans une situation matérielle ou psychologique grave et dont les ressources sont inférieures au plafond prévu pour l'attribution de l'aide juridictionnelle partielle, compte tenu, le cas échéant, de leurs charges de famille ; il a ainsi pour vocation de réparer les préjudices subis par les seules victimes personnes physiques, à l'exclusion de ceux des personnes morales (■ Cass. 2e civ., 30 mai 2007, n° 06-13.098 : *Bull. civ.* II, n° 138. ■ Cass. 2e civ., 7 oct. 2010, n° 09-13.659 : *JurisData* n° 2010-017897 ; *Resp. civ. et assur.* 2011, comm. 14).

B – Conditions de ressources

6) Détermination des ressources. Pour l'application des dispositions de l'article 706-14 du Code de procédure pénale, il convient de prendre en considération, non le revenu imposable de la victime, mais ses ressources (■ Cass. 2e civ., 29 mars 2001, n° 99-17.584 : *JurisData* n° 2001-008898 ; *Bull. civ.* II, n° 65 ; *Resp. civ. et assur.* 2001, comm. 188, 2e esp.). Seules les ressources propres de la victime majeure, vivrait-elle habituellement au foyer parental, doivent être prises en compte pour apprécier son droit à bénéficier d'une indemnisation (■ Cass. 2e civ., 15 mars 2001, n° 99-17.007 : *JurisData* n° 2001-008631 ; *Bull. civ.* II, n° 54 ; *Resp. civ. et assur.* 2001, comm. 188, 1re esp.). Les charges de famille sont prises en compte pour la détermination des ressources ouvrant droit à indemnisation (■ Cass. 2e civ., 10 oct. 2002, n° 01-12.253 : *Bull. civ.* II, n° 221).

7) Seuil de ressources. Ne donne pas de base légale à sa décision la commission d'indemnisation des victimes d'infractions qui alloue une indemnité sans rechercher si les ressources de la victime sont inférieures au plafond prescrit à l'article 706-14 du Code de procédure pénale (■ Cass. 2e civ., 8 nov. 1993, n° 91-21.282).

C – Situation matérielle ou psychologique grave

8) Situation causée par l'infraction. En application de l'article 706-14 du Code de procédure pénale, la victime a droit à une indemnisation lorsque l'infraction a contribué, fût-ce pour partie, à la placer dans une situation matérielle grave (■ Cass. 2e civ., 11 juin 1998, n° 96-12.291 : *Bull. civ.* II, n° 186).

9) Appréciation de la situation en la personne de la victime. La situation matérielle grave du fait de l'absence d'indemnisation s'apprécie en la personne de la victime ; doit donc être cassé l'arrêt qui retient que la mère de l'enfant ne justifie pas de la situation matérielle grave dans laquelle elle se trouve du fait de l'infraction dont l'enfant a été victime (■ Cass. 2e civ., 14 janv. 1999, n° 97-13.103 : *Bull. civ.* II, n° 12).

10) Situation matérielle grave – Illustration. Justifie légalement sa décision la cour d'appel, qui, retenant qu'un enfant, victime de la part de son père de sévices sur sa personne ayant entraîné une incapacité temporaire inférieure à un mois et confié à l'Aide sociale départementale à l'enfance, se trouve placé en situation de complète dépendance de l'aide de la collectivité publique et est privé de tout support économique de son milieu familial, constate qu'il se voit imposer en raison de l'infraction et de l'impossibilité d'obtenir une indemnisation un cadre de vie précaire, de sorte que sa situation constitue une situation matérielle grave au sens de l'article 706-14 du Code de procédure pénale (■ Cass. 2e civ., 15 avr. 1999, n° 97-19.508 : *Bull. civ.* II, n° 74).

D – Victimes visées par l'article 706-14, dernier alinéa

11) Absence d'incapacité totale de travail. Ayant constaté que les faits pour lesquels le père d'une victime mineure avait été condamné n'avaient pas entraîné une incapacité totale de travail pour l'enfant, au sens de l'article 706-14, dernier alinéa du Code de procédure pénale, une cour d'appel en a exactement déduit que les conditions d'une indemnisation, par le Fonds d'indemnisation des victimes d'actes de terrorisme et autres infractions, des préjudices résultant éventuellement des atteintes à la personne de la mineure n'étaient pas remplies (■ Cass. 2e civ., 9 déc. 2010, n° 09-71.202 : *JurisData* n° 2010-023191 ; *Bull. civ.* II, n° 203 ; *Resp. civ. et assur.* 2011, comm. 103).

12) **Conditions tenant à la situation grave et aux ressources.** La victime d'une infraction ne peut prétendre à une indemnisation sur le fondement de l'article 706-14 du Code de procédure pénale que si elle se trouve dans une situation matérielle ou psychologique grave en raison de l'absence d'indemnisation suffisante de son préjudice et si ses ressources sont inférieures au plafond pour bénéficier de l'aide juridictionnelle partielle. Doit dès lors être cassé l'arrêt de la cour d'appel qui pour déclarer recevable la requête de la victime et lui allouer une certaine somme sur le fondement de l'article 706-14 du Code de procédure pénale, énonce que l'alinéa 3 de cet article ne reprend pas les exigences de l'alinéa 1er d'une situation matérielle ou psychologique grave résultant de l'absence d'indemnisation effective et suffisante du préjudice et des conditions de ressources et qu'il suffit que l'infraction ait entraîné une incapacité totale de travail personnel (■ Cass. 2e civ., 16 avr. 2015, n° 13-23.436 : *Bull. civ.* II, n° 99).

IV – MONTANT DE L'INDEMNITÉ

13) **Montant maximum.** L'indemnité allouée en application de l'article 706-14 du Code de procédure pénale est au maximum égale au triple du montant mensuel du plafond de ressources prévu pour que soit accordé le bénéfice de l'aide juridictionnelle partielle (■ Cass. 2e civ., 25 mai 1994, n° 92-17.854 : *Bull. civ.* II, n° 139. ■ Cass. 2e civ., 2 nov. 1994, n° 92-20.350 : *Bull. civ.* II, n° 215). Les charges de famille sont prises en compte pour la seule détermination des ressources ouvrant droit à indemnisation et non pour la fixation du montant maximum de l'indemnité allouée à la victime (■ Cass. 2e civ., 10 oct. 2002, n° 01-12.253 : *Bull. civ.* II, n° 221).

14) **Cas des victimes visées par l'article 706-14, dernier alinéa.** L'indemnité allouée aux victimes d'une atteinte à la personne prévue par l'article 706-3 du Code de procédure pénale et ayant entraîné une incapacité totale de travail inférieure à un mois est limitée au triple du montant mensuel du plafond de ressources ouvrant droit au bénéfice de l'aide juridictionnelle partielle (■ Cass. 2e civ., 9 déc. 1999, n° 98-15.223 : *JurisData* n° 1999-004347 ; *Resp. civ. et assur.* 2000, comm. 85).

15) **Règle de l'opposabilité de la faute applicable à toute victime.** La règle selon laquelle l'indemnité prévue en faveur des victimes d'infractions peut être refusée ou son montant réduit en raison du comportement de la personne lésée lors de l'infraction ou de ses relations avec l'auteur des faits, est une disposition d'ordre général applicable à toutes les victimes ; doit être cassée la décision par laquelle la juridiction énonce que, dans le cas des victimes visées à l'article 706-14 du Code de procédure pénale, la loi n'a pas prévu que le comportement de la victime puisse avoir une incidence sur l'indemnisation du préjudice matériel (■ Cass. 2e civ., 18 oct. 1989, n° 88-10.196 : *Bull. civ.* II, n° 185).

Art. 706-14-1 *(L. n° 2008-644, 1er juill. 2008)* (1). **– L'article 706-14 est applicable à toute personne victime de la destruction par incendie d'un véhicule terrestre à moteur lui appartenant qui justifie au moment des faits avoir satisfait aux dispositions du Code de la route relatives au certificat d'immatriculation et au contrôle technique ainsi qu'aux obligations prévues à l'article L. 211-1 du Code des assurances, sans qu'elle ait à établir qu'elle se trouve dans une situation matérielle ou psychologique grave ; elle peut alors bénéficier d'une indemnité lorsque ses ressources ne dépassent pas 1,5 fois le plafond prévu par le premier alinéa de l'article 706-14.**

Le présent article s'applique dès lors que le fait a été commis sur le territoire national.

Bibliographie : H. Groutel, *JCl. Proc. pén.*, art. 706-3 à 706-15, Fasc. 20.

I – CONDITIONS DE MISE EN ŒUVRE DE L'ARTICLE 706-14-1

1) **Caractère insuffisant de l'indemnisation reçue.** Viole les articles 706-14 et 706-14-1 du Code de procédure pénale l'arrêt qui accueille les demandes d'indemnisation de la victime tout en relevant qu'elle ne demandait que le paiement du montant de la franchise au titre du préjudice lié à l'incendie de son véhicule, alors qu'il ne résulte ni

(1) Dispositions applicables aux infractions commises à compter du 1er oct. 2008.

de l'arrêt, ni des productions que la victime ait allégué que l'indemnisation qu'elle avait reçue de son assureur, déduction faite du montant de la franchise, ait été insuffisante ; pour l'application de l'article 706-14-1, le caractère suffisant de l'indemnité reçue de l'assureur doit être apprécié non par rapport aux ressources de la victime, mais par rapport au montant du préjudice subi (■ Cass. 2e civ., 23 févr. 2012, n° 11-10.216 : *JurisData* n° 2012-002562 : *Bull. civ.* II, n° 39 ; *Resp. civ. et assur.* 2012, comm. 140, obs. H. Groutel).

2) Condition de ressources. Il résulte des articles 706-14 et 706-14-1 du Code de procédure pénale que la victime de la destruction par incendie d'un véhicule terrestre à moteur lui appartenant peut bénéficier d'une indemnité lorsque ses ressources ne dépassent pas 1,5 fois le plafond prévu par le premier alinéa de l'article 706-14 du Code de procédure pénale (■ Cass. 2e civ., 12 juin 2014, n° 13-19.741 : *Bull. civ.* II, n° 134). Les charges de famille sont prises en compte pour la détermination des ressources ouvrant droit à l'indemnisation (même arrêt).

3) Condition non requise. Il n'est pas requis de la victime qu'elle établisse qu'elle se trouve dans une situation matérielle ou psychologique grave (■ Cass. 2e civ., 12 déc. 2019, n° 18-21.401 : *Bull. civ.* II, p. 134).

II – INDEMNITÉ

4) Propriétaires indivis. Ayant relevé que C, qui avait acheté le véhicule incendié, et T., titulaire de la carte grise, en étaient propriétaires indivis, c'est à bon droit que la cour d'appel qui constatait ainsi qu'ils étaient chacun victime de la destruction par incendie de ce véhicule, a décidé qu'ils étaient tous deux fondés à solliciter une indemnisation, dans la limite du préjudice subi par chacun et du plafond prévu par l'article 706-14-1 du Code de procédure pénale (■ Cass. 2e civ., 12 déc. 2019, n° 18-21.401 : *Bull. civ.* II, p. 134).

5) Montant maximum de l'indemnité. Il résulte des articles 706-14 et 706-14-1 du Code de procédure pénale que la victime de la destruction par incendie d'un véhicule terrestre à moteur lui appartenant peut bénéficier d'une indemnité qui est au maximum égale au triple du plafond prévu par l'article 4 de la loi n° 91-647 du 10 juillet 1991 relative à l'aide juridique pour bénéficier de l'aide juridictionnelle partielle (■ Cass. 2e civ., 12 juin 2014, n° 13-19.741 : *Bull. civ.* II, n° 134).

6) Calcul de l'indemnité – Charges de famille. Il résulte des articles 706-14 et 706-14-1 du Code de procédure pénale que les charges de famille sont prises en compte pour la seule détermination des ressources ouvrant droit à l'indemnisation et non pour la fixation du montant maximum de l'indemnité allouée à la victime. Doit être cassé l'arrêt qui, pour fixer le montant de l'indemnité allouée à la victime de la destruction de son véhicule par incendie volontaire énonce qu'il doit être tenu compte de ce que celle-ci a trois enfants et de ce que son conjoint ne travaille pas (■ Cass. 2e civ., 12 juin 2014, n° 13-19.741 : *Bull. civ.* II, n° 134).

7) Préjudice indemnisable. L'article 706-14-1 du Code de procédure pénale ne se limite pas à l'indemnisation au seul préjudice matériel ; le droit à indemnisation couvre l'ensemble du préjudice résultant de l'infraction, dans la limite de l'indemnité maximale prévue par ce texte ; le préjudice tenant à l'immobilisation temporaire d'un véhicule incendié est donc indemnisable sur le fondement de ce texte (■ Cass. 2e civ., 23 févr. 2012, n° 11-10.216 : *JurisData* n° 2012-002562 ; *Bull. civ.* II, n° 39 ; *Resp. civ. et assur.* 2012, comm. 140, obs. H. Groutel).

Art. 706-14-2 *(L. n° 2020-1672, 24 déc. 2020).* **– Toute personne physique ayant subi un préjudice résultant de faits volontaires ou non, commis à l'étranger, susceptibles de relever de la compétence d'une juridiction pénale disposant, en application des dispositions du présent code, d'une compétence territoriale concurrente et spécialisée s'étendant sur le ressort de plusieurs tribunaux judiciaires ou sur l'ensemble du territoire peut, lorsque ces faits présentent le caractère matériel d'une infraction et répondent aux conditions prévues à l'article 706-3 du présent code ou à l'article L. 126-1 du Code des assurances, obtenir du fonds de garantie des victimes des actes de terrorisme et d'autres infractions une aide financière au titre des frais de voyage, de l'indemnité de comparution et de l'indemnité journalière de séjour pour répondre à une convocation à l'audience de jugement d'un procès pénal tenu à l'étranger, selon des modalités et conditions prévues par voie réglementaire.**

Art. 706-15 *(Mod., L. n° 2016-731, 3 juin 2016).* **– Lorsqu'une juridiction condamne l'auteur d'une infraction mentionnée aux articles 706-3 et 706-14 à verser des dommages-intérêts à la partie civile, elle informe cette dernière de la possibilité de saisir la commission d'indemnisation des victimes d'infraction d'une demande d'indemnité ou de saisir le fonds de garantie des victimes des actes de terrorisme et d'autres infractions d'une demande d'aide au recouvrement.**

Bibliographie : H. Groutel, *JCl. Proc. pén.*, art. 706-3 à 706-15, Fasc. 20.

Délai d'un an visé par l'article 706-5. En application de l'article 706-5 du Code de procédure pénale, lorsque l'auteur d'une infraction mentionnée aux articles 706-3 et 706-14 du Code de procédure pénale est condamné à verser des dommages-intérêts, le délai d'un an après la décision de la juridiction répressive qui a statué définitivement sur l'action publique ou sur l'action civile court à compter de l'avis donné par ladite juridiction en application de l'article 706-15 dudit code (▪ Cass. 2e civ., 28 mars 2013, n° 12-15.377 : *Bull. civ.* II, n° 66. ▪ Cass. 2e civ., 11 juin 2015, n° 14-19.597 : *Bull. civ.* II, n° 152) ; encourt dès lors la cassation, l'arrêt d'une cour d'appel qui décide que l'avis donné en application du dernier de ces textes ne fait pas courir ce délai en cas de décision non définitive rendue par la juridiction répressive (▪ Cass. 2e civ., 28 mars 2013, préc. ▪ Cass. 2e civ., 11 juin 2015, préc.).

TITRE XIV *BIS*. – DE L'AIDE AU RECOUVREMENT DES DOMMAGES ET INTÉRÊTS POUR LES VICTIMES D'INFRACTIONS

(L. n° 2008-644, 1er juill. 2008)

Art. 706-15-1 *(L. n° 2008-644, 1er juill. 2008)*. **– Toute personne physique qui, s'étant constituée partie civile, a bénéficié d'une décision définitive lui accordant des dommages et intérêts en réparation du préjudice qu'elle a subi du fait d'une infraction pénale, mais qui ne peut pas obtenir une indemnisation en application des articles 706-3 ou 706-14, peut solliciter une aide au recouvrement de ces dommages et intérêts ainsi que des sommes allouées en application des articles 375 ou 475-1.**

Cette aide peut être sollicitée y compris si l'auteur de l'infraction fait l'objet d'une obligation d'indemnisation de la victime dans le cadre d'une peine de sanction-réparation, d'un « sursis avec mise à l'épreuve » (1) **ou d'une décision d'aménagement de peine ou de libération conditionnelle.**

1) Bénéfice de l'aide au recouvrement exclusif de la saisine de la commission d'indemnisation des victimes d'infractions aux fins d'indemnisation. Il résulte des articles 706-15-1 et 706-15-2 du Code de procédure pénale que la victime admise au bénéfice du Service d'aide au recouvrement des victimes sur le fondement d'une condamnation à être indemnisée, n'est pas recevable à saisir une commission d'indemnisation des victimes d'infractions aux fins d'indemnisation (▪ Cass. 2e civ., 4 juill. 2013, n° 12-23.621 : *Bull. civ.* II, n° 153).

2) Subrogation du Fonds de garantie – Titre exécutoire. Le Fonds de garantie des victimes d'actes de terrorisme et autres infractions qui a versé l'aide au recouvrement prévue à l'article 706-15-1 du Code de procédure pénale, disposant d'un arrêt définitif émanant de la juridiction répressive dont il peut se prévaloir comme subrogé dans les droits de la victime dans les conditions prévues à l'article 706-11 du même code et mandataire de celle-ci, en application de l'article L. 422-7, alinéa 3 du Code des assurances, pour obtenir le paiement, par le débiteur de la condamnation ayant donné lieu à la demande d'aide au recouvrement, du montant des sommes excédant celles qu'il a réglées, il en résulte que sa demande de saisie est fondée sur un titre exécutoire (▪ Cass. 2e civ., 6 févr. 2014, n° 13-10.298 : *Bull. civ.* II, n° 37).

3) Somme versée au titre de l'aide au recouvrement. Décision rendue par une juridiction répressive statuant sur intérêts civils. Il résulte des articles 706-15-1 du Code de procédure pénale et L. 422-7 du Code des assurances que la somme versée par le Fonds de garantie des victimes d'infractions à la partie civile dépend exclusivement de la condamnation prononcée par la juridiction pénale statuant sur intérêts civils. Dès lors, n'a pas tiré les conséquences légales de ses constatations et a violé ces textes, une cour d'appel qui, pour rejeter l'action en responsabilité de victimes du vol de leur véhicule dirigée contre leur avocat qu'elles avaient chargé de saisir le Fonds d'une demande d'aide au recouvrement et qui avait négligé de le faire, énonce que celles-ci ne justifient pas de leur préjudice de perte de chance d'être indemnisées par ce Fonds, alors qu'ayant constaté que les victimes bénéficiaient d'une décision définitive d'une juridiction répressive leur allouant des dommages-intérêts en réparation de leur préjudice et une somme en application de l'article 475-1 du Code de procédure pénale, elle aurait dû en déduire que le préjudice invoqué,

(1) Selon les dispositions de la loi n° 2019-222 du 23 mars 2019, les mots « sursis avec mise à l'épreuve » sont remplacés par les mots « sursis probatoire » à compter du 24 mars 2020. – NDLR.

constitué par la perte de la somme que le Fonds aurait été tenu de leur verser compte tenu du montant de ces condamnations, était certain (■ Cass. 2e civ., 17 nov. 2016, n° 16-10.941 : *Bull. civ.* II, n° 252).

Art. 706-15-2 *(L. n° 2008-644, 1er juill. 2008).* **– En l'absence de paiement volontaire des dommages et intérêts ainsi que des sommes allouées en application des articles 375 ou 475-1 par la personne condamnée dans un délai de deux mois suivant le jour où la décision concernant les dommages et intérêts est devenue définitive, la partie civile peut saisir le fonds de garantie des victimes des actes de terrorisme et d'autres infractions d'une demande d'aide au recouvrement.**

À peine de forclusion, la demande d'aide au recouvrement doit être présentée dans le délai d'un an à compter du jour où la décision est devenue définitive. Toutefois, le fonds de garantie peut relever la victime de la forclusion pour tout motif légitime. En cas de refus opposé par le fonds, la victime peut être relevée de la forclusion par le président du tribunal judiciaire statuant par ordonnance sur requête. À peine d'irrecevabilité, la requête est présentée dans le mois suivant la décision de refus.

La victime est tenue de communiquer au fonds tout renseignement de nature à faciliter le recouvrement de créance.

Agissant seule ou conjointement avec le débiteur, la victime peut renoncer à l'assistance au recouvrement. Toutefois, les frais de gestion et les frais de recouvrement exposés par le fonds demeurent exigibles.

TITRE XIV *QUATER*. – DU BUREAU D'AIDE AUX VICTIMES

(Titre créé à compter du 1er oct. 2014, L. n° 2014-896, 15 août 2014)

Art. 706-15-4 *(Créé à compter du 1er oct. 2014, L. n° 2014-896, 15 août 2014).* **– Dans chaque tribunal judiciaire, il est institué un bureau d'aide aux victimes, dont la composition, les missions et les modalités de fonctionnement sont précisées par décret.**

TITRE XV. – DE LA POURSUITE, DE L'INSTRUCTION ET DU JUGEMENT DES ACTES DE TERRORISME

(Intitulé rempl., L. n° 92-1336, 16 déc. 1992)

Bibliographie : *Répertoire.* J. Alix, *JCl. Pén.*, art. 421-1 à 422-7, Fasc. 20, Terrorisme.

Généralités. J. Buisson, *Lutte contre le terrorisme : Procédures* 2006, comm. 143. • A. Capello, *L'interdiction de sortie du territoire dans la loi renforçant les dispositions relatives à la lutte contre le terrorisme : AJ pénal* 2014, p. 560. • E. Dupic, 2019 : *mise en place du parquet antaional antiterroriste : Gaz. Pal.* 5 févr. 2019, n° 5, p. 16. • O. Dufour, *Polémique autour du parquet national antiterroriste : Gaz. Pal.* 16 janv. 2018, n° 2, p. 10. • E. Dreyer, *Les restrictions administratives à la liberté d'aller et de venir des personnes suspectées de terrorisme : Gaz. Pal.* 24 févr. 2015, p. 22 et s. • A. Gogorza, *Le parquet national antiterroriste*, Lexbase pénal, déc. 2019, n° : N1382BYT. • R. Ollard et O. Desaulnay, *La réforme de la législation antiterroriste ou le règne de l'exception pérenne : Dr. pén.* 2015, étude 1. • R. Ottenhof, *Lignes directrices pour une approche criminologique du terrorisme : RSC* 1988, n° 2, p. 371 à 374 ; n° 3, p. 594 à 596 ; n° 4, p. 848 à 850 ; *Le droit pénal français à l'épreuve du terrorisme : RSC* 1987, n° 3, p. 607 à 619. • H. Matsopoulou, *L'évolution du dispositif de lutte contre le terrorisme, Quelles mutations pour la justice pénale du 21e siècle : éd. Dalloz*, 2020, p. 151.

Art. 706-16 *(Mod., L. n° 2015-912, 24 juill. 2015).* **– Les actes de terrorisme incriminés par les articles 421-1 à 421-6 du Code pénal ainsi que les infractions connexes sont poursuivis, instruits et jugés selon les règles du présent code sous réserve des dispositions du présent titre.**

Ces dispositions sont également applicables à la poursuite, à l'instruction et au jugement des actes de terrorisme commis à l'étranger lorsque la loi française est applicable en vertu des dispositions de la section II du chapitre III du titre I du livre I du Code pénal.

Elles sont également applicables à la poursuite, à l'instruction et au jugement des actes de terrorisme commis hors du territoire de la République par les membres des forces armées françaises ou à l'encontre de celles-ci dans les cas prévus au chapitre Ier du titre II du livre Ier du Code de justice militaire.

Ces dispositions sont également applicables à la poursuite, à l'instruction et au jugement des infractions prévues à l'article 706-25-7 du présent code.

La section 1 du présent titre est également applicable à la poursuite, à l'instruction et au jugement des infractions commises en détention par une personne détenue, prévenue, condamnée, recherchée dans le cadre d'un mandat d'arrêt européen ou réclamée dans le cadre d'une extradition pour des actes de terrorisme incriminés par les articles 421-1 à 421-6 du Code pénal.

(Al. mod. à compter du 1er mai 2021, Ord. n° 2020-1733, 16 déc. 2020) **Ces dispositions sont également applicables à la poursuite, à l'instruction et au jugement des infractions d'évasion incriminées par les articles 434-27 à 434-37 du même code, des infractions d'association de malfaiteurs prévues à l'article 450-1 dudit code lorsqu'elles ont pour objet la préparation de l'une des infractions d'évasion précitées, des infractions prévues aux articles L. 824-4 à L. 824-7 du Code de l'entrée et du séjour des étrangers et du droit d'asile ainsi que des infractions prévues à l'article L. 224-1 du Code de sécurité intérieure, lorsqu'elles sont commises par une personne détenue, prévenue, condamnée, recherchée dans le cadre d'un mandat d'arrêt européen ou réclamée dans le cadre d'une extradition pour des actes de terrorisme incriminés par les articles 421-1 à 421-6 du Code pénal.**

1) **Application de la loi dans le temps.** Sauf lorsque la loi en dispose autrement, les articles du Code de procédure pénale relatifs à la poursuite, à l'instruction et au jugement des actes de terrorisme sont applicables aux faits commis avant le 1er mars 1994, dès lors que ces faits entrent dans les prévisions tant de l'article 706-16 ancien de ce code que des articles 421-1 à 421-5 nouveaux du Code pénal (■ Cass. crim., 22 sept. 1998, n° 98-83.555 : *Bull. crim.* n° 231). L'article 706-16 du Code de procédure pénale n'institue pas de nouvelles incriminations mais désigne les infractions qui, lorsqu'il est constaté qu'elles sont en relation avec une entreprise individuelle ou collective ayant pour but de troubler gravement l'ordre public par l'intimidation ou la terreur, seront poursuivies, instruites et jugées selon les dispositions du titre quinzième du Code précité. Dès lors, toute loi de procédure et de compétence étant, sauf disposition contraire expresse, d'application immédiate, l'article précité régit les procédures en cours (■ Cass. crim., 24 sept. 1987, n° 87-84.128 : *Bull. crim.* n° 313. ■ Cass. crim., 3 juin 1987, n° 87-84.128 : *Bull. crim.* n° 236).

2) **Effets de l'article 706-16 du Code de procédure pénale.** L'article 706-16 du Code de procédure pénale n'a pas institué de nouvelles incriminations pénales mais s'est borné à désigner les infractions relevant de la cour d'assises spécialement composée, compétente, selon les articles 698-6 et 706-25 du Code de procédure pénale, quand les infractions ainsi énumérées sont en relation avec une entreprise individuelle ou collective ayant pour but de troubler gravement l'ordre public par l'intimidation ou la terreur, ainsi que l'a jugé la Cour de cassation. À cet égard, la cour d'assises n'avait pas à être interrogée sur la nature terroriste des faits, qui, dans la présente espèce, et au regard de leur date de commission, n'était ni une infraction ni une circonstance aggravante, mais seulement un critère de compétence (■ Cass. crim., 14 nov. 2019, n° 18-83.122, §§ 38-39 : publié au *Bull.*).

3) **Critère de catégorisation des actes terroristes.** Les actes de terrorisme tels que définis par la loi du 9 septembre 1986 impliquent un minimum d'organisation. Est donc justifié l'arrêt d'une cour d'appel qui, appliquant son pouvoir souverain d'appréciation, considère qu'un acte non revendiqué, isolé, et ne relevant pas le professionnalisme de son ou ses auteurs, ne reçoit pas cette qualification et ne justifie pas l'exercice des compétences spéciales prévues à l'article 706-16 du Code de procédure pénale (■ Cass. 1re civ., 17 oct. 1995, n° 93-14.837 : *Bull. civ.* I, n° 368).

4) **Infraction d'intérêt général et action civile des associations.** Toute association régulièrement déclarée depuis au moins 5 ans à la date des faits qui se propose, par ses statuts, d'assister les victimes d'infractions tient de l'article 2-9 du Code de procédure pénale le pouvoir d'exercer les droits reconnus à la partie civile, pour les infractions entrant dans le champ d'application de l'article 706-16 du même code, qui vise expressément le délit de participation à une association de malfaiteurs en vue de la préparation d'un acte de terrorisme, prévu par l'article 421-2-1 du Code pénal. Encourt en conséquence la cassation l'arrêt qui pour déclarer irrecevable la constitution de partie civile de l'Association française des victimes de terrorisme (AFVT) énonce que l'infraction de participation à une association de malfaiteurs en vue de préparer des actes de terrorisme constitue une infraction d'intérêt général dont la protec-

tion ne relève que du ministère public, alors que ladite infraction entre dans le champ d'application de l'article 706-16 du Code de procédure pénale (■ Cass. crim., 20 avr. 2020, n° 19-81.273 ; R. Parizot, *Les spécificités de l'action civile en matière terroriste : RSC* 2020, p. 699).

Art. 706-16-1 ***(Créé à compter du 1er avr. 2019, L. n° 2019-222, 23 mars 2019).*** **– Lorsqu'elle est exercée devant les juridictions répressives, l'action civile portant sur une infraction qui constitue un acte de terrorisme ne peut avoir pour objet que de mettre en mouvement l'action publique ou de soutenir cette action. Elle ne peut tendre à la réparation du dommage causé par cette infraction.**

L'action civile en réparation de ce dommage ne peut être exercée que devant une juridiction civile, séparément de l'action publique. L'article 5 n'est alors pas applicable.

Lorsque la juridiction répressive est saisie d'une demande tendant à la réparation du dommage causé par cette infraction, elle renvoie l'affaire, par une décision non susceptible de recours, devant la juridiction civile compétente en application de l'article L. 217-6 du Code de l'organisation judiciaire qui l'examine d'urgence selon une procédure simplifiée déterminée par décret en Conseil d'État.

Art. 706-16-2 ***(Créé à compter du 1er avr. 2019, L. n° 2019-222, 23 mars 2019).*** **– La juridiction civile compétente en application de l'article L. 217-6 du Code de l'organisation judiciaire peut procéder ou faire procéder à toutes auditions et investigations utiles, sans que puisse lui être opposé le secret professionnel. Elle peut notamment se faire communiquer, par le procureur de la République ou le juge d'instruction, copie des procès-verbaux constatant l'infraction ou de toute autre pièce de la procédure pénale, même en cours.**

Elle peut également requérir :

1° De toute personne ou administration la communication de renseignements sur la situation professionnelle, financière, fiscale ou sociale des personnes ayant à répondre du dommage causé par l'infraction ou du requérant ;

2° De toute administration ou tout service de l'État, collectivité publique, organisme de sécurité sociale, organisme assurant la gestion des prestations sociales ou entreprise d'assurance susceptible de réparer tout ou partie du préjudice la communication des renseignements relatifs à l'exécution de ses obligations éventuelles.

Les renseignements ainsi recueillis ne peuvent être utilisés à d'autres fins que l'instruction de la demande d'indemnité et leur divulgation est interdite.

Section I. – Compétence

Art. 706-17 ***(Mod., L. n° 2019-222, 23 mars 2019).*** **– Pour la poursuite, l'instruction et le jugement des infractions entrant dans le champ d'application de l'article 706-16, le procureur de la République antiterroriste, le juge d'instruction, le tribunal correctionnel et la Cour d'assises de Paris exercent une compétence concurrente à celle qui résulte de l'application des articles 43, 52 et 382.**

En ce qui concerne les mineurs, le procureur de la République antiterroriste, le juge d'instruction, le juge des enfants, le tribunal pour enfants et la Cour d'assises des mineurs de Paris exercent une compétence concurrente à celle qui résulte de l'application des dispositions de l'ordonnance n° 45-174 du 2 févr. 1945 relative à l'enfance délinquante.

Lorsqu'ils sont compétents pour la poursuite et l'instruction des infractions entrant dans le champ d'application de l'article 706-16, le procureur de la République antiterroriste et le juge d'instruction de Paris exercent leurs attributions sur toute l'étendue du territoire national.

L'instruction des actes de terrorisme définis aux 5° à 7° de l'article 421-1 du Code pénal et aux articles 421-2-2 et 421-2-3 du même code peut être confiée, le cas échéant dans les conditions prévues à l'article 83-1, à un magistrat du tribunal judiciaire de Paris affecté aux formations d'instruction spécialisées en matière économique et financière en application des dispositions du vingt et unième alinéa de l'article 704.

1) **Compétence temporelle du PNAT.** Les modifications apportées tant au Code de l'organisation judiciaire qu'au Code de procédure pénale par la loi n° 2019-222 du 23 mars 2019 instituant le procureur de la République antiterroriste ne remettent pas en cause la compétence de ce dernier dans les procédures en cours portant sur des faits qui, commis avant le 1er mars 1994, entrent dans les prévisions tant de l'article 706-16 ancien du Code de procédure pénale que des articles 421-1 à 421-5 nouveaux du Code pénal (■ Cass. crim., 22 mars 2022, n° 22-80.032).

2) **Ordre public.** La compétence des juridictions répressives étant d'ordre public, il appartient aux juges correctionnels de la vérifier. Lorsque les juridictions parisiennes constatent que les faits dont ils sont saisis en application de l'article 706-17 du Code de procédure pénale ne constituent pas des actes de terrorisme et ne relèvent pas de leur compétence à un autre titre, elles doivent se déclarer incompétentes et renvoyer le ministère public à se pourvoir ainsi qu'il avisera (▪ Cass. crim., 18 nov. 2015, n° 15-80.900 : *JurisData* n° 2015-025734 ; *Procédures* 2016, comm. 24, obs. S. Chavent-Leclère ; *RSC* 2016, p. 367, obs. F. Cordier. ▪ Cass. crim., 15 nov. 2006, n° 06-85.275 : *Bull. crim.* n° 289 ; *AJ Pénal* 2007, p. 35, obs. G. Royer).

3) **Conditions de la compétence concurrente.** Dès lors que les circonstances de fait exposées dans l'ordonnance du juge d'instruction de Paris font apparaître, qu'à les supposer établies, les infractions retenues seraient en relation avec une entreprise individuelle ou collective ayant pour but de troubler gravement l'ordre public par l'intimidation ou la terreur, au sens de l'article 421-1 du Code pénal, l'article 706-16 du Code de procédure pénale à vocation à s'appliquer (▪ Cass. crim., 5 juill. 1994, n° 94-83.425 : *Bull. crim.* n° 266). En revanche, en l'absence de réquisitions saisissant le juge d'instruction d'infractions de faits entrant dans le champ d'application de l'article 706-16 du Code de procédure pénale, dans sa rédaction en vigueur depuis le 1er mars 1994, la Cour de cassation n'est pas en mesure de s'assurer que les faits poursuivis relèvent des dispositions particulières de procédure applicables aux actes de terrorisme. Dès lors, n'est pas établie, au sens de l'article 706-17 du Code de procédure pénale, une compétence concurrente du juge d'instruction saisi et du juge d'instruction du tribunal de grande instance de Paris (▪ Cass. crim., 29 mai 1996, n° 96-82.411 : *JurisData* n° 1996-002193 ; *Bull. crim.* n° 222).

Art. 706-17-1 *(Créé à compter d'une date fixée par décret et au plus tard le 1er janv. 2020, L. n° 2019-222, 23 mars 2019).* **– Sans préjudice des dispositions du troisième alinéa de l'article 41, lorsqu'il exerce sa compétence en application de la présente section, le procureur de la République antiterroriste peut requérir par délégation judiciaire tout procureur de la République de procéder ou faire procéder aux actes nécessaires à la recherche et à la poursuite des infractions entrant dans le champ d'application de l'article 706-16 dans les lieux où ce dernier est territorialement compétent.**

La délégation judiciaire mentionne les actes d'enquête confiés au procureur de la République ainsi requis. Elle ne peut prescrire que des actes se rattachant directement à l'enquête pour laquelle elle a été délivrée.

Elle indique la nature de l'infraction objet de l'enquête. Elle est datée et signée par le procureur de la République antiterroriste et revêtue de son sceau.

Le procureur de la République antiterroriste fixe le délai dans lequel la délégation doit lui être retournée accompagnée des procès-verbaux relatant son exécution. Á défaut d'un délai fixé par la délégation, la délégation judiciaire et les procès-verbaux doivent lui être transmis dans les huit jours de la fin des opérations exécutées en vertu de cette délégation.

Les magistrats commis pour son exécution exercent, dans les limites de la délégation judiciaire, tous les pouvoirs du procureur de la République antiterroriste prévus par la présente section.

Si le législateur a créé un procureur de la République doté d'une compétence spécifique, il a en tout état de cause prévu des garanties afin de permettre une coordination et une collaboration entre celui-ci et les autres procureurs de la République (▪ Cons. const., 21 mars 2019, n° 2019-778 DC, § 320).

Art. 706-17-2 *(Anc. art. 706-17-1 créé, L. n° 97-1273, 29 déc. 1997 ; dénum. à compter d'une date fixée par décret et au plus tard le 1er janv. 2020, L. n° 2019-222, 23 mars 2019).* **– Pour le jugement des délits et des crimes entrant dans le champ d'application de l'article 706-16, le premier président de la cour d'appel de Paris peut, sur les réquisitions du procureur général, après avis des chefs des tribunaux judiciaires intéressés, du bâtonnier de Paris et, le cas échéant, du président de la cour d'assises de Paris, décider que l'audience du tribunal correctionnel, de la chambre des appels correctionnels de Paris ou de la cour d'assises de Paris se tiendra, à titre exceptionnel et pour des motifs de sécurité, dans tout autre lieu du ressort de la cour d'appel que celui où ces juridictions tiennent habituellement leurs audiences.**

L'ordonnance prise en application du précédent alinéa est portée à la connaissance des tribunaux intéressés par les soins du procureur général. Elle constitue une mesure d'administration judiciaire qui n'est pas susceptible de recours.

Art. 706-18 *(Mod., L. n° 2019-222, 23 mars 2019).* **– Le procureur de la République près un tribunal judiciaire autre que celui de Paris peut, pour les infractions entrant dans le champ d'application de**

l'article 706-16, requérir le collège de l'instruction de se dessaisir au profit de la juridiction d'instruction de Paris. Les parties sont préalablement avisées et invitées à faire connaître leurs observations par le collège de l'instruction ; l'ordonnance est rendue huit jours au plus tôt et un mois au plus tard à compter de cet avis.

L'ordonnance par laquelle le collège de l'instruction se dessaisit ne prend effet qu'à compter du délai de cinq jours prévu par l'article 706-22 ; lorsqu'un recours est exercé en application de cet article, le collège de l'instruction demeure saisi jusqu'à ce que l'arrêt de la chambre criminelle de la Cour de cassation soit porté à sa connaissance.

Dès que l'ordonnance est devenue définitive, le procureur de la République adresse le dossier de la procédure au procureur de la République antiterroriste.

Les dispositions du présent article sont applicables devant la chambre de l'instruction.

1) **Notification de l'ordonnance de dessaisissement.** Une copie de l'ordonnance par laquelle un juge d'instruction se dessaisit en application de l'article 706-18 du Code de procédure pénale doit, comme le prescrit le 2e alinéa de l'article 183 du Code de procédure pénale, pour toutes les décisions du juge d'instruction susceptibles de faire l'objet de voies de recours, être notifiée à l'inculpé. Le défaut de cette formalité ne saurait toutefois faire grief, dès lors que les requêtes contestant le dessaisissement prévu à l'article 706-18 du Code de procédure pénale ont été présentées dans le délai légal (■ Cass. crim., 3 juin 1987, n° 87-82.998 : *JurisData* n° 1987-001422 ; *Bull. crim.* n° 236).

2) **Effets du dessaisissement.** L'ordonnance par laquelle un juge d'instruction se dessaisit au profit de son homologue parisien ne remet pas en cause la compétence de la chambre de l'instruction, régulièrement saisie antérieurement au dessaisissement afin de statuer sur une demande de mise en liberté de la personne placée en détention provisoire (■ Cass. crim., 25 avr. 2006, n° 06-80.948).

Art. 706-19 *(Rempl., L. n° 2020-1672, 24 déc. 2020)*. **– La juridiction saisie en application de la présente section reste compétente quelles que soient les incriminations retenues lors du règlement ou du jugement de l'affaire, sous réserve de l'application des articles 181 et 469. Si les faits constituent une contravention, le juge d'instruction prononce le renvoi de l'affaire devant le tribunal de police compétent en application de l'article 522.**

Maintien de la compétence des juridictions spécialisées en cas de changement de qualification, constitutionnalité. L'article 706-17 du Code de procédure pénale prévoit que, pour la poursuite, l'instruction et le jugement des actes de terrorisme et des infractions en lien avec de tels actes, le procureur de la République antiterroriste, le juge d'instruction, le tribunal correctionnel et la cour d'assises de Paris exercent une compétence concurrente à celle qui résulte de l'application des règles de compétence territoriale de droit commun. En application de l'article 706-19 du même code, ces juridictions d'instruction et de jugement demeurent compétentes pour connaître des faits de nature délictuelle dont elles ont été saisies sous une qualification terroriste, même dans le cas où cette qualification n'est pas retenue lors du règlement ou du jugement de l'affaire. D'une part, les dispositions contestées ont pour objet d'éviter que l'abandon en cours de procédure de la qualification terroriste des faits conduise au dessaisissement de la juridiction initialement saisie et au renvoi de l'affaire vers une autre juridiction. D'autre part, ces dispositions se bornent à prévoir une règle spéciale de compétence territoriale. La juridiction parisienne compétente est formée et composée dans les conditions de droit commun et fait application des mêmes règles de procédure et de fond que celles applicables devant les autres juridictions. Sont ainsi assurées aux justiciables des garanties égales. Dès lors, le grief tiré de la méconnaissance du principe d'égalité devant la justice doit être écarté (■ Cons. const., 17 déc. 2021, n° 2021-958 QPC, cons. 5-9).

Art. 706-20 *(Abr., L. n° 2020-1672, 24 déc. 2020)*.

Voir également : Sur le caractère d'ordre public de la compétence, V. sous art. 706-17, p. 1516.

Art. 706-21 *(Mod., L. n° 2020-1672, 24 déc. 2020)*. **– Dans les cas prévus à l'article 706-18, le mandat de dépôt ou d'arrêt conserve sa force exécutoire ; les actes de poursuite ou d'instruction et les formalités intervenus avant que la décision de dessaisissement ou d'incompétence soit devenue définitive n'ont pas à être renouvelés.**

Art. 706-22 *(Mod., L. n° 2020-1672, 24 déc. 2020)*. **– Toute ordonnance rendue sur le fondement de l'article 706-18 par laquelle un juge d'instruction statue sur son dessaisissement peut, à l'exclusion de toute**

autre voie de recours, être déférée dans les cinq jours de sa notification, à la requête du ministère public des parties, à la chambre criminelle de la Cour de cassation qui désigne, dans les huit jours suivant la date de réception du dossier, le juge d'instruction chargé de poursuivre l'information. Le ministère public peut également saisir directement la chambre criminelle de la Cour de cassation lorsque le juge d'instruction n'a pas rendu son ordonnance dans le délai d'un mois prévu au premier alinéa de l'article 706-18.

L'arrêt de la chambre criminelle est porté à la connaissance du juge d'instruction ainsi qu'au ministère public et signifié aux parties.

Les dispositions du présent article sont applicables à l'arrêt rendu sur le fondement du dernier alinéa de l'article 706-18 par lequel une chambre de l'instruction statue sur son dessaisissement.

1) **Ordonnances soumises à la Cour de cassation.** Peut être déférée à la Cour de cassation toute ordonnance par laquelle le juge d'instruction de Paris retient sa compétence en application de l'article 706-16 du Code de procédure pénale (▪ Cass. crim., 5 juill. 1994, n° 94-83.425 : *Bull. crim.* n° 266). Il en va de même des ordonnances par lesquelles les juridictions autres que parisiennes se dessaisissent (▪ Cass. crim., 3 juin 1987, n° 87-84.128 : *Bull. crim.* n° 236) ou refusent de le faire (▪ Cass. crim., 29 mai 1996, n° 96-82.409 : *Bull. crim.* n° 223. ▪ Cass. crim., 29 mai 1996, n° 96-82.411 : *JurisData* n° 1996-002193 ; *Bull. crim.* n° 222).

2) **Contrôle de la Cour de cassation.** En l'absence de réquisitions saisissant le juge d'instruction d'infractions entrant dans le champ d'application de l'article 706-16 du Code de procédure pénale, la Cour de cassation n'est pas en mesure de s'assurer que les faits poursuivis relèvent des dispositions particulières de procédure applicables aux actes de terrorisme, et donc de la concurrence des compétences des juridictions parisiennes (▪ Cass. crim., 29 mai 1996, n° 96-82.411, préc.). Une instruction ayant été ouverte à Ajaccio pour assassinat et actes de terrorisme, peut en revanche être poursuivie par le juge d'instruction du tribunal de grande instance de Paris qui a compétence concurrente pour en connaître. Le dessaisissement du premier juge peut ainsi être ordonné par la Cour de cassation (▪ Cass. crim., 29 mai 1996, n° 96-82.409, préc.).

Art. 706-22-1 *(Mod., L. n° 2019-222, 23 mars 2019)*. **– Par dérogation aux dispositions de l'article 712-10, sont seuls compétents le juge de l'application des peines du tribunal judiciaire de Paris, le tribunal de l'application des peines de Paris et la chambre de l'application des peines de la cour d'appel de Paris pour prendre les décisions concernant les personnes condamnées par le tribunal correctionnel, la cour d'assises, le juge des enfants, le tribunal pour enfants ou la cour d'assises des mineurs de Paris statuant en application de l'article 706-17, quel que soit le lieu de détention ou de résidence du condamné.**

Pour prendre les décisions concernant les personnes condamnées pour une infraction entrant dans le champ d'application de l'article 706-16 pour laquelle n'a pas été exercée la compétence prévue à l'article 706-17, le juge de l'application des peines du tribunal judiciaire de Paris, le tribunal de l'application des peines de Paris et la chambre de l'application des peines de la cour d'appel de Paris exercent une compétence concurrente à celle qui résulte de l'application de l'article 712-10.

Ces décisions sont prises après avis du juge de l'application des peines compétent en application de l'article 712-10.

Pour l'exercice de leurs attributions, les magistrats des juridictions mentionnées aux premier et deuxième alinéas peuvent se déplacer sur l'ensemble du territoire national, sans préjudice de l'application des dispositions de l'article 706-71 sur l'utilisation de moyens de télécommunication.

Le ministère public auprès des juridictions du premier degré de Paris compétentes en application du présent article est représenté par le procureur de la République antiterroriste en personne ou par ses substituts.

Délégation de compétence. La chambre de l'application des peines de Paris est en droit de déléguer le suivi d'une mesure de libération conditionnelle à une juridiction plus proche du lieu de domicile choisi par une personne condamnée pour association de malfaiteurs en vue de la préparation d'un acte de terrorisme (▪ Cass. crim., 7 nov. 2007, n° 07-81.465 : *Bull. crim.* n° 269. ▪ Cass. crim., 26 sept. 2007, n° 07-81.644 : *Bull. crim.* n° 227).

Section II. – Procédure

Art. 706-23 *(L. n° 2014-1353, 13 nov. 2014)*. **– L'arrêt d'un service de communication au public en ligne peut être prononcé par le juge des référés pour les faits prévus à l'article 421-2-5 du Code pénal lorsqu'ils**

constituent un trouble manifestement illicite, à la demande du ministère public ou de toute personne physique ou morale ayant intérêt à agir.

Art. 706-24 *(Abr., L. n° 2004-204, 9 mars 2004 ; rétabli dans la version suivante, L. n° 2006-64, 23 janv. 2006).* – Les officiers et agents de police judiciaire, affectés dans les services de police judiciaire spécialement chargés de la lutte contre le terrorisme, peuvent être nominativement autorisés par le procureur général près la cour d'appel de Paris à procéder aux investigations relatives aux infractions entrant dans le champ d'application de l'article 706-16, en s'identifiant par leur numéro d'immatriculation administrative. Ils peuvent être autorisés à déposer ou à comparaître comme témoins sous ce même numéro.

L'état civil des officiers et agents de police judiciaire visés au premier alinéa ne peut être communiqué que sur décision du procureur général près la cour d'appel de Paris. Il est également communiqué, à sa demande, au président de la juridiction de jugement saisie des faits.

Les dispositions de l'article 706-84 sont applicables en cas de révélation de l'identité de ces officiers ou agents de police judiciaire, hors les cas prévus à l'alinéa précédent.

Aucune condamnation ne peut être prononcée sur le seul fondement d'actes de procédure effectués par des enquêteurs ayant bénéficié des dispositions du présent article et dont l'état civil n'aurait pas été communiqué, à sa demande, au président de la juridiction saisie des faits.

Les modalités d'application du présent article sont, en tant que de besoin, précisées par décret en Conseil d'État.

Art. 706-24-1 *(Mod., L. n° 2016-731, 3 juin 2016).* – Les articles 706-88 à 706-94 du présent code ne sont pas applicables aux délits prévus aux articles 421-2-5 à 421-2-5-2 du Code pénal.

Art. 706-24-2 *(Abr., L. n° 2019-222, 23 mars 2019).*

Art. 706-24-3 *(L. n° 2002-1138, 9 sept. 2002 ; mod., L. n° 2016-731, 3 juin 2016).* – Par dérogation à l'article 145-1 du présent code, la durée de détention provisoire ne peut excéder six mois pour l'instruction des délits prévus aux articles 421-1 à 421-6 du Code pénal.

À titre exceptionnel, le juge des libertés et de la détention peut décider de prolonger la détention provisoire, pour une durée qui ne peut excéder six mois, par une ordonnance motivée conformément à l'article 137-3 du présent code et rendue après un débat contradictoire organisé conformément au sixième alinéa de l'article 145, l'avocat ayant été convoqué selon les modalités prévues au deuxième alinéa de l'article 114. Cette décision peut être renouvelée selon la même procédure, sous réserve de l'article 145-3, la durée totale de la détention ne pouvant excéder deux ans. Cette durée est portée à trois ans pour l'instruction du délit mentionné à l'article 421-2-1 du Code pénal.

Le dernier alinéa de l'article 145-1 du présent code est applicable.

Pour l'application du présent article, le délai de huit mois prévu au premier alinéa de l'article 145-3 est porté à un an.

1) Prolongation de la détention provisoire au-delà de 2 ans. Il résulte de l'article 706-24-3 du Code de procédure pénale issu de la loi n° 2002-1138 du 9 septembre 2002 que la détention provisoire peut être prolongée dans les conditions prévues par le deuxième alinéa de l'article 145-1 du même code jusqu'à une durée totale de trois ans lorsque la personne détenue est mise en examen pour le délit d'association de malfaiteurs prévu et réprimé par les articles 421-2-1 et 421-5 du Code pénal. Aussi, la prolongation de la détention provisoire au-delà d'une durée de deux ans n'implique-t-elle pas la saisine de la chambre de l'instruction en application du troisième alinéa de l'article 145-1 du Code de procédure pénale (■ Cass. crim., 11 mars 2003, n° 02-88.146 : *JurisData* n° 2003-018410 ; *Bull. crim.* n° 61 ; *JCP* G 2003, n° 18, p. 1811 ; *D.* 2003, somm. 1729, obs. J. Pradel).

2) Constitutionnalité des délais spécifiques. La question mettant en cause les dispositions de l'alinéa 1 de l'article 706-23-4 du Code de procédure pénale, qui prévoient une durée de détention provisoire dérogatoire et supérieure à celle prévue par l'article 145-1 du Code de procédure pénale pour certains délits prévus aux articles 421-1 à 421-6 du Code pénal, ne présente pas de caractère sérieux. En effet, ces dispositions s'appliquent seulement à la détention provisoire des personnes poursuivies pour des infractions en lien avec le terrorisme, visées aux articles 421-1 à 421-6 du Code pénal. L'importance du trouble à l'ordre public généré par les actions de terrorisme, qui relèvent de la compétence exclusive du tribunal de grande instance de Paris, justifie l'instauration de mesures spécifiques afin, notamment, de gérer au mieux la détention provisoire que subissent leurs auteurs, et les modalités de renouvellement de celle-ci, en réduisant le risque contentieux, et ce d'autant que les investigations relatives à ces crimes et délits d'une nature particulière s'avèrent longues et complexes. En tout état de cause, d'une part, ces dispositions n'ont pas pour effet de modifier les durées maximales de détention provisoire maintenues à 2 ans pour les délits terroristes et à 4 ans pour les crimes de même nature, celles-ci ne pouvant, aux termes de l'alinéa 1er de l'article 144-1 du Code de procédure pénale, excéder une durée raisonnable ; d'autre part, la personne détenue est à tout moment en mesure de présenter une demande de mise en liberté à laquelle il doit être répondu, par décision motivée, dans les stricts délais prévus par la loi, cette décision étant susceptible d'appel devant la chambre de l'instruction qui doit, à son tour, statuer dans les délais prévus par l'article 194 du Code de procédure pénale (■ Cass. crim. 10 janv. 2018, n° 17-86.072).

Art. 706-24-4 *(Abr. à compter du 31 mars 2021, Ord. n° 2019-950, 11 sept. 2019).*

Art. 706-25 *(Mod., L. n° 2019-222, 23 mars 2019).* – **Pour le jugement des accusés majeurs, les règles relatives à la composition et au fonctionnement de la cour d'assises sont fixées par les dispositions de l'article 698-6. Pour le jugement des accusés mineurs âgés de seize ans au moins, les règles relatives à la composition et au fonctionnement de la cour d'assises des mineurs sont également fixées par ces dispositions, deux des assesseurs étant pris parmi les juges des enfants du ressort de la cour d'appel, conformément aux dispositions de l'article L. 231-10 du Code de la justice pénale des mineurs. Les articles L. 513-2, L. 513-4 et L. 522-1 de ce code sont également applicables.**

Pour l'application de l'alinéa précédent, le juge d'instruction ou la chambre de l'instruction qui prononce la mise en accusation constate que les faits entrent dans le champ d'application de l'article 706-16.

Par dérogation à l'article 34, le ministère public près la cour d'assises statuant en première instance est représenté par le procureur de la République antiterroriste en personne ou par ses substituts. En appel, le procureur général peut se faire représenter par le procureur de la République antiterroriste ou l'un de ses substituts.

1) **Constitutionnalité.** La différence de traitement établie par l'article 706-25 nouveau du Code de procédure pénale entre les auteurs des infractions visées par l'article 706-16 nouveau selon que ces infractions sont ou non en relation avec une entreprise individuelle ou collective ayant pour but de troubler gravement l'ordre public par l'intimidation ou la terreur tend, tend selon l'intention du législateur, à déjouer l'effet des pressions ou des menaces pouvant altérer la sérénité de la juridiction de jugement. Cette différence de traitement ne procède donc pas d'une discrimination injustifiée. En outre, par sa composition, la cour d'assises instituée par l'article 698-6 du Code de procédure pénale présente les garanties requises d'indépendance et d'impartialité. Les droits de la défense étant par ailleurs sauvegardés, l'article 706-25 du Code de procédure pénale ne viole pas le principe d'égalité devant la justice (■ Cons. const., n° 86-213 DC, 3 sept. 1986, consid. 13). Déclarant conforme à la Constitution, par sa décision n° 86-813 DC du 3 septembre 1986, l'article 706-25 du Code de procédure pénale, qui renvoie, pour le jugement des accusés majeurs en matière de terrorisme, aux règles fixées par les dispositions contestées de l'article 698-6 du même code, le Conseil constitutionnel a nécessairement validé ces dernières dispositions, de sorte que la question de leur constitutionnalité ne présente pas un caractère sérieux (■ Cass. crim., 19 mai 2010, n° 09-82.582 : *JurisData* n° 2010-006668 ; *Dr. pén.* 2010, comm. 87, obs. A. Maron et C. Hass).

2) **Conventionalité.** Les règles fixées par l'article 706-25 du Code de procédure pénale, qui prévoient que, lorsque les infractions entrent dans le champ d'application de l'article 706-16 dudit code, la cour d'assises doit être composée conformément aux dispositions de l'article 698-6 du même code, répondent, au regard du principe de l'égalité, aux exigences des articles 6 et 14 de la Convention européenne des droits de l'Homme, dès lors que, d'une part, l'attribution de compétence qui en résulte embrasse toutes les infractions entrant dans le champ d'application de l'article 706-16 précité et tous les accusés tombant sous le coup de ce texte, sans aucune distinction, et que, d'autre part, les droits de la défense peuvent s'exercer sans discrimination (■ Cass. crim., 24 nov. 2004 : *Bull. crim.* n° 296).

Art. 706-25-1 *(Abr., L. n° 2017-242, 27 févr. 2017).*

Art. 706-25-2 *(Mod., L. n° 2020-1672, 24 déc. 2020).* – **Par dérogation à l'article 11, [l]e procureur de la République antiterroriste, pour les procédures d'enquête ou d'instruction ouvertes sur le fondement d'une ou de plusieurs infractions entrant dans le champ d'application de l'article 706-16, peut communiquer aux services**

spécialisés de renseignement mentionnés à l'article L. 811-2 du Code de la sécurité intérieure, de sa propre initiative ou à la demande de ces services, des éléments de toute nature figurant dans ces procédures et nécessaires à l'exercice des missions de ces services en matière de prévention du terrorisme. Si la procédure fait l'objet d'une information, cette communication ne peut intervenir qu'avec l'avis favorable du juge d'instruction. Le juge d'instruction peut également procéder à cette communication pour les procédures d'information dont il est saisi après avoir recueilli l'avis du procureur de la République antiterroriste.

Cette communication peut également être réalisée, selon les mêmes modalités et pour les mêmes finalités, à destination des autorités et services compétents pour la prévention du terrorisme, notamment des services spécialisés de renseignement mentionnés aux articles L. 811-2 et L. 811-4 du même code, par tout procureur de la République pour des procédures ouvertes pour un crime ou un délit puni d'une peine d'emprisonnement, lorsque ces procédures font apparaître des éléments concernant une personne dont le comportement constitue une menace d'une particulière gravité pour la sécurité et l'ordre publics et qui soit entre en relation de manière habituelle avec des personnes ou des organisations incitant, facilitant ou participant à des actes de terrorisme, soit soutient, diffuse, lorsque cette diffusion s'accompagne d'une manifestation d'adhésion à l'idéologie exprimée, ou adhère à des thèses incitant à la commission d'actes de terrorisme ou faisant l'apologie de tels actes.

Les informations communiquées en application du présent article ne peuvent être transmises par les services qui en ont été destinataires qu'à d'autres autorités ou services chargés de la prévention du terrorisme et pour les mêmes finalités que celles mentionnées au premier alinéa. Elles ne peuvent faire l'objet d'un échange avec des services étrangers ou avec des organismes internationaux compétents dans le domaine du renseignement.

Sauf si l'information porte sur une condamnation prononcée publiquement, et sous réserve du troisième alinéa du présent article, toute personne qui en est destinataire est tenue au secret professionnel, dans les conditions et sous les peines prévues aux articles 226-13 et 226-14 du Code pénal.

Art. 706-25-2-1 *(L. n° 2020-1672, 24 déc. 2020)*. – Les juridictions et magistrats mentionnés à l'article 706-17 peuvent demander à des assistants spécialisés, désignés dans les conditions prévues à l'article 706, de participer, selon les modalités prévues au même article 706, aux procédures concernant les crimes et délits entrant dans le champ d'application de l'article 706-16.

Section III. – Du fichier judiciaire national automatisé des auteurs d'infractions terroristes

(L. n° 2015-912, 24 juill. 2015)

Bibliographie : D. Thomas-Taillandier, *Le nouveau fichier national d'infractions de terrorisme : AJ Pénal* 2016, p. 523. • Textes : V. Décret n° 2015-1840 du 29 décembre 2015 modifiant le Code de procédure pénale et relatif au fichier judiciaire national automatisé des auteurs d'infractions terroristes, *JORF* du 31 décembre 2015, n° 303, p. 25271.

Art. 706-25-3 *(L. n° 2015-912, 24 juill. 2015)*. – Le fichier judiciaire national automatisé des auteurs d'infractions terroristes constitue une application automatisée d'informations nominatives tenue par le service du casier judiciaire national sous l'autorité du ministre de la justice et le contrôle d'un magistrat. Afin de prévenir le renouvellement des infractions mentionnées à l'article 706-25-4 et de faciliter l'identification de leurs auteurs, ce traitement reçoit, conserve et communique aux personnes habilitées les informations prévues au même article 706-25-4, selon les modalités prévues à la présente section.

Art. 706-25-4 *(Mod., Ord. n° 2019-950, 11 sept. 2019 ; L. n° 2021-1109, 24 août 2021)*. – Lorsqu'elles concernent une ou plusieurs des infractions mentionnées aux articles 421-1 à 421-6 du Code pénal ainsi que les infractions mentionnées aux articles L. 224-1 et L. 225-7 du Code de la sécurité intérieure, sont enregistrées dans le fichier les informations relatives à l'identité ainsi que l'adresse ou les adresses successives du domicile et, le cas échéant, des résidences des personnes ayant fait l'objet :

1° D'une condamnation, même non encore définitive, y compris d'une condamnation par défaut ou d'une déclaration de culpabilité assortie d'une dispense ou d'un ajournement de la peine ;

2° D'une décision même non encore définitive prononçant à l'égard d'un mineur une mesure éducative, une dispense de mesure éducative ou une déclaration de réussite éducative en application du titre I du livre I du Code de la justice pénale des mineurs ;

3° D'une décision d'irresponsabilité pénale pour cause de trouble mental ;

4° D'une décision de même nature que celles mentionnées aux 1° à 3° prononcées par les juridictions ou les autorités judiciaires étrangères qui, en application d'une convention internationale ou d'un accord international, ont fait l'objet d'un avis aux autorités françaises ou ont été exécutées en France à la suite du transfèrement des personnes condamnées ;

5° D'une mise en examen.

Le fichier comprend aussi les informations relatives à la décision judiciaire ayant justifié l'inscription et la nature de l'infraction. Les décisions mentionnées aux 1° à 3° sont enregistrées dès leur prononcé.

Les décisions mentionnées aux 1°, 3° et 5° sont enregistrées de plein droit dans le fichier, sauf décision contraire et spécialement motivée de la juridiction compétente. Les décisions mentionnées au 4° sont également inscrites de plein droit dans le fichier, sauf décision contraire et spécialement motivée du procureur de la République.

Les décisions concernant des mineurs de moins de treize ans ne sont pas inscrites dans le fichier. Les décisions concernant des mineurs de treize à dix-huit ans ne sont pas inscrites dans le fichier, sauf si cette inscription est ordonnée par décision expresse de la juridiction ou, dans les cas prévus aux mêmes 3° et 4°, du procureur de la République.

Art. 706-25-5 *(L. n° 2015-912, 24 juill. 2015)*. – Le procureur de la République compétent fait procéder sans délai à l'enregistrement des informations devant figurer dans le fichier par l'intermédiaire d'un moyen de communications électroniques sécurisé. Ces informations ne sont toutefois accessibles, en cas de consultation du fichier, qu'après vérification, lorsqu'elle est possible, de l'identité de la personne concernée, faite par le service gestionnaire du fichier au vu du répertoire national d'identification.

Lorsqu'ils ont connaissance de la nouvelle adresse d'une personne dont l'identité est enregistrée dans le fichier, lorsqu'ils reçoivent la justification de l'adresse d'une telle personne, ainsi que lorsqu'ils sont informés d'un déplacement à l'étranger, les officiers de police judiciaire, les services du ministre des affaires étrangères ou le service gestionnaire, selon les hypothèses prévues à l'article 706-25-7, enregistrent sans délai cette information dans le fichier par l'intermédiaire d'un moyen de communications électroniques sécurisé.

Art. 706-25-6 *(Mod., L. n° 2017-258, 28 févr. 2017 ; L. n° 2021-1109, 24 août 2021)*. – Sans préjudice de l'application des articles 706-25-11 et 706-25-12, les informations mentionnées à l'article 706-25-4 concernant une même personne sont retirées du fichier au décès de l'intéressé ou à l'expiration, à compter du prononcé de la décision prévue au même article 706-25-4, d'un délai de :

1° Vingt ans s'il s'agit d'un majeur ;

2° Dix ans s'il s'agit d'un mineur.

Lorsqu'elles concernent une infraction mentionnée aux articles 421-2-5 et 421-2-5-1 du Code pénal et aux articles L. 224-1 ou L. 225-7 du Code de la sécurité intérieure, les informations mentionnées à l'article 706-25-4 du présent code concernant une même personne sont retirées du fichier au décès de l'intéressé ou à l'expiration, à compter du prononcé de la décision, d'un délai de :

a) Cinq ans s'il s'agit d'un majeur ;

b) Trois ans s'il s'agit d'un mineur.

Lorsque la personne exécute une peine privative de liberté sans sursis en application de la condamnation entraînant l'inscription, ces délais ne commencent à courir qu'à compter de sa libération.

L'amnistie ou la réhabilitation ainsi que les règles propres à l'effacement des condamnations figurant au casier judiciaire n'entraînent pas l'effacement de ces informations.

Ces informations ne peuvent, à elles seules, servir de preuve à la constatation de l'état de récidive.

Les mentions prévues aux 1°, 2° et 5° de l'article 706-25-4 sont retirées du fichier en cas de décision définitive de non-lieu, de relaxe ou d'acquittement.

Les mentions prévues au même 5° peuvent également être retirées sur décision spécialement motivée de la juridiction.

Art. 706-25-7 *(Mod., L. n° 2017-258, 28 févr. 2017 ; L. n° 2021-1109, 24 août 2021)*. – Toute personne dont l'identité est enregistrée dans le fichier est astreinte, à titre de mesure de sûreté, aux obligations prévues au présent article.

La personne est tenue :

1° De justifier de son adresse, une première fois après avoir reçu l'information des mesures et des obligations mentionnée au deuxième alinéa de l'article 706-25-8, puis tous les trois mois ;

2° De déclarer ses changements d'adresse, dans un délai de quinze jours au plus tard après ce changement ;

3° De déclarer tout déplacement à l'étranger quinze jours au plus tard avant ledit déplacement ;

4° Si la personne réside à l'étranger, de déclarer tout déplacement en France quinze jours au plus tard avant ledit déplacement.

Si la personne réside en France, elle doit se présenter personnellement au commissariat de police ou à la brigade de gendarmerie dont dépend son domicile.

Si une personne de nationalité française réside à l'étranger, elle doit se présenter personnellement au consulat de France ou à la section consulaire de l'ambassade de France le plus proche de son domicile.

Si une personne de nationalité étrangère réside à l'étranger, elle doit adresser ses justificatifs par lettre recommandée avec demande d'avis de réception auprès du service gestionnaire.

Les obligations de justification et de présentation prévues au présent article cessent de s'appliquer pendant le temps où la personne est incarcérée sur le territoire national.

Toute personne inscrite au fichier judiciaire national automatisé des auteurs d'infractions terroristes est enregistrée au fichier des personnes recherchées pendant toute la durée de ses obligations.

La personne est astreinte aux obligations de justification et de présentation prévues au présent article, à compter du prononcé de la décision prévue à l'article 706-25-4, pendant un délai de :

a) Dix ans s'il s'agit d'un majeur ;

b) Cinq ans s'il s'agit d'un mineur.

Lorsque la personne exécute une peine privative de liberté sans sursis en application de la condamnation entraînant l'inscription, ces délais ne commencent à courir qu'à compter de sa libération.

Le fait pour les personnes tenues aux obligations prévues au présent article de ne pas respecter ces obligations est puni de deux ans d'emprisonnement et de 30 000 € d'amende.

La tentative de déplacement à l'étranger sans avoir procédé à la déclaration prévue au 3° du présent article est punie des mêmes peines.

Le non-respect, par les personnes résidant à l'étranger, des obligations prévues au présent article est puni des mêmes peines.

Le présent article n'est pas applicable aux personnes inscrites dans le fichier lorsque les décisions ayant conduit à cette inscription concernent des infractions mentionnées aux articles 421-2-5 et 421-2-5-1 du Code pénal et aux articles L. 224-1 et L. 225-7 du Code de la sécurité intérieure.

Constitutionnalité de l'obligation de déclarer ses déplacements à l'étranger (Art. 706-25-7, 3° CPP). En premier lieu, en adoptant les dispositions contestées, le législateur a poursuivi l'objectif de lutte contre le terrorisme, qui participe de l'objectif de valeur constitutionnelle de prévention des atteintes à l'ordre public. En deuxième lieu, d'une part, l'obligation faite à la personne inscrite au Fichier judiciaire national automatisé des auteurs d'infractions terroristes de déclarer tous ses déplacements à l'étranger n'est susceptible de s'appliquer qu'aux personnes ayant fait l'objet, pour l'une des infractions en lien avec le terrorisme mentionnées à l'article 706-25-4 du Code de procédure pénale, d'une condamnation, d'une décision d'irresponsabilité pénale pour cause de trouble mental, d'une mise en examen ou d'une mesure applicable spécifiquement aux personnes mineures. D'autre part, elle ne s'applique qu'à la suite de la décision prise par le magistrat compétent d'ordonner l'inscription au sein du fichier qui, eu égard aux finalités de ce fichier, tient compte de la situation personnelle des intéressées et, en particulier, de leur risque de récidive. En troisième lieu, les dispositions contestées se bornent à faire obligation à la personne de déclarer ses déplacements à l'étranger quinze jours au plus tard avant ceux-ci en se présentant personnellement au commissariat de police ou à la brigade de gendarmerie dont dépend son domicile, sans limiter la possibilité pour elle d'effectuer de tels déplacements ni de déclarer plusieurs déplacements lors d'une même présentation. En dernier lieu, si la personne est tenue de respecter cette obligation pendant une durée de cinq ou dix années, selon qu'elle est mineure ou majeure, elle peut en obtenir la levée en saisissant à tout moment le procureur de la République ou le juge d'instruction, selon les cas, d'une demande d'effacement des données la concernant. Conformément à l'article 706-25-12 du Code de procédure pénale, cet effacement peut être ordonné si, compte tenu de la finalité du fichier, leur conservation n'apparaît plus nécessaire au regard de la nature de l'infraction, de l'âge de la personne lors de sa commission, du temps écoulé depuis lors et de la personnalité actuelle de l'intéressée. En cas de refus du procureur de la République ou du juge d'instruction d'ordonner un tel effacement, la personne peut saisir à cette fin le juge des libertés et de la détention, dont la décision peut être contestée devant le président de la chambre de l'instruction. Il résulte de tout ce qui précède que l'atteinte à l'exercice de la liberté d'aller et de venir doit être regardée comme nécessaire, adaptée et proportionnée à l'objectif poursuivi par le législateur (■ Cons. const., 7 oct. 2021, n° 2021-936 QPC, cons. 10-14).

Art. 706-25-8 *(L. n° 2015-912, 24 juill. 2015)*. – **Toute personne dont l'identité est enregistrée dans le fichier en est informée par l'autorité judiciaire soit par notification à personne, soit par lettre recommandée avec demande d'avis de réception adressée à la dernière adresse déclarée, soit, à défaut, par le recours à la force publique par l'officier de police judiciaire, avec l'autorisation préalable du procureur de la République.**

Elle est alors informée des mesures et des obligations auxquelles elle est astreinte en application de l'article 706-25-7 et des peines encourues en cas de non-respect de ces obligations.

Lorsque la personne est détenue au titre de la condamnation justifiant son inscription au fichier et qu'elle n'a pas encore reçu l'information mentionnée au premier alinéa du présent article, les informations prévues au même article lui sont données au moment de sa libération définitive ou préalablement à la première mesure d'aménagement de sa peine.

Art. 706-25-9 *(Mod., L. n° 2017-258, 28 févr. 2017)*. – **Les informations contenues dans le fichier sont directement accessibles, par l'intermédiaire d'un système de communications électroniques sécurisé :**

1° Aux autorités judiciaires ;

2° Aux officiers de police judiciaire, dans le cadre de procédures concernant une des infractions prévues aux articles 421-1 à 421-6 du Code pénal ou aux articles L. 224-1 et L. 225-7 du Code de la sécurité intérieure, et pour l'exercice des diligences prévues aux articles 706-25-7, 706-25-8 et 706-25-10 du présent code. Les officiers de police judiciaire peuvent également, sur instruction du procureur de la République ou du juge d'instruction ou avec l'autorisation de l'un de ces magistrats, consulter le fichier dans le cadre d'une enquête de flagrance ou d'une enquête préliminaire ou en exécution d'une commission rogatoire ;

3° Aux représentants de l'État dans le département et aux administrations de l'État dont la liste est fixée par le décret prévu à l'article 706-25-14, pour les décisions administratives de recrutement, d'affectation, d'autorisation, d'agrément ou d'habilitation ;

4° Aux agents des greffes pénitentiaires habilités par les chefs d'établissement, pour vérifier que la personne a fait l'objet de l'information mentionnée à l'article 706-25-8 et pour enregistrer les dates de mise sous écrou et de libération ainsi que l'adresse du domicile déclaré par la personne libérée, ainsi qu'aux agents individuellement désignés et habilités du bureau du renseignement pénitentiaire de la direction de l'administration pénitentiaire ;

5° Aux agents individuellement désignés et habilités des services mentionnés à l'article L. 811-2 du Code de la sécurité intérieure et des services désignés par le décret en Conseil d'État prévu à l'article L. 811-4 du même code pour la seule finalité de prévention du terrorisme ;

6° Aux agents du ministère des affaires étrangères habilités pour l'exercice des diligences de l'article 706-25-7 du présent code.

Les autorités et personnes mentionnées aux 1° et 2° et 4° à 6° du présent article peuvent interroger le fichier à partir d'un ou de plusieurs critères fixés par le décret prévu à l'article 706-25-14, et notamment à partir de l'identité d'une personne, de ses adresses successives ou de la nature des infractions.

Les personnes mentionnées au 3° du présent article ne peuvent consulter le fichier qu'à partir de l'identité de la personne concernée par la décision administrative.

Les maires et les présidents des collectivités territoriales et des groupements de collectivités territoriales sont également destinataires, par l'intermédiaire des représentants de l'État dans le département, des informations contenues dans le fichier pour les décisions administratives mentionnées au même 3°.

À l'issue des délais prévus à l'article 706-25-7, les informations contenues dans le fichier sont uniquement consultables par le service gestionnaire du fichier, les autorités judiciaires, les officiers de police judiciaire mentionnés au 2° du présent article et les agents individuellement désignés et habilités des services mentionnés au 5°.

Art. 706-25-10 *(L. n° 2015-912, 24 juill. 2015)*. – **Selon des modalités précisées par le décret prévu à l'article 706-25-14, le gestionnaire du fichier avise directement le ministère de l'intérieur, qui transmet sans délai l'information aux services compétents, en cas de nouvelle inscription, de modification d'adresse concernant une**

inscription, d'information sur un départ à l'étranger, d'un déplacement en France ou lorsque la personne n'a pas apporté la justification de son adresse dans les délais requis. Il avise directement le service gestionnaire du fichier des personnes recherchées des effacements auxquels il a procédé en application des articles 706-25-6 et 706-25-12.

Le procureur de la République peut également procéder d'office.

S'il apparaît que la personne ne se trouve plus à l'adresse indiquée, l'officier de police judiciaire en informe le procureur de la République, qui l'inscrit sans délai au fichier des personnes recherchées.

Les services de police ou de gendarmerie peuvent procéder à toutes vérifications utiles et toutes réquisitions auprès des administrations publiques pour vérifier ou retrouver l'adresse de la personne.

Art. 706-25-11 *(L. n° 2015-912, 24 juill. 2015).* – Toute personne justifiant de son identité obtient, sur demande adressée au procureur de la République près le tribunal judiciaire dans le ressort duquel elle réside, communication de l'intégralité des informations la concernant figurant dans le fichier.

Les troisième à avant-dernier alinéas de l'article 777-2 sont alors applicables.

Art. 706-25-12 *(Mod., L. n° 2020-1672, 24 déc. 2020).* – Toute personne dont l'identité est inscrite dans le fichier peut demander au procureur de la République de rectifier ou d'ordonner l'effacement des informations la concernant si les informations ne sont pas exactes ou si leur conservation n'apparaît plus nécessaire compte tenu de la finalité du fichier, au regard de la nature de l'infraction, de l'âge de la personne lors de sa commission, du temps écoulé depuis lors et de la personnalité actuelle de l'intéressé.

La même demande peut être faite au juge d'instruction lorsque l'inscription a été prise sur le fondement du 5° de l'article 706-25-4.

La demande d'effacement est irrecevable tant que les mentions sont relatives à une procédure judiciaire en cours, sauf dans l'hypothèse d'une inscription sur le fondement du même 5°.

Si le procureur de la République ou le juge d'instruction n'ordonne pas la rectification ou l'effacement, la personne peut exercer un recours devant le président de la chambre de l'instruction.

Avant de statuer sur la demande de rectification ou d'effacement, le procureur de la République, le juge d'instruction et le président de la chambre de l'instruction peuvent faire procéder à toutes les vérifications qu'ils estiment nécessaires.

Art. 706-25-13 *(Mod., Ord. n° 2018-1125, 12 déc. 2018).* – Aucun rapprochement ni aucune interconnexion, au sens de l'article 33 de la loi n° 78-17 du 6 janvier 1978 relative à l'informatique, aux fichiers et aux libertés, ne peuvent être effectués entre le fichier prévu à la présente section et tout autre fichier ou recueil de données nominatives détenu par une personne quelconque ou par un service de l'État ne dépendant pas du ministère de la justice, à l'exception du fichier des personnes recherchées pour l'exercice des diligences prévues à la présente section.

Aucun fichier ou recueil de données nominatives détenu par une personne quelconque ou par un service de l'État ne dépendant pas du ministère de la justice ne peut mentionner, hors les cas et dans les conditions prévus par la loi, les informations figurant dans le fichier.

Toute infraction aux deux premiers alinéas du présent article est punie des peines encourues pour le délit prévu à l'article 226-21 du Code pénal.

Art. 706-25-14 *(L. n° 2015-912, 24 juill. 2015).* – Les modalités d'application de la présente section sont déterminées par décret en Conseil d'État, pris après avis de la Commission nationale de l'informatique et des libertés. Ce décret précise les conditions dans lesquelles le fichier conserve la trace des interrogations et des consultations dont il fait l'objet.

Code de la sécurité intérieure

Titre II. Lutte contre le terrorisme et les atteintes aux intérêts fondamentaux de la Nation

Chapitre I. Lutte contre le financement des activités terroristes

Art. L. 221-1. – Les obligations des prestataires de services financiers relatives à la lutte contre le financement des activités terroristes sont définies par les chapitres Ier et II du titre VI du livre V du Code monétaire et financier. La méconnaissance de ces obligations expose aux sanctions pénales prévues par le chapitre IV du titre VII du même livre.

Chapitre II. Accès à des traitements administratifs automatisés et à des données détenues par des opérateurs privés

Art. L. 222-1 *(Mod., L. n° 2015-912, 24 juill. 2015).* **–** I. - Pour les besoins de la prévention et de la répression des atteintes aux intérêts fondamentaux de la Nation et des actes de terrorisme, les agents individuellement désignés et dûment habilités des services de police et de gendarmerie nationales spécialement chargés de ces missions peuvent, dans les conditions fixées par la loi n° 78-17 du 6 janvier 1978 relative à l'informatique, aux fichiers et aux libertés, avoir accès aux traitements automatisés suivants :

1° Le fichier national des immatriculations ;

2° Le système national de gestion des permis de conduire ;

3° Le système de gestion des cartes nationales d'identité ;

4° Le système de gestion des passeports ;

5° Le système informatisé de gestion des dossiers des ressortissants étrangers en France ;

6° Les données à caractère personnel, mentionnées aux articles L. 611-3 à L. 611-5 du Code de l'entrée et du séjour des étrangers et du droit d'asile, relatives aux ressortissants étrangers qui, ayant été contrôlés à l'occasion du franchissement de la frontière, ne remplissent pas les conditions d'entrée requises ;

7° Les données à caractère personnel mentionnées à l'article L. 611-6 du même code.

II. - Pour les seuls besoins de la prévention des atteintes et des actes mentionnés au premier alinéa du I, les agents individuellement désignés et dûment habilités des services spécialisés de renseignement mentionnés à l'article L. 811-2 du présent code sont également autorisés, dans les conditions fixées par la loi n° 78-17 du 6 janvier 1978 précitée, à accéder aux traitements automatisés mentionnés ci-dessus.

Un décret en Conseil d'État détermine les services spécialisés de renseignement mentionnés au premier alinéa du présent II et les modalités de leur accès aux traitements automatisés mentionnés au présent article.

....

Chapitre III. Mise en œuvre de systèmes de vidéoprotection

Art. L. 223-1. – La transmission et l'enregistrement d'images prises sur la voie publique par le moyen de la vidéoprotection peuvent être mis en œuvre par les autorités publiques compétentes aux fins de prévention d'actes de terrorisme ainsi que, pour la protection des abords immédiats de leurs bâtiments et installations, par les autres personnes morales, dans les lieux susceptibles d'être exposés à des actes de terrorisme.

Il peut être également procédé à ces opérations dans des lieux et établissements ouverts au public aux fins d'y assurer la sécurité des personnes et des biens lorsque ces lieux et établissements sont susceptibles d'être exposés à des actes de terrorisme.

La vidéoprotection de la voie publique ou de lieux ou établissements ouverts au public est mise en œuvre dans les conditions prévues au chapitre II du titre V du présent livre.

Art. L. 223-2. – Aux fins de prévention d'actes de terrorisme, le représentant de l'État dans le département et, à Paris, le préfet de police peuvent prescrire la mise en œuvre, dans un délai qu'ils fixent, de systèmes de vidéoprotection, aux personnes suivantes :

1° Les exploitants des établissements, installations ou ouvrages mentionnés aux articles L. 1332-1 et L. 1332-2 du Code de la défense ;

2° Les gestionnaires d'infrastructures, les autorités et personnes exploitant des transports collectifs, relevant de l'activité de transports terrestres régie par l'article L. 1000-1 du Code des transports ;

3° Les exploitants d'aéroports qui, n'étant pas mentionnés aux deux alinéas précédents, sont ouverts au trafic international.

Art. L. 223-3. – Sauf en matière de défense nationale, la décision mentionnée à l'article L. 223-2 doit être précédée d'une consultation de la commission départementale de vidéoprotection si elle porte sur une installation de vidéoprotection filmant la voie publique ou des lieux et établissements ouverts au public.

Les systèmes de vidéoprotection installés en application de l'article L. 223-2 sont soumis aux dispositions des articles L. 251-3, L. 252-1 (deuxième alinéa), L. 252-2, L. 252-4, L. 252-5, L. 253-3, L. 253-4, L. 253-5, L. 254-1, L. 255-1.

Art. L. 223-4. – Lorsque l'urgence et l'exposition particulière à un risque d'actes de terrorisme le requièrent, le représentant de l'État dans le département et, à Paris, le préfet de police peuvent délivrer aux personnes mentionnées à l'article L. 223-1, sans avis préalable de la commission départementale de vidéoprotection, une autorisation provisoire d'installation d'un système de vidéoprotection, exploité dans les conditions prévues au titre V du présent livre, pour une durée maximale de quatre mois. Le président de la commission est immédiatement informé de cette décision. Il peut alors la réunir sans délai afin qu'elle donne un avis sur la mise en œuvre de la procédure d'autorisation provisoire.

Le représentant de l'État dans le département et, à Paris, le préfet de police recueillent l'avis de la commission départementale de vidéoprotection sur la mise en œuvre du système de vidéoprotection conformément à la procédure prévue à l'article L. 252-1 et se prononcent sur son maintien. La commission doit rendre son avis avant l'expiration du délai de validité de l'autorisation provisoire.

Art. L. 223-5. – Lorsque l'urgence et l'exposition particulière à un risque d'actes de terrorisme le requièrent, le représentant de l'État dans le département et, à Paris, le préfet de police peuvent prescrire, sans avis préalable de la commission départementale de vidéoprotection, la mise en œuvre d'un système de vidéoprotection exploité dans les conditions prévues par l'article L. 223-3. Quand cette décision porte sur une installation de vidéoprotection filmant la voie publique ou des lieux ou établissements ouverts au public, le président de la commission est immédiatement informé de cette décision. Il peut alors la réunir sans délai afin qu'elle donne un avis sur la mise en œuvre de la procédure de décision provisoire.

Avant l'expiration d'un délai maximal de quatre mois, le représentant de l'État dans le département et, à Paris, le préfet de police recueillent l'avis de la commission départementale de vidéoprotection sur la mise en œuvre du système de vidéoprotection conformément à la procédure prévue à l'article L. 252-1 et se prononcent sur son maintien.

Art. L. 223-6. – Si les personnes mentionnées à l'article L. 223-2 refusent de mettre en œuvre le système de vidéoprotection prescrit, le représentant de l'État dans le département et, à Paris, le préfet de police les mettent en demeure de procéder à cette installation dans le délai qu'ils fixent en tenant compte des contraintes particulières liées à l'exploitation des établissements, installations et ouvrages et, le cas échéant, de l'urgence.

Art. L. 223-7. – Est puni d'une amende de 150 000 euros le fait, pour les personnes mentionnées à l'article L. 223-2, de ne pas avoir pris les mesures d'installation du système de vidéoprotection prescrit à l'expiration du délai défini par la mise en demeure mentionnée à l'article L. 223-6.

Art. L. 223-8. – Aux fins de prévention d'actes de terrorisme, de protection des abords des établissements, installations ou ouvrages mentionnés aux articles L. 1332-1 et L. 1332-2 du Code de la défense ou de protection des intérêts fondamentaux de la Nation, le représentant de l'État dans le département ou, à Paris, le préfet de police, peut demander à une commune la mise en œuvre de systèmes de vidéoprotection. Le conseil municipal doit en délibérer dans un délai de trois mois.

Les conditions de financement du fonctionnement et de la maintenance du système de vidéoprotection font l'objet d'une convention conclue entre la commune de son lieu d'implantation et le représentant de l'État dans le département ou, à Paris, le préfet de police.

Les articles L. 223-3 et L. 223-5 sont applicables.

Art. L. 223-9. – L'article L. 223-8 est applicable aux établissements publics de coopération intercommunale qui ont décidé de faire application de l'article L. 132-14.

Section IV. – De la prévention des actes de terrorisme

(L. n° 2020-1672, 24 déc. 2020)

Art. 706-25-15 ***(L. n° 2020-1672, 24 déc. 2020).*** **– Peuvent exercer des fonctions d'assistant spécialisé pour la prévention des actes de terrorisme auprès du ministère public les fonctionnaires de catégorie A ou B ainsi que les personnes titulaires, dans des matières définies par décret, d'un diplôme national sanctionnant**

une formation d'une durée au moins égale à quatre années d'études supérieures après le baccalauréat qui remplissent les conditions d'accès à la fonction publique et justifient d'une expérience professionnelle minimale de quatre années.

Les assistants spécialisés pour la prévention des actes de terrorisme suivent une formation obligatoire préalable à leur entrée en fonction.

Ils participent aux procédures sous la responsabilité des magistrats du ministère public, sans pouvoir toutefois recevoir délégation de signature, sauf pour les réquisitions prévues aux articles 60-1, 60-2, 77-1-1 et 77-1-2.

Ils accomplissent toutes les tâches qui leur sont confiées par ces magistrats et peuvent notamment :

1° Les assister dans l'exercice de l'action publique et dans les missions de prévention que la loi leur confie ;

2° Remettre aux magistrats des documents de synthèse ou d'analyse qui peuvent être versés au dossier de la procédure ;

3° Mettre en œuvre le droit de communication reconnu aux magistrats en application de l'article 132-22 du Code pénal.

Le procureur général peut leur demander d'assister le ministère public devant la juridiction d'appel.

Ils ont accès au dossier de la procédure pour l'exécution des tâches qui leur sont confiées et sont soumis au secret professionnel sous les peines prévues à l'article 226-13 du même code.

Les modalités d'application du présent article sont celles prises en application du dernier alinéa de l'article 706 du présent code.

Section V. – De la mesure judiciaire de prévention de la récidive terroriste et de réinsertion

(Créée, L. n° 2021-998, 30 juill. 2021)

Art. 706-25-16 *(Créé, L. n° 2021-998, 30 juill. 2021)*. – I. – Lorsqu'une personne a été condamnée à une peine privative de liberté, non assortie du sursis, d'une durée supérieure ou égale à cinq ans pour une ou plusieurs des infractions mentionnées aux articles 421-1 à 421-6 du Code pénal, à l'exclusion de celles définies aux articles 421-2-5 et 421-2-5-1 du même code, ou d'une durée supérieure ou égale à trois ans lorsque l'infraction a été commise en état de récidive légale, et qu'il est établi, à l'issue d'un réexamen de sa situation intervenant à la fin de l'exécution de sa peine, que cette personne présente une particulière dangerosité caractérisée par une probabilité très élevée de récidive et par une adhésion persistante à une idéologie ou à des thèses incitant à la commission d'actes de terrorisme, faisant ainsi obstacle à sa réinsertion, le tribunal de l'application des peines de Paris peut, sur réquisitions du procureur de la République antiterroriste, ordonner, aux seules fins de prévenir la récidive et d'assurer la réinsertion, une mesure judiciaire de prévention de la récidive terroriste et de réinsertion.

La décision définit les conditions d'une prise en charge sanitaire, sociale, éducative, psychologique ou psychiatrique destinée à permettre la réinsertion de la personne concernée et l'acquisition des valeurs de la citoyenneté. Cette prise en charge peut, le cas échéant, intervenir au sein d'un établissement d'accueil adapté.

La décision peut imposer à la personne concernée d'exercer une activité professionnelle ou de suivre un enseignement ou une formation professionnelle ; elle peut également lui interdire de se livrer à l'activité dans l'exercice ou à l'occasion de laquelle l'infraction a été commise.

La décision précise les conditions dans lesquelles la personne concernée doit communiquer au service pénitentiaire d'insertion et de probation les renseignements ou documents de nature à permettre le contrôle de ses moyens d'existence et de l'exécution de ses obligations et répondre aux convocations du juge de l'application des peines ou du service pénitentiaire d'insertion et de probation. Elle peut aussi l'astreindre à établir sa résidence en un lieu déterminé.

Les obligations auxquelles la personne concernée est astreinte sont mises en œuvre par le juge de l'application des peines du tribunal judiciaire de Paris, assisté du service pénitentiaire d'insertion et de probation, le cas échéant avec le concours des organismes habilités à cet effet.

II. – Le tribunal de l'application des peines de Paris ne peut prononcer la mesure judiciaire de prévention de la récidive terroriste et de réinsertion qu'après s'être assuré que la personne condamnée a été mise en mesure de bénéficier, pendant l'exécution de sa peine, de mesures de nature à favoriser sa réinsertion.

III. – La mesure judiciaire de prévention de la récidive terroriste et de réinsertion prévue au I peut être ordonnée pour une durée maximale d'un an. À l'issue de cette durée, la mesure peut être renouvelée sur réquisitions du procureur de la République antiterroriste par le tribunal de l'application des peines de Paris, après avis de la commission pluridisciplinaire des mesures de sûreté prévue à l'article 763-10, pour au plus la même durée, périodes de suspension comprises, dans la limite de cinq ans ou, lorsque le condamné est mineur, dans la limite de trois ans. Chaque renouvellement est subordonné à l'existence d'éléments nouveaux ou complémentaires qui le justifient précisément.

IV. – La mesure prévue au I ne peut être ordonnée que si elle apparaît strictement nécessaire pour prévenir la récidive et assurer la réinsertion de la personne concernée. Elle n'est pas applicable si la personne a été condamnée à un suivi socio-judiciaire en application de l'article 421-8 du Code pénal ou si elle fait l'objet d'une mesure de surveillance judiciaire prévue à l'article 723-29 du présent code, d'une mesure de surveillance de sûreté prévue à l'article 706-53-19 ou d'une rétention de sûreté prévue à l'article 706-53-13.

Art. 706-25-17 *(Créé, L. n° 2021-998, 30 juill. 2021)*. – La situation des personnes détenues susceptibles de faire l'objet de la mesure prévue à l'article 706-25-16 est examinée, sur réquisitions du procureur de la République antiterroriste, au moins trois mois avant la date prévue pour leur libération, par la commission pluridisciplinaire des mesures de sûreté prévue à l'article 763-10, afin d'évaluer leur dangerosité et leur capacité à se réinsérer.

À cette fin, la commission pluridisciplinaire mentionnée au premier alinéa du présent article demande le placement de la personne concernée, pour une durée d'au moins six semaines, dans un service spécialisé chargé de l'observation des personnes détenues, aux fins notamment d'une évaluation pluridisciplinaire de dangerosité.

À l'issue de cette période, la commission adresse au tribunal de l'application des peines de Paris et à la personne concernée un avis motivé sur l'opportunité de prononcer la mesure mentionnée à l'article 706-25-16 au regard des critères définis au I du même article 706-25-16.

Art. 706-25-18 *(Créé, L. n° 2021-998, 30 juill. 2021)*. – La décision prévue à l'article 706-25-16 est prise, avant la date prévue pour la libération du condamné, par un jugement rendu après un débat contradictoire et, si le condamné le demande, public, au cours duquel le condamné est assisté par un avocat choisi ou commis d'office. Elle doit être spécialement motivée au regard des conclusions de l'évaluation et de l'avis mentionnés à l'article 706-25-17 ainsi que des conditions prévues aux II et IV de l'article 706-25-16.

Le jugement précise les obligations auxquelles le condamné est tenu ainsi que la durée de celles-ci.

La décision est exécutoire immédiatement à compter de la libération du condamné.

Le tribunal de l'application des peines de Paris peut, sur réquisitions du procureur de la République antiterroriste ou à la demande de la personne concernée, selon les modalités prévues à l'article 706-53-17 et, le cas échéant, après avis du procureur de la République antiterroriste, modifier la mesure ou ordonner sa mainlevée. Cette compétence s'exerce sans préjudice de la possibilité, pour le juge de l'application des peines, d'adapter à tout moment les obligations auxquelles le condamné est tenu.

Art. 706-25-19 *(Créé, L. n° 2021-998, 30 juill. 2021)*. – Les décisions du tribunal de l'application des peines de Paris prévues à la présente section peuvent faire l'objet du recours prévu au second alinéa de l'article 712-1.

Art. 706-25-20 *(Créé, L. n° 2021-998, 30 juill. 2021)*. – Les obligations prévues à l'article 706-25-16 sont suspendues si la personne concernée est détenue au cours de leur exécution.

Si la détention excède une durée de six mois, la reprise d'une ou de plusieurs des obligations prévues au même article 706-25-16 doit être confirmée par le tribunal de l'application des peines de Paris dans un délai de trois mois à compter de la cessation de la détention, à défaut de quoi il est mis fin d'office à la mesure.

Art. 706-25-21 *(Créé, L. n° 2021-998, 30 juill. 2021)*. – Le fait pour la personne soumise à une mesure prise en application de l'article 706-25-16 de ne pas respecter les obligations auxquelles elle est astreinte est puni de trois ans d'emprisonnement et de 45 000 euros d'amende.

Art. 706-25-22 *(Créé, L. n° 2021-998, 30 juill. 2021)*. – Un décret en Conseil d'État précise les conditions et les modalités d'application de la présente section.

TITRE XVI. – DE LA POURSUITE, DE L'INSTRUCTION ET DU JUGEMENT DES INFRACTIONS EN MATIÈRE DE TRAFIC DE STUPÉFIANTS

(L. n° 92-1336, 16 déc. 1992)

Bibliographie : *Répertoire.* J. Buisson, *Règles particulières en matière de stupéfiants : JCl. Proc. pén.*, art. 706-26 à 706-33, Fasc. 20.

Généralités. P. Maistre du Chambon, *La régularité des provocations policières : l'évolution de la jurisprudence : JCP* G 1989, I, 3422. • J. Pradel, *Trafic de drogue, provocation délictueuse des agents de l'autorité et permission de la loi : D.* 1992, chron. XLVI, p. 229.

Art. 706-26 *(Mod., L. n° 2004-204, 9 mars 2004).* **– Les infractions prévues par les articles 222-34 à 222-40 du Code pénal, ainsi que le délit de participation à une association de malfaiteurs prévu par l'article 450-1 du même code lorsqu'il a pour objet de préparer l'une de ces infractions, sont poursuivies, instruites et jugées selon les règles du présent code, sous réserve des dispositions du présent titre.**

Art. 706-27 *(L. n° 92-1336, 16 déc. 1992).* **– Dans le ressort de chaque cour d'appel, une ou plusieurs cours d'assises dont la liste est fixée par décret sont compétentes pour le jugement des crimes visés à l'article 706-26 et des infractions qui leur sont connexes. Pour le jugement des accusés majeurs, les règles relatives à la composition et au fonctionnement de la cour d'assises sont fixées par les dispositions de l'article 698-6.**

Pour l'application de l'alinéa précédent, la chambre de l'instruction, lorsqu'elle prononce la mise en accusation conformément au premier alinéa de l'article 214, constate que les faits entrent dans le champ d'application de l'article 706-26.

Il résulte des dispositions combinées des articles 698-6, 706-26 et 706-27 du Code de procédure pénale et des articles 222-34 à 222-36 du Code pénal que les infractions en matière de stupéfiants auxquelles il est fait référence relèvent de la compétence exclusive de la Cour d'assises statuant sans jury. L'omission, par la chambre de l'instruction, de cette composition spéciale, ne remet pas en cause la saisine de la Cour d'assises (▪ Cass. crim., 16 déc. 2015, n° 14-83.238 : *JurisData* n° 2015-028169).

Art. 706-28 *(Mod., L. n° 2004-204, 9 mars 2004).* **– Pour la recherche et la constatation des infractions visées à l'article 706-26, les visites, perquisitions et saisies prévues par l'article 59 peuvent être opérées en dehors des heures prévues par cet article à l'intérieur des locaux où l'on use en société de stupéfiants ou dans lesquels sont fabriqués, transformés ou entreposés illicitement des stupéfiants lorsqu'il ne s'agit pas de locaux d'habitation.**

Découverte d'infractions incidentes. Si des officiers de police judiciaire, procédant à une perquisition en exécution d'une commission rogatoire, découvrent des faits étrangers à l'information ouverte en matière de stupéfiants, ils peuvent, dès lors que la flagrance est caractérisée, saisir toute pièce à conviction se rapportant à ces faits (▪ Cass. crim., 31 oct. 2006, n° 05-81.272).

Art. 706-29 *(Abr., L. n° 2004-204, 9 mars 2004).*

Art. 706-30 *(Abr., L. n° 2004-204, 9 mars 2004).*

Art. 706-30-1 *(Mod., L. n° 2011-267, 14 mars 2011).* **– Lorsqu'il est fait application des dispositions du « quatrième » alinéa de l'article 99-2 à des substances stupéfiantes saisies au cours de la procédure, le juge d'instruction doit conserver un échantillon de ces produits afin de permettre, le cas échéant, qu'ils fassent l'objet d'une expertise. Cet échantillon est placé sous scellés.**

Il doit être procédé par le juge d'instruction ou par un officier de police judiciaire agissant sur commission rogatoire à la pesée des substances saisies avant leur destruction. Cette pesée doit être réalisée en présence de la personne qui détenait les substances, ou, à défaut, en présence de deux témoins requis par le juge d'instruction ou l'officier de police judiciaire et choisis en dehors des personnes relevant de leur autorité. La pesée peut également être réalisée, dans les mêmes conditions, au cours de l'enquête de flagrance ou de l'enquête préliminaire, par un officier de police judiciaire, ou, au cours de l'enquête douanière, par un agent des douanes de catégorie A ou B.

Le procès-verbal des opérations de pesée est signé par les personnes mentionnées ci-dessus. En cas de refus, il en est fait mention au procès-verbal.

1) Domaine d'application de l'article 706-30-1 du Code de procédure pénale. Les dispositions de l'alinéa 1er de l'article 706-30-1 du Code de procédure pénale ne sont applicables qu'à l'instruction préparatoire, lorsque le juge d'instruction veut faire procéder à la destruction du produit, et ne sont pas applicables à l'enquête de flagrance (■ Cass. crim., 11 déc. 2019, n° 18-84.912). Les prescriptions de l'article 706-30-1 ne sont applicables que dans le cas de pesée des substances saisies avant leur destruction. Elles n'ont pas vocation à s'appliquer lorsque les substances stupéfiantes sont découvertes sur un individu immédiatement placé en garde à vue (■ Cass. crim., 11 déc. 2019, n° 19-82.454).

2) Pesée des stupéfiants. La pesée des produits stupéfiants, effectuée par l'officier de police judiciaire au cours de l'enquête de flagrance, doit être réalisée en présence de la personne qui détenait les substances ou de deux témoins requis par lui (■ Cass. crim., 24 janv. 2007, n° 06-88.351 : *JurisData* n° 2007-037382 ; *Bull. crim.* n° 20. ■ Cass. crim., 31 oct. 2017, n° 17-80.872). La personne qui détenait les stupéfiants doit s'entendre comme celle entre les mains de laquelle les substances ont été saisies (■ Cass. crim., 9 nov. 2021, n° 21-83.095, § 30). Encourt la cassation l'arrêt de la chambre de l'instruction qui refuse d'annuler partiellement le procès-verbal constatant la pesée effectuée hors la présence du demandeur tout en déclarant que le poids ainsi déterminé ne pourrait lui être opposé (■ Cass. crim., 24 janv. 2007, n° 06-88.351 : *JurisData* n° 2007-037382 ; *Bull. crim.* n° 20). En cas de non de non-respect de l'article 706-30-1, alinéa 2 du Code de procédure pénale, et de pesée des stupéfiants hors la présence de l'intéressé ou à défaut de deux témoins désignés par lui, le grief pour l'intéressé résulte nécessairement de la destruction des substances stupéfiantes (■ Cass. crim., 31 oct. 2017, nos 17-80.872 et 17-81.613). Il résulte de l'article 706-30-1 du Code de procédure pénale que la pesée de produits stupéfiants ne peut être réalisée, au cours de l'enquête de flagrance ou de l'enquête préliminaire, qu'en présence de la personne qui détenait les substances, ou, à défaut, en présence de deux témoins. En cas de non respect de ces prescriptions, le grief de ladite personne résulte nécessairement de la destruction des substances stupéfiantes (■ Cass. crim., 9 janv. 2019, n° 18-84146 : *JurisData* n° 2019-002444).

3) Pesée réalisée à l'étranger. Le juge français n'étant pas compétent pour apprécier la régularité d'un acte accompli à l'étranger, la pesée de stupéfiants réalisée par les enquêteurs belges, en Belgique, sous la responsabilité d'un magistrat de l'État requis, sur commission rogatoire internationale, ne saurait être annulée dès lors que le requérant ne justifie pas que l'opération de pesée critiquée ait porté atteinte aux droits de la défense et aux principes généraux du droit (■ Cass. crim., 10 janv. 2018, n° 17-83.880).

4) Destruction des stupéfiants. Dans le cas où elle envisagerait de faire procéder à la destruction des stupéfiants placés sous main de justice, l'autorité judiciaire reste tenue de respecter préalablement les dispositions de l'article 706-30-1 précité, à défaut desquelles il résulterait nécessairement un grief pour le mis en examen (■ Cass. crim., 6 févr. 2018, n° 17-84.700). La personne mise en examen peut à tout moment présenter une demande aux fins que soit effectuée une nouvelle pesée dans les formes prévues par ce texte (même arrêt). *Contra* : Si c'est à tort que la chambre de l'instruction a considéré qu'une destruction de stupéfiants ordonnée par le procureur de la République, au cours de l'enquête de flagrance, avant l'entrée en vigueur de la loi du 29 octobre 2007 modifiant l'article 41-4 du Code de procédure pénale, ne méconnaît pas les dispositions de l'article 706-30-1 du même code, la cassation n'est pas encourue dès lors que ces substances ayant été pesées en présence de la personne qui les détenait et ayant été analysées, le demandeur ne justifie pas qu'il ait été porté atteinte à ses intérêts (■ Cass. crim., 9 avr. 2008, n° 08-80.604).

5) Qualité à se prévaloir des violations de l'article 706-30-1 CPP. La violation des dispositions de l'article 706-30-1 précité, qui ont pour objet de garantir le caractère contradictoire du déroulement de ces opérations et ainsi d'authentifier le poids des produits saisis, peut être invoquée par toute partie qui y a intérêt (■ Cass. crim., 9 nov. 2021, n° 21-83.095, § 29, F. Fourment, « *IQG* », *Intérêt-Qualité-Grief, ou la mnémotechnique de la nullité des actes de procédure* : *Gaz. Pal.* 22 févr. 2022, n° 62).

Art. 706-31 *(Mod., L. n° 2017-242, 27 févr. 2017)*. **– Par dérogation aux dispositions de l'article 750, le maximum de la durée de la contrainte judiciaire est fixé à un an lorsque l'amende et les condamnations pécuniaires prononcées pour l'une des infractions mentionnées à l'article 706-26 ou pour les infractions douanières connexes excèdent 100 000 €.**

1) Contrainte judiciaire et connexité. Il ne peut y avoir de connexité, au sens de l'article 706-31, alinéa 3 du Code de procédure pénale, entre une infraction douanière et une infraction à la législation sur les stupéfiants que lorsque le prévenu a été déclaré coupable de l'une et l'autre de ces infractions. Justifie donc sa décision la cour d'appel qui refuse d'appliquer la durée exceptionnelle de la contrainte judiciaire prévue en cas de connexité susmentionnée, dès lors que le prévenu n'a été poursuivi que pour une infraction douanière (■ Cass. crim., 19 déc. 2001, n° 01-82.212 : *Bull. crim.* n° 275).

2) Prescription de l'action publique (jurisprudence antérieure à la modification de loi du 27 février 2017, désormais CPP, art. 7). L'opposition à un jugement par défaut interrompt la prescription de la peine et constitue le point de départ d'un nouveau délai de prescription de l'action publique. Ainsi, le procureur de la République peut-il demander un supplément d'information après une décision de condamnation pour trafic de stupéfiant mais réduite à néant par l'effet d'une opposition (■ Cass. crim., 20 mai 2009, n° 09-81.339 : *JurisData* n° 2009-048556. ■ Cass. crim., 20 mai 2003, n° 02-85.403 : *JurisData* n° 2003-019360).

3) Prescription de la peine. (Jurisprudence antérieure à la modification de loi du 27 février 2017, V. désormais article 133-2 du Code pénal). La loi du 31 décembre 1987 portant les délais de prescription de la peine de 5 à 20 ans en matière de trafic de stupéfiants s'applique dès lors que la condamnation est devenue définitive postérieurement à son entrée en vigueur. Il en va de même de l'article 706-31 du Code de procédure pénale dans sa rédaction issue de la loi du 16 décembre 1992, et en vigueur depuis le 1er mars 1994, la loi applicable étant celle en vigueur au moment où la condamnation devient définitive (■ Cass. crim., 11 mai 1995, n° 94-84.883 : *Bull. crim.* n° 174). Le jugement de condamnation prononcé par défaut régulièrement signifié fait courir à l'encontre de la personne condamnée le délai de prescription de la peine, lequel est de vingt ans en matière d'infractions à la législation sur les stupéfiants aux termes, tant de l'article L. 627-6 ancien du Code de la santé publique que de l'article 706-31 du Code de procédure pénale issu de la loi du 16 décembre 1992, en vigueur depuis le 1er mars 1994. L'opposition à un jugement par défaut interrompt la prescription de la peine et constitue le point de départ d'un nouveau délai de prescription de l'action publique, la poursuite ayant repris son cours (■ Cass. crim., 20 mai 2009, n° 09-81.339, préc.).

Art. 706-32 *(L. n° 2007-297, 5 mars 2007).* – **Sans préjudice des dispositions des articles 706-81 à 706-87 du présent code, et aux seules fins de constater les infractions d'acquisition, d'offre ou de cession de produits stupéfiants visées aux articles 222-37 et 222-39 du Code pénal, d'en identifier les auteurs et complices et d'effectuer les saisies prévues au présent code, les officiers de police judiciaire et, sous leur autorité, les agents de police judiciaire peuvent, avec l'autorisation du procureur de la République ou du juge d'instruction saisi des faits qui en avise préalablement le parquet, et sans être pénalement responsables de ces actes :**

1° Acquérir des produits stupéfiants ;

2° En vue de l'acquisition de produits stupéfiants, mettre à la disposition des personnes se livrant à ces infractions des moyens de caractère juridique ou financier ainsi que des moyens de transport, de dépôt, d'hébergement, de conservation et de télécommunication.

À peine de nullité, l'autorisation du procureur de la République ou du juge d'instruction, qui peut être donnée par tout moyen, est mentionnée ou versée au dossier de la procédure et les actes autorisés ne peuvent constituer une incitation à commettre une infraction.

1) Domaine d'application. L'offre d'achat d'héroïne, suivie de la mise à disposition d'un local pour servir à la transaction, est soumise aux dispositions de l'article 706-32 du Code de procédure pénale et nécessite l'autorisation expresse du procureur de la République (■ Cass. crim., 4 déc. 1997, n° 97-82.859 : *JurisData* n° 1997-005454 ; *JCP* G 1998, n° 29, doctr. 153, note A. Maron, J.-H. Robert et M. Véron). Il en va de même lorsqu'un membre du service départemental de la police judiciaire se présente à un trafiquant comme un acquéreur potentiel, convient d'une transaction et met à disposition son véhicule de fonction pour la livraison de la marchandise (■ Cass. crim., 19 déc. 1996, n° 96-84.251 : *JurisData* n° 1996-005321 ; *Bull. crim.* n° 481). *Contra* : Le fait pour des fonctionnaires de police de répondre à « un plan crack », et d'assister à une cession de stupéfiants en faisant l'acquisition de « cinq galettes de crack » pour une somme de 400 francs, ne constitue pas une livraison surveillée, dès lors que lesdits fonctionnaires cherchaient seulement à identifier les revendeurs de rue et qu'ils n'avaient pas déterminé agissements délictueux (■ Cass. crim., 5 juin 1997, n° 96-84.014 : *JurisData* n° 1997-003033 ; *JCP* G 1997, n° 29, doctr. 153, note A. Maron, J.-H. Robert et M. Véron).

2) Autorisation judiciaire – Nécessité. Un officier de police judiciaire ne peut procéder aux opérations prévues par l'article 706-32, alinéa 2, du Code de procédure pénale, qu'avec l'autorisation expresse du procureur de la République ou du juge d'instruction saisi. Les instructions du procureur de la République prescrivant la poursuite de l'enquête ne constituent pas une autorisation expresse d'acquérir des stupéfiants (■ Cass. crim., 13 nov. 1997, n° 97-83.652 : *Bull. crim.* n° 386 ; *JurisData* n° 1997-005269).

3) **Autorisation judiciaire – Portée.** L'autorisation judiciaire visée par l'article 706-32 du Code de procédure pénale n'est prévue par la loi que pour exempter les fonctionnaires de police de leur responsabilité à raison de leur participation à des infractions à la législation sur les stupéfiants et n'a pas d'incidence sur la validité de la procédure (■ Cass. crim., 30 avr. 1998, n° 97-85.747 : *JurisData* n° 1998-001853 ; *Bull. crim.* n° 124 et ■ Cass. crim., 30 avr. 1998, n° 98-80.142 : *JurisData* n° 1998-00346 ; *Bull. crim.* n° 1471 ; *Dr. pén.* 1998, comm. 92, obs. A. Maron ; *JCP* G 1998, I, 153, note A. Maron ; *Procédures* 1998, comm. 126, obs. J. Buisson ; *RSC* 1999, p. 110, obs. J.-P. Delmas Saint-Hilaire ; *Gaz. Pal.* 1998, 2, chron. dr. crim. p. 138). La même solution prévaut en application de l'article 67 *bis* du Code des douanes pour les livraisons de stupéfiants contrôlées (■ Cass. crim., 1er avr. 1998, n° 97-84.372 : *JurisData* n° 1998-001853 ; *Bull. crim.* n° 124 ; *Dr. pén.* 1998, comm. 92 ; *JCP* G 1998, n° 29, doctr. 153, note A. Maron, J.-H. Robert et M. Véron ; *Procédures* 1998, comm. 126, obs. J. Buisson. ■ Cass. crim., 5 mai 1999, n° 97-83.117 : *JurisData* n° 1999-002091 ; *Bull. crim.* n° 87 ; *D.* 1999, somm. p. 325 ; *Dr. pén.* 1999, comm. 123, obs. A. Maron ; *RSC* 2000, p. 210, note J.-P. Delmas Saint-Hilaire).

4) **Principe de loyauté.** L'intervention des policiers dans un contexte préexistant de trafic de stupéfiants qu'elle avait pour objet de constater et n'ayant pas déterminé les agissements déjà commis ou en train de se commettre, d'organisation de transports de fonds en relation avec ce trafic et leur réception, ne constitue pas un procédé déloyal d'obtention de preuves (■ Cass. crim., 5 juin 2005, n° 05-82.012 : *JurisData* n° 2005-029152 ; *Bull. crim.* n° 173). Le fait pour un officier de police judiciaire de se faire passer pour l'ami d'un client toxicomane, désireux d'acquérir de la drogue pour le compte de celui-ci, ne saurait être considéré comme un stratagème constitutif de manœuvres déloyales susceptibles de dénaturer l'opération de police et de la rendre illicite (■ Cass. crim., 24 févr. 1999, n° 98-83.574 : *D.* 1999, p. 560, note J. Coulon).

Art. 706-33 *(L. n° 92-1336, 16 déc. 1992)*. **– En cas de poursuite pour l'une des infractions visées à l'article 706-26, le juge d'instruction peut ordonner à titre provisoire, pour une durée de six mois au plus, la fermeture de tout hôtel, maison meublée, pension, débit de boissons, restaurant, club, cercle, dancing, lieu de spectacle ou leurs annexes ou lieu quelconque ouvert au public ou utilisé par le public, où ont été commises ces infractions par l'exploitant ou avec sa complicité.**

Cette fermeture peut, quelle qu'en ait été la durée, faire l'objet de renouvellements dans les mêmes formes pour une durée de trois mois au plus chacun.

Les décisions prévues aux alinéas précédents et celles statuant sur les demandes de mainlevées peuvent faire l'objet d'un recours devant la chambre de l'instruction dans les vingt-quatre heures de leur exécution ou de la notification faite aux parties intéressées.

Lorsqu'une juridiction de jugement est saisie, la mainlevée de la mesure de fermeture en cours ou son renouvellement, pour une durée de trois mois au plus chaque fois, est prononcée selon les règles fixées par les deuxième à quatrième alinéas de l'article 148-1.

1) **Objet du recours.** Il résulte de l'article 706-33 du Code de procédure pénale qu'en cas de poursuites pour l'une des infractions visées à l'article 706-26 dudit code, la chambre de l'instruction ne peut être saisie que d'un recours contre la décision du juge d'instruction ordonnant la fermeture, à titre provisoire, d'un établissement, ou statuant sur une demande de mainlevée de cette mesure. En conséquence, doit être déclarée irrecevable une demande de mainlevée directement formée auprès de la chambre de l'instruction, sans que le juge d'instruction ne se soit préalablement prononcé sur la question (■ Cass. crim., 22 juin 2004, n° 04-82.923 : *JurisData* n° 2004-024755 ; *Bull. crim.* n° 162 ; *D.* 2004, inf. rap. p. 2271).

2) **Point de départ du délai pour agir.** Conformément au droit à un recours juridictionnel effectif garanti par l'article 6 de la Convention européenne des droits de l'Homme, et par dérogation à la règle selon laquelle le point de départ du délai est la date d'envoi de la lettre recommandée, l'article 706-33 du Code de procédure pénale, en ce qu'il prévoit un délai très bref de 24 heures ouvert à la personne concernée pour former un recours à compter de la date de la notification qui lui est faite de la décision, ne peut être interprété, lorsque la notification a lieu par la voie postale, que comme faisant courir le délai à compter de la date de présentation de la lettre à l'adresse du destinataire (■ Cass. crim., 11 déc. 2018, n° 18-83.383 : *JurisData* n° 2018-022817. – A. Maron et M. Haas, *Dr. pén.* 2019, comm. 37).

TITRE XVII. – DE LA POURSUITE, DE L'INSTRUCTION ET DU JUGEMENT DES INFRACTIONS EN MATIÈRE DE TRAITE DES ÊTRES HUMAINS, DE PROXÉNÉTISME OU DE RECOURS À LA PROSTITUTION DES MINEURS

(L. n° 92-1336, 16 déc. 1992 ; intitulé mod., L. n° 93-913, 19 juill. 1993 ; intitulé rempl., L. n° 2007-297, 5 mars 2007)

Art. 706-34 *(Mod., L. n° 2002-305, 4 mars 2002).* **– Les infractions prévues par les articles 225-5 à 225-12-4 du Code pénal, ainsi que le délit de participation à une association de malfaiteurs prévu par l'article 450-1 du même code lorsqu'il a pour objet de préparer l'une de ces infractions, sont poursuivies, instruites et jugées selon les règles du présent code, sous réserve des dispositions du présent titre.**

Art. 706-35 *(L. n° 92-1336, 16 déc. 1992).* **– Pour la recherche et la constatation des infractions visées à l'article 706-34, les visites, perquisitions et saisies prévues par l'article 59 peuvent être opérées à toute heure du jour et de la nuit, à l'intérieur de tout hôtel, maison meublée, pension, débit de boissons, club, cercle, dancing, lieu de spectacle et leurs annexes et en tout autre lieu ouvert au public ou utilisé par le public lorsqu'il est constaté que des personnes se livrant à la prostitution y sont reçues habituellement.**

Les actes prévus au présent article ne peuvent, à peine de nullité, être effectués pour un autre objet que la recherche et la constatation des infractions visées à l'article 706-34.

La présence, aux côtés d'enquêteurs agissant dans le cadre d'une commission rogatoire, d'officiers de police judiciaire dépendant du service de répression du proxénétisme, habilités à pénétrer dans l'établissement concerné en raison de sa nature et à y constater des infractions, ne saurait affecter la régularité des actes de la procédure incidente relative au flagrant délit de proxénétisme aggravé (■ Cass. crim., 28 juin 2000, n° 00-81.065).

Art. 706-35-1 *(Abr., L. n° 2019-222, 23 mars 2019).*

Art. 706-36 *(L. n° 92-1336, 16 déc. 1992).* **– En cas de poursuite pour l'une des infractions visées à l'article 706-34, le juge d'instruction peut ordonner à titre provisoire, pour une durée de trois mois au plus, la fermeture totale ou partielle :**

1° D'un établissement visé aux 1° et 2° de l'article 225-10 du Code pénal dont le détenteur, le gérant ou le préposé est poursuivi ;

2° De tout hôtel, maison meublée, pension, débit de boissons, restaurant, club, cercle, dancing, lieu de spectacle ou leurs annexes ou lieu quelconque ouvert au public ou utilisé par le public, dans lequel une personne poursuivie aura trouvé au cours des poursuites, auprès de la direction ou du personnel, un concours sciemment donné pour détruire des preuves, exercer des pressions sur des témoins ou favoriser la continuation de son activité délictueuse.

Cette fermeture peut, quelle qu'en ait été la durée, faire l'objet de renouvellements dans les mêmes formes pour une durée de trois mois au plus chacun.

Les décisions prévues aux alinéas précédents et celles statuant sur les demandes de mainlevées peuvent faire l'objet d'un recours devant la chambre de l'instruction dans les vingt-quatre heures de leur exécution ou de la notification faite aux parties intéressées.

Lorsqu'une juridiction de jugement est saisie, la mainlevée de la mesure de fermeture en cours ou son renouvellement, pour une durée de trois mois au plus chaque fois, est prononcée selon les règles fixées par les deuxième à quatrième alinéas de l'article 148-1.

Art. 706-36-1 *(Abr., L. n° 2004-204, 9 mars 2004).*

Art. 706-37 *(L. n° 92-1336, 16 déc. 1992).* **– Le ministère public fait connaître au propriétaire de l'immeuble, au bailleur et au propriétaire du fonds où est exploité un établissement dans lequel sont constatés les faits visés au 2° de l'article 225-10 du Code pénal et fait mentionner au registre du commerce et aux registres sur lesquels sont inscrites les sûretés, l'engagement des poursuites et la décision intervenue.**

Les modalités d'application du présent article sont déterminées par décret en Conseil d'État.

Les différentes mentions et informations prévues par l'article 706-37 du Code de procédure pénale, distinctes de la peine de publication au regard, tant de leur nature et de leur portée que des supports sur lesquels elles sont inscrites, ne constituent qu'une mesure de sûreté préventive et informative, destinée notamment à garantir les droits des tiers, et ne sont donc pas soumises aux exigences des articles 8 et 16 de la Déclaration des droits de l'homme et du citoyen (■ Cass. crim., 9 avr. 2015, n° 15-90.002). Le demandeur, exploitant du débit de boisson dont la fermeture a été ordonnée, est sans intérêt à invoquer l'inobservation des formalités prévues par les articles L. 3355-5, alinéa premier, du Code de la santé publique et 706-37 du Code de procédure pénale relatives à l'information du propriétaire de l'immeuble dans lequel est exploité l'établissement (■ Cass. crim., 9 mai 2007, n° 06-84.124).

Art. 706-38 *(L. n° 92-1336, 16 déc. 1992).* **– Lorsque la personne titulaire de la licence de débit de boissons ou de restaurant ou propriétaire du fonds de commerce dans lequel est exploité l'un des établissements visés au 2° de l'article 225-10 du Code pénal n'est pas poursuivie, les peines complémentaires prévues par l'article 225-22 du Code pénal ne peuvent être prononcées, par décision spéciale et motivée, que s'il est établi que cette personne a été citée à la diligence du ministère public avec indication de la nature des poursuites exercées et de la possibilité pour le tribunal de prononcer ces peines.**

La personne visée à l'alinéa précédent peut présenter ou faire présenter par un avocat ses observations à l'audience. Si elle use de cette faculté, elle peut interjeter appel de la décision prononçant l'une des peines prévues par l'article 225-22 du Code pénal.

Il résulte de l'article 706-38 du Code de procédure pénale que les peines prévues par l'article 225-22 du Code pénal, notamment la peine complémentaire de fermeture d'établissement, ne peuvent être prononcées que si la personne propriétaire du fonds a été citée à la diligence du ministère public. Il en va ainsi notamment lorsque les personnes physiques mises en cause sont distinctes de la personne morale, propriétaire du fonds (■ Cass. crim., 6 sept. 2006, n° 06-80.093 : *Bull. crim.* n° 214).

Art. 706-39 *(L. n° 92-1336, 16 déc. 1992).* **– La décision qui, en application de l'article 225-22 du Code pénal, prononce la confiscation du fonds de commerce ordonne l'expulsion de toute personne qui, directement ou par personne interposée, détient, gère, exploite, dirige, fait fonctionner, finance ou contribue à financer l'établissement.**

Cette même décision entraîne le transfert à l'État de la propriété du fonds confisqué et emporte subrogation de l'État dans tous les droits du propriétaire du fonds.

Art. 706-40 *(L. n° 92-1336, 16 déc. 1992).* **– En cas d'infraction prévue par le 3° de l'article 225-10 du Code pénal, l'occupant et la personne se livrant à la prostitution sont solidairement responsables des dommages-intérêts pouvant être alloués pour trouble du voisinage. Lorsque les faits visés par cet article sont pratiqués de façon habituelle, la résiliation du bail et l'expulsion du locataire, sous-locataire ou occupant qui se livre à la prostitution ou la tolère sont prononcées par le juge des référés, à la demande du ministère public, du propriétaire, du locataire principal ou des occupants ou voisins de l'immeuble. Les propriétaires ou bailleurs de ces locaux sont informés, à la diligence du ministère public, que ceux-ci servent de lieux de prostitution.**

Art. 706-40-1 *(L. n° 2016-444, 13 avr. 2016).* **– Les personnes victimes de l'une des infractions prévues aux articles 225-4-1 à 225-4-6 et 225-5 à 225-10 du Code pénal, ayant contribué par leur témoignage à la manifestation de la vérité et dont la vie ou l'intégrité physique est gravement mise en danger sur le territoire national, peuvent faire l'objet en tant que de besoin de la protection destinée à assurer leur sécurité prévue à l'article 706-63-1 du présent code.**

Le premier alinéa du présent article est également applicable aux membres de la famille et aux proches des personnes ainsi protégées.

Lorsqu'il est fait application à ces personnes des dispositions de l'article 706-57 relatives à la déclaration de domicile, elles peuvent également déclarer comme domicile l'adresse de leur avocat ou d'une association mentionnée à l'article 2-22.

Sans préjudice du présent article, l'article 62 est applicable aux personnes mentionnées au premier alinéa du présent article.

TITRE XVIII. – DE LA POURSUITE, DE L'INSTRUCTION ET DU JUGEMENT DES INFRACTIONS COMMISES PAR LES PERSONNES MORALES

(L. n° 92-1336, 16 déc. 1992)

Bibliographie : Y. Buffelan-Lanore, *La procédure applicable aux infractions commises par les personnes morales : RSC* 1993, p. 513. • J.-P. Dintilhac, *Poursuites concomitantes contre le représentant légal de celle-ci ou son délégataire. Représentation par un mandataire de justice : RSC* 1998, p. 353. • A. Maron et J.-H. Robert, *Cent personnes morales condamnées : JCP* G 1999, doctr. 123.

Art. 706-41 *(L. n° 92-1336, 16 déc. 1992)*. **– Les dispositions du présent code sont applicables à la poursuite, à l'instruction et au jugement des infractions commises par les personnes morales, sous réserve des dispositions du présent titre.**

1) **Notification du droit de se taire, exigence.** En application des articles 406, dans sa rédaction issue de la loi n° 2014-535 du 27 mai 2014, et 512 du Code de procédure pénale, devant le tribunal correctionnel, le président ou l'un des assesseurs, par lui désigné, informe le prévenu de son droit, au cours des débats, de faire des déclarations, de répondre aux questions qui lui sont posées ou de se taire. La méconnaissance de l'obligation d'informer le prévenu du droit de se taire lui fait nécessairement grief et ces dispositions n'opèrent pas de distinction entre les personnes morales et les personnes physique (▪ Cass. crim., 24 mai 2016, n° 15-82.516 : *Bull. crim.* n° 156. ▪ Cass. crim., 5 déc. 2017, n° 16-86.279). Il se déduit de l'article 706-41 du Code de procédure pénale que ces dispositions sont applicables devant la chambre des appels correctionnels (même arrêt ; ▪ Cass. crim., 16 oct. 2018, n° 17-85.405). Rappr. Lorsqu'il a fait application des dispositions de l'article 80-2 du Code de procédure pénale et qu'il procède à la première comparution de la personne qu'il envisage de mettre en examen, le juge d'instruction l'informe de son droit de faire des déclarations, de répondre aux questions qui lui sont posées ou de se taire. Cette disposition s'applique aussi bien aux personnes physiques qu'aux personnes morales (▪ Cass. crim., 7 févr. 2017, n° 16-84.353 : *JurisData* n° 2017-001823 ; *Bull. crim.* n° 34).

2) **Notification du droit de se taire, absence du représentant de la personne morale.** En l'absence physique du représentant de la personne morale prévenue, le président du tribunal correctionnel, ou l'assesseur désigné par lui, ne peut l'informer de son droit de se taire (▪ Cass. crim., 8 janv. 2019, n° 18-80.746).

Art. 706-42 *(Mod., L. n° 2013-1117, 6 déc. 2013)*. **– Sans préjudice des règles de compétence applicables lorsqu'une personne physique est également soupçonnée ou poursuivie, sont compétents :**

1° Le procureur de la République et les juridictions du lieu de l'infraction ;

2° Le procureur de la République et les juridictions du lieu où la personne morale a son siège.

Ces dispositions ne sont pas exclusives de l'application éventuelle des règles particulières de compétence prévues par les articles 704-1, 705 et 706-17 relatifs aux infractions économiques et financières et aux actes de terrorisme.

Art. 706-43 *(Mod., L. n° 2000-647, 10 juill. 2000)*. **– L'action publique est exercée à l'encontre de la personne morale prise en la personne de son représentant légal à l'époque des poursuites. Ce dernier représente la personne morale à tous les actes de la procédure. Toutefois, lorsque des poursuites pour des mêmes faits ou pour des faits connexes sont engagées à l'encontre du représentant légal, celui-ci peut saisir par requête le président du tribunal judiciaire aux fins de désignation d'un mandataire de justice pour représenter la personne morale.**

La personne morale peut également être représentée par toute personne bénéficiant, conformément à la loi ou à ses statuts, d'une délégation de pouvoir à cet effet.

La personne chargée de représenter la personne morale en application du deuxième alinéa doit faire connaître son identité à la juridiction saisie, par lettre recommandée avec demande d'avis de réception.

Il en est de même en cas de changement du représentant légal en cours de procédure.

En l'absence de toute personne habilitée à représenter la personne morale dans les conditions prévues au présent article, le président du tribunal judiciaire désigne, à la requête du ministère public, du juge d'instruction ou de la partie civile, un mandataire de justice pour la représenter.

1) Poursuites simultanées de la personne morale et de son représentant : constitutionnalité. Lorsque le représentant légal d'une personne morale fait l'objet de poursuites pénales en même temps que celle-ci pour les mêmes faits ou pour des faits connexes, il dispose seul de la faculté de solliciter du président du tribunal judiciaire la désignation d'un mandataire de justice pour assurer à sa place la représentation de la personne morale. Il peut en résulter, en cas de conflit d'intérêts entre la personne morale et le représentant légal, que ce dernier, afin de faire prévaloir ses propres intérêts, s'abstienne de demander la désignation d'un tel mandataire, ce qui pourrait être de nature à léser ceux de la personne morale. Toutefois, dans cette hypothèse, les organes d'une personne morale demeurent compétents, dans les conditions prévues par la loi ou les statuts, pour imposer à son représentant légal de solliciter la désignation d'un mandataire de justice, lui retirer son mandat de représentation en justice ou désigner un autre représentant légal. Par ailleurs, les dispositions du deuxième alinéa de l'article 706-43 du Code de procédure pénale permettent une représentation de la personne morale par toute personne bénéficiant, conformément à la loi ou à ses statuts, d'une délégation de pouvoir à cet effet. Cette délégation de pouvoir peut être octroyée à tout moment par les organes de la personne morale. Il résulte de ce qui précède que le grief tiré de la méconnaissance des droits de la défense doit être écarté (▪ Cons. const., 19 nov. 2020, n° 2020-865 QPC, cons. 5-9).

2) Cumul des poursuites des personnes physiques et morales, conventionnalité de la désignation facultative d'un mandataire. Le grief pris d'une atteinte aux droits de la défense de la société citée pour des faits identiques aux côtés de son représentant légal pour défaut de représentation par un mandataire *ad hoc* revient à contester la conformité à l'article 6 de la Convention européenne des droits de l'homme, de l'article 706-43 du Code de procédure pénale qui exclut toute désignation obligatoire d'un mandataire. En effet, en application des dispositions critiquées, lorsque le représentant légal d'une société fait l'objet de poursuites pénales en même temps que celle-ci pour les mêmes faits ou pour des faits connexes, il dispose seul de la faculté de solliciter du président du tribunal judiciaire la désignation d'un mandataire de justice pour assurer à sa place la représentation de la société.

Il n'est pas contestable qu'il peut en résulter, en cas de conflit d'intérêts entre la société et le représentant légal, que ce dernier, afin de faire prévaloir ses propres intérêts, s'abstienne de demander la désignation d'un tel mandataire, ce qui pourrait être de nature à léser ceux de la personne morale. Cependant, il convient de prendre en considération que, d'une part, les organes de la société demeurent compétents pour imposer à son représentant légal de solliciter la désignation d'un mandataire de justice, lui retirer son mandat de représentation en justice ou désigner un autre représentant légal, d'autre part, les dispositions du deuxième alinéa de l'article 706-43 du Code de procédure pénale permettent une représentation de la société par toute personne bénéficiant d'une délégation de pouvoir à cet effet, délégation de pouvoir pouvant être octroyée à tout moment par les organes de la personne morale. Il s'en déduit que les dispositions critiquées ne méconnaissent pas le droit conventionnel (▪ Cass. crim., 10 mars 2021, n° 20-81.008, §§ 9-13).

3) Représentation statutaire de la personne morale. La mention figurant au registre de commerce, donnée en application de l'article R. 123-54 du Code de commerce, et désignant une personne comme représentante en France d'une personne morale étrangère, justifie que les poursuites pénales soient exercées à son encontre (▪ Cass. crim., 24 sept. 2014, n° 14-82.684 : *JurisData* n° 2014-021788). La relaxe devenue définitive du représentant légal d'une personne morale devant la juridiction correctionnelle, en son nom personnel, ne peut mettre obstacle à ce que, conformément à l'article 706-43 du Code de procédure pénale, il soit appelé à représenter ultérieurement celle-ci dans les poursuites engagées contre elle à raison des mêmes faits (▪ Cass. crim., 30 mai 2000, n° 99-84.212 : *JurisData* n° 2000-002816 ; *Bull. crim.* n° 206 ; *JCP* E 2001, p. 950, note S. Ferries ; *D.* 2001, p. 2350, obs. G. Roujou de Boubée ; *RSC* 2000, p. 816, obs. B. Bouloc et p. 851, obs. G. Guidicelli-Delage). Une personne dont la qualité de cogérant de la société a été acquise postérieurement à l'accident mettant en cause la personne morale peut valablement la représenter au sens de l'article 706-43 du Code de procédure pénale. Pour autant, elle n'en est pas un représentant au sens de l'article 121-2 du Code de procédure pénale (▪ Cass. crim., 17 oct. 2017, n° 16-87.249 : *Bull. crim.* n° 230 ; *JurisData* n° 2017-020387 ; *Dr. pén.* 2017, comm. 178, obs. P. Conte. F. Duquesnes ; *JCP* S 2018, n° 3, n° 1024, Responsabilité de l'être moral : vers le point d'équilibre ?). L'organe ou le représentant engageant la responsabilité pénale de la personne morale ne saurait se confondre avec le représentant légal désigné pour la représenter dans le cadre de poursuites pénales, au visa de l'article 706-43 du Code de procédure pénale (▪ Cass. crim., 29 janv. 2019, n° 17-86.834). Le premier doit donc être clairement identifié, au besoin par un supplément d'information, pour engager la responsabilité pénale de la personne morale (même arrêt).

4) Changement de représentant en cours de procédure. C'est à tort que les juges retiennent que la personne morale est représentée par Mme N..., directrice générale, après avoir relevé que cette dernière avait qualité au jour de la citation et de l'audience devant le tribunal correctionnel et que le fait qu'elle n'assume plus cette fonction devant la cour d'appel est sans effet sur la culpabilité de la personne morale.

Cependant, l'arrêt n'encourt pas la censure, dès lors que ladite personne morale, représentée devant les juridictions pénales par un avocat, qui a présenté sa défense au fond, ne justifie d'aucune atteinte à ses intérêts (■ Cass. crim., 10 mars 2021, n° 20-81.008, §§ 17-18).

5) Citation à l'établissement en France de la société GEII. C'est à tort que la chambre de l'instruction s'est fondée sur la référence inopérante à l'article 706-43 du Code de procédure pénale qui ne dispose qu'en matière de représentation en justice de la personne morale, alors qu'en application des dispositions de l'article 562 du même code, la société GEII, qui a son siège à l'étranger, aurait dû être citée au parquet du procureur de la République (■ Cass. crim., 30 mars 2021, n° 20-81.030, § 9). Toutefois, l'arrêt n'encourt pas la censure, dès lors que les juges ayant constaté, nonobstant les affirmations en sens contraire du mémoire, qu'il ressortait de nombreux courriers échangés avec Mme A... que la société avait eu connaissance des citations. Celle-ci ne peut donc se faire un grief de leur délivrance à l'adresse de son établissement en France, où, de surcroît, elles ont été remises à une personne se déclarant habilitée (même arrêt, § 10).

6) Infraction au Code de la route. Lorsqu'un excès de vitesse, constaté par un appareil de contrôle automatique, a été commis avec un véhicule dont le titulaire du certificat d'immatriculation est une personne morale ou qui est détenu par une personne morale, le représentant légal de celle-ci doit indiquer l'identité et l'adresse de la personne physique qui conduisait le véhicule lors de l'infraction, à moins qu'il n'établisse l'existence d'un vol, d'une usurpation de plaque d'immatriculation ou de tout autre événement de force majeure ; en cas de constatation de l'infraction de non-communication de l'identité et de l'adresse du conducteur, les poursuites peuvent être engagées tant contre la personne morale que contre son dirigeant. Doit donc être cassé l'arrêt par lequel la dirigeante sociale de la personne morale est relaxée au motif que l'infraction ainsi constatée n'a pas été établie à son égard (■ Cass. crim., 18 sept. 2019, n° 19-80.563).

7) Mandataire de justice. Il résulte de l'article 706-43 du Code de procédure pénale que l'action publique est exercée à l'encontre de la personne morale prise en la personne de son représentant légal à l'époque des poursuites et qu'en l'absence de toute personne habilitée à représenter la personne morale dans les conditions qu'il prévoit, le président du tribunal de grande instance désigne, à la requête du ministère public, du juge d'instruction ou de la partie civile, un mandataire de justice pour la représenter. Lorsqu'un nouveau gérant a été nommé par les associés, même après la désignation d'un mandataire de justice, il est habilité à représenter la personne morale de sorte que la demande de rétractation de la mesure d'administration judiciaire ne saurait être rejetée (■ Cass. crim., 10 juill. 2012, n° 11-21.395 : *Bull. crim.* n° 153). En application de l'article L. 622-9 du Code de commerce dans sa rédaction antérieure à la loi du 26 juillet 2005 et de l'article 706-43 du Code de procédure pénale, le liquidateur judiciaire désigné par le tribunal de commerce lors du placement en liquidation judiciaire de la personne morale ne représente le débiteur que pour les actions à caractère patrimonial. Toutefois lorsque l'action publique est exercée à l'encontre de la personne morale en liquidation judiciaire, il doit lui être désigné aussi un mandataire de justice pour la représenter, ce dernier devant donc être appelé à la procédure pénale (■ Cass. crim., 10 févr. 2010, n° 08-87.357 : *JurisData* n° 2010-000754 ; *Bull. crim.* n° 22 ; *Procédures* 2010, comm. 197, obs. A.-S. Chavent-Leclère). Dès lors qu'un mandataire de justice a été désigné pour représenter la personne morale, le président de cette dernière ne peut plus la représenter. Les actes ainsi réalisés en sa personne doivent être annulés en raison de l'irrégularité de la représentation (■ Cass. crim., 5 janv. 2000, n° 99-84.613 : *Bull. crim.* n° 4). L'organe ou le représentant susceptible d'engager la responsabilité pénale de la personne morale ne saurait se confondre avec le représentant légal de la personne morale désigné pour la représenter dans le cadre de poursuites pénales, au visa de l'article 706-43 du Code de procédure pénale (■ Cass. crim., 19 janv. 2019, n° 17-86.834).

8) Formalisme de la requête en annulation. Satisfait aux exigences de l'article 173 du Code de procédure pénale la requête en annulation formée par l'avocat d'une personne morale mise en examen, sans que soit mentionné l'organe qui la représente (■ Cass. crim., 5 juin 2018, n° 17-86.747).

9) Cumul des poursuites des personnes physiques et morales, applications. Il résulte de l'article 706-43, alinéa 1er, du Code de procédure pénale que, lorsque des poursuites sont exercées contre une personne morale, et que l'action publique est également mise en mouvement, pour les mêmes faits ou pour des faits connexes, contre le représentant légal de celle-ci, la désignation d'un mandataire de justice pour représenter la personne morale au cours des poursuites est facultative et laissée à l'initiative de son représentant légal (■ Cass. crim., 15 févr. 2005, n°s 04-87.191, P, 04-87.193 et 04-87.192 : *JurisData* n° 2005-027422 ; *Bull. crim.* n° 57 ; *RSC* 2005, p. 862, note A. Cerf Hollender ; *RSC* 2006, p. 408, note J. Buisson ; *Dr. soc.* 2005, p. 585, F. Duquesne ; *Bull. Joly Sociétés* 2005, p. 1117, note J.-F. Barbieri). Selon l'article 706-43 du Code de procédure pénale, dans sa rédaction issue de la loi du 10 juillet 2000, lorsque des poursuites pour des mêmes faits ou pour des faits connexes sont engagées à l'encontre du représentant légal, la désignation d'un mandataire de justice pour représenter la personne morale est facultative (■ Cass. crim., 20 mars 2007, n° 05-85.253 ; *JurisData* n° 2007-038463 ; *Bull. crim.* n° 86 ; *Dr. pén.* 2007, comm. 88, obs. J.-H. Robert). *Contra (antérieurement à la loi n° 2000-647 du 10 juillet 2000)* : il résulte de l'article 706-43, alinéa 1er, du Code de procédure pénale que, dès lors qu'à l'occasion de poursuites exercées contre une personne morale, l'action publique est également mise en mouvement, pour les mêmes faits ou pour des faits connexes, contre le représentant légal de celle-ci, la désignation d'un mandataire de justice pour représenter la personne morale au cours des poursuites est obligatoire selon les modalités prévues par le dernier alinéa du même article (■ Cass. crim., 12 janv. 2000, n° 98-86.441 : *Bull. crim.* n° 23). Ayant désigné un chef d'agence délégataire, également mis en cause dans la même procédure, pour la représenter, la personne morale ne saurait se faire un grief de ce qu'un mandataire de justice n'ait été désigné pour la représenter devant la juridiction répressive conformément aux dispositions de l'article 706-43, dernier alinéa, du Code de procédure pénale (■ Cass. crim., 3 nov. 1992, n° 98-85.665 : *Bull. crim.* n° 242).

Art. 706-44 ***(L. n° 92-1336, 16 déc. 1992).*** **– Le représentant de la personne morale poursuivie ne peut, en cette qualité, faire l'objet d'aucune mesure de contrainte autre que celle applicable au témoin.**

Art. 706-45 ***(Mod., L. n° 2004-204, 9 mars 2004).*** **– Le juge d'instruction peut placer la personne morale sous contrôle judiciaire dans les conditions prévues aux articles 139 et 140 en la soumettant à une ou plusieurs des obligations suivantes :**

1° Dépôt d'un cautionnement dont le montant et les délais de versement, en une ou plusieurs fois, sont fixés par le juge d'instruction ;

2° Constitution, dans un délai, pour une période et un montant déterminés par le juge d'instruction, des sûretés personnelles ou réelles destinées à garantir les droits de la victime ;

3° Interdiction d'émettre des chèques autres que ceux qui permettent le retrait de fonds par le tireur auprès du tiré ou ceux qui sont certifiés ou d'utiliser des cartes de paiement ;

4° Interdiction d'exercer certaines activités professionnelles ou sociales lorsque l'infraction a été commise dans l'exercice ou à l'occasion de l'exercice de ces activités et lorsqu'il est à redouter qu'une nouvelle infraction soit commise ;

5° Placement sous contrôle d'un mandataire de justice désigné par le juge d'instruction pour une durée de six mois renouvelable, en ce qui concerne l'activité dans l'exercice ou à l'occasion de laquelle l'infraction a été commise.

Pour les obligations prévues aux 1° et 2°, les dispositions des articles 142 à 142-3 sont applicables.

Les interdictions prévues aux 3° et 4° ne peuvent être ordonnées par le juge d'instruction que dans la mesure où elles sont encourues à titre de peine par la personne morale poursuivie. La mesure prévue au 5° ne peut être ordonnée par le juge d'instruction si la personne morale ne peut être condamnée à la peine prévue par le 3° de l'article 131-39 du Code pénal.

En cas de violation du contrôle judiciaire, les articles 434-43 et 434-47 du Code pénal sont, le cas échéant, applicables.

1) Constitutionnalité. L'article 706-45 du Code de procédure pénale ne porte pas atteinte au droit de propriété et au principe d'égalité dès lors que, d'une part, le placement sous contrôle judiciaire d'une personne morale, s'il peut être assorti de l'obligation de fournir un cautionnement, ne constitue pas une sanction et ne peut être ordonné, selon les conditions définies par l'article 137 du Code de procédure pénale, qu'en raison des nécessités de l'instruction ou à titre de mesure de sûreté, et que, d'autre part, le cautionnement doit répondre à l'objectif, déterminé par l'article 142 du même code, de garantir la représentation en justice de la personne mise en examen et le paiement de la réparation des préjudices ainsi que des amendes. Enfin, en application de l'article 138, 11° du code précité, son montant doit tenir compte, au même titre que pour les personnes physiques, de la situation financière de la personne morale. Il n'y a donc pas lieu de renvoyer la question au Conseil constitutionnel (■ Cass. crim., 11 mars 2015, n° 14-88.147 : *Juris-Data* n° 2015-004891).

2) **Mise en œuvre.** Il résulte des articles 139, 140 et 706-45 du Code de procédure pénale qu'une personne morale peut être placée sous contrôle judiciaire et notamment soumise à l'obligation de verser un cautionnement, et à l'interdiction d'exercer certaines activités professionnelles. Justifie donc sa décision, au regard de ces textes, la chambre d'accusation (de l'instruction) qui interdit à une société d'exercer une activité professionnelle lorsque l'infraction qui lui est reprochée a été commise dans l'exercice ou à l'occasion de l'exercice de fait de ces activités (■ Cass. crim., 19 mars 2002, n° 01-88.829 : *Juris-Data* n° 2002-013908 ; *Bull. crim.* n° 64). La chambre de l'instruction, qui s'est expliquée, au regard des circonstances de l'espèce, sur la nécessité et la proportionnalité du cautionnement, et qui n'avait pas à préciser davantage les raisons de l'affectation d'une part des sommes à la garantie de représentation de la personne morale mise en examen, a justifié sa décision (■ Cass. crim., 11 mars 2015, n° 14-88.147 : *Bull. crim.* n° 52).

Art. 706-46 *(L. n° 92-1336, 16 déc. 1992)*. **– Les dispositions particulières applicables à la signification des actes aux personnes morales sont fixées au titre IV du livre II.**

TITRE XIX. – DE LA PROCÉDURE APPLICABLE AUX INFRACTIONS DE NATURE SEXUELLE ET DE LA PROTECTION DES MINEURS VICTIMES

(L. n° 98-468, 17 juin 1998)

Bibliographie : *Répertoire.* E. Fohrer-Dedeurwaerder, *Procédures applicables aux infractions de nature sexuelle ; Protection des mineurs victimes : JCl. Proc. pén.*, art. 706-47 à 706-53, Fasc. 20.

Généralités. J. Castaignède, *Le suivi socio-judiciaire applicable aux délinquants sexuels ou la dialectique sanction-traitement : D.* 1999, p. 23. • X. Lameyre, *Du régime spécial appliqué, en France, aux auteurs d'infractions sexuelles : RSC* 2002, p. 546. • B. Lavielle, *Surveiller et soigner les agresseurs sexuels : un des défis posés par la loi du 17 juin 1998 : RSC* 1999, p. 35. • Léger, *Les infractions de nature sexuelle commises à l'encontre des mineurs : Arch. politique crim.* 2000, vol. II, p. 20. • F. Le Gunéhec, *Dispositions de la loi n° 98-468 du 17 juin 1998 : JCP* G 1998, I, 1193. • H. Matsopoulou, *Renforcement du caractère contradictoire, célérité de la procédure pénale et justice des mineurs – Commentaire de la loi n° 2007-291 du 5 mars 2007 tendant à renforcer l'équilibre de la procédure pénale : Dr. pén.* 2007, étude 6. • C. Neirinck, *La dualité de régime de l'administrateur « ad hoc » des mineurs : JCP* G 2000, I, 228. • X. Pin, *Les victimes d'infractions sexuelles dans le procès pénal : RPDP* 2002, p. 687. • R. Rolland, *La protection du mineur, victime d'infractions sexuelles : RD sanit. soc.* 1998, n° 4, p. 895.

Art. 706-47 *(Mod., L. n° 2020-1672, 24 déc. 2020 ; L. n° 2021-478, 21 avr. 2021 ; L. n° 2021-1539, 30 nov. 2021)*. **– Le présent titre est applicable aux procédures concernant les infractions suivantes :**

1° Crimes de meurtre ou d'assassinat prévus aux articles 221-1 à 221-4 du Code pénal, lorsqu'ils sont commis sur un mineur ou lorsqu'ils sont commis en état de récidive légale ;

2° Crimes de tortures ou d'actes de barbarie prévus aux articles 222-1 à 222-6 du même code et crimes de violences sur un mineur de quinze ans ayant entraîné une mutilation ou une infirmité permanente prévus à l'article 222-10 dudit code ;

3° Crimes de viol prévus aux articles 222-23 à 222-26 du même code et délit prévu à l'article 222-26-1 du même code ;

4° Délits d'agressions sexuelles prévus aux articles 222-27 à 222-33 du même code ;

5° Délits et crimes de traite des êtres humains à l'égard d'un mineur prévus aux articles 225-4-1 à 225-4-4 du même code ;

6° Délit et crime de proxénétisme à l'égard d'un mineur prévus au 1° de l'article 225-7 et à l'article 225-7-1 du même code ;

7° Délits de recours à la prostitution prévus aux articles 225-12-1 et 225-12-2 du même code ;

8° Délit de corruption de mineur prévu à l'article 227-22 du même code ;

9° Délit de proposition sexuelle faite par un majeur à un mineur de quinze ans ou à une personne se présentant comme telle en utilisant un moyen de communication électronique, prévu à l'article 227-22-1 du même code ;

10° Délits de captation, d'enregistrement, de transmission, d'offre, de mise à disposition, de diffusion, d'importation ou d'exportation, d'acquisition ou de détention d'image ou de représentation pornographique d'un mineur ainsi que le délit de consultation habituelle ou en contrepartie d'un paiement d'un service de communication au public en ligne mettant à disposition une telle image ou représentation, prévus à l'article 227-23 du même code ;

11° Délits de fabrication, de transport, de diffusion ou de commerce de message violent ou pornographique susceptible d'être vu ou perçu par un mineur, prévus à l'article 227-24 du même code ;

12° Délit d'incitation d'un mineur à se soumettre à une mutilation sexuelle ou à commettre cette mutilation, prévu à l'article 227-24-1 du même code ;

13° Délits d'atteintes sexuelles et de tentatives d'atteinte sexuelle prévus aux articles 227-25 à 227-27-2 du même code ;

14° Délit d'incitation à commettre un crime ou un délit à l'encontre d'un mineur, prévu à l'article 227-28-3 du même code ;

15° Délits prévus au premier alinéa de l'article 521-1-1 du même code.

1) Domaine d'application de l'article 706-47. Le viol commis avec usage ou menace d'une arme, prévu et réprimé par les articles 222-23 et 222-24 7° du Code pénal, entre dans le champ d'application de l'article 706-47 du Code de procédure pénale (▪ Cass. crim., 7 nov. 2007, n° 07-80.628 : *JurisData* n° 2007-041737). Pour accorder des réductions supplémentaires de peine à la personne condamnée le 11 mai 2006 à quinze ans de réclusion criminelle pour viol en récidive, et déjà condamnée pour viol le 24 janvier 1997, la présidente de la chambre de l'application des peines énonce que l'article 706-47 du Code de procédure pénale vise, en son premier alinéa, les infractions dont sont victimes des mineurs et, en son second alinéa, les meurtres ou assassinats commis avec tortures ou actes de barbarie, et les meurtres ou assassinats commis en récidive. Elle ajoute que le casier judiciaire du condamné ne mentionne pas de telles condamnations. En se prononçant ainsi, alors qu'au nombre des infractions énumérées à l'article 706-47 figure le viol, prévu et réprimé par l'article 222-23 du Code pénal, sans qu'il soit précisé que ce crime doit être commis sur un mineur, la présidente de la chambre de l'application des peines a méconnu les articles 706-47 et 721-1 du Code de procédure pénale (▪ Cass. crim., 21 nov. 2007, n° 07-81.787 : *JurisData* n° 2007-042145 ; *Bull. crim.* n° 289. – Comp. ▪ Cass. crim., 7 mai 2008, n° 07-84.443).

2) Expertise. Il se déduit des dispositions combinées des articles 706-47 et 706-47-1 du Code de procédure pénale qu'avant toute condamnation pour agression sexuelle, le prévenu doit être soumis à une expertise médicale. Encourt la cassation, l'arrêt ayant déclaré M. X... coupable d'agression sexuelle sans qu'il ait fait l'objet d'une expertise médicale (▪ Cass. crim., 23 sept. 2015, n° 14-84.842 : *Bull. crim.* n° 207 ; *JurisData* n° 2015-021006 ; *Procédures* 2015, comm. 337, obs. A.-S. Chavent-Leclère).

3) Inscription au FIJAIS. V. sous art. 706-53-2, p. 1549.

4) Inscription au casier judiciaire. Exclusion de la condamnation au bulletin n° 2. Il résulte des articles 706-47 et 775-1 du Code de procédure pénale, dans leur rédaction issue de la loi du 9 mars 2004, entrée en vigueur le 11 mars 2004, que les dispositions donnant au tribunal la faculté d'exclure la mention d'une condamnation au bulletin n° 2 du casier judiciaire ne sont pas applicables aux personnes condamnées pour agression sexuelle (▪ Cass. crim., 4 juin 2008, n° 08-80.651 : *Bull. crim.* n° 140). Si l'article 775-1, alinéa 3, du Code de procédure pénale dans sa rédaction issue de la loi du 9 mars 2004, prévoit que l'exclusion d'une condamnation du bulletin numéro 2 du casier judiciaire n'est pas applicable aux personnes condamnées, notamment, du chef d'agression sexuelle, ces dispositions, en ce qu'elles interdisent aux juges de faire bénéficier le condamné du bénéfice d'une mesure qui emporte relèvement de toutes les interdictions, déchéances ou incapacités de quelque nature qu'elles soient résultant de la condamnation, ont pour effet de rendre plus sévère la peine prononcée et ne peuvent, à ce titre, selon l'article 112-2 du Code pénal, être appliquées qu'aux condamnations prononcées pour des faits commis postérieurement à leur entrée en vigueur (▪ Cass. crim., 25 avr. 2006, n° 05-86.876 : *Bull. crim.* n° 112. ▪ Cass. crim., 24 mai 2006, n° 05-84.884 : *Bull. crim.* n° 150. ▪ Cass. crim., 24 mai 2006, n° 05-85.971 : *Bull. crim.* n° 151).

5) Exclusion de la condamnation au bulletin n° 3. L'article 777-1 du Code de procédure pénale, qui prévoit que la mention d'une condamnation peut être exclue du bulletin n° 3 du casier judiciaire dans les conditions fixées, pour l'exclusion de la mention d'une condamnation du bulletin n° 2, par l'alinéa 1er de l'article 775-1, ne contient aucune référence à l'alinéa 3 de ce dernier article interdisant toute possibilité d'exclusion de cette nature aux personnes condamnées pour l'une des infractions, parmi lesquelles le viol, énumérées à l'article 706-47 du Code de procédure pénale. Fait donc une exacte application de ces textes la chambre de l'instruction qui déclare recevable la requête d'un condamné tendant à l'exclusion de sa condamnation du bulletin n° 3 (■ Cass. crim., 22 juin 2005, n° 05-81.247 : *Bull. crim.* n° 188 ; *JurisData* n° 2005-029312).

6) Autorité de la chose jugée. Pour faire droit à la requête présentée par le condamné aux fins de retrait de l'inscription de la mention de sa condamnation au bulletin n° 2 du casier judiciaire, l'arrêt retient notamment que l'inscription a été effectuée en totale contradiction avec des décisions judiciaires revêtues de l'autorité de la chose jugée. En se déterminant ainsi, et dès lors que le principe de l'autorité qui s'attache à la chose jugée, fût-ce de manière erronée, s'oppose à ce qu'une décision de justice devenue définitive soit remise en cause, la cour d'appel a justifié sa décision (■ Cass. crim., 28 sept. 2010, n° 10-80.530 : *Bull. crim.* n° 143).

7) Prescription. Il se déduit de l'alinéa 2 de l'article 8 du Code de procédure pénale que la règle selon laquelle le délai de prescription des délits commis sur des mineurs ne commence à courir qu'à partir de la majorité de la victime ne s'applique qu'aux infractions mentionnées à l'article 706-47 du Code de procédure pénale et à celles définies par les articles 222-12, 222-30, 227-26 du Code pénal, à l'exclusion de celles prévues à l'article 222-13 (■ Cass. crim., 25 nov. 2009, n° 09-81.040 : *Bull. crim.* n° 198).

8) Réduction supplémentaire de peine. Selon l'article 721-1 du Code de procédure pénale, sauf décision du juge de l'application des peines prise après avis de la commission d'application des peines, les personnes condamnées pour l'une des infractions mentionnées à l'article 706-47 du Code de procédure pénale, parmi lesquelles figure le crime de viol commis sans circonstance aggravante, ne peuvent bénéficier de réductions supplémentaires de peine si, lorsque leur condamnation est devenue définitive, le casier judiciaire faisait mention d'une telle condamnation (■ Cass. crim., 21 nov. 2007, n° 07-81.787 : *Bull. crim.* n° 289).

9) Absence de relèvement. La juridiction de jugement, qui prononce une condamnation pour une infraction mentionnée à l'article 706-47 du Code de procédure pénale et punie d'une peine supérieure à cinq ans d'emprisonnement, ne peut dispenser le condamné de son inscription au fichier judiciaire national informatisé des auteurs d'infractions sexuelles ou violentes (FIJAIS). Après avoir déclaré M. X... coupable d'agressions sexuelles par personne abusant de son autorité, infraction visée aux articles 706-47 et 706-53-2 du Code de procédure pénale et punie par l'article 222-28 du Code pénal d'une peine de sept ans d'emprisonnement, l'arrêt attaqué énonce que la cour d'appel le dispense de l'inscription au FIJAIS ; en prononçant ainsi, alors que l'article 132-21 du Code pénal, qui ne prévoit la possibilité de relèvement que pour les interdictions, déchéances et incapacités, ne peut trouver à s'appliquer en l'espèce, la cour d'appel a méconnu les articles 706-47 et 706-53-2 du Code de procédure pénale et 222-27 et 222-28 du Code pénal (■ Cass. crim., 1er févr. 2012, n° 11-85.024 : *JurisData* n° 2012-003600 ; *Dr. pén.* 2013, chron. 3, n° 48, obs. V. Peltier).

10) Fuite du prévenu. Il se déduit des dispositions combinées de ces textes qu'avant toute condamnation pour agression sexuelle, le prévenu doit être soumis à une expertise médicale ; les juges ont déclaré M. X... coupable d'agressions sexuelles aggravées sans avoir ordonné d'expertise médicale ; mais en procédant ainsi, alors que l'état de fuite du prévenu qui pouvait faire obstacle à l'accomplissement d'une telle mesure avait cessé du fait de sa comparution à l'audience, la cour d'appel a méconnu le sens et la portée des textes susvisés et le principe ci-dessus énoncé (■ Cass. crim., 15 mai 2018, n° 17-82.866 : *Bull. crim.* n° 92).

CHAPITRE I. – DISPOSITIONS GÉNÉRALES

(L. n° 2004-204, 9 mars 2004)

Art. 706-47-1. – *(Mod., L. n° 2010-242, 10 mars 2010).* – **Les personnes condamnées pour l'une des infractions mentionnées à l'article 706-47 peuvent être soumises à une injonction de soins prononcée soit lors de leur condamnation, dans le cadre d'un suivi socio-judiciaire, conformément à l'article 131-36-4 du Code pénal, soit postérieurement à celle-ci, dans le cadre de ce suivi, d'une libération conditionnelle, d'une surveillance judiciaire ou d'une surveillance de sûreté, conformément aux articles 706-53-19, 723-30, 723-37, 731-1, 763-3 et 763-8 du présent code, dans les cas et conditions prévus par ces articles.**

Lorsqu'une injonction de soins est ordonnée, le médecin traitant peut prescrire un traitement inhibiteur de libido conformément à l'article L. 3711-3 du Code de la santé publique.

Les personnes poursuivies pour l'une des infractions mentionnées à l'article 706-47 du présent code doivent être soumises, avant tout jugement au fond, à une expertise médicale. L'expert est interrogé sur l'opportunité d'une injonction de soins.

Cette expertise peut être ordonnée dès le stade de l'enquête par le procureur de la République.

Cette expertise est communiquée à l'administration pénitentiaire en cas de condamnation à une peine privative de liberté, afin de faciliter le suivi médical et psychologique en détention prévu par l'article 717-1.

Bibliographie : J.-H. Robert, *Récidive législative ; Commentaire de la loi n° 2010-242 du 10 mars 2010 tendant à amoindrir le risque de récidive criminelle et portant diverses dispositions de procédure pénale : Dr. pén.* 2010, étude 8. • Coche, *Faut-il supprimer les expertises de dangerosité ? : RSC* 2011, p. 21.

1) **Expertise.** V. arrêt sous art. 706-47, annot. n° 1, p. 1542.

2) **Fuite du prévenu.** Voir arrêt sous art. 706-47 annot. n° 10.

Art. 706-47-2 *(Anc art. 706-47-1, dénum., L. n° 2004-204, 9 mars 2004).* – L'officier de police judiciaire, agissant au cours de l'enquête ou sur commission rogatoire, peut faire procéder sur toute personne contre laquelle il existe des indices graves ou concordants d'avoir commis un viol, une agression sexuelle ou une atteinte sexuelle prévus par les articles 222-23 à 222-26 et 227-25 à 227-27 du Code pénal, à un examen médical et à une prise de sang afin de déterminer si cette personne n'est pas atteinte d'une maladie sexuellement transmissible.

Le médecin, l'infirmier ou la personne habilitée par les dispositions du Code de la santé publique à effectuer les actes réservés à ces professionnels, qui est requis à cette fin par l'officier de police judiciaire, doit s'efforcer d'obtenir le consentement de l'intéressé.

À la demande de la victime ou lorsque son intérêt le justifie, cette opération peut être effectuée sans le consentement de l'intéressé sur instructions écrites du procureur de la République ou du juge d'instruction qui sont versées au dossier de la procédure.

Le résultat du dépistage est porté, dans les meilleurs délais et par l'intermédiaire d'un médecin, à la connaissance de la victime ou, si celle-ci est mineure, de ses représentants légaux ou de l'administrateur *ad hoc* nommé en application des dispositions de l'article 706-50.

Le fait de refuser de se soumettre au dépistage prévu au présent article est puni d'un an d'emprisonnement et de 15 000 € d'amende. Nonobstant les dispositions des articles 132-2 à 132-5 du Code pénal, ces peines se cumulent, sans possibilité de confusion, avec celles susceptibles d'être prononcées pour le crime ou le délit ayant fait l'objet de la procédure.

Art. 706-47-3 *(Abr., L. n° 2019-222, 23 mars 2019).*

Art. 706-47-4 *(L. n° 2016-457, 14 avr. 2016).* – I. – Par dérogation au I de l'article 11-2, le ministère public informe par écrit l'administration d'une condamnation, même non définitive, pour une ou plusieurs des infractions mentionnées au II du présent article, prononcée à l'encontre d'une personne dont il a été établi au cours de l'enquête ou de l'instruction qu'elle exerce une activité professionnelle ou sociale impliquant un contact habituel avec des mineurs et dont l'exercice est contrôlé, directement ou indirectement, par l'administration.

Il informe également par écrit l'administration, dans les mêmes circonstances, lorsqu'une personne est placée sous contrôle judiciaire et qu'elle est soumise à l'obligation prévue au 12° *bis* de l'article 138.

Les II à IV de l'article 11-2 sont applicables aux modalités de transmission et de conservation des informations mentionnées au présent article.

II. – Les infractions qui donnent lieu à l'information de l'administration dans les conditions prévues au I du présent article sont :

1° Les crimes et les délits mentionnés à l'article 706-47 du présent code ;

2° Les crimes prévus aux articles 221-1 à 221-5, 222-7, 222-8, 222-10 et 222-14 du Code pénal et, lorsqu'ils sont commis sur un mineur de quinze ans, les délits prévus aux articles 222-11, 222-12 et 222-14 du même code ;

3° Les délits prévus à l'article 222-33 du même code ;

4° Les délits prévus au deuxième alinéa de l'article 222-39, aux articles 227-18 à 227-21 et 227-28-3 du même code ;

5° Les crimes et les délits prévus aux articles 421-1 à 421-6 du même code.

III. – Les modalités d'application du présent article sont déterminées par décret. Ce décret précise :

1° Les formes de la transmission de l'information par le ministère public ;

2° Les professions et activités ou catégories de professions et d'activités concernées ;
3° Les autorités administratives destinataires de l'information.

Art. 706-48 *(L. n° 98-468, 17 juin 1998).* – Les mineurs victimes de l'une des infractions mentionnées à l'article 706-47 peuvent faire l'objet d'une expertise médico-psychologique destinée à apprécier la nature et l'importance du préjudice subi et à établir si celui-ci rend nécessaires des traitements ou des soins appropriés.

Une telle expertise peut être ordonnée dès le stade de l'enquête par le procureur de la République.

Art. 706-49 *(L. n° 98-468, 17 juin 1998).* – Le procureur de la République ou le juge d'instruction informe sans délai le juge des enfants de l'existence d'une procédure concernant un mineur victime de l'une des infractions mentionnées à l'article 706-47 et lui en communique toutes pièces utiles, dès lors qu'une procédure d'assistance éducative a été ouverte à l'égard du mineur victime de cette infraction.

Art. 706-50 *(Mod., L. n° 2013-711, 5 août 2013).* – Le procureur de la République ou le juge d'instruction, saisi de faits commis volontairement à l'encontre d'un mineur, désigne un administrateur *ad hoc* lorsque la protection des intérêts de celui-ci n'est pas complètement assurée par ses représentants légaux ou par l'un d'entre eux. L'administrateur *ad hoc* assure la protection des intérêts du mineur et exerce, s'il y a lieu, au nom de celui-ci les droits reconnus à la partie civile. En cas de constitution de partie civile, le juge fait désigner un avocat d'office pour le mineur s'il n'en a pas déjà été choisi un.

Les dispositions qui précèdent sont applicables devant la juridiction de jugement.

Bibliographie : M.-P. Porchy, *L'administrateur ad hoc en matière pénale : D.* 2004, chron. p. 2732.

1) **Appel.** Saisi de l'appel d'une ordonnance du juge d'instruction ayant désigné un administrateur *ad hoc* pour exercer, au nom d'un enfant mineur, les droits reconnus à la partie civile, le président de la chambre de l'instruction excède ses pouvoirs en décidant de ne pas soumettre l'appel à la chambre de l'instruction aux motifs que ladite ordonnance n'entre pas dans les prévisions de l'article 186 du Code de procédure pénale, alors que l'appel est prévu par l'article R. 53-7 du même code (■ Cass. crim., 16 mars 2005, n° 04-83.300 : *Bull. crim.* n° 93 ; *JurisData* n° 2005-028120).

2) **Représentant légal.** La désignation d'un administrateur *ad hoc* en application de l'article 706-50 du Code de procédure pénale, pour assurer la protection des intérêts d'un mineur et exercer au nom de celui-ci les droits reconnus à la partie civile, fait obstacle à ce que le représentant légal du mineur puisse également intervenir aux mêmes fins (■ Cass. crim., 12 sept. 2000, n° 00-81.971 : *Bull. crim.* n° 266 ; *Procédures* 2001, comm. 46, obs. Buisson. – Rapp. Cass. crim., 17 juill. 1957 : *Bull. crim.* n° 550).

3) **Mineur vivant.** Si, en application de l'article 706-50 du Code de procédure pénale, un administrateur *ad hoc* peut être désigné pour assurer la protection des intérêts d'un mineur, victime de faits commis volontairement, et exercer, s'il y a lieu, au nom de celui-ci les droits reconnus à la partie civile, cette désignation ne peut intervenir qu'en faveur d'un mineur vivant (■ Cass. crim., 15 juin 2000, n° 99-87.322 : *Bull. crim.* n° 230 ; *Procédures* 2001, comm. 12, obs. Buisson. – Rapp. ■ Cass. crim., 28 févr. 1996 : *Bull. crim.* n° 98).

Art. 706-51 *(L. n° 98-468, 17 juin 1998).* – L'administrateur *ad hoc* nommé en application de l'article précédent est désigné par le magistrat compétent, soit parmi les proches de l'enfant, soit sur une liste de personnalités dont les modalités de constitution sont fixées par décret en Conseil d'État. Ce décret précise également les conditions de leur indemnisation.

Voir également : art. R. 53 et s., p. 2012.

Art. 706-51-1 *(L. n° 2007-291, 5 mars 2007).* – Tout mineur victime d'une des infractions mentionnées à l'article 706-47 est assisté par un avocat lorsqu'il est entendu par le juge d'instruction. À défaut de désignation d'un avocat par les représentants légaux du mineur ou par l'administrateur *ad hoc*, le juge avise immédiatement le bâtonnier afin qu'il commette un avocat d'office. Les dispositions de l'article 114 sont applicables à cet avocat en cas d'auditions ultérieures.

Art. 706-52 *(Mod., L. n° 2007-291, 5 mars 2007 ; L. n° 2022-299, 2 mars 2022).* – Au cours de l'enquête et de l'information, l'audition d'un mineur victime de l'une des infractions mentionnées à l'article 706-47 fait l'objet d'un enregistrement audiovisuel. Dans les mêmes conditions, l'audition d'un mineur victime de l'une des infractions prévues aux articles 222-33-2-2 et 222-33-2-3 du Code pénal peut faire l'objet d'un enregistrement audiovisuel.

L'enregistrement prévu à l'alinéa précédent peut être exclusivement sonore sur décision du procureur de la République ou du juge d'instruction, si l'intérêt du mineur le justifie.

Le procureur de la République, le juge d'instruction ou l'officier de police judiciaire chargé de l'enquête ou agissant sur commission rogatoire peut requérir toute personne qualifiée pour procéder à cet enregistrement. Les dispositions de l'article 60 du présent code sont applicables à cette personne, qui est tenue au secret professionnel dans les conditions de l'article 11.

Il est par ailleurs établi une copie de l'enregistrement aux fins d'en faciliter la consultation ultérieure au cours de la procédure. Cette copie est versée au dossier. L'enregistrement original est placé sous scellés fermés.

Sur décision du juge d'instruction, l'enregistrement peut être visionné ou écouté au cours de la procédure. La copie de ce dernier peut toutefois être visionnée ou écoutée par les parties, les avocats ou les experts, en présence du juge d'instruction ou d'un greffier.

Les huit derniers alinéas de l'article 114 du Code de procédure pénale ne sont pas applicables à l'enregistrement. La copie de ce dernier peut toutefois être visionnée par les avocats des parties au palais de justice dans des conditions qui garantissent la confidentialité de cette consultation.

Lorsque l'enregistrement ne peut être effectué en raison d'une impossibilité technique, il en est fait mention dans le procès-verbal d'audition qui précise la nature de cette impossibilité. Si l'audition intervient au cours de l'enquête ou sur commission rogatoire, le procureur de la République ou le juge d'instruction en est immédiatement avisé.

Le fait, pour toute personne, de diffuser un enregistrement ou une copie réalisée en application du présent article est puni d'un an d'emprisonnement et de 15 000 € d'amende.

À l'expiration d'un délai de cinq ans à compter de la date de l'extinction de l'action publique, l'enregistrement et sa copie sont détruits dans le délai d'un mois.

1) Enregistrement audiovisuel.

a. Défaut d'enregistrement. Si c'est à tort que, pour écarter l'exception de nullité des auditions des mineurs, soulevée par le prévenu, prise de ce qu'elles n'avaient pas fait l'objet d'un enregistrement audiovisuel, l'arrêt retient que la violation des dispositions de l'article 706-52 du Code de procédure pénale ont été adoptées dans le seul intérêt de la victime et que le prévenu ne peut justifier d'un grief quelconque, alors que l'enregistrement est également prévu dans l'intérêt de la personne mise en cause, l'arrêt n'encourt pas les griefs allégués dès lors qu'il ressort de ses constatations que M. X..., à la lecture du procès-verbal d'audition critiqué, n'a pu justifier d'un grief résultant de l'irrégularité invoquée (■ Cass. crim., 24 mai 2016, n° 16-80.564 : *Bull. crim.* n° 155 ; *JurisData* n° 2016-009880).

b. Absence de visionnage de l'enregistrement. Le rejet de l'exception de nullité tirée du non-visionnage des dépositions des victimes mineures qui avaient été enregistrées est justifié dès lors que l'enregistrement audiovisuel des déclarations de la victime mineure, essentiellement prévu dans son intérêt, était joint en copie au dossier et pouvait être visionné par les avocats des parties dans les conditions fixées par l'alinéa 7 de l'article 706-52 du Code de procédure pénale (■ Cass. crim., 20 mars 2013, n° 12-82.112 : *JurisData* n° 2013-007297).

2) Respect du contradictoire. En fondant leur conviction sur l'examen, au cours du délibéré, de l'enregistrement audiovisuel de l'audition de Léa Y..., réalisé en application des dispositions de l'article 706-52 du Code de procédure pénale, les juges n'ont pas méconnu le principe du contradictoire, dès lors qu'une copie de l'enregistrement était jointe au dossier et qu'elle pouvait être visionnée par les avocats des parties dans les conditions fixées par l'alinéa 7 de ce texte (■ Cass. crim., 12 sept. 2007, n° 06-87.498 : *Bull. crim.* n° 207 ; *RSC* 2007, p. 837, obs. Finielz). Le demandeur ne saurait faire grief à la cour d'appel d'avoir fondé sa conviction notamment sur l'examen de l'enregistrement audio-visuel de la mineure B... Z..., réalisé en application de l'article 706-52 du Code de procédure pénale, dès lors qu'une copie de l'enregistrement était jointe au dossier et pouvait être visionnée par les avocats des parties dans les conditions fixées par l'alinéa 7 de ce texte, et qu'ainsi les juges n'ont pas méconnu le principe du contradictoire (■ Cass. crim., 7 mars 2018, n° 17-80.547).

Art. 706-53 *(Mod., L. n° 2018-703, 3 août 2018).* **– À tous les stades de la procédure, le mineur victime d'un crime ou d'un délit peut, à sa demande, être accompagné par son représentant légal et, le cas échéant, par la personne majeure de son choix, sauf s'il a été fait application de l'article 706-50 ou sauf décision contraire motivée prise par l'autorité judiciaire compétente. Il peut être accompagné, dans les mêmes conditions, par un représentant d'une association conventionnée d'aide aux victimes.**

Au cours de l'enquête ou de l'information, les auditions ou confrontations d'un mineur victime de l'une des infractions mentionnées à l'article 706-47 sont réalisées sur décision du procureur de la République ou du juge d'instruction, le cas échéant à la demande du mineur ou de son représentant légal, en présence d'un psychologue ou d'un médecin spécialistes de l'enfance ou d'un membre de la famille du mineur ou de l'administrateur *ad hoc* désigné en application de l'article 706-50 ou encore d'une personne chargée d'un mandat du juge des enfants.

Bibliographie : C. Cathala et M. Redon, *L'article 706-53 du Code de procédure pénale et l'audition du mineur victime – Éléments de réflexion pour de nouvelles pratiques : D.* 2000, p. 534. • T. Crétin, *La preuve impossible ? De la difficulté d'administrer la preuve des infractions dont sont victimes les mineurs : attentats à la pudeur, violences et mauvais traitements : RSC* 1992, p. 53. • F. Ghelfi-Tastevin, *L'administrateur « ad hoc » du mineur : une promotion inachevée : LPA* 13 mars 1998, p. 11. • M.-P. Porchy, *L'administrateur « ad hoc » en matière pénale : D.* 2004, p. 2732.

Psychothérapeute ne possédant pas la qualité de psychologue. Dès lors que la personne seulement admise à assister à l'audition d'un mineur, en application des mêmes dispositions, n'intervient nullement dans le déroulement de cet acte de procédure, la chambre de l'instruction a justifié sa décision de rejeter la demande d'annulation de l'audition de la victime, réalisée en présence d'un psychothérapeute ne possédant pas la qualité de psychologue (■ Cass. crim., 3 oct. 2001, n° 01-84.910 : *Bull. crim.* n° 199 ; *D.* 2002, p. 1099, note Redon).

CHAPITRE II. – DU FICHIER JUDICIAIRE NATIONAL AUTOMATISÉ DES AUTEURS D'INFRACTIONS SEXUELLES OU VIOLENTES

(L. n° 2004-204, 9 mars 2004 ; intitulé rempl., L. n° 2005-1549, 12 déc. 2005) (1) (2)

Bibliographie : N. Métallinos, *Fichier judiciaire national automatisé des auteurs d'infractions sexuelles ou violentes (FIJAIS) : JCl. Proc. pén.*, art. 706-53-1 à 706-53-12, Fasc. 10, Fasc. 20.

Voir également : art. R. 53-8-1 et s., p. 2014.

Art. 706-53-1 *(Mod., L. n° 2005-1549, 12 déc. 2005)*. – **Le fichier judiciaire national automatisé des auteurs d'infractions sexuelles ou violentes constitue une application automatisée d'informations nominatives**

(1) L. n° 2004-204, 9 mars 2004, art. 216 :

I – Les dispositions des articles 706-53-1 à 706-53-12 du Code de procédure pénale relatifs au fichier judiciaire national automatisé des auteurs d'infractions sexuelles résultant de l'article 48 de la présente loi sont applicables aux auteurs d'infractions commises avant la date de publication de cette loi au *Journal officiel* de la République française, mais ayant fait l'objet, après cette date, d'une des précisions prévues par l'article 706-53-2 du même code. Elles sont également applicables aux personnes exécutant, avant la date de publication de cette loi au *Journal officiel* de la République française, une peine privative de liberté à l'exception de celles prévues à l'avant-dernier alinéa de l'article 706-53-5 du même code. Toutefois, les obligations prévues à l'avant-dernier alinéa sont applicables si la juridiction régionale de la libération conditionnelle ou, à compter du 1er octobre 2004, le tribunal de l'application des peines, saisi à cette fin par le procureur de la République, en décide ainsi selon la procédure prévue par les articles 722-1 ou 712-7 du même code.

II. – Les mentions figurant au casier judiciaire à la date prévue au i et concernant des personnes condamnées pour des faits de nature criminelle et relevant des dispositions de l'article 706-53-2 du même code sont inscrites dans le fichier. Il est procédé, par les services de la police ou de la gendarmerie nationales, à la demande du magistrat contrôlant le fichier, aux recherches nécessaires pour déterminer l'adresse de ces personnes et l'inscrire au fichier et pour leur notifier qu'elles sont tenues aux obligations prévues par l'article 706-53-5 du même code, à l'exception de celles prévues à son avant-dernier alinéa. Les recherches prévues à l'alinéa précédent peuvent se faire par des traitements automatisés rapprochant l'identité de ces personnes avec les informations figurant dans les fichiers prévues par l'article L. 115-2 du Code de la sécurité sociale, l'article 1649 A du Code général des impôts et les articles 21 et 23 de la loi n° 2003-239 du 18 mars pour la sécurité intérieure. ces traitements ne sont autorisés que pendant une période de trente-six mois à compter de la publication de la présente loi au *journal officiel* de la république française. La divulgation de l'identité des personnes dont l'adresse est recherchée en application des dispositions des deux alinéas précédents est punie des peines prévues à l'article 226-22 du Code pénal. (L. n° 2005-1549, 12 déc. 2005, art. 28-II) Dans le cadre de ces recherches, les dispositions du premier alinéa de l'article 78 du Code de procédure pénale sont applicables.

(L. n° 2005-1549, 12 déc. 2005, art. 28-III) Les dispositions de l'article 216 de la loi n° 2004-204 du 9 mars 2004 portant adaptation de la justice aux évolutions de la criminalité sont applicables aux auteurs des infractions mentionnées au dernier alinéa de l'article 706-47 du Code de procédure pénale dans sa rédaction résultant du 1° du I du présent article.

(2) L. n° 2005-1549, 12 déc. 2005, art. 28-I-2°.

tenue par le service du casier judiciaire sous l'autorité du ministre de la justice et le contrôle d'un magistrat. Afin de prévenir le renouvellement des infractions mentionnées à l'article 706-47 et de faciliter l'identification de leurs auteurs, ce traitement reçoit, conserve et communique aux personnes habilitées les informations prévues à l'article 706-53-2 selon les modalités prévues par le présent chapitre.

Application rétroactive de l'inscription au FIJAIS. Droit interne. L'inscription au fichier judiciaire national automatisé des auteurs d'infractions sexuelles constituant, non une peine au sens de l'article 7 1 de la Convention européenne des droits de l'Homme, mais une mesure ayant pour seul objet de prévenir le renouvellement des infractions sexuelles et de faciliter l'identification de leurs auteurs, celle-ci n'est pas soumise au principe de la non-rétroactivité des lois de fond plus sévères (■ Cass. crim., 31 oct. 2006, n° 05-87.153 : *Bull. crim.* n° 267). Droit européen. L'inscription au FIJAIS et les obligations qui en découlent ne constituent pas une « peine » au sens de l'article 7 § 1 de la Convention, et doivent être analysées comme une mesure préventive à laquelle le principe de non-rétroactivité énoncé dans cette disposition n'a pas vocation à s'appliquer (■ CEDH, 17 déc. 2009, n° 22115/06, *M. B. c/ France*).

Loi n° 2004-204 du 9 mars 2004

portant adaptation de la justice aux évolutions de la criminalité

Art. 216 *(Mod., L. n° 2010-242, 10 mars 2010)*. – I. – Les dispositions des articles 706-53-1 à 706-53-12 du Code de procédure pénale relatifs au fichier judiciaire national automatisé des auteurs d'infractions sexuelles résultant de l'article 48 de la présente loi sont applicables aux auteurs d'infractions commises avant la date de publication de cette loi au *Journal officiel* de la République française, mais ayant fait l'objet, après cette date, d'une des décisions prévues par l'article 706-53-2 Code de procédure pénale du même code.

Elles sont également applicables aux personnes exécutant, avant la date de publication de cette loi au *Journal officiel* de la République française, une peine privative de liberté à l'exception de celles prévues au cinquième de l'article 706-53-5 Code de procédure pénale du même code. Toutefois, les obligations prévues par ce cinquième alinéa sont applicables si la juridiction régionale de la libération conditionnelle ou, à compter du 1er octobre 2004, le tribunal de l'application des peines, saisi à cette fin par le procureur de la République, en décide ainsi selon la procédure prévue par les articles 722-1 Code de procédure pénale ou art. 712-7Code de procédure pénale du même code.

II. – Les mentions figurant au casier judiciaire à la date prévue au I et concernant des personnes condamnées pour des faits de nature criminelle et relevant des dispositions de l'article 706-53-2Code de procédure pénale du même code sont inscrites dans le fichier.

Il est procédé, par les services de la police ou de la gendarmerie nationales, à la demande du magistrat contrôlant le fichier, aux recherches nécessaires pour déterminer l'adresse de ces personnes et l'inscrire au fichier et pour leur notifier qu'elles sont tenues aux obligations prévues par l'article 706-53-5Code de procédure pénale du même code, à l'exception de celles prévues à son cinquième alinéa.

Les recherches prévues à l'alinéa précédent peuvent se faire par des traitements automatisés rapprochant l'identité de ces personnes avec les informations figurant dans les fichiers prévues par l'article L. 115-2 du Code de la sécurité sociale, l'article 1649 A du Code général des impôts et les articles 21 et 23 de la loi n° 2003-239 du 18 mars 2003 pour la sécurité intérieure. Ces traitements ne sont autorisés que pendant une période de trente-six mois à compter de la publication de la présente loi au *Journal officiel* de la République française.

La divulgation de l'identité des personnes dont l'adresse est recherchée en application des dispositions des deux alinéas précédents est punie des peines prévues à l'article 226-22 du Code pénal. Dans le cadre de ces recherches, les dispositions du premier alinéa de l'article 78 du Code de procédure pénale sont applicables.

Loi n° 2005-1549 du 12 décembre 2005

Art. 28. – III. – Les dispositions de l'article 216 de la loi n° 2004-204 du 9 mars 2004 portant adaptation de la justice aux évolutions de la criminalité sont applicables aux auteurs des infractions mentionnées au dernier alinéa de l'article 706-47 du Code de procédure pénale dans sa rédaction résultant du 1° du I du présent article.

Art. 706-53-2 *(Mod., Ord. n° 2019-950, 11 sept. 2019 ; L. n° 2020-936, 30 juill. 2020 ; mod. à compter du 30 sept. 2021, L. n° 2021-218, 26 févr. 2021).* – **Lorsqu'elles concernent, sous réserve des dispositions du dernier alinéa du présent article, une ou plusieurs des infractions mentionnées à l'article 706-47, sont enregistrées dans le fichier les informations relatives à l'identité ainsi que l'adresse ou les adresses successives du domicile et, le cas échéant, des résidences, des personnes ayant fait l'objet :**

1° D'une condamnation, même non encore définitive, y compris d'une condamnation par défaut ou d'une déclaration de culpabilité assortie d'une dispense ou d'un ajournement de la peine ;

2° D'une décision même non encore définitive prononçant à l'égard d'un mineur une mesure éducative, une dispense de mesure éducative ou une déclaration de réussite éducative en application du titre I du livre I du Code de la justice pénale des mineurs ;

3° D'une composition pénale prévue par l'article 41-2 du présent code dont l'exécution a été constatée par le procureur de la République ;

4° D'une décision d'irresponsabilité pénale pour cause de trouble mental ;

5° D'une mise en examen, lorsque le juge d'instruction a ordonné l'inscription de la décision dans le fichier ; en matière criminelle, l'inscription dans le fichier est de droit, sauf décision motivée du juge d'instruction ;

6° D'une décision de même nature que celles visées ci-dessus prononcées par les juridictions ou autorités judiciaires étrangères qui, en application d'une convention ou d'un accord internationaux, ont fait l'objet d'un avis aux autorités françaises ou ont été exécutées en France à la suite du transfèrement des personnes condamnées.

Le fichier comprend aussi les informations relatives à la décision judiciaire ayant justifié l'inscription et la nature de l'infraction. Les décisions mentionnées aux 1° et 2° sont enregistrées dès leur prononcé.

Les décisions concernant les délits prévus à l'article 706-47 et punis d'une peine d'emprisonnement égale à cinq ans sont inscrites dans le fichier, sauf décision contraire spécialement motivée de la juridiction ou, dans les cas prévus aux 3° et 4° du présent article, du procureur de la République.

Les décisions concernant les délits prévus au même article 706-47 et punis d'une peine d'emprisonnement inférieure à cinq ans ne sont pas inscrites dans le fichier, sauf si cette inscription est ordonnée par décision expresse de la juridiction ou, dans les cas prévus aux 3° et 4° du présent article, du procureur de la République.

Par dérogation au dixième alinéa, les décisions sont inscrites dans le fichier, quelle que soit la durée de la peine, si la victime des délits prévus à l'article 706-47 est mineure. Toutefois, s'il s'agit d'un délit puni d'une peine d'emprisonnement inférieure à cinq ans, la juridiction ou, dans les cas prévus aux 3° et 4° du présent article, le procureur de la République peut, par décision spécialement motivée, dire que la décision ne sera pas inscrite au fichier.

Les décisions concernant des mineurs de moins de treize ans ne sont pas inscrites dans le fichier. Les décisions concernant des mineurs de treize à dix-huit ans, lorsqu'elles sont relatives à des délits prévus au même article 706-47, ne sont pas inscrites dans le fichier, sauf si cette inscription est ordonnée par décision expresse de la juridiction ou, dans les cas prévus aux 3° et 4° du présent article, du procureur de la République.

Voir également : art. R. 53-8-2 et s., p. 2014.

1) Application immédiate. Droit interne. Les dispositions de l'article 706-53-2 du Code de procédure pénale sont d'application immédiate. Cassation de l'arrêt d'une cour d'appel qui écarte, par un motif erroné, la demande de dispense d'inscription dont elle était régulièrement saisie, alors que la disposition légale, dont elle venait de constater, à bon droit, l'application immédiate, lui faisait obligation d'en examiner le bien-fondé, le délit d'agression sexuelle n'étant puni que de cinq ans d'emprisonnement (▪ Cass. crim., 17 sept. 2014, n° 14-80.541 : *JurisData* n° 2014-021045 ; *Bull. crim.* n° 193 ; *Dr. pén.* 2014, comm. 152, obs. V. Peltier). V. aussi sous art. 706-47, annot. n° 2, p. 1542. ▪ Cass. crim., 13 mai 2015, n° 14-81.199 : *JurisData* n° 2015-010961. ▪ Cass. crim., 31 oct. 2006, n° 05-87.153 : JurisData n° 2006-035997 ; *Bull. crim.* n° 267 ; *AJ Pénal* 2008, p. 242, obs. M. Herzog-Evans). Droit européen. L'inscription au FIJAIS et l'obligation qui en découle ne constituent pas une « peine » au sens de l'article 7 § 1 de la Convention, et doivent être analysées comme une mesure préventive à laquelle le principe de non-rétroactivité énoncé dans cette disposition n'a pas vocation à s'appliquer. ▪ CEDH, 17 déc. 2009, n° 16428/05, *G. c/ France : Dr. pén.* 2010, chron. 3, n° 24, obs. E. Dreyer).

2) Peine inférieure ou égale à 5 ans. Il résulte de l'article 706-53-2 du Code de procédure pénale que les décisions concernant les délits mentionnés à l'article 706-47 du même code, punis d'une peine d'emprisonnement égale à cinq ans, sont enregistrées dans le fichier judiciaire national automatisé des auteurs d'infractions sexuelles ou violentes, sauf décision contraire spécialement motivée de la juridiction (■ Cass. crim., 17 sept. 2014, n° 14-80.541 : *Bull. crim.* n° 193 ; *JurisData* n° 2014-021045 ; *Dr. pén.* 2014, comm. 152, obs. V. Peltier ; *Procédures* 2014, n° 306, note A.-S. Chavent-Leclère). V. aussi sous art. 706-53-2, annot. n° 1, p. 1549.

3) **Peine supérieure à 5 ans.** Après avoir déclaré M. X... coupable d'agression sexuelle sur mineur de 15 ans, infraction visée aux articles 706-47 et 706-53-2 du Code de procédure pénale et punie d'une peine de dix ans d'emprisonnement, l'arrêt attaqué constate son inscription au fichier judiciaire national automatisé des auteurs d'infractions sexuelles ; en prononçant ainsi, dès lors que le délit prévu par l'article 222-29-1 du Code pénal est puni d'une peine supérieure à cinq ans d'emprisonnement, ce qui impose une inscription audit fichier, la cour d'appel a justifié sa décision (■ Cass. crim., 27 janv. 2016, n° 15-81.376 : *JurisData* n° 2016-001022). La juridiction de jugement, qui prononce une condamnation pour une infraction mentionnée à l'article 706-47 du Code de procédure pénale et punie d'une peine supérieure à cinq ans d'emprisonnement, ne peut dispenser le condamné de son inscription au fichier judiciaire national automatisé des auteurs d'infractions sexuelles ou violentes (FIJAIS). L'article 132-21 du Code pénal, qui ne prévoit la possibilité de relèvement que pour les interdictions, déchéances et incapacités, ne peut trouver à s'appliquer, et, d'autre part, l'article 706-53-10 du Code de procédure pénale a mis en place, en la matière, une procédure particulière visant à obtenir l'effacement des informations figurant dans ce fichier (■ Cass. crim., 17 juin 2020, n° 19-86.429. ■ Cass. crim., 17 févr. 2010, n° 09-87.570 : *Bull. crim.* n° 35 ; *JurisData* n° 2010-001501. ■ Cass. crim., 16 janv. 2008, n° 07-82.115 : *Bull. crim.* n° 12 ; *JurisData* n° 2008-042717).

4) **Complice.** Toute personne condamnée, en qualité d'auteur ou de complice, pour l'une des infractions mentionnées à l'article 706-47 du Code de procédure pénale, pouvant être inscrite au fichier judiciaire national automatisé des auteurs d'infractions sexuelles dans les conditions prévues à l'article 706-53-2 du Code de procédure pénale (■ Cass. crim., 10 oct. 2007, n° 07-80.971 : *Bull. crim.* n° 242 ; *JurisData* n° 2007-041346).

Art. 706-53-3 ***(L. n° 2004-204, 9 mars 2004).*** **– Le procureur de la République ou le juge d'instruction compétent fait procéder sans délai à l'enregistrement des informations devant figurer dans le fichier par l'intermédiaire d'un moyen de télécommunication sécurisé. Ces informations ne sont toutefois accessibles en cas de consultation du fichier qu'après vérification, lorsqu'elle est possible, de l'identité de la personne concernée, faite par le service gestionnaire du fichier au vu du répertoire national d'identification.**

Lorsqu'ils ont connaissance de la nouvelle adresse d'une personne dont l'identité est enregistrée dans le fichier ainsi que lorsqu'ils reçoivent la justification de l'adresse d'une telle personne, les officiers de police judiciaire enregistrent sans délai cette information dans le fichier par l'intermédiaire d'un moyen de télécommunication sécurisé.

Art. 706-53-4 ***(Mod., L. n° 2020-1672, 24 déc. 2020).*** **– Sans préjudice de l'application des dispositions des articles 706-53-9 et 706-53-10, les informations mentionnées à l'article 706-53-2 concernant une même personne sont retirées du fichier au décès de l'intéressé ou à l'expiration, à compter du prononcé de la décision prévue au même article 706-53-2, d'un délai de :**

1° Trente ans s'il s'agit d'un crime ou d'un délit puni de dix ans d'emprisonnement ;

2° Vingt ans dans les autres cas.

Toutefois, ce délai est de dix ans s'il s'agit d'un mineur.

Lorsque la personne exécute une peine privative de liberté sans sursis en application de la condamnation entraînant l'inscription, ces délais ne commencent à courir qu'à compter de sa libération.

L'amnistie ou la réhabilitation ainsi que les règles propres à l'effacement des condamnations figurant au casier judiciaire n'entraînent pas l'effacement de ces informations.

Ces informations ne peuvent, à elles seules, servir de preuve à la constatation de l'état de récidive.

Les mentions prévues aux 1°, 2° et 5° de l'article 706-53-2 sont retirées du fichier en cas de décision définitive de non-lieu, de relaxe ou d'acquittement. Les mentions prévues au 5° du même article 706-53-2 peuvent également être retirées sur décision du juge d'instruction.

Art. 706-53-5 ***(Mod., L. n° 2012-409, 27 mars 2012).*** **– Toute personne dont l'identité est enregistrée dans le fichier est astreinte, à titre de mesure de sûreté, aux obligations prévues par le présent article.**

La personne est tenue, soit auprès du gestionnaire du fichier, par lettre recommandée avec demande d'avis de réception, soit, si elle réside à l'étranger auprès du commissariat de police ou de la gendarmerie de son domicile, par lettre recommandée avec demande d'avis de réception ou en se présentant au service :

1° De justifier de son adresse, une première fois après avoir reçu l'information des mesures et des obligations mentionnées au deuxième alinéa de l'article 706-53-6, puis tous les ans ;

2° De déclarer ses changements d'adresse, dans un délai de quinze jours au plus tard après ce changement. Si la personne a été condamnée pour un crime ou pour un délit puni de dix ans d'emprisonnement, elle doit justifier de son adresse une fois tous les six mois en se présentant à cette fin soit auprès du commissariat ou de l'unité de gendarmerie de son domicile, soit auprès du groupement de gendarmerie départemental ou de la direction départementale de la sécurité publique de son domicile ou auprès de tout autre service désigné par la préfecture. Si la dangerosité de la personne le justifie, la juridiction de jugement ou, selon les modalités prévues par l'article 712-6, le juge de l'application des peines peut ordonner que cette présentation interviendra tous les mois. Lorsque la personne est en état de récidive légale, le régime de présentation mensuelle s'applique de plein droit. Le présent alinéa n'est applicable aux mineurs de treize à dix-huit ans qu'en cas de condamnation pour un crime puni d'au moins vingt ans de réclusion.

Les obligations de justification et de présentation prévues par le présent article cessent de s'appliquer pendant le temps où la personne est incarcérée.

Le fait, pour les personnes tenues aux obligations prévues par le présent article, de ne pas respecter ces obligations est puni de deux ans d'emprisonnement et de 30 000 euros d'amende.

Voir également : art. R. 53-8-13 et s., p. 2016.

1) **Première justification de domicile.** Il résulte des articles 706-53-5 et 706-53-6 du Code de procédure pénale que la personne dont l'identité est enregistrée dans le fichier national automatisé des auteurs d'infractions sexuelles ou violentes, lorsque les mesures ou obligations auxquelles elle est astreinte lui ont été notifiées, doit justifier une première fois de son adresse dans les quinze jours suivant la date de cette notification (■ Cass. crim., 1er avr. 2015, n° 13-85.957 : *Bull. crim.* n° 73 ; *JurisData* n° 2015-007047).

2) **Preuve de la connaissance de ses obligations par le condamné.** Si c'est à tort que la cour d'appel a jugé que le prévenu avait reçu notification de ses obligations déclaratives le 12 juin 2008, l'accusé-réception de la lettre valant notification des dites obligations, adressée au centre pénitentiaire de [Localité 1] (Luxembourg), n'ayant pas été signé par le prévenu, et les pièces de procédure n'établissant pas que cette lettre lui a personnellement été présentée, l'arrêt n'encourt néanmoins pas la censure. En effet, les juges ont souverainement apprécié qu'il résultait de l'existence d'une précédente procédure portant sur des faits identiques, ainsi que de l'audition du prévenu au cours du mois de juillet 2014, que ce dernier était informé de ses obligations découlant de son inscription au FIJAIS antérieurement aux faits pour lesquels il a été de nouveau poursuivi (■ Cass. crim., 15 févr. 2022, n° 21-83.790).

Art. 706-53-6 *(Mod., L. n° 2010-242, 10 mars 2010).*

– Toute personne dont l'identité est enregistrée dans le fichier en est informée par l'autorité judiciaire, soit par notification à personne, soit par lettre recommandée adressée à la dernière adresse déclarée, soit, à défaut, par le recours à la force publique par l'officier de police judiciaire, avec l'autorisation préalable du procureur de la République.

Elle est alors informée des mesures et des obligations auxquelles elle est astreinte en application des dispositions de l'article 706-53-5 et des peines encourues en cas de non-respect de ces obligations.

Lorsque la personne est détenue au titre de la condamnation justifiant son inscription au fichier et qu'elle n'a pas encore reçu l'information mentionnée au premier alinéa, les informations prévues par le présent article lui sont données au moment de sa libération définitive ou préalablement à la première mesure d'aménagement de sa peine.

Première justification de domicile. V. note sous art. 706-53-5, p. 1550.

Art. 706-53-7 *(Mod., L. n° 2018-703, 3 août 2018).*

– Les informations contenues dans le fichier sont directement accessibles, par l'intermédiaire d'un système de télécommunication sécurisé :

1° Aux autorités judiciaires ;

2° Aux officiers de police judiciaire, dans le cadre de procédures concernant un crime d'atteinte volontaire à la vie, d'enlèvement ou de séquestration, ou une infraction mentionnée à l'article 706-47 et pour l'exercice des diligences prévues aux articles 706-53-5 et 706-53-8 ;

3° Aux préfets et aux administrations de l'État dont la liste est fixée par le décret prévu à l'article 706-53-12 pour les décisions administratives de recrutement, d'affectation, d'autorisation, d'agrément ou d'habilitation concernant des activités ou professions impliquant un contact avec des mineurs ainsi que pour le contrôle de l'exercice de ces activités ou professions ;

4° Aux agents des greffes spécialement habilités par les chefs d'établissement pénitentiaire, à partir de l'identité de la personne incarcérée de données nominatives la concernant ou du numéro de dossier, pour vérifier qu'elle a fait l'objet de l'information mentionnée à l'article 706-53-6 et pour enregistrer les dates de mise sous écrou et de libération ainsi que l'adresse du domicile déclaré par la personne libérée.

Les autorités et personnes mentionnées aux 1° et 2° du présent article peuvent interroger le fichier à partir de plusieurs critères fixés par le décret prévu à l'article 706-53-12, et notamment à partir de l'un ou plusieurs des critères suivants : identité de la personne, adresses successives, nature des infractions.

Les personnes mentionnées au 3° du présent article ne peuvent consulter le fichier qu'à partir de l'identité de la personne concernée par décision administrative.

Les officiers de police judiciaire peuvent également, sur instruction du procureur de la République ou du juge d'instruction ou avec l'autorisation de ce magistrat, consulter le fichier dans le cadre d'une enquête de flagrance ou d'une enquête préliminaire ou en exécution d'une commission rogatoire, même si cette procédure ne concerne pas une des infractions mentionnées au 2° du présent article.

Les maires, les présidents d'établissements publics de coopération intercommunale, les présidents de conseil général et les présidents de conseil régional sont également destinataires, par l'intermédiaire des préfets, des informations contenues dans le fichier, pour les décisions administratives mentionnées au 3° concernant des activités ou professions impliquant un contact avec des mineurs ainsi que pour le contrôle de l'exercice de ces activités ou professions.

Voir également : art. R. 53-8-23 et s., p. 2018.

Art. 706-53-8 *(Mod., L. n° 2010-242, 10 mars 2010).* – Selon des modalités précisées par le décret prévu à l'article 706-53-12, le gestionnaire du fichier avise directement le ministère de l'intérieur, qui transmet sans délai l'information aux services de police ou de gendarmerie compétents, en cas de nouvelle inscription ou de modification d'adresse concernant une inscription ou lorsque la personne n'a pas apporté la justification de son adresse dans les délais requis. Il avise directement le service gestionnaire du fichier des personnes recherchées des effacements auxquels il a procédé en application des articles 706-53-4 et 706-53-10.

S'il apparaît que la personne ne se trouve plus à l'adresse indiquée, l'officier de police judiciaire en informe le procureur de la République qui la fait inscrire sans délai au fichier des personnes recherchées.

Les services de police ou de gendarmerie peuvent procéder à toutes vérifications utiles et toutes réquisitions auprès des administrations publiques pour vérifier ou retrouver l'adresse de la personne.

Art. 706-53-9 *(L. n° 2004-204, 9 mars 2004).* – Toute personne justifiant de son identité obtient, sur demande adressée au procureur de la République près le tribunal judiciaire dans le ressort duquel elle réside, communication de l'intégralité des informations la concernant figurant dans le fichier.

Les dispositions des troisième à cinquième alinéas de l'article 777-2 sont alors applicables.

Art. 706-53-10 *(Mod., L. n° 2020-1672, 24 déc. 2020).* – Toute personne dont l'identité est inscrite dans le fichier peut demander au procureur de la République de rectifier ou d'ordonner l'effacement des informations la concernant si les informations ne sont pas exactes ou si leur conservation n'apparaît plus nécessaire compte tenu de la finalité du fichier, au regard de la nature de l'infraction, de l'âge de la personne lors de sa commission, du temps écoulé depuis lors et de la personnalité actuelle de l'intéressé.

La même demande peut être faite au juge d'instruction lorsque l'inscription a été effectuée sur le fondement du 5° de l'article 706-53-2.

La demande d'effacement est irrecevable tant que les mentions concernées sont relatives à une procédure judiciaire qui est toujours en cours, sauf dans l'hypothèse d'une inscription sur le fondement du même 5°, tant que la personne n'a pas été réhabilitée ou que la mesure à l'origine de l'inscription n'a pas été effacée du bulletin n° 1.

Si le procureur de la République ou le juge d'instruction n'ordonne pas la rectification ou l'effacement, la personne peut exercer un recours devant le président de la chambre de l'instruction.

Avant de statuer sur la demande de rectification ou d'effacement, le procureur de la République et le président de la chambre de l'instruction peuvent faire procéder à toutes les vérifications qu'ils estiment nécessaires et notamment ordonner une expertise médicale de la personne. S'il s'agit d'une mention concernant soit un crime,

soit un délit puni de dix ans d'emprisonnement et commis contre un mineur, la décision d'effacement du fichier ne peut intervenir en l'absence d'une telle expertise.

Dans le cas prévu au cinquième alinéa de l'article 706-53-5, le procureur de la République et le président de la chambre de l'instruction, saisis en application des dispositions du présent article, peuvent également ordonner, à la demande de la personne, qu'elle ne sera tenue de se présenter auprès des services de police ou de gendarmerie pour justifier de son adresse qu'une fois par an ou, lorsqu'elle devait se présenter une fois par mois, qu'une fois tous les six mois.

Voir également : art. R. 53-8-27 et s., p. 2019.

1) **Instance en cours.** Selon l'article 706-53-10, alinéa 2, du Code de procédure pénale, la requête, formée par la personne concernée, en effacement des informations figurant au fichier judiciaire automatisé des auteurs d'infractions sexuelles est irrecevable tant que les mentions sont relatives à une procédure judiciaire toujours en cours. Dès lors qu'en l'état de la cassation de l'arrêt de la cour d'assises de la Sarthe du 5 mai 1999 et du renvoi devant la cour d'assises du Maine-et-Loire prononcés par l'assemblée plénière de la Cour de cassation, dans le cadre de la procédure de réexamen d'une décision pénale, l'arrêt de condamnation a perdu son caractère définitif et que la procédure est donc toujours en cours, le président de la chambre de l'instruction a fait l'exacte application des dispositions de l'article 706-53-10, alinéa 2, du Code de procédure pénale (■ Cass. crim., 20 sept. 2006, n° 06-80.733 : *Bull. crim.* n° 231).

2) **Dispense d'inscription.** L'article 132-21 du Code pénal, qui ne prévoit la possibilité de relèvement que pour les interdictions, déchéances et incapacités, ne peut trouver à s'appliquer pour dispenser un condamné de son inscription au FIJAIS, l'article 706-53-10 du Code de procédure pénale ayant mis en place, en la matière, une procédure particulière visant à obtenir l'effacement des informations figurant dans ce fichier (■ Cass. crim., 17 févr. 2010, n° 09-87.570 : *Bull. crim.* n° 35. ■ Cass. crim., 16 janv. 2008, n° 07-82.115 : *Bull. crim.* n° 12).

Art. 706-53-11 *(Mod., Ord. n° 2018-1125, 12 déc. 2018).* **– Aucun rapprochement ni aucune connexion au sens de l'article 33 de la loi n° 78-17 du 6 janvier 1978 relative à l'informatique, aux fichiers et aux libertés ne peuvent être effectués entre le fichier prévu par le présent chapitre et tout autre fichier ou recueil de données nominatives détenus par une personne quelconque ou par un service de l'État ne dépendant pas du ministère de la justice, à l'exception du fichier des personnes recherchées pour l'exercice des diligences prévues au présent chapitre.**

Aucun fichier ou recueil de données nominatives détenu par une personne quelconque ou par un service de l'État ne dépendant pas du ministère de la justice ne peut mentionner, hors les cas et dans les conditions prévues par la loi, les informations figurant dans le fichier.

Toute infraction aux dispositions qui précèdent est punie des peines encourues pour le délit prévu à l'article 226-21 du Code pénal.

Décret n° 2005-627 du 30 mai 2005

modifiant le Code de procédure pénale (deuxième partie : Décrets en Conseil d'État) et relatif au fichier judiciaire national automatisé des auteurs d'infractions sexuelles et au casier judiciaire

Art. 11. – I. – Le service gestionnaire du fichier judiciaire national automatisé des auteurs d'infractions sexuelles est autorisé à obtenir du fichier national des personnes incarcérées la liste des personnes visées à l'alinéa 2 du I de l'article 216 de la loi susvisée du 9 mars 2004.

La liste visée à l'alinéa précédent précise pour chacune des personnes intéressées le nom du dernier établissement où elle a été ou est détenue, la date prévisible de sa libération, l'adresse déclarée à sa libération ainsi que les références de la décision au titre de laquelle elle a été détenue. Après avoir retiré les personnes inscrites au titre du II de l'article 216 de la loi précitée ainsi que les personnes décédées, le service gestionnaire adresse au procureur de la République de chacun des lieux de condamnation la liste des personnes intéressées. Préalablement aux opérations de vérification d'adresse et de notification qu'ils ordonnent, les procureurs de la République procèdent à l'inscription dans le fichier des personnes qui remplissent les conditions de l'alinéa 2 du I de l'article 216 de la loi précitée.

II. – La demande adressée aux services de police et de gendarmerie en application de l'alinéa 2 du II de l'article 216 de la loi susvisée du 9 mars 2004, établie après consultation automatisée du fichier national des personnes incarcérées, précise le cas échéant le nom du dernier établissement où la personne intéressée a été ou est détenue, la date prévisible de sa libération ainsi que l'adresse déclarée à sa libération. L'habilitation visée à l'article R. 53-8-25 du Code de procédure pénale est applicable au dispositif prévu à l'alinéa précédent.

III. – Les services de police ou de gendarmerie chargés, en application de l'alinéa 2 du II de l'article 216 de la loi susvisée du 9 mars 2004, de rechercher les personnes mentionnées au premier alinéa du II de cet article et de leur notifier leurs obligations, leur remettent le document prévu à l'article R. 53-8-9 du Code de procédure pénale.

Art. 706-53-12. – Les modalités et conditions d'application des dispositions du présent chapitre sont déterminées par décret en Conseil d'État pris après avis de la Commission nationale de l'informatique et des libertés.

Ce décret précise notamment les conditions dans lesquelles le fichier conserve la trace des interrogations et consultations dont il fait l'objet.

CHAPITRE III. – DE LA RÉTENTION DE SÛRETÉ ET DE LA SURVEILLANCE DE SÛRETÉ

(L. n° 2008-174, 25 févr. 2008)

Bibliographie : ***Répertoire.*** H. Matsopoulou, *Rétention de sûreté et surveillance de sûreté : JCl. Proc. pén.*, art. 706-53-13 à 706-53-21, Fasc. 20.

Généralités. P. Bonfils, *La loi n° 2008-174 du 25 février 2008 relative à la rétention de sûreté et à la déclaration d'irresponsabilité pour cause de trouble mental : RSC* 2008, chron. 392. • J.-Y. Chevallier, *Plaidoyer pour la « rétention de sûreté » : RPDP* 2008, p. 1. • C. Courtin, *Surveillance post-carcérale des personnes dangereuses et application de la loi pénale dans le temps : Dr. pén.* 2008, étude 11. • L. Grégoire et F. Boulan, *La détention de sûreté est une peine ! Qualification et conséquences : Dr. pén.* 2010, étude 5. • M. Herzog-Evans, *La loi n° 2008-174 du 25 février 2008 ou la mise à mort des « principes cardinaux » de notre droit : AJ Pénal* 2008, 161 ; id., *Les textes d'application de la loi rétention de sûreté : D.* 2008, chron. 3098. • C.-A. Kupferber, *Sicherungsverwahrung ou la rétention de sûreté allemande : Dr. pén.* 2008, étude 8. • C. Lazerges, *Rétention de sûreté : le malaise du Conseil constitutionnel : RSC* 2008, chron. 731. • C. Mandon, *La compatibilité de la rétention de sûreté à la Convention de sauvegarde des droits de l'homme et des libertés fondamentales : RPDP* 2013, p. 863. • H. Matsopoulou, *Le développement des mesures de sûreté justifiées par la « dangerosité » et l'inutile dispositif applicable aux malades mentaux : Dr. pén.* 2008, 7. • P. Mistretta, *De la répression à la sûreté, les derniers subterfuges du droit pénal : JCP G* 2008, 145. • J. Pradel, *Double révolution en droit pénal français avec la loi du 25 février 2008 sur les criminels dangereux : D.* 2008, chron. 1000. • D. Roets, *La rétention de sûreté à l'aune du droit européen des droits de l'homme : D.* 2008, chron. 1840.

Art. 706-53-13 *(Mod., L. n° 2010-242, 10 mars 2010)* (1). **– À titre exceptionnel, les personnes dont il est établi, à l'issue d'un réexamen de leur situation intervenant à la fin de l'exécution de leur peine, qu'elles présentent une particulière dangerosité caractérisée par une probabilité très élevée de récidive parce qu'elles souffrent d'un trouble grave de la personnalité, peuvent faire l'objet à l'issue de cette peine d'une rétention de sûreté selon les modalités prévues par le présent chapitre, à la condition qu'elles aient été condamnées à une peine de réclusion criminelle d'une durée égale ou supérieure à quinze ans pour les crimes, commis sur une victime mineure, d'assassinat ou de meurtre, de torture ou actes de barbarie, de viol, d'enlèvement ou de séquestration.**

Il en est de même pour les crimes, commis sur une victime majeure, d'assassinat ou de meurtre aggravé, de torture ou actes de barbarie aggravés, de viol aggravé, d'enlèvement ou de séquestration aggravé, prévus par les

(1) L. n° 2008-174, 25 février 2008, art. 13. I. – *Les personnes exécutant, à la date du 1er septembre 2008, peine de réclusion criminelle d'une durée égale ou supérieure à quinze ans à la suite, soit de plusieurs condamnations, dont la dernière à une telle peine, pour les crimes mentionnés à l'article 706-53-13 du Code pénal, soit d'une condamnation unique à une telle peine pour plusieurs de ces crimes commis sur des victimes différentes, peuvent être soumises, dans le cadre d'une surveillance judiciaire, d'un suivi socio-judiciaire ou d'une surveillance de sûreté, à une obligation d'assignation à domicile sous le régime du placement sous surveillance électronique mobile.*

[Dispositions déclarées non conformes à la Constitution par la décision du Conseil constitutionnel n° 2008-562 DC du 21 février 2008.]

articles 221-2, 221-3, 221-4, 222-2, 222-3, 222-4, 222-5, 222-6, 222-24, 222-25, 222-26, 224-2, 224-3 et 224-5-2 du Code pénal ou, lorsqu'ils sont commis en récidive, de meurtre, de torture ou d'actes de barbarie, de viol, d'enlèvement ou de séquestration.

La rétention de sûreté ne peut toutefois être prononcée que si la cour d'assises a expressément prévu dans sa décision de condamnation que la personne pourra faire l'objet à la fin de sa peine d'un réexamen de sa situation en vue d'une éventuelle rétention de sûreté.

La rétention de sûreté consiste dans le placement de la personne intéressée en centre socio-médico-judiciaire de sûreté dans lequel lui est proposée, de façon permanente, une prise en charge médicale, sociale et psychologique destinée à permettre la fin de cette mesure.

1) Conformité à la Constitution.

a. Nature de la rétention de sûreté. La rétention de sûreté n'est ni une peine, ni une sanction ayant le caractère d'une punition (■ Cons. const., 21 févr. 2008, n° 2008-562 DC).

b. Non-rétroactivité de la rétention de sûreté prononcée *ab initio*. La rétention de sûreté n'est ni une peine, ni une sanction ayant le caractère d'une punition ; que la surveillance de sûreté ne l'est pas davantage ; que, dès lors, les griefs tirés de la méconnaissance de l'article 8 de la Déclaration de 1789 sont inopérants ; toutefois, que la rétention de sûreté, eu égard à sa nature privative de liberté, à la durée de cette privation, à son caractère renouvelable sans limite et au fait qu'elle est prononcée après une condamnation par une juridiction, ne saurait être appliquée à des personnes condamnées avant la publication de la loi ou faisant l'objet d'une condamnation postérieure à cette date pour des faits commis antérieurement ; que, dès lors, doivent être déclarés contraires à la Constitution les alinéas 2 à 7 du I de l'article 13 de la loi déférée, son II et, par voie de conséquence, son IV (■ Cons. const., 21 févr. 2008, n° 2008-562 DC).

Rétroactivité de la rétention de sûreté consécutive à une surveillance de sûreté. Si la décision du Conseil constitutionnel du 21 février 2008 interdit qu'une personne soit placée sous le régime de la rétention de sûreté à raison de faits commis avant l'entrée en vigueur de la loi qui a institué cette mesure et a été promulguée le 25 février 2008, il résulte de la même décision que les dispositions de cette loi relatives à la surveillance de sûreté s'appliquent aux faits commis avant son entrée en vigueur ; qu'il s'en déduit que la rétention de sûreté peut être appliquée, conformément aux articles 723-37 et 706-53-19 du Code de procédure pénale, à une personne, même condamnée avant l'entrée en vigueur de cette loi, qui méconnaît, après l'entrée en vigueur de cette loi, les obligations qui lui sont imposées dans le cadre de la surveillance de sûreté (■ Cass. crim., 28 mars 2018, n° 17-86.938 : *Bull. crim.* n° 60 ; *Dr. pén.* 2018, comm. 118, obs. V. Peltier).

c. Présomption d'innocence. La rétention de sûreté et la surveillance de sûreté ne sont pas des mesures répressives ; que, dès lors, le grief tiré de la violation de la présomption d'innocence est inopérant ; la rétention de sûreté et la surveillance de sûreté doivent respecter le principe, résultant des articles 9 de la Déclaration de 1789 et 66 de la Constitution, selon lequel la liberté individuelle ne saurait être entravée par une rigueur qui ne soit nécessaire ; qu'il incombe en effet au législateur d'assurer la conciliation entre, d'une part, la prévention des atteintes à l'ordre public nécessaire à la sauvegarde de droits et principes de valeur constitutionnelle et, d'autre part, l'exercice des libertés constitutionnellement garanties ; qu'au nombre de celles-ci figurent la liberté d'aller et venir et le respect de la vie privée, protégés par les articles 2 et 4 de la Déclaration de 1789, ainsi que la liberté individuelle dont l'article 66 de la Constitution confie la protection à l'autorité judiciaire ; les atteintes portées à l'exercice de ces libertés doivent être adaptées, nécessaires et proportionnées à l'objectif de prévention poursuivi (■ Cons. const., 21 févr. 2008, n° 2008-562 DC : F. Chaltiel, *La réforme de la justice devant le Conseil constitutionnel : la loi, encadrée, dans l'ensemble validée, partiellement censurée* : *LPA* 2008, n° 58, p. 3 ; P. Conte, *Aux fous ?* : *Dr. pén.* 2008, n° 4, repères ; J.-P. Felman, *Un minority report à la française ? La décision du 21 févr. 2008 et la présomption d'innocence*, *ibid.* 2008, II, 10077 ; C. Ghica-Lemarchand, *La rétention de sûreté (à propos de la décision du Conseil constitutionnel du 21 février 2008)* : *RDP* 2008, p. 1381 ; P. Jan, *Le Président, le Conseil et la Cour, une histoire de Palais de mauvais goût* : *AJDA* 2008, 714 ; C. Lazerges, *La rétention de sûreté : le malaise du Conseil constitutionnel* : *RSC* 2008, p. 731 ; B. Mathieu, *La non-rétroactivité en matière de rétention de sûreté : exigence constitutionnelle ou conventionnelle. À propos de la décision n° 2008-562 du Conseil constitutionnel* : *JCP* 2008, 166 ; Y. Mayaud, *La mesure de sûreté après la décision du Conseil constitutionnel n° 2008-562 DC du 21 février 2008* : *D.* 2008, chron. 1359 ; M. Van de Kerchove, *Le sens de la peine dans la jurisprudence du Conseil constitutionnel français*, *ibid.* 2008, 805).

d. Nécessité. Le respect de ces dispositions garantit que la rétention de sûreté n'a pu être évitée par des soins et une prise en charge pendant l'exécution de la peine ; qu'il appartiendra, dès lors, à la juridiction régionale de la rétention de sûreté de vérifier que la personne condamnée a effectivement été mise en mesure de bénéficier, pendant l'exécution de sa peine, de la prise en charge et des soins adaptés au trouble de la personnalité dont elle souffre ; que, sous cette réserve, la rétention de sûreté applicable aux personnes condamnées postérieurement à la publication de la loi déférée est nécessaire au but poursuivi (■ Cons. const., 21 févr. 2008, n° 2008-562 DC).

2) **Conformité à l'article 3 de la Conv. EDH – Absence de traitement inhumain ou dégradant.** Il résulte de la réserve d'interprétation dont la décision du Conseil constitutionnel du 21 février 2008 a assorti la déclaration de conformité à la Constitution des dispositions litigieuses, et qui s'impose à toutes les autorités administratives ou judiciaires pour leur application en vertu de l'article 62 de la Constitution, que la juridiction régionale de la rétention de sûreté ne pourra décider une mise en rétention de sûreté qu'après avoir vérifié que la personne condamnée a effectivement été mise en mesure de bénéficier, pendant l'exécution de sa peine, de la prise en charge et des soins adaptés au trouble de la personnalité dont elle souffre ; par suite, le moyen tiré de ce que la loi du 25 février 2008 aurait, en instituant la mesure de rétention de sûreté, porté atteinte aux stipulations de l'article 3 de la Convention européenne des droits de l'Homme doit être écarté (■ CE, 26 nov. 2010, n° 323694 : *JurisData* n° 2010-022087).

3) **Détention de sûreté allemande.** La détention de sûreté allemande est une peine et ne peut être d'application rétroactive. ■ CEDH, 17 déc. 2009, n° 19359/04, *M. c/ All.* ■ CEDH, 13 janv. 2011, n° 17792/07 (*Kallweit c/ All.*). ■ CEDH, 13 janv. 2011, n° 20008/07 (*Mautes c/* All.). ■ CEDH, 13 janv. 2011, n° 27360/04. ■ CEDH, 13 janv. 2011, n° 42225/07 (*Schummer c/ All.*). ■ CEDH, 14 avr. 2011, n° 30060/04 (*Jendrowiak c/ All.*). ■ CEDH, 24 nov. 2011, n° 4646/08 (*O. H. c/ All.*). – *Contra*, en cas de trouble mental, ■ CEDH, 7 janv. 2016, n° 23279/14 : *Dr. pén.* 2016, comm. 70, obs. V. Peltier.

Art. 706-53-14 *(Mod., L. n° 2010-242, 10 mars 2010)*. – La situation des personnes mentionnées à l'article 706-53-13 est examinée, au moins un an avant la date prévue pour leur libération, par la commission pluridisciplinaire des mesures de sûreté prévue par l'article 763-10, afin d'évaluer leur dangerosité.

À cette fin, la commission demande le placement de la personne, pour une durée d'au moins six semaines, dans un service spécialisé chargé de l'observation des personnes détenues aux fins d'une évaluation pluridisciplinaire de dangerosité assortie d'une expertise médicale réalisée par deux experts.

Si la commission conclut à la particulière dangerosité du condamné, elle peut proposer, par un avis motivé, que celui-ci fasse l'objet d'une rétention de sûreté dans le cas où :

1° Les obligations résultant de l'inscription dans le fichier judiciaire national automatisé des auteurs d'infractions sexuelles ou violentes, ainsi que les obligations résultant d'une injonction de soins ou d'un placement sous surveillance électronique mobile, susceptibles d'être prononcés dans le cadre d'un suivi socio-judiciaire ou d'une surveillance judiciaire, apparaissent insuffisantes pour prévenir la commission des crimes mentionnés à l'article 706-53-13 ;

2° Et si cette rétention constitue ainsi l'unique moyen de prévenir la commission, dont la probabilité est très élevée, de ces infractions.

La commission vérifie également que la personne condamnée a effectivement été mise en mesure de bénéficier, pendant l'exécution de sa peine, d'une prise en charge médicale, sociale et psychologique adaptée au trouble de la personnalité dont elle souffre.

Si la commission estime que les conditions de la rétention de sûreté ne sont pas remplies mais que le condamné paraît néanmoins dangereux, elle renvoie le dossier au juge de l'application des peines pour qu'il apprécie l'éventualité d'un placement sous surveillance judiciaire.

Art. 706-53-15 *(Mod., L. n° 2010-242, 10 mars 2010)*. – La décision de rétention de sûreté est prise par la juridiction régionale de la rétention de sûreté territorialement compétente. Cette juridiction est composée d'un président de chambre et de deux conseillers de la cour d'appel, désignés par le premier président de cette cour pour une durée de trois ans.

Cette juridiction est saisie à cette fin par le procureur général, sur proposition de la commission pluridisciplinaire des mesures de sûreté prévue par l'article 763-10, au moins trois mois avant la date prévue pour la libération du condamné. Elle statue après un débat contradictoire et, si le condamné le demande, public, au cours duquel le condamné est assisté par un avocat choisi ou commis d'office. La contre-expertise sollicitée par le condamné est de droit.

La juridiction régionale de la rétention de sûreté ne peut prononcer une rétention de sûreté qu'après avoir vérifié que la personne condamnée a effectivement été mise en mesure de bénéficier, pendant l'exécution de sa peine,

d'une prise en charge médicale, sociale et psychologique adaptée au trouble de la personnalité dont elle souffre.

La décision de rétention de sûreté doit être spécialement motivée au regard des dispositions de l'article 706-53-14 et du troisième alinéa du présent article.

Cette décision est exécutoire immédiatement à l'issue de la peine du condamné.

Elle peut faire l'objet d'un recours devant la Juridiction nationale de la rétention de sûreté, composée de trois conseillers à la Cour de cassation désignés pour une durée de trois ans par le premier président de cette cour.

La juridiction nationale statue par une décision motivée, susceptible d'un pourvoi en cassation.

1) **Conditions de recevabilité du pourvoi en cassation.** Les articles 706-53-15 et R. 53-8-43 du Code de procédure pénale, relatifs à la procédure applicable à la juridiction nationale de la rétention de sûreté, ne dérogent pas aux conditions de recevabilité du pourvoi en cassation fixées par les articles 576 et 577 du Code de procédure pénale (▪ Cass. crim., 12 déc. 2012, n° 12-83.240 : *Bull. crim.* n° 280 ; *JurisData* n° 2012-031673).

2) **Débats publics et contradictoires.** Les dispositions de l'article 706-53-15 du Code de procédure pénale qui prévoient que la juridiction régionale de la rétention de sûreté statue après débat contradictoire et, si le condamné le demande, public, doivent également recevoir application devant la juridiction nationale de la rétention de sûreté (▪ Cass. crim., 31 janv. 2012, n° 11-84.985 : *Bull. crim.* n° 30 ; *JurisData* n° 2012-001300).

3) **Motivation de la décision de rétention de sûreté.** Selon l'alinéa 3 de ce texte, la juridiction régionale de la rétention de sûreté ne peut prononcer une mesure de rétention de sûreté qu'après avoir vérifié que la personne condamnée a effectivement été mise en mesure de bénéficier, pendant l'exécution de sa peine, d'une prise en charge médicale, sociale, et psychologique adaptée au trouble de la personnalité dont elle souffre ; que, selon l'alinéa 4, la décision de rétention de sûreté doit être spécialement motivée sur ce point (▪ Cass. crim., 28 mars 2018, n° 17-86.938 : *Bull. crim.* n° 60 ; *Dr. pén.* 2018, comm. 118, obs. V. Peltier).

4) **Irrégularité de la saisine de la JRRS.** Devant la juridiction nationale de la rétention de sûreté, M. X... a fait déposer des conclusions soutenant, pour la première fois, que la juridiction régionale de la rétention de sûreté avait été irrégulièrement saisie ; faisant application de l'article 385 du **Code de procédure pénale**, la juridiction nationale relève que le requérant est irrecevable à soulever pour la première fois en appel l'irrégularité de la saisine de la juridiction du premier degré, faute de l'avoir fait en première instance, où il avait comparu (▪ Cass. crim., 28 mars 2018, n° 17-86.938 : *Bull. crim.* n° 60 ; *Dr. pén.* 2018, comm. 118, obs. V. Peltier).

Art. 706-53-16 *(L. n° 2008-174, 25 févr. 2008)*. **– La décision de rétention de sûreté est valable pour une durée d'un an.**

La rétention de sûreté peut être renouvelée, après avis favorable de la commission pluridisciplinaire des mesures de sûreté, selon les modalités prévues par l'article 706-53-15 et pour la même durée, dès lors que les conditions prévues par l'article 706-53-14 sont toujours remplies.

Conformité à la Constitution. Proportionnalité. En application de l'article 706-53-16 du Code de procédure pénale, la décision de rétention de sûreté est valable pour une durée d'un an mais peut être renouvelée, après avis favorable de la commission pluridisciplinaire des mesures de sûreté, selon les modalités prévues par l'article 706-53-15 et pour la même durée, dès lors que les conditions fixées par l'article 706-53-14 sont remplies ; qu'en vertu de l'avant-dernier alinéa de l'article 723-37 du Code de procédure pénale, le placement en surveillance de sûreté peut également être renouvelé pour une même durée ; que le nombre de renouvellements n'est pas limité ; il ressort de ces dispositions que le renouvellement de la mesure ne pourra être décidé que si, à la date du renouvellement, et au vu, selon le cas, de l'évaluation pluridisciplinaire ou de l'expertise médicale réalisée en vue d'une éventuelle prolongation de la mesure, celle-ci constitue l'unique moyen de prévenir la commission des crimes visés à l'article 706-53-13 du Code de procédure pénale ; qu'ainsi, afin que la mesure conserve son caractère strictement nécessaire, le législateur a entendu qu'il soit régulièrement tenu compte de l'évolution de la personne et du fait qu'elle se soumet durablement aux soins qui lui sont proposés ; dès lors, le grief tiré de ce que le renouvellement de la mesure sans limitation de durée est disproportionné doit être écarté (▪ Cons. const., 21 févr. 2008, n° 2008-562 DC. V. réf. sous art. 706-53-13, p. 1554).

Art. 706-53-17 *(L. n° 2008-174, 25 févr. 2008)*. **– Après un délai de trois mois à compter de la décision définitive de rétention de sûreté, la personne placée en rétention de sûreté peut demander à la juridiction régionale de la rétention de sûreté qu'il soit mis fin à cette mesure. Il est mis fin d'office à la rétention si cette**

juridiction n'a pas statué dans un délai de trois mois à compter de la réception de la demande. En cas de rejet de la demande, aucune autre demande ne peut être déposée avant l'expiration d'un délai de trois mois.

La décision de cette juridiction peut faire l'objet des recours prévus à l'article 706-53-15.

Art. 706-53-18 *(L. n° 2008-174, 25 févr. 2008)*. – La juridiction régionale de la rétention de sûreté ordonne d'office qu'il soit immédiatement mis fin à la rétention de sûreté dès lors que les conditions prévues par l'article 706-53-14 ne sont plus remplies.

Art. 706-53-19 *(Mod., L. n° 2014-896, 15 août 2014)*. – Si la rétention de sûreté n'est pas prolongée ou s'il y est mis fin en application des articles 706-53-17 ou 706-53-18 et si la personne présente des risques de commettre les infractions mentionnées à l'article 706-53-13, la juridiction régionale de la rétention de sûreté peut, par la même décision et après débat contradictoire au cours duquel la personne est assistée par un avocat choisi ou commis d'office, placer celle-ci sous surveillance de sûreté pendant une durée de deux ans. La surveillance de sûreté comprend des obligations identiques à celles prévues dans le cadre de la surveillance judiciaire mentionnée à l'article 723-30, en particulier une injonction de soins prévue par les articles L. 3711-1 à L. 3711-5 du Code de la santé publique et, après vérification de la faisabilité technique de la mesure, le placement sous surveillance électronique mobile dans les conditions prévues par les articles 763-12 et 763-13 du présent code. Le placement sous surveillance de sûreté peut faire l'objet des recours prévus à l'article 706-53-15. La mainlevée de la surveillance de sûreté peut être demandée selon les modalités prévues à l'article 706-53-17.

À l'issue du délai mentionné à la première phrase de l'alinéa précédent, la surveillance de sûreté peut être renouvelée dans les mêmes conditions et pour la même durée.

Si la méconnaissance par la personne des obligations qui lui sont imposées fait apparaître que celle-ci présente à nouveau une particulière dangerosité caractérisée par une probabilité très élevée de commettre à nouveau l'une des infractions mentionnées à l'article 706-53-13, le président de la juridiction régionale peut ordonner en urgence son placement provisoire dans un centre socio-médico-judiciaire de sûreté. Ce placement doit être confirmé dans un délai maximal de trois mois par la juridiction régionale statuant conformément à l'article 706-53-15, après avis favorable de la commission pluridisciplinaire des mesures de sûreté, à défaut de quoi il est mis fin d'office à la rétention. La décision de confirmation peut faire l'objet des recours prévus par l'article 706-53-15.

Le placement en centre socio-médico-judiciaire de sûreté prévu à l'alinéa précédent ne peut être ordonné qu'à la condition qu'un renforcement des obligations de la surveillance de sûreté apparaisse insuffisant pour prévenir la commission des infractions mentionnées à l'article 706-53-13.

Le président de la juridiction régionale de la rétention de sûreté avertit la personne placée sous surveillance de sûreté que le placement sous surveillance électronique mobile ne pourra être mis en œuvre sans son consentement mais que, à défaut ou si elle manque à ses obligations, le placement dans un centre socio-médico-judiciaire de sûreté pourra être ordonné dans les conditions prévues par les deux alinéas précédents.

Constitue une méconnaissance par la personne sous surveillance de sûreté des obligations qui lui sont imposées susceptible de justifier son placement en rétention de sûreté, dans les conditions prévues par le troisième alinéa, le fait pour celle-ci de refuser de commencer ou de poursuivre le traitement prescrit par le médecin traitant et qui lui a été proposé dans le cadre d'une injonction de soins. En cas de violation de ses obligations par la personne placée sous surveillance de sûreté, l'article 709-1-1 est applicable ; le juge de l'application des peines ou, en cas d'urgence et d'empêchement de celui-ci ou du magistrat du siège qui le remplace, le procureur de la République peut décerner mandat d'arrêt ou d'amener contre la personne, conformément à l'article 712-17, pour permettre le cas échéant sa présentation devant le président de la juridiction régionale de la rétention de sûreté ; en cas de décision de placement en rétention prise par ce président, la personne peut être retenue le temps strictement nécessaire à sa conduite dans le centre socio-médico-judiciaire de sûreté.

1) Conformité aux principes fondamentaux. a. *Droit à la sûreté.* Les dispositions contestées, qui ont pour objet de prendre, à l'encontre de la personne qui s'est soustraite à une mesure de surveillance de sûreté prononcée à son égard par une juridiction, des mesures en vue de l'application effective d'une surveillance destinée à éviter la commission de nouvelles infractions, ne sont pas contraires, en tant que telles, aux stipulations du *b)* du § 1 de l'article 5 (■ CE, 26 nov. 2010, n° 323694 : *JurisData* n° 2010-022087).

b. Application rétroactive. Si la décision du Conseil constitutionnel du 21 février 2008 interdit qu'une personne soit placée sous le régime de la rétention de sûreté à raison de faits commis avant l'entrée en vigueur de la loi qui a institué cette mesure et a été promulguée le 25 février 2008, il résulte de la même décision que les dispositions de cette loi relatives à la surveillance de sûreté s'appliquent aux faits commis avant son entrée en vigueur ; qu'il s'en déduit que la rétention de sûreté peut être appliquée, conformément aux articles 723-37 et 706-53-19 du Code de procédure pénale, à une personne, même condamnée avant l'entrée en vigueur de cette loi, qui méconnaît, après l'entrée en vigueur de cette loi, les obligations qui lui sont imposées dans le cadre de la surveillance de sûreté ; il suit de là que M. X... a valablement pu être placé sous le régime de la rétention de sûreté, par application de l'article 706-53-15 du Code de procédure pénale, l'incarcération du requérant en exécution du jugement prononcé contre lui par le tribunal correctionnel de Verdun, le 16 janvier 2017, permettant de recourir à la procédure prévue par cet article et rendant inutile son placement préalable dans un centre socio-médico-judiciaire de sûreté, prévu par l'article 706-53-19 du même code. (■ Cass. crim., 28 mars 2018, n° 17-86.938 : *Bull. crim.* n° 60 ; *Dr. pén.* 2018, comm. 118, obs. V. Peltier). Le placement sous surveillance de sûreté ne constitue par lui-même ni une peine, ni une sanction au sens des stipulations de l'article 7 de la Convention européenne de sauvegarde des droits de l'homme et des libertés fondamentales ; par suite, le moyen tiré de ce que l'application immédiate aux condamnés, quelle que soit la date de commission des faits ayant donné lieu à condamnation, des dispositions relatives à la surveillance de sûreté instituées par la loi, contreviendrait au principe de non-rétroactivité des peines et des sanctions énoncé par cet article doit être écarté ; n'est pas davantage fondé, pour les mêmes motifs, le moyen tiré de la méconnaissance des stipulations de l'article 15 du Pacte international relatif aux droits civils et politiques ; les moyens tirés de la violation, par la loi du 25 février 2008, de l'article 8 de la Déclaration des droits de l'homme et du citoyen et des dispositions de l'article 112-1 du Code pénal ne peuvent, en tout état de cause, qu'être écartés (■ CE, 26 nov. 2010, n° 323694 : *JurisData* n° 2010-022087).

c. Principe de précaution. Le placement sous surveillance électronique mobile a été institué par la loi du 12 décembre 2005 relative au traitement de la récidive des infractions pénales et mis en œuvre par les dispositions du décret du 1er août 2007 modifiant le Code de procédure pénale ; que la loi du 25 février 2008 relative à la rétention de sûreté et à la déclaration d'irresponsabilité pénale a permis que le placement s'applique également dans le cadre d'une surveillance de sûreté ; que le requérant ne produit aucune pièce de nature à étayer son allégation selon laquelle le dispositif du bracelet électronique présenterait un risque particulier pour la santé des personnes faisant l'objet d'un tel dispositif ; que, par suite, le moyen tiré de ce que l'extension de l'utilisation d'un tel dispositif aux personnes faisant l'objet d'une mesure de surveillance de sûreté conduirait à méconnaître le principe de précaution doit, en tout état de cause, être écarté (■ CE, 26 nov. 2010, n° 323694 : *JurisData* n° 2010-022087).

2) Conditions du prononcé de la surveillance de sûreté. a. Placement consécutif à une surveillance judiciaire. La surveillance de sûreté qui, selon l'article 723-37, peut intervenir à l'issue du placement sous surveillance judiciaire prononcé à l'encontre d'une personne condamnée dans les conditions précisées par l'article 706-53-13 dudit code, doit être prononcée avant la fin de l'exécution de cette mesure (■ Cass. crim., 31 janv. 2012, n° 11-84.985 : *JurisData* n° 2012-001300 ; *Bull. crim.* n° 30).

b. Condamnation à 15 ans de réclusion criminelle. La surveillance de sûreté peut intervenir à l'issue du placement sous surveillance judiciaire prononcé à l'encontre d'une personne condamnée à une réclusion criminelle d'une durée égale ou supérieure à quinze ans pour l'une des infractions visées à l'article 756-53-13 du Code de procédure pénale (■ Cass. crim., 24 juin 2015, n° 14-87.790 : *Bull. crim.* n° 170 ; *JurisData* n° 2015-015567).

Art. 706-53-20 *(L. n° 2008-174, 25 févr. 2008).* **– Les dispositions du présent chapitre ne sont pas applicables à la personne qui bénéficie d'une libération conditionnelle, sauf si cette mesure a fait l'objet d'une révocation.**

Lorsque la rétention de sûreté est ordonnée à l'égard d'une personne ayant été condamnée à un suivi socio-judiciaire, celui-ci s'applique, pour la durée fixée par la décision de condamnation, à compter du jour où la rétention prend fin.

Art. 706-53-21 *(L. n° 2010-242, 10 mars 2010).* **– La rétention de sûreté et la surveillance de sûreté sont suspendues par toute détention intervenue au cours de leur exécution.**

Si la détention excède une durée de six mois, la reprise de la rétention de sûreté ou de la surveillance de sûreté doit être confirmée par la juridiction régionale de la rétention de sûreté au plus tard dans un délai de trois mois après la cessation de la détention, à défaut de quoi il est mis fin d'office à la mesure.

Art. 706-53-22 *(Mod., L. n° 2010-242, 10 mars 2010)*. – Un décret en Conseil d'État précise les conditions et les modalités d'application du présent chapitre.

Ce décret précise les conditions dans lesquelles s'exercent les droits des personnes retenues dans un centre socio-médico-judiciaire de sûreté, y compris en matière d'emploi, d'éducation et de formation, de visites, de correspondances, d'exercice du culte et de permissions de sortie sous escorte ou sous surveillance électronique mobile. Il ne peut apporter à l'exercice de ces droits que les restrictions strictement nécessaires aux exigences de l'ordre public.

La liste des cours d'appel dans lesquelles siègent les juridictions régionales prévues au premier alinéa de l'article 706-53-15 et le ressort de leur compétence territoriale sont fixés par arrêté du garde des Sceaux.

Question prioritaire de constitutionnalité. Le Conseil constitutionnel a été saisi, en application du deuxième alinéa de l'article 61 de la Constitution, de la loi du 25 février 2008 susvisée ; les requérants contestaient la conformité à la Constitution des dispositions de son article 1er ; dans les considérants 2 et suivants de sa décision du 21 février 2008 susvisée, le Conseil constitutionnel a spécialement examiné cet article 1er qui « insère, dans le titre XIX du livre IV du Code de procédure pénale intitulé : « De la procédure applicable aux infractions de nature sexuelle et de la protection des mineurs victimes », un chapitre III intitulé : « De la rétention de sûreté et de la surveillance de sûreté » composé des articles 706-53-13 à 706-53-21 du Code de procédure pénale » ; l'article 2 du dispositif de cette décision a déclaré cet article 1er conforme à la Constitution ; par suite, l'article 706-53-21 du Code de procédure pénale, devenu son article 706-53-22, a déjà été déclaré conforme à la Constitution (■ Cons. const., 2 juill. 2010, n° 2010-9 QPC).

TITRE XX. – DU FICHIER NATIONAL AUTOMATISÉ DES EMPREINTES GÉNÉTIQUES

(L. n° 2001-1062, 15 nov. 2001 ; L. n° 2003-239, 18 mars 2003)

Art. 706-54 *(Mod., L. n° 2019-222, 23 mars 2019 ; L. n° 2021-1729, 22 déc. 2021)*. – Le fichier national automatisé des empreintes génétiques, placé sous le contrôle d'un magistrat, est destiné à centraliser les empreintes génétiques issues des traces biologiques ainsi que les empreintes génétiques des personnes déclarées coupables de l'une des infractions mentionnées à l'article 706-55 en vue de faciliter l'identification et la recherche des auteurs de ces infractions. Sont conservées dans les mêmes conditions les empreintes génétiques des personnes poursuivies pour l'une des infractions mentionnées à l'article 706-55 ayant fait l'objet d'une décision d'irresponsabilité pénale en application des articles 706-120, 706-125, 706-129, 706-133 ou 706-134.

Les empreintes génétiques des personnes à l'encontre desquelles il existe des indices graves ou concordants rendant vraisemblable qu'elles aient commis l'une des infractions mentionnées à l'article 706-55 sont également conservées dans ce fichier sur décision d'un officier de police judiciaire agissant soit d'office, soit à la demande du procureur de la République ou du juge d'instruction ; il est fait mention de cette décision au dossier de la procédure.

Les officiers de police judiciaire peuvent également, d'office ou à la demande du procureur de la République ou du juge d'instruction, faire procéder à un rapprochement de l'empreinte de toute personne à l'encontre de laquelle il existe une ou plusieurs raisons plausibles de soupçonner qu'elle a commis l'une des infractions mentionnées à l'article 706-55 avec les données incluses au fichier, sans toutefois que cette empreinte puisse y être conservée.

Le fichier prévu par le présent article contient également les empreintes génétiques recueillies à l'occasion :

1° Des procédures de recherche des causes de la mort ou de recherche des causes d'une disparition prévues par les articles 74, 74-1 et 80-4 ;

2° Des recherches aux fins d'identification, prévues par l'article 16-11 du Code civil, de personnes décédées dont l'identité n'a pu être établie, à l'exception des militaires décédés à l'occasion d'une opération conduite par les forces armées ou les formations rattachées. Toutefois, les empreintes génétiques recueillies dans ce cadre font l'objet d'un enregistrement distinct de celui des autres empreintes génétiques conservées dans le fichier. Elles sont effacées sur instruction du procureur de la République, agissant soit d'office, soit à la demande des intéressés, lorsqu'il est mis fin aux recherches d'identification qui ont justifié leur recueil. Les empreintes

génétiques des ascendants, descendants et collatéraux des personnes dont l'identification est recherchée ne peuvent être conservées dans le fichier que sous réserve du consentement éclairé, exprès et écrit des intéressés.

Le fichier contient également, sur décision du procureur de la République ou du juge d'instruction, pour une durée et un régime d'effacement similaires à ceux des traces dans les dossiers criminels, les empreintes génétiques des victimes d'un crime mentionné à l'article 706-106-1 du présent code, ainsi que, lorsque l'empreinte génétique de la victime n'a pu être recueillie ou qu'il est nécessaire de confirmer son identification, les empreintes génétiques des ascendants, descendants et collatéraux de ces victimes, sous réserve de leur consentement éclairé, exprès et écrit, et de leur possibilité de demander à tout moment au procureur de la République d'effacer leur empreinte du fichier.

Les empreintes génétiques conservées dans ce fichier ne peuvent être réalisées qu'à partir de segments d'acide désoxyribonucléique non codants, à l'exception du segment correspondant au marqueur du sexe.

Un décret en Conseil d'État pris après avis de la Commission nationale de l'informatique et des libertés détermine les modalités d'application du présent article. Ce décret précise notamment la durée de conservation des informations enregistrées.

Bibliographie : C. Bik, *JCl. Proc. pén.*, art. 706-54 à 706-56, Fasc. 20. • C. Girault, *Identification et identité génétiques : AJ Pénal* 2010, p. 225.

Voir également : art. R. 53-9 à R. 53-21, p. 2026.

I – INVIOLABILITÉ DU CORPS HUMAIN, DIGNITÉ DE LA PERSONNE HUMAINE ET LIBERTÉ INDIVIDUELLE

1) Question prioritaire de constitutionnalité. Manquent en fait les griefs adressés à l'article 706-54 du Code de procédure pénale, dans sa rédaction antérieure à la loi du 10 mars 2010, et tirés de la méconnaissance de l'article 66 de la Constitution, de l'atteinte à l'inviolabilité du corps humain, au principe du respect de la dignité de la personne humaine et à la liberté individuelle (▪ Cons. const., 16 sept. 2010, n° 2010-25 QPC, consid. 5 et s.).

II – RESPECT DE LA VIE PRIVÉE

A – Principes constitutionnels

2) Question prioritaire de constitutionnalité. Les dispositions de l'article 706-54 du Code de procédure pénale, dans sa rédaction antérieure à la loi du 10 mars 2010, sont de nature à assurer, entre le respect de la vie privée et la sauvegarde de l'ordre public, une conciliation qui n'est pas manifestement déséquilibrée ; le grief tiré de ce que la mise en œuvre du fichier ne serait pas assortie de garanties appropriées doit être écarté (▪ Cons. const., 16 sept. 2010, n° 2010-25 QPC, consid. 5 et s.).

B – Convention européenne des droits de l'Homme

3) Jurisprudence européenne. Le simple fait de mémoriser des données relatives à la vie privée d'un individu constitue une ingérence au sens de l'article 8. Peu importe que les informations mémorisées soient ou non utilisées par la suite. Quant aux profils ADN, ils contiennent une quantité importante de données à caractère personnel uniques. La Cour estime que le régime actuel de conservation des profils ADN dans le FNAEG, auquel le requérant s'est opposé en refusant le prélèvement, n'offre pas, en raison tant de sa durée que de l'absence de possibilité d'effacement pour les condamnés, une protection suffisante à l'intéressé. Elle ne traduit donc pas un juste équilibre entre les intérêts publics et privés concurrents en jeu. Partant il y a eu violation de l'article 8, Conv. EDH (▪ CEDH, 22 juin 2017, n° 8806/12, *Aycaguer c/ France*, §§ 33 et s.).

4) Jurisprudence nationale. La cour d'appel a pu, sans se contredire, énoncer, d'une part, que les articles 706-54 à 706-56, R. 53-9 et suivants du Code de procédure pénale, dans leur rédaction en vigueur à la date des faits, n'étaient pas contraires en eux-mêmes à l'article 8 de la Convention européenne des droits de l'homme, et retenir, d'autre part, dans le cadre de l'exercice de son contrôle de proportionnalité, une disproportion entre les faits reprochés aux prévenus et l'atteinte au respect de leur vie privée résultant de l'enregistrement de leur empreinte génétique au FNAEG (▪ Cass. crim., 22 sept. 2021, n° 20-80.489 : à paraître au *Bull.*). S'il s'analyse en une ingérence dans l'exercice du droit au respect de la vie privée, l'enregistrement des empreintes génétiques constitue une mesure, non manifestement disproportionnée, qui, dans une société démocratique, est nécessaire, notamment, à la sûreté publique et à la prévention des infractions pénales et qui s'applique, sans discrimination, à toutes les personnes condamnées pour les infractions mentionnées à l'article 706-55 du Code de procédure pénale (▪ Cass. crim., 19 mars 2013, n° 12-81.533 : *Bull. crim.* n° 66). Grâce à la possibilité concrète dont dispose l'intéressé de solliciter l'effacement des données enregistrées, leurs durées de conservation sont proportionnées à la nature des infractions et aux buts des restrictions apportées au droit au respect de la vie privée garanti par l'article 8 de la Convention européenne des droits de l'Homme (▪ Cass. crim., 15 janv. 2019, n° 17-87.185 : *Bull. crim.* n° 11). V. désormais, art. 706-54-1, *infra*, p. 1563.

III – LOI DU 6 JANVIER 1978 RELATIVE À L'INFORMATIQUE, AUX FICHIERS ET AUX LIBERTÉS

5) Fichier régi par l'article 26 de la loi. Le demandeur ne saurait faire grief à l'arrêt d'avoir écarté son argumentation prise de la méconnaissance des prescriptions de l'article 6, 3° de la loi n° 78-17 du 6 janvier 1978 relative à l'informatique, aux fichiers et aux libertés qui exigent que les données recueillies pour les fichiers soient adéquates, pertinentes et non excessives au regard des finalités pour lesquelles elles sont collectées et de leurs traitements ultérieurs, dès lors que le fichier national automatisé des empreintes génétiques, qui a été institué par la loi et dont le fonctionnement a été fixé par le décret n° 2000-413 du 18 mai 2000 pris après avis de la commission nationale de l'informatique et des libertés, est régi par les dispositions de l'article 26 de la même loi (▪ Cass. crim., 19 mars 2013, n° 12-81.533 : *Bull. crim.* n° 66).

IV – APPLICATION DE L'ARTICLE 706-54

A – Application dans le temps

6) Cour européenne des droits de l'homme. La Cour estime que l'inscription dans un fichier de police (FIJAIS) et les obligations qui en découlent ne constituent pas une « peine » au sens de l'article 7 § 1 de la Convention, et doivent être analysées comme une mesure préventive à laquelle le principe de non-rétroactivité énoncé dans cette disposition n'a pas vocation à s'appliquer (▪ CEDH, 17 déc. 2009, n° 5335/06, *B. B. c/ France*, § 45. ▪ CEDH, 17 déc. 2009, n° 22115/06, *M. B. c/ France*, § 39).

7) Conseil constitutionnel. L'inscription de l'identité d'une personne dans un fichier (FIJAIS) a pour objet de prévenir le renouvellement de ces infractions et de faciliter l'identification de leurs auteurs ; il en résulte que cette inscription ne constitue pas une sanction mais une mesure de police (▪ Cons. const., 2 mars 2004, n° 2004-492 DC, consid. 74).

B – Personnes déclarées coupables

1° Nécessité d'une condamnation pénale (rédaction de l'article 706-54 antérieure à la loi du 10 mars 2010)

8) Cette jurisprudence n'est plus d'actualité : depuis la loi n° 2010-242 du 10 mars 2010, l'article 706-54 vise les personnes simplement « déclarées coupables ».

9) Prononcé d'une mesure de protection judiciaire. La mesure de protection judiciaire prononcée par un tribunal pour enfants ne constitue pas une condamnation pénale permettant, en application des dispositions de l'article 706-54, alinéa 1er du Code de procédure pénale, l'inscription au fichier national automatisé des empreintes génétiques (▪ Cass. crim., 12 sept. 2007 n° 06-85.687 : *Bull. crim.* n° 203 ; *D.* 2007, 2281, note S. Detraz ; *RSC* 2007, p. 848, obs. R. Finielz).

10) Dispense de peine. La dispense de peine ne constitue pas une condamnation permettant en application des dispositions de l'article 706-54, alinéa 1 du Code de procédure pénale l'inscription au fichier national automatisé des empreintes génétiques (▪ Cass. crim., 9 avr. 2008, n° 07-85.972 : *Bull. crim.* n° 97 ; *D.* 2008, p. 1722, note D. Caron et S. Ménotti ; *Dr. pén.* 2008, comm. 118, obs. A. Maron et M. Haas).

2° Caractère limitatif des condamnations visées

11) Destruction de cultures de produits OGM autorisés. C'est à bon droit qu'un arrêt retient que « le législateur lui-même a exprimé l'inadéquation entre le prélèvement biologique et les infractions en cause, puisque, lorsqu'il a créé l'infraction spéciale édictée par l'article L. 671-15 du Code rural, qui punit la destruction de parcelle de culture de produits OGM autorisés, il n'a pas intégré la nouvelle infraction dans l'énumération de celles pour lesquelles l'article 706-55 du Code de procédure pénale donne la possibilité à l'officier de police judiciaire de procéder ou faire procéder à un prélèvement biologique » ; la cour d'appel a justifié sa décision au regard de l'article 8 de la Convention européenne des droits de l'Homme, dont il résulte que l'ingérence de l'autorité publique dans l'exercice du droit au respect de la vie privée n'est possible que pour autant qu'elle est prévue par la loi et constitue, dans une société démocratique, une mesure nécessaire au sens de ce texte (▪ Cass. crim., 3 mai 2011, n° 10-81.529).

12) Usage de stupéfiants. Le délit d'usage de stupéfiant ne figure pas dans les infractions énumérées à l'article 706-55 du Code de procédure pénale qui autorise, à l'égard des personnes mentionnées au premier, au deuxième ou au troisième alinéa de l'article 706-54 dudit code, le prélèvement biologique, destiné à permettre l'analyse d'identification de leur empreinte génétique (■ Cass. crim., 20 janv. 2015, n° 14-84.470).

C – Personnes soupçonnées

13) Indices graves ou concordants. La lecture d'un procès-verbal se limitant à l'audition d'une personne à la suite d'une conversation avec une mineure sur internet, « dont il n'est pas établi qu'elle ait pu avoir un caractère réellement ambigu », ne permet pas de considérer qu'existent des indices rendant vraisemblable la commission de l'infraction de tentative de corruption de mineur (■ Cass. crim., 2 sept. 2009, n° 08-87.616).

D – Délégation au pouvoir réglementaire (art. 706-54, dern. al.)

14) Article R. 53-10, CPP. Rejette à bon droit l'exception d'illégalité visant l'article R. 53-10, II du Code de procédure pénale, l'arrêt qui relève que la décision prise par le ministère public, en application de cet article, de faire procéder à l'enregistrement, au fichier national automatisé des empreintes génétiques, des résultats des analyses d'identification par empreintes génétiques des échantillons biologiques prélevés sur des personnes définitivement condamnées à raison des infractions mentionnées à l'article 706-55 dudit code, n'excède pas les limites de la délégation confiée au pouvoir réglementaire par le dernier alinéa de l'article 706-54 du même code (■ Cass. crim., 19 mars 2013, n° 12-81.533 : *Bull. crim.* n° 66).

E – Combinaison des articles 81 et 706-54

15) Recherche ADN en parentalité. C'est à bon droit qu'une chambre de l'instruction rejette le moyen tiré de la nullité de la recherche ADN en parentalité ordonnée par un juge d'instruction ayant commis le chef du service central d'identité judiciaire, direction d'application du FNAEG, aux fins d'effectuer une recherche ADN et des rapprochements « en parentèle ». En effet, antérieurement à la loi n° 2016-731 du 3 juin 2016 ayant introduit l'article 706-56-1-1 du Code de procédure pénale, les articles 81, 706-54 et suivants dudit code permettaient au juge d'instruction d'ordonner une expertise ayant pour objet l'identification et la recherche des auteurs des crimes et délits mentionnés par l'article 706-55 dudit code en sélectionnant, par une comparaison avec le profil génétique identifié comme étant celui de l'auteur de l'infraction, parmi les personnes enregistrées dans la base de données, celles qui étaient susceptibles de lui être apparentées en ligne directe, la liste proposée pouvant exceptionnellement comporter des collatéraux de l'auteur recherché, du fait que leurs profils génétiques auraient des caractéristiques analogues à celles d'ascendants ou de descendants (■ Cass. crim., 28 juin 2017, n° 17-80.055 : *Bull. crim.* n° 182).

Art. 706-54-1 *(L. n° 2019-222, 23 mars 2019).* **– Les empreintes génétiques des personnes mentionnées au premier alinéa de l'article 706-54 peuvent être effacées sur instruction du procureur de la République, agissant à la demande de l'intéressé. À peine d'irrecevabilité, la personne ne peut former sa demande d'effacement qu'à l'issue d'un délai fixé par le décret prévu au dernier alinéa de l'article 706-54.**

Les empreintes génétiques des personnes mentionnées au deuxième alinéa de l'article 706-54 sont effacées sur instruction du procureur de la République agissant soit d'office, soit à la demande de l'intéressé.

L'effacement des empreintes est prononcé lorsque leur conservation n'apparaît plus nécessaire compte tenu de la finalité du fichier. Lorsqu'il est saisi par l'intéressé, le procureur de la République informe celui-ci de la suite qui a été réservée à sa demande ; si le procureur de la République n'a pas ordonné l'effacement, l'intéressé peut exercer un recours devant le président de la chambre de l'instruction.

Art. 706-55 *(Mod., L. n° 2016-731, 3 juin 2016 ; L. n° 2022-52, 24 janv. 2022).* **– Le fichier national automatisé des empreintes génétiques centralise les traces et empreintes génétiques concernant les infractions suivantes :**

1° Les infractions de nature sexuelle visées à l'article 706-47 du présent code ainsi que le délit prévu par l'article 222-32 du Code pénal et les infractions prévues aux articles 222-26-2, 227-22-2 et 227-23-1 du même code ;

2° Les crimes contre l'humanité et les crimes et délits d'atteintes volontaires à la vie de la personne, de torture et actes de barbarie, de violences volontaires, de menaces d'atteintes aux personnes, de trafic de stupéfiants, d'atteintes aux libertés de la personne, de traite des êtres humains, de proxénétisme, d'exploitation de la mendicité et de mise en péril des mineurs, prévus par les articles 221-1 à 221-5, 222-1 à 222-18, 222-34 à 222-40, 224-1 à 224-8, 225-4-1 à 225-4-4, 225-5 à 225-10, 225-12-1 à 225-12-3, 225-12-5 à 225-12-7 et 227-18 à 227-24 du Code pénal ainsi que les infractions prévues aux articles 221-5-6 et 222-18-4 du même code ;

3° Les crimes et délits de vols, d'extorsions, d'escroqueries, de destructions, de dégradations, de détériorations et de menaces d'atteintes aux biens prévus par les articles 311-1 à 311-13, 312-1 à 312-9, 313-2 et 322-1 à 322-14 du Code pénal ;

4° Les atteintes aux intérêts fondamentaux de la nation, les actes de terrorisme, la fausse monnaie, l'association de malfaiteurs et les crimes et délits de guerre prévus par les articles 410-1 à 413-12, 421-1 à 421-6, 442-1 à 442-5, 450-1 et 461-1 à 461-31 du Code pénal ;

5° Les délits prévus aux articles 222-52 à 222-59 du Code pénal, aux articles L. 2339-2, L. 2339-3, L. 2339-4, L. 2339-4-1, L. 2339-10 à L. 2339-11-2, L. 2353-4 et L. 2353-13 du Code de la défense et aux articles L. 317-1-1 à L. 317-9 du Code de la sécurité intérieure ;

6° Les infractions de recel ou de blanchiment du produit de l'une des infractions mentionnées aux 1° à 5°, prévues par les articles 321-1 à 321-7 et 324-1 à 324-6 du Code pénal.

Bibliographie : C. Bik, *JCl. Proc. pén.*, art. 706-54 à 706-56, Fasc. 20.

Voir également : art. 706-54, p. 1560.

1) **Question prioritaire de constitutionnalité.** La liste prévue par l'article 706-55 du Code de procédure pénale est en adéquation avec l'objectif poursuivi par le législateur et cet article, qui ne soumet pas les intéressés à une rigueur qui ne serait pas nécessaire, ne porte aucune atteinte aux articles 2, 8, 9 et 16 de la Déclaration de 1789, à l'article 66 de la Constitution, au principe de sauvegarde de la dignité de la personne humaine et à l'inviolabilité du corps humain (▪ Cons. const., 16 sept. 2010, n° 2010-25 QPC, consid. 22).

2) **Recherche ADN en parentalité.** C'est à bon droit qu'une chambre de l'instruction rejette le moyen tiré de la nullité de la recherche ADN en parentalité ordonnée par un juge d'instruction ayant commis le chef du service central d'identité judiciaire, direction d'application du FNAEG, aux fins d'effectuer une recherche ADN et des rapprochements « en parentèle ». En effet, antérieurement à la loi n° 2016-731 du 3 juin 2016 ayant introduit l'article 706-56-1-1 du Code de procédure pénale, les articles 81, 706-54 et suivants dudit code permettaient au juge d'instruction d'ordonner une expertise ayant pour objet l'identification et la recherche des auteurs des crimes et délits mentionnés par l'article 706-55 dudit code en sélectionnant, par une comparaison avec le profil génétique identifié comme étant celui de l'auteur de l'infraction, parmi les personnes enregistrées dans la base de données, celles qui étaient susceptibles de lui être apparentées en ligne directe, la liste proposée pouvant exceptionnellement comporter des collatéraux de l'auteur recherché, du fait que leurs profils génétiques auraient des caractéristiques analogues à celles d'ascendants ou de descendants (▪ Cass. crim., 28 juin 2017, n° 17-80.055 : *Bull. crim.* n° 182).

3) **Contrôle de proportionnalité.** La faculté dont bénéficie une personne soupçonnée, en cas d'enregistrement de son empreinte génétique au Fichier national automatisé des empreintes génétiques, d'en demander l'effacement n'interdit pas au juge du fond de procéder au contrôle de proportionnalité d'une telle mesure (▪ Cass. crim., 12 oct. 2021, n° 21-81.728).

Art. 706-56 ***(Mod., L. n° 2019-222, 23 mars 2019 ; L. n° 2021-1729, 22 déc. 2021).*** **– I. – L'officier de police judiciaire peut procéder ou faire procéder sous son contrôle, à l'égard des personnes mentionnées au premier, au deuxième ou au troisième alinéa de l'article 706-54, à un prélèvement biologique destiné à permettre l'analyse d'identification de leur empreinte génétique. Préalablement à cette opération, il peut vérifier ou faire vérifier par un agent de police judiciaire placé sous son contrôle ou par un agent spécialisé, technicien ou ingénieur de police technique et scientifique placé sous son contrôle que l'empreinte génétique de la personne concernée n'est pas déjà enregistrée, au vu de son seul état civil, dans le fichier national automatisé des empreintes génétiques.**

Pour qu'il soit procédé à cette analyse, l'officier de police judiciaire peut requérir toute personne habilitée dans les conditions fixées par l'article 16-12 du Code civil, sans qu'il soit toutefois nécessaire que cette personne soit inscrite sur une liste d'experts judiciaires ; dans ce cas, la personne prête alors par écrit le serment prévu au deuxième alinéa de l'article 60 du présent code.

Les réquisitions prévues par le présent alinéa peuvent également être faites par le procureur de la République ou le juge d'instruction.

Les personnes requises conformément à l'alinéa précédent peuvent procéder, par tous moyens y compris télématiques, à la demande de l'officier de police judiciaire, du procureur de la République ou du juge d'instruction, aux opérations permettant l'enregistrement des empreintes dans le fichier national automatisé des empreintes génétiques.

Lorsqu'il n'est pas possible de procéder à un prélèvement biologique sur une personne mentionnée au premier alinéa, l'identification de son empreinte génétique peut être réalisée à partir de matériel biologique qui se serait naturellement détaché du corps de l'intéressé.

Lorsqu'il s'agit d'une personne condamnée pour crime ou déclarée coupable d'un délit puni de dix ans d'emprisonnement, le prélèvement peut être effectué sans l'accord de l'intéressé sur réquisitions écrites du procureur de la République. Il en va de même pour les personnes poursuivies pour un crime ou un délit puni de dix ans d'emprisonnement ayant fait l'objet d'une décision d'irresponsabilité pénale en application des articles 706-120, 706-125, 706-129, 706-133 ou 706-134.

II. - Le fait de refuser de se soumettre au prélèvement biologique prévu au premier alinéa du I est puni d'un an d'emprisonnement et de 15 000 € d'amende.

Lorsque ces faits sont commis par une personne condamnée pour crime, la peine est de deux ans d'emprisonnement et de 30 000 € d'amende.

Nonobstant les dispositions des articles 132-2 à 132-5 du Code pénal, les peines prononcées pour les délits prévus au présent article se cumulent, sans possibilité de confusion, avec celles que la personne subissait ou celles prononcées pour l'infraction ayant fait l'objet de la procédure à l'occasion de laquelle les prélèvements devaient être effectués.

Le fait, pour une personne faisant l'objet d'un prélèvement, de commettre ou de tenter de commettre des manœuvres destinées à substituer à son propre matériel biologique le matériel biologique d'une tierce personne, avec ou sans son accord, est puni de trois ans d'emprisonnement et de 45 000 € d'amende.

Bibliographie : C. Bik, *JCl. Proc. pén.*, art. 706-54 à 706-56, Fasc. 20.

I – PRINCIPES CONSTITUTIONNELS

1) Question prioritaire de constitutionnalité. Article 706-56, II. En punissant le refus de prélèvement biologique par une peine maximale d'un an d'emprisonnement et de 15 000 euros d'amende en principe, et de deux ans d'emprisonnement et de 30 000 euros d'amende lorsque le refus est opposé par une personne condamnée pour crime, le législateur n'a pas institué une peine manifestement disproportionnée ; la réitération du refus à des périodes et en des circonstances différentes peut donner lieu à des poursuites et des condamnations distinctes sans méconnaître le principe *non bis in idem* ; enfin, le délit prévu par le paragraphe II de l'article 706-56 ne figure pas dans les infractions mentionnées à l'article 706-55 autorisant le prélèvement biologique ; il s'ensuit que les dispositions du paragraphe II de l'article 706-56 ne portent pas atteinte aux articles 2, 8, 9 et 16 de la Déclaration de 1789, à l'article 66 de la Constitution, au principe *non bis in idem*, au principe constitutionnel de sauvegarde de la dignité de la personne humaine et au principe d'inviolabilité du corps humain en ce qu'il permet la condamnation réitérée des personnes qui refusent de se soumettre au prélèvement biologique, à l'occasion de poursuites engagées pour les mêmes faits, d'abord au cours de l'enquête puis après condamnation (▪ Cons. const., 16 sept. 2010, n° 2010-25 QPC, consid. 25). – V. aussi. ▪ Cons. const., déc. 12 nov. 2010, n° 2010-61 QPC : *Dr. pén.* 2011, chron. 2, n° 39, obs. E. Garçon. – Renvoi par ▪ Cass. crim., 14 sept. 2010, n° 10-90.091 QPC : *JurisData* n° 2010-016529 ; *Dr. pén.* 2011, chron. 2, n° 30, obs. E. Garçon).

2) Question prioritaire de constitutionnalité. Article 706-56, III. Présente un caractère sérieux, au regard des exigences des principes constitutionnels d'individualisation des peines, de nécessité des peines et du droit au recours à un juge, la question qui vise les dispositions de l'article 706-56, III du Code de procédure pénale, en ce qu'elles emportent des sanctions ayant le caractère de punitions, attachées de plein droit à une condamnation pénale, sans que le juge ait à les prononcer et sans que la personne concernée puisse exercer un recours autre que celui portant sur la condamnation elle-même (▪ Cass. crim., 14 sept. 2010, n° 10-90.091 QPC). Par sa décision du 16 septembre 2010, le Conseil constitutionnel a déclaré l'article 706-56 du Code de procédure pénale conforme à la Constitution ; par suite, il n'y a pas lieu d'examiner la question prioritaire de constitutionnalité portant sur cet article renvoyée par la Cour de cassation (▪ Cons. const., 12 nov. 2010, n° 2010-61 QPC).

II – PRINCIPES DU DROIT EUROPÉEN

3) Jurisprudence européenne : droit au respect de la vie privée. Le régime actuel de conservation des profils ADN dans le FNAEG, auquel le requérant s'est opposé en refusant le prélèvement, n'offre pas une protection suffisante, en raison de sa durée comme de l'absence de possibilité d'effacement, laquelle est réservée aux seules personnes soupçonnées et refusée aux personnes comme lui condamnées. Ce régime ne traduit donc pas un juste équilibre entre les intérêts publics et privés concurrents en jeu. Dès lors, la condamnation pénale du requérant pour avoir refusé de se soumettre au prélèvement destiné à l'enregistrement de son profil dans le FNAEG s'analyse en une atteinte disproportionnée à son droit au respect de sa vie privée et ne peut passer pour nécessaire dans une société démocratique. Partant, il y a eu violation de l'article 8 de la Convention (■ CEDH, 22 sept. 2017, *Aycaguer c/ France*, § 44 et s.).

4) Jurisprudence nationale : droit au respect de la vie privée. Le délit de refus de se soumettre à un prélèvement biologique n'est pas contraire aux dispositions de l'article 8 de la Convention européenne des droits de l'Homme (■ Cass. crim., 28 sept. 2011, n° 11-81.223). La faculté de condamner, du chef de refus de se soumettre à un prélèvement biologique, une personne dont l'empreinte génétique aurait déjà pu être identifiée à une période et en des circonstances différentes, qui est étrangère à la notion d'enregistrement et de conservation des empreintes, ne porte pas atteinte au droit au respect de la vie privée (■ Cass. crim., 9 déc. 2015, n° 14-84.852). C'est à tort qu'une cour d'appel juge qu'en application de l'arrêt Aycaguer rendu par la Cour européenne des droits de l'homme, la condamnation du prévenu pour l'infraction visée à l'article 706-56, II, du Code de procédure pénale serait contraire à l'article 8 de la Convention européenne des droits de l'Homme, alors que le refus de prélèvement a été opposé par une personne qui n'était pas condamnée mais à l'encontre de laquelle il existait des indices graves ou concordants rendant vraisemblable qu'elle ait commis l'une des infractions mentionnées à l'article 706-55, de sorte qu'elle avait alors la possibilité concrète, en cas d'enregistrement de son empreinte génétique au fichier, d'en demander l'effacement en application des articles 706-54 et R. 53-14 du Code de procédure pénale ; en effet, grâce à cette possibilité concrète, ces durées de conservation sont proportionnées à la nature des infractions et aux buts des restrictions apportées au droit au respect de la vie privée garanti par l'article 8 de la Convention européenne des droits de l'Homme (■ Cass. crim., 15 janv. 2019, n° 17-87.185 : *Bull. crim.* n° 11). Ni le prélèvement ni la sanction prévue en cas de refus ne représentent une ingérence excessive dans le droit au respect de sa vie privée et familiale, reconnu à toute personne par l'article 8 de la Convention européenne des droits de l'homme, en raison du recours prévu par l'article 706-54, alinéa 2, du Code de procédure pénale grâce auquel les personnes qui n'ont pas été condamnées pour l'infraction à l'occasion de laquelle ce prélèvement a été fait peuvent demander au procureur de la République l'effacement de leur empreinte génétique du fichier et disposent d'un recours juridictionnel effectif en cas de rejet de leur demande, ou de défaut de réponse (■ Cass. crim., 28 oct. 2020, n° 19-85.812, § 26 : publié au *Bull.*). Dès lors que le demandeur a été reconnu coupable de l'infraction de dégradations volontaires aggravées en récidive, à l'occasion de laquelle, en vertu de l'article 706-55 du Code de procédure pénale, un prélèvement biologique pouvait être pratiqué pour identifier son empreinte génétique, la cour d'appel a justifié sa décision sans encourir le grief allégué, invoquant une atteinte disproportionnée au droit au respect de la vie privée (■ Cass. crim., 30 mars 2021, n° 19-86.847, § 18 : *Dr. pén.* 2021, comm. 85, obs. P. Conte).

III – APPLICATION DE LA LOI DANS LE TEMPS

5) Date de la condamnation de l'auteur du refus. Les dispositions de l'article 706-56 du Code de procédure pénale réprimant le refus, par une personne définitivement condamnée pour une des infractions visées à l'article 706-55 du Code de procédure pénale, de se soumettre à un prélèvement biologique s'appliquent également aux personnes dont la condamnation est antérieure à la loi du 15 novembre 2001 (■ Cass. crim., 22 juin 2004, n° 03-87.943 : *Bull. crim.* n° 164 ; *Dr. pén.* 2004, comm. 152, obs. A. Maron. ■ Cass. crim., 9 avr. 2008, n° 07-81.502).

IV – ÉLÉMENTS CONSTITUTIFS DU DÉLIT DE REFUS DE PRÉLÈVEMENT BIOLOGIQUE

6) Prélèvement dans l'année de l'exécution de la peine. Doit être approuvé l'arrêt qui retient que le refus de se soumettre à un prélèvement biologique n'est pas punissable lorsque ce prélèvement n'a pas été requis dans le délai d'un an à compter de l'exécution de la peine comme le prévoit l'article R. 53-21 du Code de procédure pénale (■ Cass. crim., 10 juin 2009, n° 08-87.615 : *Bull. crim.* n° 120. ■ Cass. crim., 24 juin 2009, n° 08-87.614. ■ Cass. crim., 13 déc. 2011, n° 11-81.514. ■ Cass. crim., 17 juin 2014, n° 13-80.914 : *Bull. crim.* n° 152 ; *RSC* 2014, p. 587, obs. J. Danet). Ne commet pas le délit prévu par l'article 706-56 du Code de procédure pénale la personne qui, condamnée à une peine d'emprisonnement avec sursis, refuse de se soumettre à un prélèvement biologique requis plus d'une année après le jour où sa condamnation est devenue définitive, en l'absence de révocation du sursis (▪ Cass. crim., 17 juin 2014, préc.). Comp. ▪ Cass. crim., 28 sept. 2005, n° 04-87.295 : *Bull. crim.* n° 245 : le délai prévu par l'article R. 53.21, alinéa 2, du Code de procédure pénale et imparti au procureur de la République pour requérir le prélèvement ne concerne pas le condamné qui se trouve détenu. *Contra* ▪ Cass. crim., 22 juin 2004, n° 03-87.943 : *Bull. crim.* n° 164 ; *Dr. pén.* 2004, comm. 152, obs. A. Maron : les prescriptions de l'article R. 53-21 du Code de procédure pénale, fixant le délai dans lequel le prélèvement doit être requis, sont sans incidence sur les éléments constitutifs du délit de refus de se soumettre à un prélèvement.

7) Refus par une personne déclarée coupable de l'une des infractions visées par l'article 706-55 (art. 706-54, al. 1er). Infraction non visée par l'article 706-55. V. ▪ Cass. crim., 3 mai 2011, n° 10-81.529 : condamnation pour destruction de cultures de produits OGM autorisés. ▪ Cass. crim., 20 janv. 2015, n° 14-84.470 : condamnation pour usage de stupéfiants.

8) Refus par une personne déclarée coupable de l'une des infractions visées par l'article 706-55 (art. 706-54, al. 1er, dans sa rédaction antérieure à la loi du 10 mars 2010). Absence de condamnation. Le refus de se soumettre à un prélèvement biologique destiné à permettre l'analyse d'identification de son empreinte génétique n'est pas punissable lorsque son auteur n'a pas été condamné pour l'une des infractions visées par les articles 706-54 et 706-55 du Code de procédure pénale (▪ Cass. crim., 12 sept. 2007, n° 06-85.687 : *Bull. crim.* n° 203 ; *D.* 2007, 2281, note S. Detraz ; *RSC* 2007, p. 848, obs. R. Finielz : prononcé d'une mesure de protection judiciaire. ▪ Cass. crim., 9 avr. 2008, n° 07-85.972 : *Bull. crim.* n° 97 ; *D.* 2008, p. 1722, note D. Caron et S. Ménotti ; *Dr. pén.* 2008, comm. 118, obs. A. Maron et M. Haas : prononcé d'une dispense de peine). Cette jurisprudence n'est plus d'actualité : depuis la loi n° 2010-242 du 10 mars 2010, l'article 706-54 vise les personnes simplement « déclarées coupables ».

9) Refus par une personne présentant des indices rendant vraisemblable qu'elle a commis l'une des infractions visées par l'article 706-55 (art. 706-54, al. 2). Le refus de se soumettre à un prélèvement biologique n'est pas punissable lorsqu'il n'existait à l'encontre de son auteur aucun indice rendant vraisemblable la commission de l'infraction à lui imputée (▪ Cass. crim., 2 sept. 2009, n° 08-87.616). La relaxe de l'infraction à l'occasion de laquelle le prélèvement a été effectué n'est pas contradictoire avec la condamnation pour refus de se soumettre à ce prélèvement (▪ Cass. crim., 28 oct. 2020, n° 19-85.812, § 26 : publié au *Bull.*).

10) Empreinte déjà enregistrée. La circonstance que l'empreinte génétique serait déjà enregistrée dans le fichier national automatisé des empreintes génétiques est indifférente à la constitution du délit de refus de se soumettre à un prélèvement biologique, l'officier de police judiciaire n'étant pas tenu de le vérifier en application des dispositions de l'article 706-56, I du même code (▪ Cass. crim., 9 déc. 2015, n° 14-84.852).

V – SANCTIONS DU REFUS DE SE SOUMETTRE À UN PRÉLÈVEMENT BIOLOGIQUE

11) Retrait des réductions de peine. L'article D. 117-4 du Code de procédure pénale permet à une juridiction d'écarter les dispositions de l'article 706-56, III du Code de procédure pénale entraînant de plein droit, en cas de condamnation, le retrait de toutes les réductions de peines dont le condamné a pu bénéficier et interdisant de nouvelles réductions de peine (▪ Cass. crim., 18 janv. 2012, n° 11-84.941 : *Dr. pén.* 2013, chron. 3, obs. E. Bonis-Garçon. ▪ Cass. crim., 19 juin 2012, n° 12-90.022 QPC).

12) Cumul de peines. Si aux termes des articles 434-23, alinéa 2 du Code pénal et 706-56, II, alinéa 3 du Code de procédure pénale, les peines prononcées pour le délit de prise du nom d'un tiers, d'une part, et pour le délit de refus de prélèvement biologique, d'autre part, se cumulent, sans possibilité de confusion, avec celles prononcées pour l'infraction à l'occasion de laquelle l'usurpation a été commise ou pour l'infraction ayant fait l'objet de la procédure à l'occasion de laquelle les prélèvements devaient être effectués, elles ne se cumulent pas entre elles (▪ Cass. crim., 13 juin 2007, n° 06-88.144 : *Bull. crim.* n° 158). Doit être rejeté le moyen pris de la violation de l'article 706-56 du Code de procédure pénale et critiquant l'arrêt attaqué en ce qu'il a condamné le prévenu à une peine unique pour les délits de dégradations volontaires, de refus de se soumettre aux relevés signalétiques et à un prélèvement biologique, alors que, selon le texte précité, les peines prononcées pour ce dernier délit se cumulent, sans possibilité de confusion, avec celles prononcées pour l'infraction ayant fait l'objet de la procédure à l'occasion de laquelle les prélèvements devaient être effectués : le demandeur ne justifie d'aucun intérêt à faire grief à la cour d'appel de ne pas avoir prononcé contre lui une peine prévue par la loi (▪ Cass. crim., 3 mars 2021, n° 19-86.847 : *Dr. pén.* 2021, comm. 85, obs. P. Conte). Le demandeur ne justifie d'aucun intérêt à faire grief à la cour d'appel de ne pas avoir prononcé contre lui une peine prévue par la loi, même si l'arrêt attaqué a condamné le prévenu à une peine unique pour les délits de dégradations volontaires, de refus de se soumettre aux relevés signalétiques et à un prélèvement biologique, alors que, selon le texte précité, les peines prononcées pour ce dernier délit se cumulent, sans possibilité de confusion, avec celles prononcées pour l'infraction ayant fait l'objet de la procédure à l'occasion de laquelle les prélèvements devaient être effectués (▪ Cass. crim., 3 mars 2021, n° 19-86.847).

Art. 706-56-1 *(L. n° 2006-399, 4 avr. 2006)*. – **Sur instruction du procureur de la République du lieu de résidence ou de détention de l'intéressé, sont inscrites, dans le fichier prévu par le présent titre, les empreintes génétiques des personnes de nationalité française, ou de nationalité étrangère résidant de façon habituelle sur le territoire national, et qui ont été condamnées par une juridiction pénale étrangère pour une infraction de même nature que celles mentionnées aux 1° et 2° de l'article 706-55, lorsque ces condamnations, en application d'une convention ou d'un accord international, ont fait l'objet d'un avis aux autorités françaises ou ont été exécutées en France à la suite du transfèrement des personnes condamnées. Les dispositions de l'article 706-56 sont applicables à ces personnes.**

Bibliographie : C. Bik, *JCl. Proc. pén.*, art. 706-54 à 706-56, Fasc. 20.

Art. 706-56-1-1 *(Créé, L. n° 2016-731, 3 juin 2016)*. – **Lorsque les nécessités d'une enquête ou d'une information concernant l'un des crimes prévus à l'article 706-55 l'exigent, le procureur de la République ou, après avis de ce magistrat, le juge d'instruction, peut requérir le service gestionnaire du fichier afin qu'il procède à une comparaison entre l'empreinte génétique enregistrée au fichier établie à partir d'une trace biologique issue d'une personne inconnue et les empreintes génétiques des personnes mentionnées aux premier et deuxième alinéas de l'article 706-54 aux fins de recherche de personnes pouvant être apparentées en ligne directe à cette personne inconnue.**

Le nombre et la nature des segments d'ADN non codants nécessaires pour qu'il soit procédé à cette comparaison sont fixés par arrêté du ministre de la justice et du ministre de l'intérieur.

Bibliographie : C. Bik, *JCl. Proc. pén.*, art. 706-54 à 706-56, Fasc. 20.

Application dans le temps de l'article 706-56-1-1 – Combinaison des articles 81 et 706-54. C'est à bon droit qu'une chambre de l'instruction rejette le moyen tiré de la nullité de la recherche ADN en parentalité ordonnée par un juge d'instruction ayant commis le chef du service central d'identité judiciaire, direction d'application du FNAEG, aux fins d'expertise à fin d'effectuer une recherche ADN et des rapprochements « en parentèle ». En effet, antérieurement à la loi n° 2016-731 du 3 juin 2016 ayant introduit l'article 706-56-1-1 du Code de procédure pénale, les articles 81, 706-54 et suivants dudit code permettaient au juge d'instruction d'ordonner une expertise ayant pour objet l'identification et la recherche des auteurs des crimes et délits mentionnés par l'article 706-55 dudit code en sélectionnant, par une comparaison avec le profil génétique identifié comme étant celui de l'auteur de l'infraction, parmi les personnes enregistrées dans la base de données, celles qui étaient susceptibles de lui être apparentées en ligne directe, la liste proposée pouvant exceptionnellement comporter des collatéraux de l'auteur recherché, du fait que leurs profils génétiques auraient des caractéristiques analogues à celles d'ascendants ou de descendants (▪ Cass. crim., 28 juin 2017, n° 17-80.055 : *Bull. crim.* n° 182).

TITRE XX *BIS*. – DU RÉPERTOIRE DES DONNÉES À CARACTÈRE PERSONNEL COLLECTÉES DANS LE CADRE DES PROCÉDURES JUDICIAIRES

(L. n° 2010-242, 10 mars 2010)

Art. 706-56-2 *(Mod., L. n° 2011-803, 5 juill. 2011 ; L. n° 2022-52, 24 janv. 2022)*. – **Le répertoire des données à caractère personnel collectées dans le cadre des procédures judiciaires, tenu par le service du casier judiciaire sous l'autorité du ministre de la justice et placé sous le contrôle d'un magistrat, est destiné à faciliter**

et à fiabiliser la connaissance de la personnalité et l'évaluation de la dangerosité des personnes poursuivies ou condamnées pour l'une des infractions pour lesquelles le suivi socio-judiciaire est encouru, et à prévenir le renouvellement de ces infractions.

Le répertoire centralise l'ensemble des expertises, évaluations et examens psychiatriques, médico-psychologiques, psychologiques et pluridisciplinaires des personnes mentionnées au premier alinéa qui ont été réalisés :

1° Au cours de l'enquête ;

2° Au cours de l'instruction ;

3° À l'occasion du jugement ;

4° Au cours de l'exécution de la peine ;

5° Préalablement au prononcé ou durant le déroulement d'une mesure de surveillance ou de rétention de sûreté ;

6° En application des articles 706-136 ou 706-137 ;

7° Durant le déroulement d'une mesure de soins psychiatriques ordonnée en application de l'article 706-135 du présent code ou de l'article L. 3212-7 du Code de la santé publique.

En cas de décision de classement sans suite, hormis les cas où cette décision est fondée sur le premier alinéa de l'article 122-1 du Code pénal, ou de décision définitive de non-lieu, de relaxe ou d'acquittement, les données concernant la personne poursuivie sont immédiatement effacées.

La conservation des données concernant les personnes poursuivies ou condamnées pour l'une des infractions pour lesquelles le suivi socio-judiciaire est encouru ne peut excéder une période de trente ans.

Les informations contenues dans le répertoire sont directement accessibles, par l'intermédiaire d'un système sécurisé de télécommunications, aux seules autorités judiciaires.

Les membres de la commission pluridisciplinaire des mesures de sûreté, les experts et les personnes chargées par l'autorité judiciaire ou l'administration pénitentiaire d'une évaluation pluridisciplinaire de dangerosité peuvent également être destinataires, par l'intermédiaire de l'autorité judiciaire et pour l'exercice de leurs missions, des informations contenues dans le répertoire.

Les modalités et conditions de fonctionnement du répertoire sont déterminées par décret en Conseil d'État pris après avis de la Commission nationale de l'informatique et des libertés.

Ce décret précise les conditions dans lesquelles le répertoire conserve la trace des interrogations et consultations dont il a fait l'objet, ainsi que la durée de conservation des données inscrites et les modalités de leur effacement.

Voir également : art. R. 53-21-1 et s., p. 2034.

TITRE XXI. – DE LA PROTECTION DES TÉMOINS

(L. n° 2001-1062, 15 nov. 2001)

Art. 706-57 *(Mod., L. n° 2019-222, 23 mars 2019).* – Les personnes à l'encontre desquelles il n'existe aucune raison plausible de soupçonner qu'elles ont commis ou tenté de commettre une infraction et qui sont susceptibles d'apporter des éléments de preuve intéressant la procédure peuvent, sur autorisation du procureur de la République ou du juge d'instruction, déclarer comme domicile l'adresse du commissariat ou de la brigade de gendarmerie. Si la personne a été convoquée en raison de sa profession, l'adresse déclarée peut être son adresse professionnelle. L'autorisation du procureur de la République n'est pas nécessaire lorsque le témoignage est apporté par une personne dépositaire de l'autorité publique ou chargée d'une mission de service public pour des faits qu'elle a connu en raison de ses fonctions ou de sa mission et que l'adresse déclarée est son adresse professionnelle.

L'adresse personnelle de ces personnes est alors inscrite sur un registre coté et paraphé, qui est ouvert à cet effet.

Bibliographie : D. Brach-Thiel, *JCl. Proc. pén.*, art. 706-57 à 706-63, Fasc. 20.

Voir également : art. R. 53-22 et s., p. 2038.

Art. 706-58 *(Mod., L. n° 2002-1138, 9 sept. 2002)*. – En cas de procédure portant sur un crime ou sur un délit puni d'au moins trois ans d'emprisonnement, lorsque l'audition d'une personne visée à l'article 706-57 est susceptible de mettre gravement en danger la vie ou l'intégrité physique de cette personne, des membres de sa famille ou de ses proches, le juge des libertés et de la détention, saisi par requête motivée du procureur de la République ou du juge d'instruction, peut, par décision motivée, autoriser que les déclarations de cette personne soient recueillies sans que son identité apparaisse dans le dossier de la procédure. Cette décision n'est pas susceptible de recours, sous réserve des dispositions du deuxième alinéa de l'article 706-60. Le juge des libertés et de la détention peut décider de procéder lui-même à l'audition du témoin.

La décision du juge des libertés et de la détention, qui ne fait pas apparaître l'identité de la personne, est jointe au procès-verbal d'audition du témoin, sur lequel ne figure pas la signature de l'intéressé. L'identité et l'adresse de la personne sont inscrites dans un autre procès-verbal signé par l'intéressé, qui est versé dans un dossier distinct du dossier de la procédure, dans lequel figure également la requête prévue à l'alinéa précédent. L'identité et l'adresse de la personne sont inscrites sur un registre coté et paraphé, qui est ouvert à cet effet au tribunal judiciaire.

Bibliographie : D. Brach-Thiel, *JCl. Proc. pén.*, art. 706-57 à 706-63, Fasc. 20.

Voir également : art. R. 53-27 et s., p. 2039.

I – PRINCIPES DU DROIT EUROPÉEN

A – Jurisprudence européenne

1) Conformité du témoignage anonyme à l'article 6, Conv. EDH. L'article 6, § 3 *d)* ne reconnaît pas à l'accusé un droit absolu d'obtenir la comparution de témoins devant un tribunal. Il incombe en principe au juge national de décider de la nécessité ou de l'opportunité de citer un témoin (▪ CEDH, 23 mai 2017, *Van Weesenbeck c/ Belgique*, préc., § 90). Une juridiction peut estimer que les intérêts du requérant étaient moins importants que la nécessité de garantir la sécurité des témoins (▪ CEDH, 26 mars 1996, n° 20524/92, *Doorson c/ Pays-Bas*, § 74). L'utilisation de dépositions anonymes pour asseoir une condamnation n'est pas en toutes circonstances incompatible avec la Convention (▪ CEDH, 23 mai 2017, n°s 67496/10 et 52936/12, *Van Mechelen et a. c/ Pays-Bas*, § 52).

2) Compensations nécessaires aux difficultés rencontrées par la défense. Aucune violation de l'article 6, § 1 combiné avec l'article 6, § 3 *d)* de la Convention ne peut être constatée s'il est établi que la procédure suivie devant les autorités judiciaires a suffisamment compensé les obstacles auxquels se heurtait la défense et de jeter un doute sur la crédibilité des déclarations des témoins anonymes (▪ CEDH, 26 mars 1996, *Doorson c/ Pays-Bas*, préc., §§ 72, 75. ▪ CEDH, 23 mai 2017, *Van Mechelen et a. c/ Pays-Bas*, préc., § 54). Si les problèmes que soulèvent les dépositions de témoins anonymes et celles de témoins absents ne sont pas identiques, les deux situations ne diffèrent pas dans le principe : dans un procès pénal, l'accusé doit avoir une possibilité réelle de contester les allégations dont il fait l'objet (CEDH, gr. ch., 15 déc. 2011, n°s 26766/05 et 22228/06, *Al-Khawaja et Tahery c/ Royaume-Uni*, § 147).

3) Cas d'une condamnation fondée de manière déterminante sur des témoignages anonymes. Même là où des procédures faisant contrepoids sont jugées compenser de manière suffisante les obstacles auxquels se heurte la défense, une condamnation ne peut se fonder uniquement, ni dans une mesure déterminante, sur des déclarations anonymes (▪ CEDH, 26 mars 1996, *Doorson c/ Pays-Bas*, préc., § 76. ▪ CEDH, 23 mai 2017, *Van Mechelen et a. c/ Pays-Bas*, préc., § 55). Mais l'admission à titre de preuve d'un témoignage par ouï-dire constituant l'élément à charge unique ou déterminant n'emporte pas automatiquement violation de l'article 6, § 1 : il s'agit de savoir s'il existe des éléments suffisamment compensateurs des inconvénients liés à l'admission d'une telle preuve pour permettre une appréciation correcte et équitable de la fiabilité de celle-ci. L'examen de cette question ne permet de prononcer une condamnation que si la déposition du témoin absent est suffisamment fiable compte tenu de son importance dans la cause (CEDH, gr. ch., 15 déc. 2011, *Al-Khawaja et Tahery c/ Royaume-Uni*, préc., § 147).

4) Appréciation globale du caractère équitable de la procédure. La Cour évalue quelle incidence peut avoir eue sur l'équité globale du procès dans son ensemble l'impossibilité pour l'accusé d'interroger un témoin, en examinant l'importance du témoignage non soumis à l'épreuve du contre-interrogatoire pour déterminer si les droits de l'accusé ont ou non fait l'objet d'une restriction inacceptable (CEDH, gr. ch., 15 déc. 2011, *Al-Khawaja et Tahery c/ Royaume-Uni*, préc., § 143).

B – Jurisprudence nationale

5) Impossibilité de poursuivre le témoin anonyme pour faux témoignage. Les règles des articles 706-57 et suivants du Code de procédure pénale ne sont pas contraires aux articles 6 et 13 de la Convention européenne des droits de l'Homme dès lors que l'impossibilité de déposer plainte pour faux témoignage contre le témoin anonyme est compensée par la portée limitée conférée à l'audition de celui-ci, aucune condamnation ne pouvant être prononcée sur le seul fondement de cette dernière, et par le droit de la personne mise en cause de solliciter l'annulation dudit témoignage dans les conditions prévues par l'article 706-60 dudit code. C'est donc à bon droit qu'une chambre de l'instruction confirme une ordonnance de non-lieu du chef de faux témoignage sous serment, s'agissant d'une personne ayant témoigné sous couvert d'anonymat en application de la procédure prévue par les articles 706-58 et suivants du Code de procédure pénale et dont l'article 706-59 interdit la révélation de l'identité ou de l'adresse (▪ Cass. crim., 7 déc. 2016, n° 15-87.290 : *Bull. crim.* n° 329). V. aussi ▪ Cass. crim., 29 juin 2016, n° 15-87.290 QPC : *Bull. crim.* n° 211, sous l'art. 706-59, annot. n° 1, p. 1572.

6) Enregistrement de la déposition d'un témoin anonyme soumis à débat contradictoire. Ne méconnaît pas les dispositions de l'article 6, § 3 *d)* de la Convention européenne des droits de l'Homme, la chambre correctionnelle qui, après avoir écarté des débats les déclarations d'un témoin protégé dont la confrontation dans les formes prévues par l'article 706-61 du Code de procédure pénale n'a pu avoir lieu, retient, pour condamner le prévenu, la preuve résultant d'un enregistrement audiovisuel remis par un autre témoin protégé, dès lors que cet enregistrement a été soumis au débat contradictoire (▪ Cass. crim., 18 mai 2010, n° 09-83.156 : *Bull. crim.* n° 88).

7) Caractère non déterminant d'un témoignage anonyme. Il résulte de la feuille de motivation que, si la cour d'assises a retenu, au titre des principaux éléments à charge résultant des débats et l'ayant convaincu de la culpabilité de l'accusé, les déclarations de deux témoins entendus anonymement durant l'information, après avoir relevé l'impossibilité de les retrouver et de procéder à leur confrontation en raison du contexte de peur entourant les faits, celle-ci fait ressortir que la cour d'assises ne s'est pas fondée exclusivement sur elles mais aussi sur d'autres éléments recueillis au cours des débats ; le procès-verbal mentionne en outre que ces deux témoins, cités en cette qualité à l'audience, n'étaient pas présents malgré les recherches spécifiques entreprises les concernant, de telle sorte que le président a décidé de passer outre à leurs auditions et, sans observations des parties, a donné lecture de leurs déclarations ; en cet état, la cour d'assises a justifié sa décision conformément à l'article 6, § 1 à 3 de la Convention européenne des droits de l'Homme (▪ Cass. crim., 20 juin 2018, n° 17-82.086).

II – DOMAINE D'APPLICATION DE L'ARTICLES 706-58

8) Distinction du témoignage et du renseignement. Le procès-verbal, qui rapporte des informations obtenues par un policier auprès d'une personne désirant conserver l'anonymat, constitue non un procès-verbal d'audition de témoin entrant dans les prévisions des articles 706-57 et suivants du Code de procédure pénale, mais un procès-verbal de renseignements destiné à guider d'éventuelles investigations sans pouvoir être retenu lui-même comme un moyen de preuve (▪ Cass. crim., 9 juill. 2003, n° 03-82.119 : *Bull. crim.* n° 138. ▪ 9 nov. 2011, n°s 05-87.745 et 09-86.381 : *Bull. crim.* n° 230). Les dispositions des articles 706-57 et suivants du Code de procédure pénale permettant, sous certaines conditions, l'audition d'un témoin, sans que l'identité de celui-ci apparaisse dans le dossier de la procédure, ne font pas obstacle à ce que les informations communiquées par une personne désirant garder l'anonymat soient consignées, sans audition de celle-ci, dans un procès-verbal de renseignements ou de constatations, auquel ne sont pas applicables lesdits articles, dès lors qu'une telle pièce est seulement destinée à guider d'éventuelles investigations sans pouvoir être elle-même retenue comme un moyen de preuve (▪ Cass. crim., 9 oct. 2013, n°s 11-81.148 et 13-85.228). N'entre pas dans les prévisions de l'article 706-58 du Code de procédure pénale, le procès-verbal dressé par un officier de police, avant tout acte d'enquête, qui se borne, comme en l'espèce, à consigner les déclarations spontanées d'une personne sans l'interroger (▪ Cass. crim., 28 mai 2014, n°s 11-81.640 et 13-83.197 : *Bull. crim.* n° 142). N'entrent pas dans les prévisions des articles 706-57 et suivants du Code de procédure pénale les procès-verbaux dépourvus de force probante qui se bornent à consigner des déclarations d'une personne fournissant spontanément aux enquêteurs des renseignements destinés à permettre des investigations ultérieures ou à en faciliter l'exécution en cours (▪ Cass. crim., 6 oct. 2015, n° 15-82.247 : *Bull. crim.* n° 217).

9) Exclusion de la personne soupçonnée de l'infraction objet de l'information. Seules sont exclues du champ de la protection prévue par l'article 706-58 du Code de procédure pénale les personnes à l'encontre desquelles il existe une raison plausible de soupçonner qu'elles ont commis ou tenté de commettre l'une des infractions sur lesquelles porte l'information en cause ; justifie dès lors sa décision le président de la chambre de l'instruction qui, pour rejeter la requête en contestation de l'audition d'un témoin sous anonymat, énonce que l'examen des pièces de la procédure et de celles figurant dans le dossier distinct ne permet pas de soupçonner que le témoin entendu sous anonymat a commis ou tenté de commettre une infraction dans le cadre de la prévention, objet de l'information (■ Cass. crim., 8 juill. 2015, n° 15-82.383 : *Bull. crim.* n° 173 ; *Dr. pén.* 2015, comm. 130, obs. A. Maron et M. Haas).

III – MISE EN ŒUVRE DE L'ARTICLE 706-58

10) Jonction de la décision du juge des libertés et de la détention au procès-verbal d'audition du témoin. La décision du juge des libertés et de la détention autorisant un témoin à faire des déclarations sans que son identité apparaisse dans le dossier de la procédure, en application des dispositions de l'article 706-58 du Code de procédure pénale, doit, conformément à ce texte, être jointe au procès-verbal d'audition dudit témoin. N'encourt cependant pas la censure l'arrêt de la chambre de l'instruction refusant de faire droit à la demande de nullité présentée par la personne mise en examen du fait du non-respect de cette prescription, dès lors qu'à réception de cette demande, le juge d'instruction a versé au dossier de la procédure l'ordonnance qui avait été classée dans une cote du dossier et qu'une copie de cette décision a été obtenue auprès du greffe du juge des libertés et de la détention, l'irrégularité commise n'ayant pas porté atteinte aux intérêts de celui qui l'a invoquée (■ Cass. crim., 27 sept. 2011, 11-83.621 : *Bull. crim.* n° 187).

11) Rôle du président de la cour d'assises. En application de l'article 310 du Code de procédure pénale, il appartient au président de la cour d'assises, en vertu de son pouvoir discrétionnaire, de prendre toutes mesures propres à faire établir, si une contestation apparaît à l'audience sur ce point, qu'un témoin déposant à l'audience de la cour d'assises, sans que son identité soit révélée, par visioconférence, son visage étant dissimulé et sa voix pouvant être déformée, a bien reçu l'autorisation prévue par l'article 706-58 du Code de procédure pénale. Il peut aussi, sans révéler l'identité du témoin, prendre les mesures permettant de vérifier qu'elle correspond à celle versée au dossier distinct prévu par ce texte, le cas échéant, en le faisant établir par le procureur de la République, le juge d'instruction ou un officier de police judiciaire (■ Cass. crim., 11 déc. 2019, n° 19-83.475 QPC, § 5 : publié au *Bull.* ■ Cass. crim., 26 févr. 2020, n° 19-84.253 QPC).

12) Motivation du rejet d'une requête en nullité. Ni l'article 6, § 1 de la Convention européenne des droits de l'Homme ni aucune disposition de la loi ne font obstacle à ce que la chambre de l'instruction, après avoir exposé les faits et la requête en annulation des procès-verbaux d'audition d'un témoin anonyme, reprenne les motifs contenus dans les réquisitions du parquet général pour conforter en droit et en fait le rejet de la requête, dès lors qu'elle a répondu aux moyens soutenus dans sa requête par le demandeur, excluant par la même tout défaut d'impartialité (■ Cass. crim., 13 déc. 2017, n° 17-82.990 : *Bull. crim.* n° 288).

Art. 706-59 *(L. n° 2001-1062, 15 nov. 2001).* **– En aucune circonstance, l'identité ou l'adresse d'un témoin ayant bénéficié des dispositions des articles 706-57 ou 706-58 ne peut être révélée, hors le cas prévu par le dernier alinéa de l'article 706-60.**

La révélation de l'identité ou de l'adresse d'un témoin ayant bénéficié des dispositions des articles 706-57 ou 706-58 est punie de cinq ans d'emprisonnement et 75 000 € d'amende.

Bibliographie : D. Brach-Thiel, *JCl. Proc. pén.*, art. 706-57 à 706-63, Fasc. 20.

Voir également : art. R. 53-27 et s., p. 2039.

Question prioritaire de constitutionnalité. L'article 706-59 du Code de procédure pénale n'est pas contraire à la présomption d'innocence, ni au droit au recours, ni au principe d'égalité devant la loi : protégeant les personnes dont l'audition est susceptible de mettre gravement en danger leur vie ou leur intégrité physique, celles des membres de leur famille ou de leurs proches, il rend possible un acte d'enquête dont il ne découle pas l'établissement de la culpabilité de la personne concernée ; l'impossibilité de déposer plainte contre le témoin anonyme pour faux témoignage est compensée par la portée limitée conférée à une telle audition, aucune condamnation ne pouvant être prononcée sur le seul fondement de ces déclarations ; en outre, la personne mise en cause dispose du droit de solliciter l'annulation dudit témoignage dans les conditions prévues par l'article 706-60 du Code de procédure pénale ; ainsi l'article critiqué, qui répond à des objectifs de protection de l'ordre public, de sécurité des témoins et de recherche des auteurs d'infractions, s'insère dans un dispositif strictement encadré et placé sous le contrôle du juge garantissant le respect du contradictoire et des droits de la défense (■ Cass. crim., 29 juin 2016, n° 15-87.290 QPC : *Bull. crim.* n° 211). V. aussi ■ Cass. crim., 7 déc. 2016, n° 15-87.290 : *Bull. crim.* n° 211, sous l'art. 706-58, p. 1570.

Art. 706-60 ***(L. n° 2001-1062, 15 nov. 2001).*** **– Les dispositions de l'article 706-58 ne sont pas applicables si, au regard des circonstances dans lesquelles l'infraction a été commise ou de la personnalité du témoin, la connaissance de l'identité de la personne est indispensable à l'exercice des droits de la défense.**

La personne mise en examen peut, dans les dix jours à compter de la date à laquelle il lui a été donné connaissance du contenu d'une audition réalisée dans les conditions de l'article 706-58, contester, devant le président de la chambre de l'instruction, le recours à la procédure prévue par cet article. Le président de la chambre de l'instruction statue par décision motivée qui n'est pas susceptible de recours au vu des pièces de la procédure et de celles figurant dans le dossier mentionné au deuxième alinéa de l'article 706-58. S'il estime la contestation justifiée, il ordonne l'annulation de l'audition. Il peut également ordonner que l'identité du témoin soit révélée à la condition que ce dernier fasse expressément connaître qu'il accepte la levée de son anonymat.

Bibliographie : D. Brach-Thiel, *JCl. Proc. pén.*, art. 706-57 à 706-63, Fasc. 20.

Voir également : V. art. R. 53-27 et s., p. 2039.

1) Question prioritaire de constitutionnalité. Selon l'interprétation constante de la Cour de cassation, une ordonnance insusceptible de recours, rendue par le président d'une chambre de l'instruction, peut toujours faire l'objet d'un pourvoi pour excès de pouvoir formé par une partie à la procédure, de sorte que l'article 706-60 du Code de procédure pénale ne méconnaît pas les principes d'égalité devant la loi et la justice, de respect des droits de la défense et de droit à un recours juridictionnel effectif (■ Cass. crim., 8 juill. 2015, n° 15-82.383 QPC).

2) Réquisitions du ministère public soumises au président de la chambre de l'instruction. C'est à tort que le président de la chambre de l'instruction a déclaré irrecevables les réquisitions du ministère public qui lui ont été adressées à la suite de la contestation portée par la personne mise en examen relative à l'autorisation donnée par le juge des libertés et de la détention de recourir à un témoignage anonyme, au motif que l'article 706-60 du Code précité ne prévoit pas le dépôt de telles réquisitions et que cette procédure exclut tout débat contradictoire qui supposerait l'accès des parties au dossier, dont l'examen est réservé par la loi au seul président de la juridiction d'instruction ; le ministère public, selon les articles L. 122-3 du Code de l'organisation judiciaire et 31 du Code de procédure pénale, fait en effet partie intégrante de cette juridiction, et, étant chargé d'assurer le respect de la loi, est habilité en toutes matières à requérir son application (■ Cass. crim., 21 mars 2007, n° 07-80.363 : *Bull. crim.* n° 88).

3) Motivation de l'ordonnance du président de la chambre de l'instruction. L'article 706-60 du Code de procédure pénale conférant au président de la chambre de l'instruction le pouvoir de décider, par une ordonnance non susceptible de recours, de ne pas faire droit à la requête visant à l'annulation d'une audition effectuée en application de l'article 706-58 du même code, le moyen qui se borne à critiquer les motifs de cette ordonnance pour alléguer un excès de pouvoir du magistrat n'est pas fondé. Lorsque, saisi d'une requête tendant à ce que soit ordonnée l'annulation de la déposition d'un témoin anonyme, le président de la chambre de l'instruction la rejette, aux motifs qu'il n'existe aucune raison plausible de soupçonner que la personne entendue a commis ou tenté de commettre une infraction en lien avec l'information puisque l'ordonnance critiquée a nécessairement pris en compte cette condition, la personne mise en examen ne peut donc prétendre qu'il appartenait au président de la chambre de l'instruction de s'assurer lui-même de cette condition et qu'à défaut, il a commis un excès de pouvoir (■ Cass. crim., 21 mars 2007, n° 07-80.363 : *Bull. crim.* n° 88).

4) Recours de l'article 706-60 et requête en nullité. La procédure instituée par l'article 173 du Code de procédure pénale ne peut être utiliséew pour contester l'ordonnance du juge des libertés et de la détention autorisant le recueil des déclarations d'un témoin sans révélation de son identité, seul le recours prévu par l'article 706-60 du Code précité pouvant être exercé par la personne mise en examen à l'encontre de cette décision (■ Cass. crim., 15 févr. 2006, n° 05-87.002 : *Bull. crim.* n° 44). Le recours à la procédure de recueil d'un témoignage anonyme ne peut être contestée que dans les conditions prévues par l'article 706-60 du Code de procédure pénale, les dispositions de l'article 173, relatives à l'annulation des pièces d'une procédure d'instruction, étant inapplicables (■ Cass. crim.,

13 déc. 2017, n° 17-82.990 : *Bull. crim.* n° 288). Les raisons invoquées au soutien d'une contestation fondée sur les dispositions de l'article 706-60, alinéa 2, du Code de procédure pénale ne peuvent être à nouveau présentées devant la chambre de l'instruction, saisie, sur le fondement de l'article 173 du même code, d'une requête en nullité du procès-verbal d'audition (■ Cass. crim., 2 juill. 2006, n° 06-82.931 : *Bull. crim.* n° 201).

5) Nouvelle contestation de l'audition du témoin anonyme devant les juridictions de jugement. Les raisons invoquées au soutien d'une contestation fondée sur les dispositions de l'article 706-60, alinéa 2, du Code de procédure pénale et rejetée par le président de la chambre de l'instruction ne peuvent être à nouveau présentées devant la cour d'appel (■ Cass. crim., 15 févr. 2011, n° 10-84.440).

Art. 706-61 *(L. n° 2004-204, 9 mars 2004)*. **– La personne mise en examen ou renvoyée devant la juridiction de jugement peut demander à être confrontée avec un témoin entendu en application des dispositions de l'article 706-58 par l'intermédiaire d'un dispositif technique permettant l'audition du témoin à distance ou à faire interroger ce témoin par son avocat par ce même moyen. La voix du témoin est alors rendue non identifiable par des procédés techniques appropriés.**

Si la juridiction ordonne un supplément d'information aux fins d'audition du témoin, ce dernier est entendu soit par un juge d'instruction désigné pour exécuter ce supplément d'information, soit, si l'un des membres de la juridiction a été désigné pour exécuter cette audition, en utilisant le dispositif technique prévu par l'alinéa précédent.

Bibliographie : D. Brach-Thiel, *JCl. Proc. pén.*, art. 706-57 à 706-63, Fasc. 20.

Voir également : V. art. R. 53-27 et s., p. 2039.

Conciliation des articles 706-61 et 331 du Code de procédure pénale. C'est à bon droit qu'un président de cour d'assises s'oppose à ce que, préalablement à l'audition, selon les modalités fixées à l'article 706-61 du Code de procédure pénale, d'un témoin anonyme acquis aux débats, lui soit posée la question de son éventuel lien avec les accusés ou les parties civiles, en application de l'article 331, alinéa 2 du même code, dès lors que la réponse apportée à la question posée pouvait être de nature à permettre ou faciliter son identification, prohibée par la loi (■ Cass. crim., 28 mars 2018, n° 17-82.116 : *Bull. crim.* n° 58).

Art. 706-62 *(L. n° 2001-1062, 15 nov. 2001)*. **– Aucune condamnation ne peut être prononcée sur le seul fondement de déclarations recueillies dans les conditions prévues par les articles 706-58 et 706-61.**

Bibliographie : D. Brach-Thiel, *JCl. Proc. pén.*, art. 706-57 à 706-63, Fasc. 20.

Voir également : V. art. R. 53-27 et s., p. 2039.

Question prioritaire de constitutionnalité. Les dispositions de l'article 706-62 du Code de procédure pénale s'imposent aux seules juridictions appelées à prononcer une condamnation. Cet article ne peut donc faire l'objet d'une question prioritaire de constitutionnalité au stade de l'instruction (■ Cass. crim., 17 déc. 2014, n° 14-86.560 QPC). Dans le cas où le juge des libertés et de la détention autorise le recueil des déclarations d'un témoin sans que son identité apparaisse dans la procédure, cette décision ne fait pas obstacle à ce qu'une confrontation soit organisée entre le témoin et la personne mise en examen au cours tant de la procédure d'instruction, en application des dispositions générales du Code de procédure pénale relatives à cette procédure, que de la phase de jugement, en application des dispositions spécifiques de l'article 706-61 dudit code, selon des modalités préservant l'anonymat ; au surplus, le procès-verbal d'audition d'un témoin anonyme peut, dans certaines circonstances, faire l'objet d'une contestation par la personne mise en examen auprès du président de la chambre de l'instruction qui a le pouvoir de l'annuler ou, sous réserve de l'accord du témoin, d'ordonner la levée de l'anonymat ; dès lors, enfin, qu'aucune condamnation ne peut être prononcée sur le seul fondement de déclarations anonymes, l'article 706-62 du Code de procédure pénale ne porte aucune atteinte aux droits de la défense, ni au principe du contradictoire (■ Cass. crim., 15 avr. 2015, n° 14-84.333 QPC : *Bull. crim.* n° 95).

Art. 706-62-1 *(L. n° 2016-731, 3 juin 2016)*. **– En cas de procédure portant sur un crime ou sur un délit puni d'au moins trois ans d'emprisonnement, lorsque la révélation de l'identité d'un témoin est susceptible de mettre gravement en danger sa vie ou son intégrité physique ou celles de ses proches, le juge d'instruction ou le**

président de la juridiction de jugement statuant en chambre du conseil peut ordonner soit d'office, soit à la demande du procureur de la République ou des parties, que cette identité ne soit pas mentionnée au cours des audiences publiques et ne figure pas dans les ordonnances, jugements ou arrêts de la juridiction d'instruction ou de jugement qui sont susceptibles d'être rendus publics.

Le juge d'instruction adresse sans délai copie de la décision prise en application du premier alinéa au procureur de la République et aux parties.

La décision ordonnant la confidentialité de l'identité du témoin n'est pas susceptible de recours.

Le témoin est alors désigné au cours des audiences ou dans les ordonnances, jugements ou arrêts par un numéro que lui attribue le juge d'instruction ou le président de la juridiction de jugement.

Le fait de révéler l'identité d'un témoin ayant bénéficié des dispositions du présent article ou de diffuser des informations permettant son identification ou sa localisation est puni de cinq ans d'emprisonnement et de 75 000 € d'amende.

Bibliographie : D. Brach-Thiel, *JCl. Proc. pén.*, art. 706-57 à 706-63, Fasc. 20.

Voir également : V. art. R. 53-22 et s., p. 2038.

Art. 706-62-2 *(L. n° 2016-731, 3 juin 2016)*. – Sans préjudice de l'application de l'article 706-58, en cas de procédure portant sur un crime ou un délit mentionné aux articles 628, 706-73 et 706-73-1, lorsque l'audition d'une personne mentionnée à l'article 706-57 est susceptible de mettre gravement en danger la vie ou l'intégrité physique de cette personne ou de ses proches, cette personne fait l'objet, en tant que de besoin, de mesures de protection destinées à assurer sa sécurité.

En cas de nécessité, elle peut être autorisée, par ordonnance motivée rendue par le président du tribunal judiciaire, à faire usage d'une identité d'emprunt.

Toutefois, il ne peut pas être fait usage de cette identité d'emprunt pour une audition au cours de la procédure mentionnée au premier alinéa.

Le fait de révéler qu'une personne fait usage d'une identité d'emprunt en application du présent article ou de révéler tout élément permettant son identification ou sa localisation est puni de cinq ans d'emprisonnement et de 75 000 € d'amende. Lorsque cette révélation a eu pour conséquence, directe ou indirecte, des violences à l'encontre de cette personne ou de son conjoint, de ses enfants ou de ses ascendants directs, les peines sont portées à sept ans d'emprisonnement et à 100 000 € d'amende.

Les peines sont portées à dix ans d'emprisonnement et à 150 000 € d'amende lorsque cette révélation a eu pour conséquence, directe ou indirecte, la mort de cette personne ou de son conjoint, de ses enfants ou de ses ascendants directs.

Les mesures de protection mentionnées au premier alinéa du présent article sont définies, sur réquisitions du procureur de la République, par la commission nationale prévue à l'article 706-63-1. Cette commission assure le suivi des mesures de protection, qu'elle peut modifier ou auxquelles elle peut mettre fin à tout moment. En cas d'urgence, les services compétents prennent les mesures nécessaires et en informent sans délai la commission nationale.

Les membres de la famille et les proches de la personne mentionnée au premier alinéa du présent article peuvent également faire l'objet de mesures de protection et être autorisés à faire usage d'une identité d'emprunt, dans les conditions prévues au présent article.

Un décret en Conseil d'État fixe les conditions d'application du présent article.

Bibliographie : D. Brach-Thiel, *JCl. Procédure pénale*, art. 706-57 à 706-63, Fasc. 20.

Voir également : V. art. R. 53-22 et s., p. 2038.

Art. 706-63 *(L. n° 2001-1062, 15 nov. 2001)*. – Un décret en Conseil d'État précise, en tant que de besoin, les conditions d'application des dispositions du présent titre.

Bibliographie : D. Brach-Thiel, *JCl. Procédure pénale*, art. 706-57 à 706-63, Fasc. 20.

Voir également : V. art. R. 53-22 et s., p. 2038.

TITRE XXI *BIS*. – PROTECTION DES PERSONNES BÉNÉFICIANT D'EXEMPTIONS OU DE RÉDUCTIONS DE PEINES POUR AVOIR PERMIS D'ÉVITER LA RÉALISATION D'INFRACTIONS, DE FAIRE CESSER OU D'ATTÉNUER LE DOMMAGE CAUSÉ PAR UNE INFRACTION, OU D'IDENTIFIER LES AUTEURS OU COMPLICES D'INFRACTIONS

(L. n° 2004-204, 9 mars 2004)

Art. 706-63-1 *(Mod., L. n° 2017-1510, 30 oct. 2017)*. – Les personnes mentionnées à l'article 132-78 du Code pénal font l'objet, en tant que de besoin, d'une protection destinée à assurer leur sécurité. Elles peuvent également bénéficier de mesures destinées à assurer leur réinsertion.

En cas de nécessité, ces personnes peuvent être autorisées, par ordonnance motivée rendue par le président du tribunal judiciaire, à faire usage d'une identité d'emprunt.

Le fait de révéler qu'une personne fait usage d'une identité d'emprunt en application du présent article ou de révéler tout élément permettant son identification ou sa localisation est puni de cinq ans d'emprisonnement et de 75 000 € d'amende. Lorsque cette révélation a eu pour conséquence, directe ou indirecte, des violences à l'encontre de cette personne ou de son conjoint, de ses enfants ou de ses ascendants directs, les peines sont portées à sept ans d'emprisonnement et à 100 000 € d'amende. Les peines sont portées à dix ans d'emprisonnement et à 150 000 € d'amende lorsque cette révélation a eu pour conséquence, directe ou indirecte, la mort de cette personne ou de son conjoint, de ses enfants ou de ses ascendants directs.

Les mesures de protection et de réinsertion sont définies, sur réquisitions du procureur de la République, par une commission nationale dont la composition et les modalités de fonctionnement sont définies par décret en Conseil d'État. Cette commission fixe les obligations que doit respecter la personne et assure le suivi des mesures de protection et de réinsertion, qu'elle peut modifier ou auxquelles elle peut mettre fin à tout moment. En cas d'urgence, les services compétents prennent les mesures nécessaires et en informent sans délai la commission nationale.

Les dispositions du présent article sont également applicables aux membres de la famille et aux proches des personnes mentionnées à l'article 132-78 du Code pénal.

Art. 706-63-2 *(L. n° 2017-1510, 30 oct. 2017)*. – Lorsque cette comparution est susceptible de mettre gravement en danger leur vie ou leur intégrité physique ou celle de leurs proches, la juridiction de jugement peut, d'office ou à la demande des personnes faisant usage d'une identité d'emprunt en application du deuxième alinéa de l'article 706-63-1, ordonner le huis clos ou leur comparution dans des conditions de nature à préserver l'anonymat de leur apparence physique, y compris en bénéficiant d'un dispositif technique mentionné à l'article 706-61. La juridiction de jugement statue à huis clos sur cette demande.

TITRE XXII. – SAISINE POUR AVIS DE LA COUR DE CASSATION

(L. org. n° 2001-539, 25 juin 2001 ; L. n° 2001-1062, 15 nov. 2001)

Art. 706-64 *(Mod., L. n° 2009-1436, 24 nov. 2009)*. – Les juridictions pénales, à l'exception des juridictions d'instruction et de la cour d'assises, peuvent solliciter l'avis de la Cour de cassation en application de l'article L. 151-1 du Code de l'organisation judiciaire. Toutefois, aucune demande d'avis ne peut être présentée lorsque, dans l'affaire concernée, une personne est placée en détention provisoire, sous assignation à résidence avec surveillance électronique ou sous contrôle judiciaire.

Code de l'organisation judiciaire

Art. L. 441-1. – Avant de statuer sur une question de droit nouvelle, présentant une difficulté sérieuse et se posant dans de nombreux litiges, les juridictions de l'ordre judiciaire peuvent, par une décision non susceptible de recours, solliciter l'avis de la Cour de cassation.
(...)

1) Irrecevabilité de la demande d'avis. Les articles 706-65 et 706-66 du Code de procédure pénale ont pour finalité le respect du principe de la contradiction préalablement et postérieurement à la transmission d'une demande d'avis à la Cour de cassation. Ils visent, d'une part, à obtenir des parties et de leurs conseils leur avis sur l'utilité de poser une question de droit à la Cour de cassation et sur son contenu et, d'autre part, à les informer de la saisine pour avis de la Cour de cassation ainsi que de la date de transmission de la décision pour leur permettre de présenter le cas échéant des observations à la Cour de cassation ; lorsqu'il ne résulte ni du jugement ni du dossier transmis à la Cour de cassation que le conseil de M. X..., d'une part, ait été avisé de ce que le tribunal envisageait de solliciter l'avis de la Cour de cassation, d'autre part, ait reçu notification du jugement et de la date de transmission du dossier à la Cour de cassation, peu important qu'il n'ait pas été présent à l'audience, la demande d'avis est irrecevable (■ Cass. avis, 16 juin 2020, n° 20-96.001). Aux termes de l'article 706-65 du Code de procédure pénale, lorsque le juge envisage de solliciter l'avis de la Cour de cassation en application de l'article L. 441-1 du Code de l'organisation judiciaire, il en avise les parties et le ministère public. Dès lors qu'il résulte des énonciations du jugement et du dossier transmis à la Cour de cassation que la procédure de consultation des parties n'a pas été respectée, la demande d'avis n'est pas recevable (■ Cass. avis, 16 déc. 2002, n° 02-00.007 : *Bull. crim.* 2002, avis n° 1, p. 1. ■ Cass. avis, 14 janv. 2013, n° 12-00.015 : *Bull. crim.* 2013, avis n° 1. ■ Cass. avis, 22 mai 2019, n° 19-96.002). La demande d'avis n'est pas recevable lorsque les parties ont été sollicitées pour communiquer leurs observations après que le jugement demandant l'avis de la Cour de cassation a été rendu et n'ont pas reçu notification de la date de transmission du dossier à la Cour de cassation (■ Cass. avis, 18 nov. 2020, n° 20-96.005). Les articles 706-65 et 706-66 du Code de procédure pénale ont en effet pour finalité le respect du principe de la contradiction préalablement et postérieurement à la transmission d'une demande d'avis à la Cour de cassation. Ils visent, d'une part, à obtenir des parties et de leurs conseils leur avis sur l'utilité de poser une question de droit à la Cour de cassation et sur son contenu et, d'autre part, à les informer de la saisine pour avis de la Cour de cassation ainsi que de la date de transmission de la décision pour leur permettre de présenter le cas échéant des observations à la Cour de cassation (■ Cass. avis, 16 juin 2020, n° 20-96.001. ■ Cass. avis, 18 nov. 2020, préc., § 13). Selon l'article 706-64 du Code de procédure pénale, aucune demande d'avis ne peut être présentée lorsque, dans l'affaire concernée, une personne est placée en détention provisoire, sous assignation à résidence avec surveillance électronique ou sous contrôle judiciaire. Cette exclusion a été prévue par le législateur en raison de la brièveté des délais auxquels doivent se soumettre les juridictions statuant sur des mesures privatives ou restrictives de liberté, qui ne peuvent alors utilement solliciter un avis de la Cour de Cassation. L'incarcération en exécution d'un mandat d'amener doit être assimilée à la détention provisoire au sens de l'article 706-64 du Code de procédure pénale, au regard du délai de présentation devant le juge d'instruction fixé à l'article 130 du code précité et de sa sanction, prévue à l'article 130-1 du même code (■ Cass. avis, 1er sept. 2020, n° 20-96.004).

2) Non-lieu à avis. Lorsque la Cour de cassation a déjà statué sur la question de droit sur laquelle son avis est sollicité, il n'y a pas lieu à avis (■ Cass. avis, 26 sept. 2006, n° 06-00.010 : *Bull. crim.* 2006, avis n° 2), la question n'étant pas nouvelle (■ Cass. avis, 23 avr. 2007, n° 07-00.008 : *Bull. crim.* 2007, n° 3, avis. ■ Cass. avis, 6 oct. 2008, n° 08-00.010 : *Bull. crim.* 2008, n° 3, avis. ■ Cass. avis, 5 déc. 2018, n° 18-96.002). Il n'y a pas lieu à avis lorsque la question posée : ... ne commande pas l'issue du procès (■ Cass. avis, 23 avr. 2007, préc. ■ Cass. avis, 12 déc. 2018, n° 18-96.003) ; ... suppose un examen des circonstances de l'espèce (■ Cass. avis, 20 juin 2008, n° 08-00.005 : *Bull. crim.* 2008, avis n° 1. ■ Cass. avis, 26 mai 2014, n° 14-70.004 : *Bull. crim.* 2014, avis n° 3. ■ Cass. avis, 5 déc. 2018, préc.) ; ... ne présente pas de difficulté sérieuse (■ Cass. avis, 26 sept. 2006, préc.).

Art. 706-65 *(Ancien article 706-56, dénum. et mod., L. n° 2001-1062, 15 nov. 2001).* – **Lorsque le juge envisage de solliciter l'avis de la Cour de cassation en application de l'article L. 151-1 du Code de l'organisation judiciaire, il en avise les parties et le ministère public. Il recueille les observations écrites éventuelles des parties et les conclusions du ministère public dans le délai qu'il fixe, à moins que ces observations ou conclusions n'aient déjà été communiquées.**

Dès réception des observations et conclusions ou à l'expiration du délai, le juge peut, par une décision non susceptible de recours, solliciter l'avis de la Cour de cassation en formulant la question de droit qu'il lui soumet. Il surseoit à statuer jusqu'à la réception de l'avis ou jusqu'à l'expiration du délai mentionné à l'article 706-67.

Art. 706-66 *(Ancien article 706-57, dénum. et mod., L. n° 2001-1062, 15 nov. 2001)*. – La décision sollicitant l'avis est adressée, avec les conclusions et les observations écrites éventuelles, par le greffier de la juridiction au greffe de la Cour de cassation.

Elle est notifiée, ainsi que la date de transmission du dossier, aux parties par lettre recommandée avec demande d'avis de réception.

Le Ministère public auprès de la juridiction est avisé ainsi que le premier président de la cour d'appel et le procureur général lorsque la demande d'avis n'émane pas de la cour.

Notification aux parties de la date de transmission du dossier au greffe de la Cour de cassation. Selon l'article 706-66 du Code de procédure pénale, lorsqu'une juridiction a pris la décision de solliciter l'avis de la Cour de cassation, la preuve doit être apportée de ce que la date de transmission du dossier au greffe de la Cour de cassation a été notifiée aux parties. À défaut, il n'y a pas lieu à avis, la demande étant irrecevable (■ Cass. crim., 16 oct. 2019, n° 19-96.003 : *Procédures* 2019, n° 336, obs. J.-B.).

Art. 706-67 *(Ancien article 706-58 dénum. et mod., L. n° 2001-1062, 15 nov. 2001)*. – La Cour de cassation rend son avis dans les trois mois de la réception du dossier.

Art. 706-68 *(Ancien article 706-59, dénum. et mod., L. n° 2001-1062, 15 nov. 2001)*. – L'affaire est communiquée au procureur général près la Cour de cassation. Celui-ci est informé de la date de séance.

Art. 706-69 *(Ancien article 706-60, dénum. et mod., L. n° 2001-1062, 15 nov. 2001)*. – L'avis peut mentionner qu'il sera publié au *Journal officiel* de la République française.

Art. 706-70 *(Ancien article 706-61, dénum. et mod., L. n° 2001-1062, 15 nov. 2001)*. – L'avis est adressé à la juridiction qui l'a demandé, au ministère public auprès de cette juridiction, au premier président de la cour d'appel et au procureur général lorsque la demande n'émane pas de la cour.

Il est notifié aux parties par le greffe de la Cour de cassation.

TITRE XXIII. – DE L'UTILISATION DE MOYENS DE TÉLÉCOMMUNICATIONS AU COURS DE LA PROCÉDURE

(L. n° 2001-1062, 15 nov. 2001)

Art. 706-71 (1) *(Mod. à compter du 1er juin 2019, L. n° 2019-222, 23 mars 2019)*. – Aux fins d'une bonne administration de la justice, il peut être recouru au cours de la procédure pénale, si le magistrat en charge de la procédure ou le président de la juridiction saisie l'estime justifié, dans les cas et selon les modalités prévus au présent article, à un moyen de télécommunication audiovisuelle.

Lorsque les nécessités de l'enquête ou de l'instruction le justifient, l'audition ou l'interrogatoire d'une personne ainsi que la confrontation entre plusieurs personnes peuvent être effectués en plusieurs points du territoire de la République ou entre le territoire de la République et celui d'un État membre de l'Union européenne dans le cadre de l'exécution d'une décision d'enquête européenne et se trouvant reliés par des moyens de télécommunications garantissant la confidentialité de la transmission. Dans les mêmes conditions, la présentation aux fins de prolongation de la garde à vue ou de la retenue judiciaire peut être réalisée par l'utilisation de moyens de télécommunication audiovisuelle. Il est alors dressé, dans chacun des lieux, un procès-verbal des opérations

(1) Dispositions particulières ou dérogatoires résultant de l'état d'urgence sanitaire dû à l'épidémie de covid-19 : V. Ord. n° 2020-303 du 25 mars 2020. – NDLR.

qui y ont été effectuées. Ces opérations peuvent faire l'objet d'un enregistrement audiovisuel ou sonore, les dispositions des troisième à huitième alinéas de l'article 706-52 sont alors applicables.

Les dispositions de l'alinéa précédent prévoyant l'utilisation d'un moyen de télécommunication audiovisuelle sont applicables devant la juridiction de jugement pour l'audition des témoins, des parties civiles et des experts. Elles sont également applicables, avec l'accord du procureur de la République et de l'ensemble des parties, pour la comparution du prévenu devant le tribunal correctionnel si celui-ci est détenu.

(Mod. à compter du 31 octobre 2020, Cons. const., 30 avr. 2020, n° 2020-836 QPC, art. 1er et 2 : JO 2 mai 2020 ; L. n° 2020-1672, 24 déc. 2020) Ces dispositions sont également applicables à l'audition ou à l'interrogatoire par un juge d'instruction d'une personne détenue, au débat contradictoire préalable au placement en détention provisoire d'une personne détenue pour une autre cause, au débat contradictoire prévu pour la prolongation de la détention provisoire, y compris l'audience prévue à l'avant-dernier alinéa de l'article 179, aux audiences relatives au contentieux de la détention provisoire devant la chambre de l'instruction ou la juridiction de jugement, à l'interrogatoire de l'accusé par le président de la cour d'assises en application de l'article 272, à la comparution d'une personne à l'audience au cours de laquelle est rendu un jugement ou un arrêt qui avait été mis en délibéré ou au cours de laquelle il est statué sur les seuls intérêts civils, à l'interrogatoire par le procureur ou le procureur général d'une personne arrêtée en vertu d'un mandat d'amener, d'un mandat d'arrêt, d'un mandat d'arrêt européen, d'une demande d'arrestation provisoire, d'une demande d'extradition ou d'une demande d'arrestation aux fins de remise, à la présentation au juge des libertés et de la détention, au premier président de la cour d'appel ou au magistrat désigné par lui en application des articles 627-5, 695-28, 696-11 et 696-23 si la personne est détenue pour une autre cause, ou à l'interrogatoire du prévenu devant le tribunal de police si celui-ci est détenu pour une autre cause. Lorsqu'il s'agit d'une audience au cours de laquelle il doit être statué sur le placement en détention provisoire ou la prolongation de la détention provisoire, la personne détenue peut lorsqu'elle est informée de la date de l'audience et du fait que le recours à ce moyen est envisagé, refuser l'utilisation d'un moyen de télécommunication audiovisuelle, sauf si son transport paraît devoir être évité en raison des risques graves de trouble à l'ordre public ou d'évasion ; il en est de même lorsqu'il doit être statué sur l'appel portant sur une décision de refus de mise en liberté ou sur la saisine directe de la chambre de l'instruction en application du dernier alinéa de l'article 148 ou de l'article 148-4 par une personne détenue en matière criminelle depuis plus de six mois dont la détention n'a pas déjà fait l'objet d'une décision de prolongation et n'ayant pas personnellement comparu, sans recourir à un moyen de communication audiovisuelle, devant la chambre de l'instruction depuis au moins six mois.

Elles sont de même applicables devant la commission d'indemnisation des victimes d'infractions, devant le premier président de la cour d'appel statuant sur les demandes de réparation d'une détention provisoire, devant la Commission nationale de réparation des détentions, devant la commission d'instruction des demandes en révision et en réexamen et devant la cour de révision et de réexamen.

Pour l'application des dispositions des alinéas précédents, si la personne est assistée par un avocat ou par un interprète, ceux-ci peuvent se trouver auprès du magistrat, de la juridiction ou de la commission compétents ou auprès de l'intéressé. Dans le premier cas, l'avocat doit pouvoir s'entretenir avec ce dernier, de façon confidentielle, en utilisant le moyen de télécommunication audiovisuelle. Dans le second cas, une copie de l'intégralité du dossier doit être mise à sa disposition dans les locaux de détention sauf si une copie de ce dossier lui a déjà été remis. Si ces dispositions s'appliquent au cours d'une audience, celle-ci doit se tenir dans des conditions qui garantissent le droit de la personne à présenter elle-même ses observations

Lorsqu'une personne est détenue, la notification d'une expertise par une juridiction doit se faire par l'utilisation d'un moyen de télécommunication audiovisuelle, sauf décision contraire motivée ou s'il doit être procédé concomitamment à un autre acte.

En cas de nécessité, résultant de l'impossibilité pour un interprète de se déplacer, l'assistance de l'interprète au cours d'une audition, d'un interrogatoire ou d'une confrontation peut également se faire par l'intermédiaire de moyens de télécommunications.

Un décret en Conseil d'État précise, en tant que de besoin, les modalités d'application du présent article.

Bibliographie : F. Rocheteau, *JCl. Proc. pén.*, art. 706-71, Fasc. 20.

Voir également : V. art. R. 53-33 et s., p. 2040.

1) **Questions prioritaires de constitutionnalité.** **Droit à la comparution physique devant un juge.** En matière criminelle, en application de l'article 145-2 du Code de procédure pénale, la première prolongation de la détention provisoire peut n'intervenir qu'à l'issue d'une durée d'une

année. Il en résulte qu'une personne placée en détention provisoire pourrait se voir privée, pendant l'année entière, de la possibilité de comparaître physiquement devant le juge appelé à statuer sur la détention provisoire. Pour ce motif, eu égard à l'importance de la garantie qui s'attache à la présentation physique de l'intéressé devant la juridiction compétente pour connaître de la détention provisoire et en l'état des conditions dans lesquelles s'exerce le recours à ces moyens de télécommunication, les dispositions contestées portent une atteinte excessive aux droits de la défense (▪ Cons. const., 20 sept. 2019, n° 2019-802 QPC : *JCP* G 2019, 1157, note M. Giacopelli. – V. aussi ▪ Cons. const., 21 mars 2019, n° 2019-778 DC. ▪ Cons. const., 30 avr. 2020, n° 2020-836 QPC). N'est pas sérieuse la question qui prétend que l'article 706-71 du Code de procédure pénale est contraire au droit fondamental de comparaître en personne devant un juge, en ce qu'il ne subordonne pas le recours au procédé de la visioconférence à l'accord préalable du mis en examen qui a relevé appel devant la chambre de l'instruction de l'ordonnance le plaçant en détention provisoire : cet article, dans sa version antérieure au 16 mars 2011, garantit, conformément aux principes des droits de la défense et du droit à un procès équitable, la confidentialité des transmissions et, dans le cas où la personne entendue est assistée par un avocat, lui donne la possibilité, soit de s'entretenir avec ce dernier, de façon confidentielle, en utilisant le moyen de télécommunication audiovisuelle, soit si l'avocat est auprès d'elle, de disposer d'une copie de l'intégralité du dossier dans les locaux de détention sauf si une copie de ce dossier a déjà été remise à l'avocat (▪ Cass. crim., 7 juin 2011, n° 11-90.028 QPC). En prévoyant que, lorsque l'audience porte sur une demande de mise en liberté, l'intéressé ne peut s'opposer au recours à un moyen de télécommunication audiovisuelle, les dispositions contestées visent à éviter les difficultés et les coûts occasionnés par les extractions judiciaires. Elles contribuent ainsi à la bonne administration de la justice et au bon usage des deniers publics (▪ Cons. const., 20 sept. 2019, préc.). À propos de l'ordonnance n° 2020-303 du 25 mars 2020, V. *infra*, n° 8. **Procès équitable, droits de la défense et publicité des audiences.** N'est pas sérieuse la question qui prétend que l'article 706-71 du Code de procédure pénale est contraire aux droits de la défense ainsi qu'au principe de la publicité de l'audience : la procédure d'audition de la personne par un juge à partir de moyens de télécommunication audiovisuelle garantit, conformément au principe du droit à un procès équitable, la publicité des débats dans la salle d'audience du tribunal, tout en assurant la confidentialité des transmissions et, dans le cas où la personne auditionnée est assistée par un avocat, lui donne la possibilité de s'entretenir avec ce dernier, de façon confidentielle, en ayant accès à l'intégralité du dossier (▪ Cass. crim., 28 juin 2011, n° 11-82.273 QPC). L'audition de la personne par une juridiction à partir de moyens de télécommunication audiovisuelle est conforme au principe du droit à un procès équitable : elle garantit la publicité des débats dans la salle d'audience de la juridiction, tout en assurant la confidentialité des transmissions et, dans le cas où la personne auditionnée est assistée par un avocat, lui donne la possibilité de s'entretenir avec ce dernier, de façon confidentielle, en ayant accès à l'intégralité du dossier (▪ Cass. crim., 16 oct. 2018, n° 18-84.430 QPC). N'est pas sérieuse la question qui conteste l'article 706-71 du Code de procédure pénale au motif qu'il ne précise pas que la personne détenue qui entend se défendre seule peut disposer, à sa demande, d'un accès au dossier ou à une copie du dossier dans la salle de visioconférence où il se trouve pendant l'audience : d'une part, l'audience au cours de laquelle la personne détenue comparaît devant ses juges, que ce soit en personne ou en visioconférence, se tient dans des conditions qui garantissent son droit de présenter elle-même ses observations en défense, l'intégralité du dossier étant mis à sa disposition dans les locaux de détention lui permettant de le consulter en temps utile et de préparer sa défense, tout en préservant la confidentialité de celui-ci selon les règles prévues par l'article 42 de la loi n° 2009-1436 du 24 novembre 2009 par sa conservation au seul greffe de l'établissement pénitentiaire ; d'autre part, aucune décision de la Cour de cassation ne retient en application des dispositions critiquées que le dossier doit être mis à disposition le jour de l'audience dans la salle de visioconférence pour l'avocat se trouvant auprès de son client détenu ou dans la salle d'audience pour la personne qui comparaît libre (▪ Cass. crim., 18 mars 2020, n° 19-87.941 QPC).

I – NATURE JURIDIQUE DE LA VISIOCONFÉRENCE

2) Acte d'administration judiciaire. L'audition de la personne par une juridiction à partir de moyens de télécommunication audiovisuelle, telle qu'elle est prévue par l'article 706-71 du Code de procédure pénale, n'est qu'une modalité de la comparution personnelle devant cette juridiction, prescrite, lorsque la personne entendue n'a pas la possibilité de s'y opposer ou, quand elle a cette faculté, ne l'a pas contestée, par une décision qui n'a pas à être motivée et qui, comme telle, est un acte d'administration judiciaire insusceptible de recours (V., s'agissant de chambres de l'instruction, ▪ Cass. crim., 16 oct. 2018, n° 18-84.430 QPC. ■ Cass. crim., 16 oct. 2018, n° 18-84.430). L'article 706-71 du Code de procédure pénale n'exige pas que soit motivée la décision ordonnant la comparution personnelle du mis en examen devant la chambre de l'instruction par l'utilisation de moyens de télécommunications (■ Cass. crim., 7 déc. 2010, n° 10-86.884 : *RSC* 2011, p. 419, obs. J. Danet, dans le cas d'un appel contre une décision de prolongation de la détention provisoire).

II – DOMAINE DE LA VISIOCONFERENCE

3) Juge d'instruction. Interrogatoire de première comparution. C'est à juste titre qu'un arrêt énonce que les interrogatoires de première comparution et les interrogatoires au fond sont régis par des dispositions particulières mais que ceux-ci sont tous visés dans la même section intitulée « des interrogatoires et confrontations » au sein du Code de procédure pénale, et que l'article 706-71 du Code de procédure pénale mentionnant de manière globale les interrogatoires, n'exclut donc pas le recours à ce moyen en ces différents cas (■ Cass. crim., 16 oct. 2018, n° 18-81.881 : *Bull. crim.* n° 169).

4) Juge des libertés et de la détention. Prolongation de la détention provisoire. Porte atteinte aux droits de la défense l'absence de mise à disposition d'une copie intégrale du dossier de la procédure dans les locaux de détention, lorsque l'avocat, qui n'avait pu obtenir depuis plusieurs mois une copie actualisée de l'entier dossier, informé de la tenue du débat contradictoire avec utilisation d'un moyen de communication audiovisuelle, avait indiqué en temps utile au juge des libertés et de la détention qu'il se trouverait auprès de la personne détenue (■ Cass. crim., 16 oct. 2019, n° 19-84.773 : *Dr. pén.* 2019, comm. 212, obs. A.-M. et M.-H. ; *Procédures* 2020, comm. 20, obs. A.-S. Chavent-Leclère).

5) Cour d'appel. Les dispositions de l'article 706-71 du Code de procédure pénale autorisant le recours à la visioconférence pour la comparution du prévenu détenu devant le tribunal correctionnel s'étendent à la cour d'appel, en application de l'article 512 du même code (■ Cass. crim., 25 mai 2016, n° 16-81.217 : *Bull. crim.* n° 158.). Si l'article 706-71 du Code de procédure pénale prévoit l'accord de la personne poursuivie et détenue lors de sa comparution, par le moyen de la visioconférence, à l'occasion des débats devant la juridiction, un tel accord n'est pas requis lors du prononcé, par le même moyen, de la décision mise en délibéré, un prononcé à l'occasion duquel aucune déclaration ou explication n'est immédiatement requise de la part du condamné (■ Cass. crim., 20 févr. 2019, n° 18-80.777 : *Bull. crim.* n° 46).

6) Prononcé d'une décision mise en délibéré. Si l'article 706-71 du Code de procédure pénale prévoit l'accord de la personne poursuivie et détenue lors de sa comparution, par le moyen de la visioconférence, à l'occasion des débats devant la juridiction, un tel accord n'est pas requis lors du prononcé, par le même moyen, de la décision mise en délibéré, à l'occasion duquel aucune déclaration ou explication n'est immédiatement requise de la part du condamné (■ Cass. crim., 20 févr. 2019, n° 18-80.777 : *Bull. crim.* n° 46).

7) Audition par visioconférence d'une personne ne se trouvant pas en un lieu distinct du siège de la juridiction. Il ne résulte pas de l'article 706-71 du Code de procédure pénale que le procédé de la visioconférence ne peut être utilisé qu'en vue de l'audition ou de l'interrogatoire d'une personne se trouvant en un lieu distinct du siège de la juridiction de jugement ; un témoin ayant souhaité, par crainte de pressions ou de menaces, être entendu par visioconférence, et les avocats des accusés s'y étant opposés et ayant demandé sa comparution personnelle à l'audience, la cour d'assises, siégeant à Versailles, a pu ordonner l'audition de ce témoin par visioconférence, depuis les locaux du tribunal de Pontoise (■ Cass. crim., 13 déc. 2017, n° 16-80.459).

8) Ordonnance n° 2020-303 du 25 mars 2020 (V. ann. Covid-19, p. 2454). Eu égard à l'importance de la garantie qui peut s'attacher à la présentation physique de l'intéressé devant la juridiction pénale, notamment lors de la comparution, devant le tribunal correctionnel ou la chambre des appels correctionnels, devant les juridictions spécialisées compétentes pour juger les mineurs en matière correctionnelle, ou lors du débat contradictoire préalable au placement en détention provisoire d'une personne ou à la prolongation d'une détention provisoire, et en l'état des conditions dans lesquelles s'exerce le recours à ces moyens de télécommunication, les dispositions de l'article 5 de l'ordonnance n° 2020-303 du 25 mars 2020 portent une atteinte aux droits de la défense que ne pouvait justifier le contexte sanitaire particulier résultant de l'épidémie de covid-19 durant leur période d'application. Elles doivent donc être déclarées contraires à la Constitution (■ Cons. const., 15 janv. 2021, n° 2020-872 QPC). Les dispositions de l'article 5 de cette ordonnance qui dérogent explicitement, pour un temps limité, à l'article 706-71 ne sont pas contraires aux articles 5 et 6 de la Convention européenne des droits de l'homme, dès lors que malgré le contexte sanitaire d'urgence, l'article 19 de l'ordonnance précitée pose, *in fine*, l'exigence que le juge organise et conduise la procédure en veillant au respect des droits de la défense et en garantissant le caractère contradictoire des débats (■ Cass. crim., 22 juill.

2020, n° 20-82.213, § 7 : publié au *Bull.* ■ Cass. crim., 6 oct. 2020, n° 20-84.171, § 12). Si l'article 5 de l'ordonnance n° 2020-303 du 25 mars 2020 a prévu, par dérogation à l'article 706-71 du Code de procédure pénale et pour une durée limitée, que les audiences relatives au contentieux de la détention, et notamment le débat contradictoire préalable au placement en détention provisoire, puissent avoir lieu par le moyen de la télécommunication audiovisuelle sans qu'il soit nécessaire de recueillir l'accord des parties, ce qui correspond à l'objectif gouvernemental poursuivi de limiter la propagation de l'épidémie de Covid-19 parmi les personnes participant au déroulement des instances, cet article assure un juste équilibre entre les impératifs de santé publique liés à la crise sanitaire et le respect des droits de la défense, en laissant la faculté d'user de ce moyen à l'appréciation du juge et en précisant qu'il lui appartient d'organiser et de conduire la procédure en veillant au respect des droits de la défense et en garantissant le caractère contradictoire des débats (■ Cass. crim., 14 oct. 2020, n° 20-84.169 QPC, § 5). N'est pas sérieuse la question qui prétend que l'article 5 de l'ordonnance n° 2020-303 du 25 mars 2020 portant adaptation des règles de procédure pénale en raison de la pandémie est contraire au principe de publicité des débats en ce qu'il autoriserait le président de la cour d'assises à décider de façon discrétionnaire d'y porter atteinte : d'une part, la restriction au principe de publicité des débats, posée par la disposition contestée, relève du pouvoir de police du président de la cour d'assises, et son exercice peut être contesté par le ministère public et par les parties au cours de l'audience, en particulier par le dépôt de conclusions d'incident, ou par une demande de donné-acte. D'autre part, la disposition critiquée s'inscrit dans un contexte d'urgence sanitaire liée à l'épidémie de Covid-19 : elle est instituée pour une durée déterminée, poursuit l'objectif de valeur constitutionnelle de protection de la santé, et contribue à la mise en œuvre du principe constitutionnel de continuité du fonctionnement de la justice. Enfin, elle ne porte pas atteinte aux droits de la défense, car elle n'empêche pas la présence de l'avocat aux côtés de l'accusé à l'audience, et ne limite pas la liberté de la défense. Elle ne méconnaît pas le principe d'égalité, car elle est applicable à toutes les parties, dans toutes les procédures qu'elle concerne, et n'apporte pas d'atteinte excessive à la liberté d'expression, le président pouvant autoriser la présence de journalistes à l'audience, même s'il ordonne le huis clos, en application de la disposition contestée (■ Cass. crim., 14 avr. 2021, n° 20-84.192 QPC).

9) Ordonnance n° 2020-1401 du 18 novembre 2020 (V. ann. Covid-19). Les dispositions contestées, applicables jusqu'à l'expiration d'un délai d'un mois après la cessation de l'état d'urgence sanitaire déclaré par le décret du 14 octobre 2020 mentionné ci-dessus et prorogé dans les conditions prévues par l'article L. 3131-13 du Code de la santé publique, permettent de recourir à la visioconférence devant les juridictions pénales sans qu'il soit nécessaire de recueillir l'accord des parties. Ces dispositions visent à favoriser la continuité de l'activité des juridictions pénales malgré les mesures d'urgence sanitaire prises pour lutter contre la propagation de l'épidémie de Covid-19. Elles poursuivent ainsi l'objectif de valeur constitutionnelle de protection de la santé et contribuent à la mise en œuvre du principe constitutionnel de continuité du fonctionnement de la justice. Toutefois, en premier lieu, les dispositions contestées permettent aux juridictions pénales d'imposer au justiciable le recours à un moyen de télécommunication audiovisuelle dans un grand nombre de cas. En second lieu, si le recours à un moyen de télécommunication audiovisuelle n'est qu'une faculté pour le juge, les dispositions contestées ne soumettent son exercice à aucune condition légale et ne l'encadrent par aucun critère. Il résulte de tout ce qui précède que, eu égard à l'importance de la garantie qui peut s'attacher à la présentation physique de l'intéressé devant la juridiction pénale et en l'état des conditions dans lesquelles s'exerce le recours à ce moyen de télécommunication, ces dispositions portent une atteinte aux droits de la défense que ne pouvait justifier le contexte sanitaire particulier résultant de l'épidémie de Covid-19 durant leur période d'application. Sans qu'il soit besoin d'examiner les autres griefs, elles doivent donc être déclarées contraires à la Constitution. Les mots « devant l'ensemble des juridictions pénales et » figurant au premier alinéa de l'article 2 de l'ordonnance n° 2020-1401 du 18 novembre 2020 portant adaptation des règles applicables aux juridictions de l'ordre judiciaire statuant en matière pénale sont contraires à la Constitution (■ Cons. const., 4 juin 2021, n° 2021-911/919 QPC). Les dispositions de l'article 2 de cette ordonnance portent une atteinte grave et manifestement illégale aux droits de la défense et au droit à un procès équitable en tant qu'elles autorisent le recours à la visioconférence après la fin de l'instruction à l'audience devant les juridictions criminelles. Les requérants sont donc fondés à demander la suspension de l'exécution de ces dispositions (■ CE, ord., 27 nov. 2020, n°s 446712, 446724, 446728, 446736, 446816 : *Dr. pén.* 2021, n° 17, obs. A. Maron et M. Haas). V. V.-L. Benabou et E. Jeuland, *L'audience en visioconférence : une exception au principe de présence physique : JCP* G 2021, libres propos n° 2. Pour rejeter le moyen de nullité pris du recours à la visioconférence sans assentiment de la personne détenue, l'arrêt attaqué énonce que le visa dans l'ordonnance du juge des libertés et de la détention de l'article 2 de l'ordonnance n° 2020-1401 du 18 novembre 2020 et de l'état de crise sanitaire a été suffisant, ce magistrat n'ayant pas à énoncer les raisons l'ayant contraint à l'usage de la visioconférence, dès lors qu'il lui revient, dans ce contexte exceptionnel, de « prioriser » les enjeux pour le détenu, notamment à l'aune de la nécessité, rappelée tant par le Conseil d'État que le Conseil constitutionnel, de s'assurer d'une comparution physique des personnes mises en examen avec une périodicité raisonnable et en tenant compte des disponibilités réduites des services d'extraction. Les juges relèvent encore que le juge des libertés et de la détention a précisé par une motivation suffisante qu'un nombre très important de débats contradictoires étaient organisés dans la même semaine, avec des délais contraints pour statuer et dans le contexte persistant de la crise sanitaire. En l'état de ces énonciations, la chambre de l'instruction n'a pas méconnu l'article 6 de la Convention européenne des droits de l'homme, les dispositions de l'ordonnance exigeant que le juge organise et conduise la procédure en veillant au respect des droits de la défense et en garantissant le caractère contradictoire des débats (■ Cass. crim., 13 avr. 2021, n° 21-80.859). L'article 2 de l'ordonnance n° 2020-1401 du 18 novembre 2020 portant adaptation de règles applicables aux juridictions de l'ordre judiciaire statuant en matière pénale est annulé en tant qu'il permet le recours à un moyen de télécommunication audiovisuelle devant l'ensemble des juridictions pénales sans qu'il soit nécessaire de recueillir l'accord des parties. Toutefois, les effets antérieurs à cette annulation des dispositions en cause doivent être réputés définitifs (■ CE, 4 août 2021, n°s 447916, 448388 et 448962).

III – RÉGULARITÉ DE LA VISIOCONFÉRENCE

A – Nécessité de l'enquête ou de l'instruction

10) Interrogatoire d'une personne arrêtée en vertu d'un mandat d'arrêt européen. Il s'induit des dispositions de l'article 706-71, alinéa 3 du Code de procédure pénale que le procédé de visioconférence, lorsqu'il est utilisé lors de l'interrogatoire, par le procureur général, de la personne arrêtée en exécution d'un mandat d'arrêt européen puis lors de sa présentation au premier président de la cour d'appel, n'a pas à être justifié par les « nécessités de l'enquête et de l'instruction », au sens de l'alinéa 1er du même texte (■ Cass. crim., 11 avr. 2012, n° 12-81.804 : *Bull. crim.* n° 90).

B – Procès-verbal

11) Absence au dossier du procès-verbal des opérations techniques. Si, lors de l'utilisation de moyens de télécommunication audiovisuelle, il doit, conformément aux dispositions de l'article 706-71 du Code de procédure pénale, être dressé, dans chacun des lieux où les opérations sont effectuées, un procès-verbal, l'absence au dossier de cette pièce, relatant les opérations accomplies à la maison d'arrêt, ne saurait avoir de conséquence sur la régularité de la procédure, dès lors que le procès-verbal dressé par le greffier de la chambre de l'instruction ainsi que les mentions de l'arrêt et les pièces de la procédure mettent la Cour de cassation en mesure de s'assurer que les conditions légales du déroulement de l'audience ont été respectées (■ Cass. crim., 2 mars 2010, n° 09-88.239 : *RSC* 2011, p. 419, obs. J. Danet. ■ Cass. crim., 7 avr. 2010, n° 10-80.785 : *Bull. crim.* n° 60. ■ Cass. crim., 6 oct. 2010, n° 10-85.237 : *Bull. crim.* n° 152). Lorsqu'il résulte du procès-verbal de débats en cour d'assises que des experts ont été entendus par le moyen de la visioconférence, s'il ne résulte pas des pièces de procédure que des procès-verbaux de constatation des opérations techniques aient été établis, la cassation n'est cependant pas encourue dès lors que l'absence de demande de donné-acte fait présumer qu'aucun incident technique de nature à porter atteinte aux droits de la défense ne s'est produit au cours de ces liaisons (■ Cass. crim., 18 nov. 2015, n° 14-86.475 : *Bull. crim.* n° 261. Dans le même sens, ■ Cass. crim., 12 déc. 2018, n° 17-87.462). S'il ne résulte pas des pièces de procédure qu'un procès-verbal des opérations techniques de la visio conférence des témoins X... et Y... a été établi pour chacun d'eux, la cassation n'est cependant pas encourue, dès lors que l'absence de demande de donné-acte fait présumer qu'aucun incident technique, de nature à porter atteinte aux droits de la défense, ne s'est produit au cours de ces liaisons (■ Cass. crim., 20 juin 2018, n° 17-85.096).

12) Absence de mention au procès-verbal d'un incident technique. Le demandeur ne saurait faire grief au procès-verbal des débats de ne pas faire état de l'incident technique (rupture de communication de vingt minutes), dès lors que son existence résulte des mentions du procès-verbal des opérations qui lui est annexé et que, par ailleurs, en l'absence de demande de donné-acte, il doit être présumé que cet incident technique n'a porté aucune atteinte aux droits de la défense (■ Cass. crim., 16 mars 2018, n° 16-86.528).

C – Chambre de l'instruction

1° *Détention provisoire*

13) Droit du détenu de refuser le recours à la visioconférence. Il se déduit de l'article 706-71 du

Code de procédure pénale que la personne détenue, lorsqu'elle est avisée de la date de l'audience au cours de laquelle il sera statué sur son placement en détention provisoire ou la prolongation de cette mesure, et du fait que le recours à un moyen de télécommunication audiovisuelle est envisagé, doit être informée de son droit de s'opposer à l'utilisation de ce moyen (■ Cass. crim., 20 juin 2018, n° 18-81.862 : *Bull. crim.* n° 120). L'omission de cette information ne peut entraîner le prononcé d'une nullité que si elle a eu pour effet de porter atteinte aux intérêts de la partie concernée (■ Cass. crim., 26 juin 2019, n° 19-82.838).

14) Intéressé revenant sur son refus initial du recours à la visioconférence. Il se déduit de l'article 706-71 du Code de procédure pénale, qui trouve son fondement dans le souci d'une bonne administration de la justice, que l'intéressé ne peut plus revenir sur son choix initial de refuser l'utilisation d'un moyen de télécommunication audiovisuelle (■ Cass. crim., 29 nov. 2017, n° 17-85.300 : *Bull. crim.* n° 274. ■ Cass. crim., 15 mars 2022, n° 21-87.478, § 13). V. art. 706-71-1, nv, *infra*, p. 1586.

15) Refus par l'intéressé du recours à la visioconférence. Cas de risques graves de trouble à l'ordre public ou d'évasion. Encourt la cassation l'arrêt de la chambre de l'instruction, qui, pour rejeter la demande du mis en examen, appelant d'une ordonnance ayant prolongé sa détention provisoire, qui souhaitait être présent à l'audience en raison de troubles de l'audition dont il se plaignait, se borne à retenir qu'il ne résultait pas des documents produits que son audition par visioconférence soit impossible, alors que seuls des risques graves de trouble à l'ordre public ou d'évasion pouvaient, dans un tel cas, permettre de passer outre au refus de la personne détenue d'utiliser un moyen de télécommunication audiovisuelle (■ Cass. crim., 11 oct. 2011, n° 11-85.602 : *Bull. crim.* n° 197). Pour rejeter le moyen pris de la nullité du titre de détention tiré de l'absence de débat contradictoire, l'arrêt retient que les motifs de l'ordonnance attaquée font suffisamment ressortir un risque grave d'évasion à l'occasion du débat contradictoire devant se tenir devant le juge des libertés et de la détention, en sorte que ce magistrat a justifié sa décision de passer outre le refus de comparaître au débat contradictoire par visioconférence ; en statuant ainsi, sans mieux rechercher les motifs précis et circonstanciés de nature à caractériser des risques graves de trouble à l'ordre public ou d'évasion, la chambre de l'instruction n'a pas justifié sa décision (■ Cass. crim., 20 juin 2017, n° 17-82.062).

16) Refus par l'intéressé du recours à la visioconférence. Circonstances imprévisibles et insurmontables faisant obstacle à la visioconférence. Le refus, par le mis en examen, à la fois de la visioconférence et d'un report du débat contradictoire a créé un obstacle insurmontable, en raison de la distance séparant la maison d'arrêt du siège du tribunal et de l'heure tardive, à l'organisation immédiate d'un transfèrement ; dès lors, en procédant à ce débat par visioconférence, la comparution personnelle du mis en examen étant matériellement impossible, le juge des libertés n'a porté aucune atteinte aux droits de la défense (■ Cass. crim., 11 avr. 2018, n° 18-80.648). La survenance d'une tempête et le déclenchement des alertes par l'autorité préfectorale, ainsi que la décision du bâtonnier de suspendre les activités de ses confrères, y compris ceux assurant une permanence et l'incertitude sur l'évolution de la situation météorologique, constituent des circonstances insurmontables imposant que le débat soit tenu en visioconférence, par le seul magistrat du siège présent (■ Cass. crim., 24 janv. 2018, n° 17-86.265 : *Bull. crim.* n° 24 ; *Dr. pén.* 2018, comm. 55, obs. A. Maron et M. Haas). L'épidémie de Covid-19 était le 17 mars 2020 constitutive d'une circonstance imprévisible et insurmontable, extérieure au service public de la justice, permettant d'écarter les dispositions de l'article 706-71 du Code de procédure pénale et de passer outre au refus de la personne mise en examen de comparaître par le moyen de la visioconférence (■ Cass. crim., 6 oct. 2020, n° 20-82.909, § 10. ■ Cass. crim., 6 oct. 2020, n° 20-83.314, § 10).

17) Comparution personnelle de droit devant la chambre de l'instruction et visioconférence. En application de l'article 199, alinéa 5 du Code de procédure pénale, en matière de détention provisoire, la comparution personnelle de la personne concernée est de droit si celle-ci ou son avocat en fait la demande. Lorsqu'une chambre de l'instruction est saisie de l'appel d'une ordonnance de prolongation de la détention provisoire d'une personne ayant demandé à comparaître devant elle et dont l'audition a été prévue sous forme de visioconférence, ladite chambre ne peut statuer en l'absence de l'intéressé sans caractériser l'existence d'une circonstance imprévisible et insurmontable ayant rendu impossible sa comparution personnelle par visioconférence (■ Cass. crim., 2 févr. 2016, n° 15-86.596 : *Bull. crim.* n° 26).

18) Publicité des débats devant la chambre de l'instruction. Visioconférence depuis des locaux pénitentiaires. La publicité, prévue, sauf décision contraire, par l'article 199, alinéa 2 du Code de procédure pénale, des audiences au cours desquelles il est statué sur la détention provisoire d'une personne majeure, concerne uniquement l'accès à la salle d'audience où siège la chambre de l'instruction et ne s'étend pas aux locaux pénitentiaires depuis lesquels la personne détenue comparaît par visioconférence (■ Cass. crim., 16 mars 2016, n° 15-87.644 : *Bull. crim.* n° 83).

2° *Autres contentieux*

19) Comparution personnelle facultative devant la chambre de l'instruction. La chambre de l'instruction qui ordonne la comparution personnelle, lorsqu'elle n'est qu'une faculté laissée à son appréciation, peut recourir à la visioconférence, qui n'est qu'une modalité de cette comparution (■ Cass. crim., 27 févr. 2018, n° 17-87.133 : *Dr. pén.* 2018, comm. 89, obs. A. Maron et M. Haas, à propos de l'audition d'une personne mise en examen).

20) Demande de mise en liberté adressée à la chambre de l'instruction. Dans le cas d'une demande de mise en liberté, l'intéressé n'a pas la possibilité de refuser le recours à la visioconférence (■ Cass. crim., 2 mai 2018, n° 18-80.895).

D – Accord du prévenu

21) Prévenu étranger. Traduction. Si l'avis sollicitant l'accord du prévenu pour comparaître devant la juridiction de jugement par visioconférence à l'occasion de son jugement sur le fond ne figure pas à l'énumération des paragraphes 1° à 4° de l'article D. 594-6 du Code de procédure pénale, il n'en constitue pas moins une pièce essentielle à la garantie du caractère équitable du procès, ce qui impose sa traduction, lorsque le prévenu ne comprend pas le français ; en refusant cette traduction, la cour d'appel a méconnu les articles préliminaire et 706-71 du Code de procédure pénale (■ Cass. crim., 9 mars 2022, n° 21-82.580 : *Bull. crim.* à paraître).

E – Assistance de l'avocat

22) Absence de l'avocat. La survenance d'une tempête et le déclenchement des alertes par l'autorité préfectorale, ainsi que la décision du bâtonnier de suspendre les activités de ses confrères, y compris ceux assurant une permanence, et l'incertitude sur l'évolution de la situation météorologique constituent des circonstances insurmontables imposant que le débat soit tenu en visioconférence hors la présence d'un avocat (■ Cass. crim., 24 janv. 2018, n° 17-86.265 : *Bull. crim.* n° 24 ; *Dr. pén.* 2018, comm. 55, obs. A. Maron et M. Haas).

23) Délai pour informer l'avocat du recours à la visioconférence. La loi ne prévoit pas de délai pour informer l'avocat du mis en examen détenu du recours à la visioconférence pour la tenue du débat devant le juge (■ Cass. crim., 21 sept. 2018, n° 18-84.983).

24) Absence d'une copie intégrale du dossier lors du débat contradictoire devant le juge des libertés et de la détention. Il résulte de l'article 706-71 du Code de procédure pénale que s'il est recouru à un moyen de télécommunication audiovisuelle pour le débat contradictoire prévu pour la prolongation de la détention provisoire, l'avocat qui assiste la personne mise en examen détenue peut se trouver auprès de l'intéressé dans les locaux de détention. Dans ce cas, une copie de l'intégralité du dossier doit être mise à sa disposition dans ces locaux sauf si une copie de ce dossier lui a déjà été remise (■ Cass. crim., 16 mars 2021, n° 20-87.044, § 9). Porte atteinte aux droits de la défense l'absence de mise à disposition d'une copie intégrale du dossier de la procédure dans les locaux de détention, lorsque l'avocat, qui n'avait pu obtenir depuis plusieurs mois une copie actualisée de l'entier dossier, informé de la tenue du débat contradictoire avec utilisation d'un moyen de communication audiovisuelle, avait indiqué en temps utile au juge des libertés et de la détention qu'il se trouverait auprès de la personne détenue (■ Cass. crim., 16 oct. 2019, n° 19-84.773 : *Dr. pén.* 2019, comm. 212, obs. A.-M. et M.-H. ; *Procédures* 2020, comm. 20, obs. A.-S. Chavent-Leclère). Il se déduit de l'article 706-71 du Code de procédure pénale que le mis en examen ne saurait se faire un grief de ce qu'une copie intégrale du dossier n'a pas été mise à la disposition de son avocat dans les locaux de détention, lorsque ce dernier, informé de la tenue du débat contradictoire avec utilisation d'un moyen de communication audiovisuelle, n'a pas averti en temps utile le juge des libertés et de la détention de son choix de se trouver auprès de la personne détenue à la maison d'arrêt (■ Cass. crim., 6 déc. 2017, n° 17-85.716 : *Bull. crim.* n° 280 ; *Dr. pén.* 2018, comm. 36, obs. A. Maron et M. Haas). En informant le juge des libertés et de la détention, de façon certaine, de son choix de se trouver auprès de la personne détenue à la maison d'arrêt la veille de la date définitive fixée pour le débat contradictoire avec utilisation d'un moyen de communication audiovisuelle, le mis en examen n'a pas averti en temps utile ce magistrat pour mettre à la disposition de son avocat une copie intégrale du dossier dans les locaux de détention ; dès lors, la chambre de l'instruction, qui a constaté que les droits de la défense n'avaient pas été méconnus, a écarté à bon droit l'appel contre la décision par laquelle le juge des libertés et de la détention n'a pas fait droit aux conclusions de l'avocat s'opposant à la prolongation de la détention provisoire de son client motif pris que la copie de l'intégralité de la procédure n'avait pas été mise à sa disposition dans lesdits locaux (■ Cass. crim., 25 juill. 2018, n° 18-83.317).

25) Absence de confidentialité de l'entretien avec l'avocat. L'inobservation de la formalité substantielle que constitue la confidentialité de l'entretien avec l'avocat, prévue par l'article l'article 706-71 du Code de procédure pénale, n'est sanctionnée de nullité que si elle a eu pour effet de porter atteinte aux intérêts du demandeur, au sens de l'article 802 du même code (■ Cass. crim., 19 juin 2018, n° 17-85.041).

Rédaction antérieure. Art. 706-71 (1) ***(Mod. à compter du 1er juin 2019, L. n° 2019-222, 23 mars 2019).*** – Lorsque les nécessités de l'enquête ou de l'instruction le justifient, l'audition ou l'interrogatoire d'une personne ainsi que la confrontation entre plusieurs personnes peuvent être effectués en plusieurs points du territoire de la République ou entre le territoire de la République et celui d'un État membre de l'Union européenne dans le cadre de l'exécution d'une décision d'enquête européenne et se trouvant reliés par des moyens de télécommunications garantissant la confidentialité de la transmission. Dans les mêmes conditions, la présentation aux fins de prolongation de la garde à vue ou de la retenue judiciaire peut être réalisée par l'utilisation de moyens de télécommunication audiovisuelle. Il est alors dressé, dans chacun des lieux, un procès-verbal des opérations qui y ont été effectuées. Ces opérations peuvent faire l'objet d'un enregistrement audiovisuel ou sonore, les dispositions des troisième à huitième alinéas de l'article 706-52 sont alors applicables.

Les dispositions de l'alinéa précédent prévoyant l'utilisation d'un moyen de télécommunication audiovisuelle sont applicables devant la juridiction de jugement pour l'audition des témoins, des parties civiles et des experts. Elles sont également applicables, avec l'accord du procureur de la République et de l'ensemble des parties, pour la comparution du prévenu devant le tribunal correctionnel si celui-ci est détenu.

Ces dispositions sont également applicables à l'audition ou à l'interrogatoire par un juge d'instruction d'une personne détenue, au débat contradictoire préalable au placement en détention provisoire d'une personne détenue pour une autre cause, au débat contradictoire prévu pour la prolongation de la détention provisoire, aux audiences relatives au contentieux de la détention provisoire devant la chambre de l'instruction (2) ou la juridiction de jugement, à l'interrogatoire de l'accusé par le président de la cour d'assises en application de l'article 272, à la comparution d'une personne à l'audience au cours de laquelle est rendu un jugement ou un arrêt qui avait été mis en délibéré ou au cours de laquelle il est statué sur les seuls intérêts civils, à l'interrogatoire par le procureur ou le procureur général d'une personne arrêtée en vertu d'un mandat d'amener, d'un mandat d'arrêt, d'un mandat d'arrêt européen, d'une demande d'arrestation provisoire, d'une demande d'extradition ou d'une demande d'arrestation aux fins de remise, à la présentation au juge des libertés et de la détention, au premier président de la cour d'appel ou au magistrat désigné par lui en application des articles 627-5, 695-28, 696-11 et 696-23 si la personne est détenue pour une autre cause, ou à l'interrogatoire du prévenu devant le tribunal de police ou devant la juridiction de proximité si celui-ci est détenu pour une autre cause. Lorsqu'il s'agit d'une audience au cours de laquelle il doit être statué sur le placement en détention provisoire ou la prolongation de la détention provisoire, la personne détenue peut, lorsqu'elle est informée de la date de l'audience et du fait que le recours à ce moyen est envisagé, refuser l'utilisation d'un moyen de télécommunication audiovisuelle, sauf si son transport paraît devoir être évité en raison des risques graves de trouble à l'ordre public ou d'évasion.

Elles sont de même applicables devant la commission d'indemnisation des victimes d'infractions, devant le premier président de la cour d'appel statuant sur les demandes de réparation d'une détention provisoire, devant la Commission nationale de réparation des détentions, devant la commission d'instruction des demandes en révision et en réexamen et devant la cour de révision et de réexamen.

Pour l'application des dispositions des trois alinéas précédents, si la personne est assistée par un avocat, celui-ci peut se trouver auprès du magistrat, de la juridiction ou de la commission compétents ou auprès de l'intéressé. Dans le premier cas, il doit pouvoir s'entretenir avec ce dernier, de façon confidentielle, en utilisant le moyen de télécommunication audiovisuelle. Dans le second cas, une copie de l'intégralité du dossier doit être mise à sa disposition dans les locaux de détention sauf si une copie de ce dossier a déjà été remise à l'avocat.

Lorsqu'une personne est détenue, la notification d'une expertise par une juridiction doit se faire par l'utilisation d'un moyen de télécommunication audiovisuelle, sauf décision contraire motivée ou s'il doit être procédé concomitamment à un autre acte.

En cas de nécessité, résultant de l'impossibilité pour un interprète de se déplacer, l'assistance de l'interprète au cours d'une audition, d'un interrogatoire ou d'une confrontation peut également se faire par l'intermédiaire de moyens de télécommunications.

Un décret en Conseil d'État précise, en tant que de besoin, les modalités d'application du présent article.

Bibliographie : F. Rocheteau, *JCl. Proc. pén.*, art. 706-71, Fasc. 20.

Voir également : V. art. R. 53-33 et s., p. 2040.

Art. 706-71-1 ***(Créé à compter du 1er juin 2019, L. n° 2019-222, 23 mars 2019).*** **– Lorsque le recours à un moyen de télécommunication audiovisuelle n'est possible qu'avec l'accord de la personne, cette dernière fait connaître son accord dans les cinq jours suivant le moment où elle est informée de la date de l'audience et du fait que le recours à ce moyen est envisagé.**

---

(1) Dispositions particulières ou dérogatoires résultant de l'état d'urgence sanitaire dû à l'épidémie de Covid-19 : V. Ord. n° 2020-303 du 25 mars 2020. – NDLR.

(2) Les mots « la chambre de l'instruction » sont contraires à la Constitution. Il y a lieu de reporter au 31 octobre 2020 la date de l'abrogation des dispositions contestées. V. Cons. const. n° 2020-836 du 30 avr. 2020. – QPC.

Lorsque le recours à un tel moyen n'est pas possible parce que la personne le refuse, cette dernière doit faire connaître son refus au moment où elle est informée de la date de l'audience et du fait que le recours à ce moyen est envisagé.

La personne qui a accepté le recours à un moyen de télécommunication audiovisuelle conformément aux dispositions du premier alinéa ou qui ne s'y est pas opposée dans les cas prévus au deuxième alinéa ne peut pas ensuite le refuser.

TITRE XXIV. – DE LA PROCÉDURE APPLICABLE AUX ATTEINTES AUX SYSTÈMES DE TRAITEMENT AUTOMATISÉ DE DONNÉES

(L. n° 2014-1353, 13 nov. 2014)

Art. 706-72 *(Mod., L. n° 2019-222, 23 mars 2019).* – Les infractions mentionnées aux articles 323-1 à 323-4-1 et 411-9 du Code pénal, lorsqu'elles sont commises sur un système de traitement automatisé d'informations, sont poursuivies, instruites et jugées selon les règles du présent code sous réserve du présent titre.

Les articles 706-80 à 706-87, 706-95 à 706-103 et 706-105 du présent code sont applicables à l'enquête, à la poursuite, à l'instruction et au jugement des délits prévus à l'article 323-4-1 du Code pénal.

Les mêmes articles 706-80 à 706-87, 706-95 à 706-103 et 706-105 sont également applicables à l'enquête, à la poursuite, à l'instruction et au jugement du blanchiment des mêmes délits ainsi qu'à l'association de malfaiteurs lorsqu'elle a pour objet la préparation de l'un desdits délits.

Art. 706-72-1 *(Créé, L. n° 2016-731, 3 juin 2016).* – Pour la poursuite, l'instruction et le jugement des infractions entrant dans le champ d'application de l'article 706-72, le procureur de la République, le pôle de l'instruction, le tribunal correctionnel et la cour d'assises de Paris exercent une compétence concurrente à celle qui résulte de l'application des articles 43, 52 et 382.

En ce qui concerne les mineurs, le procureur de la République, le pôle de l'instruction, le juge des enfants, le tribunal pour enfants et la cour d'assises des mineurs de Paris exercent une compétence concurrente à celle qui résulte de l'application de l'ordonnance n° 45-174 du 2 février 1945 relative à l'enfance délinquante.

Lorsqu'ils sont compétents pour la poursuite et l'instruction des infractions entrant dans le champ d'application de l'article 706-72, le procureur de la République et le pôle de l'instruction de Paris exercent leurs attributions sur toute l'étendue du territoire national.

Art. 706-72-2 *(Créé, L. n° 2016-731, 3 juin 2016).* – Le procureur de la République près un tribunal judiciaire autre que celui de Paris peut, pour les infractions entrant dans le champ d'application de l'article 706-72, requérir le juge d'instruction de se dessaisir au profit de la juridiction d'instruction de Paris. Les parties sont préalablement avisées et invitées à faire connaître leurs observations par le juge d'instruction ; l'ordonnance est rendue huit jours, au plus tôt, et un mois, au plus tard, à compter de cet avis.

L'ordonnance par laquelle le juge d'instruction se dessaisit ne prend effet qu'à l'expiration d'un délai de cinq jours ; lorsqu'un recours est exercé en application de l'article 706-72, le juge d'instruction demeure saisi jusqu'à ce que l'arrêt de la chambre criminelle de la Cour de cassation soit porté à sa connaissance.

Dès que l'ordonnance est devenue définitive, le procureur de la République adresse le dossier de la procédure au procureur de la République de Paris.

Le présent article est applicable devant la chambre de l'instruction.

Art. 706-72-3 *(Créé, L. n° 2016-731, 3 juin 2016).* – Lorsqu'il apparaît au juge d'instruction du tribunal judiciaire de Paris que les faits dont il a été saisi ne constituent pas une des infractions entrant dans le champ d'application de l'article 706-72 et ne relèvent pas de sa compétence à un autre titre, ce juge se déclare incompétent soit à la requête du procureur de la République, soit, après avis de ce dernier, d'office ou à la requête des parties. Celles des parties qui n'ont pas présenté une requête sont préalablement avisées et invitées à faire connaître leurs observations ; l'ordonnance est rendue au plus tôt huit jours après cet avis.

Le deuxième alinéa de l'article 706-72-2 est applicable à l'ordonnance par laquelle le juge d'instruction du tribunal judiciaire de Paris se déclare incompétent.

Dès que l'ordonnance est devenue définitive, le procureur de la République de Paris adresse le dossier de la procédure au procureur de la République territorialement compétent.

Le présent article est applicable lorsque la chambre de l'instruction de la cour d'appel de Paris statue sur sa compétence.

Art. 706-72-4 *(Créé, L. n° 2016-731, 3 juin 2016)*. **– Lorsque le tribunal correctionnel ou le tribunal pour enfants de Paris se déclare incompétent pour les motifs prévus à l'article 706-72-3, il renvoie le ministère public à se pourvoir ainsi qu'il avisera ; il peut, le ministère public entendu, décerner, par la même décision, mandat de dépôt ou d'arrêt contre le prévenu.**

Art. 706-72-5 *(Créé, L. n° 2016-731, 3 juin 2016)*. **– Dans les cas prévus aux articles 706-72-2 à 706-72-4, le mandat de dépôt ou d'arrêt conserve sa force exécutoire ; les actes de poursuite ou d'instruction et les formalités intervenus avant que la décision de dessaisissement ou d'incompétence soit devenue définitive n'ont pas à être renouvelés.**

Art. 706-72-6 *(Créé, L. n° 2016-731, 3 juin 2016)*. **– Toute ordonnance rendue sur le fondement des articles 706-72-2 ou 706-72-3 par laquelle un juge d'instruction statue sur son dessaisissement ou par laquelle le juge d'instruction du tribunal judiciaire de Paris statue sur sa compétence peut, à l'exclusion de toute autre voie de recours, être déférée dans les cinq jours de sa notification, à la requête du ministère public ou de l'une des parties, à la chambre criminelle de la Cour de cassation qui désigne, dans les huit jours suivant la date de réception du dossier, la juridiction chargée de poursuivre l'information. Le ministère public peut également saisir directement la chambre criminelle de la Cour de cassation lorsque le juge d'instruction n'a pas rendu son ordonnance dans le délai d'un mois prévu au premier alinéa de l'article 706-72-2.**

La chambre criminelle qui constate que le juge d'instruction du tribunal judiciaire de Paris n'est pas compétent peut néanmoins, dans l'intérêt d'une bonne administration de la justice, décider que l'information sera poursuivie à ce tribunal.

L'arrêt de la chambre criminelle est porté à la connaissance du juge d'instruction ainsi qu'à celle du ministère public et signifié aux parties.

Le présent article est applicable à l'arrêt rendu sur le fondement du dernier alinéa des articles 706-72-2 et 706-72-3 par lequel une chambre de l'instruction statue sur son dessaisissement ou sa compétence.

TITRE XXV. – DE LA PROCÉDURE APPLICABLE À LA CRIMINALITÉ ET À LA DÉLINQUANCE ORGANISÉES ET AUX CRIMES

(L. n° 2004-204, 9 mars 2004 ; intitulé mod. à compter du 1er juin 2019, L. n° 2019-222, 23 mars 2019)

Bibliographie : *Répertoire.* T. Meindl, *Procédure applicable à la criminalité et la délinquance organisée, Poursuite, Instruction, Jugement : JCl. Proc. pén.*, art. 706-73 à 706-106, Fasc. 20.

Généralités. A. Botton, *L'inconstitutionnalité du régime dérogatoire de la garde à vue en matière d'escroquerie en bande organisée : D.* 2014, p. 2278 ; *Contrôle de la loi de programmation justice : le Conseil constitutionnel entre « moustiques et chameaux » de procédure pénale : JCP* G 2019, n° 14, p. 359. • Aux sources de la réforme : le rôle du Conseil constitutionnel dans l'équilibre de la réforme, *Quelles mutations pour la justice pénale du 21e siècle : éd. Dalloz*, 2020, p. 57. • P. Conte, *Le régime procédural de la criminalité organisée étendu à la corruption : l'exception tendrait-elle à devenir la règle ? : Dr. pén.* 2008, étude 1, n° 1. • B. de Lamy, *La loi n° 2004-204 du 9 mars 2004 portant adaptation de la justice aux évolutions de la criminalité : D.* 2004, p. 1910 ; *L'effet rebond de l'inconstitutionnalité de la garde à vue en matière d'escroquerie en bande organisée ; L'égalité devant la justice dans la jurisprudence du Conseil constitutionnel, à propos notamment de la nécessaire courbure d'un principe essentiel : Cah. Cons. const.* 2000, n° 4. • H. Matsopoulou, *Les nouveaux moyens de preuve au service de la criminalité organisée, à propos de la loi 2016-731 du 3 juin 2016 : JCP* G 2016, n° 25, p. 707 ; *L'évolution du dispositif de lutte contre le terrorisme, Quelles mutations pour la justice pénale du 21e siècle : éd. Dalloz*, 2020, p. 151. • J.-B. Perrier, *Les (r)évolutions de la procédure pénale : D.* 2019, p. 1061. • J. Pradel, *L'enquête pénale proactive :*

suggestions pour un statut légal : *D.* 1998, p. 57. • E. Vergès, *La notion de crime organisé après la loi du 9 mars 2014 : AJ Pénal* 2004, p. 181. • C. Ribeyre, *Loi n° 2016-731 du 3 juin 2016 renforçant la lutte contre le crime organisé, le terrorisme et leur financement, et améliorant l'efficacité et les garanties de la procédure pénale – Et maintenant ? : Dr. pén.* 2016, étude 17, n° 9.

Art. 706-73 ***(Mod., L. n° 2011-13, 5 janv. 2011 ; L. n° 2011-266, 14 mars 2011 ; L. n° 2011-525, 17 mai 2011 ; L. n° 2012-304, 6 mars 2012 ; Ord. n° 2012-351, 12 mars 2012 ; L. n° 2013-1029, 15 nov. 2013).*** **– La procédure applicable à l'enquête, la poursuite, l'instruction et le jugement des crimes et des délits suivants est celle prévue par le présent code, sous réserve des dispositions du présent titre :**

1° Crime de meurtre commis en bande organisée prévu par le 8° de l'article 221-4 du Code pénal ;

2° Crime de tortures et d'actes de barbarie commis en bande organisée prévu par l'article 222-4 du Code pénal ;

3° Crimes et délits de trafic de stupéfiants prévus par les articles 222-34 à 222-40 du Code pénal ;

4° Crimes et délits d'enlèvement et de séquestration commis en bande organisée prévu par l'article 224-5-2 du Code pénal ;

5° Crimes et délits aggravés de traite des êtres humains prévus par les articles 225-4-2 à 225-4-7 du Code pénal ;

6° Crimes et délits aggravés de proxénétisme prévus par les articles 225-7 à 225-12 du Code pénal ;

7° Crime de vol commis en bande organisée prévu par l'article 311-9 du Code pénal ;

8° Crimes aggravés d'extorsion prévus par les articles 312-6 et 312-7 du Code pénal ;

8° *bis (8° bis abr. à compter du 1er sept. 2015, Cons. const. n° 2014-420/421 QPC, 9 oct. 2014 : JO 12 oct. 2014 ; abr., L. n° 2015-993, 17 août 2015)* ;

9° Crime de destruction, dégradation et détérioration d'un bien commis en bande organisée prévu par l'article 322-8 du Code pénal ;

10° Crimes en matière de fausse monnaie prévus par les articles 442-1 à 442-2 du Code pénal ;

11° Crimes et délits constituant des actes de terrorisme prévus par les articles 421-1 à « 421-6 » du Code pénal ;

11° *bis (11° bis créé à compter du 31 octobre 2017, L. n° 2017-1510, 30 oct. 2017)* Crimes portant atteinte aux intérêts fondamentaux de la nation prévus au titre Ier du livre IV du Code pénal ;

12° *(12° mod., L. n° 2016-731, 3 juin 2016)* Délits en matière d'armes et de produits explosifs prévus aux articles 222-52 à 222-54, 222-56 à 222-59, 322-6-1 et 322-11-1 du Code pénal, aux articles L. 2339-2, L. 2339-3, L. 2339-10, L. 2341-4, L. 2353-4 et L. 2353-5 du Code de la défense ainsi qu'aux articles L. 317-2 et L. 317-7 du Code de la sécurité intérieure ;

13° *(Al. mod. à compter du 1er mai 2021, Ord. n° 2020-1733, 16 déc. 2020)* Délits d'aide à l'entrée, à la circulation et au séjour irréguliers d'un étranger en France commis en bande organisée prévus par les articles L. 823-1 et L. 823-2 du Code de l'entrée et du séjour des étrangers et du droit d'asile ;

14° Délits de blanchiment prévus par les articles 324-1 et 324-2 du Code pénal, ou de recel prévus par les articles 321-1 et 321-2 du même code, du produit, des revenus, des choses provenant des infractions mentionnées aux 1° à 13° ;

15° Délits d'association de malfaiteurs prévus par l'article 450-1 du Code pénal, lorsqu'ils ont pour objet la préparation de l'une des infractions mentionnées aux 1° à 14° et 17° ;

16° Délit de non-justification de ressources correspondant au train de vie, prévu par l'article 321-6-1 du Code pénal, lorsqu'il est en relation avec l'une des infractions mentionnées aux 1° à 15° et 17° ;

17° Crime de détournement d'aéronef, de navire ou de tout autre moyen de transport commis en bande organisée prévu par l'article 224-6-1 du Code pénal ;

18° Crimes et délits punis de dix ans d'emprisonnement, contribuant à la prolifération des armes de destruction massive et de leurs vecteurs entrant dans le champ d'application de l'article 706-167 ;

19° Délit d'exploitation d'une mine ou de disposition d'une substance concessible sans titre d'exploitation ou autorisation, accompagné d'atteintes à l'environnement, commis en bande organisée, prévu à l'article L. 512-2 du Code minier, lorsqu'il est connexe avec l'une des infractions mentionnées aux 1° à 17° du présent article ;

20° *(20° abr., L. n° 2015-993, 17 août 2015).*

Pour les infractions visées aux 3°, 6° et 11°, sont applicables, sauf précision contraire, les dispositions du présent titre ainsi que celles des titres XV, XVI et XVII.

1) Justification du régime dérogatoire. D'une façon générale, la difficulté d'appréhender les auteurs des infractions mentionnées à l'article 706-73 nouveau du Code de procédure pénale tient à l'existence d'un groupement ou d'un réseau dont l'identification, la connaissance et le démantèlement posent des problèmes complexes. Sous les réserves énoncées pour le vol commis en bande organisée et l'aide au séjour irrégulier d'un étranger, les infractions retenues par l'article 706-73 sont suffisamment graves et complexes pour que le législateur ait pu fixer, en ce qui les concerne, des règles spéciales de procédure pénale (■ Cons. const., 2 mars 2004, déc. n° 2004-492 DC : *JurisData* n° 2004-269979 ; *D.* 2004, p. 956, note M. Dobkine ; *RSC* 2005, p. 112, note V. Bück). La difficulté à appréhender les auteurs d'infractions tenant à l'existence d'éléments d'extranéité ou à un groupement ou un réseau dont l'identification, la connaissance et le démantèlement posent des problèmes complexes, ainsi que la gravité des comportements considérés, autorisent le législateur à fixer des règles spéciales de surveillance et d'investigation. Tel est le cas du trafic d'influence, de la fraude fiscale aggravée ou des délits douaniers punis d'une peine d'emprisonnement supérieure à cinq ans (■ Cons. const., 4 déc. 2013, déc. n° 2013-679 DC : *JurisData* n° 2013-030673, consid. 75).

2) Recours à des techniques spéciales d'enquête. Si une infraction d'une particulière gravité et complexité est de nature à justifier le recours à des mesures spéciales d'enquête, tel n'est pas nécessairement le cas d'infractions ne présentant pas ces caractères. L'autorisation de recourir à des techniques d'enquête particulièrement intrusives pour des infractions ne présentant pas nécessairement un caractère de particulière complexité, sans assortir ce recours des garanties permettant un contrôle suffisant par le juge du maintien du caractère nécessaire et proportionné de ces mesures durant leur déroulé, notamment en lui permettant d'accéder à l'ensemble des pièces de la procédure, viole la constitution et l'exigence de conciliation équilibrée entre, d'un côté, l'objectif de recherche des auteurs d'infractions et, de l'autre, le droit au respect de la vie privée, le secret des correspondances et l'inviolabilité du domicile (Cons. const., 21 mars 2019, n° 2019-778 DC : A. Botton, *Contrôle de la loi de programmation justice : le Conseil constitutionnel entre « moustiques et chameaux » de procédure pénale* : *JCP* G 2019, n° 14, p. 359).

3) Contrôle de l'autorité judiciaire. Si le législateur peut prévoir des mesures d'investigation spéciales en vue de constater des crimes et délits d'une gravité et d'une complexité particulières, d'en rassembler les preuves et d'en rechercher les auteurs, c'est sous réserve que ces mesures soient conduites dans le respect des prérogatives de l'autorité judiciaire, gardienne de la liberté individuelle, et que les restrictions qu'elles apportent aux droits constitutionnellement garantis soient nécessaires à la manifestation de la vérité, proportionnées à la gravité et à la complexité des infractions commises et n'introduisent pas de discriminations injustifiées. Il appartient à l'autorité judiciaire de veiller au respect de ces principes, rappelés à l'article préliminaire du Code de procédure pénale, dans l'application des règles de procédure pénale spéciales instituées par la loi (■ Cons. const., 2 mars 2004, déc. n° 2004-492 DC, préc., consid. 6).

4) Réserve d'interprétation en matière de vol aggravé. Si le vol commis en bande organisée, lequel reçoit la qualification criminelle, trouve sa place dans la liste de l'article 706-73 du Code de procédure pénale, il ne saurait en être ainsi que s'il présente des éléments de gravité suffisants pour justifier les mesures dérogatoires (■ Cons. const., 2 mars 2004, préc.). La réserve d'interprétation émise par le Conseil constitutionnel est propre au vol aggravé relevant de l'article 706-73 du Code de procédure pénale et ne concerne pas les autres infractions visées par le législateur (■ Cass. ch. mixte, 11 déc. 2009, n°s 08-86.304 et 09-13.944 : *Bull. ch. mixte* n° 1).

5) Réserve d'interprétation en droit des étrangers. Il ressort des termes mêmes de l'article 706-73 nouveau du Code de procédure pénale que le délit d'aide au séjour irrégulier d'un étranger en France commis en bande organisée ne saurait concerner les organismes humanitaires d'aide aux étrangers. De plus, s'applique à la qualification d'une telle infraction le principe énoncé à l'article 121-3 du même code, selon lequel il n'y a point de délit sans intention de le commettre (■ Cons. const., 2 mars 2004, préc., consid. 18).

6) Fractionnement du régime dérogatoire. La possibilité d'avoir recours à une garde à vue dérogatoire ne saurait être justifiée que lorsque les infractions en cause sont susceptibles de porter atteinte en elles-mêmes à la sécurité, à la dignité ou à la vie des personnes. Tel n'est pas le cas des infractions énumérées par l'article 706-1-1 du Code de procédure pénale, de corruption et de trafic d'influence ainsi que de fraude fiscale et douanière. Aussi en prévoyant qu'une garde à vue puisse, en ce domaine, être prolongée selon les modalités fixées par l'article 706-88 du Code de procédure pénale, le législateur a permis qu'il soit porté à la liberté individuelle et aux droits de la défense une atteinte qui ne peut être regardée comme proportionnée au but poursuivi (■ Cons. const., 4 déc. 2013, déc. n° 2013-679 DC, préc., consid. 77).

7) Escroquerie en bande organisée. Même lorsqu'il est commis en bande organisée, le délit d'escroquerie n'est pas susceptible de porter atteinte en lui-même à la sécurité, à la dignité ou à la vie des personnes. En permettant de recourir à la garde à vue selon les modalités fixées par l'article 706-88 du Code de procédure pénale au cours des enquêtes ou des instructions portant sur ce délit, le législateur a permis qu'il soit porté à la liberté individuelle et aux droits de la défense une atteinte qui ne peut être regardée comme proportionnée au but poursuivi. Par suite, le 8 *bis* de l'article 706-73 du Code de procédure pénale méconnaît ces exigences constitutionnelles et doit être déclaré contraire à la Constitution. L'abrogation immédiate du 8 *bis* de l'article 706-73 du Code de procédure pénale ayant cependant pour effet non seulement d'empêcher le recours à une garde à vue de quatre-vingt-seize heures pour des faits d'escroquerie en bande organisée, mais aussi de faire obstacle à l'usage des autres pouvoirs spéciaux de surveillance et d'investigation prévus par le titre XXV du livre IV du même code, elle aurait dès lors des conséquences manifestement excessives. Afin de permettre au législateur de remédier à l'inconstitutionnalité du 8 *bis* de l'article 706-73 du Code de procédure pénale, il y a lieu de reporter au 1er septembre 2015 la date de cette abrogation. Toutefois, les dispositions du 8° *bis* de l'article 706-73 du Code de procédure pénale ne sauraient être interprétées comme permettant, à compter de cette publication, pour des faits d'escroquerie en bande organisée, le recours à la garde à vue prévue par l'article 706-88 du Code de procédure pénale (▪ Cons. const., 9 oct. 2014, n° 2014-420/421 QPC : *JurisData* n° 2014-022895, consid. 13 et 25-26 ; *Dr. pén.* 2014, comm. 142, obs. A. Maron et C. Haas ; *AJ Pénal* 2014, p. 574, obs. J.-B. Perrier). La prolongation d'une garde à vue au-delà de la 48e heure est valable dès lors qu'elle a été décidée avant la publication de la décision du Conseil constitutionnel du 9 octobre 2014 (▪ Cass. crim., 9 avr. 2015, n° 14-87.660 : *JurisData* n° 2015-007505 ; *D. Actu* 5 mai 2015, obs. S. Fucini. Cass. crim., 19 janv. 2016, n° 15-81.041 : *JurisData* n° 2016-000568 ; *Procédures* 2016, comm. 110, A.- S. Chavent-Leclère).

8) Recel, blanchiment, association de malfaiteurs. Dans sa décision du 9 octobre 2014, le Conseil constitutionnel a jugé qu'en permettant de recourir à la garde à vue, selon les modalités fixées par l'article 706-88 du Code de procédure pénale au cours des enquêtes ou des instructions portant sur le délit d'escroquerie en bande organisée prévu par le dernier alinéa de l'article 313-2 du Code pénal, le législateur a permis qu'il soit porté à la liberté individuelle et aux droits de la défense une atteinte qui ne peut être regardée comme proportionnée au but poursuivi dès lors que ce délit n'est pas susceptible de porter atteinte en lui-même à la sécurité, à la dignité ou à la vie des personnes. Que pour les raisons sus-énoncées, la référence au 8 *bis* de l'article 706-88 du Code de procédure pénale par les 14° et 15° du même article permettant, jusqu'à la date de son abrogation, le recours à la garde à vue prévue par l'article 706-88 dudit code, est contraire à la Constitution (▪ Cons. const., 15 déc. 2015, n° 2015-508 QPC, consid. 13-14 : *Dr. pén.* 2015, comm. 17 obs. A. Maron et M. Haas ; *RSC* 2016, p. 399, note B. de Lamy).

9) Définition de la bande organisée. Les infractions que le législateur a retenues au titre de l'article 706-73 du Code de procédure pénale sont rédigées en termes suffisamment clairs et précis pour respecter le principe de légalité. En particulier, n'est ni obscure, ni ambiguë l'expression « bande organisée », qui est définie par l'article 132-71 du Code pénal comme « tout groupement formé ou toute entente établie en vue de la préparation, caractérisée par un ou plusieurs faits matériels, d'une ou de plusieurs infractions » et qui se distingue ainsi de la notion de réunion ou de coaction (▪ Cons. const., 2 mars 2004, préc., consid. 14). La bande organisée suppose la préméditation des infractions et, à la différence de l'association de malfaiteurs, une organisation structurée entre ses membres (▪ Cass. crim., 8 juill. 2015, n° 14-88.329 : *JurisData* n° 2015-016709 ; *Dr. pén.* 2015, comm. 120, note P. Conte ; *D.* 2015, p. 2541, note R. Parizot. Cass. crim., 22 juin 2016, n° 16-81.834 : *JurisData* n° 2016-013642).

10) Caractérisation des infractions entrant dans le champ du régime dérogatoire. Des informations circonstanciées recueillies sur l'existence d'un transport, par un véhicule dont le signalement précis a été donné, de produits stupéfiants caractérise une raison plausible de soupçonner que les occupants de ce véhicule ont commis l'un des crimes entrant dans le champ d'application des articles 706-73 et 706-74 du Code de procédure pénale (▪ Cass. crim., 23 mai 2017, n° 16-87.323). Le délit de blanchiment en bande organisée était suffisamment établi par le fait, pour la prévenue, de percevoir en toute connaissance de cause, sous couvert d'une opération de prêt, des fonds provenant de l'activité frauduleuse d'une entreprise dont elle connaissait les activités illicites, alors qu'elle était par ailleurs proche des organisateurs de ces opérations de blanchiment, dont son propre frère, grâce auquel les fonds ont transité (▪ Cass. crim., 20 nov. 2019, n° 18-83.541). L'existence d'une organisation structurée et hiérarchisée ayant prémédité l'accomplissement d'un vol avec arme et la réalisation d'actes préparatoires comprenant la présence d'armes et d'explosifs, de fourgons utilitaires préalablement volés ainsi que d'autres véhicules légers chargés de se positionner aux abords du lieu du vol avec port d'armes permet de retenir la bande organisée (■ Cass. crim., 9 mai 2019, n° 18-82.885). La circonstance aggravante de bande organisée est établie par l'existence d'une entente qui suppose la préméditation, et d'une organisation structurée entre ses membres (■ Cass. crim., 10 avr. 2019, n° 18-83.053). Justifie sa décision la cour d'appel qui retient la circonstance aggravante de bande organisée pour une évasion, préparée par un groupe structuré, composé du frère du prévenu et d'individus, dont certains ont été identifiés, s'étant procuré des armes et deux véhicules, et dont l'objectif était d'attaquer le fourgon de police afin de permettre l'évasion du prévenu (■ Cass. crim., 11 janv. 2017, n° 16-80.610 : *Bull. crim.* n° 19).

Art. 706-73-1 *(L. n° 2015-993, 17 août 2015 ; mod., L. n° 2016-731, 3 juin 2016)*. **– Le présent titre, à l'exception de l'article 706-88, est également applicable à l'enquête, à la poursuite, à l'instruction et au jugement des délits suivants :**

1° Délit d'escroquerie en bande organisée, prévu au dernier alinéa de l'article 313-2 du Code pénal, délit d'atteinte aux systèmes de traitement automatisé de données à caractère personnel mis en œuvre par l'État commis en bande organisée, prévu à l'article 323-4-1 du même code et délit d'évasion commis en bande organisée prévu au second alinéa de l'article 434-30 dudit code ;

2° Délits de dissimulation d'activités ou de salariés, de recours aux services d'une personne exerçant un travail dissimulé, de marchandage de main-d'œuvre, de prêt illicite de main-d'œuvre ou d'emploi d'étranger sans titre de travail, commis en bande organisée, prévus aux 1° et 3° de l'article L. 8221-1 et aux articles L. 8221-3, L. 8221-5, L. 8224-1, L. 8224-2, L. 8231-1, L. 8234-1, L. 8234-2, L. 8241-1, L. 8243-1, L. 8243-2, L. 8251-1 et L. 8256-2 du Code du travail ;

3° Délits de blanchiment, prévus à l'article 324-1 du Code pénal, ou de recel, prévus aux articles 321-1 et 321-2 du même code, du produit, des revenus ou des choses provenant des infractions mentionnées aux 1° et 2° du présent article ;

3°*bis* *(Al. aj., L. n° 2016-731, 3 juin 2016)* **Délits de blanchiment prévus à l'article 324-2 du Code pénal, à l'exception de ceux mentionnés au 14° de l'article 706-73 du présent code ;**

4° Délits d'association de malfaiteurs, prévus à l'article 450-1 du Code pénal, lorsqu'ils ont pour objet la préparation de l'une des infractions mentionnées aux 1° à 3° du présent article ;

5° Délit de non-justification de ressources correspondant au train de vie, prévu à l'article 321-6-1 du Code pénal, lorsqu'il est en relation avec l'une des infractions mentionnées aux 1° à 4° du présent article.

6° *(Al. aj., L. n° 2016-731, 3 juin 2016)* **Délits d'importation, d'exportation, de transit, de transport, de détention, de vente, d'acquisition ou d'échange d'un bien culturel prévus à l'article 322-3-2 du Code pénal ;**

7° *(7° créé, L. n° 2016-1087, 8 août 2016)* **Délits d'atteintes au patrimoine naturel commis en bande organisée, prévus à l'article L. 415-6 du Code de l'environnement ;**

8° *(8° créé, L. n° 2016-1087, 8 août 2016)* **Délits de trafic de produits phytopharmaceutiques commis en bande organisée, prévus au 3o de l'article L. 253-17-1, au II des articles L. 253-15 et L. 253-16 et au III de l'article L. 254-12 du Code rural et de la pêche maritime ;**

9° *(9° créé, L. n° 2016-1087, 8 août 2016)* **Délits relatifs aux déchets mentionnés au I de l'article L. 541-46 du Code de l'environnement commis en bande organisée, prévus au VII du même article ;**

10° *(10° créé, L. n° 2017-257, 28 févr. 2017)* **Délit de participation à la tenue d'une maison de jeux de hasard commis en bande organisée, prévu au premier alinéa de l'article L. 324-1 du Code de la sécurité intérieure et délits d'importation, de fabrication, de détention, de mise à disposition de tiers, d'installation et d'exploitation d'appareil de jeux de hasard ou d'adresse commis en bande organisée, prévu au premier alinéa de l'article L. 324-2 du même code ;**

11° *(11° créé à compter du 31 octobre 2017, L. n° 2017-1510, 30 oct. 2017)* **Délits portant atteinte aux intérêts fondamentaux de la nation prévus aux articles 411-5, 411-7 et 411-8, aux deux premiers alinéas de l'article 412-2, à l'article 413-1 et au troisième alinéa de l'article 413-13 du Code pénal.**

Art. 706-74 *(Mod., L. n° 2015-993, 17 août 2015)*. **– Lorsque la loi le prévoit, les dispositions du présent titre sont également applicables :**

1° Aux crimes et délits commis en bande organisée, autres que ceux relevant des articles 706-73 et 706-73-1 ;

2° Aux délits d'association de malfaiteurs prévus par le deuxième alinéa de l'article 450-1 du Code pénal autres que ceux relevant du 15° de l'article 706-73 ou du 4° de l'article 706-73-1 du présent code.

CHAPITRE I. – COMPÉTENCE DES JURIDICTIONS SPÉCIALISÉES

Art. 706-75 *(Mod., L. n° 2019-222, 23 mars 2019)*. **– La compétence territoriale d'un tribunal judiciaire et d'une cour d'assises peut être étendue au ressort d'une ou plusieurs cours d'appel pour l'enquête, la poursuite, l'instruction et le jugement des crimes et délits entrant dans le champ d'application des articles 706-73, à l'exception du 11°, du 11° *bis* et du 18°, 706-73-1, à l'exclusion du 11°, ou 706-74, dans les affaires qui sont ou apparaîtraient d'une grande complexité.**

Cette compétence s'étend aux infractions connexes.

Un décret fixe la liste et le ressort de ces juridictions, qui comprennent une section du parquet et des formations d'instruction et de jugement spécialisées pour connaître de ces infractions.

Toutefois, le tribunal judiciaire et la cour d'assises de Paris exercent une compétence concurrente sur l'ensemble du territoire national pour l'enquête, la poursuite, l'instruction et le jugement des crimes et délits mentionnés au premier alinéa du présent article, dans les affaires qui sont ou apparaîtraient d'une très grande complexité, en raison notamment du ressort géographique sur lequel elles s'étendent.

1) **Connexité.** La compétence des juridictions spécialisées en matière de délinquance organisée s'étend aux infractions connexes. Tel est le cas d'une escroquerie en relation avec un trafic international de véhicules volés relevant de l'article 706-73 du Code de procédure pénale (■ Cass. crim., 15 déc. 2010, n° 10-88.298 : *Bull. crim.* n° 206).

2) **Appréciation de la complexité des affaires.** La grande complexité de la procédure, concernant certaines des infractions limitativement énumérées par la loi et permettant un dessaisissement au profit de la JIRS, est laissée à l'appréciation de l'autorité judiciaire (■ Cass. crim., 28 mai 2014, n°s 11-81.640 et 13-83.197 : *JurisData* n° 2014-011382). Une dénonciation anonyme relative à un projet criminel tendant à des vols avec armes et séquestration par des personnes connues des services de police et proches du grand banditisme, à quoi s'ajoutent l'utilisation d'un véhicule faussement immatriculée et la méfiance et la discrétion manifestées en permanence par ces individus, lors de leur surveillance, peuvent raisonnablement laisser croire à la mise en place d'une organisation structurée et d'un dispositif préparatoire type « camp de base » justifiant à la fois la référence à la notion de bande organisée telle que retenue et l'ouverture d'une information judiciaire auprès de la juridiction interrégionale spécialisée (■ Cass. crim., 23 janv. 2013, n° 12-85.059 : *Bull. crim.* n° 296).

3) **Appel.** Les dispositions combinées des articles 380-1, 706-75, 706-75-2 et 706-76 du Code de procédure pénale n'imposent pas que l'appel de l'arrêt pénal rendu par une cour d'assises mentionnée à l'article D. 47-13 du même code soit porté devant la même cour d'assises, autrement composée, ou devant une autre cour d'assises, elle aussi mentionnée audit article (■ Cass. crim., 18 nov. 2015, n° 15-86.436 : *Bull. crim.* n° 262).

Art. 706-75-1 *(Ord. n° 2006-673, 8 juin 2006 ; mod., L. n° 2011-266, 14 mars 2011 ; L. n° 2015-993, 17 août 2015 ; L. n° 2021-1729, 22 déc. 2021)*. **– Au sein de chaque tribunal judiciaire dont la compétence territoriale est étendue au ressort d'une ou plusieurs cours d'appel, le procureur général et le premier président, après avis du procureur de la République et du président du tribunal judiciaire, désignent respectivement un ou plusieurs magistrats du parquet, juges d'instruction et magistrats du siège chargés spécialement de l'enquête, la poursuite, l'instruction et, s'il s'agit de délits, du jugement des infractions entrant dans le champ d'application des articles 706-73, à l'exception du 11° et du 18°, 706-73-1 ou 706-74. Pour siéger au sein du tribunal correctionnel, peuvent être désignés des magistrats honoraires exerçant des fonctions juridictionnelles dans les conditions prévues à la section II du chapitre V *bis* de l'ordonnance n° 58-1270 du 22 décembre 1958 portant loi organique relative au statut de la magistrature.**

Au sein de chaque cour d'assises dont la compétence territoriale est étendue au ressort d'une ou plusieurs cours d'appel, le premier président désigne des magistrats du siège, conformément aux dispositions des articles 244 à 253, chargés spécialement du jugement des crimes entrant dans le champ d'application de ces infractions. Peuvent être désignés des magistrats honoraires exerçant des fonctions juridictionnelles dans les conditions prévues au second alinéa de l'article 249.

Au sein de chaque cour d'appel dont la compétence territoriale est étendue au ressort d'une ou plusieurs cours d'appel, le premier président et le procureur général désignent respectivement des magistrats du siège et du parquet général chargés spécialement du jugement des délits et du traitement des affaires entrant dans le champ d'application des articles 706-73, à l'exception du 11° et du 18°, 706-73-1 ou 706-74. Pour siéger au sein de la

chambre des appels correctionnels, peuvent être désignés des magistrats honoraires exerçant des fonctions juridictionnelles dans les conditions prévues à la section II du chapitre V *bis* de l'ordonnance n° 58-1270 du 22 décembre 1958 précitée.

1) **Habilitation JIRS.** Le demandeur ne saurait se faire un grief de ce que la chambre de l'instruction n'a pas vérifié si Mme A..., juge d'instruction, était bien habilitée JIRS, dès lors qu'il résulte de l'ordonnance produite n° 386/2014 du premier président de la cour d'appel de Paris, en date du 26 septembre 2014, pièce de la procédure dont la Cour de cassation a le contrôle et qui a été soumise au débat contradictoire devant elle, que Mme A... bénéficiait de cette habilitation (■ Cass. crim., 13 févr. 2018, n° 17-83.370).

2) **Composition de la juridiction.** La désignation du président et des assesseurs composant la cour d'assises, à l'occasion du jugement des infractions relevant de la criminalité et de la délinquance organisées, n'est régie par l'article 706-75-1 du Code de procédure pénale qu'à l'occasion du jugement sur l'action publique, mais non lorsque, après l'arrêt de condamnation, la cour d'assises n'est plus saisie que des intérêts civils (■ Cass. crim., 11 déc. 2019, n° 19-80.059, § 12).

Art. 706-75-2 *(Mod., L. n° 2015-993, 17 août 2015)*. **– Par dérogation aux dispositions du deuxième alinéa de l'article 380-1, en cas d'appel d'une décision d'une cour d'assises dont la compétence territoriale est étendue au ressort d'une ou plusieurs cours d'appel pour le jugement des crimes entrant dans le champ d'application des articles 706-73, à l'exception du 11°, 706-73-1 ou 706-74, dans les affaires qui sont ou apparaîtraient d'une grande complexité, la chambre criminelle de la Cour de cassation peut désigner la même cour d'assises, autrement composée pour connaître de l'appel.**

Art. 706-76 *(Mod., L. n° 2020-1672, 24 déc. 2020)*. **– Le procureur de la République, le juge d'instruction, la formation correctionnelle spécialisée du tribunal judiciaire et la cour d'assises visés à l'article 706-75 exercent, sur toute l'étendue du ressort fixé en application de cet article, une compétence concurrente à celle qui résulte de l'application des articles 43, 52, 382 et 706-42.**

La juridiction saisie demeure compétente, quelles que soient les incriminations retenues lors du règlement ou du jugement de l'affaire. Toutefois, si les faits constituent une contravention, le juge d'instruction prononce le renvoi de l'affaire devant le tribunal de police compétent en application de l'article 522.

Art. 706-77 *(Mod., L. n° 2019-222, 23 mars 2019)*. **– Le procureur de la République près un tribunal judiciaire peut, pour les infractions entrant dans le champ d'application des articles 706-73, à l'exception du 11° et du 18°, 706-73-1 et 706-74, requérir le juge d'instruction de se dessaisir au profit de la juridiction d'instruction compétente en application de l'article 706-75. Les parties sont préalablement avisées et invitées à faire connaître leurs observations par le juge d'instruction. L'ordonnance est rendue huit jours au plus tôt et un mois au plus tard à compter de cet avis.**

Lorsque le juge d'instruction décide de se dessaisir, son ordonnance ne prend effet qu'à compter du délai de cinq jours prévu par l'article 706-78 ; lorsqu'un recours est exercé en application de cet article, le juge d'instruction demeure saisi jusqu'à ce que soit porté à sa connaissance l'arrêt de la chambre de l'instruction passé en force de chose jugée ou celui de la chambre criminelle de la Cour de cassation.

Dès que l'ordonnance est passée en force de chose jugée, le procureur de la République adresse le dossier de la procédure au procureur de la République près le tribunal judiciaire compétent en application de l'article 706-76.

Les dispositions du présent article sont applicables devant la chambre de l'instruction.

1) **Différence des procédures de dessaisissement.** Dans le cas où le procureur de la République requiert le dessaisissement d'un juge d'instruction non spécialisé au profit d'un juge d'instruction spécialisé en matière de criminalité et de délinquance organisées, les parties sont avisées, invitées à faire connaître leurs observations et peuvent exercer un recours contre l'ordonnance de dessaisissement. Il en va autrement lorsque, en cours d'enquête, le procureur de la République près une juridiction non spécialisée se dessaisit au profit d'un procureur de la République près une juridiction spécialisée en matière de criminalité et de délinquance organisées, aucune personne ne pouvant, à ce stade de la procédure, revendiquer les droits attachés à la qualité de personne mise en examen ou de partie civile ; qu'en ne prévoyant pas, dans le cadre d'une enquête, les garanties accordées aux parties dans le cadre d'une information, les dispositions contestées ne portent aucune atteinte aux droits de la défense ni à l'égalité devant la justice. Il n'y a donc pas lieu de transmettre la question prioritaire de constitutionnalité mettant en cause les articles 706-75 à

706-79-1 du Code de procédure pénale, en ce qu'elles prévoient une procédure formelle de dessaisissement assortie de garanties procédurales, uniquement en cas de dessaisissement du juge d'instruction de droit commun au profit d'une juridiction interrégionale spécialisée, et non en cas de dessaisissement du parquet initialement saisi au profit d'un parquet d'une juridiction interrégionale spécialisée (■ Cass. crim., 5 avr. 2018, n° 17-86.558).

2) **Relations entre procédures de dessaisissement.** Les dispositions de l'article 706-77 du Code de procédure pénale viennent compléter celles de l'article 663 du même code sans se substituer à celles-ci ou les exclure. La chambre de l'instruction, saisie de l'appel d'une ordonnance de dessaisissement, est donc autorisée à relever les éléments établissant la connexité de cette information avec celle ouverte devant la JIRS et justifier le dessaisissement de la juridiction de droit commun sur le fondement de l'article 663 du Code de procédure pénale énonçant que si les règles des articles 706-77 et suivants du Code de procédure pénale sont d'ordre public, elles n'ont pas pour autant vocation à se substituer à la règle de l'article 663 du Code de procédure pénale instituant elle aussi une procédure d'exception dérogeant aux règles de compétence habituelles entre deux juridictions simultanément saisies sans que ne soit précisée leur spécialisation (■ Cass. crim., 3 sept. 2019, n° 19-80.388).

3) **Dessaisissement et réquisitoire supplétif.** C'est à bon droit que la chambre de l'instruction a écarté le moyen pris de la violation de l'article 80 du Code de procédure pénale, en ce que la juridiction interrégionale spécialisée de Rennes aurait méconnu l'étendue de sa saisine pour avoir instruit sur les faits d'association de malfaiteurs ressortant initialement de la compétence du juge d'instruction de Nantes sans cependant en avoir été saisie par un réquisitoire supplétif, dès lors que l'arrêt relève que la juridiction interrégionale était régulièrement saisie de ces mêmes faits par suite du dessaisissement du parquet de Bayonne (■ Cass. crim., 28 mars 2017, n° 16-84.853).

4) **Réquisitions du procureur de la République.** En application des dispositions de l'article 706-77 du Code de procédure pénale le dessaisissement d'un juge d'instruction au profit de la juridiction interrégionale spécialisée ne peut intervenir que sur les réquisitions du procureur de la République. L'absence d'opposition au dessaisissement inscrite au dossier par le procureur de la République ne peut s'analyser en des réquisitions engageant la procédure de dessaisissement (■ Cass. crim., 12 nov. 2015, n° 15-82.832 : *JurisData* n° 2015-025074). La chambre de l'instruction, saisie d'une requête en annulation, n'est compétente ni pour mettre en œuvre la procédure de dessaisissement au profit de la juridiction spécialisée dont l'initiative est réservée par l'article 706-77 du Code précité au seul ministère public, ni pour enjoindre à ce dernier d'y procéder (■ Cass. crim., 11 mai 2006, n° 06-81.699 : *Bull. crim.* n° 127 ; *Dr. pén.* 2009, n° 6, comm. A. Maron et M. Haas).

5) **Prise d'effet de l'ordonnance de dessaisissement.** L'ordonnance de dessaisissement du juge d'instruction au profit de la juridiction interrégionale spécialisée ne prend effet, en l'absence de recours des parties, qu'à l'expiration d'un délai de cinq jours suivant la notification qui leur est faite. Dans l'intervalle, le juge d'instruction demeure seul légalement saisi de l'information (■ Cass. crim., 14 oct. 2015, n° 15-81.765 : *JurisData* n° 2015-022706 ; *Bull. crim.* n° 223). Lorsqu'une information a été ouverte contre personnes non dénommées, les réquisitions adressées au JIRS avant l'expiration du délai de 5 jours demeurent valables, les formalités de notification de l'article 706-78 du Code de procédure pénale ne trouvant pas application en l'absence de partie à la procédure (■ Cass. crim., 11 mai 2016, n° 15-87.595 : *JurisData* n° 2016-008892).

Art. 706-78 *(L. n° 2004-204, 9 mars 2004)*. **– L'ordonnance rendue en application de l'article 706-77 peut, à l'exclusion de toute autre voie de recours, être déférée dans les cinq jours de sa notification, à la requête du ministère public ou des parties, soit à la chambre de l'instruction si la juridiction spécialisée au profit de laquelle le dessaisissement a été ordonné ou refusé se trouve dans le ressort de la cour d'appel dans lequel se situe la juridiction initialement saisie, soit, dans le cas contraire, à la chambre criminelle de la Cour de cassation. La chambre de l'instruction ou la chambre criminelle désigne, dans les huit jours suivant la date de réception du dossier, le juge d'instruction chargé de poursuivre l'information. Le ministère public peut également saisir directement la chambre de l'instruction ou la chambre criminelle de la Cour de cassation lorsque le juge d'instruction n'a pas rendu son ordonnance dans le délai d'un mois prévu au premier alinéa de l'article 706-77.**

L'arrêt de la chambre de l'instruction ou de la chambre criminelle est porté à la connaissance du juge d'instruction ainsi qu'au ministère public et notifié aux parties.

Les dispositions du présent article sont applicables à l'arrêt de la chambre de l'instruction rendu sur le fondement du quatrième alinéa de l'article 706-77, le recours étant alors porté devant la chambre criminelle.

1) Limitation des recours. En application de l'article 706-78 du Code de procédure pénale, l'ordonnance de dessaisissement rendue par le juge d'instruction sur le fondement de l'article 706-77 du même code peut seulement, à l'exclusion de toute autre voie de recours, être déférée, à la requête du ministère public ou des parties, soit à la chambre de l'instruction si la juridiction spécialisée au profit de laquelle le dessaisissement a été ordonné ou refusé se trouve dans le ressort de la cour d'appel dans lequel se situe la juridiction initialement saisie, soit, dans le cas contraire, à la chambre criminelle de la Cour de cassation (■ Cass. crim., 19 janv. 2005, n° 05-80.112 : *JurisData* n° 2005-026736 ; *JCP* G 2005, n° 10, p. 1511). L'article 706-78 du Code de procédure pénale exclut donc la possibilité de se pourvoir contre un arrêt de chambre de l'instruction statuant en matière de dessaisissement au profit de la juridiction interrégionale spécialisée (■ Cass. crim., 16 févr. 2005, n° 05-81.000 : *JurisData* n° 2005-027071 ; *Dr. pén.* 2005, comm. 68, obs. A. Maron ; *JCP* G 2005, n° 12, p. 1634. ■ Cass. crim., 14 sept. 2005, n° 05-85.222 : *JurisData* n° 2005-030056).

2) Tardiveté du recours. Doit être déclaré irrecevable un recours formé contre l'ordonnance de dessaisissement du juge d'instruction introduit plus de 5 jours après sa notification aux parties (■ Cass. crim., 7 sept. 2011, n° 11-86.559 : *JurisData* n° 2011-020329 ; *Bull. inf. C. cass.* 15 déc. 2011, n° 1574).

Art. 706-79 *(Mod., L. n° 2015-993, 17 août 2015).* **– Les magistrats mentionnés à l'article 706-76 ainsi que le procureur général près la cour d'appel compétente peuvent demander à des assistants spécialisés, désignés dans les conditions prévues par les dispositions de l'article 706, de participer, selon les modalités prévues par cet article, aux procédures concernant les crimes et délits entrant dans le champ d'application des articles 706-73, 706-73-1 ou 706-74.**

Art. 706-79-1 *(L. n° 2004-204, 9 mars 2004).* **– Le procureur général près la cour d'appel, dans le ressort de laquelle se trouve une juridiction compétente en application de l'article 706-75, anime et coordonne, en concertation avec les autres procureurs généraux du ressort interrégional, la conduite de la politique d'action publique pour l'application de cet article.**

CHAPITRE II. – PROCÉDURE

Section I. – De la surveillance

Art. 706-80 *(Mod., L. n° 2019-222, 23 mars 2019).* **– Les officiers de police judiciaire et, sous leur autorité, les agents de police judiciaire, après en avoir informé le procureur de la République et sauf opposition de ce magistrat, peuvent étendre à l'ensemble du territoire national la surveillance de personnes contre lesquelles il existe une ou plusieurs raisons plausibles de les soupçonner d'avoir commis l'un des crimes et délits entrant dans le champ d'application des articles 706-73, 706-73-1 ou 706-74 ou la surveillance de l'acheminement ou du transport des objets, biens ou produits tirés de la commission de ces infractions ou servant à les commettre.**

L'information préalable à l'extension de compétence prévue par le premier alinéa doit être donnée, par tout moyen au procureur de la République déjà saisi et, au procureur de la République près le tribunal judiciaire dans le ressort duquel les opérations de surveillance sont susceptibles de débuter.

La détermination du lieu où est susceptible de débuter la surveillance de personnes contre lesquelles il existe une ou plusieurs raisons plausibles de les soupçonner d'avoir commis l'une des infractions visées aux articles 706-73 et 706-74 du Code de procédure pénale ainsi que de l'acheminement ou du transport des objets, biens ou produits tirés de la commission de ces infractions ou servant à les commettre, est une question de pur fait échappant au contrôle de la Cour de cassation (■ Cass. crim., 23 mai 2017, n° 16-87.323 : *JurisData* n° 2017-009925 ; *JCP* G 2017, n° 44-45, note J.-B. Perrier).

Art. 706-80-1 *(L. n° 2019-222, 23 mars 2019).* **– Lorsqu'il existe une ou plusieurs raisons plausibles de soupçonner des personnes d'avoir commis l'une des infractions entrant dans le champ d'application des articles 706-73, 706-73-1 ou 706-74, dans le cadre d'une opération de surveillance, et lorsque les nécessités de l'enquête ou de l'instruction l'exigent, les officiers de police judiciaire et, sous leur autorité, les agents de police judiciaire en charge des investigations peuvent, avec l'autorisation du procureur de la République chargé de l'enquête ou du juge d'instruction saisi, qui en avise préalablement le parquet,**

demander à tout fonctionnaire ou agent public de ne pas procéder au contrôle et à l'interpellation de ces personnes afin de ne pas compromettre la poursuite des investigations.

Dans le cadre d'une opération de surveillance de l'acheminement ou du transport des objets, biens ou produits tirés de la commission de l'une des infractions entrant dans le champ d'application des mêmes articles 706-73, 706-73-1 ou 706-74 ou servant à les commettre, et lorsque les nécessités de l'enquête ou de l'instruction l'exigent, les officiers de police judiciaire et, sous leur autorité, les agents de police judiciaire en charge des investigations peuvent, avec l'autorisation du procureur de la République chargé de l'enquête ou du juge d'instruction saisi, qui en avise préalablement le parquet, demander à tout fonctionnaire ou agent public de ne pas procéder au contrôle et à la saisie de ces objets, biens ou produits afin de ne pas compromettre la poursuite des investigations.

L'autorisation du procureur de la République ou du juge d'instruction, qui peut être donnée par tout moyen, est mentionnée ou versée au dossier de la procédure. Le procureur de la République informe sans délai le procureur de la République près le tribunal judiciaire de Paris de la délivrance de cette autorisation.

Art. 706-80-2 *(L. n° 2019-222, 23 mars 2019).* **– Dans le cadre d'une opération de surveillance de l'acheminement ou du transport des objets, biens ou produits tirés de la commission de l'une des infractions entrant dans le champ d'application des articles 706-73, 706-73-1 ou 706-74 ou servant à les commettre, et lorsque les nécessités de l'enquête ou de l'instruction l'exigent, les officiers de police judiciaire et, sous leur autorité, les agents de police judiciaire en charge des investigations peuvent, avec l'autorisation du procureur de la République ou du juge d'instruction saisi des faits, qui en avise préalablement le parquet, livrer ou délivrer à la place des prestataires de services postaux et des opérateurs de fret ces objets, biens ou produits, sans être pénalement responsables.**

À peine de nullité, l'autorisation du procureur de la République ou du juge d'instruction est écrite et motivée. Cette autorisation est versée au dossier de la procédure et les actes autorisés ne peuvent constituer une incitation à commettre une infraction.

Section II. – De l'infiltration

Art. 706-81 *(Mod., L. n° 2015-993, 17 août 2015).* **– Lorsque les nécessités de l'enquête ou de l'instruction concernant l'un des crimes ou délits entrant dans le champ d'application des articles 706-73 et 706-73-1 le justifient, le procureur de la République ou, après avis de ce magistrat, le juge d'instruction saisi peuvent autoriser qu'il soit procédé, sous leur contrôle respectif, à une opération d'infiltration dans les conditions prévues par la présente section.**

L'infiltration consiste, pour un officier ou un agent de police judiciaire spécialement habilité dans des conditions fixées par décret et agissant sous la responsabilité d'un officier de police judiciaire chargé de coordonner l'opération, à surveiller des personnes suspectées de commettre un crime ou un délit en se faisant passer, auprès de ces personnes, comme un de leurs coauteurs, complices ou receleurs. L'officier ou l'agent de police judiciaire est à cette fin autorisé à faire usage d'une identité d'emprunt et à commettre si nécessaire les actes mentionnés à l'article 706-82. À peine de nullité, ces actes ne peuvent constituer une incitation à commettre des infractions.

L'infiltration fait l'objet d'un rapport rédigé par l'officier de police judiciaire ayant coordonné l'opération, qui comprend les éléments strictement nécessaires à la constatation des infractions et ne mettant pas en danger la sécurité de l'agent infiltré et des personnes requises au sens de l'article 706-82.

1) Stupéfiants. V. également sous art. 706-32, p. 1533.

2) Provocation. Une opération d'infiltration ne peut constituer une provocation à l'infraction dès lors que la préexistence du trafic de stupéfiants a été révélée par des écoutes téléphoniques antérieures, l'infiltration n'ayant eu pour effet que d'en révéler l'existence et d'en arrêter la continuation (■ Cass. crim., 30 oct. 2006, n° 06-86.175).

3) Loyauté. Le fait pour des policiers de laisser croire à des trafiquants, par l'intermédiaire d'indicateurs, qu'ils disposent d'une « sortie » au niveau de l'aéroport d'Orly, ne constitue pas un stratagème déloyal ayant déterminé l'activation du trafic, mais une stratégie d'investigation qui a permis de révéler une organisation structurée, préexistante, disposant des produits stupéfiants et de l'ensemble des moyens pour opérer des livraisons croisées et rythmées de grandes quantités de cannabis et de cocaïne. Dans ces circonstances, en effet, l'intention des demandeurs de commettre les infractions qui leur sont reprochées n'a pas été déterminée par l'intervention des deux personnes mises en examen qui s'étaient révélées ultérieurement être des indicateurs, cette intervention n'ayant eu d'autre but que d'établir la preuve de leur implication dans les faits objet de l'information (■ Cass. crim., 15 nov. 2017, n° 16-87.382).

Art. 706-82 *(L. n° 2004-204, 9 mars 2004)*. – **Les officiers ou agents de police judiciaire autorisés à procéder à une opération d'infiltration peuvent, sur l'ensemble du territoire national, sans être pénalement responsables de ces actes :**

1° Acquérir, détenir, transporter, livrer ou délivrer des substances, biens, produits, documents ou informations tirés de la commission des infractions ou servant à la commission de ces infractions ;

2° Utiliser ou mettre à disposition des personnes se livrant à ces infractions des moyens de caractère juridique ou financier ainsi que des moyens de transport, de dépôt, d'hébergement, de conservation et de télécommunication.

L'exonération de responsabilité prévue au premier alinéa est également applicable, pour les actes commis à seule fin de procéder à l'opération d'infiltration, aux personnes requises par les officiers ou agents de police judiciaire pour permettre la réalisation de cette opération.

Art. 706-83 *(L. n° 2004-204, 9 mars 2004)*. – **À peine de nullité, l'autorisation donnée en application de l'article 706-81 est délivrée par écrit et doit être spécialement motivée.**

Elle mentionne la ou les infractions qui justifient le recours à cette procédure et l'identité de l'officier de police judiciaire sous la responsabilité duquel se déroule l'opération.

Cette autorisation fixe la durée de l'opération d'infiltration, qui ne peut pas excéder quatre mois. L'opération peut être renouvelée dans les mêmes conditions de forme et de durée. Le magistrat qui a autorisé l'opération peut, à tout moment, ordonner son interruption avant l'expiration de la durée fixée.

L'autorisation est versée au dossier de la procédure après achèvement de l'opération d'infiltration.

1) **Identification du responsable de l'opération d'infiltration.** L'exigence posée par l'article 706-83 du Code de procédure pénale est satisfaite par la mention de la qualité du chef du service auquel l'opération est confiée. Tel est le cas lorsque les réquisitions et ordonnances litigieuses confiaient les opérations d'infiltration « au chef du Service interministériel d'assistance technique (Siat) de la direction de la police judiciaire » (■ Cass. crim., 27 juin 2018, n° 17-87.554).

2) **Durée de l'opération d'infiltration.** L'article 706-83 du Code de procédure pénale, s'il fixe la durée de chaque période durant laquelle se déroule l'opération d'infiltration soumise à l'autorisation préalable du procureur de la République ou du juge d'instruction, n'en limite pas le nombre, de sorte qu'il appartient à ce magistrat d'en apprécier la nécessité et la proportionnalité (■ Cass. crim., 27 juin 2018, préc.).

Art. 706-84 *(L. n° 2004-204, 9 mars 2004)*. – **L'identité réelle des officiers ou agents de police judiciaire ayant effectué l'infiltration sous une identité d'emprunt ne doit apparaître à aucun stade de la procédure.**

La révélation de l'identité de ces officiers ou agents de police judiciaire est punie de cinq ans d'emprisonnement et de 75 000 € d'amende.

Lorsque cette révélation a causé des violences, coups et blessures à l'encontre de ces personnes ou de leurs conjoints, enfants et ascendants directs, les peines sont portées à sept ans d'emprisonnement et à 100 000 € d'amende.

Lorsque cette révélation a causé la mort de ces personnes ou de leurs conjoints, enfants et ascendants directs, les peines sont portées à dix ans d'emprisonnement et à 150 000 € d'amende, sans préjudice, le cas échéant, de l'application des dispositions du chapitre Ier du titre II du livre II du Code pénal.

Art. 706-85 *(L. n° 2004-204, 9 mars 2004)*. – **En cas de décision d'interruption de l'opération ou à l'issue du délai fixé par la décision autorisant l'infiltration et en l'absence de prolongation, l'agent infiltré peut poursuivre les activités mentionnées à l'article 706-82, sans en être pénalement responsable, le temps strictement nécessaire pour lui permettre de cesser sa surveillance dans des conditions assurant sa sécurité sans que cette durée puisse excéder quatre mois. Le magistrat ayant délivré l'autorisation prévue à l'article 706-81 en est informé dans les meilleurs délais. Si, à l'issue du délai de quatre mois, l'agent**

infiltré ne peut cesser son opération dans des conditions assurant sa sécurité, ce magistrat en autorise la prolongation pour une durée de quatre mois au plus.

Art. 706-86 *(L. n° 2004-204, 9 mars 2004)*. – L'officier de police judiciaire sous la responsabilité duquel se déroule l'opération d'infiltration peut seul être entendu en qualité de témoin sur l'opération.

Toutefois, s'il ressort du rapport mentionné au troisième alinéa de l'article 706-81 que la personne mise en examen ou comparaissant devant la juridiction de jugement est directement mise en cause par des constatations effectuées par un agent ayant personnellement réalisé les opérations d'infiltration, cette personne peut demander à être confrontée avec cet agent dans les conditions prévues par l'article 706-61. Les questions posées à l'agent infiltré à l'occasion de cette confrontation ne doivent pas avoir pour objet ni pour effet de révéler, directement ou indirectement, sa véritable identité.

Art. 706-87 *(L. n° 2004-204, 9 mars 2004)*. – Aucune condamnation ne peut être prononcée sur le seul fondement des déclarations faites par les officiers ou agents de police judiciaire ayant procédé à une opération d'infiltration.

Les dispositions du présent article ne sont cependant pas applicables lorsque les officiers ou agents de police judiciaire déposent sous leur véritable identité.

Section II *bis*. – De l'enquête sous pseudonyme

(L. n° 2014-1353, 13 nov. 2014 ; sect. abr. à compter du 1er juin 2019, L. n° 2019-222, 23 mars 2019)

Art. 706-87-1 *(L. n° 2014-1353, 13 nov. 2014 ; L. n° 2015-993, 17 août 2015 ; abr. à compter du 1er juin 2019, L. n° 2019-222, 23 mars 2019)*.

Bibliographie : G. Duménil, *La nécessité urgente d'encadrer procéduralement la mesure de cyber-infiltration : Dr. pén.* 2018, étude 22.

Section III. – De la garde à vue

Art. 706-88 (1) *(Mod., L. n° 2016-731, 3 juin 2016)*. – Pour l'application des articles 63, 77 et 154, si les nécessités de l'enquête ou de l'instruction relatives à l'une des infractions entrant dans le champ d'application de l'article 706-73 l'exigent, la garde à vue d'une personne peut, à titre exceptionnel, faire l'objet de deux prolongations supplémentaires de vingt-quatre heures chacune.

Ces prolongations sont autorisées, par décision écrite et motivée, soit, à la requête du procureur de la République, par le juge des libertés et de la détention, soit par le juge d'instruction.

La personne gardée à vue doit être présentée au magistrat qui statue sur la prolongation préalablement à cette décision. La seconde prolongation peut toutefois, à titre exceptionnel, être autorisée sans présentation préalable de la personne en raison des nécessités des investigations en cours ou à effectuer.

Lorsque la première prolongation est décidée, la personne gardée à vue est examinée par un médecin désigné par le procureur de la République, le juge d'instruction ou l'officier de police judiciaire. Le médecin délivre un certificat médical par lequel il doit notamment se prononcer sur l'aptitude au maintien en garde à vue, qui est versé au dossier. La personne est avisée par l'officier de police judiciaire du droit de demander un nouvel examen médical. Ces examens médicaux sont de droit. Mention de cet avis est portée au procès-verbal et émargée par la personne intéressée ; en cas de refus d'émargement, il en est fait mention.

Par dérogation aux dispositions du premier alinéa, si la durée prévisible des investigations restant à réaliser à l'issue des premières quarante-huit heures de garde à vue le justifie, le juge des libertés et de la détention ou le juge d'instruction peuvent décider, selon les modalités prévues au deuxième alinéa, que la garde à vue fera l'objet d'une seule prolongation supplémentaire de quarante-huit heures.

Par dérogation aux dispositions des articles 63-4 à 63-4-2, lorsque la personne est gardée à vue pour une infraction entrant dans le champ d'application de l'article 706-73, l'intervention de l'avocat peut être

(1) Dispositions particulières ou dérogatoires résultant de l'état d'urgence sanitaire dû à l'épidémie de covid-19 : V. Ord. n° 2020-303 du 25 mars 2020. – NDLR.

différée, en considération de raisons impérieuses tenant aux circonstances particulières de l'enquête ou de l'instruction, soit pour permettre le recueil ou la conservation des preuves, soit pour prévenir une atteinte grave à la vie, à la liberté ou à l'intégrité physique d'une personne, pendant une durée maximale de quarante-huit heures ou, s'il s'agit d'une infraction mentionnée aux 3° ou 11° du même article 706-73, pendant une durée maximale de soixante-douze heures.

Le report de l'intervention de l'avocat jusqu'à la fin de la vingt-quatrième heure est décidé par le procureur de la République, d'office ou à la demande de l'officier de police judiciaire. Le report de l'intervention de l'avocat au-delà de la vingt-quatrième heure est décidé, dans les limites fixées au sixième alinéa, par le juge des libertés et de la détention statuant à la requête du procureur de la République. Lorsque la garde à vue intervient au cours d'une commission rogatoire, le report est décidé par le juge d'instruction. Dans tous les cas, la décision du magistrat, écrite et motivée, précise la durée pour laquelle l'intervention de l'avocat est différée.

Lorsqu'il est fait application des sixième et septième alinéas du présent article, l'avocat dispose, à partir du moment où il est autorisé à intervenir en garde à vue, des droits prévus aux articles 63-4 et 63-4-1, au premier alinéa de l'article 63-4-2 et à l'article 63-4-3.

I – PROLONGATION DE LA GARDE À VUE

A – Constitutionnalité du régime dérogatoire

1) Constitutionnalité de la garde à vue dérogatoire (garde à vue de 4 jours). Il résulte des articles 706-73 et 706-88 nouveaux du Code de procédure pénale que le champ d'application des dispositions critiquées concerne des enquêtes portant sur des infractions déterminées appelant, en raison de leur gravité et de leur complexité, des investigations particulières ; l'article 706-88 du Code de procédure pénale subordonne la prolongation de la garde à vue à une décision écrite et motivée d'un magistrat du siège, auquel l'intéressé doit être présenté ; qu'en outre, est prescrite la surveillance médicale de la personne gardée à vue et ces garanties s'ajoutent aux règles de portée générale du Code de procédure pénale qui placent la garde à vue sous le contrôle de l'autorité judiciaire. Les dispositions critiquées sont formulées en termes suffisamment clairs et précis pour éviter l'arbitraire ; en particulier, la durée prévisible des investigations restant à réaliser, qui peut justifier que la garde à vue d'une personne fasse l'objet d'une seule prolongation supplémentaire de quarante-huit heures, sera appréciée, dans chaque cas, par le juge des libertés et de la détention ou le juge d'instruction, cette appréciation faisant l'objet d'une décision écrite et motivée. Dans ces conditions, les dispositions de l'article 706-88 du Code de procédure pénale ne portent pas une atteinte excessive à la liberté individuelle (▪ Cons. const., 2 mars 2004, n° 2004-492 DC, consid. 25-27).

B – Domaine d'application du régime dérogatoire

2) Exclusion des infractions contre les biens. À l'exception du délit prévu par le dernier alinéa de l'article 414 du Code des douanes, les infractions énumérées par l'article 706-1-1, de corruption et de trafic d'influence ainsi que de fraude fiscale et douanière, constituent des délits qui ne sont pas susceptibles de porter atteinte en eux-mêmes à la sécurité, à la dignité ou à la vie des personnes. En permettant de recourir à la garde à vue selon les modalités fixées par l'article 706-88 du Code de procédure pénale au cours des enquêtes ou des instructions portant sur ces délits, le législateur a permis qu'il soit porté à la liberté individuelle et aux droits de la défense une atteinte qui ne peut être regardée comme proportionnée au but poursuivi. Par suite, la référence à l'article 706-88 du Code de procédure pénale à l'article 706-1-1 du même code doit être déclarée contraire à la Constitution (▪ Cons. const., 4 déc. 2013, n° 2013-679 DC : *JurisData* n° 2013-030673). Même lorsqu'il est commis en bande organisée, le délit d'escroquerie n'est pas susceptible de porter atteinte en lui-même à la sécurité, à la dignité ou à la vie des personnes. En permettant de recourir à la garde à vue selon les modalités fixées par l'article 706-88 du Code de procédure pénale au cours des enquêtes ou des instructions portant sur ce délit, le législateur a permis qu'il soit porté à la liberté individuelle et aux droits de la défense une atteinte qui ne peut être regardée comme proportionnée au but poursuivi. Par suite, le 8° *bis* de l'article 706-73 du Code de procédure pénale méconnaît ces exigences constitutionnelles et doit être déclaré contraire à la Constitution (▪ Cons. const., 9 oct. 2014, n° 2014-420/421 QPC : *JurisData* n° 2014-022895, consid. 13 ; *AJ Pénal* 2014, p. 574, note. J.-B. Perrier).

3) Infractions de conséquence. La disposition 8 *bis* de l'article 706-73 du Code de procédure pénale, permettant d'avoir recours à une garde à vue dérogatoire en matière d'escroquerie en bande organisée, ayant été déclarée contraire à la Constitution, les délits de blanchiment, de recel et l'association de malfaiteurs ayant pour objet ce délit, doivent également être considérés en dehors du périmètre de l'article 706-88 du Code de procédure pénale. En effet, le blanchiment, le recel et l'association de malfaiteurs ne sont pas susceptibles de porter atteinte en eux-mêmes à la sécurité, à la dignité ou à la vie des personnes lorsqu'ils se rapportent au délit d'escroquerie en bande organisée prévu par le dernier alinéa de l'article 313-2 du Code pénal (▪ Cons. const., 11 déc. 2015, n° 2015-508 QPC : *JurisData* n° 2015-027898 ; *RSC* 2016, p. 399, note B. de Lamy ; *AJ Pénal* 2016, 77, note J.-B. Perrier).

4) **Inconstitutionnalité des modifications apportées par la loi n° 2014-535 du 27 mai 2014 (abrogées par la loi n° 2015-993 du 17 août 2015).** En autorisant le recours à la garde à vue dans les conditions prévues par l'article 706-88 du Code de procédure pénale pour des faits d'escroquerie en bande organisée lorsque les faits ont été commis dans des conditions portant atteinte à la sécurité, à la dignité ou à la vie des personnes ou « aux intérêts fondamentaux de la nation définis à l'article 410-1 du Code pénal » ou si l'un des faits constitutifs de l'infraction a été commis hors du territoire national, les dispositions ajoutées à l'article 706-88 du Code de procédure pénale par la loi du 27 mai 2014 n'ont pas mis fin à l'inconstitutionnalité du 8° *bis* de l'article 706-73 du Code de procédure pénale (▪ Cons. const., 9 oct. 2014, n° 2014-420/421 QPC, préc., consid. 16).

C – Régime juridique dérogatoire

5) **Motivation.** L'ordonnance du juge des libertés et de la détention autorisant, à la requête du procureur de la République, à titre exceptionnel, la prolongation de la garde à vue d'une personne, doit être motivée. Cette exigence s'impose au regard des droits protégés par la Convention européenne des droits de l'Homme et en raison de l'évolution du statut et du rôle juridictionnel du juge des libertés et de la détention voulue par le législateur. Elle constitue une garantie essentielle contre le risque d'une atteinte disproportionnée à la liberté individuelle et doit permettre à l'intéressé de connaître les raisons précises pour lesquelles cette prolongation a été autorisée. Ainsi, doit être cassé l'arrêt de la chambre de l'instruction rejetant l'exception de nullité tirée de l'absence de motivation de l'ordonnance du juge des libertés et de la détention autorisant la prolongation de la garde à vue, au prétexte que cette ordonnance a adopté les motifs développés dans la requête du procureur de la République et qu'une motivation par renvoi n'empêche en aucun cas l'intéressé de connaître et de comprendre les raisons qui ont conduit le juge des libertés et de la détention à autoriser la prolongation de la mesure (▪ Cass. crim., 23 nov. 2016, n° 16-81.904 : *JurisData* n° 2016-024492 ; *JCP* G 2017, n° 4, p. 82 note J. Pradel ; *Procédures* 2017, comm. 16, A.-S. Chavent-Leclère ; *D. act.* 21 déc. 2016, note S. Fucini). Le renvoi aux réquisitions du procureur de la République mentionnant la nécessité d'entendre la personne gardée à vue et celle de procéder aux exploitations techniques et scientifiques en cours ne constitue pas une motivation suffisante (même arrêt).

6) **Notification de l'application du régime dérogatoire.** L'application des dispositions de l'article 706-88 peut être décidée, en cours de garde à vue, en fonction de l'évolution d'une enquête ou d'une instruction sur l'une des infractions mentionnées à l'article 706-73 du Code de procédure pénale, dès lors que l'intéressé a été régulièrement informé, lors de son placement sous le régime de la garde à vue, de la nature de l'infraction qu'il était soupçonné d'avoir commise, de la durée alors prévisible de la mesure et, à chaque stade de celle-ci, de ses droits (▪ Cass. crim., 11 févr. 2014, n° 13-86.878 : *JurisData* n° 2014-002150 ; *Dr. pén.* 2014, chron. 8, V. Lescous. ▪ Cass. crim., 24 juin 2009, n° 08-87.241 : *JurisData* n° 2009-049216 ; *Dr. pén.* 2010, chron. 7, V. Lesclous).

7) **Présentation à un magistrat.** L'article 706-88 du Code de procédure pénale n'impose la présentation obligatoire de la personne gardée à vue au juge d'instruction que dans le cas où la première des deux prolongations supplémentaires prévues par cet article est envisagée, à l'issue de quarante-huit heures de garde à vue. Est donc régulière la prolongation de la garde à vue décidée à la 72e heure sans présentation du suspect au magistrat (▪ Cass. crim., 31 oct. 2006, n° 06-86.123 : *JurisData* n° 2006-036126).

8) **Examen médical.** Ne peut être soulevée la tardiveté de l'examen médical ayant été pratiqué seulement à l'occasion de la deuxième prolongation de la garde à vue, dès lors que l'intéressé a clairement et sans contestation possible, bien que dûment informé, exprimé sa volonté de ne pas bénéficier d'un examen médical, qui une fois réalisé, n'a conclu à aucune incompatibilité avec la mesure de garde à vue mise en œuvre (▪ Cass. crim., 12 mars 2013, n° 12-86.592 : *JurisData* n° 2013-004234).

II – REPORT DE L'INTERVENTION DE L'AVOCAT

9) **Constitutionnalité du régime dérogatoire.** Il est loisible au législateur, compétent pour fixer les règles de la procédure pénale en vertu de l'article 34 de la Constitution, de prévoir des règles de procédure différentes selon les faits, les situations et les personnes auxquelles elles s'appliquent, mais à la condition que ces différences ne procè-

dent pas de discriminations injustifiées et que soient assurées aux justiciables des garanties égales, notamment quant au respect du principe des droits de la défense. Le I de l'article 14 de la loi déférée fixe à la quarante-huitième heure la première intervention de l'avocat pour certaines des infractions énumérées par l'article 706-73 ; pour la plupart desdites infractions, ce délai était déjà de trente-six heures en vertu de l'article 63-4 du Code de procédure pénale. Aussi, le nouveau délai, justifié par la gravité et la complexité des infractions concernées, s'il modifie les modalités d'exercice des droits de la défense, n'en met pas en cause le principe (■ Cons. const., 2 mars 2004, préc., consid. 30-32).

10) Conditions du report de l'assistance de l'avocat. Si le report de l'intervention de l'avocat dans les conditions prévues par l'article 706-88 du Code de procédure pénale ne peut être décidé que lorsque la personne gardée à vue est suspectée d'avoir commis l'une des infractions prévues par l'article 706-73, cette condition n'est pas suffisante pour justifier ce report. En effet, le report de l'intervention de l'avocat en application des dispositions contestées doit en outre être motivé, au cas par cas, en considération de raisons impérieuses tenant aux circonstances particulières de l'enquête ou de l'instruction, soit pour permettre le recueil ou la conservation des preuves, soit pour prévenir une atteinte aux personnes (■ Cons. const., 21 nov. 2014, n° 2014-428 QPC : *JurisData* n° 2014-028602, consid. 11). La motivation retenue par le magistrat instructeur ayant reporté l'intervention de l'avocat, laquelle fait ressortir la gravité et la complexité des faits, le profil des suspects, relevant du grand banditisme, la nécessité de recueillir et de conserver des preuves, et d'importantes perquisitions à réaliser, est conforme aux dispositions de l'article 706-88 du Code de procédure pénale (■ Cass. crim., 17 mars 2015, n° 14-88.351 : *JurisData* n° 2015-005801 ; *Dr. pén.* 2015, comm. 78, A. Maron et M. Haas).

11) Modulation du report de l'assistance de l'avocat. Il incombe au magistrat chargé du report de l'assistance de l'avocat d'apprécier, en fonction des circonstances de l'affaire, si ce dernier doit concerner l'ensemble des modalités d'intervention de l'avocat en application de l'article 706-88 ou si les modalités de report de l'intervention de l'avocat prévues par les trois derniers alinéas de l'article 63-4-2 sont suffisantes (■ Cons. const., 2014-428 QPC, 21 nov. 2014, préc.).

Art. 706-88-1 ***(L. n° 2011-392, 14 avr. 2011, en vigueur le 1er juin 2011).*** **– S'il ressort des premiers éléments de l'enquête ou de la garde à vue elle-même qu'il existe un risque sérieux de l'imminence d'une action terroriste en France ou à l'étranger ou que les nécessités de la coopération internationale le requièrent impérativement, le juge des libertés peut, à titre exceptionnel et selon les modalités prévues au deuxième alinéa de l'article 706-88, décider que la garde à vue en cours d'une personne, se fondant sur l'une des infractions visées au 11° de l'article 706-73, fera l'objet d'une prolongation supplémentaire de vingt-quatre heures, renouvelable une fois.**

À l'expiration de la quatre-vingt-seizième heure et de la cent-vingtième heure, la personne dont la prolongation de la garde à vue est ainsi décidée peut demander à s'entretenir avec un avocat, selon les modalités prévues par l'article 63-4. La personne gardée à vue est avisée de ce droit dès la notification de la prolongation prévue au présent article.

Outre la possibilité d'examen médical effectué à l'initiative du gardé à vue, dès le début de chacune des deux prolongations supplémentaires, il est obligatoirement examiné par un médecin désigné par le procureur de la République, le juge d'instruction ou l'officier de police judiciaire. Le médecin requis devra se prononcer sur la compatibilité de la prolongation de la mesure avec l'état de santé de l'intéressé.

S'il n'a pas été fait droit à la demande de la personne gardée à vue de faire prévenir, par téléphone, une personne avec laquelle elle vit habituellement ou l'un de ses parents en ligne directe, l'un de ses frères et sœurs ou son employeur, de la mesure dont elle est l'objet, dans les conditions prévues aux articles 63-1 et 63-2, elle peut réitérer cette demande à compter de la quatre-vingt-seizième heure.

Constitutionnalité de la garde à vue dérogatoire (renouvellement exceptionnel de la garde à vue de 96 heures en matière de terrorisme). Il ressort des travaux parlementaires qu'une prolongation supplémentaire de la garde à vue dérogatoire de vingt-quatre heures renouvelable une fois ne peut être autorisée que pour permettre d'empêcher la réalisation d'une action terroriste en France ou à l'étranger dont l'imminence a été établie soit grâce aux éléments recueillis dans le cadre de l'enquête ou de la garde à vue elle-même, soit dans le cadre de la coopération internationale. Ainsi, elle ne peut être mise en œuvre qu'à titre exceptionnel pour protéger la sécurité des personnes et des biens contre une menace terroriste imminente et précisément identifiée ; elle est en outre décidée par le juge des libertés à qui il appartient de vérifier que les circonstances précises fixées par ces dispositions sont réunies. Dans ces conditions et compte tenu des garanties fixées par le législateur, ces dispositions respectent le principe, découlant de l'article 9 de la Déclaration des droits de l'homme et du citoyen de 1789, selon lequel la liberté individuelle ne saurait être entravée par une rigueur qui ne soit nécessaire, ainsi que l'article 66 de la Constitution qui confie à l'autorité judiciaire la protection de la liberté individuelle (■ Cons. const., 22 sept. 2010, n° 2010-31 QPC).

Art. 706-88-2 *(Abr. à compter du 18 févr. 2012, Cons. const. n° 2011-223 QPC, 17 févr. 2012 : JO 18 févr. 2012 ; JurisData n° 2012-002166).*

Rédaction antérieure. Art. 706-88-2 *(En vigueur à compter du 1er juin 2011, L. n° 2011-392, 14 avr. 2011).* – Si la personne est gardée à vue pour une infraction mentionnée au 11° de l'article 706-73, le juge des libertés et de la détention, saisi par le procureur de la République à la demande de l'officier de police judiciaire, ou le juge d'instruction lorsque la garde à vue intervient au cours d'une instruction, peut décider que la personne sera assistée par un avocat désigné par le bâtonnier sur une liste d'avocats habilités, établie par le bureau du Conseil national des barreaux sur propositions des conseils de l'ordre de chaque barreau.

Les modalités d'application du premier alinéa sont définies par décret en Conseil d'État.

Si la liberté, pour la personne soupçonnée, de choisir son avocat peut, à titre exceptionnel, être différée pendant la durée de sa garde à vue afin de ne pas compromettre la recherche des auteurs de crimes et délits en matière de terrorisme ou de garantir la sécurité des personnes, il incombe au législateur de définir les conditions et les modalités selon lesquelles une telle atteinte aux conditions d'exercice des droits de la défense peut être mise en œuvre. Les dispositions de l'article 706-88-2 du Code de procédure pénale se bornant à prévoir, pour une catégorie d'infractions, que le juge peut décider que la personne gardée à vue sera assistée par un avocat désigné par le bâtonnier de l'ordre des avocats sur une liste d'avocats habilités établie par le bureau du Conseil national des barreaux sur propositions des conseils de l'ordre de chaque barreau, sans motivation ni précision des circonstances particulières de l'enquête ou de l'instruction et les raisons permettant d'imposer une telle restriction aux droits de la défense, ont entraîné une méconnaissance par le législateur de sa propre compétence et portent atteinte aux droits de la défense. Il en résulte que l'article 706-88-2 du Code de procédure pénale doit être déclaré contraire à la Constitution (■ Cons. const., 17 févr. 2012, déc. n° 2011-223 QPC : *JurisData* n° 2012-002166 ; *Dr. pén.* 2012, comm. 62, obs. A. Maron et M. Haas).

Section IV. – Des perquisitions

Art. 706-89 *(Mod., L. n° 2015-993, 17 août 2015 ; L. n° 2016-731, 3 juin 2016).* – **Si les nécessités de l'enquête de flagrance relative à l'une des infractions entrant dans le champ d'application des articles 706-73 et 706-73-1 l'exigent, le juge des libertés et de la détention du tribunal judiciaire peut, à la requête du procureur de la République, autoriser, que les perquisitions, visites domiciliaires et saisies de pièces à conviction soient opérées en dehors des heures prévues par l'article 59.**

Sur la notion de perquisition. V. art. 59, p. 201

Les constatations visuelles réalisées à l'intérieur du parking souterrain d'une résidence privée ne constituent pas une perquisition au sens de l'article 59 du Code de procédure pénale. Dès lors, les investigations qui y sont effectuées par les policiers, au milieu de la nuit, après avoir été autorisés à pénétrer de manière permanente dans les parties communes par le syndic, n'ont pas à être annulées (■ Cass. crim., 8 août 2018, n° 18-80.061).

Art. 706-90 *(Mod., L. n° 2015-993, 17 août 2015 ; L. n° 2016-731, 3 juin 2016).* – **Si les nécessités de l'enquête préliminaire relative à l'une des infractions entrant dans le champ d'application des articles 706-73 et 706-73-1 l'exigent, le juge des libertés et de la détention du tribunal judiciaire peut, à la requête du procureur de la République, décider, que les perquisitions, visites domiciliaires et saisies de pièces à conviction pourront être effectuées en dehors des heures prévues à l'article 59, lorsque ces opérations ne concernent pas des locaux d'habitation.**

En cas d'urgence et pour les enquêtes préliminaires concernant une ou plusieurs infractions mentionnées au 11° de l'article 706-73, ces opérations peuvent toutefois concerner des locaux d'habitation en dehors des heures prévues à l'article 59 lorsque leur réalisation est nécessaire afin de prévenir un risque d'atteinte à la vie ou à l'intégrité physique.

Art. 706-91 *(Mod., L. n° 2015-993, 17 août 2015 ; L. n° 2016-731, 3 juin 2016).* – **Si les nécessités de l'information relative à l'une des infractions entrant dans le champ d'application des articles 706-73 et**

706-73-1 l'exigent, le juge d'instruction peut, autoriser les officiers de police judiciaire agissant sur commission rogatoire à procéder à des perquisitions, visites domiciliaires et saisies de pièces à conviction en dehors des heures prévues à l'article 59, lorsque ces opérations ne concernent pas des locaux d'habitation.

En cas d'urgence, le juge d'instruction peut également autoriser les officiers de police judiciaire à procéder à ces opérations dans les locaux d'habitation :

1° Lorsqu'il s'agit d'un crime ou d'un délit flagrant ;

2° Lorsqu'il existe un risque immédiat de disparition des preuves ou des indices matériels ;

3° Lorsqu'il existe une ou plusieurs raisons plausibles de soupçonner qu'une ou plusieurs personnes se trouvant dans les locaux où la perquisition doit avoir lieu sont en train de commettre des crimes ou des délits entrant dans le champ d'application des articles 706-73 et 706-73-1.

4° Lorsque leur réalisation, dans le cadre d'une information relative à une ou plusieurs infractions mentionnées au 11° de l'article 706-73, est nécessaire afin de prévenir un risque d'atteinte à la vie ou à l'intégrité physique.

Art. 706-92 *(L. n° 2005-1549, 12 déc. 2005 ; mod., L. n° 2016-731, 3 juin 2016)*. – À peine de nullité, les autorisations prévues par les articles 706-89 à 706-91 sont données pour des perquisitions déterminées et font l'objet d'une ordonnance écrite, précisant la qualification de l'infraction dont la preuve est recherchée ainsi que l'adresse des lieux dans lesquels les visites, perquisitions et saisies peuvent être faites ; cette ordonnance, qui n'est pas susceptible d'appel, est motivée par référence aux éléments de fait et de droit justifiant que ces opérations sont nécessaires et qu'elles ne peuvent être réalisées pendant les heures prévues à l'article 59. Les opérations sont faites sous le contrôle du magistrat qui les a autorisées, et qui peut se déplacer sur les lieux pour veiller au respect des dispositions légales. Le magistrat qui les a autorisées est informé dans les meilleurs délais par le procureur de la République ou l'officier de police judiciaire des actes accomplis en application des articles 706-89 à 706-91.

Dans les cas prévus au second alinéa de l'article 706-90 et aux 1° à 4° de l'article 706-91, l'ordonnance comporte également l'énoncé des considérations de droit et de fait qui constituent le fondement de cette décision par référence aux seules conditions prévues par ces alinéas.

Pour l'application des dispositions des articles 706-89 et 706-90, est compétent le juge des libertés et de la détention du tribunal judiciaire dont le procureur de la République dirige l'enquête, quelle que soit la juridiction dans le ressort de laquelle la perquisition doit avoir lieu. Le juge des libertés et de la détention peut alors se déplacer sur les lieux quelle que soit leur localisation sur l'ensemble du territoire national. Le procureur de la République peut également saisir le juge des libertés et de la détention du tribunal judiciaire dans le ressort duquel la perquisition doit avoir lieu, par l'intermédiaire du procureur de la République de cette juridiction.

Motivation. Il résulte des articles 706-91 et 706-92 du Code de procédure pénale et 8 de la Convention européenne des droits de l'Homme que l'ordonnance autorisant des perquisitions dans des locaux d'habitation en dehors des heures prévues à l'article 59 du Code de procédure pénale doit être spécialement motivée, en droit et en fait, au vu de l'urgence et au regard des conditions prévues aux 1° à 3° de l'article 706-91 du même code. L'absence d'une telle motivation, qui interdit tout contrôle réel et effectif de la mesure, fait nécessairement grief aux intérêts de la personne concernée (■ Cass. crim., 8 juill. 2015, n° 15-81.731 : *Bull. crim.* n° 174).

Art. 706-93 *(L. n° 2004-204, 9 mars 2004)*. – Les opérations prévues aux articles 706-89 à 706-91 ne peuvent, à peine de nullité, avoir un autre objet que la recherche et la constatation des infractions visées dans la décision du juge des libertés et de la détention ou du juge d'instruction.

Le fait que ces opérations révèlent des infractions autres que celles visées dans la décision du juge des libertés et de la détention ou du juge d'instruction ne constitue pas une cause de nullité des procédures incidentes.

Art. 706-94 *(Mod., L. n° 2015-993, 17 août 2015)*. – Lorsque, au cours d'une enquête de flagrance ou d'une instruction relative à l'une des infractions entrant dans le champ d'application des articles 706-73 et 706-73-1, la personne au domicile de laquelle est faite une perquisition est en garde à vue ou détenue en un autre lieu et que son transport sur place paraît devoir être évité en raison des risques graves soit de troubles à l'ordre public ou d'évasion, soit de disparition des preuves pendant le temps nécessaire au transport, la perquisition peut être faite, avec l'accord préalable du procureur de la République ou du juge d'instruction, en présence de deux témoins requis dans les conditions prévues au deuxième alinéa de l'article 57, ou d'un représentant désigné par celui dont le domicile est en cause.

Les dispositions du présent article sont également applicables aux enquêtes préliminaires, lorsque la perquisition est faite sans l'assentiment de la personne dans les conditions prévues aux articles 76 et 706-90. L'accord est alors donné par le juge des libertés et de la détention.

Section V. – De l'accès à distance aux correspondances stockées par la voie des communications électroniques accessibles au moyen d'un identifiant informatique

(Intitulé rempl. à compter du 1er juin 2019, L. n° 2019-222, 23 mars 2019)

Art. 706-95 *(Mod., Ord. n° 2016-1636, 1er déc. 2016 ; mod à compter du 1er mars 2022, L. n° 2021-1729, 22 déc. 2021).* **– Si les nécessités de l'enquête de flagrance ou de l'enquête préliminaire relative à l'une des infractions entrant dans le champ d'application des articles 706-73 et 706-73-1 l'exigent, le juge des libertés et de la détention du tribunal judiciaire peut, à la requête du procureur de la République, autoriser l'interception, l'enregistrement et la transcription de correspondances émises par la voie des communications électroniques selon les modalités prévues aux deuxième et dernier alinéas de l'article 100 ainsi qu'aux articles 100-1 et 100-3 à 100-7, pour une durée maximum d'un mois, renouvelable une fois dans les mêmes conditions de forme et de durée. Ces opérations sont faites sous le contrôle du juge des libertés et de la détention.**

Les dispositions de l'article 100-8 sont applicables aux interceptions ordonnées en application du présent article.

Pour l'application des dispositions des articles 100-3 à 100-5 et 100-8, les attributions confiées au juge d'instruction ou à l'officier de police judiciaire commis par lui sont exercées par le procureur de la République ou l'officier de police judiciaire requis par ce magistrat.

Le juge des libertés et de la détention qui a autorisé l'interception est informé sans délai par le procureur de la République des actes accomplis en application de l'alinéa précédent, notamment des procès-verbaux dressés en exécution de son autorisation, par application des articles 100-4 et 100-5.

Bibliographie : Y. Capdepon, *La nullité d'une écoute judiciaire réalisée sur la ligne d'un tiers : Dr. pén.* 2017, n° 12, étude 24.

1) Requête du procureur de la République. L'absence, dans le dossier de procédure, de la requête du procureur de la République en vue d'une interception téléphonique ne saurait constituer une cause de nullité si les mentions portées sur d'autres actes établissent son existence et en reproduisent la teneur (▪ Cass. crim., 5 mars 2013, n° 12-88.167 : *JurisData* n° 2013-006129 ; *Bull. crim.* n° 55 ; *D. act.* 24 avr. 2013). La chambre de l'instruction n'a pas à répondre à la prétendue contradiction affectant la requête du procureur de la République, son imprécision relative au numéro de la ligne visée par les réquisitions des enquêteurs ayant été réparée par la communication, au juge des libertés et de la détention, avec cette requête, du rapport des enquêteurs où cette indication figurait (▪ Cass. crim., 16 janv. 2019, n° 17-83.881 et 18-86.127).

2) Décision de recourir aux écoutes téléphoniques. Saisi d'une requête du procureur de la République tendant à l'interception des conversations tenues sur une ligne téléphonique, le juge des libertés et de la détention peut se référer, pour prendre sa décision, non seulement au contenu de cette requête, mais encore à celui des pièces qui y sont jointes (▪ Cass. crim., 16 janv. 2019, n° 17-83.881 et 18-86.127).

3) Contrôle du JLD. L'article 706-95 du Code de procédure pénale n'exige pas que le juge des libertés et de la détention exerce un contrôle immédiat sur le déroulement de l'écoute mais seulement qu'il soit informé sans délai par le ministère public, à l'issue des opérations d'interception, d'enregistrement et de transcription prévues par les articles 100-3 à 100-5 dudit code. Encourt donc la cassation l'arrêt de la chambre de l'instruction ayant fait droit à une demande d'annulation des interceptions téléphoniques au motif que le juge des libertés et de la détention n'avait pas été informé du déroulement des opérations et que la transmission des éléments à la fin des écoutes ne pouvaient constituer le contrôle immédiat prévu par l'article 706-95 du Code de procédure pénale (▪ Cass. crim., 23 mai 2006, n° 06-83.241 : *JurisData* n° 2006-033989 ; *Bull. crim.* n° 139. ▪ Cass. crim., 26 oct. 2010, n° 10-82.814 : *JurisData* n° 2010-021998). En l'absence d'une disposition légale imposant la transmission des procès-verbaux d'exécution au juge des libertés et de la détention, les informations données à ce magistrat par le procureur de la République portent sur les diligences effectuées et non sur leur contenu (▪ Cass. crim., 26 mars 2008, n° 07-88.281 : *Bull. crim.* n° 74 ; *Dr. pén.* 2008, comm. 74, A. Maron ; *RSC* 2008, p. 929, note R. Finielz). L'article 706-95 du Code de procédure pénale n'impose au juge des libertés et de la détention de se déterminer qu'au vu des nécessités de l'enquête préliminaire à l'occasion de laquelle il est saisi ; il n'est pas tenu de vérifier la régularité d'interceptions réalisées dans une autre procédure et à partir de laquelle a été dressé un rapport de renseignements (■ Cass. crim., 6 janv. 2015, n° 14-84.694 : *JurisData* n° 2015-000060).

4) **Motivation (jurisprudence antérieure à la loi du 23 mars 2019).** Fait une exacte application des textes la chambre de l'instruction déclarant irrecevable le moyen de nullité tiré du défaut de motivation des ordonnances du juge des libertés et de la détention ayant prescrit puis prolongé les interceptions téléphoniques des lignes en cause. En effet l'arrêt attaqué énonce notamment que l'article 706-95 du Code de procédure pénale et les articles 100 et suivants dudit code auxquels il renvoie, ne prévoient pas la nécessité d'une motivation et que ces dispositions ne sont pas contraires à l'article 8 de la Convention européenne des droits de l'Homme en ce que l'interception est autorisée par un juge tenu informé de son exécution et répond à des exigences précises qu'il détaille (■ Cass. crim., 11 déc. 2018, n° 18-82.365). Font une exacte application des textes, les juges refusant d'annuler l'ordonnance du juge des libertés et de la détention pour défaut de motivation dès lors que les textes ne prévoyant pas une telle motivation, ne sont pas contraires aux dispositions conventionnelles invoquées (Conv. EDH, art. 6, 8 et 13). En effet, les écoutes téléphoniques constituent une ingérence nécessaire, dans une société démocratique, pour lutter notamment contre la criminalité organisée, et ces mesures sont autorisées par un juge qui doit être tenu informé de leur exécution et qu'elles répondent à des exigences précises, énoncées par les articles 100 à 100-5 du Code de procédure pénale, dont la personne concernée peut faire sanctionner le défaut de respect par une requête en nullité (■ Cass. crim., 27 sept. 2011, n° 11-81.458 : *JurisData* n° 2011-021623 ; *Bull. inf. C. cass.* 1er janv. 2012, n° 21. ■ Cass. crim., 22 oct. 2013, n° 13-81.945 : *JurisData* n° 2013-023276). Comp. avec l'obligation de motivation en matière de prolongation de la garde à vue (sous CPP, art. 706-88) et de perquisition nocturnes (sous CPP, art. 706-92).

5) **Durée des écoutes téléphoniques.** Le point de départ des mesures d'interceptions téléphoniques doit être fixé au jour de leur mise en place effective, non au jour de l'ordonnance du magistrat les autorisant (■ Cass. crim., 10 mai 2012, n° 11-87.328 : *Bull. crim.* n° 116). En application de l'article 706-95 du Code de procédure pénale, le juge des libertés et de la détention, à la requête du procureur de la République, peut autoriser l'interception, l'enregistrement et la transcription des correspondances émises par voie de télécommunications électroniques pour une durée maximum d'un mois. La mention, dans la décision, de la durée pour laquelle la mesure est autorisée constitue une garantie essentielle contre le risque d'une atteinte disproportionnée au droit au respect de la vie privée des personnes concernées, aux intérêts desquelles son absence porte nécessairement atteinte (■ Cass. crim., 9 janv. 2018, n° 17-82.946). Comp. La méconnaissance des formalités substantielles prévues par l'alinéa 3 de l'article 706-95 du Code de procédure pénale n'est constitutive d'une nullité que si l'irrégularité constatée a eu pour effet de porter atteinte aux intérêts de la partie concernée (■ Cass. crim., 26 juin 2007, n° 07-82.401 : *Bull. crim.* n° 172. ■ Cass. crim., 22 oct. 2013, n° 13-81.949 : *JurisData* n° 2013-023279).

6) **Nullité, exigence du grief.** L'omission de la formalité d'information prévue à l'article 706-95 du Code de procédure pénale, relativement à la fin des opérations d'écoute téléphonique, ne fait pas grief dès lors que l'interception a pris fin avant la date fixée par le juge des libertés et de la détention pour son exécution et que, dans le même délai, les procès-verbaux en résultant, joints au réquisitoire introductif, ont été soumis au contrôle du juge d'instruction postérieurement saisi de l'affaire (■ Cass. crim., 22 nov. 2011, n° 11-84.308 : *JurisData* n° 2011-026053 ; *Dr. pén.* 2012, comm. 12, obs. A. Maron et M. Haas ; *Procédures* 2012, comm. 18, obs. A.-S. Chavent-Leclère ; *Bull. inf. C. cass.* 2012, n° 398 ; *Gaz. Pal.* 13-14 janv. 2012, p. 44, obs. F. Fourment ; *D.* 2012, p. 171, obs. M.-L. Divialle).

7) **Nullité, qualité pour agir.** Si c'est à tort que pour rejeter l'exception de nullité tirée du versement à la procédure de la transcription d'écoutes téléphoniques issues d'un autre dossier, l'arrêt énonce que la méconnaissance d'une formalité substantielle ne peut être invoquée à l'appui d'une demande d'annulation d'acte ou de pièce de procédure que par la partie qu'elle concerne, l'arrêt n'encourt toutefois pas la censure, dès lors que les griefs au fond, lesquels étaient identiques pour toutes les lignes écoutées, n'ont pas été accueillis (■ Cass. crim., 24 sept. 2019, n° 18-85.736).

Art. 706-95-1 ***(Mod., L. n° 2019-222, 23 mars 2019).*** **– Si les nécessités de l'enquête relative à un crime ou à l'une des infractions entrant dans le champ d'application des articles 706-73 et 706-73-1 l'exigent, le juge des libertés et de la détention peut, à la requête du procureur de la République, autoriser par ordonnance motivée l'accès, à distance et à l'insu de la personne visée, aux correspondances stockées par la voie des communications électroniques accessibles au moyen d'un identifiant informatique. Les données auxquelles il a été permis d'accéder peuvent être saisies et enregistrées ou copiées sur tout support.**

Art. 706-95-2 *(Mod., L. n° 2019-222, 23 mars 2019)*. – Si les nécessités de l'information relative à un crime ou à l'une des infractions entrant dans le champ d'application des articles 706-73 et 706-73-1 l'exigent, le juge d'instruction peut autoriser par ordonnance motivée l'accès, à distance et à l'insu de la personne visée, aux correspondances stockées par la voie des communications électroniques accessibles au moyen d'un identifiant informatique. Les données auxquelles il a été permis d'accéder peuvent être saisies et enregistrées ou copiées sur tout support.

Art. 706-95-3 *(Créé, L. n° 2016-731, 3 juin 2016)*. – Les opérations mentionnées aux articles 706-95-1 et 706-95-2 sont effectuées sous l'autorité et le contrôle du magistrat qui les a autorisées et ne peuvent, à peine de nullité, avoir un autre objet que la recherche et la constatation des infractions visées dans la décision de ce magistrat.

Le magistrat ou l'officier de police judiciaire commis par lui peut requérir tout agent qualifié d'un service ou d'un organisme placé sous l'autorité ou la tutelle du ministre chargé des communications électroniques ou tout agent qualifié d'un exploitant de réseau ou fournisseur de services de communications électroniques autorisé, en vue de procéder aux opérations mentionnées aux mêmes articles 706-95-1 et 706-95-2.

Le fait que ces opérations révèlent des infractions autres que celles visées dans la décision du magistrat qui les a autorisées ne constitue pas une cause de nullité des procédures incidentes.

Lorsque l'identifiant informatique est associé au compte d'un avocat, d'un magistrat, d'un sénateur ou d'un député, l'article 100-7 est applicable.

Art. 706-95-4 *(Créé, L. n° 2016-731, 3 juin 2016 ; dénum. à compter du 1er juin 2019, L. n° 2019-222, 23 mars 2019. – V. CPP, art. 706-95-20)*.

Art. 706-95-5 à 706-95-10 *(Créés, L. n° 2016-731, 3 juin 2016 ; abr. à compter du 1er juin 2019, L. n° 2019-222, 23 mars 2019)*.

Section VI. – Des autres techniques spéciales d'enquête

(Sect. mod. à compter du 1er juin 2019, L. n° 2019-222, 23 mars 2019)

Bibliographie : A. Bergeaud-Wetterwald, *Du bon usage du principe de loyauté des preuves ?*. • E. Bonis-Garçon, *L'apport de l'Assemblée plénière à la définition de procédé déloyal de recherche de preuves* ; *D.* 2015, p. 711. • A. Maron et M. Hass, *Arrêt sur images* ; *Dr. pén.* 2013, comm. 13. • R. Parizot, *Les autres techniques spéciales d'enquête, une non catégorie juridique*, in *Quelles mutations pour la justice pénale au XXIe siècle* : éd. Dalloz, 2020, p. 71 et s. • H. Vlamynck, *Le policier et le principe d'inviolabilité du domicile* : *AJ Pénal* 2011, p. 352 ; *Le point sur la captation de l'image et des paroles dans l'enquête de police* : *AJ Pénal* 2011, p. 574.

§ 1. – Dispositions communes

Art. 706-95-11 *(Créé à compter du 1er juin 2019, L. n° 2019-222, 23 mars 2019)*. – Les dispositions du présent paragraphe sont applicables aux techniques spéciales d'enquête mentionnées à la présente section.

Ces techniques spéciales d'enquête peuvent être mises en œuvre si les nécessités de l'enquête ou de l'information judiciaire relatives *[Dispositions déclarées non conformes à la Constitution par la décision du Conseil constitutionnel n° 2019-778 DC du 21 mars 2019.]* à l'une des infractions entrant dans le champ d'application des articles 706-73 et 706-73-1 l'exigent.

Le législateur avait prévu que le recours à certaines techniques spéciales (le recueil de données techniques de connexion, la sonorisation et la captation d'images, la captation de données informatiques) pouvait être autorisé, dans le cadre d'une enquête de flagrance ou préliminaire, pour tout crime, et non pour les seules infractions relevant de la criminalité et de la délinquance organisées. Or, si une infraction d'une particulière gravité et complexité est de nature à justifier le recours à de telles mesures, tel n'est pas nécessairement le cas d'infractions ne présentant pas ces caractères (…). Cette autorisation était délivrée, à la requête du procureur de la République, par le juge des libertés et de la détention. Toutefois, si le juge des libertés et de la détention pouvait ordonner à tout moment l'interruption des techniques spéciales d'enquête, les dispositions légales ne prévoyaient pas qu'il pouvait accéder à l'ensemble des éléments de la procédure. Ainsi, alors que son autorisation était donnée pour une durée d'un mois, il n'avait pas accès aux procès-verbaux réalisés dans le cadre de l'enquête en cours autres que ceux dressés en exécution de sa décision et il n'était pas informé du déroulé de l'enquête en ce qui concerne les investigations autres que les actes accomplis en exécution de sa décision. Il résulte de ce qui précède que le législateur avait autorisé le recours à des techniques d'enquête particulièrement intrusives pour des infractions ne présentant pas nécessairement un caractère de particulière complexité, sans assortir ce recours des garanties permettant un contrôle suffisant par le juge du maintien du caractère nécessaire et proportionné de ces mesures durant leur déroulé (■Cons. const., 21 mars 2019, n° 2019-778 DC, §§ 162-164, A. Botton, Contrôle de la loi de programmation Justice : le Conseil constitutionnel entre « moustiques et chameaux » de procédure pénale, *JCP* G 2019, n° 4, p. 359). Par ailleurs, en prévoyant que, en cas d'urgence, l'autorisation de recourir à une des techniques spéciales d'enquête précitées pouvait être délivrée par le procureur de la République et pouvait se poursuivre sans contrôle ni intervention d'un magistrat du siège pendant vingt-quatre heures, le législateur a porté une atteinte inconstitutionnelle au droit au respect de la vie privée et au secret des correspondances (même décision, § 166).

Art. 706-95-12 *(Créé à compter du 1er juin 2019, L. n° 2019-222, 23 mars 2019).* **– Les techniques spéciales d'enquête sont autorisées :**

1° Au cours de l'enquête, par le juge des libertés et de la détention à la requête du procureur de la République ;

2° Au cours de l'information, par le juge d'instruction, après avis du procureur de la République.

Art. 706-95-13 *(Créé à compter du 1er juin 2019, L. n° 2019-222, 23 mars 2019 ; mod., L. n° 2020-1672, 24 déc. 2020).* **– L'autorisation mentionnée à l'article 706-95-12 fait l'objet d'une ordonnance écrite et motivée par référence aux éléments de fait et de droit justifiant que ces opérations sont nécessaires. Elle n'a pas de caractère juridictionnel et n'est pas susceptible de recours.**

En cas d'urgence résultant d'un risque imminent de dépérissement des preuves ou d'atteinte grave aux personnes ou aux biens, l'autorisation du juge d'instruction mentionnée au 2° du même article 706-95-12 peut être délivrée sans avis préalable du procureur de la République. Elle comporte alors l'énoncé des circonstances de fait établissant l'existence du risque imminent.

Art. 706-95-14 *(Créé à compter du 1er juin 2019, L. n° 2019-222, 23 mars 2019).* **– Ces techniques spéciales d'enquête se déroulent sous l'autorité et le contrôle du magistrat qui les a autorisées. Ce magistrat peut ordonner à tout moment leur interruption.**

Le juge des libertés et de la détention est informé sans délai par le procureur de la République des actes accomplis. Les procès-verbaux dressés en exécution de la décision du juge des libertés et de la détention lui sont communiqués.

Si le juge des libertés et de la détention estime que les opérations n'ont pas été réalisées conformément à son autorisation ou que les dispositions applicables du présent code n'ont pas été respectées, il ordonne la destruction des procès-verbaux et des enregistrements effectués. Il statue par une ordonnance motivée qu'il notifie au procureur de la République. Ce dernier peut former appel devant le président de la chambre de l'instruction dans un délai de dix jours à compter de la notification.

(Rect. JO 13 avr. 2019) **Les opérations ne peuvent, à peine de nullité, avoir un autre objet que la recherche et la constatation des infractions visées dans les décisions du magistrat. Le fait que ces opérations révèlent des infractions autres que celles visées dans l'autorisation du magistrat ne constitue pas une cause de nullité des procédures incidentes.**

Art. 706-95-15 *(Abr., L. n° 2020-1672, 24 déc. 2020).*

Art. 706-95-16 *(Créé à compter du 1er juin 2019, L. n° 2019-222, 23 mars 2019).* **– L'autorisation mentionnée au 1° de l'article 706-95-12 est délivrée pour une durée maximale d'un mois, renouvelable une fois dans les mêmes conditions de forme et de durée.**

L'autorisation mentionnée au 2° du même article 706-95-12 est délivrée pour une durée maximale de quatre mois, renouvelable dans les mêmes conditions de forme et de durée, sans que la durée totale des opérations ne puisse excéder deux ans.

Art. 706-95-17 *(Créé à compter du 1er juin 2019, L. n° 2019-222, 23 mars 2019).* **– Les techniques spéciales d'enquête mentionnées à la présente section sont mises en place par l'officier de police judiciaire commis par le juge d'instruction ou requis par le procureur de la République ou, sous sa responsabilité, par l'agent de police judiciaire.**

En vue de procéder à l'installation, à l'utilisation et au retrait des dispositifs techniques mentionnés à la présente section, le procureur de la République, le juge d'instruction ou l'officier de police judiciaire peut requérir tout agent qualifié d'un service, d'une unité ou d'un organisme placé sous l'autorité ou la tutelle du ministre de l'intérieur ou du ministre de la défense et dont la liste est fixée par décret.

Art. 706-95-18 *(Créé à compter du 1er juin 2019, L. n° 2019-222, 23 mars 2019).* – Le procureur de la République, le juge d'instruction ou l'officier de police judiciaire commis par lui ou requis par le procureur de la République, ou l'agent de police judiciaire agissant sous sa responsabilité, dresse procès-verbal de la mise en place des dispositifs techniques et des opérations effectuées en application de la présente section. Ce procès-verbal mentionne la date et l'heure auxquelles l'opération a commencé et celles auxquelles elle s'est terminée.

Les enregistrements sont placés sous scellés fermés.

L'officier de police judiciaire ou l'agent de police judiciaire agissant sous sa responsabilité décrit ou transcrit, dans un procès-verbal qui est versé au dossier, les données enregistrées qui sont utiles à la manifestation de la vérité. Aucune séquence relative à la vie privée étrangère aux infractions visées dans les ordonnances autorisant la mesure ne peut être conservée dans le dossier de la procédure.

Les conversations et données en langue étrangère sont transcrites en français avec l'assistance d'un interprète requis à cette fin.

Art. 706-95-19 *(Créé à compter du 1er juin 2019, L. n° 2019-222, 23 mars 2019).* – Les enregistrements et données recueillies lors des opérations effectuées en application de la présente section sont détruits, à la diligence du procureur de la République ou du procureur général, à l'expiration du délai de prescription de l'action publique. Il est dressé procès-verbal de l'opération de destruction.

§ 2. – Du recueil des données techniques de connexion et des interceptions de correspondances émises par la voie des communications électroniques

Art. 706-95-20 *(Anc. art. 706-95-4 créé, L. n° 2016-731, 3 juin 2016 ; dénum. et mod. à compter du 1er juin 2019, L. n° 2019-222, 23 mars 2019).* – I. – Il peut être recouru à la mise en place et à l'utilisation d'un appareil ou d'un dispositif technique mentionné au 1° de l'article 226-3 du Code pénal afin de recueillir les données techniques de connexion permettant l'identification d'un équipement terminal ou du numéro d'abonnement de son utilisateur, ainsi que les données relatives à la localisation d'un équipement terminal utilisé.

II. – Il peut être recouru à la mise en place ou à l'utilisation de cet appareil ou de ce dispositif afin d'intercepter des correspondances émises ou reçues par un équipement terminal. Les modalités prévues aux articles 100-3 à 100-7 du présent code sont alors applicables et, lorsque ces interceptions sont autorisées par le juge des libertés et de la détention à la requête du procureur de la République, les attributions confiées au juge d'instruction ou à l'officier de police judiciaire commis par lui sont exercées par le procureur de la République ou l'officier de police judiciaire requis par ce magistrat. Les correspondances interceptées en application du présent II ne peuvent concerner que la personne ou la liaison visée par l'autorisation d'interception. Par dérogation à l'article 706-95-16, les durées maximales d'autorisation de l'interception des correspondances prévue au présent II sont de quarante-huit heures renouvelables une fois.

Le dispositif mis en place par des enquêteurs s'étant adressés, au moyen de réquisitions, à des opérateurs privés de télécommunications, afin qu'ils procèdent à l'interception des lignes associées au boîtier IMEI, ne constitue pas un appareil ou un dispositif technique entrant dans les prévisions des articles 706-95-4 et suivants, issus de la loi du 3 juin 2016. L'interception des communications des seules lignes téléphoniques identifiées à partir du boîtier de téléphone, dont le numéro d'identification est précisé, et désigné par les enquêteurs au juge d'instruction comme étant en possession d'une personne identifiée doit répondre aux exigences des articles 100 et suivants du Code de procédure pénale (■ Cass. crim., 28 nov. 2017, n° 17-81.736 : *Bull. crim.* n° 269).

§ 3. – Des sonorisations et des fixations d'images de certains lieux ou véhicules

Art. 706-96 *(Rempl. à compter du 1er juin 2019, L. n° 2019-222, 23 mars 2019).* – Il peut être recouru à la mise en place d'un dispositif technique ayant pour objet, sans le consentement des intéressés, la captation,

la fixation, la transmission et l'enregistrement de paroles prononcées par une ou plusieurs personnes à titre privé ou confidentiel, dans des lieux ou véhicules privés ou publics, ou de l'image d'une ou de plusieurs personnes se trouvant dans un lieu privé.

1) Détournement de procédure – Illégalité. Il résulte des articles 706-96 et 706-96-1 du Code de procédure pénale qu'une mesure de sonorisation dans un lieu privé peut être autorisée si les nécessités de l'enquête relative à une infraction prévue par les articles 706-73 ou 706-73-1 du Code de procédure pénale l'exigent et hors le cas d'un détournement de procédure ; que l'existence d'un tel détournement s'entend en pareil cas du fait, pour des agents publics, de se placer faussement et à dessein dans le champ d'application des articles 706-73 et 706-73-1 précités, à seule fin de mettre en œuvre les pouvoirs conférés par les articles 706-96 et 706-96-1 du Code de procédure pénale, dont ils n'auraient pu disposer autrement (▪ Cass. crim., 18 juin 2019, n° 19-80.015 : note F. Fourment, *Détournement de procédure, fraude au champ d'application d'un pouvoir d'enquête ou d'instruction : Dr. pén.* 2019, comm. 156).

2) Détournement de procédure – Critères. Ne suffisent pas à constituer un détournement de procédure, ni l'absence d'implication effective des personnes concernées dans les faits objet de la mesure de sonorisation, une telle implication n'étant pas exigée par la loi, ni le fait que ces personnes aient ultérieurement été mises en examen à raison de faits distincts, révélés par les opérations précitées (▪ Cass. crim., 18 juin 2019, préc.). L'autorisation de captation d'images délivrée par le magistrat instructeur et le procès-verbal du 28 septembre 2018 dressé en exécution de cette autorisation ne sauraient constituer un procédé déloyal au sens des articles 6 de la Convention européenne des droits de l'homme et préliminaire du Code de procédure pénale, dès lors que la demande d'autorisation de s'introduire dans un lieu privé aux fins de mise en place d'un dispositif de captation d'images est intervenue dans un contexte préexistant de trafic de stupéfiants déjà mis en lumière par divers actes d'enquête antérieurs qu'elle n'avait pour objet que de constater, et qui ne déterminait en rien les agissements délictueux, déjà commis et en train de se commettre, des personnes impliquées dans ce trafic (▪ Cass. crim., 24 nov. 2021, n° 20-83.529, §§ 9-13).

I – DOMAINE DE LA SONORISATION ET DES FIXATIONS D'IMAGES

3) Cadre procédural (antérieurement à la loi n° 2016-731 du 3 juin 2016). La captation, la fixation, l'enregistrement ou la transmission par les enquêteurs de l'image d'une personne se trouvant dans un lieu privé, ne sont autorisés que dans les cas et conditions prévus par l'article 706-96 du Code de procédure pénale. Sont donc irrégulières les opérations ayant consisté à photographier pendant une enquête préliminaire, à leur insu, les personnes se trouvant à l'intérieur d'une propriété privée (▪ Cass. crim., 21 mars 2007, n° 06-89.444 : *JurisData* n° 2007-038466 ; *Bull. crim.* n° 89). Un dispositif de captation et de fixation d'images en un lieu privé ne saurait être utilisé en enquête préliminaire. Doivent ainsi être retirées du dossier non seulement les photographies ainsi prises mais également les constatations effectuées grâce au dispositif de captation, d'enregistrement ou de transmission d'images illégalement installé (▪ Cass. crim., 12 mai 2010, n° 10-80.238 : *JurisData* n° 2010-008705). Aucune irrégularité ne saurait résulter de l'introduction, en enquête préliminaire, de policiers dans le parking souterrain d'un immeuble avec l'accord, en connaissance de cause, d'une personne titulaire d'un droit d'accès à cette partie commune et en sa présence, après vaine recherche de l'identité du syndic, afin de procéder à de simples constatations visuelles sur les véhicules en stationnement, lesquelles n'entrent pas dans les prévisions de l'article 706-96 du Code de procédure pénale (▪ Cass. crim., 23 janv. 2013, n° 12-85.059 : *JurisData* n° 2012-000715 ; *Bull. crim.* n° 29 ; *Dr. pén.* 2013, n° 49, A. Maron et M. Haas).

4) Constatations visuelles. Les constatations visuelles n'entrent pas dans le périmètre de l'article 706-96 du Code de procédure pénale. Elles peuvent donc être réalisées indépendamment des conditions visées par cette disposition (▪ Cass. crim., 23 janv. 2013, n° 12-85.059 : *JurisData* n° 2012-000715 ; *Dr. pén.* 2013, n° 49, A. Maron et M. Haas. ▪ Cass. crim., 23 oct. 2013, préc.). Les simples constatations visuelles à partir de points hauts, situés à l'extérieur d'une propriété ne sont pas soumises à l'article 706-96 du Code de procédure pénale (▪ Cass. crim., 25 juin 2014, n° 14-81.647 : *Bull. crim.* n° 164). Les constatations visuelles des policiers, effectuées à partir des parties communes de l'immeuble, sans dispositif intrusif, dans un garage privatif destiné exclusivement au stationnement de véhicules, et la prise de photographie, ultérieurement détruite, d'un véhicule volé s'y trouvant, ne méconnaissent pas l'article 8 de la Convention européenne des droits de l'homme Cass. crim., 31 janv. 2017, n° 16-84.462).

5) Photographies prises de l'extérieur. La prise de clichés photographiques dans la voie publique ne peut être assimilée à la mise en place d'un dispositif de captation et d'enregistrement continu d'images de personnes se trouvant dans un lieu privé, qui requiert l'autorisation préalable et le contrôle d'un juge (■ Cass. crim., 6 avr. 2022, n° 21-84.092, § 14). Ne constitue ni une ingérence dans la protection de la vie privée ou de son domicile au sens de l'article 8 de la Convention européenne des droits de l'homme, ni une captation d'images relevant des dispositions de l'article 706-96 du Code de procédure pénale, la prise de photographies de locaux d'une personne morale, situés dans une zone industrielle et affectés seulement à une activité de réparation de palettes, dans la mesure où, d'une part, le prévenu n'y figure pas, et d'autre part, qu'il n'est pas établi, ni même allégué, qu'elles auraient été prises à partir d'un lieu privé sur lequel la personne morale ou le prévenu lui-même auraient été titulaires d'un droit (■ Cass. crim., 7 mai 2019, n° 18-85.596).

6) Mécanisme de surveillance. L'utilisation d'un endoscope pour visualiser le contenu, non visible de l'extérieur, d'un box fermé, après que les officiers de police judiciaire se soient assurés de la présence du véhicule surveillé constitue une opération de captation d'une image soumise à l'article 706-96 du Code de procédure pénale (■ Cass. crim., 23 janv. 2013, préc.). Il en va de même de la mise en place, par les policiers, d'une caméra de surveillance face audit box, destinée à capter, fixer et enregistrer les images des personnes circulant aux abords de ce local ou y pénétrant (même arrêt). En revanche, un équipement de vidéosurveillance installé par un propriétaire dans les parties communes de son immeuble échappe aux dispositions de l'article 706-96 du Code de procédure pénale (■ Cass. crim., 6 mars 2013, n° 12-87.810 : *JurisData* n° 2013-004870 ; *Bull. crim.* n° 62).

7) Voie publique : non-application de l'article 706-96, CPP. L'ingérence dans le droit au respect de la vie privée que constitue la mise en place d'un dispositif de captation dans un lieu public dont l'accès ne connaît aucune restriction, présente, par sa nature même, un caractère limité et est proportionnée au regard de l'objectif poursuivi (■ Cass. crim., 18 juin 2019, n° 18-86421, N. Jeanne, *Précisions sur le régime de la vidéosurveillance de la voie publique, de la géolocalisation et de la captation d'images dans un lieu privé* : *JCP G* 2019, n° 39, p. 947. – J. Buisson : *Procédures* 2019, comm. 266, n° 10. – A. Maron et M. Haas, *Les oubliettes de la procédure* : *Dr. pén.* 2019, comm. 158). Le juge d'instruction, qui tire de l'article 81 du Code de procédure pénale, interprété à la lumière de l'article 8 de la Convention européenne des droits de l'homme, le pouvoir de faire procéder à une vidéo-surveillance sur la voie publique aux fins de rechercher des preuves des infractions dont il est saisi, à l'encontre des personnes soupçonnées de les avoir commises, a spécialement autorisé les enquêteurs pour l'exécution de la commission rogatoire générale qu'il leur avait délivrée à installer un tel dispositif puis à compléter ; par ailleurs il lui a été rendu compte régulièrement de l'état d'avancement des investigations, ce contrôle lui permettant d'apprécier la nécessité de son maintien. Dans ces circonstances, la mesure a été mise en place sous le contrôle effectif du juge d'instruction et selon les modalités qu'il a autorisées (même arrêt). Le procureur de la République tient des articles 39-3 et 41 du Code de procédure pénale le pouvoir de faire procéder, sous son contrôle effectif et selon les modalités qu'il autorise s'agissant de sa durée et de son périmètre, à une vidéosurveillance sur la voie publique, aux fins de rechercher la preuve des infractions à la loi pénale (■ Cass. crim., 8 déc. 2020, n° 20-83.885, § 9 ; 18 mai 2021, n° 20-86.266, § 13). L'ingérence dans la vie privée qui résulte d'une telle mesure présentant par sa nature même un caractère limité et étant proportionnée au regard de l'objectif poursuivi, elle n'est pas contraire à l'article 8 de la Convention européenne des droits de l'homme (préc., § 10).

8) Voie publique : captation d'image depuis un lieu privé. La mise en œuvre d'un dispositif de captation d'images ne nécessite pas l'autorisation du juge des libertés et de la détention lorsque, placé dans un lieu privé, il ne vise qu'à capter, fixer, transmettre ou enregistrer l'image d'une ou de plusieurs personnes se situant sur la voie publique (■ Cass. crim., 18 mai 2021, n° 20-86.266, § 14).

9) Aire d'accueil de gens du voyage. Nul ne peut se prétendre titulaire d'un droit sur les espaces de circulation d'une aire d'accueil des gens du voyage, qui constitue un équipement de service public mis en place pour répondre aux exigences de la loi du 5 juillet 2000 relative à l'accueil et à l'habitat des gens du voyage. En conséquence, le demandeur ne saurait se faire un grief des motifs par lesquels la chambre de l'instruction a écarté le moyen de nullité tiré de l'absence de motivation de l'ordonnance du juge des libertés et de la détention qui a autorisé, pour une durée d'un mois, la mise en place d'un dispositif de captation d'images dans une aire d'accueil de gens du voyage (■ Cass. crim., 13 oct. 2020, n° 19-87.959, §§ 7-8).

10) Parking d'un immeuble. Ni les espaces de circulation, ni les emplacements de stationnement, ni les boxes fermés du parking souterrain d'un immeuble collectif d'habitation ne constituent des lieux d'habitation au sens des articles 230-34 et 706-96-1 du Code de procédure pénale (▪ Cass. crim., 18 juin 2019, n° 18-86.421). Comp. Le parking souterrain d'un immeuble d'habitation constitue un lieu privé et non un lieu d'habitation, au sens de l'article 706-96 du Code de procédure pénale. Ainsi, l'ordonnance et la commission rogatoire par lesquelles le juge d'instruction prescrit la mise en place du dispositif de captation et le placement sous scellés des enregistrements incluent l'autorisation donnée aux officiers de police judiciaire de pénétrer dans les lieux aux seules fins de contrôler le fonctionnement du système et de recueillir les données, chaque fois qu'il est nécessaire, obligation leur étant faite d'en rendre compte par procès-verbal au magistrat, lequel exerce le contrôle effectif de ces opérations (▪ Cass. crim., 22 nov. 2011, n° 11-84.308 : *JurisData* n° 2011-026053 ; *Bull. crim.* n° 234 ; *Dr. pén.* 2012, n° 12, obs. A. Maron et M. Haas ; *Procédures* 2012, comm. 18, obs. A.-S. Chavent-Leclère ; *Bull. inf. C. cass.* 2012, n° 398 ; *Gaz. Pal.* 13-14 janv. 2012, p. 44, obs. F. Fourment ; *D.* 2012, p. 171, obs. M.-L. Divialle).

11) Parloirs. La mise en place d'un dispositif technique ayant pour objet, sans le consentement des intéressés, la captation, la fixation, la transmission et l'enregistrement de paroles prononcées à titre privé ou confidentiel, dans des lieux ou véhicules privés ou publics, n'est autorisée que lorsque l'information (avant la loi n° 2016-731 du 3 juin 2016) porte sur un crime ou un délit entrant dans le champ d'application de l'article 706-73 du Code de procédure pénale. Il en va ainsi même lorsque le dispositif de sonorisation a pour objet l'interception des conversations entre la personne placée en détention provisoire et ses visiteurs au parloir de la maison d'arrêt (▪ Cass. crim., 1er mars 2006, n° 05-87.251 : *JurisData* n° 2006-032780 ; *Bull. crim.* n° 59 ; *RSC* 2007, p. 611, obs. J. Buisson ; *D.* 2006, p. 1504, note J. Pradel. ▪ Cass. crim., 9 juill. 2008, n° 08-82.091 : *JurisData* n° 2008-044928 ; *Bull. crim.* n° 170 ; *Dr. pén.* 2009, n° 1, p. 19, obs. D. Guérin). Pareille interception, réalisée conformément aux dispositions légales, placée en permanence sous l'autorité et le contrôle du juge d'instruction et justifiée par la nécessité de rechercher la manifestation de la vérité, relativement à des infractions portant gravement atteinte à l'ordre public, n'est pas contraire à l'article 8 de la Convention européenne des droits de l'homme (▪ Cass. crim., 1er mars 2006, préc.).

II – RÉGIME JURIDIQUE DE LA SONORISATION ET DES FIXATIONS D'IMAGES

12) Formalisme. L'article 706-96 du Code de procédure pénale ne soumet le recueil de l'avis du ministère public à aucun formalisme particulier. Par ailleurs, aucune disposition légale ne fait obstacle, lorsque des opérations de fixation d'images et de sonorisation sont simultanément ordonnées, à la délivrance d'une commission rogatoire spéciale commune, désignant les mêmes officiers de police judiciaire pour exécuter ces mesures (▪ Cass. crim., 23 janv. 2013, préc.). L'article 706-96 du Code de procédure pénale ne soumet l'obligation de rendre compte des opérations de sonorisations réalisées à aucun formalisme particulier. Dès lors que le juge mandat a été destinataire d'un procès-verbal relatant à leur issue l'ensemble des opérations, conformément à l'article 706-100 du même code, les opérations sont réputées réalisées sous son autorité et son contrôle (▪ Cass. crim., 17 mars 2015, préc.).

13) Formalisme-Introduction dans un lieu privé. L'article 706-96 du Code de procédure pénale, issu de la loi du 3 juin 2016 entrée en vigueur le 1er octobre 2016 n'exige, pour sa mise en œuvre, aucune diligence spéciale ou complémentaire du juge des libertés et de la détention. L'autorisation d'introduction dans un lieu privé aux fins de mise en place d'un dispositif de captation d'images n'a donc pas lieu d'être annulée en l'absence de délivrance d'une autorisation spéciale en vue d'assurer l'exécution de la décision prise par le JLD (▪ Cass. crim., 8 août 2018, n° 18-80.061).

14) Durée de la sonorisation. Le point de départ des mesures de sonorisation doit être fixé au jour de leur mise en place effective (▪ Cass. crim., 13 nov. 2008, n° 08-85.456 : *JurisData* n° 2008-045871 ; *Bull. crim.* n° 230 ; *Procédures* 2009, n° 64, J. Buisson). Le renouvellement d'une autorisation de mise en place d'un dispositif technique ayant pour objet, sans le consentement des intéressés, la captation, la fixation, la transmission et l'enregistrement de paroles prononcées par une ou plusieurs personnes à titre privé ou confidentiel, dans des lieux ou véhicules privés ou publics, ou de l'image de personnes se trouvant dans un lieu privé, doit intervenir avant l'expiration de la mesure précédente (même arrêt).

15) Motivation. Il ressort de l'article 706-96 du Code de procédure pénale, devenu les articles 706-96-1 et 706-97, que seule l'ordonnance par laquelle le juge d'instruction autorise les officiers de police judiciaire agissant sur commission rogatoire à mettre en place un dispositif technique de captation et d'enregistrement des paroles prononcées à titre privé ou confidentiel doit être motivée au regard des éléments précis et circonstanciés résultant de la procédure (▪ Cass. crim., 20 mars 2019, nos 17-86.319 et 18-87.250). Elle ne concerne pas l'avis du procureur de la République (même arrêt).

16) Déloyauté. Est contraire à l'article 6 de la Convention européenne des droits de l'homme, l'article préliminaire du Code de procédure pénale et le principe de loyauté des preuves, la conjugaison des mesures de garde à vue de deux suspects dans des cellules contiguës et de la sonorisation des locaux, en ce qu'elle participe d'un stratagème constituant un procédé déloyal de recherche des preuves ayant conduit à l'auto-incrimination de l'un des suspects (■ Cass. crim., 7 janv. 2014, n° 13-85.246 : *JurisData* n° 2014-025829 ; *Bull. crim.* n° 1 ; *Dr. pén.* 2014, n° 32, A. Maron et M. Haas ; *Dr. pén.* 2014, n° 7, A. Bergeaud-Wetterwald ; *JCP* G 2014, p. 272, note A. Gallois). Au cours d'une mesure de garde à vue, le placement, durant les périodes de repos séparant les auditions, de deux personnes retenues dans des cellules contiguës préalablement sonorisées, de manière à susciter des échanges verbaux qui seraient enregistrés à leur insu pour être utilisés comme preuve, constitue un procédé déloyal d'enquête mettant en échec le droit de se taire et celui de ne pas s'incriminer soi-même et portant atteinte au droit à un procès équitable (■ Cass. ass. plén., 6 mars 2015, n° 14-84.339 : *JurisData* n° 2015-004033 ; *Dr. pén.* 2015, n° 58, A. Maron et M. Haas ; *JCP* G 2015, n° 19-20, p. 558, E. Bonis-Garçon ; *D.* 2015, p. 711, note J. Pradel). En revanche la mesure de sonorisation de la cellule d'un prévenu n'est pas en soi contraire au principe de loyauté, même lorsque la cellule est partagée avec un codétenu, dès lors que cette mesure ne s'inscrit pas dans le cadre des auditions et interrogatoires mais dans celui des actes d'investigations, de la recherche de la preuve pour laquelle les dispositions légales autorisent l'utilisation d'une telle méthode technique (■ Cass. crim., 17 mars 2015, préc.).

17) Nullité : qualité pour agir. Doit être déclarée irrecevable la requête en annulation du demandeur qui n'est titulaire d'aucun droit sur les locaux dans lesquels les constatations ont été opérées, dès lors qu'il n'apparaît pas dans les surveillances critiquées et que les clichés photographiques portent exclusivement sur du matériel volé (■ Cass. crim., 12 mars 2008, n° 07-88.604). Les demandeurs à l'action en nullité, qui ne revendiquent aucun droit sur le box et le véhicule objets de mesures prévues à l'article 706-96 du Code de procédure, ne sauraient se prévaloir d'une prétendue atteinte au droit au respect du domicile ou de la vie privée d'un tiers, dont ils ne démontrent pas en quoi elle aurait porté atteinte à leurs intérêts (■ Cass. crim., 23 janv. 2013, préc.). Les personnes mises en examen qui n'étaient titulaires d'aucun droit ni titre sur l'appartement ayant fait l'objet d'une mesure de sonorisation et dont les conversations n'ont pas été captées, ne sauraient prétendre avoir subi une atteinte à l'un des droits protégés par l'article 706-96 du code précité, dont elles invoquent la violation (■ Cass. crim., 26 juin 2013, n° 13-81.491 : *Bull. crim.* n° 164). Le demandeur n'étant titulaire d'aucun droit sur la propriété privée concernée par la mesure de surveillance et n'ayant pas été identifié sur les photographies de surveillance contestées, ne saurait se prévaloir d'une prétendue atteinte au droit au respect du domicile ou de la vie privée que les dispositions légales (CPP, art. 706-96) et conventionnelles invoquées (Conv. EDH, art. 8) ont pour but de protéger (■ Cass. crim., 15 avr. 2015, n° 14-87.616 : *Bull. crim.* n° 90). Les demandeurs, qui ne se prévalent d'aucun droit sur le véhicule objet de la sonorisation, ni sur le parking dans lequel il stationnait, sont irrecevables à invoquer une irrégularité affectant cette mesure, dès lors qu'ils n'établissent pas qu'à cette occasion, il aurait été porté atteinte à un autre intérêt qui leur serait propre (■ Cass. crim., 10 avr. 2018, n° 17-85.301 : *Bull. crim.* n° 69).

18) Qualité pour agir : compatibilité avec la Convention européenne des droits de l'homme. Ne méconnaît pas les dispositions de l'article 6 de la Convention européenne des droits de l'homme et le droit à un procès équitable, qui s'apprécie en tenant compte de la procédure dans son ensemble, la chambre de l'instruction déclarant irrecevable une requête en annulation d'une mesure de sonorisation au motif que la partie ne saurait se prévaloir de nullités qui auraient pu être commises au préjudice d'autres personnes mises en examen, dont elle ne démontre pas en quoi elles ont porté atteinte à ses intérêts, ni se prévaloir de la méconnaissance d'un droit appartenant en propre à un tiers. En effet, dans l'hypothèse où une personne est renvoyée devant une juridiction de jugement, même si elle ne dispose pas d'un droit ou d'un titre sur les lieux ou véhicules, objet de la mesure de sonorisation et si ses paroles ou son image n'ont pas été captées, il lui est loisible, dans le cadre du débat contradictoire, de contester la force probante des indices et des éléments de preuve qui seront éventuellement retenus à charge à partir de sonorisations concernant des tiers (■ Cass. crim., 10 avr. 2018, n° 17-85.301 : *Bull. crim.* n° 69).

Art. 706-96-1 ***(Rempl. à compter du 1er juin 2019, L. n° 2019-222, 23 mars 2019).*** **– Au cours de l'enquête, en vue de mettre en place le dispositif technique mentionné à l'article 706-96, le juge des libertés et de la détention peut autoriser l'introduction dans un véhicule ou un lieu privé, y compris hors des heures prévues à l'article 59, à l'insu ou sans le consentement du propriétaire ou du possesseur du véhicule ou de l'occupant des**

lieux ou de toute personne titulaire d'un droit sur ceux-ci. Ces opérations, qui ne peuvent avoir d'autre fin que la mise en place du dispositif technique, sont effectuées sous son contrôle. Le présent alinéa s'applique également aux opérations ayant pour objet la désinstallation du dispositif technique ayant été mis en place.

Au cours de l'information, en vue de mettre en place le dispositif technique mentionné à l'article 706-96, le juge d'instruction peut autoriser l'introduction dans un véhicule ou un lieu privé, y compris hors des heures prévues à l'article 59, à l'insu ou sans le consentement du propriétaire ou du possesseur du véhicule ou de l'occupant des lieux ou de toute personne titulaire d'un droit sur ceux-ci. S'il s'agit d'un lieu d'habitation et que l'opération doit intervenir hors des heures prévues au même article 59, cette autorisation est délivrée par le juge des libertés et de la détention saisi à cette fin par le juge d'instruction. Ces opérations, qui ne peuvent avoir d'autre fin que la mise en place du dispositif technique, sont effectuées sous l'autorité et le contrôle du juge d'instruction. Le présent alinéa est également applicable aux opérations ayant pour objet la désinstallation du dispositif technique ayant été mis en place.

La mise en place du dispositif technique mentionné à l'article 706-96 ne peut concerner les lieux mentionnés aux articles 56-1, 56-2, 56-3 et 56-5 ni être mise en œuvre dans le véhicule, le bureau ou le domicile des personnes mentionnées à l'article 100-7.

Formalisme-Introduction dans un lieu privé (jurisprudence antérieure à la loi du 23 mars 2019). L'article 706-96 du Code de procédure pénale, issu de la loi du 3 juin 2016 entrée en vigueur le 1er octobre 2016 n'exige, pour sa mise en œuvre, aucune diligence spéciale ou complémentaire du juge des libertés et de la détention. L'autorisation d'introduction dans un lieu privé aux fins de mise en place d'un dispositif de captation d'images n'a donc pas lieu d'être annulée en l'absence de délivrance d'une autorisation spéciale en vue d'assurer l'exécution de la décision prise par le JLD (▪ Cass. crim., 8 août 2018, n° 18-80.061).

Art. 706-97 *(Mod. à compter du 1er juin 2019, L. n° 2019-222, 23 mars 2019).* **– La décision autorisant le recours au dispositif mentionné à l'article 706-96 comporte tous les éléments permettant d'identifier les véhicules ou les lieux privés ou publics visés, l'infraction qui motive le recours à ces mesures ainsi que la durée de celles-ci.**

1) Motivation (antérieurement à la loi du 23 mars 2019). L'ordonnance, prévue par l'article 706-96 du Code de procédure pénale, par laquelle le juge d'instruction autorise les officiers de police judiciaire agissant sur commission rogatoire à mettre en place un dispositif technique de captation et d'enregistrement des paroles prononcées à titre privé ou confidentiel doit être motivée au regard des éléments précis et circonstanciés résultant de la procédure. L'absence d'une telle motivation, qui interdit tout contrôle réel et effectif de la mesure, fait grief aux personnes dont les propos ont été captés et enregistrés (▪ Cass. crim., 6 janv. 2015, n° 14-85.448 : *JurisData* n° 2015-000062 ; *Bull. crim.* n° 5 ; *Procédures* 2015, comm. 94, A.-S. Chavent-Leclère ; *JCP* G 2015, p. 51, obs. A. Donnier). Est suffisamment motivée l'ordonnance du juge d'instruction faisant apparaître des éléments précis et circonstanciés de la procédure qui permettent d'établir la nécessité de la mesure de sonorisation (▪ Cass. crim., 17 mars 2015, n° 14-88.351 : *Bull. crim.* n° 54 ; *Dr. pén.* 2015, comm. 78, A. Maron et M. Haas). Il en va de même de l'ordonnance motivée au regard des éléments précis et circonstanciés résultant de la procédure, notamment compte tenu de l'importance des rôles supposés des utilisateurs des véhicules sonorisés dans les faits dont le juge d'instruction a été saisi, de la nécessité d'identifier tous les acteurs du trafic en cause et de déterminer avec précision le rôle de chacun, ainsi qu'eu égard au caractère insuffisant des éléments recueillis par les interceptions téléphoniques de ces personnes (▪ Cass. crim., 10 avr. 2018, n° 17-85.607). Il ressort de l'article 706-96 du Code de procédure pénale, devenu les articles 706-96-1 et 706-97, que seule l'ordonnance par laquelle le juge d'instruction autorise les officiers de police judiciaire agissant sur commission rogatoire à mettre en place un dispositif technique de captation et d'enregistrement des paroles prononcées à titre privé ou confidentiel doit être motivée au regard des éléments précis et circonstanciés résultant de la procédure (▪ Cass. crim., 20 mars 2019, nos 17-86.319 et 18-87.250, A. Maron et M. Haas, *Motifs par rebond : Dr. pén.* 2019, comm. 97). Elle ne concerne pas l'avis du procureur de la République (même arrêt).

2) Véhicule stationné dans un parking privé. Il résulte de l'article 706-97 du Code de procédure pénale, qui ne distingue pas selon le lieu de stationnement du véhicule, que le juge d'instruction qui envisage la captation, la fixation, la transmission et l'enregistrement de paroles prononcées par une ou plusieurs personnes à titre privé ou confidentiel, ou de l'image d'une ou plusieurs personnes se trouvant dans ce véhicule, est tenu de délivrer une seule ordonnance écrite et motivée comportant tous les éléments permettant d'identifier ledit véhicule. Il n'est pas tenu de délivrer une autorisation spécifique de pénétrer dans le parking privé où se trouve stationné ledit véhicule (■ Cass. crim., 10 avr. 2018, n° 17-85.301 : *Bull. crim.* n° 69).

Art. 706-98 *(Anc. art. 706-99 dénum. et mod. compter du 1er juin 2019, L. n° 2019-222, 23 mars 2019).* **– Les officiers ou agents de police judiciaire ou les agents qualifiés chargés de procéder aux opérations prévues à l'article 706-96 sont autorisés à détenir à cette fin des appareils relevant des dispositions de l'article 226-3 du Code pénal.**

Art. 706-98-1 *(Créé, L. n° 2016-731, 3 juin 2016 ; abr. à compter du 1er juin 2019, L. n° 2019-222, 23 mars 2019).*

Art. 706-99 *(Mod., L. n° 2009-971, 3 août 2009 ; L. n° 2016-731, 3 juin 2016 ; dénum. et mod. à compter du 1er juin 2019, L. n° 2019-222, 23 mars 2019. – V. CPP, art. 706-98).*

Art. 706-100 à 706-102 *(Abr. à compter du 1er juin 2019, L. n° 2019-222, 23 mars 2019).*

§ 4. – De la captation des données informatiques

Voir également : D. n° 2015-1700, 18 déc. 2015 : *JO* 20 déc. 2015, p. 23604 relatif à la mise en œuvre des données informatiques captées en application de l'article 706-102-1 du Code de procédure pénale.

Art. 706-102-1 *(Rempl., L. n° 2016-731, 3 juin 2016 ; mod. à compter du 1er juin 2019, L. n° 2019-222, 23 mars 2019).* **– Il peut être recouru à la mise en place d'un dispositif technique ayant pour objet, sans le consentement des intéressés, d'accéder, en tous lieux, à des données informatiques, de les enregistrer, de les conserver et de les transmettre, telles qu'elles sont stockées dans un système informatique, telles qu'elles s'affichent sur un écran pour l'utilisateur d'un système de traitement automatisé de données, telles qu'il les y introduit par saisie de caractères ou telles qu'elles sont reçues et émises par des périphériques.**

Le procureur de la République ou le juge d'instruction peut désigner toute personne physique ou morale habilitée et inscrite sur l'une des listes prévues à l'article 157, en vue d'effectuer les opérations techniques permettant la réalisation du dispositif technique mentionné au premier alinéa du présent article. Le procureur de la République ou le juge d'instruction peut également prescrire le recours aux moyens de l'État soumis au secret de la défense nationale selon les formes prévues au chapitre Ier du titre IV du livre Ier.

Question prioritaire de constitutionnalité. Le choix fait par le procureur de la République ou le juge d'instruction, qui n'est pas encadré par des critères spécifiques, de prescrire le recours aux moyens de la défense nationale, lesquels peuvent être utilisés pour l'ensemble de l'opération et pas seulement pour le décryptage des données captées, peut avoir pour conséquence que, par l'effet des règles concernant le secret-défense, de nombreuses informations utiles au contrôle de la régularité de l'opération ne puissent être soumises au débat contradictoire. Ainsi, doit être considérée comme sérieuse la question portant sur la compatibilité de ce dispositif avec les droits de la défense, les principes de l'égalité des armes et du contradictoire ainsi que le droit à un recours effectif en ce qu'il est susceptible de leur porter une atteinte excessive (■ Cass. crim., 1er févr. 2022, n° 21-85.148, § 4).

Art. 706-102-2 *(L. n° 2016-731, 3 juin 2016 ; abr. à compter du 1er juin 2019, L. n° 2019-222, 23 mars 2019).*

Art. 706-102-3 *(L. n° 2016-731, 3 juin 2016 ; mod. à compter du 1er juin 2019, L. n° 2019-222, 23 mars 2019).* **– À peine de nullité, la décision autorisant le recours au dispositif mentionné à l'article 706-102-1 précise l'infraction qui motive le recours à ces opérations, la localisation exacte ou la description détaillée des systèmes de traitement automatisé de données ainsi que la durée des opérations.**

Art. 706-102-4 *(L. n° 2016-731, 3 juin 2016 ; abr. à compter du 1er juin 2019, L. n° 2019-222, 23 mars 2019).*

Art. 706-102-5 *(Mod. à compter du 1er juin 2019, L. n° 2019-222, 23 mars 2019).* **– En vue de mettre en place le dispositif technique mentionné à l'article 706-102-1, le juge des libertés et de la détention, à la requête du procureur de la République, ou le juge d'instruction peut autoriser l'introduction dans un véhicule**

ou dans un lieu privé, y compris hors des heures prévues à l'article 59, à l'insu ou sans le consentement du propriétaire ou du possesseur du véhicule ou de l'occupant des lieux ou de toute personne titulaire d'un droit sur celui-ci. S'il s'agit d'un lieu d'habitation et que l'opération doit intervenir hors des heures prévues à l'article 59, cette autorisation est délivrée par le juge des libertés et de la détention saisi à cette fin par le procureur de la République ou par le juge d'instruction. Ces opérations, qui ne peuvent avoir d'autre fin que la mise en place du dispositif technique, sont effectuées sous l'autorité et le contrôle du juge des libertés et de la détention ou du juge d'instruction. Le présent alinéa est également applicable aux opérations ayant pour objet la désinstallation du dispositif technique ayant été mis en place.

En vue de mettre en place le dispositif technique mentionné à l'article 706-102-1, le juge des libertés et de la détention, à la requête du procureur de la République, ou le juge d'instruction peut également autoriser la transmission par un réseau de communications électroniques de ce dispositif. Ces opérations sont effectuées sous l'autorité et le contrôle du juge des libertés et de la détention ou du juge d'instruction. Le présent alinéa est également applicable aux opérations ayant pour objet la désinstallation du dispositif technique ayant été mis en place.

La mise en place du dispositif technique mentionné à l'article 706-102-1 ne peut concerner les systèmes automatisés de traitement des données se trouvant dans les lieux visés aux articles 56-1, 56-2, 56-3 et 56-5 ni être réalisée dans le véhicule, le bureau ou le domicile des personnes visées à l'article 100-7.

Art. 706-102-6 à 706-102-9 *(L. n° 2016-731, 3 juin 2016 ; abr. à compter du 1er juin 2019, L. n° 2019-222, 23 mars 2019).*

Section VII. – Des mesures conservatoires

Bibliographie : F. Dupuis, *Les saisies en matière pénale : Procédures* 2014, étude 6. • J. Pradel, *Une insuffisance de l'article 706-103 du Code de procédure pénale sur les mesures conservatoires en matière de criminalité organisée : D.* 2010, p. 2558.

Art. 706-103 *(Mod., L. n° 2010-768, 9 juill. 2010 ; L. n° 2015-993, 17 août 2015).* – En cas d'information ouverte pour l'une des infractions entrant dans le champ d'application des articles 706-73, 706-73-1 et 706-74 et afin de garantir le paiement des amendes encourues ainsi que, le cas échéant, l'indemnisation, le juge des libertés et de la détention, sur requête du procureur de la République, peut ordonner, aux frais avancés du Trésor et selon les modalités prévues par les procédures civiles d'exécution, des mesures conservatoires sur les biens, meubles ou immeubles, divis ou indivis, de la personne mise en examen.

La condamnation vaut validation des mesures conservatoires et permet l'inscription définitive des sûretés.

La décision de non-lieu, de relaxe ou d'acquittement emporte de plein droit, aux frais du Trésor, mainlevée des mesures ordonnées. Il en est de même en cas d'extinction de l'action publique et de l'action civile.

Pour l'application des dispositions du présent article, le juge des libertés et de la détention est compétent sur l'ensemble du territoire national.

Le présent article s'applique sans préjudice des dispositions du titre XXIX du présent livre.

1) **Question prioritaire de constitutionnalité (refus de renvoi).** L'article 706-103 du Code de procédure pénale prévoit des mesures conservatoires pour des infractions graves et complexes, comme le délit de blanchiment en bande organisée, entrant dans le champ d'application des articles 706-73 et 706-74 du même code et justifiant des règles spécifiques de procédure pénale. De telles mesures, ne constituant pas des sanctions, sont ordonnées par le juge des libertés et de la détention selon les modalités prévues par les procédures civiles d'exécution, qui assurent la sauvegarde des droits de la personne concernée. Aussi, la question prioritaire de constitutionnalité tendant à mettre en cause la compatibilité de l'article 706-103 avec les articles 2, 9, 16 et 17 de la Déclaration des droits de l'homme et du citoyen, ainsi qu'aux principes du droit à une procédure juste et équitable, d'égalité devant la loi, de la présomption d'innocence et des droits de la défense, ne présente pas de caractère sérieux (■ Cass. crim., 18 juin 2010, n° 10-81.165 QPC : *RSC* 2001, p. 186, note B. de Lamy).

2) **Mise en œuvre des mesures conservatoires.** Les mesures conservatoires prévues par l'article 706-103 susvisé ne peuvent être prises que sur un bien dont le mis en examen est propriétaire, sa qualité de bénéficiaire économique de l'activité de la personne morale propriétaire du bien en cause étant insuffisante (■ Cass. crim., 26 mai 2010, n° 10-81.163 : *Bull. crim.* n° 94).

3) **Proportionnalité.** La Cour de cassation vérifie que les mesures provisoires ordonnées par le juge des libertés et de la détention ne sont pas disproportionnées au regard des infractions reprochées et des amendes encourues (▪ Cass. ch. mixte, 11 déc. 2009, n° 09-13.944 : *Bull. ch. mixte* n° 2. ▪ Cass. crim., 15 mars 2011, n° 10-80.181 : *Bull. crim.* n° 53).

Section VIII. – Dispositions communes

Art. 706-104. – ***[Dispositions déclarées non conformes à la Constitution par décision du Conseil constitutionnel n° 2004-492 DC du 2 mars 2004.]***

Inconstitutionnalité. Les procédures spéciales définies en matière de criminalité organisée sont de nature à affecter gravement l'exercice de droits et libertés constitutionnellement protégés, tels que la liberté individuelle, l'inviolabilité du domicile et le secret de la vie privée. L'autorité judiciaire, gardienne de la liberté individuelle, ne saurait dès lors autoriser leur utilisation que dans la mesure nécessaire à la recherche des auteurs d'infractions particulièrement graves et complexes, elle-même indispensable à la sauvegarde de principes et droits de valeur constitutionnelle. Pour décider de mettre en œuvre l'une de ces procédures, l'autorité judiciaire doit disposer d'une ou plusieurs raisons plausibles de soupçonner que les faits constituent l'une des infractions énumérées par l'article 706-73 nouveau du Code de procédure pénale. Si le législateur pouvait exonérer de nullité les actes d'enquête ou d'instruction dès lors que la circonstance aggravante de bande organisée paraissait caractérisée à la date où ils ont été autorisés, il ne pouvait exonérer, de façon générale, des actes qui auraient été autorisés en méconnaissance des exigences susmentionnées. Il résulte de ce qui précède que l'article 706-104 nouveau du Code de procédure pénale doit être déclaré contraire à la Constitution (▪ Cons. const., 2 mars 2004, déc. 2004-492 DC, consid. 69-71).

Art. 706-105 *(L. n° 2004-204, 9 mars 2004)*. – **Lorsque, au cours de l'enquête, il a été fait application des dispositions des articles 706-80 à 706-95, la personne ayant été placée en garde à vue six mois auparavant et qui n'a pas fait l'objet de poursuites peut interroger le procureur de la République dans le ressort duquel la garde à vue s'est déroulée sur la suite donnée ou susceptible d'être donnée à l'enquête. Cette demande est adressée par lettre recommandée avec demande d'avis de réception.**

Lorsque le procureur de la République décide de poursuivre l'enquête préliminaire et qu'il envisage de procéder à une nouvelle audition ou à un nouvel interrogatoire de la personne au cours de cette enquête, cette personne est informée, dans les deux mois suivant la réception de sa demande, qu'elle peut demander qu'un avocat désigné par elle ou commis d'office à sa demande par le bâtonnier puisse consulter le dossier de la procédure. Le dossier est alors mis à la disposition de l'avocat au plus tard dans un délai de quinze jours à compter de la demande et avant, le cas échéant, toute nouvelle audition ou tout nouvel interrogatoire de la personne.

Lorsque le procureur de la République a décidé de classer l'affaire en ce qui concerne la personne, il l'informe dans les deux mois suivant la réception de sa demande.

Dans les autres cas, le procureur de la République n'est pas tenu de répondre à la personne. Il en est de même lorsqu'il n'a pas été fait application des dispositions des articles 706-80 à 706-95 au cours de l'enquête.

Lorsque l'enquête n'a pas été menée sous la direction du procureur de la République du tribunal judiciaire dans le ressort duquel la garde à vue a été réalisée, celui-ci adresse sans délai la demande au procureur qui dirige l'enquête.

Art. 706-105-1 *(Créé, L. n° 2021-998, 30 juill. 2021)*. – **I. – Par dérogation à l'article 11, le procureur de la République de Paris peut, pour les procédures d'enquête ou d'instruction entrant dans le champ d'application de l'article 706-72-1, communiquer aux services de l'État mentionnés au second alinéa de l'article L. 2321-2 du Code de la défense, de sa propre initiative ou à la demande de ces services, des éléments de toute nature figurant dans ces procédures et nécessaires à l'exercice de leur mission en matière de sécurité et de défense des systèmes d'information. Si la procédure fait l'objet d'une information, cette communication ne peut intervenir que sur avis favorable du juge d'instruction.**

Le juge d'instruction peut également procéder à cette communication, dans les mêmes conditions et pour les mêmes finalités que celles mentionnées au premier alinéa du présent I, pour les procédures d'information dont il est saisi, après avoir recueilli l'avis du procureur de la République de Paris.

II. – Par dérogation à l'article 11, le procureur de la République de Paris peut, pour les procédures d'enquête ou d'instruction relevant de la compétence des juridictions mentionnées au dernier alinéa de l'article 706-75 et

portant sur les infractions mentionnées aux 3°, 5°, 12° et 13° de l'article 706-73 ainsi que sur le blanchiment de ces infractions, communiquer aux services spécialisés de renseignement mentionnés à l'article L. 811-2 du Code de la sécurité intérieure ainsi qu'aux services mentionnés à l'article L. 811-4 du même code désignés, au regard de leurs missions, par décret en Conseil d'État, de sa propre initiative ou à la demande de ces services, des éléments de toute nature figurant dans ces procédures et nécessaires à l'exercice des missions de ces services au titre de la prévention de la criminalité et de la délinquance organisées. Si la procédure fait l'objet d'une information, cette communication ne peut intervenir que sur avis favorable du juge d'instruction.

Le juge d'instruction peut également procéder à cette communication, dans les mêmes conditions et pour les mêmes finalités que celles mentionnées au premier alinéa du présent II, pour les procédures d'information dont il est saisi, après avoir recueilli l'avis du procureur de la République de Paris.

III. – Les informations communiquées en application du présent article ne peuvent faire l'objet d'un échange avec des services de renseignement étrangers ou avec des organismes internationaux compétents dans le domaine du renseignement.

Sauf si l'information porte sur une condamnation prononcée publiquement, les personnes qui en sont destinataires sont tenues au secret professionnel, dans les conditions et sous les peines prévues aux articles 226-13 et 226-14 du Code pénal.

Art. 706-106 ancien *(Abr. à compter du 2 juin 2014, L. n° 2014-535, 27 mai 2014).*

Section IX. – Dispositions spécifiques à certaines infractions

(L. n° 2016-731, 3 juin 2016)

Art. 706-106 *(L. n° 2016-731, 3 juin 2016).* – Sans préjudice des articles 706-81 à 706-87 et aux seules fins de constater les infractions mentionnées au 12° de l'article 706-73, d'en identifier les auteurs et les complices et d'effectuer les saisies prévues au présent code, les officiers de police judiciaire et les agents de police judiciaire placés sous leur autorité peuvent, avec l'autorisation du procureur de la République ou du juge d'instruction saisi des faits qui en avise préalablement le parquet, sans être pénalement responsables de ces actes :

1° Acquérir des armes ou leurs éléments, des munitions ou des explosifs ;

2° En vue de l'acquisition d'armes ou de leurs éléments, de munitions ou d'explosifs, mettre à la disposition des personnes se livrant à ces infractions des moyens de caractère juridique ou financier ainsi que des moyens de transport, de dépôt, d'hébergement, de conservation et de télécommunication.

À peine de nullité, l'autorisation du procureur de la République ou du juge d'instruction, qui peut être donnée par tout moyen, est mentionnée ou versée au dossier de la procédure et les actes autorisés ne peuvent constituer une incitation à commettre une infraction.

Art. 706-106-1 *(Créé, L. n° 2021-1729, 22 déc. 2021).* – Un ou plusieurs tribunaux judiciaires désignés par décret exercent une compétence concurrente à celle qui résulte de l'application des articles 43, 52 et 382 du présent code pour l'enquête, la poursuite, l'instruction et le jugement des crimes prévus aux articles 221-1 à 221-5, 222-1, 222-3 à 222-6, 222-23 à 222-26 et 224-1 à 224-3 du Code pénal et de tous les délits connexes à ces crimes, lorsque l'une au moins des deux conditions ci-après est remplie et que les investigations les concernant présentent une particulière complexité :

1° Ces crimes ont été commis ou sont susceptibles d'avoir été commis de manière répétée à des dates différentes par une même personne à l'encontre de différentes victimes ;

2° Leur auteur n'a pas pu être identifié plus de dix-huit mois après leur commission.

Lorsqu'ils sont compétents pour la poursuite ou l'instruction des infractions mentionnées au présent article, le procureur de la République et le juge d'instruction des juridictions désignées exercent leurs attributions sur toute l'étendue du ressort territorial précisé par le décret prévu au premier alinéa du présent article. Si une seule juridiction spécialisée est désignée, cette compétence s'étend à l'ensemble du territoire national.

La juridiction saisie demeure compétente, quelles que soient les incriminations retenues lors du règlement ou du jugement de l'affaire. Toutefois, si les faits constituent une contravention, le juge d'instruction prononce le renvoi de l'affaire devant le tribunal de police compétent en application de l'article 522.

Art. 706-106-2 *(Créé, L. n° 2021-1729, 22 déc. 2021).* – Au sein de ce ou ces tribunaux judiciaires, le procureur général et le premier président, après avis du procureur de la République et du président du tribunal judiciaire, désignent respectivement un ou plusieurs magistrats du parquet et juges d'instruction chargés spécialement de l'enquête, de la poursuite et de l'instruction des infractions entrant dans le champ d'application de l'article 706-106-1.

Les magistrats du parquet et juges d'instruction désignés ainsi que le procureur général près la cour d'appel compétente peuvent demander à des assistants spécialisés, désignés dans les conditions prévues à l'article 706, de participer, selon les modalités prévues au même article 706, aux procédures concernant les crimes et délits entrant dans le champ d'application de l'article 706-106-1.

Art. 706-106-3 *(Créé, L. n° 2021-1729, 22 déc. 2021).* – Le procureur de la République près un tribunal judiciaire autre que celui ou ceux mentionnés à l'article 706-106-1 peut, pour les infractions relevant du même article 706-106-1, d'office, sur proposition du juge d'instruction ou à la requête des parties, requérir du juge d'instruction initialement saisi de se dessaisir au profit de la juridiction d'instruction compétente en application dudit article 706-106-1.

Si elles ne sont pas à l'origine de la demande, les parties sont avisées de ces réquisitions et sont invitées par le juge d'instruction à faire connaître leurs observations.

L'ordonnance statuant sur le dessaisissement est rendue huit jours au plus tôt et un mois au plus tard à compter des réquisitions ou de l'avis donné aux parties.

Les trois derniers alinéas de l'article 706-77 et l'article 706-78 sont applicables à cette ordonnance.

Art. 706-106-4 *(Créé, L. n° 2021-1729, 22 déc. 2021).* – Le procureur de la République peut ordonner une enquête ou saisir le juge d'instruction d'une information ayant pour objet de retracer l'éventuel parcours criminel d'une personne condamnée pour des faits relevant de l'article 706-106-1 ou pour laquelle il existe une ou plusieurs raisons plausibles de soupçonner qu'elle a commis ou tenté de commettre de tels faits.

Art. 706-106-5 *(Créé, L. n° 2021-1729, 22 déc. 2021).* – Les modalités d'application du présent titre, notamment les conditions dans lesquelles des officiers de police judiciaire spécialement désignés peuvent assister les magistrats désignés en application de l'article 706-106-2, sont précisées par voie réglementaire.

TITRE XXVI. – DE LA PROCÉDURE APPLICABLE EN CAS DE POLLUTION DES EAUX MARITIMES PAR REJETS DES NAVIRES ET D'ATTEINTE AUX BIENS CULTURELS MARITIMES

(L. n° 2004-204, 9 mars 2004 ; titre mod., L. n° 2016-1547, 18 nov. 2016)

Bibliographie : *Répertoire.* C. Gavalda-Moulent, *Procédure applicable en cas de pollution des eaux maritimes par rejets des navires : JCl. Proc. pén.*, art. 706-107 à 706-111, Fasc. 20.

Généralités. A. Beziz-Ayache, *Pollution maritime, le dispositif répressif dans la loi du 9 mars 2004 : Bull. actualités Lamy Dr. pén. aff.* oct. 2004, p. 1 et s. ● J.-H. Robert, *Pollution par les rejets polluants des navires : Environnement* 2004, comm. 45 et 46.

CHAPITRE Ier. – DE LA POLLUTION DES EAUX MARITIMES PAR REJETS DES NAVIRES

(L. n° 2016-1547, 18 nov. 2016)

Art. 706-107 *(Mod., L. n° 2020-1672, 24 déc. 2020).* – Pour l'enquête, la poursuite, l'instruction et, s'il s'agit de délits, le jugement des infractions en matière de pollution des eaux marines et des voies ouvertes à la navigation maritime prévues et réprimées par le chapitre VIII du titre Ier du livre II du Code de l'environnement, qui sont commises dans les eaux territoriales, les eaux intérieures et les voies navigables, la compétence d'un tribunal judiciaire peut être étendue au ressort d'une ou plusieurs cours d'appel.

Les dispositions du premier alinéa s'appliquent également lorsque les infractions mentionnées dans cet alinéa sont commises dans la zone économique exclusive ou dans la zone de protection écologique et sur le plateau continental.

Cette compétence s'étend aux infractions connexes.

Un décret fixe la liste et le ressort de ces juridictions du littoral maritime, qui comprennent une section du parquet et des formations d'instruction et de jugement spécialisées pour connaître de ces infractions.

Art. 706-108 *(Mod., L. n° 2008-757, 1er août 2008 ; L. n° 2011-1862, 13 déc. 2011).* – Pour l'enquête, la poursuite, l'instruction et le jugement des infractions visées à l'article 706-107 commises hors des espaces maritimes sous juridiction française, le tribunal judiciaire compétent est le tribunal judiciaire de Paris.

Art. 706-109 *(L. n° 2005-47, 26 janv. 2005 ; L. n° 2007-291, 5 mars 2007).* – Le procureur de la République, le juge d'instruction, la formation correctionnelle spécialisée du tribunal judiciaire mentionné à l'article 706-107 exercent, sur toute l'étendue du ressort fixé en application de cet article, une compétence concurrente à celle qui résulte de l'application des articles 43, 52, 382 et 706-42.

Ils exercent également, dans les mêmes conditions, une compétence concurrente à celle qui résulte des critères de compétence suivants :

1° Lieu d'immatriculation du navire, engin ou plate-forme ou de son attachement en douanes ;

2° Lieu où le navire, engin ou plate-forme est ou peut être trouvé.

La juridiction spécialisée saisie demeure compétente, quelles que soient les incriminations retenues lors du règlement ou du jugement de l'affaire. Toutefois, si les faits constituent une contravention, le juge d'instruction prononce le renvoi de l'affaire devant le tribunal de police compétent en application de l'article 522.

Art. 706-110 *(L. n° 2004-204, 9 mars 2004).* – Le procureur de la République près un tribunal judiciaire autre que ceux visés à l'article 706-107 peut, pour les infractions entrant dans le champ d'application de cet article, requérir le juge d'instruction de se dessaisir au profit de la juridiction d'instruction compétente en application de cet article. Les parties sont préalablement avisées et invitées à faire connaître leurs observations par le juge d'instruction ; l'ordonnance est rendue huit jours au plus tôt et un mois au plus tard à compter de cet avis.

Lorsque le juge d'instruction décide de se dessaisir, son ordonnance ne prend effet qu'à compter du délai de cinq jours prévu par l'article 706-111 ; lorsqu'un recours est exercé en application de cet article, le juge d'instruction demeure saisi jusqu'à ce que soit porté à sa connaissance l'arrêt de la chambre de l'instruction, passé en force de chose jugée, ou celui de la chambre criminelle de la Cour de cassation.

Dès que l'ordonnance est passée en force de chose jugée, le procureur de la République adresse le dossier de la procédure au procureur de la République près le tribunal compétent en application de l'article 706-109.

Les dispositions du présent article sont applicables devant la chambre de l'instruction.

Art. 706-111 *(L. n° 2004-204, 9 mars 2004).* – L'ordonnance rendue en application de l'article 706-110 peut, à l'exclusion de toute autre voie de recours, être déférée dans les cinq jours de sa notification, à la requête du ministère public ou des parties, soit à la chambre de l'instruction si la juridiction spécialisée au profit de laquelle le dessaisissement a été ordonné ou refusé se trouve dans le ressort de la cour d'appel dans lequel est située la juridiction initialement saisie, soit, dans le cas contraire, à la chambre criminelle de la Cour de cassation. La chambre de l'instruction ou la chambre criminelle désigne, dans les huit jours suivant la date de réception du dossier, le juge d'instruction chargé de poursuivre l'information. Le ministère public peut également saisir directement la chambre de l'instruction ou la chambre criminelle de la Cour de cassation lorsque le juge d'instruction n'a pas rendu son ordonnance dans le délai d'un mois prévu au premier alinéa de l'article 706-110.

L'arrêt de la chambre de l'instruction ou de la chambre criminelle est porté à la connaissance du juge d'instruction ainsi qu'au ministère public et notifié aux parties.

Les dispositions du présent article sont applicables à l'arrêt de la chambre de l'instruction rendu sur le fondement du dernier alinéa de l'article 706-110, le recours étant alors porté devant la chambre criminelle.

CHAPITRE II. – DES ATTEINTES AUX BIENS CULTURELS MARITIMES

(L. n° 2016-1547, 18 nov. 2016)

Art. 706-111-1 *(L. n° 2016-1547, 18 nov. 2016)*. – **Pour l'enquête, la poursuite, l'instruction et, s'il s'agit de délits, le jugement des infractions relatives aux atteintes aux biens culturels maritimes prévues à la section II du chapitre IV du titre IV du livre V du Code du patrimoine qui sont commises dans les eaux territoriales, la compétence d'un tribunal judiciaire peut être étendue au ressort d'une ou de plusieurs cours d'appel.**

Cette compétence s'étend aux infractions connexes.

Un décret fixe la liste et le ressort de ces juridictions du littoral maritime. Ces juridictions comprennent une section du parquet et des formations d'instruction et de jugement spécialisées pour connaître de ces infractions.

Art. 706-111-2 *(L. n° 2016-1547, 18 nov. 2016)*. – **Les premier et dernier alinéas de l'article 706-109 et les articles 706-110 et 706-111 sont applicables en matière d'atteintes aux biens culturels maritimes.**

TITRE XXVII. – DE LA POURSUITE, DE L'INSTRUCTION ET DU JUGEMENT DES INFRACTIONS COMMISES PAR DES MAJEURS PROTÉGÉS

(L. n° 2007-308, 5 mars 2007)

Bibliographie : ***Répertoire.*** E. Fohrer-Dedeurwaerder, *Poursuite, instruction et jugement des infractions commises par des majeurs protégés : JCl. Proc. pén.*, Fasc. 20.

Généralités. D. Guihal et Th. Fossier, *Le régime des poursuites pénales engagées contre un majeur protégé : JCP* G 2007, I, 146. • L. Boré, *Capacité pour agir et se défendre devant le juge pénal : JCP* G 2002, I, 179. • A. Gouttenoire-Cornut et E. Rubi-Cavagna, *Le majeur sous curatelle et la procédure pénale : D.* 2002, p. 354. • S. Jacopin, *Santé mentale et droit pénal : les « incapables » du droit civil et les « incapables » du droit pénal : RD sanit. soc.* 2008, p. 835. • C. Barberger, *Les personnes vulnérables : RPDP* 1996, p. 277. • J. Buisson, *Instruction et jugement des infractions commises par des majeurs protégés : Procédures* 2008, comm. 21. • M.-Ch. Dalle et Th. Verheyde, *La réforme de la protection juridique des majeurs. Des nouveaux champs d'intervention pour les avocats ? : JCP* G 2010, 207. • I. Maria, *La protection du majeur protégé attrait à une procédure pénale : Dr. famille* 2010, comm. 120 ; *Retour sur la sanction de l'absence de signification faite au curateur : Dr. famille* 2010, comm. 133 ; *Information tardive du juge des tutelles et protection du majeur sous curatelle mis en examen : Dr. famille* 2010, comm. 192.

Art. 706-112 *(L. n° 2007-308, 5 mars 2007)*. – **Le présent titre est applicable à toute personne majeure dont il est établi au cours de la procédure qu'elle fait l'objet d'une mesure de protection juridique dans les conditions prévues au titre XI du livre 1er du Code civil.**

Conformité à la Constitution.

Art. 706-112-1 *(Créé à compter du 1er juin 2019, L. n° 2019-222, 23 mars 2019)*. – **Lorsque les éléments recueillis au cours de la garde à vue d'une personne font apparaître que celle-ci fait l'objet d'une mesure de protection juridique, l'officier ou l'agent de police judiciaire en avise le curateur ou le tuteur. S'il est établi que la personne bénéficie d'une mesure de sauvegarde de justice, l'officier ou l'agent de police judiciaire avise s'il y a lieu le mandataire spécial désigné par le juge des tutelles.**

Si la personne n'est pas assistée d'un avocat ou n'a pas fait l'objet d'un examen médical, le curateur, le tuteur ou le mandataire spécial peuvent désigner un avocat ou demander qu'un avocat soit désigné par le bâtonnier, et ils peuvent demander que la personne soit examinée par un médecin.

Sauf en cas de circonstance insurmontable, qui doit être mentionnée au procès-verbal, les diligences incombant aux enquêteurs en application du présent article doivent intervenir au plus tard dans un délai de six heures à compter du moment où est apparue l'existence d'une mesure de protection juridique.

Le procureur de la République peut, à la demande de l'officier de police judiciaire, décider que l'avis prévu au présent article sera différé ou ne sera pas délivré si cette décision est, au regard des circonstances, indispensable afin de permettre le recueil ou la conservation des preuves ou de prévenir une atteinte grave à la vie, à la liberté ou à l'intégrité physique d'une personne.

Conformité à la Constitution. L'article 706-112-1 du Code de procédure pénale, créé par le paragraphe IV de l'article 48, prévoit que, lorsqu'une personne gardée à vue fait l'objet d'une mesure de protection juridique, son tuteur ou curateur doit en être avisé. Si la personne gardée à vue n'est pas assistée d'un avocat ou n'a pas fait l'objet d'un examen médical, le tuteur ou le curateur peut demander la désignation d'un avocat ou la réalisation d'un examen médical. En ne prévoyant pas un tel régime pour des personnes ne bénéficiant pas d'une protection juridique, le législateur a traité différemment des personnes placées dans des situations différentes. Dès lors, le grief tiré de l'atteinte au principe d'égalité devant la loi doit être écarté. Les mots « fait l'objet d'une mesure de protection juridique » figurant au premier alinéa de l'article 706-112-1 du Code de procédure pénale, qui ne méconnaissent aucune autre exigence constitutionnelle, sont conformes à la Constitution (■ Cons. const., 21 mars 2019, n° 2019-778 DC).

Art. 706-112-2 *(Créé à compter du 1er juin 2019, L. n° 2019-222, 23 mars 2019).* **– Lorsque les éléments recueillis au cours d'une procédure concernant un crime ou un délit puni d'une peine d'emprisonnement font apparaître qu'une personne devant être entendue librement en application de l'article 61-1 fait l'objet d'une mesure de protection juridique, l'officier ou l'agent de police judiciaire en avise par tout moyen le curateur ou le tuteur, qui peut désigner un avocat ou demander qu'un avocat soit désigné par le bâtonnier pour assister la personne lors de son audition. Si le tuteur ou le curateur n'a pu être avisé et si la personne entendue n'a pas été assistée par un avocat, les déclarations de cette personne ne peuvent servir de seul fondement à sa condamnation.**

Question prioritaire de constitutionnalité. La question présente un caractère sérieux. En effet, si le majeur protégé est dans l'incapacité d'exercer son droit d'être assisté par un avocat en raison de l'altération de ses facultés mentales ou corporelles, le tuteur ou le curateur peut ne pas être en mesure de l'assister dans l'exercice de ce droit, faute qu'il ait été porté à sa connaissance que la loi lui permettait de désigner ou faire désigner un avocat pour assister le majeur protégé (■ Cass. crim., 7 déc. 2021, n° 21-90.038).

Art. 706-112-3 *(Créé, L. n° 2021-1729, 22 déc. 2021).* **– Lorsque les éléments recueillis au cours d'une enquête préliminaire font apparaître qu'une personne chez laquelle il doit être procédé à une perquisition fait l'objet d'une mesure de protection juridique révélant qu'elle n'est pas en mesure d'exercer seule son droit de s'opposer à la réalisation de cette opération, l'officier en avise par tout moyen son curateur ou son tuteur, afin que l'assentiment éventuel de la personne prévu aux deux premiers alinéas de l'article 76 ne soit donné qu'après qu'elle a pu s'entretenir avec lui. À défaut, la perquisition doit être autorisée par le juge des libertés et de la détention en application de l'avant-dernier alinéa du même article 76.**

Art. 706-113 *(Mod., L. n° 2019-222, 23 mars 2019 ; L. n° 2021-1729, 22 déc. 2021).* **– Sans préjudice de l'application des articles 706-112-1 à 706-112-3, lorsque la personne fait l'objet de poursuites, le procureur de la République ou le juge d'instruction en avise le curateur ou le tuteur ainsi que le juge des tutelles. Il en est de même si la personne fait l'objet d'une alternative aux poursuites consistant en la réparation du dommage ou en une médiation, d'une composition pénale ou d'une comparution sur reconnaissance préalable de culpabilité ou si elle est entendue comme témoin assisté.**

Le curateur ou le tuteur peut prendre connaissance des pièces de la procédure dans les mêmes conditions que celles prévues pour la personne poursuivie.

Si la personne est placée en détention provisoire, le curateur ou le tuteur bénéficie de plein droit d'un permis de visite.

Le procureur de la République ou le juge d'instruction avise le curateur ou le tuteur des décisions de non-lieu, de relaxe, d'acquittement, d'irresponsabilité pénale pour cause de trouble mental, ou de condamnation dont la personne fait l'objet.

Le curateur ou le tuteur est avisé de la date d'audience. Lorsqu'il est présent à l'audience, il est entendu par la juridiction en qualité de témoin.

1) **QPC.** La question selon laquelle « Les dispositions de l'article 706-113 du Code de procédure pénale sont-elles contraires au principe du respect des droits de la défense et d'une procédure pénale juste et équitable garantissant l'équilibre des droits des parties, garanti par la Déclaration des droits de l'homme et du citoyen de 1789, en ce qu'elles ne prévoient pas que le curateur ou le tuteur d'un majeur protégé soit averti d'une perquisition concernant ce dernier effectuée en phase d'enquête ? » présente un caractère sérieux car si le curateur ou le tuteur d'un majeur protégé n'est

pas averti d'une perquisition en préliminaire concernant ce dernier, il peut en résulter que ce majeur protégé ne soit pas assisté dans l'exercice du droit, que lui reconnaît l'article 76, alinéa 1er du Code de procédure pénale, de donner, en connaissance de cause, son accord à cette mesure d'investigation et prenne ainsi une décision contraire à ses intérêts. Il s'ensuit que la disposition critiquée est susceptible de porter atteinte au droit à un procès juste et équitable garanti par l'article 16 de la Déclaration des droits de l'homme et du citoyen de 1789 (▪ Cass. crim., 13 oct. 2020, n° 20-82.267).

2) Abrogation constitutionnelle. En ne prévoyant pas, lorsque les éléments recueillis au cours de la garde à vue d'une personne font apparaître qu'elle fait l'objet d'une mesure de protection juridique, que l'officier de police judiciaire ou l'autorité judiciaire sous le contrôle de laquelle se déroule la garde à vue soit, en principe, tenu d'avertir son curateur ou son tuteur afin de lui permettre d'être assistée dans l'exercice de ses droits, les dispositions contestées méconnaissent les droits de la défense. Par suite, le premier alinéa de l'article 706-113 du Code de procédure pénale doit être déclaré contraire à la Constitution. L'abrogation immédiate des dispositions contestées aurait notamment pour effet de supprimer l'obligation pour le procureur de la République et le juge d'instruction d'aviser le curateur ou le tuteur, ainsi que le juge des tutelles, en cas de poursuites pénales à l'encontre d'un majeur protégé. Elle entraînerait ainsi des conséquences manifestement excessives. Par suite, il y a lieu de reporter au 1er octobre 2019 la date de l'abrogation des dispositions contestées. Les mesures prises ayant donné lieu, avant cette date, à l'application des dispositions déclarées contraires à la Constitution et les mesures de garde à vue prises avant cette date ne peuvent être contestées sur le fondement de cette inconstitutionnalité. (▪ Cons. const., 14 sept. 2018, n° 2018-730 QPC).

3) Décision constitutionnelle de non-lieu à statuer. Dans sa décision du 14 septembre 2018 mentionnée ci-dessus, le Conseil constitutionnel a spécialement examiné le premier alinéa de l'article 706-113 du Code de procédure pénale, dans sa rédaction mentionnée ci-dessus. Il a déclaré ces dispositions contraires à la Constitution. S'il a décidé que cette déclaration d'inconstitutionnalité prenait effet, sous certaines conditions, au 1er octobre 2019, l'autorité qui s'attache aux décisions du Conseil constitutionnel fait obstacle, en l'absence de changement des circonstances, à ce qu'il soit de nouveau saisi afin d'examiner la conformité à la Constitution de ces dispositions, dans cette rédaction. Par suite, même si l'argumentation à l'appui du grief d'inconstitutionnalité diffère de celle qui avait justifié leur censure, il n'y a pas lieu, pour le Conseil constitutionnel, de se prononcer sur la question prioritaire de constitutionnalité relative à ces dispositions (▪ Cons. const., 24 janv. 2020, n° 2019-822 QPC, sur renvoi de ▪ Cass. crim., 29 oct. 2019, n° 19-90.030).

4) Avis au curateur. Droit interne. Il résulte de l'article 706-113 du Code de procédure pénale que le procureur de la République, lorsqu'il poursuit un majeur protégé en vue de son jugement, en avise le curateur ou le tuteur, ainsi que le juge des tutelles ; il doit faire de même en cas de relaxe, d'acquittement, de déclaration d'irresponsabilité ou de condamnation (▪ Cass. crim., 24 juin 2014, n° 13-84.364 : *Bull. crim.* n° 161 ; *JurisData* n° 2014-013988 ; *RSC* 2014, p. 788, note Robert. – Rapp. ▪ Cass. crim., 29 janv. 2013 (2 arrêts), n° 12-82.100 : *Bull. crim.* n° 32 et 12-82.101 ; *JurisData* n° 2013-001089 et *JurisData* n° 2013-001133. ▪ Cass. crim., 27 nov. 2012, n° 11-88.678 : *Bull. crim.* n° 258 ; *JurisData* n° 2012-027358. ▪ Cass. crim., 3 avr. 2012, n° 11-82.847 : *JurisData* n° 2012-010111 ; *Dr. pén.* 2012, comm. 110, obs. A. Maron et M. Haas. ▪ Cass. crim., 28 sept. 2010, n° 10-83.283 : *JurisData* n° 2010-018339 ; *Dr. famille* 2010, comm. 192, note I. Maria. V. toutefois ▪ Cass. crim., 3 mai 2012, n° 11-88.725 : *Bull. crim.* n° 105 ; *JurisData* n° 2012-012440 ; *Dr. pén.* 2012, chron. 7, obs. V. Lesclous : cassation de l'arrêt de la chambre de l'instruction qui, pour écarter le moyen de nullité pris de ce que l'épouse et curatrice de M. X... n'a été informée ni du réquisitoire introductif visant nommément celui-ci ni de l'interrogatoire de première comparution, énonce que le simple avis qui lui a été adressé après que son mari eut été entendu et placé sous le statut de témoin assisté est « suffisant »). Le curateur doit, en outre, être avisé de la date de toute audience concernant la personne protégée (▪ Cass. crim., 10 janv. 2017, n° 15-84.469 : *Bull. crim.* n° 10. ▪ Cass. crim., 12 juill. 2016, n° 16-82.714 : *JurisData* n° 2016-014094. ▪ Cass. crim., 8 juin 2016, n° 15-85.196 : *JurisData* n° 2016-011155. ▪ Cass. crim., 14 oct. 2014, n° 13-82.584 : *JurisData* n° 2014-028195. ▪ Cass. crim., 29 janv. 2013, n° 12-82.100 : *Bull. crim.* n° 32). Le curateur doit être avisé de toute audience concernant le majeur protégé, ce qui inclut les audiences de la chambre de l'instruction statuant en matière de détention provisoire. L'avis d'audience envoyé à l'avocat de la personne mise en examen, fût-il désigné par le curateur de celle-ci, ne peut dispenser le procureur général d'adresser, également, un avis au curateur afin de lui permettre de suivre la procédure et de conseiller le majeur protégé (▪ Cass. crim., 30 mars 2021, n° 21-80.40). Le curateur de la prévenue n'ayant pas reçu notification du jugement la condamnant, le délai d'appel n'avait pas couru, le président de la chambre des appels correctionnel a, en prononçant la non-admission de cet appel, commis un excès de pouvoir caractérisé par la violation de l'article 706-113. Comme il n'est pas établi que les juges ont eu connaissance de la mesure de protection juridique dont bénéficiait Mme J..., seule l'annulation de l'ordonnance attaquée est par conséquent encourue (■ Cass. crim., 17 mars 2021, nos 20-84.920 et 20-84.907). Le retard apporté à transmettre l'avis au juge des tutelles n'a pas eu pour effet de porter atteinte aux intérêts de la personne mise en examen (■ Cass. crim., 28 sept. 2010, n° 10-83.283 : *Bull. crim.* n° 144). Le curateur d'une personne majeure protégée doit être avisé des poursuites et des décisions de condamnation dont cette personne fait l'objet ; qu'il doit, en outre, être avisé de la date de toute audience concernant la personne protégée (■ Cass. crim., 9 janv. 2019, n° 17-86.922). Pour rejeter la requête en nullité de la procédure prise de ce que le curateur de M. X... n'a pas été informé du placement en garde à vue de l'intéressé, l'arrêt relève, d'une part, que l'article 706-113 du Code de procédure pénale ne prescrit pas cet avis au moment du placement en garde à vue, mesure d'enquête et non de poursuite, d'autre part qu'il est loisible au gardé à vue, en application de l'article 63-2 du Code de procédure pénale, de faire prévenir son curateur ou son tuteur de la mesure dont il est l'objet ; en prononçant ainsi, et dès lors qu'il ne ressort pas des pièces de la procédure que les éléments recueillis au cours de la garde à vue étaient suffisants pour faire apparaître que M. X... bénéficiait d'une mesure de protection juridique en cours, laquelle aurait nécessité que son représentant légal fût avisé de la mesure par les enquêteurs, la chambre de l'instruction a justifié sa décision au regard de l'article 6 de la Convention européenne des droits de l'Homme (■ Cass. crim., 11 déc. 2018, n° 18-80.872 : *Bull. crim.* n° 210) ; **Droit européen.** Constitue une violation du droit à un procès équitable le fait pour une personne placée sous curatelle de ne pas être assistée ni par son curateur ni par un avocat (■ CEDH, 31 janv. 2001, n° 35683/97, *Vaudelle c/ France* : *JCP* G 2001, II, 10526, note L. Di-Raimondo ; *JCP* G 2001, I, 342, obs. F. Sudre ; *RTD civ.* 2001, p. 330, obs. J. Hauser ; *RTD civ.* 2001, p. 439, obs. J.-P. Marguénaud ; *D.* 2002, p. 353, note E. Gouttenoire-Cornut et E. Rubi-Cavagna ; *D.* 2002, p. 2164, note J.-J. Lemouland. – Rapp. ■ CEDH, 26 sept. 2006, n° 16846/02, *Labergère*).

5) Avis au tuteur. Le tuteur d'une personne majeure protégée doit être avisé des poursuites et des décisions de condamnation dont cette personne fait l'objet ; il doit, en outre, être avisé de la date de toute audience concernant la personne protégée (■ Cass. crim., 14 nov. 2019, n° 18-86.077. ■ Cass. crim., 12 juill. 2016, n° 16-82.714 : *Bull. crim.* n° 32. ■ Cass. crim., 14 avr. 2010, n° 09-83.503 : *Bull. crim.* n° 74).

6) Moment de l'avis. C'est seulement au moment où ledit réquisitoire introductif est porté à la connaissance du majeur protégé, par la mise en examen de celui-ci pour tout ou partie des faits visés à cet acte, que le curateur ou le tuteur de l'intéressé doit être avisé, afin d'être mis en mesure de l'assister dans les choix qu'il devra exercer en application des articles 80-2 et 116 du Code de procédure pénale. C'est donc au juge d'instruction qu'il incombe de procéder à cet avis. Il en résulte que la délivrance du réquisitoire introductif ne saurait être entachée de nullité par la méconnaissance de cette obligation et que cet acte saisit régulièrement le juge d'instruction des faits qui y sont visés (■ Cass. crim., 11 mai 2021, n° 20-82.267 : *Bull. crim.* n° 37).

7) Appel. L'article 706-113 du Code de procédure pénale, qui prévoit que le curateur est informé des poursuites, n'accorde pas à ce dernier un droit d'appel (■ Cass. crim., 2 sept. 2009, n° 09-83.008 : *JurisData* n° 2009-049581 ; *Dr. famille* 2010, comm. 120, I. Maria).

8) Retard. Le rejet de la requête en annulation de l'interrogatoire de première comparution et des actes subséquents, qui faisait valoir qu'en violation de l'article 706-113 du Code de procédure pénale, ni le juge des tutelles ni le curateur de la personne protégée n'avaient été avisés des poursuites exercées contre celle-ci, est justifié car le retard apporté à transmettre l'avis au juge des tutelles n'a pas eu pour effet de porter atteinte aux intérêts de la personne mise en examen (■ Cass. crim., 28 sept. 2010, n° 10-83.283 : *JurisData* n° 2010-018339 ; *Dr. famille* 2010, comm. 192, note I. Maria).

9) Délai de forclusion. Lorsqu'il apparaît en procédure, comme au cas présent, que la personne concernée est un majeur protégé, selon l'article 706-113 du Code de procédure pénale, son curateur ou son tuteur doit être avisé, d'une part, des poursuites et des décisions de condamnation dont cette personne fait l'objet, d'autre part, de la date de toute audience concernant la personne protégée. Dès lors que le majeur protégé mis en examen ne bénéficie pas de l'assistance de son tuteur ou curateur, l'intéressé ne peut être regardé comme étant en mesure de connaître les éventuelles nullités affectant la procédure, de sorte que le délai de forclusion prévu par l'article 173-1 du Code de procédure pénale ne court pas (■ Cass. crim., 22 juin 2021, n° 21-80.407 : *Bull. crim.* n° 25).

Art. 706-114 *(L. n° 2007-308, 5 mars 2007).* **– S'il existe des raisons plausibles de présumer que le curateur ou le tuteur est coauteur ou complice de l'infraction, et faute de subrogé curateur ou de subrogé tuteur, le procureur de la République ou le juge d'instruction demande au juge des tutelles la désignation d'un tuteur ou**

curateur *ad hoc*. Il en est de même si le tuteur ou le curateur est victime de l'infraction. À défaut, le président du tribunal judiciaire désigne un représentant *ad hoc* pour assister la personne au cours de la procédure pénale.

Art. 706-115 *(L. n° 2007-308, 5 mars 2007)*. **– La personne poursuivie doit être soumise avant tout jugement au fond à une expertise médicale afin d'évaluer sa responsabilité pénale au moment des faits.**

1) **Atteinte substantielle aux droits de la personne.** Le défaut d'expertise porte une atteinte substantielle aux droits de la personne poursuivie bénéficiant d'une mesure de protection juridique à l'époque des faits, en ce qu'il ne lui permet pas d'être jugée conformément à son degré de responsabilité pénale. En déclarant la prévenue coupable et en prononçant une peine à son encontre, sans avoir préalablement ordonné une mesure d'expertise afin de déterminer son degré de discernement au moment des faits, alors qu'elle avait bénéficié d'une mesure de protection juridique sur une partie de la période visée à la prévention, la cour d'appel a méconnu (■ Cass. crim., 16 déc. 2020, n° 19-83.619 : *Bull. crim.* n° 57).

2) **Illustration.** La cour d'appel, informée du placement sous tutelle de la prévenue depuis le jugement du tribunal correctionnel a, par un premier arrêt avant dire-droit en date du 22 mars 2018, ordonné une expertise psychiatrique, conformément aux dispositions de l'article 706-115 du Code de procédure pénale aux fins de savoir si Mme M. était « actuellement en état de comparaître devant une juridiction pénale et accessible à une sanction pénale, y compris une peine d'emprisonnement » ; l'expert a indiqué que, si la prévenue n'était pas en mesure de comprendre toute la subtilité des débats, elle était apte à comparaître devant une juridiction pénale et était accessible à une sanction pénale, y compris d'emprisonnement, et apte à comprendre qu'elle était ainsi punie pour une faute commise ; en constatant, au vu des ces éléments, que Mme M. était en état de comparaître devant elle, d'en comprendre suffisamment le sens, et en retenant, lors du prononcé de la peine, l'altération de son discernement, rapportée par l'expert, au moment des faits, la cour d'appel a justifié sa décision (■ Cass. crim., 14 nov. 2019, n° 18-86.077).

3) **Expertise.** Il ne résulte ni de l'article 6 de la Convention européenne des droits de l'Homme, ni des articles préliminaire et 158 du Code de procédure pénale, ni d'aucun principe de procédure pénale, que l'accomplissement d'une mission d'expertise psychiatrique, relative à la recherche d'anomalies mentales susceptibles d'annihiler ou atténuer la responsabilité pénale du sujet, interdise aux médecins experts d'examiner les faits, d'envisager la culpabilité de la personne mise en examen, et d'apprécier son accessibilité à une sanction pénale (■ Cass. crim., 29 oct. 2003, n°s 03-84.617 et 02-87.513 : *JurisData* n° 2003-021045 ; *Bull. crim.* n° 205).

Art. 706-116 *(L. n° 2007-308, 5 mars 2007)*. **– La personne poursuivie doit être assistée par un avocat.**

À défaut de choix d'un avocat par la personne poursuivie ou son curateur ou son tuteur, le procureur de la République ou le juge d'instruction fait désigner par le bâtonnier un avocat, l'intéressé étant informé que les frais seront à sa charge sauf s'il remplit les conditions d'accès à l'aide juridictionnelle.

Art. 706-117 *(L. n° 2007-308, 5 mars 2007)*. **– Le procureur de la République ou le juge d'instruction avise le juge des tutelles des poursuites concernant une personne dont il est établi qu'elle bénéficie d'une mesure de sauvegarde de justice. Le juge des tutelles peut alors désigner un mandataire spécial qui dispose, au cours de la procédure, des prérogatives confiées au curateur ou au tuteur par l'article 706-113.**

Ces prérogatives sont également reconnues au mandataire de protection future.

Art. 706-118 *(L. n° 2007-308, 5 mars 2007)*. **– Un décret fixe, en tant que de besoin, les modalités d'application du présent titre.**

TITRE XXVIII. – DE LA PROCÉDURE ET DES DÉCISIONS D'IRRESPONSABILITÉ PÉNALE POUR CAUSE DE TROUBLE MENTAL

(L. n° 2008-174, 25 févr. 2008)

Bibliographie : *Répertoire.* H. Matsopoulou, *Procédure et décisions d'irresponsabilité pour cause de trouble mental : JCl. Proc. pén.*, art. 706-119 à 706-140, Fasc. 20.

Généralités. J. Buisson, *La déclaration d'irresponsabilité pour cause de trouble mental : loi du 25 février 2008 : Procédures* 2008, étude 4. • S. Détraz, *Création d'une nouvelle décision de règlement de l'instruction : décision d'irresponsabilité pénale pour cause de trouble mental : RSC* 2008, 873.

CHAPITRE I. – DISPOSITIONS APPLICABLES DEVANT LE JUGE D'INSTRUCTION ET LA CHAMBRE DE L'INSTRUCTION

Art. 706-119 *(L. n° 2008-174, 25 févr. 2008* (1) *; mod. à compter du 1er juin 2019, L. n° 2019-222, 23 mars 2019).* **– Si le juge d'instruction estime, lorsque son information lui paraît terminée, qu'il est susceptible d'appliquer le premier alinéa de l'article 122-1 du Code pénal relatif à l'irresponsabilité pénale d'une personne en raison d'un trouble mental, il en informe le procureur de la République lorsqu'il lui communique le dossier ainsi que les parties lorsqu'il les avise, en application du I de l'article 175 du présent code.**

Le procureur de la République, dans ses réquisitions, et les parties, dans leurs observations, indiquent s'ils demandent la saisine de la chambre de l'instruction afin que celle-ci statue sur l'application du premier alinéa de l'article 122-1 du Code pénal conformément aux articles 706-122 à 706-127 du présent code.

1) **Application dans le temps.** Selon l'article 112-2 du Code pénal, sont applicables immédiatement à la répression des infractions commises avant leur entrée en vigueur les lois fixant les modalités de poursuites et les formes de la procédure. En constatant que la procédure prévue par les articles 706-119 et suivants du Code de procédure pénale n'était pas applicable, que sa saisine n'était pas régulière et qu'une procédure ayant pour effet de faire encourir les mesures prévues à l'article 706-136 du Code de procédure pénale, non applicables à la date de la commission des faits, ne saurait être appliquée, la chambre de l'instruction a méconnu les textes susvisés et les principes ci-dessus rappelés (▪ Cass. crim., 14 avr. 2010, n° 09-82.291 : *JurisData* n° 2010-007871. ▪ Cass. crim., 16 déc. 2009, n° 09-85.153 : *Bull. crim.* n° 216 ; *JurisData* n° 2009-050798. – *Contra* ▪ Cass. crim., 21 janv. 2009, n° 08-83.492 : *Bull. crim.* n° 24). V. note sous art. 706-136, p. 1638.

2) **Procès équitable.** Lorsque l'altération des facultés d'une personne mise en examen est telle que celle-ci se trouve dans l'impossibilité de se défendre personnellement contre l'accusation dont elle fait l'objet, fût-ce en présence de son tuteur ou de son curateur et avec l'assistance d'un avocat, il doit être sursis à son renvoi devant la juridiction de jugement jusqu'à ce qu'il ait été constaté que l'intéressé a recouvré la capacité à se défendre (▪ Cass. crim., 18 nov. 2020, n° 20-84.872).

Art. 706-120 *(L. n° 2008-174, 25 févr. 2008 ; L. n° 2022-52, 24 janv. 2022).* **– Lorsqu'au moment du règlement de son information, le juge d'instruction estime, après avoir constaté qu'il existe contre la personne mise en examen des charges suffisantes d'avoir commis les faits reprochés, qu'il y a des raisons plausibles d'appliquer le premier alinéa de l'article 122-1 du Code pénal, il ordonne, si le procureur de la République ou une partie en a formulé la demande, que le dossier de la procédure soit transmis par le procureur de la République au procureur général aux fins de saisine de la chambre de l'instruction. Il peut aussi ordonner d'office cette transmission.**

Lorsque le juge d'instruction, au moment du règlement de son information, estime que l'abolition temporaire du discernement de la personne mise en examen résulte au moins partiellement de son fait et qu'il existe une

---

(1) Décret 2008-361 du 16 avril 2008, art. 5 : Conformément aux dispositions de l'article 112-2 (2°) du Code pénal, les articles 706-119 à 706-140 et D. 47-27 à D. 47-32 du Code de procédure pénale, résultant de la loi n° 2008-174 du 25 février 2008 relative à la rétention de sûreté et à la déclaration d'irresponsabilité pénale pour cause de trouble mental et du présent décret, sont immédiatement applicables aux procédures en cours.

Celles des articles 706-122 à 706-128, 706-135, 706-136, D. 47-28 et D. 47-29, qui remplacent les dispositions de l'article 199-1 de ce code abrogé par le III de l'article 4 de la loi du 25 février 2008 précitée, s'appliquent aux audiences de la chambre de l'instruction saisie d'un appel formé contre une ordonnance de non-lieu motivée par les dispositions du premier alinéa de l'article 122-1 du Code pénal.

Pour permettre l'application de ces dispositions, la chambre de l'instruction peut le cas échéant renvoyer l'examen de l'affaire à une audience ultérieure.

Après avoir annulé l'ordonnance de non-lieu du juge d'instruction, la chambre de l'instruction rend l'un des arrêts prévus par les articles 706-123 à 706-125.

ou plusieurs expertises concluant que le discernement de la personne était seulement altéré, il renvoie celle-ci devant la juridiction de jugement compétente qui statue à huis clos sur l'application du même article 122-1 ; si la personne n'est pas déclarée pénalement irresponsable, le dossier est renvoyé à une audience ultérieure pour être examiné au fond conformément aux dispositions relatives aux jugements des crimes ou des délits.

Dans les autres cas, il rend une ordonnance d'irresponsabilité pénale pour cause de trouble mental qui précise qu'il existe des charges suffisantes établissant que l'intéressé a commis les faits qui lui sont reprochés.

1) **Nécessité d'une mise en examen.** Il résulte des articles 706-120 et 706-125 du Code de procédure pénale que les juridictions d'instruction ne peuvent prononcer une décision d'irresponsabilité pénale pour cause de trouble mental qu'à l'égard d'une personne mise en examen et non d'un témoin assisté (▪ Cass. crim., 3 mars 2010, n° 09-86.405 : *Bull. crim.* n° 46 ; *JurisData* n° 2010-004298 ; *D.* 2010, actu, 1287, obs. M. Léna ; *RSC* 2011, chron. 149, obs. J. Danet ; *AJ Pénal* 2010, 348, obs. L. Ascensi). En l'absence de mise en examen, le juge d'instruction ne pouvait régulièrement saisir la chambre de l'instruction d'une ordonnance de transmission de pièces en application de l'article 706-120 du Code de procédure pénale, celle-ci devait annuler ladite ordonnance et procéder conformément aux dispositions de l'article 206 du même code, dont aucune disposition n'exclut l'application en cas de mise en œuvre de la procédure prévue par les articles 706-119 à 706-128 du code précité (▪ Cass. crim., 31 mars 2021, n° 20-85.901).

2) **Appréciation souveraine des juges du fond.** L'appréciation, par une chambre de l'instruction, saisie sur le fondement de l'article 706-120 du Code de procédure pénale, de l'abolition, pour cause de trouble psychique ou neurologique, du discernement d'une personne mise en examen, est souveraine (▪ Cass. crim., 21 mars 2012, n° 12-80.178 : *Bull. crim.* n° 77 ; *JurisData* n° 2012-006985 ; *AJ Pénal* 2012, 416, obs. J. Gallois. ▪ Cass. crim., 23 janv. 2013, n° 12-81.501. ▪ Cass. crim., 12 avr. 2016, n° 15-80.207).

3) **Droit de se taire.** La personne qui comparaît devant la chambre de l'instruction, saisie d'une ordonnance de transmission de pièces pour cause de trouble mental, doit être informée de son droit, au cours des débats, de faire des déclarations, de répondre aux questions qui lui sont posées ou de se taire. Cassation de l'arrêt de la chambre de l'instruction qui a omis d'informer la personne mise en examen, dès l'ouverture des débats, de son droit de garder le silence, la méconnaissance de cette obligation lui portant nécessairement grief (▪ Cass. crim., 13 janv. 2021, n° 20-80.230).

4) **Appel des parties civiles.** La partie civile, qui est appelée aux débats, peut exercer devant la chambre de l'instruction les droits qu'elle tire des articles 706-122 et suivants du Code de procédure pénale. L'ordonnance de transmission de pièces n'est ni définitive ni attributive de compétence, puisque la chambre de l'instruction peut soit rendre un arrêt de non-lieu ou de renvoi devant le tribunal correctionnel ou la cour d'assises, soit rendre un arrêt d'irresponsabilité pénale. Elle laisse ainsi intacts les droits de la partie civile et ne fait pas grief à ses intérêts (▪ Cass. crim., 14 avr. 2021, n° 20-80.135 : *Bull. crim.* n° 17).

Art. 706-121 *(L. n° 2008-174, 25 févr. 2008)*. **– L'ordonnance d'irresponsabilité pénale pour cause de trouble mental met fin à la détention provisoire ou au contrôle judiciaire.**

L'ordonnance de transmission de pièces rendue en application de l'article 706-120 ne met pas fin à la détention provisoire ou au contrôle judiciaire, qui se poursuit jusqu'à l'audience de la chambre de l'instruction, sans préjudice de la possibilité pour le juge d'instruction, par ordonnance distincte, d'ordonner la mise en liberté ou la levée du contrôle judiciaire. S'il n'a pas été mis fin à la détention provisoire, la chambre de l'instruction doit statuer dans un délai de six mois en matière criminelle ou quatre mois en matière correctionnelle à compter de la date de l'ordonnance de transmission de pièces, à défaut de quoi la personne mise en examen est remise en liberté si elle n'est pas détenue pour une autre cause.

Art. 706-122 *(L. n° 2008-174, 25 févr. 2008 ; mod., L. n° 2022-52, 24 janv. 2022)*. **– Lorsque la chambre de l'instruction est saisie en application de l'article 706-120, son président ordonne, soit d'office, soit à la demande de la partie civile, du ministère public ou de la personne mise en examen, la comparution personnelle de cette dernière si son état le permet, après avoir, le cas échéant, ordonné une expertise psychiatrique permettant d'actualiser les expertises figurant au dossier. Si celle-ci n'est pas assistée d'un avocat, le bâtonnier en désigne un d'office à la demande du président de la juridiction. Cet avocat représente la personne même si celle-ci ne peut comparaître.**

Les débats se déroulent et l'arrêt est rendu en audience publique, hors les cas de huis clos prévus par l'article 306.

Le président procède à l'interrogatoire de la personne mise en examen, si elle est présente, conformément aux articles 406 et 442.

Les experts ayant examiné la personne mise en examen doivent être entendus par la chambre de l'instruction, conformément à l'article 168.

Sur décision de son président, la juridiction peut également entendre au cours des débats, conformément aux articles 436 à 457, les témoins cités par les parties ou le ministère public si leur audition est nécessaire pour établir s'il existe des charges suffisantes contre la personne d'avoir commis les faits qui lui sont reprochés et déterminer si le premier alinéa de l'article 122-1 du Code pénal est applicable. Elle entend la partie civile si celle-ci le demande.

Le procureur général, l'avocat de la personne mise en examen et l'avocat de la partie civile peuvent poser des questions à la personne mise en examen, à la partie civile, aux témoins et aux experts, conformément à l'article 442-1 du présent code.

La personne mise en examen, si elle est présente, et la partie civile peuvent également poser des questions par l'intermédiaire du président.

Une fois l'instruction à l'audience terminée, l'avocat de la partie civile est entendu et le ministère public prend ses réquisitions.

La personne mise en examen, si elle est présente, et son avocat présentent leurs observations.

La réplique est permise à la partie civile et au ministère public, mais la personne mise en examen, si elle est présente, et son avocat auront la parole les derniers.

1) **Ordre de parole en cas de reprise de l'instruction à l'audience.** Aux termes de l'article 706-122 du Code de procédure pénale, lorsque la chambre de l'instruction est saisie d'une procédure d'irresponsabilité pénale pour cause de trouble mental, une fois l'instruction à l'audience terminée, l'avocat de la partie civile est entendu, le ministère public prend ses réquisitions, la personne mise en examen, si elle est présente, et son avocat présentent leurs observations ; il se déduit de ce texte qu'en cas de reprise de l'instruction à l'audience la parole doit leur être donnée, à nouveau, dans le même ordre. Il résulte des énonciations de l'arrêt attaqué que la cour a procédé à l'audition d'un témoin, M. Z..., après que l'avocat des parties civiles ait été entendu en ses observations et l'avocat général en ses réquisitions ; Mais en procédant ainsi, sans donner de nouveau la parole à l'avocat des parties civiles et au représentant du ministère public, la chambre de l'instruction a méconnu le texte susvisé, dont les dispositions sont d'ordre public (■ Cass. crim., 25 janv. 2017, n° 16-84.062).

2) **Égalité des armes.** La chambre de l'instruction, qui n'a entendu que cinq des quarante-cinq témoins cités par les parties civiles, n'a porté aucune atteinte au principe de l'égalité des armes et n'a pas méconnu l'article 6, § 1 de la Conv. EDH, dès lors que l'article 706-122 du Code de procédure pénale, qui prévoit que le président de la chambre de l'instruction détermine les témoins dont l'audition est nécessaire, est applicable à toutes les parties et au ministère public (■ Cass. crim., 12 mai 2010, n° 10-80.279).

3) **Interrogatoire de la personne mise en examen.** Selon les deux premiers de ces textes, lorsque la chambre de l'instruction est saisie d'un recours contre une ordonnance d'irresponsabilité pénale pour cause de trouble mental, le président procède à l'interrogatoire de la personne mise en examen, si elle est présente, et reçoit ses déclarations. L'interrogatoire de la personne mise en examen, dans le cadre de cette procédure, constitue une obligation substantielle. L'arrêt doit porter mention qu'il a été procédé, le cas échéant, conformément à la loi, à cet interrogatoire (■ Cass. crim., 8 juill. 2020, n° 19-85.954 : *Bull. crim.* n° 194).

4) **Droit de se taire.** Il se déduit du dernier de ces textes que la personne qui comparaît devant la chambre de l'instruction, saisie d'une ordonnance de transmission de pièces pour cause de trouble mental, doit être informée de son droit, au cours des débats, de faire des déclarations, de répondre aux questions qui lui sont posées ou de se taire. Il ne ressort d'aucune pièce de la procédure que le président a procédé à son interrogatoire ni qu'il a informé la personne de son droit de se taire. Par ailleurs, en omettant d'informer la personne mise en examen, dès l'ouverture des débats, de son droit de garder le silence, la méconnaissance de cette obligation lui portant nécessairement grief, la chambre de l'instruction a violé l'article 6 de la Convention européenne des droits de l'homme (■ Cass. crim., 8 juill. 2020, n° 19-85.954 : *Bull. crim.* n° 194). *Contra* : Il ne saurait être fait grief au président de la chambre de l'instruction d'avoir méconnu l'article 406 du Code de procédure pénale en n'informant pas le mis en examen de son droit, au cours des débats, de faire des déclarations, de répondre aux questions qui lui sont posées ou de se taire, dès lors que cette disposition

ne s'applique pas devant la chambre de l'instruction statuant dans le cadre de la procédure de déclaration d'irresponsabilité pénale pour cause de trouble mental, une telle limitation n'étant pas contraire aux dispositions conventionnelles invoquées (■ Cass. crim., 29 nov. 2017, n° 16-85.490 : *Bull. crim.* n° 271).

5) **Experts.** Il résulte des articles 706-122, alinéa 4, et 168 du Code de procédure pénale que, lorsque la chambre de l'instruction est saisie d'un recours contre une ordonnance d'irresponsabilité pénale pour cause de trouble mental, les experts ayant examiné la personne mise en examen doivent être entendus par la chambre de l'instruction. Ils exposent à l'audience, s'il y a lieu, le résultat des opérations techniques auxquelles ils ont procédé, après avoir prêté serment d'apporter leur concours à la justice en leur honneur et en leur conscience. L'arrêt mentionne seulement qu'un avis a été adressé, le 21 mai 2019, par courriel, aux experts, par le procureur général, les informant que l'affaire serait examinée par la chambre de l'instruction à l'audience du 17 juin 2019 à 11 heures. La Cour de cassation n'est donc pas en mesure de s'assurer que l'un des experts au moins a été entendu (■ Cass. crim., 8 juill. 2020, n° 19-85.954 : *Bull. crim.* n° 194).

6) **Partie civile.** En effet, la partie civile, qui est appelée aux débats, peut exercer devant la chambre de l'instruction les droits qu'elle tire des articles 706-122 et suivants du Code de procédure pénale (■ Cass. crim., 14 avr. 2021, n° 20-80.135 : *Bull. crim.* n° 17).

Art. 706-123 *(L. n° 2008-174, 25 févr. 2008).* – **Si elle estime qu'il n'existe pas de charges suffisantes contre la personne mise en examen d'avoir commis les faits qui lui sont reprochés, la chambre de l'instruction déclare qu'il n'y a lieu à suivre.**

Art. 706-124 *(L. n° 2008-174, 25 févr. 2008).* – **Si elle estime qu'il existe des charges suffisantes contre la personne mise en examen d'avoir commis les faits qui lui sont reprochés et que le premier alinéa de l'article 122-1 du Code pénal n'est pas applicable, la chambre de l'instruction ordonne le renvoi de la personne devant la juridiction de jugement compétente.**

Art. 706-125 *(Mod., L. n° 2016-731, 3 juin 2016).* – **Dans les autres cas, la chambre de l'instruction rend un arrêt de déclaration d'irresponsabilité pénale pour cause de trouble mental par lequel :**

1° Elle déclare qu'il existe des charges suffisantes contre la personne d'avoir commis les faits qui lui sont reprochés ;

2° Elle déclare la personne irresponsable pénalement en raison d'un trouble psychique ou neuropsychique ayant aboli son discernement ou le contrôle de ses actes au moment des faits ;

3° Si la partie civile le demande, elle se prononce sur la responsabilité civile de la personne, conformément à l'article 414-3 du Code civil, et statue sur les demandes de dommages et intérêts ;

4° Elle prononce, s'il y a lieu, une ou plusieurs des mesures de sûreté prévues au chapitre III du présent titre.

Nécessité d'une mise en examen. V. note sous art. 706-120, p. 1626.

Art. 706-126 *(L. n° 2008-174, 25 févr. 2008).* – **L'arrêt de déclaration d'irresponsabilité pénale pour cause de trouble mental met fin à la détention provisoire ou au contrôle judiciaire.**

Il peut faire l'objet d'un pourvoi en cassation.

Art. 706-127 *(L. n° 2008-174, 25 févr. 2008).* – **Les articles 211 à 218 sont applicables aux décisions prévues aux articles 706-123 à 706-125.**

Proportionnalité. Il se déduit des articles 1er du premier protocole additionnel de la Convention européenne des droits de l'homme, ensemble les articles 706-127 et 212 du Code de procédure pénale que, lorsque la chambre de l'instruction, après avoir relevé des charges suffisantes contre une personne d'avoir commis les faits qui lui sont reprochés et l'avoir déclarée irresponsable pénalement pour cause de trouble mental, refuse à l'intéressée la restitution d'un objet placé sous main de justice lui appartenant quand celle-ci présente un danger pour la sécurité des personnes et des biens, elle doit veiller à ce qu'il n'en résulte pas pour la personne concernée, non condamnée pénalement, une privation de sa propriété qui serait disproportionnée au regard de la cause d'utilité publique qui fonde la mesure (■ Cass. crim., 21 mai 2019, n° 18-84.004 : *Bull. crim. à paraître*).

Art. 706-128 *(L. n° 2008-174, 25 févr. 2008).* – **Les articles 706-122 à 706-127 sont applicables devant la chambre de l'instruction en cas d'appel d'une ordonnance d'irresponsabilité pénale pour cause de trouble mental ou en cas d'appel d'une ordonnance de renvoi lorsque cet appel est formé par une personne mise en examen qui invoque l'application du premier alinéa de l'article 122-1 du Code pénal.**

CHAPITRE II. – DISPOSITIONS APPLICABLES DEVANT LE TRIBUNAL CORRECTIONNEL OU LA COUR D'ASSISES

Section I. – Dispositions applicables devant la cour d'assises

Art. 706-129 *(L. n° 2008-174, 25 févr. 2008).* – Lorsqu'en application des articles 349-1 et 361-1, la cour d'assises a, au cours du délibéré, répondu positivement à la première question relative à la commission des faits et positivement à la seconde question portant sur l'application du premier alinéa de l'article 122-1 du Code pénal, elle déclare l'irresponsabilité pénale de l'accusé pour cause de trouble mental.

Art. 706-130 *(L. n° 2008-174, 25 févr. 2008).* – Lorsque la cour d'assises rentre dans la salle d'audience en application de l'article 366, le président prononce un arrêt portant déclaration d'irresponsabilité pénale pour cause de trouble mental.

Cet arrêt met fin à la détention provisoire ou au contrôle judiciaire.

Art. 706-131 *(L. n° 2008-174, 25 févr. 2008).* – En application de l'article 371 du présent code et conformément à l'article 414-3 du Code civil, la cour, sans l'assistance du jury, statue alors sur les demandes de dommages et intérêts formées par la partie civile.

Elle prononce s'il y a lieu une ou plusieurs des mesures de sûreté prévues au chapitre III du présent titre.

Art. 706-132 *(L. n° 2008-174, 25 févr. 2008).* – Le procureur général peut faire appel des arrêts portant déclaration d'irresponsabilité pénale pour cause de trouble mental. La cour d'assises statuant en appel est alors désignée conformément aux articles 380-14 et 380-15.

L'accusé et la partie civile peuvent faire appel de la décision sur l'action civile. L'appel est alors porté devant la chambre des appels correctionnels, conformément à l'article 380-5.

Section II. – Dispositions applicables devant le tribunal correctionnel

Art. 706-133 *(L. n° 2008-174, 25 févr. 2008).* – S'il estime que les dispositions du premier alinéa de l'article 122-1 du Code pénal sont applicables, le tribunal correctionnel rend un jugement de déclaration d'irresponsabilité pénale pour cause de trouble mental par lequel :

1° Il déclare que la personne a commis les faits qui lui étaient reprochés ;

2° Il déclare la personne irresponsable pénalement en raison d'un trouble psychique ou neuropsychique ayant aboli son discernement ou le contrôle de ses actes au moment des faits ;

3° Il se prononce sur la responsabilité civile de la personne auteur des faits, conformément à l'article 414-3 du Code civil, et statue, s'il y a lieu, sur les demandes de dommages et intérêts formées par la partie civile ;

4° Il prononce, s'il y a lieu, une ou plusieurs des mesures de sûreté prévues au chapitre III du présent titre.

Le jugement de déclaration d'irresponsabilité pénale pour cause de trouble mental met fin à la détention provisoire ou au contrôle judiciaire.

Art. 706-134 *(Mod., L. n° 2011-1862, 13 déc. 2011).* – Les dispositions de l'article 706-133 sont applicables devant la chambre des appels correctionnels.

Elles sont également applicables, à l'exception du 4°, devant le tribunal de police.

Appel contre la décision d'hospitalisation d'office. Pour déclarer l'appel recevable en ce que cette voie de recours concernait les dispositions du jugement ayant ordonné l'hospitalisation d'office, l'arrêt attaqué retient qu'aucune disposition expresse de la loi du 25 février 2008, relative à la déclaration d'irresponsabilité pénale pour cause de trouble mental, n'indique que n'est pas susceptible d'appel la décision d'hospitalisation d'office, prise sur le fondement de l'article 706-135 du Code de procédure pénale et dans les formes prévues par l'article D. 47-29 dudit code ; en statuant ainsi, et dès lors que l'article 496 du même code, qui prévoit que les jugements rendus en matière correctionnelle peuvent être attaqués par la voie de l'appel, pose une règle générale qui doit recevoir application à moins qu'il n'y soit dérogé par une disposition légale expresse, la cour d'appel a fait l'exacte application de ce texte (■ Cass. crim., 3 févr. 2010, n° 09-82.472 : *Bull. crim.* n° 17 ; *Bull. inf. C. cass.* 2010, n° 981 ; *JurisData* n° 2010-051636 ; *Dr. pén.* 2010, comm. 52, A. Maron et M. Haas ; *D.* 2010, actu. 942, obs. Détraz ; *RSC* 2010, chron. 149, obs. J. Danet ; *AJ Pénal* 2010, 244, obs. Royer ; *D. act.* 4 mars 2010, obs. M. Léna).

CHAPITRE III. – MESURES DE SÛRETÉ POUVANT ÊTRE ORDONNÉES EN CAS DE DÉCLARATION D'IRRESPONSABILITÉ PÉNALE POUR CAUSE DE TROUBLE MENTAL OU EN CAS DE RECONNAISSANCE D'ALTÉRATION DU DISCERNEMENT

(Intitulé mod. à compter du 1er oct. 2014)

Art. 706-135 *(Mod., L. n° 2011-803, 5 juill. 2011).* – **Sans préjudice de l'application des articles L. 3213-1 et L. 3213-7 du Code de la santé publique, lorsque la chambre de l'instruction ou une juridiction de jugement prononce un arrêt ou un jugement de déclaration d'irresponsabilité pénale pour cause de trouble mental, elle peut ordonner, par décision motivée, l'admission en soins psychiatriques de la personne, sous la forme d'une hospitalisation complète dans un établissement mentionné à l'article L. 3222-1 du même code s'il est établi par une expertise psychiatrique figurant au dossier de la procédure que les troubles mentaux de l'intéressé nécessitent des soins et compromettent la sûreté des personnes ou portent atteinte, de façon grave, à l'ordre public. Le représentant de l'État dans le département ou, à Paris, le préfet de police est immédiatement avisé de cette décision. Le régime de cette hospitalisation est celui prévu pour les admissions en soins psychiatriques prononcées en application de l'article L. 3213-1 du même code.**

1) **Question prioritaire de constitutionnalité.** L'article 706-135 du Code de procédure pénale et l'article L. 3213-1 du Code de la santé publique, destinés à concilier la protection de la santé des personnes souffrant de troubles mentaux, la prévention des atteintes à l'ordre public nécessaire à la sauvegarde de droits et principes de valeur constitutionnelle, et l'exercice de libertés constitutionnellement garanties, ne méconnaissent, en eux-mêmes, ni le principe selon lequel l'autorité judiciaire est gardienne de la liberté individuelle, ni le principe d'égalité devant la loi, ni l'objectif constitutionnel de sauvegarde de l'ordre public, l'intérêt des victimes étant pris en compte en application des articles 706-135 et suivants du Code de procédure pénale (■ Cass. crim., 14 janv. 2014, nos 13-82.786 et 13-82.787 : *JurisData* n° 2014-000224).

2) **Appel contre la décision d'hospitalisation d'office.**

Voir : V. sous art. 706-134, p. 1630.

3) **Application dans le temps.**

Voir : V. sous art. 706-136, p. 1638.

4) **Notification de ses droits à la personne hospitalisée sans son consentement.** Lorsqu'elle prend à l'égard d'un malade une mesure d'hospitalisation sans consentement, l'autorité compétente doit, une fois la décision prise, informer le plus rapidement possible l'intéressé des motifs de cette mesure, de sa situation juridique et de ses droits, d'une manière appropriée à son état ; que, toutefois, l'accomplissement de cette obligation, qui se rapporte à l'exécution de la mesure d'hospitalisation et engage, le cas échéant, la responsabilité de l'établissement hospitalier, est sans influence sur la légalité de la mesure de sorte qu'en déduisant de l'absence de notification régulière des droits de M. X... l'illégalité des arrêtés des 15 et 18 juin 2013 le plaçant et le maintenant en hospitalisation sans consentement, et, partant, l'irrégularité de la procédure, le magistrat délégué a violé, par fausse interprétation, l'article L. 3211-3 du Code de la santé publique (■ Cass. 1re civ., 15 janv. 2015, n° 13-24.361 : *Bull. civ.*I, n° 15).

5) **Mentions contenues dans le certificat médical prolongeant l'hospitalisation d'office.** L'arrêté, pris en application de l'article L. 3213-4 du Code de la santé publique, impose au Préfet de se prononcer au vu d'un certificat médical mentionné à l'article L. 3213-3, qui doit de façon circonstanciée confirmer ou infirmer, s'il y a lieu, les observations contenues dans le précédent certificat et préciser les caractéristiques de l'évolution des troubles ayant justifié les soins ou leur disparition et si la forme de la prise en charge du malade décidée en application de l'article L. 3211-2-1 du Code de la santé publique demeure adaptée ou non (■ Cass. 1re civ., 28 mai 2015, n° 14-15.686 : *Bull. civ.*I, n° 124).

6) **Mesures alternatives à l'hospitalisation.** Il se déduit des dispositions combinées des articles 706-135 et D. 47-29 du Code de procédure pénale que la chambre de l'instruction, après avoir constaté l'irresponsabilité pénale de la personne concernée pour cause de trouble mental, peut ordonner son admission en soins sous forme d'une hospitalisation complète, mais ne dispose d'aucun autre pouvoir et n'a pas à rechercher si des mesures alternatives auraient pu être appliquées à l'intéressé (■ Cass. crim., 29 nov. 2017, n° 16-85.490 : *Bull. crim.* n° 271).

Code de la santé publique

Chapitre Ier. – Droits des personnes faisant l'objet de soins psychiatriques

Art. L. 3211-1 *(Mod. à compter d'une date fixée par décret en Conseil d'État et au plus tard le 1er oct. 2020, Ord. n° 2020-232, 11 mars 2020).* **–** Une personne ne peut sans son consentement ou, le cas échéant, sans l'autorisation de son représentant légal, si elle est mineure, ou celle de la personne chargée de la protection, s'il s'agit d'un majeur faisant l'objet d'une mesure de protection juridique avec représentation relative à la personne, faire l'objet de soins psychiatriques, hormis les cas prévus par les chapitres II à IV du présent titre et ceux prévus à l'article 706-135 du Code de procédure pénale.

Toute personne faisant l'objet de soins psychiatriques ou sa famille dispose du droit de s'adresser au praticien ou à l'équipe de santé mentale, publique ou privée, de son choix tant à l'intérieur qu'à l'extérieur du secteur psychiatrique correspondant à son lieu de résidence.

Art. L. 3211-2 *(Mod., L. n° 2011-803, 5 juill. 2011).* **–** Une personne faisant l'objet de soins psychiatriques avec son consentement pour des troubles mentaux est dite en soins psychiatriques libres. Elle dispose des mêmes droits liés à l'exercice des libertés individuelles que ceux qui sont reconnus aux malades soignés pour une autre cause. Cette modalité de soins est privilégiée lorsque l'état de la personne le permet.

Art. L. 3211-2-1. – *(Rempl., L. n° 2013-869, 27 sept. 2013 ; Ord. n° 2021-583, 12 mai 2021)* I. – Une personne faisant l'objet de soins psychiatriques en application des chapitres II et III du présent titre ou de l'article 706-135 du Code de procédure pénale est dite en soins psychiatriques sans consentement.

La personne est prise en charge :

1° Soit sous la forme d'une hospitalisation complète dans un établissement mentionné à l'article L. 3222-1 du présent code ;

2° Soit sous toute autre forme, pouvant comporter des soins ambulatoires, des soins à domicile dispensés par un établissement mentionné au même article L. 3222-1 des séjours à temps partiel ou des séjours de courte durée à temps complet effectués dans un établissement mentionné audit article L. 3222-1.

II. – Lorsque les soins prennent la forme prévue au 2° du I, un programme de soins est établi par un psychiatre de l'établissement d'accueil et ne peut être modifié, afin de tenir compte de l'évolution de l'état de santé du patient, que dans les mêmes conditions. Le programme de soins définit les types de soins, leur périodicité et les lieux de leur réalisation, dans des conditions déterminées par décret en Conseil d'État.

Pour l'établissement et la modification du programme de soins, le psychiatre de l'établissement d'accueil recueille l'avis du patient lors d'un entretien au cours duquel il donne au patient l'information prévue à l'article L. 3211-3 et l'avise des dispositions du III du présent article et de celles de l'article L. 3211-11.

III. – Aucune mesure de contrainte ne peut être mise en œuvre à l'égard d'un patient pris en charge sous la forme prévue au 2° du I.

Art. L. 3211-2-2 *(Mod., L. n° 2013-869, 27 sept. 2013).* **–** Lorsqu'une personne est admise en soins psychiatriques en application des chapitres II ou III du présent titre, elle fait l'objet d'une période d'observation et de soins initiale sous la forme d'une hospitalisation complète.

Dans les vingt-quatre heures suivant l'admission, un médecin réalise un examen somatique complet de la personne et un psychiatre de l'établissement d'accueil établit un certificat médical constatant son état mental et confirmant ou non la nécessité de maintenir les soins psychiatriques au regard des conditions d'admission définies aux articles L. 3212-1 ou L. 3213-1. Ce psychiatre ne peut être l'auteur du certificat médical ou d'un des deux certificats médicaux sur la base desquels la décision d'admission a été prononcée.

Dans les soixante-douze heures suivant l'admission, un nouveau certificat médical est établi dans les mêmes conditions que celles prévues au deuxième alinéa du présent article.

Lorsque les deux certificats médicaux ont conclu à la nécessité de maintenir les soins psychiatriques, le psychiatre propose dans le certificat mentionné au troisième alinéa du présent article la forme de la prise en charge mentionnée aux 1° et 2° du I de l'article L. 3211-2-1 et, le cas échéant, le programme de soins. Cette proposition est motivée au regard de l'état de santé du patient et de l'expression de ses troubles mentaux.

Art. L. 3211-2-3 *(Mod., L. n° 2016-41, 26 janv. 2016).* **–** Lorsqu'une personne remplissant les conditions pour être admise en soins psychiatriques prévues aux chapitres II et III du présent titre est prise en charge en urgence par un établissement de santé qui n'assure pas, en application de l'article L. 3222-1, la prise en charge des personnes faisant l'objet de soins psychiatriques au titre des chapitres II à IV du présent titre ou de l'article 706-135 du Code de procédure pénale, son transfert vers un établissement exerçant cette mission est organisé, selon des modalités prévues par convention, dans des délais adaptés à son état de santé et au plus tard sous quarante-huit heures. La période d'observation et de soins initiale mentionnée à l'article L. 3211-2-2 prend effet dès le début de la prise en charge.

Art. L. 3211-3 *(Mod., L. n° 2013-869, 27 sept. 2013)*. – Lorsqu'une personne atteinte de troubles mentaux fait l'objet de soins psychiatriques en application des dispositions des chapitres II et III du présent titre ou est transportée en vue de ces soins, les restrictions à l'exercice de ses libertés individuelles doivent être adaptées, nécessaires et proportionnées à son état mental et à la mise en œuvre du traitement requis. En toutes circonstances, la dignité de la personne doit être respectée et sa réinsertion recherchée.

Avant chaque décision prononçant le maintien des soins en application des articles L. 3212-4, L. 3212-7 et L. 3213-4 ou définissant la forme de la prise en charge en application des articles L. 3211-12-5, L. 3212-4, L. 3213-1 et L. 3213-3, la personne faisant l'objet de soins psychiatriques est, dans la mesure où son état le permet, informée de ce projet de décision et mise à même de faire valoir ses observations, par tout moyen et de manière appropriée à cet état.

En outre, toute personne faisant l'objet de soins psychiatriques en application des chapitres II et III du présent titre ou de l'article 706-135 du Code de procédure pénale est informée :

a) Le plus rapidement possible et d'une manière appropriée à son état, de la décision d'admission et de chacune des décisions mentionnées au deuxième alinéa du présent article, ainsi que des raisons qui les motivent ;

b) Dès l'admission ou aussitôt que son état le permet et, par la suite, à sa demande et après chacune des décisions mentionnées au même deuxième alinéa, de sa situation juridique, de ses droits, des voies de recours qui lui sont ouvertes et des garanties qui lui sont offertes en application de l'article L. 3211-12-1.

L'avis de cette personne sur les modalités des soins doit être recherché et pris en considération dans toute la mesure du possible. En tout état de cause, elle dispose du droit :

1° De communiquer avec les autorités mentionnées à l'article L. 3222-4 ;

2° De saisir la commission prévue à l'article L. 3222-5 et, lorsqu'elle est hospitalisée, la commission mentionnée à l'article L. 1112-3 ;

3° De porter à la connaissance du Contrôleur général des lieux de privation de liberté des faits ou situations susceptibles de relever de sa compétence ;

4° De prendre conseil d'un médecin ou d'un avocat de son choix ;

5° D'émettre ou de recevoir des courriers ;

6° De consulter le règlement intérieur de l'établissement et de recevoir les explications qui s'y rapportent ;

7° D'exercer son droit de vote ;

8° De se livrer aux activités religieuses ou philosophiques de son choix.

Ces droits, à l'exception de ceux mentionnés aux 5°, 7° et 8°, peuvent être exercés à leur demande par les parents ou les personnes susceptibles d'agir dans l'intérêt du malade.

Art. L. 3211-4. – Un protocole thérapeutique pratiqué en psychiatrie ne peut être mis en œuvre que dans le strict respect des règles déontologiques et éthiques en vigueur.

Art. L. 3211-5 *(Mod., L. n° 2011-803, 5 juill. 2011)*. – Une personne faisant, en raison de troubles mentaux, l'objet de soins psychiatriques prenant ou non la forme d'une hospitalisation complète conserve, à l'issue de ces soins, la totalité de ses droits et devoirs de citoyen, sous réserve des dispositions relatives aux mesures de protection des majeurs prévues aux sections 1 à 4 du chapitre II du titre XI du livre Ier du Code civil, sans que ses antécédents psychiatriques puissent lui être opposés.

Art. L. 3211-5-1 *(Ord. n° 2016-131, 10 févr. 2016)*. – Sauf autorisation de justice, il est interdit, à peine de nullité, à quiconque exerce une fonction ou occupe un emploi dans un établissement dispensant des soins psychiatriques de se rendre acquéreur d'un bien ou cessionnaire d'un droit appartenant à une personne admise dans l'établissement ou de prendre à bail le logement occupé par cette personne avant son admission dans l'établissement.

Pour l'application du présent article, sont réputées personnes interposées, le conjoint, le partenaire d'un pacte civil de solidarité, le concubin, les ascendants et les descendants des personnes auxquelles s'appliquent les interdictions ci-dessus édictées.

Art. L. 3211-6 *(Mod., Ord. n° 2018-20, 17 janv. 2018)*. – Le médecin qui constate que la personne à laquelle il donne ses soins a besoin, pour l'une des causes prévues à l'article 425 du Code civil, d'être protégée dans les actes de la vie civile peut en faire la déclaration au procureur de la République du lieu de traitement. Cette déclaration a pour effet de placer le malade sous sauvegarde de justice si elle est accompagnée de l'avis conforme d'un psychiatre.

Lorsqu'une personne est soignée dans un établissement de santé ou un hôpital des armées ou hébergée dans un établissement social ou médico-social, le médecin est tenu, s'il constate que cette personne se trouve dans la situation prévue à l'alinéa précédent, d'en faire la déclaration au procureur de la République du lieu de traitement. Cette déclaration a pour effet de placer le malade sous sauvegarde de justice. Le représentant de l'État dans le département doit être informé par le procureur de la mise sous sauvegarde.

Art. L. 3211-7 *(Mod., L. n° 2011-803, 5 juill. 2011)*. – La personne hospitalisée en application des chapitres II et III du présent code ou de l'article 706-135 du Code de procédure pénale dans un établissement de soins conserve le domicile qui était le sien avant l'hospitalisation aussi longtemps que ce domicile reste à sa disposition. Néanmoins, les significations qui y auront été faites pourront, suivant les circonstances, être annulées par les tribunaux.

Art. L. 3211-8 *(Mod., L. n° 2011-803, 5 juill. 2011)*. – La personne faisant l'objet de soins psychiatriques en application des chapitres II et III du présent titre ou de l'article 706-135 du Code de procédure pénale peut être placée en curatelle ou en tutelle dans les conditions et selon les modalités prévues aux articles 425 et 440 du Code civil.

Art. L. 3211-9 *(Mod., L. n° 2011-803, 5 juill. 2011)*. – Pour l'application du II des articles L. 3211-12 et L. 3211-12-1 et des articles L. 3212-7, L. 3213-1, L. 3213-3 et L. 3213-8, le directeur de l'établissement d'accueil du patient convoque un collège composé de trois membres appartenant au personnel de l'établissement :

1° Un psychiatre participant à la prise en charge du patient ;

2° Un psychiatre ne participant pas à la prise en charge du patient ;

3° Un représentant de l'équipe pluridisciplinaire participant à la prise en charge du patient.

Les modalités de désignation des membres et les règles de fonctionnement du collège sont fixées par décret en Conseil d'État.

Art. L. 3211-10 *(Mod., L. n° 2011-803, 5 juill. 2011)*. – Hormis les cas prévus au chapitre III du présent titre, la décision d'admission en soins psychiatriques d'un mineur ou la levée de cette mesure sont demandées, selon les situations, par les personnes titulaires de l'exercice de l'autorité parentale ou par le tuteur. En cas de désaccord entre les titulaires de l'exercice de l'autorité parentale, le juge aux affaires familiales statue.

Art. L. 3211-11 *(Mod., L. n° 2011-803, 5 juill. 2011)*. – Le psychiatre qui participe à la prise en charge du patient peut proposer à tout moment de modifier la forme de la prise en charge mentionnée à l'article L. 3211-2-1 pour tenir compte de l'évolution de l'état de la personne. Il établit en ce sens un certificat médical circonstancié.

Le psychiatre qui participe à la prise en charge du patient transmet immédiatement au directeur de l'établissement d'accueil un certificat médical circonstancié proposant une hospitalisation complète lorsqu'il constate que la prise en charge de la personne décidée sous une autre forme ne permet plus, notamment du fait du comportement de la personne, de dispenser les soins nécessaires à son état. Lorsqu'il ne peut être procédé à l'examen du patient, il transmet un avis établi sur la base du dossier médical de la personne.

Art. L. 3211-11-1 *(Mod., L. n° 2016-41, 26 janv. 2016)*. – Afin de favoriser leur guérison, leur réadaptation ou leur réinsertion sociale ou si des démarches extérieures sont nécessaires, les personnes faisant l'objet de soins psychiatriques en application des chapitres II et III du présent titre ou de l'article 706-135 du Code de procédure pénale sous la forme d'une hospitalisation complète peuvent bénéficier d'autorisations de sortie de courte durée :

1° Sous la forme de sorties accompagnées n'excédant pas douze heures. Les personnes malades sont accompagnées par un ou plusieurs membres du personnel de l'établissement d'accueil, par un membre de leur famille ou par la personne de confiance qu'elles ont désignée en application de l'article L. 1111-6 du présent code, pendant toute la durée de la sortie ;

2° Sous la forme de sorties non accompagnées d'une durée maximale de quarante-huit heures.

L'autorisation de sortie de courte durée est accordée par le directeur de l'établissement d'accueil, après avis favorable d'un psychiatre de cet établissement.

Dans le cas où la mesure de soins psychiatriques a été prise en application du chapitre III du présent titre, le directeur de l'établissement d'accueil transmet au représentant de l'État dans le département les éléments d'information relatifs à la demande d'autorisation, comportant notamment l'avis favorable du psychiatre mentionné au quatrième alinéa du présent article, au plus tard quarante-huit heures avant la date prévue pour la sortie. Sauf opposition écrite et motivée du représentant de l'État dans le département, notifiée au plus tard douze heures avant la date prévue, la sortie peut avoir lieu. Le représentant de l'État ne peut imposer aucune mesure complémentaire.

Lorsque la mesure de soins psychiatriques fait suite à la demande d'un tiers, le directeur de l'établissement d'accueil informe celui-ci, préalablement, de l'autorisation de sortie non accompagnée et de sa durée.

Art. L. 3211-12 *(Mod. à compter d'une date fixée par décret en Conseil d'État et au plus tard le 1er oct. 2020, Ord. n° 2020-232, 11 mars 2020 ; mod., L. n° 2020-1576, 14 déc. 2020 ; L. n° 2022-46, 22 janv. 2022).* **–** I. – Le juge des libertés et de la détention dans le ressort duquel se situe l'établissement d'accueil peut être saisi, à tout moment, aux fins d'ordonner, à bref délai, la mainlevée immédiate d'une mesure de soins psychiatriques prononcée en application des chapitres II à IV du présent titre ou de l'article 706-135 du Code de procédure pénale, quelle qu'en soit la forme.

Il peut également être saisi aux fins de mainlevée d'une mesure d'isolement ou de contention prise en application de l'article L. 3222-5-1. Dans ce cas, il statue dans les délais prévus au II de l'article L. 3222-5-1 ou, à défaut, dans un délai de vingt-quatre heures à compter de sa saisine.

La saisine peut être formée par :

1° La personne faisant l'objet des soins ;

2° Les titulaires de l'autorité parentale ou le tuteur si la personne est mineure ;

3° La personne chargée d'une mesure de protection juridique relative à la personne faisant l'objet des soins ;

4° Son conjoint, son concubin, la personne avec laquelle elle est liée par un pacte civil de solidarité ;

5° La personne qui a formulé la demande de soins ;

6° Un parent ou une personne susceptible d'agir dans l'intérêt de la personne faisant l'objet des soins ;

7° Le procureur de la République.

Le juge des libertés et de la détention peut également se saisir d'office, à tout moment. À cette fin, toute personne intéressée peut porter à sa connaissance les informations qu'elle estime utiles sur la situation d'une personne faisant l'objet d'une mesure mentionnée au premier alinéa du présent article ou d'une mesure d'isolement ou de contention.

II. – Le juge des libertés et de la détention ne peut statuer qu'après avoir recueilli l'avis du collège mentionné à l'article L. 3211-9 du présent code lorsque la personne fait l'objet d'une mesure de soins ordonnée en application de l'article L. 3213-7 du même code ou de l'article 706-135 du Code de procédure pénale à la suite d'un classement sans suite, d'une décision d'irresponsabilité pénale ou d'un jugement ou arrêt de déclaration d'irresponsabilité pénale prononcés sur le fondement du premier alinéa de l'article 122-1 du Code pénal et concernant des faits punis d'au moins cinq ans d'emprisonnement en cas d'atteinte aux personnes ou d'au moins dix ans d'emprisonnement en cas d'atteinte aux biens.

Le juge ne peut, en outre, décider la mainlevée de la mesure qu'après avoir recueilli deux expertises établies par les psychiatres inscrits sur les listes mentionnées à l'article L. 3213-5-1 du présent code.

Le juge fixe les délais dans lesquels l'avis du collège et les deux expertises prévus au présent II doivent être produits, dans une limite maximale fixée par décret en Conseil d'État. Passés ces délais, il statue immédiatement.

III. – Le juge des libertés et de la détention ordonne, s'il y a lieu, la mainlevée de la mesure d'hospitalisation complète, d'isolement ou de contention.

Lorsqu'il ordonne la mainlevée de la mesure d'hospitalisation complète, il peut, au vu des éléments du dossier et par décision motivée, décider que la mainlevée prend effet dans un délai maximal de vingt-quatre heures afin qu'un programme de soins puisse, le cas échéant, être établi en application de l'article L. 3211-2-1. Dès l'établissement de ce programme ou à l'issue du délai mentionné à la phrase précédente, la mesure d'hospitalisation complète prend fin.

Art. L. 3211-12-1 *(Mod., L. n° 2020-1576, 14 déc. 2020).* **–** I. – L'hospitalisation complète d'un patient ne peut se poursuivre sans que le juge des libertés et de la détention, préalablement saisi par le directeur de l'établissement lorsque l'hospitalisation a été prononcée en application du chapitre II du présent titre ou par le représentant de l'État dans le département lorsqu'elle a été prononcée en application du chapitre III du présent titre, de l'article L. 3214-3 du présent code ou de l'article 706-135 du Code de procédure pénale, ait statué sur cette mesure :

1° Avant l'expiration d'un délai de douze jours à compter de l'admission prononcée en application des chapitres II ou III du présent titre ou de l'article L. 3214-3 du même code. Le juge des libertés et de la détention est alors saisi dans un délai de huit jours à compter de cette admission ;

2° Avant l'expiration d'un délai de douze jours à compter de la décision modifiant la forme de la prise en charge du patient et procédant à son hospitalisation complète en application, respectivement, du dernier alinéa de l'article L. 3212-4 ou du III de l'article L. 3213-3. Le juge des libertés et de la détention est alors saisi dans un délai de huit jours à compter de cette décision ;

3° Avant l'expiration d'un délai de six mois à compter soit de toute décision judiciaire prononçant l'hospitalisation en application de l'article 706-135 du Code de procédure pénale, soit de toute décision prise par le juge des libertés et de la détention en application du présent I ou des articles L. 3211-12, L. 3213-3, L. 3213-8 ou L. 3213-9-1 du présent code, lorsque le patient a été maintenu en hospitalisation complète de manière continue depuis cette décision. Toute décision du juge des libertés et de la détention prise avant l'expiration de ce délai en application du 2° du présent I ou de l'un des mêmes articles L. 3211-12, L. 3213-3, L. 3213-8 ou L. 3213-9-1, ou toute nouvelle décision judiciaire prononçant l'hospitalisation en application de l'article 706-135 du Code de procédure pénale fait courir à nouveau ce délai. Le juge des libertés et de la détention est alors saisi quinze jours au moins avant l'expiration du délai de six mois prévu au présent 3°.

Toutefois, lorsque le juge des libertés et de la détention a ordonné, avant l'expiration de l'un des délais mentionnés aux 1° à 3° du présent I, une expertise soit en application du III du présent article, soit, à titre exceptionnel, en considération de l'avis mentionné au II, ce délai est prolongé d'une durée qui ne peut excéder quatorze jours à compter de la date de cette ordonnance. L'hospitalisation complète du patient est alors maintenue jusqu'à la décision du juge, sauf s'il y est mis fin en application des chapitres II ou III du présent titre. L'ordonnance mentionnée au présent alinéa peut être prise sans audience préalable.

Le juge fixe les délais dans lesquels l'expertise mentionnée à l'avant-dernier alinéa du présent I doit être produite, dans une limite maximale fixée par décret en Conseil d'État. Passés ces délais, il statue immédiatement.

II. – La saisine mentionnée au I du présent article est accompagnée de l'avis motivé d'un psychiatre de l'établissement d'accueil se prononçant sur la nécessité de poursuivre l'hospitalisation complète.

Lorsque le patient relève de l'un des cas mentionnés au II de l'article L. 3211-12, l'avis prévu au premier alinéa du présent II est rendu par le collège mentionné à l'article L. 3211-9.

III. – Le juge des libertés et de la détention ordonne, s'il y a lieu, la mainlevée de la mesure d'hospitalisation complète.

Lorsqu'il ordonne cette mainlevée, il peut, au vu des éléments du dossier et par décision motivée, décider que la mainlevée prend effet dans un délai maximal de vingt-quatre heures, afin qu'un programme de soins puisse, le cas échéant, être établi en application du II de l'article L. 3211-2-1. Dès l'établissement de ce programme ou à l'issue du délai mentionné à la première phrase du présent alinéa, la mesure d'hospitalisation complète prend fin.

Toutefois, lorsque le patient relève de l'un des cas mentionnés au II de l'article L. 3211-12, le juge ne peut décider la mainlevée de la mesure qu'après avoir recueilli deux expertises établies par les psychiatres inscrits sur les listes mentionnées à l'article L. 3213-5-1.

IV. – Lorsque le juge des libertés et de la détention n'ordonne pas la mainlevée de la mesure d'hospitalisation complète, il statue, le cas échéant, y compris d'office, sur le maintien de la mesure d'isolement ou de contention.

V. – Lorsque le juge des libertés et de la détention n'a pas statué avant l'expiration du délai de douze jours prévu aux 1° et 2° du I ou du délai de six mois prévu au 3° du même I, la mainlevée de la mesure d'hospitalisation complète est acquise à l'issue de chacun de ces délais.

Si le juge des libertés et de la détention est saisi après l'expiration du délai de huit jours prévu aux 1° et 2° du I ou du délai de quinze jours prévu au 3° du même I, il constate sans débat que la mainlevée de l'hospitalisation complète est acquise, à moins qu'il ne soit justifié de circonstances exceptionnelles à l'origine de la saisine tardive et que le débat puisse avoir lieu dans le respect des droits de la défense.

Art. L. 3211-12-2 *(Mod., L. n° 2020-1576, 14 déc. 2020 ; L. n° 2022-46, 22 janv. 2022)*. **–** I. – Lorsqu'il est saisi en application des articles L. 3211-12 ou L. 3211-12-1, le juge, après débat contradictoire, statue publiquement. Il peut décider que les débats ont lieu ou se poursuivent en chambre du conseil s'il doit résulter de leur publicité une atteinte à l'intimité de la vie privée, s'il survient des désordres de nature à troubler la sérénité de la justice ou si l'une des parties le demande. Il est fait droit à cette demande lorsqu'elle émane de la personne faisant l'objet de soins psychiatriques.

À l'audience, la personne faisant l'objet de soins psychiatriques est entendue, assistée ou représentée par un avocat choisi, désigné au titre de l'aide juridictionnelle ou commis d'office. Si, au vu d'un avis médical motivé, des motifs médicaux font obstacle, dans son intérêt, à son audition, la personne est représentée par un avocat dans les conditions prévues au présent alinéa.

Le juge des libertés et de la détention statue dans une salle d'audience attribuée au ministère de la justice, spécialement aménagée sur l'emprise de l'établissement d'accueil ou, en cas de nécessité, sur l'emprise d'un autre établissement de santé situé dans le ressort du tribunal judiciaire, dans les circonstances et selon les modalités prévues par une convention conclue entre le tribunal judiciaire et l'agence régionale de santé. Cette salle doit permettre d'assurer la clarté, la sécurité et la sincérité des débats ainsi que l'accès du public. Lorsque ces conditions ne sont pas satisfaites, le juge, soit d'office, soit sur demande de l'une des parties, statue au siège du tribunal judiciaire. En cas de transfert de la personne faisant l'objet de soins psychiatriques dans un autre établissement de santé, après que la saisine du juge des libertés et de la détention a été effectuée, l'établissement d'accueil est celui dans lequel la prise en charge du patient était assurée au moment de la saisine.

II. – Lorsque le juge des libertés et de la détention statue dans la salle mentionnée au dernier alinéa du I, le président du tribunal judiciaire peut, en cas de nécessité, autoriser qu'une seconde audience soit tenue le même jour au siège du tribunal judiciaire.

III. – Par dérogation au I du présent article, le juge des libertés et de la détention, saisi d'une demande de mainlevée de la mesure d'isolement ou de contention prise en application de l'article L. 3222-5-1, qui s'en saisit d'office ou qui en a été saisi aux fins de prolongation de la mesure, statue sans audience selon une procédure écrite.

Le patient ou, le cas échéant, le demandeur peut demander à être entendu par le juge des libertés et de la détention, auquel cas cette audition est de droit et toute demande peut être présentée oralement. Néanmoins, si, au vu d'un avis médical motivé, des motifs médicaux font obstacle, dans son intérêt, à l'audition du patient, celui-ci est représenté par un avocat choisi, désigné au titre de l'aide juridictionnelle ou commis d'office.

L'audition du patient ou, le cas échéant, du demandeur peut être réalisée par tout moyen de télécommunication audiovisuelle ou, en cas d'impossibilité avérée, par communication téléphonique, à condition qu'il y ait expressément consenti et que ce moyen permette de s'assurer de son identité et de garantir la qualité de la transmission et la confidentialité des échanges. L'audition du patient ne peut être réalisée grâce à ce procédé que si un avis médical atteste que son état mental n'y fait pas obstacle.

Dans ce cas, le juge des libertés et de la détention statue dans les conditions prévues par décret en Conseil d'État.

S'il l'estime nécessaire, le juge des libertés et de la détention peut décider de tenir une audience. Dans cette hypothèse, la procédure est orale et il est fait application des I et II du présent article. Le dernier alinéa du I n'est pas applicable à la procédure d'appel.

Le juge des libertés et de la détention statue dans des conditions prévues par décret en Conseil d'État.

Art. L. 3211-12-3 *(L. n° 2011-803, 5 juill. 2011)*. **–** Le juge des libertés et de la détention saisi en application de l'article L. 3211-12-1 peut, si un recours a été formé sur le fondement de l'article L. 3211-12, statuer par une même décision suivant la procédure prévue au même article L. 3211-12-1.

Art. L. 3211-12-4 *(Mod., L. n° 2020-1576, 14 déc. 2020 ; L. n° 2022-46, 22 janv. 2022)*. **–** L'ordonnance du juge des libertés et de la détention prise en application des articles L. 3211-12, L. 3211-12-1 ou L. 3222-5-1 est susceptible d'appel devant le premier président de la cour d'appel ou son délégué. Le débat est tenu selon les modalités prévues à l'article L. 3211-12-2, à l'exception du dernier alinéa du I.

Lorsque le premier président ou son délégué est saisi d'un appel formé à l'encontre d'une ordonnance du juge des libertés et de la détention statuant sur le maintien d'une mesure d'isolement ou de contention prise sur le fondement de l'article L. 3222-5-1, il est fait application des dispositions prévues au III de l'article L. 3211-12-2. Le premier président ou son délégué statue dans les conditions prévues par décret en Conseil d'État.

L'appel formé à l'encontre de l'ordonnance mentionnée au premier alinéa n'est pas suspensif. Le premier président de la cour d'appel ou son délégué statue alors à bref délai dans des conditions définies par décret en Conseil d'État. Lorsque l'ordonnance mentionnée au même premier alinéa a été prise en application de l'article L. 3211-12-1, un avis rendu par un psychiatre de l'établissement d'accueil de la personne admise en soins psychiatriques sans consentement se prononçant sur la nécessité de poursuivre l'hospitalisation complète est adressé au greffe de la cour d'appel au plus tard quarante-huit heures avant l'audience.

Toutefois, lorsque le juge des libertés et de la détention ordonne la mainlevée d'une mesure de soins psychiatriques sous la forme d'une hospitalisation complète ou constate la mainlevée de cette mesure, le procureur de la République peut demander au premier président de la cour d'appel ou à son délégué de déclarer le recours suspensif en cas de risque grave d'atteinte à l'intégrité du malade ou d'autrui. Dans ce cas, l'appel, accompagné de la demande faisant état du risque grave d'atteinte à l'intégrité du malade ou d'autrui, est formé dans un délai de six heures à compter de la notification de l'ordonnance à l'auteur de la saisine et transmis au premier président de la cour d'appel ou à son délégué. Celui-ci décide, sans délai, s'il y a lieu de donner à cet appel un effet suspensif en fonction du risque grave d'atteinte à l'intégrité du malade ou d'autrui. Il statue par une ordonnance motivée qui n'est pas susceptible de recours. Le patient est maintenu en hospitalisation complète jusqu'à ce que cette ordonnance soit rendue et, si elle donne un effet suspensif à l'appel, jusqu'à ce qu'il soit statué sur le fond, sauf s'il est mis fin à l'hospitalisation complète en application des chapitres II ou III du présent titre.

Lorsqu'il a été donné un effet suspensif à l'appel, le premier président de la cour d'appel ou son délégué se prononce sur la demande en appel dans un délai de trois jours à compter de la déclaration d'appel. Toutefois, par une ordonnance qui peut être prise sans audience préalable, il peut, avant l'expiration de ce délai, ordonner une expertise. Il se prononce alors dans un délai de quatorze jours à compter de la date de cette ordonnance. En l'absence de décision à l'issue de l'un ou l'autre de ces délais, la mainlevée est acquise.

Art. L. 3211-12-5 *(Mod., L. n° 2020-1576, 14 déc. 2020)*. **–** Lorsque la mainlevée d'une mesure d'hospitalisation complète est acquise en application du V de l'article L. 3211-12-1, le patient peut, dès cette mainlevée, faire l'objet de soins psychiatriques sous la forme mentionnée au 2° du I de l'article L. 3211-2-1 si les conditions prévues au I des articles L. 3212-1 ou L. 3213-1 sont toujours réunies et selon les modalités prévues, respectivement, aux chapitres II ou III du présent titre.

Dans ce cas, un programme de soins est établi en application de l'article L. 3211-2-1. La période d'observation et de soins initiale mentionnée à l'article L. 3211-2-2 n'est pas applicable.

Art. L. 3211-12-6 *(L. n° 2011-803, 5 juill. 2011)*. **–** Lorsque la mesure de soins psychiatriques dont une personne fait l'objet est levée en application du présent chapitre ou des chapitres II ou III du présent titre, un psychiatre de l'établissement d'accueil l'informe, en tant que de besoin, de la nécessité de poursuivre son traitement en soins libres et lui indique les modalités de soins qu'il estime les plus appropriées à son état.

Art. L. 3211-12-7 *(Créé, L. n° 2021-998, 30 juill. 2021)*. **–** Aux seules fins d'assurer le suivi d'une personne qui représente une menace grave pour la sécurité et l'ordre publics en raison de sa radicalisation à caractère terroriste, le représentant de l'État dans le département et, à Paris, le préfet de police ainsi que les représentants des services de renseignement mentionnés aux articles L. 811-2 et L. 811-4 du Code de la sécurité intérieure désignés à cette fin par un décret en Conseil d'État et qui exercent une mission de renseignement à titre principal peuvent, lorsque la personne fait l'objet d'une mesure de soins psychiatriques sans consentement, se voir communiquer les données d'identification de cette personne et les données relatives à sa situation administrative portées à la connaissance du représentant de l'État dans le département d'hospitalisation ou, à Paris, du préfet de police en application des articles L. 3212-5, L. 3212-8 et L. 3213-9 du présent code et de l'article 706-135 du Code de procédure pénale, lorsque ces données sont strictement nécessaires à l'accomplissement de leurs missions. Ces mêmes données ne peuvent être communiquées lorsqu'elles sont antérieures de plus de trois ans à la date de levée de la mesure de soins sans consentement.

Art. L. 3211-13. **–** Les modalités d'application du présent chapitre sont déterminées en tant que de besoin par décret en Conseil d'État.

Art. 706-136 *(L. n° 2008-174, 25 févr. 2008)*. **– Lorsque la chambre de l'instruction ou une juridiction de jugement prononce un arrêt ou un jugement de déclaration d'irresponsabilité pénale pour cause de trouble mental, elle peut ordonner à l'encontre de la personne les mesures de sûreté suivantes, pendant une durée qu'elle fixe et qui ne peut excéder dix ans en matière correctionnelle et vingt ans si les faits commis constituent un crime ou un délit puni de dix ans d'emprisonnement :**

1° Interdiction d'entrer en relation avec la victime de l'infraction ou certaines personnes ou catégories de personnes, et notamment les mineurs, spécialement désignées ;

2° Interdiction de paraître dans tout lieu spécialement désigné ;

3° Interdiction de détenir ou de porter une arme ;

4° Interdiction d'exercer une activité professionnelle ou bénévole spécialement désignée, dans l'exercice de laquelle ou à l'occasion de laquelle l'infraction a été commise ou impliquant un contact habituel avec les mineurs, sans faire préalablement l'objet d'un examen psychiatrique déclarant la personne apte à exercer cette activité ;

5° Suspension du permis de conduire ;

6° Annulation du permis de conduire avec interdiction de solliciter la délivrance d'un nouveau permis.

Ces interdictions, qui ne peuvent être prononcées qu'après une expertise psychiatrique, ne doivent pas constituer un obstacle aux soins dont la personne est susceptible de faire l'objet.

Si la personne est hospitalisée en application des articles L. 3213-1 et L. 3213-7 du Code de la santé publique, les interdictions dont elle fait l'objet sont applicables pendant la durée de l'hospitalisation et se poursuivent après la levée de cette hospitalisation, pendant la durée fixée par la décision.

1) **Application dans le temps** – Droit interne. Les dispositions de l'article 112-1 du Code pénal prescrivant que seules peuvent être prononcées les peines légalement applicables à la date de l'infraction ne s'appliquent pas aux mesures de sûreté prévues, en cas de déclaration d'irresponsabilité pénale pour cause de trouble mental, par les articles 706-135 et 706-136 du Code de procédure pénale ; selon l'article 112-2 du même code, sont applicables immédiatement à la répression des infractions commises avant leur entrée en vigueur les lois fixant les modalités de poursuites et les formes de la procédure. Pour constater que la procédure prévue par les articles 706-119 et suivants du Code de procédure pénale n'était pas applicable, que sa saisine n'était pas régulière et pour ordonner la mise en liberté de Bouchaïb D..., la chambre de l'instruction énonce que les mesures individuelles prévues par les articles 706-135 et 706-136 du même code, qui peuvent être prononcées par la chambre de l'instruction à l'égard d'une personne déclarée irresponsable pénalement, constituent des peines ; les juges ajoutent qu'une procédure ayant pour effet de faire encourir de semblables mesures, non applicables à la date de la commission des faits, ne saurait être appliquée immédiatement. En l'état de ces énonciations, la chambre de l'instruction a méconnu les textes susvisés et les principes ci-dessus rappelé (▪ Cass. crim., 16 déc. 2009, n° 09-85.153 : *Bull. crim.* n° 216 ; *JurisData* n° 2009-050798 ; *JCP* G 2010, act. 15 ; *Dr. pén.* 2010, chron. 2, n° 59, obs. V. Peltier ; *Dr. pén.* 2010, chron. 1, obs. Guérin ; *AJ Pénal* 2010, 136, note Dupart ; *Procédures* 2010, n° 93, obs. Buisson. ▪ Cass. crim., 14 avr. 2010, n° 09-82.291. ▪ Cass. crim., 12 oct. 2011, n° 10-88.126 ; J. Pradel ; *D.* 2010, p. 471 ; H. Matsopoulou, *Application des « peines », puis des « mesures de sûreté », aux personnes atteintes de troubles mentaux : l'incohérence jurisprudentielle et ses conséquences : Dr. pén.* 2010, étude 4. *Contra*, ▪ Cass. crim., 21 janv. 2009, n° 08-83.492 : *Bull. crim.* n° 24 ; *Dr. pén.* 2010, chron. 1, obs. Guérin ; F. Rousseau, *Dr. pén.* 2009, étude 9 ; *D.* 2009, AJ 374 ; *D.* 2009, AJ, 1111, obs. H. Matsopoulou ; *AJ Pénal* 2009, 178, obs. Lasserre-Capdeville).

Droit européen. Les mesures prévues à l'article 706-136 du Code de procédure pénale ne sont pas des peines au sens de l'article 7 de la Convention de sauvegarde des droits de l'homme et des libertés fondamentales car elles ne sont pas prononcées à la suite d'une condamnation pour « infraction » et doivent être analysées comme des mesures préventives auxquelles le principe de non-rétroactivité énoncé dans cette disposition n'a pas vocation à s'appliquer (▪ CEDH, 3 sept. 2015, n° 42875/10, *Berland c/ France*[inapplication de l'article 7 § 1 de la Conv. EDH] : *JurisData* n° 2015-019339 ; *Dr. pén.* 2015, comm. 134, obs. V. Peltier ; *AJ Pénal* 2015, p. 599, obs. C. Margaine).

2) **Expertise.** L'article 706-136 du Code de procédure pénale n'interdit pas aux juges d'ordonner une expertise en confiant à l'expert la mission de rechercher si certaines des mesures énumérées par ce texte peuvent constituer un obstacle aux soins de la personne déclarée irresponsable pénalement et qu'une telle mission constitue une mesure d'ordre technique (▪ Cass. crim., 12 mai 2010, n° 10-80.279).

3) **Illustrations.** Il résulte des circonstances dans lesquelles ont été commises les infractions mises à la charge de Mme V. comme du rapport d'expertise que, lorsqu'elle conduit, elle représente un incontestable danger pour la sécurité des autres usagers et pour les piétons, comme d'ailleurs pour elle-même ; les juges exposent qu'elle n'est manifestement pas en mesure à certains moments d'appréhender sa dangerosité et est susceptible de renouveler à l'occasion de la conduite d'un véhicule un comportement erratique ; ils précisent que, même si une telle mesure est de nature à ajouter une incapacité supplémentaire à celles dont souffre Mme V., il apparaît nécessaire, aux fins d'éviter le renouvellement de l'infraction, d'ordonner l'annulation du permis de conduire de l'intéressée et de lui interdire de solliciter la délivrance d'un nouveau permis avant une période de 3 ans ; ils retiennent que la nécessité d'obtenir un nouveau permis permettra, à l'issue de ce délai, de vérifier si son état de santé s'est amélioré et autorise à nouveau la conduite des véhicules automobiles ; en l'état de ces énonciations, la chambre de l'instruction a justifié sa décision au regard des articles 706-136 et D. 47-29-6 du Code de procédure pénale (▪ Cass. crim., 21 mai 2019, n° 18-84.004 : *Bull. crim.* n° 98).

Art. 706-136-1 *(L. n° 2014-896, 15 août 2014)*. **– Lorsqu'une personne condamnée dans les circonstances mentionnées au second alinéa de l'article 122-1 du Code pénal n'a pas été condamnée à**

un suivi socio-judiciaire, le juge de l'application des peines peut ordonner, à la libération de cette personne, si son état le justifie et après avis médical, une obligation de soins pendant une durée qu'il fixe et qui ne peut excéder cinq ans en matière correctionnelle ou dix ans si les faits commis constituent un crime ou un délit puni de dix ans d'emprisonnement. Le dernier alinéa de l'article 706-136 du présent code est applicable.

Art. 706-137 *(Mod., L. n° 2014-896, 15 août 2014).* – **La personne qui fait l'objet d'une mesure prononcée en application des articles 706-136 ou 706-136-1 peut demander au juge des libertés et de la détention du lieu de la situation de l'établissement hospitalier ou de son domicile d'ordonner sa modification ou sa levée. Celui-ci statue en chambre du conseil sur les conclusions du ministère public, le demandeur ou son avocat entendus ou dûment convoqués. Il peut solliciter l'avis préalable de la victime. La levée de la mesure ne peut être décidée qu'au vu du résultat d'une expertise psychiatrique. En cas de rejet de la demande, aucune demande ne peut être déposée avant l'expiration d'un délai de six mois.**

Refus de transmission d'une question prioritaire de constitutionnalité. L'article 706-137 du Code de procédure pénale, qui est relatif aux conditions dans lesquelles une personne déclarée irresponsable pénalement pour cause de trouble mental peut demander la modification ou la levée d'une interdiction prononcée à son égard en application de l'article 706-36 dudit code, a déjà été déclaré conforme à la Constitution dans les motifs et le dispositif de la décision du Conseil constitutionnel n° 2008-562 DC en date du 21 février 2008, sans qu'il y ait eu, depuis lors, un changement de circonstances au sens de l'article 23-2 de l'ordonnance n° 58-1067 du 7 novembre 1958 portant loi organique sur le Conseil constitutionnel (■ Cass. crim., 27 nov. 2018, n° 18-90.023).

Art. 706-138 *(Mod., L. n° 2011-803, 5 juill. 2011).* – **Lorsque l'interdiction prévue au 1° de l'article 706-136 est prononcée, la partie civile peut demander à être informée par le procureur de la République de la levée de l'hospitalisation dont cette personne aura pu faire l'objet en application des articles L. 3213-1 et L. 3213-7 du Code de la santé publique.**

La partie civile peut, à tout moment, indiquer au procureur de la République qu'elle renonce à cette demande.

Art. 706-139 *(Mod., L. n° 2014-896, 15 août 2014).* – **La méconnaissance par la personne qui en a fait l'objet des interdictions prévues à l'article 706 136 ou de l'obligation de soins prévue à l'article 706-136-1 est punie, sous réserve des dispositions du premier alinéa de l'article 122-1 du Code pénal, de deux ans d'emprisonnement et 30 000 € d'amende.**

CHAPITRE IV. – DISPOSITIONS APPLICABLES AUX INFRACTIONS D'ATTEINTES À LA PERSONNE RÉSULTANT D'UNE INTOXICATION VOLONTAIRE

Art. 706-139-1 *(Créé, L. n° 2022-52, 24 janv. 2022).* – **Lorsque le juge d'instruction est saisi d'une information sur le fondement des articles 221-5-6, 222-18-4 ou 222-26-2 du Code pénal et décide du renvoi de la personne mise en examen devant la juridiction de jugement du chef de ces incriminations, il est tenu, dans son ordonnance de règlement, de préalablement déclarer, en application du premier alinéa de l'article 122-1 du même code, que celle-ci est pénalement irresponsable des faits commis à la suite de sa consommation volontaire de substances psychoactives.**

Art. 706-139-2 *(Créé, L. n° 2022-52, 24 janv. 2022).* – **Lorsque, en application de l'article 351 du présent code, est posée devant la cour d'assises la question de l'application du premier alinéa de l'article 122-1 du Code pénal à l'égard d'un accusé mis en accusation pour meurtre, assassinat, tortures ou actes de barbarie, violences ou viol, le président pose la question subsidiaire portant sur les qualifications prévues aux articles 221-5-6, 222-18-4 ou 222-26-2 du même code s'il apparaît que l'abolition du discernement de la personne ou du contrôle de ses actes est susceptible de résulter d'une consommation volontaire de substances psychoactives.**

Art. 706-140 *(L. n° 2008-174, 25 févr. 2008).* – **Un décret précise les modalités d'application du présent titre.**

TITRE XXIX. – DES SAISIES SPÉCIALES

(L. n° 2010-768, 9 juill. 2010)

Bibliographie : *Répertoire.* E. Camous, *Des saisies pénales spéciales – Régime général : JCl. Proc. pén.*, art. 706-141 à 706-158, Fasc. 20.

Généralités. L. Ascensi, *Droit et pratique des saisies et confiscations pénales : Dalloz*, 2019-2020. • E. Camous, *Les saisies en procédure pénale : un régime juridique modernisé, commentaire des dispositions pénales de droit interne de la loi n° 2010-768 du 9 juillet 2010 visant à faciliter la saisie et la confiscation en matière pénale : Dr. pén.* 2011, étude 1. • E. Camous, *Les saisies en procédure pénale, un régime juridique éparpillé : Dr. pén.* 2010, étude 5. • E. Camous, *Le contrôle de proportionnalité des saisies pénales : JCP* G 2019, 150. • E. Camous, *Le droit de propriété et la peine de confiscation : Dr. pén.* 2019, étude 8. • E. Camous et G. Cotelle, *La mise en état patrimoniale des affaires pénales : Dr. pén.* 2013, étude 12. • E. Camous, *Saisie et confiscation de biens faisant l'objet d'une propriété collective : Dr. pén.* 2019, étude 5. • C.-C. Cutajar, *Commentaire des dispositions de droit interne de la loi du 9 juillet 2010 visant à faciliter la saisie et la confiscation en matière pénale : D.* 2010, p. 2305. • J.-H. Robert, *Une importante réforme de procédure pénale inachevée. – À propos de la loi du 9 juillet 2010 : JCP* G 2010, 1067. • V.-G. Lamoril, *L'insaisissabilité des biens au regard des droits fondamentaux à l'exemple du droit Français : RTDH* 2006, n° 66, p. 360. • A. Fournier, *La saisie pénale des immeubles : spécificités et incertitudes pour le conservateur : JCP* N 2010, act. 913 et act. 930. • J. Lasserre Capdeville, *Mesure conservatoire à l'égard du produit de l'infraction de blanchiment situé en France : JCP* G 2009, 309. • H. Matsopoulou et H. Robert, *Confiscation des biens des tiers : les conditions de la libre disposition et de la bonne foi : JCP* G 2020, étude 209. • E. Pelsez et H. Robert, *Pour une meilleure appréhension des patrimoines frauduleux ; À propos de l'Agence de gestion et de recouvrement des avoirs saisis et confisqués (AGRASC) : JCP* G 2011, 769.

Textes : V. dir. 2014/42/UE du Parlement européen et du Conseil du 3 avril 2014 concernant le gel et la confiscation des instruments et du produit du crime dans l'Union européenne. – Règl. (UE) 2018/1805 du Parlement européen et du Conseil du 14 novembre 2018 concernant la reconnaissance mutuelle des décisions de gel et des décisions de confiscation.

Art. 706-141 ***(L. n° 2010-768, 9 juill. 2010).*** **– Le présent titre s'applique, afin de garantir l'exécution de la peine complémentaire de confiscation selon les conditions définies à l'article 131-21 du Code pénal, aux saisies réalisées en application du présent code lorsqu'elles portent sur tout ou partie des biens d'une personne, sur un bien immobilier, sur un bien ou un droit mobilier incorporel ou une créance ainsi qu'aux saisies qui n'entraînent pas de dépossession du bien.**

Bibliographie : E. Camous, *JCl. Proc. pén.*, art. 706 141 à 706 147, Fasc. 20.

1) Questions prioritaires de constitutionnalité. N'est pas sérieuse la question qui prétend que les articles 706-141 à 706-165 du Code de procédure pénale sont contraires au droit de propriété, à la présomption d'innocence, aux droits de la défense et au principe de proportionnalité des sanctions à la gravité des infractions : les saisies spéciales prévues par les textes visés ne peuvent être ordonnées, selon les conditions définies par l'article 131-21 du Code pénal, que si elles sont destinées à garantir l'exécution d'une peine de confiscation susceptible d'être prononcée dans les cas limitativement énumérés par ledit code ; d'autre part, ces saisies sont autorisées ou ordonnées par un juge, également compétent pour statuer sur leur exécution ou sur les actes ayant pour conséquence de transformer, modifier substantiellement le bien en cause ou d'en réduire la valeur ; enfin, elles sont notifiées à la personne concernée, au propriétaire d'un bien ou du droit incorporel en cause ainsi qu'aux tiers intéressés qui peuvent les déférer à la chambre de l'instruction ; en outre, les articles 41-4, 99, 479 et 543 du Code de procédure pénale instituent des procédures de restitution des biens placés sous main de justice qui sont assorties de voies de recours, les droits des tiers étant préservés par la mise en œuvre des articles 41-5 et 99-2 du même code (▪ Cass. crim., 5 févr. 2013, n° 12-90.069 QPC). N'est pas sérieuse la question qui prétend que les dispositions combinées des articles 131-21 du Code pénal, 706-141, 706-145 et 706-151, alinéa 2 du Code de procédure pénale portent atteinte au droit de propriété et au droit à la présomption d'innocence, ainsi qu'au droit de provoquer le partage dans l'indivision en ce qu'elles aboutissent, dans l'hypothèse de la saisie d'un bien immobilier détenu en indivision, à le rendre indisponible dans sa totalité, au préjudice du tiers de bonne foi. En effet, d'une part, la saisie d'un bien immobilier appartenant indivisément au mis en examen et à un tiers à la procédure, si elle ne peut porter, au regard de l'article 706-151 du Code de procédure pénale, que sur la totalité de ce bien, sur laquelle chaque indivisaire bénéficie d'un droit de propriété, ne peut être décidée que par un juge en vue de garantir l'exécution de la peine de confiscation qui serait prononcée, laquelle n'est encourue que dans les cas prévus par l'article 131-21 du Code pénal, aux termes d'une ordonnance motivée notifiée, en vertu de l'article 706-150 du Code de procédure pénale, au tiers intéressé qui, bénéficiant de recours effectifs, peut en interjeter appel et être entendu, même s'il n'en est pas appelant, par la chambre de l'instruction dont l'arrêt est susceptible d'un pourvoi en cassation ; d'autre part, si, selon les dispositions combinées des articles 706-145 et 706-151, alinéa 2 du Code de procédure pénale, la saisie immobilière, qui n'entraîne aucun transfert de propriété, ne peut faire l'objet d'une mainlevée partielle proportionnelle à la part du tiers propriétaire indivis, lequel ne peut l'aliéner ni demander le partage de l'indivision, cette restriction de son droit de libre disposition du bien n'est que temporaire, les juges étant tenus en outre de statuer dans des délais raisonnables, car elle prend fin en cas de mainlevée totale de la saisie ou lorsqu'elle est suivie de la confiscation ordonnée, le cas échéant, par le juge du fond ; ainsi, la restriction apparaît proportionnée à l'objectif de lutte contre la criminalité (■ Cass. crim., 28 juin 2017, n° 17-80.987 QPC). N'est pas sérieuse la question qui prétend que les dispositions de l'article 706-141 du Code de procédure pénale sont contraires au droit de propriété et au principe de sûreté, en ce qu'elles ne limitent pas la durée dans le temps d'une atteinte au patrimoine des personnes mises en examen : les saisies spéciales prévues par les textes susvisés sont autorisées ou ordonnées ou modifiées par un juge, sont notifiées à la personne concernée, et, au propriétaire du bien en cause ainsi qu'aux tiers ayant des droits sur ce bien, qui peuvent les déférer à tous les stades de la procédure devant la juridiction pénale compétente (■ Cass. crim., 19 déc. 2018, n° 18-85.712).

2) Application de la loi dans le temps. Les articles 706-141 et suivants du Code de procédure pénale sont d'application immédiate (■ Cass. crim., 24 sept. 2014, n° 13-88.602 : *Bull. crim.* n° 198).

3) Saisies spéciales et saisies probatoires. La saisie d'un bien à titre d'instrument, d'objet ou de produit de l'infraction destinée à la manifestation de la vérité ne relève pas des articles 706-141 et suivants du Code de procédure pénale (■ Cass. crim., 23 févr. 2022, n° 21-82.588 : *Bull. crim.* à paraître).

4) Mise en examen du saisi non requise. Lorsque la saisie est ordonnée au cours de l'information judiciaire, la mise en examen de la personne mise en cause ne constitue pas un préalable nécessaire à la saisie des biens lui appartenant (■ Cass. crim., 7 déc. 2016, n° 16-81.280 : saisie d'une créance. ■ Cass. crim., 4 mars 2020, n° 19-81.371 : publié au *Bull.* : saisie de biens ou droits incorporels. ■ Cass. crim., 24 juin 2020, n° 19-85.874, § 17 : publié au *Bull.* ; *Dr. pén.* 2020, comm. 159, obs. J.-H. Robert : saisie d'un immeuble).

5) Nature des pouvoirs conférés au juge pratiquant une saisie spéciale. La loi du 9 juillet 2010 a doté le juge pénal de prérogatives de puissance publique lui permettant de déroger largement aux règles de droit commun afin d'assurer rapidement l'indisponibilité des biens susceptibles d'être ultérieurement confisqués, parmi lesquels figurent les biens qui constituent le produit de l'infraction, ou qui sont équivalents à la valeur de celui-ci, dont il ne saurait être contesté qu'ils ne peuvent être légitimement conservés dans le patrimoine d'une personne condamnée pénalement (■ Cass. crim., 29 janv. 2020, n° 19-84.631 QPC, § 6).

6) Saisie de biens meubles corporels non visés à l'article 706-141. La saisie en valeur des biens meubles corporels, qui ne sont pas visés à l'article 706-141 du Code de procédure pénale, ne peut être effectuée que sur le fondement des articles 94 et 97 du même code (■ Cass. crim., 7 août 2019, n° 18-87.174 : publié au *Bull.* ; *Dr. pén.* 2019, comm. 174, obs. A. Maron et M. Haas).

7) Procédure devant la chambre de l'instruction. Ordre de parole. Les débats ne sont clos, devant la chambre de l'instruction, que par le prononcé de l'arrêt (■ Cass. crim., 7 août 2019, n° 18-87.174 : publié au *Bull.* ; *Dr. pén.* 2019, comm. 174, obs. A. Maron et M. Haas). Le propriétaire d'un bien saisi qui n'a pas la qualité de personne mise en examen ou de témoin assisté, ne saurait êre assimilé à ceux-ci ; aussi ne peut-il se faire un grief de ce que son avocat n'a pas eu la parole en dernier à l'issue des débats devant la chambre de l'instruction (■ Cass. crim., 13 juin 2018, n° 17-83.893 : *Bull. crim.* n° 110 ; *Dr. pén.* 2018, comm. 164, obs. A. Maron et M. Haas ; *Procédures* 2018, n° 256, obs. A.-S. Chavent-Leclère). **Respect du contradictoire.** Il résulte de l'article 6 de la Convention européenne des droits de l'homme que la chambre de l'instruction saisie d'un recours formé contre une ordonnance de saisie spéciale au sens des articles 706-141 à 706-158 du Code de procédure pénale, qui, pour justifier d'une telle mesure, s'appuie sur une ou des pièces précisément identifiées de la procédure, est tenue de s'assurer que celles-ci ont été communiquées à la partie appelante (■ Cass. crim., 13 juin 2018, n° 17-83.893 : *Bull. crim.* n° 110 ; *Dr. pén.* 2018, comm. 164, obs. A. Maron et M. Haas ; *Procédures* 2018, comm. 256, obs. A.-S. Chavent-Leclère. ■ Cass. crim., 30 janv. 2019, n° 18-82.644. ■ Cass. crim., 23 oct. 2019, n° 18-87.097 : publié au *Bull.* ; *Procédures* 2020, comm. 23, obs. A.-S. Chavent-Leclère. ■ Cass. crim., 20 nov. 2019, n° 19-80.426. ■ Cass. crim., 15 janv. 2020, n° 19-80.891, § 31 : publié au *Bull.*).

8) Principe de proportionnalité. Domaine d'application du principe. Sauf lorsqu'il ordonne la saisie d'un bien qui constitue, dans sa totalité, le produit de l'infraction, ou qui représente la valeur de celui-ci, le juge est tenu, d'office ou lorsque la personne concernée le demande, de se livrer à un contrôle de proportionnalité de la mesure de saisie qu'il décide, au regard de la gravité des faits et de la situation personnelle du demandeur (■ Cass. crim., 29 janv. 2020, n° 19-84.631 QPC, § 8). Hormis le cas où la confiscation, qu'elle soit en nature ou en valeur, porte sur un bien qui, dans sa totalité, constitue le produit de l'infraction, le juge, en ordonnant une telle mesure, doit apprécier le caractère proportionné de l'atteinte portée au droit de propriété de l'intéressé lorsqu'une telle garantie est invoquée ou procéder à cet examen d'office lorsqu'il s'agit d'une confiscation de tout ou partie du patrimoine (■ Cass. crim., 16 janv. 2019, n° 17-86.581 : *Bull. crim.* n° 14 – visa de l'art. 131-21, C. pén.). V. art. 706-141-1, p. 1644 ; art. 706-153, p. 1661 ; art. 706-155, p. 1670.

9) Principe de proportionnalité. Produit ou objet de l'infraction. Lorsqu'une saisie porte sur le produit supposé d'une infraction, le grief tiré de la violation du principe de proportionnalité est inopérant (■ Cass. crim., 12 oct. 2016, n° 16-82.322 : *Bull. crim.* n° 265). Est inopérant le motif retenant la violation du principe de proportionnalité par une mesure de saisie pénale, en nature ou en valeur, lorsque la mesure porte sur l'objet ou le produit direct ou indirect supposé de l'infraction (■ Cass. crim., 26 juin 2019, n° 19-80.235 : *Bull. crim.* n° 137 ; *Dr. pén.* 2019, comm. 157, obs. A. Maron et M. Haas). V. Annexe 3, protocole n° 1 du 20 mars 1952 à la Convention de sauvegarde des droits de l'Homme et des libertés fondamentales, article 1er, *infra* p. 2716.

10) Principe de proportionnalité. Instrument de l'infraction Le juge qui prononce une mesure de saisie d'un bien constituant l'instrument de l'infraction doit apprécier le caractère proportionnée de l'atteinte portée au droit de propriété lorsque le propriétaire invoque cette garantie (■ Cass. crim., 25 sept. 2019, n° 18-86.641).

11) Saisie d'un bien objet d'une propriété démembrée. Le démembrement de propriété d'un bien immeuble, par l'effet d'une donation-partage, qui, au regard des conditions de sa réalisation et de ses modalités, n'a pas privé des attributs inhérents aux droits du propriétaire les personnes mises en examen pour des faits de blanchiment de fraude fiscale pour lesquels elles encouraient la peine complémentaire de confiscation de tout ou partie de leur patrimoine, ne constitue pas un obstacle à la saisie pénale dudit bien (■ Cass. crim., 31 mai 2017, n° 16-86.872 : *Bull. crim.* n° 147).

12) Saisie d'un bien susceptible de restitution à la victime. Justifie sa décision la chambre de l'instruction qui, pour écarter l'argumentation d'un mis en examen invoquant l'impossibilité de saisir des biens susceptibles de restitution à la victime, retient que cette argumentation ne concerne que la phase de jugement et non celle de l'information judiciaire (■ Cass. crim., 30 oct. 2012, n° 12-84.961 : *Bull. crim.* n° 229).

13) Risque de dissipation du bien. L'article 706-141 du Code de procédure pénale n'exige pas, pour que soit ordonnée une saisie, qu'un risque de dissipation du bien soit caractérisé (■ Cass. crim., 11 juill. 2017, n° 16-83.773. ■ Cass. crim., 11 juill. 2017, n° 16-83.777. ■ Cass. crim., 11 juill. 2017, n° 16-83.779).

14) Nouvelle saisie après infirmation d'une précédente saisie du même bien. L'arrêt ayant prononcé sur une saisie conservatoire présente le caractère d'une décision avant dire droit à laquelle ne peut s'attacher l'autorité de la chose jugée. Dès lors, lorsqu'un juge d'instruction a ordonné la saisie pénale de biens, décision infirmée par la chambre de l'instruction, puis a de nouveau prescrit la saisie pénale des mêmes biens en application des mêmes dispositions législatives, c'est à tort que la chambre de l'instruction, pour infirmer cette nouvelle ordonnance, relève que cette décision, rendue sur un fondement identique à celui de la première ordonnance infirmée, se heurte à l'autorité de la chose jugée (■ Cass. crim., 12 nov. 2014, n° 14-84.705 : *Bull. crim.* n° 233).

15) Spécialité des diverses saisies pénales. C'est à tort que, pour confirmer la décision du juge d'instruction ordonnant la saisie des soldes des contrats d'assurance sur la vie souscrits par la personne mise en examen, une chambre de l'instruction retient que, si l'article 706-155 du Code de procédure pénale permet au juge d'instruction, dans l'attente d'un jugement sur le fond, de suspendre les facultés de rachat, de renonciation et de nantissement des créances figurant sur un contrat d'assurance sur la vie, aucune disposition légale ne lui interdit de procéder, en application de l'article 706-153 du même code, à la saisie des sommes placées sur de tels comptes qui correspondent, au sens de l'article 131-21, alinéa 3 du Code pénal, aux produits directs ou indirects de l'infraction poursuivie ; en effet, les dispositions des articles 706-141 à 706-157 du Code de procédure pénale relatives aux saisies spéciales définissent les formes et modalités de ces saisies selon la nature du bien saisi, et en particulier, celles qui s'appliquent, de façon exclusive, aux contrats d'assurance sur la vie (■ Cass. crim., 30 oct. 2012, n° 12-84.961 : *Bull. crim.* n° 229).

16) Mainlevée des saisies spéciales : décès de la personne mise en cause. Il se déduit des articles 131-21 du Code pénal, et 6, 706-141,

706-141-1, 706-148, 706-153, 706-154 et 593 du Code de procédure pénale qu'il appartient à la chambre de l'instruction saisie d'un appel formé à l'encontre d'une ordonnance emportant saisie spéciale de biens appartenant à une personne mise en cause par une enquête préliminaire, laquelle décède au cours de l'instance, de sorte que l'action publique ne peut plus être mise en mouvement à son encontre, de s'assurer, même d'office, que les conditions légales de la saisie, dont celle du caractère confiscable des biens en application de l'article 131-21 du Code pénal, demeurent réunies ; à défaut, elle est tenue d'ordonner la mainlevée de la saisie (■ Cass. crim., 21 nov. 2018, n° 18-80.089 : *Bull. crim.* n° 195).

17) Mainlevée des saisies spéciales : classement sans suite. Il se déduit des articles 131-21, alinéa 3, du Code pénal, 706-141 et 706-153 du Code de procédure pénale qu'il appartient à la chambre de l'instruction saisie d'un appel formé à l'encontre d'une ordonnance emportant saisie spéciale de biens rendue au cours d'une enquête ayant ultérieurement fait l'objet d'un classement sans suite, d'ordonner la mainlevée de la saisie, sous réserve de l'application des dispositions du deuxième alinéa de l'article 41-4 du Code de procédure pénale ; la chambre d'accusation ne sauraient donc refuser de prononcer la mainlevée en raison de l'effet dévolutif de l'appel et de la règle de l'unique objet (■ Cass. crim., 13 juin 2019, n° 18-83.411 : *Bull. crim.* n° 115. ■ Cass. crim., 23 oct. 2019, n°s 18-86.058, 18-86.060, 18-86.061 et 18-86.062).

18) Appel d'une ordonnance de saisie spéciale rendue au cours d'une enquête suivie de poursuites. Il appartient à la chambre de l'instruction saisie d'un appel formé à l'encontre d'une ordonnance emportant saisie spéciale de biens rendue au cours d'une enquête ayant, à la date où elle statue, fait l'objet de poursuites, de s'assurer du caractère confiscable des biens saisis au regard des seules infractions poursuivies (■ Cass. crim., 20 nov. 2019, n° 18-86.781 : publié au *Bull.*).

19) Devoir pesant sur la chambre de l'instruction : caractère confiscable du bien ; indices contre la personne mise en cause. Il appartient à la chambre de l'instruction, chaque fois qu'elle statue sur un recours formé contre une ordonnance emportant saisie spéciale, de s'assurer du caractère confiscable du bien concerné et, par là même, de l'existence de présomptions ou indices rassemblés contre la personne mise en cause, le caractère confiscable devant être apprécié au regard des seules infractions poursuivies le cas échéant (■ Cass. crim., 29 janv. 2020, n° 19-84.631 QPC, § 7).

20) Pouvoirs du président de la chambre de l'instruction : ordonnance de non-admission de l'appel. Il se déduit de l'article 186 du Code de procédure pénale que le président de la chambre de l'instruction ne détient pas le pouvoir de rendre une ordonnance de non-admission d'un appel formé contre une ordonnance de saisie pénale ; en conséquence, il ne saurait déclarer non-admis l'appel formé contre une telle ordonnance au motif que l'appel a été interjeté hors le délai de 10 jours prévu par l'article 186 du Code de procédure pénale (■ Cass. crim., 17 févr. 2021, n° 20-83.504, § 11 : publié au *Bull.*).

21) Saisie pénale et immunité diplomatique. L'objection d'un État accréditaire à la désignation d'un bien comme faisant partie des locaux d'une mission diplomatique étrangère empêche ce bien d'acquérir le statut de « locaux de la mission » au sens de l'alinéa *i)* de l'article premier de la convention de Vienne, dès lors que cette objection a été communiquée en temps voulu et n'a de caractère ni arbitraire ni discriminatoire. La Cour a conclu que l'objection de la France dans la présente affaire satisfaisait à ces conditions (■ CIJ, 11 déc. 2021, *Immunités et procédures pénales, Guinée équatoriale c/ France*, § 124 : *Dr. pén.* 2021, comm. 38, obs. G. Poissonnier).

Art. 706-141-1 *(L. n° 2012-409, 27 mars 2012)*. **– La saisie peut également être ordonnée en valeur. Les règles propres à certains types de biens prévues aux chapitres III et IV du présent titre s'appliquent aux biens sur lesquels la saisie en valeur s'exécute.**

Bibliographie : E. Camous, *JCl. Proc. pén.*, art. 706-141 à 706-147, Fasc. 20. • E. Camous, *La confiscation en valeur : Dr. pén.* 2017, dossier 5.

1) Question prioritaire de constitutionnalité. Égalité des citoyens devant la loi. Si les dispositions des articles 706-141-1 et 706-148 du Code de procédure pénale ont pour effet de conférer au juge d'instruction, dont c'est l'office, la faculté de saisir un bien en application soit du régime de la saisie en valeur, soit de celui de la saisie de patrimoine, sans qu'un critère ne commande le choix de ce magistrat, lorsque le bien dont la confiscation est envisagée peut être confisqué cumulativement sur le fondement du cinquième ou sixième alinéa de l'article 131-21 du Code pénal, et en application du neuvième alinéa du même texte, comme représentant la valeur d'un autre bien dont la confiscation est prévue par l'article 131-21 dudit code, cette faculté ne porte pas atteinte au principe d'égalité dès lors qu'elle ne crée entre les auteurs d'infractions semblables aucune discrimination injustifiée et que des garanties égales sont assurées aux justiciables quant au respect de leurs droits (■ Cass. crim., 9 oct. 2019, n° 18-82.172). **Application de la loi dans le temps** : V. *infra*, 2.

2) Application de la loi dans le temps. L'article 706-141-1 du Code de procédure pénale est d'application immédiate (■ Cass. crim., 24 sept. 2014, n° 13-88.602 : *Bull. crim.* n° 198 ; *JurisData* n° 2014-021800 ; *D.* 2014, 2227, note L. Saenko ; *D.* 2015, obs. Azéma ; *AJ Pénal* 2014, 592, obs. L. Ascenci. ■ Cass. crim., 30 sept. 2015, 3 arrêts, n° 15-81.744 : *JurisData* n° 2015-021540 ; 15-81.745 : *JurisData* n° 2015-021553 ; 15-81.746 : *JurisData* n° 2015-021557 ; *Bull. crim.* n° 213 ; *Dr. sociétés* 2015, comm. 222, R. Salomon ; *Dalloz actualité* 23 oct. 2015, obs. C. Fonteix). N'est pas sérieuse la question qui conteste l'application immédiate aux faits commis avant son entrée en vigueur de l'article 706-141-1 du Code de procédure pénale, tel qu'interprété de façon constante par la Cour de cassation, qui serait contraire aux articles 8 et 16 de la Déclaration des droits de l'homme et du citoyen : la saisie en valeur s'analyse, non comme une peine nouvelle, mais seulement comme une mesure conservatoire, ordonnée à titre provisoire et destinée à garantir, par équivalence, l'exécution de la confiscation susceptible d'être ultérieurement prononcée par la juridiction de jugement dans la limite des prévisions de la loi en vigueur au moment où les faits ont été commis (■ Cass. crim., 8 juill. 2015, n° 15-81.745 QPC : *JurisData* n° 2015-021556. ■ Cass. crim., 8 juill. 2015, n° 15-81.748 QPC).

3) Teneur des soupçons. Il doit exister des raisons plausibles de soupçonner que la personne dont les comptes bancaires ont été saisis a commis les faits objet de l'enquête et encourt en conséquence la saisie en valeur du produit de ceux-ci (■ Cass. crim., 26 juin 2019, n°s 18-84.650 et 18-84.651).

4) Bien saisissable en valeur – Assurance-vie. Le souscripteur du contrat d'assurance-vie conserve une créance sur l'assureur, laquelle constitue un bien saisissable à titre de mesure conservatoire en vertu de l'article 706-141-1 du Code de procédure pénale, comme pouvant représenter, en valeur, le produit, susceptible de confiscation, de certaines des infractions poursuivies (■ Cass. crim., 30 sept. 2015, 3 arrêts, préc., n° 2).

5) Montant maximum de la saisie en valeur. Il résulte de l'article 706-141-1 du Code de procédure pénale que le montant d'une saisie pénale en valeur ne doit pas excéder la valeur de la chose susceptible de confiscation (■ Cass. crim., 30 sept. 2015, n° 15-81.747 : *JurisData* n° 2015-021559. ■ Cass. crim., 30 sept. 2015, n° 15-81.748 : *JurisData* n° 2015-021562. ■ Cass. crim., 12 nov. 2015, n° 15-83.114 : n° 250 ; *JurisData* n° 2015-025088 ; *Dalloz actualité* 7 déc. 2015, obs. Fucini. ■ Cass. crim., 24 oct. 2018, n° 18-80.834 : *Bull. crim.* n° 178 ; *JCP* G 2019, 18, note J.-H. Robert ; *Dr. pén.* 2018, comm. 217, obs. E. Camous ; *Procédures* 2019, n° 22, obs. A.-S. Chavent-Leclère. ■ Cass. crim., 21 nov. 2018, n° 18-83.041). **Produit de l'infraction.** N'encourt pas la censure l'arrêt d'une chambre de l'instruction qui ne précise pas le montant du produit de chacune des infractions imputées à la personne mise en examen, dès lors que les motifs de la décision mettent la Cour de cassation en mesure de s'assurer que la valeur des biens saisis n'excède pas le montant estimé du produit de celles des infractions qui peuvent donner lieu à confiscation (■ Cass. crim., 30 sept. 2015, n° 15-81.744 : n° 213). **Instrument de l'infraction.** Il appartient au juge de vérifier que la valeur du bien saisi n'excède pas celle de l'instrument de l'infraction (■ Cass. crim., 6 nov. 2019, n° 19-82.683 : publié au *Bull.* ; *Procédures* 2020, comm. 21, obs. A.-S. Chavent-Leclère).

6) Principe de proportionnalité. Saisie en valeur de l'objet ou du produit de l'infraction. Est inopérant le moyen qui invoque une atteinte disproportionnée au droit de propriété, s'agissant d'une saisie en valeur de l'objet ou du produit direct ou indirect de l'infraction (■ Cass. crim., 5 janv. 2017, n° 16-80.275 : *Bull. crim.* n° 7. ■ Cass. crim., 13 juin 2018, n° 17-83.893 : *Bull. crim.* n° 110). En cas d'appel d'une ordonnance de saisie pénale en valeur de l'objet ou du produit direct ou indirect de l'infraction, la chambre de l'instruction est tenue de s'assurer que la valeur totale des biens saisis n'excède pas le montant de l'objet ou du produit supposé des infractions, et non de contrôler la proportionnalité de la mesure, le principe de proportionnalité étant dans ce cas inapplicable (■ Cass. crim., 6 janv. 2021, n° 19-86.199, § 6). Est injustifié le grief tiré de la violation du principe de proportionnalité par une mesure de saisie pénale en valeur au regard du droit de propriété, dès lors que cette saisie a porté, sans en excéder le montant, sur la valeur de l'objet ou du produit direct ou indirect supposé de l'infraction (■ Cass. crim., 25 oct. 2017, n° 16-87.113). Si le moyen pris de la violation du principe de proportionnalité au regard du droit de propriété est inopérant lorsque la saisie a porté sur la valeur du produit direct ou indirect de l'infraction, le juge qui ordonne la saisie en valeur d'un bien appartenant ou étant à la libre disposition d'une personne, alors qu'il ne résulte pas des pièces de la procédure de présomptions qu'elle a bénéficié de la totalité du produit de l'infraction, doit cependant apprécier, lorsque cette garantie est invoquée, le caractère proportionné de l'atteinte portée au droit de propriété de l'intéressé s'agissant de la partie du produit de l'infraction dont elle n'aurait pas tiré profit (■ Cass. crim., 24 oct. 2018, n° 18-80.834 : *Bull. crim.* n° 178 ; *JCP* G 2019, 18, note J.-H. Robert ; *Dr. pén.*

2018, comm. 217, obs. E. Camous ; *Procédures* 2019, n° 22, obs. A.-S. Chavent-Leclère).

7) Principe de proportionnalité – Saisie en valeur de l'instrument de l'infraction. Il se déduit des articles 706-141-1 et 706-153 du Code de procédure pénale, et 131-21 du Code pénal que peuvent être saisis en valeur les biens ou droits incorporels dont le mis en cause est propriétaire ou, sous réserve des droits du propriétaire de bonne foi, dont il a la libre disposition, dont la valeur représente celle des biens ayant servi à commettre l'infraction ou qui étaient destinés à la commettre ; dans ce cas, il appartient au juge, d'une part, de s'assurer que les conditions de la confiscation de l'instrument de l'infraction prévues par le deuxième alinéa de l'article 131-21 du Code pénal étaient réunies au moment de la commission des faits, d'autre part, de vérifier que la valeur du bien saisi n'excède pas celle de l'instrument de l'infraction, enfin, lorsqu'une telle garantie est invoquée, d'apprécier le caractère proportionné de l'atteinte portée au droit de propriété de l'intéressé au regard de la gravité concrète des faits et de sa situation personnelle (▪ Cass. crim., 6 nov. 2019, n° 19-82.683 : publié au *Bull.* ; *Procédures* 2020, comm. 21, obs. A.-S. Chavent-Leclère). Encourt dès lors la cassation l'arrêt de la chambre de l'instruction qui a retenu que la saisie en valeur d'un bien doit être en corrélation avec le montant du produit de l'infraction, alors qu'elle avait constaté que, d'une part, les immeubles ayant servi à commettre le délit poursuivi, bien que cédés postérieurement aux faits, étaient lors de leur commission à la libre disposition du mis en examen et que la titulaire de la créance saisie n'était pas de bonne foi, d'autre part, les sommes saisies par le juge d'instruction représentaient la valeur de l'instrument de l'infraction (même arrêt).

CHAPITRE I. – DISPOSITIONS COMMUNES

Art. 706-142 *(L. n° 2010-768, 9 juill. 2010)*. **– Le procureur de la République, le juge d'instruction ou, avec leur autorisation, l'officier de police judiciaire peuvent requérir le concours de toute personne qualifiée pour accomplir les actes nécessaires à la saisie des biens visés au présent titre et à leur conservation.**

Bibliographie : E. Camous, *JCl. Proc. pén.*, art. 706-141 à 706-147, Fasc. 20.

Art. 706-143 *(L. n° 2010-768, 9 juill. 2010)*. **– Jusqu'à la mainlevée de la saisie ou la confiscation du bien saisi, le propriétaire ou, à défaut, le détenteur du bien est responsable de son entretien et de sa conservation. Il en supporte la charge, à l'exception des frais qui peuvent être à la charge de l'État.**

En cas de défaillance ou d'indisponibilité du propriétaire ou du détenteur du bien, et sous réserve des droits des tiers de bonne foi, le procureur de la République ou le juge d'instruction peuvent autoriser la remise à l'Agence de gestion et de recouvrement des avoirs saisis et confisqués du bien saisi dont la vente par anticipation n'est pas envisagée afin que cette agence réalise, dans la limite du mandat qui lui est confié, tous les actes juridiques et matériels nécessaires à la conservation, l'entretien et la valorisation de ce bien.

Tout acte ayant pour conséquence de transformer, modifier substantiellement le bien ou d'en réduire la valeur est soumis à l'autorisation préalable du juge des libertés et de la détention, sur requête du procureur de la République qui en a ordonné ou autorisé la saisie, du juge d'instruction qui en a ordonné ou autorisé la saisie ou du juge d'instruction en cas d'ouverture d'une information judiciaire postérieurement à la saisie.

Bibliographie : E. Camous, *JCl. Proc. pén.*, art. 706-141 à 706-147, Fasc. 20.

1) Question prioritaire de constitutionnalité. Présomption d'innocence, droits de la défense, procès équitable, proportionnalité des peines, droit de propriété. N'est pas sérieuse la question qui prétend que les articles 706-143, 706-146, 706-148, 706-153 et 706-155 du Code de procédure pénale, 131-21 et 324-7, 12°, du Code pénal portent atteinte, notamment, à la présomption d'innocence, aux droits de la défense, faute notamment de tout recours juridictionnel effectif, à la garantie d'un procès équitable assurant le principe du contradictoire, au droit de propriété, au principe de proportionnalité des peines, tant dans le principe même des saisies que dans l'insuffisance de garantie qui les entourent, et à raison du caractère pratiquement irrémédiable de la mesure, notamment en n'ouvrant aucune voie de rétractation au propriétaire ni de mainlevée du tiers saisi, et en excluant que la restitution du bien devra avoir lieu d'office lorsque la saisie n'a plus lieu d'être. En effet, d'une part, les saisies spéciales prévues par les textes visés ne peuvent être ordonnées, selon les conditions définies par l'article 131-21 du Code pénal, que si elles sont destinées à garantir l'exécution d'une peine de confiscation susceptible d'être prononcée dans les cas limitativement énumérés par ledit code ; d'autre part, ces saisies sont autorisées ou ordonnées par un juge, également compétent pour statuer sur leur exécution ou sur les actes ayant pour conséquence de transformer, modifier substantiellement le bien en cause ou d'en réduire la valeur ; enfin, elles sont notifiées à la personne concernée, au propriétaire d'un bien ou du droit incorporel en cause ainsi qu'aux tiers intéressés qui peuvent les déférer à la chambre de l'instruction ; en outre, les articles 41-4, 99, 479 et 543 du Code de procédure pénale instituent des procédures de restitution des biens placés sous main de justice qui sont assorties de voies de recours, les droits des tiers étant préservés par la mise en œuvre des articles 41-5 et 99-2 du même code ; au surplus, l'ensemble des dispositions de l'article 131-21 du Code pénal instituant la peine complémentaire de confiscation ont été déclarées conformes à la Constitution par le Conseil constitutionnel dans les motifs et le dispositif de sa décision n° 2010-66 DC du 26 novembre 2010 (■ Cass. crim., 24 avr. 2013, n° 12-87.473 QPC).

2) **Pouvoirs du juge de l'exécution.** Un juge de l'exécution ne peut poursuivre la vente sur surenchère d'un immeuble, quand bien même l'audience d'orientation aurait fixé les termes de la vente sur adjudication du bien immobilier et une première adjudication aurait déjà été prononcée, lorsque la saisie pénale de la créance, cause de la saisie immobilière, a été ordonnée par un juge d'instruction postérieurement à la première adjudication, quand bien même cette créance résulterait d'une décision de justice. En effet, d'une part, en application du premier alinéa de l'article 706-145 du Code de procédure pénale, la saisie pénale a pour effet de rendre indisponible la créance saisie, d'autre part, sur le fondement de l'article 706-143, alinéa 3, du même code, tout acte ayant pour effet de transformer un bien objet d'une saisie spéciale est soumis à l'autorisation préalable du juge des libertés et de la détention ou du juge d'instruction, enfin, la poursuite de la procédure de saisie immobilière postérieurement à l'ordonnance de saisie spéciale est incompatible avec les dispositions du premier alinéa de l'article 706-155 dont il résulte que, lorsque la saisie porte sur une créance exigible ayant pour objet une somme d'argent, le tiers débiteur doit consigner sans délai la somme due à la Caisse des dépôts et consignations ou auprès de l'Agence de gestion et de recouvrement des avoirs saisis et confisqués. La vente sur surenchère de l'immeuble peut avoir lieu, nonobstant la saisie spéciale de la créance, sur l'autorisation du juge des libertés et de la détention ou du juge d'instruction délivrée en application des articles 706-143 et 706-144 du Code de procédure pénale, ce magistrat pouvant décider que la saisie pénale sera reportée sur la somme revenant au créancier dans le prix d'adjudication et consignée sans délai auprès de l'Agence de gestion et de recouvrement des avoirs saisis et confisqués sur le fondement de l'article 706-160, alinéa 1, 2° du même code (■ Cass. crim., avis, 7 août 2019, n° 19-80.988).

3) **Saisie pénale d'un créancier sous mesure de sauvegarde.** Le prononcé d'une mesure de sauvegarde au bénéfice du créancier n'interdit pas que soit ordonnée une saisie pénale de sa créance, ni ne limite les effets d'une telle saisie préalablement ordonnée. En effet, aucune disposition légale non plus que réglementaire n'interdit au juge des libertés et de la détention, ni au juge d'instruction d'ordonner la saisie pénale d'une créance, en application de l'article 706-153 du Code de procédure pénale, dont le titulaire bénéficie d'une procédure de sauvegarde, dès lors que cette mesure, destinée à garantir l'exécution de la peine complémentaire de confiscation selon les conditions définies à l'article 131-21 du Code pénal, est d'une nature propre et ne s'analyse pas en une procédure d'exécution au sens de l'article L. 622-21, II, du Code de commerce. Le juge de l'exécution ne peut apprécier la validité de la saisie pénale au regard des règles relatives à la procédure de sauvegarde dont a bénéficié le créancier. En effet, d'une part, il résulte des dispositions du second alinéa de l'article 706-153 du Code de procédure pénale que le président de la chambre de l'instruction ou la chambre de l'instruction est seul compétent pour statuer sur le recours formé à l'encontre des ordonnances ayant ordonné la saisie d'un bien ou droit mobilier incorporel, d'autre part, l'article 706-144 du même code prévoit que le juge des libertés et de la détention ou le juge d'instruction est seul compétent pour statuer sur toutes les requêtes relatives à l'exécution de la saisie (■ Cass. crim., avis, 7 août 2019, n° 19-80.988).

Art. 706-144 *(L. n° 2010-768, 9 juill. 2010)*. **– Le magistrat qui a ordonné ou autorisé la saisie d'un bien ou le juge d'instruction en cas d'ouverture d'une information judiciaire postérieurement à la saisie sont compétents pour statuer sur toutes les requêtes relatives à l'exécution de la saisie, sans préjudice des dispositions relatives à la destruction et à l'aliénation des biens saisis au cours de l'enquête ou de l'instruction prévues aux articles 41-5 et 99-2.**

Lorsque la décision ne relève pas du procureur de la République, son avis est sollicité préalablement.

Le requérant et le procureur de la République peuvent, dans un délai de dix jours à compter de la notification de cette décision, faire appel de la décision devant la chambre de l'instruction. Cet appel est suspensif.

Bibliographie : E. Camous, *JCl. Proc. pén.*, art. 706-141 à 706-147, Fasc. 20.

1) Question prioritaire de constitutionnalité. Droit de propriété, procédure juste et équitable, droit à un recours effectif. N'est pas sérieuse la question qui prétend que l'article 706-144 du Code de procédure pénale porte une atteinte excessive au droit de propriété, au principe d'un contrôle judiciaire de ce droit, au principe d'une procédure juste et équitable garantissant l'équilibre des droits des parties et au droit d'exercer un recours effectif devant une juridiction, en ce qu'il limite le droit d'appel contre la décision du juge d'instruction autorisant un créancier à poursuivre ou reprendre une procédure de saisie immobilière d'un bien faisant l'objet d'une saisie pénale, rendue non contradictoirement et au préjudice du propriétaire de l'immeuble, aux seuls procureur de la République et requérant, et priverait ainsi le propriétaire de tout débat judiciaire : le propriétaire du bien saisi, dont les droits ne sont pas atteints par une décision atténuant, au seul profit d'un tiers à l'instance pénale, les effets de la saisie pénale prononcée à son détriment, et qui bénéficie de toutes les garanties d'un procès équitable dans le cadre de la procédure civile d'exécution l'opposant au créancier poursuivant l'exécution forcée d'une obligation alléguée à son encontre, n'a aucun intérêt à s'opposer à une mesure qui n'entraîne pas l'aliénation forcée de son bien, une décision en ce sens ressortissant à la seule compétence du juge de l'exécution (■ Cass. crim., 29 juin 2016, n° 16-90.011 QPC : *Bull. crim.* n° 210).

2) Requête relative à l'exécution de la saisie : requête tendant à l'aliénation du bien saisie. Il se déduit de l'article 706-144 que le juge des libertés et de la détention, pendant l'enquête, ou le juge d'instruction, au cours de l'information judiciaire, est compétent pour autoriser, par ordonnance motivée rendue à la requête du propriétaire du bien ou du droit objet d'une saisie pénale spéciale, ou son représentant, et après avis du procureur de la République, l'aliénation de ce bien, lorsque le maintien de la saisie du bien ou du droit en la forme n'est pas nécessaire et que la vente n'apparaît pas frauduleuse. Ce magistrat doit également déterminer les conditions de cet acte et décider du report de la saisie sur le prix de vente qui doit être consigné auprès de l'Agence de gestion et de recouvrement des avoirs saisis et confisqués, après, le cas échéant, désintéressement des créanciers titulaires d'une sûreté ayant pris rang antérieurement à la date à laquelle la saisie pénale spéciale est devenue opposable (■ Cass. crim., 15 sept. 2021, n° 20-84.674, §§ 14 et 15 : publié au *Bull.*).

3) Titulaires du droit d'appel : « partie intéressée ». Selon l'article 706-144 du Code de procédure pénale, seuls le requérant et le procureur de la République peuvent, dans un délai de dix jours à compter de la notification de la décision, faire appel de celle-ci devant la chambre de l'instruction ; cependant, il se déduit des articles 1er du Protocole n° 1 à la Convention européenne des droits de l'homme et 6, § 1, de ladite Convention, tels qu'interprétés par la Cour européenne des droits de l'homme, que toute personne physique ou morale a droit au respect de ses biens, et que les intéressés doivent bénéficier d'une procédure équitable qui comprend notamment le caractère contradictoire de l'instance. Par ailleurs, il résulte des articles 706-152 et 99-2, alinéa 2, du Code de procédure pénale que les conditions de recevabilité de l'appel des décisions emportant aliénation avant jugement des biens placés sous main de justice sont plus larges que celles des décisions de saisie pénale spéciale qui ne peuvent être contestées devant la chambre de l'instruction que par le procureur de la République, le propriétaire du bien ou du droit saisi et les tiers ayant des droits sur ce bien ou sur ce droit. Il s'en déduit que toute partie intéressée peut déférer devant la chambre de l'instruction toute décision autorisant le propriétaire du bien ou du droit saisi ou son représentant, à aliéner ledit bien ou droit ; par partie intéressée, il faut entendre toute personne ayant un intérêt à s'opposer à une telle décision (■ Cass. crim., 15 sept. 2021, n° 20-84.674 : publié au *Bull.*).

4) Débiteur d'une créance saisie sur le fondement de l'article 706-153 du Code de procédure pénale. Le débiteur d'une créance ayant pour objet une somme d'argent saisie en application de l'article 706-153 du Code de procédure pénale n'a pas de droit, au sens de ce même article, sur le bien saisi et n'a donc pas qualité pour se pourvoir en cassation contre l'arrêt de la chambre de l'instruction confirmant l'ordonnance de saisie du juge des libertés et de la détention ; en conséquence, s'il conteste devoir consigner la somme due auprès de l'Agence de gestion et de recouvrement des avoirs saisis et confisqués, il lui appartient de saisir le magistrat qui a ordonné ou autorisé la saisie ou le juge d'instruction en cas d'ouverture d'une information judiciaire postérieurement à la saisie, d'une requête relative à l'exécution de celle-ci sur le fondement de l'article 706-144 du Code de procédure pénale (■ Cass. crim., 20 nov. 2019, n° 18-82.066 : publié au *Bull.* ; *Dr. pén.* 2020, comm. 22, obs. A. Maron et M. Haas).

5) Pouvoirs du juge de l'exécution. Le juge de l'exécution ne peut apprécier la validité de la saisie pénale au regard des règles relatives à la procédure de sauvegarde dont a bénéficié le créancier. En effet, d'une part, il résulte des dispositions du second alinéa de l'article 706-153 du Code de procédure pénale que le président de la chambre de l'instruction ou la chambre de l'instruction est seul compétent pour statuer sur le recours formé à l'encontre des ordonnances ayant ordonné la saisie d'un bien ou droit mobilier incorporel, d'autre part, l'article 706-144 du même code prévoit que le juge des libertés et de la détention ou le juge d'instruction est seul compétent pour statuer sur toutes les requêtes relatives à l'exécution de la saisie (▪ Cass. crim., avis, 7 août 2019, n° 19-80.988. – Dans le même sens ▪ Cass. 2e civ., 5 déc. 2019, n° 17-23.576 : *Bull. civ.* II, p. 135 ; *JCP* G 2020, 197, note E. Camous). Doit donc être cassé l'arrêt qui retient que si la validité d'une saisie pénale intervenue après qu'un jugement a ouvert à l'égard du saisi une procédure de redressement ou de liquidation judiciaire ne prête pas à discussion, la loi pénale étant d'interprétation stricte, il n'en est pas de même lorsque le titulaire de la créance bénéficie d'une procédure de sauvegarde, la saisie pénale ne pouvant faire obstacle à l'application des règles régissant la sauvegarde et ne pouvant s'appliquer valablement à la garantie d'une créance antérieure (▪ Cass. 2e civ., 5 déc. 2019, préc.). Un juge de l'exécution ne peut poursuivre la vente sur surenchère d'un immeuble, quand bien même l'audience d'orientation aurait fixé les termes de la vente sur adjudication du bien immobilier et une première adjudication aurait déjà été prononcée, lorsque la saisie pénale de la créance, cause de la saisie immobilière, a été ordonnée par un juge d'instruction postérieurement à la première adjudication. Dans cette hypothèse, la vente sur surenchère de l'immeuble ne peut avoir lieu que sur l'autorisation du juge des libertés et de la détention ou du juge d'instruction délivrée en application des articles 706-143 et 706-144 du Code de procédure pénale, ce juge pouvant décider que la saisie pénale sera reportée sur la somme revenant au créancier dans le prix d'adjudication et consignée sans délai auprès de l'Agence de gestion et de recouvrement des avoirs saisis et confisqués sur le fondement de l'article 706-160, alinéa 1, 2° du même code (▪ Cass. 2e civ., 5 déc. 2019, préc., § 17).

Art. 706-145 *(L. n° 2010-768, 9 juill. 2010)*. **– Nul ne peut valablement disposer des biens saisis dans le cadre d'une procédure pénale hors les cas prévus aux articles 41-5 et 99-2 et au présent chapitre.**

À compter de la date à laquelle elle devient opposable et jusqu'à sa mainlevée ou la confiscation du bien saisi, la saisie pénale suspend ou interdit toute procédure civile d'exécution sur le bien objet de la saisie pénale.

Pour l'application du présent titre, le créancier ayant diligenté une procédure d'exécution antérieurement à la saisie pénale est de plein droit considéré comme titulaire d'une sûreté sur le bien, prenant rang à la date à laquelle cette procédure d'exécution est devenue opposable.

Bibliographie : E. Camous, *JCl. Proc. pén.*, art. 706-141 à 706-147, Fasc. 20.

1) Question prioritaire de constitutionnalité. Droit de propriété, présomption d'innocence. N'est pas sérieuse la question qui prétend que les dispositions combinées des articles 131-21 du Code pénal, 706-141, 706-145 et 706-151, alinéa 2 du Code de procédure pénale portent atteinte au droit de propriété et au droit à la présomption d'innocence, ainsi qu'au droit de provoquer le partage dans l'indivision en ce qu'elles aboutissent, dans l'hypothèse de la saisie d'un bien immobilier détenu en indivision, à le rendre indisponible dans sa totalité, au préjudice du tiers de bonne foi. En effet, d'une part, la saisie d'un bien immobilier appartenant indivisément au mis en examen et à un tiers à la procédure, si elle ne peut porter, au regard de l'article 706-151 du Code de procédure pénale, que sur la totalité de ce bien, sur laquelle chaque indivisaire bénéficie d'un droit de propriété, ne peut être décidée que par un juge en vue de garantir l'exécution de la peine de confiscation qui serait prononcée, laquelle n'est encourue que dans les cas prévus par l'article 131-21 du Code pénal, aux termes d'une ordonnance motivée notifiée, en vertu de l'article 706-150 du Code de procédure pénale, au tiers intéressé qui, bénéficiant de recours effectifs, peut en interjeter appel et être entendu, même s'il n'en est pas appelant, par la chambre de l'instruction dont l'arrêt est susceptible d'un pourvoi en cassation ; d'autre part, si, selon les dispositions combinées des articles 706-145 et 706-151, alinéa 2 du Code de procédure pénale, la saisie immobilière, qui n'entraîne aucun transfert de propriété, ne peut faire l'objet d'une mainlevée partielle proportionnelle à la part du tiers propriétaire indivis, lequel ne peut l'aliéner ni demander le partage de l'indivision, cette restriction de son droit de libre disposition du bien n'est que temporaire, les juges étant tenus en outre de statuer dans des délais raisonnables, car elle prend fin en cas de mainlevée totale de la saisie ou lorsqu'elle est suivie de la confiscation ordonnée, le cas échéant, par le juge du fond ; ainsi, la restriction apparaît proportionnée à l'objectif de lutte contre la criminalité (▪ Cass. crim., 28 juin 2017, n° 17-80.987 QPC).

2) Saisie immobilière d'un bien objet d'une saisie pénale. Dès lors que le commandement de saisie immobilière, que l'article R. 321-1 du Code des procédures civiles d'exécution assimile à un acte de disposition et qui constitue un acte d'exécution forcée, a été délivré après que la créance cause de la saisie a été rendue indisponible par une saisie pénale en application de l'article 706-145 du Code de procédure pénale, la mainlevée de la saisie immobilière doit être ordonnée

(■ Cass. 2e civ., 18 févr. 2016, n° 14-24.321 : *Bull. civ.* II, n° 57).

3) Saisie d'une créance : indisponibilité de la créance. La saisie pénale ayant rendu la créance cause de la saisie indisponible en application de l'article 706-145 du Code de procédure pénale, la banque ne pouvait valablement faire délivrer un commandement de saisie immobilière, que l'article R. 321-1 du Code des procédures civiles d'exécution assimile à un acte de disposition, et qui constitue un acte d'exécution forcée (■ Cass. 2e civ., 18 févr. 2016, n° 14-24.321 : *Bull. civ.* II, n° 57).

4) Suspension d'une procédure civile d'exécution. N'est pas critiquable la décision d'un juge d'instruction de prononcer une saisie de créance, au motif qu'il est nécessaire et urgent, en l'attente de l'issue de la procédure pénale, de bloquer des procédures civiles d'exécution en cours sur ladite créance, lesquelles auraient pour effet de poursuivre la réalisation du dommage causé par l'escroquerie suspectée, avec la précision qu'« il conviendrait de surseoir » à la consignation censée être opérée par les débiteurs en application de l'article 706-155 du Code de procédure pénale : ces motifs ne caractérisent pas un détournement de procédure, mais s'inscrivent dans le cadre des dispositions de l'article 706-145 du Code de procédure pénale (■ Cass. crim., 25 sept. 2019, n° 18-83.770).

5) Pouvoirs du juge de l'exécution. Un juge de l'exécution ne peut poursuivre la vente sur surenchère d'un immeuble, quand bien même l'audience d'orientation aurait fixé les termes de la vente sur adjudication du bien immobilier et une première adjudication aurait déjà été prononcée, lorsque la saisie pénale de la créance, cause de la saisie immobilière, a été ordonnée par un juge d'instruction postérieurement à la première adjudication, quand bien même cette créance résulterait d'une décision de justice. En effet, d'une part, en application du premier alinéa de l'article 706-145 du Code de procédure pénale, la saisie pénale a pour effet de rendre indisponible la créance saisie, d'autre part, sur le fondement de l'article 706-143, alinéa 3, du même code, tout acte ayant pour effet de transformer un bien objet d'une saisie spéciale est soumis à l'autorisation préalable du juge des libertés et de la détention ou du juge d'instruction, enfin, la poursuite de la procédure de saisie immobilière postérieurement à l'ordonnance de saisie spéciale est incompatible avec les dispositions du premier alinéa de l'article 706-155 dont il résulte que, lorsque la saisie porte sur une créance exigible ayant pour objet une somme d'argent, le tiers débiteur doit consigner sans délai la somme due à la Caisse des dépôts et consignations ou auprès de l'Agence de gestion et de recouvrement des avoirs saisis et confisqués. La vente sur surenchère de l'immeuble peut avoir lieu, nonobstant la saisie spéciale de la créance, sur l'autorisation du juge des libertés et de la détention ou du juge d'instruction délivrée en application des articles 706-143 et 706-144 du Code de procédure pénale, ce magistrat pouvant décider que la saisie pénale sera reportée sur la somme revenant au créancier dans le prix d'adjudication et consignée sans délai auprès de l'Agence de gestion et de recouvrement des avoirs saisis et confisqués sur le fondement de l'article 706-160, alinéa 1, 2° du même code (■ Cass. crim., avis, 7 août 2019, n° 19-80.988).

Art. 706-146 ***(L. n° 2010-768, 9 juill. 2010).*** **– Si le maintien de la saisie du bien en la forme n'est pas nécessaire, un créancier muni d'un titre exécutoire constatant une créance liquide et exigible peut être autorisé, dans les conditions prévues à l'article 706-144, à engager ou reprendre une procédure civile d'exécution sur le bien, conformément aux règles applicables à ces procédures. Toutefois, il ne peut alors être procédé à la vente amiable du bien et la saisie pénale peut être reportée sur le solde du prix de cession, après désintéressement des créanciers titulaires d'une sûreté ayant pris rang antérieurement à la date à laquelle la saisie pénale est devenue opposable. Le solde du produit de la vente est consigné. En cas de classement sans suite, de non-lieu ou de relaxe, ou lorsque la peine de confiscation n'est pas prononcée, ce produit est restitué au propriétaire du bien s'il en fait la demande.**

En cas de reprise d'une procédure civile d'exécution suspendue par la saisie pénale, les formalités qui ont été régulièrement accomplies n'ont pas à être réitérées.

Bibliographie : E. Camous, *JCl. Proc. pén.*, art. 706-141 à 706-147, Fasc. 20.

1) Question prioritaire de constitutionnalité. Présomption d'innocence, droits de la défense, procès équitable, droit de propriété, proportionnalité des peines. N'est pas sérieuse la question qui prétend que les articles 706-143, 706-146, 706-148, 706-153 et 706-155 du Code de procédure pénale, 131-21 et 324-7, 12°, du Code pénal portent atteinte, notamment, à la présomption d'innocence, aux droits de la défense, faute notamment de tout recours juridictionnel effectif, à la garantie d'un procès équitable assurant le principe du contradictoire, au droit de propriété, au principe de proportionnalité des peines, tant dans le principe même des saisies que dans l'insuffisance de garantie qui les entourent, et à raison du caractère pratiquement irrémédiable de la mesure, notamment en n'ouvrant aucune voie de rétractation au propriétaire ni de mainlevée du tiers saisi, et en excluant que la restitution du bien devra avoir lieu d'office lorsque la saisie n'a plus lieu d'être. En effet, d'une part, les saisies spéciales prévues par les textes visés ne peuvent être ordonnées, selon les conditions définies par l'article 131-21 du Code pénal, que si elles sont destinées à garantir l'exécution d'une peine de confiscation susceptible d'être prononcée dans les cas limitativement énumérés par ledit code ; d'autre part, ces saisies sont autorisées ou ordonnées par un juge, également compétent pour statuer sur leur exécution ou sur les actes ayant pour conséquence de transformer, modifier substantiellement le bien en cause ou d'en réduire la valeur ; enfin, elles sont notifiées à la personne concernée, au propriétaire d'un bien ou du droit incorporel en cause ainsi qu'aux tiers intéressés qui peuvent les déférer à la chambre de l'instruction ; en outre, les articles 41-4, 99, 479 et 543 du Code de procédure pénale instituent des procédures de restitution des biens placés sous main de justice qui sont assorties de voies de recours, les droits des tiers étant préservés par la mise en œuvre des articles 41-5 et 99-2 du même code ; au surplus, l'ensemble des dispositions de l'article 131-21 du Code pénal instituant la peine complémentaire de confiscation ont été déclarées conformes à la Constitution par le Conseil constitutionnel dans les motifs et le dispositif de sa décision n° 2010-66 DC du 26 novembre 2010 (▪ Cass. crim., 24 avr. 2013, n° 12-87.473 QPC). **Droit de propriété, droit à un recours juridictionnel effectif.** N'est pas sérieuse la question de savoir si l'article 706-146 du Code de procédure pénale, en ce qu'il autorise l'aliénation, avant jugement, d'un bien saisi aux fins de désintéresser un créancier, sans qu'elle soit justifiée par une nécessité publique, et en ce qu'il n'institue aucun recours juridictionnel effectif contre la décision d'aliénation prise par la chambre de l'instruction, est conforme au droit de propriété et au droit au recours juridictionnel effectif. En effet, la décision du juge qui, ayant ordonné la saisie pénale d'un bien dont le maintien sous main de justice n'est plus nécessaire, décide, en application de l'article 706-146 du Code de procédure pénale, d'autoriser le créancier qui dispose d'un titre exécutoire constatant une créance liquide et exigible à engager ou à reprendre une procédure civile d'exécution sur ledit bien, d'une part, ne contribue pas à une privation de propriété au sens de l'article 17 de la Déclaration des droits de l'homme et du citoyen, dès lors que le dessaisissement du débiteur pour assurer le paiement d'un créancier tend à assurer la conciliation entre les droits patrimoniaux de l'un et de l'autre, d'autre part, peut faire l'objet d'un appel devant la chambre de l'instruction puis d'un pourvoi en cassation, lesquels constituent des recours juridictionnels effectifs (▪ Cass. crim., 6 mai 2015, n° 14-87.902, QPC : *JurisData* n° 2015-010464).

2) Conformité à l'article 1er, du protocole additionnel n° 1 à la Convention européenne des droits de l'Homme. L'article 706-146 du Code de procédure pénale n'est pas contraire à l'article 1er du protocole additionnel n° 1 à la Convention européenne des droits de l'Homme (▪ Cass. crim., 6 mai 2015, n° 14-87.902 : *JurisData* n° 2015-010465).

3) Possibilité pour le créancier d'agir en exécution forcée sans attendre l'issue de la procédure pénale. Il résulte de l'article 706-146 du Code de procédure pénale que le juge qui a autorisé ou ordonné la saisie d'un immeuble peut permettre à un créancier de ne pas attendre l'issue de la procédure pénale pour engager ou poursuivre une mesure d'exécution forcée sur ce bien (▪ Cass. crim., 6 mai 2015, n° 14-87.902 : *JurisData* n° 2015-010465).

Art. 706-147 *(L. n° 2010-768, 9 juill. 2010).* **– Les mesures ordonnées en application du présent titre sont applicables y compris lorsqu'elles sont ordonnées après la date de cessation des paiements et nonobstant les dispositions de l'article L. 632-1 du Code de commerce.**

Bibliographie : E. Camous, *JCl. Proc. pén.*, art. 706-141 à 706-147, Fasc. 20.

1) Ouverture d'une procédure de liquidation judiciaire. Un demandeur ne saurait reprocher à la chambre de l'instruction d'avoir rejeté la demande en restitution des fonds saisis sur le compte de la société C. le 9 février 2017, fondée sur l'ouverture le 11 octobre suivant d'une procédure de liquidation judiciaire à l'encontre de celle-ci, au motif qu'en application de l'article 706-147 du Code de procédure pénale, les saisies spéciales sont applicables y compris lorsqu'elles sont ordonnées après la date de cessation des paiements ; en effet, il se déduit nécessairement du texte précité que le jugement d'ouverture de la procédure de liquidation judiciaire d'une société n'est pas de nature à priver d'effet la saisie des sommes inscrites au crédit du compte bancaire de cette société ordonnée par le juge d'instruction antérieurement à la période suspecte, ni susceptible de priver la juridiction de jugement pouvant être saisie de son pouvoir de confisquer ces fonds dans les conditions de l'article 131-21 du Code pénal (▪ Cass. crim., 20 nov. 2019, n° 19-82.176).

2) Ouverture d'une procédure de sauvegarde. Aucune disposition légale non plus que réglementaire n'interdit au juge des libertés et de la détention, ni au juge d'instruction d'ordonner la saisie pénale d'un immeuble en application de l'article

706-150 du Code de procédure pénale, dont le propriétaire bénéficie d'une procédure de sauvegarde, dès lors que cette mesure, que ces magistrats ont le pouvoir d'ordonner dans le cadre des procédures pénales afin de garantir l'exécution de la peine complémentaire de confiscation selon les conditions définies à l'article 131-21 du Code pénal, est d'une nature propre et ne s'analyse pas en une procédure d'exécution au sens de l'article L. 622-21, II, du Code de commerce (■ Cass. crim., 24 juin 2020, n° 19-85.874, § 9 : publié au *Bull.* ; *Dr. pén.* 2020, comm. 159, obs. J.-H. Robert). Le prononcé d'une mesure de sauvegarde au bénéfice du créancier n'interdit pas que soit ordonnée une saisie pénale de sa créance, ni ne limite les effets d'une telle saisie préalablement ordonnée. En effet, aucune disposition légale non plus que réglementaire n'interdit au juge des libertés et de la détention, ni au juge d'instruction d'ordonner la saisie pénale d'une créance, en application de l'article 706-153 du Code de procédure pénale, dont le titulaire bénéficie d'une procédure de sauvegarde, dès lors que cette mesure, destinée à garantir l'exécution de la peine complémentaire de confiscation selon les conditions définies à l'article 131-21 du Code pénal, est d'une nature propre et ne s'analyse pas en une procédure d'exécution au sens de l'article L. 622-21, II, du Code de commerce (■ Cass. crim., avis, 7 août 2019, n° 19-80.988. – Dans le même sens, ■ Cass. 2ᵉ civ., 5 déc. 2019, n° 17-23.576 : *Bull. civ.* II, p. 135 ; *JCP* G 2020, 197, note E. Camous). Doit donc être cassé l'arrêt qui retient que si la validité d'une saisie pénale intervenue après qu'un jugement a ouvert à l'égard du saisi une procédure de redressement ou de liquidation judiciaire ne prête pas à discussion, la loi pénale étant d'interprétation stricte, il n'en n'est pas de même lorsque le titulaire de la créance bénéficie d'une procédure de sauvegarde, la saisie pénale ne pouvant faire obstacle à l'application des règles régissant la sauvegarde et ne pouvant s'appliquer valablement à la garantie d'une créance antérieure (■ Cass. 2ᵉ civ., 5 déc. 2019, préc.).

3) Juge de l'exécution. Le juge de l'exécution ne peut apprécier la validité de la saisie pénale au regard des règles relatives à la procédure de sauvegarde dont a bénéficié le créancier. En effet, d'une part, il résulte des dispositions du second alinéa de l'article 706-153 du Code de procédure pénale que le président de la chambre de l'instruction ou la chambre de l'instruction est seul compétent pour statuer sur le recours formé à l'encontre des ordonnances ayant ordonné la saisie d'un bien ou droit mobilier incorporel, d'autre part, l'article 706-144 du même code prévoit que le juge des libertés et de la détention ou le juge d'instruction est seul compétent pour statuer sur toutes les requêtes relatives à l'exécution de la saisie (■ Cass. crim., avis, 7 août 2019, préc. – Dans le même sens, ■ Cass. 2ᵉ civ., 5 déc. 2019, préc.).

CHAPITRE II. – DES SAISIES DE PATRIMOINE

Bibliographie : E. Camous, *Des saisies pénales spéciales – Régimes particuliers : JCl. Proc. pén.*, art. 706-148 à 706-158, Fasc. 20. • A. Bolle, *Le blocage des comptes bancaires en matière pénale : Gaz. Pal.* 21 avr. 2009, n° 111, p. 13.

Art. 706-148 ***(Mod., L. n° 2016-731, 3 juin 2016).*** **– Si l'enquête porte sur une infraction punie d'au moins cinq ans d'emprisonnement, le juge des libertés et de la détention peut, sur requête du procureur de la République, ordonner par décision motivée la saisie, aux frais avancés du Trésor, des biens dont la confiscation est prévue en application des cinquième et sixième alinéas de l'article 131-21 du Code pénal lorsque la loi qui réprime le crime ou le délit le prévoit ou lorsque l'origine de ces biens ne peut être établie. Le juge d'instruction peut, sur requête du procureur de la République ou d'office après avis du ministère public, ordonner cette saisie dans les mêmes conditions.**

La décision prise en application du premier alinéa est notifiée au ministère public, au propriétaire du bien saisi et, s'ils sont connus, aux tiers ayant des droits sur ce bien, qui peuvent la déférer à la chambre de l'instruction par déclaration au greffe du tribunal dans un délai de dix jours à compter de la notification de la décision. Cet appel n'est pas suspensif. L'appelant ne peut prétendre dans ce cadre qu'à la mise à disposition des seules pièces de la procédure se rapportant à la saisie qu'il conteste. S'ils ne sont pas appelants, le propriétaire du bien et les tiers peuvent néanmoins être entendus par la chambre de l'instruction, sans toutefois pouvoir prétendre à la mise à disposition de la procédure.

Bibliographie : E. Camous, *JCl. Proc. pén.*, art. 706-148 à 706-158, Fasc. 20. • J. Pronier, *Saisies patrimoniales et saisies spéciales en matière pénale : une articulation complexe : AJ Pénal* 2012, n° 12, p. 661. • A. Maron et M. Haas, *Il y a saisie et saisie : Dr. pén.* 2012, comm. 138 ; *JCP* E 2012, 1588.

1) Questions prioritaires de constitutionnalité. Égalité des citoyens devant la loi. Si les dispositions des articles 706-141-1 et 706-148 du Code de procédure pénale ont pour effet de conférer au juge d'instruction, dont c'est l'office, la faculté de saisir un bien en application soit du régime de la saisie en valeur, soit de celui de la saisie de patrimoine, sans qu'un critère ne commande le choix de ce magistrat, lorsque le bien dont la confiscation est envisagée peut être confisqué cumulativement sur le fondement du cinquième ou sixième alinéa de l'article 131-21 du Code pénal, et en application du neuvième alinéa du même texte, comme représentant la valeur d'un autre bien dont la confiscation est prévue par l'article 131-21 dudit code, cette faculté ne porte pas atteinte au principe d'égalité dès lors qu'elle ne crée entre les auteurs d'infractions semblables aucune discrimination injustifiée et que des garanties égales sont assurées aux justiciables quant au respect de leurs droits (■ Cass. crim., 9 oct. 2019, n° 18-82.172). **Présomption d'innocence, droits de la défense, procès équitable, droit de propriété, proportionnalité des peines.** N'est pas sérieuse la question qui prétend que les articles 706-143, 706-146, 706-148, 706-153 et 706-155 du Code de procédure pénale, 131-21 et 324-7, 12° du Code pénal portent atteinte, notamment, à la présomption d'innocence, aux droits de la défense, faute notamment de tout recours juridictionnel effectif, à la garantie d'un procès équitable assurant le principe du contradictoire, au droit de propriété, au principe de proportionnalité des peines, tant dans le principe même des saisies que dans l'insuffisance de garantie qui les entourent, et à raison du caractère pratiquement irrémédiable de la mesure, notamment en n'ouvrant aucune voie de rétractation au propriétaire ni de mainlevée du tiers saisi, et en excluant que la restitution du bien devra avoir lieu d'office lorsque la saisie n'a plus lieu d'être. En effet, d'une part, les saisies spéciales prévues par les textes visés ne peuvent être ordonnées, selon les conditions définies par l'article 131-21 du Code pénal, que si elles sont destinées à garantir l'exécution d'une peine de confiscation susceptible d'être prononcée dans les cas limitativement énumérés par ledit code ; d'autre part, ces saisies sont autorisées ou ordonnées par un juge, également compétent pour statuer sur leur exécution ou sur les actes ayant pour conséquence de transformer, modifier substantiellement le bien en cause ou d'en réduire la valeur ; enfin, elles sont notifiées à la personne concernée, au propriétaire d'un bien ou du droit incorporel en cause ainsi qu'aux tiers intéressés qui peuvent les déférer à la chambre de l'instruction ; en outre, les articles 41-4, 99, 479 et 543 du Code de procédure pénale instituent des procédures de restitution des biens placés sous main de justice qui sont assorties de voies de recours, les droits des tiers étant préservés par la mise en œuvre des articles 41-5 et 99-2 du même code ; au surplus, l'ensemble des dispositions de l'article 131-21 du Code pénal instituant la peine complémentaire de confiscation ont été déclarées conformes à la Constitution par le Conseil constitutionnel dans les motifs et le dispositif de sa décision n° 2010-66 DC du 26 novembre 2010 (■ Cass. crim., 24 avr. 2013, n° 12-87.473 QPC).

2) Saisie de patrimoine : notion. Lorsqu'une saisie porte sur des sommes dont il n'est pas établi qu'elles proviennent de l'infraction reprochée à la personne mise en examen, elle constitue une saisie de patrimoine, au sens de l'article 706-148 du Code de procédure pénale, et nécessite l'avis préalable du ministère public (■ Cass. crim., 27 nov. 2012, n° 12-85.344 : *Bull. crim.* n° 259. ■ Cass. crim., 11 oct. 2017, n° 17-80.987). Il résulte de l'article 706-148 du Code de procédure pénale que, si l'enquête porte sur une infraction punie d'au moins cinq ans d'emprisonnement, le juge d'instruction peut, dans les cas prévus aux cinquième et sixième alinéas de l'article 131-21 du Code pénal, sur requête du procureur de la République ou d'office après avis du ministère public, ordonner la saisie de tout ou partie des biens, lorsque la loi qui réprime le crime ou le délit prévoit la confiscation de tout ou partie des biens du condamné ou lorsque l'origine de ces biens ne peut être établie. La saisie de sommes inscrites au crédit de comptes bancaires dont les intéressés sont titulaires constitue, au sens de l'article 706-148 du Code de procédure pénale, une saisie de patrimoine nécessitant l'avis préalable du ministère public (■ Cass. crim., 11 juill. 2012, n° 12-82.050 : *Bull. crim.* n° 168 ; *JurisData* n° 2012-015547. – A. Maron et M. Haas, *Dr. pén.* 2012, comm. 138. ■ Cass. crim., 27 nov. 2012, n° 12-85.344 : *Bull. crim.* n° 259). Lorsqu'une saisie, effectuée en application de l'article 706-154 du Code de procédure pénale, porte sur des biens dont l'origine frauduleuse est établie, elle ne constitue pas, au sens de l'article 706-148 dudit code, une saisie de patrimoine nécessitant l'avis préalable du ministère public (■ Cass. crim., 18 sept. 2012, n° 12-80.662 : *Bull. crim.* n° 193).

3) Bien dont la personne mise en examen à la libre disposition. La personnalité morale dont jouit une société civile immobilière ne fait pas obstacle à la saisie par un juge d'instruction de l'actif net résultant d'une vente d'un immeuble de cette société afin de garantir la peine de confiscation à laquelle des associés, qui détiennent de façon indivise 99,55 % de son capital, sont susceptibles d'être condamnés pour des faits de blanchiment dès lors que ces derniers, qui ont le pouvoir de décider de l'affectation de cet actif, en ont la libre disposition, au sens des articles 131-21 du Code pénal et 706-148 du Code de procédure pénale (■ Cass. crim., 23 mai 2013, n° 12-87.473 : *Bull. crim.*n° 113 ; *JurisData* n° 2013-009704 ; *JCP* G 2013, 804, note C. Cutajar ; *D.* 2013, 1780, note Labrousse ; *Dr. pén.* 2013, comm. 117, obs. A. Maron et M. Hass. V. aussi ▪ Cass. crim., 9 mai 2012, n° 11-85.522 : *Bull. crim.* n° 110 ; *JurisData* n° 2012-009490 ; *Dr. pén.* 2012, comm. 111, obs. A. Maron et M. Haas).

4) Principe de proportionnalité. Le juge qui prononce une mesure de saisie de tout ou partie du patrimoine doit apprécier le caractère proportionné de l'atteinte portée aux droits de l'intéressé ; doit par conséquent être censuré l'arrêt qui n'a pas recherché si les mesures critiquées, en ce qu'elles concernent des éléments de patrimoine insusceptibles de constituer le produit de l'infraction, ne portaient pas une atteinte disproportionnée au droit de propriété du demandeur (▪ Cass. crim., 4 mai 2017, n° 16-87.330 : visa de l'article 1 du protocole n° 1 à la Convention européenne des droits de l'Homme).

5) Avis préalable du ministère public. V. les arrêts cités *supra*, n° 2.

6) Mainlevée des saisies spéciales : décès de la personne mise en cause. Il se déduit des articles 131-21 du Code pénal, et 6, 706-141, 706-141-1, 706-148, 706-153, 706-154 et 593 du Code de procédure pénale qu'il appartient à la chambre de l'instruction saisie d'un appel formé à l'encontre d'une ordonnance emportant saisie spéciale de biens appartenant à une personne mise en cause par une enquête préliminaire, laquelle décède au cours de l'instance, de sorte que l'action publique ne peut plus être mise en mouvement à son encontre, de s'assurer, même d'office, que les conditions légales de la saisie, dont celle du caractère confiscable des biens en application de l'article 131-21 du Code pénal, demeurent réunies ; à défaut, elle est tenue d'ordonner la mainlevée de la saisie (▪ Cass. crim., 21 nov. 2018, n° 18-80.089 : *Bull. crim.* n° 195).

7) Pouvoirs de la chambre de l'instruction saisie d'un appel contre une mesure de saisie. Il se déduit de l'article 706-148 du Code de procédure pénale que la chambre de l'instruction, saisie d'un appel formé contre une ordonnance du juge des libertés et de la détention ayant autorisé, sur requête du procureur de la République, la saisie en valeur de biens, peut, en raison de l'effet dévolutif de l'appel, et après débat contradictoire, modifier le fondement légal de la saisie de ces biens dès lors que cette mesure a été précédée d'une requête du ministère public, peu important le fondement visé par celle-ci, et doit, s'il s'agit d'une saisie de patrimoine, l'ordonner elle-même (▪ Cass. crim., 16 mai 2018, n° 17-83.584 : *Bull. crim.* n° 96 ; *Procédures* 2018, n° 226, obs. A.-S. Chavent-Leclère. ▪ Cass. crim., 16 mai 2018, n° 17-83.585. ▪ Cass. crim., 16 mai 2018, n° 17-83.586).

Art. 706-149 ***(L. n° 2010-768, 9 juill. 2010).*** **– Les règles propres à certains types de biens prévues par le présent titre, à l'exclusion de celles relatives à la décision de saisie, s'appliquent aux biens compris en tout ou partie dans le patrimoine saisi.**

Bibliographie : E. Camous, *JCl. Proc. pén.*, art. 706-148 à 706-158, Fasc. 20.

Il résulte de l'article 706-149 du Code de procédure pénale que les dispositions spécifiques aux saisies immobilières relatives à l'opposabilité de la saisie, à son assiette ainsi qu'à la cession du bien saisi prévues par les articles 706-151 et 706-152 du Code de procédure pénale sont applicables dans le cas où ladite saisie a été ordonnée par le juge des libertés et de la détention et non par le juge d'instruction (▪ Cass. crim., 25 sept. 2019, n° 18-86.627).

CHAPITRE III. – DES SAISIES IMMOBILIÈRES

Art. 706-150 ***(Mod., L. n° 2019-222, 23 mars 2019).*** **– Au cours de l'enquête de flagrance ou de l'enquête préliminaire, le juge des libertés et de la détention, saisi par requête du procureur de la République, peut ordonner par décision motivée la saisie, aux frais avancés du Trésor, des immeubles dont la confiscation est prévue par l'article 131-21 du Code pénal. Le juge d'instruction peut, au cours de l'information, ordonner cette saisie dans les mêmes conditions.**

La décision prise en application du premier alinéa est notifiée au ministère public, au propriétaire du bien saisi et, s'ils sont connus, aux tiers ayant des droits sur ce bien, qui peuvent la déférer à la chambre de l'instruction par déclaration au greffe du tribunal dans un délai de dix jours à compter de la notification de la décision. Cet appel n'est pas suspensif. L'appelant ne peut prétendre dans ce cadre qu'à la mise à disposition des seules pièces de la procédure se rapportant à la saisie qu'il conteste. S'ils ne sont pas appelants, le propriétaire du bien et les tiers peuvent néanmoins être entendus par la chambre de l'instruction, sans toutefois pouvoir prétendre à la mise à disposition de la procédure

Bibliographie : E. Camous, *JCl. Proc. pén.*, art. 706-148 à 706-158, Fasc. 20. • R. Almeras, *Saisie pénale immobilière contre hypothèque judiciaire provisoire : Dr. & patr.* 2019, n° 288.

I – QUESTIONS PRIORITAIRES DE CONSTITUTIONNALITÉ

1) Droit à une procédure juste et équitable – Droits de la défense – Présomption d'innocence – Droit de propriété. N'est pas sérieuse la question de savoir si les dispositions combinées des articles 706-150 du Code de procédure pénale et 131-21, alinéa 6 du Code pénal permettant la saisie au cours de l'enquête de flagrance ou de l'enquête préliminaire de tout ou partie des biens appartenant à une personne qui n'est ni condamnée, ni mise en examen, portent atteinte au principe du droit à une procédure juste et équitable, aux droits de la défense et à la présomption d'innocence, ainsi qu'au droit de propriété. En effet, d'une part, la saisie, prévue par l'article 706-150 précité, d'un immeuble qui, soit a servi ou était destiné à commettre l'infraction, soit est l'objet ou le produit direct ou indirect de l'infraction, ne peut être ordonnée que si elle est destinée à garantir l'exécution d'une peine de confiscation, laquelle n'est encourue que dans les cas énumérés par l'article 131-21 du Code pénal ; d'autre part, cette saisie, qui ne peut être autorisée ou ordonnée que par un juge, également compétent pour statuer sur son exécution ou sur les actes ayant pour conséquence de transformer, modifier substantiellement le bien en cause ou d'en réduire la valeur, doit être notifiée à la personne concernée, au propriétaire du bien, ainsi qu'aux tiers intéressés, qui peuvent la déférer à la chambre de l'instruction ; enfin, les articles 41-4, 99, 479 et 543 du Code de procédure pénale instituent des procédures de restitution des biens placés sous main de justice, qui sont assorties de voies de recours (▪ Cass. crim., 30 avr. 2014, n° 13-85.558 QPC : *JurisData* n° 2014-008582).

2) Droit à un recours juridictionnel effectif – Droits de la défense – Principe du contradictoire. N'est pas sérieuse la question de savoir si les articles 694-10, 694-12, et 706-150, alinéa 2 du Code de procédure pénale, combinés, méconnaissent le droit à un recours juridictionnel effectif, les droits de la défense et le principe du contradictoire. En effet, d'une part, les demandes d'entraide émanant des autorités judiciaires étrangères sont exécutées selon les règles prévues par le Code de procédure pénale, et, s'il n'appartient pas aux juridictions françaises d'apprécier le bien-fondé des mesures sollicitées par l'autorité requérante, il incombe à la chambre de l'instruction, dans le respect des règles conventionnelles éventuellement applicables, de contrôler la régularité de l'exécution de la demande d'entraide au regard des formes prévues par la loi nationale, les dispositions de l'article 173 dudit code ne faisant pas obstacle à ce que cette juridiction soit saisie d'une requête en annulation de pièces d'exécution en France d'une commission rogatoire délivrée par une autorité judiciaire étrangère ; d'autre part, la saisie, prévue par l'article 706-150 du Code de procédure pénale, d'un immeuble qui, soit a servi ou était destiné à commettre l'infraction, soit est l'objet ou le produit direct ou indirect de l'infraction, ne peut être ordonnée, à titre conservatoire, que si elle est destinée à garantir l'exécution d'une peine de confiscation, laquelle serait, le cas échéant, soumise au contrôle du juge national (▪ Cass. crim., 6 oct. 2015, n° 15-81.752 QPC : *Bull. crim.* n° 218).

3) Droit d'accès au juge et égalité devant la justice. Si les dispositions de l'article 706-150, alinéa 2 du Code de procédure pénale ne précisent pas les modalités de la notification de la décision ordonnant ou autorisant la saisie, et n'indiquent notamment pas les voies et délais de recours contre celle-ci, d'une part ces dispositions doivent être interprétées avec celles de l'article 550, alinéa 2, du même code, dont il résulte que les notifications sont faites par voie administrative, d'autre part la saisie, qui ne peut porter que sur des biens ou droits dont la confiscation peut être prononcée à titre de peine complémentaire en cas de condamnation pénale, est ordonnée ou autorisée par un magistrat du siège dont la décision est notifiée au propriétaire du bien saisi et, s'ils sont connus, aux tiers ayant des droits sur le bien, qui peuvent la déférer à la chambre de l'instruction dans le délai de 10 jours à compter de sa notification, enfin les articles 41-4, 99, 479 et 543 du Code de procédure pénale instituent des procédures de restitution des biens placés sous main de justice qui sont assorties de voies de recours, en sorte que ni le droit d'accès au juge ni le principe de l'égalité devant la justice, lequel n'interdit pas au législateur de prévoir des règles différentes selon les faits, les situations et les personnes auxquels elles s'appliquent, à la condition que ces différences ne procèdent pas de discriminations injustifiées, ne se trouvent méconnus (▪ Cass. crim., 30 janv. 2019, n° 18-85.581 QPC).

4) Objectif d'accessibilité et d'intelligibilité de la loi – Droits de la défense – Principe du contradictoire – Droit au procès équitable – Droit à un recours effectif – Principe d'égalité devant la loi. N'est pas sérieuse la question de savoir si les dispositions de l'article 706-150 du Code de procédure pénale sont contraires à l'objectif d'accessibilité et d'intelligibilité de la loi, en ce que la notion de « pièces de la procédure se rapportant à la saisie » mises à la disposition de l'appelant d'une ordonnance de saisie pénale n'est pas assez claire et précise pour connaître avec certitude les pièces de procédure qui seront effectivement soumises à un débat contradictoire devant la juridiction d'appel ; si elles portent atteinte aux droits de la défense, au principe du contradictoire et aux exigences du procès équitable en ce que l'appelant dépourvu du statut de mis en examen ou de témoin assisté dispose seulement des pièces se rapportant à la saisie pour critiquer une ordonnance prise à la lumière de l'ensemble des pièces de la procédure, et il se trouve, de surcroît, en situation d'infériorité par rapport au ministère public qui dispose, quant à lui, de l'ensemble de ces pièces ; si elles portent atteinte au droit à un recours effectif, en ce que le régime du recours contre l'ordonnance de saisie pénale ne permet pas à l'appelant dépourvu du statut de mis en examen ou de témoin assisté, dont l'accès aux pièces de la procédure est restreint, de pouvoir critiquer utilement la motivation de l'ordonnance ; si elles méconnaissent le principe d'égalité devant la loi, en ce que l'appelant dépourvu de statut dans l'instruction n'a accès qu'aux pièces de la procédure se rapportant à la saisie, tandis que la personne mise en examen ou bénéficiant du statut de témoin assisté, aura accès à l'ensemble des pièces de la procédure, et ce, bien que tous se trouvent placés dans la même situation du point de vue de la mesure de saisie prononcée à leur encontre. En effet, l'appelant d'une décision ordonnant une saisie pénale immobilière qui est partie à la procédure pénale, de même que le ministère public, sont dans des situations différentes de l'appelant qui est tiers à ladite procédure ; l'article 706-150 du Code de procédure pénale, en limitant l'accès au dossier de la procédure de ce tiers aux seules pièces se rapportant à la saisie qu'il conteste, pièces qui sont ainsi clairement désignées, garantit un juste équilibre entre le droit de celui-ci à un recours effectif devant la chambre de l'instruction contre la décision de saisie d'un immeuble sur lequel il a des droits, d'une part, et la nécessité de protéger le secret de l'enquête et de l'instruction, d'autre part (■ Cass. crim., 28 févr. 2017, n°s 16-83.773, 16-83.777 et 16-83.779 QPC).

5) Objectif de recherche des auteurs d'infractions – Présomption d'innocence. N'est pas sérieuse la question de savoir si les dispositions de l'article 706-150 du Code de procédure pénale portent atteinte à l'objectif de recherche des auteurs des infractions en ce que ce texte prévoit la notification, aux tiers ayant des droits sur les biens, de l'ordonnance de saisie dont la motivation peut, en cas d'ouverture d'une information judiciaire, faire état d'éléments issus de l'instruction relatifs notamment aux éléments à charge retenus à l'encontre des personnes subissant la saisie. En effet, cet article, en prévoyant que la saisie est prononcée par une ordonnance motivée, qui est notifiée non seulement au ministère public et au propriétaire du bien saisi, mais également aux tiers qui ont des droits sur ce bien, opère une conciliation qui n'est pas déséquilibrée entre les exigences d'équité de la procédure que ces obligations garantissent, d'une part, et la nécessité de protéger le secret de l'enquête et de l'instruction comme la présomption d'innocence des personnes mises en cause, d'autre part (■ Cass. crim., 28 févr. 2017, n°s 16-83.773, 16-83.777 et 16-83.779, QPC).

II – CONFORMITÉ À LA CONVENTION EUROPÉENNE DES DROITS DE L'HOMME

6) Les articles 706-150 à 706-152 du Code de procédure pénale sont conformes aux articles 6 et 13 de la Convention européenne des droits de l'homme, qui garantissent le droit à un recours effectif, l'égalité des armes et le principe du contradictoire. La jurisprudence de la Cour européenne des droits de l'homme en matière de saisie exige que la mesure de saisie soit prévue par la loi et poursuive un but d'intérêt général ; elle vérifie que l'ingérence ainsi apportée dans l'exercice du droit de propriété est proportionnée au but poursuivi, un juste équilibre devant être ménagé entre l'intérêt général et la protection des droits fondamentaux de l'individu (■ CEDH, 7 juin 2007, n° 71362/01, *Smirnov c/ Russie*, §§ 55 à 57). Elle s'assure qu'elle est entourée de garantie procédurales (■ CEDH, 13 juill. 2010, *Tendam c/ Espagne*, § 49) et que le propriétaire du bien saisi et les tiers intéressés disposent d'un recours effectif contre cette décision. En conséquence, d'une part, ces dispositions n'imposent pas que la saisie pénale immobilière soit précédée d'un débat contradictoire et aucune disposition du Code de procédure pénale ne fait obligation au juge des libertés et de la détention d'entendre la personne concernée avant d'autoriser une mesure de saisie. D'autre part, la saisie immobilière en valeur, qui est une mesure temporaire prévue par les articles 706-150 à 706-152 du Code de procédure pénale et qui est destinée à garantir une éventuelle peine complémentaire de confiscation, poursuit un but d'intérêt général, est prononcée par un juge qui doit s'assurer, en l'espèce, que le bien saisi a une valeur au plus équivalente à celle du produit de l'infraction. Elle est en outre entourée de garanties procédurales permettant, notamment, aux personnes concernées, qui ne sont pas, du seul effet de la saisie, privées de leur droit de propriété, d'exercer un recours contre cette mesure conformément aux dispositions de l'article 706-150, alinéa 2, et de saisir l'autorité judiciaire compétente d'une demande de restitution à chacune des phases de la procédure en application des articles 41-4, 99 et 479 du Code de procédure pénale, les juges étant tenus de se prononcer dans un délai raisonnable (▪ Cass. crim., 25 sept. 2019, n° 18-86.779).

III – CONDITIONS DE LA SAISIE

7) **Compétence du juge des libertés et de la détention *ratione temporis*.** Lorsque l'enquête est terminée, le juge des libertés et de la détention n'est plus compétent pour ordonner les mesures contestées, peu important qu'il ait été saisi par le procureur de la République pendant l'enquête (▪ Cass. crim., 8 avr. 2021, n° 20-85.474, § 11 : publié au *Bull.* ▪ Cass. crim., 8 avr. 2021, n° 20-85.451, § 12).

8) **Immeubles pouvant être l'objet de la saisie.** La saisie des immeubles dont la confiscation est prévue par l'article 131-21 du Code pénal et prescrite par l'article 706-150 du Code de procédure pénale n'est pas limitée aux biens dont les personnes visées par l'enquête sont propriétaires, mais s'étend à tous les biens qui sont l'objet ou le produit direct ou indirect de l'infraction (▪ Cass. crim., 4 sept. 2012, n° 11-87.143 : *Bull. crim.* n° 178). La saisie des immeubles dont la confiscation est prévue par l'article 131-21, alinéa 3 du Code pénal, faite en application de l'article 706-150 du Code de procédure pénale, n'est pas limitée aux biens des personnes mises en examen, mais s'étend à tous les biens qui sont l'objet ou le produit direct ou indirect de l'infraction, peu important que ceux-ci aient été acquis pour partie avec des fonds d'origine licite (▪ Cass. crim., 23 juill. 2014, n° 13-85.558 : *JurisData* n° 2014-016834. ▪ 6 mai 2015, n° 14-87.902. ▪ Cass. crim., 9 mars 2016, n° 15-80.955 : *JurisData* n° 2016-004205. ▪ Cass. crim., 26 juin 2019, n° 18-85.018) ; … peu important qu'ils appartiennent ou soient détenus ou occupés par des personnes, physiques ou morales, non mises en examen dans le cadre de la procédure pénale (▪ Cass. crim., 13 juin 2019, n° 18-84.256). Il ne suffit pas pour qu'un immeuble puisse être saisi qu'il soit le lieu où se sont déroulés les faits : il doit avoir permis la commission des infractions poursuivies, peu important que son usage n'ait pas été déterminant de cette commission ; ainsi d'un immeuble utilisé par le prévenu comme l'un des moyens d'attirer de jeunes victimes d'origine étrangère, en leur proposant un hébergement dans la capitale (▪ Cass. crim., 24 oct. 2018, n° 18-82.370 : *Bull. crim.* n° 177 ; *Procédures* 2019, n° 23, obs. A.-S. Chavent-Leclère).

9) **Immeubles pouvant être l'objet de la saisie : cas de l'immeuble indivis.** V. art. 706-151, p. 1659.

10) **Propriétaire de l'immeuble bénéficiant d'une procédure de sauvegarde.** Aucune disposition légale non plus que réglementaire n'interdit au juge des libertés et de la détention, ni au juge d'instruction d'ordonner la saisie pénale d'un immeuble en application de l'article 706-150 du Code de procédure pénale, dont le propriétaire bénéficie d'une procédure de sauvegarde, dès lors que cette mesure, que ces magistrats ont le pouvoir d'ordonner dans le cadre des procédures pénales afin de garantir l'exécution de la peine complémentaire de confiscation selon les conditions définies à l'article 131-21 du Code pénal, est d'une nature propre et ne s'analyse pas en une procédure d'exécution au sens de l'article L. 622-21, II, du Code de commerce (▪ Cass. crim., 24 juin 2020, n° 19-85.874, § 9 : publié au *Bull.* ; *Dr. pén.* 2020, comm. 159, obs. J.-H. Robert).

11) **Mise en examen du saisi non requise.** Lorsque la saisie est ordonnée au cours de l'information judiciaire, la mise en examen de la personne mise en cause ne constitue pas un préalable nécessaire à la saisie des biens lui appartenant (▪ Cass. crim., 24 juin 2020, n° 19-85.874, § 17 : publié au *Bull.* ; *Dr. pén.* 2020, comm. 159, obs. J.-H. Robert).

12) **Caractère indifférent du risque de dissipation de l'immeuble saisi.** L'article 706-150 du Code de procédure pénale n'exige pas, pour ordonner une saisie, que soit caractérisé un risque de dissipation de l'immeuble saisi (▪ Cass. crim., 24 oct. 2018, n° 18-80.834 : *Bull. crim.* n° 178 : *JCP* G 2019, 18, note J.-H. Robert ; *Dr. pén.* 2018, comm. 217, obs. E. Camous ; *Procédures* 2019, comm. 22, obs. A.-S. Chavent-Leclère. ▪ Cass. crim., 26 juin 2019, n° 19-80.235 : *Bull. crim.* n° 137 ; *Dr. pén.* 2019, comm. 157, obs. A. Maron et M. Haas).

13) **Droit au respect de la vie privée et familiale : saisie d'un domicile (Conv. EDH, art. 8).** Ne peut pas être invoqué pour la première fois devant la Cour de cassation le grief selon lequel la saisie, en ce que l'immeuble sur lequel elle porte constitue le domicile du demandeur, coïndivisaire, porte une atteinte excessive à sa vie privée et familiale (▪ Cass. crim.,15 mars 2017, n° 16-80.801 : *Bull. crim.* n° 74). Le grief, qui invoque pour la première fois devant la Cour de cassation le caractère disproportionné de l'atteinte spécifique portée à la protection du domicile et de la vie privée par la mesure de saisie, en violation de l'article 8 de la Convention européenne des droits de l'Homme, est nouveau et mélangé de fait ; il est donc irrecevable (▪ Cass. crim.,16 janv. 2019, n° 17-83.006 : *Bull. crim.* n° 20). Une société dont les biens immobiliers sont l'objet

d'une saisie n'a pas qualité pour invoquer une atteinte au droit à la vie privée et au respect du domicile de ses associés (■ Cass. crim., 16 janv. 2019, préc.).

14) Principe de proportionnalité. Est inopérant le grief par lequel un demandeur invoque le caractère disproportionné de la saisie, non pas avec la gravité concrète des faits et sa situation personnelle, mais avec la seule créance indemnitaire *in futurum* que la saisie n'a pas pour fonction de garantir (■ Cass. crim., 16 janv. 2019, n° 17-83.006 : *Bull. crim.* n° 20).

15) Principe de proportionnalité – Instrument de l'infraction. Le juge qui prononce une mesure de saisie immobilière d'un bien constituant l'instrument de l'infraction doit apprécier le caractère proportionné de l'atteinte portée au droit de propriété lorsque le propriétaire invoque cette garantie (■ Cass. crim., 25 sept. 2019, n° 18-86.641). Le caractère proportionné de l'atteinte portée par la saisie au droit au respect des biens doit être apprécié au regard de la situation personnelle du saisi et de la gravité concrète des faits (■ Cass. crim., 24 juin 2020, n° 19-85.874, § 20 : publié au *Bull.* ; *Dr. pén.* 2020, comm. 159, obs. J.-H. Robert).

16) Principe de proportionnalité – Produit ou objet de l'infraction. Le principe de proportionnalité ne peut s'appliquer à la saisie provisoire aux fins de garantir la confiscation d'un bien qui, dans sa totalité, est le produit ou l'objet de l'infraction, objet de la poursuite, dès lors que la juridiction d'instruction doit apprécier et vérifier, sur la base des indices dont elle dispose, la nature de produit de l'infraction du bien saisi chaque fois qu'elle statue sur cette mesure ou sur une demande de restitution (■ Cass. crim., 15 janv. 2020, n° 19-80.891, §§ 39 et 40). En application de l'article 1 du protocole n° 1 à la Convention européenne des droits de l'homme, le juge qui autorise ou ordonne la saisie d'un bien acquis au moyen de fonds constituant l'objet ou le produit de l'infraction et de fonds licites, doit motiver sa décision, s'agissant de ces derniers, au regard de la nécessité et la proportionnalité de l'atteinte ainsi portée au droit de propriété (■ Cass. crim., 27 juin 2018, n° 17-84.280 : *Bull. crim.* n° 127).

IV – PROCÉDURE DE SAISIE

17) Règles applicables en cas de saisie ordonnée par le juge des libertés et de la détention. Il résulte de l'article 706-149 du Code de procédure pénale que les dispositions spécifiques aux saisies immobilières relatives à l'opposabilité de la saisie, à son assiette ainsi qu'à la cession du bien saisi prévues par les articles 706-151 et 706-152 sont applicables lorsque ladite saisie a été ordonnée par le juge des libertés et de la détention et non par le juge d'instruction (■ Cass. crim., 25 sept. 2019, n° 18-86.627). Aucune disposition du Code de procédure pénale ne fait obligation au juge des libertés et de la détention d'entendre la personne concernée avant d'autoriser une mesure de saisie (■ Cass. crim., 25 sept. 2019, n° 18-86.779).

18) Motivation de la décision du juge des libertés et de la détention : motifs reproduisant ceux énoncés dans la requête du ministère public. En reproduisant les motifs énoncés dans la requête du ministère public qui analysent les éléments de fait et de droit rendant nécessaire la saisie, le juge des libertés et de la détention a justifié de la nécessité de la mesure et s'est conformé à l'exigence de motivation prévue à l'article 706-150 du Code de procédure pénale (■ Cass. crim., 25 sept. 2019, n° 18-86.779. ■ Cass. crim., 6 nov. 2019, n° 18-86.918). Cette circonstance ne peut, à elle seule, laisser présumer que le juge des libertés et de la détention n'a pas exercé son contrôle sur la régularité, le bien-fondé et l'opportunité de la mesure de saisie (■ Cass. crim., 25 sept. 2019, préc.).

19) Saisie ne nécessitant pas l'avis préalable du parquet. La saisie d'un bien, produit direct de l'infraction, par le juge d'instruction au visa des articles 706-150 à 706-152 du Code de procédure pénale ne nécessite pas l'avis préalable du ministère public (■ Cass. crim., 5 mars 2014, n° 13-84.977 : *Bull. crim.* n° 67). Le juge d'instruction n'est pas tenu, avant d'ordonner la saisie d'un immeuble sur le fondement de l'article 706-150 du Code de procédure pénale, de recueillir l'avis préalable du ministère public (■ Cass. crim., 24 oct. 2018, n° 17-86.220). Il résulte des articles 131-21, alinéa 9, du Code pénal, 706-141-1 et 706-150 du Code de procédure pénale que le juge d'instruction peut ordonner la saisie en valeur d'un bien immobilier sans être tenu de recueillir l'avis préalable du ministère public (■ Cass. crim., 16 mars 2022, n° 21-85.596, § 6).

20) Défaut de la qualité pour agir en contestation de la saisie ; relevé d'office. En application des articles 6 § 1 de la Convention européenne des droits de l'homme, préliminaire, et 706-150 du Code de procédure pénale, la chambre de l'instruction saisie de l'appel d'une ordonnance de saisie pénale ne peut relever d'office l'irrecevabilité de l'appel pour défaut de la qualité de tiers ayant des droits sans avoir invité au préalable les parties à présenter leurs observations (■ Cass. crim., 10 mars 2021, n° 20-83.604, §§ 5, 6).

21) Qualité pour agir en contestation de la saisie. N'a pas qualité pour contester la saisie d'un immeuble la personne qui indique qu'il ne lui appartient pas (■ Cass. crim., 22 févr. 2017, n° 16-81.176). Est irrecevable l'appel d'une personne dès lors qu'il n'est pas établi qu'elle dispose de droits sur le bien immobilier saisie (■ Cass. crim., 3 févr. 2016, n° 14-87.754). Des associés et titulaires de parts d'une SCI, seule propriétaire du bien immobilier saisi, ne sont pas des tiers ayant des droits sur ce bien au sens de l'article 706-150 du Code de procédure pénale et n'ont donc pas qualité pour exercer un recours contre l'ordonnance de saisie immobilière ni pour se pourvoir en cassation (■ Cass. crim., 3 mai 2018, n° 16-87.534 : *Bull. crim.* n° 82 ; *Dr. pén.* 2018, comm. 117, obs. A. Maron et M. Haas. ■ Cass. crim.,16 janv. 2019, n° 17-83.006 : *Bull. crim.* n° 20). Un coïndivisaire n'a pas qualité pour invoquer une atteinte aux droits de son coïndivisaire dans le bien confisqué (■ Cass. crim., 3 nov. 2016, n° 15-85.751 : *Bull. crim.* n° 289). Le simple occupant d'un appartement saisi, est sans intérêt pour exercer un recours dès lors que la saisie est sans incidence sur son statut et qu'il n'est pas démontré, ni même allégué, que cette mesure serait la cause d'un trouble de jouissance (■ Cass. crim., 13 juin 2019, n° 18-84.256). Une société qui n'est pas propriétaire de la propriété viticole saisie, mais seulement son exploitante, ne peut interjeter appel d'une décision de saisie, dès lors qu'elle ne démontre pas en quoi la saisie, qui ne remet pas en cause son statut et n'a pas interdit l'exploitation dudit bien, aurait causé un trouble de jouissance pour elle (■ Cass. crim., 15 janv. 2020, n° 19-80.891, § 22 : publié au *Bull.*).

22) Pièces se rapportant à la saisie : détermination. Constituent les seules pièces de la procédure se rapportant à la saisie, au sens du second alinéa de l'article 706-150 du Code de procédure pénale, la requête du ministère public, l'ordonnance attaquée et la décision de saisie précisant les éléments sur lesquels se fonde la mesure de saisie immobilière (■ Cass. crim., 13 juin 2018, n° 17-83.238. ■ Cass. crim., 13 juin 2018, n° 17-83.242).

23) Accès du demandeur limité aux pièces de la procédure se rapportant à la saisie. Les demandeurs ne sauraient se faire un grief de n'avoir eu accès qu'aux seules pièces de la procédure se rapportant à la saisie qu'ils contestent, conformément au second alinéa de l'article 706-150 du Code de procédure pénale, dès lors que ce texte ne méconnaît aucune des dispositions de l'article 6 de la Convention européenne des droits de l'Homme en ce qu'il garantit un juste équilibre entre les droits de la personne concernée par la saisie et la nécessité de protéger le secret de l'enquête et de l'instruction (■ Cass. crim., 29 juin 2016, n° 15-81.752. – Rappr. ■ Cass. crim., 28 févr. 2017 QPC, préc. *supra*, n°s 4, 5). La restriction apportée à la mise à disposition des pièces du dossier ne méconnaît pas les dispositions de l'article 6 de la Convention européenne des droits de l'homme, en ce qu'elle garantit un juste équilibre entre les droits de la personne concernée par la saisie et la nécessité de préserver le secret de l'enquête et de l'instruction, la jurisprudence de la Cour de cassation favorisant le maintien de cet équilibre (■ Cass. crim., 15 janv. 2020, n° 19-80.891, § 29 : publié au *Bull.*). La chambre de l'instruction, saisie d'un recours formé contre une ordonnance de saisie spéciale au sens des articles 706-141 à 706-158 du Code de procédure pénale, qui, pour justifier d'une telle mesure, s'appuie, dans ses motifs décisoires, sur une ou des pièces précisément identifiées de la procédure est tenue de s'assurer que celles-ci ont été communiquées à la partie appelante ; si la jurisprudence de la Cour européenne des droits de l'homme est exigeante au regard du respect des droits de la défense, il en découle également que le droit à une divulgation des preuves pertinentes n'est pas absolu en présence d'intérêts concurrents, et notamment la nécessité de garder secrètes les investigations policières, les mesures restreignant les droits de la défense devant être absolument nécessaires (■ CEDH, 23 avr. 1997, *Van Mechelen et a. c/ Pays-Bas*, § 58. – Et suffisamment compensées par la procédure suivie devant les autorités judiciaires ■ CEDH, 26 mars 1996, *Doorson c/ Pays-Bas*, § 72. ■ CEDH, 23 avr. 1997, *Van Mechelen et a. c/ Pays-Bas*, § 54 – (même arrêt, §§ 31et 32).

24) Pouvoirs de la chambre de l'instruction. En statuant sur l'appel interjeté à l'encontre d'une ordonnance de saisie pénale du juge d'instruction, la chambre de l'instruction ne peut remettre en cause l'existence des indices graves ou concordants justifiant la mise en examen des personnes poursuivies (■ Cass. crim., 26 juin 2019, n° 19-80.235 : *Bull. crim* n° 137 ; *Dr. pén.* 2019, comm. 157, obs. A. Maron et M. Haas).

Art. 706-151 *(L. n° 2010-768, 9 juill. 2010).* – **La saisie pénale d'un immeuble est opposable aux tiers à compter de la publication de la décision ordonnant la saisie au bureau des hypothèques ou, pour les départements du Bas-Rhin, du Haut-Rhin et de la Moselle, au livre foncier du lieu de situation de l'immeuble. Les formalités de cette publication sont réalisées, au nom du procureur de la République ou du juge d'instruction, par l'Agence de gestion et de recouvrement des avoirs saisis et confisqués.**

Jusqu'à la mainlevée de la saisie pénale de l'immeuble ou la confiscation de celui-ci, la saisie porte sur la valeur totale de l'immeuble, sans préjudice des privilèges et hypothèques préalablement inscrits ou des privilèges visés à l'article 2378 du Code civil et nés antérieurement à la date de publication de la décision de saisie pénale immobilière.

La publication préalable d'un commandement de saisie sur l'immeuble ne fait pas obstacle à la publication de la décision de saisie pénale immobilière.

Bibliographie : E. Camous, *JCl. Proc. pén.*, art. 706-148 à 706-158, Fasc. 20.

1) **Question prioritaire de constitutionnalité – Droit de propriété. – Immeuble indivis.** N'est pas sérieuse la question de savoir si les dispositions de l'article 706-151 du Code de procédure pénale portent atteinte au droit de propriété, en ce qu'elles permettent la saisie portant sur la valeur totale d'un immeuble indivis, y compris à l'égard de l'indivisaire qui n'est pas visé par l'enquête ou l'instruction. En effet cet article, en ce qu'il prévoit que la saisie porte sur la valeur totale de l'immeuble, tend à garantir le caractère effectif de cet acte conservatoire et, ainsi, de la peine de confiscation susceptible d'être prononcée, laquelle peut porter sur des biens divis ou indivis, ainsi que le prévoit l'article 131-21 du Code pénal, sans constituer une atteinte disproportionnée aux intérêts des indivisaires non visés par la procédure pénale, qui ne sont pas, du seul effet de la saisie, privés de leur droit de propriété et peuvent saisir l'autorité judiciaire compétente d'une demande de restitution en application des dispositions des articles 41-4, 99 et 479 du Code de procédure pénale (■ Cass. crim., 28 févr. 2017, n°s 16-83.773, 16-83.777 et 16-83.779 QPC).

2) **Question prioritaire de constitutionnalité – Droit de propriété – Présomption d'innocence – Droit de provoquer le partage de l'indivision.** N'est pas sérieuse la question qui prétend que les dispositions combinées des articles 131-21 du Code pénal, 706-141, 706-145 et 706-151, alinéa 2 du Code de procédure pénale portent atteinte au droit de propriété et au droit à la présomption d'innocence, ainsi qu'au droit de provoquer le partage dans l'indivision en ce qu'elles aboutissent, dans l'hypothèse de la saisie d'un bien immobilier détenu en indivision, à le rendre indisponible dans sa totalité, au préjudice du tiers de bonne foi. En effet, d'une part, la saisie d'un bien immobilier appartenant indivisément au mis en examen et à un tiers à la procédure, si elle ne peut porter, au regard de l'article 706-151 du Code de procédure pénale, que sur la totalité de ce bien, sur laquelle chaque indivisaire bénéficie d'un droit de propriété, ne peut être décidée que par un juge en vue de garantir l'exécution de la peine de confiscation qui serait prononcée, laquelle n'est encourue que dans les cas prévus par l'article 131-21 du Code pénal, aux termes d'une ordonnance motivée notifiée, en vertu de l'article 706-150 du Code de procédure pénale, au tiers intéressé qui, bénéficiant de recours effectifs, peut en interjeter appel et être entendu, même s'il n'en est pas appelant, par la chambre de l'instruction dont l'arrêt est susceptible d'un pourvoi en cassation ; d'autre part, si, selon les dispositions combinées des articles 706-145 et 706-151, alinéa 2 du Code de procédure pénale, la saisie immobilière, qui n'entraîne aucun transfert de propriété, ne peut faire l'objet d'une mainlevée partielle proportionnelle à la part du tiers propriétaire indivis, lequel ne peut l'aliéner ni demander le partage de l'indivision, cette restriction de son droit de libre disposition du bien n'est que temporaire, les juges étant tenus en outre de statuer dans des délais raisonnables, car elle prend fin en cas de mainlevée totale de la saisie ou lorsqu'elle est suivie de la confiscation ordonnée, le cas échéant, par le juge du fond ; ainsi, la restriction apparaît proportionnée à l'objectif de lutte contre la criminalité (■ Cass. crim., 28 juin 2017, n° 17-80.987 QPC).

3) **Saisie d'un immeuble indivis.** Le fait que l'immeuble soit indivis et que seul l'un des coindivisaires soit mis en cause, ne fait pas obstacle à sa saisie en totalité, laquelle ne suspend ni l'usage du bien, ni le droit d'en percevoir les fruits, et réserve les droits des autres coindivisaires, en cas de confiscation, au moment de la vente du bien (■ Cass. crim., 11 juill. 2017, n° 16-83.773).

4) **Saisie de l'immeuble d'un tiers.** En application de l'article 706-151, alinéa 2, du Code de procédure pénale, la saisie immobilière, qui est une mesure temporaire et à caractère provisoire, n'entraînant aucun transfert de propriété, les biens immobiliers appartenant à un tiers ne peuvent être saisis que dans leur totalité, sous réserve des droits du propriétaire de bonne foi (■ Cass. crim., 10 mars 2021, n° 20-84.117, § 14 : publié au *Bull.*) ; il ne saurait donc être soutenu que, la saisie devant porter sur la valeur totale de l'immeuble, un bien immobilier dont la valeur excède celle du bien susceptible de confiscation ne saurait faire l'objet d'une telle saisie (même arrêt).

5) **Principe de proportionnalité.** Le propriétaire de l'immeuble saisi est sans qualité pour invoquer une violation du principe de proportionnalité dont souffrirait le prévenu qui n'a pas la propriété de cet immeuble (■ Cass. crim., 10 mars 2021, n° 20-84.117, § 16 : publié au *Bull.*).

Art. 706-152 ***(Mod., L. n° 2016-731, 3 juin 2016).*** **– La cession de l'immeuble conclue avant la publication de la décision de saisie pénale immobilière et publiée après cette publication à la conservation des hypothèques ou au livre foncier pour les départements concernés est inopposable à l'État, sauf mainlevée**

ultérieure de la saisie. Toutefois, si le maintien de la saisie du bien en la forme n'est pas nécessaire et que la vente n'apparaît pas frauduleuse eu égard à ses conditions et au prix obtenu, le magistrat compétent peut décider le report de la saisie pénale sur le prix de la vente, après désintéressement des créanciers titulaires d'une sûreté ayant pris rang antérieurement à la date à laquelle la saisie pénale est devenue opposable. Dans ce cas, la publication de la décision et la consignation du solde du prix de vente rendent la vente opposable à l'État.

Lorsque les frais de conservation de l'immeuble saisi sont disproportionnés par rapport à sa valeur en l'état, le juge des libertés et de la détention, sur requête du procureur de la République, ou le juge d'instruction, après avis du procureur de la République, peut autoriser l'Agence de gestion et de recouvrement des avoirs saisis et confisqués à l'aliéner par anticipation. Cette décision d'autorisation fait l'objet d'une ordonnance motivée. Elle est notifiée aux parties intéressées ainsi qu'aux tiers ayant des droits sur le bien, qui peuvent la déférer à la chambre de l'instruction dans les conditions prévues aux deux derniers alinéas de l'article 99.

Le produit de la vente est consigné. En cas de non-lieu, de relaxe ou d'acquittement ou lorsque la peine de confiscation n'est pas prononcée, ce produit est restitué au propriétaire du bien s'il en fait la demande, sauf si le produit résulte de la vente d'un bien ayant été l'instrument ou le produit, direct ou indirect, d'une infraction.

Bibliographie : E. Camous, *JCl. Proc. pén.*, art. 706-148 à 706-158, Fasc. 20.

CHAPITRE IV. – DES SAISIES PORTANT SUR CERTAINS BIENS OU DROITS MOBILIERS INCORPORELS

Art. 706-153 *(Mod., L. n° 2019-222, 23 mars 2019).* – **Au cours de l'enquête de flagrance ou de l'enquête préliminaire, le juge des libertés et de la détention, saisi par requête du procureur de la République, peut ordonner par décision motivée la saisie, aux frais avancés du Trésor, des biens ou droits incorporels dont la confiscation est prévue par l'article 131-21 du Code pénal. Le juge d'instruction peut, au cours de l'information, ordonner cette saisie dans les mêmes conditions.**

La décision prise en application du premier alinéa est notifiée au ministère public, au propriétaire du bien ou du droit saisi et, s'ils sont connus, aux tiers ayant des droits sur ce bien ou sur ce droit, qui peuvent la déférer au président de la chambre de l'instruction ou à la chambre de l'instruction par déclaration au greffe du tribunal dans un délai de dix jours à compter de la notification de la décision. Cet appel n'est pas suspensif. L'appelant ne peut prétendre dans ce cadre qu'à la mise à disposition des seules pièces de la procédure se rapportant à la saisie qu'il conteste. S'ils ne sont pas appelants, le propriétaire du bien et les tiers peuvent néanmoins être entendus par le président de la chambre de l'instruction ou la chambre de l'instruction, sans toutefois pouvoir prétendre à la mise à disposition de la procédure

Bibliographie : E. Camous, *JCl. Proc. pén.*, art. 706-148 à 706-158, Fasc. 20.

I – CONFORMITÉ AUX PRINCIPES CONSTITUTIONNELS

A – Conseil constitutionnel

1) Droit à un recours juridictionnel effectif – Droit de propriété. Les griefs tirés de la méconnaissance par les dispositions de l'article 706-153 du Code de procédure pénale du droit à un recours juridictionnel effectif et du droit de propriété doivent être écartés. Ce texte, qui ne méconnaît aucun autre droit ou liberté que la Constitution garantit, doit être déclaré conforme à la Constitution (▪ Cons. const., 14 oct. 2016, n° 2016-583/584/585/586 QPC, consid. 12 : *Juris-Data* n° 2016-021998 ; *Nouveaux Cahiers Cons. const.* 2016, obs. V. Peltier).

B – Question prioritaire de constitutionnalité

2) Présomption d'innocence – Droits de la défense – Procédure équitable – Droit de propriété – Principe de proportionnalité des peines. N'est pas sérieuse la question qui prétend que les articles 706-143, 706-146, 706-148, 706-153 et 706-155 du Code de procédure pénale, 131-21 et 324-7, 12°, du Code pénal portent atteinte, notamment, à la présomption d'innocence, aux droits de la défense, faute notamment de tout recours juridictionnel effectif, à la garantie d'un procès équitable assurant le principe du contradictoire, au droit de propriété, au principe de proportionnalité des peines, tant dans le principe même des saisies que dans l'insuffisance de garantie qui les entourent, et à raison du caractère pratiquement irrémédiable de la mesure, notamment en n'ouvrant aucune voie de rétractation au propriétaire ni de mainlevée du tiers saisi, et en excluant que la restitution du bien devra avoir lieu d'office lorsque la saisie n'a plus lieu d'être. En effet, d'une part, les saisies spéciales prévues par les textes visés ne peuvent être ordonnées, selon les conditions définies par l'article 131-21 du Code pénal, que si elles sont destinées à garantir l'exécution d'une peine de confiscation susceptible d'être prononcée dans les cas limitativement énumérés par ledit code ; d'autre part, ces saisies sont autorisées ou ordonnées par un juge, également compétent pour statuer sur leur exécution ou sur les actes ayant pour conséquence de transformer, modifier substantiellement le bien en cause ou d'en réduire la valeur ; enfin, elles sont notifiées à la personne concernée, au propriétaire d'un bien ou du droit incorporel en cause ainsi qu'aux tiers intéressés qui peuvent les déférer à la chambre de l'instruction ; en outre, les articles 41-4, 99, 479 et 543 du Code de procédure pénale instituent des procédures de restitution des biens placés sous main de justice qui sont assorties de voies de recours, les droits des tiers étant préservés par la mise en œuvre des articles 41-5 et 99-2 du même code ; au surplus, l'ensemble des dispositions de l'article 131-21 du Code pénal instituant la peine complémentaire de confiscation ont été déclarées conformes à la Constitution par le Conseil constitutionnel dans les motifs et le dispositif de sa décision n° 2010-66 DC du 26 novembre 2010 (■ Cass. crim., 24 avr. 2013, n° 12-87.473 QPC).

II – CONFORMITÉ À LA CONVENTION EUROPÉENNE DES DROITS DE L'HOMME

3) Droit à un procès équitable. L'article 706-153, alinéa 2 du Code de procédure pénale qui prévoit que l'appelant d'une ordonnance de saisie de biens ou droits incorporels ne peut prétendre devant la chambre de l'instruction qu'à la mise à disposition des seules pièces de la procédure se rapportant à la saisie qu'il conteste, ne méconnaît aucune des dispositions de l'article 6, notamment, de la Convention européenne des droits de l'Homme en ce qu'elles garantissent un juste équilibre entre les droits de la personne concernée par la saisie et la nécessité de protéger le secret de l'enquête et de l'instruction (■ Cass. crim., 25 oct. 2017, n° 16-87.113).

III – CONDITIONS DE FOND DE L'ARTICLE 706-153

4) Application de la loi dans le temps. L'article 706-153 du Code de procédure pénale est immédiatement applicable aux procédures en cours (■ Cass. crim., 6 mai 2015, n° 15-80.076 : *Juris-Data* n° 2015-010458 ; *Bull. crim.* n° 101. ■ Cass. crim., 22 févr. 2017, n° 16-83.257 : *Bull. crim.* n° 52).

5) Saisie en valeur de biens incorporels. Il se déduit des articles 706-141-1 et 706-153 du Code de procédure pénale, et 131-21 du Code pénal que peuvent être saisis en valeur les biens ou droits incorporels dont le mis en cause est propriétaire ou, sous réserve des droits du propriétaire de bonne foi, dont il a la libre disposition, dont la valeur représente celle des biens ayant servi à commettre l'infraction ou qui étaient destinés à la commettre (■ Cass. crim., 6 nov. 2019, n° 19-82.683 : publié au *Bull.* ; *Procédures* 2020, comm. 21, obs. A.-S. Chavent-Leclère).

6) Biens susceptibles d'être saisis – Créance. Le juge d'instruction peut ordonner, sur le fondement de l'article 706-153 du Code de procédure pénale, la saisie du produit des infractions d'escroquerie et d'exercice illégal de l'activité de prestataire de services d'investissement que constitue la créance, assortie de garanties mobilières et immobilières, dont la personne mise en examen dispose en raison des faits reprochés. En effet, cette créance entre dans la catégorie des « biens » dont la confiscation est encourue en application de l'article 131-21 du Code pénal (■ Cass. crim., 6 mai 2015, n° 15-80.076 : *Bull. crim.* n° 101).

7) Biens susceptibles d'être saisis – Saisie pénale de la créance d'un créancier sous mesure de sauvegarde. Le prononcé d'une mesure de sauvegarde au bénéfice du créancier n'interdit pas que soit ordonnée une saisie pénale de sa créance, ni ne limite les effets d'une telle saisie préalablement ordonnée. En effet, aucune disposition légale non plus que réglementaire n'interdit au juge des libertés et de la détention, ni au juge d'instruction d'ordonner la saisie pénale d'une créance, en application de l'article 706-153 du Code de procédure pénale, dont le titulaire bénéficie d'une procédure de sauvegarde, dès lors que cette mesure, destinée à garantir l'exécution de la peine complémentaire de confiscation selon les conditions définies à l'article 131-21 du Code pénal, est d'une nature propre et ne s'analyse pas en une procédure d'exécution au sens de l'article L. 622-21, II, du Code de commerce. Le juge de l'exécution ne peut apprécier la validité de la saisie pénale au regard des règles relatives à la procédure de sauvegarde dont a bénéficié le créancier. En effet, d'une part, il résulte des dispositions du second alinéa de l'article 706-153 du Code de procédure pénale que le président de la chambre de l'instruction ou la chambre de l'instruction est seul compétent pour statuer sur le recours formé à l'encontre des ordonnances ayant ordonné la saisie d'un bien ou droit mobilier incorporel, d'autre part, l'article 706-144 du même code prévoit que le juge des libertés et de la détention ou le juge d'instruction est seul compétent pour statuer sur toutes les requêtes relatives à l'exécution de la saisie (▪ Cass. crim., avis, 7 août 2019, n° 19-80.988. – Dans le même sens, ▪ Cass. 2e civ., 5 déc. 2019, n° 17-23.576 : *Bull. civ.* II, p. 135 ; *JCP* G 2020, 197, note E. Camous). Doit être cassé l'arrêt qui retient que si la validité d'une saisie pénale intervenue après qu'un jugement a ouvert à l'égard du saisi une procédure de redressement ou de liquidation judiciaire ne prête pas à discussion, la loi pénale étant d'interprétation stricte, il n'en n'est pas de même lorsque le titulaire de la créance bénéficie d'une procédure de sauvegarde, la saisie pénale ne pouvant faire obstacle à l'application des règles régissant la sauvegarde et ne pouvant s'appliquer valablement à la garantie d'une créance antérieure (▪ Cass. 2e civ., 5 déc. 2019, préc., § 14). Un juge de l'exécution ne peut poursuivre la vente sur surenchère d'un immeuble, quand bien même l'audience d'orientation aurait fixé les termes de la vente sur adjudication du bien immobilier et une première adjudication aurait déjà été prononcée, lorsque la saisie pénale de la créance, cause de la saisie immobilière, a été ordonnée par un juge d'instruction postérieurement à la première adjudication. Dans cette hypothèse, la vente sur surenchère de l'immeuble ne peut avoir lieu que sur l'autorisation du juge des libertés et de la détention ou du juge d'instruction délivrée en application des articles 706-143 et 706-144 du Code de procédure pénale, ce juge pouvant décider que la saisie pénale sera reportée sur la somme revenant au créancier dans le prix d'adjudication et consignée sans délai auprès de l'Agence de gestion et de recouvrement des avoirs saisis et confisqués sur le fondement de l'article 706-160, alinéa 1, 2° du même code (▪ Cass. 2e civ., 5 déc. 2019, préc., § 17).

8) Conditions de la saisie – Teneur des soupçons à l'encontre de la personne objet de la saisie. La saisie de biens ou droits incorporels n'est pas subordonnée à la mise en examen de leur propriétaire ou titulaire (▪ Cass. crim., 7 déc. 2016, n° 16-81.280. ▪ Cass. crim., 4 mars 2020, n° 19-81.371, § 9). Il doit exister des raisons plausibles de soupçonner que la personne dont les comptes bancaires ont été saisis a commis les faits objet de l'enquête et encourt en conséquence la saisie en valeur du produit de ceux-ci (▪ Cass. crim., 26 juin 2019, nos 18-84.650 et 18-84.651). C'est à tort que la chambre de l'instruction énonce qu'aucune disposition légale ne conditionne la régularité de l'ordonnance de saisie de sommes inscrites au crédit d'un compte-titre à la démonstration de raisons plausibles de soupçonner la commission des infractions poursuivies (▪ Cass. crim., 25 sept. 2019, n° 18-84.649). La chambre de l'instruction saisie de l'appel d'une ordonnance de saisie spéciale de biens ou droits incoporels doit apprécier l'existence d'indices de commission d'une infraction de nature à justifier la mesure de saisie pénale (▪ Cass. crim., 4 mars 2020, préc., § 9. ▪ Cass. crim., 10 mars 2021, n° 20-85.007, § 9). Il appartient à la chambre de l'instruction saisie d'un appel formé à l'encontre d'une ordonnance emportant saisie spéciale de biens appartenant à une personne mise en cause par une enquête préliminaire, laquelle décède au cours de l'instance, de sorte que l'action publique ne peut plus être mise en mouvement à son encontre, de s'assurer, même d'office, que les conditions légales de la saisie, dont celle du caractère confiscable des biens en application de l'article 131-21 du Code pénal, demeurent réunies. À défaut, elle est tenue d'ordonner la mainlevée de la saisie. Encourt dès lors la censure l'arrêt de la chambre de l'instruction qui, sur les appels formés par un mis en cause pour blanchiment et son épouse, titulaires de comptes bancaires, à l'encontre d'une ordonnance maintenant leur saisie, bien qu'informée, en cours d'instance, du décès du premier, confirme l'ordonnance, au titre de la saisie en valeur du produit de l'infraction et de la saisie de patrimoine, sans rechercher s'il existait, ou non, des présomptions de la participation aux faits objet de l'enquête de la personne propriétaire, autre que le défunt, des fonds saisis, ou dont elle a la libre disposition (▪ Cass. crim., 21 nov. 2018, n° 18-80.089 : *Bull. crim.* n° 195 ; *Procédures* 2019, comm. 92, obs. A.-S. Chavent-Leclère). Comp. auparavant, ▪ Cass. crim., 25 févr. 2015, n° 14-86.447 : *Bull. crim.* n° 36 ; *JurisData* n° 2015-003563 ; *JCP* G 2015, 292, J.-Y. Maréchal ; *JCP* G 2015, 500, S. Detraz ; *Procédures* 2015, comm. 136, A.-S. Chavent-Leclère : dès lors qu'il résulte des énonciations d'un arrêt que les fonds importants versés sur les comptes de M. X., dont le montant est sans rapport avec ses ressources apparentes, peuvent provenir des infractions objet de l'enquête, ces sommes, susceptibles de confiscation en application de l'article 131-21 du Code pénal, sont saisissables. ▪ Cass. crim., 14 juin 2017, n° 16-84.260 : est justifiée la saisie de fonds sur un compte bancaire, alors que la personne mise en cause n'en justifie pas l'origine et qu'elles peuvent provenir des infractions objet de l'enquête.

9) Principe de proportionnalité. Instrument de l'infraction : saisie en valeur. En cas de saisie en valeur, il se déduit des articles 706-141-1 et 706-153 du Code de procédure pénale qu'il appartient au juge de vérifier que la valeur du bien saisi n'excède pas celle de l'instrument de l'infraction et, lorsqu'une telle garantie est invoquée, d'apprécier le caractère proportionné de l'atteinte portée au droit de propriété de l'intéressé au regard de la gravité concrète des faits et de sa situation personnelle (■ Cass. crim., 6 nov. 2019, n° 19-82.683 : publié au *Bull.* ; *Procédures* 2020, comm. 21, obs. A.-S. Chavent-Leclère).

10) Principe de proportionnalité. Objet ou produit de l'infraction. Est inopérant le moyen qui, à la suite de la saisie d'une créance figurant sur un contrat d'assurance sur la vie, prononcée sur le fondement de l'article 706-153 du Code de procédure pénale, invoque une atteinte disproportionnée au droit de propriété, s'agissant d'une saisie en valeur de l'objet ou du produit direct ou indirect de l'infraction (■ Cass. crim., 5 janv. 2017, n° 16-80.275 : *Bull. crim.* n° 7).

11) Spécialité des diverses saisies spéciales. C'est à tort que, pour confirmer la décision du juge d'instruction ordonnant la saisie des soldes des contrats d'assurance sur la vie souscrits par la personne mise en examen, une chambre de l'instruction retient que si l'article 706-155 du Code de procédure pénale permet au juge d'instruction, dans l'attente d'un jugement sur le fond, de suspendre les facultés de rachat, de renonciation et de nantissement des créances figurant sur un contrat d'assurance sur la vie, aucune disposition légale ne lui interdit de procéder, en application de l'article 706-153 du même code, à la saisie des sommes placées sur de tels comptes qui correspondent, au sens de l'article 131-21, alinéa 3 du Code pénal, aux produits directs ou indirects de l'infraction poursuivie ; en statuant ainsi, alors que les dispositions des articles 706-141 à 706-157 du Code de procédure pénale relatives aux saisies spéciales définissent les formes et modalités de ces saisies selon la nature du bien saisi, et en particulier, celles qui s'appliquent, de façon exclusive, aux contrats d'assurance sur la vie, la chambre de l'instruction a méconnu le texte susvisé et le principe ci-dessus rappelé (■ Cass. crim., 30 oct. 2012, n° 12-84.961 : *Bull. crim.* n° 229). Comp. ■ Cass. crim., 5 janv. 2017 : *Bull. crim.* n° 6.

IV – CONDITIONS PROCÉDURALES

12) Saisie ordonnée par le juge d'instruction – Absence de requête du ministère public. Le juge d'instruction peut ordonner une saisie sur le fondement de l'article 706-153 du Code de procédure pénale sans requête préalable du ministère public (■ Cass. crim., 6 mai 2015, n° 15-80.076 : *JurisData* n° 2015-010458 ; *Bull. crim.* n° 101).

13) Saisie ordonnée par le juge d'instruction à la demande de la partie civile. Celui dont le bien a été saisi ne saurait se faire un grief de ce que la saisie pénale a été ordonnée par le juge d'instruction à la demande des parties civiles, dès lors que le juge d'instruction tient des dispositions de l'article 706-153 du Code de procédure pénale le pouvoir d'ordonner même d'office une telle mesure, la circonstance que la saisie a été demandée par les parties civiles n'affectant pas la validité de celle-ci (■ Cass. crim., 25 sept. 2019, n° 18-83.770).

14) Absence de contradiction lors de l'enquête préliminaire : indifférence. C'est à tort que pour réformer une ordonnance du juge des libertés et de la détention, autorisant le procureur de la République à procéder à la saisie d'une somme figurant au crédit d'un compte bancaire de la société O., mise en cause dans le cadre d'une enquête préliminaire en cours, l'arrêt attaqué énonce que l'enquête préliminaire n'a ce jour pas donné lieu à une éventuelle décision de poursuite, privant l'intéressée, sur une longue durée, dont le terme n'est pas connu, d'une procédure contradictoire qui lui aurait permis de faire valoir son argumentation afin de s'opposer à la saisie contestée et que sont particulièrement faibles le risque de dissipation des sommes qui pourraient être réclamées, tout comme celui de soustraction de cette société à ses obligations qui résulteraient d'une éventuelle condamnation judiciaire : il appartenait seulement à la chambre de l'instruction de contrôler que le juge des libertés et de la détention avait régulièrement autorisé le procureur de la République à procéder à la saisie de la valeur du produit des infractions représentée en partie par une somme figurant au compte bancaire de la personne morale mise en cause, après s'être assurée de son caractère confiscable en application des conditions légales et avoir précisé le fondement de la mesure (■ Cass. crim., 21 nov. 2018, n° 18-82.040. ■ Cass. crim., 5 déc. 2018, n° 18-80.059 : *Bull. crim.* n° 205).

15) Conditions d'accès du juge aux pièces du dossier de procédure. Est irrecevable la prétention de l'appelant à faire vérifier dans quelles conditions le juge prend connaissance des pièces du dossier de la procédure mis à sa disposition (■ Cass. crim., 26 juin 2019, n° 18-85.209 : *Bull. crim.* n° 138 ; *Dr. pén.* 2019, comm. 157, obs. A. Maron et M. Haas. ■ Cass. crim., 26 juin 2019, n° 18-85.220).

16) Président de la chambre de l'instruction statuant seul. Il se déduit de l'article 706-153 du Code de procédure pénale que, lorsque le président de la chambre de l'instruction statue seul sur l'appel de l'ordonnance de saisie de biens ou droits incorporels, c'est selon la procédure applicable devant la chambre de l'instruction (■ Cass. crim., 7 déc. 2021, n° 21-83.514, § 5). Les dispositions des articles 706-153 et D. 43-5 du Code de procédure pénale, prévoyant que le président de la chambre de l'instruction est compétent pour statuer seul, notamment sur les demandes ou les recours ou contentieux relatifs à la saisie de biens ou droits incorporels, sauf si l'auteur du recours a précisé qu'il saisit la chambre de l'instruction dans sa formation collégiale, ne concernent pas le recours formé contre l'ordonnance prévue par l'article 706-154 du même Ccode (■ Cass. crim., 2 juin 2021, n° 20-81.100, § 10).

V – MAINLEVÉE DE LA SAISIE

17) Décès de la personne mise en cause. Il se déduit des articles 131-21 du Code pénal, et 6, 706-141, 706-141-1, 706-148, 706-153, 706-154 et 593 du Code de procédure pénale qu'il appartient à la chambre de l'instruction saisie d'un appel formé à l'encontre d'une ordonnance emportant saisie spéciale de biens appartenant à une personne mise en cause par une enquête préliminaire, laquelle décède au cours de l'instance, de sorte que l'action publique ne peut plus être mise en mouvement à son encontre, de s'assurer, même d'office, que les conditions légales de la saisie, dont celle du caractère confiscable des biens en application de l'article 131-21 du Code pénal, demeurent réunies ; à défaut, elle est tenue d'ordonner la mainlevée de la saisie (■ Cass. crim., 21 nov. 2018, n° 18-80.089 : *Bull. crim.* n° 195 ; *Procédures* 2019, comm. 92, obs. A.-S. Chavent-Leclère).

VI – APPEL DE L'ORDONNANCE AUTORISANT LA SAISIE

18) Délai d'appel. Il se déduit de l'article 706-153 qu'il est dérogé aux prescriptions légales relatives aux délais d'appel lorsque l'appelant démontre l'existence d'un obstacle de nature à le mettre dans l'impossibilité d'exercer son recours en temps utile ; ainsi d'un requérant, tiers à la procédure et, comme tel, non soumis à l'obligation de déclarer son adresse, qui est étranger et réside hors du territoire national (■ Cass. crim., 19 juin 2018, n° 18-83.090).

19) Communication des pièces aux parties et aux tiers. La chambre de l'instruction saisie d'un recours formé contre une ordonnance de saisie spéciale au sens des articles 706-141 à 706-158 du Code de procédure pénale, qui, pour justifier d'une telle mesure, s'appuie sur une ou des pièces précisément identifiées de la procédure, est tenue de s'assurer que celles-ci ont été communiquées à la partie appelante (■ Cass. crim., 13 juin 2018, n° 17-83.893 : *Bull. crim.* n° 110, visa de Conv. EDH, art. 6). Aucune disposition légale non plus que réglementaire n'interdit aux juges d'avoir communication des actes de la procédure accomplis postérieurement à l'ordonnance de saisie pénale, à la condition que ces pièces soient mises à la disposition de l'appelant si les juges fondent la décision sur celles-ci précisément identifiées (■ Cass. crim., 26 juin 2019, n° 18-85.209 : *Bull. crim.* n° 138 ; *Dr. pén.* 2019, comm. 157, obs. A. Maron et M. Haas). Est donc justifiée la décision confirmant une ordonnance de saisie, dès lors que l'appelant ne justifie pas que la chambre de l'instruction s'est fondée sur des pièces précisément identifiées qui ne lui ont pas été communiquées (même arrêt). Il se déduit des articles 6 de la Convention européenne des droits de l'homme, 1er du protocole additionnel n° 1 à la Convention européenne des droits de l'homme, préliminaire et 706-153 du Code de procédure pénale qu'en cas d'appel interjeté par le procureur de la République, en application de l'article 185 du Code de procédure pénale, à l'encontre de l'ordonnance du juge des libertés et de la détention rejetant sa requête aux fins de saisie de bien ou droit incorporel, le propriétaire du bien ou du droit saisi et, s'ils sont connus, les tiers ayant des droits sur ce bien ou sur ce droit, qui doivent être convoqués devant la chambre de l'instruction, peuvent prétendre dans ce cadre à la mise à disposition des pièces de la procédure se rapportant à la saisie ; encourt donc la cassation l'arrêt qui retient qu'en matière de contentieux des saisies dans le cadre d'une enquête préliminaire, seules les pièces soumises par le ministère public au juge des libertés et de la détention sont communicables aux parties à l'exclusion de l'entier dossier, que le titulaire de la convention pouvait obtenir communication des pièces relatives à la procédure de saisie de créances, ce qu'il lui appartenait de demander, et qu'il ne saurait en conséquence se prévaloir de son inaction, alors que la chambre de l'instruction devait s'assurer que la requête du procureur de la République aux fins de saisie et l'ordonnance du juge des libertés et de la détention avaient été mises à la disposition du demandeur, et au besoin renvoyer l'examen de l'affaire à une audience ultérieure pour permettre le respect de cette formalité (■ Cass. crim., 17 févr. 2021, n° 20-81.397, § 7 : publié au *Bull.*).

20) Pièces de la procédure auxquelles les parties ont accès. Constituent les seules pièces de la procédure se rapportant à la saisie, au sens du second alinéa de l'article 706-153 du Code de procédure pénale, la requête du ministère public, l'ordonnance attaquée et la décision de saisie précisant les éléments sur lesquels se fonde la mesure de saisie (■ Cass. crim., 26 juin 2019, n° 18-85.209 : *Bull. crim.* n° 138 ; *Dr. pén.* 2019, comm. 157, obs. A. Maron et M. Haas. ■ Cass. crim., 25 sept. 2019, n° 18-84.649). Il résulte de l'article 706-153 du Code de procédure pénale que l'appelant d'une ordonnance de saisie de créance figurant sur un contrat d'assurance sur la vie peut prétendre, dans le cadre de son recours, à la mise à disposition des pièces de la procédure se rapportant à la saisie qu'il conteste. La requête du procureur de la République aux fins d'autorisation de la saisie doit donc nécessairement être mise à sa disposition (■ Cass. crim., 5 déc. 2018, n° 17-87.283).

21) Ordre de parole. Le demandeur ne saurait se faire un grief de ce que son avocat n'a pas eu la parole en dernier à l'issue des débats devant la chambre de l'instruction dès lors que le propriétaire d'un bien saisi qui n'a pas la qualité de personne mise en examen ou de témoin assisté, ne saurait, à ce stade de la procédure, être assimilé à ceux-ci (■ Cass. crim., 13 juin 2018, n° 17-83.893 : *Bull. crim.* n° 110).

22) Tiers ayant des droits sur l'objet saisi. Des demandeurs au pourvoi, en leur qualité de parties civiles dans l'information au cours de laquelle le juge des libertés et de la détention a autorisé la saisie en valeur de la créance figurant sur un contrat d'assurance-vie dont est titulaire un des mis en examen, ne sont pas des tiers ayant des droits sur le bien saisi au sens de l'article 706-153 du Code de procédure pénale et n'ont donc pas qualité pour se pourvoir en cassation contre l'arrêt de la chambre de l'instruction confirmant partiellement l'ordonnance de saisie du juge des libertés et de la détention (■ Cass. crim., 21 nov. 2018, n° 16-82.315 : *Bull. crim.* n° 196 ; *Procédure* 2019, n° 91, obs. A.-S. Chavent-Leclère. ■ Cass. crim., 21 nov. 2018, n° 16-82.321). Le débiteur d'une créance saisie en application de l'article 706-153 du Code de procédure pénale n'est pas un tiers ayant des droits sur ce bien au sens de ce texte et n'a donc pas qualité pour exercer un recours contre l'ordonnance de saisie ni pour se pourvoir en cassation (■ Cass. crim., 20 nov. 2019, n° 18-82.066 : publié au *Bull.* ; *Dr. pén.* 2020, comm. 22, obs. A. Maron et M. Haas). Le juge d'instruction ayant ordonné la saisie en valeur de la créance de dividendes dont une société, poursuivie pour blanchiment et recel, est titulaire à l'encontre d'une autre dont elle est l'actionnaire, cette dernière et son comité d'entreprise, parties civiles, ne sont pas des tiers ayant des droits sur le bien saisi au sens de l'article 706-153 du Code de procédure pénale et n'ont donc pas qualité pour se pourvoir en cassation contre l'arrêt de la chambre de l'instruction infirmant l'ordonnance de saisie du juge d'instruction (■ Cass. crim., 26 janv. 2022, n° 21-83.388 : publié au *Bull.*).

Art. 706-154 *(L. n° 2011-267, 14 mars 2011).* – **Par dérogation aux dispositions de l'article 706-153, l'officier de police judiciaire peut être autorisé, par tout moyen, par le procureur de la République ou le juge d'instruction à procéder, aux frais avancés du Trésor, à la saisie d'une somme d'argent versée sur un compte ouvert auprès d'un établissement habilité par la loi à tenir des comptes de dépôts. Le juge des libertés et de la détention, saisi par le procureur de la République, ou le juge d'instruction se prononce par ordonnance motivée sur le maintien ou la mainlevée de la saisie dans un délai de dix jours à compter de sa réalisation.**

(Mod., L. n° 2013-1117, 6 déc. 2013 ; applicable le 1er févr. 2014) **L'ordonnance prise en application du premier alinéa est notifiée au ministère public, au titulaire du compte et, s'ils sont connus, aux tiers ayant des droits sur ce compte, qui peuvent la déférer à la chambre de l'instruction par déclaration au greffe du tribunal dans un délai de dix jours à compter de la notification de l'ordonnance. Cet appel n'est pas suspensif. L'appelant ne peut prétendre dans ce cadre qu'à la mise à disposition des seules pièces de la procédure se rapportant à la saisie qu'il conteste. S'ils ne sont pas appelants, le propriétaire du bien et les tiers peuvent néanmoins être entendus par la chambre de l'instruction, sans toutefois pouvoir prétendre à la mise à disposition de la procédure.**

Lorsque la saisie porte sur une somme d'argent versée sur un compte ouvert auprès d'un établissement habilité par la loi à tenir des comptes de dépôts, elle s'applique indifféremment à l'ensemble des sommes inscrites au crédit de ce compte au moment de la saisie et à concurrence, le cas échéant, du montant indiqué dans la décision de saisie.

Bibliographie : E. Camous, *JCl. Proc. pén.*, art. 706-148 à 706-158, Fasc. 20.

1) Questions prioritaires de constitutionnalité – Égalité des citoyens devant la loi. N'est pas sérieuse la question de savoir si l'application des articles 706-153 et 706-154 du Code de procédure pénale dans le cadre de l'enquête préliminaire ne porte pas atteinte au principe de l'égalité des citoyens devant la loi et notamment la loi répressive ; en effet, s'il résulte de l'alinéa 2 de l'article 706-154 du Code de procédure pénale que l'appelant de l'ordonnance du juge des libertés et de la détention ayant, en application de cet article, autorisé le maintien de la saisie des sommes versées sur son compte bancaire, n'a accès qu'aux seules pièces de la procédure se rapportant à la saisie qu'il conteste, cette disposition garantit, par la mise à disposition de certaines des pièces du dossier, un juste équilibre entre les droits de la personne concernée par la saisie et la nécessité de préserver le secret de l'enquête et de l'instruction (■ Cass. crim., 28 mars 2017, n° 17-90.002 QPC). **Droit de propriété, égalité des citoyens devant la loi, droit à un recours juridictionnel effectif, droit à un procès équitable, principe du contradictoire.** L'article 706-154 du Code de procédure pénale, en limitant l'accès au dossier de la procédure des tiers appelants de l'ordonnance autorisant le maintien de la saisie de sommes d'argent versées sur un compte de dépôt aux seules pièces se rapportant à la saisie qu'il conteste garantit un juste équilibre entre le droit de l'intéressé à un recours effectif devant la chambre de l'instruction contre la décision de saisie, d'une part, et la nécessité de protéger le secret de l'enquête et de l'instruction, d'autre part (■ Cass. crim., 9 oct. 2019, n° 18-82.172 QPC. ■ Cass. crim., 3 févr. 2021, n° 20-84.966 QPC). **Droit à un recours effectif – Droits de la défense – Droit de propriété.** N'est pas sérieuse la question de savoir si les dispositions combinées des articles 694-10, 694-12 et 706-154, alinéa 2 du Code de procédure pénale portent atteinte au droit à un recours effectif, aux droits de la défense et au droit de propriété en ce qu'elles soumettent la procédure de saisie sur compte bancaire dans le cadre d'une demande d'entraide aux dispositions du Code de procédure pénale permettant une notification par simple voie postale de l'ordonnance de maintien de la saisie au titulaire du compte ou son ayant droit connu, ainsi qu'un délai d'appel de seulement 10 jours, sans prévoir, lorsque le titulaire du compte ou son ayant droit connu est domicilié à l'étranger, ni délai de distance, ni garantie plus protectrice de remise de la décision, ni obligation d'indiquer les modalités et délais de recours dans l'acte de notification ; en effet, d'une part, les saisies pénales opérées en application des dispositions de l'article 706-154 du Code de procédure pénale en exécution d'une demande d'entraide internationale, doivent être réalisées, en application des articles 694-10 à 694-13 du même code, selon les modalités prévues par celui-ci, sauf si la convention internationale en stipule autrement, d'autre part, le délai d'appel de la décision notifiée à la personne visée par celle-ci, résidant au Sénégal, ne court qu'à compter de la remise de l'acte effectuée dans les conditions des articles 10 et 11 de la convention de coopération en matière judiciaire entre la France et le Sénégal du 29 mars 1974 (■ Cass. crim., 22 mars 2017, n° 16-85.773 QPC). La saisie conservatoire de sommes, volatiles par nature, si elle est opérée dans l'urgence par un officier de police judiciaire est provisoire, n'entraîne aucune dépossession des fonds qu'elle a pour seul effet de rendre indisponibles et doit être maintenue ou levée, dans les dix jours de sa réalisation, par un juge qui doit s'assurer du caractère confiscable des fonds concernés, sans avoir à organiser un débat contradictoire qui impliquerait des délais de nature à faire échec à l'effectivité de la mesure. Cette décision est susceptible, en vertu de l'article 706-154 du Code de procédure pénale, d'être déférée devant la chambre de l'instruction par le titulaire du compte ou les tiers ayant des droits et le Code de procédure pénale institue des procédures de restitution des biens placés sous main de justice qui sont assorties de voies de recours. En cas de recours, la juridiction saisie doit apprécier, hormis le cas où la confiscation porte sur un bien qui, dans sa totalité, constitue le produit de l'infraction, le caractère proportionné de l'atteinte portée au droit de propriété de l'intéressé lorsqu'une telle garantie est invoquée, ou procéder à cet examen d'office lorsqu'il s'agit d'une saisie de tout ou partie du patrimoine. Enfin, l'article 706-154 du Code de procédure pénale, en limitant l'accès au dossier de la procédure des tiers appelants de l'ordonnance autorisant le maintien de la saisie aux seules pièces se rapportant à la saisie, garantit un juste équilibre entre le droit des intéressés à un recours effectif contre la décision de saisie et la nécessité de protéger le secret de l'enquête et de l'instruction. Les dispositions législatives contestées concilient donc, avant toute déclaration de culpabilité, l'efficacité de la lutte contre la fraude, objectif à valeur constitutionnelle, avec le droit de propriété et les droits de la défense constitutionnellement garantis (■ Cass. crim., 29 juin 2021, n° 21-00.007 QPC, § 9). **Droit de propriété, présomption d'innocence, droits de la défense.** L'article 706-154 du Code de procédure pénale concilie, avant toute déclaration de culpabilité, l'efficacité de la lutte contre la fraude, objectif à valeur constitutionnelle, avec le droit de propriété et la présomption d'innocence, constitutionnellement garantis, en ce que la saisie conservatoire de sommes d'argent, volatiles par essence, inscrites sur un compte de dépôts, si elle est opérée dans l'urgence par un officier de police judiciaire autorisé à y procéder par le procureur de la République, est provisoire, n'entraîne aucune dépossession des fonds qu'elle a pour seul effet de rendre indisponibles et doit être maintenue ou levée, dans les 10 jours de sa réalisation, par le juge des libertés et de la détention lequel doit s'assurer du caractère confiscable des fonds concernés sans avoir à organiser un débat contradictoire qui impliquerait des délais de nature à faire échec à son effectivité, la levée d'une telle mesure pouvant en outre être demandée à tout moment (■ Cass. crim., 24 juill. 2019, n° 19-80.422 QPC. ■ Cass. crim., 24 juill. 2019, n° 19-80.426 QPC. ■ Cass. crim., 3 févr. 2021, n° 20-84.966 QPC). Les dispositions législatives contestées de l'article 706-154 concilient, avant toute déclaration de culpabilité, l'efficacité de la lutte contre la fraude, objectif à valeur constitutionnelle, avec le droit de propriété, la présomption d'innocence et les droits de la défense constitutionnellement garantis (▪ Cass. crim., 3 févr. 2021, n° 20-84.966 QPC). **Principe de proportionnalité, droit de propriété.** En cas de recours contre la saisie, la chambre de l'instruction doit apprécier, hormis le cas où la confiscation, qu'elle soit en nature ou en valeur, porte sur un bien qui, dans sa totalité, constitue le produit de l'infraction, le caractère proportionné de l'atteinte portée au droit de propriété de l'intéressé lorsqu'une telle garantie est invoquée, ou procéder à cet examen d'office lorsqu'il s'agit d'une saisie de tout ou partie du patrimoine (▪ Cass. crim., 3 févr. 2021, n° 20-84.966 QPC, § 7). **Principe de dignité. – Droit d'obtenir de la collectivité des moyens convenables d'existence. – Incompétence négative.** Les dispositions de l'article 706-154 ne sont pas contraires au préambule de la Constitution du 27 octobre 1946 ni entachées d'incompétence négative au regard de l'article 34 de la Constitution, en ce qu'elles ne prévoiraient pas, en cas de saisie pénale de sommes inscrites au crédit du compte bancaire d'une personne physique, que soit laissée à sa disposition une somme à caractère alimentaire d'un montant égal au montant forfaitaire du revenu de solidarité active ; en effet, d'une part il appartient au législateur, compétent en application de l'article 34 de la Constitution pour fixer les règles concernant le droit pénal et la procédure pénale, de déterminer les conditions et les modalités des enquêtes et informations judiciaires dans le respect de la dignité de la personne, d'autre part, les dispositions législatives contestées concilient, avant toute déclaration de culpabilité, l'efficacité de la lutte contre la fraude, objectif à valeur constitutionnelle, avec le principe à valeur constitutionnel de dignité, dont le Conseil constitutionnel n'a jamais considéré qu'il puisse, à lui-seul, justifier une déclaration d'inconstitutionnalité (▪ Cass. crim., 29 janv. 2020, n° 19-84.631 QPC § 4).

2) **Conformité à l'art. 6, Conv. EDH.** Le demandeur ne saurait se faire un grief de n'avoir eu accès qu'aux pièces de la procédure se rapportant à la saisie, conformément à l'alinéa 2 de l'article 706-154 du Code de procédure pénale, dès lors que ce texte ne méconnaît aucune des dispositions conventionnelles invoquées en ce qu'il garantit un juste équilibre entre les droits de la personne concernée par la saisie et la nécessité de protéger le secret de l'enquête et de l'instruction (▪ Cass. crim., 25 févr. 2015, n° 14-86.447 : *Bull. crim.* n° 36 ; *JurisData* n° 2015-003563 ; *JCP* G 2015, 292, J.-Y. Maréchal et 500, S. Detraz ; *Procédures* 2015, comm. 136, A.-S. Chavent-Leclère. ▪ Cass. crim., 25 févr. 2015, n° 14-86.448 : *JurisData* n° 2015-003504. ▪ Cass. crim., 25 févr. 2015, n° 14-86.449 : *JurisData* n° 2015-003505. ▪ Cass. crim., 25 févr. 2015, n° 14-86.450 : *JurisData* n° 2015-003503. ▪ Cass. crim., 24 oct. 2018, n° 17-86.199 : *Bull. crim.* n° 176). L'article 706-54 du Code de procédure pénale n'est pas contraire au droit de propriété, au droit à un procès équitable, au droit à un recours juridictionnel effectif ni aux droits de la défense garantis par la Convention européenne des droits de l'homme. D'une part, la saisie en valeur du solde créditeur d'un compte bancaire, qui est une mesure temporaire prévue par l'article 706-154 du Code de procédure pénale et qui est destinée à garantir une éventuelle peine complémentaire de confiscation en application de l'article 131-21 du Code pénal, poursuit un but d'intérêt général. D'autre part, si, en raison de l'extrême volatilité des fonds inscrits sur un compte de dépôt, elle est effectuée dans un premier temps par un officier de police judiciaire agissant cependant sur autorisation du procureur de la République ou du juge d'instruction, laquelle peut être donnée par tout moyen, son maintien doit être ordonné dans les 10 jours de sa réalisation par un juge qui doit s'assurer que le bien saisi a une valeur au plus équivalente à celle du produit de l'infraction, faute de quoi la mesure de saisie doit être impérativement levée. Enfin, elle est en outre entourée de garanties procédurales permettant, notamment, aux personnes concernées, qui ne sont pas, du seul effet de la saisie, privées de leur droit de propriété, d'exercer un recours contre cette mesure conformément aux dispositions de l'article 706-154, alinéa 2, et de saisir l'autorité judiciaire compétente d'une demande de restitution à chacune des phases de la procédure en application des articles 41-4, 99 et 479 du Code de procédure pénale, les juges étant tenus de se prononcer dans un délai raisonnable (▪ Cass. crim., 10 mars 2021, n° 20-84.966, §§ 13 à 16).

3) **Conformité à la directive 2012/13/UE.** La restriction apportée à la mise à disposition des pièces du dossier ne méconnaît pas les dispositions de la directive 2012/13/UE (▪ Cass. crim., 24 oct. 2018, n° 17-86.199 : *Bull. crim.* n° 176).

4) **Rapport de la saisie de sommes inscrites sur un compte bancaire avec la saisie de droits incorporels.** L'article 706-154 du Code de procédure pénale ne constitue qu'une déclinaison de l'article 706-153 du même code (▪ Cass. crim., 29 janv. 2020, n° 19-84.631 QPC, § 5).

5) **Pouvoirs du juge saisi des requêtes relatives à l'exécution de la saisie de sommes inscrites sur un compte bancaire.** Le magistrat ayant ordonné ou autorisé la saisie est compétent, en application de l'article 706-144 du Code de procédure pénale, pour statuer sur toutes les requêtes relatives à l'exécution de la saisie, et notamment, sur la situation financière dans

laquelle est susceptible de se retrouver la personne titulaire d'un compte bancaire dont le solde a été saisi (■ Cass. crim., 29 janv. 2020, n° 19-84.631 QPC, § 9).

6) Soupçons devant peser à l'encontre du saisi. La chambre de l'instruction est tenue de s'assurer, par des motifs propres, de l'existence d'indices laissant présumer la commission des infractions sur la base desquelles la saisie du solde créditeur d'un compte bancaire a été ordonnée, à la date où elle se prononce sur le maintien de celle-ci (■ Cass. crim., 24 juin 2020, n° 19-84.631, § 24 : publié au *Bull.* ; *Procédures* 2020, n° 152, obs. A.-S. Chavent-Leclère).

7) Saisie de la totalité des sommes inscrites au crédit d'un compte bancaire. Selon l'article 706-154 du Code de procédure pénale, la saisie de sommes d'argent versées sur un compte bancaire s'applique indifféremment à l'ensemble des sommes inscrites au crédit de ce compte au moment de la saisie (■ Cass. crim., 18 sept. 2012, n° 12-80.662 : *Bull. crim.* n° 193).

8) Délai de 10 jours pour déférer l'ordonnance de maintien ou de mainlevée de la saisie. La date de la notification de la décision de saisie par l'officier de police judiciaire à l'établissement tenant le compte objet de la mesure, qui entraîne l'indisponibilité immédiate de la somme d'argent versée sur le compte, constitue le point de départ du délai de 10 jours prévu par l'article 706-154 du Code de procédure pénale, peu important la date à laquelle la somme a été consignée auprès de l'Agence de gestion et de recouvrement des avoirs saisis et confisqués (AGRASC) (■ Cass. crim., 1er avr. 2020, n° 19-85.770, § 9 : publié au *Bull.* ; *Dr. pén.* 2020, comm. 123, obs. E. Camous). Il résulte de l'article 706-154 du Code de procédure pénale que, si l'officier de police judiciaire peut être autorisé par le procureur de la République à procéder à la saisie d'une somme d'argent versée sur un compte ouvert auprès d'un établissement habilité par la loi à tenir des comptes de dépôts, il appartient au juge d'instruction, saisi à la suite de l'ouverture d'une information, de se prononcer, par ordonnance motivée, sur le maintien ou la mainlevée de ladite saisie dans un délai de dix jours à compter de sa réalisation, l'autorisation donnée cessant de produire effet à l'expiration de ce délai. Encourt la cassation l'arrêt qui, pour confirmer l'ordonnance du juge d'instruction rendue postérieurement audit délai, retient que celui-ci n'est pas prévu à peine de nullité et que son dépassement ne cause aucun préjudice à la personne concernée, dès lors que cette dernière peut interjeter appel de l'ordonnance de maintien de la saisie même rendue tardivement (■ Cass. crim., 7 juin 2017, n° 16-86.898 : *Bull. crim.* n° 153).

9) Mainlevée de la saisie : décès de la personne mise en cause. Il se déduit des articles 131-21 du Code pénal, et 6, 706-141, 706-141-1, 706-148, 706-153, 706-154 et 593 du Code de procédure pénale qu'il appartient à la chambre de l'instruction saisie d'un appel formé à l'encontre d'une ordonnance emportant saisie spéciale de biens appartenant à une personne mise en cause par une enquête préliminaire, laquelle décède au cours de l'instance, de sorte que l'action publique ne peut plus être mise en mouvement à son encontre, de s'assurer, même d'office, que les conditions légales de la saisie, dont celle du caractère confiscable des biens en application de l'article 131-21 du Code pénal, demeurent réunies ; à défaut, elle est tenue d'ordonner la mainlevée de la saisie (■ Cass. crim., 21 nov. 2018, n° 18-80.089 : *Bull. crim.* n° 195 ; *Procédures* 2019, n° 92, obs. A.-S. Chavent-Leclère).

10) Accès du demandeur limité aux pièces de la procédure se rapportant à la saisie. Il résulte des articles 706-153 et 706-154 du Code de procédure pénale que l'appelant d'une ordonnance de saisie spéciale du solde créditeur d'un compte bancaire peut prétendre, dans le cadre de son recours, à la mise à disposition des pièces de la procédure se rapportant à la saisie qu'il conteste ; doivent donc être mis à la disposition du demandeur et de son conseil, d'une part, le procès-verbal constatant les opérations de saisie initiale, d'autre part la requête du ministère public sollicitant le maintien de celle-ci (■ Cass. crim., 24 juin 2020, n° 19-84.631, § 15 : publié au *Bull.* ; *Procédures* 2020, n° 152, obs. A.-S. Chavent-Leclère). L'article 706-154 du Code de procédure pénale, en limitant l'accès au dossier de la procédure des tiers appelants de l'ordonnance autorisant le maintien de la saisie de sommes d'argent versées sur un compte de dépôt aux seules pièces se rapportant à la saisie qu'ils contestent, garantit un juste équilibre entre le droit des intéressés à un recours effectif devant la chambre de l'instruction contre la décision de saisie et la nécessité de protéger le secret de l'enquête et de l'instruction, étant précisé que la chambre de l'instruction est tenue d'assurer la communication à l'appelant des pièces du dossier sur lesquelles elle fonde sa décision (■ Cass. crim., 3 févr. 2021, n° 20-84.966 QPC). Constituent les seules pièces de la procédure se rapportant à la saisie, au sens du second alinéa des articles 706-154 et 706-158 du Code de procédure pénale, la requête du ministère public, l'ordonnance attaquée et la décision de saisie précisant les éléments sur lesquels se fonde la mesure de saisie (■ Cass. crim., 26 juin 2019, nos 18-84.650 et 18-84.651). L'appelant d'une ordonnance de maintien de la saisie peut prétendre, dans le cadre de son recours, à la mise à disposition, d'une part, du procès-verbal de saisie de l'officier de police judiciaire, de la requête du procureur de la République aux fins de maintien de la saisie et de l'ordonnance attaquée, d'autre part, des pièces précisément identifiées de la procédure sur lesquelles la chambre de l'instruction s'appuie pour justifier la mesure (■ Cass. crim., 5 mai 2021, n° 20-85.917, § 7).

11) Appel contre l'ordonnance du juge des libertés et de la détention : pouvoirs de la chambre de l'instruction. Il résulte de l'article 706-154 du Code de procédure pénale que la chambre de l'instruction n'a pas le pouvoir d'évoquer lorsqu'elle statue sur l'appel d'une ordonnance de saisie spéciale rendue par le juge des libertés et de la détention, pouvoir qui n'existe que lorsqu'elle statue dans le cadre d'une information judiciaire en application de l'article 207, alinéa 2, du Code de procédure pénale. Dès lors, si elle prononce l'annulation d'une ordonnance de maintien de saisie d'une somme d'argent, elle ne peut qu'en constater la mainlevée ; elle peut aussi en raison de l'effet dévolutif de l'appel, sans annuler l'ordonnance déférée ni évoquer, substituer ses propres motifs à ceux, qu'elle estime insuffisants, de ladite ordonnance (■ Cass. crim., 4 nov. 2021, n° 21-80.571).

12) Contrôle de proportionnalité exercé par la chambre de l'instruction ; cas. En cas de recours, la chambre de l'instruction doit apprécier, hormis le cas où la confiscation, qu'elle soit en nature ou en valeur, porte sur un bien qui, dans sa totalité, constitue le produit de l'infraction, le caractère proportionné de l'atteinte portée au droit de propriété de l'intéressé (■ Cass. crim., 3 févr. 2021, n° 20-84.966 QPC, § 7).

13) Contrôle de proportionnalité exercé par la chambre de l'instruction ; contrôle d'office : saisie de patrimoine. Dans les cas où la saisie suppose un contrôle de proportionnalité, la chambre de l'instruction y procède lorsqu'une telle garantie est invoquée, ou procède à cet examen d'office lorsqu'il s'agit d'une saisie de tout ou partie du patrimoine (■ Cass. crim., 3 févr. 2021, n° 20-84.966 QPC, § 7).

14) Président de la chambre de l'instruction statuant seul : inapplicabilité. Les dispositions des articles 706-153 et D. 43-5 du Code de procédure pénale, prévoyant que le président de la chambre de l'instruction est compétent pour statuer seul, notamment sur les demandes ou les recours ou contentieux relatifs à la saisie de biens ou droits incorporels, sauf si l'auteur du recours a précisé qu'il saisit la chambre de l'instruction dans sa formation collégiale, ne concernent pas le recours formé contre l'ordonnance prévue par l'article 706-154 du même code. Le président de la chambre de l'instruction ne peut donc statuer seul sur l'appel de l'ordonnance par laquelle le juge d'instruction s'est prononcé sur le maintien ou la mainlevée de la saisie d'une somme d'argent versée sur un compte ouvert auprès d'un établissement habilité par la loi à tenir des comptes de dépôt (■ Cass. crim., 2 juin 2021, n° 20-81.100, §§ 10 et 11).

Art. 706-155 *(L. n° 2010-768, 9 juill. 2010)*. **– Lorsque la saisie porte sur une créance ayant pour objet une somme d'argent, le tiers débiteur doit consigner sans délai la somme due à la Caisse des dépôts et consignations ou auprès de l'Agence de gestion et de recouvrement des avoirs saisis et confisqués lorsqu'elle est saisie. Toutefois, pour les créances conditionnelles ou à terme, les fonds sont consignés lorsque ces créances deviennent exigibles.**

Lorsque la saisie porte sur une créance figurant sur un contrat d'assurance sur la vie, elle entraîne la suspension des facultés de rachat, de renonciation et de nantissement de ce contrat, dans l'attente du jugement définitif au fond. Cette saisie interdit également toute acceptation postérieure du bénéfice du contrat dans l'attente de ce jugement et l'assureur ne peut alors plus consentir d'avances au contractant. Cette saisie est notifiée au souscripteur ainsi qu'à l'assureur ou à l'organisme auprès duquel le contrat a été souscrit.

Bibliographie : E. Camous, *JCl. Proc. pén.*, art. 706-148 à 706-158, Fasc. 20.

Voir également : V. art. R. 53-50, p. 2042.

1) Question prioritaire de constitutionnalité. Présomption d'innocence – Droits de la défense – Procédure équitable – Droit de propriété – Principe de proportionnalité des peines. N'est pas sérieuse la question qui prétend que les articles 706-143, 706-146, 706-148, 706-153 et 706-155 du Code de procédure pénale, 131-21 et 324-7, 12° du Code pénal portent atteinte, notamment, à la présomption d'innocence, aux droits de la défense, faute notamment de tout recours juridictionnel effectif, à la garantie d'un procès équitable assurant le principe du contradictoire, au droit de propriété, au principe de proportionnalité des peines, tant dans le principe même des saisies que dans l'insuffisance de garantie qui les entourent, et à raison du caractère pratiquement irrémédiable de la mesure, notamment en n'ouvrant aucune voie de rétractation au propriétaire ni de mainlevée du tiers saisi, et en excluant que la restitution du bien devra avoir lieu d'office lorsque la saisie n'a plus lieu d'être. En effet, d'une part, les saisies spéciales prévues par les textes visés ne peuvent être ordonnées, selon les conditions définies par l'article 131-21 du Code pénal, que si elles sont destinées à garantir l'exécution d'une peine de confiscation susceptible d'être prononcée dans les cas limitativement énumérés par ledit code ; d'autre part, ces saisies sont autorisées ou ordonnées par un juge, également compétent pour statuer sur leur exécution ou sur les actes ayant pour conséquence de transformer, modifier substantiellement le bien en cause ou d'en réduire la valeur ; enfin, elles sont notifiées à la personne concernée, au propriétaire d'un bien ou du droit incorporel en cause ainsi qu'aux tiers intéressés qui peuvent les déférer à la chambre de l'instruction ; en outre, les articles 41-4, 99, 479 et 543 du Code de procédure pénale instituent des procédures de restitution des biens placés sous main de justice qui sont assorties de voies de recours, les droits des tiers étant préservés par la mise en œuvre des articles 41-5 et 99-2 du même code ; au surplus, l'ensemble des dispositions de l'article 131-21 du Code pénal instituant la peine complémentaire de confiscation ont été déclarées conformes à la Constitution par le Conseil constitutionnel dans les motifs et le dispositif de sa décision n° 2010-66 DC du 26 novembre 2010 (■ Cass. crim., 24 avr. 2013, n° 12-87.473 QPC).

2) Spécialité des diverses saisies spéciales. C'est à tort que, pour confirmer la décision du juge d'instruction ordonnant la saisie des soldes des contrats d'assurance sur la vie souscrits par la personne mise en examen, une chambre de l'instruction retient que si l'article 706-155 du Code de procédure pénale permet au juge d'instruction, dans l'attente d'un jugement sur le fond, de suspendre les facultés de rachat, de renonciation et de nantissement des créances figurant sur un contrat d'assurance sur la vie, aucune disposition légale ne lui interdit de procéder, en application de l'article 706-153 du même code, à la saisie des sommes placées sur de tels comptes qui correspondent, au sens de l'article 131-21, alinéa 3 du Code pénal, aux produits directs ou indirects de l'infraction poursuivie ; en statuant ainsi, alors que les dispositions des articles 706-141 à 706-157 du Code de procédure pénale relatives aux saisies spéciales définissent les formes et modalités de ces saisies selon la nature du bien saisi, et en particulier, celles qui s'appliquent, de façon exclusive, aux contrats d'assurance sur la vie, la chambre de l'instruction a méconnu le texte susvisé et le principe ci-dessus rappelé (■ Cass. crim., 30 oct. 2012, n° 12-84.961 : *Bull. crim.* n° 229 ; *JurisData* n° 2012-024392 ; *Resp. civ. et assur.* 2013, n° 33, obs. H. Groutel). Comp. ■ Cass. crim., 5 janv. 2017, n° 16-80.275 : *Bull. crim.* n° 7.

3) Articulation des deux alinéas de l'article 706-55. Seules sont applicables à la saisie de la créance dont dispose le bénéficiaire d'un contrat d'assurance sur l'assureur les dispositions du premier alinéa de l'article 706-155 du Code de procédure pénale qui font obligation au tiers débiteur de consigner sans délai la somme due à la Caisse des dépôts et consignations ou à l'Agence de recouvrement des avoirs saisis et confisqués, lorsqu'elle est saisie, cette consignation ne devant intervenir, s'agissant des créances conditionnelles ou à terme, que lorsque celles-ci sont exigibles. Les dispositions du second alinéa de l'article 706-155 ne régissent quant à elles que les effets de la saisie de la créance que détient, avant son décès, le souscripteur d'un tel contrat sur l'assureur (■ Cass. crim., 15 déc. 2021, n° 21-82.015, § 14 : publié au *Bull.*). C'est donc à tort qu'une chambre de l'instruction confirme l'ordonnance d'un juge des libertés et de la détention en constatant qu'en application du second alinéa de l'article 706-155, la saisie entraîne la suspension des facultés de rachat, de renonciation et de nantissement de ce contrat dans l'attente du jugement définitif au fond et interdit également toute acceptation postérieure du bénéfice de ce contrat dans l'attente de ce jugement. L'arrêt n'encourt toutefois pas la censure dès lors qu'il énonce que la saisie a pour fondement les dispositions de l'article 706-153 du Code de procédure pénale qui prévoit la saisie des droits incorporels, catégorie dans laquelle entre nécessairement la créance que détient le bénéficiaire d'un contrat d'assurance sur la vie à l'encontre de l'assureur (même arrêt).

4) Détermination du montant de la créance saisie. Est justifiée la décision de saisir des créances dès lors que leur montant cumulé est inférieur à l'objet du délit (■ Cass. crim., 26 juin 2019, n° 18-85.209 : *Bull. crim.* n° 138 ; *Dr. pén.* 2019, comm. 157, obs. A. Maron et M. Haas).

5) Inapplication du principe de proportionnalité. Saisie portant sur l'objet ou le produit de l'infraction. Est inopérant le grief tiré de la violation du principe de proportionnalité par une mesure de saisie pénale en valeur au regard du droit de propriété, dès lors que cette saisie, ordonnée sur le fondement de l'article 706-155 du Code de procédure pénale, a porté, sans en excéder le montant, sur la valeur de l'objet ou du produit direct ou indirect supposé de l'infraction (■ Cass. crim., 25 oct. 2017, n° 16-87.111).

6) Saisie d'une créance à exécution successive. C'est à bon droit qu'une chambre de l'instruction écarte l'argument selon lequel l'article 706-155 du Code de procédure pénale n'autoriserait pas la saisie pénale de créances à exécution successive et confirme, en leur principe, les ordonnances prescrivant la saisie de loyers, en énonçant qu'il s'agit de créances ayant pour objet une somme d'argent dont l'article précité autorise la saisie en tant que telles et que la circonstance qu'est reportée à la date de leur exigibilité la consignation des créances conditionnelles ou à terme est sans incidence sur le caractère saisissable de créances de loyers (■ Cass. crim., 11 oct. 2017, n°s 17-80.978, 17-80.980, 17-80.981, 17-80.983, 17-80.985 et 17-80.986).

7) Accès de l'appelant aux pièces se rapportant à la saisie contestée. L'appelant d'une ordonnance de saisie spéciale d'une créance figurant sur un contrat d'assurance sur la vie peut prétendre, dans le cadre de son recours, à la mise à disposition des pièces de la procédure se rapportant à la saisie qu'il conteste. La requête du procureur de la République aux fins d'autorisation de ladite saisie doit dès lors nécessairement être mise à sa disposition (■ Cass. crim., 31 mai 2017, n° 16-83.238).

Art. 706-156 *(L. n° 2010-768, 9 juill. 2010).* **– La saisie de parts sociales, valeurs mobilières, instruments financiers ou autres biens ou droits incorporels est notifiée à la personne émettrice.**

Le cas échéant, la saisie est également notifiée à l'intermédiaire financier mentionné aux 2° à 7° de l'article L. 542-1 du Code monétaire et financier teneur du compte ainsi qu'à l'intermédiaire inscrit mentionné à l'article L. 228-1 du Code de commerce.

Bibliographie : E. Camous, *JCl. Proc. pén.*, art. 706-148 à 706-158, Fasc. 20.

Art. 706-157 *(Mod., L. n° 2016-731, 3 juin 2016).* **– La saisie d'un fonds de commerce est opposable aux tiers à compter de son inscription, aux frais avancés du Trésor, sur le registre des nantissements tenu au greffe du tribunal de commerce du lieu de situation du fonds.**

Les formalités de cette publication sont réalisées, au nom du procureur de la République, du juge d'instruction ou de la juridiction de jugement, par l'Agence de gestion et de recouvrement des avoirs saisis et confisqués.

> **Rédaction future.** Art. 706-157 *(Mod., L. n° 2016-731, 3 juin 2016 ; mod. à compter du 1er janvier 2023, Ord. n° 2021-1192, 15 sept. 2021).* – La saisie d'un fonds de commerce est opposable aux tiers à compter de son inscription, aux frais avancés du Trésor, dans un registre, selon des modalités déterminées par décret en Conseil d'Etat.
> Les formalités de cette publication sont réalisées, au nom du procureur de la République, du juge d'instruction ou de la juridiction de jugement, par l'Agence de gestion et de recouvrement des avoirs saisis et confisqués.

Bibliographie : E. Camous, *JCl. Proc. pén.*, art. 706-148 à 706-158, Fasc. 20.

CHAPITRE V. – DES SAISIES SANS DÉPOSSESSION

Art. 706-158 *(Mod., L. n° 2019-222, 23 mars 2019).* **– Au cours de l'enquête de flagrance ou de l'enquête préliminaire, le juge des libertés et de la détention, saisi par requête du procureur de la République, peut ordonner par décision motivée la saisie, aux frais avancés du Trésor, des biens dont la confiscation est prévue par l'article 131-21 du Code pénal sans en dessaisir le propriétaire ou le détenteur. Le juge d'instruction peut, au cours de l'information, ordonner cette saisie dans les mêmes conditions.**

La décision prise en application du premier alinéa est notifiée au ministère public, au propriétaire du bien saisi et, s'ils sont connus, aux tiers ayant des droits sur ce bien, qui peuvent la déférer à la chambre de l'instruction par déclaration au greffe du tribunal dans un délai de dix jours à compter de la notification de la décision. Cet appel n'est pas suspensif. L'appelant ne peut prétendre dans ce cadre qu'à la mise à disposition des seules pièces de la procédure se rapportant à la saisie qu'il conteste. S'ils ne sont pas appelants, le propriétaire du bien et les tiers peuvent néanmoins être entendus par la chambre de l'instruction, sans toutefois pouvoir prétendre à la mise à disposition de la procédure

Le magistrat qui ordonne la saisie sans dépossession désigne la personne à laquelle la garde du bien est confiée et qui doit en assurer l'entretien et la conservation, aux frais le cas échéant du propriétaire ou du détenteur du bien qui en est redevable conformément à l'article 706-143 du présent code.

En dehors des actes d'entretien et de conservation, le gardien du bien saisi ne peut en user que si la décision de saisie le prévoit expressément.

Bibliographie : E. Camous, *JCl. Proc. pén.*, art. 706-148 à 706-158, Fasc. 20.

1) Pièces de la procédure. Constituent les seules pièces de la procédure se rapportant à la saisie, au sens du second alinéa des articles 706-154 et 706-158 du Code de procédure pénale, la requête du ministère public, l'ordonnance attaquée et la décision de saisie précisant les éléments sur lesquels se fonde la mesure de saisie (■ Cass. crim., 26 juin 2019, nos 18-84.650 et 18-84.651).

2) **Choix du gardien.** Le choix du gardien désigné dans le cadre d'une saisie sans dépossession en application de l'article 706-158 du Code de procédure pénale relève du pouvoir discrétionnaire du juge et échappe en conséquence au contrôle de la Cour de cassation (■ Cass. crim., 15 janv. 2020, n° 18-86.714, § 12 : publié au *Bull.*).

TITRE XXX. – DE L'AGENCE DE GESTION ET DE RECOUVREMENT DES AVOIRS SAISIS ET CONFISQUÉS

(L. n° 2010-768, 9 juill. 2010)

CHAPITRE I. – DES MISSIONS DE L'AGENCE

Art. 706-159 *(L. n° 2010-768, 9 juill. 2010)*. – L'Agence de gestion et de recouvrement des avoirs saisis et confisqués est un établissement public de l'État à caractère administratif placé sous la tutelle conjointe du ministre de la justice et du ministre chargé du budget.

Bibliographie : E. Camous, *JCl. Proc. pén.*, art. 706-159 à 706-165, Fasc. 20.

Voir également : V. art. R. 54-1 et s., p. 2042.

Art. 706-160 *(Mod., L. n° 2021-401, 8 avr. 2021)*. – L'agence est chargée d'assurer, sur l'ensemble du territoire et sur mandat de justice :

1° La gestion de tous les biens, quelle que soit leur nature, saisis, confisqués ou faisant l'objet d'une mesure conservatoire au cours d'une procédure pénale, qui lui sont confiés et qui nécessitent, pour leur conservation ou leur valorisation, des actes d'administration ;

2° La gestion centralisée de toutes les sommes saisies lors de procédures pénales ;

3° L'aliénation ou la destruction des biens dont elle a été chargée d'assurer la gestion au titre du 1° et qui sont ordonnées, sans préjudice de l'affectation de ces biens dans les conditions prévues aux articles L. 2222-9 du Code général de la propriété des personnes publiques et 707-1 du présent code ;

4° L'aliénation des biens ordonnée ou autorisée dans les conditions prévues aux articles 41-5 et 99-2 du présent code ;

5° La gestion des biens affectés à titre gratuit par l'autorité administrative dans les conditions prévues aux mêmes articles 41-5 et 99-2 et à l'article L. 2222-9 du Code général de la propriété des personnes publiques

Les sommes transférées à l'Agence de gestion et de recouvrement des avoirs saisis et confisqués en application du 2° du présent article et dont l'origine ne peut être déterminée sont transférées à l'État à l'issue d'un délai de quatre ans après leur réception, lors de la clôture des comptes annuels. En cas de décision de restitution postérieure au délai de quatre ans, l'État rembourse à l'agence les sommes dues.

L'agence peut, dans les mêmes conditions, assurer la gestion des biens saisis, procéder à l'aliénation ou à la destruction des biens saisis ou confisqués et procéder à la répartition du produit de la vente en exécution de toute demande d'entraide ou de coopération émanant d'une autorité judiciaire étrangère.

L'agence peut mettre à disposition, le cas échéant à titre gratuit, un bien immobilier dont la gestion lui est confiée en application du 1° du présent article au bénéfice d'associations dont les activités entrent pour leur ensemble dans le champ du *b* du 1 de l'article 200 du Code général des impôts ainsi que d'associations, de fondations reconnues d'utilité publique et d'organismes bénéficiant de l'agrément prévu à l'article L. 365-2 du Code de la construction et de l'habitation. Les modalités de cette mise à disposition sont définies par voie réglementaire.

L'ensemble de ses compétences s'exerce pour les biens saisis ou confisqués, y compris ceux qui ne sont pas visés au titre XXIX.

La décision de transfert des biens faisant l'objet d'une saisie pénale à l'Agence de gestion et de recouvrement des avoirs saisis et confisqués est notifiée ou publiée selon les règles applicables à la saisie elle-même. Dans l'exercice de ses compétences, l'agence peut obtenir le concours ainsi que toutes informations utiles auprès de

toute personne physique ou morale, publique ou privée, sans que le secret professionnel lui soit opposable, sous réserve des dispositions de l'article 66-5 de la loi n° 71-1130 du 31 décembre 1971 portant réforme de certaines professions judiciaires et juridiques.

Bibliographie : E. Camous, *JCl. Proc. pén.*, art. 706-159 à 706-165, Fasc. 20.

Voir également : V. art. R. 54-8, p. 2044.

Loi n° 2011-267 du 14 mars 2011

d'orientation et de programmation pour la performance de la sécurité intérieure

Art. 99. – Le directeur départemental de la sécurité publique ou le commandement de groupement de gendarmerie peut se faire communiquer trimestriellement par les officiers de police judiciaire de son ressort, dans des conditions préservant le secret de l'enquête, la liste des biens saisis dans le cadre d'enquêtes pénales excédant une valeur fixée par décret et dont la confiscation est prévue par la loi.

Il peut demander au procureur de la République de saisir le juge des libertés et de la détention ou, si une information judiciaire a été ouverte, le juge d'instruction, aux fins que ce dernier autorise que ceux de ces biens qui ne sont plus nécessaires à la manifestation de la vérité et dont la conservation entraînerait une charge financière pour l'État soient remis, sous réserve des droits des tiers, à l'Agence de gestion et de recouvrement des avoirs saisis et confisqués en vue de leur aliénation.

Les propriétaires de ces biens qui ne seraient pas condamnés par la justice ou à l'encontre desquels aucune peine de confiscation ne serait prononcée peuvent en demander la restitution, s'ils n'ont pas encore été vendus, ou le versement d'une indemnité équivalente à leur valeur d'usage appréciée au moment de leur aliénation.

Loi n° 2013-1117 du 6 décembre 2013

relative à la lutte contre la fraude fiscale et la grande délinquance économique et financière

Art. 24. – Outre les missions définies à l'article 706-160 du Code de procédure pénale, l'Agence de gestion et de recouvrement des avoirs saisis et confisqués, mentionnée à l'article 706-159 du même code, est chargée d'assurer, pour le compte de l'État, la gestion des sommes saisies lors de procédures pénales et pour lesquelles l'identification de leur statut, saisi ou confisqué, n'est pas établie à la date d'entrée en vigueur de la présente loi.

À l'issue du troisième mois après la promulgation de la présente loi, l'intégralité des sommes mentionnées au premier alinéa du présent article est transférée depuis les comptes ouverts à la Caisse des dépôts et consignations au nom de chaque directeur de greffe de tribunal judiciaire vers le compte de l'Agence de gestion et de recouvrement des avoirs saisis et confisqués ouvert à la Caisse des dépôts et consignations.

La gestion des sommes ainsi transférées est effectuée par l'agence dans une comptabilité séparée de ses autres opérations.

Dès réception des fonds, l'agence en reverse 80 % au budget général de l'État. Le solde est conservé par l'agence jusqu'au 1er janvier 2016 afin de pouvoir exécuter d'éventuelles décisions de restitution rendues par les tribunaux à propos de ces sommes. En cas d'épuisement de ce solde ou de décision de restitution postérieure au 1er janvier 2016, l'État rembourse à l'agence les sommes dues.

Le produit du placement des sommes versées sur le compte de l'agence à la Caisse des dépôts et consignations en application du présent article est affecté à l'agence.

Décret n° 2021-1428 du 2 novembre 2021

pris pour l'application du neuvième alinéa de l'article 706-160 du Code de procédure pénale relatif à l'affectation sociale des biens immobiliers confisqués

(JORF n° 0256, 3 nov. 2021)

Chapitre Ier. – Dispositions générales

Art. 1. – L'Agence de gestion et de recouvrement des avoirs saisis et confisqués peut, en application du neuvième alinéa de l'article 706-160 du Code de procédure pénale, mettre à disposition des associations, fondations et organismes qui y sont mentionnés les biens immobiliers libres d'occupants dont elle a la gestion ayant fait l'objet d'une décision de confiscation définitive.

Art. 2. – Ne peuvent faire l'objet d'une mise à disposition :

1° Les biens immobiliers grevés d'une mesure de sûreté réelle antérieure à la décision de saisie prise en application de l'article 706-150 du Code de procédure pénale ou, en l'absence de saisie préalable, à la décision de confiscation. Cette exclusion n'est toutefois pas applicable aux contrats de mise à disposition dans lesquels la personne morale bénéficiaire s'engage à ses frais à désintéresser les créanciers titulaires des sûretés ;

2° Les biens immobiliers qui font l'objet d'un arrêté d'insalubrité ou de péril. Cette exclusion n'est toutefois pas applicable aux contrats de mise à disposition dans lesquels la personne morale bénéficiaire s'engage à ses frais à réhabiliter le bien immobilier ;

3° Les biens immobiliers mentionnés au XI de l'article 2 de la loi n° 2021-1031 du 4 août 2021 de programmation relative au développement solidaire et à la lutte contre les inégalités mondiales ;

4° Les biens immobiliers dont la cession est nécessaire à la mise en œuvre de l'article 706-164 du Code de procédure pénale.

Art. 3. – Les personnes morales dont le bulletin n° 2 du casier judiciaire ou celui de leurs dirigeants comporte une ou plusieurs condamnations incompatibles avec les exigences de moralité et d'honorabilité requises ne peuvent bénéficier de la mise à disposition d'un bien immobilier mentionnées au dixième alinéa de l'article 706-160 du Code de procédure pénale.

Chapitre II. – De la procédure et des formes de la mise à disposition

Art. 4. – La mise à disposition en application du présent titre a lieu après publicité et concurrence.

Le directeur de l'Agence de gestion et de recouvrement des avoirs saisis et confisqués organise une procédure comportant des mesures de publicité permettant aux candidats potentiels de se manifester dans un délai qu'il détermine. Le directeur de l'Agence de gestion et de recouvrement des avoirs saisis et confisqués organise une procédure comportant des mesures de publicité permettant aux candidats potentiels de se manifester dans un délai qu'il détermine.

Les critères d'appréciation et de sélection des dossiers de candidature comprennent l'usage qui sera fait du bien immobilier et de sa contribution à l'intérêt général, l'aptitude à gérer et exploiter le bien immobilier, ainsi que, le cas échéant, le lien entre l'infraction en répression de laquelle la confiscation a été prononcée, l'objet social de la personne morale bénéficiaire et l'usage qu'elle souhaite faire de l'immeuble.

Art. 5. – Les dossiers de candidature sont adressés au directeur de l'Agence de gestion et de recouvrement des avoirs saisis et confisqués. Ils contiennent notamment :

1° Une description de l'usage qui sera fait du bien immobilier et de sa contribution à l'intérêt général ;

2° Des renseignements permettant d'apprécier l'aptitude à gérer et exploiter le bien immobilier du candidat, de ses capacités financière et techniques ;

3° Une attestation de régularité sociale et une attestation de régularité fiscale concernant la personne morale.

Art. 6. – Le directeur de l'Agence de gestion et de recouvrement des avoirs saisis et confisqués instruit et sélectionne les dossiers de candidatures. Il peut, à cette fin, solliciter toute personne dont l'avis lui paraît utile.

Art. 7. – Dans un délai qui ne peut excéder un an à compter de la réception de la décision de confiscation par l'Agence de gestion et de recouvrement des avoirs saisis et confisqués, le directeur général de l'agence soumet au conseil d'administration le projet de contrat de mise à disposition qu'il propose de conclure. Il lui transmet, outre le projet de contrat et le dossier de candidature :

1° Les éléments relatifs au bien immobilier dont la mise à disposition est proposée, notamment un état des mesures de sûreté grevant le bien ;

2° La décision définitive de confiscation ;

3° Les informations relatives au bénéficiaire de la mise à disposition ;

4° Une estimation des coûts supportés par l'État comprenant notamment :

a) Le coût résultant de l'éventuel écart entre le loyer acquitté par l'affectataire et le loyer de marché ;

b) Le coût d'immobilisation du bien, défini comme le produit de la valeur estimée du bien affecté par le taux d'intérêt des obligations ou bons du Trésor de même échéance que la durée du contrat ou, à défaut, d'échéance la plus proche ;

c) Le coût de gestion supporté par l'agence ;

5° Un avis motivé justifiant la conclusion du contrat de mise à disposition, au regard notamment de sa contribution à l'intérêt général.

Art. 8. – La conclusion du contrat de mise à disposition par le directeur général de l'Agence de gestion et de recouvrement des avoirs saisis et confisqués est autorisée par une délibération du conseil d'administration.

Les délibérations prises en application du présent article sont soumises à l'approbation expresse conjointe du ministre de la justice et du ministre chargé du budget.

Art. 9. – Le contrat de mise à disposition peut être conclu à titre gratuit ou onéreux. Dans tous les cas, les coûts liés à l'exploitation et à l'entretien courant du bien immobilier sont à la charge exclusive du bénéficiaire, de même que l'ensemble des taxes et contributions afférentes au bien.

Lorsqu'il est conclu à titre onéreux, le montant des sommes dues par la personne morale bénéficiaire peut prendre en compte les coûts de gestion supportés par l'Agence de gestion et de recouvrement des avoirs saisis et confisqués.

Art. 10. – Le contrat de mise à disposition peut prendre les formes suivantes :

1° Une convention d'occupation précaire du domaine privé ;

2° Un contrat de bail.

Le contrat de mise à disposition prévoit les conditions dans lesquelles le non-respect des engagements pris entraîne sa résolution.

Sa durée ne peut excéder trois ans renouvelable pour la même durée dans les conditions prévues aux articles 8 et 9 du présent décret. Cette limitation de durée n'est pas applicable s'agissant des contrats de bail à construction, emphytéotique ou à réhabilitation conclus avec un organisme mentionné à l'article L. 365-2 du Code de la construction et de l'habitation.

Les dispositions des articles 4 à 7 du présent décret ne sont pas applicables en cas de renouvellement du contrat de mise à disposition. Toutefois, lorsque le contrat de mise à disposition a déjà fait l'objet d'un renouvellement, chaque renouvellement supplémentaire a lieu après publicité et concurrence dans les conditions prévues aux articles 4 à 7 du présent décret.

Art. 11. – Les personnes bénéficiaires de la mise à disposition rendent compte annuellement à l'Agence de gestion et de recouvrement des avoirs saisis et confisqués de l'usage qu'elles ont fait du bien immobilier. Elles communiquent notamment à l'Agence l'ensemble des renseignements nécessaires à la vérification de la bonne exécution du contrat de mise à disposition et au maintien en bon état de l'immeuble.

L'Agence de gestion et de recouvrement des avoirs saisis et confisqués peut également solliciter la transmission de tels renseignements à tout moment et procéder sur place aux vérifications qu'elle estime nécessaires.

Art. 12. – Les dispositions du présent décret sont applicables sur l'ensemble du territoire de la République.

Art. 13. – Le ministre de l'économie, des finances et de la relance et le garde des sceaux, ministre de la justice, sont chargés, chacun en ce qui le concerne, de l'exécution du présent décret, qui sera publié au *Journal officiel* de la République française.

Art. 706-161 ***(Mod., L. n° 2016-731, 3 juin 2016).*** **– L'agence fournit aux juridictions pénales et aux procureurs de la République, à leur demande ou à son initiative, les orientations ainsi que l'aide juridique et pratique utiles à la réalisation des saisies et confiscations envisagées ou à la gestion des biens saisis et confisqués.**

Elle peut mener toute action d'information ou de formation destinée à faire connaître son action et à promouvoir de bonnes pratiques en matière de saisie et de confiscation.

L'agence veille à l'abondement du fonds de concours recevant les recettes provenant de la confiscation des biens mobiliers ou immobiliers des personnes reconnues coupables d'infraction en matière de trafic de stupéfiants. L'agence peut également verser à l'État des contributions destinées au financement de la lutte contre la délinquance et la criminalité et au financement de la prévention de la prostitution et de l'accompagnement social et professionnel des personnes prostituées.

Elle peut informer les services compétents et les victimes, à leur demande ou à son initiative, sur les biens qui sont restitués sur décision de justice, afin d'assurer le paiement de leurs créances, notamment fiscales, douanières, sociales ou de dédommagement.

L'agence met en œuvre un traitement de données à caractère personnel qui centralise les décisions de saisie et de confiscation dont elle est saisie quelle que soit la nature des biens, ainsi que toutes les informations utiles relatives aux biens visés, à leur localisation et à leurs propriétaires ou détenteurs.

Les magistrats et greffiers affectés au sein de l'Agence de gestion et de recouvrement des avoirs saisis et confisqués peuvent accéder directement aux informations et aux données à caractère personnel enregistrées dans le bureau d'ordre national automatisé des procédures judiciaires dans le cadre des attributions de l'agence, pour le besoin des procédures pour lesquelles sont envisagées ou ont été réalisées des saisies ou des confiscations et dans la mesure du besoin d'en connaître.

L'agence établit un rapport annuel d'activité, comprenant notamment un bilan statistique, ainsi que toute réflexion et toute proposition visant à l'amélioration du droit et des pratiques en matière de saisie et de confiscation.

Bibliographie : E. Camous, *JCl. Proc. pén.*, art. 706-159 à 706-165, Fasc. 20.

CHAPITRE II. – DE L'ORGANISATION DE L'AGENCE

(L. n° 2010-768, 9 juill. 2010)

Art. 706-162. – L'agence est administrée par un conseil d'administration dont le président est un magistrat de l'ordre judiciaire nommé par décret.

Bibliographie : E. Camous, *JCl. Proc. pén.*, art. 706-159 à 706-165, Fasc. 20.

Art. 706-163 *(Mod., L. n° 2016-1917, 29 déc. 2016 ; L. n° 2021-1900, 30 déc. 2021)*. – Les ressources de l'agence comportent :

1° Les subventions, avances et autres contributions de l'État et de ses établissements publics, de l'Union européenne, des collectivités territoriales, de leurs groupements et de leurs établissements publics ainsi que de toute autre personne morale publique ou privée ;

2° Les recettes fiscales affectées par la loi ;

3° Une partie, à l'exception des recettes mentionnées au présent 4°, plafonnée conformément au I de l'article 46 de la loi n° 2011-1977 du 28 décembre 2011 de finances pour 2012, des sommes confisquées gérées par l'agence ainsi que du produit de la vente des biens confisqués lorsque l'agence est intervenue pour leur gestion ou leur vente, sauf lorsque la loi prévoit la restitution intégrale à la personne saisie de ce produit et des intérêts échus le cas échéant, et sous réserve de l'affectation de ces sommes ou de ce produit au fonds de concours recevant les recettes provenant de la confiscation des biens mobiliers ou immobiliers des personnes reconnues coupables d'infractions en matière de trafic de stupéfiants ;

4° Les recettes provenant de la confiscation des biens produits prévue au 1° de l'article 225-24 du Code pénal ;

5° Le produit des dons et legs.

Bibliographie : E. Camous, *JCl. Proc. pén.*, art. 706-159 à 706-165, Fasc. 20.

Voir également : V. art. R. 54-8, p. 2044.

CHAPITRE II. – DU PAIEMENT DES DOMMAGES ET INTÉRÊTS SUR LES BIENS CONFISQUÉS

Art. 706-164 *(Mod., L. n° 2016-731, 3 juin 2016)*. – Toute personne qui, s'étant constituée partie civile, a bénéficié d'une décision définitive lui accordant des dommages et intérêts en réparation du préjudice qu'elle a subi du fait d'une infraction pénale ainsi que des frais en application des articles 375 ou 475-1 et qui n'a pas obtenu d'indemnisation ou de réparation en application des articles 706-3 ou 706-14, ou une aide au recouvrement en application de l'article 706-15-1, peut obtenir de l'Agence de gestion et de recouvrement des avoirs saisis et confisqués que ces sommes lui soient payées par prélèvement sur les fonds ou sur la

valeur liquidative des biens de son débiteur dont la confiscation a été décidée par une décision définitive et dont l'agence est dépositaire en application des articles 706-160 ou 707-1.

Cette demande de paiement doit, à peine de forclusion, être adressée par lettre recommandée à l'agence dans un délai de deux mois à compter du jour où la décision mentionnée au premier alinéa du présent article a acquis un caractère définitif.

En cas de pluralité de créanciers requérants et d'insuffisance d'actif pour les indemniser totalement, le paiement est réalisé au prix de la course et, en cas de demandes parvenues à même date, au marc l'euro.

Les dispositions qui précèdent ne sont pas applicables à la garantie des créances de l'État.

L'État est subrogé, à concurrence des sommes versées, dans les droits de la victime contre l'auteur de l'infraction dans le respect du rang des privilèges et sûretés de droit civil.

Les dossiers susceptibles d'ouvrir droit à cette action récursoire de l'État sont instruits par l'Agence de gestion et de recouvrement des avoirs saisis et confisqués puis communiqués au ministre chargé des finances qui en assure le recouvrement.

Bibliographie : E. Camous, *JCl. Proc. pén.*, art. 706-159 à 706-165, Fasc. 20.

1) Cumul de la peine de confiscation et de dommages-intérêts. Les dommages et intérêts alloués à la partie civile ne constituent pas une peine et peuvent par conséquent se cumuler avec une mesure de confiscation d'un contrat d'assurance-vie souscrit par l'auteur d'un abus de faiblesse au moyen de sommes remises par la victime, la partie civile pouvant le cas échéant demander, en application de l'article 706-164 du Code de procédure pénale, que la somme qui lui a été allouée à titre de dommages et intérêts soit prélevée sur les fonds ainsi confisqués (■ Cass. crim., 19 avr. 2017, n° 16-80.718 : *Bull. crim.* n° 108).

2) Paiement par l'AGRASC. Les biens sur lesquels l'AGRASC peut payer les dommages-intérêts alloués aux victimes sont les avoirs du débiteur dont la confiscation a été décidée par décision définitive et dont l'AGRASC est dépositaire pour l'exécution de ses missions ; à défaut, aucune disposition légale ou réglementaire ne prévoit que l'AGRASC pourrait utiliser, pour satisfaire la demande des victimes, des ressources propres dont elle dispose (■ Cass. 1re civ., 16 janv. 2020, n° 18-20.973, § 7 : *Resp. civ. et assur.* 2020, comm. 105, obs. H. Groutel).

Art. 706-165 *(L. n° 2010-768, 9 juill. 2010)*. – **Les modalités d'application du présent titre sont fixées par décret en Conseil d'État.**

Bibliographie : E. Camous, *JCl. Proc. pén.*, art. 706-159 à 706-165, Fasc. 20.

TITRE XXXI. – DES MESURES CONSERVATOIRES

(L. n° 2010-768, 9 juill. 2010)

Art. 706-166 *(L. n° 2010-768, 9 juill. 2010)*. – **En cas d'information ouverte pour l'une des infractions, punie d'une peine égale ou supérieure à trois ans d'emprisonnement, figurant au sein du titre Ier du livre III du Code pénal, le juge des libertés et de la détention, sur requête du procureur de la République, peut, dans les conditions et selon les modalités prévues à l'article 706-103 du présent code, ordonner des mesures conservatoires sur les biens, meubles ou immeubles, divis ou indivis, de la personne mise en examen afin de garantir le paiement des amendes encourues ainsi que, le cas échéant, l'indemnisation des victimes.**

La condamnation vaut validation des mesures conservatoires et permet l'inscription définitive des sûretés.

La décision de non-lieu, de relaxe ou d'acquittement emporte de plein droit, aux frais du Trésor, mainlevée des mesures ordonnées. Il en est de même en cas d'extinction de l'action publique et de l'action civile.

Pour l'application du présent article, le juge des libertés et de la détention est compétent sur l'ensemble du territoire national.

Le présent article s'applique sans préjudice des dispositions du titre XXIX du présent livre.

TITRE XXXII. – DE LA PROCÉDURE APPLICABLE AUX INFRACTIONS RELATIVES À LA PROLIFÉRATION D'ARMES DE DESTRUCTION MASSIVE ET DE LEURS VECTEURS

(L. n° 2011-266, 14 mars 2011)

Art. 706-167 *(L. n° 2011-266, 14 mars 2011)*. – La procédure applicable à l'enquête, à la poursuite, à l'instruction et au jugement des crimes et des délits suivants ainsi que des infractions connexes est celle prévue par le présent code, sous réserve des dispositions du présent titre :

1° Les infractions relatives aux matières et aux armes nucléaires et aux biens connexes aux matières nucléaires prévues par les 1° et 2° du I de l'article L. 1333-9 et les articles L. 1333-11, L. 1333-13-1 à L. 1333-13-6 et L. 1333-14 du Code de la défense ;

2° Les infractions relatives aux armes biologiques ou à base de toxines prévues par les articles L. 2341-1, L. 2341-2, L. 2341-4 et L. 2341-5 du même code ;

3° Les infractions relatives aux armes et produits chimiques prévues par les articles L. 2342-57 à L. 2342-61 du même code ;

4° Les infractions relatives à la prolifération des vecteurs d'armes de destruction massive prévues par les articles L. 2339-14 à L. 2339-16 du même code ;

5° Les délits de contrebande, d'importation ou d'exportation prévus aux deuxième et dernier alinéas de l'article 414 du Code des douanes, lorsqu'ils portent sur des biens à double usage, civil et militaire ;

6° Les infractions de livraison d'informations à une puissance étrangère prévues par les articles 411-6 à 411-8 du Code pénal lorsque ces infractions sont en relation avec l'une des infractions mentionnées aux 1° à 5° du présent article ;

7° Le délit de participation à une association de malfaiteurs prévu par l'article 450-1 du Code pénal lorsqu'il a pour objet de préparer l'une des infractions susvisées.

Le présent titre est également applicable à la poursuite, à l'instruction et au jugement des infractions susvisées commises à l'étranger lorsque la loi française est applicable en vertu de la section 2 du chapitre III du titre Ier du livre Ier du Code pénal.

Voir également : V. s'agissant de la prescription des infractions visées à l'article 706-167, art. 7, al. 2, p. 83 et art. 8, al. 4, p. 83.

Section I. – Compétence

Art. 706-168 *(Mod., L. n° 2019-222, 23 mars 2019)*. – Pour la poursuite, l'instruction et le jugement des infractions entrant dans le champ d'application de l'article 706-167, le procureur de la République antiterrorist, le juge d'instruction, le tribunal correctionnel et la cour d'assises de Paris exercent une compétence concurrente à celle qui résulte de l'application des articles 43, 52, 382 et 702.

En ce qui concerne les mineurs, le procureur de la République antiterroriste, le juge d'instruction, le juge des enfants, le tribunal pour enfants et la cour d'assises des mineurs de Paris exercent une compétence concurrente à celle qui résulte de l'application de l'ordonnance n° 45-174 du 2 février 1945 relative à l'enfance délinquante.

Lorsqu'ils sont compétents pour la poursuite et l'instruction des infractions entrant dans le champ d'application de l'article 706-167, le procureur de la République antiterroriste et le juge d'instruction de Paris exercent leurs attributions sur toute l'étendue du territoire national.

L'instruction des actes de financement de la prolifération des armes de destruction massive et de leurs vecteurs définis par les articles L. 1333-13-5, L. 2339-15, L. 2341-2 et L. 2341-4 et le quatrième alinéa de l'article L. 2342-60 du Code de la défense peut être confiée, le cas échéant dans les conditions prévues à l'article 83-1 du présent code, à un magistrat du tribunal judiciaire de Paris affecté aux formations d'instruction spécialisées en matière économique et financière en application du vingt et unième alinéa de l'article 704.

Art. 706-169 *(Mod., L. n° 2019-222, 23 mars 2019)*. – Le procureur de la République près un tribunal judiciaire autre que celui de Paris peut, pour les infractions entrant dans le champ d'application de l'article 706-167, requérir le juge d'instruction de se dessaisir au profit de la juridiction d'instruction de Paris. Les parties sont préalablement avisées et invitées à faire connaître leurs observations par le juge d'instruction ; l'ordonnance est rendue huit jours au plus tôt et un mois au plus tard à compter de cet avis.

L'ordonnance par laquelle le juge d'instruction se dessaisit ne prend effet qu'à compter du délai de cinq jours prévu par l'article 706-173 ; lorsqu'un recours est exercé en application de cet article, le juge d'instruction demeure saisi jusqu'à ce que l'arrêt de la chambre criminelle de la Cour de cassation soit porté à sa connaissance.

Dès que l'ordonnance est devenue définitive, le procureur de la République adresse le dossier de la procédure au procureur de la République antiterroriste.

Le présent article est applicable devant la chambre de l'instruction.

Art. 706-170 *(Mod., L. n° 2019-222, 23 mars 2019)*. – Lorsqu'il apparaît au juge d'instruction de Paris que les faits dont il a été saisi ne constituent pas une des infractions entrant dans le champ d'application de l'article 706-167 et ne relèvent pas de sa compétence à un autre titre, ce magistrat se déclare incompétent soit sur requête du procureur de la République antiterroriste, soit, après avis de ce dernier, d'office ou sur requête des parties. Celles des parties qui n'ont pas présenté requête sont préalablement avisées et invitées à faire connaître leurs observations ; l'ordonnance est rendue au plus tôt huit jours après cet avis.

Le deuxième alinéa de l'article 706-169 est applicable à l'ordonnance par laquelle le juge d'instruction de Paris se déclare incompétent.

Dès que l'ordonnance est devenue définitive, le procureur de la République de Paris adresse le dossier de la procédure au procureur de la République antiterroriste.

Le présent article est applicable lorsque la chambre de l'instruction de la cour d'appel de Paris statue sur sa compétence.

Art. 706-171 *(L. n° 2011-266, 14 mars 2011)*. – Lorsque le tribunal correctionnel ou le tribunal pour enfants de Paris se déclare incompétent pour les motifs prévus par l'article 706-170, il renvoie le ministère public à se pourvoir ainsi qu'il avisera ; il peut, le ministère public entendu, décerner, par la même décision, mandat de dépôt ou d'arrêt contre le prévenu.

Art. 706-172 *(L. n° 2011-266, 14 mars 2011)*. – Dans les cas prévus par les articles 706-169 à 706-171, le mandat de dépôt ou d'arrêt conserve sa force exécutoire ; les actes de poursuite ou d'instruction et les formalités intervenus avant que la décision de dessaisissement ou d'incompétence soit devenue définitive n'ont pas à être renouvelés.

Art. 706-173 *(L. n° 2011-266, 14 mars 2011)*. – Toute ordonnance rendue sur le fondement des articles 706-169 ou 706-170 par laquelle un juge d'instruction statue sur son dessaisissement ou le juge d'instruction de Paris statue sur sa compétence peut, à l'exclusion de toute autre voie de recours, être déférée dans les cinq jours de sa notification, à la requête du ministère public ou des parties, à la chambre criminelle de la Cour de cassation qui désigne, dans les huit jours suivant la date de réception du dossier, le juge d'instruction chargé de poursuivre l'information. Le ministère public peut également saisir directement la chambre criminelle de la Cour de cassation lorsque le juge d'instruction n'a pas rendu son ordonnance dans le délai d'un mois prévu au premier alinéa de l'article 706-169.

La chambre criminelle qui constate que le juge d'instruction du tribunal judiciaire de Paris n'est pas compétent peut néanmoins, dans l'intérêt d'une bonne administration de la justice, décider que l'information sera poursuivie à ce tribunal.

L'arrêt de la chambre criminelle est porté à la connaissance du juge d'instruction et du ministère public ; il est signifié aux parties.

Le présent article est applicable à l'arrêt rendu sur le fondement du dernier alinéa des articles 706-169 et 706-170 par lequel une chambre de l'instruction statue sur son dessaisissement ou sa compétence.

Section II. – Procédure

Art. 706-174 *(L. n° 2011-266, 14 mars 2011)*. – Pour le jugement des accusés majeurs, les règles relatives à la composition et au fonctionnement de la cour d'assises sont fixées par l'article 698-6.

Art. 706-175 *(Abr., L. n° 2017-242, 27 févr. 2017)*.

Rédaction antérieure. Art. 706-175 *(L. n° 2011-266, 14 mars 2011)*. – L'action publique des crimes mentionnés à l'article 706-167 se prescrit par trente ans. La peine prononcée en cas de condamnation pour l'un de ces crimes se prescrit par trente ans à compter de la date à laquelle la condamnation est devenue définitive.

L'action publique relative aux délits mentionnés à l'article 706-167, lorsqu'ils sont punis de dix ans d'emprisonnement, se prescrit par vingt ans. La peine prononcée en cas de condamnation pour ces délits se prescrit par vingt ans à compter de la date à laquelle la condamnation est devenue définitive.

Voir également : V. s'agissant de la prescription des infractions visées à l'article 706-167, art. 7, al. 2, p. 83 et art. 8, al. 4, p. 83.

TITRE XXXIII. – DE LA PROCÉDURE APPLICABLE EN CAS D'ACCIDENT COLLECTIF

(L. n° 2011-1862, 13 déc. 2011)

Art. 706-176 *(L. n° 2011-1862, 13 déc. 2011).* **– La compétence territoriale d'un tribunal judiciaire peut être étendue au ressort d'une ou plusieurs cours d'appel pour l'enquête, la poursuite, l'instruction et le jugement des délits prévus aux articles 221-6, 221-, 222-19-1, 222-20 et 222-20-1 du Code pénal dans les affaires qui comportent une pluralité de victimes et sont ou apparaîtraient d'une grande complexité.**

Cette compétence s'étend aux infractions connexes.

Un décret fixe la liste et le ressort de ces juridictions, qui comprennent une section du parquet et des formations d'instruction et de jugement spécialisées pour connaître de ces infractions.

Art. 706-177 *(L. n° 2011-1862, 13 déc. 2011).* **– Au sein de chaque tribunal judiciaire dont la compétence territoriale est étendue au ressort d'une ou plusieurs cours d'appel, le procureur général et le premier président, après avis du procureur de la République et du président du tribunal judiciaire, désignent respectivement un ou plusieurs magistrats du parquet, juges d'instruction et magistrats du siège chargés spécialement de l'enquête, de la poursuite, de l'instruction et du jugement des infractions entrant dans le champ d'application du même article 706-176.**

Au sein de chaque cour d'appel dont la compétence territoriale est étendue au ressort d'une ou plusieurs cours d'appel, le premier président et le procureur général désignent respectivement des magistrats du siège et du parquet général chargés spécialement du jugement des infractions et du traitement des affaires entrant dans le champ d'application du même article 706-176.

Art. 706-178 *(L. n° 2011-1862, 13 déc. 2011).* **– Le procureur de la République, le juge d'instruction et la formation correctionnelle spécialisée du tribunal judiciaire mentionnés à l'article 706-176 exercent, sur toute l'étendue du ressort fixé en application de ce même article, une compétence concurrente à celle qui résulte de l'application des articles 43, 52, 382 et 706-42.**

La juridiction saisie demeure compétente, quelles que soient les incriminations retenues lors du règlement ou du jugement de l'affaire. Toutefois, si les faits constituent une contravention, le juge d'instruction prononce le renvoi de l'affaire devant le tribunal de police compétent en application de l'article 522.

Art. 706-179 *(L. n° 2011-1862, 13 déc. 2011).* **– Le procureur de la République près un tribunal judiciaire autre que ceux mentionnés à l'article 706-176 peut, pour les infractions entrant dans le champ d'application du même article 706-176, requérir le juge d'instruction de se dessaisir au profit de la juridiction d'instruction compétente en application dudit article. Les parties sont préalablement avisées et invitées à faire connaître leurs observations par le juge d'instruction. L'ordonnance est rendue huit jours au plus tôt et un mois au plus tard à compter de cet avis.**

Lorsque le juge d'instruction décide de se dessaisir, son ordonnance ne prend effet qu'à compter du délai de cinq jours prévu à l'article 706-180 ; lorsqu'un recours est exercé en application de cet article, le juge d'instruction demeure saisi jusqu'à ce que soit porté à sa connaissance l'arrêt de la chambre de l'instruction passé en force de chose jugée ou celui de la chambre criminelle de la Cour de cassation.

Dès que l'ordonnance est passée en force de chose jugée, le procureur de la République adresse le dossier de la procédure au procureur de la République près le tribunal judiciaire compétent en application de l'article 706-178.

Le présent article est applicable devant la chambre de l'instruction.

Art. 706-180 *(L. n° 2011-1862, 13 déc. 2011)*. – L'ordonnance rendue en application de l'article 706-179 peut, à l'exclusion de toute autre voie de recours, être déférée dans les cinq jours de sa notification, à la requête du ministère public ou des parties, soit à la chambre de l'instruction si la juridiction spécialisée au profit de laquelle le dessaisissement a été ordonné ou refusé se trouve dans le ressort de la cour d'appel dans lequel se situe la juridiction initialement saisie, soit, dans le cas contraire, à la chambre criminelle de la Cour de cassation. La chambre de l'instruction ou la chambre criminelle désigne, dans les huit jours suivant la date de réception du dossier, le juge d'instruction chargé de poursuivre l'information. Le ministère public peut également saisir directement la chambre de l'instruction ou la chambre criminelle de la Cour de cassation lorsque le juge d'instruction n'a pas rendu son ordonnance dans le délai d'un mois prévu au premier alinéa de l'article 706-179.

L'arrêt de la chambre de l'instruction ou de la chambre criminelle est porté à la connaissance du juge d'instruction ainsi qu'à celle du ministère public et notifié aux parties.

Le présent article est applicable à l'arrêt de la chambre de l'instruction rendu sur le fondement du dernier alinéa du même article 706-179, le recours étant alors porté devant la chambre criminelle.

Art. 706-181 *(L. n° 2011-1862, 13 déc. 2011)*. – Les magistrats mentionnés à l'article 706-178 ainsi que le procureur général près la cour d'appel compétente peuvent demander à des assistants spécialisés, désignés dans les conditions prévues à l'article 706, de participer, selon les modalités prévues à ce même article 706, aux procédures concernant les délits entrant dans le champ d'application de l'article 706-176.

Art. 706-182 *(L. n° 2011-1862, 13 déc. 2011)*. – Le procureur général près la cour d'appel dans le ressort de laquelle se trouve une juridiction compétente en application de l'article 706-176 anime et coordonne, en concertation avec les autres procureurs généraux du ressort interrégional, la conduite de la politique d'action publique pour l'application de ce même article.

LIVRE CINQUIÈME

DES PROCÉDURES D'EXÉCUTION

TITRE PREMIER. – DE L'EXÉCUTION DES SENTENCES PÉNALES

Bibliographie : *Répertoire.* P. Ghaleh-Marzban, *Exécution des sentences pénales* ; Action du ministère public, 2009, Fasc. 20. • R. Cario, *La place de la victime dans l'exécution des peines : D.* 2003, n° 3.

Généralités. G. Clément et J.-P. Vicentini, *Les bureaux de l'exécution des peines : RSC* 2009, 139. • P. Couvrat, *Dispositions générales et nouvelle organisation judiciaire de l'application des peines : RSC* 2004, p. 682 ; *Les dispositions relatives à l'application des peines de la loi Perben II : Dr. pén.* 2004, étude 8. • M.-C. Desdevises, *Le pouvoir d'appréciation du parquet dans la mise à exécution de la sanction*, in *Mél. offerts à P. Couvrat*, PUF, 2001. • M.-D. Fournier-Blais, *La transmission des extraits de condamnation au JAP par le ministère public : JCP* G 1990, I, 3474. • M. Giacopelli, *Bilan de la juridictionnalisation de l'exécution des peines, après la loi du 15 juin 2000*, in *Problèmes actuels de science criminelle*, volume XVII, Institut de sciences pénales et de criminologie, Laboratoire de recherche sur la délinquance et les déviances, Presses universitaires d'Aix-Marseille, 2004, p. 55-88, *Réforme du droit de l'application des peines (dispositions de la loi n° 2004-204 du 9 mars 2004 relatives à l'exécution des peines privatives de liberté) : D.* 2004, p. 2589 ; *Victimes et application des peines : RPDP* 2007, p. 789 ; *Les incidences de la circonstance aggravante de récidive légale sur l'application des peines : AJ Pénal* 2005, 350 ; *L'aménagement des peines vers le milieu ouvert : AJ Pénal* 2005, p. 89. • M. Herzog-Evans, *Les victimes et l'exécution des peines. En finir avec le déni et l'idéologie : AJ Pénal* 2008, 356 ; *Nouveautés du droit de l'application des peines : AJ Pénal* 2004, p. 385. • C. Michaud et M. Tinel, *L'emprise de la victime sur l'application des peines : RPDP* 2011, p. 9. • M. Lobe Fouda, *L'exécution des sanctions pénales de nature pécuniaire au sein de l'Union européenne : Procédures* 2008, étude 2. • F. Le Gunehec, *Loi n° 2004-204 du 9 mars 2004 portant adaptation de la justice aux évolutions de la criminalité, troisième partie : achèvement de la réforme de l'application des peines : JCP* G 2004, act. 200. • A.-M. Larguier, *L'exécution provisoire en matière pénale : RSC* 1980, 587. • P. Poncella, *Le chantier du droit de l'exécution des peines est ouvert, quelques remarques sur la loi du 15 juin 2000 : RSC* 2000, p. 887 et s. • Royer, *La victime et la peine. Contribution à la théorie du procès pénal post sententiam : D.* 2007, chron. 1745.

CHAPITRE I. – DISPOSITIONS GÉNÉRALES

(L. n° 2004-204, 9 mars 2004)

Art. 707 *(Mod., L. n° 2021-403, 8 avr. 2021).* **– I. – Sur décision ou sous le contrôle des autorités judiciaires, les peines prononcées par les juridictions pénales sont, sauf circonstances insurmontables, mises à exécution de façon effective et dans les meilleurs délais.**

II. – d'exécution des peines privatives et restrictives de liberté vise à préparer l'insertion ou la réinsertion de la personne condamnée afin de lui permettre d'agir en personne responsable, respectueuse des règles et des intérêts de la société et d'éviter la commission de nouvelles infractions. Ce régime est adapté au fur et à mesure de l'exécution de la peine, en fonction de l'évolution de la personnalité et de la situation matérielle, familiale et sociale de la personne condamnée, qui font l'objet d'évaluations régulières.

III. – Toute personne condamnée incarcérée en exécution d'une peine privative de liberté bénéficie, chaque fois que cela est possible, d'un retour progressif à la liberté en tenant compte des conditions matérielles de détention et du taux d'occupation de l'établissement pénitentiaire, dans le cadre d'une mesure de semi-liberté, de

placement à l'extérieur, de détention à domicile sous surveillance électronique (1), de libération conditionnelle ou d'une libération sous contrainte, afin d'éviter une remise en liberté sans aucune forme de suivi judiciaire. Le droit de cette personne d'être incarcérée dans des conditions respectant sa dignité est garanti par l'article 803-8.

IV. – Au cours de l'exécution de la peine, la victime a le droit :

1° De saisir l'autorité judiciaire de toute atteinte à ses intérêts ;

2° D'obtenir la réparation de son préjudice, par l'indemnisation de celui-ci ou par tout autre moyen adapté, y compris, s'il y a lieu, en se voyant proposer une mesure de justice restaurative ;

3° D'être informée, si elle le souhaite, de la fin de l'exécution d'une peine privative de liberté, dans les cas et conditions prévus au présent code ;

4° À la prise en compte, s'il y a lieu, de la nécessité de garantir sa tranquillité et sa sûreté.

L'autorité judiciaire est tenue de garantir l'intégralité de ces droits tout au long de l'exécution de la peine, quelles qu'en soient les modalités.

Bibliographie : J.-H. Robert, *Commentaire de la loi n° 2005-1549 du 12 déc. 2005 relative au traitement de la récidive des infractions pénales : JCl. Proc. pén.*, app. art. 707 à 763-14, Fasc. 20.

Voir également : V. Circ. CRIM-05-9-E8 du 11 avr. 2005 relative au prononcé, à l'exécution et à l'application des peines (*BOMJ* 2005, n° 98), Circ. du 10 nov. 2010, *BOMJ* n° 2010-09, et Circ. 10 déc. 2010, *BOMJ* n° 2010-10 (relatives à la présentation des dispositions de la L. n° 2009-1436 du 24 nov. 2009 pénitentiaire). V. art. D. 48-1 et s., p. 2215.

1) Inconstitutionnalité partielle. Le paragraphe III de l'article 707 du Code de procédure pénale prévoit que la personne condamnée détenue peut bénéficier d'un aménagement de sa peine en tenant compte des conditions matérielles de détention et du taux d'occupation de l'établissement pénitentiaire. Toutefois, ni cette disposition ni aucune autre ne permet à une personne condamnée d'obtenir un aménagement de peine au seul motif qu'elle est détenue dans des conditions indignes ou de saisir le juge judiciaire pour qu'il soit mis fin à cette situation par une autre mesure. Par conséquent, et indépendamment des actions en responsabilité susceptibles d'être engagées à raison de conditions de détention indignes, les dispositions contestées méconnaissent les exigences constitutionnelles précitées. Sans qu'il soit besoin de se prononcer sur les autres griefs, elles doivent donc être déclarées contraires à la Constitution (▪ Cons. const., 16 avr. 2021, n° 2021-898 QPC).

2) Intérêt de la société et des victimes. Les juridictions de l'application des peines qui statuent sur une demande de libération conditionnelle ont l'obligation de prendre en compte les intérêts de la société, comme l'exige l'article 707, alinéa 2, du Code de procédure pénale, et des parties civiles, comme l'exigent ce texte et l'article 712-16-1 dudit code. Justifie sa décision, indépendamment des motifs erronés mais non déterminants pris de la gravité de l'infraction, la chambre de l'application des peines qui fonde sa décision de rejet d'une demande de libération conditionnelle sur le fait que le condamné n'a pas abordé la question de son alcoolisme, qui, selon l'expert psychiatre, a favorisé le passage à l'acte et sur des considérations prises de l'intérêt des victimes (▪ Cass. crim., 28 avr. 2011, n° 10-87.799 : *Bull. crim.* n° 79. – V. encore ▪ Cass. crim., 9 avr. 2014, n° 13-84.290 : *Bull. crim.* n° 111. Pour une application en matière de libération conditionnelle d'un étranger : ▪ Cass. crim., 27 mai 2021, n° 20-82.727 : *Bull. crim.* n° 84). L'article 720, al. 1er, du Code de procédure pénale, qui oblige les juridictions de l'application des peines à prendre en considération les intérêts de la victime au regard des conséquences sur elle de toute décision entraînant la cessation temporaire ou définitive de l'incarcération d'une personne condamnée à une peine privative de liberté avant la date d'échéance de cette peine, n'édicte aucune obligation spéciale de motivation ; en imposant au condamné qu'elle admet au bénéfice de la libération conditionnelle, l'obligation prévue par l'article 132-45, 5° du Code pénal de réparer le préjudice causé aux parties civiles en fonction de ses facultés contributives, la chambre de l'application des peines prend nécessairement en compte les intérêts des victimes (▪ Cass. crim., 7 nov. 2007, n° 07-81.465 : *Bull. crim.* n° 269).

3) Absence de qualité de partie de la victime. Le droit de la victime à être entendue, dans la mesure de ses intérêts, dans les procédures concernant l'exécution des sentences pénales, en application de l'article 720 du Code de procédure pénale, ne confère pas à celle-ci la qualité de partie aux décisions prises, en cette matière, par le juge de l'application des peines (▪ Cass. crim., 15 mars 2006, n° 05-83.684 : *Bull. crim.* n° 81).

(1) Selon les dispositions de la loi n° 2019-222 du 23 mars 2019, les références au placement sous surveillance électronique sont remplacées par des références à la détention à domicile sous surveillance électronique, sauf lorsqu'il est fait mention du placement sous surveillance électronique mobile, à compter du 24 mars 2020. – NDLR.

Art. 707-1 *(Mod., L. n° 2016-731, 3 juin 2016)*. – Le ministère public et les parties poursuivent l'exécution de la sentence chacun en ce qui le concerne.

Néanmoins, les poursuites pour le recouvrement des amendes et l'exécution des confiscations en valeur sont faites au nom du procureur de la République par le comptable public compétent ou, dans les cas où la confiscation en valeur s'exécute sur des biens préalablement saisis, par l'Agence de gestion et de recouvrement des avoirs saisis et confisqués.

L'exécution des autres confiscations est réalisée au nom du procureur de la République par l'Agence de gestion et de recouvrement des avoirs saisis et confisqués lorsqu'elles portent sur des biens meubles ou immeubles mentionnés aux 1° et 2° de l'article 706-160, même s'ils ne lui ont pas été préalablement confiés. Sauf cas d'affectation, l'Agence de gestion et de recouvrement des avoirs saisis et confisqués procède à la vente de ces biens, s'il y a lieu, aux formalités de publication et, dans tous les cas, jusqu'à leur vente, aux actes d'administration nécessaires à leur conservation et à leur valorisation.

Le paiement du montant de l'amende doit toujours être recherché. Toutefois, le défaut total ou partiel du paiement de ce montant peut entraîner l'incarcération du condamné selon les conditions prévues par la loi.

La prescription de la peine est interrompue par les actes ou décisions du ministère public, des juridictions de l'application des peines et, pour les peines d'amende ou de confiscation relevant de leur compétence, du Trésor ou de l'Agence de gestion et de recouvrement des avoirs saisis et confisqués, qui tendent à son exécution.

Le procureur de la République poursuit également l'exécution des sanctions pécuniaires prononcées par les autorités compétentes des États membres de l'Union européenne, conformément aux dispositions de la décision-cadre 2005/214/JAI du Conseil, du 24 février 2005, concernant l'application du principe de reconnaissance mutuelle aux sanctions pécuniaires, selon des modalités fixées par décret. Ce décret précise également les modalités d'application à ces sanctions des articles 707-2 et 749 à 762 du présent code, ainsi que les règles applicables à la transmission pour mise à exécution dans un État membre de l'Union européenne des sanctions pécuniaires prononcées par les autorités françaises.

Décret n° 64-1333 du 22 décembre 1964

relatif au recouvrement des amendes et condamnations pécuniaires par les comptables de la direction générale des finances publiques
(D. n° 2014-551, 27 mai 2014)

Art. 1er *(Mod., D. n° 2014-551, 27 mai 2014)*. – Les condamnations pécuniaires énumérées à l'article 108 du décret n° 2012-1246 du 7 novembre 2012 relatif à la gestion budgétaire et comptable publique, ainsi que les pénalités transactionnelles, les pénalités forfaitaires et les amendes de substitution sont recouvrées par les comptables de la direction générale des finances publiques sauf lorsqu'un texte particulier en a confié le recouvrement ou l'encaissement à d'autres comptables.

Le recouvrement est opéré au nom du procureur de la République selon les dispositions de l'article 707-1 du Code de procédure pénale.

1) **Interruption de la prescription.** Les règles de droit afférentes à l'interruption de la prescription de la peine sont en relation avec la détermination de la peine applicable au crime et qu'en tant que telles elles sont du ressort de la loi. Les juges du fond en déduisent, en écartant l'application du texte réglementaire, que la seule émission du mandat d'arrêt européen n'a pu avoir l'effet interruptif allégué par le ministère public. En se déterminant ainsi, la chambre de l'instruction a fait l'exacte application des articles 133-1 et 133-2 du Code pénal, dès lors que, d'une part, en l'absence de disposition législative le prévoyant, les actes préparatoires à l'exécution d'une peine n'étaient pas de nature à interrompre le cours de sa prescription et, d'autre part, la loi du 27 mars 2012 qui a inséré de telles dispositions dans l'article 707-1, alinéa 5, du Code de procédure pénale n'est applicable, conformément à l'article 112-2, 4°, du Code pénal, qu'aux peines dont la prescription n'était pas définitivement acquise, selon le droit antérieur, à la date de son entrée en vigueur, soit le 29 mars 2012 (▪ Cass. crim., 26 juin 2013, nos 12-81.646 et 12-88.265 : *JurisData* nos 2013-013180 et 2013-013178 ; *Bull. crim.* nos 169 et 170 ; *Dr. pén.* 2013, n° 150, obs. Bonis-Garçon ; *Dr. pén.* 2014, chron. 3, n° 28, obs. V. Peltier ; *D.* 2014, 311, obs. Laurent ; *Procédures* 2013, n° 261, obs. Chavent-Leclère). Les règles de droit afférentes à l'interruption de la prescription de la peine étant en relation avec la détermination de la peine applicable et comme telle du ressort de la loi, les dispositions de l'article D. 48-5, introduites par décret dans le Code de procédure pénale, doivent être

écartées, d'autre part, les actes préparatoires à l'exécution de la peine n'ayant pas interrompu le cours de la prescription, celle-ci se trouvait acquise avant l'entrée en vigueur de l'article 707-1 du Code de procédure pénale (■ Cass. crim., 5 avr. 2018, n° 18-81.596 : *Dr. pén.* 2018, comm. 119, E. Bonis ; *JurisData* n° 2018-005168).

2) Confiscation – Droit interne. Selon l'article 707-1 du Code de procédure pénale, les poursuites pour le recouvrement des amendes et confiscations sont faites au nom du procureur de la République par le percepteur. La confiscation portant sur la chose qui est le produit de l'infraction, prévue par l'article 131-21, alinéa 2 du Code pénal, constitue une peine complémentaire soumise aux dispositions de l'article 133-3 dudit code relatives à la prescription des peines. Encourt la censure l'arrêt qui écarte l'exception de prescription de la mesure de confiscation, ordonnée à titre de peine complémentaire par une cour d'appel, portant sur une somme d'argent saisie sur un compte bancaire, sans s'être assurée que la décision avait été transmise, pour exécution, au comptable du Trésor public, dans le délai de cinq ans à compter de la date à laquelle la décision de condamnation est devenue définitive (■ Cass. crim., 26 juin 2007, n° 06-87.935 : *JurisData* n° 2007-040268 ; *Bull. crim.* n° 175 ; *Dr. pén.* 2008, chron. 2, n° 21, obs. E. Garçon). Conventions internationales. Il résulte des articles 13 et 14 de la Convention relative au blanchiment, au dépistage, à la saisie et à la confiscation des produits du crime du 8 novembre 1990, applicable dans les relations entre la France et la Suisse, qu'une Partie qui a reçu de l'autre Partie une demande de confiscation concernant des instruments ou des produits situés sur son territoire, est tenue de l'exécuter, dans les conditions prévues par le texte conventionnel, en suivant les procédures organisées par son droit interne. Aux termes de l'article 12 de la loi n° 96-392 du 13 mai 1996 relative à la lutte contre le blanchiment et le trafic de stupéfiants et à la coopération internationale en matière de saisie et de confiscation des produits du crime, lorsqu'elle fait l'objet d'une demande présentée en application des articles précités de la Convention du 8 novembre 1990, l'exécution sur le territoire français d'une décision de confiscation prononcée par une juridiction de l'un des États parties à ladite Convention est autorisée par le tribunal correctionnel, lequel est saisi, à cette fin, par le procureur de la République (■ Cass. crim., 25 mars 2003, n° 02-82.079 : *Bull. crim.* n° 74).

Art. 707-2 ***(Mod., L. n° 2008-644, 1er juill. 2008).*** **– En matière correctionnelle ou de police, toute personne condamnée peut s'acquitter du montant du droit fixe de procédure dû en application de l'article 1018 A du Code général des impôts ainsi que, le cas échéant, du montant de l'amende à laquelle elle a été condamnée, dans un délai d'un mois à compter de la date à laquelle le jugement a été prononcé.**

Lorsque le condamné règle le montant du droit fixe de procédure ou le montant de l'amende dans les conditions prévues au premier alinéa, ces montants sont diminués de 20 % sans que cette diminution puisse excéder 1 500 €.

Dans le cas où une voie de recours est exercée contre les dispositions pénales de la décision, il est procédé, sur demande de l'intéressé, à la restitution des sommes versées.

Un décret en Conseil d'État détermine les modalités d'application du présent article.

Voir également : V. art. R. 55 et s., p. 2045.

V. Circ. CRIM. 2005-20 E8 du 7 sept. 2005 présentant les dispositions relatives à la diminution de 20 % de l'amende en cas de paiement volontaire dans le délai d'un mois et aux ordonnances pénales (*BOMJ* 2005, n° 99, p. 167 et s.).

1) Refus de transmission d'une QPC. La question posée ne présente pas un caractère sérieux, dès lors qu'il n'existe pas d'interprétation jurisprudentielle de la Cour de cassation sur le fait que, d'une part, la diminution du montant du droit fixe de procédure en cas de paiement dans le mois prévue par l'article 707-2 du Code de procédure pénale puisse ou non bénéficier à la partie civile assujettie audit droit fixe (■ Cass. crim., 26 nov. 2019, n° 19-85.623).

2) Amende douanière. La diminution du montant de l'amende en cas de paiement dans le délai d'un mois n'est pas applicable aux amendes douanières (■ Cass. crim., 19 nov. 2014, n° 13-85.936 : *Bull. crim.* n° 246 ; *Dr. pén.* 2015, 10, note J.-H. Robert.).

Art. 707-3 ***(Mod., L. n° 2007-297, 5 mars 2007).*** **– Lorsque le tribunal prononce une condamnation à une peine d'amende en matière correctionnelle ou de police, le président avise le condamné que s'il s'acquitte du montant de cette amende dans un délai d'un mois à compter de la date à laquelle le jugement a été prononcé, ce montant est diminué de 20 % sans que cette diminution puisse excéder 1 500 €.**

Le président informe le condamné que le paiement de l'amende ne fait pas obstacle à l'exercice des voies de recours.

Les avis prévus par le présent article peuvent également être délivrés au condamné par le greffier de la juridiction ou le greffier du bureau de l'exécution des peines.

Art. 707-4 *(L. n° 2004-204, 9 mars 2004)*. – **Les dispositions des articles 707-2 et 707-3 sont également applicables au condamné qui a été autorisé à s'acquitter du paiement du montant de l'amende en plusieurs versements étalés dans le temps, dans des délais et selon des modalités déterminés par les services compétents du Trésor public.**

Art. 707-5 *(Créé à compter du 1er octobre 2014, L. n° 2014-896, 15 août 2014)*. – **En cas de délivrance d'un mandat de dépôt ou d'arrêt, les peines privatives de liberté peuvent être immédiatement aménagées, dans les conditions prévues au présent code, sans attendre que la condamnation soit exécutoire en application de l'article 707, sous réserve du droit d'appel suspensif du ministère public prévu à l'article 712-14.**

Art. 707-6 *(L. n° 2016-731, 3 juin 2016)*. – **Le montant de la majoration des amendes prévue à l'article 132-20 du Code pénal est fixé par le juge en fonction des circonstances de l'infraction, de la personnalité de son auteur ainsi que de la situation matérielle, familiale et sociale de celui-ci.**

Cette majoration n'est pas applicable lorsque les amendes sont majorées en application des articles L. 211-27 et L. 421-8 du Code des assurances.

Art. 708 *(Mod., L. n° 2011-1862, 13 déc. 2011)*. – **L'exécution de la ou des peines prononcées à la requête du ministère public a lieu lorsque la décision est devenue définitive.**

Toutefois, le délai d'appel accordé au procureur général par les articles 505 et 548 ne fait point obstacle à l'exécution de la peine quelle que soit sa nature.

L'exécution d'une peine de police ou d'une peine correctionnelle non privative de liberté peut être suspendue ou fractionnée pour motifs graves d'ordre médical, familial, professionnel ou social. La décision est prise soit par le ministère public, soit, sur la proposition du ministère public, par le tribunal correctionnel, par le tribunal de police statuant en chambre du conseil, selon que l'exécution de la peine doit être suspendue pendant moins ou plus de trois mois. La suspension ou le fractionnement de la peine de suspension de permis de conduire n'est toutefois pas possible en cas de délits ou de contraventions pour lesquels la loi ou le règlement prévoit que cette peine ne peut pas être limitée à la conduite en dehors de l'activité professionnelle.

Lorsque l'exécution fractionnée d'une peine d'amende, de jours-amende ou de suspension du permis de conduire a été décidée par la juridiction de jugement en application de l'article 132-28 du Code pénal, cette décision peut être modifiée dans les conditions prévues à l'alinéa précédent. La suspension ou le fractionnement de la peine de suspension de permis de conduire n'est toutefois pas possible en cas de délits ou de contraventions pour lesquels la loi ou le règlement prévoit que cette peine ne peut pas être limitée à la conduite en dehors de l'activité professionnelle.

1) **Procureur général.** Un tribunal peut ordonner la confusion de la peine qu'il prononce, avec une autre peine résultant d'une condamnation, contre laquelle appel n'a pas été formé dans le délai prévu par l'article 498 du Code de procédure pénale, mais intervenue depuis moins de deux mois, dès lors que le délai d'appel accordé au procureur général ne fait pas obstacle à l'exécution de la peine (■ Cass. crim., 11 juin 1975, n° 75-90.438 : *Bull. crim.* n° 152).

2) **Obligation d'exécution d'une décision irrévocable.** La décision d'une juridiction répressive, devenue définitive faute de recours, est irrévocable et doit être exécutée, alors même que les juges l'ont prononcée en violation de la loi. Tel est le cas d'un arrêt qui, en méconnaissance de la loi du 30 juin 1969, avait déclaré amnistiée l'infraction poursuivie, à raison du montant de la peine prononcée (■ Cass. crim., 10 févr. 1986, n° 84-95.958 : *Bull. crim.* n° 49).

3) **Interdictions des droits civiques, civils et de famille.** Conformément aux règles qui régissent l'exécution des sentences pénales, le point de départ de l'interdiction des droits civiques, civils et de famille énumérés à l'article 131-26 du Code pénal s'agissant d'une peine qui, par nature, n'exige aucun acte d'exécution est nécessairement fixé au jour où la condamnation devient définitive. Toutefois, il résulte de l'article 131-29 du même code :

1° que l'interdiction des droits s'applique pendant la détention de la personne condamnée simultanément à une peine privative de liberté sans sursis, lorsqu'elle est détenue provisoirement à la date à laquelle la décision devient définitive ou continue de s'appliquer, lorsque l'incarcération n'intervient qu'ultérieurement ;

2° que la durée de cette détention ne s'impute pas sur celle de la peine complémentaire de l'interdiction des droits, telle que prononcée par les juges. Cette dernière disposition, qui peut conduire à ce que la durée effective de l'interdiction des droits excède 10 ou 5 ans, n'est pas applicable à une détention pour autre cause (■ Cass. crim., 29 mars 1995, n° 94-84.139 : *Bull. crim.* n° 136). C'est à bon droit qu'en application des dispositions de l'article 708, alinéa 1er du Code de procédure pénale le tribunal d'instance, qui a constaté le caractère définitif de la condamnation pénale de l'intéressé, par un arrêt d'une cour d'appel du 4 décembre 1997, à la peine de trois années d'interdiction des droits de vote et d'éligibilité énoncés à l'article 131-26, 1° et 2° du Code pénal, dont les dispositions, moins sévères, ont été déclarées applicables au délit commis avant son entrée en vigueur, a mentionné que, conformément aux règles qui régissent l'exécution des sentences pénales, le point de départ de l'interdiction des droits énumérés à l'art. 131-26 du Code pénal, s'agissant d'une peine qui par nature n'exige aucun acte d'exécution, est nécessairement fixé au jour où la condamnation devient définitive (■ Cass. 2e civ., 18 mai 2000, n° 00-60.099 : *Bull. civ.* II, n° 82).

4) **Travail d'intérêt général.** Sous réserve de la possibilité pour la juridiction de jugement d'ordonner l'exécution provisoire de sa décision en application de l'alinéa 4 de l'article 471 du Code de procédure pénale, la condamnation, au titre de l'article 43-3-1 du Code pénal, à l'accomplissement d'un travail d'intérêt général dans un délai fixé est exécutoire à compter du jour où cette condamnation est devenue définitive ainsi que le prévoit l'article 708 du Code de procédure pénale. Ce jour détermine le point de départ du délai et ce point de départ ne saurait être reporté en raison du retard apporté par le juge de l'application des peines à rendre la décision prise par l'article R. 61-12 du Code de procédure pénale énonçant les modalités d'exécution de ce travail d'intérêt général (■ Cass. crim., 1er mars 1998, n° 87-85.443 : *Bull. crim.* n° 110).

5) **Fractionnement.** Il résulte des termes de l'article 708 du Code de procédure pénale que la demande de fractionnement de l'exécution d'une peine de suspension du permis de conduire ne peut être soumise à la juridiction saisie de l'action publique, dès lors qu'elle ne peut viser qu'une condamnation définitive, et exige une proposition du ministère public, lorsque celui-ci n'est pas lui-même compétent pour en décider (■ Cass. crim., 30 nov. 1977, n° 77-90.680 : *Bull. crim.* n° 380).

6) **Semi-liberté.** Le bénéfice d'une mesure de semi-liberté accordée *ab initio* par une juridiction correctionnelle ne peut être retiré par le juge de l'application des peines qu'une fois la condamnation à la mesure de semi-liberté devenue exécutoire (■ Cass. crim., 18 janv. 2012, n° 11-86.621 : *JurisData* n° 2012-002671 ; *Dr. pén.* 2013, chron. 3, n° 37, obs. E. Bonis-Garçon).

7) **Absence d'exécution provisoire.** Aux termes de l'article 708 du Code de procédure pénale, l'exécution d'une peine ne peut avoir lieu que lorsque la décision est devenue définitive (■ Cass. crim., 28 oct. 1975, n° 75-90.742 : *Bull. crim.* n° 229).

8) **Absence de rééchelonnement.** Le recouvrement d'une amende pénale relève du seul régime de l'exécution des peines prévu par l'article 708 du Code de procédure pénale. Dès lors, le juge du surendettement ne saurait, sans excéder ses pouvoirs et violer le texte précité, procéder au rééchelonnement de telles dettes, ni suspendre les voies d'exécution mises en œuvre pour leur recouvrement (■ Cass. 1re civ., 17 nov. 1998, n° 96-19.821 : *Bull. civ.* I, n° 325 ; *D.* 1999, somm. 206, obs. P.-L. Chatain et F. Ferrière).

Art. 708-1 ***(Créé à compter du 1er oct. 2014, L. n° 2014-896, 15 août 2014).*** **– Lorsque doit être mise à exécution une condamnation à une peine d'emprisonnement concernant une femme enceinte de plus de douze semaines, le procureur de la République ou le juge de l'application des peines s'efforcent par tout moyen soit de différer cette mise à exécution, soit de faire en sorte que la peine s'exécute en milieu ouvert.**

Art. 709. – Le procureur de la République et le procureur général ont le droit de requérir directement l'assistance de la force publique à l'effet d'assurer cette exécution.

Art. 709-1 ***(Rétabli, L. n° 2014-896, 15 août 2014).*** **– Dans chaque tribunal judiciaire et dans chaque cour d'appel, il est institué un bureau de l'exécution des peines, dont la composition, les missions et les modalités de fonctionnement sont précisées par décret.**

Ce bureau est notamment chargé de remettre à toute personne condamnée présente à l'issue de l'audience du tribunal correctionnel un relevé de condamnation pénale mentionnant les peines qui ont été prononcées.

Art. 709-1-1 ***(Créé à compter du 1er oct. 2014, L. n° 2014-896, 15 août 2014).*** **– Les services de police et les unités de gendarmerie peuvent, d'office ou sur instruction du procureur de la République ou du juge de l'application des peines, appréhender toute personne condamnée pour laquelle il a été fait application du**

deuxième alinéa de l'article 131-9 ou du second alinéa de l'article 131-11 du Code pénal ou placée sous le contrôle du juge de l'application des peines et à l'encontre de laquelle il existe une ou plusieurs raisons plausibles de soupçonner qu'elle n'a pas respecté les obligations qui lui incombent en application de sa condamnation. La personne peut alors, sur décision d'un officier de police judiciaire, être retenue vingt-quatre heures au plus dans un local de police ou de gendarmerie, afin que soit vérifiée sa situation et qu'elle soit entendue sur la violation de ses obligations.

Dès le début de la mesure de retenue, l'officier de police judiciaire informe le procureur de la République ou le juge de l'application des peines.

La personne retenue est immédiatement informée par l'officier de police judiciaire ou, sous le contrôle de celui-ci, par un agent de police judiciaire, dans une langue qu'elle comprend, de la durée maximale de la mesure, de la nature des obligations qu'elle est soupçonnée d'avoir violées et du fait qu'elle bénéficie :

1° Du droit de faire prévenir un proche et son employeur ainsi que, si elle est de nationalité étrangère, les autorités consulaires de l'État dont elle est ressortissante, conformément à l'article 63-2 ;

2° Du droit d'être examinée par un médecin, conformément à l'article 63-3 ;

3° Du droit d'être assistée par un avocat, conformément aux articles 63-3-1 à 63-4-3 ;

4° S'il y a lieu, du droit d'être assistée par un interprète ;

5° Du droit, lors des auditions, après avoir décliné son identité, de faire des déclarations, de répondre aux questions qui lui sont posées ou de se taire.

La retenue s'exécute dans des conditions assurant le respect de la dignité de la personne. Seules peuvent être imposées à la personne retenue les mesures de sécurité strictement nécessaires.

La personne retenue ne peut faire l'objet d'investigations corporelles internes au cours de sa retenue par le service de police ou par l'unité de gendarmerie.

Si la personne est placée sous le contrôle du juge de l'application des peines, les pouvoirs conférés au procureur de la République par les articles 63-2 et 63-3 sont exercés par ce juge ou, en cas d'empêchement de ce juge, par le procureur de la République.

L'article 64 est applicable à la présente mesure de retenue.

À l'issue de la mesure de retenue, le procureur de la République ou le juge de l'application des peines peut ordonner que la personne soit conduite devant le juge de l'application des peines dans les conditions prévues aux articles 803-2 et 803-3, le cas échéant pour ordonner son incarcération provisoire.

Le procureur de la République ou le juge de l'application des peines peut également, chacun pour les mesures dont il est chargé, demander à un officier ou un agent de police judiciaire d'aviser la personne qu'elle est convoquée devant lui à une date ultérieure, puis de mettre fin à la rétention de la personne.

Art. 709-1-2 *(Créé à compter du 1er oct. 2014, L. n° 2014-896, 15 août 2014)*. – Les services de police et les unités de gendarmerie peuvent, selon les modalités prévues aux articles 56 à 58 et pendant les heures prévues à l'article 59, et après avoir recueilli l'accord du procureur de la République ou du juge de l'application des peines ou sur instruction de l'un de ces magistrats, procéder à une perquisition chez une personne condamnée qui, en raison de sa condamnation, est soumise à l'interdiction de détenir une arme, lorsqu'il existe des indices graves ou concordants que des armes se trouvent actuellement à son domicile.

Si des armes sont découvertes, elles sont saisies et placées sous scellés.

Art. 709-1-3 *(Mod., L. n° 2019-222, 23 mars 2019)*. – Lorsqu'il existe une ou plusieurs raisons plausibles de soupçonner que, à l'issue de son incarcération, une personne condamnée n'a pas respecté l'interdiction qui lui est faite, en application de sa condamnation, d'entrer en relation avec certaines personnes ou certaines catégories de personnes, de fréquenter certains condamnés ou de paraître en un lieu, une catégorie de lieux ou une zone spécialement désignés, les services de police et les unités de gendarmerie peuvent, sur instruction du juge de l'application des peines ou, s'il a été fait application du deuxième alinéa de l'article 131-9 ou du second alinéa de l'article 131-11 du Code pénal, du juge de l'application des peines, saisi à cette fin par le procureur de la République, procéder, sur l'ensemble du territoire national, si ces mesures sont indispensables pour rapporter la preuve de la violation des interdictions résultant de la condamnation :

1° Pour un crime ou un délit mentionné au premier alinéa de l'article 100 du présent code, à l'interception, à l'enregistrement et à la transcription de correspondances émises par la voie des télécommunications, selon les modalités prévues à la sous-section 2 de la section 3 du chapitre Ier du titre III du livre Ier ;

2° Pour un crime ou un délit mentionné au 1° de l'article 230-32, à la localisation en temps réel d'une personne, à l'insu de celle-ci, d'un véhicule ou de tout autre objet, sans le consentement de son propriétaire ou de son possesseur, selon les modalités prévues au chapitre V du titre IV du livre Ier.

Art. 709-2 *(Mod. à compter du 30 avr. 2010, Ord. n° 2010-420, 27 avr. 2010).* **– Le procureur de la République établit un rapport annuel sur l'état et les délais de l'exécution des peines qui comprend, notamment, un rapport établi par le directeur départemental des finances publiques relatif au recouvrement des amendes dans le ressort du tribunal. Le directeur départemental des finances publiques communique son rapport au procureur de la République au plus tard le premier jour ouvrable du mois de mars. Le rapport du procureur de la République est rendu public avant le dernier jour ouvrable du mois de juin selon des modalités fixées par un arrêté du ministre de la justice.**

Art. 710 *(Mod., L. n° 2019-222, 23 mars 2019 ; L. n° 2021-1729, 22 déc. 2021).* **– Tous incidents contentieux relatifs à l'exécution sont portés devant le tribunal ou la cour qui a prononcé la sentence ; cette juridiction peut également procéder à la rectification des erreurs purement matérielles contenues dans ses décisions. Pour l'examen de ces demandes, elle tient compte du comportement de la personne condamnée depuis la condamnation, de sa personnalité, ainsi que de sa situation matérielle, familiale et sociale.**

En matière criminelle, la chambre de l'instruction connaît des rectifications et des incidents d'exécution auxquels peuvent donner lieu les arrêts de la cour d'assises.

Sont également compétents pour connaître des demandes prévues par le présent article, selon les distinctions prévues par les deux alinéas précédents, soit le tribunal ou la cour, soit la chambre de l'instruction dans le ressort duquel le condamné est détenu. Le ministère public de la juridiction destinataire d'une demande déposée par une personne détenue peut adresser cette requête à la juridiction du lieu de détention.

Pour l'application du présent article, le tribunal correctionnel est composé d'un seul magistrat exerçant les pouvoirs du président. Il en est de même de la chambre des appels correctionnels ou de la chambre de l'instruction, qui est composée de son seul président, siégeant à juge unique. Ce magistrat peut toutefois, si la complexité du dossier le justifie, décider d'office ou à la demande du condamné ou du ministère public de renvoyer le jugement du dossier devant la formation collégiale de la juridiction. Le magistrat ayant ordonné ce renvoi fait alors partie de la composition de cette juridiction. La décision de renvoi constitue une mesure d'administration judiciaire qui n'est pas susceptible de recours.

Bibliographie : A. Gailly, *Exécution des sentences pénales. – Incidents contentieux, erreurs matérielles et interprétation des sentences pénales*, 1997, Fasc. 20.

• Sommaire

I – CONTENTIEUX RELATIF À L'EXÉCUTION

A – Exécution de la condamnation

1) Contenu. a. Rappel

Aux termes de l'article 710 du Code de procédure pénale, tous incidents contentieux relatifs à l'exécution d'une sentence relèvent de la compétence de la juridiction qui l'a prononcée (▪ Cass. crim., 13 juin 1984, n° 83-91.902 : *Bull. crim.* n° 216). Les incidents contentieux relatifs à la mauvaise exécution ou à l'exécution incomplète d'un arrêt de la chambre de l'instruction sont portés devant cette juridiction (▪ Cass. crim., 17 juin 2020, n° 19-87.188 : *Bull. crim.* n° 20). Le recours en interprétation d'un jugement ou d'un arrêt n'est admis qu'en cas de difficulté sérieuse d'exécution de la décision à interpréter (■ Cass. crim., 1er oct. 1987, n° 86-92.928 : *Bull. crim.* n° 319). Il appartient aux juridictions de répression d'interpréter leurs décisions obscures, ambiguës ou insuffisamment explicites, même en ce qui concerne les réparations civiles. Elles possèdent à cet égard un pouvoir souverain d'appréciation que limite seule la défense de modifier la chose jugée, de restreindre ou d'étendre les droits consacrés par leur décision (■ Cass. crim., 25 avr. 1972, n° 71-92.061 : *Bull. crim.* n° 141). Si une juridiction correctionnelle, saisie, en application de ce texte, d'un incident contentieux relatif à l'exécution d'une décision, n'a pas le pouvoir de retrancher ou d'accroître les droits qu'elle consacre et de modifier ainsi la chose jugée, il lui incombe d'en interpréter les termes, des motifs et du dispositif, afin d'en permettre l'exécution, sans rien en retrancher (■ Cass. crim., 16 mai 2018, n° 17-85.155). La juridiction correctionnelle ne peut statuer sur un incident contentieux concernant l'exécution d'une précédente décision sans que toutes les parties intéressées aient été mises en demeure de faire connaître leurs observations (■ Cass. crim., 18 mai 2021, n° 20-83.635).

b. Illustrations

Permission de sortir. Tous les incidents contentieux relatifs à l'exécution des sentences pénales pour lesquels aucune autre procédure n'est prévue par la loi relèvent des articles 710 à 712 du Code de procédure pénale. En déclarant irrecevable la requête d'un condamné (qui n'avait pas réintégré l'établissement pénitentiaire après une permission de sortir) destinée à faire juger sa reprise d'écrou, faisant suite au mandat d'arrêt délivré par le juge de l'application des peines illégale, en l'absence de comparution devant ce juge en application des dispositions de l'article 712-17 du Code de procédure pénale, et ordonner sa mise en liberté, sans s'assurer que les prescriptions de l'article 712-17 du Code de procédure pénale avaient été observées comme elle en était requise, la chambre de l'instruction a méconnu les textes susvisés et le principe ci-dessus rappelé ; (■ Cass. crim., 28 nov. 2018, n° 18-80.368).

Parole en dernier. Il résulte de la combinaison de ces textes ainsi que des principes généraux du droit, que lorsque le tribunal ou la cour statue sur les incidents contentieux relatifs à l'exécution des décisions, la partie requérante ou son avocat doivent avoir la parole en dernier (■ Cass. crim., 30 juin 2021, n° 20-83.222).

2) Exécution à la suite d'une abrogation du Conseil constitutionnel. Les décisions du Conseil constitutionnel s'imposant aux pouvoirs publics et à toutes les autorités administratives et juridictionnelles en vertu de l'article 62 de la Constitution, les déclarations de non-conformité ou les réserves d'interprétation qu'elles contiennent et qui ont pour effet qu'une infraction cesse, dans les délais, conditions et limites qu'elles fixent, d'être incriminée doivent être regardées comme des lois pour l'application de l'article 112-4, alinéa 2, du Code pénal (■ Cass. crim., 9 nov. 2021, n° 20-87.078, *Bull. crim.* à paraître : *Dr. pén.* 2021, comm. 218, obs. V. Peltier).

3) Difficultés d'exécution des peines.

a. Confiscation. Saisie en application de l'article 710 du Code de procédure pénale d'une requête portant sur une difficulté d'exécution de la mesure de confiscation d'un bien immobilier acquis en commun par deux époux et définitive à l'égard du mari, condamné pénalement, la cour d'appel est tenue de statuer sur la demande de l'épouse, non condamnée, après avoir précisé si celle-ci doit être considérée ou non comme propriétaire de bonne foi de sa part indivise au sens des articles 131-21 et 222-49 du Code pénal (■ Cass. crim., 20 mai 2015, n° 14-81.741 : *Bull. crim.* n° 121). Si lors de la mise à exécution de cette mesure une contestation pouvait être élevée sur le point de savoir si certains biens étaient ou non compris dans la confiscation, l'incident qui en résulterait serait tranché par la juridiction qui aurait alors à statuer par application de l'article 710 du Code de procédure pénale (■ Cass. crim., 12 nov. 1963, n° 62-92.297 : *Bull. crim.* n° 317).

b. Annulations successives du permis de conduire. L'erreur portant sur les modalités d'exécution de deux mesures successives d'annulation du permis de conduire peut être évitée, soit par la saisine du juge en difficulté d'exécution, sur le fondement de l'article 710 du Code de procédure pénale, soit par la consultation de l'Administration (■ Cass. crim., 17 févr. 1998, n° 96-86.257 : *Bull. crim.* n° 60).

c. Publication. L'omission par la cour d'appel de déterminer les extraits de sa décision dont la publication est ordonnée relève du contentieux de l'exécution prévu par les articles 710 et 711 du Code de procédure pénale (■ Cass. crim., 3 déc. 1997, n° 97-81.718 : *Bull. crim.* n° 412. ■ Cass. crim., 3 avr. 1996, n° 95-81.857 : *Bull. crim.* n° 152). Justifie en conséquence sa décision la cour d'appel qui, pour confirmer le jugement ayant, sur requête du ministère public fondée sur ces textes, ordonné la publication d'une condamnation, antérieurement prononcée, dans certaines éditions d'un journal, retient que le tribunal n'a fait que rendre effective ladite condamnation et n'a pas porté atteinte à l'autorité de la chose jugée (■ Cass. crim., 15 sept. 2015, n° 14-82.133 : *Bull. crim.* n° 197). L'omission de fixer par une disposition précise le coût des mesures de publication prescrites en vertu de l'article 7 de la loi du 1er août 1905 a pour seul effet de donner ouverture à un incident contentieux relatif à l'exécution, qui doit être réglé conformément aux dispositions des articles 710 et 711 du Code de procédure pénale au cas où le coût dépasserait le maximum de l'amende encourue (■ Cass. crim., 13 mars 1984, n° 83-91.081 : *Bull. crim.* n° 106. ■ Cass. crim., 4 déc. 1979, n° 79-90.119 : *Bull. crim.* n° 346. ■ Cass. crim., 8 janv. 1979, n° 78-91.293 : *Bull. crim.* n° 10). Il ne saurait résulter ouverture à cassation de ce que la cour d'appel, en ordonnant la publication de sa décision par extraits dans deux journaux, n'a pas précisé l'importance de ces extraits ; en effet, d'une part, cette mesure de publication constitue une peine complémentaire obligatoire et non une réparation civile devant correspondre à un préjudice déterminé ; d'autre part, en cas d'incident d'exécution, il appartiendra au demandeur d'en saisir la cour d'appel conformément aux articles 710 et 711 du Code de procédure pénale (■ Cass. crim., 12 janv. 1981, n° 80-90.704 : *Bull. crim.* n° 14).

d. Interdiction professionnelle. Il ne résulte pas des énonciations du jugement rendu par le tribunal correctionnel de Toulon le 18 mai 2018, qui ne peuvent être complétées par les notes d'audience en l'absence de visa du président sur celles-ci, que le dispositif de cette décision comporte une erreur matérielle évidente. En substituant à la peine complémentaire d'interdiction d'exercer l'activité professionnelle ayant permis la commission de l'infraction, pour une durée de cinq ans, l'interdiction, pour la même durée, de gérer et d'exercer toute activité ou profession en lien avec l'infraction, les juges ont ajouté à la décision prononcée par le tribunal correctionnel. La cassation est par conséquent encourue (■ Cass. crim., 15 sept. 2021, n° 20-85.404). Le cogérant d'un magasin de jeux exerce une activité impliquant un contact avec les mineurs (■ Cass. crim., 7 janv. 2015, n° 13-84.116 : *JurisData* n° 2015-000028 ; *Dr. pén.* 2015, comm. 44, obs. V. Peltier).

e. Sursis. Le principe de l'autorité qui s'attache à la chose jugée, même de manière erronée, s'oppose à ce qu'une décision de justice devenue définitive soit remise en cause. Le condamné doit donc purger la partie sans sursis d'une peine de six ans d'emprisonnement dont deux ans avec sursis (■ Cass. crim., 4 avr. 2013, n° 10-88.834 : *Bull. crim.* n° 78). La procédure, prévue par l'article 742 du même code, en vue de faire ordonner l'exécution d'une peine d'emprisonnement assortie du sursis avec mise à l'épreuve, constitue un incident contentieux relatif à l'exécution d'une sentence pénale (■ Cass. crim., 14 mars 1963, n° 62-91.877 : *Bull. crim.* n° 124).

f. Exclusion du bulletin n° 2 du casier judiciaire. Si la juridiction omet de statuer sur une demande d'exclusion de la condamnation du bulletin n° 2 de son casier judiciaire, le condamné a la possibilité, en vertu des dispositions de l'article 710 du Code de procédure pénale, de saisir à nouveau ladite juridiction (■ Cass. crim., 8 déc. 1999, n° 98-87.793 : *Bull. crim.* n° 297).

4) Mesures à caractère réel – Démolition. Si c'est à tort que, pour rejeter ladite demande, la cour d'appel énonce que la démolition est une mesure de réparation civile alors qu'il s'agit d'une mesure à caractère réel destinée à faire cesser une situation illicite, il demeure qu'une telle demande n'entre pas (dans les prévisions de l'article 55-1, alinéa 2, du Code pénal qui permet aux juges répressifs de relever le condamné de tout ou partie des interdictions, déchéances, incapacités ou mesures de publication, ni dans celles de l'article 710 du Code de procédure pénale qui donne compétence à la juridiction qui a prononcé la sentence pour connaître des incidents relatifs à son exécution et non pour y ajouter ou retrancher (■ Cass. crim., 14 avr. 1993, n° 92-85.597 : *Bull. crim.* n° 155).

5) Restitutions.

a. Décision du ministère public. Selon le premier alinéa de l'article 41-4 du Code de procédure pénale, lorsque la juridiction saisie a épuisé sa compétence sans avoir statué sur la restitution des objets placés sous main de justice, il appartient, selon le cas, au procureur de la République ou au procureur général de décider de leur restitution ; que la juridiction compétente, en application de l'article 710 du même code, ne peut être saisie que de la difficulté d'exécution née de la décision prise par le magistrat du ministère public (■ Cass. crim., 20 juin 2006, n° 05-86.839 : *Bull. crim.* n° 186. ■ Cass. crim., 5 févr. 2002, n° 01-81.803 : *Bull. crim.* n° 22).

b. Contestation sur la propriété des objets saisis. La juridiction saisie, sur le fondement de l'article 710 du Code de procédure pénale, de la difficulté d'exécution résultant du refus de restitution d'objets mobiliers décidé, en application de l'article 41-4, alinéa 1er, de ce code, par le procureur de la République ou le procureur général, est tenue de trancher la contestation relative à la propriété des objets réclamés lorsque la décision sur la restitution en dépend (■ Cass. crim., 5 févr. 2002, n° 01-82.110 : *Bull. crim.* n° 21). Aux termes de l'article 710 du Code de procédure pénale, tout incident contentieux relatif à l'exécution des décisions pénales est porté devant le Tribunal ou la Cour qui a prononcé la sentence ; tel est le cas de la difficulté d'exécution, résultant du refus par le procureur de la République de restituer un objet placé sous la main de la justice, pour un motif autre que ceux prévus à l'article 41-1, alinéa 2, dudit code. Doit être cassé l'arrêt d'une cour d'appel confirmant le jugement ayant déclaré irrecevable le recours formé par un condamné contre le refus du procureur de la République de lui restituer des objets qui avaient été saisis lors de l'instruction, au motif que le requérant ne pouvait en justifier la propriété, alors que l'article 41-1 du même code n'exclut pas que le refus du magistrat du Parquet soit soumis à la juridiction répressive, en application des dispositions générales prévues par l'article 710 (■ Cass. crim., 9 mai 1994, n° 92-83.092 : *Bull. crim.* n° 175).

c. Absence de juridiction saisie ayant prononcé la sentence. Justifie sa décision la cour d'appel qui confirme un jugement ayant déclaré irrecevable une requête en contestation de la décision de restitution partielle d'objets placés sous la main de la justice rendue par le procureur de la République, dès lors que cette décision n'étant pas fondée sur le danger que la restitution était de nature à créer pour les personnes ou les biens et qu'en l'absence de juridiction saisie ayant prononcé la sentence, la contestation soulevée ne pouvait être soumise à la juridiction répressive en application de l'article 41-4 ou de l'article 710 du Code de procédure pénale (■ Cass. crim., 18 oct. 2000, n° 00-82.904 : *Bull. crim.* n° 305).

d. Objets placés sous main de justice. Justifie sa décision la cour d'appel qui confirme un jugement ayant déclaré irrecevable une requête en contestation de la décision de restitution partielle d'objets placés sous la main de la justice rendue par le procureur de la République, dès lors que cette décision n'étant pas fondée sur le danger que la restitution était de nature à créer pour les personnes ou les biens et qu'en l'absence de juridiction saisie ayant prononcé la sentence, la contestation soulevée ne pouvait être soumise à la juridiction répressive en application de l'article 41-4 ou de l'article 710 du Code de procédure pénale (■ Cass. crim., 18 oct. 2000, n° 00-82.904 : *Bull. crim.* n° 305).

6) Paiement d'une rente. Le point de départ du paiement d'une rente au titre de l'assistance d'une tierce personne devant être fixé à la date du retour à domicile, l'omission, par les juges, de la fixation de ce point de départ constitue une difficulté d'exécution relevant de la procédure prévue par les articles 710 et 711 du Code de procédure pénale (■ Cass. crim., 18 oct. 2011, n° 11-81.568 : *Bull. crim.* n° 211).

Démolition. La fixation, omise par les juges, du point de départ du délai prévu pour l'exécution de la mesure de démolition d'un ouvrage irrégulièrement édifié, constitue une difficulté d'exécution de la décision relevant de la procédure prévue par les articles 710 et 711 du Code de procédure pénale (■ Cass. crim., 13 mars 1996, n° 95-84.226 : *Bull. crim.* n° 113). Encourt, dès lors, la cassation la cour d'appel qui, sous le couvert d'une difficulté d'exécution, ajoute à la décision ayant ordonné une mesure de démolition un délai sous astreinte qu'elle ne prévoyait pas (■ Cass. crim., 7 févr. 1996, n° 94-83.869 : *Bull. crim.* n° 66).

B – Recours

7) Requête en annulation d'une permission de sortir. Lorsqu'il est saisi d'une requête en annulation d'une permission de sortir, en application de l'article 733-1 du Code de procédure pénale, le tribunal correctionnel statue sur un incident relatif à l'exécution de la peine dans les conditions prévues aux articles 710 et 711. Son jugement rendu en chambre du conseil doit être signifié à la requête du ministère public aux parties intéressées pour faire courir le délai de pourvoi en cassation. Un tel recours est recevable tant que le délai n'a pas commencé à courir (■ Cass. crim., 7 avr. 1992, n° 92-80.796 : *Bull. crim.* n° 143).

8) Demande de mise en liberté. Selon l'article 710, alinéa 2, du Code de procédure pénale, la chambre d'accusation est compétente pour connaître des incidents d'exécution auxquels donnent lieu les arrêts de la cour d'assises. Encourt en conséquence la cassation l'arrêt de la chambre d'accusation qui, en invoquant l'article 148-1 dudit code dont les dispositions ne sont pas applicables aux peines en cours d'exécution, se déclare incompétente pour statuer sur la demande de mise en liberté d'un condamné à une peine criminelle qui conteste la validité de l'arrêté du ministre de la Justice révoquant sa libération conditionnelle (■ Cass. crim., 27 avr. 1994, n°s 94-80.651 et 94-80.736 : *Bull. crim.* n° 156).

9) Exception d'immunité diplomatique. La personne condamnée définitivement qui ne s'est, à aucun moment, prévalu d'une immunité diplomatique devant les juges saisis des poursuites ne peut être admise à soulever une telle exception, qui ne relève pas du contentieux de l'exécution, sous le couvert d'une requête présentée en application de l'article 710 du Code de procédure pénale (■ Cass. crim., 22 juin 2005, n° 04-86.624 : *Bull. crim.* n° 191).

C – Exécution de procédures particulières

10) Mandat d'arrêt européen. Lorsque plusieurs États membres ont émis un mandat d'arrêt européen à l'encontre d'une même personne, l'omission par la chambre de l'instruction de procéder au choix du mandat d'arrêt européen à exécuter, qui lui incombe en vertu de l'article 695-42 du Code de procédure pénale, relève du contentieux de l'exécution prévu aux articles 710 et 711 du Code de procédure pénale (■ Cass. crim., 24 janv. 2012, n° 11-89.177 : *Bull. crim.* n° 21). La chambre de l'instruction qui, après décision définitive de remise en exécution d'un mandat d'arrêt européen, statue sur un incident d'exécution relatif au caractère différé de cette remise sur le fondement des articles 710 et 711 du Code de procédure pénale n'a pas à procéder aux formalités prévues par les autres dispositions dudit code relatives au mandat d'arrêt européen, s'agissant en particulier de la comparution de l'intéressé et du recueil de ses déclarations par procès-verbal (▪ Cass. crim., 14 mai 2019, n° 19-82.833).

11) Extradition. Est irrecevable la requête tend en réalité à provoquer un nouveau débat sur le fond, et à remettre en cause l'avis que la chambre d'accusation a émis sur l'extradition demandée par un gouvernement étranger (▪ Cass. crim., 19 mai 1987, n° 86-94.713 : *Bull. crim.* n° 203).

II – ERREURS MATÉRIELLES

A – Principe : rectification des erreurs matérielles

12) Rappel. Le grief qui se fonde sur une erreur matérielle contenue dans l'arrêt attaqué, susceptible d'être rectifiée suivant la procédure prévue aux articles 710 et 711 du Code de procédure pénale est irrecevable (▪ Cass. crim., 8 sept. 2020, n° 19-86.664).

13) Appréciation souveraine. La constatation par la cour d'appel de l'absence de toute erreur matérielle est souveraine et échappe au contrôle de la Cour de cassation (▪ Cass. crim., 29 juin 1966, n° 65-92.592 : *Bull. crim.* n° 187. L'absence de toute motivation justifiant le dispositif d'un arrêt ne saurait constituer une erreur matérielle pouvant être réparée selon la procédure prévue par les articles 710 et 711 (▪ Cass. crim., 13 juin 2018, n° 17-85.403). En application de l'article 710 du Code de procédure pénale, les chambres de l'instruction peuvent procéder à la rectification des erreurs purement matérielles contenues dans leurs décisions (▪ Cass. crim., 18 juin 2019, n°s 18-86.056 et 18-86.057).

14) Exemples positifs.

a. Défaut de concordance.

Motif/dispositif. Le dispositif d'un arrêt devant être interprété par les motifs auxquels il s'unit et dont il est la conséquence, un défaut de concordance entre le dispositif et les motifs, lorsque, comme en l'espèce, il est seulement le résultat d'une erreur purement matérielle, peut être réparé selon la procédure prévue par les articles 710 et 711 du Code de procédure pénale (▪ Cass. crim., 13 janv. 2010, n° 08-83.216 : *Bull. crim.* n° 6. ▪ Cass. crim., 3 nov. 2009, n° 09-80.991 : *Bull. crim.* n° 183. ▪ Cass. crim., 19 mai 2002, n° 08-87.877 : *Bull. crim.* n° 98. ▪ Cass. crim., 17 févr. 2009, n° 08-87.726 : *Bull. crim.* n° 39). Il ne saurait entraîner ouverture à cassation (▪ Cass. crim., 2 oct. 1990, n° 90-84.412 : *Bull. crim.* n° 327).

Peine en chiffres/en lettres. En matière criminelle, la peine mentionnée au dispositif de l'arrêt de condamnation peut faire l'objet d'une rectification d'erreur matérielle, en application de l'article 710 du Code de procédure pénale, lorsque ladite peine ne correspond pas à celle figurant en chiffres et en lettres sur la feuille de questions, laquelle, signée du président et du premier juré, authentifie le résultat du délibéré (▪ Cass. crim., 19 déc. 2007, n° 07-84.836 : *Bull. crim.* n° 318).

b. **Mentions erronées.** Constitue une erreur matérielle évidente susceptible d'être rectifiée en application de l'article 710 du Code de procédure pénale, la mention erronée « dit l'appel mal fondé », contenue dans le dispositif de l'arrêt de la chambre de l'instruction, qui, sur l'appel de la partie civile contre une ordonnance du juge d'instruction refusant d'informer sur sa plainte contre personne non dénommée, après avoir exposé les motifs pour lesquels les juges estiment que l'appel est bien fondé, infirme la décision entreprise et ordonne le renvoi du dossier au juge d'instruction pour poursuivre l'information. Méconnaît le texte précité, la chambre de l'instruction qui refuse de procéder à la rectification d'une telle erreur (▪ Cass. crim., 2 mai 2007, n° 06-88.306 : *Bull. crim.* n° 114). En rectifiant une erreur purement matérielle contenue dans le dispositif de l'arrêt en date du 13 septembre 2006, la chambre de l'instruction a fait l'exacte application de l'article 710 du Code de procédure pénale (▪ Cass. crim., 3 juin 2008, n°s 07-80.240 et 07-80.241 : *Bull. crim.* n° 137). Dès lors que l'intitulé et le dispositif de l'arrêt précisent qu'il a été rendu « en chambre du conseil », en application de l'article 778 du Code de procédure pénale, une mention incidente contenant les mots « à l'audience publique de ce jour » ne constitue qu'une erreur de plume manifeste relevant éventuellement de la procédure de rectification prévue par l'article 710 dudit code mais sans incidence sur la régularité de la décision prononcée (▪ Cass. crim., 8 oct. 1984, n° 83-94.011 : *Bull. crim.* n° 289).

c. Omissions.

Omission de statuer. Une omission de statuer, susceptible d'être rectifiée suivant la procédure prévue aux articles 710 et 711 du Code de procédure pénale (▪ Cass. crim., 9 mars 2021, n° 19-86.568 : *Bull. crim.* n° 102).

Durée de l'affichage. Les demandeurs ne sauraient critiquer devant la Cour de cassation l'omission par les juges de préciser la durée de l'affichage ordonné par l'arrêt attaqué, dès lors que ce grief relève du contentieux de l'exécution prévu par les articles 710 et 711 du Code de procédure pénale, qui doit être porté devant la juridiction qui a prononcé la décision présumée entachée d'erreur ou incomplète (■ Cass. crim., 21 sept. 1999, n° 97-85.551 : *Bull. crim.* n° 191). Caractères typographiques. L'omission, par la cour d'appel, de fixer les caractères typographiques de l'affichage de son arrêt relève du contentieux de l'exécution, tel que prévu par les articles 710 et 711 du Code de procédure pénale (■ Cass. crim., 3 nov. 1993, n° 92-81.014 : *Bull. crim.* n° 323). Constitue une simple erreur matérielle, au sens de l'article 710 du Code de procédure pénale, l'omission de deux crimes dans le dispositif d'un arrêt de chambre d'accusation portant renvoi devant une cour d'assises, dès lors que, d'une part, dans les motifs dudit arrêt, les charges d'avoir commis ces infractions sont relevées contre les accusés et que, d'autre part, l'énumération des crimes retenus, faite dans le dispositif, comporte, dans la progression numérique, une solution de continuité de deux maillons correspondant à cette omission (■ Cass. crim., 12 avr. 1988, n° 88-80.525 : *Bull. crim.* n° 153).

Mention dans un arrêt. La décision de la cour d'appel n'est entachée d'aucun vice lorsqu'il est manifeste que l'omission fortuite d'un mot dans une mention de l'arrêt dont le sens est certain est une erreur purement matérielle susceptible d'être réparée selon la procédure prévue par les articles 710 et 711 du Code de procédure pénale (■ Cass. crim., 18 oct. 1977, n° 76-90.891 : *Bull. crim.* n° 306).

d. Erreur.

Erreur d'opération. Dès lors que la base de calcul de la cour d'appel était fondée et que le résultat erroné ne résulte que d'une omission ou erreur matérielle susceptible d'être réparée selon la procédure prévue par l'article 710 du Code de procédure pénale, la cour d'appel a justifié sa décision (■ Cass. crim., 5 janv. 2021, n° 19-86.395). Encourt la cassation l'arrêt d'une cour d'appel rejetant, au motif du respect de l'autorité de la chose jugée, la requête de la partie civile en rectification d'une précédente décision qui, après avoir, dans ses motifs, évalué les diverses composantes du préjudice corporel personnel, avait commis une erreur manifeste et purement matérielle dans la totalisation du dommage, et reproduit cette erreur dans son dispositif portant condamnation à des dommages-intérêts (■ Cass. crim., 25 févr. 1991, n° 89-85.863 : *Bull. crim.* n° 93). En corrigeant le résultat d'un calcul erroné, dont les bases avaient été exposées sans ambiguïté dans les motifs d'un jugement, et en rendant ainsi le dispositif de ce jugement conforme à ce qu'avait manifestement voulu décider le Tribunal, les juges n'excèdent pas le pouvoir, qu'ils tiennent de l'article 710 du Code de procédure pénale, de procéder à la rectification des erreurs purement matérielles contenues dans leurs décisions (■ Cass. crim., 29 mars 1990, n° 87-83.236 : *Bull. crim.* n° 137). A pu être regardée, au sens de ce texte, comme une erreur purement matérielle, l'erreur de calcul résultant de ce que, dans une opération consistant à soustraire du montant global du préjudice patrimonial de chacune des parties civiles le montant des remboursements attribués à une caisse de sécurité sociale, l'arrêt a omis de tenir compte d'une partie de ces remboursements alors qu'il résultait des motifs du même arrêt que les juges entendaient les inclure dans la somme à soustraire et qu'ainsi la rectification prononcée aboutit à rendre le dispositif de la décision conforme à ce que, d'après ses motifs, ont manifestement voulu décider les juges du fond (■ Cass. crim., 24 juin 1978, n° 77-90.717 : *Bull. crim.* n° 26).

Erreur sur la personne. Lorsqu'une prévenue a été condamnée sous le nom d'une autre personne totalement étrangère à l'instance, par suite d'une erreur purement matérielle, la juridiction ayant statué a qualité pour ordonner la rectification de l'erreur ainsi commise dans les conditions prévues par les articles 710 et 711 du Code de procédure pénale (■ Cass. crim., 27 févr. 1969, n° 68-92.533 : *Bull. crim.* n° 103).

Prolongation exceptionnelle d'une détention provisoire. La procédure prévue par les articles 710 et 711 du Code de procédure pénale n'est pas applicable à la rectification d'une erreur matérielle affectant une ordonnance rendue en application de l'article 380-3-1 du même code par le président de la chambre de l'instruction, qui peut prendre une ordonnance rectificative (■ Cass. crim., 15 juin 2021, n° 21-82.085).

B – Interdiction de porter atteinte à l'autorité de la chose jugée

15) Principe. Si les juridictions répressives peuvent interpréter leurs décisions lorsque des difficultés s'élèvent sur le sens de celles-ci, il leur est interdit d'en restreindre ou d'en étendre les dispositions et de modifier ainsi la chose jugée (■ Cass. crim., 20 nov. 2007, n° 07-84.166 : *JurisData* n° 2007-042020 ; *Bull. crim.* n° 286. ■ Cass. crim., 12 mai 1986, n° 86-91.158 : *Bull. crim.* n° 159). Une juridiction correctionnelle, saisie en application de l'article 710 du Code de procédure pénale, d'un incident contentieux relatif à l'exécution d'une décision, n'a pas le pouvoir de restreindre ou d'accroître les droits qu'elle consacre et de modifier ainsi la chose jugée (■ Cass. crim., 2 sept. 2015, n° 14-86.605 : *JurisData* n° 2015-019477. ■ Cass. crim., 4 déc. 2001, n° 98-81.442. ■ Cass. crim., 20 nov. 2001, n° 01-83.485. ■ Cass. crim., 4 juill. 1995, n° 94-84.081 : *Bull. crim.* n° 246. ■ Cass. crim., 9 févr. 1994, n° 93-81.360 : *Bull. crim.* n° 61. ■ Cass. crim., 18 janv. 1994, n° 93-85.225 : *Bull. crim.* n° 24. ■ Cass. crim., 26 avr. 1990, n° 89-82.768 : *Bull. crim.* n° 161.

▪ Cass. crim., 5 déc. 1989, n° 89-81.596 : *Bull. crim.* n° 464. ▪ Cass. crim., 16 oct. 1984, n° 84-91.227 : *Bull. crim.* n° 305, 61. ▪ Cass. crim., 10 mai 1983, n° 82-90.601 : *Bull. crim.* n° 135. ▪ Cass. crim., 5 nov. 1981, n° 81-90.832 : *Bull. crim.* n° 296. ▪ Cass. crim., 21 juin 1977, n° 76-91.411 : *Bull. crim.* n° 228. ▪ Cass. crim., 28 févr. 1973, n° 72-91.760 : *Bull. crim.* n° 102. ▪ Cass. crim., 29 juin 1966, n° 65-92.592 : *Bull. crim.* n° 187). Il n'appartient pas à une juridiction saisie en application de l'article 710 du Code de procédure pénale de modifier, sous le couvert d'interprétation ou de rectification, la chose jugée en substituant à la décision initiale des dispositions nouvelles qui ne seraient pas la réparation d'erreurs matérielles (▪ Cass. crim., 12 juin 2007, n° 07-82.255 : *Bull. crim.* n° 154. ▪ Cass. crim., 28 mars 1996, n° 95-81.921 : *Bull. crim.* n° 144. ▪ Cass. crim., 3 mai 1990, n° 88-87.397 : *Bull. crim.* n° 174. ▪ Cass. crim., 26 juin 1984, n° 83-93.528 : *Bull. crim.* n° 242. ▪ Cass. crim., 16 nov. 1972, n° 72-93.555 : *Bull. crim.* n° 346. ▪ Cass. crim., 23 oct. 1969, n° 69-92.689 : *Bull. crim.* n° 265. ▪ Cass. crim., 25 juill. 1968, n° 67-92.593 : *Bull. crim.* n° 239. ▪ Cass. crim., 23 mai 1967, n° 66-93.857 : *Bull. crim.* n° 160). Le juge, lorsqu'il n'ajoute rien à la décision qui a été prononcée, et qu'il n'y retranche rien, est susceptible de réparer les erreurs matérielles qui résultent du dossier, qui n'affectent pas l'autorité de la chose jugée, et qui apparaissent comme évidentes à la lecture des pièces auxquelles il se réfère ; la chambre de l'instruction, qui n'avait, selon les mentions de ses deux arrêts contre lesquelles aucune des parties ne s'est inscrite en faux, tenu l'audience du 18 janvier 2017 que pour y opérer un renvoi sans débats, n'a méconnu aucun des textes visés aux moyens (▪ Cass. crim., 29 mai 2018, n° 18-81.721).

16) Atteintes à l'autorité de la chose jugée.

a. Erreur de calcul. Seule la rectification d'une erreur purement matérielle contenue dans la décision est possible sur le fondement de l'article 710 du Code de procédure pénale, l'article 462 du Code de procédure civile ne trouvant pas à s'appliquer devant la juridiction pénale, et que la requête présentée allègue une erreur de calcul qui résulterait non de l'examen de l'arrêt en cause mais de celui des pièces du dossier et modifierait la chose jugée (▪ Cass. crim., 5 juin 2013, n°s 12-87.053 et 12-87.054 D : *JurisData* n° 2013-014214). Une fausse application de la méthode de calcul retenue n'est pas une erreur matérielle (▪ Cass. crim., 26 avr. 1990 : *JurisData* n° 1990-701676 ; *Bull. crim.* n° 161). Ni une erreur sur la nature du préjudice indemnisable (▪ Cass. crim., 29 mai 2001, n° 00-85.987). L'erreur de calcul, résultant de ce que, dans une opération consistant à soustraire du montant global du préjudice de la partie civile, le montant des remboursements attribués à une caisse de sécurité sociale, l'arrêt a omis de tenir compte d'une partie de ces remboursements, ne peut être considérée comme une erreur purement matérielle lorsqu'il ne résulte pas des motifs de l'arrêt que les juges entendaient les inclure dans les sommes à soustraire (▪ Cass. crim., 5 déc. 1989, n° 89-81.596 : *Bull. crim.* n° 464). X... ayant présenté une requête en rectification de cet arrêt au motif que les juges auraient fait usage d'un barème de conversion inadéquat, l'arrêt attaqué a rejeté ladite requête en relevant que l'erreur alléguée ne pouvait être considérée comme une erreur matérielle ; en statuant ainsi, la cour d'appel a fait une exacte application de l'article 710 du Code de procédure pénale (▪ Cass. crim., 10 mai 1983, n° 82-90.601 : *Bull. crim.* n° 135).

b. Omission.

Signature du greffier. La requête, présentée sur le fondement de l'article 710 du Code de procédure pénale, par le procureur général, tendant à ce que soit rectifiée l'erreur contenue dans un précédent arrêt dont la minute ne comportait pas la signature du greffier. Selon le requérant, l'erreur aurait consisté dans la mention, contenue dans le dispositif, du prononcé d'une peine complémentaire d'un mois de suspension du permis de conduire alors que les notes d'audience qui, elles, étaient signées du président et du greffier, mentionnaient que la prévenue avait été condamnée à un an de suspension de son permis de conduire. En effet, l'absence de signature du greffier sur la minute affecte la validité de la décision et ne saurait être réparée sous le couvert d'interprétation ou de rectification suivant la procédure prévue par l'article 710 du Code de procédure pénale (▪ Cass. crim., 20 nov. 2007, n° 07-84.166 : *JurisData* n° 2007-042020 ; *Bull. crim.* n° 286).

Omission d'un élément de fait. L'omission d'avoir pris en compte pour l'évaluation du préjudice subi par la victime d'un accident soumis au recours d'un tiers payeur, une partie des prestations versées par ce dernier, ne saurait être considérée comme une erreur matérielle susceptible d'une rectification, laquelle aurait pour résultat de réduire le montant de l'indemnité complémentaire revenant à la victime (▪ Cass. crim., 9 févr. 1994, n° 93-81.360 : *Bull. crim.* n° 61).

Omission d'une circonstance aggravante. Constitue une erreur purement matérielle au sens de ce texte, l'omission dans le dispositif de l'arrêt d'une chambre d'accusation, d'une circonstance aggravante qui avait été expressément relevée dans l'exposé des faits, de sorte que la rectification prononcée, consistant dans l'adjonction de ladite circonstance aggravante au dispositif du renvoi, n'a abouti qu'à rendre celui-ci conforme à ce que d'après les motifs, avaient manifestement voulu décider les juges du fond (■ Cass. crim., 12 mai 1986, n° 86-91.158 : *Bull. crim.* n° 159).

Frais de publication. L'omission de s'être prononcé sur les frais résultant de l'insertion dans la presse d'un arrêt de condamnation pour injures ou diffamations publiques et sur l'astreinte requise par la partie civile ne saurait en conséquence être considérée comme une erreur matérielle relevant des dispositions de l'article 710 du Code de procédure pénale (■ Cass. crim., 16 oct. 1984, n° 84-91.227 : *Bull. crim.* n° 305).

Omission de statuer sur un chef de demande (■ Cass. crim., 5 nov. 1981, n° 81-90.832 : *Bull. crim.* n° 296).

c. Modification.

Peine prononcée. Méconnaît l'autorité de la chose jugée la cour d'appel qui confirme le jugement d'un tribunal correctionnel qui, sous couvert de rectifier une erreur purement matérielle, ramène la peine prononcée de trois ans d'emprisonnement dont six mois avec sursis à deux ans d'emprisonnement dont six mois avec sursis (■ Cass. crim., 12 juin 2007, n° 07-82.255 : *Bull. crim.* n° 154) ou l'augmente de cinq mois à cinq ans (■ Cass. crim., 17 déc. 2002, n° 02-84.134 : *Bull. crim.* n° 232. V. aussi ■ Cass. crim., 3 mai 1990, n° 88-87.397 : *Bull. crim.* n° 174. ■ Cass. crim., 30 mars 1989, n° 88-87.684 : *Bull. crim.* n° 155. ■ Cass. crim., 6 sept. 1988, n°s 88-80.483 et 88-84.862 : *Bull. crim.* n° 316. ■ Cass. crim., 29 févr. 1988, n° 88-80.022 : *Bull. crim.* n° 103. ■ Cass. crim., 22 juill. 1986, n° 85-90.771 : *Bull. crim.* n° 240. ■ Cass. crim., 23 oct. 1969, n° 69-92.689 : *Bull. crim.* n° 265).

Nombre de prévenus condamnés au paiement de dommages-intérêts. Les juges du premier degré ont porté atteinte à la chose jugée en modifiant le nombre des prévenus condamnés au paiement de dommages-intérêts (■ Cass. crim., 17 juin 2003, n° 02-82.003 : *Bull. crim.* n° 124).

Répartition de sommes dues par les tiers payeurs. Encourt, dès lors, la cassation l'arrêt qui, sous le couvert de l'interprétation d'une précédente décision, règle un différend opposant un tiers payeur et le Fonds de garantie quant à la répartition entre les tiers payeurs de sommes dues par l'assureur du responsable de l'accident (■ Cass. crim., 5 oct. 1994, n° 93-82.700 : *Bull. crim.* n° 316).

Sens d'une ordonnance. Lorsque le dispositif d'un arrêt, notifié conformément à l'article 217 du Code de procédure pénale, infirme une ordonnance de prolongation de détention, il confère un droit à la liberté ; les juges ne peuvent dès lors, en se fondant sur les motifs qui le précèdent, dire que ce dispositif aurait dû confirmer ladite ordonnance et prescrire sa rectification en ce sens (■ Cass. crim., 18 janv. 1994, n° 93-85.225 : *Bull. crim.* n° 24).

Motivation. Méconnaît l'article 710 du Code de procédure pénale l'arrêt qui ajoute à la décision interprétée une motivation qui ne s'y trouvait pas et qui, loin de se borner à une erreur matérielle, a opéré, en réalité, une modification du dispositif fondée sur de nouveaux motifs de droit ou de fait (■ Cass. crim., 26 juin 1984, n° 83-93.528 : *Bull. crim.* n° 242).

Montant d'une créance. La créance de la partie civile souverainement déterminée par les juges par un mode de calcul dont l'indication était d'ailleurs surabondante, et consacrée par le dispositif du jugement devenu définitif, en l'absence d'appel des parties, se trouvait réduite par le jugement ultérieur (■ Cass. crim., 21 juin 1977, n° 76-91.411 : *Bull. crim.* n° 228).

Dispositions nouvelles. Il ne pouvait dès lors être demandé à la cour d'appel d'ajouter à cette décision, sous couvert d'interprétation, des dispositions nouvelles qui, statuant sur une exception de prescription non soulevée au cours de l'instance pénale ou sur la solidarité prévue par l'article 1745 du Code général des impôts qui n'avait pas été prononcée, auraient eu pour effet de restreindre ou d'étendre les droits résultant de l'arrêt et de modifier ainsi la chose jugée (■ Cass. crim., 28 févr. 1973, n° 72-91.760 : *Bull. crim.* n° 102).

Dispositif. Méconnaît l'article 710 du Code de procédure pénale l'arrêt qui ajoute à la décision à interpréter une motivation qui ne s'y trouvait pas et qui, loin de se borner à réparer une erreur matérielle, a opéré, en réalité, une modification du dispositif fondée sur de nouveaux motifs de droit (■ Cass. crim., 16 nov. 1972, n° 72-93.555 : *Bull. crim.* n° 346).

Contribution supplémentaire. Le tribunal en imposant au prévenu la charge d'une contribution supplémentaire venant s'adjoindre aux réparations dont le montant avait été définitivement fixé par une décision antérieure à laquelle l'un des demandeurs n'était d'ailleurs pas partie, avait illégalement ajouté au dispositif du jugement qu'il entendait interpréter (■ Cass. crim., 25 juill. 1968, n° 67-92.593 : *Bull. crim.* n° 239).

Interdiction du territoire. Pour rejeter la requête, après avoir rappelé que le principe de l'autorité de la chose jugée, s'oppose à ce qu'une décision de justice devenue définitive soit remise en cause et que les juridictions n'ont pas le pouvoir de restreindre ou d'accroître les droits qu'elles ont consacrés et de modifier la chose jugée, l'arrêt attaqué énonce que considérer que la mesure de suspension de l'interdiction du territoire français porte nécessairement sur les deux interdictions du territoire prononcées à l'encontre du demandeur les 22 janvier 1992 et 8 juin 1994 ajouterait au dispositif de l'arrêt du 26 mai 2009 et modifierait ainsi la chose jugée ; en statuant ainsi, la cour d'appel a fait l'exacte application des textes visés aux moyens (■ Cass. crim., 5 avr. 2018, n° 17-82.852).

d. Dispense d'inscription au casier. Est écartée à bon droit comme se heurtant à ce principe, la requête, présentée sur le fondement de l'article 710 du Code de procédure pénale, par le procureur général, tendant à ce que soit rectifiée l'erreur contenue, selon lui, dans un précédent arrêt en date du 5 novembre 2004, ayant consisté à accorder à un condamné pour agression sexuelle une dispense d'inscription de la condamnation au bulletin n° 2 du casier judiciaire alors que l'article 775-1 dudit code, dans sa rédaction issue de la loi du 9 mars 2004, interdit désormais aux auteurs de l'une des infractions visées par l'article 706-47 la possibilité d'obtenir une telle dispense (▪ Cass. crim., 25 avr. 2006, n° 05-86.341 : *Bull. crim.* n° 110).

e. Point de départ de pénalités. La cour d'appel, par son second arrêt du 15 décembre 1993, a rectifié les erreurs, selon elle purement matérielles, affectant sa précédente décision et fixé le point de départ de la pénalité au 28 février 1992 ; en se prononçant ainsi, alors que, selon les constatations des juges du fond, aucune offre, même provisionnelle, n'avait été formulée par l'assureur, et qu'en conséquence la pénalité devait courir non pas à l'expiration du délai de 5 mois suivant la date à laquelle l'assureur avait été informé de la consolidation de l'état de la victime, mais à l'expiration de celui de 8 mois à compter de l'accident, la cour d'appel, qui, de surcroît, sous le couvert de rectification, ne pouvait modifier le point de départ des intérêts (▪ Cass. crim., 5 févr. 1997, n°s 93-82.930 et 96-81.770 : *Bull. crim.* n° 47).

f. Montant des frais de publication. La publication est une peine complémentaire dont les juges n'ont pas à préciser le coût et alors qu'en application de l'article 131-35 du Code pénal, les frais de publication à la charge du prévenu peuvent atteindre, sans l'excéder, le maximum de l'amende encourue (▪ Cass. crim., 28 mars 1996, n° 95-81.921 : *Bull. crim.* n° 144).

g. Affichage en matière de fraude fiscale. L'omission par les juges de statuer expressément sur la durée de l'affichage d'une décision condamnant un prévenu pour fraude fiscale, qui est fixée par l'article 1741, alinéa 3 du Code général des impôts, ne saurait donner lieu à la procédure en rectification d'erreur matérielle prévue par les articles 710 et 711 du Code de procédure pénale (▪ Cass. crim., 17 nov. 1976, n° 75-90.564 : *Bull. crim.* n° 329).

III – CONFUSION

17) Abrogation constitutionnelle partielle de l'article 710 du Code de procédure pénale. La deuxième phrase du premier alinéa de l'article 710 du Code de procédure pénale procède à une distinction injustifiée entre les personnes condamnées qui demandent la confusion de peines après qu'elles sont devenues définitives. Par conséquent, elles méconnaissent le principe d'égalité devant la justice et doivent être déclarées contraires à la Constitution (▪ Cons. const., 21 juill. 2021, n° 2021-925 QPC : *Dr. pén.* 2021, comm. 153, obs. E. Bonis ; *JCP* G 2021, 953, note V. Peltier).

18) Validation constitutionnelle du juge unique. Le fait que, pour se prononcer sur les requêtes en confusion de peines, la juridiction statue à juge unique ne porte pas, par lui-même, atteinte au droit à un procès équitable. En tout état de cause, si la complexité du dossier le justifie, le magistrat peut décider, d'office ou à la demande du condamné ou du ministère public, de renvoyer le jugement de ce dossier devant la formation collégiale de la juridiction (▪ Cons. const., 21 mars 2019, n° 2019-778 DC).

19) Refus de transmission d'une question prioritaire de constitutionnalité au Conseil constitutionnel. Il n'y a pas lieu de renvoyer les dispositions de l'article 710 du Code de procédure pénale – telles que modifiées par la loi n° 2014-896 du 15 août 2014 et en ce qu'elles sont interprétées comme excluant la prise en considération de l'évolution de la situation du condamné au seul et unique motif que ce dernier a déjà déposé une demande de confusion de peines ayant acquis l'autorité de la chose jugée car, à supposer que le principe de réinsertion invoqué soit reconnu comme ayant valeur constitutionnelle, il ne saurait faire échec à l'autorité de chose jugée, la réinsertion étant par ailleurs assurée par la mise en œuvre des règles relatives à l'exécution des peines (▪ Cass. crim., 5 sept. 2018, n° 18-80.780).

20) Peine prononcée à l'étranger. En cas de poursuites successives devant une juridiction étrangère et devant une juridiction française, il n'y a pas lieu, à défaut de dispositions spéciales, d'appliquer le principe du non-cumul des peines. Tel est le cas, notamment, lorsqu'il s'agit d'une peine prononcée par une juridiction étrangère mais exécutée en France par application de l'article 713-1 du Code de procédure pénale (▪ Cass. crim., 6 févr. 1996, n° 95-82.408 : *Bull. crim.* n° 61).

21) Ordonnance rectificative. Saisie du seul appel d'une ordonnance du juge des libertés et de la détention ayant rectifié l'erreur matérielle contenue dans une précédente ordonnance improprement qualifiée d'ordonnance de rejet de demande de mise en liberté alors qu'il s'agissait d'une ordonnance de prolongation de la détention rendue après débat contradictoire régulier, la chambre de l'instruction est bien fondée à refuser d'annuler l'ordonnance rectificative, en l'absence d'atteinte à l'autorité de la chose jugée (▪ Cass. crim., 16 sept. 2008, n° 08-84.893 : *Bull. crim.* n° 185).

22) Maximum de la peine la plus forte. Si la confusion est en effet facultative et si, en raison du refus des juges de l'ordonner, les peines doivent être cumulativement subies, ce n'est cependant que dans la mesure où elles n'excèdent pas, par leur réunion, le maximum de la peine la plus forte (▪ Cass. crim., 26 janv. 1988, n° 87-84.853 : *Bull. crim.* n° 37). Doit être cassé comme imposant l'exécution d'une peine temporaire excédant le maximum légal de vingt ans, l'arrêt d'une chambre d'accusation qui refuse à un condamné la confusion d'une peine de seize ans de réclusion criminelle avec une peine précédente de quinze ans de réclusion criminelle, prononcée à raison de faits antérieurs à la date à laquelle la première condamnation est devenue définitive. Il en est ainsi alors même que le condamné encourait des peines plus fortes à raison de la nature des faits poursuivis (▪ Cass. crim., 3 oct. 1974, n° 73-91.411 : *Bull. crim.* n° 273).

23) Autorité de la chose jugée. Dès lors qu'en prononçant une condamnation la juridiction du jugement a déjà refusé la confusion de la peine qu'elle infligeait avec une peine antérieure devenue définitive le condamné ne saurait, en utilisant les dispositions de l'article 710 du Code de procédure pénale, présenter une requête en confusion de peines, mettant ainsi en cause l'autorité de la chose jugée attachée à la décision précédente (▪ Cass. crim., 5 nov. 1985, n° 84-95.728 : *Bull. crim* n° 343). Il résulte de l'arrêt attaqué et des pièces de procédure que M. Z... I... a déposé une requête en confusion de cinq peines prononcées, le 26 juin 2014, par la cour d'assises du Puy-de-Dôme, le 18 janvier 2011, par le tribunal correctionnel de Nevers et les 28 juin 2012, 6 septembre 2012 et 10 octobre 2012, par la cour d'appel de Riom ; pour déclarer irrecevable cette requête, l'arrêt énonce à bon droit que celle-ci se heurte au principe de l'autorité de la chose jugée, une précédente demande en confusion de ces peines ayant été précédemment rejetée par un arrêt définitif du 25 juillet 2017 (▪ Cass. crim., 20 févr. 2019, n° 18-80.780 : *Dr. pén.* 2019, comm. 79, obs. E. Bonis). Les dispositions de l'article 710 du Code de procédure pénale dans leur rédaction issue de la loi n° 2014–896 du 15 août 2014 ne sauraient faire échec à l'autorité de chose jugée qui s'attache, par principe, aux décisions de justice devenues définitives, la prise en compte de l'évolution de la personne, postérieurement à sa condamnation, relevant de la mise en œuvre des règles relatives à l'exécution des peines (▪ Cass. crim., 23 janv. 2019, n° 17-85.043).

24) Désistement. Il se déduit de ce texte que lorsqu'une requête en confusion de peines est déposée par la partie intéressée, le désistement de celle-ci dessaisit la juridiction (▪ Cass. crim., 23 sept. 2015, n° 14-84.800 : *Bull. crim.* n° 210).

25) Caractère exécutoire. N'excède pas les pouvoirs qu'elle tient de l'alinéa 2 de l'article 710 du Code de procédure pénale, la chambre d'accusation qui, saisie d'une demande de confusion entre une peine prononcée par une Cour d'assises et une peine prononcée par une juridiction correctionnelle, examine, pour statuer, le caractère exécutoire des peines susceptibles d'être confondues (▪ Cass. crim., 13 janv. 1981, n° 80-91.323 : *Bull. crim.* n° 20).

26) Confusion facultative. L'appréciation des données de la cause, sur laquelle une Chambre d'accusation, saisie d'une demande de confusion de peines dans les conditions prévues par l'alinéa 2 de l'article 710 du Code de procédure pénale, fonde sa décision de rejet, s'impose à la Cour de cassation, dès lors que la confusion est purement facultative (▪ Cass. crim., 23 mai 1978, n° 78-90.038 : *Bull. crim.* n° 164).

27) Récidive. La juridiction qui statue sur une demande de confusion de peines ne peut, sans violer la chose jugée, faire état à l'appui de sa décision de rejet, d'une récidive qui n'a pas été constatée par le jugement de condamnation retenu (▪ Cass. crim., 30 mai 1972, n° 71-93.230 : *Bull. crim.* n° 182).

28) Motivation. En rejetant sa demande en confusion, la chambre de l'instruction a fait une exacte application de la loi pénale, abstraction faite des motifs inopérants relatifs à la commission des faits, l'attitude de M. Z... durant la procédure et au quantum des peines prononcées par les juridictions de jugement, dès lors que pour statuer sur une demande de confusion de peine facultative elle a pris en considération la personnalité du requérant, l'évolution de son comportement depuis les condamnations, sa situation matérielle, familiale et sociale, et qu'elle a souverainement apprécié que ces éléments ne justifiaient pas de faire droit à la demande (▪ Cass. crim., 16 oct. 2018, n° 17-83.951). Il résulte de ce texte que la juridiction saisie d'une requête en confusion de peines doit tenir compte du comportement de la personne condamnée depuis sa condamnation, de sa personnalité, ainsi que de sa situation matérielle, familiale et sociale, tels qu'ils ressortent des éléments de preuve produits par le requérant, ainsi que des vérifications et investigations complémentaires auxquelles elle a, le cas échéant, procédé d'office (▪ Cass. crim., 13 déc. 2017, n° 17-80.921 : *Dr. pén.* 2018, chron. 3, n° 15, obs. E. Bonis). Pour rejeter la demande, la chambre de l'instruction relève que selon l'administration pénitentiaire, au regard du travail effectué, des relations extérieures entretenues et de son comportement habituel, M. X... présente des gages sérieux de réinsertion ; que toutefois, le délai entre la commission des infractions s'oppose, même si les conditions légales sont remplies et que M. X... semble avoir consenti certains efforts, à ce qu'il soit fait droit à la demande ; en prononçant ainsi, et dès lors que, si la juridiction statuant sur une demande de confusion facultative de peines doit motiver sa décision en tenant compte du comportement de la personne condamnée depuis la condamnation, de sa personnalité, ainsi que de sa situation matérielle, familiale et sociale, elle peut également retenir d'autres motifs relevant du pouvoir d'appréciation que lui reconnaît l'article 132-4 du Code pénal ; la chambre de l'instruction a justifié sa décision (▪ Cass. crim., 10 janv. 2018, n° 16-87.611 : *Bull. crim.* n° 9 ; *Dr. pén.* 2018, comm. 57, V. Peltier). Si la juridiction statuant sur une demande de confusion facultative de peines doit motiver sa décision notamment sur le fondement des dispositions de l'article 710 du Code de procédure pénale, le demandeur ne saurait faire grief à l'arrêt de ne pas avoir tenu compte, autrement qu'il l'a fait, des prescriptions dudit article dès lors qu'il lui appartenait de produire des éléments de nature à justifier de l'évolution de son comportement, de sa personnalité et de sa situation matérielle, familiale et sociale, pour permettre à la juridiction, au besoin après vérifications ou investigations complémentaires, d'apprécier le mérite de sa demande (▪ Cass. crim., 20 juin 2018, n° 17-85.162. ▪ Cass. crim., 29 nov. 2017, n° 16-84.938. ▪ Cass. crim., 11 juill. 2017, n° 16-85.676 : *Bull. crim.* n° 205 ; *Dr. pén.* 2018, chron. 3, n° 15, obs. E. Bonis). Après avoir constaté que les condamnations étaient susceptibles de confusion en application des articles 132-2 à 132-7 du Code pénal, la cour rejette la demande au motif que les infractions, de nature différente, sont espacées dans le temps, que le casier judiciaire du requérant établit un ancrage important et continu dans la délinquance et que l'intéressé ne justifie pas de la nécessité d'être présent auprès de son enfant malade ; en cet état, et dès lors que la Cour de cassation est en mesure de s'assurer que le cumul des deux peines n'excède pas le maximum légal prévu par la loi pour l'infraction la plus grave, la cour d'appel a justifié sa décision (▪ Cass. crim., 29 mars 2017, n° 16-81.862). Le demandeur ne saurait se faire un grief du rejet de la requête en confusion de peines qu'il a présentée verbalement, dès lors qu'en l'absence de conclusions écrites indiquant de manière précise les condamnations dont la confusion avec la peine prononcée par la cour d'appel était demandée, celle-ci n'était pas tenue de répondre à cette demande (▪ Cass. crim., 1er mars 2017, n° 15-87.069 : *JurisData* n° 2017-003345).

IV – RÈGLES DE COMPÉTENCE

A – Règles générales

29) Juridictions compétentes.

a. Rappel. En application de l'article 710 du Code de procédure pénale, les erreurs purement matérielles contenues dans un jugement ne peuvent être rectifiées que par le tribunal qui l'a rendu ou, en cas d'appel, par la juridiction à laquelle il est déféré (▪ Cass. crim., 4 juill. 1995, n° 94-84.081 : *Bull. crim.* n° 246. ▪ Cass. crim., 23 nov. 1994, n° 93-81.605 : *Bull. crim.* n° 375. ▪ Cass. crim., 9 mai 1994, n° 92-83.092 : *Bull. crim.* n° 175). Les incidents contentieux relatifs à la mauvaise exécution ou à l'exécution incomplète d'un arrêt de la chambre de l'instruction statuant en matière de nullité de procédure sont portés devant cette juridiction (▪ Cass. crim., 9 mai 2018, n° 17-80.656 : *Bull. crim.* n° 87).

b. Illustrations.

Cautionnement. Selon les articles 710 et R. 25 du Code de procédure pénale, lorsque le contrôle judiciaire prend fin après une décision sur le fond, les questions relatives à la restitution du cautionnement relèvent du contentieux de l'exécution et doivent être portées devant la juridiction qui a prononcé la sentence. Encourt donc la censure la cour d'appel qui retient sa compétence, alors que la décision de relaxe avait été rendue par le tribunal correctionnel (▪ Cass. crim., 27 oct. 1999, n° 98-87.080 : *Bull. crim.* n° 234).

Astreinte. La juridiction pénale dont émane la condamnation est compétente, en application de l'article 710 du Code de procédure pénale, pour connaître des difficultés d'exécution relatives à la poursuite de l'ordre de démolition et au recouvrement de l'astreinte après le décès du condamné (▪ Cass. crim., 23 nov. 1994, n° 93-81.605 : *Bull. crim.* n° 375).

Publicité fausse ou de nature à induire en erreur. Une difficulté éventuelle d'exécution ou d'interprétation de l'arrêt d'une cour d'appel, en ce qu'il a ordonné la cessation d'une publicité fausse ou induisant en erreur, ne relève pas de la Cour de cassation et doit être soumise à la juridiction de jugement, dans les conditions prévues par les articles 710 et 711 du Code de procédure pénale (▪ Cass. crim., 15 juin 1984, n° 83-91.039 : *Bull. crim.* n° 228).

30) Pas de saisine d'office du juge. Saisine d'office du juge. Les règles de procédure pénale étant, aux termes de l'article 34 de la Constitution, du domaine de la loi, les dispositions des articles 461 et 462 du Nouveau Code de procédure civile, qui sont de nature réglementaire, ne sauraient trouver à s'appliquer devant la juridiction pénale. La chambre correctionnelle de la cour d'appel, qui était saisie, sur le fondement de l'article 461 du Nouveau Code de procédure civile, d'une requête en interprétation d'un précédent arrêt, a, en se fondant sur l'article 462 du même code, procédé d'office à la rectification de cette décision ; or, la procédure en rectification d'erreur matérielle est régie par les articles 710 et 711 du Code de procédure pénale et ne prévoit pas la saisine d'office du juge (■ Cass. crim., 13 déc. 2005, n° 05-82.776 : *Bull. crim.* n° 330).

31) Observations des parties. La juridiction correctionnelle ne peut statuer sur un incident contentieux concernant l'exécution d'une précédente décision sans que toutes les parties intéressées aient été mises en mesure de faire connaître leurs observations (■ Cass. crim., 3 mars 2020, n° 18-86.810).

32) Notification au détenu. Selon l'article 197 du Code de procédure pénale, la date à laquelle l'affaire sera appelée devant la chambre d'accusation doit être notifiée à la personne détenue par les soins du chef d'établissement pénitentiaire qui adresse sans délai, au procureur général, l'original ou la copie du récépissé, signé par l'intéressé. Ces formalités sont applicables lorsque la chambre d'accusation est saisie sur le fondement des articles 710 et 711 du même code. En conséquence, doit être cassé l'arrêt d'une chambre d'accusation ayant rejeté une demande de confusion de peines, dès lors qu'en l'état des mentions erronées de l'arrêt et en l'absence au dossier du récépissé de notification signé par le requérant, la Cour de cassation n'est pas en mesure de s'assurer que les prescriptions des textes susvisés ont été respectées (■ Cass. crim., 18 avr. 2000, n° 99-84.571 : *Bull. crim.* n° 149).

33) Rectification d'erreur matérielle.

a. Caducité. Est devenu caduc et doit être annulé par voie de conséquence l'arrêt rejetant une demande en rectification d'un arrêt ultérieurement cassé (■ Cass. crim., 16 mai 1977, n° 76-92.267 : *Bull. crim.* n° 174).

b. Effet dévolutif de l'appel. Les articles 509 et 515 du Code de procédure pénale ne sont pas applicables en cas de rectification d'erreur matérielle (■ Cass. crim., 17 juin 2003, n° 02-82.003 : *Bull. crim.* n° 124).

c. Pourvoi en cassation. La seule erreur matérielle évidente, qui peut être rectifiée par l'emploi de la procédure prévue aux articles 710 et 711 du Code de procédure pénale, ne saurait donner ouverture à cassation (■ Cass. crim., 22 nov. 1988, n° 88-85.510 : *Bull. crim.* n° 395). Il ne saurait résulter ouverture à cassation de ce que la cour d'appel, en ordonnant la publication de sa décision par extraits dans deux journaux, n'a pas précisé l'importance de ces extraits ; qu'en effet, d'une part, cette mesure de publication constitue une peine complémentaire obligatoire et non une réparation civile devant correspondre à un préjudice déterminé ; que, d'autre part, en cas d'incident d'exécution, il appartiendra au demandeur d'en saisir la cour d'appel conformément aux articles 710 et 711 du Code de procédure pénale (■ Cass. crim., 12 janv. 1981, n° 80-90.704 : *Bull. crim.* n° 14).

B – Règles relatives à la confusion

34) Juridiction compétente. Division en chambres de la juridiction. La division en chambres d'une juridiction ne porte pas atteinte à son unité et n'a aucune incidence sur sa compétence (■ Cass. crim., 21 sept. 1989, n° 89-81.125 : *Bull. crim.* n° 326). Appel. Il résulte de la combinaison des articles 496, 510 et 710 du Code de procédure pénale que l'appel du jugement par lequel le tribunal correctionnel statue sur une requête en confusion de peines est porté devant la chambre des appels correctionnels de la cour d'appel et non devant la chambre de l'application des peines (■ Cass. crim., 9 janv. 2013, n° 12-83.047 : *Bull. crim.* n° 12 ; *Dr. pén.* 2014, chron. 3, n° 27, obs. V. Peltier).

Exception d'incompétence. L'exception d'incompétence est d'ordre public et peut être soulevée pour la première fois devant la Cour de cassation (■ Cass. crim., 9 janv. 2013, n° 12-83.047 : *Bull. crim.* n° 12 ; *Dr. pén.* 2014, chron. 3, n° 27, obs. V. Peltier).

Peine prescrite. Les incidents contentieux relatifs à l'exécution étant, aux termes de l'article 710, alinéa 1er, du Code de procédure pénale, portés devant le tribunal ou la cour qui a prononcé la sentence, le condamné est irrecevable à soutenir, devant la juridiction de l'application des peines, que les peines d'emprisonnement dont il demande la suspension sont prescrites (■ Cass. crim., 24 oct. 2007, n° 06-89.405 : *Bull. crim.* n° 257).

35) Condition de la confusion. Il résulte de l'article 710 du Code de procédure pénale que seule est compétente, pour ordonner la confusion de plusieurs peines, la juridiction qui a prononcé au moins l'une de celles-ci (■ Cass. crim., 2 déc. 1992, n° 92-81.251 : *Bull. crim.* n° 400) ou, si cette juridiction est une cour d'assises, la chambre de l'instruction dans le ressort de laquelle cette cour a son siège (■ Cass. crim., 6 juin 2001, n° 01-80.172 : *Bull. crim.* n° 140). Le demandeur ne saurait faire grief à l'arrêt attaqué d'avoir rejeté sa requête en confusion de peines, dès lors que, dans sa demande présentée verbalement à la cour d'appel, il n'a pas précisé les condamnations dont il sollicitait la confusion ; en cet état les juges d'appel, qui, selon les termes de l'article 132-4 du Code pénal, n'étaient pas tenus de statuer immédiatement, et qui pourront être saisis par l'intéressé, dans les conditions prévues par l'article 710 du Code de procédure pénale, lorsque la dernière condamnation sera devenue définitive, ont justifié leur décision (■ Cass. crim., 10 juill. 1997, n° 96-83.605 : *Bull. crim.* n° 272).

36) Déroulement de la procédure. Selon les articles 710 et 711 du Code de procédure pénale, la juridiction saisie d'une requête en confusion de peines statue après avoir entendu le ministère public, l'avocat de la partie s'il le demande et s'il échet la partie elle-même ; que, lorsque le requérant est détenu, sa comparution devant la juridiction n'est de droit que s'il en fait la demande expresse dans sa requête (■ Cass. crim., 30 mars 2011, n° 10-88.016 : *Bull. crim.* n° 69).

C – Règles relatives à la matière criminelle

37) Condamnation définitive. Les dispositions de l'article 710, alinéa 2, du Code de procédure pénale ne sont applicables qu'aux décisions définitives rendues par la cour d'assises. Tel n'est pas le cas de la décision d'une cour d'assises prononçant sur les intérêts civils qui déclare l'accusé responsable des dommages causés à la victime et avant dire droit, ordonne une expertise médicale et le condamne à verser une indemnité provisionnelle à celle-ci (■ Cass. crim., 28 juin 1995, n° 94-85.421 : *Bull. crim.* n° 240).

38) Incidents d'exécution. Il résulte de l'article 710 du Code de procédure pénale que seuls les incidents d'exécution auxquels peuvent donner lieu, en matière criminelle, les arrêts de la cour d'assises relèvent de la compétence de la chambre de l'instruction (■ Cass. crim., 19 déc. 2007, n° 07-84.836 : *Bull. crim.* n° 318. ■ Cass. crim., 5 déc. 2007, n° 07-85.037 : *JurisData* n° 2007-042023 ; *Bull. crim.* n° 304. ■ Cass. crim., 27 sept. 2000 : *JurisData* n° 2000-006264 ; *Bull. crim.* n° 283. ■ Cass. crim., 10 avr. 1996, n° 95-84.680 : *Bull. crim.* n° 156. ■ Cass. crim., 27 avr. 1994, n°s 94-80.651 et 94-80.736 : *Bull. crim.* n° 156).

39) Rectification d'erreurs matérielles. Il résulte des articles 593 et 710 du Code de procédure pénale que la cour d'assises, qui a fixé le montant de l'indemnisation de la victime et celui du recours du tiers payeur, n'a pas la faculté de réparer des omissions de statuer, celles-ci ouvrant la voie à la cassation, ni de rectifier des erreurs purement matérielles contenues dans son arrêt, ce pouvoir n'appartenant qu'à la chambre d'accusation (■ Cass. crim., 27 sept. 2000, n° 99-87.598 : *Bull. crim.* n° 282).

40) Confusion – Juridiction compétente. Il résulte de l'article 710 du Code de procédure pénale que, lorsqu'une personne détenue dépose une demande de confusion de peines devenues définitives dont l'une a été prononcée par une cour d'assises et l'autre par un tribunal correctionnel, sont également compétents pour statuer sur cette requête la chambre de l'instruction dont dépend la cour d'assises qui a prononcé la condamnation criminelle ou le tribunal qui a prononcé la condamnation correctionnelle, ou, depuis le 1er janvier 2005, la chambre de l'instruction ou le tribunal correctionnel du lieu de détention (■ Cass. crim., 7 nov. 2007, n° 07-84.303 : *Bull. crim.* n° 271). Lorsque la Chambre d'accusation, conformément aux prescriptions de l'article 710 du Code de procédure pénale, est saisie d'une demande de confusion de peines prononcées par les Cours d'assises elle statue suivant les règles posées par les articles 711 et 712 du Code de procédure pénale, ce qui exclut l'application des dispositions des articles 194 et suivants du même code (■ Cass. crim., 14 mai 1985, n° 84-95.811 : *Bull. crim.* n° 184).

D – Cas particuliers

41) Astreinte. Le ministère public, qui veille au respect de l'application de la loi et à l'exécution des décisions de justice, dispose d'un droit général d'appel des décisions prononcées par la juridiction correctionnelle, et notamment de celles relatives à l'annulation d'un titre exécutoire portant liquidation d'une astreinte ordonnée en matière d'urbanisme (■ Cass. crim., 24 mars 2015, n° 14-84.154 : *Bull. crim.* n° 62). Ne méconnaît aucun texte légal ou conventionnel, l'arrêt qui, pour déclarer irrecevables une demande de démolition et une demande de liquidation d'astreinte, relève que le demandeur était sans qualité pour demander à mettre lui-même en œuvre une mesure prise en l'espèce au titre de l'action publique (■ Cass. crim., 16 déc. 2014, n° 13-87.390 : *Bull. crim.* n° 275). La créance d'une commune en liquidation du produit d'une astreinte assortissant la condamnation d'un prévenu pour infraction aux règles de l'urbanisme et lui ordonnant à titre civil la démolition des ouvrages édifiés irrégulièrement trouve son fondement dans la condamnation, pénale et civile, prononcée par la juridiction répressive. Encourt la cassation l'arrêt qui déclare la juridiction répressive incompétente au profit du juge de l'exécution (■ Cass. crim., 24 mai 2015, n° 14-84.300 : *Bull. crim.* n° 64).

42) Titre exécutoire – Réclamation tardive. Selon l'article 530-2 du Code de procédure pénale, les incidents contentieux relatifs à l'exécution des titres exécutoires doivent être réglés par le tribunal de police qui statue conformément aux dispositions de l'article 711 du Code de procédure pénale. Encourt la cassation le jugement qui, pour rejeter la requête présentée par le contrevenant sur le fondement de l'article 530-2 du Code de procédure pénale, énonce que l'appréciation du délai ouvert pour la réclamation prévue par l'article 530 du même code appartient au ministère public alors que le tribunal devait se prononcer sur le bien-fondé de la décision de l'officier du ministère public déclarant irrecevable comme tardive la réclamation du contrevenant (■ Cass. crim., 29 mai 2002, n° 01-87.396 : *Bull. crim.* n° 124).

43) Contrainte par corps (judiciaire). Lorsque l'exercice anticipé de la contrainte par corps (judiciaire) a été ordonné, par une décision définitive, en application de l'article 388 du Code des douanes, le débiteur peut, à tout moment, demander à être dispensé de l'exécution de cette mesure, sur le fondement des articles 710 et 752 du Code de procédure pénale (■ Cass. crim., 20 janv. 1998, n° 96-84.187 : *Bull. crim.* n° 23). Il ne saurait résulter ouverture à cassation de ce qu'un arrêt a omis de préciser que la contrainte par corps dont il a fixé la durée ne s'appliquerait que pour le recouvrement des impôts directs et taxes assimilées et des pénalités fiscales y afférentes à l'exclusion des taxes sur le chiffre d'affaires, dès lors qu'il appartiendra au condamné, en cas d'incident d'exécution, d'en saisir la cour d'appel conformément aux articles 710 et 711 du Code de procédure pénale (■ Cass. crim., 25 mai 1978, n° 77-92.637 : *Bull. crim.* n° 166). Pourvoi du procureur général. Le procureur général est recevable à se pourvoir contre l'arrêt qui a dit n'y avoir lieu à exécution de la mesure à caractère pénal que constitue la contrainte par corps ordonnée par une décision de condamnation pour fraude fiscale (■ Cass. crim., 29 oct. 1996, n° 96-80.577 : *Bull. crim.* n° 376).

44) Restitution – Danger pour les personnes ou pour les biens. Il résulte des dispositions de l'article 41-1, alinéa 2, du Code de procédure pénale que, lorsque la décision de non-restitution d'objets placés sous main de justice prise par le ministère public est motivée par le danger que cette mesure serait de nature à créer pour les personnes ou pour les biens, le recours contre cette décision est porté devant le tribunal correctionnel ou la chambre des appels correctionnels. Méconnaît ce texte et encourt, dès lors, la cassation l'arrêt d'une cour d'appel qui se déclare incompétente pour connaître d'un tel recours, au motif qu'il s'agirait d'un incident d'exécution d'un arrêt de cour d'assises, relevant de la compétence exclusive de la chambre d'accusation en vertu des dispositions de l'article 710, alinéa 2, du Code de procédure pénale, alors que le refus de restitution était fondé sur le danger qu'une telle mesure aurait été de nature à créer pour les personnes (■ Cass. crim., 12 juin 1996, n° 96-81.129 : *Bull. crim.* n° 249).

Mandat nominatif et individuel d'agir en justice. Aucun texte n'interdit de donner mandat à un tiers de présenter une requête en restitution, dès lors que l'existence de ce mandat est prouvée et que le nom du mandant figure dans chaque acte de procédure effectué par le mandataire. Doit dès lors être cassé l'arrêt de cour d'appel qui déclare irrecevable la requête présentée par une association au nom de 55 114 adhérents au motif que « nul ne plaide par procureur » et qu'une telle action s'apparente à une « class action » (■ Cass. crim., 20 mai 2015, n° 14-81.147 : *JurisData* n° 2015-011901 ; *JCP* G 2015, 831 : *Bull. crim.* n° 122 : J.-B. Perrier ; *Procédures* 2015, comm. 237, A.-S. Chavent-Leclère).

45) Semi-liberté. En statuant sur le recours du condamné contre une décision de semi-liberté sur le fondement de l'article 710 du Code de procédure pénale, le tribunal correctionnel a méconnu l'article 733-1 du Code de procédure pénale selon lequel seul le procureur de la République peut déférer devant le tribunal correctionnel une décision du juge de l'application des peines concernant une mesure de semi-liberté (■ Cass. crim., 12 juin 1996, n° 96-80.652 : *Bull. crim.* n° 247).

46) Peine prescrite.

a. Acte interruptif. Selon l'article 8 du Code de procédure pénale, ensemble les articles 710, 711 du même code, L. 235 et L. 236 du Livre des procédures fiscales, la requête par laquelle le ministère public porte devant le tribunal un incident contentieux relatif à l'exécution d'une sentence pénale est un acte de poursuite interruptif du délai de prescription (■ Cass. crim., 31 mai 2012, n° 11-84.687 : *Bull. crim.* n° 142).

b. Inexécution du mandat d'arrêt. Selon l'article 710 du Code de procédure pénale, tous incidents contentieux relatifs à l'exécution sont portés devant le tribunal ou la cour qui a prononcé la sentence ; pour déclarer irrecevable la requête de M. X... demandant de constater la prescription de la peine de cinq ans d'emprisonnement prononcée le 12 mai 2005, par la cour d'appel d'Aix-en-Provence, pour homicide involontaire aggravé et infractions connexes, ayant ordonné le maintien des effets du mandat d'arrêt délivré par le tribunal correctionnel le 16 juin 2004, l'arrêt attaqué énonce que l'existence de l'incident contentieux relatif à l'exécution de cette peine ne peut être considérée, en l'état, comme établie, dès lors que ce mandat n'a pas été mis à exécution et que le condamné ne s'est pas présenté pour exécuter sa peine ; en prononçant ainsi, en subordonnant la recevabilité de la requête à la mise à exécution de la peine, la cour d'appel a méconnu les textes susvisés (■ Cass. crim., 15 févr. 2012, n° 11-84.535 : *Bull. crim.* n° 50).

c. Confiscation. Renée X..., épouse Y..., a présenté, le 29 décembre 2005, sur le fondement de l'article 710 du Code de procédure pénale, une requête aux fins de restitution de la somme confisquée en faisant valoir que la peine de confiscation n'avait pas été exécutée dans le délai de la prescription et que la banque détenait toujours les fonds, objet de la confiscation ; pour refuser de faire droit à cette demande, l'arrêt énonce, notamment, que le transfert de propriété à l'État des fonds saisis a été réalisé le jour où la décision de la cour d'appel a acquis un caractère définitif ; en l'état de ces énonciations, qui ne mettent pas la Cour de cassation en mesure de s'assurer que la décision prononçant la confiscation a été transmise au comptable du Trésor pour exécution et que la peine n'est pas prescrite, la cour d'appel n'a pas justifié sa décision (■ Cass. crim., 26 juin 2007, n° 06-87.935 : *Bull. crim.* n° 175).

d. Condamné en fuite. Il résulte des principes généraux du droit que le condamné qui ne se tient pas à la disposition de la justice et qui se dérobe à l'exécution d'un mandat décerné contre lui n'est pas recevable à se faire représenter devant la juridiction qui a prononcé la condamnation, fût-ce pour invoquer la prescription de la peine, sur le fondement de l'article 710 du Code de procédure pénale (■ Cass. crim., 14 avr. 1992, n° 91-83.843 : *Bull. crim.* n° 161).

Art. 710-1 ***(Créé, L. n° 2021-1729, 22 déc. 2021).*** **– Lorsqu'une personne condamnée demande, en application de l'article 132-4 du Code pénal, la confusion de peines prononcées contre elle après que les condamnations sont devenues définitives, sa demande est portée devant le tribunal correctionnel, dont la décision peut faire l'objet d'un appel devant la chambre des appels correctionnels. Sont compétents le ou les tribunaux correctionnels ayant prononcé les peines ou se trouvant au siège d'une des juridictions ayant prononcé les peines. Les deux derniers alinéas de l'article 710 du présent code sont alors applicables. Si l'une ou plusieurs des peines prononcées sont des peines criminelles, le renvoi à la formation collégiale du tribunal ou de la chambre des appels correctionnels est de droit s'il est demandé par le condamné ou le ministère public.**

Art. 711 ***(Mod., L. n° 2019-222, 23 mars 2019 ; L. n° 2020-1672, 24 déc. 2020).*** **– Le tribunal ou la cour, sur requête du ministère public ou de la partie intéressée, statue en chambre du conseil après avoir entendu le ministère public, le conseil de la partie s'il le demande et, s'il échet, la partie elle-même, sous réserve des dispositions de l'article 712. Lorsque le requérant est détenu, sa comparution devant la juridiction n'est de droit que s'il en fait la demande expresse dans sa requête.**

L'exécution de la décision en litige est suspendue si le tribunal ou la cour l'ordonne.

Le jugement sur l'incident est signifié à la requête du ministère public aux parties intéressées.

En cas d'accord des parties, la décision peut être prise, sans audience, par ordonnance du président de la juridiction.

I – DÉROULEMENT DE LA PROCÉDURE

1) Ordonnance du JLD. La procédure prévue par l'article 711 du Code de procédure pénale n'est pas applicable à la rectification de l'erreur matérielle affectant une ordonnance rendue par le juge des libertés et de la détention (■ Cass. crim., 3 juin 2003, n° 03-81.482 : *Bull. crim.* n° 112).

A – Auteur de la requête

2) Partie intéressée.

a. Commune. C'est à bon droit que la commune a été déclarée recevable à intervenir sur un incident contentieux relatif à l'exécution d'un jugement condamnant le prévenu à démolir une construction édifiée sans permis. En effet, la commune est partie intéressée au sens de l'article 711 du Code de procédure pénale (■ Cass. crim., 7 févr. 1996 : *JurisData* n° 1996-001147 ; *JCP* G 1996, IV, 1079 ; *Bull. crim.* n° 66).

b. Éditeur. L'éditeur d'une publication de presse désignée par la juridiction pénale pour procéder à la diffusion d'une condamnation est recevable à saisir la juridiction répressive d'un incident contentieux relatif à une peine de diffusion prononcée (■ Cass. crim., 6 mars 2001 : *Bull. crim.* n° 57 ; *Dr. pén.* 2001, comm. 83, note M. Véron et comm. 90, note J.-H. Robert ; *JurisData* n° 2001-008994).

c. Personne morale. Il en va de même pour une personne morale visée par un arrêt de liquidation d'astreinte prononcée en application de l'article L. 480-7 du Code de l'urbanisme, alors même qu'elle n'était pas partie à l'instance pénale ayant conduit à l'arrêt de condamnation (■ Cass. crim., 21 nov. 2006 : *JurisData* n° 2006-036315 ; *Bull. crim.* n° 292).

d. Préfet. Le préfet a le pouvoir en cas de carence du condamné de faire procéder à la démolition ordonnée par le tribunal, ce dont il résulte qu'il est une partie intéressée au sens de l'article 711 du Code de procédure pénale (■ Cass. crim., 16 févr. 2016, n° 15-82.728 : *Bull. crim.* n° 49).

e. Administration des impôts. La cour d'appel de renvoi a statué après avoir admis l'intervention aux débats en chambre du conseil, de l'administration des impôts qu'elle a considérée comme constituant « une partie intéressée » au sens de l'article 711 du Code de procédure pénale en énonçant que cette administration, qui a été poursuivante, est appelée à percevoir pour elle-même les condamnations pécuniaires dont le recouvrement est actuellement en litige ; cette décision est justifiée ; en effet, il ne résulte aucunement de l'article 711 du Code de procédure pénale que, comme le soutient le demandeur, seul le condamné requérant puisse être considéré comme « partie intéressée » (■ Cass. crim., 28 mai 1974, n° 73-93.260 : *Bull. crim.* n° 202).

f. Trésor public. Le Trésor public a qualité pour présenter une requête en interprétation d'une décision de justice qui a alloué des dommages-intérêts complémentaires à l'agent d'un service public victime d'un accident et a réservé les droits de cet agent à percevoir de l'administration des prestations en conséquence de l'accident. En effet, le Trésor public, qui disposait de plein droit, entre les tiers responsables de l'accident, pour subrogation aux droits de la victime, d'une action en remboursement des prestations par lui versées (ordonnance du 7 janvier 1959, antérieurement loi du 20 septembre 1948), était « intéressé », au sens de l'article 711 du Code de procédure pénale, à l'interprétation de la décision en cause (■ Cass. crim., 7 nov. 1968, n° 67-92.276 : *Bull. crim.* n° 288).

3) Perte de la qualité de prévenu. La partie pénalement condamnée par décision devenue définitive, qui saisit la juridiction d'une requête en interprétation d'une précédente décision qui a statué exclusivement sur l'action civile, a perdu la qualité de prévenu. Dans un tel cas, les dispositions combinées des articles 513, dernier alinéa, et 710 du Code de procédure pénale ne peuvent plus recevoir application lors des débats portant sur les seuls intérêts civils (■ Cass. crim., 24 juin 1992, n° 91-84.385 : *Bull. crim.* n° 259).

B – Chambre du conseil

4) Rappel. La cour d'appel, saisie sur requête du ministère public ou de la partie intéressée, d'un incident contentieux relatif à l'exécution d'une sentence pénale, statue en chambre du conseil (■ Cass. crim., 23 juin 2009, n° 08-84.189 : *Bull. crim.* n° 130. ■ Cass. crim., 5 déc. 1972, n° 72-93.318 : *Bull. crim.* n° 376. ■ Cass. crim., 10 juill. 1970, n° 69-91.750 : *Bull. crim.* n° 197. ■ Cass. crim., 29 déc. 1964, n° 64-91.912 : *Bull. crim.* n° 364. ■ Cass. crim., 19 févr. 1964, n°s 63-90.596 et 63-92.849 : *Bull. crim.* n° 60. ■ Cass. crim., 7 juin 1963, n° 62-92.830 : *Bull. crim.* n° 198. ■ Cass. crim., 14 févr. 1963, n° 62-93.488 : *Bull. crim.* n° 79).

Sursis avec mise à l'épreuve. Il résulte des dispositions combinées des articles 744 et 512 du Code de procédure pénale que la cour d'appel, lorsqu'elle est appelée à se prononcer sur l'éventuelle application des dispositions de l'article 742 du même code, en vue notamment de l'exécution d'une peine assortie du sursis avec mise à l'épreuve, doit statuer en chambre du conseil (■ Cass. crim., 7 déc. 1971, n° 71-93.090 : *Bull. crim.* n° 340. ■ Cass. crim., 14 mars 1963, n° 62-91.877 : *Bull. crim.* n° 124. ■ Cass. crim., 21 févr. 1963, n° 62-92.513 : *Bull. crim.* n° 90).

Défaut de citation. En application des articles 710 et 711 du Code de procédure pénale, une juridiction répressive peut procéder à la rectification des erreurs matérielles contenues dans ses décisions, en statuant, sur requête du ministère public ou de la partie intéressée, en chambre du conseil ; il appert de l'arrêt attaqué que la cour d'appel avait été saisie par voie de citation et a statué en audience publique ; mais aucune requête n'étant jointe à la citation, il appartenait à la cour d'appel, qui statuait publiquement, de déclarer la demande irrecevable (■ Cass. crim., 4 janv. 1973, n° 72-91.475 : *Bull. crim.* n° 4).

5) Procès équitable. Le demandeur ne saurait valablement soutenir qu'en statuant en chambre du conseil, comme le prévoit l'article 711 du Code de procédure pénale, la cour d'appel a méconnu les dispositions de l'article 6 de la Convention européenne de sauvegarde des droits de l'homme et des libertés fondamentales (■ Cass. crim., 16 sept. 1997, n° 96-83.754 : *Bull. crim.* n° 297). En statuant en chambre du conseil sur le mérite de la demande, la cour d'appel a fait l'exacte application tant des articles 710 et suivants du Code de procédure pénale que des dispositions non contraires de l'article 6, paragraphe 1, de la Convention européenne de sauvegarde des droits de l'homme et des libertés fondamentales, lesquelles ne concernent que les procédures relatives au bien-fondé de l'accusation, ainsi qu'à la détermination de la culpabilité et de la peine (■ Cass. crim., 29 mai 1997, n° 96-82.480 : *Bull. crim.* n° 212. ■ Cass. crim., 16 sept. 1997, n° 96-83.754 : *Bull. crim.* n° 297). En statuant en chambre du conseil sur un incident contentieux relatif à l'exécution d'une sentence pénale, la cour d'appel n'a fait qu'appliquer les prescriptions de l'article 711 du Code de procédure pénale, qui n'est pas incompatible avec les dispositions conventionnelles invoquées au moyen, dès lors que, contrairement à ce que soutient le demandeur, les juges, saisis d'un tel incident, ne sont pas appelés à décider du bien-fondé d'une accusation en matière pénale au sens de ces dispositions (■ Cass. crim., 3 févr. 2004, n° 03-83.873 : *Bull. crim.* n° 27. ■ Cass. crim., 20 juin 2000, n° 99-85.780 : *Bull. crim.* n° 235). Fait l'exacte application des articles 710 et 711 du Code de procédure pénale la cour d'appel qui, saisie d'une demande de confusion de peines, débat la cause et statue en chambre du conseil (■ Cass. crim., 20 juill. 1977, n° 77-90.686 : *Bull. crim.* n° 266).

6) Irrégularité. S'il est regrettable que les mentions d'un arrêt statuant sur une demande de confusion de peines ne permettent pas de savoir si l'affaire a été jugée en chambre du conseil, comme le prescrit l'article 711 du Code de procédure pénale, ou en audience publique, l'irrégularité commise ne doit cependant pas entraîner l'annulation de la décision, dès lors qu'il n'est pas établi qu'elle ait porté atteinte aux intérêts du demandeur (▪ Cass. crim., 6 févr. 1991, n° 90-82.930 : *Bull. crim.* n° 61. ▪ Cass. crim., 16 févr. 1988, n° 87-90.939 : *Bull. crim.* n° 77. ▪ Cass. crim., 10 mai 1983, n° 82-90.601 : *Bull. crim.* n° 135. ▪ Cass. crim., 9 mai 1978, n° 76-93.208 : *Bull. crim.* n° 144. ▪ Cass. crim., 16 janv. 1978, n° 77-91.751 : *Bull. crim.* n° 17). En revanche, l'inobservation de cette disposition à l'occasion d'une requête en confusion de peines ne saurait donner lieu à l'application de l'article 802 du même code, le rappel à l'audience publique des condamnations infligées au requérant étant de nature à porter atteinte aux intérêts de celui-ci (▪ Cass. crim., 16 janv. 1978, n° 77-91.751 : *Bull. crim.* n° 17).

C – Audition des parties

7) Audition du conseil du requérant. Aux termes des articles 711 et 712 du Code de procédure pénale, les Cours et Tribunaux statuant sur un incident contentieux relatif à l'exécution ne sont tenus d'entendre le conseil de la partie demanderesse à l'incident, que si ce dernier en a formulé la demande (▪ Cass. crim., 2 mars 1966, n° 65-92.224 : *Bull. crim.* n° 76). **Confusion.** Encourt la cassation un arrêt qui rejette une demande de confusions de peines sans que le conseil du requérant ait été entendu, alors que cette audition avait été demandée dans la requête (▪ Cass. crim., 20 mai 2003, n° 02-86.008 : *JurisData* n° 2003-019362 ; *Bull. crim.* n° 99 ; *JurisData* n° 2003-019362. ▪ Cass. crim., 8 mai 1981, n° 80-92.270 : *Bull. crim.* n° 148. ▪ Cass. crim., 8 mai 1981, n° 80-92.270 : *Bull. crim.* n° 148).

Détention provisoire. Il résulte des articles 197, 710 et 711 du Code de procédure pénale que la juridiction saisie d'une requête, du ministère public ou de la partie intéressée, en rectification d'une erreur matérielle contenue dans sa décision, statue après avoir légalement convoqué l'avocat de la partie concernée dans le délai minimum de quarante-huit heures prévu, en matière de détention provisoire, à l'article 197 susvisé ; il ressort de l'arrêt attaqué et des pièces de la procédure que, pour statuer sur la demande de rectification d'une erreur matérielle contenue dans son précédent arrêt sans que l'avocat de M. X... ait été entendu, la chambre de l'instruction se borne à constater que celui-ci, bien que régulièrement avisé de l'audience, ne s'est pas présenté ; en procédant ainsi, alors que l'avocat de M. X... avait été convoqué le 2 août 2012 pour une audience se tenant le lendemain, la chambre de l'instruction a méconnu les textes susvisés et le principe ci-dessus énoncé (▪ Cass. crim., 27 nov. 2012, n° 12-85.777, F-P+B : *JurisData* n° 2012-027368).

8) Audition du requérant.

a. Audition facultative. L'audition de la partie elle-même est toujours facultative et les juges n'ont pas à rendre compte de leur appréciation sur ce point (▪ Cass. crim., 2 mars 1966, n° 65-92.224 : *Bull. crim.* n° 76). Fait une exacte application des articles 710 et 711 du Code de procédure pénale la cour d'appel qui, saisie d'une demande en confusion de peines, débat la cause et statue en Chambre du Conseil, hors la présence du requérant et de son conseil qui ne s'était d'ailleurs pas manifesté. La décision ainsi rendue ne présente pas le caractère d'un arrêt de défaut et n'est pas, en conséquence, susceptible d'opposition (▪ Cass. crim., 31 mai 1965, n° 64-93.192 : *Bull. crim.* n° 97. ▪ Cass. crim., 24 janv. 1963, n° 62-90.955 : *Bull. crim.* n° 46).

b. Audition de droit si demandée. Aux termes de ces textes, la juridiction saisie en rectification d'une erreur matérielle contenue dans sa décision, sur requête du ministère public ou de la partie intéressée, statue après avoir entendu la partie si elle le demande (▪ Cass. crim., 23 janv. 2013, n° 12-82.304 : *Dr. pén.* 2014, chron. 3, n° 26, obs. V. Peltier. ▪ Cass. crim., 23 juin 2009, n° 08-84.189 : *JurisData* n° 2009-048956 ; *Bull. crim.* n° 130 ; *Bull. inf. C. cass.* 2009, n° 1675. – V. aussi ▪ Cass. crim., 30 mars 2011, n° 10-88.016 : *JurisData* n° 2011-006129 ; *Bull. crim.* n° 69. – Rapp. ▪ Cass. crim., 20 mai 2003, n° 02-86.008 : *Bull. crim.* n° 99).

9) Principe du contradictoire.

a. Rappel. La juridiction correctionnelle ne peut statuer sur un incident contentieux concernant l'exécution d'une précédente décision sans que toutes les parties intéressées aient été en mesure de faire connaître leurs observations (▪ Cass. crim., 16 févr. 2016, n° 15-82.728 : *Bull. crim.* n° 49. ▪ Cass. crim., 3 avr. 2001 : *JurisData* n° 2001-009357 ; *Bull. crim.* n° 88 ; *D.* 2001, inf. rap. p. 1850. ▪ Cass. crim., 30 nov. 1993, n° 93-82.912 : *Bull. crim.* n° 363). Dès lors, encourt la cassation l'arrêt qui a fait droit à la requête aux fins d'annulation de l'état exécutoire établi par un receveur municipal en vue de recouvrer une astreinte en matière d'urbanisme, liquidée par le maire, sans que celui-ci ni la commune, partie civile, n'aient été appelés à présenter leurs observations (▪ Cass. crim., 3 avr. 2001, n° 00-87.294 : *Bull. crim.* n° 88). Le procureur général ne saurait se faire un grief de ce que l'administration fiscale n'a pas été appelée à l'instance sur l'incident d'exécution, dès lors qu'il lui appartenait éventuellement de faire citer aux débats la partie intéressée, en l'espèce, l'Administration chargée du recouvrement (▪ Cass. crim., 29 oct. 1996, n° 96-80.577 : *Bull. crim.* n° 376).

b. Présence du ministère public. La présence du ministère public n'est pas obligatoire lorsque le débat porte, devant la juridiction correctionnelle saisie d'une requête en rectification d'erreur matérielle, sur les seuls intérêts civils (▪ Cass. crim., 3 nov. 2009, n° 09-80.991 : *JurisData* n° 2009-050366 ; *Dr. pén.* 2010, comm. 13, obs. A. Maron et M. Haas).

10) Droits de la défense – Parole en dernier. Il se déduit des articles 710 et 711 du Code de procédure pénale ainsi que des principes généraux du droit que le conseil de la partie doit avoir la parole le dernier ; qu'il en est de même de la partie elle-même, si elle est présente (▪ Cass. crim., 30 nov. 1993, n° 93-82.912 : *Bull. crim.* n° 363. ▪ Cass. crim., 18 mai 1989, n° 88-82.569 : *Bull. crim.* n° 206. ▪ Cass. crim., 19 avr. 1988, n° 86-95.841 : *Bull. crim.* n° 169). S'il est exact que les débats consécutifs à une requête en rectification ou en interprétation d'une décision rendue par une juridiction pénale doivent, en principe, revêtir un caractère contradictoire, la Cour de cassation est en mesure de s'assurer qu'en l'espèce aucune atteinte n'a été portée aux intérêts des demandeurs (▪ Cass. crim., 28 nov. 1989, n° 87-85.042 : *Bull. crim.* n° 446). La règle édictée par l'article 513 du Code de procédure pénale, selon laquelle le prévenu ou son conseil auront toujours la parole les derniers, domine tout débat pénal et concerne toutes les procédures intéressant la défense et se terminant par un arrêt ou jugement, comme une requête en confusion de peines (▪ Cass. crim., 8 juin 1983, n° 82-94.323 : *Bull. crim.* n° 175). En donnant en dernier la parole au représentant de la SACEM les juges du second degré n'ont fait que suivre l'ordre fixé par l'article 711 du Code de procédure pénale (▪ Cass. crim., 28 nov. 1989, n° 87-85.042 : *Bull. crim.* n° 446).

II – SIGNIFICATION

A – Délai d'appel

11) Lorsque la juridiction de premier degré statue sur un incident relatif à l'exécution des peines, dans les conditions prévues par les articles 710 et 711 du Code de procédure pénale, son jugement, rendu en chambre du conseil, doit être, à la requête du ministère public, signifié aux parties intéressées pour faire courir, à leur égard, le délai d'appel. Encourt la cassation l'arrêt qui déclare irrecevable l'appel formé plus de dix jours après le prononcé du jugement, rendu « contradictoirement », sur une requête relative à l'exécution d'une peine, sans rechercher la date de signification de ce jugement (▪ Cass. crim., 20 févr. 2013, n° 12-85.774 : *Bull. crim.* n° 44. ▪ Cass. crim., 16 sept. 1992, n° 92-84.463 : *Bull. crim.* n° 283).

B – Délai de pourvoi en cassation

12) Principe. Selon l'article 711 du Code de procédure pénale, la décision se prononçant sur un incident contentieux relatif à l'exécution ou sur la rectification d'une erreur matérielle doit être signifiée, à la requête du ministère public, aux parties intéressées ; il en résulte que le point de départ du délai de pourvoi en cassation, dans un tel cas, doit être fixé à compter du jour où la signification est opérée (▪ Cass. crim., 5 mars 1991, n° 90-82.781 : *Bull. crim.* n° 109). Lorsqu'il est saisi d'une requête en annulation d'une permission de sortir, en application de l'article 733-1 du Code de procédure pénale, le tribunal correctionnel statue sur un incident relatif à l'exécution de la peine dans les conditions prévues aux articles 710 et 711. Son jugement rendu en chambre du conseil doit être signifié à la requête du ministère public aux parties intéressées pour faire courir le délai de pourvoi en cassation. Un tel recours est recevable tant que le délai n'a pas commencé à courir (▪ Cass. crim., 7 avr. 1992, n° 92-80.796 : *Bull. crim.* n° 143).

13) Point de départ. Selon l'article 711 du Code de procédure pénale, la décision se prononçant sur un incident contentieux relatif à l'exécution ou sur la rectification d'une erreur matérielle doit être signifiée, à la requête du ministère public, aux parties intéressées ; il en résulte que le point de départ du délai de pourvoi en cassation, dans un tel cas, doit être fixé à compter du jour où la signification est opérée (▪ Cass. crim., 5 mars 1991, n° 90-82.781 : *Bull. crim.* n° 109).

Art. 712 ***(Mod., L. n° 2004-204, 9 mars 2004).*** **– Dans toutes les hypothèses où il paraît nécessaire d'entendre un condamné qui se trouve détenu, la juridiction saisie peut donner commission rogatoire au président du tribunal judiciaire le plus proche du lieu de détention.**

Ce magistrat peut déléguer l'un des juges du tribunal qui procède à l'audition du détenu par procès-verbal.

La juridiction peut également décider de faire application des dispositions de l'article 706-71.

Visioconférence. Il résulte de l'article 712 du Code de procédure pénale que la juridiction saisie d'un incident contentieux relatif à l'exécution d'une sentence peut décider de faire application des dispositions de l'article 706-71 du même code. S'il résulte du 3e alinéa de ce texte que le requérant devait donner son accord pour qu'il soit recouru à la visioconférence, cet accord, valablement donné lors de l'audience du 21 février 2020, ne pouvait, en application de l'article 706-71-1 de ce code, être repris (▪ Cass. crim., 9 nov. 2021, n° 20-84.394 : *Bull. crim.* n° 94).

CHAPITRE II. – DES JURIDICTIONS DE L'APPLICATION DES PEINES

(L. n° 2004-204, 9 mars 2004)

Bibliographie : ***Répertoire.*** P. Couvrat, *Les dispositions relatives à l'application des peines de la loi Perben II : Dr. pén.* 2004, chron. p. 12 ; *Dispositions générales et nouvelle organisation judiciaire de l'application des peines : RSC* 2004, p. 682.

Généralités. P. Faucher et P. Lemoussu, *Juridictions de l'application des peines. – Composition, compétences, 2007 : JCl. Proc. pén.*, Fasc. 20. • P. Faucher, *Juridictions de l'application des peines. – Débat contradictoire, commission de l'application des peines, modification des mesures en cours, 2010 ; La juridictionnalisation de l'application des peines. Une révolution tranquille : RPDP* 2001, p. 215, Fasc. 40. • P. Faucher, B. Lavielle, G. du Mesnil du Buisson et P. Vigier, *N'enfermons pas la peine ! La place du milieu ouvert dans les politiques pénitentiaires : RF adm. publ.* 2001, n° 99, p. 427. • R. Gassin, *Les fondements juridiques de la réinsertion des délinquants en droit positif français : RSC* 1996, p. 155. • M. Giacopelli, *Réforme du droit de l'application des peines : D.* 2004, p. 2589. • G.-J. Guglielmi, *Le juge de l'application des peines est-il un chiroptère ? : RSC* 1991, p. 622. • M. Herzog-Evans, *Droit commun pour les détenus : RSC* 1995, p. 621 ; *Le juge judiciaire est-il le gardien des libertés... des condamnés ? : LPA* 21 févr. 1997, p. 15 ; *Le juge de l'application des peines, juridiction du premier degré : RSC* 1999, p. 289 ; *La loi présomption d'innocence et l'exécution des peines : des avancées sur fond d'aberrations juridiques : LPA* 24-25 août 2000 ; *Juridiction nationale de la libération conditionnelle : une procédure boiteuse : D.* 2002, p. 178, 8 ; *Principes directeurs d'une réforme : AJ Pénal* 2004, n° 11, p. 385. • M. Janas, *Le nouveau rôle du juge de l'application des peines : AJ Pénal* 2004, n° 11, p. 394, *Le juge de l'application des peines, un acteur essentiel pour lutter contre la récidive : AJ Pénal* 2005, p. 347. • B. Lavielle, *Le juge de l'application des peines est-il toujours un chiroptère ? : Gaz. Pal.* 8-9 sept. 2000, p. 1522 ; *Le report de la juridictionnalisation de l'application des peines (Pourquoi faire simple... ou, le retour du chiroptère !) : Gaz. Pal.* juill. 2001, p. 1176. • P. Poncela, *Loi du 9 mars 2004 (suite) : réductions de peine, fins de peine et autres aménagements : RSC* 2004, p. 955. • Y. Joseph-Ratineau, *L'avenir de la commission de l'application des peines : Dr. pén.* 2016, étude 8.

Section I. – Établissement et composition

Art. 712-1 (1) ***(Mod., L. n° 2014-896, 15 août 2014).*** **– Le juge de l'application des peines et le tribunal de l'application des peines constituent les juridictions de l'application des peines du premier degré qui sont chargées, dans les conditions prévues par la loi, de fixer les principales modalités de l'exécution des peines privatives de liberté ou de certaines peines restrictives de liberté, en orientant et en contrôlant les conditions de leur application. Ces juridictions sont avisées, par les services d'insertion et de probation, des modalités de prise en charge des personnes condamnées, définies et mises en œuvre par ces services. Elles peuvent faire procéder aux modifications qu'elles jugent nécessaires au renforcement du contrôle de l'exécution de la peine.**

Les décisions du juge de l'application des peines et du tribunal de l'application des peines peuvent être attaquées par la voie de l'appel. L'appel est porté, selon les distinctions prévues par le présent chapitre, devant la chambre de l'application des peines de la cour d'appel, composée d'un président de chambre et de deux conseillers, ou devant le président de cette chambre.

1) Question prioritaire de constitutionnalité. Le juge de l'application des peines, après avoir, sauf urgence, recueilli l'avis de la commission de l'application des peines, organe administratif qu'il préside, et auquel participe le procureur de la République chargé, en application de l'article 707-1 du Code de procédure pénale, de l'exécution des peines, et au vu des arguments du condamné ou de son avocat, statue par une ordonnance motivée sur tout retrait d'un crédit de réduction de peine ; que le condamné peut interjeter appel en cas de décision défavorable ; qu'en appel, le président de la chambre de l'application des peines, après réception des observations écrites du ministère public et de celles du condamné ou de son avocat, rend une décision motivée susceptible d'un pourvoi en cassation ; qu'ainsi, à l'évidence, les règles applicables respectent les droits et libertés garantis par la Constitution qu'invoquent les questions prioritaires de constitutionnalité ; d'où il suit que lesdites questions relatives aux articles 712-5 et 721 du Code de procédure pénale ne présentent pas un caractère sérieux, et qu'il n'y a pas lieu de les renvoyer au Conseil constitutionnel (■ Cass. crim., 9 janv. 2013 : *Dr. pén.* 2013, comm. 68, obs. E. Bonis-Garçon).

2) Dispositions à caractère réglementaire. Sur le caractère réglementaire de la dernière phrase du dernier alinéa : V. ■ Cons. const., 14 oct. 2010, n° 2010-220 L : *JO* 15 oct. 2010.

(1) Dispositions particulières ou dérogatoires résultant de l'état d'urgence sanitaire dû à l'épidémie de covid-19 : V. Ord. n° 2020-303 du 25 mars 2020. – NDLR.

3) **Effet dévolutif de l'appel.** En application de l'article 509, alinéa 1er, du Code de procédure pénale, la chambre de l'application des peines saisie de l'appel d'un jugement ayant rejeté une demande de libération conditionnelle est tenue de statuer au vu des éléments dont elle dispose à la date de sa décision. Dès lors, encourt la cassation l'arrêt de la chambre de l'application des peines qui prononce sans rechercher si, à la date à laquelle elle statuait, le condamné ne remplissait pas les conditions pour bénéficier d'une libération conditionnelle (■ Cass. crim., 10 déc. 2014, n° 14-81.056 : *Bull. crim.* n° 267 ; *Dalloz actualité* 30 janv. 2015, obs. S. Fucini ; *AJ Pénal* 2015, 330, obs. M. Herzog-Evans).

4) **Composition de la CHAP.** Il résulte de la combinaison des articles 712-1, 723-29, 723-32 et 592 du Code de procédure pénale que, lorsqu'elle statue sur l'appel d'un jugement ordonnant un placement sous surveillance judiciaire sur le fondement de l'article 723-29 du même code, la chambre de l'application des peines ne siège pas dans la composition prévue par l'article 712-13, alinéa 2, dudit code, mais dans celle prévue par l'article 712-1, alinéa 2 (■ Cass. crim., 11 mai 2017, nos 16-85.158 : *Bull. crim.* n° 138 et 16-85.159 : *Bull. crim.* n° 137 ; *Dr. pén.* 2017, comm. 117, obs. V. Peltier. ■ Cass. crim., 19 sept. 2012, n° 11-88.616 : *Bull. crim.* n° 195. ■ Cass. crim., 25 mai 2011, n° 10-86.996 : *JurisData* n° 2011-010981 ; *Bull. crim.* n° 110 ; *Dalloz actualité* 20 juill. 2011, obs. M. Léna ; *Dr. pén.* 2012, chron. 2, n° 26, obs. E. Garçon). Le demandeur ne saurait se faire un grief ni de ce que la chambre des appels correctionnels de la cour d'appel a statué sur cette demande, ni des conditions dans lesquelles elle l'a fait, dès lors qu'aucune disposition légale n'autorise une personne dont l'incarcération provisoire résulte de l'exécution d'une peine d'emprisonnement assortie d'un sursis avec mise à l'épreuve dont les obligations n'ont pas été observées, à former une telle demande dans l'attente du débat contradictoire qui, conformément aux dispositions du dernier alinéa de l'article 712-19 du Code de procédure pénale, doit avoir lieu devant le juge de l'application des peines dans le délai de 15 jours suivant l'ordonnance d'incarcération, faute de quoi elle est remise en liberté si elle n'est détenue pour autre cause (■ Cass. crim., 15 janv. 2019, n° 18-86.247 : *Bull. crim.* n° 13).

5) **Fixation des fréquences de convocation.** Une circulaire ne peut interdire aux juridictions de l'application des peines de déterminer la fréquence des convocations des personnes placées sous main de justice devant le SPIP (■ CE, 13 févr. 2013, n° 356852 : *AJ Pénal* 2013, 230, obs. Herzog-Evans ; *Rec. CE* 21 juill. 2014 ; *Dalloz actualité* 15 mars 2013, obs. M. Léna ; *AJ Pénal* 2013, 230, obs. Herzog-Evans ; *AJDA* 2013, 1200).

6) **Droit européen.** L'attribution tardive de remises de peine qui a pour effet d'allonger la durée de la peine contrevient à l'article 5, § 1, Conv. EDH (■ CEDH 24 mars 2015, n° 39824/07, *Antonio Messina c/ Italie*).

Art. 712-2 *(Mod., L. n° 2019-222, 23 mars 2019).* **– Un ou plusieurs magistrats du siège sont chargés des fonctions du juge de l'application des peines dans les tribunaux judiciaires dont la liste est fixée par décret. Il existe au moins un juge d'application des peines par département.**

Ces magistrats sont désignés par décret pris après avis du Conseil supérieur de la magistrature. Il peut être mis fin à leurs fonctions dans les mêmes formes.

Si un juge de l'application des peines est temporairement empêché d'exercer ses fonctions, le président du tribunal judiciaire désigne un autre magistrat pour le remplacer.

Pour le fonctionnement de son cabinet, le juge de l'application des peines est assisté d'un greffier et doté d'un secrétariat-greffe.

Voir également : V. art. R. 57-1et s., p. 2047 et art. D. 49 et s., p. 2225.

Art. 712-3 (1) *(Mod., D. n° 2011-1877, 14 déc. 2011).* **– Dans le ressort de chaque cour d'appel sont établis un ou plusieurs tribunaux de l'application des peines dont la compétence territoriale, correspondant à celle d'un ou plusieurs tribunaux judiciaires du ressort, est fixée par décret. Le tribunal de l'application des peines est composé d'un président et de deux assesseurs désignés par le premier président parmi les juges de l'application des peines du ressort de la cour.**

Dans les départements d'outre-mer, un membre au moins du tribunal de l'application des peines est juge de l'application des peines. Un tribunal de l'application des peines est également établi au tribunal judiciaire de Cayenne et est composé d'au moins un juge de l'application des peines. En Nouvelle-Calédonie, en Polynésie française et dans la collectivité de Saint-Pierre-et-Miquelon, le tribunal de l'application des peines peut être composé d'un seul membre, juge de l'application des peines.

(1) Dispositions particulières ou dérogatoires résultant de l'état d'urgence sanitaire dû à l'épidémie de covid-19 : V. Ord. n° 2020-303 du 25 mars 2020. – NDLR.

Les débats contradictoires auxquels procède cette juridiction ont lieu au siège des différents tribunaux judiciaires du ressort de la cour d'appel ou dans les établissements pénitentiaires de ce ressort.

Les fonctions de ministère public sont exercées par le procureur de la République du tribunal judiciaire où se tient le débat contradictoire ou dans le ressort duquel est situé l'établissement pénitentiaire où se tient ce débat.

Section II. – Compétence et procédure devant les juridictions du premier degré

Art. 712-4 *(Mod., L. n° 2014-896, 15 août 2014).* **– Les mesures relevant de la compétence du juge de l'application des peines sont accordées, modifiées, ajournées, refusées, retirées ou révoquées par ordonnance ou jugement motivé de ce magistrat agissant d'office, sur la demande du condamné ou sur réquisitions du procureur de la République, selon les distinctions prévues aux articles suivants.**

Voir également : V. Circ. CRIM-05-9-E8 du 11 avr. 2005 relative au prononcé, à l'exécution et à l'application des peines (*BOMJ* 2005, n° 98).

1) Question prioritaire de constitutionnalité. Le Conseil constitutionnel a déclaré les mots « d'office, » figurant au présent article, sous la réserve énoncée au paragraphe 13 de sa décision et dans la rédaction résultant de la loi n° 2014-896 du 15 août 2014, conformes à la Constitution. Le juge de l'application des peines ne saurait, sans méconnaître le principe d'impartialité, prononcer une mesure défavorable dans le cadre d'une saisine d'office sans que la personne condamnée ait été mise en mesure de présenter ses observations. Il résulte de tout ce qui précède que, sous la réserve énoncée au paragraphe précédent, le grief tiré de ce que les dispositions contestées méconnaissent le principe d'impartialité des juridictions doit être écarté (▪ Cons. const., 10 nov. 2017, n° 2017-671 QPC : *JurisData* n° 2017-023260 ; *Dr. pén.* 2018, étude 1, Y. Carpentier ; *Dr. pén.* 2018, chron. 3, n° 28, obs. E. Bonis).

2) Travail d'intérêt général. Aux termes de l'article 381, alinéa 1er, du Code de procédure pénale, le tribunal correctionnel connaît des délits. Dès lors, encourt la cassation la juridiction correctionnelle qui se déclare incompétente au profit du juge de l'application des peines pour statuer sur un délit de violation des obligations résultant d'une peine de travail d'intérêt général (▪ Cass. crim., 15 mars 2006, n° 05-85.676 : *Bull. crim.* n° 76).

3) Saisine d'office du JAP. Si la chambre de l'application des peines a, à tort, fondé la faculté du juge de l'application des peines de se saisir d'office, sur l'application de ce texte, la censure n'est cependant pas encourue dès lors que, le condamné ayant justifié, selon les constatations du jugement, qu'il n'avait pu se présenter au précédent débat contradictoire en raison d'un motif légitime et la peine n'ayant pas été mise à exécution, le juge tenait cette faculté et celle de statuer à nouveau, de l'application combinée des dispositions de l'article 712-4 dudit code (▪ Cass. crim., 19 janv. 2011, n° 10-84.929 : *JurisData* n° 2011-001758 ; *Dr. pén.* 2012, chron. 2, n° 30, obs. E. Bonis-Garçon ; *AJ Pénal* 2011, p. 313, obs. M. Herzog-Evans).

Art. 712-4-1 *(Créé, L. n° 2019-222, 23 mars 2019 ; L. n° 2021-1729, 22 déc. 2021).* **– Lorsque la loi le prévoit, les décisions en matière d'application des peines sont prises après avis de la commission de l'application des peines présidée par le juge de l'application des peines et composée du procureur de la République, du chef d'établissement pénitentiaire, d'un représentant du service pénitentiaire d'insertion et de probation et d'un représentant du corps de commandement ou du corps d'encadrement et d'application du personnel de surveillance.**

Lorsque la commission donne son avis sur la situation d'un condamné placé sous surveillance électronique ou sous placement extérieur sans surveillance de l'administration pénitentiaire, la présence du chef d'établissement pénitentiaire est facultative.

Un décret détermine les modalités de fonctionnement de cette commission, notamment ses règles de quorum ainsi que les cas et modalités selon lesquels elle peut délibérer par voie dématérialisée.

Art. 712-5 (1) *(Mod., L. n° 2019-222, 23 mars 2019).* **– Sauf en cas d'urgence, les ordonnances concernant les réductions de peine, les autorisations de sorties sous escortes et les permissions de sortir sont prises après avis de la commission de l'application des peines.**

(1) Dispositions particulières ou dérogatoires résultant de l'état d'urgence sanitaire dû à l'épidémie de covid-19 : V. Ord. n° 2020-303 du 25 mars 2020. – NDLR.

Cette commission est réputée avoir rendu son avis si celui-ci n'est pas intervenu dans le délai d'un mois à compter du jour de sa saisine.

1) Refus de transmission d'une question prioritaire de constitutionnalité. La question relative à l'article 712-5 du Code de procédure pénale ne présente pas un caractère sérieux car le juge de l'application des peines, après avoir, sauf urgence, recueilli l'avis de la commission de l'application des peines, organe administratif qu'il préside, et auquel participe le procureur de la République chargé, en application de l'article 707-1 du Code de procédure pénale, de l'exécution des peines, et au vu des arguments du condamné ou de son avocat, statue par une ordonnance motivée sur tout retrait d'un crédit de réduction de peine ; que le condamné peut interjeter appel en cas de décision défavorable ; en appel, le président de la chambre de l'application des peines, après réception des observations écrites du ministère public et de celles du condamné ou de son avocat, rend une décision motivée susceptible d'un pourvoi en cassation ; qu'ainsi, à l'évidence, les règles applicables respectent les droits et libertés garantis par la Constitution qu'invoquent les questions prioritaires de constitutionnalité (■ Cass. crim., 9 oct. 2013, n° 13-85.760 : *JurisData* n° 2013-021950 ; *Dr. pén.* 2014, chron. 3, n° 32, obs. E. Bonis-Garçon). Le juge de l'application des peines, après avoir, sauf urgence, recueilli l'avis de la commission de l'application des peines, organe administratif qu'il préside, et auquel participe le procureur de la République chargé, en application de l'article 707-1 du Code de procédure pénale, de l'exécution des peines, et au vu des arguments du condamné ou de son avocat, statue par une ordonnance motivée sur tout retrait d'un crédit de réduction de peine ; le condamné peut interjeter appel en cas de décision défavorable ; en appel, le président de la chambre de l'application des peines, après réception des observations écrites du ministère public et de celles du condamné ou de son avocat, rend une décision motivée susceptible d'un pourvoi en cassation ; ainsi, à l'évidence, les règles applicables respectent les droits et libertés garantis par la Constitution qu'invoquent les questions prioritaires de constitutionnalité (■ Cass. crim., 31 oct. 2012, n° 12-85.591). Le juge de l'application des peines, après avoir, sauf urgence, recueilli l'avis de la commission de l'application des peines, organe administratif qu'il préside et auquel participe le procureur de la République chargé, en application de l'article 707-1 du Code de procédure pénale, de l'exécution des peines, et au vu des arguments du condamné ou de son avocat, statue par une ordonnance motivée sur toute demande de permission de sortir ; que le condamné peut interjeter appel en cas de décision défavorable ; qu'en appel, le président de la chambre de l'application des peines, après réception des observations écrites du ministère public et de celles du condamné ou de son avocat, rend une ordonnance motivée susceptible d'un pourvoi en cassation ; qu'ainsi, à l'évidence, les règles applicables respectent les droits et libertés garantis par la Constitution qu'invoque la question prioritaire de constitutionnalité (■ Cass. crim., 15 mars 2011, n° 11-90.005 : *Dr. pén.* 2012, chron. 3, n° 29, obs. E. Garçon. ■ Cass. crim., 28 sept. 2011, n° 11-90.084 : *Dr. pén.* 2012, chron. 2, n° 29, obs. E. Garçon).

2) Urgence implicite. Ne méconnaît pas les articles 712-12 et D. 49-41 du Code de procédure pénale le président de la chambre de l'application des peines saisi d'une demande de permission de sortir qui n'attend pas le délai d'un mois après la date de l'appel pour rendre sa décision, dès lors que la date prévue par le condamné pour cette permission ne lui permettait pas de respecter ce délai (■ Cass. crim., 15 mai 2013, n° 12-85.586 : *Bull. crim.* n° 108).

Art. 712-6 (1) ***(Mod., L. n° 2020-1672, 24 déc. 2020).*** **– Les jugements concernant les mesures de placement à l'extérieur, de semi-liberté, de fractionnement et suspension des peines, de placement sous surveillance électronique** (2) **et de libération conditionnelle sont rendus, après avis du représentant de l'administration pénitentiaire, à l'issue d'un débat contradictoire tenu en chambre du conseil, au cours duquel le juge de l'application des peines entend les réquisitions du ministère public et les observations du condamné ainsi que, le cas échéant, celles de son avocat, sans préjudice de l'application des dispositions de l'article 712-16-3. Si le condamné est détenu, ce débat peut se tenir dans l'établissement pénitentiaire. Il peut être fait application des dispositions de l'article 706-71.**

(1) Dispositions particulières ou dérogatoires résultant de l'état d'urgence sanitaire dû à l'épidémie de covid-19 : V. Ord. n° 2020-303 du 25 mars 2020. – NDLR.

(2) Selon les dispositions de la loi n° 2019-222 du 23 mars 2019, les références au placement sous surveillance électronique sont remplacées par des références à la détention à domicile sous surveillance électronique, sauf lorsqu'il est fait mention du placement sous surveillance électronique mobile, à compter du 24 mars 2020. – NDLR.

Le juge de l'application des peines peut, avec l'accord du procureur de la République et celui du condamné ou de son avocat, octroyer l'une de ces mesures sans procéder à un débat contradictoire.

Le juge de l'application des peines peut également, chaque fois qu'il l'estime nécessaire, décider, d'office ou à la demande du condamné ou du ministère public, de renvoyer le jugement de l'affaire devant le tribunal de l'application des peines. Le juge ayant ordonné ce renvoi est membre du tribunal qui statue conformément à l'article 712-7. La décision de renvoi constitue une mesure d'administration judiciaire qui n'est pas susceptible de recours.

Les dispositions du présent article sont également applicables, sauf si la loi en dispose autrement, aux décisions du juge de l'application des peines concernant les peines de suivi socio-judiciaire, d'interdiction de séjour, de travail d'intérêt général, d'emprisonnement avec sursis probatoire ou les mesures d'ajournement avec probation.

Bibliographie : E. Bonis : *Création d'une obligation d'information du mandataire désigné pour représenter ou assister le condamné placé sous un régime de protection lors des audiences de jugement en phase d'application des peines : Dr. pén.* 2021, étude 9.

1) Non-conformité à la Constitution. Lorsque le condamné est un majeur protégé, ni les dispositions contestées, ni aucune autre disposition législative n'imposent au juge de l'application des peines d'informer son tuteur ou son curateur afin qu'il puisse l'assister en vue de l'audience. Or, en l'absence d'une telle assistance, l'intéressé peut être dans l'incapacité d'exercer ses droits, faute de discernement suffisant ou de possibilité d'exprimer sa volonté en raison de l'altération de ses facultés mentales ou corporelles, et ainsi opérer des choix contraires à ses intérêts. Il en résulte qu'en ne prévoyant pas en principe une telle information, les dispositions contestées méconnaissent les droits de la défense. Par conséquent, la première phrase du premier alinéa de l'article 712-6 du Code de procédure pénale doit être déclarée contraire à la Constitution (▪ Cons. const., 12 févr. 2021, n° 2020-884 QPC : *Dr. pén.* 2021, comm. 79, obs. E. Bonis). L'article 712-6 du Code de procédure pénale relatif à la procédure suivie devant les juridictions de l'application des peines ne contient aucune mesure d'effet équivalant à celles des articles 706-112 et suivants du Code de procédure pénale, relatives à la poursuite, à l'instruction et au jugement des infractions commises par des majeurs protégés. Ainsi, la disposition critiquée est susceptible de porter atteinte aux droits de la défense garantis par l'article 16 de la Déclaration des droits de l'homme et du citoyen de 1789 (▪ Cass. crim., 18 nov. 2020, n° 20-90.024).

2) Date d'audience. Selon l'article 712-13 du Code de procédure pénale, l'appel des jugements mentionnés aux articles 712-6 et 712-7 est porté devant la chambre de l'application des peines de la cour d'appel, qui statue par arrêt motivé après débat contradictoire au cours duquel sont entendues les réquisitions du ministère public et les observations de l'avocat du condamné. Aux termes de l'article D. 49-42 du code précité, l'avocat du condamné est convoqué par lettre recommandée ou par télécopie au plus tard quinze jours avant le débat contradictoire. Méconnaît les dispositions de ces textes l'arrêt de la chambre de l'application des peines qui ne mentionne pas que le condamné ou son défenseur ont été avisés de la date d'audience (▪ Cass. crim., 31 mai 2007, n° 06-87.914 : *Bull. crim.* n° 149). Il se déduit des articles 712-6, 712-13 et D. 49-42 du Code de procédure pénale que la chambre de l'application des peines ne peut statuer sur l'appel formé par une personne condamnée contre le rejet d'une requête en aménagement de peine sans s'assurer que l'appelant a reçu sa convocation à l'audience en vue de son audition ordonnée par ladite chambre (▪ Cass. crim., 9 janv. 2019, n° 18-81.938).

3) Détermination de la nature de la mesure. Il résulte des dispositions des articles 712-6 et D. 49-43 du Code de procédure pénale que la chambre de l'application des peines, qui décide d'accorder un aménagement de peine, est tenue de déterminer la nature de la mesure à appliquer au condamné avant de désigner, le cas échéant, l'un de ses membres ou le juge de l'application des peines compétent pour en préciser les modalités (▪ Cass. crim., 16 mai 2007, n° 06-84.303 : *Bull. crim.* n° 131).

4) Obligations de la CHAP. La chambre de l'application des peines saisie de l'appel des jugements mentionnés aux articles 712-6 et 712-7 du Code de procédure pénale est tenue de statuer par un arrêt motivé et de répondre aux chefs péremptoires des observations régulièrement déposées par le condamné conformément aux dispositions de l'article D. 49-41 du même code. Encourt la censure l'arrêt qui laisse sans réponse les chefs péremptoires des observations régulièrement déposées par le condamné (▪ Cass. crim., 24 janv. 2007, n° 06-82.087 : *Bull. crim.* n° 18).

5) Publicité des débats. Le débat en chambre du conseil sur une demande de placement sous surveillance électronique n'est pas contraire aux dispositions de la Conv. EDH dans la mesure où l'article 6 de cette convention est inapplicable aux procédures qui ne sont pas relatives au bien-fondé d'une accusation en matière pénale (■ Cass. crim., 15 févr. 2005 : *Bull. crim.* n° 58 ; *AJ Pénal* 2005, 205, obs. M. Herzog-Evans).

Art. 712-7 (1) *(Mod., L. n° 2009-1436, 24 nov. 2009).* – **Les mesures concernant le relèvement de la période de sûreté, la libération conditionnelle ou la suspension de peine qui ne relèvent pas de la compétence du juge de l'application des peines sont accordées, ajournées, refusées, retirées ou révoquées par jugement motivé du tribunal de l'application des peines saisi sur la demande du condamné, sur réquisitions du procureur de la République ou à l'initiative du juge de l'application des peines dont relève le condamné en application des dispositions de l'article 712-10.**

Les jugements du tribunal de l'application des peines sont rendus, après avis du représentant de l'administration pénitentiaire, à l'issue d'un débat contradictoire tenu en chambre du conseil, au cours duquel la juridiction entend les réquisitions du ministère public et les observations du condamné ainsi que, le cas échéant, celles de son avocat. Si le condamné est détenu, ce débat peut se tenir dans l'établissement pénitentiaire. Il peut être fait application des dispositions de l'article 706-71.

Art. 712-8 *(Mod., L. n° 2009-1436, 24 nov. 2009).* – **Les décisions modifiant ou refusant de modifier les mesures mentionnées aux premier et quatrième alinéas de l'article 712-6 ou les obligations résultant de ces mesures ou des mesures ordonnées par le tribunal de l'application des peines en application de l'article 712-7 sont prises par ordonnance motivée du juge de l'application des peines, sauf si le procureur de la République demande qu'elles fassent l'objet d'un jugement pris après débat contradictoire conformément aux dispositions de l'article 712-6.**

Toutefois, pour l'exécution d'une mesure de semi-liberté, de placement à l'extérieur ou de placement sous surveillance électronique (2) **ou pour l'exécution de permissions de sortir, le juge de l'application des peines peut, dans sa décision, autoriser le chef d'établissement ou le directeur du service pénitentiaire d'insertion et de probation ou, s'agissant des mineurs, le directeur régional de la protection judiciaire de la jeunesse, à modifier les horaires d'entrée ou de sortie du condamné de l'établissement pénitentiaire, ou de sa présence en un lieu déterminé, lorsqu'il s'agit de modifications favorables au condamné ne touchant pas à l'équilibre de la mesure. Il en informé sans délai des modifications opérées et peut les annuler par ordonnance non susceptible de recours.**

1) Droit à un recours juridictionnel effectif. Justifie sa décision le président de la chambre de l'application des peines qui déclare recevable sur le fondement de l'article 13 de la Convention européenne des droits de l'Homme garantissant le droit à un recours effectif l'appel formé par une personne condamnée à une peine d'emprisonnement assortie d'un sursis avec mise à l'épreuve contre une ordonnance du juge de l'application des peines statuant sur sa demande d'autorisation de se rendre à l'étranger présentée en application de l'article 132-44, 5° du Code pénal (■ Cass. crim., 16 mars 2011, n° 10-85.885 : *Bull. crim.* n° 56). À l'époque des faits, soit avant la juridictionnalisation complète des décisions du juge de l'application des peines opérée par la loi du 9 mars 2004 (paragraphe 18 ci-dessus), les ordonnances rendues par celui-ci en matière de permissions de sortir étaient qualifiées par la loi elle-même de mesures d'administration judiciaire et ne pouvaient faire l'objet d'un recours devant le tribunal correctionnel que de la part du procureur de la République (paragraphe 17 ci-dessus). Dès lors, la Cour estime qu'en l'espèce il y a eu violation de l'article 13 de la Convention à raison de l'absence en droit interne d'un recours qui eût permis au requérant de contester le refus de permission de sortir litigieux (■ CEDH, 18 oct. 2005, n° 75833/01, *Schemkamper c/ France*).

2) Révocation d'un sursis avec mise à l'épreuve. A justifié sa décision la chambre de l'application des peines qui, pour confirmer l'ordonnance du juge de l'application des peines ayant ajouté diverses obligations dans le cadre du suivi d'une mise à l'épreuve, relève que lesdites obligations, prises en application des articles 712-6 et 712-8 du Code de procédure pénale, sont nécessaires et opportunes compte tenu de la personnalité du condamné (■ Cass. crim., 24 mai 2006, n° 05-83.819 : *Bull. crim.* n° 149).

(1) Dispositions particulières ou dérogatoires résultant de l'état d'urgence sanitaire dû à l'épidémie de covid-19 : V. Ord. n° 2020-303 du 25 mars 2020. – NDLR.

(2) Selon les dispositions de la loi n° 2019-222 du 23 mars 2019, les références au placement sous surveillance électronique sont remplacées par des références à la détention à domicile sous surveillance électronique, sauf lorsqu'il est fait mention du placement sous surveillance électronique mobile, à compter du 24 mars 2020. – NDLR.

Art. 712-9 *(L. n° 2004-204, 9 mars 2004)*. **– Si le condamné non détenu, dûment convoqué à l'adresse déclarée au juge de l'application des peines sous le contrôle duquel il est placé, ne se présente pas, sans motif légitime, au débat contradictoire prévu par les articles 712-6 ou 712-7, le juge de l'application des peines ou le tribunal de l'application des peines peuvent statuer en son absence. Le délai d'appel ne court alors à compter de la notification du jugement faite à cette adresse que sous réserve des dispositions de l'alinéa suivant.**

S'il n'est pas établi que le condamné a eu connaissance de cette notification et que le jugement a ordonné la révocation ou le retrait de la mesure dont il bénéficiait, l'appel reste recevable jusqu'à l'expiration des délais de prescription de la peine et le délai d'appel court à compter de la date à laquelle le condamné a eu connaissance du jugement. En cas d'appel, l'audition du condamné par la chambre de l'application des peines est alors de droit, le cas échéant selon les modalités prévues par l'article 706-71.

1) **Irrecevabilité d'une QPC.** Il n'existe pas, en l'état, d'interprétation jurisprudentielle constante de la Cour de cassation selon laquelle l'article 712-9 du Code de procédure pénale ferait courir le délai d'appel de dix jours contre un jugement ordonnant l'emprisonnement d'un condamné, absent lors du débat contradictoire, en raison de la violation des obligations imposées dans le cadre du suivi socio-judiciaire à compter de la notification de ce jugement, y compris lorsque le condamné n'a pas eu connaissance de cette notification (■ Cass. crim., 15 juill. 2021, n° 21-81.126).

2) **Audition du condamné.** Selon l'article 712-9, alinéa 2, du Code de procédure pénale, l'audition du condamné par la chambre de l'application des peines est de droit lorsqu'est prononcée, en son absence, par le juge ou le tribunal, la révocation d'une mesure dont il bénéficiait. Encourt la cassation l'arrêt qui confirme une telle décision, alors que le condamné n'a pas été régulièrement convoqué (■ Cass. crim., 18 déc. 2013, n° 13-80.918 : *Bull. crim.* n° 262).

3) **Convocation.** Pour écarter la demande d'annulation du jugement révoquant la libération conditionnelle prise des contradictions du procès-verbal de débat contradictoire quant à la présence du condamné la chambre de l'application des peines énonce qu'il a été régulièrement convoqué à ce débat par lettre recommandée avec avis de réception adressée à sa dernière adresse déclarée et que son avocat a expressément renoncé à son audition par la chambre de l'application des peines ; en l'état de ces motifs dont il résulte que, le condamné ne s'étant pas présenté à ce débat, il a été satisfait, par la chambre de l'application des peines, aux exigences de l'article 712-9, alinéa 2, du Code de procédure pénale, l'arrêt n'encourt pas le grief allégué (■ Cass. crim., 14 oct. 2009, n° 09-82.423).

4) **Inobservation des obligations du suivi socio-judiciaire.** La mise à exécution de l'emprisonnement prononcé en cas d'inobservation des obligations d'un suivi socio-judiciaire doit être assimilée à la mesure de révocation ou au retrait d'une mesure dont le condamné bénéficiait, s'agissant du point de départ du délai d'appel (■ Cass. crim., 16 févr. 2022, n° 21-81.126 : *Bull. crim.* à paraître).

Art. 712-10 *(L. n° 2004-204, 9 mars 2004)*. **– Est territorialement compétent le juge de l'application des peines de la juridiction dans le ressort de laquelle est situé soit l'établissement pénitentiaire dans lequel le condamné est écroué, soit, si le condamné est libre, la résidence habituelle de celui-ci ou, s'il n'a pas en France de résidence habituelle, le juge de l'application des peines du tribunal dans le ressort duquel a son siège la juridiction qui a statué en première instance.**

Lorsqu'une mesure de placement à l'extérieur ou de semi-liberté doit s'exécuter hors du ressort du juge de l'application des peines qui l'a ordonnée, le condamné est alors inscrit au registre d'écrou de l'établissement pénitentiaire situé à proximité du lieu d'exécution de la mesure ; le juge de l'application des peines compétent pour, le cas échéant, préciser ou modifier les modalités d'exécution de la mesure, prononcer ou proposer son retrait, est celui de la juridiction dans le ressort de laquelle est situé cet établissement pénitentiaire.

Lorsqu'a été accordée une mesure de placement sous surveillance électronique (1) **ou une libération conditionnelle, le juge de l'application des peines territorialement compétent est celui de la juridiction dans le ressort de laquelle se trouve le lieu d'assignation du condamné ou sa résidence habituelle fixée par la décision ayant accordé la mesure.**

(1) Selon les dispositions de la loi n° 2019-222 du 23 mars 2019, les références au placement sous surveillance électronique sont remplacées par des références à la détention à domicile sous surveillance électronique, sauf lorsqu'il est fait mention du placement sous surveillance électronique mobile, à compter du 24 mars 2020. – NDLR.

La compétence territoriale définie dans le présent article s'apprécie au jour de la saisine du juge de l'application des peines ; après la saisine initiale, celui-ci peut se dessaisir d'office, sur la demande du condamné ou sur réquisitions du ministère public, au profit du juge de l'application des peines du nouveau lieu de détention ou de la nouvelle résidence habituelle du condamné lorsqu'il est situé dans un autre ressort.
Est territorialement compétent le tribunal de l'application des peines de la cour d'appel dans le ressort de laquelle le condamné réside habituellement, est écroué ou exécute sa peine selon les distinctions du présent article.

1) Demande d'aménagement de peine. Il se déduit des dispositions de l'article 712-10, alinéa 1er, du Code de procédure pénale que le juge de l'application des peines compétent pour statuer sur la demande d'aménagement d'une peine nouvellement inscrite à l'écrou, présentée par un condamné déjà placé sous surveillance électronique pour l'exécution d'autres peines, est celui de la juridiction dans le ressort de laquelle est situé l'établissement pénitentiaire dans lequel le requérant est écroué (■ Cass. crim., 18 nov. 2015, n° 14-82.805 : *Bull. crim.* n° 264).

2) Compétence territoriale. Selon l'article 712-10, alinéa 3, du Code de procédure pénale, lorsqu'a été accordée une mesure de libération conditionnelle, le juge de l'application des peines territorialement compétent est celui de la juridiction dans le ressort de laquelle se trouve le lieu d'assignation à résidence du condamné ou sa résidence habituelle fixée par la décision ayant accordé la mesure ; les juges ajoutent que, si un dessaisissement est possible, en application de l'alinéa 4 de ce texte, après saisine initiale du tribunal de l'application des peines, en cas de changement de lieu de détention ou de nouvelle résidence du condamné, il ne s'agit que d'une faculté et non d'une règle impérative ; en prononçant ainsi la chambre de l'application des peines a justifié sa décision au regard du texte précité (■ Cass. crim., 7 janv. 2009, n° 08-84.070).

Section III. – De la procédure en cas d'appel

Art. 712-11 *(Mod., L. n° 2019-222, 23 mars 2019).* **– Les décisions du juge de l'application des peines et du tribunal de l'application des peines peuvent être attaquées par la voie de l'appel par le condamné, par le procureur de la République et par le procureur général, à compter de leur notification :**
1° Dans le délai de vingt-quatre heures s'agissant des ordonnances mentionnées aux articles 712-5, 712 8, 713-43, 713-44 et 720 ;
2° Dans le délai de dix jours s'agissant des jugements mentionnés aux articles 712-6 et 712-7.

1) Sanctions fiscales. Si l'article 343, alinéa 2, du Code des douanes, permet à l'administration des douanes d'exercer à titre principal l'action pour l'application des sanctions fiscales, accessoirement à l'action publique, il se déduit des termes de l'article 712-11 du Code de procédure pénale qu'en matière d'application des peines, le droit d'appel d'une ordonnance du juge de l'application des peines relative aux obligations du condamné n'est ouvert qu'à ce dernier et au ministère public (■ Cass. crim., 26 avr. 2017, n° 16-83.650 : *Bull. crim.* n° 131 et n° 16-83.653 : *Bull. crim.* n° 131).

2) Révocation d'un sursis avec mise à l'épreuve. Le jugement par lequel le juge de l'application des peines ordonne, après un débat contradictoire tenu en présence du condamné, la révocation d'un sursis avec mise à l'épreuve est susceptible d'appel dans le délai de dix jours prévu par l'article 712-11 du Code de procédure pénale. Ce délai court à compter de la notification du jugement, réalisée, lorsque l'intéressé n'est pas détenu, par l'expédition de la lettre recommandée avec demande d'avis de réception que prévoit l'article D. 49-18 du même code (■ Cass. crim., 11 mai 2016, n° 15-86.060 : *Bull. crim.* n° 145).

3) Permission de sortir. Il résulte de la combinaison des articles 6 et 13 de la Convention européenne des droits de l'Homme et 712-11 du Code de procédure pénale que le président de la chambre de l'application des peines, qui statue sur une demande de permission de sortir dont la date prévue initialement est dépassée, a la faculté, si l'objet de la permission l'autorise, de fixer une autre date (■ Cass. crim., 28 oct. 2009, n° 09-80.923 : *Bull. crim.* n° 180 ; *Dr. pén.* 2010, chron. 2, n° 45, obs. E. Garçon ; *D.* 2010, chron. C. cass. 40, obs. A. Leprieur).

4) Force majeure. Il peut être dérogé aux prescriptions de l'article 712-11 du Code de procédure pénale, selon lesquelles le condamné dispose d'un délai de vingt-quatre heures pour interjeter appel d'une ordonnance du juge de l'application des peines rendue en matière de réduction de peine, lorsqu'en raison d'un obstacle invincible assimilable à la force majeure, l'appelant s'est trouvé dans l'impossibilité absolue de s'y conformer (■ Cass. crim., 4 juin 2020, nos 19-87.450,

19-87.449, 19-87.448). Encourt l'annulation l'ordonnance du président de la chambre de l'application des peines qui déclare l'appel d'une telle ordonnance irrecevable, au motif que la déclaration faite au greffe de l'établissement pénitentiaire a été enregistrée après l'expiration du délai légal et que la lettre qui y est annexée n'a pas date certaine, alors que le condamné avait manifesté sa volonté d'interjeter appel avant l'expiration du délai lui étant imparti à cet effet, par un écrit dont la date n'a fait l'objet d'aucune contestation lorsqu'a été établie, postérieurement, la déclaration d'appel prévue par l'article 503 du Code de procédure pénale (■ Cass. crim., 18 déc. 2013, n° 12-87.281 : *Bull. crim.* n° 266 ; *Dr. pén.* 2014, comm. 34, obs. V. Peltier ; *Dr. pén.* 2014, chron. 3, n° 33, obs. E. Bonis-Garçon. V. aussi ■ Cass. crim., 1er sept. 2011, n° 11-81.877 : *JurisData* n° 2011-020368 ; *D.* 2012, p. 1294, obs. M. Herzog-Evans. ■ Cass. crim., 12 nov. 2009, n° 09-82.946 : *JurisData* n° 2009-050604 ; *Bull. crim.* n° 190 ; *AJ Pénal* 2010, p. 87, obs. M. Herzog-Evans ; *Procédures* 2010, n° 47, obs. Buisson). Cassation de l'ordonnance ayant déclaré l'appel irrecevable, au motif qu'elle énonce que la déclaration faite au greffe a été enregistrée après l'expiration du délai de 24 heures prévu par la loi alors que l'intéressé avait manifesté sa volonté d'interjeter appel avant l'expiration du délai lui étant imparti à cet effet, par un écrit dont la date n'a fait l'objet d'aucune contestation lorsqu'a été établie, postérieurement, la déclaration d'appel prévue par l'article 503 du Code de procédure pénale (■ Cass. crim., 22 janv. 2020, nos 19-83.155 et 19-83.156).

5) Appel.

a. Forme de l'appel. Il résulte de la combinaison des articles 503, 712-5, 712-11, 712-12, D. 49-39, D. 49-44-1 du Code de procédure pénale que le condamné détenu peut relever appel des ordonnances rendues par le juge de l'application des peines en matière de réduction de peines, par déclaration au chef de l'établissement pénitentiaire formée au plus tard à minuit le lendemain du jour où l'ordonnance a été notifiée (■ Cass. crim., 28 avr. 2011, n° 10-87.675).

b. Délai d'appel.

Dépassement du délai d'appel. La chambre de l'application des peines qui doit se prononcer sur la révocation partielle d'un sursis avec mise à l'épreuve a l'obligation de constater l'irrecevabilité de l'appel lorsque le délai légal est dépassé et que le condamné n'a justifié d'aucun obstacle l'ayant empêché de s'y conformer (■ Cass. crim., 11 mai 2016, n° 15-86.060). Ne justifie pas sa décision le président de la chambre de l'application des peines qui, pour déclarer irrecevable comme tardif l'appel d'une ordonnance de refus de réduction de peine supplémentaire, statue par des motifs contradictoires en retenant, d'une part, que le détenu a manifesté sa volonté d'interjeter appel le jour même de la notification de l'ordonnance, et, d'autre part, que son appel a été enregistré au greffe de l'établissement pénitentiaire postérieurement à l'expiration du délai d'appel (■ Cass. crim., 9 juin 2010, n° 10-81.769 : *Bull. crim.* n° 106). Si, selon les dispositions combinées des articles D. 49-43, D. 49-44-1 et 505-1 du Code de procédure pénale, la décision par laquelle le président de la chambre de l'application des peines constate que l'appel est tardif, devenu sans objet ou que l'appelant s'est désisté de son appel, n'est pas susceptible de recours, il en est autrement lorsque son examen fait apparaître un risque d'excès de pouvoir relevant de la Cour de cassation (■ Cass. crim., 12 nov. 2009, n° 09-82.946 : *JurisData* n° 2009-050604 ; *Bull. crim.* n° 190 ; *AJ Pénal* 2010, p. 87, obs. M. Herzog-Evans ; *Procédures* 2010, comm. 47, obs. J. Buisson).

Prorogation du délai d'appel. Selon les articles 712-11 et 801 du Code de procédure pénale, le délai de 24 heures imparti pour interjeter appel d'une ordonnance concernant les réductions de peine, qui expirerait un samedi, un dimanche ou un jour férié ou chômé, est prorogé jusqu'au premier jour ouvrable suivant (■ Cass. crim., 21 févr. 2007, n° 06-85.078 : *Bull. crim.* n° 59 ; *Dr. pén.* 2008, chron. 2, n° 27, obs. E. Garçon).

c. Absence d'urgence. L'appel des ordonnances mentionnées au 1° de l'article 712-11 du Code de procédure pénale, est porté devant le président de la chambre de l'application des peines de la cour d'appel, qui statue par ordonnance motivée au vu des observations du ministère public, et de celles du condamné ou de son avocat. Les ordonnances ainsi mentionnées au 1° de l'article 712-11 du code précité comprennent celles prévues par l'article 712-5 du même code, qui vise les ordonnances concernant les permissions de sortir.

Hors le cas d'urgence, le condamné, appelant d'une telle décision, dispose, pour adresser, lui-même ou par l'intermédiaire d'un avocat, ses observations au président de la chambre de l'application des peines, d'un délai d'un mois après la date de l'appel, sauf dérogation accordée par le président de la chambre de l'application des peines. Lorsque le président de la chambre de l'application des peines, saisi d'un tel appel, statue sur celui-ci, sans viser l'urgence, avant l'expiration du délai d'un mois après la date de l'appel, sa décision encourt la cassation (■ Cass. crim., 6 sept. 2006, n° 06-82.205 : *Bull. crim.* n° 211. ■ Cass. crim., 24 mai 2018, n° 17-86.175). Encourt la cassation l'ordonnance de la présidente de la chambre de l'application des peines qui a statué avant expiration du délai d'un mois sans avoir constaté d'urgence (■ Cass. crim., 11 déc. 2019, n° 19-81.988, § 10).

Art. 712-12 *(Mod. à compter du 1er janv. 2015, L. n° 2014-896, 15 août 2014).* **– L'appel des ordonnances mentionnées au 1° de l'article 712-11 est porté devant le président de la chambre de l'application des peines de la cour d'appel, qui statue par ordonnance motivée au vu des observations écrites du ministère public et de celles du condamné ou de son avocat.**

1) Observations du ministère public. Les dispositions de l'article 712-12 du Code de procédure pénale ne prévoient pas la communication au condamné des observations du ministère public à l'occasion d'un appel formé contre une ordonnance accordant une réduction supplémentaire de peine (▪ Cass. crim., 21 sept. 2016, n° 15-83.955 : *Bull. crim.* n° 248).

2) Règles de compétence – Libération conditionnelle. Il résulte des articles 712-7, 712-8, 712-12 et 712-13 du Code de procédure pénale que le juge de l'application des peines est compétent en première instance pour prendre les décisions modifiant ou refusant de modifier les obligations de la libération conditionnelle fixées par le tribunal de l'application des peines. L'appel de ces décisions doit être porté devant le président de la chambre de l'application des peines de la cour d'appel lorsque le juge de l'application s'est prononcé par une ordonnance motivée, conformément à l'article 712-12 du Code de procédure pénale, et devant la chambre de l'application des peines, lorsque le juge de l'application des peines s'est prononcé par un jugement, pris après débat contradictoire conformément aux dispositions de l'article 712-6 (▪ Cass. crim., 10 juin 2009, n° 08-87.096 : *Bull. crim.* n° 121 ; *Dr. pén.* 2010, chron. 2, n° 43, obs. E. Garçon).

3) Obligation pour le juge de statuer après expiration du délai.

a. Principe. Meconnaît les articles 712-5 et D. 49-41 du Code de procédure pénale le président de la chambre de l'application des peines statuant en matière de réductionde peine, qui, n'ayant pas reçu les observations écrites du condamné ou de son avocat, et à défaut de toute urgence constatée, n'attend pas l'expiration du délai d'un mois après la date de l'appel pour rendre sa décision (▪ Cass. crim., 9 avr. 2014, n° 13-85.617 : *JurisData* n° 2014-006999 ; *Bull. crim.* n° 112 ; *Dr. pén.* 2014, comm. 100, obs. E. Bonis-Garçon. ▪ Cass. crim., 18 juin 2008, n° 07-82.076 : *JurisData* n° 2008-044895 ; *Bull. crim.* n° 158). Même solution en matière de réduction supplémentaire de peine, le condamné conservant la faculté de lui adresser des observations complémentaires jusqu'au terme de ce délai (▪ Cass. crim., 28 avr. 2011, n° 10-88.055 : *Bull. crim.* n° 80. ▪ Cass. crim., 31 mai 2007, n° 06-87.596 : *JurisData* n° 2007-039888 ; *Dr. pén.* 2008, chron. 2, n° 37, obs. E. Garçon. ▪ Cass. crim., 16 mai 2007, n° 06-86.717 : *JurisData* n° 2007-039614. ▪ Cass. crim., 7 févr. 2007, n° 06-86.063 : *JurisData* n° 2007-037838. ▪ Cass. crim., 6 sept. 2006, n° 06-82.205 : *JurisData* n° 2006-035121 ; *Bull. crim.* n° 211 et n° 06-82.297 : *JurisData* n° 2006-035120 ; *Bull. crim.* n° 212).

b. Exception. Ne méconnaît pas les articles 712-12 et D. 49-41 du Code de procédure pénale le président de la chambre de l'application des peines saisi d'une demande de permission de sortir qui n'attend pas le délai d'un mois après la date de l'appel pour rendre sa décision, dès lors que la date prévue par le condamné pour cette permission ne lui permettait pas de respecter ce délai (▪ Cass. crim., 15 mai 2013, n° 12-85.586 : *JurisData* n° 2013-010794 ; *Bull. crim.* n° 108 ; *Dr. pén.* 2014, chron. 3, n° 34, obs. E. Bonis-Garçon).

4) Procès équitable. En statuant sur l'appel d'une décision du juge de l'application des peines, ajoutant une obligation à la mise à l'épreuve imposée au condamné, par ordonnance motivée au vu des observations écrites du ministère public et de l'intéressé, le président de la chambre de l'application des peines n'a fait qu'appliquer les dispositions de l'article 712-12 du Code de procédure pénale qui ne sont pas incompatibles avec les dispositions conventionnelles visées aux moyens dès lors que, contrairement à ce que soutient le demandeur, le juge saisi n'est pas appelé à décider du bien-fondé d'une accusation en matière pénale et n'a pas, en l'espèce, à se prononcer sur une obligation à caractère civil (▪ Cass. crim., 31 oct. 2006, n° 05-85.374 : *Bull. crim.* n° 270).

5) Respect des droits de la défense devant le président de la chambre de l'application des peines.

a. Observations écrites.

Délai d'un mois. Selon l'article 712-12 du Code de procédure pénale, l'appel des ordonnances mentionnées à l'article 712-5 du Code de procédure pénale est porté devant le président de la chambre de l'application des peines qui statue par ordonnance motivée au vu des observations écrites du ministère public et de celles du condamné ou de son avocat ; ces dispositions sont d'ordre public ; selon l'article D. 49-41, alinéa 2, du Code de procédure pénale, à l'appui de son appel, le condamné, ou son avocat, peut adresser des observations écrites au président de la chambre de l'application des peines qui, hors le cas d'urgence, doivent être transmises un mois au plus tard après la date de l'appel, sauf dérogation accordée par le président de la juridiction. En confirmant l'ordonnance du juge de l'application des peines sans constater l'urgence, et alors que le délai d'un mois pour adresser des observations écrites n'était pas expiré, le président de la chambre de l'application des peines a méconnu les textes précités et les principes ci-dessus énoncés (▪ Cass. crim., 2 déc. 2015, n° 15-80.485 :

JurisData n° 2015-026883. ▪ Cass. crim., 4 nov. 2015, n° 15-80.484 : *Dr. pén.* 2015, chron. 2, n° 22, obs. E. Bonis-Garçon. ▪ Cass. crim., 6 sept. 2006, n° 06-82.205 : *JurisData* n° 2006-035121 ; *Bull. crim.* n° 211. ▪ Cass. crim., 18 juin 2008, n° 07-82.076 : *JurisData* n° 2008-044895 ; *Bull. crim.* n° 158. ▪ Cass. crim., 9 avr. 2014, n° 13-85.617 : *JurisData* n° 2014-006999 ; *Bull. crim.* n° 112. ▪ Cass. crim., 10 déc. 2014, n° 13-87.431. – V. déjà en ce sens : ▪ Cass. crim., 6 sept. 2006, n° 06-82.297 : *JurisData* n° 2006-035120 ; *Bull. crim.* n° 212. ▪ Cass. crim., 28 avr. 2011 : *Bull. crim.* n° 80. ▪ Cass. crim., 15 mai 2013, n° 12-85.586 : *JurisData* n° 2013-010794 ; *Bull. crim.* n° 108). Il résulte de l'ordonnance attaquée et des pièces de procédure que le président de la chambre de l'application des peines a statué, le 13 février 2018, sur l'appel interjeté par le condamné, le 7 février 2018, de l'ordonnance du juge de l'application des peines, en date du 6 février 2018, lui accordant partiellement une réduction supplémentaire de peine ; en procédant ainsi, sans préciser en quoi la décision était urgente, et alors que le délai d'un mois ouvert au condamné ou à son avocat, pour présenter des observations écrites, initiales et, le cas échéant, complémentaires, n'était pas expiré, le président de la chambre de l'application des peines a méconnu les articles 712-12 et D. 49-41, alinéa 2, du Code de procédure pénale (▪ Cass. crim., 14 nov. 2018, n° 18-82.201). En statuant sans constater l'urgence, et alors que le délai d'un mois pour adresser des observations écrites n'était pas expiré, le président de la chambre de l'application des peines a méconnu les articles 712-12 et D. 49-41 du Code de procédure pénale (▪ Cass. crim., 27 mai 2021, n°s 20-83.982, 20-81.416, 20-80.344 et 20-80.343).

Prise en compte des observations. Il ne résulte pas des motifs de sa décision que le président de la chambre de l'application des peines ait pris connaissance des observations du condamné de sorte que la Cour de cassation n'est pas en mesure de s'assurer que les observations écrites, transmises dans les délais fixés par l'article D. 49-41 susvisé, lui ont été communiqués avant qu'il rende son ordonnance ; la cassation est encourue (▪ Cass. crim., 22 avr. 2020, n° 19-86.802. ▪ Cass. crim., 23 janv. 2019, n° 17-81.647. ▪ Cass. crim., 26 juin 2013, n° 13-80.194 : *JurisData* n° 2013-017282 ; *Dr. pén.* 2014, chron. 3, n° 34, obs. E. Bonis-Garçon). La procédure écrite prévue par l'article 712-12 du Code de procédure pénale permet au condamné de présenter des observations, auxquelles le président de la chambre de l'application des peines doit, sous le contrôle de la Cour de cassation, répondre (▪ Cass. crim., 28 juin 2017, n° 16-84.087 : *Bull. crim.* n° 186 ; n°s 16-84.088, 16-84.089, 16-84.090 et 16-84.091 : *Dr. pén.* 2017, comm. 137, obs. E. Bonis).

b. Convocation de l'avocat. Il résulte des articles 742, 712-6, 712-13 et D. 49-42 du Code de procédure pénale que la chambre de l'application des peines de la cour d'appel, saisie de l'appel du jugement prononçant la révocation d'un sursis avec mise à l'épreuve, statue par arrêt motivé après un débat contradictoire au cours duquel sont, notamment, entendues les observations de l'avocat du condamné, qui doit être convoqué par lettre recommandée ou par télécopie, au plus tard quinze jours avant ledit débat (▪ Cass. crim., 29 mai 2013, n° 10-85.117 : *JurisData* n° 2013-011843 ; *Bull. crim.* n° 124 ; *Dr. pén.* 2014, chron. 3, n° 34, obs. E. Bonis-Garçon. ▪ Cass. crim., 31 mai 2007 : *Bull. crim.* n° 149). L'avocat est convoqué par lettre recommandée ou par télécopie au plus tard quinze jours avant le débat contradictoire (▪ Cass. crim., 26 juin 2013, n° 12-83.528 : *JurisData* n° 2013-017275 ; *Dr. pén.* 2014, chron. 3, n° 34, obs. E. Bonis-Garçon).

6) Permission de sortir. Pour infirmer l'ordonnance du juge d'application des peines et rejeter, en visant l'urgence, la demande de permission de sortir, le président de la chambre de l'application des peines énonce que même si cette demande est recevable, elle apparaît prématurée au regard de la durée de la peine restant à subir et de l'absence de réflexion du condamné sur son passage à l'acte dès lors qu'il ne reconnaît pas le caractère volontaire du meurtre commis, peu important son bon comportement en détention ou l'absence de risque de récidive retenu par l'expertise psychiatrique. En se déterminant ainsi, le président de la chambre de l'application des peines a justifié sa décision pour les motifs qui suivent. En premier lieu, l'urgence visée se déduisait de la date de la permission de sortir, fixée au 6 décembre 2019, qui ne permettait pas d'attendre l'expiration du délai d'un mois au cours duquel M. A... aurait pu présenter ses observations, en application de l'article D. 49-41. 10. En second lieu, le juge a souverainement apprécié, sans insuffisance ni contradiction, que la situation de M. A... ne lui permettait pas de bénéficier d'une permission de sortir (▪ Cass. crim., 18 nov. 2020, n° 19-87.793).

Art. 712-13 (1) ***(Mod., L. n° 2005-1549, 12 déc. 2005 ; L. n° 2009-1436, 24 nov. 2009).* – L'appel des jugements mentionnés aux articles 712-6 et 712-7 est porté devant la chambre de l'application des peines de la cour d'appel, qui statue par arrêt motivé après un débat contradictoire au cours duquel sont entendues les**

(1) Dispositions particulières ou dérogatoires résultant de l'état d'urgence sanitaire dû à l'épidémie de covid-19 : V. Ord. n° 2020-303 du 25 mars 2020. – NDLR.

réquisitions du ministère public et les observations de l'avocat du condamné. Le condamné n'est pas entendu par la chambre, sauf si celle-ci en décide autrement. Son audition est alors effectuée, en présence de son avocat ou celui-ci régulièrement convoqué, soit selon les modalités prévues par l'article 706-71, soit, par un membre de la juridiction, dans l'établissement pénitentiaire où il se trouve détenu.

Pour l'examen de l'appel des jugements mentionnés à l'article 712-7, la chambre de l'application des peines de la cour d'appel est composée, outre le président et les deux conseillers assesseurs, d'un responsable d'une association de réinsertion des condamnés et d'un responsable d'une association d'aide aux victimes. Pour l'application des dispositions du présent alinéa, la compétence d'une cour d'appel peut être étendue au ressort de plusieurs cours d'appel par un décret qui fixe la liste et le ressort de ces juridictions.

Si elle confirme un jugement ayant refusé d'accorder une des mesures mentionnées aux articles 712-6 ou 712-7, la chambre peut fixer un délai pendant lequel toute nouvelle demande tendant à l'octroi de la même mesure sera irrecevable. Ce délai ne peut excéder ni le tiers du temps de détention restant à subir ni trois années.

1) Refus de transmission d'une question prioritaire de constitutionnalité. La question prioritaire de constitutionnalité, qui tend « à l'abrogation des dispositions des articles 712-13, alinéa 1er, et 706-71 du Code de procédure pénale, en tant qu'elles ne permettent pas à la personne condamnée, ayant bénéficié d'une libération conditionnelle, de s'opposer à sa comparution par le moyen de la visioconférence et de demander d'être présente à l'audience au cours de laquelle la chambre de l'application des peines de la cour d'appel statue sur la révocation de cette libération conditionnelle, en ce que ces dispositions portent atteinte aux droits de la défense, garantis par l'article 16 de la Déclaration des droits de l'homme et du citoyen du 26 août 1789, ne présente pas un caractère sérieux, car les droits de la défense sont en effet garantis devant la juridiction du second degré saisie d'une révocation de libération conditionnelle (▪ Cass. crim., 15 juill. 2021, n° 21-80.587). La question relative à la conformité de l'article 712-13 du Code de procédure pénale aux droits et libertés garantis par la Constitution, et, plus précisément, au droit à une procédure juste et équitable, tel que ce droit est garanti par les principes fondamentaux reconnus par les lois de la République et par les articles 9 et 16 de la Déclaration des droits de l'homme et du citoyen de 1789 (principe du respect des droits de la défense et droit à une procédure équitable), ne présente pas un caractère sérieux dès lors que les droits de la défense sont garantis devant les deux degrés de juridiction ; en effet, la comparution de l'intéressé est de droit devant le premier juge et la chambre de l'application des peines statue après un débat contradictoire au cours duquel l'avocat du condamné est entendu en ses observations ; si le condamné ne comparaît pas devant cette juridiction, celle-ci peut, le cas échéant à sa demande, décider qu'il sera procédé à son audition par visioconférence ou par un de ses membres dans l'établissement pénitentiaire où il se trouve détenu (▪ Cass. crim., 16 sept. 2020, n° 19-87.696. V. aussi ▪ Cass. crim., 25 mars 2020, n° 20-80.240. ▪ Cass. crim., 20 mars 2013, n° 13-90.001 : *JurisData* n° 2013-004838 ; *Dr. pén.* 2014, chron. 3, n° 35, obs. E. Bonis-Garçon). La question de la conformité de l'article 712-13, alinéa 1er du Code de procédure pénale aux droits de la défense et au droit à un procès équitables, tels que consacrés par la Constitution de la République française, et notamment par l'article 16 de la Déclaration des droits de l'homme et du citoyen de 1789 ne présente pas de caractère sérieux dès lors que le rejet d'une demande de libération conditionnelle ne constitue pas une sanction, que la chambre de l'application des peines statue après un débat contradictoire au cours duquel l'avocat du condamné est entendu en ses observations, que, si le condamné n'est pas entendu par cette juridiction, celle-ci peut, le cas échéant à sa demande, décider qu'il sera procédé à son audition par visioconférence ou par un de ses membres dans l'établissement pénitentiaire où il se trouve détenu (▪ Cass. crim., 19 janv. 2011, n° 10-85.354).

2) Respect du contradictoire. Selon l'article préliminaire du Code de procédure pénale, la procédure pénale doit être équitable et contradictoire et préserver l'équilibre des droits des parties. Il résulte de l'article 712-13 du Code de procédure pénale (et non 712-3 comme indiqué dans l'arrêt) que lors de l'examen en appel des jugements mentionnés aux articles 712-6 et 712-7 du Code de procédure pénale, la chambre de l'application des peines statue après débat contradictoire, le condamné, représenté par son avocat, n'étant pas entendu sauf si celle-ci en décide autrement. Il lui appartient, pour fonder sa décision sur des éléments de fait et des pièces qui n'ont pas été contradictoirement discutés devant le premier juge, de recueillir les observations du condamné non représenté, en procédant à son audition, au besoin après réouverture des débats. (▪ Cass. crim., 17 juin 2020, n° 20-80.240 : *Bull. crim.* n° 46 ; *Dr. pén.* 2020, comm. 166, obs. E. Bonis).

3) Règles de compétence. V. note sous art. 712-12, p. 1717.

4) Délai. Il se déduit de l'article 712-13 du Code de procédure pénale que la chambre de l'application des peines ne peut fixer un délai pendant lequel toute nouvelle demande tendant à l'octroi de l'une des mesures mentionnées aux articles 712-6 et 712-7 dudit code, sera irrecevable, que si elle confirme un jugement refusant de l'accorder. Méconnaît ce texte et encourt la cassation par voie de retranchement, l'arrêt qui, après avoir infirmé le jugement qui accordait au condamné le bénéfice de la libération conditionnelle, fixe un délai avant l'expiration duquel celui-ci ne pourra présenter de nouvelle demande (■ Cass. crim., 28 avr. 2011, n° 10-87.799 : *Bull. crim.* n° 79. ■ Cass. crim., 7 nov. 2007, n° 07-82.598 : *Bull. crim.* n° 270 ; *Dr. pén.* 2008, chron. 2, n° 28, obs. V. Peltier. V. aussi Cass. crim., 10 nov. 2021, n° 21-81.699). Le délai d'un mois imparti, par l'article D. 49-41 du Code de procédure pénale, au condamné pour adresser des observations écrites au président ou à la chambre de l'application des peines commence à courir, dans le cas où l'intéressé est détenu, à compter de la date à laquelle la déclaration d'appel a été établie par le greffe de l'établissement pénitentiaire et non à compter de la date de la transcription de cette déclaration sur le registre tenu par le greffe de la juridiction ayant rendu la décision attaquée (■ Cass. crim., 13 mai 2009, n° 08-87.236 : *Bull. crim.* n° 93).

5) Convocation. Il se déduit des articles 712-6, 712-13 et D. 49-42 du Code de procédure pénale que la chambre de l'application des peines ne peut statuer sur l'appel formé par une personne condamnée contre le rejet d'une requête en aménagement de peine sans s'assurer que l'appelant a reçu sa convocation à l'audience en vue de son audition ordonnée par ladite chambre (■ Cass. crim., 17 mars 2021, n° 20-83.269. ■ Cass. crim., 9 janv. 2019, n° 18-81.938).

6) Parole en dernier. Devant les juridictions de l'application des peines, l'avocat du condamné doit toujours avoir la parole en dernier (■ Cass. crim., 12 déc. 2018, n° 18-80.294).

7) Comparution du condamné. Si le condamné en fait la demande, la chambre de l'application des peines doit l'entendre, mais uniquement s'il s'agit d'une décision de retrait ou de révocation ; en l'espèce, le juge de l'application des peines a fait droit à la demande du condamné, de sorte que sa comparution était laissée à l'appréciation des juges du second degré qui n'ont pas estimé opportun de l'entendre alors que les pièces constituant le dossier d'appel ainsi que les éléments communiqués par la défense du condamné permettent à la cour de se prononcer sans avoir à entendre M. R... En se déterminant ainsi, et dès lors que les juges ont statué en présence de l'avocat du condamné qu'ils ont entendu en ses observations sur l'appel du ministère public, la chambre de l'application des peines, qui n'a méconnu aucun des textes visés au moyen, a justifié sa décision (■ Cass. crim., 13 janv. 2021, n° 19-87.696).

8) Visioconférence. La juridiction d'appel, à qui il appartient de s'assurer du respect du principe du contradictoire, peut décider d'initiative qu'il sera procédé à l'audition de la personne condamnée soit par visioconférence soit par un de ses membres dans l'établissement pénitentiaire où la personne se trouve détenue. La chambre de l'application des peines n'avait pas à justifier le recours au procédé de la visioconférence. Il ne résulte pas de la procédure que le condamné ait contesté le recours à la visioconférence durant sa comparution devant la chambre. Il ne démontre nullement en quoi cette modalité, prévue par l'article 712-13 du Code de procédure pénale, aurait méconnu ses droits et l'article 6 de la Convention européenne de sauvegarde des droits de l'Homme et des libertés fondamentales (■ Cass. crim., 18 nov. 2020, n° 19-80.983).

9) Composition de la CHAP.

a. Suspension de peine. Il résulte de l'article 712-13 du Code de procédure pénale que, lorsqu'elle statue sur l'appel des jugements du tribunal de l'application des peines concernant la suspension de peine, la chambre de l'application des peines de la cour d'appel est composée, outre le président et deux conseillers, d'un responsable d'une association de réinsertion des condamnés et d'un responsable d'une association d'aide aux victimes. Les mentions de l'arrêt doivent mettre la Cour de cassation en mesure de s'assurer que les assesseurs non magistrats ont participé à l'intégralité des débats et au délibéré (■ Cass. crim., 16 mars 2016, n° 14-88.395 : *Bull. crim.* n° 85).

b. Relèvement de la période de sûreté. Selon les dispositions des articles 712-7, 712-13 et 720-4 du Code de procédure pénale, la chambre de l'application des peines saisie d'une requête en relèvement de la période de sûreté est composée, outre le président et les deux conseillers assesseurs, d'un responsable d'une association de réinsertion des condamnés et d'un responsable d'une association d'aide aux victimes ; il résulte nécessairement des mentions de l'arrêt, selon lesquelles ont siégé, outre le président et les deux conseilleurs assesseurs, deux personnes désignées par ordonnance du premier président de la cour d'appel, que la chambre de l'application des peines était composée conformément aux dispositions de l'article 712-13 du code susvisé (■ Cass. crim., 30 oct. 2012, n° 11-87.754 : *Bull. crim.* n° 231).

c. Libération conditionnelle. Lorsqu'elle statue sur l'appel d'un jugement d'un tribunal de l'application des peines saisi par le juge de l'application des peines, en application des dispositions de l'article 712-6, alinéa 3, du Code de procédure pénale, d'une demande de libération conditionnelle, la chambre de l'application des peines ne siège pas dans la composition élargie prévue par l'article 712-13, alinéa 2, dudit code, mais dans celle limitée à trois magistrats professionnels prévue par l'article 712-1, alinéa 2 (■ Cass. crim., 11 mai 2017, n° 16-85.159 : *Bull. crim.* n° 137. Encourt la censure l'arrêt d'une chambre de l'application des peines rejetant une demande de libération conditionnelle et dont il résulte des mentions que la juridiction était composée de trois magistrats, en violation des dispositions de l'article 712-13, alinéa 2, du Code de procédure pénale (■ Cass. crim., 18 mars 2009, n° 08-85.870 : *Bull. crim.* n° 59 ; *Dr. pén.* 2010, chron. 2, n° 32, obs. E. Garçon ; *AJ Pénal* 2009, p. 275, obs. M. Herzog-Evans ; *Rev. pén.* et *Dr. pén.* 2009, p. 467, obs. J.-P. Céré).

d. Surveillance judiciaire. V. note sous art. 712-1, p. 1708. Lorsqu'elle statue sur l'appel d'un jugement ordonnant un placement sous surveillance judiciaire sur le fondement de l'article 723-29 du Code de procédure pénale, la chambre de l'application des peines ne siège pas dans la composition élargie prévue par l'article 712-13, alinéa 2, dudit code, mais dans celle limitée à trois magistrats professionnels prévue par l'article 712-1, alinéa 2 (■ Cass. crim., 11 mai 2017, n°s 16-85.158 : *Bull. crim.* n° 138 et 16-85.159 : *Bull. crim.* n° 137 ; *Dr. pén.* 2017, comm. 117, obs. V. Peltier).

e. Impartialité. Le demandeur (le procureur général) n'est pas recevable à mettre en cause devant la Cour de cassation l'impartialité d'un responsable d'une association de réinsertion des condamnés désigné pour siéger dans la formation élargie de la chambre de l'application des peines conformément à l'article 712-13, alinéa 2, du Code de procédure pénale, dès lors qu'il n'a pas usé de la possibilité de récuser ce juge par application de l'article 668 du même code (■ Cass. crim., 2 mars 2011, n° 10-83.257 : *Bull. crim.* n° 46).

10) Effet dévolutif de l'appel. Méconnaît les articles 509, 515, 712-13 et D. 49-44-1 du Code de procédure pénale, ensemble le principe de l'effet dévolutif de l'appel, la chambre de l'application des peines qui, confirmant le rejet d'une demande d'aménagement de peine par le juge de l'application des peines, renvoie le dossier à ce juge pour qu'il statue de nouveau sur cette demande au vu d'éléments produits en appel par le condamné (■ Cass. crim., 18 déc. 2013, n° 13-83.403 : *Bull. crim.* n° 265 ; *JurisData* n° 2013-029412 ; *Dr. pén.* 2014, étude 3, n° 36, obs. E. Bonis-Garçon). En application de l'article 509, alinéa 1er, du Code de procédure pénale, la chambre de l'application des peines, saisie de l'appel d'un jugement ayant rejeté une demande de libération conditionnelle, est tenue de statuer au vu des éléments dont elle dispose à la date de sa décision. Dès lors, encourt la cassation l'arrêt de la chambre de l'application des peines qui prononce sans rechercher si, à la date à laquelle elle statuait, le condamné ne remplissait pas les conditions pour bénéficier d'une libération conditionnelle (■ Cass. crim., 10 déc. 2014, n° 14-81.056 : *JurisData* n° 2014-030679 ; *Bull. crim.* n° 267 ; *Dr. pén.* 2015, chron. 3, n° 24, obs. E. Bonis-Garçon).

11) Convocation du condamné ou de son avocat. Il résulte de l'article 132-52 du Code pénal, dans sa rédaction issue de la loi n° 2019-222 du 23 mars 2019, entrée en vigueur le 24 mars 2020, que le caractère non avenu de la condamnation ne fait pas obstacle à la prolongation ou à la révocation totale ou partielle du sursis probatoire, en cas d'infraction ou de manquement aux obligations commis avant l'expiration du délai de probation. En conséquence, la cassation de l'arrêt d'une chambre de l'application des peines qui, après des débats tenus en l'absence du condamné et de l'avocat qui l'avait assisté en première instance, n'indique pas, comme l'exigent les articles 712-13 et D. 49-42 du Code de procédure pénale, que cet avocat avait été convoqué à l'audience, doit intervenir avec renvoi dès lors que des rapports d'incidents aux obligations ont été transmis au juge de l'application des peines avant l'expiration du délai de probation (■ Cass. crim., 5 janv. 2022, n° 21-83.378 : *Bull. crim.* n° 68 ; *Dr. pén.* 2022, comm. 40, obs. E. Bonis). L'avocat qui représentait le condamné à l'audience de la chambre de l'application des peines n'ayant pas excipé de l'irrégularité de la convocation de l'intéressé, le demandeur est irrecevable à soulever pour la première fois ce moyen devant la Cour de cassation (■ Cass. crim., 12 avr. 2012, n° 11-81.536 : *Bull. crim.* n° 96). Selon l'article 712-13 du Code de procédure pénale, l'appel des jugements mentionnés aux articles 712-6 et 712-7 est porté devant la chambre de l'application des peines de la cour d'appel, qui statue par arrêt motivé après débat contradictoire au cours duquel sont entendues les réquisitions du ministère public et les observations de l'avocat du condamné. Aux termes de l'article D. 49-42 du code précité, l'avocat du condamné est convoqué par lettre recommandée ou par télécopie au plus tard quinze jours avant le débat contradictoire. Méconnaît les dispositions de ces textes l'arrêt de la chambre de l'application des peines qui ne mentionne pas que le condamné ou son défenseur ont été avisés de la date d'audience (■ Cass. crim., 31 mai 2007, n° 06-87.914 : *Bull. crim.* n° 149 ; *Dr. pén.* 2008, chron. 2, n° 31, obs. E. Garçon).

12) Interdiction de séjour – Débat contradictoire. En application des articles 762-5, 712-6 et 712-13 du Code de procédure pénale, l'appel d'un jugement du juge de l'application des peines prononçant la suspension d'une mesure d'interdiction de séjour est porté devant la chambre de l'application des peines de la cour d'appel, qui statue par arrêt motivé après un débat contradictoire au cours duquel sont entendues les réquisitions du ministère public et les observations de l'avocat du condamné (■ Cass. crim., 9 nov. 2005, n° 05-82.131 : *Bull. crim.* n° 293).

Art. 712-13-1 ***(Créé à titre expérimental à compter du 1er janvier 2012 dans au moins deux cours d'appel et jusqu'au 1er janvier 2014 dans au plus dix cours d'appel, L. n° 2011-939, 10 août 2011).***

Art. 712-14 (1) ***(L. n° 2004-204, 9 mars 2004).*** **– Les décisions du juge de l'application des peines et du tribunal de l'application des peines sont exécutoires par provision. Toutefois, lorsque l'appel du ministère public est formé dans les vingt-quatre heures de la notification, il suspend l'exécution de la décision jusqu'à ce que la chambre de l'application des peines de la cour d'appel ou son président ait statué. L'affaire doit être examinée au plus tard dans les deux mois suivant l'appel du parquet, faute de quoi celui-ci est non avenu.**

1) Refus de transmission d'une question prioritaire de constitutionnalité. Il n'y a pas lieu de renvoyer devant le Conseil constitutionnel les dispositions de l'article 712-4 du Code de procédure pénale dans la mesure où les décisions des juridictions de l'application des peines ont pour objet l'aménagement de l'exécution d'une condamnation pénale, le condamné ne se trouve pas dans une situation comparable à celle du ministère public, chargé de l'exécution de la condamnation, celui-ci peut interjeter appel suspensif de toute décision, défavorable comme favorable au condamné et les dispositions critiquées assurent un juste équilibre entre, d'une part, l'objectif de mise à exécution effective des condamnations dans les meilleurs délais et celui de prévention des atteintes à l'ordre public, d'autre part, le droit à un recours effectif et le respect des droits de la défense (■ Cass. crim., 20 juin 2018, n° 18-90.014).

2) Mise en délibéré au-delà du délai. Une chambre de l'application des peines ne méconnaît pas les dispositions de l'article 712-14 du Code de procédure pénale, selon lesquelles l'affaire doit être examinée au plus tard dans les deux mois suivant l'appel du procureur de la République, dès lors que cet examen dans le délai susvisé a eu pour effet, nonobstant la mise en délibéré à une date ultérieure, de ne pas faire perdre à l'appel du ministère public son effet suspensif (■ Cass. crim., 9 avr. 2014, n° 13-84.290 : *Bull. crim.* n° 111 ; *Dr. pén.* 2015, chron. 3, n° 27, obs. V. Peltier).

3) Révocation d'un sursis avec mise à l'épreuve. Les décisions du juge de l'application des peines étant, aux termes de l'article 712-14 du Code de procédure pénale, exécutoires par provision, le condamné se trouve, à compter de son incarcération, en exécution de la peine afférente au sursis révoqué et non sous le régime de la détention provisoire (■ Cass. crim., 21 févr. 2007, n° 06-86.571 : *Bull. crim.* n° 58).

4) Décompte du délai. La méconnaissance de la disposition qui impose que l'avocat du condamné soit convoqué au plus tard 15 jours avant le débat contradictoire devant la chambre de l'application des peines porte nécessairement atteinte aux droits du condamné. Le délai imparti par l'article 712-14 du Code de procédure pénale à la chambre de l'application des peines pour examiner l'appel suspensif du ministère public s'entend du délai séparant la date de l'appel de la date de l'audience à laquelle se tient le débat sur le bien-fondé de ce recours (■ Cass. crim., 13 janv. 2021, n° 20-81.213).

5) Appel du ministère public. Les décisions du juge de l'application des peines sont exécutoires par provision. Toutefois, lorsque l'appel du ministère public est formé dans les vingt-quatre heures de la notification, il suspend l'exécution de la décision jusqu'à ce que la chambre de l'application des peines ou son président ait statué. L'affaire doit être examinée au plus tard dans les deux mois suivant l'appel du parquet, faute de quoi celui-ci est non avenu (■ Cass. crim., 17 mars 2021, n° 20-83.881).

6) Surveillance judiciaire. Il résulte des dispositions combinées des articles 712-14 et 723-32 du Code de procédure pénale que, lorsque la juridiction de l'application des peines du premier degré place le condamné sous surveillance judiciaire avant la date prévue pour sa libération, cette décision s'applique dès son prononcé, même en cas d'appel, ce recours pouvant être jugé après la date de libération du condamné. En revanche, si la juridiction de l'application des peines ne prononce pas la surveillance judiciaire du condamné avant la date prévue pour sa libération, la chambre de l'application des peines ne peut prononcer cette mesure après cette même date (■ Cass. crim., 16 févr. 2022, n° 20-85.608 : *Bull. crim.* à paraître).

(1) Dispositions particulières ou dérogatoires résultant de l'état d'urgence sanitaire dû à l'épidémie de covid-19 : V. Ord. n° 2020-303 du 25 mars 2020. – NDLR.

Art. 712-15 *(L. n° 2004-204, 9 mars 2004)*. **– Les ordonnances et arrêts mentionnés aux articles 712-12 et 712-13 peuvent faire, dans les cinq jours de leur notification, l'objet d'un pourvoi en cassation qui n'est pas suspensif.**

1) Refus de transmission d'une QPC. Si l'article 712-15 du Code de procédure pénale, tel qu'il est interprété par la Cour de cassation, ouvre un délai de cinq jours pour former un pourvoi en cassation contre une décision de la chambre de l'application des peines, ce délai partant du jour de l'envoi de la lettre recommandée notifiant la décision au condamné lorsqu'il est libre, il apparaît que ce délai est suffisant, dès lors qu'un pourvoi qui n'aurait pu être formé dans le délai de cinq jours, le cas échéant prorogé en application de l'article 801 du Code de procédure pénale, peut être déclaré recevable si le demandeur justifie de circonstances l'ayant mis dans l'impossibilité absolue d'exercer son recours en temps utile. Il en résulte que le droit au recours juridictionnel effectif, garanti par l'article 16 de la Déclaration des droits de l'homme et du citoyen de 1789 n'a pas été méconnu (■ Cass. crim., 14 avr. 2021, n° 20-85.089).

2) Décompte du délai. Le délai de cinq jours ouvert, par l'article 712-15 du Code de procédure pénale, pour se pourvoir en cassation contre les décisions des juridictions de l'application des peines est un délai non franc. Il court à compter de la notification de la décision, réalisée, lorsque le condamné n'est pas détenu, par l'expédition de la lettre recommandée prévue par l'article D. 49-44 du même code (■ Cass. crim., 21 oct. 2015, n° 14-87.198 : *Bull. crim.* n° 230).

Section IV. – Dispositions communes

Art. 712-16 *(Rempl., L. n° 2010-242, 10 mars 2010)*. **– Dans l'exercice de leurs attributions, les juridictions de l'application des peines peuvent procéder ou faire procéder, sur l'ensemble du territoire national, à tous examens, auditions, enquêtes, expertises, réquisitions, y compris celles prévues par l'article 132-22 du Code pénal ou toute autre mesure, permettant de rendre une décision d'individualisation de la peine ou de s'assurer qu'un condamné respecte les obligations qui lui incombent à la suite d'une telle décision.**

Contre-expertise. Dans l'exercice de leurs attributions, les juridictions de l'application des peines peuvent procéder ou faire procéder, sur l'ensemble du territoire national, à tous examens, auditions, enquêtes, expertises, réquisitions, permettant de rendre une décision d'individualisation de la peine ou de s'assurer qu'un condamné respecte les obligations qui lui incombent à la suite d'une telle décision ; pour rejeter la demande de contre-expertise sollicitée par l'avocat de M. X..., l'arrêt attaqué énonce qu'en vertu du principe du double degré de juridiction, il appartient au demandeur de déposer une demande de contre-expertise auprès de la juridiction qui a ordonné la première expertise ; en se déterminant ainsi, alors que ces pouvoirs d'investigations peuvent s'exercer à tout moment de l'exécution de la peine et que la demande de contre-expertise devait être analysée comme une demande de nouvelle expertise, la chambre de l'application des peines a méconnu le texte susvisé et le principe ci-dessus rappelé ■ Cass. crim., 18 oct. 2017, n°s 16-85.056 et 16-85.055 : *Dr. pén.* 2018, chron. 3, n° 30, obs. E. Bonis).

Art. 712-16-1 *(Mod., L. n° 2011-939, 10 août 2011)*. **– Préalablement à toute décision entraînant la cessation temporaire ou définitive de l'incarcération d'une personne condamnée à une peine privative de liberté avant la date d'échéance de cette peine, les juridictions de l'application des peines prennent en considération les intérêts de la victime ou de la partie civile au regard des conséquences pour celle-ci de cette décision.**

Les mesures prévues à l'article 712-16 peuvent porter sur les conséquences des décisions d'individualisation de la peine au regard de la situation de la victime ou de la partie civile, et notamment le risque que le condamné puisse se trouver en présence de celle-ci.

Si elles l'estiment opportun, les juridictions de l'application des peines peuvent, avant toute décision, informer la victime ou la partie civile, directement ou par l'intermédiaire de son avocat, qu'elle peut présenter ses observations par écrit dans un délai de quinze jours à compter de la notification de cette information.

Ces observations peuvent être adressées à la juridiction par la victime ou la partie civile par tout moyen à leur convenance.

Intérêt de la société et des victimes. V. note sous art. 707, p. 1683.

Art. 712-16-2 *(Mod., L. n° 2011-939, 10 août 2011)*. – S'il existe un risque que le condamné puisse se trouver en présence de la victime ou de la partie civile et qu'au regard de la nature des faits ou de la personnalité de l'intéressé il apparaît qu'une telle rencontre paraît devoir être évitée, les juridictions de l'application des peines assortissent toute décision entraînant la cessation temporaire ou définitive de l'incarcération d'une interdiction d'entrer en relation avec la victime ou la partie civile et, le cas échéant, de paraître à proximité de son domicile et de son lieu de travail.

Le prononcé de cette interdiction est obligatoire, sauf décision contraire spécialement motivée, lorsque la personne a été condamnée pour l'une des infractions visées à l'article 706-47.

La juridiction adresse à la victime un avis l'informant de cette interdiction ; si la victime est partie civile, cet avis est également adressé à son avocat. Cet avis précise les conséquences susceptibles de résulter pour le condamné du non-respect de cette interdiction.

La juridiction peut toutefois ne pas adresser cet avis lorsque la personnalité de la victime ou de la partie civile le justifie, lorsque la victime ou la partie civile a fait connaître qu'elle ne souhaitait pas être avisée des modalités d'exécution de la peine ou dans le cas d'une cessation provisoire de l'incarcération du condamné d'une durée ne pouvant excéder la durée maximale autorisée pour les permissions de sortie.

Pour l'application du présent article, la victime ou la partie civile peut informer la juridiction de l'application des peines de ses changements de résidence ou de lieu de travail.

Lorsque la personne a été condamnée pour une infraction visée à l'article 706-47 et si la victime ou la partie civile en a formé la demande, le juge de l'application des peines ou le service pénitentiaire d'insertion et de probation informe cette dernière, directement ou par l'intermédiaire de son avocat, de la libération de la personne lorsque celle-ci intervient à la date d'échéance de la peine.

Art. 712-16-3 *(Abr. à compter du 1er oct. 2014, L. n° 2014-896, 15 août 2014 ; rétabli, L. n° 2020-1672, 24 déc. 2020)*. – Lorsque le condamné est une personne majeure faisant l'objet, conformément à l'article 706-112, d'une mesure de protection juridique, son curateur, son tuteur ou la personne désignée en application des articles 706-114 ou 706-117 est avisé de la date du débat contradictoire prévu à l'article 712-6 ou de l'audience prévue à l'article 712-13. Ce curateur, ce tuteur ou cette personne peut faire des observations écrites ou être entendu comme témoin par la juridiction de l'application des peines, sur décision de son président. Le condamné doit être assisté d'un avocat, désigné par lui ou l'une de ces personnes ou, à la demande du juge de l'application des peines, par le bâtonnier, conformément à l'article 706-116.

Art. 712-17 *(Mod., L. n° 2016-731, 3 juin 2016)*. – Le juge de l'application des peines peut délivrer un mandat d'amener contre un condamné placé sous son contrôle en cas d'inobservation par ce dernier des obligations qui lui incombent.

Si le condamné est en fuite ou réside à l'étranger, il peut délivrer un mandat d'arrêt. La délivrance du mandat d'arrêt suspend, jusqu'à son exécution, le délai d'exécution de la peine ou des mesures d'aménagement.

En cas d'urgence et d'empêchement du juge de l'application des peines ainsi que du magistrat du siège qui le remplace, le mandat d'amener peut être délivré par le procureur de la République qui en informe dès que possible le juge de l'application des peines ; lorsqu'il n'a pas déjà été mis à exécution, ce mandat est caduc s'il n'est pas repris, dans le premier jour ouvrable qui suit, par le juge de l'application des peines.

Si la personne est découverte, il est procédé conformément aux dispositions ci-après.

Le procureur de la République du lieu de l'arrestation est avisé dès le début de la rétention de la personne par les services de police ou de gendarmerie. Pendant la rétention, qui ne peut durer plus de vingt-quatre heures, il est fait application des dispositions des articles 63-2 et 63-3.

La personne est conduite dans les meilleurs délais, et au plus tard dans les vingt-quatre heures de son arrestation, devant le procureur de la République du tribunal judiciaire dans le ressort duquel siège le juge de l'application des peines compétent. Après avoir vérifié son identité et lui avoir notifié le mandat, ce magistrat la présente devant le juge de l'application des peines qui procède conformément aux dispositions de l'article 712-6.

Si la présentation immédiate devant le juge de l'application des peines n'est pas possible, la personne est présentée devant le juge des libertés et de la détention. Ce juge peut, sur les réquisitions du procureur de la République, ordonner l'incarcération du condamné jusqu'à sa comparution selon les cas, devant le juge de l'application des peines, qui doit intervenir dans un délai maximal de huit jours, ou devant le tribunal de l'application des peines, qui doit intervenir dans un délai maximal d'un mois.

Si la personne est arrêtée à plus de 200 kilomètres du siège du juge de l'application des peines et qu'il n'est pas possible de la conduire dans le délai de vingt-quatre heures devant le procureur de la République compétent en vertu du sixième alinéa, elle est conduite devant le procureur de la République du lieu de son arrestation, qui vérifie son identité, lui notifie le mandat et reçoit ses éventuelles déclarations après l'avoir avertie qu'elle est libre de ne pas en faire. Ce magistrat met alors le mandat à exécution en faisant conduire la personne à la maison d'arrêt ; il en avise le juge de l'application des peines ayant délivré le mandat. Celui-ci ordonne le transfèrement de la personne, qui doit comparaître devant lui dans les quatre jours de la notification du mandat ; ce délai est porté à six jours en cas de transfèrement entre un département d'outre-mer et la France métropolitaine ou un autre département d'outre-mer.

Les comparutions devant le juge de l'application des peines ou le tribunal de l'application des peines prévues aux septième et avant-dernier alinéas du présent article peuvent être réalisées selon les modalités prévues à l'article 706-71. Il n'y a alors pas lieu d'ordonner le transfèrement de la personne mentionné à l'avant-dernier alinéa du présent article.

1) Libération conditionnelle. Fait l'exacte application de l'article 712-17, alinéa 2, du Code de procédure pénale la cour d'appel qui retient que le mandat d'arrêt délivré par le juge de l'application des peines a eu pour effet de suspendre, depuis la date de son émission jusqu'à ce qu'il reçoive exécution, le délai dans lequel le condamné pouvait être soumis aux mesures d'assistance et de contrôle assortissant la libération conditionnelle (▪ Cass. crim., 31 mai 2007, n° 06-87.085 : *JurisData* n° 2007-039747 ; *Bull. crim.* 2007, n° 150 ; *Dr. pén.* 2008, chron. 2, n° 33, obs. E. Garçon).

2) Permission de sortir. La délivrance et, par voie de conséquence, l'exécution d'un mandat d'amener ou d'arrêt prévues par l'article 712-17 du Code de procédure pénale sont réservées aux manquements à l'une des obligations que comportent les mesures énumérées aux articles 712-18 à 712-20 dudit code, le juge de l'application des peines ayant la faculté, conformément à l'article D. 49-20 du même code, de faire diffuser une note de recherche dans l'hypothèse où une personne condamnée, qui a bénéficié d'une permission de sortir, n'a pas réintégré l'établissement pénitentiaire où il était incarcéré. L'irrégularité résultant de la délivrance d'un mandat d'arrêt par le juge de l'application des peines est sans incidence sur la légalité de l'incarcération de la personne recherchée en exécution de ce mandat, qui trouve son fondement, non dans le mandat ainsi délivré à tort ou dans son exécution, mais dans l'exécution de la peine à laquelle la personne ainsi retrouvée a été condamnée (▪ Cass. crim., 1er oct. 2019, n° 19-84.236 : *Bull. crim.* n° 44, §§ 13-14).

Art. 712-18 ***(Mod., L. n° 2010-242, 10 mars 2010).*** **– En cas d'inobservation des obligations qui incombent au condamné faisant l'objet d'une mesure de semi-liberté, de placement extérieur ou de placement sous surveillance électronique** (1), **le juge de l'application des peines peut, après avis du procureur de la République, ordonner la suspension de la mesure.**

À défaut de la tenue du débat contradictoire prévu par l'article 712-6 dans un délai de quinze jours suivant l'incarcération du condamné qui résulte de cette suspension, la personne est remise en liberté si elle n'est pas détenue pour une autre cause. Ce délai est porté à un mois lorsque le débat contradictoire doit se faire devant le tribunal de l'application des peines en application de l'article 712-7.

Art. 712-19 ***(Mod., L. n° 2009-1436, 24 nov. 2009 ; L. n° 2021-1729, 22 déc. 2021).*** **– En cas d'inobservation des obligations qui incombent au condamné faisant l'objet d'une peine de détention à domicile sous surveillance électronique, d'un sursis probatoire, d'un sursis avec obligation d'accomplir un travail d'intérêt général, d'un suivi socio-judiciaire, d'une surveillance judiciaire, d'une suspension ou d'un fractionnement de peine ou d'une libération conditionnelle, le juge de l'application des peines peut ordonner, après avis du procureur de la République, l'incarcération provisoire du condamné. Il en est de même lorsque la juridiction de jugement a fixé, en application du deuxième alinéa de l'article 131-9 du Code pénal ou du second alinéa de l'article 131-11 du même code, une durée maximale d'emprisonnement dont le juge de l'application des peines peut ordonner la mise à exécution et que le condamné ne respecte pas les obligations ou interdictions résultant de la ou des peines prononcées.**

(1) Selon les dispositions de la loi n° 2019-222 du 23 mars 2019, les références au placement sous surveillance électronique sont remplacées par des références à la détention à domicile sous surveillance électronique, sauf lorsqu'il est fait mention du placement sous surveillance électronique mobile, à compter du 24 mars 2020. – NDLR.

L'ordonnance d'incarcération provisoire peut être prise par le juge d'application des peines du lieu où se trouve le condamné.

À défaut de la tenue du débat contradictoire prévu par l'article 712-6 du présent code dans un délai de quinze jours suivant l'incarcération du condamné, celui-ci est remis en liberté s'il n'est pas détenu pour une autre cause. Ce délai est porté à un mois lorsque le débat contradictoire doit se faire devant le tribunal de l'application des peines en application des dispositions de l'article 712-7.

1) **Illustration.** Saisie de l'exception de nullité du jugement, qui a prononcé plus de 15 jours après le délai de l'article 712-19 du Code de procédure pénale, la cour d'appel relève que l'ordonnance d'incarcération provisoire, mesure privative de liberté, hautement attentatoire aux libertés individuelles en ce qu'elle est insusceptible d'appel, ne saurait être conçue comme une mesure susceptible de perdurer dans le temps sans limitation de durée ; que les dispositions de l'article 712-19 imposent au juge de l'application des peines à la fois d'organiser le débat contradictoire dans les 15 jours de l'incarcération provisoire, mais également de statuer et de notifier la décision dans ce même délai impératif ; en conséquence, M. Y. a été détenu sans titre depuis le 8 septembre 2018 ; en prononçant ainsi, la cour d'appel a fait l'exacte application de l'article 712-19 du Code de procédure pénale (■ Cass. crim., 11 déc. 2019, n° 19-80.272 : *Bull. crim.* n° 67 ; *Dr. pén.* 2020, comm. 44, obs. E. Bonis).

2) Le demandeur ne saurait se faire un grief ni de ce que cette juridiction a statué sur sa demande de mise en liberté, ni des conditions dans lesquelles elle l'a fait, dès lors qu'aucune disposition légale n'autorise une personne dont l'incarcération provisoire résulte de l'exécution d'une peine d'emprisonnement assortie d'un « sursis avec mise à l'épreuve » (1) dont les obligations n'ont pas été observées, à former une telle demande dans l'attente du débat contradictoire qui, conformément aux dispositions du dernier alinéa de l'article 712-19 du Code de procédure pénale, doit avoir lieu devant le juge de l'application des peines dans le délai de quinze jours suivant l'ordonnance d'incarcération, faute de quoi elle est remise en liberté si elle n'est détenue pour autre cause (■ Cass. crim., 15 janv. 2019, n° 18-86.247 : *Bull. crim.* n° 13).

Art. 712-20 *(Mod. à compter du 24 mars 2020, L. n° 2019-222, 23 mars 2019).* **– La violation par le condamné des obligations auxquelles il est astreint, commise pendant la durée d'exécution d'une des mesures, y compris du sursis probatoire, mentionnées aux articles 712-6 et 712-7 peut donner lieu à la prolongation, à la révocation ou au retrait de la mesure après la date d'expiration de celle-ci lorsque le juge ou la juridiction de l'application des peines compétent a été saisi ou s'est saisi à cette fin au plus tard dans un délai d'un mois après cette date.**

1) **Révocation d'une mesure de libération conditionnelle.** Selon les articles 712-20 et 712-6 du Code de procédure pénale, la violation par le condamné, des obligations auxquelles il est astreint, commise pendant la durée d'exécution d'une mesure de libération conditionnelle, peut donner lieu à la révocation de la mesure, après sa date d'expiration, lorsque la juridiction de l'application des peines compétente a été saisie ou s'est saisie à cette fin au plus tard dans le délai d'un mois après cette date. Méconnaît ces textes la chambre de l'application des peines qui, faisant application de l'article 733, dernier alinéa, dit n'y avoir lieu à révocation, au motif que, si le juge de l'application des peines s'est saisi avant la fin du délai d'épreuve, la révocation n'est intervenue qu'après l'expiration de ce délai (■ Cass. crim., 4 juin 2008, n° 08-81.603 : *Bull. crim.* n° 142).

2) **Violation des obligations de la libération conditionnelle.** La violation par le condamné des obligations auxquelles il est astreint, commise pendant la durée d'exécution de la libération conditionnelle, peut donner lieu à la révocation de la mesure après la date d'expiration de celle-ci lorsque le juge ou la juridiction de l'application des peines compétent a été saisi et s'est saisi à cette fin au plus tard dans un délai d'un mois après cette date conformément aux dispositions de l'article 712-20 du Code de procédure pénale (■ Cass. crim., 4 mars 2015, n° 14-81.893 : *JurisData* n° 2015-004066 ; *Dr. pén.* 2016, chron. 2, n° 27, obs. E. Bonis-Garçon).

Art. 712-21 *(Mod., L. n° 2014-896, 15 août 2014)* (2). **– Les mesures mentionnées aux articles 712-5, 712-6 et 712-7, à l'exception des réductions de peines n'entraînant pas de libération immédiate et des**

(1) Selon les dispositions de la loi n° 2019-222 du 23 mars 2019, les mots « sursis avec mise à l'épreuve » sont remplacés par les mots « sursis probatoire » à compter du 24 mars 2020. – NDLR.

(2) Les modifications de cet alinéa sont immédiatement applicables aux personnes exécutant une peine privative de liberté (L. n° 2007-1198, 10 août 2007, art. 12).

autorisations de sortie sous escortes, ne peuvent être accordées sans une expertise psychiatrique préalable à une personne qui a été condamnée à un suivi socio-judiciaire. Cette expertise est réalisée par deux experts lorsque la personne a été condamnée pour le meurtre, l'assassinat ou le viol d'un mineur de quinze ans.

Cette expertise détermine si le condamné est susceptible de faire l'objet d'un traitement.

Lorsqu'elles concernent les infractions violentes ou de nature sexuelle mentionnées à l'article 706-47, les expertises psychiatriques ordonnées préalablement aux mesures d'aménagement des peines conformément au présent article doivent se prononcer spécialement sur le risque de récidive du condamné.

Constitue pour le condamné une violation des obligations qui lui incombent, pouvant donner lieu, selon les cas, à la délivrance des mandats prévus par l'article 712-17, à la suspension de la mesure d'aménagement prévue par l'article 712-18, à l'incarcération provisoire prévue par l'article 712-19 ou au retrait ou à la révocation de la mesure prévu par l'article 712-20, le fait de refuser de commencer ou de poursuivre le traitement prescrit par le médecin traitant et qui lui a été proposé dans le cadre d'une injonction de soins.

1) **Rappel.** Il résulte de l'arrêt attaqué et des pièces de la procédure que Maurice X..., condamné le 25 juin 2003, à 12 ans de réclusion criminelle pour viol aggravé, placé sous écrou le 14 juin 2002, qui a purgé plus du tiers de sa peine, a présenté une demande de permission de sortir en vue du maintien des liens familiaux ; que cette demande a été rejetée par l'ordonnance attaquée aux motifs que, compte tenu de l'infraction à laquelle il a été condamné, il ne pourra bénéficier d'une permission de sortir avant qu'une expertise psychiatrique ait été réalisée conformément à l'article 712-21 du Code de procédure pénale et que la fin de peine reste très éloignée (▪ Cass. crim., 3 mai 2007, n° 06-84.691 : *JurisData* n° 2007-039344 ; *Dr. pén.* 2008, chron. 2, n° 39, obs. E. Garçon).

2) **Application dans le temps.** Aux termes de l'article 12 de ladite loi, les dispositions de cette dernière, qui dérogent au principe de non-rétroactivité, sont immédiatement applicables aux personnes exécutant une peine privative de liberté pour une infraction, tel le meurtre, désormais punissable du suivi socio-judiciaire, même si celui-ci n'avait pas d'existence légale à la date de la commission des faits (▪ Cass. crim., 2 sept. 2009, n° 09-80.951 : *AJ Pénal* 2009, 498, obs. Herzog-Evans).

Art. 712-22 ancien *(Mod., L. n° 2008-174, 25 févr. 2008, art. 1er, IV ; dénum., L. n° 2009-1436, 24 nov. 2009. - V. CPP, art. 712-23).*

Art. 712-22 *(L. n° 2009-1436, 24 nov. 2009).* **– Lorsqu'elles se prononcent sur l'octroi d'une des mesures prévues aux articles 712-6 et 712-7, les juridictions de l'application des peines peuvent dans le même jugement, sur la demande du condamné, le relever en tout ou partie, y compris en ce qui concerne la durée, d'une interdiction résultant de plein droit d'une condamnation pénale ou prononcée à titre de peine complémentaire, soit d'exercer une fonction publique ou d'exercer une activité professionnelle ou sociale, soit d'exercer une profession commerciale ou industrielle, de diriger, d'administrer, de gérer ou de contrôler à un titre quelconque, directement ou indirectement, pour son propre compte ou pour le compte d'autrui, une entreprise commerciale ou industrielle ou une société commerciale.**

Cette décision peut également être prise par le juge de l'application des peines, statuant conformément à l'article 712-6, préalablement à l'octroi d'une mesure d'aménagement de la peine, afin de permettre ultérieurement son prononcé. Elle peut être prise par ordonnance sauf opposition du ministère public.

Dans les mêmes conditions, les juridictions de l'application des peines peuvent également, dans les cas prévus par les deux premiers alinéas, exclure du bulletin n° 2 du casier judiciaire les condamnations qui font obstacle au projet d'aménagement de peines.

Art. 712-22-1 *(L. n° 2012-409, 27 mars 2012).* **– Lorsqu'une personne placée sous le contrôle du juge de l'application des peines a été condamnée pour un crime ou pour une infraction mentionnée à l'article 706-47, ce magistrat peut, d'office ou sur réquisition du ministère public, ordonner qu'une copie de la décision de condamnation ou de la décision d'aménagement de la peine, de libération conditionnelle, de surveillance judiciaire ou de surveillance de sûreté est transmise à la personne chez qui le condamné établit sa résidence si cette transmission apparaît nécessaire pour prévenir la récidive.**

Lorsque la personne condamnée pour l'une des infractions mentionnées au premier alinéa du présent article est scolarisée ou a vocation à poursuivre sa scolarité dans un établissement scolaire, public ou privé, copie de la décision est, dans tous les cas, transmise par le juge d'application des peines à l'autorité académique et, le cas

échéant, au chef d'établissement concerné ; le juge d'application des peines informe également ces autorités des décisions modifiant les obligations imposées au condamné ayant une incidence sur le lieu ou le mode de scolarisation du condamné.

Les personnes à qui des décisions ont été transmises en application du deuxième alinéa ne peuvent faire état des renseignements ainsi obtenus qu'aux personnels qui sont responsables de la sécurité et de l'ordre dans l'établissement et, le cas échéant, dans les structures chargées de l'hébergement des élèves et aux professionnels, soumis au secret professionnel, qui sont chargés du suivi social et sanitaire des élèves. Le partage de ces informations est strictement limité à ce qui est nécessaire à l'exercice de leurs missions.

Sans préjudice des dispositions de l'article 226-13 du Code pénal réprimant la violation du secret professionnel, le fait, pour les personnes à qui des décisions ont été transmises en application du présent article ou qui ont eu connaissance des informations qu'elles contiennent en application de l'avant-dernier alinéa, de communiquer ces décisions ou leur contenu à des tiers non autorisés à partager ces informations est puni d'une amende de 3 750 €.

Art. 712-23 *(Mod., L. n° 2009-1436, 24 nov. 2009).* – Un décret précise les conditions d'application des dispositions du présent chapitre.

Ce décret précise les conditions dans lesquelles l'expertise prévue par l'article 712-21 peut ne pas être ordonnée, avec l'accord du procureur de la République, soit en raison de l'existence dans le dossier du condamné d'une précédente expertise, soit, pour les personnes condamnées pour des infractions dont il fixe la liste, en cas de permission de sortir ou en raison de la personnalité de l'intéressé, soit en cas de délivrance du certificat médical visé à la seconde phrase du deuxième alinéa de l'article 720-1-1.

CHAPITRE III. – DE LA COOPÉRATION INTERNATIONALE AUX FINS D'EXÉCUTION DES DÉCISIONS DE CONFISCATION

(L. n° 2010-768, 9 juill. 2010)

Bibliographie : C. Cutajar, *Commentaire des dispositions de droit interne de la loi du 9 juillet 2010 visant à faciliter la saisie et la confiscation en matière pénale : D.* 2010, chron. 2305. • Cl. Zambeaux, *Transfèrement en France des personnes condamnées et détenues à l'étranger, 2001 : JCl. Proc. pén.*, Fasc. 20.

Voir également : Circ. 22 déc. 2010 relative à la présentation des dispositions spécifiques de la loi n° 2010-768 du 9 juillet 2010 visant à permettre l'exécution transfrontalière des confiscations en matière pénale (*BOMJ* 2011, n° 1).

Section I. – De la transmission et de l'exécution des décisions de confiscation en application de la décision-cadre du Conseil de l'Union européenne du 6 octobre 2006

§ 1. – Dispositions générales

Art. 713 *(L. n° 2010-768, 9 juill. 2010).* – Une décision de confiscation est une peine ou une mesure définitive ordonnée par une juridiction d'un État membre de l'Union européenne, appelé État d'émission, à la suite d'une procédure portant sur une ou plusieurs infractions pénales, aboutissant à la privation permanente d'un ou plusieurs biens.

L'autorité judiciaire est compétente, selon les règles et dans les conditions déterminées par la présente section, pour transmettre aux autorités compétentes des autres États membres de l'Union européenne, appelés États d'exécution, ou pour exécuter, sur leur demande, une décision de confiscation de biens.

Art. 713-1 *(L. n° 2010-768, 9 juill. 2010).* – Les décisions de confiscation qui peuvent donner lieu à la transmission ou à l'exécution dans un autre État sont celles qui confisquent des biens, meubles ou immeubles, corporels ou incorporels, ainsi que tout acte juridique ou document attestant d'un titre ou d'un droit sur ce bien, au motif :

1° Qu'ils constituent l'instrument ou l'objet d'une infraction ;

2° Qu'ils constituent le produit d'une infraction ou correspondent en tout ou en partie à la valeur de ce produit ;

3° Qu'ils sont passibles de confiscation en application de toute autre disposition de la législation de l'État d'émission bien qu'ils ne soient pas l'instrument, l'objet ou le produit de l'infraction.

Art. 713-2 *(Mod., Ord. n° 2016-1636, 1er déc. 2016)*. **– Toute décision de confiscation est accompagnée d'un certificat établi par l'autorité compétente de l'État d'émission comprenant les mentions suivantes :**

1° L'identification de l'État d'émission ;

2° L'identification de la juridiction de l'État d'émission ayant rendu la décision ;

3° L'identité des personnes physiques ou morales à l'encontre desquelles la décision de confiscation a été rendue ;

4° Les données permettant d'identifier les biens faisant l'objet de la décision de confiscation dans l'État d'exécution, notamment la description précise de ces biens, leur localisation et la désignation de leur gardien ou le montant de la somme à confisquer ;

5° Les motifs de la décision de confiscation, la description des faits constitutifs de l'infraction, la nature et la qualification juridique de l'infraction qui la justifie, y compris, le cas échéant, l'indication que ladite infraction entre, en vertu de la loi de l'État d'émission, dans l'une des catégories d'infractions mentionnées aux troisième à trente-quatrième alinéas de l'article 694-32 et y est punie d'une peine privative de liberté d'une durée égale ou supérieure à trois ans d'emprisonnement ;

6° La description complète de l'infraction lorsque celle-ci n'entre pas dans l'une des catégories d'infractions mentionnées au 5° ;

7° La mention que la décision a été rendue à titre définitif et n'est pas prescrite ;

8° La mention que la personne visée par la décision de confiscation s'est vu dûment notifier la procédure engagée à son encontre et les modalités et délais de recours ;

9° L'éventuelle exécution partielle de la décision, y compris l'indication des montants déjà confisqués et des sommes restant à recouvrer ;

10° La possibilité d'appliquer dans l'État d'émission des peines de substitution et, le cas échéant, l'acceptation éventuelle de l'État d'émission pour l'application de telles peines, la nature de ces peines et la sanction maximale prévue pour chacune d'elles ;

11° La signature de l'autorité judiciaire de l'État d'émission ou celle de son représentant attestant l'exactitude des informations contenues dans le certificat.

Art. 713-3 *(L. n° 2010-768, 9 juill. 2010)*. **– Le certificat doit être traduit dans la langue officielle ou dans une des langues officielles de l'État d'exécution ou dans l'une des langues officielles des institutions des Communautés européennes acceptées par cet État.**

1) Effet du transfèrement sur la peine. Il résulte des articles 9, paragraphe 3, et 10, paragraphe 1, de la Convention européenne sur le transfèrement des personnes condamnées, en date du 21 mars 1983, ainsi que des articles 713-3 et 713-7 du Code de procédure pénale qu'à compter du transfèrement, sur le territoire national, de la personne condamnée, la loi française régit la partie de la peine restant à subir compte tenu, le cas échéant, des remises ou des réductions de peine accordées par l'État de condamnation et afférentes à la période de détention subie sur le territoire étranger. Méconnaît ce principe, la cour d'appel qui, après transfèrement d'un Français condamné en Grande-Bretagne, refuse de déduire de la durée de la condamnation restant à subir les remises de peines qui avaient été accordées à l'intéressé dans ce pays et lui accorde à l'inverse le bénéfice d'un décret de grâce collective pris en France avant son transfèrement (■ Cass. crim., 10 mars 1998, n° 97-81.151 : *Bull. crim.* n° 91). Aux termes de l'article 5, paragraphe 3, de la Convention franco-thaïlandaise du 26 mars 1983 sur la coopération en matière d'exécution des condamnations pénales, l'État d'accueil ne fait exécuter aucune peine privative de liberté de façon à en étendre la durée au-delà de celle qui a été fixée dans la peine prononcée par le tribunal de l'État transférant. Par ailleurs, il résulte de l'article 713-3 du Code de procédure pénale que, lorsque la peine privative de liberté prononcée à l'étranger contre un ressortissant français est plus rigoureuse que la peine prévue en droit interne pour la même infraction, la juridiction correctionnelle, saisie après transfèrement de l'intéressé sur le territoire national, doit réduire la peine au maximum légal applicable et, en conséquence, déterminer la durée de la peine à exécuter par le condamné dans la limite de la partie qui lui restait à subir dans l'État étranger (■ Cass. crim., 18 déc. 1996, nos 93-80.513, 93-84.735 et 93-80.864 : *Bull. crim.* n° 478).

2) Reprise de la peine prononcée à l'étranger. Il résulte des termes mêmes des articles 67 et

69 de la Convention signée à Schengen le 19 juin 1990, que les dispositions de l'article 68 de celle-ci visent seulement à compléter la Convention du 21 mars 1983 sur le transfèrement des personnes condamnées dont les dispositions sont applicables « par analogie ». C'est donc à bon droit qu'une cour d'appel a appliqué les dispositions de l'article 10 de cette seconde convention à un Français condamné en Belgique aux travaux forcés à perpétuité et dont, conformément à l'article 68 de la Convention de Schengen, la peine avait été reprise en France après son évasion de l'établissement belge où il était détenu (■ Cass. crim., 4 nov. 1997, n° 96-86.644 : *Bull. crim.* n° 367).

Art. 713-4 *(L. n° 2010-768, 9 juill. 2010).* **– La décision de confiscation ou la copie certifiée conforme de celle-ci et le certificat sont, sous réserve du deuxième alinéa, transmis par l'autorité compétente de l'État d'émission directement à l'autorité compétente de l'État d'exécution par tout moyen laissant une trace écrite et dans des conditions permettant à cette autorité d'en vérifier l'authenticité.**

Lorsqu'un État membre de l'Union européenne a effectué une déclaration à cet effet, la décision de confiscation ou la copie certifiée conforme de celle-ci et le certificat sont expédiés par l'intermédiaire d'une ou plusieurs autorités centrales désignées par ledit État.

Sur demande de l'autorité compétente de l'État d'émission, la copie certifiée conforme de la décision de confiscation et l'original du certificat sont adressés dans les meilleurs délais.

Toutes les communications s'effectuent directement entre les autorités compétentes.

§ 2. – Dispositions relatives aux décisions de confiscation de biens prononcées par les juridictions françaises

Art. 713-5 *(L. n° 2010-768, 9 juill. 2010).* **– Le ministère public près la juridiction qui a ordonné la confiscation établit le certificat y afférent et transmet la décision et le certificat, selon les modalités visées à l'article 713-4, à l'autorité compétente du ou des États compétents en application des articles 713-6 à 713-10.**

Cette transmission n'empêche pas la poursuite de l'exécution, en tout ou partie sur le territoire de la République, de la confiscation.

Art. 713-6 *(L. n° 2010-768, 9 juill. 2010).* **– La décision de confiscation est en principe transmise pour exécution à un seul État.**

Si la décision de confiscation concerne des biens déterminés, le ministère public la transmet avec le certificat à l'autorité compétente de l'État d'exécution dans lequel il a des raisons de croire que se trouvent ces biens.

Art. 713-7 *(L. n° 2010-768, 9 juill. 2010).* **– Toutefois, si le ministère public a des raisons de croire que la confiscation d'un bien spécifique implique d'agir dans plusieurs États, ou qu'un ou plusieurs biens visés par la décision de confiscation se trouvent dans différents États, il transmet la décision de confiscation et le certificat aux autorités compétentes de ces États.**

Effet du transfèrement sur la peine. V. note sous art. 713-3, p. 1729.

Art. 713-8 *(L. n° 2010-768, 9 juill. 2010).* **– Si la décision de confiscation concerne une somme d'argent, le ministère public la transmet avec le certificat à l'autorité compétente de l'État dans lequel il a des raisons de croire que la personne physique ou morale possède des biens ou des revenus.**

Toutefois, il peut adresser la décision de confiscation à plusieurs États lorsqu'il estime, pour des raisons particulières, nécessaire de le faire.

Le montant total des sommes recouvrées dans plusieurs États, en exécution de cette décision, ne peut être supérieur au montant spécifié dans la décision de confiscation.

Art. 713-9 *(L. n° 2010-768, 9 juill. 2010).* **– S'il n'existe aucun moyen permettant de déterminer l'État dans lequel se trouvent les biens ou les revenus de la personne à l'encontre de laquelle la décision a été rendue, le ministère public transmet la décision de confiscation et le certificat à l'autorité compétente de l'État dans lequel la personne concernée a sa résidence habituelle ou son siège.**

Art. 713-10 *(L. n° 2010-768, 9 juill. 2010).* **– Lorsque la décision de confiscation porte sur une somme d'argent et que l'autorité compétente de l'État d'exécution y a substitué la confiscation d'un bien, le consentement au transfert de ce bien est donné par le ministre de la justice.**

Art. 713-11 *(L. n° 2010-768, 9 juill. 2010).* – Le ministère public près la juridiction qui a ordonné la confiscation d'un bien informe immédiatement l'autorité compétente de l'État d'exécution, par tout moyen laissant une trace écrite, de tout ce qui a pour effet soit de retirer à la décision son caractère exécutoire ou de soustraire son exécution à l'État d'exécution, soit de modifier l'exécution de la décision.

Lorsque la décision de confiscation a été exécutée en partie, le ministère public précise le montant ou les biens restant à recouvrer.

§ 3. – Dispositions relatives à l'exécution des décisions de confiscation de biens prononcées par les juridictions d'un autre État membre de l'Union européenne

Art. 713-12 *(L. n° 2010-768, 9 juill. 2010).* – Le tribunal correctionnel, sur requête du procureur de la République, est compétent pour statuer sur l'exécution d'une décision de confiscation émanant d'une juridiction d'un autre État membre.

Règles de compétence. La demande d'exécution, sur le territoire français, d'une décision de confiscation prononcée par une juridiction d'un État membre de l'Union européenne ne peut être examinée selon la procédure prévue par les articles 713-12 à 713-35 du Code de procédure pénale que si l'État dont cette demande émane a transposé dans sa loi interne la décision-cadre du Conseil de l'Union européenne du 6 octobre 2006, relative à l'application du principe de reconnaissance mutuelle aux décisions de confiscation ; dans le cas contraire, la demande doit être examinée selon la procédure prévue par les articles 713-36 à 713-41 dudit code (■ Cass. crim., 28 mai 2015, n° 14-83.612 : *Bull. crim.* n° 132).

Art. 713-13 *(L. n° 2010-768, 9 juill. 2010).* – La décision de confiscation et le certificat sont transmis selon les modalités prévues à l'article 713-4 ou adressés au procureur de la République près le tribunal correctionnel territorialement compétent, directement ou par l'intermédiaire du procureur général.

Le tribunal correctionnel territorialement compétent est celui du lieu où se situe l'un quelconque des biens confisqués ou, à défaut, le tribunal correctionnel de Paris.

Si le procureur de la République auquel la demande a été adressée n'est pas territorialement compétent pour y donner suite, il la transmet sans délai au procureur de la République près le tribunal correctionnel territorialement compétent et en informe l'autorité compétente de l'État d'émission.

Art. 713-14 *(L. n° 2010-768, 9 juill. 2010).* – Le procureur de la République saisit, avec son avis, le tribunal correctionnel de la demande de reconnaissance et d'exécution de la décision de confiscation.

Art. 713-15 *(L. n° 2010-768, 9 juill. 2010).* – Après s'être assuré de la régularité de la demande, le tribunal correctionnel statue sans délai sur l'exécution de la décision de confiscation.

Art. 713-16 *(L. n° 2010-768, 9 juill. 2010).* – S'il l'estime utile, le tribunal correctionnel entend, le cas échéant par commission rogatoire, le condamné ainsi que toute personne ayant des droits sur les biens qui ont fait l'objet de la décision de confiscation. Ces personnes peuvent se faire représenter par un avocat.

Art. 713-17 *(L. n° 2010-768, 9 juill. 2010).* – Le tribunal correctionnel peut surseoir à statuer lorsqu'il juge nécessaire la traduction de la décision ou lorsque le bien fait déjà l'objet soit d'une mesure de saisie ou de gel, soit d'une décision de confiscation définitive dans le cadre d'une autre procédure.

Lorsqu'il sursoit à statuer, le tribunal correctionnel peut ordonner des mesures de saisie selon les modalités prévues à l'article 484-1.

En cas de sursis à statuer, le procureur de la République en informe sans délai l'autorité compétente de l'État d'émission par tout moyen laissant une trace écrite, en précisant les motifs et, si possible, la durée du sursis à statuer.

Art. 713-18 *(L. n° 2010-768, 9 juill. 2010).* – Dès que le motif du sursis à statuer n'existe plus, le tribunal correctionnel statue sur l'exécution de la décision de confiscation. Le procureur de la République en informe l'autorité compétente de l'État d'émission par tout moyen laissant une trace écrite.

Art. 713-19 *(L. n° 2010-768, 9 juill. 2010).* – Lorsque le tribunal correctionnel envisage de refuser l'exécution d'une décision de confiscation sur le fondement de l'un des motifs visés aux 1°, 3° et 7° de l'article 713-20 ou à l'article 713-22, il en avise, avant de statuer, l'autorité compétente de l'État d'émission et la met à même de produire ses observations.

Art. 713-20 *(Mod., L. n° 2017-86, 27 janv. 2017)*. – Sans préjudice de l'application de l'article 694-4, l'exécution d'une décision de confiscation est refusée dans l'un des cas suivants :

1° Si le certificat n'est pas produit, s'il est établi de manière incomplète ou s'il ne correspond manifestement pas à la décision de confiscation ;

2° Si une immunité y fait obstacle ou si le bien, par sa nature ou son statut, ne peut faire l'objet d'une confiscation selon la loi française ;

3° Si la décision de confiscation se fonde sur des infractions pour lesquelles la personne à l'encontre de laquelle la décision a été rendue a déjà été jugée définitivement par les autorités judiciaires françaises ou par celles d'un État autre que l'État d'émission, à condition, en cas de condamnation, que la peine ait été exécutée, soit en cours d'exécution ou ne puisse plus être mise à exécution selon les lois de l'État de condamnation ;

4° S'il est établi que la décision de confiscation a été émise dans le but de poursuivre ou de condamner une personne en raison de son sexe, de sa race, de sa religion, de son origine ethnique, de sa nationalité, de sa langue, de ses opinions politiques ou de son orientation sexuelle ou identité de genre ou que l'exécution de ladite décision peut porter atteinte à la situation de cette personne pour l'une de ces raisons ;

5° Si la confiscation est fondée sur des faits qui ne constituent pas des infractions permettant, selon la loi française, d'ordonner une telle mesure ;

6° Si les droits d'un tiers de bonne foi rendent impossible, selon la loi française, l'exécution de la décision de confiscation ;

7° Si, selon les indications portées dans le certificat, l'intéressé n'a pas comparu en personne lors du procès à l'issue duquel la confiscation a été prononcée sauf si, selon ces indications, il se trouve dans l'un des cas prévus aux 1° à 3° de l'article 695-22-1 ;

8° Si les faits sur lesquels la décision est fondée relèvent de la compétence des juridictions françaises et que la décision de confiscation est prescrite au regard de la loi française.

Toutefois, le motif de refus prévu au 5° n'est pas opposable lorsque la décision de confiscation concerne une infraction qui, en vertu de la loi de l'État d'émission, entre dans l'une des catégories d'infractions mentionnées à l'article 694-32 et y est punie d'une peine privative de liberté d'une durée égale ou supérieure à trois ans d'emprisonnement.

L'exécution d'une décision de confiscation est également refusée, le cas échéant partiellement, si la décision de confiscation se fonde sur le motif visé au 3° de l'article 713-1. Dans ce cas, il est fait application du cinquième alinéa de l'article 713-24.

Art. 713-21 *(L. n° 2010-768, 9 juill. 2010)*. – Nonobstant les dispositions du 5° de l'article 713-20, l'exécution de la décision de confiscation ne peut, en matière de taxes ou d'impôts, de douane et de change, être refusée au motif que la loi française ne prévoit pas le même type de taxes ou d'impôts ou le même type de réglementation en matière de taxes ou d'impôts, de douane et de change que la loi de l'État d'émission.

Art. 713-22 *(L. n° 2010-768, 9 juill. 2010)*. – L'exécution d'une décision de confiscation peut être refusée dans l'un des cas suivants :

1° Si la décision de confiscation est fondée sur une procédure pénale relative à des infractions commises en tout ou partie sur le territoire de la République ;

2° Si la décision de confiscation est fondée sur une procédure pénale relative à des infractions qui ont été commises hors du territoire de l'État d'émission et que la loi française n'autorise pas la poursuite de ces faits lorsqu'ils sont commis hors du territoire de la République.

Art. 713-23 *(L. n° 2010-768, 9 juill. 2010)*. – Lorsque la décision de confiscation porte sur une somme d'argent exprimée en devises, le tribunal correctionnel convertit le montant à confisquer en euros au taux de change en vigueur à la date à laquelle la décision de confiscation a été prononcée.

Art. 713-24 *(L. n° 2010-768, 9 juill. 2010)*. – Sous réserve des dispositions des quatre alinéas suivants, le tribunal correctionnel ne peut ni appliquer des mesures qui se substitueraient à la décision de confiscation, ni modifier la nature du bien confisqué ou le montant faisant l'objet de la décision de confiscation.

Lorsque l'intéressé est en mesure de fournir la preuve de la confiscation, totale ou partielle, dans un autre État, le tribunal correctionnel, après consultation de l'autorité compétente de l'État d'émission, déduit intégralement du montant qui doit être confisqué en France toute fraction déjà recouvrée dans cet autre État en application de la décision de confiscation.

Lorsque l'autorité compétente de l'État d'émission y consent, le tribunal correctionnel peut ordonner le paiement d'une somme d'argent correspondant à la valeur du bien en remplacement de la confiscation de celui-ci.

Lorsque la décision de confiscation porte sur une somme d'argent qui ne peut être recouvrée, le tribunal correctionnel peut ordonner la confiscation de tout autre bien disponible dans la limite du montant de cette somme d'argent.

Lorsque la décision de confiscation porte sur des biens qui ne pourraient être confisqués en France relativement aux faits commis, le tribunal correctionnel ordonne qu'elle soit exécutée dans les limites prévues par la loi française pour des faits analogues.

Art. 713-25 *(L. n° 2010-768, 9 juill. 2010)*. – Le refus d'exécuter une décision de confiscation de biens est motivé et notifié sans délai à l'autorité compétente de l'État d'émission par tout moyen laissant une trace écrite.

Art. 713-26 *(L. n° 2010-768, 9 juill. 2010)*. – Lorsque l'endroit où se trouve le bien n'a pas été indiqué de manière assez précise dans le certificat, le procureur de la République consulte l'autorité compétente de l'État d'émission.

Lorsque le bien mentionné dans la décision de confiscation a déjà été confisqué, a disparu, a été détruit ou ne peut être retrouvé à l'endroit indiqué dans le certificat ou lorsque le montant ne peut être recouvré et que la personne ne dispose d'aucun bien sur le territoire de la République, le procureur de la République informe l'autorité compétente de l'État d'émission de l'impossibilité d'exécuter la décision par tout moyen laissant une trace écrite.

Art. 713-27 *(L. n° 2010-768, 9 juill. 2010)*. – Le tribunal correctionnel, sur requête du procureur de la République, peut ordonner, selon les modalités de l'article 484-1, la saisie des biens lorsqu'un recours est formé contre la décision autorisant l'exécution de la confiscation ou lorsque l'exécution d'une décision de confiscation est différée par le ministère public.

Art. 713-28 *(L. n° 2010-768, 9 juill. 2010)*. – Si plusieurs décisions de confiscation rendues à l'encontre de la même personne portent soit sur une somme d'argent et que cette personne ne dispose pas en France de biens suffisants pour que toutes les décisions puissent être exécutées, soit sur le même bien spécifique, le tribunal correctionnel détermine la ou les décisions de confiscation à exécuter en tenant compte de toutes les circonstances, dont l'existence éventuelle de mesures de gel concernant ces biens dans l'affaire, la gravité relative et le lieu de commission des infractions, ainsi que les dates auxquelles les différentes décisions ont été rendues et transmises.

Le procureur de la République informe de cette décision les autorités compétentes du ou des États d'émission par tout moyen laissant une trace écrite.

Art. 713-29 *(L. n° 2010-768, 9 juill. 2010)*. – Le condamné peut faire appel de la décision autorisant en France l'exécution de la confiscation.

Celui qui détient le bien objet de la décision de confiscation ou toute autre personne qui prétend avoir un droit sur ce bien peut, par voie de requête remise au greffe de la chambre des appels correctionnels territorialement compétente dans les dix jours à compter de la date de mise à exécution de la décision considérée, former un recours à l'encontre de cette dernière.

En cas de recours contre la décision de confiscation, le procureur général informe par tout moyen laissant une trace écrite l'autorité compétente de l'État d'émission du recours formé.

Le recours est suspensif mais ne permet pas de contester les raisons substantielles qui ont conduit au prononcé de la décision de confiscation.

La cour peut, par une décision qui n'est susceptible d'aucun recours, autoriser l'État d'émission à intervenir à l'audience par l'intermédiaire d'une personne habilitée par ledit État à cet effet ou, le cas échéant, directement par l'intermédiaire des moyens de télécommunications prévus à l'article 706-71. Lorsque l'État d'émission est autorisé à intervenir, il ne devient pas partie à la procédure.

Art. 713-30 *(L. n° 2010-768, 9 juill. 2010).* – Le ministère public près la juridiction ayant statué poursuit l'exécution de la décision d'autorisation de confiscation lorsque celle-ci est définitive selon les modalités prévues à l'article 707 et informe l'autorité compétente de l'État d'émission par tout moyen laissant une trace écrite de la mise à exécution de la décision.

Art. 713-31 *(L. n° 2010-768, 9 juill. 2010).* – Le ministère public peut différer l'exécution d'une décision de confiscation dans les cas suivants :

1° Lorsque la décision de confiscation porte sur une somme d'argent et que le montant recouvré risque d'être supérieur au montant spécifié dans la décision de confiscation en raison de l'exécution de celle-ci dans plusieurs États ;

2° Lorsque l'exécution de la décision de confiscation risque de nuire à une enquête ou une procédure pénales en cours.

Le ministère public qui diffère l'exécution de la décision de confiscation en informe sans délai l'autorité compétente de l'État d'émission par tout moyen laissant une trace écrite, en lui précisant les motifs du report et, si possible, sa durée prévisible.

Dès que le motif de report n'existe plus, le ministère public exécute la décision de confiscation et en informe l'autorité compétente de l'État d'émission par tout moyen laissant une trace écrite.

Art. 713-32 *(L. n° 2010-768, 9 juill. 2010).* – Les biens autres que des sommes d'argent, confisqués en application de la décision de confiscation, peuvent être vendus selon les dispositions du Code du domaine de l'État.

Les sommes d'argent recouvrées et le produit de la vente des biens confisqués sont dévolus à l'État français lorsque le montant recouvré est inférieur à 10 000 €, et dévolus pour moitié à l'État français et pour moitié à l'État d'émission dans les autres cas.

Les frais d'exécution de la décision de confiscation ne sont pas imputés sur le montant dévolu à l'État d'émission. Toutefois, lorsque des frais élevés ou exceptionnels ont dû être supportés, des indications détaillées sur ces frais peuvent être communiquées à l'État d'émission afin d'en obtenir le partage.

Les biens confisqués qui ne sont pas vendus sont dévolus à l'État français sauf accord contraire avec l'État d'émission.

Art. 713-33 *(L. n° 2010-768, 9 juill. 2010).* – Lorsque la personne à l'encontre de laquelle la décision a été rendue est en mesure de justifier de l'exécution, totale ou partielle, de la confiscation dans un autre État, le ministère public consulte l'autorité compétente de l'État d'émission par tous les moyens appropriés.

Toute partie du montant recouvré en application de la décision de confiscation dans un autre État est déduite intégralement du montant qui doit être recouvré.

Art. 713-34 *(L. n° 2010-768, 9 juill. 2010).* – Le ministère public met fin à l'exécution de la décision de confiscation dès qu'il est informé de toute décision ou mesure qui a pour effet de retirer à la décision son caractère exécutoire ou de soustraire l'exécution de la décision aux autorités judiciaires françaises.

Art. 713-35 *(L. n° 2010-768, 9 juill. 2010).* – Lorsque la décision est amnistiée par la loi française ou fait l'objet d'une grâce accordée en France, le ministère public met fin à l'exécution de la décision de confiscation et en informe dans les meilleurs délais par tout moyen laissant une trace écrite l'autorité compétente de l'État d'émission.

Section I *bis*. – De la transmission et de l'exécution des décisions de confiscation en application du règlement (UE) 2018/1805 du Parlement européen et du Conseil du 14 novembre 2018 concernant la reconnaissance mutuelle des décisions de gel et des décisions de confiscation

Art. 713-35-1 *(Créé, L. n° 2021-1729, 22 déc. 2021).* – Pour l'application du règlement (UE) 2018/1805 du Parlement européen et du Conseil du 14 novembre 2018 concernant la reconnaissance mutuelle des

décisions de gel et des décisions de confiscation, les autorités compétentes mentionnées aux 8 et 9 de l'article 2 du même règlement sont les suivantes :

1° L'autorité d'émission des décisions de confiscation prononcées par les juridictions françaises est le ministère public près la juridiction qui a ordonné la confiscation ;

2° L'autorité d'exécution des décisions de confiscation prononcées par les juridictions d'un autre État membre de l'Union européenne est le tribunal correctionnel territorialement compétent, saisi sur requête du procureur de la République. Le tribunal correctionnel territorialement compétent est celui du lieu où se situe l'un des biens confisqués ou, à défaut, le tribunal correctionnel de Paris.

Art. 713-35-2 *(Créé, L. n° 2021-1729, 22 déc. 2021).* **– Il est procédé dans les conditions prévues à l'article 713-29 du présent code pour l'application de l'article 33 du règlement (UE) 2018/1805 du Parlement européen et du Conseil du 14 novembre 2018 concernant la reconnaissance mutuelle des décisions de gel et des décisions de confiscation.**

Section II. – De l'exécution des décisions de confiscation prononcées par les autorités judiciaires étrangères

Art. 713-36 *(L. n° 2010-768, 9 juill. 2010).* **– En l'absence de convention internationale en disposant autrement, les articles 713-37 à 713-40 sont applicables à l'exécution des décisions de confiscation prononcées par les autorités judiciaires étrangères, tendant à la confiscation des biens meubles ou immeubles, quelle qu'en soit la nature, ayant servi ou qui étaient destinés à commettre l'infraction ou qui paraissent en être le produit direct ou indirect ainsi que de tout bien dont la valeur correspond au produit de cette infraction.**

1) **Règles de compétence.** V. note sous art. 713-12, p. 1731.

2) **Question prioritaire de constitutionnalité.** La question portant sur la conformité à la Constitution des articles 713-36 à 713-41 du Code de procédure pénale est sérieuse dans la mesure où ils ne prévoient pas que la personne condamnée, le propriétaire du bien confisqué et les tiers ayant des droits sur ce bien doivent être cités à comparaître devant le tribunal correctionnel lorsqu'il est saisi par le procureur de la République aux fins d'exécution d'une décision de confiscation prononcée par une autorité judiciaire étrangère, l'article 713-39 de ce code donnant seulement la faculté au tribunal correctionnel d'entendre ces personnes, le cas échéant, par commission rogatoire, sans préciser quelles sont les pièces que ces personnes sont, dans ce cas, en droit de se voir communiquer ni celles devant être jointes à la requête du procureur de la République. De surcroît, dans l'hypothèse où la procédure suivie devant le tribunal correctionnel devrait présenter un caractère non contradictoire afin de garantir l'effectivité de l'exécution de la décision de confiscation étrangère, au motif que le bien confisqué ne serait pas placé sous main de justice, les articles 713-36 à 713-41 du Code de procédure pénale ne prévoient pas la notification à ces personnes de la décision du tribunal correctionnel d'autoriser l'exécution en France de la décision de confiscation ni n'organisent leur droit d'exercer un recours contre cette autorisation en précisant quelles sont les pièces que ces personnes sont en droit de se voir communiquer dans le cadre de leur appel. Il s'en déduit que les dispositions des articles 713-36 à 713-41 du Code de procédure pénale sont susceptibles de méconnaître le droit à un recours effectif et le droit de propriété (■ Cass. crim., 1er déc. 2021, n° 21-90.036).

Art. 713-37 *(Mod., L. n° 2017-86, 27 janv. 2017).* **– Sans préjudice de l'application de l'article 694-4, l'exécution de la confiscation est refusée :**

1° Si les faits à l'origine de la demande ne sont pas constitutifs d'une infraction selon la loi française ;

2° Si les biens sur lesquels elle porte ne sont pas susceptibles de faire l'objet d'une confiscation selon la loi française ;

3° Si la décision étrangère a été prononcée dans des conditions n'offrant pas de garanties suffisantes au regard de la protection des libertés individuelles et des droits de la défense ;

4° S'il est établi que la décision étrangère a été émise dans le but de poursuivre ou de condamner une personne en raison de son sexe, de sa race, de sa religion, de son origine ethnique, de sa nationalité, de sa langue, de ses opinions politiques ou de son orientation « sexuelle ou identité de genre » ;

5° Si le ministère public français avait décidé de ne pas engager de poursuites pour les faits à raison desquels la confiscation a été prononcée par la juridiction étrangère ou si ces faits ont déjà été jugés définitivement par les

autorités judiciaires françaises ou par celles d'un État autre que l'État demandeur, à condition, en cas de condamnation, que la peine ait été exécutée, soit en cours d'exécution ou ne puisse plus être ramenée à exécution selon les lois de l'État de condamnation ;

6° Si elle porte sur une infraction politique.

1) **Caractère confiscable du bien.** La condition tenant au caractère confiscable, selon le droit français, du bien concerné par la demande d'entraide, posée par l'article 713-37, 2° du Code de procédure pénale, qui vise à écarter l'exécution d'une décision étrangère de confiscation contraire aux règles en vigueur sur le territoire national, s'apprécie au regard des règles applicables à la date où la juridiction française saisie de la demande statue (▪ Cass. crim., 5 déc. 2018, n° 17-86.695 : *Bull. crim.* n° 204 ; *JurisData* n° 2018-022057 ; *Dr. pén.* 2019, comm. 39, E. Bonis).

2) **Saisie.** Pour rejeter la demande d'annulation de la procédure concernant le fondement de la mesure de saisie, l'arrêt énonce que le juge d'instruction a été saisi, sur requête du procureur de la République du parquet détaché de Saint-Martin le 7 février 2017, aux fins de saisie d'un bien mobilier sur le territoire de la République française, à la demande des autorités judiciaires néerlandaises, en application de la Convention européenne d'entraide pénale du 20 avril 1959, ratifiée par la France et les Pays-Bas ; que les juges ajoutent que la procédure suivie est rigoureusement conforme aux dispositions de l'article 694-12 du Code de procédure pénale ; en prononçant ainsi, et dès lors que, d'une part, les articles 1er, 3 et 5 de la Convention européenne d'entraide judiciaire en matière pénale du 20 avril 1959 autorisent un État signataire à demander l'exécution, par un État co-contractant, d'une mesure provisoire de saisie, laquelle doit être mise en œuvre conformément au droit interne de l'État requis, soit pour la saisie d'un bateau sur le territoire de la République française, en application des articles 76, 694-10 à 694-13 et 706-37 du Code de procédure pénale, d'autre part, l'article 4 du second protocole additionnel à ladite Convention, du 8 novembre 2001, à l'égard duquel la France n'a formulé aucune réserve, prévoit que les demandes d'entraide peuvent être adressées directement par l'autorité judiciaire de la partie requérante à l'autorité judiciaire de la Partie requise et renvoyées par la même voie, la chambre de l'instruction a justifié sa décision (▪ Cass. crim., 27 juin 2018, n° 17-85.101 : *Bull. crim.* n° 125).

Art. 713-38 ***(L. n° 2010-768, 9 juill. 2010).*** **– L'exécution de la confiscation ordonnée par une autorité judiciaire étrangère en application de l'article 713-36 est autorisée par le tribunal correctionnel, sur requête du procureur de la République.**

L'exécution est autorisée à la condition que la décision étrangère soit définitive et exécutoire selon la loi de l'État requérant.

L'autorisation d'exécution ne peut avoir pour effet de porter atteinte aux droits licitement constitués au profit des tiers, en application de la loi française, sur les biens dont la confiscation a été prononcée par la décision étrangère. Toutefois, si cette décision contient des dispositions relatives aux droits des tiers, elle s'impose aux juridictions françaises à moins que les tiers n'aient pas été mis à même de faire valoir leurs droits devant la juridiction étrangère dans des conditions analogues à celles prévues par la loi française.

Le refus d'autoriser l'exécution de la décision de confiscation prononcée par la juridiction étrangère emporte de plein droit mainlevée de la saisie. Il en est de même lorsque les poursuites engagées à l'étranger ont pris fin ou n'ont pas conduit à la confiscation des biens saisis.

Art. 713-39 ***(L. n° 2010-768, 9 juill. 2010).*** **– S'il l'estime utile, le tribunal correctionnel entend, le cas échéant par commission rogatoire, le propriétaire du bien saisi, la personne condamnée ainsi que toute personne ayant des droits sur les biens qui ont fait l'objet de la décision étrangère de confiscation.**

Les personnes mentionnées à l'alinéa précédent peuvent se faire représenter par un avocat.

Le tribunal correctionnel est lié par les constatations de fait de la décision étrangère. Si ces constatations sont insuffisantes, il peut demander par commission rogatoire à l'autorité étrangère ayant rendu la décision, la fourniture, dans un délai qu'il fixe, des informations complémentaires nécessaires.

Art. 713-40 ***(Mod., L. n° 2012-409, 27 mars 2012).*** **– L'exécution sur le territoire de la République d'une décision de confiscation émanant d'une juridiction étrangère entraîne transfert à l'État français de la propriété des biens confisqués, sauf s'il en est convenu autrement avec l'État requérant.**

Les biens ainsi confisqués peuvent être vendus selon les dispositions du Code du domaine de l'État.

Les frais d'exécution de la décision de confiscation sont imputés sur le total des montants recouvrés.

Les sommes d'argent recouvrées et le produit de la vente des biens confisqués, déduction faite des frais d'exécution, sont dévolus à l'État français lorsque ce montant est inférieur à 10 000 € et dévolus pour moitié à l'État français et pour moitié à l'État requérant dans les autres cas.

Si la décision étrangère prévoit la confiscation en valeur, la décision autorisant son exécution rend l'État français créancier de l'obligation de payer la somme d'argent correspondante. À défaut de paiement, l'État fait recouvrer sa créance sur tout bien disponible à cette fin. Le montant recouvré, déduction faite de tous les frais, est partagé selon les règles prévues au présent article.

Art. 713-41 *(L. n° 2010-768, 9 juill. 2010)*. **– Pour l'application de la présente section, le tribunal correctionnel compétent est celui du lieu de l'un des biens objet de la demande ou, à défaut, le tribunal correctionnel de Paris.**

TITRE PREMIER *BIS*. – DE LA PEINE DE DÉTENTION À DOMICILE SOUS SURVEILLANCE ÉLECTRONIQUE

(Rempl. à compter du 24 mars 2020, L. n° 2019-222, 23 mars 2019)

Art. 713-42 ***(Rempl. à compter du 24 mars 2020, L. n° 2019-222, 23 mars 2019)*. – La personne condamnée à la peine de détention à domicile sous surveillance électronique est placée sous le contrôle du juge de l'application des peines du tribunal dans le ressort duquel elle est assignée.**

Les dispositions des articles 723-8 à 723-12 sont applicables.

Conformité à la Constitution. D'une part, si la peine de détention à domicile sous surveillance électronique emporte l'obligation pour le condamné de demeurer dans son domicile ou tout autre lieu désigné par le juge et de porter un dispositif intégrant un émetteur permettant de vérifier le respect de cette obligation, une telle peine privative de liberté ne peut être prononcée qu'à la place de l'emprisonnement. D'autre part, sa durée maximale, limitée à six mois, ne peut excéder celle de l'emprisonnement encouru. Enfin, la juridiction ou le juge de l'application des peines peuvent autoriser le condamné à s'absenter de son domicile pendant des périodes déterminées pour le temps nécessaire « à l'exercice d'une activité professionnelle, au suivi d'un enseignement, d'un stage, d'une formation ou d'un traitement médical, à la recherche d'un emploi, à la participation à la vie de famille ou à tout projet d'insertion ou de réinsertion ». Dès lors, en permettant de prononcer la peine de détention à domicile sous surveillance électronique pour une durée maximale de six mois, les dispositions contestées ne méconnaissent ni le droit au respect de la vie privée ni la dignité de la personne humaine (▪ Cons. const., 21 mars 2019, n° 2019-778 DC).

Art. 713-43 ***(Rempl. à compter du 24 mars 2020, L. n° 2019-222, 23 mars 2019 ; L. n° 2021-1729, 22 déc. 2021)*. – Si le condamné a satisfait aux mesures, obligations et interdictions qui lui étaient imposées pendant une durée au moins égale à la moitié de la peine prononcée, que son reclassement paraît acquis et qu'aucun suivi ne paraît plus nécessaire, le juge de l'application des peines peut, d'office ou sur requête du condamné, décider, par ordonnance rendue selon les modalités prévues à l'article 712-8, sur réquisitions conformes du procureur de la République, de mettre fin de façon anticipée à la peine de détention à domicile sous surveillance électronique. En l'absence d'accord du ministère public, le juge de l'application des peines statue à la suite d'un débat contradictoire en application de l'article 712-6.**

Le juge de l'application des peines peut également, tout en mettant fin aux obligations prévues aux deuxième et troisième alinéas de l'article 131-4-1 du Code pénal, décider que le condamné restera placé sous son contrôle jusqu'à la date prévue d'expiration de la peine en étant soumis aux obligations prévues à l'article 132-44 du même code et à une ou plusieurs des interdictions ou obligations prévues à l'article 132-45 dudit code.

Conformité à la Constitution. D'une part, si la peine de détention à domicile sous surveillance électronique emporte l'obligation pour le condamné de demeurer dans son domicile ou tout autre lieu désigné par le juge et de porter un dispositif intégrant un émetteur permettant de vérifier le respect de cette obligation, une telle peine privative de liberté ne peut être prononcée qu'à la place de l'emprisonnement. D'autre part, sa durée maximale, limitée à six mois, ne peut excéder celle de l'emprisonnement encouru. Enfin, la juridiction ou le juge de l'application des peines peuvent autoriser le condamné à s'absenter de son domicile pendant des périodes déterminées pour le temps nécessaire « à l'exercice d'une activité professionnelle, au suivi d'un enseignement, d'un stage, d'une formation ou d'un traitement médical, à la recherche d'un emploi, à la participation à la vie de famille ou à tout projet d'insertion ou de réinsertion ». Dès lors, en permettant de prononcer la peine de détention à domicile sous surveillance électronique pour une durée maximale de six mois, les dispositions contestées ne méconnaissent ni le droit au respect de la vie privée ni la dignité de la personne humaine (▪ Cons. const., 21 mars 2019, n° 2019-778 DC).

Art. 713-44 ***(Créé à compter du 1er oct. 2014, L. n° 2014-896, 15 août 2014 ; rempl. à compter du 24 mars 2020, L. n° 2019-222, 23 mars 2019).*** **– En cas d'inobservation des interdictions ou obligations qui lui sont imposées, d'inconduite notoire, de nouvelle condamnation ou de refus par le condamné d'une modification nécessaire des conditions d'exécution, le juge de l'application des peines peut soit limiter ses autorisations d'absence, soit ordonner l'emprisonnement de la personne pour la durée de la peine restant à exécuter. La décision est prise conformément aux dispositions de l'article 712-6.**

Conformité à la Constitution. D'une part, si la peine de détention à domicile sous surveillance électronique emporte l'obligation pour le condamné de demeurer dans son domicile ou tout autre lieu désigné par le juge et de porter un dispositif intégrant un émetteur permettant de vérifier le respect de cette obligation, une telle peine privative de liberté ne peut être prononcée qu'à la place de l'emprisonnement. D'autre part, sa durée maximale, limitée à six mois, ne peut excéder celle de l'emprisonnement encouru. Enfin, la juridiction ou le juge de l'application des peines peuvent autoriser le condamné à s'absenter de son domicile pendant des périodes déterminées pour le temps nécessaire « à l'exercice d'une activité professionnelle, au suivi d'un enseignement, d'un stage, d'une formation ou d'un traitement médical, à la recherche d'un emploi, à la participation à la vie de famille ou à tout projet d'insertion ou de réinsertion ». Dès lors, en permettant de prononcer la peine de détention à domicile sous surveillance électronique pour une durée maximale de six mois, les dispositions contestées ne méconnaissent ni le droit au respect de la vie privée ni la dignité de la personne humaine (▪ Cons. const., 21 mars 2019, n° 2019-778 DC).

Art. 713-45 à 713-48 ***(Implicitement abr. à compter du 24 mars 2020, L. n° 2019-222, 23 mars 2019).***

Art. 713-49 ***(Implicitement abr. à compter du 24 mars 2020, L. n° 2019-222, 23 mars 2019).***

TITRE II. – DE LA DÉTENTION

Bibliographie : *Répertoire.* M. Janas, *Détention. – Exécution des peines. – Les dispositions relatives au prononcé et à l'application des peines de la loi n° 2009-1436 du 24 novembre 2009 dite loi pénitentiaire, 2009 : JCl. Proc. pén.*

Généralités. J. Alvarez, *Les unités de vie familiale : RSC* 2006, p. 653. • B. Belda, *L'innovante protection des droits des détenus élaborée par le juge européen : AJDA* 2009, p. 406. • J.-P. Cere, *Virage ou mirage pénitentiaire ? À propos de la loi du 24 novembre 2009 : JCP G* 2009, n° 50, p. 47 ; *Les nouvelles règles pénitentiaires européennes. Un pas décisif vers une approche globale des droits des détenus : RPDP* 2006, p. 415 ; *La mise en conformité du droit pénitentiaire français avec les règles pénitentiaires européennes : réalité ou illusion ? : RPDP* 2009, p. 111 ; *La Cour européenne des droits de l'homme et la protection des droits des détenus : RPDP* 2009, p. 369 ; *La défense du détenu : RPDP* 2010, spécial, p. 211. • D. Cholet, *Les nouvelles prisons : quel bilan ? : AJ Pénal* 2014, 567. • C. Court, *L'usage du numérique en prison : RSC* 2015, p. 693. • M. Danti Juan, *Analyse critique du contenu de la loi dite « pénitentiaire » : RPDP* 2010, p. 79 ; *RPDP* 2008. 485 (la création d'un contrôle général des lieux de privation de liberté en France). • Darbeda, *Une autorité administrative indépendante : le Contrôleur général des lieux de privation de liberté : RPDP* 2007, 699. • Froment, *La loi pénitentiaire du 24 novembre 2009 : une amélioration modérée... : RPDP* 2010, 687. • M. Giacopelli, *In limine. La loi pénitentiaire : la grande désillusion : RPDP* 2009, p. 769. • C. Groulier, *Une nouvelle approche des mesures d'ordre intérieur en prison : RPDP* 2009, p. 217. • M. Herzog-Evans, *La loi pénitentiaire n° 2009-1436 du 24 novembre 2009. – Changement de paradigme pénologique et de toute puissance administrative : D.* 2010, 31 ; *Réformes du droit pénitentiaire : D.* 2005, chron. 679. • M. Moliner-Dubost, *Le Contrôleur général des lieux de privation de liberté, commentaire de la loi n° 2007-1545 du 30 octobre 2007 : AJDA* 2008, 84. • L. Mortet, *Le Contrôleur général des lieux de privation de liberté : un nouveau regard sur les lieux de privation de liberté : RPDP* 2008, p. 287. • Pechillon, *La modernisation du service public pénitentiaire : RPDP* 2007, n° spécial, p. 37. • P. Poncela, *La loi pénitentiaire du 24 novembre 2009 : RSC* 2010, 190 ; *L'harmonisation des normes pénitentiaires européennes : RSC* 2007, 126. • J.-H. Robert, *Les conditions de détention : Dr. pén.* 2013, étude 7. • F. Saint-Pierre et S. Cormier, *L'avocat face à la nouvelle loi pénitentiaire : RPDP* 2010, p. 103. • C.-M. Simoni, *La loi pénitentiaire du 24 nov. 2009 : vers de nouveaux droits pour les détenus : AJDA* 2010, 494. • M. Tinel, *Les rôles respectifs des juges et de l'administration pénitentiaire lors de l'exécution de la peine privative de liberté : RPDP* 2009, p. 569 ; *Le contentieux de l'exécution de la peine privative de liberté : RPDP* 2012, p. 117. • M. Vacheret, *Création d'organes de consultation des détenus dans les institutions carcérales européennes. « Poudre aux yeux » ou réelle volonté d'implication dans les décisions les concernant ? : RSC* 2009, p. 973.

CHAPITRE I. – DE L'EXÉCUTION DE LA DÉTENTION PROVISOIRE

Bibliographie : B. Bertrand, *Exécution de la détention provisoire. – Mise en œuvre du principe de séparation des détenus provisoires et des condamnés. – Droit des détenus provisoires. Ordres donnés par l'autorité judiciaire : JCl. Proc. pén.* 2016, Fasc. 20.

Rédaction antérieure. Art. 714 (1) *(Mod., L. n° 2019-222, 23 mars 2019 ; L. n° 2021-1729, 22 déc. 2021).* – Les personnes mises en examen, prévenus et accusés soumis à la détention provisoire la subissent dans une maison d'arrêt.

Il y a une maison d'arrêt près de chaque tribunal judiciaire, de chaque cour d'appel et de chaque cour d'assises, sauf auprès des tribunaux et des cours qui sont désignés par décret. Dans ce dernier cas, le décret détermine la ou les maisons d'arrêt où sont retenus les prévenus, appelants ou accusés ressortissant à chacune de ces juridictions.

À titre exceptionnel, au regard de leur personnalité ou de leur comportement, les personnes mentionnées au premier alinéa peuvent être incarcérées dans un établissement pour peines lorsque cette décision apparaît nécessaire à la prévention des évasions ou au maintien de la sécurité et du bon ordre des établissements pénitentiaires.

À titre exceptionnel, les personnes mentionnées au même premier alinéa ayant interjeté appel ou formé un pourvoi en cassation contre leur condamnation peuvent être incarcérées dans un établissement pour peines lorsque cet établissement offre des conditions de détention plus satisfaisantes eu égard à la capacité d'accueil de la maison d'arrêt où ces personnes doivent être détenues en application du deuxième alinéa.

Les prévenus peuvent également être affectés dans un établissement pour peines au sein d'un quartier spécifique, dans les conditions prévues à l'article 726-2.

Art. 714 ***(Mod. à compter du 1er mai 2022, Ord. n° 2022-478, 30 mars 2022).*** **– Les personnes mises en examen, prévenues et accusées soumises à la détention provisoire la subissent dans une maison d'arrêt ou un établissement pour peines, dans les conditions prévues par les dispositions des articles L. 112-3, L. 211-1 et L. 211-2 du Code pénitentiaire.**

Art. 715 ***(Mod., L. n° 2000-516, 15 juin 2000).*** **– Le juge d'instruction, le président de la chambre de l'instruction et le président de la cour d'assises, ainsi que le procureur de la République et le procureur général, peuvent donner tous les ordres nécessaires soit pour l'instruction, soit pour le jugement, qui devront être exécutés dans les maisons d'arrêt.**

Rédaction antérieure. Art. 715-1 *(L. n° 2009-1436, 24 nov. 2009).* – Toutes communications et toutes facilités compatibles avec les exigences de la sécurité de la prison sont accordées aux personnes mises en examen, prévenus et accusés pour l'exercice de leur défense.

Art. 715-1 ***(L. n° 2009-1436, 24 nov. 2009 ; mod. à compter du 1er mai 2022, Ord. n° 2022-478, 30 mars 2022).*** **– Conformément aux dispositions de l'article L. 313-3 du Code pénitentiaire, toutes communications et toutes facilités compatibles avec les exigences de la sécurité de l'établissement pénitentiaire sont accordées aux personnes mises en examen, prévenues et accusées pour l'exercice de leur défense.**

Rédaction antérieure. Art. 716 *(Rempl., L. n° 2009-1436, 24 nov. 2009).* – Les personnes mises en examen, prévenus et accusés soumis à la détention provisoire sont placés en cellule individuelle. Il ne peut être dérogé à ce principe que dans les cas suivants :

1° Si les intéressés en font la demande ;

2° Si leur personnalité justifie, dans leur intérêt, qu'ils ne soient pas laissés seuls ;

3° S'ils ont été autorisés à travailler ou à suivre une formation professionnelle ou scolaire et que les nécessités d'organisation l'imposent.

(1) Dispositions particulières ou dérogatoires résultant de l'état d'urgence sanitaire dû à l'épidémie de covid-19 : V. Ord. n° 2020-303 du 25 mars 2020. – NDLR.

Lorsque les personnes mises en examen, prévenus et accusés sont placés en cellule collective, les cellules doivent être adaptées au nombre des personnes détenues qui y sont hébergées. Celles-ci doivent être aptes à cohabiter. Leur sécurité et leur dignité doivent être assurées.

Bibliographie : P. Poncela, *La crise du logement pénitentiaire : RSC* 2008, p. 972.

Art. 716 *(Rempl., L. n° 2009-1436, 24 nov. 2009 ; mod. à compter du 1er mai 2022, Ord. n° 2022-478, 30 mars 2022).* **– Conformément aux dispositions de l'article L. 213-2 du Code pénitentiaire, les personnes mises en examen, prévenues et accusées soumises à la détention provisoire sont placées en cellule individuelle, sauf dans les cas prévus par les dispositions de l'article L. 213-5 du même code.**

Rédaction antérieure. Art. 716-1 A *(L. n° 2016-987, 21 juill. 2016 ; abr. à compter du 1er mai 2022, Ord. n° 2022-478, 30 mars 2022).* – Les personnes mises en examen, prévenues et accusées soumises à la détention provisoire, faisant l'objet d'un mandat de dépôt criminel et d'une mesure d'isolement, dont l'évasion ou le suicide pourraient avoir un impact important sur l'ordre public eu égard aux circonstances particulières à l'origine de leur incarcération et à l'impact de celles-ci sur l'opinion publique, peuvent faire l'objet des mesures de vidéosurveillance prévues à l'article 58-1 de la loi n° 2009-1436 du 24 novembre 2009 pénitentiaire.

CHAPITRE II. – DE L'EXÉCUTION DES PEINES PRIVATIVES DE LIBERTÉ

Section I. – Dispositions générales

(L. n° 97-1159, 19 déc. 1997)

Bibliographie : B. Bertrand, *Exécution des peines privatives de liberté. – Durée de la peine : JCl. Proc. pén.* 2008, Fasc. 20.

Art. 716-1 *(L. n° 92-1336, 16 déc. 1992).* **– La peine d'un jour d'emprisonnement est de vingt-quatre heures. Celle d'un mois est de trente jours. Celle de plus d'un mois se calcule de quantième en quantième.**

Art. 716-2 *(Mod., L. n° 2004-204, 9 mars 2004).* **– La durée de toute peine privative de liberté est comptée du jour où le condamné est détenu en vertu d'une condamnation définitive.**

Art. 716-3 *(L. n° 92-1336, 16 déc. 1992).* **– Le condamné dont l'incarcération devrait prendre fin un jour de fête légale ou un dimanche sera libéré le jour ouvrable précédent.**

Art. 716-4 *(Mod., L. n° 2016-731, 3 juin 2016).* **– Quand il y a eu détention provisoire à quelque stade que ce soit de la procédure, cette détention est intégralement déduite de la durée de la peine prononcée ou, s'il y a lieu, de la durée totale de la peine à subir après confusion. Il en est de même, s'agissant d'une détention provisoire ordonnée dans le cadre d'une procédure suivie pour les mêmes faits que ceux ayant donné lieu à condamnation, si cette procédure a été ultérieurement annulée.**

Les dispositions de l'alinéa précédent sont également applicables à la privation de liberté subie en exécution d'un mandat d'amener ou d'arrêt, à l'incarcération subie hors de France en exécution d'un mandat d'arrêt européen ou sur la demande d'extradition et à l'incarcération subie en application du septième alinéa de l'article 712-17, de l'article 712-19, de l'article 728-67 et de l'article 747-3.

Quand il y a eu détention provisoire à quelque stade que ce soit de la procédure, cette détention est également intégralement déduite de la durée de la période de sûreté dont la peine est, le cas échéant, accompagnée nonobstant l'exécution simultanée d'autres peines d'emprisonnement.

1) **Refus de transmission d'une question prioritaire de constitutionnalité.** La question posée (« Les dispositions de l'article 716-4 du Code de procédure pénale qui énumèrent les mesures privatives de liberté ouvrant droit à déduction sur la durée de la peine prononcée sans viser l'incarcération subie à l'étranger à titre provisoire à raison de faits ultérieurement jugés par une juridiction nationale saisie sur dénonciation officielle portent-elles atteinte aux droits et libertés garantis par les articles 1er, 7 et 8 de la Déclaration des droits de l'Homme et du citoyen du 26 août 1789 et par l'article 66 de la Constitution ? ») ne présente pas un caractère sérieux dès lors que l'article 716-4 du Code de procédure pénale n'exclut pas de son domaine d'application la détention provisoire subie à l'étranger pour des faits jugés en France, mais prévoit au contraire, en termes généraux, que quand il y a eu détention provisoire à quelque stade que ce soit de la procédure, cette détention est intégralement déduite de la durée de la peine prononcée, ce qui inclut l'hypothèse visée par la question (■ Cass. crim., 5 oct. 2011, n° 11-90.087 : *Bull. crim.* n° 196).

2) Pluralité de titres de détention. Attendu qu'aux termes de l'article 716-4 du Code de procédure pénale, quand il y a eu détention provisoire à quelque stade que ce soit de la procédure, cette détention est intégralement déduite de la durée de la peine prononcée ou, s'il y a lieu, de la durée totale de la peine à subir après confusion. Pour rejeter la requête en incident d'exécution du mandat de dépôt délivré par le juge des libertés et de la détention, l'arrêt attaqué énonce qu'en cas de pluralité de titres de détention, le premier mis à l'écrou, en l'espèce le mandat de dépôt délivré par le juge des libertés et de la détention de Marseille, suspend les effets des titres de détention mis à l'écrou postérieurement, et que la règle selon laquelle la période de détention provisoire doit être intégralement déduite de la première peine définitive portée à l'écrou ne s'applique, conformément à l'article D. 150-1 du Code de procédure pénale, que si l'intéressé est détenu au jour de sa condamnation définitive ; en prononçant ainsi, par une interprétation inexacte de l'article D. 150-1 du Code de procédure pénale qui, au surplus, ne saurait avoir pour effet de déroger à une règle de nature législative, la cour d'appel a méconnu le texte susvisé et le principe sus-énoncé (▪ Cass. crim., 11 janv. 2017, n° 16-81.133 : *Bull. crim.* n° 18).

3) Détention provisoire subie à l'étranger. L'article 716-4 du Code de procédure pénale n'exclut pas de son domaine d'application la détention provisoire subie à l'étranger pour des faits jugés en France, mais prévoit au contraire, en termes généraux, que quand il y a eu détention provisoire à quelque stade que ce soit de la procédure, cette détention est intégralement déduite de la durée de la peine prononcée (▪ Cass. crim., 13 mars 2013, n° 12-83.024 : *JurisData* n° 2013-005535 ; *Bull. crim.* n° 64 ; *Dr. pén.* 2013, comm. 84, obs. V. Peltier ; *Dr. pén.* 2014, chron. 3, n° 29, obs. E. Bonis-Garçon ; *AJ Pénal* 2013, 425, obs. J. Lasserre Capdeville). Si l'article 716-4 du Code de procédure pénale n'exclut pas de son domaine d'application une détention subie à l'étranger, pourvu qu'elle soit assimilable à une détention provisoire au sens dudit code, encore faut-il que cette détention ait été ordonnée dans le cadre d'une procédure suivie à l'étranger pour tout ou partie des faits jugés ultérieurement en France (▪ Cass. crim., 9 nov. 2021, n° 20-84.394 : *Bull. crim.* à paraître). Les juges du fond estiment que même si la mesure de mise en liberté sous caution assortie d'un couvre-feu imposé sur leur lieu de résidence, de 22 heures à 5 heures le lendemain, et contrôlé de manière électronique n'est pas déduite, en droit anglais, de la peine d'emprisonnement prononcée, dès lors que le couvre-feu n'est imposé que sur une durée quotidienne inférieure à 9 heures, il y a lieu de l'assimiler, en droit français, à une mesure d'assignation à résidence sous surveillance électronique qui n'opère aucune distinction selon la durée quotidienne de l'obligation de rester au domicile. Ils rappellent que l'article 142-11 du Code de procédure pénale français prévoit que l'assignation à résidence avec surveillance électronique est assimilée à une détention provisoire pour l'imputation intégrale de sa durée sur celle d'une peine privative de liberté et que l'article 716-4 du même code, auquel il renvoie, ne distingue pas selon que la mesure de détention provisoire est effectuée en France ou qu'elle est imposée sous la forme d'une incarcération provisoire, en exécution d'un mandat d'arrêt européen, lorsqu'il prévoit cette déduction. En appréciant ainsi, après un débat contradictoire, les circonstances de la cause au vu des informations produites, en particulier par les autorités de l'État d'exécution, portant sur le détail des mesures imposées en Grande-Bretagne aux requérants du 29 mars 2018 au 23 mai 2019, et en estimant, par des motifs dénués d'insuffisance ou de contradiction, que la situation en résultant pour les requérants devait être assimilée à une assignation à résidence sous surveillance électronique, dont la durée est déductible de celle de la peine d'emprisonnement prononcée, dans les conditions de l'article 142-11 du Code de procédure pénale, la cour d'appel a justifié sa décision sans encourir les griefs allégués (▪ Cass. crim., 17 mars 2021, n° 20-84.365).

4) Absence d'imputation de la durée de l'incarcération subie à l'étranger. Aucune disposition légale ou conventionnelle ne permet d'imputer sur l'exécution d'une peine privative de liberté prononcée par une juridiction nationale, saisie sur dénonciation officielle des faits, pour un crime ou un délit commis par un citoyen français sur le territoire d'un État étranger, la durée de l'incarcération subie dans ce pays, soit au titre de la détention provisoire ordonnée pour les mêmes faits par une juridiction dudit État, soit en exécution d'une condamnation infligée pour ces faits par une telle juridiction dès lors que le condamné ne justifie pas que sa peine a été intégralement subie ou prescrite (▪ Cass. crim., 21 oct. 1997, n° 97-81.099 : *Bull. crim.* n° 344).

5) Peine d'emprisonnement exécutée simultanément. La durée de la détention provisoire qui, aux termes de l'article 716-4 du Code de procédure pénale, doit être intégralement déduite de la durée de la peine prononcée, ne s'étend pas à la période pendant laquelle le détenu exécutait simultanément une peine d'emprisonnement résultant d'une autre condamnation (▪ Cass. crim., 24 mai 2018, n° 17-85.954 : *Dr. pén.* 2019, chron. 3, n° 25, obs. E. Bonis. ▪ Cass. crim., 14 févr. 2012, n° 11-84.397 : *Bull. crim.* n° 47).

6) Extradition. La remise temporaire prévue par l'article 19, alinéa 2, de la Convention européenne d'extradition, suppose que la personne extradée soit incarcérée en France en vertu du seul titre de détention étranger et que celui-ci ne soit pas levé pendant son séjour. Fait l'exacte application de ce texte l'arrêt de la chambre de l'instruction qui constate que la personne extradée par la Suisse et remise temporairement à la France pour y être jugée, a été incarcérée pendant son séjour sur le territoire français en exécution d'une peine prononcée par une juridiction helvétique et que l'intéressé ne pouvait purger, simultanément avec cette dernière peine, une peine prononcée par une juridiction française (▪ Cass. crim., 7 févr. 2007, n° 06-84.852 : *Bull. crim.* n° 38 ; *Dr. pén.* 2008, comm. 22, obs. E. Garçon).

7) Imputation de la détention provisoire sur la période de sûreté. La période de sûreté prévue par l'article 132-23 du Code pénal n'étant qu'une modalité d'exécution de la peine privative de liberté qu'elle assortit, court à compter de la mise à exécution de celle-ci ; si la condamnation qui l'emporte ou la prononce a été précédée d'une détention provisoire, l'entier temps de celle-ci doit s'imputer sur la durée de la période de sûreté, sans qu'il y ait lieu de tenir compte, pour diminuer d'autant cette durée, du temps pendant lequel ont été simultanément exécutées une ou plusieurs condamnations à des peines non assorties d'une période de sûreté (▪ Cass. crim., 25 juin 2014, n° 14-81.793, F-P+B+I : *Bull. crim.* n° 169 ; *JurisData* n° 2014-013804 ; *Dr. pén.* 2014, comm. 123, obs. E. Bonis. ▪ Cass. crim., 10 déc. 2014, n° 14-83.130 : *Bull. crim.* 268. – V. aussi V. D. Boccon-Gibod et B. Laurent, *Période de sûreté et pluralité des peines : un autre regard : AJ pénal* 2014, p. 101. – M. Herzog-Evans, *Périodes de sûreté : retour à la raison : AJ pénal* 2014, p. 436, R. Mésa ; *Gaz. Pal.* 2014, n° 214, p. 15. – E. Bonis-Garçon, *Computation de la période de sûreté en cas de pluralité de peines : Dr. pén.* 2014, comm. 123 ; Période de sûreté : *RPDP* 2014-4. – M. Véron, *Imputation de la période de détention provisoire : Dr. pén.* 2014, p. 24-25. – Et plus largement sur le sujet : L. Griffon, *La computation de la période de sûreté : AJ pénal* 2013, p. 591).

Art. 716-5 *(Mod., L. n° 2011-392, 14 avr. 2011).* – **Afin d'assurer l'exécution d'une peine d'emprisonnement ou de réclusion, le procureur de la République et le procureur général peuvent autoriser les agents de la force publique à pénétrer au domicile de la personne condamnée afin de saisir de celle-ci. Cependant, les agents ne peuvent s'introduire au domicile de la personne avant 6 heures et après 21 heures.**

Toute personne arrêtée en vertu d'un extrait de jugement ou d'arrêt portant condamnation à une peine d'emprisonnement ou de réclusion peut être retenue vingt-quatre heures dans un local de police ou de gendarmerie, aux fins de vérifications de son identité, de sa situation pénale ou de sa situation personnelle.

Le procureur de la République, ou le procureur général, en est informé dès le début de la mesure.

La personne arrêtée est immédiatement avisée par l'officier de police judiciaire qu'elle peut exercer les droits prévus par les articles 63-2, 63-3 et 63-4.

Lorsque, à l'issue de la mesure, le procureur de la République, ou le procureur général, envisage de ramener la peine à exécution, il peut ordonner que la personne soit conduite devant lui. Après avoir recueilli les observations éventuelles de la personne, le procureur de la République lui notifie s'il y a lieu le titre d'écrou.

Le procureur de la République, ou le procureur général, peut également demander à un officier ou un agent de police judiciaire d'aviser la personne qu'elle est convoquée devant le juge de l'application des peines, ou ordonner qu'elle soit conduite devant ce magistrat, lorsque celui-ci doit être saisi pour décider des modalités d'exécution de la peine.

Rédaction antérieure. Art. 717 (1) *(Mod., L. n° 2019-222, 23 mars 2019 ; abr. à compter du 1er mai 2022, Ord. n° 2022-478, 30 mars 2022).* – Les condamnés purgent leur peine dans un établissement pour peines.

Les condamnés à l'emprisonnement d'une durée inférieure ou égale à deux ans peuvent, cependant, à titre exceptionnel, être maintenus en maison d'arrêt et incarcérés, dans ce cas, dans un quartier distinct, lorsque des conditions tenant à la préparation de leur libération, leur situation familiale ou leur personnalité le justifient. Peuvent également, dans les mêmes conditions, être affectés, à titre exceptionnel, en maison d'arrêt, les condamnés auxquels il reste à subir une peine d'une durée inférieure à un an. Toute personne condamnée détenue en maison d'arrêt à laquelle il reste à subir une peine d'une durée supérieure à deux ans peut, à sa demande, obtenir son transfèrement dans un établissement pour peines dans un délai de neuf mois à compter du jour où sa condamnation est devenue définitive. Cependant, elle peut être maintenue en maison d'arrêt lorsqu'elle bénéficie d'un aménagement de peine ou est susceptible d'en bénéficier rapidement. Les condamnés peuvent également être affectés en maison d'arrêt au sein d'un quartier spécifique dans les conditions prévues à l'article 726-2.

(1) Dispositions particulières ou dérogatoires résultant de l'état d'urgence sanitaire dû à l'épidémie de covid-19 : V. Ord. n° 2020-303 du 25 mars 2020. – NDLR.

Bibliographie : B. Bertrand, *Détention. – Exécution des peines privatives de liberté. – Généralités : JCl. Proc. pén.* 2010, Fasc. 20.

1) Principe : absence de recours pour excès de pouvoir. Les décisions de changement d'affectation entre établissements de même nature ne constituent pas des actes administratifs susceptibles de faire l'objet d'un recours pour excès de pouvoir, sous réserve que ne soient pas en cause des libertés et des droits fondamentaux des détenus. Les modifications apportées au Code de procédure pénale par la loi du 24 novembre 2009 pénitentiaire ne sont pas de nature à remettre en cause ces principes (■ CE, 15 juill. 2010, n° 340313. ■ CE, 3 juin 2009 : *AJDA* 2009, p. 1132).

2) Droit fondamental à une vie familiale. Une décision de changement d'affectation d'une maison centrale proche du domicile de la famille du détenu à une maison centrale située à plus de 800 km de ce domicile ne constitue pas une mesure d'ordre intérieur dès lors que cette décision, rendant plus difficile l'exercice par le détenu de son droit à conserver une vie familiale en détention, est susceptible de porter atteinte à un droit fondamental de l'intéressé. Le détenu peut donc en demander la suspension au juge des référés. En l'espèce, si la décision n'est pas une mesure d'ordre intérieur, elle ne constitue pas pour autant une atteinte illégale au droit fondamental du détenu à une vie familiale dès lors qu'il ressort des pièces du dossier que son transfèrement a été motivé par la suspicion de son implication dans les préparatifs d'une évasion de la maison centrale où il était incarcéré et que cette décision n'a pas pour effet de rendre impossible toute visite de la famille (■ CE, 27 mai 2009 : *AJDA* 2009, 1076).

3) Réinsertion sociale. L'objectif de réinsertion sociale n'est pas au nombre des droits et libertés fondamentaux des détenus : le recours pour excès de pouvoir contre une décision de refus de transfert d'une personne vers un établissement pour peine de son département d'origine doit être rejeté (■ CE, 13 nov. 2013, n° 338720 : *Dalloz actualité* 20 nov. 2013, obs. D. D. Poupeau ; *AJDA* 2013, 2287 ; *RFDA* 2014, 965, note D. Pollet-Panoussis).

4) Aggravation des conditions de détention du condamné. Le recours pour excès de pouvoir est recevable lorsque la nouvelle affectation s'accompagne d'une modification du régime de détention entraînant une aggravation des conditions de détention. Il en est ainsi lorsque le centre de détention au sein duquel avait été initialement affecté le détenu était le seul établissement pénitentiaire en France à pratiquer un mode de détention ouvert, ce transfert étant alors de nature à entraîner une aggravation des conditions de détention du requérant (■ CE, 13 nov. 2013, n° 355742 : *Dalloz actualité* 20 nov. 2013, obs. D. Poupeau).

Art. 717-1 A *(L. n° 2008-174, 25 févr. 2008)*. **– Dans l'année qui suit sa condamnation définitive, la personne condamnée à une peine de réclusion criminelle d'une durée égale ou supérieure à quinze ans pour l'une des infractions visées à l'article 706-53-13 est placée, pour une durée d'au moins six semaines, dans un service spécialisé permettant de déterminer les modalités de la prise en charge sociale et sanitaire au cours de l'exécution de sa peine. Au vu de cette évaluation, le juge de l'application des peines définit un parcours d'exécution de la peine individualisé. Si la personne souffre de troubles psychiatriques, sur indication médicale, elle fait l'objet d'une prise en charge adaptée à ses besoins, le cas échéant en hospitalisation.**

Régime différencié. Considérant que si la décision de placement d'un détenu en régime différencié, qui entraîne une aggravation de ses conditions de détention, ainsi que la décision maintenant un détenu dans ce régime, qui lui impose les mêmes contraintes, sont des décisions susceptibles de faire l'objet d'un recours pour excès de pouvoir, elles n'entrent toutefois dans aucune des catégories de décisions qui doivent être motivées en application de l'article 1er de la loi du 11 juillet 1979 relative à la motivation des décisions administratives et à l'amélioration des relations entre l'administration et le public et ne sont pas, par suite, au nombre des décisions mentionnées à l'article 24 de la loi du 12 avril 2000, qui ne peuvent intervenir qu'après que la personne intéressée a été mise à même de présenter ses observations ; que, par suite, le garde des Sceaux, ministre de la Justice et des Libertés est fondé à soutenir qu'en annulant les décisions du directeur du centre de détention affectant et maintenant M. A en régime différencié de détention au motif qu'elles méconnaissaient les dispositions de l'article 24 de la loi du 12 avril 2000, la cour administrative de Nantes a méconnu le champ d'application de ces dispositions ; qu'il résulte de ce qui précède, et sans qu'il soit besoin d'examiner l'autre moyen de son pourvoi, que le garde des Sceaux, ministre de la Justice et des Libertés, est fondé à demander l'annulation de l'arrêt qu'il attaque (■ CE, 6 déc. 2012, n° 344995, *Min. de la Justice c/ M. A.* ■ CE, 28 mars 2011, n° 316977, *ministre de la Justice*).

Rédaction antérieure. Art. 717-1 *(Mod., L. n° 2012-409, 27 mars 2012 ; L. n° 2021-1729, 22 déc. 2021)*. **–** Dès leur accueil dans l'établissement pénitentiaire et à l'issue d'une période d'observation pluridisciplinaire, les personnes détenues font l'objet d'un bilan de personnalité. Un parcours d'exécution de la peine est élaboré par le chef d'établissement et le directeur du service pénitentiaire d'insertion et de probation pour les condamnés, en concertation avec ces derniers, dès que leur condamnation est devenue définitive. Le projet initial et ses modifications ultérieures sont portés à la connaissance du juge de l'application des peines.

La répartition des condamnés dans les prisons établies pour peines s'effectue compte tenu de leur catégorie pénale, de leur âge, de leur état de santé et de leur personnalité. Leur régime de détention est déterminé en prenant en compte leur personnalité, leur santé, leur dangerosité et leurs efforts en matière de réinsertion sociale. Le placement d'une personne détenue sous un régime de détention plus sévère ne saurait porter atteinte aux droits visés à l'article 22 de la loi n° 2009-1436 du 24 novembre 2009 pénitentiaire.

Dans des conditions prévues par décret en Conseil d'État, les personnes condamnées pour une infraction pour laquelle le suivi socio-judiciaire est encouru exécutent leur peine dans des établissements pénitentiaires permettant d'assurer un suivi médical et psychologique adapté.

Sans préjudice des dispositions de l'article 763-7, le juge de l'application des peines peut proposer à tout condamné relevant des dispositions de l'alinéa précédent de suivre un traitement pendant la durée de sa détention, si un médecin estime que cette personne est susceptible de faire l'objet d'un tel traitement. Ce traitement peut être celui prévu par le dernier alinéa de l'article L. 3711-3 du Code de la santé publique.

Le médecin traitant du condamné délivre à ce dernier, au moins une fois par trimestre, des attestations indiquant si le patient suit ou non de façon régulière le traitement proposé par le juge de l'application des peines. Le condamné remet ces attestations au juge de l'application des peines, afin que celui-ci puisse se prononcer, en application des articles 721 et 729 du présent code, sur l'octroi ou le retrait de réductions de peine ou l'octroi d'une libération conditionnelle.

Une copie de la décision de condamnation est adressée par le juge de l'application des peines au médecin traitant du condamné. Les rapports des expertises réalisées pendant la procédure sont également adressés au médecin traitant, à sa demande ou à l'initiative du juge de l'application des peines. Celui-ci peut en outre adresser au médecin traitant toute autre pièce utile du dossier.

(L. n° 2012-409, 27 mars 2012) Les cinquième et sixième alinéas sont également applicables au psychologue traitant du condamné.

Deux ans avant la date prévue pour la libération d'un condamné susceptible de relever des dispositions de l'article 706-53-13, celui-ci est convoqué par le juge de l'application des peines auprès duquel il justifie des suites données au suivi médical et psychologique adapté qui a pu lui être proposé en application des troisième et quatrième alinéas du présent article. Au vu de ce bilan, le juge de l'application des peines lui propose, le cas échéant, de suivre un traitement dans un établissement pénitentiaire spécialisé.

Les agents et collaborateurs du service public pénitentiaire transmettent aux personnels de santé chargés de dispenser des soins aux détenus les informations utiles à la mise en œuvre des mesures de protection des personnes.

Art. 717-1 *(Mod. à compter du 1er mai 2022, Ord. n° 2022-478, 30 mars 2022)*. **– Dans des conditions prévues par décret en Conseil d'État, les personnes condamnées pour une infraction pour laquelle le suivi socio-judiciaire est encouru exécutent leur peine dans des établissements pénitentiaires permettant d'assurer un suivi médical et psychologique adapté.**

Sans préjudice des dispositions de l'article 763-7, le juge de l'application des peines peut proposer à tout condamné relevant des dispositions de l'alinéa précédent de suivre un traitement pendant la durée de sa détention, si un médecin estime que cette personne est susceptible de faire l'objet d'un tel traitement. Ce traitement peut être celui prévu par le dernier alinéa de l'article L. 3711-3 du Code de la santé publique.

Le médecin traitant du condamné délivre à ce dernier, au moins une fois par trimestre, des attestations indiquant si le patient suit ou non de façon régulière le traitement proposé par le juge de l'application des peines. Le condamné remet ces attestations au juge de l'application des peines, afin que celui-ci puisse se prononcer, en application des articles 721 et 729 du présent code, sur l'octroi ou le retrait de réductions de peine ou l'octroi d'une libération conditionnelle.

Une copie de la décision de condamnation est adressée par le juge de l'application des peines au médecin traitant du condamné. Les rapports des expertises réalisées pendant la procédure sont également adressés au médecin traitant, à sa demande ou à l'initiative du juge de l'application des peines. Celui-ci peut en outre adresser au médecin traitant toute autre pièce utile du dossier.

Les troisième et quatrième alinéas sont également applicables au psychologue traitant du condamné.

Deux ans avant la date prévue pour la libération d'un condamné susceptible de relever des dispositions de l'article 706-53-13, celui-ci est convoqué par le juge de l'application des peines auprès duquel il justifie des suites données au suivi médical et psychologique adapté qui a pu lui être proposé en application des premier et deuxième alinéas du présent article. Au vu de ce bilan, le juge de l'application des peines lui propose, le cas échéant, de suivre un traitement dans un établissement pénitentiaire spécialisé.

Art. 717-1-1 *(L. n° 2004-204, 9 mars 2004)*. **– Le juge de l'application des peines donne son avis, sauf urgence, sur le transfert des condamnés d'un établissement à l'autre.**

Rédaction antérieure. Art. 717-2 *(Mod., L. n° 2009-1436, 24 nov. 2009 ; abr. à compter du 1er mai 2022, Ord. n° 2022-478, 30 mars 2022).* – Les condamnés sont soumis dans les maisons d'arrêt à l'emprisonnement individuel de jour et de nuit, et dans les établissements pour peines, à l'isolement de nuit seulement, après avoir subi éventuellement une période d'observation en cellule.

Il ne peut être dérogé à ce principe que si les intéressés en font la demande ou si leur personnalité justifie que, dans leur intérêt, ils ne soient pas laissés seuls, ou en raison des nécessités d'organisation du travail.

Rédaction antérieure. Art. 717-3 *(Mod., n° 2009-1436, 24 nov. 2009 ; L. n° 2021-1729, 22 déc. 2021).* – Les activités de travail et de formation professionnelle ou générale sont prises en compte pour l'appréciation des gages de réinsertion et de bonne conduite des condamnés.

Au sein des établissements pénitentiaires, toutes dispositions sont prises pour assurer une activité professionnelle, une formation professionnelle ou générale aux personnes incarcérées qui en font la demande.

Les relations de travail des personnes incarcérées ne font pas l'objet d'un contrat de travail (1). Il peut être dérogé à cette règle pour les activités exercées à l'extérieur des établissements pénitentiaires.

Les règles relatives à la répartition des produits du travail des détenus sont fixées par décret. Le produit du travail des détenus ne peut faire l'objet d'aucun prélèvement pour frais d'entretien en établissement pénitentiaire.

La rémunération du travail des personnes détenues ne peut être inférieure à un taux horaire fixé par décret et indexé sur le salaire minimum de croissance défini à l'article L. 3231-2 du Code du travail. Ce taux peut varier en fonction du régime sous lequel les personnes détenues sont employées.

Bibliographie : P. Auvergnon, *Droit du travail et prison : le changement maintenant ? : RDT* 2013, p. 309. • J.-P. Céré, *Le Conseil constitutionnel et le travail en prison : une occasion manquée ? : D.* 2015, 2083. • F. Chopin, *Quelles conditions de travail pour les personnes incarcérées : D.* 2013, 1909. • M. Danti-Juan, *Relance du débat sur l'absence du contrat de travail dans l'univers carcéral : RPDP* 2013, 157. • J. Gaté, *La formation professionnelle des détenus, nouvelle compétence des régions : AJ Pénal* 2015, 29. • Lorvellec, *Travail et peine : RPDP* 1997, p. 207. • Schmitz, *Droit du travail en prison : fin ou début de la réflexion sur l'absence d'un régime juridique ? : Dr. adm.* 2014, étude 4. • S. Slama, *Les travailleurs détenus, des agents publics ? : D.* 2013, 1221. • V. Tardy, *Le travail en milieu carcéral : essai d'un bilan : RPDP* 1997. • J.-M. Tuffery-Andrieu, *Contribution à l'étude sur le travail en prison : RDT* 2013, p. 239.

Art. 717-3 *(Mod., n° 2009-1436, 24 nov. 2009 ; mod. à compter du 1er mai 2022, L. n° 2021-1729, 22 déc. 2021).* **– Les activités de travail et de formation professionnelle ou générale sont prises en compte pour l'appréciation des efforts sérieux de réinsertion et de la bonne conduite des condamnés.**

Au sein des établissements pénitentiaires, les personnes incarcérées qui en font la demande peuvent exercer une activité professionnelle ou bénéficier d'une formation professionnelle ou générale ou d'une validation des acquis de l'expérience, dans les conditions prévues par les dispositions du Code pénitentiaire.

Rédaction antérieure. Art. 718 *(Anc. art. 720-1-AA, L. n° 2004-204, 9 mars 2004 ; L. n° 2002-1138, 9 sept. 2002 ; abr. à compter du 1er mai 2022, Ord. n° 2022-478, 30 mars 2022).* – Les personnes détenues peuvent travailler pour leur propre compte avec l'autorisation du chef d'établissement.

Art. 719 *(Mod., Ord. n° 2019-950, 11 sept. 2019 ; L. n° 2021-1729, 22 déc. 2021).* **– Les députés, les sénateurs, les représentants au Parlement européen élus en France, les bâtonniers sur leur ressort ou leur délégué spécialement désigné au sein du conseil de l'ordre sont autorisés à visiter à tout moment les locaux de garde à vue, les locaux des retenues douanières définies à l'article 323-1 du Code des douanes, les lieux de rétention administrative, les zones d'attente, les établissements pénitentiaires et les centres éducatifs fermés mentionnés à l'article L. 113-7 du Code de la justice pénale des mineurs.**

À l'exception des locaux de garde à vue, les députés, les sénateurs et les représentants au Parlement européen mentionnés au premier alinéa du présent article peuvent être accompagnés par un ou plusieurs journalistes titulaires de la carte d'identité professionnelle mentionnée à l'article L. 7111-6 du Code du travail, dans des conditions fixées par décret en Conseil d'État.

Rôle des élus. En premier lieu, l'article 719 du Code de procédure pénale, qui reprend le texte de l'article 720-1 A de ce code issu de l'article 129 de la loi n° 2000-516 du 15 juin 2000 relative à la présomption d'innocence, dispose que : « les députés et les sénateurs sont autorisés à visiter à tout moment les locaux de garde à vue, les centres de rétention, les zones d'attente et les établissements pénitentiaires » ; ces dispositions ont pour objet, indépendamment des attributions conférées au juge de l'application des peines, aux magistrats en charge de l'instruction et au ministère public respectivement par les articles D. 176, D. 177 et D. 178 du Code de procédure pénale, de permettre aux élus de la Nation de vérifier que les conditions de détention répondent à l'exigence du respect de la dignité de la personne ; il ne ressort ni de leur libellé, ni d'ailleurs des débats qui ont précédé leur adoption qu'elles conféreraient également aux parlementaires le droit d'exercer dans un établissement pénitentiaire une mission « de représentant du corps électoral » (■ CE, 27 mai 2005, n° 280866. – Rapp. ■ CEDH, 30 mars 2004, n° 74025/01, *Hirst c/ Royaume-Uni* (n° 2)).

Rédaction antérieure. Art. 719-1 *(L. n° 2010-242, 10 mars 2010 ; abr., Ord. n° 2022-478, 30 mars 2022).* **–** Selon des modalités précisées par décret en Conseil d'État, l'identité et l'adresse des personnes condamnées à une peine d'emprisonnement égale ou supérieure à trois ans sont communiquées par l'administration pénitentiaire aux services de police ou aux unités de gendarmerie du lieu de résidence des intéressés lorsque leur incarcération prend fin.

Section I *bis*. – De la libération sous contrainte

(Section créée à compter du 1er oct. 2014, L. n° 2014-896, 15 août 2014) (1)

Art. 720 (2) *(Mod. à compter du 1er juin 2019, L. n° 2019-222, 23 mars 2019 ; L. n° 2021-1729, 22 déc. 2021).* **– I. – La situation de toute personne condamnée exécutant une ou plusieurs peines privatives de liberté d'une durée totale inférieure ou égale à cinq ans est obligatoirement examinée par le juge de l'application des peines afin que soit prononcée une libération sous contrainte lorsque la durée de la peine accomplie est au moins égale au double de la durée de la peine restant à subir.**

La libération sous contrainte entraîne l'exécution du reliquat de peine sous le régime de la libération conditionnelle, de la détention à domicile sous surveillance électronique, du placement à l'extérieur ou de la semi-liberté. Les conséquences de l'inobservation de ces mesures sont celles prévues au présent code.

La libération sous contrainte est décidée par le juge de l'application des peines qui, après avis de la commission d'application des peines, détermine, parmi les mesures prévues au deuxième alinéa, celle qui est la mieux adaptée à la situation du condamné.

Le juge de l'application ne peut refuser l'octroi de la libération sous contrainte qu'en constatant, par ordonnance spécialement motivée, qu'il est impossible de mettre en œuvre une de ces mesures au regard des exigences de l'article 707.

S'il n'est pas procédé à l'examen de la situation de la personne condamnée conformément aux dispositions du premier alinéa du présent I, le président de la chambre de l'application des peines de la cour d'appel peut, d'office ou sur saisine de la personne condamnée ou du procureur de la République, prononcer une mesure de libération sous contrainte dans les conditions prévues au présent I.

Le présent I n'est pas applicable aux condamnés :

1° Qui ont préalablement fait connaître leur refus d'une libération sous contrainte ;

2° Pour lesquels une requête en aménagement de peine est pendante devant la juridiction de l'application des peines ; dans ce cas, si les conditions d'exécution de la peine prévues au premier alinéa sont remplies, l'aménagement doit être ordonné sauf s'il est impossible à mettre en œuvre au regard des exigences de l'article 707.

II. – Lorsqu'il reste au condamné exécutant une ou plusieurs peines privatives de liberté d'une durée totale inférieure ou égale à deux ans un reliquat de peine à exécuter qui est inférieur ou égal à trois mois, la libération sous contrainte s'applique de plein droit, sauf en cas d'impossibilité matérielle résultant de l'absence d'hébergement. Le juge de l'application des peines détermine, après avis de la commission de l'application des peines, la mesure applicable.

(1) Dispositions mises en œuvre, dans un délai d'un an, pour les condamnés ayant, au 1er janvier 2015, déjà accompli au moins le double de la durée de la peine restant à subir, L. n° 2014-896, 15 août 2014, art. 54, IV.

(2) Dispositions particulières ou dérogatoires résultant de l'état d'urgence sanitaire dû à l'épidémie de covid-19 : V. Ord. n° 2020-303 du 25 mars 2020. – NDLR.

En cas de non-respect de la mesure et des obligations et interdictions le cas échéant fixées, le juge de l'application des peines peut ordonner, selon les modalités prévues à l'article 712-6, le retrait ou la révocation de la mesure et la réincarcération de la personne pour une durée égale au plus au cumul de la peine qu'il lui restait à exécuter au moment de la décision et des réductions de peine octroyées qui n'avaient pas fait l'objet d'un retrait.

III. – Le II du présent article n'est pas applicable :

1° Aux condamnés incarcérés pour l'exécution d'une ou de plusieurs peines dont l'une au moins a été prononcée pour une infraction qualifiée de crime, pour une infraction prévue aux articles 421-1 à 421-6 du Code pénal, pour une infraction prévue au titre II du livre II du même code lorsqu'elle a été commise sur la personne d'un mineur de moins de quinze ans ou sur une personne dépositaire de l'autorité publique ou pour une infraction commise avec la circonstance aggravante définie à l'article 132-80 dudit code ;

2° Aux personnes détenues ayant fait l'objet, pendant la durée de leur détention, d'une sanction disciplinaire prononcée pour l'un des faits suivants :

***a)* Exercer ou tenter d'exercer des violences physiques à l'encontre d'un membre du personnel de l'établissement ou d'une personne en mission ou en visite dans l'établissement ;**

***b)* Exercer ou tenter d'exercer des violences physiques à l'encontre d'une personne détenue ;**

***c)* Opposer une résistance violente aux injonctions des membres du personnel pénitentiaire de l'établissement ;**

***d)* Participer ou tenter de participer à toute action collective de nature à compromettre la sécurité de l'établissement ou à en perturber l'ordre.**

Bibliographie : Y. Joseph-Ratineau, *L'avenir de la commission de l'application des peines : Dr. pén.* 2016, étude 8.

Conformité à la Constitution. D'une part, si la peine de détention à domicile sous surveillance électronique emporte l'obligation pour le condamné de demeurer dans son domicile ou tout autre lieu désigné par le juge et de porter un dispositif intégrant un émetteur permettant de vérifier le respect de cette obligation, une telle peine privative de liberté ne peut être prononcée qu'à la place de l'emprisonnement. D'autre part, sa durée maximale, limitée à six mois, ne peut excéder celle de l'emprisonnement encouru. Enfin, la juridiction ou le juge de l'application des peines peuvent autoriser le condamné à s'absenter de son domicile pendant des périodes déterminées pour le temps nécessaire « à l'exercice d'une activité professionnelle, au suivi d'un enseignement, d'un stage, d'une formation ou d'un traitement médical, à la recherche d'un emploi, à la participation à la vie de famille ou à tout projet d'insertion ou de réinsertion ». Dès lors, en permettant de prononcer la peine de détention à domicile sous surveillance électronique pour une durée maximale de six mois, les dispositions contestées ne méconnaissent ni le droit au respect de la vie privée ni la dignité de la personne humaine (■ Cons. const., 21 mars 2019, n° 2019-778 DC).

Section II. – De la suspension et du fractionnement des peines privatives de liberté

(L. n° 97-1159, 19 déc. 1997)

Bibliographie : C. Aubertin, *Détention. – Exécution des peines privatives de liberté. – Suspension et fractionnement des peines : JCl. Proc. pén.* 2011, Fasc. 20. • E. Bonis-Garçon, *À propos de l'article 8 de la loi du 21 juillet 2016 : Dr. pén.* 2016, étude 26 ; *Conformité des aménagements de peine à la Convention de sauvegarde des droits de l'homme et des libertés fondamentales : Dr. pén.* 2013, chron. 2, n° 39, obs. V. Peltier.

Art. 720-1 *(Mod., L. n° 2016-987, 21 juill. 2016)*. **– En matière correctionnelle, lorsqu'il reste à subir par la personne condamnée une peine d'emprisonnement inférieure ou égale à deux ans, cette peine peut, pour motif d'ordre médical, familial, professionnel ou social et pendant une période n'excédant pas quatre ans, être suspendue ou exécutée par fractions, aucune de ces fractions ne pouvant être inférieure à deux jours. La décision est prise par le juge de l'application des peines dans les conditions prévues par l'article 712-6. Ce juge peut décider de soumettre le condamné à une ou plusieurs des obligations ou interdictions prévues par les articles 132-44 et 132-45 du Code pénal.**

Lorsque l'exécution fractionnée de la peine d'emprisonnement a été décidée par la juridiction de jugement en application de l'article 132-27 du Code pénal, cette décision peut être modifiée dans les conditions prévues à l'alinéa précédent.

Le seuil de deux ans prévu au premier alinéa est porté à quatre ans lorsque la suspension pour raison familiale s'applique soit à une personne condamnée exerçant l'autorité parentale sur un enfant de moins de dix ans ayant chez ce parent sa résidence habituelle, soit à une femme enceinte de plus de douze semaines.

Le présent article n'est pas applicable aux personnes condamnées pour une ou plusieurs des infractions mentionnées aux articles 421-1 à 421-6 du Code pénal, à l'exclusion de celles définies aux articles 421-2-5 à 421-2-5-2 du même code.

1) **Version antérieure à 2004. Fractionnement.** Viole l'article 720-1 du Code de procédure pénale, dans sa rédaction antérieure à la loi du 9 mars 2004, l'arrêt qui confirme le jugement du juge de l'application des peines faisant droit à la requête en fractionnement d'une peine d'emprisonnement et disant que le bénéfice de ce fractionnement sera révoqué en cas de non-respect des versements mensuels prévus au bénéfice de la victime, alors que le fractionnement ou la suspension de la peine ordonné en application de cet article ne pouvait être subordonné au respect d'une obligation particulière (■ Cass. crim., 18 janv. 2005, n° 04-82.335 : *Bull. crim.* n° 19 ; *AJ Pénal* 2005, 204, obs. J. Leblois-Happe).

2) **Absence de motivation.** S'il est vrai que l'article 720-1 du Code de procédure pénale permet au tribunal correctionnel de suspendre provisoirement pour un motif grave d'ordre médical, familial, professionnel ou social, l'exécution d'une peine d'emprisonnement correctionnelle, il s'agit là d'une simple faculté de l'exercice de laquelle ils ne doivent aucun compte (■ Cass. crim., 15 juill. 1981, n° 80-94.266 : *Bull. crim.* n° 231. – V. aussi ■ Cass. crim., 28 avr. 2004, n° 03-83.126).

3) **Contrainte par corps.** Justifie légalement sa décision la cour d'appel qui déclare irrecevable la demande fondée sur l'article 720-1 du Code de procédure pénale formée, pour raison grave d'ordre médical, par une personne exécutant une contrainte par corps, en faisant ressortir que ce débiteur n'est pas placé dans la situation juridique d'un condamné exécutant une peine privative de liberté qui, seul, peut bénéficier d'une mesure de suspension provisoire de la détention (■ Cass. com., 13 oct. 1981, n° 80-12.093 : *Bull.* IV, n° 354).

Art. 720-1-1 (1) (2) ***(Mod., L. n° 2019-222, 23 mars 2019).*** **– Sauf s'il existe un risque grave de renouvellement de l'infraction, la suspension peut également être ordonnée, quelle que soit la nature de la peine ou la durée de la peine restant à subir, et pour une durée qui n'a pas à être déterminée, pour les condamnés dont il est établi qu'ils sont atteints d'une pathologie engageant le pronostic vital ou que leur état de santé physique ou mentale est durablement incompatible avec le maintien en détention.**

La suspension ne peut être ordonnée que si une expertise médicale établit que le condamné se trouve dans l'une des situations énoncées à l'alinéa précédent. Toutefois, en cas d'urgence, la suspension peut être ordonnée au vu d'un certificat médical établi par le médecin responsable de la structure sanitaire dans laquelle est pris en charge le détenu ou son remplaçant.

Lorsque la peine privative de liberté prononcée est d'une durée inférieure ou égale à dix ans ou que, quelle que soit la peine initialement prononcée en cas d'urgence ou lorsque, la durée de détention restant à subir est inférieure ou égale à trois ans, cette suspension est ordonnée par le juge de l'application des peines selon les modalités prévues par l'article 712-6.

Dans les autres cas, elle est prononcée par le tribunal de l'application des peines selon les modalités prévues par l'article 712-7.

Dans les cas prévus aux troisième et quatrième alinéas du présent article, le condamné peut être régulièrement représenté par son avocat lorsque son état de santé fait obstacle à son audition ; le débat contradictoire se tient alors au tribunal judiciaire.

(1) Dispositions particulières ou dérogatoires résultant de l'état d'urgence sanitaire dû à l'épidémie de covid-19 : V. Ord. n° 2020-303 du 25 mars 2020. – NDLR.

(2) Les dispositions de l'article 720-1-1 sont applicables aux suspensions en cours à la date d'entrée en vigueur de la loi n° 2005-1549 du 12 décembre 2005, quelle que soit la date de commission des faits ayant donné lieu à la condamnation, L. n° 2005-1549, 12 déc. 2005, art. 11, II.

La juridiction qui accorde une suspension de la peine en application des dispositions du présent article peut décider de soumettre le condamné à une ou plusieurs des obligations ou interdictions prévues par les articles 132-44 et 132-45 du Code pénal.

Le juge de l'application des peines peut à tout moment ordonner une expertise médicale à l'égard d'un condamné ayant bénéficié d'une mesure de suspension de peine en application du présent article et ordonner qu'il soit mis fin à la suspension si les conditions de celle-ci ne sont plus remplies. Il en est de même si le condamné ne respecte pas les obligations qui lui ont été imposées en application des dispositions de l'alinéa précédent ou s'il existe de nouveau un risque grave de renouvellement de l'infraction. La décision du juge de l'application des peines est prise selon les modalités prévues par l'article 712-6.

Si la suspension de peine a été ordonnée pour une condamnation prononcée en matière criminelle, une expertise médicale destinée à vérifier que les conditions de la suspension sont toujours remplies doit intervenir tous les six mois.

Les dispositions de l'article 720-2 ne sont pas applicables lorsqu'il est fait application des dispositions du présent article.

Bibliographie : E. Baron, *La raison médicale comme motif de mise en liberté : Dr. pén.* 2015, étude 1. • J.-P. Céré, *La loi n° 2002-1138 du 9 sept. 2002 et l'amélioration du fonctionnement et de la sécurité des établissements pénitentiaires : D.* 2002, 3224 ; *Le détenu malade. Le traitement du droit européen : AJ Pénal* 2010, 325. • M. de Crouy-Chanel, E. Noël et O. Sannier, *Les aménagements de peine pour raison médicale. Approche médico-judiciaire pour une meilleure mise en œuvre : AJ Pénal* 2010, p. 318. • M. Herzog-Evans, *La suspension médicale de peine et la sécurité publique. État des lieux : RPDP* 2005, 305. • A. Ponseille, *La prise en considération de l'état de santé de la personne suspectée ou condamnée par la loi n° 2014-896 du 15 août 2014 : RSC* 2014, p. 729. • M. Vella et M. Janas, *Les difficultés d'application de la suspension de peine médicale : RPDP* 2003, 471. V. aussi, • E. Bonis-Garçon, *Santé du détenu et droit à ne pas subir de traitement inhumain ou dégradant : Dr. pén.* 2013, chron. 3, n°s 42 et s. • V. Peltier, *Conditions de détention : Dr. pén.* 2013, chron. 3, n° 44.

1) **Refus de transmission d'une question prioritaire de constitutionnalité.** La question posée ne présente pas, à l'évidence, un caractère sérieux dès lors, d'une part, que la personne concernée a été privée de sa liberté pour l'exécution d'une peine jugée nécessaire par l'autorité judiciaire, la suspension pour motif d'ordre médical constituant une mesure exceptionnelle, et, d'autre part, que, même en présence de deux expertises concordantes établissant que le condamné ne se trouve pas dans l'une des situations prévues par l'article 720-1-1 du Code de procédure pénale, il entre de manière normalement prévisible dans l'office du juge qui reste saisi d'une demande de suspension de peine, soit d'ordonner une nouvelle expertise, soit de rechercher si le maintien en détention de l'intéressé n'est pas constitutif d'un traitement inhumain ou dégradant, notamment par son incompatibilité avec les garanties qui lui sont dues pour protéger sa santé (▪ Cass. crim., 26 juin 2013, n° 12-88.284 : *JurisData* n° 2013-031482 ; *Dr. pén.* 2013, comm. 164, obs. V. Peltier ; *RSC* 2013, p. 625, obs. P. Poncela, p. 899, obs. B de Lamy. ▪ Cass. crim., 19 mars 2013, n°s 12-85.617 et 12-82.163 : *JurisData* n°s 2013-005509 et 2013-005510. ▪ Cass. crim., 7 janv. 2009, n° 08-83.364 : *JurisData* n° 2009-046805 ; *Dr. pén.* 2010, chron. 2, n° 52, obs. E. Bonis-Garçon ; *Dr. pén.* 2009, comm. 42, obs. A. Maron).

2) **Absence de mise sous écrou.** Il ne résulte pas de la combinaison des articles 720-1 et 720-1-1 du Code de procédure pénale que la possibilité de prononcer une mesure de suspension de peine en l'absence de mise sous écrou soit réservée aux seules personnes condamnées à une peine d'emprisonnement correctionnel inférieure ou égale à un an ou, dans les autres cas, aux seules personnes dont le pronostic vital est engagé, à l'exclusion des condamnés dont l'état de santé est cependant incompatible avec la détention (▪ Cass. crim., 21 févr. 2007, n° 06-85.595 : *JurisData* n° 2007-037772 ; *Bull. crim.* n° 60 ; *Dr. pén.* 2008, chron. 2, n° 41, obs. V. Peltier).

3) **État de santé incompatible avec la détention.** En rejetant sa demande de suspension médicale de peine sans rechercher, comme l'y invitaient les conclusions du demandeur, s'il ne résultait pas des deux expertises que les conditions effectives de sa détention étaient durablement incompatibles avec son état de santé, la chambre de l'application des peines n'a pas justifié sa décision au regard des dispositions de l'article 720-1-1 du Code de procédure pénale (▪ Cass. crim., 7 janv. 2009, n° 08-83.364 : *JurisData* n° 2009-046805 ; *Dr. pén.* 2010, chron. 2, n° 52, obs. V. Peltier ; *D.* 2009, p. 1383 ; *AJ Pénal* 2009, p. 236. – Rapp. ▪ CEDH, 14 nov. 2002, n° 67263/01, *Mouisel c/ F.* ▪ CEDH, 7 juin 2001, n° 64666/01, *Papon c/ France.* ▪ CEDH, 3 avr. 2001, n° 27229/95, *Keenan c/ Royaume-Uni*). L'article 720-1-1, alinéa 1er, du Code de procédure pénale, dans sa rédaction antérieure à l'entrée en vigueur de la loi du 12 décembre 2005, permet d'ordonner la suspension de peine lorsque la pathologie dont est atteint le condamné rend son état de santé durablement incompatible avec la détention, même si cette pathologie n'engage pas à court terme le pronos-

tic vital. Ce texte ne fixe aucune condition tenant à l'existence d'un risque pour la sécurité et l'ordre public (■ Cass. crim., 15 mars 2006, n° 05-83.329 : *Bull. crim.* n° 80).

4) Pronostic engagé à court terme. Justifie sa décision la cour d'appel qui, pour rejeter une demande de suspension de peine, se fonde sur deux expertises médicales constatant l'impossibilité d'évaluer le délai d'engagement du pronostic vital du condamné dès lors que c'est nécessairement à court terme que la pathologie dont souffre ce dernier doit engager ledit pronostic (■ Cass. crim., 28 sept. 2005, n° 05-81.010 : *JurisData* n° 2005-030292 ; *Bull. crim.* n° 247 ; *Dr. pén.* 2006, comm. 183, obs. A. Maron ; *RSC* 2006, 428, note P. Poncela ; *AJ Pénal* 2005, p. 461, obs. M. Herzog-Evans).

5) Trouble à l'ordre public. Les juges ne sont pas tenus de rechercher si la mesure de suspension présentait un risque pour la sécurité et l'ordre public (■ Cass. crim., 15 mars 2006, n° 05-83.329 : *Bull. crim.* n° 80 ; *RSC* 2007, p. 352, obs. P. Poncela). L'article 720-1-1, alinéa 1er, du Code de procédure pénale, qui prévoit la possibilité de suspendre une peine privative de liberté, quelle qu'en soit la nature ou la durée, et pour une durée qui n'a pas à être déterminée, à l'égard des condamnés dont il est établi qu'ils sont atteints d'une pathologie engageant le pronostic vital ou que leur état de santé est durablement incompatible avec le maintien en détention, ne fixe aucune condition tenant à la nature des infractions sanctionnées ou à l'existence d'un risque de trouble à l'ordre public (■ Cass. crim., 12 févr. 2003, n° 02-86.531 : *Bull. crim.* n° 37).

6) Retrait de la mesure. Justifie sa décision le juge qui, pour ordonner la cessation d'une mesure de suspension de peine accordée sur le fondement de l'article 720-1-1 du Code de procédure pénale, constate le non-respect des obligations prescrites, une telle décision ne préjudiciant pas des modalités de la détention en fonction de l'état de santé de l'intéressé (■ Cass. crim., 12 avr. 2012, n° 11-85.673 : *JurisData* n° 2012-011342 ; *Bull. crim.* n° 98 ; *Dr. pén.* 2012, comm. 98, obs. M. Véron ; *Dr. pén.* 2013, chron. 3, n° 38, obs. V. Peltier). Le droit de la victime à être entendue, dans la mesure de ses intérêts, dans les procédures concernant l'exécution des sentences pénales, en application de l'article 720 du Code de procédure pénale, ne confère pas à celle-ci la qualité de partie aux décisions prises, en cette matière, par le juge de l'application des peines (■ Cass. crim., 15 mars 2006, n° 05-83.684 : *Bull. crim.* n° 81).

7) Risque de renouvellement de l'infraction. Pour rejeter la demande de suspension de peine présentée par M. Y..., la chambre de l'application des peines relève notamment qu'il existe un risque de réitération important, le requérant étant déjà malade et handicapé lors de la commission des faits pour lesquels il a été condamné ; en l'état de ce seul motif relevant de son appréciation souveraine, la cour d'appel a fait l'exacte application de l'article 720-1-1 du Code de procédure pénale, qui exclut le prononcé d'une suspension de peine en cas de risque grave de renouvellement de l'infraction (■ Cass. crim., 9 janv. 2019, n° 18-81.910 : *Dr. pén.* 2019, comm. 58, obs. V. Peltier). M. X... a également fait l'objet de plusieurs expertises médico-psychologique et psychiatrique ; l'expert notait que M. X... se retrouvait dans une situation conjugale identique à celle qui précédait le meurtre depuis son remariage et que ce retour à la situation antérieure n'excluait pas la récidive ; que ces expertises permettent à la cour de relever qu'il existe un risque de récidive et qu'eu égard à la personnalité de M. X... et à l'absence de toute analyse par lui du contexte de l'assassinat de sa première épouse, il peut être qualifié d'important ; que, dès lors, les conditions prévues par l'article 720-1-1 du Code de procédure pénale ne sont pas remplies. La chambre de l'application des peines, qui a souverainement apprécié si, au vu des éléments soumis à son examen, le demandeur pouvait bénéficier de la mesure sollicitée, a justifié sa décision (■ Cass. crim., 2 mars 2011, n° 10-81.070).

8) Combinaison entre libération conditionnelle et suspension médicale de peine. Les personnes condamnées qui bénéficient de la suspension de peine prévue par l'article 720-1-1 du Code de procédure pénale peuvent être placées en libération conditionnelle dans les conditions fixées par l'article 729, dernier alinéa, du même code, sans que les dispositions de l'article 730-2 reçoivent application (■ Cass. crim., 24 juin 2020, n° 20-90.009 : *Bull. crim.* n° 49 ; *Dr. pén.* 2020, comm. 181, obs. E. Bonis). (■ Cass. crim., 7 mai 2008 : *JurisData* n° 2008-044230 ; *Dr. pén.* 2009, chron. 3, n° 29, obs. E. Garçon). L'article 729, dernier alinéa, du Code de procédure pénale permet au condamné de bénéficier d'une libération conditionnelle lorsque l'exécution de sa peine est suspendue pour raison médicale grave, par application de l'article 720-1-1 du même code, dont le dernier alinéa autorise le prononcé d'une telle suspension, même au cours de la période de sûreté. Les personnes condamnées qui bénéficient de la suspension de peine pour raisons de santé prévue par l'article 720-1-1 du Code de procédure pénale peuvent être placées en libération conditionnelle dans les conditions prévues par l'article 729, dernier alinéa, du même code, sans que les dispositions de l'article 730-2-1 de ce code, prévoyant une évaluation de leur dangerosité sous le régime de l'incarcération, reçoivent application. (■ Cass. crim., 3 mars 2021, n° 20-81.692 : *Dr. pén.* 2021, comm. 80, obs. V. Peltier).

9) Droit européen. Droit à la sûreté. Méconnaît l'article 5, Conv. EDH le maintien en détention pendant plusieurs années d'un individu souffrant de troubles mentaux pendant plusieurs années (▪ CEDH, 2 oct. 2012, n° 22831/08, *L.B. c/ Belgique : RDSS* 2013, 245, note C. Margaine).

Section III. – De la période de sûreté

(L. n° 97-1159, 19 déc. 1997)

Bibliographie : P. Pédron, *Période de sûreté. – Possibilités d'aménagement de la période de sûreté pendant l'exécution de la peine : JCl. Proc. pén.* 2008, Fasc. 20. • P. Couvrat, *Chronique pénitentiaire et de l'exécution des peines. De la période de sûreté à la peine incompressible, à propos de la loi du 1er février 1994 : RSC* 1994, n° 2, p. 356 à 361.

Art. 720-2 *(Rempl., L. n° 92-1336, 16 déc. 1992)*. **– Les dispositions concernant la suspension ou le fractionnement de la peine, le placement à l'extérieur, les permissions de sortir, la semi-liberté et la libération conditionnelle ne sont pas applicables pendant la durée de la période de sûreté prévue à l'article 132-23 du Code pénal.**

Sauf s'il en est décidé autrement par le décret de grâce, la commutation ou la remise d'une peine privative de liberté assortie d'une période de sûreté entraîne de plein droit le maintien de cette période pour une durée globale qui correspond à la moitié de la peine résultant de cette commutation ou remise, sans pouvoir toutefois excéder la durée de la période de sûreté attachée à la peine prononcée.

Bibliographie : D. Boccon-Gibod et B. Laurent, *Période de sûreté et pluralité des peines : un autre regard : AJ Pénal* 2014, p. 101. • E. Bonis-Garçon, *Computation de la période de sûreté en cas de pluralité de peines : Dr. pén.* 2014, comm. 123 ; *Droit pénal et droit européen des droits de l'homme : influences réciproques, in Droit pénal et autres branches du droit – regards croisés, Actes du XXe congrès de l'Association française de droit pénal*, Cujas, coll. Actes et études, 2012, p. 427 et s. ; *Période de sûreté : RPDP* 2014. • P. Couvrat, *À propos des périodes de sûreté : RSC* 1987, p. 263 ; *De la période de sûreté à la peine incompressible, à propos de la loi du 1er févr. 1994 : RSC* 1994, p. 359. • E. Dreyer, *Droit pénal et droit européen des droits de l'homme, in Droit pénal et autres branches du droit – regards croisés, Actes du XXe congrès de l'Association française de droit pénal*, Cujas, coll. Actes et études, 2012, p. 399 et s., spéc. p. 415. • L. Griffon-Yarza, *La computation de la période de sûreté : AJ Pénal* 2013, 591 ; *Les évolutions législatives et jurisprudentielles en matière de période de sûreté : un bilan très contrasté : Dr. pén.* 2016, étude 23. • P. Pedron, *La période de sûreté : RPDP* 2007, 39 ; *Évolutions législatives et jurisprudentielles : Dr. pén.* 2016, étude 23. • J. Pradel, *Vers un retour à une plus grande certitude de la peine avec les lois du 9 septembre 1986 : D.* 1987, chron. 5. • J.-F. Scuvic, *La période de sûreté : RPDP* 1996, p. 311. • M. Herzog-Evans, *Périodes de sûreté : retour à la raison : AJ Pénal* 2014, p. 436. • R. Mésa, *Gaz. Pal.* 2014, n° 214, p. 15. • M. Véron, *Imputation de la période de détention provisoire : Dr. pén.* 2014, comm. 126.

1) Réduction au maximum légal des périodes de sûreté. V. C. pén., art. 132-4, 132-5 et 132-23.

2) Réductions de peine. Si le président de la chambre de l'application des peines n'a pas répondu au moyen selon lequel la période de sûreté aurait dû être réduite à hauteur de la moitié des remises de peine accordées, par application de l'article 720-2 du Code de procédure pénale, une telle omission ne saurait donner lieu à cassation, dès lors que le condamné n'a pas bénéficié de remises de peine au sens de l'article précité mais de réductions de peine et que les réductions de peine accordées pendant la période de sûreté ne sont imputées, en vertu de l'article 132-23, dernier alinéa, du Code pénal, que sur la partie de la peine excédant cette durée (▪ Cass. crim., 14 oct. 2009, n° 09-82.267 : *Bull. crim.* n° 171).

3) Nature de la période de sûreté. La période de sûreté prévue par l'article 720-2 du Code de procédure pénale n'est qu'une modalité d'exécution de la peine. Il en résulte que la décision qui la prononce n'a pas à être motivée et qu'elle doit être acquise à la majorité absolue (▪ Cass. crim., 5 juill. 1993, n° 92-86.681 : *Bull. crim.* n° 237. ▪ Cass. crim., 8 juill. 1992, n° 91-86.820 : *Bull. crim.* n° 269. ▪ Cass. crim., 9 mai 1990, n° 89-86.470 : *Bull. crim.* n° 177. ▪ Cass. crim., 16 janv. 1985, n° 84-93.553 : *Bull. crim.* n° 29. ▪ Cass. crim., 10 déc. 1980, n° 80-92.358 : *Bull. crim.* n° 344). Dès lors, en cas de confusion entre deux peines privatives de liberté, la durée de la détention subie antérieurement à cette mesure en exécution de la peine absorbée doit s'imputer sur la période de sûreté attachée à la peine absorbante (▪ Cass. crim., 9 mars 1993, n° 92-84.480 : *Bull. crim.* n° 104).

4) Motivation. La cour et le jury ont spécialement voté sur la période de sûreté et il a été joint à la feuille de questions la feuille de motivation prévue par l'article 365-1 du Code de procédure pénale ; que l'absence de motivation des peines prononcées par les cours d'assises, qui s'explique par l'exigence d'un vote, n'est pas contraire aux articles 6, Conv. EDH, 132-23 et 132-24 du Code pénal, 591 et 593 du Code de procédure pénale, ensemble la violation des droits de la défense et du principe de la personnalisation de la peine (▪ Cass. crim., 18 févr. 2015, n° 14-82.487 : *JurisData* n° 2015-005028 ; *Dr. pén.* 2015, chron. 2, n° 18, obs. E. Bonis-Garçon ; *Dr. pén.* 2015, comm. 62, note V. Peltier). La juridiction qui, par application des dispositions de l'article 720-2 du Code de procédure pénale, fixe la durée de la période de sûreté, par une décision spéciale, n'a pas à la motiver (▪ Cass. crim., 29 janv. 1998, n° 97-81.573 : *JurisData* n° 1998-000812 ; *Bull. crim.* 1998, n° 37 ; *Dr. pén.* 1998, comm. 67, obs. M. Véron ; *RSC* 1998, p. 767, obs. B. Bouloc. ▪ Cass. crim., 22 mai 1990, n° 89-86.896 : *Bull. crim.* n° 210. ▪ Cass. crim., 23 oct. 1989, n° 88-84.690 : *Bull. crim.* n° 370).

5) Vote sur la période de sûreté. La feuille de questions énonce que la cour et le jury réunis, après en avoir délibéré et voté conformément aux dispositions de l'article 362 du Code de procédure pénale, fixent, à la majorité des voix, la période de sûreté aux deux tiers de la peine de 30 ans de réclusion criminelle antérieurement prononcée ; en cet état, il n'y a eu aucune violation de la loi dès lors que la feuille de questions constate que la cour et le jury ont, à l'issue du vote sur la peine, voté sur la durée de la période de sûreté à la majorité absolue requise par la loi (▪ Cass. crim., 7 févr. 2007, n° 06-84.845).

6) Pluralité de condamnations. En cas de pluralité de condamnations, le point de départ de la période de sûreté assortissant une peine criminelle doit être fixé à la date de l'incarcération du condamné, même si d'autres peines correctionnelles doivent être exécutées avant la peine criminelle assortie de la période de sûreté de dix ans (▪ Cass. crim., 1er févr. 2012, n° 10-84.178 : *JurisData* n° 2012-002113 ; *Dr. pén.* 2013, chron. 3, n° 31, obs. E. Bonis-Garçon. V. en ce sens déjà Circ., 19 mars 1998, relative aux modalités de computation de la période de sûreté en cas de pluralité de périodes de sûreté : *BO Justice* n° 98/69, p. 132 à 139).

7) Imputation de la détention provisoire. Si la condamnation qui emporte ou prononce une période de sûreté a été précédée d'une détention provisoire, l'entier temps de celle-ci doit s'imputer sur la durée de la période de sûreté, sans qu'il y ait lieu de tenir compte du temps pendant lequel ont été simultanément exécutées une ou plusieurs condamnations à des peines non assorties d'une période de sûreté (▪ Cass. crim., 25 juin 2014, n° 14-81.793 : *JurisData* n° 2014-013804 ; *Bull. crim.* n° 169. ▪ Cass. crim., 10 déc. 2014, n° 14-83.130 : *JurisData* n° 2014-030536 ; *Bull. crim.* ; *Dr. pén.* 2015, chron. 3, n° 21, obs. E. Bonis-Garçon).

Art. 720-3 ***(Rétabli, L. n° 2016-731, 3 juin 2016).*** **– Lorsque la personne condamnée exécute plusieurs peines qui ne sont pas en concours et qui sont toutes assorties d'une période de sûreté, ces périodes de sûreté s'exécutent cumulativement et de manière continue.**

En cas de condamnations en concours comportant toutes des périodes de sûreté, la période totale de sûreté à exécuter est réduite au maximum des deux tiers de ces condamnations après leur réduction au maximum légal. Si une peine de réclusion criminelle à perpétuité a été prononcée, les périodes de sûreté s'exécutent cumulativement dans la limite de 22 ans ou, le cas échéant, dans la limite de la période de sûreté fixée spécialement par la cour d'assises en application du second alinéa de l'article 221-3, du dernier alinéa de l'article 221-4 et de l'article 421-7 du Code pénal.

Lorsque la personne condamnée exécute plusieurs peines assorties d'une période de sûreté et qui ont fait l'objet d'une confusion, la durée de la période de sûreté à exécuter est celle de la période de sûreté la plus longue.

Mineurs. Selon l'article 720-3 du Code de procédure pénale, les dispositions de l'article 720-2 du même code, instituant en cas de condamnation pour certaines infractions une période de sûreté pendant laquelle le condamné ne pourra bénéficier d'aucun aménagement de la peine prononcée, ne sont pas applicables aux mineurs (▪ Cass. crim., 11 mai 1988, n° 87-84.337 : *Bull. crim.* n° 210).

Art. 720-4 ***(Rempl., L. n° 2004-204, 9 mars 2004).*** **– Lorsque le condamné manifeste des gages sérieux de réadaptation sociale, le tribunal de l'application des peines peut, à titre exceptionnel et dans les conditions prévues par l'article 712-7, décider qu'il soit mis fin à la période de sûreté prévue par l'article 132-23 du Code pénal ou que sa durée soit réduite.**

Toutefois, lorsque la cour d'assises a décidé de porter la période de sûreté à trente ans en application des dispositions du dernier alinéa des articles 221-3 et 221-4 du Code pénal, le tribunal de l'application des peines ne peut réduire la durée de la période de sûreté ou y mettre fin qu'après que le condamné a subi une incarcération d'une durée au moins égale à vingt ans.

Dans le cas où la cour d'assises a décidé qu'aucune des mesures énumérées à l'article 132-23 du Code pénal ne pourrait être accordée au condamné à la réclusion criminelle à perpétuité, le tribunal de l'application des peines

ne peut accorder l'une de ces mesures que si le condamné a subi une incarcération d'une durée au moins égale à trente ans.

Les décisions prévues par l'alinéa précédent ne peuvent être rendues qu'après une expertise réalisée par un collège de trois experts médicaux inscrits sur la liste des experts agréés près la Cour de cassation qui se prononcent sur l'état de dangerosité du condamné.

Par dérogation aux dispositions du troisième alinéa de l'article 732, le tribunal de l'application des peines peut prononcer des mesures d'assistance et de contrôle sans limitation dans le temps.

1) Refus de transmission d'une question prioritaire de constitutionnalité au Conseil constitutionnel. L'article 720-4 du Code de procédure pénale, en ce qu'il prévoit que, lorsque le condamné manifeste des gages sérieux de réadaptation sociale, le tribunal de l'application des peines peut, à titre exceptionnel, décider qu'il soit mis fin à la période de sûreté ou que sa durée soit réduite, même s'il ne définit pas les notions précitées de « gages sérieux », et d'« exceptionnel », ne méconnaît pas les principes de clarté, de précision et d'intelligibilité de la loi pénale, mais se borne à fixer l'office du juge, en donnant aux juridictions de l'application des peines la mission d'apprécier au cas par cas l'étendue des garanties de réinsertion présentées par les condamnés, au regard de la situation concrète de chacun d'eux, pour déterminer s'il peut être mis fin à la période de sûreté, ou si sa durée peut être réduite, dans le respect du principe de l'individualisation des décisions de justice (■ Cass. crim., 16 janv. 2019, n° 18-86.268 : *Dr. pén.* 2019, comm. 77, obs. E. Bonis).

2) Traitement inhumain ou dégradant. Ne constitue pas une peine inhumaine ou dégradante au sens de l'article 3 de la Convention européenne des droits de l'Homme la condamnation à la réclusion criminelle assortie d'une interdiction d'accorder au condamné les mesures énumérées à l'article 132-23 du Code pénal dès lors qu'il résulte de l'article 720-4 du Code de procédure pénale que le tribunal de l'application des peines peut, à l'issue d'une période de trente ans, mettre fin à la mesure si le condamné présente des gages sérieux de réadaptation sociale (■ Cass. crim., 20 janv. 2010, n° 08-88.301 : *JurisData* n° 2010-051513 ; *Bull. crim.* n° 14 ; *Dr. pén.* 2011, chron. 2, n° 19, obs. E. Bonis-Garçon ; *AJ Pénal* 2010, p. 252, obs. G. Royer).

3) Peine incompressible.

a. Principes. Ce sont les autorités nationales qui sont responsables au premier chef de la protection des droits reconnus par la Convention (V. par exemple, *O.H. c/ Allemagne*, n° 4646/08, § 118). Pour la Cour, la cour d'appel a tiré les conclusions nécessaires de l'arrêt Vinter et, en clarifiant le droit interne, a remédié à la cause de la violation de la Convention (V. également *Kronfeldner c/ Allemagne*, n° 21906/09, § 59, 19 janv. 2012. ■ CEDH, gde ch., 17 janv. 2017, n° 57592/08, *Hutchinson c/ Royaume-Uni* : *JurisData* n° 2017-002123 ; *Dr. pén.* 2017, comm. 51, obs. E. Bonis-Garçon). Une peine perpétuelle n'est pas incompatible avec l'article 3 de la Convention à condition que le condamné puisse, dès le jour du prononcé de sa peine, avoir une possibilité de réexamen de sa condamnation – peine compressible *de jure* – et une perspective d'élargissement – peine compressible *de facto* (■ CEDH, 26 avr. 2016, n° 10511/10, *Murray c/ Pays-Bas* : *JurisData* n° 2016-007793 ; *Dr. pén.* 2016, comm. 120, note V. Peltier. ■ CEDH, 12 févr. 2008, n° 21906/04, *Kafkaris c/ Chypre* : *JurisData* n° 2008-010468. ■ CEDH, gde ch., 9 juill. 2013, n°s 66069/09, 00130/10 et 03896/10, *Vinter et a. c/ Royaume-Uni* : *JurisData* n° 2013-022188 ; *JCP* 2013, 918, obs. F. Sudre ; *Dr. pén.* 2013, comm. 165, obs. Bonis-Garçon ; *Dr. pén.* 2014, chron. 3, n° 30, obs. V. Peltier ; *AJ Pénal* 2013, 494, obs. Van Zyl Smit ; *D.* 2013, p. 2081, note J.-F. Renucci ; *ibid.*, p. 2713, chron. G. Roujou de Boubée ; *ibid.*, 2014, p. 1235, chron. J.-P. Céré ; *RSC* 2013, 625, chron. P. Poncela ; *ibid.* 649, obs. Roets. ■ CEDH, 3 févr. 2015, *Hutchinson c/ Royaume-Uni* : *Dalloz actualité* 17 janv. 2015, obs. M. Léna ; *Dr. pén.* 2015, comm. 61, note Bonis-Garçon).

b. Illustrations.

Conformité. Le délai de trente ans prévu à l'article 720-4 du Code de procédure pénale se situe au-delà de la « tendance en faveur de l'instauration d'un mécanisme spécial garantissant un premier réexamen dans un délai de vingt-cinq ans au plus après l'imposition de la peine perpétuelle » (*ibidem*). Toutefois, cette disposition prévoit que le relèvement de la période de sûreté en cause pourra être accordé si « le condamné a subi une incarcération d'une durée au moins égale à trente ans ». Ce libellé implique que la privation de liberté subie à compter du mandat de dépôt (paragraphe 8 ci-dessus) soit comptabilisée dans la durée d'incarcération et que cette date, soit le 1er juillet 2001, soit considérée comme le point de départ de la période de sûreté perpétuelle. Il s'agit de l'application, *mutatis mutandis*, du principe édicté par l'article 716-4 du Code de procédure pénale (paragraphe 23 ci-dessus) selon lequel la détention provisoire subie au cours de la procédure est déduite de la peine privative de liberté prononcée. Au regard de la marge d'appréciation des États en matière de justice criminelle et de détermination des peines, la Cour conclut que cette possibilité de réexamen de la réclusion à perpétuité est suffisante pour considérer que la peine prononcée contre le requérant est compressible aux fins de l'article 3 de la Convention (▪ CEDH, 13 nov. 2014, *Bodein c/ France* : *Dr. pén.* 2015, comm. 15, note E. Bonis-Garçon ; *ibid.* chron. 4, obs. Dreyer ; *RPDP* 2014-4, note V. Peltier ; *Dalloz actualité*, 17 nov. 2014, obs. M. Léna ; *RSC* 2015, 158, note D. Roets).

Non-conformité. Une période d'attente de quarante ans pour que les personnes condamnées à la réclusion criminelle à perpétuité sans possibilité de libération conditionnelle puissent espérer un réexamen de leur peine est une période nettement plus longue que le cadre maximal recommandé de vingt-cinq années établi à partir de considérations tirées du droit comparé et du droit international. Cette durée est, à elle seule, un élément suffisant pour conclure que la nouvelle procédure hongroise ne propose pas de facto une peine compressible, ce qui rend ce droit incompatible avec l'article 3 de la Convention (▪ CEDH, 4 oct. 2016, n°s 37871/14 et 73986/14, *T.P. et A.T. c/ Hongrie* : *Dr. pén.* 2016, comm. 182, obs. E. Bonis-Garçon).

4) Relèvement. La chambre de l'application des peines, qui a souverainement estimé que les gages de réadaptation sociale manifestés par le condamné étaient insuffisants, le relèvement total ou partiel de la période de sûreté devant, en application de l'article 720-4 du Code de procédure pénale, rester exceptionnel, a justifié sa décision (▪ Cass. crim., 21 oct. 2015, n° 14-86.990 : *Dr. pén.* 2015, chron. 2, n° 19, obs. E. Bonis-Garçon. ▪ Cass. crim., 5 sept. 2012, n° 11-83.351 : *JurisData* n° 2012-022173 ; *Dr. pén.* 2013, chron. 3, n° 32, obs. E. Bonis-Garçon).

5) Motivation.

a. Matière criminelle. Aucune disposition légale n'impose à la cour d'assises, dont les délibérations sont régies par le seul article 362 du Code de procédure pénale, de motiver la décision spéciale par laquelle elle porte aux deux tiers de la peine la durée de la période de sûreté assortissant celle-ci, en application de l'article 132-23 du Code pénal (▪ Cass. crim., 23 oct. 2013, n° 12-88.285, F-D : *JurisData* n° 2013-025861 ; *Dr. pén.* 2013, comm. 178, obs. E. Bonis-Garçon. V. note sous art. 365-1, p. 821.

b. Matière correctionnelle. La décision spéciale par laquelle les juges portent la durée de la période de sûreté aux deux tiers de la peine n'a pas à être motivée (▪ Cass. crim., 29 janv. 1998, n° 97-81.573 : *JurisData* n° 1998-000812 ; *Bull. crim.* n° 37 ; *Dr. pén.* 1998, comm. 67, obs. M. Véron ; *RSC* 1998, p. 767, obs. B. Bouloc. ▪ Cass. crim., 22 mai 1990, n° 89-86.896 : *JurisData* n° 1990-701904 ; *Bull. crim.* n° 210. ▪ Cass. crim., 23 oct. 1989, n° 88-84.690 : *JurisData* n° 1989-703755 ; *Bull. crim.* n° 370).

Art. 720-4-1 ***(Créé à titre expérimental à compter du 1er janvier 2012 dans au moins deux cours d'appel et jusqu'au 1er janvier 2014 dans au plus dix cours d'appel, L. n° 2011-939, 10 août 2011).***

Art. 720-5 ***(Rétabli, L. n° 2016-731, 3 juin 2016).*** **– Par dérogation au premier alinéa de l'article 720-4 du présent code, lorsque la cour d'assises a décidé, en application de l'article 421-7 du Code pénal, de porter la période de sûreté à trente ans ou qu'aucune des mesures énumérées à l'article 132-23 du même code ne pourrait être accordée au condamné à la réclusion criminelle à perpétuité, le tribunal de l'application des peines, sur l'avis d'une commission composée de cinq magistrats de la Cour de cassation chargée d'évaluer s'il y a lieu de mettre fin à l'application de ladite décision de la cour d'assises, ne peut réduire la durée de la période de sûreté, à titre exceptionnel et dans les conditions prévues à l'article 712-7 du présent code :**

1° Qu'après que le condamné a subi une incarcération d'une durée au moins égale à trente ans ;

2° Que lorsque le condamné manifeste des gages sérieux de réadaptation sociale ;

3° Que lorsque la réduction de la période de sûreté n'est pas susceptible de causer un trouble grave à l'ordre public ;

4° Qu'après avoir recueilli l'avis des victimes ayant la qualité de parties civiles lors de la décision de condamnation ;

5° Qu'après expertise d'un collège de trois experts médicaux inscrits sur la liste des experts agréés près la Cour de cassation, chargé de procéder à une évaluation de la dangerosité du condamné ;

Les membres de la commission mentionnée au premier alinéa du présent article sont désignés par l'assemblée générale de la Cour de cassation ; l'un d'entre eux, choisi parmi les membres de la chambre criminelle, en assure la présidence.

Par dérogation à l'avant-dernier alinéa de l'article 732 du présent code, le tribunal de l'application des peines peut prononcer des mesures d'assistance, de surveillance et de contrôle sans limitation dans le temps.

Libération conditionnelle. Il se déduit de l'article 720-5 du Code de procédure pénale qu'en cas de condamnation assortie d'une période de sûreté supérieure à quinze ans, les juridictions de l'application des peines ne peuvent accorder la libération conditionnelle tant que le condamné n'a pas été placé sous le régime de la semi-liberté pendant une période de un à trois ans (■ Cass. crim., 2 sept. 2009, n° 09-83.833 : *Bull. crim.* n° 151 ; *Dr. pén.* 2010, chron. 2, n° 42, obs. E. Garçon ; *RSC* 2010, p. 652, obs. P. Poncela).

Section IV. – Des réductions de peines

(L. n° 97-1159, 19 déc. 1997)

Bibliographie : C. Aubertin, *Réductions de peine : JCl. Proc. pén.* 2010, Fasc. 20. • E. Bonis-Garçon, *L'identification de la sanction pénale – Le point de vue du pénaliste in Droit constitutionnel et grands principes du droit pénal*, Cujas, coll. Actes et études, 2013, p. 145 à 157 ; *QPC et notion de sanction pénale*, in *Problèmes actuels de sciences criminelles*, Dossier QPC en matière pénale, PU Aix-Marseille, t. XXIII, 2012, p. 81 à 102. • M. Antier, *Le crédit de réduction de peine : un anachronisme juridique : Dr. pén.* 2015, étude 25. • L. Griffon-Yarza, *Nouveau régime des réductions de peines : une grâce législative accordée aux seuls récidivistes : Dr. pén.* 2015, étude 6.

Art. 721 *(Mod., L. n° 2014-896, 15 août 2014 ; L. n° 2021-1729, 22 déc. 2021).* **– Une réduction de peine peut être accordée par le juge de l'application des peines, après avis de la commission de l'application des peines, aux condamnés exécutant une ou plusieurs peines privatives de liberté qui ont donné des preuves suffisantes de bonne conduite et qui ont manifesté des efforts sérieux de réinsertion.**

Cette réduction ne peut excéder six mois par année d'incarcération et quatorze jours par mois pour une durée d'incarcération inférieure à un an.

Les preuves suffisantes de bonne conduite sont appréciées en tenant compte notamment de l'absence d'incidents en détention, du respect du règlement intérieur de l'établissement ou des instructions de service, de l'implication dans la vie quotidienne ou du comportement avec le personnel pénitentiaire ou exerçant à l'établissement, avec les autres personnes détenues et avec les personnes en mission ou en visite.

Les efforts sérieux de réinsertion sont appréciés en tenant compte notamment du suivi avec assiduité d'une formation scolaire, universitaire ou professionnelle ayant pour objet l'acquisition de connaissances nouvelles, des progrès dans le cadre d'un enseignement ou d'une formation, de l'engagement dans l'apprentissage de la lecture, de l'écriture et du calcul, de l'exercice d'une activité de travail, de la participation à des activités culturelles, notamment de lecture, de la participation à des activités sportives encadrées, du suivi d'une thérapie destinée à limiter les risques de récidive, de l'investissement soutenu dans un programme de prise en charge proposé par le service pénitentiaire d'insertion et de probation ou des versements volontaires des sommes dues aux victimes et au Trésor public.

Dès que la condamnation est devenue définitive, le service pénitentiaire d'insertion et de probation travaille avec la personne en vue de la préparation d'une sortie encadrée. Dans le cadre de l'examen des réductions de peine, l'avis remis par le service pénitentiaire d'insertion et de probation au juge de l'application des peines comporte des éléments lui permettant de déterminer les mesures favorisant l'accompagnement des condamnés en fin de peine à travers un aménagement, une libération sous contrainte ou le suivi prévu à l'article 721-2.

Pour l'application du présent article, la situation de chaque condamné est examinée au moins une fois par an.

La réduction de peine est prononcée en une seule fois si l'incarcération est inférieure à une année et par fractions annuelles dans le cas contraire.

Sauf décision contraire du juge de l'application des peines, lorsque la personne condamnée pour une infraction pour laquelle le suivi socio-judiciaire est encouru ne suit pas le traitement qui lui a été proposé en application des articles 717-1 et 763-7, elle ne peut bénéficier de la réduction de peine prévue au présent article qu'à hauteur de trois mois par année d'incarcération et de sept jours par mois pour une durée d'incarcération inférieure à un an. Il en est de même lorsque la personne condamnée dans les circonstances mentionnées au second alinéa de l'article 122-1 du Code pénal refuse les soins qui lui sont proposés.

Le présent article s'applique également aux personnes condamnées qui bénéficient d'un aménagement de peine sous écrou.

Dans l'année suivant son octroi, la réduction de peine peut être rapportée en tout ou en partie, après avis de la commission de l'application des peines, en cas de mauvaise conduite du condamné. Le retrait est prononcé par ordonnance motivée du juge de l'application des peines agissant d'office, sur saisine du chef d'établissement ou sur réquisitions du procureur de la République. Le condamné est mis en mesure de faire valoir ses observations, le cas échéant par l'intermédiaire de son avocat.

Lors de sa mise sous écrou, le condamné est informé par le greffe des règles afférentes à la réduction de peine prévue au présent article, des critères d'appréciation et d'attribution de cette réduction ainsi que des possibilités de retrait de tout ou partie de cette réduction.

Les modalités d'application du présent article sont précisées par voie réglementaire.

NB : Conformément au VI de l'article 59 de la loi n° 2021-1729 du 22 décembre 2021, ces dispositions sont applicables aux personnes placées sous écrou à compter du 1er janvier 2023, quelle que soit la date de commission de l'infraction. Les personnes placées sous écrou avant cette date demeurent soumises au régime défini aux articles 717-1, 721, 721-1, 721-1-1, 721-2 et 729-1 du Code de procédure pénale dans leur rédaction antérieure à ladite loi.

Rédaction antérieure. Art. 721 *(Mod., L. n° 2014-896, 15 août 2014)*. – Chaque condamné bénéficie d'un crédit de réduction de peine calculé sur la durée de la condamnation prononcée à hauteur de trois mois pour la première année, de deux mois pour les années suivantes et, pour une peine de moins d'un an ou pour la partie de peine inférieure à une année pleine, de sept jours par mois ; pour les peines supérieures à un an, le total de la réduction correspondant aux sept jours par mois ne peut toutefois excéder deux mois.

En cas de mauvaise conduite du condamné en détention, le juge de l'application des peines peut être saisi par le chef d'établissement ou sur réquisitions du procureur de la République aux fins de retrait, à hauteur de trois mois maximum par an et de sept jours par mois, de cette réduction de peine. Il peut également ordonner le retrait lorsque la personne a été condamnée pour les crimes ou délits, commis sur un mineur, de meurtre ou assassinat, torture ou actes de barbarie, viol, agression sexuelle ou atteinte sexuelle et qu'elle refuse pendant son incarcération de suivre le traitement qui lui est proposé par le juge de l'application des peines, sur avis médical, en application des articles 717-1 ou 763-7. Il en est de même lorsque le juge de l'application des peines est informé, en application de l'article 717-1, que le condamné ne suit pas de façon régulière le traitement qu'il lui a proposé. Il peut également ordonner, après avis médical, le retrait lorsque la personne condamnée dans les circonstances mentionnées à la première phrase du second alinéa de l'article 122-1 du Code pénal refuse les soins qui lui sont proposés. La décision du juge de l'application des peines est prise dans les conditions prévues à l'article 712-5.

En cas de nouvelle condamnation à une peine privative de liberté pour un crime ou un délit commis par le condamné après sa libération pendant une période égale à la durée de la réduction résultant des dispositions du premier alinéa et, le cas échéant, du deuxième alinéa du présent article, la juridiction de jugement peut ordonner le retrait de tout ou partie de cette réduction de peine et la mise à exécution de l'emprisonnement correspondant, qui n'est pas confondu avec celui résultant de la nouvelle condamnation.

Lors de sa mise sous écrou, le condamné est informé par le greffe de la date prévisible de libération compte tenu de la réduction de peine prévue par le premier alinéa, des possibilités de retrait, en cas de mauvaise conduite ou de commission d'une nouvelle infraction après sa libération, de tout ou partie de cette réduction. Cette information lui est à nouveau communiquée au moment de sa libération.

Bibliographie : M. Antier, *Le CRP : un anachronisme juridique : Dr. pén.* 2015, étude 25. • L. Griffon-Yarza, *Nouveau régime, une grâce législative accordée aux seuls récidivistes : Dr. pén.* 2015, étude 6. • V. Peltier, *CEDH, Del Rio Prada c/ Espagne, Ou les bouleversements apportés au droit conventionnel de la peine sans revirement de jurisprudence... : Dr. pén.* 2014, étude 2.

I – LÉGALITÉ

1) Question prioritaire de constitutionnalité. Le retrait d'un crédit de réduction de peine en cas de mauvaise conduite du condamné a pour conséquence que le condamné exécute totalement ou partiellement la peine telle qu'elle a été prononcée par la juridiction de jugement ; qu'un tel retrait ne constitue donc ni une peine ni une sanction ayant le caractère d'une punition ; que, par suite, les griefs tirés de la violation de l'article 8 de la Déclaration de 1789 et de l'article 34 de la Constitution sont inopérants (▪ Cons. const., 11 juill. 2014, n° 2014-408 QPC : *JurisData* n° 2014-016583 ; *Dr. pén.* 2014, comm. 134, obs. E. Bonis-Garçon ; *Dalloz actualité* 1er août 2014, obs. C. Margaine ; *AJ Pénal* 2014, 545, obs. M. Herzog-Evans).

2) Refus de transmission d'une question prioritaire de constitutionnalité. a. **Procédure contradictoire.** La question ne présente pas un caractère sérieux car le juge de l'application des peines, après avoir, sauf urgence, recueilli l'avis de la commission de l'application des peines, organe administratif qu'il préside, et auquel participe le procureur de la République chargé, en application de l'article 707-1 du Code de procédure pénale, de l'exécution des peines, et au vu des arguments du condamné ou de son avocat, statue par une ordonnance motivée sur tout retrait d'un crédit de réduction de peine ; le condamné peut interjeter appel en cas de décision défavorable ; en appel, le président de la chambre de l'application des peines, après réception des observations écrites du ministère public et de celles du condamné ou de son avocat, rend une décision motivée susceptible d'un pourvoi en cassation ; ainsi, à l'évidence, les règles applicables respectent les droits et libertés garantis par la Constitution (▪ Cass. crim., 7 août 2013, n° 13-84.500 : *Dr. pén.* 2014, chron. 3, n° 32, obs. E. Bonis-Garçon). Le juge de l'application des peines, après avoir, sauf urgence, recueilli l'avis de la commission de l'application des peines, organe administratif qu'il préside, et auquel participe le procureur de la République chargé, en application de l'article 707-1 du Code de procédure pénale, de l'exécution des peines, et au vu des arguments du condamné ou de son avocat, statue par une ordonnance motivée sur tout retrait d'un crédit de réduction de peine ; que le condamné peut interjeter appel en cas de décision défavorable ; qu'en appel, le président de la chambre de l'application des peines, après réception des observations écrites du ministère public et de celles du condamné ou de son avocat, rend une décision motivée susceptible d'un pourvoi en cassation ; qu'ainsi, à l'évidence, les règles applicables respectent les droits et libertés garantis par la Constitution qu'invoquent les questions prioritaires de constitutionnalité ; d'où il suit que lesdites questions relatives aux articles 712-5 et 721 du Code de procédure pénale ne présentent pas un caractère sérieux, et qu'il n'y a pas lieu de les renvoyer au Conseil constitutionnel (▪ Cass. crim., 9 janv. 2013, n° 12-86.832 : *JurisData* n° 2013-003775 ; *Dr. pén.* 2013, comm. 68, obs. E. Bonis-Garçon). V. aussi CE, 6e et 1re ss-sect. réunies, 25 mars 2015, n° 374401 : *JurisData* n° 2015-006403).

b. Application immédiate. La question prioritaire de constitutionnalité est ainsi rédigée : « L'article 41 de la loi n° 2005-1459 du 12/12/2005 rendant applicables immédiatement les dispositions du deuxième alinéa de l'article 721 du Code de procédure pénale dans leur rédaction résultant de l'article 12 de cette même loi pour les condamnations mises à exécution après la date d'entrée en vigueur de cette loi n'est-il pas contraire au Pacte international du 16 décembre 1966 relatif aux droits civils et politiques (art. 15) et à la Constitution française en son préambule renvoyant à la Déclaration des droits de 1789 (art. 8) ? » ; la question posée ne présente pas un caractère sérieux dès lors que les mesures de réduction de peine ne peuvent être assimilées à une sanction ou à une peine (▪ Cass. crim., 12 déc. 2012, n° 12-90.060 : *Dr. pén.* 2013, comm. 51, obs. E. Bonis-Garçon).

c. Respect des droits de la défense. Le juge de l'application des peines, après avoir, sauf urgence, recueilli l'avis de la commission de l'application des peines, organe administratif qu'il préside, et auquel participe le procureur de la République chargé, en application de l'article 707-1 du Code de procédure pénale, de l'exécution des peines, et au vu des arguments du condamné ou de son avocat, statue par une ordonnance motivée sur tout retrait d'un crédit de réduction de peine ; le condamné peut interjeter appel en cas de décision défavorable ; en appel, le président de la chambre de l'application des peines, après réception des observations écrites du ministère public et de celles du condamné ou de son avocat, rend une décision motivée susceptible d'un pourvoi en cassation ; ainsi, à l'évidence, les règles applicables respectent les droits et libertés garantis par la Constitution qu'invoquent les questions prioritaires de constitutionnalité (▪ Cass. crim., 31 oct. 2012, n° 12-85.591).

3) Nature du retrait.

a. Suppression d'un avantage. Le retrait d'un crédit de réduction de peine, en cas de mauvaise conduite du condamné en détention, constitue la suppression d'un avantage accordé à titre précaire et n'entraîne, pour l'intéressé, aucune privation de liberté distincte de la peine en cours d'exécution. L'exercice des droits de la défense et l'équité de la procédure sont pleinement assurés dès lors que le retrait, total ou partiel, est décidé par un juge, dont l'ordonnance est susceptible d'appel, la décision du président de la chambre de l'application des peines pouvant ensuite faire l'objet d'un pourvoi en cassation, le condamné ayant à chaque stade de la procédure la possibilité de faire valoir ses arguments (▪ Cass. crim., 15 avr. 2015, n° 14-80.417 : *JurisData* n° 2015-008104 ; *Bull. crim.* n° 94 ; *Dr. pén.* 2015, comm. 104, obs. E. Bonis-Garçon ; *RPDP* 2015, 375, obs. J.-P. Céré ; *D.* 2015, 1395, obs. Laurent ; *AJ Pénal* 2015, p. 444, obs. Falxa et p. 562, obs. M. Herzog-Evans).

b. Pas d'accusation en matière pénale. Le juge saisi aux fins de retrait d'un crédit de réduction de peine pour mauvaise conduite n'est pas appelé à se prononcer en matière disciplinaire ou à décider du bien-fondé d'une accusation en matière pénale (▪ Cass. crim., 4 mars 2015, n° 14-84.714 : *Dr. pén.* 2015, chron. 2, n° 24, obs. E. Bonis-Garçon). *Contra* : Eu égard à leurs conséquences pour la durée de l'emprisonnement du condamné, les décisions de retrait de la réduction de peine sur laquelle le détenu était en droit de compter en application de l'article 721 du Code de procédure pénale, que prend le juge de l'application des peines sur le fondement de ces dispositions, doivent être regardées comme relevant de la matière pénale, au sens des stipulations de l'article 6 de la convention EDH (▪ CE, 24 oct. 2014 : *Rec. CE* 2014 ; *AJDA* 2015, 1374, note J. Falxa ; *AJ Pénal* 2015, 39, note J.-P. Céré).

4) Application dans le temps. Selon l'article 41 de la loi du 12 décembre 2005, quelle que soit la date de commission des faits ayant donné lieu à condamnation, les dispositions du deuxième alinéa de l'article 721 du Code de procédure pénale, dans leur rédaction issue de ladite loi, qui fixent le mode de calcul du crédit de réduction de peine applicable au condamné récidiviste, sont immédiatement applicables aux condamnations mises à exécution après le 13 décembre 2005, date de l'entrée en vigueur de cette même loi ; ces dispositions constituent une exception aux prescriptions de l'article 112-2 3° du Code pénal relatives à l'application dans le temps des lois fixant le régime d'exécution et d'application des peines et celles de l'article 7 § 1 de la Convention européenne des droits de l'Homme, qui énoncent les principes de légalité des délits et des peines et de non-rétroactivité de la loi pénale plus sévère, ne leur sont pas applicables (■ Cass. crim., 9 avr. 2008, n° 07-88.159 : *JurisData* n° 2008-043961 ; *Bull. crim.* n° 98 ; *Dr. pén.* 2009, chron. n° 3, § 30, obs. E. Bonis-Garçon).

5) Définition claire et précise. Les dispositions de l'article 721 du Code de procédure pénale, qui constituent le fondement des articles D. 115-7 à D. 115-12 du même code, définissent de façon suffisamment claire et précise la mauvaise conduite du détenu, qui est susceptible de justifier le retrait du bénéfice d'un crédit de réduction de peine ; par suite, le moyen tiré de ce que ces dispositions méconnaîtraient le principe de légalité des délits et des peines, garanti par les stipulations du paragraphe I de l'article 7 de la Conv. EDH, doit, en tout état de cause, être rejeté (■ CE, 18 févr. 2015, n° 375765 : *Dalloz actualité* 11 mars 2015, obs. M. Léna ; *AJ Pénal* 2015, 195, obs. M. Herzog-Evans et E. Péchillon).

6) Article 7, Conv. EDH. La Cour n'exclut pas que des mesures prises par le législateur, des autorités administratives ou des juridictions après le prononcé d'une peine définitive ou pendant l'exécution de celle-ci puissent conduire à une redéfinition ou à une modification de la portée de la « peine » infligée par le juge qui l'a prononcée. En pareil cas, la Cour estime que les mesures en question doivent tomber sous le coup de l'interdiction de la rétroactivité des peines consacrée par l'article 7 § 1 *in fine* de la Convention ; la Cour considère que l'application en l'espèce des nouvelles modalités d'imputation des remises de peine pour travail en détention issues de la « doctrine Parot » ne saurait passer pour une mesure se rattachant exclusivement à l'exécution de la peine infligée à la requérante – comme le soutient le Gouvernement. En effet, cette mesure prise par le juge ayant condamné l'intéressée a aussi conduit à une redéfinition de la portée de la « peine » imposée. Par l'effet de la « doctrine Parot », la peine maximale de trente ans d'emprisonnement a perdu son caractère de peine autonome sur laquelle devaient être imputées les remises de peine pour travail en détention et s'est muée en une peine de trente ans d'emprisonnement qui, en réalité, n'était plus susceptible d'aucune remise de peine de ce type. La mesure litigieuse tombe donc dans le champ d'application de la dernière phrase de l'article 7 § 1 de la Convention (■ CEDH, 21 oct. 2013, n° 42750/09, *Del Rio Prada c/ Espagne* (GC) : *JurisData* n° 2013-026185 ; *Dr. pén.* 2013, comm. 179, note V. Peltier ; *RSC* 2014, 174, obs. D. Roets ; *D.* 2013, 2775, obs. Falxa. – V. déjà ■ CEDH, 12 juill. 2012, n° 42750/09, *Del Rio Prada c/ Espagne* : *D.* 2012, 2917, obs. Roujou de Boubée ; *AJ Pénal* 2012, 494, obs. M. Herzog-Evans ; *Rev. sc. crim.* 2012, 698, obs. Roets. *Contra* ■ CEDH, gde ch., 12 févr. 2008, *Kafkaris c/ Chypre*, § 151 : *RDP* 2009, 901, obs. Sudre ; *JCP* 2008, I, 167, n° 12, obs. Sudre ; *RSC* 2009, 437, obs. P. Poncela ; *ibid.* 700, obs. D. Roets ; *Dr. pén.* 2009, chron. 3, obs. E. Garçon).

II – RÈGLES TECHNIQUES

7) Crédit de réduction de peine de sept jours. L'article 12 de la loi du 12 décembre 2005 et ses travaux préparatoires, qui rectifie l'article 721 du Code de procédure pénale en précisant que le crédit de réduction de peine de sept jours par mois, s'applique aux seules peines de moins d'un an ou pour la partie de peine inférieure à une année pleine (■ Cass. crim., 21 févr. 2007, n° 06-83.089).

8) Cumul.

a. Sanction disciplinaire et retrait. Le prononcé par l'administration pénitentiaire, à l'encontre d'un condamné, d'une sanction disciplinaire ne fait pas obstacle au retrait d'un crédit de réduction de peine pour mauvaise conduite, les deux mesures n'ayant ni la même nature juridique, ni le même but (■ Cass. crim., 22 juin 2016, n° 15-87.418 : *JurisData* n° 2016-012112 ; *Bull. crim.* n° 198 ; *Dr. pén.* 2017, chron. 3, n° 11, obs. V. Peltier. ■ Cass. crim., 15 avr. 2015, n° 14-80.417 : *Bull. crim.* n° 94). La sanction disciplinaire de mise en cellule prévue par l'article 726 du Code de procédure pénale et le refus de réduction de peine dont elle peut être accompagnée en application de l'article 721 du même code constituent des modalités d'exécution d'un emprisonnement antérieurement prononcé pour d'autres faits et se cumulent donc nécessairement avec cette sanction pénale, sans qu'il soit porté atteinte aux articles 6 de la Convention européenne des droits de l'Homme et 14.7° du Pacte international relatif aux droits civils et politiques. La règle *non bis in idem* consacrée par l'article 4 du protocole n° 7, additionnel à la Convention européenne des droits de l'Homme, ne trouve à s'appliquer, selon les réserves faites par la France en marge de ce protocole, que pour les infractions relevant en droit français de la compétence des tribunaux statuant en matière pénale et n'interdit pas le prononcé de sanctions disciplinaires parallèlement aux sanctions infligées par le juge répressif (■ Cass. crim., 27 mars 1997, n° 96-82.669 : *Bull. crim.* n° 128).

b. Cumul de retraits. Pour écarter cette argumentation du condamné qui contestait la légalité au motif qu'il ne pouvait faire l'objet d'un retrait de crédit de réduction de peine d'une durée cumulée supérieure à 2 mois au titre d'une période annuelle de détention postérieure à la 1re année d'exécution de sa peine et confirmer la décision du juge de l'application des peines, l'ordonnance énonce, notamment, que seuls 20 jours ont déjà été retirés, le 12 janvier 2017, pour la période du 27 mars 2016 au 27 mars 2017 ; en statuant ainsi, et dès lors que, même en tenant compte des trois retraits ordonnés au titre de la période du 12 mai 2016 au 12 mai 2017, le cumul des retraits prononcés ne s'élève qu'à 73 jours pour la période, d'une durée supérieure à 1 an, comprise entre le 27 mars 2016 et le 12 mai 2017, le président n'a méconnu aucune des dispositions visées au moyen (▪ Cass. crim., 20 juin 2018, n° 17-82.135 : *Dr. pén.* 2019, chron. 3, n° 24, obs. E. Bonis).

9) Détention provisoire. En cas de mauvaise conduite survenue pendant l'incarcération subie sous le régime de la détention provisoire, l'ordonnance du juge de l'application des peines retirant le bénéfice du crédit de réduction de peine doit intervenir dans le délai de 4 mois à compter de la date à laquelle la condamnation est ramenée à exécution, quelle que soit la date de l'événement caractérisant la mauvaise conduite du condamné (▪ Cass. crim., 25 mars 2020, n° 19-81.915 : *Dr. pén.* 2020, comm. 128, obs. E. Bonis).

10) Refus d'une libération conditionnelle. La cour d'appel, saisie du recours contre un jugement ayant refusé l'octroi d'une mesure de libération conditionnelle, ne saurait, sans excéder ses pouvoirs, prendre en compte d'éventuelles réductions de peine sur lesquelles le juge de l'application des peines ne s'est pas encore prononcé. Encourt la censure l'arrêt qui, pour accorder à un condamné le bénéfice de la libération conditionnelle, énonce que nonobstant l'absence de décision du juge de l'application des peines, il ne ressort d'aucun élément du dossier que le comportement en détention de l'intéressé ait été de nature à le priver des réductions de peine prévues par l'article 721, alinéa 3, du Code de procédure pénale (▪ Cass. crim., 4 févr. 2004, n° 03-84.556 : *Bull. crim.* n° 33).

11) Contrainte par corps. Si la contrainte par corps, mesure d'exécution forcée des sanctions pécuniaires, présente à certains égards les caractères d'une peine, sa durée ne saurait, néanmoins, être réduite en application des dispositions des articles 721 et 721-1 du Code de procédure pénale (▪ Cass. crim., 29 janv. 2003, n° 02-81.988 : *Bull. crim.* n° 20. ▪ Cass. crim., 24 sept. 1996, n° 96-81.317 : *Bull. crim.* n° 328).

12) Détention inférieure à un mois. Il résulte de l'article 721 du Code de procédure pénale que les périodes de détention inférieures à 1 mois ne peuvent être prises en compte pour l'octroi d'une réduction de peine pour bonne conduite (▪ Cass. crim., 1er févr. 1990, n° 89-82.807 : *Bull. crim.* n° 58).

13) Refus d'une réduction de peine par le condamné. Le refus par le condamné de bénéficier d'une mesure de réduction de peine ne constitue pas un motif permettant au juge de l'application des peines de rapporter une précédente décision accordant cette réduction (▪ Cass. crim., 24 janv. 1989, n° 88-83.169 : *Bull. crim.* n° 28). Pour déclarer irrecevable la requête du procureur de la République qui avait déféré cette ordonnance devant le tribunal correctionnel, ce dernier énonce que n'entre pas dans l'énumération de l'article 733-1 du Code de procédure pénale la décision qui constate seulement la volonté du condamné de refuser le bénéfice d'une mesure prise dans son seul intérêt ; que le Tribunal ajoute que c'est à bon droit que le juge de l'application des peines a rabattu sa précédente ordonnance ; en statuant ainsi, alors qu'une réduction de peine ne peut être rapportée que dans les cas limitativement énumérés par la loi et alors qu'une décision la rapportant constitue l'une des mesures visées par l'article 733-1 du Code de procédure pénale, les juges ont méconnu les principes susvisés (▪ Cass. crim., 24 janv. 1989, n° 88-83.169 : *Bull. crim.* n° 28 ; *RSC* 1989, p. 552, chron. P. Couvrat).

14) Droits de la défense. Le crédit de réduction de peine est inscrit à l'écrou, en début d'exécution de cette peine, à titre précaire, sous condition pour le condamné, qui en est informé, d'observer la bonne conduite nécessaire au fonctionnement normal de l'établissement carcéral, d'autre part, le retrait, total ou partiel, de ce crédit est décidé par un juge, qui n'est pas lié par la décision disciplinaire prise par l'administration pénitentiaire, et dont l'ordonnance est susceptible d'appel, la décision du président de la chambre de l'application des peines pouvant ensuite faire l'objet d'un pourvoi en cassation, de sorte que sont pleinement assurés l'exercice des droits de la défense et l'équité de la procédure (▪ Cass. crim., 15 avr. 2015, n° 14-80.417 : *JurisData* n° 2015-008104 ; *Bull. crim.* n° 94 ; *Dr. pén.* 2015, comm. 104, obs. E. Bonis-Garçon. – V. aussi ▪ Cass. crim., 9 janv. 2013, n° 12-86.832 QPC : *JurisData* n° 2013-003775 ; *Dr. pén.* 2013, comm. 68. ▪ Cass. crim., 7 août 2013, n° 13-84.500).

15) Récidive (avant L. n° 2014-896, 15 août 2014). Pour rejeter la contestation de M. X... quant à la réduction de peine, l'arrêt retient que le procureur de la République était bien fondé à considérer que la réduction au maximum légal de vingt ans des cinq peines prononcées pour des infractions en concours réel, avait nécessairement pour effet leur confusion et que, ayant désormais à exécuter une peine unique, il devait être considéré comme récidiviste pour l'octroi du crédit de réduction de peine résultant de cette confusion ; en prononçant ainsi et dès lors que les peines prononcées le 8 octobre 2002 pour un délit commis en récidive devaient être exécutées, la chambre de l'instruction a fait une exacte application des dispositions de l'article D. 150-2 du Code de procédure pénale (■ Cass. crim., 31 oct. 2012, n° 12-82.291 : *JurisData* n° 2012-026500 ; *Dr. pén.* 2013, comm. 32, obs. V. Peltier ; V. C. Aubertin, *La confusion des peines n'empêche pas d'écarter la récidive : Dr. pén.* 2012, étude 16). *Contra* : Le condamné ayant à exécuter une peine unique, par suite de l'absorption de plein droit, en application de l'article 5 ancien du Code pénal alors en vigueur, d'une peine correctionnelle par une peine criminelle en concours, doit être considéré comme récidiviste pour la détermination du temps d'épreuve prévu par l'article 729, alinéa 2, du Code de procédure pénale, s'il était en état de récidive légale pour la condamnation correctionnelle prononcée contre lui. Il n'importe que cette peine ait reçu exécution avant d'être confondue dès lors que cette circonstance, à la supposer établie, ne saurait faire obstacle aux conséquences attachées à son absorption, celle-ci impliquant que les effets de l'état de récidive soient reportés sur la peine absorbante qui s'exécute en ce cas après imputation de la détention subie au titre de la peine confondue (■ Cass. crim., 30 sept. 1997, n° 96-83.379 : *Bull. crim.* n° 315). Le condamné ayant à exécuter une peine unique, par suite de l'absorption, en application de l'article 5 du Code pénal alors en vigueur, d'une peine correctionnelle par une peine criminelle en concours, doit être considéré comme récidiviste pour l'octroi des réductions supplémentaires de peine prévues par l'article 721-1 du Code de procédure pénale, s'il était en état de récidive légale lors de l'une des condamnations confondues prononcées contre lui (■ Cass. crim., 10 avr. 1996, n° 95-84.680 : *Bull. crim.* n° 156).

16) Retrait.

a. Mauvaise conduite. Pour retenir une mauvaise conduite de M. X... en détention et confirmer en conséquence la décision du juge de l'application des peines lui ayant retiré quarante jours de crédit de réduction de peine, l'ordonnance attaquée relève qu'il résulte d'un compte-rendu d'incident, en date du 9 décembre 2017, que trois téléphones portables et leurs chargeurs ainsi qu'une clé USB ont été découverts lors de la fouille d'une cellule dans laquelle se trouvait M. X... avec trois autres détenus ; en l'état de ces énonciations, qui ne reposent pas sur l'existence, contestée par le moyen, d'une faute disciplinaire de M. X..., le président de la chambre de l'application des peines a justifié sa décision (■ Cass. crim., 17 oct. 2018, n° 18-81.400).

b. Annulation de la sanction. Pour confirmer la décision du juge de l'application des peines retirant cinquante jours de crédit de réduction de peine à M. X..., l'ordonnance attaquée expose que l'intéressé a été trouvé porteur, en détention, d'un téléphone portable en état de marche, ce qui a conduit au prononcé d'une sanction disciplinaire ; Mais en se déterminant ainsi, sans répondre aux observations écrites du condamné qui exposait que cette sanction avait été annulée à la suite du recours administratif qu'il avait formé contre elle, le président de la chambre de l'application des peines n'a pas justifié sa décision (■ Cass. crim., 9 mai 2018, n° 17-83.089).

Art. 721-1 *(Mod., L. n° 2014-896, 15 août 2014 ; L. n° 2021-1729, 22 déc. 2021).* **– En cas d'exécution sur le territoire de la République d'une peine prononcée à l'étranger, les réductions de peines accordées antérieurement à la mise à exécution de la peine en France restent acquises à la personne condamnée en tant qu'elles ont été accordées à raison de la durée de détention subie à l'étranger.**

NB : Conformément au VI de l'article 59 de la loi n° 2021-1729 du 22 décembre 2021, ces dispositions sont applicables aux personnes placées sous écrou à compter du 1er janvier 2023, quelle que soit la date de commission de l'infraction. Les personnes placées sous écrou avant cette date demeurent soumises au régime défini aux articles 717-1, 721, 721-1, 721-1-1, 721-2 et 729-1 du Code de procédure pénale dans leur rédaction antérieure à ladite loi.

Rédaction antérieure. Art. 721-1 *(Mod., L. n° 2014-896, 15 août 2014).* – Une réduction supplémentaire de la peine peut être accordée aux condamnés qui manifestent des efforts sérieux de réadaptation sociale, notamment en passant avec succès un examen scolaire, universitaire ou professionnel traduisant l'acquisition de connaissances nouvelles, en justifiant de progrès réels dans le cadre d'un enseignement ou d'une formation, en s'investissant dans l'apprentissage de la lecture, de l'écriture et du calcul, ou en participant à des activités culturelles, et notamment de lecture, en suivant une thérapie destinée à limiter les risques de récidive ou en s'efforçant d'indemniser leurs victimes. Sauf décision contraire du juge de l'application des peines, aucune réduction supplémentaire de la peine ne peut être accordée à une personne condamnée pour un crime ou un délit pour lequel le suivi socio-judiciaire est encouru, qui refuse pendant son incarcération de suivre le traitement qui lui est proposé par le juge de l'application des peines en application des articles 717-1 et 763-7. Il en est de même lorsque le juge de l'application des peines est informé, en application de l'article 717-1, que le condamné ne suit pas de façon régulière le traitement qu'il lui a proposé. De même, après avis médical et sauf décision contraire du juge de l'application des peines, aucune réduction supplémentaire de peine ne peut être accordée à une personne condamnée dans les circonstances mentionnées à la première phrase du second alinéa de l'article 122-1 du Code pénal qui refuse les soins qui lui sont proposés.

Cette réduction, accordée par le juge de l'application des peines après avis de la commission de l'application des peines, ne peut excéder trois mois par année d'incarcération ou sept jours par mois lorsque la durée d'incarcération restant à subir est inférieure à une année. Lorsque la personne a été condamnée pour les crimes ou délits, commis sur un mineur, de meurtre ou assassinat, torture ou actes de barbarie, viol, agression sexuelle ou atteinte sexuelle, la réduction ne peut excéder deux mois par an ou quatre jours par mois, dès lors qu'elle refuse les soins qui lui ont été proposés.

Elle est prononcée en une seule fois si l'incarcération est inférieure à une année et par fraction annuelle dans le cas contraire.

Sauf décision du juge de l'application des peines, prise après avis de la commission de l'application des peines, les dispositions du présent article ne sont pas applicables aux personnes condamnées pour l'une des infractions mentionnées à l'article 706-47 si, lorsque leur condamnation est devenue définitive, le casier judiciaire faisait mention d'une telle condamnation.

En cas d'exécution sur le territoire de la République d'une peine prononcée à l'étranger, les réductions de peines accordées antérieurement à la mise à exécution de la peine en France restent acquises à la personne condamnée en tant qu'elles ont été accordées à raison de la durée de détention subie à l'étranger. La personne condamnée bénéficie d'un crédit de réduction de peine en application du présent article, calculé sur la durée de détention restant à subir en France à compter de son arrivée sur le territoire national, déduction faite des réductions de peine déjà accordées à l'étranger pour la période qui restait à exécuter.

Bibliographie : Ch. Aubertin, *Procédure pénale*, art. 721 à 721-3, Fasc. 20.

1) Application dans le temps. En raison de l'abrogation par la loi du 15 août 2014, applicable à compter du 1er janvier 2015, des dispositions de l'article 721-1 du Code de procédure pénale plus sévères à l'encontre des condamnés récidivistes et de l'absence de dispositions transitoires, prévues par le législateur, dérogeant aux prescriptions de l'article 112-2, 3°, du Code pénal, les réductions supplémentaires de peine relatives aux périodes d'incarcération subies par les condamnés en état de récidive, examinées postérieurement à cette dernière date, doivent être calculées exclusivement selon les modalités plus favorables prévues par le dispositif légal en vigueur (■ Cass. crim., 16 déc. 2015, n° 15-81.264 : *JurisData* n° 2015-028157 ; *Bull. crim.* n° 311 ; *Dr. pén.* 2016, comm. 39, obs. E. Bonis-Garçon). Si les dispositions nouvelles relatives au crédit de réduction de peine et à son retrait sont entrées en vigueur le 1er janvier 2005, l'exercice du droit d'appel du condamné contre les ordonnances rendues en cette matière, prévu par l'article 712-11 du Code de procédure pénale, est reporté au 31 décembre 2005, en application de l'article 207 IV de la loi du 9 mars 2004 (■ Cass. crim., 1er févr. 2006, n° 05-83.057 : *Bull. crim.* n° 32). Par ordonnance du 10 mai 2006, le juge de l'application des peines d'Évry a refusé à l'intéressé toute réduction supplémentaire de peine ; sur l'appel du condamné, le président de la chambre de l'application des peines a confirmé la décision entreprise aux motifs que le condamné a refusé le traitement proposé, alors qu'il a été condamné pour une infraction pour laquelle le suivi socio-judiciaire est encouru ; en statuant ainsi, alors que la peine complémentaire de suivi socio-judiciaire n'était pas encourue à la date de commission des faits au condamné, le président de la chambre de l'application des peines n'a pas donné de base légale à sa décision (■ Cass. crim., 27 juin 2007, n° 06-86.911 : *Dr. pén.* 2008, chron. 2, n° 35, obs. E. Garçon ; *AJ Pénal* 2007, 532, obs. M. Herzog-Evans).

2) Procédure.

a. Condition d'octroi.

Acceptation du condamné indifférente. L'article 721-1 du Code de procédure pénale ne subordonne pas l'octroi d'une réduction supplémentaire de peine à la demande du condamné, ni même à son acceptation de celle-ci (■ Cass. crim., 8 juin 2016, n° 15-84.205 : *JurisData* n° 2016-011076 ; *Bull. crim.* n° 176 ; *Dr. pén.* 2016, comm. 149, obs. E. Bonis-Garçon. – Rapp. ■ Cass. crim., 24 janv. 1989, n° 88-83.169 : *JurisData* n° 1989-700638 ; *Bull. crim.* n° 28 ; *RSC* 1989, p. 552, chron. P. Couvrat ; *RSC* 1989, p. 539, note A. Braunschweig ; *D.* 1989, somm. p. 173, obs. J. Pradel).

Infractions de l'article 706-47. Selon l'article 721-1, alinéa 4, du Code de procédure pénale, sauf décision du juge de l'application des peines prise après avis de la commission de l'application des peines, les personnes condamnées pour l'une des infractions énumérées à l'article 706-47, parmi lesquelles figure le crime de viol commis sans circonstance aggravante, ne peuvent bénéficier de réductions supplémentaires de peine si, lorsque leur condamnation est définitive, le casier faisait mention d'une telle condamnation (■ Cass. crim., 21 nov. 2007, n° 07-81.787 : *Bull. crim.* n° 289).

Libération conditionnelle. L'admission d'un condamné au bénéfice de la libération conditionnelle ne fait pas obstacle à l'application des article 721-1 et suivants du Code de procédure pénale relatifs aux réductions supplémentaires de peine (■ Cass. crim., 4 nov. 2015, n° 14-87.726 : *Bull. crim.* n° 243 ; *Dr. pén.* 2016, chron. 2, n° 26, obs. E. Bonis-Garçon).

b. Interdiction d'aggraver le sort de l'appelant sur son seul appel. Encourt la cassation, pour méconnaissance du principe de la prohibition de l'aggravation du sort de l'appelant sur son seul appel, l'ordonnance du président de la chambre de l'instruction qui, saisi du seul appel du condamné, infirme l'ordonnance du juge de l'application des peines lui ayant octroyé une réduction supplémentaire de peine de deux mois et dit que sa situation ne justifiait aucune réduction supplémentaire de peine (■ Cass. crim., 12 févr. 2014, n° 13-81.683 : *JurisData* n° 2014-002156 ; *Bull. crim.* n° 42 ; *Dr. pén.* 2014, 83, note E. Bonis-Garçon). *Contra* : Justifie sa décision le président de la chambre de l'application des peines qui, sur le seul appel du condamné ayant bénéficié de trente jours de réduction supplémentaire de peine, réforme la décision déférée et accorde à l'intéressé vingt-cinq jours de réduction supplémentaire de peine, dès lors que l'article 721-1 du Code de procédure pénale laisse à l'entière appréciation du juge saisi le quantum de la réduction qu'il peut accorder aux condamnés manifestant des efforts sérieux de réadaptation sociale (■ Cass. crim., 7 mars 2007, n° 06-83.981 : *JurisData* n° 2007-038310 ; *Bull. crim.* n° 75 ; *Dr. pén.* 2008, chron. 38, obs. E. Garçon).

c. **Motivation.**Pour confirmer la décision du juge de l'application des peines ayant refusé d'accorder une réduction supplémentaire de peine à M. X... pour la période du 6 mai 2010 au 6 mai 2011, pendant laquelle il a été écroué au centre pénitentiaire de Saint-Quentin-Fallavier puis au centre pénitentiaire de Bourg-en-Bresse, l'ordonnance attaquée énonce qu'il n'est pas établi, après recherches, que le condamné ait fait, au cours de cette période examinée, des efforts particuliers justifiant la réduction supplémentaire demandée ; en l'état de ces énonciations, le président de la chambre de l'application des peines, qui a procédé aux recherches qu'il estimait nécessaires, a, dans l'exercice du pouvoir d'appréciation que lui reconnaît l'article 721-1 du Code de procédure pénale, justifié sa décision (■ Cass. crim., 28 juin 2017, n° 16-84.087 : *Bull. crim.*n° 186). Pour infirmer partiellement l'ordonnance et porter la réduction supplémentaire de peine à un mois, le président de la chambre de l'application des peines énonce que M. X... justifie, en cause d'appel, d'activités à la maison centrale d'Arles et de l'acceptation d'une prise en charge par le service psychiatrique de cet établissement ; en statuant ainsi, le président de la chambre de l'application des peines, qui apprécie souverainement le quantum de la réduction supplémentaire de peine pouvant être accordée à un condamné, a justifié sa décision (■ Cass. crim., 21 sept. 2016, n° 15-83.955 : *Bull. crim.* n° 248).

L'ordonnance par laquelle le président de la chambre de l'application des peines de la cour d'appel se prononce sur la possibilité d'accorder ou non une réduction supplémentaire de peine à un condamné doit être motivée, la Cour de cassation contrôlant l'existence de cette motivation (■ Cass. crim., 6 sept. 2006, n° 06-81.980 : *Bull. crim.* n° 210).

d. **Fourniture de documents.** La demanderesse ne saurait faire valoir qu'elle avait déposé devant la commission de l'application des peines les documents établissant son inaptitude au travail, dès lors qu'il appartient à la personne condamnée appelante de produire devant la juridiction du second degré les pièces qu'elle invoque au soutien de son appel, dont l'administration pénitentiaire n'est pas la détentrice nécessaire ; le président de la chambre de l'application des peines, dès lors qu'il a souverainement apprécié, au regard de l'article 721-1 du Code de procédure pénale, les autres éléments produits, a justifié sa décision (■ Cass. crim., 20 juin 2018, n° 17-87.358).

d. **Transfèrement en France.** Il résulte des articles 721 et 721-1 du Code de procédure pénale que le juge de l'application des peines ne peut accorder de réductions de peine que pour la période de détention subie en France, incluant, lorsque la condamnation est prononcée à l'étranger, les délais de transfèrement de l'intéressé sur le territoire national (■ Cass. crim., 18 déc. 1996, n°s 93-80.513, 93-84.735 et 93-80.864 : *Bull. crim.* n° 478 ; *Dr. pén.* 1997, comm. 6, obs. A. Maron ; *RSC* 1997, p. 830, obs. B. Bouloc ; *RSC* 1997, p. 884, obs. P. Couvrat).

e. **Délai pour observations écrites de l'avocat.** V. note sous art. 712-12, p. 1717.

3) **Droit à la liberté et à la sûreté (art. 5, Conv. EDH).** L'article 5 de la Convention européenne des droits de l'Homme ne s'applique pas en cas d'appel formé contre une ordonnance accordant une réduction supplémentaire de peine dès lors que la saisine du président de la chambre de l'application des peines n'a pas pour objet de vérifier la régularité d'une détention après condamnation mais seulement d'examiner certaines modalités d'individualisation de la peine (■ Cass. crim., 21 sept. 2016, n° 15-83.955 : *Bull. crim.* n° 248).

4) **Récidive (avant L. n° 2014-896, 15 août 2014).** Il résulte de la combinaison des articles 721-1, alinéa 2, et D. 150-2 du Code de procédure pénale que les règles spécifiques à l'état de récidive, en matière de réductions supplémentaires de peine qui ne peuvent, dans ce cas, excéder deux mois par an ou quatre jours par mois, sont applicables à l'ensemble des peines exécutées au cours de la période de détention prise en compte, à la seule condition que l'une d'elles ait été prononcée en retenant cette circonstance aggravante, indépendamment de la date à laquelle le juge de l'application des peines statue. Méconnaît les textes susvisés le président de la chambre de l'application des peines qui accorde une réduction supplémentaire de peine, sans tenir compte des règles spécifiques à la récidive, au motif que la peine prononcée pour les faits commis avec cette circonstance aggravante avait déjà été exécutée lorsque le juge de l'application des peines avait statué,

alors qu'elle l'avait été au cours de la période prise en compte pour le calcul de cette réduction (■ Cass. crim., 23 nov. 2011, n° 11-81.088 : *Juris-Data* n° 2011-025932 ; *Bull. crim.* n° 239 ; *Dr. pén.* 2012, comm. 28, obs. E. Bonis-Garçon ; *Dr. pén.* 2012, chron. 2, obs. E. Bonis-Garçon ; *D.* 2012, chron. p. 171, obs. Roth, A. Leprieur et Divialle). Fait dès lors l'exacte application des dispositions des articles 721 et 729 du Code de procédure pénale l'arrêt de la chambre d'application des peines qui, pour déclarer recevable une requête en libération conditionnelle présentée, avant placement sous écrou, par une personne condamnée pour des faits commis en récidive, énonce que, compte tenu de la durée de la détention provisoire et du crédit de peine dont l'intéressé pouvait bénéficier par application de l'ancien article D. 147-7 du Code de procédure pénale devenu l'article D. 147-12, la durée de la peine accomplie est au moins égale au double de la durée de la peine restant à subir (■ Cass. crim., 28 avr. 2011, n° 10-88.890 : *Bull. crim.* n° 81). Il résulte de la combinaison des articles 721-1 et D. 150-2 du Code de procédure pénale que le condamné ayant à subir plusieurs peines privatives de liberté dont l'une au moins a été prononcée pour un crime ou un délit commis en récidive ne peut bénéficier d'une réduction supplémentaire de peine excédant deux mois par an. Encourt la cassation l'ordonnance du président de la chambre de l'application des peines qui accorde une réduction supplémentaire de peine de trois mois à un condamné qui doit encore exécuter une condamnation prononcée pour des faits commis en récidive (■ Cass. crim., 28 oct. 2009, n° 09-84.135 : *JurisData* n° 2009-050363 ; *Bull. crim.* n° 181 ; *Dr. pén.* 2010, chron. 2, n° 44, obs. E. Garçon). Le condamné ayant à exécuter une peine unique, par suite de l'absorption, en application de l'article 5 du Code pénal alors en vigueur, d'une peine correctionnelle par une peine criminelle en concours, doit être considéré comme récidiviste pour l'octroi des réductions supplémentaires de peine prévues par l'article 721-1 du Code de procédure pénale, s'il était en état de récidive légale lors de l'une des condamnations confondues prononcées contre lui (■ Cass. crim., 10 avr. 1996, n° 95-84.680 : *Bull. crim.* n° 156 ; *RSC* 1997, 376, obs. B. Bouloc).

Art. 721-1-1 ***(L. n° 2016-987, 21 juill. 2016 ; mod., L. n° 2021-1729, 22 déc. 2021).*** **– Les personnes condamnées à une peine privative de liberté pour une ou plusieurs des infractions mentionnées aux articles 421-1 à 421-6 du Code pénal, à l'exclusion de celles définies aux articles 421-2-5 à 421-2-5-2 du même code, ne peuvent bénéficier des réductions de peine mentionnées à l'article 721 du présent code qu'à hauteur de trois mois par année d'incarcération et de sept jours par mois pour une durée d'incarcération inférieure à un an.**

NB : Conformément au VI de l'article 59 de la loi n° 2021-1729 du 22 décembre 2021, les articles 717-1, 721, 721-1, 721-2 et 729-1 du Code de procédure pénale, dans leur rédaction résultant de l'article 11 de ladite loi, sont applicables aux personnes placées sous écrou à compter du 1er janvier 2023, quelle que soit la date de commission de l'infraction. Les personnes placées sous écrou avant cette date demeurent soumises au régime défini aux articles 717-1, 721, 721-1, 721-1-1, 721-2 et 729-1 du Code de procédure pénale dans leur rédaction antérieure à ladite loi.

Rédaction antérieure. Art. 721-1-1 *(L. n° 2016-987, 21 juill. 2016).* – Les personnes condamnées à une peine privative de liberté pour une ou plusieurs des infractions mentionnées aux articles 421-1 à 421-6 du Code pénal, à l'exclusion de celles définies aux articles 421-2-5 à 421-2-5-2 du même code, ne bénéficient pas des crédits de réduction de peine mentionnés à l'article 721 du présent code. Elles peuvent toutefois bénéficier d'une réduction de peine dans les conditions définies à l'article 721-1.

Art. 721-1-2 ***(Mod., L. n° 2022-52, 24 janv. 2022).*** **– Les personnes condamnées à une peine privative de liberté pour une ou plusieurs infractions mentionnées aux articles 221-3, 221-4, 222-3, 222-8, 222-10, 222-12, 222-14-1, 222-14-5 et 222-15-1 du Code pénal au préjudice d'une personne investie d'un mandat électif public, d'un magistrat, d'un militaire de la gendarmerie nationale, d'un militaire déployé sur le territoire national dans le cadre des réquisitions prévues à l'article L. 1321-1 du Code de la défense, d'un fonctionnaire de la police nationale, des douanes ou de l'administration pénitentiaire, d'un agent de police municipale, d'un sapeur-pompier professionnel ou volontaire ou de toute autre personne dépositaire de l'autorité publique ne peuvent bénéficier des réductions de peine mentionnées à l'article 721 du présent code qu'à hauteur, s'il s'agit d'un crime, de trois mois par année d'incarcération et sept jours par mois pour une durée d'incarcération inférieure à un an ou, s'il s'agit d'un délit, de quatre mois par année d'incarcération et neuf jours par mois pour une durée d'incarcération inférieure à un an.**

Art. 721-1-3 ***(Mod., L. n° 2021-1729, 22 déc. 2021).*** **– Lorsque plusieurs peines privatives de liberté sont confondues et qu'elles sont soumises à plus d'un des régimes de réduction de peine prévus aux articles 721,**

721-1-1 et 721-1-2, le régime qui s'applique est celui de la plus longue peine encourue ou, en cas de peines encourues égales, le régime le plus strict.

Art. 721-2 *(Mod., L. n° 2021-1729, 22 déc. 2021)*. – I. – Lorsqu'une personne condamnée exécutant une ou plusieurs peines privatives de liberté n'a pu bénéficier d'une mesure de libération sous contrainte ou d'une libération conditionnelle dans les conditions prévues aux articles 720 et 730-3, le juge de l'application des peines peut, aux seules fins de favoriser l'insertion ou la réinsertion de la personne condamnée et de prévenir la commission de nouvelles infractions, ordonner que le condamné ayant bénéficié de réductions de peine prévues à l'article 721 soit soumis, après sa libération et pendant une durée qui ne peut excéder le total des réductions de peines dont il a bénéficié, à une ou plusieurs :

1° Des mesures de contrôle prévues à l'article 132-44 du Code pénal ;

2° Des interdictions prévues aux 2° et 7° à 14° de l'article 132-45 du même code.

La personne condamnée peut également bénéficier, pendant cette durée, des mesures d'aide prévues à l'article 132-46 dudit code.

Cette décision est prise, selon les modalités prévues à l'article 712-6 du présent code, préalablement à la libération du condamné, le cas échéant en même temps que lui est accordée la dernière réduction de peine.

En cas d'inobservation par la personne condamnée des mesures de contrôle et interdictions qui lui ont été imposées, le juge de l'application des peines peut, selon les modalités prévues au même article 712-6, retirer tout ou partie de la durée des réductions de peines dont elle a bénéficié et ordonner sa réincarcération. Les articles 712-17 et 712-19 sont applicables.

II. – Dans tous les cas, le juge de l'application des peines peut, selon les modalités prévues à l'article 712-6, ordonner que le condamné ayant bénéficié de réductions de peine prévues à l'article 721 soit soumis après sa libération à l'interdiction de recevoir la partie civile ou la victime, de la rencontrer ou d'entrer en relation avec elle de quelque façon que ce soit, pendant une durée qui ne peut excéder le total des réductions de peines dont il a bénéficié. Cette décision est prise préalablement à la libération du condamné, le cas échéant en même temps que lui est accordée la dernière réduction de peine.

L'interdiction mentionnée au premier alinéa du présent II peut être accompagnée de l'obligation d'indemniser la partie civile.

En cas d'inobservation par la personne condamnée des obligations et interdictions qui lui ont été imposées, le juge de l'application des peines peut, selon les modalités prévues à l'article 712-6, retirer tout ou partie de la durée des réductions de peines dont elle a bénéficié et ordonner sa réincarcération. Les articles 712-17 et 712-19 sont applicables.

NB : Conformément au VI de l'article 59 de la loi n° 2021-1729 du 22 décembre 2021, ces dispositions sont applicables aux personnes placées sous écrou à compter du 1er janvier 2023, quelle que soit la date de commission de l'infraction. Les personnes placées sous écrou avant cette date demeurent soumises au régime défini aux articles 717-1, 721, 721-1, 721-1-1, 721-2 et 729-1 du Code de procédure pénale dans leur rédaction antérieure à ladite loi.

Rédaction antérieure. Art. 721-2. – I. – Lorsqu'une personne condamnée exécutant une ou plusieurs peines privatives de liberté n'a pu bénéficier d'une mesure de libération sous contrainte ou d'une libération conditionnelle dans les conditions prévues aux articles 720 et 730-3, le juge de l'application des peines peut, aux seules fins de favoriser l'insertion ou la réinsertion de la personne condamnée et de prévenir la commission de nouvelles infractions, ordonner que le condamné ayant bénéficié d'une ou plusieurs des réductions de peines prévues aux articles 721 et 721-1 soit soumis, après sa libération et pendant une durée qui ne peut excéder le total des réductions de peines dont il a bénéficié, à une ou plusieurs :

1° Des mesures de contrôle prévues à l'article 132-44 du Code pénal ;

2° Des interdictions prévues aux 2° et 7° à 14° de l'article 132-45 du même code.

La personne condamnée peut également bénéficier, pendant cette durée, des mesures d'aide prévues à l'article 132-46 dudit code.

Cette décision est prise, selon les modalités prévues à l'article 712-6 du présent code, préalablement à la libération du condamné, le cas échéant en même temps que lui est accordée la dernière réduction de peine.

En cas d'inobservation par la personne condamnée des mesures de contrôle et interdictions qui lui ont été imposées, le juge de l'application des peines peut, selon les modalités prévues au même article 712-6, retirer tout ou partie de la durée des réductions de peines dont elle a bénéficié et ordonner sa réincarcération. L'article 712-17 est applicable.

Le présent I n'est pas applicable aux condamnés mentionnés à l'article 723-29.

II. – Dans tous les cas, le juge de l'application des peines peut, selon les modalités prévues à l'article 712-6, ordonner que le condamné ayant bénéficié d'une ou plusieurs des réductions de peines prévues aux articles 721 et 721-1 soit soumis après sa libération à l'interdiction de recevoir la partie civile ou la victime, de la rencontrer ou d'entrer en relation avec elle de quelque façon que ce soit, pendant une durée qui ne peut excéder le total des réductions de peines dont il a bénéficié. Cette décision est prise préalablement à la libération du condamné, le cas échéant en même temps que lui est accordée la dernière réduction de peine.

L'interdiction mentionnée au premier alinéa du présent II peut être accompagnée de l'obligation d'indemniser la partie civile.

En cas d'inobservation par la personne condamnée des obligations et interdictions qui lui ont été imposées, le juge de l'application des peines peut, selon les modalités prévues à l'article 712-6, retirer tout ou partie de la durée des réductions de peines dont elle a bénéficié et ordonner sa réincarcération. L'article 712-17 est applicable.

NB : Conformément au VI de l'article 59 de la loi n° 2021-1729 du 22 décembre 2021, ces dispositions sont applicables aux personnes placées sous écrou à compter du 1er janvier 2023, quelle que soit la date de commission de l'infraction. Les personnes placées sous écrou avant cette date demeurent soumises au régime défini aux articles 717-1, 721, 721-1, 721-1-1, 721-2 et 729-1 du Code de procédure pénale dans leur rédaction antérieure à ladite loi.

Art. 721-3 *(Mod., L. n° 2015-993, 17 août 2015)*. **– Une réduction de peine exceptionnelle, dont le quantum peut aller jusqu'au tiers de la peine prononcée, peut être accordée aux condamnés dont les déclarations faites à l'autorité administrative ou judiciaire antérieurement ou postérieurement à leur condamnation ont permis de faire cesser ou d'éviter la commission d'une infraction mentionnée aux articles 706-73, 706-73-1 et 706-74. Lorsque ces déclarations ont été faites par des condamnés à la réclusion criminelle à perpétuité, une réduction exceptionnelle du temps d'épreuve prévu au neuvième alinéa de l'article 729, pouvant aller jusqu'à cinq années, peut leur être accordée.**

Ces réductions exceptionnelles sont accordées par le tribunal de l'application des peines selon les modalités prévues à l'article 712-7.

Dénonciation d'infraction. A justifié sa décision la cour d'appel qui, pour rejeter la demande de remise de peine exceptionnelle sollicitée sur le fondement de l'article 721-3 du Code de procédure pénale, énonce que les faits dénoncés par le condamné n'entrent pas dans les prévisions des articles 706-73 et 706-74 du code précité (■ Cass. crim., 24 mai 2006, n° 05-86.772 : *Bull. crim.* n° 148).

Art. 721-4 *(Créé, L. n° 2021-1729, 22 déc. 2021)*. **– Une réduction de peine exceptionnelle, dont le quantum peut aller jusqu'au tiers de la peine prononcée, peut être accordée aux condamnés ayant permis, au cours de leur détention, y compris provisoire, d'éviter ou de mettre fin à toute action individuelle ou collective de nature à perturber gravement le maintien du bon ordre et la sécurité de l'établissement ou à porter atteinte à la vie ou à l'intégrité physique ou psychique des membres du personnel pénitentiaire ou des détenus de l'établissement. Dans le cas des condamnés à la réclusion criminelle à perpétuité, une réduction exceptionnelle du temps d'épreuve prévu au neuvième alinéa de l'article 729, dont le quantum peut aller jusqu'à cinq années, peut être accordée.**

Pour les condamnés exécutant une ou plusieurs peines privatives de liberté d'une durée totale supérieure à sept ans, ces réductions exceptionnelles sont accordées par le tribunal de l'application des peines, sur demande du condamné, sur saisine du chef d'établissement, sur réquisitions du procureur de la République ou à l'initiative du juge de l'application des peines dont relève le condamné en application de l'article 712-10, selon les modalités prévues à l'article 712-7.

Pour les condamnés exécutant une ou plusieurs peines privatives de liberté d'une durée totale inférieure ou égale à sept ans, ces réductions exceptionnelles sont accordées, après avis de la commission de l'application des peines, par ordonnance motivée du juge de l'application des peines, agissant d'office, sur demande du condamné, sur saisine du chef d'établissement ou sur réquisitions du procureur de la République, selon les modalités prévues à l'article 712-4-1.

Section V. – Du placement à l'extérieur, de la semi liberté, des permissions de sortir et des autorisations de sortie sous escorte

(L. n° 97-1159, 19 déc. 1997 ; L. n° 2004-204, 9 mars 2004)

Bibliographie : B. Bertrand, *Détention. Exécution des peines privatives de liberté. Placement à l'extérieur et semi-liberté. – Règles communes : JCl. Proc. pén.* 2015, Fasc. 20.

Art. 723 *(Mod., L. n° 2009-1436, 24 nov. 2009)*. **– Le condamné admis au bénéfice du placement à l'extérieur est astreint, sous le contrôle de l'administration, à exercer des activités en dehors de l'établissement pénitentiaire.**

Le régime de semi-liberté est défini par l'article 132-26 du Code pénal.

Un décret détermine les conditions auxquelles ces diverses mesures sont accordées et appliquées.

Avis obligatoire du chef de l'établissement pénitentiaire. Il résulte des dispositions des articles 723 et D. 119 du Code de procédure pénale, sous peine de nullité de la décision rendue, que même en cas d'urgence, le juge de l'application des peines doit, avant d'admettre un condamné au régime de semi-liberté, recueillir l'avis du chef de l'établissement pénitentiaire (■ Cass. crim., 12 mai 1993, n° 92-86.780 : *Bull. crim.* n° 176).

Art. 723-1 *(Mod., L. n° 2019-222, 23 mars 2019).* – **Le juge de l'application des peines peut prévoir que la peine s'exécutera sous le régime de la semi-liberté ou du placement à l'extérieur soit en cas de condamnation à une ou plusieurs peines privatives de liberté dont la durée totale n'excède pas deux ans, soit lorsqu'il reste à subir par le condamné une ou plusieurs peines privatives de liberté dont la durée totale n'excède pas deux ans.**

Le juge de l'application des peines peut également subordonner la libération conditionnelle du condamné à l'exécution, à titre probatoire, d'une mesure de semi-liberté ou de placement à l'extérieur, pour une durée n'excédant pas un an. La mesure de semi-liberté ou de placement à l'extérieur peut être exécutée un an avant la fin du temps d'épreuve prévu à l'article 729 ou un an avant la date à laquelle est possible la libération conditionnelle prévue à l'article 729-3.

Le présent article n'est pas applicable aux personnes condamnées pour une ou plusieurs des infractions mentionnées aux articles 421-1 à 421-6 du Code pénal, à l'exclusion de celles définies aux articles 421-2-5 à 421-2-5-2 du même code.

1) **Révocation d'un sursis et aménagement de peine.** La chambre de l'application des peines qui ordonne la révocation d'un sursis avec mise à l'épreuve n'est pas tenue de rechercher si un aménagement de la peine d'emprisonnement est possible dès lors qu'aucune demande n'a été présentée en ce sens (■ Cass. crim., 12 avr. 2012, n° 11-81.536 : *Bull. crim.* n° 96).

2) **Semi-liberté.** Selon l'article 723-1 du Code de procédure pénale, les juges ne peuvent décider que la peine d'emprisonnement qu'ils prononcent sera exécutée sous le régime de la semi-liberté que si cette peine est inférieure ou égale à 6 mois. Encourt dès lors la cassation l'arrêt qui, après avoir prononcé une condamnation à la peine de 2 ans d'emprisonnement dont 1 avec sursis, a dit que la partie ferme de cette peine devait être accomplie sous le régime de la semi-liberté (■ Cass. crim., 21 oct. 1992, n° 92-82.411 : *Bull. crim.* n° 337).

Art. 723-2 *(Rempl., L. n° 2004-204, 9 mars 2004 ; mod., L. n° 2005-1549, 12 déc. 2005 ; L. n° 2011-525, 17 mai 2011).* – **Lorsqu'il a été fait application des dispositions de l'article 132-25 du Code pénal, le juge de l'application des peines fixe les modalités d'exécution de la semi-liberté ou du placement à l'extérieur par ordonnance non susceptible de recours, dans un délai maximum de quatre mois à compter de la date à laquelle la condamnation est exécutoire et dans un délai de cinq jours ouvrables lorsque la juridiction de jugement a ordonné le placement ou le maintien en détention du condamné et déclaré sa décision exécutoire par provision. Si les conditions qui ont permis au tribunal de décider que la peine serait subie sous le régime de la semi-liberté ou du placement à l'extérieur ne sont plus remplies, si le condamné ne satisfait pas aux obligations qui lui sont imposées ou s'il fait preuve de mauvaise conduite, le bénéfice de la mesure peut être retiré par le juge de l'application des peines par une décision prise conformément aux dispositions de l'article 712-6. Si la personnalité du condamné ou les moyens disponibles le justifient, le juge de l'application des peines peut également, selon les mêmes modalités, substituer la mesure de semi-liberté à la mesure de placement à l'extérieur et inversement, ou substituer à l'une de ces mesures celle de placement sous surveillance électronique** (1).

1) **Obligation de prononcer sur la nature de l'aménagement.** Il résulte des articles 723-2 et 723-7-1 du Code de procédure pénale que le juge du jugement, s'il doit renvoyer au juge de l'application des peines les modalités d'exécution de la semi-liberté, du placement à l'extérieur ou du placement sous surveillance électronique, doit, sur le fondement du premier et sauf s'il est dérogé au principe de l'aménagement de la peine d'emprisonnement ferme inférieure ou égale à deux ans, fût-elle assortie d'un sursis partiel, qu'il ordonne, prononcer sur la nature même de cet aménagement (■ Cass. crim., 5 juin 2019, n° 18-82.981. ■ Cass. crim., 20 avr. 2017, n° 16-80.091 : *Bull. crim.* n° 110).

(1) Selon les dispositions de la loi n° 2019-222 du 23 mars 2019, les références au placement sous surveillance électronique sont remplacées par des références à la détention à domicile sous surveillance électronique, sauf lorsqu'il est fait mention du placement sous surveillance électronique mobile, à compter du 24 mars 2020. – NDLR.

2) **Caractère exécutoire.** Il résulte des articles 723-2, 708 du Code de procédure pénale que le bénéfice d'une mesure de semi-liberté accordée *ab initio* par une juridiction correctionnelle ne peut être retiré par le juge de l'application des peines qu'une fois la condamnation à la mesure de semi-liberté devenue exécutoire (■ Cass. crim., 18 janv. 2012, n° 11-86.621 : *JurisData* n° 2012-002671 ; *Dr. pén.* 2013, chron. 3, n° 37, obs. E. Bonis-Garçon).

Art. 723-3 *(Mod., L. n° 2019-222, 23 mars 2019).* – **La permission de sortir autorise un condamné à s'absenter d'un établissement pénitentiaire pendant une période de temps déterminée qui s'impute sur la durée de la peine en cours d'exécution.**

Elle a pour objet de préparer la réinsertion professionnelle ou sociale du condamné, de maintenir ses liens familiaux ou de lui permettre d'accomplir une obligation exigeant sa présence.

Lorsqu'une première permission de sortir a été accordée à un condamné majeur par le juge de l'application des peines en application de l'article 712-5, les permissions de sortir ultérieures peuvent, sauf décision contraire de ce magistrat, être accordées par le chef d'établissement pénitentiaire, selon des modalités déterminées par décret. En cas de refus d'octroi de la permission de sortir par le chef d'établissement pénitentiaire, celle-ci peut être demandée à nouveau au juge de l'application des peines, qui statue conformément au même article 712-5.

1) **Condition d'octroi.** Le régime des permissions de sortir susceptibles d'être accordées, pour la présentation aux épreuves d'un examen, à un condamné à une peine privative de liberté, obéit aux seules règles fixées par l'article D. 143 du Code de procédure pénale. Ce texte ne prévoit l'octroi d'une telle permission à une personne condamnée à une peine privative de liberté supérieure à 5 ans que lorsque la moitié de la peine a été exécutée. Dès lors, justifie sa décision la cour d'appel qui infirme l'ordonnance du juge de l'application des peines accordant une permission de sortir d'une journée en vue de la présentation aux épreuves d'un examen, à un condamné à une peine privative de liberté supérieure à 5 ans qui a exécuté plus du tiers mais moins de la moitié de peine, au motif que les articles D. 145 et D. 146 du Code de procédure pénale permettent aux condamnés incarcérés dans un centre de détention ayant exécuté le tiers de leur peine, d'obtenir des permissions de sortir, notamment, en vue de la préparation de leur réinsertion sociale (■ Cass. crim., 27 févr. 2001, n° 00-84.253 : *Bull. crim.* n° 51).

2) **Octroi de la permission – Quantum de la peine.** Les textes légaux et réglementaires relatifs à l'application des peines s'appliquant, par principe, en considération de la situation pénale globale du condamné, le seuil de cinq ans, au-delà duquel l'octroi à un condamné des permissions de sortir prévues à l'article D. 143 du Code de procédure pénale est soumis à une condition d'exécution de la moitié de la peine, doit s'entendre de la durée cumulée des peines portées à l'écrou (■ Cass. crim., 7 avr. 2014, avis n° 15005 : *JurisData* n° 2014-007009 ; *Dr. pén.* 2014, comm. 115, obs. E. Bonis-Garçon).

3) **Libération conditionnelle.** Il résulte de la combinaison des articles 729, 723-3 et D. 142 à D. 147 du Code de procédure pénale qu'aucune disposition légale n'interdit de faire bénéficier d'une permission de sortir un condamné à la réclusion criminelle à perpétuité à qui une libération conditionnelle a été accordée (■ Cass. crim., 13 déc. 1988, n° 88-84.561 : *Bull. crim.* n° 428).

4) **Non-avenu de l'appel du procureur de la République.** Le caractère non avenu de l'appel n'avait pas rendu définitif le droit, pour le condamné, de bénéficier d'une permission de sortir, dont le bien-fondé était soumis à l'appréciation du président de la chambre de l'application des peines saisi de l'appel du ministère public contre une nouvelle décision accordant une permission de sortir (■ Cass. crim., 7 mars 2018, n° 16-87.276).

Art. 723-4 *(Mod., L. n° 2014-896, 15 août 2014).* – **Le juge de l'application des peines peut subordonner l'octroi au condamné du placement à l'extérieur, de la semi-liberté ou de la permission de sortir au respect d'une ou plusieurs obligations ou interdictions prévues par les articles 132-44 et 132-45 du Code pénal. Le condamné peut également bénéficier des mesures d'aide prévues à l'article 132-46 du même code.**

Art. 723-5 *(Mod., L. n° 92-1336, 16 déc. 1992).* – **Sans préjudice de l'application de l'article 434-29 du Code pénal, en cas de condamnation pour un crime ou un délit volontaire commis à l'occasion d'une permission de sortir, la juridiction peut décider que le condamné perdra le bénéfice des réductions de peine qui lui ont été accordées antérieurement.**

Art. 723-6 *(Mod., L. n° 2004-204, 9 mars 2004).* – **Tout condamné peut, dans les conditions de l'article 722, 712-5, obtenir, à titre exceptionnel, une autorisation de sortie sous escorte.**

1) Conformité à la Constitution. Le grief tiré de la méconnaissance du droit à un recours juridictionnel effectif doit être écarté. L'article 723-6 du Code de procédure pénale, qui n'est pas non plus entaché d'incompétence négative et ne méconnaît ni le droit de mener une vie familiale normale ni aucun autre droit ou liberté que la Constitution garantit, doit être déclaré conforme à la Constitution (▪ Cons. const., 21 juin 2019, n° 2019-791 QPC : *Dr. pén.* 2019, comm. 159, obs. E. Bonis).

2) Composition de l'escorte. Aucun texte n'interdit que l'escorte prévue pour accompagner un détenu auquel a été accordée une autorisation de sortie en application de l'article 723-6 du Code de procédure pénale soit assurée par un membre du personnel éducatif de l'administration pénitentiaire (▪ Cass. crim., 24 oct. 1989, n° 88-87.191 : *Bull. crim.* n° 375).

3) Appréciation souveraine. En confirmant l'ordonnance de refus d'autorisation de sortie sous escorte, la juridiction d'appel qui, nonobstant l'erreur matérielle critiquée à la première branche du moyen, a souverainement apprécié, par des motifs propres et adoptés, la nécessité du refus d'autorisation de sortie sous escorte au regard, tant du droit à la vie privée et familiale du détenu, que des impératifs de sûreté publique, de prévention des infractions pénales et des risques d'évasion et d'incident, a justifié sa décision sans méconnaître les articles 8 de la Convention européenne des droits de l'Homme et 723-6 du Code de procédure pénale (▪ Cass. crim., 13 déc. 2017, n° 17-80.545).

Rédaction antérieure. Art. 723-6-1 ***(Créé, L. n° 2019-222, 23 mars 2019 ; abr. à compter du 1er mai 2022, Ord. n° 2022-478, 30 mars 2022).*** – Les structures qui accueillent et accompagnent des personnes sous main de justice faisant l'objet d'une mesure de placement à l'extérieur dans les conditions prévues aux articles 723 à 723-2 et 723-4 sont agréées par l'État.

Une convention peut être conclue entre l'État et ces structures pour une durée de trois ans renouvelable. Elle définit la nature du projet de réinsertion proposé par la structure, les conditions d'accueil et d'accompagnement au sein de la structure des personnes mentionnées au premier alinéa, les droits et obligations de ces personnes ainsi que les modalités de financement de la mesure de placement.

Un décret en Conseil d'État définit les conditions d'application du présent article.

Section VI. – Du placement sous surveillance électronique

(L. n° 97-1159, 19 déc. 1997 ; L. n° 2004-204, 9 mars 2004)

Bibliographie : B. Bertrand, *Détention. – Exécution des peines privatives de liberté. – Placement sous surveillance électronique : JCl. Proc. pén.* 2010, Fasc. 20.

Art. 723-7 ***(Mod., L. n° 2019-222, 23 mars 2019).*** **– Le juge de l'application des peines peut prévoir que la peine s'exécutera sous le régime du placement sous surveillance électronique défini par l'article 132-26 du Code pénal soit en cas de condamnation à une ou plusieurs peines privatives de liberté dont la durée totale n'excède pas deux ans, soit lorsqu'il reste à subir par le condamné une ou plusieurs peines privatives de liberté dont la durée totale n'excède pas deux ans**

Le juge de l'application des peines peut également subordonner la libération conditionnelle du condamné à l'exécution, à titre probatoire, d'une mesure de placement sous surveillance électronique, pour une durée n'excédant pas un an. La mesure de placement sous surveillance électronique peut être exécutée un an avant la fin du temps d'épreuve prévu à l'article 729 ou un an avant la date à laquelle est possible la libération conditionnelle prévue à l'article 729-3.

Lorsque le lieu désigné par le juge d'application des peines n'est pas le domicile du condamné, la décision de placement sous surveillance électronique ne peut être prise qu'avec l'accord du maître des lieux, sauf s'il s'agit d'un lieu public.

1) Rétractation. En présence de la rétractation, par le condamné seul appelant, de son consentement au placement sous surveillance électronique accordé par le juge de l'application des peines, la chambre de l'application des peines peut dire n'y avoir lieu à aménagement de sa peine d'emprisonnement (▪ Cass. crim., 10 févr. 2016, n° 15-81.148 : *Bull. crim.* n° 44).

2) Confirmation d'un refus de placement. En confirmant la décision du juge de l'application des peines ayant refusé d'ordonner que la peine d'emprisonnement infligée au condamné sera exécutée sous le régime du placement sous surveillance électronique, les juges n'ont fait qu'user de la faculté qu'ils tiennent de l'article 723-7 du Code de procédure pénale (▪ Cass. crim., 15 févr. 2005, n° 04-81.775 : *JurisData* n° 2005-027227 ; *Bull. crim.* n° 58 ; *AJ Pénal* 2005, p. 205, obs. M. Herzog-Evans).

3) Débats en chambre du conseil. En statuant par arrêt rendu en chambre du conseil, après débats tenus en chambre du conseil, sur le recours exercé contre la décision du juge de l'application des peines refusant d'ordonner qu'une peine sera exécutée sous le régime de la surveillance électronique, la cour d'appel fait l'exacte application de l'article D. 116-16 du Code de procédure pénale. Ne statuant pas sur le bien-fondé d'une accusation en matière pénale, les juges ne peuvent se voir opposer les dispositions de l'article 6 de la Convention européenne des droits de l'Homme ni celles des articles 400 et 512 du Code de procédure pénale relatifs à la publicité de l'audience (■ Cass. crim., 15 févr. 2005, n° 04-81.775 : *Bull. crim.* n° 58).

4) Confusion de peines d'emprisonnement assorties d'un sursis partiel. D'une part, aux termes de l'article 132-5 du Code pénal, en son dernier alinéa, le bénéfice du sursis attaché en tout ou en partie à l'une des peines prononcées pour des infractions en concours ne met pas obstacle à l'exécution des peines de même nature non assorties du sursis ; d'autre part, selon l'article 723-7 du Code de procédure pénale, le condamné n'est recevable à demander son placement sous surveillance électronique que si l'emprisonnement qui lui reste à subir n'excède pas un an. Lorsque deux condamnations comportant chacune une peine d'emprisonnement avec sursis partiel sont confondues, les deux parties d'emprisonnement sans sursis doivent être exécutées cumulativement dans la limite de la durée totale de la peine absorbante (■ Cass. crim., 24 janv. 2007, n° 06-84.085 : *Bull. crim.* n° 21 ; *Dr. pén.* 2008, chron. 2, n° 24, obs. V. Peltier).

5) Incompatibilité de certaines fonctions. La chambre de l'application des peines a justifié sa décision, sans méconnaître les dispositions de l'article 6-2 de la loi du 12 juillet 1983, dans sa rédaction issue de la loi du 23 janvier 2006, en décidant n'y avoir lieu à accorder un placement sous surveillance électronique en raison de l'inscription, au bulletin n° 2 du casier judiciaire, d'une condamnation qu'elle pouvait juger incompatible avec l'exercice de fonctions d'agent de surveillance, l'intéressé n'ayant pas allégué avoir été affecté à une autre activité par son employeur ; le moyen, inopérant en ce qu'il se prévaut de l'existence d'un contrat de travail, réputé rompu de plein droit en application des dispositions de l'article 6-2 de ladite loi et de la délivrance d'une carte professionnelle par la direction générale de l'aviation civile, doit être écarté (■ Cass. crim., 10 oct. 2007 : *JurisData* n° 2007-041519 ; *Dr. pén.* 2008, chron. 2, n° 44, obs. V. Peltier).

Art. 723-7-1 *(Mod., L. n° 2019-222, 23 mars 2019)* (1). – **Lorsqu'il a été fait application des dispositions de l'article 132-26 du Code pénal, le juge de l'application des peines fixe les modalités d'exécution du placement sous surveillance électronique par une ordonnance non susceptible de recours dans un délai maximum de quatre mois à compter de la date à laquelle la condamnation est exécutoire et dans un délai de cinq jours ouvrables lorsque la juridiction de jugement a ordonné le placement ou le maintien en détention du condamné et déclaré sa décision exécutoire par provision. Si les conditions qui ont permis au tribunal de décider que la peine serait subie sous le régime du placement sous surveillance électronique ne sont plus remplies, si le condamné ne satisfait pas aux interdictions ou obligations qui lui sont imposées, s'il fait preuve de mauvaise conduite, s'il refuse une modification nécessaire des conditions d'exécution ou s'il en fait la demande, le bénéfice du placement sous surveillance électronique peut être retiré par le juge de l'application des peines par une décision prise conformément aux dispositions de l'article 712-6. Si la personnalité du condamné ou les moyens disponibles le justifient, le juge de l'application des peines peut également, selon les mêmes modalités, substituer à la mesure de placement sous surveillance électronique une mesure de semi-liberté ou de placement à l'extérieur.**

Domaine d'application. L'article 723-7-1 du Code de procédure pénale ne régit pas le prononcé des peines ni les cas où le tribunal correctionnel peut ordonner le maintien en détention (■ Cass. crim., 14 avr. 2021, n° 21-80.829 : *Bull. crim.* n° 45 ; *Dr. pén.* 2021, comm. 118, obs. E. Bonis).

Art. 723-8 *(Mod., L. n° 2019-222, 23 mars 2019)*. – **Le contrôle de l'exécution de la mesure est assuré au moyen d'un procédé permettant de détecter à distance la présence ou l'absence du condamné dans le seul lieu désigné par le juge de l'application des peines pour chaque période fixée. La mise en œuvre de ce procédé peut conduire à imposer à la personne assignée le port, pendant toute la durée du placement sous surveillance électronique, d'un dispositif intégrant un émetteur.**

Le procédé utilisé est homologué à cet effet par le ministre de la justice. La mise en œuvre doit garantir le respect de la dignité, de l'intégrité et de la vie privée de la personne.

(1) Selon les dispositions de la loi n° 2019-222 du 23 mars 2019, la référence à l'« article 132-26-1 du Code pénal » est remplacée par la référence à l'« article 132-26 du Code pénal » à compter du 24 mars 2020. – NDLR.

Le condamné est avisé que l'installation sur sa personne du dispositif prévu au premier alinéa ne peut être réalisée sans son consentement, mais que le fait de refuser cette installation constitue une violation des obligations qui lui incombent et peut donner lieu à la mise à exécution de l'emprisonnement prévue à l'article 713-44 ou au retrait de la mesure d'aménagement prévu à l'article 723-13.

Art. 723-9 *(Mod., L. n° 2002-1138, 9 sept. 2002).* – La personne sous surveillance électronique est placée sous le contrôle du juge de l'application des peines dans le ressort duquel elle est assignée.

Le contrôle à distance du placement sous surveillance électronique (1) est assuré par des fonctionnaires de l'administration pénitentiaire qui sont autorisés, pour l'exécution de cette mission, à mettre en œuvre un traitement automatisé de données nominatives.

La mise en œuvre du dispositif technique permettant le contrôle à distance peut être confiée à une personne de droit privé habilitée dans des conditions fixées par décret en Conseil d'État.

Dans la limite des périodes fixées dans la décision de placement sous surveillance électronique, les agents de l'administration pénitentiaire chargés du contrôle peuvent se rendre sur le lieu de l'assignation pour demander à rencontrer le condamné. Ils ne peuvent toutefois pénétrer au domicile de la personne chez qui le contrôle est pratiqué sans l'accord de celle-ci. Ces agents font aussitôt rapport au juge de l'application des peines de leurs diligences.

Les services de police ou de gendarmerie peuvent toujours constater l'absence irrégulière du condamné et en faire rapport au juge de l'application des peines.

Art. 723-10 *(Mod., L. n° 2004-204, 9 mars 2004).* – Le juge de l'application des peines peut également soumettre la personne placée sous surveillance électronique aux mesures prévues par les articles 132-43 à 132-46 du Code pénal.

Il peut en particulier soumettre le condamné à l'une ou plusieurs des mesures de contrôle ou obligations mentionnées aux articles 132-44 et 132-45 du Code pénal.

Art. 723-11 *(Mod., L. n° 2009-1436, 24 nov. 2009).* – Le juge de l'application des peines peut, d'office ou à la demande du condamné, et après avis du procureur de la République, modifier les conditions d'exécution du placement sous surveillance électronique (1) ainsi que les mesures prévues à l'article 723-10.

Art. 723-12 *(L. n° 97-1159, 19 déc. 1997).* – Le juge de l'application des peines peut à tout moment désigner un médecin afin que celui-ci vérifie que la mise en œuvre du procédé mentionné au premier alinéa de l'article 723-8 ne présente pas d'inconvénient pour la santé du condamné. Cette désignation est de droit à la demande du condamné. Le certificat médical est versé au dossier.

Art. 723-13 *(Mod., L. n° 2019-222, 23 mars 2019).* – Le juge de l'application des peines peut retirer la décision de placement sous surveillance électronique soit en cas d'inobservation des interdictions ou obligations prévues à l'article 132-26 du Code pénal, d'inconduite notoire, d'inobservation des mesures prononcées en application de l'article 723-10 du présent code, de nouvelle condamnation ou de refus par le condamné d'une modification nécessaire des conditions d'exécution, soit à la demande du condamné. La décision est prise conformément aux dispositions de l'article 712-6.

En cas de retrait de la décision de placement sous surveillance électronique, le condamné subit, selon les dispositions de la décision de retrait, tout ou partie de la durée de la peine qui lui restait à accomplir au jour de son placement sous surveillance électronique. Le temps pendant lequel il a été placé sous surveillance électronique compte toutefois pour l'exécution de sa peine.

Art. 723-13-1 *(Anc. art. 723-14 ; dénum., L. n° 2009-1436, 24 nov. 2009).* – Un décret en Conseil d'État détermine les conditions d'application de la présente section.

Art. 723-14 ancien *(Dénum., L. n° 2009-1436, 24 nov. 2009. – V. CPP, art. 723-13-1).*

(1) Selon les dispositions de la loi n° 2019-222 du 23 mars 2019, les références au placement sous surveillance électronique sont remplacées par des références à la détention à domicile sous surveillance électronique, sauf lorsqu'il est fait mention du placement sous surveillance électronique mobile, à compter du 24 mars 2020. – NDLR.

Section VII. – Des procédures simplifiées d'aménagement des peines

(Intitulé rempl., L. n° 2009-1436, 24 nov. 2009)

Art. 723-14 *(Abr. à compter du 1er janv. 2015, L. n° 2014-896, 15 août 2014).*

§ 1. – Dispositions applicables aux condamnés libres

Art. 723-15 *(Mod., L. n° 2019-222, 23 mars 2019).* – **Si le tribunal n'a pas prononcé un mandat de dépôt à effet différé en application du 3° du I de l'article 464-2, [l]es personnes non incarcérées ou exécutant une peine sous le régime de la semi-liberté, du placement à l'extérieur ou du placement sous surveillance électronique, condamnées à une peine inférieure ou égale à un an d'emprisonnement ou pour lesquelles la durée de la détention restant à subir est inférieure ou égale à un an, ou pour lesquelles, en cas de cumul de condamnations, le total des peines d'emprisonnement prononcées ou restant à subir est inférieur ou égal à un an bénéficient, dans la mesure du possible et si leur personnalité et leur situation le permettent, suivant la procédure prévue au présent paragraphe, d'une semi-liberté, d'un placement à l'extérieur, d'un placement sous surveillance électronique, d'un fractionnement ou d'une suspension de peines, d'une libération conditionnelle ou de la conversion prévue à l'article 747-1. Lorsque la peine ferme prononcée ou restant à subir est inférieure ou égale à six mois, elle doit faire l'objet d'une détention à domicile sous surveillance électronique, d'une semi-liberté ou d'un placement à l'extérieur, sauf si la personnalité ou la situation du condamné rendent ces mesures impossibles, sans préjudice de la possibilité de libération conditionnelle ou de conversion, fractionnement ou suspension de la peine.**

Préalablement à la mise à exécution de la ou des condamnations, le ministère public informe le juge de l'application des peines de cette ou de ces décisions en lui adressant toutes les pièces utiles, parmi lesquelles une copie de la ou des décisions et le bulletin n° 1 du casier judiciaire de l'intéressé.

Sauf s'il a déjà été avisé de ces convocations à l'issue de l'audience de jugement en application de l'article 474 du présent code, le condamné est alors, sauf décision contraire du juge de l'application des peines, convoqué en premier lieu devant le juge de l'application des peines, puis devant le service pénitentiaire d'insertion et de probation, dans des délais qui ne sauraient être respectivement supérieurs à trente et à quarante-cinq jours à compter de leur information par le ministère public, afin de déterminer les modalités d'exécution de sa peine les mieux adaptées à sa personnalité et à sa situation matérielle, familiale et sociale.

1) **Application dans le temps de la loi du 23 mars 2019.** Les dispositions de la loi du 23 mars 2019 qui interdisent tout aménagement des peines d'emprisonnement sans sursis d'une durée comprise entre 1 et 2 ans, plus sévères, ne sauraient recevoir application dans le cas d'espèce, s'agissant de faits commis avant leur entrée en vigueur (■ Cass. crim., 20 oct. 2020, n° 19-84.754 : *Bull. crim.* n° 69 ; *Dr. pén.* 2020, comm. 219, note E. Bonis).

2) **Conformité à la Constitution.** D'une part, si la peine de détention à domicile sous surveillance électronique emporte l'obligation pour le condamné de demeurer dans son domicile ou tout autre lieu désigné par le juge et de porter un dispositif intégrant un émetteur permettant de vérifier le respect de cette obligation, une telle peine privative de liberté ne peut être prononcée qu'à la place de l'emprisonnement. D'autre part, sa durée maximale, limitée à six mois, ne peut excéder celle de l'emprisonnement encouru. Enfin, la juridiction ou le juge de l'application des peines peuvent autoriser le condamné à s'absenter de son domicile pendant des périodes déterminées pour le temps nécessaire « à l'exercice d'une activité professionnelle, au suivi d'un enseignement, d'un stage, d'une formation ou d'un traitement médical, à la recherche d'un emploi, à la participation à la vie de famille ou à tout projet d'insertion ou de réinsertion ». Dès lors, en permettant de prononcer la peine de détention à domicile sous surveillance électronique pour une durée maximale de six mois, les dispositions contestées ne méconnaissent ni le droit au respect de la vie privée ni la dignité de la personne humaine (■ Cons. const., 21 mars 2019, n° 2019-778 DC).

3) **Refus de transmission d'une question prioritaire de constitutionnalité.** La disposition législative concernant la procédure d'aménagement d'une peine d'emprisonnement ferme devant le juge de l'application des peines, lorsque la personne est libre, n'est pas applicable à la procédure sur requête en incident contentieux relatif à l'exécution de la décision prononcée par le tribunal correctionnel (■ Cass. crim., 9 août 2017, n° 17-90.013).

4) **Aménagement de peine d'un récidiviste.** Pour rejeter l'irrecevabilité de la requête en aménagement de peine, soulevée par le ministère public qui faisait valoir que le condamné libre, en état de récidive, devait accomplir une durée d'emprisonnement supérieure à 1 an, l'arrêt retient que la procédure de mise à exécution simplifiée des peines, prévue par les dispositions de l'article 723-15 du

Code de procédure pénale, n'est pas exclusive de la saisine du juge de l'application des peines aux fins d'octroi d'une mesure d'aménagement prise sur le fondement des dispositions des articles 723-7 et 729 du Code de procédure pénale dès lors que ces dispositions qui s'inscrivent dans le chapitre II relatif à l'exécution des peines ne font aucune distinction entre les condamnés libres ou détenus et n'imposent aucun seuil, si ce n'est celui d'un an s'agissant de la durée maximum de la période de placement sous surveillance électronique ; en prononçant ainsi, la cour d'appel a méconnu l'article 723-15 du Code de procédure pénale, dans sa rédaction issue de la loi n° 2014-896 du 15 août 2014 aux termes duquel un aménagement de peine ne peut être accordé aux condamnés libres en état de récidive légale que lorsque l'emprisonnement prononcé ou le reliquat de peine à subir est égal ou inférieur à 1 an (▪ Cass. crim., 16 oct. 2019, n° 18-83.619 : *Bull. crim.* n° 47 ; *Dr. pén.* 2019, comm. 213, obs. E. Bonis).

5) Peine restant à subir. Pour apprécier la durée totale des peines d'emprisonnement prononcées ou restant à subir au sens de l'article 723-15 du Code de procédure pénale, la juridiction de l'application des peines se détermine en tenant compte de la situation du condamné à la date à laquelle elle statue. Encourt ainsi la cassation l'arrêt d'une chambre de l'application des peines qui, saisie de l'aménagement d'une peine de huit mois d'emprisonnement, déclare la requête en aménagement recevable, alors que, à la date à laquelle elle statuait, le condamné, par l'effet d'une autre peine de six mois d'emprisonnement, devenue définitive, ne remplissait pas les conditions pour bénéficier d'un aménagement de la peine concernée par l'appel (▪ Cass. crim., 16 févr. 2022, n° 21-84.992 : *Bull. crim.* à paraître).

6) Placement sous surveillance électronique. Appréciation souveraine. En prononçant par des motifs, hypothétiques et dubitatifs, s'agissant de celui relatif au sens de la peine et à l'érosion de la sanction, et, pour le surplus, insuffisants à démontrer que la personnalité et la situation du condamné ne permettaient pas l'aménagement de la peine qui lui avait été appliquée, la chambre de l'application des peines n'a pas justifié sa décision (▪ Cass. crim., 25 mars 2020, n° 19-83.056). Les juges ont, sans insuffisance ni contradiction, justifié leur décision dès lors qu'il appartient aux juridictions de l'application des peines d'apprécier souverainement, au vu des éléments soumis à leur examen, si la personnalité et la situation du condamné lui permettent de bénéficier d'un placement sous surveillance électronique (▪ Cass. crim., 5 janv. 2011, n° 10-84.136 : *JurisData* n° 2011-001005 ; *AJ Pénal* 2011, p. 536 ; *Dr. pén.* 2012, chron. 2, n° 33, obs. V. Peltier. ▪ Cass. crim., 4 févr. 2009, n° 08-85.605 : *Dr. pén.* 2010, chron. 2, n° 48, obs. V. Peltier ; *AJ Pénal* 2009, p. 277). En présence de la rétractation, par le condamné seul appelant, de son consentement au placement sous surveillance électronique accordé par le juge de l'application des peines, la chambre de l'application des peines peut dire n'y avoir lieu à aménagement de sa peine d'emprisonnement (▪ Cass. crim., 10 févr. 2016, n° 15-81.148 : *JurisData* n° 2016-002065 ; *Bull. crim.* n° 44 ; *Dr. pén.* 2017, chron. 3, n° 24, obs. E. Bonis).

7) Inapplication des dispositions de l'article 723-15 devant le tribunal correctionnel. Les dispositions de l'article 723-15 du Code de procédure pénale, relatives à la procédure d'aménagement d'une peine d'emprisonnement ferme devant le juge de l'application des peines, lorsque la personne est libre, ne sont pas applicables devant les juridictions correctionnelles qui ordonnent, sur le fondement des dispositions de l'article 464-2 du même code, que l'emprisonnement sera exécuté sous le régime de la détention à domicile sous surveillance électronique, de la semi-liberté ou du placement à l'extérieur, selon des modalités déterminées par le juge de l'application des peines (▪ Cass. crim., 12 janv. 2022, n° 21-82.735).

8) Traitement inhumain et dégradant.

a. Droit interne. Ne justifie pas sa décision de confirmer le refus d'un aménagement de peine, au regard de l'article 3 de la Convention de sauvegarde des droits de l'homme et des libertés fondamentales, la chambre de l'application des peines qui, après avoir retenu que le handicap dont le condamné est atteint nécessite une assistance pour les besoins de la vie quotidienne, se borne à énoncer, par des motifs contradictoires et insuffisants, d'une part que, selon les experts désignés, cet état ne nécessite aucun traitement médical et, d'autre part, que, selon ces mêmes experts, cet état n'est pas incompatible avec une incarcération à l'établissement public de santé de Fresnes, et en déduit qu'il n'est pas démontré que les conditions d'exécution des peines dans cet établissement pénitentiaire aient pour effet de soumettre cette personne à des traitements inhumains ou dégradants en provoquant, notamment, de graves souffrances mentales (▪ Cass. crim., 25 nov. 2009, n° 09-82.971 : *Bull. crim.* n° 197).

b. Droit européen. Même si rien ne prouve l'existence d'une intention d'humilier ou de rabaisser le requérant, la Cour estime que la détention d'une personne handicapée dans un établissement où elle ne peut se déplacer et en particulier quitter sa cellule par ses propres moyens constitue un « traitement dégradant » au sens de l'article 3 (▪ CEDH, 24 oct. 2006, n° 6253/03, *V... c/ France*).

9) Révocation du sursis. Il résulte de l'article 723-15 du Code de procédure pénale que la demande d'aménagement d'une peine d'emprisonnement d'une durée inférieure ou égale à deux ans, ou un an en cas de récidive, est irrecevable lorsque, cette condamnation ayant pour effet la révocation de plein droit d'un sursis simple antérieurement accordé, la durée totale des peines d'emprisonnement prononcées ou restant à subir excède, de ce fait, le seuil prévu par ce texte. Dès lors encourt la censure l'arrêt d'une chambre de l'application des peines qui confirme la décision d'un juge de l'application des peines ayant pris en compte, pour l'aménager, la seule peine d'emprisonnement résultant de la condamnation, d'une durée de deux ans, motif pris de ce que la peine d'un mois résultant de la révocation du sursis n'avait pu encore être mise à exécution à la date à laquelle il devait statuer, par suite d'une erreur matérielle affectant la décision portant sur le sursis révoqué (▪ Cass. crim., 23 juin 2015, n° 14-84.056 : *Bull. crim.* n° 158. ▪ Cass. crim., 26 oct. 2011, n° 10-88.462 : *Bull. crim.* n° 222).

10) Conversion. La juridiction de l'application des peines a la faculté, sur le fondement de l'article 747-1 du Code de procédure pénale, d'ordonner une conversion de peine si elle constate que cette mesure lui paraît de nature à assurer la réinsertion du condamné et à prévenir sa récidive, sans être tenue de motiver sa décision par référence aux critères de l'article 723-15 du même code, lequel se rapporte au régime de l'aménagement des peines mais est étranger à celui de leur conversion (▪ Cass. crim., 19 janv. 2022, n° 21-82.116). Il se déduit des articles 132-57 du Code pénal et 723-15 du Code de procédure pénale qu'en cas de cumul de condamnations à des peines d'emprisonnement dont la durée totale n'excède pas six mois, la juridiction de l'application des peines qui prononce la conversion desdites peines doit statuer distinctement sur chacune d'elles (▪ Cass. crim., 7 mars 25018, n° 17-83.746. ▪ Cass. crim., 10 févr. 2016, n° 15-82.431 : *JurisData* n° 2016-002063 ; *Bull. crim.* n° 46 ; *Dr. pén.* 2016, comm. 71, obs. E. Bonis-Garçon. ▪ Cass. crim., 3 sept. 2004, n° 13-80.045 : *JurisData* n° 2014-019705 ; *JCP G* 2014, 944, zoom V. Peltier).

11) Dépassement du délai de 4 mois. Si, aux termes de l'article 723-15 du Code de procédure pénale, à défaut de décision du juge de l'application des peines dans le délai de quatre mois après sa saisine, il appartient au ministère public de ramener la peine à exécution, l'inobservation de ce délai n'affecte pas la validité de la décision prise par le juge de l'application des peines sur les modalités d'exécution de la peine (▪ Cass. crim., 1er mars 2006, n° 05-85.230 : *Bull. crim.* n° 63). Aux termes des dispositions de l'article 132-57 du Code pénal, les condamnations pour un délit de droit commun comportant une peine d'emprisonnement ferme de six mois au plus, peuvent, seules, faire l'objet d'une conversion en sursis avec obligation d'accomplir un travail d'intérêt général ou en jours-amende. Fait l'exacte application de ce texte la chambre de l'application des peines qui rejette une demande de conversion présentée en application des dispositions de l'article 723-15 du Code de procédure pénale, dans sa rédaction issue de la loi du 24 novembre 2009, d'une peine de dix mois d'emprisonnement devant être exécutée à la suite de la révocation d'un sursis avec mise à l'épreuve (▪ Cass. crim., 26 oct. 2011, n° 10-88.030 : *Bull. crim.* n° 223).

12) Détention provisoire. La juridiction de jugement, en saisissant elle-même le juge de l'application des peines, avait été en mesure de s'assurer que le condamné, comparaissant libre après avoir été écroué en détention provisoire, bénéficiait, de ce fait, de plein droit, pour le calcul de la détention restant à subir, du crédit de réduction de peine prévu par la loi, lequel, cumulé avec la durée de la détention provisoire, faisait ainsi apparaître que le quantum de la peine restant à mettre à exécution était inférieur à deux ans d'emprisonnement (▪ Cass. crim., 18 mars 2015, n° 14-84.689 : *JurisData* n° 2015-005795 ; *Bull. crim.* n° 61 ; *Dr. pén.* 2015, comm. 80, obs. E. Bonis-Garçon).

Art. 723-15-1 ***(L. n° 2009-1436, 24 nov. 2009).*** **– Si, à l'issue de la convocation, une mesure d'aménagement ou la conversion de la peine lui paraît possible et si l'intéressé en est d'accord, le juge de l'application des peines ordonne cette mesure ou cette conversion selon les modalités prévues aux premier ou deuxième alinéas de l'article 712-6. Si le juge ne dispose pas des éléments d'information suffisants pour ordonner immédiatement cette mesure ou cette conversion, il peut charger le service pénitentiaire d'insertion et de probation d'examiner les modalités d'exécution de la décision qu'il envisage de prendre et, le cas échéant, de lui présenter une autre proposition d'aménagement ou de conversion, dans un délai de deux mois à compter de cette saisine. Au vu du rapport motivé du service pénitentiaire d'insertion et de probation, il peut ordonner l'aménagement ou la conversion de la peine du condamné selon les modalités prévues aux premier ou deuxième alinéas de l'article 712-6.**

Art. 723-15-2 ***(Mod., L. n° 2016-731, 3 juin 2016).*** **– Si le condamné ne souhaite pas bénéficier d'un aménagement ou d'une conversion de sa peine ou si, au vu du rapport motivé du service pénitentiaire**

d'insertion et de probation, un tel aménagement ou une telle conversion ne lui paraît pas possible, le juge de l'application des peines peut fixer la date d'incarcération.

À défaut de décision du juge de l'application des peines dans les six mois suivant la communication de la copie de la décision, ainsi que dans les cas prévus par l'article 723-16, le ministère public peut ramener la peine à exécution.

Si, sauf motif légitime ou exercice des voies de recours, la personne ne se présente pas aux convocations, le juge de l'application des peines en informe le ministère public qui ramène la peine à exécution.

Requête en dispense de révocation du sursis. Lorsque la personne concernée a présenté, en application de l'article 735 du Code de procédure pénale, une requête en dispense de révocation du sursis assortissant l'une des peines susvisées, le délai de quatre mois, prévu par l'article 723-15-2, alinéa 2, du même code, au terme duquel le procureur de la République peut, à défaut de décision du juge de l'application des peines, ramener la peine à exécution est suspendu jusqu'à ce qu'il ait été prononcé sur cette demande révoqué (■ Cass. crim., 23 juin 2015, n° 14-84.056 : *Bull. crim.* n° 158).

Art. 723-16 ***(Mod., L. n° 2009-1436, 24 nov. 2009).*** **– Par dérogation aux dispositions de l'article 723-15, en cas d'urgence motivée soit par un risque de danger pour les personnes ou les biens établi par la survenance d'un fait nouveau, soit par l'incarcération de la personne dans le cadre d'une autre procédure, soit d'un risque avéré de fuite du condamné, le ministère public peut mettre la peine à exécution en établissement pénitentiaire.**

Il en informe immédiatement le juge de l'application des peines si celui-ci a été saisi en application du deuxième alinéa de l'article 723-15.

Refus de transmission d'une question prioritaire de constitutionnalité. Les dispositions légales critiquées ne sont pas applicables à la procédure, dès lors qu'il n'appartient pas au tribunal correctionnel, exclusivement saisi de poursuites du chef de violences aggravées commises en récidive, d'apprécier la régularité de la mise à exécution d'une condamnation définitive antérieure, par le procureur de la République chargé, en application de l'article 707-1 du Code de procédure pénale, de l'exécution des peines (■ Cass. crim., 14 nov. 2012, n° 12-90.058).

Art. 723-17 ***(L. n° 2004-204, 9 mars 2004).*** **– Lorsqu'une condamnation mentionnée à l'article 723-15 n'a pas été mise à exécution dans le délai d'un an à compter de la date à laquelle la condamnation est devenue définitive, le condamné peut saisir le juge de l'application des peines en vue de faire l'objet d'une des mesures prévues par le premier alinéa de l'article 712-6, même s'il s'est vu opposer un refus antérieur, et cette saisine suspend la possibilité pour le parquet de mettre la peine à exécution sous réserve des dispositions de l'article 723-16. Il est alors statué sur la demande selon les dispositions de l'article 712-6.**

Art. 723-17-1 ***(Créé à compter du 1er oct. 2014, L. n° 2014-896, 15 août 2014).*** **– Lorsqu'une condamnation mentionnée à l'article 723-15 n'a pas été mise à exécution dans le délai de trois ans à compter de la date à laquelle elle est devenue définitive, le condamné est convoqué devant le juge de l'application des peines, préalablement à la mise à exécution de la condamnation, afin de déterminer les modalités d'exécution de sa peine les mieux adaptées aux circonstances, à sa personnalité et à sa situation matérielle, familiale et sociale. Cette convocation suspend la possibilité pour le parquet de mettre la peine à exécution.**

Il peut être dérogé au présent article dans les cas prévus à l'article 723-16.

Art. 723-18 ***(L. n° 2004-204, 9 mars 2004).*** **– Lorsque le condamné doit exécuter un reliquat de peine inférieur ou égal aux réductions de peine susceptibles d'être octroyées, le juge de l'application des peines peut accorder cette mesure sans qu'il soit nécessaire que la personne soit à nouveau écrouée.**

§ 2. – Dispositions applicables aux condamnés incarcérés

(§ abr. à compter du 1er janvier 2015, L. n° 2014-896, 15 août 2014)

Art. 723-19 et 723-20 ***(Abr. à compter du 1er janvier 2015, L. n° 2014-896, 15 août 2014).***

Art. 723-21 ***(Abr., L. n° 2009-1436, 24 nov. 2009).***

Art. 723-22 ***(Abr. à compter du 1er janvier 2015, L. n° 2014-896, 15 août 2014).***

Art. 723-23 *(Abr., L. n° 2009-1436, 24 nov. 2009).*

Art. 723-24 à 723-27 *(Abr. à compter du 1er janvier 2015, L. n° 2014-896, 15 août 2014).*

Section VIII. – Modalités d'exécution des fins de peines d'emprisonnement en l'absence de tout aménagement de peine

(Abr. à compter du 1er janvier 2015, L. n° 2014-896, 15 août 2014)

Art. 723-28 *(Abr. à compter du 1er janvier 2015, L. n° 2014-896, 15 août 2014).*

Section IX. – Dispositions relatives à la surveillance judiciaire de personnes dangereuses condamnées pour crime ou délit

(L. n° 2005-1549, 12 déc. 2005)

Bibliographie : *Répertoire.* V. Peltier, *Détention. – Exécution des peines privatives de liberté. – Surveillance judiciaire des auteurs de crimes et de délits sexuels : JCl. Proc. pén.* 2011, Fasc. 20.

Généralités. M. Agrapart, *La dangerosité criminologique : un concept à la mode, inPeine, dangerosité, quelles certitudes :* Dalloz, Institut de criminologie de Paris, 2010, p. 303. • H. Matsopoulou, *L'application des « peines », puis des « mesures de sûreté », aux personnes atteintes de troubles mentaux : l'incohérence jurisprudentielle et ses conséquences (à propos de l'arrêt de la chambre criminelle du 16 décembre 2009) : Dr. pén.* 2010, étude 4. • V. Peltier, *Expertise et dangerosité : le nouveau statut juridique de l'expertise en matière de lutte contre la récidive : Mél. Robert*, LexisNexis, 2012, p. 563 et s. • J.-H. Robert, *Les murailles de silicium. Commentaire de la loi n° 2005-1549 du 12 décembre 2005 relative au traitement de la récidive des infractions pénales : Dr. pén.* 2006, étude 2. • F. Rousseau, *Dangerosité et sanctions pénales*, in *Peine, dangerosité, quelles certitudes* : Dalloz, Institut de criminologie de Paris, 2010, p. 266.

Art. 723-29 *(Mod., L. n° 2011-267, 14 mars 2011 ; L. n° 2021-1729, 22 déc. 2021).* **– Lorsqu'une personne a été condamnée à une peine privative de liberté d'une durée égale ou supérieure à sept ans pour un crime ou un délit pour lequel le suivi socio-judiciaire est encouru ou d'une durée supérieure ou égale à cinq ans pour un crime ou un délit commis une nouvelle fois en état de récidive légale, le tribunal de l'application des peines peut, sur réquisitions du procureur de la République, ordonner à titre de mesure de sûreté et aux seules fins de prévenir une récidive dont le risque paraît avéré, qu'elle sera placée sous surveillance judiciaire dès sa libération et pendant une durée qui ne peut excéder celle correspondant aux réductions de peine dont elle a bénéficié et qui n'ont pas fait l'objet d'une décision de retrait.**

1) Suivi socio-judiciaire non encouru à l'époque des faits. Selon l'article 723-29 du Code de procédure pénale, le placement sous surveillance judiciaire peut être ordonné à l'encontre d'une personne condamnée à une peine privative de liberté d'une durée légale ou supérieure à dix ans pour un crime ou un délit pour lequel le suivi socio-judiciaire est encouru. Il en est ainsi alors même que le crime ou le délit aurait été commis avant l'entrée en vigueur des dispositions ayant instauré le suivi socio-judiciaire (■ Cass. crim., 29 avr. 2009, n° 08-86.690. ■ Cass. crim., 1er avr. 2009, n° 08-84.367. ■ Cass. crim., 21 janv. 2009, n° 08-83.372 : *JurisData* n° 2009-049580 ; *Bull. crim.* n° 23 ; *Dr. pén.* 2010, chron. 2, n° 57, obs. V. Peltier ; *RPDP* 2009, p. 149 ; *RSC* 2009, 438, obs. P. Poncela ; *D.* 2009, 1326, note G. Roujou de Boubée ; *AJ Pénal* 2009, 124, étude M. Herzog-Evans). Selon les dispositions de l'article 42 de la loi du 12 décembre 2005, les articles 723-29, 1°, 2°, et 3°, 723-31 à 723-36 et 723-39 du Code de procédure pénale régissant la surveillance judiciaire sont immédiatement applicables aux condamnés dont le risque de récidive est constaté après la date d'entrée en vigueur de la loi, lesdites dispositions étant compatibles avec l'article 7 de la Convention européenne des droits de l'Homme dès lors que cette mesure de sûreté, limitée à la durée des réductions de la peine, constitue une modalité d'exécution de celle-ci (■ Cass. crim., 1er avr. 2009, n° 08-84.367 : *Dr. pén.* 2009, n° 103, obs. A. Maron et M. Haas ; *Dr. pén.* 2010, chron. 2, n° 56, obs. V. Peltier ; *AJ Pénal* 2009, p. 321, obs. M. Herzog-Evans).

2) Composition de la CHAP. Lorsqu'elle statue sur l'appel d'un jugement ordonnant un placement sous surveillance judiciaire sur le fondement de l'article 723-29 du Code de procédure pénale, la chambre de l'application des peines ne siège pas dans la composition élargie prévue par l'article 712-13, alinéa 2, dudit code, mais dans celle limitée à trois magistrats professionnels prévue par l'article 712-1, alinéa 2 (■ Cass. crim., 11 mai 2017, nos 16-85158 : *Bull. crim.*n° 138 et 16-85159 : *Bull. crim.* n° 137 ; *Dr. pén.* 2017, comm. 117, obs. V. Peltier).

3) Réductions de peine effectivement obtenues. Selon l'article 723-29 du Code de procédure pénale, une mesure de surveillance judiciaire s'attache à une peine privative de liberté précise, d'une durée égale ou supérieure à sept ans pour un crime ou un délit pour lequel le suivi socio-judiciaire est encouru ou d'une durée supérieure ou égale à cinq ans pour un crime ou un délit commis une nouvelle fois en état de récidive légale, sous réserve que le condamné ait bénéficié effectivement, pour cette peine, de crédit de réduction de peine ou de réduction de peine supplémentaire (■ Cass. crim., 10 nov. 2021, n° 21-80.704 : *Bull. crim.* n° 110 ; *Dr. pén.* 2022, comm. 20, obs. V. Peltier).

Art. 723-30 ***(Mod., L. n° 2011-1862, 13 déc. 2011)*** (1). **– La surveillance judiciaire peut comporter les obligations suivantes :**

1° Obligations prévues par les articles 132-44 et 132-45 du Code pénal ;

2° Après vérification de la faisabilité technique de la mesure, obligation prévue par l'article 131-36-12 du même code ;

3° Si la personne a été condamnée à une peine de réclusion criminelle d'une durée égale ou supérieure à quinze ans pour l'un des crimes mentionnés à l'article 706-53-13 du présent code, obligation d'assignation à domicile, emportant pour l'intéressé l'interdiction de s'absenter de son domicile ou de tout autre lieu désigné par le juge en dehors des périodes fixées par celui-ci. Les périodes et les lieux sont fixés en tenant compte : de l'exercice d'une activité professionnelle par le condamné ; du fait qu'il suit un enseignement ou une formation, effectue un stage ou occupe un emploi temporaire en vue de son insertion sociale ; de sa participation à la vie de famille ; de la prescription d'un traitement médical.

Sauf décision contraire du juge de l'application des peines, le condamné placé sous surveillance judiciaire est soumis à une injonction de soins, dans les conditions prévues aux articles L. 3711-1 et suivants du Code de la santé publique, lorsqu'il est établi, après expertise médicale prévue à l'article 723-31, qu'il est susceptible de faire l'objet d'un traitement.

Placement sous surveillance électronique mobile. Pour placer M. X... sous surveillance judiciaire assortie d'une surveillance électronique mobile, en application des dispositions de l'article 723-30, 3° du Code de procédure pénale, l'arrêt énonce que les éléments du dossier établissent une absence d'adhésion véritable, voire une opposition de fait, mais non expressément exprimée, du condamné à la mise en pratique de la mesure, à laquelle il n'accepte formellement de ne pas s'opposer que comme à une mesure imposée. En prononçant ainsi, par des motifs contradictoires dont il ne résulte pas que le condamné a consenti à la mise en œuvre de la mesure de surveillance électronique mobile, la cour d'appel n'a pas justifié sa décision (■ Cass. crim., 15 sept. 2010, n° 09-87.449).

Art. 723-31 ***(Mod., L. n° 2007-1198, 10 août 2007)*** (1). **– Le risque de récidive mentionné à l'article 723-29 doit être constaté par une expertise médicale ordonnée par le juge de l'application des peines conformément aux dispositions de l'article 712-16, et dont la conclusion fait apparaître la dangerosité du condamné et détermine si le condamné est susceptible de faire l'objet d'un traitement. Cette expertise peut être également ordonnée par le procureur de la République.**

Art. 723-31-1 ***(L. n° 2010-242, 10 mars 2010).*** **– La situation de tous les condamnés susceptibles de faire l'objet d'une surveillance judiciaire conformément à l'article 723-29 doit être examinée avant la date prévue pour leur libération.**

Le juge de l'application des peines ou le procureur de la République peut, à cette fin, demander le placement du condamné, pour une durée comprise entre deux et six semaines, dans un service spécialisé chargé de l'observation des personnes détenues aux fins d'une évaluation pluridisciplinaire de dangerosité et saisir la commission pluridisciplinaire des mesures de sûreté.

Le juge de l'application des peines ou le procureur de la République peut également ordonner que l'expertise prévue par l'article 723-31 soit réalisée par deux experts.

Art. 723-32 ***(Mod., L. n° 2010-242, 10 mars 2010).*** **– La décision prévue à l'article 723-29 est prise, avant la date prévue pour la libération du condamné, par un jugement rendu conformément aux dispositions de**

(1) Les modifications de cet alinéa sont immédiatement applicables aux personnes exécutant une peine privative de liberté (L. n° 2007-1198, 10 août 2007, art. 12).

l'article 712-6. Lors du débat contradictoire prévu par l'article 712-6, le condamné est obligatoirement assisté par un avocat choisi par lui, ou, à sa demande, désigné par le bâtonnier.

Le jugement précise les obligations auxquelles le condamné est tenu, ainsi que la durée de celles-ci.

1) **Date de la décision.** Le placement sous surveillance judiciaire doit être ordonné avant la date prévue pour la libération du condamné (■ Cass. crim., 11 mai 2017, n° 16-84.383 : *Bull. crim.*n° 134).

2) **Convocation tardive de l'avocat.** Il résulte des mentions de l'arrêt attaqué et des pièces de procédure que le condamné, avisé le 12 août 2009 de ce que l'audience devant la chambre de l'application des peines se tiendrait le 14 août 2009, a demandé la désignation d'un avocat commis d'office ; que son conseil, désigné le 13 août 2009, a été convoqué à l'audience par télécopie adressée le même jour ; en ordonnant le placement sous surveillance judiciaire, alors que l'avocat du condamné n'avait pas été convoqué au plus tard quinze jours avant le débat contradictoire, la chambre de l'application des peines a méconnu les articles 712-13 et D. 49-42 du Code de procédure pénale alors que selon le second de ces textes, la chambre de l'application des peines de la cour d'appel statue, au vu du dossier, à la suite d'un débat contradictoire tenu en chambre du conseil hors la présence du condamné ; que l'avocat du condamné est convoqué par lettre recommandée ou par télécopie au plus tard quinze jours avant le débat contradictoire (■ Cass. crim., 23 juin 2010, n° 09-86.184).

3) **Composition de la chambre de l'application des peines.** Il résulte de la combinaison des articles 712-1, 723-29 et 723-32 du Code de procédure pénale que, lorsqu'elle statue sur l'appel d'un jugement ordonnant un placement sous surveillance judiciaire sur le fondement de l'article 723-29 du Code de procédure pénale, la chambre de l'application des peines ne siège pas dans la composition élargie prévue par l'article 712-13, alinéa 2, dudit code, mais dans celle limitée à trois magistrats professionnels prévue par l'article 712-1, alinéa 2 (■ Cass. crim., 11 mai 2017, n° 16-85.158 : *Bull. crim.*n° 138. ■ Cass. crim.,19 sept. 2012, n° 11-88.616 : *Bull. crim.* n° 195. ■ Cass. crim., 25 mai 2011, n° 10-86.996 : *JurisData* n° 2011-010981 ; *Bull. crim.* n° 110 ; *Dr. pén.* 2012, chron. 2, n° 26, obs. E. Bonis-Garçon).

4) **Exécution de la surveillance judiciaire.** Il résulte des dispositions combinées des articles 712-14 et 723-32 du Code de procédure pénale que lorsque la juridiction de l'application des peines du premier degré place le condamné sous surveillance judiciaire avant la date prévue pour sa libération, cette décision s'applique dès son prononcé, même en cas d'appel, ce recours pouvant être jugé après la date de libération du condamné. En revanche, si la juridiction de l'application des peines ne prononce pas la surveillance judiciaire du condamné avant la date prévue pour sa libération, la chambre de l'application des peines ne peut prononcer cette mesure après cette même date (■ Cass. crim., 16 févr. 2022, n° 20-85.608 : *Bull. crim.* à paraître).

Art. 723-33 *(L. n° 2005-1549, 12 déc. 2005).* – **Le condamné placé sous surveillance judiciaire fait également l'objet de mesures d'assistance et de contrôle destinées à faciliter et à vérifier sa réinsertion.**

Ces mesures et les obligations auxquelles le condamné est astreint sont mises en œuvre par le juge de l'application des peines assisté du service pénitentiaire d'insertion et de probation, et, le cas échéant, avec le concours des organismes habilités à cet effet.

Date de la décision. V. note sous art. 723-32, p. 1776.

Art. 723-34 *(L. n° 2005-1549, 12 déc. 2005).* – **Le juge de l'application des peines peut modifier les obligations auxquelles le condamné est astreint, par ordonnance rendue selon les modalités prévues par l'article 712-8.**

Si la réinsertion du condamné paraît acquise, il peut, par jugement rendu selon les modalités prévues par l'article 712-6, mettre fin à ces obligations.

Si le comportement ou la personnalité du condamné le justifie, il peut, par jugement rendu selon les modalités prévues par la dernière phrase du premier alinéa de l'article 723-32, décider de prolonger la durée de ces obligations, sans que la durée totale de celles-ci ne dépasse celle prévue à l'article 723-29.

Art. 723-35 *(Mod., L. n° 2010-242, 10 mars 2010).* – **En cas d'inobservation par le condamné des obligations et interdictions qui lui ont été imposées, le juge de l'application des peines peut, selon les modalités prévues par l'article 712-6, retirer tout ou partie de la durée des réductions de peine dont il a bénéficié et ordonner sa réincarcération. Les dispositions de l'article 712-17 sont applicables.**

Le juge de l'application des peines avertit le condamné que les mesures prévues aux articles 131-36-4 et 131-36-12 du Code pénal ne pourront être mises en œuvre sans son consentement, mais que, à défaut, tout ou partie de la durée des réductions de peine dont il a bénéficié pourra, en application du premier alinéa, lui être retiré.

La décision prévue au premier alinéa peut également être prise, après avis du juge de l'application des peines, par la juridiction de jugement en cas de condamnation de la personne placée sous surveillance judiciaire pour un crime ou un délit pour lequel le suivi socio-judiciaire est encouru.

Constitue pour le condamné une violation des obligations qui lui ont été imposées le fait de refuser de commencer ou de poursuivre le traitement prescrit par le médecin traitant et qui lui a été proposé dans le cadre d'une injonction de soins.

Portée de l'annulation de la décision de placement sous surveillance judiciaire. L'annulation par la Cour de cassation de la décision ordonnant le placement du condamné sous surveillance judiciaire avec surveillance électronique mobile prive de base légale la décision ordonnant le retrait de tout ou partie des réductions de peine dont il a bénéficié ainsi que sa réincarcération (▪ Cass. crim., 27 oct. 2010, n° 10-82.771). La cassation, par arrêt de ce jour, de l'arrêt de la chambre de l'application des peines de la cour d'appel de Bordeaux, en date du 29 mai 2009, ayant placé M. X... sous surveillance judiciaire avec surveillance électronique mobile, entraîne, par voie de conséquence, celle de l'arrêt de ladite chambre de l'application des peines en date du 25 septembre 2009, ayant défini les modalités de ces mesures (▪ Cass. crim., 15 sept. 2010, n° 09-88.244).

Art. 723-36 *(L. n° 2005-1549, 12 déc. 2005)* (1). **– Les dispositions de la présente section ne sont pas applicables si la personne a été condamnée à un suivi socio-judiciaire ou si elle fait l'objet d'une libération conditionnelle.**

Art. 723-37 ancien *(L. n° 2005-1549, 12 déc. 2005 ; dénum., L. n° 2008-174, 25 févr. 2008. – V. CPP, art. 723-39).*

Art. 723-37 *(Mod., L. n° 2010-242, 10 mars 2010).* **– Lorsque le placement sous surveillance judiciaire a été prononcé à l'encontre d'une personne condamnée à une réclusion criminelle d'une durée égale ou supérieure à quinze ans pour l'une des infractions visées à l'article 706-53-13, la juridiction régionale mentionnée à l'article 706-53-15 peut, selon les modalités prévues par cet article, décider de prolonger tout ou partie des obligations auxquelles est astreinte la personne, au-delà de la limite prévue à l'article 723-29, en la plaçant sous surveillance de sûreté pour une durée de deux ans.**

La juridiction régionale de la rétention de sûreté est saisie par le juge de l'application des peines ou le procureur de la République six mois avant la fin de la mesure.

Le placement sous surveillance de sûreté ne peut être ordonné, après expertise médicale constatant la persistance de la dangerosité, que dans le cas où :

1° Les obligations résultant de l'inscription dans le fichier judiciaire national automatisé des auteurs d'infractions sexuelles ou violentes apparaissent insuffisantes pour prévenir la commission des crimes mentionnés à l'article 706-53-13 ;

2° Et si cette mesure constitue l'unique moyen de prévenir la commission, dont la probabilité est très élevée, de ces infractions.

La surveillance de sûreté peut être prolongée selon les mêmes modalités et pour la même durée si les conditions prévues par le présent article demeurent remplies.

Les dispositions des quatre derniers alinéas de l'article 706-53-19 sont applicables (2).

(1) Les dispositions de l'article 723-36 du Code de procédure pénale, dans leur rédaction résultant de l'article 13 de la loi n° 2005-1549, du 12 déc. 2005 et qui interdisent le recours à la surveillance judiciaire lorsque la personne a été condamnée à un suivi socio-judiciaire, ne sont pas applicables aux condamnations prononcées pour des faits commis avant l'entrée en vigueur de cette loi (art. 41).

(2) L. n° 2008-174, 25 févr. 2008, art. 13.III. – *La surveillance de sûreté instaurée par les articles 723-37 et 723-38 est immédiatement applicable après la publication de la loi. Si la méconnaissance par la personne des obligations qui lui sont imposées fait apparaître que celle-ci présente à nouveau une particulière dangerosité caractérisée par la probabilité très élevée de commettre à nouveau l'une des infractions mentionnées à l'article 706-53-13 du Code de procédure pénale, la personne peut être placée jusqu'au 1er septembre 2008, dans les conditions prévues par le dernier alinéa de l'article 706-53-19 du même code, dans un établissement mentionné au premier alinéa de l'article L. 6141-5 du Code de la santé publique.*

La juridiction régionale de la rétention de sûreté peut également, selon les modalités prévues à l'article 706-53-15, ordonner une surveillance de sûreté à l'égard d'une personne placée sous surveillance judiciaire, à laquelle toutes les réductions de peine ont été retirées, en application du premier alinéa de l'article 723-35, à la suite d'une violation des obligations auxquelles elle était soumise dans des conditions qui font apparaître des risques qu'elle commette à nouveau l'une des infractions mentionnées à l'article 706-53-13. La surveillance de sûreté s'applique dès la libération de la personne.

1) Condition d'octroi. Il résulte de l'article 723-37 du Code de procédure pénale qu'une mesure de surveillance de sûreté ne peut être prononcée par la juridiction régionale de la rétention de sûreté, à l'encontre d'une personne placée sous surveillance judiciaire à laquelle toutes les réductions de peine ont été retirées par suite du non-respect de ses obligations, que si cette personne a été condamnée, pour l'une des infractions entrant dans le champ d'application de cet article, à une peine de réclusion criminelle égale ou supérieure à quinze ans (■ Cass. crim., 24 juin 2015, n° 14-87.790 : *Bull. crim.* n° 170).

2) Prononcé de la mesure. Il résulte des dispositions de l'article 723-37 du Code de procédure pénale que la surveillance de sûreté qui, selon ce texte, peut intervenir à l'issue de la mesure de placement sous surveillance judiciaire d'une personne condamnée dans les conditions précisées par l'article 706-53-13 du même code, doit être prononcée avant la fin de l'exécution de cette mesure (■ Cass. crim., 31 janv. 2012, n° 11-84.985 : *JurisData* n° 2012-001300 ; *Bull. crim.* n° 30).

3) Rétention de sûreté. La rétention de sûreté peut être appliquée, conformément aux articles 723-37 et 706-53-19 du Code de procédure pénale, à une personne, même condamnée avant l'entrée en vigueur de cette loi, qui méconnaît, après l'entrée en vigueur de cette loi, les obligations qui lui sont imposées dans le cadre de la surveillance de sûreté (■ Cass. crim., 28 mars 2018, n° 17-86.938 : *Bull. crim.* n° 60).

Art. 723-38 *(L. n° 2008-174, 25 févr. 2008).* **– Lorsque le placement sous surveillance électronique mobile a été prononcé dans le cadre d'une surveillance judiciaire à l'encontre d'une personne condamnée à une réclusion criminelle d'une durée égale ou supérieure à quinze ans pour l'une des infractions visées à l'article 706-53-13, il peut être renouvelé tant que la personne fait l'objet d'une surveillance judiciaire ou d'une surveillance de sûreté** (1).

Art. 723-38-1 *(L. n° 2010-242, 10 mars 2010).* **– La surveillance judiciaire est suspendue par toute détention intervenant au cours de son exécution et ne découlant pas d'un retrait de tout ou partie de la durée des réductions de peine décidé en application de l'article 723-35, et elle reprend, pour la durée restant à courir, à l'issue de cette suspension.**

Art. 723-39 *(Anc. art. 723-37 dénum., L. n° 2008-174, 25 févr. 2008).* **– Un décret détermine en tant que de besoin les modalités et les conditions d'application des dispositions de la présente section.**

CHAPITRE III. – DES DISPOSITIONS COMMUNES AUX DIFFÉRENTS ÉTABLISSEMENTS PÉNITENTIAIRES

Bibliographie : P. Pédron, *JCl. Proc. pén.*, Fasc. 20 : *Détention. – Dispositions communes aux différents établissements pénitentiaires. – Fondements du droit pénitentiaire et structures*, 2010 ; Fasc. 30 : *Détention. – Régime de détention. – Sécurité*, 2010 ; Fasc. 40 : *Détention. – Réinsertion. Individualisation administrative. – Contrôle des établissements pénitentiaires*, 2010.

Art. 724 *(L. n° 70-643, 17 juill. 1970 ; mod. à compter du 1er mai 2022, Ord. n° 2022-478, 30 mars 2022).* **– Les personnes placées en détention provisoire ou condamnées à une peine privative de liberté sont**

(1) L. n° 2008-174, 25 févr. 2008, art. 13.III. – *La surveillance de sûreté instaurée par les articles 723-37 et 723-38 est immédiatement applicable après la publication de la loi. Si la méconnaissance par la personne des obligations qui lui sont imposées fait apparaître que celle-ci présente à nouveau une particulière dangerosité caractérisée par la probabilité très élevée de commettre à nouveau l'une des infractions mentionnées à l'article 706-53-13 du Code de procédure pénale, la personne peut être placée jusqu'au 1er septembre 2008, dans les conditions prévues par le dernier alinéa de l'article 706-53-19 du même code, dans un établissement mentionné au premier alinéa de l'article L. 6141-5 du Code de la santé publique.*

écrouées et détenues dans les établissements pénitentiaires dans les conditions prévues par les dispositions du Code pénitentiaire.

Rédaction antérieure. Art. 724 *(L. n° 70-643, 17 juill. 1970).* – Les établissements pénitentiaires reçoivent les personnes en détention provisoire ou condamnées à une peine privative de liberté.

Un acte d'écrou est dressé pour toute personne qui est conduite dans un établissement pénitentiaire ou qui s'y présente librement.

Les conditions d'application du présent article sont fixées par décret.

Rédaction antérieure. Art. 724-1 *(L. n° 98-349, 11 mai 1998 ; abr. à compter du 1er mai 2022, Ord. n° 2022-478, 30 mars 2022).* – Les services pénitentiaires constituent et tiennent à jour pour chaque personne incarcérée un dossier individuel comprenant des informations de nature pénale et pénitentiaire.

Les services pénitentiaires communiquent aux autorités administratives compétentes pour en connaître des informations relatives à l'identité du détenu, à son lieu d'incarcération, à sa situation pénale et à sa date de libération, dès lors que ces informations sont nécessaires à l'exercice des attributions desdites autorités.

Ils communiquent notamment aux services centraux ou déconcentrés du ministère de l'intérieur les informations de cette nature relatives aux étrangers détenus faisant ou devant faire l'objet d'une mesure d'éloignement du territoire.

Rédaction antérieure. Art. 725 *(Mod., L. n° 2004-204, 9 mars 2004 ; abr. à compter du 1er mai 2022, Ord. n° 2022-478, 30 mars 2022).* – Nul agent de l'administration pénitentiaire ne peut, à peine d'être poursuivi et puni comme coupable de détention arbitraire, recevoir ni retenir aucune personne qu'en vertu d'un arrêt ou jugement de condamnation, d'une ordonnance de prise de corps, d'un mandat de dépôt ou d'arrêt, d'un mandat d'amener lorsque ce mandat doit être suivi d'incarcération provisoire, ou d'un ordre d'arrestation établi conformément à la loi, et sans qu'ait été donné l'acte d'écrou prévu à l'article 724.

Rédaction antérieure. Art. 726 *(Mod., L. n° 2014-535, 27 mai 2014).* – Le régime disciplinaire des personnes détenues placées en détention provisoire ou exécutant une peine privative de liberté est déterminé par un décret en Conseil d'État.

Ce décret précise notamment :

1° Le contenu des fautes disciplinaires, qui sont classées selon leur nature et leur gravité ;

2° Les différentes sanctions disciplinaires encourues selon le degré de gravité des fautes commises. Le placement en cellule disciplinaire ou le confinement en cellule individuelle ordinaire ne peuvent excéder vingt jours, cette durée pouvant toutefois être portée à trente jours pour tout acte de violence physique contre les personnes ;

3° La composition de la commission disciplinaire, qui doit comprendre au moins un membre extérieur à l'administration pénitentiaire ;

4° La procédure disciplinaire applicable, au cours de laquelle la personne peut être assistée par un avocat choisi ou commis d'office, en bénéficiant le cas échéant de l'aide de l'État pour l'intervention de cet avocat ; Ce décret détermine les conditions dans lesquelles le dossier de la procédure disciplinaire est mis à sa disposition et celles dans lesquelles l'avocat, ou l'intéressé s'il n'est pas assisté d'un avocat, peut prendre connaissance de tout élément utile à l'exercice des droits de la défense, sous réserve d'un risque d'atteinte à la sécurité publique ou à celle des personnes ;

5° Les conditions dans lesquelles la personne placée en cellule disciplinaire ou en confinement dans une cellule individuelle exerce son droit à un parloir hebdomadaire ;

6° Les conditions dans lesquelles le maintien d'une mesure de placement en cellule disciplinaire ou en confinement dans une cellule individuelle est incompatible avec l'état de santé de la personne détenue.

Le placement, à titre exceptionnel, des détenus mineurs de plus de seize ans en cellule disciplinaire ne peut excéder sept jours.

En cas d'urgence, les détenus majeurs et les détenus mineurs de plus de seize ans peuvent faire l'objet, à titre préventif, d'un placement en cellule disciplinaire ou d'un confinement en cellule individuelle. Cette mesure ne peut excéder deux jours ouvrables.

Lorsqu'une personne détenue est placée en quartier disciplinaire, ou en confinement, elle peut saisir le juge des référés en application de l'article L. 521-2 du Code de justice administrative.

1) Conformité constitutionnelle. L'article 91 renvoie à un décret en Conseil d'État le soin de déterminer le régime disciplinaire des personnes détenues, de fixer le contenu des fautes et les différentes sanctions disciplinaires encourues selon le degré de gravité des fautes commises, de préciser la composition de la commission de discipline ainsi que la procédure applicable ; qu'il appartiendra aux auteurs du décret de ne pas définir des sanctions portant atteinte aux droits et libertés dont ces personnes bénéficient dans les limites inhérentes aux contraintes de la détention ; que, sous cette réserve, le renvoi au décret en Conseil d'État pour définir les sanctions encourues autres que le placement en cellule disciplinaire et le confinement en cellule individuelle ordinaire ne méconnaît pas la compétence du législateur ; sous la réserve énoncée au considérant précédent, l'article 91 de la loi déférée n'est pas contraire à la Constitution (▪ Cons. const., 19 nov. 2009, n° 2009-593 DC).

2) Cumul peine et sanction disciplinaire. La sanction disciplinaire de mise en cellule prévue par l'article 726 du Code de procédure pénale et le refus de réduction de peine dont elle peut être accompagnée en application de l'article 721 du même code constituent des modalités d'exécution d'un emprisonnement antérieurement prononcé pour d'autres faits et se cumulent donc nécessairement avec cette sanction pénale, sans qu'il soit porté atteinte aux articles 6 de la

Convention européenne des droits de l'Homme et 14.7° du Pacte international relatif aux droits civils et politiques. La règle *non bis in idem* consacrée par l'article 4 du protocole n° 7, additionnel à la Convention européenne des droits de l'Homme ne trouve à s'appliquer, selon les réserves faites par la France en marge de ce protocole, que pour les infractions relevant en droit français de la compétence des tribunaux statuant en matière pénale et n'interdit pas le prononcé de sanctions disciplinaires parallèlement aux sanctions infligées par le juge répressif (■ Cass. crim., 27 mars 1997, n° 96-82.669 : *Bull. crim.* n° 128).

Art. 726 *(Mod., L. n° 2014-535, 27 mai 2014 ; mod. à compter du 1er mai 2022, Ord. n° 2022-478, 30 mars 2022).* **– Le placement, à titre exceptionnel, des détenus mineurs de plus de seize ans en cellule disciplinaire ne peut excéder sept jours.**

En cas d'urgence, les détenus mineurs de plus de seize ans peuvent faire l'objet, à titre préventif, d'un placement en cellule disciplinaire ou d'un confinement en cellule individuelle. Cette mesure ne peut excéder deux jours ouvrables.

Rédaction antérieure. Art. 726-1 *(L. n° 2009-1436, 24 nov. 2009 ; abr. à compter du 1er mai 2022, Ord. n° 2022-478, 30 mars 2022).* – Toute personne détenue, sauf si elle est mineure, peut être placée par l'autorité administrative, pour une durée maximale de trois mois, à l'isolement par mesure de protection ou de sécurité soit à sa demande, soit d'office. Cette mesure ne peut être renouvelée pour la même durée qu'après un débat contradictoire, au cours duquel la personne concernée, qui peut être assistée de son avocat, présente ses observations orales ou écrites. L'isolement ne peut être prolongé au-delà d'un an qu'après avis de l'autorité judiciaire.

Le placement à l'isolement n'affecte pas l'exercice des droits visés à l'article 22 de la loi n° 2009-1436 du 24 novembre 2009 pénitentiaire, sous réserve des aménagements qu'impose la sécurité.

Lorsqu'une personne détenue est placée à l'isolement, elle peut saisir le juge des référés en application de l'article L. 521-2 du Code de justice administrative.

Un décret en Conseil d'État détermine les conditions d'application du présent article.

Rédaction antérieure. Art. 726-2 *(Rempl., L. n° 2019-222, 23 mars 2019 ; abr. à compter du 1er mai 2022, Ord. n° 2022-478, 30 mars 2022).* – Lorsqu'il apparaît que leur comportement porte ou est susceptible de porter atteinte au maintien du bon ordre de l'établissement ou à la sécurité publique, les personnes détenues majeures peuvent, sur décision de l'autorité administrative, être affectées au sein de quartiers spécifiques pour bénéficier d'un programme adapté de prise en charge et soumises à un régime de détention impliquant notamment des mesures de sécurité renforcée.

La décision d'affectation dans ces quartiers spécifiques doit être motivée et ne peut intervenir qu'après une procédure contradictoire au cours de laquelle la personne concernée, qui peut être assistée de son avocat, présente ses observations orales ou écrites. Cette décision fait l'objet d'un nouvel examen régulier.

Cette décision n'affecte pas l'exercice des droits mentionnés à l'article 22 de la loi n° 2009-1436 du 24 novembre 2009 pénitentiaire, sous réserve des aménagements qu'imposent les impératifs de sécurité.

L'exercice des activités mentionnées à l'article 27 de la loi n° 2009-1436 du 24 novembre 2009 précitée par les personnes détenues affectées au sein de ces quartiers peut s'effectuer à l'écart des autres personnes détenues et sous réserve des aménagements qu'imposent les impératifs de sécurité.

Un décret en Conseil d'État détermine les conditions d'application du présent article.

Art. 727 *(Abr., L. n° 2009-1436, 24 nov. 2009).*

Rédaction antérieure. Art. 727-1 *(Rempl., L. n° 2017-258, 28 févr. 2017 ; mod., L. n° 2019-222, 23 mars 2019).* – I. – Aux fins de prévenir les évasions et d'assurer la sécurité et le bon ordre au sein des établissements pénitentiaires ou des établissements de santé destinés à recevoir des personnes détenues, le ministre de la Justice peut autoriser les agents individuellement désignés et habilités de l'administration pénitentiaire à :

1° Intercepter, enregistrer, transcrire ou interrompre les correspondances de personnes détenues émises par la voie des communications électroniques et autorisées en détention, à l'exception de celles avec leur avocat, et conserver les données de connexion y afférentes ;

2° Accéder aux données stockées dans un équipement terminal ou un système informatique qu'utilise une personne détenue et dont l'utilisation est autorisée en détention, les enregistrer, les conserver et les transmettre.

Les personnes détenues ainsi que leurs correspondants sont informés au préalable des dispositions du présent article.

L'autorisation est délivrée pour une durée maximale d'un an, renouvelable.

II. – Le procureur de la République est immédiatement avisé de la découverte, dans un établissement mentionné au I, de tout équipement terminal, système informatique ou support de données informatiques dont la détention est illicite.

Sous réserve d'une éventuelle saisie de ces matériels par l'autorité judiciaire ouvrant à la personne détenue les voies de recours prévues à l'article 41-5, le procureur de la République peut autoriser, par tout moyen, l'administration pénitentiaire à les conserver, s'il estime que ceux-ci ne sont pas utiles à la manifestation de la vérité.

Dans ce cas et pour les finalités mentionnées au I du présent article, le ministre de la Justice peut autoriser les agents individuellement désignés et habilités de l'administration pénitentiaire à mettre en œuvre les techniques mentionnées au 2° du I du présent article. L'autorisation est délivrée pour une durée maximale d'un an, renouvelable.

La personne concernée, lorsqu'elle est identifiée, est alors informée de la décision de l'administration pénitentiaire de mettre en œuvre ces techniques. Elle est également informée que les matériels seront détruits à l'issue du délai prévu à l'avant-dernier alinéa du présent II, sauf si l'exploitation de ces données conduit à l'ouverture d'une procédure judiciaire au dossier de laquelle ils sont alors versés.

III. – Chaque mise en œuvre d'une technique *(Mots suppr., L. n° 2019-222, 23 mars 2019)* « ... » prévue aux I ou II donne lieu à l'établissement d'un relevé qui mentionne les dates de début et de fin de cette mise en œuvre ainsi que la nature des renseignements collectés. Ce relevé est tenu à la disposition du procureur de la République, qui peut y accéder de manière permanente, complète et directe, quel que soit son degré d'achèvement.

La décision de mettre en œuvre les techniques prévues aux mêmes I et II est consignée dans un registre tenu par la direction de l'administration pénitentiaire. Cette décision peut faire l'objet d'un recours devant le juge administratif dans les conditions prévues par le Code de justice administrative.

Les données ou les enregistrements qui ne font l'objet d'aucune transmission à l'autorité judiciaire en application du présent code sont détruits à l'issue d'une durée de quatre-vingt-dix jours à compter de leur recueil.

Les transcriptions ou les extractions sont détruites dès que leur conservation n'est plus indispensable à la poursuite des finalités mentionnées au I.

Lorsque les données ou enregistrements servent de support à une procédure disciplinaire, le délai mentionné au troisième alinéa du présent III est suspendu jusqu'à l'extinction des voies de recours.

Il est dressé un procès-verbal rendant compte des opérations de destruction.

Les données, enregistrements, transcriptions, extractions et procès-verbaux mentionnés au présent III sont mis à la disposition du procureur de la République, qui peut y accéder à tout instant.

IV. – Les modalités d'application du présent article sont fixées par décret en Conseil d'État.

Art. 727-1 *(Rempl., L. n° 2017-258, 28 févr. 2017 ; mod., L. n° 2019-222, 23 mars 2019 ; mod. à compter du 1er mai 2022, Ord. n° 2022-478, 30 mars 2022).* **– Conformément aux dispositions de l'article L. 223-2 du Code pénitentiaire, le procureur de la République est immédiatement avisé de la découverte, au sein d'un établissement pénitentiaire ou d'un établissement de santé destiné à recevoir des personnes détenues, de tout équipement terminal, système informatique ou support de données informatiques dont la détention est illicite.**

Dans les conditions prévues par les dispositions du même article, le procureur de la République peut autoriser l'administration pénitentiaire à conserver ces matériels.

Rédaction antérieure. Art. 728 *(Rempl., L. n° 2009-1436, 24 nov. 2009 ; abr. à compter du 1er mai 2022, Ord. n° 2022-478, 30 mars 2022).* – Des règlements intérieurs types, prévus par décret en Conseil d'État, déterminent les dispositions prises pour le fonctionnement de chacune des catégories d'établissements pénitentiaires.

1) Refus de transmission d'une QPC. La question prioritaire de constitutionnalité portant sur les dispositions combinées des articles 2 et 22 de la loi n° 2009-1436 du 24 novembre 2009 pénitentiaire et 728 du Code de procédure pénale, qui n'encadreraient pas le statut des détenus particulièrement signalés et porteraient atteinte aux droits et libertés que la Constitution garantit en ce qu'elles méconnaîtraient, d'une part, la compétence confiée au législateur par l'article 34 de la Constitution et, d'autre part, le droit à la sûreté et à la présomption d'innocence garanti par les articles 2 et 9 de la Déclaration de 1789 n'est pas sérieuse dès lors que, selon l'instruction ministérielle du 18 décembre 2007, prise sur le fondement de l'article D. 276-1 du Code de procédure pénale, si l'inscription d'un détenu au répertoire des détenus spécialement signalés, qui a pour objet d'appeler l'attention des personnels pénitentiaires et des autorités amenées à le prendre en charge, en intensifiant à son égard les mesures particulières de surveillance, de précaution et de contrôle prévues pour l'ensemble des détenus par les dispositions législatives et réglementaires en vigueur, peut constituer un élément de nature à orienter le choix de l'établissement dans lequel le détenu concerné est affecté, elle ne détermine pas le lieu géographique de la détention provisoire, qui relève de la seule décision du juge d'instruction (▪ Cass. crim., 14 oct. 2020, nos 20-84.086, 20-84.082, 20-84.078).

2) Abrogation. Le Conseil constitutionnel a déclaré le présent article, dans sa rédaction postérieure à la loi n° 87-432 du 22 juin 1987, contraire à la Constitution à compter du 27 avril 2014, ▪ Cons. const., 25 avr. 2014, n° 2014-393 QPC : *JO* 27 avr. 2014. « Considérant que, d'une part, la loi n° 2009-1436 du 24 novembre 2009 a donné une nouvelle rédaction du présent article, que, d'autre part, le chapitre III du titre Ier de cette loi est relatif aux « droits et devoirs des personnes détenues » ; que, par suite, la déclaration d'inconstitutionnalité de cet article, dans sa rédaction antérieure à cette loi, prend effet à compter du 27 avril 2014 et est applicable à toutes les affaires non jugées définitivement à cette date. »

3) Évasion. Encourt la cassation l'arrêt qui, pour déclarer un débiteur exécutant une contrainte par corps sous le régime de la semi-liberté, coupable du délit d'évasion prévu par l'article 245 dernier alinéa du Code pénal, se fonde sur les dispositions de l'article 761 du Code de procédure pénale. Cet article, qui se combine avec l'article 728 du même code ne concerne, en effet, dans l'assimilation qu'il édicte, que le régime intérieur de l'établissement où est détenu le débiteur sans pour autant placer celui-ci dans la situation juridique d'un condamné prévue à l'article 245, dernier alinéa, du Code pénal (▪ Cass. crim., 10 nov. 1976, n° 75-93.269 : *Bull. crim.* n° 323).

CHAPITRE IV. – DES VALEURS PÉCUNIAIRES DES DÉTENUS

(L. n° 90-589, 6 juill. 1990)

Bibliographie : M. Giacopelli, *La gestion des biens des détenus : JCl. Proc. pén.* 2016, Fasc. 20.

Rédaction antérieure. Art. 728-1 ***(Mod., L. n° 2016-731, 3 juin 2016 ; abr. à compter du 1er mai 2022, Ord. n° 2022-478, 30 mars 2022).*** – I. – Les valeurs pécuniaires des détenus, inscrites à un compte nominatif ouvert à l'établissement pénitentiaire, sont divisées en trois parts : la première sur laquelle seules les parties civiles et les créanciers d'aliments peuvent faire valoir leurs droits ; la deuxième, affectée au pécule de libération, qui ne peut faire l'objet d'aucune voie d'exécution ; la troisième, laissée à la libre disposition des détenus.

L'administration pénitentiaire a la faculté d'opérer d'office sur la part disponible des détenus des retenues en réparation de dommages matériels causés, sans préjudice de poursuites disciplinaires et pénales, s'il y a lieu. Sont, de même, versées au Trésor les sommes trouvées en possession irrégulière des détenus, à moins qu'elles ne soient saisies par ordre de l'autorité judiciaire.

Les modalités de ces retenues sont précisées par décret.

Les sommes destinées à l'indemnisation des parties civiles leur sont versées directement, sous réserve des droits des créanciers d'aliments, à la demande du procureur de la République, par l'établissement pénitentiaire. Lorsque le fonds de garantie des victimes des actes de terrorisme et d'autres infractions intervient en application des dispositions de l'article 706-11, il est assimilé à une partie civile et bénéficie des mêmes droits dès lors que le prélèvement au profit des parties civiles a eu lieu.

La consistance des valeurs pécuniaires, le montant respectif des parts et les modalités de gestion du compte nominatif sont fixés par décret.

II. – Lorsque l'auteur de l'infraction a été condamné au paiement de dommages et intérêts et que la part des valeurs pécuniaires affectée à l'indemnisation des parties civiles en application du premier alinéa du I n'a pas été réclamée, ces valeurs sont, lorsqu'elles sont supérieures à un montant fixé par décret et sous réserve des droits des créanciers d'aliments, versées au fonds de garantie des victimes des actes de terrorisme et d'autres infractions à la libération du condamné.

CHAPITRE V. – DU TRANSFÈREMENT DES PERSONNES CONDAMNÉES

(L. n° 2004-204, 9 mars 2004)

Art. 728-2 ***(Anc. art. 713-1, dénum. et mod. à compter du 1er janvier 2005, L. n° 2004-204, 9 mars 2004).*** **– Lorsque, en application d'une convention ou d'un accord internationaux, une personne détenue en exécution d'une condamnation prononcée par une juridiction étrangère est transférée sur le territoire français pour y accomplir la partie de la peine restant à subir, l'exécution de la peine est poursuivie conformément aux dispositions du présent code, et notamment du présent chapitre.**

Art. 728-3 ***(Anc. art. 713-2, dénum. et mod. à compter du 1er janvier 2005, L. n° 2004-204, 9 mars 2004).*** **– Dès son arrivée sur le sol français, le condamné détenu est présenté au procureur de la République du lieu d'arrivée, qui procède à son interrogatoire d'identité et en dresse procès-verbal. Toutefois, si l'interrogatoire ne peut être immédiat, le condamné est conduit à la maison d'arrêt où il ne peut être détenu plus de vingt-quatre heures. À l'expiration de ce délai, il est conduit d'office devant le procureur de la République, par les soins du chef d'établissement.**

Au vu des pièces constatant l'accord des États sur le transfèrement et le consentement de l'intéressé ainsi que de l'original ou d'une expédition du jugement étranger de condamnation, accompagnés, le cas échéant, d'une traduction officielle, le procureur de la République requiert l'incarcération immédiate du condamné.

Art. 728-4 ***(Anc. art. 713-3, dénum. et mod. à compter du 1er janvier 2005, L. n° 2004-204, 9 mars 2004).*** **– La peine prononcée à l'étranger est, par l'effet de la convention ou de l'accord internationaux, directement et immédiatement exécutoire sur le territoire national pour la partie qui restait à subir dans l'État étranger.**

Toutefois, lorsque la peine prononcée est, par sa nature ou sa durée, plus rigoureuse que la peine prévue par la loi française pour les mêmes faits, le tribunal correctionnel du lieu de détention, saisi par le procureur de la République ou le condamné, lui substitue la peine qui correspond le plus en droit français ou réduit cette peine au maximum légalement applicable. Il détermine en conséquence, suivant les cas, la nature et, dans la limite de la partie qui restait à subir dans l'État étranger, la durée de la peine à exécuter.

Bibliographie : P. Conte, *Heurs et malheurs de la Convention européenne sur le transfèrement des personnes condamnées. L'article 713-3 du Code de procédure pénale et la détermination de la peine restant à subir : Mélanges Levasseur*, 1992, Litec, p. 393 et s. (avant la loi n° 2004-204 du 9 mars 2004).

1) Modalités d'adaptation. L'adaptation de peines prononcées dans un État étranger, à l'encontre d'une personne transférée pour leur exécution en France, ne peut avoir pour effet d'aggraver la situation qui aurait été la sienne dans l'État de condamnation ; pour confirmer le jugement, l'arrêt énonce, notamment, que le cumul des trois peines prononcées en Espagne s'élève à trente-huit ans d'emprisonnement et excède le maximum légalement applicable en France, en l'absence de condamnation à la réclusion criminelle à perpétuité du chef d'assassinat, soit trente ans de réclusion criminelle ; les règles de réduction au maximum légal pouvant exister dans le droit de l'État de condamnation étant étrangères à la procédure d'adaptation prévue par l'article 728-4 du Code de procédure pénale, il y a lieu de ramener à trente ans de réclusion criminelle, dont à déduire la détention effectuée en Espagne, la durée totale des peines infligées au condamné ; en statuant ainsi, sans rechercher, au besoin d'office, notamment auprès des autorités compétentes en matière de transfèrement, si l'application des règles de droit espagnol susceptibles de plafonner l'exécution cumulative, dans cet État, des peines prononcées pour plusieurs infractions n'aurait pas eu pour effet de réduire à moins de trente ans la durée totale de la privation de liberté que l'intéressé aurait subie, s'il avait exécuté ses peines exclusivement en Espagne, la cour d'appel a méconnu les textes susvisés et le principe ci-dessus énoncé (■ Cass. crim., 30 nov. 2016, n° 15-83.869 : *JurisData* n° 2016-025455 ; *Bull. crim.* n° 320 ; *Dr. pén.* 2017, chron. 3, n° 17, obs. V. Peltier).

2) Détermination de la loi applicable. Il se déduit de l'article 728-4 du Code de procédure pénale que cette adaptation se fait au regard de la loi française en vigueur à la date du transfèrement du condamné en France (■ Cass. crim., 24 juin 2015, n° 13-87.316 : *Bull. crim.* n° 168 ; *Dr. pén.* 2015, comm. 133, obs. E. Bonis-Garçon. V. encore ■ Cass. crim., 29 nov. 2000, n° 99-84.981 : *JurisData* n° 2000-008251). En l'absence, dans la Convention de voisinage entre la France et la Principauté de Monaco du 18 mai 1963, de disposition expresse relative à la réduction d'une condamnation qui dépasse le maximum légal encouru en France pour les mêmes faits, la poursuite de l'exécution sur le territoire français d'une peine prononcée par les juridictions monégasques s'effectue selon les règles du droit pénal et de la procédure pénale françaises. Dès lors, si la peine prononcée par la juridiction monégasque dépasse le maximum légal encouru en France, il y a lieu à réduction de la peine à ce maximum, en application de l'article 728-4, alinéa 2, du Code de procédure pénale (■ Cass. crim., 21 juin 2006, n° 06-80.107 : *Bull. crim.* n° 195).

3) Ordonnance de non-admission d'appel. Excède ses pouvoirs le président de la chambre des appels correctionnels qui déclare non admis, aux motifs que cette voie de recours est devenue sans objet, aucune peine ne restant à exécuter en France, l'appel d'un jugement ayant substitué, en application de l'article 728-4 du code précité, une peine prévue par la loi française à une peine prononcée à l'étranger, alors que l'appelant était en droit de soumettre la décision des premiers juges à l'examen de la cour d'appel, peu important qu'il ait été mis fin à l'exécution de la peine (■ Cass. crim., 25 nov. 2009, n° 09-84.522 : *Bull. crim.* n° 196).

Art. 728-5 *(Anc. art. 713-4, dénum. et mod. à compter du 1er janvier 2005, L. n° 2004-204, 9 mars 2004).* **– Le tribunal statue en audience publique, après avoir entendu le ministère public, le condamné et, le cas échéant, l'avocat choisi par lui ou commis d'office sur sa demande. Le jugement est immédiatement exécutoire nonobstant appel.**

Art. 728-6 *(Anc. art. 713-5, dénum. et mod. à compter du 1er janvier 2005, L. n° 2004-204, 9 mars 2004).* **– Les délais de transfèrement s'imputent intégralement sur la durée de la peine qui est mise à exécution en France.**

Art. 728-7 *(Anc. art. 713-6, dénum. et mod. à compter du 1er janvier 2005, L. n° 2004-204, 9 mars 2004).* **– Tous incidents contentieux relatifs à l'exécution de la peine privative de liberté restant à subir en France sont portés devant le tribunal correctionnel du lieu de détention.**

Les dispositions de l'article 711 du présent code sont applicables.

Incompétence. Si c'est à tort que la chambre de l'instruction s'est fondée sur les dispositions de l'article 728-7 du Code de procédure pénale, applicables en cas de transfèrement des personnes condamnées, pour se déclarer incompétente pour statuer sur le recours de M. X..., la cassation n'est cependant pas encourue, dès lors que cette juridiction était effectivement incompétente en application de l'article 728-48 du même code qui prévoit que le recours formé contre la décision prise par le procureur de la République de reconnaître la décision de condamnation étrangère comme exécutoire sur le territoire français est porté devant la chambre des appels correctionnels (■ Cass. crim., 5 sept. 2018, n° 17-80.578).

Art. 728-8 *(Anc. art. 713-7, dénum. et mod. à compter du 1er janvier 2005, L. n° 2004-204, 9 mars 2004).* **– L'application de la peine est régie par les dispositions du présent code.**

examine, après avoir envisagé en lien avec cette autorité les modalités possibles d'une telle solution, si un accord peut être trouvé.

L'exécution partielle de la décision de condamnation ne peut avoir pour conséquence d'accroître la durée de la peine ou de la mesure de sûreté privative de liberté.

S'il approuve les modalités d'exécution partielle envisagées, le représentant du ministère public donne son accord. Dans le cas contraire, il retire le certificat.

Art. 728-22 *(L. n° 2013-711, 5 août 2013 ; L. n° 2021-1729, 22 déc. 2021).* – Tant que l'exécution de la peine n'a pas commencé, le représentant du ministère public peut, à tout moment, décider de retirer le certificat, sous réserve de l'article 728-22-1. Il indique à l'autorité compétente de l'État d'exécution le motif de ce retrait.

Le certificat est retiré, notamment, lorsque :

1° L'autorité compétente de l'État d'exécution ayant émis, postérieurement à la transmission de la décision de condamnation, un avis motivé selon lequel l'exécution de la condamnation ne contribuerait pas à faciliter la réinsertion sociale de la personne condamnée, le représentant du ministère public estime cet avis fondé ;

2° L'autorité compétente de l'État d'exécution l'ayant informé de l'adaptation qui serait apportée à la peine prononcée, le représentant du ministère estime, au vu de cette information, ne pas devoir maintenir la demande aux fins de reconnaissance et d'exécution ;

3° L'autorité compétente de l'État d'exécution ayant communiqué, d'office ou à la demande du représentant du ministère public, les dispositions applicables dans cet État en matière de libération anticipée ou conditionnelle, celui-ci estime, au vu de cette information, ne pas devoir maintenir la demande aux fins de reconnaissance et d'exécution.

Art. 728-22-1 *(Créé, L. n° 2021-1729, 22 déc. 2021).* – La personne condamnée peut contester devant le président de la chambre de l'application des peines de la cour d'appel la décision du représentant du ministère public :

1° De transmission d'office à l'autorité compétente d'un autre État membre de l'Union européenne d'une décision de condamnation aux fins d'exécution en application du troisième alinéa de l'article 728-15 ;

2° De refus de transmettre une telle décision en application du même troisième alinéa, malgré la demande en ce sens du condamné ;

3° De retrait du certificat pris en application du premier alinéa de l'article 728-22

Ce recours est suspensif

Le dossier ou sa copie est alors transmis par le représentant du ministère public au président de la chambre de l'application des peines de la cour d'appel dans le ressort de laquelle se trouve la juridiction ayant prononcé la décision de condamnation.

Le président statue, après avoir recueilli les observations écrites du représentant du ministère public et de la personne condamnée, par une ordonnance motivée qui n'est pas susceptible de recours.

§ 2. – Transfèrement et transit

Art. 728-23 *(L. n° 2013-711, 5 août 2013).* – Dès que l'autorité compétente de l'État d'exécution a fait connaître qu'elle accepte de reconnaître la condamnation et de la mettre à exécution sur son territoire, le représentant du ministère public, si la personne condamnée se trouve sur le territoire français, prend les mesures nécessaires afin qu'elle soit transférée sur le territoire de l'État d'exécution.

Le transfèrement, dont la date est arrêtée conjointement par le ministre de la justice et l'autorité compétente de l'État d'exécution, a lieu au plus tard trente jours après la décision d'acceptation de l'État d'exécution. S'il est impossible d'y procéder dans ce délai en raison de circonstances imprévues, le transfèrement intervient dès que ces circonstances n'y font plus obstacle, à une nouvelle date arrêtée conjointement et, au plus tard, dans les dix jours de cette date.

Art. 728-24 *(L. n° 2013-711, 5 août 2013).* – Le ministre de la justice transmet une demande de transit accompagnée d'une copie du certificat à l'autorité compétente de chaque État membre traversé à l'occasion du transfèrement. À la demande de cette autorité, il fournit une traduction du certificat dans la langue officielle ou dans une des langues officielles de l'État concerné ou dans l'une des langues officielles des institutions de l'Union européenne acceptées par cet État.

Art. 728-25 *(L. n° 2013-711, 5 août 2013).* – Si l'État membre auquel le transit est demandé ne peut garantir que la personne condamnée ne sera pas poursuivie ou soumise à une mesure privative ou restrictive de liberté sur son territoire pour des faits ou condamnations antérieurs à son départ du territoire français, le ministre de la justice retire la demande de transit.

Art. 728-26 *(L. n° 2013-711, 5 août 2013).* – Aucune demande de transit n'est requise lorsque le transfèrement s'effectue par un moyen de transport aérien sans escale prévue. Toutefois, en cas d'atterrissage fortuit sur le territoire d'un État membre de l'Union européenne, le ministre de la justice fournit à l'autorité compétente de cet État le certificat mentionné à l'article 728-12 dans un délai de soixante-douze heures.

§ 3. – Consentement à l'exercice de poursuites ou à l'exécution d'une condamnation à raison d'une autre infraction

Art. 728-27 *(Mod., Ord. n° 2016-1636, 1er déc. 2016).* – Lorsque, avant ou après le transfèrement de la personne condamnée, l'autorité compétente de l'État d'exécution demande au représentant du ministère public qu'il soit consenti à ce que celle-ci puisse être poursuivie, condamnée ou privée de liberté dans l'État d'exécution pour une infraction qu'elle aurait commise avant son transfèrement, autre que celle pour laquelle la demande aux fins de reconnaissance et d'exécution a été présentée, la chambre de l'instruction est saisie de cette demande.

Lorsque la demande est présentée après le transfèrement, la chambre de l'instruction compétente est celle dans le ressort de laquelle siège la juridiction ayant prononcé la condamnation dont l'exécution a donné lieu au transfèrement.

La chambre de l'instruction statue sans recours après s'être assurée que la demande comporte les renseignements prévus à l'article 695-13 et avoir, le cas échéant, obtenu des garanties au regard de l'article 695-32, dans le délai de trente jours à compter de la réception de la demande.

Le consentement est donné lorsque les agissements pour lesquels il est demandé constituent l'une des infractions mentionnées à l'article 694-32 et entrent dans le champ d'application de l'article 695-12.

§ 4. – Exécution de la peine

Art. 728-28 *(L. n° 2013-711, 5 août 2013).* – L'exécution de la peine est régie par le droit de l'État sur le territoire duquel elle est exécutée.

Art. 728-29 *(L. n° 2013-711, 5 août 2013).* – Lorsque la condamnation fait l'objet d'une amnistie, d'une grâce, d'une révision ou de toute autre décision ou mesure ayant pour effet de lui retirer, immédiatement ou non, son caractère exécutoire, le représentant du ministère public en informe sans délai l'autorité compétente de l'État d'exécution.

Art. 728-30 *(L. n° 2013-711, 5 août 2013).* – Le ministère public recouvre la faculté de faire exécuter la décision de condamnation sur le territoire français dès que l'autorité compétente de l'État d'exécution l'informe de la non-exécution partielle de cette décision en raison de l'évasion de la personne condamnée ou du fait que celle-ci ne peut être trouvée sur le territoire de cet État.

Section III. – Dispositions relatives à l'exécution sur le territoire français des condamnations prononcées par les juridictions des autres États membres de l'Union européenne

§ 1. – Motifs du refus de reconnaissance et d'exécution

Art. 728-31 *(L. n° 2013-711, 5 août 2013).* – La reconnaissance et l'exécution sur le territoire français d'une décision de condamnation prononcée par la juridiction d'un autre État membre ne peuvent être refusées que dans les cas prévus aux articles 728-32 et 728-33.

La décision de refus est motivée par référence à ces mêmes articles.

1) Mandat d'arrêt européen.

a. Étranger résidant en France. Il résulte des dispositions de l'article 695-24, 2°, du Code de procédure pénale, dans sa rédaction issue de la loi n° 2013-711 du 5 août 2013, que la remise peut être refusée pour l'exécution d'une peine privative de liberté si la personne recherchée est de nationalité française ou réside régulièrement de façon ininterrompue depuis au moins cinq ans sur le territoire national et que la décision de condamnation est exécutoire sur le territoire français en application de l'article 728-31 du même code. Ne justifie pas sa décision l'arrêt qui autorise l'exécution du mandat d'arrêt européen en énonçant que la personne recherchée, ressortissant polonais résidant en France, n'étant pas de nationalité française, n'entrait dans aucune des catégories visées à l'article 695-24 du Code de procédure pénale (■ Cass. crim., 5 nov. 2014, n° 14-86.553 : *Bull. crim.* n° 229).

b. Citoyen français. Il se déduit de l'article 695-24 du Code de procédure pénale que, lorsque la personne recherchée sur mandat d'arrêt européen pour l'exécution d'une peine privative de liberté justifie qu'elle est de nationalité française ou réside régulièrement de façon ininterrompue depuis au moins 5 ans sur le territoire national et fait valoir, pour s'opposer à sa remise, que la décision est exécutoire sur le territoire français en application de l'article 728-31 du même code, la chambre de l'instruction doit vérifier si l'État requérant envisage de formuler une demande aux fins de reconnaissance et d'exécution de la condamnation sur le territoire français ou si le procureur de la République entend susciter une telle demande en application de l'article 728-34 du Code de procédure pénale (■ Cass. crim., 23 nov. 2021, n° 21-86.185. ■ Cass. crim., 21 août 2019, n°s 19-84.889 et 19-84.890).

c. Défaillance du procureur de la République. Il se déduit de l'article 695-24 du Code de procédure pénale que, lorsque la personne recherchée sur mandat d'arrêt européen pour l'exécution d'une peine privative de liberté, justifie qu'elle est de nationalité française ou réside régulièrement de façon ininterrompue depuis au moins cinq ans sur le territoire national et fait valoir, pour s'opposer à sa remise, que la décision est exécutoire sur le territoire français en application de l'article 728-31 du Code de procédure pénale, la chambre de l'instruction doit vérifier si l'État requérant envisage de formuler une demande aux fins de reconnaissance et d'exécution de la condamnation sur le territoire français ou si le procureur de la République entend susciter une telle demande en application de l'article 728-34 du Code de procédure pénale (■ Cass. crim., 10 août 2016, n° 16-84.723 : *Bull. crim.* n° 228).

d. Décision exécutoire. La remise ne peut être refusée, sur le fondement du premier de ces textes, pour l'exécution d'une peine privative de liberté que si la personne recherchée est de nationalité française ou réside régulièrement de façon ininterrompue depuis au moins 5 ans sur le territoire national et que la décision de condamnation est exécutoire sur le territoire français en application de l'article 728-31 du même code (■ Cass. crim., 5 sept. 2018, n°s 18-84.770 et 18-84.762 : *Bull. crim.* n° 150). Il résultait du mandat d'arrêt européen que M. Z... avait été assisté d'un conseil auquel il avait donné mandat et qui avait assuré sa défense lors de l'audience de la cour d'assises de Naples et que, faute de mention contraire sur ledit mandat, la condamnation apparaissait définitive, de telle sorte qu'elle était exécutoire sur le territoire français, la chambre de l'instruction, qui devait rechercher la position des autorités italiennes sur une exécution de ladite peine en France, n'a pas justifié sa décision (■ Cass. crim., 8 août 2018, n° 18-84.265).

e. Absence de mention de la réponse du procureur de la République. S'il ressort des motifs de l'arrêt que les autorités italiennes avaient donné suite à la question qui leur avait été posée dans le cadre du complément d'information précédemment ordonné, ledit arrêt ne fait pas état d'une réponse qui aurait été apportée par le procureur de la République à la question qu'elle lui avait elle-même posée aux fins de savoir si celui-ci entendait ou non décider de reconnaître la décision italienne de condamnation comme exécutoire sur le territoire français en application de l'article 728-42 du Code de procédure pénale, la chambre de l'instruction n'a pas justifié sa décision (■ Cass. crim., 19 févr. 2019, n° 19-80.513 : *Bull. crim.* n° 91).

2) Défaut de réponse de l'État d'émission. Pour écarter l'argumentation de la personne recherchée tendant à l'exécution de sa peine en France, l'arrêt énonce que les autorités espagnoles, sollicitées sur ce point par un supplément d'information précédemment ordonné, n'ont pas précisé, dans leur réponse, si elles acceptaient que M. X... exécutât en France la peine qui lui avait été infligée par le tribunal pénal de Barcelone ; que les juges ajoutent que le silence de ces autorités ne permet pas de considérer que la décision de condamnation serait exécutoire sur le territoire français au sens de l'article 728-31 du Code de procédure pénale ; en prononçant ainsi sans avoir obtenu de réponse sur les intentions des autorités judiciaires de l'État membre d'émission quant à l'exécution en France de la peine prononcée, alors que figure parmi les objectifs de la Décision-cadre du 13 juin 2002 modifiée relative au mandat d'arrêt européen et aux procédures de remise entre États membres la possibilité d'exécuter une peine ou une mesure privatives de liberté sur le territoire de l'État requis, lorsque la personne recherchée demeure dans cet État, en est ressortissante ou y réside, la chambre de l'instruction n'a pas justifié sa décision (■ Cass. crim., 11 juill. 2017, n° 17-83.796 : *Bull. crim.* n° 203).

Art. 728-32 *(L. n° 2013-711, 5 août 2013)*. – **L'exécution de la décision de condamnation est refusée dans les cas suivants :**

1° Le certificat n'est pas produit, est incomplet ou ne correspond manifestement pas à la décision de condamnation et n'a pas été complété ou corrigé dans le délai fixé ;

2° La personne condamnée ne se trouve ni en France ni dans l'État de condamnation ;

3° Les conditions prévues à l'article 728-11 ne sont pas remplies ;

4° La décision de condamnation porte sur des infractions pour lesquelles la personne condamnée a déjà été jugée définitivement par les juridictions françaises ou par celles d'un État autre que l'État de condamnation, à condition que la peine ait été exécutée, soit en cours d'exécution ou ne puisse plus être mise à exécution selon la loi de l'État de condamnation ;

5° La condamnation est fondée sur des faits qui ne constituent pas des infractions selon la loi française ;

6° La personne condamnée bénéficie en France d'une immunité faisant obstacle à l'exécution de la condamnation ;

7° La personne condamnée n'a pas comparu en personne au procès qui a mené à la décision, sauf dans les cas visés aux 1° à 3° de l'article 695-22-1 ;

8° La prescription de la peine est acquise selon la loi française à la date de la réception du certificat ;

9° La condamnation a été prononcée à l'encontre d'un mineur de treize ans à la date des faits ;

10° La peine prononcée comporte une mesure de soins psychiatriques ou médicaux ou une autre mesure de sûreté privative de liberté qui ne peut être exécutée en application des règles du système juridique ou de santé français ;

11° Il est établi que la personne a été condamnée en raison de son sexe, de sa race, de sa religion, de son origine ethnique, de sa nationalité, de sa langue, de ses opinions politiques ou de son orientation ou identité sexuelle, ou qu'il peut être porté atteinte à la situation de cette personne pour l'une de ces raisons.

Le motif de refus prévu au 5° n'est pas opposable lorsque la décision de condamnation concerne une infraction en matière de taxes et d'impôts, de douane et de change, en raison de ce que le droit français n'impose pas le même type de taxes ou d'impôts ou ne contient pas le même type de réglementation en matière de taxes, d'impôts, de douane et de change que le droit de l'État de condamnation.

Art. 728-33. – **L'exécution de la décision de condamnation peut être refusée dans les cas suivants :**

1° La décision de condamnation est fondée sur des infractions commises en totalité, en majeure partie ou pour l'essentiel sur le territoire français ou en un lieu assimilé ;

2° La durée de la peine restant à exécuter est inférieure à six mois à la date de réception du certificat ;

3° L'État de condamnation a refusé de donner son consentement à ce que la personne condamnée puisse être poursuivie, condamnée ou privée de liberté en France pour une infraction commise avant son transfèrement, autre que celle ayant motivé celui-ci.

§ 2. – Réception et instruction par le procureur de la République de la demande aux fins de reconnaissance et d'exécution

Art. 728-34 *(L. n° 2013-711, 5 août 2013)*. – **Le procureur de la République reçoit les demandes tendant à la reconnaissance et à l'exécution sur le territoire français des décisions de condamnation prononcées par les juridictions des autres États membres. Il peut également demander à l'autorité compétente d'un autre État membre de lui transmettre une demande tendant à la reconnaissance et à l'exécution sur le territoire français d'une décision de condamnation prononcée par une juridiction de cet État.**

Il peut procéder ou faire procéder à tout complément d'information qu'il estime utile.

Mandat d'arrêt européen – Défaillance du procureur de la République. V. note sous art. 728-31, p. 1790.

Il ne résulte d'aucune pièce de la procédure que les autorités portugaises aient été interrogées afin de savoir si elles souhaitaient que la peine prononcée soit exécutée sur leur territoire ou en France, la chambre de l'instruction, qui ne pouvait s'en tenir aux seules pièces transmises spontanément par ces autorités, n'a pas justifié sa décision (■ Cass. crim., 23 nov. 2021, n° 21-86.185).

Art. 728-35 *(L. n° 2013-711, 5 août 2013)*. – Le procureur de la République compétent est celui dans le ressort duquel se situe la dernière résidence connue de la personne condamnée, le lieu de détention de celle-ci ou le lieu de l'infraction lorsque les faits ont été commis pour partie sur le territoire français. À défaut, le procureur de la République près le tribunal judiciaire de Paris est compétent.

Si le procureur de la République auquel la demande a été adressée par l'État de condamnation aux fins de reconnaissance et d'exécution n'est pas compétent, il la transmet sans délai au procureur de la République compétent. L'autorité compétente de l'État de condamnation est informée de la transmission.

Art. 728-36 *(L. n° 2013-711, 5 août 2013)*. – Lorsque, avant de transmettre la décision de condamnation et le certificat, l'autorité compétente de l'État de condamnation consulte le procureur de la République, celui-ci l'informe sans délai, dans le cas où, en application du 3° de l'article 728-11, la reconnaissance de la décision est subordonnée au consentement de l'État d'exécution, de sa décision de consentir ou non à la transmission de la décision de condamnation et du certificat.

Lorsqu'il est consulté par l'autorité compétente de l'État de condamnation avant la transmission de la décision de condamnation et du certificat, le procureur de la République peut indiquer à l'autorité compétente de l'État de condamnation, dans un avis écrit et motivé, si l'exécution en France de la condamnation lui paraît de nature à favoriser la réinsertion sociale de la personne condamnée.

S'il n'a pas été consulté et que, ayant reçu la décision de condamnation et le certificat, il estime que l'exécution de la condamnation en France n'est pas de nature à favoriser la réinsertion sociale de la personne condamnée, le procureur de la République transmet d'office à l'autorité compétente un avis écrit et motivé en ce sens.

Art. 728-37 *(L. n° 2013-711, 5 août 2013)*. – Lorsque l'autorité compétente de l'État de condamnation lui en fait la demande, le procureur de la République procède à l'audition de la personne condamnée ou de la personne chargée de l'assister ou de la représenter en raison de sa minorité ou d'une mesure de protection, si elle se trouve sur le territoire français, aux fins de recueillir ses observations écrites ou orales. Ces observations sont jointes au dossier. Le cas échéant, il recueille le consentement de la personne condamnée.

Art. 728-38 *(L. n° 2013-711, 5 août 2013)*. – Lorsqu'il reçoit la demande d'un État membre aux fins de reconnaissance et d'exécution en France d'une décision de condamnation à une peine ou à une mesure de sûreté privative de liberté prononcée par une juridiction de cet État, le procureur de la République s'assure de la transmission, par l'autorité compétente de l'État de condamnation, de la décision de condamnation ou d'une copie certifiée conforme de celle-ci ainsi que du certificat mentionné à l'article 728-12 et de sa traduction en langue française.

Le procureur de la République peut, s'il juge le contenu du certificat insuffisant pour prendre une décision sur la demande de reconnaissance et d'exécution, demander que la décision de condamnation ou les parties essentielles de celle-ci, désignées par lui en concertation avec l'autorité compétente de l'État de condamnation, fassent l'objet d'une traduction en langue française. Il peut également, s'il apparaît que le certificat est incomplet ou inexact, demander à cette autorité qu'il soit complété ou rectifié.

Art. 728-39 *(L. n° 2013-711, 5 août 2013)*. – Le procureur de la République peut demander à l'autorité compétente de l'État de condamnation si elle consent à ce que la personne condamnée puisse être poursuivie, condamnée ou privée de liberté en France pour une infraction commise avant son transfèrement. La demande doit comporter les renseignements prévus à l'article 695-13 et être traduite selon les modalités prévues à l'article 695-14.

Art. 728-40 *(L. n° 2013-711, 5 août 2013)*. – Lorsqu'il envisage d'opposer l'un des motifs de refus prévus aux 1° à 4°, 7°, 10° et 11° de l'article 728-32 ou au 1° de l'article 728-33, le procureur de la République en informe l'autorité compétente de l'État de condamnation afin de lui permettre de fournir, le cas échéant, toutes informations supplémentaires.

Art. 728-41 *(L. n° 2013-711, 5 août 2013)*. – Sur la demande de l'autorité compétente de l'État de condamnation, le procureur de la République lui donne connaissance des dispositions applicables en matière de libération conditionnelle ou anticipée.

§ 3. – Décision sur la reconnaissance et l'exécution et recours

Art. 728-42 *(L. n° 2013-711, 5 août 2013)*. **– Lorsqu'il est en possession des informations nécessaires, le procureur de la République décide, dans un délai maximal de huit jours, s'il y a lieu de reconnaître la décision de condamnation à une peine ou à une mesure de sûreté privative de liberté comme étant exécutoire sur le territoire français.**

Absence de mention de la réponse du procureur de la République. S'il ressort des motifs de l'arrêt que les autorités italiennes avaient donné suite à la question qui leur avait été posée dans le cadre du complément d'information précédemment ordonné, ledit arrêt ne fait pas état d'une réponse qui aurait été apportée par le procureur de la République à la question qu'elle lui avait elle-même posée aux fins de savoir si celui-ci entendait ou non décider de reconnaître la décision italienne de condamnation comme exécutoire sur le territoire français en application de l'article 728-42 du Code de procédure pénale, la chambre de l'instruction n'a pas justifié sa décision (■ Cass. crim., 19 févr. 2019, n° 19-80.513 : *Bull. crim.* n° 40).

Art. 728-43 *(L. n° 2013-711, 5 août 2013)*. **– Le procureur de la République reconnaît la décision de condamnation comme étant exécutoire sur le territoire français en l'absence de l'un des motifs de refus prévus aux articles 728-32 et 728-33.**

Dans le cas où, en application du 3° de l'article 728-11, le consentement de l'autorité compétente de l'État d'exécution est requis, le procureur de la République apprécie s'il y a lieu de le donner en considérant, notamment, l'intérêt de sa décision pour la réinsertion sociale de la personne condamnée.

Dans le cas où le consentement de la personne condamnée est requis en application du même 3°, le procureur de la République constate expressément, dans la décision reconnaissant la décision de condamnation comme exécutoire, qu'il a été donné.

La décision du procureur de la République refusant de reconnaître la décision de condamnation comme exécutoire sur le territoire français est motivée.

Art. 728-44. – Si la décision de condamnation peut être reconnue comme étant exécutoire en France, le procureur de la République apprécie s'il y a lieu de procéder à l'adaptation de la peine ou de la mesure de sûreté privative de liberté prononcée.

Lorsque la durée de la peine ou de la mesure de sûreté privative de liberté prononcée est supérieure à celle qui aurait pu être légalement ordonnée par une juridiction française pour les mêmes faits, le procureur de la République propose de la réduire au maximum légal encouru selon la loi française pour l'infraction correspondante. Lorsque la condamnation porte sur plusieurs infractions, il se réfère au maximum légal encouru pour l'infraction correspondante la plus sévèrement sanctionnée.

Lorsque, par sa nature, la peine ou la mesure de sûreté privative de liberté est incompatible avec la loi française, le procureur de la République propose de lui substituer la peine ou la mesure de sûreté privative de liberté encourue selon cette loi, à moins que cette substitution n'ait pour conséquence d'aggraver la condamnation.

Art. 728-45. – Lorsque la décision de condamnation est prononcée pour plusieurs infractions et que, pour l'un des motifs prévus aux articles 728-32 ou 728-33, elle ne peut être reconnue et exécutée en tant qu'elle porte sur l'une de ces infractions ou certaines d'entre elles, le procureur de la République consulte l'autorité compétente de l'État de condamnation afin de déterminer si une exécution partielle de la décision, du chef des seules infractions pouvant justifier la reconnaissance et l'exécution, est possible.

L'exécution partielle ne peut être décidée qu'avec l'accord de l'État de condamnation. Elle ne peut avoir pour effet d'accroître la durée de la peine ou de la mesure de sûreté privative de liberté.

Dans le cas prévu au premier alinéa du présent article, si une seule peine ou mesure de sûreté privative de liberté a été prononcée pour l'ensemble des infractions, la durée de la peine mise à exécution ne peut excéder, dans la limite de la durée de la peine prononcée, ni le maximum légalement applicable, selon la loi de l'État de condamnation, à l'infraction pouvant autoriser l'exécution de la décision en France, ni le maximum légalement applicable, selon la loi française, à l'infraction correspondante. Lorsque plusieurs des infractions ayant fait l'objet de la condamnation peuvent justifier la reconnaissance et l'exécution, l'infraction la plus sévèrement sanctionnée selon la loi de l'État de condamnation est prise en compte pour la détermination de la durée maximale de la peine susceptible d'être mise à exécution.

Art. 728-46 *(L. n° 2013-711, 5 août 2013).* **– Lorsque le procureur de la République propose d'adapter la peine en application de l'article 728-44, il saisit sans délai le président du tribunal judiciaire ou le juge délégué par lui aux fins d'homologation de la proposition d'adaptation.**

Il communique au président du tribunal judiciaire ou au juge délégué par lui l'ensemble des pièces de la procédure.

Art. 728-47 *(L. n° 2013-711, 5 août 2013).* **– Dans les cinq jours de sa saisine, le président du tribunal judiciaire ou le juge délégué par lui décide, au vu des pièces qui lui ont été communiquées, s'il y a lieu d'homologuer la proposition d'adaptation formulée par le procureur de la République.**

L'ordonnance par laquelle il refuse l'homologation est motivée.

Art. 728-48 *(L. n° 2013-711, 5 août 2013 ; mod., Déc. n° 2021-959 QPC, 7 janv. 2022).* **– La décision du procureur de la République mentionnée à l'article 728-43 et, le cas échéant, l'ordonnance homologuant ou refusant d'homologuer la proposition d'adaptation de la peine ou de la mesure de sûreté privative de liberté mentionnée à l'article 728-47 sont notifiées sans délai à la personne condamnée. Celle-ci est informée par une mention portée dans l'acte de notification que, si elle n'accepte pas cette décision, elle dispose d'un délai de dix jours pour saisir la chambre des appels correctionnels d'une requête précisant, à peine d'irrecevabilité, les motifs de droit ou de fait de sa contestation et qu'elle a la possibilité de se faire représenter devant cette juridiction par un avocat de son choix ou, à défaut, par un avocat commis d'office par le bâtonnier de l'ordre des avocats.**

1) **Inconstitutionnalité.** Il résulte ainsi des dispositions contestées que les personnes qui se voient opposer une décision de refus sur le fondement du 3 ° de l'article 728-11 ne peuvent pas la contester devant une juridiction. Au regard des conséquences qu'est susceptible d'entraîner pour ces personnes une telle décision, l'absence de voie de droit permettant la remise en cause de cette décision méconnaît les exigences découlant de l'article 16 de la Déclaration de 1789 (▪ Cons. const., 7 janv. 2022, n° 2021-959 QPC). Sur renvoi de ▪ Cass. crim., 6 oct. 2021, n° 21-90.031.

2) **Incompétence.** Si c'est à tort que la chambre de l'instruction s'est fondée sur les dispositions de l'article 728-7 du Code de procédure pénale, applicables en cas de transfèrement des personnes condamnées, pour se déclarer incompétente pour statuer sur le recours de M. X..., la cassation n'est cependant pas encourue, dès lors que cette juridiction était effectivement incompétente en application de l'article 728-48 du même code qui prévoit que le recours formé contre la décision prise par le procureur de la République de reconnaître la décision de condamnation étrangère comme exécutoire sur le territoire français est porté devant la chambre des appels correctionnels (▪ Cass. crim., 5 sept. 2018, n° 17-80.578).

Art. 728-49 *(L. n° 2013-711, 5 août 2013).* **– En cas de refus d'homologation de la proposition d'adaptation qu'il a formulée, le procureur de la République peut soit saisir le président du tribunal judiciaire ou le juge délégué par lui d'une nouvelle requête lui soumettant une autre décision ou la même décision autrement motivée ou fondée sur des éléments nouveaux, soit, dans les dix jours de l'ordonnance refusant l'homologation, saisir la chambre des appels correctionnels pour qu'elle statue sur la reconnaissance et l'exécution de la décision de condamnation.**

La personne condamnée est aussitôt informée de la saisine de la chambre des appels correctionnels et de son objet. Elle est invitée à faire connaître sans délai si elle entend se faire représenter devant cette juridiction par un avocat de son choix ou, à défaut, par un avocat commis d'office par le bâtonnier de l'ordre des avocats.

L'audience de la chambre des appels correctionnels ne peut se tenir moins de dix jours après que cette information a été fournie.

Art. 728-50 *(L. n° 2013-711, 5 août 2013).* **– En cas de saisine de la chambre des appels correctionnels, la décision du procureur de la République et l'ordonnance du président du tribunal judiciaire ou du juge délégué par lui sont non avenues.**

Art. 728-51 *(L. n° 2013-711, 5 août 2013).* **– L'audience de la chambre des appels correctionnels est publique, sauf si la personne est mineure ou si la publicité est de nature à nuire au bon déroulement de la procédure en cours, aux intérêts d'un tiers ou à la dignité de la personne. Dans ce cas, la chambre des appels correctionnels, à la demande du ministère public, de l'avocat de la personne condamnée ou d'office, statue par**

un arrêt rendu en chambre du conseil qui n'est susceptible de pourvoi en cassation qu'en même temps que l'arrêt statuant sur la reconnaissance et l'exécution de la condamnation.

Le ministère public et, s'il en a été désigné, l'avocat de la personne condamnée sont entendus. La chambre des appels correctionnels peut décider d'entendre la personne condamnée ou de la faire entendre par l'autorité compétente de l'État de condamnation.

La chambre des appels correctionnels peut, par une décision qui n'est susceptible d'aucun recours, autoriser l'État de condamnation à intervenir à l'audience par l'intermédiaire d'une personne habilitée par ce même État à cet effet. Lorsque l'État de condamnation est autorisé à intervenir, il ne devient pas partie à la procédure.

Art. 728-52 *(L. n° 2013-711, 5 août 2013 ; mod., Déc. n° 2021-959 QPC, 7 janv. 2022).* – Lorsqu'elle est en possession des informations nécessaires, la chambre des appels correctionnels décide, dans un délai maximal de quinze jours, s'il y a lieu de reconnaître la décision de condamnation à une peine ou une mesure de sûreté privative de liberté comme étant exécutoire sur le territoire français. Les articles 728-37 à 728-39 et 728-42 à 728-44 sont applicables. Pour l'application de ces mêmes articles, la chambre des appels correctionnels exerce les attributions du procureur de la République.

Lorsque la chambre des appels correctionnels envisage d'opposer l'un des motifs de refus prévus aux 1° à 4°, 7°, 10° et 11° de l'article 728-32 ou au 1° de l'article 728-33, il n'y a pas lieu d'informer l'autorité compétente de l'État de condamnation s'il a déjà été procédé à cette information par le procureur de la République en application de l'article 728-40.

Inconstitutionnalité. Il résulte ainsi des dispositions contestées que les personnes qui se voient opposer une décision de refus sur le fondement du 3 ° de l'article 728-11 ne peuvent pas la contester devant une juridiction. Au regard des conséquences qu'est susceptible d'entraîner pour ces personnes une telle décision, l'absence de voie de droit permettant la remise en cause de cette décision méconnaît les exigences découlant de l'article 16 de la Déclaration de 1789 (■ Cons. const., 7 janv. 2022, n° 2021-959 QPC). Sur renvoi de ■ Cass. crim., 6 oct. 2021, n° 21-90.031.

Art. 728-53 *(L. n° 2013-711, 5 août 2013).* – La décision de la chambre des appels correctionnels peut faire l'objet d'un pourvoi en cassation. L'article 568-1 et le premier alinéa de l'article 567-2 sont applicables.

Art. 728-54 *(L. n° 2013-711, 5 août 2013).* – Lorsque, dans des cas exceptionnels, la décision définitive relative à la reconnaissance et à l'exécution de la condamnation ne peut être prise dans les quatre-vingt-dix jours qui suivent la réception de la décision de condamnation et du certificat, le procureur de la République en informe sans délai l'autorité compétente de l'État de condamnation en lui indiquant les raisons du retard et le délai supplémentaire qu'il estime nécessaire pour que soit prise la décision.

Dans le cas où le procureur de la République ou la chambre des appels correctionnels a demandé à l'autorité compétente de l'État de condamnation soit de compléter ou de corriger le certificat, soit de lui adresser une traduction complète ou partielle de la décision de condamnation, le cours du délai prévu au premier alinéa est suspendu à compter de la demande jusqu'à la transmission par l'État de condamnation des pièces demandées.

Art. 728-55 *(L. n° 2013-711, 5 août 2013).* – Le procureur de la République informe sans délai l'autorité compétente de l'État de condamnation de la décision définitive prise sur la reconnaissance et l'exécution de la décision de condamnation et, le cas échéant, sur l'adaptation de la peine ou de la mesure de sûreté privative de liberté. Lorsque la décision définitive consiste en un refus de reconnaissance et d'exécution de la décision de condamnation ou comporte une adaptation de la peine ou de la mesure privative de liberté, le procureur de la République informe également l'autorité compétente de l'État de condamnation des motifs de la décision.

Lorsque, après adaptation de la peine ou de la mesure de sûreté privative de liberté et imputation sur la durée de celle-ci de la privation de liberté déjà subie, la décision de condamnation doit être regardée comme intégralement exécutée, le procureur de la République informe l'autorité compétente de l'État de condamnation que la personne condamnée ne pourra pas être écrouée en France en exécution de cette décision et que, en cas de transfèrement, elle sera mise immédiatement en liberté à son arrivée sur le sol français.

§ 4. – Exécution de la peine

Art. 728-56 *(L. n° 2013-711, 5 août 2013).* – **Dès que la décision de reconnaître la décision de condamnation comme exécutoire en France est devenue définitive, la peine ou la mesure de sûreté privative de liberté peut être ramenée à exécution dans les conditions prévues par la décision, pour la partie qui restait à subir dans l'État de condamnation.**

L'exécution de la peine est régie par le présent code.

Caractère définitif de la décision de reconnaissance. Doit être cassée la décision qui statue sur une confusion de peines, alors que la décision de reconnaître la condamnation prononcée le 19 février 2013 par la chambre criminelle de la cour d'appel du Grand-Duché du Luxembourg comme exécutoire en France n'était pas définitive (■ Cass. crim., 5 sept. 2018, n° 17-80.580).

Art. 728-57 *(L. n° 2013-711, 5 août 2013).* – **Lorsque la décision de condamnation fait l'objet soit d'une amnistie ou d'une grâce en France ou dans l'État de condamnation, soit d'une suspension ou d'une annulation décidée à la suite de l'engagement d'une procédure de révision dans l'État de condamnation, soit de toute autre décision ou mesure ayant pour effet de lui retirer son caractère exécutoire, le ministère public met fin à son exécution.**

La condamnation prononcée à l'étranger ne peut faire l'objet d'une procédure de révision en France.

Art. 728-58 *(L. n° 2013-711, 5 août 2013).* – **Si la personne condamnée ne peut être retrouvée sur le territoire français, le procureur de la République informe l'autorité compétente de l'État de condamnation de l'impossibilité d'exécuter la décision de condamnation pour ce motif.**

Art. 728-59 *(L. n° 2013-711, 5 août 2013).* – **Le retrait du certificat par l'État de condamnation, pour quelque cause que ce soit, fait obstacle à la mise à exécution de la condamnation s'il intervient avant que la personne condamnée ait été placée sous écrou au titre de cette exécution.**

Art. 728-60 *(L. n° 2013-711, 5 août 2013).* – **Le ministère public informe sans délai l'autorité compétente de l'État de condamnation :**

1° Des décisions ou mesures mentionnées à l'article 728-57, autres que celles prises par les autorités de l'État de condamnation, ayant retiré à la décision de condamnation son caractère exécutoire ;

2° De l'évasion de la personne condamnée ;

3° De la libération conditionnelle de la personne condamnée et de la date à laquelle cette mesure a pris fin ;

4° De ce que la peine ou la mesure de sûreté privative de liberté a été exécutée.

§ 5. – Transfèrement

Art. 728-61 *(L. n° 2013-711, 5 août 2013).* – **Si la personne condamnée se trouve sur le territoire de l'État de condamnation, elle est transférée sur le territoire français à une date fixée par le ministre de la Justice en accord avec l'autorité compétente de cet État, au plus tard trente jours à compter de la date à laquelle la décision de reconnaître la condamnation et d'exécuter la peine ou la mesure de sûreté privative de liberté a acquis un caractère définitif.**

Si le transfèrement est impossible dans ce délai en raison de circonstances imprévues, le ministre de la Justice et l'autorité compétente de l'État de condamnation conviennent d'une nouvelle date de transfèrement dès que ces circonstances ont cessé. Le transfèrement a lieu, au plus tard, dans les dix jours suivant cette nouvelle date.

Art. 728-62 *(L. n° 2013-711, 5 août 2013).* – **La personne transférée sur le territoire français pour la mise à exécution d'une condamnation à une peine ou à une mesure de sûreté privative de liberté prononcée par une juridiction d'un État membre ne peut être recherchée, poursuivie, condamnée ou détenue pour un fait quelconque antérieur à son transfèrement, autre que celui qui a motivé celui-ci, sauf si elle se trouve dans l'un des cas suivants :**

1° Ayant eu la possibilité de le faire, elle n'a pas quitté le territoire national dans les quarante-cinq jours suivant sa libération définitive, ou y est retournée volontairement après l'avoir quitté ;

2° L'infraction n'est pas punie d'une peine ou d'une mesure de sûreté privative de liberté ;

3° Aucune mesure privative ou restrictive de liberté n'est appliquée durant la procédure suivie du chef de l'infraction reprochée ;

4° La personne condamnée n'est pas passible d'une peine ou d'une mesure privative de liberté en répression de cette infraction ;

5° Elle a consenti au transfèrement ;

6° Elle a renoncé expressément, après son transfèrement, devant le tribunal correctionnel du lieu d'exécution de la peine et dans les conditions prévues aux deux derniers alinéas de l'article 695-19, au bénéfice de la règle de la spécialité prévue au premier alinéa du présent article, sa renonciation étant irrévocable ;

7° L'autorité compétente de l'État de condamnation consent expressément que cette règle soit écartée.

Art. 728-63 *(L. n° 2013-711, 5 août 2013)*. – La demande de consentement mentionnée au 7° de l'article 728-62 est adressée par le ministère public à l'autorité compétente de l'État de condamnation. Elle doit comporter les renseignements prévus à l'article 695-13 et être traduite selon les modalités prévues à l'article 695-14.

§ 6. – Arrestation provisoire

Art. 728-64 *(L. n° 2013-711, 5 août 2013)*. – Lorsque la personne condamnée se trouve sur le territoire français et que l'autorité compétente de l'État de condamnation demande que, dans l'attente de la décision sur la reconnaissance et l'exécution de la décision de condamnation, la personne condamnée fasse l'objet d'une arrestation provisoire ou de toute autre mesure destinée à garantir son maintien sur le territoire français, le procureur de la République, s'il estime que la personne ne présente pas des garanties de représentation suffisantes, requiert qu'elle soit appréhendée et conduite devant lui dans les vingt-quatre heures. Pendant ce délai, les articles 63-2 et 63-3 sont applicables.

Dans le cas où la demande mentionnée au premier alinéa du présent article a été présentée par l'autorité compétente de l'État de condamnation avant la transmission par celle-ci de la décision de condamnation et du certificat, la personne ne peut être appréhendée en application du même premier alinéa que si l'autorité compétente de l'État de condamnation a fourni au procureur de la République les informations prévues aux 1° à 6° de l'article 728-12.

Art. 728-65 *(L. n° 2013-711, 5 août 2013)*. – Lorsque la personne lui est présentée, le procureur de la République vérifie son identité et l'informe, dans une langue qu'elle comprend, de la décision de condamnation dont elle fait l'objet et de la demande de l'État de condamnation. Il l'avise qu'il envisage de demander son incarcération, son assignation à résidence avec surveillance électronique ou son placement sous contrôle judiciaire au juge des libertés et de la détention et qu'elle peut être assistée par un avocat de son choix ou, à défaut, par un avocat commis d'office par le bâtonnier de l'Ordre des avocats, informé sans délai et par tout moyen. Il l'avise également qu'elle peut s'entretenir immédiatement avec l'avocat désigné.

Art. 728-66 *(L. n° 2013-711, 5 août 2013)*. – La personne condamnée ne peut être placée en détention ou faire l'objet d'une assignation à résidence avec surveillance électronique en application de l'article 142-5 que si la durée de la peine restant à exécuter est supérieure ou égale à deux ans, sauf dans l'un des cas mentionnés à l'article 723-16.

Art. 728-67 *(L. n° 2013-711, 5 août 2013)*. – La personne comparaît devant le juge des libertés et de la détention assistée, le cas échéant, de son avocat. L'audience est publique, sauf si la publicité est de nature à nuire au bon déroulement de la procédure en cours, aux intérêts d'un tiers ou à la dignité de la personne. Dans ce cas, le juge des libertés et de la détention, à la demande du ministère public, de l'avocat de la personne ou d'office, statue par une ordonnance rendue en chambre du conseil.

Le juge des libertés et de la détention statue après avoir entendu le ministère public, la personne condamnée et son avocat. Si, saisi de réquisitions aux fins d'incarcération ou d'assignation à résidence avec surveillance électronique, il décide de ne pas y faire droit, il peut soumettre la personne à une ou plusieurs des obligations prévues à l'article 138.

Art. 728-68 *(L. n° 2013-711, 5 août 2013)*. – À tout moment, la personne peut demander au juge des libertés et de la détention, selon les modalités prévues aux articles 148-6 et 148-7, sa mise en liberté ou la mainlevée du contrôle judiciaire ou de l'assignation à résidence avec surveillance électronique.

Après avoir communiqué la demande mentionnée au premier alinéa du présent article au procureur de la République aux fins de réquisitions, le juge statue dans un délai de huit jours ouvrables par une décision motivée en considérant les garanties de représentation de la personne. Il peut, s'il l'estime utile, ordonner la comparution de la personne, assistée, le cas échéant, de son avocat. Les deux derniers alinéas de l'article 148 sont applicables. Pour l'application du dernier alinéa de ce même article, la chambre des appels correctionnels est compétente.

Dans le cas prévu au second alinéa de l'article 728-64, la personne est mise d'office en liberté si, dans les huit jours suivant son incarcération, l'autorité compétente de l'État de condamnation n'a pas transmis la décision de condamnation et le certificat.

Art. 728-69 *(Mod., L. n° 2016-731, 3 juin 2016)*. – Les ordonnances rendues par le juge des libertés et de la détention en application des articles 728-67 et 728-68 peuvent faire l'objet d'un appel devant la chambre des appels correctionnels. Le troisième alinéa de l'article 194 et les sixième et septième alinéas de l'article 199 sont applicables devant la chambre des appels correctionnels.

Art. 728-70 *(L. n° 2013-711, 5 août 2013)*. – La personne est immédiatement mise en liberté et il est mis fin à l'assignation à résidence avec surveillance électronique ou au contrôle judiciaire si la mise à exécution de la décision de condamnation est refusée ou si l'État de condamnation retire le certificat.

Section IV. – Dispositions relatives au transit sur le territoire français

Art. 728-71 *(L. n° 2013-711, 5 août 2013)*. – Le ministre de la Justice autorise le transit sur le territoire français des personnes transférées du territoire de l'État de condamnation à celui de l'État d'exécution.

Art. 728-72 *(L. n° 2013-711, 5 août 2013)*. – La demande de transit est accompagnée du certificat mentionné à l'article 728-12 établi par l'autorité compétente de l'État de condamnation. Le ministre de la Justice peut demander la traduction en français du certificat.

Art. 728-73 *(L. n° 2013-711, 5 août 2013)*. – Lorsque le ministre de la Justice ne peut garantir que la personne condamnée ne sera ni poursuivie, ni détenue, ni soumise à aucune autre restriction de sa liberté individuelle sur le territoire français, pour des faits ou condamnations antérieurs à son départ du territoire de l'État de condamnation, il en informe l'autorité qui a demandé le transit.

Art. 728-74 *(L. n° 2013-711, 5 août 2013)*. – Le ministre de la Justice se prononce dans les plus brefs délais et au plus tard une semaine après réception de la demande de transit. Lorsqu'une traduction du certificat est demandée, ce délai ne court qu'à compter de la transmission de cette traduction.

Art. 728-75 *(L. n° 2013-711, 5 août 2013)*. – La personne condamnée ne peut être maintenue en détention que durant le temps strictement nécessaire au transit sur le territoire français.

Art. 728-76 *(L. n° 2013-711, 5 août 2013)*. – La présente section est applicable en cas d'atterrissage fortuit sur le territoire national au cours du transfèrement.

TITRE III. – DE LA LIBÉRATION CONDITIONNELLE

Bibliographie : *Répertoire.* V. Lesclous, *Libération conditionnelle : JCl. Proc. pén.* 2010, Fasc. 20.

Généralités. P. Faucher, *La libération conditionnelle a-t-elle un avenir ? Plaidoyer et réforme : RPDP* 2001, p. 224. • M. Herzog-Evans, *La libération conditionnelle et la judiciarisation. L'émergence de critères jurisprudentiels contra legem : D.* 2002, p. 837 ; *Juridiction nationale de la libération conditionnelle : une procédure boiteuse : D.* 2002, p. 1788. • P. Sassoust, *La juridiction nationale de la libération conditionnelle : Bull. inf. C. cass.* 15 févr. 2002, p. 22. • M. Vize, *Il y a 100 ans... la libération conditionnelle : RSC* 1985, p. 755.

Art. 729 *(Mod., L. n° 2019-222, 23 mars 2019 ; L. n° 2021-1729, 22 déc. 2021).* – La libération conditionnelle tend à la réinsertion des condamnés et à la prévention de la récidive.

Les condamnés ayant à subir une ou plusieurs peines privatives de liberté peuvent bénéficier d'une libération conditionnelle s'ils manifestent des efforts sérieux de réinsertion et lorsqu'ils justifient :

1° Soit de l'exercice d'une activité professionnelle, d'un stage ou d'un emploi temporaire ou de leur assiduité à un enseignement ou à une formation professionnelle ;

2° Soit de leur participation essentielle à la vie de leur famille ;

3° Soit de la nécessité de suivre un traitement médical ;

4° Soit de leurs efforts en vue d'indemniser leurs victimes ;

5° Soit de leur implication dans tout autre projet sérieux d'insertion ou de réinsertion.

Sous réserve des dispositions de l'article 132-23 du Code pénal, la libération conditionnelle peut être accordée lorsque la durée de la peine accomplie par le condamné est au moins égale à la durée de la peine lui restant à subir. Dans le cas prévu au présent alinéa, le temps d'épreuve ne peut excéder quinze années ou, si le condamné est en état de récidive légale, vingt années.

Pour les condamnés à la réclusion à perpétuité, le temps d'épreuve est de dix-huit années ; il est de vingt-deux années si le condamné est en état de récidive légale.

Lorsque la personne a été condamnée pour un crime ou un délit pour lequel le suivi socio-judiciaire est encouru, une libération conditionnelle ne peut lui être accordée si elle refuse pendant son incarcération de suivre le traitement qui lui est proposé par le juge de l'application des peines en application des articles 717-1 et 763-7. Il en est de même lorsque le juge de l'application des peines est informé, en application de l'article 717-1, que le condamné ne suit pas de façon régulière le traitement qu'il lui a proposé. Une libération conditionnelle ne peut non plus être accordée au condamné qui ne s'engage pas à suivre, après sa libération, le traitement qui lui est proposé en application de l'article 731-1.

Lorsque le condamné est âgé de plus de soixante-dix ans, les durées de peines accomplies prévues par le présent article ne sont pas applicables et la libération conditionnelle peut être accordée dès lors que l'insertion ou la réinsertion du condamné est assurée, en particulier s'il fait l'objet d'une prise en charge adaptée à sa situation à sa sortie de l'établissement pénitentiaire ou s'il justifie d'un hébergement, sauf en cas de risque grave de renouvellement de l'infraction ou si cette libération est susceptible de causer un trouble grave à l'ordre public.

Lorsque le condamné bénéficie d'une mesure de suspension de peine sur le fondement de l'article 720-1-1, la libération conditionnelle peut être accordée sans condition quant à la durée de la peine accomplie si, à l'issue d'un délai d'un an après l'octroi de la mesure de suspension, une nouvelle expertise établit que son état de santé physique ou mentale est toujours durablement incompatible avec le maintien en détention et si le condamné justifie d'une prise en charge adaptée à sa situation.

1) Nature de la décision de refus. La décision par laquelle la chambre de l'application des peines refuse d'admettre un condamné au bénéfice de la libération conditionnelle, qui relève de l'exécution de la peine, ne peut être assimilée à une sanction et échappe en conséquence aux prévisions de l'article 6 de la Convention des droits de l'Homme (■ Cass. crim., 27 janv. 2016, n° 15-84.075 : *JurisData* n° 2016-002497 ; *Bull. crim.* n° 24 ; *Dr. pén.* 2017, chron. 3, n° 3, obs. V. Peltier).

2) Recevabilité de la libération conditionnelle. Pour rejeter la demande de libération conditionnelle, l'arrêt énonce que celle-ci est prématurée dans la mesure où la fin de peine ne doit intervenir que dans un délai de vingt et un mois ; en prononçant par ce seul motif, alors que le condamné avait accompli la durée de la peine lui permettant de solliciter une libération conditionnelle, et sans s'expliquer autrement sur les arguments invoqués dans ses conclusions par l'avocat du condamné, tendant à démontrer que M. X... satisfaisait aux conditions posées, notamment, par les articles 707, 729 et 712-16-1 du Code de procédure pénale, la chambre de l'application des peines n'a pas justifié sa décision (■ Cass. crim., 27 janv. 2016, n° 15-84.075 : *JurisData* n° 2016-002497 ; *Bull. crim.* n° 24).

3) Peine privative de liberté entièrement exécutée. La libération conditionnelle ne peut être ordonnée dans le cas où, la totalité de la peine privative de liberté ayant été exécutée, cette mesure n'a plus aucune portée effective (■ Cass. crim., 23 sept. 2015, n° 14-85.708 : *JurisData* n° 2015-020990 ; *Bull. crim.* n° 211 ; *Dr. pén.* 2016, chron. 2, n° 28, obs. E. Bonis-Garçon).

4) Critères d'appréciation.

a. Faisabilité du projet. Statuant sur une demande de liberté conditionnelle, les juges, qui apprécient souverainement la faisabilité d'un projet d'insertion professionnelle, peuvent prendre en considération l'absence de démarche de la part d'un condamné étranger, en vue de l'obtention d'un titre de séjour (■ Cass. crim., 28 sept. 2011, n° 11-80.983 : *Bull. crim.* n° 189). Intérêt de la société et des parties civiles. Par jugement du 22 juillet 2010, le juge de l'application des peines a admis le condamné au bénéfice de la libération conditionnelle, en lui faisant notamment obligation de fixer sa résidence à Nice, d'indemniser les victimes et de ne pas paraître dans les départements de la Haute-Corse et de la Corse-du-Sud ; en prononçant ainsi, par des motifs prenant en considération les intérêts de la société, comme l'exige l'article 707, alinéa 2, du Code de procédure pénale, et des parties civiles, comme l'exigent ce texte et l'article 712-16-1, indépendamment de ceux erronés mais non déterminants pris de la gravité de l'infraction, la chambre de l'application des peines a justifié sa décision (■ Cass. crim., 28 avr. 2011, n° 10-87.799 : *JurisData* n° 2011-007726 ; *Bull. crim.* n° 79 ; *Dr. pén.* 2012, chron. 2, n° 37, obs. E. Garçon). En subordonnant l'octroi et le maintien de la mesure de libération conditionnelle de Lahouari X... à la réparation, en fonction de ses facultés contributives, des dommages causés par l'infraction, les juges du second degré ont nécessairement pris en considération les intérêts des victimes au regard des conséquences, pour celles-ci, de cette décision (■ Cass. crim., 26 sept. 2007, n° 07-81.644 : *JurisData* n° 2007-040719 ; *Bull. crim.* n° 227. ■ Cass. crim., 7 nov. 2007, n° 07-81.465 : *JurisData* n° 2007-041466 ; *Bull. crim.* n° 269 ; *Dr. pén.* 2008, chron. 2, n° 29, obs. E. Garçon).

b. Avis de la CPMS. En l'état de ces motifs exempts d'insuffisance et relevant de son appréciation souveraine, la chambre de l'application des peines, qui a pris en considération l'avis de la commission pluridisciplinaire des mesures de sûreté, a justifié sa décision de rejeter la demande de libération conditionnelle présentée par M. X... et de fixer à 2 ans le délai pendant lequel il ne pourra présenter une nouvelle demande tendant au prononcé de cette mesure, sans encourir les griefs allégués aux moyens, lesquels ne sauraient être admis (■ Cass. crim., 31 oct. 2018, n° 17-86.660 : *Dr. pén.* 2019, chron. 3, n° 26, obs. E. Bonis).

5) Réduction de peine.

a. Crédit de réduction de peine. Pour l'octroi de la libération conditionnelle, il est tenu compte du crédit de réduction de peine dont le condamné bénéficie de plein droit. Fait dès lors l'exacte application des dispositions des articles 721 et 729 du Code de procédure pénale l'arrêt de la chambre d'application des peines qui, pour déclarer recevable une requête en libération conditionnelle présentée, avant placement sous écrou, par une personne condamnée pour des faits commis en récidive, énonce que, compte tenu de la durée de la détention provisoire et du crédit de peine dont l'intéressé pouvait bénéficier par application de l'ancien article D. 147-7 du Code de procédure pénale devenu l'article D. 147-12, la durée de la peine accomplie est au moins égale au double de la durée de la peine restant à subir (■ Cass. crim., 28 avr. 2011, n° 10-88.890 : *JurisData* n° 2011-009644 ; *Bull. crim.* n° 81 ; *Dr. pén.* 2012, chron. 2, n° 34, obs. E. Garçon ; *AJ Pénal* 2011, p. 604, obs. M. Herzog-Evans ; *D.* 2011, p. 2823).

b. Réduction de peine non encore prononcée. Mais la cour d'appel, saisie du recours contre un jugement ayant refusé l'octroi d'une mesure de libération conditionnelle, ne saurait, sans excéder ses pouvoirs, prendre en compte d'éventuelles réductions de peine sur lesquelles le juge de l'application des peines ne s'est pas encore prononcé. Encourt la censure l'arrêt qui, pour accorder à un condamné le bénéfice de la libération conditionnelle, énonce que nonobstant l'absence de décision du juge de l'application des peines, il ne ressort d'aucun élément du dossier que le comportement en détention de l'intéressé ait été de nature à le priver des réductions de peine prévues par l'article 721, alinéa 3, du Code de procédure pénale (■ Cass. crim., 4 févr. 2004, n° 03-84.556 : *JurisData* n° 2004-022453 ; *Bull. crim.* n° 33). Sous réserve des dispositions de l'article 132-23 du Code pénal, la libération conditionnelle peut être accordée lorsque la durée de la peine accomplie par le condamné est au moins égale à la durée de la peine lui restant à subir, ce temps d'épreuve se calculant en tenant compte des remises de peine intervenues ou à intervenir. En se déterminant ainsi, sans examiner la demande de libération conditionnelle parentale présentée sur le fondement de l'article 729-3 précité, et sans tenir compte, pour apprécier la recevabilité de la demande de libération conditionnelle présentée sur le fondement de l'article 729, des remises de peine qui avaient été accordées au demandeur, ou auxquelles il pouvait prétendre, la chambre de l'application des peines n'a pas justifié sa décision (■ Cass. crim., 20 oct. 2021, n° 20-85.088).

6) Grâce partielle. La remise totale ou partielle d'une peine par voie de grâce équivaut à son exécution totale ou partielle. C'est donc à bon droit qu'une cour d'appel, saisie d'un incident d'exécution, a estimé qu'un condamné à une peine de six mois d'emprisonnement ayant bénéficié d'une remise gracieuse de trois mois satisfaisait à la condition de délai prévu par l'article 729, alinéa 2 du Code de procédure pénale pour sa libération conditionnelle (■ Cass. crim., 5 juill. 1983, n° 83-91.309 : *Bull. crim.* n° 214).

7) Récidive (avant Loi n° 2014-896, 15 août 2014). Il se déduit de la combinaison des articles 729, alinéa 3, et D. 150-2 du Code de procédure pénale que, lorsque plusieurs peines doivent être exécutées, est considéré comme récidiviste, pour la détermination du temps d'épreuve conditionnant la recevabilité d'une demande de libération conditionnelle, le condamné dont la peine prononcée pour des faits commis en récidive n'a pas encore été totalement exécutée. Dans une telle situation, le condamné ne peut donc prétendre au bénéfice de la libération conditionnelle que si la durée des peines accomplies est au moins égale au double de la durée de celles restant à subir, l'ensemble desdites peines devant être considéré comme une peine unique pour l'application des dispositions relatives à la libération conditionnelle (▪ Cass. crim., 15 mai 2013, n° 13-82.623 : *JurisData* n° 2013-009410 ; *Bull. crim.* n° 109 ; *Dr. pén.* 2013, comm. 119, note V. Peltier ; *Dr. pén.* 2014, chron. 3, n° 16, obs. E. Bonis-Garçon). Il se déduit de l'application combinée des articles 729, alinéa 2, et D. 150-2 du Code de procédure pénale, lorsque plusieurs peines doivent être exécutées, que ne peut être considéré comme récidiviste, pour la détermination du temps d'épreuve prévu par le premier de ces textes pour l'admission au bénéfice de la libération conditionnelle, le condamné dont la peine prononcée pour des faits commis en récidive a déjà été exécutée. Fait l'exacte application de ces textes la chambre de l'application des peines qui admet au bénéfice de la libération conditionnelle, sous réserve de satisfaire à une période de semi-liberté probatoire, le condamné à une peine criminelle dont la durée de peine accomplie est au moins égale à celle restant à subir, en retenant que la seule peine prononcée pour des faits commis en récidive était une peine correctionnelle qui avait été exécutée sous le régime de la détention provisoire puis confondue avec la peine criminelle (▪ Cass. crim., 1er févr. 2012, n° 11-84.180 : *JurisData* n° 2012-002098 ; *Bull. crim.* n° 33 ; *Dr. pén.* 2012, étude 16, C. Aubertin ; *D.* 2012, 1532, note L. Griffon. – Rapp. ▪ Cass. crim., 23 nov. 2011, n° 11-81.088 : *Bull. crim.* n° 239). *Contra* : Le condamné ayant à subir plusieurs peines privatives de liberté, considéré comme exécutant une peine unique pour l'application de l'article 729 du Code de procédure pénale, ne peut être admis au bénéfice de la libération conditionnelle que lorsqu'il a accompli les deux tiers de cette peine s'il était en état de récidive légale lors de l'une des condamnations prononcées contre lui (▪ Cass. crim., 2 oct. 1987, n° 87-81705 : *Bull. crim.* n° 331 ; *RSC* 1988, p. 551, note A. Braunschweig).

8) Violation des obligations. La violation par le condamné des obligations auxquelles il est astreint, commise pendant la durée d'exécution de la libération conditionnelle, peut donner lieu à la révocation de la mesure après la date d'expiration de celle-ci lorsque le juge ou la juridiction de l'application des peines compétent a été saisi et s'est saisi à cette fin au plus tard dans un délai d'un mois après cette date conformément aux dispositions de l'article 712-20 du Code de procédure pénale (▪ Cass. crim., 4 mars 2015, n° 14-81.893 : *JurisData* n° 2015-004066 ; *Dr. pén.* 2016, chron. 2, n° 27, obs. E. Bonis-Garçon).

9) Délégation du suivi de la mesure. La chambre de l'application des peines, saisie en appel d'une décision du juge de l'application des peines, dispose des mêmes pouvoirs que ceux attribués à ce dernier par l'article D. 49-81 du Code de procédure pénale. Dès lors, elle peut déléguer le suivi de la mesure de libération conditionnelle au juge de l'application des peines du tribunal dans le ressort duquel est située la résidence habituelle du condamné (▪ Cass. crim., 26 sept. 2007 : *JurisData* n° 2007-040719. ▪ Cass. crim., 7 nov. 2007 : *JurisData* n° 2007-041466).

10) Suspension médicale de peine. L'article 729, dernier alinéa, du Code de procédure pénale permet au condamné de bénéficier d'une libération conditionnelle lorsque l'exécution de sa peine est suspendue pour raison médicale grave, par application de l'article 720-1-1 du même code, dont le dernier alinéa autorise le prononcé d'une telle suspension, même au cours de la période de sûreté (▪ Cass. crim., 3 mars 2021, n° 20-81.692 : *Dr. pén.* 2021, comm. 80, obs. V. Peltier).

11) Condamné étranger. La Cour de cassation a eu l'occasion de juger que la situation d'un étranger, qui a été condamné à une peine privative de liberté et dont la libération conditionnelle est subordonnée à son départ contraint du territoire français, n'a pas à être examinée au regard des critères personnels, familiaux et sociaux énoncés à l'article 729 précité (▪ Cass. crim., 6 mars 2002, n° 01-85.914 : *Bull. crim.* n° 59). Cette décision a rejeté le pourvoi formé contre un arrêt qui avait refusé la demande de libération conditionnelle d'un condamné, la cour d'appel relevant que sa libération serait prématurée, eu égard à la date de la fin de sa peine d'emprisonnement, une telle motivation, pour la Cour de cassation, relevant du pouvoir souverain d'appréciation de la juridiction du fond. La Cour de cassation a aussi décidé que, dans le cadre du régime dérogatoire institué par l'article 729-2 précité, la libération conditionnelle d'un condamné étranger est subordonnée à l'exécution effective de la mesure d'éloignement, et que, dans le cas où il a été condamné à la réclusion criminelle à perpétuité, sa libération conditionnelle doit être prononcée dans les conditions prévues par l'article 730-2 du Code de procédure pénale, en particulier, le cas échéant, après l'exécution des mesures probatoires définies par ce texte (■ Cass. crim., 4 avr. 2013, n° 13-80.447 : *Bull. crim.* n° 80). Il ne résulte pas de ces textes ni de leur interprétation par la Cour de cassation que, pour un condamné de nationalité étrangère, qui purge une peine privative de liberté et qui fait l'objet d'une interdiction du territoire français, l'obtention d'une mesure de libération conditionnelle, lorsque les conditions tenant à la durée de sa peine restant à accomplir sont remplies, soit un droit (■ Cass. crim., 27 mai 2021, n° 20-82.727 : *Bull. crim.* n° 84).

Art. 729-1 ***(Mod., L. n° 2004-204, 9 mars 2004 ; L. n° 2021-1729, 22 déc. 2021).*** **– Des réductions de temps d'épreuve nécessaire à l'octroi de la libération conditionnelle peuvent être accordées aux condamnés à la réclusion criminelle à perpétuité dans les formes et les conditions prévues par l'article 721 ; la durée totale de ces réductions ne peut toutefois excéder, par année d'incarcération, vingt jours ou un mois selon que le condamné se trouve ou non en état de récidive légale. Les réductions ne sont, le cas échéant, imputables que sur la partie de la peine excédant la période de sûreté prévue par l'article 132-23 du Code pénal.**

NB : Conformément au VI de l'article 59 de la loi n° 2021-1729 du 22 décembre 2021, ces dispositions sont applicables aux personnes placées sous écrou à compter du 1er janvier 2023, quelle que soit la date de commission de l'infraction. Les personnes placées sous écrou avant cette date demeurent soumises au régime défini aux articles 717-1, 721, 721-1, 721-1-1, 721-2 et 729-1 du Code de procédure pénale dans leur rédaction antérieure à ladite loi.

Rédaction antérieure. Art. 729-1 ***(Mod., L. n° 2004-204, 9 mars 2004).*** **–** Des réductions du temps d'épreuve nécessaire à l'octroi de la libération conditionnelle peuvent être accordées aux condamnés à la réclusion criminelle à perpétuité dans les formes et conditions prévues par l'article 721-1 ; la durée totale de ces réductions ne peut toutefois excéder, par année d'incarcération, vingt jours ou un mois selon que le condamné se trouve ou non en état de récidive légale. Les réductions ne sont, le cas échéant, imputables que sur la partie de la peine excédant la période de sûreté prévue par l'article 132-23 du Code pénal.

Art. 729-2 ***(Mod., L. n° 2016-274, 7 mars 2016).*** **– Lorsqu'un étranger condamné à une peine privative de liberté est l'objet d'une mesure d'interdiction du territoire français, d'interdiction administrative du territoire français, d'obligation de quitter le territoire français, d'interdiction de retour sur le territoire français, d'expulsion, d'extradition ou de remise sur le fondement d'un mandat d'arrêt européen, sa libération conditionnelle est subordonnée à la condition que cette mesure soit exécutée. Elle peut être décidée sans son consentement.**

Par exception aux dispositions de l'alinéa précédent, le juge de l'application des peines, ou le tribunal de l'application des peines, peut également accorder une libération conditionnelle à un étranger faisant l'objet d'une peine complémentaire d'interdiction du territoire français en ordonnant la suspension de l'exécution de cette peine pendant la durée des mesures d'assistance et de contrôle prévue à l'article 732. À l'issue de cette durée, si la décision de mise en liberté conditionnelle n'a pas été révoquée, l'étranger est relevé de plein droit de la mesure d'interdiction du territoire français. Dans le cas contraire, la mesure redevient exécutoire.

1) Nécessité d'une mesure d'éloignement du territoire. Le régime dérogatoire de libération conditionnelle institué par l'article 729-2 du Code de procédure pénale ne peut être appliqué à un étranger condamné qu'à la condition qu'il ait préalablement fait l'objet de l'une des mesures d'éloignement du territoire prévues par ce texte, laquelle doit avoir été exécutée. À défaut de l'existence et de l'exécution d'une telle mesure, sa libération conditionnelle doit répondre aux conditions de droit commun, applicables à tout condamné. Les dispositions de l'article D. 535 du même code, qui permettent, sans l'imposer, de subordonner la libération conditionnelle d'un condamné étranger à la condition d'être expulsé, reconduit à la frontière ou extradé, ou de quitter le territoire national et n'y plus paraître, ne sont pas applicables au régime dérogatoire de libération conditionnelle édicté par l'article 729-2 précité (■ Cass. crim., 7 sept. 2016, n° 15-81.679 : *JurisData* n° 2016-018133 ; *Bull. crim.* n° 237 ; *Dr. pén.* 2016, comm. 166, obs. E. Bonis). Le régime de libération conditionnelle, dérogatoire au droit commun, institué par l'article 729-2 du Code de procédure pénale, ne peut être appliqué à un étranger condamné qu'à la condition qu'il ait préalablement fait l'objet de l'une des mesures d'éloignement du territoire prévues par ce texte, laquelle doit avoir été exécutée (■ Cass. crim., 4 avr. 2013, n° 13-80.447 : *JurisData* n° 2013-006124 ; *Bull. crim.* n° 80 ; *Dr. pén.* 2013, comm. 102, obs. E. Bonis-Garçon ; *AJ Pénal* 2013, p. 291, obs. M. Herzog-Evans).

2) Inapplication des critères de l'article 729. Il résulte des dispositions conjuguées des articles 729-2, D. 523, alinéa 2, et D. 535.4° du Code de procédure pénale que la situation d'un étranger, qui a été condamné à une peine privative de liberté et dont la libération conditionnelle est subordonnée à l'exécution d'une mesure d'interdiction du territoire français, de reconduite à la frontière, d'expulsion ou d'extradition, n'a pas à être examinée au regard des critères personnels, familiaux et sociaux énoncés à l'article 729 du même code (■ Cass. crim., 6 mars 2002, n° 01-85.914 : *Bull. crim.* n° 59).

3) Autorité de la chose jugée. Pour rejeter la requête, après avoir rappelé que le principe de l'autorité de la chose jugée, s'oppose à ce qu'une décision de justice devenue définitive soit remise en cause et que les juridictions n'ont pas le pouvoir de restreindre ou d'accroître les droits qu'elles ont consacrés et de modifier la chose jugée, l'arrêt attaqué énonce que considérer que la mesure de suspension de l'interdiction du territoire français porte nécessairement sur les deux interdictions du territoire prononcées à l'encontre du demandeur les 22 janvier 1992 et 8 juin 1994 ajouterait au dispositif de l'arrêt du 26 mai 2009 et modifierait ainsi la chose jugée ; attendu qu'en statuant ainsi, la cour d'appel a fait l'exacte application des textes visés aux moyens (■ Cass. crim., 5 avr. 2018, n° 17-82.852).

4) Pas de droit à une libération conditionnelle. La Cour de cassation a eu l'occasion de juger que la situation d'un étranger, qui a été condamné à une peine privative de liberté et dont la libération conditionnelle est subordonnée à son départ contraint du territoire français, n'a pas à être examinée au regard des critères personnels, familiaux et sociaux énoncés à l'article 729 précité (■ Cass. crim., 6 mars 2002, n° 01-85.914 : *Bull. crim.* n° 59). Cette décision a rejeté le pourvoi formé contre un arrêt qui avait refusé la demande de libération conditionnelle d'un condamné, la cour d'appel relevant que sa libération serait prématurée, eu égard à la date de la fin de sa peine d'emprisonnement, une telle motivation, pour la Cour de cassation, relevant du pouvoir souverain d'appréciation de la juridiction du fond. La Cour de cassation a aussi décidé que, dans le cadre du régime dérogatoire institué par l'article 729-2 précité, la libération conditionnelle d'un condamné étranger est subordonnée à l'exécution effective de la mesure d'éloignement, et que, dans le cas où il a été condamné à la réclusion criminelle à perpétuité, sa libération conditionnelle doit être prononcée dans les conditions prévues par l'article 730-2 du Code de procédure pénale, en particulier, le cas échéant, après l'exécution des mesures probatoires définies par ce texte (■ Cass. crim., 4 avr. 2013, n° 13-80.447 : *Bull. crim.* n° 80). Il ne résulte pas de ces textes ni de leur interprétation par la Cour de cassation que, pour un condamné de nationalité étrangère, qui purge une peine privative de liberté et qui fait l'objet d'une interdiction du territoire français, l'obtention d'une mesure de libération conditionnelle, lorsque les conditions tenant à la durée de sa peine restant à accomplir sont remplies, soit un droit (■ Cass. crim., 27 mai 2021, n° 20-82.727 : *Bull. crim.* n° 84).

Art. 729-3 *(Mod., L. n° 2014-896, 15 août 2014).* **– La libération conditionnelle peut être accordée pour tout condamné à une peine privative de liberté inférieure ou égale à quatre ans, ou pour laquelle la durée de la peine restant à subir est inférieure ou égale à quatre ans, lorsque ce condamné exerce l'autorité parentale sur un enfant de moins de dix ans ayant chez ce parent sa résidence habituelle ou lorsqu'il s'agit d'une femme enceinte de plus de douze semaines.**

Les dispositions du présent article ne sont pas applicables aux personnes condamnées pour un crime ou pour un délit commis sur un mineur.

1) Procédure simplifiée. Tout condamné qui remplit les conditions prévues par l'article 729-3 du Code de procédure pénale peut, même s'il n'est pas sous écrou, être admis au bénéfice de la libération conditionnelle (■ Cass. crim., 14 mars 2012, n° 11-85.373 : *JurisData* n° 2012-007617 ; *Dr. pén.* 2013, chron. 3, n° 34, obs. E. Bonis-Garçon).

2) Calcul de la durée de la peine restant à subir. Pour confirmer, par substitution de motifs, le jugement du juge de l'application des peines lui ayant accordé le bénéfice de la libération conditionnelle en application des dispositions de l'article 729 du Code de procédure pénale, l'arrêt énonce que le condamné fonde sa requête essentiellement sur sa vie de famille, qu'il exerce sur un enfant né le 15 mai 2008 et reconnu par lui le 3 novembre 2009, l'autorité parentale conjointe avec sa compagne, qu'il est domicilié chez celle-ci, qu'il manifeste des efforts sérieux de réadaptation sociale et qu'il remplit, en conséquence, les conditions exigées par l'article 729-3 du Code de procédure pénale pour bénéficier de cette mesure ; en l'état de ces motifs, la chambre de l'application a fait l'exacte application de ce texte qui permet d'accorder le bénéfice de la libération conditionnelle parentale lorsque la durée de la peine restant à subir est inférieure ou égale à quatre ans (■ Cass. crim., 16 févr. 2011, n° 10-87.572 : *Dr. pén.* 2012, chron. 2, n° 35, obs. E. Garçon. ■ Cass. crim., 3 févr. 2010, n°s 09-85.166 et 09-84.850 : *Dr. pén.* 2011, chron. 2, n° 28, obs. E. Garçon).

3) Efforts de réadaptation sociale. Pour rejeter sa demande de libération conditionnelle, la chambre de l'application des peines énonce que la condamnation sanctionne des faits particulièrement graves d'atteinte aux personnes, qu'il a déjà été plusieurs fois condamné pour des actes de délinquance routière, ce qui dénote de faibles capacités d'amendement ; que les juges ajoutent, par motifs adoptés, que la condition de résidence habituelle du mineur n'apparaît pas entièrement satisfaite, le condamné occupant, au cours de la semaine, pour les besoins de sa vie professionnelle, un logement situé dans une autre localité (■ Cass. crim., 3 févr. 2010, n°s 09-85.166 et 09-84.850 : *Dr. pén.* 2011, chron. 2, n° 28, obs. E. Garçon. ■ Cass. crim., 24 janv. 2007, n° 06-82.217 : *Dr. pén.* 2008, chron. 2, n° 30, obs. E. Garçon. ■ Cass. crim., 7 nov. 2007, n° 07-82.598 : *JurisData* n° 2007-041609 ; *Dr. pén.* 2008, chron. 2, n° 31, obs. E. Garçon).

4) Âge de l'enfant. Selon ce texte, la libération conditionnelle peut être accordée pour tout condamné à une peine privative de liberté inférieure ou égale à quatre ans, ou pour laquelle la durée de la peine restant à subir est inférieure ou égale à quatre ans, lorsque ce condamné exerce l'autorité parentale sur un enfant de moins de 10 ans ayant chez ce parent sa résidence habituelle ; Attendu que la condition de minorité de 10 ans de l'enfant s'apprécie à la date de la demande (■ Cass. crim., 2 févr. 2011, n° 10-83.092 : *JurisData* n° 2011-002626 ; *AJ Pénal* 2012, p. 48, obs. M. Herzog-Evans ; *Dr. pén.* 2012, chron. 2, n° 36, obs. E. Garçon).

Art. 730 *(L. n° 2014-896, 15 août 2014 ; mod., L. n° 2019-222, 23 mars 2019).* – **Lorsque la peine privative de liberté prononcée est d'une durée inférieure ou égale à dix ans, ou que, quelle que soit la peine initialement prononcée, la durée de détention restant à subir est inférieure ou égale à trois ans, la libération conditionnelle est accordée par le juge de l'application des peines selon les modalités prévues par l'article 712-6.**

Dans les autres cas, la libération conditionnelle est accordée par le tribunal de l'application des peines selon les modalités prévues par l'article 712-7.

Pour l'application du présent article, et sans préjudice des articles 720 et 730-3 la situation de chaque condamné est examinée au moins une fois par an, lorsque les conditions de délai prévues à l'article 729 sont remplies.

Pour les demandes de libération conditionnelle concernant des personnes condamnées à une peine d'emprisonnement égale ou supérieure à cinq ans ou à une peine de réclusion, l'avocat de la partie civile peut, s'il en fait la demande, assister au débat contradictoire devant le juge de l'application des peines, le tribunal de l'application des peines ou la chambre de l'application des peines de la cour d'appel statuant en appel pour y faire valoir ses observations, avant les réquisitions du ministère public.

Un décret fixe les modalités d'application du présent article.

1) Répartition des compétences. Aux termes de l'article 730 du Code de procédure pénale : « lorsque... quelle que soit la peine initialement prononcée, la durée de la détention restant à subir est inférieure ou égale à 3 ans, la libération conditionnelle est accordée par le juge de l'application des peines selon les modalités prévues par l'article 722 ; que dans les autres cas, la libération conditionnelle est accordée par la juridiction régionale de la libération conditionnelle selon les modalités prévues par l'article 722-1 » ; la juridiction régionale de la libération conditionnelle a statué par décision du 11 juin 2001, sur la demande de libération conditionnelle de M. X... dont la fin de peine, compte tenu de l'opposition formée contre un arrêt de condamnation à une peine de deux ans d'emprisonnement rendu par défaut et qui n'est plus exécutoire, est désormais fixée au 3 mai 2002 ; qu'il s'ensuit que cette juridiction était incompétente pour prendre la décision (■ Cass. crim., 2 nov. 2001, n° 01-95.014 : *Bull. crim.* n° 228).

2) Composition de la CHAP. Lorsqu'elle statue sur l'appel d'un jugement d'un tribunal de l'application des peines saisi par le juge de l'application des peines, en application des dispositions de l'article 712-6, alinéa 3, du Code de procédure pénale, d'une demande de libération conditionnelle, la chambre de l'application des peines ne siège pas dans la composition élargie prévue par l'article 712-13, alinéa 2, dudit code, mais dans celle limitée à trois magistrats professionnels prévue par l'article 712-1, alinéa 2 (■ Cass. crim., 11 mai 2017, n° 16-85.159 : *Bull. crim.* n° 137).

Rédaction antérieure. Art. 730-1 (1) *(L. n° 2011-939, 10 août 2011).* – Par dérogation aux deux premiers alinéas de l'article 730, lorsque la peine privative de liberté prononcée est d'une durée supérieure à cinq ans, la libération conditionnelle est accordée selon les modalités prévues à l'article 712-7 par le tribunal de l'application des peines composé, outre du président et des deux juges assesseurs, de deux citoyens assesseurs, désignés selon les modalités prévues aux articles 10-1 à 10-13.

(1) Selon la loi n° 2011-939 du 10 août 2011, l'article 730-1 du Code de procédure pénale est applicable à titre expérimental à compter du 1er janvier 2012 dans au moins deux cours d'appel et jusqu'au 1er janvier 2014 dans au plus dix cours d'appel.

Le tribunal de l'application des peines ainsi composé est seul compétent pour ordonner que la peine s'exécutera sous le régime de la semi-liberté, du placement à l'extérieur ou du placement sous surveillance électronique lorsque ces mesures sont décidées à titre probatoire préalablement à une libération conditionnelle.
Les trois derniers alinéas de l'article 712-13-1 sont applicables.
Lorsque la peine privative de liberté prononcée est d'une durée inférieure ou égale à cinq ans ou que, quelle que soit la peine initialement prononcée, la durée de détention restant à subir est inférieure ou égale à deux ans, la libération conditionnelle est accordée par le juge de l'application des peines selon les modalités prévues à l'article 712-6.

Art. 730-2 *(Mod., L. n° 2019-222, 23 mars 2019)*. **– Lorsque la personne a été condamnée à la réclusion criminelle à perpétuité ou lorsqu'elle a été condamnée soit à une peine d'emprisonnement ou de réclusion criminelle égale ou supérieure à quinze ans pour une infraction pour laquelle le suivi socio-judiciaire est encouru, soit à une peine d'emprisonnement ou de réclusion criminelle égale ou supérieure à dix ans pour une infraction mentionnée à l'article 706-53-13, la libération conditionnelle ne peut alors être accordée :**

1° Que par le tribunal de l'application des peines, quelle que soit la durée de la détention restant à subir ;

2° Qu'après une évaluation pluridisciplinaire de dangerosité réalisée dans un service spécialisé chargé de l'observation des personnes détenues et assortie d'une expertise médicale ; s'il s'agit d'un crime mentionné au même article 706-53-13, cette expertise est réalisée soit par deux experts médecins psychiatres, soit par un expert médecin psychiatre et par un expert psychologue titulaire d'un diplôme, certificat ou titre sanctionnant une formation universitaire fondamentale et appliquée en psychopathologie. L'expertise se prononce sur l'opportunité, dans le cadre d'une injonction de soins, du recours à un traitement utilisant des médicaments inhibiteurs de libido, mentionné à l'article L. 3711-3 du Code de la santé publique.

Lorsque la libération conditionnelle n'est pas assortie d'un placement sous surveillance électronique mobile, elle ne peut également être accordée qu'après l'exécution, à titre probatoire, d'une mesure de semi-liberté de placement à l'extérieur ou de placement sous surveillance électronique pendant une période d'un an à trois ans. Cette mesure ne peut être exécutée avant la fin du temps d'épreuve prévu à l'article 729 du présent code.

Un décret précise les conditions d'application du présent article.

1) Rappel. Pour l'application de l'article 730-2 du Code de procédure pénale, les mesures probatoires préalables à une libération conditionnelle sont accordées pour une période d'un an à 3 ans. Pour statuer sur la demande d'aménagement de sa peine sollicitée par M. U., l'arrêt attaqué énonce qu'il convient de lui accorder le bénéfice d'une semi-liberté probatoire de 6 mois, préalable à une mesure de libération conditionnelle ; en se déterminant ainsi, alors que l'exécution, à titre probatoire, d'une mesure de semi-liberté ne peut être inférieure à 1 an, la cour d'appel a méconnu le texte ci-dessus visé (■ Cass. crim., 4 sept. 2019, n° 19-80.128). Le prononcé de cette mesure est seulement une faculté, pour la juridiction de l'application des peines, à laquelle il revient d'apprécier souverainement son opportunité, au vu de la personnalité du condamné, des perspectives concrètes de son éloignement du territoire national, de ses projets de réinstallation et, le cas échéant, du déroulement des mesures probatoires auxquelles il a été soumis en application de l'article 730-2 du Code de procédure pénale (■ Cass. crim., 27 mai 2021, n° 20-82.727 : *Bull. crim.* n° 84).

2) Condamné étranger. Il se déduit de l'article 730-2 du Code de procédure pénale qu'en cas de condamnation à la réclusion criminelle à perpétuité, la libération conditionnelle ne peut être accordée tant que le condamné n'a pas été placé sous le régime de la semi-liberté, du placement à l'extérieur ou du placement sous surveillance électronique pendant une période d'au moins un an. Cette disposition est applicable à tout condamné étranger qui n'a pas fait l'objet de l'une des mesures d'éloignement du territoire français prévues à l'article 729-2 du même code (■ Cass. crim., 7 sept. 2016, n° 15-81.679 : *Bull. crim.* n° 237. ■ Cass. crim., 4 avr. 2013, n° 13-80.447 : *Bull. crim.* n° 80).

3) Suspension médicale de peine. Les personnes condamnées qui bénéficient de la suspension de peine prévue par l'article 720-1-1 du Code de procédure pénale peuvent être placées en libération conditionnelle dans les conditions fixées par l'article 729, dernier alinéa, du même code, sans que les dispositions de l'article 730-2 reçoivent application (■ Cass. crim., 24 juin 2020, n° 20-90.009 : *Bull. crim.* n° 49 ; *Dr. pén.* 2020, comm. 181, note E. Bonis).

4) Cumul des conditions d'application. Les dispositions des articles 729 et 730-2 du Code de procédure pénale s'appliquent de manière cumulative, en cas de libération conditionnelle d'une personne âgée de plus de soixante-dix ans, condamnée pour l'une des infractions prévues par l'article 730-2 précité. Par l'arrêt attaqué, la chambre de l'application des peines a accordé à M. [H], âgé de soixante-et-onze ans, qui exécute une peine de quinze ans de réclusion criminelle, prononcée en répression d'une infraction passible du suivi socio-judiciaire, une libération conditionnelle, sans l'assortir d'un placement sous surveillance électronique mobile, et sans qu'elle ait été précédée, à titre probatoire, d'une mesure de semi-liberté, de placement à l'extérieur ou de détention à domicile. En se prononçant ainsi, la chambre de l'application des peines a méconnu les textes susvisés (▪ Cass. crim., 14 avr. 2021, n° 20-81.177 : *Bull. crim.* n° 43 ; *Dr. pén.* 2021, comm. 119, obs. V. Peltier).

Art. 730-2-1 *(L. n° 2016-731, 3 juin 2016)*. **– Lorsque la personne a été condamnée à une peine privative de liberté pour une ou plusieurs infractions mentionnées aux articles 421-1 à 421-6 du Code pénal, à l'exclusion de celles définies aux articles 421-2-5 à 421-2-5-2 du même code, la libération conditionnelle ne peut être accordée :**

1° Que par le tribunal de l'application des peines, quelle que soit la durée de la peine de détention restant à exécuter ;

2° Qu'après avis d'une commission chargée de procéder à une évaluation pluridisciplinaire de la dangerosité de la personne condamnée.

Le tribunal de l'application des peines peut s'opposer à la libération conditionnelle si cette libération est susceptible de causer un trouble grave à l'ordre public.

(Al. abr. à compter du 1er juillet 2020, Cons. const., n° 2019-799/800 QPC, 6 sept. 2019, art. 1er et 2 et consid. 11 : JO 7 sept. 2019).

Un décret précise les conditions d'application du présent article.

1) Inconstitutionnalité de l'article 730-2-1, alinéa 5.

a. Abrogation constitutionnelle. Il résulte de la jurisprudence constante de la Cour de cassation que ces dispositions font obstacle, pour les condamnés étrangers sous le coup d'une décision d'éloignement du territoire, telle qu'une expulsion ou une interdiction du territoire français, à toute mesure de libération conditionnelle, dès lors que l'exécution de mesures probatoires est incompatible avec la décision d'éloignement du territoire. Dès lors que les dispositions contestées ont pour conséquence de priver les personnes en cause de toute possibilité d'aménagement de leur peine, en particulier dans le cas où elles ont été condamnées à la réclusion criminelle à perpétuité, elles sont manifestement contraires au principe de proportionnalité des peines. (▪ Cons. const., 6 sept. 2019, n° 2019-799/800 QPC : *JO* 7 sept. 2019, texte n° 64 ; *JCP* G 2019, 1016, note V. Peltier ; *Dr. pén.* 2019, comm. 178, obs. E. Bonis).

Application. L'article 730-2-1 du Code de procédure pénale, dans sa rédaction découlant de la déclaration d'inconstitutionnalité (▪ Cons. const., 6 sept. 2019, n° 2019-799/800 QPC) qui n'impose plus, préalablement à toute libération conditionnelle, lorsque les personnes ont été condamnées pour des infractions à caractère terroriste, l'exécution à titre probatoire d'une mesure de semi-liberté, de placement à l'extérieur ou de placement sous surveillance électronique, est applicable depuis le 1er juillet 2020. Ainsi, les personnes de nationalité étrangère, même condamnées pour des infractions à caractère terroriste, qui font l'objet d'une mesure d'éloignement du territoire français, peuvent solliciter une libération conditionnelle sur le fondement de l'article 729-2 du Code de procédure pénale. Il y a lieu en conséquence de procéder à un nouvel examen de l'affaire au regard des dispositions de l'article 730-2-1 du Code de procédure pénale, plus favorables (▪ Cass. crim., 20 oct. 2021, n° 20-84.240).

b. Transmission de la QPC. L'article 730-2-1 du Code de procédure pénale institue un régime dérogatoire de libération conditionnelle applicable aux personnes, françaises comme étrangères, condamnées à une peine privative de liberté pour certaines infractions relevant du terrorisme ; en particulier, il subordonne la libération conditionnelle à l'exécution de mesures probatoires en milieu ouvert pendant une durée comprise entre 1 an et 3 ans ; en s'abstenant de prévoir des dispositions spécifiques pour les condamnés étrangers sous le coup d'une décision d'éloignement du territoire, telle qu'une expulsion ou une interdiction du territoire français, il fait obstacle, en ce qui les concerne, à toute mesure de libération conditionnelle, dès lors que l'exécution de mesures probatoires en milieu ouvert est incompatible avec la décision d'éloignement du territoire ; cet article, qui crée au surplus une différence de traitement avec les étrangers condamnés pour des infractions n'entrant pas dans le champ d'application de l'article 730-2-1, qui relèvent des dispositions spécifiques instituées par l'article 729-2, est susceptible de méconnaître le principe constitutionnel invoqué (▪ Cass. crim., 5 juin 2019, nos 19-90.016 et 19-90.012). D'où il suit qu'il y a lieu de la renvoyer au Conseil constitutionnel.

2) Suspension médicale de peine. Les personnes condamnées qui bénéficient de la suspension de peine pour raisons de santé prévue par l'article 720-1-1 du Code de procédure pénale peuvent être placées en libération conditionnelle dans les conditions prévues par l'article 729, dernier alinéa, du même code, sans que les dispositions de l'article 730-2-1 de ce code, prévoyant une évaluation de leur dangerosité sous le régime de l'incarcération, reçoivent application (■ Cass. crim., 3 mars 2021, n° 20-81.692 : *Dr. pén.* 2021, comm. 80, obs. V. Peltier).

Art. 730-3 *(Créé à compter du 1er janvier 2015, L. n° 2014-896, 15 août 2014)* (1). – **Lorsque la durée de la peine accomplie est au moins égale au double de la durée de la peine restant à subir, la situation de la personne condamnée exécutant une ou plusieurs peines privatives de liberté d'une durée totale de plus de cinq ans est examinée par le juge ou le tribunal de l'application des peines à l'occasion d'un débat contradictoire tenu selon les modalités prévues aux articles 712-6 ou 712-7, afin qu'il soit statué sur l'octroi d'une libération conditionnelle. Si la personne a été condamnée à la réclusion criminelle à perpétuité, ce débat ne peut intervenir avant le terme du temps d'épreuve ni avant celui de la période de sûreté.**

Le juge ou le tribunal de l'application des peines n'est pas tenu d'examiner la situation de la personne qui a fait préalablement savoir qu'elle refusait toute mesure de libération conditionnelle. Un décret fixe les conditions d'application du présent alinéa.

S'il n'est pas procédé au débat contradictoire dans les conditions prévues au premier alinéa du présent article, la chambre de l'application des peines de la cour d'appel peut, d'office ou sur saisine de la personne condamnée ou du procureur de la République, tenir ce débat.

Art. 731 *(Mod., L. n° 2004-204, 9 mars 2004)*. – **Le bénéfice de la libération conditionnelle peut être assorti de conditions particulières ainsi que de mesures d'assistance et de contrôle destinées à faciliter et à vérifier le reclassement du libéré. Celui-ci peut en particulier être soumis à une ou plusieurs des mesures de contrôle ou obligations mentionnées aux articles 132-44 et 132-45 du Code pénal.**

Ces mesures sont mises en œuvre par le juge de l'application des peines assisté du service pénitentiaire d'insertion et de probation, et, le cas échéant, avec le concours des organismes habilités à cet effet.

Un décret détermine les modalités d'application des mesures visées au présent article, et les conditions d'habilitation des organismes mentionnés à l'alinéa précédent. Il fixe également les conditions du financement indispensable à l'application de ces mesures et au fonctionnement des comités.

1) Délégation du suivi de la mesure. La chambre de l'application des peines, saisie en appel d'une décision du juge de l'application des peines, dispose des mêmes pouvoirs que ceux attribués à ce dernier par l'article D. 49-81 du Code de procédure pénale. Dès lors, elle peut déléguer le suivi de la mesure de libération conditionnelle au juge de l'application des peines du tribunal dans le ressort duquel est située la résidence habituelle du condamné (■ Cass. crim., 26 sept. 2007, n° 07-81.644 : *Bull. crim.* n° 227).

2) Mise en œuvre de la libération conditionnelle. Selon les dispositions des articles 731, D. 530 et D. 536 du Code de procédure pénale, il appartient au juge de l'application des peines chargé de mettre en œuvre la décision de libération conditionnelle, alors même que cette décision est prise par un autre magistrat, de définir les obligations particulières auxquelles peut être subordonné le maintien de cette mesure (■ Cass. crim., 19 déc. 1991, n° 91-84.233 : *Bull. crim.* n° 490).

Art. 731-1 *(Mod., L. n° 2019-222, 23 mars 2019)* (2) (3). – **La personne faisant l'objet d'une libération conditionnelle peut être soumise aux obligations prévues pour le suivi socio-judiciaire si elle a été condamnée pour un crime ou un délit pour lequel cette mesure est encourue. Sauf décision contraire du juge de l'application des peines ou du tribunal de l'application des peines, cette personne est soumise à une injonction de soins dans les conditions prévues aux articles L. 3711-1 et suivants du Code de la santé publique s'il est établi, après l'expertise prévue à l'article 712-21 du présent code, qu'elle est susceptible de faire l'objet d'un traitement.**

(1) Dispositions mises en œuvre, dans un délai d'un an, pour les condamnés ayant, au 1er janvier 2015, déjà accompli au moins le double de la durée de la peine restant à subir, L. n° 2014-896, 15 août 2014, art. 54, IV.

(2) Quelle que soit la date de commission des faits ayant donné lieu à condamnation, sont immédiatement applicables des dispositions de l'article 731-1, pour les condamnations en cours d'exécution après la date d'entrée en vigueur de la loi du 12 déc. 2005 n° 2005-1549 (art. 41).

(3) Les modifications de cet alinéa sont immédiatement applicables aux personnes exécutant une peine privative de liberté (L. n° 2007-1198, 10 août 2007, art. 12).

La personne condamnée à une peine d'au moins cinq ans d'emprisonnement pour une infraction pour laquelle le suivi socio-judiciaire est encouru peut être placée sous surveillance électronique mobile selon les modalités prévues aux articles 763-12 et 763-13. Le tribunal de l'application des peines ou le juge de l'application des peines, suivant les distinctions des articles 730 et 730-2, détermine la durée pendant laquelle le condamné sera effectivement placé sous surveillance électronique mobile. Cette durée ne peut excéder deux ans, renouvelable une fois en matière délictuelle et deux fois en matière criminelle.

Art. 732 *(Mod., L. n° 2011-525, 17 mai 2011).* – La décision de libération conditionnelle fixe les modalités d'exécution et les conditions auxquelles l'octroi ou le maintien de la liberté est subordonné, ainsi que la nature et la durée des mesures d'assistance et de contrôle. Si elle est prise par le tribunal de l'application des peines, celui-ci peut prévoir que l'élargissement s'effectuera au jour fixé par le juge de l'application des peines entre deux dates déterminées.

Cette durée ne peut être inférieure à la durée de la partie de la peine non subie au moment de la libération s'il s'agit d'une peine temporaire ; elle peut la dépasser pour une période maximum d'un an. La durée totale des mesures d'assistance et de contrôle ne peut toutefois excéder dix ans.

Lorsque la peine en cours d'exécution est une peine perpétuelle, la durée des mesures d'assistance et de contrôle est fixée pour une période qui ne peut être inférieure à cinq années, ni supérieure à dix années.

Pendant toute la durée de la libération conditionnelle, les dispositions de la décision peuvent être modifiées en application de l'article 712-8.

Exécution d'une nouvelle peine. Le délai au cours duquel peut être prise la décision de révocation d'une mesure de libération conditionnelle est suspendu pendant la durée de l'exécution d'une peine privative de liberté, distincte de la première et non confondue avec celle-ci, que doit subir le condamné (■ Cass. crim., 27 avr. 1994, nos 94-80.651 et 94-80.736 : *Bull. crim.* n° 156).

Art. 732-1 *(L. n° 2010-242, 10 mars 2010).* – Lorsque la personne a été condamnée à la réclusion criminelle à perpétuité pour l'un des crimes visés à l'article 706-53-13 et qu'elle a fait l'objet d'une libération conditionnelle avec injonction de soins, la juridiction régionale de la rétention de sûreté peut, selon les modalités prévues par l'article 706-53-15, décider de prolonger tout ou partie des obligations auxquelles est astreinte la personne, au-delà de la période de libération conditionnelle, en la plaçant sous surveillance de sûreté avec injonction de soins pour une durée de deux ans.

Le placement sous surveillance de sûreté ne peut être ordonné qu'après expertise médicale constatant que le maintien d'une injonction de soins est indispensable pour prévenir la récidive.

Les deuxième à cinquième alinéas de l'article 723-37 sont applicables, ainsi que l'article 723-38.

Art. 733 *(Mod., L. n° 2010-242, 10 mars 2010).* – En cas de nouvelle condamnation, d'inconduite notoire, d'infraction aux conditions ou d'inobservation des mesures énoncées dans la décision de mise en liberté conditionnelle, cette décision peut être révoquée, suivant les distinctions de l'article 730, soit par le juge de l'application des peines, soit par le tribunal de l'application des peines, selon les modalités prévues par les articles 712-6 ou 712-7. Il en est de même lorsque la décision de libération conditionnelle n'a pas encore reçu exécution et que le condamné ne remplit plus les conditions légales pour en bénéficier.

Constitue pour le condamné une violation des obligations qui lui ont été imposées le fait de refuser de commencer ou de poursuivre le traitement prescrit par le médecin traitant et qui lui a été proposé dans le cadre d'une injonction de soins, conformément à l'article 731-1.

Après révocation, le condamné doit subir, selon les dispositions de la décision de révocation, tout ou partie de la durée de la peine qu'il lui restait à subir au moment de sa mise en liberté conditionnelle, cumulativement, s'il y a lieu, avec toute nouvelle peine qu'il aurait encourue ; le temps pendant lequel il a été placé en état d'arrestation provisoire compte toutefois pour l'exécution de sa peine.

Si la révocation n'est pas intervenue avant l'expiration du délai prévu à l'article précédent, la libération est définitive. Dans ce cas, la peine est réputée terminée depuis le jour de la liberté conditionnelle.

1) Refus de transmission d'une question prioritaire de constitutionnalité – Inconduite notoire. Les dispositions de l'article 733 alinéa 1er du Code de procédure pénale qui permettent la révocation de la mesure de libération conditionnelle en cas d'inconduite notoire du condamné sans définir cette notion laissent au juge, dont c'est l'office, le soin de qualifier des comportements que le législateur ne peut énumérer a priori de façon exhaustive, sont rédigées en des termes suffisamment clairs et précis pour permettre que son interprétation se fasse sans risque d'arbitraire et dans des conditions garantissant le respect des droits de la défense constitutionnel (▪ Cass. crim., 15 janv. 2014, n° 13-83.542 QPC : *JurisData* n° 2014-000249. – V. aussi ▪ Cass. crim., 21 mai 2014, n° 13-87.317. ▪ Cass. crim., 3 sept. 2014, n° 13-83.542 : *JurisData* n° 2014-019718 ; *Dr. pén.* 2014, comm. 143, obs. E. Bonis-Garçon). Pour un exemple : ▪ Cass. crim., 9 nov. 2021, n° 21-80.587.

2) Procès équitable. Il se déduit de l'article préliminaire du Code de procédure pénale et de l'article 6 de la Convention européenne des droits de l'Homme que le respect des principes du contradictoire et de l'équilibre des droits des parties interdit à la chambre de l'application des peines, prononçant sur une demande de révocation de libération conditionnelle, de statuer sans que le condamné, qui en fait la demande, eût été mis en mesure de comparaître à l'audience (▪ Cass. crim., 15 avr. 2015, n° 14-82.622 : *JurisData* n° 2015-008108 ; *Bull. crim.* n° 92 ; *Dr. pén.* 2015, comm. 91, obs. E. Bonis-Garçon).

3) Révocation postérieure à la date d'expiration de la mesure. Selon les articles 712-20 et 712-6 du Code de procédure pénale, la violation, par le condamné, des obligations auxquelles il est astreint, commise pendant la durée d'exécution d'une mesure de libération conditionnelle, peut donner lieu à la révocation de la mesure, après sa date d'expiration, lorsque la juridiction de l'application des peines compétente a été saisie ou s'est saisie à cette fin au plus tard dans le délai d'un mois après cette date. Méconnaît ces textes la chambre de l'application des peines qui, faisant application de l'article 733, dernier alinéa, dit n'y avoir lieu à révocation, au motif que, si le juge de l'application des peines s'est saisi avant la fin du délai d'épreuve, la révocation n'est intervenue qu'après l'expiration de ce délai (▪ Cass. crim., 4 juin 2008, n° 08-81.603 : *Bull. crim.* n° 142).

4) Incarcération du condamné intervenue avant l'expiration du délai d'épreuve. Est justifié l'arrêt de la cour d'appel qui confirme la décision du juge chargé de l'application des peines ordonnant la révocation partielle de la mesure de libération conditionnelle octroyée à un condamné, pour inobservation des obligations mises à sa charge, dès lors que ce condamné a été incarcéré, avant l'expiration du délai d'épreuve, en exécution d'un mandat de dépôt délivré par le tribunal correctionnel à l'occasion d'une procédure distincte (▪ Cass. crim., 9 nov. 2004, n° 04-82.980 : *Bull. crim.* n° 277).

5) Suspension de la mesure. Si la révocation d'une mesure de libération conditionnelle n'est pas intervenue avant l'expiration du délai d'épreuve, la libération est définitive dès lors qu'en application des articles 722-2 et 733, alinéas 2 et 3, du Code de procédure pénale, seule la délivrance d'un mandat ou l'incarcération du condamné est de nature à suspendre la mesure de libération conditionnelle (▪ Cass. crim., 21 mai 2003, n° 02-81.861 : *Bull. crim.* n° 106).

6) Révocation. Est justifié l'arrêt de la cour d'appel qui confirme le jugement du tribunal de l'application des peines ordonnant la révocation totale d'une mesure de libération conditionnelle pour inobservation des obligations mises à la charge du condamné, dès lors que celui-ci est incarcéré, en exécution d'un mandat de dépôt délivré à l'occasion d'une procédure distincte, avant l'expiration du délai d'épreuve dont le cours est ainsi suspendu (▪ Cass. crim., 18 déc. 2013, n° 13-80.554 : *JurisData* n° 2013-029415 ; *Bull. crim.* n° 267 ; *Dr. pén.* 2014, chron. 3, n° 40, obs. E. Bonis-Garçon). Le délai au cours duquel la décision de révocation de libération conditionnelle peut être prise est suspendu pendant la période d'exécution d'une nouvelle peine privative de liberté, distincte de la première et non confondue avec elle, prononcée contre le condamné (▪ Cass. crim., 27 avr. 1994, n°s 94-80.651 et 94-80.736 : *Bull. crim.* n° 156. ▪ Cass. crim., 9 nov. 1961 : *Bull. crim.* n° 458).

TITRE III *BIS*. – DU TRAVAIL D'INTÉRÊT GÉNÉRAL

(L. n° 2004-204, 9 mars 2004)

Bibliographie : A. Bonnet, *Travail d'intérêt général* : *JCl. Proc. pén.* 2015, Fasc. 20.

Art. 733-1 *(Mod., L. n° 2009-1436, 24 nov. 2009)*. **– Le juge de l'application des peines peut, d'office, à la demande de l'intéressé ou sur réquisitions du procureur de la République, ordonner par décision motivée de substituer au travail d'intérêt général une peine de jours amende. Cette décision est prise à l'issue d'un débat contradictoire, conformément aux dispositions de l'article 712-6.**

Cette décision peut également intervenir à la suite de l'exécution partielle du travail d'intérêt général.

Art. 733-2 *(Mod., L. n° 2005-1549, 12 déc. 2005)*. – **En cas d'inexécution d'un travail d'intérêt général, le juge de l'application des peines peut, d'office ou sur réquisitions du procureur de la République, ordonner par décision motivée la mise à exécution de l'emprisonnement et de l'amende prononcés par la juridiction de jugement en application des dispositions du deuxième alinéa des articles 131-9 et 131-11 du Code pénal. L'exécution peut porter sur tout ou partie de cette peine.**

Cette décision est prise à l'issue d'un débat contradictoire, conformément aux dispositions de l'article 712-6. En cas d'inexécution du travail d'intérêt général, les dispositions de l'article 712-17 sont applicables.

TITRE IV. – DU SURSIS ET DE L'AJOURNEMENT

(L. n° 92-1336, 16 déc. 1992 ; L. n° 93-913, 19 juill. 1993)

Art. 734 *(Mod., L. n° 92-1336, 16 déc. 1992)*. – **Le tribunal ou la cour qui prononce une peine peut, dans les cas et selon les conditions prévus par les articles 132-29 à 132-57 du Code pénal, ordonner qu'il sera sursis à son exécution.**

La juridiction peut également ajourner le prononcé de la peine dans les cas et conditions prévus par les articles 132-60 à 132-70 dudit code.

Les modalités de mise en œuvre du sursis et de l'ajournement sont fixées par le présent titre.

1) **Amende douanière.** Le sursis ne s'applique qu'aux peines et non aux pénalités douanières. La contravention douanière de cinquième classe, prévue et réprimée par l'article 413 *bis* du Code des douanes, est sanctionnée notamment d'une amende douanière qui, comme telle, a un caractère mixte, à la fois pénal et fiscal. Il s'ensuit que le prononcé de cette amende douanière ne peut être assorti du sursis (■ Cass. crim., 23 nov. 1987, n° 81-91.729 : *Bull. crim.* n° 422).

2) **Contributions indirectes.** Le sursis à l'exécution de la peine dans les conditions établies par les articles 734 à 737 du Code de procédure pénale, prévu par l'article 1801 du Code général des impôts en cas de condamnation pour infractions aux lois et règlements régissant les contributions indirectes, est purement facultatif pour le juge qui peut s'abstenir de le prononcer sans avoir à s'en expliquer (■ Cass. crim., 19 déc. 1988, n° 87-84.476 : *Bull. crim.* n° 434).

3) **Peine criminelle.** Aux termes de l'article 362, alinéa 3 du Code de procédure pénale, lorsque la Cour d'assises prononce une peine correctionnelle, elle peut ordonner à la majorité qu'il soit sursis à l'exécution de la peine avec ou sans mise à l'épreuve ; il résulte des articles 6 et 7 du Code pénal que la réclusion criminelle à temps est une peine de nature criminelle ; la peine de la réclusion criminelle ne peut être assortie de sursis, avec ou sans mise à l'épreuve (■ Cass. crim., 11 juin 1986, n° 86-90.999 : *Bull. crim.* n° 204).

4) **Suspension du délai du sursis avec mise à l'épreuve.** Si le délai d'épreuve imposé au bénéficiaire du sursis ne commence à courir que du jour où la condamnation prononcée contre lui est devenue définitive, lorsque celle-ci n'a pas été déclarée exécutoire par provision, ce délai doit être en tout cas suspendu, en cas de sursis avec mise à l'épreuve partielle, pendant l'exécution de la fraction ferme de l'emprisonnement (■ Cass. crim., 27 juin 1984, n° 83-93.387 : *Bull. crim.* n° 249. ■ Cass. crim., 27 juin 1984, n° 83-93.387 : *Bull. crim.* n° 249).

5) **Contributions indirectes.** Encourt la cassation pour violation des dispositions de l'article 1802 du Code général des impôts, l'arrêt qui a accordé le bénéfice du sursis à l'exécution de la pénalité proportionnelle prononcée contre un individu coupable de fabrication sans déclaration de dilution alcoolique, infraction fiscale prévue par les articles 1791 et 1810 dudit code (■ Cass. crim., 11 mai 1981, n° 80-92.020 : *Bull. crim.* n° 149).

6) **Confusion de peines.** Les peines de même nature prononcées successivement contre un même individu à raison de faits poursuivis séparément et antérieurs à la date à laquelle la première condamnation est devenue définitive, doivent être subies cumulativement si le juge n'en a autrement ordonné, à moins que, par leur réunion, elles n'excèdent le maximum de la peine la plus forte (1). En cas de confusion de deux peines d'emprisonnement, avec sursis pour une part, chaque peine conserve son existence et ses caractéristiques propres (2). Par l'effet de la confusion partielle des peines la situation du condamné ne peut être aggravée. Doit, dès lors, être cassé l'arrêt qui, après avoir refusé la confusion intégrale de deux peines d'emprisonnement, chacune de trois ans dont vingt mois avec sursis, a réduit, comme il

le devait, leur total au maximum fixé par la loi mais a, en même temps, à tort, élevé de trente-deux à quarante mois la part immédiatement exécutoire de peines d'emprisonnement définitives, aggravant ainsi la situation du condamné (■ Cass. crim., 27 janv. 1972, n° 71-92.518 : *Bull. crim.* n° 36).

7) Réhabilitation. L'individu condamné à l'emprisonnement avec sursis ne peut pas demander sa réhabilitation (■ Cass. crim., 18 juin 1969, n° 69-90.400 : *Bull. crim.* n° 206).

8) Constatations extérieures à la décision ordonnant le sursis. Il ne saurait être fait état devant la Cour de cassation de circonstances de fait prises en dehors des constatations d'un arrêt qui ordonne le sursis à l'exécution d'une peine d'emprisonnement après avoir énoncé que le condamné n'a jamais subi de condamnation antérieure à l'emprisonnement pour crime ou délit de droit commun (■ Cass. crim., 23 janv. 1969, n° 68-92.208 : *Bull. crim.* n° 47).

9) Absence de condamnation antérieure. L'arrêt d'une cour d'assises qui ordonne le sursis à l'exécution d'une peine d'emprisonnement sans constater que le condamné n'a pas fait l'objet de condamnation antérieure à l'emprisonnement pour crime ou délit de droit commun ne permet pas à la Cour de cassation de vérifier si le sursis a été légalement appliqué (■ Cass. crim., 23 janv. 1969, n° 68-92.409 : *Bull. crim.* n° 48).

CHAPITRE I. – DU SURSIS SIMPLE

Art. 734-1 *(Abr., L. n° 92-1336, 16 déc. 1992).*

Bibliographie : *Répertoire.* P. Salvage, *Sursis simple : JCl. Proc. pén.* 2006, Fasc. 20.

Généralités. D. Bechraoui, *La confusion des peines assorties du sursis avant et après le nouveau Code pénal : RSC* 1999, p. 767. • P. Couvrat, *Les procédures de révocation du sursis : RSC* 1990, p. 611 ; *Les procédures de révocation du sursis : RSC* 1990, p. 611 ; *Un anniversaire oublié : le centenaire du sursis : RSC* 1991, p. 799. • J. Larguier, *Les effets de la condamnation avec sursis réputée non avenue : RSC* 1975, p. 683 ; *Sursis partiel et amnistie : RSC* 1975, p. 126 ; *Le point de départ du délai d'épreuve dans le sursis simple : RSC* 1975, p. 126. • P. Marchaud, *Sursis non avenu et réhabilitation : Gaz. Pal.* 1974, 2, doctr. p. 924. • L. Rieneau, *Le sursis simple est bien complexe : RSC* 1992, p. 59. • Ph. Salvage, *Le cumul de sursis : RSC* 1978, p. 13. • A. Vitu, *Sursis simple ou sursis probatoire et point de départ du délai d'épreuve : RSC* 1985, p. 286 ; *Les problèmes posés par le fonctionnement du sursis : RSC* 1989, p. 95. • A. Vitu, *Problèmes posés par le fonctionnement du sursis : RSC* 1989, p. 95.

Art. 735 *(Rempl. à compter du 1er janvier 2015, L. n° 2014-896, 15 août 2014)* (1). **– Lorsque la juridiction de jugement n'a pas statué sur la révocation du sursis en application de l'article 132 36 du Code pénal parce qu'elle n'avait pas connaissance de la première condamnation, le procureur de la République peut ultérieurement saisir le tribunal correctionnel d'une requête motivée tendant à sa révocation.**

Le tribunal statue en audience publique, après audition de la personne et, s'il y a lieu, de son avocat.

1) Refus de transmission d'une question prioritaire de constitutionnalité. L'article 53 de la loi du 15 août 2014, applicable à toute condamnation à une peine de réclusion ou d'emprisonnement prononcée avant le 1er janvier 2015 et ayant révoqué un sursis précédemment accordé, laisse au condamné, même si le recours par lui exercé a connu, après cette date, une issue défavorable, la faculté de demander à bénéficier d'une dispense de révocation, requête qui sera nécessairement examinée par le juge au regard des critères de la loi nouvelle (■ Cass. crim., 9 avr. 2015, n° 14-86.372 : *JurisData* n° 2015-007545 ; *Dr. pén.* 2015, comm. 105, obs. V. Peltier).

2) Requête en dispense de révocation du sursis. V. note sous art. 723-15-2, p. 1773.

3) Condamnation postérieure à l'expiration du délai d'épreuve pour des faits commis pendant ce délai. Il résulte tant de l'article 735 ancien du Code de procédure pénale que de l'article 132-35 du Code pénal en vigueur depuis le 1er mars 1994, que, même postérieure à l'expiration du délai d'épreuve, une nouvelle condamnation

(1) Lorsqu'un sursis simple a été révoqué de plein droit par une condamnation prononcée antérieurement à l'entrée en vigueur de la loi n° 2014-896 du 15 août 2014, le présent article, dans sa rédaction antérieure, demeure applicable tant que la peine résultant de la révocation n'a pas été totalement ramenée à exécution. Toutefois, lorsqu'une juridiction de l'application des peines est saisie de l'octroi d'une des mesures prévues aux articles 712-6 et 712-7 du présent code, elle est compétente pour statuer sur la demande de dispense de révocation du sursis simple. Elle statue alors dans les conditions prévues au même article 712-6, L. n° 2014-896, 15 août 2014, art. 53.

emporte révocation du sursis, dès lors qu'elle a été prononcée pour un crime ou un délit commis au cours de ce délai (■ Cass. crim., 10 déc. 1996, n° 96-82.206 : *Bull. crim.* n° 459).

4) Délai du sursis simple.

a. Suspension. Lorsqu'est prononcée une peine d'emprisonnement dont une partie est assortie du sursis simple, le délai d'épreuve imparti par l'article 735 du Code de procédure pénale, dont le point de départ est en principe le jour où la condamnation est devenue définitive, est suspendu pendant l'exécution de la partie ferme de la peine d'emprisonnement infligée (■ Cass. crim., 9 févr. 1988, n° 87-83.853 : *Bull. crim.* n° 65).

b. Point de départ du délai. C'est à partir du jour où la condamnation est devenue définitive par l'expiration du délai imparti pour exercer les voies de recours ou par le rejet du pourvoi en cassation que court le délai de cinq ans, prévu par l'article 735 du Code de procédure pénale, après lequel une condamnation à l'emprisonnement avec sursis est considérée comme non avenue en l'absence d'une nouvelle condamnation à l'emprisonnement sans sursis (■ Cass. crim., 31 mars 1987, n° 86-94.803 : *Bull. crim.* n° 150). Le point de départ du délai d'épreuve imparti par l'article 735 du Code de procédure pénale est l'expiration du délai d'appel du procureur général, soit, aux termes de l'article 505, deux mois à compter du jour du prononcé du jugement (■ Cass. crim., 29 déc. 1964, n° 64-91.912 : *Bull. crim.* n° 350).

5) Révocation d'un sursis antérieur. Doivent être déclarés nuls les jugements ou arrêts dont le dispositif contient des décisions contradictoires. Doit dès lors être cassé l'arrêt confirmant le jugement entrepris dans toutes ses dispositions, et ordonnant révocation d'un sursis expressément écartée par les premiers juges (■ Cass. crim., 16 avr. 1986, n° 85-92.113 : *Bull. crim.* n° 129).

6) Effet de la dispense de révocation. La décision de dispense de révocation du sursis confère à l'expiration du délai prévu par l'article 735 du Code de procédure pénale le caractère non avenu à la condamnation assortie du sursis (■ Cass. crim., 23 janv. 1985, n° 81-92.359 : *Bull. crim.* n° 39).

7) Récidive. Il résulte de la combinaison de l'article 735 du Code de procédure pénale et des articles 57 et 58 du Code pénal qu'il suffit que les faits ayant motivé la seconde condamnation aient été commis dans le délai de cinq ans à dater du premier jugement devenu définitif qui a sursis à l'exécution de la peine d'emprisonnement. Il n'est pas nécessaire de faire dépendre l'état de récidive de l'accomplissement de la peine antérieurement prononcée (■ Cass. crim., 23 déc. 1963, n° 63-91.295 : *Bull. crim.* n° 376).

Art 735-1 *(Mod. à compter du 1er janv. 2015, L. n° 2014-896, 15 août 2014).* **– En cas de condamnation à une peine d'emprisonnement prononcée par la juridiction pénale d'un État membre de l'Union européenne, la révocation du sursis simple ne peut être prononcée que par le tribunal correctionnel statuant sur requête du procureur de la République, selon la procédure prévue à l'article 735.**

Art. 736 *(Mod., L. n° 2012-409, 27 mars 2012).* **– La suspension de la peine ne s'étend pas au paiement des dommages-intérêts.**

Elle ne s'étend pas non plus aux incapacités, interdictions et déchéances résultant de la condamnation.

Toutefois, ces incapacités, interdictions et déchéances cesseront d'avoir effet du jour où, par application des dispositions de l'article 132-35 du Code pénal, la condamnation aura été réputée non avenue. Cette disposition ne s'applique pas au suivi socio-judiciaire prévu à l'article 131-36-1 du Code pénal ou à la peine d'interdiction d'exercer une activité professionnelle ou bénévole impliquant un contact habituel avec des mineurs. Les incapacités, interdictions et déchéances prononcées, comme peine complémentaire, à titre définitif cessent d'avoir effet à l'issue d'un délai de quarante ans à compter du jour où la condamnation a été réputée non avenue.

1) Interdiction du territoire français. Selon l'article 736 du Code de procédure pénale, les incapacités, interdictions et déchéances résultant d'une condamnation avec sursis cesseront d'avoir effet du jour où, par application de l'article 132-35 du Code pénal, cette condamnation aura été réputée non avenue. L'interdiction du territoire français ne figurant pas au nombre des exceptions prévues par le premier de ces textes, en méconnaît les dispositions la cour d'appel qui, avant de rejeter une requête en relèvement d'une telle interdiction résultant d'une condamnation non avenue, relève que les effets du non avenu sont limités à la peine principale d'emprisonnement partiellement assortie du sursis et que la peine d'interdiction du territoire français bénéficie d'un régime autonome (■ Cass. crim., 29 oct. 2003, n° 02-86.704 : *Bull. crim.* n° 206).

2) Peines accessoires et incapacités. Il résulte des termes de l'article 736, paragraphe 2, du Code de procédure pénale que l'octroi du bénéfice, du sursis n'a d'effet qu'à l'égard de la peine principale et ne saurait s'étendre aux peines accessoires et aux incapacités (■ Cass. crim., 6 déc. 1967, n° 67-90.253 : *Bull. crim.* n° 313).

Art. 737 *(Abr., L. n° 92-1336, 16 déc. 1992).*

CHAPITRE II *(Rédaction antérieure).* – DU SURSIS AVEC MISE À L'ÉPREUVE

Voir : Art. R. 58 et s., p. 2053

Bibliographie : P. Salvage, *Sursis avec mise à l'épreuve : JCl. Proc. pén.* 2008, Fasc. 20.

Rédaction antérieure. Art. 738 *(Abr., L. n° 92-1336, 16 déc. 1992).*

Rédaction antérieure. Art. 739 *(L. n° 92-1336, 16 déc. 1992 ; L. n° 93-913, 19 juill. 1993 ; L. n° 70-643, 17 juill. 1970 ; mod., L. n° 2004-204, 9 mars 2004 ; L. n° 2011-939, 10 août 2011).* – Lorsqu'une condamnation est assortie du sursis avec mise à l'épreuve, le condamné est placé sous le contrôle du juge de l'application des peines territorialement compétent selon les modalités prévues par l'article 712-10.

Au cours du délai d'épreuve, le condamné doit satisfaire à l'ensemble des mesures de contrôle prévues par l'article 132-44 du Code pénal et à celles des obligations particulières prévues par l'article 132-45 du même code qui lui sont spécialement imposées, soit par la décision de condamnation, soit par une décision que peut, à tout moment, y compris pendant une période d'incarcération du condamné, prendre le juge de l'application des peines. en application des dispositions de l'article 712-8.

1) Soins médicaux. Lorsqu'en application de l'article 132-45.3° du Code pénal, la juridiction correctionnelle impose au condamné, à titre d'obligation du sursis avec mise à l'épreuve, de « suivre des soins médicaux », les modalités d'exécution de cette obligation doivent être déterminées par le juge de l'application des peines auquel l'article 739 du Code de procédure pénale donne le pouvoir de mettre en œuvre, aménager ou supprimer les obligations particulières auxquelles la juridiction de jugement a soumis le condamné (■ Cass. crim., 13 nov. 2001, n° 00-88.128 : *Bull. crim.* n° 235).

2) Somme allouée au titre de l'article 475-1 du Code de procédure pénale. Ne satisfait pas à l'obligation qui lui a été spécialement imposée d'acquitter, en fonction de ses facultés contributives, les sommes dues à la victime de l'infraction, le condamné à une peine assortie du sursis avec mise à l'épreuve qui ne verse pas à la victime la somme allouée au titre de l'article 475-1 du Code de procédure pénale, laquelle entre dans les prévisions des articles 739 et R. 58.6° de ce code (■ Cass. crim., 27 juill. 1993, n° 92-84.959 : *Bull. crim.* n° 253).

3) Pouvoirs du JAP. Le juge de l'application des peines tient de l'article 739 du Code de procédure pénale le pouvoir d'imposer au condamné placé sous le régime du sursis probatoire, au cours du délai d'épreuve, une ou plusieurs obligations prévues à l'article R. 58 du même code. En outre, il peut à tout moment aménager ou supprimer les obligations auxquelles celui-ci a été soumis (■ Cass. crim., 5 janv. 1993, n° 92-81.942 : *Bull. crim.* n° 5).

4) Motivation. A justifié sa décision la chambre de l'application des peines qui, pour confirmer l'ordonnance du juge de l'application des peines ayant ajouté diverses obligations dans le cadre du suivi d'une mise à l'épreuve, relève que lesdites obligations, prises en application des articles 712-6 et 712-8 du Code de procédure pénale, sont nécessaires et opportunes compte tenu de la personnalité du condamné (■ Cass. crim., 24 mai 2006, n° 05-83.819 : *Bull. crim.* n° 149).

5) Exécution d'une peine assortie du sursis avec mise à l'épreuve. La cour d'appel qui ordonne l'exécution d'une peine assortie du sursis avec mise à l'épreuve n'est pas tenue, en l'absence de mesure d'incarcération du condamné, de rendre une décision spéciale et motivée, la constatation de l'existence de l'une des conditions de révocation du sursis prévues à l'article 742 du Code de procédure pénale étant suffisante pour justifier la décision (■ Cass. crim., 30 avr. 1980, n° 79-93.235 : *Bull. crim.* n° 128).

6) Réparation du préjudice subi par la victime. Le juge pénal, qui place un condamné sous le régime du sursis avec mise à l'épreuve, peut imposer une obligation de réparer le dommage causé par l'infraction dès lors que le préjudice a été évalué par une décision intervenue sur l'exercice de l'action civile (■ Cass. crim., 11 oct. 1978, n° 78-90.735 : *Bull. crim.* n° 267).

7) Point de départ du délai d'épreuve. Le délai d'épreuve imposé au bénéficiaire du sursis ne commence à courir que du jour où la condamnation prononcée contre lui est devenue définitive (■ Cass. crim., 16 mai 1990, n° 90-80.275 : *Bull. crim.* n° 199. – Voir aussi ■ Cass. crim., 14 févr. 1994, n° 93-83.619 : *Bull. crim.* n° 65). La confusion de peines successivement infligées au prévenu avec le bénéfice du sursis a pour effet de reporter le point de départ du délai d'épreuve à la date à laquelle la dernière condamnation est devenue définitive (■ Cass. crim., 16 mai 1990, n° 90-80.275 : *Bull. crim.* n° 199).

8) Suspension du délai pendant l'incarcération. Si le délai d'épreuve imposé au bénéficiaire du sursis ne commence à courir que du jour où la condamnation est devenue définitive, lorsque celle-ci n'a pas été déclarée exécutoire par provision, ce délai est suspendu en cas d'incarcération du condamné, les mesures de surveillance et d'assistance attachées au sursis probatoire ne pouvant s'exécuter cumulativement avec un emprisonnement ferme (■ Cass. crim., 14 févr. 1994, n° 93-83.619 : *Bull. crim.* n° 65. ■ Cass. crim., 27 juin 1984, n° 83-93.387 : *Bull. crim.* n° 249).

Rédaction antérieure. Art. 740 *(L. n° 92-1336, 16 déc. 1992 ; L. n° 93-913, 19 juill. 1993 ; L. n° 70-643, 17 juill. 1970 ; mod., L. n° 2004-204, 9 mars 2004).* **–** Au cours du délai d'épreuve, le juge de l'application des peines sous le contrôle de qui le condamné est placé s'assure, soit par lui-même, soit par toute personne qualifiée, de l'exécution des mesures de contrôle et d'aide et des obligations imposées à ce condamné.

Rédaction antérieure. Art. 741 *(L. n° 70-643, 17 juill. 1970 ; mod., L. n° 2004-204, 9 mars 2004).* **–** Le condamné est tenu de se présenter, chaque fois qu'il en est requis, devant le juge de l'application des peines sous le contrôle duquel il est placé.

En cas d'inobservation des obligations, les dispositions de l'article 712-17 sont applicables.

Rédaction antérieure. Art. 741-1 ***(Abr., L. n° 2004-204, 9 mars 2004 ; rétabli dans la version suivante à compter du 1er janvier 2012, L. n° 2011-939, 10 août 2011).*** **–** En cas d'incarcération pour une condamnation à une peine d'emprisonnement assortie pour partie du sursis avec mise à l'épreuve, il est remis au condamné avant sa libération un avis de convocation à comparaître devant le service pénitentiaire d'insertion et de probation dans un délai qui ne saurait être supérieur à huit jours à compter de sa libération s'il s'agit d'une personne condamnée ou ayant été condamnée pour une infraction pour laquelle le suivi socio-judiciaire est encouru et qui ne saurait être supérieur à un mois dans les autres cas. Le service pénitentiaire d'insertion et de probation est alors saisi de la mesure de sursis avec mise à l'épreuve.

Rédaction antérieure. Art. 741-2 et 741-3 *(Abr., L. n° 2004-204, 9 mars 2004).*

Rédaction antérieure. Art. 742 *(L. n° 2004-204, 9 mars 2004 ; L. n° 2005-1549, 12 déc. 2005).* **–** Lorsque le condamné ne se soumet pas aux mesures de contrôle en application de l'article 739, lorsqu'il a commis une infraction suivie d'une condamnation à l'occasion de laquelle la révocation du sursis n'a pas été prononcée, le juge de l'application des peines peut, d'office ou sur réquisition du parquet, ordonner par jugement motivé la prolongation du délai d'épreuve. Il peut aussi, dans les conditions prévues aux articles 132-49 à 132-51 du Code pénal révoquer en totalité ou en partie le sursis.

La décision est prise conformément aux dispositions de l'article 712-6.

Ces dispositions sont applicables même lorsque le délai d'épreuve fixé par la juridiction a expiré, lorsque le motif de la prolongation du délai ou de la révocation s'est produit pendant le délai d'épreuve.

Bibliographie : L. Griffon, *Révocation partielle d'un sursis au delà du délai d'épreuve et caractère non avenu de la condamnation : Dr. pén.* 2012, étude 10 ; *Addendum à l'étude relative à la révocation partielle d'un sursis au delà du délai d'épreuve et au caractère non avenu de la condamnation : Dr. pén.* 2012, étude 14.

1) Refus de transmission d'une question prioritaire de constitutionnalité. Dans le cas où la juridiction de jugement prononce une peine d'emprisonnement assortie d'un sursis avec mise à l'épreuve, elle peut, en application du 5° de l'article 132-45 du Code pénal, astreindre le condamné à réparer, en tout ou en partie, en fonction de ses facultés contributives, les dommages causés par l'infraction, même en l'absence de décision sur l'action civile ; que cette décision peut être assortie de l'exécution provisoire, nonobstant appel ; qu'en cas de non respect de cette obligation, le sursis est susceptible d'être révoqué dans les conditions prévues par les articles 132-47 et 132-48 du Code pénal et 742 du Code de procédure pénale ; d'une part, l'exécution provisoire a pour objet de protéger l'intérêt des victimes lorsque la situation commande d'engager au plus vite le processus d'indemnisation, d'autre part, il incombe au condamné de fournir au juge de l'application des peines les éléments nécessaires afin de permettre à ce magistrat d'apprécier ses facultés contributives et de fixer des modalités de paiement compatibles avec celles-ci, qu'au surplus, l'exécution provisoire de la condamnation à des dommages-intérêts peut être contestée devant la cour d'appel statuant en référé, selon une procédure rapide prévue par l'article 515-1 du Code de procédure pénale, enfin, en application de l'article 132-47 du Code de procédure pénale, si la révocation est ordonnée alors que la condamnation pénale n'est pas devenue définitive, elle devient caduque dans le cas où cette condamnation serait ultérieurement infirmée ou annulée ; dès lors, la révocation du sursis avec mise à l'épreuve, prononcée pour manquement aux obligations du condamné, ne porte pas atteinte au droit à un recours juridictionnel effectif (■ Cass. crim., 20 févr. 2019, n° 18-84.587).

La question posée ne présente pas un caractère sérieux en ce que les dispositions de l'article 742 du Code de procédure pénale ont pour effet de permettre au juge de l'application des peines qui constate que le condamné ne se soumet pas aux mesures de contrôle ou aux obligations particulières imposées par l'article 739 du Code de procédure pénale, de procéder, après avoir recueilli l'avis du représentant de l'administration pénitentiaire, à un débat contradictoire, en application des dispositions de l'article 712-6 dudit code, au cours duquel il entend les réquisitions du ministère public et les observations du condamné et, le cas échéant, celles de son avocat ; que la décision de procéder à ce débat ne préjuge pas de la révocation totale ou partielle du sursis avec mise à l'épreuve et n'affecte donc pas l'impartialité du juge (■ Cass. crim., 8 juin 2011, n° 11-90.045).

I – EXPIRATION DU DÉLAI D'ÉPREUVE

A – Perte du caractère exécutoire

2) Perte du caractère exécutoire. Une condamnation avec sursis et mise à l'épreuve réputée non avenue à l'échéance du délai d'épreuve perd son caractère exécutoire à partir de cette date à moins qu'elle ne fasse l'objet d'une décision ordonnant la révocation totale du sursis (■ Cass. crim., 7 mai 2014, n° 13-86.436 : *JurisData* n° 2014-009159 ; *Dr. pén.* 2014, comm. 116, obs. V. Peltier). Fait dès lors l'exacte application de ce texte la chambre de l'application des peines qui constate qu'est devenue sans objet la demande d'aménagement d'une peine d'emprisonnement initialement assorti d'un sursis avec mise à l'épreuve dont la révocation, partielle, a été ordonnée postérieurement à l'expiration du délai d'épreuve (■ Cass. crim., 28 avr. 2011, n° 10-87.978 : *JurisData* n° 2011-007105 ; *Bull. crim.* n° 85) ou la chambre de l'application des peines qui constate, après l'échéance du délai d'épreuve, qu'est devenue sans objet la requête du condamné sollicitant une suspension de peine pour raison médicale, le sursis avec mise à l'épreuve n'ayant pas fait l'objet d'une révocation totale (■ Cass. crim., 28 avr. 2011, n° 10-87.986 : *JurisData* n° 2011-007106 ; *Bull. crim.* n° 84 ; *D.* 2011, p. 2823, obs. T. Potaszkin). – Rapp. ■ Cass. crim., 29 mai 2013, n° 10-85.117 : *Bull. crim.* n° 124). Évolution par rapport à : Justifie sa décision la cour d'appel qui, pour confirmer la décision des premiers juges tendant à faire exécuter la révocation partielle d'un sursis avec mise à l'épreuve, retient qu'il résulte de l'application combinée des articles 712-20 et 742 du Code de procédure pénale que la révocation partielle d'un sursis de cette nature assortissant une partie de la peine d'emprisonnement est permise après l'expiration du délai d'épreuve, dès lors que la cause de la révocation est intervenue pendant ce délai et autorise, en conséquence, la mise à exécution de l'emprisonnement ordonnée dans le délai de prescription de la peine (■ Cass. crim., 2 sept. 2009, n° 09-80.150 : *Bull. crim.* n° 152).

B – Conséquences

3) Absence de révocation partielle après le délai d'épreuve. Par application de l'article 132-52, alinéa 2, du Code pénal, une condamnation à l'emprisonnement assortie partiellement d'un sursis avec mise à l'épreuve est réputée non avenue dans tous ses éléments à l'échéance du délai d'épreuve et perd ainsi son caractère exécutoire à partir de cette date, à moins qu'elle ne fasse l'objet d'une décision ordonnant la révocation totale du sursis. Fait dès lors l'exacte application de ce texte la chambre de l'application des peines qui constate qu'est devenue sans objet la demande d'aménagement d'une peine d'emprisonnement initialement assorti d'un sursis avec mise à l'épreuve dont la révocation, partielle, a été ordonnée postérieurement à l'expiration du délai d'épreuve (■ Cass. crim., 12 avr. 2012, n° 11-84.684 : *JurisData* n° 2012-009485 ; *Dr. pén.* 2012, étude 14, L. Griffon ; *AJ Pénal* 2012, p. 497, obs. V. Dufourd ; *Dr. pén.* 2013, chron. 3, n° 25, obs. V. Peltier).

Voir : V. L. n° 2014-896, 15 août 2014 – art. 9 : Le caractère non avenu de la condamnation ne fait pas obstacle à la révocation totale ou partielle du sursis avec mise à l'épreuve dès lors que le manquement ou l'infraction ont été commis avant l'expiration du délai d'épreuve.

4) Prolongation après le délai d'épreuve. Il se déduit de la combinaison des articles 132-52, alinéa 3 du Code pénal et 742 du Code de procédure pénale que le caractère non avenu d'une condamnation à une peine d'emprisonnement avec sursis et mise à l'épreuve ne fait pas obstacle à la prolongation du délai d'épreuve, lorsque le motif de cette prolongation s'est produit pendant ledit délai et que le juge s'est saisi à cette fin au plus tard dans le délai d'un mois après cette date (■ Cass. crim., 22 mai 2019, n° 18-84.220 : *Bull. crim.* n° 99 ; *Dr. pén.* 2019, comm. 140, obs. V. Peltier) ; **Contra** : Il se déduit de l'article 132-52 du Code pénal qu'après l'expiration du délai d'épreuve, le sursis avec mise à l'épreuve assortissant la condamnation à une peine d'emprisonnement ne peut plus faire l'objet d'une prolongation (■ Cass. crim., 7 mai 2014, n° 13-86.436 : *Bull. crim.* n° 129).

II – ÉLÉMENTS DE PROCÉDURE

A – Prolongation du délai d'épreuve

5) Lorsque le tribunal prolonge le délai d'épreuve, ce délai ne peut au total être supérieur à 3 années (■ Cass. crim., 16 mars 1999, n° 98-81.714 : *Bull. crim.* n° 41).

B – Révocation du sursis

6) **Juridiction compétente.** Ne fait qu'user de la faculté qui lui est reconnue par l'article 742 du Code de procédure pénale le juge de l'application des peines qui ordonne la révocation d'un sursis avec mise à l'épreuve que n'a pas révoqué la juridiction de jugement ayant prononcé une condamnation pour une nouvelle infraction commise pendant le délai d'épreuve (▪ Cass. crim., 26 nov. 2014, n° 14-82.140 : *JurisData* n° 2014-028871 ; *Bull. crim.* n° 251 ; *Dr. pén.* 2015, chron. 3, n° 16, obs. V. Peltier). Selon les dispositions combinées des articles 132-47, 132-48 du Code pénal et 742 du Code de procédure pénale, lorsque le condamné à une peine d'emprisonnement assortie du sursis avec mise à l'épreuve commet une infraction suivie d'une condamnation pendant le délai d'épreuve, la révocation du sursis peut être prononcée soit par le tribunal prononçant sur l'infraction nouvelle, soit par le tribunal statuant comme juridiction de l'application des peines. Dans ce second cas, la juridiction de l'application des peines doit s'assurer que la condamnation prononcée pendant le délai d'épreuve est définitive (▪ Cass. crim., 30 mars 1999, n° 98-83.886 : *Bull. crim.* n° 63). Les dispositions combinées des articles 132-47, 132-48 du Code pénal, 741-2, 741-3 et 742 du Code de procédure pénale donne compétence à la juridiction de l'application des peines pour révoquer le sursis avec mise à l'épreuve, lorsque le condamné n'a pas satisfait aux mesures de contrôle et aux obligations particulières qui lui étaient imposées ou lorsque celui-ci a commis, au cours du délai d'épreuve, une nouvelle infraction suivie d'une condamnation. La révocation peut être prononcée, alors même que l'incarcération provisoire n'a pas été ordonnée (▪ Cass. crim., 27 mai 1999, n° 98-86.515 : *Bull. crim.* n° 111).

7) **Délai de saisine du juge.** Selon les articles 742, 712-6 et 712-20 du Code de procédure pénale, la violation, par le condamné, des obligations auxquelles il est astreint, commise pendant la durée d'exécution d'une mise à l'épreuve, ne peut donner lieu à la révocation totale de la mesure, après sa date d'expiration, que si le juge de l'application des peines a été saisi ou s'est saisi à cette fin au plus tard dans le délai d'un mois après cette date. Le juge de l'application des peines n'est régulièrement saisi ni par l'ordonnance antérieure à l'expiration du délai d'épreuve, mais ne fixant aucune date pour le débat contradictoire prévu par la loi, ni par la convocation adressée au probationnaire plus d'un mois après l'expiration de ce délai (▪ Cass. crim., 29 mai 2013, n° 10-85.117 : *Bull. crim.* n° 124).

8) **Convocation de l'avocat.** Il résulte des articles 742, 712-6, 712-13 et D. 49-42 du Code de procédure pénale que la chambre de l'application des peines de la cour d'appel, saisie de l'appel du jugement prononçant la révocation d'un sursis avec mise à l'épreuve, statue par arrêt motivé après un débat contradictoire au cours duquel sont, notamment, entendues les observations de l'avocat du condamné, qui doit être convoqué par lettre recommandée ou par télécopie, au plus tard quinze jours avant ledit débat (▪ Cass. crim., 29 mai 2013, n° 10-85.117 : *Bull. crim.* n° 124).

9) **Aménagement de peine.** La chambre de l'application des peines qui ordonne la révocation d'un sursis avec mise à l'épreuve n'est pas tenue de rechercher si un aménagement de la peine d'emprisonnement est possible dès lors qu'aucune demande n'a été présentée en ce sens (▪ Cass. crim., 12 avr. 2012, n° 11-81.536 : *Bull. crim.* n° 96).

10) **Mise à exécution de l'emprisonnement.** **a. Conditions.** Aux termes de l'article 742 du Code de procédure pénale, la juridiction correctionnelle ne peut ordonner l'exécution d'une peine assortie du sursis avec mise à l'épreuve qu'après avoir constaté, soit que le condamné n'a pas satisfait aux mesures de surveillance et d'assistance ou aux obligations particulières imposées en application de l'article 739, soit qu'il a commis une infraction suivie d'une nouvelle condamnation. Ne justifie pas sa décision l'arrêt qui, pour ordonner l'exécution d'une peine assortie du sursis avec mise à l'épreuve, retient d'une part la violation d'obligations facultatives qui n'avaient pas été en l'espèce spécialement imposées au condamné conformément aux articles R. 58 et R. 59 du Code du procédure pénale, et se borne d'autre part à constater en termes imprécis que l'intéressé n'aurait mis aucune bonne volonté à se soumettre au contrôle et aurait exercé une influence pernicieuse au foyer où il a été recueilli (▪ Cass. crim., 7 déc. 1971, n° 71-93.090 : *Bull. crim.* n° 340. ▪ Cass. crim., 21 janv. 1975, n° 73-92.253 : *Bull. crim.* n° 25. ▪ Cass. crim., 7 déc. 1971, n° 71-93.090 : *Bull. crim.* n° 340).

b. Portée. Les décisions du juge de l'application des peines étant, aux termes de l'article 712-14 du Code de procédure pénale, exécutoires par provision, le condamné se trouve, à compter de son incarcération, en exécution de la peine afférente au sursis révoqué et non sous le régime de la détention provisoire (▪ Cass. crim., 21 févr. 2007, n° 06-86.571 : *Bull. crim.* n° 58).

11) **Pourvoi non suspensif.** Il résulte des dispositions combinées des articles 132-47 du Code pénal, 742, 712-6, 712-13 et 712-15 du Code de procédure pénale que n'est pas suspensif le pourvoi

formé contre l'arrêt de la chambre de l'application des peines ordonnant la révocation du sursis avec mise à l'épreuve, en raison de l'inobservation, par le condamné, des mesures de contrôle et obligations particulières lui étant imposées (▪ Cass. crim., 12 avr. 2012, n° 11-84.684 : *JurisData* n° 2012-009485 ; *Dr. pén.* 2012, étude 14, L. Griffon ; *AJ Pénal* 2012, p. 497, obs. V. Dufourd).

Rédaction antérieure. Art. 742-1 *(Abr., L. n° 2004-204, 9 mars 2004).*

Rédaction antérieure. Art. 742-2 à 742-4 *(Abr., L. n° 92-1336, 16 déc. 1992).*

Rédaction antérieure. Art. 743 *(L. n° 2004-204, 9 mars 2004).* – Lorsque le juge de l'application des peines prolonge le délai d'épreuve (1), ce délai ne peut au total être supérieur à trois années.

Rédaction antérieure. Art. 744 *(L. n° 2004-204, 9 mars 2004).* – Si le condamné satisfait aux mesures de contrôle et d'aide et aux obligations particulières imposées en application de l'article 739 et si son reclassement paraît acquis, le juge de l'application des peines peut déclarer non avenue la condamnation prononcée à son encontre. Le juge de l'application des peines ne peut être saisi à cette fin ou se saisir d'office avant l'expiration d'un délai d'un an à compter du jour où la condamnation est devenue définitive.

La décision est prise conformément aux dispositions de l'article 712-6.

Rédaction antérieure. Art. 744-1 *(Abr., L. n° 2004-204, 9 mars 2004).*

Rédaction antérieure. Art. 744-2 *(Abr., L. n° 2002-1138, 9 sept. 2002).*

Rédaction antérieure. Art. 744-3 *(Abr., L. n° 92-1336, 16 déc. 1992).*

Rédaction antérieure. Art. 745 *(Abr., L. n° 92-1336, 16 déc. 1992 ; rétabli dans la version suivante à compter du 1er janvier 2012, L. n° 2011-939, 10 août 2011).* – Lorsque le condamné à une peine d'emprisonnement assortie du sursis avec mise à l'épreuve (2) doit satisfaire à l'obligation de s'abstenir de paraître dans un lieu ou une zone spécialement désigné, afin d'éviter un contact avec la victime ou la partie civile, ou à l'obligation de s'abstenir d'entrer en relation avec la victime ou la partie civile, prévues aux 9° et 13° de l'article 132-45 du Code pénal, le juge de l'application des peines ou le service pénitentiaire d'insertion et de probation avise la victime ou la partie civile, directement ou par l'intermédiaire de son avocat, de la date de fin de la mise à l'épreuve.

Cet avis n'est toutefois pas adressé lorsque la victime ou la partie civile a fait connaître qu'elle ne souhaitait pas être avisée des modalités d'exécution de la peine.

Les modalités d'application du présent article sont précisées par décret.

Rédaction antérieure. Art. 745-1 *(Abr., L. n° 92-1336, 16 déc. 1992).*

Rédaction antérieure. Art. 746 *(L. n° 70-643, 17 juill. 1970 ; L. n° 92-1336, 16 déc. 1992 ; L. n° 93-913, 19 juill. 1993 ; L. n° 98-468, 17 juin 1998 ; L. n° 2012-409, 27 mars 2012).* – La suspension de la peine ne s'étend pas au paiement des dommages-intérêts.

Elle ne s'étend pas non plus aux incapacités, interdictions et déchéances résultant de la condamnation.

Toutefois, ces incapacités, interdictions et déchéances cesseront d'avoir effet du jour où, par application des dispositions de l'article 743 ou de l'article 132-52 du Code pénal, la condamnation aura été déclarée ou réputée non avenue. Cette disposition ne s'applique pas à la peine d'interdiction d'exercer une activité professionnelle ou bénévole impliquant un contact habituel avec des mineurs. Les incapacités, interdictions et déchéances prononcées, comme peine complémentaire, à titre définitif cessent d'avoir effet à l'issue d'un délai de quarante ans à compter du jour où la condamnation a été réputée non avenue.

Perte du caractère exécutoire de la condamnation. Par application de l'article 132-52, alinéa 2, du Code pénal, une condamnation à l'emprisonnement assortie partiellement d'un sursis avec mise à l'épreuve est réputée non avenue dans tous ses éléments à l'échéance du délai d'épreuve et perd ainsi son caractère exécutoire à partir de cette date, à moins qu'elle ne fasse l'objet d'une décision ordonnant la révocation totale du sursis. Fait dès lors l'exacte application de ce texte la chambre de l'application des peines qui constate, après l'échéance du délai d'épreuve, qu'est devenue sans objet la requête du condamné sollicitant une suspension de peine pour raison médicale, le sursis avec mise à l'épreuve n'ayant pas fait l'objet d'une révocation totale (▪ Cass. crim., 28 avr. 2011, n° 10-87.986 : *Bull. crim.* n° 84, n° 10-87.978 : *Bull. crim.* n° 85. ▪ Cass. crim., 2 sept. 2009, n° 09-80.150 : *Bull. crim.* n° 152).

Rédaction antérieure. Art. 747 *(L. n° 92-1336, 16 déc. 1992 ; L. n° 93-913, 19 juill. 1993).* – Les dispositions relatives aux effets du sursis avec mise à l'épreuve (2) sont fixées par les articles 132-52 et 132-53 du Code pénal.

---

(1) Selon les dispositions de la loi n° 2019-222 du 23 mars 2019, les mots « délai d'épreuve » sont remplacés par les mots « délai de probation » à compter du 24 mars 2020. – NDLR.

(2) Selon les dispositions de la loi n° 2019-222 du 23 mars 2019, les mots « sursis avec mise à l'épreuve » sont remplacés par les mots « sursis probatoire » à compter du 24 mars 2020. – NDLR.

CHAPITRE II. – DU SURSIS PROBATOIRE

(Intitulé rempl. à compter du 24 mars 2020, L. n° 2019-222, 23 mars 2019)

Art. 739 ***(Mod. à compter du 24 mars 2020, L. n° 2019-222, 23 mars 2019).*** **– Lorsqu'une condamnation est assortie du sursis probatoire, le condamné est placé sous le contrôle du juge de l'application des peines territorialement compétent selon les modalités prévues par l'article 712-10.**

Au cours du délai de probation, le condamné doit satisfaire à l'ensemble des mesures de contrôle prévues par l'article 132-44 du Code pénal et à celles des obligations particulières prévues par l'article 132-45 du même code qui lui sont spécialement imposées, soit par la décision de condamnation, soit par une décision que peut, à tout moment, y compris pendant une période d'incarcération du condamné, prendre le juge de l'application des peines en application des dispositions de l'article 712-8.

Art. 740 ***(Mod. à compter du 24 mars 2020, L. n° 2019-222, 23 mars 2019).*** **– Au cours du délai de probation, le juge de l'application des peines sous le contrôle de qui le condamné est placé s'assure, soit par lui-même, soit par toute personne qualifiée, de l'exécution des mesures de contrôle et d'aide et des obligations imposées à ce condamné.**

Art. 741 ***(Mod., L. n° 2004-204, 9 mars 2004).*** **– Le condamné est tenu de se présenter, chaque fois qu'il en est requis, devant le juge de l'application des peines sous le contrôle duquel il est placé.**

En cas d'inobservation des obligations, les dispositions de l'article 712-17 sont applicables.

Art. 741-1 ***(Mod. à compter du 24 mars 2020, L. n° 2019-222, 23 mars 2019).*** **– En cas d'incarcération pour une condamnation à une peine d'emprisonnement assortie pour partie du sursis probatoire, il est remis au condamné avant sa libération un avis de convocation à comparaître devant le service pénitentiaire d'insertion et de probation dans un délai qui ne saurait être supérieur à huit jours à compter de sa libération s'il s'agit d'une personne condamnée ou ayant été condamnée pour une infraction pour laquelle le suivi socio-judiciaire est encouru et qui ne saurait être supérieur à un mois dans les autres cas. Le service pénitentiaire d'insertion et de probation est alors saisi de la mesure de sursis probatoire.**

> **Rédaction antérieure.** Art. 741-2 *(Rétabli à compter du 24 mars 2020, L. n° 2019-222, 23 mars 2019).* **–** Lorsque le tribunal a fait application de l'article 132-41-1 du Code pénal et a prononcé un sursis probatoire avec un suivi renforcé, le service pénitentiaire d'insertion et de probation évalue, de façon pluridisciplinaire, la personnalité et la situation matérielle, familiale et sociale de la personne condamnée.
>
> À l'issue de cette évaluation, le service adresse au juge de l'application des peines un rapport comportant des propositions relatives au contenu et aux modalités de mise en œuvre des mesures de contrôle et d'assistance, des obligations et des interdictions mentionnées à l'article 132-45 du même code.
>
> Au vu de ce rapport, le juge de l'application des peines, lorsqu'il n'a pas été fait application du troisième alinéa de l'article 132-41-1 dudit code, détermine les obligations et interdictions auxquelles est astreint le condamné ainsi que les mesures d'aide dont il bénéficie. S'il a été fait application du même troisième alinéa, le juge de l'application des peines peut modifier, supprimer ou compléter les obligations et interdictions décidées par la juridiction ; il détermine les mesures d'aide dont le condamné bénéficie.
>
> Le juge statue, au plus tard dans les quatre mois qui suivent le jugement de condamnation, par ordonnance motivée, après réquisitions écrites du procureur de la République et après avoir entendu les observations du condamné ainsi que, le cas échéant, celles de son avocat. S'il envisage d'astreindre le condamné à l'obligation d'effectuer un travail d'intérêt général, il statue après que le condamné a été informé de son droit de refuser l'accomplissement d'un travail d'intérêt général et après avoir reçu sa réponse. Il lui notifie cette ordonnance et l'avertit des conséquences qu'entraînerait une condamnation pour une nouvelle infraction commise au cours du délai de probation ou un manquement aux mesures de contrôle et aux obligations particulières qui lui sont imposées.
>
> La situation matérielle, familiale et sociale de la personne est réévaluée à chaque fois que nécessaire au cours de l'exécution de la peine, et au moins une fois par an, par le service pénitentiaire d'insertion et de probation et le juge de l'application des peines.
>
> Au vu de chaque nouvelle évaluation, le juge de l'application des peines peut, selon les modalités prévues à l'article 712-8 du présent code et après avoir entendu les observations du condamné ainsi que, le cas échéant, celles de son avocat modifier ou compléter les obligations et interdictions auxquelles la personne condamnée est astreinte ou supprimer certaines d'entre elles ; il peut également, s'il estime que la personnalité et la situation matérielle, familiale et sociale du condamné ne le justifient plus, ordonner la fin du suivi renforcé.
>
> Lorsque le tribunal n'a pas fait application de l'article 132-41-1 du Code pénal, le juge de l'application des peines peut, s'il estime que la personnalité du condamné le justifie, décider, à tout moment au cours de l'exécution de la probation, de faire application des cinquième et avant-dernier alinéas du présent article en ordonnant un suivi renforcé.

Art. 741-2 ***(Rétabli à compter du 24 mars 2020, L. n° 2019-222, 23 mars 2019 ; mod. à compter du 1er mai 2022, Ord. n° 2022-478, 30 mars 2022).*** **– Au vu du rapport établi et remis par le service**

pénitentiaire d'insertion et de probation en application des dispositions de l'article L. 621-3 du Code pénitentiaire, le juge de l'application des peines, lorsqu'il n'a pas été fait application du troisième alinéa de l'article 132-41-1 du Code pénal, détermine les obligations et interdictions auxquelles est astreint le condamné ainsi que les mesures d'aide dont il bénéficie. S'il a été fait application du même troisième alinéa, le juge de l'application des peines peut modifier, supprimer ou compléter les obligations et interdictions décidées par la juridiction ; il détermine les mesures d'aide dont le condamné bénéficie.

Le juge statue, au plus tard dans les quatre mois qui suivent le jugement de condamnation, par ordonnance motivée, après réquisitions écrites du procureur de la République et après avoir entendu les observations du condamné ainsi que, le cas échéant, celles de son avocat. S'il envisage d'astreindre le condamné à l'obligation d'effectuer un travail d'intérêt général, il statue après que le condamné a été informé de son droit de refuser l'accomplissement d'un travail d'intérêt général et après avoir reçu sa réponse. Il lui notifie cette ordonnance et l'avertit des conséquences qu'entraînerait une condamnation pour une nouvelle infraction commise au cours du délai de probation ou un manquement aux mesures de contrôle et aux obligations particulières qui lui sont imposées.

La situation matérielle, familiale et sociale de la personne est réévaluée à chaque fois que nécessaire au cours de l'exécution de la peine, et au moins une fois par an, par le service pénitentiaire d'insertion et de probation et le juge de l'application des peines.

Au vu de chaque nouvelle évaluation réalisée par le service pénitentiaire d'insertion et de probation dans les conditions prévues par les dispositions de l'article L. 621-3 du Code pénitentiaire, le juge de l'application des peines peut, selon les modalités prévues à l'article 712-8 du présent code et après avoir entendu les observations du condamné ainsi que, le cas échéant, celles de son avocat modifier ou compléter les obligations et interdictions auxquelles la personne condamnée est astreinte ou supprimer certaines d'entre elles ; il peut également, s'il estime que la personnalité et la situation matérielle, familiale et sociale du condamné ne le justifient plus, ordonner la fin du suivi renforcé.

Lorsque le tribunal n'a pas fait application de l'article 132-41-1 du Code pénal, le juge de l'application des peines peut, s'il estime que la personnalité du condamné le justifie, décider, à tout moment au cours de l'exécution de la probation, de faire application des cinquième et avant-dernier alinéas du présent article en ordonnant un suivi renforcé.

Art. 742 ***(Mod. à compter du 24 mars 2020, L. n° 2019-222, 23 mars 2019).*** **– Lorsque le condamné ne se soumet pas aux mesures de contrôle ou aux obligations particulières imposées en application de l'article 739, lorsqu'il a commis une infraction suivie d'une condamnation à l'occasion de laquelle la révocation du sursis n'a pas été prononcée, le juge de l'application des peines peut, d'office ou sur réquisitions du parquet, ordonner par jugement motivé la prolongation du délai de probation. Il peut aussi, dans les conditions prévues aux articles 132-49 à 132-51 du Code pénal, révoquer en totalité ou en partie le sursis.**

La décision est prise conformément aux dispositions de l'article 712-6.

Ces dispositions sont applicables même lorsque le délai de probation fixé par la juridiction a expiré, lorsque le motif de la prolongation du délai ou de la révocation s'est produit pendant le délai de probation.

Révocation. Lorsque le condamné à une peine de sursis avec mise à l'épreuve ou de sursis probatoire ne se soumet pas aux mesures de contrôle ou aux obligations particulières qui lui sont imposées, ou lorsqu'il a commis une infraction suivie d'une condamnation à l'occasion de laquelle la révocation du sursis n'a pas été prononcée, le juge de l'application des peines peut révoquer ce sursis, en totalité ou en partie, dans les conditions prévues par les articles 132-49 à 132-51 du Code pénal, sans que cette révocation, au titre d'une même période assortie du sursis, puisse intervenir plusieurs fois. Pour ordonner la révocation totale du sursis avec mise à l'épreuve assortissant, partiellement, la peine de six mois d'emprisonnement prononcée contre M. [H][D] par le tribunal correctionnel d'Ajaccio, le 12 septembre 2017, l'arrêt attaqué énonce que cette décision trouve sa légitimité dans le comportement du condamné, qui continue de consommer de l'alcool et ne se présente plus aux convocations du juge de l'application des peines, et a vocation à lui rappeler le caractère impératif des obligations qui lui ont été imposées. En se déterminant ainsi, alors que par jugement du 26 juillet 2019 le tribunal correctionnel d'Ajaccio avait déjà ordonné la révocation de ce sursis avec mise à l'épreuve, la chambre de l'application des peines a méconnu le texte susvisé (▪ Cass. crim., 27 mai 2021, n° 20-85.639).

Art. 743 ***(Mod. à compter du 24 mars 2020, L. n° 2019-222, 23 mars 2019).*** **– Lorsque le juge de l'application des peines prolonge le délai de probation, ce délai ne peut au total être supérieur à trois années.**

Art. 744 *(L. n° 2004-204, 9 mars 2004)*. – **Si le condamné satisfait aux mesures de contrôle et d'aide et aux obligations particulières imposées en application de l'article 739 et si son reclassement paraît acquis, le juge de l'application des peines peut déclarer non avenue la condamnation prononcée à son encontre. Le juge de l'application des peines ne peut être saisi à cette fin ou se saisir d'office avant l'expiration d'un délai d'un an à compter du jour où la condamnation est devenue définitive.**

La décision est prise conformément aux dispositions de l'article 712-6.

Art. 745 *(Mod. à compter du 24 mars 2020, L. n° 2019-222, 23 mars 2019)*. – **Lorsque le condamné à une peine d'emprisonnement assortie du sursis probatoire doit satisfaire à l'obligation de s'abstenir de paraître dans un lieu ou une zone spécialement désigné, afin d'éviter un contact avec la victime ou la partie civile, ou à l'obligation de s'abstenir d'entrer en relation avec la victime ou la partie civile, prévues aux 9° et 13° de l'article 132-45 du Code pénal, le juge de l'application des peines ou le service pénitentiaire d'insertion et de probation avise la victime ou la partie civile, directement ou par l'intermédiaire de son avocat, de la date de fin de la mise à l'épreuve.**

Cet avis n'est toutefois pas adressé lorsque la victime ou la partie civile a fait connaître qu'elle ne souhaitait pas être avisée des modalités d'exécution de la peine.

Les modalités d'application du présent article sont précisées par décret.

Art. 746 *(L. n° 70-643, 17 juill. 1970 ; L. n° 92-1336, 16 déc. 1992 ; L. n° 93-913, 19 juill. 1993 ; L. n° 98-468, 17 juin 1998 ; L. n° 2012-409, 27 mars 2012)*. – **La suspension de la peine ne s'étend pas au paiement des dommages-intérêts.**

Elle ne s'étend pas non plus aux incapacités, interdictions et déchéances résultant de la condamnation.

Toutefois, ces incapacités, interdictions et déchéances cesseront d'avoir effet du jour où, par application des dispositions de l'article 743 ou de l'article 132-52 du Code pénal, la condamnation aura été déclarée ou réputée non avenue. Cette disposition ne s'applique pas à la peine d'interdiction d'exercer une activité professionnelle ou bénévole impliquant un contact habituel avec des mineurs. Les incapacités, interdictions et déchéances prononcées, comme peine complémentaire, à titre définitif cessent d'avoir effet à l'issue d'un délai de quarante ans à compter du jour où la condamnation a été réputée non avenue.

Art. 747 *(Mod. à compter du 24 mars 2020, L. n° 2019-222, 23 mars 2019)*. – **Les dispositions relatives aux effets du sursis probatoire sont fixées par les articles 132-52 et 132-53 du Code pénal.**

CHAPITRE III *(Rédaction antérieure)*. – DU SURSIS ASSORTI DE L'OBLIGATION D'ACCOMPLIR UN TRAVAIL D'INTÉRÊT GÉNÉRAL

(L. n° 83-466, 10 juin 1983)

Bibliographie : *Répertoire.* P. Salvage, *Sursis assorti de l'obligation d'accomplir un travail d'intérêt général : JCl. Proc. pén.* 2006, Fasc. 20.

Généralités. B.-M. Boyer, *Le sursis assorti de l'obligation d'accomplir un travail d'intérêt général n'est-il qu'une simple variante du sursis avec mise à l'épreuve ? : RPDP* 1987, p. 103 ; *Ambiguïtés de la nature juridique du sursis assorti de l'obligation d'accomplir un travail d'intérêt général : RSC* 1990, p. 310.

Rédaction antérieure. Art. 747-1 (1) ***(L. n° 92-1336, 16 déc. 1992 ; L. n° 93-913, 19 juill. 1993 ; L. n° 2004-204, 9 mars 2004)***. – Le sursis assorti de l'obligation d'accomplir un travail d'intérêt général suit les mêmes règles que celles qui sont prévues pour le « sursis avec mise à l'épreuve » (2), sous réserve des adaptations suivantes :

1° L'obligation d'accomplir un travail d'intérêt général est assimilée à une obligation particulière ;

2° Les mesures de contrôle sont celles énumérées à l'article 132-55 du Code pénal ;

3° Le délai prévu par l'article 743 est ramené à dix-huit mois ;

4° L'article 744 n'est pas applicable.

(1) Dispositions particulières ou dérogatoires résultant de l'état d'urgence sanitaire dû à l'épidémie de covid-19 : V. Ord. n° 2020-303 du 25 mars 2020. – NDLR.

(2) Selon les dispositions de la loi n° 2019-222 du 23 mars 2019, les mots « sursis avec mise à l'épreuve » sont remplacés par les mots « sursis probatoire » à compter du 24 mars 2020. – NDLR.

1) Obligation d'accomplir un TIG. Selon l'article 747-3 du Code de procédure pénale, le chapitre II du titre IV du livre V de ce code, qui gouverne le sursis avec mise à l'épreuve, est applicable, à l'exception de certaines dispositions parmi lesquelles ne figure pas l'article 738, alinéa 1er, dudit code, au sursis assorti de l'obligation d'accomplir un travail d'intérêt général ; cette obligation doit être assimilée à une obligation particulière, le délai prévu par l'article 747-1, qui ne peut excéder 18 mois, devant lui-même être considéré comme un délai d'épreuve (■ Cass. crim., 17 févr. 1993, n° 91-85.212 : *Bull. crim.* n° 79).

2) Absence de modification de la durée de la peine d'emprisonnement. La juridiction qui, en application de l'article 747-8 du Code de procédure pénale, ordonne qu'il sera sursis à l'exécution d'une peine d'emprisonnement ferme devenue définitive et que le condamné accomplira un travail d'intérêt général, ne peut modifier la durée de la peine d'emprisonnement infligée par la décision initiale (■ Cass. crim., 25 juin 1991, n° 91-80.554 : *Bull. crim.* n° 276).

Rédaction antérieure. Art. 747-1-1 *(L. n° 2004-204, 9 mars 2004)*. – Le juge de l'application des peines peut d'office, à la demande de l'intéressé ou sur réquisitions du procureur de la République, ordonner par décision motivée de substituer au sursis assorti de l'obligation d'accomplir un travail d'intérêt général une peine de jours-amende. Cette décision est prise conformément aux dispositions de l'article 712-6.

Rédaction antérieure. Art. 747-1-2 *(Créé à compter du 1er oct. 2014, L. n° 2014-896, 15 août 2014)*. – Le juge de l'application des peines peut, d'office, à la demande de l'intéressé ou sur réquisitions du procureur de la République, ordonner par décision motivée de substituer à une peine de jours-amende une peine de sursis assorti de l'obligation d'accomplir un travail d'intérêt général. Cette décision est prise à l'issue d'un débat contradictoire, conformément à l'article 712-6 du présent code. La substitution n'est pas possible si le condamné la refuse ou n'est pas présent à l'audience. Dans le cas prévu au présent alinéa, la durée de l'emprisonnement ne peut excéder celle qui serait résultée de l'inexécution de la peine de jours-amende, fixée en application de la première phrase du second alinéa de l'article 131-25 du Code pénal.

Par dérogation au second alinéa du même article 131-25, la décision de substitution peut également intervenir en cas de défaut total ou partiel du paiement du montant exigible à l'expiration du délai correspondant au nombre de jours-amende prononcé.

Rédaction antérieure. Art. 747-2 *(L. n° 2004-204, 9 mars 2004 ; mod., L. n° 2009-1436, 24 nov. 2009)*. – Dans le cas prévu à l'article 132-57 du Code pénal, le juge de l'application des peines est saisi et statue selon les dispositions de l'article 712-6 ou de l'article 723-15.

Dès sa saisine, le juge de l'application des peines peut ordonner la suspension de l'exécution de la peine jusqu'à sa décision sur le fond.

Le sursis ne peut être ordonné que si, après avoir été informé du droit de refuser l'accomplissement d'un travail d'intérêt général, le condamné a expressément déclaré renoncer à se prévaloir de ce droit.

1) Pourvoi en cassation. Aux termes de l'article 747-2, alinéa 3, du Code de procédure pénale, la décision statuant sur une requête en conversion d'une peine d'emprisonnement ferme de six mois au plus en une peine d'emprisonnement avec sursis assorti d'un travail d'intérêt général est seulement susceptible d'un pourvoi en cassation (■ Cass. crim., 10 déc. 2003, n° 03-85.256 : *Bull. crim.* n° 245). Ce pourvoi n'est pas suspensif. Encourt, dès lors, la cassation, l'arrêt de la cour d'appel qui reçoit l'appel du condamné contre la décision rendue par le tribunal correctionnel et statue sur cette demande de conversion (■ Cass. crim., 21 janv. 1998, n° 96-86.562 : *Bull. crim.* n° 30). La décision par laquelle une juridiction statue en application de l'article 747-8 du Code de procédure pénale est seulement susceptible d'un pourvoi en cassation qui n'est pas suspensif. Méconnaît ce texte la cour d'appel qui admet l'opposition du condamné à l'encontre d'un précédent arrêt inexactement qualifié « par défaut » (■ Cass. crim., 14 oct. 1992, n° 92-82.482 : *Bull. crim.* n° 325).

2) Peine d'emprisonnement devenue ferme à la suite d'une révocation. Ne peut faire l'objet de la conversion prévue par l'article 132-57 du Code pénal la peine d'emprisonnement prononcée avec sursis qui est devenue ferme à la suite d'une décision de révocation (■ Cass. crim., 26 mai 1999, n° 98-84.601 : *Bull. crim.* n° 108).

3) Présence du condamné facultative. Il résulte de l'article 747-2 du Code de procédure pénale que, devant la juridiction saisie, sur le fondement de l'article 132-57 du Code pénal, d'une requête en conversion d'une peine d'emprisonnement en peine avec sursis assorti d'un travail d'intérêt général, la présence du condamné n'est pas obligatoire, dès lors que le rapport du juge de l'application des peines mentionne l'adhésion de l'intéressé à cette mesure (■ Cass. crim., 10 mars 1998, n° 96-86.544 : *Bull. crim.* n° 92).

CHAPITRE III. – DES CONVERSIONS DE PEINES

(L. n° 83-466, 10 juin 1983 ; mod. à compter du 24 mars 2020, L. n° 2019-222, 23 mars 2019)

Art. 747-1 *(Rempl. à compter du 24 mars 2020, L. n° 2019-222, 23 mars 2019)*. – **En cas de condamnation définitive pour un délit à une peine d'emprisonnement ferme inférieure ou égale à six mois, ou**

dont la partie ferme est inférieure ou égale à six mois, y compris si cette peine résulte de la révocation d'un sursis, le juge de l'application des peines peut, avant la mise à exécution de l'emprisonnement ou en cours d'exécution de celui-ci, ordonner, d'office ou à la demande du condamné et selon les modalités prévues aux articles 712-6 ou 723-15, la conversion de cette peine en peine de détention à domicile sous surveillance électronique, en peine de travail d'intérêt général, en peine de jours-amende ou en un emprisonnement assorti d'un sursis probatoire renforcé, lorsque cette conversion lui paraît de nature à assurer la réinsertion du condamné et à prévenir sa récidive.

Lorsque la peine est convertie en détention à domicile sous surveillance électronique, la durée de celle-ci est égale à celle de la peine d'emprisonnement prononcée ou du reliquat de cette peine.

Lorsque la peine est convertie en travail d'intérêt général, la durée de la peine d'emprisonnement prononcée ou son reliquat peut être mis à exécution par le juge en l'absence d'accomplissement du travail par le condamné. La conversion en travail d'intérêt général n'est possible que si, après avoir été informé du droit de refuser l'accomplissement d'un travail d'intérêt général, le condamné a expressément déclaré renoncer à se prévaloir de ce droit.

Lorsque la peine est convertie en peine de jours-amende, le nombre de jours est égal à celui de la peine d'emprisonnement prononcée ou du reliquat de cette peine.

Dès sa saisine, le juge de l'application des peines peut ordonner la suspension de l'exécution de la peine jusqu'à sa décision sur le fond.

1) **Conformité à la Constitution.** D'une part, si la peine de détention à domicile sous surveillance électronique emporte l'obligation pour le condamné de demeurer dans son domicile ou tout autre lieu désigné par le juge et de porter un dispositif intégrant un émetteur permettant de vérifier le respect de cette obligation, une telle peine privative de liberté ne peut être prononcée qu'à la place de l'emprisonnement. D'autre part, sa durée maximale, limitée à six mois, ne peut excéder celle de l'emprisonnement encouru. Enfin, la juridiction ou le juge de l'application des peines peuvent autoriser le condamné à s'absenter de son domicile pendant des périodes déterminées pour le temps nécessaire « à l'exercice d'une activité professionnelle, au suivi d'un enseignement, d'un stage, d'une formation ou d'un traitement médical, à la recherche d'un emploi, à la participation à la vie de famille ou à tout projet d'insertion ou de réinsertion ». Dès lors, en permettant de prononcer la peine de détention à domicile sous surveillance électronique pour une durée maximale de six mois, les dispositions contestées ne méconnaissent ni le droit au respect de la vie privée ni la dignité de la personne humaine (▪ Cons. const., 21 mars 2019, n° 2019-778 DC).

2) **Application dans le temps.** Les dispositions nouvelles, qui étendent les mesures qui peuvent être prises par la juridiction de l'application des peines pour convertir une peine d'emprisonnement sans sursis inférieure ou égale à six mois ne sont pas plus sévères que les dispositions anciennes, et s'appliquent immédiatement à la conversion des peines prononcées avant leur entrée en vigueur, en vertu de l'article 112-2, 3° du Code pénal (▪ Cass. crim., 12 mai 2021, 20-84.013 : *Bull. crim.* à paraître ; *Dr. pén.* 2021, comm. 136, obs. F. Bonis).

3) **Absence d'obligation spéciale de motivation.** L'article 747-1 du Code de procédure pénale ouvre, à la juridiction de l'application des peines, une simple faculté d'ordonner la conversion de la peine si elle constate que cette mesure lui paraît de nature à assurer la réinsertion du condamné et à prévenir sa récidive. Il en résulte que, si l'octroi d'une conversion doit être justifié par référence à l'existence de l'une de ces deux conditions, son refus n'est pas soumis à une obligation spéciale de motivation faisant référence à ces critères particuliers, ce refus devant néanmoins, comme toute décision juridictionnelle, être motivé (▪ Cass. crim., 12 mai 2021, n° 20-84.013 : *Bull. crim.* à paraître). La juridiction de l'application des peines a la faculté, sur le fondement de l'article 747-1 du Code de procédure pénale, d'ordonner une conversion de peine si elle constate que cette mesure lui paraît de nature à assurer la réinsertion du condamné et à prévenir sa récidive, sans être tenue de motiver sa décision par référence aux critères de l'article 723-15 du même code, lequel se rapporte au régime de l'aménagement des peines mais est étranger à celui de leur conversion (▪ Cass. crim., 19 janv. 2022, n° 21-82.446).

Art. 747-1-1 ***(Rempl. à compter du 24 mars 2020, L. n° 2019-222, 23 mars 2019).*** **– En cas de modification de la situation du condamné depuis la décision de condamnation qui ne permet pas la mise à exécution de la peine prononcée, le juge de l'application des peines peut d'office, à la demande de l'intéressé**

ou sur réquisitions du procureur de la République ordonner par décision motivée, prise conformément aux dispositions de l'article 712-6 :

1° De convertir la peine de travail d'intérêt général ou la peine de sursis probatoire comportant l'obligation d'accomplir un travail d'intérêt général en une peine de jours-amende ou une peine de détention à domicile sous surveillance électronique ;

2° De convertir une peine de détention à domicile sous surveillance électronique en une peine de travail d'intérêt général ou une peine de jours-amende ;

3° De convertir une peine de jours-amende en une peine de travail d'intérêt général ou une peine de détention à domicile sous surveillance électronique.

La conversion en peine de travail d'intérêt général n'est possible que si, après avoir été informé du droit de refuser l'accomplissement d'un travail d'intérêt général, le condamné a expressément déclaré renoncer à se prévaloir de ce droit. Dans le cas prévu au 3°, la durée de la détention à domicile sous surveillance électronique ne peut excéder celle qui serait résultée de l'inexécution de la peine de jours-amende, fixée en application de la première phrase du second alinéa de l'article 131-25 du Code pénal. Par dérogation au même second alinéa, la décision de conversion peut également intervenir en cas de défaut total ou partiel du paiement du montant exigible à l'expiration du délai correspondant au nombre de jours-amende prononcé.

Conformité à la Constitution. D'une part, si la peine de détention à domicile sous surveillance électronique emporte l'obligation pour le condamné de demeurer dans son domicile ou tout autre lieu désigné par le juge et de porter un dispositif intégrant un émetteur permettant de vérifier le respect de cette obligation, une telle peine privative de liberté ne peut être prononcée qu'à la place de l'emprisonnement. D'autre part, sa durée maximale, limitée à six mois, ne peut excéder celle de l'emprisonnement encouru. Enfin, la juridiction ou le juge de l'application des peines peuvent autoriser le condamné à s'absenter de son domicile pendant des périodes déterminées pour le temps nécessaire « à l'exercice d'une activité professionnelle, au suivi d'un enseignement, d'un stage, d'une formation ou d'un traitement médical, à la recherche d'un emploi, à la participation à la vie de famille ou à tout projet d'insertion ou de réinsertion ». Dès lors, en permettant de prononcer la peine de détention à domicile sous surveillance électronique pour une durée maximale de six mois, les dispositions contestées ne méconnaissent ni le droit au respect de la vie privée ni la dignité de la personne humaine (■ Cons. const., 21 mars 2019, n° 2019-778 DC).

Art. 747-1-2 à 747-2 *(Abr. à compter du 24 mars 2020, L. n° 2019-222, 23 mars 2019).*

CHAPITRE IV. – DE L'AJOURNEMENT

(L. n° 92-1336, 16 déc. 1992 ; L. n° 93-913, 19 juill. 1993)

Bibliographie : A. Blanchot, *Ajournement : JCl. Proc. pén.* 2006, Fasc. 20.

Art. 747-3 *(Mod., L. n° 2004-204, 9 mars 2004).* – Lorsque la juridiction de jugement ajourne le prononcé de la peine en application de l'article 132-63 du Code pénal, le prévenu est placé sous le contrôle du juge de l'application des peines dans le ressort duquel il a sa résidence. Le juge de l'application des peines s'assure, soit par lui-même, soit par toute personne qualifiée, de l'exécution de la mesure. Les dispositions de l'article 741 sont applicables au contrôle exercé sur le prévenu.

Le juge de l'application des peines peut aménager, modifier ou supprimer les obligations particulières imposées au prévenu ou en prévoir de nouvelles en application des dispositions de l'article 712-8.

Si le prévenu ne se soumet pas aux mesures de contrôle et d'assistance ou aux obligations particulières, le juge de l'application des peines peut saisir le tribunal avant l'expiration du délai d'épreuve afin qu'il soit statué sur la peine.

Lorsque le juge de l'application des peines fait application des dispositions de l'article 712-17, il peut décider, par ordonnance motivée, rendue sur réquisitions du procureur de la République, que le condamné sera provisoirement incarcéré dans l'établissement pénitentiaire le plus proche. Le tribunal correctionnel est saisi dans les meilleurs délais afin de statuer sur la peine. L'affaire doit être inscrite à l'audience au plus tard dans les cinq jours de l'écrou du condamné, à défaut de quoi l'intéressé est remis en liberté d'office.

Art. 747-4 *(L. n° 2004-204, 9 mars 2004).* **– Lorsque la juridiction de jugement ajourne le prononcé de la peine en application de l'article 132-66 du Code pénal, le juge de l'application des peines dans le ressort duquel le prévenu a sa résidence s'assure, soit par lui-même, soit par toute personne qualifiée, de l'exécution des prescriptions énumérées par l'injonction de la juridiction.**

Art. 747-5 à 747-8 *(Abr., L. n° 92-1336, 16 déc. 1992).*

TITRE V. – DE LA RECONNAISSANCE DE L'IDENTITÉ DES INDIVIDUS CONDAMNÉS

Bibliographie : J.-M. Gonnard, *Reconnaissance de l'identité des individus condamnés : JCl. Proc. pén.* 1999, Fasc. unique.

Art. 748. – Lorsque, après une évasion suivie de reprise ou dans toute autre circonstance, l'identité d'un condamné fait l'objet d'une contestation, cette contestation est tranchée suivant les règles établies en matière d'incidents d'exécution. Toutefois l'audience est publique.

Si la contestation s'élève au cours et à l'occasion d'une nouvelle poursuite, elle est tranchée par la cour ou le tribunal saisi de cette poursuite.

TITRE VI. – DE LA CONTRAINTE JUDICIAIRE (1)

(L. n° 2004-204, 9 mars 2004)

Bibliographie : *Répertoire.* S. Detraz, *Contrainte judiciaire : JCl. Proc. pén.* 2016, Fasc. 20.

Généralités. D. Lochouarn, *La contrainte par corps : nature, évolution, actualité : Rev. huissiers* 1998, p. 449. • L. Nury, *Le processus de la répression. La contrainte par corps : Gaz. Pal.* 1997, 2, doctr. p. 1065. • S. Detraz, *Rémanence et renaissance d'une institution : de la contrainte par corps à la contrainte judiciaire : Dr. pén.* 2004, étude 14.

Art. 749 *(L. n° 2004-204, 9 mars 2004).* **– En cas d'inexécution volontaire d'une ou plusieurs condamnations à une peine d'amende prononcées en matière criminelle ou en matière correctionnelle pour un délit puni d'une peine d'emprisonnement, y compris en cas d'inexécution volontaire de condamnations à des amendes fiscales ou douanières, le juge de l'application des peines peut ordonner, dans les conditions prévues par le présent titre, une contrainte judiciaire consistant en un emprisonnement dont la durée est fixée par ce magistrat dans la limite d'un montant maximum fixé par la loi en fonction du montant de l'amende ou de leur montant cumulé.**

1) Nature de la contrainte judiciaire. Droit interne. Si la loi rattache la contrainte par corps aux peines pécuniaires dont elle tend à assurer le recouvrement, celle-ci n'en demeure pas moins une mesure d'exécution (▪ Cass. crim., 23 févr. 1972, n° 71-93.187 : *Bull. crim.* n° 72. ▪ Cass. crim., 22 févr. 1968, n° 66-90.019 : *Bull. crim.* n° 59). La contrainte par corps n'est pas une peine mais une voie d'exécution, attachée de plein droit aux condamnations pécuniaires prononcées par les juridictions répressives, dont la durée doit être fixée d'après la loi en vigueur lors de la condamnation (▪ Cass. crim., 26 juin 1989, n° 88-85.599 : *Bull. crim.* n° 271). Droit européen. Prononcée par la juridiction répressive et destinée à exercer un effet dissuasif, la sanction infligée à M. Jamil pouvait aboutir à une privation de liberté de caractère punitif (V., *mutatis mutandis, les arrêts Engel et a. c/ Pays-Bas*, 8 juin 1976, série A, n° 22, p. 35, par. 82, et *Öztürk c/ Allemagne*, 21 févr. 1984, série A, n° 73, p. 20, par. 53). Elle constituait donc une peine au sens de l'article 7 § 1 (art. 7-1) de la Convention

(1) Loi n° 2004-204 du 9 mars 2004, art. 211 ; les contraintes par corps en cours à la date d'entrée en vigueur des dispositions du ii de l'article 198 s'exécutent jusqu'à leur terme, sans préjudice des décisions qui pourront être prises par le juge de l'application des peines dans les conditions prévues par l'article 712-6 du Code de procédure pénale.

(■ CEDH, 8 juin 1995, n° 11/1994/458/539, *Jamil c/ France*).

2) Infractions exclues de la contrainte judiciaire.

a. Infraction politique. Selon ce texte, la contrainte par corps ne peut être prononcée pour une infraction ayant un caractère politique ; que les infractions à la loi sur la liberté de la presse sont assimilées, à cet égard, aux délits politiques ; d'où il suit que c'est à tort que les juges ont prononcé la contrainte par corps contre la prévenue, condamnée pour diffamation publique envers un particulier (■ Cass. crim., 30 mars 2005, n° 04-85.610 : *Bull. crim.* n° 112. ■ Cass. crim., 11 avr. 1995, n° 93-81.253 : *Bull. crim.* n° 154. ■ Cass. crim., 24 janv. 1995, n° 93-84.701 : *Bull. crim.* n° 33. ■ Cass. crim., 22 nov. 1994, n° 93-82.618 : *Bull. crim.* n° 372). Infractions électorales. Il en est de même des délits prévus et réprimés par le Code électoral (■ Cass. crim., 2 oct. 2001, n° 01-80.334 : *Bull. crim.* n° 197. ■ Cass. crim., 18 juin 1991, n° 90-85.868 : *Bull. crim.* n° 264. ■ Cass. crim., 15 juin 1984, n° 84-90.479). Mais le délit d'outrage aux bonnes mœurs commis par la voie de presse n'est pas une infraction de presse de sorte que la contrainte lui est applicable (■ Cass. crim., 15 déc. 1980, n° 80-90.141 : *Bull. crim.* n° 345).

b. Infraction de presse et infraction de droit commun. S'il est vrai que la contrainte par corps ne doit pas être prononcée en matière d'infraction à la loi sur la presse, il en est autrement lorsque le prévenu est déclaré coupable, à la fois, d'une infraction de cette nature et d'une infraction de droit commun plus sévèrement réprimée par la loi (■ Cass. crim., 25 juill. 1979, n° 79-91.843 : *Bull. crim.* n° 252). Infraction politique et infraction de droit commun. si le demandeur a été reconnu coupable de dégradation volontaire de monuments d'utilité publique par l'apposition d'inscriptions qui revêtaient en l'espèce un caractère objectivement politique, il a été également condamné pour complicité de violences et voies de fait avec préméditation et complicité de dégradation volontaire de véhicule, délits de droit commun emportant des peines plus graves ; c'est ainsi par l'exacte application de la loi que la cour d'appel a prononcé contre lui la contrainte par corps (■ Cass. crim., 7 mars 1972, n° 71-91.303 : *Bull. crim.* n° 85).

3) Fraude fiscale. L'abrogation, par les textes susvisés, de l'article L. 272 du Livre des procédures fiscales interdit que les condamnations prononcées par les juridictions répressives en application des articles 1741 et 1771 à 1778 du Code général des impôts et non définitives au 1er janvier 2005, date d'entrée en vigueur de la loi précitée, soient recouvrées par la contrainte par corps (■ Cass. crim., 9 mars 2005, n° 04-81.460 : *Bull. crim.* n° 82).

4) Personnes morales. La contrainte par corps ne peut être prononcée que contre les personnes physiques ; après avoir déclaré la personne morale coupable des faits poursuivis et l'avoir condamnée à une amende, l'arrêt dispose que la contrainte par corps s'exercera suivant les modalités fixées par les articles 749 et suivants du Code de procédure pénale ; en prononçant ainsi, la cour d'appel a méconnu les textes susvisés (■ Cass. crim., 23 mai 2000, n° 99-80.008 : *Bull. crim.* n° 200).

5) Droit fixe de procédure. L'assujettissement au droit fixe de procédure dont le montant est déterminé par l'article 1018 A du Code général des impôts ne peut donner lieu au prononcé de la contrainte par corps prévue par l'article 749 du Code de procédure pénale (■ Cass. crim., 9 juill. 1997, n° 96-84.663 : *Bull. crim.* n° 270. ■ Cass. crim., 15 janv. 1997, n° 95-85.752 : *Bull. crim.* n° 12).

6) Légalité de la contrainte judiciaire. Les juges ne peuvent prononcer la contrainte par corps en dehors des cas que la loi prévoit ; l'arrêt attaqué, qui a condamné Michel X... à l'amende fiscale fixée par l'article 1737 du Code général des impôts, a prononcé à son encontre la contrainte par corps ; en ordonnant ainsi une mesure à caractère pénal non prévue par la loi, la cour d'appel a méconnu les textes susvisés (■ Cass. crim., 24 avr. 1996, n° 95-81.156 : *Bull. crim.* n° 164).

7) Paiement au profit du Trésor public. Il résulte de l'article 749 susvisé que la contrainte par corps ne peut être prononcée qu'en ce qui concerne la condamnation à l'amende, aux frais de justice ou à tout autre paiement au profit du Trésor public, et dans les limites prévues par l'article 750 dudit code (■ Cass. crim., 28 avr. 1987, n° 86-92.637 : *Bull. crim.* n° 170). Mais la contrainte par corps n'est pas applicable aux réparations de caractère purement civil allouées au Trésor public à la suite d'un délit d'escroquerie dont il a été victime (■ Cass. crim., 19 juin 1978, n° 73-92.900 : *Bull. crim.* n° 201), ni à l'encontre du civilement responsable (■ Cass. crim., 14 mars 1973, n° 72-90.267 : *Bull. crim.* n° 127).

Art. 750 ***(Rempl., L. n° 2004-204, 9 mars 2004).*** **– Le maximum de la durée de la contrainte judiciaire est fixé ainsi qu'il suit :**

1° À vingt jours lorsque l'amende est au moins égale à 2 000 € sans excéder 4 000 € ;

2° À un mois lorsque l'amende est supérieure à 4 000 € sans excéder 8 000 € ;

3° À deux mois lorsque l'amende est supérieure à 8 000 € sans excéder 15 000 € ;

4° À trois mois lorsque l'amende est supérieure à 15 000 €.

1) Connexité (jurisprudence antérieure à L. n° 2004-204, 9 mars 2004). Pour écarter l'argumentation de l'administration des Douanes soutenant que la durée de la contrainte par corps devait être fixée à 2 années, par application de l'article 706-31, 3e alinéa, du Code de procédure pénale, la cour d'appel énonce que Luis X... n'a été poursuivi que pour une infraction douanière et non pour l'une des infractions mentionnées à l'alinéa 2 de l'article 706-31 dudit code ; en statuant ainsi, les juges ont fait l'exacte application de ce texte ; en effet, il ne peut y avoir connexité, au sens de l'article 706-31 du Code précité, entre une infraction douanière et une infraction à la législation sur les stupéfiants que lorsque le prévenu a été déclaré coupable de l'une et l'autre de ces infractions (■ Cass. crim., 19 déc. 2001, n° 01-82.212 : *Bull. crim.* n° 275).

2) Durée légale. S'il appartient au juge pénal de prononcer la contrainte par corps lorsque les conditions en sont remplies, il n'a pas à en fixer la durée, laquelle est déterminée de plein droit par les articles 750 du Code de procédure pénale et L. 627-6 du Code de la santé publique (■ Cass. crim., 25 juill. 1991, n° 90-85.653 : *Bull. crim.* n° 307).

Art. 751 *(Rempl., L. n° 2004-204, 9 mars 2004).* **– La contrainte judiciaire ne peut être prononcée ni contre les personnes mineures au moment des faits, ni contre les personnes âgées d'au moins soixante-cinq ans au moment de la condamnation.**

Illustration. En application de l'article 751 du Code de procédure pénale, la contrainte par corps ne peut être prononcée contre les personnes âgées d'au moins 65 ans au moment de la condamnation ; les juges du second degré, après avoir déclaré Carl-Oscar X... coupable de l'infraction qui lui était reprochée, ont ordonné la confiscation des chèques, corps du délit, l'ont condamné à une amende et ont fixé la durée de la contrainte par corps conformément à la loi ; en statuant ainsi, alors que, selon les mentions de l'arrêt attaqué, le prévenu était âgé de 78 ans au moment de sa condamnation, la cour d'appel a méconnu le sens et la portée des textes susvisés (■ Cass. crim., 2 juill. 1997, n° 96-84.813 : *Bull. crim.* n° 263).

Art. 752 *(Rempl., L. n° 2004-204, 9 mars 2004).* **– La contrainte judiciaire ne peut être prononcée contre les condamnés qui, par tout moyen, justifient de leur insolvabilité.**

1) Avis de non-imposition. Les avis de non-imposition ne suffisent pas à établir l'insolvabilité du condamné, d'autre part, doivent être prises en considération toutes les ressources, fussent-elles antérieures et occultes, dont ce dernier a eu la disposition pour lui permettre l'exécution volontaire des condamnations pécuniaires (■ Cass. crim., 4 mai 2011, n° 10-84.294 : *Bull. crim.* n° 92).

2) Date d'appréciation de l'insolvabilité. Lorsqu'un condamné justifie de son insolvabilité, en vue de prévenir ou de mettre un terme à l'exécution de la contrainte par corps, en produisant les documents visées à l'article 752 du Code de procédure pénale, il appartient à l'administration des Douanes, qui a sollicité l'exercice anticipé de cette mesure, en application de l'article 388 du Code des douanes, de rapporter la preuve par tous moyens de la solvabilité réelle du condamné ; que cette insolvabilité doit être appréciée à la date de la requête (■ Cass. crim., 4 juin 1998, n° 97-84.528 : *Bull. crim.* n° 185).

3) Dispense. Lorsque l'exercice anticipé de la contrainte par corps a été ordonné, par une décision définitive, en application de l'article 388 du Code des douanes, le débiteur peut, à tout moment, demander à être dispensé de l'exécution de cette mesure, sur le fondement des articles 710 et 752 du Code de procédure pénale (■ Cass. crim., 20 janv. 1998, n° 96-84.187 : *Bull. crim.* n° 23).

4) Exclusion de l'exécution mais non du prononcé de la mesure. L'article 752 du Code de procédure pénale ne s'oppose qu'à l'exécution de la contrainte par corps contre les condamnés justifiant de leur insolvabilité dans les conditions qu'il prescrit et non au prononcé de cette mesure (■ Cass. crim., 18 déc. 1989, n° 88-82.260 : *Bull. crim.* n° 484).

Art. 753. – Elle ne peut être exercée simultanément contre le mari et la femme, même pour le recouvrement de sommes afférentes à des condamnations différentes.

Domaine de l'interdiction. L'article 753 du Code de procédure pénale n'interdit que l'exercice simultané contre le mari et la femme de toute mesure de contrainte par corps, et non le prononcé de cette sanction à leur encontre, dès lors que les deux époux ont été reconnus pénalement coupables des délits dont ils avaient l'un et l'autre à répondre (■ Cass. crim., 2 févr. 1987, n° 85-96.262 : *Bull. crim.* n° 51).

Art. 754 *(Mod., L. n° 2004-204, 9 mars 2004).* **– Elle ne peut être exercée que cinq jours après un commandement fait au condamné à la requête de la partie poursuivante.**

Dans le cas où le jugement de condamnation n'a pas été précédemment signifié au débiteur, le commandement porte en tête un extrait de ce jugement, lequel contient le nom des parties et le dispositif.

Au vu de l'exploit de signification du commandement, si ce dernier date de moins d'un an, et sur la demande du Trésor, le procureur de la République peut requérir le juge de l'application des peines de prononcer la contrainte judiciaire dans les conditions prévues par l'article 712-6. Ce magistrat peut à cette fin délivrer les mandats prévus par l'article 712-17. La décision du juge de l'application des peines, qui est exécutoire par provision, peut faire l'objet d'un appel dans les conditions prévues par l'article 712-11. Le juge de l'application des peines peut décider d'accorder des délais de paiement au condamné si la situation personnelle de ce dernier le justifie, en ajournant sa décision pour une durée qui ne saurait excéder six mois.

1) **Mise à exécution de la contrainte judiciaire.** Sont applicables immédiatement à la répression des infractions commises avant leur entrée en vigueur en tant qu'elles fixent les formes de la procédure, au sens de l'article 112-2, 2°, du Code pénal, les dispositions de la loi du 12 décembre 2005 prévoyant que, lors de la mise à exécution de la contrainte judiciaire consécutive à un défaut de paiement de jours-amende, une mise en demeure de payer, adressée par lettre recommandée avec demande d'avis de réception, produit les mêmes effets qu'un commandement de payer (■ Cass. crim., 16 janv. 2008, n° 07-84.584 : *Bull. crim.* n° 13).

2) **Demande de remise gracieuse.** Pour écarter la requête de Roger X..., fondée sur l'article L. 277 alinéa 3 du Livre des procédures fiscales et tendant à différer la mise en œuvre de la contrainte par corps, l'arrêt énonce que sa demande de remise gracieuse ne présente pas le caractère d'une réclamation au sens de cet article, les impositions dues n'étant pas contestées ; en cet état, la cour d'appel a justifié sa décision ; en effet, le sursis à l'exercice de la contrainte par corps, prévu par l'article L. 277, alinéa 3, du Livre des procédures fiscales, ne s'applique qu'aux contestations portant sur le bien-fondé ou le montant des impositions mises à la charge du contribuable (■ Cass. crim., 7 mars 2001, n° 99-80.675 : *Bull. crim.* n° 59).

3) **Exercice anticipé de la mesure.** Le demandeur, condamné à 4 ans d'emprisonnement avec maintien en détention et à des pénalités douanières, ne saurait se faire un grief de ce que la cour d'appel a prononcé, à son encontre, l'exercice anticipé de la contrainte par corps, par application de l'article 388 du Code des douanes, sans que le commandement prévu à l'article 754 du Code de procédure pénale lui ait été préalablement notifié, dès lors qu'un tel commandement, s'il doit être délivré avant la mise à exécution de la contrainte, n'est pas une condition préalable du prononcé de cette mesure (■ Cass. crim., 24 janv. 2001, n° 00-82.260 : *Bull. crim.* n° 23).

4) **Prescription de la peine.** Aux termes de l'article 754 du Code de procédure pénale « les réquisitions d'incarcération ne sont valables que jusqu'à l'expiration des délais de prescription de la peine » (■ Cass. crim., 22 févr. 1968, n° 66-90.019 : *Bull. crim.* n° 59). Selon l'article 754 du Code de procédure pénale, après l'expiration des délais de prescription de la peine, la contrainte par corps qui n'aura pas commencé à être exécutée ne pourra plus être exercée ; qu'elle ajoute que tel est bien le cas en l'espèce où la peine est prescrite et a même disparu du casier judiciaire ; le procureur général ne saurait se faire un grief de ce que l'administration fiscale n'a pas été appelée à l'instance sur l'incident d'exécution, dès lors qu'il lui appartenait éventuellement de faire citer aux débats la partie intéressée, en l'espèce, l'Administration chargée du recouvrement (■ Cass. crim., 29 oct. 1996, n° 96-80.577 : *Bull. crim.* n° 376). S'il est vrai que les pénalités pécuniaires édictées par le Code des douanes ont le caractère mixte de sanctions pénales et de réparations civiles, il résulte, cependant, des dispositions des articles 7 et suivants de la loi du 29 décembre 1977 que le législateur a entendu faire prédominer leur caractère répressif sur leur caractère indemnitaire ; il s'ensuit qu'en matière d'infraction à la législation douanière, leur exécution, notamment par la voie de la contrainte par corps, est soumise aux règles de prescriptions contenues dans les dispositions combinées, d'une part, de l'article 754 du Code de procédure pénale, selon lesquelles les réquisitions d'incarcération ne sont valables que jusqu'à l'expiration des délais de prescription de la peine, d'autre part, de l'article 382-5° du Code des douanes, aux termes duquel les amendes et confiscations douanières se prescrivent dans les mêmes délais que les peines correctionnelles de droit commun et dans les mêmes conditions que les dommages-intérêts (■ Cass. crim., 31 janv. 1983, n° 82-90.356 : *Bull. crim.* n° 39).

Art. 755 à 757 *(Abr., L. n° 2004-204, 9 mars 2004).*

Rédaction antérieure. Art. 758 *(Mod., L. n° 2004-204, 9 mars 2004).* – La contrainte judiciaire est subie en établissement pénitentiaire, dans le quartier à ce destiné.

Art. 758 *(Mod., L. n° 2004-204, 9 mars 2004 ; mod. à compter du 1er mai 2022, Ord. n° 2022-478, 30 mars 2022).* – **Conformément aux dispositions de l'article L. 216-1 du Code pénitentiaire, la contrainte judiciaire est subie en établissement pénitentiaire, dans le quartier à ce destiné.**

Art. 759 *(Mod., Ord. n° 2010-420, 27 avr. 2010).* – **Les individus contre lesquels la contrainte a été prononcée peuvent en prévenir ou en faire cesser les effets soit en payant ou consignant une somme suffisante pour éteindre leur dette, soit en fournissant une caution reconnue bonne et valable.**

La caution est admise par comptable public compétent. En cas de contestation, elle est déclarée, s'il y a lieu, bonne et valable par le président du tribunal judiciaire agissant par voie de référé.

La caution doit se libérer dans le mois, faute de quoi elle peut être poursuivie.

Lorsque le paiement intégral n'a pas été effectué, et sous réserve des dispositions de l'article 760, la contrainte judiciaire peut être requise à nouveau pour le montant des sommes restant dues.

Art. 760 *(Mod., L. n° 2004-204, 9 mars 2004).* – **Lorsque la contrainte judiciaire a pris fin pour une cause quelconque, elle ne peut plus être exercée ni pour la même dette, ni pour des condamnations antérieures à son exécution, à moins que ces condamnations n'entraînent par leur quotité une contrainte plus longue que celle déjà subie, auquel cas la première incarcération doit toujours être déduite de la nouvelle contrainte.**

Domaine d'application. Les termes mêmes de l'article 760 du Code de procédure pénale, lequel interdit que la contrainte par corps puisse être exécutée plusieurs fois pour la même dette ou pour des condamnations antérieures « à son exécution », à moins que ces condamnations n'entraînent, par leur quotité, une contrainte plus longue que « celle déjà subie », auquel cas la première « incarcération » doit toujours être déduite de la nouvelle contrainte, signifient sans équivoque que ce texte n'est applicable que lorsque l'exécution de la contrainte a pris fin et non lorsque, comme en l'espèce, la procédure elle-même a trouvé son terme avant toute incarcération (▪ Cass. crim., 11 févr. 1980, n° 79-93759 : *Bull. crim.* n° 53).

Art. 761. – **Le débiteur détenu est soumis au même régime que les condamnés, sans toutefois être astreint au travail.**

Évasion. Encourt la cassation l'arrêt qui, pour déclarer un débiteur exécutant une contrainte par corps sous le régime de la semi-liberté, coupable du délit d'évasion prévu par l'article 245 dernier alinéa du Code pénal, se fonde sur les dispositions de l'article 761 du Code de procédure pénale. Cet article, qui se combine avec l'article 728 du même code ne concerne, en effet, dans l'assimilation qu'il édicte, que le régime intérieur de l'établissement où est détenu le débiteur sans pour autant placer celui-ci dans la situation juridique d'un condamné prévue à l'article 245, dernier alinéa, du Code pénal (▪ Cass. crim., 10 nov. 1976, n° 75-93.269 : *Bull. crim.* n° 323).

Art. 761-1 *(Anc. art. 762 mod., L. n° 2004-204, 9 mars 2004 ; dénum., L. n° 2005-1549, 12 déc. 2005).* – **Le condamné qui a subi une contrainte judiciaire n'est pas libéré du montant des condamnations pour lesquelles elle a été exercée.**

Art. 762 *(Mod., L. n° 2016-731, 3 juin 2016).* – **Lorsque le juge de l'application des peines statue en application des dispositions de l'article 754 pour mettre à exécution l'emprisonnement encouru pour défaut de paiement d'un jour-amende, les dispositions de l'article 750 ne sont pas applicables.**

Les dispositions des articles 752 et 753 sont applicables. Pour l'application de l'article 754, une mise en demeure de payer, adressée par lettre recommandée avec demande d'avis de réception, a les mêmes effets qu'un commandement de payer.

La personne condamnée à la peine de jours-amende et contre qui la mise à exécution de l'emprisonnement a été prononcée peut prévenir cette mise à exécution ou en faire cesser les effets en payant l'intégralité de l'amende.

1) **Personnes âgées d'au moins 65 ans.** Il se déduit de l'article 762 du Code de procédure pénale que les dispositions de l'article 751 dudit code, selon lesquelles la contrainte judiciaire ne peut être prononcée pour les personnes âgées d'au moins 65 ans au moment de la condamnation, ne sont pas applicables à l'incarcération en cas de non-paiement des jours-amende (▪ Cass. crim., 28 févr. 2017, n° 16-82.801 : *Bull. crim.* n° 59).

2) **Mise à exécution de la contrainte judiciaire.** V. note sous art. 754, p. 1827.

TITRE VII. – DE L'INTERDICTION DE SÉJOUR

(Titre rempl., L. n° 92-1336, 16 déc. 1992)

Bibliographie : J.-L. Lennon, *Interdiction de séjour : JCl. Proc. pén.* 2008, Fasc. 20.

Art. 762-1 *(L. n° 92-1336, 16 déc. 1992).* **– La personne condamnée à la peine d'interdiction de séjour en application de l'article 131-31 du Code pénal peut être soumise par la décision de condamnation à une ou plusieurs des mesures de surveillance suivantes :**

1° Se présenter périodiquement aux services ou autorités désignés par la décision de condamnation ;

2° Informer le juge de l'application des peines de tout déplacement au-delà de limites déterminées par la décision de condamnation ;

3° Répondre aux convocations de toute autorité ou de toute personne qualifiée désignée par la décision de condamnation.

Art. 762-2 *(Mod., L. n° 2004-204, 9 mars 2004).* **– La personne condamnée à la peine d'interdiction de séjour est tenue d'informer le juge de l'application des peines sous le contrôle duquel elle est placée de tout changement de résidence.**

L'article 712-17 est applicable au condamné à l'interdiction de séjour.

Art. 762-3 *(L. n° 92-1336, 16 déc. 1992).* **– Les mesures d'assistance prévues à l'article 131-31 du Code pénal ont pour objet de faciliter le reclassement social du condamné.**

Art. 762-4 *(Mod., L. n° 2005-1549, 12 déc. 2005).* **– Le juge de l'application des peines dans le ressort duquel le condamné a déclaré fixer sa résidence assure la mise en œuvre des mesures d'assistance et veille au respect des mesures de surveillance prévues par la décision de condamnation.**

À tout moment de la durée de l'interdiction de séjour, le juge de l'application des peines peut, après audition du condamné et avis du procureur de la République, modifier la liste des lieux interdits et les mesures de surveillance et d'assistance dans les conditions prévues à l'article 712-8.

Art. 762-5 *(Mod., L. n° 2004-204, 9 mars 2004).* **– Le juge de l'application des peines peut également décider de suspendre provisoirement l'exécution de la mesure d'interdiction de séjour selon les modalités prévues à l'article 712-6.**

En cas d'urgence, l'autorisation provisoire de séjourner dans une localité interdite peut être donnée par le procureur de la République de cette localité pour une durée n'excédant pas huit jours. Le procureur de la République informe sans délai de sa décision le juge de l'application des peines territorialement compétent.

Sauf disposition contraire de la décision ordonnant la suspension de la mesure, le temps pendant lequel le condamné a bénéficié de la suspension est compté dans la durée de l'interdiction de séjour.

Art. 763 *(Rempl., L. n° 92-1336, 16 déc. 1992).* **– En cas de prescription d'une peine prononcée en matière criminelle, le condamné est soumis de plein droit et à titre définitif à l'interdiction de séjour dans le département où demeurent la victime du crime ou ses héritiers directs.**

1) Cause de suspension de la prescription. Constitue une cause de suspension de la prescription de la peine l'exécution, en territoire étranger, d'une autre peine, prononcée par une juridiction de ce pays (■ Cass. crim., 5 oct. 1993, n° 92-86.194 : *Bull. crim.* n° 275).

2) Exclusion du casier judiciaire. La décision par laquelle les juges statuent sur une requête tendant à l'exclusion du casier judiciaire d'une condamnation antérieure échappe au contrôle de la Cour de cassation dès lors que cette décision est fondée sur des motifs exempts d'insuffisance ou de contradiction (■ Cass. crim., 19 nov. 1979, n° 79-91.318 : *Bull. crim.* n° 322).

TITRE VII *BIS*. – DU SUIVI SOCIO-JUDICIAIRE

(L. n° 98-468, 17 juin 1998)

Bibliographie : *Répertoire.* D. Roets, *Suivi socio-judiciaire : JCl. Proc. pén.* 2011, Fasc. 20.

Généralités. V. Carrasco, *Le suivi socio-judiciaire : bilan de l'application de la loi du 17 juin 1998* : Infostat justice n° 94, mai 2007. • P. Couvrat, *Le suivi socio-judiciaire, une peine pas comme les autres* : *RSC* 1999, p. 376. • P. Darbeda, *L'injonction de soins et le suivi socio-judiciaire* : *RSC* 2001, p. 625. • F. Desportes et F. Le Gunehec, *Droit pénal général*, Économica, 2004, n°s 846-1 à 846-3. • Y. Guillaume, *Une offre de soins pour quel suivi ?* : *AJ Pénal* 2009, p. 62. • F. Le Gunehec, *Dispositions de la loi n° 98-468 du 17 juin 1998 instituant le suivi socio-judiciaire des délinquants sexuels* : *JCP* G 1998, act. 27 ; *La loi du 17 juin 1998 renforçant la prévention et la répression des infractions sexuelles* : *LPA* 1999, n° 238, p. 41. • J. Pradel et J.-L. Senon, *De la prévention et de la répression des infractions sexuelles (commentaire de la loi n° 98-468 du 17 juin 1998)* : *Dr. pén.* 1998, p. 208. • J.-H. Robert, *Récidive législative (commentaire de la loi n° 2010-242 du 10 mars 2010 tendant à amoindrir le risque de récidive criminelle et portant diverses dispositions de procédure pénale)* : *Dr. pén.* 2010, étude 8. • P. Salvage, *Les soins obligatoires en matière pénale* : *JCP* G 1997, I, 4062, n° 45-46 ; *La grande délinquance est-elle une maladie ?* : *Dr. pén.* 2010, étude 3. • J.-L. Senon, *Un bilan en demi-teinte de l'interface santé/justice* : *AJ Pénal* 2009, p. 64. • J.-L. Senon et C. Manzarena, *L'obligation de soins dans la loi renforçant la lutte contre la récidive* : *AJ Pénal* 2007, p. 367.

Art. 763-1 *(Mod., L. n° 2000-516, 15 juin 2000).* **– La personne condamnée à un suivi socio-judiciaire selon les modalités prévues par les articles 131-36-1 à 131-36-8 du Code pénal est placée sous le contrôle du juge de l'application des peines dans le ressort duquel elle a sa résidence habituelle ou, si elle n'a pas en France de résidence habituelle, du juge de l'application des peines du tribunal dans le ressort duquel a son siège la juridiction qui a statué en première instance. Le juge de l'application des peines peut désigner le service pénitentiaire d'insertion et de probation pour veiller au respect des obligations imposées au condamné. Les dispositions de l'article 740 sont applicables.**

Art. 763-2 *(L. n° 98-468, 17 juin 1998).* **– La personne condamnée à un suivi socio-judiciaire est tenue de justifier, auprès du juge de l'application des peines, de l'accomplissement des obligations qui lui sont imposées.**

Art. 763-3 *(Mod., L. n° 2019-222, 23 mars 2019).* **– Pendant la durée du suivi socio-judiciaire ou pendant l'incarcération lorsque la personne condamnée à un suivi socio-judiciaire doit exécuter cette mesure à la suite d'une peine privative de liberté le juge de l'application des peines peut, après audition du condamné et avis du procureur de la République, modifier ou compléter les mesures prévues aux articles 131-36-2 et 131-36-3 du Code pénal.**

Sa décision est exécutoire par provision. Elle peut être attaquée par la voie de l'appel par le condamné, le procureur de la République et le procureur général, à compter de sa notification selon les modalités prévues au 1° de l'article 712-11.

Si la personne condamnée à un suivi socio-judiciaire n'a pas été soumise à une injonction de soins, le juge de l'application des peines ordonne en vue de sa libération une expertise médicale afin de déterminer si elle est susceptible de faire l'objet d'un traitement. Le juge peut également ordonner cette expertise à tout moment au cours de l'exécution du suivi socio-judiciaire. S'il est établi à la suite de cette expertise la possibilité d'un traitement, la personne condamnée est soumise à une injonction de soins, sauf décision contraire du juge de l'application des peines. Le juge de l'application des peines avertit le condamné qu'aucun traitement ne pourra être entrepris sans son consentement, mais que, s'il refuse les soins qui lui seront proposés, l'emprisonnement prononcé en application du troisième alinéa de l'article 131-36-1 du Code pénal pourra être mis à exécution. Les dispositions des deux alinéas précédents sont applicables.

Le juge de l'application des peines peut également, après avoir procédé à l'examen prévu à l'article 763-10 et après avoir fait vérifier la faisabilité technique de la mesure, ordonner le placement sous surveillance électronique mobile du condamné. Le juge de l'application des peines avertit le condamné que le placement sous surveillance électronique mobile ne pourra être mis en œuvre sans son consentement mais que, à défaut ou s'il manque à ses obligations, l'emprisonnement prononcé en application du troisième alinéa de l'article 131-36-1 du Code pénal pourra être mis à exécution. Les dispositions des deux premiers alinéas du présent article sont applicables.

Si la personne a été condamnée à une peine de réclusion criminelle d'une durée égale ou supérieure à quinze ans pour l'un des crimes mentionnés à l'article 706-53-13, le juge de l'application des peines peut également prononcer une obligation d'assignation à domicile prévue par le 3° de l'article 723-30. Les dispositions des deux premiers alinéas du présent article sont applicables.

Obligation de soins. En assortissant d'une obligation de soins le suivi socio-judiciaire auquel Frédéric X... avait été précédemment condamné, la chambre de l'application des peines a fait l'exacte application de l'article 763-3 du Code de procédure pénale qui permet aux juridictions de l'application des peines de fixer les mesures auxquelles seront soumises les personnes condamnées à un suivi socio-judiciaire (■ Cass. crim., 10 oct. 2007, n° 06-84.709 : *Bull. crim.* n° 241).

Art. 763-4 *(L. n° 98-468, 17 juin 1998).* – Lorsque la personne condamnée à un suivi socio-judiciaire comprenant une injonction de soins doit exécuter cette mesure à la suite d'une peine privative de liberté, le juge de l'application des peines peut ordonner l'expertise médicale de l'intéressé avant sa libération. Cette expertise est obligatoire si la condamnation a été prononcée plus de deux ans auparavant.

Le juge de l'application des peines peut en outre, à tout moment du suivi socio-judiciaire et sans préjudice des dispositions de l'article 763-6, ordonner, d'office ou sur réquisitions du procureur de la République, les expertises nécessaires pour l'informer sur l'état médical ou psychologique de la personne condamnée.

Les expertises prévues par le présent article sont réalisées par un seul expert, sauf décision motivée du juge de l'application des peines.

Art. 763-5 *(Mod., L. n° 2010-242, 10 mars 2010).* – En cas d'inobservation des obligations mentionnées aux articles 131-36-2 et 131-36-3 du Code pénal ou de l'injonction de soins, le juge de l'application des peines peut, d'office ou sur réquisitions du procureur de la République, ordonner, par décision motivée, la mise à exécution de l'emprisonnement prononcé par la juridiction de jugement en application du troisième alinéa de l'article 131-36-1 du Code pénal. L'exécution peut porter sur tout ou partie de cette peine. Cette décision est prise selon les dispositions prévues à l'article 712-6.

En cas d'inobservation des obligations ou de l'injonction de soins, les dispositions de l'article 712-17 sont applicables.

Constitue pour le condamné une violation des obligations qui lui ont été imposées le fait de refuser de commencer ou de poursuivre le traitement prescrit par le médecin traitant et qui lui a été proposé dans le cadre d'une injonction de soins.

L'accomplissement de l'emprisonnement pour inobservation des obligations du suivi socio-judiciaire ne dispense pas le condamné de l'exécution du suivi socio-judiciaire. En cas de nouveau manquement par le condamné à ses obligations, le juge de l'application des peines peut de nouveau ordonner la mise à exécution de l'emprisonnement pour une durée qui, cumulée avec la durée de l'emprisonnement exécuté, ne saurait excéder celle fixée par la juridiction de condamnation.

Art. 763-6 *(Mod., L. n° 2010-242, 10 mars 2010).* – Toute personne condamnée à un suivi socio-judiciaire peut demander à la juridiction qui a prononcé la condamnation ou, en cas de pluralité de condamnations, à la dernière juridiction qui a statué de la relever de cette mesure. Si la condamnation a été prononcée par une cour d'assises, la juridiction compétente pour statuer sur la demande est la chambre de l'instruction dans le ressort de laquelle la cour d'assises a son siège.

La demande ne peut être portée devant la juridiction compétente qu'à l'issue d'un délai d'un an à compter de la décision de condamnation. En cas de refus opposé à cette première demande, une autre demande ne peut être présentée qu'une année après cette décision de refus. Il en est de même, éventuellement, des demandes ultérieures.

La demande de relèvement est adressée au juge de l'application des peines, qui ordonne une expertise médicale et la transmet à la juridiction compétente avec les conclusions de l'expert ainsi que son avis motivé.

L'expertise est réalisée par deux experts en cas de condamnation pour meurtre ou assassinat d'un mineur précédé ou accompagné d'un viol, de tortures ou d'actes de barbarie.

La juridiction statue dans les conditions prévues par les troisième, quatrième et cinquième alinéas de l'article 703.

La juridiction peut décider de relever le condamné d'une partie seulement de ses obligations.

Après avis du procureur de la République, le juge de l'application des peines peut, après audition du condamné et avis du médecin coordonnateur, décider selon les modalités prévues par l'article 712-8 de mettre fin de manière anticipée au suivi socio-judiciaire comportant une injonction de soins, sans qu'il soit nécessaire de saisir la juridiction de jugement, dès lors qu'il apparaît que le reclassement du condamné est acquis et qu'un traitement n'est plus nécessaire. Le juge peut également décider de ne relever le condamné que d'une partie de ses obligations parmi lesquelles, le cas échéant, l'injonction de soins.

Art. 763-7 *(Mod., L. n° 2010-242, 1er mars 2010).* – Lorsqu'une personne condamnée à un suivi socio-judiciaire comprenant une injonction de soins doit subir une peine privative de liberté, elle exécute cette peine

dans un établissement pénitentiaire prévu par le troisième alinéa de l'article 717-1 et permettant de lui assurer un suivi médical et psychologique adapté.

Elle est immédiatement informée par le juge de l'application des peines de la possibilité d'entreprendre un traitement. Si elle ne consent pas à suivre un traitement, cette information est renouvelée au moins une fois tous les ans.

En cas de suspension ou de fractionnement de la peine, de placement à l'extérieur sans surveillance ou de mesure de semi-liberté, les obligations résultant du suivi socio-judiciaire sont applicables.

Art. 763-7-1 *(L. n° 2011-939, 10 août 2011).* **– Lorsque la personne condamnée à un suivi socio-judiciaire doit exécuter cette mesure à la suite d'une peine privative de liberté, il lui est remis, avant sa libération, un avis de convocation à comparaître devant le juge de l'application des peines ou devant le service pénitentiaire d'insertion et de probation dans un délai qui ne saurait être supérieur à huit jours, selon des modalités prévues par le décret mentionné à l'article 763-9. En cas de convocation devant le service pénitentiaire d'insertion et de probation, ce service est alors saisi de la mesure de suivi socio-judiciaire.**

Art. 763-8 *(Mod., L. n° 2010-242, 10 mars 2010).* **– Lorsqu'un suivi socio-judiciaire a été prononcé à l'encontre d'une personne condamnée à une réclusion criminelle d'une durée égale ou supérieure à quinze ans pour l'une des infractions visées à l'article 706-53-13, la juridiction régionale de la rétention de sûreté peut, selon les modalités prévues par l'article 706-53-15, décider de prolonger tout ou partie des obligations auxquelles est astreinte la personne, au-delà de la durée prononcée par la juridiction de jugement et des limites prévues à l'article 131-36-1 du Code pénal, en la plaçant sous surveillance de sûreté pour une durée de deux ans.**

Les dispositions des deuxième à septième alinéas de l'article 723-37 du présent code sont applicables, ainsi que celles de l'article 723-38 (1).

Le présent article est applicable y compris si la personne placée sous suivi socio-judiciaire avait fait l'objet d'une libération conditionnelle.

Art. 763-9 *(L. n° 98-468, 17 juin 1998).* **– Un décret en Conseil d'État détermine les modalités d'application des dispositions du présent titre.**

TITRE VII *TER*. – DU PLACEMENT SOUS SURVEILLANCE ÉLECTRONIQUE MOBILE À TITRE DE MESURE DE SÛRETÉ

(L. n° 2005-1549, 12 déc. 2005)

Bibliographie : ***Répertoire.*** L. Griffon-Yarza, *Placement sous surveillance électronique mobile à titre de mesure de sûreté : JCl. Proc. pén.* 2016, Fasc. 20.

Généralités. L. de Graeve, *Big Brother sous le regard du juge administratif : validation du placement sous surveillance électronique mobile par le Conseil d'État : RFDA* 2008, p. 999. • S. Enderlin, *Placement sous surveillance électronique fixe ou mobile : Rép. Dalloz*; *Dr. pén.* et *Proc. pén.* 2015. • G. Éveillard, *Le juge administratif et le placement sous surveillance électronique : AJDA* 2012, p. 434. • M. Herzog-Evans, *Placement sous surveillance électronique mobile : après le Conseil constitutionnel, validation par le Conseil d'État : AJ Pénal* 2008, p. 131. • C. Lazerges, *L'électronique au service de la politique criminelle : du placement sous surveillance électronique statique (PSE) au placement sous surveillance électronique mobile : RSC* 2006, p. 183. • O. Razac, *Le placement sous surveillance électronique mobile : un nouveau modèle pénal ?*, CIRAP-

(1) L. n° 2008-174, 25 févr. 2008, art. 13, III. – *La surveillance de sûreté instaurée par l'article 763-8 est immédiatement applicable après la publication de la loi. Si la méconnaissance par la personne des obligations qui lui sont imposées fait apparaître que celle-ci présente à nouveau une particulière dangerosité caractérisée par la probabilité très élevée de commettre à nouveau l'une des infractions mentionnées à l'article 706-53-13 du Code de procédure pénale, la personne peut être placée jusqu'au 1er septembre 2008, dans les conditions prévues par le dernier alinéa de l'article 706-53-19 du même code, dans un établissement mentionné au premier alinéa de l'article L. 6141-5 du Code de la santé publique.*

ENAP, 2011. • J.-H. Robert, *Les murailles de silicium, commentaire de la loi n° 2005-1549 du 12 décembre 2005 relative au traitement de la récidive des infractions pénales : Dr. pén.* 2006, étude 2.

Art. 763-10 *(Mod., L. n° 2011-1862, 13 déc. 2011).* **– Un an au moins avant la date prévue de sa libération, la personne condamnée au placement sous surveillance électronique mobile en application des articles 131-36-9 à 131-36-12 du Code pénal fait l'objet d'un examen destiné à évaluer sa dangerosité et à mesurer le risque de commission d'une nouvelle infraction.**

Cet examen est mis en œuvre par le juge de l'application des peines, celui-ci peut solliciter l'avis de la commission pluridisciplinaire des mesures de sûreté composée selon des modalités déterminées par le décret prévu à l'article 763-14. Les articles 712-16 et 712-16-1 sont applicables.

Au vu de cet examen et après avoir fait vérifier la faisabilité technique de la mesure, le juge de l'application des peines détermine, selon les modalités prévues par l'article 712-6, la durée pendant laquelle le condamné sera effectivement placé sous surveillance électronique mobile. Cette durée ne peut excéder deux ans, renouvelable une fois en matière délictuelle et deux fois en matière criminelle.

Le juge de l'application des peines rappelle au condamné que le placement sous surveillance électronique mobile ne pourra être mis en œuvre sans son consentement, mais que, à défaut ou s'il manque à ses obligations, l'emprisonnement prononcé en application du troisième alinéa de l'article 131-36-1 du Code pénal pourra être mis à exécution.

Six mois avant l'expiration du délai fixé, le juge de l'application des peines statue, selon les mêmes modalités, sur la prolongation du placement sous surveillance électronique mobile dans la limite prévue au troisième alinéa.

À défaut de prolongation, il est mis fin au placement sous surveillance électronique mobile.

Consentement exprès du condamné. Pour placer M. X... sous surveillance judiciaire assortie d'une surveillance électronique mobile, en application des dispositions de l'article 723-30, 3° du Code de procédure pénale, l'arrêt énonce que les éléments du dossier établissent une absence d'adhésion véritable, voire une opposition de fait, mais non expressément exprimée, du condamné à la mise en pratique de la mesure, à laquelle il n'accepte formellement de ne pas s'opposer que comme à une mesure imposée ; en prononçant ainsi, par des motifs contradictoires dont il ne résulte pas que le condamné a consenti à la mise en œuvre de la mesure de surveillance électronique mobile, la cour d'appel n'a pas justifié sa décision (■ Cass. crim., 15 sept. 2010, n° 09-87.449 : *Dr. pén.* 2011, chron. 2, n° 41, obs. V. Peltier).

Art. 763-11 *(L. n° 2005-1549, 12 déc. 2005).* **– Pendant la durée du placement sous surveillance électronique mobile, le juge de l'application des peines peut d'office, sur réquisitions du procureur de la République ou à la demande du condamné présentée, le cas échéant, par l'intermédiaire de son avocat, modifier, compléter ou supprimer les obligations résultant dudit placement.**

Art. 763-12 *(L. n° 2005-1549, 12 déc. 2005).* **– Le condamné placé sous surveillance électronique mobile est astreint au port, pendant toute la durée du placement, d'un dispositif intégrant un émetteur permettant à tout moment de déterminer à distance sa localisation sur l'ensemble du territoire national.**

Ce dispositif est installé sur le condamné au plus tard une semaine avant sa libération.

Le procédé utilisé est homologué à cet effet par le ministre de la justice. Sa mise en œuvre doit garantir le respect de la dignité, de l'intégrité et de la vie privée de la personne et favoriser sa réinsertion sociale.

Art. 763-13 *(L. n° 2005-1549, 12 déc. 2005 ; mod. à compter du 1er mai 2022, Ord. n° 2022-478, 30 mars 2022).* **– Dans le cadre des recherches relatives à une procédure concernant un crime ou un délit, les officiers de police judiciaire spécialement habilités à cette fin sont autorisés à consulter les données figurant dans le traitement automatisé de données à caractère personnel prévu à l'article L. 544-2 du Code pénitentiaire.**

> **Rédaction antérieure.** Art. 763-13 *(L. n° 2005-1549, 12 déc. 2005 ; mod. à compter du 1er mai 2022, Ord. n° 2022-478, 30 mars 2022).* – Le contrôle à distance de la localisation du condamné fait l'objet d'un traitement automatisé de données à caractère personnel, mis en œuvre conformément aux dispositions de la loi n° 78-17 du 6 janvier 1978 relative à l'informatique, aux fichiers et aux libertés.
> Dans le cadre des recherches relatives à une procédure concernant un crime ou un délit, les officiers de police judiciaire spécialement habilités à cette fin sont autorisés à consulter les données figurant dans ce traitement.

Art. 763-14 *(L. n° 2005-1549, 12 déc. 2005 ; mod. à compter du 1er mai 2022, Ord. n° 2022-478, 30 mars 2022).* – Un décret en Conseil d'État détermine les conditions d'application du présent titre. Ce décret précise notamment les conditions dans lesquelles l'évaluation prévue par l'article 763-10 est mise en œuvre.

> **Rédaction antérieure. Art. 763-14** *(L. n° 2005-1549, 12 déc. 2005).* – Un décret en Conseil d'État détermine les conditions d'application du présent titre. Ce décret précise notamment les conditions dans lesquelles l'évaluation prévue par l'article 763-10 est mise en œuvre. Il précise également les conditions d'habilitation des personnes de droit privé auxquelles peuvent être confiées les prestations techniques détachables des fonctions de souveraineté concernant la mise en œuvre du placement sous surveillance électronique mobile et relatives notamment à la conception et à la maintenance du dispositif prévu à l'article 763-12 et du traitement automatisé prévu à l'article 763-13.
>
> Les dispositions de ce décret relatives au traitement automatisé prévu à l'article 763-13, qui précisent, notamment, la durée de conservation des données enregistrées, sont prises après avis de la Commission nationale de l'informatique et des libertés.

Art. 764 et 765 *(Abr., L. n° 92-1336, 16 déc. 1992).*

Art. 765-1 *(Abr., L. n° 2004-204, 9 mars 2004. – V. Art. 707-1).*

Art. 766 et 767 *(Abr., L. n° 92-1336, 16 déc. 1992).*

TITRE VII *QUATER*. – DE L'EXÉCUTION DES CONDAMNATIONS ET DES DÉCISIONS DE PROBATION EN APPLICATION DE LA DÉCISION-CADRE DU CONSEIL DE L'UNION EUROPÉENNE DU 27 NOVEMBRE 2008

(Créé à compter du 1er octobre 2015, L. n° 2015-993, 17 août 2015)

CHAPITRE Ier. – DISPOSITIONS GÉNÉRALES

Art. 764-1 *(Créé à compter du 1er octobre 2015, L. n° 2015-993, 17 août 2015).* – Afin de faciliter l'insertion ou la réinsertion sociale d'une personne condamnée, d'améliorer la protection des victimes et de la société et de faciliter l'application de peines de substitution aux peines privatives de liberté et de mesures de probation lorsque l'auteur d'une infraction ne vit pas dans l'État de condamnation, le présent titre détermine les règles applicables à la reconnaissance et à l'exécution, dans un État membre de l'Union européenne, des condamnations pénales définitives ou des décisions adoptées sur le fondement de telles condamnations, prononcées par les juridictions françaises et ordonnant des peines de substitution ou des mesures de probation, ainsi qu'à la reconnaissance et à l'exécution en France de telles condamnations et décisions prononcées par les autorités compétentes d'un autre État membre de l'Union européenne.

L'État sur le territoire duquel a été prononcée la condamnation ou la décision de probation est appelé État de condamnation. L'État auquel sont demandés la reconnaissance et le suivi sur son territoire de cette condamnation ou de cette décision de probation est appelé État d'exécution.

Art. 764-2 *(Créé à compter du 1er octobre 2015, L. n° 2015-993, 17 août 2015).* – Les condamnations et les décisions qui peuvent donner lieu à une exécution transfrontalière en application du présent titre sont les suivantes :

1° Les condamnations à des mesures de probation prévoyant en cas de non-respect une peine d'emprisonnement, ou à une peine privative de liberté assortie en tout ou en partie d'un sursis conditionné au respect de mesures de probation ;

2° Les condamnations assorties d'un ajournement du prononcé de la peine et imposant des mesures de probation ;

3° Les condamnations à une peine de substitution à une peine privative de liberté, imposant une obligation ou une injonction, à l'exclusion des sanctions pécuniaires et des confiscations ;

4° Les décisions imposant des mesures de probation, prononcées dans le cadre de l'exécution de condamnations définitives, notamment en cas de libération conditionnelle.

Art. 764-3 *(Créé à compter du 1er octobre 2015, L. n° 2015-993, 17 août 2015)*. – Les peines de substitution et les mesures de probation dont le suivi peut être transféré à l'État d'exécution sont celles qui imposent une ou plusieurs des obligations ou injonctions suivantes :

1° L'obligation pour la personne condamnée d'informer une autorité spécifique de tout changement de domicile ou de lieu de travail ;

2° L'interdiction de se rendre dans certains lieux ou dans certaines zones définies de l'État de condamnation ou de l'État d'exécution ;

3° Les restrictions à la possibilité de quitter le territoire de l'État d'exécution ;

4° Les injonctions concernant le comportement, la résidence, la formation ou les loisirs, ou comportant des restrictions ou des modalités relatives à l'exercice d'une activité professionnelle ;

5° L'obligation de se présenter à des heures précises devant une autorité spécifique ;

6° L'obligation d'éviter tout contact avec des personnes spécifiques ;

7° L'interdiction de détenir ou de faire usage d'objets spécifiques qui ont été utilisés par la personne condamnée ou pourraient l'être en vue de commettre un crime ou un délit ;

8° L'obligation de réparer financièrement le préjudice causé par l'infraction ou l'obligation d'apporter la preuve que cette obligation a été respectée ;

9° L'obligation de réaliser des travaux d'intérêt général ;

10° L'obligation de coopérer avec un agent de probation ou avec un représentant d'un service social exerçant des fonctions liées aux personnes condamnées ;

11° L'obligation de se soumettre à des soins médicaux ou à une cure de désintoxication ;

12° Le cas échéant, les autres obligations et injonctions, notifiées au secrétariat général du Conseil de l'Union européenne, dont l'État d'exécution est disposé à assurer le suivi.

Art. 764-4 *(Créé à compter du 1er octobre 2015, L. n° 2015-993, 17 août 2015)*. – En application du 12° de l'article 764-3, peuvent également être suivies et surveillées en France les obligations suivantes :

1° L'interdiction d'exercer une activité professionnelle ou bénévole impliquant un contact habituel avec des mineurs ;

2° L'interdiction de conduire un véhicule ;

3° L'interdiction de détenir ou porter une arme soumise à autorisation.

Art. 764-5 *(Créé à compter du 1er octobre 2015, L. n° 2015-993, 17 août 2015)*. – Une condamnation ou une décision de probation peut être transmise à l'autorité compétente d'un autre État membre de l'Union européenne lorsque :

1° La personne concernée réside de manière habituelle, dans des conditions régulières, sur le territoire de cet État et y est retournée ou souhaite y retourner ;

2° La personne concernée ne réside pas de manière habituelle, dans des conditions régulières, sur le territoire de cet État, mais demande à y exécuter sa peine ou mesure de probation, à condition que l'autorité compétente de celui-ci consente à la transmission de la décision de condamnation ou de probation la concernant.

Art. 764-6 *(Créé à compter du 1er octobre 2015, L. n° 2015-993, 17 août 2015)*. – Toute condamnation ou décision de probation transmise en application du présent titre aux fins de reconnaissance et de suivi sur le territoire de l'État d'exécution est accompagnée d'un certificat précisant notamment :

1° La désignation de l'État de condamnation ;

2° La désignation de l'autorité compétente ayant prononcé la condamnation ou la décision de probation ;

3° La désignation de l'autorité compétente dans l'État de condamnation pour le suivi des peines et mesures ;

4° L'identité de la personne condamnée, l'adresse de son ou ses derniers domiciles connus dans l'État de condamnation, dans l'État d'exécution ou dans un autre État ;

5° Les motifs de la transmission de la décision de condamnation ou de probation au regard de l'article 764-5 ;

6° Les langues que comprend la personne condamnée ;

7° La date, le lieu et les circonstances dans lesquels la ou les infractions ont été commises, ainsi que la nature et la qualification juridique des faits ;

8° La date de la condamnation ou de la décision de probation et celle à laquelle cette décision est devenue définitive ;

9° Les informations relatives à la nature et à la durée de la peine ou des mesures de probation dont la reconnaissance et le suivi sont demandés ;

10° Le cas échéant, la durée de la peine privative de liberté prononcée dont l'exécution a été suspendue sous condition et la durée de la peine privative de liberté à exécuter en cas de révocation du sursis ou de la libération conditionnelle, ou en cas de manquement aux obligations imposées.

Le certificat est signé par l'autorité compétente de l'État de condamnation qui atteste l'exactitude des informations y étant contenues.

Art. 764-7 *(Créé à compter du 1er octobre 2015, L. n° 2015-993, 17 août 2015).* – Le retrait du certificat mentionné à l'article 764-6 vaut retrait de la demande de reconnaissance et de suivi et fait obstacle à la mise à exécution sur le territoire de l'État d'exécution de la peine de substitution ou de la mesure de probation.

Art. 764-8 *(Créé à compter du 1er octobre 2015, L. n° 2015-993, 17 août 2015).* – La transmission de la condamnation ou de la décision de probation, du certificat et de toutes les pièces relatives à l'exécution des mesures ainsi que tout échange relatif à celles-ci s'effectuent directement, par tout moyen laissant une trace écrite et dans des conditions permettant au destinataire d'en vérifier l'authenticité, entre les autorités compétentes de l'État d'émission et celles de l'État d'exécution.

CHAPITRE II. – DISPOSITIONS RELATIVES À LA RECONNAISSANCE ET AU SUIVI, SUR LE TERRITOIRE DES AUTRES ÉTATS MEMBRES DE L'UNION EUROPÉENNE, DES CONDAMNATIONS ET DES DÉCISIONS DE PROBATION PRONONCÉES PAR LES JURIDICTIONS FRANÇAISES

Art. 764-9 *(Créé à compter du 1er octobre 2015, L. n° 2015-993, 17 août 2015).* – Le ministère public près la juridiction ayant prononcé une condamnation ou rendu une décision de probation comportant des peines de substitution ou des mesures prévues aux articles 764-3 et 764-4 est compétent pour transmettre à l'autorité compétente d'un autre État membre de l'Union européenne, aux fins qu'elle reconnaisse cette condamnation ou cette décision de probation et en assure le suivi, la condamnation ou la décision de probation et, après l'avoir établi et signé, le certificat prévu à l'article 764-6.

Il peut procéder à cette transmission d'office ou à la demande de l'autorité compétente de l'État d'exécution ou de la personne concernée.

Art. 764-10 *(Créé à compter du 1er octobre 2015, L. n° 2015-993, 17 août 2015).* – Avant de procéder à la transmission de la décision de condamnation ou de la décision de probation et du certificat, le ministère public peut consulter l'autorité compétente de l'État d'exécution. Une telle consultation est obligatoire dans les cas mentionnés au 2° de l'article 764-5, afin de déterminer si cette autorité consent à la transmission.

Art. 764-11 *(Créé à compter du 1er octobre 2015, L. n° 2015-993, 17 août 2015).* – Le ministère public transmet à l'autorité compétente de l'État d'exécution une copie certifiée conforme de la décision de condamnation ou de la décision de probation ainsi que l'original ou une copie du certificat mentionné à l'article 764-6.

Il transmet, en outre, à cette autorité une traduction du certificat soit dans la langue officielle ou dans une des langues officielles de l'État d'exécution, soit dans l'une des langues officielles des institutions de l'Union européenne acceptées par cet État.

À l'occasion de cette transmission, il peut demander à l'autorité compétente de l'État d'exécution la durée maximale de la privation de liberté prévue par le droit interne de l'État d'exécution pour l'infraction qui a donné lieu à la condamnation, et qui pourrait être prononcée à l'encontre de la personne condamnée en cas de non-respect des peines de substitution ou des mesures de probation.

Art. 764-12 *(Créé à compter du 1er octobre 2015, L. n° 2015-993, 17 août 2015).* – Le ministère public peut décider de retirer le certificat, pour autant que le suivi n'ait pas commencé dans l'État d'exécution, dans les cas suivants :

1° Lorsqu'il estime que la durée maximale de la privation de liberté prévue par le droit interne de l'État d'exécution susceptible d'être prononcée en cas de non-respect des peines de substitution ou des mesures de probation est insuffisante ;

2° Lorsque la reconnaissance de la condamnation ou de la décision de probation implique une adaptation des peines ou des mesures ou une réduction de la durée de celles-ci qui lui semblent inappropriées.

Lorsqu'il décide de retirer le certificat, le ministère public en informe l'autorité compétente de l'État d'exécution le plus rapidement possible, au plus tard dans les dix jours suivant la réception des informations justifiant sa décision.

En ce cas, les autorités judiciaires françaises restent compétentes pour mettre à exécution la condamnation ou la décision de probation et assurer le suivi de leur exécution.

Art. 764-13 *(Créé à compter du 1er octobre 2015, L. n° 2015-993, 17 août 2015).* – Lorsque l'autorité compétente de l'État d'exécution a informé le ministère public qu'elle reconnaît la condamnation ou la décision de probation, les autorités compétentes de l'État d'exécution deviennent seules compétentes pour assurer le suivi des mesures de probation ou des peines de substitution imposées, ainsi que pour modifier les obligations ou les injonctions, prononcer la révocation du sursis à l'exécution de la condamnation ou de la libération conditionnelle et prendre toute décision en cas de commission d'une nouvelle infraction ou de non-respect d'une peine de substitution ou d'une mesure de probation.

Art. 764-14 *(Créé à compter du 1er octobre 2015, L. n° 2015-993, 17 août 2015).* – Le ministère public informe sans délai les autorités compétentes de l'État d'exécution, par tout moyen laissant une trace écrite, de toute circonstance ou constatation portée à sa connaissance lui paraissant de nature à donner lieu à une modification de la mesure de probation ou de la peine de substitution, à la révocation du sursis à l'exécution de la condamnation ou de la décision de libération conditionnelle, ou au prononcé d'une peine ou d'une mesure privative de liberté en raison du non-respect d'une peine de substitution ou d'une mesure de probation.

Art. 764-15 *(Créé à compter du 1er octobre 2015, L. n° 2015-993, 17 août 2015).* – Les autorités judiciaires françaises redeviennent compétentes, à l'initiative de l'État d'exécution, en cas de non-respect des obligations ou des injonctions mentionnées dans la condamnation ou dans la décision de probation, pour prononcer la révocation du sursis à l'exécution de la condamnation ou de la libération conditionnelle ou prononcer et mettre à exécution une peine privative de liberté dans les cas pour lesquels l'État d'exécution a déclaré au secrétariat général du Conseil de l'Union européenne qu'il refuse d'exercer cette compétence.

Le ministère public informe sans délai l'autorité compétente de l'État d'exécution de toute révocation du sursis à exécution de la condamnation ou de la libération conditionnelle, du prononcé d'une peine ou d'une mesure privative de liberté en raison du non-respect d'une mesure ou d'une peine de substitution, ou de toute décision d'extinction de la mesure ou de la peine de substitution.

Art. 764-16 *(Créé à compter du 1er octobre 2015, L. n° 2015-993, 17 août 2015).* – À l'initiative de l'autorité compétente de l'État d'exécution, les autorités judiciaires françaises redeviennent compétentes pour assurer le suivi des peines de substitution ou des mesures de probation lorsque la personne condamnée a pris la fuite ou ne réside plus de manière habituelle, dans des conditions régulières, sur le territoire de l'État d'exécution.

Lorsque, postérieurement à la reconnaissance d'une condamnation ou d'une décision de probation par les autorités compétentes de l'État d'exécution, une nouvelle procédure pénale est engagée en France à l'encontre de la personne intéressée, le ministère public peut solliciter desdites autorités que le suivi des peines de substitution ou des mesures de probation soit de nouveau assuré par les autorités judiciaires françaises. En cas d'accord, les autorités judiciaires françaises redeviennent compétentes pour assurer le suivi de ces peines et mesures et pour prononcer toute décision ultérieure relative à ces peines et mesures.

Dans les cas mentionnés aux deux premiers alinéas, le ministère public tient compte dans toutes ses réquisitions de la durée pendant laquelle l'intéressé a respecté les obligations ou les injonctions qui lui étaient imposées et de l'ensemble des décisions prises par les autorités compétentes de l'État d'exécution.

Art. 764-17 *(Créé à compter du 1er octobre 2015, L. n° 2015-993, 17 août 2015).* – Lorsque la condamnation fait l'objet d'une amnistie, d'une grâce ou d'une révision ayant pour effet de lui retirer, immédiatement ou non, son caractère exécutoire, le ministère public en informe sans délai l'autorité compétente de l'État d'exécution.

CHAPITRE III. – DISPOSITIONS RELATIVES À LA RECONNAISSANCE ET AU SUIVI SUR LE TERRITOIRE DE LA RÉPUBLIQUE DES CONDAMNATIONS ET DES DÉCISIONS DE PROBATION PRONONCÉES PAR LES AUTORITÉS COMPÉTENTES DES AUTRES ÉTATS MEMBRES DE L'UNION EUROPÉENNE

Section I. – Réception des demandes de reconnaissance et de suivi des condamnations et des décisions de probation

Art. 764-18 *(Créé à compter du 1er octobre 2015, L. n° 2015-993, 17 août 2015).* – Le procureur de la République reçoit les demandes tendant à la reconnaissance et à l'exécution sur le territoire de la République des condamnations ou des décisions de probation prononcées par les juridictions des autres États membres. Il peut également demander à l'autorité compétente d'un autre État membre de lui transmettre une demande tendant à la reconnaissance et à l'exécution sur le territoire de la République d'une décision de condamnation prononcée par une juridiction de cet État.

Si l'autorité compétente de l'État de condamnation le lui demande, le procureur de la République informe celle-ci de la durée maximale de la privation de liberté prévue par la législation française pour l'infraction qui a donné lieu à la condamnation, et qui pourrait être prononcée à l'encontre de la personne condamnée en cas de non-respect des peines de substitution ou des mesures de probation.

Il peut procéder ou faire procéder à tout complément d'information qu'il estime utile. Lorsque le certificat mentionné à l'article 764-6 est incomplet ou ne correspond manifestement pas à la condamnation ou, le cas échéant, à la décision de probation, il impartit un délai maximal de dix jours à l'autorité compétente de l'État de condamnation pour compléter ou rectifier le certificat.

Art. 764-19 *(Créé à compter du 1er octobre 2015, L. n° 2015-993, 17 août 2015).* – Le procureur de la République compétent est celui dans le ressort duquel se situe la résidence habituelle régulière de la personne condamnée. À défaut, le procureur de la République près le tribunal judiciaire de Paris est compétent.

Si le procureur de la République auquel la demande a été adressée par l'État de condamnation aux fins de reconnaissance et d'exécution n'est pas compétent, il la transmet sans délai au procureur de la République compétent. L'autorité compétente de l'État d'émission est informée de la transmission.

Art. 764-20 *(Créé à compter du 1er octobre 2015, L. n° 2015-993, 17 août 2015).* – Lorsque, avant de transmettre la condamnation ou la décision de probation et le certificat, l'autorité compétente de l'État de condamnation consulte le procureur de la République dans le cas où, en application du 2° de l'article 764-5, la reconnaissance de la condamnation ou de la décision est subordonnée au consentement de l'État d'exécution, le procureur de la République consent à la transmission de la condamnation ou de la décision de probation si la personne concernée a la nationalité française. Dans les autres cas, il saisit sans délai le ministre de la justice. Le ministre peut consentir à la transmission de la condamnation ou de la décision si la personne concernée a la nationalité d'un État membre de l'Union européenne autre que la France et s'il existe des motifs exceptionnels justifiant l'exécution de la décision en France. Il tient compte notamment de l'intérêt de sa décision pour la bonne administration de la justice, de l'existence de liens personnels et familiaux en France et de l'absence de risque de trouble à l'ordre public.

Le procureur de la République informe l'autorité compétente de l'État de condamnation de la décision de consentir ou non à la transmission de la demande de reconnaissance de la condamnation ou de la décision de probation.

Art. 764-21 *(Créé à compter du 1er octobre 2015, L. n° 2015-993, 17 août 2015).* – Dans les sept jours à compter de la réception de la demande, le procureur de la République saisit le juge de l'application des peines territorialement compétent en application de l'article 712-10 de la demande, accompagnée de ses réquisitions.

Section II. – Reconnaissance des condamnations et des décisions de probation

Art. 764-22 *(Créé à compter du 1er octobre 2015, L. n° 2015-993, 17 août 2015).* – Le juge de l'application des peines est compétent pour statuer sur les demandes de reconnaissance et de suivi des condamnations et des décisions de probation.

S'il estime nécessaire d'entendre la personne condamnée, il peut être fait application de l'article 706-71, que l'intéressé demeure sur le territoire de la République ou à l'étranger.

Art. 764-23 *(Créé à compter du 1er octobre 2015, L. n° 2015-993, 17 août 2015).* – La reconnaissance et le suivi sur le territoire de la République d'une décision de condamnation ou d'une décision de probation prononcée par la juridiction d'un autre État membre ne peuvent être refusés que dans les cas prévus aux articles 764-24 et 764-25.

Lorsqu'il envisage de se fonder sur l'un des motifs de refus prévus aux 1° à 3°, 8° et 9° de l'article 764-24 et à l'article 764-25, le juge de l'application des peines en informe l'autorité compétente de l'État de condamnation si le procureur de la République ne l'a pas déjà fait et lui impartit un délai maximal de dix jours afin de lui permettre de fournir, le cas échéant, toutes informations supplémentaires.

En l'absence de l'un des motifs de refus prévus aux mêmes articles 764-24 et 764-25, le juge de l'application des peines reconnaît la décision de condamnation ou de probation comme étant exécutoire sur le territoire de la République.

Art. 764-24 *(Créé à compter du 1er octobre 2015, L. n° 2015-993, 17 août 2015).* – L'exécution de la condamnation ou de la décision de probation est refusée dans les cas suivants :

1° Le certificat n'est pas produit, est incomplet ou ne correspond manifestement pas à la condamnation ou à la décision et n'a pas été complété ou corrigé dans le délai fixé ;

2° Les conditions prévues aux articles 764-2 à 764-5 ne sont pas remplies, notamment lorsque, en application du 2° de l'article 764-5, la reconnaissance de la condamnation ou de la décision de probation est subordonnée au consentement de la France et que le consentement n'a pas été sollicité ou a été refusé ;

3° La décision de condamnation porte sur des infractions pour lesquelles la personne condamnée a déjà été jugée définitivement par les juridictions françaises ou par celles d'un État de l'Union européenne autre que l'État de condamnation, à condition que la peine ait été exécutée, soit en cours d'exécution ou ne puisse plus être mise à exécution selon la loi de l'État ayant prononcé la condamnation ;

4° La condamnation est fondée sur des faits qui ne constituent pas des infractions selon la loi française ;

5° Les faits pouvaient être jugés par les juridictions françaises et la prescription de la peine est acquise selon la loi française à la date de la réception du certificat ;

6° La personne condamnée bénéficie en France d'une immunité faisant obstacle à l'exécution de la condamnation ou de la décision ;

7° La condamnation ou la décision a été prononcée à l'encontre d'un mineur de treize ans à la date des faits ;

8° La personne condamnée n'a pas comparu en personne au procès qui a mené à la décision, sauf dans les cas mentionnés aux 1° à 3° de l'article 695-22-1 ;

9° La peine prononcée comporte une mesure de soins psychiatriques ou médicaux ou une autre mesure qui ne peut être exécutée en application des règles du système juridique ou de santé français.

Le motif de refus prévu au 4° n'est pas opposable lorsque la décision de condamnation concerne une infraction en matière de taxes et d'impôts, de douane et de change, en raison de ce que le droit français n'impose pas le même type de taxes ou d'impôts ou ne contient pas le même type de réglementation en matière de taxes, d'impôts, de douane et de change que le droit de l'État de condamnation.

Art. 764-25 *(Créé à compter du 1er octobre 2015, L. n° 2015-993, 17 août 2015).* – L'exécution de la décision de condamnation peut être refusée dans les cas suivants :

1° La durée de la peine de substitution ou de la mesure de probation est inférieure à six mois à la date de réception du certificat ;

2° La condamnation ou la décision est fondée sur des infractions commises en totalité, en majeure partie ou pour l'essentiel sur le territoire de la République ou en un lieu assimilé ;

3° La décision de condamnation porte sur des infractions pour lesquelles la personne condamnée a déjà été jugée définitivement par la juridiction d'un État non membre de l'Union européenne, à condition que la peine ait été exécutée, soit en cours d'exécution ou ne puisse plus être mise à exécution selon la législation de cet État.

Art. 764-26 *(Créé à compter du 1er octobre 2015, L. n° 2015-993, 17 août 2015).* – Le juge de l'application des peines apprécie s'il y a lieu de procéder à l'adaptation de la peine ou de la mesure de probation prononcée ou de sa durée.

Lorsque la nature de la mesure de probation ou de la peine de substitution ne correspond pas aux mesures prévues par la législation française, le juge de l'application des peines remplace la mesure de probation ou la peine de substitution par la mesure la plus proche de celle prononcée par l'État de condamnation qui aurait pu être légalement prononcée par une juridiction française pour les mêmes faits.

Lorsque la durée de la peine de substitution ou de la mesure de probation est supérieure à celle qui aurait pu être légalement prononcée par une juridiction française pour les mêmes faits, le juge de l'application des peines réduit cette durée à la durée maximale légalement encourue selon la loi française pour l'infraction correspondante. Lorsque la condamnation porte sur plusieurs infractions, il se réfère au maximum légal encouru pour l'infraction correspondante la plus sévèrement sanctionnée.

La mesure de probation ou la peine de substitution ainsi adaptée n'est pas plus sévère ni plus longue que celle initialement prononcée.

Art. 764-27 *(Créé à compter du 1er octobre 2015, L. n° 2015-993, 17 août 2015).* – Sous réserve de la suspension du délai résultant de l'avis donné à l'autorité compétente de l'État de condamnation en application de l'article 764-23, le juge de l'application des peines statue par ordonnance, selon la procédure prévue à l'article 712-8, sur la demande de reconnaissance de la condamnation ou de la décision de probation dans le délai maximal de dix jours à compter des réquisitions du procureur de la République.

La décision d'adaptation de la nature ou de la durée de la mesure de probation ou de la peine de substitution est motivée par référence à la législation française.

La décision de refus est motivée par référence aux articles 764-24 et 764-25.

Art. 764-28 *(Créé à compter du 1er octobre 2015, L. n° 2015-993, 17 août 2015).* – La décision du juge de l'application des peines est notifiée sans délai à la personne condamnée. Celle-ci est informée par une mention portée dans l'acte de notification que, si elle n'accepte pas cette décision, elle dispose d'un délai de vingt-quatre heures pour saisir la chambre de l'application des peines d'une requête précisant, à peine d'irrecevabilité, les motifs de droit ou de fait de sa contestation et qu'elle a la possibilité de se faire représenter devant cette juridiction par un avocat de son choix ou, à défaut, par un avocat commis d'office par le bâtonnier de l'ordre des avocats.

Lorsque le juge de l'application des peines a procédé à l'adaptation de la peine ou de la mesure de probation prononcée ou qu'il a réduit sa durée, sa décision est portée sans délai à la connaissance des autorités compétentes de l'État membre de condamnation par tout moyen laissant une trace écrite.

Art. 764-29 *(Créé à compter du 1er octobre 2015, L. n° 2015-993, 17 août 2015).* – La décision du juge de l'application des peines relative à la reconnaissance de la condamnation ou de la décision de probation est susceptible de recours selon les modalités prévues au 1° de l'article 712-11.

Le recours ne permet pas de contester la condamnation ou la décision de probation prise par l'État de condamnation.

Art. 764-30 *(Créé à compter du 1er octobre 2015, L. n° 2015-993, 17 août 2015).* – Sauf si un complément d'information a été ordonné, le président de la chambre de l'application des peines statue dans les vingt jours de sa saisine par une ordonnance motivée rendue en chambre du conseil.

Si le président de la chambre de l'application des peines estime nécessaire d'entendre la personne condamnée, il peut être fait application de l'article 706-71, qu'elle demeure sur le territoire de la République ou à l'étranger.

Le président de la chambre de l'application des peines peut, par une mesure d'administration judiciaire, autoriser l'État de condamnation à intervenir à l'audience par l'intermédiaire d'une personne habilitée par ce même État à cet effet. Lorsque l'État de condamnation est autorisé à intervenir, il ne devient pas partie à la procédure.

Lorsque le président de la chambre de l'application des peines envisage d'opposer l'un des motifs de refus prévus aux 1° à 3°, 8° et 9° de l'article 764-24 et à l'article 764-25, il n'y a pas lieu d'informer l'autorité compétente de l'État de condamnation s'il a déjà été procédé à cette information par le juge de l'application des peines en application de l'article 764-23.

Art. 764-31 *(Créé à compter du 1er octobre 2015, L. n° 2015-993, 17 août 2015)*. – La décision du président de la chambre de l'application des peines est notifiée sans délai à la personne condamnée. Celle-ci est informée par une mention portée dans l'acte de notification des voies et délais de recours.

Cette décision peut faire l'objet, dans un délai de trois jours, d'un pourvoi en cassation par le procureur général ou par la personne condamnée. Le second alinéa de l'article 568-1 et le premier alinéa de l'article 567-2 sont applicables.

Art. 764-32 *(Créé à compter du 1er octobre 2015, L. n° 2015-993, 17 août 2015)*. – Lorsque la décision définitive relative à la reconnaissance et à l'exécution de la condamnation ou de la décision de probation ne peut être prise dans les soixante jours qui suivent la réception de la décision de condamnation et du certificat, le ministère public en informe sans délai l'autorité compétente de l'État de condamnation en lui indiquant les raisons du retard et le délai supplémentaire qu'il estime nécessaire pour que soit prise la décision.

Dans le cas où le ministère public, le juge de l'application des peines ou la chambre de l'application des peines a demandé à l'autorité compétente de l'État de condamnation de compléter ou de corriger le certificat, le cours du délai prévu au premier alinéa du présent article est suspendu à compter de la demande jusqu'à la transmission par l'État de condamnation des pièces demandées et au plus tard à l'expiration du délai imparti en application du dernier alinéa de l'article 764-18.

Art. 764-33 *(Créé à compter du 1er octobre 2015, L. n° 2015-993, 17 août 2015)*. – Le ministère public informe sans délai l'autorité compétente de l'État de condamnation de la décision définitive prise sur la reconnaissance de la condamnation ou de la décision de probation.

Lorsque la décision définitive consiste en un refus de reconnaissance et d'exécution de la condamnation ou de la décision de probation, ou comporte une adaptation de la nature de la mesure de probation ou de la peine de substitution ou de sa durée, le procureur de la République informe également l'autorité compétente de l'État de condamnation des motifs de la décision.

Section III. – Suivi des mesures de probation et des peines de substitution et décision ultérieure en cas de non-respect

Art. 764-34 *(Créé à compter du 1er octobre 2015, L. n° 2015-993, 17 août 2015)*. – L'exécution de la condamnation ou de la décision de probation est régie par le Code pénal et par le présent code, y compris l'exécution des décisions ultérieures prises lorsqu'une mesure de probation ou une peine de substitution n'est pas respectée ou lorsque la personne condamnée commet une nouvelle infraction pénale.

Dès que la décision de reconnaître la condamnation ou la décision de probation comme exécutoire en France est devenue définitive, les peines de substitution ou les mesures de probation peuvent être mises à exécution dans les conditions prévues par la décision de reconnaissance.

Toutefois, lorsque la reconnaissance de la condamnation ou de la décision de probation comprend une adaptation de la nature ou de la durée de la mesure de probation ou de la peine de substitution, les peines alternatives ou les mesures et obligations ne peuvent être ramenées à exécution qu'à l'expiration d'un délai supplémentaire de dix jours à compter du caractère définitif de la décision de reconnaissance.

Art. 764-35 *(Créé à compter du 1er octobre 2015, L. n° 2015-993, 17 août 2015)*. – Le retrait du certificat par l'État de condamnation, pour quelque cause que ce soit, fait obstacle à la mise à exécution de la condamnation ou de la décision de probation s'il intervient avant que la peine de substitution ou les obligations et mesures de probation aient été mises à exécution.

Art. 764-36 *(Créé à compter du 1er octobre 2015, L. n° 2015-993, 17 août 2015)*. – Le juge de l'application des peines est compétent pour assurer, par lui-même ou par toute personne qualifiée désignée, le suivi des mesures de probation et des peines de substitution dont la reconnaissance est définitive.

Le juge de l'application des peines, ou, le cas échéant, lorsque la mesure ne relève pas de lui, le procureur de la République, met à exécution la peine de substitution ou prend sans délai les mesures adaptées au suivi de la mesure de probation.

Art. 764-37 *(Créé à compter du 1er octobre 2015, L. n° 2015-993, 17 août 2015).* – Si la personne condamnée ne peut être retrouvée sur le territoire de la République, le juge de l'application des peines informe l'autorité compétente de l'État de condamnation de l'impossibilité de mettre à exécution la condamnation ou la décision de probation.

Art. 764-38 *(Créé à compter du 1er octobre 2015, L. n° 2015-993, 17 août 2015).* – Le juge de l'application des peines est compétent pour prendre toute mesure ultérieure visant à modifier les obligations ou la durée de la période probatoire dans les conditions prévues au présent code.

Art. 764-39 *(Créé à compter du 1er octobre 2015, L. n° 2015-993, 17 août 2015).* – Le juge de l'application des peines est également compétent pour prononcer par jugement motivé, dans les conditions prévues à l'article 712-6, la révocation de la libération conditionnelle ou du sursis à l'exécution de la condamnation et pour prononcer la peine ou la mesure privative de liberté prévue par la condamnation ou la décision de probation rendue par les autorités de l'État membre de condamnation, en cas de peine de substitution.

Lorsqu'une personne a été condamnée à une peine de substitution et que la condamnation ne comporte pas de peine ou de mesure privative de liberté devant être exécutée en cas de non-respect de cette peine, le juge de l'application des peines avise le procureur de la République en cas de non-respect des obligations ou des injonctions mentionnées dans la peine de substitution pour que celui-ci apprécie la suite à donner au regard des articles 434-38 et suivants du Code pénal.

Lorsque ce non-respect de la peine de substitution n'est pas constitutif d'une infraction pénale au regard de la législation française, le procureur de la République informe l'autorité compétente de l'État de condamnation de ces faits et de l'impossibilité pour les autorités judiciaires françaises de statuer sur ce cas.

Art. 764-40 *(Créé à compter du 1er octobre 2015, L. n° 2015-993, 17 août 2015).* – Le juge de l'application des peines informe sans délai les autorités compétentes de l'État de condamnation, par tout moyen laissant une trace écrite, de toute décision prise en application des articles 764-38 et 764-39.

Art. 764-41 *(Créé à compter du 1er octobre 2015, L. n° 2015-993, 17 août 2015).* – Le juge de l'application des peines informe immédiatement et par tout moyen laissant une trace écrite les autorités compétentes de l'État de condamnation dans les cas suivants :

1° Lorsqu'une mesure de grâce ou une amnistie concerne la décision objet du suivi en France ;

2° Lorsque l'intéressé est en fuite ou n'a plus de résidence habituelle, dans des conditions régulières, sur le territoire de la République. Dans ce cas, le juge de l'application des peines peut se dessaisir du suivi de la mesure de probation ou de la peine de substitution au bénéfice des autorités compétentes de l'État de condamnation, ce qui lui enlève toute compétence pour prendre toute décision ultérieure en relation avec cette mesure de probation ou cette peine de substitution.

Art. 764-42 *(Créé à compter du 1er octobre 2015, L. n° 2015-993, 17 août 2015).* – Lorsque la condamnation fait l'objet en France ou dans l'État de condamnation soit d'une amnistie, soit d'une grâce ou lorsque cette condamnation fait l'objet d'une annulation décidée à la suite d'une procédure de révision dans l'État de condamnation, ou de toute autre décision ou mesure ayant pour effet de lui retirer son caractère exécutoire, le juge de l'application des peines met fin à l'exécution de cette condamnation ou de cette décision de probation.

Art. 764-43 *(Créé à compter du 1er octobre 2015, L. n° 2015-993, 17 août 2015).* – Lorsque, par suite d'une nouvelle procédure pénale engagée contre la personne concernée dans l'État de condamnation, l'autorité compétente de cet État demande que la compétence relative au suivi des mesures de probation ou des peines de substitution et à toute décision ultérieure relative à ces mesures ou ces peines lui soit à nouveau transférée, le juge de l'application des peines met fin au suivi de celles-ci et se dessaisit au profit des autorités compétentes de l'État de condamnation.

TITRE VII *QUINQUIES*. – DE LA PEINE DE PROGRAMME DE MISE EN CONFORMITÉ

(L. n° 2016-1691, 9 déc. 2016)

Art. 764-44 *(L. n° 2016-1691, 9 déc. 2016)*. **– I. – La peine prévue à l'article 131-39-2 du Code pénal s'exécute sous le contrôle du procureur de la République.**

L'Agence française anticorruption rend compte au procureur de la République, au moins annuellement, de la mise en œuvre de la peine. Elle l'informe de toute difficulté dans l'élaboration ou la mise en œuvre du programme de mise en conformité. Elle lui communique, en outre, un rapport à l'expiration du délai d'exécution de la mesure.

La personne morale condamnée peut informer le procureur de la République de toute difficulté dans la mise en œuvre de la peine.

II. – Lorsque la peine prévue à l'article 131-39-2 du Code pénal a été prononcée à l'encontre d'une société mentionnée au I de l'article 17 de la loi n° 2016-1691 du 9 décembre 2016 relative à la transparence, à la lutte contre la corruption et à la modernisation de la vie économique, il est tenu compte, dans l'exécution de la peine, des mesures et procédures déjà mises en œuvre en application du II du même article 17.

III. – Lorsque la peine prononcée en application de l'article 131-39-2 du Code pénal a été exécutée pendant au moins un an, qu'il résulte des rapports transmis au procureur de la République que la personne morale condamnée a pris les mesures et procédures appropriées pour prévenir et détecter la commission de faits de corruption ou de trafic d'influence et qu'aucun suivi ne paraît plus nécessaire, le procureur de la République peut saisir le juge d'application des peines de réquisitions tendant à ce qu'il soit mis fin à la peine de façon anticipée, par jugement motivé conformément à l'article 712-6 du présent code.

TITRE VIII. – DU CASIER JUDICIAIRE

Bibliographie : *Répertoire.* G. Lorho, *JCl. Procédure pénale*, Fasc. 20 : Casier judiciaire, 2017.

Généralités. B. Bouloc, *Le casier judiciaire des personnes morales : Rev. sociétés* 1993, p. 364. • C. Elek, *Les dix ans du Casier judiciaire national automatisé* : Expertises, mensuel du droit et de l'informatique n° 151, juin 1992. • S. Grunvald, V. Bianchi et E. Serfass, *Effacement des condamnations : peut-on encore parler de droit à l'oubli ? : AJ Pénal* 2007, n° 10. • X. Pradel, *Le casier judiciaire européen : Dr. pén.* 2006, n° 9.

Art. 768 *(Mod., L. n° 2019-486, 22 mai 2019 ; L. n° 2021-218, 26 févr. 2021)*. **– Le casier judiciaire national automatisé, qui peut comporter un ou plusieurs centres de traitement, est tenu sous l'autorité du ministre de la Justice. Il reçoit, en ce qui concerne les personnes nées en France et après contrôle de leur identité au moyen du répertoire national d'identification des personnes physiques, le numéro d'identification ne pouvant en aucun cas servir de base à la vérification de l'identité :**

1° Les condamnations contradictoires ainsi que les condamnations par défaut, non frappées d'opposition, prononcées pour crime, délit ou contravention de la cinquième classe, ainsi que les déclarations de culpabilité assorties d'une dispense de peine ou d'un ajournement du prononcé de la peine sauf si la mention de la décision au bulletin n° 1 a été expressément exclue en application de l'article 132-59 du Code pénal ;

2° Les condamnations contradictoires ou par défaut, non frappées d'opposition, pour les contraventions des quatre premières classes dès lors qu'est prise, à titre principal ou complémentaire, une mesure d'interdiction, de déchéance ou d'incapacité ;

3° Les décisions prononçant à l'égard d'un mineur une mesure éducative, une dispense de mesure éducative ou une déclaration de réussite éducative en application du titre Ier du livre Ier du Code de la justice pénale des mineurs ;

4° Les décisions disciplinaires prononcées par l'autorité judiciaire ou par une autorité administrative lorsqu'elles entraînent ou édictent des incapacités ;

5° Les jugements prononçant la faillite personnelle ou l'interdiction prévue par l'article 192 de la loi n° 85-98 du 25 janvier 1985 relative au redressement et à la liquidation judiciaires des entreprises ;

6° Tous les jugements prononçant la déchéance de l'autorité parentale ou le retrait de tout ou partie des droits y attachés ;

7° Les arrêtés d'expulsion pris contre les étrangers ;

8° Les condamnations prononcées par les juridictions étrangères qui, en application d'une convention ou d'un accord internationaux, ont fait l'objet d'un avis aux autorités françaises ou ont été exécutées en France à la suite du transfèrement des personnes condamnées.

9° Les compositions pénales, dont l'exécution a été constatée par le procureur de la République ;

10° Les jugements ou arrêts de déclaration d'irresponsabilité pénale pour cause de trouble mental, lorsqu'une hospitalisation d'office a été ordonnée en application de l'article 706-135 ou lorsqu'une ou plusieurs des mesures de sûreté prévues par l'article 706-136 ont été prononcées ;

11° Les amendes forfaitaires pour les délits et pour les contraventions de la cinquième classe ayant fait l'objet d'un paiement ou à l'expiration des délais mentionnés au second alinéa de l'article 495-19 et au deuxième alinéa de l'article 530.

Art. 768-1 *(L. n° 92-1336, 16 déc. 1992 ; L. n° 93-913, 19 juill. 1993).* – Le casier judiciaire national automatisé reçoit, en ce qui concerne les personnes morales et après contrôle de leur identité au moyen du répertoire national des entreprises et des établissements :

1° Les condamnations contradictoires et les condamnations par défaut non frappées d'opposition, prononcées pour crime, délit ou contravention de la cinquième classe par toute juridiction répressive ;

2° Les condamnations contradictoires ou par défaut non frappées d'opposition pour les contraventions des quatre premières classes, dès lors qu'est prise, à titre principal ou complémentaire, une mesure d'interdiction, de déchéance, d'incapacité, ou une mesure restrictive de droit ;

3° Les déclarations de culpabilité assorties d'une dispense de peine ou d'un ajournement, avec ou sans injonction, du prononcé de la peine ;

4° Les condamnations prononcées par les juridictions étrangères qui, en application d'une convention ou d'un accord internationaux, ont fait l'objet d'un avis aux autorités françaises ;

5° *(5° créé à compter du 1er juill. 2021, L. n° 2019-222, 23 mars 2019)* Les amendes forfaitaires pour les délits et pour les contraventions de la cinquième classe ayant fait l'objet d'un paiement ou à l'expiration des délais mentionnés au second alinéa de l'article 495-19 et au deuxième alinéa de l'article 530 ;

6° *(6° créé à compter du 1er juill. 2021, L. n° 2019-222, 23 mars 2019)* Les compositions pénales dont l'exécution a été constatée par le procureur de la République.

Les modalités d'application du présent article sont déterminées par décret en Conseil d'État.

Décisions prises par le juge des enfants. Aucun texte n'interdit la lecture à l'audience des parties de l'arrêt de renvoi faisant mention des décisions prises par le juge des enfants en vertu de l'article 8 de l'ordonnance du 2 février 1945 et qui, en application de l'article 768 du Code de procédure pénale, donnent lieu à l'établissement d'une fiche du casier judiciaire dont l'article 774 prévoit la communication aux autorités judiciaires (■ Cass. crim., 17 janv. 1973, n° 72-92.207 : *Bull. crim.* n° 20).

Art. 769 *(Mod., L. n° 2019-222, 23 mars 2019 ; L. n° 2021-218, 26 févr. 2021).* – Il est fait mention sur les fiches du casier judiciaire des peines ou dispenses de peines prononcées après ajournement du prononcé de la peine, des grâces, commutations ou réductions de peines, des décisions qui suspendent ou qui ordonnent l'exécution d'une première condamnation, des décisions prises en application du deuxième alinéa de l'article 728-4 ou du premier alinéa de l'article 728-7, des décisions de libération conditionnelle et de révocation, des décisions de surveillance judiciaire et de réincarcération prises en application de l'article 723-35, des décisions de surveillance de sûreté, des décisions de rétention de sûreté, des décisions de suspension de peine, des réhabilitations, des décisions qui rapportent ou suspendent les arrêtés d'expulsion, ainsi que la date de l'expiration de la peine, la date du paiement de l'amende et la date d'émission du titre exécutoire de l'amende forfaitaire majorée non susceptible de réclamation.

Il est fait mention, sur les fiches du casier judiciaire relatives à des décisions de rétention de sûreté ou de surveillance de sûreté, des décisions de renouvellement de ces mesures.

Sont retirées du casier judiciaire les fiches relatives à des condamnations effacées par une amnistie par la réhabilitation de plein droit ou judiciaire ou réformées en conformité d'une décision de rectification du casier

judiciaire. Il en est de même, sauf en ce qui concerne les condamnations prononcées pour des faits imprescriptibles ou par une juridiction étrangère, des fiches relatives à des condamnations prononcées depuis plus de quarante ans et qui n'ont pas été suivies d'une nouvelle condamnation à une peine criminelle ou correctionnelle.

Sont également retirés du casier judiciaire :

1° Les jugements prononçant la faillite personnelle ou l'interdiction prévue par l'article 192 de la loi n° 85-98 du 25 janvier 1985 précitée lorsque ces mesures sont effacées par un jugement de clôture pour extinction du passif, par la réhabilitation ou à l'expiration du délai de cinq ans à compter du jour où ces condamnations sont devenues définitives.

2° Les décisions disciplinaires effacées par la réhabilitation ;

3° *(3° abr., L. n° 2007-297, 5 mars 2007)* ;

4° Les dispenses de peines, à l'expiration d'un délai de trois ans à compter du jour où la condamnation est devenue définitive ;

5° Les condamnations pour contravention, à l'expiration d'un délai de trois ans à compter du jour où ces condamnations sont devenues définitives ; ce délai est porté à quatre ans lorsqu'il s'agit d'une contravention dont la récidive constitue un délit ;

6° Les mentions relatives à la composition pénale, à l'expiration d'un délai de trois ans à compter du jour où l'exécution de la mesure a été constatée, si la personne n'a pas, pendant ce délai, soit subi de condamnation à une peine criminelle ou correctionnelle, soit exécuté une nouvelle composition pénale ;

7° Les fiches relatives aux mesures éducatives, aux dispenses de mesure éducative et aux déclarations de réussite éducative prononcées à l'encontre d'un mineur à l'expiration d'un délai de trois ans à compter du jour où la décision est devenue définitive ;

8° Les condamnations ayant fait l'objet d'une réhabilitation judiciaire, lorsque la juridiction a expressément ordonné la suppression de la condamnation du casier judiciaire conformément au deuxième alinéa de l'article 798 ;

9° Les fiches relatives aux jugements ou arrêts de déclaration d'irresponsabilité pénale pour cause de trouble mental, lorsque l'hospitalisation d'office ordonnée en application de l'article 706-135 a pris fin ou lorsque les mesures de sûreté prévues par l'article 706-136 ont cessé leurs effets ;

10° Les condamnations prononcées par les juridictions étrangères, dès réception d'un avis d'effacement de l'État de condamnation ou d'une décision de retrait de mention ordonnée par une juridiction française. Toutefois, si la condamnation a été prononcée par une juridiction d'un État membre de l'Union européenne, le retrait ordonné par une juridiction française ne fait pas obstacle à sa retransmission aux autres États membres de l'Union européenne ;

11° Les fiches relatives aux amendes forfaitaires mentionnées au 11° de l'article 768, à l'expiration d'un délai de trois ans à compter de leur paiement ou à l'expiration du délai mentionné au second alinéa de l'article 495-19, si la personne n'a pas, pendant ce délai, soit subi de condamnation à une peine criminelle ou correctionnelle, soit fait de nouveau l'objet d'une amende forfaitaire délictuelle.

1) **Réhabilitation.** En application des dispositions combinées des articles 133-16 du Code pénal et 769 du Code de procédure pénale, la réhabilitation de plein droit d'une condamnation n'interdit pas à la juridiction de prendre en compte, lors de l'examen de la culpabilité de l'intéressé, cet élément de personnalité figurant régulièrement au dossier de la procédure par sa mention au casier judiciaire (Cass. crim., 17 janv. 2018, n° 17-80.402, : *JurisData* n° 2018-000320 ; *Dr. pén.* 2018, comm. 71, obs. V. Peltier). Voir déjà, à propos de la prise en compte d'une condamnation réhabilitée pour fixer le quantum de la peine : ▪ Cass. crim., 28 mai 2013, n° 12-81.468 : *JurisData* n° 2013-013184 ; *Bull. crim.* n° 118. *Contra* ▪ Cass. crim., 10 nov. 2009, n° 09-82.368 : *Bull. crim.* n° 189 ; *AJ pénal* 2010, p. 89, obs. M. Herzog-Evans. Il résulte de la combinaison des articles 133-16 et 769 du Code de procédure pénale qu'une condamnation réhabilitée, même si elle continue à figurer au casier judiciaire, ne peut être prise en compte, par les autorités judiciaires, sauf les cas prévus par la loi, pour la détermination de la peine. Doit être cassé l'arrêt de la cour d'appel qui, avant de prononcer une peine contre le prévenu, relève qu'il ressort de son casier judiciaire qu'il a fait l'objet de condamnations antérieures, alors que ces condamnations sont réhabilitées de plein droit. V. aussi ▪ Cass. crim., 21 nov. 1989 : *Bull. crim.* n° 433. ▪ Cass. crim., 8 nov. 1995 : *Bull. crim.* n° 343 ; *Dr. pén.* 1997, comm. 99, obs. M. Véron ; *Rev. sc. crim.* 1996, p. 650, note B. Bouloc ; *D.* 1997, p. 321, note A. Fournier. ▪ Cass. crim., 19 oct. 2005 : *Bull. crim.* n° 261 ; *AJ pénal* 2006, p. 37. Les juges peuvent se

référer aux éléments de personnalité résultant du bulletin du casier judiciaire figurant régulièrement au dossier de la procédure, concerneraient-ils des condamnations réhabilitées (■ Cass. crim., 23 janv. 2019, n° 18-80.349).

2) **Amnistie.** Les dispositions de la loi, spécialement l'article 36 de la loi du 18 juin 1966 et l'article 769, alinéa 2 du Code de procédure pénale, ayant pour effet d'anéantir la condamnation amnistiée, c'est à bon droit que la cour d'appel, saisie d'une demande en confusion de deux peines dont l'une est afférente à une condamnation amnistiée, se refuse à prendre celle-ci en considération pour l'application de la règle du non-cumul et déclare la requête sans objet (■ Cass. crim., 20 juill. 1967, n° 66-93.264 : *Bull. crim.* n° 224).

Art. 769-1 *(Mod., L. n° 2010-242, 10 mars 2010).* **– Il est fait mention, sur les fiches du casier judiciaire des personnes morales, des décisions modificatives prévues au premier alinéa de l'article 769.**

Le troisième alinéa de l'article 769 s'applique aux condamnations prononcées à l'encontre des personnes morales.

Art. 769-2 *(Abr., L. n° 2004-204, 9 mars 2004).*

Art. 770 *(Mod., Ord. n° 2019-950, 11 sept. 2019 ; L. n° 2021-218, 26 févr. 2021).* **– Le retrait du casier judiciaire d'une décision concernant un mineur peut être décidé dans les conditions prévues à l'article L. 631-4 du Code de la justice pénale des mineurs.**

Le retrait du casier judiciaire d'une condamnation prononcée pour des faits commis par une personne âgée de dix-huit à vingt-et-un ans peut également, si le reclassement du condamné paraît acquis, être prononcé à l'expiration d'un délai de trois ans à compter de la condamnation. Ce retrait ne peut cependant intervenir qu'après que les peines privatives de liberté ont été subies et que les amendes ont été payées et, si des peines complémentaires ont été prononcées pour une durée déterminée, après l'expiration de cette durée.

Dans le cas prévu à l'alinéa qui précède, le retrait du casier judiciaire de la fiche constatant la condamnation est demandé par requête, selon les règles de compétence et de procédure fixées par les deuxième et troisième alinéas de l'article 778.

Lorsque le retrait du casier judiciaire de la décision a été prononcé, la mention de cette décision ne doit plus figurer au bulletin n° 1 du casier judiciaire.

Illustration. Il résulte du jugement attaqué et des pièces de procédure que M. C., après avoir été condamné par le tribunal pour enfants le 8 décembre 2009, à la peine de deux ans d'emprisonnement, pour partie assortis d'un sursis avec mise à l'épreuve, pour des faits de violences et de viol aggravés commis en novembre 2008 alors qu'il était âgé de 13 ans, a déposé une requête le 24 mai 2018, en vue de la suppression de son casier judiciaire de la fiche concernant cette condamnation ; le jugement énonce qu'au vu des éléments du dossier, il y a lieu de rejeter cette requête ; en se déterminant ainsi, sans examiner, comme il y était invité, les éléments produits par le requérant au soutien de sa requête faisant valoir qu'au vu de son parcours scolaire et de son insertion professionnelle, sa rééducation apparait acquise, le tribunal n'a pas justifié sa décision (■ Cass. crim., 7 janv. 2020, n° 19-80.058 : *Bull. crim.* n° 86).

Art. 770-1 *(En vigueur à compter du 27 avril 2012, L. n° 2012-409, 27 mars 2012).* **– Si un ressortissant français a été condamné par une juridiction étrangère et que cette condamnation figure au bulletin n° 1 de son casier judiciaire, il peut demander le retrait de cette mention au tribunal correctionnel de son domicile, ou de Paris s'il réside à l'étranger.**

La requête ne peut être portée devant la juridiction compétente, sous peine d'irrecevabilité, qu'à l'issue des délais prévus à l'article 133-16-1 du Code pénal.

La requête est instruite et jugée conformément à l'article 703 du présent code.

Si la condamnation émane d'une juridiction d'un État membre de l'Union européenne, le retrait de sa mention au bulletin n° 1 ne fait pas obstacle à sa retransmission aux autres États membres.

Art. 771 *(L. n° 80-2, 4 janv. 1980).* **– Le casier judiciaire national automatisé reçoit également les condamnations, décisions, jugements ou arrêtés visés à l'article 768 du présent code, concernant les personnes nées à l'étranger et les personnes dont l'acte de naissance n'est pas retrouvé ou dont l'identité est douteuse.**

Art. 772. – Il est donné connaissance aux autorités militaires, par l'envoi d'une copie de la fiche du casier judiciaire, des condamnations ou des décisions de nature à modifier les conditions d'incorporation des individus soumis à l'obligation du service militaire.

Il est donné avis également aux mêmes autorités de toutes modifications apportées à la fiche ou au casier judiciaire en vertu des articles 769 et 770.

Art. 773 *(Mod., L. n° 85-699, 11 juill. 1985)*. – Le casier judiciaire national automatisé communique à l'Institut national de la statistique et des études économiques l'identité des personnes qui ont fait l'objet d'une décision entraînant la privation de leurs droits électoraux.

Art. 773-1 *(L. n° 80-2, 4 janv. 1980)*. – Une copie de chaque fiche constatant une condamnation à une peine privative de liberté prononcée pour crime ou délit est adressée au sommier de police technique tenu par le ministre de l'Intérieur. La consultation de ce fichier est exclusivement réservée aux autorités judiciaires et aux services de police et de gendarmerie.

Les condamnations effacées par une amnistie ou par la réhabilitation de plein droit ou judiciaire cessent de figurer au sommier de police technique.

Art. 774 *(Mod., L. n° 2016-731, 3 juin 2016)*. – Le relevé intégral des fiches du casier judiciaire applicables à la même personne est porté sur un bulletin appelé bulletin n° 1.

Le bulletin n° 1 n'est délivré qu'aux autorités judiciaires.

Lorsqu'il n'existe pas de fiche au casier judiciaire, le bulletin n° 1 porte la mention « néant ».

Le bulletin n° 1 peut également être délivré aux greffes des établissements pénitentiaires afin de compléter les dossiers individuels des personnes incarcérées, ainsi qu'aux directeurs des services pénitentiaires d'insertion et de probation, afin de leur permettre d'individualiser les modalités de prise en charge des personnes condamnées, notamment de proposer, pour les personnes incarcérées, un aménagement de peine ou une libération sous contrainte.

Non-avenu. S'il est vrai que la non-révocation du sursis équivaut, lorsque la loi n'en dispose pas autrement, à la réhabilitation de droit, il résulte du rapprochement des articles 774, alinéa 3 et 775-4 et 774-5 du Code de procédure pénale que les condamnations dont le sursis n'a pas été révoqué et qui sont, dès lors, considérées comme non avenues, doivent continuer à figurer au bulletin n° 1 du casier judiciaire (▪ Cass. crim., 30 nov. 1972, n° 72-90.785 : *Bull. crim.* n° 373).

Art. 774-1 *(L. n° 92-1336, 16 déc. 1992)*. – Le relevé intégral des fiches du casier judiciaire applicables à la même personne morale est porté sur le bulletin n° 1, qui n'est délivré qu'aux autorités judiciaires nationales, sauf accord de réciprocité.

Lorsqu'il n'existe pas de fiche au casier judiciaire, le bulletin n° 1 porte la mention « néant ».

Art. 775 *(Mod. à compter du 1er juillet 2021, L. n° 2019-222, 23 mars 2019 ; mod., Ord. n° 2019-950, 11 sept. 2019 ; L. n° 2020-1672, 24 déc. 2020)*. – Le bulletin n° 2 est le relevé des fiches du casier judiciaire applicables à la même personne, à l'exclusion de celles concernant les décisions suivantes :

1° Les condamnations, les déclarations de culpabilité assorties d'une dispense de peine ou d'une dispense de mesure éducative ou d'une déclaration de réussite éducative, les compositions pénales et les mesures éducatives prononcées au stade de la sanction à l'égard d'un mineur ;

2° Les condamnations dont la mention au bulletin n° 2 a été expressément exclue en application de l'article 775-1 ;

3° Les condamnations prononcées pour contraventions de police ;

4° Les condamnations assorties du bénéfice du sursis, avec ou sans probation, lorsqu'elles doivent être considérées comme non avenues ; toutefois, si a été prononcé le suivi socio-judiciaire prévu par l'article 131-36-1 du Code pénal ou la peine d'interdiction d'exercer une activité professionnelle ou bénévole impliquant un contact habituel avec des mineurs, la décision continue de figurer au bulletin n° 2 pendant la durée de la mesure. Il en va de même des interdictions, incapacités ou déchéances prononcées, comme peine complémentaire, à titre définitif ainsi que de la peine complémentaire d'inéligibilité prévue au 2° de l'article 131-26 et aux articles 131-26-1 et 131-26-2 du même code, pendant la durée de la mesure ;

5° Les condamnations ayant fait l'objet d'une réhabilitation de plein droit ou judiciaire ;

6° Les condamnations auxquelles sont applicables les dispositions de l'article 343 du Code de justice militaire [C. just. mil., art. L. 263-4] ;

7° *(7° abr., L. n° 92-1336, 16 déc. 1992)* ;

8° *(8° abr., L. n° 92-1336, 16 déc. 1992)* ;

9° Les dispositions prononçant la déchéance de l'autorité parentale ;

10° Les arrêtés d'expulsion abrogés ou rapportés ;

11° Les condamnations prononcées sans sursis en application des articles 131-5 à 131-11 du Code pénal, à l'expiration d'un délai de cinq ans à compter du jour où elles sont devenues définitives. Le délai est de trois ans s'il s'agit d'une condamnation à une peine de jours-amende.

Toutefois, si la durée de l'interdiction, déchéance ou incapacité, prononcée en application des articles 131-10 et 131-11, est supérieure à cinq ans, la condamnation demeure mentionnée au bulletin n° 2 pendant la même durée ;

12° Les déclarations de culpabilité assorties d'une dispense de peine ou d'un ajournement du prononcé de celle-ci ;

13° Les condamnations prononcées par des juridictions étrangères concernant un mineur ou dont l'utilisation à des fins autres qu'une procédure pénale a été expressément exclue par la juridiction de condamnation ;

14° Les compositions pénales mentionnées à l'article 768 ;

15° Sauf décision contraire du juge, spécialement motivée, les condamnations prononcées pour les délits prévus au titre IV du livre IV du Code de commerce ;

16° Les amendes forfaitaires mentionnées au 11° de l'article 768 du présent code.

Les bulletins n° 2 fournis en cas de contestation concernant l'inscription sur les listes électorales ne comprennent que les décisions entraînant des incapacités en matière d'exercice du droit de vote.

Lorsqu'il n'existe pas au casier judiciaire de fiches concernant des décisions à relever sur le bulletin n° 2, celui-ci porte la mention Néant.

Amende. Selon l'article 775 du Code de procédure pénale, la condamnation à une peine d'amende prononcée à l'encontre d'une personne physique n'est exclue du bulletin n° 2 du casier judiciaire que si elle est prononcée en répression d'une contravention de police ; pour rejeter la demande de non-inscription du bulletin n° 2 du casier judiciaire de M. A., l'arrêt énonce que les amendes ne sont pas inscrites sur ce bulletin. Mais en statuant, alors que la peine d'amende était de nature correctionnelle, la cour d'appel a méconnu le sens et la portée du texte susvisé et le principe ci-dessus rappelé (▪ Cass. crim., 16 avr. 2019, n° 18-85.772).

Art. 775-1 A *(L. n° 92-1336, 16 déc. 1992 ; L. n° 93-913, 19 juill. 1993)*. – Le bulletin n° 2 d'une personne morale est le relevé des fiches qui lui sont applicables, à l'exclusion de celles concernant les décisions suivantes :

1° Les condamnations dont la mention sur l'extrait de casier a été expressément exclue, en application de l'article 775-1 ;

2° Les condamnations prononcées pour contravention de police et les condamnations à des peines d'amende d'un montant inférieur à 30 000 € ;

3° Les condamnations assorties du bénéfice du sursis lorsqu'elles doivent être considérées comme non avenues ;

4° Les déclarations de culpabilité assorties d'une dispense de peine ou d'un ajournement, avec ou sans injonction, du prononcé de la peine ;

5° Les condamnations prononcées par les juridictions étrangères ;

6° *(6° créé à compter du 1er juillet 2021, L. n° 2019-222, 23 mars 2019)* Les amendes forfaitaires mentionnées au 5° de l'article 768-1 ;

7° *(7° créé à compter du 1er juillet 2021, L. n° 2019-222, 23 mars 2019)* Les compositions pénales mentionnées à l'article 768-1.

Lorsqu'il n'existe pas au casier judiciaire de fiches concernant des décisions à relever sur ce bulletin n° 2, il porte la mention « Néant ».

Art. 775-1 *(Mod., L. n° 2012-409, 27 mars 2012)*. – Le tribunal qui prononce une condamnation peut exclure expressément sa mention au bulletin n° 2 soit dans le jugement de condamnation, soit par jugement rendu postérieurement sur la requête du condamné instruite et jugée selon les règles de compétence et procédure

fixées par les articles 702-1 et 703. Les juridictions compétentes sont alors composées conformément aux dispositions du dernier alinéa de l'article 702-1.

L'exclusion de la mention d'une condamnation au bulletin n° 2 emporte relèvement de toutes les interdictions, déchéances ou incapacités de quelque nature qu'elles soient résultant de cette condamnation.

Les dispositions du présent article ne sont pas applicables aux personnes condamnées pour l'une des infractions mentionnées à l'article 706-47.

Le présent article est également applicable aux jugements ou arrêts de déclaration d'irresponsabilité pénale pour cause de trouble mental.

Si un ressortissant français a été condamné par une juridiction étrangère, il peut également, selon la même procédure, demander au tribunal correctionnel de son domicile, ou de Paris s'il réside à l'étranger, que la mention soit exclue du bulletin n° 2.

1) Refus de transmission d'une question prioritaire de constitutionnalité. La question posée ne présente pas, à l'évidence, un caractère sérieux, dès lors que, d'une part, l'inscription d'une condamnation au bulletin n° 2 du casier judiciaire ne constitue pas une peine à laquelle s'appliqueraient les principes constitutionnels de nécessité et d'individualisation, et que, d'autre part, les dispositions légales critiquées n'empêchent pas la personne condamnée pour l'une des infractions énumérées par l'article 706-47 du Code de procédure pénale d'exercer les activités ou d'occuper les emplois pour lesquels l'absence de toute mention au bulletin n° 2 du casier judiciaire n'est pas légalement exigée, de sorte qu'elles ne sont pas contraires au principe de la liberté du travail (▪ Cass. crim., 19 sept. 2012, n° 12-90.049). La question posée de la conformité de l'article 775-1 du Code de procédure pénale à la Constitution ne présente pas, à l'évidence, un caractère sérieux, dès lors que, d'une part, l'inscription d'une condamnation au bulletin n° 2 du casier judiciaire ne constitue pas une peine à laquelle s'appliqueraient les principes constitutionnels de nécessité et d'individualisation, que, d'autre part, le principe d'égalité ne s'oppose pas à ce que le législateur règle différemment des situations de nature différente, en refusant aux auteurs de certaines catégories d'infractions, objectivement définies, la possibilité de solliciter une mesure dont le bénéfice ne constitue pas un droit, et qu'enfin, la liste exhaustive des crimes et délits, pour lesquels aucune exclusion de la mention d'une condamnation au bulletin n° 2 du casier judiciaire ne peut être accordée, est définie, avec suffisamment de clarté et de précision, par l'article 706-47 du Code de procédure pénale 2012 (▪ Cass. crim., 8 août 2012, n° 12-90.037, 4703 : *JurisData* n° 2012-018787 ; *Dr. pén.* 2013, chron. 3, n° 7, obs. V. Peltier).

2) Infractions de l'article 706-47 du Code de procédure pénale. Il résulte de l'article 775-1, dernier alinéa, du Code de procédure pénale que la juridiction de jugement qui prononce une condamnation pour une infraction visée à l'article 706-47 dudit code n'a pas la faculté d'exclure la mention de cette condamnation au bulletin n° 2 du casier judiciaire (▪ Cass. crim., 28 sept. 2010, n° 10-80.530 : *Bull. crim.* n° 143. ▪ Cass. crim., 4 juin 2008, n° 08-80.651 : *Bull. crim.* n° 140). Justifie toutefois sa décision la cour d'appel qui fait droit à la requête du condamné tendant au retrait de la mention, portée au bulletin n° 2 de son casier judiciaire, d'une condamnation pour agression sexuelle aggravée, dès lors qu'en vertu du principe de l'autorité qui s'attache à la chose jugée, fût-ce de manière erronée, la décision de justice, devenue définitive, ayant prononcé cette condamnation et ordonné sa non-inscription au bulletin n° 2 du casier judiciaire, ne peut être remise en cause (▪ Cass. crim., 28 sept. 2010, n° 10-80.530 : *Bull. crim.* n° 143).

3) Application de la loi dans le temps. Si l'article 775-1, alinéa 3, du Code de procédure pénale dans sa rédaction issue de la loi du 9 mars 2004, prévoit que l'exclusion d'une condamnation du bulletin n° 2 du casier judiciaire n'est pas applicable aux personnes condamnées, notamment, du chef d'agression sexuelle, ces dispositions, en ce qu'elles interdisent aux juges de faire bénéficier le condamné du bénéfice d'une mesure qui emporte relèvement de toutes les interdictions, déchéances ou incapacités de quelque nature qu'elles soient résultant de la condamnation, ont pour effet de rendre plus sévère la peine prononcée et ne peuvent, à ce titre, selon l'article 112-2 du Code pénal, être appliquées qu'aux condamnations prononcées pour des faits commis postérieurement à leur entrée en vigueur (▪ Cass. crim., 24 mai 2006, n° 05-84.884 : *Bull. crim.* n° 150 et n° 05-85.971 : *Bull. crim.* n° 151. ▪ Cass. crim., 25 avr. 2006, n° 05-86.876 : *Bull. crim.* n° 112).

4) Interdictions, déchéances ou incapacités. L'exclusion de la mention d'une condamnation au bulletin n° 2 du casier judiciaire n'emporte relèvement de toutes les interdictions, déchéances ou incapacités, de quelque nature qu'elles soient, que lorsque celles-ci résultent de plein droit de la condamnation (▪ Cass. crim., 28 janv. 2004, n° 03-81.703 : *Bull. crim.* n° 20).

5) Modification de la situation du condamné. Le rejet d'une demande d'exclusion de la mention d'une condamnation au bulletin n° 2 du casier judiciaire ne fait pas obstacle à ce que, la situation du condamné s'étant modifiée, les juges soient saisis d'une nouvelle demande aux mêmes fins (■ Cass. crim., 14 nov. 1991, n° 90-84.086 : *Bull. crim.* n° 408).

6) Annulation du permis de conduire. L'annulation de plein droit du permis de conduire, prévue par l'article L. 15 II du Code de la route, revêt le caractère, non d'une interdiction, d'une déchéance ou d'une incapacité, mais d'une peine complémentaire obligatoire et, comme telle, n'entre pas dans les prévisions de l'article 775-1, alinéa 2, du Code de procédure pénale (■ Cass. crim., 30 mai 1991, n° 87-81.210 : *Bull. crim.* n° 229).

7) Motivation. Les dispositions de l'article 775-1 du Code de procédure pénale qui permettent aux juges répressifs prononçant une condamnation pénale d'en exclure la mention au bulletin n° 2 du casier judiciaire ne constituent pour eux qu'une simple faculté de l'exercice de laquelle ils ne doivent aucun compte (■ Cass. crim., 5 févr. 1990, n° 89-83.652 : *Bull. crim.* n° 62. ■ Cass. crim., 5 sept. 1989, n° 88-86.953 : *Bull. crim.* n° 313). La décision par laquelle les juges statuent sur une requête tendant à l'exclusion du casier judiciaire d'une condamnation antérieure échappe au contrôle de la Cour de cassation dès lors que cette décision est fondée sur des motifs exempts d'insuffisance ou de contradiction (■ Cass. crim., 19 nov. 1979, n° 79-91.318 : *Bull. crim.* n° 322). Pour refuser d'exclure la mention de la condamnation au bulletin n° 2 du casier judiciaire, l'arrêt énonce que le prévenu ne justifie pas que sa situation professionnelle actuelle risquerait d'être compromise par la mention de ladite condamnation ; en prononçant ainsi et dès lors d'une part, que le refus d'exclure la mention d'une condamnation au bulletin n° 2 du casier judiciaire relève de l'exercice d'une faculté que les juges n'ont pas à motiver spécialement, d'autre part, ne conduit pas à méconnaître les dispositions conventionnelles invoquées, dès lors que le condamné peut, en application de l'article 775-1 du Code de procédure pénale, solliciter ultérieurement l'exclusion de la condamnation, la cour d'appel a justifié sa décision (■ Cass. crim., 16 janv. 2018, n° 16-87.168 : *Bull. crim.* n° 12).

8) Destitution d'un notaire. L'exclusion de la mention d'une condamnation au bulletin n° 2 du casier judiciaire, telle que prévue par l'article 775-1 du Code de procédure pénale, n'emporte relèvement que des interdictions, déchéances ou incapacités résultant d'une condamnation à une sanction pénale. L'interdiction d'exercer la profession de notaire découlant de la destitution prononcée par une juridiction disciplinaire ne saurait entrer dans les prévisions de ce texte (■ Cass. crim., 4 janv. 1990, n° 89-84.199 : *Bull. crim.* n° 4).

9) Peines accessoires. L'exclusion de la mention d'une condamnation au bulletin n° 2 du casier judiciaire n'emporte relèvement des interdictions, déchéances ou incapacités de quelque nature qu'elles soient que lorsque celles-ci, résultant de la condamnation, ont le caractère de peines accessoires (■ Cass. crim., 19 oct. 1982, n° 81-91.059 : *Bull. crim.* n° 223).

10) Justice militaire. L'article 775-1 du Code de procédure pénale étant, aux termes de l'article 358 du Code de justice militaire (art. L. 263-1), applicable aux condamnations prononcées par les juridictions des forces armées, un tribunal militaire a pu valablement, après avoir décidé que la condamnation ne figurera pas au bulletin n° 2 du casier judiciaire, préciser que cette disposition emportera relèvement de la perte du grade prévue par l'article 368 du Code de justice militaire (■ Cass. crim., 14 juin 1979, n° 78-94.086 : *Bull. crim.* n° 210).

11) Pluralité de condamnations. De la combinaison des articles 775-1 du Code de procédure pénale et de l'article 55-1 du Code pénal, il résulte qu'en cas de pluralité de condamnations, l'une prononcée par une cour d'assises, l'autre par un tribunal correctionnel, la dernière juridiction qui a statué, en l'espèce le tribunal correctionnel, est compétente pour se prononcer sur une demande d'exclusion de la mention de ces condamnations au bulletin n° 2 du casier judiciaire (■ Cass. crim., 9 oct. 1978, n° 78-91.831 : *Bull. crim.* n° 261).

12) Refus implicite. Le moyen doit être retenu comme sans objet, dès lors qu'en omettant de répondre à la demande du prévenu, qui avait, en cas de condamnation, sollicité l'exclusion de sa mention au bulletin n° 2 du casier judiciaire, la cour d'appel n'a pas entendu y faire droit et l'a, ainsi, implicitement mais nécessairement rejetée ; en outre, l'intéressé garde la possibilité de formuler la même demande par requête dans les conditions prévues par les articles 775-1, 702-1 et 703 du Code de procédure pénale (■ Cass. crim., 30 janv. 2019, n° 18-81.932. – V. aussi ■ Cass. crim., 17 déc. 2019, n° 19-81.297).

Art. 775-2 *(L. n° 88-828, 20 juill. 1988).* – **Les condamnés à une peine ne pouvant donner lieu à réhabilitation de plein droit bénéficient, sur simple requête, de l'exclusion de la mention de leur condamnation au bulletin n° 2, selon les règles de compétence fixées par l'article précédent, à l'expiration d'un délai de vingt années à compter de leur libération définitive ou de leur libération conditionnelle non suivie de révocation, s'ils n'ont pas, depuis cette libération, été condamnés à une peine criminelle ou correctionnelle.**

Illustration. Selon l'article 775-2 du Code de procédure pénale, tout condamné à une peine ne pouvant donner lieu à réhabilitation de plein droit bénéficie, sur simple requête, de l'exclusion de la mention de sa condamnation au bulletin n° 2 à l'expiration d'un délai de vingt années à compter de sa libération définitive ou de sa libération conditionnelle non suivie de révocation s'il n'a pas, depuis cette libération, été condamné à une peine criminelle ou correctionnelle. Il résulte de l'arrêt attaqué que Branislav X..., condamné le 16 décembre 1965 à la réclusion criminelle à perpétuité, a bénéficié, le 7 mai 1979, après que sa peine eut été commuée, d'une libération conditionnelle non révoquée et n'a pas été condamné depuis lors ; pour rejeter la requête de ce dernier tendant à l'exclusion de la mention de sa condamnation au bulletin n° 2 du casier judiciaire, les juges retiennent que les renseignements recueillis sur lui sont insuffisants et que la mesure n'est pas justifiée ; en prononçant ainsi, la cour d'appel a méconnu le texte susvisé et le principe ci-dessus énoncé (▪ Cass. crim., 1er févr. 2012, n° 11-87.021 : *JurisData* n° 2012-003602 ; *Dr. pén.* 2013, chron. 3, n° 46, obs. E. Bonis-Garçon. ▪ Cass. crim., 25 mai 2004, n° 03-87.722 : *Bull. crim.* n° 134).

Art. 775-3 *(En vigueur à compter du 27 avr. 2012, L. n° 2012-409, 27 mars 2012).* – **Les informations contenues au bulletin n° 2 du casier judiciaire d'une personne, lorsqu'elles sont relatives à une condamnation prononcée par une juridiction étrangère, sont retirées à l'expiration des délais prévus à l'article 133-16-1 du Code pénal.**

Art. 776 *(Mod., L. n° 2017-1339, 15 sept. 2017 ; L. n° 2021-1317, 11 oct. 2021).* – **Le bulletin n° 2 du casier judiciaire est délivré :**

1° Aux préfets et aux administrations publiques de l'État saisis de candidatures aux fonctions de juge d'un tribunal de commerce, de demandes d'emplois publics, de propositions relatives à des distinctions honorifiques ou de soumissions pour des adjudications de travaux ou de marchés publics ou en vue de poursuites disciplinaires ou de l'ouverture d'une école privée, ainsi que de demandes d'agrément destinées à permettre la constatation par procès-verbal d'infractions à la loi pénale ;

2° Aux autorités militaires pour les appelés des classes et de l'inscription maritime [affaires maritimes] et pour les jeunes qui demandent à contracter un engagement ainsi qu'aux autorités publiques compétentes en cas de contestation sur l'exercice des droits électoraux ou sur l'existence de l'incapacité d'exercer une fonction publique élective prévue par l'article 194 de la loi n° 85-98 du 25 janvier 1985 précitée.

3° Aux administrations et personnes morales dont la liste sera déterminée par le décret en Conseil d'État prévu à l'article 779, ainsi qu'aux administrations ou organismes chargés par la loi ou le règlement du contrôle de l'exercice d'une activité professionnelle ou sociale lorsque cet exercice fait l'objet de restrictions expressément fondées sur l'existence de condamnations pénales ou de sanctions disciplinaires ;

4° Aux présidents des tribunaux de commerce pour être joint aux procédures de faillite et de règlement judiciaire, ainsi qu'aux juges commis à la surveillance du registre du commerce à l'occasion des demandes d'inscription audit registre.

5° Aux présidents de conseils généraux saisis d'une demande d'agrément en vue d'adoption prévu à l'article L. 225-2 du Code de l'action sociale et des familles.

6° Aux autorités compétentes désignées par arrêté du ministre de la justice, lorsque celles-ci reçoivent, en application d'une convention internationale ou d'un acte pris sur le fondement du traité sur le fonctionnement de l'Union européenne, une demande de communication des sanctions pénales ou disciplinaires prononcées à l'encontre d'un professionnel, de la part d'une autorité compétente d'un autre État partie à ladite convention, d'un État membre de l'Union européenne ou d'un État partie à l'accord sur l'Espace économique européen chargée d'appliquer des mesures restreignant l'exercice d'une activité, fondées, dans cet État, sur l'existence de sanctions pénales ou disciplinaires prononcées à l'encontre de ce professionnel. ;

7° Aux autorités compétentes pour recevoir les déclarations de candidatures à une élection afin de vérifier si la peine prévue au 2° de l'article 131-26 et aux articles 131-26-1 et 131-26-2 du Code pénal y est mentionnée.

Les dirigeants de personnes morales de droit public ou privé exerçant auprès des mineurs une activité culturelle, éducative ou sociale au sens de l'article L. 312-1 du Code de l'action sociale et des familles peuvent obtenir la délivrance du bulletin n° 2 du casier judiciaire, pour les seules nécessités liées au recrutement d'une personne, lorsque ce bulletin ne porte la mention d'aucune condamnation. La liste de ces personnes morales est déterminée par décret du ministre de la justice et du ou des ministres intéressés.

Le bulletin n° 2 du casier judiciaire est transmis, en application d'une convention internationale ou d'un acte pris sur le fondement du traité sur le fonctionnement de l'Union européenne, aux autorités compétentes d'un autre État visées au 6° du présent article.

Art. 776-1 *(L. n° 92-1336, 16 déc. 1992 ; L. n° 93-913, 19 juill. 1993 ; mod., Ord. n° 2009-80, 22 janv. 2009 ; L. n° 2010-853, 23 juill. 2010).* – Le bulletin n° 2 du casier judiciaire des personnes morales est délivré :

1° Aux préfets, aux administrations de l'État et aux collectivités locales saisis de propositions ou de soumissions pour des adjudications de travaux ou de marchés publics ;

2° Aux administrations chargées de l'assainissement des professions agricoles, commerciales, industrielles ou artisanales ;

3° Aux présidents des tribunaux de commerce en cas de redressement ou de liquidation judiciaires, ainsi qu'aux juges commis à la surveillance du registre du commerce et des sociétés à l'occasion des demandes d'inscription audit registre ;

4° À la Commission des opérations de bourse en ce qui concerne les personnes morales demandant l'admission de leurs titres financiers aux négociations sur un marché réglementé.

5° Aux autorités compétentes désignées par arrêté du ministre de la justice, lorsque celles-ci reçoivent, en application d'une convention internationale ou d'un acte pris sur le fondement du traité sur le fonctionnement de l'Union européenne, une demande de communication des sanctions pénales ou disciplinaires prononcées à l'encontre d'une personne morale, de la part d'une autorité compétente d'un autre État partie à ladite convention, d'un État membre de l'Union européenne ou d'un État partie à l'accord sur l'Espace économique européen chargée d'appliquer des mesures restreignant l'exercice d'une activité, fondées, dans cet État, sur l'existence de sanctions pénales ou disciplinaires prononcées à l'encontre de cette personne morale.

Le bulletin n° 2 du casier judiciaire des personnes morales est transmis, en application d'une convention internationale ou d'un acte pris sur le fondement du traité sur le fonctionnement de l'Union européenne, aux autorités compétentes d'un autre État visées au 5°.

Art. 777 *(Mod. à compter du 27 avril 2012, L. n° 2012-409, 27 mars 2012).* – Le bulletin n° 3 est le relevé des condamnations suivantes prononcées par une juridiction nationale pour crime ou délit, lorsqu'elles ne sont pas exclues du bulletin n° 2 :

1° Condamnations à des peines privatives de liberté d'une durée supérieure à deux ans qui ne sont assorties d'aucun sursis ou qui doivent être exécutées en totalité par l'effet de révocation du sursis ;

2° Condamnations à des peines privatives de liberté de la nature de celles visées au 1° ci-dessus et d'une durée inférieure ou égale à deux ans, si la juridiction en a ordonné la mention au bulletin n° 3 ;

3° Condamnations à des interdictions, déchéances ou incapacités prononcées sans sursis, en application des articles 131-6 à 131-11 du Code pénal, pendant la durée des interdictions, déchéances ou incapacités ;

4° Décisions prononçant le suivi socio-judiciaire prévu par l'article 131-36-1 du Code pénal ou la peine d'interdiction d'exercer une activité professionnelle ou bénévole impliquant un contact habituel avec des mineurs, pendant la durée de la mesure.

Le bulletin n° 3 contient également les condamnations prononcées par les juridictions étrangères à des peines privatives de liberté d'une durée supérieure à deux ans qui ne sont assorties d'aucun sursis.

Le bulletin n° 3 peut être réclamé par la personne qu'il concerne. Il ne doit, en aucun cas, être délivré à un tiers, sauf s'il s'agit de l'autorité centrale d'un État membre de l'Union européenne, saisie par la personne concernée.

Si le demandeur est un étranger ressortissant d'un État membre de l'Union européenne, toute demande de bulletin n° 3 est adressée à l'autorité centrale de cet État, afin que celle-ci communique les mentions qui apparaissent sur le bulletin qui lui est délivré.

Art. 777-1 *(Mod., L. n° 2012-409, 27 mars 2012).* – La mention d'une condamnation au bulletin n° 3 peut être exclue dans les conditions fixées par l'article 775-1.

Infractions de l'article 706-47 du Code de procédure pénale. L'article 777-1 du Code de procédure pénale, qui prévoit que la mention d'une condamnation peut être exclue du bulletin n° 3 du casier judiciaire dans les conditions fixées, pour l'exclusion de la mention d'une condamnation du bulletin n° 2, par l'alinéa 1er de l'article 775-1, ne contient aucune référence à l'alinéa 3 de ce dernier article interdisant toute possibilité d'exclusion de cette nature aux personnes condamnées pour l'une des infractions, parmi lesquelles le viol, énumérées à l'article 706-47 (■ Cass. crim., 22 juin 2005, n° 05-81.247 : *Bull. crim.* n° 188).

Art. 777-2 *(Mod., L. n° 92-1336, 16 déc. 1992)*. **– Toute personne justifiant de son identité obtient, sur demande adressée au procureur de la République près le tribunal judiciaire dans le ressort duquel elle réside, communication du relevé intégral des mentions du casier judiciaire la concernant.**

Lorsqu'il s'agit d'une personne morale, la demande est adressée au procureur de la République près le tribunal judiciaire dans le ressort duquel elle a son siège, par son représentant légal justifiant de sa qualité.

Si la personne réside ou a son siège à l'étranger, la communication est faite par l'intermédiaire de l'agent diplomatique ou du consul compétent.

La communication ne vaut pas notification des décisions non définitives et ne fait pas courir les délais de recours.

Aucune copie de ce relevé intégral ne peut être délivrée.

Les dispositions du présent article sont également applicables au sommier de police technique.

Art. 777-3 *(Mod., L. n° 2019-222, 23 mars 2019)*. **– Aucune interconnexion au sens du 3° du I de l'article 33 de la loi n° 78-17 du 6 janvier 1978 relative à l'informatique, aux fichiers et aux libertés ne peut être effectuée entre le casier judiciaire national automatisé et tout autre fichier ou traitement de données à caractère personnel détenus par une personne quelconque ou par un service de l'État ne dépendant pas du ministère de la justice. Le casier judiciaire national peut toutefois recevoir les données d'un fichier ou traitement de données à caractère personnel détenu par un service de l'État pour l'exercice des diligences prévues au présent titre.**

Aucun fichier ou traitement de données à caractère personnel détenu par une personne quelconque ou par un service de l'État ne dépendant pas du ministère de la justice ne pourra mentionner, hors les cas et dans les conditions prévus par la loi, des jugements ou arrêts de condamnation.

Toutefois, une condamnation pénale pourra toujours être invoquée en justice par la victime de l'infraction.

Toute infraction aux dispositions qui précèdent sera punie des peines encourues pour le délit prévu à l'article 226-21 du Code pénal.

Infractions de l'article 706-47 du Code de procédure pénale. L'article 777-1 du Code de procédure pénale, qui prévoit que la mention d'une condamnation peut être exclue du bulletin n° 3 du casier judiciaire dans les conditions fixées, pour l'exclusion de la mention d'une condamnation du bulletin n° 2, par l'alinéa 1er de l'article 775-1, ne contient aucune référence à l'alinéa 3 de ce dernier article interdisant toute possibilité d'exclusion de cette nature aux personnes condamnées pour l'une des infractions, parmi lesquelles le viol, énumérées à l'article 706-47. Fait donc l'exacte application de ces textes la chambre de l'instruction qui, saisie d'une demande en exclusion du bulletin n° 3 du casier judiciaire d'une condamnation prononcée pour viols et tentative de viol, déclare cette demande recevable (■ Cass. crim., 22 juin 2005, n° 05-81.247 : *Bull. crim.* n° 188).

Art. 778 *(Mod., L. n° 2019-222, 23 mars 2019)*. **– Lorsque au cours d'une procédure quelconque, le procureur de la République ou le juge d'instruction constate qu'un individu a été condamné sous une fausse identité ou a usurpé un état civil, il est immédiatement procédé d'office, à la diligence du procureur de la République, aux rectifications nécessaires avant la clôture de la procédure.**

La rectification est demandée par requête au président du tribunal ou de la cour qui a rendu la décision. Si la décision a été rendue par une cour d'assises, la requête est soumise au président de la chambre de l'instruction ou à la chambre de l'instruction.

Le président communique la requête au ministère public et commet un magistrat pour faire le rapport. Les débats ont lieu et le jugement est rendu en chambre du conseil. Le tribunal ou la cour peut ordonner d'assigner la personne objet de la condamnation.

Si la requête est admise, les frais sont supportés par celui qui a été la cause de l'inscription reconnue erronée s'il a été appelé dans l'instance. Dans le cas contraire ou dans celui de son insolvabilité, ils sont supportés par le Trésor.

Toute personne qui veut faire rectifier une mention portée à son casier judiciaire peut agir dans la même forme. Dans le cas où la requête est rejetée, le requérant est condamné aux frais.

Mention de la décision est faite en marge du jugement ou de l'arrêt visé par la demande en rectification.

La même procédure est applicable au cas de contestation sur la réhabilitation de droit, ou de difficultés soulevées par l'interprétation d'une loi d'amnistie, dans les termes du troisième alinéa de l'article 769.

1) Erreur matérielle. Il est établi par l'intitulé de l'arrêt attaqué que celui-ci a été rendu par « la chambre des appels correctionnels de la cour d'appel de Chambéry réunie en chambre du conseil en application de l'article 778 du Code de procédure pénale » ; en outre son dispositif débute par les mots « la cour, statuant contradictoirement en chambre du conseil » ; en l'état de ces mentions, la formule finale du préambule de cet arrêt, à laquelle se réfère le moyen et qui contient les mots « à l'audience publique de ce jour », résulte d'une erreur de plume manifeste, relevant éventuellement de la procédure de rectification prévue par l'article 710 du Code de procédure pénale mais sans incidence sur la régularité de la décision rendue (▪ Cass. crim., 8 oct. 1984, n° 83-94.011 : *Bull. crim.* n° 289).

2) Justice militaire. L'article 778 du Code de procédure pénale a prévu une procédure en rectification des mentions du casier judiciaire pour le cas où un prévenu a été condamné sous une fausse identité ; ce texte est applicable aux condamnations prononcées par les juridictions des forces armées, aux termes de l'article 360 du Code de justice militaire (art. L. 263-3) (▪ Cass. crim., 21 juill. 1966, n° 65-93.983 : *Bull. crim.* n° 209).

3) Mentions erronées. La cour d'appel n'avait pas à se prononcer sur la rectification des mentions de son casier judiciaire dès lors qu'il appartient au prévenu, qui se prévaut de mentions erronées, d'exercer à cette fin la procédure prévue par l'article 778 du Code de procédure pénale (▪ Cass. crim., 27 juin 2018, n° 17-84.562).

4) Autorité de la chose jugée. L'autorité de la chose jugée n'apparaît pas applicable lorsqu'une usurpation d'identité est invoquée et que les dispositions de l'article 778 sont applicables (▪ Cass. crim., 23 juin 2020, n° 20-82.549).

Art. 779 *(Mod., L. n° 92-1336, 16 déc. 1992).* **– Un décret en Conseil d'État détermine les mesures nécessaires à l'exécution des articles 768 à 778, et notamment les conditions dans lesquelles doivent être demandés, établis et délivrés les bulletins n°s 1, 2 et 3 du casier judiciaire.**

Ce décret détermine également les conditions dans lesquelles les informations enregistrées par le casier judiciaire national automatisé peuvent être utilisées pour l'exécution des sentences pénales.

Ce décret organise en outre les modalités de transmission des informations entre le casier judiciaire national automatisé et les personnes ou services qui y ont accès.

Le décret susvisé est pris après avis de la commission nationale de l'informatique et des libertés.

Art. 780 *(Abr., L. n° 92-1336, 16 déc. 1992 et L. n° 93-913, 19 juill. 1993).*

Art. 781 *(Mod., L. n° 92-1336, 16 déc. 1992).* **– Quiconque, en prenant un faux nom ou une fausse qualité, s'est fait délivrer un extrait du casier judiciaire d'un tiers est puni de 7 500 € d'amende.**

Est puni des mêmes peines celui qui aura fourni des renseignements d'identité imaginaires qui ont provoqué ou auraient pu provoquer des mentions erronées au casier judiciaire.

Est puni des mêmes peines celui qui se sera fait délivrer par l'intéressé tout ou partie des mentions du relevé intégral visé à l'article 777-2 du présent code.

TITRE IX. – DE LA RÉHABILITATION DES CONDAMNÉS

Bibliographie : G. Lhoro, *Réhabilitation des condamnés : JCl. Procédure pénale* 2008, art. 782 à 798-1, Fasc. 20 ; *La réhabilitation lave-t-elle toujours aussi blanc ? : RSC* 1998, p. 824 ; *Halte aux requêtes transgéniques ! : Dr. pén.* 1999, chron. 18.

Art. 782 *(L. n° 70-643, 17 juill. 1970).* **– Toute personne condamnée par un tribunal français à une peine criminelle, correctionnelle ou contraventionnelle peut être réhabilitée.**

1) Refus de transmission d'une QPC. La question ne présente pas un caractère sérieux dès lors qu'il entre dans l'office du juge saisi d'une demande de réhabilitation, après avoir vérifié que sont satisfaites les conditions fixées par les articles 785 à 789 du Code de procédure pénale, d'apprécier, au regard de la nature et de la gravité de l'ensemble des condamnations concernées par la demande, si le comportement du demandeur pendant le délai d'épreuve doit conduire au prononcé de la mesure sollicitée afin de permettre l'effacement de condamnations dont le maintien ne serait plus nécessaire et proportionné, ce qui exclut tout risque d'arbitraire (■ Cass. crim., 7 août 2019, n° 19-80.839).

2) Destitution d'un notaire. Il résulte des articles 4, alinéas 2 et 24, de l'ordonnance du 28 juin 1945, qui a expressément abrogé toute disposition contraire, que la destitution d'un notaire résultant d'une sanction disciplinaire ne peut donner lieu à réhabilitation (■ Cass. crim., 14 févr. 2012, n° 10-86.832 : *Bull. crim.* n° 46).

3) Interdiction définitive du territoire français. En déclarant irrecevable la demande de réhabilitation d'une condamnation à une peine qui, par sa définition même, n'a pas fini d'être exécutée, la chambre de l'instruction a fait une exacte application des articles 782 et suivants du Code de procédure pénale dont les dispositions ne sont pas incompatibles avec les articles 3, 8, 13 et 14 de la Convention européenne des droits de l'Homme (■ Cass. crim., 28 févr. 2018, n° 16-84.441 : *Bull. crim.* n° 40).

Art. 783 *(Mod., L. n° 2012-409, 27 mars 2012)*. – **La réhabilitation est soit acquise de plein droit dans les conditions prévues par les articles 133-13 et suivants du Code pénal, soit accordée par la chambre de l'instruction dans les conditions prévues au présent titre.**

Dans tous les cas, elle produit les effets prévus à l'article 133-16 du Code pénal.

Toutefois, lorsque la réhabilitation est accordée par la chambre de l'instruction, le deuxième alinéa du même article 133-16 n'est pas applicable et la réhabilitation produit immédiatement ses effets pour les condamnations prévues au même alinéa.

Refus de transmission de transmission d'une QPC. V. note ss art. 782.

Art. 784 *(Abr., L. n° 92-1336, 16 déc. 1992)*.

CHAPITRE I. – DISPOSITIONS APPLICABLES AUX PERSONNES PHYSIQUES

(L. n° 92-1336, 16 déc. 1992 ; L. n° 93-913, 19 juill. 1993)

Art. 785 *(L. n° 75-624, 11 juill. 1975)*. – **La réhabilitation ne peut être demandée en justice, du vivant du condamné, que par celui-ci, ou, s'il est interdit, par son représentant légal ; en cas de décès et si les conditions légales sont remplies, la demande peut être suivie par son conjoint ou par ses ascendants ou descendants et même formée par eux, mais dans le délai d'une année seulement à dater du décès.**

La demande doit porter sur l'ensemble des condamnations prononcées qui n'ont pas été effacées par une réhabilitation antérieure.

Éléments d'appréciation. Il se déduit des articles 785 à 793 du Code de procédure pénale qu'il appartient à la chambre de l'instruction, saisie d'une demande en réhabilitation judiciaire qui répond aux conditions requises par les articles 786 à 789, d'apprécier, au regard de la nature et de la gravité de l'ensemble des condamnations concernées par la demande, si le comportement du requérant pendant le délai d'épreuve doit conduire au prononcé de la mesure sollicitée afin de permettre l'effacement de condamnations dont le maintien ne serait plus nécessaire et proportionné ; en se déterminant, en considération de la seule nature des faits ayant occasionné la condamnation prononcée contre le demandeur et sans apprécier, au vu des pièces produites par celui-ci avec sa requête et des éléments recueillis par le procureur de la République en application de l'article 791 du Code de procédure pénale, le comportement de l'intéressé pendant le délai d'épreuve, la chambre de l'instruction a violé les textes susvisés et méconnu le principe ci-dessus énoncé (■ Cass. crim., 7 janv. 2020, n° 19-80.839 : *Bull. crim.* n° 115).

Art. 786 *(Mod., L. n° 2011-525, 17 mai 2011)*. – **La demande en réhabilitation ne peut être formée qu'après un délai de cinq ans pour les condamnés à une peine criminelle, de trois ans pour les condamnés à une peine correctionnelle et d'un an pour les condamnés à une peine contraventionnelle.**

Ce délai part, pour les condamnés à une amende, du jour où la condamnation est devenue irrévocable et, pour les condamnés à une peine privative de liberté, du jour de leur libération définitive ou, conformément au dernier alinéa de l'article 733, du jour de leur libération conditionnelle lorsque celle-ci n'a pas été suivie de révocation.

À l'égard des condamnés à une sanction pénale autre que l'emprisonnement ou l'amende, prononcée à titre principal, ce délai part de l'expiration de la sanction subie.

1) Validation constitutionnelle. Il résulte de la jurisprudence constante de la Cour de cassation que la réhabilitation judiciaire ne peut être accordée qu'aux personnes qui, après avoir été condamnées et avoir subi leur peine, se sont rendues dignes, par les gages d'amendement qu'elles ont donnés pendant le délai d'épreuve, d'être replacées dans l'intégrité de leur état ancien. Dès lors, les personnes condamnées à la peine de mort et exécutées se trouvaient dans l'impossibilité de remplir les conditions prévues par la loi. Ainsi, la différence de traitement qui résulte des dispositions contestées repose sur une différence de situation et est en rapport direct avec l'objet de la loi (…). Les griefs tirés de la méconnaissance du principe d'égalité devant la loi et la justice doivent être écartés (…). Le fait que les ayants droit d'un condamné à mort dont la peine a été exécutée ne puissent engager une action en réhabilitation en son nom ne méconnaît pas le principe de proportionnalité des peines (▪ Cons. const., 28 févr. 2020, n° 2019-827 QPC : *Dr. pén.* 2020, comm. 92, note E. Bonis et comm. 87).

2) Peine de mort. Il résulte de la jurisprudence constante de la Cour de cassation que la réhabilitation judiciaire ne peut être accordée qu'aux personnes qui, après avoir été condamnées et avoir subi leur peine, se sont rendues dignes, par les gages d'amendement qu'elles ont donnés pendant le délai d'épreuve, d'être replacées dans l'intégrité de leur état ancien. Dès lors, les personnes condamnées à la peine de mort et exécutées se trouvaient dans l'impossibilité de remplir les conditions prévues par la loi. Ainsi, la différence de traitement qui résulte des dispositions contestées repose sur une différence de situation et est en rapport direct avec l'objet de la loi. Toutefois, après l'abolition de la peine de mort par la loi du 9 octobre 1981 mentionnée ci-dessus, le constituant a, par la loi constitutionnelle du 23 février 2007 mentionnée ci-dessus, introduit dans la Constitution l'article 66-1 aux termes duquel « nul ne peut être condamné à la peine de mort ». Dans ces conditions, le législateur serait donc fondé à instituer une procédure judiciaire, ouverte aux ayants droit d'une personne condamnée à la peine de mort dont la peine a été exécutée, tendant au rétablissement de son honneur à raison des gages d'amendement qu'elle a pu fournir. Il résulte de tout ce qui précède que les griefs tirés de la méconnaissance du principe d'égalité devant la loi et la justice doivent être écartés. […] Le fait que les ayants droit d'un condamné à mort dont la peine a été exécutée ne puissent engager une action en réhabilitation en son nom ne méconnaît pas le principe de proportionnalité des peines (▪ Cons. const., 28 févr. 2020, n° 2019-827 QPC : *Dr. pén.* 2020, comm. 92, obs. E. Bonis, V. aussi *Dr. pén.* 2020, comm. 87, obs. A. Maron).

3) Interdiction définitive du territoire. L'article 786, alinéa 3 du Code de procédure pénale, selon lequel le délai à l'issue duquel une personne condamnée à titre principal à une peine d'interdiction définitive du territoire français peut former une demande en réhabilitation judiciaire court à compter de l'expiration de la sanction subie n'est contraire ni au principe d'égalité devant la loi, ni au principe de proportionnalité des peines (▪ Cons. const., 27 nov. 2015, n° 2015-501 QPC : *JurisData* n° 2015-026547 ; *Dr. pén.* 2016, comm. 18, obs. V. Peltier ; transmission par ▪ Cass. crim., 22 sept. 2015, n° 15-90.012 : *JurisData* n° 2015-021028 : *Dr. pén.* 2015, comm. 171, obs. V. Peltier).

4) Gages d'amendement. La réhabilitation est une mesure de bienveillance instituée par la loi en faveur des individus qui, après avoir été condamnés et avoir subi leur peine ou avoir satisfait aux conditions du décret de grâce qui les en a dispensés, se sont rendus dignes, par les gages d'amendement qu'ils ont donnés pendant le délai d'épreuve, d'être replacés dans l'intégrité de leur état ancien ; si, pour apprécier ces gages d'amendement, la chambre d'accusation peut tenir compte des faits qui ont motivé les condamnations et de leur gravité, ladite chambre ne saurait, pour rejeter la demande en réhabilitation, se fonder uniquement sur ces faits et s'abstenir d'examiner la conduite du condamné pendant le délai prévu par les articles 786 et suivants du Code de procédure pénale (▪ Cass. crim., 10 déc. 1975, n° 74-91.203 : *Bull. crim.* n° 275. ▪ Cass. crim., 16 oct. 1974, n° 73-91.238 : *Bull. crim.* n° 295. ▪ Cass. crim., 12 févr. 1963, n° 62-90.725 : *Bull. crim.* n° 72).

5) Sursis. Aux termes de l'article 786 du Code de procédure pénale, la demande en réhabilitation ne peut être formée pour les condamnés à une peine correctionnelle privative de liberté qu'après un délai de trois ans partant du jour de leur libération définitive ou du jour de leur libération conditionnelle non suivie de révocation ; cette disposition, qui doit être combinée avec celles des articles 734 et 735 du même code ne concerne que le cas des condamnés ayant effectivement subi leur peine ; en revanche, celui qui a été condamné à l'emprisonnement avec sursis ne peut, pendant la durée du sursis, réclamer sa réhabilitation ; une mesure de réhabilitation ainsi ordonnée par une juridiction autre que celle qui a accordé le sursis aurait pour conséquence de soustraire arbitrairement et prématurément le condamné aux effets du délai d'épreuve auquel il a été soumis et à l'issue duquel la condamnation est considérée comme non avenue

(■ Cass. crim., 18 juin 1969, n° 69-90.400 : *Bull. crim.* n° 206).

6) **Étranger.** Une demande de réhabilitation ne saurait contourner les dispositions de l'article L. 541-2 du Code de l'entrée et du séjour des étrangers et du droit d'asile qui subordonne toute demande de relèvement de cette interdiction à une résidence hors de France (■ Cass. crim., 14 déc. 2016, n° 14-83.400 : *Juris-Data* n° 2016-026848 ; *Dr. pén.* 2017, chron. 3, n° 32, obs. V. Peltier).

7) **Question prioritaire de constitutionnalité.** Le dernier alinéa est conforme à la Constitution, ■ Cons. const., 27 nov. 2015, n° 2015-501 QPC (*JO* 29 nov. 2015).

Art. 787 *(Mod. à compter du 1er janvier 2005, L. n° 2004-204, 9 mars 2004).* **– Les condamnés qui sont en état de récidive légale, ceux qui, après avoir obtenu la réhabilitation, ont encouru une nouvelle condamnation, ceux qui, condamnés contradictoirement ou par contumace à une peine criminelle, ont prescrit contre l'exécution de la peine, ne sont admis à demander leur réhabilitation qu'après un délai de dix ans écoulés depuis leur libération ou depuis la prescription.**

Néanmoins, les récidivistes qui n'ont subi aucune peine criminelle et les réhabilités qui n'ont encouru qu'une condamnation à une peine correctionnelle sont admis à demander la réhabilitation après un délai de six années écoulées depuis leur libération.

Sont également admis à demander la réhabilitation, après un délai de six années écoulées depuis la prescription, les condamnés contradictoirement ou par défaut à une peine correctionnelle qui ont prescrit contre l'exécution de la peine.

Les condamnés contradictoirement, les condamnés par contumace ou par défaut, qui ont prescrit contre l'exécution de la peine, sont tenus, outre les conditions qui vont être énoncées, de justifier qu'ils n'ont encouru, pendant les délais de la prescription, aucune condamnation pour faits qualifiés crimes ou délits et qu'ils ont eu une conduite irréprochable.

Art. 788 *(Mod., L. n° 2004-204, 9 mars 2004).* **– Le condamné doit, sauf le cas de prescription, justifier du paiement de l'amende et des dommages-intérêts ou de la remise qui lui en est faite.**

À défaut de cette justification, il doit établir qu'il a subi le temps déterminé par la loi ou que le Trésor a renoncé à ce moyen d'exécution.

S'il est condamné pour banqueroute frauduleuse, il doit justifier du paiement du passif de la faillite en capital, intérêts et frais ou de la remise qui lui en est faite.

En cas de condamnation solidaire, la cour fixe la part des dommages-intérêts ou du passif qui doit être payée par le demandeur.

Si la partie lésée ne peut être retrouvée, ou si elle refuse de recevoir la somme due, celle-ci est versée à la Caisse des dépôts et consignations comme en matière d'offres de paiement et de consignation. Si la partie ne se présente pas dans un délai de cinq ans pour se faire attribuer la somme consignée, cette somme est restituée au déposant sur sa simple demande.

1) **Prescription.** Il résulte de l'article 788 du Code de procédure pénale que la personne qui sollicite la réhabilitation judiciaire d'une condamnation doit, sauf le cas de prescription, justifier du paiement de l'amende et des dommages et intérêts ou de la remise qui lui en est faite, la prescription visée par ce texte, s'agissant des dommages et intérêts, étant la prescription de la créance (...). En l'absence de preuve de l'existence d'actes interruptifs qu'il n'appartenait pas au requérant d'apporter, les créances de dommages et intérêts précitées, antérieures à la loi du 17 juin 2008, publiée au journal officiel du 18 juin 2008, étaient éteintes, par la prescription décennale, depuis le 19 juin 2018 (■ Cass. crim., 28 oct. 2020, n° 20-80.001).

2) **Preuve du paiement des dommages-intérêts.** C'est à tort que la chambre de l'instruction s'est fondée sur le défaut de justification du paiement des dommages-intérêts, dès lors que l'article 788 du Code de procédure pénale dispense le condamné d'une telle preuve lorsque la prescription est acquise, et qu'aux termes de l'article L. 111-4 du Code des procédures civiles d'exécution, les créances de dommages-intérêts résultant des condamnations prononcées les 5 juillet 2005 et 8 décembre 2009 étaient prescrites (■ Cass. crim., 7 sept. 2021, n° 20-85.273).

Art. 789 *(L. n° 93-2, 4 janv. 1993).* **– Si depuis l'infraction le condamné a rendu des services éminents au pays, la demande de réhabilitation n'est soumise à aucune condition de temps ni d'exécution de peine. En ce cas, la cour peut accorder la réhabilitation même si l'amende et les dommages-intérêts n'ont pas été payés.**

Refus de transmission d'une QPC. La question de la conformité de l'article 788, alinéa 1er, du Code de procédure pénale au droit à un recours effectif ainsi qu'au principe de nécessité des peines, garantis par les articles 8 et 16 de la Déclaration des droits de l'homme et du citoyen de 1789 n'est pas sérieuse dès lors que l'obligation imposée par l'article 788, alinéa 1er, du Code de procédure pénale vise à apporter la preuve, devant la juridiction compétente, de l'exécution, par la personne condamnée, des décisions de justice rendues, notamment celle du paiement des sommes auxquelles elle a été condamnée, cette preuve étant aisée à rapporter par les justificatifs des paiements effectués, permettant ainsi d'apprécier le degré de réinsertion des condamnés et, partant, le bien-fondé de leur demande en réhabilitation par le juge (■ Cass. crim., 4 juin 2020, n° 20-80.001).

Art. 790 *(L. n° 75-624, 11 juill. 1975)*. **– Le condamné adresse la demande en réhabilitation au procureur de la République de sa résidence actuelle ou, s'il demeure à l'étranger, au procureur de la République de sa dernière résidence en France ou, à défaut, à celui du lieu de condamnation.**

Cette demande précise :

1° La date de la condamnation ;

2° Les lieux où le condamné a résidé depuis sa libération.

Art. 791. – Le procureur de la République s'entoure de tous renseignements utiles aux différents lieux où le condamné a pu séjourner.

Il prend en outre l'avis du juge de l'application des peines.

Art. 792. – Le procureur de la République se fait délivrer :

1° Une expédition des jugements de condamnation ;

2° Un extrait du registre des lieux de détention où la peine a été subie constatant quelle a été la conduite du condamné ;

3° Un bulletin n° 1 du casier judiciaire.

Il transmet les pièces avec son avis au procureur général.

Art. 793. – La cour est saisie par le procureur général.

Le demandeur peut soumettre directement à la cour toutes pièces utiles.

Art. 794 *(L. n° 93-2, 4 janv. 1993)*. **– La cour statue dans les deux mois sur les conclusions du procureur général, la partie ou son avocat entendu ou dûment convoqués.**

1) Partie comparante mais non entendue. La chambre de l'instruction saisie d'une demande de réhabilitation statue sur les conclusions du procureur général, la partie ou son avocat entendus ou dûment convoqués. Il ressort de l'arrêt attaqué et des pièces de la procédure que M. [U], avisé de la date d'audience, était comparant mais qu'il n'a pas été entendu, et ce, alors que son avocat, dûment convoqué, était absent et n'avait produit aucun mémoire. En ne procédant pas à l'audition de M. [U], alors que celui-ci était comparant, la chambre de l'instruction, qui n'a pas mis le requérant en mesure d'exercer ses droits, a méconnu le texte susvisé et le principe ci-dessus rappelé (■ Cass. crim., 26 mai 2021, n° 20-84.465).

2) Justice militaire. Si la chambre d'accusation est seule compétente, aux termes des articles 354 du Code de justice militaire, 783, 793 et 794 du Code de procédure pénale, pour connaître des demandes en réhabilitation judiciaire, la procédure qui est propre à cette juridiction diffère de celle qui est relative aux juridictions de jugement et ne saurait être appliquée à ces dernières, par voie d'analogie (■ Cass. crim., 18 juill. 1967, n° 66-MI115 : *Bull. crim.* n° 223).

Art. 795 *(L. n° 2000-516, 15 juin 2000)*. **– L'arrêt de la chambre de l'instruction peut être déféré à la Cour de cassation dans les formes prévues par le présent code.**

Art. 796. – Dans le cas visé par l'article 789, le pourvoi en cassation formé contre l'arrêt rejetant la demande en réhabilitation est instruit et jugé sans amende ni frais. Tous les actes de la procédure sont visés pour timbre et enregistrés gratis.

Art. 797. – En cas de rejet de la demande, une nouvelle demande ne peut être formée avant l'expiration d'un délai de deux années, à moins que le rejet de la première ait été motivé par l'insuffisance des délais d'épreuve. En ce cas, la demande peut être renouvelée dès l'expiration de ces délais.

Art. 798 *(Mod., L. n° 2007-297, 5 mars 2007)*. – Mention de l'arrêt prononçant la réhabilitation est faite en marge des jugements de condamnation.

Dans ce cas, les bulletins n° 2 et n° 3 du casier judiciaire ne doivent pas mentionner la condamnation. L'arrêt qui prononce la réhabilitation peut toutefois ordonner que la condamnation soit retirée du casier judiciaire et ne soit pas non plus mentionnée au bulletin n° 1.

Le réhabilité peut se faire délivrer sans frais une expédition de l'arrêt de réhabilitation et un extrait de casier judiciaire.

Détermination de la peine. Si les dispositions de l'article 133-11 du Code pénal, auxquelles renvoient celles de l'article 133-16 de ce même code, effaçant toutes les incapacités et déchéances qui frappent un condamné dès lors que celui-ci est réhabilité et interdisant le rappel, sous quelque forme que ce soit, d'une telle condamnation, ne prévoient pas la nullité de l'acte contenant la mention prohibée, cette nullité doit cependant être prononcée lorsqu'il résulte des motifs d'une décision que la prise en considération de la condamnation effacée par la réhabilitation a influé sur l'appréciation de la peine sanctionnant la nouvelle infraction poursuivie (■ Cass. crim., 8 nov. 1995, n° 95-81.306 : *Bull. crim.* n° 343). Il résulte des dispositions combinées des articles 798, alinéa 2, et 799 du Code de procédure pénale que l'autorité judiciaire à laquelle est délivré le bulletin n° 1 du casier judiciaire peut y puiser tous éléments d'information utiles à l'application de la peine, même s'il s'agit de condamnations réhabilitées (■ Cass. crim., 14 nov. 1991, n° 90-82.969 : *Bull. crim.* n° 413).

Art. 798-1 *(L. n° 2007-297, 5 mars 2007)*. – Toute personne dont la condamnation a fait l'objet d'une réhabilitation légale en application des dispositions du Code pénal peut demander, selon la procédure et les modalités prévues par le présent chapitre, que la chambre de l'instruction ordonne que cette condamnation soit retirée du casier judiciaire et ne soit plus mentionnée au bulletin n° 1.

CHAPITRE II. – DISPOSITIONS APPLICABLES AUX PERSONNES MORALES

(L. n° 92-1336, 16 déc. 1992 ; L. n° 93-913, 19 juill. 1993)

Art. 799 ancien *(Abr., L. n° 92-1336, 16 déc. 1992)*.

Voir également : V. art. 133-16.

Art. 799 *(Anc. art. 798-1, L. n° 92-1336, 16 déc. 1992 ; mod., L. n° 2007-297, 5 mars 2007)*. – Lorsque la personne condamnée est une personne morale, la demande en réhabilitation est formée par son représentant légal.

La demande ne peut être formée qu'après un délai de deux ans à compter de l'expiration de la durée de la sanction subie. Elle doit préciser, d'une part, la date de la condamnation pour laquelle il est demandé la réhabilitation et, d'autre part, tout transfert du siège de la personne morale intervenu depuis la condamnation.

Le représentant légal adresse la demande en réhabilitation au procureur de la République du lieu du siège de la personne morale ou, si la personne morale a son siège à l'étranger, au procureur de la République du lieu de la juridiction qui a prononcé la condamnation.

Le procureur de la République se fait délivrer une expédition des jugements de condamnation de la personne morale et un bulletin n° 1 du casier judiciaire de celle-ci. Il transmet ces pièces avec son avis au procureur général.

Les dispositions de l'article 788, à l'exception de celles des deuxième et quatrième alinéas, et les dispositions des articles 793 à 798-1 sont applicables en cas de demande en réhabilitation d'une personne morale condamnée. Toutefois, le délai prévu par l'article 797 est ramené à un an.

TITRE X. – DES FRAIS DE JUSTICE

Bibliographie : P. Decheix, *Frais de justice. – Indemnité en cas de non-lieu, relaxe ou acquittement : JCl. Proc. pén.* 2001, Fasc. 20.

Art. 800 *(Mod., L. n° 2006-64, 23 janv. 2006)*. – Un décret en Conseil d'État détermine les frais qui doivent être compris sous la dénomination de frais de justice criminelle, correctionnelle et de police ; il en établit le tarif ou

fixe les modalités selon lesquelles ce tarif est établi, en règle le paiement et le recouvrement, détermine les voies de recours, fixe les conditions que doivent remplir les parties prenantes et, d'une façon générale, règle tout ce qui touche aux frais de justice en matière criminelle, correctionnelle et de police.

1) Application dans le temps. L'arrêté du 22 août 2006, pris en application de l'article R. 213-1 du Code de procédure pénale, aux termes duquel la réquisition adressée à un opérateur de téléphonie fixe pour l'identification d'un abonné à partir de son numéro d'appel, donne lieu à un remboursement de 8,50 euros hors taxe est un texte immédiatement applicable aux procédures en cours au sens de l'article 112-2, 2° du Code pénal. N'encourt pas la cassation l'arrêt de la chambre de l'instruction qui, statuant le 23 janvier 2006, confirme la décision du juge taxateur ayant tarifé la prestation fournie par un opérateur de téléphonie fixe requis d'identifier plusieurs abonnés à partir de leur numéro d'appel en ne tenant compte que des difficultés rencontrées et des justificatifs produits. La décision doit cependant être annulée et la cause renvoyée devant une autre chambre de l'instruction à qui il appartiendra de faire application du tarif fixé par l'arrêté précité (▪ Cass. crim., 23 janv. 2007, n° 06-83.126 : *Bull. crim.* n° 13).

2) Avoués. Les émoluments des avoués près les cours d'appel, tels que déterminés en matière correctionnelle par l'article 19. 3° du décret du 30 juillet 1980, ne figurent pas dans l'énumération, par l'article R. 92 du Code de procédure pénale pris pour l'application de l'article 800 du même code, des frais de justice qui seuls pouvaient être compris dans les frais et dépens mis à la charge du condamné selon l'article 473 dudit code, en sa rédaction antérieure à la loi du 4 janvier 1993, applicable à l'espèce (▪ Cass. crim., 11 janv. 1995, n° 92-84.174 : *Bull. crim.* n° 16).

Art. 800-1 *(Mod., L. n° 2020-1672, 24 déc. 2020)*. **– Les frais de justice criminelle, correctionnelle et de police sont à la charge de l'État et sans recours contre le condamné ou la partie civile, sous réserve des cas prévus aux deux derniers alinéas du présent article.**

Toutefois, lorsqu'il est fait application des articles 177-2 ou 212-2 à l'encontre de la partie civile dont la constitution a été jugée abusive ou dilatoire, les frais de justice correspondant aux expertises ordonnées à la demande de cette dernière peuvent, selon les modalités prévues par ces articles, être mis à la charge de celle-ci par le juge d'instruction ou la chambre de l'instruction. Le présent alinéa n'est pas applicable en matière criminelle et en matière de délits contre les personnes prévus par le livre II du Code pénal ou lorsque la partie civile a obtenu l'aide juridictionnelle.

Lorsque la personne condamnée est une personne morale, les frais de justice exposés au cours de la procédure sont mis à sa charge. C'est également le cas lorsque la personne morale a conclu une convention judiciaire d'intérêt public mentionnée aux articles 41-1-2 et 41-1-3 du présent code. La juridiction peut toutefois déroger à cette règle et décider de la prise en charge de tout ou partie des frais de justice par l'État.

1) Frais de l'action civile. Selon l'article 800-1 du Code de procédure pénale, ensemble l'article 475-1 du même code, les frais de justice criminelle, correctionnelle et de police sont à la charge de l'État et sans recours envers les condamnés ; l'arrêt, après avoir déclaré constitué à l'encontre de Claude Z..., Francis Y... et Alexandre X... le délit de recel d'abus de biens sociaux, sur le seul appel de la partie civile déboutée de ses demandes, les condamne aux entiers dépens comprenant le montant des frais et expertises pris en charge par la partie civile ; en statuant ainsi, après avoir dit n'y avoir lieu à application de l'article 475-1 du Code de procédure pénale, la cour d'appel a méconnu les textes susvisés et le principe ci-dessus rappelé (▪ Cass. crim., 14 juin 2006, n° 05-82.900 : *Bull. crim.* n° 181). Encourt la cassation l'arrêt qui met à la charge du condamné les dépens de l'action civile, alors que, selon l'article 800-1 du Code de procédure pénale, les frais de justice criminelle, correctionnelle et de police sont à la charge de l'État, sans recours envers les condamnés (▪ Cass. crim., 20 oct. 2004, n° 03-86.201 : *Bull. crim.* n° 248).

2) Personne civilement responsable. La décision de la Cour, qui, statuant accessoirement à l'action publique, a déclaré civilement responsable le président du conseil général du Val-d'Oise, se trouve dépourvue de toute portée, dès lors que, d'une part, selon l'article 120 de la loi du 4 janvier 1993, inséré à l'article 800-1 du Code de procédure pénale, les frais de justice criminelle sont désormais à la charge de l'État et sans recours envers les condamnés et que, d'autre part, elle ne s'imposera pas aux juges lorsqu'ils se prononceront sur l'action civile de la victime, à l'issue d'un débat laissant intacts les droits du demandeur (▪ Cass. crim., 12 mai 1999, n° 99-81.718 : *Bull. crim.* n° 97).

3) Frais de publication et d'affichage des jugements. Les frais de publication et d'affichage des jugements, qui ne sont pas des frais de justice criminelle, correctionnelle ou de police au sens des articles 800 et R. 92 du Code de procédure pénale, échappent à l'application de l'article 800-1 de ce code (■ Cass. crim., 12 oct. 1995, n° 94-80.186 : *Bull. crim.* n° 306).

Art. 800-2 *(Rempl. à compter du 1er janvier 2013, L. fin. n° 2012-1509, 29 déc. 2012 ; L. n° 2021-1729, 22 déc. 2021).* **– À la demande de l'intéressé, toute juridiction prononçant un non-lieu, une relaxe, un acquittement ou toute décision autre qu'une condamnation ou une déclaration d'irresponsabilité pénale peut accorder à la personne poursuivie pénalement ou civilement responsable une indemnité qu'elle détermine au titre des frais non payés par l'État et exposés par celle-ci. Il en est de même, pour la personne civilement responsable, en cas de décision la mettant hors de cause.**

À la demande de l'intéressé, toute juridiction prononçant un non-lieu, une relaxe, un acquittement ou toute décision autre qu'une condamnation ou une déclaration d'irresponsabilité pénale peut accorder à la personne poursuivie pénalement ou civilement responsable une indemnité qu'elle détermine au titre des frais non payés par l'État et exposés par celle-ci.

Cette indemnité est à la charge de l'État. La juridiction peut toutefois ordonner qu'elle soit mise à la charge de la partie civile lorsque l'action publique a été mise en mouvement par cette dernière.

Les deuxième et troisième alinéas sont applicables devant la Cour de cassation en cas de rejet d'un pourvoi portant sur une décision mentionnée au deuxième alinéa.

Un décret en Conseil d'État détermine les conditions d'application du présent article.

1) Abrogation partielle. L'article 800-2 du Code de procédure pénale permet à la juridiction de jugement prononçant une décision de relaxe ou d'acquittement d'accorder à la personne poursuivie pénalement ou civilement responsable une indemnité, supportée par l'État ou la partie civile, au titre des frais non payés par l'État et exposés par cette personne pour sa défense. En revanche, lorsque la personne poursuivie a été condamnée, ni ces dispositions ni aucune autre ne permettent à la personne citée comme civilement responsable d'obtenir devant la juridiction pénale le remboursement de tels frais, alors même qu'elle a été mise hors de cause. Dans ces conditions, les dispositions du premier alinéa de l'article 800-2 du Code de procédure pénale portent atteinte à l'équilibre du droit des parties dans le procès pénal. Par conséquent, elles doivent être déclarées contraires à la Constitution (■ Cons. const., 5 avr. 2019, n° 2019-773 QPC).

2) Effet différé. L'abrogation immédiate des dispositions contestées aurait pour effet de supprimer le droit reconnu à la personne poursuivie et à la personne civilement responsable de se voir accorder des frais irrépétibles en cas de non-lieu, de relaxe, d'acquittement ou de toute décision autre qu'une condamnation ou une déclaration d'irresponsabilité pénale. Elle entraînerait ainsi des conséquences manifestement excessives. Par suite, afin de permettre au législateur de remédier à l'inconstitutionnalité constatée, il y a lieu de reporter au 31 mars 2020 la date de l'abrogation des dispositions contestées (■ Cons. const., 5 avr. 2019, n° 2019-773 QPC).

3) Interprétation constitutionnelle de l'article 800-2. Pour les décisions rendues par les juridictions pénales après cette date, que les dispositions du premier alinéa de l'article 800-2 du Code de procédure pénale doivent être interprétées comme permettant aussi à une juridiction pénale prononçant une condamnation ou une décision de renvoi devant une juridiction de jugement, d'accorder à la personne citée comme civilement responsable, mais mise hors de cause, une indemnité au titre des frais non payés par l'État et exposés par celle-ci (■ Cons. const., 5 avr. 2019, n° 2019-773 QPC).

4) Renvoi devant le Conseil constitutionnel. La question posée, en ce qu'elle concerne l'article 800-2 du Code de procédure pénale, présente un caractère sérieux en ce que l'impossibilité, pour une personne citée comme civilement responsable devant la juridiction pénale, d'obtenir une indemnité au titre des frais exposés pour sa défense dans le cas où elle serait mise hors de cause alors que la personne poursuivie ferait l'objet d'une condamnation, est de nature à porter atteinte à l'équilibre des droits des parties dans le procès pénal (■ Cass. crim., 15 janv. 2019, n° 18-90.031).

5) Abrogation constitutionnelle. Lorsque l'action publique a été mise en mouvement par la partie civile, les dispositions de l'article 800-2 réservent à la personne poursuivie qui a fait l'objet d'un non-lieu, d'une relaxe ou d'un acquittement la possibilité de demander une indemnité au titre des frais exposés pour sa défense ; qu'en revanche, elles privent de la faculté d'obtenir le remboursement de tels frais l'ensemble des parties appelées au procès pénal qui, pour un autre motif, n'ont fait l'objet d'aucune condamnation ; que, dans ces conditions, les dispositions de l'article 800-2 du Code de procédure pénale portent atteinte à l'équilibre du droit des parties dans le procès pénal ; que, par suite, elles sont contraires à la Constitution (■ Cons. const., 21 oct. 2011, n° 2011-190 QPC).

6) Juridiction d'instruction. Il résulte des articles 800-2 et R. 249-3 du Code de procédure pénale, que la demande d'indemnisation, par la personne poursuivie, des frais exposés par elle et non payés par l'État, doit être présentée avant l'expiration du délai de vingt jours prévu par l'article 175 du Code de procédure pénale, si elle est formée devant le juge d'instruction ou la chambre de l'instruction. Doit être déclarée irrecevable comme tardive une demande présentée après l'expiration de ce délai (■ Cass. crim., 20 nov. 2007, n° 07-80.405 : *Bull. crim.* n° 285).

7) Frais de justice de l'article R. 93 du Code de procédure pénale. Méconnaissent les dispositions de l'article 800-1 du Code de procédure pénale, selon lequel les frais de justice criminelle, correctionnelle et de police sont à la charge de l'État et sans recours envers les condamnés, les juges d'appel qui, après avoir déclaré le prévenu coupable du délit poursuivi, le condamnent au paiement des frais de justice visés par l'article R. 93 du Code de procédure pénale (■ Cass. crim., 12 juin 2007, n° 06-88.900 : *Bull. crim.* n° 156).

8) Omission. Il résulte de l'article 800-2 du Code de procédure pénale que la juridiction de jugement qui prononce une relaxe est tenue de statuer sur la demande, régulièrement présentée par la personne poursuivie, d'indemnisation des frais exposés par elle et non payés par l'État. Dès lors, encourt la cassation le jugement de la juridiction de proximité qui omet de statuer, après relaxe, sur la demande d'indemnisation de ses frais présentée par la personne poursuivie dans des conclusions déposées avant l'audience (■ Cass. crim., 31 oct. 2006, n° 05-87.648 : *Bull. crim.* n° 268).

9) Réquisitions du ministère public. Selon l'article 800-2 du Code de procédure pénale, en cas de renvoi des fins de la poursuite, la juridiction de jugement peut accorder à la personne poursuivie pénalement une indemnité correspondant aux frais non payés par l'État et exposés par celle-ci. Si cette indemnité est en principe à la charge de l'État, la juridiction peut toutefois mettre celle-ci à la charge de la partie civile lorsque l'action publique a été mise en mouvement par cette dernière. Selon l'article R. 249-5 du Code de procédure pénale, la juridiction ne peut mettre l'indemnité à la charge de la partie civile que sur réquisitions du procureur de la République et par décision motivée, si elle estime que la constitution de partie civile a été abusive ou dilatoire. Pour condamner la partie civile à payer à Mme [S] la somme de 1 200 € au titre de l'article 800-2 du Code de procédure pénale, l'arrêt attaqué énonce que cette dernière a exposé des frais de défense non payés par l'État, du fait de la mise en mouvement de l'action publique par la partie civile. En prononçant ainsi, sans mentionner les réquisitions du ministère public en ce sens, la cour d'appel a méconnu les dispositions de l'article R. 249-5 du Code de procédure pénale et le principe ci-dessus rappelé (■ Cass. crim., 8 juin 2021, n° 20-82.420). C'est à tort que la cour d'appel n'a pas relevé que la demande formée sur le fondement de l'article 800-2 du Code de procédure pénale par la personne relaxée était irrecevable devant elle, faute de réquisitions du ministère public sollicitant que cette indemnité, en principe à la charge de l'État, soit mise à la charge de la partie civile (■ Cass. crim., 4 janv. 2022, n° 20-85.079).

Art. 801 ***(L. n° 75-701, 6 août 1975 ; L. n° 89-461, 6 juill. 1989).*** **– Tout délai prévu par une disposition de procédure pénale pour l'accomplissement d'un acte ou d'une formalité expire le dernier jour à vingt-quatre heures. Le délai qui expirerait normalement un samedi ou un dimanche ou un jour férié ou chômé est prorogé jusqu'au premier jour ouvrable suivant.**

1) Consignation. Il se déduit de la combinaison des articles 392-1, alinéa 1er, et 801 du Code de procédure pénale que, lorsque la juridiction, pour satisfaire à l'obligation prévue par le premier de ces textes d'indiquer à la partie civile le délai dans lequel doit être versée la consignation, fixe, comme terme, un jour qui s'avère non ouvrable, la limite pour effectuer la consignation s'entend nécessairement du premier jour ouvrable qui suit avant minuit (■ Cass. crim., 28 juin 2017, n° 16-82.169 : *Bull. crim.* n° 185).

2) Pourvoi en cassation. Le délai de 3 jours non francs prévu par l'article 59 de la loi du 29 juillet 1881 sur la liberté de la presse, qui ne peut être prorogé qu'en application de l'article 801 du Code de procédure pénale ou en cas de force majeure, a pour point de départ le lendemain du jour du prononcé de la décision, lorsque les parties ont été informées comme le prévoit l'article 462, alinéa 2, dudit code du jour auquel l'arrêt serait rendu (■ Cass. crim., 19 févr. 2019, n° 18-80.195 : *Bull. crim.* n° 34). La prorogation prévue par l'article 801 du même code s'applique au délai du pourvoi en cassation (■ Cass. crim., 25 sept. 2019, nos 19-84.569 et 19-85.371).

3) Décompte. Par l'arrêt attaqué, la chambre de l'instruction a déclaré recevable la demande de mainlevée du contrôle judiciaire présentée directement devant elle le 20 juillet 2021 et y a fait droit. En se déterminant ainsi, alors que le juge d'instruction avait répondu, le 19 juillet 2021, à la demande qui lui avait été présentée, le 13 juillet

2021, et que le délai de cinq jours qui lui était imparti pour statuer, qui avait débuté le lendemain du dépôt de la demande, et dont le terme était en principe, fixé au dimanche 18 juillet, avait été reporté au lendemain, par application de l'article 801 précité, la chambre de l'instruction a méconnu le texte susvisé (■ Cass. crim., 10 nov. 2021, n° 21-85.151). En déclarant irrecevable la demande d'examen immédiat de l'appel interjeté contre l'ordonnance de placement en détention provisoire, comme formée plus d'un jour après la décision de placement en détention alors que cette décision intervenue le vendredi 17 avril 2020 pouvait encore faire l'objet d'un appel et d'une demande d'examen immédiat, le lundi 20 avril, le président de la chambre de l'instruction a excédé ses pouvoirs (■ Cass. crim., 22 juill. 2020, n° 20-82.094 : *Bull. crim.* n° 92. V. aussi ■ Cass. crim., 21 oct. 2020, n° 20-83.975). Après avoir relevé qu'une ordonnance pénale a été notifiée à M. X... par lettre recommandée avec demande d'avis de réception envoyée le 29 juin 2017 et que celui-ci a formé opposition le 31 juillet 2017, le tribunal de police a déclaré le recours formé hors délai ; Mais en statuant ainsi, alors que le 29 juillet était un samedi, cette juridiction a méconnu le sens et la portée des textes susvisés, de la combinaison desquels il résulte que le délai d'opposition expirait le 31 juillet 2017 à minuit (■ Cass. crim., 4 sept. 2018, n°s 17-87.276 à 17-87.279).

Art. 801-1 ***(Rempl., L. n° 2019-222, 23 mars 2019).*** **– I. – Tous les actes mentionnés au présent code, qu'il s'agisse d'actes d'enquête ou d'instruction ou de décisions juridictionnelles ou de toute autre pièce de la procédure, peuvent être établis ou convertis sous format numérique.**

Le dossier de la procédure peut être intégralement conservé sous format numérique, dans des conditions sécurisées, sans nécessité d'un support papier.

Lorsque ces actes sont établis sous format numérique et que les dispositions du présent code exigent qu'ils soient signés, ils font l'objet, quel qu'en soit le nombre de pages et pour chaque signataire, d'une signature unique sous forme numérique, selon des modalités techniques qui garantissent que l'acte ne peut plus ensuite être modifié. Ces actes n'ont pas à être revêtus d'un sceau.

II. – Ne sont pas applicables au dossier de procédure numérique les dispositions du présent code :

1° Procédant à une distinction entre les actes originaux et leurs copies ;

2° Prévoyant la certification conforme des copies ;

3° Relatives au placement sous scellés, y compris sous scellés fermés, des documents, contenus multimédia ou données dès lors qu'ils sont versés au sein de ce dossier.

III. – Les modalités d'application du présent article sont précisées par voie réglementaire.

Art. 802 ***(Rempl., L. n° 93-1013, 24 août 1993).*** **– En cas de violation des formes prescrites par la loi à peine de nullité ou d'inobservation des formalités substantielles, toute juridiction, y compris la Cour de cassation, qui est saisie d'une demande d'annulation ou qui relève d'office une telle irrégularité ne peut prononcer la nullité que lorsque celle-ci a eu pour effet de porter atteinte aux intérêts de la partie qu'elle concerne.**

1) Refus de transmission d'une QPC. La question (selon laquelle les dispositions des articles 145, alinéa 6, et 802 du Code de procédure pénale, telles qu'interprétées de façon constante par la Cour de cassation, porteraient atteinte au principe selon lequel le jugement d'une affaire pénale pouvant conduire à une privation de liberté doit faire l'objet d'une audience publique, en ce qu'elles subordonnent à la démonstration d'une atteinte aux intérêts de la partie concernée la sanction de la violation de l'exigence de publicité des audiences lors desquelles le débat contradictoire préalable au placement en détention provisoire a lieu et le juge des libertés et de la détention statue) ne présente pas un caractère sérieux. D'une part, l'article 11 du Code de procédure pénale consacre le principe du secret de l'instruction, lequel poursuit les objectifs de valeur constitutionnelle de prévention des atteintes à l'ordre public et de recherche des auteurs d'infractions, et tend à garantir le droit au respect de la vie privée et de la présomption d'innocence des parties à l'information, fondés sur les articles 2 et 9 de la Déclaration des droits de l'homme de 1789. Il en résulte que le principe de la publicité des débats, déduit de la combinaison des articles 6, 8, 9 et 16 de la Déclaration précitée, en vigueur devant les juridictions de jugement, ne reçoit pas application devant les juridictions compétentes au cours de l'instruction. D'autre part que la dérogation à la règle du secret de l'instruction, édictée par l'article 145, alinéa 6, du Code de procédure pénale est destinée, dans l'intérêt de la personne concernée, à assurer le respect des droits de celle-ci et peut être écartée, selon les mêmes dispositions, dans les cas où sa mise en oeuvre compromettrait l'un des objectifs précités. En conséquence, dans le cas où, en méconnaissance de ces dispositions, le débat contradictoire préalable à la décision sur la détention provisoire n'a pas eu lieu en audience publique, l'application des dispositions de l'article 802 du Code de procédure pénale, selon lesquelles l'annulation ne peut être prononcée que si l'irrégularité a porté atteinte aux droits de la personne qu'elle concerne, ne heurte aucun droit ou liberté que garantit la Constitution (■ Cass. crim., 10 juill. 2019, n° 19-82.775).

2) **Nullité prononcée par la juridiction de jugement.** Il résulte des articles 174 et 802 du Code de procédure pénale que sont nuls, en tout ou partie, les actes qui procèdent d'actes dont la nullité a été prononcée par la juridiction de jugement (■ Cass. crim., 10 mars 2020, n° 19-82.970).

3) **Géolocalisation.** Attendu que M. X..., qui ne peut se prévaloir d'aucun droit sur le conteneur géolocalisé et qui n'a pas été lui-même géolocalisé, est irrecevable à invoquer une irrégularité affectant cette mesure, dès lors qu'il n'établit pas qu'à cette occasion il aurait été porté atteinte à un autre intérêt qui lui serait propre (■ Cass. crim., 23 nov. 2016, n° 16-81.904 : *Bull. crim.* n° 306).

4) **Absence de signature du greffier.** Vu les articles 106, 107, 121 et 802 du Code de procédure pénale ; Attendu qu'aux termes de l'article 121 du Code de procédure pénale, les procès-verbaux d'interrogatoire et de confrontation sont établis dans les formes prévues aux articles 106 et 107 du même code ; qu'ils doivent, notamment, être signés par le greffier ; que l'inobservation partielle de cette formalité, lorsqu'elle a eu pour effet de porter atteinte aux intérêts de la personne concernée, est sanctionnée par la nullité de l'acte (■ Cass. crim., 12 déc. 2017, n° 17-84.824 : *Bull. crim.* n° 285)

5) **Mineurs.** La chambre spéciale des mineurs connaissant de l'appel des décisions du juge des enfants, du tribunal pour enfants et du tribunal correctionnel pour mineurs statue dans les mêmes conditions qu'en première instance ; il en est ainsi même lorsque l'appel ne porte que sur l'action civile ; la violation de ces dispositions, qui conditionnent la validité même de la procédure, peut être invoquée par la partie civile et exclut tout recours à l'article 802 du Code de procédure pénale (■ Cass. crim., 23 oct. 2018, n° 17-85.369).

6) **Nullité invoquée par un tiers à la procédure.** Il résulte des articles 6, § 1 de la Convention européenne des droits de l'Homme, 171 et 802 du Code de procédure pénale que le demandeur à la nullité est recevable à proposer des moyens tirés de l'irrégularité d'actes accomplis dans une autre procédure à laquelle il n'était pas partie et qui ont été versés à la procédure suivie contre lui lorsqu'il fait valoir que les pièces versées sont susceptibles d'avoir été illégalement recueillies (■ Cass. crim., 20 juin 2018, n° 17-86.657 : *Bull. crim.* n° 116).

7) **Lieux à usage professionnel.** Il résulte de la combinaison de ces textes que ne peut invoquer, au soutien d'une demande d'annulation d'actes ou de pièces de la procédure, une méconnaissance des dispositions du premier de ces textes que la personne qui est titulaire d'un droit sur les lieux à usage professionnel où, dans les conditions et aux fins fixées par ledit texte, sont habilités à entrer les officiers et agents de police judiciaire (■ Cass. crim., 3 nov. 2020, n° 19-87.906).

8) **Inobservation d'une formalité substantielle.** L'inobservation de la formalité substantielle que constitue la confidentialité de l'entretien avec l'avocat, prévue par l'article 706-71 du Code de procédure pénale, n'a pas eu pour effet de porter atteinte aux intérêts de M. X... Y... au sens de l'article 802 du même code (■ Cass. crim., 19 juin 2018, n° 17-85.041). Il résulte des articles 802 et 171 du Code de procédure pénale que la méconnaissance d'une formalité substantielle n'entraîne la nullité de l'acte vicié que lorsqu'il en est résulté une atteinte aux intérêts de la partie qu'elle concerne (■ Cass. crim., 9 nov. 2021, n°s 21-83.094 et 21-82.533 : *Bull. crim.* n° 86. ■ Cass. crim., 9 nov. 2021, n° 21-83.095 : *Bull. crim.* n° 48). Il résulte des articles 171 et 802 du Code de procédure pénale que l'inobservation des formalités substantielles ou prescrites à peine de nullité doit entraîner la nullité de la procédure, lorsqu'il en est résulté une atteinte aux intérêts de la partie concernée. Il s'ensuit les principes généraux suivants. Hors les cas de nullité d'ordre public, qui touchent à la bonne administration de la justice, la chambre de l'instruction, saisie d'une requête en nullité, doit successivement d'abord rechercher si le requérant a intérêt à demander l'annulation de l'acte, puis, s'il a qualité pour la demander et, enfin, si l'irrégularité alléguée lui a causé un grief. Le requérant a intérêt à agir s'il a un intérêt à obtenir l'annulation de l'acte. Pour déterminer si le requérant a qualité pour agir en nullité, la chambre de l'instruction doit rechercher si la formalité substantielle ou prescrite à peine de nullité, dont la méconnaissance est alléguée, a pour objet de préserver un droit ou un intérêt qui lui est propre. L'existence d'un grief est établie lorsque l'irrégularité elle-même a occasionné un préjudice au requérant, lequel ne peut résulter de la seule mise en cause de celui-ci par l'acte critiqué (■ Cass. crim., 7 sept. 2021, n° 20-87.191 : *Bull. crim.* n° 24).

9) **Délivrance tardive du permis de communiquer.** Pour rejeter la demande en nullité du placement en détention provisoire et dire qu'il n'y a pas eu violation des droits de la défense en raison d'une délivrance tardive du permis de communiquer, l'arrêt attaqué énonce que Me N... substituant Me G..., présente au débat contradictoire en date du 18 décembre 2019, n'a formulé nulle observation ni demandé de report aux fins de faire valoir les droits de la défense en arguant du

défaut de délivrance du permis de communiquer et de l'empêchement qui en aurait résulté pour elle de préparer la défense de M. D..., alors même que le délai de 4 jours prévu par l'article 145 du Code de procédure pénale n'était pas expiré. Les juges en déduisent qu'aucun grief ne saurait être tiré de l'absence de délivrance du permis de communiquer au conseil avant ce débat contradictoire. En statuant ainsi, et dès lors que l'avocat du mis en examen pouvait solliciter le renvoi du débat contradictoire au lendemain, comme l'a relevé la chambre de l'instruction, il n'a pas été porté atteinte en l'espèce aux droits de la défense (▪ Cass. crim., 1er avr. 2020, n° 20-80.369).

10) Transmission de procès-verbaux. En cas d'inobservation de formalités substantielles, toute juridiction qui est saisie d'une demande d'annulation ne peut prononcer la nullité que lorsque celle-ci a eu pour effet de porter atteinte aux intérêts de la partie qu'elle concerne. Les juges retiennent que l'absence d'envoi d'une copie des procès-verbaux aux intéressés fait nécessairement grief aux prévenus, en tout cas à M. L., directement concerné, en ce qu'une telle transmission lui aurait permis d'avoir connaissance des éléments de preuve recueillis dès l'origine et de l'étendue de ce qui pouvait lui être reproché avant toute audition par le service de police ou de gendarmerie, et de pouvoir ainsi préparer utilement sa défense. Mais en se déterminant ainsi, alors qu'il résulte des pièces de procédure que le prévenu avait eu connaissance des procès-verbaux litigieux avant l'audience de jugement et avait pu préparer utilement sa défense, de sorte qu'aucune atteinte à ses intérêts ne résultait de l'inobservation de la formalité prévue par l'article L. 5411-2 susvisé, applicable aux procès-verbaux critiqués en ce qu'ils constataient une infraction aux dispositions du Code de la santé publique relatives aux médicaments vétérinaires, la cour d'appel a méconnu le sens et la portée de l'article 802 du Code de procédure pénale et les principes ci-dessus rappelés (▪ Cass. crim., 16 avr. 2019, n° 18-80.319).

11) Défaut d'élection de domicile d'une partie civile. Il résulte des articles 392 et 802 du Code de procédure pénale que le défaut d'élection de domicile de la partie civile qui cite directement un prévenu devant la juridiction répressive n'est sanctionné par la nullité de la citation que s'il est rapporté la preuve que son absence a eu pour effet de porter atteinte aux intérêts de la personne qu'elle concerne (▪ Cass. crim., 28 oct. 2020, n° 19-85.162).

12) Défaut/retard de notification. Le défaut de notification à la personne gardée à vue de la modification de qualification d'une infraction qu'elle est soupçonnée d'avoir commise ou tenté de commettre, ordonné par le procureur de la République, ne peut entraîner le prononcé d'une nullité que s'il en est résulté pour elle une atteinte effective à ses intérêts, au sens de l'article 802 du Code de procédure pénale. En l'espèce, la Cour de cassation est en mesure de s'assurer au vu de l'examen du procès-verbal d'audition critiqué, qu'en répondant aux questions des enquêteurs, Mme B. n'a tenu aucun propos par lequel elle se serait incriminée sur les faits d'association de malfaiteurs (▪ Cass. crim., 15 oct. 2019, n° 19-82.380 : *Bull. crim.* n° 17, § 21). Le retard invoqué dans la notification à la personne gardée à vue de la modification de qualification d'une infraction qu'elle est soupçonnée d'avoir commise, ordonnée par le procureur de la République, ne peut entraîner le prononcé d'une nullité que s'il en est résulté pour elle une atteinte effective à ses intérêts, au sens de l'article 802 du Code de procédure pénale. En second lieu, cette atteinte n'est pas établie dès lors que la modification de qualification en cause a été notifiée à l'intéressé au début de sa toute première audition par les enquêteurs et qu'aucune observation n'a été formulée à cet égard par l'intéressé ou l'avocat qui l'assistait (▪ Cass. crim., 12 janv. 2021, n° 20-82.178).

13) Procédure douanière. Il se déduit des articles 323-3 et 334 du Code des douanes, 385 et 802 du Code de procédure pénale que la nullité d'un acte de la procédure douanière n'entraîne la nullité des actes subséquents qu'à la condition que ceux-ci trouvent leur support nécessaire dans l'acte vicié (▪ Cass. crim., 9 sept. 2020, n° 19-80.776).

14) Notification du droit de se taire. En l'absence de l'information exigée par l'article 406 précité, cette atteinte est nécessairement caractérisée (▪ Cass. crim., 1er févr. 2022, n° 21-82.106. ▪ Cass. crim., 25 janv. 2022, n° 21-82.095. ▪ Cass. crim., 8 juill. 2015, n° 14-85.699 : *Bull. crim.* n° 178). En cas de notification tardive, cette atteinte est également caractérisée lorsque le prévenu prend la parole avant d'avoir reçu cet avertissement (▪ Cass. crim., 23 nov. 2021, n° 20-80.675 : *Bull. crim.* n° 106). Il en va autrement pour un prévenu qui reçoit cette information après des débats liminaires portant sur une demande présentée, au début de l'audience, par une autre partie, et au cours desquels il n'a pas pris la parole. Dans ce cas, l'accomplissement tardif de cette formalité ne peut entraîner une nullité à l'égard de ce prévenu que s'il justifie qu'il a été porté atteinte à ses intérêts (▪ Cass. crim., 4 juin 2021, n° 21-81.656). Selon la jurisprudence de la Cour de cassation (▪ Cass. crim., 24 févr. 2021, n° 20-86.537 : *Bull. crim.* n° 10), le défaut de notification, à la personne mise en examen qui comparaît devant la chambre de l'instruction saisie du contentieux d'une mesure de sûreté, de son droit de faire des déclarations, de répondre aux questions posées ou de se taire est sans incidence sur la régularité de la décision de la chambre de l'instruction, et a pour seule conséquence que les déclarations faites à l'audience par l'intéressé ne pourront être utilisées à son encontre par les juridictions appelées à prononcer un renvoi devant la juridiction de jugement ou une déclaration de culpabilité. Ce principe ne porte aucune atteinte aux droits de la personne mise en examen, dès lors qu'il n'appartient pas à la chambre de l'instruction saisie du contentieux des mesures de sûreté de statuer sur le bien-fondé d'une accusation en matière pénale, mais uniquement de s'assurer que les conditions légales de telles mesures sont réunies. Il ne fait pas obstacle à ce que la personne concernée excipe, conformément à l'article 802 du Code de procédure pénale, d'une atteinte à ses intérêts dans l'administration de la preuve de la part des juridictions appelées à prononcer un renvoi devant la juridiction de jugement ou une déclaration de culpabilité, les juges devant alors apprécier l'équité de la procédure dans sa globalité (■ Cass. crim., 11 mai 2021, n°s 21-81.293 et 21-81.277 : *Bull. crim.* n° 48). La Cour de cassation (■ Cass. crim., 10 nov. 2021, n° 21-85.182 : publié au *Bull.*) a jugé que s'il se déduit des articles 5 et 6 de la Convention européenne des droits de l'homme et 145 du Code de procédure pénale que la personne qui comparait devant le juge des libertés et de la détention dans le cadre d'un débat contradictoire en matière de détention provisoire ou son avocat doivent avoir la parole les derniers, la nullité du débat contradictoire qui en résulte, si tel n'est pas le cas, relève de l'article 802 du Code de procédure pénale (■ Cass. crim., 7 déc. 2021, n° 21-85.518).

15) Enquête préliminaire. Il se déduit des articles 75 et 76 du Code de procédure pénale que les agents de police judiciaire peuvent, au cours de l'enquête préliminaire et au contraire de l'enquête de flagrance, procéder à une perquisition dès lors qu'ils agissent sous le contrôle de l'officier de police judiciaire. L'existence de ce contrôle est établie par une mention au procès-verbal de perquisition ou peut résulter, à défaut, d'une mention spécifique dans les pièces de procédure. La nullité qui résulte de l'absence d'un tel contrôle relève des dispositions de l'article 802 du Code de procédure pénale. N'encourt en conséquence pas la censure l'arrêt qui refuse d'annuler une perquisition effectuée par un agent de police judiciaire, en déduisant à tort l'existence du contrôle de l'officier de police judiciaire sur cet acte du visa du commissaire de police sur la transmission de la procédure au parquet, dès lors que l'occupant des lieux, qui n'a pas contesté la présence de l'objet qui y a été découvert, ne se prévaut d'aucun grief résultant de cette irrégularité (■ Cass. crim., 7 déc. 2021, n° 20-82.733 : *Bull. crim.* n° 6).

16) Parole en dernier. Par un arrêt (■ Cass. crim., 10 nov. 2021, n° 21-84.948 : publié au *Bull.*), la Cour de cassation a jugé que le juge des libertés et de la détention n'est pas tenu de recueillir les réquisitions préalables du ministère public sur une demande de renvoi, présentée à l'occasion d'un tel débat, sur laquelle il peut valablement statuer en l'absence du procureur de la République et sans l'avis de celui-ci. Néanmoins, lorsque le ministère public est entendu, au cours de ce débat, sur une demande de renvoi présentée par la personne mise en examen ou son avocat, ceux-ci doivent pouvoir prendre à nouveau la parole après les réquisitions sur cette demande. Lorsque tel n'est pas le cas, la nullité du débat contradictoire qui en résulte relève de l'article 802 du Code de procédure pénale (■ Cass. crim., 10 nov. 2021, n° 21-85.182 . *Bull. crim.* n° 79).

17) Mention de l'audition du rapport du conseiller. L'omission de la mention de l'audition du conseiller en son rapport, destinée à l'information de la juridiction saisie, n'entre pas dans les prévisions de l'article 802 du Code de procédure pénale (■ Cass. crim., 26 janv. 2022, n° 22-80.072 : *Bull. crim.* n° 23).

Bibliographie : A.-S. Chavent-Leclère, *Dispositions générales. – Nullité : JCl. Proc. pén.* 2015, Fasc. 20.

Art. 802-1 *(L. n° 2016-731, 3 juin 2016).* **– Lorsque, en application du présent code, le ministère public ou une juridiction est saisi d'une demande à laquelle il doit être répondu par une décision motivée susceptible de recours, en l'absence de réponse dans un délai de deux mois à compter de la demande effectuée par lettre recommandée avec demande d'avis de réception ou par déclaration au greffe contre récépissé, ce recours peut être exercé contre la décision implicite de rejet de la demande.**

Le présent article n'est pas applicable lorsque la loi prévoit un recours spécifique en l'absence de réponse.

Les juges concluent que la demande formée sur le fondement de l'article 80-1-1 échappe aux prévisions de l'article 802-1, alinéa 1er qui a été institué pour pallier l'absence de dispositions légales prévoyant un recours contre une décision implicite de rejet d'une demande, dès lors que l'article 80-1-1 se réfère à l'article 81, sans y apporter de dérogation (...). Les juges ne pouvaient, de surcroît, écarter les dispositions de l'article 802-1 du Code de procédure pénale, alors que l'article 80-1-1 du même code ne prévoit aucun recours spécifique en l'absence de réponse du juge d'instruction à la demande d'octroi du statut de témoin assisté (■ Cass. crim., 16 juin 2020, n° 19-86.760 : *Bull. crim.* n° 40).

Art. 802-2 *(L. n° 2019-222, 23 mars 2019).* **– Toute personne ayant fait l'objet d'une perquisition ou d'une visite domiciliaire en application des dispositions du présent code et qui n'a pas été poursuivie devant une juridiction d'instruction ou de jugement au plus tôt six mois après l'accomplissement de cet acte peut, dans un délai d'un an à compter de la date à laquelle elle a eu connaissance de cette mesure, saisir le juge des libertés et de la détention d'une demande tendant à son annulation.**

La requête est formée par déclaration au greffe de la juridiction où la procédure a été menée ou, à défaut, de la juridiction dans le ressort de laquelle la mesure a été réalisée. Dans le second cas, elle est transmise sans délai à la juridiction ayant suivi la procédure. Elle n'a aucun effet suspensif sur l'enquête ou l'instruction en cours.

Le juge statue, dans le mois suivant la réception de la requête, après avoir recueilli les observations écrites du procureur de la République, du requérant et, le cas échéant, de son avocat. Si les nécessités de l'enquête le justifient, le procureur de la République peut, par réquisitions écrites, demander au juge des libertés et de la détention de se prononcer dans un délai de huit jours. Le juge statue par une ordonnance motivée susceptible d'appel, dans un délai de dix jours à compter de sa notification, devant le président de la chambre de l'instruction.

Si la perquisition est intervenue à l'occasion d'une procédure pour laquelle des poursuites ont été engagées à l'encontre d'autres personnes que celle ayant formé la demande d'annulation, celle-ci est transmise par le juge des libertés et de la détention soit au président de la chambre de l'instruction lorsqu'une instruction est en cours, soit au président de la juridiction de jugement lorsque celle-ci est saisie.

Dans le cadre des recours examinés conformément aux troisième et avant-dernier alinéas, le requérant ne peut prétendre qu'à la mise à disposition des seules pièces de la procédure se rapportant à la perquisition qu'il conteste.

Refus de transmission d'une QPC. La question selon laquelle les dispositions prévues par l'article 802-2 du Code de procédure pénale portent atteinte aux principes constitutionnels des droits de la défense et du droit au recours juridictionnel effectif découlant de l'article 16 de la Déclaration des droits de l'homme et du citoyen, dès lors que ce texte ne prévoit pas que l'auteur de la demande d'annulation d'une perquisition effectuée au cours d'une enquête préliminaire a accès à l'intégralité du dossier de cette enquête préliminaire, qui doit au surplus être coté, ne présente pas un caractère sérieux dès lors que, s'il résulte du dernier alinéa de l'article 802-2 du Code de procédure pénale que le requérant à l'annulation d'une perquisition ne peut prétendre qu'à la mise à disposition des seules pièces de la procédure se rapportant à la perquisition qu'il conteste, cette disposition garantit, par la mise à disposition de certaines des pièces du dossier, un juste équilibre entre les droits de la personne concernée par cette perquisition et la nécessité de préserver le secret de l'enquête et de l'instruction prévu à l'article 11 du même code (■ Cass. crim., 21 sept. 2021, n° 21-90.030).

Art. 802-3 *(L. n° 2020-1672, 24 déc. 2020).* **– Lorsque l'une au moins des infractions poursuivies entre dans une catégorie d'infractions pour le jugement desquelles la juridiction dispose, en application des dispositions du présent code, d'une compétence territoriale concurrente et spécialisée s'étendant sur le ressort de plusieurs tribunaux judiciaires ou sur l'ensemble du territoire, le premier président de la cour d'appel peut décider, dans l'intérêt de la bonne administration de la justice, en raison de la disproportion entre, d'une part, les capacités d'accueil physique de la juridiction et, d'autre part, le nombre des parties civiles, que le déroulement de l'audience fera l'objet, selon des modalités précisées par arrêté du ministre de la justice, d'une captation sonore permettant sa diffusion en différé, par un moyen de télécommunication garantissant la confidentialité de la transmission, aux parties civiles qui en ont fait la demande. Le président de la juridiction pénale peut toutefois ordonner l'interdiction de la diffusion de tout ou partie des débats afin de garantir leur sérénité ou de prévenir un trouble à l'ordre public.**

Le fait d'enregistrer cette captation ou de la diffuser à des tiers est puni d'un an d'emprisonnement et 15 000 € d'amende.

Art. 803 *(Mod., L. n° 2000-516, 15 juin 2000).* **– Nul ne peut être soumis au port des menottes ou des entraves que s'il est considéré soit comme dangereux pour autrui ou pour lui-même, soit comme susceptible de tenter de prendre la fuite.**

Dans ces deux hypothèses, toutes mesures utiles doivent être prises, dans les conditions compatibles avec les exigences de sécurité, pour éviter qu'une personne menottée ou entravée soit photographiée ou fasse l'objet d'un enregistrement audiovisuel.

Bibliographie : C. Gavalda-Moulenat, *Menottes et entraves. – Limitation et usage : JCl. Proc. pén.* 2012, Fasc. 20. • D. Roets, *L'usage de menottes ou des entraves dans le collimateur européen : D.* 2004, p. 1196.

Handicap. En rejetant sa requête en annulation d'actes de la procédure, d'une part, sans vérifier les conditions précises dans lesquelles Jacques X... avait été soumis au port des menottes ou d'entraves, notamment la durée de cette mesure, et sans analyser les circonstances particulières qui imposaient, en l'espèce, d'adopter une telle forme de contrainte physique à l'encontre d'une personne paralysée des bras et des jambes, d'autre part, sans s'interroger sur l'adaptation des conditions de la garde à vue à la situation de l'intéressé, l'arrêt attaqué constatant qu'il avait fait l'objet de reconduites à son domicile pour y bénéficier des soins appropriés à son état, enfin, sans rechercher si les conditions matérielles de son déferement après la fin de la garde à vue avaient été adaptées à ses besoins spécifiques, la chambre de l'instruction n'a pas justifié sa décision (V. ▪ Cass. crim., 7 mai 2008, n° 08-81.419 : *JurisData* n° 2008-044228 ; *RSC* 2008, p. 930, obs. R. Finielz).

Art. 803-1 *(Mod., L. n° 2015-177, 16 févr. 2015 ; mod., L. n° 2021-1729, 22 déc. 2021).* **– I. – Dans les cas où, en vertu des dispositions du présent code, il est prévu de procéder aux notifications à un avocat par lettre recommandée ou par lettre recommandée avec demande d'avis de réception, la notification peut aussi être faite sous la forme d'une télécopie avec récépissé ou par un envoi adressé par un moyen de télécommunication à l'adresse électronique de l'avocat et dont il est conservé une trace écrite.**

II Lorsque le présent code prévoit que des avis, convocations ou documents sont adressés à une personne par l'autorité judiciaire par tout moyen, par lettre simple, par lettre recommandée ou par lettre recommandée avec demande d'avis de réception, l'envoi peut être effectué par voie électronique, à la condition que la personne y ait préalablement consenti par une déclaration expresse recueillie au cours de la procédure. Cet accord précise le mode de communication électronique accepté par la personne. Il est conservé au dossier une trace écrite de cet envoi.

Lorsqu'il est prévu que ces envois sont effectués par lettre recommandée, les procédés techniques utilisés doivent permettre d'établir de manière certaine la date d'envoi. Lorsqu'il est prévu que ces envois sont effectués par lettre recommandée avec demande d'avis de réception, les procédés techniques utilisés doivent également permettre d'établir la date de réception par le destinataire.

Lorsque sont adressés des documents, ces procédés doivent, selon des modalités prévues par arrêté du ministre de la justice, garantir la fiabilité de l'identification des parties à la communication électronique, l'intégrité des documents adressés, la sécurité et la confidentialité des échanges ainsi que la conservation des transmissions opérées.

Le présent II est également applicable, selon des modalités précisées par voie réglementaire, lorsque le présent code impose une signification par voie d'huissier de justice à destination du ministère public, des parties civiles, des experts et des témoins ainsi que, lorsque ces personnes ne sont pas détenues, des prévenus ou des condamnés.

1) **Refus de transmission d'une QPC.** La question de la conformité de l'article 803-1 du Code de procédure pénale - en ce qu'il n'instaure qu'une faculté de recourir aux modes alternatifs de convocation (télécopie ou courriel), alors même que le recours à ces modes alternatifs devrait être une obligation lorsque l'on peut craindre que la lettre recommandée ne parvienne pas à son destinataire dans un délai permettant l'exercice effectif des droits de la défense - aux droits de la défense tels que garantis par l'article 16 de la Déclaration des droits de l'homme et du citoyen de 1789 ne présente pas un caractère sérieux car tant la notification par lettre recommandé prévue à l'article 197 du Code de procédure pénale, que les modes alternatifs à une telle notification énoncés à l'article 803-1 du même code, sont de nature à préserver les droits de la défense (▪ Cass. crim., 15 juill. 2021, nos 21-82.692 et 21-82.678). La question posée ne présente pas un caractère sérieux, dès lors que, si l'article 803-1, I, du Code de procédure pénale ne prévoit pas de justificatif de la réception de l'envoi adressé par un moyen de télécommunication électronique, il en est de même pour l'envoi par lettre recommandée. Ces modalités de convocation, qui exigent seulement une trace écrite de l'envoi de la convocation, présentant des garanties identiques, il n'est ainsi pas porté atteinte au principe d'égalité devant la loi, ni aux droits de la défense (▪ Cass. crim., 9 févr. 2022, n° 21-86.769).

2) Faculté. Le recours aux modalités de notification permises par l'article 803-1 du Code de procédure pénale ne saurait être qu'une faculté (■ Cass. crim., 15 juill. 2021, nos 21-82.692 et 21-82.678).

1) Notification à l'avocat. Il résulte des articles 197 et 803-1 du Code de procédure pénale que le procureur général doit notifier à l'avocat de l'intéressé la date d'audience de la chambre de l'instruction soit par lettre recommandée, soit par télécopie. Ces prescriptions, qui ont pour objet de mettre, en temps voulu, les parties et leurs avocats en mesure de prendre connaissance du dossier, de produire leurs mémoires et, éventuellement, de présenter leurs observations à l'audience de la chambre de l'instruction, doivent être observées à peine de nullité (■ Cass. crim., 3 nov. 2020, n° 20-84.634. ■ Cass. crim., 18 mars 2020, n° 20-80.012). La chambre de l'instruction a confirmé l'ordonnance déférée et, faisant application de l'article 207, dernier alinéa, du Code de procédure pénale, a rejeté la demande de mise en liberté. En statuant ainsi, dès lors que Maître L... avait été valablement convoqué à l'audience, antérieurement à la déclaration d'un nouvel avocat au greffe pénitentiaire et qu'il n'y avait pas lieu de renouveler cette convocation en cas d'application de l'article 207 du Code de procédure pénale, la chambre de l'instruction n'a pas méconnu les articles 197 et 803-1 du Code de procédure pénale (■ Cass. crim., 31 mars 2020, n° 20-80.288).

2) *Mail delivery system.* En l'état de ces énonciations, dont il se déduit que sont établies de manière certaine tant la date d'envoi du courriel que la date de réception par son destinataire, comme l'exige l'article 803-1 du Code de procédure pénale, la chambre de l'instruction a justifié sa décision (■ Cass. crim., 18 déc. 2018, n° 18-86.050).

3) Abonnement télécopie résilié. Devant la chambre de l'instruction, maître… a présenté une requête en annulation de l'ordonnance de mise en accusation en faisant valoir qu'elle n'avait pas eu connaissance des réquisitions du ministère public, adressées par télécopie à un numéro qui n'était plus le sien, et a ainsi été privée de la possibilité de formuler utilement des observations ; la chambre de l'instruction a justifié sa décision dès lors qu'on ne saurait faire grief au greffier du juge d'instruction d'avoir adressé une télécopie à un numéro qui avait été celui de maître Charpentier, et que le greffier n'avait pas connaissance de la résiliation de l'abonnement (■ Cass. crim., 2 oct. 2019, n° 19-84.327).

4) Télécopie. Aux termes de l'article 803-1 du Code de procédure pénale, dans les cas où, en vertu des dispositions dudit code, il est prévu de procéder aux notifications à un avocat par lettre recommandée avec ou sans accusé de réception, la notification peut être faite sous forme d'une télécopie. Doit être déclaré irrecevable comme tardif l'appel formé plus de dix jours après l'envoi de l'avis par télécopie (■ Cass. crim., 28 sept. 2004, n° 03-87.437 : *Bull. crim.* n° 225). Aux termes de l'article 803-1 du Code de procédure pénale, dans les cas où, en vertu des dispositions du Code de procédure pénale, il est prévu de procéder aux notifications à un avocat par lettre recommandée ou par lettre recommandée avec demande d'avis de réception, la notification peut aussi être faite sous forme d'une télécopie avec récépissé. Il en est ainsi, notamment, de la notification de la date d'audience de la chambre de l'instruction, telle que prescrite par l'article 197, alinéa 1er, du code précité (■ Cass. crim., 29 mai 2002, n° 02-81.751 : *Bull. crim.* n° 123). Dès lors que l'article 803-1 du Code de procédure pénale, qui permet de procéder aux notifications à un avocat par télécopie, est applicable à la notification faite à la partie civile qui a déclaré son adresse chez son avocat conformément aux dispositions de l'article 89 du même code, la chambre de l'instruction n'a méconnu aucun des textes visés au moyen (■ Cass. crim., 31 mars 2020, n° 19-83.695 : *Bull. crim.* n° 45).

5) Numéro erroné. Pour rejeter la requête en annulation de l'ordonnance de mise en accusation de son client (qui faisant valoir qu'elle n'avait pas eu connaissance des réquisitions du ministère public, adressées par télécopie à un numéro qui n'était plus le sien), l'arrêt retient que le numéro de télécopie figurait bien au dossier, que le greffier pouvait donc s'en servir, qu'il incombait à son avocat, à titre principal, de s'assurer que ses coordonnées demeuraient valables et de signaler tout changement dans celles-ci, et que son attention aurait dû être attirée par le fait que la convocation du 23 octobre 2017 ne lui était pas parvenue, cette anomalie étant restée sans réaction de sa part ; en cet état, la chambre de l'instruction a justifié sa décision dès lors qu'on ne saurait faire grief au greffier du juge d'instruction d'avoir adressé une télécopie à un numéro qui avait été celui de l'avocat, et que le greffier n'avait pas connaissance de la résiliation de l'abonnement (■ Cass. crim., 2 oct. 2019, n° 19-84.327).

6) Remise d'un justificatif. L'article 803-1 du même code qui permet l'envoi de la convocation à un avocat soit par lettre recommandée, soit par télécopie avec récépissé, soit enfin par envoi adressé par un moyen de télécommunication à son adresse électronique dont il est conservé une trace écrite, n'exige pas dans cette dernière hypothèse que figure au dossier un justificatif de la remise à son destinataire (■ Cass. crim., 24 juill. 2019, n° 19-83.412 : *Bull. crim.* n° 10). En effet, cette plate-forme est l'objet d'une convention, du 5 février 2021, signée entre le ministère de la Justice et le Conseil national des barreaux concernant la communication électronique en matière pénale entre les juridictions ordinaires du premier et second degré et les avocats. Cette plate-forme sécurisée de mise à disposition de fichiers permet la transmission de copies de procédure pénale ainsi que des notifications prévues à l'article 803-1 du Code de procédure pénale. Constitue une trace écrite d'un envoi par un moyen de télécommunication au sens de l'article 803-1, I, du Code de procédure pénale le document figurant au dossier indiquant qu'un fichier, dont le titre mentionne qu'il s'agit d'un avis d'audience devant la chambre de l'instruction le 5 octobre 2021 concernant M. [J], a été déposé sur PLEX pour l'avocat de l'intéressé. Ce dernier a été averti de ce dépôt par un courriel adressé le 30 septembre 2021, courriel qu'il indique n'avoir découvert qu'après avoir reçu notification de l'arrêt. L'existence d'un justificatif de réception de ce message et l'accord exprès du destinataire pour qu'il puisse être procédé aux notifications par ce moyen de communication électronique ne sont pas des conditions requises par l'article 803-1, I, du Code de procédure pénale (▪ Cass. crim., 12 janv. 2022, n° 21-86.075 : *Bull. crim.* n° 27).

7) Prolongation de la détention provisoire. Les dispositions de l'article 803-1, I, du Code de procédure pénale, qui visent les notifications destinées à un avocat, s'appliquent à la convocation de celui-ci aux débats contradictoires de prolongation de détention provisoire. Ce texte, qui prévoit la conservation d'une trace écrite de l'envoi de la convocation, n'exige pas un justificatif de réception. Il n'exige pas non plus l'accord préalable de l'avocat pour l'envoi de convocations à son adresse électronique, tel que celui prévu par l'article 803-1, II, du Code de procédure pénale, qui s'applique aux notifications destinées aux personnes autres que les avocats (▪ Cass. crim., 9 févr. 2022, n° 21-86.769 : *Bull. crim.* à paraître).

Art. 803-2 ***(L. n° 2004-204, 9 mars 2004 ; mod. à compter du 1er octobre 2014, L. n° 2014-896, 15 août 2014).*** **– Toute personne ayant fait l'objet d'un déferement à l'issue de sa garde à vue ou de sa retenue à la demande du procureur de la République ou du juge de l'application des peines comparaît le jour même devant ce magistrat ou, en cas d'ouverture d'une information, devant le juge d'instruction saisi de la procédure. Il en est de même si la personne est déférée devant le juge d'instruction à l'issue d'une garde à vue au cours d'une commission rogatoire, ou si la personne est conduite devant un magistrat en exécution d'un mandat d'amener ou d'arrêt.**

Justification de la rétention. Il résulte des articles 803-2 et 803-3 du Code de procédure pénale que la personne qui fait l'objet d'un déferement à l'issue de sa garde à vue ne peut être retenue jusqu'au lendemain dans l'attente de sa comparution devant un magistrat qu'en cas de nécessité ; il incombe à la juridiction, saisie d'une requête en nullité de la rétention, de s'assurer de l'existence des circonstances ayant justifié la mise en œuvre de cette mesure. Pour rejeter le moyen de nullité tiré de la violation des dispositions des textes précités, l'arrêt énonce qu'il a été mis fin à la garde à vue de M. X... Y... le 9 mars 2017 à 15 heures 45, au terme du délai de 24 heures, et que, par nécessité en raison de contingences matérielles, celui-ci n'a été présenté que le lendemain, 10 mars, à 11 heures 15, soit avant expiration du délai de vingt heures, au magistrat du parquet qui lui a notifié les faits reprochés ainsi que la date d'audience de jugement avant de le laisser libre ; les juges ajoutent qu'ainsi, M. X... Y... n'était plus sous une mesure de contrainte après la vingtième heure ; Mais en prononçant ainsi, sans déterminer les circonstances ou contraintes matérielles rendant nécessaire la mise en oeuvre de la mesure de rétention, la cour d'appel n'a pas justifié sa décision (▪ Cass. crim., 13 juin 2018, n° 17-85.940 : *Bull. crim.* n° 111).

Art. 803-3 ***(Mod., L. n° 2014-896, 15 août 2014).*** **– En cas de nécessité et par dérogation aux dispositions de l'article 803-2, la personne peut comparaître le jour suivant et peut être retenue à cette fin dans des locaux de la juridiction spécialement aménagés, à la condition que cette comparution intervienne au plus tard dans un délai de vingt heures à compter de l'heure à laquelle la garde à vue ou la retenue a été levée, à défaut de quoi l'intéressé est immédiatement remis en liberté.**

Le magistrat devant lequel l'intéressé est appelé à comparaître est informé sans délai de l'arrivée de la personne déférée dans les locaux de la juridiction.

Lorsque la garde à vue a été prolongée mais que cette prolongation n'a pas été ordonnée par le juge des libertés et de la détention ou par un juge d'instruction, la personne retenue doit être effectivement présentée à la juridiction saisie ou, à défaut, au juge des libertés et de la détention avant l'expiration du délai de vingt heures.

Lorsqu'il est fait application des dispositions du présent article, la personne doit avoir la possibilité de s'alimenter et, à sa demande, de faire prévenir par téléphone une des personnes visées à l'article 63-2, d'être

examinée par un médecin désigné conformément aux dispositions de l'article 63-3 et de s'entretenir, à tout moment, avec un avocat désigné par elle ou commis d'office à sa demande, selon les modalités prévues par l'article 63-3-1. L'avocat peut demander à consulter le dossier de la procédure.

L'identité des personnes retenues en application des dispositions du premier alinéa, leurs heures d'arrivée et de conduite devant le magistrat ainsi que l'application des dispositions du quatrième alinéa font l'objet d'une mention dans un registre spécial tenu à cet effet dans le local où ces personnes sont retenues et qui est surveillé, sous le contrôle du procureur de la République, par des fonctionnaires de la police nationale ou des militaires de la gendarmerie nationale.

Les dispositions du présent article ne sont pas applicables lorsque la personne a fait l'objet, en application des dispositions de l'article 706-88 ou de l'article 706-88-1, d'une garde à vue ayant duré plus de soixante-douze heures.

1) **Conformité à la Constitution.** Considérant que, sous les deux réserves énoncées aux considérants 10 et 11, l'article 803-3 du Code de procédure pénale n'est pas contraire à l'article 66 de la Constitution ; Considérant que la disposition contestée n'est contraire à aucun autre droit ou liberté que la Constitution garantit (■ Cons. const., 17 déc. 2010, n° 2010-80 QPC).

2) **Détention provisoire.** La personne mise en examen ne saurait, à l'occasion de son appel en matière de détention provisoire, solliciter la production, avant dire droit, du registre judiciaire, prévu à l'article 803-3, alinéa 3, du Code de procédure pénale, afin qu'il soit statué sur la régularité de sa rétention judiciaire, étrangère à l'unique objet de son appel (■ Cass. crim., 23 févr. 2011, n° 10-88.184 : *Bull. crim.* n° 36).

3) **Mandat d'arrêt européen.** La procédure d'exécution d'un mandat d'arrêt européen est régie par les seules dispositions de l'article 695-27 du Code de procédure pénale, à l'exclusion de celles des articles 803-2 et 803-3 du même code (■ Cass. crim., 8 déc. 2010, n° 10-87.818 : *Bull. crim.* n° 199).

4) **Rétention de nuit.** Les dispositions de l'article 803-3 du Code de procédure pénale, issues de la loi du 9 mars 2004, autorisent la rétention de nuit des personnes déférées, qui ne peuvent comparaître devant un magistrat le jour même, à l'issue de leur garde à vue, à la condition que cette comparution intervienne dans un délai de vingt heures à compter de l'heure à laquelle la garde à vue a été levée, à défaut de quoi l'intéressé est immédiatement remis en liberté. N'encourt pas la censure l'arrêt, qui énonce que moins de vingt heures se sont écoulées entre la levée effective de la garde à vue le 3 avril à 0 h 07 et la comparution devant le juge d'instruction à seize heures, peu important que l'instruction de mettre fin à la mesure ait été donnée par le procureur de la République le 2 avril 2004 à dix-neuf heures (■ Cass. crim., 26 oct. 2004, n° 04-84.550 : *Bull. crim.* n° 255).

5) **Justification de la rétention.** V. notes ss art. 803-2.

6) **Conditions de la rétention.** Ni l'article 803-3 du Code de procédure pénale ni aucune autre disposition ne prévoit que soient versés à la procédure des procès-verbaux relatant les conditions dans lesquelles les personnes sont déférées puis retenues dans les locaux de la juridiction. En revanche, l'article 803-3, alinéa 5, prévoit la tenue d'un registre spécial dans lequel doivent être consignées l'identité de la personne retenue, l'heure de son arrivée dans les locaux et celle de sa conduite devant le magistrat ainsi que l'application des dispositions mentionnées à l'alinéa 4 de ce texte relatives à son droit à s'alimenter, à faire prévenir un proche et son employeur, à bénéficier d'un examen médical et à pouvoir s'entretenir avec un avocat, registre permettant d'effectuer des vérifications lorsqu'est alléguée la violation des garanties prévues par l'article 803-3 susvisé, ce qui n'a pas été le cas en l'espèce (■ Cass. crim., 9 nov. 2021, n° 21-82.606 : *Bull. crim.* à paraître). Saisie de l'unique objet de l'appel d'une ordonnance de placement en détention provisoire, la chambre de l'instruction ne pouvait se prononcer sur l'irrégularité des conditions de mise en œuvre de la rétention judiciaire prévue par l'article 803-3 du Code de procédure pénale, qui n'est pas un titre de détention (■ Cass. crim., 8 juin 2021, n° 21-81.515 : *Bull. crim.* n° 47).

Art. 803-4 *(L. n° 2004-204, 9 mars 2004).* – **Lorsqu'une personne poursuivie ou condamnée par les juridictions françaises est arrêtée hors du territoire national en application des dispositions sur le mandat d'arrêt européen ou sur l'extradition ou en application d'une convention internationale, elle peut déclarer auprès des autorités étrangères compétentes qu'elle exerce les recours prévus par le présent code, notamment en formant opposition, appel ou pourvoi contre la décision dont elle fait l'objet. Dans tous les cas, y compris en cas d'arrestation d'une personne condamnée par défaut en matière criminelle, les délais de présentation, de détention ou de jugement prévus par le présent code ne commencent toutefois à courir qu'à compter de sa remise ou de son retour sur le territoire national.**

1) **Refus de transmission d'une QPC.** La question de la conformité des dispositions de l'article 803-4 du Code de procédure pénale au principe selon lequel la liberté individuelle garantie par l'article 66 de la Constitution ne saurait être entravée par une rigueur qui ne soit nécessaire, au droit à la présomption d'innocence tel que garantie par l'article 9 de la Déclaration des droits de l'homme et au principe d'égalité devant la loi fondé sur l'article 6 de la Déclaration des droits de l'homme et du citoyen n'est pas sérieuse car, en premier lieu, les principes de liberté individuelle et de présomption d'innocence ne font pas obstacle à ce que l'autorité judiciaire, sans devoir prendre en compte la durée de détention subie dans l'État requis, soumette à des mesures restrictives ou privatives de liberté une personne contre laquelle existent des indices suffisants de participation à la commission d'un crime ou d'un délit, dès lors que ces mesures apparaissent nécessaires à l'information en cours dans l'État d'émission pour garantir, dans les limites fixées par les dispositions relatives à la détention provisoire, son maintien à la disposition de la justice et, en second lieu, la disposition contestée ne porte pas atteinte au principe d'égalité, dès lors que la détention subie dans l'État requis a pour fondement la nécessité d'assurer par les autorités judiciaires de cet État la représentation de la personne arrêtée jusqu'au jour de sa remise et que, si elle devait être condamnée à une peine d'emprisonnement, la durée de la détention subie dans l'État requis sera déduite de la peine ainsi prononcée (▪ Cass. crim., 24 juin 2020, n° 20-81.997).

2) **Décompte d'une incarcération subie à l'étranger dans la détention provisoire exécutée en France.** Pour écarter la demande de prise en compte de la détention subie en Algérie par M. Z... en exécution d'un mandat d'arrêt délivré par le juge d'instruction, l'arrêt énonce notamment que, si elle sera déduite de la peine qui viendrait à être ultérieurement prononcée, la durée de cette incarcération allant du 27 février au 6 juin 2013, date à laquelle il a été remis en liberté par la chambre criminelle en l'absence d'une demande formelle d'extradition conforme à la convention franco-algérienne du 27 août 1964, en exécution du mandat d'arrêt dont il a fait l'objet après que le juge d'instruction a saisi les autorités algériennes d'une demande d'entraide, n'entre pas, en l'état de la procédure, dans le décompte de sa détention provisoire au regard de l'article 803-4 du Code de procédure pénale qui dispose que les délais de détention ne courent qu'à compter de la remise aux autorités françaises ou du retour sur le territoire national de la personne arrêtée à l'étranger, l'intéressé étant en l'espèce rentré en France par ses propres moyens, vraisemblablement en utilisant le passeport de son frère, à une date indéterminée et où il a été interpellé le 2 juin 2014 en exécution d'un mandat de recherche ; en l'état de ces énonciations, la chambre de l'instruction a justifié sa décision (▪ Cass. crim., 30 mai 2018, n° 18-81.697).

Art. 803-5 ***(Mod., L. n° 2014-535, 27 mai 2014).*** **– Pour l'application du droit d'une personne suspectée ou poursuivie, prévu par le III de l'article préliminaire, à un interprète ou à une traduction, il est fait application du présent article.**

S'il existe un doute sur la capacité de la personne suspectée ou poursuivie à comprendre la langue française, l'autorité qui procède à son audition ou devant laquelle cette personne comparaît vérifie que la personne parle et comprend cette langue.

À titre exceptionnel, il peut être effectué une traduction orale ou un résumé oral des pièces essentielles qui doivent lui être remises ou notifiées en application du présent code.

Les modalités d'application du présent article sont précisées par décret, qui définit notamment les pièces essentielles devant faire l'objet d'une traduction.

Droit de demander une traduction écrite des pièces à tout moment de la procédure. Il résulte des articles préliminaire, 803-5 du Code de procédure pénale et 6, § 3, Conv. EDH que la personne suspectée ou poursuivie qui ne comprend pas la langue française a droit, dans une langue qu'elle comprend et jusqu'au terme de la procédure, à la traduction des pièces essentielles à l'exercice de sa défense ; que ces formalités, non prévues à peine de nullité, ne sauraient avoir d'incidence sur la validité d'un acte régulièrement accompli, pourvu que n'aient pas été compromis les droits de la défense et dès lors que la personne poursuivie conserve, tout au long de la procédure suivie contre elle, le droit de demander la traduction écrite des pièces de procédure dans les conditions et les formes prévues par la loi (▪ Cass. crim., 26 janv. 2016, n° 15-80.299 : *Bull. crim.* n° 16).

Art. 803-6 ***(L. n° 2014-535, 27 mai 2014).*** **– Toute personne suspectée ou poursuivie soumise à une mesure privative de liberté en application d'une disposition du présent code se voit remettre, lors de la notification de cette mesure, un document énonçant, dans des termes simples et accessibles et dans une langue qu'elle comprend, les droits suivants, dont elle bénéficie au cours de la procédure en application du présent code :**

1° Le droit d'être informée de la qualification, de la date et du lieu de l'infraction qui lui est reprochée ;

2° Le droit, lors des auditions ou interrogatoires, de faire des déclarations, de répondre aux questions qui lui sont posées ou de se taire ;

3° Le droit à l'assistance d'un avocat ;

4° Le droit à l'interprétation et à la traduction ;

5° Le droit d'accès aux pièces du dossier ;

6° Le droit qu'au moins un tiers ainsi que, le cas échéant, les autorités consulaires du pays dont elle est ressortissante soient informés de la mesure privative de liberté dont elle fait l'objet ;

7° Le droit d'être examinée par un médecin ;

8° Le nombre maximal d'heures ou de jours pendant lesquels elle peut être privée de liberté avant de comparaître devant une autorité judiciaire ;

9° Le droit de connaître les modalités de contestation de la légalité de l'arrestation, d'obtenir un réexamen de sa privation de liberté ou de demander sa mise en liberté.

La personne est autorisée à conserver ce document pendant toute la durée de sa privation de liberté.

Si le document n'est pas disponible dans une langue comprise par la personne, celle-ci est informée oralement des droits prévus au présent article dans une langue qu'elle comprend. L'information donnée est mentionnée sur un procès-verbal. Une version du document dans une langue qu'elle comprend est ensuite remise à la personne sans retard.

1) Défaut de remise du document. L'intéressé, qui a bénéficié, par le truchement d'un interprète, de l'information de l'intégralité de ses droits mentionnés à l'article 63-1 du Code de procédure pénale aux différentes étapes de sa garde à vue et renoncé de manière non équivoque à l'assistance d'un avocat, ne démontre aucun grief résultant du défaut de remise du document prévu par l'article 803-6 de ce code dans le temps de la mesure (▪ Cass. crim., 7 févr. 2017, n° 16-85.187 : *Bull. crim.* n° 32). Dès lors que les mentions portées au procès-verbal de notification des droits émargées par l'officier de police judiciaire et la personne gardée à vue attestent de l'accomplissement, dans une langue comprise par celle-ci, de l'information prévue par les articles 63-1 et 803-6 du Code de procédure pénale, la chambre de l'instruction a justifié sa décision (▪ Cass. crim., 27 juin 2018, n° 17-86.881).

2) Défaut de notification orale. Pour écarter le moyen de nullité pris de l'irrégularité de la garde à vue, l'arrêt attaqué retient qu'il est exact que la durée de la mesure de garde à vue et la prolongation dont elle pouvait faire l'objet n'ont pas été notifiées oralement à la personne gardée à vue qui n'en a eu connaissance que par la remise de l'imprimé prévu par l'article 803-6 du Code de procédure pénale. Les juges relèvent cependant que ce défaut de notification orale n'a pas porté atteinte aux droits de la personne concernée laquelle en avait eu connaissance par la remise du document écrit. En statuant ainsi, et dès lors que l'omission, dans la notification orale faite à la personne gardée à vue, de la durée de la mesure de garde à vue et de la prolongation dont elle pourrait faire l'objet, ne peut entraîner le prononcé de sa nullité que s'il en est résulté pour la personne concernée une atteinte effective à ses intérêts, la chambre de l'instruction a justifié sa décision (▪ Cass. crim., 17 juin 2020, n° 20-80.064).

3) Détention provisoire. En relevant que l'article 803-6 du Code de procédure pénale ne prescrit pas la remise du document d'information qu'il prévoit lors de la prolongation de la détention provisoire, la cour d'appel a fait l'exacte application des textes visés au moyen ; en tout état de cause, le défaut de remise, à la personne mise en examen, de ce document, après le prononcé de son placement en détention provisoire, est sans incidence sur la régularité de cette décision (▪ Cass. crim., 14 oct. 2014, n° 14-85.555 : *Bull. crim.* n° 204).

Art. 803-7 ***(Créé, L. n° 2016-731, 3 juin 2016).*** **– Lorsqu'une juridiction ordonne la mise en liberté immédiate d'une personne dont la détention provisoire est irrégulière en raison du non-respect des délais ou formalités prévus par le présent code, elle peut, dans cette même décision, placer la personne sous contrôle judiciaire si cette mesure est indispensable pour assurer l'un des objectifs énumérés à l'article 144.**

Lorsque, hors les cas prévus au premier alinéa du présent article, le procureur de la République ordonne la libération d'une personne dont la détention provisoire est irrégulière en raison du non-respect des délais ou des formalités prévus par le présent code, il peut saisir sans délai le juge des libertés et de la détention de réquisitions tendant au placement immédiat de la personne concernée sous contrôle judiciaire si cette mesure est indispensable pour assurer l'un des objectifs énumérés à l'article 144.

1) Réquisitions du procureur de la République pour le placement sous contrôle judiciaire. Il résulte de l'alinéa 2 de l'article 803-7 du Code de procédure pénale que le procureur de la République ne peut saisir le juge des libertés et de la détention de réquisitions tendant au placement sous contrôle judiciaire d'une personne remise en liberté par suite d'une irrégularité de procédure que lorsqu'il a lui-même pris l'initiative de cette remise en liberté (...). Lorsque la mise en liberté d'une personne irrégulièrement détenue résulte d'un arrêt de la Cour de cassation, le procureur de la République ne peut saisir le juge des libertés et de la détention de réquisitions aux fins de placement sous contrôle judiciaire, mesure que seul le juge d'instruction peut alors ordonner en application de l'article 139 du Code de procédure pénale. En outre, la chambre de l'instruction, saisie de l'appel du ministère public contre une ordonnance du juge des libertés et de la détention se déclarant incompétent pour placer l'intéressé sous contrôle judiciaire, ne peut elle-même ordonner cette mesure (■ Cass. crim., 5 août 2020, n° 20-82.087 : *Bull. crim.* n° 58).

2) Placement sous contrôle judiciaire par la Cour de cassation. Les dispositions de l'article 803-7, alinéa 1, du Code de procédure pénale permettent à la Cour de cassation de placer sous contrôle judiciaire la personne dont la détention provisoire est irrégulière en raison du non respect des délais et formalités prévus par ce même code, dès lors qu'elle trouve dans les pièces de la procédure des éléments d'information pertinents et que la mesure apparaît indispensable pour assurer l'un des objectifs énumérés à l'article 144 du même code (■ Cass. crim., 18 janv. 2022, n° 21-86.353. ■ Cass. crim., 9 nov. 2021, n° 21-85.027. ■ Cass. crim., 10 nov. 2020, n° 20-84.641. ■ Cass. crim., 4 nov. 2020, n° 20-84.664. ■ Cass. crim., 3 nov. 2020, n° 20-83.995).

3) Mandat de dépôt. Il résulte des articles 803-7 et 144 du Code de procédure pénale que le juge des libertés et de la détention ne peut délivrer à l'encontre d'une personne remise en liberté et placée sous contrôle judiciaire, après que la chambre de l'instruction a constaté l'irrégularité de son placement en détention provisoire pour non-respect des formalités prévues, un nouveau mandat de dépôt à raison des mêmes faits, et dans la même information, que lorsque des circonstances nouvelles entrant dans les prévisions de l'article 144 du Code de procédure pénale justifient la délivrance de ce nouveau titre d'incarcération (■ Cass. crim., 6 mai 2020, n° 20-81.136 : *Bull. crim.* n° 21).

Art. 803-8 *(Créé, L. 2021-403, 8 avr. 2021 ; mod., L. n° 2021-1729, 22 déc. 2021)*. **– I. – Sans préjudice de sa possibilité de saisir le juge administratif en application des articles L. 521-1, L. 521-2 ou L. 521-3 du Code de justice administrative, toute personne détenue dans un établissement pénitentiaire en application du présent code qui considère que ses conditions de détention sont contraires à la dignité de la personne humaine peut saisir le juge des libertés et de la détention, si elle est en détention provisoire, ou le juge de l'application des peines, si elle est condamnée et incarcérée en exécution d'une peine privative de liberté, afin qu'il soit mis fin à ces conditions de détention indignes.**

Si les allégations figurant dans la requête sont circonstanciées, personnelles et actuelles, de sorte qu'elles constituent un commencement de preuve que les conditions de détention de la personne ne respectent pas la dignité de la personne, le juge déclare la requête recevable et, le cas échéant, informe par tout moyen le magistrat saisi du dossier de la procédure du dépôt de la requête. Cette décision doit intervenir dans un délai de dix jours à compter de la réception de la requête.

Toutefois, à peine d'irrecevabilité, aucune nouvelle requête ne peut être formée tant qu'il n'a pas été statué, dans les délais prévus au présent article, sur une précédente requête ou, si celle-ci a été jugée infondée, tant qu'un élément nouveau ne modifie pas les conditions de détention.

Si le juge estime la requête recevable, il procède ou fait procéder aux vérifications nécessaires et recueille les observations de l'administration pénitentiaire dans un délai compris entre trois jours ouvrables et sept jours à compter de la décision prévue au deuxième alinéa du présent I.

Si le juge estime la requête fondée, il fait connaître à l'administration pénitentiaire, dans un délai de dix jours à compter de la décision prévue au même deuxième alinéa, les conditions de détention qu'il estime contraires à la dignité de la personne humaine et il fixe un délai compris entre dix jours et un mois pour permettre de mettre fin, par tout moyen, à ces conditions de détention. Avant la fin de ce délai, l'administration pénitentiaire informe le juge des mesures qui ont été prises. Le juge ne peut enjoindre à l'administration pénitentiaire de prendre des mesures déterminées et celle-ci est seule compétente pour apprécier les moyens devant être mis en œuvre. Elle peut, à cette fin, transférer la personne dans un autre établissement pénitentiaire, sous réserve, s'il s'agit d'une personne prévenue, de l'accord du magistrat saisi du dossier de la procédure.

II. – Si, à l'issue du délai fixé en application du dernier alinéa du I, le juge constate, au vu des éléments transmis par l'administration pénitentiaire concernant les mesures prises et de toute vérification qu'il estime utile, qu'il n'a pas été mis fin aux conditions indignes de détention, il rend, dans un délai de dix jours, l'une des décisions suivantes :

1° Soit il ordonne le transfèrement de la personne dans un autre établissement pénitentiaire ;

2° Soit, si la personne est en détention provisoire, il ordonne sa mise en liberté immédiate, le cas échéant sous contrôle judiciaire ou sous assignation à résidence avec surveillance électronique ;

3° Soit, si la personne est définitivement condamnée et si elle est éligible à une telle mesure, il ordonne une des mesures prévues au III de l'article 707.

Le juge peut toutefois refuser de rendre l'une des décisions prévues aux 1° à 3° du présent II au motif que la personne s'est opposée à un transfèrement qui lui a été proposé par l'administration pénitentiaire en application du dernier alinéa du I, sauf s'il s'agit d'un condamné et si ce transfèrement aurait causé, eu égard au lieu de résidence de sa famille, une atteinte excessive au droit au respect de sa vie privée et de sa vie familiale.

III. – Les décisions prévues au présent article sont motivées. Les décisions du juge prévues au dernier alinéa du I et au II sont prises au vu de la requête et des observations de la personne détenue ou, s'il y a lieu, de son avocat, des observations écrites de l'administration pénitentiaire et de l'avis écrit du procureur de la République ainsi que, le cas échéant, si le juge l'estime nécessaire, de l'avis du juge d'instruction. Le requérant peut demander à être entendu par le juge, assisté s'il y a lieu de son avocat. Dans ce cas, le juge doit également entendre le ministère public et le représentant de l'administration pénitentiaire si ceux-ci en font la demande. Ces auditions peuvent être réalisées selon un moyen de télécommunication audiovisuelle en application de l'article 706-71.

Les décisions prévues aux deuxième et dernier alinéas du I et au II du présent article peuvent faire l'objet d'un appel devant le président de la chambre de l'instruction ou devant le président de la chambre de l'application des peines de la cour d'appel. Cet appel est interjeté dans un délai de dix jours à compter de la notification de la décision ; l'affaire doit être examinée dans un délai d'un mois. Lorsqu'il est formé dans le délai de vingt-quatre heures, l'appel du ministère public est suspensif ; l'affaire doit alors être examinée dans un délai de quinze jours, faute de quoi l'appel est non avenu.

À défaut de respect des délais prévus au présent article, la personne détenue peut saisir directement le président de la chambre de l'instruction ou le président de la chambre de l'application des peines.

IV. – Les modalités d'application du présent article sont précisées par décret en Conseil d'État. Ce décret précise notamment :

1° Les modalités de saisine du juge des libertés et de la détention ou du juge de l'application des peines ;

2° La nature des vérifications que le juge peut ordonner en application de l'avant-dernier alinéa du I, sans préjudice de sa possibilité d'ordonner une expertise ou de se transporter sur les lieux de détention ;

3° Dans quelle mesure, à compter de la décision prévue au dernier alinéa du même I, le juge administratif, s'il a été saisi par la personne condamnée, n'est plus compétent pour ordonner son transfèrement dans un autre établissement pénitentiaire.

Bibliographie : E. Bonis et V. Peltier, *Commentaire de la loi n° 2021-403 du 8 avril 2021 tendant à garantir le droit au respect de la dignité en détention : Dr. pén.* 2021, étude 11 ; *Les conditions de détention, condition de la détention*, S. Zientara-Logeay (dir.), LexisNexis, 2021.

I – JURISPRUDENCE POSTÉRIEURE À L'ENTRÉE EN VIGUEUR DE LA LOI DU 8 AVRIL 2021

1) Application de la loi dans le temps. Recevabilité des griefs. La création de ce recours prive de son objet la faculté ouverte de manière générale par la Cour de cassation en raison de la carence de la loi. Cette conclusion qu'il convient de tirer de nouvelles dispositions ne préjuge pas de ce que la Cour de cassation pourrait décider si elle était amenée à contrôler l'effectivité du nouveau recours au regard des exigences de la Convention européenne des droits de l'homme. Toutefois, les moyens régulièrement soulevés avant le 1er octobre 2021 devant la chambre de l'instruction saisie dans le cadre du contentieux de la détention provisoire doivent continuer à être examinés en application des principes dégagés le 8 juillet 2020, sauf à méconnaître l'effectivité du droit à un recours dans les affaires considérées (■ Cass. crim., 20 oct. 2021, nos 21-84.498 et 21-84.440 : *Bull. crim.* n° 27). Par arrêt en date du 20 octobre 2021 (pourvoi n° 21-84.498), la Cour de cassation a jugé que si le législateur, par la loi n° 2021-403 du 8 avril 2021 qui a inséré dans le Code de procédure pénale un article 803-8, entré en vigueur le 1er octobre 2021, a entendu instituer un recours autonome et exclusif permettant à toute personne détenue qui estime subir des conditions de détention contraires à sa dignité de saisir le juge judiciaire, afin qu'il y soit mis fin, toutefois, les moyens régulièrement soulevés avant le 1er octobre 2021 devant la chambre de l'instruction saisie dans le cadre du contentieux de la détention provisoire doivent continuer à être examinés au regard des principes dégagés par la Cour de cassation le 8 juillet 2020, sauf à méconnaître l'effectivité du droit à un recours dans les affaires considérées. Le moyen pris du caractère inhumain ou dégradant de ses conditions de détention a été soulevé par M. [X] avant le 1er octobre 2021. Le grief est dès lors recevable (■ Cass. crim., 9 nov. 2021, n° 21-84.928).

2) **Absence d'élément nouveau.** Pour ne pas procéder à un examen des conditions de détention de M. [X] et confirmer l'ordonnance prolongeant sa détention provisoire, l'arrêt attaqué énonce que la chambre de l'instruction a déjà examiné, dans deux arrêts en date des 22 septembre 2020 et 4 février 2021, les conditions de détention de la personne mise en examen et qu'aucun nouvel élément factuel n'a été porté à sa connaissance. À cet égard, les juges relèvent que le récent rapport du Contrôleur général des lieux de privation de liberté, qui comporte une description générale et non une description précise et actuelle des conditions personnelles de détention de M. [X], ne peut être analysé comme un élément nouveau, les faits décrits dans ce rapport ayant au surplus déjà été évoqués et analysés au regard de la situation personnelle de l'intéressé. En se prononçant ainsi, la chambre de l'instruction, qui, à juste titre, a constaté que M. [X] n'alléguait aucun élément nouveau susceptible de constituer un commencement de preuve du caractère inhumain ou dégradant de ses conditions personnelles de détention, n'a méconnu aucun des textes visés au moyen (■ Cass. crim., 9 nov. 2021, n° 21-84.928).

3) **Commencement de preuve.** Saisie d'une description du demandeur qui évoquait un espace personnel réduit dans une cellule partagée avec d'autres détenus, la présence de cafards et de punaises de lits, un accès particulièrement limité aux douches non chauffées et dépourvues d'intimité, la chambre de l'instruction devait en apprécier le caractère précis, crédible et actuel, sans s'arrêter au fait que le rapport du Contrôleur général des lieux de privation de liberté décrivait des conditions de détention antérieures à l'incarcération de M. [U] ni exiger de celui-ci qu'il démontre le caractère indigne de ses conditions personnelles de détention (■ Cass. crim., 20 oct. 2021, n° 21-84.440).

4) **Absence de commencement de preuve.** Dès lors que les allégations formulées par Mme [P] faisaient état de conditions de détention remontant à plus d'un an, ou concernaient un lieu où il n'est pas établi qu'elle devait se rendre, et étaient ainsi insuffisamment crédibles, précises et actuelles pour constituer un commencement de preuve du caractère indigne de ses conditions personnelles de détention, la chambre de l'instruction, qui n'était ainsi pas tenue de faire procéder à des vérifications complémentaires sur ce point avant de statuer sur sa demande de mise en liberté, n'a méconnu aucun des textes visés au moyen (■ Cass. crim., 20 oct. 2021, n° 21-84.440).

II – JURISPRUDENCE ANTÉRIEURE À L'ENTRÉE EN VIGUEUR DE LA LOI DU 8 AVRIL 2021

Voir : notes ss art. 144-1, p. 445.

LIVRE SIXIÈME

DISPOSITIONS RELATIVES À L'OUTRE-MER

(Ord. n° 96-268, 28 mars 1996 ; Ord. n° 98-729, 20 août 1998 ; Ord. n° 2011-337, 29 mars 2011)

TITRE PREMIER. – DISPOSITIONS APPLICABLES EN POLYNÉSIE FRANÇAISE, DANS LES ÎLES WALLIS-ET-FUTUNA ET EN NOUVELLE-CALÉDONIE

(Intitulé rempl., Ord. n° 2009-536, 14 mai 2009)

CHAPITRE I. – DISPOSITIONS GÉNÉRALES

Art. 804 ***(Mod., L. n° 2020-1672, 24 déc. 2020 ; L. n° 2021-478, 21 avr. 2021 ; L. n° 2022-52, 24 janv. 2022 ; mod. à compter du 1er mai 2022, Ord. n° 2022-478, 30 mars 2022).*** **– Le présent code est applicable, dans sa rédaction résultant de l'ordonnance n° 2022-478 du 30 mars 2022 portant partie législative du Code pénitentiaire, en Nouvelle-Calédonie, en Polynésie française et dans les îles Wallis-et-Futuna, sous réserve des adaptations prévues au présent titre et aux seules exceptions :**

1° Pour la Nouvelle-Calédonie et la Polynésie française, du cinquième alinéa de l'article 398 et des articles 529-3 à 529-6 et de l'article 706-157 lequel est applicable dans ces collectivités dans sa rédaction issue de la loi n° 2016-731 du 3 juin 2016 ;

2° Pour les îles Wallis-et-Futuna, des articles 52-1, 83-1 et 83-2, du cinquième alinéa de l'article 398 et des articles 529-3 à 529-6.

Rédaction antérieure. Art. 804 *(Mod., L. n° 2020-1672, 24 déc. 2020 ; L. n° 2021-478, 21 avr. 2021 ; L. n° 2022-52, 24 janv. 2022).* – Le présent code est applicable, dans sa rédaction résultant de la loi n° 2022-52 du 24 janvier 2022 relative à la responsabilité pénale et à la sécurité intérieure, en Nouvelle-Calédonie, en Polynésie française et dans les îles Wallis-et-Futuna, sous réserve des adaptations prévues au présent titre et aux seules exceptions :

1° Pour la Nouvelle-Calédonie et la Polynésie française, du cinquième alinéa de l'article 398 et des articles 529-3 à 529-6 et de l'article 706-157 lequel est applicable dans ces collectivités dans sa rédaction issue de la loi n° 2016-731 du 3 juin 2016 ;

2° Pour les îles Wallis-et-Futuna, des articles 52-1, 83-1 et 83-2, du cinquième alinéa de l'article 398 et des articles 529-3 à 529-6.

Art. 805 ***(Mod., Ord. n° 2019-964, 18 sept. 2019).*** **– Pour l'application du présent Code dans les collectivités d'outre-mer et en Nouvelle-Calédonie :**

1° Les références au département sont remplacées par la référence à la collectivité ;

2° Les références au préfet et au sous-préfet sont remplacées par la référence au représentant de l'État dans la collectivité.

En l'absence d'adaptation, les références faites, par des dispositions du présent code applicables dans les collectivités d'outre-mer et en Nouvelle-Calédonie, à des dispositions qui n'y sont pas applicables sont remplacées par les références aux dispositions ayant le même objet applicables localement.

Pour l'application du présent code à Saint-Pierre-et-Miquelon, en Nouvelle-Calédonie, en Polynésie française et à Wallis-et-Futuna :

a) Les références au tribunal judiciaire sont remplacées par la référence au tribunal de première instance ou, le cas échéant, à la section détachée du tribunal de première instance ;

b) Les références au pôle de l'instruction sont remplacées par la référence au juge d'instruction.

Art. 806 *(Mod., L. n° 2016-731, 3 juin 2016)*. – En Nouvelle-Calédonie, en Polynésie française et dans les îles Wallis-et-Futuna, les sanctions pécuniaires encourues en vertu du présent code sont prononcées en monnaie locale, compte tenu de la contre-valeur de l'euro dans cette monnaie.

CHAPITRE II. – DE L'ACTION PUBLIQUE ET DE L'ACTION CIVILE

Art. 807 *(Mod., L. n° 2017-86, 27 janv. 2017 ; L. n° 2022-92, 31 janv. 2022)*. – Pour l'application de l'article 2-6, les références aux dispositions du Code du travail sont remplacées par les références aux dispositions applicables localement en matière de droit du travail.

Art. 808 *(Ord. n° 96-268, 28 mars 1996)*. – Le deuxième alinéa de l'article 2-8 est rédigé comme suit :

« Toute association régulièrement déclarée depuis au moins cinq ans à la date des faits ayant, en vertu de ses statuts, vocation à défendre ou à assister les personnes handicapées peut également exercer les droits reconnus à la partie civile en ce qui concerne les infractions aux dispositions législatives ou réglementaires applicables localement relatives à l'accessibilité des locaux d'habitation, des lieux de travail ou des établissements et installations recevant du public. »

CHAPITRE III. – DE LA POLICE JUDICIAIRE

Art. 809 *(Ord. n° 96-268, 28 mars 1996)*. – I. – Les fonctionnaires et agents exerçant dans les territoires d'outre-mer des fonctions correspondant à celles des fonctionnaires et agents métropolitains visés aux articles 22 à 29 sont chargés de certaines fonctions de police judiciaire dans les conditions et les limites fixées par ces mêmes articles.

II. – Les agents assermentés des territoires et, en Nouvelle-Calédonie, des provinces, peuvent constater par procès-verbal des infractions aux réglementations édictées par les territoires ou, en Nouvelle-Calédonie, les provinces, lorsqu'ils appartiennent à une administration chargée de contrôler la mise en œuvre de ces réglementations. Ces agents sont commissionnés par l'autorité administrative compétente après qu'ils ont été agréés par le procureur de la République. Ils prêtent serment devant le tribunal de première instance.

Art. 809-1 *(L. n° 99-515, 23 juin 1999)*. – Pour l'application de l'article 41-2, les références aux articles 28 et 32 (2°) du décret-loi du 18 avril 1939 fixant le régime des matériels de guerre, armes et munitions et à l'article L. 1er du Code de la route sont remplacées par les références aux dispositions applicables localement qui répriment la détention ou le port d'arme et aux dispositions applicables localement en matière de circulation routière qui répriment la conduite sous l'empire d'un état alcoolique ou en état d'ivresse manifeste.

Art. 809-2 *(L. n° 2004-193, 27 févr. 2004)*. – En Polynésie française, les fonctionnaires et agents mentionnés à l'article 35 de la loi organique n° 2004-192 du 27 février 2004 portant statut d'autonomie de la Polynésie française sont agents de police judiciaire adjoints dans les conditions prévues à l'article 21 du présent code.

Art. 809-3 *(L. n° 2007-297, 5 mars 2007)*. – Pour l'application de l'article 44-1, les références aux dispositions du Code général des collectivités territoriales prévues par cet article sont remplacées par les références aux dispositions ayant le même objet du Code des communes de la Nouvelle-Calédonie et du Code des communes de Polynésie française.

Art. 810 *(Ord. n° 96-268, 28 mars 1996)*. – Pour l'application du deuxième alinéa de l'article 45, les fonctions du ministère public sont remplies par les fonctionnaires et agents mentionnés au I de l'article 809, à l'exception de ceux exerçant des fonctions de gardes champêtres des communes et des gardes particuliers assermentés.

Art. 811 *(Mod., L. n° 96-1240, 30 déc. 1996).* – Pour l'application du premier alinéa de l'article 46 et de l'article 48, les fonctions du ministère public peuvent également être exercées par un officier de police judiciaire appartenant à la gendarmerie.

Pour l'application du deuxième alinéa de l'article 46, les fonctions du ministère public peuvent être également exercées par le chef de la circonscription ou de la subdivision administrative où siège le tribunal de police.

CHAPITRE IV. – DES ENQUÊTES

Art. 812 *(Mod., L. n° 2011-392, 14 avr. 2011).* – Pour l'application des dispositions relatives à la garde à vue, lorsque les conditions de transport ne permettent pas de conduire devant le magistrat compétent la personne retenue, l'officier de police judiciaire peut prescrire à cette personne de se présenter à lui périodiquement, à charge d'en informer immédiatement le magistrat compétent. Ce dernier décide de la mainlevée de la mesure ou de son maintien pour une durée qu'il fixe et qui ne peut se prolonger au-delà du jour de la première liaison aérienne ou maritime.

Le fait de se soustraire à l'obligation définie au précédent alinéa est puni d'un an de prison et 15 000 € d'amende.

Art. 813 *(Ord. n° 96-268, 28 mars 1996).* – Dans le territoire de la Polynésie française, en l'absence d'un médecin dans l'île où se déroule la garde à vue, l'examen prévu par l'article 63-3 est effectué par un infirmier diplômé ou, à défaut, par un membre du corps des auxiliaires de santé publique.

Art. 814 *(Mod., L. n° 2014-535, 27 mai 2014).* – En Nouvelle-Calédonie, lorsque la garde à vue se déroule en dehors des communes de Nouméa, Mont-Doré, Dumbea et Paita et que le déplacement d'un avocat paraît matériellement impossible, les attributions dévolues à l'avocat par les articles 63-4 à 63-4-3 peuvent être exercées par une personne choisie par la personne gardée à vue, qui n'est pas mise en cause pour les mêmes faits ou pour des faits connexes et qui n'a fait l'objet d'aucune condamnation, incapacité ou déchéance mentionnée au bulletin n° 2 du casier judiciaire. Les dispositions de l'article 63-4-4 sont applicables à la personne choisie, qui en est informée par l'officier de police judiciaire.

Sans préjudice de l'application de l'article 434-7-2 du Code pénal, le fait pour une personne, qui a été appelée à intervenir dans les conditions prévues à l'alinéa précédent, de faire état auprès de quiconque de l'entretien, des auditions ou du contenu des procès-verbaux consultés dans le but d'entraver le cours de la justice est puni d'un an d'emprisonnement et de 15 000 € d'amende.

Les dispositions des alinéas précédents s'appliquent dans le territoire de la Polynésie française, lorsque la garde à vue se déroule dans une île où il n'y a pas d'avocat et que le déplacement d'un avocat paraît matériellement impossible.

Dans les territoires des îles Wallis-et-Futuna, il peut être fait appel pour les attributions dévolues à l'avocat par les articles 63-4 à 63-4-3 à une personne agréée par le président du tribunal de première instance. Lorsque cette personne n'est pas désignée par la personne gardée à vue, elle l'est d'office par le président de cette juridiction. Les dispositions de l'article 63-4-4 et celles du deuxième alinéa du présent article sont applicables à la personne choisie, qui en est informée par l'officier de police judiciaire.

Le présent article est applicable à l'assistance par un avocat prévue au 5° de l'article 61-1.

Art. 814-1 *(Ord. n° 2009-537, 14 mai 2009).* – Pour l'application de l'article 78-2-1 dans les îles Wallis-et-Futuna, en Polynésie Française et en Nouvelle-Calédonie, les références aux dispositions du Code du travail sont remplacées par les références aux dispositions ayant le même objet dans ces collectivités.

Art. 814-2 *(L. n° 2011-267, 14 mars 2011).* – Dans les îles Wallis-et-Futuna, si, lors de l'établissement de l'acte de décès mentionné à l'article 87 du Code civil, l'identité du défunt n'a pu être établie, l'autorisation de fermeture du cercueil ne peut être délivrée qu'après exécution, dans un délai compatible avec les délais régissant l'inhumation et la crémation, des réquisitions éventuellement prises par le procureur de la République aux fins de faire procéder aux constatations et opérations nécessaires en vue d'établir l'identité du défunt.

CHAPITRE V. – DES JURIDICTIONS D'INSTRUCTION

Art. 815 *(Ord. n° 96-268, 28 mars 1996).* – Pour l'application de l'article 88, l'aide juridictionnelle doit s'entendre du régime d'aide ou d'assistance judiciaire applicable localement.

Art. 816 *(Ord. n° 96-268, 28 mars 1996).* – L'obligation pour la partie civile de déclarer une adresse au juge d'instruction prévue par l'article 89 s'entend, pour les territoires d'outre-mer, d'une adresse située dans le territoire où se déroule l'information.

Art. 817 *(Ord. n° 96-268, 28 mars 1996).* – Pour l'application du deuxième alinéa de l'article 102, le greffier peut être désigné comme interprète pour l'une des langues en usage dans le territoire. Il est, dans ce cas, dispensé du serment.

Art. 818 *(Mod. à compter du 2 juin 2014, L. n° 2014-535, 27 mai 2014).* – L'obligation pour la personne mise en examen de déclarer une adresse au juge d'instruction prévue au sixième alinéa de l'article 116 s'entend d'une adresse située dans le territoire où se déroule l'information.

Art. 819 *(Ord. n° 96-268, 28 mars 1996).* – Le délai prévu à l'article 116-1 est porté à un mois lorsque la personne mise en examen ne réside pas sur l'île où siège le juge d'instruction saisi.

Art. 820 *(Mod., L. n° 2004-204, 9 mars 2004).* – Pour l'application des articles 127, 133 et 135-2, si la personne faisant l'objet du mandat est trouvée dans une île où ne siège pas de tribunal, la conduite a lieu dès la première liaison aérienne ou maritime. Le délai nécessaire à la conduite de cette personne devant le magistrat compétent et celui pendant lequel elle a été retenue avant son embarquement sont imputés, s'il y a lieu, sur la durée de la peine.

Art. 821 *(Mod., L. n° 2004-204, 9 mars 2004).* – Les délais prévus à l'article 130 et au dernier alinéa de l'article 135-2 sont portés à quinze jours lorsque le transfèrement se fait à partir ou à destination d'un territoire d'outre-mer.

Art. 822 *(Mod., L. n° 2004-204, 9 mars 2004).* – Pour l'application des articles 128 et 132, la personne peut être retenue dans un local autre qu'une maison d'arrêt.

Art. 823 *(Mod., L. n° 2000-1354, 30 déc. 2000).* – Pour l'application des dispositions de l'article 145 dans le territoire des îles Wallis-et-Futuna, le juge d'instruction peut ordonner l'incarcération provisoire de la personne mise en examen. Celle-ci doit comparaître devant le juge des libertés et de la détention dans les meilleurs délais et, au plus tard, le septième jour ouvrable suivant.

Le délai prévu au deuxième alinéa de l'article 187-1 est également porté à sept. jours ouvrables.

Art. 823-1 *(L. n° 2007-1787, 20 déc. 2007).* – Les dispositions de l'article 706-71 sont applicables au débat contradictoire préalable au placement en détention provisoire d'une personne libre, tenu par le juge des libertés et de la détention du tribunal de première instance de Nouméa en application des articles 145 et 396.

Art. 824 *(Ord. n° 96-268, 28 mars 1996).* – Pour l'application de l'article 191, la chambre de l'instruction de la cour d'appel de Nouméa et celle de la cour d'appel de Papeete sont composées d'un président de chambre ou d'un conseiller et de deux magistrats du siège du ressort de la cour d'appel.

Ces magistrats sont désignés chaque année par le premier président de la cour d'appel.

En cas d'empêchement d'un membre de la chambre de l'instruction, celui-ci est remplacé par un magistrat du siège désigné par le premier président.

CHAPITRE VI. – DE LA COUR D'ASSISES

Art. 825 *(Ord. n° 96-268, 28 mars 1996 ; abr. à compter du 1er janvier 2012, L. n° 2011-939, 10 août 2011).*

Art. 826 *(Ord. n° 96-268, 28 mars 1996).* – Pour l'application de l'article 244, et sous réserve de l'application des dispositions de l'article 247, la cour d'assises peut également être présidée par le président du tribunal de première instance ou par le magistrat du siège le plus ancien dans le grade le plus élevé de ce tribunal.

Art. 827 *(Ord. n° 96-268, 28 mars 1996 ; abr. à compter du 1er janvier 2012, L. n° 2011-939, 10 août 2011).*

Art. 828 *(Ord. n° 96-268, 28 mars 1996).* – Le 8° de l'article 256 est rédigé comme suit :

« 8° Les majeurs sous sauvegarde de justice, les majeurs en tutelle, les majeurs en curatelle et ceux qui sont placés dans un établissement accueillant les malades atteints de troubles mentaux en vertu des dispositions applicables localement. »

Art. 829 *(Ord. n° 96-268, 28 mars 1996).* – Sans préjudice de l'application de l'article 257, les fonctions de juré sont également incompatibles avec les fonctions suivantes : assesseurs du tribunal du travail ; assesseurs du tribunal mixte de commerce ; assesseurs du Tribunal de première instance de Wallis-et-Futuna ; membres du gouvernement de la Polynésie française ; membres des assemblées territoriales ; membres du conseil du territoire des îles Wallis-et-Futuna ; membres des assemblées provinciales de la Nouvelle-Calédonie ; représentants de l'état dans les territoires ; secrétaires généraux des territoires ; chefs de circonscription ou de subdivision administratives.

Art. 830 *(Ord. n° 96-268, 28 mars 1996).* – Le nombre minimum de jurés prévus par le premier alinéa de l'article 260 est fixé à 80 pour le territoire des îles Wallis-et-Futuna.

Art. 831 *(Ord. n° 96-268, 28 mars 1996).* – Dans le territoire des îles Wallis-et-Futuna, la liste préparatoire de la liste annuelle, prévue par les articles 261 et 261-1, est dressée par circonscription territoriale et les attributions du maire sont exercées par le chef de circonscription administrative.

Art. 832 *(Ord. n° 96-268, 28 mars 1996 ; L. n° 96-1240, 30 déc. 1996).* – I. – Pour l'application dans les territoires de la Nouvelle-Calédonie et de la Polynésie française du deuxième alinéa de l'article 262 fixant la composition de la commission prévue à cet article, les conseillers généraux sont remplacés par cinq membres désignés chaque année en son sein par le Congrès ou l'assemblée de la Polynésie française.

II. – Dans le territoire des îles Wallis-et-Futuna, la commission prévue à l'article 262 comprend :

- le président du tribunal de première instance, président ;
- le procureur de la République ou son délégué ;
- un citoyen désigné dans les conditions définies à l'article L. 933-2 du Code de l'organisation judiciaire ;
- deux membres de l'assemblée territoriale désignés chaque année par celle-ci.

Art. 833 *(Ord. n° 96-268, 28 mars 1996).* – La liste spéciale de jurés suppléants, prévue à l'article 264, comprend trente noms dans le territoire des îles Wallis-et-Futuna.

Art. 834 *(Ord. n° 96-268, 28 mars 1996).* – Pour l'application de l'article 269, l'accusé peut être transféré dans un établissement pénitentiaire autre qu'une maison d'arrêt.

CHAPITRE VII. – DU JUGEMENT DES DÉLITS

Art. 835 *(Ord. n° 96-268, 28 mars 1996).* – Pour l'application de l'article 392-1, l'aide juridictionnelle doit s'entendre du régime d'aide ou d'assistance judiciaire en vigueur localement.

Art. 836 *(Ord. n° 96-268, 28 mars 1996 ; L. n° 2016-1547, 18 nov. 2016 ; L. n° 2017-256, 28 févr. 2017).* – En Nouvelle-Calédonie et dans les îles Wallis-et-Futuna, le tribunal correctionnel statuant en formation collégiale est complété par deux assesseurs dans les conditions prévues au Code de l'organisation judiciaire.

(Al. abr. à compter du 6 avril 2016, Cons. const. n° 2016-532 QPC, 1er avr. 2016 : JO 6 avr. 2016 ; JurisData n° 2016-006010).

Dans les îles Wallis-et-Futuna, l'un ou deux des juges assesseurs du tribunal correctionnel peuvent être des magistrats du siège du ressort de la cour d'appel de Nouméa reliés en direct à la salle d'audience par un moyen de communication audiovisuelle, afin de participer aux débats et au délibéré.

Art. 837 *(Rempl. à compter du 1er sept. 2019, L. n° 2019-222, 23 mars 2019).* – Pour l'application de l'article 398-1 en Polynésie française, en Nouvelle-Calédonie et dans les îles Wallis-et-Futuna :

1° Le 2° est ainsi rédigé :

« 2° Les délits prévus par les dispositions applicables localement en matière de circulation routière ; »

2° Le 4° est ainsi rédigé :

« 4° Les délits prévus par les dispositions applicables localement en matière de réglementations relatives aux transports terrestres ainsi qu'à la sécurité des navires et de la navigation, à la prévention de la pollution marine et à la sûreté des navires ; »

3° Le 6° est ainsi rédigé :

« 6° Les délits prévus par les dispositions applicables localement en matière de chasse, de pêche en eau douce, de pêche maritime, de protection de la faune et de la flore ; »

4° Le 7° est ainsi rédigé :

« 7° Les délits prévus par les dispositions applicables localement en matière de protection des bois et forêts ; »

5° Le 8° est ainsi rédigé :

« 8° Les délits prévus par la réglementation applicable localement en matière de travaux ou aménagement immobiliers et en matière d'installations classées ; »

6° Le 9° est ainsi rédigé :

« 9° Les délits prévus par la réglementation applicable localement en matière de garde et de circulation des animaux ; »

7° Le 12° est ainsi rédigé :

« 12° Les délits prévus par la réglementation applicable localement en matière d'habitat insalubre. »

Art. 838 *(Ord. n° 96-268, 28 mars 1996).* – Dans le territoire des îles Wallis-et-Futuna, l'avis prévu par l'article 399 est donné par le procureur de la République.

Art. 839 *(Ord. n° 96-268, 28 mars 1996).* – Pour l'application de l'article 407, le greffier peut être désigné comme interprète pour l'une des langues en usage dans le territoire. Il est, dans ce cas, dispensé du serment.

S'il existe un interprète officiel permanent, celui-ci ne prête serment qu'à l'occasion de son entrée en fonctions.

Art. 840 et 841 *(Abr., L. n° 2004-204, 9 mars 2004).*

Art. 842 *(Ord. n° 96-268, 28 mars 1996).* – Pour l'application de l'article 416 dans les territoires de Polynésie française et de Nouvelle-Calédonie, lorsque le déplacement d'un avocat paraît matériellement impossible, le prévenu peut prendre pour conseil une personne qui n'a fait l'objet d'aucune condamnation, incapacité ou déchéance mentionnée au bulletin n° 2 du casier judiciaire. Ne peut être choisie comme conseil une personne qui fait l'objet de poursuites pour les mêmes faits ou pour des faits connexes.

(Mod. à compter du 1er janvier 2015, L. n° 2014-535, 27 mai 2014) Dans le territoire des îles Wallis-et-Futuna, le prévenu peut prendre pour conseil une personne agréée dans les conditions prévues à l'avant-dernier alinéa de l'article 814.

Art. 843 *(Ord. n° 96-268, 28 mars 1996).* – Pour l'application de l'article 420-1, le montant de la demande ne doit pas excéder le plafond de la compétence de droit commun des tribunaux d'instance de la métropole en matière civile.

Art. 844 *(Ord. n° 96-268, 28 mars 1996).* – Le deuxième alinéa de l'article 470-1 est ainsi rédigé :

« Toutefois, lorsqu'il apparaît que des tiers responsables doivent être mis en cause, le tribunal renvoie l'affaire, par une décision non susceptible de recours, devant la juridiction civile compétente. »

Art. 844-1 *(L. n° 2009-1436, 24 nov. 2009).* – Pour l'application de l'article 474 en Nouvelle-Calédonie, lorsque le condamné est mineur, le service chargé de la protection judiciaire de l'enfance exerce les fonctions dévolues au service pénitentiaire d'insertion et de probation.

Art. 844-2 *(L. n° 2009-1436, 24 nov. 2009 ; abr. à compter du 1er juin 2022, L. n° 2021-1729, 22 déc. 2021)*

Art. 845 *(Ord. n° 96-268, 28 mars 1996).* – Les délais d'opposition prévus à l'article 491 et au premier alinéa de l'article 492 sont de dix jours si le prévenu réside dans l'île où siège le tribunal et d'un mois s'il réside hors de cette île.

Art. 846 *(Ord. n° 96-268, 28 mars 1996).* – Le délai supplémentaire prévu à l'article 500 est porté à quinze jours pour les parties qui résident hors de l'île où la juridiction qui a rendu la décision attaquée a son siège.

Art. 847 *(Ord. n° 96-268, 28 mars 1996).* – Si l'appelant réside hors de l'île où la juridiction qui a rendu la décision attaquée a son siège, la déclaration d'appel prévue à l'article 502 peut être adressée au greffier de la juridiction par lettre signée de l'appelant. Dès réception de cette lettre, le greffier dresse l'acte d'appel et y annexe la lettre de l'appelant. Dans le délai prévu par les articles 498, 500 et 846, l'appelant est tenu de confirmer son appel à la mairie ou à la gendarmerie la plus proche de sa résidence.

CHAPITRE VIII. – DU JUGEMENT DES CONTRAVENTIONS

Art. 848 *(Ord. n° 96-268, 28 mars 1996).* – À Nouméa, Mata-Utu et Papeete, le tribunal de police est constitué par un juge du tribunal de première instance, un officier du ministère public ainsi qu'il est dit aux articles 45 à 48, 810 et 811, et un greffier.

Dans les sections du tribunal de première instance et lors des audiences foraines, le tribunal est constitué par le juge chargé du service de la section ou le juge forain, un officier du ministère public ainsi qu'il est dit aux articles 45 à 48, 810 et 811, et un greffier.

Art. 849 *(Ord. n° 96-268, 28 mars 1996).* – Pour l'application de l'article 527, le délai d'opposition ouvert au prévenu, fixé au troisième alinéa de cet article, est porté à deux mois si le prévenu réside hors de l'île où la juridiction qui a rendu la décision attaquée a son siège.

Art. 850 *(Mod., L. n° 2011-1862, 13 déc. 2011).* – Le premier alinéa de l'article 529 est ainsi rédigé :

« Pour les contraventions aux réglementations applicables localement en matière de circulation routière, d'assurances, de chasse, de pêche, de protection de l'environnement, de droit de la consommation, de la sécurité en mer, de réglementation sur les débits de boissons ou l'ivresse publique manifeste et d'écobuage, qui sont punies seulement d'une peine d'amende, l'action publique est éteinte par le paiement d'une amende forfaitaire qui est exclusive de l'application des règles de la récidive. »

En Nouvelle-Calédonie, pour les contraventions à la réglementation applicable localement en matière de transport terrestre qui sont seulement punies d'une peine d'amende, l'action publique est éteinte par le paiement d'une amende forfaitaire qui est exclusive de l'application des règles de la récidive.

Art. 850-1 *(L. n° 2004-204, 9 mars 2004).* – En Nouvelle-Calédonie, les contraventions des quatre premières classes à la police des services de transports publics routiers de personnes, fixées par la réglementation locale, sont constatées par des procès-verbaux dressés concurremment par les agents assermentés de la Nouvelle-Calédonie, des provinces et des communes et des délégataires du service public.

Ces agents sont commissionnés par l'autorité administrative compétente ou par le délégataire de service public. Après avoir été agréés par le procureur de la République, ils prêtent serment devant le tribunal de première instance.

Ces agents sont habilités à relever l'identité et l'adresse du contrevenant uniquement lorsqu'ils procèdent au contrôle de l'existence et de la validité des titres de transport des voyageurs. Si le contrevenant refuse ou se trouve dans l'impossibilité de justifier de son identité, l'agent du délégataire du service public en rend compte immédiatement à tout officier de police judiciaire de la police nationale ou de la gendarmerie nationale territorialement compétent, qui peut alors lui ordonner sans délai de lui présenter sur-le-champ le contrevenant. À défaut de cet ordre, l'agent du délégataire du service public ne peut retenir le contrevenant.

Art. 850-2 *(Mod., L. n° 2016-1457, 18 nov. 2016).* – Pour l'application en Nouvelle-Calédonie, en Polynésie française et dans les îles Wallis-et-Futuna de l'article 529-7 les mots : « Pour les contraventions au

Code de la route des deuxième, troisième, quatrième et cinquième classes dont la liste est fixée par décret en Conseil d'État, » sont remplacés par les mots : « Pour les contraventions des deuxième, troisième, quatrième et cinquième classes à la réglementation applicable localement en matière de circulation routière. »

Art. 851 *(Ord. n° 96-268, 28 mars 1996)*. – Outre les dispositions rendues applicables par les articles 544 et 545, les articles 841 et 845 sont applicables devant le tribunal de police.

Art. 852 *(Ord. n° 96-268, 28 mars 1996)*. – Les dispositions du quatrième alinéa de l'article 546 s'appliquent aux affaires poursuivies à la requête des autorités compétentes en matière d'eaux et forêts.

Art. 853 *(Ord. n° 96-268, 28 mars 1996)*. – Outre les dispositions rendues applicables par les articles 547 et 549, l'article 846 est applicable aux appels formés contre les jugements de police.

CHAPITRE IX. – DES CITATIONS ET SIGNIFICATIONS

Art. 854 *(Ord. n° 96-268, 28 mars 1996)*. – Le délai prévu par l'article 552 entre le jour où la citation est délivrée et le jour fixé pour la comparution devant la juridiction est d'au moins dix jours si la partie citée réside dans l'île où siège le tribunal. Ce délai est augmenté d'un mois si la partie citée réside dans une autre île de ce territoire ou en tout autre lieu du territoire de la République.

CHAPITRE X. – DU POURVOI EN CASSATION

Art. 855 *(Ord. n° 96-268, 28 mars 1996)*. – Le délai de pourvoi prévu au premier alinéa de l'article 568 est porté à un mois si le demandeur en cassation réside hors de l'île où la juridiction qui a rendu la décision attaquée a son siège.

Art. 856 *(Ord. n° 96-268, 28 mars 1996)*. – Si le demandeur en cassation réside hors de l'île où la juridiction qui a rendu la décision attaquée a son siège, la déclaration de pourvoi prévue à l'article 576 peut également être faite par lettre signée du demandeur en cassation et adressée au greffier de la juridiction qui a rendu la décision attaquée. Dès réception de cette lettre, le greffier dresse l'acte de pourvoi et y annexe la lettre du demandeur en cassation. Dans les délais prévus par les articles 568 et 855, le demandeur en cassation est tenu de confirmer son pourvoi à la mairie ou à la gendarmerie la plus proche de sa résidence.

Art. 857 *(Ord. n° 96-268, 28 mars 1996)*. – Le délai d'opposition à l'arrêt rendu par la Cour de cassation prévu à l'article 579 est porté à un mois si la partie qui forme opposition réside hors de l'île où la juridiction qui a rendu la décision attaquée a son siège.

Dans ce dernier cas, l'opposition peut être également faite dans les formes prévues à l'article 856.

Art. 858 *(Ord. n° 96-268, 28 mars 1996)*. – Le délai prévu à l'article 584 est porté à deux mois si le demandeur en cassation réside hors de l'île où la juridiction qui a rendu la décision attaquée a son siège.

Art. 859 *(Ord. n° 96-268, 28 mars 1996)*. – Le délai et les formes d'opposition à l'arrêt rendu par la Cour de cassation prévus à l'article 589 sont ceux définis aux articles 855 et 856.

CHAPITRE XI. – DE QUELQUES PROCÉDURES PARTICULIÈRES

Art. 859-1 *(L. n° 2002-268, 26 févr. 2002)*. – Le délai prévu au premier alinéa de l'article 627-6 est porté à quinze jours lorsque le transfèrement se fait à partir de la Nouvelle-Calédonie, de la Polynésie française ou des îles Wallis-et-Futuna.

Art. 860 *(Ord. n° 96-268, 28 mars 1996)*. – L'ordonnance mentionnée à l'article 628 et l'extrait de condamnation mentionné à l'article 634 sont insérés dans l'un des journaux du territoire, affichés à la porte du domicile de l'intéressé et, lorsqu'il n'y a pas de mairie, affichés à la diligence du chef de circonscription administrative.

Art. 861 *(Ord. n° 96-268, 28 mars 1996).* – Le délai prévu au troisième alinéa de l'article 662 est de deux mois.

Art. 862 *(Ord. n° 96-268, 28 mars 1996).* – Dans le territoire des îles Wallis-et-Futuna, le président du tribunal de première instance exerce les attributions dévolues à la commission mentionnée à l'article 706-4.

Art. 862-1 *(Ord. 2003-166, 27 févr. 2003).* – Pour l'application de l'article 706-2 en Nouvelle-Calédonie, en Polynésie française et à Wallis-et-Futuna, il est ajouté, après les mots : « par l'article L. 5311-1 du Code de la santé publique », les mots : « ou par la réglementation applicable localement ».

Art. 863 *(Ord. n° 96-268, 28 mars 1996).* – L'article 706-9 est rédigé ainsi :

« *Art. 706-9.* – La commission ou, à Wallis-et-Futuna, le président du tribunal de première instance tient compte dans le montant des sommes allouées à la victime au titre de la réparation de son préjudice :

– des prestations énumérées au II de l'article 1er de l'ordonnance n° 59-76 du 7 janvier 1959 relative aux actions en réparation civile de l'état et de certaines autres personnes publiques ;

– des prestations versées par les organismes, établissements et services gérant un régime obligatoire de sécurité sociale ;

– des sommes versées en remboursement d'un traitement médical ou de rééducation ;

– des salaires et des ressources du salarié maintenus par l'employeur pendant la période d'inactivité consécutive à l'événement qui occasionne le dommage.

Il est tenu également compte des indemnités de toutes natures reçues ou à recevoir d'autres débiteurs au titre du même préjudice.

Les sommes allouées sont versées par le fonds de garantie des victimes des actes de terrorisme et d'autres infractions. »

Art. 864 *(Mod., L. n° 2015-1268, 14 oct. 2015).* – Le premier alinéa de l'article 706-14 est ainsi rédigé :

« Toute personne qui, victime d'un vol, d'une escroquerie ou d'un abus de confiance, ne peut obtenir à un titre quelconque une réparation ou une indemnisation effective et suffisante de son préjudice, et se trouve de ce fait dans une situation matérielle grave, peut obtenir une indemnité dans les conditions prévues par les articles 706-3 (3° et dernier alinéas) à 706-12, lorsque ses ressources sont inférieures au plafond pour bénéficier de l'aide juridictionnelle partielle, affectée le cas échéant du correctif pour charges de famille, prévu par l'article 3 de l'ordonnance n° 92-1147 du 12 octobre 1992 relative à l'aide juridictionnelle en matière pénale dans les territoires d'outre-mer. »

Art. 865 *(Mod., L. n° 2011-392, 14 avr. 2011).* – Dans le territoire de la Polynésie française, les examens prévus aux articles 706-88 et 706-88-1 peuvent être effectués dans les conditions définies à l'article 813.

Art. 866 *(Mod., L. n° 2015-993, 17 août 2015).* – Le premier alinéa de l'article 706-103 est ainsi rédigé :

En cas d'information ouverte pour l'une des infractions entrant dans le champ d'application des articles 706-73, 706-73-1 et 706-74 et afin de garantir le paiement des amendes encourues ainsi que, le cas échéant, l'indemnisation des victimes, le président du tribunal d'instance ou un juge délégué par lui, sur requête du procureur de la République, peut ordonner, aux frais avancés du Trésor et selon les modalités prévues par les procédures civiles d'exécution, des mesures conservatoires sur les biens, meubles ou immeubles, divis ou indivis, de la personne mise en examen.

Art. 866-1 *(L. n° 2010-768, 9 juill. 2010).* – Le premier alinéa de l'article 706-166 est ainsi rédigé :

« En cas d'information ouverte pour l'une des infractions, punie d'une peine égale ou supérieure à trois ans d'emprisonnement, figurant au sein du titre Ier du livre III du Code pénal, le président du tribunal d'instance ou un juge délégué par lui, sur requête du procureur de la République, peut, dans les conditions et selon les modalités prévues à l'article 706-103 du présent code, ordonner des mesures conservatoires sur les biens, meubles ou immeubles, divis ou indivis, de la personne mise en examen afin de garantir le paiement des amendes encourues ainsi que, le cas échéant, l'indemnisation des victimes. »

Art. 866-2 *(L. n° 2011-266, 14 mars 2011).* – Au 5 de l'article 706-167, la référence : « aux deuxième et troisième alinéas de l'article 414 du Code des douanes » est remplacée, en Nouvelle-Calédonie, par la

référence : « aux deuxième et troisième alinéas de l'article 414 du Code des douanes applicable en Nouvelle-Calédonie », en Polynésie française, par la référence : « aux troisième et quatrième alinéas de l'article 414 du Code des douanes applicable en Polynésie française », et à Wallis-et-Futuna, par la référence : « aux deuxième et troisième alinéas de l'article 414 du Code des douanes applicable à Wallis-et-Futuna ».

CHAPITRE XII. – DES PROCÉDURES D'EXÉCUTION

Art. 867 *(Mod., Ord. n° 2010-420, 27 avr. 2010).* **– Les attributions dévolues au comptable public compétent par l'article 707 sont exercées par l'agent chargé du recouvrement des amendes en vertu de la réglementation applicable dans le territoire.**

Art. 868 *(Ord. n° 96-268, 28 mars 1996).* **– Les personnes visées à l'article 714 peuvent être détenues dans un local autre qu'une maison d'arrêt.**

Art. 868-1 *(Rempl., L. n° 2004-204, 9 mars 2004).* **– Par dérogation aux dispositions des deuxième et troisième alinéas de l'article 712-2, le président du tribunal de première instance de Wallis-et-Futuna exerce les fonctions de juge de l'application des peines. Il exerce les attributions dévolues au tribunal de l'application des peines conformément aux dispositions du deuxième alinéa de l'article 712-3.**

Art. 868-2 *(L. n° 2009-1436, 24 nov. 2009).* **– En Nouvelle-Calédonie, lorsque le condamné est mineur, le service chargé de la protection judiciaire de l'enfance ou son directeur exerce les fonctions dévolues, selon les cas, au service pénitentiaire d'insertion et de probation ou à son directeur.**

> **Rédaction antérieure. Art. 868-3** *(L. n° 2009-1436, 24 nov. 2009 ; abr. à compter du 1er mai 2022, Ord. n° 2022-478, 30 mars 2022).* – Pour son application en Polynésie française et en Nouvelle-Calédonie, le dernier alinéa de l'article 713-3 est ainsi rédigé :
> La rémunération du travail des personnes détenues ne peut être inférieure à un taux horaire fixé par décret et indexé sur le salaire minimum défini localement par les autorités compétentes de la Polynésie française ou de la Nouvelle-Calédonie. Ce taux peut varier en fonction du régime sous lequel les personnes détenues sont employées.

> **Rédaction antérieure. Art. 868-4** *(L. n° 2009-1436, 24 nov. 2009 ; abr. à compter du 1er mai 2022, Ord. n° 2022-478, 30 mars 2022).* – Pour son application dans les îles Wallis-et-Futuna, le dernier alinéa de l'article 713-3 est ainsi rédigé :
> La rémunération du travail des personnes détenues ne peut être inférieure à un taux horaire fixé par décret et indexé sur le salaire minimum défini à l'article 95 de la loi n° 52-1322 du 15 décembre 1952 instituant un Code du travail dans les territoires et territoires associés relevant des ministères de la France d'outre-mer. Ce taux peut varier en fonction du régime sous lequel les personnes détenues sont employées.

Art. 869 *(Rétabli, L. n° 2015-433, 17 avr. 2015).* **– Pour l'application de l'article 719 dans les îles Wallis-et-Futuna, en Polynésie française et en Nouvelle-Calédonie, les journalistes sont soit titulaires de la carte d'identité professionnelle définie par le Code du travail, soit reconnus comme journalistes en application des dispositions ayant le même objet dans ces collectivités.**

Art. 870 et 871 *(Abr., L. n° 2004-204, 9 mars 2004).*

Art. 872 *(Mod., Ord. n° 2010-420, 27 avr. 2010).* **– La caution mentionnée à l'article 759 est admise par le comptable public compétent ou par l'agent qui exerce les fonctions dévolues à celui-ci par la réglementation applicable au territoire.**

Art. 873 *(Ord. n° 96-268, 28 mars 1996).* **– L'article 763 est ainsi rédigé :**

« ***Art. 763.*** **– En cas de prescription d'une peine prononcée en matière criminelle, le condamné est soumis de plein droit et à titre définitif à l'interdiction de séjour, dans la circonscription ou subdivision administrative où demeurent la victime du crime ou ses héritiers directs ».**

Art. 873-1 *(L. n° 98-468, 17 juin 1998).* **– Le premier alinéa de l'article 763-7 est ainsi rédigé :**

« Lorsqu'une personne condamnée à un suivi socio-judiciaire comprenant une injonction de soins doit subir une peine privative de liberté, elle exécute cette peine dans un établissement pénitentiaire permettant de lui assurer un suivi médical et psychologique adapté. »

CHAPITRE XIII. – DU CASIER JUDICIAIRE

Art. 874 *(Ord. n° 96-268, 28 mars 1996).* – Pour l'application de l'article 768, les attributions du casier judiciaire national sont exercées par le greffe de chaque tribunal de première instance qui reçoit, en ce qui concerne les personnes nées dans la circonscription du tribunal et après vérification de leur identité aux registres de l'état civil, des fiches constatant les condamnations, jugements et décisions énumérées aux 1° à 8° dudit article.

Art. 875 *(Ord. n° 96-268, 28 mars 1996).* – Pour l'application de l'article 768-1, les attributions du casier judiciaire national sont exercées par le greffe du tribunal de première instance qui reçoit, en ce qui concerne les personnes morales dont le siège se situe dans le ressort du tribunal et après contrôle de leur identité au moyen du répertoire territorial des entreprises et établissements, des fiches constatant les condamnations et déclarations mentionnées aux 1° à 4° dudit article.

Art. 876 *(Ord. n° 96-268, 28 mars 1996).* – L'article 773 est ainsi rédigé :

« *Art. 773.* – Il est adressé une copie de chaque fiche constatant une décision entraînant la privation des droits électoraux à l'autorité administrative compétente du territoire. »

TITRE II. – DISPOSITIONS PARTICULIÈRES AU DÉPARTEMENT DE MAYOTTE

CHAPITRE I. – DISPOSITIONS GÉNÉRALES

Art. 877 *(Ord. n° 2011-337, 29 mars 2011).* – Pour l'application du présent code dans le Département de Mayotte, il est tenu compte des adaptations prévues par le présent titre.

(Al. mod. à compter du 4 juin 2016, Cons. const. n° 2016-544 QPC, 3 juin 2016 : JO 4 juin 2016) Les articles *(Réf. rempl. à compter du 1er avril 2017, L. n° 2017-256, 28 févr. 2017)* « 258 à 267 et 288 à 292 » ne sont pas applicables.

Art. 878 *(Rempl., Ord. n° 2011-337, 29 mars 2011).* – Pour l'application du présent code au Département de Mayotte, les mots : « cour d'appel » et les mots : « chambre des appels correctionnels » sont remplacés par les mots : « chambre d'appel de Mamoudzou ».

Les références à des dispositions non applicables dans le Département sont remplacées par les références aux dispositions applicables localement ayant le même objet.

Art. 879 *(Mod., Ord. n° 2011-337, 29 mars 2011).* – Les attributions dévolues par le présent code aux avocats et aux conseils des parties peuvent être exercées par des personnes agréées par le président de la chambre d'appel de Mamoudzou. Ces personnes sont dispensées de procuration.

Art. 879-1 *(Mod., L. n° 2001-616, 11 juill. 2001).* – Pour l'application des articles 16 à 19, les officiers de police de Mayotte mis à la disposition de l'État sont assimilés, selon les dispositions et dans les conditions prévues par ces articles, aux fonctionnaires titulaires du corps de commandement et d'encadrement de la police nationale.

Pour l'application des articles 20 et 21, les agents de police de Mayotte mis à la disposition de l'État sont assimilés, selon les dispositions et dans les conditions prévues par ces articles, aux agents de la police nationale.

CHAPITRE II. – DES ENQUÊTES

Art. 880 *(Mod., D. n° 2014-535, 27 mai 2014).* – Lorsque le déplacement d'un avocat ou d'une personne agréée en application de l'article 879 paraît matériellement impossible, les attributions dévolues à l'avocat par les articles 63-4 à 63-4-3 peuvent être exercées par une personne choisie par la personne gardée à vue, qui n'est pas mise en cause pour les mêmes faits ou pour des faits connexes et qui n'a fait l'objet d'aucune condamnation, incapacité ou déchéance mentionnée au bulletin n° 2 du casier judiciaire. Les dispositions de l'article 63-4-4 sont applicables à la personne choisie, qui en est informée par l'officier de police judiciaire.

Sans préjudice de l'application de l'article 434-7-2 du Code pénal, le fait pour une personne, qui a été appelée à intervenir dans les conditions prévues à l'alinéa précédent, de faire état auprès de quiconque de l'entretien, des auditions ou du contenu des procès-verbaux consultés dans le but d'entraver le cours de la justice est puni d'un an d'emprisonnement et de 15 000 € d'amende.

Le présent article est applicable à l'assistance par un avocat prévue au 5° de l'article 61-1.

CHAPITRE III. – DES JURIDICTIONS D'INSTRUCTION

Art. 881 *(Mod., Ord. n° 2011-337, 29 mars 2011).* – L'obligation pour la partie civile de déclarer une adresse au juge d'instruction prévue par l'article 89 s'entend d'une adresse située dans le département.

Art. 882 *(Mod., L. n° 2014-535, 27 mai 2014).* – L'obligation pour la personne mise en examen de déclarer une adresse au juge d'instruction prévue par le sixième alinéa de l'article 116 s'entend d'une adresse située dans le Département.

Art. 883 *(Mod., Ord. n° 2011-337, 29 mars 2011).* – Les délais prévus à l'article 130 sont portés à quinze jours lorsque le transfèrement se fait à partir ou à destination du département.

Art. 883-1 *(L. n° 2015-1268, 14 oct. 2015).* – Pour toutes les requêtes en nullité transmises à la chambre d'instruction de la cour d'appel de Saint-Denis de La Réunion, la déclaration au greffe peut être faite au moyen d'une lettre recommandée avec demande d'avis de réception lorsque le demandeur ou son avocat réside dans le ressort du tribunal judiciaire de Mamoudzou.

Art. 884 *(Rempl., Ord. n° 2011-337, 29 mars 2011 ; mod., L. n° 2011-1862, 13 déc. 2011 ; L. n° 2019-222, 23 mars 2019).* – Pour toutes les audiences de la chambre de l'instruction de la cour d'appel de Saint-Denis de La Réunion statuant sur l'appel d'une ordonnance du juge de l'instruction ou du juge des libertés et de la détention du tribunal judiciaire de Mamoudzou ou sur une demande concernant une procédure suivie devant ce tribunal, il peut être recouru à un moyen de télécommunication audiovisuelle garantissant la confidentialité de la transmission. Un procès-verbal est dressé selon les modalités prévues par le deuxième alinéa de l'article 706-71. Les dispositions des sixième et huitième alinéas de ce même article sont alors applicables.

CHAPITRE IV. – DE LA COUR D'ASSISES

(Intitulé rempl. à compter du 1er avril 2011, Ord. n° 2011-337, 29 mars 2011)

Art. 885 *(Mod., L. n° 2017-256, 28 févr. 2017). – (Al. mod. à compter du 4 juin 2016, Cons. const. n° 2016-544 QPC, 3 juin 2016 : JO 4 juin 2016 ; à compter du 1er mai 2017, L. n° 2017-256, 28 févr. 2017)* Le jury de la cour d'assises de Mayotte est composé de trois assesseurs-jurés lorsque la cour d'assises statue en premier ressort et de six assesseurs-jurés lorsqu'elle statue en appel.

Ces assesseurs-jurés sont tirés au sort, pour chaque session, sur une liste arrêtée conjointement par le préfet et le président du tribunal judiciaire, composée de personnes proposées par le procureur de la République ou par les maires et remplissant les conditions prévues par les articles 255 à 257.

Avant l'ouverture de la session, sont retirés de la liste les noms des conjoints, parents et alliés jusqu'au degré d'oncle ou de neveu inclusivement d'un membre de la cour ou de l'un des assesseurs-jurés inscrits avant lui sur ladite liste.

Avant le jugement de chaque affaire, sont également retirés de la liste les noms des conjoints, parents et alliés jusqu'au degré d'oncle ou de neveu inclusivement des accusés ou de leurs avocats, ainsi que les noms de ceux qui sont témoins, interprètes, dénonciateurs, experts, plaignants ou parties civiles ou qui ont accompli un acte de police judiciaire ou d'instruction.

En cas d'empêchement du président, survenant avant ou pendant la session, celui-ci est remplacé par un magistrat du siège de la chambre d'appel de Mamoudzou. En cas d'empêchement d'un assesseur, il est pourvu à son remplacement selon les mêmes modalités que pour sa désignation initiale.

Tout assesseur-juré qui, sans motif légitime, n'a pas déféré à la convocation qu'il a reçue, peut être condamné par la cour à une amende de 3 750 €. L'assesseur-juré peut, dans les dix jours de la signification de cette condamnation faite à sa personne ou à son domicile, former opposition devant le tribunal correctionnel du siège de la cour d'assises. Les peines prévues au présent article sont applicables à tout assesseur-juré qui, même ayant déféré à la convocation, se retire avant l'expiration de ses fonctions, sans une excuse jugée valable par la cour.

Art. 886 *(Rétabli, L. n° 2017-256, 28 févr. 2017).* – Pour l'application des articles 296, 297 et 298, la défense ne peut récuser plus d'un assesseur-juré en premier ressort et plus de deux en appel. Le ministère public ne peut en récuser aucun. Le nombre d'assesseurs-jurés tirés au sort est de trois en premier ressort et de six en appel et le jury de jugement est formé à l'instant où sont sortis de l'urne les noms, respectivement, des trois ou six assesseurs-jurés non récusés.

Art. 887 *(Abr. à compter du 1er avril 2011, Ord. n° 2011-337, 29 mars 2011).*

Art. 888 *(Rempl. à compter du 1er mai 2017, L. n° 2017-256, 28 févr. 2017 ; mod. à compter du 1er mars 2022, L. n° 2021-1729, 22 déc. 2021).* – Les majorités de sept ou huit voix prévues à l'article 359 et au deuxième alinéa de l'article 362 sont remplacées par des majorités de quatre ou six voix.

Art. 888-1 *(Créé à compter du 1er janvier 2023, L. n° 2021–1729, 22 déc. 2022).* – Les dispositions relatives à la cour criminelle départementale ne sont pas applicables dans le Département de Mayotte.

CHAPITRE V. – DU JUGEMENT DES DÉLITS

Art. 889 et 890 *(Abr. à compter du 1er avril 2011, Ord. n° 2011-337, 29 mars 2011).*

Art. 891 *(Abr., L. n° 2004-204, 9 mars 2004).*

Art. 892 *(Rempl. à compter du 1er avril 2011, Ord. n° 2011-337, 29 mars 2011).* – Pour l'application des articles 491 et 492, les délais d'opposition sont de dix jours si le prévenu réside dans le département, et d'un mois s'il réside en dehors de celui-ci.

Art. 893 *(Rempl. à compter du 1er avril 2011, Ord. n° 2011-337, 29 mars 2011).* – Pour l'application de l'article 500, le délai supplémentaire est porté à quinze jours pour les parties qui résident hors du département.

Art. 894 *(Abr. à compter du 1er avril 2011, Ord. n° 2011-337, 29 mars 2011).*

CHAPITRE VI. – DU JUGEMENT DES CONTRAVENTIONS

Art. 895 *(Rempl. à compter du 1er avril 2011, Ord. n° 2011-337, 29 mars 2011).* – Pour l'application du troisième alinéa de l'article 527, le délai d'opposition est porté à deux mois si le prévenu ne réside pas dans le département.

Art. 896 *(Ord. n° 96-268, 28 mars 1996).* – Les articles 892 et 893 sont applicables devant le tribunal de police.

CHAPITRE VII. – DES CITATIONS ET DES SIGNIFICATIONS

Art. 897 *(Mod., Ord. n° 2011-337, 29 mars 2011).* – Le délai prévu au premier alinéa de l'article 552 s'applique lorsque la partie citée réside dans le département. Ce délai est augmenté d'un mois si la partie citée réside en tout autre lieu du territoire de la République.

CHAPITRE VII *BIS*. – DU POURVOI EN CASSATION

(L. n° 2016-1547, 18 nov. 2016)

Art. 897-1-A *(L. n° 2016-1547, 18 nov. 2016).* – Le délai de pourvoi prévu au premier alinéa de l'article 568 est porté à un mois si le demandeur en cassation réside hors de l'île où la juridiction qui a rendu la décision attaquée a son siège.

Art. 897-1-B *(L. n° 2016-1547, 18 nov. 2016).* – Si le demandeur en cassation réside hors de l'île où la juridiction qui a rendu la décision attaquée a son siège, la déclaration de pourvoi prévue à l'article 576 peut également être faite par lettre signée du demandeur en cassation et adressée au greffier de la juridiction qui a rendu la décision attaquée. Dès réception de cette lettre, le greffier dresse l'acte de pourvoi et y annexe la lettre du demandeur en cassation. Dans les délais prévus à l'article 568, le demandeur en cassation est tenu de confirmer son pourvoi à la mairie ou à la gendarmerie la plus proche de sa résidence.

CHAPITRE VIII. – DE QUELQUES PROCÉDURES PARTICULIÈRES

Art. 897-1 *(L. n° 2002-268, 26 févr. 2002).* – Le délai prévu au premier alinéa de l'article 627-6 est porté à quinze jours lorsque le transfèrement se fait à partir de Mayotte.

Art. 898 *(Abr., L. n° 2009-594, 27 mai 2009).*

Art. 899 *(Ord. n° 96-268, 28 mars 1996).* – L'article 706-9 est rédigé ainsi :

« *Art. 706-9.* – Le président tient compte dans le montant des sommes allouées à la victime au titre de la réparation de son préjudice :

– des prestations énumérées au II de l'article 1er de l'ordonnance n° 59-76 du 7 janvier 1959 relative aux actions en réparation civile de l'état et de certaines autres personnes publiques ;

– des prestations versées par les organismes, établissements et services gérant un régime obligatoire de sécurité sociale ;

– des sommes versées en remboursement d'un traitement médical ou de rééducation ;

– des salaires et des ressources du salarié maintenus par l'employeur pendant la période d'inactivité consécutive à l'événement qui occasionne le dommage.

Il tient également compte des indemnités de toutes natures reçues ou à recevoir d'autres débiteurs au titre du même préjudice.

Les sommes allouées sont versées par le fonds de garantie des victimes des actes de terrorisme et d'autres infractions. »

Art. 900 *(Ord. n° 96-268, 28 mars 1996).* – Le premier alinéa de l'article 706-14 est ainsi rédigé :

« Toute personne qui, victime d'un vol, d'une escroquerie ou d'un abus de confiance ne peut obtenir à un titre quelconque une réparation ou une indemnisation effective et suffisante de son préjudice, et se trouve de ce fait dans une situation matérielle grave, peut obtenir une indemnité dans les conditions prévues par les articles 706-3 (troisième et dernier alinéas) à 706-12, lorsque ses ressources sont inférieures au plafond pour bénéficier de l'aide juridictionnelle partielle, affectées le cas échéant de correctif pour charges de famille, prévu par l'article 3 de l'ordonnance n° 92-1143 du 12 octobre 1992 relative à l'aide juridictionnelle en matière pénale dans la collectivité territoriale de Mayotte. »

Art. 900-1 *(L. n° 2011-266, 14 mars 2011).* – Au 5° de l'article 706-167, la référence : « aux deuxième et troisième alinéas de l'article 414 du Code des douanes » est remplacée par la référence : « à l'article 282 du Code des douanes de Mayotte ».

CHAPITRE IX. – DES PROCÉDURES D'EXÉCUTION

Art. 901 *(Ord. n° 96-268, 28 mars 1996).* – L'article 758 est ainsi rédigé :

« *Art. 758.* – La contrainte par corps est subie dans un établissement pénitentiaire. »

Art. 901-1 *(Abr. à compter du 1er avril 2011, Ord. n° 2011-337, 29 mars 2011).*

Art. 901-2 *(L. n° 2009-1436, 24 nov. 2009 ; abr. à compter du 1er janvier 2018, Ord. n° 2017-1491, 25 oct. 2017).*

Art. 902 *(L. n° 98-468, 17 juin 1998).* – Le premier alinéa de l'article 763-7 est ainsi rédigé :
« Lorsqu'une personne condamnée à un suivi socio-judiciaire comprenant une injonction de soins doit subir une peine privative de liberté, elle exécute cette peine dans un établissement pénitentiaire permettant de lui assurer un suivi médical et psychologique adapté. »

TITRE III. – DISPOSITIONS PARTICULIÈRES À LA COLLECTIVITÉ TERRITORIALE DE SAINT-PIERRE-ET-MIQUELON

(Ord. n° 98-729, 20 août 1998)

Art. 902-1 *(Anc. art. 902 ; dénum., L. n° 99-1121, 28 déc. 1999).* – Pour l'application du présent code dans la collectivité territoriale de Saint-Pierre-et-Miquelon, il est tenu compte des adaptations prévues par le présent titre.

CHAPITRE I. – DISPOSITIONS GÉNÉRALES

(Ord. n° 98-729, 20 août 1998)

Art. 903 *(Ord. n° 98-729, 20 août 1998).* – Le tribunal supérieur d'appel exerce les compétences attribuées par le présent code à la cour d'appel et à la chambre de l'instruction.

Art. 904 *(Ord. n° 98-729, 20 août 1998).* – Les compétences attribuées par le présent code au tribunal judiciaire, à la cour d'assises, au premier président de la cour d'appel et au juge du tribunal d'instance sont exercées respectivement par le tribunal de première instance, le tribunal criminel, le président du tribunal supérieur d'appel et par un juge du tribunal de première instance. Les compétences attribuées au procureur de la République et au procureur général près la cour d'appel sont exercées par le procureur de la République près le tribunal supérieur d'appel.

Art. 905 *(Ord. n° 98-729, 20 août 1998).* – Les attributions dévolues par le présent code aux avocats et aux conseils des parties peuvent être exercées par des personnes agréées dans la collectivité territoriale par le président du tribunal supérieur d'appel. Ces personnes sont dispensées de justifier d'un mandat.

CHAPITRE II. – DE L'EXERCICE DE L'ACTION PUBLIQUE ET DE L'INSTRUCTION

(Ord. n° 98-729, 20 août 1998)

Art. 905-1 *(Mod., L. n° 2016-1457, 18 nov. 2016).* – Pour l'application du présent code, les termes : « pôle de l'instruction » sont remplacés par les termes : « juge d'instruction ». Les articles 52-1, 83-1 et 83-2 ne sont pas applicables.

Art. 906 *(Ord. n° 98-729, 20 août 1998).* – Par dérogation à l'article 193, le tribunal supérieur d'appel, en tant que chambre de l'instruction, ne se réunit que sur convocation de son président ou à la demande du procureur de la République, toutes les fois qu'il est nécessaire.

Art. 907 *(Ord. n° 98-729, 20 août 1998).* – Les articles L. 952-11 et L. 952-12 du Code de l'organisation judiciaire relatifs au remplacement du président du tribunal supérieur d'appel et des assesseurs et aux modalités particulières d'exercice des fonctions juridictionnelles sont applicables à la chambre de l'instruction et à son président.

Art. 907-1 *(Mod., L. n° 2004-204, 9 mars 2004)*. – Les délais prévus à l'article 130, au dernier alinéa de l'article 135-2 et au premier alinéa de l'article 627-6 sont portés à quinze jours lorsque le transfèrement se fait à partir de la collectivité territoriale.

CHAPITRE III. – DES JURIDICTIONS DE JUGEMENT

(Ord. n° 98-729, 20 août 1998)

Section I. – Du jugement des crimes

(Ord. n° 98-729, 20 août 1998)

Art. 908 *(Ord. n° 98-729, 20 août 1998)*. – Les articles 233, 245, 261 et 261-1 du présent code ne sont pas applicables.

Art. 909 *(Ord. n° 98-729, 20 août 1998)*. – Pour l'application de l'article 236, le président du tribunal supérieur d'appel convoque, en cas de besoin, le tribunal criminel par ordonnance prise après avis du procureur de la République.

Art. 910 *(Ord. n° 98-729, 20 août 1998)*. – Pour l'application de l'article 240, le tribunal criminel est composé du tribunal proprement dit et du jury.

Art. 911 *(Ord. n° 98-729, 20 août 1998)*. – Pour l'application de l'article 243, le tribunal proprement dit comprend le président et les assesseurs.

Art. 912 *(Ord. n° 98-729, 20 août 1998)*. – Pour l'application de l'article 244, le tribunal criminel est présidé par le président du tribunal supérieur d'appel.

En cas de vacance de poste, d'absence, d'empêchement ou d'incompatibilité légale, les fonctions de président du tribunal supérieur d'appel sont exercées par un magistrat du siège désigné par le premier président de la cour d'appel de Paris sur une liste arrêtée par lui pour chaque année civile.

Art. 913 *(Ord. n° 98-729, 20 août 1998)*. – Pour l'application de l'article 249, les conditions que doivent remplir les assesseurs au tribunal criminel sont celles énoncées à l'article L. 951-2 du Code de l'organisation judiciaire.

Art. 914 *(Ord. n° 98-729, 20 août 1998)*. – Pour l'application de l'article 250, les assesseurs sont désignés par ordonnance du président du tribunal supérieur d'appel, après avis du procureur de la République.

Art. 915 *(Ord. n° 98-729, 20 août 1998)*. – Pour l'application de l'article 251, en cas d'empêchement survenu avant ou au cours de la session, les assesseurs sont remplacés par ordonnance du président du tribunal supérieur d'appel.

Art. 916 *(Ord. n° 98-729, 20 août 1998)*. – Pour l'application de l'alinéa 1er de l'article 260, le nombre des jurés ne peut être inférieur à trente-quatre.

Art. 917 *(Mod., L. n° 2017-256, 28 févr. 2017)*. – Pour l'application de l'article 262, la commission comprend :

– le président du tribunal supérieur d'appel, président ;
– le président du tribunal de première instance ;
– le procureur de la République ou son suppléant ;
– une personne agréée dans les conditions définies à l'article 905 et désignée par le président du tribunal supérieur d'appel ;
– trois conseillers territoriaux désignés chaque année par le conseil territorial ;
– trois conseillers municipaux désignés chaque année par les conseils municipaux, à raison de deux pour la commune de Saint-Pierre et un pour la commune de Miquelon-Langlade.

Art. 918 *(Ord. n° 98-729, 20 août 1998).* – Pour l'application de l'article 264, une liste spéciale de dix jurés suppléants est formée chaque année, en dehors de la liste annuelle du jury et dans les mêmes conditions que celle-ci.

Art. 919 *(Ord. n° 98-729, 20 août 1998).* – Pour l'application de l'article 266, seize jurés, dont les noms sont tirés sur la liste annuelle, forment la liste de la session. En outre, les noms de trois jurés suppléants sont tirés sur la liste spéciale.

Si par suite des décès, des incapacités ou des incompatibilités légales survenues depuis l'établissement des listes, le nombre des citoyens parmi lesquels les jurés de la session doivent être tirés au sort est inférieur à trente, la commission chargée de dresser la liste annuelle des jurés est réunie de nouveau pour compléter la liste principale et former une nouvelle liste spéciale de dix citoyens.

Art. 920 *(Ord. n° 98-729, 20 août 1998).* – Pour l'application du premier alinéa de l'article 289-1, si, à la suite des absences ou des radiations, il reste moins de quatorze jurés sur la liste, ce nombre est complété par les jurés suppléants, suivant l'ordre de leur inscription ; en cas d'insuffisance, par des jurés tirés au sort, en audience publique, parmi les jurés inscrits sur la liste spéciale.

Art. 921 *(Mod., L. n° 2017-256, 28 févr. 2017).* – Pour l'application des articles 296 et 297, le jury de jugement est formé de trois jurés lorsque le tribunal criminel statue en premier ressort et de six jurés lorsqu'il statue en appel.

Art. 922 *(Mod., L. n° 2017-256, 28 févr. 2017).* – Pour l'application de l'article 298, l'accusé et le ministère public ne peuvent récuser chacun plus de trois jurés en première instance et quatre en appel

Art. 923 *(Mod., L. n° 2017-256, 28 févr. 2017 ; mod. à compter du 1er mars 2022, L. n° 2021-1729, 22 déc. 2021).* – Les majorités de sept ou huit voix prévues par les articles 359 et 362, deuxième alinéa, sont remplacées par des majorités de quatre ou six voix.

Section II. – Du jugement des délits

(Ord. n° 98-729, 20 août 1998)

Art. 924 *(Ord. n° 98-729, 20 août 1998).* – Pour l'application de l'article 398, le tribunal correctionnel est toujours composé du président ou d'un juge du tribunal de première instance.

Les articles L. 952-6 et L. 952-7 du Code de l'organisation judiciaire relatifs au remplacement de ces magistrats et aux modalités particulières d'exercice des fonctions juridictionnelles sont applicables au tribunal correctionnel.

Art. 925 *(Ord. n° 98-729, 20 août 1998).* – Les articles 398-1 et 398-2 du présent code ne sont pas applicables.

Art. 926 *(Ord. n° 98-729, 20 août 1998 puis rempl., L. n° 99-1121, 28 déc. 1999).* – Pour l'application du premier alinéa de l'article 399, le président du tribunal supérieur d'appel, après avis du président du tribunal de première instance et du procureur de la République, fixe par ordonnance, pendant la première quinzaine du mois de décembre, le nombre des audiences correctionnelles pour l'année judiciaire suivante.

Art. 926-1 *(Abr., L. n° 2016-731, 3 juin 2016).*

Art. 927 *(Ord. n° 98-729, 20 août 1998).* – Pour l'application des articles 491 et 492, les délais d'opposition sont de dix jours si le prévenu réside dans la collectivité territoriale et d'un mois s'il réside en dehors de celle-ci.

Art. 928 *(Ord. n° 98-729, 20 août 1998).* – Pour l'application de l'article 510, la chambre des appels correctionnels est composée du président du tribunal supérieur d'appel ainsi que de deux assesseurs figurant sur la liste prévue à l'article L. 951-3 du Code de l'organisation judiciaire.

Les articles L. 952-10 et L. 952-11 du Code de l'organisation judiciaire relatifs au remplacement du président du tribunal supérieur d'appel et des assesseurs et aux modalités particulières d'exercice des fonctions juridictionnelles sont applicables à la chambre des appels correctionnels.

Art. 928-1 *(L. n° 99-1121, 28 déc. 1999).* – Pour l'application du premier alinéa de l'article 511, le président du tribunal supérieur d'appel, après avis du procureur de la République, fixe par ordonnance, pendant la première quinzaine du mois de décembre, le nombre des audiences correctionnelles pour l'année judiciaire suivante.

Art. 929 *(Ord. n° 98-729, 20 août 1998).* – Pour l'application de l'article 513, l'appel est jugé sur le rapport oral du président.

Section III. – Du jugement des contraventions

(Ord. n° 98-729, 20 août 1998)

Art. 930 *(Ord. n° 98-729, 20 août 1998).* – Pour l'application de l'article 523, le procureur de la République occupe le siège du ministère public devant le tribunal de police.

Art. 931 *(Ord. n° 98-729, 20 août 1998).* – Les articles L. 952-6 et L. 952-7 du Code de l'organisation judiciaire relatifs au remplacement des magistrats du tribunal de première instance et aux modalités particulières d'exercice des fonctions juridictionnelles sont applicables au tribunal de police.

Section IV. – Des citations et significations

(Ord. n° 98-729, 20 août 1998)

Art. 932 *(Ord. n° 98-729, 20 août 1998).* – Le délai prévu au premier alinéa de l'article 552 s'applique lorsque la partie citée réside dans la collectivité territoriale. Le délai est augmenté d'un mois si la partie citée réside en tout autre lieu du territoire de la République.

Section V. – Des recours en indemnité

(Ord. n° 98-729, 20 août 1998)

Art. 933 *(Ord. n° 98-729, 20 août 1998).* – Par dérogation aux dispositions des deuxième et troisième alinéas de l'article 706-4, le président du tribunal de première instance exerce les attributions dévolues à la commission d'indemnisation.

Section VI. – De l'exécution des sentences pénales

(Ord. n° 98-729, 20 août 1998)

Art. 934 *(L. n° 2004-204, 9 mars 2004).* – Par dérogation aux dispositions des deuxième et troisième alinéas de l'article 712-2, le président du tribunal de première instance exerce les fonctions de juge de l'application des peines. Il exerce les attributions dévolues au tribunal de l'application des peines conformément aux dispositions du deuxième alinéa de l'article 712-3.

Art. 934-1 *(Mod., L. n° 2014-896, 15 août 2014).* – Pour l'application de l'article 723-15 à Saint-Pierre-et-Miquelon, le chef d'établissement pénitentiaire exerce les fonctions dévolues, selon les cas, au service pénitentiaire d'insertion et de probation ou à son directeur.

Art. 934-2 *(Abr. à compter du 1er janvier 2015, L. n° 2014-896, 15 août 2014).*

CHAPITRE IV. – DE QUELQUES PROCÉDURES PARTICULIÈRES

(L. n° 2011-266, 14 mars 2011)

Art. 934-3 *(L. n° 2011-266, 14 mars 2011).* – Au 5° de l'article 706-167, la référence : « aux deuxième et troisième alinéas de l'article 414 du Code des douanes » est remplacée par la référence : « aux deuxième et troisième alinéas de l'article 414 du Code des douanes applicable à Saint-Pierre-et-Miquelon ».

TITRE IV. – DISPOSITIONS PARTICULIÈRES APPLICABLES AUX COLLECTIVITÉS DE SAINT-BARTHÉLEMY ET DE SAINT-MARTIN

(L. n° 2008-644, 1er juill. 2008)

Art. 935 *(L. n° 2008-644, 1er juill. 2008)*. – Pour l'application du présent code à Saint-Barthélemy et à Saint-Martin :

1° Les mots : « le département » sont remplacés par les mots : « la collectivité » ;

2° En l'absence d'adaptations prévues par le présent code, les références opérées par lui à des dispositions qui ne sont pas applicables à Saint-Barthélemy et à Saint-Martin sont remplacées par les références aux dispositions ayant le même objet applicables localement.

Art. 936 *(Ord. n° 2009-536, 14 mai 2009)*. – Les débats contradictoires tenus en application de l'article 396 par le juge des libertés et de la détention du tribunal judiciaire de Basse-Terre pour les prévenus se trouvant dans la collectivité de Saint-Martin peuvent être réalisés par l'intermédiaire d'un moyen de télécommunication audiovisuelle, conformément à l'article 706-71. Les dispositions des quatrième et cinquième alinéas de cet article sont alors applicables.

Copie de l'ordonnance de placement en détention provisoire prise en application du troisième alinéa de l'article 396 est adressée sur-le-champ, par télécopie ou par l'intermédiaire d'un moyen de communication électronique, pour notification et remise au prévenu et pour mise à exécution du titre de détention.

Art. 937 *(Ord. n° 2009-536, 14 mai 2009 ; L. n° 2021-1729, 22 déc. 2021)*. – Les personnes placées en détention provisoire jusqu'à leur comparution devant le tribunal peuvent être détenues dans un local autre qu'une maison d'arrêt au plus tard jusqu'au troisième jour ouvrable suivant l'ordonnance prescrivant la détention. À défaut, elles sont mises d'office en liberté conformément aux dispositions de l'article 396.

Les dispositions des articles 717-3 et 719-4 ainsi que celles des cinq premiers alinéas de l'article 716 et du deuxième alinéa de l'article 727 ne leur sont pas applicables.

Pour l'application de l'article 715, de l'article 719, du deuxième alinéa de l'article 724 et du premier alinéa de l'article 727, le local prévu au premier alinéa est regardé comme un établissement pénitentiaire.

Pour l'application de l'article 725, la personne dépositaire de l'autorité publique qui reçoit les personnes placées en détention provisoire au sein d'un local autre qu'une maison d'arrêt est regardée comme un agent de l'administration pénitentiaire.

Sous réserve qu'ils ne soient placés sous main de justice, les valeurs, bijoux et effets dont sont porteurs les détenus sont pris en charge par l'autorité publique responsable de ce local. Ils sont dès lors inventoriés afin d'être remis à l'intéressé lors de sa libération ou d'être remis à l'établissement pénitentiaire dans lequel il sera, le cas échéant, conduit.

Un décret détermine en tant que de besoin les conditions d'application du présent article et le régime de détention applicable dans ce local.

DEUXIÈME PARTIE : DÉCRETS EN CONSEIL D'ÉTAT

TITRE PRÉLIMINAIRE. – DISPOSITIONS GÉNÉRALES

(Intitulé rempl., D. n° 2011-1271, 12 oct. 2011)

Sous-titre Ier. – De l'action publique et de l'action civile

(D. n° 2011-1271, 12 oct. 2011)

Art. R. 1er *(D. n° 2007-1388, 26 sept. 2007)*. **– I. – Toute association visée au deuxième alinéa de l'article 2-3 peut être inscrite auprès du ministre de la Justice, selon les modalités précisées au II du présent article, si elle remplit, à la date de sa demande d'inscription, les deux conditions suivantes :**

a) justifier de l'existence d'au moins cinq années d'activité effective en vue de la défense ou l'assistance de l'enfant en danger et victime de toutes formes de maltraitance ;

b) justifier d'un nombre total d'adhérents supérieur ou égal à mille.

II. – La demande d'inscription, adressée au ministre de la Justice, comprend les documents suivants :

a) les statuts de l'association ;

b) un extrait du *Journal officiel* de la République française attestant de la date de sa déclaration ;

c) un rapport d'activité portant sur les cinq dernières années ;

d) un document justifiant du nombre de ses adhérents.

Lorsque le dossier remis est complet, il en est délivré récépissé.

La décision d'inscription ou de refus d'inscription est notifiée à l'association intéressée dans un délai de deux mois à compter de la date de délivrance du récépissé. Si aucune décision n'est notifiée dans ce délai, l'inscription est réputée acquise. La décision de refus d'inscription est motivée.

Le ministre de la Justice établit et tient à jour dans un registre la liste des associations habilitées à se constituer partie civile en application du deuxième alinéa de l'article 2-3.

L'inscription peut être retirée, par décision motivée du ministre de la Justice, lorsque l'association ne remplit plus les conditions énoncées au I du présent article. L'association est au préalable mise en demeure de présenter ses observations.

L'association qui entend contester une décision de refus ou de retrait d'inscription doit, préalablement à tout recours contentieux, présenter un recours gracieux auprès du ministre de la Justice.

III. – Toute association inscrite adresse chaque année au ministre de la Justice son rapport d'activité, qui précise notamment le nombre de ses adhérents.

Art. R. 1er-1 *(Anc.art. R. 1er créé, D. n° 2005-84, 3 févr. 2005 ; dénum. D. n° 2007-1388, 26 sept. 2007)*. **– I. – Toute fédération d'associations visée au troisième alinéa de l'article 2-15 peut être inscrite auprès du ministre de la Justice, selon les modalités précisées au II du présent article, si elle remplit, à la date de sa demande d'inscription, les trois conditions suivantes :**

a) Justifier de l'existence d'au moins cinq années d'activité effective en vue de la défense des intérêts des victimes d'accidents collectifs ;

b) Rassembler au moins dix associations de victimes agréées sur le fondement du premier alinéa de l'article 2-15 ;

c) Justifier d'un nombre total d'adhérents à ces associations, ayant la qualité de victimes d'infraction, supérieur ou égal à 1 000.

II. – La demande d'inscription, adressée au ministre de la Justice, comprend les documents suivants :

a) Les statuts de la fédération ;

b) Un extrait du *Journal officiel* de la République française attestant de la date de sa déclaration ;

c) Un rapport d'activité portant sur les cinq dernières années ;

d) Un document justifiant du nombre d'associations agréées affiliées à la fédération et du nombre de leurs adhérents.

Lorsque le dossier remis est complet, il en est délivré récépissé.

La décision d'inscription ou de refus d'inscription est notifiée à la fédération intéressée dans un délai de deux mois à compter de la date de délivrance du récépissé. Si aucune décision n'est notifiée dans ce délai, l'inscription est réputée acquise. La décision de refus d'inscription est motivée.

Le ministre de la Justice établit et tient à jour dans un registre la liste des fédérations habilitées à se constituer partie civile en application du troisième alinéa de l'article 2-15.

L'inscription peut être retirée, par décision motivée du ministre de la Justice, lorsque la fédération ne remplit plus les conditions énoncées au I du présent article. La fédération est au préalable mise en demeure de présenter ses observations.

La fédération qui entend contester une décision de refus ou de retrait d'inscription doit, préalablement à tout recours contentieux, présenter un recours gracieux auprès du ministre de la Justice.

III. – Toute fédération inscrite adresse chaque année au ministre de la Justice son rapport d'activité, qui précise notamment le nombre des associations qui la composent et celui de leurs adhérents.

Art. R. 1er-2 *(D. n° 2011-574, 24 mai 2011).* – Les dispositions relatives à la procédure d'agrément des associations mentionnées au premier alinéa de l'article 2-21 sont fixées par les articles R. 114-6 à R. 114-17 du Code du patrimoine.

Sous-titre II. – De la participation des citoyens au jugement des affaires pénales
(D. n° 2011-1271, 12 oct. 2011 ; voir avertissement supra art. 10-1).

NB : Dispositions applicables à titre expérimental du 1er janvier 2012 au 1er janvier 2014 dans les ressorts des cours d'appel de Dijon et Toulouse : A. 12 oct. 2011 (*JO* 13 oct. 2011). L'arrêté du 13 juin 2012 (*JO* 23 juin 2012) met fin à l'extension de l'expérimentation prévue à compter du 1er janvier 2013 au 1er janvier 2014 : A. 16 févr. 2012 (*JO* 25 févr. 2012) puis fin de l'expérimentation à compter du 30 avril 2013 : A. 18 mars 2013 (*JO* 22 mars 2013).

CHAPITRE I. – DISPOSITIONS RELATIVES À LA DÉSIGNATION DES JURÉS

Art. R. 2 *(D. n° 2011-1271, 12 oct. 2011).* – Pour l'application de l'article 264-1, l'arrêté du préfet procédant à la répartition du nombre de jurés en application de l'article 260 intervient avant la fin du mois de janvier de chaque année ou, à Paris, avant la fin du mois de mars. À défaut, la répartition résultant de l'arrêté établi l'année précédente demeure valable.

Après avoir procédé aux opérations de tirage au sort prévues par l'article 261, le maire transmet avant le 15 avril au greffe de la juridiction siège de la cour d'assises un exemplaire original de la liste préparatoire de la liste annuelle du jury d'assises conformément au premier alinéa de l'article 261-1.

Le maire adresse en outre, avant cette date, aux personnes tirées au sort les documents prévus par l'article R. 2-1.

La commission prévue par l'article 262 se réunit dans le courant du mois de juin pour établir la liste annuelle des jurés conformément à l'article 263.

CHAPITRE II. – DISPOSITIONS RELATIVES À LA DÉSIGNATION ET À LA FORMATION DES CITOYENS ASSESSEURS

Section I. – Établissement de la liste annuelle des citoyens assesseurs

§ 1. – Formalités préalables

Art. R. 2-1 *(D. n° 2011-1271, 12 oct. 2011).* – Après avoir procédé aux opérations de tirage au sort prévues par l'article 261 en vue de l'établissement de la liste préparatoire mentionnée à l'article R. 2, le maire adresse, avant le 15 avril, aux personnes tirées au sort :

1° Un avis comportant les informations ou mentions prévues aux 1° et 2° de l'article 10-4 et à l'article R. 2-3 ;

2° Le recueil d'informations prévu au dernier alinéa de l'article 10-4 qui doit être renseigné, conformément à l'article R. 2-5.

Art. R. 2-2 *(D. n° 2011-1271, 12 oct. 2011).* – Le modèle du recueil d'informations et de l'avis mentionnés à l'article R. 2-1 est établi par le ministre de la Justice.

Art. R. 2-3 *(D. n° 2011-1271, 12 oct. 2011).* – L'avis mentionné au 1° de l'article R. 2-1 informe la personne tirée au sort :

1° Que, dans un délai de dix jours à compter de la réception du recueil d'information et, au plus tard, avant le 15 mai, elle est tenue de le renseigner et de l'adresser au président de la commission prévue par l'article 262 ;

2° Qu'elle peut former une demande de dispense d'exercer les fonctions de juré ou de citoyen assesseur en application de l'article 258 soit dans le recueil d'informations, soit par lettre simple adressée au président de la commission avant le 15 mai.

Art. R. 2-4 *(D. n° 2011-1271, 12 oct. 2011).* – Le recueil d'informations contient une mention invitant la personne à y porter les informations prévues par l'article R. 2-5. Il comporte en outre le rappel des dispositions de l'article 10-13.

Art. R. 2-5 *(D. n° 2011-1271, 12 oct. 2011).* – I. – La personne tirée au sort est tenue de porter les informations suivantes dans le recueil d'informations :

- état civil, adresse et situation de famille ;
- coordonnées téléphoniques et adresse de messagerie électronique, personnelles ou professionnelles ;
- situation professionnelle ;
- exercice de fonctions électives publiques ou de fonctions juridictionnelles ;
- exercice, au cours des cinq années précédant l'année en cours, des fonctions de juré ou de citoyen assesseur ;
- exercice d'activités, y compris associatives, en lien avec l'institution judiciaire ;
- date et nature des infractions dont l'intéressé, son conjoint, son partenaire lié par un pacte civil de solidarité, son concubin ou l'un de ses parents ou alliés en ligne directe aurait été victime dans l'année en cours ou dans les deux années précédentes ;
- mesure de tutelle, de curatelle ou de sauvegarde de justice dont elle fait l'objet.

II. – La personne tirée au sort peut présenter dans le recueil d'informations une demande de dispense d'exercice des fonctions de juré ou de citoyen assesseur motivée conformément à l'article 258.

III. – Elle peut compléter ce recueil par toute autre information qu'elle estimerait utile. Elle est informée qu'elle a, notamment, la faculté de préciser les périodes durant lesquelles, en cas de désignation comme citoyen assesseur, elle souhaiterait, dans la mesure du possible, ne pas être appelée à siéger ainsi que les motifs de son indisponibilité.

Art. R. 2-6 *(D. n° 2011-1271, 12 oct. 2011 ; mod., D. n° 2012-680, 7 mai 2012).* – Pour l'application des dispositions du 3° de l'article 10-5, peuvent consulter les informations et les données à caractère personnel enregistrées dans le cadre des procédures pénales dans le bureau d'ordre national automatisé des procédures judiciaires dénommé « Cassiopée » prévu par l'article 48-1 et les articles R. 15-33-66-4 et suivants, les magistrats membres de la commission prévue par l'article 262, ainsi que les agents du greffe et les personnes habilitées pour les assister en vertu de l'article R. 123-14 du Code de l'organisation judiciaire.

Le président de la commission prévue à l'article 262 adresse aux services de la police ou de la gendarmerie nationales territorialement compétents la liste des personnes figurant sur la liste préparatoire qui n'ont pas été inscrites sur la liste annuelle du jury d'assises afin que, conformément au 3° de l'article 10-5, ces services procèdent, avant le 1er septembre, à la consultation des traitements automatisés prévus à l'article 230-6.

Il peut également leur demander de procéder à l'audition de ces personnes, en application du sixième alinéa de cet article.

§ 2. – Établissement de la liste

Art. R. 2-7 *(D. n° 2011-1271, 12 oct. 2011).* – La commission prévue par l'article 262 se réunit dans sa composition fixée par l'article 10-5 dans le courant du mois de septembre pour dresser la liste annuelle des citoyens assesseurs.

Conformément à l'article 10-5, elle exclut de la liste préparatoire de la liste annuelle les personnes mentionnées aux 1° à 3° de cet article. Elle exclut en outre provisoirement de cette liste les personnes qui n'ont pas adressé à son président le recueil d'informations dans le délai prévu au 1° de l'article R. 2-3.

Si la commission ne dispose pas des éléments suffisants pour arrêter la liste des citoyens assesseurs comportant le nombre de personnes fixé par l'arrêté pris en application de l'article 10-2, elle peut procéder, dans l'ordre déterminé par le tirage au sort, à l'examen de la situation des personnes ayant adressé tardivement le recueil d'informations. Si, à la suite de cet examen, la liste ne peut être arrêtée, son président procède ou fait procéder par les services de la police ou de la gendarmerie nationales, conformément au 3° de l'article 10-5 et au sixième alinéa de cet article, aux vérifications complémentaires qui apparaissent nécessaires. La commission se réunit à nouveau dans le courant du mois d'octobre pour établir la liste annuelle.

Art. R. 2-8 *(D. n° 2011-1271, 12 oct. 2011).* – Les membres de la commission sont soumis au secret professionnel dans les conditions et sous les peines prévues par les articles 226-13 et 226-14 du Code pénal.

Ils ne peuvent communiquer à des tiers les informations relatives à la situation des personnes inscrites sur la liste préparatoire dont ils ont eu connaissance dans l'exercice de leurs attributions.

Art. R. 2-9 *(D. n° 2011-1271, 12 oct. 2011).* – Le premier président avise les personnes retenues de leur inscription sur la liste annuelle des citoyens assesseurs au plus tard le 15 novembre.

§ 3. – Retrait de la liste

Art. R. 2-10 *(D. n° 2011-1271, 12 oct. 2011).* – Le premier président de la cour d'appel peut être saisi par le procureur général ou le président du tribunal judiciaire à l'effet d'ordonner le retrait d'un citoyen assesseur de la liste annuelle en application de l'article 10-6.

Le premier président de la cour d'appel, après avoir convoqué le citoyen assesseur et l'avoir mis en mesure de présenter ses observations, se prononce sur son retrait de la liste annuelle par une décision motivée qui est notifiée par tout moyen à l'intéressé.

Section II. – Répartition du service des audiences entre les citoyens assesseurs

Art. R. 2-11 *(D. n° 2011-1271, 12 oct. 2011).* – Conformément aux dispositions de l'article 10-7, le premier président de la cour d'appel et le président du tribunal judiciaire décident par ordonnance de la répartition du service des audiences entre les citoyens assesseurs.

Pour chaque audience, il est désigné, outre les deux citoyens assesseurs titulaires et, le cas échéant, le ou les citoyens assesseurs supplémentaires, au moins deux citoyens assesseurs suppléants.

Les citoyens assesseurs sont informés par tout moyen des dates des audiences auxquelles ils sont appelés ou peuvent être appelés à siéger comme assesseurs titulaires, supplémentaires ou suppléants.

Section III. – Formation préalable à l'exercice des fonctions de citoyens assesseurs

Art. R. 2-12 *(D. n° 2011-1271, 12 oct. 2011).* – Avant d'exercer leurs fonctions, les citoyens assesseurs suivent une formation d'une journée sur le fonctionnement de la justice pénale et les fonctions qu'ils devront exercer. La formation comporte en outre la visite d'un établissement pénitentiaire.

Cette formation, dont l'organisation est coordonnée par le premier président de la cour d'appel, peut être commune à l'ensemble des tribunaux judiciaires du ressort de la cour d'appel ou à certains d'entre eux.

Art. R. 2-13 *(D. n° 2011-1271, 12 oct. 2011).* – Cette formation est dispensée par :

– un ou plusieurs magistrats du siège des juridictions du ressort de la cour d'appel, désignés par le premier président ;

– un ou plusieurs magistrats du ministère public des juridictions du ressort de la cour d'appel, désignés par le procureur général ;

– un avocat désigné par le bâtonnier de l'ordre des avocats du tribunal judiciaire au siège duquel la formation est organisée ou, si les bâtonniers des ordres concernés s'accordent sur ce point, un avocat appartenant au barreau d'un autre tribunal auquel la formation est commune.

Art. R. 2-14 *(D. n° 2011-1271, 12 oct. 2011).* – La formation a pour objet de permettre aux citoyens assesseurs de mesurer le sens et la portée du serment prévu par l'article 10-11.

Elle porte sur les éléments essentiels concernant :

– la composition, les modes de saisine et la compétence des juridictions pénales comportant des citoyens assesseurs ;

– les délits relevant de la compétence de ces juridictions ;

– les règles relatives à la responsabilité pénale et aux causes d'irresponsabilité ;

– le rôle respectif des magistrats du siège et du ministère public, ainsi que des avocats de la défense et de la partie civile ;

– les règles déontologiques qui s'imposent aux juges, notamment les obligations découlant pour eux des exigences d'impartialité et de probité ;

– le principe de la présomption d'innocence et les règles relatives à l'administration de la preuve en matière pénale ;

– les règles relatives au prononcé des peines et à leur exécution.

Sous-titre III. – Des droits des victimes

(Sous-titre créé, D. n° 2021-1182, 13 sept. 2021)

CHAPITRE UNIQUE. – TRAITEMENT DE DONNÉES À CARACTÈRE PERSONNEL DÉNOMMÉ « SYSTÈME D'INFORMATION INTERMINISTÉRIEL DES VICTIMES D'ATTENTATS ET DE CATASTROPHES »

Art. R. 2-15 *(Créé, D. n° 2021-1182, 13 sept. 2021)*. – Est autorisée la création, par le ministre de la justice, d'un traitement de données à caractère personnel dénommé « système d'information interministériel des victimes d'attentats et de catastrophes » (SIVAC). Ce traitement a pour finalités de :

1° Centraliser, fiabiliser et partager les données sur les personnes concernées par les accidents, sinistres, catastrophes ou infractions, notamment les actes de terrorisme, susceptibles de provoquer de nombreuses victimes ;

2° Améliorer l'information, l'accompagnement et la prise en charge des personnes mentionnées au 1° et accélérer la mise en œuvre de leurs droits ;

3° Produire des statistiques.

Ce traitement concerne les événements survenant sur le territoire de la République. Il concerne également les événements survenant hors du territoire français impliquant des ressortissants français et des personnes étrangères résidant régulièrement en France.

Art. R. 2-15-1 *(Créé, D. n° 2021-1182, 13 sept. 2021)*. – Les catégories de données à caractère personnel et informations susceptibles d'être enregistrées dans le traitement sont :

1° Concernant les personnes recherchées et les personnes ayant pris attache avec les cellules d'information :

– l'identité ;

– la nationalité ;

– les coordonnées ;

– le rôle et le statut pour l'événement ;

– le lien de proximité ;

– les identifiants attribués ;

2° Concernant les personnes présentes ou déclarées sur les lieux de l'événement et leurs proches :

– l'identité ;

– la nationalité ;

– la langue parlée ;

– les coordonnées ;

– le rôle et le statut pour l'événement ;

– le lien de proximité ;

– la situation sur le lieu de crise ;

– les exigences de confidentialité appliquées à cette personne ;

– les données relatives au type de prise en charge sanitaire, y compris médico-psychologique ;

– la situation judiciaire ;

– les données relatives à l'accompagnement ;

– les identifiants attribués ;

3° Concernant les victimes et leurs proches pouvant bénéficier d'un accompagnement, d'une prise en charge ou de droits spécifiques :
– l'identité ;
– la situation familiale ;
– la nationalité ;
– la langue parlée ;
– les coordonnées ;
– le rôle et le statut pour l'événement ;
– le lien de proximité ;
– la situation sur le lieu de crise ;
– les exigences de confidentialité appliquées à cette personne ;
– les données relatives au type de prise en charge sanitaire, y compris médico-psychologique ;
– la situation judiciaire ;
– les données relatives à l'accompagnement ;
– pour les actes terroristes, les données relatives aux droits dont le numéro d'inscription au répertoire national d'identification des personnes physiques et le numéro d'identification du contribuable ;
– les identifiants attribués ;

4° Concernant les accédants mentionnés aux I à IV de l'article R. 2-15-2 : l'identité, les coordonnées professionnelles, les moyens d'authentification, les profils d'habilitation, les préférences.

Le traitement des données à caractère personnel concernant la santé mentionnées à l'article 6 de la loi n° 78-17 du 6 janvier 1978 relative à l'informatique, aux fichiers et aux libertés n'est possible que pour les personnes mentionnées aux 2° et 3°, à l'exception des proches, et dans la stricte mesure où ces données sont nécessaires à la poursuite des finalités définies à l'article R. 2-15.

Art. R. 2-15-2 *(Créé, D. n° 2021-1182, 13 sept. 2021)*. – I. – Peuvent accéder, à raison de leurs attributions et dans la limite du besoin d'en connaître, à tout ou partie des données à caractère personnel et informations mentionnées aux 1°, 2° et 3° de l'article R. 2-15-1 :
– les magistrats et les greffiers du parquet en charge de l'enquête ;
– les magistrats et les greffiers de l'instruction ;
– les personnels du service d'enquête saisi, nommément désignés et dûment habilités par l'autorité compétente ;
– les personnels intervenant dans le cadre de l'unité d'identification des victimes de catastrophe saisie, nommément désignés et dûment habilités par l'autorité compétente ;
– les personnels du secrétariat général du ministère de la justice en charge de l'aide aux victimes, nommément désignés et dûment habilités par l'autorité compétente ;
– les personnels du ministère des affaires étrangères, nommément désignés et dûment habilités par l'autorité compétente ;
– pour les actes terroristes, les magistrats et les greffiers de la juridiction civile compétente en application de l'article L. 217-6 du Code de l'organisation judiciaire.

II. – Peuvent accéder, à raison de leurs attributions et dans la limite du besoin d'en connaître, à tout ou partie des données à caractère personnel et informations mentionnées aux 2° et 3° de l'article R. 2-15-1 :
– les préfets de département et les procureurs de la République des tribunaux judiciaires ou leurs représentants, en leur qualité de co-présidents des comités locaux d'aide aux victimes ;
– les personnels de la délégation interministérielle à l'aide aux victimes, nommément désignés et dûment habilités par l'autorité compétente ;
– les personnels salariés des associations d'aide aux victimes agréées par le ministre de la justice, nommément désignés et dûment habilités par l'autorité compétente ;
– pour les actes terroristes, les personnels du fonds de garantie des victimes des actes de terrorisme et d'autres infractions, nommément désignés et dûment habilités par l'autorité compétente.

III. – Peuvent accéder, à raison de leurs attributions et dans la limite du besoin d'en connaître, pour les actes terroristes, à tout ou partie des données à caractère personnel et informations mentionnées au 3° de l'article R. 2-15-1 :
– les personnels de l'administration centrale de la direction générale des finances publiques chargés du contentieux des impôts des particuliers, nommément désignés et dûment habilités par l'autorité compétente ;

– les personnels de la caisse nationale d'assurance maladie et des autres organismes chargés d'un régime obligatoire d'assurance maladie, nommément désignés et dûment habilités par l'autorité compétente ;

– les personnels de la direction des ressources humaines du ministère de la défense en charge de l'instruction des demandes et de l'attribution des pensions, nommément désignés et dûment habilités par l'autorité compétente ;

– les personnels de l'office national des anciens combattants et des victimes de guerre, nommément désignés et dûment habilités par l'autorité compétente ;

– les personnels de la caisse nationale des allocations familiales, nommément désignés et dûment habilités par l'autorité compétente.

IV. – Peuvent accéder, à raison de leurs attributions et dans la limite du besoin d'en connaître, à tout ou partie des données à caractère personnel et informations mentionnées aux 2° et 3° de l'article R. 2-15-1 pour les agents, blessés ou décédés, ainsi que leurs proches :

– les personnels de la direction générale de la police nationale chargés de l'accompagnement des personnels blessés en service ou des familles des personnels décédés en mission, nommément désignés et dûment habilités par l'autorité compétente ;

– les personnels de la direction générale de la gendarmerie nationale chargés de l'accompagnement des personnels blessés en service ou des familles des personnels décédés en mission, nommément désignés et dûment habilités par l'autorité compétente ;

– les personnels de la direction générale de la sécurité civile et de la gestion des crises en charge de la doctrine et des ressources humaines, nommément désignés et dûment habilités par l'autorité compétente ;

– les personnels en charge de la gestion des ressources humaines au sein des services d'incendie et de secours, nommément désignés et dûment habilités par l'autorité compétente ;

– les personnels de la direction des ressources humaines, de la direction des affaires juridiques et du commissariat des armées du ministère de la défense, nommément désignés et dûment habilités par l'autorité compétente.

V. – Peuvent accéder, à raison de leurs attributions et dans la limite du besoin d'en connaître, à tout ou partie des données à caractère personnel et informations mentionnées au 4° de l'article R. 2-15-1 : les personnes mentionnées aux I à IV du présent article.

VI. – Peuvent être destinataires, à raison de leurs attributions et dans la limite du besoin d'en connaître, de tout ou partie des données à caractère personnel et informations mentionnées :

– au 3° de l'article R. 2-15-1, pour les actes terroristes : les directions départementales de la direction générale des finances publiques ;

– aux 1°, 2° et 3° de l'article R. 2-15-1 : les administrations étrangères assurant les mêmes missions pour leurs ressortissants, y compris celles des pays absents de la liste prévue à l'article 45 du règlement (UE) 2016/679 du Parlement européen et du Conseil du 27 avril 2016, lorsqu'un motif important d'intérêt public le nécessite, conformément au *d* du 1 de l'article 49 du même règlement.

Art. R. 2-15-3 *(Créé, D. n° 2021-1182, 13 sept. 2021)*. – Les données et informations mentionnées au 1° de l'article R. 2-15-1 sont conservées six mois à compter de la date de l'événement.

Les données et informations mentionnées au 2° du même article sont conservées dix ans à compter de la date de l'événement.

Les données et informations mentionnées au 3° du même article sont conservées dix ans à compter de la date de l'événement ou quinze ans pour les actes terroristes.

Les données d'identité, de nationalité, le rôle et le statut pour l'événement ainsi que l'identifiant, attribué par le traitement, des victimes d'actes terroristes, à l'exclusion de leurs proches, sont conservées trente ans à compter de la date de l'événement. Au-delà du délai de quinze ans, ces données ne sont accessibles qu'aux personnels habilités du ministère de la justice.

Les données mentionnées aux 1°, 2° et 3° de l'article R. 2-15-1 ayant fait l'objet de mesures adéquates de pseudonymisation sont conservées quinze ans à compter de la date de l'événement pour la seule finalité statistique mentionnée au 3° de l'article R. 2-15.

Les données et informations mentionnées au 4° de l'article R. 2-15-1 sont conservées trois ans après la clôture du compte de l'accédant.

Art. R. 2-15-4 *(Créé, D. n° 2021-1182, 13 sept. 2021).* – Les consultations, créations, modifications ou suppressions de données font l'objet d'un enregistrement comprenant l'identifiant de leur auteur ainsi que la date, l'heure et l'objet de l'opération. Ces informations sont conservées pendant un délai de trois ans. Peuvent y accéder, à raison de leurs attributions et dans la limite du besoin d'en connaître, les personnes mentionnées aux I à IV de l'article R. 2-15-2.

Art. R. 2-15-5 *(Créé, D. n° 2021-1182, 13 sept. 2021).* – Le droit d'opposition prévu à l'article 21 du règlement mentionné ci-dessus ne s'applique pas au traitement des données à caractère personnel des personnes mentionnées aux 1°, 2° et 3° de l'article R. 2-15-1 par les personnels habilités du ministère de la justice, du service d'enquête et de l'unité d'identification des victimes de catastrophe saisis lorsque cette transmission ou cette consultation a pour objectif de garantir la protection des personnes concernées en application du i du 1 de l'article 23 du même règlement.

Les personnes mentionnées aux 1°, 2° et 3° de l'article R. 2-15-1 peuvent en revanche s'opposer à la transmission ou la consultation de leurs données à caractère personnel aux autres catégories d'accédants et de destinataires.

Les droits d'accès, de rectification, à la limitation et d'opposition prévus aux articles 15, 16, 18 et 21 du même règlement s'exercent auprès du service en charge de l'aide aux victimes du secrétariat général du ministère de la justice.

LIVRE PREMIER

DE L'EXERCICE DE L'ACTION PUBLIQUE ET DE L'INSTRUCTION

TITRE PREMIER. – DES AUTORITÉS CHARGÉES DE L'ACTION PUBLIQUE ET DE L'INSTRUCTION

CHAPITRE Ier. – DE LA POLICE JUDICIAIRE (1)

(D. n° 66-716, 28 sept. 1966)

Section I. – Dispositions générales

(Mod., D. n° 2002-801, 3 mai 2002 ; D. n° 2005-84, 3 févr. 2005 ; D. n° 2011-1271, 12 oct. 2011)

Art. R. 2-16 *(Anc. art. R. 2 dénum., D. n° 2011-1271, 12 oct. 2011).* **– Les officiers de police judiciaire, à l'occasion d'une enquête ou de l'exécution d'une commission rogatoire, ne peuvent, solliciter ou recevoir des ordres ou instructions que de l'autorité judiciaire dont ils dépendent.**

Art. R. 2-17 *(Anc. art. R. 2-1 dénum., D. n° 2011-1271, 12 oct. 2011).* **– Les officiers de police judiciaire doivent rendre compte de leurs diverses opérations à l'autorité judiciaire dont ils dépendent sans attendre la fin de leur mission.**

Section I *bis*. – De la protection de l'identité de certains agents intervenant dans les procédures pénales

(D. n° 2018-218, 30 mars 2018)

Art. R. 2-18 *(D. n° 2018-218, 30 mars 2018).* **– L'autorisation mentionnée au deuxième alinéa du I de l'article 15-4 est délivrée par écrit et est valable pendant la durée de l'affectation de l'agent ou de sa mise à disposition temporaire dans le service ou l'unité sous réserve qu'un changement de fonctions au sein de ce service ou de cette unité ne vienne modifier les conditions d'exercice de sa mission ou la nature des faits habituellement constatés.**

Art. R. 2-19 *(D. n° 2018-218, 30 mars 2018).* **– L'autorisation mentionnée au 2° du I de l'article 15-4 ne peut être délivrée qu'à l'agent bénéficiant de l'autorisation mentionnée au deuxième alinéa du I du même article.**

Elle est délivrée par écrit par un responsable hiérarchique d'un niveau suffisant mentionné au deuxième alinéa du I de l'article 15-4.

(1) Dispositions prises en application de l'article 16 du Code de procédure pénale (1re partie, Législative).

En cas d'urgence, elle peut être délivrée par tout moyen par un tel responsable ou par son représentant dans le cadre de l'astreinte du service. Elle doit être confirmée par écrit par un tel responsable hiérarchique dès le premier jour ouvrable suivant sa délivrance.

Sans préjudice des dispositions des articles R. 2-22 à R. 2-24, cette autorisation est valable jusqu'à ce qu'une décision judiciaire mettant fin à la procédure soit devenue définitive.

Art. R. 2-20 *(D. n° 2018-218, 30 mars 2018).* – Le numéro d'immatriculation administrative par lequel le bénéficiaire des autorisations mentionnées au I de l'article 15-4 s'identifie dans les actes de procédure qu'il établit ou dans lesquels il est cité est défini par arrêté du ministre dont il relève.

Lorsque la révélation de l'identité de l'agent est susceptible de caractériser l'infraction prévue au IV de l'article 15-4 ou lorsque la révélation intervenue dans les conditions du III du même article est susceptible de mettre en danger sa vie ou son intégrité physique ou celles de ses proches, un nouveau numéro d'immatriculation administrative est délivré à l'agent sur décision du responsable hiérarchique mentionné au deuxième alinéa du I de l'article 15-4.

Art. R. 2-21 *(D. n° 2018-218, 30 mars 2018).* – La requête prévue au deuxième alinéa du III de l'article 15-4 est adressée par lettre recommandée avec demande d'avis de réception ou par remise au greffe contre récépissé. Lorsque la personne est détenue, la requête est déposée conformément aux dispositions du dixième alinéa de l'article 81.

Art. R. 2-22 *(D. n° 2018-218, 30 mars 2018).* – Lorsque le bénéficiaire d'une autorisation délivrée en application de l'article 15-4 exerce son action en réparation devant une juridiction civile ou qu'il saisit la commission d'indemnisation des victimes d'infraction d'une demande d'indemnité, il peut s'identifier par son numéro d'immatriculation administrative.

La juridiction ou la commission saisie peut avoir accès aux nom et prénom du bénéficiaire de cette autorisation par l'intermédiaire du procureur de la République compétent.

Dans les décisions judiciaires et tous les actes de la procédure, y compris en cas d'appel ou de pourvoi en cassation, il ne peut être fait état des nom et prénom du bénéficiaire de l'autorisation ; seuls ses numéro d'immatriculation administrative, qualité et service ou unité d'affectation sont mentionnés.

Art. R. 2-23 *(D. n° 2018-218, 30 mars 2018).* – Dans le cadre de l'aide au recouvrement et dans toutes les procédures de recouvrement de dommages et intérêts obtenus par le bénéficiaire d'une autorisation délivrée conformément à l'article 15-4 au titre de la réparation de son préjudice en sa qualité de partie civile, il ne peut être fait état de ses nom et prénom, et seuls ses numéro d'immatriculation administrative, qualité et service ou unité d'affectation sont mentionnés.

Le recouvrement des dommages et intérêts s'effectue par l'intermédiaire d'un avocat ou d'un huissier de justice mandaté à cette fin ou du fonds de garantie des victimes des actes de terrorisme et d'autres infractions, auxquels le bénéficiaire de l'autorisation transmet la copie de l'autorisation qui lui a été nominativement délivrée par le responsable hiérarchique mentionné au deuxième alinéa du I de l'article 15-4.

Art. R. 2-24 *(D. n° 2018-218, 30 mars 2018).* – En cas de répétition de l'indu, la restitution des dommages et intérêts est réalisée par l'intermédiaire de l'agent judiciaire de l'État, qui récupère les sommes indûment versées auprès du bénéficiaire de l'autorisation.

Section II. – Des officiers de police judiciaire

§ 1. – Désignation des officiers de police judiciaire

(§ rempl. à compter du 1er octobre 2016, D. n° 2016-390, 30 mars 2016)

Art. R. 3 *(Rempl. à compter du 1er oct. 2016, D. n° 2016-390, 30 mars 2016).* – La commission prévue à l'article 16 (2° et 4°) du Code de procédure pénale, dont l'avis conforme est requis pour la désignation des militaires de la gendarmerie nationale et des fonctionnaires du corps d'encadrement et d'application de la police nationale auxquels est attribuée la qualité d'officier de police judiciaire, est composée comme suit :

1° Le procureur général près la Cour de cassation ou son délégué choisi par lui parmi les premiers avocats généraux et les avocats généraux près la Cour de cassation, président ;

2° Cinq magistrats en activité ou honoraires ;

3° Le directeur général de la police nationale ou son représentant ;

4° Le directeur général de la gendarmerie nationale ou son représentant ;

5° Le directeur, chef de l'inspection générale de la police nationale ou son représentant ;

6° Le *(Mots rempl., D. n° 2018-322, 2 mai 2018)* « directeur central du recrutement et de la formation de la police nationale » ou son représentant ;

7° Le chef de l'inspection générale de la gendarmerie nationale ou son représentant ;

8° Le directeur des personnels militaires de la gendarmerie nationale ou son représentant.

En cas de partage des voix, le président de la commission a voix prépondérante.

Les membres de la commission mentionnés au 2° sont nommés par arrêté conjoint du garde des Sceaux, ministre de la Justice, et du ministre de l'Intérieur pour une durée de quatre ans renouvelable une fois et ont chacun un suppléant désigné dans les mêmes conditions. Ils ne peuvent exercer leurs fonctions au sein de la commission pour une durée supérieure à huit ans quelle que soit leur qualité de titulaire ou de suppléant.

Art. R. 4 *(Rempl. à compter du 1er oct. 2016, D. n° 2016-390, 30 mars 2016)*. – Le secrétariat de la commission est assuré par la sous-direction des compétences de la gendarmerie nationale et la *(Mots rempl., D. n° 2018-322, 2 mai 2018)* « direction centrale du recrutement et de la formation de la police nationale ».

Art. R. 5 *(Rempl. à compter du 1er oct. 2016, D. n° 2016-390, 30 mars 2016)*. – La qualité d'officier de police judiciaire peut être attribuée :

– aux sous-officiers de carrière de gendarmerie ayant satisfait aux épreuves d'un examen technique ;

– aux fonctionnaires du corps d'encadrement et d'application de la police nationale ayant satisfait aux épreuves d'un examen technique et comptant au moins trois ans de service dans ce corps.

Les modalités d'organisation et le programme des épreuves de l'examen technique prévu aux deuxième et troisième alinéas sont fixés par arrêté conjoint du garde des Sceaux, ministre de la Justice, et du ministre de l'Intérieur.

Art. R. 6 *(Rempl. à compter du 1er oct. 2016, D. n° 2016-390, 30 mars 2016)*. – La commission prévue à l'article R. 3 détermine la date et les sujets des épreuves des examens techniques d'officier de police judiciaire de la police et de la gendarmerie nationales.

Art. R. 7 *(Rempl. à compter du 1er oct. 2016, D. n° 2016-390, 30 mars 2016)*. – Le jury de l'examen technique d'officier de police judiciaire de la gendarmerie nationale est composé comme suit :

1° Le procureur général près la Cour de cassation ou son délégué choisi par lui parmi les premiers avocats généraux et les avocats généraux près la Cour de cassation, président ;

2° Le directeur général de la gendarmerie nationale ou son représentant ;

3° Le chef de l'inspection générale de la gendarmerie nationale ou son représentant ;

4° Le directeur des personnels militaires de la gendarmerie nationale ou son représentant ;

5° Des magistrats en activité ou honoraires ;

6° Des officiers supérieurs de la gendarmerie nationale dont la moitié au plus peuvent être en retraite.

Les membres du jury mentionnés aux 1°, 2°, 3°, 4° et 5° peuvent être différents des membres mentionnés aux 1°, 2°, 4°, 7° et 8° de l'article R. 3.

Le nombre total des magistrats prévus aux 1° et 5° est égal au nombre total des membres prévus aux 2°, 3°, 4° et 6°.

Des magistrats et des officiers supérieurs de la gendarmerie nationale sont désignés comme suppléants. Le membre suppléant remplace le membre titulaire avant le début de l'examen et pour toute sa durée.

Le jury établit la liste des candidats ayant satisfait à l'examen technique d'officier de police judiciaire de la gendarmerie nationale.

En cas de partage des voix, le président du jury a voix prépondérante.

Art. R. 8 *(Rempl. à compter du 1er oct. 2016, D. n° 2016-390, 30 mars 2016)*. – Le jury de l'examen technique d'officier de police judiciaire de la police nationale est composé comme suit :

1° Le procureur général près la Cour de cassation ou son délégué choisi par lui parmi les premiers avocats généraux et les avocats généraux près la Cour de cassation, président ;

2° Le directeur général de la police nationale ou son représentant ;

3° Le directeur, chef de l'inspection générale de la police nationale ou son représentant ;

4° Le *(Mots rempl., D. n° 2018-322, 2 mai 2018)* « directeur central du recrutement et de la formation de la police nationale » ou son représentant ;

5° Des magistrats en activité ou honoraires ;

6° Des fonctionnaires de la police nationale ayant au moins rang de commissaire de police dont la moitié au plus peuvent être en retraite.

Les membres du jury mentionnés aux 1°, 2°, 3°, 4° et 5° peuvent être différents des membres mentionnés aux 1°, 2°, 3°, 5° et 6° de l'article R. 3.

Le nombre total des magistrats prévus aux 1° et 5° est égal au nombre total des membres prévus aux 2°, 3°, 4° et 6°.

Des magistrats et des fonctionnaires de la police nationale ayant au moins rang de commissaire de police sont désignés comme suppléants. Le membre suppléant remplace le membre titulaire avant le début de l'examen et pour toute sa durée.

Le jury établit la liste des candidats ayant satisfait à l'examen technique d'officier de police judiciaire de la police nationale.

En cas de partage des voix, le président du jury a voix prépondérante.

Art. R. 9 *(Rempl. à compter du 1er oct. 2016, D. n° 2016-390, 30 mars 2016)*. – Les membres des jurys de l'examen technique mentionnés aux articles R. 7 et R. 8 sont nommés par arrêté conjoint du garde des Sceaux, ministre de la Justice, et du ministre de l'Intérieur.

Les membres des jurys mentionnés aux 5° et 6° des articles R. 7 et R. 8 ne peuvent exercer leurs fonctions au sein du jury pour une durée supérieure à huit ans quelle que soit leur qualité de titulaire ou de suppléant.

Art. R. 10 *(Rempl. à compter du 1er oct. 2016, D. n° 2016-390, 30 mars 2016)*. – L'attribution de la qualité d'officier de police judiciaire aux candidats reçus à l'examen technique est prononcée, après avis conforme de la commission prévue à l'article R. 3, par arrêté conjoint du garde des Sceaux, ministre de la Justice, et du ministre de l'Intérieur.

Art. R. 11 et R. 12 *(Abr. à compter du 1er oct. 2016, D. n° 2016-390, 30 mars 2016)*.

§ 2. – Habilitation des militaires de la gendarmerie et des fonctionnaires de la police nationale, ayant la qualité d'officier de police judiciaire, à exercer effectivement les attributions attachées à cette qualité

A. – Habilitation des officiers de police judiciaire de la gendarmerie

Art. R. 13 *(Rempl., D. n° 2004-530, 10 juin 2004)*. – Les militaires de la gendarmerie mentionnés à l'article 16 (2°) ne peuvent être habilités à exercer effectivement les attributions attachées à leur qualité d'officier de police judiciaire que lorsqu'ils sont affectés à un emploi comportant l'exercice de ces attributions.

Art. R. 14 *(Rempl., D. n° 2004-530, 10 juin 2004 ; mod., D. n° 2012-1046, 12 sept. 2012)*. – La demande d'habilitation est adressée au procureur général près la cour d'appel dans le ressort de laquelle l'officier de police judiciaire exerce habituellement ses fonctions d'officier de police judiciaire. Cette demande est transmise par :

a) Le directeur général de la gendarmerie nationale pour les commandants de région, les commandants des formations de gendarmerie directement rattachées à l'administration centrale et les chefs des services et commandants d'unités à compétence nationale ;

b) Le commandant de région de gendarmerie pour les commandants et de groupement de gendarmerie départementale et les officiers de police judiciaire des services ou unités placés directement sous son autorité ;

c) Le commandant de groupement, le commandant de la gendarmerie dans les départements et les collectivités d'outre-mer et en Nouvelle-Calédonie, le commandant d'une formation de gendarmerie directement rattachée à l'administration centrale ou le chef de service ou commandant d'unité à compétence nationale, pour tous les officiers de police judiciaire des unités placées sous leur autorité ;

d) Le chef de service dont dépend l'officier de police judiciaire lorsqu'il est affecté dans un service de la police nationale.

Art. R. 14-1 *(D. n° 2004-530, 10 juin 2004 ; mod., D. n° 2008-290, 28 mars 2008).* – La demande précise la nature des fonctions confiées à l'officier de police judiciaire et le service ou l'unité au sein duquel il sera appelé à les exercer habituellement.

Elle précise également si, au cours du précédent emploi pour lequel il avait été habilité, l'officier de police judiciaire a été définitivement sanctionné pour des fautes disciplinaires constituant des manquements à l'honneur, à la probité ou des insuffisances professionnelles graves.

Le procureur général saisi de la demande est informé, dans les meilleurs délais, des sanctions éventuellement intervenues pour des manquements à l'honneur, à la probité ou des insuffisances professionnelles graves, commis au cours du précédent emploi pour lequel l'officier de police judiciaire avait été habilité, lorsque, au moment de la demande :

1° Une procédure disciplinaire était en cours ;

2° La sanction prononcée pour ces fautes n'était pas définitive.

Art. R. 15 *(Mod., D. n° 2012-1046, 12 sept. 2012).* – Lorsque l'officier de police judiciaire est appelé à exercer habituellement ses fonctions d'officier de police judiciaire sur tout le territoire de la République, la demande d'habilitation est adressée au procureur général près la Cour d'appel de Paris.

Art. R. 15-1 *(Mod., D. n° 75-1338, 31 déc. 1975).* – Le procureur général accorde ou refuse par arrêté l'habilitation à exercer effectivement les attributions attachées à la qualité d'officier de police judiciaire.

L'arrêté d'habilitation indique les fonctions en vue desquelles cette habilitation est accordée et précise qu'elle vaut seulement pour le temps pendant lequel l'officier de police judiciaire exercera lesdites fonctions.

Lorsqu'il envisage de refuser l'habilitation, le procureur général en informe l'intéressé, en lui précisant qu'il peut, dans un délai de quinze jours, prendre connaissance de son dossier et être entendu, le cas échéant, avec l'assistance d'un conseil de son choix.

Art. R. 15-2 *(D. n° 75-1338, 31 déc. 1975).* – Le procureur général prononce le retrait ou, pour une durée n'excédant pas deux ans, la suspension de l'habilitation à exercer les attributions attachées à la qualité d'officier de police judiciaire, par arrêté pris soit d'office, soit sur la proposition du commandant du groupement ou du commandant régional de la gendarmerie.

Il entend préalablement l'officier de police judiciaire qui peut prendre connaissance du dossier relatif aux faits qui lui sont reprochés et se faire assister d'un conseil de son choix.

L'officier de police judiciaire dont l'habilitation a été suspendue reprend de plein droit, à l'expiration de la suspension, l'exercice des attributions attachées à sa qualité. Le procureur général peut, à tout moment, abroger la durée de la suspension.

Après un retrait, l'habilitation ne peut être rendue que dans les formes prévues par son attribution initiale.

B. – Habilitation des officiers de police judiciaire de la police nationale

Art. R. 15-3 *(Mod., D. n° 2012-1046, 12 sept. 2012).* – Les fonctionnaires de la police nationale visés à l'article 16 (3°) ne peuvent être habilités à exercer effectivement les attributions attachées à leur qualité d'officier de police judiciaire que lorsqu'ils sont affectés à un emploi comportant l'exercice desdites attributions.

Pour chaque fonctionnaire affecté à un tel emploi, une demande d'habilitation est adressée, par le chef du service auquel appartient ce fonctionnaire, au procureur général près la cour d'appel dans le ressort de laquelle l'officier de police judiciaire exerce habituellement ses fonctions d'officier de police judiciaire.

La demande doit préciser la nature des fonctions confiées à cet officier de police judiciaire et les limites territoriales dans lesquelles il sera appelé à les exercer habituellement.

Elle précise également si, au cours du précédent emploi pour lequel il avait été habilité, l'officier de police judiciaire a été définitivement sanctionné pour des fautes disciplinaires constituant des manquements à l'honneur, à la probité ou des insuffisances professionnelles graves.

Le procureur général saisi de la demande est informé, dans les meilleurs délais, des sanctions éventuellement intervenues pour des manquements à l'honneur, à la probité ou des insuffisances professionnelles graves, commis au cours du précédent emploi pour lequel l'officier de police judiciaire avait été habilité, lorsque, au moment de la demande :

1° Une procédure disciplinaire était en cours ;

2° La sanction prononcée pour ces fautes n'était pas définitive.

Si l'officier de police judiciaire est affecté dans une unité de la gendarmerie nationale, la demande d'habilitation est transmise selon les distinctions prévues aux *a*, *b* ou *c* de l'article R. 14.

Art. R. 15-4 *(Md., D. n° 2012-1046, 12 sept. 2012)*. – Lorsque l'officier de police judiciaire est appelé à exercer habituellement ses fonctions d'officier de police judiciaire sur tout le territoire de la République, la demande d'habilitation est adressée au procureur général près la Cour d'appel de Paris.

Art. R. 15-5 *(Mod., D. n° 75-1338, 31 déc. 1975)*. – Le procureur général accorde ou refuse par arrêté l'habilitation à exercer effectivement les attributions attachées à la qualité d'officier de police judiciaire.

L'arrêté d'habilitation indique les fonctions en vue desquelles cette habilitation est accordée et précise qu'elle vaut seulement pour le temps pendant lequel l'officier de police judiciaire exercera lesdites fonctions.

Lorsqu'il envisage de refuser l'habilitation, le procureur général en informe l'intéressé, en lui précisant qu'il peut, dans un délai de quinze jours, prendre connaissance de son dossier et être entendu, le cas échéant, avec l'assistance d'un conseil de son choix.

Art. R. 15-6 *(D. n° 75-1338, 31 déc. 1975)*. – Le procureur général prononce le retrait ou, pour une durée n'excédant pas deux ans, la suspension de l'habilitation à exercer les attributions attachées à la qualité d'officier de police judiciaire, par arrêté pris soit d'office, soit sur la proposition du chef de service. Il entend préalablement l'officier de police judiciaire qui peut prendre connaissance du dossier relatif aux faits qui lui sont reprochés et se faire assister d'un conseil de son choix.

L'officier de police judiciaire dont l'habilitation a été suspendue reprend de plein droit, à l'expiration de la suspension, l'exercice des attributions attachées à sa qualité. Le procureur général peut, à tout moment, abréger la durée de la suspension.

Après un retrait, l'habilitation ne peut être rendue que dans les formes prévues pour une attribution initiale.

§ 3. – Fonctionnement de la commission prévue à l'article 16-2 (1)
(D. n° 75-1338, 31 déc. 1975)

Art. R. 15-7 *(D. n° 75-1338, 31 déc. 1975)*. – Le président de la commission prévue à l'article 16-2 et son suppléant sont désignés annuellement par le bureau de la Cour de cassation parmi les membres de la commission.

Le secrétaire de la commission est désigné par le premier président de la Cour de cassation parmi les greffiers de cette juridiction.

Art. R. 15-8 *(D. n° 75-1338, 31 déc. 1975)*. – Le recours prévu à l'article 16-2 est formé par voie de requête signée par l'officier de police judiciaire et remise ou adressée au secrétaire de la commission qui en délivre récépissé. Cette requête contient toutes indications utiles sur la décision de suspension ou de retrait de l'habilitation.

Art. R. 15-9 *(D. n° 75-1338, 31 déc. 1975)*. – Dès réception de la requête, le secrétaire de la commission en transmet copie au procureur général près la Cour de cassation et au procureur général qui a pris la décision de suspension ou de retrait d'habilitation. Le dossier d'officier de police judiciaire du requérant est adressé au secrétariat de la commission avec un rapport motivé du procureur général qui a pris la décision.

Art. R. 15-10 *(D. n° 75-1338, 31 déc. 1975)*. – Dans les quinze jours qui suivent la réception de la requête, le président charge du rapport un des membres de la commission.

Art. R. 15-11 *(D. n° 75-1338, 31 déc. 1975)*. – La commission procède ou fait procéder soit par l'un de ses membres, soit par commission rogatoire, à toutes mesures d'instruction utiles, notamment, s'il y a lieu, à l'audition du requérant qui peut se faire assister d'un conseil de son choix. Le procureur général près la Cour de cassation dépose ses conclusions au secrétariat vingt jours au moins avant la date de l'audience.

(1) Dispositions prises par décret en Conseil d'État en application de l'article 16-3 du présent code (1re partie, législative).

Art. R. 15-12 *(D. n° 75-1338, 31 déc. 1975).* – Le président de la commission fixe la date de l'audience après avis du procureur général près la Cour de cassation. Cette date et les conclusions du procureur général près la Cour de cassation sont notifiées par le secrétaire de la commission au requérant par lettre recommandée, avec demande d'avis de réception. Sauf si le président a ordonné sa comparution personnelle, l'officier de police judiciaire est invité à faire connaître s'il comparaîtra personnellement, s'il se fera assister d'un conseil ou se fera représenter.

La lettre recommandée prévue à l'alinéa précédent doit être adressée au requérant douze jours au moins avant la date de l'audience.

Art. R. 15-13 *(D. n° 75-1338, 31 déc. 1975).* – Après l'exposé du rapport par le magistrat qui en est chargé, l'officier de police judiciaire peut faire entendre des témoins dont les noms et adresses doivent avoir été indiqués au secrétariat de la commission cinq jours au moins avant la date de l'audience.

Le procureur général près la Cour de cassation développe ses conclusions. S'ils sont présents, le requérant et son conseil sont entendus.

Art. R. 15-14 *(D. n° 75-1338, 31 déc. 1975).* – La commission peut soit annuler la décision ou la confirmer, soit transformer le retrait en suspension ou réduire la durée de la suspension.

Si le requérant n'est pas présent ou représenté lorsque la décision de la commission est rendue, cette décision lui est notifiée dans les quarante-huit heures de son prononcé par lettre recommandée avec demande d'avis de réception.

Le dossier de l'officier de police judiciaire, complété par une copie de la décision de la commission, est immédiatement renvoyé au procureur général qui a pris la décision frappée de recours.

Art. R. 15-15 *(D. n° 75-1338, 31 déc. 1975).* – Les frais exposés devant la commission, y compris les frais de déplacement du requérant, sont assimilés aux frais de justice criminelle, correctionnelle et de police. Ils restent à la charge de l'État.

Art. R. 15-16 *(D. n° 75-1338, 31 déc. 1975).* – La décision de la commission peut être déférée à la Cour de cassation pour violation de la loi.

Section III. – Des agents de police judiciaire

(D. n° 79-115, 5 févr. 1979)

Art. R. 15-17 *(Mod., D. n° 2019-1497, 28 déc. 2019).* – La qualité d'agent de police judiciaire est attribuée par arrêté conjoint du garde des Sceaux, ministre de la Justice, et du ministre de l'Intérieur aux gardiens de la paix qui, en application de l'article 20 (4° et 5°), ont satisfait à un examen technique portant sur le droit pénal, la procédure pénale et les libertés publiques, après avoir reçu une formation spécifique.

Un arrêté conjoint du garde des Sceaux ministre de la Justice, et du ministre de l'Intérieur fixe le contenu du programme de la formation et des épreuves de l'examen technique ainsi que les modalités d'organisation de celles-ci et d'établissement de la liste des candidats reçus.

Une ou plusieurs commissions d'examen, dont les membres sont nommés par arrêté conjoint du garde des Sceaux, ministre de la Justice, et du ministre de l'Intérieur, sont instituées dans chaque ressort de cour d'appel comportant au moins un centre interdépartemental ou départemental de stages et de formation de la police nationale. Chaque commission est composée :

1° Du procureur général près la cour d'appel ou de son délégué, président, et du procureur de la République près l'un des tribunaux judiciaires du ressort de la cour d'appel ou de son délégué ;

2° Du directeur territorial au recrutement et à la formation de la police nationale, ou du chef du service territorial du recrutement et de la formation de la direction territoriale de la police nationale, ou de son représentant ayant au moins le grade de commissaire de police et d'un fonctionnaire de police ayant également au moins le même grade.

Le secrétariat de chaque commission d'examen est assuré par la direction de la formation de la police nationale.

Art. R. 15-17-1 *(D. n° 2004-366, 26 avr. 2004).* – La qualité d'agent de police judiciaire est attribuée, en application de l'article 20-1, à ceux des personnels appelés à servir dans la réserve civile de la police nationale ou dans la réserve opérationnelle de la gendarmerie nationale qui, durant leur activité, ont exercé en tant qu'officier ou agent de police judiciaire pendant une durée au moins égale à cinq ans.

Pour bénéficier de cette qualité, les fonctionnaires et les militaires, qui auront rompu le lien avec le service depuis plus d'un an, seront soumis à une remise à niveau professionnelle adaptée et périodique.

Ne peuvent prétendre à l'attribution de la qualité d'agent de police judiciaire les personnels qui, postérieurement à la rupture de leur lien avec le service, exercent une fonction publique élective, un emploi d'auxiliaire de justice, d'officier public ou ministériel ou l'une des activités régies par la loi n° 83-629 du 12 juillet 1983 réglementant les activités privées de sécurité.

Il en va de même pour les personnes qui ont été condamnées pour des faits qualifiés par la loi de crimes ou délits ou qui font l'objet de poursuite pour des faits contraires à l'honneur, à la probité ou aux bonnes mœurs.

Section IV. – Des services et unités visés à l'article 15-1

(D. n° 95-661, 9 mai 1995)

§ 1. – Des services de la police nationale

Art. R. 15-18 *(Mod., D. n° 2020-1777, 30 déc. 2020)*. – Les services actifs de la police nationale au sein desquels les officiers et agents de police judiciaire exercent leurs fonctions habituelles et dont la compétence s'exerce sur l'ensemble du territoire national sont les suivants :

1° La direction centrale de la police judiciaire ;

2° La direction centrale de la police aux frontières ;

3° L'inspection générale de la police nationale ;

4° La direction générale de la sécurité intérieure ;

5° Le détachement de la police nationale auprès de la direction nationale des enquêtes douanières ;

6° Le service national de police scientifique.

Art. R. 15-19 *(Mod., D. n° 2020-1776, 30 déc. 2020 ; mod. à compter du 1er mai 2021, D. n° 2021-481, 21 avr. 2021)*. – Les catégories de services actifs de la police nationale au sein desquels les officiers et agents de police judiciaire exercent leurs fonctions habituelles et dont la compétence s'exerce dans le ressort d'une ou plusieurs zones de défense ou parties de celles-ci sont les suivantes :

1° Les directions zonales de la police judiciaire, ainsi que leurs directions territoriales et services de police judiciaire et les directions régionales de la police judiciaire ainsi que leurs services départementaux et services de police judiciaire ;

2° Au titre de la police aux frontières :

a) Les directions zonales, les directions interdépartementales ainsi que les brigades des chemins de fer, les brigades mobiles de recherches, les brigades de police aéronautique et les unités d'éloignement, dans la zone de défense où leur direction a son siège ;

b) La direction des aérodromes parisiens, sur l'emprise des aérodromes de Paris-Charles de Gaulle, du Bourget et de Paris-Orly ;

3° Au titre de la direction centrale des compagnies républicaines de sécurité :

a) Les unités autoroutières des compagnies républicaines de sécurité ;

b) Les unités motocyclistes zonales ;

c) Les formations de montagne ;

4° Au titre de la direction centrale de la sécurité publique :

a) Les circonscriptions de sécurité publique dont la compétence couvre un département ainsi qu'une partie d'un ou plusieurs départements limitrophes ;

b) Les services interdépartementaux de sécurisation des réseaux de transport en commun de voyageurs.

5° Au titre de la préfecture de police :

a) Le service chargé de la lutte contre l'immigration irrégulière et le travail illégal des étrangers, dans les départements de Paris, des Hauts-de-Seine, du Val-de-Marne et de la Seine-Saint-Denis ;

b) *(Supprimé)* ;

c) La direction opérationnelle des services techniques et logistiques, dans les départements de Paris, des Hauts-de-Seine, du Val-de-Marne et de la Seine-Saint-Denis ;

d) La direction chargée des missions de sécurité et de paix publiques, ainsi que ses sûretés territoriales et ses circonscriptions de sécurité de proximité, dans les départements de Paris, des Hauts-de-Seine, du Val-de-Marne et de la Seine-Saint-Denis ainsi que sur les emprises des aérodromes de Paris-Charles de Gaulle, du Bourget et de Paris-Orly ;

e) La direction chargée du maintien de l'ordre public et de la régulation de la circulation dans les départements de Paris, des Hauts-de-Seine, du Val-de-Marne, et de la Seine-Saint-Denis, sur les emprises des aérodromes de Paris-Charles de Gaulle, du Bourget et de Paris-Orly, sur les routes de la région Île-de-France dont la liste est fixée par l'autorité administrative, et dans les communes comprises dans la zone de compétence du préfet de police définie à l'article L. 2213-33 du Code général des collectivités territoriales ;

f) Le service de police chargé de la sécurité des personnes et des biens sur les voies navigables des départements d'Île-de-France, dans les départements de cette région.

Art. R. 15-20 *(Mod., D. n° 2019-1497, 28 déc. 2019 ; D. n° 2022-70, 26 janv. 2022).* – Les catégories de services actifs de la police nationale au sein desquels les officiers et agents de police judiciaire exercent leurs fonctions habituelles et dont la compétence s'exerce dans le ressort d'un département ou d'une collectivité d'outre-mer ainsi qu'en Nouvelle-Calédonie sont les suivantes :

1° Les directions départementales de la sécurité publique, les sûretés départementales et les circonscriptions de sécurité publique ;

2° Au titre de la police aux frontières :

a) Les directions départementales ainsi que, sous réserve des dispositions du *a* du 2° de l'article R. 15-19, les brigades des chemins de fer, les brigades mobiles de recherche et les unités d'éloignement qui leur sont rattachées, dans le département où elles ont leur siège ;

b) Le service de la police aux frontières de Saint-Pierre-et-Miquelon ;

3° Les directions territoriales de la police nationale ainsi que leurs services territoriaux de police judiciaire.

Art. R. 15-21 *(Mod., D. n° 2004-530, 10 juin 2004).* – La création ou la suppression des services visés aux articles précédents est décidée par décret lorsque leur compétence territoriale excède les limites d'un département. Elle est décidée par arrêté du ministre de l'Intérieur lorsque leur compétence territoriale n'excède pas ces limites.

Leur compétence territoriale est modifiée selon les mêmes formes.

§ 2. – Des unités de la gendarmerie nationale

Art. R. 15-22 *(Mod., D. n° 2015-1805, 28 déc. 2015 ; D. n° 2021-1339, 14 oct. 2021).* – Les services ou unités de la gendarmerie nationale au sein desquelles les officiers et agents de police judiciaire exercent leurs fonctions habituelles et dont la compétence s'étend à l'ensemble du territoire national sont les suivants :

1° La sous-direction de la police judiciaire de la direction générale de la gendarmerie nationale ;

2° L'inspection générale de la gendarmerie nationale ;

3° Le service central de renseignement criminel de la gendarmerie nationale ;

4° La section de recherches et la section d'appui judiciaire de la gendarmerie de l'air ;

5° La section de recherches et la section d'appui judiciaire de la gendarmerie des transports aériens ;

6° La section de recherches et la section d'appui judiciaire de la gendarmerie de l'armement ;

7° La section de recherches et la section d'appui judiciaire de la gendarmerie maritime ;

8° La section de recherches de Paris ;

9° La section de recherches et la section d'appui judiciaire de la gendarmerie prévôtale ;

10° La section de recherches de la gendarmerie des voies navigables ;

11° Le commandement de la gendarmerie dans le cyberespace.

Art. R. 15-23 *(Mod., D. n° 2015-1805, 28 déc. 2015 ; D. n° 2021-1339, 14 oct. 2021).* – Les catégories d'unités de la gendarmerie nationale au sein desquelles les officiers et agents de police judiciaire exercent leurs fonctions habituelles et dont la compétence s'étend au ressort d'une ou plusieurs zones de défense et de sécurité, ou parties de celles-ci, sont les suivantes :

1° Les sections de recherches de la gendarmerie départementale ;

2° Les sections d'appui judiciaire autres que celles mentionnées à l'article R. 15-22 ;

3° Les pelotons d'autoroute et les pelotons motorisés de la gendarmerie ;
4° Les sections ou détachements des formations aériennes de la gendarmerie ;
5° Les brigades organisées ou non en communauté de brigades, les brigades de recherches et les pelotons de surveillance et d'intervention de la gendarmerie des transports aériens ;
6° Les brigades et les brigades motorisées de la gendarmerie de l'air ;
7° Les brigades de recherches, les brigades de renseignements et d'investigations judiciaires, les brigades de surveillance du littoral, les unités navigantes de la gendarmerie maritime, les brigades ou postes de la gendarmerie maritime placés auprès des services déconcentrés des affaires maritimes, les pelotons de sûreté maritime et portuaire, les pelotons de sûreté maritime et portuaire militaires, le peloton de gendarmerie maritime de Paris ;
8° Les brigades de la gendarmerie de l'armement ;
9° Les pelotons de gendarmerie de montagne ou de haute montagne ;
10° Les brigades fluviales et nautiques de la gendarmerie départementale ;
11° Les pelotons spécialisés de protection de la gendarmerie placés auprès des installations d'importance vitale ;
12° Les unités de la gendarmerie départementale mentionnées à l'article R. 15-24 dont la compétence couvre un département, ainsi qu'une partie d'un ou plusieurs départements limitrophes.

Art. R. 15-24 *(Mod., D. n° 2012-841, 29 juin 2012 ; D. n° 2021-1339, 14 oct. 2021).* – Les catégories d'unités de la gendarmerie nationale au sein desquelles les officiers et agents de police judiciaire exercent leurs fonctions habituelles et dont la compétence s'étend au ressort d'un département, d'une collectivité d'outre-mer ou de la Nouvelle-Calédonie sont les suivantes :
1° Les brigades de recherches, les brigades territoriales de la gendarmerie départementale organisées ou non en communauté de brigades ;
2° Les brigades départementales de renseignements et d'investigations judiciaires de la gendarmerie nationale ;
3° Les brigades motorisées de la gendarmerie départementale ;
4° Les pelotons de surveillance et d'intervention de la gendarmerie départementale ;
5° Les pelotons et brigades de la gendarmerie maritime autres que ceux mentionnés au 7° de l'article R. 15-23 ;
6° Les maisons de protection des familles.

Art. R. 15-25 *(Abr., D. n° 2004-530, 10 juin 2004 ; D. n° 2021-1339, 14 oct. 2021).* – Afin d'adapter l'organisation de la gendarmerie nationale à l'évolution des enjeux de sécurité, des services, unités ou catégories d'unités au sein desquels les officiers et agents de police judiciaire exercent leurs fonctions habituelles peuvent être créés à titre expérimental selon les modalités prévues à l'article R. 15-26.
Le décret ou l'arrêté pris à cet effet fixe la durée de l'expérimentation, qui ne peut excéder dix-huit mois, ainsi que les modalités de son pilotage et de son évaluation. Le décret ou l'arrêté détermine la compétence territoriale du service, de l'unité ou de la catégorie d'unités créé à titre expérimental, qui s'étend soit à l'ensemble du territoire national, soit au ressort d'une ou plusieurs zones de défense et de sécurité, ou parties de celles-ci, soit au ressort d'un département, d'une collectivité d'outre-mer ou de la Nouvelle-Calédonie.
Les officiers, les agents de police judiciaire et les agents de police judiciaire adjoints mentionnés au 1° *bis* de l'article 21, mis temporairement à disposition d'un service ou d'une unité expérimental, exercent leur compétence dans les limites territoriales fixées par le décret ou l'arrêté.
À l'issue du délai de l'expérimentation prévu par le décret ou l'arrêté, le service, l'unité ou la catégorie d'unités est soit inscrit à la présente section par décret en Conseil d'État pris en application des dispositions de l'article 15-1 soit supprimé.

Art. R. 15-26 *(Mod., D. n° 2012-841, 29 juin 2012).* – La création ou la suppression des unités visées aux articles précédents est décidée par décret lorsque leur compétence territoriale excède les limites d'un département. Elle est décidée par arrêté du ministre de l'Intérieur lorsque leur compétence territoriale n'excède pas ces limites.
Leur compétence territoriale est modifiée selon les mêmes formes.
Toutefois, la création des unités de la gendarmerie maritime, de la gendarmerie de l'air, de la gendarmerie de l'armement est décidée par arrêté du conjoint du ministre de l'Intérieur et du ministre de la Défense. La création

des unités de la gendarmerie des transports aériens est décidée par arrêté conjoint du ministre de l'Intérieur et du ministre chargé des transports. La création des unités autoroutières, aériennes, fluviales, nautiques ou de montagne de la gendarmerie départementale et des pelotons spécialisés de protection de la gendarmerie placés auprès d'installations d'importance vitale est décidée par arrêté du ministre de l'Intérieur.

§ 3. – Des services communs de la police et de la gendarmerie nationales
(D. n° 2004-530, 10 juin 2004)

Art. R. 15-26-1 *(D. n° 2004-530, 10 juin 2004).* – Le centre automatisé de constatation des infractions routières constitue un service commun au sein duquel les officiers et agents de police judiciaire de la police et de la gendarmerie nationales exercent leurs fonctions habituelles et dont la compétence s'étend à l'ensemble du territoire national pour les infractions constatées selon les modalités mentionnées au premier alinéa de l'article L. 130-9 du Code de la route. Sa création est décidée par un décret qui précise son lieu d'implantation.

§ 4. – Dispositions communes
(Anc. § 3 renum., D. n° 2004-530, 10 juin 2004)

Art. R. 15-27 *(D. n° 95-661, 9 mai 1995 ; mod., D. n° 2004-530, 10 juin 2004).* – La compétence territoriale des directeurs et chefs de services, des commandants d'unités et de leurs adjoints au sein desquels sont regroupés des services ou unités mentionnés à la présente section couvre l'ensemble du ressort territorial de ces services ou unités.

Section V. – Des officiers et agents de police judiciaire exerçant leur mission dans des véhicules affectés au transport collectif de voyageurs

(D. n° 95-661, 9 mai 1995)

Art. R. 15-28 *(D. n° 95-661, 9 mai 1995).* – Les officiers ou agents de police judiciaire appartenant aux services ou unités désignés aux articles R. 15-29 à R. 15-33 sont compétents, dans les limites définies par ces articles, pour exercer leur mission dans les véhicules affectés au transport collectif de voyageurs, dès lors que ces véhicules, ou le réseau sur lequel ils circulent, traversent tout ou partie de leur circonscription d'affectation.

§ 1. – Des officiers et agents de police judiciaire de la police nationale

Art. R. 15-29 *(Mod., D. n° 2019-1497, 28 déc. 2019).* – Par dérogation aux dispositions du 2° de l'article R. 15-19 et du 3° de l'article R. 15-20, les officiers et agents de police judiciaire appartenant aux directions zonales ou départementales de la police aux frontières ou aux services territoriaux de police aux frontières des directions territoriales de la police nationale sont compétents pour opérer sur l'ensemble du domaine ferroviaire du ressort de la direction zonale à laquelle ils appartiennent et des directions zonales limitrophes.

Art. R. 15-30 *(Mod., D. n° 2019-1497, 28 déc. 2019).* – Les officiers et agents de police judiciaire appartenant aux sûretés départementales, aux circonscriptions de sécurité publique, aux services territoriaux de police judiciaire ou aux services territoriaux de sécurité publique des directions territoriales de la police nationale sont compétents sur l'ensemble des réseaux, lignes, stations, gares, arrêts et couloirs affectés aux transports collectifs de voyageurs dans leur département d'affectation et dans les départements limitrophes.

Toutefois, ceux affectés dans un service interdépartemental de sécurisation des réseaux de transport en commun de voyageurs sont compétents dans l'ensemble des départements couverts par ce service ainsi que dans les départements limitrophes du département de rattachement de ce dernier.

Les officiers et agents de police judiciaire affectés au service de police intervenant sur les réseaux de transport en commun de voyageurs de la zone de défense et de sécurité d'Île-de-France sont compétents sur toute l'étendue de cette zone de défense et de sécurité et, au-delà des limites de cette zone, sur les lignes, stations, gares, arrêts et couloirs prolongeant ces réseaux dont la liste est fixée par arrêté conjoint du ministre de la justice et du ministre de l'intérieur.

Art. R. 15-31 *(Rempl., D. n° 2003-795, 25 août 2003).* – Les officiers et agents de police judiciaire affectés aux directions régionales de la police judiciaire de Paris et de Versailles sont compétents pour exercer leur mission sur l'ensemble des lignes, stations, gares, arrêts et couloirs des transports en commun de la région Île-de-France.

§ 2. – Des officiers et agents de police judiciaire de la gendarmerie nationale

(§ mod., D. n° 2000-1072, 2 nov. 2000)

Art. R. 15-32 *(D. n° 95-661, 9 mai 1995).* – Les officiers et agents de police judiciaire appartenant aux brigades de recherches de la gendarmerie départementale visées à l'article R. 15-24 (1°), sont compétents pour opérer sur l'ensemble des lignes, stations, gares, arrêts et couloirs affectés aux transports collectifs de voyageurs dans le ressort de leur cour d'appel de rattachement.

Art. R. 15-33 *(Rempl., D. n° 2009-740, 19 juin 2009 ; D. n° 2021-1339, 14 oct. 2021).* – Les officiers et agents de police judiciaire appartenant aux brigades de recherches, aux brigades territoriales organisées ou non en communautés de brigades, aux brigades motorisées de la gendarmerie départementale et aux pelotons de surveillance et d'intervention de la gendarmerie départementale visés aux 1°, 3° et 4° de l'article R. 15-24 sont compétents pour opérer sur l'ensemble des lignes, stations, gares, arrêts et couloirs affectés aux transports collectifs de voyageurs dans leur département d'affectation et dans les départements limitrophes.

Section VI. – Des agents des douanes chargés de certaines missions de police judiciaire

(Mod., D. n° 2001-71, 29 janv. 2001)

§ 1. – Désignation des agents des douanes chargés de certaines missions de police judiciaire

Art. R. 15-33-1 *(Mod., D. n° 2019-464, 17 mai 2019).* – La commission prévue à l'article 28-1 dont l'avis conforme est requis pour la désignation des agents des douanes des catégories A et B habilités à effectuer des enquêtes judiciaires sur réquisition du procureur de la République ou sur commission rogatoire du juge d'instruction est composée comme suit :

1° Le procureur général près la Cour de cassation ou son délégué choisi par lui parmi le premier avocat général ou les avocats généraux à la Cour de cassation, président ;

2° Deux magistrats du ministère public dont un au plus peut être magistrat honoraire ;

3° Le directeur général des douanes et droits indirects ou son représentant ;

4° Le fonctionnaire chargé de la sous-direction du personnel et du budget de la direction générale des douanes et droits indirects ou son représentant ;

5° Le fonctionnaire chargé de la sous-direction des affaires juridiques, contentieuses et de la lutte contre la fraude de la direction générale des douanes et droits indirects ou son représentant ;

6° Un fonctionnaire de l'administration des douanes et droits indirects ayant au moins le grade d'inspecteur principal ;

7° Le magistrat délégué aux missions judiciaires de la douane et de l'administration fiscale, mentionné au VII de l'article 28-1, ou son représentant.

Les membres de la commission désignés ci-dessus aux 2° et 6° ont chacun un suppléant.

Le secrétariat de la commission est assuré par la direction générale des douanes et droits indirects.

Art. R. 15-33-2 *(D. n° 2000-1072, 2 nov. 2000).* – Les membres de la commission et, le cas échéant, leurs suppléants sont nommés par arrêté conjoint du garde des Sceaux, ministre de la Justice, et du ministre chargé des douanes.

Art. R. 15-33-3 *(Mod., D. n° 2002-1415, 5 déc. 2002).* – Pour pouvoir être désignés aux fins d'être chargés de certaines missions de police judiciaire, les agents des douanes doivent justifier d'au moins deux ans de services effectifs en qualité de titulaire dans un corps de catégorie A ou B de la direction générale des douanes et droits indirects et avoir satisfait aux épreuves d'un examen technique.

Les modalités d'organisation de cet examen et le programme des épreuves sont fixés par arrêté conjoint du garde des Sceaux, ministre de la Justice, et du ministre chargé des douanes.

Art. R. 15-33-4 *(D. n° 2000-1072, 2 nov. 2000).* – Le jury de l'examen technique est constitué par la commission mentionnée à l'article R. 15-33-1. Lorsqu'un membre suppléant du jury remplace un membre titulaire, il siège pendant toute la durée de l'examen.

Le jury établit la liste des candidats ayant satisfait à l'examen technique.

Art. R. 15-33-5 *(D. n° 2000-1072, 2 nov. 2000).* – Les agents des douanes chargés d'effectuer des enquêtes judiciaires en application de l'article 28-1 sont désignés parmi ceux qui ont été reçus à l'examen technique, par arrêté conjoint du garde des Sceaux, ministre de la Justice, et du ministre chargé des douanes, sur proposition du directeur général des douanes et droits indirects et après avis conforme de la commission mentionnée à l'article R. 15-33-1.

Art. R. 15-33-6 *(D. n° 2000-1072, 2 nov. 2000).* – Un arrêté conjoint du garde des Sceaux, ministre de la Justice, et du ministre chargé des douanes fixe la liste des agents qui, en raison de leurs responsabilités et de leurs compétences, sont dispensés de l'examen technique mentionné à l'article R. 15-33-3.

§ 2. – Habilitation des agents des douanes chargés de certaines missions de police judiciaire

Art. R. 15-33-7 *(Mod., D. n° 2019-464, 17 mai 2019).* – Les agents des douanes ne peuvent être habilités à effectuer des missions de police judiciaire que lorsqu'ils sont affectés au service d'enquêtes judiciaires des finances du ministère du budget.

Pour chacun de ces agents, une demande d'habilitation est adressée au procureur général près la cour d'appel de Paris par le magistrat délégué aux missions judiciaires de la douane et de l'administration fiscale.

Art. R. 15-33-8 *(D. n° 2000-1072, 2 nov. 2000).* – Le procureur général près la cour d'appel de Paris accorde ou refuse l'habilitation par arrêté. Lorsqu'il envisage de refuser l'habilitation, il en informe l'intéressé en lui précisant qu'il peut, dans un délai de quinze jours, prendre connaissance de son dossier et être entendu, le cas échéant, avec l'assistance d'un conseil de son choix.

Art. R. 15-33-9 *(Mod., D. n° 2019-464, 17 mai 2019).* – Le procureur général près la cour d'appel de Paris prononce le retrait ou la suspension, pour une durée n'excédant pas deux ans, de l'habilitation à effectuer des missions de police judiciaire, par arrêté pris soit d'office, soit sur proposition du magistrat délégué aux missions judiciaires de la douane et de l'administration fiscale.

Il entend préalablement l'agent des douanes, qui peut prendre connaissance du dossier relatif aux faits qui lui sont reprochés et se faire assister d'un conseil de son choix.

L'agent des douanes dont l'habilitation a été suspendue recouvre de plein droit, à l'expiration de la suspension, la faculté d'exercer des missions de police judiciaire sur réquisition de l'autorité judiciaire. Le procureur général près la cour d'appel de Paris peut, à tout moment, abréger la durée de la suspension.

Après un retrait, l'habilitation ne peut être rétablie que dans les formes prévues pour son attribution initiale.

L'affectation en dehors du service national de douane judiciaire entraîne la perte de l'habilitation.

§ 3. – Direction administrative des agents des douanes chargés de certaines missions de police judiciaire

Art. R. 15-33-10 *(Mod., D. n° 2019-464, 17 mai 2019).* – Le magistrat délégué aux missions judiciaires de la douane et de l'administration fiscale, mentionné à l'article 28-1, est placé en position de détachement auprès du ministre chargé du budget.

Art. R. 15-33-11 *(Mod., D. n° 2019-464, 17 mai 2019).* – Le magistrat délégué aux missions judiciaires de la douane et de l'administration fiscale veille au respect des principes énoncés aux articles R. 15-33-18 et R. 15-33-19.

Il donne aux agents des douanes chargés de missions de police judiciaire des éléments d'information sur le sens de leurs missions et les conditions pratiques de l'exécution de celles-ci.

Il fait des propositions à l'autorité judiciaire sur les types de missions de police judiciaire qui pourraient être confiées aux agents des douanes.

Art. R. 15-33-12 *(Mod., D. n° 2019-464, 17 mai 2019)*. – Le magistrat délégué aux missions judiciaires de la douane et de l'administration fiscale ou, en cas d'empêchement, l'adjoint qu'il délègue à cet effet reçoit les réquisitions aux fins d'enquête du procureur de la République et les commissions rogatoires du juge d'instruction dans les matières mentionnées à l'article 28-1.

Art. R. 15-33-13 *(Mod., D. n° 2019-464, 17 mai 2019)*. – Le magistrat délégué aux missions judiciaires de la douane et de l'administration fiscale veille à l'exécution des opérations de police judiciaire et s'assure de la transmission des procès-verbaux aux autorités judiciaires.

§ 4. – Notation des agents de douanes chargés de certaines missions de police judiciaire

Art. R. 15-33-14 *(Mod., D. n° 2009-1692, 29 déc. 2009)*. – Il est tenu en permanence au parquet général près la cour d'appel de Paris un dossier individuel concernant l'activité de chaque agent des douanes habilité à exercer des missions de police judiciaire.

Ce dossier comprend notamment :

1° Les demandes d'habilitation et les documents qui y sont joints ;

2° La copie des décisions prononcées par l'autorité judiciaire en application des dispositions des articles 28-1, 224 à 229, R. 15-33-8 et R. 15-33-9, notamment la copie des arrêtés d'habilitation ;

3° La copie de tout document émanant d'un magistrat relatif à l'exercice des activités judiciaires de l'intéressé ;

4° Les notations établies en application des dispositions ci-après.

Le dossier est communiqué à la chambre de l'instruction lorsque celle-ci se trouve saisie dans les conditions fixées à l'article 225.

Art. R. 15-33-15 *(Mod., D. n° 2009-1692, 29 déc. 2009)*. – Le procureur de la République près le tribunal judiciaire de Paris, après avoir recueilli, le cas échéant, les observations des juges d'instruction et des présidents des chambres correctionnelles, établit, tous les deux ans, une proposition de notation des agents des douanes habilités à exercer des missions de police judiciaire qu'il transmet au procureur général près la cour d'appel de Paris.

Celui-ci établit la notation après avoir recueilli, le cas échéant, les observations des présidents de la chambre de l'instruction de Paris et des autres procureurs généraux concernés.

Art. R. 15-33-16 *(Rempl., D. n° 2009-1692, 29 déc. 2009)*. – Les propositions de notation et les notations prévues à l'article R. 15-33-15 sont établies sur un imprimé conforme au modèle fixé par le ministre de la Justice.

Elles comportent une appréciation générale circonstanciée, ainsi qu'une note chiffrée de 0 à 10 et une appréciation sur chacun des éléments suivants lorsqu'ils ont été observés :

1° Relations professionnelles avec l'autorité judiciaire ;

2° Qualité de la coordination de l'activité de police judiciaire du service ou de l'unité ;

3° Qualité des procédures et de la rédaction des rapports et des procès-verbaux ;

4° Qualité des constatations et des investigations techniques ;

5° Valeur des informations données au parquet ;

6° Engagement professionnel ;

7° Capacité à conduire les investigations ;

8° Degré de confiance accordé.

Lorsque l'un de ces éléments n'a pas été observé, la mention : « activité judiciaire non observée » est substituée à la notation chiffrée et à l'appréciation correspondantes.

Art. R. 15-33-17 *(Mod., D. n° 2019-464, 17 mai 2019)*. – La notation établie par le procureur général près la cour d'appel de Paris est portée directement à la connaissance de l'agent des douanes habilité qui peut présenter des observations par écrit dans un délai de quinze jours, délai à l'issue duquel la notation définitive est transmise au magistrat délégué aux missions judiciaires de la douane et de l'administration fiscale. Elle est prise en compte pour la notation administrative de l'agent des douanes intéressé.

§ 5. – Modalités d'exercice des missions de police judiciaire par les agents des douanes habilités

Art. R. 15-33-18 *(D. n° 2000-1072, 2 nov. 2000).* – Les agents des douanes exerçant des missions de police judiciaire en application de l'article 28-1 sont dirigés selon les cas soit par le procureur de la République, soit par le juge d'instruction requérant.

À l'occasion d'une enquête judiciaire ou de l'exécution d'une commission rogatoire, ils ne peuvent solliciter ou recevoir des ordres ou instructions que de l'autorité judiciaire qui les a requis.

Art. R. 15-33-19 *(D. n° 2000-1072, 2 nov. 2000).* – Les missions de police judiciaire sont, pour ces agents, prioritaires sur toute autre mission dont ils seraient chargés au même moment.

Art. R. 15-33-20 *(D. n° 2000-1072, 2 nov. 2000).* – Les agents des douanes habilités doivent énoncer leur nom et leur qualité dans tous les procès-verbaux qu'ils établissent en matière de police judiciaire.

Art. R. 15-33-21 *(D. n° 2000-1072, 2 nov. 2000).* – Lorsqu'ils agissent dans le cadre de l'enquête préliminaire, les agents des douanes habilités peuvent relater dans un seul procès-verbal les différentes opérations effectuées au cours de la même enquête.

Si plusieurs de ces agents concourent à une enquête préliminaire, le nom de celui qui a personnellement accompli chacune des opérations doit être précisé.

Art. R. 15-33-22 *(D. n° 2000-1072, 2 nov. 2000).* – Lorsqu'ils exécutent une commission rogatoire ou agissent selon la procédure de flagrance, les agents des douanes habilités établissent des procès-verbaux séparés pour chacun des actes qu'ils sont appelés à faire.

Chaque procès-verbal doit mentionner le nom et la qualité de l'agent des douanes habilité qui a opéré personnellement, à l'exclusion de tout autre.

Art. R. 15-33-23 *(D. n° 2000-1072, 2 nov. 2000).* – L'agent des douanes désigné pour assurer l'exécution d'une mission de police judiciaire en rend compte immédiatement au procureur de la République ou au juge d'instruction requérant si celui-ci a prescrit cette diligence.

Il l'informe sans délai des difficultés qui viendraient à se présenter et sollicite ses instructions.

Il l'informe régulièrement de son activité.

Section VII. – Des gardes particuliers

(D. n° 2006-1100, 30 août 2006)

§ 1. – Commissionnement

Art. R. 15-33-24 *(D. n° 2006-1100, 30 août 2006).* – La commission délivrée en application de l'article 29-1 par le propriétaire ou le titulaire de droits d'usage, ci-après dénommé « le commettant », précise le ou les territoires que le garde particulier est chargé de surveiller, ainsi que la nature des infractions qu'il est chargé de constater en application des dispositions qui l'y autorisent.

Lorsque le commettant retire la commission d'un garde particulier qu'il emploie, il en informe sans délai le préfet qui met fin à l'agrément.

§ 2. – Agrément et assermentation

Art. R. 15-33-25 *(D. n° 2006-1100, 30 août 2006).* – Le commettant adresse la demande d'agrément au préfet du département où se situe la propriété désignée dans la commission.

Cette demande comprend :

1° L'identité et l'adresse du commettant ;

2° L'identité et l'adresse du garde particulier ;

3° Une pièce justificative de l'identité du garde particulier ;

4° La commission délivrée au garde particulier en application de l'article R. 15-33-24 ;

5° L'arrêté prévu à l'article R. 15-33-26 reconnaissant l'aptitude technique du garde particulier ;

6° Tout document établissant que le demandeur dispose des droits de propriété ou d'usage sur le territoire que le garde particulier sera chargé de surveiller ;

7° Le cas échéant, une copie des agréments délivrés antérieurement au garde particulier.

Lorsque le garde particulier intervient sur les territoires de plusieurs propriétaires ou titulaires de droits d'usage, chacun d'eux dépose une demande dans les conditions fixées ci-dessus. Le préfet peut statuer globalement sur ces demandes et délivrer un agrément unique pour l'ensemble des territoires concernés.

Art. R. 15-33-26 *(D. n° 2006-1100, 30 août 2006)*. – Un arrêté conjoint du ministre de l'Intérieur et des ministres chargés de l'environnement et de la forêt définit les éléments que doit comporter la demande de reconnaissance de l'aptitude technique aux fonctions de garde particulier, le contenu et la durée de la formation nécessaire à la reconnaissance de cette aptitude technique, ainsi que les catégories de personnes pour lesquelles une formation n'est pas exigée.

L'aptitude technique de la personne qui souhaite exercer les fonctions de garde particulier est constatée par arrêté du préfet du département où la formation a été suivie ou, lorsque le demandeur appartient à une des catégories de personnes pour lesquelles aucune formation n'est exigée, par arrêté du préfet du département de son domicile ou du département dans lequel elle envisage d'exercer ses fonctions.

S'il estime que les éléments produits justifient de l'aptitude à l'accomplissement des missions de garde particulier, le préfet prend, par arrêté, une décision reconnaissant l'aptitude technique du demandeur à exercer, dans les domaines fixés par l'arrêté, les fonctions de garde particulier. Cet arrêté est valable sur l'ensemble du territoire national.

Art. R. 15-33-27 *(D. n° 2006-1100, 30 août 2006)*. – Le préfet accuse réception du dossier de demande d'agrément. Il fait procéder à une enquête administrative pour s'assurer que le demandeur satisfait aux conditions fixées au 1° de l'article 29-1.

Art. R. 15-33-27-1 *(D. n° 2006-1100, 30 août 2006)*. – Le garde particulier est agréé par arrêté du préfet pour une durée de cinq ans, renouvelable. L'arrêté d'agrément indique la nature des infractions que le garde particulier est chargé de constater, dans les limites des droits dont dispose le commettant et en application des dispositions législatives qui l'y autorisent.

La commission mentionnée à l'article R. 15-33-24 est annexée à l'arrêté.

Le commettant délivre au garde particulier une carte d'agrément qui comporte les mentions prévues par arrêté conjoint du ministre de l'Intérieur et des ministres intéressés.

La carte d'agrément est visée par le préfet.

Art. R. 15-33-28 *(D. n° 2006-1100, 30 août 2006)*. – Le préfet se prononce sur la demande de renouvellement d'agrément selon la procédure prévue aux articles R. 15-33-25 à R. 15-33-27-1. Cette demande est accompagnée de l'arrêté mentionné à l'article R. 15-33-26.

En cas de rejet de la demande de renouvellement, le commettant et le garde particulier doivent, préalablement à la décision, avoir été mis à même de présenter, devant le préfet ou le fonctionnaire que celui-ci délègue à cet effet, leurs observations écrites ou, sur leur demande, des observations orales. Ils peuvent se faire assister par un conseil ou représenter par un mandataire de leur choix.

Art. R. 15-33-29 *(D. n° 2006-1100, 30 août 2006)*. – Les gardes particuliers ne peuvent entrer en fonctions qu'après avoir prêté serment devant le tribunal d'instance dans le ressort duquel se trouvent le territoire à surveiller ou l'un d'entre eux.

La formule du serment est la suivante : « Je jure et promets de bien et loyalement remplir mes fonctions et d'observer en tout les devoirs qu'elles m'imposent. Je jure également de ne rien révéler ou utiliser de ce qui sera porté à ma connaissance à l'occasion de l'exercice de mes fonctions ».

La mention de la prestation de serment est enregistrée sur la carte d'agrément par le greffier du tribunal qui reçoit le serment.

(Al. abr., D. n° 2020-128, 18 févr. 2020).

Art. R. 15-33-29-1 *(D. n° 2006-1100, 30 août 2006)*. – Dans l'exercice de ses fonctions, le garde particulier est tenu de détenir en permanence sa carte ou sa décision d'agrément et de la présenter à toute personne qui en fait la demande.

Il doit également faire figurer de manière visible sur ses vêtements la mention, selon la mission confiée, de « garde particulier » ou « garde-chasse particulier » ou « garde-pêche particulier » ou « garde des bois particulier », à l'exclusion de toute autre.

Les gardes particuliers ne peuvent porter aucune arme, à l'exception de celles nécessaires à la destruction des animaux nuisibles dans les conditions prévues à l'article R. 427-21 du Code de l'environnement.

Le port d'un insigne définissant un grade, d'un emblème tricolore, d'un képi, ainsi que de tout insigne et écusson faisant référence à une appartenance associative, syndicale, politique ou religieuse est interdit.

Art. R. 15-33-29-2 *(D. n° 2006-1100, 30 août 2006)*. – L'agrément peut être retiré à tout moment par le préfet lorsque son titulaire cesse de remplir une ou plusieurs des conditions prévues à l'article 29-1 ou lorsqu'il ne respecte pas les dispositions de l'article R. 15-33-29-1.

Le commettant et le garde particulier doivent, préalablement à la décision, avoir été mis à même de présenter, devant le préfet ou le fonctionnaire que celui-ci délègue à cet effet, leurs observations écrites ou, sur leur demande, des observations orales. Ils peuvent se faire assister par un conseil ou se faire représenter par un mandataire de leur choix.

En cas d'urgence et pour des motifs d'ordre public, le préfet peut suspendre à titre conservatoire l'agrément du garde particulier, pour une durée maximale de trois mois, par décision motivée. Cette mesure de suspension peut être renouvelée une fois.

Le préfet informe le commettant et le président du tribunal d'instance auprès duquel le garde a prêté serment de la suspension ou du retrait de l'agrément.

Le commettant est tenu d'informer sans délai le préfet lorsque le garde particulier qu'il emploie cesse de remplir une ou plusieurs des conditions prévues à l'article 29-1 ou lorsque celui-ci ne respecte pas les dispositions de l'article R. 15-33-29-1.

Section VIII. – Des agents de police municipale, des gardes champêtres, des agents de surveillance de Paris et des agents de la ville de Paris chargés d'un service de police

(D. n° 2007-1388, 26 sept. 2007)

Art. R. 15-33-29-3 *(Mod., D. n° 2020-1573, 11 déc. 2020 ; D. n° 2022-452, 30 mars 2022)*. – Les contraventions prévues par le Code pénal que les agents de police municipale, les gardes champêtres, les agents de surveillance de Paris mentionnés à l'article 21 du présent code ainsi que les agents de la ville de Paris chargés d'un service de police peuvent, en application des dispositions des articles L. 2212-5, L. 2213-18, L. 2512-16-1 et L. 2512-16 du Code général des collectivités territoriales, constater par procès-verbaux lorsqu'elles sont commises sur le territoire communal, sur le territoire de la commune de Paris ou sur le territoire pour lesquels ils sont assermentés et qu'elles ne nécessitent pas de leur part d'actes d'enquête sont les suivantes :

1° Divagation d'animaux dangereux, prévue par l'article R. 622-2 du Code pénal ;

2° Bruits ou tapages injurieux ou nocturnes prévus par l'article R. 623-2 du même code ;

3° Excitation d'animaux dangereux, prévue par l'article R. 623-3 du même code ;

4° Menaces de destruction, prévues par les articles R. 631-1 et R. 634-1 du même code, lorsqu'elles concernent des biens appartenant à la commune ;

5° Abandon d'ordures, déchets, matériaux et autres objets, prévu par les articles R. 632-1, R. 634-2, R. 635-8 et R. 644-2 du même code ;

6° Destructions, dégradations et détériorations légères, prévues par l'article R. 635-1 du même code, lorsqu'elles concernent des biens appartenant à la commune ;

7° Atteintes volontaires ou involontaires à animal et mauvais traitements à animal, prévus par les articles R. 653-1, R. 654-1 et R. 655-1 du même code.

Ces agents et fonctionnaires peuvent également constater par procès-verbaux les contraventions de non-respect des arrêtés de police prévues par l'article R. 610-5 du Code pénal, conformément aux dispositions du Code général des collectivités territoriales, ainsi que, s'agissant des agents de police municipale, des gardes champêtres et des agents de surveillance de Paris, les contraventions aux dispositions du Code de la route dont la liste est fixée par les articles R. 130-1-1 à R. 130-3 de ce code, les contraventions relatives à l'interdiction de fumer dans les lieux affectés à un usage collectif prévues par les articles R. 3512-1 et R. 3512-2 du Code de la santé publique et les contraventions relatives à l'interdiction de l'utilisation sur le domaine public de systèmes de chauffage ou de climatisation prévues à l'article R. 2122-7-1 du Code général de la propriété des personnes publiques.

Art. R. 15-33-29-4 *(Mod., D. n° 2008-150, 19 févr. 2008).* – Les agents et fonctionnaires mentionnés à l'article R. 15-33-29-3 adressent sans délai les procès-verbaux constatant les contraventions prévues par cet article simultanément au maire ou, pour les agents de surveillance de Paris, au préfet de police et, par l'intermédiaire des officiers de police judiciaire territorialement compétents, au procureur de la République.

Section IX. – Des agents des services fiscaux chargés de certaines missions de police judiciaire

(D. n° 2010-914, 3 août 2010)

§ 1. – Désignation des agents des services fiscaux chargés de certaines missions de police judiciaire

Art. R. 15-33-29-4-1 *(Créé, D. n° 2019-464, 17 mai 2019).* – Les agents des services fiscaux de catégories A et B mentionnés à l'article 28-2 qui sont habilités à effectuer des enquêtes judiciaires sont affectés dans l'un des services spécialisés dans la répression de la délinquance fiscale suivants :

1° Le service d'enquêtes judiciaires des finances du ministère du budget ;

2° Le service de police judiciaire de la direction centrale de la police judiciaire du ministère de l'intérieur.

Art. R. 15-33-29-4-2 *(Créé, D. n° 2019-464, 17 mai 2019).* – Les missions confiées par les articles R. 15-33-11 à R. 15-33-13 au magistrat délégué aux missions judiciaires de la douane et de l'administration fiscale à l'égard des agents des douanes sont applicables aux agents des services fiscaux placés sous son autorité.

Art. R. 15-33-29-5 *(Mod., D. n° 2019-464, 17 mai 2019).* – La commission prévue à l'article 28-2 dont l'avis conforme est requis pour la désignation des agents des services fiscaux des catégories A et B habilités à effectuer des enquêtes judiciaires sur réquisition du procureur de la République ou sur commission rogatoire du juge d'instruction est composée comme suit :

1° Le procureur général près la Cour de cassation ou son délégué choisi par lui parmi les premiers avocats généraux ou les avocats généraux à la Cour de cassation, président ;

2° Quatre magistrats du ministère public dont deux au plus peuvent être des magistrats honoraires ;

3° Le directeur général des finances publiques ou son représentant ;

4° Le chef du service du contrôle fiscal à la direction générale des finances publiques ou son représentant ;

5° Lorsque les agents sont affectés au sein du ministère du budget, le chef de service des ressources humaines de la direction générale des finances publiques et le magistrat délégué aux missions judiciaires de la douane et de l'administration fiscale ou leurs représentants ;

6° Lorsque les agents sont affectés au sein du ministère de l'intérieur, le directeur général de la police nationale et le directeur central de la police judiciaire ou leurs représentants.

Les membres de la commission mentionnés au 2° ont chacun un suppléant.

Le secrétariat de la commission est assuré, selon le ministère d'affectation des agents, par la direction générale des finances publiques ou par la direction générale de la police nationale.

Art. R. 15-33-29-6 *(D. n° 2010-914, 3 août 2010).* – Les membres de la commission mentionnés au 2° de l'article R. 15-33-29-5 et leurs suppléants ainsi que, sur la proposition des membres mentionnés aux 3° à 6° du même article, les représentants de ces derniers sont nommés par arrêté conjoint du garde des Sceaux, ministre de la Justice, du ministre de l'Intérieur et du ministre chargé du budget.

Art. R. 15-33-29-7 *(Mod., D. n° 2019-464, 17 mai 2019).* – Pour pouvoir être désignés aux fins d'être chargés de certaines missions de police judiciaire, les agents des services fiscaux doivent justifier d'au moins deux ans de services effectifs dans leur corps en qualité d'agent titulaire de catégorie A ou B et avoir satisfait aux épreuves d'un examen technique.

Les modalités d'organisation de cet examen et le programme des épreuves sont fixés par arrêté conjoint du garde des Sceaux, ministre de la Justice, du ministre de l'Intérieur et du ministre chargé du budget.

Un arrêté conjoint du garde des sceaux, ministre de la justice, et du ministre chargé du budget fixe la liste des agents qui, en raison de leurs responsabilités et de leurs compétences, sont dispensés de cet examen technique.

Art. R. 15-33-29-8 *(D. n° 2010-914, 3 août 2010)*. – Le jury de l'examen technique est constitué par la commission mentionnée à l'article R. 15-33-29-5. Les membres de la commission ou leurs suppléants appelés à composer le jury doivent siéger pendant toute la durée de l'examen.

Le jury établit la liste des candidats ayant satisfait à l'examen technique.

Art. R. 15-33-29-9 *(D. n° 2010-914, 3 août 2010)*. – Les agents des services fiscaux chargés d'effectuer des enquêtes judiciaires en application de l'article 28-2 sont désignés parmi ceux qui ont été reçus à l'examen technique, par arrêté conjoint du garde des Sceaux, ministre de la Justice, et du ministre chargé du budget, sur proposition du directeur général des finances publiques et après avis conforme de la commission mentionnée à l'article R. 15-33-29-5.

§ 2. – Habilitation des agents des services fiscaux chargés de certaines missions de police judiciaire

Art. R. 15-33-29-10 *(Mod., D. n° 2019-464, 17 mai 2019)*. – Les agents des services fiscaux ne peuvent être habilités à effectuer des missions de police judiciaire que lorsqu'ils sont affectés dans un des services mentionnés à l'article R. 15-33-29-4-1.

Pour chacun de ces agents, une demande d'habilitation est adressée, sur proposition du chef du service du contrôle fiscal à la direction générale des finances publiques, au procureur général près la cour d'appel de Paris par le chef du service de police judiciaire mentionné au premier alinéa.

L'affectation en dehors de l'un des services mentionnés à l'article R. 15-33-29-4-1 entraîne la caducité de l'habilitation à effectuer des missions de police judiciaire.

Art. R. 15-33-29-11 *(D. n° 2010-914, 3 août 2010)*. – Le procureur général près la Cour d'appel de Paris accorde ou refuse l'habilitation par arrêté. Lorsqu'il envisage de refuser l'habilitation, il en informe l'intéressé en lui précisant qu'il peut, dans un délai de quinze jours, prendre connaissance de son dossier et être entendu, le cas échéant, avec l'assistance d'un conseil de son choix.

Art. R. 15-33-29-12 *(Mod., D. n° 2019-464, 17 mai 2019)*. – Le procureur général près la cour d'appel de Paris prononce le retrait ou la suspension, pour une durée n'excédant pas deux ans, de l'habilitation à effectuer des missions de police judiciaire, par arrêté pris soit d'office, soit sur proposition du chef du service au sein duquel l'agent est affecté ou du chef du service du contrôle fiscal à la direction générale des finances publiques.

Il entend préalablement l'agent des services fiscaux, qui peut prendre connaissance du dossier relatif aux faits qui lui sont reprochés et se faire assister d'un conseil de son choix.

L'agent des services fiscaux dont l'habilitation a été suspendue recouvre de plein droit, à l'expiration de la suspension, la faculté d'exercer des missions de police judiciaire. Le procureur général près la cour d'appel de Paris peut, à tout moment, abréger la durée de la suspension.

Après un retrait, l'habilitation ne peut être rétablie que dans les formes prévues pour son attribution initiale.

§ 3. – Notation des agents des services fiscaux chargés de certaines missions de police judiciaire

Art. R. 15-33-29-13 *(D. n° 2010-914, 3 août 2010)*. – Il est tenu en permanence au parquet général près la Cour d'appel de Paris un dossier individuel concernant l'activité de chaque agent des services fiscaux habilité à exercer des missions de police judiciaire.

Ce dossier comprend notamment :

1° Les demandes d'habilitation et les documents qui y sont joints ;

2° La copie des décisions prononcées par l'autorité judiciaire en application des dispositions des articles 28-2, 224 à 230, R. 15-33-29-11 et R. 15-33-29-12, notamment la copie des arrêtés d'habilitation ;

3° La copie de tout document émanant d'un magistrat relatif à l'exercice des activités judiciaires de l'intéressé ;

4° Les notations établies en application des dispositions ci-après.

Le dossier est communiqué à la chambre de l'instruction lorsque celle-ci se trouve saisie dans les conditions fixées à l'article 225.

Art. R. 15-33-29-14 *(D. n° 2010-914, 3 août 2010)*. – Le procureur de la République près le tribunal judiciaire de Paris, après avoir recueilli, le cas échéant, les observations des juges d'instruction et des présidents des chambres correctionnelles, établit, tous les deux ans, une proposition de notation qu'il transmet au procureur général près la Cour d'appel de Paris.

Celui-ci établit la notation après avoir recueilli, le cas échéant, les observations des présidents de la chambre de l'instruction et des autres procureurs généraux concernés.

Art. R. 15-33-29-15 *(D. n° 2010-914, 3 août 2010)*. – Les propositions de notation et les notations prévues à l'article R. 15-33-29-14 sont établies sur un imprimé conforme au modèle fixé par le ministre de la Justice.

Elles comportent une appréciation générale circonstanciée, ainsi qu'une note chiffrée de 0 à 10 et une appréciation sur chacun des éléments suivants lorsqu'ils ont été observés :

1° Relations professionnelles avec l'autorité judiciaire ;

2° Qualité de la coordination de l'activité de police judiciaire du service ou de l'unité ;

3° Qualité des procédures et de la rédaction des rapports et des procès-verbaux ;

4° Qualité des constatations et des investigations techniques ;

5° Valeur des informations données au parquet ;

6° Engagement professionnel ;

7° Capacité à conduire les investigations ;

8° Degré de confiance accordé.

Lorsque l'un de ces éléments n'a pas été observé, la mention : « activité judiciaire non observée » est substituée à la notation chiffrée et à l'appréciation correspondantes.

Art. R. 15-33-29-16 *(Mod., D. n° 2019-464, 17 mai 2019)*. – La notation établie par le procureur général près la cour d'appel de Paris est portée directement à la connaissance de l'agent des services fiscaux habilité qui peut présenter des observations par écrit dans un délai de quinze jours, délai à l'issue duquel la notation définitive est transmise immédiatement au chef du service au sein duquel l'agent est affecté et au directeur général des finances publiques. Elle est prise en compte pour la notation administrative de l'agent des services fiscaux intéressé établie par la direction générale des finances publiques.

§ 4. – Modalités d'exercice des missions de police judiciaire par les agents des services fiscaux habilités

Art. R. 15-33-29-17 *(D. n° 2010-914, 3 août 2010)*. – Les dispositions des articles R. 15-33-18 et R. 15-33-20 à R. 15-33-23 sont applicables à l'exercice des missions de police judiciaire par les agents des services fiscaux habilités.

CHAPITRE II. – DU MINISTÈRE PUBLIC

(D. n° 2001-71, 29 janv. 2001)

Section I. – Des délégués et des médiateurs du Procureur de la République

Art. R. 15-33-30 *(Mod., D. n° 2002-801, 3 mai 2002)*. – Les personnes physiques ainsi que les associations régulièrement déclarées qui ont été habilitées comme délégués du procureur de la République dans les conditions prévues par la présente section peuvent être désignées par ce dernier pour être chargées d'une des missions prévues par les 1° à 4° de l'article 41-1 ou pour intervenir lors de la procédure de composition pénale prévue par les articles 41-2 et 41-3.

Les personnes physiques ainsi que les associations régulièrement déclarées qui ont été habilitées comme médiateurs du procureur de la République dans les conditions prévues par la présente section peuvent être désignées par ce dernier pour effectuer une mission de médiation conformément aux dispositions du 5° de l'article 41-1. Elles peuvent également se voir confier les missions mentionnées à l'alinéa précédent.

Art. R. 15-33-31 *(D. n° 2001-71, 29 janv. 2001).* – La personne physique ou morale selon qu'elle désire être habilitée dans le ressort du tribunal judiciaire ou dans celui de la cour d'appel en fait la demande au procureur de la République ou au procureur général.

Art. R. 15-33-32 *(Mod., D. n° 2002-801, 3 mai 2002).* – La demande présentée par une association comporte notamment :

1° La copie du *Journal officiel* portant publication de la déclaration de l'association ou, en ce qui concerne les départements du Bas-Rhin, du Haut-Rhin ou de la Moselle, une copie de l'extrait du registre des associations du tribunal d'instance ;

2° Un exemplaire des statuts et, s'il y a lieu, du règlement intérieur ;

3° La liste des établissements de l'association avec indication de leur siège ;

4° Un exposé indiquant les conditions de fonctionnement de l'association et, le cas échéant, l'organisation et les conditions de fonctionnement des comités locaux ainsi que leurs rapports avec l'association ;

5° La mention des nom, prénom, date et lieu de naissance, nationalité, profession et domicile des membres du conseil d'administration et du bureau de l'association ainsi que, le cas échéant, ceux de ses représentants locaux ;

6° Les pièces financières qui doivent comprendre les comptes du dernier exercice, le budget de l'exercice courant et un bilan ou état de l'actif mobilier et immobilier et du passif.

7° La liste des personnes physiques qui, au sein de l'association, doivent accomplir les missions qui lui sont confiées, avec la mention des nom, prénoms, date et lieu de naissance, nationalité, profession et domicile de chacune d'entre elles.

Art. R. 15-33-33 *(Mod., D. n° 2004-1021, 27 sept. 2004).* – Le Médiateur ou le délégué du procureur de la République doit satisfaire aux conditions suivantes :

1° Ne pas exercer de fonctions judiciaires ou participer au fonctionnement du service de la justice ou être investi d'un mandat électif dans le ressort de la cour d'appel ;

2° Ne pas avoir fait l'objet d'une condamnation, incapacité ou déchéance mentionnée sur le bulletin n° 2 du casier judiciaire ;

3° Présenter des garanties de compétence, d'indépendance et d'impartialité.

4° Ne pas être âgé de plus de 75 ans ;

5° Sauf dispense accordée par le garde des Sceaux, ministre de la Justice, ne pas être conjoint, concubin, parent ou allié jusqu'au degré d'oncle ou de neveu inclusivement d'un magistrat ou d'un fonctionnaire de la juridiction ou lié avec l'un d'entre eux par un pacte civil de solidarité.

Le Médiateur ou le délégué du procureur de la République appelé à se voir confier des missions concernant des mineurs doit en outre s'être signalé par l'intérêt qu'il porte aux questions de l'enfance.

Lorsqu'une association envisage une modification de la liste mentionnée au 7° de l'article R. 15-33-32 ou de désigner, pour accomplir les missions confiées à l'association, une personne physique n'ayant pas été personnellement habilitée, elle doit en aviser le procureur de la République. Ce dernier lui indique, le cas échéant, les personnes qui, ne remplissant pas les conditions mentionnées aux alinéas précédents, ne peuvent être autorisées à accomplir les missions confiées à l'association.

Art. R. 15-33-34 *(D. n° 2001-71, 29 janv. 2001).* – Le Médiateur et le délégué du procureur de la République sont tenus à l'obligation du secret dans les conditions fixées par l'article 226-13 du Code pénal.

Art. R. 15-33-35 *(Rempl., D. n° 2004-1021, 27 sept. 2004).* – Après avoir fait procéder à toutes les diligences qu'il juge utiles, le procureur de la République ou, si l'intéressé doit exercer ses fonctions dans le ressort de la cour d'appel, le procureur général décide de l'habilitation de la personne pour une durée probatoire d'un an.

À l'issue de cette période, le procureur de la République ou le procureur général décide de l'habilitation de la personne pour une période de cinq ans, après avis de l'assemblée générale des magistrats du siège et du parquet du tribunal ou de la cour d'appel, ou de la commission restreinte de l'assemblée générale des magistrats du siège et du parquet dans les juridictions où sa constitution est obligatoire.

L'habilitation est renouvelable pour une même durée selon la même procédure.

Les décisions prévues au présent article précisent si la personne est habilitée comme médiateur ou comme délégué du procureur de la République et si elle est habilitée à se voir confier des missions concernant les mineurs.

Art. R. 15-33-35-1 *(D. n° 2004-1021, 27 sept. 2004)*. – La liste des personnes habilitées par le procureur de la République est adressée au procureur général.

Art. R. 15-33-36 *(Rempl., D. n° 2004-1021, 27 sept. 2004)*. – Dès qu'il est habilité en application des dispositions du premier alinéa de l'article R. 15-33-35, le médiateur ou le délégué du procureur de la République prête devant le tribunal judiciaire ou devant la cour d'appel le serment suivant :

« *Je jure d'exercer mes fonctions avec rigueur, loyauté, impartialité et dignité et de respecter le secret professionnel.* »

Ce serment est également prêté par les personnes physiques représentant les personnes morales habilitées, mentionnées au 7° de l'article R. 15-33-32.

Art. R. 15-33-36-1 *(D. n° 2004-1021, 27 sept. 2004)*. – Le médiateur et le délégué du procureur de la République adressent une fois par an un rapport d'activité au procureur de la République ou, s'ils exercent leurs fonctions dans le ressort de la cour d'appel, au procureur général.

Art. R. 15-33-37 *(Rempl., D. n° 2004-1021, 27 sept. 2004)*. – L'habilitation peut être retirée si la personne cesse de satisfaire à l'une des conditions prévues par l'article R. 15-33-33 ou si elle n'exécute pas de façon satisfaisante les missions qui lui sont confiées. Ce retrait est prononcé, après que l'intéressé a été mis à même de présenter ses observations orales, selon la procédure prévue par l'article R. 15-33-35 pour la décision d'habilitation.

En cas d'urgence, le procureur de la République ou le procureur général peut retirer provisoirement l'habilitation en attendant de pouvoir procéder aux consultations prévues par le deuxième alinéa de l'article R. 15-33-35.

Section I *bis*. – De la transaction proposée par un officier de police judiciaire

(D. n° 2015-1272, 13 oct. 2015 ; Annulation, CE, 24 mai 2017, n° 395321, Synd. de la magistrature et a. : JurisData n° 2017-010000)

Section II. – De la composition pénale

§ 1. – Proposition des mesures

Art. R. 15-33-38 *(D. n° 2001-71, 29 janv. 2001)*. – Le procureur de la République peut proposer soit directement soit par l'intermédiaire d'un délégué ou d'un Médiateur une composition pénale, en application des dispositions des articles 41-2 et 41-3.

Art. R. 15-33-39 *(D. n° 2001-71, 29 janv. 2001)*. – La personne à qui est proposée une composition pénale peut demander à disposer d'un délai de dix jours avant de faire connaître sa décision après s'être, le cas échéant, fait assister par un avocat. Si elle demande à bénéficier de ce délai, il lui est indiqué la date et l'heure auxquelles elle est invitée à recomparaître pour faire connaître sa réponse. Elle est informée que si elle ne se présente pas, elle sera considérée comme ayant refusé la composition pénale.

Art. R. 15-33-40 *(Mod., D. n° 2020-128, 18 févr. 2020)*. – Le procès-verbal prévu par le vingt-sixième alinéa de l'article 41-2 précise :

– la nature des faits reprochés ainsi que leur qualification juridique ;

– la nature et le quantum de mesures proposées en application des 1° à 19° de l'article 41-2, ainsi que les délais dans lesquels elles doivent être exécutées ; lorsque l'une des mesures proposées consiste dans l'accomplissement d'un stage, il est précisé si le stage donne lieu à engagement de frais mis à la charge de l'auteur des faits ainsi que leur montant maximum ;

– le cas échéant, le montant ou la nature des réparations proposées en application des dispositions du vingt-troisième alinéa de l'article 41-2.

Ce procès-verbal indique que la personne a été informée de son droit de se faire assister d'un avocat avant de donner son accord aux propositions du procureur de la République et de son droit de demander à bénéficier d'un délai de dix jours avant de faire connaître sa réponse.

Le procès-verbal précise que la personne a été informée que la proposition de composition pénale va être adressée pour validation au président du tribunal judiciaire ou au juge du tribunal judiciaire.

Le procès-verbal précise également que la personne sera informée de la décision du président du tribunal judiciaire ou du juge du tribunal judiciaire, et qu'en cas de validation les délais d'exécution des mesures commenceront à courir à la date de notification de cette décision.

Le procès-verbal est signé par la personne ainsi que par le procureur de la République, son délégué ou son Médiateur. Une copie du procès-verbal est remise à l'auteur des faits.

Art. R. 15-33-40-1 *(D. n° 2020-128, 18 févr. 2020).* – Lorsqu'il n'y a pas lieu à validation de la proposition de composition pénale parce qu'elle porte sur un délit puni d'une peine d'emprisonnement d'une durée inférieure ou égale à trois ans et qu'elle consiste en une amende de composition n'excédant pas trois mille euros ou dans le dessaisissement d'une chose dont la valeur n'excède pas ce montant, les dispositions des deux avant-derniers alinéas de l'article R. 15-33-40 ne sont pas applicables.

Art. R. 15-33-41 *(D. n° 2004-243, 17 mars 2004 ; mod., D. n° 2004-1021, 27 sept. 2004).* – La remise du permis de conduire ou de chasser prévue par les 4° et 5° de l'article 41-2 emporte pour la personne l'engagement de ne pas conduire ou chasser pendant la période de remise de son permis.

Lorsqu'est proposée la remise du permis de conduire, cet engagement peut être limité à la conduite en dehors de l'activité professionnelle, sauf si cette limitation est expressément exclue par la loi ou le règlement qui réprime l'infraction, ou à la conduite de certains véhicules. Dans ce cas, la proposition comporte les précisions prévues à l'article R. 131-1 ou R. 131-3 du Code pénal.

Art. R. 15-33-41-1 *(D. n° 2011-1048, 5 sept. 2011).* – L'obligation prévue par le 4° *bis* de l'article 41-2 de suivre un programme de réhabilitation et de sensibilisation comportant l'installation à ses frais d'un éthylotest antidémarreur sur son véhicule, pour une période minimale de six mois et maximale de trois ans, emporte pour la personne les deux obligations suivantes :

1° Suivre un stage de sensibilisation à la sécurité routière ;

2° Justifier que son véhicule est équipé par un professionnel agréé ou par construction d'un dispositif d'antidémarrage par éthylotest électronique homologué conformément à l'article L. 234-17 du Code de la route. Cette obligation emporte pour la personne l'engagement de ne pas conduire pendant la période fixée d'autres véhicules non équipés de ce dispositif.

Le procureur de la République peut ne proposer à la personne que la mesure prévue au 2° ci-dessus.

Art. R. 15-33-42 *(Mod., D. n° 2004-1021, 27 sept. 2004 ; D. n° 2021-1743, 22 déc. 2021).* – L'accomplissement d'un travail non rémunéré prévu par le 6° de l'article 41-2 consiste dans la réalisation d'un travail au profit soit d'une personne morale de droit public, soit d'une personne morale de droit privé chargée une mission de service public ou d'une association habilitées en application des dispositions des articles R. 131-12 à R. 131-16 du Code pénal.

Art. R. 15-33-43 *(Mod., D. n° 2004-1021, 27 sept. 2004).* – Lorsque la composition pénale intervient à la suite d'un délit prévu aux articles 222-19-1 ou 222-20-1 du Code pénal ou aux articles L. 234-1 ou L. 234-8 du Code de la route ou de tout autre délit donnant lieu au retrait des points du permis de conduire, le procès-verbal mentionné à l'article R. 15-33-40 comporte une mention informant la personne de la perte de points qui résultera de l'exécution de la composition pénale, de l'existence d'un traitement automatisé de ces points et de la possibilité pour elle d'exercer son droit d'accès.

Art. R. 15-33-44 *(Mod., D. n° 2004-1021, 27 sept. 2004).* – Lorsque la proposition de composition pénale a été portée à la connaissance de la personne par un officier de police judiciaire en application des dispositions du seizième alinéa de l'article 41-2, la décision écrite du procureur de la République prévue par cet alinéa est annexée au procès-verbal mentionné à l'article R. 15-33-40 qui est signé par l'officier de police judiciaire.

Art. R. 15-33-45 *(Mod., D. n° 2004-1021, 27 sept. 2004).* – Lorsqu'il est fait application des dispositions du quinzième alinéa de l'article 41-2, le procès-verbal mentionné à l'article R. 15-33-40 ou un procès-verbal distinct précise les conditions dans lesquelles l'information de la victime, qui peut se faire par tout moyen, a été effectuée.

La victime est informée de son droit à demander l'assistance d'un avocat.

§ 2. – Validation des mesures

Art. R. 15-33-46 *(D. n° 2001-71, 29 janv. 2001).* – La requête en validation de la composition pénale est datée et signée par le procureur de la République. Y sont joints les procès-verbaux prévus par les articles R. 15-33-40 et R. 15-33-45 ainsi que l'intégralité de la procédure d'enquête.

Art. R. 15-33-47 *(Mod., D. n° 2004-1021, 27 sept. 2004).* – Lorsque le président du tribunal décide de procéder à l'audition de l'auteur des faits et de la victime, ceux-ci sont convoqués par tout moyen. Le président du tribunal peut procéder à une audition commune ou à des auditions séparées. Ces auditions, qui font l'objet d'un procès-verbal signé du président et des intéressés, ne sont pas publiques. Le procureur de la République est informé de ces auditions et y assiste s'il le souhaite.

Art. R. 15-33-48 *(Mod., D. n° 2004-1021, 27 sept. 2004).* – Le procureur de la République peut informer les services de police ou de gendarmerie ayant participé à l'enquête de la validation de la composition pénale, notamment lorsque celle-ci comporte l'une des mesures prévues aux 4°, 5°, 9°, 10° et 11° de l'article 41-2 et que la non-exécution de cette mesure est susceptible d'être constatée par ces services.

Art. R. 15-33-48-1 *(D. n° 2020-128, 18 févr. 2020).* – Dans le cas prévu par l'article R. 15-33-40-1, les dispositions du présent paragraphe ne sont pas applicables.

§ 3. – Exécution des mesures

Art. R. 15-33-49 *(Mod., D. n° 2020-128, 18 févr. 2020 ; D. n° 2021-1743, 22 déc. 2021).* – Lorsque la composition pénale a été validée ou, dans le cas prévu par l'article R. 15-33-40-1, lorsque les mesures proposées ont été acceptées, le procureur de la République peut désigner un délégué ou un Médiateur aux fins de mettre en œuvre les mesures décidées et de contrôler les conditions de leur exécution.

Lorsque la composition pénale comporte l'accomplissement d'un travail non rémunéré, le service pénitentiaire d'insertion et de probation est seul chargé par le procureur de la République de mettre en œuvre les mesures décidées et de contrôler les conditions de leur exécution pour les personnes majeures.

Art. R. 15-33-50 *(Mod., D. n° 2004-1021, 27 sept. 2004).* – Le procureur de la République ou la personne par lui désignée adresse ou remet à l'auteur des faits un document l'informant de la validation de la composition pénale, des mesures à accomplir et des conditions dans lesquelles ces mesures doivent être effectuées.

Ce document comporte une mention indiquant que si la personne n'exécute pas ces mesures, le procureur de la République décidera, sauf élément nouveau, d'engager des poursuites à son encontre.

Ce document est constitué si nécessaire de plusieurs feuillets destinés à permettre le paiement de l'amende de composition et dont le modèle est arrêté par le ministre de l'Économie, des Finances et de l'Industrie et le ministre de la Justice.

Art. R. 15-33-51 *(Mod., D. n° 2015-1272, 13 oct. 2015).* – Lorsque la composition pénale consiste dans le versement d'une amende de composition, le paiement s'effectue auprès d'un comptable de la direction générale des finances publiques et exclusivement, par dérogation à l'article 25 du décret n° 2012-1246 du 7 novembre 2012 relatif à la gestion budgétaire et comptable publique, soit par remise d'un chèque certifié dans les conditions prévues à l'article R. 131-2 du Code monétaire et financier, soit par versement d'espèces, soit par carte bancaire lorsque ce comptable est doté de l'équipement de lecture de carte.

Le comptable de la direction générale des finances publiques mentionné à l'alinéa précédent reçoit le paiement accompagné du document prévu par l'article R. 15-33-50. Après émargement du règlement par ce comptable, deux feuillets sont retournés ou remis à l'intéressé, qui doit en transmettre un au procureur de la République ou à la personne par lui désignée.

Lorsqu'il est prévu que les versements seront échelonnés, il est remis à l'intéressé autant de documents que d'échéances.

Art. R. 15-33-52 *(Mod., D. n° 2011-134, 1er févr. 2011).* – Lorsque la composition pénale consiste dans le dessaisissement d'une chose au profit de l'État, la personne doit, dans le délai imparti, remettre cette chose au greffe du tribunal contre récépissé. Si cette chose a fait l'objet d'une saisie et est toujours détenue par le service enquêteur, celui-ci est avisé de la décision de validation et adresse le scellé au greffe du tribunal. Lorsque le greffe est en possession du scellé, il peut sans délai procéder à la destruction de l'objet ou à sa remise au service des domaines ou à l'Agence de gestion et de recouvrement des avoirs saisis et confisqués.

Art. R. 15-33-52-1 *(D. n° 2004-1021, 27 sept. 2004).* – Lorsque la composition pénale comporte la remise du véhicule à des fins d'immobilisation prévue par le 3° de l'article 41-2, cette remise est exécutée conformément aux dispositions des articles R. 131-5 à R. 131-11 du Code pénal. Les références à la décision de condamnation faites par ces articles sont remplacées par des références à l'ordonnance de validation de la composition pénale.

Art. R. 15-33-53 *(Mod., D. n° 2011-1048, 5 sept. 2011).* – Lorsque la composition pénale consiste dans la remise du permis de conduire ou du permis de chasser, cette remise est effectuée par l'intéressé, dans le délai imparti, soit au greffe du tribunal judiciaire, soit à la personne désignée par le procureur de la République, à charge pour cette dernière de remettre le document au greffe du tribunal. Il lui est remis, en échange de son permis, un récépissé.

Lorsqu'il a été fait application des dispositions du deuxième alinéa de l'article R. 15-33-41, il est remis à l'intéressé, en échange de son permis, un certificat qui comporte les mentions prévues aux articles R. 131-2 et R. 131-4 du Code pénal, les références à la décision de la juridiction prévues par ces articles étant remplacées par les références à la décision de validation de la composition pénale.

Lorsque la personne a fait l'objet d'une mesure administrative de rétention ou de suspension de son permis de conduire en application des dispositions des articles L. 224-1 et suivants du Code de la route, et que son permis est détenu par l'autorité administrative, elle en apporte le justificatif au greffe du tribunal judiciaire. Dans ce cas, la suspension cesse de recevoir effet à l'expiration du délai fixé en application du 4° de l'article 41-2. S'il est fait application des dispositions du deuxième alinéa de l'article R. 15-33-41, le certificat prévu par le deuxième alinéa du présent article est remis à l'intéressé.

Les services de police ou les unités de gendarmerie qui constateraient qu'une personne n'a pas respecté son engagement de ne pas conduire ou de ne pas chasser en dressent rapport qui est transmis au procureur de la République dans les meilleurs délais. Il en est de même en cas de constatation que la personne n'a pas respecté l'une des mesures d'interdiction prévues aux 9°, 10° et 11° de l'article 41-2.

Art. R. 15-33-53-1 *(Mod., D. n° 2020-605, 18 mai 2020).* – Lorsque la composition pénale consiste dans la mesure prévue par le 4° *bis* de l'article 41-2, l'intéressé remet son permis de conduire, dans le délai imparti, soit au greffe du tribunal judiciaire, soit à la personne désignée par le procureur de la République, à charge pour cette dernière de remettre le document au greffe du tribunal. Il est remis à l'intéressé, en échange de son permis, un certificat établi conformément aux deux premiers alinéas de l'article R. 131-4-1 du Code pénal, les références à la décision de la juridiction prévues par l'article R. 131-4 de ce code étant remplacées par les références à la décision de validation de la composition pénale.

Lorsque la personne a fait l'objet d'une mesure administrative de restriction du droit de conduire aux seuls véhicules équipés d'un dispositif homologué d'anti-démarrage par éthylotest électronique, en application des dispositions de l'article R. 224-6 du Code de la route, et que son permis est détenu par l'autorité administrative, elle en apporte le justificatif au greffe du tribunal de grande instance. Dans ce cas, la restriction cesse de recevoir effet à l'expiration du délai fixé en application du 4° *bis* de l'article 41-2.

Les dispositions du dernier alinéa de l'article R. 15-33-53 sont applicables.

Art. R. 15-33-54 *(D. n° 2001-71, 29 janv. 2001 ; D. n° 2021-1743, 22 déc. 2021).* – Lorsque la composition pénale comporte l'accomplissement d'un travail non rémunéré, ce travail consiste dans l'un des travaux inscrits sur la liste prévue par l'article 131-36 (1°) du Code pénal.

Art. R. 15-33-55 *(Mod., D. n° 2004-1021, 27 sept. 2004 ; D. n° 2021-1743, 22 déc. 2021 ; D. n° 2022-479, 30 mars 2022).* – Les dispositions des articles 131-23 et 131-24,132-55 du Code pénal, R. 623-11 à R. 623-23 du Code pénitentiaire et L. 412-8 (5°) du Code de la sécurité sociale sont applicables à l'exécution du travail prévu par le 6° de l'article 41-2 du présent code, les attributions confiées par ces articles au tribunal ou au juge de l'application des peines étant dévolues au procureur de la République.

Le service pénitentiaire d'insertion et de probation est chargé par le procureur de la mise en œuvre de la peine prévue par le 6° de l'article 41-2 du présent code pour les personnes majeures.

Art. R. 15-33-55-1 *(Mod., D. n° 2020-128, 18 févr. 2020).* – Lorsque la composition pénale comporte le suivi d'un stage ou d'une formation prévu par le 7° de l'article 41-2, la proposition du procureur de la République précise si le stage ou la formation donne lieu à engagement de frais mis à la charge de l'auteur des faits. Si tel est le cas, le montant de ces frais ne peut excéder celui du montant de l'amende prévue pour les contraventions de la troisième classe.

Lorsqu'elle consiste en un stage de sensibilisation à la sécurité routière, la mesure prévue à l'alinéa précédent peut être exécutée conformément aux dispositions de l'article R. 131-11-1 du Code pénal.

Dans tous les cas, l'auteur des faits adresse au procureur de la République ou à son délégué une attestation de stage ou de formation, après que celui-ci ou celle-ci a été accompli.

Art. R. 15-33-55-2 *(D. n° 2004-1021, 27 sept. 2004).* – Lorsque la composition pénale comporte la mesure d'interdiction d'émettre des chèques ou d'utiliser une carte de paiement prévue par le 8° de l'article 41-2, l'auteur des faits remet au greffe du tribunal ou à la personne désignée par le procureur de la République, contre récépissé, les carnets de chèques et les cartes de paiement en sa possession pour la durée de la mesure.

Art. R. 15-33-55-3 *(D. n° 2004-1021, 27 sept. 2004).* – Lorsque la composition pénale comporte la mesure d'interdiction de rencontrer, de recevoir la victime ou d'entrer en contact avec elle prévue au 10° de l'article 41-2, cette mesure est portée à la connaissance de la victime.

Art. R. 15-33-55-4 *(D. n° 2004-1021, 27 sept. 2004).* – Lorsque la composition pénale comporte la mesure d'interdiction de sortie du territoire national prévue par le 12° de l'article 41-2, l'auteur des faits remet au greffe du tribunal ou à la personne désignée par le procureur de la République, contre récépissé, son passeport pour la durée de la mesure.

Art. R. 15-33-55-5 *(Rempl., D. n° 2020-128, 18 févr. 2020).* – Lorsque la composition pénale comporte l'accomplissement d'un stage, les dispositions des articles R. 131-11-1 et R. 131-35 à R. 131-45 du Code pénal sont applicables.

Il en est de même lorsque la mesure est prononcée en application du 2° de l'article 41-1.

Art. R. 15-33-55-6 *(Abr., D. n° 2020-128, 18 févr. 2020).*

Art. R. 15-33-55-7 *(D. n° 2007-1388, 26 sept. 2007).* – Lorsque la composition pénale comporte la mesure d'activité de jour prévue au 16° de l'article 41-2, celle-ci est exécutée sous le contrôle du délégué du procureur de la République, qui s'assure de son bon déroulement.

Art. R. 15-33-55-8 *(D. n° 2007-1388, 26 sept. 2007).* – Lorsque la composition pénale comporte l'injonction thérapeutique prévue au 17° de l'article 41-2, celle-ci s'exécute conformément aux dispositions du Code de la santé publique, notamment des articles L. 3413-1 à L. 3413-4 de ce code, sous le contrôle du délégué du procureur de la République.

Art. R. 15-33-55-9 *(Abr., D. n° 2020-128, 18 févr. 2020).*

Art. R. 15-33-56 *(Mod., D. n° 2004-1021, 27 sept. 2004).* – Lorsqu'il est fait application des dispositions du quinzième alinéa de l'article 41-2, le procureur de la République s'assure, directement ou par la personne par lui désignée, que l'auteur des faits répare le préjudice subi par la victime dans les délais prescrits.

Art. R. 15-33-57 *(Mod., D. n° 2004-1021, 27 sept. 2004)*. – Lorsque, pour des motifs graves d'ordre médical, familial, professionnel ou social, la personne n'a pas pu exécuter les mesures décidées dans les délais prescrits, et que ces délais sont inférieurs aux délais maxima, prévus par les articles 41-2 et 41-3, le procureur de la République peut prolonger les délais d'exécution de ces mesures, sans pouvoir toutefois dépasser lesdits délais.

Art. R. 15-33-58 *(D. n° 2001-71, 29 janv. 2001)*. – Lorsque la ou les mesures décidées ont été intégralement exécutées, le procureur de la République ou la personne par lui désignée constate l'exécution de la composition pénale.

Le procureur de la République avise l'intéressé et, le cas échéant, la victime de l'extinction de l'action publique.

Art. R. 15-33-59 *(D. n° 2004-1021, 27 sept. 2004)*. – Lorsque la composition pénale est intervenue à la suite de la commission d'un délit prévu par les articles 222-19-1 ou 222-20-1 du Code pénal ou les articles L. 234-1 ou L. 234-8 du Code de la route ou de tout autre délit ou contravention donnant lieu à retrait des points du permis de conduire, le procureur de la République adresse aux services du ministère de l'intérieur un avis les informant de l'exécution de la composition pénale, afin qu'il puisse être procédé au retrait des points du permis de conduire.

L'avis adressé par le procureur de la République précise la date d'exécution de la composition pénale qui fait courir le délai prévu au premier alinéa de l'article L. 11-6 du Code de la route.

Art. R. 15-33-60 *(Mod., D. n° 2004-1021, 27 sept. 2004)*. – Si des poursuites sont engagées dans les cas prévus par le vingtième alinéa de l'article 41-2, le dossier concernant cette procédure et dans lequel sont, le cas échéant, précisées les mesures exécutées en tout ou partie par la personne est communiqué à la juridiction de jugement, afin qu'elle puisse en tenir compte, en cas de condamnation, dans le prononcé de sa décision.

Section II *bis*. – De la convention judiciaire d'intérêt public

(D. n° 2017-660, 27 avr. 2017)

§ 1. – Proposition de la convention

Art. R. 15-33-60-1 *(D. n° 2017-660, 27 avr. 2017)*. – Le procureur de la République informe par tout moyen la victime, lorsqu'elle est identifiée, de sa décision de proposer la conclusion d'une convention d'intérêt judiciaire d'intérêt public à la personne morale mise en cause. Il fixe alors le délai dans lequel elle peut lui transmettre tout élément de nature à établir la réalité et l'étendue de son préjudice.

Art. R. 15-33-60-2 *(D. n° 2017-660, 27 avr. 2017 ; D. n° 2021-1045, 4 août 2021)*. – Lorsqu'il souhaite proposer la conclusion d'une convention judiciaire d'intérêt public, le procureur de la République indique à la personne morale mise en cause la possibilité de se faire assister par un avocat. Hors le cas où la proposition intervient en application de l'article 180-2, s'il ne l'a pas fait antérieurement, le procureur de la République fait usage de la possibilité prévue au II de l'article 77-2.

La proposition de convention précise :

1° La dénomination sociale de la personne morale concernée ;

2° Un exposé précis des faits ainsi que la qualification juridique susceptible de leur être appliquée ;

3° La nature et le quantum des obligations proposées en application des 1° et 2° du I de l'article 41-1-2 ou des 1° à 3° de l'article 41-1-3, les délais et les modalités dans lesquels elles doivent être exécutées, ainsi que, le cas échéant, le service chargé du contrôle du programme de mise en conformité ou de la réparation du préjudice résultant des infractions commises ;

4° Le cas échéant, le montant maximum des frais exposés pour le contrôle de la mise en œuvre du programme de conformité qui sont supportés par la personne morale mise en cause ;

5° Le cas échéant, le montant et les modalités de la réparation des dommages causés par l'infraction.

La proposition de convention est signée par le procureur de la République et, si elle l'accepte, par les représentants légaux de la personne morale assistée le cas échéant de son avocat.

§ 2. – **Validation de la convention**

Art. R. 15-33-60-3 *(D. n° 2017-660, 27 avr. 2017 ; D. n° 2021-1045, 4 août 2021).* – La requête en validation de la convention mentionnée au huitième alinéa de l'article 41-1-2 est datée et signée par le procureur de la République. Y sont joints la proposition de convention acceptée par la personne morale, ainsi que la procédure d'enquête ou d'instruction.

La requête mentionnée au premier alinéa est notifiée aux représentants légaux de la personne morale et, le cas échéant, à la victime, par lettre recommandée avec demande d'accusé de réception. Ces personnes sont également informées selon les mêmes modalités de la date, l'heure et l'adresse de l'audience à laquelle elles sont invitées à comparaître en application du neuvième alinéa de l'article 41-1-2, ainsi que la possibilité de se faire assister par un avocat.

Art. R. 15-33-60-4 *(D. n° 2017-660, 27 avr. 2017).* – À l'issue de l'audience mentionnée au neuvième alinéa de l'article 41-1-2, l'ordonnance du président du tribunal est immédiatement notifiée aux représentants légaux de la personne morale et, le cas échéant, à la victime. Une copie leur est remise après émargement.

Si la victime est absente à l'audience, l'ordonnance mentionnée au premier alinéa lui est communiquée par tout moyen.

Art. R. 15-33-60-5 *(D. n° 2017-660, 27 avr. 2017).* – Si le président du tribunal rend une ordonnance de validation, celle-ci précise que la personne morale dispose d'un délai de dix jours pour exercer son droit de rétractation par lettre recommandée avec demande d'avis de réception adressée au procureur de la République.

Il est également remis aux représentants de la personne morale un document l'informant des conditions dans lesquelles doivent être accomplies les obligations prévues. Ce document est accompagné si nécessaire de plusieurs feuillets destinés à permettre le paiement de l'amende d'intérêt public et dont le modèle est arrêté par le ministre chargé du budget et le garde des Sceaux, ministre de la Justice. Il comporte également une mention indiquant que si la personne morale ne justifie pas de l'exécution intégrale des obligations prévues, le procureur de la République décidera, sauf élément nouveau, d'engager des poursuites à son encontre.

§ 3. – **Exécution des obligations de la convention**

Art. R. 15-33-60-6 *(D. n° 2017-660, 27 avr. 2017 ; D. n° 2021-1045, 4 août 2021).* – Lorsque la convention prévoit le versement d'une amende d'intérêt public, le paiement s'effectue auprès d'un comptable de la direction générale des finances publiques.

Le comptable de la direction générale des finances publiques mentionné à l'alinéa précédent reçoit le paiement accompagné du document prévu par l'article R. 15-33-60-5. Après émargement du règlement par ce comptable, deux feuillets sont retournés ou remis aux représentants de la personne morale, qui en transmettent un au procureur de la République.

Lorsqu'il est prévu que les paiements seront échelonnés, il est remis autant de documents que d'échéances.

Art. R. 15-33-60-7 *(D. n° 2017-660, 27 avr. 2017 ; D. n° 2021-1045, 4 août 2021).* – Lorsque la convention prévoit la mise en œuvre d'un programme de conformité, le procureur de la République communique l'ordonnance de validation ainsi que la convention au service chargé de son contrôle.

Ce service rend compte au procureur de la République, à sa demande et au moins annuellement, de la mise en œuvre du programme. Elle l'informe de toute difficulté. Elle lui communique, en outre, un rapport à l'expiration du délai d'exécution de la mesure.

La personne morale peut informer le procureur de la République de toute difficulté qu'elle rencontre dans la mise en œuvre du programme.

Art. R. 15-33-60-8 *(D. n° 2017-660, 27 avr. 2017).* – Lorsque la convention prévoit la réparation du préjudice causé à la victime, la personne morale communique au procureur de la République les éléments permettant de justifier de son exécution dans les délais prescrits.

Art. R. 15-33-60-9 *(D. n° 2017-660, 27 avr. 2017)*. – Lorsque la ou les obligations de la convention ont été intégralement exécutées, le procureur de la République avise les représentants de la personne morale et, le cas échéant, la victime de l'extinction de l'action publique.

Si la convention a été conclue dans le cadre d'une information judiciaire, le procureur de la République informe également le juge d'instruction de l'extinction de l'action publique.

Art. R. 15-33-60-10 *(D. n° 2017-660, 27 avr. 2017)*. – Lorsque la ou les obligations de la convention ne sont pas intégralement exécutées, l'interruption de l'exécution de la convention mentionnée au dix-septième alinéa de l'article 41-1-2 est constatée par le procureur de la République et notifiée aux représentants de la personne morale par lettre recommandée avec demande d'accusé de réception.

La victime en est avisée par tout moyen.

Si des sommes ont été versées au titre de l'amende d'intérêt public, le procureur de la République communique la lettre mentionnée au premier alinéa au comptable ayant reçu le paiement aux fins de restitution.

Lorsque des poursuites sont engagées à la suite de l'interruption de l'exécution de la convention mentionnée au dix-septième alinéa de l'article 41-1-2, le dossier de la procédure de convention judiciaire d'intérêt public est joint au dossier de la procédure dont est saisie la juridiction, afin qu'il puisse être tenu compte, en cas de condamnation, de l'exécution partielle des obligations mises à la charge de la personne morale.

Section III. – De la transaction proposée par le maire et de l'homologation par le Procureur de la République

(D. n° 2007-1388, 26 sept. 2007)

Art. R. 15-33-61 *(Mod., D. n° 2017-683, 28 avr. 2017)*. – La proposition de transaction faite par le maire conformément aux dispositions de l'article 44-1 est adressée par lettre recommandée ou remise contre récépissé en double exemplaire au contrevenant dans un délai d'un mois à compter du procès-verbal constatant l'infraction.

Elle précise :

– la nature des faits reprochés, leur qualification juridique ainsi que le montant de l'amende et les peines complémentaires encourus ;

– le montant de la réparation proposée et le délai dans lequel cette réparation devra être versée ;

– s'il y a lieu, le nombre d'heures de travail non rémunéré proposé et le délai dans lequel ce travail devra être exécuté, la nature du travail proposé et son lieu d'exécution ;

– le délai dans lequel le contrevenant devra faire connaître son acceptation ou son refus de la proposition de transaction.

Elle indique que le contrevenant à la possibilité de se faire assister, à ses frais, d'un avocat avant de faire connaître sa décision.

La proposition indique également qu'en cas d'acceptation de sa part elle devra être adressée pour homologation selon les cas au procureur de la République ou au juge du tribunal de police et que le contrevenant sera alors informé de la décision de l'autorité judiciaire.

Il est mentionné que si le contrevenant ne fait pas connaître sa réponse à la proposition de transaction dans les délais impartis il sera considéré comme ayant refusé la transaction et que le procès-verbal de contravention sera alors transmis au Procureur de la République.

Art. R. 15-33-62 *(D. n° 2007-1388, 26 sept. 2007)*. – Dans les quinze jours à compter de l'envoi ou de la remise de la proposition de transaction, le contrevenant fait connaître au maire son acceptation de payer la somme demandée ou d'exécuter le travail non rémunéré en renvoyant un exemplaire signé de la proposition de transaction.

Art. R. 15-33-63 *(Mod., D. n° 2017-683, 28 avr. 2017)*. – En cas d'acceptation de la proposition par le contrevenant, le maire transmet cette dernière au procureur de la République aux fins d'homologation par l'autorité judiciaire compétente, accompagnée des procès-verbaux de constatation de l'infraction.

Lorsque la proposition de transaction consiste en l'exécution d'un travail non rémunéré, le procureur de la République transmet ces documents au juge du tribunal de police ou au juge de proximité compétent, accompagnés de ses réquisitions sur l'homologation.

L'autorité judiciaire adresse au maire dans les meilleurs délais sa décision indiquant si elle homologue ou non la transaction.

Art. R. 15-33-64 *(D. n° 2007-1388, 26 sept. 2007).* – Si la proposition de transaction est homologuée, le maire adresse ou remet au contrevenant un document l'informant de cette homologation, en précisant le montant de la réparation à payer ou les modalités d'exécution du travail non rémunéré ainsi que le délai d'exécution de la transaction.

Dans le cas contraire, le maire communique la décision de l'autorité judiciaire au contrevenant.

Art. R. 15-33-65 *(D. n° 2007-1388, 26 sept. 2007 ; D. n° 2021-1743, 22 déc. 2021).* – Lorsque la transaction consiste en l'exécution d'un travail non rémunéré, les dispositions des articles 131-23, 131-24, R. 131-25, R. 131-26 et R. 131-28 du Code pénal sont applicables à l'exécution de ce travail et les attributions confiées par ces articles au juge de l'application des peines ou au directeur du service pénitentiaire d'insertion et de probation sont exercées par le maire.

Art. R. 15-33-66 *(D. n° 2007-1388, 26 sept. 2007).* – Si le contrevenant refuse la proposition de transaction ou n'y donne aucune réponse dans les délais impartis, ou s'il n'a pas exécuté ses obligations dans les délais impartis, le maire en informe le procureur de la République.

En cas d'exécution intégrale de la transaction, le maire en informe également le Procureur de la République, qui constate alors l'extinction de l'action publique.

Section IV. – De la vente des biens meubles saisis

(D. n° 2009-511, 5 mai 2009)

Art. R. 15-33-66-1 *(D. n° 2009-511, 5 mai 2009).* – Il est procédé à la vente des biens meubles placés sous main de justice et, le cas échéant, à la restitution du produit de cette vente, telles que prévues au deuxième alinéa de l'article 41-5, selon les modalités déterminées par les articles suivants.

Art. R. 15-33-66-2 *(Mod., D. n° 2015-1272, 13 oct. 2015).* – Les biens meubles placés sous main de justice sont remis, sur autorisation du procureur de la République, à l'Agence de gestion et de recouvrement des avoirs saisis et confisqués qui procède à leur aliénation.

Le produit de la vente est consigné à la Caisse des dépôts et consignations. Il en est porté mention dans un registre spécial tenu par le greffe du tribunal judiciaire.

Art. R. 15-33-66-3 *(D. n° 2009-511, 5 mai 2009).* – Le procureur de la République qui a dirigé l'enquête ou celui de la juridiction saisie des poursuites informe par tout moyen le propriétaire des biens meubles de son droit à restitution du produit de la vente dès qu'il classe sans suite la procédure ou qu'intervient une décision définitive de non-lieu, de relaxe, d'acquittement ou de condamnation sans que la confiscation ait été prononcée.

Le propriétaire des biens meubles doit exercer son droit à restitution dans les deux mois qui suivent la notification prévue à l'alinéa précédent. Le procureur de la République lui délivre alors une attestation au vu de laquelle il peut demander à la Caisse des dépôts et consignations que les sommes déposées lui soient versées sans délai, augmentées, le cas échéant, des intérêts échus.

Section V. – Du bureau d'ordre national automatisé des procédures judiciaires et du traitement automatisé dénommé « Cassiopée »

(Anc. sect. IV créée, D. n° 2009-528, 11 mai 2009 ; dénum., D. n° 2010-671, 18 juin 2010)

Art. R. 15-33-66-4 *(Anc. art. R. 15-33-66-1, dénum., D. n° 2010-671, 18 juin 2010).* – Le ministère de la justice est autorisé à mettre en œuvre un traitement automatisé de données à caractère personnel dénommé « Cassiopée », comprenant l'application dite « bureau d'ordre national automatisé des procédures judiciaires » prévue à l'article 48-1.

Ce traitement a pour objet l'enregistrement d'informations et de données à caractère personnel relatives aux procédures judiciaires au sein des tribunaux judiciaires, afin de faciliter la gestion et le suivi de ces procédures par les magistrats, les greffiers et les personnes habilitées qui en ont la charge, de faciliter la connaissance réciproque des procédures entre ces juridictions et d'améliorer ainsi l'harmonisation, la qualité et le délai du traitement des procédures, ainsi que, dans les affaires pénales, l'information des victimes.

Les procédures judiciaires concernées sont les procédures pénales, les procédures d'assistance éducative et les procédures civiles et commerciales enregistrées par les parquets.

Le traitement a également pour objet, avec les mêmes finalités, les procédures autres que pénales relevant du juge des libertés et de la détention.

Il peut enfin avoir pour objet l'exploitation des informations recueillies à des fins de recherches statistiques.

Art. R. 15-33-66-5 *(Anc. art. R. 15-33-66-2, dénum., D. n° 2010-671, 18 juin 2010).* – Le traitement Cassiopée est placé sous le contrôle d'un magistrat du parquet hors hiérarchie, nommé pour trois ans par arrêté du garde des Sceaux, ministre de la Justice, et assisté par un comité composé de trois membres nommés dans les mêmes conditions.

Ce magistrat et, à sa demande, les membres du comité disposent d'un accès permanent au traitement et au lieu où se trouve celui-ci.

Ce magistrat peut ordonner toutes mesures nécessaires à l'exercice de son contrôle, telles que saisies ou copies d'informations, ainsi que l'effacement d'enregistrements illicites.

L'autorité gestionnaire du traitement lui adresse un rapport annuel d'activité ainsi que, sur sa demande, toutes informations relatives au traitement.

Art. R. 15-33-66-6 *(Anc. art. R. 15-33-66-3, dénum. et mod., D. n° 2010-671, 18 juin 2010).* – Dans la mesure où elles sont nécessaires à la poursuite des finalités mentionnées à l'article R. 15-33-66-4, peuvent être enregistrées les informations et les données à caractère personnel suivantes :

1° Concernant les personnes :

a) Dans le cadre des procédures pénales et des procédures autres que la procédure pénale relevant du juge des libertés et de la détention, concernant les témoins, les personnes mises en examen ou témoins assistés, les prévenus, les accusés, les personnes faisant l'objet d'une procédure d'extradition ou d'un mandat d'arrêt européen, les victimes et les parties civiles :

– identité : civilité, nom de naissance, nom d'usage, prénoms, alias, sexe, dates de naissance et de décès, commune de naissance, code et nom du pays de naissance, nationalité, numéro et date de délivrance de la pièce d'identité, autorité de délivrance, ville et pays de délivrance à l'étranger ;

– filiation : nom de naissance et prénoms du père et de la mère, et du titulaire de l'autorité parentale concernant les mineurs ;

– situation familiale : situation de famille, nombre d'enfants, nombre de frères et sœurs, rang dans la fratrie ;

– niveau d'étude et de formation, diplômes, distinctions ;

– *(Al. mod., D. n° 2015-1839, 29 déc. 2015)* adresse, adresse déclarée (selon la norme postale française), adresse électronique, téléphone au domicile, téléphone portable ;

– vie professionnelle : profession, code de la catégorie socioprofessionnelle, code de la nature d'activité, situation par rapport à l'emploi, raison sociale de l'employeur, téléphone au travail, fonction élective, immunité, pour les militaires de carrière situation militaire ;

– langue, dialecte parlé ;

– *(D. n° 2015-1839, 29 déc. 2015)* accord de la personne concernée pour la mise en œuvre de la communication électronique pénale, dans les conditions prévues au II de l'article 803-1 ;

– données bancaires, sauf concernant les témoins : code banque, code guichet, nom de l'agence bancaire, code postal de l'agence du compte, libellé du titulaire du compte, numéro de compte, date d'émission du titre de paiement, libellé du titulaire inscrit sur la carte bancaire ;

b) Dans le cadre des procédures d'assistance éducative :

– identité : civilité, nom de naissance, nom d'usage, alias, prénoms, X se disant, sexe, dates de naissance et de décès, commune de naissance, code et nom du pays de naissance, nationalité, numéro et date de délivrance de la pièce d'identité, autorité de délivrance du titre, ville et pays de délivrance à l'étranger ;

– adresse, adresse déclarée (selon la norme postale française), téléphone au domicile ;

– filiation : nom de naissance et prénoms du père et nom de naissance ou d'usage et prénoms de la mère ;

– situation familiale : nombre de frères et sœurs, rang dans la fratrie ;
– âge selon expertise ;
– exercice de l'autorité parentale ;
– absence d'un représentant légal sur le territoire ;
– niveau d'étude et de formation, diplômes, année scolaire, classe, établissement scolaire ;
– adresse, adresse déclarée (selon la norme postale française), téléphone au domicile ;
– actuellement en fugue ;

c) Dans le cadre des procédures civiles enregistrées par les parquets :
– identité : nom de naissance, nom d'usage, prénoms, sexe, dates de naissance et de décès, commune de naissance, code et nom du pays de naissance, nationalité, référence de dossier ;
– adresse, adresse déclarée (selon la norme postale française) ;
– en outre, concernant les mineurs, toutes les informations énumérées au *b* ;

d) Dans le cadre des procédures commerciales enregistrées par les parquets :
– déclarant : civilité, nom de naissance, prénoms, fonction dans la société ;
– identification : dénomination/raison sociale, situation juridique, enseigne, sigle, numéro SIREN ou SIRET, forme juridique, numéro au registre du commerce et des sociétés, date et lieu de la création de la société ;
– antécédents judiciaires, date de cessation de paiement ;
– siège social ou établissement, adresse, code postal, libellé ville associé au code postal, Cedex, pays ;

e) Concernant les avocats :
– nom de naissance ou d'usage et prénoms ;
– numéro d'affiliation à la Caisse nationale des barreaux français ;
– nom du barreau auquel l'avocat est rattaché, adresse postale du cabinet, adresse interne : numéro de toque, référence ou adresse locale dans la juridiction, adresse de messagerie électronique, numéro de téléphone et numéro de télécopie du cabinet ;

f) Concernant le personnel du ministère de la justice :
– nom de naissance ou d'usage et prénom ;
– corps et/ou grade, fonction ;
– code position administrative de l'agent, mnémonique du service de l'agent, libellé du service.

2° Concernant les infractions, condamnations ou mesures de sûreté :
– situation judiciaire des personnes au cours de la procédure, antécédents relatifs aux condamnations de l'auteur des faits ;
– situation pénale d'une personne à un instant de la procédure, numéro d'écrou, date de libération prévue ;
– mode de comparution devant la juridiction, nature du jugement ;
– montant demandé pour les dommages-intérêts ou la provision ;
– infractions sur lesquelles porte la procédure : modalités de participation à l'infraction, unité du taux d'alcoolémie, récidive, code de nature d'infraction NATINF et son libellé, code INSEE de la commune lieu de commission de l'infraction, date de début de l'infraction, date de fin de l'infraction ;
– peine prononcée, libellé de la peine et mesure, motifs, obligations.

Art. R. 15-33-66-7 *(Anc. art. R. 15-33-66-4, dénum. et mod., D. n° 2010-671, 18 juin 2010).* – I. – Conformément à l'article 48-1, la durée de conservation des informations et des données à caractère personnel enregistrées dans le cadre d'une procédure pénale est de dix ans à compter de leur dernière mise à jour enregistrée ; cette durée est portée à :

– vingt ans lorsque la personne a été condamnée à une peine criminelle ou lorsque la procédure porte sur une infraction à laquelle s'applique le délai de prescription de l'action publique prévu au troisième alinéa de l'article 7 et au deuxième alinéa des articles 706-25-1 et 706-31 ;

– trente ans lorsque la procédure porte sur une infraction à laquelle s'applique le délai de prescription de l'action publique prévu au premier alinéa des articles 706-25-1 et 706-31.

II. – La durée de conservation des informations et des données à caractère personnel enregistrées dans le cadre des autres procédures, mentionnées à l'article R. 15-33-66-4, est, en application de l'article 3-1 de la loi n° 91-650 du 9 juillet 1991 portant réforme des procédures civiles d'exécution, de dix ans à compter de la date à laquelle la décision a acquis force exécutoire.

2° Les établissements financiers, bancaires et de crédit ;

3° Le Groupement des Cartes Bancaires « CB » ;

4° Les organismes sociaux mentionnés au Code de la sécurité sociale ainsi qu'au Code rural et de la pêche maritime ;

5° Les entreprises d'assurance ;

6° Les organismes publics ou privés gestionnaires de logements ;

7° Les services des administrations publiques gestionnaires de fichiers administratifs, notamment fiscaux et bancaires ;

8° Les entreprises de transport collectif de voyageurs ;

9° Les opérateurs de distribution de l'énergie.

Art. R. 15-33-69 *(D. n° 2007-1538, 26 oct. 2007 et D. n° 2008-150, 19 févr. 2008).* – Les demandes mentionnées à l'article R. 15-33-67 adressées aux organismes ou personnes morales relevant de l'une des catégories mentionnées à l'article R. 15-33-68 sont soumises à une procédure fixée par le protocole prévu à l'article R. 15-33-72.

Celui-ci prévoit que les informations sollicitées par l'officier de police judiciaire sont mises à sa disposition soit dans un fichier spécifique, soit par un accès temporaire et limité à la base de données de l'organisme ou de la personne morale sollicitée.

Art. R. 15-33-70 *(D. n° 2007-1538, 26 oct. 2007 et D. n° 2008-150, 19 févr. 2008).* – Peuvent seuls procéder à ces demandes les officiers de police judiciaire affectés dans un service ou une unité exerçant des missions de police judiciaire et ayant été expressément habilités à cette fin par le responsable du service ou de l'unité.

Art. R. 15-33-71 *(D. n° 2007-1538, 26 oct. 2007 et D. n° 2008-150, 19 févr. 2008).* – Toute demande de mise à disposition fait l'objet de la part de l'officier de police judiciaire d'un procès-verbal indiquant le destinataire de la demande et la nature des informations demandées.

Dans le cas prévu par l'article 77-1-2, le procès-verbal mentionne l'accord préalable du procureur de la République qui peut être donné par tout moyen.

Art. R. 15-33-72 *(Mod., D. n° 2010-773, 8 juill. 2010).* – Les modalités techniques d'interrogation et de transmission des informations sont précisées par un protocole passé par le ministre de la Justice et, selon les cas, le ministre de l'Intérieur ou le ministre chargé du budget avec chaque organisme ou personne morale relevant des dispositions de l'article R. 15-33-68.

Ce protocole précise notamment :

1° Le ou les systèmes informatiques ou traitements automatisés de données à caractère personnel intéressés ;

2° La nature des données à caractère personnel susceptibles d'être mises à disposition ;

3° Les modalités selon lesquelles l'organisme ou la personne morale permet à l'officier de police judiciaire de consulter les informations demandées et d'en effectuer vers son service le transfert par voie électronique ;

4° Les conditions et modalités de sécurisation de la liaison électronique permettant de garantir, lors de l'acheminement des informations sollicitées vers le service demandeur, l'origine, la destination, l'intégrité et la confidentialité des données ;

5° Les modalités de suivi des demandes et des consultations, incluant l'identification de l'officier de police judiciaire ;

6° Les garanties permettant de limiter la consultation aux seules informations demandées et d'empêcher tout accès à des informations protégées par un secret prévu par la loi, notamment par le secret médical, hors les cas où la loi prévoit que ce secret n'est pas opposable aux autorités judiciaires.

Le protocole est porté à la connaissance de l'ensemble des officiers de police judiciaire des services et unités de police judiciaire ainsi que des agents des douanes relevant de l'article 28-1, qui ont été expressément habilités à procéder à ces demandes.

Art. R. 15-33-73 *(D. n° 2007-1538, 26 oct. 2007 et D. n° 2008-150, 19 févr. 2008).* – Copie du protocole est adressée par l'organisme ou la personne morale à la Commission nationale de l'informatique et des libertés à l'occasion de l'accomplissement des formalités prévues par la loi n° 78-17 du 6 janvier 1978 relative à l'informatique, aux fichiers et aux libertés.

Art. R. 15-33-74 *(D. n° 2007-1538, 26 oct. 2007 et D. n° 2008-150, 19 févr. 2008).* – L'officier de police judiciaire constate la réception des informations demandées par procès-verbal et procède soit à leur impression sur un document papier, soit à leur sauvegarde intégrale sur un support numérique conforme aux standards techniques en vigueur au moment de la transmission.

Ce document ou ce support est annexé au procès-verbal. Si un support numérique est établi, une copie de ce support est placée sous scellés.

Les opérations prévues à l'article R. 15-33-71 et au présent article peuvent faire l'objet d'un procès-verbal unique.

Art. R. 15-33-75 *(D. n° 2007-1538, 26 oct. 2007 et D. n° 2008-150, 19 févr. 2008).* – Les données à caractère personnel recueillies en application de la présente section ne peuvent faire l'objet d'aucun traitement automatisé à l'exception de ceux nécessaires à leur exploitation dans le cadre de procédures judiciaires pénales.

Section II. – De la convocation des officiers de police judiciaire ayant procédé à une déclaration d'adresse

(D. n° 2007-1538, 26 oct. 2007 ; intitulé rempl., D. n° 2008-150, 19 févr. 2008)

Art. R. 15-33-76 *(Anc. art. R. 15-33-68 dénum., D. n° 2007-1538, 26 oct. 2007 et D. n° 2008-150, 19 févr. 2008).* – Les services de police ou les unités de gendarmerie sont tenus, à la demande des seules autorités judiciaires, de délivrer dans les meilleurs délais aux personnes visées aux articles 16 à 29 ayant fait l'objet des dispositions de l'article 62-1 les convocations émanant de ces autorités. Ils doivent de même remettre les citations à comparaître dont peuvent faire l'objet ces personnes.

Lorsqu'elles sont entendues comme témoins devant une juridiction d'instruction ou de jugement, les personnes ayant bénéficié des dispositions de l'article 62-1 sont autorisées à continuer de déclarer comme domicile l'adresse du service de police ou de l'unité de gendarmerie.

Les dispositions du présent article ne sont pas prescrites à peine de nullité.

Section III. – Du registre des gardes à vue dématérialisé

(D. n° 2016-1447, 26 oct. 2016)

Art. R. 15-33-77 *(D. n° 2016-1447, 26 oct. 2016).* – Le ministre de l'Intérieur (direction générale de la police nationale, direction générale de la gendarmerie nationale et préfecture de police) est autorisé à mettre en œuvre un traitement automatisé de données à caractère personnel dénommé « Informatisation de la gestion des gardes à vue ».

Le traitement a pour objet l'enregistrement des informations et données à caractère personnel relatives aux mesures de garde à vue afin de :

1° Faciliter la conduite et la gestion du déroulement des gardes à vue dans les services de police et les unités de gendarmerie ;

2° Permettre le suivi des mesures de gardes à vue et le contrôle de leur régularité pendant et après leur mise en œuvre.

Art. R. 15-33-78 *(D. n° 2016-1447, 26 oct. 2016).* – Peuvent être enregistrées dans le traitement automatisé les informations et données à caractère personnel suivantes :

1° Concernant la personne faisant l'objet de la mesure de garde à vue :

a) Nom(s), prénom(s), alias éventuels ;

b) Date et lieu de naissance, nationalité ;

c) Domicile ;

d) Photographie ;

e) Antécédents judiciaires justifiant des mesures de sûreté particulières ;

f) Éléments connus relatifs à la santé de la personne ;

2° Concernant les personnels de police et de gendarmerie :

a) Grade, nom, prénom, numéro de matricule des enquêteurs intervenant dans la garde à vue ;

b) Grade, nom, prénom, numéro de matricule des personnels en charge de la surveillance ;

c) Grade, nom, prénom, numéro de matricule, sexe des personnels ayant mis en œuvre des mesures de sûreté ;
d) Grade, nom, prénom, numéro de matricule, sexe des effectifs chargés de la signalisation ;
3° Concernant la mesure de garde à vue :
a) Raisons ayant conduit au placement de la personne en garde à vue, circonstances de l'interpellation ;
b) Date et heure du début de la garde à vue ;
c) Date et heure des prolongations (avec ou sans présentation préalable au magistrat) de la garde à vue ;
d) Date et heure de la fin de la garde à vue ;
e) Numéro de procédure ;
f) Cadre d'enquête ;
g) Dates et heures des auditions, confrontations, perquisitions et parades d'identification ;
h) Dates et heures des fouilles intégrales réalisées par l'officier de police judiciaire ;
i) Date et heures des investigations corporelles réalisées à la demande de l'officier de police judiciaire ;
j) Dates et heures des repos et des repas ;
k) Contre-indications alimentaires ;
l) Surveillance particulière dont fait l'objet la personne ;
m) Identité des magistrats intervenant dans la garde à vue ;
n) Suites de la garde à vue ;
4° Concernant les droits de la personne placée en garde à vue :
a) Droits demandés ou refusés ;
b) Dates et heures de l'avis à l'avocat ;
c) Identité de l'avocat ;
d) Dates, heures et durée du ou des entretiens avec l'avocat ;
e) Avis demandés, dates et heures des avis effectués ;
f) Identité du médecin ;
g) Date et heure de l'examen médical ;
h) Avis du médecin sur la compatibilité ou l'incompatibilité de l'état de santé de la personne avec la mesure ;
i) Suivi d'un traitement médical ;
j) Identité de l'interprète ;
k) Date et heure de la présence de l'interprète ;
l) Identité des personnes prévenues : proche, curateur, tuteur, employeur ;
m) Date et heure d'avis aux autorités consulaires si la personne placée en garde en vue est de nationalité étrangère ;
5° Effets personnels écartés au début de la garde à vue et restitués à l'issue ;
6° Mesures de sûreté pratiquées sur la personne en garde à vue.

Le traitement peut enregistrer celles des données prévues au présent article de la nature de celles mentionnées au I de l'article 8 de la loi du 6 janvier 1978 dans la stricte mesure où cet enregistrement est nécessaire aux finalités assignées audit traitement.

Art. R. 15-33-79 *(D. n° 2016-1447, 26 oct. 2016).* – I. – Ont accès à tout ou partie des données à caractère personnel et informations mentionnées à l'article R. 15-33-78, à raison de leurs attributions et dans la limite du besoin d'en connaître :

1° Les agents de la police nationale intervenant dans la mesure de garde à vue, individuellement désignés et spécialement habilités par les chefs des services territoriaux de la police nationale, par les chefs de services actifs de la préfecture de police ou, le cas échéant, le préfet de police, par les chefs des services centraux de la police nationale ou, le cas échéant, le directeur général de la police nationale ;

2° Les militaires de la gendarmerie nationale intervenant dans la mesure de garde à vue, individuellement désignés et spécialement habilités par les commandants de groupement, par les commandants de la gendarmerie dans les départements et collectivités d'outre-mer et en Nouvelle-Calédonie, par les commandants de région, par les commandants des gendarmeries spécialisées, par le sous-directeur de la police judiciaire de la direction des opérations et de l'emploi de la direction générale de la gendarmerie nationale ou, le cas échéant, par le directeur général de la gendarmerie nationale ;

3° Les supérieurs hiérarchiques des personnes mentionnées aux 1° et 2°, les personnels des états-majors des directions des services gérant les gardes à vue, les groupes de commandements des échelons territoriaux et les brigades départementales de renseignements et d'investigations judiciaires ;

4° Les agents et militaires des inspections générales de la police et de la gendarmerie nationales.

II. – Peuvent être destinataires, à raison de leurs attributions et dans la limite du besoin d'en connaître, de tout ou partie des mêmes données et informations :

1° Les magistrats compétents pour le contrôle des mesures de garde à vue ;

2° Le Contrôleur général des lieux de privation de liberté ;

3° Le Défenseur des droits.

Art. R. 15-33-80 *(D. n° 2016-1447, 26 oct. 2016)*. – Les données à caractère personnel et informations mentionnées à l'article R. 15-33-78 sont conservées pendant une durée de un an à compter de leur enregistrement.

À l'issue de ce délai, les données à caractère personnel et informations mentionnées à l'article R. 15-33-78 sont conservées pendant une durée de neuf ans et uniquement accessibles aux personnes mentionnées aux 3° et 4° du I et au II de l'article R. 15-33-79.

Art. R. 15-33-81 *(D. n° 2016-1447, 26 oct. 2016)*. – Les créations, mises à jour, suppressions et consultations font l'objet d'un enregistrement comprenant l'identifiant de l'auteur, la date, l'heure et l'objet de la consultation. Les informations relatives à ces consultations sont conservées pendant cinq ans.

Art. R. 15-33-82 *(D. n° 2016-1447, 26 oct. 2016)*. – I. – Le droit d'opposition prévu à l'article 38 de la loi du 6 janvier 1978 ne s'applique pas au présent traitement.

II. – Le droit d'accès s'exerce de manière indirecte auprès de la Commission nationale de l'informatique et des libertés, dans les conditions prévues à l'article 41 de la loi du 6 janvier 1978.

TITRE III. – DES JURIDICTIONS D'INSTRUCTION

CHAPITRE I. – DU JUGE D'INSTRUCTION : JURIDICTION D'INSTRUCTION DU PREMIER DEGRÉ

Section I. – Dispositions générales

(D. n° 83-1164, 23 déc. 1983)

Art. R. 15-34 *(Mod., D. n° 2002-801, 3 mai 2002)*. – Lorsqu'il ne procède pas lui-même ou ne fait pas procéder par un officier de police judiciaire à l'enquête de personnalité prévue par l'alinéa 6 de l'article 81, le juge d'instruction saisi de la procédure ou, sur délégation, celui dans le ressort duquel réside la personne mise en examen peut désigner à cette fin toute personne physique ou morale habilitée comme il est dit ci-après ou, à titre exceptionnel, un contrôleur judiciaire.

Art. R. 15-35 *(Mod., D. n° 2002-801, 3 mai 2002)*. – La personne physique ou morale, selon qu'elle désire être habilitée à procéder à des enquêtes de personnalité dans le ressort du tribunal judiciaire ou dans celui de la cour d'appel, en fait la demande au doyen des juges d'instruction ou au président de la chambre de l'instruction.

La demande présentée par une association comporte notamment :

1° La copie du *Journal officiel* portant publication de la déclaration de l'association ou, en ce qui concerne les départements du Bas-Rhin ou de la Moselle, une copie de l'extrait du registre des associations du tribunal d'instance ;

2° Un exemplaire des statuts et, s'il y a lieu, du règlement intérieur ;

3° La liste des établissements de l'association avec indication de leur siège ;

4° Un exposé indiquant les conditions de fonctionnement de l'association et, le cas échéant, l'organisation et les conditions de fonctionnement des comités locaux, ainsi que leurs rapports avec l'association ;

5° La mention des nom, prénoms, date et lieu de naissance, nationalité, profession et domicile des membres du conseil d'administration et du bureau de l'association ainsi que, le cas échéant, ceux de ses représentants locaux ;

6° Les pièces financières qui doivent comprendre les comptes du dernier exercice, le budget de l'exercice courant et un bilan ou un état de l'actif mobilier et immobilier et du passif.

7° La liste des personnes physiques qui, au sein de l'association, doivent accomplir les missions qui lui sont confiées, avec la mention des nom, prénoms, date et lieu de naissance, nationalité, profession et domicile de chacune d'entre elles.

Art. R. 15-36 *(Mod., D. n° 95-661, 9 mai 1995)*. – Après avoir procédé à toutes les diligences qu'il juge utiles, le doyen des juges d'instruction ou le président de la chambre de l'instruction communique la demande au président du tribunal ou au premier président.

Art. R. 15-37 *(Mod., D. n° 2004-32, 9 janv. 2004)*. – L'assemblée générale des magistrats du siège et du parquet du tribunal ou de la cour d'appel, sur le rapport du magistrat saisi de la demande, statue sur l'habilitation à la majorité de ses membres présents.

La commission restreinte de l'assemblée générale des magistrats du siège et du parquet, dans les juridictions où sa constitution est obligatoire, exerce les attributions mentionnées à l'alinéa précédent.

La personne morale habilitée passe, avec le premier président et le procureur général de la cour d'appel dans le ressort de laquelle est situé son siège, une convention déterminant ses conditions d'intervention.

Art. R. 15-38 *(Mod., D. n° 95-661, 9 mai 1995)*. – En cas d'urgence, une habilitation provisoire, valable jusqu'à la décision de la prochaine assemblée générale ou commission restreinte, peut être prise par le doyen des juges d'instruction, sur proposition ou après avis conforme du procureur de la République, ou par le président de la chambre de l'instruction, sur proposition ou après avis conforme du procureur général.

Art. R. 15-39 *(Mod., D. n° 2002-801, 3 mai 2002)*. – Ne peut être habilitée une personne qui a fait l'objet d'une condamnation, incapacité ou déchéance mentionnée au bulletin n° 2 du casier judiciaire.

Lorsqu'une association envisage une modification de la liste mentionnée au 7° de l'article R. 15-35 ou de désigner, pour accomplir les missions confiées à l'association, une personne physique n'ayant pas été personnellement habilitée, elle doit en aviser le procureur de la République. Ce dernier lui indique, le cas échéant, les personnes qui, suivant les dispositions de l'alinéa précédent, ne peuvent être autorisées à accomplir les missions confiées à l'association.

Art. R. 15-40 *(Mod., D. n° 95-661, 9 mai 1995)*. – L'habilitation peut être retirée selon la procédure prévue par les articles R. 15-36 et R. 15-37.

Le procureur de la République ou le procureur général peut, aux fins de retrait d'habilitation, saisir, selon le cas, l'assemblée générale des magistrats du siège et du parquet du tribunal, celle de la cour d'appel ou la commission restreinte compétente.

En cas d'urgence, le doyen des juges d'instruction, sur proposition ou avis conforme du procureur de la République, ou le président de la chambre de l'instruction, sur proposition ou avis conforme du procureur général, peut retirer provisoirement l'habilitation jusqu'à la décision de la prochaine assemblée générale ou commission restreinte.

Section II. – De la consignation de partie civile

(D. n° 93-867, 28 juin 1993 ; mod., D. n° 95-661, 9 mai 1995)

Art. R. 15-41 *(Mod., D. n° 95-661, 9 mai 1995)*. – La partie civile est tenue, en application des articles 88 et 88-1, de consigner au greffe sauf dispense, dans le délai imparti par le juge d'instruction, sous peine d'irrecevabilité, une somme en vue de garantir le paiement de l'amende civile pouvant être prononcée à son encontre sur le fondement de l'article 91 du Code de procédure pénale.

La somme consignée est remise à la partie civile sur simple récépissé lorsque l'action fondée sur cette disposition est prescrite ou a abouti à une décision devenue définitive constatant que la constitution de partie civile n'était ni abusive ni dilatoire.

En cas de condamnation à une amende civile, la somme consignée est employée au paiement de celle-ci.

Section III. – Des transports, des perquisitions, des saisies et des interceptions de correspondances par la voie des télécommunications

(D. n° 97-180, 28 févr. 1997 ; D. n° 2003-428, 5 mai 2003)

Sous-section 1. – Des transports, des perquisitions et des saisies

(D. n° 2003-428, 5 mai 2003)

Art. R. 15-41-1 *(D. n° 2003-428, 5 mai 2003)*. – En application des dispositions du deuxième alinéa de l'article 99-2, il est procédé à la vente des biens meubles placés sous main de justice et à la restitution, lorsqu'elle a lieu, du produit de la vente au propriétaire de ces biens selon des modalités déterminées par la présente sous-section.

Art. R. 15-41-2 *(Mod., D. n° 2011-134, 1er févr. 2011)*. – Les biens meubles placés sous main de justice sont remis à l'Agence de gestion et de recouvrement des avoirs saisis et confisqués qui procède à leur aliénation. Le produit de la vente est versé à la Caisse des dépôts et consignations.

Ce versement est mentionné dans un registre spécial tenu par le greffe du tribunal judiciaire.

Art. R. 15-41-3 *(D. n° 2003-428, 5 mai 2003)*. – Dès qu'est devenue définitive une décision de non-lieu, de relaxe ou d'acquittement ou une décision de condamnation n'ayant pas prononcé la peine de confiscation, le procureur de la République de la juridiction devant laquelle s'est déroulée l'instruction informe, par lettre recommandée avec demande d'avis de réception, le propriétaire des biens des modalités de restitution du produit de la vente. Dans les six mois suivant cette notification, la demande de restitution doit être formée auprès du même procureur de la République par déclaration contre récépissé ou par lettre recommandée avec demande d'avis de réception.

Lorsqu'il estime que les conditions prévues par la loi sont remplies, ce magistrat délivre à l'intéressé une attestation au vu de laquelle celui-ci peut demander à la Caisse des dépôts et consignations que les sommes déposées lui soient versées sans délai, augmentées, le cas échéant, des intérêts échus. Dans le cas contraire, la décision du procureur de la République de refuser de délivrer l'attestation mentionnée à l'alinéa précédent peut être contestée dans les conditions prévues par le deuxième alinéa de l'article 41-4.

Sous-section 2. – Des interceptions de correspondances émises par la voie des télécommunications

(D. n° 2003-428, 5 mai 2003)

Néant.

Section IV

(D. n° 97-180, 28 févr. 1997)

Néant.

Section V. – De la remise de la reproduction des pièces d'une procédure d'instruction à une personne détenue

(D. n° 97-180, 28 févr. 1997)

Art. R. 15-42 *(D. n° 97-180, 28 févr. 1997)*. – Les reproductions des copies de pièces ou actes d'une procédure d'instruction que l'avocat d'une personne détenue transmet à cette dernière en application de l'article 114 doivent être adressées au greffe de l'établissement pénitentiaire par envoi recommandé avec demande d'avis de réception ou par remise directe contre récépissé.

Art. R. 15-43 *(D. n° 97-180, 28 févr. 1997 ; abr. à compter du 1er mai 2022, D. n° 2022-479, 30 mars 2022).*

Art. R. 15-44 *(D. n° 97-180, 28 févr. 1997 ; abr. à compter du 1er mai 2022, D. n° 2022-479, 30 mars 2022).*

Art. R. 15-45 *(D. n° 97-180, 28 févr. 1997 ; abr. à compter du 1er mai 2022, D. n° 2022-479, 30 mars 2022).*

Section VI

(D. n° 97-180, 28 févr. 1997)

Néant.

Section VII. – Du contrôle judiciaire et de la détention provisoire

(D. n° 70-1223, 23 déc. 1970)

Sous-section 1. – Du contrôle judiciaire (1)

§ 1. – Des autorités ou personnes contribuant au contrôle judiciaire

Art. R. 16 *(Mod., D. n° 2002-801, 3 mai 2002).* – Le juge d'instruction saisi de la procédure ou, sur délégation, celui dans le ressort duquel réside la personne mise en examen, désigne, pour contribuer à l'application du contrôle judiciaire, soit une personne physique ou morale habilitée à cette fin, soit un service de police ou de gendarmerie ou tout service judiciaire ou administratif compétent, soit, à titre exceptionnel, un enquêteur de personnalité.

Les contrôleurs judiciaires sont habilités sous les conditions et selon les règles de compétence et de procédure définies par les articles R. 15-35 à R. 15-40.

Art. R. 16-1 *(Mod., D. n° 2002-801, 3 mai 2002).* – Les autorités ou personnes chargées de contribuer à l'application du contrôle judiciaire s'assurent que la personne mise en examen se soumet aux obligations qui lui sont imposées ; à cet effet, elles peuvent le [la] convoquer et lui rendre visite ; elles effectuent toutes démarches et recherches utiles à l'exécution de leur mission.

Elles rendent compte au juge d'instruction, dans les conditions qu'il détermine, du comportement de la personne mise en examen ; si celui-ci [celle-ci] se soustrait aux obligations qui lui sont imposées, elles en avisent le juge sans délai.

Art. R. 16-2 *(D. n° 70-1223, 23 déc. 1970).* – La rétribution et le remboursement des frais de déplacement des enquêteurs de personnalité et des personnes physiques ou représentants des personnes morales désignées en application de l'article 138, alinéa 2 (6°) sont payés comme frais de justice criminelle.

Les dispositions du présent article ne sont pas applicables aux membres en activité des personnels de l'État appartenant soit à un service relevant du ministère de la justice ou à un service de police ou de gendarmerie, soit à un service social ou à tout autre service chargé normalement de l'exécution de décisions judiciaires.

§ 2. – Des modalités d'exécution du contrôle judiciaire

Art. R. 17 *(D. n° 70-1223, 23 déc. 1970).* – L'application du contrôle judiciaire ne doit pas porter atteinte à la liberté d'opinion de ceux qui y sont soumis non plus qu'à leurs convictions religieuses ou politiques, ni faire échec aux droits de la défense.

Art. R. 17-1 *(Mod., D. n° 2011-2022, 28 déc. 2011).* – Avis est donné aux chefs des services de police ou de gendarmerie du lieu de résidence de la personne mise en examen de toutes ordonnances soumettant ce dernier [cette dernière] à l'une des obligations prévues aux 1°, 2°, 3°, 4°, 8°, 9°, 12°, 14° et 17° de l'article 138, ainsi que de toutes ordonnances portant suppression, modification ou dispense de ces obligations.

Art. R. 17-2 *(Mod., D. n° 2002-801, 3 mai 2002).* – Le service ou autorité auquel la personne mise en examen doit se présenter périodiquement par application du 5° de l'article 138 (alinéa 2) relève les dates auxquelles l'intéressé s'est présenté dans les conditions fixées par le juge d'instruction.

(1) Dispositions prises en application de l'article 138 du présent code (1re partie, législative).

Art. R. 17-3 *(Mod., D. n° 2002-801, 3 mai 2002).* – L'autorité ou la personne qualifiée désignée par le juge d'instruction pour contrôler les activités professionnelles de la personne mise en examen ou son assiduité à un enseignement, par application du 6° de l'article 138 (alinéa 2), peut se faire présenter par la personne mise en examen tous documents ou renseignements concernant son travail ou sa scolarité.

Art. R. 17-4 *(Mod., D. n° 2017-198, 16 févr. 2017).* – Le récépissé remis à la personne mise en examen en échange des documents visés au 7° de l'article 138 doit mentionner la nature et les références du document retiré, les nom, prénoms, date de naissance et domicile de l'intéressé ; il doit comporter en outre, une photographie récente de la personne mise en examen et indiquer qu'il vaut justification de l'identité.

Le récépissé doit être remis par la personne mise en examen lorsque le document retiré lui est restitué.

Art. R. 17-4-1 *(D. n° 2017-198, 16 févr. 2017).* – Lorsque le contrôle judiciaire comprend l'obligation prévue au 8° de l'article 138, les dispositions des articles R. 131-3 à R. 131-4-1 du Code pénal sont applicables. Le certificat qu'elles mentionnent tient lieu de récépissé.

Art. R. 17-5 *(Mod., D. n° 2002-801, 3 mai 2002).* – Lorsqu'il [elle] est soumis[e] à l'obligation prévue au 10° de l'article 138 (alinéa 2), la personne mise en examen choisit le praticien ou l'établissement qui assurera l'examen, le traitement ou les soins. Il [Elle] présente ou fait parvenir au juge toutes les justifications requises.

Dans le cas où les dispositions des articles L. 355-1 et suivants du Code de la santé publique sont applicables, le juge d'instruction peut ordonner à la personne mise en examen, au titre du contrôle judiciaire, de se soumettre aux mesures de surveillance sanitaire prévues à l'article L. 355-3 dudit code. Avis de l'ordonnance portant placement sous contrôle judiciaire est donné à l'autorité sanitaire.

Art. R. 18 *(Mod., D. n° 2002-801, 3 mai 2002).* – Lorsque le juge d'instruction fait application des mesures prévues au 12° de l'article 138 (alinéa 2), avis en est donné, s'il y a lieu, soit à l'employeur ou à l'autorité hiérarchique dont relève la personne mise en examen, soit à l'ordre professionnel auquel il [elle] appartient, soit à l'autorité à l'agrément de laquelle est soumis l'exercice de sa profession.

Art. R. 18-1 *(Mod., D. n° 2002-801, 3 mai 2002).* – Lorsque le juge d'instruction fait application des mesures prévues par le 13° de l'article 138 (alinéa 2), avis en est donné à la succursale ou agence bancaire, à la personne, à l'établissement ou au service qui gèrent le ou les comptes de la personne mise en examen.

Art. R. 18-2 *(Abr. D. n° 2010-1634, 23 déc. 2010).*

§ 3. – Du cautionnement

Art. R. 19 *(D. n° 83-455, 2 juin 1983).* – Le cautionnement prévu au 11° de l'article 138 (alinéa 2) est versé au régisseur de recettes installé auprès du secrétariat-greffe de la juridiction compétente auquel le chef de ce service adresse copie de l'ordonnance rendue par le juge d'instruction.

Art. R. 20 *(Mod., D. n° 83-455, 2 juin 1983).* – Les récépissés constatant le versement ou les versements partiels du cautionnement sont détachés d'un carnet à souches tenu par le régisseur de recettes.

Art. R. 21 *(Mod., D. n° 2017-660, 27 avr. 2017).* – Le montant prévu au dernier alinéa de l'article 142 est fixé à 1 000 €.

Lorsque le cautionnement est fourni par chèque, celui-ci doit être certifié et établi au nom du régisseur de recettes de la juridiction compétente.

Art. R. 22 *(D. n° 70-1223, 23 déc. 1970).* – Il est donné avis au juge d'instruction par le greffier des défauts ou retards de versement du cautionnement.

Avis du versement lui-même est donné sans délai au juge d'instruction par le greffier lorsqu'une mise en liberté, assortie du contrôle judiciaire, est subordonnée à ce versement dans les conditions prévues par les articles 147 et 148.

Art. R. 23 *(Mod., D. n° 83-455, 2 juin 1983).* – Les espèces ou valeurs de caisse remises au régisseur de recettes pour un cautionnement doivent être versées à la Caisse des dépôts et consignations dans le délai de deux jours.

Le greffier est responsable de la conservation de ces espèces ou valeurs avant leur versement à la Caisse des dépôts et consignations.

Art. R. 23-1 *(Anc. art. R. 24 ; dénum., D. n° 2004-1021, 27 sept. 2004).* – Lorsque le juge d'instruction ordonne que la partie du cautionnement affectée à la garantie des droits de la victime ou du créancier d'une dette alimentaire soit versée à ceux-ci par provision, il leur en est donné avis.

La Caisse des dépôts et consignations, sur les diligences du régisseur de recettes, crédite le compte de ce dernier de la somme correspondante, aux fins de versement aux ayants droit.

Art. R. 23-2 *(Anc. art. R. 25 ; dénum., D. n° 2004-1021, 27 sept. 2004).* – Le ministère public, d'office ou à la demande des parties civiles, produit aux services de la direction générale des finances publiques qui assurent au titre des produits divers du budget le recouvrement de la fraction du cautionnement acquise à l'État dans le cas prévu par l'article 142-2 (alinéa 2), un certificat du greffe établi en double exemplaire constatant la responsabilité encourue par la personne mise en examen dans ce cas et, éventuellement, un second certificat mentionnant les condamnations prononcées et le numéro de l'extrait du jugement ou d'arrêt dans les cas prévus par les articles 142-3 (alinéa 2) et 372.

La Caisse des dépôts et consignations distribue sans délai, aux ayants droit, les sommes déposées.

Toute contestation relative à l'application du présent article est jugée sur requête, en chambre du conseil, comme incident de l'exécution du jugement ou de l'arrêt.

Art. R. 23-3 *(D. n° 2004-1021, 27 sept. 2004).* – En cas de condamnation définitive de la personne poursuivie au paiement de dommages et intérêts, le procureur de la République informe la partie civile de l'existence du cautionnement et lui indique les formalités à accomplir pour obtenir le versement par la Caisse des dépôts et consignations des sommes qui lui sont dues, augmentées, le cas échéant, des intérêts échus.

Art. R. 23-4 *(D. n° 2004-1021, 27 sept. 2004).* – Dans les cas prévus au premier alinéa de l'article 142-2 et au premier alinéa de l'article 142-3, les sommes restituées à la personne poursuivie sont augmentées, le cas échéant, des intérêts échus.

§ 4. – De la constitution de suretés
(D. n° 2004-1021, 27 sept. 2004)

Art. R. 24 *(D. n° 2004-1021, 27 sept. 2004).* – En application du 15° de l'article 138, le juge d'instruction peut ordonner à la personne mise en examen de constituer, dans un délai qu'il détermine, une ou plusieurs sûretés personnelles ou réelles destinées à garantir les droits respectifs des victimes identifiées ou identifiables et du Trésor public.

Le juge fixe la durée pour laquelle la sûreté doit être constituée et le montant de la somme ainsi garantie. En présence de plusieurs victimes identifiées ou identifiables, il peut pour chacune préciser le montant de la somme garantie par la sûreté.

Lorsqu'il s'agit d'une sûreté réelle, le juge désigne, en outre, les biens constituant l'assiette de la sûreté, la nature de cette dernière et il précise, le cas échéant, son rang.

Art. R. 24-1 *(D. n° 2004-1021, 27 sept. 2004).* – Si le juge d'instruction a décidé que la ou les sûretés garantiront en totalité les droits d'une ou plusieurs parties civiles, elles sont constituées au bénéfice de celles-ci.

Si le juge d'instruction a décidé que la ou les sûretés garantiront en totalité la représentation de la personne et le paiement des amendes, elles sont constituées au bénéfice du Trésor public.

Si le juge d'instruction a décidé que la ou les sûretés garantiront les droits et objectifs mentionnés aux deux alinéas précédents, elles sont constituées au bénéfice des parties civiles et du Trésor public.

Art. R. 24-2 *(D. n° 2004-1021, 27 sept. 2004).* – Lorsque les sûretés garantissent, en partie ou en totalité, les droits d'une ou plusieurs victimes qui ne sont pas encore identifiées ou qui ne se sont pas encore constituées partie civile, elles sont établies au nom d'un bénéficiaire provisoire agissant pour le compte de ces victimes et, le cas échéant, du Trésor public.

Le bénéficiaire provisoire est choisi parmi les personnes exerçant une activité réglementée par l'autorité publique et soumise à une obligation d'assurance professionnelle. Il est proposé par la personne mise en examen et accepté par le juge d'instruction.

Le bénéficiaire provisoire s'engage à transférer la ou les sûretés aux victimes et, le cas échéant, au Trésor public, en cas de condamnation à leur profit de la personne mise en examen.

Art. R. 24-3 *(D. n° 2004-1021, 27 sept. 2004).* – Dans le délai imparti par le juge d'instruction, la personne mise en examen constitue et, le cas échéant, publie la sûreté demandée, conformément aux lois et règlements applicables à cette sûreté.

Cette personne peut toutefois demander au juge d'instruction à bénéficier d'un délai supplémentaire pour constituer ou publier la sûreté en justifiant des formalités déjà accomplies à cette fin.

Art. R. 24-4 *(D. n° 2004-1021, 27 sept. 2004).* – Les actes constitutifs de la sûreté établie au nom d'un bénéficiaire provisoire ainsi que, le cas échéant, les actes assurant sa publicité précisent que le bénéficiaire provisoire agit, soit pour garantir les droits du Trésor public et ceux de la ou des victimes, soit pour garantir les droits de la ou des victimes, selon la décision prise par le juge d'instruction, dont les références sont mentionnées dans ces actes.

Art. R. 24-5 *(D. n° 2004-1021, 27 sept. 2004).* – Les documents attestant de la constitution et, le cas échéant, de la publicité de la sûreté sont adressés en triple exemplaire, en original ou en copie, par la personne mise en examen au greffier du juge d'instruction et sont versés au dossier de la procédure.

Art. R. 24-6 *(D. n° 2004-1021, 27 sept. 2004).* – Lorsqu'une sûreté réelle est retenue, l'ordonnance de placement sous contrôle judiciaire précise que la personne mise en examen ainsi que, selon les cas, le bénéficiaire provisoire, le Trésor public ou la ou les parties civiles qui sont parties à la constitution de la sûreté sont tenues d'informer le juge d'instruction de l'aliénation du bien grevé ou du versement d'une indemnité résultant de sa destruction. Si l'instruction est terminée, l'information est communiquée au procureur de la République.

L'ordonnance indique, en outre, que les sommes d'argent perçues à ces occasions feront l'objet d'un cautionnement selon les modalités prévues à l'article R. 24-7.

Art. R. 24-7 *(D. n° 2004-1021, 27 sept. 2004).* – Lorsque survient un événement mentionné à l'article R. 24-6, le juge d'instruction ou le procureur de la République ordonne le versement des sommes perçues, à titre de cautionnement, au régisseur de recettes dans les conditions définies aux articles R. 19 et R. 21.

En fonction de la décision initiale qui a conduit à la constitution de la sûreté, il est indiqué que ces sommes garantissent soit exclusivement les droits des victimes identifiées, soit, en proportion des montants recouvrés, les intérêts pris en compte par les 1° et 2° de l'article 142. Les sommes sont versées par le régisseur à la Caisse des dépôts et consignations dans les conditions prévues aux articles R. 23-2 et R. 23-3.

À l'issue de la procédure, il est fait application des dispositions des articles R. 23-2 et R. 23-3. Si les conditions prévues par l'article 142-1 sont remplies, le juge d'instruction ou le procureur de la République peut ordonner le versement à la victime de tout ou partie des sommes reçues.

Art. R. 24-8 *(Mod., D. n° 2014-551, 27 mai 2014).* – Le ministère public, d'office ou à la demande des parties civiles, produit aux services de la direction générale des finances publiques qui assurent au titre des produits divers du budget le recouvrement de la fraction du cautionnement acquise à l'État dans le cas prévu par l'article 142-2 (alinéa 2), un certificat du greffe établi en double exemplaire constatant la responsabilité encourue par la personne mise en examen dans ce cas et, éventuellement, un second certificat mentionnant les condamnations prononcées et le numéro de l'extrait du jugement ou d'arrêt dans les cas prévus par les articles 142-3 (alinéa 2) et 372.

La Caisse des dépôts et consignations distribue sans délai, aux ayants droit, les sommes déposées.

Toute contestation relative à l'application du présent article est jugée sur requête, en chambre du conseil, comme incident de l'exécution du jugement ou de l'arrêt.

Art. R. 24-9 *(D. n° 2004-1021, 27 sept. 2004).* – En cas de condamnation définitive de la personne poursuivie au paiement de dommages et intérêts, le procureur de la République adresse à chacune des parties civiles une copie des documents attestant de la constitution et, le cas échéant, de la publicité des sûretés.

Lorsque les sûretés ont été constituées au nom d'un bénéficiaire provisoire, la ou les parties civiles, bénéficiaires définitives des sûretés établies à leur profit, en informent celui-ci et, le cas échéant, la caution ou le détenteur du bien objet de la sûreté.

Les formalités de publicité modificatives sont accomplies à la diligence des parties civiles.

Art. R. 24-10 *(D. n° 2004-1021, 27 sept. 2004)*. – En cas de condamnation définitive de la personne poursuivie à une peine d'amende, le procureur de la République adresse au Trésor public une copie des documents attestant de la constitution de la sûreté.

Lorsque la sûreté a été constituée au nom d'un bénéficiaire provisoire, le Trésor public, bénéficiaire définitif de la sûreté établie à son profit, en informe celui-ci et, le cas échéant, la caution ou le détenteur du bien objet de la sûreté.

Les formalités de publicité modificatives sont accomplies à la diligence du Trésor public.

En cas de condamnation définitive de la personne poursuivie au paiement de dommages et intérêts ou, le cas échéant, de la dette alimentaire et à une peine d'amende, le Trésor public informe la ou les parties civiles ou le bénéficiaire provisoire au nom duquel la sûreté a été constituée, ainsi que la caution ou le détenteur du bien objet de la sûreté, du rang prioritaire accordé à la ou aux parties civiles. Les formalités de publicité rectificatives nécessaires accomplies à la diligence du Trésor public font état de ce rang prioritaire.

Art. R. 24-11 *(D. n° 2004-1021, 27 sept. 2004)*. – Dans les cas et selon les distinctions prévus par le premier alinéa de l'article 142-2 et le troisième alinéa de l'article 142-3, la radiation de la sûreté réelle est obtenue par la personne poursuivie sur présentation de l'une des décisions suivantes ayant acquis un caractère définitif attesté par une copie, délivrée par le greffe de la juridiction qui a rendu la décision, revêtue de la formule exécutoire :

a) Décision de non-lieu, de relaxe ou d'acquittement ;

b) Décision de condamnation dès lors que celle-ci ne prononce pas de peine d'amende ferme ni n'ordonne le versement de dommages et intérêts à la partie civile ;

c) Décision juridictionnelle constatant qu'il n'a pas été fait application des dispositions de l'article R. 24-8.

Lorsqu'une sûreté personnelle a été constituée, la libération de la caution résulte de l'une des décisions définitives mentionnées ci-dessus.

Art. R. 24-12 *(D. n° 2004-1021, 27 sept. 2004)*. – La rémunération du bénéficiaire provisoire incombe à la personne mise en examen, pour un montant fixé par les parties au contrat constitutif de la sûreté.

Art. R. 24-13 *(D. n° 2004-1021, 27 sept. 2004)*. – Les dispositions des articles R. 24 à R. 24-12 sont applicables aux sûretés constituées par une personne morale en application des dispositions du 2° de l'article 706-45.

§ 5. – Du placement sous bracelet anti-rapprochement

(§ créé, D. n° 2020-1161, 23 sept. 2020)

Art. R. 24-14 *(D. n° 2020-1161, 23 sept. 2020)*. – La décision de placement sous contrôle judiciaire assorti, sur le fondement de l'article 138-3, à l'encontre d'une personne majeure, d'une interdiction de se rapprocher de la victime et du port d'un bracelet anti-rapprochement est prise par ordonnance motivée rendue, selon les cas :

1° Par le juge d'instruction, au vu des réquisitions écrites du procureur de la République dont il est donné lecture à la personne mise en examen, et après avoir entendu les observations de cette personne et celles de son avocat ;

2° Par le juge des libertés et de la détention, qui statue soit au vu des réquisitions écrites du procureur de la République dont il est donné lecture à la personne mise en examen et après avoir entendu les observations de cette personne et celles de son avocat, soit après un débat contradictoire conformément à l'article 145.

Il est donné lecture de la décision à la personne mise en examen.

Elle peut également être décidée, sans débat contradictoire ou recueil préalable des observations de la personne et de son avocat, par ordonnance statuant sur une demande de mise en liberté ou décidant d'une mise en liberté d'office.

La décision fixe les conditions d'exécution de la mesure, et notamment les distances de pré-alerte et d'alerte séparant la victime de la personne placée sous contrôle judiciaire dans les conditions prévues à l'article R. 24-18. Elle est notifiée à la personne ainsi placée sous contrôle judiciaire.

Art. R. 24-15 *(D. n° 2020-1161, 23 sept. 2020).* – Le juge ne peut faire application des dispositions de l'article 138-3 que s'il lui apparaît que les interdictions prévues par les 3° et 9° de l'article 138 sont, à elles seules, insuffisantes pour prévenir le renouvellement de l'infraction.

Dans ce cas, l'interdiction de se rapprocher de la victime et l'obligation de porter un bracelet anti-rapprochement ne peuvent être ordonnées que si sont également prononcées, en application des 3° et 9° de l'article 138, l'interdiction de se rendre dans certains lieux déterminés, dans lesquels réside, travaille, ou se trouve habituellement la victime, et l'interdiction de recevoir ou de rencontrer la victime ainsi que d'entrer en relation avec elle, de quelque façon que ce soit.

Art. R. 24-16 *(D. n° 2020-1161, 23 sept. 2020).* – Afin d'assurer l'effectivité de l'interdiction prévue au 1° de l'article 138-3, le dispositif anti-rapprochement prévu au 2° du même article assure la géolocalisation de la personne porteuse du bracelet et de la personne protégée à laquelle a été attribué un dispositif de téléprotection, ainsi que la mise en lien de ces deux procédés avec un téléopérateur.

Pour vérifier à distance l'identité de ces personnes, il peut être recouru à d'autres procédés de surveillance électronique permettant une authentification biométrique vocale.

Les procédés mentionnés au présent article sont homologués par arrêté du garde des sceaux, ministre de la justice.

Art. R. 24-17 *(D. n° 2020-1161, 23 sept. 2020).* – Le magistrat chargé de la mesure peut à tout moment désigner un médecin afin que celui-ci vérifie que la mise en œuvre du bracelet anti-rapprochement ne présente pas d'inconvénient pour la santé de la personne. Cette désignation est de droit à la demande de la personne ou de son conseil. Le certificat médical est versé au dossier judiciaire.

Art. R. 24-18 *(D. n° 2020-1161, 23 sept. 2020).* – La distance d'alerte séparant la victime de la personne placée sous contrôle judiciaire, exprimée en nombre entier de kilomètres, ne peut être inférieure à un kilomètre, ni supérieure à dix kilomètres. La distance de pré-alerte est égale au double de la distance d'alerte.

Pour déterminer la distance d'alerte, le juge concilie la nécessité de protection de la victime avec le respect de la dignité, de l'intégrité et de la vie privée, familiale et professionnelle de la personne porteuse du bracelet. Il veille à ce que la mise en œuvre du dispositif n'entrave pas son insertion sociale, en tenant notamment compte de la localisation respective des domiciles et lieux de travail de cette personne et de la victime, de leurs modes de déplacements, et de la typologie de leur lieu de vie, rural ou urbain.

Afin de garantir le respect des droits et libertés visés à l'alinéa précédent, le juge qui a prononcé la mesure peut préciser dans sa décision que le porteur du bracelet est autorisé à être présent à des heures et dans des lieux qu'il détermine, y compris si ces lieux venaient à être intégrés du fait des déplacements de la personne ou de la victime dans une zone d'alerte ou de pré-alerte.

Art. R. 24-19 *(D. n° 2020-1161, 23 sept. 2020).* – La mesure d'interdiction de rapprochement assortie de l'obligation de porter un bracelet électronique anti-rapprochement est ordonnée pour une durée qui ne peut excéder six mois. Elle peut être prolongée pour une même durée selon les modalités prévues aux quatre premiers alinéas de l'article R. 24-14 et si la condition prévue par le premier alinéa de l'article R. 24-15 est toujours remplie, sans que sa durée totale dépasse deux ans.

Lorsque la personne renvoyée devant le tribunal correctionnel ou la cour d'assises est maintenue ou demeure sous contrôle judiciaire conformément aux articles 179 et 181, ou que le placement sous contrôle judiciaire a été ordonné en application des articles 394, 396, 397-1-1 ou 397-3, la durée totale de la mesure, compte tenu s'il y a lieu de celle exécutée au cours de l'instruction, ne peut excéder deux ans, sans qu'il soit nécessaire d'en ordonner la prolongation tous les six mois et sous réserve de la possibilité pour l'intéressé d'en demander la mainlevée.

Art. R. 24-20 *(D. n° 2020-1161, 23 sept. 2020).* – La personne placée sous contrôle judiciaire avec interdiction de se rapprocher de la victime et port d'un bracelet anti-rapprochement est avisée des informations suivantes :

1° La pose du bracelet comportant un émetteur prévu à l'article 138-3 ne peut être effectuée sans son consentement, mais le fait de la refuser constitue une violation de ses obligations pouvant donner lieu à la révocation de son contrôle judiciaire et à son placement en détention provisoire ;

2° La méconnaissance de la distance de pré-alerte donne lieu à un contact par les personnes habilitées chargées du contrôle à distance l'avertissant de son rapprochement de la victime et du risque de méconnaissance de la distance d'alerte ; cette méconnaissance ne peut en aucun cas donner lieu à révocation du contrôle judiciaire ;

3° Le fait de se rapprocher volontairement de la victime, ou de provoquer son rapprochement, en méconnaissance de la distance d'alerte constitue une violation de l'interdiction qui lui est faite pouvant donner lieu à la révocation de son contrôle judiciaire et à son placement en détention provisoire ;

4° En cas de nécessité, les personnes habilitées chargées du contrôle à distance du dispositif électronique mobile anti-rapprochement prennent l'attache de la personne protégée pour assurer sa mise en sécurité et, selon le besoin et les procédures établies, alertent les forces de police et de gendarmerie, afin d'assurer sa protection ;

5° Le fait, par la personne porteuse d'un bracelet anti-rapprochement, de ne pas s'assurer du rechargement périodique du dispositif, afin de garantir son fonctionnement à tout moment, constitue une violation des obligations auxquelles elle est astreinte pouvant donner lieu à la révocation de son contrôle judiciaire et à son placement en détention provisoire.

Art. R. 24-21 *(D. n° 2020-1161, 23 sept. 2020)*. – Les distances mentionnées à l'article R. 24-18 sont portées par tout moyen à la connaissance de la personne protégée, à laquelle est attribué un dispositif de téléprotection. Elle est également avisée qu'en cas de nécessité, les téléopérateurs chargés du contrôle à distance du bracelet anti-rapprochement prennent son attache pour assurer sa mise en sécurité. Elle est avisée qu'elle peut à tout moment contacter directement le téléopérateur.

Les personnes habilitées chargées du contrôle à distance contactent, selon le besoin et les procédures établies, les forces de police et de gendarmerie, ainsi que la personne protégée afin d'assurer sa protection.

Art. R. 24-22 *(D. n° 2020-1161, 23 sept. 2020)*. – Si l'interdiction de rapprochement imposée à la personne mise en examen conduit, du fait notamment de rapprochements imputables tant à ses déplacements qu'à ceux de la victime, à un nombre important d'alertes portant une atteinte excessive à son droit au respect de sa vie privée et familiale, elle peut, ainsi que la victime, à tout moment de la mesure, demander à ce que les distances d'alerte et de pré-alerte soient révisées, ou qu'il soit mis fin à l'obligation de port du bracelet. Le juge d'instruction statue alors selon les modalités de l'article 140. Cette décision peut être également prise d'office par le juge d'instruction.

Lorsque la personne a été renvoyée devant la juridiction de jugement, ou que le placement sous contrôle judiciaire a été ordonné en application des articles 394, 396, 397-1-1 ou 397-3, la décision est prise par le juge des libertés et de la détention, qui statue selon les mêmes modalités.

Art. R. 24-23 *(D. n° 2020-1161, 23 sept. 2020)*. – Le personnel de l'administration pénitentiaire assure la pose du bracelet anti-rapprochement. Il peut être assisté des personnes habilitées dans les conditions fixées aux articles R. 61-36 à R. 61-42. Lors de la pose du bracelet, il est procédé aux tests de mise en service et à l'information de la personne sur les modalités pratiques de fonctionnement du dispositif.

Si la personne porte déjà un dispositif anti-rapprochement en application de l'article 515-11-1 du Code civil, les dispositions du premier alinéa du présent article ne sont pas applicables. L'information de la personne sur les modalités pratiques de fonctionnement du dispositif peut cependant être renouvelée. Dès que la décision du juge pénal est mise en œuvre, par son enregistrement dans le traitement prévu aux articles R. 61-43 à R. 61-51, la mainlevée de la mesure prononcée en application de l'article 515-11-1 du Code civil est acquise de plein droit conformément à l'article 1136-23 du Code de procédure civile.

Le personnel de l'administration pénitentiaire assure la dépose du bracelet anti-rapprochement dans les mêmes conditions que celles de sa pose.

Art. R. 24-24 *(D. n° 2020-1161, 23 sept. 2020)*. – Lorsqu'il est fait application de l'article 138-3 dans le cadre d'une assignation à résidence sous surveillance électronique ou d'une assignation à résidence sous surveillance électronique mobile, les dispositions des articles R. 24-14 à R. 24-23 sont applicables.

Sous-section 2. – De la réparation à raison d'une détention provisoire (1)

(D. n° 2000-1204, 12 déc. 2000 ; intitulé mod., D. n° 2001-709, 31 juill. 2001 ; dénum., D. n° 2004-243, 17 mars 2004)

§ 1. – De la réparation demandée devant le premier président de la cour d'appel

(D. n° 2000-1204, 12 déc. 2000 ; intitulé mod., D. n° 2001-709, 31 juill. 2001)

Art. R. 26 *(Mod., D. n° 2011-1202, 28 sept. 2011).* – Le premier président de la cour d'appel dans le ressort de laquelle a été prononcée la décision de non-lieu, de relaxe ou d'acquittement est saisi par une requête signée du demandeur ou d'un des mandataires mentionnés au premier alinéa de l'article R. 27 et remise contre récépissé ou adressée par lettre recommandée avec demande d'avis de réception au greffe de la cour d'appel.

La requête contient l'exposé des faits, le montant de la réparation demandée et toutes indications utiles, notamment en ce qui concerne :

1° La date et la nature de la décision qui a ordonné la détention provisoire ainsi que l'établissement pénitentiaire où cette détention a été subie ;

2° La juridiction qui a prononcé la décision de non-lieu, de relaxe ou d'acquittement ainsi que la date de cette décision ;

3° L'adresse où doivent être faites les notifications au demandeur.

La requête est accompagnée de toutes pièces justificatives, notamment de la copie de la décision de non-lieu, de relaxe ou d'acquittement.

(Al. mod., D. n° 2011-1202, 28 sept. 2011. – dispositions applicables aux instances introduites à compter du 1er oct. 2011 ; mod. à compter du 1er janvier 2014 pour les instances introduites à compter de cette date, D. n° 2013-1280, 29 déc. 2013) La requête est accompagnée de toutes pièces justificatives, notamment de la copie de la décision de non-lieu, de relaxe ou d'acquittement.

Le délai de six mois prévu à l'article 149-2 ne court à compter de la décision de non-lieu, de relaxe ou d'acquittement devenue définitive que si, lors de la notification de cette décision, la personne a été avisée de son droit de demander une réparation ainsi que des dispositions des articles 149-1, 149-2 et 149-3 (premier alinéa).

Art. R. 27 *(Mod., D. n° 2012-985, 23 août 2012).* – Devant le premier président de la cour d'appel, le demandeur et l'agent judiciaire de l'État peuvent être assistés ou représentés par un avocat.

Lorsqu'une partie est assistée par un avocat, les notifications par lettre recommandée avec demande d'avis de réception prévues par les articles suivants sont faites au seul avocat et copie en est adressée par lettre simple à la partie. Lorsqu'une partie est représentée par un avocat, ces notifications sont faites dans les mêmes formes au seul avocat.

Art. R. 28 *(Mod., D. n° 2012-985, 23 août 2012).* – Dès la réception de la requête, le greffe de la cour d'appel demande au greffe de la juridiction qui a rendu la décision de non-lieu, de relaxe ou d'acquittement la communication du dossier de la procédure pénale ou, si cette procédure est toujours en cours en ce qui concerne d'autres personnes que le demandeur, de la copie du dossier.

Dans un délai de quinze jours à compter de la réception de ce dossier, le greffe de la cour d'appel transmet une copie de la requête au procureur général près la cour d'appel et, par lettre recommandée avec demande d'avis de réception, à l'agent judiciaire de l'État.

Art. R. 29 *(Rempl., D. n° 2000-1204, 12 déc. 2000).* – Le demandeur peut se faire délivrer sans frais copie des pièces de la procédure pénale. Seul son avocat peut prendre communication du dossier au greffe de la cour d'appel.

---

(1) *(D. n° 2000-1204, 12 déc. 2000)* Les requêtes en indemnisation sur lesquelles il n'a pas encore été statué par la commission d'indemnisation à la date du 16 décembre 2000 sont transmises pour attribution par le secrétaire de la commission aux premiers présidents de cour d'appel compétents.

Le demandeur et l'agent judiciaire du Trésor sont informés de cette transmission par lettre recommandée avec demande d'avis de réception.

Art. R. 30 *(Mod., D. n° 2012-985, 23 août 2012).* – L'agent judiciaire de l'État peut prendre connaissance du dossier de la procédure pénale au greffe de la cour d'appel. Il lui est délivré sans frais, sur sa demande, copie des pièces.

Art. R. 31 *(Mod., D. n° 2012-985, 23 août 2012).* – L'agent judiciaire de l'État dépose ses conclusions au greffe de la cour d'appel dans le délai de deux mois à compter de la réception de la lettre recommandée prévue à l'article R. 28.

Le greffe de la cour d'appel notifie au demandeur par lettre recommandée avec demande d'avis de réception, dans le délai de quinze jours à compter de leur dépôt, les conclusions de l'agent judiciaire de l'État.

Art. R. 32 *(Mod., D. n° 2012-985, 23 août 2012).* – Lorsque'agent judiciaire de l'État a déposé ses conclusions ou à l'expiration du délai prévu à l'article précédent, le greffe de la cour d'appel transmet le dossier au procureur général.

Le procureur général dépose ses conclusions dans les deux mois.

Le greffe de la cour d'appel notifie au demandeur par lettre recommandée avec demande d'avis de réception, dans le délai de quinze jours à compter de leur dépôt, les conclusions du procureur général. Il communique, dans le même délai, ces conclusions à l'agent judiciaire de l'État.

Art. R. 33 *(Mod., D. n° 2012-985, 23 août 2012).* – Dans le délai d'un mois à compter de la notification prévue au dernier alinéa de l'article précédent, le demandeur remet contre récépissé ou adresse par lettre recommandée avec demande d'avis de réception au greffe de la cour d'appel ses observations en réponse qui sont communiquées à l'agent judiciaire de l'État et au procureur général dans le délai de quinze jours.

Les conclusions produites ultérieurement par les parties sont communiquées entre elles à la diligence de leur auteur.

Art. R. 34 *(Mod., D. n° 2012-985, 23 août 2012).* – Le premier président de la cour d'appel procède ou fait procéder à toutes mesures d'instruction utiles. Il peut, s'il l'estime nécessaire, entendre le demandeur, en présence de son avocat ou celui-ci dûment convoqué, et en présence de l'agent judiciaire de l'État et du procureur général ou ceux-ci dûment convoqués.

Art. R. 35 *(Mod., D. n° 2012-985, 23 août 2012).* – Le premier président de la cour d'appel fixe la date de l'audience après avis du procureur général. Cette date est notifiée par le greffe de la cour d'appel, par lettre recommandée avec demande d'avis de réception, au demandeur et à l'agent judiciaire de l'État un mois au moins avant l'audience.

Le demandeur est avisé, à l'occasion de cette notification, qu'il peut s'opposer jusqu'à l'ouverture des débats à ce que ceux-ci aient lieu en audience publique.

Art. R. 36 *(Mod., D. n° 2012-985, 23 août 2012).* – Lorsqu'il apparaît manifestement que le demandeur soit ne remplit pas la condition d'avoir fait l'objet d'une détention provisoire au cours d'une procédure terminée à son égard par une décision de non-lieu, de relaxe ou d'acquittement devenue définitive, soit a formé sa requête après l'expiration du délai de six mois prévu à l'article 149-2, le premier président de la cour d'appel peut, après en avoir avisé le demandeur, l'agent judiciaire de l'État et le procureur général, décider qu'il n'y a pas lieu à plus ample instruction ni à l'accomplissement des actes prévus aux articles R. 31 à R. 34.

Il est alors fait application des dispositions de l'article R. 35.

Art. R. 37 *(Mod., D. n° 2012-985, 23 août 2012).* – Au jour de l'audience, le demandeur ou son avocat, puis l'agent judiciaire de l'État ou son avocat sont entendus en leurs observations.

Le procureur général développe ses conclusions.

Les parties peuvent alors répliquer, le demandeur ou son avocat ayant la parole en dernier.

Art. R. 38 *(Mod., D. n° 2012-985, 23 août 2012).* – La décision du premier président de la cour d'appel est rendue en audience publique.

Cette décision est notifiée au demandeur et à l'agent judiciaire de l'État soit par remise d'une copie contre récépissé, soit par lettre recommandée avec demande d'avis de réception. La notification indique que la décision peut faire l'objet d'un recours devant la commission nationale de réparation de détentions dans un délai de dix jours.

Une copie de la décision est remise au procureur général.

Une copie de la décision est en outre adressée, au ministère de la justice, à la commission de suivi de la détention provisoire.

Art. R. 39 *(Rempl., D. n° 2000-1204, 12 déc. 2000).* – Le premier président de la cour d'appel peut à tout moment de la procédure accorder en référé une provision au demandeur. Cette décision n'est susceptible d'aucun recours.

Art. R. 40 *(Mod., D. n° 2001-709, 31 juill. 2001).* – Les décisions du premier président de la cour d'appel accordant une réparation sont assorties de plein droit de l'exécution provisoire.

Art. R. 40-1 *(Rempl., D. n° 2016-479, 18 avr. 2016).* – Le paiement au demandeur de la réparation ou de la provision est effectué par les services du contrôleur budgétaire et comptable ministériel près du ministère de la justice.

Art. R. 40-2 *(Rempl., D. n° 2000-1204, 12 déc. 2000).* – Si la requête est rejetée, le demandeur est condamné aux dépens, à moins que le premier président de la cour d'appel ne l'en décharge en partie ou en totalité.

La décision du premier président comporte exécution forcée pour le paiement des dépens.

Art. R. 40-3 *(Rempl., D. n° 2000-1204, 12 déc. 2000).* – Lorsque le recours prévu au premier alinéa de l'article 149-3 n'est pas exercé, le dossier de la procédure pénale est renvoyé, avec une copie de la décision, à la juridiction qui a rendu la décision de non-lieu, de relaxe ou d'acquittement.

§ 2. – Du recours devant la commission nationale de réparation des détentions

(D. n° 2000-1204, 12 déc. 2000 ; intitulé mod., D. n° 2001-709, 31 juill. 2001)

A. – De l'exercice du recours

Art. R. 40-4 *(Mod., D. n° 2013-1280, 29 déc. 2013).* – Les décisions du premier président de la cour d'appel peuvent faire l'objet d'un recours devant la commission nationale de réparation des détentions de la part :

1° Du demandeur ;

2° De l'agent judiciaire de l'État ;

3° Du procureur général près la cour d'appel.

La déclaration de recours est remise au greffe de la cour d'appel en quatre exemplaires.

La remise est constatée par le greffe qui en mentionne la date sur chaque exemplaire, dont l'un est immédiatement restitué, et qui adresse un exemplaire aux personnes énumérées aux 1° et 3° autres que l'auteur du recours.

Art. R. 40-5 *(Mod., D. n° 2012-985, 23 août 2012).* – Devant la commission nationale, le demandeur et l'agent judiciaire de l'État peuvent être assistés ou représentés par un avocat au Conseil d'État et à la Cour de cassation ou par un avocat inscrit au barreau d'une cour d'appel ou d'un tribunal judiciaire.

Les dispositions du second alinéa de l'article R. 27 sont applicables.

Art. R. 40-6 *(Mod., D. n° 2001-709, 31 juill. 2001).* – Le dossier de la procédure de réparation, assorti de la déclaration de recours et du dossier de la procédure pénale, est transmis sans délai par le greffe de la cour d'appel au secrétariat de la commission nationale.

Les fonctions de secrétaire et de greffier de la commission sont remplies par un greffier de la Cour de cassation.

Art. R. 40-7 *(Mod., D. n° 2012-985, 23 août 2012).* – Si cela n'a pas déjà été demandé lors de la procédure devant le premier président de la cour d'appel, le demandeur et l'agent judiciaire de l'État peuvent se faire délivrer sans frais copie des pièces de la procédure pénale. Seuls leurs avocats peuvent prendre communication du dossier au secrétariat de la commission.

B. – De la procédure suivie devant la Commission nationale de réparation des détentions

(D. n° 2001-709, 31 juill. 2001)

a) Des communications et notifications applicables lorsque l'auteur du recours est le demandeur ou l'agent judiciaire de l'État

(Mod., D. n° 2012-985, 23 août 2012)

Art. R. 40-8 *(D. n° 2000-1204, 12 déc. 2000).* – **Lorsque l'auteur du recours est l'une des personnes énumérées aux 1° et 2° de l'article R. 40-4, le secrétaire de la commission demande à celle-ci, dans un délai de quinze jours à compter de la réception du dossier et par lettre recommandée avec demande d'avis de réception, de lui adresser ses conclusions dans le délai d'un mois.**

Art. R. 40-9 *(D. n° 2000-1204, 12 déc. 2000).* – **Dès réception des conclusions mentionnées à l'article précédent, le secrétaire de la commission en transmet copie au procureur général près la Cour de cassation ainsi que, par lettre recommandée avec demande d'avis de réception, à celle des personnes énumérées aux 1° et 2° de l'article R. 40-4 qui n'est pas l'auteur du recours.**

Cette personne dispose d'un délai de deux mois à compter de la réception de la lettre recommandée prévue à l'alinéa précédent pour déposer ses conclusions au secrétariat de la commission.

Lorsque ces conclusions ont été déposées ou à l'expiration du délai prévu à l'alinéa précédent, le secrétaire de la commission transmet le dossier au procureur général près la Cour de cassation.

Art. R. 40-10 *(D. n° 2000-1204, 12 déc. 2000).* – **Le procureur général dépose ses conclusions dans les deux mois.**

Art. R. 40-11 *(D. n° 2000-1204, 12 déc. 2000).* – **Le secrétaire de la commission notifie à l'auteur du recours, par lettre recommandée avec demande d'avis de réception, dans le délai de quinze jours à compter de leur dépôt, les conclusions du procureur général près la Cour de cassation et les conclusions de la personne mentionnée à l'article R. 40-9.**

Il communique à cette personne les conclusions du procureur général près la Cour de cassation.

Art. R. 40-12 *(D. n° 2000-1204, 12 déc. 2000).* – **Dans le délai d'un mois à compter de la dernière des notifications prévues au premier alinéa de l'article précédent, l'auteur du recours remet contre récépissé ou adresse par lettre recommandée avec demande d'avis de réception au secrétariat de la commission ses observations en réponse qui sont communiquées au procureur général près la Cour de cassation et à la personne mentionnée à l'article R. 40-9 dans le délai de quinze jours.**

Les dispositions du second alinéa de l'article R. 33 sont applicables.

b) Des communications et notifications applicables lorsque l'auteur du recours est le procureur général près la cour d'appel

Art. R. 40-13 *(Mod., D. n° 2012-985, 23 août 2012).* – **Lorsque l'auteur du recours est le procureur général près la cour d'appel, le secrétaire de la commission demande à celui-ci, dans un délai de quinze jours à compter de la réception du dossier, de lui adresser ses conclusions dans le délai d'un mois.**

Dès réception de ces conclusions, il en transmet une copie, d'une part au procureur général près la Cour de cassation, d'autre part, par lettre recommandée avec demande d'avis de réception, à l'agent judiciaire de l'État et au demandeur qui disposent d'un délai de deux mois à compter de la réception de cette lettre pour déposer leurs conclusions. Lorsque ces conclusions ont été déposées ou à l'expiration du délai de deux mois, le secrétaire de la commission transmet le dossier au procureur général près la Cour de cassation qui dépose ses conclusions dans les deux mois.

Les conclusions du procureur général sont communiquées, dans un délai de quinze jours, à l'agent judiciaire de l'État, accompagnées des conclusions du demandeur ; elles sont également, dans le même délai, communiquées au demandeur, accompagnées des conclusions de l'agent judiciaire de l'État.

Les dispositions du second alinéa de l'article R. 33 sont applicables.

C. – Des autres actes de procédure

Art. R. 40-14 *(D. n° 2000-1204, 12 déc. 2000)*. – Dans le mois qui suit l'expiration du délai de quinze jours prévu à l'article R. 40-12 ou au dernier alinéa de l'article R. 40-13, le président de la commission désigne parmi les membres de la commission, un rapporteur.

Art. R. 40-15 *(Mod., D. n° 2012-985, 23 août 2012)*. – Le président de la commission et le rapporteur désigné peuvent procéder ou faire procéder à toutes mesures d'instruction complémentaires. Ils peuvent, s'ils l'estiment nécessaire, entendre le demandeur, en présence de son avocat ou celui-ci dûment convoqué, et en présence de l'agent judiciaire de l'État et du procureur général près la Cour de cassation ou ceux-ci dûment convoqués.

Art. R. 40-16 *(Mod., D. n° 2012-985, 23 août 2012)*. – Le président de la commission fixe la date de l'audience après avis du procureur général près la Cour de cassation. Cette date est notifiée par le secrétariat de la commission, par lettre recommandée avec demande d'avis de réception, au demandeur et à l'agent judiciaire de l'État un mois au moins avant l'audience.

Le demandeur est avisé, à l'occasion de cette notification, qu'il peut s'opposer jusqu'à l'ouverture des débats à ce que ceux-ci aient lieu en audience publique.

Art. R. 40-17 *(D. n° 2000-1204, 12 déc. 2000)*. – Lorsqu'il apparaît manifestement que l'auteur du recours a formé celui-ci après l'expiration du délai de dix jours prévu à l'article 149-3, le président de la commission peut, après en avoir avisé lespersonnes énumérées aux 1° à 3° de l'article R. 40-4, décider qu'il n'y a pas lieu à plus ample instruction ni à l'accomplissement des actes prévus aux articles R. 40-8 à R. 40-15. Il peut procéder de la même façon lorsque le recours a été formé contre une décision du premier président de la cour d'appel rendue en application des dispositions des articles R. 36 à R. 39.

Il est alors fait application des dispositions de l'article R. 40-16.

Art. R. 40-18 *(Mod., D. n° 2012-985, 23 août 2012)*. – Au jour de l'audience, après le rapport, le demandeur et l'agent judiciaire de l'État ou leurs avocats respectifs sont entendus en leurs observations, celle des personnes énumérées aux 1° et 2° de l'article R. 40-4 qui est l'auteur du recours ou son avocat ayant la parole en premier. Lorsque le recours a été formé par le procureur général près la cour d'appel, le demandeur ou son avocat a la parole en premier.

Le procureur général près la Cour de cassation développe ses conclusions.

Le demandeur et l'agent judiciaire de l'État ou leurs avocats respectifs peuvent alors répliquer, le demandeur ou son avocat ayant la parole en dernier.

Art. R. 40-19 *(Mod., D. n° 2012-985, 23 août 2012)*. – La décision de la commission est rendue en audience publique.

Cette décision est notifiée au demandeur et à l'agent judiciaire de l'État soit par remise d'une copie contre récépissé, soit par lettre recommandée avec demande d'avis de réception.

Une copie de la décision est remise au procureur général près la Cour de cassation.

Une copie de la décision est en outre adressée, au ministère de la justice, à la commission de suivi de la détention provisoire.

Art. R. 40-20 *(Mod., D. n° 2014-551, 27 mai 2014)*. – Si la commission accorde une provision ou une réparation d'un montant supérieur à celui fixé par la décision du premier président de la cour d'appel, son paiement au demandeur est, par dérogation aux dispositions de l'article R. 233, effectué par le directeur régional des finances publiques d'Île-de-France et du département de Paris.

Art. R. 40-21 *(D. n° 2000-1204, 12 déc. 2000)*. – Si la requête est rejetée, l'auteur du recours est condamné aux dépens, à moins que la commission ne l'en décharge en partie ou en totalité.

La décision de la commission comporte exécution forcée pour le paiement des dépens.

Les dispositions du présent article ne sont pas applicables lorsque le recours a été formé par le procureur général près la cour d'appel.

Art. R. 40-22 *(D. n° 2000-1204, 12 déc. 2000)*. – Le dossier de la procédure pénale est renvoyé, avec une copie de la décision, au premier président de la cour d'appel pour transmission à la juridiction qui a rendu la décision de non-lieu, de relaxe ou d'acquittement.

Une copie de la décision est également adressée au procureur général près la cour d'appel.

Section VIII

Néant.

Section IX. – De l'expertise – modalités d'inscription et de radiation sur les listes d'experts

(Abr., D. n° 74-1184, 31 déc. 1974)

Néant.

TITRE IV. – DISPOSITIONS COMMUNES

(D. n° 2012-652, 4 mai 2012)

CHAPITRE I. – DE LA MISE AU CLAIR DES DONNÉES CHIFFRÉES NÉCESSAIRES À LA MANIFESTATION DE LA VÉRITÉ

Le présent chapitre ne comporte pas de disposition réglementaire.

CHAPITRE II. – DES FICHIERS DE POLICE JUDICIAIRE

Section I. – Du traitement d'antécédents judiciaires

Art. R. 40-23 *(D. n° 2012-652, 4 mai 2012)*. – Le ministre de l'Intérieur (direction générale de la police nationale et direction générale de la gendarmerie nationale) est autorisé à mettre en œuvre un traitement automatisé de données à caractère personnel, dénommé « traitement d'antécédents judiciaires », dont les finalités sont celles mentionnées à l'article 230-6.

Art. R. 40-24 *(Mod., D. n° 2017-1217, 2 août 2017)*. – Le traitement est constitué des données recueillies dans le cadre des procédures établies par les services de la police et les unités de la gendarmerie nationales, ou par des agents des douanes habilités à exercer des missions de police judiciaire.

Il peut contenir des données à caractère personnel de la nature de celles mentionnées au I de l'article 8 de la loi du 6 janvier 1978, dans les seuls cas où ces données résultent de la nature ou des circonstances de l'infraction ou se rapportent à des signes physiques particuliers, objectifs et permanents, en tant qu'éléments de signalement des personnes, dès lors que ces éléments sont nécessaires à la mise en œuvre des finalités mentionnées à l'article 230-6.

En tant que de besoin, et dans le cadre des engagements internationaux en vigueur, le traitement est également constitué des données à caractère personnel issues des traitements gérés par des organismes de coopération internationale en matière de police judiciaire ou des services de police étrangers.

Art. R. 40-25 *(D. n° 2012-652, 4 mai 2012)*. – Les données recueillies dans le cadre de l'article R. 40-24 ne peuvent concerner que les catégories suivantes :

1° Les personnes à l'encontre desquelles sont réunis, lors de l'enquête préliminaire, de l'enquête de flagrance ou sur commission rogatoire, des indices graves ou concordants rendant vraisemblable qu'elles aient pu participer, comme auteurs ou complices, à la commission d'un crime, d'un délit ou d'une contravention de cinquième classe prévue aux articles R. 625-1 à R. 625-3, R. 625-7, R. 625-9, R. 635-1, R. 635-3 à R. 635-5, R. 645-1, R. 645-2 et R. 645-5 à R. 645-15 du Code pénal ;

2° Les victimes de ces infractions ;

3° Les personnes faisant l'objet d'une enquête ou d'une instruction pour recherche des causes de la mort, de blessures graves ou d'une disparition au sens des articles 74 et 74-1.

Art. R. 40-26 *(Mod., D. n° 2017-1217, 2 août 2017)*. – Peuvent être enregistrées dans le présent traitement les catégories de données à caractère personnel et informations suivantes :

1° Concernant les personnes mises en cause :

a) Personnes physiques :

– identité (nom, nom marital, nom d'emprunt officiel, prénoms, sexe) ;
– surnom, alias ;
– date et lieu de naissance ;
– situation familiale ;
– filiation ;
– nationalité ;
– adresses ;
– adresses de messagerie électronique ;
– numéros de téléphone ;
– profession ;
– état de la personne ;
– signalement ;
– photographie comportant des caractéristiques techniques permettant de recourir à un dispositif de reconnaissance faciale (photographie du visage de face) ;
– autres photographies ;

b) Personnes morales :

– raison sociale, enseigne commerciale, sigle ;
– forme juridique ;
– numéro d'inscription au registre du commerce et des sociétés ;
– lieu du siège social ;
– numéro SIREN, SIRET ;
– secteur d'activité ;
– adresses ;
– adresses de messagerie électronique ;
– numéros de téléphone ;

2° Concernant les victimes :

a) Personnes physiques :

– identité (nom, nom marital, nom d'emprunt officiel, prénoms, sexe) ;
– date et lieu de naissance ;
– situation familiale ;
– nationalité ;
– adresses ;
– adresses de messagerie électronique ;
– numéros de téléphone ;
– profession ;
– état de la personne ;

b) Personnes morales :

– raison sociale, enseigne commerciale, sigle ;
– forme juridique ;
– numéro d'inscription au registre du commerce et des sociétés ;
– secteur d'activité ;
– lieu du siège social ;
– adresses ;

– adresses de messagerie électronique ;
– numéros de téléphone ;

3° Concernant les personnes faisant l'objet d'une enquête ou d'une instruction pour recherche des causes de la mort ou d'une disparition :
– identité (nom, nom marital, nom d'emprunt officiel, prénoms, sexe) ;
– date et lieu de naissance ;
– situation familiale ;
– nationalité ;
– adresses ;
– adresses de messagerie électronique ;
– numéros de téléphone ;
– profession ;
– état de la personne ;
– signalement (personnes disparues et corps non identifiés) ;
– photographie comportant les caractéristiques techniques permettant le recours à un dispositif de reconnaissance faciale (photographie du visage de face des personnes disparues et corps non identifiés) ;
– photographies (personnes disparues et corps non identifiés).

Sont également enregistrées les données à caractère non personnel qui concernent les faits, objets de l'enquête, les lieux, dates de l'infraction et modes opératoires ainsi que les données et images relatives aux objets, y compris celles qui permettent indirectement d'identifier les personnes concernées.

Art. R. 40-27 *(Mod., D. n° 2017-1217, 2 août 2017 ; D. n° 2021-682, 27 mai 2021).* – I. – Les données concernant la personne mise en cause majeure sont conservées vingt ans.

Par dérogation, elles sont conservées :
– cinq ans lorsque la personne est mise en cause pour l'un des délits prévus par le Code de la route ou aux articles 221-6, 221-6-1, 222-19, 222-19-1, 222-20-1, 225-10-1, 227-3 à 227-11, 311-3, 314-5, 314-6, 431-1, 431-4 et 434-10 du Code pénal et L. 3421-1 du Code de la santé publique, ainsi que pour les contraventions énumérées à l'article R. 40-25 ;
– quarante ans lorsque la personne est mise en cause pour l'une des infractions figurant au tableau 1 ci-dessous.

II. – En cas de mise en cause pour une ou plusieurs nouvelles infractions avant l'expiration de l'une des durées de conservation des données initiales, le délai de conservation restant le plus long s'applique aux données concernant l'ensemble des infractions pour lesquelles la personne a été mise en cause.

III. – La durée de conservation des données à caractère personnel concernant les victimes est au maximum de quinze ans.

IV. – Les données à caractère personnel concernant les personnes mentionnées au 3° de l'article R. 40-25 sont effacées lorsque l'enquête a permis de retrouver la personne disparue ou d'écarter toute suspicion de crime ou délit.

Tableau 1. – Liste des infractions permettant de conserver quarante ans les données concernant les personnes mises en cause majeures

Infraction contre les personnes :
– administration de substances nuisibles ;
– détournement de moyen de transport ;
– empoisonnement ;
– enlèvement, séquestration, prise d'otage ;
– exploitation de la mendicité aggravée ou en bande organisée ;
– crime contre l'humanité, génocide ;
– meurtre, assassinat ;

- menace de mort, menace de destruction, dégradation ou détérioration dangereuse pour les personnes ;
- torture, acte de barbarie ;
- violence volontaire ayant entraîné la mort ;
- violence volontaire entraînant une mutilation ou une infirmité permanente ;
- vol avec violences ;
- agression sexuelle ;
- atteinte sexuelle sur mineur de quinze ans, atteinte sexuelle sur mineur de plus de quinze ans aggravée ;
- corruption de mineur ;
- proxénétisme ;
- viol ;
- trafic de stupéfiants ;
- traite des êtres humains.

Infractions contre les biens :

- abus de confiance aggravé ;
- destruction, dégradation et détérioration d'un bien appartenant à autrui par l'effet d'une substance explosive, d'un incendie ou de tout autre moyen de nature à créer un danger pour les personnes ;
- escroquerie aggravée ;
- extorsion ;
- vol en bande organisée ;
- vol avec arme ;
- blanchiment ;
- contrefaçon, falsification de monnaies et moyens de paiement ;
- faux en écritures publiques ;
- abus de biens sociaux ;
- délit d'initié ;
- atteinte aux systèmes de traitement automatisé des données.

Atteintes à la paix publique :

- acte de terrorisme ;
- association de malfaiteurs ;
- évasion ;
- infraction au régime des armes et munitions à l'exception du port ou transport d'arme de catégorie D ;
- atteinte aux intérêts fondamentaux de la nation ;
- recel de malfaiteurs ;
- violation de secret (professionnel, de fabrique).

II. – Peuvent être destinataires des mêmes données :

1° Les autres agents de l'État investis par la loi d'attributions de police judiciaire ;

2° Les magistrats instructeurs, pour les recherches relatives aux infractions dont ils sont saisis ;

3° Les organismes de coopération internationale en matière de police judiciaire et les services de police étrangers, dans les conditions énoncées à l'article 24 de la loi [n° 2003-239] du 18 mars 2003.

Seules les informations enregistrées dans le traitement relatives à la procédure en cours peuvent être jointes au dossier de la procédure.

Art. R. 40-29 *(Mod., D. n° 2017-1217, 2 août 2017)*. – I – Dans le cadre des enquêtes prévues à l'article 17-1 de la loi n° 95-73 du 21 janv. 1995, aux articles L. 114-1, L. 114-2, L. 211-11-1, L. 234-1 et L. 234-2 du Code de la sécurité intérieure et à l'article L. 4123-9-1 du Code de la défense, les données à caractère personnel figurant dans le traitement qui se rapportent à des procédures judiciaires en cours ou closes, à l'exception des cas où sont intervenues des mesures ou décisions de classement sans suite, de non-lieu, de relaxe ou d'acquittement devenues définitives, ainsi que des données relatives aux victimes, peuvent être consultées, sans autorisation du ministère public, par :

1° Les personnels de la police et de la gendarmerie habilités selon les modalités prévues au 1° et au 2° du I de l'article R. 40-28 ;

2° Les agents individuellement désignés et spécialement habilités des services spécialisés de renseignement mentionnés à l'article R. 234-2 du Code de la sécurité intérieure ;

3° Les agents du service à compétence nationale dénommé « service national des enquêtes administratives de sécurité », individuellement désignés et spécialement habilités par le directeur général de la police nationale ;

4° Les agents du service à compétence nationale dénommé « Commandement spécialisé pour la sécurité nucléaire », individuellement désignés et spécialement habilités par le directeur général de la gendarmerie nationale ;

5° Les personnels investis de missions de police administrative individuellement désignés et spécialement habilités par le représentant de l'État. L'habilitation précise limitativement les motifs qui peuvent justifier pour chaque personne les consultations autorisées. Lorsque la consultation révèle que l'identité de la personne concernée a été enregistrée dans le traitement en tant que mise en cause, l'enquête administrative ne peut aboutir à un avis ou une décision défavorables sans la saisine préalable, pour complément d'information, des services de la police nationale ou des unités de la gendarmerie nationale compétents et, aux fins de demandes d'information sur les suites judiciaires, du ou des procureurs de la République compétents. Le procureur de la République adresse aux autorités gestionnaires du traitement un relevé des suites judiciaires devant figurer dans le traitement d'antécédents judiciaires et relatif à la personne concernée. Il indique à l'autorité de police administrative à l'origine de la demande si ces données sont accessibles en application de l'article 230-8 du présent code.

II. – Dans le cadre des missions ou interventions prévues à l'article L. 234-3 du Code de la sécurité intérieure, les données à caractère personnel figurant dans le traitement qui se rapportent à des procédures judiciaires en cours ou closes, à l'exception des cas où sont intervenues des mesures ou décisions de classement sans suite, de non-lieu, de relaxe ou d'acquittement devenues définitives, ainsi que des données relatives aux victimes, peuvent être consultées, sans autorisation du ministère public, par les personnels de la police et de la gendarmerie habilités selon les modalités prévues au 1° et au 2° du I de l'article R. 40-28.

Cette consultation peut également être effectuée, dans les mêmes conditions qu'à l'alinéa précédent, par les agents des services de renseignement désignés par le ministre de la Défense, aux seules fins de protection de la sécurité de leurs personnels. Ces agents sont individuellement désignés et spécialement habilités par leurs directeurs respectifs.

III. – Peuvent être destinataires des données mentionnées au I, pour l'exercice de leurs missions en matière de police administrative et dans la limite du besoin d'en connaître, les organismes de coopération internationale en matière de police judiciaire et les services de police étrangers dans les conditions énoncées à l'article L. 235-1 du Code de la sécurité intérieure.

Art. R. 40-29-1 *(D. n° 2017-1217, 2 août 2017)*. – Peuvent avoir accès, aux seules fins de consultation, aux données à caractère personnel figurant dans le traitement, à l'exclusion de celles relatives aux personnes enregistrées en qualité de victimes :

1° Les agents des services mentionnés à l'article R. 234-3 du Code de la sécurité intérieure, individuellement désignés et habilités par le directeur dont ils relèvent, dans les conditions prévues à l'article L. 234-4 du même code ;

2° Les agents du service mentionné à l'article L. 561-23 du Code monétaire et financier, individuellement désignés et habilités par le directeur du service, dans les conditions prévues à l'article L. 561-27 du même code.

Art. R. 40-30 *(Mod., D. n° 2018-687, 1er août 2018).* – Les opérations de collecte, de modification, de consultation et d'effacement des données à caractère personnel et informations font l'objet d'un enregistrement comprenant l'identifiant de l'auteur, la date et l'heure de l'opération ainsi que sa nature administrative ou judiciaire. Ces données sont conservées six ans.

Art. R. 40-31 *(Mod., D. n° 2018-687, 1er août 2018).* – Le traitement des données à caractère personnel fait l'objet du contrôle et du suivi prévus aux articles 230-8 et 230-9.

Les demandes de rectification ou d'effacement des données émanant des personnes intéressées peuvent être adressées directement au procureur de la République territorialement compétent ou au magistrat mentionné à l'article 230-9. Toute demande de rectification ou d'effacement adressée au procureur de la République territorialement compétent ou au magistrat mentionné à l'article 230-9 doit, à peine d'irrecevabilité, être adressée par lettre recommandée avec demande d'avis de réception.

Les personnes morales ne peuvent présenter leur demande que directement auprès du procureur de la République.

Si le procureur de la République saisi constate que les données dont il est demandé la mise à jour sont issues de procédures diligentées sur plusieurs ressorts, il adresse la demande au magistrat mentionné à l'article 230-9.

Art. R. 40-31-1 *(D. n° 2017-1217, 2 août 2017).* – Lorsqu'il est saisi d'une demande de rectification ou d'effacement, le procureur de la République territorialement compétent ou le magistrat mentionné à l'article 230-9 fait connaître sa décision à l'intéressé, par lettre recommandée.

Si le procureur de la République territorialement compétent ou le magistrat mentionné à l'article 230-9 n'ordonne pas l'effacement ou la rectification, l'intéressé peut, en application du troisième alinéa de l'article 230-8 et du quatrième alinéa de l'article 230-9, saisir respectivement le président de la chambre de l'instruction ou le président de la chambre de l'instruction de la cour d'appel de Paris, dans un délai d'un mois à compter de l'envoi de la décision de refus, par lettre recommandée avec demande d'avis de réception ou par déclaration au greffe de la chambre de l'instruction. À peine d'irrecevabilité, sa contestation doit être motivée.

Si le procureur de la République territorialement compétent ou le magistrat mentionné à l'article 230-9 ne se prononce pas dans un délai de deux mois, l'intéressé peut, dans un délai d'un mois, saisir respectivement le président de la chambre de l'instruction ou le président de la chambre de l'instruction de la cour d'appel de Paris de cette décision implicite de rejet en application de l'article 802-1 du présent code. Le procureur de la République territorialement compétent ou le magistrat mentionné à l'article 230-9 est informé sans délai et par tous moyens de l'exercice de ce recours. Ce recours devient caduc si le procureur de la République territorialement compétent ou le magistrat mentionné à l'article 230-9 fait droit à la demande de l'intéressé.

Le président de la chambre de l'instruction statue, après avoir sollicité les réquisitions écrites du procureur général, par une ordonnance motivée, dans un délai de six mois à compter de la date de réception de la lettre recommandée ou de la déclaration au greffe par le requérant. Cette ordonnance est portée à la connaissance du procureur de la République territorialement compétent ou du magistrat mentionné à l'article 230-9 et notifiée par lettre recommandée à l'intéressé. Elle ne peut faire l'objet d'un pourvoi en cassation que si elle ne satisfait pas, en la forme, aux conditions essentielles de son existence légale.

Art. R. 40-32 *(Mod., D. n° 2018-687, 1er août 2018).* – La mise en œuvre et la mise à jour du traitement sont contrôlées par un magistrat du parquet hors hiérarchie, désigné pour trois ans par arrêté du garde des Sceaux, ministre de la Justice, et assisté par un comité composé de trois membres nommés dans les mêmes conditions.

Les autorités gestionnaires du traitement lui adressent, sur sa demande, toutes informations relatives à ce traitement.

Ce magistrat peut ordonner toutes mesures nécessaires à l'exercice de son contrôle.

Il établit un rapport annuel qu'il adresse au ministre de la Justice ; il en adresse aussi copie aux autorités gestionnaires du traitement.

Les pouvoirs qui lui sont confiés s'exercent sans préjudice du contrôle exercé par la Commission nationale de l'informatique et des libertés en application des dispositions et selon les modalités prévues par les articles 44 et 70-22 de la loi n° 78-17 du 6 janvier 1978.

Art. R. 40-33 *(Rempl., D. n° 2018-687, 1er août 2018)*. – I. – Le droit d'opposition prévu à l'article 38 de la loi n° 78-17 du 6 janvier 1978 relative à l'informatique, aux fichiers et aux libertés ne s'applique pas au présent traitement.

Toute personne identifiée dans le fichier en qualité de victime peut cependant s'opposer à ce que des données à caractère personnel la concernant soient conservées dans le fichier dès lors que l'auteur des faits a été condamné définitivement. Ces personnes sont informées du droit d'opposition qui leur est ouvert.

II. – Sans préjudice de l'application de l'article R. 40-31, les droits d'information, d'accès, de rectification et d'effacement prévus aux articles 70-18 à 70-20 de la même loi s'exercent directement auprès du responsable du traitement.

III. – Afin d'éviter de gêner des enquêtes, des recherches et des procédures administratives ou judiciaires et de nuire aux enquêtes, aux poursuites ou à l'exécution des sanctions pénales, les droits d'accès, de rectification et d'effacement peuvent faire l'objet de restrictions en application des 2° et 3° du II et du III de l'article 70-21 de la même loi.

La personne concernée par ces restrictions exerce ses droits auprès de la Commission nationale de l'informatique et des libertés dans les conditions prévues à l'article 70-22 de la même loi.

La demande adressée à la Commission nationale de l'informatique et des libertés est traitée dans un délai de six mois. Dès réception de la demande, le responsable du traitement dispose d'un délai d'un mois et demi pour saisir le procureur de la République. Ce délai peut être prorogé d'un mois supplémentaire si le traitement de la demande nécessite des investigations complexes. La commission en est informée par le responsable du traitement. Le procureur de la République dispose d'un délai de trois mois pour se prononcer sur les suites qu'il convient de réserver à la demande. Il communique ses prescriptions au responsable du traitement qui, dans un délai de quinze jours, informe la commission des suites réservées à la demande.

Lorsque les informations contenues dans le traitement font l'objet d'une procédure judiciaire, celles-ci ne peuvent être communiquées que si ladite procédure est close. Toutefois, la Commission peut constater, en accord avec le responsable du traitement, que des données à caractère personnel enregistrées ne mettent pas en cause la sûreté de l'État, la défense ou la sécurité publique et qu'il y a donc lieu de les communiquer à la personne intéressée, après accord du procureur de la République lorsque la procédure n'est pas judiciairement close.

Art. R. 40-34 *(D. n° 2012-652, 4 mai 2012)*. – Sans préjudice de l'application de l'article 44 de la loi n° 78-17 du 6 janvier 1978, le directeur général de la police nationale et le directeur général de la gendarmerie nationale rendent compte conjointement chaque année à la Commission nationale de l'informatique et des libertés des opérations de vérification, de mise à jour et d'effacement des informations enregistrées dans le traitement.

Section II. – Des fichiers d'analyse sérielle

(D. n° 2012-689, 7 mai 2012)

Art. R. 40-35 *(Mod., D. n° 2014-445, 30 avr. 2014)*. – Les habilitations prévues à l'article 230-16 sont délivrées dans les conditions suivantes :

1° Pour les agents des services de la police nationale exerçant des missions de police judiciaire, soit par les chefs des services territoriaux de la police nationale, soit par les chefs des services actifs à la préfecture de police ou, le cas échéant, le préfet de police, soit par les chefs des services centraux de la police nationale ou, le cas échéant, le directeur général dont ils relèvent ;

2° Pour les militaires des unités de la gendarmerie nationale exerçant des missions de police judiciaire, soit par les commandants de groupement, soit par les commandants de la gendarmerie dans les départements et les collectivités d'outre-mer et en Nouvelle-Calédonie, soit par les commandants de région, soit par les commandants des gendarmeries spécialisées, soit par le sous-directeur de la police judiciaire ou, le cas échéant, par le directeur général de la gendarmerie nationale ;

Art. R. 40-44 *(D. n° 2014-1162, 9 oct. 2014 ; D. n° 2021-1469, 9 nov. 2021)*. – L'enregistrement, la conservation et le traitement des données à caractère personnel de la nature de celles mentionnées au I de l'article 6 de la loi n° 78-17 du 6 janvier 1978 relative à l'informatique, aux fichiers et aux libertés sont autorisés pour les seules fins et dans le strict respect des conditions définies au présent décret, dans les limites des nécessités des missions au titre desquelles elles sont collectées, et dans la seule mesure où elles apparaissent dans les informations, données et contenus de communication prévus aux articles R. 40-43-1 et R. 40-43-2.

Art. R. 40-45 *(D. n° 2014-1162, 9 oct. 2014 ; D. n° 2021-1469, 9 nov. 2021)*. – Conformément aux dispositions des articles R. 15-33-67 à R. 15-33-75, la plate-forme transmet, à la catégorie d'organismes mentionné au 1° de l'article R. 15-33-68, les réquisitions établies par les magistrats, les officiers et agents de police judiciaire de la gendarmerie et de la police nationales, les agents des douanes et des services fiscaux habilités à effectuer des enquêtes judiciaires, ainsi que par les assistants spécialisés mentionnés à l'article 628-9 et à l'article 706, préalablement authentifiés par leur administration d'origine, reçoit leurs réponses et les met à la disposition des magistrats, officiers, agents et assistants spécialisés.

Pour l'application de l'article 67 *bis*-2 du Code des douanes, la plate-forme transmet les réquisitions établies en application de l'article 67 *bis*-2 du Code des douanes par les agents des douanes habilités à cet effet par le ministre chargé des douanes, à la catégorie d'organismes mentionnée au 1° de l'article R. 15-33-68, reçoit leurs réponses et les met à la disposition des agents précités.

Art. R. 40-46 *(D. n° 2014-1162, 9 oct. 2014 ; D. n° 2021-1469, 9 nov. 2021)*. – Dans la mesure où elles sont nécessaires à la poursuite des finalités définies à l'article R. 40-43, peuvent être conservées dans le traitement automatisé les données à caractère personnel et informations suivantes :

1° Pour les communications électroniques faisant l'objet d'une interception judiciaire mentionnée aux articles 74-2, 80-4, 100 à 100-8 et 706-95 et du 1° de l'article 709-1-3 :

a) L'identité (nom, nom marital, nom d'usage, prénoms) de la personne physique émettrice et destinataire de la communication électronique, surnom, alias, date et lieu de naissance, sexe, filiation, situation familiale, nationalité ;

b) Les dénominations, enseigne commerciale, représentants légaux et dirigeants de la personne morale émettrice ou destinataire de la communication électronique ainsi que les numéros d'inscription au registre du commerce et des sociétés ;

c) L'adresse ou toute autre information permettant d'identifier le domicile, le lieu ou l'établissement ;

d) Les éléments d'identification de la liaison et données relatives aux outils de communications utilisés ;

e) Le numéro de téléphone (fixe et mobile, personnel et professionnel) ;

f) L'adresse de courrier électronique ou données relatives aux services demandés ou utilisés ;

g) Les données à caractère technique relatives à la localisation de la communication et de l'équipement terminal ;

h) Les données relatives au trafic des communications de la liaison interceptée ;

i) Les données permettant d'établir la facturation et le paiement ;

j) Le contenu des communications électroniques interceptées ainsi que les informations qui leurs sont liées, le cas échéant retranscrites conformément à l'article 100-5 ;

k) Tout élément sonore enregistré susceptible de servir à la manifestation de la vérité ;

l) Empreintes vocales (gabarit) créées à partir des interceptions ;

2° Pour les communications électroniques faisant l'objet d'une mesure de géolocalisation en temps réel mentionnée aux articles 230-32 à 44, au 2° de l'article 709-1-3 et à l'article 67 *bis*-2 du Code des douanes :

a) Les données de signalisation générées par l'usage du terminal de communication, transmises en temps réel ;

b) La mise à jour des données de signalisation du terminal de communication, sur sollicitation du réseau, à la demande, transmise en temps réel ;

3° Pour les données et les informations communiquées en application des articles 60-2, 77-1-2 et 99-4 :

a) L'identité (nom, nom marital, nom d'usage, prénoms) de la personne physique émettrice ou destinataire de la communication électronique, surnom, alias, date et lieu de naissance, sexe, filiation, situation familiale, nationalité ;

b) Les dénominations, enseigne commerciale, représentants légaux et dirigeants de la personne morale émettrice ou destinataire de la communication électronique, ainsi que les numéros d'inscription au registre du commerce et des sociétés ;

Art. R. 40-49 *(D. n° 2014-1162, 9 oct. 2014 ; D. n° 2021-1469, 9 nov. 2021).* – Les données et informations mentionnées aux 1°, 2°, 4° et 5° de l'article R. 40-46, à l'issue des investigations mises en œuvre en application des articles R. 40-43-1 et R. 40-43-2, sont placées sous scellés et conservées au sein du traitement jusqu'à expiration du délai de prescription de l'action publique. Elles ne sont accessibles qu'au magistrat en charge de la procédure et aux personnels qu'il a autorisés à y accéder.

Les données mentionnées au 3° du même article ainsi que les informations relatives à la reconnaissance vocale du locuteur sont conservées dans les mêmes conditions lorsqu'elles sont utiles à la manifestation de la vérité. À défaut, elles sont effacées au moment de la clôture des opérations requises.

Art. R. 40-50 *(D. n° 2014-1162, 9 oct. 2014 ; D. n° 2021-1469, 9 nov. 2021).* – Toute opération relative au traitement fait l'objet d'un enregistrement comprenant l'identification de l'utilisateur, la date, l'heure et la nature de l'action. Ces informations sont conservées pendant une durée de trois ans.

Art. R. 40-51 *(D. n° 2014-1162, 9 oct. 2014 ; D. n° 2021-1469, 9 nov. 2021).* – La plate-forme nationale des interceptions judiciaires est mise en œuvre par un service à compétence nationale relevant du garde des sceaux, ministre de la justice, dénommé : « Agence nationale des techniques d'enquêtes numériques judiciaires ». Ce service dirigé par un magistrat de l'ordre judiciaire est rattaché au secrétaire général du ministère de la justice.

La constitution et la conservation des données et informations placées sous scellés au sein du traitement relèvent de l'Agence nationale des techniques d'enquêtes numériques judiciaires. Les demandes tendant à l'établissement et à la délivrance des reproductions de ces scellés sont transmises par le magistrat ou le greffier au directeur de l'agence ou à la personne désignée par lui.

Art. R. 40-52 *(Mod., D. n° 2019-1271, 2 déc. 2019).* – Les magistrats, fonctionnaires et agents de ce ministère chargés du fonctionnement, de la maintenance et de l'entretien de la plate-forme nationale des interceptions judiciaires ainsi que les personnes auxquelles peuvent être confiées par contrat les prestations détachables des finalités judiciaires du traitement sont habilités au niveau Secret. Ils sont soumis au secret professionnel dans les conditions et sous les peines prévues à l'article 226-13 du Code pénal.

Art. R. 40-53 *(D. n° 2014-1162, 9 oct. 2014 ; D. n° 2021-1469, 9 nov. 2021).* – La plate-forme nationale des interceptions judiciaires est placée sous le contrôle d'une personnalité qualifiée, désignée pour une durée de cinq ans non renouvelable par arrêté du garde des Sceaux, ministre de la Justice, et assistée par un comité composé de cinq membres.

L'Agence nationale des techniques d'enquêtes numériques judiciaires, lui adresse, sur sa demande, toutes informations relatives au traitement.

Cette personnalité peut ordonner toutes mesures nécessaires à l'exercice de son contrôle. Cette personnalité et les membres du comité de contrôle disposent d'un accès permanent aux lieux où se trouve la plate-forme nationale des interceptions judiciaires.

Elle établit un rapport annuel qu'elle adresse au garde des Sceaux, ministre de la Justice.

Les pouvoirs qui lui sont confiés s'exercent sans préjudice du contrôle exercé par la Commission nationale de l'informatique et des libertés en application des dispositions et selon les modalités prévues par les articles 19 et 108 de la loi n° 78-17 du 6 janvier 1978 relative à l'informatique, aux fichiers et aux libertés.

Art. R. 40-54 *(D. n° 2014-1162, 9 oct. 2014).* – Le comité mentionné à l'article précédent comprend :

a) Un sénateur et un député respectivement choisis par le président du Sénat, après chaque renouvellement partiel du Sénat, et par le président de l'Assemblée nationale, pour la durée de la législature, sur proposition de la commission compétente de chaque assemblée ;

b) Un magistrat du siège honoraire de la Cour de cassation, désigné pour une durée de cinq ans non renouvelable par arrêté du garde des Sceaux, ministre de la Justice ;

c) Une personnalité qualifiée, désignée pour une durée de cinq ans non renouvelable par arrêté du garde des Sceaux, ministre de la Justice, sur proposition du ministre chargé des communications électroniques ;

d) Une personnalité qualifiée, désignée pour une durée de cinq ans non renouvelable par arrêté du garde des Sceaux, ministre de la Justice, sur proposition du ministre de l'Intérieur.

Art. R. 40-55 *(D. n° 2014-1162, 9 oct. 2014 ; D. n° 2021-1469, 9 nov. 2021)*. – Conformément aux dispositions de l'article 111 de la loi n° 78-17 du 6 janvier 1978 modifiée relative à l'informatique, aux fichiers et aux libertés, l'accès aux données mentionnées à l'article R. 40-46 et les conditions de leur rectification ou de leur effacement sont régies par les dispositions relatives à l'accès au dossier de la procédure pénale figurant dans le Code de procédure pénale.

S'agissant des personnes mentionnées à l'article R. 40-47, les droits précités s'exercent sans restriction directement auprès du chef de service, directeur de l'Agence nationale des techniques d'enquêtes numériques judiciaires.

Art. R. 40-56 *(D. n° 2014-1162, 9 oct. 2014 ; D. n° 2021-1469, 9 nov. 2021)*. – Le droit d'opposition ne s'applique pas au présent traitement.

LIVRE DEUXIÈME

DES JURIDICTIONS DE JUGEMENT

TITRE PREMIER. – DE LA COUR D'ASSISES

CHAPITRE II. – DE LA TENUE DES ASSISES (1)

Art. R. 41 *(Mod., D. n° 2014-899, 18 août 2014 ; D. n° 2022-462, 31 mars 2022).* **– Le siège des cours d'assises énumérées ci-dessous est exceptionnellement fixé dans une ville autre que le chef-lieu de la cour d'appel s'il en existe une ou dans le cas contraire autre que le chef-lieu du département.**

Cour d'assises

DÉPARTEMENTS	SIÈGES
Charente-Maritime	Saintes
Manche	Coutances
Pas-de-Calais	Saint-Omer
Saône-et-Loire	Chalon-sur-Saône
Var	Draguignan

CHAPITRE III

(Abr., D. n° 2004-1021, 27 sept. 2004)

CHAPITRE IV À VIII

Néant.

(1) Dispositions prises en application de l'article 234 du Code de procédure pénale (1re partie, législative).

TITRE II. – DU JUGEMENT DES DÉLITS

(D. n° 83-1155, 23 déc. 1983)

CHAPITRE I. – DU TRIBUNAL CORRECTIONNEL

(D. n° 83-1155, 23 déc. 1983)

Section I à IV

(D. n° 2005-1099, 2 sept. 2005)

Néant.

Section V. – Du jugement

(D. n° 2005-1099, 2 sept. 2005)

Art. R. 41-2 *(Anc. art. R. 41-1, D. n° 86-773, 17 juin 1986).* – Dans le cas prévu par l'alinéa 2 de l'article 470-1, la décision de renvoi de la juridiction pénale désigne la juridiction civile compétente et précise l'identité des tiers responsables qui paraissent devoir être mis en cause.

Une copie de la décision de renvoi et le dossier de l'affaire sont aussitôt transmis par le secrétariat-greffe à la juridiction désignée.

Section VI

(D. n° 2005-1099, 2 sept. 2005)

Néant.

Section VII. – De la procédure simplifiée

(D. n° 2005-1099, 2 sept. 2005)

Art. R. 41-3 *(D. n° 2005-1099, 2 sept. 2005).* – Dès que le ministère public décide de poursuivre l'exécution de l'ordonnance pénale, le greffier en chef de la juridiction notifie l'ordonnance pénale au prévenu par une lettre recommandée avec demande d'avis de réception qui comporte les mentions prévues à l'article 495-3.

Cette lettre indique les délais et modalités d'opposition fixés aux troisième et cinquième alinéas de l'article 495-3 et à l'article R. 41-8 ainsi que, en cas de condamnation à une peine d'amende, les délais et modalités de paiement de l'amende.

Sauf si ces précisions figurent dans l'ordonnance pénale, cette lettre indique qu'en cas de paiement volontaire de l'amende, du droit fixe de procédure et, s'il y a lieu, de la majoration de l'amende, dans le délai d'un mois à compter de la date d'envoi, le montant des sommes dues sera diminué de vingt pour cent.

Ces informations sont également communiquées au prévenu lorsque l'ordonnance pénale lui est notifiée par le procureur de la République ou son délégué.

Art. R. 41-3-1 *(D. n° 2013-1097, 2 déc. 2013).* – En application de l'article 495-3-1, le greffier en chef notifie l'ordonnance pénale à la partie civile par lettre recommandée avec demande d'avis de réception qui précise les délais et modalités d'opposition aux dispositions civiles de l'ordonnance fixés à l'article 495-3-1 et à l'article R. 41-8.

Ces informations sont également communiquées à la partie civile lorsque l'ordonnance pénale est notifiée par le procureur de la République ou son délégué.

Art. R. 41-4 *(D. n° 2005-1099, 2 sept. 2005).* – Le délai d'opposition de quarante-cinq jours court à compter de la date d'envoi de la lettre recommandée, sous réserve des dispositions du cinquième alinéa de l'article 495-3.

En cas de notification par le procureur de la République ou son délégué, ce délai court à compter de cette notification.

Art. R. 41-5 *(Mod., D. n° 2014-551, 27 mai 2014)*. – Le ministère public vérifie les extraits des ordonnances pénales. Lorsqu'une peine d'amende a été prononcée, l'ordonnance fait l'objet d'un relevé de condamnation pénale adressé par le greffier en chef au comptable de la direction générale des finances publiques conformément aux dispositions de l'article R. 55-5.

Art. R. 41-6 *(Mod., D. n° 2014-551, 27 mai 2014)*. – Dans les quarante-cinq jours de la date d'envoi de la lettre recommandée, le prévenu doit acquitter l'amende, le droit fixe de procédure et, s'il y a lieu, la majoration de l'amende, en versant leur montant entre les mains du comptable de la direction générale des finances publiques, à moins qu'il ne fasse opposition.

En cas de notification par le procureur de la République ou son délégué, ce délai court à compter de cette notification.

Dans tous les cas, le prévenu doit, à l'appui du paiement, indiquer au comptable de la direction générale des finances publiques les références portées sur l'ordonnance.

Art. R. 41-7 *(D. n° 2005-1099, 2 sept. 2005)*. – Si plusieurs délits et contraventions donnent lieu à une seule ordonnance, le prévenu acquitte une seule fois le droit fixe de procédure.

Art. R. 41-8 *(Mod., D. n° 2013-1097, 2 déc. 2013)*. – L'opposition faite par le prévenu, dans le délai prévu soit au troisième soit au cinquième alinéa de l'article 495-3, est formée :

1° Soit par lettre adressée au greffier en chef du tribunal qui a rendu la décision. La lettre doit être expédiée dans le délai prescrit, le cachet de la poste faisant foi ;

2° Soit par une déclaration faite au greffier en chef, enregistrée et signée par celui-ci et par le prévenu lui-même ou par un avocat ou un fondé de pouvoir spécial. Le pouvoir est annexé à l'acte dressé par le greffier en chef.

Dans les deux cas, le prévenu doit, à l'appui de l'opposition, remettre ou adresser la lettre de notification au greffier en chef ou lui faire connaître les références portées sur celle-ci. Les déclarations d'opposition sont inscrites sur un registre.

En cas de notification par le procureur de la République ou son délégué, l'opposition peut être faite devant lui à l'issue de cette notification, par une mention portée sur l'imprimé de notification de l'ordonnance, signée par le procureur ou son délégué et par le prévenu. Le procureur ou son délégué en avise sans délai le greffier en chef.

Les dispositions du présent article sont également applicables en cas d'opposition formée par la partie civile.

Art. R. 41-9 *(Mod., D. n° 2014-551, 27 mai 2014)*. – À l'expiration du délai d'opposition, le greffier en chef donne avis au comptable de la direction générale des finances publiques des oppositions reçues et de l'annulation des extraits correspondants.

En cas d'opposition, le greffier en chef avise sans délai le procureur de la République.

Art. R 41-10 *(Mod., D. n° 2014-551, 27 mai 2014)*. – Le comptable de la direction générale des finances publiques procède au recouvrement de l'ordonnance pénale à l'expiration du délai de quarante-cinq jours à compter de la date d'envoi de la lettre recommandée prévue aux articles 495-3 et R. 41-3 ou de la notification par le procureur de la République ou son délégué prévue par ces mêmes articles, à moins qu'il ne soit fait opposition.

Section VIII

(D. n° 2005-1099, 2 sept. 2005)

Néant.

TITRE III. – DU JUGEMENT DES CONTRAVENTIONS

CHAPITRE I

Art. R. 41-11 (1) *(Anc. art. R. 41-3, dénum., mod., D. n° 2017-1230, 3 août 2017).* – En application de l'article 523, le tribunal de police ne peut être constitué par un magistrat exerçant à titre temporaire pour le jugement des contraventions suivantes :

1° Diffamation non publique prévue par l'article R. 621-1 du Code pénal ;

2° Injure non publique prévue par l'article R. 621-2 du Code pénal ;

CHAPITRE II. – PROCÉDURE SIMPLIFIÉE

(D. n° 95-457, 26 avr. 1995)

Art. R. 42 *(Mod., D. n° 2014-551, 27 mai 2014).* – À l'expiration du délai d'opposition ouvert au ministère public, le chef du greffe de la juridiction notifie l'ordonnance pénale au prévenu par une lettre recommandée avec demande d'avis de réception qui comporte les mentions prévues à l'article 526 et indique les délais et modalités de paiement et d'opposition fixés aux articles R. 43 à R. 46.

Sauf si ces précisions figurent dans l'ordonnance pénale, cette lettre indique qu'en cas de paiement volontaire de l'amende, du droit fixe de procédure et, s'il y a lieu, de la majoration de l'amende, dans le délai d'un mois à compter de sa date d'envoi, le montant des sommes dues sera diminué de vingt pour cent.

Les magistrats ou officiers du ministère public vérifient les extraits d'ordonnances pénales. Lorsqu'une peine d'amende a été prononcée, l'ordonnance fait l'objet d'un relevé de condamnation pénale adressé par le greffier en chef au comptable de la direction générale des finances publiques conformément aux dispositions de l'article R. 55-5.

Art. R. 43 *(Mod., D. n° 2014-551, 27 mai 2014).* – Dans les trente jours de la date d'envoi de la lettre recommandée, le prévenu doit acquitter l'amende et le droit fixe de procédure en versant leur montant entre les mains du comptable de la direction générale des finances publiques, à moins qu'il ne fasse opposition.

Dans tous les cas, le prévenu doit, à l'appui du paiement, indiquer au comptable de la direction générale des finances publiques les références portées sur la lettre de notification.

Art. R. 44 *(Rempl., D. n° 95-457, 26 avr. 1995).* – Deux contraventions ou plus peuvent donner lieu à une seule ordonnance ; dans ce cas, le prévenu acquitte une seule fois le droit fixe de procédure.

Art. R. 45 *(Rempl., D. n° 95-457, 26 avr. 1995).* – L'opposition faite par le prévenu, dans les délais prévus soit au troisième soit au cinquième alinéa de l'article 527, doit être formée :

– soit par lettre adressée au chef du greffe du tribunal qui a rendu la décision attaquée. La lettre doit être expédiée dans le délai prescrit, le cachet de la poste faisant foi ;

– soit par une déclaration verbale faite au chef du greffe, enregistrée et signée par celui-ci et par le prévenu lui-même ou par un avocat ou un fondé de pouvoir spécial. Le pouvoir est annexé à l'acte dressé par le chef du greffe.

Dans les deux cas, le prévenu doit, à l'appui de l'opposition, remettre ou adresser au chef du greffe la lettre de notification ou lui faire connaître les références portées sur celle-ci.

Les déclarations d'opposition sont inscrites sur un registre.

Art. R. 46 *(Rempl., D. n° 95-457, 26 avr. 1995).* – En cas d'opposition formée par le prévenu, le chef du greffe avise sans délai le procureur de la République ou l'officier du ministère public, et lui transmet les pièces de la procédure.

---

(1) Les dispositions de cet article dans sa rédaction antérieure à celle résultant du décret du 3 août 2017, demeurent applicables au jugement des contraventions de diffamation et d'injure non publiques présentant un caractère raciste ou discriminatoire commises avant son entrée en vigueur.

Art. R. 47 *(Mod., D. n° 2014-551, 27 mai 2014)*. – À l'expiration du délai d'opposition le chef du greffe donne avis au comptable de la direction générale des finances publiques des oppositions reçues et de l'annulation des extraits correspondants.

Art. R. 48 *(Mod., D. n° 2014-551, 27 mai 2014)*. – Le comptable de la direction générale des finances publiques procède au recouvrement de l'ordonnance pénale à l'expiration du délai de trente jours à compter de la date d'envoi de la lettre recommandée prévue à l'article R. 42, à moins qu'il ne soit fait opposition.

CHAPITRE II *BIS*. – AMENDE FORFAITAIRE ET AMENDE FORFAITAIRE MAJORÉE

(D. n° 86-1044, 18 sept. 1986)

Art. R. 48-1 *(Mod., D. n° 2020-357, 28 mars 2020 ; D. n° 2020-1276, 19 oct. 2020 ; D. n° 2020-1573, 11 déc. 2020 ; D. n° 2021-172, 17 févr. 2021 ; D. n° 2022-185, 15 févr. 2022)*. – I. – Les contraventions des quatre premières classes pour lesquelles l'action publique est éteinte par le paiement d'une amende forfaitaire sont les suivantes :

1° Contraventions réprimées par le Code de la route qu'elles entraînent ou non un retrait des points affectés au permis de conduire sous réserve des dispositions de l'article R. 49-8-5 relatives à l'amende forfaitaire minorée ;

2° Contraventions en matière de transport et de circulation réprimées par les première, troisième et quatrième parties du Code des transports, à l'exception des articles R. 3315-4 et R. 3315-5, et réprimées par :

a) Les articles R. 211-14 et R. 211-21-5 du Code des assurances relatifs à l'assurance obligatoire des véhicules terrestres à moteur et de leurs remorques et semi-remorques ;

b) Le premier alinéa de l'article R. 2241-19 du Code des transports ;

c) L'article 5 du décret n° 2008-1455 du 30 décembre 2008 relatif à la déclaration et à l'identification de certains engins motorisés non autorisés à circuler sur la voie publique ;

d) L'article 9 du décret n° 2012-280 du 28 février 2012 relatif au label « autopartage ».

3° Contraventions en matière de protection de l'environnement réprimées par :

a) Les articles R. 632-1 et R. 634-2 du Code pénal relatif à l'abandon d'ordures, déchets, matériaux et autres objets ;

b) Les articles R. 331-63 à R. 331-66 du Code de l'environnement relatifs aux cœurs de parcs nationaux et les articles R.* 242-68 à R.* 242-71 du même code relatifs aux réserves naturelles ;

c) L'article R. 163-2 et le second alinéa de l'article R. 163-3 du Code forestier relatif à la défense des forêts contre l'incendie ; les articles R. 163-4 et R. 163-5 du même code relatifs aux prélèvements de produits de la forêt sans autorisation du propriétaire, à l'exception du prélèvement d'un volume compris entre 5 et 10 litres lorsqu'il est le fait d'un concessionnaire de pâturage ou de son préposé sur le terrain concédé ; le premier alinéa de l'article R. 163-6 du même code relatif à la circulation de véhicules ou d'animaux sur des voies non autorisées ; l'article R. 261-1 du même code relatif à l'exercice d'activités réglementées en méconnaissance des dispositions de l'arrêté d'aménagement prévu à l'article L. 212-2 ; l'article R. 261-5 du même code relatif à l'enlèvement de bois par un acheteur en dehors des périodes autorisées ; les articles R. 261-10, R. 261-13, R. 261-14, R. 275-11 et R. 275-12 du même code relatifs à l'introduction d'animaux en infraction aux concessions de pâturage ou aux règles d'exercice du droit d'usage ;

d) L'article 10 (deuxième alinéa) du décret n° 2000-1302 du 26 décembre 2000 relatif aux mesures de protection de l'environnement contre les émissions polluantes des moteurs à allumage par compression destinés à équiper les engins mobiles non routiers ;

e) L'article L. 322-10-2 du Code de l'environnement relatif aux contraventions constatées par la garderie du domaine du Conservatoire de l'espace littoral et des rivages lacustres et les agents visés à l'article L. 332-20 du même code.

f) Les dispositions du chapitre VIII et de la section 4 du chapitre IX du titre II du livre IV du Code de l'environnement (partie réglementaire), relatives au droit de chasse ;

g) Le titre Ier du livre II et le titre III du livre IV du Code de l'environnement (partie réglementaire), relatifs au droit de l'eau et des milieux aquatiques et de la pêche en eau douce et de la gestion des ressources piscicoles ;

h) Les articles R. 541-78, R. 541-79 et R. 541-83 du Code de l'environnement relatifs à la gestion des déchets.

4° Contraventions réprimées par les dispositions suivantes du Code rural et de la pêche maritime :

a) Le 3° du II de l'article R. 201-45 relatif à la prévention, à la surveillance et à la lutte contre les dangers sanitaires concernant les animaux et les végétaux ;

b) Le II de l'article R. 205-6 relatif à la sanction de l'inexécution des injonctions de l'administration ;

c) L'article R. 215-2, les 1° et 5° de l'article R. 215-5, les 1°, 6° et 8° de l'article R. 215-5-1, l'article R. 215-6, l'article R. 215-7, les 7° et 9° du II et le III de l'article R. 215-8, les *c* et *d* du 1° du I, les *a* et *d* du 2° du I et le II de l'article R. 215-10, les *f*, *h* et *j* du 1° du I de l'article R. 215-11, les 1° et 3° du I de l'article R. 215-12, les 4° et 5° du I et le II de l'article R. 215-13, les 1° à 8° et 10° à 12° du I de l'article R. 215-14 et les 1° à 4° et 7° de l'article R. 215-15 relatifs à la garde et la circulation des animaux et des produits animaux ;

d) Le I, les *a* et *c* du 2° du II et le *a* du 4° du II de l'article R. 228-8 et l'article R. 228-12 relatifs aux mesures de prévention, de surveillance et de lutte contre les dangers zoosanitaires ;

e) Les 1° et 3° de l'article R. 237-3, le 2° de l'article R. 237-5, l'article R. 237-6 et le 2° de l'article R. 237-7 relatifs à la qualité nutritionnelle et à la sécurité sanitaire des aliments ;

f) Le III de l'article R. 253-54-1 relatif à la mise sur le marché et l'utilisation des produits phytopharmaceutiques ;

g) Les 1° à 3° du II de l'article R. 254-30, le II de l'article R. 254-30-1 et le 2° de l'article R. 254-30-2 relatifs à la mise en vente, la vente, la distribution à titre gratuit, l'application et le conseil à l'utilisation des produits phytopharmaceutiques ;

h) Le II de l'article R. 256-32 relatif au contrôle périodique obligatoire des matériels destinés à l'application de produits phytopharmaceutiques ;

i) Le 3° de l'article R. 257-3 relatif au contrôle de la production primaire des denrées alimentaires et des produits destinés à l'alimentation animale ou des aliments pour animaux d'origine végétale ;

5° Contraventions réprimées par le [Code des postes et communications électroniques] prévues par les articles R. 10-2, R. 10-4 et R. 10-9 ;

6° Contraventions réprimées par le Code de la santé publique prévues aux articles R. 3515-2 à R. 3515-8 ;

Contraventions en matière d'offre de boissons alcooliques prévues et réprimées par les articles R. 3351-2, R. 3353-5-1 et R. 3353-7 du Code de la santé publique ;

Contraventions en matière de collecte et de destruction de médicaments à usage humain non utilisés réprimées par les articles R. 4212-1 et R. 4212-2 du Code de la santé publique ;

Contraventions en matière de gestion des déchets d'activités de soins à risques infectieux perforants produits par les patients en autotraitement réprimées par les articles R. 1337-16 et R. 1337-17 du Code de la santé publique.

Contraventions en matière de lutte contre les espèces végétales et animales nuisibles à la santé humaine, réprimées par l'article R. 1338-10 du Code de la santé publique ;

Contraventions de la quatrième classe réprimées par la première phrase du troisième alinéa de l'article L. 3136-1 du Code de la santé publique.

7° Contraventions réprimées par l'article R. 622-2 du Code pénal relatif à la divagation d'animaux dangereux ;

8° Contraventions réprimées par les articles R. 331-17-2 (3e alinéa) et R. 331-45 (3e et 4e alinéas) et R. 331-45-1 (2e alinéa) du Code du sport.

9° Contraventions en matière de bruit :

a) Contraventions réprimées par l'article R. 623-2 du Code pénal relatif aux bruits ou tapages injurieux ou nocturnes troublant la tranquillité d'autrui ;

b) Contraventions réprimées par les articles R. 1337-7 et R. 1337-9 du Code de la santé publique relatifs au fait d'être à l'origine d'un bruit particulier, autre que ceux relevant de l'article R. 1337-6, de nature à porter atteinte à la tranquillité du voisinage ou à la santé de l'homme dans les conditions prévues à l'article R. 1334-31, ou au fait d'en faciliter sciemment, par aide ou assistance, la préparation ou la consommation.

10° Contraventions en matière d'armes réprimées par le chapitre VII du titre Ier du livre III de la partie réglementaire du Code de la sécurité intérieure ;

11° Contraventions réprimées par les articles R. 271-3 à R. 271-6 du Code de l'environnement de Saint-Barthélemy.

12° Contraventions en matière de précurseurs d'explosifs réprimées par les articles R. 2353-20 et R. 2353-21 du Code de la défense ;

13° Contraventions réprimées par l'article R. 644-4 du Code pénal relatif à la participation à une manifestation interdite sur la voie publique ;

14° Contraventions en matière d'aéronefs circulant sans personne à bord réprimées par les articles R. 151-2 et R. 151-3 du Code de l'aviation civile.

15° Contraventions réprimées par l'article R. 644-3 du Code pénal relatif à l'acquisition de produits du tabac manufacturé vendus à la sauvette.

16° Contraventions réprimées par l'article R. 20-29-7 du Code des postes et des communications électroniques ;

17° Contraventions réprimées par les articles R. 644-2 et R. 644-2-1 du Code pénal relatifs aux entraves à la libre circulation sur la voie publique ;

18° Contraventions réprimées par les articles R. 644-5 et R. 644-5-1 du Code pénal relatifs à la violation de certaines mesures de police ;

19° Contravention réprimée par l'article R. 644-6 du Code pénal relatif à l'atteinte à certains équipements de secours.

II. – Les contraventions de la cinquième classe pour lesquelles l'action publique est éteinte par le paiement d'une amende forfaitaire sont les suivantes :

1° Contraventions réprimées par les première et dernière phrases du troisième alinéa de l'article L. 3136-1 du Code de la santé publique.

Art. R. 49 *(D. n° 86-1044, 18 sept. 1986 ; D. n° 2011-876, 25 juill. 2011)*. – Le montant de l'amende forfaitaire prévue par l'article 529 est fixé ainsi qu'il suit :

1° 4 € pour les contraventions aux dispositions du Code de la route commises par les piétons *(Mots suppr. à compter de la date prévue au V de l'article 63 de la loi n° 2014-58 du 27 janvier 2014, D. n° 2015-808, 2 juill. 2015)* « et 17 euros pour les contraventions en matière d'arrêt et de stationnement prévues par les articles R. 417-1 à R. 417-6 du même code » ;

2° 11 € pour les autres contraventions de la 1re classe ;

3° 35 € pour les contraventions de la 2e classe ;

4° 68 € pour les contraventions de la 3e classe ;

5° 135 € pour les contraventions de la 4e classe.

6° *(6° créé, D. n° 2020-357, 28 mars 2020)* 200 € pour les contraventions de la 5e classe.

Art. R. 49-1 *(D. n° 86-1044, 18 sept. 1986 ; D. n° 2009-598, 26 mai 2009 ; D. n° 2010-671, 18 juin 2010)*. – I. – Un avis de contravention et une carte de paiement, dont le modèle est fixé par arrêté du garde des Sceaux, ministre de la Justice, sont remis au contrevenant au moment de la constatation de l'infraction. L'avis mentionne le délai et les modalités de la requête prévue par le premier alinéa de l'article 529-2, le montant de l'amende forfaitaire ainsi que celui de l'amende forfaitaire majorée qui sera due à défaut de paiement ou de présentation d'une requête.

Lorsque les documents mentionnés à l'alinéa 1er ne peuvent être remis au contrevenant, ils sont adressés à son domicile. Toutefois, s'il s'agit d'une contravention au Code de la route ou de celle qui est prévue à l'article R. 211-21-5 du Code des assurances, ces documents sont laissés sur le véhicule ou, en cas d'impossibilité, envoyés au titulaire du certificat d'immatriculation.

Lorsque l'infraction est constatée par l'agent verbalisateur dans des conditions ne permettant pas l'édition immédiate de ces documents, l'avis de contravention et la carte de paiement peuvent également être envoyés au contrevenant ou au titulaire du certificat d'immatriculation.

II. – Sans préjudice de l'article R. 249-9, le procès-verbal peut être dressé au moyen d'un appareil sécurisé dont les caractéristiques sont fixées par arrêté du garde des Sceaux, ministre de la Justice, permettant le recours à une signature manuscrite conservée sous forme numérique.

Art. R. 49-2 *(Rempl., D. n° 2018-795, 17 sept. 2018)*. – Le montant de l'amende peut être acquitté immédiatement entre les mains de l'agent verbalisateur selon des modalités précisées par arrêté du ministre chargé du budget, du ministre de la justice et du ministre de l'intérieur :

1° Soit lorsque cet agent est porteur d'un carnet de quittances à souches ; le paiement donne alors lieu à la délivrance immédiate d'une quittance extraite de ce carnet à souches ;

2° Soit lorsque cet agent est muni d'un dispositif permettant d'adresser au contrevenant une quittance dématérialisée ; sauf en cas de paiement en espèces, cette quittance n'est adressée au contrevenant que s'il en fait la demande.

Art. R. 49-3 *(Mod., D. n° 2020-357, 28 mars 2020).* – Le paiement de l'amende forfaitaire due pour les avis de contraventions dressés au moyen du formulaire décrit à l'article A. 37-1 et non acquittée immédiatement entre les mains de l'agent verbalisateur est effectué par l'envoi soit au service indiqué sur la carte de paiement jointe à l'avis de contravention, soit au comptable de la direction générale des finances publiques, d'une carte de paiement dûment remplie sur laquelle est apposé un timbre amende dont l'émission, le modèle et les modalités de délivrance sont fixés par arrêté du ministre chargé du budget ou d'un chèque joint à cette carte. Le paiement par timbre amende n'est pas applicable pour les contraventions de la cinquième classe.

Lorsque l'avis de contravention a été constaté à l'aide d'un système de contrôle automatisé ou d'un appareil électronique sécurisé permettant la réalisation d'un procès-verbal dématérialisé, le paiement de l'amende forfaitaire qui n'est pas acquittée immédiatement entre les mains de l'agent verbalisateur est effectué soit par timbre dématérialisé, soit par télépaiement automatisé, soit par envoi au comptable de la direction générale des finances publiques d'un chèque joint à la carte de paiement, soit par virement bancaire international. Un arrêté des ministres de la justice, chargé du budget et de l'intérieur fixe les modalités de ces paiements.

Un arrêté du ministre chargé du budget fixe les conditions dans lesquelles les amendes forfaitaires peuvent être acquittées au moyen d'un chèque libellé à l'ordre du Trésor public.

Art. R. 49-3-1 *(D. n° 2008-764, 30 juill. 2008).* – Le paiement de l'amende forfaitaire ou de l'amende forfaitaire majorée peut également intervenir dans un délai de quinze jours par télépaiement automatisé ou par timbre dématérialisé, à l'issue des délais prévus par les articles 529-1, 529-8, 529-9 et 530.

Art. R. 49-4 *(D. n° 86-1044, 18 sept. 1986).* – La requête présentée en application de l'article 529-2 est motivée et accompagnée de l'avis de contravention.

Art. R. 49-5 *(Rempl., D. n° 95-457, 26 avr. 1995).* – La majoration de plein droit des amendes forfaitaires prévue par le deuxième alinéa de l'article 529-2 et le deuxième alinéa de l'article 529-5 est constatée par l'officier du ministère public qui la mentionne sur le titre exécutoire prévu par l'alinéa premier de l'article 530.

Le titre exécutoire mentionne en annexe, pour chaque amende, l'identité et le domicile du contrevenant, le lieu et la date de la contravention et le montant de l'amende forfaitaire majorée.

Le titre exécutoire, signé par l'officier du ministère public est transmis au comptable principal du Trésor.

Art. R. 49-6 *(Mod., D. n° 2014-551, 27 mai 2014).* – Le comptable de la direction générale des finances publiques adresse au contrevenant un extrait du titre exécutoire le concernant sous forme d'avis l'invitant à s'acquitter du montant de l'amende forfaitaire majorée. Cet avis contient, pour chaque amende, les mentions prévues par le deuxième alinéa de l'article R. 49-5 et indique le délai et les modalités de la réclamation prévue par les deuxième et troisième alinéas de l'article 530.

Il indique qu'en cas de paiement volontaire de l'amende forfaitaire majorée dans le délai d'un mois à compter de sa date d'envoi, le montant des sommes dues sera diminué de 20 %.

Art. R. 49-6-1 *(Mod., D. n° 2014-551, 27 mai 2014).* – Lorsque l'avis d'amende forfaitaire majorée envoyé par lettre recommandée à l'adresse figurant sur le certificat d'immatriculation du véhicule, conformément aux dispositions du deuxième alinéa de l'article 530, est revenu avec la mention « n'habite plus à l'adresse indiquée » ou « parti sans laisser d'adresse », le comptable de la direction générale des finances publiques envoie au contrevenant une lettre de rappel s'il découvre sa nouvelle adresse avant l'expiration d'un délai d'un an à compter de la date d'envoi du recommandé.

Si, avant l'expiration du délai de trois mois courant à compter de l'envoi de la lettre de rappel, le contrevenant déclare son changement d'adresse au service d'immatriculation des véhicules, il bénéficie du délai de quarante-cinq jours prévu par le deuxième alinéa de l'article 530, à partir de la date de sa déclaration, pour payer le montant de l'amende forfaitaire non majorée, conformément aux dispositions de cet alinéa. Si le changement d'adresse a été fait avant l'envoi de la lettre de rappel, le délai de quarante-cinq jours court à compter de cet envoi.

Dans le cas où l'amende forfaitaire n'a pas été payée dans le délai imparti, le comptable engage la phase contentieuse du recouvrement de l'amende forfaitaire majorée.

L'application des dispositions du présent article se fait sans préjudice de celles de l'article R. 322-7 du Code de la route réprimant le défaut de déclaration de changement de domicile dans le délai d'un mois auprès du service d'immatriculation des véhicules.

Art. R. 49-7 *(D. n° 86-1044, 18 sept. 1986 ; D. n° 89-989, 29 déc. 1989 ; mod., D. n° 2001-373, 27 avr. 2001 ; D. n° 2020-357, 28 mars 2020).* – Le montant de l'amende forfaitaire majorée est fixé ainsi qu'il suit :

1° 7 € pour les contraventions aux dispositions du Code de la route commises par les piétons ;

2° 33 € pour les autres contraventions de la première classe ;

3° 75 € pour les contraventions de la deuxième classe ;

4° 180 € pour les contraventions de la troisième classe ;

5° 375 € pour les contraventions de la quatrième classe.

6° *(6° créé, D. n° 2020-357, 28 mars 2020)* 450 € pour les contraventions de la cinquième classe.

Art. R. 49-8 *(Mod., D. n° 2014-551, 27 mai 2014).* – L'officier du ministère public saisi d'une réclamation recevable informe sans délai le comptable de la direction générale des finances publiques de l'annulation du titre exécutoire en ce qui concerne l'amende contestée.

CHAPITRE II *TER*. – DISPOSITIONS APPLICABLES À CERTAINES INFRACTIONS À LA POLICE DES SERVICES PUBLICS DE TRANSPORTS TERRESTRES

(D. n° 2000-1136, 24 nov. 2000)

Art. R. 49-8-1 *(Mod., D. n° 2007-1388, 26 sept. 2007).* – L'exploitant d'un service public de transport terrestre mentionné à l'article 529-3 qui entend faire agréer ses agents pour procéder aux relevés d'identité prévus au II de l'article 529-4, doit :

I. – Assurer une formation de ses agents portant sur :

- les contrôles, vérifications et relevés d'identité ;
- les conditions de leur mise en œuvre ;
- les personnes habilitées à y procéder.

II. – Mettre en place les modalités d'une liaison permanente entre ses agents et les officiers de police judiciaire territorialement compétents, et doter ses agents de moyens de transmission leur permettant une communication immédiate avec ceux-ci.

Art. R. 49-8-2 *(D. n° 2000-1136, 24 nov. 2000).* – I. – L'exploitant d'un service public de transport terrestre soumet au représentant de l'État dans le département dans lequel il a son siège et à Paris, au préfet de police, un dossier décrivant les modalités de la formation et de l'organisation prévues à l'article R. 49-8-1.

Ce dossier comprend les renseignements suivants :

1° La dénomination de l'organisme ou de la personne dispensant la formation ;

2° Le contenu et la durée de la formation ;

3° La description des modalités de la liaison permanente mentionnée au II de l'article R. 49-8-1 ;

4° L'inventaire et la description des moyens de transmission dont sont dotés les agents.

II. – Le représentant de l'État dans le département et à Paris le préfet de police approuve par arrêté le contenu du dossier mentionné au I ci-dessus s'il estime que les dispositions qu'il prévoit garantissent le bon déroulement des relevés d'identité.

Art. R. 49-8-3 *(D. n° 2000-1136, 24 nov. 2000).* – I. – Le procureur de la République compétent pour délivrer l'agrément mentionné au premier alinéa du II de l'article 529-4 est le procureur près le tribunal judiciaire dans le ressort duquel est situé le siège de l'exploitant.

II. – Le procureur de la République se prononce au vu du dossier présenté par l'exploitant. Ce dossier comprend les renseignements suivants :

1° L'arrêté mentionné au II de l'article R. 49-8-2 ;

2° L'identité de l'agent concerné ;

3° La justification de la formation suivie par cet agent.

Art. R. 49-8-4. – L'agent justifie en cas de besoin de l'agrément mentionné au premier alinéa du II de l'article 529-4.

Art. R. 49-8-4-1 *(Mod., D. n° 2020-1494, 30 nov. 2020)*. – I. – Pour l'application de l'article 529-6, un avis de paiement comportant une carte de paiement ainsi qu'une carte de protestation est adressé par l'exploitant au titulaire du certificat d'immatriculation.

Pour les contraventions constatées à la suite de l'usage d'un dispositif de péage permettant l'identification des véhicules et la perception du montant du péage sans recours à une barrière physique, un seul avis de paiement est adressé pour un même trajet au sens de l'article R. 419-1 ou de l'article R. 419-2 du Code de la route, selon le cas.

II. – Cet avis mentionne :

1° La date, l'heure et le lieu de la contravention, les faits constatés, le numéro d'immatriculation et la catégorie du véhicule ainsi que l'identification de l'agent assermenté de l'exploitant ayant constaté l'infraction ;

2° Le montant total des sommes dont le versement vaut réalisation de la transaction, en distinguant :

a) Le montant de l'indemnité forfaitaire, qui est fixé à quatre-vingt-dix euros ;

b) Le cas échéant, le montant de l'indemnité forfaitaire minorée, qui est fixé à dix euros ;

c) Le montant de la somme due au titre du péage éludé ;

d) Le cas échéant, le montant de la somme due au titre du droit départemental de passage prévu à l'article L. 321-11 du Code de l'environnement.

Pour les contraventions constatées à la suite de l'usage d'un dispositif de péage permettant l'identification des véhicules et la perception du montant du péage sans recours à une barrière physique, la date et l'heure de la contravention sont la date et l'heure auxquelles expirent les délais de paiement accordés par l'exploitant pour acquitter le montant du péage dû pour le trajet concerné. Le lieu de la contravention est la désignation du ou des dispositifs de péage franchis sur ce trajet et permettant l'identification des véhicules et la perception du montant du péage sans recours à une barrière physique.

III. – L'avis de paiement reproduit les dispositions de l'article L. 121-2 du Code de la route et informe le contrevenant qu'il doit, dans le délai de deux mois à compter de l'envoi de l'avis :

1° Soit s'acquitter des sommes mentionnées aux *a*, *c* et *d* du 2° du II, au moyen d'un chèque bancaire compensable en France joint à la carte de paiement et envoyé au service de l'exploitant dont l'adresse figure dans l'avis, ou par tout autre moyen de paiement qui y est mentionné ;

2° Soit formuler une protestation auprès de l'exploitant en utilisant la carte à cette fin.

Pour une contravention constatée à la suite de l'usage d'un dispositif de péage permettant l'identification des véhicules et la perception du montant du péage sans recours à une barrière physique, l'avis de paiement informe le contrevenant qu'il peut, dans un délai de quinze jours à compter de l'envoi de l'avis, s'acquitter d'un montant comprenant, outre les sommes mentionnées au *c* et, le cas échéant, au *d* du 2° du II, l'indemnité forfaitaire minorée mentionnée au *b* du même 2° à la place de l'indemnité forfaitaire mentionnée au *a*.

L'avis de paiement informe le contrevenant des conséquences du défaut de paiement ou de protestation dans le délai de deux mois, mentionnées au dernier alinéa de l'article 529-6 du présent code et à l'article L. 419-1 du Code de la route.

IV. – Le respect des délais de deux mois et de quinze jours s'apprécie au regard de la date de télépaiement automatisé ou de paiement en ligne ou au regard de la date d'envoi du moyen de paiement ou de la protestation attestée par le cachet de l'opérateur postal.

V. – Un arrêté conjoint du garde des sceaux, ministre de la justice, et du ministre chargé de la voirie routière détermine les mentions du procès-verbal de contravention établi par l'agent assermenté de l'exploitant. Il fixe les modèles du procès-verbal de contravention et de l'avis de paiement.

CHAPITRE II *QUATER*. – DISPOSITIONS APPLICABLES À CERTAINES INFRACTIONS AU CODE DE LA ROUTE

(D. n° 90-388, 10 mai 1990 ; D. n° 2000-1136, 24 nov. 2000)

Art. R. 49-8-5 *(D. n° 2002-801, 3 mai 2002 ; rect., JO 15 juin 2002)*. – Les dispositions de l'article 529-7 du présent code relatives à l'amende forfaitaire minorée sont applicables aux contraventions des deuxième, troisième et quatrième classes mentionnées à l'article R. 48-1 (1°) à l'exception des contraventions réprimées par les articles R. 417-1 à R. 417-13 et R. 421-7 du Code de la route relatives à l'arrêt et au stationnement dangereux, gênant ou abusif.

Art. R. 49-9. – Le montant de l'amende forfaitaire minorée prévue par l'article R. 529-7 est fixé ainsi qu'il suit :

1° 22 € pour les contraventions de la 2e classe ;
2° 45 € pour les contraventions de la 3e classe ;
3° 90 € pour les contraventions de la 4e classe.

Art. R. 49-10 *(Mod., D. n° 2009-598, 26 mai 2009).* – Un avis de contravention et une carte de paiement, dont le modèle est fixé par arrêté du garde des Sceaux, ministre de la Justice, sont remis au contrevenant au moment de la constatation de l'une des infractions prévues par l'article R. 49-8-5.

L'avis mentionne le montant de l'amende forfaitaire minorée, le délai accordé pour la régler, la personne ou le service auprès duquel le paiement doit être effectué.

Il mentionne également la procédure applicable en cas de non-paiement de l'amende forfaitaire minorée, notamment le délai et les modalités de la requête prévue par le premier alinéa de l'article 529-2, le montant de l'amende forfaitaire dont le contrevenant doit s'acquitter ainsi que le montant de l'amende forfaitaire majorée qui sera due par le contrevenant en cas de non-paiement de l'amende forfaitaire ou à défaut de la présentation d'une requête dans les délais.

Lorsque les documents mentionnés aux alinéas précédents ne peuvent être remis au contrevenant, ils sont adressés au titulaire du certificat d'immatriculation.

Les dispositions du troisième alinéa du I et celles du II de l'article R. 49-1 sont applicables.

Art. R. 49-11 *(D. n° 95-457, 26 avr. 1995 ; D. n° 2003-642, 11 juill. 2003 ; mod., D. n° 2007-1388, 26 sept. 2007 ; D. n° 2008-764, 30 juill. 2008 ; D. n° 2014-551, 27 mai 2014 ; D. n° 2013-1097, 2 déc. 2013).* – Le paiement de l'amende forfaitaire minorée est effectué en espèces, au moyen d'un chèque ou, si l'agent dispose du matériel à cette fin, par carte bancaire entre les mains de l'agent verbalisateur. Celui-ci délivre immédiatement au contrevenant une quittance, dont le modèle est fixé par arrêté du ministre chargé du budget.

(Al. mod. et appl. aux avis d'amendes forfaitaires émis à compter du 1er juillet 2016, D. n° 2015-1845, 29 déc. 2015) Si le montant de l'amende forfaitaire n'est pas acquitté dans les conditions prévues au premier alinéa, le paiement est effectué, dans les délais prévus à l'article 529-8 et selon des modalités fixées par arrêté des ministres de la justice, chargé du budget et de l'intérieur, soit par timbre dématérialisé, soit par télépaiement automatisé, soit par envoi au comptable de la direction générale des finances publiques d'un chèque joint à la carte de paiement, soit par virement bancaire international. Dans le cas prévu au premier alinea de l'article R. 49-3, le paiement peut être effectué par l'envoi, dans les mêmes délais, au service indiqué dans l'avis de contravention ou au comptable de la direction générale des finances publiques, de la carte de paiement dûment remplie sur laquelle est apposé le timbre amende ou d'un chèque joint à cette carte de paiement.

Un arrêté du ministre du budget fixe les conditions dans lesquelles les amendes forfaitaires minorées peuvent être acquittées au moyen d'un chèque libellé à l'ordre du Trésor public.

Art. R. 49-12 *(D. n° 90-388, 10 mai 1990).* – Lorsque le contrevenant n'a pas réglé l'amende forfaitaire minorée, il est redevable de l'amende forfaitaire et les dispositions des articles R. 49, R. 49-3 à R. 49-8 lui sont applicables.

Art. R. 49-13 *(Mod., D. n° 2002-801, 3 mai 2002).* – Les contraventions au Code de la route prévues par l'article R. 48-1 pour lesquelles l'amende forfaitaire minorée n'est pas applicable sont soumises aux dispositions des articles R. 49 à R. 49-8.

Art. R. 49-14 *(D. n° 2003-642, 11 juill. 2003).* – L'avis de contravention et la carte de paiement mentionnés à l'article R. 49-1, s'ils sont adressés en application de l'article 529-10, sont accompagnés d'un formulaire de requête en exonération précisant les conditions de recevabilité de la requête prévue par l'article 529-2, les modalités de paiement de la consignation, ainsi que les sanctions prévues par les articles 226-10 et 441-1 du Code pénal et R. 49-19 du présent code.

Art. R. 49-15 *(D. n° 2003-642, 11 juill. 2003).* – L'avis d'amende forfaitaire majorée adressé en application de l'article 529-10 précise les conditions de recevabilité de la réclamation prévue par l'article 530, les modalités de paiement de la consignation, ainsi que les sanctions prévues par les articles 226-10 et 441-1 du Code pénal et R. 49-19 du présent code.

Art. R. 49-16 *(D. n° 2003-642, 11 juill. 2003).* – Lorsque la requête en exonération ou la réclamation est accompagnée des renseignements prévus au *b* du 1° de l'article 529-10, elle précise les noms, prénoms, sexe, date de naissance et adresse du conducteur présumé, ainsi que le numéro de son permis de conduire.

Art. R. 49-16-1 *(Créé, D. n° 2021-873, 29 juin 2021).* – Lorsque la requête en exonération ou la réclamation est accompagnée du document prévu au *d* du 1° de l'article 529-10, ce dernier contient les informations pertinentes précisées par arrêté conjoint du garde de sceaux, ministre de la justice, et des ministres chargés des transports et de la sécurité routière, issues des données enregistrées par le dispositif d'enregistrement des données d'état de délégation de conduite.

Art. R. 49-17 *(Mod., D. n° 2015-1845, 29 déc. 2015).* – La consignation prévue aux articles R. 49-14 et R. 49-15 s'effectue, soit en espèces, soit par chèque libellé à l'ordre du Trésor public, soit par carte bancaire, soit par un mode de paiement à distance, soit par virement bancaire international, suivant les modalités fixées par arrêté du garde des Sceaux, ministre de la Justice, du ministre chargé du budget, du ministre chargé de l'intérieur et du ministre de la Défense.

Art. R. 49-18 *(Mod., D. n° 2017-683, 28 avr. 2017).* – Lorsqu'une consignation a été acquittée en application des dispositions de l'article 529-10, il est fait application des dispositions suivantes :

Si la consignation n'est pas suivie d'une requête en exonération ou d'une réclamation formulée conformément aux dispositions des articles 529-2, 529-10 et 530, elle est considérée comme valant paiement de l'amende forfaitaire ou de l'amende forfaitaire majorée.

Si l'officier du ministère public classe sans suite la contravention, il notifie sa décision à l'auteur de la requête en exonération en l'informant que la consignation lui sera remboursée.

Si l'officier du ministère public considère que la requête en exonération ou que la réclamation est irrecevable, l'avis qu'il est tenu d'adresser à la personne en application du premier alinéa de l'article 530-1 indique les raisons de sa décision. Lorsque la décision d'irrecevabilité est fondée sur l'absence de motivation de la requête en exonération ou de la réclamation, cet avis doit être adressé par lettre recommandée, qui informe la personne qu'elle peut, dans un délai d'un mois courant à compter de son envoi, contester cette décision par lettre recommandée avec demande d'accusé de réception. Si cette contestation ne donne pas lieu au classement sans suite de la contravention, l'officier du ministère public est alors tenu de saisir le tribunal de police conformément aux articles 524 à 528-2 ou aux articles 531 et suivants.

Pour l'application des dispositions du premier alinéa de l'article 530-1 et du quatrième alinéa du présent article, ne sont considérées comme motivées que les requêtes ou réclamations dans lesquelles la personne soit conteste avoir commis la contravention, soit reconnaît avoir commis la contravention tout en fournissant des éléments circonstanciés susceptibles de justifier le classement sans suite pour des raisons juridiques ou d'opportunité.

En cas de condamnation à une peine d'amende ou lorsque le prévenu est déclaré redevable de l'amende en application de l'article L. 121-3 du Code de la route, la juridiction de jugement précise dans sa décision le montant de l'amende restant dû après déduction du montant de la consignation.

En cas de décision de relaxe et s'il n'est pas fait application de l'article L. 121-3 du Code de la route, la juridiction ordonne le remboursement de la consignation au prévenu.

Dans les cas prévus par les troisième et septième alinéas, un formulaire spécifique est alors adressé à la personne pour lui permettre d'être remboursée de sa consignation.

Art. R. 49-19 *(Mod., D. n° 2010-671, 18 juin 2010).* – Hors les cas prévus par les articles 226-10 et 441-1 du Code pénal, le fait, pour l'auteur d'une requête en exonération ou d'une réclamation relevant des dispositions de l'article 529-10 du présent code, de donner, en application du *b* du 1° de cet article, des renseignements inexacts ou erronés est puni de l'amende prévue pour les contraventions de la cinquième classe.

CHAPITRE III. – DE L'INSTRUCTION DÉFINITIVE DEVANT LE TRIBUNAL DE POLICE

(D. n° 83-1155, 23 déc. 1983)

Art. R. 49-20 *(Anc. art. R. 50, dénum. à compter du 1er mars 2010, D. n° 2010-148, 16 févr. 2010)*. – **Dans le cas prévu par l'alinéa 2 de l'article 470-1, il est procédé comme il est dit à l'article R. 41-2.**

TITRE IV

Néant.

LIVRE TROISIÈME

Néant.

LIVRE QUATRIÈME

DE QUELQUES PROCÉDURES PARTICULIÈRES

TITRE PREMIER. – DES RÈGLES DE PROCÉDURE APPLICABLES AUX CRIMES CONTRE L'HUMANITÉ ET AUX CRIMES DE GUERRE

(D. n° 2010-148, 16 févr. 2010 ; D. n° 2013-1097, 2 déc. 2013)

Sous-titre Ier. – De la coopération avec la Cour pénale internationale

Néant.

Sous-titre II. – Des juridictions compétentes pour la poursuite, l'instruction et le jugement des crimes contre l'humanité et des crimes et délits de guerre

Art. R. 49-20-1 *(D. n° 2013-1097, 2 déc. 2013)*. **– Les modalités de nomination, d'exercice de leurs fonctions et de prestation de serment des assistants spécialisés prévus à l'article 628-9 sont celles fixées par les articles R. 50 *bis* à R. 50 *sexies*.**

TITRE PREMIER *BIS*. – DE LA QUESTION PRIORITAIRE DE CONSTITUTIONNALITÉ

(D. n° 2010-148, 16 févr. 2010)

CHAPITRE I. – DISPOSITIONS APPLICABLES DEVANT LES JURIDICTIONS D'INSTRUCTION, DE JUGEMENT, D'APPLICATION DES PEINES ET DE LA RÉTENTION DE SÛRETÉ

Art. R.* 49-21 *(D. n° 2010-148, 16 févr. 2010)*. **– Conformément aux dispositions de l'article 23-1 de l'ordonnance n° 58-1067 du 7 novembre 1958 portant loi organique sur le Conseil constitutionnel, la partie qui soutient, à l'appui d'une demande déposée en application des règles du présent code devant une juridiction d'instruction, de jugement, d'application des peines ou de la rétention de sûreté, qu'une disposition législative porte atteinte aux droits et libertés garantis par la Constitution doit, à peine d'irrecevabilité, présenter ce moyen dans un écrit distinct et motivé.**

La juridiction doit relever d'office l'irrecevabilité du moyen qui n'est pas présenté dans un écrit distinct et motivé.

Art. R.* 49-22 *(D. n° 2010-148, 16 févr. 2010).* – Au cours de l'instruction pénale, le moyen tiré de ce qu'une disposition législative porte atteinte aux droits et libertés garantis par la Constitution est présenté, à l'appui d'une demande, dans un écrit distinct et motivé déposé au greffe de la chambre de l'instruction et qui est visé par le greffier avec l'indication du jour du dépôt.

Cet écrit peut être également déposé au greffe du juge d'instruction, du juge des libertés et de la détention ou du juge des enfants. Le greffier l'adresse alors sans délai à la chambre de l'instruction.

Art. R.* 49-23 *(D. n° 2010-148, 16 févr. 2010).* – Lorsque le moyen tiré de ce qu'une disposition législative porte atteinte aux droits et libertés garantis par la Constitution est présenté par la personne mise en examen devant le président de la chambre de l'instruction saisi conformément aux dispositions de l'article 187-1 à l'occasion de l'appel d'une ordonnance de placement en détention provisoire, il est examiné par ce magistrat. Ce dernier peut toutefois renvoyer cet examen à la chambre de l'instruction lorsque la question le justifie.

Art. R.* 49-24 *(D. n° 2010-148, 16 févr. 2010).* – Lorsque le moyen tiré de ce qu'une disposition législative porte atteinte aux droits et libertés garantis par la Constitution est soulevé par une personne détenue, à l'appui d'une demande qui peut être formée par remise au chef de l'établissement pénitentiaire, l'écrit distinct et motivé peut également être remis au chef de l'établissement pénitentiaire. Cet écrit est visé par ce dernier, avec l'indication du jour du dépôt, et il est adressé sans délai, en original ou en copie, au greffe de la juridiction saisie.

Art. R.* 49-25 *(D. n° 2010-148, 16 févr. 2010).* – La juridiction statue sans délai, selon les règles de procédure qui lui sont applicables, sur la transmission de la question prioritaire de constitutionnalité, après que le ministère public et les parties, entendues ou appelées, ont présenté leurs observations sur la question prioritaire de constitutionnalité.

La juridiction peut toutefois statuer sans recueillir les observations du ministère public et des parties s'il apparaît de façon certaine, au vu du mémoire distinct, qu'il n'y a pas lieu de transmettre la question prioritaire de constitutionnalité.

Dès lors qu'elles sont présentées par écrit, les observations du ministère public et des autres parties doivent figurer dans un écrit distinct et motivé. À défaut, elles ne peuvent être jointes à la décision transmettant la question à la Cour de cassation.

Art. R.* 49-26 *(D. n° 2010-148, 16 févr. 2010).* – La juridiction n'est pas tenue de transmettre une question prioritaire de constitutionnalité mettant en cause, par les mêmes motifs, une disposition législative dont la Cour de cassation ou le Conseil constitutionnel est déjà saisi. En cas d'absence de transmission pour ce motif, elle sursoit à statuer sur le fond, jusqu'à ce qu'elle soit informée de la décision de la Cour de cassation ou, le cas échéant, du Conseil constitutionnel.

Art. R.* 49-27 *(D. n° 2010-148, 16 févr. 2010).* – Le refus de transmettre la question dessaisit la juridiction du moyen tiré de la question prioritaire de constitutionnalité.

Toutefois, lorsque ce refus a été exclusivement motivé par la constatation que la disposition législative contestée n'était pas applicable à la procédure en cause ou ne constituait pas le fondement des poursuites, la juridiction peut, si elle entend à l'occasion de l'examen de l'affaire faire application de cette disposition, rétracter ce refus et transmettre la question.

Art. R.* 49-28 *(D. n° 2010-148, 16 févr. 2010).* – Le greffe avise les parties et le ministère public par tout moyen et sans délai de la décision statuant sur la transmission de la question prioritaire de constitutionnalité à la Cour de cassation.

En cas de décision de transmission, l'avis aux parties précise que celle-ci n'est susceptible d'aucun recours et que les parties qui entendent présenter des observations devant la Cour de cassation doivent se conformer aux dispositions de l'article R.* 49-30, qui est reproduit dans l'avis, ainsi que le premier alinéa de l'article R.* 49-32. L'avis est adressé par lettre recommandée avec demande d'avis de réception aux parties qui n'ont pas comparu.

En cas de décision de refus de transmission, l'avis aux parties précise que celle-ci ne peut être contestée qu'à l'occasion d'un recours formé contre une décision ayant statué sur la demande au cours de la procédure.

Art. R.* 49-29 *(D. n° 2010-148, 16 févr. 2010).* – Lorsqu'il est soulevé pour la première fois en cause d'appel, le moyen tiré de ce qu'une disposition législative porte atteinte aux droits et libertés garantis par la Constitution est présenté dans un écrit distinct et motivé.

Lorsque la décision ayant refusé de transmettre la question prioritaire de constitutionnalité est contestée à l'occasion d'un recours contre la décision ayant statué sur la demande au cours de la procédure, le moyen tiré de ce qu'une disposition législative porte atteinte aux droits et libertés garantis par la Constitution est également présenté dans un écrit distinct et motivé.

CHAPITRE II. – DISPOSITIONS APPLICABLES DEVANT LA COUR DE CASSATION

Art. R.* 49-30 *(D. n° 2010-148, 16 févr. 2010).* – Les parties disposent d'un délai d'un mois à compter de la décision de transmission de la question de constitutionnalité à la Cour de cassation pour faire connaître leurs éventuelles observations devant la Cour. Elles sont signées par un avocat au Conseil d'État et à la Cour de cassation, conformément aux règles prévues par l'article 585, sauf lorsqu'elles émanent de la personne condamnée, de la partie civile en matière d'infraction à la loi sur la presse ou du demandeur en cassation lorsque la chambre criminelle est saisie d'un pourvoi en application des articles 567-2, 574-1 et 574-2.

Art. R.* 49-31 *(Rempl., D. n° 2010-1216, 15 oct. 2010).* – Lorsque la question prioritaire de constitutionnalité est soulevée à l'occasion d'un pourvoi, le mémoire distinct prévu à l'article 23-5 de l'ordonnance n° 58-1067 du 7 novembre 1958 porte la mention : « question prioritaire de constitutionnalité ».

Les autres parties au pourvoi disposent d'un délai d'un mois pour remettre un mémoire en réponse sur la question prioritaire de constitutionnalité. Celui-ci est établi, remis et communiqué suivant les règles régissant le pourvoi.

Art. R.* 49-32 *(Mod., D. n° 2010-1216, 15 oct. 2010).* – Le président de la formation à laquelle l'affaire est distribuée ou son délégué, à la demande d'une des parties ou d'office, peut, en cas d'urgence, réduire le délai prévu aux articles R.* 49-30 et R.* 49-31.

Il fixe la date de l'audience au cours de laquelle sera examinée la question prioritaire de constitutionnalité.

Le procureur général en est avisé pour lui permettre de faire connaître son avis.

Art. R.* 49-33 *(D. n° 2010-1216, 15 oct. 2010).* – La Cour de cassation n'est pas tenue de renvoyer au Conseil constitutionnel une question prioritaire de constitutionnalité mettant en cause, par les mêmes motifs, une disposition législative dont le Conseil constitutionnel est déjà saisi. En cas d'absence de transmission pour cette raison, elle diffère sa décision jusqu'à l'intervention de la décision du Conseil constitutionnel.

Art. R.* 49-34 *(Mod., D. n° 2010-1216, 15 oct. 2010).* – Le greffe notifie aux parties la décision prise par le président de la formation ou son délégué en application du premier alinéa de l'article R.* 49-32, ainsi que la date de l'audience.

TITRE II À TITRE IX

Néant.

TITRE X. – DE L'ENTRAIDE JUDICIAIRE INTERNATIONALE

(D. n° 2012-456, 5 avr. 2012)

CHAPITRE UNIQUE. – DISPOSITIONS PROPRES À L'ENTRAIDE ENTRE LA FRANCE ET LES AUTRES ÉTATS MEMBRES DE L'UNION EUROPÉENNE

Section I. – De l'échange simplifié d'informations entre services en application de la décision-cadre du Conseil de l'Union européenne du 18 décembre 2006

Sous-section 1. – Dispositions applicables aux demandes d'informations émises par les services français

Art. R. 49-35 *(D. n° 2012-456, 5 avr. 2012)*. – La demande de transmission établie, en application de l'article 695-9-33, par les services ou unités mentionnés à l'article 695-9-31, comporte les informations énumérées dans le modèle figurant à l'annexe B de la décision-cadre 2006/960/JAI du 18 décembre 2006 et précisant, notamment :

1° Le délai attendu pour la transmission des informations et, le cas échéant, les motifs du traitement d'urgence demandé ;

2° Les circonstances de la commission de l'infraction ;

3° La nature de l'infraction ;

4° Les fins auxquelles les informations sont demandées ;

5° Le lien entre ces fins et la personne à laquelle ces informations se rapportent ;

6° L'identité de la personne ou des personnes faisant l'objet des investigations justifiant la demande d'informations ;

7° Les raisons laissant supposer que les informations sont détenues par les services de l'État requis ;

8° Les restrictions concernant l'utilisation des informations.

Art. R. 49-36 *(D. n° 2012-456, 5 avr. 2012)*. – Lorsque, d'une part, la demande d'informations se rapporte à une infraction entrant dans l'une des catégories énumérées à l'article 695-23 et punie en France d'une peine privative de liberté d'une durée égale ou supérieure à trois ans d'emprisonnement et que, d'autre part, les informations sollicitées sont directement accessibles dans un traitement automatisé de données, les services et unités mentionnés à l'article 685-9-31 peuvent demander au service compétent de l'État requis qu'elles leur soient transmises, en cas d'urgence, dans un délai maximum de huit heures et, en l'absence d'urgence, dans un délai maximum de sept jours.

Dans les autres cas, les services compétents de l'État requis peuvent être invités à transmettre les informations demandées dans un délai maximum de quatorze jours.

Sous-section 2. – Dispositions applicables aux demandes d'informations reçues par les services français

Art. R. 49-37 *(D. n° 2012-456, 5 avr. 2012)*. – Sous réserve des dispositions de l'article R. 49-38, lorsque la demande d'informations émanant d'un service compétent de l'un des États membres de l'Union européenne ou de l'un des États non membres mentionnés à l'article 695-9-48 entre dans les prévisions du premier alinéa de l'article R. 49-36, les services et unités mentionnés à l'article 695-9-31 y répondent, en cas d'urgence, dans un délai maximum de huit heures et, en l'absence d'urgence, dans un délai de sept jours.

Dans les autres cas, la réponse est adressée au service compétent de l'État requérant dans un délai maximum de quatorze jours.

Art. R. 49-38 *(D. n° 2012-456, 5 avr. 2012)*. – Les services et unités mentionnés à l'article 695-9-31 peuvent reporter leur réponse s'ils ne sont pas en mesure de transmettre les informations demandées dans le délai qui leur est imparti en application de l'article R. 49-37. Ils indiquent les raisons de ce report au service compétent de l'État requérant au moyen d'un formulaire établi conformément à l'annexe A de la décision-cadre 2006/960/JAI du 18 décembre 2006.

Lorsque les services et unités sollicités reportent leur réponse au motif que le respect du délai de huit heures prévu par le premier alinéa de l'article R. 49-37 leur imposerait une charge disproportionnée, ils en informent immédiatement le service compétent de l'État requérant et lui transmettent les informations demandées au plus tard dans un délai de trois jours.

Art. R. 49-39 *(D. n° 2012-456, 5 avr. 2012)*. – Lorsqu'ils ne sont pas en mesure de répondre à une demande d'informations ou lorsqu'ils refusent de répondre à une telle demande pour l'un des motifs prévus aux articles 695-9-39 à 695-9-42, les services et unités mentionnés à l'article R. 695-9-31 en informent le service compétent de l'État requérant.

Dans le cas prévu par l'article 695-9-44, ils informent le service compétent de l'État requérant des motifs pour lesquels, le cas échéant, ils s'opposent à la retransmission ou à la nouvelle utilisation de l'information.

Section II. – De l'échange d'informations entre les autorités compétentes de différents États membres en application de la directive 2019/1153 du 20 juin 2019

Art. R. 49-40 *(Créé, D. n° 2021-1112, 23 août 2021)*. – Lorsque, en application des dispositions des articles 694-14 à 695-9-57, les services et unités mentionnés à l'article 695-9-31 transmettent des informations obtenues du service mentionné à l'article L. 561-23 du Code monétaire et financier aux services compétents des autres États membres de l'Union, ils recourent à des moyens de communication électroniques sécurisés spécifiques garantissant un niveau élevé de sécurité des données.

Art. R. 49-41 *(Créé, D. n° 2021-1112, 23 août 2021)*. – Lorsqu'ils répondent aux demandes d'information mentionnées à l'article 695-9-47-1, les personnes mentionnées au même article recourent à des moyens de communication électronique sécurisés précisés par arrêté conjoint du ministre chargé de l'économie et du ministre de l'intérieur.

Art. R. 49-42 *(Créé, D. n° 2021-1112, 23 août 2021)*. – Le procureur de la République, le juge d'instruction et les officiers ou agents de police judiciaire mentionnés aux articles 60-1,77-1-1 et 99-3 tiennent des registres permettant d'assurer la traçabilité des demandes reçues des autorités homologues étrangères et d'Europol et portant sur la communication d'informations émanant du service mentionné à l'article L. 561 23 du Code monétaire et financier ou de déclarations mentionnées à l'article 1649 A du Code général des impôts.

Les registres sont conservés pendant cinq ans après leur création.

TITRE XI ET TITRE XII

Néant.

TITRE XIII. – DE LA POURSUITE, DE L'INSTRUCTION ET DU JUGEMENT DES INFRACTIONS EN MATIÈRE ÉCONOMIQUE ET FINANCIÈRE

(D. n° 99-75, 5 févr. 1999)

Art. R. 50 *bis*. – Les assistants spécialisés prévus à l'article 706 sont nommés pour une durée de trois ans renouvelable.

Les fonctions d'assistant spécialisé sont exclusives de toute autre activité professionnelle rémunérée, à l'exception de l'enseignement.

Art. R. 50 *ter*. – Les personnes non fonctionnaires remplissant les conditions prévues au premier alinéa de l'article 706 sont recrutées en qualité d'agent contractuel. Le décret n° 86-83 du 17 janvier 1986 relatif aux dispositions générales applicables aux agents non titulaires de l'État leur est applicable.

Leur contrat comporte une période d'essai de trois mois.

Art. R. 50 *quater*. – L'arrêté de mise à disposition ou de détachement des fonctionnaires, ou le contrat des agents contractuels, précise la cour d'appel dans le ressort de laquelle l'assistant spécialisé exerce ses fonctions à titre principal.

Il peut prévoir que l'assistant spécialisé exercera également ses fonctions à titre accessoire dans le ressort d'autres cours d'appel.

Art. R. 50 *quinquies* *(Mod., D. n° 2014-64, 29 janv. 2014 ; D. n° 2021-1045, 4 août 2021).* – Sous réserve des règles relatives à la mise à disposition et au détachement des fonctionnaires, l'assistant spécialisé relève de l'autorité des chefs de la cour d'appel visée à l'alinéa premier de l'article précédent.

Il est placé par ceux-ci, le cas échéant, pour une période qu'ils déterminent, auprès des chefs d'un ou de plusieurs tribunaux judiciaires visés aux articles 52-1, 704, 705 ou 705-1, qui fixent les conditions d'exercice de ses fonctions.

Dans l'exercice desdites fonctions, l'assistant spécialisé ne peut recevoir ni solliciter d'autres instructions que celles du ou des magistrats sous la direction desquels il est placé.

Art. R. 50 *sexies*. – Préalablement à l'exercice de son activité, l'assistant spécialisé prête serment en ces termes devant la cour d'appel visée à l'alinéa premier de l'article R. 50 *quater* : « Je jure de conserver le secret des informations sur les affaires judiciaires ainsi que sur les actes du parquet et des juridictions d'instruction et de jugement, dont j'aurai eu connaissance à l'occasion de mes travaux au sein des juridictions ».

Il ne peut en aucun cas être relevé de ce serment.

TITRE XIV. – DU RECOURS EN INDEMNITÉ OUVERT À CERTAINES VICTIMES DE DOMMAGES RÉSULTANT D'UNE INFRACTION

(D. n° 77-194, 3 mars 1977 ; intitulé mod., D. n° 83-1156, 23 déc. 1983)

Art. R. 50-1 *(Rempl., D. n° 2008-522, 2 juin 2008).* – Les règles relatives à la composition, au siège, au ressort et à la compétence territoriale de la commission d'indemnisation des victimes d'infractions prévue par l'article 706-4 sont fixées par le Code de l'organisation judiciaire.

Art. R. 50-2 à R. 50-6 *(Abr. et recodifiés, D. n° 2008-522, 2 juin 2008. – V. COJ, art. R. 214-3 à R. 214-6).*

Art. R. 50-7 *(Mod., D. n° 91-1266, 19 déc. 1991).* – L'admission au bénéfice de l'aide juridictionnelle devant la commission peut être accordée par le bureau établi près le tribunal judiciaire.

La demande d'aide juridictionnelle interrompt les délais prévus aux articles 706-5 et 706-8.

Art. R. 50-8 *(D. n° 77-194, 3 mars 1977).* – La commission est saisie par une requête signée de la personne lésée, de son représentant légal ou de son conseil et remise, ou adressée par lettre recommandée, au secrétaire de la commission qui en délivre récépissé.

Art. R. 50-9 *(Rempl., D. n° 90-1211, 21 déc. 1990).* – La requête contient tous renseignements utiles à l'instruction de la demande d'indemnité et notamment l'indication :

1° Des nom, prénoms, date et lieu de naissance et demeure du demandeur ;

2° De la date, du lieu et des circonstances de l'infraction génératrice du dommage ;

3° Des atteintes à la personne du demandeur ou des dommages causés à ses biens ;

4° De la juridiction pénale éventuellement saisie de l'infraction ;

5° Des liens de parenté ou relations de droit ou de fait existant entre le demandeur et celui qui a personnellement souffert du dommage s'il ne s'agit pas de la même personne ;

6° Le cas échéant, des organismes publics ou privés dont relève le demandeur ou auprès desquels il est assuré et qui sont susceptibles de l'indemniser de tout ou partie du préjudice subi ;

7° Des demandes de réparation ou d'indemnité déjà présentées et, en particulier, des actions en dommages-intérêts qui ont été engagées ainsi que des sommes qui ont déjà été versées au demandeur en réparation du préjudice ;

8° Du montant de l'indemnité réclamée devant la commission ;

9° De l'adresse à laquelle les notifications doivent être faites au demandeur.

La requête est accompagnée de toutes pièces justificatives, notamment d'une copie du certificat médical initial et, le cas échéant, de toutes pièces attestant la consolidation, ainsi que de tout document permettant d'apprécier la perte ou la diminution des revenus, l'accroissement des charges ou l'inaptitude à exercer une activité professionnelle qui sont la conséquence du dommage.

Art. R. 50-10 *(Rempl., D. n° 90-1211, 21 déc. 1990)*. – Lorsque la demande d'indemnité est fondée sur l'article 706-14, la requête contient en outre :

1° L'indication du montant des ressources du demandeur avec les justifications utiles, notamment une copie de la déclaration de ses revenus de l'année précédant l'infraction et de l'année précédant celle où la commission est saisie ou, s'il n'est pas imposable, un certificat de non-imposition et, le cas échéant, la liste de ses biens immobiliers ;

2° Les éléments desquels résulte l'impossibilité d'obtenir auprès des organismes publics ou privés dont relève le demandeur ou de toute autre personne morale ou physique la réparation effective et suffisante de son préjudice ;

3° La description de la situation matérielle grave dans laquelle il se trouve de ce fait.

Art. R. 50-11 *(D. n° 77-194, 3 mars 1977)*. – S'il s'agit d'une requête en complément d'indemnité fondée sur l'article 706-8, elle doit être accompagnée d'une expédition de la décision, passée en force de chose jugée, qui a statué sur les intérêts civils.

Art. R. 50-12 *(Rempl., D. n° 90-1211, 21 déc. 1990)*. – Le secrétaire de la commission transmet sans délai copie de la requête et des pièces annexes au procureur de la République près le tribunal judiciaire et, par lettre simple, au fonds de garantie des victimes des actes de terrorisme et d'autres infractions.

Art. R. 50-12-1 *(D. n° 2005-564, 27 mai 2005)*. – L'offre d'indemnisation faite à la victime en application de l'article 706-5-1 indique l'évaluation retenue par le fonds de garantie pour chaque chef de préjudice et le montant des indemnités qui reviennent à la victime compte tenu des prestations énumérées à l'article 29 de la loi n 85-677 du 5 juillet 1985 et des indemnités de toute nature reçues ou à recevoir d'autres débiteurs du chef du même préjudice. Elle est accompagnée, le cas échéant, de la copie des décomptes produits par les personnes ou organismes débiteurs de ces prestations ou indemnités.

Art. R. 50-12-2 *(Mod., D. n° 2020-1452, 27 nov. 2020)*. – Le président de la commission est saisi par le fonds d'une requête aux fins d'homologation du constat d'accord. En cas d'homologation, il est conféré force exécutoire au constat. La décision est notifiée sans délai par lettre recommandée avec demande d'avis de réception au demandeur et par lettre simple au fonds.

Si la victime ne répond pas à l'offre d'indemnisation, son silence est regardé à l'expiration d'un délai de deux mois à compter de sa présentation comme valant désaccord. L'offre mentionne les conséquences attachées au silence de la victime.

Art. R. 50-13 *(Mod., D. n° 83-1156, 23 déc. 1983)*. – Le président de la commission ou le magistrat assesseur instruit l'affaire ; il peut procéder ou faire procéder à toutes auditions et investigations utiles.

Toutefois, lorsqu'il est manifeste au vu des énonciations de la requête ou des pièces annexes que le demandeur ne remplit pas une des conditions prévues à l'article 706-3, il est procédé immédiatement comme il est dit aux articles R. 50-17 et suivants.

Art. R. 50-14 *(Mod., D. n° 90-1211, 21 déc. 1990)*. – Le demandeur ainsi que le fonds de garantie peuvent prendre connaissance du dossier au secrétariat de la commission et adresser toutes observations qu'ils estiment utiles à l'instruction de la demande d'indemnité.

Le requérant et le fonds de garantie peuvent se faire délivrer, à leurs frais, par le secrétariat, copie des pièces du dossier. S'il s'agit de procès-verbaux constatant l'infraction ou de pièces de la procédure pénale, la délivrance ou l'envoi des copies est subordonné à l'autorisation du ministère public.

Art. R. 50-15 *(Rempl., D. n° 90-1211, 21 déc. 1990)*. – Lorsque le demandeur sollicite l'attribution d'une provision, le président de la commission communique sans délai la requête au procureur de la République et au fonds de garantie et recueille leurs observations. Le président statue dans le délai d'un mois à compter de la demande par une ordonnance portée à la connaissance du procureur de la République. Il est procédé comme il est dit à l'article R. 50-22.

Art. R. 50-16 *(D. n° 77-194, 3 mars 1977)*. – Lorsque l'affaire est instruite, le président de la commission fixe la date de l'audience.

Art. R. 50-17 *(Mod., D. n° 2020-1452, 27 nov. 2020)*. – Le secrétaire de la commission convoque au moins deux mois à l'avance le demandeur et le fonds de garantie à l'audience qui a été fixée. Cette convocation est faite par lettre recommandée avec demande d'avis de réception au demandeur et par lettre simple au fonds de garantie.

Les parties sont informées dans la convocation que leurs observations doivent être adressées à la commission au plus tard quinze jours avant la date de l'audience mais qu'elles peuvent consulter le dossier au secrétariat jusqu'au jour de celle-ci.

Art. R. 50-18 *(Mod., D. n° 83-1156, 23 déc. 1983)*. – Le procureur de la République est informé de la date de l'audience et dépose ses conclusions quinze jours au moins avant cette date.

Art. R. 50-19 *(Mod., D. n° 90-1211, 21 déc. 1990)*. – À l'audience, le magistrat qui a procédé à l'instruction de l'affaire fait son rapport ; le demandeur et le fonds de garantie, s'ils sont présents ou représentés, sont ensuite entendus.

Le procureur de la République développe ses conclusions.

Art. R. 50-20 *(Mod., D. n° 2020-1452, 27 nov. 2020)*. – À l'audience, la commission, lorsqu'elle estime qu'il y a lieu de renvoyer l'affaire à une autre audience, fixe immédiatement la date de celle-ci. Lorsque les parties ne sont ni présentes ni représentées, celles-ci sont informées de ce renvoi par lettre recommandée avec demande d'avis de réception, à l'exception du fonds de garantie qui est informé par lettre simple.

Art. R. 50-21 *(D. n° 77-194, 3 mars 1977)*. – Si la requête est rejetée, le demandeur est condamné aux dépens, à moins que la commission ne l'en décharge en partie ou en totalité.

Art. R. 50-22 *(Rempl., D. n° 90-1211, 21 déc. 1990)*. – La décision de la commission est notifiée sans délai, par lettre recommandée avec demande d'avis de réception, au demandeur et au fonds de garantie.

Art. R. 50-23 *(Mod., D. n° 2002-801, 3 mai 2002)*. – Les décisions de la commission et du président de la commission ne peuvent être frappées d'opposition. Elles peuvent être frappées d'appel quel que soit le montant de la demande.

Art. R. 50-24 *(Mod., D. n° 2005-564, 27 mai 2005)*. – Les sommes allouées à la victime en application des articles 706-3 à 706-14 sont versées par le fonds de garantie dans le délai d'un mois à compter de la notification de la décision de la commission ou de l'homologation du constat d'accord ; avis du paiement est donné sans délai au président de la commission.

Art. R. 50-25 *(Rempl., D. n° 90-1211, 21 déc. 1990)*. – Lorsque le fonds de garantie demande, en application de l'article 706-10, le remboursement total ou partiel de l'indemnité qu'il a versée, il saisit par simple requête la commission qui se prononce, les parties entendues ou appelées, dans les conditions prévues aux articles R. 50-17 et suivants.

Art. R. 50-26 *(Mod., D. n° 90-1211, 21 déc. 1990)*. – Lorsque, postérieurement à l'attribution d'une provision ou d'une indemnité par une commission, des poursuites pénales sont engagées contre l'auteur présumé de l'infraction, le ministère public de la juridiction répressive saisie en informe le fonds de garantie.

Art. R. 50-27 *(Mod., D. n° 90-1211, 21 déc. 1990).* – La déclaration de la victime ou de ses ayants droit faite par application des dispositions de l'article 706-12 est communiquée par le greffier en chef ou le secrétaire-greffier de la juridiction saisie dans le délai de quinze jours, par lettre recommandée avec demande d'avis de réception. Cette communication est accompagnée des renseignements nécessaires à l'exercice de l'action prévue à l'article 706-11. La date de l'audience au cours de laquelle il sera statué sur les intérêts civils est notifiée au moins un mois à l'avance par le greffier en chef ou le secrétaire-greffier au fonds de garantie par lettre recommandée avec demande d'avis de réception. En cas de déclaration tardive, l'affaire doit être renvoyée à une audience ultérieure dont le fonds de garantie est informé dans le délai ci-dessus indiqué.

Art. R. 50-28 *(Mod., D. n° 2005-564, 27 mai 2005).* – Les dispositions des articles 643 à 647 du nouveau Code de procédure civile s'appliquent aux délais d'un mois et de deux mois prévus aux articles R. 50-15, R. 50-12-2 et R. 50-17.

TITRE XV. – DE LA POURSUITE, DE L'INSTRUCTION ET DU JUGEMENT DES ACTES DE TERRORISME

(D. n° 2007-1388, 26 sept. 2007)

CHAPITRE Ier. – DE LA PROTECTION DES ENQUÊTEURS

(Chap. créée à compter du 1er juillet 2017, D. n° 2015-1840, 29 déc. 2015)

Art. R. 50-29 *(D. n° 2007-1388, 26 sept. 2007).* – Pour l'application de l'article 706-24, il est tenu, au parquet général de la cour d'appel de Paris, un registre coté et paraphé dans lequel sont mentionnées les autorisations de s'identifier par leur numéro d'immatriculation administrative délivrées par le procureur général de Paris à des officiers ou agents de police judiciaire affectés dans des services de police judiciaire spécialement chargés de la lutte contre le terrorisme et auquel sont annexées les copies de ces autorisations.

Les numéros d'immatriculation administrative sont donnés par le chef du service. Ils peuvent être différents pour chaque procédure à laquelle participent les officiers ou agents de police judiciaire. Ces numéros sont mentionnés, pour chaque procédure, dans un registre coté et paraphé détenu par le service, registre auquel sont annexées les autorisations. Les autorisations sont valables pendant toute la durée de l'affectation des officiers ou agents de police judiciaire dans le service.

Ces officiers et agents peuvent ne pas signer de leur signature habituelle les procès-verbaux qu'ils établissent, en recourant à une signature reproduisant, le cas échéant, tout ou partie du numéro d'immatriculation et dont ils ont apposé un exemplaire dans le registre prévu au deuxième alinéa du présent article.

CHAPITRE II. – DU FICHIER JUDICIAIRE NATIONAL AUTOMATISÉ DES AUTEURS D'INFRACTIONS TERRORISTES

(Chap. créé à compter du 1er juillet 2017, D. n° 2015-1840, 29 déc. 2015)

Art. R. 50-30 *(Créé à compter du 1er juillet 2017, D. n° 2015-1840, 29 déc. 2015).* – Le fichier judiciaire national automatisé des auteurs d'infractions terroristes est tenu sous le contrôle du magistrat dirigeant le service du casier judiciaire national, qui veille au respect des dispositions du présent chapitre.

Section I. – Inscription dans le fichier

Art. R. 50-31 *(Créé à compter du 1er juillet 2017, D. n° 2015-1840, 29 déc. 2015).* – L'enregistrement dans le fichier des données à caractère personnel prévues aux 1° à 3° de l'article 706-25-4 est réalisé par le procureur de la République.

L'enregistrement des données à caractère personnel prévues au 5° de l'article 706-25-4 est réalisé par le juge d'instruction ou son greffier.

L'enregistrement des données à caractère personnel prévues au 4° de l'article 706-25-4 est réalisé par le procureur de la République de Paris, après transmission par le service gestionnaire du fichier des avis adressés aux autorités françaises, ou par le procureur de la République du lieu de détention où sont exécutées les peines à la suite des transfèrements des personnes condamnées.

Art. R. 50-32 *(Créé à compter du 1er juillet 2017, D. n° 2015-1840, 29 déc. 2015).* – La vérification de l'identité des personnes inscrites au fichier prévu par le premier alinéa de l'article 706-25-5 est effectuée, lorsqu'elle est possible, au vu des informations communiquées au service du casier judiciaire conformément aux dispositions de l'article R. 64.

Art. R. 50-33 *(Créé à compter du 1er juillet 2017, D. n° 2015-1840, 29 déc. 2015).* – Le procureur de la République informe sans délai le gestionnaire du fichier des décisions de relaxe ou d'acquittement intervenues dans les procédures ayant donné lieu à enregistrement au fichier une fois acquis leur caractère définitif.

Le juge d'instruction ou son greffier, enregistre les décisions de non-lieu, ou de retrait dans les procédures ayant donné lieu à enregistrement au fichier.

Art. R. 50-34 *(Créé à compter du 1er juillet 2017, D. n° 2015-1840, 29 déc. 2015).* – L'agent du greffe pénitentiaire habilité enregistre sans délai dans le fichier la date de mise sous écrou et de libération, l'adresse du domicile déclaré par la personne libérée, si elle est différente du dernier domicile enregistré et la date de la notification à laquelle il a été procédé.

Art. R. 50-35 *(Créé à compter du 1er juillet 2017, D. n° 2015-1840, 29 déc. 2015).* – Les agents des services de police ou des unités de gendarmerie habilités et les agents habilités des services du ministère des affaires étrangères et du développement international enregistrent dans le fichier les justifications d'adresse ou de changement d'adresse, et les déplacements transfrontaliers dont ils ont eu connaissance en application des dispositions de l'article 706-25-5.

Art. R. 50-36 *(Créé à compter du 1er juillet 2017, D. n° 2015-1840, 29 déc. 2015).* – Pour chaque personne faisant l'objet d'une inscription au fichier, sont enregistrées les données à caractère personnel suivantes :

1° Informations relatives à la personne elle-même :

a) Nom, prénom, sexe, date et lieu de naissance de la personne, la ou les nationalités, ainsi que, le cas échéant, alias, changement de nom et nom d'usage ; sont également enregistrées les informations relatives à la filiation de la personne, si cette personne ne figure pas au répertoire national d'identification des personnes physiques, ces informations ne pouvant toutefois constituer un critère de recherche ;

b) Adresses successives du domicile, ainsi que, le cas échéant, les dates correspondantes ;

c) Le ou les déplacements transfrontaliers de la personne, la destination et l'adresse déclarée ainsi que, le cas échéant, les dates correspondantes ;

2° Informations relatives à la ou aux décisions ayant donné lieu à l'enregistrement :

a) Nature et date de la décision ;

b) Juridiction ayant prononcé la décision ;

c) Peines principales ou complémentaires ou mesures prononcées ;

d) Nature de l'infraction ou des infractions pour lesquelles la personne est poursuivie ou condamnée ;

e) Lieu des faits ;

f) Date des faits ;

g) Date de notification des obligations prévues par l'article 706-25-8 et l'article 19-II de la loi n° 2015-912 du 24 juillet 2015 ;

h) Le cas échéant, dates de mise sous écrou et de libération ;

3° Informations diverses :

a) Dates de justification d'adresse ;

b) Périodicité et modalité de l'obligation de justification si elle existe ;

c) Décisions prises en application de l'article 706-25-12 et de l'article 19-II de la loi n° 2015-912 du 24 juillet 2015 ;

d) Date et motif de l'inscription au fichier des personnes recherchées.

Art. R. 50-37 *(Créé à compter du 1er juillet 2017, D. n° 2015-1840, 29 déc. 2015).* – Le gestionnaire du fichier contrôle la validité des informations enregistrées et, selon le cas, refuse ou efface les enregistrements qui ne respectent pas les exigences légales.

Section II. – Information de la personne inscrite dans le fichier

Art. R. 50-38 *(Créé à compter du 1er juillet 2017, D. n° 2015-1840, 29 déc. 2015 ; D. n° 2021-682, 27 mai 2021).* – L'information des personnes condamnées est faite conformément aux dispositions du présent article.

Lorsque la personne est présente à l'audience, l'information relative à son inscription dans le fichier et la notification de ses obligations, sont faites par le président de la juridiction ou le greffier ou l'agent du greffe qu'il désigne. Toutefois, il n'est pas procédé lors de l'audience à la notification de ses obligations à la personne si celle-ci est placée ou maintenue en détention en application de la condamnation justifiant son inscription au fichier.

À défaut, la notification est faite par le procureur de la République, ou par un agent placé sous son autorité ou un délégué du procureur de la République désignés par lui, par lettre recommandée avec demande d'avis de réception. S'il apparaît que l'adresse de la personne est inconnue, le procureur de la République fait inscrire cette personne au fichier des personnes recherchées.

Lorsqu'il résulte de la consultation du fichier effectuée par l'agent du greffe habilité par le chef de l'établissement pénitentiaire conformément au 4° de l'article 706-25-9, que la personne incarcérée n'a pas fait l'objet de l'information mentionnée à l'article 706-25-8, cette information lui est donnée par le greffe de l'établissement pénitentiaire, sur instruction du procureur de la République, soit au moment de sa libération définitive ou préalablement à la première mesure d'aménagement de sa peine entraînant la sortie de l'établissement pénitentiaire, autre qu'une permission de sortir, si elle exécute une peine privative de liberté en application de la condamnation ayant entraîné son inscription au fichier, soit immédiatement, si elle est détenue pour une autre cause.

Dans tous les cas, il lui est remis contre récépissé ou adressé un document récapitulant ses obligations et précisant les conditions selon lesquelles il doit y être satisfait conformément aux dispositions de la section 3. Ce document informe la personne inscrite dans le fichier que les administrations de l'État mentionnées à l'article R. 50-52 peuvent directement interroger le fichier en application du 3° de l'article 706-25-9. Le modèle de ce document est établi par le ministre de la Justice.

Si la personne est un majeur protégé, le procureur de la République avise de la notification faite en application du présent article son représentant légal.

Art. R. 50-39 *(Créé à compter du 1er juillet 2017, D. n° 2015-1840, 29 déc. 2015).* – Dans les cas prévus par le 3° de l'article 706-25-4, la notification est faite par le procureur de la République selon les modalités décrites au troisième alinéa de l'article R. 50-38.

Art. R. 50-40 *(Créé à compter du 1er juillet 2017, D. n° 2015-1840, 29 déc. 2015).* – Dans le cas d'un enregistrement au fichier prévu par le 5° de l'article 706-25-4, l'information de la personne et la remise du document prévu à l'article R. 50-38 sont faites par le juge d'instruction qui ordonne l'inscription au fichier.

Art. R. 50-41 *(Créé à compter du 1er juillet 2017, D. n° 2015-1840, 29 déc. 2015).* – Dans les cas prévus par le 4° de l'article 706-25-4, l'information de la personne et la remise du document prévu par l'article R. 50-38 sont faites, dans les conditions fixées par les troisième et quatrième alinéas de cet article, soit par le greffe de l'établissement pénitentiaire si la personne est détenue en France, soit par le procureur de la République de Paris.

S'il apparaît que l'adresse de la personne est inconnue, le procureur de la République fait inscrire cette personne au fichier des personnes recherchées.

Art. R. 50-42 *(Créé à compter du 1er juillet 2017, D. n° 2015-1840, 29 déc. 2015).* – L'administration pénitentiaire informe sans délai le procureur de la République du lieu de condamnation de la notification des obligations à laquelle elle a procédé conformément au quatrième alinéa de l'article R. 50-38.

Si la personne a été condamnée à l'étranger, l'administration pénitentiaire informe le procureur de la République compétent en application de l'article R. 50-31.

Section III. – Obligations incombant à la personne inscrite dans le fichier

Art. R. 50-43 *(Créé à compter du 1er juillet 2017, D. n° 2015-1840, 29 déc. 2015).* – Le procureur de la République qui inscrit la personne au fichier en application des 1° à 4° de l'article 706-25-4, ou le juge d'instruction en application du 5° de l'article 706-25-4, procède dans le même temps à son inscription au fichier des personnes recherchées en application du onzième alinéa de l'article 706-25-7.

Art. R. 50-44 *(Créé à compter du 1er juillet 2017, D. n° 2015-1840, 29 déc. 2015).* – La justification et la déclaration de changement d'adresse prévues par l'article 706-25-7 se font au moyen de tout document de moins de trois mois au nom de l'intéressé établissant la réalité de son domicile, notamment d'une quittance ou d'une facture. Si le justificatif produit se rapporte au domicile d'un tiers, il doit être accompagné d'une attestation d'hébergement établie et signée par celui-ci, ainsi que d'une copie de tout document d'identité en cours de validité du signataire de l'attestation.

La déclaration préalable de déplacement prévue aux 3° et 4° de l'article 706-25-7 précise les dates, la destination du déplacement envisagé et l'adresse où se trouvera la personne pendant ce déplacement.

Art. R. 50-45 *(Créé à compter du 1er juillet 2017, D. n° 2015-1840, 29 déc. 2015).* – Pour l'application des 1° et 2° de l'article 706-25-7, concernant les personnes résidant en France, le justificatif visé à l'article R. 50-44 est remis en personne au commissariat de police ou à la brigade territoriale de gendarmerie dont dépend le domicile de l'intéressé.

Pour l'application des 1° et 2° de l'article 706-25-7, si l'intéressé de nationalité française réside à l'étranger, le justificatif visé à l'article R. 50-44 est remis en personne au consulat de France ou à la section consulaire de l'ambassade de France la plus proche de son domicile.

Si l'intéressé de nationalité étrangère réside à l'étranger, le justificatif visé à l'article R. 50-44 doit être transmis par la voie postale, avec demande d'avis de réception, au gestionnaire du fichier. Dans cette dernière hypothèse, les documents justificatifs doivent être accompagnés ou revêtus d'un visa émanant soit des autorités étrangères soit des postes diplomatiques ou consulaires.

Dans tous les cas, l'obligation de justification doit s'exécuter une première fois dans les quinze jours suivant la date à laquelle la notification des obligations a été faite puis tous les trois mois à compter de cette même date. La personne doit alors justifier de son adresse au plus tard dans les quinze jours suivant l'expiration de ce délai de trois mois.

Cette obligation ne dispense pas la personne de déclarer et de justifier de ses éventuels changements d'adresse dans un délai de quinze jours après un changement.

Pour l'application du 3° de l'article 706-25-7, l'intéressé doit effectuer en personne, au commissariat de police ou à la brigade territoriale de gendarmerie dont dépend son domicile, la déclaration préalable au moins quinze jours avant le déplacement envisagé.

Pour l'application du 4° de l'article 706-25-7, si l'intéressé de nationalité française réside à l'étranger, il doit effectuer en personne au consulat de France ou à la section consulaire de l'ambassade de France la plus proche de son domicile, la déclaration préalable au moins quinze jours avant le déplacement envisagé.

Si l'intéressé de nationalité étrangère réside à l'étranger, il doit effectuer la déclaration préalable au moins quinze jours avant le déplacement par lettre recommandée avec demande d'avis de réception auprès du gestionnaire du fichier.

Art. R. 50-46 *(Créé à compter du 1er juillet 2017, D. n° 2015-1840, 29 déc. 2015).* – À défaut de présentation des justificatifs et déclarations dans les délais et conditions définis à l'article R. 50-45, le service gestionnaire du fichier adresse au ministère de l'intérieur l'avis prévu par les articles 706-25-10 et R. 50-54.

À la suite de l'enregistrement de la déclaration de tout déplacement transfrontalier, le service gestionnaire du fichier adresse au ministère de l'intérieur l'avis prévu par les articles 706-25-10 et R. 50-54.

Le procureur de la République compétent pour la poursuite des violations des obligations de l'article 706-25-7 est celui compétent en application des articles 706-17 et suivants.

Art. R. 50-47 *(Créé à compter du 1er juillet 2017, D. n° 2015-1840, 29 déc. 2015).* – Lorsque la personne exécute une peine privative de liberté en application de la condamnation ayant entraîné son inscription au fichier, son obligation de justification d'adresse et de déclaration de changement d'adresse ne s'impose qu'à compter de sa libération définitive ou de la date d'exécution d'une mesure d'aménagement de sa peine entraînant la sortie de l'établissement pénitentiaire, autre qu'une permission de sortir.

Art. R. 50-48 *(Créé à compter du 1er juillet 2017, D. n° 2015-1840, 29 déc. 2015).* – Lorsque la personne se trouve dans un établissement public ou privé dans lequel elle est placée ou retenue en application d'une décision judiciaire ou administrative, la justification d'adresse peut consister en une attestation délivrée par le responsable de cet établissement et adressée par lui à l'autorité compétente.

Cette attestation est adressée au commissariat de police ou à la brigade territoriale dont dépend le domicile de l'intéressé si celui-ci réside en France.

Si l'intéressé de nationalité française réside à l'étranger, cette attestation est adressée au consulat de France ou à la section consulaire de l'ambassade de France le plus proche de son domicile.

Si l'intéressé de nationalité étrangère réside à l'étranger ou que son domicile n'est pas connu, cette attestation est adressée au service gestionnaire du fichier.

Art. R. 50-49 *(Créé à compter du 1er juillet 2017, D. n° 2015-1840, 29 déc. 2015).* – Lorsque l'intéressé est mineur, la justification d'adresse ou la déclaration de changement d'adresse est effectuée par ses représentants légaux ou les personnes auxquelles sa garde a été confiée selon les modalités décrites dans les articles de la présente section.

Art. R. 50-50 *(Créé à compter du 1er juillet 2017, D. n° 2015-1840, 29 déc. 2015).* – L'intéressé, de nationalité française et résidant à l'étranger, ne pouvant satisfaire aux obligations résultant de l'article 706-25-7 du fait de l'absence de représentation française dans le pays étranger où il réside ou de l'absence de section consulaire dans l'ambassade ou le consulat le plus proche de son domicile, peut solliciter auprès du procureur de la République ou du juge d'instruction ayant procédé à son inscription, l'autorisation de transmettre ses justificatifs par voie postale avec demande d'avis de réception au gestionnaire du fichier.

Le procureur de la République ou le juge d'instruction peuvent aussi en décider d'office.

S'ils font droit à cette demande, ils en informent l'intéressé et le service gestionnaire.

En cas de refus, la personne peut former un recours contre cette décision selon les modalités des articles R. 50-56 et suivants.

Toute demande doit être faite, sous peine d'irrecevabilité, par lettre recommandée avec accusé de réception, ou par déclaration au greffe.

La liste des pays sans représentation française et des postes sans section consulaire est communiquée, et mise à jour en tant que de besoin, par le ministre des affaires étrangères et du développement international au gestionnaire du fichier visé à l'article R. 50-37.

Section IV. – Interrogation du fichier et information directe du ministère de l'intérieur

Art. R. 50-51 *(Créé à compter du 1er juillet 2017, D. n° 2015-1840, 29 déc. 2015).* – Les autorités judiciaires, ainsi que les officiers de police judiciaire habilités, saisis dans le cadre d'une procédure mentionnée au 2° de l'article 706-25-9 ou avisés conformément à l'article R. 50-54, ainsi que les agents mentionnés au 5° de l'article 706-25-9, peuvent interroger le fichier par un système de communication électronique sécurisé à partir des critères suivants, même incomplets :

a) Numéro de dossier ;
b) Données d'identité ;
c) Données d'adresse ou éléments de localisation ;
d) Nature des infractions ;
e) Date des faits ;
f) Lieu de commission des faits ;
g) Nature et date de la décision judiciaire ;
h) Nature de peines principales ou complémentaires et mesures prononcées ;
i) Personnes en défaut de justification.

Les agents des greffes pénitentiaires habilités par les chefs d'établissement, les agents individuellement désignés et habilités du bureau du renseignement pénitentiaire de la direction de l'administration pénitentiaire, et les agents du ministère des affaires étrangères et du développement international habilités peuvent interroger le fichier par un système de communication électronique sécurisé à partir des critères suivants même incomplets :

a) Numéro de dossier ;

b) Données d'identité.

Art. R. 50-52 *(Créé à compter du 1er juillet 2017, D. n° 2015-1840, 29 déc. 2015).* – I. – En application des dispositions du 3° de l'article 706-25-9, les autorités, agents ou services mentionnés au II peuvent directement interroger le fichier, par un système de communication électronique sécurisé, à partir de la seule identité d'une personne :

– pour toute demande de recrutement, d'affectation, d'autorisation, d'agrément, d'habilitation, ou de renouvellement de tout emploi dans la fonction publique, de tout emploi auprès d'un opérateur d'importance vitale, dans une installation classée pour la protection de l'environnement dite SEVESO, ou concernant une activité ou une profession dans le domaine de la sécurité, de l'enseignement de l'éducation, ou des transports ;

– ainsi que pour le contrôle de l'exercice de ces activités et professions.

II. – Les autorités, agents ou services mentionnés au I sont :

1° Les préfets ou les agents des préfectures habilités par eux à cette fin ;

2° Les chefs de services ou agents individuellement désignés et habilités par eux à cette fin des administrations de l'État suivantes :

a) La direction chargée de la gestion des ressources humaines du ministère chargé de l'éducation nationale et de l'enseignement supérieur ;

b) Les rectorats et les directions des services départementaux de l'éducation nationale ;

c) La direction de la protection judiciaire de la jeunesse et ses directions régionales ;

d) La direction de l'administration pénitentiaire et les directions interrégionales des services pénitentiaires ;

e) La direction générale de la gendarmerie nationale et la direction générale de la police nationale dans le cadre des enquêtes administratives dont elles ont la charge ;

f) La direction générale de la sécurité intérieure.

III. – Les personnes mentionnées au II indiquent le motif pour lequel elles interrogent le fichier.

Art. R. 50-53 *(Créé à compter du 1er juillet 2017, D. n° 2015-1840, 29 déc. 2015).* – Lors des interrogations, les identités consultées comportent également le résultat de la vérification effectuée par le service gestionnaire du fichier conformément à l'article 706-25-5 au moyen des informations communiquées au service du casier judiciaire en application de l'article R. 64.

Si l'intéressé est né hors de la France métropolitaine, ou si son lieu de naissance est inconnu, est inscrite la mention : « identité non vérifiable par le service ».

Art. R. 50-54 *(Créé à compter du 1er juillet 2017, D. n° 2015-1840, 29 déc. 2015).* – En application de l'article 706-25-10, le gestionnaire du fichier adresse quotidiennement au ministère de l'intérieur les avis relatifs aux nouvelles inscriptions initiales prévues à l'article 706-25-7, aux modifications d'adresse relatives à une inscription, aux défauts de justification d'adresse ou aux déplacements transfrontaliers.

Il avise quotidiennement le service gestionnaire du fichier des personnes recherchées des effacements auxquels il a procédé en application des articles 706-25-6 et 706-25-12.

Établi après consultation automatisée du traitement de données à caractère personnel relatif à la gestion nationale des personnes détenues en établissement pénitentiaire, l'avis visé au premier alinéa précise, s'il y a lieu, le nom de l'établissement où la personne intéressée est détenue, l'adresse déclarée à la sortie et la date prévisible de sa libération.

Le service gestionnaire du fichier est habilité à mettre en œuvre la consultation automatisée du traitement de données à caractère personnel relatif à la gestion nationale des personnes détenues en établissement pénitentiaire pour les besoins du fichier tels que définis aux alinéas précédents.

Section V. – Demande de rectification ou d'effacement

Art. R. 50-55 *(Créé à compter du 1er juillet 2017, D. n° 2015-1840, 29 déc. 2015).* – Le procureur de la République compétent, en application des dispositions de l'article 706-25-12, pour ordonner, à la demande de l'intéressé, la rectification ou l'effacement des informations figurant au fichier est celui de la dernière juridiction qui a prononcé une condamnation ayant entraîné l'inscription de l'intéressé au fichier. Dans l'hypothèse où la dernière juridiction est une cour d'appel, le procureur de la République compétent est celui du siège de la cour d'appel.

Si l'inscription résulte de l'application du 4° de l'article 706-25-4, le procureur de la République compétent, au sens de l'alinéa précédent, est celui du tribunal judiciaire de Paris.

Le juge d'instruction compétent, en application des dispositions de l'article 706-25-12, pour ordonner, à la demande de l'intéressé, la rectification ou l'effacement des informations figurant au fichier est celui ayant ordonné son inscription au fichier.

La demande prévue par l'article 706-25-12 est, à peine d'irrecevabilité, adressée par lettre recommandée avec demande d'avis de réception ou effectuée par déclaration au greffe.

Art. R. 50-56 *(Créé à compter du 1er juillet 2017, D. n° 2015-1840, 29 déc. 2015).* – Le magistrat compétent doit faire connaître sa décision à l'intéressé, par lettre recommandée avec demande d'avis de réception dans un délai de trois mois à compter de la réception de la demande.

À défaut de réponse dans ce délai, ou si le magistrat ne fait pas droit à la demande, l'intéressé peut saisir aux mêmes fins le juge des libertés et de la détention dans un délai de dix jours par lettre recommandée avec demande d'avis de réception ou par déclaration au greffe.

Art. R. 50-57 *(Créé à compter du 1er juillet 2017, D. n° 2015-1840, 29 déc. 2015).* – Après avoir sollicité les réquisitions écrites du procureur de la République, le juge des libertés et de la détention statue par ordonnance motivée dans un délai de trois mois. L'ordonnance est notifiée au procureur de la République ou au juge d'instruction et, par lettre recommandée avec demande d'avis de réception, à l'intéressé.

Art. R. 50-58 *(Créé à compter du 1er juillet 2017, D. n° 2015-1840, 29 déc. 2015).* – Faute pour le juge des libertés et de la détention de statuer dans le délai fixé à l'article R. 50-56 ou s'il n'est pas fait droit à sa demande, l'intéressé peut, dans un délai de dix jours, saisir le président de la chambre de l'instruction par lettre recommandée avec demande d'avis de réception ou par déclaration au greffe de la cour d'appel. À peine d'irrecevabilité, sa contestation doit être motivée.

Art. R. 50-59 *(Créé à compter du 1er juillet 2017, D. n° 2015-1840, 29 déc. 2015).* – S'il est fait droit à la demande, le procureur de la République peut, dans un délai de dix jours, contester cette décision devant le président de la chambre de l'instruction. Cette contestation suspend l'exécution de la décision.

Art. R. 50-60 *(Créé à compter du 1er juillet 2017, D. n° 2015-1840, 29 déc. 2015).* – Le président de la chambre de l'instruction statue, après avoir sollicité les réquisitions écrites du procureur général, par une ordonnance motivée dans un délai de trois mois. Cette ordonnance est notifiée au procureur de la République ou au juge d'instruction et, par lettre recommandée avec demande d'avis de réception, à l'intéressé. Elle ne peut faire l'objet d'un pourvoi en cassation que si elle ne satisfait pas, en la forme, aux conditions essentielles de son existence légale.

Art. R. 50-61 *(Créé à compter du 1er juillet 2017, D. n° 2015-1840, 29 déc. 2015).* – S'il est fait droit aux demandes prévues par l'article 706-25-12, le procureur de la République informe le service gestionnaire du fichier de la décision, lequel procède sans délai, selon les cas, à l'effacement des données, ou à leur rectification ou à l'enregistrement dans le fichier de la nouvelle modalité de l'obligation de justification.

Art. R. 50-62 *(Créé à compter du 1er juillet 2017, D. n° 2015-1840, 29 déc. 2015).* – Les personnes inscrites au fichier en application du premier alinéa du B du II de l'article 19 de la loi n° 2015-912 du 25 juillet 2015 peuvent saisir le juge des libertés et de la détention aux fins d'effacement des informations les concernant dans un délai de dix jours suivant la notification de son inscription.

Dans cette hypothèse, les délais et règles procédurales de la présente section s'appliquent.

Section VI. – Conservation de la trace des interrogations et consultations

Art. R. 50-63 *(Créé à compter du 1er juillet 2017, D. n° 2015-1840, 29 déc. 2015).* – Le fichier conserve pendant une durée de trois ans les informations relatives aux enregistrements et interrogations dont il fait l'objet, en précisant la qualité de la personne ou de l'autorité ayant procédé à l'opération.

Ces informations ne peuvent être consultées que par le magistrat chef du service gestionnaire du fichier ou, avec son autorisation, par les personnes qu'il habilite.

Elles peuvent donner lieu à des exploitations statistiques.

Section VII. – Effacement des données inscrites dans le fichier

Art. R. 50-64 *(Créé à compter du 1er juillet 2017, D. n° 2015-1840, 29 déc. 2015).* – Le service gestionnaire du fichier procède à l'effacement des données qui y sont inscrites :

a) À l'expiration des délais prévus par l'article 706-25-6 ;

b) Lorsqu'il est informé d'une des décisions mentionnées à l'avant-dernier alinéa de l'article 706-25-6 ;

c) Lorsqu'il est informé du décès de la personne ;

d) Lorsqu'il est informé d'une décision d'effacement prise en application de l'article 706-25-12.

Le service gestionnaire du fichier porte à la connaissance de la personne inscrite au fichier tout retrait ou effacement la concernant.

Art. R. 50-65 *(Créé à compter du 1er juillet 2017, D. n° 2015-1840, 29 déc. 2015).* – Le juge d'instruction, ou son greffier, procède à l'effacement des données inscrites dans le fichier en cas de décision de non-lieu, de cessation ou de mainlevée de l'enregistrement au fichier.

Section VIII. – Dispositions communes

Art. R. 50-66 *(Créé à compter du 1er juillet 2017, D. n° 2015-1840, 29 déc. 2015).* – Les magistrats du parquet et tout fonctionnaire du parquet habilité par le procureur de la République exercent les compétences reconnues à ce magistrat pour l'application du présent chapitre.

Il en est de même pour celles reconnues au service gestionnaire du fichier, pour les magistrats placés sous son autorité et les fonctionnaires habilités par lui.

Art. R. 50-67 *(Créé à compter du 1er juillet 2017, D. n° 2015-1840, 29 déc. 2015).* – Pour les décisions rendues par les cours d'appel ou, le cas échéant, par les cours d'assises, les pouvoirs reconnus au présent chapitre au juge d'instruction ou à son greffier sont exercés par le président de la chambre de l'instruction ou le greffier de cette chambre.

Ceux reconnus au procureur de la République le sont par le procureur général, les magistrats du parquet général et tout fonctionnaire du parquet général habilité par le procureur général.

Art. R. 50-68 *(Créé à compter du 1er juillet 2017, D. n° 2015-1840, 29 déc. 2015).* – L'enregistrement des données à caractère personnel dans le fichier est réalisé directement par les personnes autorisées ou habilitées.

L'enregistrement et la consultation du fichier se font par l'intermédiaire de moyens de télécommunication sécurisés. La transmission de données entre le service gestionnaire du fichier et le ministère de l'intérieur se fait par un moyen informatique sécurisé.

CHAPITRE III. – DES DEMANDES TENDANT À LA RÉPARATION DU DOMMAGE CAUSÉ PAR UN ACTE DE TERRORISME

(Chapitre créé, D. n° 2019-547, 31 mai 2019)

Art. R. 50-69 *(Créé, D. n° 2022-358, 14 mars 2022).* – Lorsque la juridiction d'instruction ou de jugement renvoie l'affaire en application du troisième alinéa de l'article 706-16-1, une copie de la décision de renvoi et, le cas échéant, de la demande tendant à la réparation du dommage causé par un acte de terrorisme ainsi que des pièces de la procédure pénale qui paraissent utiles à l'examen de cette demande, sont aussitôt transmises par le greffe à la juridiction civile compétente en application de l'article L. 217-6 du Code de l'organisation judiciaire.

CHAPITRE IV. – DE LA MESURE JUDICIAIRE DE PRÉVENTION DE LA RÉCIDIVE TERRORISTE ET DE RÉINSERTION

Art. R. 50-70 *(Créé, D. n° 2022-358, 14 mars 2022)*. – Afin d'examiner la situation de la personne condamnée à une peine pour laquelle la mesure judiciaire de prévention de la récidive terroriste et de réinsertion est encourue, le procureur de la République antiterroriste demande au chef d'établissement pénitentiaire et au juge de l'application des peines compétent pour prendre les décisions concernant cette personne de lui transmettre les éléments concernant sa situation pénale, personnelle, sociale et familiale. Les décisions et rapports relatifs aux mesures de nature à favoriser la réinsertion dont la personne concernée a pu bénéficier pendant l'exécution de sa peine lui sont aussi adressés.

Art. R. 50-71 *(Créé, D. n° 2022-358, 14 mars 2022)*. – Lorsque la situation de la personne mentionnée à l'article R. 50-70 lui paraît susceptible de justifier le prononcé d'une mesure judiciaire de prévention de la récidive terroriste et de réinsertion le procureur de la République antiterroriste saisit concomitamment la commission pluridisciplinaire des mesures de sûreté mentionnée à l'article 763-10 compétente pour le ressort de la cour d'appel de Paris et le tribunal de l'application des peines de Paris. Il en informe le juge de l'application des peines compétent pour prendre les décisions concernant cette personne.

Le procureur de la République antiterroriste communique au tribunal de l'application des peines de Paris l'ensemble des éléments relatifs aux mesures de nature à favoriser la réinsertion dont a été mis en mesure de bénéficier la personne concernée pendant l'exécution de sa peine.

Art. R. 50-72 *(Créé, D. n° 2022-358, 14 mars 2022)*. – La commission pluridisciplinaire des mesures de sûreté mentionnée à l'article R. 50-71 procède à l'évaluation de la dangerosité de la personne concernée et de sa capacité à se réinsérer.

Lorsqu'elle procède à cette évaluation en application du premier alinéa, sa composition est celle prévue par l'article R. 61-8, complétée par :

1° Un fonctionnaire de police ou un militaire de la gendarmerie affecté ou ayant été affecté dans un service de police judiciaire spécialement chargé de la lutte contre le terrorisme désigné, pour une période de cinq ans, par le ministre de l'intérieur

2° Un représentant d'une association mentionnée à l'article 2-9 au titre du représentant d'association d'aide aux victimes prévue au 6° de l'article R. 61-8. Ce représentant ne peut toutefois avoir été victime des faits pour lesquels a été condamnée la personne dont la commission est chargée d'évaluer la dangerosité.

Lorsque la commission pluridisciplinaire des mesures de sûreté procède à l'évaluation de la dangerosité d'une personne mineure, le premier président de la cour d'appel désigne un vice-président de la commission choisi parmi les président ou conseillers de la chambre spéciale des mineurs de la cour d'appel dans le ressort de laquelle siège la commission. Dans ce cas, la commission est complétée par le directeur interrégional de la protection judiciaire de la jeunesse compétent dans le ressort de la cour d'appel où siège la commission, ou son représentant.

Art. R. 50-73 *(Créé, D. n° 2022-358, 14 mars 2022)*. – Le placement de la personne concernée mentionné au deuxième alinéa de l'article 706-25-17 a lieu au centre national d'évaluation de l'administration pénitentiaire sur demande du président de la commission pluridisciplinaire des mesures de sûreté.

La durée du placement, qui ne peut ni être inférieure à six semaines, ni excéder douze semaines, est déterminée par l'administration pénitentiaire.

À l'issue du placement de la personne concernée, le centre national d'évaluation de l'administration pénitentiaire transmet au président de la commission pluridisciplinaire des mesures de sûreté un rapport d'évaluation pluridisciplinaire de dangerosité. Il communique en même temps ce rapport à la personne concernée.

Art. R. 50-74 *(Créé, D. n° 2022-358, 14 mars 2022)*. – Sur décision de son président, qui en assure la mise en œuvre, la commission pluridisciplinaire des mesures de sûreté peut procéder ou faire procéder sur l'ensemble du territoire national à tous examens, auditions, enquêtes administratives, expertises ou autres mesures utiles.

La commission peut demander la comparution de la personne condamnée avant de donner son avis. Cette comparution est de droit si la personne condamnée en fait la demande. À cette fin, la commission peut également utiliser les moyens de télécommunication audiovisuelle conformément aux dispositions de l'article 706-71.

À cette fin, la commission peut également utiliser les moyens de télécommunication audiovisuelle conformément aux dispositions de l'article 706-71.

Cette commission peut consulter les éléments figurant dans le dossier individuel du condamné mentionné à l'article 724-1.

Art. R. 50-75 *(Créé, D. n° 2022-358, 14 mars 2022)*. – Conformément au troisième alinéa de l'article 706-25-17, la commission pluridisciplinaire des mesures de sûreté rend un avis motivé sur l'opportunité de prononcer une mesure judiciaire de prévention de la récidive terroriste et de réinsertion au regard la dangerosité de la personne concernée et de sa capacité à se réinsérer. Cet avis est adressé sans délai au tribunal de l'application des peines de Paris.

Art. R. 50-76 *(Créé, D. n° 2022-358, 14 mars 2022)*. – Le tribunal de l'application des peines de Paris saisit le service pénitentiaire d'insertion et de probation territorialement compétent au regard du lieu de détention de la personne concernée qui lui communique toute proposition de mesures propres à favoriser la réinsertion de la personne concernée et l'acquisition des valeurs de la citoyenneté.

Art. R. 50-77 *(Créé, D. n° 2022-358, 14 mars 2022)*. – La personne concernée ou son avocat peut se faire délivrer copie de tout ou partie des pièces du dossier de la procédure conformément aux dispositions de l'article R. 165. Le dossier de la procédure peut également être consulté au greffe du tribunal de l'application des peines de Paris.

Art. R. 50-78 *(Créé, D. n° 2022-358, 14 mars 2022)*. – Lorsque le tribunal d'application des peines ordonne que la prise en charge de la personne soumise à une mesure judiciaire de prévention de la récidive terroriste et de réinsertion aura lieu au sein d'un établissement d'accueil adapté, sa décision désigne l'établissement concerné et fixe la durée de la prise en charge.

Art. R. 50-79 *(Créé, D. n° 2022-358, 14 mars 2022)*. – Dans l'exercice des compétences prévues au cinquième alinéa du I de l'article 706-25-16, le juge de l'application des peines du tribunal judiciaire de Paris mandate le service pénitentiaire d'insertion et de probation territorialement compétent au regard du lieu de résidence habituelle de la personne concernée ou, à défaut, celui de Paris, pour veiller au respect des obligations. Ce service rend compte régulièrement à ce magistrat.

Il est tenu par le juge de l'application des peines du tribunal judiciaire de Paris pour chaque personne soumise à une mesure judiciaire de prévention de la récidive terroriste et de réinsertion un dossier relatif au déroulement de la mesure. Ce dossier peut être consulté par la personne concernée et son avocat au greffe du juge de l'application des peines.

Art. R. 50-80 *(Créé, D. n° 2022-358, 14 mars 2022)*. – La personne concernée par la mesure judiciaire de prévention de la récidive terroriste et de réinsertion peut à tout moment informer le juge de l'application des peines du tribunal judiciaire de Paris de l'évolution de sa situation.

Le juge de l'application des peines du tribunal judiciaire de Paris peut, chaque fois qu'il l'estime nécessaire, décider d'office par une ordonnance motivée d'adapter les obligations auxquelles la personne est astreinte, afin de faciliter l'exécution de la mesure et de garantir la réalisation des buts poursuivis. Cette ordonnance n'est pas susceptible de recours.

Les ordonnances prévues par le présent article sont notifiées au procureur de la République antiterroriste et à la personne concernée par lettre recommandée. Une copie de l'ordonnance est également adressée par lettre recommandée ou par télécopie à l'avocat de la personne concernée.

Art. R. 50-81 *(Créé, D. n° 2022-358, 14 mars 2022)*. – La demande de la personne concernée par la mesure judiciaire de prévention de la récidive terroriste et de réinsertion tendant à la mainlevée ou la modification de la mesure est adressée au tribunal de l'application des peines de Paris.

Conformément à la première phrase du dernier alinéa de l'article 706-25-18, la personne concernée par la mesure judiciaire de prévention de la récidive terroriste et de réinsertion peut demander au tribunal de l'application des peines de Paris la mainlevée de la mesure après un délai de trois mois à compter de la décision définitive l'ayant ordonnée. Il est mis fin d'office à la mesure si le tribunal n'a pas statué dans un délai de trois mois à compter de la réception de la demande. En cas de rejet de la demande, aucune autre demande de mainlevée de la mesure ne peut être déposée avant l'expiration d'un délai de trois mois.

Lorsqu'il est saisi par la personne concernée d'une demande de modification de la mesure judiciaire de prévention de la récidive terroriste ou de réinsertion, le tribunal de l'application des peines de Paris doit statuer dans un délai de trois mois à compter de la réception de la demande. À défaut, la personne concernée peut directement saisir de sa demande, par lettre recommandée, la chambre de l'application des peines de la cour d'appel qui dispose du délai d'un mois pour statuer.

Art. R. 50-82 *(Créé, D. n° 2022-358, 14 mars 2022).* – Lorsque le tribunal de l'application des peines de Paris est saisi aux fins de modification ou de mainlevée de la mesure judiciaire de prévention de la récidive terroriste et de réinsertion en application des dispositions de la première phrase du dernier alinéa de l'article 706-25-18, il statue dans les mêmes conditions que celles prévues lorsqu'il ordonne une mesure judiciaire de prévention de la récidive terroriste et de réinsertion.

Art. R. 50-83 *(Créé, D. n° 2022-358, 14 mars 2022).* – Lorsqu'il estime que les conditions du renouvellement de la mesure judiciaire de prévention de la récidive terroriste et de réinsertion mentionnées au III de l'article 706-25-16 sont réunies, le procureur de la République antiterroriste saisit la commission pluridisciplinaire des mesures de sûreté mentionnée à l'article R. 50-71 et le tribunal de l'application des peines de Paris.

L'article R. 50-74 est applicable. L'avis motivé mentionné à l'article R. 50-75 est rendu trois mois au moins avant la fin de la mesure. Cet avis est porté à la connaissance de la personne concernée par lettre recommandée.

Le tribunal de l'application des peines de Paris se prononce avant l'expiration de la mesure dans les mêmes conditions que celles prévues lorsqu'il ordonne une mesure judiciaire de prévention de la récidive terroriste et de réinsertion.

Art. R. 50-84 *(Créé, D. n° 2022-358, 14 mars 2022).* – En cas de suspension de plus de six mois des obligations de la mesure en raison de la détention de la personne concernée conformément à l'article 706-25-20, le procureur de la République antiterroriste saisit le tribunal de l'application des peines de Paris avant la cessation de la détention, aux fins de confirmation de la reprise d'une ou de plusieurs des obligations de la mesure judiciaire de prévention de la récidive terroriste et de réinsertion.

Le tribunal de l'application des peines de Paris statue dans les mêmes conditions que celles prévues lorsqu'il ordonne une mesure judiciaire de prévention de la récidive terroriste et de réinsertion.

Art. R. 50-85 *(Créé, D. n° 2022-358, 14 mars 2022).* – Les décisions du tribunal de l'application des peines de Paris mentionnées au présent chapitre peuvent être attaquées par la voie de l'appel, conformément à l'article 706-25-19, dans les conditions prévues au 2° de l'article 712-11.

TITRE XVII. – DE LA POURSUITE, DE L'INSTRUCTION ET DU JUGEMENT DES INFRACTIONS EN MATIÈRE DE PROXÉNÉTISME OU DE RECOURS À LA PROSTITUTION DES MINEURS

(Numérotation et intitulé du titre mod., D. n° 2007-1388, 26 sept. 2007)

Art. R. 51 *(D. n° 99-1050, 14 déc. 1999).* – L'information prévue par l'article 706-37 est effectuée par lettre recommandée avec demande d'avis de réception. Lorsqu'il ressort de l'accusé de réception que le destinataire est inconnu à l'adresse indiquée, la notification est effectuée par les services de police ou de gendarmerie.

La copie de la lettre recommandée ou le procès-verbal de police ou de gendarmerie est annexé à la procédure.

Cette information n'est pas effectuée auprès des personnes qui font elles-mêmes l'objet des poursuites.

Art. R. 51-1 *(D. n° 99-1050, 14 déc. 1999)*. – Dès l'engagement des poursuites, lorsque celles-ci concernent un établissement dont le propriétaire ou l'exploitant est immatriculé au registre du commerce et des sociétés, le ministère public adresse au greffier du tribunal du commerce dans le ressort duquel est situé l'établissement une réquisition afin que soient portées à ce registre les informations mentionnées à l'article 706-37.

Cette réquisition, établie en double exemplaire, précise :

– l'identité de l'exploitant du fonds de commerce : nom et prénoms pour les personnes physiques ou forme et dénomination sociales pour les personnes morales ;

– l'identité de la personne poursuivie s'il ne s'agit pas de l'exploitant du fonds de commerce, la nature, le fondement et la date des poursuites engagées ;

– l'activité et l'adresse de l'établissement concerné et, le cas échéant, le nom commercial et l'enseigne de celui-ci.

Dès réception de la réquisition, les mentions sont portées par le greffier au registre du commerce et des sociétés et, le cas échéant, aux registres sur lesquels sont inscrits les privilèges et les sûretés. L'un des exemplaires de la réquisition est conservé au greffe en annexe du registre du commerce et des sociétés, l'autre est retourné au ministère public après apposition par le greffier d'une mention certifiant l'accomplissement des formalités requises et la date à laquelle celles-ci ont été effectuées. Le greffier joint à cet envoi un extrait actualisé du registre du commerce et des sociétés et, le cas échéant, un relevé des sûretés inscrites.

Il est procédé dans les mêmes formes lorsqu'intervient la décision judiciaire définitive.

En cas de non-lieu ou de relaxe, le ministère public adresse au greffier, selon les modalités définies au deuxième alinéa, une réquisition aux fins de radiation des mentions prévues ci-dessus. Le greffier procède aux radiations requises, annexe au registre du commerce et des sociétés un exemplaire de la réquisition et adresse l'autre exemplaire au ministère public après y avoir apposé une mention certifiant l'accomplissement des formalités requises et la date à laquelle celles-ci ont été effectuées. Il joint à cet envoi un extrait actualisé du registre du commerce et des sociétés et, le cas échéant, un relevé des sûretés inscrites.

TITRE XIX. – DE LA PROCÉDURE APPLICABLE AUX INFRACTIONS DE NATURE SEXUELLE ET AUX MINEURS VICTIMES

(D. n° 99-818, 16 sept. 1999)

CHAPITRE I. – DE L'ADMINISTRATEUR *AD HOC*

(Mod., D. n° 2005-627, 30 mai 2005)

Section I. – De la liste des administrateurs *ad hoc*

Art. R. 53 *(D. n° 99-818, 16 sept. 1999)*. – Il est dressé tous les quatre ans, dans le ressort de chaque cour d'appel, une liste sur laquelle sont inscrits les administrateurs *ad hoc*. Elle peut faire l'objet, en tant que de besoin, de mises à jour annuelles.

La liste des administrateurs *ad hoc* est tenue à la disposition du public dans les locaux du secrétariat-greffe de la cour d'appel et des tribunaux judiciaires. Elle peut également être affichée dans ces locaux.

Art. R. 53-1 *(Mod., D. n° 2020-128, 18 févr. 2020)*. – Une personne physique ne peut être inscrite sur la liste que si elle réunit les conditions suivantes :

1° Être âgée de trente ans au moins et de soixante-dix ans au plus ;

2° S'être signalée depuis un temps suffisant par l'intérêt qu'elle porte aux questions de l'enfance et par sa compétence ;

3° Avoir sa résidence dans le ressort de la cour d'appel ou des cours d'appel limitrophes ;

4° N'avoir pas été l'auteur de faits ayant donné lieu à condamnation pénale ou à sanction disciplinaire ou administrative pour agissements contraires à l'honneur, à la probité et aux bonnes mœurs ;

5° N'avoir pas été frappée de faillite personnelle ou d'une autre sanction en application du titre VI de la loi n° 85-98 du 25 janvier 1985 relative au redressement et à la liquidation judiciaires des entreprises.

Art. R. 53-2 *(D. n° 99-818, 16 sept. 1999)*. – En vue de l'inscription d'une personne morale sur une liste d'administrateurs *ad hoc*, il doit être justifié :

1° Que les dirigeants de la personne morale remplissent les conditions prévues aux 4° et 5° de l'article précédent ;

2° Que chacune des personnes susceptibles d'exercer pour le compte de la personne morale une mission d'administrateur *ad hoc* remplit les conditions prévues audit article.

Art. R. 53-3 *(D. n° 99-818, 16 sept. 1999)*. – Les demandes d'inscription sont adressées au procureur de la République près le tribunal judiciaire dans le ressort duquel le candidat a sa résidence. Le procureur instruit les demandes. Il recueille l'avis du juge d'instruction, du juge des tutelles et, le cas échéant, du juge des enfants.

Il transmet le dossier, pour avis de l'assemblée générale de la juridiction, au président du tribunal judiciaire.

Le procureur de la République transmet ensuite le dossier avec l'avis de l'assemblée générale du tribunal au procureur général qui en saisit le premier président de la cour d'appel aux fins d'examen par l'assemblée générale de la cour.

L'assemblée générale dresse la liste des administrateurs *ad hoc* après avoir entendu le magistrat chargé du rapport et le ministère public.

Art. R. 53-4 *(D. n° 99-818, 16 sept. 1999)*. – Tous les quatre ans, les administrateurs *ad hoc* figurant sur la liste prévue à l'article R. 53 formulent une nouvelle demande d'inscription qui est instruite conformément aux dispositions de l'article R. 53-3. Ils justifient à cette occasion qu'ils ont respecté les obligations résultant des missions qui leur ont été confiées, et notamment celles qui figurent à l'article R. 53-8.

Art. R. 53-5 *(D. n° 99-818, 16 sept. 1999)*. – La radiation d'un administrateur *ad hoc* peut être prononcée chaque année par l'assemblée générale de la cour d'appel, soit à la demande de l'intéressé, soit à l'initiative du premier président ou du procureur général, après que l'intéressé ait été mis à même de présenter ses observations, dès lors que l'une des conditions prévues aux articles R. 53-1 et R. 53-2 cesse d'être remplie ou que l'administrateur *ad hoc* n'a pas respecté les obligations résultant de sa mission.

En cas d'urgence, et après avoir mis l'intéressé en mesure de présenter ses observations, le premier président peut prononcer, à titre provisoire, la radiation de l'administrateur *ad hoc*.

La décision de radiation ne peut donner lieu qu'à un recours devant la Cour de cassation dans un délai d'un mois.

Section II. – De la désignation d'un administrateur *ad hoc*

Art. R. 53-6 *(D. n° 99-818, 16 sept. 1999)*. – Lorsque, dans le ressort de la cour d'appel, il n'est pas possible de désigner l'une des personnes, figurant sur la liste prévue à l'article R. 53 ou que cette liste n'a pas encore été constituée, et qu'il ne peut être fait appel à l'une des personnes proches de l'enfant, la désignation d'un administrateur *ad hoc* en application de l'article 706-50 est faite, à titre provisoire et jusqu'à l'établissement ou la mise à jour annuelle de la liste, parmi les personnes physiques ou morales remplissant les conditions définies aux articles R. 53-1 et R. 53-2.

Art. R. 53-7 *(D. n° 99-818, 16 sept. 1999)*. – La désignation d'un administrateur *ad hoc* en application des dispositions de l'article 706-50 est notifiée aux représentants légaux du mineur et peut être contestée par ces derniers par la voie de l'appel dans un délai de dix jours à compter de la notification. Cet appel n'est pas suspensif. Il est porté devant la chambre de l'instruction ou la chambre des appels correctionnels.

Art. R. 53-8 *(D. n° 99-818, 16 sept. 1999)*. – Dans les trois mois de l'achèvement de sa mission, l'administrateur *ad hoc* transmet à l'autorité qui l'a désigné un rapport dans lequel sont détaillées les démarches effectuées pour l'exercice de la mission définie à l'article 706-50, et précisées, le cas échéant, les formalités accomplies en vue du placement des sommes perçues par le mineur à l'occasion de la procédure.

CHAPITRE II ANCIEN

(Chap. dénum., D. n° 2002-697, 30 avr. 2002. – V. désormais titre XX du présent livre)

CHAPITRE II. – DU FICHIER JUDICIAIRE NATIONAL AUTOMATISÉ DES AUTEURS D'INFRACTIONS SEXUELLES OU VIOLENTES

(D. n° 2005-627, 30 mai 2005 ; mod., D. n° 2008-1023, 6 oct. 2008)

Art. R. 53-8-1 *(Mod., D. n° 2008-1023, 6 oct. 2008).* – Le fichier judiciaire national automatisé des auteurs d'infractions sexuelles ou violentes est tenu sous le contrôle du magistrat dirigeant le service du casier judiciaire, qui veille au respect des dispositions du présent chapitre.

Section I. – Inscription dans le fichier

Art. R. 53-8-2 *(D. n° 2005-627, 30 mai 2005).* – L'enregistrement dans le fichier des données à caractère personnel prévues aux 1° à 4° de l'article 706-53-2 est réalisé par le procureur de la République.

L'enregistrement des données à caractère personnel prévues au 5° de l'article 706-53-2 est réalisé par le juge d'instruction ou son greffier.

L'enregistrement des données à caractère personnel prévues au 6° de l'article 706-53-2 est réalisé par le service gestionnaire du fichier destinataire des avis adressés aux autorités françaises ou par le procureur de la République du lieu de détention où sont exécutées les peines à la suite des transfèrements des personnes condamnées.

Art. R. 53-8-3 *(D. n° 2005-627, 30 mai 2005).* – La vérification de l'identité des personnes inscrites au fichier prévu par le premier alinéa de l'article 706-53-2 est effectuée, lorsqu'elle est possible, au vu des informations communiquées au service du casier judiciaire conformément aux dispositions de l'article R. 64.

Art. R. 53-8-4 *(D. n° 2005-627, 30 mai 2005).* – Le procureur de la République informe sans délai le gestionnaire du fichier des décisions de relaxe ou d'acquittement intervenues dans les procédures ayant donné lieu à enregistrement au fichier une fois acquis leur caractère définitif.

Le juge d'instruction ou son greffier, enregistre les décisions de non-lieu, de cessation ou de mainlevée du contrôle judiciaire dans les procédures ayant donné lieu à enregistrement au fichier.

Art. R. 53-8-5 *(Rempl., D. n° 2011-1729, 2 déc. 2011).* – L'administration pénitentiaire informe sans délai le procureur de la République du lieu de condamnation, ou celui de Nantes si la personne a été condamnée à l'étranger, de la notification des obligations à laquelle elle a procédé conformément à l'article R. 53-8-9.

L'agent du greffe pénitentiaire spécialement habilité enregistre sans délai dans le fichier la date de mise sous écrou et de libération, l'adresse du domicile déclaré par la personne libérée, si elle est différente du dernier domicile enregistré et, sur instruction du procureur de la République, la date de la notification à laquelle il a été procédé conformément à l'article R. 53-8-9.

Art. R. 53-8-6 *(D. n° 2005-627, 30 mai 2005).* – Les agents des services de police ou des unités de gendarmerie spécialement habilités enregistrent dans le fichier les justifications d'adresse ou de changement d'adresse dont ils ont eu connaissance en application des dispositions de l'article 706-53-5 ou du deuxième alinéa de l'article 706-53-8.

Art. R. 53-8-7 *(Mod., D. n° 2017-1522, 2 nov. 2017)*. – Pour chaque personne faisant l'objet d'une inscription au fichier, sont enregistrées les données à caractère personnel suivantes :

1° Informations relatives à la personne elle-même :

– nom, prénom, sexe, date et lieu de naissance de la personne, la ou les nationalités, ainsi que le cas échéant alias, changement de nom et nom d'usage ; sont également enregistrées les informations relatives à la filiation de la personne, si cette personne ne figure pas au répertoire national d'identification des personnes physiques, ces informations ne pouvant toutefois constituer un critère de recherche ;

– adresses successives du domicile et de la ou des résidences de la personne, ou du lieu où elle a fait élection de domicile dans les conditions prévues à l'article L. 264-1 du Code de l'action sociale et des familles, ainsi que le cas échéant les dates correspondantes ;

2° Informations relatives à la ou aux décisions ayant donné lieu à l'enregistrement :

– nature et date de la décision ;
– juridiction ayant prononcé la décision ;
– peines principales ou complémentaires ou mesures prononcées ;
– nature de l'infraction ou des infractions pour lesquelles la personne est poursuivie ou condamnée ;
– lieu des faits ;
– date des faits ;
– caractère exprès de l'enregistrement ;
– date de notification des obligations prévues par l'article 706-53-6 et de l'alinéa 2 du II de l'article 216 de la loi n° 2004-204 du 9 mars 2004 ;
– date d'exécution ou de fin d'exécution de la peine ou de la mesure ;
– le cas échéant, date de mise sous écrou et de libération ;

3° Informations diverses :

– dates de justification d'adresse ;
– périodicité de l'obligation de présentation si elle existe ;
– décisions prises en application de l'article 706-53-10 et de l'alinéa 2 du I de l'article 216 de la loi n° 2004-204 du 9 mars 2004.
– le cas échéant, date et motif de l'inscription au fichier des personnes recherchées.

Art. R. 53-8-8 *(D. n° 2005-627, 30 mai 2005)*. – Le gestionnaire du fichier contrôle la validité des informations enregistrées et, selon le cas, refuse ou efface les enregistrements qui ne respectent pas les exigences légales.

Section II. – Information de la personne inscrite dans le fichier

Art. R. 53-8-9 *(Mod., D. n° 2011-1729, 2 déc. 2011 ; D. n° 2021-682, 27 mai 2021)*. – L'information des personnes condamnées est faite conformément aux dispositions du présent article.

Lorsque la personne est présente à l'audience, l'information relative à son inscription dans le fichier et la notification de ses obligations sont faites par le président de la juridiction ou le greffier ou l'agent du greffe qu'il désigne. Toutefois, il n'est pas procédé lors de l'audience à la notification de ses obligations à la personne placée ou maintenue en détention en application de la condamnation justifiant son inscription au fichier.

À défaut, la notification est faite par le procureur de la République, ou par un agent placé sous son autorité ou un délégué du procureur de la République désignés par lui, ou par lettre recommandée avec demande d'avis de réception. S'il apparaît que l'adresse de la personne est inconnue, le procureur de la République fait inscrire cette personne au fichier des personnes recherchées.

Lorsqu'il résulte de la consultation du fichier effectuée par l'agent du greffe spécialement habilité par le chef de l'établissement pénitentiaire conformément au 4° de l'article 706-53-7, que la personne incarcérée n'a pas fait l'objet de l'information mentionnée à l'article 706-53-6, cette information lui est donnée par le greffe de l'établissement pénitentiaire, sur instruction du procureur de la République, soit au moment de sa libération définitive ou préalablement à la première mesure d'aménagement de sa peine entraînant la sortie de l'établissement pénitentiaire, autre qu'une permission de sortir, si elle exécute une peine privative de liberté en application de la condamnation ayant entraîné son inscription au fichier, soit immédiatement, si elle est détenue pour une autre cause.

Dans tous les cas, il lui est remis contre récépissé ou adressé en annexe du courrier prévu au deuxième alinéa un document récapitulant ses obligations et précisant les conditions selon lesquelles il doit y être satisfait conformément aux dispositions des articles R. 53-8-13 à R. 53-8-15. Ce document informe la personne inscrite dans le fichier que les administrations de l'État mentionnées à l'article R. 53-8-24 peuvent directement interroger le fichier en application du premier alinéa du 3° de l'article 706-53-7. Le modèle de ce document est fixé par le ministre de la Justice.

Si la personne est un majeur protégé, le procureur de la République avise de la notification faite en application du présent article son représentant légal nommé par décision judiciaire.

Art. R. 53-8-10 *(D. n° 2005-627, 30 mai 2005)*. – En cas de composition pénale prévue par le 3° de l'article 706-53-2, l'information de la personne est faite par le procureur de la République ou le délégué du procureur qui remet le document prévu à l'article R. 53-8-9 à l'intéressé.

Art. R. 53-8-11 *(Mod., D. n° 2011-1729, 2 déc. 2011)*. – Dans les cas prévus par le 4° de l'article 706-53-2, le magistrat ou la juridiction qui rend la décision informe l'intéressé et lui notifie ses obligations soit oralement soit par lettre recommandée avec accusé de réception. À défaut, la notification est faite par le procureur de la République selon les modalités décrites au troisième alinéa de l'article R. 53-8-9. Le document prévu à l'avant-dernier alinéa de l'article R. 53-8-9 est remis ou adressé à l'intéressé.

Art. R. 53-8-12 *(D. n° 2005-627, 30 mai 2005)*. – Dans le cas d'un placement sous contrôle judiciaire prévu par le 5° de l'article 706-53-2, l'information de la personne et la remise du document prévu à l'article R. 53-8-9 sont faites par le juge d'instruction qui ordonne l'inscription au fichier, même si la mesure de contrôle a été ordonnée par le juge des libertés et de la détention.

Art. R. 53-8-12-1 *(D. n° 2011-1729, 2 déc. 2011)*. – Dans les cas prévus par le 6° de l'article 706-53-2, l'information de la personne et la remise du document prévu par l'article R. 53-8-9 sont faites, dans les conditions fixées par les troisième et quatrième alinéas de cet article, soit par le greffe de l'établissement pénitentiaire si la personne est détenue en France, soit par le procureur de la République de Nantes. S'il apparaît que l'adresse de la personne est inconnue, le procureur de la République de Nantes fait inscrire cette personne au fichier des personnes recherchées.

Section III. – Obligations incombant à la personne inscrite dans le fichier

Art. R. 53-8-13 *(Mod., D. n° 2017-1522, 2 nov. 2017)*. – La justification et la déclaration de changement d'adresse prévues par l'article 706-53-5 se font au moyen de tout document de moins de trois mois au nom de l'intéressé établissant la réalité de son domicile, notamment d'une quittance ou d'une facture. Si le justificatif produit se rapporte au domicile d'un tiers, il doit être accompagné d'une attestation d'hébergement établie et signée par celui-ci.

Lorsque la personne a fait élection de domicile dans les conditions prévues à l'article L. 264-1 du Code de l'action sociale et des familles, la justification et la déclaration de changement de domicile se font au moyen de l'attestation d'élection de domicile prévue à l'article L. 264-2 du même code, en cours de validité.

Art. R. 53-8-14 *(Mod., D. n° 2017-1522, 2 nov. 2017)*. – Pour l'application des 1° et 2° de l'article 706-53-5, le justificatif visé au premier alinéa de l'article R. 53-8-13 est remis ou adressé par lettre recommandée avec demande d'avis de réception au commissariat de police ou à la brigade territoriale de gendarmerie dont dépend le domicile de l'intéressé dans le courant du mois de la date anniversaire de sa naissance. Si l'état civil déclaré par l'intéressé ne permet pas de déterminer ou de connaître le mois de sa naissance, le justificatif est remis ou adressé dans le courant du mois de janvier. Lorsque la personne a fait élection de domicile dans les conditions prévues à l'article L. 264-1 du Code de l'action sociale et des familles, le justificatif visé au deuxième alinéa de l'article R. 53-8-13 est soit remis ou adressé par lettre recommandée avec demande d'avis de réception au commissariat de police ou à la brigade territoriale de gendarmerie dont dépend le lieu où il a élu domicile soit remis au commissariat de police ou la brigade de gendarmerie le plus proche du lieu où se trouve la personne à la date à laquelle cette justification doit intervenir.

Le justificatif est également remis ou adressé dans les quinze jours suivant la date à laquelle la notification des obligations a été faite ou adressée à la personne, sauf si cette notification intervient moins de deux mois avant le premier jour du mois anniversaire de sa naissance ou sauf si l'intéressé, en raison d'une précédente inscription dans le fichier, est déjà tenu de justifier de son adresse.

Art. R. 53-8-15 *(Mod., D. n° 2017-1522, 2 nov. 2017).* – Pour satisfaire à l'obligation de présentation visée au cinquième alinéa de l'article 706-53-5, le justificatif visé au premier alinéa de l'article R. 53-8-13 est remis en personne par l'intéressé soit au commissariat ou à l'unité de gendarmerie de son domicile, soit au groupement de gendarmerie départemental ou à la direction départementale de la sécurité publique dont dépend son domicile ou au service désigné par la préfecture de police de Paris dans les autres cas, dans les quinze premiers jours du mois de la date anniversaire visée à l'article R. 53-8-14 et dans les quinze premiers jours du sixième mois suivant. Lorsque la personne a fait élection de domicile dans les conditions prévues à l'article L. 264-1 du Code de l'action sociale et des familles, le justificatif visé au deuxième alinéa de l'article R. 53-8-13 est remis en personne par l'intéressé soit au commissariat ou à l'unité de gendarmerie, soit au groupement de gendarmerie départemental ou à la direction départementale de la sécurité publique dont dépend le lieu où il a élu domicile ou le plus proche du lieu où il se trouve à la date à laquelle doit intervenir cette justification.

Le justificatif est également remis en personne par l'intéressé dans les quinze jours suivant la date à laquelle la notification des obligations lui a été donnée ou adressée, sauf si cette notification intervient moins de deux mois avant le premier jour du mois anniversaire ou sauf si l'intéressé, en raison d'une précédente inscription dans le fichier, est déjà tenu de justifier de son adresse.

Si le condamné est tenu à une obligation de présentation mensuelle, celle-ci doit intervenir dans les quinze premiers jours de chaque mois, le condamné devant produire le justificatif de son adresse à chaque présentation ; les dispositions du deuxième alinéa ne sont alors pas applicables.

Art. R. 53-8-16 *(Mod., D. n° 2011-1729, 2 déc. 2011).* – À défaut de réception du courrier visé au premier alinéa de l'article R. 53-8-14 dans les huit jours des dates définies à l'article R. 53-8-14, le service gestionnaire du fichier adresse au ministère de l'intérieur l'avis prévu par les articles 706-53-8 et R. 53-8-26.

À défaut de présentation dans les délais définis à l'article R. 53-8-15, le service gestionnaire du fichier adresse au ministère de l'intérieur l'avis prévu par les articles 706-53-8 et R. 53-8-26.

Art. R. 53-8-17 *(Mod., D. n° 2008-1023, 6 oct. 2008).* – L'obligation de présentation prévue par le cinquième alinéa de l'article 706-53-5 est exécutée tous les mois, tous les six mois ou tous les ans selon les cas, dans les périodes déterminées en application des dispositions qui précèdent.

Cette obligation ne dispense pas la personne de déclarer ses éventuels changements d'adresse.

Art. R. 53-8-18 *(Mod., D. n° 2011-1729, 2 déc. 2011).* – Lorsque la personne réside à l'étranger, la justification de son adresse se fait par lettre recommandée avec demande d'avis de réception adressée au service gestionnaire du fichier.

Les documents justificatifs doivent alors être accompagnés ou revêtus d'un visa émanant soit des autorités étrangères soit des postes diplomatiques ou consulaires.

Durant le séjour à l'étranger, l'obligation de présentation, si elle existe, est suspendue sans que cette suspension ait d'incidence sur la durée de l'inscription de la personne dans le fichier.

Si la personne établit à nouveau sa résidence sur le territoire national, elle est tenue de signaler son changement d'adresse dans un délai de quinze jours au plus tard, conformément au 2° de l'article 706-53-5.

Art. R. 53-8-19 *(D. n° 2005-627, 30 mai 2005).* – Lorsque la personne exécute une peine privative de liberté en application de la condamnation ayant entraîné son inscription au fichier, son obligation de justification d'adresse, de déclaration de changement d'adresse et, le cas échéant, de présentation, ne naît qu'à compter de sa libération définitive ou de la date d'exécution d'une mesure d'aménagement de sa peine entraînant la sortie de l'établissement pénitentiaire, autre qu'une permission de sortir.

Art. R. 53-8-20 *(Mod., D. n° 2011-1729, 2 déc. 2011).* – Lorsque la personne se trouve dans un établissement public ou privé dans lequel elle est placée, retenue ou détenue en application d'une décision judiciaire ou administrative, la justification d'adresse peut consister en une attestation délivrée par le responsable de cet établissement. Cette attestation est adressée par ce responsable, qui a été informé de la situation juridique de la personne soit par l'intéressé soit par l'autorité ayant pris la décision, au commissariat de police ou à la brigade territoriale dont dépend le domicile de l'intéressé si celui-ci réside en France, ou, s'il réside à l'étranger ou que son domicile n'est pas connu, au service gestionnaire du fichier.

Art. R. 53-8-21 *(D. n° 2005-627, 30 mai 2005 ; abr. à compter du 30 septembre 2021, D. n° 2021-682, 27 mai 2021).*

Art. R. 53-8-22 *(Abr. D. n° 2017-1522, 2 nov. 2017).*

Section IV. – Interrogation du fichier et information directe du ministère de l'intérieur

Art. R. 53-8-23 *(Mod., D. n° 2011-1729, 2 déc. 2011).* – Des autorités judiciaires, ainsi que les officiers de police judiciaire spécialement habilités, saisis dans le cadre d'une procédure mentionnée au 2° de l'article 706-53-7 ou avisés conformément à l'article R. 53-8-26, peuvent interroger le fichier à partir des critères suivants, même incomplets :

– numéro de dossier ;
– données d'identité ;
– données d'adresse ou éléments de localisation ;
– nature des infractions ;
– date des faits ;
– lieu de commission des faits ;
– nature et date de la décision judiciaire ;
– nature de peines principales ou complémentaires et mesures prononcées ;
– personnes en défaut de justification.

Art. R. 53-8-24 *(Mod., D. n° 2020-1545, 9 déc. 2020).* – I. – En application des dispositions du 3° de l'article 706-53-7, peuvent directement interroger le fichier, par un système de télécommunication sécurisé, à partir de la seule identité d'une personne ayant formé une demande de recrutement, d'affectation, d'autorisation, d'agrément ou d'habilitation concernant une activité ou une profession impliquant un contact avec des mineurs ou dont l'exercice d'une telle activité ou profession doit être contrôlé :

1° Les préfets ou les agents des préfectures spécialement habilités par eux à cette fin ;

2° Les chefs de services ou agents individuellement désignés et spécialement habilités par eux à cette fin des administrations de l'État suivantes :

a) La direction chargée de la gestion des ressources humaines du ministère chargé de l'éducation nationale et de l'enseignement supérieur ;

b) Les rectorats et les inspections académiques ;

c) La direction de la protection judiciaire de la jeunesse et ses directions [inter]régionales ;

d) La direction de l'administration pénitentiaire et les directions interrégionales des services pénitentiaires ;

e) La direction de l'administration pénitentiaire et les directions interrégionales des services pénitentiaires ;

f) Les directions régionales de l'économie, de l'emploi, du travail et des solidarités, les délégations régionales académiques à la jeunesse, à l'engagement et aux sports, les directions départementales de la cohésion sociale et les directions départementales interministérielles chargées de la cohésion sociale ;

g) Les directions départementales du travail, de l'emploi et de la formation professionnelle.

3° Les directeurs généraux des agences régionales de santé.

II. – Les personnes mentionnées au I indiquent le motif pour lequel elles interrogent le fichier.

Art. R. 53-8-25 *(D. n° 2005-627, 30 mai 2005).* – Lors des interrogations, les identités consultées comportent également le résultat de la vérification effectuée par le service gestionnaire du fichier conformément à l'article 706-53-3 au moyen des informations communiquées au service du casier judiciaire en application de l'article R. 64.

Si l'intéressé est né hors de la France métropolitaine, si son lieu de naissance est inconnu ou s'il est âgé de moins de douze ans, est inscrite la mention : « identité non vérifiable par le service ».

Art. R. 53-8-26 *(Mod., D. n° 2011-1729, 2 déc. 2011).* – En application de l'article 706-53-8, le gestionnaire du fichier adresse quotidiennement au ministère de l'intérieur les avis relatifs aux nouvelles inscriptions, aux modifications d'adresse relatives à une inscription ou aux défauts de justification d'adresse.

Il avise quotidiennement le service gestionnaire du fichier des personnes recherchées des effacements auxquels il a procédé en application des articles 706-53-4 et 706-53-10.

Établi après consultation automatisée du fichier national des personnes incarcérées, l'avis visé au premier alinéa précise, s'il y a lieu, le nom de l'établissement où la personne intéressée est détenue, l'adresse déclarée à la sortie et la date prévisible de sa libération.

Le service gestionnaire du fichier est habilité à mettre en œuvre la consultation automatisée du fichier national des personnes incarcérées pour les besoins du fichier tels que définis aux alinéas précédents.

Section V. – Demande de rectification, d'effacement ou de limitation de l'obligation de présentation

Art. R. 53-8-27 *(Mod., D. n° 2011-1729, 2 déc. 2011).* – Le procureur de la République compétent, en application des dispositions de l'article 706-53-10, pour ordonner, à la demande de l'intéressé, la rectification ou l'effacement des informations figurant au fichier ou la limitation à six mois ou à un an de l'obligation de présentation est celui de la dernière juridiction qui a prononcé une condamnation ayant entraîné l'inscription de l'intéressé au fichier. Dans l'hypothèse où la dernière juridiction est une cour d'appel, le procureur de la République compétent est celui du siège de la cour d'appel.

Si l'inscription résulte de l'application du 6° de l'article 706-53-2, le procureur de la République compétent, au sens de l'alinéa précédent, est celui du tribunal judiciaire de Nantes.

La demande prévue par l'article 706-53-10 doit, à peine d'irrecevabilité, être adressée par lettre recommandée avec demande d'avis de réception ou effectuée par déclaration au greffe.

Art. R. 53-8-28 *(Mod., D. n° 2011-1729, 2 déc. 2011).* – Le magistrat compétent doit faire connaître sa décision à l'intéressé, par lettre recommandée avec demande d'avis de réception dans un délai de deux mois à compter de la réception de la demande. Ce délai est porté à quatre mois si une expertise est ordonnée.

À défaut de réponse dans ce délai, ou si le magistrat ne fait pas droit à la demande, l'intéressé peut saisir aux mêmes fins le juge des libertés et de la détention dans un délai de dix jours par lettre recommandée avec demande d'avis de réception ou par déclaration au greffe.

Art. R. 53-8-29 *(Mod., D. n° 2011-1729, 2 déc. 2011).* – Après avoir sollicité les réquisitions écrites du procureur de la République, le juge des libertés et de la détention statue par ordonnance motivée dans un délai de deux mois. Ce délai est porté à quatre mois si une expertise est ordonnée. L'ordonnance est notifiée au procureur de la République et par lettre recommandée avec demande d'avis de réception à l'intéressé.

Art. R. 53-8-30 *(Mod., D. n° 2011-1279, 2 déc. 2011).* – Faute pour le juge des libertés et de la détention de statuer dans le délai fixé à l'article R. 53-8-29 ou s'il n'est pas fait droit à sa demande, l'intéressé peut, dans un délai de dix jours, saisir le président de la chambre de l'instruction par lettre recommandée avec demande d'avis de réception ou par déclaration au greffe de la cour d'appel. À peine d'irrecevabilité, sa contestation doit être motivée.

Art. R. 53-8-31 *(D. n° 2005-627, 30 mai 2005).* – S'il est fait droit à la demande, le procureur de la République peut, dans un délai de dix jours, contester cette décision devant le président de la chambre de l'instruction. Cette contestation suspend l'exécution de la décision.

Art. R. 53-8-32 *(Mod., D. n° 2011-1279, 2 déc. 2011).* – Le président de la chambre de l'instruction statue, après avoir sollicité les réquisitions écrites du procureur général, par une ordonnance motivée dans un délai de deux mois. Ce délai est porté à quatre mois si une expertise est ordonnée. Cette ordonnance est notifiée au procureur de la République et par lettre recommandée avec demande d'avis de réception à l'intéressé. Elle ne peut faire l'objet d'un pourvoi en cassation que si elle ne satisfait pas, en la forme, aux conditions essentielles de son existence légale.

Art. R. 53-8-33 *(D. n° 2005-627, 30 mai 2005).* – S'il est fait droit aux demandes prévues par l'article 706-53-10, le procureur de la République informe le service gestionnaire du fichier de la décision, lequel procède sans délai, selon les cas, à l'effacement des données, à leur rectification ou à l'enregistrement dans le fichier de la nouvelle périodicité de l'obligation de comparution.

Section VI. – Conservation de la trace des interrogations et consultations

Art. R. 53-8-34 *(D. n° 2005-627, 30 mai 2005).* – Le fichier conserve pendant une durée de trois ans les informations relatives aux enregistrements et interrogations dont il fait l'objet, en précisant la qualité de la personne ou autorité ayant procédé à l'opération.

Ces informations ne peuvent être consultées que par le magistrat chef du service gestionnaire du fichier ou, avec son autorisation, par les personnes qu'il habilite spécialement.

Elles peuvent donner lieu à des exploitations statistiques.

Section VII. – Effacement des données inscrites dans le fichier

Art. R. 53-8-35 *(D. n° 2005-627, 30 mai 2005).* – Le service gestionnaire du fichier procède à l'effacement des données qui y sont inscrites :

a) À l'expiration des délais prévus par les 1° et 2° de l'article 706-53-4 ;

b) Lorsqu'il est informé d'une des décisions mentionnées au dernier alinéa de l'article 706-53-4 ;

c) Lorsqu'il est informé du décès de la personne ;

d) Lorsqu'il est informé d'une décision d'effacement prise en application de l'article 706-53-10.

Art. R. 53-8-36 *(D. n° 2005-627, 30 mai 2005).* – Le juge d'instruction, ou son greffier, procède à l'effacement des données inscrites dans le fichier en cas de décision de non-lieu, de cessation ou de mainlevée du contrôle judiciaire.

Section VIII. – Dispositions communes

Art. R. 53-8-37 *(D. n° 2005-627, 30 mai 2005).* – Les magistrats du parquet et tout fonctionnaire du parquet spécialement habilité par le procureur de la République exercent les compétences reconnues à ce magistrat pour l'application du présent chapitre.

Il en est de même pour celles reconnues au service gestionnaire du fichier, pour les magistrats placés sous son autorité et les fonctionnaires spécialement habilités par lui.

Art. R. 53-8-38 *(D. n° 2005-627, 30 mai 2005).* – Pour les décisions rendues par les cours d'appel ou, le cas échéant, par les cours d'assises, les pouvoirs reconnus au présent chapitre au juge d'instruction ou à son greffier sont exercés par le président de la chambre de l'instruction ou le greffier de cette chambre.

Ceux reconnus au procureur de la République le sont par le procureur général, les magistrats du parquet général et tout fonctionnaire du parquet général spécialement habilité par le procureur général.

Art. R. 53-8-39 *(D. n° 2005-627, 30 mai 2005).* – L'enregistrement des données à caractère personnel dans le fichier est réalisé directement par les personnes autorisées ou habilitées.

L'enregistrement et la consultation du fichier se font par l'intermédiaire de moyens de télécommunication sécurisés. La transmission de données entre le service gestionnaire du fichier et le ministère de l'intérieur se fait par un moyen informatique sécurisé.

Art. R. 53-8-50 *(D. n° 2008-1129, 4 nov. 2008)*. – Si la surveillance de sûreté intervient à l'issue d'une rétention de sûreté, le juge de l'application des peines territorialement compétent pour contrôler la personne en est avisé avant sa sortie du centre socio-médico-judiciaire de sûreté, afin de permettre une prise en charge immédiate de l'intéressé.

Si la personne fait l'objet d'une injonction de soins, la désignation du médecin coordonnateur et de son médecin traitant intervient avant sa sortie, conformément aux dispositions des articles R. 3711-8 et R. 3711-17 du Code de la santé publique.

Si la personne est placée sous surveillance électronique mobile, le dispositif prévu par l'article R. 61-22 est posé avant sa sortie. Si la personne refuse la pose de ce dispositif, le président de la juridiction régionale de la rétention de sûreté en est immédiatement informé, pour faire application, le cas échéant, des dispositions du dernier alinéa de l'article 706-53-19.

Art. R. 53-8-51 *(D. n° 2008-1129, 4 nov. 2008)*. – Trois mois au moins avant la fin prévue de la surveillance de sûreté, le juge de l'application des peines, ou à défaut le procureur de la République, fait procéder à l'expertise médicale et saisit éventuellement la commission pluridisciplinaire des mesures de sûreté pour avis. Le juge de l'application des peines, ou à défaut le procureur de la République, saisit la juridiction régionale de la rétention de sûreté un mois au moins avant l'expiration de la mesure, accompagné de son avis motivé.

Art. R. 53-8-52 *(D. n° 2008-1129, 4 nov. 2008)*. – Si la méconnaissance des obligations auxquelles elle est astreinte fait apparaître que la personne présente à nouveau une particulière dangerosité caractérisée par une probabilité très élevée de commettre à nouveau l'une des infractions mentionnées à l'article 706-53-13, le juge de l'application des peines ou le procureur de la République saisit le président de la juridiction régionale afin que ce dernier ordonne, s'il y a lieu, soit la modification des obligations soit le placement provisoire de la personne dans un centre socio-médico-judiciaire de sûreté, conformément aux dispositions de l'article 706-53-19.

Lorsque la personne est en fuite, la décision de placement provisoire du président de la juridiction régionale vaut ordre de recherche.

Section III. – De la rétention de sûreté

Sous-section 1. – De la procédure

Art. R. 53-8-53 *(D. n° 2008-1129, 4 nov. 2008)*. – La commission pluridisciplinaire des mesures de sûreté est saisie par le juge de l'application des peines, ou à défaut par le procureur de la République, au moins dix-huit mois avant la libération des personnes mentionnées à l'article 706-53-13, afin qu'elle procède à leur examen conformément aux dispositions de l'article 706-53-14.

Si la commission donne un avis favorable à un placement sous rétention de sûreté, la juridiction régionale de la rétention de sûreté est saisie par le procureur général.

Dans le cas contraire, le dossier est transmis au juge de l'application des peines afin qu'il statue sur une éventuelle surveillance judiciaire. La commission fait connaître son avis sur les obligations éventuelles auxquelles peut être astreinte la personne et notamment son placement sous surveillance électronique mobile.

Art. R. 53-8-54 *(D. n° 2008-1129, 4 nov. 2008)*. – Trois mois avant la fin prévue de la rétention, le juge fait connaître son avis sur le renouvellement de la mesure au procureur général près la cour d'appel. Ce dernier saisit la commission pluridisciplinaire des mesures de sûreté afin qu'elle examine la situation de la personne retenue, au vu des éléments figurant dans son dossier individuel. Les dispositions du deuxième alinéa de l'article 706-53-14 relatives au placement préalable de la personne dans un service spécialisé ne sont pas applicables.

La commission donne son avis, soit sur le renouvellement de la rétention de sûreté ou sur sa mainlevée, soit sur le placement de la personne sous surveillance de sûreté, avec ou sans placement sous surveillance électronique mobile. La juridiction régionale de la rétention de sûreté est saisie par le procureur général et se prononce sur ces mesures avant la fin de la période d'un an.

Sous-section 2. – De l'organisation des centres socio-médico-judiciaires de sûreté

Art. R. 53-8-55 *(D. n° 2008-1129, 4 nov. 2008).* – Les centres socio-médico-judiciaires de sûreté sont des structures placées sous l'autorité conjointe du ministre chargé de la santé et du ministre de la Justice, qui accueillent des personnes placées en rétention de sûreté.

Ils ont pour mission :

1° De proposer à ces personnes, de façon permanente, une prise en charge médicale, psychologique et sociale destinée à réduire leur dangerosité et à permettre la fin de la mesure de rétention ;

2° De retenir dans leurs locaux ces personnes, dans des conditions permettant d'assurer la sécurité et le bon ordre du centre socio-médico-judiciaire et d'éviter que ces personnes ne se soustraient à la mesure prononcée, avec la rigueur strictement nécessaire et dans le respect de leur dignité.

La prise en charge peut notamment comporter, après accord écrit de la personne, un traitement utilisant des médicaments qui entraînent une diminution de la libido.

Art. R. 53-8-56 *(D. n° 2008-1129, 4 nov. 2008 ; abr. à compter du 1er mai 2022, D. n° 2022-479, 30 mars 2022).*

Art. R. 53-8-57 *(D. n° 2008-1129, 4 nov. 2008 ; abr. à compter du 1er mai 2022, D. n° 2022-479, 30 mars 2022).*

Art. R. 53-8-58 *(D. n° 2008-1129, 4 nov. 2008 ; abr. à compter du 1er mai 2022, D. n° 2022-479, 30 mars 2022).*

Art. R. 53-8-59 *(D. n° 2008-1129, 4 nov. 2008 ; abr. à compter du 1er mai 2022, D. n° 2022-479, 30 mars 2022).*

Art. R. 53-8-60 *(D. n° 2008-1129, 4 nov. 2008 ; abr. à compter du 1er mai 2022, D. n° 2022-479, 30 mars 2022).*

Art. R. 53-8-61 *(D. n° 2008-1129, 4 nov. 2008 ; abr. à compter du 1er mai 2022, D. n° 2022-479, 30 mars 2022).*

Sous-section 3. – De la surveillance des centres socio-médico-judiciaires de sûreté

Art. R. 53-8-62 *(D. n° 2008-1129, 4 nov. 2008).* – Le président de la juridiction nationale de la rétention de sûreté, le directeur de l'administration pénitentiaire du ministère de la justice et le directeur de l'hospitalisation et de l'organisation des soins du ministère de la santé, ou leurs représentants, visitent les centres au moins une fois par semestre.

Ils se font communiquer le registre de rétention ainsi que, le cas échéant, les dossiers individuels des personnes retenues.

Ils adressent un rapport annuel conjoint au ministre de la Justice et au ministre chargé de la santé sur le fonctionnement des centres.

Art. R. 53-8-63 *(D. n° 2008-1129, 4 nov. 2008).* – Le président de la juridiction régionale de la rétention de sûreté peut visiter les centres situés dans son ressort et se faire communiquer le registre de rétention ainsi que les dossiers individuels des personnes retenues. Il en est de même du procureur général et du procureur de la République.

Art. R. 53-8-64 *(D. n° 2008-1129, 4 nov. 2008).* – Les personnes retenues dans les centres relèvent de la compétence d'un vice-président chargé de l'application des peines de l'un des tribunaux judiciaires de la cour d'appel, désigné par le premier président de cette cour.

Ce magistrat est chargé de contrôler, pour chaque personne retenue, les principales modalités de mise en œuvre de la rétention de sûreté et le bon déroulement de la mesure.

Il peut faire procéder, sur l'ensemble du territoire national, à tous examens, auditions, enquêtes, expertises, réquisitions ou vérifications utiles à l'exercice de ses attributions.

Il visite les centres relevant de sa compétence au moins une fois par mois et vérifie auprès de chaque personne retenue les conditions dans lesquelles se déroule sa rétention.

1° *bis* Des traces biologiques issues de personnes inconnues, recueillies dans le cadre d'une enquête ou d'une information pour recherche des causes de la mort ou d'une disparition prévue par les articles 74, 74-1 et 80-4 ;

2° Des échantillons biologiques prélevés dans le cadre d'une enquête préliminaire, d'une enquête pour crime ou délit flagrant, ou d'une information sur les personnes à l'encontre desquelles il existe des indices graves ou concordants rendant vraisemblable qu'elles aient commis l'une des infractions mentionnées à l'article 706-55 ;

3° Des traces biologiques issues des cadavres non identifiés, recueillies dans le cadre d'une enquête préliminaire, d'une enquête pour crime ou délit flagrant, ou d'une information, relatives à l'une des infractions mentionnées à l'article 706-55, ou dans le cadre d'une enquête ou d'une information pour recherche des causes de la mort prévue par les articles 74 et 80-4 ;

4° Des traces et échantillons biologiques issus ou susceptibles d'être issus d'une personne disparue, recueillis dans le cadre d'une enquête ou d'une information pour recherche des causes d'une disparition prévue par les articles 74-1 ou 80-4 ;

5° Des échantillons biologiques prélevés, avec leur accord, sur les ascendants ou descendants d'une personne disparue, dans le cadre d'une enquête ou d'une information pour recherche des causes d'une disparition prévue par les articles 74-1 et 80-4. En cas d'impossibilité ou de refus de prélèvement d'échantillons biologiques sur la mère ou sur le père biologique, des prélèvements peuvent également être réalisés, avec leur accord, sur les collatéraux aux deuxième et troisième degrés de la personne disparue, au sens de l'article 743 du Code civil.

Dans les cas prévus au 5°, l'accord des personnes est recueilli par procès-verbal. Les personnes intéressées précisent également, par une mention expresse à ce même procès-verbal, qu'elles autorisent la comparaison entre leur empreinte génétique et celles enregistrées ou susceptibles d'être enregistrées dans le fichier ainsi que celles susceptibles d'être comparées dans le fichier en application du troisième alinéa de l'article 706-54, à l'exception des traces mentionnées aux 1° et 1° *bis* du I. En l'absence d'une telle autorisation, ces empreintes ne peuvent être comparées qu'avec celles enregistrées au titre des 3° et 4° du I et des 1°, 2° et 3° du III.

II. – Sur décision, selon le cas, du procureur de la République ou du procureur général, font l'objet d'un enregistrement au fichier les résultats des analyses d'identification par empreintes génétiques :

1° Des échantillons biologiques prélevés sur des personnes définitivement déclarées coupables de l'une des infractions mentionnées à l'article 706-55 ;

2° Des échantillons biologiques prélevés sur des personnes poursuivies pour l'une des infractions mentionnées à l'article 706-55 ayant fait l'objet d'une décision définitive d'irresponsabilité pénale en application des articles 706-120, 706-125, 706-129, 706-133 ou 706-134.

III. – Sur décision du procureur de la République, prise en application des dispositions du sixième alinéa de l'article 706-54, font l'objet dans le fichier d'un enregistrement distinct de ceux mentionnés aux I et II, les résultats des analyses d'identification par empreintes génétiques :

1° Des traces biologiques issues des cadavres non identifiés ;

2° Des échantillons biologiques issus ou susceptibles d'être issus de personnes disparues faisant l'objet de recherches au titre de l'article 26 de la loi n° 95-73 du 21 janvier 1995 d'orientation et de programmation relative à la sécurité et dont la mort est supposée, recueillis dans les lieux qu'elles sont susceptibles d'avoir habituellement fréquentés ;

3° Des traces biologiques issues ou susceptibles d'être issues de victimes de catastrophes naturelles ;

4° Des échantillons biologiques prélevés, avec leur accord, sur les ascendants ou descendants de victimes de catastrophes naturelles ou de personnes disparues faisant l'objet de recherches au titre de l'article 26 de la loi du 21 janvier 1995 susmentionnée et dont la mort est supposée. En cas d'impossibilité ou de refus de prélèvement d'échantillons biologiques sur la mère ou sur le père biologique, des prélèvements peuvent également être réalisés, avec leur accord, sur les collatéraux aux deuxième et troisième degrés de la victime de catastrophe naturelle ou de la personne disparue, au sens de l'article 743 du Code civil.

Dans les cas prévus au 4°, l'accord des personnes est recueilli par écrit. Les personnes intéressées précisent également, par une mention expresse, qu'elles autorisent la comparaison entre leur empreinte génétique et celles mentionnées aux 3° et 4° du I et aux 1° à 3° du III. Les services et unités de police ou de gendarmerie compétents conservent les documents écrits dans lesquels sont exprimés l'accord et l'autorisation et en adressent copie dans chaque cas au procureur de la République qui les a saisis.

Les données mentionnées aux 1°, 2° et 3° font l'objet d'une comparaison avec celles mentionnées aux 3° à 5° du I et au III du présent article.

IV. – Le procureur de la République, ou après avis de ce magistrat, le juge d'instruction peut, lorsque les nécessités d'une enquête ou d'une information concernant l'un des crimes prévus à l'article 706-55 l'exigent, requérir le service gestionnaire du fichier afin qu'il procède à une comparaison entre l'empreinte génétique enregistrée au fichier établie à partir d'une trace biologique issue d'une personne inconnue mentionnée aux 1° et 1° *bis* du I ou d'une trace biologique issue d'un cadavre non identifié mentionné au 3° du I et les empreintes génétiques des personnes mentionnées au 2° du I et aux 1° et 2° du II, aux fins de recherche de personnes pouvant être apparentées en ligne directe à cette personne inconnue.

Art. R. 53-11 *(Rempl., D. n° 2004-470, 25 mai 2004 ; D. n° 2021-1402, 29 oct. 2021).* – I. – Les données enregistrées mentionnées à l'article R. 53-10, qui précisent les segments d'ADN identifiés, sont accompagnées des informations suivantes :

1° Le numéro de la procédure dans le cadre de laquelle l'enregistrement au fichier est demandé ;

2° L'autorité judiciaire ou l'officier de police judiciaire ayant demandé l'enregistrement au fichier ;

3° La date de la demande d'enregistrement au fichier ou, dans le cas prévu par le II de l'article R. 53-10, la date à laquelle la condamnation est devenue définitive ou, si cette date n'est pas connue du gestionnaire du fichier, la date de la condamnation ;

4° Le nom de la personne physique ou morale habilitée ayant réalisé l'analyse ;

5° La nature de l'affaire.

Dans les cas prévus par le 2° du I et le II de l'article R. 53-10, l'information portant sur la nature de l'affaire ne peut être exploitée qu'en vue d'un traitement à des fins statistiques et elle ne peut apparaître en cas de consultation ni servir de critère de recherche nominative.

II. – Les données mentionnées aux 1°, 3° et 4° du I de l'article R. 53-10 sont en outre accompagnées des informations relatives au scellé contenant les traces ou échantillons biologiques à partir desquels l'analyse a été réalisée ou l'objet sur lequel ont été recueillis ces traces ou échantillons.

Les données mentionnées aux 2° et 4° du I et au II de l'article R. 53-10 sont en outre accompagnées des nom, prénoms, date et lieu de naissance et filiation des personnes dont les empreintes génétiques sont enregistrées. Celles visées au 2° du I sont, le cas échéant, complétées par les informations relatives à la décision prévue au quatrième alinéa de l'article R. 53-14.

Les données mentionnées au 5° du I de l'article R. 53-10 sont en outre accompagnées des nom, prénoms, date et lieu de naissance de la personne disparue et de l'indication du lien de parenté avec celle-ci de la personne dont sont enregistrées les empreintes génétiques.

Art. R. 53-12 *(Rempl., D. n° 2004-470, 25 mai 2004 ; D. n° 2021-1402, 29 oct. 2021).* – Conformément aux dispositions de l'article L. 235-1 du Code de la sécurité intérieure, les résultats des analyses d'identification par empreintes génétiques mentionnées aux I et II de l'article R. 53-10 transmis par des organismes de coopération internationale en matière de police judiciaire ou des services de police étrangers peuvent également faire l'objet d'un enregistrement au fichier ou d'un rapprochement avec les données qui y sont inscrites.

Les données ainsi enregistrées sont accompagnées des informations mentionnées à l'article R. 53-11, à la condition qu'elles soient disponibles, ainsi que de l'origine et de la date de la demande d'enregistrement au fichier.

Art. R. 53-12-1 *(Créé, D. n° 2021-1402, 29 oct. 2021).* – Conformément aux dispositions de l'article L. 235-1 du Code de la sécurité intérieure, les résultats des analyses d'identification par empreintes génétiques des personnes mentionnées au III de l'article R. 53-10 transmis par les autorités étrangères peuvent faire l'objet d'un rapprochement avec les données inscrites au fichier.

Art. R. 53-13 *(Mod., D. n° 2010-773, 8 juill. 2010 ; D. n° 2021-1402, 29 oct. 2021).* – Le nombre et la nature des segments d'ADN non codants sur lesquels portent les analyses d'identification par empreintes génétiques sont définis par arrêté du ministre de la justice et du ministre de l'intérieur pris après avis de la commission chargée d'agréer les personnes habilitées à effectuer des missions d'identification par empreintes génétiques dans le cadre des procédures judiciaires ou de la procédure extrajudiciaire d'identification des personnes décédées, prévue par l'article 1er du décret n° 97-109 du 6 février 1997 relatif aux conditions d'agrément des personnes habilitées à procéder à des identifications par empreintes génétiques dans le cadre d'une procédure judiciaire ou de la procédure extrajudiciaire d'identification des personnes décédées.

Art. R. 53-13-1 *(D. n° 2004-470, 25 mai 2004 ; abr., D. n° 2021-1402, 29 oct. 2021).*

Art. R. 53-13-2 *(D. n° 2004-470, 25 mai 2004 ; abr., D. n° 2021-1402, 29 oct. 2021).*

Art. R. 53-13-3 *(D. n° 2004-470, 25 mai 2004 ; abr., D. n° 2021-1402, 29 oct. 2021).*

Art. R. 53-13-4 *(D. n° 2004-470, 25 mai 2004 ; abr., D. n° 2021-1402, 29 oct. 2021).*

Art. R. 53-13-5 *(D. n° 2004-470, 25 mai 2004 ; abr., D. n° 2021-1402, 29 oct. 2021).*

Art. R. 53-13-6 *(D. n° 2004-470, 25 mai 2004 ; abr., D. n° 2021-1402, 29 oct. 2021).*

Art. R. 53-14 *(Rempl., D. n° 2004-470, 25 mai 2004 ; D. n° 2021-1402, 29 oct. 2021).* – **Sous réserve qu'il n'ait pas été procédé à leur effacement dans les conditions prévues aux articles R. 53-14-1 à R. 53-14-4, les données et informations sont conservées suivant les durées maximales détaillées aux alinéas suivants :**

1° Les données et informations relatives aux traces mentionnées aux 1° et 1° *bis* du I de l'article R. 53-10 sont conservées vingt-cinq ans à compter de la date d'enregistrement au fichier. Cette durée de conservation est portée à quarante ans lorsque les traces biologiques issues de personnes inconnues ont été recueillies dans le cadre d'une enquête ou d'une information relative à l'une des infractions figurant dans le tableau mentionné au 4° ;

2° Les données et informations relatives aux personnes mentionnées au 2° du I de l'article R. 53-10 sont conservées quinze ans à compter de la date d'enregistrement au fichier ou, si les échantillons biologiques ont été prélevés sur une personne mineure, dix ans à compter de la date d'enregistrement au fichier ;

3° Les données et informations relatives aux personnes mentionnées au II de l'article R. 53-10 sont conservées vingt-cinq ans à compter de la date d'acquisition du caractère définitif de la décision de culpabilité ou de la décision d'irresponsabilité pénale, ou si cette date n'est pas connue du service gestionnaire du fichier à compter de la date de la décision ou, si les échantillons biologiques ont été prélevés sur une personne mineure, quinze ans à compter de la date d'acquisition du caractère définitif de la décision de culpabilité ou de la décision d'irresponsabilité pénale, ou si cette date n'est pas connue du service gestionnaire du fichier à compter de la date de la décision ;

4° La durée de conservation prévue aux 2° et 3° est portée à quinze ans lorsqu'elle est fixée à dix ans, à vingt-cinq ans lorsqu'elle est fixée à quinze ans et à quarante ans lorsqu'elle est fixée à vingt-cinq ans lorsque les empreintes génétiques concernent l'un des crimes ou délits figurant dans le tableau ci-dessous :

Infractions contre les personnes :
– crimes contre l'humanité (articles 211-1, 211-2 et 212-1 à 212-3 du Code pénal)
– atteintes volontaires à la vie (articles 221-1 à 221-5 du Code pénal)
– tortures et actes de barbarie (articles 222-1 à 222-6 du Code pénal)
– crimes et délits de violences volontaires (articles 222-7, 222-8, 222-9, 222-10, 222-14, 222-14-1, 222-15 du Code pénal)
– viols (articles 222-23 à 222-26 du Code pénal)
– agressions sexuelles (articles 222-27 à 222-30 du Code pénal)
– trafic de stupéfiants (articles 222-34 à 222-39 du Code pénal)
– enlèvement et séquestration (articles 224-1 à 224-5 et 224-5-2 du Code pénal)
– détournement de tout moyen de transport (articles 224-6, 224-6-1 et 224-7 du Code pénal)
– traite des êtres humains (articles 225-4-1 à 225-4-4 du Code pénal)
– proxénétisme (articles 225-5 à 225-10 du Code pénal)

– recours à la prostitution de mineurs ou de personnes vulnérables (articles 225-12-1 et 225-12-2 du Code pénal)
– mise en péril de mineurs (articles 227-22, 227-22-1, 227-23, 227-24 à 227-27-2 et 227-28-3 du Code pénal)
Infractions contre les biens :
– vol avec violences (article 311-6 du Code pénal)
– crimes de vols (articles 311-7 à 311-9 et 311-10 du Code pénal)
– crimes d'extorsion (articles 312-3 à 312-6 et 312-7 du Code pénal)
– destructions, dégradations, et détériorations dangereuses pour les personnes (articles 322-6, 322-7 à 322-10 du Code pénal)
Crimes et délits contre la nation, l'État et la paix publique :
– trahison et espionnage (articles 411-2 à 411-11 du Code pénal)
– attentat et complot (articles 412-1 et 412-2 du Code pénal)
– mouvement insurrectionnel (articles 412-4 à 412-6 du Code pénal)
– usurpation de commandement, levée de forces armées et provocation à s'armer illégalement (articles 412-7 et 412-8 du Code pénal)
– actes de terrorisme (articles 421-1 à 421-6 du Code pénal)
– fausse monnaie (articles 442-1 et 442-2 du Code pénal)
– participation à une association de malfaiteurs (article 450-1 du Code pénal)
Crimes et délits de guerre (articles 461-2 à 461-31 du Code pénal)
Infractions au régime des armes et munitions (articles L. 2339-2, L. 2339-3, L. 2339-10, L. 2353-4 et L. 2353-13 du Code de la défense ; articles L. 317-1-1 et L. 317-2-1 du Code de la sécurité intérieure et articles 222-52, 222-53, 222-54, 222-55, 222-57 et 222-59 du Code pénal)

5° Les données et informations relatives aux personnes mentionnées aux 3°, 4° et 5° du I et au III de l'article R. 53-10 sont conservées quarante ans à compter de la date d'enregistrement au fichier ;

6° Les résultats mentionnés à l'article R. 53-12 ne peuvent être conservés au-delà de vingt-cinq ans à compter de la date d'enregistrement au fichier.

Les résultats mentionnés au 2° du I de l'article R. 53-10 ne peuvent toutefois être conservés au-delà d'une durée de vingt-cinq ans à compter de la demande d'enregistrement, si leur effacement n'a pas été ordonné antérieurement dans les conditions prévues par les articles R. 53-13-1 à R. 53-13-6. Cependant, si la personne a fait l'objet d'une décision de classement sans suite, de non-lieu, de relaxe ou d'acquittement exclusivement fondée sur l'existence d'un trouble mental en application des dispositions du premier alinéa de l'article 122-1 du Code pénal, le procureur de la République en informe le gestionnaire du fichier et ces résultats sont conservés pendant quarante ans à compter de la date de cette décision.

Art. R. 53-14-1 *(D. n° 2004-470, 25 mai 2004 ; D. n° 2021-1402, 29 oct. 2021)*. **– Sont effacés par le service gestionnaire avant l'expiration du délai mentionné à l'article R. 53-14 :**

1° Les données mentionnées aux 1° et 1° *bis* du I de l'article R. 53-10 sur instruction du procureur de la République ou du juge d'instruction ou, à leur demande, de l'officier de police judiciaire, dès lors qu'il est établi que leur conservation n'apparaît plus nécessaire compte tenu de la finalité du fichier, notamment lorsque la prescription de l'action publique est acquise ;

2° Les données relatives aux personnes mentionnées au 2° du I de l'article R. 53-10 en cas de décision de relaxe ou d'acquittement devenue définitive, dès réception de l'avis l'en informant ;

3° Les données relatives aux personnes mentionnées au 3° du I et au 1° du III de l'article R. 53-10 dès la réception d'un avis l'informant de l'identification définitive de la personne décédée ;

4° Les données relatives aux personnes mentionnées aux 4° et 5° du I et aux 2°, 3° et 4° du III de l'article R. 53-10 dès la réception d'un avis l'informant de la découverte de la personne disparue ;

5° Les résultats mentionnés à l'article R. 53-12 sur demande dudit organisme ou service.

L'avis mentionné au 2° est transmis par le procureur général ou le procureur de la République près la juridiction qui a rendu la décision de relaxe ou d'acquittement dans les délais les plus brefs à compter de la date d'acquisition du caractère définitif de cette décision.

L'avis mentionné aux 3° et 4° est transmis par le service enquêteur ou l'autorité judiciaire compétente dans les délais les plus brefs à compter de la date de survenance de l'évènement justifiant l'effacement.

Art. R. 53-14-2 *(D. n° 2004-470, 25 mai 2004 ; D. n° 2021-1402, 29 oct. 2021)*. – I. – Le procureur de la République compétent pour, en application des dispositions du sixième alinéa de l'article 706-54 et du deuxième alinéa de l'article 706-54-1, ordonner d'office ou à la demande de l'intéressé l'effacement des données relatives aux personnes mentionnées aux 2° et 5° du I et au 4° du III de l'article R. 53-10 est celui de la juridiction dans le ressort de laquelle a été menée la procédure ayant donné lieu à cet enregistrement.

La demande d'effacement doit, à peine d'irrecevabilité, être adressée par lettre recommandée avec demande d'avis de réception ou par déclaration au greffe. Cette demande est directement adressée au procureur de la République mentionné au premier alinéa. Elle peut également être adressée au procureur de la République du domicile de l'intéressé, qui la transmet au procureur de la République compétent.

Le procureur de la République compétent fait droit à la demande d'effacement lorsqu'elle est présentée par une personne mentionnée au 2° du I en cas de décision de relaxe ou d'acquittement devenue définitive, au 5° du I et au 4° du III de l'article R. 53-10.

En cas de décision de non-lieu, de classement sans suite pour absence d'infraction ou insuffisance de charges ou pour auteur inconnu, les données relatives aux personnes mentionnées au 2° du I de l'article R. 53-10 relevées au cours de l'enquête sont effacées sur demande de l'intéressé, sauf si le procureur de la République en prescrit le maintien.

Le procureur de la République ne peut s'opposer à la demande d'effacement formulée dans les conditions prévues à l'alinéa précédent lorsque la prescription de l'action publique est acquise.

Les décisions du procureur de la République prévues par le deuxième alinéa de l'article 706-54-1 et le présent article ordonnant l'effacement ou le maintien des données sont prises pour des raisons liées à la finalité du fichier, au regard de la nature ou des circonstances de commission de l'infraction ou de la personnalité de la personne concernée.

II. – Le procureur de la République compétent pour, en application des dispositions du premier alinéa de l'article 706-54-1, ordonner à la demande de l'intéressé, l'effacement des données relatives aux personnes mentionnées au II de l'article R. 53-10, est celui de la juridiction dans le ressort de laquelle a été menée la procédure ayant donné lieu à cet enregistrement.

À peine d'irrecevabilité, la demande d'effacement ne peut être adressée qu'à l'issue d'un délai de trois ans quand le délai de conservation est de quinze ans, de sept ans quand ce délai est de vingt-cinq ans et de dix ans quand ce délai est de quarante ans. Ces délais courent à compter de la date d'acquisition du caractère définitif de la décision de culpabilité ou de la décision d'irresponsabilité pénale.

La demande d'effacement est adressée, à peine d'irrecevabilité, par lettre recommandée avec demande d'avis de réception ou par déclaration au greffe. Cette demande est directement adressée au procureur de la République mentionné au premier alinéa du présent II. Elle peut également être adressée au procureur de la République du domicile de l'intéressé, qui la transmet au procureur de la République compétent.

Les décisions du procureur de la République prévues au premier alinéa de l'article 706-54-1 et ordonnant l'effacement ou le maintien des données, sont prises pour des raisons liées à la finalité du fichier, au regard de la nature ou des circonstances de commission de l'infraction ou de la personnalité de la personne concernée.

En cas de refus opposé à une demande d'effacement, aucune nouvelle demande ne peut être formée avant l'expiration d'un délai d'un an à compter du caractère définitif de la décision de refus.

Art. R. 53-14-3 *(Créé, D. n° 2021-1402, 29 oct. 2021).* – Le magistrat compétent doit faire connaître sa décision à l'intéressé, par lettre recommandée, dans un délai de trois mois à compter de la réception de la demande soit par lui-même, soit par le procureur de la République du domicile de l'intéressé.

À défaut de réponse dans ce délai, ou si le magistrat n'ordonne pas l'effacement, l'intéressé peut exercer un recours devant le président de la chambre de l'instruction dans un délai de dix jours par lettre recommandée avec demande d'avis de réception ou par déclaration au greffe. À peine d'irrecevabilité, ce recours doit être motivé.

Art. R. 53-14-4 *(Créé, D. n° 2021-1402, 29 oct. 2021).* – Le président de la chambre de l'instruction statue, après avoir sollicité les réquisitions écrites du procureur général, par une ordonnance motivée, dans un délai de trois mois. Cette ordonnance est notifiée au procureur de la République et, par lettre recommandée, à l'intéressé. Elle ne peut faire l'objet d'un pourvoi en cassation que si elle ne satisfait pas, en la forme, aux conditions essentielles de son existence légale.

Art. R. 53-15 *(Mod., D. n° 2020-1777, 30 déc. 2020 ; D. n° 2020-1779, 30 déc. 2020 ; D. n° 2021-1402, 29 oct. 2021).* – I. – Le droit d'opposition ne s'applique pas au présent traitement en application de l'article 23 du règlement (UE) 2016/679 du 27 avril 2016 relatif à la protection des personnes physiques à l'égard du traitement des données à caractère personnel et à la libre circulation de ces données, et abrogeant la directive 95/46/CE et des articles 56 et 110 de la loi n° 78-17 du 6 janvier 1978 relative à l'informatique, aux fichiers et aux libertés.

II. – Les droits d'information et d'accès mentionnés aux articles 13 à 15 du règlement (UE) 2016/679 du 27 avril 2016 précité et aux articles 104 et 105 de la loi du 6 janvier 1978 précitée s'exercent auprès du chef du service national de police scientifique du ministère de l'intérieur.

III. – Les droits de rectification et à la limitation des données mentionnés aux articles 16 à 18 du règlement (UE) 2016/679 du 27 avril 2016 précité et à l'article 106 de la loi du 6 janvier 1978 précitée s'exercent auprès du procureur de la République de la juridiction dans le ressort de laquelle la procédure a été menée et a donné lieu à l'enregistrement.

Art. R. 53-16 *(D. n° 2000-413, 18 mai 2000 ; D. n° 2021-1402, 29 oct. 2021).* – Le fichier national automatisé des empreintes génétiques est placé sous le contrôle d'un magistrat du parquet hors hiérarchie, nommé pour trois ans par arrêté du garde des sceaux, ministre de la justice, et assisté par un comité comprenant un magistrat et deux personnalités qualifiées, désignées en raison de leurs compétences dans le domaine de la génétique ou de l'informatique, nommés dans les mêmes conditions.

Art. R. 53-17 *(D. n° 2000-413, 18 mai 2000 ; D. n° 2021-1402, 29 oct. 2021).* – Le magistrat mentionné à l'article R. 53-16 et, à sa demande, les membres du comité prévu au même article disposent d'un accès permanent au fichier et au lieu où se trouve celui-ci.

L'autorité gestionnaire du fichier lui adresse un rapport annuel d'activité ainsi que, sur sa demande, toutes informations relatives au fichier.

Ce magistrat peut ordonner toutes mesures nécessaires à l'exercice de son contrôle, telles que saisies ou copies d'informations, ainsi que l'effacement d'enregistrements illicites.

Il établit un rapport annuel qu'il adresse au ministre de la justice, au ministre de l'intérieur et à la Commission nationale de l'informatique et des libertés.

Les pouvoirs qui lui sont confiés s'exercent sans préjudice du contrôle exercé par la Commission nationale de l'informatique et des libertés en application des dispositions et selon les modalités prévues par l'article 19 de la loi n° 78-17 du 6 janvier 1978 relative à l'informatique, aux fichiers et aux libertés.

Art. R. 53-18 *(Mod., D. n° 2020-1777, 30 déc. 2020 ; D. n° 2021-1402, 29 oct. 2021).* – Les personnels du service national de police scientifique de la police nationale et ceux de la gendarmerie nationale, spécialement affectés dans le service mettant en œuvre le traitement, et dûment habilités, pourront seuls, à la demande de l'autorité judiciaire ou des officiers de police judiciaire, assurer l'alimentation du fichier, avoir accès aux informations enregistrées et procéder aux opérations de rapprochement.

Les officiers et les agents de police judiciaire ainsi que les agents spécialisés, techniciens ou ingénieurs de police technique et scientifique agissant en application des dispositions du I de l'article 706-56 ne peuvent accéder directement au fichier que pour vérifier si y figure l'état civil d'une personne susceptible de faire l'objet d'un prélèvement biologique en application de ces dispositions. Ils ne peuvent accéder à aucune autre donnée.

Les personnels affectés au service central de préservation des prélèvements biologiques et dûment habilités peuvent accéder directement aux données enregistrées dans le fichier, à l'exception de celles relatives aux résultats d'analyse. Ils peuvent y enregistrer des informations relatives aux scellés.

Les magistrats du parquet et de l'instruction, les officiers de police judiciaire, les personnes physiques ou morales agréées conformément au décret n° 97-109 du 6 février 1997 précité ayant réalisé les analyses, et les personnels agissant sous leur responsabilité peuvent procéder, par tous moyens sécurisés, y compris télématiques, aux opérations de transmission au service gestionnaire du fichier des informations qui doivent y être enregistrées.

En vue de procéder à l'envoi des profils génétiques, les personnes physiques ou morales agréées conformément aux dispositions du décret n° 97-109 du 6 février 1997 précité ayant réalisé les analyses, et les personnels agissant sous leur responsabilité, peuvent accéder aux données s'y rapportant enregistrées dans le fichier et mentionnées au I et au 1° du II de l'article R. 53-11, ainsi que, le cas échéant, aux nom, prénoms, date et lieu de naissance et filiation des personnes dont les empreintes génétiques sont supposées avoir été recueillies. Elles ne peuvent accéder à aucune autre donnée.

Art. R. 53-18-1 *(Créé, D. n° 2021-1402, 29 oct. 2021)*. – Les opérations de collecte, de modification, de consultation, de communication, y compris les transferts, et d'effacement des données à caractère personnel et informations font l'objet d'un enregistrement. Les opérations de consultation et de communication enregistrées établissent l'identifiant de l'auteur, la date, l'heure, le motif de l'opération et, le cas échéant, les destinataires des données. Ces informations sont conservées pendant trois ans.

Art. R. 53-19 *(Mod., D. n° 2004-470, 25 mai 2004)*. – Le fichier national automatisé des empreintes génétiques ne peut faire l'objet d'aucune interconnexion ni de rapprochement ou de mise en relation avec un autre traitement automatisé d'informations nominatives, sous réserve des dispositions du troisième alinéa de l'article R. 53-20.

Art. R. 53-19-1 *(D. n° 2009-785, 23 juin 2009 ; D. n° 2021-1402, 29 oct. 2021)*. – Par dérogation aux articles R. 53-18 et R. 53-19, les données enregistrées dans le fichier national automatisé des empreintes génétiques, à l'exception de celles mentionnées au III de l'article R. 53-10, peuvent être consultées, en vue notamment de faire l'objet de rapprochements, par les agents d'organismes de coopération internationale en matière de police judiciaire ou par les agents des services de police ou de justice d'États étrangers, aux fins et dans les conditions prévues :

1° Par le traité relatif à l'approfondissement de la coopération transfrontalière, notamment en vue de lutter contre le terrorisme, la criminalité transfrontalière et la migration illégale, signé à Prüm le 27 mai 2005 ;

2° Par tout acte pris en application des titres IV ou VI du traité sur l'Union européenne et poursuivant des buts analogues, en tout ou partie, à ceux du traité mentionné au 1° ;

3° Par tout engagement liant, aux fins définies à l'article L. 235-1 du Code de la sécurité intérieure, la France à des organismes internationaux ou à des États étrangers, dans les conditions fixées par les articles 112 à 114 de la loi n° 78-17 du 6 janvier 1978 relative à l'informatique, aux fichiers et aux libertés.

Art. R. 53-19-2 *(D. n° 2009-785, 23 juin 2009 ; D. n° 2021-1402, 29 oct. 2021)*. – Sous réserve des règles particulières prévues par les actes et accords mentionnés aux 2° et 3° de l'article R. 53-19-1, les opérations réalisées en vertu desdites dispositions :

1° Sont le fait d'agents spécialement habilités à cet effet par les organismes internationaux ou États requérants ;

2° Font l'objet, de la part de ces agents, de demandes préalables motivées ;

3° Donnent lieu à un enregistrement dans les conditions prévues à l'article R. 53-18-1.

Art. R. 53-20 *(Mod., D. n° 2010-773, 8 juill. 2010 ; D. n° 2021-1402, 29 oct. 2021)*. – Lorsqu'il n'a pas été réalisé au cours de la procédure d'enquête, d'instruction ou de jugement, le prélèvement est effectué, sur instruction du procureur de la République ou du procureur général et selon les modalités prévues par le I de l'article 706-56, au plus tard dans un délai d'un an :

1° Soit, si la personne a été définitivement condamnée à une peine, à compter de la fin de l'exécution de la peine ou, en cas de sursis, du caractère non avenu de la peine ;

2° Soit, si la personne a fait l'objet d'une décision de déclaration de culpabilité non suivie par le prononcé d'une peine, du jour où cette décision est devenue définitive ;

3° Soit, si la personne a fait l'objet d'une décision d'irresponsabilité pénale, à compter du jour où cette décision est devenue définitive, ou, si la personne a fait l'objet d'une mesure d'hospitalisation sous contrainte ou d'une mesure de sûreté mentionnée à l'article 706-136, à compter de la fin de l'exécution de cette mesure.

Art. R. 53-20-1 *(Créé, D. n° 2021-1402, 29 oct. 2021).* – Sauf décision contraire du procureur de la République, de l'officier de police judiciaire ou, en cours d'information, du juge d'instruction, les scellés et prélèvements relatifs aux traces et échantillons mentionnés aux 1°, 1° *bis*, 3° et 4° du I et aux 1° et 2° du III de l'article R. 53-10 sont adressés, lorsque l'analyse a été effectuée, au service central de préservation des prélèvements biologiques en vue de leur préservation.

Art. R. 53-20-2 *(Créé, D. n° 2021-1402, 29 oct. 2021).* – I. – Les scellés et prélèvements sont adressés au service central de préservation des prélèvements biologiques dans un conditionnement normalisé selon des modalités fixées par arrêté conjoint du ministre de la justice et du ministre de l'intérieur, et accompagnés des informations mentionnées à l'article R. 53-11.

Lorsque le conditionnement des scellés et prélèvements biologiques qui lui sont adressés ne respecte pas les exigences fixées par l'arrêté mentionné au premier alinéa, le service peut en refuser la préservation et informe les laboratoires agréés, l'autorité de contrôle et la commission chargée d'agréer les personnes habilitées à effectuer des missions d'identification par empreintes génétiques dans le cadre des procédures judiciaires ou de la procédure extrajudiciaire d'identification des personnes décédées, prévue par l'article 1er du décret n° 97-109 du 6 février 1997 précité.

Sur réquisition ou ordonnance du magistrat compétent, ils sont mis à disposition de l'autorité judiciaire par ce service.

II. – Les scellés et prélèvements sont préservés selon les mêmes durées maximales prévues à l'article R. 53-14 applicables aux données auxquelles ils correspondent.

Sauf demande contraire et expresse du magistrat compétent, ils sont détruits d'office par le service à l'expiration de ces durées.

III. – En cas d'effacement d'une des données mentionnées à l'article R. 53-10 avant ce délai à la demande de l'autorité judiciaire ou de l'officier de police judiciaire agissant sur instruction de cette dernière, le service en est informé dans les plus brefs délais et par tous moyens sécurisés, y compris télématiques, par l'autorité judiciaire, l'officier de police judiciaire ou l'autorité gestionnaire du fichier. Le service procède, selon les termes de la décision de l'autorité judiciaire, à la destruction ou à la restitution du prélèvement ou du scellé.

Art. R. 53-21 *(Rempl., D. n° 2004-470, 25 mai 2004 ; D. n° 2021-1402, 29 oct. 2021).* – Le magistrat mentionné à l'article R. 53-16, assisté par le comité prévu au même article, contrôle les conditions dans lesquelles fonctionne le service central de préservation des prélèvements biologiques. Il peut procéder à toute vérification sur place.

L'autorité responsable du service lui adresse un rapport annuel d'activité ainsi que, sur sa demande, toutes informations relatives au fonctionnement du service.

Le magistrat établit un rapport annuel qu'il adresse au ministre de la justice : il en adresse aussi une copie au ministre de l'intérieur et à la Commission nationale de l'informatique et des libertés.

TITRE XX *BIS*. – DU RÉPERTOIRE DES DONNÉES À CARACTÈRE PERSONNEL COLLECTÉES DANS LE CADRE DES PROCÉDURES JUDICIAIRES DÉNOMMÉ « REDEX »

(D. n° 2016-1338, 7 oct. 2016 ; entrée en vigueur le 1er mars 2018)

Art. R. 53-21-1 *(D. n° 2016-1338, 7 oct. 2016).* – Le ministre de la Justice est autorisé à mettre en œuvre un traitement automatisé de données à caractère personnel dénommé « Redex » (*Répertoire des Expertises*), consistant dans le répertoire des données à caractère personnel collectées dans le cadre des procédures judiciaires prévu par l'article 706-56-2.

Ce traitement est placé sous le contrôle du magistrat dirigeant le service du casier judiciaire national, qui veille au respect des dispositions du présent titre.

Section I. – Enregistrement des données dans le répertoire

Art. R. 53-21-2 *(D. n° 2016-1338, 7 oct. 2016)*. – I. – Les personnes dont les données sont enregistrées dans le répertoire sont celles poursuivies, au sens des alinéas 10 et 1er de l'article 706-56-2, et celles condamnées pour l'une des infractions pour lesquelles le suivi socio-judiciaire est encouru.

II. – Sont enregistrés dans le répertoire les expertises, évaluations et examens psychiatriques, médico-psychologiques, psychologiques et pluridisciplinaires des personnes mentionnées au I lorsqu'ils ont été ordonnés :

1° Par le procureur de la République ou par un officier de police judiciaire au cours d'une enquête de police judiciaire ;

2° Par la juridiction d'instruction au cours d'une instruction ;

3° Par la juridiction de jugement à l'occasion d'un jugement ;

4° Par la juridiction d'application des peines, le procureur de la République, la commission pluridisciplinaire des mesures de sûreté ou l'administration pénitentiaire au cours de l'exécution d'une peine ;

5° Par la juridiction nationale ou régionale de la rétention de sûreté, la juridiction d'application des peines, le procureur de la République, la commission pluridisciplinaire des mesures de sûreté préalablement au prononcé ou durant le déroulement d'une mesure de surveillance ou de rétention de sûreté ;

6° Par le juge des libertés et de la détention à l'occasion d'une demande de modification ou de relèvement d'une interdiction prononcée en application de l'article 706-136 ;

7° Par le juge des libertés et de la détention ou par le représentant de l'État dans le département conformément aux dispositions des articles L. 3211-12 et L. 3213-8 du Code de la santé publique à l'occasion d'une demande de sortie d'une personne hospitalisée sans son consentement en application de l'article 706-135 ou de l'article L. 3213-7 du Code de la santé publique.

III. – Les expertises, évaluations et examens versés dans le répertoire peuvent contenir des données de la nature de celles mentionnées au I de l'article 8 de la loi n° 78-17 du 6 janvier 1978 relative à l'informatique, aux fichiers et aux libertés.

Art. R. 53-21-3 *(D. n° 2016-1338, 7 oct. 2016)*. – L'enregistrement dans le répertoire des données mentionnées à l'article précédent est réalisé par l'autorité judiciaire l'ayant ordonnée, les agents de son greffe ou les personnes habilitées pour les assister en vertu de l'article R. 123-14 du Code de l'organisation judiciaire.

Lorsque l'examen a été ordonné par un officier de police judiciaire, l'enregistrement est réalisé par le procureur de la République sous le contrôle duquel l'enquête est conduite.

Lorsqu'une expertise ou un examen a été ordonné par l'administration pénitentiaire, l'enregistrement est réalisé par le procureur de la République de la juridiction dans le ressort de laquelle est situé l'établissement pénitentiaire dans lequel le condamné est écroué.

Lorsqu'une évaluation pluridisciplinaire ou une expertise a été ordonnée par la commission pluridisciplinaire des mesures de sûreté, l'enregistrement est réalisé par le procureur de la République de la juridiction dans le ressort de laquelle est situé l'établissement pénitentiaire dans lequel la personne est écrouée ou le centre socio-médico-judiciaire dans lequel elle est retenue. Si la personne est placée sous surveillance de sûreté, le procureur compétent est celui de la juridiction dans le ressort de laquelle elle a sa résidence habituelle.

Lorsque l'examen a été ordonné par le représentant de l'État conformément aux dispositions de l'article L. 3213-8 du Code de la santé publique, l'enregistrement est réalisé par le procureur de la République de la juridiction dans le ressort de laquelle est situé l'établissement hospitalier.

Art. R. 53-21-4 *(D. n° 2016-1338, 7 oct. 2016)*. – La vérification de l'identité des personnes inscrites dans le répertoire est effectuée, lorsqu'elle est possible, au vu des informations communiquées au service du casier judiciaire conformément aux dispositions de l'article R. 64.

Art. R. 53-21-5 *(D. n° 2016-1338, 7 oct. 2016)*. – I. – Pour chaque personne faisant l'objet d'une inscription au répertoire, sont enregistrées les informations suivantes :

1° Informations relatives à la personne elle-même : nom, prénom[s], sexe, date et lieu de naissance de la personne, la ou les nationalités ainsi que, le cas échéant, alias, changement de nom et nom d'usage ; sont également enregistrées les informations relatives à la filiation de la personne, si cette personne ne figure pas au répertoire national d'identification des personnes physiques, ces informations ne pouvant toutefois constituer un critère de recherche ;

2° Informations relatives à la donnée enregistrée dans le répertoire conformément aux dispositions de l'article R. 53-21-2 :

– nature de la mesure mentionnée à l'article R. 53-21-2 et date à laquelle elle a été réalisée ;
– qualité de l'autorité l'ayant ordonnée ;
– cadre procédural dans lequel la mesure a été ordonnée ;

3° Informations relatives à la procédure pénale à l'origine de l'enregistrement de la donnée :

– nature et date de l'infraction ou des infractions pour lesquelles la personne est ou a été poursuivie ou condamnée ;
– référence de la procédure pénale pour laquelle la personne est, ou a été, poursuivie ou condamnée.

II. – Il est interdit de sélectionner une catégorie particulière de personnes à partir des données de la nature de celles mentionnées au I de l'article 8 de la loi du 6 janvier 1978 susmentionnée contenues dans les expertises, évaluations et examens versés dans le répertoire.

Art. R. 53-21-6 *(D. n° 2016-1338, 7 oct. 2016)*. – Le gestionnaire du fichier contrôle la validité des informations enregistrées et, selon le cas, refuse ou efface les enregistrements qui ne respectent pas les exigences légales.

Le magistrat dirigeant le service du casier judiciaire national, en charge du contrôle du traitement projeté, ainsi que le gestionnaire disposent, dans le cadre de leurs missions, d'un accès direct et permanent au traitement.

Section II. – Interrogation du répertoire

Art. R. 53-21-7 *(D. n° 2016-1338, 7 oct. 2016)*. – Les autorités judiciaires, pour les seuls besoins des procédures dont elles ont la charge, peuvent interroger le fichier par un système de communication électronique sécurisé à partir des critères suivants, mêmes incomplets :

– données d'identité ;
– numéro de procédure.

Art. R. 53-21-8 *(D. n° 2016-1338, 7 oct. 2016)*. – Lors des interrogations, les identités consultées comportent également le résultat de la vérification effectuée par le service gestionnaire du fichier conformément à l'article R. 53-21-4.

Si l'intéressé est né hors de la France métropolitaine ou si son lieu de naissance est inconnu, est inscrite la mention : « identité non vérifiable par le service ».

Art. R. 53-21-9 *(D. n° 2016-1338, 7 oct. 2016)*. – Sont destinataires, par l'intermédiaire de l'autorité judiciaire et pour l'exercice de leurs missions, des informations contenues dans le répertoire :

1° Les experts ou les personnes désignées par l'autorité judiciaire pour réaliser une expertise ou une évaluation de dangerosité au cours de l'enquête, de l'instruction, du jugement, de l'exécution de la peine, ou dans le cadre d'une mesure de sûreté ou d'une mesure de soins psychiatriques ;

2° Les experts ou les personnes désignées par la commission pluridisciplinaire des mesures de sûreté pour réaliser une évaluation pluridisciplinaire de dangerosité ;

3° Les membres de la commission pluridisciplinaire des mesures de sûreté.

Section III. – Droit d'accès et demande de rectifications ou d'effacement

Art. R. 53-21-10 *(D. n° 2016-1338, 7 oct. 2016)*. – Toute personne dont l'identité est inscrite dans le répertoire obtient, sur demande adressée au procureur de la République de son domicile, communication du relevé intégral des références la concernant inscrites dans le répertoire.

Art. R. 53-21-11 *(D. n° 2016-1338, 7 oct. 2016)*. – Toute personne dont l'identité est inscrite dans le répertoire peut demander au procureur de la République d'ordonner la rectification ou l'effacement des informations la concernant si les informations ne sont pas exactes ou si les conditions légales de leur conservation ne sont plus remplies.

Le procureur de la République compétent est celui ayant procédé à l'enregistrement ou celui de la juridiction à laquelle appartient l'autorité judiciaire ayant procédé à l'enregistrement. Dans l'hypothèse où la juridiction est une cour d'appel, le procureur de la République compétent est celui du siège de la cour d'appel.

Art. R. 53-21-12 *(D. n° 2016-1338, 7 oct. 2016).* – La demande de rectification ou d'effacement doit, à peine d'irrecevabilité, être adressée par lettre recommandée avec demande d'avis de réception ou par déclaration au greffe. Cette demande est adressée au procureur de la République mentionné à l'alinéa précédent.

Art. R. 53-21-13 *(D. n° 2016-1338, 7 oct. 2016).* – Le magistrat compétent doit faire connaître sa décision à l'intéressé, par lettre recommandée avec demande d'avis de réception, dans un délai de trois mois à compter de la réception de la demande.

À défaut de réponse dans ce délai ou si le magistrat n'ordonne pas la rectification ou l'effacement l'intéressé peut saisir aux mêmes fins le juge des libertés et de la détention dans un délai de dix jours par lettre recommandée avec demande d'avis de réception ou par déclaration au greffe.

Art. R. 53-21-14 *(D. n° 2016-1338, 7 oct. 2016).* – Après avoir sollicité les réquisitions écrites du procureur de la République, le juge des libertés et de la détention statue par ordonnance motivée dans un délai de trois mois. L'ordonnance est notifiée au procureur de la République et par lettre recommandée avec demande d'avis de réception, à l'intéressé.

Art. R. 53-21-15 *(D. n° 2016-1338, 7 oct. 2016).* – Faute pour le juge des libertés et de la détention de statuer dans le délai de trois mois ou s'il n'est pas fait droit à la demande de rectification ou d'effacement, l'intéressé peut, dans un délai de dix jours, saisir le président de la chambre de l'instruction, par lettre recommandée avec accusé de réception ou par déclaration au greffe. À peine d'irrecevabilité, sa contestation doit être motivée.

Art. R. 53-21-16 *(D. n° 2016-1338, 7 oct. 2016).* – S'il est fait droit à la demande de rectification ou d'effacement, le procureur de la République peut également, dans un délai de dix jours, contester cette décision devant le président de la chambre de l'instruction. Cette contestation suspend l'exécution de la décision.

Art. R. 53-21-17 *(D. n° 2016-1338, 7 oct. 2016).* – Le président de la chambre de l'instruction statue, après avoir sollicité les réquisitions écrites du procureur général, par une ordonnance motivée, dans un délai de trois mois. Cette ordonnance est notifiée au procureur de la République et, par lettre recommandée avec demande d'avis de réception, à l'intéressé. Elle ne peut faire l'objet d'un pourvoi en cassation que si elle ne satisfait pas, en la forme, aux conditions essentielles de son existence légale.

Art. R. 53-21-18 *(D. n° 2016-1338, 7 oct. 2016).* – S'il est fait droit aux demandes prévues par l'article R. 53-21-11, le procureur de la République informe le service gestionnaire du répertoire, lequel procède sans délai, selon les cas, à la rectification ou à l'effacement des données.

Section IV. – Conservation de la trace des interrogations et consultations

Art. R. 53-21-19 *(D. n° 2016-1338, 7 oct. 2016).* – Le répertoire conserve pendant une durée de trois ans, dans la limite des durées définies à l'article R. 53-21-20, les informations relatives aux enregistrements, suppressions et interrogations dont il fait l'objet, en précisant le nom, le prénom, le service et la qualité de la personne ou autorité ayant procédé à l'opération.

Ces informations ne peuvent être consultées que par le magistrat chef du service gestionnaire du fichier ou, avec son autorisation, par les personnes placées sous son autorité et qu'il habilite spécialement.

Elles peuvent donner lieu à exploitations statistiques.

Section V. – Durée de conservation des données inscrites dans le répertoire et modalités de leur effacement

Art. R. 53-21-20 *(D. n° 2016-1338, 7 oct. 2016).* – Les données inscrites dans le répertoire sont conservées, à compter du jour où a été réalisé l'examen, l'expertise ou l'évaluation, pendant un délai de trente ans ou, si la personne était mineure au moment de l'infraction, pendant un délai de quinze ans.

Art. R. 53-21-21 *(D. n° 2016-1338, 7 oct. 2016).* – Le procureur de la République ou le procureur général informe sans délai le service gestionnaire de la décision de classement sans suite, hormis les cas où cette décision est fondée sur le premier alinéa de l'article 122-1 du Code pénal, ou de la décision définitive de relaxe ou d'acquittement intervenue dans la procédure au cours de laquelle a été ordonné l'expertise, l'examen ou l'évaluation enregistré dans le répertoire.

La juridiction d'instruction ou son greffe procède sans délai à l'effacement des données inscrites dans le répertoire en cas de décision définitive de non-lieu intervenue dans la procédure au cours de laquelle a été ordonné l'expertise, l'examen ou l'évaluation enregistré dans le répertoire.

Art. R. 53-21-22 *(D. n° 2016-1338, 7 oct. 2016).* – Le service gestionnaire procède à l'effacement des données inscrites dans le répertoire :

a) À l'expiration du délai prévu à l'article R. 53-21-20 ;

b) Lorsqu'il est informé d'une des décisions mentionnées à l'article R. 53-21-21 ;

c) Lorsqu'il est informé du décès de l'intéressé ;

d) Lorsqu'il est informé d'une décision d'effacement prise en application des articles R. 53-21-11 à R. 53-21-17.

Section VI. – Dispositions communes

Art. R. 53-21-23 *(D. n° 2016-1338, 7 oct. 2016).* – Aucune interconnexion, aucun rapprochement ni aucune mise en relation au sens de la loi n° 78-17 du 6 janvier 1978 relative à l'informatique, aux fichiers et aux libertés ne peuvent être effectués entre le fichier prévu par le présent titre et tout autre fichier ou recueil de données nominatives détenu par une personne quelconque ou par un service de l'État ne dépendant pas du ministère de la Justice.

Art. R. 53-21-24 *(D. n° 2016-1338, 7 oct. 2016).* – Les magistrats du parquet et tout fonctionnaire du parquet spécialement habilité par le procureur de la République exercent les compétences reconnues à ce magistrat pour l'application du présent titre.

Les magistrats du parquet général et tout fonctionnaire du parquet général spécialement habilité par le procureur général exercent les compétences reconnues à ce magistrat pour l'application du présent titre.

Il en est de même pour celles reconnues au service gestionnaire du fichier, pour les magistrats placés sous son autorité et les fonctionnaires spécialement habilités par lui.

Art. R. 53-21-25 *(D. n° 2016-1338, 7 oct. 2016).* – L'enregistrement des données à caractère personnel dans le fichier est réalisé directement par les personnes autorisées ou habilitées.

L'enregistrement et la consultation du fichier se font par l'intermédiaire de moyens de télécommunication sécurisés.

Le droit d'information prévu au I de l'article 32 de la loi du 6 janvier 1978 susmentionnée, sauf en ce qui concerne les personnes habilitées à accéder mentionnées aux articles R. 53-21-2 et R. 53-21-3 ne s'applique pas au présent traitement.

Le droit d'opposition prévu au premier alinéa de l'article 38 de la même loi ne s'applique pas au présent traitement.

TITRE XXI. – DE LA PROTECTION DES TÉMOINS

(D. n° 2003-455, 16 mai 2003)

CHAPITRE I. – DÉCLARATION D'ADRESSE D'UN TÉMOIN DANS UN COMMISSARIAT OU UNE BRIGADE DE GENDARMERIE

Art. R. 53-22 *(D. n° 2003-455, 16 mai 2003).* – Lorsqu'il est fait application des dispositions du premier alinéa de l'article 706-57, le procès-verbal des déclarations de la personne entendue mentionne l'autorisation donnée par le procureur de la République ou par le juge d'instruction.

Art. R. 53-23 *(D. n° 2003-455, 16 mai 2003).* – Le registre prévu par le deuxième alinéa de l'article 706-57 est tenu au siège de chaque service de police nationale ou unité de gendarmerie nationale. Il est paraphé par le chef du service de police ou de l'unité de gendarmerie. Ce registre est présenté, à tout moment, au procureur de la République qui en fait la demande.

Chaque inscription sur le registre comporte un numéro d'ordre. Ce numéro est mentionné dans le procès-verbal des déclarations de la personne entendue, ainsi que la dénomination et l'adresse du service ou de l'unité détenant le registre.

Art. R. 53-24 *(D. n° 2003-455, 16 mai 2003).* – La personne ayant bénéficié des dispositions du premier alinéa de l'article 706-57 est avisée qu'elle doit faire connaître, pendant l'année qui suit son audition, ses changements d'adresse au service de police ou à l'unité de gendarmerie détenant le registre.

Les services de police ou les unités de gendarmerie sont tenus, à la demande des seules autorités judiciaires, de délivrer dans les meilleurs délais aux personnes ayant bénéficié des dispositions de l'article 706-57 les convocations émanant de ces autorités. Ils doivent de même remettre les citations à comparaître dont peuvent faire l'objet ces personnes. S'ils constatent à cette occasion qu'une personne a changé d'adresse, ils inscrivent sa nouvelle adresse dans le registre, en marge de la précédente. Il en est de même s'ils sont directement informés par cette personne de son changement d'adresse.

Lorsque la personne a changé d'adresse et que la convocation ou la citation à comparaître ne peut lui être remise, le magistrat mandant en est immédiatement informé.

Art. R. 53-25 *(D. n° 2003-455, 16 mai 2003).* – Lorsqu'elles sont entendues comme témoins devant une juridiction d'instruction ou de jugement, les personnes ayant bénéficié des dispositions de l'article 706-57 sont autorisées à continuer de déclarer comme domicile l'adresse du service de police ou de l'unité de gendarmerie. Cette juridiction peut toutefois demander aux personnes ayant bénéficié des dispositions du premier alinéa de cet article de déclarer leur véritable domicile.

Art. R. 53-26 *(D. n° 2003-455, 16 mai 2003).* – Les dispositions du présent chapitre ne sont pas prescrites à peine de nullité.

CHAPITRE II. – POSSIBILITÉ POUR UN TÉMOIN DE DÉPOSER DE MANIÈRE ANONYME

Art. R. 53-27 *(D. n° 2003-455, 16 mai 2003).* – La requête prévue par le premier alinéa de l'article 706-58 précise l'identité de la personne et les raisons pour lesquelles, au regard des éléments figurant dans le dossier de la procédure d'enquête ou l'information, qui est jointe, en copie ou en original, à la requête, les déclarations de la personne doivent être recueillies sans que son identité apparaisse dans la procédure.

Peut être joint à la requête un procès-verbal d'audition de la personne dans laquelle celle-ci fait part de son accord pour témoigner de manière anonyme, en expliquant le cas échéant les risques qui pèsent sur elle, sa famille ou ses proches si elle témoignait sans bénéficier des dispositions de l'article 706-58. Peut être également joint un rapport des enquêteurs justifiant le recours à la procédure prévue par cet article.

Lorsque la requête est formée par le juge d'instruction, celui-ci l'adresse au juge des libertés et de la détention après avoir pris l'avis du procureur de la République, cet avis étant également joint à la requête.

Art. R. 53-28 *(D. n° 2003-455, 16 mai 2003).* – Les dossiers distincts et le registre prévus par le deuxième alinéa de l'article 706-58 sont conservés par le procureur de la République. Ils ne peuvent être communiqués qu'au juge des libertés et de la détention ou au juge d'instruction ou, dans le cas prévu par le deuxième alinéa de l'article 706-60, au président de la chambre de l'instruction.

Art. R. 53-29 *(D. n° 2003-455, 16 mai 2003).* – Si le juge des libertés et de la détention autorise que la personne soit entendue sans que son identité apparaisse dans la procédure, il est attribué à cette personne un numéro d'ordre qui sera inscrit sur le dossier distinct et dans le registre prévus par le deuxième alinéa de l'article 706-58.

Le procès-verbal d'audition de la personne ainsi que le procès-verbal prévu par le deuxième alinéa de l'article 706-58 et qui doit être versé dans le dossier distinct mentionnent le numéro d'ordre qui a été attribué à la personne.

Art. R. 53-30 *(D. n° 2003-455, 16 mai 2003).* – À l'issue de son audition, la personne est invitée à relire sa déposition telle qu'elle vient d'être transcrite, à préciser si elle déclare persister dans ses déclarations et à signer le procès-verbal distinct. Mention en est faite au procès-verbal principal, dont chaque page est signée, selon les cas, par l'officier de police judiciaire ou le procureur de la République ou par le juge des libertés et de la détention ou le juge d'instruction ainsi que son greffier et, le cas échéant, par l'interprète.

Art. R. 53-31 *(D. n° 2003-455, 16 mai 2003).* – La personne ayant bénéficié des dispositions du premier alinéa de l'article 706-58 est avisée qu'elle doit faire connaître, pendant l'année qui suit son audition, ses changements d'adresse au procureur de la République.

Les convocations et citations à comparaître de cette personne sont effectuées par l'intermédiaire du procureur de la République. Si celui-ci constate à cette occasion que la personne a changé d'adresse, il inscrit sa nouvelle adresse dans le registre prévu au deuxième alinéa de l'article 706-57, en marge de la précédente. Il en est de même s'il est directement informé par cette personne de son changement d'adresse.

Lorsque la personne a changé d'adresse et que la convocation ou la citation à comparaître ne peut lui être remise, la juridiction mandante en est immédiatement informée par le procureur de la République.

Art. R. 53-32 *(D. n° 2003-455, 16 mai 2003).* – Si le juge des libertés et de la détention n'autorise pas que les déclarations de la personne soient recueillies sans que son identité apparaisse dans la procédure, la requête et la décision de ce magistrat, ainsi que, le cas échéant, l'avis du procureur de la République, le procès-verbal d'audition et le rapport prévus par les deuxième et troisième alinéas de l'article R. 53-27 sont versés dans un dossier distinct du dossier de la procédure, qui est conservé par le procureur de la République. Ce dossier ne peut être communiqué dans le cadre de la procédure en cours, sauf si la personne accepte ultérieurement de témoigner sans bénéficier des dispositions de l'article 706-58 ; hors cette hypothèse, ce dossier est détruit à la diligence du procureur de la République à l'expiration du délai de prescription de l'action publique. Il est dressé par le procureur de la République un procès-verbal de cette destruction.

TITRE XXII. – DE LA SAISINE POUR AVIS DE LA COUR DE CASSATION

(D. n° 2003-455, 16 mai 2003)

Néant.

TITRE XXIII. – DE L'UTILISATION DE MOYENS DE TÉLÉCOMMUNICATION AU COURS DE LA PROCÉDURE

(D. n° 2003-455, 16 mai 2003)

Art. R. 53-33 *(D. n° 2003-455, 16 mai 2003).* – Pour l'application des dispositions de l'article 706-71, il peut être recouru à un moyen de télécommunication sonore ou à un moyen de télécommunication audiovisuelle.

Toutefois, pour la présentation aux fins de prolongation de la garde à vue ou de la retenue judiciaire, le recours à un moyen de télécommunication audiovisuelle est seul autorisé.

Art. R. 53-34 *(Mod., D. n° 2020-128, 18 févr. 2020).* – Au cours de l'enquête, l'utilisation d'un moyen de télécommunication en application des dispositions du deuxième alinéa de l'article 706-71 est décidée par le procureur de la République.

Art. R. 53-35 *(Mod., D. n° 2020-128, 18 févr. 2020).* – Au cours de l'information, l'utilisation d'un moyen de télécommunication en application des dispositions du deuxième alinéa de l'article 706-71 est décidée par le juge d'instruction, après avis du procureur de la République.

Art. R. 53-36 *(D. n° 2003-455, 16 mai 2003).* – Lorsque l'un des points du territoire où sont effectués l'audition, l'interrogatoire ou la confrontation se trouve hors du ressort de la juridiction, le procureur de la République dans le ressort duquel ce point est situé en est préalablement informé.

Art. R. 53-37 *(D. n° 2003-455, 16 mai 2003).* – Les déclarations faites par les personnes entendues en plusieurs points du territoire sont retranscrites dans les différents procès-verbaux qui sont élaborés sous la direction de l'officier de police judiciaire, du procureur de la République ou du juge d'instruction qui est chargé de la procédure. S'il apparaît des différences dans les retranscriptions des déclarations d'une même personne, seules font foi celles figurant dans le procès-verbal signé par l'intéressé ou établi dans les conditions fixées par l'article 706-58.

Art. R. 53-38 *(Mod., D. n° 2010-773, 8 juill. 2010).* – Les caractéristiques techniques des moyens de télécommunication utilisés doivent assurer une retransmission fidèle, loyale et confidentielle à l'égard des tiers.

Tout incident technique ayant perturbé une transmission doit être mentionné dans les procès-verbaux prévus par l'article R. 53-37.

Un arrêté conjoint du garde des sceaux, ministre de la justice et du ministre de l'intérieur précise les caractéristiques propres aux moyens de télécommunication audiovisuelle ou concernant des moyens de télécommunication sonore autre que le téléphone.

Art. R. 53-39 *(Mod., D. n° 2020-128, 18 févr. 2020).* – Lorsqu'il est fait application des dispositions du deuxième alinéa de l'article 706-71 au cours d'une information, le serment de l'interprète prévu par le troisième alinéa de l'article 102 est recueilli, par le juge d'instruction ou par l'officier de police judiciaire qui procède à l'audition de la personne, par l'intermédiaire du moyen de télécommunication.

TITRE XXIV. – DE LA GÉOLOCALISATION

(D. n° 2016-867, 29 juin 2016)

Art. R. 53-40 *(D. n° 2016-867, 29 juin 2016).* – La requête du juge d'instruction prévue par le premier alinéa de l'article 230-40 précise les raisons pour lesquelles il estime remplies les conditions prévues par les dispositions de ce même alinéa. Elle comporte la liste des pièces dont le juge d'instruction demande le versement dans le dossier distinct du dossier de la procédure.

Un rapport des enquêteurs justifiant le recours à la procédure prévue par l'article 230-40 peut également être joint à la requête.

Le juge d'instruction adresse sa requête au juge des libertés et de la détention après avoir recueilli l'avis du procureur de la République, qui est joint à la requête.

Art. R. 53-40-1 *(D. n° 2016-867, 29 juin 2016).* – Le dossier distinct et le registre prévus à l'article 230-40 sont conservés par le président du tribunal judiciaire ou le juge délégué par lui. Ils ne peuvent être communiqués qu'au juge des libertés et de la détention, au juge d'instruction, à la chambre de l'instruction et, dans le cas prévu par l'article 230-41, au président de la chambre de l'instruction.

Art. R. 53-40-2 *(D. n° 2016-867, 29 juin 2016).* – Sont versés dans le dossier distinct dont la création a été autorisée par le juge des libertés et de la détention les pièces dont il dresse la liste, la requête du juge d'instruction, l'avis du procureur de la République et, le cas échéant, le rapport des enquêteurs.

Art. R. 53-40-3 *(D. n° 2016-867, 29 juin 2016).* – Si le juge des libertés et de la détention ne fait pas droit à la requête du juge d'instruction, cette requête, la décision du juge des libertés et de la détention, l'avis du procureur de la République et, le cas échéant, le rapport des enquêteurs sont versés dans un dossier distinct du dossier de la procédure, qui est conservé par le président du tribunal judiciaire ou le juge délégué par lui.

Ce dossier, qui ne peut être communiqué dans le cadre de la procédure en cours, est détruit à la diligence du président du tribunal judiciaire ou du juge délégué par lui à l'expiration du délai de prescription de l'action publique. Il est dressé par ce magistrat un procès-verbal de cette destruction.

Art. R. 53-40-4 *(D. n° 2016-867, 29 juin 2016)*. – Lorsque des informations relatives à une opération de géolocalisation ont été versées dans un dossier distinct en application de l'article 230-40, et sauf lorsqu'elles ont été versées au dossier de la procédure en application de l'article 230-41, le juge d'instruction, avant de délivrer l'avis prévu à l'article 175, verse dans le dossier distinct les éléments recueillis dans les conditions prévues à l'article 230-40 et qui figurent dans le dossier de la procédure, après avoir recueilli l'avis du procureur de la République et les observations des parties. La décision du juge d'instruction est versée au dossier de la procédure.

TITRE XXVI À XXVIII. –

Vacants.

TITRE XXIX. – DES SAISIES SPÉCIALES

(D. n° 2011-134, 1er févr. 2011)

Art. R. 53-50 *(D. n° 2011-134, 1er févr. 2011)*. – La consignation visée à l'article 706-155 est effectuée sur production de l'ordonnance autorisant ou ordonnant la saisie des sommes et de tout document de nature à justifier les droits et l'identité du demandeur.

La déconsignation est effectuée sur production de la décision définitive désignant le bénéficiaire des sommes et de tout document de nature à justifier les droits et l'identité du demandeur.

TITRE XXX. – DE L'AGENCE DE GESTION ET DE RECOUVREMENT DES AVOIRS SAISIS ET CONFISQUÉS

(D. n° 2011-134, 1er févr. 2011)

Art. R. 54-1 *(Mod., D. n° 2019-602, 18 juin 2019, art. 1er et 2)*. – Le conseil d'administration de l'Agence de gestion et de recouvrement des avoirs saisis et confisqués comprend, outre son président :

1° Sept représentants de l'État, membres de droit :

– le directeur des affaires criminelles et des grâces ;
– le secrétaire général du ministère de la justice ;
– le directeur général des finances publiques ;
– le directeur général de la police nationale ;
– le directeur général de la gendarmerie nationale ;
– le directeur général des douanes et des droits indirects ;
– le directeur du budget ou son représentant ;

2° Trois personnalités qualifiées en raison de leurs compétences en matière de droit des obligations, de droit des sociétés, de gestion de patrimoine et de marchés publics. Elles sont désignées par le ministre de la justice ;

3° Deux représentants du personnel de l'agence, élus dans les conditions fixées par le ministre de la justice.

Le mandat du président et des membres du conseil d'administration autres que ceux mentionnés au 1° est de trois ans renouvelable.

Les membres mentionnés au 1° peuvent se faire représenter.

En cas de vacance pour quelque cause que ce soit du siège d'un membre du conseil, il est pourvu à son remplacement, dans les mêmes conditions de nomination, pour la durée du mandat restant à courir si cette vacance survient plus de six mois avant le terme normal de celui-ci.

Le mandat des membres du conseil d'administration est gratuit, sous réserve du remboursement des frais de déplacement et de séjour, dans les conditions prévues par la réglementation applicable aux fonctionnaires civils de l'État.

Art. R. 54-2 *(D. n° 2011-134, 1er févr. 2011)*. – Le conseil d'administration se réunit au moins deux fois par an, sur convocation de son président.

Le président fixe l'ordre du jour sur proposition du directeur général.

L'ordre du jour est porté à la connaissance des membres du conseil d'administration au moins dix jours avant la réunion.

Le conseil d'administration est réuni de plein droit, à la demande des ministres de tutelle ou de la majorité de ses membres, sur les points de l'ordre du jour déterminés par eux, dans le délai de quinze jours suivant la demande.

Le conseil d'administration ne peut valablement délibérer que si la moitié au moins de ses membres ou de leurs représentants est présente.

Si le quorum n'est pas atteint, le conseil est à nouveau convoqué sur le même ordre du jour dans un délai maximum d'un mois. Il délibère alors sans condition de quorum.

Les délibérations sont adoptées à la majorité des voix des membres présents ou représentés.

La voix du président est prépondérante en cas de partage égal des voix.

Le directeur général de l'agence, le secrétaire général, l'autorité chargée du contrôle financier et l'agent comptable assistent aux réunions du conseil d'administration avec voix consultative.

Le président peut appeler à participer aux séances du conseil d'administration, avec voix consultative, toute personne dont il juge la présence utile.

Art. R. 54-3 *(Mod., D. n° 2012-1247, 7 nov. 2012)*. – Le conseil d'administration règle par ses délibérations les affaires de l'établissement.

Il délibère notamment sur :

1° Les programmes généraux d'activité de l'établissement public ;

2° Les conditions générales de passation des contrats, conventions et marchés de l'établissement, ainsi que sur les délégations de service public et contrats d'objectifs à conclure avec l'État ;

3° Le budget de l'établissement public et ses décisions modificatives, le compte financier et l'affectation des résultats ;

4° Les conditions générales de recrutement, d'emploi et de rémunération du personnel ;

5° L'autorisation d'engager des actions en justice, de négocier et conclure les transactions, sauf urgence ;

6° L'organisation générale de l'établissement ;

7° Son règlement intérieur ;

8° Le rapport annuel d'activité de l'établissement.

Le conseil d'administration peut déléguer au directeur général certaines des compétences prévues au présent article, à l'exception des matières mentionnées aux 2°, 3°, 7° et 8°, dans les limites fixées par le règlement intérieur.

Les délibérations portant sur le budget et le compte financier sont exécutoires dans les conditions prévues par le titre III du décret n° 2012-1246 du 7 novembre 2012 relatif à la gestion budgétaire et comptable publique.

Art. R. 54-4 *(D. n° 2011-134, 1er févr. 2011)*. – Le directeur général de l'Agence de gestion et de recouvrement des avoirs saisis et confisqués est un magistrat de l'ordre judiciaire nommé par arrêté du ministre de la Justice pour une durée de trois ans renouvelable.

Il est secondé par un secrétaire général nommé par arrêté du ministre du budget.

Le directeur général, assisté par le secrétaire général, assure la gestion et la conduite générale de l'agence. Il la représente en justice et dans tous les actes de la vie civile. Il est ordonnateur des recettes et des dépenses de l'agence. Il recrute le personnel placé sous son autorité. Il passe les actes, contrats ou marchés et conclut les transactions nécessaires au bon fonctionnement de l'agence, sous réserve des attributions confiées au conseil d'administration par l'article R. 54-3.

Il prépare les séances du conseil d'administration, élabore le budget de l'établissement public et exécute les délibérations du conseil. Il lui rend compte, à chaque réunion, de l'activité de l'agence et des décisions prises sur le fondement des délégations qu'il a reçues.

Il peut déléguer certaines de ses fonctions au secrétaire général de l'agence.
Il peut déléguer sa signature à tout agent de l'établissement public exerçant des fonctions d'encadrement.
Il peut nommer des ordonnateurs secondaires.

Art. R. 54-5 *(D. n° 2011-134, 1er févr. 2011).* – Les dépenses de l'établissement comprennent les frais de personnel autres que ceux pris en charge par leur organisme ou administration d'origine, les frais de fonctionnement et d'équipement, les frais de gestion, de recouvrement et de cession des avoirs saisis ou confisqués qui lui sont confiés et, d'une manière générale, toute dépense nécessaire à l'activité de l'établissement.

Art. R. 54-6 *(D. n° 2011-134, 1er févr. 2011).* – L'établissement peut accueillir en détachement ou par voie de mise à disposition des agents relevant de la fonction publique de l'État et de la fonction publique territoriale, ainsi que des agents relevant d'organismes publics ou privés assurant la gestion d'un service public, dans le cadre de la réglementation qui leur est applicable.

Art. R. 54-7 *(Mod., D. n° 2019-798, 26 juill. 2019).* – L'agence est soumise aux dispositions des titres Ier et III du décret n° 2012-1246 du 7 novembre 2012 relatif à la gestion budgétaire et comptable publique.
Des comptables secondaires peuvent être désignés par l'agent comptable, après avis du directeur général et avec l'agrément du ministre chargé du budget.
Des régies de recettes et d'avances peuvent être instituées dans les conditions prévues par le décret n° 2019-798 du 26 juillet 2019 modifié relatif aux régies de recettes et aux régies d'avances des organismes publics.

Art. R. 54-8 *(D. n° 2011-134, 1er févr. 2011).* – Les fonds de l'établissement sont déposés au Trésor public.
Toutefois, les sommes saisies et les sommes issues de l'aliénation des biens prévue aux 3° et 4° de l'article 706-160 ou du placement de ces sommes prévu au 4° de l'article 760-163 sont déposées sur un compte de dépôt ouvert à la Caisse des dépôts et consignations rémunéré par un intérêt déterminé selon les modalités prévues par l'article L. 518-23 du Code monétaire et financier.

Art. R. 54-9 *(D. n° 2011-134, 1er févr. 2011).* – L'établissement peut demander à l'administration chargée des domaines de procéder à l'aliénation des biens meubles placés sous main de justice qui ont été remis à l'agence en application des articles 41-5 et 99-2, ainsi que des biens meubles ou immeubles confisqués au cours d'une procédure pénale.
L'aliénation a lieu avec publicité et concurrence.

LIVRE CINQUIÈME

DES PROCÉDURES D'EXÉCUTION

TITRE PREMIER. – DE L'EXÉCUTION DES SENTENCES PÉNALES

(D. n° 86-461, 14 mars 1986 ; intitulé rempl., D. n° 2005-1099, 2 sept. 2005)

CHAPITRE I. – DIMINUTION DE L'AMENDE DU FAIT DU PAIEMENT VOLONTAIRE

(D. n° 2005-1099, 2 sept. 2005)

Section I. – Domaine d'application

Art. R. 55 *(Mod., D. n° 2017-683, 28 avr. 2017)*. – Les dispositions des articles 707-2 et 707-3 relatives à la diminution du montant des amendes et des droits fixes de procédure en cas de paiement volontaire dans le délai d'un mois sont applicables :

1° Aux amendes prononcées par le tribunal de police, par le tribunal pour enfants, par le tribunal correctionnel ou par la cour d'appel ainsi que par toute autre juridiction répressive à l'encontre d'une personne reconnue coupable d'une contravention ou d'un délit, qu'il s'agisse d'une décision contradictoire, d'une décision contradictoire à signifier, d'une décision par défaut ou d'une ordonnance pénale ;

2° Aux amendes prononcées par la cour d'assises à l'encontre d'une personne qui est uniquement condamnée pour une contravention ou un délit ;

3° Aux amendes homologuées selon la procédure de comparution sur reconnaissance préalable de culpabilité ;

4° Aux jours-amendes, lorsque l'amende est payée dans le délai d'un mois prévu par l'article 707-2, indépendamment de la date d'exigibilité résultant de l'application des dispositions de l'article 131-25 du Code pénal, qu'il s'agisse d'une décision contradictoire, d'une décision contradictoire à signifier ou d'une décision par défaut.

5° Aux amendes forfaitaires majorées ;

6° Aux droits fixes de procédure prévus par les dispositions de l'article 1018 A du Code général des impôts.

Elles ne sont pas applicables :

1° Aux amendes de composition prévues par le 1° de l'article 41-2 ;

2° Aux amendes forfaitaires minorées ou aux amendes forfaitaires non majorées ;

3° Aux amendes douanières ou aux amendes fiscales.

Art. R. 55-1 *(Mod., D. n° 2009-383, 6 avr. 2009)*. – Lorsque la condamnation résulte d'une décision contradictoire à signifier ou d'une décision par défaut, le délai d'un mois prévu par l'article 707-2 court à compter de la date de la signification.

L'avis prévu par l'article 707-3 figure dans le jugement ou est joint à l'acte de signification.

Art. R. 55-2 *(Mod., D. n° 2009-383, 6 avr. 2009)*. – Lorsque la condamnation résulte d'une ordonnance pénale, le délai d'un mois prévu par l'article 707-2 court à compter de l'envoi de la lettre recommandée prévue par les articles 495-3 et 527 ou de la notification par le procureur de la République ou son délégué prévue par l'article 495-3. Dans le cas prévu par l'avant-dernier alinéa des articles 495-3 et 527, il court à compter de la date à laquelle la personne a eu connaissance de la condamnation.

L'avis prévu par l'article 707-3 figure dans l'ordonnance pénale ou est joint à la notification de la décision conformément aux modalités prévues par les articles R. 41-3 et R. 42.

Art. R. 55-3 *(Mod., D. n° 2009-383, 6 avr. 2009)*. – En cas de condamnation à une peine d'amende, la diminution prévue par l'article 707-2 ne s'applique qu'en cas de paiement simultané, dans le délai d'un mois, de l'amende, du droit fixe de procédure prévu par les dispositions de l'article 1018 A du Code général des impôts et, s'il y a lieu, de la majoration de l'amende prévue par les articles L. 211-27 et L. 421-8 du Code des assurances en cas de condamnation pour le délit de défaut d'assurance prévu par l'article L. 324-2 du Code de la route ou pour les infractions en matière de chasse.

La diminution porte sur l'ensemble des sommes dues.

Lorsqu'une consignation a été versée en application des dispositions de l'article 529-10 du présent code ou de l'article L. 121-4 du Code de la route, la diminution ne porte que sur les sommes restant dues.

Section II. – Procédure

Art. R. 55-4 *(Mod., D. n° 2014-551, 27 mai 2014)*. – En cas de décision contradictoire rendue en présence du condamné ou de son représentant, il est remis à ce dernier à l'issue de l'audience, s'il en fait la demande, un relevé de condamnation pénale lui permettant de s'acquitter volontairement des droits fixes de procédure et, s'il y a lieu, de l'amende dans le délai d'un mois auprès du comptable de la direction générale des finances publiques.

Le condamné peut également demander la délivrance de ce relevé auprès du greffe de la juridiction qui a rendu la décision dans le délai d'un mois à compter de son prononcé.

Ce relevé est joint aux décisions contradictoires à signifier et aux décisions rendues par défaut au moment de leur signification.

Le modèle du relevé de condamnation est arrêté conjointement par le garde des Sceaux, ministre de la Justice, et par le ministre des Finances.

Art. R. 55-5 *(Mod., D. n° 2014-551, 27 mai 2014)*. – Dans le cas prévu par le premier alinéa de l'article R. 55-4, le greffier en chef adresse au comptable de la direction générale des finances publiques un exemplaire de chaque relevé de condamnation pénale au plus tard le deuxième jour ouvrable suivant le prononcé de la décision.

Dans les autres cas, ce relevé est adressé au comptable de la direction générale des finances publiques en même temps qu'il est procédé à la signification ou à la notification de la décision.

Ces relevés sont adressés sous un bordereau d'envoi simplifié, dont le modèle est arrêté conjointement par le garde des Sceaux, ministre de la Justice, et par le ministre des Finances.

L'envoi de ces relevés dispense d'adresser ultérieurement un extrait de la décision lorsque celle-ci est devenue exécutoire.

Section III. – Voie de recours

Art. R. 55-6 *(Mod., D. n° 2014-551, 27 mai 2014)*. – Si une voie de recours est exercée contre la décision ayant donné lieu à l'envoi du relevé de condamnation conformément aux dispositions de l'article R. 55-5, le greffier en chef en donne avis au comptable de la direction générale des finances publiques ainsi que de l'annulation du relevé correspondant.

Cet avis est donné au plus tard le deuxième jour ouvrable suivant l'enregistrement du recours.

Art. R. 55-7 *(Mod., D. n° 2014-551, 27 mai 2014)*. – Si, à la suite de l'exercice d'une voie de recours, la personne qui s'est acquittée volontairement du paiement de l'amende demande la restitution des sommes versées conformément aux dispositions du troisième alinéa de l'article 707-2, cette demande doit être déposée auprès du comptable de la direction générale des finances publiques compétent pour le recouvrement de l'amende.

CHAPITRE II. – DE L'APPLICATION DES PEINES

(D. n° 2005-1099, 2 sept. 2005)

Art. R. 57-1 *(Anc. art. R. 50-29 ; dénum., D. n° 99-818, 16 sept. 1999).* – Le premier président désigne, après avis de l'Assemblée générale des magistrats du siège, un ou plusieurs conseillers chargés de suivre l'application des peines et de coordonner l'action des juges de l'application des peines dans le ressort de la cour d'appel.

Il est mis fin à leurs fonctions et pourvu à leur remplacement dans les mêmes formes.

Art. R. 57-2 *(Anc. art. R. 50-30 ; dénum., D. n° 99-818, 16 sept. 1999).* – Chaque année, le juge de l'application des peines adresse au ministre de la Justice un rapport sur l'application des peines dans son ressort. Ce rapport est également transmis au conseiller chargé de l'application des peines et au procureur général. En outre, le juge de l'application des peines le présente oralement à l'assemblée générale des magistrats du siège et du Parquet.

Art. R. 57-3 *(Anc. art. R. 50-31 ; dénum., D. n° 99-818, 16 sept. 1999).* – Le juge de l'application des peines est assisté par le service pénitentiaire d'insertion et de probation.

Art. R. 57-4 *(Anc. art. R. 50-32 ; dénum., D. n° 99-818, 16 sept. 1999).* – En cas de nouvelle poursuite exercée contre un condamné placé sous son contrôle, le juge de l'application des peines en est avisé par le procureur de la République. Il communique à ce magistrat les renseignements qui lui paraissent utiles sur le comportement du condamné ; il lui donne notamment son avis sur l'opportunité de toute décision de modification ou de révocation de la mesure dont bénéficie le condamné, qui serait de la compétence de la juridiction de jugement.

CHAPITRE III. – TRAITEMENT DE DONNÉES À CARACTÈRE PERSONNEL RELATIF À L'APPLICATION DES PEINES

(D. n° 2011-1447, 7 nov. 2011)

Art. R. 57-4-1 *(D. n° 2011-1447, 7 nov. 2011).* – Est autorisée la création par le ministère de la justice d'un traitement automatisé de données à caractère personnel dénommé « application des peines, probation et insertion » (APPI).

Ce traitement a pour finalités :

1° De faciliter l'évaluation de la situation des personnes placées sous main de justice, prévenues ou condamnées, pour la détermination ou l'exécution des décisions de l'autorité judiciaire relatives à leur insertion ou leur probation ;

2° De faciliter la gestion des procédures suivies devant les juridictions en charge de l'application des peines ainsi que des mesures mises en œuvre par les services pénitentiaires d'insertion et de probation en cette matière ;

3° De faciliter le suivi de l'aide apportée par les services pénitentiaires d'insertion et de probation aux personnes libérées ;

4° De faciliter la gestion et le suivi des mesures d'enquête ou de contrôle confiées aux services pénitentiaires d'insertion et de probation pour la mise en œuvre des mesures de sûreté ordonnées par les juridictions d'instruction, la juridiction des libertés et de la détention ou les juridictions de jugement ;

5° De faciliter le suivi des enquêtes confiées aux services pénitentiaires d'insertion et de probation par les autorités judiciaires préalablement aux décisions sur l'action publique et à l'exécution des peines privatives de liberté ;

6° De permettre l'exploitation des informations recueillies à des fins de recherches statistiques.

Art. R. 57-4-2 à R. 57-4-10 *(D. n° 2011-1447, 7 nov. 2011 ; abr. à compter du 1er mai 2022, D. n° 2022-479, 30 mars 2022).*

CHAPITRE IV. – DES MODALITÉS D'ACCOMPAGNEMENT DES PARLEMENTAIRES PAR DES JOURNALISTES DANS UN ÉTABLISSEMENT PÉNITENTIAIRE OU DANS UN CENTRE ÉDUCATIF FERMÉ

(Chapitre créé, D. n° 2016-662, 20 mai 2016 ; abr. à compter du 1er mai 2022, D. n° 2022-479, 30 mars 2022)

Art. R. 57-4-11 à R. 57-4-14 *(D. n° 2016-662, 20 mai 2016 ; abr. à compter du 1er mai 2022, D. n° 2022-479, 30 mars 2022).*

TITRE II. – DE LA DÉTENTION

(Rempl., D. n° 2010-1634, 23 déc. 2010)

Art. R. 57-5 *(Rempl., D. n° 2010-1634, 23 déc. 2010).* – Pour l'application du présent titre, le magistrat saisi du dossier de la procédure désigne, selon le cas, le juge d'instruction ou le juge des enfants, le juge des libertés et de la détention, le procureur de la République, le président de la chambre de l'instruction, le président de la cour d'assises, le procureur général près la cour d'appel et le procureur général près la Cour de cassation.

CHAPITRE I. – DE L'EXÉCUTION DE LA DÉTENTION PROVISOIRE

Art. R. 57-5-1 *(D. n° 2010-1634, 23 déc. 2010).* – La mise à l'isolement judiciaire d'une personne majeure peut être décidée à tout moment de la procédure d'information par le juge d'instruction.

Lorsqu'il saisit le juge des libertés et de la détention aux fins d'un placement en détention provisoire ou du renouvellement de la mesure, le juge d'instruction peut indiquer dans son ordonnance qu'il souhaite que la personne soit soumise ou maintenue à l'isolement judiciaire.

Art. R. 57-5-2 *(D. n° 2010-1634, 23 déc. 2010).* – La mise à l'isolement judiciaire peut être décidée par le juge des libertés et de la détention lorsqu'il statue sur le placement en détention provisoire d'une personne ou sur la prolongation de cette détention.

Art. R. 57-5-3 *(D. n° 2010-1634, 23 déc. 2010).* – Le juge d'instruction ou le juge des libertés et de la détention précise dans l'ordonnance par laquelle il soumet une personne à l'isolement judiciaire la durée de la mesure, qui ne peut excéder celle du titre de détention. À défaut de précision, cette durée est celle du titre de détention. Ces instructions sont mentionnées dans la notice individuelle accompagnant le titre de détention ou, si la mesure est décidée ultérieurement, dans tout autre document transmis au chef d'établissement.

Art. R. 57-5-4 *(D. n° 2010-1634, 23 déc. 2010).* – La décision motivée de placement à l'isolement judiciaire ou de prolongation de la mesure peut figurer dans l'ordonnance de placement en détention ou de prolongation de la détention ou faire l'objet d'une ordonnance distincte.

Lorsque la détention provisoire d'une personne placée à l'isolement judiciaire est prolongée, la mesure d'isolement prend fin immédiatement si elle n'est pas expressément renouvelée dans l'ordonnance de prolongation ou par une ordonnance distincte prise le même jour.

Art. R. 57-5-5 *(D. n° 2010-1634, 23 déc. 2010).* – À tout moment de la procédure d'information, il peut être mis fin à l'isolement judiciaire par ordonnance du juge d'instruction, agissant d'office, sur réquisitions du procureur de la République, à la requête du chef de l'établissement pénitentiaire ou à la demande de la personne détenue.

Il peut également y être mis fin par ordonnance du juge des libertés et de la détention, statuant d'office, sur réquisitions du procureur de la République ou à la demande de la personne détenue, lorsque ce juge statue sur la prolongation de la détention provisoire ou sur une demande de mise en liberté.

Art. R. 57-5-6 *(D. n° 2010-1634, 23 déc. 2010).* – La personne placée à l'isolement judiciaire peut à tout moment demander la levée de cette mesure au juge d'instruction, selon les modalités prévues aux articles 148-6 ou 148-7.

Art. R. 57-5-7 *(D. n° 2010-1634, 23 déc. 2010).* – L'ordonnance de placement à l'isolement judiciaire, de renouvellement de cette mesure ou de refus d'y mettre fin est notifiée à la personne par tout moyen.

Cette ordonnance peut être déférée par la personne détenue au président de la chambre de l'instruction selon les modalités prévues aux articles 148-6 et 148-7.

Art. R. 57-5-8. – La personne détenue placée à l'isolement judiciaire est soumise au régime de détention prévu par les articles R. 57-7-62 et R. 57-7-63.

CHAPITRE II. – DES CONDITIONS GÉNÉRALES DE DÉTENTION

Néant.

CHAPITRE III. – DES DISPOSITIONS COMMUNES AUX DIFFÉRENTS ÉTABLISSEMENTS PÉNITENTIAIRES

Section I. – De la confidentialité des documents personnels

Art. R. 57-6-1 à R. 57-6-4 *(D. n° 2010-1634, 23 déc. 2010 ; abr. à compter du 1er mai 2022, D. n° 2022-479, 30 mars 2022).*

Section II. – Des relations des personnes détenues avec leur défenseur

Art. R. 57-6-5 *(D. n° 2010-1634, 23 déc. 2010).* – Le permis de communiquer est délivré aux avocats, pour les condamnés, par le juge de l'application des peines ou son greffier pour l'application des articles 712-6, 712-7 et 712-8 et, pour les prévenus, par le magistrat saisi du dossier de la procédure.

Dans les autres cas, il est délivré par le chef de l'établissement pénitentiaire.

Art. R. 57-6-6 *(D. n° 2010-1634, 23 déc. 2010 ; abr. à compter du 1er mai 2022, D. n° 2022-479, 30 mars 2022).*

Art. R. 57-6-7 *(D. n° 2010-1634, 23 déc. 2010 ; abr. à compter du 1er mai 2022, D. n° 2022-479, 30 mars 2022).*

Section III. – Des mandataires susceptibles d'être choisis par les personnes détenues

Art. R. 57-6-8 à R. 57-6-16 *(D. n° 2010-1634, 23 déc. 2010 ; abr. à compter du 1er mai 2022, D. n° 2022-479, 30 mars 2022).*

Section IV. – Du droit à l'image des personnes détenues

Art. R. 57-6-17 *(D. n° 2010-1634, 23 déc. 2010).* – La diffusion de l'image ou de la voix des personnes détenues prévenues est autorisée par le magistrat saisi du dossier de la procédure.

CHAPITRE IV. – DE L'ADMINISTRATION DES ÉTABLISSEMENTS PÉNITENTIAIRES

(Chap. abr. à compter du 1er mai 2022, D. n° 2022-479, 30 mars 2022)

CHAPITRE V. – DE LA DISCIPLINE ET DE LA SÉCURITÉ DES ÉTABLISSEMENTS PÉNITENTIAIRES

(Chap. abr. à compter du 1er mai 2022, D. n° 2022-479, 30 mars 2022)

CHAPITRE V *BIS*. – DES QUARTIERS SPÉCIFIQUES

(Chap. créé, D. n° 2019-1504, 30 déc. 2019 ; abr. à compter du 1er mai 2022, D. n° 2022-479, 30 mars 2022)

CHAPITRE VI. – DES MOUVEMENTS DES PERSONNES DÉTENUES

(Chap. abr. à compter du 1er mai 2022, D. n° 2022-479, 30 mars 2022)

CHAPITRE VII. – DE LA GESTION DES BIENS ET DE L'ENTRETIEN DES PERSONNES DÉTENUES

(Chap. abr. à compter du 1er mai 2022, D. n° 2022-479, 30 mars 2022)

CHAPITRE VII *BIS*. – DU VOTE DES PERSONNES DÉTENUES

(D. n° 2020-1460, 27 nov. 2020 ; Chap. abr. à compter du 1er mai 2022, D. n° 2022-479, 30 mars 2022)

CHAPITRE VIII. – DE LA SANTÉ DES PERSONNES DÉTENUES

(Chap. abr. à compter du 1er mai 2022, D. n° 2022-479, 30 mars 2022)

CHAPITRE IX. – DES RELATIONS DES PERSONNES DÉTENUES AVEC L'EXTÉRIEUR

Art. R. 57-8-7 *(D. n° 2010-1634, 23 déc. 2010)*. – Le directeur interrégional des services pénitentiaires, après avis conforme du magistrat saisi du dossier de la procédure, peut faire droit à la demande de rapprochement familial de la personne détenue prévenue dont l'instruction est achevée et qui attend sa comparution devant la juridiction de jugement.

Le ministre de la Justice peut, dans les mêmes conditions, faire droit à une telle demande lorsqu'elle a pour effet le transfert :

1° D'une personne détenue d'une direction interrégionale à une autre ;
2° D'une personne inscrite au répertoire des détenus particulièrement signalés ;
3° D'une personne prévenue pour acte de terrorisme.

CHAPITRE IX *BIS*. – DES TECHNIQUES DE RECUEIL DE RENSEIGNEMENT MISES EN ŒUVRE PAR L'ADMINISTRATION PÉNITENTIAIRE

(D. n° 2017-750, 3 mai 2017 ; abr. à compter du 1er mai 2022, D. n° 2022-479, 30 mars 2022)

CHAPITRE X. – DES ACTIONS DE PRÉPARATION À LA RÉINSERTION DES PERSONNES DÉTENUES

(Chap. abr. à compter du 1er mai 2022, D. n° 2022-479, 30 mars 2022)

CHAPITRE XI. – DE DIFFÉRENTES CATÉGORIES DE PERSONNES DÉTENUES

(Chap. abr. à compter du 1er mai 2022, D. n° 2022-479, 30 mars 2022)

CHAPITRE XII. – TRAITEMENT DE DONNÉES À CARACTÈRE PERSONNEL RELATIF À LA GESTION NATIONALE DES PERSONNES DÉTENUES EN ÉTABLISSEMENT PÉNITENTIAIRE

(D. n° 2014-558, 30 mai 2014)

Art. R. 57-9-18 *(D. n° 2014-558, 30 mai 2014 ; D. n° 2022-479, 30 mars 2022)*. – Les finalités du traitement automatisé de données à caractère personnel dénommé gestion nationale des personnes détenues en établissement pénitentiaire (GENESIS), les informations et les données à caractère personnel pouvant y être enregistrées, les règles de fonctionnement et d'accès, ainsi que les droits des personnes concernées par le traitement sont déterminés par les dispositions des articles R. 240-1 et suivants du Code pénitentiaire.

TITRE III. – DU PLACEMENT SOUS SURVEILLANCE ÉLECTRONIQUE

(D. n° 2002-479, 3 avr. 2002)

Art. R. 57-10 *(Rempl., D. n° 2004-1021, 27 sept. 2004 ; mod., D. n° 2011-2022, 28 déc. 2011 ; mod. à compter du 24 mars 2020, D. n° 2020-128, 18 févr. 2020)*. – Le placement sous surveillance électronique des personnes sous assignation à résidence avec surveillance électronique ordonné par le juge d'instruction ou le juge des libertés et de la détention et celui des personnes condamnées à une peine privative de liberté ordonné par la juridiction de jugement ou par le juge de l'application des peines en application des dispositions des articles 138 et 723-7 du présent code et des articles 132-25 et 132-26 du Code pénal s'effectue dans les conditions fixées par les dispositions du présent titre.

CHAPITRE I. – DISPOSITIONS GÉNÉRALES

(Anc. chap. unique, D. n° 2002-479, 3 avr. 2002 ; devenu le présent chap., D. n° 2004-243, 17 mars 2004)

Section I. – Dispositions concernant le procédé prévu par l'article 723-8

Art. R. 57-11 *(Mod., D. n° 2016-261, 3 mars 2016 ; mod. à compter du 1er mai 2022, D. n° 2022-479, 30 mars 2022)*. – Les fonctionnalités et modalités d'homologation du procédé permettant la détention à domicile sous surveillance électronique prévu par l'article 723-8 sont déterminées par les dispositions des articles R. 622-1 et R. 622-2 du Code pénitentiaire.

Art. R. 57-12 *(D. n° 2002-479, 3 avr. 2002 ; abr. à compter du 1er mai 2022, D. n° 2022-479, 30 mars 2022)*.

Section II. – Mesures préalables au placement sous surveillance électronique

Art. R. 57-13 *(D. n° 2004-243, 17 mars 2004 ; mod. à compter du 1er mai 2022, D. n° 2022-479, 30 mars 2022)*. – Lorsqu'il est saisi d'une demande de détention à domicile sous surveillance électronique ou lorsqu'il envisage de prononcer d'office une telle mesure, le juge d'instruction, le juge des libertés et de la détention ou le juge de l'application des peines peut charger le service pénitentiaire d'insertion et de probation de s'assurer de la disponibilité du dispositif technique décrit à l'article R. 622-1 du Code pénitentiaire et de vérifier la situation familiale, matérielle et sociale de la personne condamnée ou prévenue, notamment aux fins de déterminer les horaires et les lieux d'assignation.

Art. R. 57-14 *(D. n° 2002-479, 3 avr. 2002 ; mod. à compter du 1er mai 2022, D. n° 2022-479, 30 mars 2022)*. – Dans le cas prévu par le deuxième alinéa de l'article 723-7, l'accord écrit du propriétaire, ou du ou des titulaires du contrat de location des lieux où pourra être installé le récepteur, est recueilli dans les conditions déterminées par les dispositions de l'article R. 622-4 du Code pénitentiaire.

Art. R. 57-15 *(D. n° 2002-479, 3 avr. 2002 ; mod. à compter du 1er mai 2022, D. n° 2022-479, 30 mars 2022).* – Le magistrat informe l'intéressé qu'il peut demander à tout moment qu'un médecin vérifie que la mise en oeuvre du procédé décrit à l'article R. 622-1 du Code pénitentiaire ne présente pas d'inconvénient pour sa santé.

Section III. – Décisions de placement sous surveillance électronique, de modification ou de retrait de la mesure

Art. R. 57-16 *(D. n° 2002-479, 3 avr. 2002 ; mod. à compter du 1er mai 2022, D. n° 2022-479, 30 mars 2022).* – Lorsqu'il décide de placer la personne sous surveillance électronique, le magistrat compétent lui notifie les périodes et les lieux d'assignation ainsi que les obligations résultant des dispositions de l'article R. 622-19 du Code pénitentiaire et, le cas échéant, les mesures prévues aux articles 132-43 à 132-46 du Code pénal.

Il l'informe que dans les cas énumérés à l'article 723-13 il pourra retirer sa décision de placement sous surveillance électronique.

Il donne connaissance à la personne condamnée à une peine privative de liberté des dispositions des 2° et 4° de l'article 434-29 du Code pénal.

Art. R. 57-17 *(D. n° 2002-479, 3 avr. 2002).* – Lorsqu'il est fait application des dispositions de l'article 723-11, le magistrat compétent notifie à la personne assignée les modifications des conditions d'exécution du placement sous surveillance électronique ou des mesures de contrôle et les obligations particulières auxquelles elle est soumise.

Art. R. 57-18 *(D. n° 2002-479, 3 avr. 2002).* – Pour la tenue du débat contradictoire prévu par le deuxième alinéa de l'article 723-13, l'avocat de la personne est convoqué sans délai et par tout moyen.

Section IV. – Mise en œuvre du placement sous surveillance électronique

Art. R. 57-19 *(Mod., D. n° 2004-243, 17 mars 2004 ; mod. à compter du 1er mai 2022, D. n° 2022-479, 30 mars 2022).* – Le personnel de l'administration pénitentiaire assure la pose et la dépose du bracelet prévu à l'article R. 622-1 du Code pénitentiaire, ainsi que le contrôle du respect des obligations de la personne assignée, dans les conditions prévues par les dispositions des articles R. 622-6, R. 622-7, R. 622-8 et R. 622-19 du Code pénitentiaire.

Art. R. 57-20 *(Mod., D. n° 2004-243, 17 mars 2004 ; abr. à compter du 1er mai 2022, D. n° 2022-479, 30 mars 2022).*

Art. R. 57-21 *(Mod., D. n° 2004-243, 17 mars 2004 ; abr. à compter du 1er mai 2022, D. n° 2022-479, 30 mars 2022).*

Art. R. 57-22 *(D. n° 2002-479, 3 avr. 2002 ; abr. à compter du 1er mai 2022, D. n° 2022-479, 30 mars 2022).*

Section V. – Habilitation des personnes auxquelles peut être confiée la mise en œuvre du dispositif technique permettant le contrôle à distance des personnes assujetties

(D. n° 2004-243, 17 mars 2004 ; abr. à compter du 1er mai 2022, D. n° 2022-479, 30 mars 2022)

Section VI. – Du traitement automatisé relatif au contrôle des personnes placées sous surveillance électronique

(D. n° 2016-261, 3 mars 2016)

Art. R. 57-30-1 *(D. n° 2016-261, 3 mars 2016 ; mod. à compter du 1er mai 2022, D. n° 2022-479, 30 mars 2022).* – Les finalités du traitement automatisé de données à caractère personnel relatif au contrôle des personnes placées sous surveillance électronique, les informations et les données à caractère personnel pouvant y être enregistrées, les règles de fonctionnement et d'accès, les droits des personnes concernées par le traitement, ainsi que les possibilités d'interconnexions ou de mises en relation avec d'autres traitements sont déterminés par les dispositions des articles R. 622-22 et suivants du Code pénitentiaire.

CHAPITRE II. – DISPOSITIONS RELATIVES AUX PERSONNES PLACÉES SOUS CONTRÔLE JUDICIAIRE

(D. n° 2004-243, 17 mars 2004)

Art. R*. 57-31 à R. 57-37 *(Abr., D. n° 2022-479, 30 mars 2022).*

TITRE IV. – DU SURSIS

CHAPITRE II. – DU SURSIS PROBATOIRE

(Mod., D. n° 99-818, 16 sept. 1999 ; intitulé mod. à compter du 24 mars 2020, D. n° 2020-128, 18 févr. 2020)

Art. R. 58 *(Anc. art. R. 53 dénum., D. n° 99-818, 16 sept. 1999 ; mod. à compter du 24 mars 2020, D. n° 2020-128, 18 févr. 2020).* – Le juge de l'application des peines dans le ressort duquel réside le condamné contrôle l'exécution des mesures et des obligations relatives au sursis probatoire.

Art. R. 59 *(Mod., D. n° 2008-1129, 4 nov. 2008).* – Le juge de l'application des peines peut convoquer le condamné pour lui rappeler les mesures de contrôle auxquelles il est soumis ainsi que, le cas échéant, les obligations particulières et l'injonction de soins résultant de la décision de condamnation. Il lui notifie les obligations particulières qu'il ordonne. Il porte à sa connaissance les conditions dans lesquelles ces mesures et ces obligations seront appliquées et contrôlées.

L'accomplissement de ces formalités est constaté par procès-verbal dont copie est remise à l'intéressé, après émargement.

Les formalités prévues par le présent article peuvent également être accomplies, sur instruction du juge de l'application des peines, par le service pénitentiaire d'insertion ou de probation.

Art. R. 60 *(D. n° 77-193, 3 mars 1977 ; abr. à compter du 30 septembre 2021, D. n° 2021-682, 27 mai 2021).*

Art. R. 60-1 *(Abr., D. n° 2010-1634, 23 déc. 2010 ; rétabli dans la version suivante, D. n° 2020-1161, 23 sept. 2020 ; mod. à compter du 1er mai 2022, D. n° 2022-479, 30 mars 2022).* – Selon les cas, la juridiction de jugement ou la juridiction d'application des peines ne peut prononcer à l'encontre d'une personne majeure, dans le cadre d'un sursis probatoire, d'une semi-liberté, d'un placement à l'extérieur, d'une détention à domicile sous surveillance électronique, d'un fractionnement ou d'une suspension de peines, d'un suivi socio-judiciaire, d'une libération conditionnelle, d'une surveillance judiciaire ou d'un placement sous surveillance électronique mobile, l'interdiction de se rapprocher de la victime et l'obligation de porter un bracelet anti-rapprochement prévues par le 18 *bis* de l'article 132-45 et l'article 132-45-1 du Code pénal que s'il lui apparaît que les interdictions prévues par les 9° et 13 °de l'article 132-45 du même code sont, à elles seules, insuffisantes pour prévenir le renouvellement de l'infraction.

Dans ce cas, l'interdiction de se rapprocher de la victime et l'obligation de porter un bracelet anti-rapprochement ne peuvent être ordonnées que si sont également prononcées, en application des 9° et 13° de l'article 132-45 du Code pénal, l'interdiction de se rendre dans certains lieux déterminés, dans lesquels réside, travaille, ou se trouve habituellement la victime, et l'interdiction de recevoir ou de rencontrer la victime ainsi que d'entrer en relation avec elle, de quelque façon que ce soit.

Les dispositions des articles R. 631-1 et R. 631-3 du Code pénitentiaire et celles des articles R. 24-16 à R. 24-23 du présent code, à l'exception des articles R. 24-19 et R. 24-22, sont alors applicables, la référence à la révocation du contrôle judiciaire prévue par l'article R. 24-20 étant remplacée par une référence à la révocation du sursis probatoire, ou à la révocation ou au retrait de la mesure d'aménagement de la peine.

Si l'interdiction de rapprochement imposée au condamné conduit, du fait notamment de rapprochements imputables tant à ses déplacements qu'à ceux de la victime, à un nombre important d'alertes portant une atteinte excessive à son droit au respect de sa vie privée et familiale, celui-ci peut, à tout moment de l'exécution de la peine, demander au juge de l'application des peines que les distances d'alerte et de pré-alerte soient diminuées, ou qu'il soit mis fin à l'interdiction et au port du bracelet. Le juge statue alors selon les modalités de l'article 712-6. Cette décision peut être également prise d'office par le juge de l'application des peines.

Sans pouvoir excéder la durée de la peine, de la probation ou de la mesure d'aménagement de la peine, la durée de l'interdiction de se rapprocher de la victime et du port d'un bracelet anti-rapprochement ne peut dépasser deux ans, cette durée pouvant cependant être renouvelée une fois en matière délictuelle et deux fois en matière criminelle par le juge de l'application des peines qui statue selon les modalités de l'article 712-6.

TITRE V À VII

Néant.

TITRE VII *BIS*. – DU SUIVI SOCIO-JUDICIAIRE

(Anc. titre V, D. n° 83-1163, 23 déc. 1983 ; abr., D. n° 93-726, 29 mars 1993 ; rétabli, D. n° 99-571, 7 juill. 1999 ; dénum., D. n° 2007-1169, 1er août 2007)

CHAPITRE I. – DISPOSITIONS COMMUNES

Art. R. 61 *(Mod., D. n° 2008-1129, 4 nov. 2008 ; D. n° 2021-682, 27 mai 2021)*. – Le juge de l'application des peines mentionné à l'article 763-1 convoque la personne condamnée à un suivi socio-judiciaire pour lui rappeler les obligations auxquelles elle est soumise en application de la décision de condamnation et, le cas échéant, lui notifier les obligations complémentaires qu'il a ordonnées en application de l'article 763-3. Il porte à sa connaissance les conditions dans lesquelles le respect de ces obligations sera contrôlé. Il lui rappelle la durée du suivi socio-judiciaire ainsi que la durée maximum de l'emprisonnement encouru en application de l'article 131-36-1 du Code pénal en cas d'inobservation de ces obligations.

Lorsque le condamné fait l'objet d'une injonction de soins en application des dispositions du premier alinéa de l'article 131-36-4 du Code pénal ou en application des dispositions du troisième alinéa de l'article 763-3 du présent code, le juge lui indique le médecin coordonnateur qu'il a désigné. Il l'avise qu'il devra rencontrer ce médecin dans un délai qu'il fixe et qui ne peut être supérieur à un mois.

Le juge de l'application des peines informe le condamné dans les mêmes formes en cas de modification de ses obligations.

L'accomplissement de ces formalités est constaté par procès-verbal dont une copie est remise à l'intéressé après émargement.

Art. R. 61-1 *(Mod., D. n° 2008-1129, 4 nov. 2008)*. – Si le juge de l'application des peines ordonne la mise à exécution de l'emprisonnement prévu par le troisième alinéa de l'article 131-36-1 du Code pénal, sa décision précise la durée de l'emprisonnement qui doit être subi. Une copie de la décision est remise au condamné, ainsi que, le cas échéant, à son avocat. Cette décision vaut ordre donné au chef de l'établissement pénitentiaire désigné de recevoir et de détenir le condamné.

Appel de cette décision peut être fait soit auprès du greffier du juge de l'application des peines selon les modalités prévues aux deux premiers alinéas de l'article 502, soit auprès du chef de l'établissement pénitentiaire selon les modalités prévues à l'article 503.

Art. R. 61-2 *(D. n° 99-571, 7 juill. 1999).* – Le juge de l'application des peines peut décider par ordonnance motivée qu'il soit mis fin à l'emprisonnement prévu au troisième alinéa de l'article 131-36-1 du Code pénal s'il lui apparaît que le condamné est en mesure de respecter les obligations du suivi socio-judiciaire. Seule la période d'emprisonnement effectivement accomplie est prise en compte pour l'application des dispositions du dernier alinéa de l'article 763-5.

Art. R. 61-3 *(D. n° 99-571, 7 juill. 1999).* – Un dossier individuel concernant la personne condamnée à un suivi socio-judiciaire est tenu par le greffier du juge de l'application des peines.

Ce dossier comprend des copies des documents issus de la procédure ayant abouti à la condamnation et qui sont nécessaires au suivi de la mesure.

Il comprend également les rapports établis et les décisions prises pendant le déroulement de la mesure et, le cas échéant, au cours de l'exécution de la peine privative de liberté.

CHAPITRE II. – DISPOSITIONS PARTICULIÈRES APPLICABLES AUX PERSONNES EXÉCUTANT UNE PEINE PRIVATIVE DE LIBERTÉ

Art. R. 61-4 *(Rempl. à compter du 1er janvier 2012, D. n° 2011-2022, 28 déc. 2011).* – Lorsque le condamné est détenu, le rappel des obligations auxquelles il est soumis et qui est prévu au premier alinéa de l'article R. 61 est fait, dans les jours précédant sa libération ou, conformément aux dispositions de l'article 763-7-1, dans les huit jours suivant celle-ci, par le juge de l'application des peines sous le contrôle duquel le suivi socio-judiciaire doit être effectué ou, sur délégation de ce magistrat, par le juge de l'application des peines du lieu de détention.

Lorsqu'ont été rappelées au condamné ses obligations alors que celui-ci était toujours détenu, le juge de l'application des peines sous le contrôle duquel le suivi socio-judiciaire doit être effectué détermine, pour l'application des dispositions de l'article 763-7-1, si la personne sera, dans les huit jours de sa libération, soit convoquée devant lui, soit convoquée devant le service pénitentiaire d'insertion et de probation. Il avise ce service de sa décision.

L'avis de convocation est remis au condamné avant sa libération. En cas de convocation devant le service pénitentiaire d'insertion et de probation, ce service lui remet ou fait remettre cet avis.

Lorsque le condamné décide de fixer, après sa libération, sa résidence habituelle dans le ressort d'un tribunal judiciaire autre que celui dans le ressort duquel est situé l'établissement pénitentiaire, le juge de l'application des peines du lieu de détention communique en temps utile, et, sauf impossibilité, au moins deux semaines avant la libération de la personne, au juge de l'application des peines compétent pour contrôler le suivi socio-judiciaire le dossier individuel mentionné à l'article R. 61-3.

Art. R. 61-4-1 *(D. n° 2008-1129, 4 nov. 2008).* – Lorsque l'expertise prévue par le troisième alinéa de l'article 763-3 établit que le condamné peut faire l'objet d'un traitement, le juge de l'application des peines, par un jugement rendu selon les modalités prévues par l'article 712-6, soit constate que le condamné fera l'objet d'une injonction de soins, soit ordonne, par décision expresse, qu'il n'y a pas lieu à injonction de soins.

Art. R. 61-5 *(D. n° 99-571, 7 juill. 1999).* – Lorsque le suivi socio-judiciaire accompagne une peine privative de liberté, la période pendant laquelle le condamné se trouve en permission de sortir, ou est placé sous le régime de la semi-liberté ou fait l'objet d'un placement à l'extérieur ou d'un placement sous surveillance électronique ne s'impute pas sur la durée du suivi socio-judiciaire. Le juge de l'application des peines peut décider que les obligations résultant de l'injonction de soins ne seront pas applicables si leur mise en œuvre s'avère incompatible avec la mesure d'aménagement dont bénéficie l'intéressé, notamment en raison de la brièveté de la sortie de l'établissement pénitentiaire.

En cas de violation des obligations du suivi socio-judiciaire au cours d'une permission de sortir, d'un placement en semi-liberté, d'un placement à l'extérieur ou d'un placement sous surveillance électronique, les sanctions attachées à ces mesures d'aménagement sont prononcées en premier lieu, avant l'application éventuelle de la mesure d'emprisonnement prévue au premier alinéa de l'article 763-5.

Art. R. 61-6 *(Mod. à compter du 24 mars 2020, D. n° 2020-128, 18 févr. 2020).* – Une personne peut être soumise en même temps aux obligations d'un suivi socio-judiciaire et à celles d'un sursis probatoire ou d'une libération conditionnelle.

TITRE VII *TER*. – DES MODALITÉS DU PLACEMENT SOUS SURVEILLANCE ÉLECTRONIQUE MOBILE À TITRE DE MESURE DE SÛRETÉ

(D. n° 2007-1169, 1er août 2007)

CHAPITRE I. – DE LA COMMISSION PLURIDISCIPLINAIRE DES MESURES DE SÛRETÉ ET DE L'EXAMEN DE DANGEROSITÉ

Art. R. 61-7 *(D. n° 2007-1169, 1er août 2007).* – La commission pluridisciplinaire des mesures de sûreté instituée à l'article 763-10 exerce sa compétence dans le ressort d'une ou de plusieurs cours d'appel. Le nombre, la localisation et la compétence territoriale des commissions sont fixés par arrêté du garde des Sceaux, ministre de la Justice.

Art. R. 61-8 *(Mod., D. n° 2008-1129, 4 nov. 2008).* – La commission pluridisciplinaire des mesures de sûreté est composée :

1° D'un président de chambre à la cour d'appel désigné pour une durée de cinq ans par le premier président de la cour d'appel dans le ressort de laquelle siège la commission, président ;

2° Du préfet de région, préfet de la zone de défense dans le ressort de laquelle siège la commission, ou de son représentant ;

3° Du directeur interrégional des services pénitentiaires compétent dans le ressort de la cour d'appel où siège la commission, ou de son représentant ;

4° D'un expert psychiatre ;

5° D'un expert psychologue titulaire d'un diplôme d'études supérieures spécialisées ou d'un mastère de psychologie ;

6° D'un représentant d'une association d'aide aux victimes ;

7° D'un avocat, membre du conseil de l'ordre.

Les personnes mentionnées aux 4° à 7° sont désignées conjointement, pour une durée de cinq ans, par le premier président et le procureur général près la cour d'appel dans le ressort de laquelle siège la commission. L'avocat est désigné sur proposition du conseil de l'ordre du barreau du tribunal judiciaire de la ville où siège cette cour.

Si l'importance des dossiers que doit traiter la commission le justifie, le premier président de la cour d'appel peut désigner un ou plusieurs vice-présidents de la commission, choisis parmi les présidents de chambre ou les conseillers de la cour d'appel. Il désigne également, conjointement avec le procureur général, des membres suppléants pour les personnes mentionnées du 4° au 7°.

La commission peut statuer lorsque, outre son président, au moins quatre de ses membres, titulaires ou suppléants, sont présents.

Le président de la commission a voix prépondérante.

Le secrétariat de la commission est assuré par un greffier désigné par le greffier en chef de la cour d'appel.

Les avis de la commission sont notifiés au procureur général.

Les dispositions de l'article R. 111-5 du Code de l'organisation judiciaire sont applicables aux désignations prévues par les deuxième et dixième alinéas du présent article.

Art. R. 61-9 *(D. n° 2007-1169, 1er août 2007).* – La commission est saisie par le juge de l'application des peines ou par le procureur de la République. Le condamné et son conseil ainsi, le cas échéant, que le procureur de la République sont informés par le juge de l'application des peines de cette saisine.

La commission rend un avis motivé dans les trois mois de sa saisine. À défaut d'avis dans ce délai, le juge peut faire procéder à l'examen de dangerosité prévu à l'article 763-10. Cet avis est porté à la connaissance du condamné par lettre recommandée ou, s'il est détenu, par le chef de l'établissement pénitentiaire. Son avocat et le procureur de la République sont informés par le juge de l'application des peines.

Art. R. 61-10 *(D. n° 2007-1169, 1er août 2007).* – La commission peut demander la comparution du condamné avant de donner son avis. Cette comparution peut se faire par un moyen de télécommunication conformément aux dispositions de l'article 706-71. Le condamné peut être assisté de son avocat.

Sur décision de son président, qui en assure la mise en œuvre, la commission peut également procéder ou faire procéder sur l'ensemble du territoire national à tous examens, auditions, enquêtes administratives, expertises ou autres mesures utiles.

Art. R. 61-11 *(D. n° 2007-1169, 1er août 2007).* – L'examen de dangerosité prévu par l'article 763-10 est réalisé par un psychiatre et un psychologue titulaire d'un diplôme d'études supérieures spécialisées ou d'un mastère de psychologie, autres que ceux désignés en vertu des 4° et 5° de l'article R. 61-8.

Les conclusions de cet examen sont notifiées par lettre recommandée au condamné et à son avocat ou, lorsque la personne est détenue, par le chef de l'établissement pénitentiaire qui adresse, sans délai, au juge de l'application des peines l'original ou la copie du récépissé signé par l'intéressé. Une copie de l'intégralité du rapport est remise à sa demande à l'avocat.

CHAPITRE II. – DU TRAITEMENT AUTOMATISÉ RELATIF AU CONTRÔLE DES PERSONNES PLACÉES SOUS SURVEILLANCE ÉLECTRONIQUE MOBILE

Art. R. 61-12 *(D. n° 2016-261, 3 mars 2016 ; mod. à compter du 1er mai 2022, D. n° 2022-479, 30 mars 2022).* – Les finalités du traitement automatisé de données à caractère personnel relatif au contrôle des personnes placées sous surveillance électronique mobile prévu par l'article L. 544-2 du Code pénitentiaire, les informations et les données à caractère personnel pouvant y être enregistrées, les règles de fonctionnement et d'accès, les droits des personnes concernées par le traitement, ainsi que les possibilités d'interconnexions ou de mises en relation avec d'autres traitements sont déterminés par les dispositions des articles R. 544-18 et suivants du même code.

CHAPITRE III. – DE LA MISE EN ŒUVRE DU PLACEMENT SOUS SURVEILLANCE ÉLECTRONIQUE MOBILE

Section I. – Dispositions générales

Art. R. 61-21 *(D. n° 2007-1169, 1er août 2007).* – Les dispositions de la présente section sont applicables à tous les placements sous surveillance électronique mobile prononcés en application des dispositions des articles 131-36-9 du Code pénal ou 723-29, 723-30, 731-1 et 763-3 du présent code.

Art. R. 61-22 *(Mod., D. n° 2016-261, 3 mars 2016 ; mod. à compter du 1er mai 2022, D. n° 2022-479, 30 mars 2022).* – Les fonctionnalités et modalités d'homologation du procédé permettant le placement sous surveillance électronique mobile sont déterminées par les dispositions de l'article R. 544-7 du Code pénitentiaire.

Art. R. 61-23 *(D. n° 2007-1169, 1er août 2007 ; mod. à compter du 1er mai 2022, D. n° 2022-479, 30 mars 2022).* – Lorsqu'elle est saisie d'une demande portant sur une mesure assortie d'un placement sous surveillance électronique mobile ou lorsqu'elle envisage de prononcer d'office une telle mesure, la juridiction de l'application des peines peut charger l'administration pénitentiaire de s'assurer de la disponibilité du dispositif technique décrit à l'article R. 544-7 du Code pénitentiaire ainsi que de la faisabilité technique du projet, de vérifier la situation familiale, matérielle et sociale de la personne condamnée ainsi que celle de la victime, aux fins notamment de déterminer les horaires d'assignation ainsi que les zones d'inclusion, les zones d'exclusion et, le cas échéant, les zones tampon.

L'accord écrit du propriétaire ou du ou des titulaires du contrat de location des lieux où pourra être accueillie la personne placée sous surveillance électronique mobile est recueilli par le service pénitentiaire d'insertion et de probation, sauf si cet accord figure déjà au dossier de la procédure.

Art. R. 61-24 *(Mod., D. n° 2008-1130, 4 nov. 2008 ; mod. à compter du 1er mai 2022, D. n° 2022-479, 30 mars 2022).* – La juridiction de l'application des peines peut à tout moment désigner un médecin afin que celui-ci vérifie que la mise en oeuvre du procédé mentionné à l'article R. 544-7 du Code pénitentiaire ne présente pas d'inconvénient pour la santé de la personne. Cette désignation est de droit à la demande de la personne ou de son conseil. Le certificat médical est versé au dossier.

Art. R. 61-25 *(D. n° 2007-1169, 1er août 2007).* – Lorsqu'elle décide d'admettre une personne à une mesure assortie d'un placement sous surveillance électronique mobile, la juridiction de l'application des peines lui notifie les conditions d'exécution de la mesure et notamment les horaires d'assignation, les zones d'inclusion, les zones d'exclusion et, le cas échéant, les zones tampon.

Art. R. 61-26 *(D. n° 2007-1169, 1er août 2007).* – Lorsqu'il est fait application des dispositions des articles 723-34, 763-3 et 763-11, la juridiction de l'application des peines notifie à l'intéressé les modifications des conditions d'exécution du placement sous surveillance électronique mobile.

Art. R. 61-27 *(D. n° 2007-1169, 1er août 2007 ; mod. à compter du 1er mai 2022, D. n° 2022-479, 30 mars 2022).* – Le personnel de l'administration pénitentiaire assure la pose et la dépose du dispositif prévu par l'article R. 544-7 du Code pénitentiaire, ainsi que le contrôle du respect des obligations de la personne condamnée, dans les conditions prévues par les dispositions des articles R. 544-5, R. 544-8 et R. 544-9 du même code.

Art. R. 61-27-1 *(D. n° 2008-1129, 4 nov. 2008).* – Si le condamné refuse la pose du dispositif, le juge de l'application des peines organise sans délai le débat contradictoire prévu par l'article 712-6 pour décider éventuellement de l'une des mesures suivantes :

1° En cas de libération conditionnelle, retirer au détenu le bénéfice de sa libération ;

2° En cas de suivi socio-judiciaire, mettre à exécution tout ou partie de l'emprisonnement fixé par la juridiction de jugement ;

3° En cas de surveillance judiciaire, mettre à exécution tout ou partie de l'emprisonnement correspondant aux réductions de peine.

Cette décision intervient avant la mise en liberté du condamné.

Lorsque la décision relève de la compétence du tribunal de l'application des peines et que le débat devant cette juridiction ne peut intervenir avant la date prévue pour la libération du condamné, le juge de l'application des peines ordonne à titre provisoire le maintien en détention du condamné jusqu'à la date du débat, qui doit intervenir au plus tard dans un délai de quinze jours.

Art. R. 61-28 *(D. n° 2007-1169, 1er août 2007).* – Le contrôle du respect de ses obligations par la personne placée sous surveillance électronique mobile se fait notamment par vérifications téléphoniques, visites aux lieux d'assignation, convocations au service pénitentiaire d'insertion et de probation ainsi que par l'exploitation des informations enregistrées par le traitement automatisé prévu à l'article R. 61-12.

Art. R. 61-29 *(D. n° 2007-1169, 1er août 2007).* – Les agents affectés au centre de surveillance chargés de la mise en œuvre du placement avisent sans délai le juge de l'application des peines compétent ou le magistrat du siège qui le remplace, ou en cas d'urgence et d'empêchement de ceux-ci, le procureur de la

République, lorsqu'ils sont alertés notamment de ce qu'une personne placée sous surveillance électronique mobile se trouve dans une zone d'exclusion ou dans une zone tampon ou ne se trouve plus dans une zone qui lui a été assignée ou de ce que le dispositif est détérioré.

Art. R. 61-30 *(D. n° 2007-1169, 1er août 2007)*. – La prolongation de la durée du placement sous surveillance électronique mobile prévue par le cinquième alinéa de l'article 763-10 est décidée selon les modalités prévues par l'article 712-6, après un nouvel examen de dangerosité, sans qu'il soit à nouveau nécessaire de saisir la commission pluridisciplinaire des mesures de sûreté.

Art. R. 61-31 *(D. n° 2007-1169, 1er août 2007)*. – Les décisions concernant la modification des obligations auxquelles est astreint le condamné, relatives aux horaires d'assignation ou aux zones d'exclusion, aux zones d'inclusion ou aux zones tampon, sont prises conformément aux dispositions de l'article 712-8

Art. R. 61-31-1 *(D. n° 2008-1129, 4 nov. 2008)*. – Le juge de l'application des peines peut, par décision prise conformément aux dispositions de l'article 712-8, suspendre l'exécution du placement sous surveillance électronique mobile pour des raisons médicales, notamment en cas d'hospitalisation de la personne.

Cette suspension est valable pour une durée maximale de trois mois. Elle peut être renouvelée selon les mêmes modalités si l'état de santé de la personne le justifie.

Les obligations du placement sous surveillance électronique mobile reprennent de plein droit dès que le juge de l'application des peines constate, par ordonnance, que l'état de santé de cette dernière ne justifie plus la suspension.

Section II. – Dispositions spécifiques au suivi socio-judiciaire

Art. R. 61-32 *(D. n° 2007-1169, 1er août 2007)*. – La durée totale du placement sous surveillance électronique mobile prononcé par la juridiction de jugement dans le cadre d'un suivi socio-judiciaire ne peut excéder, compte tenu, le cas échéant, des renouvellements prévus par le troisième alinéa de l'article 763-10 du présent code, la durée du suivi socio-judiciaire fixée par cette juridiction en application de l'article 131 36 1 du Code pénal.

Art. R. 61-33 *(Mod., D. n° 2011-2022, 28 déc. 2011)*. – Lorsque le juge de l'application des peines prend une décision de placement sous surveillance électronique mobile, en application du quatrième alinéa de l'article 763-3, cette mesure ne peut concerner qu'une personne majeure qui est toujours détenue soit à la suite de la condamnation initiale, soit parce qu'il a été fait application des dispositions de l'article 763-5, et qui a été condamnée à l'une des peines suivantes :

1° Une peine privative de liberté d'une durée égale ou supérieure à sept ans ;

2° Une peine privative de liberté d'une durée égale ou supérieure à cinq ans d'emprisonnement pour une infraction commise une nouvelle fois en état de récidive légale ;

3° Une peine privative de liberté d'une durée égale ou supérieure à cinq ans d'emprisonnement pour une des infractions mentionnées à l'article 131-36-12-1 du Code pénal.

Dans ce cas, l'examen de dangerosité prévu par le dernier alinéa de l'article 763-3 est réalisé après l'avis de la commission pluridisciplinaire des mesures de sûreté, selon les modalités prévues par les articles R. 61-9 à R. 61-11. Le délai d'un an prévu par l'article 763-10 n'est pas applicable.

La décision du juge de l'application des peines est alors prise selon les modalités prévues par l'article 712-6.

Cette décision précise la durée du placement sous surveillance électronique mobile dans les limites fixées par l'article L. 131-36-12 du Code pénal. Les limites relatives à la durée du placement ne sont toutefois pas applicables lorsqu'il s'agit d'une personne condamnée à une réclusion criminelle d'une durée égale ou supérieure à quinze ans pour l'une des infractions visées à l'article 706-53-13.

En cas d'inobservation par le condamné des obligations auxquelles il est astreint ou pour tenir compte de son évolution, le juge de l'application des peines peut également ordonner le placement sous surveillance électronique mobile en cours d'exécution du suivi socio-judiciaire, dès lors que son comportement et sa dangerosité le justifient sans qu'il soit besoin que la personne soit préalablement détenue.

Section III. – Dispositions spécifiques à la libération conditionnelle

Art. R. 61-34 *(Mod., D. n° 2008-1129, 4 nov. 2008)*. – L'examen de dangerosité prévu par les articles 763-10 et R. 61-11 peut se substituer à l'expertise prévue par l'article 712-21.

La décision de placement sous surveillance électronique mobile prise, conformément à l'article 730, soit par le juge de l'application des peines, soit par le tribunal de l'application des peines, précise la durée du placement sous surveillance électronique mobile, dans les limites fixées par l'article 763-10 et sans pouvoir excéder la durée des mesures de contrôle de la libération conditionnelle prévue par l'article 732.

En cas d'inobservation par le condamné des obligations auxquelles il est astreint ou pour tenir compte de son évolution, le juge de l'application des peines peut ordonner le placement sous surveillance électronique mobile en cours d'exécution d'une libération conditionnelle, dès lors que son comportement et sa dangerosité le justifient sans qu'il soit besoin que la personne soit préalablement détenue.

Section IV. – Dispositions spécifiques à la surveillance judiciaire

Art. R. 61-35 *(Mod., D. n° 2008-1129, 4 nov. 2008)*. – Lorsque le placement sous surveillance électronique mobile est ordonné dans le cadre d'une surveillance judiciaire, l'examen de dangerosité prévu par les articles 763-10 et R. 61-11 peut se substituer à l'expertise prévue par l'article 723-31.

Le délai d'un an prévu par l'article 763-10 n'est pas applicable, dès lors que l'avis de la commission pluridisciplinaire des mesures de sûreté, saisie selon les modalités prévues par les articles R. 61-9 et R. 61-10, et l'examen de dangerosité prévu à l'article R. 61-11 interviennent avant la libération du condamné.

La durée du placement sous surveillance électronique mobile est fixée dans les limites définies par l'article 763-10, sans pouvoir excéder celle de la surveillance judiciaire. Les limites tenant à la durée de placement ne sont toutefois pas applicables lorsqu'il s'agit d'une personne condamnée à une réclusion criminelle d'une durée égale ou supérieure à quinze ans pour l'une des infractions visées à l'article 706-53-13.

En cas d'inobservation par le condamné des obligations auxquelles il est astreint ou pour tenir compte de son évolution, le juge de l'application des peines peut ordonner le placement sous surveillance électronique mobile en cours d'exécution de la surveillance judiciaire, dès lors que son comportement et sa dangerosité le justifient sans qu'il soit besoin que la personne soit préalablement détenue.

CHAPITRE IV. – DE L'HABILITATION DES PERSONNES AUXQUELLES PEUVENT ÊTRE CONFIÉES DES PRESTATIONS TECHNIQUES CONCERNANT LA MISE EN ŒUVRE DE PLACEMENT SOUS SURVEILLANCE ÉLECTRONIQUE MOBILE

(Chap. abr. à compter du 1er mai 2022, D. n° 2022-479, 30 mars 2022)

TITRE VII *QUATER*. – DU DISPOSITIF ÉLECTRONIQUE MOBILE ANTI-RAPPROCHEMENT

(D. n° 2020-1161, 23 sept. 2020)

CHAPITRE Ier. – DU TRAITEMENT DE DONNÉES À CARACTÈRE PERSONNEL RELATIF AU DISPOSITIF ÉLECTRONIQUE MOBILE ANTI-RAPPROCHEMENT

(D. n° 2020-1161, 23 sept. 2020)

Art. R. 61-43 *(D. n° 2020-1161, 23 sept. 2020 ; mod. à compter du 1er mai 2022, D. n° 2022-479, 30 mars 2022)*. – Les finalités du traitement automatisé de données à caractère personnel dénommé « bracelet anti-rapprochement », prévu aux articles 138-3 du présent code, 132-45-1 du Code pénal et

515-11-1 du Code civil, les informations et les données à caractère personnel pouvant y être enregistrées, les règles de fonctionnement et d'accès, ainsi que les droits des personnes concernées par le traitement sont déterminés par les dispositions des R. 631-6 et suivants du Code pénitentiaire.

CHAPITRE II. – DE L'HABILITATION DES PERSONNES CONTRIBUANT AU CONTRÔLE À DISTANCE

(D. n° 2020-1161, 23 sept. 2020 ; abr. à compter du 1er mai 2022, D. n° 2022-479, 30 mars 2022)

TITRE VIII. – DU CASIER JUDICIAIRE (1)

CHAPITRE I. – DE L'ORGANISATION DES SERVICES DU CASIER JUDICIAIRE

Art. R. 62 *(D. n° 81-1003, 6 nov. 1981).* **– Le service du casier judiciaire national automatisé est dirigé par un magistrat de l'administration centrale du ministère de la Justice sous le contrôle et l'autorité du directeur des affaires criminelles et des grâces.**

Art. R. 63 *(D. n° 83-1003, 6 nov. 1981).* **– Le magistrat chargé du service du casier judiciaire national automatisé désigne nommément les personnes habilitées à traiter les informations destinées au casier judiciaire ainsi que celles qui peuvent accéder auxdites informations.**

Art. R. 64 *(Mod., D. n° 2016-1338, 7 oct. 2016).* **– Le directeur de l'institut national de la statistique et des études économiques communique au service du casier judiciaire national automatisé les noms patronymiques, les prénoms, les date et lieu de naissance et le sexe des personnes âgées de plus de douze ans qui figurent au répertoire national d'identification ainsi que les modifications dont ces données auront éventuellement été l'objet.**

Cette communication, effectuée sur support magnétique ou par voie électronique sécurisée, a lieu périodiquement, au moins une fois par an. Il peut y être procédé par plusieurs envois séparés.

Le service du casier judiciaire national automatisé ne peut utiliser l'extrait du répertoire national d'identification des personnes physiques qui lui est communiqué à des fins autres que la vérification de l'identité :

a) **Des personnes dont le casier judiciaire est demandé ;**

b) **Des personnes inscrites au fichier judiciaire national automatisé des auteurs d'infractions sexuelles ou violentes, en sa qualité de gestionnaire dudit fichier, conformément aux articles 706-53-3, R. 53-8-3 et R. 53-8-24 ;**

c) **Des personnes inscrites au fichier judiciaire national automatisé des auteurs d'infractions terroristes, en sa qualité de gestionnaire dudit fichier, conformément aux articles 706-25-5 et R. 50-32 ;**

d) **Des personnes inscrites au répertoire des données à caractère personnel collectées dans le cadre de procédures judiciaires (REDEX), en sa qualité de gestionnaire dudit fichier, conformément aux articles 706-56-2 et R. 53-21-4 du Code de procédure pénale.**

En aucun cas le numéro attribué par l'institut national de la statistique et des études économiques pour servir de base aux vérifications d'identité n'est communiqué au service du casier judiciaire national automatisé.

CHAPITRE II. – DE L'ÉTABLISSEMENT DES FICHES DU CASIER JUDICIAIRE

Art. R. 65 *(D. n° 2014-1422, 28 nov. 2014).* **– Une fiche de casier judiciaire est établie au nom de toute personne physique ou morale qui a été l'objet d'une des décisions énumérées aux articles 768 et 768-1.**

(1) Dispositions prises en application des articles 776 (3°) et 779 du Code de procédure pénale (1re partie, législative). Le siège du casier judiciaire central a été fixé à Nantes (23, allées d'Orléans, 44035 Nantes Cedex) par arrêté du 17 février 1966 (*JO* 19 févr. 1966). En aucun cas le numéro attribué par l'institut national de la statistique et des études économiques pour servir de base aux vérifications d'identité n'est communiqué au service du casier judiciaire national automatisé.

Cette fiche est établie sur papier ou sur support magnétique.
Elle contient les informations suivantes :
1° Les informations relatives à la personne au nom de laquelle elle est établie :
a) S'agissant des personnes physiques :
– nom, prénoms, date, ville et pays de naissance, sexe, nationalité ;
– le cas échéant, alias, changement de nom, nom d'usage et filiation ;
b) S'agissant des personnes morales : nom ou raison sociale, numéro SIREN, adresse du siège social ;
2° Les informations relatives à la procédure :
– mode de comparution devant la juridiction de jugement et modalités de signification ou de notification de la décision ;
– le cas échéant, toute information relative à la détention (mandats de dépôt, maintien en détention, mise en liberté) ;
3° Les informations relatives à la décision à enregistrer :
– date de la décision et juridiction ou autorité administrative ayant pris la décision ;
– date et qualification juridique des faits, état de récidive légale le cas échéant, références des dispositions législatives ou réglementaires déterminant l'incrimination et la sanction pénale ;
– peines ou mesures prononcées à titre principal ou complémentaire, mesures de sûreté éventuelles ;
– le cas échéant, décisions relatives aux modalités d'exécution de la peine ;
– le cas échéant, les informations (date de la décision et juridiction de première instance) relatives à la décision initiale ayant fait l'objet d'un recours juridictionnel.

Art. R. 66 *(Mod., D. n° 2020-128, 18 févr. 2020)*. – La fiche constatant l'une des décisions visées par les articles 768 (1° à 6°) et 768-1 (1° à 3°) est dressée par le greffier de la juridiction qui a statué dans les quinze jours qui suivent celui où la décision est devenue définitive si elle a été rendue contradictoirement. Celle établie pour une composition pénale prévue par le 9° de l'article 768 est dressée à la diligence du procureur de la République dans les quinze jours suivant la constatation de l'exécution de la mesure. Elle n'intéresse que les délits ou contraventions de la cinquième classe.

En cas de décision par défaut le délai de quinzaine court du jour de la signification. Il en est de même dans les cas prévus par l'article 498-1 et le dernier alinéa de l'article 568. En cas de défaut criminel, le délai de quinzaine court à compter du jour où la décision est rendue.

Lorsque les cours et tribunaux ont ordonné qu'il sera sursis à l'exécution de la peine, cette décision est mentionnée sur la fiche constatant la condamnation.

Art. R. 66-1 *(Mod., D. n° 2014-1422, 28 nov. 2014)*. – Les fiches sont adressées au service du casier judiciaire national automatisé soit sur un support papier, soit sous la forme d'un enregistrement magnétique, soit par voie électronique sécurisée, y compris lorsque la communication d'avis de condamnation est prévue par les conventions internationales.

Art. R. 67 *(D. n° 81-1003, 6 nov. 1981)*. – Les fiches constatant une décision disciplinaire d'une autorité administrative, qui entraîne ou édicte les incapacités, sont adressées au service du casier judiciaire national automatisé dès la réception de l'avis qui est donné dans le plus bref délai au procureur de la République ou au ministre de la Justice par l'autorité qui a rendu la décision.

Les fiches relevant un arrêté d'expulsion sont dressées par le ministre de l'Intérieur ou les préfets des départements frontières et transmises au service du casier judiciaire national automatisé.

Art. R. 68 *(D. n° 81-1003, 6 nov. 1981)*. – Les fiches du casier judiciaire national automatisé sont enregistrées sur un support magnétique.

Art. R. 69 *(Mod., D. n° 2014-1422, 28 nov. 2014)*. – Le service du casier judiciaire national automatisé, dès qu'il est avisé, enregistre sur les fiches les mentions prescrites aux articles 769 et 769-1.

L'avis destiné au service du casier judiciaire national automatisé est rédigé et, sous réserve des dispositions du dernier alinéa, adressé :

1° Pour les grâces, commutations ou réductions de peines résultant d'un décret de grâce individuelle, par le ministre de la Justice ; pour celles résultant d'un décret de grâces collectives, par le procureur de la République lorsqu'il s'agit de condamnés non incarcérés ;

2° Pour les décisions qui suspendent ou qui ordonnent l'exécution d'une condamnation, par le greffe de la juridiction ou par l'autorité qui les a rendues ;

3° Pour les arrêts portant réhabilitation, par le greffier de la juridiction qui a statué ;

4° Pour les décisions rapportant les arrêtés d'expulsion, par le ministre de l'Intérieur ;

5° Pour les dates de l'expiration des peines privatives de liberté et d'exécution des contraintes judiciaires, par les chefs des établissements pénitentiaires ;

6° Pour le paiement de l'amende par les comptables de la direction générale des finances publiques ;

7° Pour les décisions prononçant une peine ou une dispense de peine après ajournement du prononcé de la peine, par le greffier de la juridiction qui a statué ;

8° Pour les décisions prises en application des articles 132-21 du Code pénal, 702-1, 775-1 et 777-1 du Code de procédure pénale, par le greffier de la juridiction qui a statué ;

9° Pour les décisions visées à l'article 768-5°, par le greffier de la juridiction qui a statué après visa du ministère public.

Pour les décisions de libération conditionnelle ou de révocation d'une libération conditionnelle, par le greffe de la juridiction de l'application des peines ayant rendu la décision.

Ces avis sont adressés dans les plus brefs délais au service du casier judiciaire national automatisé. Ils peuvent être adressés sous la forme d'un support magnétique ou par voie électronique sécurisée. Les avis mentionnés aux 2°, 3°, 7°, 8°, 9° et 10° sont adressés par l'intermédiaire du ministère public.

Art. R. 70 *(Mod., D. n° 2015-1841, 30 déc. 2015 ; D. n° 2021-682, 27 mai 2021).* – Les fiches du casier judiciaire national automatisé sont effacées dans les cas suivants :

1° Au décès du titulaire de la fiche, établi notamment par la mention portée au registre de l'état civil des naissances en application de l'article 79 du Code civil ou, lorsque le décès ne serait pas parvenu à la connaissance du service du casier judiciaire national automatisé, quand le titulaire aurait atteint l'âge de cent vingt ans ;

2° Lorsque la condamnation mentionnée sur la fiche a été entièrement effacée par l'amnistie ou lorsque sont expirés le délai de quarante ans prévu par le troisième alinéa de l'article 769 ou les délais prévus par les 1°, 4° et 5° de cet article ;

3° Lorsque l'intéressé a obtenu une décision de rectification du casier judiciaire, le retrait se fait, selon le cas, à la diligence du procureur général ou du procureur de la République près la juridiction qui a statué ;

4° Lorsque le condamné fait opposition ou lorsque la Cour de cassation annule la décision par application des articles 620 ou 624-7, le retrait se fait sur ordre du procureur général ou du procureur de la République près la juridiction qui a rendu la décision devenue caduque ; il en est de même dans le cas prévu par l'article 498-1 ;

5° Pour les fiches relatives aux compositions pénales visées au 6° de l'article 769, à l'expiration d'un délai de trois ans, si l'intéressé n'a pas pendant ce délai, subi de condamnation à une peine criminelle ou correctionnelle ou exécuté une composition pénale ; dans le cas contraire, la fiche n'est retirée qu'à l'effacement de la fiche relative à cette condamnation ou la nouvelle composition pénale.

6° Pour les fiches prévues par le 7° de l'article 769, à l'expiration d'un délai de trois ans, si l'intéressé n'a pas, pendant ce délai, soit subi de condamnation à une peine criminelle ou correctionnelle ou exécuté une composition pénale, soit fait l'objet d'une nouvelle mesure prononcée en application des dispositions précitées de ladite ordonnance ; dans le cas contraire, la fiche n'est retirée qu'à l'effacement de la fiche relative à cette condamnation ou à la nouvelle composition pénale.

7° Lorsque la juridiction a expressément ordonné, en application des dispositions de l'article 798 ou de l'article 798-1, la suppression du casier judiciaire d'une condamnation ayant fait l'objet d'une réhabilitation ;

8° S'agissant des condamnations prononcées par une juridiction étrangère, dès la réception de l'avis d'effacement de l'État de condamnation ou à la suite d'une décision de retrait ordonnée par une juridiction française. Toutefois, si la condamnation a été prononcée par une juridiction d'un État membre de l'Union européenne, le retrait de la fiche ordonné par une juridiction française en application de l'article 770-1 ne fait pas obstacle à la transmission de celle-ci, le cas échéant, aux autorités compétentes des autres États membres de l'Union européenne.

Art. R. 71 *(Mod., D. n° 2014-1422, 28 nov. 2014).* – Le service du casier judiciaire national automatisé enregistre les avis provenant des autorités étrangères concernant les personnes condamnées par une juridiction étrangère. Ces avis peuvent être reçus par lettre, télécopie ou voie électronique sécurisée.

Art. R. 72. – Pour les personnes nées dans les territoires d'outre-mer, les fiches prévues aux articles R. 65 et R. 67, alinéa 2, et les avis prévus aux articles R. 67, alinéa 1er, R. 69 et R. 71, sont transmis au procureur général ou au procureur de la République près la juridiction d'appel du territoire dans lequel est situé le lieu de naissance, qui les fait parvenir au greffe compétent.

CHAPITRE III. – DES COPIES DES FICHES DU CASIER JUDICIAIRE

Art. R. 73 *(Mod., D. n° 2014-1422, 28 nov. 2014)*. – Lorsque la communication d'avis de condamnation est prévue par des conventions internationales, les copies des fiches sont établies et transmises, par lettre, télécopie ou voie électronique sécurisée, par le service du casier judiciaire national automatisé aux autorités prévues par ces conventions.

Dans les ressorts des tribunaux judiciaires pour lesquels ne sont pas intervenus les décrets prévus par l'article 10 de la loi n° 80-2 du 4 janvier 1980, les copies des fiches sont adressées par le greffe au casier judiciaire national automatisé en vue de leur transmission aux autorités compétentes.

L'avis de condamnation ou de modification ou de suppression d'une condamnation concernant un ressortissant d'un État membre de l'Union européenne est transmis sans délai à l'autorité compétente de cet État.

Art. R. 74. – En cas de condamnation ou de décision de nature à modifier les conditions d'incorporation prononcée contre un individu soumis à l'obligation du service militaire, le greffier de la juridiction qui a prononcé la décision adresse une copie de la fiche à la direction du recrutement et de la statistique de la région militaire sur le territoire de laquelle il se trouve.

Lorsqu'il y a lieu d'apporter des modifications à la fiche, avis en est donné par l'autorité qui l'avait établie à la direction du recrutement et de la statistique de la région militaire sur le territoire de laquelle elle se trouve.

Art. R. 75 *(Mod., D. n° 2014-1422, 28 nov. 2014)*. – Le service du casier judiciaire national automatisé communique à l'Institut national de la statistique et des études économiques l'identité des personnes de nationalité française ayant fait l'objet d'une décision entraînant la privation des droits électoraux en précisant, pour chaque cas, la date à laquelle cette incapacité cessera d'avoir effet.

Il informe l'Institut national de la statistique et des études économiques de toute modification ultérieure de la capacité électorale de ces personnes.

Pour l'application du présent article, les informations peuvent être communiquées sur support magnétique ou par voie électronique sécurisée.

Art. R. 75-1 *(D. n° 81-1003, 6 nov. 1981)*. – Une copie de chaque fiche relative à une condamnation à une peine privative de liberté prononcée pour crime ou délit est adressée par le greffier de la juridiction qui a prononcé la condamnation au fichier central de la police nationale du ministère de l'intérieur en vue de son enregistrement sur le sommier de police technique.

CHAPITRE IV. – DE LA DÉLIVRANCE DES BULLETINS N° 1 DU CASIER JUDICIAIRE

Art. R. 76 *(Mod., D. n° 94-167, 25 févr. 1994)*. – Le bulletin n° 1 est réclamé au magistrat chargé du casier judiciaire national automatisé par lettre, télégramme, télécopie, télétransmission ou support magnétique, indiquant l'état civil de la personne dont le bulletin est demandé, et précisant l'autorité judiciaire requérante.

Si la personne dont le bulletin est demandé est une personne morale, la demande doit comporter l'indication de sa dénomination, de son immatriculation au Répertoire national des entreprises et des établissements et de son siège. Lorsque la personne morale n'est pas immatriculée, un justificatif de son identité doit être joint à la demande.

Sur instructions de l'autorité judiciaire requérante, le bulletin n° 1 est délivré en double exemplaire.

Art. R. 77 *(Mod., D. n° 94-167, 25 févr. 1994)*. – Avant d'établir le bulletin n° 1 d'une personne physique, le service chargé du casier judiciaire national automatisé vérifie l'identité de l'intéressé au moyen des informations communiquées par l'Institut national de la statistique et des études économiques en application de l'article R. 64. Si le résultat de cet examen s'avère négatif, il inscrit dans le corps du bulletin, à l'exclusion de toute autre mention, l'indication « Aucune identité applicable ».

Si l'intéressé est né hors de la France métropolitaine, si son lieu de naissance est inconnu ou s'il est âgé de moins de douze ans, le service inscrit sur le bulletin n° 1 la mention « Identité non vérifiable par le service ».

Art. R. 77-1 *(D. n° 94-167, 25 févr. 1994).* – Avant d'établir le bulletin n° 1 d'une personne morale, le service chargé du casier judiciaire national automatisé vérifie l'immatriculation de celle-ci au moyen des informations détenues par l'Institut national de la statistique et des études économiques. Si le résultat de cet examen s'avère négatif, il inscrit dans le corps du bulletin, à l'exclusion de toute autre mention, l'indication « Aucune identité applicable ».

Si la personne morale n'est pas immatriculée, le service inscrit sur le bulletin n° 1 la mention « Identité non vérifiable par le service ».

Art. R. 78. – S'il existe une ou plusieurs fiches du casier judiciaire, la teneur, ainsi que celle des mentions prévues à l'article 769, en est reproduite sur le bulletin n° 1.

Sinon, le bulletin n° 1 est revêtu de la mention : « néant ».

Art. R. 78-1 *(Mod., D. n° 2014-1422, 28 nov. 2014).* – Le bulletin n° 1 du casier judiciaire est adressé par lettre à l'autorité judiciaire requérante. La délivrance du bulletin n° 1 peut également s'opérer par voie électronique sécurisée, y compris lorsqu'elle est prévue par des conventions internationales.

En cas d'urgence, cet envoi peut être effectué par télécopie.

Si la demande du bulletin n° 1 émane de l'autorité centrale d'un État membre de l'Union européenne, la réponse est transmise sans délai et au plus tard dans les dix jours ouvrables à compter de la réception de la demande ou, en cas de demande d'informations complémentaires adressée à l'État requérant pour l'identification de la personne concernée, de la réponse transmise par cet État.

CHAPITRE V. – DE LA DÉLIVRANCE DES BULLETINS N° 2 DU CASIER JUDICIAIRE

Art. R. 79 *(Mod. D. n° 2020-486, 28 avr. 2020 ; D. n° 2021-776, 16 juin 2021).* – Outre les cas prévus aux 1°, 2° et 4° de l'article 776, le bulletin n° 2 du casier judiciaire est délivré :

1° Aux administrations publiques de l'État chargées de la police des étrangers ;

2° À celles chargées des intérêts des anciens combattants, victimes de guerre et pupilles de la nation ;

3° À celles qui sont chargées de l'assainissement des professions agricoles, commerciales, industrielles ou artisanales ;

4° À celles chargées de l'attribution de dommages de guerre et de prêts à la construction ;

5° À celles chargées de l'admission des candidatures à une représentation professionnelle ;

6° À celles saisies de demandes d'autorisation d'introduction en France d'un employé étranger du sexe féminin ;

7° Aux juges commis à la surveillance du registre du commerce à l'occasion des demandes d'inscription au registre spécial des agents commerciaux ;

8° Aux collectivités publiques locales, à la SNCF, à SNCF Réseau, et à SNCF Voyageurs et à la filiale mentionnée au 5° de l'article L. 2111-9 du Code des transports, à Electricité de France et Gaz de France, à la Banque de France, saisis de demandes d'emplois, de soumissions pour les adjudications de travaux ou de marchés publics ou en vue de poursuites disciplinaires ;

9° Aux administrations publiques saisies de demandes d'autorisation d'importation, d'exportation, d'élaboration, de détention, de transfert, d'utilisation ou de transport de matières nucléaires définies à l'article 1er de la loi [n° 80-572] du 25 juillet 1980 ;

9° *bis* Aux administrations publiques de l'État chargées de la police des armes et des explosifs ;

10° Aux conseils de l'ordre des médecins, des chirurgiens-dentistes, des sages-femmes et des pharmaciens saisis de demandes d'inscription au tableau ou de poursuites disciplinaires ;

11° Aux commissions d'inscription sur la liste des commissaires aux comptes ;

12° Aux commissaires du Gouvernement près les conseils de l'ordre des experts-comptables et comptables agréés saisis de demandes d'inscription ou de poursuites disciplinaires ;

13° À l'administration fiscale à l'occasion de la délivrance des certificats prévus à l'article 6 du décret n° 75-911 du 6 octobre 1975 relatif aux centres de gestion agréés ;

14° Aux administrations de l'État, aux collectivités territoriales et à leurs établissements publics ainsi qu'aux établissements de santé, sociaux et médico-sociaux mentionnés à l'article 2 de la loi n° 86-33 du 9 janvier 1986 portant dispositions statutaires relatives à la fonction publique hospitalière, pour le contrôle de l'exercice d'emplois dans leurs services impliquant un contact habituel avec des mineurs ;

15° Aux administrations publiques saisies de candidatures à un embarquement sur un navire français et chargées du contrôle des conditions d'exercice de la profession de marin ;

16° Aux administrations publiques de l'État chargées de contrôler les déclarations des agences privées de recherche ou de délivrer l'autorisation d'exercer les activités de gardiennage, de surveillance, de transport de fonds ou de protection des personnes ;

17° À l'Office français de protection des réfugiés et apatrides et à la Cour nationale du droit d'asile ;

18° Aux administrations publiques de l'État chargées d'instruire les procédures de changement de nom, d'acquisition, de perte ou de déchéance de la nationalité française ;

19° À l'Autorité des marchés financiers, en ce qui concerne les dirigeants d'entreprise lorsqu'ils demandent un visa pour l'admission aux négociations sur un marché réglementé des titres financiers de l'entreprise ;

20° À la commission des marchés à terme de marchandises en ce qui concerne les personnes physiques ou les dirigeants des personnes morales qui sollicitent l'agrément ou l'inscription prévus par les articles 31, 32 et 34 de la loi n° 83-610 du 8 juillet 1983, ainsi que les personnes qui font l'objet d'une procédure disciplinaire sur le fondement des articles 22, 29 ou 41 de cette loi ;

21° À l'administration pénitentiaire au titre des autorisations, agréments ou habilitations qu'elle est susceptible de délivrer aux personnes appelées à intervenir dans les établissements pénitentiaires ou pour le recrutement de ses personnels ;

22° Aux juges des enfants à l'occasion de l'instruction des procédures d'habilitation des personnes physiques, établissements, services ou organismes publics ou privés auxquels l'autorité judiciaire confie habituellement des mineurs ainsi que dans le cadre du contrôle que les juges des enfants exercent sur les mêmes personnes, établissements, services ou organismes lorsqu'ils sont habilités ;

23° Au directeur général de l'Institut national de la propriété industrielle pour l'inscription sur la liste des personnes qualifiées en propriété industrielle et sur la liste prévue à l'article 43 de la loi n° 90-1052 du 26 novembre 1990 ;

24° Au commissaire du Gouvernement de l'organisme du registre des intermédiaires en assurance mentionné à l'article L. 512-1 du Code des assurances.

Art. R. 80 *(Mod., D. n° 94-167, 25 févr. 1994)*. – Le bulletin n° 2 est réclamé au service du casier judiciaire national automatisé par lettre, télégramme, télétransmission ou support magnétique avec l'indication de l'état civil de la personne dont le bulletin est demandé, de la qualité de l'autorité requérante ainsi que du motif de la demande.

Si la personne dont le bulletin est demandé est une personne morale, la demande doit comporter l'indication de sa dénomination, de son immatriculation au Répertoire national des entreprises et des établissements et de son siège. Lorsque la personne morale n'est pas immatriculée, un justificatif de son identité doit être joint à l'appui de la demande.

Art. R. 80-1 *(D. n° 85-913, 29 août 1985)*. – Les dispositions de l'article R. 77 sont applicables pour l'établissement du bulletin n° 2.

Art. R. 81 *(Mod., D. n° 2014-1422, 28 nov. 2014)*. – S'il existe une ou plusieurs fiches du casier judiciaire autres que celles figurant aux articles 775 et 775-1 A, la teneur, ainsi que celle des mentions prévues à l'article 769, en est reproduite sur le bulletin n° 2.

Sinon, le bulletin n° 2 est revêtu de la mention « néant ».

Si la demande du bulletin n° 2 émane de l'autorité centrale d'un État membre de l'Union européenne, la réponse est transmise sans délai et au plus tard dans les dix jours ouvrables à compter de la réception de la demande ou, en cas de demande d'informations complémentaires adressée à l'État requérant pour l'identification de la personne concernée, de la réponse transmise par cet État.

Les transmissions prévues au présent article peuvent être effectuées par voie électronique sécurisée.

CHAPITRE VI. – DE LA DÉLIVRANCE DES BULLETINS N° 3 DU CASIER JUDICIAIRE

Art. R. 82 *(Mod., D. n° 2014-1422, 28 nov. 2014 ; D. n° 2021-1593, 7 déc. 2021).* – Le bulletin n° 3 ne peut être demandé au service du casier judiciaire national automatisé que par la personne qu'il concerne, ou son représentant légal s'il s'agit d'un mineur ou d'un majeur sous tutelle.

La demande, qui doit préciser l'état civil de l'intéressé, peut être faite par lettre ou par voie électronique sécurisée. Dans ce dernier cas, le demandeur peut s'identifier de façon sécurisée au moyen du téléservice FranceConnect.

Si le demandeur est né à l'étranger, si son lieu de naissance est inconnu ou s'il est âgé de moins de douze ans, la demande doit être accompagnée d'un justificatif d'identité, sauf si le demandeur s'est identifié au moyen du téléservice FranceConnect.

Il peut également être demandé par voie électronique sécurisée par l'autorité centrale d'un État membre de l'Union européenne, saisie par la personne concernée, quel que soit son lieu de naissance.

Art. R. 83 *(Mod., D. n° 2015-1841, 30 déc. 2015).* – La vérification d'identité prévue par l'article R. 77 doit être effectuée avant l'établissement du bulletin n° 3 des personnes nées en France. Si le résultat de cet examen s'avère négatif, le service du casier judiciaire national automatisé ne délivrera le bulletin n° 3 qu'au vu d'un acte de naissance.

Art. R. 84 *(Mod., D. n° 2015-1841, 30 déc. 2015 ; D. n° 2021-1593, 7 déc. 2021).* – Lorsqu'il n'existe pas au casier judiciaire de fiche ou lorsque les mentions que portent les fiches ne doivent pas être inscrites sur le bulletin n° 3, celui-ci est oblitéré par une barre transversale. Dans ce cas, la transmission peut être effectuée par voie électronique sécurisée.

Lorsque l'examen des fiches révèle l'existence d'une des condamnations prévues à l'article 777, la teneur, avec indication de toutes les peines prononcées en est reproduite sur le bulletin n° 3, ainsi que les mentions prévues à l'article 769 qui s'y rapportent.

Dans le cas prévu à l'alinéa précédent, la délivrance du bulletin est faite par lettre recommandée avec demande d'avis de réception.

Si la demande du bulletin n° 3 émane de l'autorité centrale d'un État membre de l'Union européenne, la réponse lui est transmise dans un délai de vingt jours ouvrables à compter de la date de réception de la demande. Cette réponse peut être effectuée par voie électronique sécurisée.

CHAPITRE VII. – DISPOSITIONS DIVERSES

Art. R. 85 *(D. n° 93-867, 28 juin 1993).* – Les fiches et les copies des fiches relatives à des décisions judiciaires ainsi que les bulletins n° 1, sont payés sur les crédits affectés aux frais de justice.

Les bulletins n° 1 du casier judiciaire sont délivrés gratuitement.

Art. R. 86 *(D. n° 70-520, 19 juin 1970).* – Les bulletins n° 2 du casier judiciaire sont délivrés gratuitement.

Art. R. 87 *(D. n° 78-62, 20 janv. 1978).* – Les bulletins n° 3 du casier judiciaire sont délivrés gratuitement.

Art. R. 88 *(D. n° 81-1003, 6 nov. 1981).* – Le service du casier judiciaire national automatisé est avisé, par les soins du procureur de la République ou du procureur général, des mandats d'arrêt et des jugements ou arrêts prononçant des condamnations à des peines privatives de liberté, contradictoires ou par défaut, qui n'ont pas été exécutés. Ces avis font l'objet d'un enregistrement au casier judiciaire.

Ils sont renvoyés avec toutes les indications utiles permettant l'exécution des mandats, jugements ou arrêts, par le service du casier judiciaire national automatisé, au procureur de la République près le tribunal, au procureur général près la cour d'appel ou au commissaire du gouvernement près le tribunal des forces armées dont ils émanent, lorsque les intéressés demandent un bulletin n° 3 ou qu'il a été demandé à leur sujet un bulletin n° 1 ou n° 2.

En outre, les autorités militaires donnent avis au service du casier judiciaire national automatisé des cas d'insoumission ou de désertion dont elles ont connaissance. Ces avis font l'objet d'un enregistrement au casier judiciaire. Ils sont renvoyés, avec toutes les indications utiles, aux autorités dont ils émanent, dans les circonstances prévues au deuxième alinéa.

Art. R. 89 *(Abr., D. n° 85-913, 29 août 1985).*

Art. R. 90 *(D. n° 74-560, 24 mai 1974).* – Les fiches du casier judiciaire, les copies de ces fiches destinées à l'échange international ou au recrutement de l'armée ainsi que les bulletins n° 1, n° 2 et n° 3 sont établis conformément aux modèles fixés par le garde des Sceaux, ministre de la Justice.

Les copies de fiches destinées à la vérification de la capacité électorale sont établies selon un modèle fixé par l'institut national de la statistique et des études économiques.

TITRE IX

Néant.

TITRE X. – DES FRAIS DE JUSTICE (1)

CHAPITRE I. – DISPOSITIONS PRÉLIMINAIRES

Art. R. 91 *(Mod., D. n° 2014-461, 7 mai 2014).* – Constituent des frais de justice les dépenses de procédure, à la charge définitive ou provisoire de l'État, qui résultent d'une décision de l'autorité judiciaire ou de celle d'une personne agissant sous sa direction ou son contrôle. Ils comprennent les frais de justice criminelle, correctionnelle et de police ainsi que les frais qui leur sont assimilés.

Les frais de justice criminelle, correctionnelle et de police correspondent à des dépenses engagées au cours d'une procédure pénale. Ils sont énumérés à l'article R. 92.

Leur sont assimilés les frais de la nature définie au premier alinéa, engagés au cours d'une procédure autre que celle mentionnée au deuxième alinéa. Ils sont énumérés à l'article R. 93.

L'État paye les frais de justice et poursuit le recouvrement de ceux qui ne sont pas à sa charge définitive, le tout dans la forme et selon les règles établies par le présent titre.

Les tarifs des frais de justice sont fixés hors taxes.

Art. R. 92 *(Mod. à compter du 24 mars 2020, D. n° 2020-128, 18 févr. 2020 ; D. n° 2021-1361, 20 oct. 2021).* – Les frais de justice criminelle, correctionnelle et de police sont :

1° Les frais des translations et des extractions exécutées sur la réquisition de l'autorité judiciaire par les services de la police nationale ou les unités de la gendarmerie nationale ;

2° Les frais d'extradition des prévenus, accusés ou condamnés ; les frais de commission rogatoire et autres frais de procédure pénale en matière internationale ;

3° Les honoraires, émoluments et indemnités qui peuvent être accordés aux personnes ci-après :

a) Experts ;

b) Personnes chargées des enquêtes sociales ou de personnalité ;

c) Personnes contribuant au contrôle judiciaire ou, dans le cas prévu par le cinquième alinéa de l'article 471, au sursis probatoire ;

d) Médiateurs du procureur de la République chargés d'une mission de médiation en application des dispositions du 5° de l'article 41-1 ;

e) Délégués du procureur de la République chargés d'une des missions prévues aux 1°, 2°, 3°, 4° et 6° de l'article 41-1 ou intervenant au cours d'une procédure de composition pénale ou pour la notification d'une ordonnance pénale ;

f) Interprètes traducteurs ;

g) Administrateurs *ad hoc* lorsqu'ils figurent sur la liste prévue à l'article R. 53 ou qu'il a été fait application des dispositions de l'article R. 53-6 ;

h) Huissiers de justice ;

(1) Dispositions prises en application des articles 800 du Code de procédure pénale (1re partie, législative).

4° Les indemnités qui peuvent être accordées aux témoins, aux jurés par application des articles R. 123 à R. 146 et aux parties civiles par application des articles 375-1 et 422.

À titre expérimental, par dérogation aux dispositions de l'article R. 123-23 du Code de l'organisation judiciaire, seuls les frais de justice énumérés au 4° de l'article R. 92 sont payés par le régisseur d'avances compétent, s'il en existe un. La durée de l'expérience (9 mois à 2 ans) à compter du 11 mai 2014, et les juridictions concernées sont fixées par arrêté conjoint du ministre de la Justice et du ministre du Budget) ;

5° Les frais de mise sous séquestre, ceux de saisie, de garde et de destruction en matière de scellés judiciaires ainsi que, si le condamné ne les a pas payés, les frais d'enlèvement et de garde en fourrière de son véhicule faisant l'objet d'une immobilisation autorisée ou prononcée à titre de peine par l'autorité judiciaire ;

6° Les dépenses diverses de reconstitution, d'exhumation ou de travaux techniques exposés au cours d'une enquête préliminaire ou de flagrant délit, d'une procédure suivie en application des articles 74 à 74-2 ou pour l'instruction d'une affaire, à l'exclusion des dépenses de fonctionnement ;

7° Les frais de transport de corps exposés avant ou après la réalisation d'examens thanatologiques ordonnés dans le cadre d'une enquête judiciaire en application des articles 60, 74 et 77-1 ou d'une information judiciaire ;

8° Les frais d'impression mentionnés aux articles R. 210 à R. 212 ainsi que les frais d'impression, d'insertion, de publication et de diffusion audiovisuelle des arrêts, jugements et ordonnances de justice engagés en application de l'article 131-35 du Code pénal ;

9° Les frais résultant des actes accomplis pour l'exécution des réquisitions judiciaires faisant appel à certaines techniques d'enquête et de surveillance et correspondant :

a) À la fourniture par les opérateurs de communications électroniques des données conservées en application des II *bis* et III de l'article L. 34-1 et de l'article R. 10-13 du Code des postes et des communications électroniques ;

b) Au traitement de ces données recueillies par un moyen technique destiné à la localisation en temps réel d'un équipement terminal de communication électronique en application de l'article 230-32, à l'exception des frais résultant du recours à ce moyen technique aux fins de toute autre localisation que celle d'un tel équipement terminal de communication électronique ;

c) Au traitement des demandes d'interceptions des correspondances émises par la voie des communications électroniques en application des articles 100 et 706-95 ;

10° Les frais de recherche et de délivrance de reproductions de tous documents imprimés ;

11° Les frais de mise en œuvre des conventions secrètes de moyens ou de prestations de cryptologie engagés en application de l'article 230-1 à l'exception de son troisième alinéa ;

12° Les frais exposés au cours d'une procédure de révision ou de réexamen d'une décision pénale définitive par un condamné reconnu innocent ainsi que la réparation prévue aux articles 626 et 626-7 ;

13° Les réparations accordées à la suite d'une détention provisoire en application des articles 149 à 150 ;

14° Les frais et dépens mis à la charge de l'État en cas de décision juridictionnelle rectifiant ou interprétant une décision en matière pénale ;

15° Les indemnités accordées en application de l'article 800-2.

Art. R. 92-1 *(Abr., D. n° 2013-770, 26 août 2013).*

Art. R. 93 *(Rempl., D. n° 2013-770, 26 août 2013).* – I. – Les frais assimilés à ceux de l'article R. 92 et recouvrables par l'État sont ceux résultant :

1° Des expertises réalisées en application des dispositions du titre Ier du livre II de la troisième partie (partie législative) du Code de la santé publique ;

2° Des mesures de protection juridique des majeurs et des mineurs ordonnées en application des dispositions des titres X et XI du livre Ier du Code civil ;

3° De l'indemnisation des administrateurs *ad hoc* désignés en application des articles 388-2 et 389-3 du Code civil, lorsqu'ils figurent sur la liste prévue à l'article R. 53 ;

4° Des enquêtes ordonnées en matière d'exercice de l'autorité parentale et en matière d'adoption ;

5° De la rémunération de la personne désignée pour entendre le mineur en application de l'article 388-1 du Code civil ;

6° Des procédures suivies en application des lois concernant la protection de l'enfance en danger, à l'exclusion des frais d'enquêtes ;

7° Des inscriptions hypothécaires requises par le ministère public ;

8° Des actes faits par l'huissier de justice sur décision du président du tribunal judiciaire à la demande du ministère public, du maire, du commissaire de police ou du commandant de brigade de gendarmerie en matière de mesures conservatoires prises après l'ouverture d'une succession ;

9° De la notification prévue à l'article 30-3 de l'annexe du Code de procédure civile relative à son application dans les départements du Bas-Rhin, du Haut-Rhin et de la Moselle ;

10° De l'indemnisation des interprètes et des experts désignés par le tribunal judiciaire pour l'exécution d'une mesure d'instruction à la demande d'une juridiction étrangère en application du règlement (CE) n° 1206/2001 du Conseil du 28 mai 2001 relatif à la coopération entre les juridictions des États membres dans le domaine de l'obtention des preuves en matière civile et commerciale ;

11° De la contribution versée par l'État au titre de l'aide juridictionnelle ;

12° De la mise en œuvre des dispositions du livre VI (partie législative) du Code de commerce relatives à l'avance de frais par l'État ;

13° De la mise en œuvre des autres dispositions législatives ou réglementaires particulières prévoyant l'avance de frais par l'État.

II. – Les frais assimilés à ceux énumérés à l'article R. 92 et restant à la charge de l'État sont :

1° Les frais d'enquêtes ordonnées en application des lois concernant la protection de l'enfance en danger ;

2° Les frais exposés à la requête du ministère public lorsque celui-ci est partie principale ou partie jointe en matière civile, commerciale et prud'homale et des dépens qui, en application de l'article 696 du Code de procédure civile, peuvent être laissés à la charge de l'État, lorsque le ministère public est partie principale ;

3° Les frais et dépens mis à la charge de l'État soit en application d'une disposition législative ou réglementaire, soit en cas de décision juridictionnelle rectifiant ou interprétant une précédente décision, soit en cas de décision juridictionnelle annulant une précédente décision ;

4° Les frais exposés au cours d'une procédure devant la commission prévue à l'article 16-2 ;

5° Les frais exposés pour l'exécution des mesures d'instruction prévues à l'article L. 332-2 du Code de la consommation ;

6° *(Al. mod. à compter du 1er mai 2021, Ord. n° 2020-1734, 16 déc. 2020)* L'indemnisation des administrateurs *ad hoc* désignés pour assurer la représentation des mineurs étrangers isolés en application des dispositions prévues à l'article R. 521-20 du Code de l'entrée et du séjour des étrangers et du droit d'asile ;

7° L'indemnisation des interprètes désignés dans le cadre du contentieux judiciaire relatif au maintien des étrangers dans des locaux ne relevant pas de l'administration pénitentiaire ;

8° L'indemnisation des interprètes désignés en application de l'article 23-1 du Code de procédure civile ;

9° *(Al. mod. à compter du 1er mai 2021, Ord. n° 2020-1734, 16 déc. 2020)* L'indemnisation des interprètes et les honoraires des médecins désignés en application de l'article L. 813-5 du Code de l'entrée et du séjour des étrangers et du droit d'asile ;

10° Les frais exposés dans le cadre d'une procédure extrajudiciaire d'identification de personnes décédées, en application des quatrième et septième alinéas de l'article 16-11 et du second alinéa de l'article 87 du Code civil, ainsi que du dernier alinéa de l'article L. 2223-42 du Code général des collectivités territoriales ;

11° Les frais exposés au cours d'une procédure devant la commission prévue à l'article 706-4.

Art. R. 93-1 *(Mod., D. n° 2013-770, 26 août 2013)*. – La rémunération et les indemnités des interprètes mentionnées au 8° du II de l'article R. 93 sont liquidées selon les conditions prévues à l'article R. 122. Elles demeurent à la charge de l'État.

Art. R. 93-2 *(Mod., D. n° 2017-248, 27 févr. 2017)*. – La rémunération et les indemnités des experts désignés dans le cadre des procédures prévues aux articles L. 3211-12 à L. 3211-12-6, L. 3213-3, L. 3213-8 et L. 3213-9-1 du Code de la santé publique, qui font partie des dépenses mentionnées au 1° du I de l'article R. 93 du présent code, sont liquidées selon les conditions prévues à l'article R. 117. Le juge peut laisser la rémunération et les indemnités de l'expert à la charge de l'État.

Art. R. 93-3 *(Mod., D. n° 2017-248, 27 févr. 2017)*. – Les honoraires des médecins et les indemnités des interprètes mentionnés au 9° du II de l'article R. 93 sont liquidés selon les conditions prévues respectivement à l'article R. 117 et à l'article R. 122. Ces frais demeurent à la charge de l'État.

CHAPITRE II. – TARIF DES FRAIS

Section I. – Des frais de translation des personnes, de transport des procédures et des pièces à conviction

Art. R. 94 *(Abr., D. n° 2013-770, 26 août 2013).*

Art. R. 95. – Le transport par chemin de fer doit, à moins de circonstances exceptionnelles, être effectué dans un compartiment réservé de 2e classe.

Art. R. 96. – La réquisition, soit à la compagnie de chemin de fer, soit au voiturier, doit être établie en deux exemplaires dont l'un est remis au greffier chargé de la liquidation des frais du procès et l'autre à la compagnie de chemin de fer ou au voiturier, pour qu'ils le produisent à l'appui de leur mémoire.

Art. R. 97 *(Mod., D. n° 2013-770, 26 août 2013).* – Lorsque la translation ou l'extraction est réalisée au moyen de véhicules de la police nationale ou de la gendarmerie nationale, une indemnité kilométrique, fixée chaque année par arrêté conjoint du ministre de la Justice et du ministre chargé du budget, est attribuée au titre de chaque véhicule utilisé et du trajet aller et retour parcouru. Son taux est uniforme quels que soient le type de véhicule utilisé et le nombre de personnes transportées.

Art. R. 98 à R. 100 *(Abr., D. n° 2013-770, 26 août 2013).*

Art. R. 101 *(Mod., D. n° 2013-770, 26 août 2013).* – Les procédures et les pièces à conviction sont confiées aux membres de l'escorte.

Si, en ce cas, des frais exceptionnels ont dû être avancés par les membres de l'escorte, ceux-ci, pour en obtenir le remboursement, en portent le montant sur leur mémoire.

Si, à raison du poids ou du volume, les objets ne peuvent être transportés par les membres de l'escorte, ils le sont, sur réquisition écrite du magistrat, soit par chemin de fer, soit par un entrepreneur, soit par toutes autres voies plus économiques, sauf les précautions convenables pour la sûreté desdits objets.

Art. R. 102 *(Abr., D. n° 2013-770, 26 août 2013).*

Art. R. 103 *(Mod., D. n° 2013-770, 26 août 2013).* – Les dépenses que les membres de l'escorte se trouvent obligés de faire en route leur sont remboursées comme frais de justice criminelle, correctionnelle et de police sur leurs mémoires détaillés, auxquels ils joignent les ordres qu'ils ont reçus ainsi que les quittances particulières pour les dépenses de nature à être ainsi constatées.

Si les membres de l'escorte n'ont pas de fonds suffisants pour faire ces avances, la somme présumée nécessaire leur est provisoirement allouée par le magistrat qui ordonne le transport.

Il est fait mention du montant de cette allocation provisoire sur l'ordre de transport.

Arrivés à destination, les membres de l'escorte font régler définitivement leur mémoire par le magistrat devant lequel le prévenu doit comparaître.

Art. R. 104. – Lorsqu'en conformité des dispositions du Code de procédure pénale sur le faux, et dans les cas prévus notamment aux articles 642 et 645, des pièces arguées de faux ou des pièces de comparaison doivent être remises au greffe par des dépositaires publics ou particuliers, le procureur de la République ou le juge d'instruction peut ordonner soit que le dépositaire se transportera en personne ou par mandataire au greffe du tribunal ou devant lui pour faire ce dépôt, soit que ce dépositaire les remettra à tel magistrat ou tel officier de police judiciaire qu'il désigne, lequel lui délivrera un double du procès-verbal constatant cette remise.

Lorsque le dépositaire ou son mandataire s'est transporté pour faire ce dépôt, il a droit à la taxe de comparution et aux indemnités de voyage et de séjour allouées aux témoins.

Art. R. 105 *(Abr. à compter du 1er mai 2016, D. n° 2016-479, 18 avr. 2016).*

Section II. – Honoraires et indemnités des experts, des interprètes, des personnes chargées des enquêtes sociales et de personnalité et des délégués et médiateurs du procureur de la République

§ 1. – Des experts

A. – Règles générales

Art. R. 106 *(D. n° 60-897, 24 août 1960).* – Les tarifs fixés par le présent titre, en ce qui concerne les frais d'expertise, doivent être appliqués en prenant pour base la résidence des experts.

Les frais de rédaction et de dépôt du rapport, ainsi que, le cas échéant, de la prestation de serment sont compris dans les indemnités fixées par ces tarifs.

Aucune indemnité n'est allouée pour la prestation de serment de l'expert devant la cour d'appel lors de sa première inscription ni, le cas échéant, lors d'une nouvelle inscription après radiation ou non-réinscription.

Art. R. 107 *(D. n° 99-203, 18 mars 1999 ; mod., D. n° 2001-373, 27 avr. 2001).* – Lorsque le montant prévu de ses frais et honoraires dépasse 460 €, l'expert désigné doit, avant de commencer ses travaux, en informer la juridiction qui l'a commis.

Sauf urgence, cette estimation est communiquée au ministère public qui présente ses observations dans le délai de cinq jours, après avoir fait procéder si nécessaire à des vérifications de toute nature sur les éléments de l'estimation présentée par l'expert.

S'il n'est pas tenu compte de ses observations, le ministère public peut saisir, par l'intermédiaire du procureur général, le président de la chambre de l'instruction, qui statue dans les huit jours par une décision qui ne peut faire l'objet de recours.

Art. R. 108 *(Abr., D. n° 74-88, 4 févr. 1974).*

Art. R. 109. – Les prix des opérations tarifées ou non tarifées peuvent être réduits en cas de retard dans l'accomplissement de la mission ou d'insuffisance du rapport.

Si le travail doit être refait, toute rémunération peut être refusée.

Art. R. 110 *(Rempl., D. n° 2013-770, 26 août 2013).* – Lorsque les experts se déplacent, il leur est alloué, sur justification, une indemnité de transport calculée dans les conditions fixées pour les déplacements des personnels civils de l'État.

Art. R. 111 *(D. n° 72-436, 29 mai 1972).* – Il est alloué aux experts qui se déplacent une indemnité journalière de séjour calculée suivant la réglementation relative aux frais de déplacement des personnels civils de l'État.

(Abr., D. n° 2013-770, 26 août 2013).

Art. R. 112 *(Mod., D. n° 2013-770, 26 août 2013 ; D. n° 2022-73, 26 janv. 2022).* – Lorsque les experts sont entendus, soit devant les cours ou tribunaux, soit devant les magistrats instructeurs à l'occasion de la mission qui leur est confiée, il leur est alloué, outre leurs frais de déplacement et de séjour s'il y a lieu, une indemnité déterminée par la formule suivante : I = 3,05 euros + (S × 4), dans laquelle S est le salaire minimum interprofessionnel de croissance tel qu'il est fixé au 1er janvier de l'année en cours.

Lorsque l'audition mentionnée au premier alinéa a lieu devant une cour d'assises, une cour d'assises des mineurs ou une cour criminelle départementale, l'indemnité allouée est déterminée par la formule suivante : I = 59 euros + (S × 4).

Les experts qui justifient d'une perte d'une partie du revenu tiré de leur activité professionnelle ont droit, en outre, à une indemnité supplémentaire calculée suivant la formule I = S × D, dans laquelle :

S est le salaire minimum interprofessionnel de croissance déterminé comme ci-dessus ;

D la durée horaire de comparution, celle-ci ne pouvant excéder huit heures par jour ouvrable.

Art. R. 113. – Lorsque les experts justifient qu'ils se sont trouvés, par suite de circonstances indépendantes de leur volonté, dans l'impossibilité de remplir leur mission, les magistrats commettants peuvent, par décision motivée soumise à l'agrément du président de la chambre de l'instruction, leur allouer une indemnité, outre leurs frais de transport, de séjour et autres débours s'il y a lieu.

Art. R. 114. – **Les experts ont droit, sur la production de pièces justificatives, au remboursement des frais de transport des pièces à conviction et de tous autres débours reconnus indispensables.**

Art. R. 115 *(Mod., D. n° 2012-1451, 24 déc. 2012).* – **Les magistrats commettants peuvent autoriser les experts à percevoir au cours de la procédure des acomptes provisionnels soit lorsqu'ils ont fait des travaux d'une importance exceptionnelle, soit lorsqu'ils ont été dans la nécessité de faire des transports coûteux ou des avances personnelles.**

Toutefois, le montant total des acomptes ne pourra pas dépasser la moitié du montant des frais et honoraires prévu.

B. – Dispositions spéciales
Expertise en matière de fraudes commerciales
(B mod. à compter du 1er mars 2017, D. n° 2017-248, 27 févr. 2017)

a) Expertise en matière de fraudes commerciales

Art. R. 116 *(D. n° 67-62, 14 janv. 1967).* – **Il est alloué à chaque expert désigné conformément aux lois et règlements sur la répression des fraudes en matière commerciale, pour l'analyse de chaque échantillon, y compris les frais de laboratoire :**

Pour le premier échantillon	Pour les échantillons suivants dans la même affaire
12,96 €	7,17 €.

b) Médecine légale

Art. R. 116-1 *(Abr., D. n° 2017-248, 27 févr. 2017).*

Art. R. 117 *(Mod., D. n° 2020-128, 18 févr. 2020).* – **Chaque médecin ou infirmier régulièrement requis ou commis perçoit une rémunération ou des honoraires calculés par référence aux tarifs conventionnels d'honoraires fixés sur le fondement de l'article L. 162-14-1 du Code de la sécurité sociale, en appliquant aux valeurs des lettres clés de la sécurité sociale des coefficients déterminés par arrêté du ministre chargé de la justice et du ministre chargé du budget.**

Cet arrêté distingue les lettres clés et les coefficients applicables selon la nature et l'étendue des actes prescrits. Il peut tenir compte, le cas échéant, de l'obligation prévue à l'article L. 311-2 du Code sécurité sociale qui s'impose pour les personnes mentionnées au 3° de l'article D. 311-1 du Code de la sécurité sociale. Il peut prévoir une ou plusieurs indemnités complémentaires selon le lieu, le jour ou l'heure de réalisation de la mission.

Cet arrêté détermine les conditions dans lesquelles, à titre exceptionnel et par une décision motivée de l'autorité requérante, certains experts, en raison de la complexité, de l'ampleur ou de la durée de la procédure pour laquelle ils sont commis ou requis, peuvent être rémunérés, dans la limite d'un plafond, sur présentation d'un devis.

c) Biologie et Toxicologie

Art. R. 118 *(Rempl., D. n° 2017-248, 27 févr. 2017).* – **Les tarifs maximaux relatifs aux analyses toxicologiques et biologiques sont fixés par référence aux tarifs conventionnels d'honoraires fixés sur le fondement de l'article L. 162-14-1 du Code de la sécurité sociale, en appliquant aux valeurs des lettres clés de la sécurité sociale des coefficients déterminés par arrêté du ministre chargé de la justice et du ministre chargé du budget. Cet arrêté distingue les lettres clés et les coefficients applicables selon les prestations requises et les techniques mises en œuvre.**

Art. R. 119 *(Abr., D. n° 2017-248, 27 févr. 2017).*

d) Radiologie

Art. R. 120 *(Rempl., D. n° 2017-248, 27 févr. 2017).* – Il est alloué à chaque médecin expert ou radiologue qualifié, régulièrement requis ou commis, une rémunération ou des honoraires calculés en référence aux tarifs fixés par la classification commune des actes médicaux.

Les tarifs des actes spécifiques aux investigations judiciaires sont fixés par un arrêté du ministre de la Justice et du ministre chargé du budget selon la nature des prestations.

e) Expertise mécanique

Art. R. 120-1 *(Mod., D. n° 81-70, 28 janv. 1981).* – Il est alloué à chaque expert, pour une expertise mécanique complète portant sur un ou plusieurs véhicules automobiles, ordonnée par une juridiction siégeant à Paris ou dans les départements des Hauts-de-Seine, de la Seine-Saint-Denis ou du Val-de-Marne, à la suite d'accident de la circulation, à l'exclusion des examens simples ne portant que sur des organes déterminés du véhicule, et à l'exclusion de toute indemnité d'établissement de plans, prise de photographies et frais de séjour : 50,31 €.

Pour une expertise ordonnée dans les mêmes conditions, par les juridictions des autres départements, à l'exclusion de toute indemnité autre que les indemnités de transport et de séjour : 45,73 €.

f) Psychologie légale

Art. R. 120-2 *(Rempl., D. n° 2017-248, 27 févr. 2017).* – Chaque expert psychologue régulièrement requis ou commis perçoit une rémunération ou des honoraires calculés par référence aux tarifs conventionnels d'honoraires fixés en application de l'article L. 162-14-1 du Code de la sécurité sociale, en appliquant aux valeurs des lettres clés de la sécurité sociale des coefficients déterminés par arrêté du ministre de la Justice et du ministre chargé du budget.

Cet arrêté distingue les lettres clés et les coefficients applicables selon la nature et l'étendue des actes prescrits. Il peut tenir compte, le cas échéant, de l'obligation prévue à l'article L. 311-2 du Code sécurité sociale qui s'impose pour les personnes mentionnées au 3° de l'article D. 311-1 du Code sécurité sociale.

Cet arrêté détermine les conditions dans lesquelles, à titre exceptionnel et par une décision motivée de l'autorité requérante, certains experts, en raison de la complexité, de l'ampleur ou de la durée de la procédure pour laquelle ils sont commis ou requis, peuvent être rémunérés, dans la limite d'un plafond, sur présentation d'un devis.

§ 2. – Des personnes chargées des enquêtes sociales et de personnalité ou contribuant au contrôle judiciaire ou au sursis probatoire

(D. n° 2007-1388, 26 sept. 2007 ; intitulé mod. à compter du 24 mars 2020, D. n° 2020-128, 18 févr. 2020)

Art. R. 121 *(Rempl. D. n° 2007-1388, 26 sept. 2007 ; D. n° 2021-524, 29 avr. 2021).* – En sus du remboursement de leurs frais de déplacement, calculés dans les conditions fixées pour les déplacements des personnels civils de l'État pour le ministère de la justice, il est alloué aux personnes physiques et aux associations mentionnées par les articles R. 121-1 et R. 121-3, pour les missions et selon les distinctions prévues par ces articles, des indemnités dont les montants IP. 1 à IP. 5 ou IA. 1 à IA. 5 exprimés en euros sont fixés par arrêté conjoint du ministre chargé du budget et du ministre de la justice.

A. – Personnes physiques

Art. R. 121-1 *(Mod., D. n° 2020-128, 18 févr. 2020).* – Il est alloué aux enquêteurs de personnalité et aux contrôleurs judiciaires, personnes physiques habilitées :

1° Pour la vérification de la situation matérielle, familiale ou sociale des personnes faisant l'objet d'une enquête prévue par les articles 41 (alinéa 6) et 81 (alinéa 7) : IP. 1 ;

2° Pour l'enquête sur la personnalité des personnes mises en examen ainsi que sur leur situation matérielle, familiale ou sociale, prévue par l'article 81 (alinéa 6) ou pour l'enquête sur la personnalité de la victime ainsi que sur la nature et l'importance des préjudices subis par elle, prévue par l'article 81-1 : IP. 2 ;

3° Pour la mission de contrôle judiciaire exercée sur chaque personne mise en examen, en application des 6° ou 17° de l'article 138 :

– IP. 3 lorsque la mission de contrôle judiciaire dure trois mois ou moins ;

– IP. 4 lorsque la mission de contrôle judiciaire dure plus de trois mois sans excéder un an ;
– IP. 5 lorsque la mission de contrôle judiciaire dure plus d'un an.

4° Pour une mission de mise en œuvre d'un sursis probatoire leur ayant été confiée en application des dispositions du dernier alinéa de l'article 471 :

– IP. 3 lorsque la mission dure trois mois ou moins ;
– IP. 4 lorsqu'elle dure plus de trois mois sans excéder un an ;
– IP. 5 lorsqu'elle dure plus d'un an ;

Art. R. 121-2 *(Mod., D. n° 2020-128, 18 févr. 2020 ; abr., D. n° 2021-524, 29 avr. 2021).*

B. – Associations

Art. R. 121-3 *(Mod., D. n° 2020-128, 18 févr. 2020).* – Il est alloué à l'association habilitée ayant passé la convention prévue au troisième alinéa de l'article R. 15-37 :

1° Pour la vérification de la situation matérielle, familiale ou sociale d'une personne faisant l'objet d'une enquête, accomplie en application du sixième alinéa de l'article 41 ou du septième alinéa de l'article 81 : IA. 1 ;

2° Pour la tenue d'une permanence les samedis, dimanches ou jours fériés, lorsque pendant celle-ci aucune mesure n'a été prescrite en application du sixième alinéa de l'article 41 ou du septième alinéa de l'article 81 : IA. 2 ;

3° Pour une enquête sur la personnalité d'une personne mise en examen ainsi que sur sa situation matérielle, familiale ou sociale, menée en application du sixième alinéa de l'article 81 ou pour l'enquête sur la personnalité de la victime ainsi que sur la nature et l'importance des préjudices subis par elle, menée en application de l'article 81-1 : IA. 3 ;

4° Pour une mission de mise en œuvre d'une des obligations du contrôle judiciaire énumérées au 6° ou au 17° de l'article 138 : IA. 4 pour les six premiers mois de contrôle judiciaire et IA. 5 par période de six mois supplémentaires dans la limite de trente-six mois ;

5° Pour une mission de mise en œuvre d'un sursis probatoire lui ayant été confiée en application des dispositions du dernier alinéa de l'article 471 : IA. 5 par période de six mois.

L'indemnité est majorée de 10 % pour les mesures ordonnées par une juridiction dans le ressort de laquelle la population, selon les données authentifiées du dernier recensement, est au plus égale à 170 000 habitants.

L'indemnité est réduite de 70 % pour celles des mesures mentionnées aux 3°, 4° et 5° ci-dessus qui sont exécutées, pour le compte de la personne morale habilitée, par une personne qui n'est pas salariée par elle.

Art. R. 121-4 *(Mod., D. n° 2020-128, 18 févr. 2020 ; abr., D. n° 2021-524, 29 avr. 2021).*

§ 3. – Des interprètes traducteurs

Art. R. 122 *(Rempl., D. n° 2008-764, 30 juill. 2008).* – Les traductions par écrit sont payées à la page de texte en français. Cette page compte 250 mots.

Les traductions par oral sont payées à l'heure de présence dès que l'interprète est mis à disposition du procureur de la République, des officiers de police judiciaire ou de leurs auxiliaires, des juges d'instruction ou des juridictions répressives. Toute heure commencée est due dans sa totalité.

Le tarif de la première heure de traduction est majoré.

Le tarif de l'heure des traductions par oral fait l'objet de majorations quand ces dernières sont effectuées durant la nuit, le samedi et le dimanche et les jours fériés.

Un arrêté conjoint du ministre de la Justice et du ministre chargé du budget fixe le tarif des traductions par oral et par écrit et de leurs majorations.

Les interprètes traducteurs ont droit aux indemnités de voyage et de séjour prévues aux articles R. 110 et R. 111.

Art. R. 122-1 *(Mod., D. n° 2021-524, 29 avr. 2021).* – En sus du remboursement de leurs frais de déplacement, calculés dans les conditions fixées pour les déplacements des personnels civils de l'État pour le ministère de la justice, il est attribué aux personnes physiques et associations habilitées comme délégués ou comme médiateurs du procureur de la République en application de l'article R. 15-33-30, pour l'accomplissement des missions qui leur sont confiées, une indemnité forfaitaire exprimée par référence à une unité de valeur et un coefficient.

Le montant unitaire de cette unité de valeur est de 3 € brut.

Un arrêté du ministre de la justice détermine les coefficients attribués pour chaque mission selon la nature, la complexité, la durée de la mission ainsi que la nature de la personne habilitée, selon qu'il s'agit d'une personne physique ou d'une association.

Art. R. 122-2 *(Créé, D. n° 2021-524, 29 avr. 2021)*. – À l'exception de certaines missions prévues par arrêté du ministre de la justice, il est alloué une indemnité supplémentaire au délégué ou au médiateur du procureur de la République lorsque la mission concerne un mineur et qu'elle implique l'audition des responsables légaux du mineur.

Il est alloué une indemnité au délégué ou au médiateur du procureur de la République qui n'a pu remplir sa mission en raison de la carence de l'intéressé qui n'a pas répondu aux convocations.

Les indemnités peuvent être assujetties à des règles de cumul précisées par arrêté du ministre de la justice.

Lorsque la mission s'exerce dans le cadre d'une permanence, l'indemnité due est celle correspondant aux actes accomplis au cours de cette permanence si elle est plus élevée que l'indemnité prévue au titre de la permanence.

Le procureur de la République ou le procureur général, selon le cas, atteste de la réalité du service fait par le délégué ou le médiateur du procureur de la République.

Section III. – Des indemnités qui peuvent être accordées aux témoins et aux jurés

§ 1. – Des témoins

A. – Règles générales

Art. R. 123 *(D. n° 74-88, 4 févr. 1974)*. – Il peut être accordé aux témoins, s'ils le requièrent :

1° Une indemnité de comparution ;

2° Des frais de voyage ;

3° Une indemnité journalière de séjour.

Art. R. 124 *(Mod., D. n° 99-203, 18 mars 1999)*. – Les indemnités accordées aux témoins ne sont payées par le Trésor qu'en tant qu'ils ont été cités ou appelés soit à la requête du ministère public, soit en vertu d'une ordonnance rendue d'office dans les cas prévus aux articles 283 et 310.

Art. R. 125. – Les témoins cités ou appelés à la requête soit des accusés, soit des parties civiles, reçoivent les indemnités ci-dessus mentionnées.

Elles leur sont payées par ceux qui les ont appelés en témoignage.

Art. R. 126 *(Abr., D. n° 72-436, 29 mai 1972)*.

Art. R. 127 *(Mod., D. n° 2021-862, 30 juin 2021)*. – Les militaires des armées de terre, de mer et de l'air et de l'espace, en activité de service, lorsqu'ils sont appelés en témoignage, n'ont droit à aucune taxe ni à aucune indemnité payables sur les fonds de justice criminelle, correctionnelle et de police, pour frais de voyage et de séjour, à moins qu'ils ne soient cités au lieu de leur domicile, pendant qu'ils sont en congé ou en permission, et qu'à la date de leur comparution ce congé ou cette permission, soit encore en cours.

Art. R. 128 *(D. n° 88-600, 6 mai 1988)*. – Les magistrats sont tenus d'énoncer, dans les mandats qu'ils délivrent au profit des témoins, que l'allocation des indemnités prévues à l'article R. 123 a été requise.

B. – Indemnités de comparution

Art. R. 129 *(Mod., D. n° 2004-1021, 27 sept. 2004)*. – Les témoins âgés de seize ans ou plus, appelés à déposer soit à l'instruction, soit devant les cours et tribunaux statuant en matière criminelle, correctionnelle ou de police reçoivent une indemnité de comparution déterminée par la formule suivante : $I = 1,5 + (S \times 4)$ dans laquelle :

I est le montant de l'indemnité forfaitaire exprimée en euros ;

S le salaire minimum interprofessionnel de croissance tel qu'il est fixé au 1er janvier de l'année en cours.

Les témoins qui justifient d'une perte d'une partie du revenu tiré de leur activité professionnelle ont droit, en outre, à une indemnité supplémentaire calculée suivant la formule $I = S \times D$, dans laquelle :

S est le salaire minimum interprofessionnel de croissance déterminé comme ci-dessus ;

D la durée horaire de comparution, celle-ci ne pouvant excéder huit heures par jour ouvrable.

Art. R. 130 *(Mod., D. n° 99-818, 16 sept. 1999).* – Lorsque les enfants de moins de seize ans, appelés en témoignage dans les conditions prévues à l'article précédent, sont accompagnés par une personne sous l'autorité de laquelle ils se trouvent ou par son délégué, cette personne a droit à l'indemnité prévue à l'article précédent sauf lorsqu'elle a été désignée, en qualité d'administrateur *ad hoc* et qu'elle figure sur la liste prévue à l'article R. 53 ou qu'il a été fait application des dispositions de l'article R. 53-6.

Art. R. 131. – Lorsqu'il est constaté qu'un témoin, en raison de ses infirmités, a dû être accompagné par un tiers, celui-ci a droit à l'indemnité prévue aux articles R. 129 et R. 130.

Art. R. 132. – Tout témoin a droit à l'indemnité prévue aux articles R. 129, R. 130 et R. 131 alors même qu'il lui est alloué une indemnité pour frais de voyage et de séjour.

C. – Frais de voyage et de séjour (1)

Art. R. 133 *(Rempl., D. n° 2013-770, 26 août 2013).* – Lorsque les témoins se déplacent, il leur est alloué, sur justification, une indemnité de transport calculée dans les conditions fixées pour les déplacements des personnels civils de l'État.

Art. R. 134 *(Mod., D. n° 83-455, 2 juin 1983).* – Lorsqu'un témoin se trouve hors d'état de subvenir aux frais de son déplacement, il lui est délivré, s'il le requiert et sur présentation d'une ordonnance rendue par le président du tribunal d'instance de sa résidence, un acompte sur l'indemnité qui lui sera due.

Cet acompte peut être égal au prix d'un billet aller et retour quand le voyage s'effectue par un service de transport qui délivre des billets d'aller et retour payables intégralement au moment du départ ; dans les autres cas, il ne doit pas excéder la moitié du montant de l'indemnité.

Le régisseur d'avances qui paie cet acompte en fait mention en marge ou au bas soit de la copie de la citation, soit de l'avertissement remis au témoin.

Art. R. 135 *(Mod., D. n° 2013-770, 26 août 2013).* – Les témoins retenus en dehors de leur résidence par l'accomplissement de leurs obligations ont droit à une indemnité journalière calculée dans les conditions fixées à l'article R. 111.

Art. R. 136 et R. 137 *(Abr., D. n° 72-436, 29 mai 1972).*

Art. R. 138. – Les indemnités de voyage et de séjour prévues aux articles R. 133 et suivants sont accordées aux personnes qui accompagnent des mineurs de seize ans ou des témoins malades ou infirmes dans les conditions précisées aux articles R. 130 et R. 131.

§ 2. – Des membres du jury criminel

Art. R. 139 *(Mod., D. n° 74-88, 4 févr. 1974).* – Il est accordé aux membres du jury criminel, s'ils le requièrent et quand il y a lieu :

1° Une indemnité de session ;

2° Des frais de voyage ;

3° Une indemnité journalière de séjour.

Art. R. 140 *(Mod., D. n° 2004-1021, 27 sept. 2004).* – Il est accordé aux jurés, pendant la durée de la session, une indemnité journalière déterminée par la formule suivante : $I = 6 + (S \times 8)$, dans laquelle :

I est le montant de l'indemnité forfaitaire exprimé en euros ;

S le salaire minimum interprofessionnel de croissance tel qu'il est fixé au 1er janvier de l'année en cours.

Les jurés qui justifient d'une perte d'une partie du revenu tiré de leur activité professionnelle ont droit, en outre, à une indemnité supplémentaire calculée suivant la formule suivante : $I = S \times D$, dans laquelle :

S est le salaire minimum interprofessionnel de croissance déterminé comme ci-dessus ;

D la durée horaire de l'audience, celle-ci ne pouvant excéder huit heures par jour ouvrable.

(1) D. n° 74-88, 4 févr. 1974, art. 1er.

Art. R. 141 *(Rempl., D. n° 2013-770, 26 août 2013)*. – Lorsque les jurés se déplacent, il leur est alloué, sur justification, une indemnité de transport calculée dans les conditions fixées pour les déplacements des personnels civils de l'État.

Art. R. 142 *(Mod., D. n° 2013-770, 26 août 2013)*. – Les jurés retenus en dehors de leur résidence par l'accomplissement de leurs obligations ont droit à une indemnité journalière de séjour calculée dans les conditions fixées par l'article R. 111.

Art. R. 143 *(Abr., D. n° 72-436, 29 mai 1972)*.

Art. R. 144 *(D. n° 72-436, 29 mai 1972)*. – Les indemnités de session et de séjour pendant la durée de la session sont dues pour chaque journée où le juré titulaire ou supplémentaire a été présent à l'appel pour concourir à la formation du jury de jugement.

Les jurés complémentaires n'ont droit à l'indemnité de session que s'ils ont été inscrits sur la liste de service.

Art. R. 145 *(D. n° 88-600, 6 mai 1988)*. – Le greffier de la cour d'assises délivre, jour par jour, aux membres du jury criminel qui en font la demande, les certifications correspondant aux indemnités journalières auxquelles ils ont droit.

Mention de ces certifications partielles est faite sur la copie de la notification délivrée en exécution de l'article 267 du présent code pour être ensuite déduite de la certification définitive.

Art. R. 146 *(Mod., D. n° 83-455, 2 juin 1983)*. – Lorsqu'un juré se trouve hors d'état de subvenir aux frais de son déplacement, il lui est délivré, s'il le requiert et sur présentation d'une ordonnance rendue par le président du tribunal d'instance de sa résidence, un acompte sur l'indemnité qui lui sera due. Le montant de cet acompte est déterminé conformément aux dispositions du deuxième alinéa de l'article R. 134.

Le régisseur d'avances qui paie cet acompte en fait mention en marge ou au bas de la notification délivrée au juré.

§ 3. – Des citoyens assesseurs

(D. n° 2011-1271, 12 oct. 2011 ; voir L. n° 2011-939, 10 août 2011 ; voir également l'avertissement supra art. 10-1 CPP)

Art. R. 146-1 à R. 146-7 *(Abr., D. n° 2013-770, 26 août 2013)*.

Section IV. – Des frais de garde des scellés, de mise en fourrière et de l'immobilisation décidée en application des articles 131-6 (5°) et 131-14 (2°) du Code pénal

(Intitulé mod., D. n° 2002-801, 3 mai 2002)

Art. R. 147 *(Mod., D. n° 99-203, 18 mars 1999)*. – Dans les cas prévus aux articles 54, 55, 56, 97 et 151, il n'est accordé d'indemnité pour la garde des scellés que lorsqu'il n'a pas été jugé à propos de confier cette garde à des habitants de l'immeuble où les scellés ont été apposés.

Dans ces cas, il est alloué pour chaque jour, pendant le premier mois, au gardien nommé d'office :

À Paris : 0,46 € ;

Dans les autres localités : 0,30 € ;

Le premier mois écoulé, ces indemnités sont réduites de moitié.

Lorsque les scellés sont apposés sur des véhicules automobiles, les tarifs des frais de garde journalière sont fixés ainsi qu'il suit :

Pour les véhicules poids lourds d'un poids total autorisé en charge supérieur à 3,5 tonnes : 6,10 € ;

Pour les voitures particulières et les autres véhicules poids lourds : 3,20 € ;

Pour les autres véhicules immatriculés : 2,44 €.

Art. R. 147-1 *(Mod., D. n° 99-203, 18 mars 1999)*. – Le tarif des frais de garde entraîné par l'immobilisation d'un véhicule décidée en application des articles 131-6 (5°) et 131-14 (2°) du Code pénal est celui qui est fixé conformément au dernier alinéa de l'article précédent.

Art. R. 148. – Les animaux et tous les objets périssables, pour quelque cause qu'ils soient saisis, ne peuvent rester en fourrière ou sous le séquestre plus de huit jours.

Après ce délai, la mainlevée provisoire doit, en principe, être accordée.

S'ils ne doivent ou ne peuvent être restitués, ils sont mis en vente, et les frais de fourrière sont prélevés sur le produit de la vente par privilège et de préférence à tous autres.

Art. R. 149 *(Mod., D. n° 2014-551, 27 mai 2014).* – La mainlevée provisoire de la mise sous séquestre des animaux et des objets périssables est ordonnée par le président du tribunal judiciaire ou par le juge d'instruction, moyennant caution et paiement des frais de fourrière et de séquestre.

Si lesdits animaux ou objets doivent être vendus, la vente est ordonnée par les mêmes magistrats.

Cette vente est faite à l'enchère au marché le plus voisin à la diligence du comptable de la direction générale des finances publiques.

Le jour de la vente est indiqué par affiche, vingt-quatre heures à l'avance, à moins que la modicité de l'objet ne détermine le magistrat à en ordonner la vente sans formalité, ce qu'il exprime dans son ordonnance.

Le produit de la vente est versé dans la caisse du comptable de la direction générale des finances publiques, pour en être disposé, ainsi qu'il est ordonné par le jugement définitif.

Section V. – Des frais de copie

(Sect. mod., D. n° 78-62, 20 janv. 1978)

A

(Abr., D. n° 78-6, 20 janv. 1978).

Art. R. 150 *(Abr., D. n° 78-62, 20 janv. 1978).*

Art. R. 151 *(Abr., D. n° 67-903, 12 oct. 1967).*

Art. R. 152 et R. 153 *(Abr., D. n° 78-62, 20 janv. 1978).*

B. – Expéditions

a) Délivrance des expéditions

Art. R. 154. – Dans le cas de renvoi des accusés soit devant une autre juridiction d'instruction, soit devant une autre cour d'assises, s'ils ont déjà reçu la copie des pièces prescrites à l'article 279, il ne peut leur être délivré une nouvelle copie payée sur les frais généraux de justice criminelle, correctionnelle et de police.

Mais tout accusé, renvoyé devant la cour d'assises, peut se faire délivrer à ses frais une expédition des pièces de la procédure, même de celles qui ne sont pas comprises dans la copie délivrée gratuitement.

Le même droit appartient à la partie civile et aux personnes civilement responsables.

Art. R. 155 *(Mod., D. n° 2002-801, 3 mai 2002).* – En matière criminelle, correctionnelle et de police, hors les cas prévus par l'article 114, il peut être délivré aux parties :

1° Sur leur demande, expédition de la plainte ou de la dénonciation des ordonnances définitives, des arrêts, des jugements, des ordonnances pénales et des titres exécutoires prévus à l'article 529-2, alinéa 2, du Code de procédure pénale.

2° Avec l'autorisation du procureur de la République, ou du procureur général selon le cas, expédition de toutes les autres pièces de la procédure, notamment en ce qui concerne les pièces d'une enquête terminée par une décision de classement sans suite. Toutefois, cette autorisation n'est pas requise lorsque des poursuites ont été engagées ou qu'il est fait application des articles 41-1 à 41-3 et que la copie est demandée pour l'exercice des droits de la défense ou des droits de la partie civile.

Art. R. 156 *(Abr. à compter du 1er septembre 2020, D. n° 2020-797, 29 juin 2020).*

Art. R. 157. – Toutes les fois qu'une procédure en matière criminelle, correctionnelle ou de police est transmise à quelque cour ou tribunal que ce soit, ou au ministère de la justice, la procédure et les pièces sont envoyées en minutes, à moins que le ministre de la Justice ne désigne des pièces pour être expédiées par copies ou par extraits.

Art. R. 158. – Dans tous les cas où il y a envoi des pièces d'une procédure, le greffier est tenu d'y joindre un inventaire, qu'il dresse sans frais, ainsi qu'il est prescrit à l'article 586.

Art. R. 159 *(D. n° 72-630, 4 juill. 1972).* – Sont seuls expédiés dans la forme exécutoire les arrêts, jugements ordonnances pénales et ordonnances de justice, que les parties ou le ministère public demandent dans cette forme.

Art. R. 160. – Ne doivent pas être insérés dans la rédaction des arrêts et jugements les réquisitoires ou plaidoyers prononcés soit par le ministère public, soit par les défenseurs des prévenus ou accusés, mais seulement leurs conclusions.

b) Droits d'expédition et de copie

Art. R. 161 à R. 164 *(Abr., D. n° 67-903, 12 oct. 1967).*

Art. R. 165 *(Rempl., D. n° 2007-1388, 26 sept. 2007).* – En matière pénale, la délivrance, lorsqu'elle est autorisée, de reproductions de pièces de procédures autres que les décisions est rémunérée à raison de 0,46 € par page. S'il a été procédé à la numérisation de la procédure, la copie peut être délivrée sous forme numérisée ; elle est alors rémunérée à raison de 5 € par support numérique, quel que soit le nombre de pages figurant sur ce support.

Toutefois, la délivrance de la première reproduction de chaque acte, sous support papier ou sous support numérique, est gratuite lorsqu'elle est demandée soit par l'avocat de la partie, soit par la partie elle-même si celle-ci n'est pas représentée par un avocat.

Lorsqu'il s'agit d'une procédure d'information dont le dossier a fait l'objet d'une numérisation, la copie délivrée en application du quatrième alinéa de l'article 114 l'est sous forme numérique, sauf décision contraire du juge d'instruction.

Les copies réalisées sont tenues à la disposition du demandeur au greffe de la juridiction, ou, à sa demande, lui sont adressées à ses frais par voie postale.

c) Délivrance de copies aux tiers

(Rétabli dans la version suivante à compter du 1er septembre 2020, D. n° 2020-797, 29 juin 2020)

Art. R. 166 *(Abr., D. n° 99-203, 18 mars 1999 ; rétabli dans la version suivante à compter du 1er septembre 2020, D. n° 2020-797, 29 juin 2020).* – En matière pénale, peut être délivrée à des tiers, sans autorisation préalable, la copie :

1° Des arrêts de la Cour de cassation ;

2° Des décisions des juridictions de jugement du premier ou du second degré, lorsqu'elles sont définitives et ont été rendues publiquement à la suite d'un débat public.

Art. R. 168 *(Rétabli dans la version suivante à compter du 1er septembre 2020, D. n° 2020-797, 29 juin 2020).* – Le procureur de la République ou le procureur général peut, par décision motivée et alors même qu'aucune demande n'a encore été formulée, décider l'occultation des éléments permettant d'identifier les personnes physiques mentionnées dans la décision, lorsqu'elles sont parties ou tiers, si leur divulgation est de nature à porter atteinte à la sécurité ou au respect de la vie privée de ces personnes ou de leur entourage. En tout état de cause, il est procédé à cette occultation lorsqu'elle a été décidée, pour ces personnes, en application des articles R. 111-12 ou R. 111-13 du Code de l'organisation judiciaire.

Le procureur de la République ou le procureur général peut également, dans les mêmes conditions, décider l'occultation de certains motifs ou éléments d'identification si leur divulgation est susceptible de porter atteinte aux intérêts fondamentaux de la Nation ou au secret en matière commerciale ou industrielle.

Art. R. 169 *(Rétabli dans la version suivante à compter du 1er septembre 2020, D. n° 2020-797, 29 juin 2020).* – Lorsqu'elles sont délivrées à des tiers :

1° Les copies des décisions rendues par les cours d'assises ne mentionnent pas l'identité des jurés ;

2° Les copies des décisions rendues par les tribunaux pour enfants ne mentionnent pas l'identité des assesseurs ;

3° Les copies des décisions rendues par les chambres de l'application des peines des cours d'appel composées conformément au deuxième alinéa de l'article 712-13 ne mentionnent pas l'identité des assesseurs responsables d'associations ;

4° Les copies des décisions rendues dans des procédures concernant les infractions mentionnées aux articles 702 et 706-73 ne mentionnent pas l'identité des personnes ayant concouru au déroulement de la procédure, autres que les magistrats et les greffiers.

Art. R. 170 *(Rétabli dans la version suivante à compter du 1er septembre 2020, D. n° 2020-797, 29 juin 2020).* – Les copies des décisions non définitives, des décisions rendues par les juridictions d'instruction ou de l'application des peines et des décisions rendues par les juridictions pour mineurs ou après des débats tenus à huis clos, ainsi que les copies des autres actes ou pièces d'une procédure pénale, ne sont délivrées aux tiers qu'avec l'autorisation préalable du procureur de la République ou du procureur général et sous réserve que le demandeur justifie d'un motif légitime.

L'autorisation peut n'être accordée que sous réserve de l'occultation des éléments ou des motifs de la décision qui n'ont pas à être divulgués.

L'autorisation est refusée par décision motivée si la demande n'est pas justifiée par un motif légitime, si la délivrance de la copie est susceptible de porter atteinte à l'efficacité de l'enquête ou à la présomption d'innocence, ou pour l'un des motifs mentionnés à l'article R. 168.

Art. R. 171 *(Rétabli dans la version suivante à compter du 1er septembre 2020, D. n° 2020-797, 29 juin 2020).* – La décision du procureur de la République ou du procureur général prise en application des articles R. 167, R. 168 ou R. 170 est notifiée à la personne intéressée. Celle-ci peut former un recours devant le président de la chambre de l'instruction dans les deux mois suivant la notification de la décision.

Lorsqu'une décision d'occultation a été prise en application de l'article R. 168 alors qu'aucune demande de délivrance de copie n'a encore été formulée, le recours peut être formé à tout moment par toute personne intéressée.

Art. R. 172 *(Rétabli dans la version suivante à compter du 1er septembre 2020, D. n° 2020-797, 29 juin 2020).* – Les dispositions des articles R. 167 à R. 170 ne s'appliquent pas à l'accès aux décisions, actes ou pièces exercé en application des articles L. 213-1 à L. 213-5 du Code du patrimoine.

C. – Droits forfaitaires

(Abr., D. n° 78-6, 20 janv. 1978).

Art. R. 167 ancien *(Abr., D. n° 67-903, 12 oct. 1967).*

Art. R. 168 ancien *(Abr., D. n° 78-62, 20 janv. 1978).*

D. – Droits fixes

(Abr., D. n° 78-6, 20 janv. 1978).

Art. R. 169 ancien et R. 170 ancien *(Abr., D. n° 78-62, 20 janv. 1978).*

Art. R. 171 ancien à R. 174 *(Abr., D. n° 67-903, 12 oct. 1967).*

Art. R. 175 *(Abr., D. n° 78-62, 20 janv. 1978).*

E. – Indemnités

Art. R. 176 *(Abr., D. n° 88-600, 6 mai 1988).*

Art. R. 177 *(Abr., D. n° 67-903, 12 oct. 1967).*

Art. R. 178 *(Abr., D. n° 88-600, 6 mai 1988).*

Section VI. – Des émoluments et indemnités alloués aux huissiers de justice et aux agents de la force publique

§ 1. – Service d'audience des huissiers de justice

Art. R. 179 *(Mod., D. n° 2011-1469, 8 nov. 2011)*. – Chaque huissier de justice audiencier reçoit une indemnité journalière de :

1° 20 € pour le service d'une audience de la Cour de cassation ;

2° 130 € pour le service d'une audience de la cour d'assises ;

3° 60 € pour le service d'une audience du tribunal correctionnel, du tribunal pour enfants ou d'une chambre des appels correctionnels ;

4° 30 € pour le service d'une audience du tribunal de police.

Art. R. 180 *(Abr., D. n° 88-600, 6 mai 1988)*.

§ 2. – Citations et significations

Art. R. 181 *(Mod., D. n° 2002-1067, 5 août 2002)*. – Il est alloué aux huissiers de justice pour toutes citations en matière criminelle, correctionnelle et de police, pour les significations des mandats de comparution, pour toutes significations d'ordonnances, jugements et arrêts et tous autres actes ou pièces en matière criminelle, correctionnelle et de police, une somme forfaitaire de 4,50 € pour l'original, les copies et l'envoi de la lettre recommandée avec avis de réception prévue par les articles 557 et 558 et ce, en sus du coût d'affranchissement.

Art. R. 182 *(Mod., D. n° 88-600, 6 mai 1988)*. – Dans les cas prévus à l'article précédent, il est alloué, en outre, aux huissiers de justice une somme de 6,86 € si la délivrance de l'acte a été faite à personne.

Art. R. 183. – Lorsqu'il n'a pas été délivré au ministère public d'expédition des actes ou jugement à signifier, les significations sont faites par les huissiers de justice sur les minutes qui leur sont confiées par les greffiers contre récépissé, à la charge par eux de les rétablir au greffe dans les vingt-quatre heures qui suivent la signification.

Lorsqu'un acte ou jugement a été remis en expédition au ministère public, la signification est faite sur cette expédition sans qu'il en soit délivré une seconde pour cet objet.

Art. R. 184. – Les copies de tous actes, jugements et pièces à signifier sont toujours faites par les huissiers de justice ou leurs clercs.

Art. R. 185 *(Mod., D. n° 84-289, 19 avr. 1984)*. – Lorsqu'il doit être donné copie de certaines pièces, il est alloué, quel que soit le nombre de pages copiées, une somme forfaitaire de 0,91 € en matière de police et de 1,37 € en matière correctionnelle et criminelle.

Art. R. 186 *(Abr., D. n° 74-88, 4 févr. 1974)*.

Art. R. 187. – Sauf disposition spéciale des lois et règlements, il n'est alloué aucune taxe aux agents de la force publique à raison des citations, notifications et significations dont ils peuvent être chargés par les officiers de police judiciaire et par le ministère public.

§ 3. – Exécution des mandats d'amener, de dépôt et d'arrêt et des mesures de contrainte exercées contre les témoins défaillants. Capture en exécution d'une ordonnance de prise de corps, d'un jugement ou d'un arrêt

Art. R. 188 *(Mod. à compter du 1er juillet 2012, D. n° 2012-836, 29 juin 2012)*. – L'exécution des mandats d'amener, de dépôt et d'arrêt, des ordonnances de prise de corps, des arrêts et jugements de condamnation, des mesures de contrainte exercées contre les témoins défaillants en vertu des articles 109, 110 et 153 est confiée aux militaires de la gendarmerie autres que les officiers et aux fonctionnaires de police autres que les commissaires et commissaires adjoints, ainsi qu'aux gardes champêtres.

Art. R. 189. – Des primes sont allouées aux agents de la force publique dans les conditions fixées aux articles R. 190 et R. 191 lorsqu'il y a eu exécution forcée et que l'arrestation a nécessité des recherches spéciales dûment constatées.

Il n'y a pas lieu de distinguer, au point de vue du droit à l'allocation, suivant que l'agent qui a opéré l'arrestation était porteur du mandat ou de l'extrait de jugement ou d'arrêt ou avait été simplement avisé de l'existence de cette pièce par une circulaire ou par une insertion à un bulletin de police.

La gratification la plus élevée est seule accordée si le prévenu accusé ou condamné était sous le coup de plusieurs mandats, ordonnances de prise de corps, arrêts ou jugements de condamnations.

Art. R. 190 *(Mod., D. n° 74-88, 4 févr. 1974)*. – Il est alloué aux personnes mentionnées à l'article R. 188 pour l'exécution des mandats d'amener ou des mesures de contrainte exercées contre les témoins défaillants en vertu des articles 109, 110 et 153, une prime de 0,76 €.

Art. R. 191 *(Mod., D. n° 74-88, 4 févr. 1974)*. – Il est alloué aux personnes mentionnées à l'article R. 188, pour capture ou saisie de la personne, en exécution :

1° D'un jugement de police (1) ou d'un jugement ou arrêt correctionnel prononçant une peine d'emprisonnement n'excédant pas dix jours : 0,76 €.

2° D'un mandat d'arrêt ou d'un jugement ou arrêt en matière correctionnelle emportant peine d'emprisonnement de plus de dix jours : 1,07 €.

3° D'une ordonnance de prise de corps ou d'un arrêt de condamnation à une peine de réclusion criminelle à temps n'excédant pas dix ans : 1,52 €.

4° D'un arrêt de condamnation à une peine de réclusion criminelle à temps excédant dix ans ou à une peine plus forte : 3,05 €.

§ 4. – Exécution des arrêts de contumace

Art. R. 192 *(Mod., D. n° 74-88, 4 févr. 1974)*. – Pour les affiches de l'ordonnance qui, aux termes des articles 627 et 628, doit être rendue et publiée contre les contumax, y compris le procès-verbal de la publication, il est alloué aux huissiers de justice une indemnité de 1,14 €.

Art. R. 193 *(Mod., D. n° 74-88, 4 févr. 1974)*. – Il est alloué aux huissiers de justice pour l'apposition de chacun des trois extraits de l'arrêt de condamnation par contumace qui doit être affiché, conformément à l'article 634, et pour la rédaction du procès-verbal constatant l'accomplissement de cette formalité un droit de 0,57 €.

§ 5. – Frais de voyage et de séjour

Art. R. 194 *(Mod., D. n° 74-88, 4 févr. 1974)*. – Il est alloué aux huissiers de justice, qui se transportent hors de la commune de leur résidence, l'indemnité prévue à l'article R. 110.

Les huissiers de justice titulaires de permis de circulation ou jouissant, à titre personnel ou en raison de leur emploi, de réductions de tarifs, n'ont pas droit au remboursement des frais de transport pour la partie correspondant à l'exonération dont ils bénéficient. Les demandes de remboursement de frais de transport doivent être obligatoirement accompagnées d'une déclaration des intéressés certifiant qu'ils ne bénéficient pas, à quelque titre que ce soit, d'avantages de tarifs ou, dans le cas contraire, qu'ils ne bénéficient pas d'autres avantages que ceux dont il est fait état dans la demande.

Il n'est dû aucun transport dans les limites des villes ou chefs-lieux de commune, telles qu'elles sont actuellement fixées.

Art. R. 195 *(Mod., D. n° 74-88, 4 févr. 1974)*. – Il est alloué, à compter du second jour, une indemnité de 4,57 € par jour aux huissiers de justice retenus en dehors de leur résidence soit par l'accomplissement de leurs fonctions, soit en raison de la durée du déplacement, soit par un cas de force majeure dûment constatée.

---

(1) Les mots « d'un jugement de police » sont caducs du fait de l'abrogation de l'emprisonnement contraventionnel (V. D. n° 93-726, 29 mars 1993, art. 1er, 1°).

§ 6. – Dispositions générales

Art. R. 196 *(Abr., D. n° 88-600, 6 mai 1988).*

Art. R. 197. – Les procureurs généraux et les procureurs de la République examinent en même temps les écritures, afin de s'assurer qu'elles sont conformes aux prescriptions de l'article R. 185, et ils réduisent au taux convenable le prix des écritures qui ne seraient pas dans la proportion établie par ledit article.

Art. R. 198. – Tout huissier de justice qui refusera d'instrumenter dans une procédure suivie à la requête du ministère public ou de faire le service auquel il est tenu près la cour ou le tribunal et qui, après injonction à lui faite par le procureur général ou le procureur de la République, persistera dans son refus sera destitué, sans préjudice de tous dommages-intérêts et des autres peines qu'il aura encourues.

Art. R. 199 *(Mod., D. n° 2002-801, 3 mai 2002).* – Les huissiers de justice ne peuvent, pour quelque cause et sous quelque prétexte que ce soit, exiger d'autres ou de plus forts droits que ceux qui leur sont alloués par le présent titre.

Par dérogation à la règle établie à l'alinéa précédent, sont fixés conformément aux tarifs en matière civile, les frais des actes délivrés à la requête des parties civiles après l'extinction de l'action publique et en vue de faire statuer uniquement sur les intérêts civils.

Ces frais sont à la charge des intéressés et ne sont pas imputables sur les crédits de la justice criminelle.

Section VII. – Indemnités de transport et de séjour accordées aux magistrats et aux greffiers

Art. R. 200 et R. 201 *(Abr., D. n° 2013-770, 26 août 2013).*

Art. R. 202 *(Abr., D. n° 99-203, 18 mars 1999).*

Art. R. 203 à R. 207 *(Abr., D. n° 82-70, 21 janv. 1982).*

Section VIII. – Des frais de mise en œuvre des conventions secrètes de cryptologie

(D. n° 99-203, 18 mars 1999)

Art. R. 208. – Pour chaque remise ou mise en œuvre, à la demande des autorités judiciaires dans les conditions fixées par le II de l'article 28 de la loi n° 90-1170 du 29 décembre 1990 sur la réglementation des télécommunications, des conventions secrètes de moyens ou prestations de cryptologie, il est alloué une somme de 60,98 € à chaque organisme agréé.

Art. R. 209 *(Abr., D. n° 93-867, 28 juin 1993).*

Section IX. – Des frais d'impression

Art. R. 210 *(Mod., D. n° 99-203, 18 mars 1999).* – Les seules impressions qui doivent être payées à titre de frais de justice sont :

1° Celle des publications ou insertions de communiqué, relatives à des décisions de non-lieu, qui sont ordonnées par le juge d'instruction ou la chambre de l'instruction en application des articles 177-1 et 212-1 ;

2° Celle des signalements individuels de personnes arrêtées dans les cas exceptionnels où l'envoi de ces signalements aurait été reconnu indispensable ;

3° Celle de l'arrêt ou du jugement de révision d'où résulte l'innocence d'un condamné et dont l'affichage est prescrit par l'article 626, alinéas 9 et 10.

Art. R. 211. – Les placards destinés à être affichés sont transmis aux maires qui les font apposer dans les lieux accoutumés aux frais de la commune.

Art. R. 212 *(D. n° 93-867, 28 juin 1993).* – Les impressions payées à titre de frais de justice sont faites en vertu de marchés passés pour chaque ressort de cour ou de tribunal par le procureur général ou le procureur de la République, suivant le cas, et qui ne peuvent être exécutés qu'avec l'approbation préalable du ministre de la Justice.

Toutefois, à défaut d'un tel marché, il peut être traité de gré à gré chaque fois qu'une impression doit être faite. Les imprimeurs joignent à chaque article de leur mémoire un exemplaire de l'objet imprimé comme pièce justificative.

Section X. – Des frais de recherche et de délivrance de reproductions des documents imprimés

(D. n° 99-203, 18 mars 1999)

Art. R. 213. – Il est alloué à chaque propriétaire ou dépositaire de documents imprimés, conservés sur support de quelque nature que ce soit, une indemnité de 3,81 € par réquisition pour l'ensemble des recherches d'archives nécessaires auxquelles il procède et une indemnité de 0,08 € par page pour les reproductions délivrées de ces documents.

Section XI. – Des frais des opérateurs de communications électroniques

(D. n° 2006-358, 24 mars 2006)

Art. R. 213-1 *(Mod., D. n° 2013-770, 26 août 2013 ; D. n° 2021-1361, 20 oct. 2021)*. – Les tarifs relatifs aux frais mentionnés au 9° de l'article R. 92 correspondant à la fourniture des données conservées en application des II *bis* et III de l'article L. 34-1 du Code des postes et des communications électroniques sont fixés par un arrêté du ministre de l'économie, des finances et de l'industrie et du garde des sceaux. Cet arrêté distingue les tarifs applicables selon les catégories de données et les prestations requises, en tenant compte, le cas échéant, des surcoûts identifiables et spécifiques supportés par les opérateurs requis par les autorités judiciaires pour la fourniture de ces données.

Art. R. 213-2 *(Mod., D. n° 2013-770, 26 août 2013)*. – Les tarifs relatifs aux frais mentionnés au 9° de l'article R. 92 correspondant au traitement des demandes d'interceptions sont fixés par arrêté du ministre de la Justice et du ministre chargé du budget.

CHAPITRE III. – DES DÉPENSES ASSIMILÉES À CELLES DE L'INSTRUCTION DES PROCÈS CRIMINELS

Section I. – Règles générales

Art. R. 214 *(Mod., D. n° 88-600, 6 mai 1988)*. – Les frais énumérés à l'article R. 93 sont avancés par le Trésor public conformément aux dispositions du présent titre : ils sont taxés et liquidés d'après le tarif et selon les règles de chaque juridiction compétente.

Les dispositions des articles R. 222, R. 223, R. 224-2, R. 225, R. 228, R. 228-1, R. 229, R. 230, R. 233 et R. 234 sont applicables pour le paiement de ces frais.

Art. R. 215. – Par dérogation à la règle établie à l'article précédent, sont payés, conformément au tarif fixé par le présent titre, les frais des poursuites exercées devant le tribunal civil ou devant la cour d'appel :

1° Pour contravention aux lois sur la tenue des registres de l'état civil, dans les cas prévus aux articles 50 et 53 du Code civil, et sur la célébration des mariages, dans le cas prévu à l'article 192 du Code civil ;

2° Pour infractions disciplinaires commises par des officiers publics ou ministériels.

Section II. – Règles spéciales

§ 1. – Des dépenses résultant de la désignation des administrateurs *ad hoc*

(D. n° 99-818, 16 sept. 1999) (1)

Art. R. 216 *(Mod., D. n° 2009-598, 26 mai 2009 ; D. n° 2021-682, 27 mai 2021).* – En sus du remboursement de ses frais de déplacement, calculés dans les conditions fixées pour les déplacements des personnels civils de l'État pour le ministère de la justice, il est alloué à chaque personne désignée en qualité d'administrateur *ad hoc*, lorsqu'elle figure sur la liste prévue à l'article R. 53 ou qu'il a été fait application des dispositions de l'article R. 53-6, pour l'ensemble des frais exposés pour la défense des intérêts d'une victime mineure des indemnités, dont les montants Iaah1 à Iaah11 sont fixés par arrêté conjoint du ministre chargé du budget et du ministre de la Justice, selon les distinctions suivantes :

1° Pour une enquête qui n'a pas été suivie d'une instruction préparatoire lorsque la désignation de l'administrateur *ad hoc* a été faite par le procureur de la République : Iaah1 ;

2° Pour une instruction correctionnelle lorsque les faits ont donné lieu à l'ouverture d'une information devant le juge d'instruction : Iaah2 ;

3° Pour une instruction criminelle lorsque les faits ont donné lieu à l'ouverture d'une information devant le juge d'instruction : Iaah3 ;

4° Pour une fonction d'accompagnement du mineur à une audience du tribunal correctionnel : Iaah4 ;

5° Pour une fonction d'accompagnement du mineur à une audience de la cour d'assises : Iaah5 ;

6° Pour une fonction d'accompagnement du mineur à une audience du tribunal pour enfants statuant en matière correctionnelle : Iaah6 ;

7° Pour une fonction d'accompagnement du mineur à une audience du tribunal pour enfants statuant en matière criminelle : Iaah7 ;

8° Pour la représentation du mineur lorsque l'administrateur *ad hoc* interjette appel devant la chambre des appels correctionnels ou la chambre spéciale des mineurs : Iaah8 ;

9° Pour la représentation du mineur lorsque l'administrateur *ad hoc* interjette appel devant la cour d'assises statuant en appel : Iaah9 ;

10° Pour une indemnité de carence en cas de difficultés dans le déroulement de la mission de l'administrateur *ad hoc*, sur la base d'un rapport indiquant les diligences accomplies, dans les conditions définies à l'article R. 53-8 : Iaah10.

Art. R. 216-1 *(Mod., D. n° 2008-764, 30 juill. 2008).* – En cas d'ouverture d'une information judiciaire, une provision d'un montant maximum de Iaa2 peut être accordée par le juge d'instruction à l'administrateur *ad hoc*, sur sa demande, si ce dernier remet en cours de mission et au moins six mois après sa désignation, un rapport récapitulant les démarches effectuées et les formalités accomplies.

§ 2. – Procédures suivies en application de la législation sur les incapables

Art. R. 217 *(Mod., D. n° 93-867, 28 juin 1993).* – Si le mineur est solvable, les frais des procédures suivies en matière de tutelle sont à sa charge et le recouvrement en est poursuivi selon les procédures et sous les garanties prévues en matière d'amende pénale.

Le juge des tutelles ou le tribunal ultérieurement saisi, peut toutefois décider qu'une autre partie en supportera la charge.

Si le mineur ne paraît pas avoir de ressources suffisantes, le juge des tutelles constate cette insuffisance par ordonnance ; les frais sont alors avancés et recouvrés comme en matière de frais de justice.

Les mêmes règles sont applicables en matière de régimes de protection des majeurs.

(1) Les désignations des administrateurs *ad hoc* intervenues avant l'entrée en vigueur du présent décret demeurent valables jusqu'à la fin de la mission.

Les dispositions des articles 3 et 5 sont applicables aux missions confiées aux administrateurs *ad hoc* en application des dispositions de l'article 706-50, y compris si celles-ci ont été achevées avant la date d'entrée en vigueur du présent décret. elles sont également applicables, si sa mission a été achevée après cette date, lorsque l'administrateur *ad hoc* a été désigné en application de l'article 87-1 du Code de procédure pénale.

Art. R. 217-1 *(Mod., D. n° 2016-185, 23 févr. 2016).* – Le médecin auteur du certificat circonstancié prévu à l'article 431 du Code civil reçoit, à titre d'honoraires, la somme de 160 €.

Lorsque le médecin, requis par le procureur de la République ou commis par le juge des tutelles, justifie n'avoir pu établir ce certificat du fait de la carence de la personne à protéger ou protégée, il lui est alloué une indemnité forfaitaire de 30 €.

Le médecin auteur de l'avis mentionné aux articles 426 et 432 ainsi qu'au premier alinéa de l'article 494-4 du Code civil reçoit, à titre d'honoraires, lorsque cet avis ne figure pas dans le certificat mentionné à l'alinéa premier, la somme de 25 €.

Lorsque le médecin, requis par le procureur de la République ou commis par le juge des tutelles pour établir le certificat ou l'avis mentionnés aux premier et troisième alinéas, justifie de la nécessité qu'il a eu à se déplacer à cette fin sur le lieu où réside la personne à protéger ou protégée, il reçoit, en sus de ses honoraires et sur justificatifs, le remboursement de ses frais de déplacement, calculés dans les conditions fixées pour les déplacements des fonctionnaires du groupe II.

§ 3. – Frais engagés en matière de mesures conservatoires prises après l'ouverture d'une succession

Art. R. 218 *(Mod., D. n° 2011-1043, 1er sept. 2011).* – Les frais en matière de mesures conservatoires prises après l'ouverture d'une succession sont à la charge de celle-ci et le recouvrement en est poursuivi selon les procédures et sous les garanties prévues en matière d'amende pénale.

L'huissier désigné en application des dispositions de l'article 1306 du Code de procédure civile indique au greffe le nom et l'adresse de la ou des personnes appelées à l'inventaire au plus tard lors de la présentation de son mémoire de frais pour la levée de scellés.

Il joint à ce mémoire un état récapitulatif des frais engagés depuis sa désignation, en précisant ceux pour lesquels il a déjà demandé une avance au Trésor.

Art. R. 218-1 *(Abr., D. n° 68-1116, 5 déc. 1968).*

§ 4. – Inscriptions hypothécaires requises par le ministère public

Art. R. 219 *(Mod., D. n° 2016-479, 18 avr. 2016).* – Les frais des inscriptions hypothécaires prises d'office par le ministère public sont ordonnancés par les chefs de cour ou leurs délégués, sauf recouvrement ultérieur contre les intéressés.

§ 5. – Recouvrement des amendes

Art. R. 220 *(Mod., D. n° 2014-551, 27 mai 2014).* – Les frais de recouvrement des amendes prononcées dans les cas prévus par le Code de procédure pénale et par le Code pénal sont taxés conformément aux tarifs en matière civile.

Ces frais ne sont point imputés sur les fonds généraux des frais de justice criminelle, correctionnelle et de police ; l'avance et la régularisation en sont effectuées par les soins des comptables de la direction générale des finances publiques.

§ 6. – Frais d'enquêtes sociales ordonnées en matière d'exercice de l'autorité parentale

Art. R. 221 *(Mod., D. n° 2014-551, 27 mai 2014).* – Les frais d'enquêtes sociales ordonnées en matière d'exercice de l'autorité parentale sont recouvrés par la direction générale des finances publiques selon les procédures et sous les garanties prévues en matière d'amende pénale.

La partie condamnée aux dépens peut former un recours contre la disposition de la décision relative à la liquidation de ces frais. À défaut d'appel sur le fond, le recours, motivé, est formé au greffe de la juridiction dont émane la décision, dans le mois de la notification de cette décision. Il est porté devant la chambre de l'instruction.

En l'absence de condamnation aux dépens, les frais d'enquête sociale sont recouvrés contre la partie désignée par le juge qui a ordonné l'enquête.

§ 7. – Frais d'audition d'un mineur par la personne désignée par le juge
(D. n° 2009-572, 20 mai 2009)

Art. R. 221-1 *(D. n° 2009-572, 20 mai 2009).* – Il est alloué à la personne désignée par le juge pour entendre le mineur, en application de l'article 388-1 du Code civil, en sus du remboursement de ses frais de déplacement calculés dans les conditions fixées pour les déplacements des personnels civils de l'État, une rémunération forfaitaire fixée par arrêté conjoint du garde des Sceaux, ministre de la Justice, et du ministre chargé du budget.

Lorsque cette personne n'a pu remplir sa mission en raison de la carence du mineur qui n'a pas déféré aux convocations, elle se voit allouer une indemnité forfaitaire dont le montant est fixé par le même arrêté.

CHAPITRE IV. – DU PAIEMENT ET DU RECOUVREMENT DES FRAIS

(D. n° 93-867, 28 juin 1993)

Section I. – Du paiement des frais

(D. n° 88-600, 6 mai 1988)

§ 1. – Présentation des états et des mémoires

Art. R. 222 *(Mod., D. n° 2016-479, 18 avr. 2016).* – Les parties prenantes établissent et transmettent leurs états et mémoires de frais, accompagnés des pièces justificatives sous forme dématérialisée. À cette fin, elles utilisent le téléservice désigné par le ministre de la Justice.

Il est établi un état ou mémoire de frais par mission. Toutefois, les parties prenantes, qui réalisent de manière habituelle plusieurs missions par mois, établissent un état ou mémoire de frais récapitulant l'ensemble des missions effectuées au cours du mois ou de toute autre période déterminée par le ministre de la Justice.

Par dérogation au premier alinéa, sont établis sur papier conformément aux modèles arrêtés par le ministère de la justice les états et mémoires afférents :

1° Aux indemnités prévues au 4° de l'article R. 92 ;

2° À la contribution mentionnée au 11° du I de l'article R. 93.

Art. R. 223 *(Mod., D. n° 2013-770, 26 août 2013 ; D. n° 2014-1162, 9 oct. 2014 ; rempl. à compter du 1er mai 2016, D. n° 2016-479, 18 avr. 2016).* – La juridiction compétente pour traiter l'état ou le mémoire de frais de justice est celle qui a prescrit la mesure.

Toutefois, le tribunal judiciaire est compétent pour traiter l'état ou le mémoire relatif à des frais de justice engagés au cours d'une procédure devant un tribunal d'instance ou un conseil de prud'hommes situé dans son ressort.

Le secrétaire général du ministère de la justice est compétent pour traiter les mémoires relatifs aux frais prévus au 9° de l'article R. 92 lorsque la réquisition a été transmise par la plate-forme nationale des interceptions judiciaires à l'opérateur.

(Appl. aux états et mémoires de frais déposés ou adressés au greffe de la juridiction compétente à compter du 21 avril 2016) Les états de frais d'un huissier de justice relèvent de la compétence de la cour d'appel ou du tribunal judiciaire dans le ressort duquel l'huissier a sa résidence selon la nature de la juridiction à l'origine de son intervention.

§ 2. – Procédure de certification

Art. R. 224-1 *(Rempl., D. n° 2013-770, 26 août 2013).* – Relèvent de la procédure de certification prévue à l'article R. 225 :

1° Les frais énumérés à l'article R. 92 faisant l'objet d'une tarification fixée par les dispositions du titre X du livre V (Décrets en Conseil d'État) ;

2° Les frais prévus au 9° de cet article, même non tarifés ;

3° Les frais énumérés à l'article R. 92 autres que ceux mentionnés aux 1° et 2° du présent article, qui sont inférieurs à un montant fixé par arrêté du ministre de la Justice.

Art. R. 224-2 *(Rempl., D. n° 2013-770, 26 août 2013).* – Relèvent en outre de la procédure de certification prévue à l'article R. 225 :

1° Les frais énumérés à l'article R. 93 faisant l'objet d'une tarification fixée par une disposition réglementaire ;

2° La part contributive de l'État à la rétribution des auxiliaires de justice en matière d'aide juridictionnelle ;

3° Les frais assimilés aux frais de justice criminelle, correctionnelle et de police, autres que ceux mentionnés aux 1° et 2° du présent article, qui sont inférieurs à un montant fixé par arrêté du ministre de la Justice.

Art. R. 225 *(Mod., D. n° 2016-479, 18 avr. 2016).* – Lorsque l'état ou mémoire porte sur des frais mentionnés au 1° et au 3° de l'article R. 224-1 et à l'article R. 224-2, le greffier ou tout autre fonctionnaire de catégorie B des services judiciaires, certifie avoir vérifié la réalité de la dette et son montant. Lorsque l'état porte sur des frais mentionnés au 2° de l'article R. 224-1, ce certificat est établi par le fonctionnaire de catégorie A ou B, délégué à cette fin par le secrétaire général du ministère de la Justice si la réquisition a été transmise par la plate-forme nationale des interceptions judiciaires à l'opérateur.

Les conditions et les modalités de modulation des vérifications mentionnées à l'alinéa précédent sont fixées par arrêté conjoint du ministre de la Justice et du ministre chargé du budget.

Le certificat prévu au premier alinéa est établi sous forme dématérialisée, sauf lorsque le mémoire porte sur :

1° Les indemnités prévues au 4° de l'article R. 92 ;

2° La contribution mentionnée au 11° du I de l'article R. 93 ;

S'il refuse d'établir le certificat, le greffier ou tout autre fonctionnaire de catégorie B des services judiciaires ou le fonctionnaire de catégorie A ou B, délégué à cette fin par le secrétaire général du ministère de la Justice demande au ministère public de prendre des réquisitions aux fins de taxe.

§ 3. – Procédure de taxation

Art. R. 226 *(D. n° 88-600, 6 mai 1988).* – Les états ou mémoires relatifs aux frais de justice criminelle, correctionnelle et de police autres que ceux énumérés à l'article R. 224-1 sont transmis aux fins de réquisitions au parquet du ressort dans lequel la juridiction a son siège.

Le magistrat du ministère public transmet l'état ou mémoire, assorti de ses réquisitions, au magistrat taxateur.

Art. R. 227 *(Mod., D. n° 2013-770, 26 août 2013).* – Le président de chaque juridiction ou le magistrat qu'il délègue à cet effet taxe les états ou mémoires relatifs à des frais engagés sur la décision des autorités appartenant à cette juridiction ou des personnes agissant sous le contrôle de ces autorités.

Le président du tribunal judiciaire peut aussi déléguer au juge d'instruction, au juge de l'application des peines ou au juge des enfants la taxation des frais qu'ils ont engagés.

Art. R. 227-1 *(Abr., D. n° 2010-1634, 23 déc. 2010).*

Art. R. 227-2 *(Abr., D. n° 93-867, 28 juin 1993).*

§ 4. – Voies de recours

Art. R. 228 *(D. n° 88-600, 6 mai 1988).* – Lorsque la taxe diffère de la demande de la partie prenante, l'ordonnance de taxe lui est notifiée par le greffe par lettre recommandée.

Lorsque la taxe diffère des réquisitions du ministère public, l'ordonnance de taxe lui est notifiée par le greffe.

Art. R. 228-1 *(D. n° 88-600, 6 mai 1988).* – L'ordonnance de taxe peut être frappée par la partie prenante ou le ministère public d'un recours devant la chambre de l'instruction quelle que soit la juridiction à laquelle appartient le magistrat taxateur. Le délai de recours est de dix jours à compter de la notification. Le délai de recours et l'exercice du recours dans le délai sont suspensifs d'exécution.

Art. R. 229 *(Mod., D. n° 2016-479, 18 avr. 2016).* – Un recours contre l'ordonnance de taxe peut être formé devant la chambre de l'instruction par le ministère public, à la demande du comptable assignataire dans un délai d'un mois à compter de la réception de la demande de paiement.

Le refus motivé du ministère public d'exercer le recours est porté à la connaissance du Trésor public. Dans ce cas, le comptable assignataire exécute l'ordonnance de taxe.

Art. R. 230 *(D. n° 88-600, 6 mai 1988).* – Les recours mentionnés aux articles précédents sont formés par déclaration au greffe du magistrat taxateur ou par lettre recommandée avec demande d'accusé de réception adressée à ce greffe.

La partie prenante est informée du recours du procureur de la République par lettre recommandée, adressée par le greffe.

La décision de la chambre de l'instruction est adressée pour exécution au greffe de la juridiction à laquelle appartient le magistrat taxateur. En cas de trop-versé le greffier en chef procède à l'émission d'un titre de recouvrement.

Le pourvoi en cassation est ouvert dans tous les cas.

Art. R. 231 *(D. n° 88-600, 6 mai 1988).* – La partie condamnée peut former un recours contre la disposition de la décision relative à la liquidation des dépens.

Ce recours est porté devant la juridiction d'appel au cas où la décision qui contient la liquidation peut être entreprise par cette voie.

Dans le cas où la décision qui contient la liquidation des dépens n'est pas susceptible d'appel, le recours est porté devant la chambre de l'instruction.

Le recours est formé au greffe de la juridiction qui a rendu la décision, selon les règles et dans le délai qui sont, suivant le cas, ceux de l'appel ou du pourvoi en cassation.

Le pourvoi en cassation est ouvert dans tous les cas.

Art. R. 232 *(Abr., D. n° 93-867, 28 juin 1993).*

§ 5. – Paiement

Art. R. 233 *(Rempl. à compter du 1er mai 2016, D. n° 2016-479, 18 avr. 2016).* – L'état ou le mémoire de frais de la partie prenante certifié ou taxé est ordonnancé par les chefs de la cour d'appel ou leurs délégués, sauf dispositions particulières prévoyant le paiement des frais notamment par le régisseur d'avances.

Lorsqu'il est compétent, le régisseur, en cas de désaccord sur un état ou un mémoire certifié, demande au ministère public de prendre des réquisitions aux fins de taxe ; dans ce cas, il sursoit au paiement jusqu'à la taxation définitive.

Art. R. 234 *(Mod., D. n° 2016-479, 18 avr. 2016).* – S'agissant d'un état ou d'un mémoire certifié, la partie prenante dans le délai d'un mois à compter de la perception de la somme, ou le comptable assignataire, pour les frais visés au 2° et 3° des articles R. 224-1 et R. 224-2, dans le délai d'un mois à compter de la réception de la demande de paiement, peuvent adresser une réclamation au ministère public près la juridiction dont le greffier ou le fonctionnaire désigné a procédé à la certification, qui saisit de ses réquisitions le magistrat taxateur compétent.

Lorsque les frais relèvent du 2° de l'article R. 224-1 et que la réquisition a été transmise à l'opérateur par la plate-forme nationale des interceptions judiciaires, la réclamation est adressée au secrétaire général du ministère de la justice qui demande au ministère public près de la juridiction ayant prescrit la mesure de prendre des réquisitions aux fins de taxe.

En matière d'aide juridictionnelle, le délai d'un mois imparti au comptable assignataire court à compter de la transmission qui lui est faite par l'ordonnateur compétent du mémoire ou de l'état certifié.

Art. R. 235 et R. 236 *(Abr., D. n° 93-867, 28 juin 1993).*

Art. R. 237 et R. 238 *(Abr., D. n° 83-455, 2 juin 1983).*

Art. R. 239 et R. 240 *(Abr., D. n° 93-867, 28 juin 1993).*

Section II. – De la liquidation et du recouvrement des frais

§ 1. – Liquidation des frais

Art. R. 241 *(Mod., D. n° 93-867, 28 juin 1993)*. – Sont déclarés dans tous les cas à la charge de l'État et sans recours envers les condamnés :

1° Les frais et dépens engagés en cas de décision juridictionnelle rectifiant ou interprétant une précédente décision.

2° Les frais exposés devant la commission prévue à l'article 16-2.

Art. R. 242 *(Mod., D. n° 72-630, 4 juill. 1972)*. – Il est dressé pour chaque affaire criminelle, correctionnelle ou de police, un état de liquidation des frais autres que ceux qui sont à la charge de l'État sans recours envers les condamnés.

Au cours de l'instruction, cet état est dressé par le greffier d'instruction au fur et à mesure des frais comme il est dit à l'article 81, alinéa 2.

Cette liquidation doit être insérée soit dans l'ordonnance, soit dans l'arrêt, le jugement ou l'ordonnance pénale, qui prononce la condamnation aux frais.

Lorsque cette insertion ne peut être faite, le juge décerne exécutoire contre qui de droit, au bas de l'état même de liquidation.

Art. R. 243 *(Abr., D. n° 93-867, 28 juin 1993)*.

Art. R. 244 *(Mod., D. n° 2014-551, 27 mai 2014)*. – Le greffier doit remettre au directeur départemental ou, le cas échéant, régional des finances publiques, dès que la condamnation est devenue définitive, un extrait de l'ordonnance, jugement ou arrêt, pour ce qui concerne la liquidation et la condamnation au remboursement des frais ou une copie de l'état de liquidation rendu exécutoire.

Art. R. 245 à R. 247 *(Abr., D. n° 93-867, 28 juin 1993)*.

§ 2. – Régularisation des dépenses. Recouvrement

Art. R. 248 *(Abr., D. n° 83-455, 2 juin 1983)*.

Art. R. 249 *(Mod., D. n° 2014-551, 27 mai 2014)*. – Le recouvrement des frais de justice avancés par le Trésor public qui ne restent pas définitivement à la charge de l'État est poursuivi à la diligence des comptables de la direction générale des finances publiques par toutes voies de droit et notamment celle de la contrainte par corps s'il y a lieu.

§ 3. – Des extraits délivrés par les greffes

(D. n° 93-867, 28 juin 1993)

Art. R. 249-1 *(D. n° 93-867, 28 juin 1993)*. – En matière criminelle, correctionnelle ou de police, les extraits sont établis par le greffe de la juridiction dont la décision est devenue définitive.

CHAPITRE V. – DE L'INDEMNITÉ POUVANT ÊTRE ACCORDÉE EN CAS DE NON-LIEU, RELAXE OU ACQUITTEMENT

(D. n° 2001-1321, 27 déc. 2001)

Art. R. 249-2 *(Mod., D. n° 2017-683, 28 avr. 2017)*. – L'indemnité prévue par l'article 800-2 comporte l'indemnisation des frais d'avocat exposés par la personne poursuivie, dont le montant ne peut excéder la contribution de l'État à la rétribution de l'avocat qui aurait prêté son concours à l'intéressé au titre de l'aide juridictionnelle pour l'ensemble de la procédure ayant abouti à la décision de non-lieu, de relaxe ou d'acquittement.

Cette indemnité comporte également, sauf si la personne poursuivie était en détention provisoire lors de ses comparutions devant les juridictions d'instruction ou de jugement :

1° Pour les interrogatoires de la personne devant le juge d'instruction, la chambre de l'instruction ou un magistrat d'une juridiction de jugement chargé d'un supplément d'information, sa comparution devant le tribunal ou le juge pour enfants, le tribunal de police, le tribunal correctionnel ou la chambre des appels correctionnels, des indemnités de comparution ne pouvant excéder celles calculées dans les conditions fixées aux articles R. 129, R. 130 et R. 131 ;

2° En cas de comparution devant la cour d'assises, des indemnités journalières ne pouvant excéder celles calculées dans les conditions fixées à l'article R. 140 ;

3° Des indemnités de transport ne pouvant excéder celles calculées dans les conditions fixées aux articles R. 133 et R. 138 ;

4° Si l'intéressé a été retenu hors de sa résidence du fait de ses comparutions devant les juridictions d'instruction ou de jugement, des indemnités de séjour ne pouvant excéder celles calculées dans les conditions fixées à l'article R. 111.

Si la personne poursuivie a constitué une sûreté à l'occasion d'un contrôle judiciaire, en application des dispositions du 15° de l'article 138, cette indemnité comporte également les frais de constitution, de publicité et de radiation dont le tarif est fixé par les textes réglementaires régissant cette sûreté.

Lorsque la sûreté a été constituée au profit d'un bénéficiaire provisoire en application des dispositions des articles 142 et R. 24-2, l'indemnité comporte en outre le remboursement des sommes versées à cette personne, pour un montant qui ne peut excéder 150 € ou, s'il a été fait application des dispositions de l'article R. 24-6, 300 €.

Art. R. 249-3 *(D. n° 2004-1021, 27 sept. 2004)*. – L'indemnité doit être demandée à la juridiction d'instruction ou de jugement avant que celle-ci ne statue sur l'action publique.

La demande fait l'objet d'une requête datée et signée du demandeur ou de son avocat, adressée à la juridiction soit par lettre recommandée avec demande d'accusé de réception, soit par remise au greffe contre récépissé :

1° Au plus tard avant l'expiration du délai de vingt jours prévu par l'article 175, si la demande est formée devant le juge d'instruction ou la chambre de l'instruction ;

2° Avant la clôture des débats, si la demande est formée devant une juridiction de jugement.

Cette requête indique le montant de l'indemnité demandée pour chacun des frais exposés, conformément aux distinctions prévues par l'article R. 249-2. Elle est accompagnée des pièces justificatives des frais exposés, comprenant notamment une attestation de l'avocat indiquant soit le montant de ses honoraires, soit le fait que ceux-ci ont dépassé le montant prévu au premier alinéa du même article. Lorsque l'indemnité demandée porte également sur les frais prévus par le dernier alinéa de l'article R. 249-2, figure en outre parmi les pièces justificatives une attestation du bénéficiaire provisoire indiquant soit le montant de sa rémunération, soit que celle-ci était supérieure aux montants prévus au dernier alinéa de cet article.

Art. R. 249-4 *(D. n° 2001-1321, 27 déc. 2001)*. – La décision statuant sur la demande d'indemnisation est rendue par la juridiction en même temps que la décision statuant sur l'action publique, sauf si l'état du dossier ne permet pas de déterminer le montant de l'indemnité.

En matière criminelle, cette décision est rendue par la cour statuant sans l'assistance des jurés.

Art. R. 249-5 *(D. n° 2001-1321, 27 déc. 2001)*. – Lorsque l'action publique a été mise en mouvement par la partie civile, la juridiction d'instruction ou de jugement ne peut mettre l'indemnité à la charge de cette dernière que sur réquisitions du procureur de la République et par décision motivée, si elle estime que la constitution de partie civile a été abusive ou dilatoire.

Il est alors fait application, selon le cas, des dispositions du deuxième alinéa de l'article 177-2 ou du deuxième alinéa de l'article 392-1.

Art. R. 249-6 *(Mod., D. n° 2017-683, 28 avr. 2017)*. – Le demandeur ou le ministère public peuvent former appel, dans les dix jours de sa notification, de la décision rendue sur la demande d'indemnisation lorsqu'elle émane d'une juridiction répressive statuant en premier ressort. Le même droit est ouvert à la partie civile lorsque l'indemnité est mise à sa charge.

Cet appel est porté :

a) Devant la chambre de l'instruction lorsque la décision a été rendue par le juge d'instruction ;

b) Devant la chambre des appels correctionnels lorsque la décision a été rendue par le tribunal de police, le tribunal des enfants ou le tribunal correctionnel, ou par la cour d'assises statuant en premier ressort.

L'appel de la décision de non-lieu ou de relaxe par le ministère public vaut également appel de la décision sur la demande d'indemnisation. Il en est de même de l'appel de la décision de non-lieu par la partie civile.

Pendant le délai d'appel et durant l'instance d'appel, il est sursis à l'exécution de la décision.

Art. R. 249-7 *(Mod. à compter du 1er mai 2016, D. n° 2016-479, 18 avr. 2016).* – Le paiement de l'indemnité est effectué au vu de la décision de la juridiction qui l'a allouée.

Lorsque la décision met l'indemnité à la charge de la partie civile, l'indemnité est ordonnancée à titre d'avance. Le recouvrement du montant de l'indemnité auprès de la partie civile est poursuivi à la diligence des comptables de la direction générale des finances publiques par toutes voies de droit.

Art. R. 249-8 *(Mod. à compter du 1er mai 2016, D. n° 2016-479, 18 avr. 2016).* – Après l'ordonnancement de l'indemnité, un recours contre la décision peut être formé devant la juridiction mentionnée au *a* ou au *b* de l'article R. 249-6 par le ministère public à la demande du comptable assignataire, dans le délai d'un mois à compter de la réception de la demande de paiement

Le refus motivé du ministère public d'exercer le recours est porté à la connaissance du comptable assignataire. Dans ce cas, celui-ci exécute la décision.

LIVRE CINQUIÈME *BIS*

DISPOSITIONS GÉNÉRALES

(D. n° 2010-671, 18 juin 2010 ; intitulé suppr., D. n° 2020-128, 18 févr. 2020 ; livre rétabli dans la version suivante, D. n° 2020-767, 23 juin 2020)

CHAPITRE UNIQUE. – DU TRAITEMENT AUTOMATISÉ DE DONNÉES À CARACTÈRE PERSONNEL DÉNOMMÉ « DOSSIER PÉNAL NUMÉRIQUE »

Art. R. 249-9 *(Abr., D. n° 2020-128, 18 févr. 2020 ; rétabli dans la version suivante, D. n° 2020-767, 23 juin 2020).* – Est autorisée la création, par le ministère de la justice, d'un traitement de données à caractère personnel dénommé « dossier pénal numérique » mis en œuvre dans chaque juridiction. Les finalités de ce traitement, qui concerne les personnes majeures et les personnes mineures, sont de :

1° Faciliter et améliorer le traitement des dossiers pénaux par les magistrats, les greffiers et les personnes habilitées à les assister en permettant :

a) Le recours, pour la conduite de la procédure pénale, au dossier de procédure numérique ainsi qu'à la copie numérisée du dossier, au dossier unique de personnalité relatif aux mineurs et aux minutes dématérialisées ;

b) Une étude personnalisée des dossiers de façon totalement numérique ;

2° Fluidifier les échanges d'information et l'accès au dossier de procédure, dans le respect des dispositions du présent code et de l'article 5-2 de l'ordonnance n° 45-174 du 2 février 1945 relative à l'enfance délinquante :

a) Au sein de la juridiction et entre juridictions ayant à connaître du dossier ou de certaines de ses pièces ;

b) Avec les personnes concourant à la procédure au sens de l'article 11, les avocats et les parties ;

c) Avec toute administration, établissement, autorité ou personne publique ou privée, autorisé en vertu de dispositions législative ou réglementaire spécifiques, à se voir communiquer tout ou partie d'un dossier pénal ou d'une décision.

Art. R. 249-10 *(Abr., D. n° 2020-128, 18 févr. 2020 ; rétabli dans la version suivante, D. n° 2020-767, 23 juin 2020).* – Les pièces, actes et documents enregistrés dans le traitement sont :

1° Des procès-verbaux et rapports dressés par les officiers ou agents de police judiciaire et les fonctionnaires et agents chargés de certaines fonctions de police judiciaire ainsi que des pièces annexées à ceux-ci ;

2° Des actes réalisés par des experts et personnes requises, missionnés par les services de police ou de justice ;

3° Des actes réalisés par les magistrats ou agents des services judiciaires, de l'administration pénitentiaire ou de la protection judiciaire de la jeunesse, du secteur associatif habilité ou de l'aide sociale à l'enfance ;

4° Tout document versé au dossier pénal numérique conformément aux dispositions du présent code et, plus largement, toute pièce contenue au sein du dossier de procédure numérique ou de la copie numérisée du dossier ;

5° Les pièces et actes composant le dossier unique de personnalité prévu par l'article 5-2 de l'ordonnance n° 45-174 du 2 février 1945 relative à l'enfance délinquante ;

6° Les minutes mentionnées aux articles 379-1 et 486 du présent code.

Art. R. 249-11 *(Abr., D. n° 2020-128, 18 févr. 2020 ; rétabli dans la version suivante, D. n° 2020-767, 23 juin 2020).* – Peuvent être enregistrées les catégories de données à caractère personnel suivantes :

1° Concernant les témoins, victimes, personnes mises en cause, mises en examen ou placées sous le statut de témoin assisté, les personnes poursuivies, les personnes condamnées ainsi que celles faisant l'objet d'une enquête pour recherche des causes de la mort ou des blessures prévue par l'article 74 ou d'une enquête en disparition inquiétante visée à l'article 74-1 :

a) Des données relatives à l'identité et coordonnées, notamment : civilité, nom de naissance, nom d'usage, prénoms, alias, sexe, dates de naissance et de décès, commune de naissance, code et nom du pays de naissance, nationalité, numéro de téléphone, adresse électronique, adresse postale, filiation, situation familiale, situation professionnelle, parcours scolaire et universitaire ;

b) Des données relatives à la situation administrative notamment : autorisation, titres, cartes de séjour ou document de circulation pour le ressortissant étranger, carte d'identité, passeport, permis de conduire, autorisation administrative préalable ;

c) Des données relatives au patrimoine notamment : numéros de comptes, pièces comptables, biens mobiliers et immobiliers ;

d) Des données relatives aux activités notamment : déplacements, fréquentations, contacts ;

e) Des données relatives aux objets, véhicules et moyens de communication notamment numéro d'identification du véhicule, plaque d'immatriculation, des données relatives aux identifiants des équipements, données de géolocalisation ;

f) Des données biométriques permettant d'identifier la personne notamment : empreintes digitales, empreinte génétique ;

g) Le numéro de sécurité sociale ;

h) Des données relatives aux infractions, condamnations ou mesures de sûreté :

– données relatives à la procédure judiciaire : numéro de parquet, numéro d'enregistrement délivré par les services enquêteurs, identifiant unique justice ;

– situation judiciaire des personnes au cours de la procédure : antécédents judiciaires et précédentes condamnations de l'auteur des faits ;

– situation pénale d'une personne à un instant de la procédure : numéro d'écrou, date de libération prévue, incidents en détention ;

– mode de comparution devant la juridiction, nature du jugement ;

– montant demandé pour les dommages-intérêts ou la provision ;

– infractions sur lesquelles porte la procédure : modalités de participation à l'infraction, unité du taux d'alcoolémie, récidive, code de nature d'infraction NATINF et son libellé, code INSEE de la commune, lieu de commission de l'infraction, date de début de l'infraction, date de fin de l'infraction ;

– peine prononcée, libellé de la peine et mesure, motifs, obligations.

Le traitement est susceptible de contenir des photographies. Il ne comporte pas de dispositif de reconnaissance faciale à partir de celles-ci.

Le traitement peut enregistrer des données à caractère personnel de la nature de celles mentionnées à l'article 6 de la loi n° 78-17 du 6 janvier 1978 modifiée relative à l'informatique, aux fichiers et aux libertés, dans la stricte mesure où ces données sont nécessaires à la poursuite des finalités définies à l'article R. 249-9.

2° Concernant les avocats :

a) Des données relatives à l'identité : nom de naissance, nom d'usage, prénoms ;

b) Des données relatives à l'exercice professionnel notamment le numéro d'affiliation à la Caisse nationale des barreaux français et la copie de la carte professionnelle ;

c) Des données relatives aux modes de communication notamment : numéro de toque, adresse postale et électronique, numéro de téléphone et de télécopie ;

3° Concernant les experts et personnes qualifiées :

a) Données relatives à l'identité notamment : nom de naissance, nom d'usage, prénoms ;

b) Données relatives à l'exercice professionnel notamment titre, grade et emploi ;

c) Données relatives aux moyens de communication notamment adresse postale et électronique, numéro de téléphone et de télécopie ;

4° Concernant les personnels du ministère de la justice :

a) Nom de naissance ou d'usage et prénom ;

b) Corps et/ou grade, fonction et adresse électronique nominative ;

c) Code position administrative de l'agent, mnémonique du service de l'agent et libellé du service ;

5° Concernant les membres des services d'enquête :

a) Nom de naissance ou d'usage et prénoms ;

b) Corps et/ou grade, fonction et adresse électronique nominative ;

c) Code position administrative de l'agent, mnémonique du service de l'agent et libellé du service.

Outre l'ensemble de ces données, peuvent également être enregistrés dans le traitement les commentaires libres du magistrat saisi du dossier qui ne sont accessibles et visibles que par ce dernier. Ne peuvent être enregistrées dans les commentaires libres que les données et informations strictement nécessaires, adéquates et non excessives au regard des finalités poursuivies.

Art. R. 249-12 *(Abr., D. n° 2020-128, 18 févr. 2020 ; rétabli dans la version suivante, D. n° 2020-767, 23 juin 2020).* – Les informations enregistrées dans le traitement sont conservées en base active jusqu'à l'extinction de l'action publique ou, lorsqu'une juridiction a été saisie, jusqu'à ce que la dernière juridiction saisie ait statué définitivement par une décision rendue au fond dans la procédure concernée ou, lorsqu'une condamnation a été prononcée, jusqu'à la fin de l'exécution de la peine prononcée à l'encontre de la personne concernée ou, à défaut d'une telle exécution, jusqu'à l'acquisition de la prescription de cette peine.

Par dérogation aux dispositions du premier alinéa, la minute d'un jugement ou d'un arrêt est conservée en base active pendant une durée de huit ans à compter de la date de son prononcé.

À l'issue de ces durées, les données et documents sont conservées en base inactive pour leur durée d'utilité administrative, selon les règles applicables en matière d'archivage intermédiaire des dossiers des juridictions.

Les dispositions des alinéas qui précèdent ne sont pas applicables au dossier unique de personnalité qui est conservé conformément aux dispositions du décret n° 2014-472 du 9 mai 2014 pris pour l'application de l'article 5-2 de l'ordonnance n° 45-174 du 2 février 1945 relative à l'enfance délinquante relatif au dossier unique de personnalité.

Art. R. 249-13 *(D. n° 2020-767, 23 juin 2020).* – I. – Peuvent accéder aux informations enregistrées dans le traitement prévu à l'article R. 249-9 :

1° Les magistrats du siège et du parquet exerçant dans l'ensemble des juridictions, de première instance, d'appel et de cassation pour les nécessités liées au seul traitement des infractions ou des procédures dont ils sont saisis ainsi que les auditeurs de justice pour le seul accomplissement des missions qui leur sont confiées ;

2° Les agents de greffe et les personnes habilitées, en vertu de l'article R. 123-14 du Code de l'organisation judiciaire, ainsi que, pour le seul accomplissement des missions qui leur sont confiées, les juristes assistants mentionnés à l'article L. 123-4 de ce même code et les assistants de justice mentionnés à l'article 20 de la loi n° 95-125 du 8 février 1995 relative à l'organisation des juridictions et à la procédure civile, pénale et administrative, qui assistent les magistrats mentionnés au 1° ;

3° Les délégués du procureur de la République institués à l'article R. 15-33-30 du présent code, pour l'accomplissement des missions qui leur sont confiées par l'autorité judiciaire au titre des articles 41-1 à 41-2 ;

4° Les assistants spécialisés mentionnés aux articles 628-9 et 706 du présent code, pour l'exercice des seules missions qui leur sont confiées ;

5° Les avocats, pour les seuls besoins des procédures dont ils ont la charge et à l'unique fin de consultation desdites procédures.

II. – Sont destinataires de tout ou partie des informations enregistrées dans le traitement prévu à l'article R. 249-9 :

1° Dans le cadre de l'accès au dossier de procédure et aux minutes, dans le respect des dispositions du présent code : les personnes concourant à la procédure au sens de l'article 11, les avocats, les parties ;

2° Concernant le dossier unique de personnalité, les avocats du mineur, de ses père et mère, tuteur ou représentant légal et de la partie civile, les professionnels de la protection judiciaire de la jeunesse, les personnels du service ou de l'établissement du secteur associatif habilité, dans les conditions prévues par l'article 5-2 de l'ordonnance n° 45-174 du 2 février 1945 relative à l'enfance délinquante ;

3° Toute administration, établissement, autorité, ou personne publique ou privée, autorisé en vertu de dispositions législative ou réglementaire spécifiques, à se voir communiquer tout ou partie d'un dossier pénal ou d'une décision.

Art. R. 249-14 *(D. n° 2020-767, 23 juin 2020).* – Conformément aux dispositions de l'article 111 la loi n° 78-17 du 6 janvier 1978 modifiée relative à l'informatique, aux fichiers et aux libertés, l'accès aux données et les conditions de leur rectification ou de leur effacement sont régis par les dispositions du présent code.

Art. R. 249-15 *(D. n° 2020-767, 23 juin 2020)*. – Le droit d'opposition prévu au premier alinéa de l'article 110 de la loi n° 78-17 du 6 janvier 1978 modifiée relative à l'informatique, aux fichiers et aux libertés ne s'applique pas au traitement prévu par le présent chapitre.

Art. R. 249-16 *(D. n° 2020-767, 23 juin 2020)*. – Les opérations de collecte, de modification, de consultation, de communication et d'effacement des données à caractère personnel et informations font l'objet d'un enregistrement comprenant l'identification de l'utilisateur, la date, l'heure et la nature de l'intervention dans ce traitement. Ces informations sont conservées pendant un délai de six ans.

CHAPITRE II. – DU RECOURS JUDICIAIRE VISANT À GARANTIR LE DROIT AU RESPECT DE LA DIGNITÉ EN DÉTENTION

(Chapitre créé à compter 1er octobre 2021 sur tout le territoire de la République, D. n° 2021-1194, 15 sept. 2021)

Section I. – De la compétence et des modalités de saisine du juge

Art. R. 249-17 *(Créé à compter 1er octobre 2021 ; D. n° 2021-1194, 15 sept. 2021)*. – Le juge des libertés et de la détention compétent pour connaître du recours formé sur le fondement de l'article 803-8 par une personne placée en détention provisoire ou sous écrou extraditionnel est celui du tribunal judiciaire compétent pour connaître de la procédure concernant cette personne ou du tribunal judiciaire situé au siège de la cour d'appel compétente pour connaître de cette procédure.

Le juge de l'application des peines compétent pour connaître du recours formé sur le fondement de l'article 803-8 par une personne condamnée est celui du tribunal judiciaire dans le ressort duquel est situé l'établissement pénitentiaire où cette personne est incarcérée ou, dans le cas prévu par l'article 706-22-1, du tribunal judiciaire de Paris.

Art. R. 249-18 *(Créé à compter 1er octobre 2021, D. n° 2021-1194, 15 sept. 2021)*. – Le chef de l'établissement pénitentiaire prend toutes dispositions pour informer les détenus de la possibilité de former un recours sur le fondement de l'article 803-8.

Art. R. 249-19 *(Créé à compter 1er octobre 2021, D. n° 2021-1194, 15 sept. 2021)*. – À peine d'irrecevabilité, la requête doit être présentée dans un écrit distinct comportant la mention : « Requête portant sur les conditions de détention (article 803-8 du Code de procédure pénale) ».

La requête contient un exposé circonstancié des conditions de détention personnelles et actuelles que son auteur estime contraires à la dignité de la personne. Elle précise si le requérant demande à être entendu par le juge, en présence le cas échéant de son avocat.

Elle indique en outre si le requérant a saisi la juridiction administrative d'une demande relative à ses conditions de détention. Si une telle saisine intervient en cours de procédure, le requérant en informe sans délai, selon les cas, le juge des libertés et de la détention ou le juge de l'application des peines.

La requête est signée par le requérant ou par son avocat. Si le requérant ne peut signer, il en est fait mention par le service auprès duquel la requête est déclarée en application de l'article R. 249-20.

Art. R. 249-20 *(Créé à compter 1er octobre 2021, D. n° 2021-1194, 15 sept. 2021)*. – I. – La requête fait l'objet d'une déclaration par le requérant ou par son avocat selon les modalités suivantes :

1° Lorsque le requérant est placé en détention provisoire, la déclaration est faite auprès du greffe du juge d'instruction si une information est en cours, auprès du secrétariat du procureur de la République si le tribunal correctionnel est saisi, ou auprès du secrétariat du procureur général si la chambre des appels correctionnels ou la cour d'assises est saisie ou si un pourvoi en cassation est en cours ;

2° Lorsque le requérant est placé sous écrou extraditionnel, la déclaration est faite auprès du secrétariat du procureur général ;

3° Lorsque le requérant est condamné, la déclaration est faite auprès du greffe du juge de l'application des peines.

La requête est constatée, datée et signée par le service auprès duquel elle est déclarée.

La déclaration peut également être faite au moyen d'une lettre recommandée avec demande d'avis de réception.

Lorsque le requérant est placé en détention provisoire ou sous écrou extraditionnel, le juge d'instruction, le procureur de la République ou le procureur général transmet par tout moyen, le cas échéant par voie électronique, la requête le jour même ou le premier jour ouvrable suivant, avec ses éventuelles observations portant notamment sur la recevabilité de la requête, au juge des libertés et de la détention.

II. – Dans tous les cas, la déclaration peut également être faite par le requérant auprès du chef de l'établissement pénitentiaire. À cet effet, il est remis à la personne détenue un formulaire de requête valant déclaration, auquel elle peut joindre un écrit complémentaire. Ce formulaire peut être obtenu par le requérant auprès du greffe de l'établissement pénitentiaire, du greffe du juge d'instruction ou du greffe de l'application des peines.

Le requérant peut être assisté, pour rédiger sa requête, de toute personne habilitée à intervenir en détention.

La requête est constatée, datée et signée par le chef de l'établissement pénitentiaire. Celui-ci transmet la requête le jour même ou le premier jour ouvrable suivant, en original ou copie et par tout moyen, le cas échéant par voie électronique, au greffe ou au secrétariat mentionné au I, selon les distinctions prévues par ces dispositions.

Section II. – De la décision sur la recevabilité de la requête et de l'examen des conditions de détention

Art. R. 249-21 *(Créé à compter 1er octobre 2021, D. n° 2021-1194, 15 sept. 2021).* – Dans un délai de dix jours à compter de la réception de la requête qui lui a été transmise conformément à l'article R. 249-20, le juge statue sur sa recevabilité par une ordonnance motivée conformément aux deuxième et troisième alinéas du I de l'article 803-8.

Art. R. 249-22 *(Créé à compter 1er octobre 2021, D. n° 2021-1194, 15 sept. 2021).* – Si le juge rejette la requête comme irrecevable, l'ordonnance est notifiée sans délai au requérant par l'intermédiaire du chef d'établissement pénitentiaire. Elle est également notifiée sans délai, le cas échéant par voie électronique, à l'avocat du requérant et, si le requérant est placé en détention provisoire, au juge d'instruction, au procureur de la République ou au procureur général selon les cas.

Art. R. 249-23 *(Créé à compter 1er octobre 2021, D. n° 2021-1194, 15 sept. 2021).* – Si le juge estime la requête recevable, il communique sans délai, le cas échéant par voie électronique, l'ordonnance de recevabilité au chef de l'établissement pénitentiaire en lui demandant de lui transmettre, dans un délai d'au moins trois jours ouvrables et d'au plus dix jours, ses observations écrites et toute pièce permettant d'apprécier les conditions de détention du requérant. L'ordonnance est également communiquée au requérant ou à son avocat.

Copie des observations du chef d'établissement est adressée par tout moyen à l'avocat du requérant, ou, si celui-ci n'est pas assisté par un avocat, au requérant, qui est invité à produire sans délai ses éventuelles observations.

Art. R. 249-24 *(Créé à compter 1er octobre 2021, D. n° 2021-1194, 15 sept. 2021).* – Pour vérifier si les conditions de détention portent ou non atteinte à la dignité du requérant, le juge peut :

1° Se déplacer sur les lieux de détention ;

2° Ordonner une expertise confiée à un expert inscrit sur les listes d'experts judiciaires ou ayant prêté serment conformément à l'article 160 ;

3° Requérir d'un huissier de justice de procéder à toute constatation utile, à des photographies, des prises de vue et de son au sein de l'établissement pénitentiaire, dans des conditions respectant les impératifs de sécurité de celui-ci ;

4° Procéder à l'audition, le cas échéant par un moyen de télécommunication audiovisuelle, de codétenus du requérant, de personnels pénitentiaires ou du chef de l'établissement pénitentiaire ;

5° Procéder à l'audition du requérant, même si celui-ci n'a pas demandé à être entendu par le juge en application de l'article R. 249-35, en présence s'il y a lieu de son avocat, le cas échéant par un moyen de télécommunication audiovisuelle.

Le juge peut également consulter tout rapport décrivant les conditions de détention mises en cause et issu de la visite d'un organisme national ou international indépendant.

Section III. – De la décision sur le bien-fondé de la requête et de la mise œuvre de mesures correctives par l'administration pénitentiaire

Art. R. 249-25 *(Créé à compter 1er octobre 2021, D. n° 2021-1194, 15 sept. 2021).* – Dans un délai de dix jours à compter de la date à laquelle a été rendue l'ordonnance déclarant la requête recevable, le juge se prononce par ordonnance motivée sur le bien-fondé de la requête au vu de celle-ci et des observations de la personne détenue ou, le cas échéant, de son avocat, des observations écrites de l'administration pénitentiaire et de l'avis écrit du juge d'instruction, du procureur de la République ou du procureur général.

L'avocat peut à tout moment prendre connaissance du dossier de la procédure.

Art. R. 249-26 *(Créé à compter 1er octobre 2021, D. n° 2021-1194, 15 sept. 2021).* – Si le juge rejette la requête comme infondée, l'ordonnance est notifiée dans les conditions prévues à l'article R. 249-22.

Art. R. 249-27 *(Créé à compter 1er octobre 2021, D. n° 2021-1194, 15 sept. 2021).* – Si le juge estime la requête fondée, l'ordonnance mentionne les conditions de détention qu'il considère comme contraires à la dignité de la personne humaine, et fixe un délai compris entre dix jours et un mois pour permettre à l'administration pénitentiaire d'y mettre fin par tout moyen.

Cette ordonnance est notifiée dans les conditions prévues à l'article R. 249-22.

Art. R. 249-28 *(Créé à compter 1er octobre 2021, D. n° 2021-1194, 15 sept. 2021).* – Avant l'expiration du délai fixé par le juge en application de l'article R. 249-27, l'administration pénitentiaire prend toute mesure qui lui parait appropriée pour mettre fin aux conditions de détention en cause.

À cette fin, elle peut proposer à la personne détenue un transfèrement dans un autre établissement pénitentiaire.

Lorsque la personne détenue est incarcérée en exécution d'une peine privative de liberté, l'administration pénitentiaire veille à ce que le transfèrement proposé ne porte pas une atteinte excessive au droit au respect de sa vie familiale, eu égard au lieu de résidence de sa famille.

Lorsque la personne détenue est placée en détention provisoire, le transfèrement ne peut être décidé qu'avec l'accord du magistrat saisi du dossier de la procédure en application de l'article 715.

Si la personne détenue accepte le transfèrement qui lui est proposé, il y est procédé dans les meilleurs délais.

Art. R. 249-29 *(Créé à compter 1er octobre 2021, D. n° 2021-1194, 15 sept. 2021).* – Avant l'expiration du délai fixé en application de l'article R. 249-27, l'administration pénitentiaire adresse un rapport d'information au juge sur les mesures prises ou proposées au détenu.

Copie de ce rapport est adressée par tout moyen à l'avocat du requérant, ou, si celui-ci n'est pas assisté par un avocat, au requérant.

À la réception de ce rapport, le juge peut procéder, le cas échéant selon les modalités prévues à l'article R. 249-24, aux vérifications permettant de s'assurer qu'il a été mis fin aux conditions de détention contraires à la dignité du requérant.

Section IV. – De la décision intervenant à l'issue du délai imparti à l'administration pénitentiaire pour prendre des mesures correctives

Art. R. 249-30 *(Créé à compter 1er octobre 2021, D. n° 2021-1194, 15 sept. 2021).* – Dix jours au plus tard après l'expiration du délai fixé en application de l'article R. 249-27, le juge prend l'une des décisions prévues par la présente section, après avoir de nouveau recueilli les observations et avis prévus à l'article R. 249-25. Son ordonnance est notifiée dans les conditions prévues à l'article R. 249-22.

Art. R. 249-31 *(Créé à compter 1er octobre 2021, D. n° 2021-1194, 15 sept. 2021).* – Si le juge considère qu'il a été mis fin aux conditions de détention contraires à la dignité du requérant, il constate qu'il n'y a plus lieu à statuer sur le fond de la requête.

Art. R. 249-32 *(Créé à compter 1er octobre 2021, D. n° 2021-1194, 15 sept. 2021).* – Si le juge considère qu'il n'a pas été mis fin aux conditions indignes de détention, il prend l'une des décisions prévues par les 1° à 3° du II de l'article 803-8. Dans les cas prévus au dernier alinéa du II du même article, le juge peut refuser, par ordonnance motivée, de prendre l'une de ces décisions.

Art. R. 249-33 *(Créé à compter 1er octobre 2021, D. n° 2021-1194, 15 sept. 2021 ; D. n° 2022-479, 30 mars 2022).* – S'il envisage d'ordonner le transfèrement du requérant en application du 1° du II de l'article 803-8, le juge demande à l'administration pénitentiaire de lui proposer dans les meilleurs délais un ou plusieurs établissements dans lesquels celui-ci est susceptible d'être incarcéré, conformément aux dispositions des articles L. 112-3, L. 211-1, L. 211-2 et L. 211-3 du Code pénitentiaire, dans des conditions respectueuses de la dignité de la personne humaine.

Le juge ne peut ordonner le transfèrement de la personne que dans l'un des établissements proposés par l'administration pénitentiaire.

Si la personne est incarcérée en exécution d'une peine privative de liberté, le juge de l'application des peines veille à ce que ce transfèrement ne porte pas une atteinte excessive au droit au respect de sa vie familiale, au égard au lieu de résidence de sa famille.

Art. R. 249-34 *(Créé à compter 1er octobre 2021, D. n° 2021-1194, 15 sept. 2021).* – S'il décide de faire application du 3° du II de l'article 803-8, le juge de l'application des peines peut ordonner, après avis du procureur de la République et du représentant de l'administration pénitentiaire, une des mesures prévues au III de l'article 707, y compris si l'octroi de la mesure relève normalement de la compétence du tribunal de l'application des peines et sans qu'il soit tenu de procéder au débat prévu par l'article 712-6.

Si l'octroi de la mesure ne peut intervenir qu'à la suite d'une expertise en application de l'article 712-21, le juge ordonne cette expertise dans le délai de dix jours prévu par l'article R. 249-30. Sa décision sur le fond doit alors intervenir dans un délai qui ne peut excéder quinze jours. Il peut toutefois ne pas ordonner d'expertise dans les conditions prévues par l'article 712-23.

Section V. – De l'audition du requérant

Art. R. 249-35 *(Créé à compter 1er octobre 2021, D. n° 2021-1194, 15 sept. 2021).* – Lorsque le requérant a demandé à être entendu en application de l'article R. 249-19 et que sa requête a été déclarée recevable, le juge informe par tout moyen l'intéressé et son avocat, le procureur de la République ou le procureur général et le chef de l'établissement pénitentiaire de la date et du lieu de l'audition, en précisant notamment s'il sera recouru à un moyen de télécommunication audiovisuelle conformément à l'article 706-71.

Cette audition doit intervenir soit avant que le juge se prononce sur le bien-fondé de la requête conformément aux dispositions de la section 3 du présent chapitre, soit avant qu'il statue en application du II de l'article 803-8 conformément aux dispositions de la section 4 du présent chapitre. Le juge ne peut cependant rendre une ordonnance déclarant la requête infondée sans avoir procédé à cette audition. Le procureur de la République, le procureur général et le chef de l'établissement pénitentiaire peuvent présenter des observations à l'occasion de l'audition du requérant ou lors d'une audition distincte, le cas échéant par un moyen de télécommunication audiovisuelle conformément à l'article 706-71.

Le requérant peut renoncer à sa demande d'audition lorsqu'il estime que, à l'issue du délai fixé en application de l'article R. 249-27, l'administration pénitentiaire a mis fin aux conditions indignes de détention le concernant.

Section VI. – Des voies de recours

Art. R. 249-36 *(Créé à compter 1er octobre 2021, D. n° 2021-1194, 15 sept. 2021).* – Les décisions prévues aux sections 2 à 5 du présent chapitre peuvent, dans un délai de dix jours à compter de leur notification, faire l'objet d'un appel devant, selon les cas, le président de la chambre de l'instruction ou le président de la chambre de l'application des peines. L'appel peut être formé par le détenu, par son avocat ou par le procureur de la République.

L'appel est formé soit par déclaration au greffe de la juridiction qui a rendu la décision attaquée soit par déclaration auprès du chef d'établissement, selon les modalités prévues aux articles 502 et 503.

Art. R. 249-37 *(Créé à compter 1er octobre 2021, D. n° 2021-1194, 15 sept. 2021).* – Le président de la chambre de l'instruction ou le président de la chambre de l'application des peines peuvent également être directement saisis par le détenu ou son avocat, selon les mêmes modalités, si le juge n'a pas statué dans les délais prévus par le présent chapitre.

Art. R. 249-38 *(Créé à compter 1er octobre 2021, D. n° 2021-1194, 15 sept. 2021)*. – Sans préjudice des dispositions du deuxième alinéa du III de l'article 803-8 prévoyant l'appel suspensif du ministère public, l'appel formé par une personne condamnée contre une décision de transfèrement prise en application du 1° du II de l'article 803-8, dont elle estime qu'elle porte une atteinte excessive au droit au respect de sa vie familiale, présente un caractère suspensif. Le président de la chambre de l'application des peines doit alors statuer dans un délai de quinze jours à compter de la réception du dossier, à défaut de quoi la décision de transfèrement est caduque.

Lorsque la décision de transfèrement est devenue caduque en application du précédent alinéa, le juge de l'application des peines statue à nouveau dans un délai de dix jours sur l'application du II de l'article 803-8, sans pouvoir à nouveau ordonner le même transfèrement.

Art. R. 249-39 *(Créé à compter 1er octobre 2021, D. n° 2021-1194, 15 sept. 2021)*. – Les décisions du président de la chambre de l'instruction ou du président de la chambre de l'application des peines sont motivées.

Section VII. – Des personnes faisant l'objet de plusieurs titres de détention

Art. R. 249-40 *(Créé à compter 1er octobre 2021, D. n° 2021-1194, 15 sept. 2021)*. – Si la personne incarcérée est à la fois placée en détention provisoire et en exécution de peine, seul le juge des libertés et de la détention est compétent pour connaître des requêtes formées en application de l'article 803-8.

Toutefois, si le juge des libertés et de la détention, après avoir constaté que les conditions de détention sont contraires à la dignité du requérant, décide de mettre fin à la détention provisoire en application du 2° du II de l'article 803-8, il en informe immédiatement le juge de l'application des peines sous le contrôle duquel la personne est placée, en lui transférant sans délai le dossier de la procédure relative à la requête prévue par cet article.

Dans un délai de dix jours à compter de la réception du dossier, le juge de l'application des peines rend l'une des décisions prévues par le 1° ou 3° du II de l'article 803-8. Dans les cas prévus au dernier alinéa du II du même article, le juge peut refuser, par ordonnance motivée, de prendre l'une de ces décisions.

Art. R. 249-41 *(Créé à compter 1er octobre 2021, D. n° 2021-1194, 15 sept. 2021)*. – Si la personne placée en détention provisoire fait l'objet de plusieurs mandats de dépôt délivrés par des juges des libertés et de la détention de tribunaux judiciaires différents, est seul compétent, parmi ces juges, celui du tribunal dont le siège est le plus proche de l'établissement où la personne est incarcérée. Si la personne est placée en détention pour des faits relevant de l'article 706-16, est seul compétent le juge des libertés et de la détention de Paris.

Le juge des libertés et de la détention statue après avoir pris l'avis, selon le cas, des juges d'instruction saisis des procédures ou des magistrats du ministère public compétents. Il les informe de sa décision.

LIVRE SIXIÈME

DISPOSITIONS RELATIVES À L'OUTRE-MER

(D. n° 60-122, 13 févr. 1960 ; D. n° 64-118, 4 févr. 1964 ; D. n° 2005-404, 27 avr. 2005 ; D. n° 2011-338, 29 mars 2011)

TITRE PREMIER. – DISPOSITIONS APPLICABLES DANS LES DÉPARTEMENTS D'OUTRE-MER À SAINT-BARTHÉLEMY, À SAINT-MARTIN ET À SAINT-PIERRE-ET-MIQUELON

(D. n° 2005-404, 27 avr. 2005 ; mod., D. n° 2010-1634, 23 déc. 2010) (1)

CHAPITRE I. – DISPOSITIONS GÉNÉRALES

(Rempl. par le livre VI tel qu'issu du décret n° 2005-404, 27 avr. 2005)

Art. R. 250 *(Mod., D. n° 2010-1634, 23 déc. 2010)*. **– Le présent code, ainsi que les règlements qui le modifient, est applicable aux départements de la Guadeloupe, de la Guyane, de la Martinique, de La Réunion, aux collectivités de Saint-Barthélemy, de Saint-Martin et de Saint-Pierre-et-Miquelon.**

Art. R. 250-1 *(Mod., D. n° 2014-442, 29 avr. 2014 ; D. n° 2014-477, 13 mai 2014 ; D. n° 2022-479, 30 mars 2022)*. **– Pour leur application à Saint-Pierre-et-Miquelon :**

a) (Abr.) ;

b) (Abr.) ;

c) (Abr.) ;

d) (Abr.) ;

e) (Abr.) ;

f) (Abr.) ;

g) (Abr.) ;

h) Les mots : « préfet de département » sont remplacés par les mots : « représentant de l'État dans la collectivité » ;

i) Les mots : « caisse nationale d'assurance maladie » et les mots : « caisse nationale des allocations familiales » sont remplacés par les mots : « caisse de prévoyance sociale » ;

---

(1) D. n° 2005-404 du 27 avril 2005, art. 18 :

Sont abrogés :

I. – Le Code de procédure pénale applicable dans les territoires de la Nouvelle-Calédonie et dépendances, de la Polynésie française et des îles Wallis-et-Futuna (deuxième partie : Décrets en Conseil d'État), à l'exception des articles RT. 40-4-1 à RT. 40-4-33 ;

II. – Le décret n° 94-183 du 1er mars 1994, à l'exception de l'article 6.

j) Les mots : « l'administration centrale de la direction générale des finances publiques » sont remplacés par les mots : « la direction des services fiscaux localement compétente ».

Art. R. 250-2 *(Créé, D. n° 2021-1182, 13 sept. 2021).* – Pour leur application à Saint-Barthélemy et à Saint-Martin, les mots : « préfet de département » sont remplacés par les mots : « représentant de l'État dans la collectivité ».

TITRE II. – DISPOSITIONS APPLICABLES EN NOUVELLE-CALÉDONIE, EN POLYNÉSIE FRANÇAISE ET DANS LES ÎLES WALLIS-ET-FUTUNA

CHAPITRE I. – DISPOSITIONS GÉNÉRALES

Art. R. 251 *(Mod. à compter du 1er mai 2021, Ord. n° 2020-1734, 16 déc. 2020 ; D. n° 2021-873, 29 juin 2021 ; D. n° 2022-479, 30 mars 2022).* – I. – À l'exception des articles R. 15-29 à R. 15-33-23, R. 15-33-43 et R. 15-33-59, R. 48-1, du I de l'article R. 49-8-3, des articles R. 49-8-5 à R. 49-19, R. 63, R. 64, R. 93-3 et R. 95, le présent code (Décrets en Conseil d'État) est applicable en Nouvelle-Calédonie dans sa rédaction résultant du décret n° 2022-479 du 30 mars 2022, sous réserve des adaptations prévues au présent titre.

II. – À l'exception des articles R. 15-29 à R. 15-33-23, R. 15-33-43 et R. 15-33-59, R. 48-1, R. 49-8-1 à R. 49-19, R. 63, R 64, R. 93-3 et R. 95, le présent code (Décrets en Conseil d'État) est applicable en Polynésie française dans sa rédaction résultant du décret n° 2022-479 du 30 mars 2022, sous réserve des adaptations prévues au présent titre.

III. – À l'exception des articles R. 15-29 à R. 15-33-23, R. 15-33-43 et R. 15-33-59, R. 48-1, R. 49-8-1 à R. 49-19, R. 63, R. 64, R. 93-2, R. 93-3 et R. 95, le présent code (Décrets en Conseil d'État) est applicable dans les îles Wallis-et-Futuna dans sa rédaction résultant du décret n° 2022-479 du 30 mars 2022, sous réserve des adaptations prévues au présent titre.

Art. R. 252 *(Mod., D. n° 2019-913, 30 août 2019 ; D. n° 2021-1501, 20 nov. 2021).* – I. – Pour l'application du présent code en Nouvelle-Calédonie, en Polynésie française et dans les îles Wallis-et-Futuna, les termes énumérés ci-après sont remplacés comme suit :

1° « département » par « collectivité d'outre-mer » ou « Nouvelle-Calédonie » ;

2° « préfet » et « sous-préfet » par « représentant de l'État » ;

3° « Banque de France » par « Institut d'émission d'outre-mer » ;

4° « tribunal judiciaire » par « tribunal de première instance » ou, le cas échéant, par les termes de « section détachée du tribunal de première instance » ;

5° « procureur de la République » par « procureur de la République près le tribunal de première instance » ;

6° « greffier » par « chef du greffe » ;

7° « comptable principal de la direction générale des finances publiques » ou « comptable de la direction générale des finances publiques » par « agent chargé du recouvrement des amendes » ;

8° « régisseur des recettes » par « agent chargé du recouvrement des amendes » ;

9° « salaire minimum interprofessionnel de croissance » par « salaire minimum horaire garanti » ;

10° « conseil de prud'hommes » par « tribunal du travail ».

II. – Pour l'application du présent code dans les îles Wallis-et-Futuna :

1° Les références au directeur des services pénitentiaires d'insertion et de probation sont supprimées ;

2° Les termes énumérés ci-après sont remplacés comme suit :

a) « Maire » par « chef de circonscription » ;

b) « Commune » par « circonscription » ;

c) « Chef d'établissement pénitentiaire » par « autorité administrative compétente pour assurer le service public pénitentiaire ».

III. – De même, les références à des dispositions non applicables en Nouvelle-Calédonie, en Polynésie française et dans les îles Wallis-et-Futuna sont remplacées par les références aux dispositions ayant le même objet applicables localement.

Art. R. 253 *(D. n° 2005-404, 27 avr. 2005)*. – En Nouvelle-Calédonie, en Polynésie française et dans les îles Wallis-et-Futuna, les sanctions pécuniaires encourues en vertu du présent code sont prononcées en monnaie locale compte tenu de la contre-valeur de l'euro dans cette monnaie.

Art. R. 254 *(D. n° 2005-404, 27 avr. 2005)*. – En Nouvelle-Calédonie, en Polynésie française et dans les îles Wallis-et-Futuna, le tarif des frais de justice prévus au présent code en euros est converti en monnaie locale compte tenu de la contre-valeur de l'euro dans cette monnaie.

CHAPITRE II. – DE L'EXERCICE DE L'ACTION PUBLIQUE ET DE L'INSTRUCTION

Art. R. 255 *(Abr., D. n° 2006-1329, 31 oct. 2006)*.

Art. R. 256 *(D. n° 2005-404, 27 avr. 2005)*. – Pour l'application des articles R. 15-1 et R. 15-5, un alinéa ainsi rédigé complète ces articles :

« Lorsque l'intéressé est en fonction dans une île autre que celle où siège la cour d'appel, ce délai court à compter de la première liaison aérienne ou maritime. »

Art. R. 257 *(D. n° 2005-404, 27 avr. 2005)*. – Pour l'application de l'article R. 15-12, les notifications sont effectuées par le secrétaire de la commission au requérant par l'intermédiaire de l'autorité militaire ou administrative hiérarchique qui délivre un avis contre émargement et les mots : « douze jours » sont remplacés par les mots : « un mois ».

Art. R. 258 *(D. n° 2005-404, 27 avr. 2005)*. – À l'article R. 15-13, le chiffre : « cinq » est remplacé par le chiffre : « quinze ».

Art. R. 259 *(D. n° 2005-404, 27 avr. 2005)*. – Pour l'application de l'article R. 15-14, la notification est effectuée par l'intermédiaire de l'autorité militaire ou administrative hiérarchique qui délivre un avis contre émargement.

Art. R. 260 *(Mod., D. n° 2019-1497, 28 déc. 2019)*. – Les alinéas 3 à 6 de l'article R. 15-17 sont remplacés par les dispositions suivantes :

Une commission d'examen, dont les membres sont nommés par arrêté conjoint du garde des Sceaux, ministre de la Justice, et du ministre de l'Intérieur, est instituée dans le ressort de la cour d'appel de Nouméa et de Papeete.

Elle est composée :

1° Du procureur général près la cour d'appel ou de son délégué, président, et du procureur de la République près l'un des tribunaux de première instance ou de son délégué ;

2° Pour la cour d'appel de Nouméa, du chef du service territorial du recrutement et de la formation de la direction territoriale de la police nationale ou de son représentant ayant au moins le grade de commissaire de police et du chef du service territorial de sécurité publique de la direction territoriale de la police nationale et, pour la cour d'appel de Papeete, du chef de la délégation territoriale au recrutement et à la formation de la police nationale ou de son représentant ayant au moins le grade de commissaire de police et du directeur de la sécurité publique.

Le secrétariat de la commission d'examen est assuré par la direction de la sécurité publique ou le service territorial du recrutement et de la formation de la direction territoriale de la police nationale.

Art. R. 261 *(D. n° 2005-404, 27 avr. 2005)*. – L'article R. 15-28 est rédigé comme suit :

« Art. R. 15-28. – *Les officiers ou agents de police judiciaire sont compétents pour exercer leur mission dans les véhicules affectés au transport collectif de voyageurs, dès lors que ces véhicules, ou le réseau sur lequel ils circulent, traversent tout ou partie de leur circonscription d'affectation.* »

Art. 261-1 *(D. n° 2007-1388, 26 sept. 2007 ; D. n° 2008-150, 19 févr. 2008).* – Pour l'application de l'article R. 15-33-29-3 en Nouvelle-Calédonie et en Polynésie française, les références au Code général des collectivités territoriales prévues par cet article sont remplacées par des références aux dispositions du Code des communes applicables localement.

Art. R. 261-2 *(D. n° 2007-1538, 26 oct. 2007 ; mod., D. n° 2008-150, 19 févr. 2008).* – Pour l'application de l'article R. 15-33-68, les 1° et 4° de cet article sont ainsi rédigés :

« 1° Les opérateurs de communications électroniques ainsi que les personnes morales prestataires mentionnés par la loi n° 2004-575 du 21 juin 2004 pour la confiance dans l'économie numérique.

4° Les organismes sociaux. »

Art. R. 262 *(D. n° 2005-404, 27 avr. 2005).* – Le 1° de l'article R. 15-35 est rédigé comme suit :

« 1° La copie du *Journal officiel* ou du *Journal officiel de la collectivité* portant publication de la déclaration de l'association. »

Art. R. 263 *(D. n° 2005-404, 27 avr. 2005).* – Pour l'application des articles R. 15-37 à R. 15-40 au tribunal de première instance des îles Wallis-et-Futuna, les attributions dévolues à l'assemblée générale des magistrats du siège et du parquet sont exercées par le président et par le procureur de la République de cette juridiction.

Art. R. 264 *(D. n° 2005-404, 27 avr. 2005).* – L'article R. 19 est complété par un alinéa ainsi rédigé :

« Lorsqu'une régie de recettes aura été mise en place auprès du greffe de la juridiction, le cautionnement sera versé au régisseur de recettes. »

Art. R. 265 *(Mod. D. n° 2014-551, 27 mai 2014).* – À l'article R. 23-2, les mots : « aux services de la direction générale des finances publiques qui assurent » sont remplacés par les mots : « à l'agent chargé du recouvrement des amendes qui assure ».

CHAPITRE III. – DES JURIDICTIONS DE JUGEMENT

Art. R. 266 *(D. n° 2005-404, 27 avr. 2005).* – Il est tenu des assises à Nouméa, Papeete et Mata-Utu.

Art. R. 267 *(D. n° 2005-404, 27 avr. 2005).* – Lorsque l'accusé fait usage de la faculté ouverte par l'article 275 du présent code de prendre pour conseil un de ses parents ou amis, le bulletin n° 2 du casier judiciaire de celui-ci est versé au dossier de la procédure.

Art. R. 268 *(D. n° 2005-404, 27 avr. 2005).* – À l'article R. 42, après le premier alinéa, il est inséré un alinéa ainsi rédigé :

« Si le prévenu réside dans une île qui n'est pas desservie par un service régulier des postes, la notification est faite par l'autorité administrative ou militaire qui délivre sans délai, contre émargement, un avis mentionnant la date de la demande de notification par le greffier. »

Art. R. 269 *(D. n° 2005-404, 27 avr. 2005).* – À l'article R. 43, après le premier alinéa, il est inséré un alinéa ainsi rédigé :

« Si le prévenu réside dans une île qui n'est pas desservie par un service régulier des postes, il doit acquitter l'amende et le droit fixe de procédure dans un délai de soixante jours, à compter de la notification par l'autorité administrative ou militaire, à moins qu'il ne fasse opposition. »

À la fin du dernier alinéa, est ajoutée la mention : « ou sur l'avis ».

Art. R. 270 *(D. n° 2005-404, 27 avr. 2005).* – I. – La première phrase du premier alinéa de l'article R. 45 est rédigée comme suit :

« L'opposition faite par le prévenu, dans les délais prévus, soit au troisième, soit au cinquième alinéa de l'article 527, soit à l'article 849, doit être formée : »

II. – Au quatrième alinéa du même article, il est inséré après les mots : « la lettre de notification » les mots : « ou un exemplaire de l'avis émargé » et après les mots : « les références portées sur celle-ci » les mots : « ou sur l'avis ».

Art. R. 271 *(D. n° 2005-404, 27 avr. 2005).* – L'article R. 48 est rédigé comme suit :

« Art. R. 48. – *L'agent chargé du recouvrement des amendes procède au recouvrement de l'ordonnance pénale à l'expiration du délai de trente jours à compter de la date d'envoi de la lettre recommandée prévue à l'article R. 42, alinéa 1, ou, si le prévenu réside dans une île qui n'est pas desservie par un service régulier des postes, à l'expiration du délai de soixante jours à compter de la notification par l'autorité administrative ou militaire prévue par l'article R. 42, alinéa 2, à moins qu'il ne soit fait opposition.* »

Art. R. 272 *(Mod., D. n° 2011-876, 25 juill. 2011).* – À l'article R. 49, il est ajouté un alinéa rédigé comme suit :

« Pour la Nouvelle-Calédonie et la Polynésie française, le montant de l'amende forfaitaire est fixé respectivement par le congrès de la Nouvelle-Calédonie et par le conseil des ministres de la Polynésie française dans les limites imposées respectivement par l'article 86 de la loi organique n° 99-209 du 19 mars 1999 relative à la Nouvelle-Calédonie et l'article 94 de la loi organique n° 2004-192 du 27 février 2004 portant statut d'autonomie de la Polynésie française. »

Art. R. 273 *(Mod., D. n° 2010-671, 18 juin 2010).* – Pour l'application de l'article R. 49-1, la dernière phrase du deuxième alinéa et les troisième et quatrième alinéas sont supprimés.

Art. R. 274 *(Mod., D. n° 2007-1626, 16 nov. 2007).* – Pour l'application de l'article R. 49-2 en Polynésie française, le modèle du carnet de quittance à souches est fixé par une décision du conseil des ministres de la Polynésie française.

Art. R. 275 *(D. n° 2005-404, 27 avr. 2005).* – Pour l'application de l'article R. 49-5, la référence à l'article « 529-5 » est supprimée.

Art. R. 276 *(Mod., D. n° 2007-1626, 16 nov. 2007).* – À l'article R. 49-7, il est ajouté un alinéa rédigé comme suit :

« Pour la Nouvelle-Calédonie et la Polynésie française, le montant de l'amende forfaitaire majorée est fixé respectivement par le congrès de la Nouvelle-Calédonie et par le conseil des ministres de la Polynésie française. »

Art. R. 277 *(D. n° 2005-404, 27 avr. 2005).* – Pour l'application de l'article R. 49-8-1 en Nouvelle-Calédonie, la référence à l'article « 529-3 » est remplacée par la référence à l'article « 850-1 » et la référence au « II de l'article 529-4 » est remplacée par la référence « au dernier alinéa de l'article 850-1 ».

Art. R. 278 *(D. n° 2005-404, 27 avr. 2005).* – Pour l'application de l'article R. 49-8-2 en Nouvelle-Calédonie, les mots : « au représentant de l'État dans le département dans lequel il a son siège et à Paris, au préfet de police » sont remplacés par les mots : « au haut-commissaire de la République en Nouvelle-Calédonie ».

Art. R. 279 *(D. n° 2005-404, 27 avr. 2005).* – Pour l'application de l'article R. 49-8-4 en Nouvelle-Calédonie, la référence « au premier alinéa du II de l'article 529-4 » est remplacée par la référence « à l'article 850-1 ».

CHAPITRE IV. – DE QUELQUES PROCÉDURES PARTICULIÈRES

Art. R. 280 *(Abr., D. n° 2008-522, 2 juin 2008).*

Art. R. 281 à R. 283 *(Abr. et recodifiés, D. n° 2008-522, 2 juin 2008. – V. COJ, art. R. 214-4 et R. 214-6).*

Art. R. 284 *(D. n° 2005-404, 27 avr. 2005).* – Aux articles R. 50-17, R. 50-20, R. 50-22 et R. 51, les convocations, informations et décisions sont faites, en ce qui concerne le demandeur, sous forme de lettre recommandée avec demande d'avis de réception ou de notification administrative contre émargement.

Art. R. 285 *(D. n° 2005-404, 27 avr. 2005).* – L'article R. 50-28 est rédigé comme suit :

« Art. R. 50-28. – *Le délai de deux mois prévu par l'article R. 50-17 est augmenté d'un mois pour les personnes qui ne demeurent pas dans la collectivité ou en Nouvelle-Calédonie où la commission a son siège.* »

Art. R. 286 *(Mod., D. n° 2017-1522, 2 nov. 2017).* – Pour l'application de l'article R. 51-1, les références à l'immatriculation au « registre du commerce et des sociétés » et au « registre sur lequel sont inscrits les privilèges et les sûretés » sont remplacées par les références à l'immatriculation « faite conformément à la réglementation applicable localement ».

Pour l'application des articles R. 53-8-7, R. 53-8-13, R. 53-8-14 et R. 53-8-15, les références au Code de l'action sociale et des familles sont remplacées par les références à la réglementation applicable localement.

Art. R. 287 *(D. n° 2005-404, 27 avr. 2005).* – Pour l'application de l'article R. 53-40, les références faites au Code de la route, au Code de la santé publique, au Code forestier, au Code des débits de boissons et au Code rural et de la pêche maritime ne sont applicables que s'il existe une disposition applicable localement ayant le même objet.

CHAPITRE V. – DES PROCÉDURES D'EXÉCUTION

Art. R. 288 *(Mod., D. n° 2013-368, 30 avr. 2013).* – I. – Pour leur application en Nouvelle-Calédonie et en Polynésie française :

1° À l'annexe à l'article R. 57-6-18 :

a) Au 2° du I de l'article 19, les bibliothèques territoriales s'entendent des bibliothèques localement compétentes ;

b) À l'article 31, les dispositions relatives à la sécurité sociale et à Pôle emploi sont applicables aux organismes et services ayant le même objet localement compétents ;

2° L'article R. 57-6-21 est ainsi rédigé :

« Art. R. 57-6-21. – *Les conditions dans lesquelles sont mis en place au sein des établissements pénitentiaires des dispositifs d'accès au droit sous forme de permanences et de consultations juridiques gratuites, dénommés points d'accès au droit, sont déterminées par une convention entre le représentant de l'État dans la collectivité et les institutions compétentes de la Nouvelle-Calédonie et de la Polynésie française.* »

3° Les dispositions des articles R. 57-7-31, R. 57-7-45, R. 57-7-63, R. 57-7-64, R. 57-7-70, R. 57-7-73, R. 57-8-1 et R. 57-8-2 relatives aux médecins des établissements de santé intervenant dans les établissements pénitentiaires et aux unités de consultations et de soins ambulatoires implantées dans ces établissements sont applicables aux médecins des établissements de santé de la collectivité, chargés des prestations de médecine dans les établissements pénitentiaires dans les conditions fixées par la convention mentionnée au III de l'article 99 de la loi n° 2009-1436 du 24 novembre 2009.

En l'absence de convention, les dispositions des articles visés à l'alinéa précédent sont applicables aux médecins intervenant dans les établissements pénitentiaires.

4° L'article R. 57-8-10 est ainsi rédigé :

« Art. R. 57-8-10. – *Pour les personnes condamnées, incarcérées en établissement pénitentiaire, les permis de visite sont délivrés, refusés, suspendus ou retirés par le chef de l'établissement pénitentiaire.*

Lorsque les personnes condamnées sont hospitalisées dans un établissement de santé de la collectivité, les permis de visite sont délivrés, refusés, suspendus ou retirés par le représentant de l'État dans la collectivité. »

II. – Pour son application en Polynésie française :

1° À l'annexe à l'article R. 57-6-18 :

a) Au 2° du I de l'article 19, les bibliothèques territoriales s'entendent des bibliothèques localement compétentes ;

b) À l'article 31, les dispositions relatives à la sécurité sociale et à Pôle emploi sont applicables aux organismes et services ayant le même objet localement compétents.

2° Le premier alinéa de l'article R. 57-9-16 est ainsi rédigé :

« Les activités d'enseignement sont mises en œuvre par les services de l'éducation nationale, lorsqu'elles relèvent de l'enseignement supérieur. L'État peut conclure avec les autorités compétentes de la Polynésie française une convention afin de définir les modalités de mise en œuvre des autres activités d'enseignement. »

Art. R. 288-1 *(Mod., D. n° 2015-1486, 16 nov. 2015 ; abr. à compter du 30 septembre 2021, D. n° 2021-682, 27 mai 2021).*

Art. R. 288-2 *(D. n° 2010-1634, 23 déc. 2010).* – I. – L'article R. 57-7-5 est ainsi rédigé :

« Art. R. 57-7-5. – *Pour l'exercice de ses compétences en matière disciplinaire, le chef d'établissement peut déléguer sa signature à son adjoint ou à un personnel de surveillance d'un autre grade.* »

II. – L'article R. 57-7-8 est complété par un alinéa ainsi rédigé :

« Lorsqu'il n'existe pas dans l'établissement pénitentiaire de personnel de surveillance détenant l'un des grades exigés par le deuxième alinéa, le premier assesseur peut être choisi parmi les personnels de surveillance d'un autre grade. »

III. – La dernière phrase de l'article R. 57-7-13 est ainsi rédigée : « Dans la mesure du possible, l'auteur de ce compte rendu ne siège pas à la commission de discipline. »

IV. – L'article R. 57-7-14 est complété par deux alinéas ainsi rédigés :

« Lorsqu'il n'existe pas dans l'établissement pénitentiaire un personnel de surveillance, autre que le chef d'établissement, détenant l'un des grades exigés par le premier alinéa, le rapport peut être rédigé par un personnel de surveillance d'un autre grade.

Dans la mesure du possible, l'auteur de ce compte rendu ne siège pas à la commission de discipline. »

Art. R. 288-3 *(Mod., D. n° 2015-1486, 16 nov. 2015).* – I. – Pour l'application des articles R. 57-6-5, R. 57-6-19 et R. 57-7-28, le président du tribunal de première instance exerce les fonctions dévolues au juge de l'application des peines, au tribunal de l'application des peines ou à la juridiction de l'application des peines du premier degré.

II. – Pour l'application des articles R. 57-6-5 à R. 57-6-9, R. 57-7-16, R. 57-7-25, R. 57-7-45 et R. 57-7-64, les dispositions applicables aux avocats sont également applicables aux personnes agréées qui assistent une personne détenue en application de l'article 23-4 de l'ordonnance n° 92-1147 du 12 octobre 1992.

III. – Les dispositions des articles R. 57-7-10, R. 57-7-14, R. 57-7-25, R. 57-7-29, R. 57-7-45, R. 57-7-59, R. 57-9-13, R. 57-9-14, R. 57-9-16 et les dispositions du chapitre III du titre II de l'annexe de l'article R. 57-6-18 relatives au secteur public de la protection judiciaire de la jeunesse et au directeur interrégional de la protection judiciaire de la jeunesse sont applicables, selon les cas, au service exerçant localement des missions similaires ou au responsable de ce service.

IV. – Pour l'application de l'article R. 57-6-24, le deuxième alinéa de cet article est ainsi rédigé :

« Pour les compétences définies par le présent code le chef d'établissement pénitentiaire peut déléguer sa signature à son adjoint. »

V. – L'article R. 57-7-5 est ainsi rédigé :

« Art. R. 57-7-5. – *Pour l'exercice de ses compétences en matière disciplinaire, le chef d'établissement peut déléguer sa signature à son adjoint.* »

VI. – Pour l'application de l'article R. 57-7-8, le deuxième alinéa est ainsi rédigé :

« Le premier assesseur est choisi parmi les personnels chargés de la surveillance de l'établissement où siège la commission de discipline. »

VII. – Pour l'application de l'article R. 57-7-10, le 4° est ainsi rédigé :

« 4° Les personnels chargés de la surveillance de l'établissement pénitentiaire et les collaborateurs occasionnels du service public pénitentiaire de Wallis-et-Futuna. »

VIII. – Pour l'application de l'article R. 57-7-13, la dernière phrase est ainsi rédigée : « Dans la mesure du possible, l'auteur de ce compte rendu ne siège pas à la commission de discipline. »

IX. – L'article R. 57-7-14 est ainsi rédigé :

« Art. R. 57-7-14. – *À la suite de ce compte rendu d'incident, un rapport est établi par un agent chargé de la surveillance et adressé au chef d'établissement. Ce rapport comporte tout élément d'information utile sur les circonstances des faits reprochés à la personne détenue et sur la personnalité de celle-ci. Dans la mesure du possible, l'auteur de ce rapport ne siège pas à la commission de discipline.* »

X. – Les dispositions des articles R. 57-7-31, R. 57-7-45, R. 57-7-63, R. 57-7-64, R. 57-7-70, R. 57-7-73, R. 57-8-1 et R. 57-8-2 relatives aux médecins des établissements de santé intervenant dans les établissements pénitentiaires et aux unités de consultations et de soins ambulatoires implantés dans les établissements pénitentiaires sont applicables aux médecins intervenant à l'établissement pénitentiaire de Wallis-et-Futuna.

XI. – L'article R. 57-8-10 est ainsi rédigé :

« Art. R. 57-8-10. – *Pour les personnes condamnées, incarcérées en établissement pénitentiaire, les permis de visite sont délivrés, refusés, suspendus ou retirés par le chef de l'établissement pénitentiaire.*

Lorsque les personnes condamnées sont hospitalisées dans un établissement de santé de la collectivité, les permis de visite sont délivrés, refusés, suspendus ou retirés par le représentant de l'État dans la collectivité. »

XII. – L'article R. 57-9-16 est ainsi rédigé :

« Art. R. 57-9-16. – *Les activités d'enseignement sont mises en œuvre par les services de l'éducation nationale.* »

Art. R. 288-4 *(Mod. à compter du 1er janvier 2020, D. n° 2019-1497, 28 déc. 2019 ; abr., D. n° 2022-479, 30 mars 2022).*

Art. R. 289 *(D. n° 2005-404, 27 avr. 2005 ; abr. à compter du 30 septembre 2021, D. n° 2021-682, 27 mai 2021).*

CHAPITRE VI. – DU CASIER JUDICIAIRE

Art. R. 290 *(D. n° 2005-404, 27 avr. 2005).* – L'article R. 62 est rédigé comme suit :

« Art. R. 62. – *En Nouvelle-Calédonie, en Polynésie française et dans les îles Wallis-et-Futuna, le casier judiciaire institué près le tribunal de première instance est tenu par le greffier en chef de cette juridiction sous la surveillance du procureur de la République et du procureur général. Il reçoit les fiches concernant les personnes physiques nées dans le ressort du tribunal de première instance et les fiches des personnes morales dont le siège se situe dans le ressort de cette juridiction.*

Le service du casier judiciaire national automatisé reçoit les fiches concernant les personnes physiques nées en France, les personnes physiques nées à l'étranger, les personnes dont l'acte de naissance n'est pas retrouvé ou dont l'identité est douteuse et les personnes morales dont le siège se situe en France. »

Art. R. 291 *(Mod., D. n° 2014-1422, 28 nov. 2014).* – L'article R. 66-1 est rédigé comme suit :

« Art. R. 66-1. – *Pour les personnes visées à l'alinéa premier de l'article R. 62, les fiches sont adressées au greffier en chef du tribunal de première instance, soit sur un support papier, soit sous la forme d'un enregistrement magnétique, soit par voie électronique sécurisée.* »

Art. R. 292 *(D. n° 2005-404, 27 avr. 2005).* – L'article R. 67 est rédigé comme suit :

« Art. R. 67. – *Les fiches constatant une décision disciplinaire d'une autorité administrative, qui entraîne ou édicte des incapacités, sont adressées soit au greffe du tribunal de première instance du lieu de naissance de la personne physique qui en est l'objet, soit, conformément au second alinéa de l'article R. 62, au service du casier judiciaire national automatisé, dès la réception de l'avis qui est donné dans le plus bref délai au procureur de la République ou au ministre de la Justice par l'autorité qui a rendu la décision.*

Les fiches constatant un arrêté d'expulsion sont établies par l'autorité dont il émane et transmises au casier judiciaire du tribunal de première instance du lieu de naissance ou, conformément au second alinéa de l'article R. 62, au service du casier judiciaire national automatisé. »

Art. R. 293 *(D. n° 2005-404, 27 avr. 2005).* – L'article R. 68 est rédigé comme suit :

« Art. R. 68. – *Les fiches sont classées dans le casier judiciaire du tribunal de première instance par ordre alphabétique et pour chaque personne par ordre de date des arrêts, jugements, décisions ou avis.* »

Art. R. 294 *(Mod., D. n° 2014-551, 27 mai 2014).* – I. – Les deux premiers alinéas de l'article R. 69 sont rédigés comme suit :

« Le greffier du tribunal de première instance du lieu de naissance, pour les personnes physiques, et du lieu du siège de l'entreprise ou de l'établissement, pour les personnes morales, dès qu'il est avisé, inscrit sur les fiches les mentions prescrites aux articles 769 et 769-1.

L'avis est adressé dans le plus bref délai au procureur de la République ou, conformément au second alinéa de l'article R. 62, au service du casier judiciaire national automatisé. »

II. – Les autres modifications apportées à l'article R. 69 sont les suivantes :

– au 4°, les mots : « par le ministre de l'Intérieur » sont remplacés par les mots : « par l'autorité dont elles émanent » ;

– au 6°, les mots : « par les comptables de la direction générale des finances publiques » sont remplacés par les mots : « par l'agent chargé du recouvrement des amendes ».

III. – Le dernier alinéa est supprimé.

Art. R. 295 *(Mod., D. n° 2014-1422, 28 nov. 2014).* – Les deux premiers alinéas de l'article R. 70 sont rédigés comme suit :

« Les fiches sont retirées du casier judiciaire et détruites par le greffier du tribunal de première instance dans les cas suivants :

1° Au décès du titulaire de la fiche, établi notamment par la mention au registre de l'état civil des naissances en application de l'article 79 du Code civil ou, si le décès n'est pas parvenu à la connaissance du greffier, lorsque le titulaire aurait atteint l'âge de cent vingt ans ; »

Art. R. 296 *(D. n° 2005-404, 27 avr. 2005).* – L'article R. 71 est rédigé comme suit :

« Art. R. 71. – *Le greffe du tribunal de première instance du lieu de naissance, pour les personnes physiques, ou du lieu où se trouve le siège de l'entreprise ou de l'établissement, pour les personnes morales, ou, conformément au second alinéa de l'article R. 62, le service du casier judiciaire national automatisé reçoit les avis provenant des autorités étrangères concernant les personnes françaises condamnées par des juridictions étrangères.*

Ces avis, constituant des fiches, sont classés au casier judiciaire du tribunal de première instance en original ou, si c'est nécessaire, après leur transcription sur une formule réglementaire de fiche. »

Art. R. 297 *(D. n° 2005-404, 27 avr. 2005).* – L'article R. 72 est rédigé comme suit :

« Art. R. 72. – *Pour les personnes nées dans les collectivités d'outre-mer ou en Nouvelle-Calédonie et condamnées par une juridiction pénale française autre que celle de leur lieu de naissance, les fiches prévues aux articles R. 65 et R. 67, alinéa 2, et les avis prévus aux articles R. 67, alinéa premier, R. 69 et R. 71, sont transmis au procureur général ou au procureur de la République près la juridiction d'appel de la collectivité dans lequel est situé le lieu de naissance, qui les fait parvenir au greffe compétent. »*

Art. R. 298 *(Mod., D. n° 2014-1422, 28 nov. 2014).* – L'article R. 73 est rédigé comme suit :

« Art. R. 73. – *Lorsque la communication d'avis de condamnation est prévue par des conventions internationales, les copies des fiches sont établies et adressées par le greffier du tribunal de première instance au Casier judiciaire national automatisé en vue de leur transmission aux autorités compétentes. »*

Art. R. 299 *(D. n° 2005-404, 27 avr. 2005).* – I. – Au premier alinéa de l'article R. 74, les mots : « à la direction du recrutement et de la statistique de la région militaire sur le territoire de laquelle il se trouve » sont remplacés par les mots : « à l'autorité militaire compétente de la collectivité ».

II. – Au second alinéa de l'article R. 74, les mots : « l'autorité » sont remplacés par les mots : « le greffier » et les mots : « à la direction du recrutement et de la statistique de la région militaire sur le territoire de laquelle il se trouve » sont remplacés par les mots : « à cette autorité militaire ».

Art. R. 300 *(D. n° 2005-404, 27 avr. 2005).* – L'article R. 75 est rédigé comme suit :

« Art. R. 75. – *Lorsqu'une juridiction a rendu contre un Français une décision entraînant la privation des droits électoraux, son greffier établit sur un imprimé spécial, et quels que soient l'âge et le sexe du condamné, une copie de la fiche du casier judiciaire qu'il adresse à l'autorité administrative compétente, en précisant, pour chaque cas, la date à laquelle cette incapacité cessera d'avoir effet.*

Si une décision ou une mesure nouvelle vient à modifier la capacité électorale du titulaire de la fiche, avis en est donné par le greffier qui avait établi cette fiche à l'autorité administrative compétente. »

Art. R. 301 *(D. n° 2005-404, 27 avr. 2005).* – Le premier alinéa de l'article R. 76 est rédigé comme suit :

« Le bulletin n° 1 est réclamé au greffe du tribunal de première instance du lieu de naissance ou, conformément au second alinéa de l'article R. 62, au service du casier judiciaire national automatisé, par lettre, télégramme, télécopie ou télétransmission, indiquant l'état civil de la personne dont le bulletin est demandé et précisant l'autorité judiciaire requérante. »

Art. R. 302 *(D. n° 2005-404, 27 avr. 2005).* – L'article R. 77 est rédigé comme suit :

« Art. R. 77. – *Avant d'établir le bulletin n° 1 d'une personne physique, le greffier du tribunal de première instance vérifie l'état civil de l'intéressé ; si le résultat de l'examen des registres de l'état civil est négatif, il inscrit dans le corps du bulletin, à l'exclusion de toute autre mention, l'indication "aucun acte de naissance applicable."*

Au cas où, pour une raison quelconque, l'autorité qui établit le bulletin n° 1 ne dispose pas des actes de l'état civil, elle inscrit d'une façon très apparente sur le bulletin la mention : "identité non vérifiée" ».

Art. R. 303 *(D. n° 2005-404, 27 avr. 2005).* – I. – La première phrase de l'article R. 77-1 est rédigée comme suit :

« Avant d'établir le bulletin n° 1 d'une personne morale, le greffier du tribunal de première instance vérifie l'immatriculation de celle-ci au répertoire d'identification des entreprises. »

II. – Le deuxième alinéa de l'article R. 77-1 est rédigé comme suit :

« Si la personne morale n'est pas immatriculée, le greffier du tribunal de première instance inscrit sur le bulletin n° 1 la mention : « identité non vérifiable ».

Art. R. 304 *(D. n° 2005-404, 27 avr. 2005).* – I. – Le 10° de l'article R. 79 est rédigé comme suit :

« 10° Aux conseils de l'ordre des médecins, des chirurgiens-dentistes et des sages-femmes saisis de demandes d'inscription au tableau ou de poursuites disciplinaires ; »

II. – Le 14° de l'article R. 79 est rédigé comme suit :

« 14° Aux institutions mentionnées à l'article L. 351-2 du Code du travail applicable en métropole ; »

III. – Le 19° de l'article R. 79 est rédigé comme suit :

« 19° Aux établissements d'hospitalisation publics lorsqu'ils sont saisis d'une demande d'emploi ; »

Art. R. 305 *(D. n° 2005-404, 27 avr. 2005).* – Le premier alinéa de l'article R. 80 est rédigé comme suit :

« Le bulletin n° 2 est réclamé au greffe du tribunal de première instance ou, conformément au second alinéa de l'article R. 62, au service du casier judiciaire national automatisé, par lettre, télégramme, télécopie ou télétransmission, avec l'indication de l'état civil de la personne dont le bulletin est demandé, de la qualité de l'autorité requérante ainsi que du motif de la demande.

Si la personne dont le bulletin est demandé est une personne morale, la demande doit comporter l'indication de sa dénomination, de son immatriculation au répertoire d'identification des entreprises et de son siège. Lorsque la personne morale n'est pas immatriculée, un justificatif de son identité doit être joint à l'appui de la demande. »

Art. R. 306 *(Mod., D. n° 2014-1422, 28 nov. 2014 ; D. n° 2021-1593, 7 déc. 2021).* – L'article R. 82 est rédigé comme suit :

« Art. R. 82. – *Le bulletin n° 3 ne peut être demandé que par la personne qu'il concerne ou son représentant légal s'il s'agit d'un mineur ou d'un majeur sous tutelle.*

La demande, qui doit préciser l'état civil de l'intéressé, peut être faite par lettre ou voie électronique sécurisée.

Le bulletin n° 3 peut également être obtenu si la personne qu'il concerne se présente au greffier et justifie de son identité.

Si le demandeur ne sait ou ne peut signer, cette impossibilité est constatée par le maire ou, en ce qui concerne les îles Wallis-et-Futuna, le chef de la circonscription territoriale, ou par le commissaire de police qui atteste en même temps que la demande est faite au nom et sur l'initiative de la personne que le bulletin n° 3 concerne. »

Art. R. 307 *(D. n° 2005-404, 27 avr. 2005).* – L'article R. 83 est rédigé comme suit :

« Art. R. 83. – *Avant d'établir le bulletin n° 3 demandé, le greffier vérifie l'état civil de l'intéressé ; s'il ne découvre pas sur les registres de l'état civil d'acte de naissance applicable, il refuse la délivrance du bulletin et informe le procureur de la République.*

Au cas où, pour une raison quelconque, l'autorité qui établit le bulletin n° 3 ne dispose pas des actes de l'état civil, elle inscrit sur le bulletin, d'une façon apparente, la mention : "identité non vérifiée" ».

Art. R. 308 *(D. n° 2005-404, 27 avr. 2005).* – L'article R. 88 est rédigé comme suit :

« Art. R. 88. – *Le greffier du tribunal de première instance du lieu de naissance pour les personnes physiques ou, conformément au second alinéa de l'article R. 62, le service du casier judiciaire national automatisé est avisé, par les soins du procureur de la République ou du procureur général, des mandats d'arrêt et des jugements ou arrêts prononçant des condamnations à des peines privatives de liberté, contradictoires ou par défaut, qui n'ont pas été exécutés. Ces avis sont classés au casier judiciaire.*

Ils sont renvoyés avec toutes les indications utiles permettant l'exécution des mandats, jugements ou arrêts, par le greffier du tribunal du lieu de naissance ou le service du casier judiciaire national automatisé au procureur de la République près le tribunal, au procureur général près la cour d'appel dont ils émanent, ou au commissaire du gouvernement près l'une des juridictions des forces armées instituées conformément à la loi n° 82-621 du 21 juillet 1982, lorsque les intéressés demandent un bulletin n° 3 ou qu'il a été demandé à leur sujet un bulletin n° 1 ou n° 2.

En outre, les autorités militaires donnent avis au greffier du tribunal de première instance du lieu de naissance ou, conformément au deuxième alinéa l'article R. 62, au service du casier judiciaire national automatisé des cas d'insoumission ou de désertion dont elles ont connaissance. Ces avis sont classés au casier judiciaire. Ils sont renvoyés, avec toutes les indications utiles, aux autorités dont ils émanent, dans les circonstances prévues au deuxième alinéa. »

Art. R. 309 *(D. n° 2005-404, 27 avr. 2005)*. – Le deuxième alinéa de l'article R. 90 est supprimé.

CHAPITRE VII. – DES FRAIS DE JUSTICE

Art. R. 310 *(Rempl., D. n° 2013-770, 26 août 2013)*. – L'article R. 93 s'applique en Nouvelle-Calédonie, en Polynésie française et dans les îles Wallis-et-Futuna sous réserve des adaptations suivantes :

1° Pour son application dans les îles Wallis-et-Futuna, le 1° du I est supprimé ;

2° Pour son application en Nouvelle-Calédonie, en Polynésie française et dans les îles Wallis-et-Futuna, au 10° du I, les mots : « en application du règlement (CE) n° 1206/2001 relatif à la coopération entre les juridictions des États membres » sont supprimés ;

3° Le 11° du I n'est pas applicable en Nouvelle-Calédonie ;

4° Pour son application en Nouvelle-Calédonie et en Polynésie française, le 12° du I est supprimé ;

5° Pour l'application en Nouvelle-Calédonie et en Polynésie française du 2° du II, les mots : « en application de l'article 696 du Code procédure civile » sont remplacés par les mots : « en vertu des dispositions de procédure civile localement applicables » ;

5° *bis (5° bis créé, D. n° 2020-841, 3 juill. 2020)* Le 3° *bis* du II de l'article R. 93 n'est pas applicable en Nouvelle-Calédonie et en Polynésie française ;

6° Pour son application en Nouvelle-Calédonie et en Polynésie française, le 5° du II est supprimé ;

7° *(Abr. à compter du 1er mai 2021, Ord. n° 2020-1734, 16 déc. 2020).*

8° Pour son application en Nouvelle-Calédonie et en Polynésie française, au 8° du II, les mots : « en application de l'article 23-1 du Code de procédure civile » sont remplacés par les mots : « en vertu des dispositions de procédure civile localement applicables » ;

9° Pour son application en Nouvelle-Calédonie, en Polynésie française et dans les îles Wallis-et-Futuna, le 9° du II est supprimé ;

10° Pour son application en Polynésie française, au 10° du II, les mots : « en application des quatrième et septième alinéas de l'article 16-11 et du second alinéa de l'article 87 du Code civil, ainsi que » sont remplacés par les mots : « en vertu des règles de droit civil localement applicables et » ;

11° Pour son application en Nouvelle-Calédonie, le 10° du II est ainsi rédigé : « Frais exposés dans le cadre de la procédure d'identification des personnes décédées en vertu des règles de droit civil localement applicables et de l'article L. 362-1 du Code des communes de la Nouvelle-Calédonie » ;

12° Pour son application dans les îles Wallis-et-Futuna, au 10° du II, la référence au dernier alinéa de l'article L. 2223-42 du Code général des collectivités territoriales est remplacée par la référence à l'article 814-2 du Code de procédure pénale.

Art. R. 311 *(Abr., D. n° 2013-770, 26 août 2013)*.

Art. R. 312 *(D. n° 2005-404, 27 avr. 2005)*. – L'article R. 96 est rédigé comme suit :

« Art. R. 96. – *La réquisition doit être établie en deux exemplaires dont l'un est remis au greffier chargé de la liquidation des frais du procès et l'autre au transporteur pour qu'il le produise à l'appui de son mémoire.* »

Art. R. 313 à R. 315 *(Abr., D. n° 2013-770, 26 août 2013).*

Art. R. 316 *(Abr. à compter du 1er mai 2016, D. n° 2016-479, 18 avr. 2016).*

Art. R. 317 *(Abr., D. n° 2013-770, 26 août 2013).*

Art. R. 318 *(D. n° 2005-404, 27 avr. 2005 ; D. n° 2022-73, 26 janv. 2022).* – Pour l'application de l'article R. 112, la formule : « I = 3,05 euros + (S × 4) » est remplacée par la formule : « I = 5,26 euros (630 F CFP) + (S × 4) » et la formule : « I = 59 euros + (S × 4) » est remplacée par la formule : « I = 64 euros + (S × 4) ».

Art. R. 319 *(D. n° 2005-404, 27 avr. 2005).* – L'article R. 116 est rédigé comme suit :

« Art. R. 116. – *Il est alloué à chaque expert désigné conformément aux lois et règlements sur la répression des fraudes en matière commerciale, pour l'analyse de chaque échantillon, y compris les frais de laboratoire :*

Pour le premier échantillon : 22,64 € (2 700 F CFP) ;

Pour les échantillons suivants dans la même affaire : 12,58 € (1 500 F CFP). »

Art. R. 320 *(D. n° 2005-404, 27 avr. 2005 ; D. n° 2017-248, 27 févr. 2017).* – Pour l'application de l'article R. 117, les mots : « fixés en application de l'article L. 162-15-2 du Code de la sécurité sociale » sont remplacés par les mots : « fixés localement pour des actes similaires ».

Art. R. 321 *(Abr., D. n° 2017-248, 27 févr. 2017).*

Art. R. 322 *(D. n° 2005-404, 27 avr. 2005).* – L'article R. 120-1 est rédigé comme suit :

« Art. R. 120-1. – *Il est alloué à chaque expert, pour une expertise mécanique complète portant sur un ou plusieurs véhicules automobiles, à la suite d'accident de la circulation, à l'exclusion des examens simples ne portant que sur des organes déterminés du véhicule, et à l'exclusion de toute indemnité d'établissement de plans, prises de photographies et de frais de séjour : 83,85 € (10 000 F CFP).* »

Art. R. 323 *(D. n° 2007-1626, 16 nov. 2007).* – L'article R. 122 est applicable dans les conditions prévues à l'article R. 254.

Art. R. 324 *(D. n° 2005-404, 27 avr. 2005).* – Pour l'application de l'article R. 129, la formule : « I = 10 + (S × 4) » est remplacée par la formule : « I = 2,59 € (315 F CFP) + (S × 4) ».

Art. R. 325 *(D. n° 2005-404, 27 avr. 2005).* – Les six premiers alinéas de l'article R. 133 sont remplacés par un alinéa rédigé comme suit :

« Lorsque les témoins se déplacent, il leur est alloué sur justification une indemnité de transport égale au coût, dûment justifié, du moyen de transport public qui aura été utilisé sur la base du tarif de la classe la plus économique ou, à défaut, une indemnité fixée par kilomètre parcouru tant à l'aller qu'au retour selon les taux prévus pour les déplacements des personnels civils de l'État utilisant leur voiture personnelle. »

Art. R. 326 *(D. n° 2005-404, 27 avr. 2005).* – L'article R. 134 est rédigé comme suit :

« Art. R. 134. – *Lorsqu'un témoin se trouve hors d'état de subvenir aux frais de son déplacement, il lui est délivré par le commandant de la brigade de gendarmerie, s'il le requiert, et sur présentation de la convocation ou de la citation, une réquisition de transport.* »

Art. R. 327 *(Abr., D. n° 2013-770, 26 août 2013).*

Art. R. 328 *(D. n° 2005-404, 27 avr. 2005).* – Pour l'application de l'article R. 140, la formule : « I = 40 + (S × 8) » est remplacée par la formule : « I = 10,52 € (1 260 F CFP) + (S × 8) ».

Art. R. 329 *(D. n° 2005-404, 27 avr. 2005).* – L'article R. 141 est rédigé comme suit :

« Art. R. 141. – *Lorsque les jurés se déplacent, il leur est alloué, sur justification, une indemnité de transport qui est calculée ainsi qu'il est dit pour les experts à l'article R. 110.*

Les dispositions de l'article R. 134 sont également applicables. »

Art. R. 330 *(D. n° 2005-404, 27 avr. 2005).* – L'article R. 146 est rédigé comme suit :

« Art. R. 146. – *Lorsqu'un juré se trouve hors d'état de subvenir aux frais de son déplacement, il est procédé conformément aux dispositions de l'article R. 134.* »

Art. R. 331 *(D. n° 2005-404, 27 avr. 2005).* – L'article R. 147 est rédigé comme suit :

« Art. R. 147. – *Dans les cas prévus aux articles 54, 56, 97 et 151, il n'est accordé d'indemnité pour la garde des scellés que lorsqu'il n'a pas été jugé à propos de confier cette garde à des habitants de l'immeuble où les scellés ont été apposés.*

Dans ces cas, il est alloué pour chaque jour, pendant le premier mois, au gardien nommé d'office : 0,46 € (60 F CFP).

Le premier mois écoulé, ces indemnités sont réduites de moitié.

Lorsque les scellés sont apposés sur des véhicules automobiles, les tarifs des frais de garde sont fixés par arrêté du haut-commissaire. »

Art. R. 332 *(D. n° 2005-404, 27 avr. 2005).* – L'article R. 147-1 est rédigé comme suit :

« Art. R. 147-1. – *Le tarif des frais de garde entraînés par l'immobilisation d'un véhicule décidée en application des articles 131-6 (5°) et 131-14 (2°) du Code pénal est fixé par un arrêté du haut-commissaire.* »

Art. R. 333 *(D. n° 2005-404, 27 avr. 2005 ; abr., D. n° 2014-551, 27 mai 2014).*

Art. R. 334 *(D. n° 2005-404, 27 avr. 2005).* – L'alinéa premier de l'article R. 165 est rédigé comme suit :

« En matière pénale, la délivrance, lorsqu'elle est autorisée, de reproductions de pièces de procédure autres que les décisions est rémunérée à raison de 0,84 € (100 F CFP) par page. »

Art. R. 335 *(D. n° 2005-404, 27 avr. 2005).* – Pour l'application de l'article R. 181, la somme forfaitaire de : « 4,50 € » est remplacée par celle de : « 5,87 € (700 F CFP) ».

Art. R. 336 *(D. n° 2005-404, 27 avr. 2005).* – Pour l'application de l'article R. 182, la somme de : « 6,86 € » est remplacée par celle de : « 10,06 € (1 200 F CFP) ».

Art. R. 337 *(D. n° 2005-404, 27 avr. 2005).* – Pour l'application de l'article R. 185, la somme de : « 0,91 € » est remplacée par celle de : « 1,68 € (200 F CFP) » et la somme de : « 1,37 € » est remplacée par celle de : « 2,52 € (300 F CFP) ».

Art. R. 338 *(D. n° 2005-404, 27 avr. 2005).* – À l'article R. 187, après les mots : « ministère public », sont insérés les mots : « , ce sous réserve des dispositions réglementaires relatives aux militaires de la gendarmerie agissant comme huissiers ».

Art. R. 339 *(D. n° 2005-404, 27 avr. 2005).* – À la fin du second alinéa de l'article R. 189, les mots : « par une insertion à un bulletin de police » sont remplacés par les mots : « par tout autre moyen ».

Art. R. 340 *(D. n° 2005-404, 27 avr. 2005).* – L'article R. 190 est rédigé comme suit :

« Art. R. 190. – *Il est alloué aux personnes mentionnées à l'article R. 188, pour l'exécution des mandats d'amener ou des mesures de contrainte exercées contre les témoins défaillants en vertu des articles 109, 110 et 153, une prime de 2,52 € (300 F CFP).* »

Art. R. 341 *(D. n° 2005-404, 27 avr. 2005).* – L'article R. 191 est rédigé comme suit :

« Art. R. 191. – *Il est alloué aux personnes mentionnées à l'article R. 188 pour capture ou saisie de la personne, en exécution :*

1° *D'un jugement de police ou d'un jugement ou arrêt correctionnel prononçant une peine d'emprisonnement n'excédant pas dix jours : 2,52 € (300 F CFP) ;*

2° *D'un mandat d'arrêt ou d'un jugement ou arrêt en matière correctionnelle emportant peine d'emprisonnement de plus de dix jours : 3,74 € (450 F CFP) ;*

3° *D'une ordonnance de prise de corps ou d'un arrêt de condamnation à une peine de réclusion criminelle à temps n'excédant pas dix ans : 5,03 € (600 F CFP) ;*

4° *D'un arrêt de condamnation à une peine de réclusion criminelle à temps excédant dix ans ou à une peine plus forte : 10,06 € (1 200 F CFP).* »

Art. R. 342 *(D. n° 2005-404, 27 avr. 2005)*. – L'article R. 192 est rédigé comme suit :

« Art. R. 192. – *Pour les affichages de l'ordonnance qui, aux termes des articles 627 et 628, doit être rendue et publiée contre les contumax, y compris le procès-verbal de la publication, il est alloué aux huissiers de justice une indemnité de 4,19 € (500 F CFP).* »

Art. R. 343 *(D. n° 2005-404, 27 avr. 2005)*. – L'article R. 193 est rédigé comme suit :

« Art. R. 193. – *Il est alloué aux huissiers de justice pour l'apposition de chacun des trois extraits de l'arrêt de condamnation par contumace qui doit être affiché, conformément à l'article 634, et pour la rédaction du procès-verbal constatant l'accomplissement de cette formalité, un droit de 2,06 € (250 F CFP).* »

Art. R. 344 *(D. n° 2005-404, 27 avr. 2005)*. – Les alinéas 2 et 3 de l'article R. 194 sont supprimés.

Art. R. 345 *(Mod., D. n° 2013-770, 26 août 2013)*. – À l'article R. 195, les mots : « une indemnité de 4,57 € » sont supprimés, et après les mots : « dûment constatée », sont insérés les mots : « une indemnité égale à celle allouée aux personnels civils de l'État ».

Art. R. 346 *(D. n° 2005-404, 27 avr. 2005)*. – Au deuxième alinéa de l'article R. 199, après les mots : « tarifs en matière civile », sont ajoutés les mots : « applicables localement ».

Art. R. 347 *(Abr., D. n° 2013-770, 26 août 2013)*.

Art. R. 348 *(D. n° 2005-404, 27 avr. 2005)*. – À l'article R. 212, les mots : « ministre de la Justice » sont remplacés par les mots : « représentant de l'État dans la collectivité ».

Art. R. 349 *(D. n° 2005-404, 27 avr. 2005)*. – I. – Au premier alinéa de l'article R. 217, les mots : « selon les procédures et sous les garanties prévues en matière d'amende pénale » sont remplacés par les mots : « conformément aux textes applicables dans la collectivité ».

II. – À la fin du troisième alinéa de l'article R. 217, les mots : « par ordonnance ; les frais sont alors avancés et recouvrés comme en matière de frais de justice » sont remplacés par les mots : « et fixe, s'il y a lieu, les frais qui restent à sa charge ».

Art. R. 349-1 *(D. n° 2017-1230, 3 août 2017)*. – En Nouvelle-Calédonie, l'article R. 217-1 est applicable dans sa rédaction résultant du décret n° 2008-1485 du 22 décembre 2008.

Art. R. 350 *(D. n° 2005-404, 27 avr. 2005)*. – À l'article R. 218, les mots : « selon les procédures et sous les garanties prévues en matière d'amende pénale » sont remplacés par les mots : « comme en matière de frais de justice criminelle, correctionnelle et de police ».

Art. R. 351 *(Abr. à compter du 1er mai 2016, D. n° 2016-479, 18 avr. 2016)*.

Art. R. 352 *(D. n° 2005-404, 27 avr. 2005)*. – À l'article R. 220, après les mots : « tarifs en matière civile », sont ajoutés les mots : « applicables localement ».

Art. R. 353 *(D. n° 2005-404, 27 avr. 2005)*. – Au 2° de l'article R. 224-2, après les mots : « de l'État », sont ajoutés les mots : « ou de la collectivité ».

Art. R. 354 *(Mod., D. n° 2019-913, 30 août 2019)*. – Pour l'application de l'article R. 227-1, les mots : « le président du tribunal judiciaire, dans le ressort duquel l'huissier a sa résidence » sont remplacés par les mots : « le président de la juridiction dans le ressort de laquelle l'huissier a sa résidence ».

Art. R. 355 à R. 359 *(Abr. à compter du 1er mai 2016, D. n° 2016-479, 18 avr. 2016)*.

TITRE III. – DISPOSITIONS PARTICULIÈRES AU DÉPARTEMENT DE MAYOTTE

CHAPITRE I. – DISPOSITIONS GÉNÉRALES

Art. R. 360 *(Rempl. à compter du 1er avril 2011, D. n° 2011-338, 29 mars 2011).* – Pour l'application du présent code (deuxième partie : décrets en Conseil d'État) dans le Département de Mayotte, il est tenu compte des adaptations prévues par le présent titre.

CHAPITRE II. – L'EXERCICE DE L'ACTION PUBLIQUE ET DE L'INSTRUCTION

Art. R. 361 *(Abr., D. n° 2006-1329, 31 oct. 2006).*

Art. R. 362 *(Abr. à compter du 1er avril 2011, D. n° 2011-338, 29 mars 2011).*

Art. R. 363 *(D. n° 2005-404, 27 avr. 2005).* – Pour l'application de l'article R. 15-12, les notifications sont effectuées par le secrétaire de la commission au requérant par l'intermédiaire de l'autorité militaire ou administrative hiérarchique qui délivre un avis contre émargement et les mots : « douze jours » sont remplacés par les mots : « un mois ».

Art. R. 364 *(D. n° 2005-404, 27 avr. 2005).* – À l'article R. 15-13, le chiffre : « cinq » est remplacé par le chiffre : « quinze ».

Art. R. 365 *(D. n° 2005-404, 27 avr. 2005).* – Pour l'application de l'article R. 15-14, la notification est effectuée par l'intermédiaire de l'autorité militaire ou administrative hiérarchique qui délivre un avis contre émargement.

Art. R. 366 *(Abr. à compter du 1er avril 2011, D. n° 2011-338, 29 mars 2011).*

Art. R. 367 *(D. n° 2005 404, 27 avr. 2005 ; D. n° 2011-338, 29 mars 2011).* – I. – Pour l'application des articles R. 19 à R. 23-1, les mots : « régisseur des recettes » sont remplacés par les mots : « agent chargé du recouvrement des amendes ».

II. – L'article R. 19 est complété par un alinéa ainsi rédigé :

« Lorsqu'une régie de recettes aura été mise en place auprès du greffe de la juridiction, le cautionnement sera versé au régisseur des recettes. »

Art. R. 368 *(Mod., D. n° 2011-338, 29 mars 2011).* – Aux articles R. 20, R. 21 et R. 23-1, avant les mots : « le régisseur des recettes », sont insérés les mots : « le greffier en chef ou par ».

Art. R. 369 *(Mod., D. n° 2011-338, 29 mars 2011).* – Aux articles R. 23, R. 23-1, R. 23-2 et R. 23-3 les mots : « Caisse des dépôts et consignations » sont remplacés par les mots : « recette des finances ».

Art. R. 370 *(D. n° 2005-404, 27 avr. 2005).* – Le premier alinéa de l'article R. 22 est rédigé comme suit :

« Le greffier en chef ou le régisseur de recettes avise le juge d'instruction des défauts ou retards de versement du cautionnement. »

Art. R. 371 *(Mod., D. n° 2011-338, 29 mars 2011).* – À l'article R. 23-2, les mots : « aux services du Trésor qui assurent » sont remplacés par les mots : « à l'agent chargé du recouvrement des amendes qui assure ».

CHAPITRE III. – DES JURIDICTIONS DE JUGEMENT

Art. R. 372 *(Abr. à compter du 1er avril 2011, D. n° 2011-338, 29 mars 2011).*

Art. R. 373 *(D. n° 2005-404, 27 avr. 2005)*. – Lorsque l'accusé fait usage de la faculté ouverte par l'article 275 du présent code de prendre pour conseil un de ses parents ou amis, le bulletin n° 2 du casier judiciaire de celui-ci est versé au dossier de la procédure.

CHAPITRE IV. – DE QUELQUES PROCÉDURES PARTICULIÈRES

Art. R. 374 *(Abr., D. n° 2008-522, 2 juin 2008)*.

Art. R. 375 *(D. n° 2005-404, 27 avr. 2005)*. – Lorsque la demande en indemnisation est portée devant la commission siégeant à Mayotte, le délai de deux mois prévu à l'article R. 50-17 est augmenté de :

1° Un mois pour les personnes qui demeurent en France, en dehors de Mayotte ;

2° Deux mois pour les personnes qui demeurent à l'étranger.

Les dispositions qui précèdent ne font pas obstacle au pouvoir des juges, en cas d'urgence, d'abréger les délais de comparution.

Art. R. 375-1 *(D. n° 2010-1634, 23 déc. 2010)*. – Pour l'application de l'article R. 57-6-4 à Mayotte, les mots : « aux archives départementales » sont remplacés par les mots : « service des archives compétent ».

CHAPITRE V. – DU CASIER JUDICIAIRE

(Chap. abr., D. n° 2013-1097, 2 déc. 2013)

Art. R. 376 à R. 394 *(Abr., D. n° 2013-1097, 2 déc. 2013)*.

CHAPITRE VI. – DES FRAIS DE JUSTICE

Art. R. 395 *(Abr., D. n° 2014-527, 23 mai 2014)*.

Art. R. 395-1 *(D. n° 2013-770, 26 août 2013)*. – L'article R. 93-3 n'est pas applicable.

Art. R. 396 *(Abr., D. n° 2013-770, 26 août 2013)*.

Art. R. 397 *(D. n° 2005-404, 27 avr. 2005)*. – L'article R. 96 est rédigé comme suit :

« Art. R. 96. – *La réquisition doit être établie en deux exemplaires dont l'un est remis au greffier chargé de la liquidation des frais du procès et l'autre au transporteur pour qu'il le produise à l'appui de son mémoire.* »

Art. R. 398 à R. 400 *(Abr., D. n° 2013-770, 26 août 2013)*.

Art. R. 401 *(D. n° 2005-404, 27 avr. 2005)*. – À l'article R. 101, les mots : « soit par chemin de fer » sont supprimés.

Art. R. 402 et 403 *(Abr., D. n° 2013-770, 26 août 2013)*.

Art. R. 404 *(D. n° 2005-404, 27 avr. 2005)*. – À l'article R. 105, les mots : « le régisseur nommé dans chaque secrétariat-greffe » sont remplacés par les mots : « le greffier en chef » et les mots : « comptable direct du Trésor » sont remplacés par les mots : « comptable assignataire ».

Art. R. 405 *(Abr., D. n° 2013-770, 26 août 2013)*.

Art. R. 406 *(D. n° 2005-404, 27 avr. 2005 ; D. n° 2017-248, 27 févr. 2017)*. – Pour l'application de l'article R. 117, les mots : « fixés en application de l'article L. 162-15-2 du Code de la sécurité sociale » sont remplacés par les mots : « fixés localement pour des actes similaires ».

Art. R. 407 *(D. n° 2005-404, 27 avr. 2005)*. – L'article R. 120-1 est rédigé comme suit :

« Art. R. 120-1. – *Il est alloué à chaque expert, pour une expertise mécanique complète portant sur un ou plusieurs véhicules automobiles, à la suite d'accident de circulation, à l'exclusion des examens simples ne portant que sur des organes déterminés du véhicule, et à l'exclusion de toute indemnité d'établissement de plans, prise de photographie et frais de séjour : 83,85 €.* »

Art. R. 408 *(Abr., D. n° 2008-764, 30 juill. 2008).*

Art. R. 409 *(D. n° 2005-404, 27 avr. 2005).* – Les six premiers alinéas de l'article R. 133 sont remplacés par un alinéa rédigé comme suit :

« Lorsque les témoins se déplacent, il leur est alloué sur justification une indemnité de transport égale au coût, dûment justifié, du moyen de transport public qui aura été utilisé sur la base du tarif de la classe la plus économique ou, à défaut, une indemnité fixée par kilomètre parcouru tant à l'aller qu'au retour selon les taux prévus pour les déplacements des personnels civils de l'État utilisant leur voiture personnelle. »

Art. R. 410 *(D. n° 2005-404, 27 avr. 2005).* – L'article R. 134 est rédigé comme suit :

« Art. R. 134. – *Lorsqu'un témoin se trouve hors d'état de subvenir aux frais de son déplacement, il lui est délivré par le commandant de la brigade de gendarmerie, s'il le requiert, et sur présentation de la convocation ou de la citation, une réquisition de transport.* »

Art. R. 411 *(Abr. à compter du 1er avril 2011, D. n° 2011-338, 29 mars 2011).*

Art. R. 412 *(Rempl. à compter du 1er avril 2011, D. n° 2011-338, 29 mars 2011).* – Aux articles R. 140 et R. 142, le mot : « jurés » est remplacé par les mots « assesseurs-jurés ».

Art. R. 413 *(Abr. à compter du 1er avril 2011, D. n° 2011-338, 29 mars 2011).*

Art. R. 414 *(D. n° 2005-404, 27 avr. 2005 ; mod. à compter du 1er avril 2011, D. n° 2011-338, 29 mars 2011).* – L'article R. 141 est rédigé comme suit :

« Art. R. 141. – *Lorsque les assesseurs-jurés se déplacent, il leur est alloué, sur justification, une indemnité de transport qui est calculée ainsi qu'il est dit pour les experts à l'article R. 110.*

Les dispositions de l'article R. 134 sont également applicables. »

Art. R. 415 *(D. n° 2005-404, 27 avr. 2005 ; mod. à compter du 1er avril 2011, D. n° 2011-338, 29 mars 2011).* – L'article R. 146 est rédigé comme suit :

« Art. R. 146. – *Lorsqu'un assesseur-juré se trouve hors d'état de subvenir aux frais de son déplacement, il est procédé conformément aux dispositions de l'article R. 134.* »

Art. R. 416 *(D. n° 2005-404, 27 avr. 2005).* – L'article R. 147-1 est rédigé comme suit :

« Art. R. 147-1. – *Le tarif des frais de garde entraînés par l'immobilisation d'un véhicule décidée en application des articles 131-6 (5°) et 131-14 (2°) du Code pénal est fixé par un arrêté du préfet.* »

Art. R. 417 *(D. n° 2005-404, 27 avr. 2005).* – À l'article R. 149, les mots : « comptable direct du Trésor » sont remplacés par les mots : « receveur des domaines ».

Art. R. 418 *(D. n° 2005-404, 27 avr. 2005).* – À l'article R. 187, après les mots : « ministère public », sont insérés les mots : « , ce sous réserve des dispositions réglementaires relatives aux militaires de la gendarmerie agissant comme huissiers ».

Art. R. 419 *(D. n° 2005-404, 27 avr. 2005).* – À la fin du second alinéa de l'article R. 189, les mots : « par une insertion à un bulletin de police » sont remplacés par les mots : « par tout autre moyen ».

Art. R. 420 *(D. n° 2005-404, 27 avr. 2005).* – Les alinéas 2 et 3 de l'article R. 194 sont supprimés.

Art. R. 421 *(Abr. à compter du 1er avril 2011, D. n° 2011-338, 29 mars 2011).*

Art. R. 422 *(D. n° 2005-404, 27 avr. 2005).* – À l'article R. 219, les mots : « les régisseurs d'avances » sont remplacés par les mots : « le receveur des finances ».

Art. R. 423 et R. 424 *(Abr. à compter du 1er avril 2011, D. n° 2011-338, 29 mars 2011).*

Art. R. 425 *(D. n° 2005-404, 27 avr. 2005).* – À l'article R. 229, les mots : « versement de la pièce de dépense par le régisseur entre les mains de ce comptable » sont remplacés par le mot : « paiement ».

Art. R. 426 *(D. n° 2005-404, 27 avr. 2005).* – L'article R. 233 est rédigé comme suit :

« Art. R. 233. – *Sauf dispositions particulières, le paiement des frais est effectué par le Trésor public au vu d'un état ou d'un mémoire de la partie prenante certifié ou taxé.* »

Art. R. 427 *(D. n° 2005-404, 27 avr. 2005).* – L'alinéa premier de l'article R. 234 est rédigé comme suit :

« S'agissant d'un mémoire ou d'un état certifié, le comptable assignataire avant paiement ou la partie prenante, dans le délai d'un mois à compter de la perception de la somme, peuvent adresser une réclamation au ministère public, qui saisit de ses réquisitions le magistrat taxateur. »

Art. R. 428 *(D. n° 2005-404, 27 avr. 2005).* – À l'article R. 249-7, les mots : « régisseur d'avances » et « comptable du Trésor » sont remplacés par les mots : « le receveur des finances ».

Art. R. 429 *(D. n° 2005-404, 27 avr. 2005).* – L'article R. 249-8 est rédigé comme suit :

« Art. R. 249-8. – *Un recours contre la décision peut être formé devant la juridiction mentionnée aux* a) et b) *de l'article R. 249-6 par le ministère public à la demande du Trésor public dans un délai d'un mois à compter du paiement de l'indemnité.*

Le refus motivé du ministère public d'exercer le recours est porté à la connaissance du Trésor public. »

TITRE IV. – DISPOSITIONS DIVERSES

(Titre créé, D. n° 2021-1182, 13 sept. 2021)

Art. R. 430 *(Créé, D. n° 2021-1182, 13 sept. 2021).* – Pour son application à Saint-Barthélemy, à Saint-Pierre-et-Miquelon, dans les îles Wallis-et-Futuna, en Polynésie française, en Nouvelle-Calédonie et dans les Terres australes et antarctiques françaises, la référence aux dispositions du règlement (UE) 2016/679 du Parlement européen et du Conseil du 27 avril 2016, relatif à la protection des personnes physiques à l'égard du traitement des données à caractère personnel et à la libre circulation de ces données est remplacée par la référence aux règles en vigueur en métropole en vertu de ce règlement.

TROISIÈME PARTIE : DÉCRETS

CHAPITRE 1er. – DE L'ACTION PUBLIQUE ET DE L'ACTION CIVILE

(Division créée, D. n° 2016-214, 26 févr. 2016)

Art. D. 1 *(Mod., D. n° 2016-1455, 28 oct. 2016)*. – I. – Toute association mentionnée au deuxième alinéa de l'article 2-9 ou au premier alinéa de l'article 2-15 peut demander l'agrément prévu par ces dispositions dès lors qu'elle remplit les conditions suivantes :

1° Un nombre représentatif de membres adhérents qui ont été victimes de l'infraction ;

2° Des garanties suffisantes d'une activité effective en vue de la défense des victimes de l'infraction, notamment par l'intervention d'un avocat ;

3° Le caractère désintéressé des activités.

L'agrément est accordé par arrêté du ministre de la Justice.

La condition visée au 2° est notamment satisfaite par l'adhésion de l'association au sein d'une fédération lui permettant d'assurer une activité effective en vue de la défense des victimes et agréée par arrêté du ministre de la Justice.

II. – La demande d'agrément est adressée au ministère de la Justice.

Lorsque le dossier remis est complet, il en est délivré récépissé. La décision d'agrément est notifiée dans un délai de deux mois à compter de la date de délivrance du récépissé.

Lorsque le dossier remis est complet, il en est délivré récépissé. La décision d'agrément ou de refus est notifiée dans un délai de deux mois à compter de la date de délivrance du récépissé. Les décisions de refus doivent être motivées.

Toute association agréée devra fournir annuellement au procureur de la République compétent mentionné à l'alinéa précédent, les pièces suivantes : la liste actualisée de ses adhérents, un exemplaire du dernier procès-verbal de l'assemblée générale ainsi que du dernier exercice comptable.

L'avis prévu par l'article 2-9 ou par l'article 2-15 est donné par le procureur de la République de la juridiction saisie, ou par le procureur de la République de la juridiction dans le ressort de laquelle l'association a son siège.

L'agrément peut être suspendu ou retiré par arrêté du ministre de la Justice lorsque l'association ne remplit plus l'une des conditions ayant justifié l'agrément. L'association doit être au préalable mise en demeure de présenter ses observations.

L'association qui entend contester une décision de refus implicite, de suspension ou de retrait d'agrément doit, préalablement à tout recours contentieux, présenter un recours gracieux au ministre de la Justice.

III. – Au moment de la constitution de partie civile, le président de l'association doit faire connaître à la juridiction saisie la liste des personnes victimes de l'infraction qui ont adhéré à l'association. Il doit lui communiquer en cours de procédure l'identité des victimes dont l'adhésion est intervenue postérieurement à cette constitution de partie civile.

Art. D. 1-1 *(Mod., D. n° 2011-904, 29 juill. 2011)*. – Les modalités d'application des II à IV de l'article 28 de la loi organique n° 2011-333 du 29 mars 2011 relative au Défenseur des droits sont précisées par le présent article.

I. – La proposition de transaction émanant du Défenseur des droits est communiquée à l'auteur des faits ou, s'il s'agit d'une personne morale, à son représentant, par l'intermédiaire de l'un de ses agents assermentés devant lequel l'intéressé a été préalablement convoqué. La proposition de transaction peut également être notifiée par lettre recommandée avec demande d'avis de réception à l'auteur des faits.

La proposition de transaction précise :

- la nature des faits reprochés ainsi que leur qualification juridique ;
- la nature et le quantum des mesures proposées, ainsi que les délais dans lesquels elles devront être exécutées ;
- le montant des dommages et intérêts dus à la victime.

L'accord de la victime à la transaction peut être recueilli par tout moyen.

Lorsque sont proposées les mesures d'affichage, de transmission, de diffusion ou de publication d'un communiqué, la personne est informée du contenu du communiqué et du montant des frais qui seront à sa charge et qu'elle devra acquitter avant que la haute autorité ne procède à cet affichage ou cette diffusion.

La personne à qui est proposée une transaction est informée qu'elle dispose d'un délai de quinze jours avant de faire connaître sa décision, après s'être, le cas échéant, fait assister par un avocat.

En cas d'audition par un agent assermenté du Défenseur des droits, il est dressé procès-verbal de ces opérations, et copie en est remis à l'intéressé.

II. – Si l'auteur des faits a accepté la transaction proposée, ce procès-verbal, ou copie de la lettre recommandée, avec les procès-verbaux constatant le cas échéant la commission de l'infraction ainsi que l'accord de la victime, est adressé pour homologation au procureur de la République territorialement compétent.

Ce magistrat adresse alors au Défenseur des droits, dans les meilleurs délais, sa décision indiquant s'il homologue ou non la transaction.

III. – Si la transaction est homologuée, le Défenseur des droits le signifie à l'auteur des faits par un document indiquant à ce dernier comment exécuter ses obligations, dans les délais qu'elle précise.

Ce document comporte une mention indiquant que si la personne n'exécute pas ces mesures dans le délai imparti, le Défenseur des droits pourra mettre en mouvement l'action publique par voie de citation directe.

Le paiement de l'amende transactionnelle ainsi que celui des frais d'affichage ou de diffusion d'un communiqué s'exécute conformément aux dispositions de l'article R. 15-33-51 du présent code, sous la réserve que les justificatifs du paiement sont retournés au Défenseur des droits.

L'auteur des faits doit, s'il y a lieu, justifier de l'indemnisation de la victime, ainsi que de l'exécution des mesures prévues aux 1°, 2° et 4° du III de l'article 28 de la loi organique du 30 mars 2011 susvisée.

IV. – Si l'auteur des faits refuse la transaction proposée, y compris en ne répondant pas aux convocations qui lui ont été adressées, ou s'il n'exécute pas ses obligations dans les délais prescrits, le Défenseur des droits en informe le procureur de la République, sauf à mettre elle-même en mouvement l'action publique par voie de citation directe.

Lorsque, pour des motifs graves d'ordre médical, familial, professionnel ou social, la personne n'a pas pu exécuter les mesures décidées dans les délais prescrits, le Défenseur des droits peut, à sa demande, prolonger les délais d'exécution de ces mesures, sans pouvoir toutefois dépasser six mois.

La victime a la possibilité, au vu de la décision d'homologation, lorsque l'auteur des faits s'est engagé à lui verser des dommages et intérêts, d'en demander le recouvrement suivant la procédure de l'injonction de payer, conformément aux règles prévues par le Nouveau Code de procédure civile.

Si la transaction homologuée est exécutée dans les délais prescrits, le Défenseur des droits en informe le procureur de la République, qui constate l'extinction de l'action publique conformément aux dispositions du troisième alinéa de l'article 6 du présent code. Ce magistrat en avise l'intéressé et, le cas échéant, la victime.

Si des poursuites sont engagées dans le cas où la transaction acceptée et homologuée n'a pas été entièrement exécutée, le dossier de la procédure dans lequel sont précisées les mesures exécutées en tout ou partie par la personne est communiqué à la juridiction de jugement afin qu'elle puisse en tenir compte, en cas de condamnation, dans le prononcé de sa décision.

CHAPITRE Ier *BIS*. – DE LA JUSTICE RESTAURATIVE

(D. n° 2020-1640, 21 déc. 2020)

Art. D. 1-1-1 *(D. n° 2020-1640, 21 déc. 2020 ; D. n° 2021-1516, 23 nov. 2021)*. – Outre le cas prévu par le 1° de l'article 10-2, la possibilité pour la victime ou l'auteur d'une infraction de participer à une mesure de justice restaurative relevant de l'article 10-1 lui est proposée, lorsque cette mesure paraît envisageable :

1° Par le procureur de la République ou le délégué du procureur de la République, lors de la mise en œuvre d'une alternative aux poursuites ou d'une composition pénale, à tout moment de la procédure ;

2° Par le juge d'instruction, à tout moment de l'information, et notamment lorsqu'il reçoit la plainte avec constitution de partie civile de la victime ou qu'il procède à la mise en examen de la personne poursuivie ;

3° Par le président de la juridiction de jugement, à tout moment de l'audience et après avoir rendu la décision sur l'action publique et sur l'action civile ;

4° Par le juge de l'application des peines en application du 2° du IV de l'article 707.

Lorsque les conditions prévues par l'article 10-1 sont réunies, et notamment que l'auteur de l'infraction a reconnu avoir commis les faits qui lui sont reprochés, les mesures de justice restaurative peuvent être mises en œuvre y compris si la prescription de l'action publique est acquise.

En cas de décisions de classement sans suite, de non-lieu, de relaxe ou d'acquittement dans des procédures concernant des infractions sexuelles commises par des majeurs sur des mineurs dont la commission est reconnue par leur auteur mais qui sont motivées par la prescription de l'action publique, le procureur de la République vérifie si une mesure de justice restaurative est susceptible d'être mise en œuvre.

CHAPITRE II. – DES DROITS DES VICTIMES

(D. n° 2016-214, 26 févr. 2016)

Section I. – Dispositions générales

Art. D. 1-2 *(D. n° 2016-214, 26 févr. 2016)*. – Les modalités d'application du droit de la victime à l'assistance par un interprète et à la traduction, mentionné au 7° de l'article 10-2 et à l'article 10-3, sont fixées par les articles D. 594-12 à D. 594-16.

Section II. – De l'évaluation des besoins et des mesures de protection des victimes d'infractions

Sous-section 1. – Évaluation personnalisée et mesures de protection

Art. D. 1-3 *(Mod., D. n° 2020-1640, 21 déc. 2020 ; D. n° 2022-656, 25 avr. 2022)*. – L'évaluation personnalisée a pour objet de déterminer si des mesures de protection spécifiques doivent être mises en œuvre au cours de la procédure pénale.

Cette évaluation est effectuée notamment au vu des éléments suivants :

– l'importance du préjudice subi par la victime ;

– les circonstances de la commission de l'infraction résultant notamment d'une motivation discriminatoire, raciste, ethnique, religieuse, ou sexiste, ou des liens existant entre la victime et la personne mise en cause ;

– la vulnérabilité particulière de la victime, résultant notamment de son âge, d'une situation de grossesse ou de l'existence d'un handicap ;

– l'existence d'un risque d'intimidation ou de représailles ;

– l'existence d'une situation d'emprise exercée sur la victime par la personne mise en cause, notamment en cas d'infraction commise au sein du couple relevant de l'article 132-80 du Code pénal.

Art. D. 1er-4 *(D. n° 2016-214, 26 févr. 2016)*. – L'évaluation personnalisée est effectuée par l'officier de police judiciaire ou par l'agent de police judiciaire qui procède à l'audition de la victime.

Il mentionne, dans le procès-verbal d'audition de la victime ou dans toute autre pièce jointe à la procédure, les éléments d'appréciation retenus parmi ceux mentionnés à l'article D. 1er-3 ou d'autres éléments lui paraissant justifiés d'être pris en compte.

Art. D. 1er-5 *(D. n° 2016-214, 26 févr. 2016)*. – Sous réserve des nécessités de l'enquête, l'autorité qui procède à l'audition de la victime :

1° Recueille dès que possible la plainte de la victime ;

2° Procède à d'autres auditions de la victime dans la mesure où elles sont strictement nécessaires à l'enquête en cours ;

3° Fait procéder aux examens médicaux de la victime dans la mesure où ils sont strictement nécessaires à l'enquête en cours.

Art. D. 1er-6 *(D. n° 2016-214, 26 févr. 2016)*. – En cas de violences sexuelles, de violences fondées sur le genre ou de violences domestiques, la victime est entendue par un enquêteur du même sexe si elle en fait la demande.

Toutefois, il n'est pas fait droit à cette demande si son octroi est de nature à faire obstacle au bon déroulement de l'enquête, notamment lorsqu'il est nécessaire de procéder en urgence à l'audition de la victime.

Art. D. 1er-7 *(D. n° 2016-214, 26 févr. 2016)*. – Compte tenu de l'évaluation personnalisée, l'autorité qui procède à l'audition de la victime applique les mesures de protection spécifiques suivantes :

1° Chaque audition de la victime a lieu dans des locaux conçus ou adaptés à sa situation ;

2° Lorsqu'il s'agit de violences sexuelles, la victime est entendue par des enquêteurs spécialement formés à ces infractions ou avec l'aide d'enquêteurs ayant reçu cette formation ;

3° La victime est entendue à chaque audition par les mêmes enquêteurs.

Art. D. 1er-8 *(D. n° 2016-214, 26 févr. 2016).* – L'autorité qui procède à l'audition de la victime peut décider de ne pas appliquer une ou plusieurs mesures de protection spécifiques mentionnées à l'article D. 1er-7 si leur octroi est de nature à faire obstacle au bon déroulement de l'enquête, notamment lorsqu'il est nécessaire de procéder en urgence à l'audition de la victime.

Art. D. 1er-9 *(D. n° 2016-214, 26 févr. 2016).* – L'officier ou l'agent de police judiciaire qui procède à l'audition de la victime communique les éléments de l'évaluation personnalisée à l'autorité judiciaire en charge de la procédure pour lui permettre de décider, le cas échéant, d'une évaluation approfondie.

Sous-section 2. – Évaluation approfondie

Art. D. 1-10 *(D. n° 2016-214, 26 févr. 2016 ; D. n° 2022-656, 25 avr. 2022).* – Lorsque le procureur de la République ou le juge d'instruction estime approprié de faire procéder à une évaluation approfondie, celle-ci est réalisée par une association d'aide aux victimes disposant d'un agrément de compétence générale en application de l'article D. 1-12-1.

En cas de violences au sein du couple ou de violences sexuelles et sexistes, l'évaluation peut être réalisée par les professionnels de l'association agréée qui sont spécialement formés à la prise en charge des victimes de ces infractions, qu'il s'agisse d'une association agréée, en application de ce même article, au titre de sa compétence générale ou au titre de sa compétence spécialisée.

Art. D. 1-10-1 *(Anc. art. D. 1er-11, dénum., D. n° 2020-1640, 21 déc. 2020).* – Les conclusions de l'évaluation approfondie sont prises en compte par l'association d'aide aux victimes lorsqu'elle porte aide ou assistance à la victime de l'infraction.

Art. D. 1-10-2 *(Anc. art. D. 1er-12, dénum., D. n° 2020-1640, 21 déc. 2020).* – L'évaluation approfondie est actualisée au cours de la procédure en cas de survenance d'éléments nouveaux parmi ceux mentionnés à l'article D. 1er-3.

Section III. – Dispositions spécifiques aux victimes d'infractions commises au sein du couple

(D. n° 2020-1640, 21 déc. 2020)

Art. D. 1-11 *(D. n° 2020-1640, 21 déc. 2020).* – Lorsque des poursuites sont exercées ou qu'il est recouru à une mesure alternative aux poursuites ou à une composition pénale pour toute infraction commise au sein du couple et relevant de l'article 132-80 du Code pénal, la victime peut demander au procureur de la République de lui remettre dans les meilleurs délais une attestation faisant état de la procédure.

Art. D. 1-11-1 *(Créé, D. n° 2021-1516, 23 nov. 2021).* – En cas de violences commises au sein du couple et relevant de l'article 132-80 du Code pénal, le procureur de la République vérifie, avant de mettre l'action publique en mouvement, si ces violences ont été commises en présence d'un mineur et si la circonstance aggravante prévue par le *b* des articles 222-8, 222-10 et 222-12 du même code est caractérisée, afin que les poursuites soient engagées sur le fondement de ces dispositions, sans préjudice de la possibilité, pour la juridiction d'instruction ou de jugement uniquement saisie en application des 6° de ces articles de requalifier les faits en ce sens.

Le procureur de la République veille alors à ce que le mineur puisse se constituer partie civile lors des poursuites, le cas échéant en étant représenté par un administrateur *ad hoc* en application des articles 706-50 et 706-51 du présent code, y compris avant l'audience de jugement conformément aux articles 419 et 420, afin qu'il puisse y être convoqué comme partie civile et non comme témoin. Lorsqu'une information est ouverte, le juge d'instruction avise, conformément à l'article 80-3, le représentant légal du mineur ou l'administrateur *ad hoc* désigné par le procureur ou par lui-même en application de l'article 706-50 de son droit de se constituer partie civile au nom du mineur. Les dispositions du présent alinéa sont également applicables en cas de poursuites pour meurtre commis par le conjoint ou le concubin de la victime ou le partenaire lié à la victime par un pacte civil de solidarité, lorsque les faits ont été commis en présence d'un mineur.

Dans les cas prévus par les deux alinéas précédents, le procureur de la République veille également à ce que figurent au dossier de la procédure dont est saisie la juridiction de jugement tous les éléments permettant à celle-ci d'apprécier l'importance du préjudice subi par le mineur et de se prononcer, en application des dispositions du Code pénal et du Code civil, sur le retrait total ou partiel de l'autorité parentale ou de son exercice ou ainsi que sur la suspension des droits de visite et d'hébergement, le cas échéant en versant au dossier des pièces émanant de procédures suivies devant le tribunal judiciaire, le juge aux affaires familiales ou le juge des enfants, ou en requérant s'il y a lieu un examen ou une expertise psychologique du mineur.

Art. D. 1-11-2 *(Créé, D. n° 2021-1820, 24 déc. 2021 ; D. n° 2022-656, 25 avr. 2022).* – Avant toute libération ou cessation, même temporaire, de l'incarcération d'une personne détenue poursuivie ou condamnée pour des infractions commises au sein du couple relevant de l'article 132-80 du Code pénal, ou pour l'infraction définie à l'article 227-4-2 du même code, l'autorité judiciaire compétente, après en avoir avisé la victime, apprécie, conformément aux articles 144-2 et 712-16-2 du présent code.

1° Si doit être prononcée une interdiction de contact avec la victime ou de paraître en certains lieux prévues par l'article 138 du présent code ou par les 9°, 11°, 12°, 13°, 18° et 18° *bis* de l'article 132-45 du Code pénal ;

2° Si l'effectivité de cette interdiction doit être renforcée par le recours à un dispositif de téléprotection en application de l'article 41-3-1 du présent code ou à un dispositif mobile anti-rapprochement en application des articles 138-3 du présent code ou 132-45-1 du Code pénal.

Les dispositions du présent article ne sont pas applicables en cas d'autorisation de sortie sous escorte.

Lorsqu'il s'agit d'une personne condamnée, le juge de l'application des peines peut, pour apprécier s'il convient d'appliquer les mesures prévues aux 1° et 2°, faire procéder à une évaluation approfondie de la victime conformément aux dispositions de l'article D. 1-10.

Art. D. 1-12 *(D. n° 2021-364, 31 mars 2021 ; mod. à compter du 1er février 2022, D. n° 2021-1516, 23 nov. 2021).* – I. – Les modalités selon lesquelles, en application du 10° de l'article 10-2 et de l'article 10-5-1, les personnes victimes de violences ont le droit, lorsque leur examen médical a été requis par un officier ou agent de police judiciaire, un magistrat ou une juridiction, de se voir remettre une copie du certificat d'examen médical constatant leur état de santé physique ou psychologique et décrivant les éventuelles lésions qu'elles ont subies, sont précisées par les II à VI du présent article, sous réserve des dispositions du VII lorsqu'il s'agit d'une victime mineure.

II. – La remise d'une copie du certificat médical à la victime se fait à la demande de celle-ci. Cette remise peut être réalisée par tout moyen, y compris par voie dématérialisée, par l'envoi d'une version numérisée du certificat à l'adresse électronique de la victime. Elle ne peut être effectuée par courrier lorsque la victime réside à la même adresse que la personne à l'encontre de laquelle celle-ci a déposé plainte.

III. – Les victimes sont informées de ce droit par l'officier ou l'agent de police judiciaire lorsqu'elles déposent plainte en application de l'article 15-1 ou lors de leur audition par les services enquêteurs.

IV. – Lorsque le médecin requis rédige son certificat immédiatement à l'issue de son examen, il en remet une copie à la victime si celle-ci le lui demande. Lorsque le certificat est rédigé ultérieurement, il peut en adresser la copie à la victime si celle-ci en a fait la demande.

La réquisition judiciaire adressée au médecin rappelle les dispositions de l'alinéa précédent.

V. – Si la copie du certificat n'a pas été remise à la victime par le médecin, elle peut lui être remise par un officier ou un agent de police judiciaire, à sa demande ou celle de son avocat. Cette demande peut être formulée lors du dépôt de plainte, d'une audition, d'une confrontation ou à défaut en se présentant au service enquêteur, après avoir pris contact à cette fin avec celui-ci. Cette dernière possibilité s'entend sans préjudice de la possibilité pour la victime de recevoir la copie du certificat par voie dématérialisée conformément au II.

VI. – Si cette copie n'a pas été remise à la victime par le médecin ou par le service enquêteur, celle-ci peut la demander, selon les cas, au procureur de la République, au juge d'instruction ou au greffe de la juridiction de jugement. Cette demande peut également être faite par l'avocat de la victime, notamment si ce dernier envisage le dépôt d'une demande d'ordonnance de protection, y compris selon les modalités prévues par l'article D. 591.

VII. – Lorsque l'examen médical concerne une victime mineure, le médecin n'est pas tenu de remettre une copie du certificat aux représentants légaux du mineur qui en font la demande s'il estime que cette remise pourrait être contraire à l'intérêt supérieur de l'enfant, notamment en cas de suspicion de violences intrafamiliales, ou si le mineur disposant d'un degré de maturité suffisant, le refuse ; dans ce cas, la remise de la copie du certificat médical peut être demandée conformément aux V et VI.

CHAPITRE III. – DE L'AGREMENT DES ASSOCIATIONS D'AIDE AUX VICTIMES D'INFRACTION

(Chapitre créé à compter du 1er janvier 2020, D. n° 2019-1263, 29 nov. 2019)

Section I. – Dispositions générales

(Section créée à compter du 1er janvier 2020, D. n° 2019-1263, 29 nov. 2019)

Art. D. 1-12-1 *(Créé à compter du 1er janvier 2020, D. n° 2019-1263, 29 nov. 2019 ; mod., D. n° 2022-200, 17 févr. 2022).* **– Les associations d'aide aux victimes peuvent faire l'objet de l'agrément visé au dernier alinéa de l'article 41, dans les conditions prévues au présent chapitre, lorsqu'elles ont vocation à assurer une aide et un accompagnement des victimes d'infraction pénale.**

L'association peut également être déléguée par le procureur de la République afin de constater l'indemnisation de la victime dans le cadre de la peine de sanction réparation prévue par l'article 131-8-1 du Code pénal.

Cet agrément est de compétence générale lorsqu'il concerne toutes les infractions et de compétence spécialisée lorsqu'il ne s'applique qu'aux violences au sein du couple et aux violences sexuelles et sexistes.

L'agrément de compétence générale comprenant les prérogatives de l'agrément de compétence spécialisée, une association ne peut obtenir qu'un seul agrément pendant une même période.

Art. D. 1-12-2 *(Créé à compter du 1er janvier 2020, D. n° 2019-1263, 29 nov. 2019 ; mod. à compter du 1er février 2022, D. n° 2021-1516, 23 nov. 2021).* **– L'association agréée propose, si elle dispose d'un agrément de compétence générale, à toute personne victime d'infraction pénale et, si elle dispose d'un agrément de compétence spécialisée, à toute personne victime d'infraction liée aux violences au sein du couple et aux violences sexuelles et sexistes, lorsque cette personne en fait la demande, une prise en charge globale, pluridisciplinaire, gratuite et individualisée, sans interférer, pour son propre compte ou pour celui de la victime, dans le déroulement de la procédure judiciaire.**

Elle s'assure de l'absence de tout conflit d'intérêt entre l'exercice indépendant, impartial et objectif de sa mission d'aide aux victimes et les avantages ou intérêts particuliers, directs ou indirects, dont elle ou l'un de ses membres bénéficierait.

Section II. – Conditions, modalités de la délivrance de l'agrément et obligations afférentes

(Section créée à compter du 1er janvier 2020, D. n° 2019-1263, 29 nov. 2019)

Art. D. 1-12-3 *(Créé à compter du 1er janvier 2020, D. n° 2019-1263, 29 nov. 2019).* **– L'agrément mentionné à l'article D. 1-12-1 ne peut être délivré qu'aux associations d'aide aux victimes qui, à la date de la demande d'agrément, justifient depuis au moins une année :**

1° De statuts associatifs réguliers et garantissant l'égal accès des femmes et des hommes à ses instances dirigeantes ;

2° De l'existence d'une gestion saine, prudente et désintéressée par les administrateurs lesquels ne doivent avoir aucun intérêt financier direct ou indirect dans l'activité ou les résultats de l'association ;

3° De la présence parmi leurs salariés d'au moins un juriste ou psychologue ou travailleur social justifiant d'un titre ou d'un diplôme sanctionnant au moins deux années d'études après le baccalauréat dans leur domaine respectif.

Art. D. 1-12-4 *(Créé à compter du 1er janvier 2020, D. n° 2019-1263, 29 nov. 2019).* **– L'agrément ne peut être délivré qu'aux associations d'aide aux victimes répondant à l'ensemble des critères suivants et prévus par un référentiel national des associations agréées d'aide aux victimes d'infraction :**

1° Pluridisciplinarité et anticipation de la prise en charge des victimes d'infraction ;

2° Accessibilité des lieux d'accueil à tous les publics ;

3° Continuité de l'offre de prise en charge ;
4° Gratuité et durabilité de la prise en charge ;
5° Neutralité et confidentialité de la prise en charge ;
6° Professionnalisation des intervenants ;
7° Implication dans des actions locales d'aide aux victimes.
Les modalités d'appréciation des critères sont précisées par un arrêté du garde des sceaux, ministre de la justice fixant le référentiel national des associations agréées d'aide aux victimes d'infraction.

Art. D. 1-12-5 *(Créé à compter du 1er janvier 2020, D. n° 2019-1263, 29 nov. 2019).* – Les associations visées par les articles 2-1 à 2-24 du Code de procédure pénale ne peuvent prétendre à l'agrément prévu à l'article D. 1-12-1.

Art. D. 1-12-6 *(Créé à compter du 1er janvier 2020, D. n° 2019-1263, 29 nov. 2019).* – Le dossier de demande d'agrément est composé comme suit :
1° Une demande d'agrément signée par le représentant légal de l'association ;
2° Le numéro SIRET de l'association, son identifiant au répertoire national des associations (RNA) ;
3° Une copie des statuts associatifs en vigueur ;
4° Une copie du règlement intérieur éventuellement adopté ;
5° La liste des personnes chargées de l'administration de l'association issue de la dernière délibération de l'assemblée générale ayant désigné les membres du conseil d'administration de l'association et mentionnant le nom, les prénoms et la ou les professions exercées par chacun des administrateurs ainsi que leur fonction au sein de l'association s'ils sont membres du bureau de l'association ;
6° L'indication du nom et des coordonnées du représentant légal de l'association ainsi que, le cas échéant, ceux du salarié directeur ou à défaut du salarié coordinateur, et l'adresse électronique de l'association ;
7° Tout document permettant d'établir la présence parmi les salariés d'au moins un juriste ou psychologue ou travailleur social visés au 3° de l'article D. 1-12-3 ;
8° Le rapport d'activité de l'association pour le dernier exercice clos approuvé par son assemblée générale. Il indique, au besoin à l'aide de tableaux et de graphiques, la typologie des prises en charge effectuées tout au long de l'année par l'association. Le rapport d'activité annuel constitue un bilan qualitatif et quantitatif de l'activité ;
9° Les comptes annuels de l'association approuvés lors de la dernière assemblée générale ainsi que, le cas échéant, l'ensemble des rapports produits par le commissaire aux comptes pour le dernier exercice clos ;
10° Tous autres éléments permettant d'apprécier l'aptitude de l'association à assurer la mission d'aide aux victimes pour laquelle elle sollicite l'agrément ainsi que les éventuels agréments, labels et certifications dont elle bénéficie par ailleurs.

Art. D. 1-12-7 *(Créé à compter du 1er janvier 2020, D. n° 2019-1263, 29 nov. 2019).* – Le dossier de demande d'agrément est adressé, si possible par voie dématérialisée, au service de l'accès au droit et à la justice et de l'aide aux victimes du secrétariat général du ministère de la justice.

Art. D. 1-12-8 *(Créé à compter du 1er janvier 2020, D. n° 2019-1263, 29 nov. 2019).* – Lorsque le dossier est complet, il en est délivré accusé de réception par le service de l'accès au droit et à la justice et de l'aide aux victimes du secrétariat général du ministère de la Justice, qui recueille l'avis au magistrat délégué à la politique associative et à l'accès au droit.
L'agrément est délivré par le ministre de la justice pour une durée de cinq ans renouvelable.
Il est transmis pour information au magistrat délégué à la politique associative et à l'accès au droit.

Art. D. 1-12-9 *(Créé à compter du 1er janvier 2020, D. n° 2019-1263, 29 nov. 2019).* – L'association rend compte de l'activité pour laquelle elle est agréée en transmettant, si possible par voie dématérialisée, au service de l'accès au droit et à la justice et de l'aide aux victimes du secrétariat général du ministère de la justice, au plus tard à la fin du premier semestre de chaque année, un compte-rendu d'activité et un rapport financier pour l'année précédente, approuvés par son assemblée générale.
L'association notifie dans les meilleurs délais toute modification des statuts de l'association ou des conditions d'exercice de l'activité agréée au service de l'accès au droit et à la justice et de l'aide aux victimes du secrétariat général du ministère de la justice.

Le service de l'accès au droit et à la justice et de l'aide aux victimes du secrétariat général du ministère de la Justice peut, à tout moment, demander à une association agréée la communication de tous documents permettant d'apprécier que les conditions de délivrance de son agrément demeurent remplies.

Section III. – Renouvellement et transfert de l'agrément

(Section créée à compter du 1er janvier 2020, D. n° 2019-1263, 29 nov. 2019)

Art. D. 1-12-10 *(Créé à compter du 1er janvier 2020, D. n° 2019-1263, 29 nov. 2019).* – L'agrément peut faire l'objet, à l'initiative de l'association bénéficiaire, d'une demande de renouvellement dans les mêmes conditions que celles prévues pour sa délivrance.

Art. D. 1-12-11 *(Créé à compter du 1er janvier 2020, D. n° 2019-1263, 29 nov. 2019).* – L'agrément accordé à une association peut faire l'objet d'un transfert dans les cas suivants :

1° En cas de fusion d'une ou plusieurs associations, dont l'une au moins bénéficie d'un agrément en tant qu'association d'aide aux victimes, que celle-ci s'opère avec ou sans création d'une nouvelle structure associative ;

2° En cas de scission en deux ou plusieurs associations.

Le transfert d'agrément ne peut s'effectuer qu'au profit d'une seule structure associative destinataire et ne vaut que pour la durée restant à courir de l'agrément au titre duquel le transfert est demandé.

Pour en bénéficier, la structure associative bénéficiaire du transfert d'agrément doit remplir les conditions de délivrance de l'agrément prévues à la section 2 du présent chapitre.

Art. D. 1-12-12 *(Créé à compter du 1er janvier 2020, D. n° 2019-1263, 29 nov. 2019).* – La demande de transfert d'agrément, l'instruction et l'approbation du transfert d'agrément sont effectués dans les mêmes conditions que celles prévues pour la délivrance d'agrément.

Section IV. – Suspension et retrait de l'agrément

(Section créée à compter du 1er janvier 2020, D. n° 2019-1263, 29 nov. 2019)

Art. D. 1-12-13 *(Créé à compter du 1er janvier 2020, D. n° 2019-1263, 29 nov. 2019 ; mod. à compter du 1er février 2022, D. n° 2021-1516, 23 nov. 2021).* – L'agrément peut être suspendu puis retiré :

a) En cas de changement non déclaré des statuts de l'association ;

b) En cas de non-respect d'une des conditions de délivrance de l'agrément mentionnées aux articles D. 1-12-3 et D. 1-12-4 ;

c) En l'absence de transmission du compte rendu d'activité et du rapport financier annuels ;

d) En cas de refus de communication de document, demandé en application de l'article D. 1-12-9.

L'association est informée des raisons pour lesquelles elle est susceptible de faire l'objet d'une suspension d'agrément et du délai dans lequel elle peut présenter des observations écrites ou orales.

La décision de suspension de l'agrément, qui ne peut excéder une durée de quatre mois, est prise par le garde des sceaux, ministre de la justice, qui la notifie à l'association concernée et en informe le magistrat délégué à la politique associative et à l'accès au droit dans les meilleurs délais.

Si, à l'issue du délai prévu dans la décision de suspension, l'association s'est conformée aux obligations qui lui ont été faites, la suspension est levée et l'agrément s'applique à nouveau pour la période restant à courir.

À défaut, la décision de retrait de l'agrément est prise par le garde des sceaux, ministre de la justice qui la notifie à l'association concernée et en informe le magistrat délégué à la politique associative et à l'accès au droit.

LIVRE PREMIER

DE L'EXERCICE DE L'ACTION PUBLIQUE ET DE L'INSTRUCTION

TITRE PREMIER. – DES AUTORITÉS CHARGÉES DE L'ACTION PUBLIQUE ET DE L'INSTRUCTION

(Titre mod., D. n° 2001-475, 30 mai 2001)

Art. D. 1er-13 *(Créé, D. n° 2016-612, 18 mai 2016)*. – I. – L'information prévue par l'article 11-2 est donnée par le procureur de la République. En cas de mise en examen décidée par la chambre de l'instruction ou de condamnation prononcée par la cour d'appel, elle est donnée par le procureur général ou, sur instruction de ce dernier, par le procureur de la République.

Le document écrit contenant l'information prévue par cet article peut être transmis par un moyen de communication électronique.

II. – L'information adressée par le ministère public comporte :

1° L'identité et l'adresse de la personne ;

2° La nature de la décision judiciaire la concernant ;

3° La qualification juridique détaillée des faits reprochés, leur date et lieu de commission, et leur description sommaire ;

4° La nature et le lieu d'exercice de l'activité professionnelle ou sociale ayant justifié la transmission de l'information à l'administration ou à l'autorité compétente ;

5° Le nom de l'employeur.

Le document écrit transmettant l'information rappelle les dispositions des troisième et quatrième alinéas du II de l'article 11-2.

Lorsque l'information porte sur une condamnation, même non définitive, le ministère public adresse soit la copie de la décision, soit un avis de condamnation comportant, outre les mentions énumérées aux 1° à 5° du présent II, le dispositif de la décision. Il est précisé si le délai de recours n'est pas expiré, si un recours a été exercé contre la décision ou si celle-ci est définitive. Si l'administration ou l'autorité compétente le demande, la transmission d'une copie de la décision de condamnation est de droit.

Le cas échéant, en cas de condamnation, même non définitive, de saisine d'une juridiction par le parquet ou le juge d'instruction ou de mise en examen, peut également être adressée, d'office ou à la demande de l'administration ou de l'autorité compétente, copie de tout ou partie des pièces de la procédure utiles pour permettre à cette autorité de prendre les décisions relevant de sa compétence.

III. – Le ministère public informe sans délai la personne concernée de sa décision de transmettre l'information à l'administration ou l'organisme compétent dont elle relève par l'un des moyens suivants :

1° En cas de poursuites, par une mention figurant dans la citation directe ou dans le procès-verbal prévu par les articles 390-1, 393 ou 495-8 et 495-14 ;

2° En cas de mise en examen, par une mention figurant dans le procès-verbal de première comparution à la suite des réquisitions en ce sens du procureur de la République ;

3° En cas de condamnation, soit par une information donnée oralement à l'issue de l'audience par le procureur de la République et qui est mentionnée dans les notes d'audience, soit par une information donnée par le bureau de l'exécution des peines qui en conserve une trace écrite dans le dossier, soit par une mention figurant dans la signification de la décision ;

4° Dans tous les cas, par l'envoi, par lettre simple, ou par la remise à la personne d'une copie pour information de l'avis transmis à l'administration, ou de tout autre document l'informant de cette transmission.

En cas de poursuites ou de mise en examen, le défaut d'information de la personne ne constitue pas une cause de nullité de la procédure.

IV. – Lorsque le ministère public notifie à l'administration une décision définitive de non-lieu, de relaxe ou d'acquittement, il lui rappelle son obligation de supprimer de tout dossier relatif à l'activité de la personne concernée les éléments d'information déjà transmis, sauf si est intervenue une décision prononçant une sanction légalement fondée sur ces éléments.

Si ces informations figurent dans des documents écrits ou tous autres supports matériels, ceux-ci doivent être détruits.

Si ces informations figurent dans un traitement automatisé de données, elles doivent en être effacées.

La personne concernée est avisée par écrit par l'administration de cette destruction ou de cet effacement, ou du fait qu'il n'y a pas été procédé en raison d'une décision ayant prononcé une sanction légalement fondée sur les éléments précédemment transmis.

CHAPITRE I. – DE LA POLICE JUDICIAIRE

Section I. – Dispositions générales (1)

Art. D. 2 *(D. n° 82-1064, 16 déc. 1982 ; D. n° 2007-699, 3 mai 2007)*. – Dans le ressort de chaque cour d'appel, les officiers de police judiciaire sont égaux devant la loi en prérogative et en responsabilité ; ils sont placés sous la surveillance du procureur général et sous le contrôle de la chambre de l'instruction.

Dans le ressort de chaque tribunal, le procureur de la République et ses substituts ont seuls qualité pour diriger l'activité des officiers et agents de police judiciaire, par la voie, s'il y a lieu, de leurs supérieurs hiérarchiques, sous réserve des dispositions de l'article D. 15-4.

Le procureur de la République et le juge d'instruction ont le libre choix des formations auxquelles appartiennent les officiers de police judiciaire territorialement compétents qui seront chargés de l'exécution de leurs réquisitions ou commissions rogatoires.

Le chef de la formation coordonne l'exécution des opérations de police judiciaire effectuées dans son service et veille à la transmission des procès-verbaux aux autorités judiciaires.

Art. D. 2-1 *(Rempl., D. n° 96-74, 25 janv. 1996)*. – Les officiers de police judiciaire des différents corps ou services entretiennent, à tous les échelons, des relations de coopération et d'aide réciproque, dans le respect des règles administratives et des procédures hiérarchiques en vigueur.

Art. D. 3 *(Mod., D. n° 2005-59, 24 janv. 2005)*. – Dès qu'il est informé d'un crime ou d'un délit flagrant, l'officier de police judiciaire local prévient le procureur de la République et, dans le cadre des dispositions réglementaires propres à chaque corps ou service, provoque l'enquête ou y procède conformément aux prescriptions du Code de procédure pénale.

Le magistrat compétent apprécie souverainement, dans chaque cas d'espèce, en fonction de la nature et des circonstances de l'affaire, des hypothèses qu'elle autorise et de l'étendue des recherches à entreprendre, s'il y a lieu de dessaisir l'officier de police judiciaire qui a commencé l'enquête ou de lui laisser poursuivre pour tout ou partie les investigations.

Qu'ils appartiennent à la police nationale ou à la gendarmerie nationale, les officiers de police judiciaire s'avisent réciproquement dans les meilleurs délais de tout fait paraissant constituer un crime ou délit d'un

(1) Dispositions du décret prises pour l'application des articles 12 à 15 du Code de procédure pénale (1re partie, législative).

caractère particulier en raison de son objet, des circonstances de sa commission ou de son auteur présumé, dès lors qu'il est susceptible d'être mis en rapprochement avec des faits de même nature qui auraient déjà été constatés ou qui pourraient être imputés aux personnes mises en cause dans des affaires similaires.

Lorsqu'un tel fait est de nature à susciter des investigations entrant dans le champ d'application de l'article D. 4, ces officiers de police judiciaire le portent sans délai à la connaissance des services relevant de la direction centrale de la police judiciaire ou de la direction centrale de la police aux frontières ou de la sous-direction de la police judiciaire de la direction générale de la gendarmerie nationale.

Art. D. 4 *(Mod., D. n° 2005-59, 24 janv. 2005)*. – Le magistrat fait appel aux officiers de police judiciaire relevant de la direction centrale de la police judiciaire ou de la direction centrale de la police aux frontières, ou de la sous-direction de la police judiciaire de la direction générale de la gendarmerie nationale dans les cas de nécessité, en tenant compte des possibilités que procurent à l'officier de police judiciaire premier saisi sa rapidité d'intervention, ses sources d'information, sa connaissance de l'affaire et du milieu humain.

Le concours de ces officiers de police judiciaire peut se révéler indispensable lorsque la poursuite de l'enquête exige :

– soit une compétence technique particulière notamment dans les domaines relevant des offices centraux de police judiciaire énumérés à l'article D. 8-1 ; ces derniers assurent en outre, chaque fois que nécessaire, la coordination entre les services de police et les unités de gendarmerie ;

– soit des investigations internationales auprès d'offices ou d'organismes étrangers.

Art. D. 5 *(Reml., D. n° 96-74, 25 janv. 1996)*. – Lorsqu'ils participent à une même enquête, les officiers ou agents de police judiciaire de la police nationale et de la gendarmerie nationale collaborent constamment dans l'intérêt de la justice. Ils mettent en commun leur compétence, leurs aptitudes et les moyens complémentaires dont ils disposent.

La répartition des tâches et la centralisation des éléments d'enquête sont assurées par le magistrat saisi.

Les officiers et agents de police judiciaire de la police nationale et de la gendarmerie nationale se font part des renseignements recueillis et des opérations effectuées dans le cadre des instructions données par le magistrat.

Ils mentionnent dans leur procédure les concours qu'ils se sont apportés dans la conduite de l'enquête.

Art. D. 6 *(Rempl., D. n° 96-74, 25 janv. 1996 ; mod., D. n° 2005-59, 24 janv. 2005)*. – Lorsqu'ils sont amenés, soit pour l'exécution d'une commission rogatoire, soit dans le cadre d'une enquête préliminaire ou de flagrance, à procéder à un acte d'enquête susceptible d'entraîner un trouble à l'ordre public, les officiers de police judiciaire ainsi que les agents de police judiciaire agissant conformément aux dispositions de l'article 706-80 de la police nationale ou de la gendarmerie nationale sont tenus, après avis donné au magistrat mandant, d'informer de leur intervention et par tout moyen le responsable de la police nationale ou de la gendarmerie nationale en charge de la sécurité publique.

Le service local facilite dans toute la mesure de ses moyens l'exécution de cette mission ; en tout état de cause, il est impérativement, et dans les meilleurs délais, avisé de la fin de celle-ci.

Dans la limite des instructions du magistrat mandant et des dispositions législatives ou réglementaires visant notamment les obligations qui lient les officiers de police judiciaire, les militaires de la gendarmerie et les fonctionnaires de la police nationale agissant dans les circonstances objet du premier alinéa informent le responsable de la police nationale ou de la gendarmerie nationale ayant en charge la sécurité publique du résultat de leur intervention dès lors que celui-ci peut avoir des incidences sur l'ordre public.

Art. D. 7 *(Rempl., D. n° 96-74, 25 janv. 1996)*. – Les officiers et agents de police judiciaire veillent à la préservation de l'état des lieux ainsi qu'à la conservation des traces et des indices jusqu'à ce qu'il soit procédé aux opérations de police technique et scientifique. Sauf désignation par le magistrat d'un service de police technique et scientifique particulier, ces opérations sont effectuées par les spécialistes auxquels font habituellement appel les premiers intervenants.

Lorsqu'il y a lieu de procéder à des examens techniques ou scientifiques qui ne peuvent être différés, les officiers de police judiciaire peuvent, selon le type d'enquête qu'ils conduisent, faire appel aux personnes qualifiées appartenant aux organismes spécialisés de la police nationale ou de la gendarmerie nationale.

L'interprétation des résultats des opérations de police technique et scientifique peut être indifféremment confiée aux organismes spécialisés cités ci-dessus. Ceux-ci mettent en commun les moyens dont ils disposent lorsque leurs propres capacités se révèlent insuffisantes.

Art. D. 8 *(Mod., D. n° 2005-59, 24 janv. 2005).* – Dans le cadre des textes législatifs et réglementaires ou des accords interministériels en vigueur :

1° La police nationale et la gendarmerie nationale s'attachent à organiser et à mettre en œuvre la convergence de leurs systèmes centraux de documentation criminelle.

Les services de police et les unités de gendarmerie adressent aux services relevant de la direction centrale de la police judiciaire ou de la direction centrale de la police aux frontières ou de la sous-direction de la police judiciaire de la direction générale de la gendarmerie nationale, les renseignements relatifs à la délinquance et à la criminalité susceptibles d'être exploités dans un but de centralisation, de classification ou de diffusion (avis, fiches, statistiques).

La direction centrale de la police judiciaire, la direction centrale de la police aux frontières et la sous-direction de la police judiciaire de la direction générale de la gendarmerie nationale transmettent aux autres services de la police et de la gendarmerie nationales par tout moyen, toutes indications utiles à l'identification ou à la recherche de malfaiteurs. Le service de police ou l'unité de gendarmerie qui est à l'origine d'une demande de diffusion doit figurer parmi les autorités à prévenir dès la découverte des individus recherchés.

2° Les services de la police nationale et les unités de la gendarmerie nationale informent les offices centraux de police judiciaire et les organes de coopération internationale policière énumérés aux articles D. 8-1 et D. 8-2.

Ces services ont la charge d'assurer, dans les matières relevant de leurs compétences respectives, la centralisation, la coordination et la diffusion nationales de l'information auprès des services de police et des unités de gendarmerie.

Art. D. 8-1 *(Mod., D. n° 2019-1457, 26 déc. 2019 ; D. n° 2021-816, 25 juin 2021 ; D. n° 2021-1738, 21 déc. 2021).* – Les offices centraux de police judiciaire relevant des articles R. 15-18 et R. 15-22 sont les suivants :

1° Office central pour la répression du faux-monnayage ;

2° Office anti-stupéfiants ;

3° Office central pour la répression de la traite des êtres humains ;

4° Office central de lutte contre le trafic des biens culturels ;

5° Office central pour la répression de la grande délinquance financière ;

6° Office central pour la répression de l'immigration irrégulière et de l'emploi d'étrangers sans titre de la direction centrale de la police aux frontières ;

7° Office central de lutte contre la criminalité liée aux technologies de l'information et de la communication ;

8° Office central de lutte contre les atteintes à l'environnement et à la santé publique, de la sous-direction de la police judiciaire de la direction générale de la gendarmerie nationale ;

9° Office central de lutte contre la délinquance itinérante, de la sous-direction de la police judiciaire de la direction générale de la gendarmerie nationale.

10° Office central pour la répression des violences aux personnes ;

11° Office central de lutte contre le travail illégal, l'exploitation par le travail et la fraude en matière sociale, de la sous-direction de la police judiciaire de la direction générale de la gendarmerie nationale ;

12° Office central de lutte contre le crime organisé ;

13° Office central de lutte contre la corruption et les infractions financières et fiscales ;

14° Office central de lutte contre les crimes contre l'humanité et les crimes de haine.

Art. D. 8-2 *(Mod., D. n° 2017-1467, 13 oct. 2017).* – Les organes de coopération internationale policière placés au sein de la direction centrale de la police judiciaire sont les suivants :

1° Le bureau central national-France de l'organisation internationale de police criminelle Interpol ;

2° L'office N-SIS II et le bureau Sirene, qui composent la partie nationale du système d'information Schengen ;

3° L'unité nationale de l'Office européen de police, dénommé Europol ;

La direction centrale de la police judiciaire est l'autorité nationale désignée par l'article 40, paragraphe 5, de la convention d'application de l'accord de Schengen du 14 juin 1985.

Elle est également l'autorité nationale chargée de la vérification des demandes d'accès à la base EURODAC à des fins répressives en vertu du règlement (UE) n° 603/2013 du Parlement européen et du Conseil du 26 juin 2013 relatif à la création d'Eurodac pour la comparaison des empreintes digitales aux fins de l'application efficace du règlement (UE) n° 604/2013.

Section I *bis*. – Des plaintes adressées par voie électronique

(Section I bis créée, D. n° 2019-507, 24 mai 2019)

Art. 8-2-1 (1) ***(Créé, D. n° 2019-507, 24 mai 2019).*** **– Les services en ligne permettant aux victimes, conformément aux dispositions de l'article 15-3-1, de déposer auprès des services ou unités de police judiciaire de la police et la gendarmerie nationales, pour des infractions dont la liste est fixée par arrêté du ministre de la justice, des plaintes par voie électronique, ci-après dénommées « plaintes en ligne », sont mises en œuvre selon les modalités prévues par les dispositions de la présente section.**

Art. D. 8-2-2 (1) ***(Créé, D. n° 2019-507, 24 mai 2019).*** **– Lorsqu'une victime s'apprête à déposer une plainte en ligne, elle doit être informée, par des mentions apparaissant de façon lisible sur les écrans d'accueil du site :**

1° Que la plainte en ligne ne constitue qu'une faculté et qu'elle conserve la possibilité de se déplacer au commissariat de police ou à la brigade de gendarmerie de son choix pour déposer plainte, conformément aux dispositions de l'article 15-3 ;

2° Que le dépôt d'une plainte en ligne ne lui interdit pas de demander à être entendue, ultérieurement, par les enquêteurs ;

3° Qu'en tout état de cause, la plainte en ligne ne dispense pas les enquêteurs de procéder à son audition si ceux-ci estiment que la nature ou la gravité des faits le justifie.

Outre les cas dans lesquels la nature ou la gravité des faits rend nécessaire l'audition ultérieure de la victime, les officiers ou agents de police judiciaire doivent procéder à cette audition en cas de plainte en ligne portant sur des infractions d'agressions sexuelles ou d'atteintes sexuelles prévues par les articles 222-22 à 222-31-2 et 227-25 à 227-27-3 du Code pénal.

Art. D. 8-2-3 (1) ***(Créé, D. n° 2019-507, 24 mai 2019).*** **– La victime doit également être informée, selon les mêmes modalités, des droits prévus par l'article 10-2 du présent code.**

Elle est également informée des modalités de communications sur les suites données à sa plainte et des modalités de recours contre une éventuelle décision de classement telles que prévues par l'article 40-3 du présent code.

Un document énonçant ces différents droits est mis à disposition de la victime sous un format imprimable.

Art. D. 8-2-4 (1) ***(Créé, D. n° 2019-507, 24 mai 2019).*** **– Si la plainte en ligne porte sur une infraction ayant causé un préjudice matériel, la victime est avisée de sa possibilité de fixer le montant de son préjudice et d'adresser par voie électronique les justificatifs de celui-ci.**

Si la plainte en ligne porte sur une infraction ayant causé un préjudice corporel, la victime est informée qu'elle devra se rendre dans une unité médico-judiciaire ou chez un médecin afin d'obtenir un certificat décrivant les lésions qu'elle a subies et l'éventuelle incapacité totale de travail qui en a résulté. Elle doit pouvoir, s'il y a lieu, adresser par voie électronique une copie du certificat médical établissant son préjudice.

En cas de plainte en ligne concernant des faits d'agressions ou d'atteintes sexuelles visés au dernier alinéa de l'article D. 8-2-2 ou toute autre atteinte grave à la personne qui viennent de se commettre ou qui se sont commises récemment, la victime est informée qu'elle doit contacter immédiatement les services de police ou de gendarmerie et qu'en cas d'impossibilité, elle doit conserver les éventuels éléments de preuve et notamment les vêtements qu'elle portait au moment des faits afin de les remettre aussi rapidement que possible au service

(1) Conformément à l'article 11 du décret n° 2019-507 du 24 avril 2019, ces dispositions entreront en vigueur aux dates fixées par les arrêtés pris en application de l'article D. 8-2-1 du Code de procédure pénale dans sa rédaction résultant du présent décret, pour les infractions prévues par ces arrêtés.

enquêteur, et, s'il est nécessaire de procéder à des constatations et prélèvements médicaux, qu'elle devra se rendre à cette fin dans une unité médico-judiciaire ou un établissement hospitalier.

Dans les cas prévus aux deux alinéas précédents, il peut être mis à la disposition de la victime, sous un format imprimable, une réquisition saisissant le service devant procéder à son examen médical, et lui indiquant le cas échéant la date de cet examen.

Art. D. 8-2-5 (1) *(Créé, D. n° 2019-507, 24 mai 2019).* – Si la nature des infractions faisant l'objet de la plainte en ligne le justifie, et notamment en cas de plainte concernant des infractions de nature sexuelle, le service de plainte en ligne doit également comporter des informations sur les possibilités pour la victime de faire l'objet d'une prise en charge psychologique et médicale.

Art. D. 8-2-6 (1) *(Créé, D. n° 2019-507, 24 mai 2019).* – Si la nature de l'infraction pour laquelle est déposée une plainte en ligne le justifie, la victime est informée que toute fausse déclaration est susceptible de l'exposer à des poursuites pénales, conformément aux dispositions de l'article 434-26 du Code pénal.

Art. D. 8-2-7 (1) *(Créé, D. n° 2019-507, 24 mai 2019).* – Le service de plainte en ligne met à disposition de la victime, sous un format imprimable, le récépissé de sa plainte ainsi que la copie du procès-verbal de réception de celle-ci, qui est signé, selon les modalités prévues par l'article 801-1 par le seul officier ou agent de police judiciaire ayant reçu la plainte, sans être signé par le plaignant.

Ce service peut, s'il y a lieu, permettre de fixer un rendez-vous à la victime auprès du service de police ou de l'unité de gendarmerie territorialement compétent, sans préjudice de la possibilité, pour ce service ou unité, de la recontacter rapidement à cette fin.

Art. D. 8-2-8 (1) *(Créé, D. n° 2019-507, 24 mai 2019).* – Les modalités selon lesquelles la victime déposant plainte par voie électronique s'identifie de façon sécurisée sont précisées par arrêté du garde des sceaux, ministre de la justice et du ministre de l'intérieur.

Art. D. 8-2-9 (1) *(Anc. art. D. 8-2-95 créé, D. n° 2019-507, 24 mai 2019 ; dénum., D. n° 2020-1444, 24 nov. 2020).* – Les dispositions des articles D. 8-2-2 à D. 8-2-6 et D. 8-2-8 sont applicables aux services en ligne mis à disposition des victimes pour déposer plainte par voie électronique devant le procureur de la République en application de l'article 40.

services mettent à disposition de la victime, sous un format imprimable, le récépissé de sa plainte.

Art. D. 8-2-10 *(D. n° 2020-1444, 24 nov. 2020).* – Le tribunal compétent pour connaître des infractions mentionnées à l'article 15-3-1 est le tribunal judiciaire de Paris.

Section I *ter*. – De la protection de l'identité de certains agents intervenant dans les procédures pénales

(Anc. section I bis ; dénum., D. n° 2019-507, 24 mai 2019)

Art. D. 8-3 *(D. n° 2018-219, 30 mars 2018).* – Les responsables hiérarchiques susceptibles de délivrer les autorisations mentionnées au I de l'article 15-4 sont :

1° Pour la police nationale, les directeurs des services territoriaux de la police nationale, les directeurs des établissements publics de la police nationale, les chefs des services ou d'offices centraux relevant de la police nationale, le chef de service du détachement de la police nationale auprès de la direction nationale du renseignement et des enquêtes douanières, le chef de l'unité de coordination des enquêtes de l'inspection générale de la police nationale, les directeurs ou sous-directeurs des services actifs de la police nationale ou, le cas échéant, le préfet de police, le directeur général de la sécurité intérieure ou le directeur général de la police nationale ;

2° Pour la gendarmerie nationale, les commandants de groupement, les commandants de section de recherches, les commandants de section d'appui judiciaire, les commandants de la gendarmerie dans les

(1) Conformément à l'article 11 du décret n° 2019-507 du 24 avril 2019, ces dispositions entreront en vigueur aux dates fixées par les arrêtés pris en application de l'article D. 8-2-1 du Code de procédure pénale dans sa rédaction résultant du présent décret, pour les infractions prévues par ces arrêtés.

départements et collectivités d'outre-mer et en Nouvelle-Calédonie, les commandants de région, les commandants des gendarmeries spécialisées, le commandant de la gendarmerie prévôtale, le sous-directeur de la police judiciaire de la direction des opérations et de l'emploi de la direction générale de la gendarmerie nationale, les commandants des offices centraux relevant de la direction générale de la gendarmerie nationale, les commandants des organismes directement subordonnés au directeur général de la gendarmerie nationale, ou, le cas échéant, le directeur général de la gendarmerie nationale.

3° Les adjoints des responsables mentionnés aux 1° et 2°.

Art. D. 8-4 *(D. n° 2018-219, 30 mars 2018).* – Les autorisations prévues au I de l'article 15-4 sont délivrées par le responsable hiérarchique mentionné à l'article D. 8-3 dont relève le service ou l'unité où l'agent est affecté ou mis temporairement à disposition.

Art. D. 8-5 *(D. n° 2018-219, 30 mars 2018).* – Les autorisations prévues au I de l'article 15-4 sont délivrées aux agents des douanes habilités à effectuer des enquêtes judiciaires en application de l'article 28-1 par le magistrat délégué aux missions judiciaires de la douane ou les adjoints qu'il délègue à cet effet.

Art. D. 8-6 *(D. n° 2018-219, 30 mars 2018).* – Les autorisations prévues au I de l'article 15-4 sont délivrées aux agents des services fiscaux habilités à effectuer des enquêtes judiciaires en application de l'article 28-2 par le chef du service de police judiciaire institué au sein de la direction centrale de la police judiciaire, spécialisé dans la répression de la délinquance fiscale, ou ses adjoints, ou le cas échéant, par le directeur central de la police judiciaire ou ses adjoints.

Section II. – Des officiers de police judiciaire (1)

Art. D. 9. – Les officiers de police judiciaire doivent énoncer leur nom et leur qualité dans tous les procès-verbaux qu'ils établissent en matière de police judiciaire.

Art. D. 10 *(Mod., D. n° 2016-1202, 7 sept. 2016).* – Lorsqu'ils exécutent une commission rogatoire les officiers de police judiciaire établissent des procès-verbaux séparés pour chacun des actes qu'ils sont appelés à faire.

Chaque procès-verbal doit mentionner le nom et la qualité de l'officier de police judiciaire qui a opéré personnellement, à l'exclusion de tout autre.

Art. D. 11 *(Mod., D. n° 2016-1202, 7 sept. 2016).* – Lorsqu'ils agissent dans le cadre de l'enquête de flagrance ou l'enquête préliminaire, les officiers de police judiciaire peuvent relater dans un seul procès-verbal les opérations effectuées au cours de la même enquête.

Si plusieurs officiers de police judiciaire concourent à une enquête, le nom de celui qui a personnellement accompli chacune des opérations doit être précisé.

Toutefois, le procureur de la République peut, par instructions particulières, demander aux officiers de police judiciaire d'établir des procès-verbaux séparés pour chacun des actes qu'ils sont appelés à faire.

Ces dispositions sont applicables aux agents de police judiciaire énumérés à l'article 20.

Art. D. 12 *(Rempl., D. n° 2019-507, 24 mai 2019 ; D. n° 2021-1130, 30 août 2021).* – Lorsque, par application de l'article 18 (troisième alinéa), un officier de police judiciaire se transporte hors des limites territoriales où il exerce ses fonctions habituelles, il doit aviser préalablement le procureur de la République saisi de l'enquête ou le juge d'instruction, ainsi que le procureur de la République et l'officier de police judiciaire en charge de la sécurité publique territorialement compétents.

À l'issue de ses opérations, il tient ces derniers informés des résultats obtenus. Il mentionne dans sa procédure les avis donnés et, éventuellement, les concours qui lui ont été prêtés par le service local de police ou de gendarmerie.

(1) Dispositions du décret prises pour l'application des articles 17 à 19 du Code de procédure pénale (1re partie, législative).

Conformément aux dispositions du troisième alinéa de l'article 18, l'information du magistrat n'est pas nécessaire lorsque le transport s'effectue dans un ressort limitrophe à celui dans lequel l'officier exerce ses fonctions. Pour l'application du présent alinéa, Paris et les départements des Hauts-de-Seine, de Seine-Saint-Denis et du Val-de-Marne sont considérés comme un seul département.

Lorsque le procureur de la République saisi de l'enquête ou du juge d'instruction a décidé qu'une assistance territoriale est nécessaire, l'officier de police judiciaire doit, dans le plus bref délai et autant que possible avant son transport, aviser un officier de police judiciaire exerçant ses fonctions dans la circonscription où il doit opérer qu'il va recourir à son assistance ; il lui fournit en même temps les précisions indispensables, notamment de temps et de lieu. Il mentionne cet avis dans sa procédure ainsi que le concours de l'officier de police judiciaire l'ayant assisté.

Lorsque les investigations portent sur un fait ayant donné lieu à l'information prévue au dernier alinéa de l'article D. 3, l'officier de police judiciaire qui se transporte hors des limites territoriales où il exerce ses fonctions habituelles avise, selon les cas, les services relevant de la direction centrale de la police judiciaire ou de la direction centrale de la police aux frontières ou de la sous-direction de la police judiciaire de la direction générale de la gendarmerie nationale, sauf dans les cas prévus par le troisième alinéa du présent article.

Section III. – Des agents de police judiciaire (1)

Art. D. 13 *(Mod., D. n° 60-898, 24 août 1960)*. – Les agents de police judiciaire secondent les officiers de police judiciaire dans l'exercice de leurs fonctions, en se limitant strictement aux opérations qui leur sont prescrites et sans que puisse leur être délégué aucun des pouvoirs propres de l'officier de police judiciaire chargé de l'enquête.

En outre, les agents de police judiciaire ont notamment pour mission d'assurer l'exécution :

1° Des mesures de contrainte contre les témoins défaillants en application des articles 62, 109, 110 et 153 du Code de procédure pénale ;

2° Des mandats d'amener, de dépôt, d'arrêt et des ordonnances de prise de corps ;

3° Des arrêts et des jugements de condamnation ;

4° Des contraintes judiciaires.

Les agents de police judiciaire énumérés aux articles 20 et 21 n'ont, en aucun cas, qualité pour décider des mesures de garde à vue.

Art. D. 14 *(D. n° 60-898, 24 août 1960)*. – Les agents de police judiciaire énumérés à l'article 20 ont compétence pour constater tous crimes, délits ou contraventions et pour en dresser procès-verbal.

En outre, ils peuvent effectuer des enquêtes préliminaires soit d'office, soit sur instructions du procureur de la République ou de leurs chefs hiérarchiques.

Dans le cadre d'une procédure de crime ou délit flagrant, ils ont qualité pour entendre les personnes susceptibles de fournir des renseignements sur les faits en cause, mais seulement s'ils ont reçu des ordres à cet effet et dans les limites qui leur ont été ainsi fixées.

Indépendamment de ces attributions, ils secondent les officiers de police judiciaire comme il est dit à l'article D. 13.

Ils font parvenir leurs procès-verbaux au procureur de la République par l'intermédiaire de leurs chefs hiérarchiques, qui les transmettent sans délai, conformément à l'article 19.

Art. D. 14-1 *(Créé, D. n° 2021-1130, 30 août 2021)*. – Les agents de police judiciaire énumérés à l'article 21 rendent compte de tous crimes, délits ou contraventions dont ils ont connaissance sous forme de rapports adressés à leurs chefs hiérarchiques. Ces derniers, qui ont la qualité d'officiers de police judiciaire, informent sans délai le procureur de la République en lui transmettant notamment les rapports de ces agents de police judiciaire, en application de l'article 19.

(1) Les habilitations des médiateurs, personnes physiques ou morales, intervenues avant l'entrée en vigueur du présent décret conformément aux dispositions des articles R. 15-18 à R. 15-25, demeurent valables.

Section IV. – Des fonctionnaires et agents chargés de certaines missions de police judiciaire

Art. D. 14-2 *(Créé, D. n° 2021-1130, 30 août 2021).* – Lorsque des fonctionnaires et agents relevant de l'article 28 procèdent à une enquête de police judiciaire selon les modalités prévues par le troisième alinéa de cet article, les dispositions de l'article D. 5 sont applicables.

Art. D. 15 *(D. n° 60-898, 24 août 1960 ; D. n° 2021-1130, 30 août 2021).* – Les dispositions du dernier alinéa de l'article 28 prévoyant l'absence de renouvellement de la prestation de serment en cas de changement d'affectation sont applicables à toutes les personnes exerçant des missions de police judiciaire, quel que soit leur statut public ou privé.

Section V. – Des procédures d'infiltration, des sonorisations et fixations d'images de certains lieux ou véhicules

(D. n° 2004-1026, 29 sept. 2004)

Art. D. 15-1-1 *(Mod., D. n° 2019-342, 19 avr. 2019).* – Il est créé au sein de la direction centrale de la police judiciaire, à la sous-direction de la lutte contre la criminalité organisée, un service interministériel d'assistance technique composé de fonctionnaires de police, de militaires de la gendarmerie et d'agents des douanes. Ce service est chargé de la formation des agents infiltrés, de l'assistance technique aux opérations d'infiltrations définies par l'article 706-81 du Code de procédure pénale et par l'article 67 *bis*-II du Code des douanes et de la centralisation des informations de ces opérations menées par les douanes, la police et la gendarmerie nationales. Ce service est également chargé de la mise en œuvre des mesures de protection et de réinsertion décidées par la commission nationale de protection et de réinsertion. Il assure le suivi des personnes bénéficiant de ces mesures et porte à la connaissance du président de la commission toute question relative à ce suivi, notamment en cas de non-respect des obligations fixées. Il est chargé de la mise en œuvre des décisions du président du tribunal judiciaire de Paris prises en application du décret [n° 2014-346] du 17 mars 2014 susvisé.

Art. D. 15-1-2 *(D. n° 2004-1026, 29 sept. 2004).* – Peuvent être habilités à participer aux opérations d'infiltration telles que définies par l'article 706-81 du Code de procédure pénale les officiers ou agents de police judiciaire des services de la police nationale et des unités de la gendarmerie nationale et les agents de l'administration des douanes spécialement habilités à effectuer des enquêtes.

Peuvent être également habilités à participer à ces opérations les agents des douanes visés à l'article 67 *bis* du Code des douanes, dans le cadre des infractions visées au II de cet article.

Art. D. 15-1-3 *(D. n° 2004-1026, 29 sept. 2004).* – L'habilitation visée au premier alinéa de l'article D. 15-1-2 est délivrée par le procureur général près la cour d'appel de Paris après agrément accordé, selon le cas, par le directeur général de la police nationale, le directeur général de la gendarmerie nationale ou le directeur général des douanes et droits indirects.

Cet agrément ne peut être accordé que sur proposition du directeur central de la police judiciaire aux personnes jugées aptes à remplir les missions d'agents infiltrés à l'issue d'un stage de formation organisé par le service interministériel d'assistance technique de la direction centrale de la police judiciaire.

Cette habilitation ainsi que l'agrément peuvent être retirés à tout moment par les autorités les ayant délivrés ou accordés. Le retrait de l'agrément rend caduque l'habilitation.

Art. D. 15-1-4 *(D. n° 2004-1026, 29 sept. 2004).* – Pour l'application des articles 694-7 et 695-2 du présent code, le ministre de la Justice donne son accord après avis du directeur central de la police judiciaire.

Pour l'application des dispositions de l'article 67 *bis*-VIII du Code des douanes, le ministre de la Justice donne son accord après avis du directeur général des douanes.

Art. D. 15-1-5 *(Mod., D. n° 2019-507, 24 mai 2019 ; D. n° 2019-1475, 27 déc. 2019 ; D. n° 2021-1217, 22 sept. 2021 ; D. n° 2022-623, 22 avr. 2022).* – Les services, unités et organismes, visés à l'article 706-99, pouvant procéder aux opérations d'installation des dispositifs techniques mentionnés à l'article 706-95-17 sont :

– la direction centrale de la police judiciaire et ses directions interrégionales et régionales ;
– la direction centrale du renseignement intérieur ;
– les offices centraux de police judiciaire ;
– la force d'intervention de la police nationale ;
– les services territoriaux de police judiciaire et les services territoriaux du RAID des directions territoriales de la police nationale ;
– la sous-direction de la police judiciaire de la gendarmerie nationale ;
– le commandement de la gendarmerie dans le cyberespace ;
– les sections de recherches de la gendarmerie nationale ;
– le groupe d'intervention de la gendarmerie nationale ;
– les sections d'appui judiciaire de la gendarmerie nationale.
– les pelotons d'intervention inter-régionaux de la gendarmerie nationale ;
– les groupes de pelotons d'intervention de la gendarmerie nationale ;
– le service chargé du soutien opérationnel et technique de la direction du renseignement de la préfecture de police ;
– les sûretés territoriales des directions territoriales et le département criminalité organisée de la sous-direction de la lutte contre l'immigration irrégulière de la direction de la sécurité de proximité de l'agglomération parisienne.

Section IV *bis*. – Des interceptions de correspondances émises par la voie des communications électroniques et du recueil des données techniques de connexion

(D. n° 2016-1159, 26 août 2016)

Art. D. 15-1-5-1 *(Mod., D. n° 2019-507, 24 mai 2019 ; D. n° 2019-1475, 27 déc. 2019 ; D. n° 2022-623, 22 avr. 2022).* – Les services, unités et organismes mentionnés à l'article 706-95-17, dont les agents peuvent être requis en vue de procéder à l'utilisation de l'appareil ou du dispositif technique mentionné à l'article 706-95-20, sont les suivants :

– la direction centrale de la police judiciaire et ses directions interrégionales et régionales ;
– la direction générale de la sécurité intérieure ;
– la force d'intervention de la police nationale ;
– les services territoriaux de police judiciaire et les services territoriaux du RAID des directions territoriales de la police nationale ;
– le commandement de la gendarmerie dans le cyberespace ;
– le groupe d'intervention de la gendarmerie nationale ;
– le groupe d'observation et de surveillance de la région de gendarmerie d'Île-de-France ;
– le groupe d'observation et de surveillance de la région de gendarmerie de Provence-Alpes-Côte d'Azur ;
– le service chargé du soutien opérationnel et technique de la direction du renseignement de la préfecture de police ;
– les services et unités de la direction opérationnelle des services techniques et logistiques de la préfecture de police.

Section V. – De la captation des données informatiques

(D. n° 2011-1431, 3 nov. 2011)

Art. D. 15-1-6 *(Mod., D. n° 2019-507, 24 mai 2019 ; D. n° 2019-1475, 27 déc. 2019 ; D. n° 2022-623, 22 avr. 2022).* – Les services, unités et organismes, visés à l'article 706-95–17, pouvant procéder aux opérations d'installation des dispositifs techniques mentionnés aux articles 706-102-1 et 706-102-2 sont :

– la direction centrale de la police judiciaire et ses directions interrégionales et régionales ;

– la direction centrale du renseignement intérieur ;
– les offices centraux de police judiciaire ;
– la force d'intervention de la police nationale ;
– les services territoriaux de police judiciaire et les services territoriaux du RAID des directions territoriales de la police nationale ;
– la sous-direction de la police judiciaire de la gendarmerie nationale ;
– le commandement de la gendarmerie dans le cyberespace ;
– le service central de renseignement criminel de la gendarmerie nationale ;
– les sections de recherches de la gendarmerie nationale ;
– les sections d'appui judiciaire de la gendarmerie nationale ;
– le groupe d'intervention de la gendarmerie nationale.

Section VI. – De la géolocalisation

(D. n° 2014-827, 21 juill. 2014)

Art. D. 15-1-7 *(D. n° 2014-827, 21 juill. 2014).* – Le juge d'instruction ou l'officier de police judiciaire commis par lui ou autorisé par le procureur de la République peut, en vue de procéder à l'installation et au retrait du moyen technique mentionné à l'article 230-32, requérir tout agent qualifié des services, unités ou organismes visés à l'article D. 15-1-5.

CHAPITRE II. – DU MINISTÈRE PUBLIC

Art. D. 15-2 *(Rempl., D. n° 2013-1134, 9 déc. 2013).* – Le procureur général adresse au ministre de la Justice le rapport annuel de politique pénale sur l'application de la loi et des instructions générales ainsi que le rapport annuel sur l'activité et la gestion des parquets de son ressort, prévus par le troisième alinéa de l'article 35, avant le 31 mars de l'année suivant celle à laquelle ils se rapportent.

Les informations figurant dans ces deux rapports peuvent être regroupées dans un rapport unique.

Elles comportent une synthèse des rapports qui lui ont été transmis par les procureurs de la République de son ressort en application de l'article 39-1.

Le procureur général communique son ou ses rapports au premier président de la cour d'appel, pour diffusion aux magistrats du siège avant la prochaine assemblée générale des magistrats du siège et du parquet au cours de laquelle il informe cette assemblée des conditions de mise en œuvre, dans le ressort de la cour, de la politique pénale et des instructions générales qui lui ont été adressées à cette fin par le ministre de la Justice.

Art. D. 15-2-1 *(D. n° 2013-1134, 9 déc. 2013).* – Le procureur de la République adresse au procureur général le rapport annuel de politique pénale sur l'application de la loi et des instructions générales ainsi quele rapport annuel sur l'activité et la gestion de son parquet, prévus par le deuxième alinéa de l'article 39-1, avant le 31 janvier de l'année suivant celle à laquelle ils se rapportent.

Les informations figurant dans ces deux rapports peuvent être regroupées dans un rapport unique.

À ce rapport ou ces rapports sont annexés ou intégrés le rapport prévu par le troisième alinéa de l'article 41 concernant les mesures de garde à vue et les locaux de garde à vue, qui est élaboré par le procureur de la République au vu, notamment, des informations et des statistiques qui lui sont adressées à cette fin par les services et unités de police judiciaire de son ressort ainsi que le rapport sur l'état et les délais de l'exécution des peines prévu par l'article 709-2.

Le procureur de la République communique son ou ses rapports au président du tribunal judiciaire, pour diffusion aux magistrats du siège avant la prochaine assemblée générale des magistrats du siège et du parquet au cours de laquelle il informe cette assemblée des conditions de mise en œuvre, dans son ressort, de la politique pénale et des instructions générales qui lui ont été adressées à cette fin par le ministre de la Justice.

Art. D. 15-3 *(Mod., D. n° 2020-1640, 21 déc. 2020).* – Pour l'application des dispositions des articles 39-1 et 39-2 du présent code, le procureur de la République est membre de droit des instances territoriales de coopération pour la prévention de la délinquance mentionnées par le Code général des collectivités territoriales.

Au sein de ces instances, ainsi que tout autre instance ou commission administrative territoriale, il représente l'autorité judiciaire et les services déconcentrés du ministère de la justice, avec, lorsqu'ils en sont membres, le président du tribunal de grande instance et, le cas échéant, d'autres magistrats du siège. Il peut s'il y a lieu s'y faire représenter par un délégué habilité conformément aux articles R. 15-33-30 et suivants, et spécialement désigné par lui à cette fin.

Conformément aux dispositions de l'article L. 2211-2 du Code général des collectivités territoriales, il signe les conventions prévues par les articles L. 2215-2 et L. 2512-15 du même code relatives à la lutte contre l'insécurité et à la prévention de la délinquance.

Art. D. 15-3-1 *(D. n° 2020-1640, 21 déc. 2020)*. – Les délégués du procureur de la République habilités conformément aux articles R. 15-33-30 à R. 15-33-37 peuvent tenir, au tribunal judiciaire et dans les lieux d'accès au droit ou tout autre lieu désigné par le procureur de la République, des permanences pour l'exercice des missions qui leur sont confiées, et notamment aux fins de mettre en œuvre les mesures prévues par l'article 41-1 ou les compositions pénales prévues par les articles 41-2 et 41-3.

Art. D. 15-3-2 *(Créé à compter du 30 septembre 2022, D. n° 2022-656, 25 avr. 2022)*. – Lorsqu'en application de l'article 40-2, le procureur de la République avise une victime de sa décision de classement sans suite, il l'informe qu'elle peut demander une copie du dossier de la procédure, en application du 2° de l'article R. 155.

Art. D. 15-3-3 *(Créé, D. n° 2022-656, 25 avr. 2022)*. – Lorsqu'un crime prévu par les articles 221-1 à 221-4 et 222-1 à 222-10 du Code pénal a été commis, sur le territoire national, dans des locaux privés d'habitation, le procureur de la République peut décider, au titre des frais mentionnés au 6° de l'article R. 92, de requérir une entreprise pour procéder à des travaux techniques de nettoyage des lieux dès lors qu'il n'est plus nécessaire de laisser ceux-ci en l'état pour les besoins de la procédure en cours, notamment après qu'il a été procédé à une reconstitution.

Si une information est toujours en cours, ces réquisitions ne peuvent intervenir qu'avec l'accord préalable du juge d'instruction ou à sa demande, sans préjudice de la possibilité pour ce magistrat de prendre lui-même ces réquisitions en application de l'article D. 32-2-4.

Art. D. 15-4 *(Mod., D. n° 2020-1640, 21 déc. 2020)*. – Les procès-verbaux des actes accomplis en exécution des réquisitions prises en application du troisième alinéa de l'article 41 sont directement retournés au procureur de la République mandant.

Lorsque la chambre de l'instruction ou la chambre des appels correctionnels de la cour d'appel est saisie, le procureur général peut, conformément aux dispositions du huitième alinéa de l'article 41, prendre des réquisitions aux fins de réalisation d'une enquête sur la situation matérielle, familiale et sociale de la personne poursuivie ou de la vérification de la faisabilité matérielle de certaines peines ou aménagements de peine.

Art. D. 15-4-1 *(D. n° 2008-54, 16 janv. 2008 ; D. n° 2022-546, 13 avr. 2022)*. – Le procureur de la République près le tribunal judiciaire au sein duquel il n'y a pas de pôle d'instruction avise le procureur de la République près le tribunal au sein duquel se trouve ce pôle des infractions et enquêtes portées à sa connaissance dès qu'il lui apparaît que ces faits et procédures sont susceptibles de donner lieu à l'ouverture d'une information de nature criminelle ou avec cosaisine.

Ces deux magistrats se concertent alors pour déterminer celui qui dirigera et contrôlera le déroulement de l'enquête et celui qui décidera s'il y a lieu de requérir l'ouverture d'une instruction. Ils se concertent également pour déterminer si une information portant sur un crime puni de quinze ou vingt ans de réclusion criminelle et commis en l'absence de récidive sera ouverte par le procureur de la République près le tribunal judiciaire au sein duquel il n'y a pas de pôle de l'instruction auprès du juge d'instruction de ce même tribunal. Le procureur général coordonne le cas échéant leurs actions.

Art. D. 15-4-2 *(D. n° 2008-54, 16 janv. 2008)*. – Le procureur de la République près le tribunal judiciaire au sein duquel il n'y a pas de pôle d'instruction avise sans délai le procureur de la République près le tribunal au sein duquel se trouve ce pôle lorsqu'il est fait application des dispositions du premier alinéa du II de l'article 80 du dernier alinéa de l'article 397-2 ou de l'article 397-7.

Lorsque ce magistrat fait application des dispositions de l'article 397-7, il requiert l'ouverture de l'information devant le pôle de l'instruction avant de présenter la personne devant le juge des libertés et de la détention de son tribunal, en lui notifiant les faits faisant l'objet du réquisitoire introductif.

Art. D. 15-4-3 *(D. n° 2008-54, 16 janv. 2008).* – Le procureur de la République près le tribunal judiciaire au sein duquel se trouve un pôle d'instruction avise sans délai le procureur de la République près le tribunal au sein duquel il n'y a pas de pôle lorsqu'il fait application des dispositions du deuxième alinéa du II de l'article 80 ou du III de cet article.

Ce magistrat l'avise également en temps utile de ses réquisitions de règlement. Il lui adresse sans délai la procédure en cas d'ordonnance de renvoi dans le cas prévu par le dernier alinéa du II de l'article 80 ou lorsqu'il est fait application des dispositions du III de cet article.

CHAPITRE III. – DU JUGE D'INSTRUCTION ET DES PÔLES DE L'INSTRUCTION (1)

(D. n° 2008-54, 16 janv. 2008 ; D. n° 2009-313, 20 mars 2009)

Art. D. 15-4-4 *(Mod., D. n° 2016-1186, 30 août 2016 ; D. n° 2016-1996, 30 déc. 2016).* – Pour l'application des dispositions de l'article 52-1, les tribunaux judiciaires dans lesquels existe un pôle de l'instruction et le ressort de compétence territoriale de ces pôles sont déterminés comme suit :

SIÈGE	COMPÉTENCE TERRITORIALE s'étendant au ressort des tribunaux de grande instance de
Cour d'appel d'Agen	
Agen	Agen, Auch, Cahors, Marmande
Cour d'appel d'Aix-en-Provence	
Aix-en-Provence	Aix-en-Provence, Digne-les-Bains, Tarascon
Draguignan	Draguignan
Grasse	Grasse
Marseille	Marseille
Nice	Nice
Toulon	Toulon
Cour d'appel d'Amiens	
Amiens	Abbeville, Amiens, Péronne
Laon	Laon, Saint-Quentin, Soissons
Senlis	Beauvais, Compiègne, Senlis

(1) Décret 2008-54 du 16 janvier 2008, art. 6 : I. – Les dispositions des articles 1er à 4 du présent décret entrent en vigueur le 1er mars 2008.

II. – Les juges d'instruction des juridictions dans lesquelles ne sont pas institués de pôle de l'instruction demeurent compétents pour poursuivre jusqu'à leur terme les informations en cours à cette date lorsqu'il s'agit de procédures pour lesquelles il a été fait application, avant cette date, des dispositions relatives à la cosaisine du deuxième alinéa de l'article 83 du Code de procédure pénale dans sa rédaction antérieure à la loi précitée du 5 mars 2007, y compris si, du fait de la suppression d'un poste de juge d'instruction, il n'y a plus qu'un seul juge d'instruction dans la juridiction. Dans ce cas, une nouvelle cosaisine peut être ordonnée conformément aux dispositions de l'article 83-1 du Code de procédure pénale, et l'information sera alors poursuivie par plusieurs juges d'instruction du tribunal de grande instance où se trouve le pôle de l'instruction compétent.

SIÈGE	COMPÉTENCE TERRITORIALE s'étendant au ressort des tribunaux de grande instance de
Cour d'appel d'Angers	
Angers	Angers, Saumur
Le Mans	Laval, Le Mans
Cour d'appel de Bastia	
Ajaccio	Ajaccio
Bastia	Bastia
Cour d'appel de Besançon	
Besançon	Besançon, Dôle, Lons-le-Saunier, Lure, Vesoul
Montbéliard	Belfort, Montbéliard
Cour d'appel de Bordeaux	
Angoulême	Angoulême
Bordeaux	Bordeaux, Libourne
Périgueux	Bergerac, Périgueux
Cour d'appel de Bourges	
Bourges	Bourges, Châteauroux, Nevers
Cour d'appel de Caen	
Caen	Alençon, Argentan, Caen, Lisieux
Coutances	Avranches, Cherbourg-en-Cotentin, Coutances
Cour d'appel de Chambéry	
Annecy	Annecy, Bonneville, Thonon-les-Bains
Chambéry	Albertville, Chambéry
Cour d'appel de Colmar	
Colmar	Colmar
Mulhouse	Mulhouse
Strasbourg	Saverne, Strasbourg
Cour d'appel de Dijon	
Chalon-sur-Saône	Chalon-sur-Saône, Mâcon
Dijon	Dijon, Chaumont
Cour d'appel de Douai	
Béthune	Arras, Béthune
Boulogne-sur-Mer	Boulogne-sur-Mer, Saint-Omer

SIÈGE	COMPÉTENCE TERRITORIALE s'étendant au ressort des tribunaux de grande instance de
Douai	Douai, Cambrai
Dunkerque.	Dunkerque, Hazebrouck.
Lille	Lille
Valenciennes	Avesnes-sur-Helpe, Valenciennes
Cour d'appel de Grenoble	
Grenoble	Gap, Bourgoin-Jallieu, Grenoble, Vienne
Valence	Valence
Cour d'appel de Limoges	
Limoges	Brive-la-Gaillarde, Guéret, Limoges, Tulle
Cour d'appel de Lyon	
Bourg-en-Bresse	Belley, Bourg-en-Bresse
Lyon	Lyon, Villefranche-sur-Saône
Saint-Étienne	Montbrison, Roanne, Saint-Étienne
Cour d'appel de Metz	
Metz	Metz, Sarreguemines, Thionville
Cour d'appel de Montpellier	
Béziers	Béziers
Montpellier	Montpellier, Millau, Rodez
Narbonne	Carcassonne, Narbonne
Perpignan	Perpignan
Cour d'appel de Nancy	
Épinal	Épinal, Saint-Dié-des-Vosges
Nancy	Bar-le-Duc, Val de Briey, Nancy, Verdun
Cour d'appel de Nîmes	
Avignon	Avignon, Carpentras, Privas
Nîmes	Alès, Mende, Nîmes
Cour d'appel d'Orléans	
Blois	Blois
Orléans	Montargis, Orléans
Tours	Tours

SIÈGE	COMPÉTENCE TERRITORIALE s'étendant au ressort des tribunaux de grande instance de
Cour d'appel de Paris	
Auxerre	Auxerre, Sens
Bobigny	Bobigny
Créteil	Créteil
Évry	Évry
Meaux	Meaux
Melun	Fontainebleau, Melun
Paris	Paris
Cour d'appel de Pau	
Bayonne	Bayonne
Mont-de-Mars an	Dax, Mont-de-Mars an
Pau	Pau, Tarbes
Cour d'appel de Poitiers	
La Rochelle	La Rochelle, Rochefort, Saintes
La Roche-sur-Yon	La Roche-sur-Yon, Les Sables-d'Olonne
Poitiers	Bressuire, Niort, Poitiers
Cour d'appel de Reims	
Reims	Chalons-en Champagne, Charleville-Mézières, Reims
Troyes	Troyes
Cour d'appel de Rennes	
Brest	Brest, Morlaix, Quimper
Lorient	Lorient, Vannes
Nantes	Nantes, Saint-Nazaire
Rennes	Rennes, Saint-Malo
Saint-Brieuc	Dinan, Guingamp, Saint-Brieuc
Cour d'appel de Riom	
Clermont-Ferrand	Aurillac, Clermont-Ferrand, Le Puy-en-Velay, Riom
Cusset	Cusset, Montluçon, Moulins
Cour d'appel de Rouen	
Évreux	Bernay, Évreux
Le Havre	Le Havre
Rouen	Dieppe, Rouen

SIÈGE	COMPÉTENCE TERRITORIALE s'étendant au ressort des tribunaux de grande instance de
Cour d'appel de Toulouse	
Montauban	Montauban
Toulouse	Albi, Castres, Foix, Saint-Gaudens, Toulouse
Cour d'appel de Versailles	
Chartres	Chartres
Nanterre	Nanterre
Pontoise	Pontoise
Versailles	Versailles

DÉPARTEMENTS D'OUTRE-MER

SIÈGE	RESSORT s'étendant aux limites territoriales des tribunaux judiciaires de
Cour d'appel de Basse-Terre	
Pointe-à-Pitre	Basse-Terre, Pointe-à-Pitre
Cour d'appel de Cayenne	
Cayenne	Cayenne
Cour d'appel de Fort-de-France	
Fort-de-France	Fort-de-France
Cour d'appel de Saint-Denis	
Mamoudzou	Mamoudzou
Saint-Denis	Saint-Denis
Saint-Pierre	Saint-Pierre

COLLECTIVITÉS D'OUTRE-MER

SIÈGE	RESSORT s'étendant aux limites territoriales des tribunaux judiciaires de
Cour d'appel de Nouméa	
Nouméa	Nouméa
Cour d'appel de Papeete	
Papeete	Papeete

Art. D. 15-4-5 *(D. n° 2008-54, 16 janv. 2008).* – Le ou les juge d'instructions coordonnateurs du pôle prévus par le quatrième alinéa de l'article 52-1 sont désignés par le président du tribunal judiciaire au début de l'année judiciaire, après avis de l'assemblée générale des magistrats du siège.

Le juge coordonnateur peut réunir à intervalles réguliers les différents juge d'instruction du pôle de l'instruction afin d'examiner l'état d'avancement des procédures dans un souci d'efficacité et de célérité des informations dont ses membres ont la charge. Ces réunions peuvent ne concerner que les juges spécialisés en application des articles 704, 706-2, 706-17, 706-75-1 et 706-107.

Lors de ces réunions, les juges d'instructions peuvent échanger des informations sur les procédures dont ils sont saisis, aux fins notamment d'envisager d'éventuelles cosaisines. Ces échanges sont couverts par le secret de l'instruction prévu par l'article 11. Avec l'accord du juge coordonnateur, le procureur de la République peut participer à ces réunions.

Dans le respect des prérogatives de chacun des juges d'instruction saisis en vertu des articles 83 et 83-1 du Code de procédure pénale, le juge coordonnateur peut préconiser toute mesure juridique ou organisationnelle utile au bon fonctionnement du service.

Art. D. 15-4-6 *(D. n° 2008-54, 16 janv. 2008).* – En cas de demande de commission d'office d'un avocat faite, conformément aux dispositions des articles 113-3 ou 116, devant le juge d'instruction d'une juridiction dans laquelle il y a un pôle de l'instruction, au cours d'une information concernant des faits relevant initialement de la compétence d'un tribunal judiciaire dans laquelle il n'y a pas de pôle, ce magistrat informe partout moyen le bâtonnier de l'ordre des avocats près ce tribunal, aux fins de désignation d'un avocat de ce barreau.

Si le bâtonnier ne procède pas à cette désignation, la commission d'office est faite par le bâtonnier de l'ordre des avocats de la juridiction dans laquelle se trouve le pôle, qui est alors informé sans délai par le juge d'instruction.

Art. D. 15-4-7 *(D. n° 2008-54, 16 janv. 2008).* – Lorsque la personne mise en examen, pour des faits relevant initialement de la compétence d'un tribunal judiciaire dans lequel il n'y a pas de pôle de l'instruction, par le juge d'instruction d'une juridiction dans laquelle se trouve un pôle est défendue par un avocat, choisi ou commis d'office, appartenant au barreau du tribunal sans pôle, les demandes de mainlevée ou de modification du contrôle judiciaire ou de mise en liberté que cet avocat peut déposer conformément aux dispositions de l'article 148-6 peuvent l'être au greffe du juge d'instruction du tribunal sans pôle. À peine d'irrecevabilité, la demande précise le nom du juge d'instruction saisi de la procédure. Cette demande est constatée par le greffier, qui la signe ainsi que l'avocat, et qui l'adresse sans délai au greffe du juge d'instruction saisi de la procédure.

Art. D. 15-4-8 *(D. n° 2008-154, 20 févr. 2008 ; abr., D. n° 2021-683, 27 mai 2021).*

TITRE II. – DES ENQUÊTES ET DES CONTRÔLES D'IDENTITÉ

(D. n° 2007-699, 3 mai 2007)

CHAPITRE I. – DES ENQUÊTES

(Titre aj., D. n° 2016-1455, 28 oct. 2016)

Section I. – Des réquisitions et saisies

(Titre aj., D. n° 2016-1455, 28 oct. 2016)

Art. D. 15-5 *(Rempl., D. n° 2019-507, 24 mai 2019).* – Lorsqu'il est procédé à une réquisition prévue par l'article 60-1 sans établissement d'un procès-verbal dédié, il est fait mention de cet acte dans le procès-verbal faisant état des diligences accomplies par le magistrat requérant, l'officier de police judiciaire ou sous le contrôle de ce dernier, l'agent de police judiciaire. S'il y a lieu, le contenu de la réquisition faite par un moyen de communication électronique est annexé, sous format papier ou numérique, au procès-verbal précédent. Cette annexe n'a pas à être revêtue de la signature du requérant.

Lorsque les documents requis sont transmis sous forme numérique, le cas échéant par un moyen de communication électronique, ils sont annexés sous format papier ou numérique au procès-verbal. La mise en annexe des documents requis peut se limiter aux éléments nécessaires à la manifestation de la vérité.

Les dispositions du présent article sont applicables aux réquisitions prévues par les articles 77-1-1 et 99-3.

Art. D. 15-5-1 *(Créé, D. n° 2019-507, 24 mai 2019).* – Lorsque les réquisitions prévues par l'article 60-1 portant sur des informations issues d'un système informatique ou d'un traitement de données nominatives sont adressées à l'un des organismes ou personnes mentionnés à l'article R. 15-33-68, il peut être demandé à la personne ou l'organisme requis de remettre ces informations sous une forme numérique répondant à des normes fixées par arrêté du garde des sceaux, ministre de la justice et du ministre de l'intérieur.

Les dispositions du présent article sont applicables aux réquisitions prévues par les articles 77-1-1 et 99-3.

Art. D. 15-5-1-1 *(D. n° 2016-1202, 7 sept. 2016 ; D. n° 2016-1455, 28 oct. 2016 ; dénuméroté, D. n° 2019-507, 24 mai 2019).* – Les opérations prévues par les articles 55-1 et 706-56 peuvent être effectuées, sur instruction d'un officier de police judiciaire, par un agent de police judiciaire, ou par un agent spécialisé, technicien ou ingénieur de police technique et scientifique.

Dans le cas prévu à l'alinéa précédent et celui prévu par l'article D. 7, lorsque les agents de police judiciaire, les agents spécialisés, techniciens ou ingénieurs de police technique et scientifique procèdent, conformément aux instructions d'un officier de police judiciaire, aux prélèvements et au placement sous scellés des échantillons biologiques, des objets et des traces et indices utiles à la manifestation de la vérité, aux fins d'examens techniques et scientifiques, ils en dressent inventaire et en font mention dans leur rapport.

Art. D. 15-5-1-2 *(D. n° 2016-1455, 28 oct. 2016 ; dénuméroté, D. n° 2019-507, 24 mai 2019).* – Lorsque la saisie d'un bien susceptible de faire l'objet d'une confiscation ultérieure a été effectuée en application des dispositions du présent code, la personne concernée en est informée soit lors de la perquisition, soit lors d'une audition ultérieure, dès lors que cette information ne risque pas de compromettre le déroulement des investigations. Elle est alors avisée, au moins brièvement, des motifs de la saisie. Il en est fait mention dans le procès-verbal.

À défaut de l'information prévue par le présent article, aucun délai de forclusion ne peut être opposé à la personne concernant une éventuelle demande de restitution du bien saisi.

Section II. – De l'audition libre et de la garde à vue

Art. D. 15-5-2 *(D. n° 2016-1202, 7 sept. 2016).* – L'officier ou l'agent de police judiciaire responsable des modalités de déroulement de la garde à vue peut requérir par tout moyen d'un officier ou agent de police judiciaire appartenant à un service territorialement compétent autre que celui chargé de l'enquête de faire procéder aux diligences suivantes :

1° Prévenir par téléphone de la garde à vue les personnes mentionnées à l'article 63-2 ;

2° Contacter l'avocat désigné ou commis d'office pour assister la personne en garde à vue en application des articles 63-3-1 et suivants, et l'informer des lieux et horaires des auditions ;

3° Contacter le médecin devant examiner la personne en garde à vue en application de l'article 63-3 ;

4° Contacter l'interprète conformément aux dispositions de l'article 63-1.

L'officier ou l'agent de police judiciaire requis mentionne, dans un rapport transmis à l'officier de police judiciaire requérant, les modalités d'exécution de ces diligences, qui peuvent être effectuées par tout personnel de la police ou de la gendarmerie nationale, y compris n'ayant pas la qualité d'agent de police judiciaire adjoint, placé sous sa responsabilité et son contrôle.

Art. D. 15-5-3 *(D. n° 2016-1202, 7 sept. 2016).* – Le procès-verbal récapitulatif de garde à vue prévu par l'article 64 mentionne les informations données et les demandes faites en application des articles 63-2 à

63-3-1 et les suites qui leur ont été données, sans qu'il soit nécessaire de dresser un procès-verbal pour chacune des diligences accomplies pour l'exercice de ces droits.

Art. D. 15-5-4 *(D. n° 2016-1455, 28 oct. 2016, entrée en vigueur le 15 novembre 2016).* – Le procès-verbal établi en application de l'article 61-1 indique que la personne a été avisée de son droit de demander l'assistance d'un avocat dès le début de l'audition ou à tout moment au cours de son déroulement. Lorsqu'une convocation lui a préalablement été adressée, elle indique, le cas échéant, que la personne peut désigner un avocat immédiatement ou à tout moment au cours de son audition.

Art. D. 15-5-5 *(D. n° 2016-1455, 28 oct. 2016, entrée en vigueur le 15 novembre 2016).* – Le procès-verbal établi en application de l'article 63-1 indique que la personne a été avisée de son droit de demander l'assistance d'un avocat dès le début de sa garde à vue ou à tout moment au cours de son déroulement.

Art. D. 15-5-6 *(D. n° 2016-1455, 28 oct. 2016).* – Toute personne placée en garde à vue et ayant sollicité l'assistance d'un avocat en application de l'article 63-3-1 qui est déplacée dans un lieu autre que celui du service enquêteur ne peut faire l'objet d'une audition dans ce lieu si son avocat n'a pas été avisé du déplacement conformément à l'article 63-4-3-1.

Art. D. 15-5-7 *(Créé à compter du 1er juin 2019, D. n° 2019-507, 24 mai 2019).* – En cas de placement en garde à vue d'une personne majeure, l'officier ou l'agent de police judiciaire lui demande si elle fait l'objet d'une mesure de protection juridique, afin de mettre en œuvre s'il y a lieu les dispositions de l'article 706-112-1 et de l'article D. 47-14.

Il en est de même en cas de placement en rétention d'une personne intervenant en application des articles 133-1, 141-4, 709-1-1 et 716-5.

Art. D. 15-6 *(Mod., D. n° 2020-91, 6 févr. 2020 ; D. n° 2021-683, 27 mai 2021).* – Pour l'application des dispositions de l'article 64-1 relatif à l'enregistrement audiovisuel de l'interrogatoire de la personne gardée à vue pour crime, il est tenu compte de la nature de l'infraction dont est informée cette personne conformément aux dispositions du premier alinéa de l'article 63-1, sans préjudice d'une nouvelle qualification des faits à tout moment de la procédure par l'officier de police judiciaire, le procureur de la République ou le juge d'instruction.

L'enregistrement original est placé sous scellé fermé et une copie est versée au dossier. Cette copie peut être commune à l'ensemble des enregistrements effectués au cours de la procédure. Sur instruction du procureur de la République ou du procureur général, ils sont détruits par le greffe de la juridiction dans le délai prévu par le quatrième alinéa de l'article 64-1.

Une copie de l'enregistrement peut être conservée par le service ou l'unité de police judiciaire en charge de la procédure, qui peut la consulter pour les nécessités des investigations. Cette copie est détruite au plus tard dans un délai de cinq ans après le dernier acte de procédure dressé par les enquêteurs.

Les modalités techniques de l'enregistrement audiovisuel sont déterminées par arrêté conjoint du ministre de la Justice et du ministre de l'iIntérieur.

Art. D. 15-6-1 *(Mod., D. n° 2019-507, 24 mai 2019 ; abr., D. n° 2021-683, 27 mai 2021).*

Art. D. 15-6-2 *(D. n° 2020-1640, 21 déc. 2020).* – Le procureur de la République qui, en application de l'article 63-8, ordonne le déferement d'une personne à l'issue de sa garde à vue peut faire présenter la personne devant lui ou devant un délégué habilité conformément aux articles R. 15-33-30 à R. 15-33-37, pour que soient mises en œuvre une des mesures de l'article 41-1 ou une composition pénale prévue par l'article 41-2.

CHAPITRE II. – DES CONTRÔLES D'IDENTITÉ

(D. n° 2016-1455, 28 oct. 2016)

Néant.

TITRE III. – DES JURIDICTIONS D'INSTRUCTION

CHAPITRE I. – DU JUGE D'INSTRUCTION : JURIDICTION D'INSTRUCTION DU PREMIER DEGRÉ

Section I. – Dispositions générales

(D. n° 64-119, 4 févr. 1964)

§ 1. – Copie du dossier d'instruction

(D. n° 2007-1620, 15 nov. 2007)

Art. D. 15-7 *(Rempl., D. n° 2019-507, 24 mai 2019).* – **La copie des actes du dossier d'instruction prévue par l'article 81 peut être réalisée sous format numérique. Elle est conservée dans des conditions garantissant qu'elle n'est accessible qu'aux personnes autorisées à la consulter.**

La cotation des pièces du dossier prévue à l'article 81 peut résulter d'un procédé automatisé, sous le contrôle d'un ou plusieurs agents de greffe, n'entrainant aucune altération de la pièce cotée.

Art. D. 15-8 *(Rempl., D. n° 2019-507, 24 mai 2019).* – **Les copies sous format numérique remises aux avocats en application des dispositions de l'article 114 peuvent être adressées par voie électronique.**

Si la taille du document ne permet pas un tel envoi, celui-ci est remis sur un support numérique conformément aux dispositions de l'article R. 165.

§ 2 à 4

Néant.

§ 5. – Examens médical et médico-psychologique (1)

(D. n° 83-1164, 23 déc. 1983)

Art. D. 16 *(Mod., D. n° 2007-699, 3 mai 2007).* – **L'enquête sur la personnalité des personnes mises en examen ainsi que sur leur situation matérielle, familiale ou sociale prévue à l'article 81, alinéa 6, du Code de procédure pénale et les examens, notamment médical et médico-psychologique, mentionnés à l'alinéa 7 dudit article, constituent le dossier de personnalité de la personne mise en examen.**

Ce dossier a pour objet de fournir à l'autorité judiciaire, sous une forme objective et sans en tirer de conclusion touchant à l'affaire en cours, des éléments d'appréciation sur le mode de vie passé et présent de la personne mise en examen.

Il ne saurait avoir pour but la recherche des preuves de la culpabilité.

Art. D. 17 *(Mod., D. n° 2006-385, 30 mars 2006).* – **Lorsqu'elles ont à apprécier l'opportunité de requérir ou d'ordonner les enquêtes et examens visés à l'article D. 16, les autorités judiciaires tiennent le plus grand compte, notamment :**

1° Du fait que la personne mise en examen est âgée de moins de vingt-cinq ans ;

2° De sa qualité de récidiviste, spécialement s'il encourt la tutelle pénale (2) **;**

3° De la nature du délit (coups et blessures volontaires, délits sexuels, incendie volontaire) ;

4° De la possibilité de prononcer la déchéance de l'autorité parentale, en application des articles 1er et 2 de la loi du 24 juillet 1889 (3) **;**

5° De l'éventualité d'une décision de sursis ***(Mots rempl. à compter du 24 mars 2020 pour les condamnations prononcées à compter de cette date, y compris si elles concernent des infractions commises avant cette date,***

---

(1) Dispositions du décret prises pour l'application de l'art. 81, al. 5 et 6, du Code de procédure pénale (Première partie, Législative).

(2) Supprimée, L. n° 81-82, 2 févr. 1981, art. 70.

(3) L. n° 70-459, 4 juin 1970, art. 6. – V. C. civ., art. 378 et 378-1.

D. n° 2020-81, 3 févr. 2020) « probatoire » ou d'admission au régime de semi-liberté conformément aux dispositions de l'article 723-1.

Art. D. 18. – Le juge d'instruction qui ordonne les enquêtes et examens visés à l'article D. 16, fixe le délai dans lequel les rapports doivent lui être adressés.

En cas de retards injustifiés, la personne désignée peut être remplacée et il en est donné avis aux fins de droit au procureur général et au président de la chambre de l'instruction.

Art. D. 19 *(D. n° 2006-385, 30 mars 2006).* – Dans les cas où il apparaît nécessaire de soumettre à une expertise psychiatrique une personne mise en examen qui a fait l'objet d'une enquête ou d'un examen mentionnés à l'article D. 16, le dossier de personnalité peut être communiqué, en tout ou partie, à l'expert.

Art. D. 20 à D. 22 *(Abr., D. n° 83-1164, 23 déc. 1983).*

Art. D. 23. – L'examen médical et l'examen médico-psychologique prévus par l'article 81, alinéa 6, du Code de procédure pénale constituent des mesures soumises aux règles de l'expertise organisée par les articles 156 à 169 dudit code.

Art. D. 24. – Les médecins chargés de ces examens sont, en principe, choisis sur les listes d'experts établies en application de l'article 157 et des articles R. 26 à R. 40 du Code de procédure pénale.

Le juge d'instruction peut également, par décision motivée, choisir des médecins particulièrement qualifiés, ne figurant pas sur ces listes.

Art. D. 25. – Lorsque le médecin chargé de l'examen médical ou médico-psychologique se fait assister d'autres personnes, leur nom et leur qualité doivent être mentionnés dans le rapport d'examen.

Art. D. 26. – Le juge d'instruction peut désigner, pour procéder aux examens qu'il estime utiles, des techniciens de qualifications différentes et notamment un psychologue et un observateur.

Il peut prescrire que ces derniers exécuteront leur mission en liaison avec le médecin chargé de l'examen médical ou médico-psychologique.

§ 6. – Désignation du juge d'instruction (1)

Art. D. 27. – Le juge d'instruction chargé d'une information nouvelle ou appelé à remplacer son collègue en cas d'empêchement ou de changement de poste, est désigné dans les conditions prévues ci-après.

Art. D. 28 *(D. n° 60-898, 24 août 1960).* – Le président du tribunal, saisi du réquisitoire introductif et des pièces jointes s'il s'agit d'une information nouvelle, transmet le dossier assorti de sa décision au juge d'instruction désigné.

Art. D. 29. – Le président peut désigner, pour le remplacer dans l'exercice des fonctions prévues à l'article D. 28, l'un des vice-présidents ou des juges du tribunal.

À défaut de désignation, il est remplacé, en cas d'absence, par le vice-président ou le juge du rang le plus élevé, présent au tribunal.

Art. D. 30 *(D. n° 60-898, 24 août 1960).* – Le président du tribunal peut établir un tableau de roulement désignant les juges d'instruction provisoirement chargés des informations qui viendraient à se présenter la nuit, les dimanches et jours fériés.

La désignation définitive du juge d'instruction intervient dans les vingt-quatre heures.

Art. D. 31 *(D. n° 2006-385, 30 mars 2006 ; D. n° 2021-683, 27 mai 2021).* – Les dispositions du présent paragraphe ne sont pas applicables :

1° Lorsqu'il n'existe qu'un juge d'instruction ;

2° Lorsqu'il s'agit d'une information comportant une personne mise en examen mineure de dix-huit ans et qu'il n'existe qu'un juge d'instruction chargé spécialement des affaires concernant les mineurs ;

(1) Dispositions du décret prises pour l'application des art. 83 et 84 du Code de procédure pénale (1re partie, législative).

3° Lorsque le juge d'instruction présent sur les lieux d'un crime ou délit flagrant est saisi en vertu de l'article 72 du Code de procédure pénale.

Art. D. 31-1 *(D. n° 2008-54, 16 janv. 2008 ; D. n° 2019-966, 18 sept. 2019).* – Pour l'application des dispositions du troisième alinéa de l'article 83-1, lorsque l'information a été ouverte dans un tribunal où il n'y a pas de pôle de l'instruction, le juge d'instruction qui demande que cette procédure fasse l'objet d'une cosaisine ou, après réquisition du ministère public ou requête des parties, donne son accord à une telle cosaisine, rend une ordonnance de dessaisissement au profit du pôle de l'instruction aux fins de cosaisine. Il adresse alors copie de son dossier, par l'intermédiaire du président de sa juridiction, au président du tribunal judiciaire où se trouve le pôle.

Dans le délai d'un mois à compter de la réception du dossier, le président du tribunal judiciaire où se trouve le pôle désigne le juge d'instruction chargé de l'information ainsi que le ou les juges d'instruction cosaisis. Copie de cette décision est immédiatement adressée, par tout moyen, au juge d'instruction du tribunal dans lequel il n'y a pas de pôle, qui est alors dessaisi du dossier, et qui adresse l'original de celui-ci aux juges d'instruction cosaisis.

Si le président du tribunal n'ordonne pas la cosaisine, copie du dossier est retournée au juge d'instruction, et il fait application, le cas échéant, des dispositions du quatrième alinéa de l'article 83-1.

Art. D. 31-2 *(Mod., D. n° 2019-966, 18 sept. 2019).* – Lorsque le juge d'instruction se dessaisit en application du dernier alinéa de l'article 118, il en informe immédiatement le président du tribunal judiciaire dans lequel se trouve le pôle de l'instruction, qui désigne le ou les juges du pôle qui seront chargés de poursuivre l'information. Ce dessaisissement ne prend effet qu'à compter de la désignation de ces juges. Les procureurs de la République des deux tribunaux judiciaires sont également informés de ce dessaisissement.

Art. D. 31-3 *(D. n° 2022-546, 13 avr. 2022).* – Lorsque la plainte avec constitution de partie civile est déposée par un avocat, elle peut être adressée au juge d'instruction par un moyen de communication électronique selon les modalités prévues par l'article D. 591, dès lors que les dispositions de cet article sont applicables à la suite du protocole passé par les chefs de la juridiction et le barreau.

Conformément aux dispositions du deuxième alinéa de l'article 85, la personne qui se prétend lésée par un délit, autre que ceux prévus par la loi du 29 juillet 1881 sur la liberté de la presse ou par les articles L. 86, L. 87, L. 91 à L. 100, L. 102 à L. 104, L. 106 à L. 108 et L. 113 du Code électoral, doit, à peine d'irrecevabilité, joindre à sa plainte avec constitution de partie civile :

– soit la copie de la plainte simple déposée devant le procureur de la République ou un service de police judiciaire, accompagnée de la copie de l'avis de classement sans suite adressé en retour par ce procureur ;

– soit la copie de cette plainte (adressée au parquet ou au service de police judiciaire) avec une copie du récépissé de remise de cette plainte au procureur de la République ou d'un envoi en recommandé avec demande d'avis de réception à ce magistrat, à condition que ce récépissé ou que la date de l'avis de réception de l'envoi en recommandé date d'au moins trois mois.

Lorsque la plainte avec constitution de partie civile est adressée au juge d'instruction par un moyen de communication électronique, les documents prévus par les deux alinéas précédents sont joints sous forme de fichiers numérisés.

Lorsque ces documents ne sont pas joints, le juge d'instruction constate par ordonnance l'irrecevabilité de la plainte avec constitution de partie civile. Cette ordonnance est notifiée à la personne par lettre recommandée ou à son avocat selon les modalités prévues par l'article 803-1.

Dans le cas contraire, le juge communique la plainte au procureur de la République conformément aux dispositions de l'article 86 après avoir, sauf si la personne a obtenu l'aide juridictionnelle ou a été dispensée de consignation, fixé le montant de la consignation et constaté le versement de celle-ci dans le délai prescrit.

La personne peut former appel de l'ordonnance d'irrecevabilité prévue par le présent article, conformément aux dispositions du deuxième alinéa de l'article 186, sans préjudice de sa possibilité de régulariser sa plainte en remettant les documents exigés ci-dessus ou de déposer ultérieurement une nouvelle plainte avec constitution de partie civile après avoir rempli les conditions prévues par l'article 85.

Art. D. 31-4 *(Créé, D. n° 2022-546, 13 avr. 2022).* – Lorsqu'elle porte sur un crime, la plainte avec constitution de partie civile ne peut être déposée que devant un juge d'instruction du tribunal judiciaire au sein duquel existe un pôle de l'instruction.

Toutefois, lorsqu'une plainte avec constitution de partie civile déposée devant le juge d'instruction du tribunal judiciaire au sein duquel il n'existe pas de pôle de l'instruction porte sur un crime puni de quinze ans ou de vingt ans de réclusion et qui n'est pas commis en état de récidive légale, le procureur de la République peut, dans ses réquisitions prises en application de l'article 86 et conformément au cinquième alinéa de l'article 52-1, requérir la saisine de ce juge d'instruction lorsqu'il considère qu'il résulte des circonstances de l'espèce et de son absence de complexité que le recours à la cosaisine, même en cours d'instruction, paraît peu probable.

Section II. – De la constitution de partie civile et de ses effets (1)

Art. D. 32 *(Mod., D. n° 2006-385, 30 mars 2006)*. – Quand, après une information ouverte sur constitution de partie civile, une décision de non-lieu a été rendue, la personne mise en examen et toute personne visée dans la plainte peut se faire délivrer par le procureur de la République, une expédition de la plainte et de la décision de non-lieu en vue de l'application éventuelle des dispositions de l'article 91 du Code de procédure pénale.

Section II *bis*. – De la première comparution

(D. n° 2016-1455, 28 oct. 2016, entrée en vigueur le 15 novembre 2016)

Art. D. 32-1 *(D. n° 2016-1455 ; 28 oct. 2016)*. – Le procès-verbal établi en application de l'article 116 indique que la personne a été avisée de son droit de demander l'assistance d'un avocat dès son interrogatoire de première comparution ou à tout moment au cours du déroulement de l'information. Il indique qu'elle a été informée que les frais resteront à sa charge, sauf si elle remplit les conditions d'obtention de l'aide juridictionnelle.

Art. D. 32-1-1 *(Créé, D. n° 2016-1455, 28 oct. 2016)*. – Le juge d'instruction qui saisit le juge des libertés et de la détention en application des dispositions du quatrième alinéa de l'article 137-1 aux fins de placement en détention provisoire de la personne mise en examen remplit une notice individuelle comportant des renseignements relatifs aux faits ayant motivé la poursuite de la personne, à ses antécédents judiciaires et à sa personnalité, qui est destinée, en cas de placement en détention, au chef de l'établissement pénitentiaire.

S'il ordonne le placement de la personne en détention provisoire, le juge des libertés et de la détention transmet au chef d'établissement, outre le titre de détention qu'il délivre, cette notice individuelle revêtue de son visa, après l'avoir complétée s'il l'estime nécessaire.

Les documents mentionnés à l'alinéa précédent peuvent être, le cas échéant, transmis au chef d'établissement par le juge d'instruction si le dossier de la procédure est retourné à ce magistrat avant la mise à exécution du titre de détention.

Lorsque le juge des libertés et de la détention ordonne le placement en détention après avoir été directement saisi par le procureur de la République en application des dispositions du deuxième alinéa de l'article 137-4, il remplit lui-même la notice individuelle prévue au premier alinéa du présent article.

Section II *ter*. – Du permis de communiquer

Art. D. 32-1-2 *(Créé, D. n° 2022-95, 31 janv. 2022)*. – La demande de permis de communiquer adressée au juge d'instruction par l'avocat désigné par la personne mise en examen détenue en application de l'article 115, y compris en application du dernier alinéa de cet article, ou par l'avocat commis d'office à sa demande en application de l'article 116, peut indiquer les noms des associés et collaborateurs pour lesquels la délivrance du permis est également sollicitée.

L'avocat désigné ou commis d'office peut, en cours de procédure, demander un permis de communiquer actualisé en modifiant la liste des associés et collaborateurs concernés.

Le permis de communiquer initial ou actualisé est mis à la disposition de l'avocat désigné ou commis d'office ou lui est adressé par tout moyen dans les meilleurs délais, sous réserve des nécessités du bon fonctionnement du cabinet d'instruction. Lorsque l'avocat est convoqué pour un interrogatoire ou un débat contradictoire, le permis est mis à sa disposition ou lui est envoyé au plus tard le premier jour ouvrable suivant la réception de la demande par le greffe du juge d'instruction.

(1) Dispositions du décret prises pour l'application de l'art. 91 du Code de procédure pénale (1re partie, législative).

Section III. – Des interceptions des correspondances émises par la voie de télécommunication

(Section rempl., D. n° 2017-511, 7 avr. 2017)

Art. D. 32-2 *(Rempl., D. n° 2017-511, 7 avr. 2017)*. – La notification prévue par l'article 100-8 est faite en utilisant le formulaire figurant à l'annexe C de la directive 2014/41/UE du 3 avril 2014 concernant la décision d'enquête européenne en matière pénale.

Art. D. 32-2-1 *(D. n° 2017-511, 7 avr. 2017)*. – Les notifications émanant de l'autorité compétente d'un État membre de l'Union européenne indiquant qu'une interception de correspondances émises par la voie des communications électroniques réalisée ou devant être réalisée par cet État concerne une adresse de communication utilisée sur le territoire national et une personne qui se trouve sur ce territoire sont adressées au directeur des affaires criminelles et des grâces du ministère de la Justice.

Dans le cas où une telle interception n'aurait pas pu être autorisée, dans le cadre d'une procédure nationale similaire, en application des dispositions du présent code, le directeur des affaires criminelles et des grâces peut, dans les 96 heures suivant la réception de la notification, demander soit que l'interception ne soit pas effectuée ou qu'elle soit interrompue, soit que les données interceptées alors que la personne se trouvait sur le territoire national ne soient pas utilisées ou ne soient utilisées que dans les conditions qu'il spécifie et pour les motifs qu'il précise.

Section IV

Néant.

Section V. – Des interrogatoires, confrontations et reconstitutions

(D. n° 2017-511, 7 avr. 2017)

Art. D. 32-2-2 *(Anc. art. D. 32-2 ; dénum. à compter du 22 mai 2017, D. n° 2017-511, 7 avr. 2017, art. 2 et 7)*. – Pour l'application des dispositions de l'article 116-1 relatif à l'enregistrement audiovisuel des interrogatoires des personnes mises en examen en matière criminelle, il est établi un enregistrement original placé sous scellé fermé.

Une copie de cet enregistrement est versée au dossier. Cette copie peut être commune à l'ensemble des enregistrements effectués au cours de l'instruction.

Sur instruction du procureur de la République ou du procureur général, les enregistrements sont détruits par le greffe de la juridiction dans le délai prévu par le quatrième alinéa de l'article 116-1.

Les modalités techniques de l'enregistrement audiovisuel sont déterminées par arrêté du ministre de la justice.

Art. D. 32-2-3 *(Créé, D. n° 2022-546, 13 avr. 2022)*. – En application du dernier alinéa de l'article 118 et conformément aux dispositions du cinquième alinéa de l'article 52-1, le juge d'instruction de la juridiction dépourvue de pôle de l'instruction qui constate que les faits reprochés à la personne mise en examen sous une qualification correctionnelle constituent en réalité un crime :

1° Se dessaisit d'office ou sur réquisition du procureur de la République au profit d'un juge du pôle de l'instruction s'il s'agit d'un crime puni de trente ans de réclusion ou de la réclusion criminelle à perpétuité, ou d'un crime commis en état de récidive légale ;

2° Se dessaisit au profit d'un juge du pôle de l'instruction sur réquisition du procureur de la République lorsque qu'il s'agit d'un crime puni de quinze ans ou de vingt ans de réclusion, commis en l'absence de récidive légale et que le procureur de la République considère qu'il résulte des circonstances de l'espèce et de sa complexité que le recours à la cosaisine en cours d'instruction ne paraît pas improbable.

Art. D. 32-2-4 *(Créé, D. n° 2022-656, 25 avr. 2022)*. – Lorsqu'un crime prévu par les articles 221-1 à 221-4 et 222-1 à 222-10 du Code pénal a été commis, sur le territoire national, dans des locaux privés d'habitation, le juge d'instruction peut décider, au titre des frais mentionnés au 6° de l'article R. 92, de requérir une entreprise pour procéder à des travaux techniques de nettoyage des lieux dès lors qu'il n'est plus nécessaire de laisser ceux-ci en l'état pour les besoins de la procédure en cours, notamment après qu'il a été procédé à une reconstitution.

Section VI

Néant.

Section VII. – Du contrôle judiciaire, de l'assignation à résidence avec surveillance électronique et de la détention provisoire (1)

(Sect. rempl., D. n° 2010-355, 1er avr. 2010)

Sous-section 1. – Du contrôle judiciaire

Néant.

Sous-section 2. – De l'assignation à résidence avec surveillance électronique

Art. D. 32-3 *(Rempl., D. n° 2010-355, 1er avr. 2010).* – **Les modalités d'application des dispositions des articles 142-5 à 142-13 relatifs à l'assignation à résidence avec surveillance électronique sont précisées par les dispositions de la présente sous-section.**

§ 1. – Mesures préalables au placement sous assignation à résidence avec surveillance électronique

Art. D. 32-4 *(Mod., D. n° 2019-508, 24 mai 2019 ; D. n° 2022-546, 13 avr. 2022).* – **Lorsqu'il est saisi d'une demande de placement sous assignation à résidence avec surveillance électronique ou lorsqu'il envisage de prononcer une telle mesure, le juge d'instruction ou le juge des libertés et de la détention ou, en cas d'appel, le président de la chambre de l'instruction peut charger le service pénitentiaire d'insertion et de probation :**

1° De s'assurer de la disponibilité du dispositif technique décrit à l'article R. 57-11 ou R. 61-22 ainsi que de la faisabilité technique du projet ;

2° De vérifier la situation familiale, matérielle et sociale de la personne mise en examen, notamment aux fins de déterminer les horaires et les lieux d'assignation.

La saisine aux fins des vérifications mentionnées au 1° ci-dessus est obligatoire dans les cas prévus par les 1° à 3° de l'article 142-6 ; toutefois, dans les cas prévus par les 1° et 2° de cet article, le juge d'instruction peut prendre une décision spécialement motivée disant ne pas procéder à cette saisine. Cette décision, qui ne peut faire l'objet d'un recours, peut figurer dans l'ordonnance du juge saisissant le juge des libertés et de la détention aux fins de prolongation de la détention provisoire.

Dans le cas prévu par le dernier alinéa de l'article 142-6, cette saisine est faite par le président de la chambre de l'instruction.

Art. D. 32-5 *(D. n° 2010-355, 1er avr. 2010).* – **Lorsque le lieu d'assignation devant être désigné n'est pas le domicile de la personne mise en examen, l'accord écrit émanant soit du propriétaire, soit du ou des titulaires du contrat de location des lieux où pourra être installé le récepteur, est recueilli par le service pénitentiaire d'insertion et de probation.**

Ce recueil n'est toutefois pas nécessaire si cet accord figure déjà au dossier de la procédure.

Art. D. 32-6 *(D. n° 2010-355, 1er avr. 2010).* – **Lorsqu'il envisage de prononcer une telle mesure, le juge d'instruction ou le juge des libertés et de la détention informe la personne mise en examen qu'elle peut**

(1) Les personnes sous contrôle judiciaire placées sous surveillance électronique à la date de publication du présent décret pour des délits punis d'au moins deux ans sont considérées comme placées sous assignation à résidence avec surveillance électronique depuis le 26 novembre 2009, date d'entrée en vigueur de la loi pénitentiaire n° 2009-1435 du 24 novembre 2009.

Sans préjudice de leur possibilité de demander la mainlevée de la mesure, celle-ci doit être prolongée avant l'expiration d'un délai de six mois à compter du 26 novembre 2009, dans les conditions et selon les modalités prévues par les articles 142-6 et 142-7 du Code de procédure pénale.

Le temps d'exécution de la mesure à compter du 26 novembre 2009 s'impute sur la durée de la peine privative de liberté en cas de prononcé d'une telle peine, conformément aux dispositions des articles 142-11 et 716-4 du Code de procédure pénale.

En cas de non-lieu, relaxe ou acquittement, la durée de la mesure, à compter du 26 novembre 2009, donne droit à réparation du préjudice subi selon les modalités prévues par les articles 149 à 150 de ce même code.

Le registre nominatif spécial tenu par l'administration pénitentiaire des personnes placées sous assignation à résidence avec surveillance électronique prévu par l'article D. 32-14 du Code de procédure pénale reprend le registre prévu par l'article R. 57-35 du code relatif aux personnes mises en examen placées sous surveillance électronique.

demander à tout moment qu'un médecin vérifie que la mise en œuvre du procédé décrit à l'article R. 57-11 ou à l'article R. 61-22 ne présente pas d'inconvénient pour sa santé.

§ 2. – **Accord de la personne mise en examen**
(§ abr. à compter du 1er juin 2019, D. n° 2019-508, 24 mai 2019)

Art. D. 32-7 ***(D. n° 2010-355, 1er avr. 2010 ; abr. à compter du 1er juin 2019, D. n° 2019-508, 24 mai 2019).***

Art. D. 32-8 ***(D. n° 2010-355, 1er avr. 2010 ; abr. à compter du 1er juin 2019, D. n° 2019-508, 24 mai 2019).***

Art. D. 32-9 ***(D. n° 2010-355, 1er avr. 2010 ; abr. à compter du 1er juin 2019, D. n° 2019-508, 24 mai 2019).***

§ 3. – **Placement sous assignation à résidence avec surveillance électronique**

Art. D. 32-10 *(D. n° 2010-355, 1er avr. 2010).* **– L'ordonnance de placement sous assignation à résidence avec surveillance électronique est motivée conformément aux dispositions de l'article 142-6.**

Elle précise le domicile ou la résidence dans laquelle la personne est assignée ainsi que les jours et horaires d'assignation et les motifs pour lesquels la personne est autorisée à s'absenter de ce domicile ou de cette résidence.

Elle précise également, le cas échéant, les autres obligations et interdictions prévues par l'article 138 auxquelles la personne est astreinte.

Art. D. 32-11 *(Rempl. à compter du 1er juin 2019, D. n° 2019-508, 24 mai 2019).* **– Le juge d'instruction ou le juge des libertés et de la détention qui a prononcé l'assignation à résidence informe la personne mise en examen que :**

1° Dans le cas où elle ne respecterait pas les obligations qui lui sont imposées, l'assignation à résidence pourra être révoquée et elle pourra être placée en détention provisoire.

2° La pose du bracelet comportant un émetteur prévu à l'article R. 57-11 ne peut être effectuée sans son consentement, mais que le fait de refuser la pose de ce dispositif constitue une violation de ses obligations pouvant donner lieu à la révocation de son assignation à résidence et à son placement en détention provisoire.

Ces informations font l'objet d'une mention dans le procès-verbal du débat contradictoire prévu par le premier alinéa de l'article 142-6 ou de la présentation de la personne devant le magistrat prévu par cet alinéa.

Art. D. 32-12 *(D. n° 2010-355, 1er avr. 2010).* **– Si cela n'a pas déjà été fait, ce magistrat informe également la personne mise en examen qu'elle peut demander à tout moment qu'un médecin vérifie que la mise en œuvre du procédé décrit à l'article R. 57-11 ne présente pas d'inconvénient pour sa santé.**

Art. D. 32-13 *(Mod. à compter du 1er juin 2019, D. n° 2019-508, 24 mai 2019).* **– Si l'assignation à résidence avec surveillance électronique est ordonnée à l'occasion d'une mise en liberté, les informations prévues par les articles D. 32-11 et D. 32-12 figurent dans l'ordonnance.**

Le juge d'instruction ou le juge des libertés et de la détention peut décider que son ordonnance est prise sous condition suspensive d'installation du dispositif prévu à l'article 723-8 et que la mise en liberté de la personne est subordonnée à la pose du bracelet comportant un émetteur prévu à l'article R. 57-11. Dans ce cas, l'ordonnance indique que cette pose ne peut être effectuée sans le consentement de la personne, mais que si celle-ci la refuse, l'ordonnance sera caduque.

Art. D. 32-14 *(Mod., D. n° 2019-508, 24 mai 2019).* **– La personne placée sous assignation à résidence avec surveillance électronique est inscrite dans un registre nominatif spécial tenu par l'administration pénitentiaire.**

Le personnel de l'administration pénitentiaire assure la pose et la dépose du dispositif de surveillance électronique que doit porter la personne assignée.

La pose du dispositif de surveillance électronique est effectuée, dans un délai de cinq jours au plus tard à compter de l'ordonnance de placement sous assignation à résidence avec surveillance électronique.

En cas de placement sous assignation à résidence avec surveillance électronique mobile ordonné à l'occasion d'une mise en liberté, le dispositif est installé sur la personne avant sa libération.

Il en est de même en cas de mise en liberté assortie du placement sous assignation à résidence avec surveillance électronique lorsque le magistrat a subordonné la mise en liberté à la pose de ce dispositif.

Le contrôle et le suivi de la mesure sont assurés par le service pénitentiaire d'insertion et de probation, les dispositions de l'article R. 57-22 étant applicables.

Art. D. 32-15 *(D. n° 2010-355, 1er avr. 2010)*. – En cas de placement sous assignation à résidence avec surveillance électronique mobile, la personne fait l'objet du traitement automatisé prévu par les articles 763-12 et R. 61-12 à R. 61-20.

Les articles R. 61-21 à R. 61-31-1-1 sont applicables, le juge d'instruction exerçant les attributions du juge de l'application des peines.

§ 4. – Modification ou mainlevée de l'assignation à résidence avec surveillance électronique

Art. D. 32-16 *(D. n° 2010-355, 1er avr. 2010)*. – Conformément aux dispositions des articles 139 et 142-8, le juge d'instruction peut, à tout moment de l'information :

1° Imposer à la personne placée sous assignation à résidence avec surveillance électronique une ou plusieurs obligations nouvelles ;

2° Supprimer tout ou partie des obligations qui ont été imposées ;

3° Modifier une ou plusieurs de ces obligations ;

4° Accorder une dispense occasionnelle ou temporaire d'observer certaines d'entre elles.

Cette décision est prise par ordonnance motivée sur réquisitions du procureur de la République ou, après avis de celui-ci, sur demande de la personne mise en examen.

Les décisions ajoutant de nouvelles obligations ne peuvent intervenir qu'après audition de la personne mise en examen.

Les ordonnances du juge d'instruction prises en application du présent article peuvent faire l'objet d'un appel conformément aux dispositions des articles 185 et 186.

Le juge d'instruction peut également, à la demande de la personne, par ordonnance non motivée prise sans avis préalable du procureur de la République, modifier les horaires de présence au domicile ou dans les lieux d'assignation, dès lors qu'il s'agit de modifications ne touchant pas à l'équilibre de la mesure de contrôle.

Art. D. 32-17 *(D. n° 2010-355, 1er avr. 2010)*. – L'accord préalable du juge d'instruction prévu par l'article 142-9 pour que les horaires de présence au domicile ou dans les lieux d'assignation soient modifiés par le chef d'établissement pénitentiaire ou par le directeur du service pénitentiaire d'insertion et de probation, dès lors qu'il s'agit de modifications favorables à la personne mise en examen ne touchant pas à l'équilibre de la mesure de contrôle, est mentionné dans l'ordonnance décidant de l'assignation à résidence.

Si cet accord est donné postérieurement au prononcé de la mesure, il figure dans un document distinct qui est adressé sans délai au chef d'établissement pénitentiaire ou au directeur du service pénitentiaire d'insertion et de probation.

Le juge peut à tout moment de la procédure décider de retirer cet accord. Il doit alors en informer sans délai le chef d'établissement pénitentiaire ou le directeur du service pénitentiaire d'insertion et de probation.

Art. D. 32-18 *(D. n° 2010-355, 1er avr. 2010)*. – Copies des décisions du chef d'établissement pénitentiaire ou du directeur du service pénitentiaire d'insertion et de probation modifiant les horaires de présence au domicile ou dans les lieux d'assignation sont adressées sans délai au juge d'instruction.

Ce magistrat peut annuler les modifications accordées par ordonnance non susceptible de recours, sans préjudice de la possibilité pour la personne de former une demande de modification en application de l'article D. 32-16.

Art. D. 32-19 *(D. n° 2010-355, 1er avr. 2010)*. – Conformément aux dispositions des articles 140 et 142-8, la mainlevée de l'assignation à résidence avec surveillance électronique peut être ordonnée à tout moment par le juge d'instruction, soit d'office, soit sur les réquisitions du procureur de la République, soit sur la demande de la personne après avis du procureur de la République.

Le juge d'instruction statue sur la demande de la personne dans un délai de cinq jours, par ordonnance motivée susceptible d'appel, conformément aux dispositions des articles 185 et 186.

Faute pour le juge de l'instruction d'avoir statué dans ce délai, la personne peut saisir directement de sa demande la chambre de l'instruction qui, sur les réquisitions écrites et motivées du procureur général, se prononce dans les vingt jours de sa saisine. À défaut, la mainlevée de l'assignation à résidence avec surveillance électronique est acquise de plein droit, sauf si des vérifications concernant la demande de la personne ont été ordonnées.

§ 5. – Dispositions applicables en cas de non-respect de l'assignation à résidence avec surveillance électronique

Art. D. 32-20 *(D. n° 2010-355, 1er avr. 2010 ; mod., D. n° 2010-1277, 27 oct. 2010)*. – Conformément aux dispositions des articles 141-2 et 142-8, si la personne mise en examen se soustrait volontairement aux obligations de l'assignation à résidence avec surveillance électronique, le juge d'instruction peut décerner à son encontre le mandat d'arrêt ou d'amener.

Le juge de l'instruction peut également, dans les conditions prévues au quatrième alinéa de l'article 137-1, saisir le juge des libertés et de la détention aux fins de placement en détention provisoire.

Quelle que soit la peine d'emprisonnement encourue, le juge des libertés et de la détention peut décerner, à l'encontre de cette personne, un mandat de dépôt en vue de sa détention provisoire, sous réserve des dispositions des articles 141-3 et D. 32-21.

En cas de violation des obligations prévues par les 9° et 17° de l'article 138, les dispositions de l'article 141-4 sont applicables, ainsi que celles du second alinéa de l'article 141-2 et celles du dernier alinéa de l'article 394.

Art. D. 32-21 *(D. n° 2010-355, 1er avr. 2010)*. – Conformément aux dispositions des articles 141-3 et 142-8, lorsque la détention provisoire est ordonnée à la suite d'une révocation de l'assignation à résidence avec surveillance électronique à l'encontre d'une personne antérieurement placée en détention provisoire pour les mêmes faits, la durée cumulée des détentions ne peut excéder de plus de quatre mois la durée maximale de la détention prévue respectivement aux articles 145-1 et 145-2.

Lorsque la peine encourue est inférieure à celle mentionnée à l'article 143-1, la durée totale des détentions ne peut excéder quatre mois.

§ 6. – Dispositions applicables en cas de non-lieu

Art. D. 32-22 *(D. n° 2010-355, 1er avr. 2010)*. – Lorsqu'une décision de non-lieu est notifiée à une personne ayant été placée sous assignation à résidence avec surveillance électronique, celle-ci est avisée de son droit à réparation, conformément aux dispositions de l'article 149.

§ 7. – Dispositions applicables en cas de renvoi devant la juridiction de jugement

Art. D. 32-23 *(Mod., D. n° 2019-508, 24 mai 2019)*. – Conformément aux dispositions de l'article 179, en cas de renvoi devant le tribunal correctionnel de la personne mise en examen, l'assignation à résidence avec surveillance électronique prend fin, sauf décision motivée du juge d'instruction ordonnant le maintien de la mesure.

Dans ce cas, la durée totale de l'assignation à résidence, compte tenu de celle exécutée au cours de l'instruction, ne peut excéder une durée de deux ans conformément aux dispositions du deuxième alinéa de l'article 142-7

Art. D. 32-24 *(Mod., D. n° 2019-508, 24 mai 2019)*. – Conformément aux dispositions de l'article 181, en cas de mise en accusation devant la cour d'assises de la personne mise en examen, l'assignation à résidence avec surveillance électronique continue de produire ses effets.

La durée totale de l'assignation à résidence, compte tenu de celle exécutée au cours de l'instruction, ne peut alors excéder une durée de deux ans conformément aux dispositions du deuxième alinéa de l'article 142-7

Le juge d'instruction peut également, dans son ordonnance de mise en accusation, ordonner la mainlevée de la mesure.

Art. D. 32-25 *(D. n° 2010-355, 1er avr. 2010)*. – Si la personne se soustrait aux obligations de l'assignation à résidence avec surveillance électronique alors qu'elle est renvoyée devant la juridiction de jugement, le procureur de la République peut saisir le juge des libertés et de la détention pour que celui-ci décerne le mandat d'arrêt ou d'amener à son encontre. Ce magistrat est également compétent pour ordonner, conformément aux dispositions de l'article 135-2, le placement en détention provisoire de l'intéressé.

Art. D. 32-25-1 *(Créé, D. n° 2021-1820, 24 déc. 2021)*. – Lorsque la personne renvoyée devant la juridiction de jugement est condamnée à une peine d'emprisonnement ferme assorti d'un mandat de dépôt à effet différé prononcé avec exécution provisoire, les obligations de l'assignation à résidence sous surveillance électronique ou sous surveillance électronique mobile demeurent applicables jusqu'à ce que la personne soit incarcérée, au plus tard avant l'expiration du délai d'appel de dix jours. La dépose du dispositif de surveillance électronique par le personnel de l'administration pénitentiaire intervient alors au moment de l'incarcération.

Si la personne est condamnée, avec exécution provisoire, à la peine de détention à domicile sous surveillance électronique ou à une peine d'emprisonnement ferme aménagée sous la forme d'une détention à domicile sous surveillance électronique, ces obligations demeurent applicables jusqu'à ce que la peine soit effective, au plus tard avant l'expiration du délai d'appel de dix jours.

Les dispositions du présent article sont applicables lorsque la personne renvoyée devant la juridiction fait l'objet d'un dispositif électronique mobile anti-rapprochement prévu aux articles 138-3 du présent code et qu'elle est condamnée, avec exécution provisoire, soit à une peine d'emprisonnement ferme avec mandat de dépôt à effet différé, soit à la peine de détention à domicile sous surveillance électronique ou à une peine d'emprisonnement aménagée par la juridiction ou à un sursis probatoire comportant ce dispositif en application de l'article 132-45-1 du Code pénal.

Les dispositions du présent article sont également applicables lorsque ces mesures ont été prononcées en application des articles 394,396 ou 397-1-1 du présent code.

§ 8. – Dispositions applicables aux mineurs

Art. D. 32-26 *(Mod., D. n° 2019-508, 24 mai 2019 ; abr., D. n° 2021-683, 27 mai 2021).*

Art. D. 32-27 *(D. n° 2010-355, 1er avr. 2010 ; abr., D. n° 2021-683, 27 mai 2021).*

Art. D. 32-28 *(D. n° 2010-355, 1er avr. 2010 ; abr., D. n° 2021-683, 27 mai 2021).*

Sous-section 3. – Dispositions relatives au contrôle judiciaire et à l'assignation à résidence applicables en cas de violences au sein du couple

Art. D. 32-29 *(D. n° 2010-355, 1er avr. 2010).* – En cas d'information concernant des infractions commises soit par le conjoint, le concubin ou le partenaire lié à la victime par un pacte civil de solidarité, soit par l'ancien conjoint, l'ancien concubin ou l'ancien partenaire lié à la victime par un pacte civil de solidarité, une ou plusieurs des obligations et interdictions suivantes peuvent être ordonnées dans le cadre du contrôle judiciaire ou de l'assignation à résidence sous surveillance électronique, conformément aux dispositions des 9° et 17° de l'article 138 :

1° S'abstenir de recevoir ou de rencontrer la victime ou d'entrer en relation avec elle, de quelque façon que ce soit ;

2° Résider hors du domicile ou de la résidence de la victime, y compris s'il s'agissait du domicile ou de la résidence du couple ;

3° S'abstenir de paraître dans le domicile ou la résidence de la victime, y compris s'il s'agissait du domicile ou de la résidence du couple ;

4° S'abstenir de paraître aux abords immédiats du domicile ou de la résidence de la victime, y compris s'il s'agissait du domicile ou de la résidence du couple.

Art. D. 32-30 *(D. n° 2010-355, 1er avr. 2010 ; mod. à compter du 27 décembre 2014, D. n° 2014-1582, 23 déc. 2014).* – Lorsque l'une ou plusieurs des obligations et interdictions mentionnées à l'article D. 32-29 ont été prononcées, la victime peut, si elle y consent expressément et pour une durée déterminée, se voir attribuer un dispositif de téléprotection permettant d'alerter les autorités publiques en cas de violation de ces obligations ou interdictions.

Il peut également être recouru au dispositif prévu par le présent article lorsque l'interdiction faite à l'auteur de l'infraction de rencontrer sa victime résulte d'une alternative aux poursuites, d'une composition pénale, d'un sursis *(Mots rempl. à compter du 24 mars 2020 pour les condamnations prononcées à compter de cette date, y compris si elles concernent des infractions commises avant cette date, D. n° 2020-81, 3 févr. 2020)* « probatoire »,d'un aménagement de peine ou d'une libération conditionnelle.

Sous-section 4. – De la détention provisoire

Art. D. 32-31 *(D. n° 2010-355, 1er avr. 2010).* – Lorsque, conformément aux dispositions des septième et neuvième alinéas de l'article 145, le juge des libertés et de la détention ordonne l'incarcération provisoire de la personne mise en examen en vue d'un débat différé, soit d'office, soit à la suite d'une demande de délai de

l'intéressé ou de son avocat, ce magistrat peut, afin qu'il soit procédé aux vérifications sur la situation de la personne prévues par l'article 81, directement saisir :

1° Le service pénitentiaire d'insertion et de probation ;

2° Le service compétent de la protection judiciaire de la jeunesse ;

3° Toute association habilitée en application des dispositions du sixième alinéa de l'article 81.

Section VIII. – Des commissions rogatoires (1)

Art. D. 33. – Lorsqu'un juge d'instruction adresse une commission rogatoire à un officier de police judiciaire chef d'un service de police ou d'une unité de gendarmerie, celui-ci peut en faire assurer l'exécution par un officier de police judiciaire placé sous son autorité, à condition que ce dernier agisse dans les limites de sa compétence territoriale.

L'officier de police judiciaire chargé de l'exécution d'une commission rogatoire par son chef hiérarchique doit, sans préjudice de l'application des dispositions de l'article D. 9, en rendre compte immédiatement au magistrat mandant si celui-ci a prescrit cette diligence.

Art. D. 34. – L'officier de police judiciaire chargé de l'exécution d'une commission rogatoire tient le magistrat commettant informé de son activité.

Il lui réfère sans délai des difficultés qui viendraient à se présenter et sollicite ses instructions.

Art. D. 35 ***(Rempl., D. n° 2019-507, 24 mai 2019).*** **– Lorsqu'une commission rogatoire prescrit des opérations simultanées sur divers points du territoire, le juge d'instruction peut ordonner sa diffusion par tout moyen aux juges d'instruction ou officiers de police judiciaire chargés de son exécution.**

Art. D. 36 ***(Abr., D. n° 2019-507, 24 mai 2019).***

Art. D. 36-1 ***(D. n° 2016-1202, 7 sept. 2016).*** **– Les dispositions de l'article D. 15-5-1 sont également applicables aux opérations réalisées sur commission rogatoire du juge d'instruction.**

Section IX. – De l'expertise

Art. D. 37 ***(Rétabli, D. n° 2007-699, 3 mai 2007).*** **– Les dispositions de l'article 161-1 ne sont pas applicables aux expertises médicales dont l'objet est d'apprécier l'importance du dommage subi par la victime.**

Art. D. 38 ***(Rétabli, D. n° 2007-699, 3 mai 2007).*** **– Lorsque l'expert désigné par le juge d'instruction appartient à une association visée aux articles 2-1 à 2-21 et que l'information porte sur des faits pour lesquels cette association peut se constituer partie civile, il est tenu de déclarer cette appartenance au juge d'instruction dès réception de l'ordonnance de désignation. Si le juge maintient la désignation de l'expert, la déclaration d'appartenance est mentionnée dans le rapport d'expertise.**

Art. D. 39 ***(Rétabli, D. n° 2007-699, 3 mai 2007).*** **– L'envoi aux avocats des rapports d'expertise ou de leurs conclusions, qu'il s'agisse des rapports d'étape, provisoires ou définitifs, prévus par les articles 161-2, 166, 167 et 167-2, peut être réalisé selon les modalités prévues par l'article 803-1.**

Art. D. 40 ***(Rétabli, D. n° 2007-699, 3 mai 2007).*** **– Les demandes d'expertises, de modification de la mission d'un expert ou d'adjonction d'un co-expert et les observations concernant les rapports d'expertise prévues par les articles 156, 161-1, 161-2, 167 et 167-2 sont adressées au juge d'instruction selon les modalités prévues par l'avant-dernier alinéa de l'article 81.**

Toutefois, elles peuvent être faites selon les modalités prévues par l'article D. 591 lorsque les dispositions de cet article sont applicables à la suite du protocole passé par les chefs de la juridiction et le barreau.

Section X. – Des nullités de l'information

(D. n° 2007-1620, 15 nov. 2007)

Néant.

(1) Dispositions du décret prises pour l'application des articles 151 à 155 du Code de procédure pénale (1re partie, législative).

Section XI. – Des ordonnances de règlement

(D. n° 2007-1620, 15 nov. 2007)

Art. D. 40-1 *(Rempl. à compter du 1er juin 2019, D. n° 2019-508, 24 mai 2019)*. – L'avis de fin d'information adressé aux parties en application du I de l'article 175 comporte une mention informant celles-ci de leur droit de demander, si elles ne l'ont pas déjà fait, et selon les modalités prévues à l'avant-dernier alinéa de l'article 81, à exercer l'un ou plusieurs des droits prévus aux IV et VI de l'article 175.

Art. D. 40-1-1 *(Créé à compter du 1er juin 2019, D. n° 2019-508, 24 mai 2019)*. – Si une partie a demandé d'exercer l'un ou plusieurs des droits prévus aux IV et VI de l'article 175, les dispositions concernées des IV et VI de cet article sont applicables à l'ensemble des parties.

Art. D. 40-1-2 *(Créé à compter du 1er juin 2019, D. n° 2019-508, 24 mai 2019)*. – Lorsque le réquisitoire définitif du procureur de la République adressé au juge d'instruction en application du II de l'article 175 n'a pas été adressé en copie aux avocats des parties, le greffier du juge d'instruction ou le secrétariat commun de l'instruction procède à cet envoi.

Cet envoi peut être effectué par un moyen de communication électronique selon les modalités prévues par l'article 803-1.

Art. D. 40-2 *(Mod., D. n° 2019-508, 24 mai 2019)*. – Les observations, les demandes d'actes et les observations complémentaires prévues par les IV et VI de l'article 175 sont adressées au juge d'instruction selon les modalités prévues par l'avant-dernier alinéa de l'article 81.

Toutefois, elles peuvent être faites par un moyen de communication électronique selon les modalités prévues par l'article D. 591 lorsque les dispositions de cet article sont applicables à la suite du protocole passé par les chefs de la juridiction et le barreau.

Section XII. – De l'appel des ordonnances du juge d'instruction ou du juge des libertés et de la détention

(D. n° 2007-1620, 15 nov. 2007)

Art. D. 40-3 *(Mod., D. n° 2019-507, 24 mai 2019)*. – Pour l'application des articles 186 et 186-1, ainsi que pour l'ensemble des transmissions de dossiers à la cour d'appel, la copie du dossier de l'information prévue par l'article 81 devant être adressée au procureur général ou au président de la chambre de l'instruction peut être la copie sous format numérique prévue par l'article D. 15-7. Elle peut être transmise par un moyen de communication électronique.

Section XIII. – De la reprise de l'information sur charges nouvelles

(D. n° 2007-1620, 15 nov. 2007)

Néant.

CHAPITRE II. – DE LA CHAMBRE DE L'INSTRUCTION : JURIDICTION D'INSTRUCTION DU SECOND DEGRÉ

Section I. – Dispositions générales

Art. D. 43 *(Rempl., D. n° 2007-699, 3 mai 2007)*. – Le nombre et le jour des audiences de la chambre de l'instruction sont fixés à la fin de chaque année judiciaire pour l'année judiciaire suivante par une décision conjointe du premier président et du procureur général prise après avis de l'assemblée générale de la cour d'appel.

En cas de nécessité, cette décision peut être modifiée dans les mêmes conditions en cours d'année.

En cas d'impossibilité de parvenir à une décision conjointe, le nombre et le jour des audiences de la chambre de l'instruction sont fixés par le seul premier président.

Section II. – Pouvoirs propres du président de la chambre de l'instruction

(D. n° 2007-699, 3 mai 2007)

Art. D. 43-1 *(D. n° 2007-699, 3 mai 2007 ; D. n° 2021-1130, 30 août 2021).* **– Pour l'application des articles 187-3 et 194, le dossier de la procédure d'instruction peut être transmis au premier président de la cour d'appel, au procureur général, à la chambre de l'instruction ou à son président, par un moyen de communication électronique à l'adresse électronique du service compétent du greffe de la cour d'appel, notamment lorsque ce dossier a été établi ou converti sous format numérique en application du premier alinéa de l'article 801-1 et des articles D. 589 à D. 589-7.**

Art. D. 43-1-1 *(Créé, D. n° 2021-1130, 30 août 2021).* **– Au moins une fois par an, à l'occasion de l'un des envois des états semestriels prévus par l'article 221, le président de la chambre de l'instruction ou un conseiller de la chambre par lui délégué reçoit les juges d'instruction de son ressort pour examiner le contenu de ces états. Cet entretien peut aussi avoir lieu à l'occasion d'une visite du cabinet du juge d'instruction par le président ou le conseiller délégué.**

Art. D. 43-2 *(Créé, D. n° 2007-699, 3 mai 2007).* **– Pour l'application des dispositions des articles 220, 221-1, 221-3 et 223, le président de la chambre de l'instruction peut à tout moment demander à un juge d'instruction du ressort de la cour d'appel de lui communiquer copie du dossier d'une information en cours.**

Art. D. 43-2 *(D. n° 2007-699, 3 mai 2007).* **– Pour l'application des dispositions des articles 220, 221-1, 221-3 et 223, le président de la chambre de l'instruction peut à tout moment demander à un juge d'instruction du ressort de la cour d'appel de lui communiquer copie du dossier d'une information en cours.**

Art. D. 43-2-1 *(Créé, D. n° 2021-1130, 30 août 2021).* **– À tout moment, y compris lorsque la chambre de l'instruction est saisie soit d'un appel d'une ordonnance rendue au cours de l'information, notamment en matière de détention provisoire, de demande d'actes ou de calendrier prévisionnel de la procédure, soit d'une requête en nullité, soit d'une demande directe faute pour le juge d'instruction d'avoir rendu son ordonnance dans le délai prévu par la loi, son président peut, y compris préalablement à l'examen du dossier par la chambre, entendre le juge d'instruction, hors la présence des parties, le cas échéant par l'intermédiaire d'un moyen de télécommunication, afin de recevoir des observations sur le déroulement d'une procédure d'information. Lorsque cette audition intervient alors que la chambre a été saisie par les parties, le président rédige un compte rendu de celle-ci, qui est versé au dossier de la procédure au moins 48 heures avant que la chambre ne se prononce. À l'occasion de son audition, le juge d'instruction peut remettre des observations écrites qui sont alors immédiatement versées au dossier.**

Art. D. 43-3 *(D. n° 2007-699, 3 mai 2007).* **– Le président de la chambre de l'instruction informe chaque juge d'instruction du ressort de la cour d'appel de la désignation du magistrat référent de cette chambre par lui choisi pour être spécialement chargé d'assurer le suivi administratif du cabinet de ce juge et d'exercer, en ce qui le concerne, tout ou partie des attributions prévues par les articles 220 à 223. À cette fin, le président peut déléguer à un ou plusieurs conseillers de la chambre tout ou partie de ses pouvoirs en application du troisième alinéa de l'article 219, lorsqu'il ne s'est pas lui-même désigné comme magistrat référent.**

Art. D. 43-4 *(D. n° 2007-699, 3 mai 2007).* **– À peine d'irrecevabilité, la demande de la personne mise en examen tendant à l'examen de l'ensemble de la procédure par la chambre de l'instruction en application des dispositions de l'article 221-3 fait l'objet d'une requête motivée destinée au président de cette chambre, qui est transmise à ce dernier par l'intermédiaire du juge d'instruction conformément aux dispositions du présent article. Cette requête précise si l'intéressé demande à comparaître devant la chambre.**

La requête doit faire l'objet d'une déclaration au greffier du juge d'instruction saisi du dossier. Elle est constatée et datée par le greffier qui la signe ainsi que le demandeur ou son avocat. Si le demandeur ne peut signer, il en est fait mention par le greffier. Lorsque le demandeur ou son avocat ne réside pas dans le ressort du tribunal judiciaire compétent, la déclaration au greffier peut être faite au moyen d'une lettre recommandée avec demande d'avis de réception.

La requête peut également être faite par le mis en examen détenu au moyen d'une déclaration auprès du chef de l'établissement pénitentiaire. Cette déclaration est constatée et datée par le chef de l'établissement pénitentiaire qui la signe, ainsi que le demandeur. Si celui-ci ne peut signer, il en est fait mention par le chef de l'établissement. Ce document est adressé sans délai, en original ou copie et par tout moyen, au greffier du juge d'instruction.

Le juge d'instruction adresse sans délai l'original de la requête au président de la chambre de l'instruction, avec une copie du dossier de la procédure.

Le président de la chambre de l'instruction statue dans les huit jours de la réception de la requête et du dossier, conformément aux dispositions du premier alinéa de l'article 221-3. Sa décision est notifiée à la personne mise en examen par le chef de l'établissement pénitentiaire, et à son avocat par lettre recommandée ou conformément aux dispositions de l'article 803-1. Copie de cette décision est adressée au juge d'instruction.

Art. D. 43-5 *(Créé à compter du 1er juin 2019, D. n° 2019-508, 24 mai 2019).* – Conformément aux articles 41-4,41-6,99,706-153 et 778, le président de la chambre de l'instruction est compétent pour statuer seul sur les demandes ou les recours ou contentieux relatifs :

- à la restitution d'objets placés sous-main de justice ;
- à la saisie de biens ou droits incorporels ;
- à des demandes de rectification de l'état civil.

L'auteur de la demande ou du recours peut toutefois préciser dans sa demande ou son recours qu'il saisit la chambre de l'instruction dans sa formation collégiale.

À défaut, le président peut décider, au regard de complexité du dossier, que celui-ci soit examiné par la chambre dans sa composition collégiale.

Art. D. 43-6 *(Créé, D. n° 2021-1130, 30 août 2021).* – Lorsqu'en application aux articles 41-4, 41-6, 99, 706-153 et 778 ou de toute autre disposition législative, le président de la chambre de l'instruction est compétent pour statuer seul sur une demande, un recours ou un contentieux, il se prononce dans un délai raisonnable et dans le respect du contradictoire, après avoir recueilli les observations écrites du procureur général et des parties.

Sauf si la loi en dispose autrement, la décision du président de la chambre de l'instruction peut faire l'objet d'un pourvoi en cassation en cas d'excès de pouvoir.

Section III. – De la notation et du contrôle de l'activité judiciaire des officiers de police judiciaire

[Dispositions prises pour l'application des articles 13, 16, 19-1, 224 à 230 et R. 14 à R. 15-6 du Code de procédure pénale] (D. n° 98-1203, 28 déc. 1998)

Art. D. 44 *(Mod., D. n° 2019-507, 24 mai 2019).* – Il est tenu en permanence au parquet général de chaque cour d'appel le cas échéant de façon dématérialisée, un dossier individuel concernant l'activité, en tant qu'officier de police judiciaire et pour l'ensemble du ressort, de chacun des fonctionnaires et militaires habilités à exercer les attributions attachées à la qualité d'officier de police judiciaire.

Ce dossier comprend notamment :

1° La ou les demandes d'habilitation, ainsi que les documents qui y sont joints ;

2° La copie des décisions prononcées par l'autorité judiciaire en application des dispositions des articles 16-1, 16-3, 224 à 229, R. 15-2 et R. 15-5, et notamment la copie des arrêtés d'habilitation ;

3° L'avis des promotions dont l'intéressé a pu faire l'objet depuis son affectation dans le ressort de la cour d'appel ;

4° La copie de tout document émanant d'un magistrat ou d'un service exerçant des attributions d'inspection et relatif à l'exercice des activités judiciaires de l'intéressé ;

5° Les notations établies en application des dispositions ci-après.

Le dossier est communiqué à la chambre de l'instruction lorsque celle-ci se trouve saisie dans les conditions fixées à l'article 225.

Art. D. 44-1 *(D. n° 2019-507, 24 mai 2019).* – En cas de changement d'affectation d'un officier de police judiciaire dans le ressort d'une autre cour d'appel, y compris en cas de mise à disposition temporaire en application du deuxième alinéa de l'article 18, les autorités mentionnées aux *a* à *c* de l'article R. 14 ou le chef du service dont relève l'officier de police judiciaire en informent le procureur général du précédent lieu d'affectation et le procureur général du nouveau lieu d'affectation.

Le procureur général du précédent lieu d'affectation transmet alors le dossier individuel au procureur général du nouveau lieu d'affectation.

Les autorités mentionnées au premier alinéa informent également le procureur général du lieu d'affectation de l'officier de police judiciaire de toute interruption durable ou définitive des fonctions de police judiciaire.

Art. D. 44-2 *(Créé, D. n° 2022-546, 13 avr. 2022).* – Le procureur de la République, après avoir recueilli les observations du ou des juges d'instruction et, le cas échéant, des juges des enfants ainsi que celles du ou des présidents de chambres correctionnelles, établit, tous les deux ans, une proposition de notation des officiers de police judiciaire affectés dans un service ou une unité ayant son siège dans le ressort du tribunal, qu'il transmet au procureur général près la cour d'appel.

La notation est établie par le procureur général, après consultation, le cas échéant, des autres procureurs de la République concernés de son ressort, des présidents de la chambre de l'instruction, de la chambre des mineurs, de la chambre des appels correctionnels et des cours d'assises. Lorsque le service ou l'unité dans lequel l'officier de police judiciaire est affecté excède le ressort de la cour d'appel, ou lorsque l'officier de police judiciaire est affecté depuis moins d'un an dans le ressort de la cour d'appel, le procureur général peut également recueillir l'avis des autres procureurs généraux concernés.

Art. D. 44-3 *(Créé, D. n° 2022-546, 13 avr. 2022).* – Les propositions de notation et les notations prévues à l'article D. 44-2 sont établies sur un imprimé conforme au modèle fixé par le ministre de la justice.

Elles doivent comporter une appréciation générale circonstanciée, ainsi qu'une note chiffrée de 0 à 10 et une appréciation sur chacun des éléments suivants lorsqu'ils ont été observés :

1. Relations professionnelles avec l'autorité judiciaire ;
2. Qualité de la coordination de l'activité de police judiciaire du service ou de l'unité ;
3. Qualité des procédures et de la rédaction des rapports et des procès-verbaux ;
4. Qualité des constatations et des investigations techniques ;
5. Valeur des informations données au parquet ;
6. Engagement professionnel ;
7. Capacité à conduire les investigations ;
8. Degré de confiance accordé.

Lorsque l'un de ces éléments n'a pas été observé, la mention : « activité judiciaire non observée » est substituée à la notation chiffrée et à l'appréciation correspondantes.

Art. D. 44-4 *(Créé, D. n° 2022-546, 13 avr. 2022).* – La notation établie par le procureur général est portée directement à la connaissance de l'officier de police judiciaire qui peut présenter des observations par écrit dans un délai de quinze jours, délai à l'issue duquel la notation définitive est communiquée à l'autorité administrative ou militaire chargée d'établir les propositions d'avancement de l'intéressé.

Art. D. 44-5 *(Créé, D. n° 2022-546, 13 avr. 2022).* – En cas d'indisponibilité temporaire du magistrat dont les fonctions sont définies aux articles 230-9,230-14 et 230-24, celles-ci sont exercées par le magistrat du parquet hors hiérarchie faisant partie du comité respectivement prévu par les articles R. 40-32, R. 40-37 et R. 40-41.

Art. D. 45-1 ancien *(Abr. à compter du 1er janvier 2008, D. n° 2007-1817, 24 déc. 2007, art. 4 et 6).*

LIVRE DEUXIÈME

DES JURIDICTIONS DE JUGEMENT

(D. n° 2008-1490, 30 déc. 2008)

TITRE Ier. – DE LA COUR D'ASSISES

(D. n° 2016-1202, 7 sept. 2016)

Art. D. 45 *(Mod., D. n° 2022-546, 13 avr. 2022).* – Lorsque la date de l'audience d'une affaire devant la cour d'assises a été arrêtée conformément aux dispositions de l'article 238, le président de la cour d'assises décide de la date de l'interrogatoire de l'accusé prévu par l'article 272 et de celle de la réunion préparatoire criminelle prévue par l'article 276-1 au regard notamment de la complexité du dossier et du nombre des accusés ou des parties civiles.

Il peut prévoir que la réunion préparatoire criminelle, à laquelle n'assiste pas l'accusé, se tient, soit immédiatement à la suite de son interrogatoire, soit à une date ultérieure. Sauf impossibilité, la réunion préparatoire doit intervenir au moins quarante-cinq jours avant la date de l'ouverture des débats, afin de permettre la signification de la liste des témoins un mois avant cette date conformément à l'article 281.

Art. D 45-1 *(Mod., D. n° 2022-546, 13 avr. 2022).* – L'avocat de l'accusé est avisé par tout moyen de la date de l'interrogatoire au moins cinq jours ouvrables avant celui ci.

Lorsque l'avocat de l'accusé est présent lors de l'interrogatoire et que la cour d'assises est saisie pour statuer à la suite d'un appel formé par l'accusé sans que ce dernier ait fait application de l'article 380-2-1 A, le président peut demander à l'accusé s'il ne conteste pas les réponses données par la cour d'assises en premier ressort sur la culpabilité et s'il entend limiter son appel à la décision sur la peine. Dans ce cas, sa réponse est mentionnée dans le procès-verbal prévu à l'article 276.

Art. D. 45-1-1 *(Mod., D. n° 2022-546, 13 avr. 2022).* – Le ministère public et les avocats de l'ensemble des parties sont avisés par tout moyen de la date de la réunion préparatoire criminelle au moins cinq jours ouvrables avant celle-ci.

Cet avis précise selon quelles modalités, notamment de télécommunication, les avocats pourront participer à cette réunion.

Le président de la cour d'assises peut joindre à cet avis un document faisant état du projet de déroulement prévisionnel de l'audience mentionnant, au vu notamment des propositions qui lui ont été préalablement communiquées par le ministère public, la liste des témoins et des experts qui seront cités, et mentionnant également leur ordre de déposition ainsi que la durée de l'audience.

Art. D. 45-1-2 *(Créé, D. n° 2022-546, 13 avr. 2022).* – À l'issue de la réunion criminelle préparatoire, qui peut se tenir avec l'assistance du greffier de la cour d'assises, le président de la cour d'assises établit ou fait établir un procès-verbal faisant état :

– soit de l'absence d'accord intervenu entre les participants ;

– soit de l'accord intervenu portant sur la liste des témoins et des experts qui seront cités, leur ordre de déposition ainsi que la durée de l'audience, ou portant sur certains de ces trois points.

Ce procès-verbal est signé par le président et, le cas échéant, par le greffier, et une copie en est remise ou adressée ultérieurement par tout moyen au ministère public et à l'ensemble des avocats des parties.

L'absence d'un ou plusieurs des avocats convoqués est mentionnée dans le procès-verbal. Elle ne fait pas obstacle à la tenue de la réunion, ni à l'obtention d'un accord, sauf si le président considère, au regard notamment du nombre des avocats absents, qu'un tel accord ne peut être utilement obtenu.

Il n'est pas fait état dans le procès-verbal du contenu des échanges ayant eu lieu au cours de la réunion.

Art. D. 45-1-3 *(Créé, D. n° 2022-546, 13 avr. 2022 ; D. n° 2022-656, 25 avr. 2022).* – Le non-respect des dispositions des articles 276-1, D. 45-1 à D. 45-1-2 ne constitue pas une cause de nullité de l'audience tenue devant la cour d'assises.

Art. D. 45-1-4 *(Créé, D. n° 2022-546, 13 avr. 2022).* – En application du dernier alinéa de l'article 131-21 du Code pénal, lorsqu'est susceptible d'être prononcée par la cour d'assises statuant en premier ressort ou en appel la confiscation d'un bien sur lequel une personne autre que l'accusé dispose d'un droit de propriété, y compris s'il s'agit de l'époux de l'accusé et que le bien fait partie de la communauté, que ce titre est connu ou que cette personne a réclamé cette qualité au cours de la procédure, le ministère public avise celle-ci par tout moyen de la date d'audience, au moins un mois avant celle-ci.

Cet avis informe la personne que la confiscation de ce bien peut être ordonnée et qu'elle a le droit de présenter elle-même ou par un avocat ses observations à l'audience, le cas échéant selon les modalités prévues au troisième alinéa, aux fins, notamment, de faire valoir le droit qu'elle revendique et sa bonne foi. Cet avis précise que la personne devra si nécessaire communiquer tout justificatif établissant son titre de propriété.

Ces observations peuvent être faites par un document écrit remis au greffe de la cour d'assises et consigné par le greffier soit avant l'audience, soit pendant l'audience, ou adressées au greffe de la cour d'assises par lettre recommandée avec demande d'accusé de réception parvenue au moins 24 heures avant la date d'audience ; dans ce cas, le président de la cour d'assises informe les jurés de la teneur de ces observations.

Si le bien avait été placé sous main de justice, la personne peut demander sa restitution en application de l'article 373. Elle peut alors prétendre à la mise à disposition des seules pièces de la procédure se rapportant à la saisie de ce bien.

Si la confiscation du bien est prononcée par la cour d'assises, la personne peut, lorsque cette décision est définitive, en demander la restitution en application de l'article 710.

Les dispositions du présent article ne sont pas applicables en ce qui concerne la confiscation obligatoire des objets qualifiés de dangereux ou nuisibles par la loi ou le règlement, ou dont la détention est illicite.

Il n'y a pas lieu d'aviser la personne mentionnée au premier alinéa de la date d'audience conformément aux dispositions du présent article si celle-ci est convoquée comme témoin devant la cour d'assises. Dans ce cas, lors de sa déposition, le président lui rappelle qu'elle peut faire ses observations sur la peine de confiscation qui est susceptible d'être prononcée.

Art. D. 45-1-4-1 *(Créé, D. n° 2022-656, 25 avr. 2022).* – Si l'intérêt de la bonne administration de la justice le justifie, le président du tribunal judiciaire ou le premier président de la cour d'appel peut décider qu'une audience de la cour d'assises qui se déroule publiquement en application de l'article 306 sera retransmise en direct dans plusieurs salles d'audience de la juridiction.

S'il s'agit de l'audience d'une cour d'assises disposant d'une compétence spécialisée qui s'étend aux ressorts d'autres juridictions, il peut décider que cette audience sera retransmise en direct dans une ou plusieurs salles d'audience de la juridiction dans le ressort duquel les faits ont été commis, avec l'accord du président de cette juridiction.

La décision de retransmission de l'audience est portée à la connaissance des parties. Elle constitue une mesure d'administration judiciaire insusceptible de recours.

Art. D. 45-1-5 *(Créé, D. n° 2022-546, 13 avr. 2022).* – Conformément aux dispositions du premier alinéa de l'article 362 du présent code, si les dispositions des deux premiers alinéas de l'article 132-23 du Code pénal sont applicables, le président informe les jurés des conséquences de la peine prononcée sur la période de sûreté et de la possibilité de la moduler, selon les modalités prévues par le présent article.

Le président informe les jurés qu'en cas de condamnation à une peine privative de liberté non assortie du sursis et dont la durée serait égale ou supérieure à dix ans :

1° Le condamné ne pourra bénéficier, pendant une période de sûreté, des dispositions concernant la suspension ou le fractionnement de la peine, le placement à l'extérieur, les permissions de sortir, la semi-liberté et la libération conditionnelle ;

2° La durée de cette période de sûreté sera de la moitié de la peine prononcée mais la cour d'assises pourra toutefois, par décision spéciale, soit porter cette durée jusqu'aux deux tiers de la peine, soit décider de la réduire ;

3° En application de l'article 720-4 du Code de procédure pénale, si le condamné manifeste des gages sérieux de réadaptation sociale, le tribunal de l'application des peines pourra, à titre exceptionnel, à tout moment pendant l'exécution de la peine, décider de mettre fin à la période de sûreté ou d'en réduire la durée.

Si la peine encourue est la réclusion criminelle à perpétuité, le président informe également les jurés que si cette peine est prononcée, la durée de la période de sûreté sera de dix-huit ans, mais que la cour d'assises pourra soit porter cette durée jusqu'à vingt-deux ans, soit décider de la réduire.

Dans les cas où les dispositions des derniers alinéas des articles 221-3 et 221-4 du Code pénal sont applicables, le président informe également les jurés de ces dispositions ainsi que des dispositions des alinéas deux et trois de l'article 720-4 du présent code.

Art. D. 45-2 *(Créé, D. n° 2022-546, 13 avr. 2022)*. – En application de l'article 367, l'arrêt de la cour d'assises vaut titre de détention jusqu'à ce que la durée de détention ait atteint celle de la peine prononcée, sans préjudice pour l'accusé de son droit à demander sa mise en liberté, lorsque :

– l'accusé est détenu au moment où l'arrêt est rendu et il est condamné, pour crime ou pour délit, à une peine de réclusion criminelle ou à une peine d'emprisonnement ferme ;

– l'accusé n'est pas détenu au moment où l'arrêt est rendu et il est condamné pour crime à une peine de réclusion criminelle.

L'arrêt de la cour d'assises ne vaut pas titre de détention mais la cour peut, par décision spéciale et motivée, décider de décerner mandat de dépôt, à effet immédiat ou différé, si les éléments de l'espèce justifient une mesure particulière de sûreté, lorsque :

– l'accusé n'est pas détenu au moment où l'arrêt est rendu et il est condamné, pour crime, à une peine d'emprisonnement ferme ;

– l'accusé n'est pas détenu au moment où l'arrêt est rendu et il est condamné, pour délit, à une peine d'emprisonnement ferme d'une durée supérieure ou égale à un an. Dans ce cas, le mandat de dépôt à effet différé ne peut être délivré que si la peine d'emprisonnement est d'au moins six mois.

Pour l'application de l'article 367 et du présent article, est considéré comme détenu l'accusé qui est détenu dans le cadre de la procédure dont est saisie la cour d'assises.

Lorsqu'il est décerné mandat de dépôt ou mandat de dépôt à effet différé, celui-ci est immédiatement signé par le président de la cour d'assises à l'issue de l'audience et revêtu de son sceau.

Lorsqu'est décerné un mandat de dépôt à effet différé, les dispositions de l'article D. 45-2-3 sont applicables. La cour peut assortir le mandat de l'exécution provisoire dans les cas prévus aux 2° et 3° de l'article D. 45-2-1-1.

Art. D. 45-2-1 *(Créé, D. n° 2022-546, 13 avr. 2022)*. – En application du dernier alinéa de l'article 131-21 du Code pénal, lorsqu'est susceptible d'être prononcée par la cour d'assises statuant en premier ressort ou en appel la confiscation d'un bien sur lequel une personne autre que l'accusé dispose d'un droit de propriété, y compris s'il s'agit de l'époux de l'accusé et que le bien fait partie de la communauté, que ce titre est connu ou que cette personne a réclamé cette qualité au cours de la procédure, le ministère public avise celle-ci par tout moyen de la date d'audience, au moins un mois avant celle-ci.

Cet avis informe la personne que la confiscation de ce bien peut être ordonnée et qu'elle a le droit de présenter elle-même ou par un avocat ses observations à l'audience, le cas échéant selon les modalités prévues au troisième alinéa, aux fins, notamment, de faire valoir le droit qu'elle revendique et sa bonne foi. Cet avis précise que la personne devra si nécessaire communiquer tout justificatif établissant son titre de propriété.

Ces observations peuvent être faites par un document écrit remis au greffe de la cour d'assises et consigné par le greffier soit avant l'audience, soit pendant l'audience, ou adressées au greffe de la cour d'assises par lettre recommandée avec demande d'accusé de réception parvenue au moins 24 heures avant la date d'audience ; dans ce cas, le président de la cour d'assises informe les jurés de la teneur de ces observations.

Si le bien avait été placé sous main de justice, la personne peut demander sa restitution en application de l'article 373. Elle peut alors prétendre à la mise à disposition des seules pièces de la procédure se rapportant à la saisie de ce bien.

Si la confiscation du bien est prononcée par la cour d'assises, la personne peut, lorsque cette décision est définitive, en demander la restitution en application de l'article 710.

Les dispositions du présent article ne sont pas applicables en ce qui concerne la confiscation obligatoire des objets qualifiés de dangereux ou nuisibles par la loi ou le règlement, ou dont la détention est illicite.

Il n'y a pas lieu d'aviser la personne mentionnée au premier alinéa de la date d'audience conformément aux dispositions du présent article si celle-ci est convoquée comme témoin devant la cour d'assises. Dans ce cas, lors de sa déposition, le président lui rappelle qu'elle peut faire ses observations sur la peine de confiscation qui est susceptible d'être prononcée.

TITRE II. – DU JUGEMENT DES DÉLITS

(D. n° 2016-1202, 7 sept. 2016)

CHAPITRE I. – DU TRIBUNAL CORRECTIONNEL

Section I. – De la compétence et de la saisine du tribunal correctionnel

Art. D. 45-2-1 *bis* *(D. n° 2022-246, 25 févr. 2022 ; D. n° 2022-656, 25 avr. 2022).* – Si l'intérêt de la bonne administration de la justice le justifie, le président du tribunal judiciaire peut décider qu'une audience du tribunal correctionnel qui se déroule publiquement en application de l'article 400 sera retransmise en direct dans plusieurs salles d'audience de la juridiction.

S'il s'agit de l'audience d'un tribunal correctionnel disposant d'une compétence spécialisée qui s'étend aux ressorts d'autres tribunaux judiciaires, il peut décider que cette audience sera retransmise en direct dans une ou plusieurs salles d'audience du tribunal judiciaire dans le ressort duquel les faits ont été commis, avec l'accord du président de cette juridiction.

La décision de retransmission de l'audience est portée à la connaissance des parties. Elle constitue une mesure d'administration judiciaire insusceptible de recours.

Art. D. 45-2-1 *ter* *(Créé, D. n° 2022-246, 25 févr. 2022).* – En application du dernier alinéa de l'article 131-21 du Code pénal, lorsqu'est susceptible d'être prononcée par le tribunal correctionnel ou la chambre des appels correctionnels la confiscation d'un bien sur lequel une personne autre que le prévenu dispose d'un droit de propriété, y compris s'il s'agit de l'époux du prévenu et que le bien fait partie de la communauté, que ce titre est connu ou que cette personne a réclamé cette qualité au cours de la procédure, le ministère public avise celle-ci par tout moyen de la date d'audience, au moins dix jours avant celle-ci. Ce délai de dix jours n'est pas applicable si le tribunal est saisi selon la procédure de comparution immédiate.

Cet avis informe la personne que la confiscation de ce bien peut être ordonnée et qu'elle a le droit de présenter elle-même ou par un avocat ses observations à l'audience, le cas échéant selon les modalités prévues au troisième alinéa, aux fins, notamment, de faire valoir le droit qu'elle revendique et sa bonne foi. Cet avis précise que la personne devra si nécessaire communiquer tout justificatif établissant son titre de propriété.

Ces observations peuvent être faites par un document écrit remis au greffe du tribunal correctionnel et consigné par le greffier soit avant l'audience, soit pendant l'audience, ou adressé au greffe du tribunal par lettre recommandée avec demande d'accusé de réception parvenue au moins 24 heures avant la date d'audience.

Si le bien avait été placé sous main de justice, la personne peut demander sa restitution en application de l'article 479. Elle peut alors prétendre à la mise à disposition des seules pièces de la procédure se rapportant à la saisie de ce bien.

Si la confiscation du bien est prononcée par le tribunal, la personne est informée par tout moyen de cette décision et, lorsque celle-ci est devenue définitive, elle peut demander la restitution de ce bien en application de l'article 710.

Les dispositions du présent article ne sont pas applicables en ce qui concerne la confiscation obligatoire des objets qualifiés de dangereux ou nuisibles par la loi ou le règlement, ou dont la détention est illicite.

Il n'y a pas lieu d'aviser la personne mentionnée au premier alinéa de la date d'audience conformément aux dispositions du présent article si celle-ci est convoquée comme témoin devant le tribunal correctionnel. Dans ce cas, lors de son audition, le président lui rappelle qu'elle peut faire ses observations sur la peine de confiscation qui est susceptible d'être prononcée.

Section V. – Du jugement

(Division créée, D. n° 2017-429, 28 mars 2017, art. 1er ; intitulé ajouté à compter du 24 mars 2020 pour les condamnations prononcées à compter de cette date, y compris si elles concernent des infractions commises avant cette date, D. n° 2020-81, 3 févr. 2020)

Art. D. 45-2-1-1 *(Ancien article D. 45-2-1 créé à compter du 24 mars 2020 pour les condamnations prononcées à compter de cette date, y compris si elles concernent des infractions commises avant cette date, D. n° 2020-81, 3 févr. 2020, puis dénuméroté à compter de cette même date, D. n° 2020-187, 3 mars 2020)*. – Le mandat de dépôt à effet différé décerné par le tribunal correctionnel en application du 3° du I ou du III de l'article 464-2 est immédiatement signé par le président du tribunal correctionnel à l'issue de l'audience et revêtu de son sceau.

Le tribunal ne peut assortir ce mandat de l'exécution provisoire en application du IV de l'article 464-2 que :

1° S'il est saisi selon la procédure de comparution immédiate ou de comparution différée ;

2° S'il prononce une peine d'emprisonnement ferme d'une durée d'au moins un an ;

3° Quelle que soit la durée de la peine d'emprisonnement prononcée, si les faits sont commis en état de récidive légale.

Art. D. 45-2-2 *(Créé à compter du 24 mars 2020 pour les condamnations prononcées à compter de cette date, y compris si elles concernent des infractions commises avant cette date, D. n° 2020-81, 3 févr. 2020 et D. n° 2020-187, 3 mars 2020)*. – Lorsque la durée totale de l'emprisonnement ferme prononcé, y compris en tenant compte le cas échéant de la révocation de sursis, est supérieure à un an, le tribunal correctionnel qui ne décerne pas un mandat d'arrêt ou de dépôt en application de l'article 465 peut, en application du III de l'article 464-2, décerner un mandat de dépôt à effet différé. Il peut également ne décerner aucun mandat.

Toutefois, lorsque, compte tenu de la détention provisoire intervenue, la durée de la peine restant à exécuter est inférieure ou égale à un an, il ordonne, conformément aux 1° et 2° du I de l'article 464-2, soit une mesure d'aménagement de la peine selon les modalités déterminées par le juge de l'application des peines, soit la convocation du condamné devant ce juge en application de l'article 723-15.

Art. D. 45-2-3 *(Créé à compter du 24 mars 2020 pour les condamnations prononcées à compter de cette date, y compris si elles concernent des infractions commises avant cette date, D. n° 2020-81, 3 févr. 2020 et D. n° 2020-187, 3 mars 2020)*. – Le mandat de dépôt à effet différé emporte obligations pour le condamné qui n'est pas détenu pour une autre cause :

1° De répondre à la convocation à comparaître dans un délai ne pouvant excéder un mois devant le procureur de la République, si une telle convocation lui a été délivrée, à l'issue de l'audience lorsqu'il y était présent ou ultérieurement dans le cas contraire ;

2° De se présenter, pour y être incarcéré, devant l'établissement pénitentiaire désigné par le procureur de la République à la date et aux horaires fixés par ce magistrat, et dont il a été informé soit à l'issue de l'audience, soit lors de sa comparution devant le procureur de la République.

Le mandat de dépôt à effet différé fait l'objet d'un ordre de mise à exécution délivré par le procureur de la République conformément à l'article D. 48-2-4.

Art. D. 45-2-4 *(Créé à compter du 24 mars 2020 pour les condamnations prononcées à compter de cette date, y compris si elles concernent des infractions commises avant cette date, D. n° 2020-81, 3 févr. 2020 et D. n° 2020-187, 3 mars 2020)*. – Le délai entre la date à laquelle la personne est informée de la date et de l'horaire de son incarcération, à l'issue de l'audience ou ultérieurement, et la date à laquelle elle doit être incarcérée ne peut excéder quatre mois. Dans la mesure du possible, la date d'incarcération est déterminée en tenant compte de la situation personnelle du condamné et, s'il y a lieu, du taux d'occupation de l'établissement pénitentiaire et de son évolution prévisible.

L'incarcération ne peut débuter avant que la condamnation ne devienne exécutoire, sauf lorsque le mandat de dépôt à effet différé est assorti de l'exécution provisoire en application du IV de l'article 464-2.

Art. D. 45-2-5 *(Créé à compter du 24 mars 2020 pour les condamnations prononcées à compter de cette date, y compris si elles concernent des infractions commises avant cette date, D. n° 2020-81, 3 févr. 2020 et D. n° 2020-187, 3 mars 2020)*. – Le non-respect du délai d'un mois prévu au 2° de l'article D. 45-2-3 ou du délai de quatre mois prévu à l'article D. 45-2-4 ne constitue pas une cause de nullité empêchant la mise à exécution du mandat de dépôt à effet différé, tant que la condamnation n'est pas prescrite.

Art. D. 45-2-6 *(Créé à compter du 24 mars 2020 pour les condamnations prononcées à compter de cette date, y compris si elles concernent des infractions commises avant cette date, D. n° 2020-81, 3 févr. 2020 et D. n° 2020-187, 3 mars 2020).* – Si le mandat de dépôt à effet différé est décerné contre une personne qui est détenue pour autre cause, les dispositions des articles D. 45-2-3 et D. 48-2-5 prévoyant la convocation du condamné, la fixation d'une date d'incarcération et la délivrance d'un ordre de mise à exécution du mandat ne sont pas applicables. Le procureur de la République met dès que possible la peine à exécution lorsque la condamnation est exécutoire ou lorsque le mandat a été assorti de l'exécution provisoire.

Art. D. 45-2-7 *(Créé à compter du 24 mars 2020 pour les condamnations prononcées à compter de cette date, y compris si elles concernent des infractions commises avant cette date, D. n° 2020-81, 3 févr. 2020 et D. n° 2020-187, 3 mars 2020).* – La personne à l'encontre de laquelle a été décerné un mandat de dépôt à effet différé est informée que si elle ne satisfait pas, sauf motif légitime ou, en l'absence d'exécution provisoire, exercice des voies de recours, aux obligations prévues aux 1° et 2° de l'article D. 45-2-3, la peine d'emprisonnement pourra être mise à exécution à tout moment par la force publique. Cette information figure dans la convocation qui lui est remise à l'issue de l'audience ou ultérieurement.

Art. D. 45-2-8 *(Créé à compter du 24 mars 2020 pour les condamnations prononcées à compter de cette date, y compris si elles concernent des infractions commises avant cette date, D. n° 2020-81, 3 févr. 2020 et D. n° 2020-187, 3 mars 2020 ; abr., D. n° 2021-683, 27 mai 2021).*

Section VI. – Du jugement par défaut et de l'opposition

(Division créée, D. n° 2017-429, 28 mars 2017, art. 1er ; intitulé ajouté à compter du 24 mars 2020 pour les condamnations prononcées à compter de cette date, y compris si elles concernent des infractions commises avant cette date, D. n° 2020-81, 3 févr. 2020)

Art. D. 45-2-9 *(Créé à compter du 24 mars 2020 pour les condamnations prononcées à compter de cette date, y compris si elles concernent des infractions commises avant cette date, D. n° 2020-81, 3 févr. 2020 et D. n° 2020-187, 3 mars 2020).* – L'opposition formée à l'encontre d'un jugement par défaut rend non avenu le mandat de dépôt à effet différé, y compris si ce mandat est assorti de l'exécution provisoire, ainsi que l'ordre de mise à exécution de ce mandat qui a pu être délivré par le procureur de la République en application de l'article D. 48-2-5.

Section VII. – De la procédure simplifiée de l'ordonnance pénale

(D. n° 2020-1640, 21 déc. 2020)

Art. D. 45-2-10 *(D. n° 2020-1640, 21 déc. 2020).* – Lorsque le délégué du procureur de la République notifie une ordonnance pénale délictuelle en application du deuxième alinéa de l'article 495-3, il peut recevoir le paiement des amendes pénales prononcées en utilisant un terminal électronique de paiement.

Il en est de même lorsqu'il notifie une ordonnance pénale contraventionnelle en application du deuxième alinéa de l'article 527.

Section VIII. – De la comparution sur reconnaissance préalable de culpabilité

Art. D. 45-2-11 *(Créé, D. n° 2022-546, 13 avr. 2022).* – Lorsque le procureur de la République décide, d'office ou à la demande du prévenu, de recourir à la procédure de comparution sur reconnaissance préalable de culpabilité en application de l'article 495-15, il en informe le président du tribunal correctionnel devant lequel l'affaire avait été audiencée.

Cette décision ne peut intervenir moins d'un mois avant la date prévue pour l'audience, sauf en cas d'accord du président du tribunal correctionnel.

Dans tous les cas, s'il est recouru à la procédure de comparution sur reconnaissance préalable de culpabilité, la date de l'audience d'homologation doit être fixée plus de dix jours avant la date de l'audience prévue devant le tribunal correctionnel.

Art. D. 45-2-12 *(Créé, D. n° 2022-546, 13 avr. 2022).* – Lorsque la demande du prévenu prévue par l'article 495-15 tendant à l'application de la procédure de comparution sur reconnaissance préalable de culpabilité est adressée au procureur de la République plus de trois mois avant la date de l'audience fixée devant le tribunal correctionnel, par lettre recommandée avec accusé de réception, par un moyen de télécommunication sécurisé conformément au 21° de l'article D. 591 ou par déclaration au secrétariat du procureur de la République contre récépissé, ce magistrat informe par tout moyen le demandeur s'il décide de ne pas mettre en œuvre cette procédure.

Le défaut d'information ne constitue cependant pas une cause de nullité de la saisine du tribunal correctionnel.

Section IX. – De la procédure de l'amende forfaitaire applicable à certains délits

(D. n° 2017-429, 28 mars 2017)

(*) La section 9, art. D. 45-1 à D. 45-21, entre en application le 1er jour du mois suivant l'arrêté prévu par l'article D. 45-21.

Art. D. 45-3 *(Rempl., D. n° 2019-507, 24 mai 2019).* – La procédure de l'amende forfaitaire est applicable aux délits pour lesquels la loi le prévoit, lorsque ces délits sont constatés par un procès-verbal électronique dressé au moyen d'un appareil sécurisé permettant le recours à une signature sous forme numérique conformément à l'article 801-1.

Art. D. 45-4 *(Mod., D. n° 2019-507, 24 mai 2019 ; D. n° 2021-1093, 18 août 2021).* – À la suite de la constatation du délit, un avis d'infraction, une notice de paiement et un formulaire de requête en exonération, sont envoyés au domicile de l'intéressé par lettre simple.

Lors de la constatation du délit, la personne est avisée qu'elle recevra un avis d'amende forfaitaire au domicile qu'elle a déclaré. Il est fait mention de cet avis dans le procès-verbal électronique dressé conformément à l'article D. 45-3.

Lorsque la procédure de l'amende forfaitaire est appliquée au délit de conduite sans assurance, prévu à l'article L. 324-2 du Code de la route et que celui-ci a été constaté, sans interception du conducteur, selon les modalités prévues à l'article L. 130-9 du même code, par ou à partir d'un appareil de contrôle automatique, ces documents sont adressés au titulaire du certificat d'immatriculation.

Art. D. 45-5 *(Mod., D. n° 2019-507, 24 mai 2019).* – L'avis d'infraction comporte des mentions relatives :

1° Au service verbalisateur, à la nature, au lieu et à la date du délit, aux références des textes réprimant ce délit, et à l'identité de l'auteur de l'infraction ;

1° *bis* Lorsque l'infraction est commise à l'occasion de la conduite d'un véhicule, aux éléments d'identification du véhicule et à l'identité du conducteur ou, lorsque celle-ci n'a pu être relevée, à celle du titulaire du certificat d'immatriculation ;

2° Au montant de l'amende forfaitaire encourue ainsi qu'au montant de cette amende en cas de minoration ou de majoration en considération du délai ou du mode de paiement ;

3° À la procédure applicable en cas de non-paiement de l'amende forfaitaire, notamment au délai et aux modalités de la requête prévue par le premier alinéa de l'article 495-18, au montant de l'amende forfaitaire dont l'intéressé doit s'acquitter ainsi qu'à celui de l'amende forfaitaire majorée qui sera due à défaut de paiement de l'amende forfaitaire ou de la présentation d'une requête dans les délais ;

4° Aux peines encourues pour le délit constaté et que le tribunal correctionnel est susceptible de prononcer s'il est saisi à la suite d'une requête en exonération.

Lorsqu'il s'agit du délit de conduite sans assurance prévu par L. 324-2 du Code de la route, l'avis précise que l'amende est majorée conformément à l'article L. 211-27 du Code des assurances.

Art. D. 45-6 *(Créé à compter de la date prévue à l'article 4 du décret n° 2017-429 du 28 mars 2017, D. n° 2017-429, 28 mars 2017).* – La notice de paiement précise les modalités de paiement de l'amende forfaitaire prévues par l'article D. 45-8.

Art. D. 45-7 *(Créé à compter de la date prévue à l'article 4 du décret n° 2017-429 du 28 mars 2017, D. n° 2017-429, 28 mars 2017).* – Le formulaire de requête en exonération précise les conditions de recevabilité de la requête prévue par l'article 495-18, les modalités de paiement de la consignation hors les cas prévus par l'article D. 45-15, ainsi que les sanctions prévues par les articles 226-10 et 441-1 du Code pénal.

À peine d'irrecevabilité, la requête présentée en application de l'article 495-18 doit être motivée et, sauf si elle adressée de façon dématérialisée, être faite en utilisant ce formulaire.

Art. D. 45-8 *(Créé à compter de la date prévue à l'article 4 du décret n° 2017-429 du 28 mars 2017, D. n° 2017-429, 28 mars 2017).* – Le paiement de l'amende forfaitaire ou de la consignation est effectué selon des modalités prévues par le deuxième alinéa de l'article R. 49-3.

Art. D. 45-9 *(Créé à compter de la date prévue à l'article 4 du décret n° 2017-429 du 28 mars 2017, D. n° 2017-429, 28 mars 2017).* – Les délais mentionnés aux articles 495-18 et 495-19 s'apprécient, en cas d'envoi du règlement de l'amende par courrier, au regard de la date d'envoi du moyen de paiement attestée par le cachet de l'opérateur postal.

Lorsque les avis d'infraction ou d'amende forfaitaire majorée sont adressés à une personne résidant à l'étranger, celle-ci peut effectuer son paiement dans un délai d'un mois à l'issue des délais mentionnés aux articles 495-18 et 495-19.

Lorsque le paiement de l'amende forfaire ou de l'amende forfaitaire majoré s'effectue par télépaiement automatisé ou par timbre dématérialisé, il peut intervenir dans un délai de quinze jours à l'issue des délais résultant des articles 495-18 et 495-19 et, le cas échéant, du précédent alinéa.

Art. D. 45-10 *(Créé à compter de la date prévue à l'article 4 du décret n° 2017-429 du 28 mars 2017, D. n° 2017-429, 28 mars 2017).* – La majoration de plein droit des amendes forfaitaires prévue par le dernier alinéa de l'article 495-18 est constatée par le procureur de la République qui la mentionne sur le titre exécutoire prévu par le premier alinéa de l'article 495-19.

Le titre exécutoire mentionne en annexe, pour chaque amende, l'identité et le domicile de l'intéressé, le lieu et la date du délit et le montant de l'amende forfaitaire majorée.

Le titre exécutoire, signé par le procureur de la République, est transmis au comptable de la direction générale des finances publiques.

Art. D. 45-11 *(Mod., D. n° 2019-507, 24 mai 2019).* – Le comptable de la direction générale des finances publiques adresse à l'intéressé, pour chaque amende, un extrait du titre exécutoire le concernant sous forme d'avis l'invitant à s'acquitter du montant de l'amende forfaitaire majorée.

Cet avis contient les mentions prévues par le 1° de l'article D. 45-5 et indique le délai et les modalités de la réclamation prévue par les deuxième et troisième alinéas de l'article 495-19. Conformément aux dispositions de l'article 707-2 et du 5° de l'article R. 55, il indique qu'en cas de paiement volontaire de l'amende forfaitaire majorée dans le délai d'un mois à compter de sa date d'envoi, le montant des sommes dues sera diminué de 20 %.

Est joint à cet avis un formulaire de réclamation conformément au premier alinéa de l'article 495-20.

Art. D. 45-12 *(Créé à compter de la date prévue à l'article 4 du décret n° 2017-429 du 28 mars 2017, D. n° 2017-429, 28 mars 2017).* – Le procureur de la République saisi d'une réclamation recevable informe sans délai le comptable de la direction générale des finances publiques de l'annulation du titre exécutoire en ce qui concerne l'amende contestée.

Art. D. 45-13 *(Créé à compter de la date prévue à l'article 4 du décret n° 2017-429 du 28 mars 2017, D. n° 2017-429, 28 mars 2017).* – L'avis d'amende forfaitaire majorée adressé en application de l'article 495-20 précise les conditions de recevabilité de la réclamation prévue par l'article 495-19, les modalités de paiement de la consignation, ainsi que les sanctions prévues par les articles 226-10 et 441-1 du Code pénal.

Art. D. 45-14 *(Créé à compter de la date prévue à l'article 4 du décret n° 2017-429 du 28 mars 2017, D. n° 2017-429, 28 mars 2017).* – Si la consignation n'est pas suivie d'une requête en exonération ou d'une réclamation formulée conformément aux dispositions des articles 495-18 et 495-19, elle est considérée comme valant paiement de l'amende forfaitaire ou de l'amende forfaitaire majorée.

Art. D. 45-15 *(Rempl., D. n° 2019-507, 24 mai 2019).* – I. – L'auteur de la requête en exonération ou de la réclamation est dispensé de consignation s'il adresse une copie du récépissé du dépôt de plainte pour le délit d'usurpation d'identité prévu par l'article 434-23 du Code pénal.

II. – Lorsque la procédure de l'amende forfaitaire concerne le délit de conduite sans permis, il est également dispensé de consignation s'il adresse une photocopie de son permis de conduire en cours de validité au moment de la constatation des faits.

III. – Lorsque la procédure de l'amende forfaitaire concerne le délit de conduite sans assurance, il est également dispensé de consignation s'il adresse :

1° une photocopie d'une attestation d'assurance en cours de validité au moment de la constatation des faits ;

2° ou, s'il a été fait application des dispositions du dernier alinéa de l'article D. 45-4 du présent code :

a) soit une copie du récépissé du dépôt de plainte pour vol ou destruction du véhicule ou pour le délit d'usurpation de plaque d'immatriculation prévu par l'article L. 317-4-1 du Code de la route, ou une copie du certificat de destruction de véhicule établi conformément aux dispositions de l'article R. 322-9 du Code de la route ;

b) soit des copies de la déclaration de cession du véhicule et de son accusé d'enregistrement dans le système d'immatriculation des véhicules.

Art. D. 45-16 *(Mod., D. n° 2021-1093, 18 août 2021)*. – Conformément aux dispositions des articles 39-3 et 495-22, le procureur de la République du tribunal de grande instance de Rennes est compétent pour :

1° Lorsque les mentions du procès-verbal ne sont pas conformes aux dispositions des articles 495-17 à 495-24-1 ou avec les dispositions de la présente section, mettre fin à la procédure de l'amende forfaitaire et transmettre ce procès-verbal, sous forme dématérialisée, au procureur de la République du tribunal judiciaire dans le ressort duquel l'infraction a été constatée, afin que ce dernier apprécie les suites qu'il convient de lui donner.

2° Émettre le titre rendu exécutoire majorant le montant de l'amende forfaitaire à défaut de paiement ou de requête présentée dans les délais requis, conformément au dernier alinéa de l'article 495-18 et à l'article D. 45-10 ;

3° Recevoir les requêtes faites en application du premier alinéa de l'article 495-18 et les réclamations faites en application du deuxième alinéa de l'article 495-19, apprécier leur recevabilité formelle et le respect de l'obligation de consignation.

S'il estime la requête ou la réclamation formellement recevable et s'il ne décide pas lui-même de renoncer à l'exercice des poursuites, ce magistrat l'adresse avec le dossier de la procédure, sous forme dématérialisée, au procureur de la République du tribunal de grande instance dans le ressort duquel réside la personne, afin que ce dernier décide, conformément à l'article 495-21 soit de renoncer à l'exercice des poursuites, auquel cas il notifie sa décision à l'auteur de la requête en exonération ou de la réclamation en l'informant que la consignation lui sera remboursée, soit de procéder conformément aux articles 389 à 390-1, 393 à 397-7, 495 à 495-6 ou 495-7 à 495-16.

Si le procureur de la République de Rennes considère que la requête en exonération ou la réclamation est irrecevable, l'avis qu'il est tenu d'adresser à la personne en application du premier alinéa de l'article 495-21 indique les raisons de sa décision. Cet avis doit être adressé par lettre recommandée, qui informe la personne qu'elle peut, dans un délai d'un mois courant à compter de son envoi, contester cette décision par lettre recommandée avec demande d'accusé de réception. Si le procureur de la République de Rennes estime que la contestation a permis de conclure à la recevabilité de la requête ou de la réclamation, il fait application de l'alinéa précédent. Dans le cas contraire, ce magistrat adresse la contestation avec le dossier de la procédure, sous forme dématérialisée, au procureur de la République du tribunal de grande instance dans le ressort duquel réside la personne, afin que ce dernier la transmette au juge mentionné au premier alinéa de l'article 495-21, selon les modalités prévues à l'article D. 45-19.

Art. D. 45-17 *(Créé à compter de la date prévue à l'article 4 du décret n° 2017-429 du 28 mars 2017, D. n° 2017-429, 28 mars 2017)*. – En cas de condamnation à une peine d'amende, la juridiction de jugement précise dans sa décision le montant de l'amende restant dû après déduction du montant de la consignation.

En cas de décision de relaxe, ou, dans le cas prévu par le dernier alinéa de l'article 495-21, de condamnation à une peine autre qu'une amende ou à une amende inférieure au montant de la consignation, la juridiction ordonne le remboursement à la personne de la consignation ou d'une partie de celle-ci.

Art. D. 45-18 *(Rempl., D. n° 2019-507, 24 mai 2019)*. – En cas de classement sans suite ou dans les cas prévus au deuxième alinéa de l'article D. 45-17, un formulaire spécifique est adressé à la personne pour lui permettre d'être remboursée de sa consignation.

Art. D. 45-19 *(Rempl., D. n° 2019-507, 24 mai 2019)*. – Pour l'application des dispositions du deuxième alinéa de l'article 495-19 et premier alinéa de l'article 495-21, ne sont considérées comme motivées que les requêtes ou réclamations dans lesquelles la personne soit conteste avoir commis l'infraction, soit reconnaît avoir commis l'infraction tout en fournissant des éléments circonstanciés susceptibles de justifier le classement sans suite pour des raisons juridiques ou d'opportunité.

Le procureur de la République transmet la contestation mentionnée au troisième alinéa du 2° de l'article D. 45-16 avec ses réquisitions, au juge mentionné au premier alinéa de l'article 495-21. Ce juge statue par ordonnance motivée au seul vu de la contestation et de ces réquisitions, sauf s'il estime nécessaire d'entendre la personne. Cette ordonnance est communiquée au procureur de la République et notifiée à la personne par lettre recommandée. Si l'avis d'irrecevabilité contesté est déclaré irrégulier, le procureur de la République doit soit classer sans suite, soit mettre en mouvement l'action publique.

Art. D. 45-20 *(Créé à compter de la date prévue à l'article 4 du décret n° 2017-429 du 28 mars 2017, D. n° 2017-429, 28 mars 2017).* – Les incidents contentieux relatifs à l'exécution du titre exécutoire et à la rectification des erreurs matérielles qu'il peut comporter sont déférés au tribunal correctionnel dans le ressort duquel réside la personne, qui statue conformément aux dispositions de l'article 711.

Art. D. 45-21 *(Créé à compter de la date prévue à l'article 4 du décret n° 2017-429 du 28 mars 2017, D. n° 2017-429, 28 mars 2017).* – Un arrêté pris par le garde des Sceaux, ministre de la Justice, et le ministre de l'Intérieur précise les modalités selon lesquelles les requêtes et les réclamations peuvent être adressées de façon dématérialisée.

CHAPITRE II. – DE L'APPEL

Art. D. 45-22 *(Créé à compter du 1er juin 2019, D. n° 2019-508, 24 mai 2019 ; mod., D. n° 2020-91, 6 févr. 2020).* – Lorsque le prévenu déclare limiter, conformément au deuxième alinéa de l'article 502, la portée de son appel sur l'action publique aux peines prononcées, à certaines d'entre elles ou à leurs modalités d'application, le formulaire de la déclaration d'appel faite en application des articles 502 ou 503 doit comporter une mention informant l'appelant de son droit de revenir sur cette limitation, par une déclaration complémentaire, dans le mois suivant l'acte d'appel et selon les modalités prévues au premier et troisième alinéas de l'article 502 ou au premier et deuxième alinéas de l'article 503.

Cette mention précise que si la limitation de la portée de l'appel sur l'action publique aux peines prononcées n'a pas été faite par l'avocat du prévenu ou par le prévenu en présence de son avocat, le prévenu pourra également revenir sur cette limitation à l'audience.

Lorsque la déclaration d'appel est faite par le prévenu en personne, elle précise si elle a été faite en présence ou non de son avocat.

La limitation de l'appel du prévenu conformément au premier alinéa est sans effet si le ministère public forme appel sur l'ensemble de la décision rendue sur l'action publique, y compris lors d'un appel incident. Si le prévenu revient sur la limitation de son appel dans le délai d'un mois, les parties disposent d'un nouveau délai de cinq jours pour former appel incident.

Art. D. 45-23 *(Créé à compter du 1er juin 2019, D. n° 2019-508, 24 mai 2019).* – Lorsque le prévenu, la partie civile ou la personne civilement responsable forme appel, à titre principal ou incident, contre un jugement qui a été rendu par le tribunal correctionnel composé de son seul président et que l'appel doit être examiné par la chambre des appels correctionnels de la cour d'appel composée de son seul président en application du deuxième alinéa de l'article 510, le formulaire de la déclaration d'appel faite en application des articles 502 ou 503 doit comporter une mention informant la partie appelante de son droit de demander, conformément au deuxième alinéa de l'article 510, par une déclaration complémentaire dans le mois suivant l'acte d'appel et selon les modalités prévues au premier et troisième alinéas de l'article 502 ou au premier et deuxième alinéas de l'article 503, que l'appel soit examiné par une formation collégiale.

Si cette mention ne figure pas dans la déclaration d'appel, le président de la chambre des appels correctionnels de la cour d'appel doit, en début d'audience, informer la partie appelante de son droit de demander le renvoi de l'affaire à une formation collégiale.

Art. D. 45-24 *(Créé à compter du 1er juin 2019, D. n° 2019-508, 24 mai 2019).* – Si l'appel est formé par le ministère public, celui-ci peut également indiquer dans sa déclaration d'appel ou dans un délai d'un mois après cette déclaration qu'il demande que l'appel soit examiné par une formation collégiale.

Art. D. 45-25 *(Créé à compter du 1er juin 2019, D. n° 2019-508, 24 mai 2019).* – Dans les cas prévus par les articles D. 45-22 et D. 45-23, une copie de la déclaration d'appel est remise à l'appelant.

Dans les cas prévus par les articles D. 45-22, D. 45-23 et D. 45-24, la déclaration d'appel et le dossier de la procédure peuvent, sauf en cas d'urgence, être transmis à la cour d'appel à l'expiration d'un délai d'un mois à compter de l'acte d'appel, avec, s'il y a lieu, la déclaration complémentaire revenant sur la limitation de l'appel ou demandant un examen collégial.

Art. D. 45-26 *(Ancien article D. 46 créé, D. n° 2016-1202, 7 sept. 2016 ; mod. à compter du 1er juin 2019, D. n° 2019-508, 24 mai 2019, art. 4, III et 9, I ; dénuméroté à compter du 24 mars 2020 pour les condamnations prononcées à compter de cette date, y compris si elles concernent des infractions commises avant cette date, D. n° 2020-81, 3 févr. 2020).* – La déclaration d'appel formée par une personne détenue en application de l'article 503 est transmise le jour même ou le premier jour ouvrable suivant par le chef de l'établissement pénitentiaire au greffe de la juridiction qui a rendu la décision attaquée.

Il en est de même d'une déclaration complémentaire faite par la personne détenue dans le mois suivant son appel en application des articles D. 45-22 ou D. 45-23.

Art. D. 45-27 *(Créé, D. n° 2021-1794, 23 déc. 2021 ; D. n° 2022-656, 25 avr. 2022).* – Les dispositions de l'article D. 45-2 sont applicables devant la chambre des appels correctionnels.

Art. D. 45-28 *(Créé, D. n° 2022-546, 13 avr. 2022).* – Lorsque le procureur général décide, d'office ou à la demande du prévenu, de recourir en cause d'appel à la procédure de comparution sur reconnaissance préalable de culpabilité en application du dernier alinéa de l'article 495-15, il en informe le président de la chambre des appels correctionnels de la cour d'appel devant laquelle l'affaire avait été audiencée, si cette audience avait déjà été fixée.

Cette décision ne peut intervenir moins d'un mois avant la date prévue pour l'audience, sauf en cas d'accord du président de la chambre de la cour d'appel.

Dans tous les cas, s'il est recouru à la procédure de comparution sur reconnaissance préalable de culpabilité, la date de l'audience d'homologation doit être fixée plus de dix jours avant la date de l'audience prévue devant la chambre des appels correctionnels.

Art. D. 45-29 *(Créé, D. n° 2022-656, 25 avr. 2022).* – Les dispositions de l'article D. 45-2-1-bis sont applicables devant la chambre des appels correctionnels. Les décisions prévues par cet article sont alors prises par le premier président de la cour d'appel.

Art. D. 45-29 *(Créé, D. n° 2022-546, 13 avr. 2022).* – Lorsque la demande du prévenu prévue par l'article 495-15 tendant à l'application en appel de la procédure de comparution sur reconnaissance préalable de culpabilité est adressée au procureur général plus de trois mois avant la date de l'audience fixée devant la cour, par lettre recommandée avec accusé de réception, par un moyen de télécommunication sécurisé conformément au 21° de l'article D. 591 ou par déclaration au secrétariat du procureur général contre récépissé, ce magistrat informe par tout moyen le demandeur s'il décide de ne pas mettre en œuvre cette procédure.

Le défaut d'information ne constitue cependant pas une cause de nullité de la saisine de la chambre des appels correctionnels.

Art. D. 46 *(Rétabli dans la version suivante à compter du 24 mars 2020 pour les condamnations prononcées à compter de cette date, y compris si elles concernent des infractions commises avant cette date, D. n° 2020-81, 3 févr. 2020).* – Lorsque la chambre des appels correctionnels décerne un mandat de dépôt à effet différé, le procureur général dispose des mêmes prérogatives que le procureur de la République.

Si la date fixée pour l'incarcération est portée à la connaissance du condamné à l'issue de l'audience, il délivre l'ordre de mise à exécution de ce mandat prévu par l'article D. 48-2-5.

Dans le cas contraire, il peut saisir le procureur de la République du tribunal judiciaire dans le ressort duquel réside le condamné pour mise à exécution du mandat.

TITRE III. – DU JUGEMENT DES CONTRAVENTIONS

(D. n° 2012-123, 30 janv. 2012)

Art. D. 46-1-1 *(D. n° 2012-123, 30 janv. 2012).* – L'officier du ministère public près le tribunal de police de Paris est compétent pour établir les titres exécutoires des amendes forfaitaires majorées prévus par l'article 529-5 lorsqu'ils concernent des contraventions mentionnées à l'article 529-3 et commises, dans les départements de la région Île-de-France, au préjudice de la Régie autonome des transports parisiens.

Cette compétence est concurrente de celle de l'officier du ministère public près le tribunal de police dans le ressort duquel la contravention a été commise et de celle l'officier du ministère public près le tribunal de police dans le ressort duquel le contrevenant est domicilié.

En cas de protestation ou de réclamation devant donner lieu à la saisine du tribunal de police, l'officier du ministère public près le tribunal de police de Paris transmet le dossier de la procédure au ministère public compétent à raison du domicile du contrevenant.

Art. D. 46-1-2 *(D. n° 2012-123, 30 janv. 2012).* – L'officier du ministère public près le tribunal de police de Bordeaux est compétent pour établir les titres exécutoires des amendes forfaitaires majorées prévus par l'article 529-5 lorsqu'ils concernent des contraventions mentionnées à l'article 529-3 et commises, sur le territoire métropolitain, au préjudice de la Société nationale des chemins de fer français.

Cette compétence est concurrente de celle de l'officier du ministère public près tribunal de police dans le ressort duquel la contravention a été commise et de celle l'officier du ministère public près le tribunal de police dans le ressort duquel le contrevenant est domicilié.

En cas de protestation ou de réclamation devant donner lieu à la saisine du tribunal de police, l'officier du ministère public près le tribunal de police de Bordeaux transmet le dossier de la procédure au ministère public compétent à raison du domicile du contrevenant.

Art. D. 46-1-3 *(D. n° 2012-123, 30 janv. 2012).* – Les modalités techniques d'application des dispositions des articles D. 46-1-1 et D. 46-1-2 et leur date d'entrée en vigueur sont déterminées par arrêté conjoint du ministre de la Justice, du ministre de l'Intérieur et du ministre chargé du budget.

Art. D. 46-1-4 *(Créé, D. n° 2021-1794, 23 déc. 2021).* – Les dispositions de l'article D. 45-2-1 *bis* sont applicables devant le tribunal de police.

TITRE IV. – DES CITATIONS ET SIGNIFICATIONS

Art. D. 46-2 *(D. n° 2008-1490, 30 déc. 2008).* – Pour l'application des dispositions de l'article 555-1, la notification effectuée auprès d'une personne détenue par le chef de l'établissement pénitentiaire et qui vaut signification peut être réalisée par tout fonctionnaire placé sous son autorité et ayant été désigné par lui à cette fin.

Art. D. 46-3 *(D. n° 2008-1490, 30 déc. 2008).* – Conformément aux dispositions de l'article 557, lorsque l'huissier a remis la copie de l'exploit à une personne résidant au domicile de l'intéressé, il adresse à ce dernier :

1° Soit une lettre recommandée avec demande d'avis de réception ;

2° Soit une lettre simple accompagnée d'un récépissé à réexpédier ou à déposer à l'étude d'huissier.

Art. D. 46-4 *(D. n° 2008-1490, 30 déc. 2008).* – Les modalités de mise en œuvre de la signification à étude d'huissier de justice prévue par l'article 558 sont précisées par le présent article.

L'huissier de justice peut, à la demande du destinataire, transmettre la copie de l'exploit à une autre étude où celui-ci pourra le retirer dans les mêmes conditions. La mention de cette faculté est portée dans la lettre recommandée avec demande d'avis de réception, la lettre simple ou l'avis de passage prévus par les alinéas 2 et 4 de l'article 558.

L'avis de passage prévu par le quatrième alinéa de l'article 558 doit être daté et indique que la copie de l'exploit signifié à l'étude de justice doit être retirée dans les plus brefs délais, contre récépissé ou émargement, par l'intéressé ou par toute personne spécialement mandatée. Si l'exploit est une signification de jugement rendu par itératif défaut, l'avis de passage mentionne la nature de l'acte signifié et le délai d'appel.

Il y a signification à personne si l'intéressé se présente à l'étude pour retirer la copie de l'exploit, même sans avoir signé l'avis de réception de la lettre recommandée ou sans avoir renvoyé le récépissé.

La copie de l'exploit est conservée à l'étude pendant trois mois. Passé ce délai, l'huissier de justice en est déchargé.

Art. D. 46-5 *(D. n° 2008-1490, 30 déc. 2008).* – Les dispositions du deuxième alinéa de l'article 559-1 permettant au procureur de la République de porter jusqu'à trois mois le délai de signification d'une décision sont également applicables aux significations délivrées à la requête du procureur général ou de la partie civile.

Le ministère public et la partie civile peuvent prévoir ce délai de trois mois dans leur requête initiale. Ils peuvent également proroger le délai jusqu'à trois mois lorsque l'huissier les informe qu'il n'a pu accomplir la signification dans le délai de quarante-cinq jours initialement prévu.

Ces délais courent à compter de la réception par l'huissier de la requête du ministère public ou de la partie civile.

Art. D. 46-6 *(D. n° 2008-1490, 30 déc. 2008).* – Dans le cas prévu par l'article 559-1, l'huissier qui constate qu'il n'a pu accomplir ses diligences à l'expiration du délai de quarante-cinq jours ou dans celui prévu dans la requête du ministère public ou de la partie civile doit en informer ce dernier ou cette dernière dès que possible, et au plus tard dans les cinq jours ouvrables suivant l'expiration de ce délai.

En l'absence de prorogation du délai conformément aux dispositions de l'article D. 46-5, l'huissier lui retourne l'exploit accompagné des procès-verbaux relatant les diligences qu'il a accomplies pour effectuer la signification à la personne de son destinataire et les circonstances caractérisant l'impossibilité d'une telle signification.

Art. D. 46-6-1 *(Anc. art. D. 46-7 dénum. en art. D. 46-6-1 à compter du 15 novembre 2016, D. n° 2016-1455, 28 oct. 2016).* – La signification demeure régulière même si elle a été accomplie après l'expiration du délai de quarante-cinq jours prévu par l'article 559-1 ou du délai de trois mois fixé par le ministère public ou la partie civile.

Art. D. 46-6-2 *(D. n° 2016-1455, 28 oct. 2016 ; entrée en vigueur le 15 novembre 2016).* – L'acte de citation établi en application de l'article 390 précise que la personne peut demander l'assistance d'un avocat immédiatement ou à tout moment au cours de la procédure. Il précise également les conditions lui permettant de bénéficier de l'aide juridictionnelle ainsi que l'adresse des structures où elle peut recevoir des conseils juridiques.

Art. D. 46-7 *(Dénum. en art. D. 46-6-1 à compter du 15 novembre 2016, D. n° 2016-1455, 28 oct. 2016).*

LIVRE TROISIÈME

Néant.

LIVRE QUATRIÈME

DE QUELQUES PROCÉDURES PARTICULIÈRES

(D. n° 68-645, 9 juill. 1968)

TITRE PREMIER. – DES RÈGLES DE PROCÉDURE APPLICABLES AUX CRIMES CONTRE L'HUMANITÉ ET AUX CRIMES DE GUERRE

(D. n° 2012-682, 7 mai 2012)

Sous-titre premier. – De la coopération avec la Cour pénale internationale

Néant.

Sous-titre II. – Des juridictions compétentes pour la poursuite, l'instruction et le jugement des crimes contre l'humanité et des crimes et délits de guerre

Art. D. 46-7 *(D. n° 2012-682, 7 mai 2012).* – Les personnes titulaires d'un diplôme national sanctionnant une formation d'une durée au moins égale à quatre années, d'études supérieures après le baccalauréat, remplissant les conditions d'accès à la fonction publique et justifiant d'une expérience professionnelle minimale de quatre années, peuvent exercer les fonctions d'assistant spécialisé prévues par l'article 628-9 auprès du tribunal judiciaire de Paris, si le diplôme valide une formation dans l'une au moins des matières suivantes :

I. – Droit pénal et procédure pénale ;
II. – Droit international public ;
III. – Droit de la guerre ;
IV. – Droit international humanitaire ;
V. – Histoire ;
VI. – Ethnologie.

TITRE II. – DU FAUX

Art. D. 47-1. – Le demandeur en inscription de faux contre une pièce produite devant la Cour de cassation, dont le premier président rejette la demande, est condamné, sauf s'il en est expressément dispensé, au paiement d'une amende civile de 30 € au moins et de 150 € au plus.

TITRE III À IX

Néant.

TITRE X. – DE L'ENTRAIDE JUDICIAIRE INTERNATIONALE

(Titre créé, D. n° 2015-1677, 15 déc. 2015)

CHAPITRE Ier. – DISPOSITIONS GÉNÉRALES

Néant.

CHAPITRE II. – DISPOSITIONS PROPRES À L'ENTRAIDE ENTRE LA FRANCE ET LES AUTRES ÉTATS MEMBRES DE L'UNION EUROPÉENNE

Section I. – Des décisions d'enquête européenne

(D. n° 2017-511, 7 avr. 2017, entrée en vigueur le 22 mai 2017)

Sous-section 1. – Dispositions communes

Art. D. 47-1-1 *(D. n° 2017-511, 7 avr. 2017)*. – Le magistrat ayant émis une décision d'enquête européenne ou chargé de l'exécution d'une telle décision consulte directement et par tout moyen approprié, y compris par le biais du système de télécommunications du Réseau judiciaire européen, l'autorité étrangère d'exécution ou d'émission pour faciliter la reconnaissance et l'exécution de la décision, notamment pour régler toute difficulté relative à la transmission ou à l'authenticité d'un document nécessaire à l'exécution de cette décision.

Sous-section 2. – Dispositions relatives à l'émission d'une décision d'enquête européenne par les autorités judiciaires françaises

§ 1. – Dispositions générales

Art. D. 47-1-2 *(D. n° 2017-511, 7 avr. 2017)*. – Toute décision d'enquête européenne émise par une des autorités judiciaires mentionnées à l'article 694-20 est rédigée en utilisant le formulaire figurant à l'annexe A de la Directive 2014/41/UE du 3 avril 2014 concernant la décision d'enquête européenne en matière pénale.

Elle est traduite, si nécessaire, dans la langue ou dans l'une des langues que l'autorité d'exécution a déclaré accepter.

Elle peut être transmise à l'autorité d'exécution par le biais du système de télécommunications du Réseau judiciaire européen ou par tout moyen permettant de laisser une trace écrite.

Si le magistrat émettant la décision d'enquête européenne ignore l'identité de l'autorité d'exécution, il peut solliciter cette information via les points de contact du Réseau judiciaire européen.

Art. D. 47-1-3 *(D. n° 2017-511, 7 avr. 2017)*. – Lorsque le magistrat ayant émis la décision d'enquête européenne est informé par l'autorité d'exécution de l'impossibilité de réaliser l'acte demandé ou de la nécessité d'y substituer une autre mesure, il peut retirer ou compléter la décision d'enquête européenne.

Art. D. 47-1-4 *(D. n° 2017-511, 7 avr. 2017)*. – Si un recours est formé contre la décision d'enquête européenne, le magistrat ayant émis cette décision en informe l'autorité d'exécution, ainsi que de l'issue de ce recours.

Le non-respect de cette obligation d'information ne constitue toutefois pas une cause de nullité.

§ 2. – Dispositions particulières à certaines mesures d'enquête

Art. D. 47-1-5 *(D. n° 2017-511, 7 avr. 2017)*. – Lorsqu'il émet une décision d'enquête européenne tendant à la saisie d'éléments de preuve, le magistrat précise dans la décision :

1° Soit que ces éléments doivent lui être transférés ;

2° Soit qu'ils doivent être conservés dans l'État d'exécution afin d'éviter leur destruction, transformation, déplacement ou aliénation jusqu'à une date qu'il fixe, sans préjudice de la possibilité de demander avant cette date le transfert de ces éléments.

Si les éléments de preuve transférés n'ont pas été placés sous scellé par l'autorité d'exécution, ils sont placés sous scellé conformément aux dispositions du présent code. Si l'autorité d'exécution l'a exigé lors du transfert, ces éléments lui sont restitués dès qu'ils ne sont plus nécessaires à la procédure en cours.

Art. D. 47-1-6 *(D. n° 2017-511, 7 avr. 2017)*. – Pour l'application des articles 694-25 et 694-26, lorsqu'une décision d'enquête européenne implique qu'une personne détenue sur le territoire national fasse l'objet d'un transfèrement temporaire sur le territoire de l'État d'exécution ou inversement, ou d'un transit sur le territoire d'un État tiers, le directeur de l'administration pénitentiaire du ministère de la Justice, agissant sur saisine de l'autorité judiciaire nationale, formalise la demande de transfèrement ou de transit, accompagnée de tous les documents nécessaires, en lien avec les autorités compétentes de l'État étranger.

Art. D. 47-1-7 *(D. n° 2017-511, 7 avr. 2017)*. – Pour l'application des articles 694-25 et 694-26, les modalités pratiques du transfèrement temporaire ou du transit d'une personne, y compris s'il y a lieu le détail de ses conditions de détention dans l'État d'émission ou l'État d'exécution, et les dates limites auxquelles elle doit être transférée du territoire de l'État d'exécution et renvoyée sur ce territoire sont fixées d'un commun accord entre l'État d'émission et l'État d'exécution, en veillant à ce que l'état physique et mental de la personne concernée, ainsi que le niveau de sécurité requis dans l'État d'émission, soient pris en compte.

Art. D. 47-1-8 *(D. n° 2017-511, 7 avr. 2017)*. – Pour l'application de l'article 694-28, lorsque plus d'un État membre est en mesure de fournir l'assistance technique nécessaire complète pour la même interception de télécommunications, la décision d'enquête européenne est adressée par priorité à l'État membre sur le territoire duquel se trouve ou se trouvera la cible de l'interception.

Le magistrat ayant émis une décision d'enquête européenne tendant à l'interception de télécommunications détermine, d'un commun accord avec l'autorité d'exécution, si l'interception est réalisée en transmettant les télécommunications immédiatement ou à l'issue des opérations.

Il peut également demander une transcription, un décodage ou un déchiffrement de l'enregistrement sous réserve de l'accord de l'autorité d'exécution.

Art. D. 47-1-9 *(D. n° 2017-511, 7 avr. 2017)*. – Si la décision d'enquête européenne demande la réalisation d'une audition par l'utilisation de moyens de télécommunication, mais que l'État membre d'exécution ne dispose pas des moyens techniques nécessaires à cette fin, le magistrat ayant émis la décision peut, d'un commun accord avec l'autorité d'exécution, mettre des moyens techniques à la disposition de cette dernière.

Sous-section 3. – Dispositions relatives à la reconnaissance et l'exécution par les autorités judiciaires françaises d'une décision d'enquête européenne émanant d'un autre État membre

§ 1. – Dispositions générales

Art. D. 47-1-10 *(D. n° 2017-511, 7 avr. 2017)*. – Le procureur de la République ou le juge d'instruction du tribunal judiciaire territorialement compétent qui est destinataire de la décision d'enquête européenne en accuse réception sans tarder, et en tout état de cause dans un délai d'une semaine à compter de sa réception, en utilisant le formulaire figurant à l'annexe B de la directive 2014/41/UE du 3 avril 2014 susmentionnée.

Art. D. 47-1-11 *(D. n° 2017-511, 7 avr. 2017)*. – Si la décision d'enquête européenne est adressée par erreur au procureur général ou à un procureur qui n'est pas territorialement compétent, celui-ci la transmet sans délai au procureur de la République ou au juge d'instruction du tribunal judiciaire territorialement compétent et en informe immédiatement l'autorité d'émission en utilisant le formulaire figurant à l'annexe B susmentionnée.

Art. D. 47-1-12 *(D. n° 2017-511, 7 avr. 2017)*. – Si la décision d'enquête n'a pas été émise ou validée par une autorité judiciaire, ou si elle n'a pas été rédigée ou traduite en langue française ou si l'annexe A n'est pas complète, la décision est renvoyée à l'autorité d'émission pour régularisation.

Art. D. 47-1-13 *(D. n° 2017-511, 7 avr. 2017).* – Les instructions ordonnant l'exécution de la mesure demandée valent reconnaissance de la décision d'enquête et n'ont pas besoin d'être notifiées à l'autorité d'émission.

Art. D. 47-1-14 *(D. n° 2017-511, 7 avr. 2017).* – Lorsque les formalités et procédures expressément indiquées par l'autorité d'émission dans la décision d'enquête européenne ne peuvent pas être respectées, le magistrat saisi l'en informe sans tarder par tout moyen permettant de laisser une trace écrite.

Lorsque la mesure d'enquête indiquée dans la décision d'enquête européenne n'est pas prévue par le présent code ou ne pourrait pas être exécutée dans le cadre d'une procédure nationale similaire, et lorsqu'il n'existe aucune autre mesure d'enquête qui, conformément à l'article 694-38 permettrait d'obtenir le même résultat que la mesure d'enquête demandée, le magistrat saisi informe l'autorité d'émission qu'il n'a pas été possible, pour ces raisons, d'apporter l'assistance demandée.

Art. D. 47-1-15 *(D. n° 2017-511, 7 avr. 2017).* – Lorsque l'autorité d'émission a indiqué dans la décision d'enquête européenne qu'en raison de délais de procédure, de la gravité de l'infraction ou d'autres circonstances particulièrement urgentes, un délai plus court que ceux prévus par les articles 694-35 et 694-37 est nécessaire, ou si l'autorité d'émission a indiqué dans la décision d'enquête européenne que la mesure d'enquête doit être exécutée à une date spécifique, le magistrat saisi tient compte au mieux de cette exigence.

S'il n'est pas possible, dans un cas spécifique, de respecter ce délai, le magistrat saisi en informe l'autorité d'émission et le délai est prorogé conformément aux dispositions du deuxième alinéa de l'article 694-35 et du premier alinéa de l'article 694-37.

Art. D. 47-1-16 *(D. n° 2017-511, 7 avr. 2017).* – Si un recours est formé contre la reconnaissance ou l'exécution de la décision d'enquête européenne, le magistrat saisi en informe l'autorité d'émission, ainsi que de l'issue de ce recours.

Art. D. 47-1-17 *(D. n° 2017-511, 7 avr. 2017).* – Le non-respect des obligations d'information prévues aux articles D. 47-1-10, D. 47-1-11, D. 47-1-14 et D. 47-1-16 ne constitue pas une cause de nullité.

§ 2. – Dispositions particulières à certaines mesures d'enquête

Art. D. 47-1-18 *(D. n° 2017-511, 7 avr. 2017).* – Les dispositions de l'article D. 47-1-7 sont applicables dans le cas, prévu par l'article 694-44, de transfèrement sur le territoire national d'une personne détenue dans l'État d'émission pour les nécessités de l'exécution d'une décision d'enquête européenne.

Art. D. 47-1-19 *(D. n° 2017-511, 7 avr. 2017).* – Lorsque, pour l'exécution d'une demande d'enquête européenne émise par un État membre auprès d'un autre État membre, une personne détenue doit transiter par le territoire national, ce transit est autorisé par le directeur des affaires criminelles et des grâces du ministère de la Justice sur présentation d'une demande, accompagnée de tous les documents nécessaires. Pendant ce transit, les dispositions du premier alinéa de l'article 694-26 sont applicables.

Art. D. 47-1-20 *(D. n° 2017-511, 7 avr. 2017).* – Pour l'application de l'article 694-48, lorsque l'État d'émission sollicite, au titre d'une décision d'enquête européenne, l'audition d'une personne par visioconférence, les modalités pratiques de l'audition, qui doit être réalisée conformément aux dispositions du droit de l'État d'émission, sont préalablement fixées d'un commun accord avec les autorités de cet État, en précisant notamment l'heure et le lieu de l'audition, les données d'identification de la personne entendue ainsi que, s'il s'agit d'une personne suspectée ou poursuivie, les conditions dans lesquelles est garanti l'exercice des droits de la défense.

Il est dressé un procès-verbal indiquant la date et le lieu de l'audition, l'identité de la personne entendue, les identités et qualités de toutes les autres personnes ayant participé à l'audition, les prestations de serment et les conditions techniques dans lesquelles l'audition s'est déroulée. Ce procès-verbal est transmis à l'autorité d'émission.

Section II à VI

Néant.

Section VII. – De la prévention et du règlement des conflits de compétence entre États membres de l'Union européenne

Art. D. 47-1-21 *(D. n° 2015-1677, 15 déc. 2015 ; mod. numérotation, D. n° 2017-511, 7 avr. 2017).* – Afin d'éviter les conséquences négatives de la coexistence de procédures pénales parallèles ayant pour objet les mêmes personnes pour les mêmes faits dans plusieurs États membres de l'Union européenne, les autorités judiciaires françaises communiquent avec les autorités judiciaires compétentes des États membres conformément aux dispositions de l'article 695-9-54, selon les modalités définies par la présente section.

Art. D. 47-1-22 *(D. n° 2015-1677, 15 déc. 2015 ; mod. numérotation, D. n° 2017-511, 7 avr. 2017).* – Les échanges d'informations entre autorités compétentes s'effectuent par tout moyen laissant une trace écrite et dans des conditions permettant au destinataire d'en vérifier l'origine et l'authenticité.

Sans préjudice des dispositions de l'article 11 relatives au secret de l'enquête et de l'instruction, les informations ainsi échangées sont confidentielles et les modalités de leur transmission garantissent le respect de ce principe.

Art. D. 47-1-23 *(D. n° 2015-1677, 15 déc. 2015 ; mod. numérotation, D. n° 2017-511, 7 avr. 2017).* – Lorsque le procureur de la République, le juge d'instruction ou le président de la juridiction saisie de la procédure a des motifs raisonnables de croire qu'une procédure ayant pour objet les mêmes personnes pour les mêmes faits est en cours dans un autre État membre de l'Union européenne, il procède, auprès de l'autorité compétente de cet État, à une demande de confirmation de l'existence d'une procédure parallèle, en vue d'engager des consultations directes afin d'éviter les éventuelles conséquences négatives de la coexistence de ces deux procédures telles que des poursuites concurrentes ou plusieurs condamnations d'une même personne pour les mêmes faits.

Art. D. 47-1-24 *(D. n° 2015-1677, 15 déc. 2015 ; mod. numérotation, D. n° 2017-511, 7 avr. 2017).* – La demande susvisée contient les informations suivantes :

a) Les coordonnées de l'autorité judiciaire compétente ;

b) Une description des faits faisant l'objet de la procédure pénale concernée ;

c) Tous les renseignements pertinents sur l'identité des personnes suspectées ou poursuivies et, le cas échéant, des victimes ;

d) L'état d'avancement de la procédure pénale ;

e) Le cas échéant, les informations relatives à la détention provisoire ou la garde à vue des personnes suspectées ou poursuivies ;

f) Tout autre élément pertinent.

La demande est traduite dans l'une des langues officielles de l'État membre destinataire ou dans l'une des langues officielles des institutions de l'Union européenne acceptées par cet État.

Art. D. 47-1-25 *(D. n° 2015-1677, 15 déc. 2015 ; mod. numérotation, D. n° 2017-511, 7 avr. 2017).* – Lorsque le procureur de la République, le juge d'instruction ou le président de la juridiction saisie de la procédure est contacté par l'autorité judiciaire d'un État membre dans lequel une procédure pénale est en cours concernant les mêmes personnes pour les mêmes faits, il lui adresse une réponse au plus tard dans les dix jours à compter de la réception de la demande lorsque la personne poursuivie est placée en détention provisoire ou en garde à vue.

L'autorité judiciaire compétente communique notamment les coordonnées de l'autorité en charge de la procédure pénale ainsi que l'état d'avancement de la procédure pénale et, si une décision a été rendue en dernier ressort, la nature de cette décision. Elle peut fournir toutes autres informations complémentaires pertinentes.

Art. D. 47-1-26 *(D. n° 2015-1677, 15 déc. 2015 ; mod. numérotation, D. n° 2017-511, 5 avr. 2017).* – Si l'autorité judiciaire compétente n'est pas en mesure de fournir une réponse dans le délai fixé par l'autorité requérante, elle l'en informe et précise le délai dans lequel elle transmettra l'information demandée.

Si l'autorité judiciaire à laquelle la demande d'information a été adressée n'est pas compétente pour y donner suite, elle la transmet sans délai à l'autorité compétente et en informe l'autorité requérante.

Art. D. 47-1-27 *(D. n° 2015-1677, 15 déc. 2015 ; mod. numérotation, D. n° 2017-511, 5 avr. 2017).* – Lorsqu'il est établi qu'une procédure parallèle existe, les autorités compétentes des États membres concernés engagent des consultations directes en vue de dégager un consensus sur toute solution efficace permettant d'éviter les conséquences négatives découlant de l'existence de ces procédures et pouvant, le cas échéant, conduire à la poursuite de la procédure pénale dans un seul État.

Art. D. 47-1-28 *(D. n° 2015-1677, 15 déc. 2015 ; mod. numérotation, D. n° 2017-511, 5 avr. 2017).* – Tant que les consultations directes sont en cours, les autorités compétentes des États membres s'informent l'une l'autre de tout acte de procédure important et répondent aux demandes d'informations qui leur sont adressées.

Art. D. 47-1-29 *(D. n° 2015-1677, 15 déc. 2015 ; mod. numérotation, D. n° 2017-511, 5 avr. 2017).* – Si, au cours des consultations directes engagées, un consensus a été dégagé sur la poursuite de la procédure pénale dans un seul État membre, l'autorité compétente de cet État membre en informe la ou les autorités compétentes de l'autre ou des autres États membres.

TITRE XI ET XII

Néant.

TITRE XIII. – DE LA PROCÉDURE APPLICABLE AUX INFRACTIONS EN MATIÈRE ÉCONOMIQUE ET FINANCIÈRE

(D. n° 2004-984, 16 sept. 2004)

Art. D. 47-2 *(D. n° 2004-984, 16 sept. 2004 ; D. n° 2011-1878, 14 déc. 2011 ; rempl. à compter du 1er février 2014, D. n° 2014-69, 29 janv. 2014 ; D. n° 2017-1016, 10 mai 2017).* – Par application de l'article 704, alinéas 22 et 24, du Code de procédure pénale, le tableau ci-dessous fixe la liste des cours d'appel dans le ressort desquelles un tribunal judiciaire est compétent pour connaître des infractions mentionnées aux alinéas 2 à 17, ainsi que pour chacune d'elles ledit tribunal :

COURS D'APPEL	TRIBUNAUX de grande instance compétents
Bastia	Bastia
Versailles	Nanterre

Art. 47-3 *(D. n° 2004-984, 16 sept. 2004 ; mod. à compter du 1er janvier 2012, D. n° 2011-1878, 14 déc. 2011 ; mod. à compter du 1er février 2014, D. n° 2014-69, 29 janv. 2014).* – Par application des dispositions de l'article 704, alinéa 1, du Code de procédure pénale, les tribunaux judiciaires désignés dans le tableau figurant ci-dessous sont compétents pour connaître, dans les circonscriptions définies à ce tableau, des infractions mentionnées aux alinéas 2 à 17 de l'article susvisé.

TRIBUNAUX judiciaires compétents	COMPÉTENCE TERRITORIALE s'étendant au ressort de cours d'appel ou des tribunaux supérieurs d'appel de :
Bordeaux	Agen, Bordeaux, Limoges, Pau, Toulouse.
Lille	Amiens, Douai, Reims, Rouen.
Lyon	Chambéry, Grenoble, Lyon, Riom.
Marseille	Aix-en-Provence, Bastia, Montpellier, Nîmes.
Nancy	Besançon, Colmar, Dijon, Metz, Nancy.
Paris	Bourges, Paris, Orléans, Versailles. Mamoudzou, Nouméa, Papeete, Saint-Denis-de-la-Réunion, Saint-Pierre-et-Miquelon.
Rennes	Angers, Caen, Poitiers, Rennes.
Fort-de-France	Basse-Terre, Cayenne, Fort-de-France.

Art. D. 47-4 *(D. n° 2004-984, 16 sept. 2004 ; mod. à compter du 1er février 2014, D. n° 2014-65, 29 janv. 2014).* – Les personnes titulaires d'un diplôme national sanctionnant une formation d'une durée au moins égale à quatre années d'études supérieures après le baccalauréat, remplissant les conditions d'accès à la fonction publique et justifiant d'une expérience professionnelle minimale de quatre années peuvent exercer les fonctions d'assistant spécialisé auprès d'un tribunal judiciaire visé aux articles 52-1, 704, 705 et 705-1, si le diplôme valide une formation dans l'une au moins des matières suivantes :

I. – Comptabilité ;
II. – Finances ;
III. – Gestion des entreprises ;
IV. – Droit des affaires ;
V. – Droit commercial ;
VI. – Droit monétaire et financier ;
VII. – Droit de l'urbanisme ;
VIII. – Droit de la propriété intellectuelle ;
IX. – Droit de la consommation ;
X. – Droit fiscal ;
XI. – Droit douanier ;
XII. – Droit bancaire ;
XIII. – Droit boursier ;
XIV. – Droit des marchés publics ;
XV. – Droit de la concurrence.

TITRE XIII *BIS*

(D. n° 2004-984, 16 sept. 2004)

Art. D. 47-5 *(D. n° 2004-984, 16 sept. 2004 ; D. n° 2011-338, 29 mars 2011 ; mod. à compter du 1er janvier 2012, D. n° 2011-1878, 14 déc. 2011).* – Par application des dispositions de l'article 706-2 du Code de procédure pénale, les tribunaux judiciaires désignés dans le tableau figurant ci-dessous sont compétents pour connaître, dans les circonscriptions définies à ce tableau, des infractions mentionnées à cet article.

TRIBUNAUX judiciaires compétents	COMPÉTENCE TERRITORIALE s'étendant au ressort de cours d'appel ou des tribunaux supérieurs d'appel de :
Marseille	Aix-en-Provence, Bastia, Chambéry, Grenoble, Lyon, Nîmes et Montpellier.
Paris	Agen, Amiens, Angers, Basse-Terre, Besançon, Bordeaux, Bourges, Caen, Cayenne, Colmar, Dijon, Douai, Fort-de-France, Limoges, Metz, Nancy, Nouméa, Orléans, Papeete, Paris, Pau, Poitiers, Reims, Rennes, Riom, Rouen, Saint-Denis-de-la-Réunion, Toulouse, Versailles, et tribunal supérieur d'appel de Saint-Pierre-et-Miquelon.

Art. D. 47-5-1 *(D. n° 2021-286, 16 mars 2021).* **– Les tribunaux judiciaires désignés dans le tableau figurant ci-dessous sont compétents pour connaître, dans les circonscriptions définies à ce tableau, des infractions mentionnées au I de l'article 706-2-3.**

TRIBUNAUX judiciaires compétents	COMPÉTENCE TERRITORIALE s'étendant au ressort des cours d'appel ou du tribunal supérieur d'appel de :
Agen	Agen
Marseille	Aix-en-Provence
Amiens	Amiens
Angers	Angers
Basse-Terre	Basse-Terre
Bastia	Bastia
Besançon	Besançon
Bordeaux	Bordeaux
Châteauroux	Bourges
Coutances	Caen
Cayenne	Cayenne
Annecy	Chambéry
Strasbourg	Colmar
Dijon	Dijon
Lille	Douai
Fort-de-France	Fort-de-France
Grenoble	Grenoble
Limoges	Limoges
Lyon	Lyon

TRIBUNAUX judiciaires compétents	COMPÉTENCE TERRITORIALE s'étendant au ressort des cours d'appel ou du tribunal supérieur d'appel de :
Metz	Metz
Montpellier	Montpellier
Nancy	Nancy
Nîmes	Nîmes
Nouméa	Nouméa
Tours	Orléans
Papeete	Papeete
Paris	Paris
Bayonne	Pau
La Rochelle	Poitiers
Troyes	Reims
Brest	Rennes
Clermont-Ferrand	Riom
Rouen	Rouen
Saint-Pierre	Saint-Denis de La Réunion
Saint Pierre-et-Miquelon	Saint-Pierre-et-Miquelon
Toulouse	Toulouse
Nanterre	Versailles

Art. D. 47-6 *(Mod., D. n° 2021-286, 16 mars 2021)*. **– Les personnes titulaires d'un diplôme national sanctionnant une formation d'une durée au moins égale à quatre années d'études supérieures après le baccalauréat, remplissant les conditions d'accès à la fonction publique et justifiant d'une expérience professionnelle minimale de quatre années, peuvent exercer les fonctions d'assistant spécialisé en matière sanitaire ou environnementale auprès d'un tribunal judiciaire mentionné aux articles 706-2 et 706-2-3, si le diplôme valide une formation dans l'une au moins des matières suivantes :**

I. – Santé humaine ou animale ;

II. – Recherches biomédicales ;

III. – Sécurité alimentaire pour l'homme ou l'animal et protection des consommateurs, notamment s'agissant des organismes génétiquement modifiés ;

IV. – Sécurité sanitaire et prophylaxie ;

V. – Sécurité au travail ;

VI. – Produits de santé, notamment en matière de pharmacie, de dispositifs médicaux, de produits d'origine humaine ou animale ou de produits thérapeutiques ;

VII. – Produits dangereux pour la santé humaine, animale ou pour l'environnement, y compris les produits chimiques, biocides, substances à l'état nano particulaire et les équipements à risque ;

VIII. – Gestion des risques des milieux et notamment les eaux, l'air, les sols, les déchets, les bâtiments, les pollutions en mer et sur le littoral, la radioactivité, la pollution lumineuse et sonore et les risques technologiques et naturels ;

IX. – Organisation et réglementation du système de santé et des professions de santé ;

X. – Organisation et réglementation agricole et élevage des animaux ;

XI. – Droit communautaire, droit social, droit de la consommation, droit de l'urbanisme, droit douanier, droit public, droit de l'environnement ;

XII. – Médecine humaine ou vétérinaire, pharmacie, ingénierie, architecture ;

XIII. – Gestion qualitative et quantitative de la ressource en eau, préservation et restauration des milieux aquatiques, ouvrages hydrauliques et prévention des risques d'inondation ;

XIV. – Réglementation relative aux espaces naturels, aux sites inscrits et classés, aux espèces de faune et de flore protégées ou réglementées ;

XV. – Organisation et réglementation des activités cynégétiques ;

XVI. – Organisation et réglementation des activités de pêche et d'aquaculture en eaux douces et dans les eaux salées ;

XVII. – Réglementation relative à la publicité, aux enseignes et pré-enseignes.

TITRE XIV. – DU JUGE DÉLÉGUÉ AUX VICTIMES, PRÉSIDENT DE LA COMMISSION D'INDEMNISATION DES VICTIMES D'INFRACTIONS

(D. n° 2007-1605, 13 nov. 2007)

Art. D. 47-6-1 *(D. n° 2007-1605, 13 nov. 2007)*. – Le juge délégué aux victimes veille, dans le respect de l'équilibre des droits des parties, à la prise en compte des droits reconnus par la loi aux victimes.

À cette fin, il exerce les fonctions juridictionnelles et, sans préjudice du rôle de l'avocat constitué ou à venir de la victime, les fonctions d'administration judiciaire et les fonctions administratives prévues par le présent titre.

CHAPITRE I. – ATTRIBUTIONS JURIDICTIONNELLES DU JUGE DÉLÉGUÉ AUX VICTIMES

Art. D. 47-6-2 *(D. n° 2007-1605, 13 nov. 2007)*. – Le président de la commission d'indemnisation des victimes d'infractions est le juge délégué aux victimes.

Si la commission comporte plusieurs formations, chacune d'entre elles est présidée par un juge délégué aux victimes.

Art. D. 47-6-3 *(D. n° 2007-1605, 13 nov. 2007)*. – Le juge délégué aux victimes peut être désigné par le président du tribunal judiciaire, conformément aux dispositions de l'article R. 311-23 du Code de l'organisation judiciaire, pour présider les audiences du tribunal correctionnel statuant après renvoi sur les seuls intérêts civils, prévues par le quatrième alinéa de l'article 464 du présent code.

CHAPITRE II. – ATTRIBUTIONS D'ADMINISTRATION JUDICIAIRE DU JUGE DÉLÉGUÉ AUX VICTIMES

Art. D. 47-6-4 à D. 47-6-11 *(Annulés par décision du CE, 28 déc. 2009, n° 312314)*.

CHAPITRE III. – ATTRIBUTIONS ADMINISTRATIVES DU JUGE DÉLÉGUÉ AUX VICTIMES

Art. D. 47-6-12 *(D. n° 2007-1605, 13 nov. 2007)*. – Le juge délégué aux victimes vérifie les conditions dans lesquelles les parties civiles sont informées de leurs droits à l'issue de l'audience conformément aux dispositions de l'article D. 48-3.

Art. D. 47-6-13 *(D. n° 2007-1605, 13 nov. 2007).* – Dans le cadre de l'exercice de ses fonctions, le juge délégué aux victimes participe, sous l'autorité du président du tribunal judiciaire et en lien avec le procureur de la République, à l'élaboration et la mise en œuvre de dispositifs coordonnés d'aide aux victimes sur le ressort du tribunal judiciaire.

Art. D. 47-6-14 *(D. n° 2007-1605, 13 nov. 2007).* – Le juge délégué aux victimes établit un rapport annuel sur l'exercice de ses attributions et le présente oralement à l'assemblée générale des magistrats du siège et du parquet.

Le président du tribunal judiciaire et le procureur de la République adressent ce rapport au premier président et au procureur général, qui transmettent une synthèse des rapports de leur ressort au ministère de la justice.

TITRE XIV *BIS*. – DU BUREAU D'AIDE AUX VICTIMES

(D. n° 2014-1582, 23 déc. 2014)

Art. D. 47-6-15 *(D. n° 2012-681, 7 mai 2012 ; mod. à compter du 27 décembre 2014, D. n° 2014-1582, 23 déc. 2014 ; D. n° 2021-1516, 23 nov. 2021).* – Le bureau d'aide aux victimes institué dans chaque tribunal judiciaire est composé de représentants d'une ou plusieurs associations d'aide aux victimes ayant fait l'objet d'un agrément de compétence générale en application de l'article D. 1-12-1 et, s'il y a lieu, de fonctionnaires ou agents de la juridiction.

Le bureau d'aide aux victimes a pour mission d'informer les victimes et de répondre aux difficultés qu'elles sont susceptibles de rencontrer tout au long de la procédure pénale, notamment à l'occasion de toute procédure urgente telle que la procédure de comparution immédiate.

À leur demande, il renseigne les victimes sur le déroulement de la procédure pénale et les aides dans leurs démarches.

Le bureau d'aide aux victimes peut informer la victime de l'état d'avancement de la procédure la concernant, au vu notamment des informations dont il a eu connaissance en application du dernier alinéa de l'article R. 15-33 66-9, en lui indiquant en particulier, selon les cas :

- que sa plainte est en cours d'examen par le procureur de la République ;
- que sa plainte fait l'objet d'une enquête de police judiciaire ;
- que le procureur de la République examine les suites devant être apportées à l'enquête ;
- que l'affaire fait l'objet d'une information devant tel juge d'instruction ;
- que la plainte fait l'objet d'une procédure alternative aux poursuites ;
- que la plainte fait l'objet d'une décision de classement ;
- que la juridiction de jugement a été saisie ;
- la date de l'audience à laquelle l'affaire sera examinée ;
- la date à laquelle le jugement mis en délibéré sera rendu ;
- le contenu du jugement qui a été rendu ;
- que le jugement rendu a fait l'objet d'un appel du ministère public ou du prévenu.

Il peut d'une manière générale être chargé de délivrer à la victime toutes les informations dont celle-ci doit être destinataire en application des dispositions législatives du présent code.

Le bureau d'aide aux victimes travaille conjointement avec les huissiers et les barreaux locaux.

Le bureau d'aide aux victimes a également pour mission d'orienter les victimes vers les magistrats ou services compétents, notamment les juridictions de l'application des peines, pour l'application des dispositions des articles 712-16-1, 712-16-2 et 721-2.

Les victimes sont par ailleurs orientées, le cas échéant, vers le dispositif d'indemnisation auquel elles peuvent prétendre, comme le service d'aide au recouvrement des victimes d'infractions ou la commission d'indemnisation des victimes d'infractions.

Lorsque la condamnation est rendue en présence de la partie civile, le bureau d'aide aux victimes reçoit cette dernière à l'issue de l'audience, assistée le cas échéant par son avocat, pour l'informer notamment des modalités pratiques lui permettant d'obtenir le paiement des dommages et intérêts qui lui ont été alloués et, s'il y a lieu, des démarches devant être effectuées pour saisir le service d'aide au recouvrement des victimes d'infractions ou la commission d'indemnisation des victimes d'infractions ainsi que du délai dans lequel elles doivent intervenir.

TITRE XV. – DE LA POURSUITE, DE L'INSTRUCTION ET DU JUGEMENT DES ACTES DE TERRORISME

CHAPITRE I

Néant.

CHAPITRE II

Néant.

CHAPITRE III

Néant.

CHAPITRE IV. – DE LA MESURE JUDICIAIRE DE PRÉVENTION DE LA RÉCIDIVE TERRORISTE ET DE RÉINSERTION

Art. D. 47-6-16 *(Créé, D. n° 2022-359, 14 mars 2022).* – Lorsque le tribunal de l'application des peines de Paris est saisi aux fins de prononcer ou de renouveler une mesure judiciaire de prévention de la récidive terroriste et de réinsertion, d'en ordonner la mainlevée, d'en modifier les obligations, ou de confirmer la reprise d'une ou de plusieurs des obligations de celle-ci, en application des articles 706-25-16,706-25-18 et 706-25-20, les dispositions suivantes sont applicables :

1° Les règles relatives à la désignation d'un avocat prévues à l'article D. 49-14 ;

2° Les règles relatives aux délais et formes de la convocation au débat contradictoire de la personne concernée et de son avocat prévues à l'article D. 49-15. La personne concernée ne peut toutefois pas renoncer à la convocation de son avocat ou au respect des délais de convocation ;

3° Les règles relatives à l'extraction des condamnés détenus prévues à l'article D. 49-30 et à la déclaration d'adresse des condamnés libérés prévues à l'article D. 49-22 ;

4° Les règles relatives à la tenue du débat contradictoire prévues à l'article D. 49-17 ;

5° Les règles relatives à la notification des décisions rendues par la juridiction prévues aux premier à quatrième alinéas de l'article D. 49-18. Toutefois, lorsque le débat est public, le jugement est rendu en audience publique.

Art. D. 47-6-17 *(Créé, D. n° 2022-359, 14 mars 2022).* – Les demandes de la personne concernée par la mesure judiciaire de prévention de la récidive terroriste ou de réinsertion tendant à la mainlevée ou à la modification de la mesure font l'objet d'une requête écrite adressée au tribunal de l'application des peines de Paris, signée de la personne concernée ou de son avocat.

Cette requête est remise au greffe du tribunal de l'application des peines de Paris contre récépissé ou adressée par lettre recommandée avec demande d'avis de réception. Si le condamné est détenu, elle peut faire l'objet d'une déclaration auprès du chef de l'établissement pénitentiaire dans les conditions prévues aux deux derniers alinéas de l'article 148-7.

Le tribunal de l'application des peines de Paris n'est pas tenu de répondre aux demandes formées sans respecter les conditions prévues par le présent article.

CHAPITRE V. – DES ASSISTANTS SPÉCIALISÉS EN MATIÈRE DE LUTTE CONTRE LE TERRORISME

Art. D. 47-6-18 *(Créé, D. n° 2022-396, 18 mars 2022).* – Le diplôme permettant l'exercice des fonctions d'assistant spécialisé prévues aux articles 706-25-2-1 et 706-25-15 valide une formation dans l'une au moins des matières suivantes :

I. – Droit pénal et procédure pénale ;

II. – Criminologie ;
III. – Histoire ;
IV. – Sociologie ;
V. – Psychologie ;
VI. – Anthropologie ;
VII. – Sécurité et défense ;
VIII. – Géopolitique ;
IX. – Sciences politiques ;
X. – Langue étrangère ;
XI. – Informatique et cyber technologies.

TITRE XVI. – DE LA POURSUITE, DE L'INSTRUCTION ET DU JUGEMENT DES INFRACTIONS EN MATIÈRE DE TRAFIC DE STUPÉFIANTS

(D. n° 94-1032, 23 nov. 1994)

Art. D. 47-7 ***(Anc. art. D. 47-2, dénum., D. n° 2004-984, 16 sept. 2004 ; mod. à compter du 1er janvier 2012, D. n° 2011-1878, 14 déc. 2011).*** **– Par application de l'article 706-27, les cours d'assises désignées dans le tableau annexé au présent article sont compétentes pour connaître, dans les circonscriptions définies à ce tableau, des crimes visés à l'article 706-26.**

ANNEXE

LISTE ET RESSORT DES COURS D'ASSISES COMPÉTENTES POUR JUGER LES CRIMES VISÉS PAR L'ARTICLE 706-26 DU CODE DE PROCÉDURE PÉNALE

(Infractions en matière de trafic de stupéfiants)

COURS D'APPEL	COURS D'ASSISES	COMPÉTENCE TERRITORIALE
Agen.	Cour d'assises de Lot-et-Garonne.	Ressort de la Cour d'appel d'Agen.
Aix-en-Provence.	Cour d'assises des Bouches-du-Rhône.	Ressort de la Cour d'appel d'Aix-en-Provence.
Amiens.	Cour d'assises de la Somme.	Ressort de la Cour d'appel d'Amiens.
Angers.	Cour d'assises de Maine-et-Loire.	Ressort de la Cour d'appel d'Angers.
Bastia.	Cour d'assises de Haute-Corse.	Ressort de la Cour d'appel de Bastia.
Besançon.	Cour d'assises du Doubs.	Ressort de la Cour d'appel de Besançon.
Bordeaux.	Cour d'assises de la Gironde.	Ressort de la Cour d'appel de Bordeaux.
Bourges.	Cour d'assises du Cher.	Ressort de la Cour d'appel de Bourges.
Caen.	Cour d'assises du Calvados.	Ressort de la Cour d'appel de Caen.
Chambéry.	Cour d'assises de la Savoie.	Ressort de la Cour d'appel de Chambéry.
Colmar.	Cour d'assises du Bas-Rhin.	Département du Bas-Rhin.
	Cour d'assises du Haut-Rhin.	Département du Haut-Rhin.
Dijon.	Cour d'assises de la Côte-d'Or.	Ressort de la Cour d'appel de Dijon.
Douai.	Cour d'assises du Nord.	Département du Nord.

COURS D'APPEL	COURS D'ASSISES	COMPÉTENCE TERRITORIALE
	Cour d'assises du Pas-de-Calais.	Département du Pas-de-Calais.
Grenoble.	Cour d'assises de l'Isère.	Ressort de la Cour d'appel de Grenoble.
Limoges.	Cour d'assises de la Haute-Vienne.	Ressort de la Cour d'appel de Limoges.
Lyon.	Cour d'assises du Rhône.	Ressort de la Cour d'appel de Lyon.
Metz.	Cour d'assises de la Moselle.	Ressort de la Cour d'appel de Metz.
Montpellier.	Cour d'assises des Pyrénées-Orientales.	Département des Pyrénées-Orientales.
	Cour d'assises de l'Hérault.	Départements de l'Hérault, de l'Aude et de l'Aveyron.
Nancy.	Cour d'assises de Meurthe-et-Moselle.	Ressort de la Cour d'appel de Nancy.
Nîmes.	Cour d'assises du Gard.	Départements du Gard et de la Lozère.
	Cour d'assises de Vaucluse.	Départements du Vaucluse et de l'Ardèche.
Orléans.	Cour d'assises du Loiret.	Ressort de la Cour d'appel d'Orléans.
Paris.	Cour d'assises de Paris.	Ressort de la Cour d'appel de Paris.
Pau.	Cour d'assises des Pyrénées-Atlantiques.	Ressort de la Cour d'appel de Pau.
Poitiers.	Cour d'assises de la Vienne.	Ressort de la Cour d'appel de Poitiers.
Reims.	Cour d'assises de la Marne.	Ressort de la Cour d'appel de Reims.
Rennes.	Cour d'assises d'Ille-et-Vilaine.	Départements d'Ille-et-Vilaine, des Côtes-d'Armor et du Finistère.
	Cour d'assises de la Loire-Atlantique.	Départements de la Loire-Atlantique et du Morbihan.
Riom.	Cour d'assises du Puy-de-Dôme.	Ressort de la Cour d'appel de Riom.
Rouen.	Cour d'assises de la Seine-Maritime.	Ressort de la Cour d'appel de Rouen.
Toulouse.	Cour d'assises de la Haute-Garonne.	Ressort de la Cour d'appel de Toulouse.
Versailles.	Cour d'assises des Hauts-de-Seine.	Département des Hauts-de-Seine.
	Cour d'assises des Yvelines.	Départements des Yvelines et d'Eure-et-Loir.
	Cour d'assises du Val-d'Oise.	Département du Val-d'Oise.
Basse-Terre.	Cour d'assises de la Guadeloupe.	Ressort de la Cour d'appel de Basse-Terre.
Cayenne	Cour d'assises de la Guyane.	Département de la Guyane.
Fort-de-France.	Cour d'assises de la Martinique.	Département de la Martinique.
	Cour d'assises de la Guyane.	Département de la Guyane.
Saint-Denis-de-la-Réunion.	Cour d'assises de la Réunion.	Ressort de la Cour d'appel de Saint-Denis-de-la-Réunion.

TITRE XVII. – DE LA POURSUITE, DE L'INSTRUCTION ET DU JUGEMENT DES INFRACTIONS EN MATIÈRE DE TRAITE DES ÊTRES HUMAINS, DE PROXÉNÉTISME OU DE RECOURS À LA PROSTITUTION DES MINEURS

(D. n° 2007-699, 3 mai 2007)

Art. D. 47-8 *(Mod., D. n° 2019-507, 24 mai 2019)*. **– Sans préjudice de leur conservation sur des supports placés sous scellés ou annexés aux procès-verbaux, comme éléments de preuve dans le cadre de la procédure au cours de laquelle ils ont été extraits, acquis ou transmis, les contenus illicites mentionnés au 3° de l'article 230-46 peuvent être conservés par les officiers ou agents de police judiciaire mentionnés au premier alinéa de cet article, pendant une durée de trois mois.**

Cette conservation est effectuée dans des conditions garantissant l'intégrité et la confidentialité de ces contenus, les rendant inaccessibles, notamment par des moyens de communication électronique, à des tiers autres que les officiers ou agents de police judiciaire mentionnés au premier alinéa de l'article 706-35-1 ou qui participent aux investigations au sein du même service ou de la même unité, sous réserve des dispositions de l'article D. 47-2 et de la possibilité de transmission de ces contenus à d'autres officiers ou agents de police judiciaire pour les nécessités des procédures dont ils sont chargés.

Avant l'expiration de ce délai, ces contenus font l'objet d'une copie qui est transmise au Centre national d'analyse des images de pédopornographie.

À l'issue de ce délai, ces contenus sont détruits, quel que soit le support de conservation qui était utilisé.

Art. D. 47-9 *(D. n° 2007-699, 3 mai 2007 ; D. n° 2019-507, 24 mai 2019)*. **– Peuvent seuls être transmis par les officiers ou agents de police judiciaire mentionnés au premier alinéa de l'article 230-46, en réponse à une demande expresse dont il est conservé une trace écrite dans la procédure, des contenus illicites fournis par le Centre national d'analyse des images de pédopornographie et ne permettant pas l'identification de personnes physiques.**

TITRE XIX. – DE LA PROCÉDURE APPLICABLE AUX INFRACTIONS DE NATURE SEXUELLE ET DE LA PROTECTION DES MINEURS VICTIMES

(D. n° 2007-699, 3 mai 2007)

CHAPITRE I. – DISPOSITIONS GÉNÉRALES

Art. D. 47-9-1 *(D. n° 2016-612, 18 mai 2016 ; D. n° 2019-1558, 30 déc. 2019)*. **– I. – Les dispositions des I, II, III et IV de l'article D. 1er-13 sont applicables aux transmissions d'informations réalisées en application de l'article 706-47-4.**

II. – La liste des professions et activités exercées par les personnes relevant de l'article 706-47-4 ainsi que celle des administrations devant être informées par le ministère public figurent dans le tableau ci-après.

PROFESSIONS OU ACTIVITÉS CONCERNÉES	ADMINISTRATIONS DEVANT ÊTRE INFORMÉES
Personnes exerçant une activité dans une école publique ou privée, un établissement d'enseignement du second degré public ou privé, un établissement d'enseignement supérieur public ou privé relevant du ministère chargé de l'éducation nationale ou un service de l'éducation nationale.	Recteur d'académie ou vice-recteur d'académie Ou, s'il s'agit d'une personne employée par une collectivité territoriale ou un établissement public de coopération intercommunale, l'exécutif de la collectivité territoriale concernée ou de l'établissement public de coopération intercommunale.
Personnes exerçant une activité dans une école ou un établissement français scolaire à l'étranger.	Ministère de l'éducation nationale (directeur général des ressources humaines)

PROFESSIONS OU ACTIVITÉS CONCERNÉES	ADMINISTRATIONS DEVANT ÊTRE INFORMÉES
Personnes exerçant une activité dans un établissement d'enseignement du second degré public ou privé ou un établissement d'enseignement supérieur public ou privé, relevant du ministère de l'agriculture, ou dans un service du ministère de l'agriculture en charge de la politique publique d'enseignement agricole.	Ministère de l'agriculture, de l'agroalimentaire et de la forêt (secrétariat général – service des ressources humaines) Ou, s'il s'agit d'une personne employée par une collectivité territoriale ou un établissement public de coopération intercommunale, l'exécutif de la collectivité territoriale concernée ou de l'établissement public de coopération intercommunale
Personnes exerçant une activité dans un établissement d'enseignement public du second degré ou un établissement d'enseignement supérieur, relevant du ministère chargé de la mer.	Directeur interrégional de la mer Ou, s'il s'agit d'une personne employée par une collectivité territoriale ou un établissement public de coopération intercommunale, l'exécutif de la collectivité territoriale concernée ou de l'établissement public de coopération intercommunale.
Personnes exploitant un établissement d'activités physiques et sportives mentionnée à l'article L. 322-1 du Code du sport ; Personnes exerçant, à titre rémunéré ou bénévole, les fonctions d'éducateur sportif mentionnées à l'article L. 212-1 du Code du sport. Personnes exerçant une activité : – dans les accueils mentionnés à l'article L. 227-4 du Code de l'action sociale et des familles ; – dans les établissements ou services prévus par les 8°, 10°, 11°, 12°, 13°, 15 du I et le III de l'article L. 312-1 du même code lorsque ces établissements ou services accueillent des mineurs ; Personnes exploitant un établissement d'activités physiques et sportives.	Préfet de département (direction départementale chargée de la cohésion sociale) Et, s'il s'agit d'une personne employée par une collectivité territoriale ou un établissement public de coopération intercommunale, l'exécutif de la collectivité territoriale concernée ou de l'établissement public de coopération intercommunale.
Personnes exerçant une activité dans les établissements ou services : – mettant en œuvre les mesures éducatives ordonnées par l'autorité judiciaire en application de l'ordonnance n° 45-174 du 2 février 1945 relative à l'enfance délinquante ; – mettant en œuvre les mesures d'assistance éducative ordonnées par l'autorité judiciaire en application de ou des articles 375 à 375-8 du Code civil ; – mettant en œuvre les mesures d'investigation préalables aux mesures éducatives mentionnées ci-dessus ; – prenant en charge habituellement, y compris au titre de la prévention, des mineurs relevant des articles L. 221-1, L. 222-3 et L. 222-5 du Code de l'action sociale et des familles ; – prenant en charge des mineurs conformément au 16° du I de l'article L. 312-1 du Code de l'action sociale et des familles.	Président du conseil départemental Ou, s'il s'agit d'établissements ou de personnes dépendant de la direction de la protection judiciaire de la jeunesse, le directeur interrégional de la protection judiciaire de la jeunesse.
Personnes exerçant l'activité d'assistant maternel, définie à l'article L. 421-1 du Code de l'action sociale et des familles, ou d'assistant familial, définie à l'article L. 421-2 du Code de l'action sociale et des familles, et les personnes majeures vivant à leurs domiciles.	Président du conseil départemental

PROFESSIONS OU ACTIVITÉS CONCERNÉES	ADMINISTRATIONS DEVANT ÊTRE INFORMÉES
Personnes exerçant une activité dans les établissements accueillant des enfants de moins de six ans mentionnés à l'article R. 2324-17 du Code de la santé publique.	
Personnes employées par une personne morale ou une entreprise individuelle mentionnées au 1° de l'article L. 7232-1 du Code du travail.	Préfet de région (Direction régionale des entreprises, de la concurrence, de la consommation, du travail et de l'emploi)
Personnes exerçant une activité : – dans les établissements ou services d'enseignement et d'éducation spéciale qui assurent, à titre principal, une éducation adaptée et un accompagnement social ou médico-social aux mineurs ou jeunes adultes handicapés ou présentant des difficultés d'adaptation, prévus par le 2° et 9° du I de l'article L. 312-1 du Code de l'action sociale et des familles ; – dans les centres d'action médico-sociale précoce mentionnés à l'article L. 2132-4 du Code de la santé publique ; – dans les établissements et services de santé relevant de la sixième partie du Code de la santé publique. Personnes exerçant une profession de santé relevant de la quatrième partie du Code de la santé publique. Personnes faisant usage du titre d'ostéopathe, de chiropracteur, de psychothérapeute.	Directeur général de l'agence régionale de santé
Personnes exerçant une activité dans une structure culturelle (institutions ou associations culturelles) ou exerçant une activité d'encadrement d'activité d'éducation artistique et culturelle lorsque cette activité concerne ou est susceptible de concerner des mineurs.	Directeur régional des affaires culturelles Et, s'il s'agit d'une personne employée par une collectivité territoriale ou un établissement public de coopération intercommunale, l'exécutif de la collectivité territoriale concernée ou de l'établissement public de coopération intercommunale.
Personnes exerçant une activité dans une école ou établissement scolaire relevant des ministères chargés de la défense, de la culture, de la justice ou de la santé.	Ministère de rattachement (Secrétariat général) Ou, s'il s'agit d'une personne employée par une collectivité territoriale ou un établissement public de coopération intercommunale, l'exécutif de la collectivité territoriale concernée ou de l'établissement public de coopération intercommunale

III. – Lorsqu'une des personnes exerçant une des professions ou activités figurant dans le tableau prévu par le II du présent article est placée sous contrôle judiciaire dans le cadre d'une information portant sur l'une des infractions mentionnées à l'article 706-47-4 et que l'interdiction prévue par le 12° *bis* de l'article 138 est ordonnée, le juge d'instruction en avise immédiatement le procureur de la République.

IV. – Lorsqu'une collectivité territoriale ou un établissement public de coopération intercommunale employant une personne exerçant une activité dans une école, un établissement d'enseignement du second degré relevant du ministère chargé de l'éducation nationale ou un service de l'éducation nationale prend à l'encontre de cette personne une décision de suspension de fonctions à titre conservatoire ou une mesure disciplinaire après avoir été informée en application de l'article 706-47-4, elle informe le recteur d'académie ou le vice-recteur d'académie de sa décision.

V. – Lorsque l'information transmise au directeur général de l'agence régionale de santé concerne un personnel rémunéré par le ministère chargé de l'éducation nationale, le directeur général en informe le recteur d'académie ou le vice-recteur d'académie.

VI. – Le document écrit transmettant l'information aux collectivités territoriales, aux établissements publics de coopération intercommunale ou au directeur général de l'agence régionale de santé en application des II des articles 11-2 et D. 1er-13 rappelle s'il y a lieu les dispositions des IV et V du présent article.

Art. D. 47-10 *(D. n° 2007-699, 3 mai 2007)*. – Pour l'application des dispositions de l'article 706-49 relatives à l'information du juge des enfants en cas d'ouverture d'une procédure d'assistance éducative, doit être saisi le magistrat du parquet spécialisé en matière de mineurs.

Le procureur de la République ou le juge d'instruction informe le juge des enfants saisi de la procédure d'assistance éducative, tout au long de la procédure pénale, des décisions pouvant avoir des incidences sur les relations entre les parents et leurs enfants. Il peut solliciter l'avis du juge des enfants avant de prendre ces décisions. Cet avis est alors versé au dossier de la procédure.

Le juge des enfants est avisé des suites données aux investigations pénales, notamment en cas de classement sans suite, de procédure alternative aux poursuites, de mise en mouvement de l'action publique, d'ordonnance de règlement ou de jugement.

Art. D. 47-11 *(D. n° 2007-699, 3 mai 2007)*. – Les dispositions des articles D. 47-8 et D. 47-9 sont applicables à l'extraction, l'acquisition, la transmission et la conservation, par les officiers et agents de police judiciaire relevant des dispositions du premier alinéa de l'article 706-47-3, des contenus illicites prévus par le 3° de cet article.

Art. D. 47-11-1 *(D. n° 2016-214, 26 févr. 2016)*. – Les dispositions des articles 706-49, 706-50, 706-51-1, 706-52 et 706-53 sont applicables, en cas d'incertitude sur l'âge de la victime, lorsqu'il existe des raisons de croire qu'elle est mineure.

Art. D. 47-11-2 *(D. n° 2016-1202, 7 sept. 2016)*. – La destruction des enregistrements prévue par le dernier alinéa de l'article 706-52 intervient sur instruction du procureur de la République ou du procureur général.

Art. D. 47-11-3 *(Créé, D. n° 2021-1516, 23 nov. 2021)*. – Lorsqu'une personne mise en cause pour le délit de non représentation d'enfant prévu par l'article 227-5 du Code pénal soutient que les faits qui lui sont reprochés ont été justifiés par des violences ou toutes autres infractions relevant de l'article 706-47 commises sur le mineur par la personne qui a le droit de le réclamer, le procureur de la République veille à ce qu'il soit procédé à la vérification de ces allégations avant de décider de mettre ou non l'action publique en mouvement. En cas de citation directe exercée par la victime, il veille à ce que le tribunal correctionnel puisse disposer des éléments lui permettant d'apprécier la réalité de ces violences et l'application éventuelle de l'article 122-7 du Code pénal relatif à l'état de nécessité.

Art. D. 47-11-4 *(Créé, D. n° 2021-1820, 24 déc. 2021)*. – Afin de permettre au procureur de la République d'aviser le chef d'établissement pénitentiaire conformément aux articles D. 77 et D. 158, le juge aux affaires familiales ou le juge des enfants informe ce magistrat des décisions de retrait total ou partiel de l'autorité parentale ainsi que de retrait ou de suspension de l'exercice de l'autorité parentale et des droits de visite et d'hébergement en application des articles 373-2-1, 375-7, 378, 378-1, 379, 379-1, ou 515-11 du Code civil, lorsque le juge a connaissance de l'incarcération de la personne faisant l'objet de ces décisions.

TITRE XX. – DU FICHIER NATIONAL AUTOMATISÉ DES EMPREINTES GÉNÉTIQUES

(D. n° 2007-699, 3 mai 2007)

Art. D. 47-12 *(D. n° 2007-699, 3 mai 2007)*. – Pour l'application du deuxième alinéa de l'article 706-56, les personnes habilitées dans des conditions fixées par l'article 16-12 du Code civil sans être inscrites sur une liste d'experts judiciaires peuvent, pour procéder aux analyses d'identification d'empreinte génétique sur réquisition d'un officier de police judiciaire, du procureur de la République ou du juge d'instruction, ne prêter

par écrit le serment prévu au deuxième alinéa de l'article 60 du présent code qu'à l'occasion de la première réquisition dont elles ont fait l'objet.

Copie de cette prestation de serment est adressée au secrétariat de la commission chargée d'agréer les personnes habilitées à effectuer des missions d'identification par empreintes génétiques dans le cadre d'une procédure judiciaire.

TITRE XXI. – DE LA PROTECTION DES TÉMOINS

(D. n° 2007-1620, 15 nov. 2007)

Néant.

TITRE XXII. – SAISINE POUR AVIS DE LA COUR DE CASSATION

(D. n° 2007-1620, 15 nov. 2007)

Néant.

TITRE XXIII. – DE L'UTILISATION DE MOYENS DE TÉLÉCOMMUNICATION AU COURS DE LA PROCÉDURE

(D. n° 2007-1620, 15 nov. 2007)

Art. D. 47-12-1 *(D. n° 2007-1620, 15 nov. 2007).* **– Lorsque les dispositions des articles 706-71 et R. 53-33 à R. 53-39 relatifs à l'utilisation d'un moyen de télécommunication sont mises en œuvre par une juridiction d'instruction ou de jugement, il peut être fait application des dispositions de la présente section.**

Art. D. 47-12-2 *(D. n° 2007-1620, 15 nov. 2007).* **– Pour l'application par le juge d'instruction ou le juge des libertés et de la détention des dispositions de l'article R. 53-37 prévoyant la retranscription dans différents procès-verbaux des déclarations des personnes entendues en plusieurs points du territoire, il est procédé selon l'une des deux modalités prévues par le présent article.**

Soit deux procès-verbaux sont dressés simultanément, l'un par le magistrat et son greffier dans les locaux de la juridiction, et l'autre par un greffier sur le lieu où se trouve la personne entendue, et ils sont signés sur place par les personnes présentes.

Soit un procès-verbal est dressé dans les locaux de la juridiction par le magistrat et son greffier, et ce document est immédiatement transmis sur le lieu où est présente la personne entendue, pour être signé par cette dernière, selon la procédure des contreseings simultanés conformément aux dispositions de l'article D. 47-12-3. Dans ce cas il n'est pas nécessaire qu'un greffier soit présent sur le lieu où se trouve la personne entendue.

Art. D. 47-12-3 *(D. n° 2007-1620, 15 nov. 2007).* **– Lorsqu'il est fait application de la procédure des contreseings simultanés, le procès-verbal est signé par le magistrat et son greffier, puis est transmis par télécopie ou par un moyen de communication électronique sur le lieu où est présente la personne entendue, pour être signé par cette seule personne. Ce document est immédiatement retourné au magistrat selon le même procédé. L'original du document signé par la personne entendue est ensuite transmis par tout moyen pour être joint au dossier de la procédure.**

Les différentes versions du procès-verbal revêtues de l'original des signatures des personnes présentes sur chacun des lieux sont conservées au dossier de la procédure.

Il en de même, s'il y a lieu, pour le recueil de la signature de l'interprète.

Art. D. 47-12-4 *(D. n° 2007-1620, 15 nov. 2007).* – Lorsqu'un moyen de télécommunication est utilisé en matière de détention provisoire conformément aux dispositions du troisième alinéa de l'article 706-71, lecture de l'ordonnance prise par le juge des libertés et de la détention est donnée à la personne par le moyen de communication audiovisuelle. Mention de cette formalité est portée sur le procès-verbal du débat contradictoire. L'ordonnance est adressée par télécopie ou par un moyen de communication électronique au chef de l'établissement pénitentiaire, qui la notifie à la personne détenue et lui en remet une copie contre émargement.

Art. D. 47-12-5 *(D. n° 2007-1620, 15 nov. 2007).* – Lorsqu'un moyen de télécommunication est utilisé devant une juridiction de jugement ou devant la chambre de l'instruction, il est fait mention de l'usage de celui-ci dans les notes d'audience et dans la décision rendue.

Si la décision est rendue immédiatement, la lecture du dispositif est donnée à la personne par le moyen de communication audiovisuelle. Si la décision est mise en délibéré et est rendue à une audience ultérieure, cette lecture peut également être faite à la personne qui assiste à cette audience par un moyen de télécommunication ; à défaut, si la personne est détenue, la décision lui est notifiée par le chef de l'établissement qui lui en remet une copie contre émargement.

Art. D. 47-12-6 *(D. n° 2007-1620, 15 nov. 2007).* – Le procès-verbal dressé en chacun des lieux en application des dispositions du premier alinéa de l'article 706-71 est un relevé de constatations techniques comportant notamment la mention du test du matériel et les heures de début et de fin de connexion. Il peut être établi et signé par un agent ou un fonctionnaire de la juridiction désigné par le greffier en chef ou par un fonctionnaire pénitentiaire désigné par le chef d'établissement.

TITRE XXIV

Néant.

TITRE XXV. – DE LA PROCÉDURE APPLICABLE À LA CRIMINALITÉ ET À LA DÉLINQUANCE ORGANISÉES

(D. n° 2004-984, 16 sept. 2004)

Art. D. 47-12-7 *(Créé à compter du 1er mars 2022, D. n° 2022-67, 20 janv. 2022).* – Par application des dispositions de l'article 706-75 du Code de procédure pénale, les tribunaux judiciaires et les cours d'assises désignés dans le tableau figurant ci-dessous sont compétents pour connaître, dans les circonscriptions définies dans ce tableau, des infractions entrant dans les catégories mentionnées aux articles 706-73, à l'exception du 11°, ou 706-74.

TRIBUNAUX judiciaires compétents	COURS D'ASSISES COMPÉTENTES	COMPÉTENCE TERRITORIALE s'étendant au ressort des cours d'appel ou des tribunaux supérieurs d'appel de :
Bordeaux	Cour d'assises de la Gironde	Agen, Bordeaux, Limoges, Pau, Toulouse
Lille	Cour d'assises du Nord	Amiens, Douai, Reims, Rouen
Lyon	Cour d'assises du Rhône	Chambéry, Grenoble, Lyon, Riom
Marseille	Cour d'assises des Bouches-du-Rhône	Aix-en-Provence, Bastia, Montpellier, Nîmes
Nancy	Cour d'assises de Meurthe-et-Moselle	Besançon, Colmar, Dijon, Metz, Nancy

TRIBUNAUX judiciaires compétents	COURS D'ASSISES COMPÉTENTES	COMPÉTENCE TERRITORIALE s'étendant au ressort des cours d'appel ou des tribunaux supérieurs d'appel de :
Paris	Cour d'assises de Paris	Bourges, Paris, Orléans, Versailles, Mamoudzou, Nouméa, Papeete, Saint-Denis de La Réunion, Saint-Pierre-et-Miquelon
Rennes	Cour d'assises d'Ille-et-Vilaine	Angers, Caen, Poitiers, Rennes
Fort-de-France	Cour d'assises de la Martinique	Basse-Terre, Cayenne, Fort-de-France

TITRE XXV *BIS*. – DE LA PROCÉDURE APPLICABLE AUX CRIMES SÉRIELS OU NON ÉLUCIDÉS

Art. D. 47-12-8 *(Créé à compter du 1er mars 2022, D. n° 2022-67, 20 janv. 2022)*. – En application des dispositions de l'article 706-106-1, le tribunal judiciaire de Nanterre exerce sur l'ensemble du territoire national une compétence concurrente à celle qui résulte de l'application des articles 43,52 et 382 pour l'enquête, la poursuite, l'instruction et le jugement des crimes prévus aux articles 221-1 à 221-5, 222-1, 222-3 à 222-6, 222-23 à 222-26 et 224-1 à 224-3 du Code pénal et de tous les délits connexes à ces crimes, lorsque les conditions prévues par l'article 706-106-1 du présent code sont remplies.

Ces crimes sont alors jugés par la cour d'assises des Hauts-de-Seine.

Art. D. 47-12-9 *(Mod. à compter du 1er mars 2022, D. n° 2022-67, 20 janv. 2022)*. – Lorsqu'en application de l'article 706-106-4, le procureur de la République près le tribunal judiciaire de Nanterre ordonne une enquête ayant pour objet de retracer l'éventuel parcours criminel d'une personne condamnée pour des faits relevant de l'article 706-106-1 ou pour laquelle il existe une ou plusieurs raisons plausibles de soupçonner qu'elle a commis ou tenté de commettre de tels faits, les investigations se déroulent dans les formes de l'enquête préliminaire.

Lorsqu'en application du même article, le procureur de la République près le tribunal judiciaire de Nanterre saisit aux mêmes fins le juge d'instruction, la procédure se déroule dans les formes de l'instruction.

Art. D. 47-12-10 *(Créé à compter du 1er mars 2022, D. n° 2022-67, 20 janv. 2022)*. – Les personnes ayant la qualité d'officier de police judiciaire spécialement désignées pour assister, en application de l'article 706-106-5, les magistrats du parquet et les juges d'instruction spécialisés du tribunal judiciaire de Nanterre peuvent participer aux procédures selon les modalités prévues par les alinéas 3 à 11 de l'article 706. Ils conseillent ces magistrats dans leurs décisions relatives au choix des services enquêteurs et à l'orientation des investigations et ils veillent à la qualité des échanges d'information entre ces magistrats et les enquêteurs saisis.

TITRE XXVI. – DE LA PROCÉDURE APPLICABLE EN CAS DE POLLUTION DES EAUX MARITIMES PAR REJETS DES NAVIRES ET D'ATTEINTE AUX BIENS CULTURELS MARITIMES

(D. n° 2008-522, 2 juin 2008 ; D. n° 2017-429, 28 mars 2017)

Art. D. 47-13-1 *(D. n° 2008-522, 2 juin 2008 ; D. n° 2011-1878, 14 déc. 2011)*. – En application des dispositions de l'article 706-107 du Code de procédure pénale, les tribunaux judiciaires et le tribunal de première instance désignés dans le tableau figurant ci-dessous sont compétents pour connaître, dans les circonscriptions définies à ce tableau, des infractions mentionnées à cet article.

TRIBUNAUX de grande instance ou tribunal de première instance compétents	COMPÉTENCE TERRITORIALE s'étendant aux ressorts des cours d'appel ou du tribunal supérieur d'appel de :
Brest	Rennes, Poitiers, Bordeaux, Pau.
Le Havre	Douai, Amiens, Rouen, Caen.
Marseille	Aix-en-Provence, Nîmes, Montpellier, Bastia.
Fort-de-France	Fort-de-France, Basse-Terre, Cayenne.
Saint-Denis-de-la-Réunion	Saint-Denis-de-la-Réunion.
Saint-Pierre-et-Miquelon	Saint-Pierre-et-Miquelon.

Art. D. 47-13-2 *(D. n° 2017-429, 28 mars 2017).* – En application des dispositions de l'article 706-111-1, sont compétents pour connaître des infractions mentionnées à cet article les tribunaux judiciaires et le tribunal de première instance désignés dans le tableau figurant à l'article D. 47-13-1, dans les circonscriptions définies à ce tableau.

TITRE XXVII. – DE LA POURSUITE, DE L'INSTRUCTION ET DU JUGEMENT DES INFRACTIONS COMMISES PAR DES MAJEURS PROTÉGÉS

(D. n° 2007-1658, 23 nov. 2007)

Art. D. 47-14 *(Créé à compter du 1er juin 2019, D. n° 2019-507, 24 mai 2019 ; D. n° 2021-1794, 23 déc. 2021).* – Lorsque le tuteur, le curateur ou le mandataire spécial est avisé en application de l'article 706-112-1, il est informé, si ces droits n'ont pas déjà été exercés :

1° qu'il peut désigner un avocat ou demander qu'un avocat soit désigné par le bâtonnier ;

2° qu'il peut demander que la personne soit examinée par un médecin ;

Lorsque le tuteur, le curateur ou le mandataire spécial a été avisé, l'officier de police judiciaire peut autoriser le gardé à vue à communiquer avec cette personne conformément au II de l'article 63-2.

Les dispositions de l'article 706-112-1 et du présent article sont également applicables en cas de rétention d'une personne intervenant en application des articles 133-1, 141-4, 709-1-1 et 716-5.

Lorsque le tuteur ou le curateur est avisé en application de l'article 706-112-2, les dispositions des deux premiers alinéas du présent article sont applicables.

Art. D. 47-14-1 *(Ancien article D. 47-14 créé, D. n° 2007-1658, 23 nov. 2007 ; dénuméroté à compter du 1er juin 2019, D. n° 2019-507, 24 mai 2019).* – Les dispositions des articles 706-113 à 706-117 et des articles du présent titre ne sont applicables aux procédures pénales mentionnées par ces articles que lorsque les éléments recueillis au cours de ces procédures font apparaître que la personne fait l'objet d'une mesure de protection juridique dans les conditions prévues au titre XI du livre Ier du Code civil.

Si les éléments de la procédure font apparaître un doute sur l'existence d'une mesure de protection juridique, le procureur de la République, le juge d'instruction ou la juridiction de jugement procède ou fait procéder aux vérifications nécessaires.

Si l'existence de cette mesure n'est connue du juge d'instruction ou de la juridiction de jugement qu'après la mise en mouvement de l'action publique, ces dispositions ne sont applicables qu'à compter de cette date. Il en est de même si la mesure de protection juridique est ordonnée en cours de procédure pénale.

Art. D. 47-15 *(D. n° 2017-429, 28 mars 2017).* – Sauf si elle est réalisée à l'occasion de son audition comme témoin par procès-verbal au cours de l'enquête ou de l'instruction, l'information du tuteur ou du curateur prévue par le premier alinéa de l'article 706-113 est faite par lettre recommandée ou selon les modalités prévues par l'article 803-1. En cas d'urgence, elle peut être faite par tout moyen.

Art. D. 47-16 *(D. n° 2017-429, 28 mars 2017).* – Au cours de l'information, le tuteur ou le curateur ne peut obtenir une copie du dossier de la procédure que par l'intermédiaire de l'avocat de la personne mise en examen ou témoin assisté, conformément aux dispositions des articles 114 et 114-1.

Lorsque la personne est citée ou renvoyée devant la juridiction de jugement, ou qu'il est fait application de la procédure alternative de réparation ou de médiation ou de la procédure de composition pénale, le tuteur ou le curateur a droit, à sa demande, à la copie du dossier de la procédure conformément aux dispositions de l'article R. 155. Cette copie lui est délivrée gratuitement.

Art. D. 47-17 *(D. n° 2017-429, 28 mars 2017).* – Lors de la procédure de réparation, de médiation, de composition pénale, de comparution sur reconnaissance préalable de culpabilité, la personne peut être assistée de son tuteur ou de son curateur, si celui-ci est présent, lorsqu'elle comparaît devant le procureur de la République, son délégué ou son médiateur, ou devant le magistrat du siège chargé de valider ou d'homologuer la procédure.

Art. D. 47-18 *(D. n° 2017-429, 28 mars 2017).* – L'information du curateur ou du tuteur des décisions de non-lieu, de relaxe, d'acquittement ou de condamnation prévue par le quatrième alinéa de l'article 706-113 est faite par lettre recommandée ou selon les modalités prévues par l'article 803-1.

Le curateur ou le tuteur est informé par lettre simple ou selon les modalités prévues par l'article 803-1, par le procureur de la République ou par son délégué, de l'exécution d'une composition pénale.

Art. D. 47-19 *(Mod., D. n° 2010-1635, 23 déc. 2010).* – Le magistrat saisi du dossier de la procédure peut refuser de délivrer ou retirer le permis de visite au tuteur ou au curateur dans le cas prévu par l'article 706-114, si cette personne est la victime de l'infraction ou s'il existe des raisons plausibles de présumer qu'elle est coauteur ou complice de l'infraction.

Art. D. 47-20 *(D. n° 2017-429, 28 mars 2017).* – En matière correctionnelle et criminelle, ainsi que pour les contraventions de la cinquième classe, le ministère public avise le curateur ou le tuteur de la date et de l'objet de l'audience par lettre recommandée ou, selon les modalités prévues par l'article 803-1, dix jours au moins avant la date de l'audience.

Le tuteur ou le curateur entendu comme témoin est tenu de prêter serment conformément aux dispositions des articles 331 et 446, sauf dans les cas prévus par les articles 335 ou 448. Les dispositions des articles 325 et 436 ne lui sont pas applicables.

Art. D. 47-21 *(D. n° 2017-429, 28 mars 2017).* – L'expertise médicale prévue par l'article 706-115 a pour objet de déterminer si l'intéressé était ou non atteint au moment des faits d'un trouble psychique ou neuropsychique ayant aboli ou altéré son discernement ou ayant aboli ou entravé le contrôle de ses actes, afin de permettre à la juridiction saisie d'appliquer les dispositions de l'article 122-1 du Code pénal.

Lorsqu'une information est ouverte, et notamment en matière criminelle, il s'agit de l'expertise psychiatrique ordonnée en application du huitième alinéa de l'article 81.

Cette expertise peut être ordonnée dès le stade de l'enquête par le procureur de la République.

Art. D. 47-22 *(D. n° 2017-429, 28 mars 2017).* – Cette expertise est facultative :

1° En cas de procédure d'alternative aux poursuites consistant en la réparation du dommage ou en une médiation ;
2° En cas de composition pénale ;
3° Lorsque la personne est entendue comme témoin assisté ;
4° Lorsqu'il est fait application de la procédure d'ordonnance pénale ;
5° En cas de comparution sur reconnaissance préalable de culpabilité.

Art. D. 47-23 *(Mod., D. n° 2010-692, 24 juin 2010).* – En matière correctionnelle, s'il apparaît des éléments issus de la procédure civile ayant conduit à la mise en œuvre de la mesure de protection juridique, et notamment des certificats médicaux ou des expertises y figurant et qui ont été versés au dossier de la procédure pénale à la demande du ministère public, du juge d'instruction ou du tribunal correctionnel, des indications suffisantes pour apprécier si l'intéressé était ou non atteint au moment des faits d'un trouble psychique ou neuropsychique ayant aboli ou altéré son discernement ou ayant aboli ou entravé le contrôle de ses actes, le juge d'instruction ou le président du tribunal correctionnel peut, sauf opposition de la personne mise en examen ou du prévenu et de son avocat, dire qu'il n'y pas lieu de soumettre l'intéressé à une expertise, par ordonnance motivée qui peut être prise en même temps que l'ordonnance de règlement ou par jugement motivé qui peut être joint au jugement sur le fond.

Les dispositions du présent article sont également applicables en matière contraventionnelle.

Art. D. 47-24 *(Mod., D. n° 2008-54, 16 janv. 2008)*. – L'expertise prévue par l'article 706-115 peut être confiée à un expert psychiatre ou à [un médecin spécialiste figurant sur la liste prévue par l'article 493-1 du Code civil] un médecin figurant sur la liste prévue par l'article 431 du Code civil. Dans les deux cas, les dispositions du 9° de l'article R. 117 sont alors applicables.

Art. D. 47-25 *(D. n° 2017-429, 28 mars 2017)*. – Lorsqu'en cas d'appel la chambre des appels correctionnels constate que le prévenu a été jugé sans que l'expertise prévue par l'article 706-115 ait été réalisée, hors les cas où elle est facultative ou a été jugée inutile en application des dispositions des articles D. 47-22 ou D. 47-23, elle ordonne qu'il soit procédé à cette expertise.

La chambre renvoie alors l'affaire à une audience ultérieure, puis, au vu du résultat de l'expertise et conformément aux dispositions de l'article 520, annule le jugement, évoque et statue sur le fond.

Art. D. 47-26 *(D. n° 2017-429, 28 mars 2017)*. – Lorsqu'en cas d'appel la chambre des appels correctionnels constate que le prévenu a été jugé sans être assisté par un avocat conformément aux dispositions de l'article 706-116, son président fait désigner par le bâtonnier un avocat, l'intéressé étant informé que les frais seront à sa charge sauf s'il remplit les conditions d'accès à l'aide juridictionnelle.

La chambre renvoie alors l'affaire à une audience ultérieure à laquelle le prévenu sera assisté par un avocat, puis, conformément aux dispositions de l'article 520, annule le jugement, évoque et statue sur le fond.

TITRE XXVIII. – DE LA PROCÉDURE ET DES DÉCISIONS D'IRRESPONSABILITÉ PÉNALE POUR CAUSE DE TROUBLE MENTAL

(D. n° 2008-361, 16 avr. 2008)

CHAPITRE I. – DISPOSITIONS APPLICABLES DEVANT LE JUGE D'INSTRUCTION ET LA CHAMBRE DE L'INSTRUCTION

Art. D. 47-27 *(D. n° 2008-361, 16 avr. 2008)*. – Si les troubles mentaux d'une personne mise en examen et placée en détention provisoire nécessitent des soins et compromettent la sûreté des personnes ou portent atteinte, de façon grave, à l'ordre public, le procureur de la République, conformément aux dispositions de l'article L. 3213-7 du Code de la santé publique, informe le représentant de l'État dans le département :

1° Lorsqu'il prend un réquisitoire définitif tendant au prononcé d'une ordonnance d'irresponsabilité pénale pour cause de trouble mental ; il avise alors le représentant de l'État de la date prévisible à laquelle la décision sera susceptible d'être rendue, sauf s'il est fait application des dispositions du premier alinéa de l'article 706-120 du présent code ;

2° Lorsque le juge d'instruction rend une ordonnance d'irresponsabilité pénale pour cause de trouble mental.

Pour permettre l'application des dispositions du présent article, le juge d'instruction fait connaître au procureur de la République la date à laquelle l'ordonnance prévue au 2° est susceptible d'être rendue.

Dans le cas prévu par le premier alinéa, le procureur de la République informe également le représentant de l'État dans le département lorsqu'en cours d'information la personne mise en examen fait l'objet d'une décision de remise en liberté dans l'attente d'une probable ordonnance d'irresponsabilité pénale pour cause de trouble mental.

Art. D. 47-28 *(D. n° 2008-361, 16 avr. 2008).* – Lorsque la chambre de l'instruction est saisie en application de l'article 706-120 alors que la personne mise en examen a fait l'objet d'une mesure d'hospitalisation d'office, le président de cette juridiction sollicite du directeur de l'établissement d'accueil la transmission d'un certificat médical circonstancié, établi par un ou plusieurs psychiatres de l'établissement, indiquant si l'état de la personne permet ou non sa comparution personnelle pendant l'intégralité ou une partie de l'audience.

Art. D. 47-28-1 *(D. n° 2010-692, 24 juin 2010).* – Au cours de l'audience de la chambre de l'instruction prévue par l'article 706-122, les experts et les témoins peuvent être entendus à l'aide d'un moyen de télécommunication, conformément aux dispositions de l'article 706-71.

Art. D. 47-28-2 *(Créé à compter du 1er juin 2019, D. n° 2019-508, 24 mai 2019).* – L'appel de la personne mise en examen ou de la partie civile contre la décision sur l'action civile rendue en application du 3° de l'article 706-125 est porté devant la chambre des appels correctionnels de la cour d'appel.

CHAPITRE II. – DISPOSITIONS APPLICABLES DEVANT LE TRIBUNAL CORRECTIONNEL OU LA COUR D'ASSISES

Néant.

CHAPITRE III. – MESURES DE SÛRETÉ POUVANT ÊTRE ORDONNÉES EN CAS DE DÉCLARATION D'IRRESPONSABILITÉ PÉNALE POUR CAUSE DE TROUBLE MENTAL

Section I. – De l'hospitalisation d'office

(D. n° 2010-692, 24 juin 2010)

Art. D. 47-29 *(Mod., D. n° 2010-692, 24 juin 2010).* – Lorsque la chambre de l'instruction ou une juridiction de jugement décide, conformément à l'article 706-135 du présent code, de l'hospitalisation d'office de la personne dans un établissement mentionné à l'article L. 3222-1 du Code de la santé publique, elle prend à cette fin une ordonnance motivée aussitôt après avoir rendu le jugement ou l'arrêt de déclaration d'irresponsabilité pénale pour cause de trouble mental. Cette ordonnance est signée par le président de la juridiction et le greffier. Lorsque l'arrêt de déclaration d'irresponsabilité pénale pour cause de trouble mental est rendu par la cour d'assises, cette ordonnance est prise par la cour sans l'assistance du jury ; la cour statue d'office ou sur les réquisitions du ministère public, après que la cour d'assises s'est prononcée sur l'action publique, selon la procédure prévue par le deuxième alinéa de l'article 371 du présent code. Une copie de cette ordonnance est immédiatement adressée par le procureur de la République ou le procureur général au représentant de l'État dans le département ou, à Paris, au préfet de police. Ce dernier procède sans délai à l'hospitalisation, après, le cas échéant, les formalités de levée d'écrou ; il détermine l'établissement dans lequel la personne sera hospitalisée.

Cette ordonnance est inscrite dans le registre prévu par le dernier alinéa de l'article L. 3213-1 du Code de la santé publique.

Copie de l'expertise psychiatrique figurant au dossier de la procédure et établissant que les troubles mentaux de l'intéressé nécessitent des soins et compromettent la sûreté des personnes ou portent atteinte, de façon grave, à l'ordre public, est également immédiatement adressée par le procureur de la République ou le procureur général au représentant de l'État dans le département ou, à Paris, au préfet de police, pour être jointe au dossier médical de la personne.

L'expertise prévue à l'alinéa précédent est celle réalisée au cours de l'instruction, sans préjudice de la possibilité pour le président de la chambre de l'instruction ou de la juridiction de jugement d'ordonner un complément d'expertise afin d'actualiser les informations concernant l'état mental de la personne. Si la dernière expertise figurant au dossier ne comporte pas d'indications suffisantes pour apprécier que les conditions de l'hospitalisation d'office sont effectivement réunies au moment où la juridiction doit statuer, le président de celle-ci peut également, avant la date prévue pour l'audience, requérir de l'expert ou de l'un des experts ayant procédé à cette expertise, ou de tout autre médecin psychiatre, la délivrance d'un certificat médical décrivant l'état actuel de la personne. Ce certificat peut également être requis par le ministère public. Copie du certificat est alors adressée au représentant de l'État en application de l'alinéa précédent avec celle de l'expertise psychiatrique.

Art. D. 47-29-1 *(D. n° 2010-692, 24 juin 2010)*. – L'ordonnance aux fins d'hospitalisation d'office prise en application de l'article 706-135 du présent code est immédiatement exécutoire, sans préjudice de la possibilité de saisine du juge des libertés et de la détention conformément aux dispositions de l'article L. 3211-12 du Code de la santé publique afin qu'il soit mis fin à l'hospitalisation.

À peine d'irrecevabilité, cette ordonnance ne peut faire l'objet d'un appel ou d'un pourvoi en cassation qu'en même temps qu'un appel ou qu'un pourvoi formé contre la décision portant déclaration d'irresponsabilité pénale pour cause de trouble mental.

L'appel ou le pourvoi formé contre l'ordonnance aux fins d'hospitalisation d'office n'est pas suspensif.

Lorsqu'elle n'a pas fait l'objet d'un appel, l'ordonnance aux fins d'hospitalisation d'office est caduque si la juridiction d'appel déclare la personne pénalement responsable et la condamne à une peine privative de liberté. Il en est de même si, à la suite d'un pourvoi en cassation, la juridiction de renvoi déclare la personne pénalement responsable et la condamne à une peine privative de liberté. La caducité de l'ordonnance intervient lorsqu'est mise à exécution la peine privative de liberté. Les dispositions du présent alinéa ne sont toutefois pas exclusives de l'application de celles de l'article D. 398, le cas échéant sans interruption du séjour de la personne en établissement de santé.

Art. D. 47-29-2 *(D. n° 2010-692, 24 juin 2010)*. – Pour permettre l'application immédiate de l'ordonnance prévue par les articles D. 47-29 et D. 47-29-1, le ministère public informe préalablement le représentant de l'État ou, à Paris, le préfet de police des audiences au cours desquelles la chambre de l'instruction ou la juridiction de jugement est susceptible d'ordonner une hospitalisation d'office conformément aux dispositions de l'article 706-135.

Le fait que la chambre de l'instruction ou la juridiction de jugement n'ordonne pas cette hospitalisation n'interdit pas au représentant de l'État ou, à Paris, au préfet de police de faire application des dispositions des articles L. 3213-1 et L. 3213-7 du Code de la santé publique.

Art. D. 47-29-3 *(D. n° 2010-692, 24 juin 2010)*. – Conformément aux dispositions de l'article 706-135 du présent code, le régime de l'hospitalisation d'office ordonnée par une juridiction en application de cet article est, s'agissant des conditions de levée et de prolongation de cette mesure, identique à celui de l'hospitalisation ordonnée par le représentant de l'État en application des articles L. 3213-1 et L. 3213-7 du Code de la santé publique à l'égard d'une personne déclarée pénalement irresponsable en raison d'un trouble mental. En particulier, il ne peut être mis fin à cette hospitalisation que selon les modalités prévues par l'article L. 3213-8 du Code de la santé publique, et les dispositions de l'article L. 3213-4 de ce code exigeant, sous peine de mainlevée automatique de l'hospitalisation, le maintien de cette mesure par le représentant de l'État à l'issue des délais prévus par cet article ne sont par conséquent pas applicables.

Art. D. 47-29-4 *(D. n° 2010-692, 24 juin 2010)*. – Lorsque la chambre de l'instruction ou la juridiction de jugement qui prononce une décision d'irresponsabilité pénale ordonne, conformément à l'article 706-135 du présent code, l'hospitalisation d'office de la personne alors que celle-ci a déjà été décidée par le représentant de l'État en application des dispositions de l'article L. 3213-1 du Code de la santé publique, la décision judiciaire se substitue à l'arrêté d'hospitalisation pris par le représentant de l'État. Elle produit aussitôt les effets rappelés à l'article D. 47-29-3 du présent code.

Art. D. 47-29-5 *(D. n° 2010-692, 24 juin 2010)*. – Lorsque la chambre de l'instruction ou la juridiction de jugement qui prononce une décision d'irresponsabilité pénale ne décide pas l'hospitalisation d'office de la personne parce que cette hospitalisation a déjà été ordonnée par le représentant de l'État en application des dispositions de l'article L. 3213-1 du Code de la santé publique, le ministère public avise sans délai ce dernier de cette décision, afin qu'il puisse être informé que le régime de l'hospitalisation devient alors celui prévu par les articles L. 3213-7 et L. 3213-8 de ce code, et rappelé à l'article D. 47-29-3 ci-dessus, et qu'il puisse prendre toute mesure utile.

Le ministère public avise aux mêmes fins le représentant de l'État des ordonnances d'irresponsabilité pénale prises par le juge d'instruction lorsque la personne mise en examen a fait l'objet d'une hospitalisation d'office ayant été ordonnée par le représentant de l'État à la suite de sa remise en liberté intervenue au cours de la procédure d'information, après que celui-ci a été informé conformément aux dispositions du dernier alinéa de l'article D. 47-27.

Section II. – Des autres mesures de sûreté

(D. n° 2010-692, 24 juin 2010)

Art. D. 47-29-6 *(D. n° 2010-692, 24 juin 2010).* – Les mesures de sûreté prévues à l'article 706-136 ne peuvent être prononcées par la juridiction que s'il apparaît, au moment où la décision est rendue et au vu des éléments du dossier et notamment de l'expertise de l'intéressé, qu'elles sont nécessaires pour prévenir le renouvellement des actes commis par la personne déclarée pénalement irresponsable, pour protéger cette personne, pour protéger la victime ou la famille de la victime, ou pour mettre fin au trouble à l'ordre public résultant de la commission de ces actes.

Ces mesures ne peuvent être prononcées à titre de sanction contre l'intéressé.

Art. D. 47-29-7 *(D. n° 2010-692, 24 juin 2010).* – La décision ordonnant une ou plusieurs des mesures prévues à l'article 706-137 est prise soit dans l'arrêt de la chambre de l'instruction ou le jugement du tribunal correctionnel, soit par une ordonnance distincte. Cette ordonnance est alors signée par le président de la juridiction et le greffier. Lorsque l'arrêt de déclaration d'irresponsabilité pénale pour cause de trouble mental est rendu par la cour d'assises, cette ordonnance est prise par la cour sans l'assistance du jury. La décision est motivée au regard des dispositions de l'article D. 47-29-6.

Copie de la décision est remise à l'intéressé pour notification.

La décision est immédiatement exécutoire, sans préjudice de la possibilité de saisine du juge des libertés et de la détention, conformément aux dispositions de l'article 706-137 aux fins de modification ou de mainlevée de ces mesures.

À peine d'irrecevabilité, cette décision ne peut faire l'objet d'un appel ou d'un pourvoi en cassation qu'en même temps qu'un appel ou qu'un pourvoi formé contre la décision portant déclaration d'irresponsabilité pénale pour cause de trouble mental.

L'appel ou le pourvoi formé contre cette décision n'est pas suspensif.

Lorsqu'elle n'a pas fait l'objet d'un appel, la décision est caduque si la juridiction d'appel déclare la personne pénalement responsable. Il en est de même si, à la suite d'un pourvoi en cassation, la juridiction de renvoi déclare la personne pénalement responsable.

Art. D. 47-29-8 *(D. n° 2010-692, 24 juin 2010).* – Conformément aux dispositions du 11° *bis* du I de l'article 23 de la loi n° 2003-239 du 18 mars 2003 pour la sécurité intérieure, le ministère public informe le gestionnaire du fichier des personnes recherchées des interdictions prononcées en application de l'article 706-136.

Art. D. 47-30 *(D. n° 2008-361, 16 avr. 2008).* – Lorsque la personne à l'égard de laquelle ont été prononcées une ou plusieurs des mesures prévues par l'article 706-136 fait l'objet d'une hospitalisation d'office, prononcée soit en application des dispositions de l'article L. 3213-1 du Code de la santé publique, soit en application des dispositions de l'article 706-135 du présent code, le procureur de la République adresse au directeur de l'établissement dans lequel la personne est hospitalisée un document faisant état de ces interdictions.

Lorsque l'état de la personne lui permet d'en comprendre la teneur, le directeur lui notifie ce document contre récépissé qui est alors retourné au procureur de la République.

Ce document fait notamment état des dispositions du dernier alinéa de l'article 706-137 et des articles 706-138 et 706-139 du présent code.

Le directeur de l'établissement rappelle ou notifie au plus tard selon les mêmes modalités cette décision à la personne lorsqu'il est mis fin à l'hospitalisation d'office et il en informe le procureur de la République.

Art. D. 47-31 *(D. n° 2008-361, 16 avr. 2008).* – Le procureur de la République ou le procureur général avise le service du casier judiciaire national automatisé des jugements et arrêts de déclaration d'irresponsabilité pénale pour cause de trouble mental rendus par la chambre de l'instruction et les juridictions de jugement dans les cas où il a été fait application des dispositions de l'article 706-136.

Dans ce cas, lorsqu'il est informé de la levée d'une hospitalisation d'office conformément à l'article D. 47-30, le procureur de la République en avise le service du casier judiciaire national automatisé, afin que celui-ci puisse en tirer les conséquences sur la durée de validité de l'interdiction et sur sa mention aux bulletins n° 1 et n° 2 du casier judiciaire.

Art. D. 47-32 *(D. n° 2008-361, 16 avr. 2008).* – Lorsqu'elle prononce une interdiction en application des dispositions de l'article 706-136, la chambre de l'instruction ou la juridiction de jugement peut ordonner, soit dans sa décision, soit dans une décision ultérieure, que la déclaration d'irresponsabilité pénale pour cause de trouble mental ne sera pas mentionnée au bulletin n° 2 du casier judiciaire conformément aux dispositions de l'article 775-1.

CHAPITRE IV. – DES SOINS POUVANT ÊTRE ORDONNÉS EN CAS DE TROUBLE MENTAL AYANT ALTÉRÉ LE DISCERNEMENT

(Chap. créé à compter du 27 décembre 2014, D. n° 2014-1582, 23 déc. 2014)

Art. D. 47-33 *(Créé à compter du 27 décembre 2014, D. n° 2014-1582, 23 déc. 2014).* – L'obligation de soins prévue, à titre de mesure de sûreté, par l'article 706-136-1 est ordonnée par jugement pris conformément à l'article 712-6 avant la date prévue pour la libération de la personne condamnée.

Art. D. 47-34 *(Créé à compter du 27 décembre 2014, D. n° 2014-1582, 23 déc. 2014).* – Cette obligation de soins ne peut être ordonnée que s'il apparaît, au moment où la décision est rendue, au vu des éléments du dossier et notamment de l'avis médical concernant la personne condamnée dans les circonstances mentionnées au deuxième alinéa de l'article 122-1 du Code pénal, qu'elle est nécessaire pour prévenir le renouvellement des actes commis par la personne condamnée, pour la protéger, ou pour protéger la victime ou la famille de la victime.

Elle ne peut être ordonnée si le condamné fait l'objet ou est susceptible de faire l'objet d'une obligation ou d'une injonction de soins dans le cadre d'un aménagement de peine, d'une libération conditionnelle, d'une libération sous contrainte, d'un suivi socio-judiciaire, *(Mots rempl. à compter du 24 mars 2020 pour les condamnations prononcées à compter de cette date, y compris si elles concernent des infractions commises avant cette date, D. n° 2020-81, 3 févr. 2020)* d'un sursis « probatoire », d'une surveillance judiciaire ou d'une surveillance de sûreté.

Art. D. 47-35 *(Créé à compter du 27 décembre 2014, D. n° 2014-1582, 23 déc. 2014).* – L'avis médical mentionné par l'article 706-136-1 et par l'article D. 47-34 est constitué d'au moins une expertise psychiatrique ordonnée par le juge de l'application des peines.

Le juge de l'application des peines peut toutefois, avec l'accord du procureur de la République, dire par ordonnance ou jugement motivé qu'il n'y a pas lieu d'ordonner une nouvelle expertise psychiatrique préalablement à une décision ordonnant une obligation de soins dès lors que figure au dossier du condamné une expertise datant au moins de deux ans, y compris si celle-ci est réalisée avant la condamnation.

Art. D. 47-36 *(Créé à compter du 27 décembre 2014, D. n° 2014-1582, 23 déc. 2014).* – Le juge de l'application des peines du ressort dans lequel la personne soumise à une obligation de soins dans le cadre de l'article 706-136-1 a sa résidence habituelle, assisté du service pénitentiaire d'insertion et de probation, et le cas échéant avec le concours des organismes habilités à cet effet, contrôle le respect de cette obligation.

En cas de non-respect de l'obligation, le juge de l'application des peines en informe le ministère public qui décidera de l'opportunité de poursuivre la personne concernée sur le fondement de l'article 706-139.

Art. D. 47-37 *(Créé à compter du 27 décembre 2014, D. n° 2014-1582, 23 déc. 2014).* – Lorsque la personne condamnée sollicite une modification ou une levée de l'obligation de soins, le juge des libertés et de la détention ne peut statuer qu'après avis du juge de l'application des peines suivant le déroulement de la mesure.

CHAPITRE V. – DISPOSITIONS APPLICABLES LORSQUE L'ABOLITION TEMPORAIRE DU DISCERNEMENT DE LA PERSONNE RÉSULTE DE SON FAIT ET NOTAMMENT DE LA CONSOMMATION VOLONTAIRE DE SUBSTANCES PSYCHOACTIVES

(Créée, D. n° 2022-657, 25 avr. 2022)

Section I. – Dispositions relatives au renvoi de la personne aux fins de jugement sur le fond ou aux fins de jugement sur l'application de l'article 122-1 du Code pénal

Art. D. 47-37-1 *(Créé, D. n° 2022-657, 25 avr. 2022).* – Conformément aux dispositions de l'article 706-139-1, lorsque le juge d'instruction estime qu'il existe des charges suffisantes contre la personne mise en examen d'avoir commis une des infractions prévues par les articles 221-5-6,222-18-4 ou 222-26-2 du Code pénal, que ces qualifications ont été visées lors de l'ouverture de l'information ou qu'elles ont été retenues en cours de procédure, il la renvoie devant la juridiction de jugement compétente selon les modalités prévues par les articles 179 ou 181 du présent code, après l'avoir préalablement déclarée pénalement irresponsable des faits commis à la suite de sa consommation volontaire de substances psychoactives.

Lorsque le juge d'instruction estime qu'il existe des charges suffisantes contre la personne mise en examen d'avoir commis les infractions qui lui sont reprochées dans les circonstances prévues par l'article 122-1-1 du Code pénal, il la renvoie pour ces infractions devant la juridiction de jugement compétente selon les modalités prévues par les articles 179 ou 181 du présent code.

Les dispositions des deux alinéas précédents s'appliquent y compris s'il existe dans la procédure une ou plusieurs expertises concluant que le discernement de la personne était seulement altéré.

Art. D. 47-37-2 *(Créé, D. n° 2022-657, 25 avr. 2022).* – Hors les hypothèses prévues par les articles 706-139-1 et D. 47-37-1, lorsque le juge d'instruction estime que l'abolition temporaire du discernement de la personne mise en examen résulte au moins partiellement de son fait et qu'il existe une ou plusieurs expertises concluant que son discernement était seulement altéré, il ordonne, conformément aux dispositions du deuxième alinéa de l'article 706-120, le renvoi de la personne devant la juridiction de jugement compétente pour que celle-ci statue à huis clos sur la seule application de l'article 122-1 du Code pénal, selon les modalités précisées par la section II du présent chapitre.

Si la personne fait l'objet d'une mesure de sûreté et que les faits reprochés constituent un délit, le juge d'instruction peut ordonner le maintien de cette mesure jusqu'à l'audience conformément aux alinéas deux à quatre de l'article 179. Si la personne fait l'objet d'une mesure de sûreté et que les faits reprochés constituent un crime, les dispositions des alinéas cinq, sept, huit et neuf de l'article 181 sont applicables.

Section II. – Dispositions applicables en cas de renvoi au fin de jugement sur la seule application de l'article 122-1 du Code pénal

Art. D. 47-37-3 *(Créé, D. n° 2022-657, 25 avr. 2022).* – Lorsque la juridiction de jugement est saisie en application du deuxième alinéa de l'article 706-120 et de l'article D. 47-37-2, son président ordonne au moins un mois avant l'audience une expertise afin de déterminer si la personne est en état de comparaître personnellement et de comprendre les débats, ainsi que pour déterminer les modalités de cette comparution, et notamment s'il peut être recouru à un moyen de télécommunication, audiovisuelle conformément aux dispositions de l'article 706-71.

S'il résulte de cette expertise que l'état mental de la personne rend durablement impossible sa comparution personnelle dans des conditions lui permettant d'exercer sa défense, le président de la juridiction de jugement constate par ordonnance que la procédure et que la prescription de l'action publique se trouvent suspendues, sans préjudice de sa possibilité de faire application des dispositions du quatrième alinéa de l'article 10.

§ 1. – Dispositions applicables devant la cour d'assises

Art. D. 47-37-4 *(Créé, D. n° 2022-657, 25 avr. 2022).* – Lorsque la cour d'assises est saisie en application des dispositions du deuxième alinéa de l'article 706-120, elle ne statue, conformément aux dispositions de cet alinéa, que pour se prononcer à huis clos sur l'application de l'article 122-1 du Code pénal.

Les experts ayant examiné la personne, et notamment ceux ayant rendu des avis divergents, doivent être entendus par la cour d'assises, le cas échéant par un moyen de télécommunication.

Les dispositions des alinéas cinq à dix de l'article 706-122 sont alors applicables.

Les jurés peuvent également poser des questions par l'intermédiaire du président.

Art. D. 47-37-5 *(Créé, D. n° 2022-657, 25 avr. 2022).* – Conformément à l'article 349-1, la cour d'assises répond à une question ainsi formulée :

« *L'accusé bénéficie-t-il pour le fait qui lui est reproché de la cause d'irresponsabilité prévue par le premier alinéa de l'article 122-1 du Code pénal selon lequel n'est pas pénalement responsable la personne qui était atteinte, au moment des faits, d'un trouble psychique ou neuropsychique ayant aboli son discernement ou le contrôle de ses actes ?* »

Art. D. 47-37-6 *(Créé, D. n° 2022-657, 25 avr. 2022).* – Si la cour d'assises répond positivement à la question prévue par l'article D. 47-37-5, elle doit alors statuer sur la question suivante :

« *L'accusé a-t-il matériellement commis le fait qui lui est reproché et pour lequel il a été considéré comme pénalement non responsable ?* »

Si la cour répond positivement à cette question, il est fait application des articles 706-130 et 706-131 prévoyant que la cour d'assises prononce un arrêt portant déclaration d'irresponsabilité pénale pour cause de trouble mental et que la cour statue sur les dommages et intérêts et, s'il y a lieu, les mesures de sûreté.

Les dispositions de l'article 706-132 prévoyant l'appel du procureur général, de l'accusé et de la partie civile sont alors applicables.

Art. D. 47-37-7 *(Créé, D. n° 2022-657, 25 avr. 2022).* – Si la cour d'assises répond négativement à la question prévue par l'article D. 47-37-5, elle ordonne le renvoi de l'accusé à une audience ultérieure de la cour d'assises qui procède comme en cas de renvoi prononcé par la juridiction d'instruction. Cette décision de renvoi ne peut faire l'objet d'un appel.

Si l'accusé était placé sous mandat de dépôt, il demeure détenu conformément aux dispositions de l'article 181, sans préjudice de sa possibilité de demander à tout moment sa mise en liberté. Les délais prévus par les dispositions des alinéas huit et neuf de l'article 181 sont applicables.

La cour d'assises statuant sur renvoi n'est pas tenue par la réponse apportée par la première cour d'assises à la question prévue par l'article D. 47-37-5.

§ 2. – Dispositions applicables devant le tribunal correctionnel

Art. D. 47-37-8 *(Créé, D. n° 2022-657, 25 avr. 2022).* – Lorsque le tribunal correctionnel est saisi en application des dispositions du deuxième alinéa de l'article 706-120, il ne statue, conformément aux dispositions de cet alinéa, que pour se prononcer à huis clos sur l'application de l'article 122-1 du Code pénal.

Les experts ayant examiné la personne, et notamment ceux ayant rendu des avis divergents, doivent être entendus par le tribunal, le cas échéant par un moyen de télécommunication.

Si le tribunal estime que les dispositions du premier alinéa de cet article sont applicables, il rend un jugement de déclaration d'irresponsabilité pénale pour cause de trouble mental conformément aux dispositions de l'article 706-134 du présent code.

Si le tribunal estime que les dispositions du premier alinéa de l'article 122-1 du Code pénal ne sont pas applicables, il ordonne le renvoi du prévenu à une audience ultérieure du tribunal correctionnel pour que celui-ci statue comme en cas de renvoi prononcé par la juridiction d'instruction. Cette décision ne peut faire l'objet d'un appel. Si le prévenu faisait l'objet d'une mesure de sûreté, le tribunal peut, par décision spécialement motivée, ordonner le maintien de cette mesure jusqu'à l'audience de renvoi ; en cas de maintien en détention, les délais prévus par les quatrième et cinquième alinéas de l'article 179 sont alors applicables.

Dans le cas prévu par l'alinéa précédent, le tribunal peut également, avec l'accord du prévenu donné en présence de son avocat, continuer d'examiner le dossier au fond et statuer sur l'action publique sans renvoyer le dossier à une audience ultérieure. Dans ce cas, les débats se poursuivent en audience publique, sous réserve des dispositions des alinéas deux et trois de l'article 400.

Les décisions prévues aux deuxième et au quatrième alinéa peuvent faire l'objet d'un appel devant la chambre des appels correctionnels.

TITRE XXIX. – DES SAISIES SPÉCIALES

(D. n° 2014-1634, 26 déc. 2014)

Néant.

TITRE XXX. – DE L'AGENCE DE GESTION ET DE RECOUVREMENT DES AVOIRS SAISIS ET CONFISQUÉS

(D. n° 2014-1634, 26 déc. 2014)

Néant.

TITRE XXXI. – DES MESURES CONSERVATOIRES

(D. n° 2014-1634, 26 déc. 2014)

Néant.

TITRE XXXII. – DE LA PROCÉDURE APPLICABLE AUX INFRACTIONS RELATIVES À LA PROLIFÉRATION D'ARMES DE DESTRUCTION MASSIVE ET DE LEURS VECTEURS

(D. n° 2014-1634, 26 déc. 2014)

Néant.

TITRE XXXIII. – DE LA PROCÉDURE APPLICABLE EN CAS D'ACCIDENT COLLECTIF

(D. n° 2014-1634, 26 déc. 2014)

Art. D. 47-38 *(D. n° 2014-1634, 26 déc. 2014)*. **– Par application des dispositions de l'article 706-176, les tribunaux judiciaires désignés dans le tableau figurant ci-dessous sont compétents pour connaître, dans les circonscriptions définies à ce tableau, des infractions mentionnées à cet article.**

TRIBUNAUX de grande instance compétents	COMPÉTENCE TERRITORIALE s'étendant au ressort des cours d'appel ou du tribunal supérieur d'appel de :
Marseille	Aix-en-Provence, Bastia, Chambéry, Grenoble, Lyon, Nîmes et Montpellier
Paris	Agen, Amiens, Angers, Basse-Terre, Besançon, Bordeaux, Bourges, Caen, Cayenne, Colmar, Dijon, Douai, Fort-de-France, Limoges, Metz, Nancy, Nouméa, Orléans, Papeete, Paris, Pau, Poitiers, Reims, Rennes, Riom, Rouen, Saint-Denis, Toulouse, Versailles et Saint-Pierre

LIVRE CINQUIÈME

DES PROCÉDURES D'EXÉCUTION

TITRE PREMIER. – DE L'EXÉCUTION DES SENTENCES PÉNALES (1)

CHAPITRE I. – DISPOSITIONS GÉNÉRALES

(D. n° 2004-1364, 13 déc. 2004)

Art. D. 48 *(D. n° 60-898, 24 août 1960)*. – **Le ministère public étant chargé de l'exécution de l'ensemble des sentences pénales prononcées par les juridictions répressives, il est tenu à cet effet, par chaque parquet, un fichier ou un registre dit « Registre d'exécution des peines ».**

Le registre d'exécution des peines est établi de manière à permettre de prendre immédiatement connaissance des peines à exécuter et, le cas échéant, des motifs pour lesquels l'exécution n'a pas encore eu lieu.

Les mentions utiles sont portées sur le registre après chaque audience, ainsi qu'après toute diligence relative à l'exécution de la peine ou à l'inscription de la condamnation au casier judiciaire.

Les registres d'exécution des peines sont établis conformément aux modèles fixés par le ministre de la Justice et sont tenus selon ses instructions.

Art. D. 48-1 *(D. n° 2004-1364, 13 déc. 2004)*. – **Pour la mise à exécution des sentences pénales, les magistrats du ministère public sont assistés par un secrétariat-greffe chargé de l'exécution des peines.**

Art. D. 48-1-1 *(Créé à compter du 24 mars 2020, D. n° 2020-187, 3 mars 2020)*. – **Les seuils de six mois ou un an d'emprisonnement prévus en matière d'aménagement de peine par le troisième alinéa de l'article 132-19 et l'article 132-25 du Code pénal, ainsi que par les 1°, 2° et 3° du I de l'article 464-2, l'article 474 et l'article 723-15 du présent code s'apprécient en prenant en compte, le cas échéant, de :**

1° La révocation totale ou partielle d'un sursis simple ou d'un sursis probatoire, décidée par la juridiction de jugement et dont la durée s'ajoute, conformément aux articles 132-38 et 132-50 du Code pénal, à celle de la peine d'emprisonnement pouvant être exécutée ;

2° L'intervention d'une détention provisoire dont la durée est intégralement déduite, conformément à l'article 716-4 du présent code, de celle de la peine d'emprisonnement prononcée.

Art. D. 48-2 *(Mod. à compter du 27 décembre 2014, D. n° 2014-1582, 23 déc. 2014 ; mod. à compter du 24 mars 2020 pour les condamnations prononcées à compter de cette date, y compris si elles concernent des infractions commises avant cette date, D. n° 2020-81, 3 févr. 2020)*. – **Le bureau d'exécution des peines prévu par l'article 709-1 est animé par un ou plusieurs greffiers ou agents du greffe du tribunal judiciaire ou de la cour d'appel.**

Il a pour mission, lorsque la condamnation est rendue en présence du prévenu et que celui-ci n'est pas incarcéré, de recevoir ce dernier à l'issue de l'audience ou dans les jours suivant celle-ci, le cas échéant en présence de son

(1) Dispositions du décret prises pour l'application des articles 707 à 709 du Code de procédure pénale (1re partie, législative).

avocat, pour lui expliquer la décision dont il fait l'objet et lui remettre un relevé de condamnation. Il est notamment chargé de :

1° Lui délivrer une convocation devant le juge de l'application des peines et le cas échéant devant le service pénitentiaire d'insertion et de probation, en cas de condamnation à une peine d'emprisonnement ferme pour laquelle la détention restant à subir est inférieure ou égale à un an conformément aux dispositions du premier alinéa de l'article 474, sauf s'il a été décerné un mandat de dépôt à effet différé ;

2° Lui délivrer une convocation devant le service pénitentiaire d'insertion et de probation en cas de condamnation à une peine d'emprisonnement assorti du sursis probatoire, ou à une peine de travail d'intérêt général, conformément aux dispositions du troisième alinéa de l'article 474 ; toutefois, en raison de la peine prononcée ou de la personnalité du condamné, celui-ci peut être convoqué devant le juge de l'application des peines ;

3° Lui préciser les modalités pratiques selon lesquelles il peut s'acquitter du paiement de l'amende, en cas de condamnation à une peine amende ou une peine de jours-amende après l'avoir le cas échéant avisé de la diminution de 20 % de l'amende en cas de paiement volontaire dans le délai d'un mois, sans que ce paiement fasse obstacle à l'exercice des voies de recours, si les avis prévus par l'article 707-3 n'ont pas été délivrés au condamné par le président ou le greffier de la juridiction ;

4° Lui délivrer une convocation devant le service chargé de mettre en œuvre cette sanction en cas de condamnation à une peine de stage ;

5° Lui délivrer une convocation devant le procureur de la République lorsque le tribunal a prononcé un mandat de dépôt à effet différé en application du 3° du I ou en application du III de l'article 464-2, sauf lorsque la date d'incarcération a été donnée au condamné à l'issue de l'audience ;

6° Lui délivrer une convocation devant le service pénitentiaire d'insertion et de probation et, s'il y a lieu, devant le juge de l'application des peines en application des articles D. 49-84 et D. 49-85 pour la mise à exécution de la peine de détention à domicile sous surveillance électronique ;

7° Lui délivrer une convocation devant le service pénitentiaire d'insertion et de probation et devant le juge de l'application des peines pour la mise en œuvre de la mesure d'aménagement de peine décidée par le tribunal en application des articles 132-25 et 132-26 du Code pénal.

Pour la mise en œuvre des dispositions du présent article, le juge de l'application des peines ou son greffier ainsi que le directeur du service pénitentiaire d'insertion et de probation communiquent préalablement au bureau de l'exécution des peines les dates auxquelles les condamnés peuvent être convoqués devant ce magistrat ou ce service.

Si le condamné réside dans un autre ressort que celui de la juridiction ayant prononcé la condamnation, les convocations prévues aux 1°, 2°, 6° et 7° du présent article sont délivrées par le juge de l'application des peines territorialement compétent conformément aux dispositions de l'article D. 147-10.

Le non-respect des délais d'un mois et de quarante-cinq jours prévus par l'article 474 ne constitue pas une cause de nullité des convocations du condamné devant le juge de l'application des peines ou devant le service pénitentiaire d'insertion et de probation.

Art. D. 48-2-1 *(D. n° 2010-1276, 27 oct. 2010)*. – Pour l'application des dispositions du 1° de l'article D. 48-2, le juge de l'application des peines indique au procureur de la République, en concertation avec le directeur du service pénitentiaire d'insertion et de probation, et en regard de l'organisation de ce service et de celui de l'application des peines, s'il souhaite que, de manière générale, les personnes soient convoquées :

1° En premier lieu devant le juge de l'application des peines, puis devant le service pénitentiaire d'insertion et de probation ;

2° En premier lieu devant le service pénitentiaire d'insertion et de probation, puis devant le juge de l'application des peines ;

3° Devant le seul juge de l'application des peines, la convocation devant le service pénitentiaire d'insertion et de probation étant le cas échéant faite, par ce juge, après la présentation du condamné devant lui.

Dans les cas prévus par le 1° et le 2°, le ministère public informe en même temps de la décision de condamnation le juge de l'application des peines et le service pénitentiaire d'insertion et de probation.

Pour la détermination de l'ordre des convocations, il peut être distingué selon le quantum des peines prononcées, la nature des faits et les antécédents du condamné.

Art. D. 48-2-2 *(D. n° 2010-1276, 27 oct. 2010)*. – Pour l'application des dispositions du 2° de l'article D. 48-2, le juge de l'application des peines peut indiquer au procureur de la République s'il souhaite que, de manière générale, certaines personnes soient d'abord convoquées devant lui-même en raison de la peine prononcée, de la nature des faits ou des antécédents du condamné.

Art. D. 48-2-3 *(Créé à compter du 24 mars 2020 pour les condamnations prononcées à compter de cette date, y compris si elles concernent des infractions commises avant cette date, D. n° 2020-81, 3 févr. 2020)*. – Lorsque les convocations prévues par les 1°, 2°, 4° et 5° de l'article D. 48-2 n'ont pas été remises à la personne condamnée à l'issue de l'audience ou par le bureau de l'exécution des peines, ces convocations lui sont adressées ultérieurement dans les meilleurs délais et par tout moyen.

Art. D. 48-2-4 *(Créé à compter du 24 mars 2020 pour les condamnations prononcées à compter de cette date, y compris si elles concernent des infractions commises avant cette date, D. n° 2020-81, 3 févr. 2020)*. – Lorsque le procureur de la République reçoit la personne condamnée contre laquelle a été décerné un mandat de dépôt à effet différé, il l'informe de l'établissement pénitentiaire dans lequel elle doit être incarcérée, ainsi que de la date et des horaires auxquels elle doit se présenter à cet établissement.

Après cette information, le procureur de la République délivre un ordre de mise à exécution de ce mandat conformément à l'article D. 48-2-5, qui donne ordre au chef de l'établissement pénitentiaire désigné de recevoir et de détenir le condamné à partir de la date fixée si celui-ci se présente à cette date, ou de l'en informer dans le cas contraire.

S'il a été décerné un mandat de dépôt à effet différé alors que la personne n'était pas présente à l'audience, le procureur de la République peut, lorsqu'il est fait application des dispositions de l'article 716-5, procéder aux formalités prévues au premier alinéa par l'intermédiaire du moyen de télécommunication audiovisuelle prévu par l'article 706-71.

Art. D. 48-2-5 *(Créé à compter du 24 mars 2020 pour les condamnations prononcées à compter de cette date, y compris si elles concernent des infractions commises avant cette date, D. n° 2020-81, 3 févr. 2020 ; mod., D. n° 2022-546, 13 avr. 2022)*. – L'ordre de mise à exécution du mandat de dépôt à effet différé délivré par le procureur de la République soit à l'issue de l'audience, soit dans les conditions prévues à l'article D. 48-2-4 vise la décision de condamnation rendue et le mandat décerné par le tribunal correctionnel ou la cour d'assises, et comporte les indications mentionnées au premier alinéa de l'article D. 48-2-4 et à l'article D. 45-2-7. Il est daté, signé et revêtu du sceau de ce magistrat.

Une copie de cet ordre est remise au condamné. Une copie certifiée conforme de cet ordre est adressée au chef de l'établissement pénitentiaire avant la date fixée pour l'incarcération.

Art. D. 48-2-6 *(Créé à compter du 24 mars 2020 pour les condamnations prononcées à compter de cette date, y compris si elles concernent des infractions commises avant cette date, D. n° 2020-81, 3 févr. 2020 ; mod., D. n° 2022-546, 13 avr. 2022)*. – Si le condamné contre lequel a été décerné un mandat de dépôt à effet différé ne réside pas dans le ressort de la juridiction ayant prononcé la condamnation, le procureur de la République peut transmettre une copie du mandat au procureur de la République du tribunal judiciaire dans le ressort duquel réside la personne afin que celui-ci procède à sa convocation et délivre l'ordre de mise à exécution du mandat de dépôt.

Art. D. 48-2-7 *(Créé à compter du 24 mars 2020 pour les condamnations prononcées à compter de cette date, y compris si elles concernent des infractions commises avant cette date, D. n° 2020-81, 3 févr. 2020)*. – Si la personne à l'encontre de laquelle a été décerné un mandat de dépôt à effet différé ne se présente pas, sans motif légitime, à la convocation devant le procureur de la République ou à l'établissement pénitentiaire à la date fixée pour son incarcération, le ministère public pourra mettre la peine à exécution en recourant, s'il y a lieu, à la force publique, lorsque la condamnation est exécutoire ou, sauf en cas d'opposition formée contre une condamnation par défaut, lorsque le mandat a été assorti de l'exécution provisoire. Il peut à cette fin diffuser une note de recherche en application du 1° de l'article 230-19.

Lorsqu'a été décerné un mandat de dépôt à effet différé et que la condamnation est exécutoire ou que le mandat a été assorti de l'exécution provisoire, le ministère public peut également mettre la peine à exécution à tout moment, notamment sans attendre la date ayant été fixée ou devant être fixée pour l'incarcération, si la personne est incarcérée dans le cadre d'une autre procédure, ou en cas d'urgence résultant soit d'un risque de danger pour les personnes ou les biens établi par la survenance d'un fait nouveau, soit d'un risque avéré de fuite du condamné.

Art. D. 48-2-8 *(Créé à compter du 24 mars 2020 pour les condamnations prononcées à compter de cette date, y compris si elles concernent des infractions commises avant cette date, D. n° 2020-81, 3 févr. 2020).* – Lorsqu'un mandat de dépôt à effet différé a été décerné, la saisine du juge de l'application des peines par le condamné conformément à l'article D. 49-11 d'une demande de semi-liberté, de placement à l'extérieur, de détention à domicile sous surveillance électronique, de fractionnement ou de suspension de peine, de libération conditionnelle ou de conversion de peine ne suspend pas la possibilité pour le parquet de mettre la peine à exécution, y compris par la force publique dans les cas prévus par l'article D. 48-2-7.

Art. D. 48-3 *(D. n° 2004-1364, 13 déc. 2004 ; mod., D. n° 2007-1605, 13 nov. 2007 ; D. n° 2012-681, 7 mai 2012).* – Lorsqu'il n'existe pas de bureau d'aide aux victimes au sein de la juridiction et que la condamnation est rendue en présence de la partie civile, *(Mots rempl. à compter du 15 août 2015, D. n° 2014-1582, 23 déc. 2014)* « le bureau de l'exécution des peines » peut être chargé de recevoir cette dernière à l'issue de l'audience, assistée le cas échéant par son avocat, pour l'informer notamment des modalités pratiques lui permettant d'obtenir le paiement des dommages et intérêts qui lui ont été alloués et, s'il y a lieu, des démarches devant être effectuées pour saisir le service d'aide au recouvrement des victimes d'infractions ou la commission d'indemnisation des victimes d'infractions ainsi que du délai dans lequel elles doivent intervenir.

(Mots rempl. à compter du 15 août 2015, D. n° 2014-1582, 23 déc. 2014) « Le bureau de l'exécution des peines » informe également la partie civile de sa possibilité de saisir le juge délégué aux victimes.

Art. D. 48-4 *(Abr. à compter du 15 août 2015, D. n° 2014-1582, 23 déc. 2014).*

Art. D. 48-5 *(D. n° 2004-1364, 13 déc. 2004 ; mod., D. n° 2014-552, 27 mai 2014).* – La prescription de la peine est interrompue par les actes ou décisions du ministère public, du juge de l'application des peines et, pour les peines d'amende, de la direction générale des finances publiques, qui tendent à son exécution.

Art. D. 48-5-1 *(D. n° 2007-1627, 16 nov. 2007 ; D. n° 2010-214, 2 mars 2010 ; D. n° 2017-1018, 10 mai 2017).* – Le premier président de la cour d'appel et le procureur général, avec les présidents des tribunaux judiciaires et les procureurs de la République du ressort de la cour d'appel, organisent au moins une fois par an une conférence régionale portant sur les aménagements de peines et les alternatives à l'incarcération.

Cette conférence est présidée par les chefs de la cour d'appel ou leurs représentants.

Elle réunit les magistrats du siège et du parquet, des juridictions de la cour d'appel et des juridictions de première instance, en charge de l'exécution et de l'application des peines.

Y participent notamment les présidents des chambres correctionnelles et les magistrats du siège et du parquet en charge des mineurs.

Y participent également les directeurs interrégionaux des services pénitentiaires et les directeurs interrégionaux de la protection judiciaire de la jeunesse, ou leurs représentants, et les personnels concernés de ces services.

Peuvent être invités à participer à cette conférence des représentants des personnes morales de droit public ou de droit privé contribuant ou susceptibles de contribuer à la mise en œuvre des peines et des aménagements de peines ainsi que toute autre personne dont la présence serait jugée utile par le premier président et le procureur général près la cour d'appel ou leurs représentants.

Cette conférence a pour objet :

– de dresser le bilan des aménagements de peines et des alternatives à la détention intervenus dans le ressort de la cour ;

– de recenser ou mettre à jour le recensement des moyens disponibles en cette matière ;

– d'améliorer les échanges d'informations entre les juridictions, les services pénitentiaires et les services de la protection judiciaire de la jeunesse ;

– de définir et mettre en œuvre les actions nécessaires à un renforcement des aménagements de peines et des alternatives à la détention.

– de prévenir la surpopulation carcérale au sein des établissements pénitentiaires du ressort.

Lors de cette conférence, les juges de l'application des peines y présentent les éléments de leur rapport prévu par l'article R. 57-2.

Les conclusions des deux conférences semestrielles sont intégrées dans la synthèse des rapports annuels prévus par l'article 35, que le procureur général adresse au ministère de la justice en application de l'article D. 15-2.

Art. D. 48-5-2 *(D. n° 2007-1627, 16 nov. 2007)*. – Les dispositions de l'article R. 522-10 du Code de l'organisation judiciaire sont applicables aux membres de la commission pluridisciplinaire des mesures de sûreté mentionnés aux 4°, 5°, 6° et 7° de l'article R. 61-8.

Art. D. 48-5-3 *(D. n° 2008-1040, 9 oct. 2008 ; abr., D. n° 2021-683, 27 mai 2021)*.

Art. D. 48-5-4 *(D. n° 2017-1018, 10 mai 2017 ; D. n° 2021-683, 27 mai 2021)*. – Au sein de chaque tribunal judiciaire est instituée une commission de l'exécution et de l'application des peines visant à :

1° l'échange d'information entre l'ensemble des acteurs concernés sur les conditions de mise en œuvre des peines prononcées par les autorités judiciaires et la prise en charge des personnes condamnées par les services pénitentiaires et de la protection judiciaire de la jeunesse ;

2° assurer le suivi du processus d'exécution et d'application des peines prononcées au sein de la juridiction, et à déterminer les mesures propres à permettre l'amélioration de celui-ci

3° coordonner les interventions des acteurs de la juridiction et des partenaires extérieurs en ce domaine ;

4° prévenir la surpopulation carcérale au sein des établissements pénitentiaires du ressort et favoriser le développement des mesures alternatives à l'incarcération et les aménagements de peine.

Cette commission est présidée par le président du tribunal judiciaire et le procureur de la République, chacun pouvant être remplacé par un magistrat du siège et du parquet qu'ils auront désigné.

Elle réunit au moins deux fois par an les magistrats du siège et du parquet concernés par le prononcé, l'exécution et l'application des peines dans la juridiction ainsi que les fonctionnaires du greffe.

Y participent les juges des chambres correctionnelles, les juges de l'application de peines, les juges des enfants, le directeur de greffe, les responsables du service pénal, du greffe correctionnel, du service de l'exécution des peines, du service de l'application des peines et du tribunal pour enfants.

Cette commission se réunit également au moins une fois par an sous une formation élargie, dont sont membres de droit les chefs des établissements pénitentiaires du ressort et les responsables des greffes judiciaires des établissements pénitentiaires, le directeur des services pénitentiaires d'insertion et de probation, le directeur territorial de la protection judiciaire de la jeunesse ou leurs représentants.

Peuvent être également invités à participer à cette commission les responsables des services de police et de gendarmerie, les représentants des personnes morales de droit public ou de droit privé contribuant ou susceptibles de contribuer à la mise en œuvre des peines ou des aménagements de peines, ainsi que le président de la chambre départementale des huissiers de justice et le bâtonnier de l'ordre des avocats ainsi que tout autre personne dont la présence serait jugée utile par les membres de droit de la commission.

L'ordre du jour est arrêté conjointement par le président du tribunal judiciaire et le procureur de la République ou par le magistrat désigné par eux. Les membres de droit de la commission peuvent faire inscrire des questions à l'ordre du jour.

Lorsqu'il n'y a pas de maison d'arrêt dans le ressort du tribunal judiciaire, la commission de l'exécution et de l'application des peines de cette juridiction peut tenir des réunions communes avec la ou les commissions de la ou des juridictions limitrophes.

Chaque réunion fait l'objet d'un relevé de conclusions.

Ce relevé est adressé aux chefs de cour afin d'alimenter les travaux des conférences régionales mentionnées à l'article D. 48-5-1.

Art. D. 48-5-5 *(Créé à compter du 1er juin 2019, D. n° 2019-508, 24 mai 2019)*. – Conformément au dernier alinéa de l'article 711, en cas d'accord des parties, les requêtes relatives à l'exécution d'une peine, présentées dans les conditions prévues par les articles 702-1, 703, 710, 775-1, 775-2 et 778, sont examinées par le président de la juridiction compétente statuant à juge unique :

1° Soit, si ce magistrat l'estime nécessaire, à l'issue d'une audience tenue en chambre du conseil dans les conditions prévues par le premier alinéa de l'article 711 ;

2° Soit, en l'absence d'audience, au vu des pièces du dossier dans les conditions prévues par le dernier alinéa de l'article 711.

La décision, rendue par jugement ou par arrêt dans le cas mentionné au 1° ou par ordonnance dans le cas mentionné au 2°, est susceptible, suivant les cas, d'appel ou de pourvoi conformément aux dispositions du présent code.

Si le président de la juridiction renvoie le dossier, en raison de sa complexité, à la formation collégiale, les dispositions du 2° ne sont pas applicables.

CHAPITRE II. – DE L'ÉMISSION ET DE L'EXÉCUTION DES SANCTIONS PÉCUNIAIRES EN APPLICATION DE LA DÉCISION-CADRE DU CONSEIL DE L'UNION EUROPÉENNE DU 24 FÉVRIER 2005

(D. n° 2007-699, 3 mai 2007)

Section I. – Dispositions communes

Art. D. 48-6 *(D. n° 2007-699, 3 mai 2007)*. – Les sanctions pécuniaires pouvant être exécutées en application du cinquième alinéa de l'article 707-1 sont celles qui résultent d'une décision, prise par l'autorité compétente d'un État membre de l'Union européenne, appelé État d'émission, imposant, à titre définitif, à une personne physique ou morale le paiement d'une :

1° Somme d'argent prononcée à titre de condamnation pour une infraction ;

2° Indemnité allouée aux victimes lorsqu'elles ne peuvent se constituer partie civile, ordonnée dans le cadre de la même décision et dans l'exercice de la compétence pénale de la juridiction ;

3° Somme d'argent afférente aux frais de la procédure judiciaire ou administrative ayant conduit à la décision ;

4° Somme d'argent allouée à un fonds public ou à une organisation de soutien aux victimes, ordonnée dans le cadre de la même décision.

Art. D. 48-7 *(D. n° 2007-699, 3 mai 2007)*. – Peuvent être exécutées sur le territoire de la République ou transmises, aux fins d'exécution, à un autre État membre de l'Union européenne, appelé État d'exécution, les sanctions pécuniaires rendues par :

1° Une juridiction de l'État d'émission en raison d'une infraction pénale au regard du droit dudit État ;

2° Une autorité de l'État d'émission autre qu'une juridiction en raison d'une infraction pénale au regard du droit dudit État, à la condition que l'intéressé ait eu la possibilité de faire porter l'affaire devant une juridiction compétente, notamment en matière pénale ;

3° Une autorité de l'État d'émission autre qu'une juridiction en raison d'actes punissables au regard du droit dudit État, pour autant que l'intéressé ait eu la possibilité de faire porter l'affaire devant une juridiction compétente, notamment en matière pénale ;

4° Une juridiction compétente, notamment en matière pénale, lorsque la décision a été rendue en ce qui concerne une décision au sens de l'alinéa précédent.

Art. D. 48-8 *(D. n° 2007-699, 3 mai 2007)*. – Les sanctions pécuniaires peuvent être transmises, aux fins d'exécution, à tout État membre de l'Union européenne dans lequel la personne condamnée a sa résidence habituelle, possède des biens ou des revenus, ou a son siège.

Le ministère public est compétent, selon les règles et dans les conditions déterminées par le présent chapitre, pour transmettre aux autorités compétentes des autres États membres de l'Union européenne ou pour exécuter, sur leur demande, une sanction pécuniaire.

Les sanctions pécuniaires sont soumises aux mêmes règles et entraînent les mêmes effets juridiques que des peines d'amende.

Art. D. 48-9 *(D. n° 2007-699, 3 mai 2007)*. – Toute sanction pécuniaire est accompagnée d'un certificat décerné par l'autorité compétente pour mettre à exécution les sanctions pécuniaires, comprenant les mentions suivantes :

1° L'identification de l'autorité qui a prononcé la sanction pécuniaire et de l'autorité compétente pour exécuter cette sanction pécuniaire dans l'État d'émission ;

2° L'identification de l'autorité centrale compétente pour la transmission et la réception des sanctions pécuniaires, lorsqu'une telle autorité a été désignée ;

3° La nature et la date de la sanction pécuniaire, notamment son caractère définitif et les références de cette sanction ;

4° L'identité de la ou des personnes physiques ou morales condamnées ;

5° La résidence habituelle ou le siège de la personne condamnée et les données permettant d'identifier ses biens ou ses revenus ;

6° Les motifs de la sanction pécuniaire, le résumé des faits, la nature et la qualification juridique de l'infraction qui la justifie, y compris, s'il y a lieu, l'indication que cette infraction entre, en vertu de la loi de l'État d'émission, dans l'une des catégories d'infractions mentionnées à l'article D. 48-24 ;

7° La description complète de l'infraction lorsque celle-ci n'entre pas dans l'une des catégories d'infractions visées au 6° ;

8° Les peines de substitution, y compris les peines privatives de liberté, dont l'État d'émission autorise l'application par l'État d'exécution ;

9° Le cas échéant, les autres circonstances pertinentes de l'espèce ;

10° La signature de l'autorité compétente d'émission ou celle de son représentant, attestant l'exactitude des informations contenues dans le certificat.

Art. D. 48-10 *(D. n° 2007-699, 3 mai 2007).* – Le certificat doit être traduit dans la langue officielle ou dans une des langues officielles de l'État d'exécution ou dans l'une des langues officielles des institutions des Communautés européennes acceptées par cet État.

Art. D. 48-11 *(D. n° 2007-699, 3 mai 2007).* – La sanction pécuniaire ou une copie certifiée conforme de celle-ci et le certificat sont, sous réserve des dispositions du deuxième alinéa, transmis directement par l'autorité compétente de l'État d'émission à l'autorité compétente de l'État d'exécution, par tout moyen laissant une trace écrite et dans des conditions permettant à cette dernière autorité d'en vérifier l'authenticité.

Lorsqu'un État membre de l'Union européenne a fait une déclaration à cet effet, la sanction pécuniaire et le certificat sont expédiés par l'intermédiaire d'une ou plusieurs autorités centrales désignées par ledit État.

L'original de la sanction pécuniaire, ou une copie certifiée conforme de celle-ci, et l'original du certificat sont adressés à l'autorité compétente de l'État d'exécution à sa demande.

Section II. – Dispositions relatives à l'exécution dans un État membre de l'Union européenne des sanctions pécuniaires prononcées par les autorités françaises

Art. D. 48-12 *(D. n° 2007-699, 3 mai 2007).* – En application des dispositions du cinquième alinéa de l'article 707-1, lorsque la personne physique ou morale condamnée au paiement d'une somme d'argent ou d'une indemnité a sa résidence habituelle ou son siège dans un État membre de l'Union européenne ou y possède des biens ou des revenus, le ministère public peut demander l'exécution de la sanction pécuniaire à l'autorité compétente de l'État où se trouvent la résidence habituelle, le siège, les biens ou les revenus de la personne condamnée.

Art. D. 48-13 *(D. n° 2007-699, 3 mai 2007).* – Le ministère public transmet la sanction pécuniaire et son certificat à l'autorité compétente d'un seul État d'exécution à la fois, selon les modalités prévues à l'article D. 48-11.

Il avise le casier judiciaire national lorsqu'il est informé, par l'autorité compétente de l'État d'exécution, du paiement de la sanction pécuniaire.

Art. D. 48-14 *(D. n° 2007-699, 3 mai 2007).* – Cette transmission interdit d'exécuter la sanction pécuniaire sur le territoire de la République.

Toutefois, le ministère public reprend la faculté d'exécuter la sanction pécuniaire dès que l'État d'exécution l'informe de la non-reconnaissance ou de la non-application de la sanction pécuniaire, ou de la non-exécution, totale ou partielle, de cette sanction.

Art. D. 48-15 *(D. n° 2007-699, 3 mai 2007).* – Nonobstant les dispositions du deuxième alinéa de l'article D. 48-14, le ministère public ne peut reprendre l'exécution de la sanction pécuniaire si l'absence de reconnaissance de la sanction est fondée sur le motif que la personne condamnée a déjà été jugée définitivement par les autorités judiciaires de l'État d'exécution ou par celles d'un État autre que l'État d'exécution, à condition, en cas de condamnation, que la peine ait été exécutée, soit en cours d'exécution ou ne puisse plus être ramenée à exécution selon les lois de l'État de condamnation.

Art. D. 48-16 *(D. n° 2007-699, 3 mai 2007).* – Si, après transmission d'une sanction pécuniaire, la personne condamnée s'acquitte volontairement d'une somme d'argent au titre de cette sanction, le ministère public en informe sans tarder par tout moyen laissant une trace écrite l'autorité compétente de l'État d'exécution, afin que le montant recouvré en France soit entièrement déduit du montant de la sanction pécuniaire faisant l'objet d'une exécution dans l'État d'exécution.

Art. D. 48-17 *(D. n° 2007-699, 3 mai 2007).* – Le ministère public informe immédiatement par tout moyen laissant une trace écrite l'autorité compétente de l'État d'exécution de toute décision ou mesure qui a pour effet de retirer à la sanction pécuniaire son caractère exécutoire ou d'en soustraire l'exécution à cet État, en particulier en cas d'amnistie, de grâce ou de révision de la condamnation.

Section III. – Dispositions relatives à l'exécution des sanctions pécuniaires prononcées par les autorités étrangères

§ 1. – Dispositions générales

Art. D. 48-18 *(D. n° 2007-699, 3 mai 2007).* – En application des dispositions du cinquième alinéa de l'article 707-1, le procureur de la République poursuit l'exécution des sanctions pécuniaires prononcées par les autorités compétentes des États membres de l'Union européenne.

L'exécution en France de ces sanctions pécuniaires est régie par la loi française de la même manière que les amendes pénales prononcées par les juridictions répressives françaises, sous réserve des dispositions du paragraphe 2 de la présente section.

Le procureur de la République qualifie les faits ayant donné lieu à la sanction pécuniaire en application de la loi française et détermine le délai de prescription applicable en fonction de cette qualification. La prescription court, en France, à compter de la réception du certificat concernant la sanction pécuniaire.

Art. D. 48-19 *(Mod., D. n° 2016-1202, 7 sept. 2016).* – La sanction pécuniaire et le certificat émanant de l'autorité compétente de l'État d'émission sont transmis, selon les modalités prévues à l'article D. 48-11, au procureur de la République territorialement compétent, le cas échéant par l'intermédiaire du procureur général.

Le procureur de la République territorialement compétent est celui du lieu où se situe la résidence habituelle ou le siège de la personne condamnée ou, à défaut, l'un quelconque des biens ou des revenus de cette personne. Toutefois, pour les amendes concernant des infractions en matière de circulation routière, est également compétent l'officier du ministère public ou le procureur de la République du lieu où est réalisé le traitement automatisé de recouvrement de ces amendes.

Si le procureur de la République à qui la sanction pécuniaire a été transmise n'est pas territorialement compétent pour y donner suite, il la transmet sans délai au procureur de la République territorialement compétent et en informe par tout moyen laissant une trace écrite l'autorité compétente de l'État d'émission.

Art. D. 48-20 *(D. n° 2007-699, 3 mai 2007).* – Lorsque le procureur de la République envisage de faire application des dispositions prévues au 1° de l'article D. 48-22 ou aux 4°, 6° et 7° de l'article D. 48-23, il en informe sans délai par tout moyen laissant une trace écrite l'autorité compétente de l'État d'émission, afin que celle-ci puisse, le cas échéant, produire ses observations.

Après s'être assuré de la régularité de la demande, le procureur de la République met à exécution la sanction pécuniaire.

Il fait exécuter la sanction pécuniaire et en informe sans délai l'autorité judiciaire de l'État d'émission par tout moyen laissant une trace écrite.

Art. D. 48-21 *(D. n° 2007-699, 3 mai 2007).* – Le procureur de la République convertit, s'il y a lieu, le montant de la sanction pécuniaire au taux de change en vigueur à la date à laquelle la sanction pécuniaire a été prononcée.

Art. D. 48-22 *(D. n° 2007-699, 3 mai 2007).* – L'exécution d'une sanction pécuniaire peut être refusée dans l'un des cas suivants :

1° Si le certificat n'est pas produit, s'il est établi de manière incomplète ou s'il ne correspond manifestement pas à la sanction pécuniaire ;

2° Si la sanction pécuniaire est inférieure à 70 euros ou à un montant équivalent ;

3° Si la sanction pécuniaire concerne des actes qui ont été commis, en tout ou en partie, sur le territoire de la République ou en un lieu considéré comme tel.

Art. D. 48-23 *(D. n° 2007-699, 3 mai 2007).* – Sans préjudice de l'application de l'article 694-4, l'exécution d'une sanction pécuniaire est refusée dans l'un des cas suivants :

1° Si la sanction pécuniaire est fondée sur un fait qui ne constitue pas une infraction au regard de la loi française ;

2° Si la sanction pécuniaire a été rendue à l'égard d'une personne âgée de moins de treize ans à la date des faits ;

3° Si la sanction pécuniaire concerne des faits qui ont été commis hors du territoire de l'État d'émission et que la loi française n'autorise pas la poursuite de ces faits lorsqu'ils ont été commis hors du territoire de la République ;

4° Si la sanction pécuniaire concerne des faits relevant de la compétence des juridictions françaises et que l'exécution de cette sanction est prescrite selon la loi française ;

5° Si la sanction pécuniaire se fonde sur des infractions pour lesquelles la personne condamnée a déjà été jugée définitivement par les autorités judiciaires françaises ou par celles d'un État autre que l'État d'émission, à condition, en cas de condamnation, que la peine ait été exécutée, soit en cours d'exécution ou ne puisse plus être ramenée à exécution selon les lois de l'État de condamnation ;

6° Dans le cas d'une procédure écrite, si, selon le certificat, la personne condamnée n'a pas été informée, conformément à la législation de l'État d'émission, personnellement ou par le biais d'un représentant compétent en vertu de la législation nationale, de son droit de former un recours et du délai pour le faire ;

7° *(Rempl., D. n° 2013-967, 28 oct. 2013)* Si, selon le certificat, la personne condamnée n'a pas comparu en personne au procès, sauf dans les cas visés aux 1° à 3° de l'article 695-22-1 ;

8° S'il est établi que la sanction pécuniaire a été prise dans le but de condamner une personne en raison de son sexe, de sa race, de sa religion, de son origine ethnique, de sa nationalité, de sa langue, de ses opinions politiques ou de son orientation sexuelle, ou que l'exécution de ladite sanction peut porter atteinte à la situation de cette personne pour l'une de ces raisons ;

9° Si la loi française prévoit une immunité qui rend impossible l'exécution de la sanction pécuniaire.

Art. D. 48-24 *(D. n° 2007-699, 3 mai 2007).* – Nonobstant les dispositions du 1° de l'article D. 48-23, le motif de refus fondé sur l'absence d'incrimination en droit français n'est pas opposable lorsque la sanction pécuniaire concerne une infraction qui, en vertu de la loi de l'État d'émission, entre dans l'une des catégories d'infractions mentionnées *(Mots rempl. à compter du 22 mai 2017, D. n° 2017-511, 7 avr. 2017)* « à l'article 694-32 » ou dans l'une des catégories suivantes :

– conduite contraire aux règles relatives à la circulation routière, infractions aux règles en matière de temps de conduite et de repos et à celles relatives au transport de marchandises dangereuses ;

– contrebande de marchandises ;

– atteinte aux droits de propriété intellectuelle ;

– menaces et actes de violence contre des personnes ;

– destruction, dégradation ou détérioration ;

– vol ;

– infractions établies par l'État d'émission et couvertes par les obligations d'exécution découlant des instruments adoptés conformément au traité instituant la Communauté européenne ou au titre VI du traité sur l'Union européenne.

Art. D. 48-25 *(D. n° 2007-699, 3 mai 2007).* – Lorsque les faits n'ont pas été commis sur le territoire de l'État d'émission et relèvent de la compétence des juridictions françaises, le procureur de la République peut décider de réduire le montant de la sanction pécuniaire au montant maximal encouru pour ces faits en vertu de la loi française.

Art. D. 48-26 *(D. n° 2007-699, 3 mai 2007).* – Lorsque la personne condamnée est en mesure de fournir la preuve du paiement de tout ou partie de ladite sanction, le procureur de la République informe l'autorité compétente de l'État d'émission par tout moyen laissant une trace écrite afin que cette autorité puisse produire ses observations.

Toute partie du montant de la sanction recouvrée, de quelque manière que ce soit, dans tout autre État, est entièrement déduite du montant de la sanction pécuniaire à recouvrer.

Art. D. 48-27 *(D. n° 2007-699, 3 mai 2007).* – Le refus d'exécuter une sanction pécuniaire ou l'impossibilité de l'exécuter est motivé et notifié sans délai à l'autorité compétente de l'État d'émission par tout moyen laissant une trace écrite.

Art. D. 48-28 *(D. n° 2007-699, 3 mai 2007).* – Le procureur de la République met fin à l'exécution de la sanction pécuniaire dès qu'il est informé par l'autorité compétente de l'État d'émission de toute mesure ou décision qui a pour effet soit de retirer son caractère exécutoire à la sanction pécuniaire, soit de soustraire son exécution aux autorités françaises.

Art. D. 48-29 *(D. n° 2007-699, 3 mai 2007).* – Sauf si un accord entre la France et l'État d'émission en stipule autrement, les sommes recouvrées en application de la présente section sont imputées au budget de l'État français.

Le procureur de la République informe l'autorité compétente de l'État d'émission par tout moyen laissant une trace écrite de l'exécution de la sanction pécuniaire ou de sa non-exécution, totale ou partielle, en précisant les motifs de l'absence d'exécution de cette sanction.

§ 2. – Modalités de recouvrement des sanctions pécuniaires

Sous-paragraphe A. – Diminution de la sanction en cas de paiement volontaire

Art. D. 48-30 *(D. n° 2007-699, 3 mai 2007).* – Les dispositions des articles 707-2 et 707-4 relatives à la diminution du montant des amendes en cas de paiement volontaire dans le délai d'un mois sont applicables aux sanctions pécuniaires étrangères lorsqu'il s'agit :

1° De sommes d'argent prononcées à titre de condamnation pour une ou plusieurs infractions qui seraient qualifiées en droit français de délit ou de contravention ;

2° De sommes d'argent afférentes aux frais de la procédure judiciaire ou administrative ayant conduit à une décision mentionnée au 1° ;

3° De sommes d'argent allouées à un fonds public ou à une organisation de soutien aux victimes, ordonnée dans une décision mentionnée au 1°.

Ces dispositions ne sont pas applicables :

1° Aux indemnités allouées aux victimes ;

2° Aux sommes d'argent qui seraient qualifiées en droit français d'amendes douanières ou fiscales ou prononcées pour des infractions qui seraient qualifiées en droit français de crime.

Art. D. 48-31 *(Mod., D. n° 2014-552, 27 mai 2014).* – Le procureur de la République qui met à exécution une sanction pécuniaire relevant de l'article D. 48-30 avise par lettre recommandée la personne condamnée que, si elle s'acquitte du montant de cette sanction pécuniaire dans un délai d'un mois à compter de la date d'envoi de cette lettre, le montant de la somme d'argent prononcée à titre de condamnation, de la somme d'argent afférente aux frais de la procédure judiciaire ou administrative et, s'il y a lieu, de la somme d'argent allouée à un fonds public ou à une organisation de soutien aux victimes est diminué de 20 % sans que cette diminution puisse excéder 1 500 euros.

Cette lettre comprend un relevé de la sanction pécuniaire, dont le modèle est arrêté conjointement par le garde des Sceaux, ministre de la Justice, et le ministre des Finances, permettant au condamné de s'acquitter volontairement du montant dû dans le délai d'un mois auprès du comptable de la direction générale des finances publiques.

Art. D. 48-32 *(D. n° 2007-699, 3 mai 2007).* – La diminution de la sanction pécuniaire prévue par l'article D. 48-30 ne s'applique qu'en cas de paiement simultané, dans le délai d'un mois, de la somme d'argent prononcée à titre de condamnation, de la somme d'argent afférente aux frais de la procédure judiciaire ou administrative et, s'il y a lieu, de la somme d'argent allouée à un fonds public ou à une organisation de soutien aux victimes.

La diminution porte sur l'ensemble des sommes dues.

Art. D. 48-33 *(Mod., D. n° 2014-552, 27 mai 2014).* – Un relevé des sanctions pécuniaires est adressé au comptable de la direction générale des finances publiques en même temps qu'il est procédé à l'envoi de l'avis prévu par l'article D. 48-31.

Ces relevés sont adressés sous le bordereau d'envoi simplifié prévu au deuxième alinéa de l'article R. 55-5.

Sous-paragraphe B. – Recouvrement des sanctions pécuniaires par les comptables du Trésor

Art. D. 48-34 *(Mod., D. n° 2012-1247, 7 nov. 2012).* – Les articles 108 à 110 du décret n° 2012-1246 du 7 novembre 2012 relatif à la gestion budgétaire et comptable publique sont applicables aux sanctions pécuniaires étrangères.

Art. D. 48-35 *(Mod., D. n° 2014-552, 27 mai 2014).* – Les sanctions pécuniaires étrangères sont recouvrées selon les modalités déterminées par le décret n° 64-1333 du 22 décembre 1964 relatif au recouvrement des amendes et condamnations pécuniaires par les comptables de la direction générale des finances publiques.

Les dispositions de l'article 2 de ce décret ne sont pas applicables à ces sanctions. Celles pour lesquelles les dispositions des articles D. 48-30 à D. 48-33 ne sont pas applicables font l'objet d'un relevé adressé au comptable de la direction générale des finances publiques, et dont le modèle est arrêté conjointement par le garde des Sceaux, ministre de la Justice, et le ministre chargé du budget, et qui a les mêmes effets qu'un extrait de jugement.

Sous-paragraphe C. – Contrainte judiciaire

Art. D. 48-36 *(D. n° 2007-699, 3 mai 2007).* – En cas d'inexécution volontaire du paiement de la somme d'argent correspondant à une sanction pécuniaire prononcée à titre de condamnation pour des faits qui constitueraient selon la loi française un crime ou un délit puni d'une peine privative de liberté, le juge de l'application des peines peut, si les faits sont passibles d'une peine privative de liberté dans l'État d'émission, ordonner, dans les conditions prévues aux articles 750 à 762, une contrainte judiciaire.

CHAPITRE III. – DES JURIDICTIONS DE L'APPLICATION DES PEINES

(D. n° 2004-1364, 13 déc. 2004)

Section I. – Établissement et composition

(D. n° 2004-1364, 13 déc. 2004)

§ 1. – Du juge de l'application des peines

(D. n° 2004-1364, 13 déc. 2004)

Art. D. 49 *(Mod., D. n° 2006-385, 30 mars 2006).* – Pour le fonctionnement de son cabinet, le juge de l'application des peines est doté d'un secrétariat-greffe, conformément aux dispositions de l'article 712-2.

Les fonctions de secrétaire et de greffier du juge de l'application des peines sont remplies par un greffier du tribunal judiciaire.

Art. D. 49-1 *(Rempl., D. n° 2004-1364, 13 déc. 2004).* – Lorsque le nombre des juges de l'application des peines et l'importance des dossiers traités le justifient, il peut être créé un secrétariat commun de l'application des peines, dont l'effectif comprend, outre des agents administratifs, un greffier distinct de celui des cabinets des juges de l'application des peines.

Ce secrétariat peut également être composé d'agents et de greffiers de l'exécution des peines mentionnés à l'article D. 48-1 et exercer des attributions communes avec celles relevant de la compétence de ces derniers.

Art. D. 49-1-1 *(D. n° 2004-1364, 13 déc. 2004)*. **– Lorsqu'il existe plusieurs juges de l'application des peines dans un tribunal judiciaire, le président désigne, après avis de l'assemblée générale des magistrats du siège, le juge de l'application des peines qui exerce les attributions mentionnées aux articles D. 572 à D. 587.**

§ 2. – Du tribunal de l'application des peines

(D. n° 2004-1364, 13 déc. 2004)

Art. D. 49-2. – Sauf dans les cours d'appel figurant dans le tableau ci-après, il est établi dans chaque cour d'appel un tribunal de l'application des peines dont la compétence territoriale s'étend au ressort de cette cour.

(Tableau mod., D. n° 2008-236, 6 mars 2008 ; D. n° 2010-1078, 13 sept. 2010 ; D. n° 2011-338, 29 mars 2011).

COURS D'APPEL	TRIBUNAUX JUDICIAIRES sièges des tribunaux d'application des peines de ces cours	RESSORT DE CES TRIBUNAUX d'application des peines
Aix-en-Provence	Aix-en-Provence	Ressorts des tribunaux judiciaires d'Aix-en-Provence, Marseille, Digne et Tarascon.
	Draguignan	Ressorts des tribunaux judiciaires de Draguignan et Toulon.
	Nice	Ressorts des tribunaux judiciaires de Grasse et Nice.
Bastia	Bastia	Ressort du tribunal judiciaire de Bastia.
	Ajaccio	Ressort du tribunal judiciaire d'Ajaccio.
Douai	Arras	Ressorts des tribunaux judiciaires d'Arras, Béthune, Saint-Omer et Boulogne-sur-Mer.
	Lille	Ressorts des tribunaux judiciaires de Lille, Dunkerque, Douai, Valenciennes, Cambrai et Avesnes-sur-Helpe.
Paris	Paris	Ressort du tribunal judiciaire de Paris.
	Bobigny	Ressort du tribunal judiciaire de Bobigny.
	Créteil	Ressort du tribunal judiciaire de Créteil.
	Évry	Ressort du tribunal judiciaire d'Évry.
	Melun	Ressort des tribunaux judiciaires de Melun, Fontainebleau et Meaux.
	Auxerre	Ressorts des tribunaux judiciaires d'Auxerre et Sens.
Reims	Reims	Ressorts des tribunaux judiciaires de Reims, Châlons-en-Champagne et Charleville-Mézières.
	Troyes	Ressort du tribunal judiciaire de Troyes.
Rennes	Rennes	Ressorts des tribunaux judiciaires de Rennes, Saint-Malo, Saint-Brieuc, Quimper, Brest.
	Nantes	Ressorts des tribunaux judiciaires de Nantes, Saint-Nazaire, Lorient et Vannes.

COURS D'APPEL	TRIBUNAUX JUDICIAIRES sièges des tribunaux d'application des peines de ces cours	RESSORT DE CES TRIBUNAUX d'application des peines
Riom	Moulins	Ressort des tribunaux judiciaires de Moulins, Cusset et Montluçon
Saint-Denis	Saint-Denis	Ressort des tribunaux judiciaires de Saint-Denis et de Saint-Pierre.
	Mamoudzou	Ressort du tribunal judiciaire de Mamoudzou.

Art. D. 49-3 *(D. n° 2004-1364, 13 déc. 2004).* – **Sauf dérogation prévue par le tableau ci-après, le siège habituel du tribunal de l'application des peines est celui du tribunal judiciaire du siège de la cour d'appel.**

COURS D'APPEL	TRIBUNAUX JUDICIAIRES sièges des tribunaux d'application de peines de ces cours
Bordeaux	Bergerac.
Bourges	Châteauroux.
Chambéry	Albertville.
Dijon	Chalon-sur-Saône.
Pau	Tarbes.
Poitiers	La Rochelle.
Rouen	Evreux.

Art. D. 49-4 *(D. n° 2004-1364, 13 déc. 2004).* – **Le premier président de la cour d'appel désigne chaque année, par ordonnance, après avis de l'assemblée générale des magistrats du siège de la cour et avis des présidents des tribunaux judiciaires concernés, les juges de l'application des peines chargés des fonctions de président ou d'assesseur du tribunal de l'application des peines.**

Ceux-ci, sous réserve des dispositions de l'article D. 49-5, sont appelés dans l'ordre de leur désignation.

Cette ordonnance peut être modifiée en cours d'année, en cas d'absence ou d'empêchement du juge.

En cas d'urgence, cette ordonnance peut être prise sans les avis prévus au premier alinéa.

Le premier président peut désigner comme présidents ou comme assesseurs des magistrats différents selon le lieu dans lequel le tribunal doit siéger conformément aux dispositions du troisième alinéa de l'article 712-3.

Art. D. 49-5 *(D. n° 2004-1364, 13 déc. 2004).* – **Lorsque le tribunal de l'application des peines examine une affaire relevant de sa compétence, l'un au moins des juges de l'application des peines est celui de la juridiction dans le ressort de laquelle le condamné est écroué ou domicilié.**

Art. D. 49-5-1 *(D. n° 2010-1276, 27 oct. 2010).* – **Lorsque le tribunal de l'application des peines examine une affaire à la suite d'un renvoi d'un juge de l'application des peines conformément aux dispositions du troisième alinéa de l'article 712-6 et que ce juge est absent, empêché, ou a été nommé à un autre poste, il est remplacé par un juge de l'application des peines chargé des fonctions de président ou d'assesseur du tribunal de l'application des peines.**

Art. D. 49-6 *(D. n° 2004-1364, 13 déc. 2004).* – **Le tribunal de l'application des peines est doté d'un greffe.**

Les fonctions de secrétaire et de greffier de la juridiction sont remplies par un ou plusieurs greffiers des tribunaux judiciaires du ressort de la cour d'appel où siège le tribunal de l'application des peines, qui peuvent également exercer leurs fonctions auprès des juges de l'application des peines.

Art. D. 49-7 *(D. n° 2004-1364, 13 déc. 2004)*. – Les fonctions du ministère public auprès du tribunal de l'application des peines sont exercées par le procureur de la République près le tribunal judiciaire dans le ressort duquel siège le tribunal.

§ 3. – De la chambre de l'application des peines de la cour d'appel

(D. n° 2004-1364, 13 déc. 2004)

Art. D. 49-8 *(D. n° 2004-1364, 13 déc. 2004)*. – Le premier président de la cour d'appel désigne par ordonnance, après avis de l'assemblée générale des magistrats du siège, le président ou le conseiller de la cour d'appel chargé de présider la chambre de l'application des peines de la cour d'appel, ainsi que les deux conseillers de cette chambre.

Le président de la chambre ou l'un ou plusieurs de ses membres sont choisis parmi le ou les conseillers chargés de l'application des peines désignés conformément aux dispositions de l'article R. 57-1.

Art. D. 49-9 *(D. n° 2004-1364, 13 déc. 2004 ; mod., D. n° 2005-163, 23 févr. 2005)*. – Le responsable d'une association de réinsertion des condamnés et le responsable d'une association d'aide aux victimes, membres de la chambre de l'application des peines de la cour d'appel en application des dispositions du deuxième alinéa de l'article 712-13, sont désignés par le premier président, après avis de l'assemblée générale des magistrats du siège, pour une durée de trois ans. Deux suppléants sont désignés dans les mêmes formes pour une même durée.

Avant d'entrer en fonction, les personnes mentionnées à l'alinéa précédent prêtent devant la cour d'appel le serment de bien et fidèlement remplir leurs fonctions et de conserver le secret des délibérations. Les dispositions de l'article R. 522-10 du Code de l'organisation judiciaire leur sont applicables.

Art. D. 49-10 *(D. n° 2004-1364, 13 déc. 2004)*. – Les chambres de l'application des peines dont la compétence territoriale excède, conformément aux dispositions du deuxième alinéa de l'article 712-13, celle de la cour d'appel où elles sont instituées sont mentionnées dans le tableau ci-après :

COURS D'APPEL	Ressort sur lequel s'exerce la compétence de la chambre de l'application des peines de ces cours lorsqu'elle est composée conformément aux dispositions du deuxième alinéa de l'article 712-13
Bourges	Ressorts des cours d'appel de Bourges et Orléans.
Dijon	Ressorts des cours d'appel de Dijon et Besançon.
Nancy	Ressorts des cours d'appel de Nancy et Metz.
Versailles	Ressorts des cours d'appel de Versailles et Rouen.

Section II. – Règles de compétence et de procédure

(D. n° 2004-1364, 13 déc. 2004)

§ 1. – Dispositions communes aux différentes juridictions de l'application des peines

(D. n° 2004-1364, 13 déc. 2004)

Art. D. 49-11 *(D. n° 2004-1364, 13 déc. 2004)*. – Les demandes du condamné tendant au prononcé ou à la modification d'une des mesures relevant des dispositions de l'article 712-4 font l'objet d'une requête écrite adressée au juge de l'application des peines, signée du condamné ou de son avocat.

Cette requête est remise au greffe du juge de l'application des peines contre récépissé ou adressée par lettre recommandée avec demande d'avis de réception. Si le condamné est détenu, elle peut faire l'objet d'une déclaration auprès du chef de l'établissement pénitentiaire dans les conditions prévues aux deux derniers alinéas de l'article 148-7.

Lorsque la demande relève de la compétence du tribunal de l'application des peines, le greffier du juge de l'application des peines la transmet sans délai en copie au greffe de cette juridiction, lorsqu'il est distinct du greffe du juge de l'application des peines, sauf si cette demande est irrecevable en application des dispositions de l'article D. 49-12.

Le juge de l'application des peines et le tribunal de l'application des peines ne sont pas tenus de répondre aux demandes formées sans respecter les conditions prévues par le présent article.

Art. D. 49-12 *(D. n° 2004-1364, 13 déc. 2004)*. – Le condamné n'est pas recevable à déposer de demande concernant une des mesures relevant des dispositions de l'article 712-4 tant qu'il n'a pas été statué par la juridiction de l'application des peines du premier degré compétente sur une précédente demande relative à une même mesure.

Sont également irrecevables les demandes formées pendant le délai d'irrecevabilité fixé par la juridiction de l'application des peines en application des derniers alinéas des articles 712-13, D. 49-32, D. 49-33 et D. 49-36.

Si elle l'estime justifié ou opportun, la juridiction de l'application des peines peut toutefois ne pas constater l'irrecevabilité de la demande.

Art. D. 49-13 *(D. n° 2004-1364, 13 déc. 2004)*. – Si le condamné n'est pas incarcéré, les débats contradictoires prévus par les articles 712-6 et 712-7 se tiennent au tribunal judiciaire.

Si le condamné est incarcéré, ces débats se tiennent dans l'établissement pénitentiaire, sauf s'il est fait application des dispositions de l'article 706-71, et sous réserve des dispositions de l'alinéa suivant.

Le juge de l'application des peines ou le président du tribunal de l'application des peines peut toutefois décider que le débat contradictoire se tiendra au tribunal judiciaire lorsqu'est envisagé le retrait ou la révocation d'une mesure à l'encontre d'une personne incarcérée à la suite de la mise à exécution d'un mandat d'amener ou d'arrêt délivré en application de l'article 712-17 si le débat doit avoir lieu dans les délais prévus par cet article ou dans les délais prévus par les articles 712-8 ou 712-19 et que, pendant ces délais, il n'est pas déjà prévu que le juge ou le tribunal de l'application des peines procède au sein de l'établissement pénitentiaire à des débats contradictoires concernant d'autres condamnés.

Si le condamné est hospitalisé et ne peut être déplacé en raison de son état de santé, le débat contradictoire, dans les cas où ce débat doit intervenir, se tient sur les lieux de son hospitalisation, sur lesquels se transportent le juge ou le tribunal de l'application des peines, assisté du greffier, ainsi que le procureur de la République.

Art. D. 49-14 *(Mod., D. n° 2010-1635, 23 déc. 2010)*. – Pour l'application des dispositions des articles 712-6, 712-7 et 712-8, le condamné peut faire connaître au juge de l'application des peines le nom de l'avocat choisi par lui : le choix de l'avocat par le condamné détenu peut aussi résulter du courrier adressé à celui-ci par cette personne et le désignant pour assurer sa défense et dont une copie est remise par l'avocat au juge de l'application des peines. Le condamné peut également demander au juge de l'application des peines qu'il lui en soit désigné un d'office par le bâtonnier de l'ordre des avocats ; le bâtonnier est avisé de cette demande par tous moyens et sans délai.

Art. D. 49-15 *(D. n° 2004-1364, 13 déc. 2004)*. – Le condamné est informé dix jours avant la date du débat contradictoire prévu par les articles 712-6, 712-7 et 712-8 par lettre recommandée s'il n'est pas écroué et par le greffe de l'établissement pénitentiaire dans le cas contraire.

S'il est assisté d'un avocat, celui-ci est convoqué par lettre recommandée ou par télécopie au plus tard dix jours avant le débat. Le condamné peut toutefois déclarer expressément renoncer à la convocation de son avocat ou au respect de ces délais.

Art. D. 49-16 *(D. n° 2004-1364, 13 déc. 2004)*. – En cas d'urgence, notamment lorsque le retrait ou la révocation d'une mesure est envisagé, le délai de convocation prévu à l'article D. 49-15 alinéa n'est pas applicable, et l'avocat est avisé de la date du débat contradictoire par tout moyen ; le condamné ou son avocat peut toutefois demander à bénéficier d'un délai pour préparer sa défense.

Il peut alors être fait application des dispositions des articles 712-18 ou 712-19 permettant la suspension de la mesure ou l'incarcération provisoire du condamné jusqu'à la tenue du débat contradictoire.

Art. D. 49-17 *(D. n° 2004-1364, 13 déc. 2004).* – Le juge de l'application des peines ou le président du tribunal de l'application des peines peut demander au représentant de l'administration pénitentiaire de développer oralement son avis lors du débat contradictoire.

Le juge de l'application des peines ou le président du tribunal de l'application des peines peut faire appel à un interprète majeur, à l'exclusion du greffier. S'il n'est pas assermenté, l'interprète prête serment d'apporter son concours à la justice en son honneur et en sa conscience. Si le condamné est atteint de surdité, il peut être fait application des dispositions du dernier alinéa de l'article 109.

Le débat contradictoire fait l'objet de notes d'audience de la part du greffier, qui les signe avec le juge de l'application des peines ou le président du tribunal de l'application des peines.

Art. D. 49-17-1 *(D. n° 2007-1627, 16 nov. 2007).* – Lorsque le procureur de la République est favorable à l'octroi d'une mesure d'aménagement de peine demandée par le condamné, il peut adresser au juge de l'application des peines des réquisitions écrites lui demandant d'accorder cette mesure sans procéder à un débat contradictoire, conformément aux dispositions du deuxième alinéa de l'article 712-6. Si le condamné et son avocat ne sollicitent pas qu'il soit procédé à un débat contradictoire, le juge de l'application des peines statue sur la mesure en l'absence du procureur de la République, après, le cas échéant audition du condamné et de son avocat en chambre du conseil.

Art. D. 49-17-2 *(D. n° 2007-1627, 16 nov. 2007).* – Le nombre et le jour des audiences du juge de l'application des peines et du tribunal de l'application des peines sont fixés par décision conjointe du président du tribunal judiciaire et du procureur de la République.

Les décisions prévues au présent article sont prises, après avis de l'assemblée générale du tribunal, à la fin de l'année judiciaire pour l'année judiciaire suivante, et peuvent, en cas de nécessité, être modifiées en cours d'année dans les mêmes conditions.

En cas d'impossibilité de parvenir à des décisions conjointes, le nombre et le jour des audiences du tribunal de l'application des peines sont fixés par le seul président du tribunal judiciaire, après avis du premier président de la cour d'appel et du procureur général.

Sans préjudice des dispositions du présent article, le juge de l'application des peines peut, à tout moment au cours de l'année, fixer une audience toutes les fois qu'il est nécessaire.

Art. D. 49-18 *(Mod., D. n° 2007-1620, 15 nov. 2007).* – Le jugement est rendu en chambre du conseil.

Si la décision est rendue immédiatement, une copie du jugement est remise au condamné, ainsi que, le cas échéant, à son avocat, contre émargement au dossier de la procédure sauf dans le cas où la copie du jugement n'est pas immédiatement disponible.

Si la décision a été mise en délibéré, le jugement est notifié au condamné détenu par le chef de l'établissement pénitentiaire qui lui en remet une copie contre émargement ; si le condamné n'est pas détenu, copie du jugement lui est adressée par lettre recommandée ; une copie du jugement est également adressée par lettre recommandée ou par télécopie à l'avocat du condamné ; lorsqu'il s'agit d'un jugement révoquant ou retirant une mesure, la copie du jugement adressée au condamné non détenu l'est par lettre recommandée avec demande d'avis de réception. Les dispositions du présent alinéa sont également applicables lorsque la copie du jugement rendu dans les circonstances prévues par le deuxième alinéa n'est pas immédiatement disponible.

Dès qu'il est rendu, le jugement est notifié au procureur de la République. Une copie en est adressée au directeur du service pénitentiaire d'insertion et de probation et, lorsque le condamné est incarcéré, au chef de l'établissement pénitentiaire.

En cas d'utilisation d'un moyen de communication audiovisuelle, lecture du dispositif du jugement est donnée au condamné par ce même procédé, et mention de cette formalité est portée sur les notes d'audience. Après l'audience, le jugement est notifié au condamné selon les modalités prévues au deuxième alinéa.

Art. D. 49-19 *(D. n° 2004-1364, 13 déc. 2004).* – Lorsque le condamné non détenu ne se présente pas au débat contradictoire, le juge ou le tribunal de l'application des peines soit ordonne le renvoi du débat à une date ultérieure, après avoir si nécessaire délivré un mandat d'amener ou d'arrêt conformément aux dispositions de l'article 712-17 ou une note de recherche conformément aux dispositions de l'article D. 49-20, soit statue conformément aux dispositions de l'article 712-9.

Art. D. 49-20 *(D. n° 2004-1364, 13 déc. 2004).* – Sans préjudice de la possibilité de décerner mandat d'amener ou d'arrêt conformément aux dispositions de l'article 712-17, le juge et le tribunal de l'application des peines peuvent délivrer une note de recherche destinée à permettre la localisation du condamné, qui est diffusée dans le fichier des personnes recherchées conformément aux dispositions du 1° du I de l'article 23 de la loi n° 2003-239 du 18 mars 2003 pour la sécurité intérieure.

Art. D. 49-21 *(Mod., D. n° 2005-163, 23 févr. 2005).* – Les ordonnances prévues par les articles 712-5 et 712-8 sont notifiées au condamné détenu par le chef de l'établissement pénitentiaire qui lui en remet une copie contre émargement ; si le condamné n'est pas détenu, copie de l'ordonnance lui est adressée par lettre recommandée ; une copie de l'ordonnance est également adressée par lettre recommandée ou par télécopie à l'avocat du condamné ; lorsqu'il s'agit d'une ordonnance refusant de faire droit à une demande du condamné non détenu, la copie de la décision adressée à celui-ci l'est par lettre recommandée avec demande d'avis de réception.

Art. D. 49-21-1 *(D. n° 2010-1276, 27 oct. 2010).* – Lorsque le chef d'établissement ou le directeur du service pénitentiaire d'insertion et de probation modifie les horaires d'un aménagement de peine sur autorisation du juge de l'application des peines conformément aux dispositions du deuxième alinéa de l'article 712-8, il en informe immédiatement et par tout moyen le juge de l'application des peines et le condamné.

Art. D. 49-22 *(D. n° 2004-1364, 13 déc. 2004).* – Pour l'application des dispositions de l'article 712-9, si le condamné n'a pas fait de déclaration d'adresse au juge de l'application des peines, l'adresse figurant dans le dossier de la procédure est considérée comme son adresse déclarée.

La déclaration d'adresse ou la déclaration de changement d'adresse doit se faire soit par déclaration auprès du greffier du juge de l'application des peines, soit par lettre recommandée avec demande d'accusé de réception.

Lorsque le condamné est libéré, son adresse déclarée est celle donnée au greffe de l'établissement pénitentiaire au moment de sa levée d'écrou.

Art. D. 49-23 *(Rempl., D. n° 2007-1627, 16 nov. 2007 ; mod., D. n° 2010-1276, 27 oct. 2010 ; D. n° 2010-1277, 27 oct. 2010 ; D. n° 2014-145, 18 févr. 2014 ; mod. à compter du 27 décembre 2014, D. n° 2014-1582, 23 déc. 2014).* – Pour l'application de l'article 712-21, le juge ou le tribunal de l'application des peines peut toutefois, avec l'accord du procureur de la République, dire, par ordonnance ou jugement motivé, qu'il n'y a pas lieu d'ordonner une nouvelle expertise psychiatrique préalablement à une décision d'aménagement de la peine, dès lors que figure au dossier du condamné une expertise datant de moins de deux ans, y compris si celle-ci a été réalisée avant la condamnation.

Sauf lorsqu'il s'agit d'une condamnation prononcée pour une infraction mentionnée à l'article 706-47 ou constitue un meurtre ou un assassinat commis sur un mineur ou en récidive légale, le juge de l'application des peines peut également, avec l'accord du procureur de la République, ordonner par ordonnance motivée une permission de sortir sans expertise préalable ; il en est de même pour les autres décisions d'aménagement de la peine, par ordonnance ou jugement spécialement motivé faisant état de la non-nécessité d'une expertise au regard des circonstances de l'infraction et de la personnalité de son auteur.

En outre, quel que soit le délit ou le crime pour lequel la personne a été condamnée, le juge de l'application des peines peut, en cas d'urgence et avec l'accord du procureur de la République, ordonner sans expertise psychiatrique préalable une mesure de suspension de peine conformément aux dispositions de l'article 720-1-1 lorsqu'il résulte d'un certificat médical, établi par le médecin responsable de la structure sanitaire dans laquelle la personne est prise en charge ou par son remplaçant, que le pronostic vital de la personne est engagé ou que son état de santé physique ou mentale est durablement incompatible avec le maintien en détention.

En cas de condamnations multiples, si la peine prononcée pour l'infraction ayant donné lieu à la condamnation à un suivi socio-judiciaire a déjà été exécutée en totalité, les dispositions de l'article 712-21 ne sont plus applicables. Le juge ou le tribunal de l'application des peines a toutefois la faculté d'ordonner une expertise préalablement à la mesure d'aménagement de peine en application de l'article D. 49-24.

Art. D. 49-24 *(Mod., D. n° 2007-1627, 16 nov. 2007).* – Sans préjudice de l'obligation de procéder à une expertise des condamnés relevant des dispositions de l'article 712-21, le juge ou le tribunal de l'application des peines peut, conformément aux dispositions de l'article D. 574, demander au service pénitentiaire d'insertion et de probation de procéder à une synthèse socio-éducative du condamné détenu avant sa libération, afin d'apprécier sa dangerosité et le risque de récidive.

À cette fin, le juge peut également demander une expertise psychiatrique ou psychologique de l'intéressé, notamment si celui-ci a été condamné pour crime.

L'expert ou les experts saisis en application des dispositions des articles 712-21, 723-31, 731-1, 763-3, D. 49-23, D. 147-36 et D. 147-37 ou des dispositions du présent article doivent dans leur rapport :

1° Se prononcer sur la dangerosité de la personne et les risques de récidive ou de commission d'une nouvelle infraction ;

2° Indiquer si la personne est susceptible de faire l'objet d'un traitement, lorsque cette dernière a été condamnée pour une infraction pour laquelle le suivi socio-judiciaire est encouru.

Art. D. 49-25 *(D. n° 2004-1364, 13 déc. 2004).* – Si le condamné ne satisfait pas aux obligations qui lui sont imposées ou s'il fait preuve de mauvaise conduite, le juge ou le tribunal de l'application des peines peut décider de rejeter ou d'ajourner une mesure relevant de sa compétence, soit de retirer ou de révoquer une telle mesure précédemment accordée, selon la procédure applicable pour octroyer la mesure.

Art. D. 49-25-1 *(D. n° 2010-1276, 27 oct. 2010).* – Conformément aux dispositions de l'article 712-22, les juridictions d'application des peines peuvent relever une interdiction visée à cet article, y compris si cette interdiction ne résulte pas de la condamnation dont la juridiction d'application des peines est chargée de fixer les modalités d'exécution.

Art. D. 49-26 *(D. n° 2004-1364, 13 déc. 2004 ; mod., D. n° 2010-1276, 27 oct. 2010 ; mod. à compter du 27 décembre 2014, D. n° 2014-1582, 23 déc. 2014).* – Pour l'application des dispositions de l'article R. 69, un extrait de l'ordonnance ou du jugement du juge ou du tribunal de l'application des peines ou du président du tribunal judiciaire ou le juge par lui délégué, certifié par le greffier de la juridiction est adressé au casier judiciaire, par l'intermédiaire du parquet du lieu de condamnation, lorsqu'a été décidé :

1° *(Mots rempl. à compter du 24 mars 2020 pour les condamnations prononcées à compter de cette date, y compris si elles concernent des infractions commises avant cette date, D. n° 2020-81, 3 févr. 2020)* La révocation d'un sursis probatoire ;

2° *(Mots rempl. à compter du 24 mars 2020 pour les condamnations prononcées à compter de cette date, y compris si elles concernent des infractions commises avant cette date, D. n° 2020-81, 3 févr. 2020)* La prolongation du délai de mise à l'épreuve ou la déclaration anticipée de non-avenu d'un sursis probatoire ;

3° La suspension de l'exécution d'une peine privative de liberté ;

4° La mise à exécution de l'emprisonnement sanctionnant la violation des obligations du suivi socio-judiciaire ;

5° La mise à exécution de l'emprisonnement ou de l'amende sanctionnant la non-exécution d'une peine alternative ou d'une peine complémentaire prononcée à titre principal ;

6° La mise à exécution de l'emprisonnement dans le cadre de la contrainte judiciaire ;

7° Une dispense de peine après ajournement de la condamnation ;

8° La conversion d'une peine d'emprisonnement ferme en sursis assorti de l'obligation d'accomplir un travail d'intérêt général ;

9° La conversion d'une peine d'emprisonnement ferme en peine de jours-amende ;

10° La conversion d'un emprisonnement avec sursis assorti de l'obligation d'accomplir un travail d'intérêt général en peine de jours-amende ;

11° La conversion d'une peine de travail d'intérêt général en peine de jours-amende ;

12° Le relèvement d'une interdiction en application de l'article 712-22 ;

13° La conversion d'une peine de jours-amende en peine de sursis assorti de l'obligation d'effectuer un travail d'intérêt général ;

14° *(14° abr. à compter du 24 mars 2020 pour les condamnations prononcées à compter de cette date, y compris si elles concernent des infractions commises avant cette date, D. n° 2020-81, 3 févr. 2020)* ;

15° *(15° abr. à compter du 24 mars 2020 pour les condamnations prononcées à compter de cette date, y compris si elles concernent des infractions commises avant cette date, D. n° 2020-81, 3 févr. 2020)* ;

16° *(16° abr. à compter du 24 mars 2020 pour les condamnations prononcées à compter de cette date, y compris si elles concernent des infractions commises avant cette date, D. n° 2020-81, 3 févr. 2020)* ;

17° *(17° abr. à compter du 24 mars 2020 pour les condamnations prononcées à compter de cette date, y compris si elles concernent des infractions commises avant cette date, D. n° 2020-81, 3 févr. 2020).*

Dans les cas 9°, 10°, 11° et 13°, un relevé ou un extrait de la décision est également adressé, selon les mêmes modalités, au comptable principal du Trésor.

Les transmissions prévues par le présent article peuvent se faire par voie téléinformatique.

Le casier judiciaire national est directement avisé des décisions de libération conditionnelle, de révocation d'une libération conditionnelle, de retrait d'un crédit de réduction de peine ordonné en application de l'article 721 (alinéa 2) et de retrait d'un crédit de réduction de peine ou d'une réduction de peine supplémentaire ordonné en application de l'article 721-2 (sixième alinéa du I et troisième alinéa du II), par les avis qui lui sont adressés par les directeurs et surveillants-chefs des établissements pénitentiaires en application du 5° de l'article R. 69. Toutefois, il est avisé des décisions de libération conditionnelle conformément aux dispositions du présent article lorsqu'elles concernent un condamné non détenu.

Art. D. 49-26-1 *(D. n° 2006-385, 30 mars 2006).* – La remise en liberté prévue par le deuxième alinéa de l'article 712-18 entraîne de plein droit la remise à exécution de la mesure d'aménagement de peine dont le condamné faisait l'objet.

§ 2. – Dispositions relatives au juge de l'application des peines
(D. n° 2004-1364, 13 déc. 2004)

Art. D. 49-27 *(D. n° 2004-1364, 13 déc. 2004).* – Le juge de l'application des peines fixe les principales modalités d'exécution des peines privatives de liberté ou de certaines peines restrictives de libertés en orientant et en contrôlant les conditions de leur exécution, conformément aux principes fixés par l'article 707.

Il est à cette fin assisté par la commission de l'application des peines, ainsi que par le service pénitentiaire d'insertion et de probation, que le magistrat mandate pour suivre les condamnés faisant l'objet d'une peine restrictive de liberté.

Le juge de l'application des peines exerce les missions qui lui sont confiées, en déterminant notamment, pour chaque condamné, les principales modalités du traitement pénitentiaire, dans le respect des attributions propres au directeur régional des services pénitentiaires et aux chefs des établissements pénitentiaires relatives à l'organisation et au fonctionnement de ces établissements.

Art. D. 49-28 *(Mod., D. n° 2020-91, 6 févr. 2020).* – La commission de l'application des peines qui siège dans chaque établissement pénitentiaire comprend les membres mentionnés à l'article 712-4-1.

Le juge de l'application des peines peut, en accord avec le chef de l'établissement, faire appel soit à titre permanent, soit pour une séance déterminée, afin que ces personnes puissent si nécessaire être entendues au sein de la commission :

1° Aux membres du personnel de direction, à un membre du corps de commandement, à un membre du corps d'encadrement et d'application du personnel de surveillance et aux personnels d'insertion et de probation ;

2° À toute personne remplissant une mission dans l'établissement pénitentiaire, lorsque sa connaissance des cas individuels ou des problèmes à examiner rend sa présence utile.

Le juge de l'application des peines peut ordonner la comparution de la personne détenue devant la commission de l'application des peines afin qu'elle soit entendue par cette dernière dans les domaines qui relèvent de sa compétence.

Les membres de la commission ainsi que les personnes appelées, à un titre quelconque, à assister à ses réunions sont tenus à l'égard des tiers au secret pour tout ce qui concerne ses travaux.

En l'absence de l'un des membres mentionnés à l'article 712-4-1, la commission de l'application des peines n'est pas valablement réunie.

Le chef d'établissement peut être représenté au sein de la commission de l'application des peines par un membre du personnel de direction.

(Al. créé à compter d'une date fixée par arrêté et au plus tard le 7 février 2021, D. n° 2020-91, 6 févr. 2020) Lorsque la comparution du détenu n'a pas été ordonnée, la commission peut délibérer par voie électronique, après vérification que ses membres et, le cas échéant, les personnes mentionnées aux 1° et 2° ci-dessus ont

accès à des moyens techniques permettant, à distance, de façon simultanée ou successive et dans des conditions garantissant la confidentialité des échanges, d'apporter leur contribution et, s'agissant des membres, d'exprimer leur vote, avant l'expiration de délais fixés par le président de la commission. Sauf urgence, la commission ne peut rendre son avis qu'après avoir recueilli les contributions du procureur de la République, du représentant du service pénitentiaire d'insertion et, sauf s'il est fait application du deuxième alinéa de l'article 712-4-2, du chef de l'établissement pénitentiaire. Les moyens techniques de délibération sont précisés par arrêté du garde des sceaux, ministre de la justice.

Art. D. 49-29 *(D. n° 2004-1364, 13 déc. 2004).* – Il est tenu au greffe du juge de l'application des peines un dossier individuel concernant chaque condamné suivi par ce magistrat.

Ce dossier comprend des copies des documents issus de la procédure ayant abouti à sa condamnation et qui sont nécessaires à l'exécution de celle-ci.

Il comprend également les rapports établis et les décisions prises au cours de l'exécution de la condamnation.

L'avis du représentant de l'administration pénitentiaire prévu aux articles 712-6 et 712-7 est versé au dossier sous forme d'un rapport de synthèse des avis des différents services pénitentiaires compétents.

Ce dossier peut être consulté par l'avocat du condamné, sous réserve des exigences du bon fonctionnement du cabinet du juge de l'application des peines. L'avocat du condamné peut se faire délivrer copie de tout ou partie des pièces du dossier conformément aux dispositions de l'article R. 165 prévoyant la gratuité de la première copie délivrée. Les copies ultérieures lui sont délivrées à ses frais, sauf si le condamné a obtenu le bénéfice de l'aide juridictionnelle.

Le procureur de la République peut consulter ce dossier ou en demander la communication.

Lorsque la modification de la situation du condamné rend compétent, en application des dispositions de l'article 712-10, un juge de l'application des peines autre que celui qui était initialement saisi, ce dernier transmet ce dossier au magistrat nouvellement compétent pour suivre le condamné et avise le parquet du lieu de condamnation.

Art. D. 49-30 *(D. n° 2004-1364, 13 déc. 2004 ; mod., D. n° 2007-699, 3 mai 2007 ; D. n° 2011-1045, 2 sept. 2011).* – Le juge de l'application des peines ordonne l'extraction des condamnés, soit en vue de la comparution de ceux-ci dans son cabinet lorsqu'il l'a estimé utile, soit pour procéder aux débats contradictoires prévus par la loi lorsque ceux-ci n'ont pas lieu au sein de l'établissement pénitentiaire, soit plus généralement pour la mise en application d'une décision relevant de sa compétence. Il requiert l'extraction par les services de police, de gendarmerie ou de l'administration pénitentiaire conformément à l'article D. 315.

Art. D. 49-31 *(D. n° 2004-1364, 13 déc. 2004).* – Lorsque le juge de l'application des peines est appelé à se rendre dans un établissement pénitentiaire pour assumer les fonctions qui lui sont dévolues par le présent code ou par les dispositions du Code pénal, les indemnités de frais de voyage et de séjour lui sont allouées dans les conditions visées aux articles R. 90 (10°) et R. 200 du présent code. Il en est de même pour le greffier qui l'assiste, ainsi que pour le magistrat du ministère public présent lors du débat contradictoire.

Art. D. 49-32 *(D. n° 2004-1364, 13 déc. 2004 ; D. n° 2004-1364, 13 déc. 2004).* – Lorsqu'il est saisi d'une demande relevant des dispositions de l'article 712-5, le juge de l'application des peines doit statuer par ordonnance motivée au plus tard dans un délai de deux mois suivant le dépôt de la demande dans les conditions prévues par l'article D. 49-11.

À défaut, le condamné peut directement saisir le président de la chambre de l'application des peines de la cour d'appel de sa demande, par lettre recommandée avec demande d'accusé de réception ou selon les modalités prévues à l'article 503.

En cas de rejet, d'acceptation ou d'ajournement d'une demande formée par le condamné, le juge de l'application des peines peut dans son ordonnance fixer par décision motivée un délai durant lequel le condamné n'est pas recevable à déposer une demande similaire, sans que ce délai puisse excéder six mois.

jours pour former appel incident, selon que l'appel porte sur une ordonnance ou un jugement du juge de l'application des peines ou du tribunal de l'application des peines.

Art. D. 49-40 *(Mod., D. n° 2014-1582, 23 déc. 2014)*. – Lorsque le juge ou le tribunal de l'application des peines accorde l'une des mesures mentionnées aux articles 712-5, 712-6 et 712-7, la mise à exécution de la mesure ne peut intervenir, avant l'expiration du délai de vingt-quatre heures à compter de la notification de la décision au magistrat du ministère public, en l'absence de visa de ce dernier indiquant qu'il ne fait pas appel ; si le procureur de la République forme appel dans les vingt-quatre heures de la notification, il en informe immédiatement le juge de l'application des peines et le chef de l'établissement pénitentiaire. Le délai de 24 heures expire à minuit, le lendemain du jour où la décision a été notifiée.

Les dispositions du présent article sont également applicables aux décisions ordonnant une libération sous contrainte.

Art. D. 49-41 *(Mod., D. n° 2006-385, 30 mars 2006 ; D. n° 2021-1820, 24 déc. 2021)*. – En cas d'appel, une copie du dossier individuel du condamné et de la décision du juge ou du tribunal de l'application des peines est transmise à la chambre de l'application des peines de la cour d'appel ou à son président.

À l'appui de son appel, le condamné ou son avocat peut adresser des observations écrites au président ou à la chambre. Hors le cas de l'urgence, ces observations doivent être adressées un mois au plus tard après la date de l'appel, sauf dérogation accordée par le président de la juridiction.

Pendant l'instance d'appel, les dispositions de l'article D. 49-29 relatives à la communication du dossier individuel du condamné sont applicables.

Pendant cette instance, le juge de l'application des peines peut, d'office ou à la demande du président de la chambre, communiquer tous renseignements sur la situation du condamné au jour de l'audience d'appel, et notamment sur la validité du projet d'aménagement de la peine.

Pendant cette instance, le président de la chambre de l'application des peines saisit, au plus tôt en amont de l'audience, le service pénitentiaire d'insertion et de probation, s'il apparait nécessaire d'actualiser les éléments du dossier individuel de la personne condamnée afin de pouvoir prendre la décision d'individualisation de la peine la mieux adaptée à sa situation.

En cas de condamnation pour des infractions commises au sein du couple et relevant de l'article 132-80 du Code pénal, cette actualisation doit notamment lui permettre de déterminer s'il y a lieu, de prononcer une mesure de bracelet anti-rapprochement en application de l'article 132-45-1 du Code pénal.

Art. D. 49-41-1 *(D. n° 2005-1632, 26 déc. 2005)*. – En cas d'appel d'une ordonnance rendue par le juge de l'application des peines en application des dispositions de l'article 712-5, la copie du dossier individuel du condamné adressé au président de la chambre de l'application des peines de la cour d'appel ne comporte que les éléments nécessaires à l'examen de l'appel. En cas d'appel contre une ordonnance de retrait d'un crédit de réduction de peine, peut ne figurer au dossier que le rapport d'incident à l'origine du retrait. Le président de la chambre de l'application des peines peut demander des pièces supplémentaires s'il l'estime utile.

Art. D. 49-41-2 *(D. n° 2005-1632, 26 déc. 2005)*. – S'il confirme une ordonnance refusant l'octroi d'une permission de sortir, d'une autorisation de sortir sous escorte ou d'une réduction de peine supplémentaire, le président de la chambre de l'application des peines de la cour d'appel peut, par une décision motivée, décider que le condamné n'est pas recevable à déposer une demande similaire pendant un délai d'un an.

En cas d'appel d'une ordonnance de retrait d'un crédit de réduction de peine, le président peut, sur appel incident du parquet ou sur réquisition du procureur général, ordonner un retrait d'une durée plus importante que celle fixée par le juge de l'application des peines, dans la limite résultant des dispositions de l'article 721.

Art. D. 49-42 *(D. n° 2004-1364, 13 déc. 2004)*. – La chambre de l'application des peines de la cour d'appel statue, au vu du dossier, à la suite d'un débat contradictoire tenu en chambre du conseil hors la présence du condamné, au cours duquel, après le rapport oral d'un conseiller, le procureur général puis l'avocat du condamné présentent leurs observations. Le procureur général peut répliquer, l'avocat du condamné ayant toujours la parole en dernier.

L'avocat du condamné est convoqué par lettre recommandée ou par télécopie au plus tard quinze jours avant le débat contradictoire.

L'arrêt est rendu en chambre du conseil. Il est exécutoire par provision.

Si le président constate que l'appel n'a manifestement pas été formé dans le délai de dix jours, il déclare celui-ci irrecevable. Cette décision n'est pas susceptible de recours.

Art. D. 49-42-1 *(D. n° 2010-1276, 27 oct. 2010)*. – Lorsque le président de la chambre d'application des peines constate que cette juridiction a été saisie d'un appel manifestement irrecevable, il peut décider par une ordonnance motivée non susceptible de recours qu'il n'y a pas lieu de statuer sur cet appel.

Art. D. 49-43 *(D. n° 2004-1364, 13 déc. 2004)*. – La chambre de l'application des peines de la cour d'appel qui accorde une mesure d'aménagement de la peine en précise les modalités d'application et fixe la date avant laquelle elle doit être mise à exécution. Si la nature de la mesure le justifie, cette juridiction peut également désigner l'un de ses membres ou le juge d'application des peines compétent pour en préciser les modalités, fixer la date effective de mise à exécution de la décision et, le cas échéant, notifier au condamné les conditions de la mesure ; dans ce cas, elle peut fixer la date avant laquelle la mesure doit être mise à exécution.

Art. D. 49-44 *(D. n° 2004-1364, 13 déc. 2004)*. – L'arrêt de la chambre de l'application des peines de la cour d'appel est notifié au condamné détenu par le chef de l'établissement pénitentiaire qui lui en remet une copie contre émargement ; si le condamné n'est pas détenu, copie de l'arrêt lui est adressée par lettre recommandée ; une copie du jugement est également adressée par lettre recommandée ou par télécopie à l'avocat du condamné.

Dès qu'il est rendu, l'arrêt est notifié au ministère public. Une copie en est adressée au directeur du service pénitentiaire d'insertion et de probation et, lorsque le condamné est incarcéré, au chef de l'établissement pénitentiaire.

Art. D. 49-44-1 *(D. n° 2005-1632, 26 déc. 2005)*. – Les dispositions du présent code applicables devant la chambre des appels correctionnels et son président, et notamment celles relatives aux désistements d'appel ou aux appels tardifs ou devenus sans objet, sont applicables devant la chambre de l'application des peines de la cour d'appel et son président, sous réserve des dispositions particulières prévues par le présent chapitre ou par les articles 712-11 à 712-22.

Section III. – Dispositions applicables aux mineurs

(D. n° 2004-1364, 13 déc. 2004)

§ 1. – Dispositions générales

(D. n° 2004-1364, 13 déc. 2004)

Art. D. 49-45 *(D. n° 2004-1364, 13 déc. 2004 ; abr., D. n° 2021-683, 27 mai 2021)*.

Art. D. 49-46 *(D. n° 2004-1364, 13 déc. 2004 ; abr., D. n° 2021-683, 27 mai 2021)*.

Art. D. 49-47 *(D. n° 2004-1364, 13 déc. 2004 ; abr., D. n° 2021-683, 27 mai 2021)*.

Art. D. 49-48 *(D. n° 2004-1364, 13 déc. 2004 ; abr., D. n° 2021-683, 27 mai 2021)*.

Art. D. 49-49 *(D. n° 2004-1364, 13 déc. 2004 ; abr., D. n° 2021-683, 27 mai 2021)*.

Art. D. 49-50 *(D. n° 2004-1364, 13 déc. 2004 ; abr., D. n° 2021-683, 27 mai 2021)*.

Art. D. 49-50-1 *(D. n° 2010-1276, 27 oct. 2010 ; abr., D. n° 2021-683, 27 mai 2021)*.

Art. D. 49-51 *(D. n° 2004-1364, 13 déc. 2004 ; abr., D. n° 2021-683, 27 mai 2021)*.

Art. D. 49-52 *(D. n° 2004-1364, 13 déc. 2004 ; abr., D. n° 2021-683, 27 mai 2021)*.

Art. D. 49-53 *(Abr., D. n° 2021-683, 27 mai 2021)*.

§ 2. – **Dispositions relatives aux services du secteur public de la protection judiciaire de la jeunesse**
(D. n° 2004-1364, 13 déc. 2004)

Art. D. 49-54 *(Mod., D. n° 2015-1677, 15 déc. 2015 ; abr., D. n° 2021-683, 27 mai 2021).*

Art. D. 49-55 *(D. n° 2004-1364, 13 déc. 2004 ; abr., D. n° 2021-683, 27 mai 2021).*

Art. D. 49-56 *(D. n° 2004-1364, 13 déc. 2004 ; abr., D. n° 2021-683, 27 mai 2021).*

Art. D. 49-57 *(D. n° 2004-1364, 13 déc. 2004 ; abr., D. n° 2021-683, 27 mai 2021).*

Art. D. 49-58 *(D. n° 2004-1364, 13 déc. 2004 ; abr., D. n° 2021-683, 27 mai 2021).*

Art. D. 49-59 *(Mod., D. n° 2010-1276, 27 oct. 2010 ; abr., D. n° 2021-683, 27 mai 2021).*

Art. D. 49-60 *(D. n° 2004-1364, 13 déc. 2004 ; abr., D. n° 2021-683, 27 mai 2021).*

Art. D. 49-61 *(D. n° 2004-1364, 13 déc. 2004 ; abr., D. n° 2021-683, 27 mai 2021).*

Art. D. 49-62 *(D. n° 2004-1364, 13 déc. 2004 ; abr., D. n° 2021-683, 27 mai 2021).*

Art. D. 49-63 *(Mod., D. n° 2010-1635, 23 déc. 2010 ; abr., D. n° 2021-683, 27 mai 2021).*

Section IV. – Dispositions relatives aux victimes et aux parties civiles
(D. n° 2004-1364, 13 déc. 2004)

Art. D. 49-64 *(Mod., D. n° 2011-1986, 28 déc. 2011).* – Dans l'exercice de leurs attributions, le ministère public et les juridictions de l'application des peines, ainsi que, s'il est saisi, le service pénitentiaire d'insertion et de probation, prennent en compte, tout au long de l'exécution de la peine, la protection des intérêts et des droits de la victime ou de la partie civile, conformément aux dispositions du présent code et notamment des articles 707, 712-16, 712-16-1 et 712-16-2, 721-2 et 745.

Les dispositions de la présente section s'appliquent sans préjudice de celles des articles D. 47-6-4 à D. 47-6-11 relatifs au juge délégué aux victimes.

Art. D. 49-65 *(D. n° 2004-1364, 13 déc. 2004).* – Le dossier individuel du condamné prévu par l'article D. 49-29 comporte une cote spécifique dans laquelle sont regroupés l'ensemble des pièces et informations relatifs à la victime ou à la partie civile de l'infraction.

Art. D. 49-65-1 *(D. n° 2011-1986, 28 déc. 2011).* – La victime ou la partie civile qui, conformément aux dispositions du dernier alinéa de l'article 712-16-2, souhaite être informée de la libération d'une personne condamnée pour une infraction visée à l'article 706-47, à la date d'échéance de sa peine, adresse cette demande par lettre recommandée avec accusé de réception au procureur de la République ou au procureur général de la juridiction de condamnation. Cette demande est transmise par le ministère public au juge de l'application des peines dont relève le condamné pour être classée dans la cote « victime » du dossier individuel prévu par l'article D. 49-29.

La personne peut préciser dans sa demande qu'elle souhaite être informée par l'intermédiaire de son avocat.

Art. D. 49-66 *(D. n° 2004-1364, 13 déc. 2004 ; mod. à compter du 1er janvier 2012, D. n° 2011-1986, 28 déc. 2011 ; D. n° 2021-1820, 24 déc. 2021).* – Lorsque la juridiction de l'application des peines informe la victime en application des dispositions du troisième alinéa de l'article 712-16-1, elle l'avise de sa possibilité d'être assistée par une association d'aide aux victimes.

Lorsqu'en application des dispositions du dernier alinéa de l'article 712-16-2 ou de l'article 745 la victime ou la partie civile doit être informée de la libération du condamné intervenant à la date d'échéance de la peine ou de la date de fin du sursis probatoire, le juge de l'application des peines peut demander au service pénitentiaire d'insertion et de probation saisi de la mesure de procéder à cette information.

Dans les cas prévus par l'article D. 1-11-2, il est fait application des dispositions de cet article.

Art. D. 49-67 *(D. n° 2004-1364, 13 déc. 2004 ; D. n° 2010-1277, 27 oct. 2010 ; D. n° 2011-1986, 28 déc. 2011). – (Mots rempl. à compter du 24 mars 2020 pour les condamnations prononcées à compter de cette date, y compris si elles concernent des infractions commises avant cette date, D. n° 2020-81, 3 févr. 2020)* Qu'elle se soit ou non constituée partie civile lors de la procédure, la victime qui souhaite être informée de la libération du condamné conformément aux dispositions des articles 712-16 et 712-16-2 ou qui souhaite être informée de la fin du sursis probatoire conformément aux dispositions de l'article 745 peut, par lettre recommandée avec accusé de réception, faire connaître ses changements d'adresse auprès du procureur de la République ou du procureur général près la juridiction qui a prononcé la condamnation.

Ces informations sont transmises par le ministère public au juge de l'application des peines dont relève le condamné pour être classées dans la cote « victime » du dossier individuel prévu par l'article D. 49-29.

La victime ou la partie civile peut demander que ces informations demeurent confidentielles et qu'elles ne soient pas communiquées au condamné ou à son avocat.

Art. D. 49-68 *(D. n° 2004-1364, 13 déc. 2004 ; D. n° 2010-1277, 27 oct. 2010).* – L'avis adressé à la victime en application du troisième alinéa de l'article 712-16-2 lui indique qu'en cas de violation par le condamné de l'interdiction de la recevoir, de la rencontrer ou d'entrer en relation avec elle peut en informer sans délai le juge de l'application des peines ou, à défaut, le procureur de la République.

Cet avis n'est pas adressé si la victime a demandé à ne pas être informée conformément aux dispositions de l'article D. 49-72.

Art. D. 49-69 *(D. n° 2004-1364, 13 déc. 2004 ; D. n° 2010-1277, 27 oct. 2010 ; mod. à compter du 27 déc. 2014, D. n° 2014-1582, 23 déc. 2014). – (Mots rempl. à compter du 24 mars 2020 pour les condamnations prononcées à compter de cette date, y compris si elles concernent des infractions commises avant cette date, D. n° 2020-81, 3 févr. 2020)* Même hors le cas prévu par les articles 712-16-1 et 712-16-2 et D. 49-68, la victime peut être avisée par le juge de l'application des peines de toute décision prévoyant son indemnisation dans le cadre d'un sursis probatoire, d'une contrainte pénale, d'un sursis avec obligation d'accomplir un travail d'intérêt général, d'un suivi socio-judiciaire ou d'une mesure d'aménagement de peine, et du fait qu'elle peut informer ce magistrat en cas de violation par le condamné de ses obligations.

Art. D. 49-70 *(Mod., D. n° 2006-385, 30 mars 2006).* – Le juge de l'application des peines peut informer la victime de la mise à exécution d'une peine d'emprisonnement faisant l'objet d'une mesure d'aménagement conformément aux dispositions de l'article 723-15, sauf s'il a été fait application des dispositions des articles D. 49-72 ou D. 49-73.

Art. D. 49-71 *(Mod., D. n° 2010-1276, 27 oct. 2010).* – Le procureur de la République ou le procureur général, lorsqu'il ramène à exécution une peine d'emprisonnement dans le cas prévu par les deuxième et troisième alinéas de l'article 723-15-2 et par l'article 723-16, peut en informer la victime, sauf s'il a été fait application des dispositions des articles D. 49-72 ou D. 49-73.

Si la victime a obtenu une condamnation à des dommages et intérêts et que le ministère public a fait application des dispositions de l'article D. 325, elle peut être avisée de sa possibilité de demander le versement des sommes susceptibles de figurer dans le compte nominatif du détenu et affectées à l'indemnisation des parties civiles.

Art. D. 49-72 *(D. n° 2004-1364, 13 déc. 2004 ; D. n° 2010-1277, 27 oct. 2010 ; D. n° 2011-1986, 28 déc. 2011). – (Mots rempl. à compter du 24 mars 2020 pour les condamnations prononcées à compter de cette date, y compris si elles concernent des infractions commises avant cette date, D. n° 2020-81, 3 févr. 2020)* Conformément aux dispositions du quatrième alinéa de l'article 712-16-2 ou du deuxième alinéa de l'article 745, qu'elle soit ou non constituée partie civile, la victime peut à tout moment faire connaître au procureur de la République ou au procureur général de la juridiction ayant prononcé une peine privative de liberté qu'elle demande à ne pas être informée des modalités d'exécution de la peine et notamment de la libération du condamné ou de la fin du sursis probatoire.

La demande de la victime est alors transmise par le ministère public au juge de l'application des peines compétent pour suivre le condamné, et elle est classée dans la cote « victime » du dossier individuel prévu par l'article D. 49-29.

Art. D. 49-73 *(D. n° 2004-1364, 13 déc. 2004).* – Lorsque la personne condamnée à une peine privative de liberté n'est pas immédiatement incarcérée à la suite du jugement, la victime peut également demander, selon les modalités prévues par l'article D. 49-72, à ne pas être informée de la mise à exécution de cette peine.

Art. D. 49-74 *(Rempl., D. n° 2010-1276, 27 oct. 2010).* – Lorsque l'avocat de la partie civile a fait connaître au juge de l'application des peines, par déclaration au greffe ou par lettre recommandée avec demande d'avis de réception, qu'il souhaitait assister au débat contradictoire devant la juridiction de l'application des peines pour y faire valoir ses observations conformément aux dispositions du quatrième alinéa de l'article 730, il est avisé de la date à laquelle se tiendra le débat contradictoire par lettre recommandée, par télécopie, ou par un envoi adressé par un moyen de télécommunication électronique au plus tard dix jours avant ce débat.

L'avocat peut également formuler des observations par écrit devant la juridiction de l'application des peines.

Les dispositions du présent article sont également applicables aux débats contradictoires devant le tribunal de l'application des peines et la chambre de l'application des peines concernant une demande de relèvement de la période de sûreté ou de suspension de peine pour raison médicale qui ne relève pas de la compétence du juge de l'application des peines.

Section V. – Dispositions applicables aux personnes condamnées pour actes de terrorisme (1)

Art. D. 49-75 *(Mod., D. n° 2016-1455, 28 oct. 2016).* – Les modalités d'application des dispositions de l'article 706-22-1 donnant compétence concurrente ou exclusive au juge de l'application des peines du tribunal judiciaire de Paris, au tribunal de l'application des peines de Paris et à la chambre de l'application des peines de Paris pour prendre les décisions concernant les personnes condamnées pour une infraction entrant dans le champ d'application de l'article 706-16 sont précisées par les dispositions de la présente section.

Art. D. 49-76 *(D. n° 2006-385, 30 mars 2006).* – Les demandes du condamné prévues par l'article D. 49-11 sont adressées, conformément aux dispositions de cet article, au juge de l'application des peines territorialement compétent en application de l'article 712-10, qui les transmet avec son avis, celui du procureur de la République et celui du représentant de l'administration pénitentiaire, au juge de l'application des peines du tribunal judiciaire de Paris.

En cas d'urgence, la demande peut être directement adressée au juge de l'application des peines de Paris.

Art. D. 49-77 *(D. n° 2006-385, 30 mars 2006).* – Le dossier individuel du condamné prévu par l'article D. 49-29 est tenu par le greffe du juge de l'application des peines de Paris. Une copie de tout ou partie de ce dossier est tenue par le greffe du juge de l'application des peines compétent en application de l'article 712-10.

Art. D. 49-78 *(Mod., D. n° 2016-1455, 28 oct. 2016).* – Le juge de l'application des peines du tribunal judiciaire de Paris peut présider les séances de la commission de l'application des peines lorsque est examinée la situation d'une personne condamnée dont il assure le suivi en application de l'article 706-22-1, soit en personne, soit en utilisant un moyen de télécommunication audiovisuelle prévu par l'article 706-71.

À défaut, le juge de l'application des peines présidant les séances de la commission pour l'examen de la situation d'une telle personne est celui de la juridiction dans le ressort de laquelle est situé l'établissement pénitentiaire. Le juge de l'application des peines de Paris peut adresser à ce magistrat tout document susceptible d'éclairer la commission avant que celle-ci ne rende son avis. Cet avis est alors adressé par le juge de l'application des peines de l'établissement pénitentiaire, avec l'avis de ce dernier, au juge de l'application des peines de Paris.

(1) Les dispositions des articles D. 49-75 à D. 49-81 entreront en vigueur le 1er mai 2006. Les dossiers détenus à cette date par les juges de l'application des peines compétents en application de l'article 712-10 seront transférés au juge de l'application des peines de Paris. Les procédures en cours d'examen mais sur lesquelles il n'a pas encore été statué seront transférées, selon les cas, au juge de l'application des peines du tribunal de grande instance de Paris, au tribunal de l'application des peines de Paris ou à la chambre de l'application des peines de Paris. Les délais impartis à ces juridictions pour statuer recommenceront à courir à compter du 1er mai 2006 (D. n° 2006-385, 30 mars 2006, art. 17, II).

Art. D. 49-79 *(D. n° 2006-385, 30 mars 2006).* – En cas d'urgence, le juge de l'application des peines de Paris peut statuer sans l'avis du juge de l'application des peines compétent en application de l'article 712-10.

Art. D. 49-80 *(D. n° 2006-385, 30 mars 2006).* – Pour la tenue des débats contradictoires devant le juge ou le tribunal de l'application des peines de Paris, le ministère public est représenté par le procureur de la République du tribunal judiciaire de Paris. Ces débats ont lieu au tribunal judiciaire de Paris, en utilisant, en liaison avec l'établissement pénitentiaire dans lequel le condamné est détenu, un moyen de télécommunication audiovisuelle prévu par l'article 706-71. Les dispositions du quatrième alinéa de l'article 706-71 sont alors applicables.

Lorsque les circonstances l'imposent, le juge ou le tribunal de l'application des peines de Paris ainsi que le procureur de la République près le tribunal judiciaire de Paris peuvent se déplacer, avec le greffier de la juridiction, dans l'établissement pénitentiaire dans lequel le condamné est détenu. À titre exceptionnel, le juge de l'application des peines peut ordonner l'extraction du détenu.

Art. D. 49-81 *(Mod., D. n° 2016-1455, 28 oct. 2016).* – Dans l'exercice des compétences prévues à l'article 706-22-1, le juge de l'application des peines de Paris peut mandater le service pénitentiaire d'insertion et de probation territorialement compétent au regard du lieu de résidence habituelle ou du lieu d'assignation de l'intéressé pour mettre en œuvre les mesures de contrôle et veiller au respect des obligations. Ce service rend compte régulièrement à ce magistrat.

Lorsque les circonstances le justifient, le juge de l'application des peines de Paris peut déléguer le suivi de la mesure au juge de l'application des peines du tribunal dans le ressort duquel est située la résidence habituelle ou le lieu d'assignation du condamné, lequel le tient informé de son déroulement.

Art. D. 49-81-1 *(D. n° 2016-1455, 28 oct. 2016).* – Les membres de la commission mentionnée à l'article 720-5 sont désignés pour une durée de cinq ans.

Si l'importance des dossiers que doit traiter la commission le justifie, le premier président de la Cour de cassation peut désigner un ou plusieurs vice-présidents de la commission, choisis parmi les présidents de chambre ou les conseillers de la Cour de cassation.

La commission peut statuer lorsque, outre son président, au moins trois de ses membres sont présents.

En cas de partage égal des voix, le président de la commission a voix prépondérante.

Le secrétariat de la commission est assuré par un greffier désigné par le greffier en chef de la Cour de cassation.

Les avis de la commission sont notifiés au procureur général près la Cour de cassation.

Les dispositions de l'article R. 111-5 du Code de l'organisation judiciaire sont applicables aux désignations prévues par le premier alinéa du présent article.

Art. D. 49-81-2 *(D. n° 2016-1455, 28 oct. 2016).* – La commission est saisie par le juge de l'application des peines ou par le tribunal de l'application des peines. Le condamné et son conseil ainsi que le procureur de la République sont informés par le juge de l'application des peines ou le tribunal de l'application des peines de cette saisine.

La commission rend un avis motivé dans les trois mois de sa saisine. À défaut d'avis dans ce délai, le juge ou le tribunal de l'application des peines peut faire procéder à l'examen de dangerosité prévu à l'article 720-5. Cet avis est porté à la connaissance du condamné par lettre recommandée ou, s'il est détenu, par le chef de l'établissement pénitentiaire. Son avocat et le procureur de la République sont informés par le juge de l'application des peines ou le tribunal de l'application des peines.

Art. D. 49-81-3 *(D. n° 2016-1455, 28 oct. 2016).* – La commission peut demander la comparution du condamné avant de donner son avis. Cette comparution peut se faire par un moyen de télécommunication conformément aux dispositions de l'article 706-71. Le condamné peut être assisté de son avocat.

Sur décision de son président, qui en assure la mise en œuvre, la commission peut également procéder ou faire procéder sur l'ensemble du territoire national à tous examens, auditions, enquêtes administratives, expertises ou autres mesures utiles.

Art. D. 49-81-4 *(D. n° 2016-1455, 28 oct. 2016).* – Deux des trois experts du collège prévu par l'article 720-5 pour procéder à l'évaluation de dangerosité prévue par le même article sont ceux mentionnés à l'article R. 61-11.

Les conclusions de cette évaluation sont notifiées au condamné par le chef de l'établissement pénitentiaire qui adresse, sans délai, au juge de l'application des peines l'original ou la copie du récépissé signé par l'intéressé. Elles sont notifiées par lettre recommandée à son avocat. Une copie de l'intégralité du rapport est remise à sa demande à l'avocat.

Art. D. 49-81-5 *(D. n° 2016-1455, 28 oct. 2016).* – La juridiction de l'application des peines informe, par lettre simple, les victimes ayant qualité de parties civiles lors de la décision de condamnation, de ce que leur avis doit être recueilli conformément au 4° de l'article 720-5. L'impossibilité de recueillir ces avis ou l'absence de réponse sont constatées par procès-verbal du greffier de la juridiction dont il est fait mention dans le jugement.

Les victimes mentionnées au premier alinéa transmettent leurs observations à la juridiction de l'application des peines dans un délai maximum d'un mois à compter de la réception de l'avis, par lettre simple, le cachet de la poste faisant foi.

TITRE PREMIER *BIS*. – DE LA PEINE DE DÉTENTION À DOMICILE SOUS SURVEILLANCE ÉLECTRONIQUE

(Titre rempl. à compter du 24 mars 2020 pour les condamnations prononcées à compter de cette date, y compris si elles concernent des infractions commises avant cette date, D. n° 2020-81, 3 févr. 2020)

Art. D. 49-82 *(Créé à compter du 27 déc. 2014, D. n° 2014-1582, 23 déc. 2014 ; rempl. à compter du 24 mars 2020 pour les condamnations prononcées à compter de cette date, y compris si elles concernent des infractions commises avant cette date, D. n° 2020-81, 3 févr. 2020).* – Les modalités d'application des dispositions de l'article 131-4-1 du Code pénal et des articles 713-42 à 713-44 du présent code, relatives à la peine de détention à domicile sous surveillance électronique sont celles prévues par les articles R. 57-10 à R. 57-14, R. 57-16 à R. 57-18, au premier alinéa de l'article R. 57-19 et aux articles R. 57-20 à R. 57-30-10 du présent code relatifs à la détention à domicile sous surveillance électronique prononcée à titre d'aménagement d'une peine d'emprisonnement en application des articles 132-25 et 132-26 du Code pénal ou des articles 723-7 et 723-15 du présent code, sous réserve des dispositions du présent titre.

Art. D. 49-83 *(Créé à compter du 27 déc. 2014, D. n° 2014-1582, 23 déc. 2014 ; rempl. à compter du 24 mars 2020 pour les condamnations prononcées à compter de cette date, y compris si elles concernent des infractions commises avant cette date, D. n° 2020-81, 3 févr. 2020).* – La pose du dispositif de surveillance électronique que doit porter la personne condamnée fait l'objet d'un procès-verbal qui est adressé au juge de l'application des peines.

La détention à domicile sous surveillance électronique dans un lieu qui n'est pas le domicile du condamné ne peut intervenir qu'avec l'accord écrit du propriétaire ou du ou des titulaires du contrat de location des lieux où pourra être installé le récepteur, sauf s'il s'agit d'un lieu public. Cet accord est recueilli par le service pénitentiaire d'insertion et de probation, sauf s'il figure déjà au dossier de la procédure.

Le service pénitentiaire d'insertion et de probation assure le contrôle et le suivi des mesures prévues à l'article 131-4-1 du Code pénal, décidées par la juridiction de jugement ou ordonnées par le juge de l'application des peines.

Art. D. 49-84 *(Rempl. à compter du 24 mars 2020 pour les condamnations prononcées à compter de cette date, y compris si elles concernent des infractions commises avant cette date, D. n° 2020-81, 3 févr. 2020 et D. n° 2020-187, 3 mars 2020).* – Lorsque la juridiction de jugement a fixé le lieu où le condamné est tenu de demeurer et les périodes pendant lesquelles celui-ci peut s'absenter de ce lieu, la pose du dispositif de surveillance électronique est effectuée :

1° Si la condamnation a été déclarée exécutoire par provision, en application de l'article 471, dans un délai de cinq jours au plus tard à compter de la décision ;

2° Dans les autres cas, dans un délai maximum de trente jours à compter de la date à laquelle la condamnation est exécutoire.

Il est remis au condamné, qui est présent à l'issue de l'audience, une convocation devant le service pénitentiaire d'insertion et de probation aux fins de pose du dispositif de surveillance électronique dans le délai prévu, selon les cas, au 1° ou au 2°. Cette convocation vaut saisine de ce service et informe le condamné que s'il ne se présente pas dans le délai imparti, sauf motif légitime ou, en l'absence d'exécution provisoire, exercice des voies de recours, le juge de l'application des peines pourra ordonner son emprisonnement pour la durée de la peine prononcée.

Si la convocation devant le service pénitentiaire d'insertion et de probation n'a pas été remise à la personne condamnée par la juridiction de jugement à l'issue de l'audience ou par le bureau de l'exécution des peines, elle est adressée au condamné dans les meilleurs délais à compter du caractère exécutoire de la décision.

Au moment de la pose, le personnel de l'administration pénitentiaire informe l'intéressé qu'il peut demander à tout moment qu'un médecin vérifie que la mise en œuvre du procédé décrit à l'article R. 57-11 ne présente pas d'inconvénient pour sa santé.

Art. D. 49-85 *(Créé à compter du 27 déc. 2014, D. n° 2014-1582, 23 déc. 2014 ; rempl. à compter du 24 mars 2020 pour les condamnations prononcées à compter de cette date, y compris si elles concernent des infractions commises avant cette date, D. n° 2020-81, 3 févr. 2020).* – Lorsque la juridiction de jugement n'a pas fixé le lieu où le condamné est tenu de demeurer ou qu'elle n'a pas fixé les périodes pendant lesquelles celui-ci peut s'absenter de ce lieu, ces décisions sont prises par le juge de l'application des peines, qui statue dans un délai de quatre mois à compter du caractère exécutoire de la décision, par ordonnance rendue selon les modalités prévues au premier alinéa de l'article 712-8, après audition du condamné assisté, le cas échéant, de son avocat.

Dans ce cas, il est remis au condamné, qui est présent à l'issue de l'audience, un avis de convocation à comparaître devant ce magistrat dans un délai qui ne saurait excéder trente jours. Si le condamné n'est pas présent à l'issue de l'audience, cette convocation lui est adressée dans les meilleurs délais.

L'avis de convocation devant le juge de l'application des peines précise que, sauf motif légitime ou, en l'absence d'exécution provisoire, exercice des voies de recours, si le condamné ne se présente pas devant ce magistrat, ce dernier pourra ordonner son emprisonnement pour la durée de la peine prononcée.

Le magistrat informe alors l'intéressé qu'il peut demander à tout moment qu'un médecin vérifie que la mise en œuvre du procédé décrit à l'article R. 57-11 ne présente pas d'inconvénient pour sa santé.

La pose du dispositif de surveillance électronique est effectuée dans un délai maximal de cinq jours à compter de la décision du juge de l'application de peine prévue au premier alinéa.

Art. D. 49-86 *(D. n° 2020-81, 3 févr. 2020 ; D. n° 2021-1820, 24 déc. 2021).* – La peine de détention à domicile sous surveillance électronique est suspendue par toute détention provisoire ou toute incarcération résultant d'une peine privative de liberté intervenue au cours de son exécution. Conformément aux dispositions du second alinéa de l'article 132-43 du Code pénal, cette suspension ne s'applique pas aux interdictions de contact ou de paraître prévues par les 9°, 11°, 12°, 13°, 18°, 18° *bis* de l'article 132-45 de ce même code.

Le juge de l'application des peines peut ordonner la suspension de la peine de détention à domicile sous surveillance électronique pour motifs d'ordre familial, social, médical ou professionnel selon les modalités prévues pour les décisions relevant de l'article 712-8.

(Al. créé à compter du 24 mars 2020, D. n° 2020-187, 3 mars 2020) Le juge de l'application des peines peut, conformément à l'article 712-1 du présent code, autoriser le directeur du service pénitentiaire d'insertion et de probation ou, s'agissant d'une personne mineure condamnée, le directeur régional de la protection judiciaire de la jeunesse à modifier les horaires d'entrée et de sortie du domicile ou du lieu mentionné au deuxième alinéa de l'article 131-4-1 du Code pénal, lorsqu'il s'agit de modifications favorables au condamné ne touchant pas à l'équilibre de la peine et dans le respect des suspensions ordonnées en application du présent article. Le juge de l'application des peines est informé sans délai des modifications opérées et peut les annuler par ordonnance non susceptible de recours.

Art. D. 49-87 *(Rempl. à compter du 24 mars 2020 pour les condamnations prononcées à compter de cette date, y compris si elles concernent des infractions commises avant cette date, D. n° 2020-81, 3 févr. 2020).* – Lorsque le condamné à la peine de détention à domicile sous surveillance électronique doit satisfaire à l'obligation de s'abstenir de paraître dans un lieu ou une zone spécialement désignés, afin d'éviter un contact avec la victime ou la partie civile, ou à l'obligation de s'abstenir d'entrer en relation avec la victime ou la partie civile, conformément aux 9°, 13° et 18° de l'article 132-45 du Code pénal, le juge de l'application des peines peut décider d'aviser ou de faire aviser la victime ou la partie civile, directement ou par l'intermédiaire de son avocat, de la date de fin de la peine. Qu'elle se soit ou non constituée partie civile lors de la procédure, la victime peut demander à être informée de la fin de la peine.

La victime peut, par lettre recommandée avec accusé de réception, faire connaître ses changements d'adresse auprès du procureur de la République ou du procureur général près la juridiction qui a prononcé la condamnation. Ces informations sont transmises par le ministère public au juge de l'application des peines dont relève le condamné pour être classées dans la cote « victime« du dossier individuel prévu par l'article D. 49-29. La victime ou la partie civile peut demander que ces informations demeurent confidentielles et qu'elles ne soient communiquées ni au condamné ni à son avocat.

Art. D. 49-88 *(Abr., D. n° 2021-683, 27 mai 2021).*

Art. D. 49-89 *(Rempl. à compter du 24 mars 2020 pour les condamnations prononcées à compter de cette date, y compris si elles concernent des infractions commises avant cette date, D. n° 2020-81, 3 févr. 2020 ; D. n° 2021-683, 27 mai 2021).* – Le non-respect des délais prévus par les articles D. 49-84 et D. 49-85 ne constitue pas une cause de nullité des convocations ou des formalités de pose du dispositif de surveillance électronique. En cas d'impossibilité de pose du dispositif dans ces délais, le service pénitentiaire d'insertion et de probation rend compte sans délai au juge de l'application des peines.

Art. D. 49-90 *(Créé à compter du 27 décembre 2014, D. n° 2014-1582, 23 déc. 2014 ; abr. implicitement à compter du 24 mars 2020 pour les condamnations prononcées à compter de cette date, y compris si elles concernent des infractions commises avant cette date, D. n° 2020-81, 3 févr. 2020).*

Art. D. 49-91 *(Abr., D. n° 2016-1455, 28 oct. 2016).*

Art. D. 49-92 *(Créé à compter du 27 décembre 2014, D. n° 2014-1582, 23 déc. 2014 ; abr. implicitement à compter du 24 mars 2020 pour les condamnations prononcées à compter de cette date, y compris si elles concernent des infractions commises avant cette date, D. n° 2020-81, 3 févr. 2020).*

Art. D. 49-93 *(Créé à compter du 27 décembre 2014, D. n° 2014-1582, 23 déc. 2014 ; abr. implicitement à compter du 24 mars 2020 pour les condamnations prononcées à compter de cette date, y compris si elles concernent des infractions commises avant cette date, D. n° 2020-81, 3 févr. 2020).*

TITRE II. – DE LA DÉTENTION (1)

Art. D. 50 *(Mod., D. n° 98-1099, 8 déc. 1998).* – Sont désignées dans le présent titre par le mot détenus les personnes faisant l'objet d'une mesure privative de liberté à l'intérieur d'un établissement pénitentiaire.

Sont désignés par le mot condamnés, uniquement les condamnés ayant fait l'objet d'une décision ayant acquis le caractère définitif. Toutefois, par application des dispositions du deuxième alinéa de l'article 708, le délai d'appel accordé au procureur général par l'article 505 n'est pas pris en considération à cet égard.

Sont indistinctement désignés par le mot prévenus tous les détenus qui sont sous le coup de poursuites pénales et n'ont pas fait l'objet d'une condamnation définitive au sens précisé ci-dessus, c'est-à-dire aussi bien les personnes mises en examen, les prévenus, et les accusés, que les condamnés ayant formé opposition, appel ou pourvoi.

Art. D. 51 *(D. n° 2021-1820, 24 déc. 2021).* – Conformément aux dispositions du second alinéa de l'article 132-43 du Code pénal, les interdictions de contact ou de paraître prévues par les 9°, 11°, 12°, 13°, 18° et 18° *bis* de l'article 132-45 du même code, prononcées par une juridiction pénale à titre de peine, de

(1) Dispositions prises pour l'application du titre II du livre V du Code de procédure pénale (1re partie, Législative).

mesure de personnalisation ou d'aménagement de peine ou de mesure de sûreté, demeurent applicables pendant le temps où la personne est incarcérée, tant qu'elles n'ont pas été levées par l'autorité judiciaire compétente pour prendre cette décision, même si le délai d'exécution de ces mesures est suspendu pendant la durée de l'incarcération.

Il en est notamment ainsi pour les interdictions prononcées dans le cadre d'une assignation à résidence sous surveillance électronique ou sous surveillance électronique mobile, d'une détention à domicile sous surveillance électronique ou d'un dispositif électronique mobile anti-rapprochement, même si l'obligation de port du dispositif électronique est suspendue pendant le temps d'incarcération de la personne. Dans cette hypothèse, le personnel de l'administration pénitentiaire procède à la dépose du dispositif au moment de l'incarcération. La pose du bracelet anti-rapprochement prévu aux articles 138-3 du présent code et 132-45-1 du Code pénal doit de nouveau intervenir, conformément aux dispositions de l'article R. 24-23 du présent code, au moment de la libération de la personne détenue ou d'une cessation, même temporaire, de son incarcération. Lorsqu'un dispositif électronique mobile anti-rapprochement a été ordonné dans le cadre d'une ordonnance de protection en application des articles 515-11 et 515-11-1 du Code civil, la dépose du bracelet intervient dans les mêmes conditions, de même que sa pose au moment de la cessation de l'incarcération, sauf si cette ordonnance a pris fin à cette date.

Demeurent également applicables pendant la durée de l'incarcération les interdictions de contact ou de paraître prononcées dans le cadre d'un contrôle judiciaire ainsi que, pour les enfants mineurs, celles qui résultent d'une décision de retrait total ou partiel de l'autorité parentale ou de son exercice, ou de suspension des droits de visite et d'hébergement prononcée par une juridiction pénale ou civile.

Art. D. 52 *(Mod., D. n° 2010-1635, 23 déc. 2010).* – Les détenus qui sont prévenus pour une cause et condamnés pour une autre doivent être soumis au même régime que les condamnés, sauf à bénéficier des avantages et facilités accordés aux prévenus pour les besoins de leur défense.

Sauf décision contraire du magistrat visé à l'article R. 57-5, ils peuvent être détenus dans des établissements pour peines.

Ce magistrat dispose à leur égard des prérogatives prévues par le présent code pour les prévenus.

Art. D. 52-1 *(D. n° 2008-1490, 30 déc. 2008).* – Dans les cas où, en vertu des dispositions du présent code, il est prévu que les demandes d'actes ou de mesures utiles à l'instruction, les demandes de mise en liberté, les requêtes en annulation, les appels, les pouvoirs ou les oppositions peuvent être formés par les détenus au moyen de déclarations auprès du chef d'établissement pénitentiaire, ces déclarations peuvent également être formées auprès de tout fonctionnaire placé sous son autorité et qu'il aura désigné aux fins de les recevoir et de les transmettre.

Ces déclarations sont constatées, datées et signées par le fonctionnaire désigné. Elles sont également signées par la personne détenue ; si celle-ci ne peut signer, il en est fait mention par le fonctionnaire.

Ces documents sont adressés sans délai, en original ou en copie et par tout moyen, à l'autorité judiciaire à laquelle ils sont destinés.

Les dispositions du présent article sont également applicables aux notifications auxquelles le chef d'établissement est tenu, en vertu des dispositions du présent code, de procéder auprès des détenus.

CHAPITRE I. – DE L'EXÉCUTION DE LA DÉTENTION PROVISOIRE

Section I. – Des établissements dans lesquels la détention provisoire est subie

(Intitulé mod., D. n° 72-852, 12 sept. 1972)

Art. D. 53 *(Mod., D. n° 2017-771, 4 mai 2017 ; D. n° 2021-683, 27 mai 2021).* – Sous réserve des dispositions du deuxième alinéa de l'article D. 52, les prévenus placés en détention provisoire sont incarcérés, pendant la durée de l'instruction, selon les prescriptions du mandat ou de la décision de justice dont ils font l'objet, à la maison d'arrêt de la ville où siège la juridiction d'instruction ou du jugement devant laquelle ils ont à comparaître. Lorsque la personne est mise en examen, pour des faits relevant initialement de la compétence d'un tribunal judiciaire dans lequel il n'y a pas de pôle de l'instruction, par le juge d'instruction d'une juridiction dans laquelle se trouve un pôle, elle peut également être détenue dans la maison d'arrêt de la ville où siège le tribunal dans lequel il n'y a pas de pôle.

Toutefois, au cas où il n'y a pas de maison d'arrêt dans cette ville ou lorsque la maison d'arrêt ne comporte pas de locaux appropriés à l'âge ou à l'état de santé des intéressés, ou en ce qui concerne les femmes, de quartiers aménagés pour elles, les prévenus sont incarcérés à la maison d'arrêt la plus proche disposant d'installations convenables, d'où ils sont extraits chaque fois que l'autorité judiciaire le requiert.

Dans les cas prévus par les alinéas précédents, lorsque la maison d'arrêt n'offre pas des conditions d'accueil satisfaisantes en raison notamment de son taux d'occupation, ou des garanties de sécurité suffisantes, les prévenus sont incarcérés dans une autre maison d'arrêt ou un autre établissement spécialisé pour mineurs.

Pour l'application du présent article, l'administration pénitentiaire informe l'autorité judiciaire de la capacité d'accueil et du taux d'occupation de l'ensemble des maisons d'arrêt et des établissements pour mineurs.

Art. D. 53-1 *(Abr., D. n° 2013-368, 30 avr. 2013. – V. CPP, art. R. 57-6-18, ann.).*

Art. D. 54 *(Mod. à compter du 7 janvier 2019, D. n° 2018-794, 14 sept. 2018 ; mod., D. n° 2021-1463, 9 nov. 2021).* – Il y a une maison d'arrêt auprès de chaque cour d'assises. Toutefois, les accusés ressortissant aux cours d'assises du Finistère, du Gers, du Haut-Rhin, de Haute-Savoie, du Lot, de l'Orne et de Seine-et-Marne sont retenus respectivement à la maison d'arrêt de Brest et au quartier maison d'arrêt du centre pénitentiaire de Lorient-Ploemeur, à la maison d'arrêt d'Agen, au quartier maison d'arrêt du centre pénitentiaire de Mulhouse-Lutterbach, à la maison d'arrêt de Bonneville, à la maison d'arrêt de Montauban, à la maison d'arrêt de Caen ou à la maison d'arrêt de Mans-les-Croisettes et au quartier maison d'arrêt du centre pénitentiaire de Meaux-Chauconin-Neufmontiers ou à la maison d'arrêt de Fleury-Mérogis.

La liste des tribunaux judiciaires auprès desquels il n'y a pas de maison d'arrêt est fixée conformément au tableau ci-dessous, qui détermine en outre la ou les maisons d'arrêt où sont retenus les prévenus ou appelants ressortissant à ces juridictions.

COURS D'APPEL	JURIDICTIONS	ÉTABLISSEMENTS PÉNITENTIAIRES DE RATTACHEMENT
Agen	Auch	Agen
	Cahors	Montauban
Aix-en-Provence	Tarascon	Avignon-Le Pontet
Amiens	Saint-Quentin	Laon
	Senlis	Liancourt
	Soissons	Laon
Angers	Saumur	Angers
Bordeaux	Bergerac	Périgueux
	Libourne	Bordeaux-Gradignan
Caen	Alençon	Le Mans-Les Croisettes
	Argentan	Caen et Le Mans-Les Croisettes
	Lisieux	Caen
Chambéry	Annecy	Bonneville
	Thonon-les-Bains	Bonneville
Colmar	Saverne	Strasbourg
	Colmar	Mulhouse-Lutterbach

COURS D'APPEL	JURIDICTIONS	ÉTABLISSEMENTS PÉNITENTIAIRES DE RATTACHEMENT
Dijon	Mâcon	Varennes-le-Grand
Douai	Boulogne-sur-Mer	Longuenesse
	Cambrai	Douai
Grenoble	Bourgoin-Jallieu	Saint-Quentin-Fallavier
Limoges	Brive-la-Gaillarde	Tulle
Lyon	Roanne	Villefranche-sur-Saône et Saint-Étienne-La Talaudière
Metz	Thionville	Metz
Montpellier	Narbonne	Carcassonne
Nancy	Val de Briey	Metz
	Verdun	Bar-le-Duc
Nîmes	Alès	Nîmes
	Carpentras	Avignon-Le Pontet
Orléans	Montargis	Orléans et Fleury-Mérogis Paris Fontainebleau Meaux
		– Chauconin-Neufmontiers et Fleury-Mérogis Melun Meaux
		– Chauconin-Neufmontiers et Fleury-Mérogis Sens Auxerre
Pau	Dax	Bayonne et Mont-de-Mars an
Poitiers	Les Sables-d'Olonne	La Roche-sur-Yon et Fontenay-le-Comte
Rennes	Quimper	Brest et Lorient-Ploemeur
	Saint-Nazaire	Nantes
Riom	Cusset	Moulins-Yzeure et Riom
Rouen	Dieppe	Rouen et Le Havre
Toulouse	Castres	Albi et Toulouse-Seysses
	Saint-Gaudens	Toulouse-Seysses
Versailles	Chartres	Orléans-Saran

Section II. – Des ordres donnés par l'autorité judiciaire

Art. D. 55 *(Mod., D. n° 2007-749, 9 mai 2007 ; D. n° 2021-683, 27 mai 2021)*. **– Conformément aux dispositions de l'article 715, le juge d'instruction, le président de la chambre de l'instruction et le président de la cour d'assises, ainsi que le procureur de la République et le procureur général, peuvent donner tous les ordres nécessaires, soit pour l'instruction, soit pour le jugement, qui devront être exécutés dans les maisons d'arrêt ou, le cas échéant, les établissements pénitentiaires spécialisés pour mineurs.**

Compte rendu doit leur être adressé d'urgence des difficultés auxquelles pourrait donner lieu l'exécution desdits ordres.

Art. D. 55-1 *(Mod., D. n° 2016-1455, 28 oct. 2016).* – Hors le cas de l'instruction préparatoire, l'autorité judiciaire qui ordonne un placement en détention provisoire ou, à défaut, le ministère public chargé de l'exécution de la décision, adresse au chef de l'établissement, en même temps que le titre de détention, la notice prévue par l'article D. 32-1-1 (al. 1er).

Cette notice précise, le cas échéant, les mesures prescrites par l'autorité judiciaire et l'avis prévu par l'article D. 78.

Art. D. 56 *(Mod., D. n° 2006-338, 21 mars 2006).* – Indépendamment des mesures d'isolement ou de séparation d'autres détenus qu'il peut ordonner conformément aux dispositions [de l'articles D. 56-2], le magistrat saisi du dossier de l'information a le droit de prescrire une interdiction temporaire de communiquer en vertu de l'article 145-4.

En aucun cas, l'interdiction de communiquer ne s'applique au conseil de la personne mise en examen, mais elle s'oppose à ce que le détenu qu'elle concerne soit visité par toute autre personne étrangère à l'administration pénitentiaire ou corresponde avec elle.

Art. D. 56-1 *(Créé à compter du 1er juin 2006, D. n° 2006-338, 21 mars 2006 ; mod. à compter du 1er juin 2007, D. n° 2007-749, 9 mai 2007 ; annulé dans sa rédaction issue du décret n° 2006-338 du 21 mars 2006, CE sect., 31 oct. 2008, n° 293785, Section française de l'Observatoire international des prisons : JurisData n° 2008-074496 ; abr., D. n° 2010-1635, 23 déc. 2010).*

Art. D. 56-2 *(Mod., D. n° 2016-1455, 28 oct. 2016).* – Lorsque le magistrat saisi du dossier de l'information ordonne la séparation des détenus en raison des nécessités de l'information, ses instructions sont précisées dans la notice individuelle prévue à l'article D. 32-1-1 ou, si la mesure est décidée ultérieurement, dans tout autre document transmis au chef d'établissement.

Art. D. 57 *(D. n° 79-534, 3 juill. 1979 ; mod., D. n° 83-48, 26 janv. 1983 ; D. n° 85-836, 6 août 1985 ; D. n° 2007-699, 3 mai 2007 ; D. n° 2011-1045, 2 sept. 2011). – (Premier al. jugé illégal « en tant qu'il renvoie au premier alinéa de l'article D. 297 du Code de procédure pénale », CE, 12 déc. 2018, n° 417244, Section fr. de l'Observatoire international des prisons : JurisData n° 2018-022739)* Les autorités judiciaires requièrent la translation ou l'extraction des prévenus aux fins et dans les conditions visées aux articles D. 292 à D. 296, D. 297 à D. 299 et D. 314 à D. 317.

L'exécution des réquisitions de translation ou d'extraction est assurée par les services de gendarmerie ou de police. Dans les zones géographiques déterminées par arrêté conjoint des ministres de la justice et de l'intérieur, elle est assurée normalement par l'administration pénitentiaire.

Dans cette dernière hypothèse, en cas de transport d'une personne détenue inscrite au répertoire des détenus particulièrement signalés prévu à l'article D. 276-1, il est fait appel aux forces de police ou de la gendarmerie afin de renforcer l'escorte pénitentiaire. À titre exceptionnel, en cas de transport d'une personne détenue présentant un risque d'atteinte très grave à l'ordre public, identifié par les représentants des forces de l'ordre ou signalé par l'autorité judiciaire requérante, un renfort de l'escorte pénitentiaire peut être décidé conjointement par la direction de l'administration pénitentiaire et les directions nationales de la police et de la gendarmerie.

Les frais de l'opération sont imputables sur le chapitre des frais de justice criminelle et correctionnelle, sauf dans le cas prévu à l'article R. 99.

Section III. – Du régime de la détention provisoire (1)

§ 1. – Hypothèses où il est dérogé au principe de l'emprisonnement individuel

Art. D. 58. – Dans les maisons d'arrêt où, par suite de la distribution des locaux ou de leur encombrement temporaire, le régime de l'emprisonnement individuel ne peut être appliqué à tous les prévenus, ceux à l'égard desquels l'autorité judiciaire aura prescrit l'interdiction de communiquer ou la mise à l'isolement doivent être placés par priorité en cellule individuelle.

(1) Les mots « détention préventive » sont remplacés par « détention provisoire » : D. n° 72-852, 12 sept. 1972, art. 2, 1°.

Art. D. 59 et D. 60 *(Abr., D. n° 2010-1635, 23 déc. 2010).*

§ 2. – Dispenses dont bénéficient les prévenus

Art. D. 61 à D. 63 *(Abr., D. n° 2013-368, 30 avr. 2013).*

§ 3. – Visites et correspondance

Art. D. 64 et D. 65 *(Abr., D. n° 2010-1635, 23 déc. 2010).*

§ 4. – Exercice des droits de la défense

Art. D. 66 *(D. n° 73-281, 7 mars 1973).* – Il est interdit au personnel de l'administration pénitentiaire et à toute personne qui apporte sa collaboration à cette administration d'agir de façon directe ou indirecte auprès des détenus pour influer sur leurs moyens de défense et sur le choix de leur défenseur.

Pour l'exercice de ce choix, le tableau des avocats inscrits dans les barreaux du département est affiché au greffe et tenu à la disposition des détenus.

Art. D. 67 à D. 69 *(Abr., D. n° 2010-1635, 23 déc. 2010).*

CHAPITRE II. – DES CONDITIONS GÉNÉRALES DE DÉTENTION

(Intitulé rempl., D. n° 2010-1635, 23 déc. 2010)

Section I. – Des divers établissements affectés à l'exécution des peines

(Rempl., D. n° 98-1099, 8 déc. 1998)

Art. D. 70 *(Mod., D. n° 2010-1635, 23 déc. 2010 ; D. n° 2022-339, 10 mars 2022).* – Les établissements pour peines, dans lesquels sont reçus les condamnés définitifs, sont les maisons centrales, les centres de détention, les établissements pénitentiaires spécialisés pour mineurs, les centres de semi-liberté.

À titre exceptionnel, les maisons d'arrêt peuvent recevoir des condamnés dans les conditions déterminées par le second alinéa de l'article 717.

Les centres pénitentiaires regroupent des quartiers distincts, dont certains correspondent aux différentes catégories d'établissements pénitentiaires.

Ces quartiers sont dénommés comme suit :

1° « Quartier maison centrale » ;

2° « Quartier centre de détention » ;

3° « Quartier de semi-liberté » ;

4° « Structure d'accompagnement vers la sortie » ;

5° « Quartier maison d'arrêt ».

Avertissement : Conformément à l'article 3 du décret n° 2022-339 du 10 mars 2022, ces dispositions entrent en vigueur le lendemain de leur publication au *Journal officiel de la République française*. Toutefois, les centres pénitentiaires comportant un quartier pour peines aménagées demeurent soumis aux dispositions des articles D. 70, D. 72-1, D. 80, D. 81, D. 82-2 D. 86 et D. 143-2 du Code de procédure pénale dans leur rédaction antérieure au présent décret jusqu'à la suppression de ces quartiers par arrêté du garde des sceaux, ministre de la justice, au plus tard le 31 décembre 2023.

Rédaction antérieure. Art. D. 70 *(Mod., D. n° 2010-1635, 23 déc. 2010).* – Les établissements pour peines, dans lesquels sont reçus les condamnés définitifs, sont les maisons centrales, les centres de détention, les établissements pénitentiaires spécialisés pour mineurs, les centres de semi-liberté et les centres pour peines aménagées.

À titre exceptionnel, les maisons d'arrêt peuvent recevoir des condamnés dans les conditions déterminées par le second alinéa de l'article 717.

Les centres pénitentiaires regroupent des quartiers distincts pouvant appartenir aux différentes catégories d'établissements pénitentiaires. Ces quartiers sont respectivement dénommés, en fonction de la catégorie d'établissement correspondante, comme suit : « quartier maison centrale », « quartier centre de détention », « quartier de semi-liberté », « quartier pour peines aménagées », « quartier maison d'arrêt ».

Art. D. 71 *(Rempl., D. n° 2003-259, 20 mars 2003).* – Les maisons centrales et les quartiers maison centrale comportent une organisation et un régime de sécurité renforcé dont les modalités internes permettent également de préserver et de développer les possibilités de réinsertion sociale des condamnés.

Un arrêté du garde des Sceaux, ministre de la Justice, fixe la liste des maisons centrales et des quartiers maison centrale.

Art. D. 72 *(Rempl., D. n° 2003-259, 20 mars 2003).* – Les centres de détention comportent un régime principalement orienté vers la réinsertion sociale et, le cas échéant, la préparation à la sortie des condamnés.

Un arrêté du garde des Sceaux, ministre de la Justice, fixe la liste des centres de détention et des quartiers centre de détention.

Art. D. 72-1 *(Rempl., D. n° 2003-259, 20 mars 2003 ; D. n° 2022-339, 10 mars 2022).* – Les centres de semi-liberté et quartiers de semi-liberté ainsi que les structures d'accompagnement vers la sortie comportent un régime essentiellement orienté vers la réinsertion sociale et à la préparation à la sortie des condamnés.

Les condamnés faisant l'objet d'une mesure de semi-liberté sont détenus soit dans des centres de semi-liberté ou des quartiers de semi-liberté, soit dans des structures d'accompagnement vers la sortie. Les condamnés faisant l'objet d'une mesure de placement à l'extérieur dans les conditions fixées par l'article D. 136 peuvent également être détenus dans ces établissements ou ces quartiers.

Les structures d'accompagnement vers la sortie peuvent recevoir les condamnés dont le reliquat de peine leur restant à subir est inférieur à deux ans.

Un arrêté du garde des sceaux, ministre de la justice, fixe la liste des centres de semi-liberté, ainsi que des structures d'accompagnement vers la sortie.

Avertissement : Conformément à l'article 3 du décret n° 2022-339 du 10 mars 2022, ces dispositions entrent en vigueur le lendemain de leur publication au *Journal officiel de la République française*. Toutefois, les centres pénitentiaires comportant un quartier pour peines aménagées demeurent soumis aux dispositions des articles D. 70, D. 72-1, D. 80, D. 81, D. 82-2 D. 86 et D. 143-2 du Code de procédure pénale dans leur rédaction antérieure au présent décret jusqu'à la suppression de ces quartiers par arrêté du garde des sceaux, ministre de la justice, au plus tard le 31 décembre 2023.

> **Rédaction antérieure. Art. D. 72-1** *(Rempl., D. n° 2003-259, 20 mars 2003).* – Les centres de semi-liberté et quartiers de semi-liberté ainsi que les centres pour peines aménagées et les quartiers pour peines aménagées comportent un régime essentiellement orienté vers la réinsertion sociale et à la préparation à la sortie des condamnés.
>
> Les condamnés faisant l'objet d'une mesure de semi-liberté sont détenus soit dans des centres de semi-liberté ou des quartiers de semi-liberté, soit dans des centres pour peines aménagées ou des quartiers pour peines aménagées. Les condamnés faisant l'objet d'une mesure de placement à l'extérieur dans les conditions fixées par l'article D. 136 peuvent également être détenus dans ces établissements ou ces quartiers.
>
> Les centres pour peines aménagées et quartiers pour peines aménagées peuvent recevoir les condamnés dont le reliquat de peine leur restant à subir est inférieur à deux ans.
>
> L'affectation dans un centre pour peines aménagées ou un quartier pour peines aménagées ne peut être décidée qu'avec l'accord du condamné.
>
> Un arrêté du garde des sceaux, ministre de la justice, fixe la liste des centres de semi-liberté, ainsi que des centres pour peines aménagées et des quartiers pour peines aménagées.

Art. D. 73 *(Abr., D. n° 2010-1635, 23 déc. 2010).*

Section II. – De la procédure d'orientation et des décisions d'affectation des condamnés

(Rempl., D. n° 98-1099, 8 déc. 1998)

§ 1. – Dispositions générales

Art. D. 74 *(Mod., D. n° 2010-1635, 23 déc. 2010).* – La procédure d'orientation consiste à réunir tous les éléments relatifs à la personnalité du condamné, son sexe, son âge, ses antécédents, sa catégorie pénale, son état de santé physique et mentale, ses aptitudes, ses possibilités de réinsertion sociale et, d'une manière générale, tous renseignements susceptibles d'éclairer l'autorité compétente pour décider de l'affectation la plus adéquate.

L'affectation consiste à déterminer, sur la base de ces éléments, dans quel établissement le condamné doit exécuter sa peine.

§ 2. – **La procédure d'orientation**

Art. D. 75 *(Mod., D. n° 2010-350, 31 mars 2010 ; D. n° 2010-1635, 23 déc. 2010 ; D. n° 2021-683, 27 mai 2021).* – La procédure d'orientation est obligatoirement mise en oeuvre pour les condamnés dont le temps d'incarcération restant à subir est supérieur à deux ans.

Elle s'opère dans les conditions définies aux articles D. 76 à D. 79, à l'aide des renseignements qui sont fournis par l'autorité judiciaire et par l'administration pénitentiaire sur les intéressés, et, éventuellement, grâce aux examens auxquels ces derniers sont soumis au Centre national d'évaluation de l'administration pénitentiaire.

Art. D. 76 *(Mod., D. n° 2016-1609, 25 nov. 2016 ; D. n° 2021-683, 27 mai 2021).* – Le chef d'établissement constitue un dossier d'orientation pour chaque condamné auquel il reste à subir un temps d'incarcération d'une durée supérieure à deux ans. Ce dossier comprend les renseignements relatifs à la situation pénale et pénitentiaire du condamné, les éléments afférents aux conditions de prise en charge sanitaire et l'avis du service pénitentiaire d'insertion et de probation compétent auprès de l'établissement, l'avis du juge de l'application des peines et celui du juge des enfants s'il y a lieu, ainsi que la proposition du chef d'établissement.

Les condamnés majeurs ayant à subir un temps d'incarcération d'une durée inférieure ou égale à deux ans peuvent faire l'objet d'un dossier d'orientation selon les mêmes modalités lorsque le chef d'établissement estime que leur situation nécessite une orientation particulière.

Le dossier d'orientation des condamnés majeurs dont le temps d'incarcération restant à subir est égal ou supérieur à deux ans contient également les pièces visées à l'article D. 77. Le dossier d'orientation est adressé au directeur interrégional des services pénitentiaires, qui arrête une décision d'affectation lorsque celle-ci relève de sa compétence ou communique le dossier assorti de son avis au ministre de la justice.

Art. D. 77 *(Mod., D. n° 2020-1640, 21 déc. 2020 ; D. n° 2021-1820, 24 déc. 2021).* – Le ministère public près la juridiction qui a prononcé une condamnation à une peine privative de liberté adresse à l'établissement pénitentiaire où le condamné est détenu ou doit être incarcéré l'extrait de jugement ou d'arrêt, la notice individuelle visée à l'article D. 158 et, s'il y a lieu, la copie de la décision sur les intérêts civils conformément à l'article D. 325.

Le ministère public adresse en outre à l'établissement pénitentiaire, les pièces suivantes :

1° La copie du rapport de l'enquête ou des enquêtes sur la personnalité, la situation matérielle, familiale ou sociale de l'intéressé, qui auraient été prescrites conformément aux dispositions de l'article 41, alinéa 6, et de l'article 81, alinéas 6 et 7 ;

2° La copie du rapport de l'examen ou des examens médicaux, psychiatriques ou médico-psychologiques auxquels il aurait été éventuellement procédé en vertu d'une décision judiciaire ;

3° La copie du réquisitoire définitif et de la décision de condamnation ;

4° Et, s'il y a lieu, les avis indiqués à l'article D. 78.

5° Le bulletin n° 1 du casier judiciaire du condamné.

Ces pièces doivent être envoyées dans les plus brefs délais possibles, en privilégiant la transmission par voie électronique.

L'absence de réception de l'intégralité des pièces précitées à l'expiration d'un délai d'un mois à compter du caractère définitif de la décision pénale, ne fait pas obstacle à la constitution du dossier d'orientation et à la décision d'affectation des condamnés majeurs dont le temps d'incarcération restant à subir est inférieur à cinq ans.

Une copie des documents prévus par le présent article est également adressée en privilégiant la transmission par voie électronique, par le ministère public au secrétariat-greffe du juge de l'application des peines compétent pour être versé dans le dossier individuel du condamné prévu par l'article D. 116-6.

Le ministère public près la juridiction de condamnation ou la juridiction d'application des peines qui a prononcé une interdiction de contact ou de paraître devenue exécutoire, pendant la durée d'incarcération d'une personne, adresse au chef de l'établissement pénitentiaire où celle-ci est détenue, en privilégiant la transmission par voie électronique, copie de la décision. Il adresse, selon les mêmes modalités, une copie des décisions de retrait total ou partiel de l'autorité parentale ou de son exercice ou de suspension des droits de visite et d'hébergement prises sur le fondement des articles 373-2-1, 375-7, 378, 378-1, 379, 379-1 ou

515-11 du Code civil, et dont il a été informé, notamment en application de l'article D. 47-11-4. Il adresse également un extrait de l'ordonnance de protection prise le cas échéant pendant cette même durée, mentionnant notamment la date d'expiration de la décision ainsi que les nom et prénom des intéressés et, si ces informations sont connues, leurs date et lieu de naissance.

Art. D. 78 *(Mod., D. n° 2000-1213, 13 déc. 2000)*. – Chaque fois qu'ils l'estiment utile, le président de la juridiction qui a prononcé la condamnation ainsi que le représentant du ministère public peuvent exprimer leur avis sur l'affectation qui leur semble la mieux appropriée au condamné ou sur celle qui, au contraire, leur paraît inadaptée.

Ces avis sont joints aux documents mentionnés à l'article D. 77, en vue de leur transmission à l'établissement où le condamné est détenu.

Une copie de ces avis est également adressée au secrétariat-greffe du juge de l'application des peines compétent.

Art. D. 79 *(Mod., D. n° 99-276, 13 avr. 1999)*. – Afin de compléter le dossier mentionné à l'article D. 76, le ministre de la Justice, ou le directeur régional, peut procéder ou faire procéder, notamment par l'un des services pénitentiaires d'insertion et de probation, à toute enquête sur la situation familiale et sociale d'un condamné. Le chef d'établissement peut également faire procéder à une telle enquête par le service pénitentiaire d'insertion et de probation compétent auprès de son établissement.

§ 3. – La décision d'affectation

Art. D. 80 *(Mod., D. n° 2007-749, 9 mai 2007 ; D. n° 2022-339, 10 mars 2022)*. – Le ministre de la justice dispose d'une compétence d'affectation des condamnés dans tous les établissements pénitentiaires ou quartiers de centres pénitentiaires. Sa compétence est exclusive pour les affectations dans les maisons centrales et les quartiers maison centrale ainsi que pour décider de l'affectation :

– des condamnés à une ou plusieurs peines dont la durée totale est supérieure ou égale à dix ans et dont la durée de l'incarcération restant à subir au moment où leur condamnation ou la dernière de leurs condamnations est devenue définitive est supérieure à cinq ans ;

– des condamnés à raison d'actes de terrorisme tels que prévus et réprimés par les articles 421-1 à 421-5 du Code pénal ainsi que des condamnés ayant fait l'objet d'une inscription au répertoire des détenus particulièrement signalés, prévu par l'article D. 276-1.

Le directeur interrégional des services pénitentiaires est compétent pour décider de l'affectation, dans les centres de détention ou quartiers centre de détention, les centres de semi-liberté ou quartiers de semi-liberté, les structures d'accompagnement vers la sortie, les maisons d'arrêt ou quartiers maison d'arrêt, les établissements spécialisés pour mineurs et les quartiers des mineurs des établissements pénitentiaires des autres condamnés. Il peut déléguer sa compétence aux directeurs des établissements pénitentiaires comprenant un quartier maison d'arrêt et un quartier centre de détention, pour l'affectation des condamnés qui y sont incarcérés et auxquels il reste à subir, au moment où leur condamnation ou la dernière de leurs condamnations est devenue définitive, une incarcération d'une durée inférieure à deux ans.

Le directeur interrégional des services pénitentiaires peut également déléguer sa compétence aux directeurs des établissements pénitentiaires comprenant un quartier maison d'arrêt et une structure d'accompagnement vers la sortie, pour l'affectation des condamnés qui y sont incarcérés et auxquels il reste à subir, au moment où leur condamnation ou la dernière de leurs condamnations est devenue définitive, une incarcération dont la durée totale n'excède pas deux ans.

Le directeur régional des services pénitentiaires peut déléguer sa compétence au directeur de l'établissement comportant un quartier des mineurs ou au directeur de l'établissement pénitentiaire spécialisé pour mineurs pour décider du maintien dans leur affectation des condamnés atteignant l'âge de la majorité en détention dans les conditions prévues à l'article R. 57-9-13.

Les condamnés affectés dans des maisons d'arrêt sont maintenus dans l'établissement où ils sont écroués ou sont transférés dans une autre maison d'arrêt de la région. Dans ce second cas, l'affectation est décidée par le directeur régional des services pénitentiaires en tenant compte notamment de la capacité offerte par chaque établissement.

Dans tous les cas, la décision est prise, sauf urgence, après consultation du juge de l'application des peines.

Avertissement : Conformément à l'article 3 du décret n° 2022-339 du 10 mars 2022, ces dispositions entrent en vigueur le lendemain de leur publication au *Journal officiel de la République française*. Toutefois, les centres pénitentiaires comportant un quartier pour peines aménagées demeurent soumis aux dispositions des articles D. 70, D. 72-1, D. 80, D. 81, D. 82-2 D. 86 et D. 143-2 du Code de procédure pénale dans leur rédaction antérieure au présent décret jusqu'à la suppression de ces quartiers par arrêté du garde des sceaux, ministre de la justice, au plus tard le 31 décembre 2023.

Rédaction antérieure. Art. D. 80 *(Mod., D. n° 2007-749, 9 mai 2007)*. – Le ministre de la Justice dispose d'une compétence d'affectation des condamnés dans toutes les catégories d'établissement. Sa compétence est exclusive pour les affectations dans les maisons centrales et les quartiers maison centrale ainsi que pour décider de l'affectation :

– des condamnés à une ou plusieurs peines dont la durée totale est supérieure ou égale à dix ans et dont la durée de l'incarcération restant à subir au moment où leur condamnation ou la dernière de leurs condamnations est devenue définitive est supérieure à cinq ans ;

– des condamnés à raison d'actes de terrorisme tels que prévus et réprimés par les articles 421-1 à 421-5 du Code pénal ainsi que des condamnés ayant fait l'objet d'une inscription au répertoire des détenus particulièrement signalés, prévu par l'article D. 276-1.

Le directeur régional des services pénitentiaires est compétent pour décider de l'affectation, dans les centres de détention ou quartiers centre de détention, les centres de semi-liberté ou quartiers de semi-liberté, les centres pour peines aménagées ou quartiers pour peines aménagées, les maisons d'arrêt ou quartiers maison d'arrêt, les établissements spécialisés pour mineurs et les quartiers des mineurs des établissements pénitentiaires, des autres condamnés. Il peut déléguer sa compétence aux directeurs des établissements pénitentiaires comprenant un quartier maison d'arrêt et un quartier centre de détention, pour l'affectation des condamnés qui y sont incarcérés et auxquels il reste à subir, au moment où leur condamnation ou la dernière de leurs condamnations est devenue définitive, une incarcération d'une durée inférieure à deux ans.

Le directeur régional des services pénitentiaires peut également déléguer sa compétence aux directeurs des établissements pénitentiaires comprenant un quartier maison d'arrêt et un quartier pour peines aménagées, pour l'affectation des condamnés qui y sont incarcérés et auxquels il reste à subir, au moment où leur condamnation ou la dernière de leurs condamnations est devenue définitive, une incarcération dont la durée totale n'excède pas un an.

Le directeur régional des services pénitentiaires peut déléguer sa compétence au directeur de l'établissement comportant un quartier des mineurs ou au directeur de l'établissement pénitentiaire spécialisé pour mineurs pour décider du maintien dans leur affectation des condamnés atteignant l'âge de la majorité en détention dans les conditions prévues à l'article R. 57-9-13.

Les condamnés affectés dans des maisons d'arrêt sont maintenus dans l'établissement où ils sont écroués ou sont transférés dans une autre maison d'arrêt de la région. Dans ce second cas, l'affectation est décidée par le directeur régional des services pénitentiaires en tenant compte notamment de la capacité offerte par chaque établissement.

Dans tous les cas, la décision est prise, sauf urgence, après consultation du juge de l'application des peines.

Art. D. 81 ***(Mod., D. n° 2003-259, 20 mars 2003 ; D. n° 2022-339, 10 mars 2022)*. – Lorsque l'affectation incombe au directeur régional, la décision donne lieu :**

1° Soit à la délivrance d'un ordre de transfèrement du condamné à destination d'un centre de détention ou d'un centre de semi-liberté ou d'une maison d'arrêt ou d'un quartier d'un centre pénitentiaire appartenant à l'une de ces catégories d'établissements pénitentiaires ou d'une structure d'accompagnement vers la sortie, relevant de sa circonscription ;

2° Soit au maintien de l'intéressé à l'établissement où il se trouve ;

3° Soit à sa mise à la disposition d'un autre directeur régional après l'accord préalable de ce dernier. Le ministre de la Justice est compétent en cas de désaccord entre les directeurs régionaux.

4° Soit à un dessaisissement au profit du ministre de la Justice en vue d'une affectation dans une maison centrale ou un quartier maison centrale, dès lors que le directeur régional des services pénitentiaires estime que le condamné doit être affecté dans cette catégorie d'établissement. Dans ce cas, la décision incombe au ministre de la Justice qui décide de l'affectation du condamné dans l'établissement pénitentiaire le plus approprié.

Avertissement : Conformément à l'article 3 du décret n° 2022-339 du 10 mars 2022, ces dispositions entrent en vigueur le lendemain de leur publication au *Journal officiel de la République française*. Toutefois, les centres pénitentiaires comportant un quartier pour peines aménagées demeurent soumis aux dispositions des articles D. 70, D. 72-1, D. 80, D. 81, D. 82-2 D. 86 et D. 143-2 du Code de procédure pénale dans leur rédaction antérieure au présent décret jusqu'à la suppression de ces quartiers par arrêté du garde des sceaux, ministre de la justice, au plus tard le 31 décembre 2023.

Rédaction antérieure. Art. D. 81 *(Mod., D. n° 2003-259, 20 mars 2003)*. – Lorsque l'affectation incombe au directeur régional, la décision donne lieu :

1° Soit à la délivrance d'un ordre de transfèrement du condamné à destination d'un centre de détention ou d'un centre pour peines aménagées ou d'un centre de semi-liberté ou d'une maison d'arrêt ou d'un quartier d'un centre pénitentiaire appartenant à l'une de ces catégories d'établissements pénitentiaires de sa circonscription ;

2° Soit au maintien de l'intéressé à l'établissement où il se trouve ;

3° Soit à sa mise à la disposition d'un autre directeur régional après l'accord préalable de ce dernier. Le ministre de la Justice est compétent en cas de désaccord entre les directeurs régionaux.

4° Soit à un dessaisissement au profit du ministre de la Justice en vue d'une affectation dans une maison centrale ou un quartier maison centrale, dès lors que le directeur régional des services pénitentiaires estime que le condamné doit être affecté dans cette catégorie d'établissement. Dans ce cas, la décision incombe au ministre de la Justice qui décide de l'affectation du condamné dans l'établissement pénitentiaire le plus approprié.

Art. D. 81-1 *(Mod., D. n° 2010-350, 31 mars 2010).* **– Lorsque l'affectation incombe au ministre de la Justice, la décision donne lieu :**

1° Soit à l'envoi du condamné au Centre national d'évaluation ;

2° Soit à la délivrance d'un ordre de transfèrement du condamné à destination d'un établissement pour peine ou d'une maison d'arrêt qui paraît le mieux adapté à sa situation ;

3° Soit au maintien de l'intéressé à l'établissement où il se trouve ;

4° Soit à sa mise à la disposition d'un directeur régional.

Art. D. 81-2 *(Mod., D. n° 2010-350, 31 mars 2010).* **– En cas d'admission au Centre national d'évaluation, le condamné est transféré dans cet établissement suivant les instructions et à la date arrêtées par le ministre de la Justice. Le détenu est soumis aux différents examens qui semblent nécessaires.**

Au vu de ces examens, du dossier qui a été constitué en application de l'article D. 76 et des propositions du Centre national d'évaluation, une décision d'affectation dans l'établissement qui paraît le mieux approprié à la personnalité du condamné est prise par le ministre de la Justice.

§ 4. – Changements d'affectation

Art. D. 82 *(Mod., D. n° 2003-259, 20 mars 2003).* **– L'affectation peut être modifiée soit à la demande du condamné, soit à la demande du chef de l'établissement dans lequel il exécute sa peine.**

La décision de changement d'affectation appartient au ministre de la Justice, dès lors qu'elle concerne :

1° Un condamné dont il a décidé l'affectation dans les conditions du deuxième alinéa de l'article D. 80 et dont la durée de l'incarcération restant à subir est supérieure à trois ans, au jour où est formée la demande visée au premier alinéa ;

2° Un condamné à raison d'actes de terrorisme tels que prévus et réprimés par les articles 421-1 à 421-5 du Code pénal ;

3° Un condamné ayant fait l'objet d'une inscription au répertoire des détenus particulièrement signalés, prévu par l'article D. 276-1.

Le directeur régional des services pénitentiaires est compétent pour décider du changement d'affectation des autres condamnés.

L'affectation ne peut être modifiée que s'il survient un fait ou un élément d'appréciation nouveau.

Art. D. 82-1 *(D. n° 98-1099, 8 déc. 1998).* **– Que la demande émane du condamné ou du chef d'établissement, ce dernier constitue un dossier qui comprend les éléments permettant d'établir la motivation de la demande.**

Le ministre de la Justice, le directeur régional ou le chef d'établissement peuvent procéder ou faire procéder dans les conditions définies à l'article D. 79 à toute enquête sur la situation familiale ou sociale du condamné.

La décision de changement d'affectation est prise, sauf urgence, après avis du juge de l'application des peines et du procureur de la République du lieu de détention.

Art. D. 82-2 *(Mod., D. n° 2003-259, 20 mars 2003 ; D. n° 2022-339, 10 mars 2022).* **– Lorsque la décision incombe au directeur régional, elle donne lieu :**

1° Soit à la délivrance d'un ordre de transfèrement du condamné à destination d'un centre de détention ou d'un centre de semi-liberté ou d'une maison d'arrêt ou d'un quartier d'un centre pénitentiaire appartenant à l'une de ces catégories d'établissements pénitentiaires ou d'une structure d'accompagnement vers la sortie, relevant de sa circonscription ;

2° Soit au maintien de l'intéressé à l'établissement où il se trouve.

3° Soit à un dessaisissement au profit du ministre de la Justice en vue d'une affectation dans une maison centrale ou un quartier maison centrale, dès lors que le directeur régional des services pénitentiaires estime que

le condamné doit être affecté dans cette catégorie d'établissement. Dans ce cas, le ministre de la Justice décide de l'affectation du condamné dans l'établissement pénitentiaire le plus approprié.

Avertissement : Conformément à l'article 3 du décret n° 2022-339 du 10 mars 2022, ces dispositions entrent en vigueur le lendemain de leur publication au *Journal officiel de la République française*. Toutefois, les centres pénitentiaires comportant un quartier pour peines aménagées demeurent soumis aux dispositions des articles D. 70, D. 72-1, D. 80, D. 81, D. 82-2 D. 86 et D. 143-2 du Code de procédure pénale dans leur rédaction antérieure au présent décret jusqu'à la suppression de ces quartiers par arrêté du garde des sceaux, ministre de la justice, au plus tard le 31 décembre 2023.

Rédaction antérieure. Art. D. 82-2 *(Mod., D. n° 2003-259, 20 mars 2003)*. – Lorsque la décision incombe au directeur régional, elle donne lieu :

1° Soit à la délivrance d'un ordre de transfèrement du condamné à destination d'un centre de détention ou d'un centre pour peines aménagées ou d'un centre de semi-liberté ou d'une maison d'arrêt ou d'un quartier d'un centre pénitentiaire appartenant à l'une de ces catégories d'établissements pénitentiaires de sa circonscription ;

2° Soit au maintien de l'intéressé à l'établissement où il se trouve.

3° Soit à un dessaisissement au profit du ministre de la Justice en vue d'une affectation dans une maison centrale ou un quartier maison centrale, dès lors que le directeur régional des services pénitentiaires estime que le condamné doit être affecté dans cette catégorie d'établissement. Dans ce cas, le ministre de la Justice décide de l'affectation du condamné dans l'établissement pénitentiaire le plus approprié.

Art. D. 82-3 *(Mod., D. n° 2010-350, 31 mars 2010)*. – **Lorsque la décision incombe au ministre de la Justice, elle donne lieu :**

1° Soit à l'envoi du condamné au Centre national d'évaluation ;

2° Soit à la délivrance d'un ordre de transfèrement du condamné à destination d'un autre établissement ;

3° Soit au maintien de l'intéressé à l'établissement où il se trouve ;

4° Soit à sa mise à la disposition d'un directeur régional.

Art. D. 82-4 *(Mod., D. n° 2010-350, 31 mars 2010)*. – **Indépendamment de toute demande de changement d'affectation émanant du condamné ou du chef d'établissement, le ministre de la Justice peut charger le Centre national d'évaluation d'effectuer un bilan d'évolution de la personnalité du condamné dans la perspective, notamment, d'une libération conditionnelle ou d'une meilleure individualisation du régime de détention ou d'exécution de la peine.**

Section III. – Des modalités de prise en charge des personnes détenues condamnées

(Rempl., D. n° 2010-1635, 23 déc. 2010)

§ 1. – Répartition des personnes détenues dans les établissements

Art. D. 83 *(Rempl., D. n° 2010-1635, 23 déc. 2010)*. – **Pour chaque maison d'arrêt, le chef d'établissement informe chaque mois le président du tribunal judiciaire dans le ressort duquel elle se trouve, le juge de l'application des peines, le procureur de la République près ledit tribunal ainsi que le directeur interrégional des services pénitentiaires de l'état des effectifs au regard des capacités d'accueil de l'établissement.**

Art. D. 84 *(Rempl., D. n° 2010-1635, 23 déc. 2010)*. – **Le directeur interrégional des services pénitentiaires ordonne tous les transfèrements utiles à l'intérieur de la circonscription territoriale dont il assure la direction concernant les condamnés relevant de sa compétence d'affectation, les personnes détenues soumises à la contrainte judiciaire et les condamnés mis à sa disposition.**

Si les mesures qui lui paraissent nécessaires concernent d'autres personnes détenues, excèdent sa compétence ou soulèvent des difficultés particulières, il adresse dans les plus brefs délais un rapport au garde des Sceaux, ministre de la Justice.

§ 2. – Régime de détention dans les établissements pour peines

Art. D. 85 *(Rempl., D. n° 2010-1635, 23 déc. 2010)*. – **Sans préjudice de l'application des dispositions prévoyant la mise en œuvre d'activités pendant toute la durée de l'exécution de la peine, les condamnés bénéficient, au cours de la dernière période de l'incarcération, d'une préparation active à leur élargissement**

conditionnel ou définitif, en particulier sur le plan socioprofessionnel. Cette préparation comprend, le cas échéant, un placement à l'extérieur ou au régime de semi-liberté. Elle est effectuée soit sur place, soit après transfert dans un centre ou un quartier spécialisé.

Art. D. 86 *(Rempl., D. n° 2010-1635, 23 déc. 2010 ; abr., D. n° 2022-339, 10 mars 2022).*

Art. D. 87 *(Rempl., D. n° 2010-1635, 23 déc. 2010).* – La personne détenue dont le comportement se révèle incompatible avec l'application du régime propre à l'établissement pour peines au sein duquel elle est placée peut faire l'objet d'une procédure de changement d'affectation.

§ 3. – Parcours d'exécution de la peine

Art. D. 88 *(Rempl., D. n° 2010-1635, 23 déc. 2010).* – Le parcours d'exécution de la peine décrit notamment, pour chaque personne détenue condamnée, l'ensemble des actions qu'il est envisagé de mettre en œuvre au cours de sa détention afin de favoriser sa réinsertion. Il couvre l'ensemble de la période de détention, y compris la préparation à la sortie.

Il est défini et, le cas échéant, actualisé, à partir des éléments recueillis lors de la période d'observation puis, tout au long de la détention, auprès de l'ensemble des services appelés à connaître de la situation de la personne détenue intéressée, ainsi que des souhaits exprimés par elle. Ces éléments sont consignés par écrit.

Il fait l'objet d'un réexamen à la demande de la personne détenue ou au moins une fois par an.

Art. D. 89 *(Rempl., D. n° 2010-1635, 23 déc. 2010).* – Le parcours d'exécution de la peine est élaboré après avis de la commission pluridisciplinaire unique mentionnée à l'article D. 90.

Art. D. 90 *(Mod., D. n° 2021-362, 31 mars 2021).* – Il est institué auprès du chef de chaque établissement pénitentiaire, pour une durée de cinq ans (1), une commission pluridisciplinaire unique.

La commission pluridisciplinaire unique est présidée par le chef d'établissement ou son représentant.

Elle comprend en outre :

a) Le directeur du service pénitentiaire d'insertion et de probation ;

b) Un responsable du secteur de détention du détenu dont la situation est examinée ;

c) Un représentant du service du travail et, le cas échéant, un représentant de l'agence du travail d'intérêt général et de l'insertion professionnelle des personnes placées sous main de justice ;

d) Un représentant du service de la formation professionnelle ;

e) Un représentant du service d'enseignement.

Assistent également, avec voix consultative, aux réunions de la commission, sur convocation du chef d'établissement établie en fonction de l'ordre du jour :

a) Le psychologue en charge du parcours d'exécution de la peine ;

b) Un membre du service de la protection judiciaire de la jeunesse ;

c) Un représentant des équipes soignantes de l'unité de consultations et de soins ambulatoires ou du service médico-psychologique régional désigné par l'établissement de santé de rattachement ;

d) Un représentant des personnes morales intervenant au titre de l'insertion par l'activité économique ou de l'emploi.

e) Un représentant de l'entreprise adaptée implantée, le cas échéant, dans l'établissement.

La liste des membres de la commission pluridisciplinaire unique et des personnes susceptibles d'assister à ces réunions en vertu des quatre alinéas précédents est arrêtée par le chef d'établissement.

Les membres de la commission et les personnes entendues par elle sont tenus à une obligation de discrétion à l'égard des informations présentant un caractère confidentiel dont ils ont connaissance dans le cadre de l'exercice de leurs missions.

Art. D. 91 *(Rempl., D. n° 2010-1635, 23 déc. 2010).* – La commission pluridisciplinaire unique se réunit au moins une fois par mois pour examiner les parcours d'exécution de la peine.

(1) Commission renouvelée pour une durée de cinq ans à compter du 29 déc. 2015, D. n° 2015-1762, 24 déc. 2015.

Art. D. 92 *(Rempl., D. n° 2010-1635, 23 déc. 2010).* – Des modalités de prise en charge individualisées peuvent, pour l'application du deuxième alinéa de l'article 717-1, être appliquées, au sein de chaque établissement pénitentiaire, aux personnes détenues, en tenant compte de leur parcours d'exécution de la peine et de leur capacité à respecter les règles de vie en collectivité. Les modalités de prise en charge de chaque personne détenue sont consignées dans le parcours d'exécution de la peine.

Section IV. – De l'encellulement individuel

Art. D. 93 *(Rempl., D. n° 2010-1635, 23 déc. 2010).* – Lorsque le régime de l'encellulement individuel n'est pas appliqué, il appartient au chef d'établissement de séparer :

1° Les prévenus des condamnés ;

2° Les personnes détenues devenues majeures en détention et âgées de moins de vingt et un ans des autres personnes détenues majeures ;

3° Les personnes détenues n'ayant pas subi antérieurement de peine privative de liberté de celles ayant déjà subi des incarcérations multiples ;

4° Les personnes condamnées à la contrainte judiciaire des autres personnes détenues.

Il peut être dérogé aux principes posés aux 2° à 4°, à titre exceptionnel, si la personnalité des personnes détenues le justifie.

Art. D. 94 *(Rempl., D. n° 2010-1635, 23 déc. 2010).* – Lorsqu'il suspend l'encellulement individuel d'une personne détenue en raison de sa personnalité, le chef de l'établissement en informe sans délai le directeur interrégional, ainsi que le juge de l'application des peines s'agissant des personnes condamnées et le magistrat saisi du dossier de la procédure s'agissant des personnes prévenues.

Art. D. 95 *(Rempl., D. n° 2010-1635, 23 déc. 2010).* – La règle de l'encellulement individuel ne fait pas obstacle à ce que, pendant la journée, les personnes détenues soient réunies pour le travail, les activités physiques et sportives, l'enseignement, la formation professionnelle ou les activités religieuses, culturelles ou de loisirs.

Art. D. 95-1 *(Abr., D. n° 2010-1635, 23 déc. 2010).*

Art. D. 96 *(Abr., D. n° 79-534, 3 juill. 1979).*

Art. D. 97 et D. 97-1 *(Abr., D. n° 2010-1635, 23 déc. 2010).*

Section IV ancienne

Art. D. 98 *(Abr., D. n° 98-1099, 8 déc. 1998).*

Art. D. 99 à 110 *(Dénum., D. n° 2010-1635, 23 déc. 2010. – V. CPP, art. D. 432 et s.).*

Section V. – De la répartition du produit du travail

(Sect. dénum. et transf. au chap. X du présent titre, D. n° 2010-1635, 23 déc. 2010, art. 36, V. – V. chap. X, sect. I bis)

Art. D. 111 *(Dénum., D. n° 2010-1635, 23 déc. 2010. – V. CPP, art. D. 434).*

Art. D. 112 *(Abr., D. n° 2003-259, 20 mars 2003).*

Art. D. 113 et D. 114 *(Abr. au 1er nov. 2004, D. n° 2004-1072, 5 oct. 2004).*

Section VI. – Des réductions de peine

Sous-section 1. – Du crédit de réduction de peine

(D. n° 2004-1364, 13 déc. 2004)

§ 1. – De la mise en œuvre du crédit de réduction de peine

(D. n° 2004-1364, 13 déc. 2004)

Art. D. 115 *(D. n° 60-898, 24 août 1960 ; D. n° 64-119, 4 févr. 1964 ; D. n° 66-730, 30 sept. 1966 ; D. n° 67-718, 18 août 1967 ; D. n° 69-275, 24 mars 1969 ; D. n° 73-281, 7 mars 1973 ; D. n° 85-836, 6 août 1985 ; rempl., D. n° 2004-1364, 13 déc. 2004 ; mod. à compter du 24 mars 2020 pour les condamnations prononcées à compter de cette date, y compris si elles concernent des infractions commises avant cette date, D. n° 2020-81, 3 févr. 2020).* – La durée du crédit de réduction de peine est calculée, sous le contrôle du ministère public, par le greffe de l'établissement pénitentiaire après que la condamnation a acquis un caractère définitif, sous réserve des dispositions du deuxième alinéa de l'article 708. En cas de peine d'emprisonnement dont une partie est assortie du sursis ou du sursis probatoire, le calcul se fait sur la partie ferme de la peine.

Art. D. 115-1 *(D. n° 2004-1364, 13 déc. 2004 ; D. n° 2006-385, 30 mars 2006 ; mod. à compter du 1er janvier 2015, D. n° 2014-1582, 23 déc. 2014).* – Conformément aux dispositions des alinéas un et deux de l'article 721 lorsque la peine d'emprisonnement prononcée est supérieure à un an, le total du crédit de réduction de peine correspondant aux mois excédant la première année d'emprisonnement ou la ou les années d'emprisonnement qui suivent ne peut dépasser deux mois.

Art. D. 115-2 *(Mod., D. n° 2010-1276, 27 oct. 2010).* – Le crédit de réduction de peine est imputé sur la condamnation sur laquelle il a été calculé.

Si la détention restant à subir est inférieure au montant du crédit de réduction de peine calculé, ce crédit bénéficie au condamné à hauteur du reliquat de détention, sans possibilité de report sur une autre condamnation.

Dans ce cas, si le condamné exécutait une détention provisoire pour les faits pour lesquels il a été condamné et qu'il n'est pas détenu pour autre cause, il est remis en liberté après que la condamnation a acquis un caractère définitif, sous reserve des dispositions du deuxième alinéa de l'article 708, et que le greffe de l'établissement pénitentiaire a procédé aux formalités de levée d'écrou et notamment à la notification prévue par le dernier alinéa de l'article 721 et par l'article D. 115-18. Le greffe mentionne sur la fiche pénale le quantum du crédit de réduction de peine dont le condamné a effectivement bénéficié ; le retrait du crédit de réduction de peine prévu par les articles 721 (alinéa 5), 721-2 et 723-35 ne saurait alors être supérieur à ce quantum.

Si le condamné n'était pas écroué, il est procédé conformément aux dispositions des articles D. 147-10 et suivants.

Art. D. 115-3 *(D. n° 2004-1364, 13 déc. 2004 ; mod. à compter du 24 mars 2020 pour les condamnations prononcées à compter de cette date, y compris si elles concernent des infractions commises avant cette date, D. n° 2020-81, 3 févr. 2020).* – En cas de révocation d'un sursis ou d'un sursis probatoire, le crédit de réduction de peine est calculé sur la durée de l'emprisonnement résultant de cette révocation.

Il en est de même s'agissant de l'emprisonnement mis à exécution en application des dispositions des articles 131-9 (deuxième alinéa), 131-8-1 (dernier alinéa), 131 11 (deuxième alinéa) et 131-36-1 (troisième alinéa) du Code pénal ou mis à exécution en application de l'article 713-44 du présent code.

Art. D. 115-4 *(D. n° 2004-1364, 13 déc. 2004).* – Lorsque plusieurs peines privatives de liberté sont confondues, le crédit de réduction de peine est calculé sur la peine résultant de la confusion, au moment de la mise à exécution de cette peine. Les crédits de réduction de peine qui correspondaient à chacune des peines confondues sont caducs.

Art. D. 115-5 *(Mod., D. n° 2007-699, 3 mai 2007).* – Le crédit de réduction de peine ne s'applique pas à l'emprisonnement résultant :

1° Du retrait d'un crédit de réduction de peine ordonné en application des alinéas 3, 4 et 5 de l'article 721 ;

2° Du retrait d'un crédit de réduction de peine ou d'une réduction de peine supplémentaire ordonné en application de l'article 721-2 ou en application de l'article 723-35 ;
3° De la contrainte judiciaire.

Art. D. 115-6 *(Mod., D. n° 2005-163, 23 févr. 2005).* – Lorsqu'un détenu condamné à l'étranger est transféré en France, le calcul du crédit de réduction de peine se fait conformément à l'article 721 sur la partie de la détention restant à subir au titre de la condamnation en cours d'exécution. Pour les condamnations n'ayant pas reçu un commencement d'exécution à cette date, quelle que soit la date d'inscription sur la fiche pénale, le crédit de réduction de peine est calculé en application de l'article 721.

§ 2. – Du retrait du crédit de réduction de peine
(D. n° 2004-1364, 13 déc. 2004)

a) Du retrait ordonné par le juge de l'application des peines
(D. n° 2004-1364, 13 déc. 2004)

Art. D. 115-7 *(D. n° 2004-1364, 13 déc. 2004).* – La mauvaise conduite du condamné pendant l'exécution d'une peine d'emprisonnement accomplie sous le régime de la semi-liberté, du placement à l'extérieur ou du placement sous surveillance électronique peut justifier le retrait du bénéfice du crédit de réduction de peine, sans préjudice de la possibilité du retrait de la mesure d'aménagement.

Art. D. 115-7-1 *(Créé, D. n° 2022-546, 13 avr. 2022).* – La mauvaise conduite du condamné pendant l'exécution de sa peine d'emprisonnement susceptible de donner lieu à une décision de retrait du crédit de réduction de peine par le juge de l'application des peines en application de l'article 721 peut notamment résulter du fait par le condamné de refuser de se soumettre au prélèvement biologique prévu au premier alinéa du I de l'article 706-56 ou de commettre ou de tenter de commettre des manœuvres destinées à substituer à son propre matériel biologique le matériel biologique d'une tierce personne. Dans ce cas, le retrait ne peut porter que sur les crédits de réduction de peine dont cette personne a pu bénéficier au titre de la condamnation en vertu de laquelle le prélèvement doit être effectué ou au titre d'une condamnation prononcée en application du II de l'article 706-56.

Art. D. 115-8 *(D. n° 2004-1364, 13 déc. 2004).* – La mauvaise conduite du détenu pendant l'incarcération subie sous le régime de la détention provisoire peut justifier le retrait du bénéfice de crédit de réduction de peine correspondant à la condamnation sur laquelle est imputée cette détention.

Art. D. 115-9 *(D. n° 2004-1364, 13 déc. 2004).* – L'ordonnance du juge de l'application des peines retirant le bénéfice du crédit de réduction de peine ne peut intervenir au-delà d'un délai d'un an à compter de la date du dernier événement caractérisant la mauvaise conduite du condamné.

Art. D. 115-10 *(D. n° 2004-1364, 13 déc. 2004 ; D. n° 2006-385, 30 mars 2006).* – En cas de mauvaise conduite survenue pendant l'incarcération subie sous le régime de la détention provisoire, cette ordonnance doit intervenir dans le délai de quatre mois à compter de la date à laquelle la condamnation est ramenée à exécution, quelle que soit la date de l'événement caractérisant la mauvaise conduite du condamné.

Art. D. 115-11 *(D. n° 2004-1364, 13 déc. 2004).* – Lorsque le condamné exécute successivement plusieurs peines privatives de liberté, le retrait peut intervenir jusqu'à la date de libération du condamné, sous réserve des dispositions de l'article D. 115-9. Il peut alors concerner le crédit de réduction de peine des peines exécutées, en cours d'exécution ou devant être exécutées. Il peut être motivé par la mauvaise conduite du condamné intervenue au cours d'une peine déjà exécutée.

Art. D. 115-12 *(D. n° 2004-1364, 13 déc. 2004).* – La décision de retrait du bénéfice du crédit de réduction de peine est mise à exécution à la suite de la dernière peine portée à l'écrou. Elle n'a pas pour effet de remettre à exécution la ou les peines auxquelles correspondait le crédit de réduction de peine ayant été retiré.

Art. D. 115-13 *(D. n° 2004-1364, 13 déc. 2004).* – Toute ordonnance du juge de l'application des peines retirant le bénéfice d'un crédit de réduction de peine précise la ou les peines privatives de liberté pour lesquelles le retrait a été ordonné.

Art. D. 115-14 *(D. n° 2004-1364, 13 déc. 2004).* – Lorsque le condamné a fait l'objet d'une ou plusieurs décisions de retrait du bénéfice de son crédit de réduction de peine, l'avis de date d'expiration de sa peine privative de liberté adressé par le chef de l'établissement pénitentiaire au casier judiciaire national automatisé en application du 5° de l'article R. 69 précise la durée totale du ou des retraits ordonnés.

Art. D. 115-14-1 *(Rempl. à compter du 1er janv. 2015, D. n° 2014-1582, 23 déc. 2014).* – Le montant maximal du retrait susceptible d'être ordonné ne peut excéder trois mois pour chaque année de détention et sept jours pour chaque mois de détention. Ce montant est calculé au regard de la période de détention examinée pour apprécier la conduite du condamné.

Toutefois, si cette période est inférieure à un mois, ce montant peut atteindre sept jours, dès lors que le total des retraits ordonnés ne dépasse pas le montant du crédit de réduction de peine dont a bénéficié le condamné.

Art. D. 115-14-2 *(Abr. à compter du 1er janv. 2015, D. n° 2014-1582, 23 déc. 2014).*

b) Du retrait ordonné par la juridiction de jugement après la libération du condamné

(D. n° 2004-1364, 13 déc. 2004)

Art. D. 115-15 *(Mod., D. n° 2007-699, 3 mai 2007).* – Si un condamné a exécuté successivement plusieurs peines privatives de liberté, le délai pendant lequel la commission d'une nouvelle infraction par le condamné peut donner lieu à une décision de retrait prise par la juridiction de jugement en application des dispositions du cinquième alinéa de l'article 721 court à compter de la levée d'écrou concernant la dernière peine exécutée, pour une durée égale au total des crédits de réduction de peine dont il a bénéficié diminué, le cas échéant, du total des retraits qui ont pu être ordonnés.

Art. D. 115-16 *(D. n° 2004-1364, 13 déc. 2004 ; D. n° 2007-699, 3 mai 2007).* – Le délai pendant lequel, en application du cinquième alinéa de l'article 721, la commission d'une nouvelle infraction par le condamné peut donner lieu à une décision de retrait par la juridiction de jugement n'est pas suspendu en cas de nouvelle incarcération de ce dernier.

Art. D. 115-17 *(D. n° 2004-1364, 13 déc. 2004).* – La décision de retrait n'a pas pour effet de remettre à exécution la ou les peines auxquelles correspondait le crédit de réduction de peine ayant été retiré.

Art. D. 115-18 *(D. n° 2004-1364, 13 déc. 2004).* – Lorsqu'il est procédé à la levée d'écrou du condamné, y compris pour un condamné faisant l'objet d'une semi-liberté, d'un placement à l'extérieur ou d'un placement sous surveillance électronique, le greffe de l'établissement pénitentiaire l'informe, conformément aux dispositions du dernier alinéa de l'article 721, de la possibilité d'une décision de retrait par la juridiction de jugement en cas de commission d'une nouvelle infraction, en lui indiquant la date jusqu'à laquelle la commission d'une nouvelle infraction pourra donner lieu à ce retrait. Il lui est à cette fin remis un document dont le modèle est établi par le ministre de la Justice.

Sous-section 2. – Des autres réductions de peines

(D. n° 2004-1364, 13 déc. 2004)

§ 1. – Dispositions communes
(D. n° 2004-1364, 13 déc. 2004)

Art. D. 116 *(Rempl., D. n° 2004-1364, 13 déc. 2004).* – Les réductions de peine supplémentaires et les réductions de peine exceptionnelles s'imputent sur la détention restant à subir, le décompte s'effectuant à compter de la date de libération.

Art. D. 116-1 *(Mod., D. n° 2007-699, 3 mai 2007).* – Toutefois, les réductions de peine supplémentaires et les réductions de peine exceptionnelles ne s'appliquent pas à l'emprisonnement résultant :

1° Du retrait d'un crédit de réduction de peine ordonné en application des alinéas 3, 4 et 5 de l'article 721 ;

2° Du retrait d'un crédit de réduction de peine ou d'une réduction de peine supplémentaire ordonné en application des articles 721-2 ou 723-35 ;

3° De la contrainte judiciaire.

§ 2. – De la réduction de peine supplémentaire

(D. n° 2004-1364, 13 déc. 2004)

Art. D. 116-2 *(Rempl., D. n° 2004-1364, 13 déc. 2004).* – Pour l'application des dispositions de l'article 721-1 relatif aux réductions de peine supplémentaires, la commission de l'application des peines examine la situation du condamné au moins une fois par an, même en l'absence de demande formée par celui-ci conformément aux dispositions de l'article D. 49-11. Si le juge de l'application des peines, après cet examen, ne décide pas d'accorder d'office une réduction de peine au condamné, ce dernier en est informé et peut, s'il l'estime utile, former une telle demande.

En cas d'incarcération subie sous le régime de la détention provisoire et si la durée en est d'au moins une année, la situation du condamné est examinée par la commission de l'application des peines dans un délai de deux mois à compter de la date à laquelle la condamnation est devenue définitive.

Art. D. 116-3 *(Rempl., D. n° 2004-1364, 13 déc. 2004).* – Lorsque la durée d'incarcération restant à subir est inférieure à une année, le juge de l'application des peines prend en considération la totalité de cette durée pour apprécier le montant des réductions de peine supplémentaires susceptibles d'être octroyées.

Art. D. 116-4 *(D. n° 2000-1213, 13 déc. 2000 ; rempl., D. n° 2004-1364, 13 déc. 2004).* – En cas de décision sur les réductions de peine supplémentaires au titre d'une fraction inférieure à un an suivi de l'inscription à la fiche pénale d'une ou de plusieurs condamnations permettant l'examen de ces réductions de peine sur une fraction annuelle, le juge de l'application des peines peut rapporter sa décision précédente et réexaminer la situation du condamné sur la fraction annuelle.

Art. D. 116-5 à D. 116-16-1 *(Abr., D. n° 2004-1364, 13 déc. 2004).*

§ 3. – De la réduction de peine conditionnelle

(§ abr. à compter du 27 décembre 2014, D. n° 2014-1582, 23 déc. 2014)

Art. D. 117 à D. 117-2 *(Abr. à compter du 27 décembre 2014, D. n° 2014-1582, 23 déc. 2014).*

§ 4. – Des réductions de peines exceptionnelles des articles 721-3 et 731-4

(D. n° 2004-1364, 13 déc. 2004)

Art. D. 117-3 *(D. n° 2004-1364, 13 déc. 2004 ; D. n° 2022-546, 13 avr. 2022).* – La réduction de peine exceptionnelle prévue par l'article 721-3 ainsi que celle prévue par l'article 721-4 peut être accordée en une ou plusieurs fois sans dépasser le tiers de la peine prononcée. Pour la détermination du quantum maximum, il est tenu compte de l'ensemble des condamnations à exécuter ou figurant à l'écrou au jour de la requête. Dans tous les cas, le tribunal de l'application des peines précise dans son jugement la ou les peines prises en compte pour le calcul du quantum maximum de la réduction de peine exceptionnelle.

Sous-section 3. – Retrait et interdiction de plein droit des réductions de peine

(D. n° 2008-361, 16 avr. 2008)

Rédaction antérieure. Art. D. 117-4 *(Mod., D. n° 2019-508, 24 mai 2019 ; abr., D. n° 2022-546, 13 avr. 2022).* – Le retrait des réductions de peines découlant de plein droit de l'application du III de l'article 706-56 en cas de condamnation prononcée pour les délits prévus par cet article concerne le crédit de réduction de peine, les réductions de peines supplémentaires et dont le condamné aurait pu bénéficier au titre de la condamnation prononcée pour ces infractions et a pu bénéficier au titre de la condamnation en vertu de laquelle le prélèvement devait être effectué. Cette condamnation interdit l'octroi de nouvelles réductions de peine.

Le ministère public donne les instructions nécessaires au greffe de l'établissement pénitentiaire pour que ce retrait soit pris en compte et que soit déterminée la nouvelle date de libération du condamné.

La juridiction ayant prononcé la condamnation pour les délits prévus à l'article 706-56 peut, dans sa décision, relever en tout ou partie le condamné du retrait des crédits de réduction de peine concernant les condamnations mentionnées au premier alinéa, conformément aux dispositions de l'article 132-21 du Code pénal.

Ce relèvement peut également être ordonné après la condamnation, en application des dispositions de l'article 703 du présent code.

Les relèvements prévus par les deux alinéas précédents peuvent être ordonnés à la demande du condamné, ainsi que sur réquisitions du procureur de la République, notamment si ce dernier estime qu'il convient que le condamné continue de bénéficier du crédit de réduction de peine concernant les condamnations mentionnées au premier alinéa afin de pouvoir faire l'objet, le cas échéant, d'une surveillance judiciaire.

Section VII. – Du placement à l'extérieur, du régime de semi-liberté, du placement sous surveillance électronique et des permissions de sortir

(Mod., D. n° 2009-420, 15 avr. 2009)

Art. D. 118 *(Mod., D. n° 2016-1222, 14 sept. 2016)*. **– Indépendamment des cas où il est procédé à leur extraction ou à leur transfèrement et des cas où ils sont chargés d'exécuter des corvées sous la surveillance directe et constante du personnel, des condamnés peuvent se trouver en dehors des établissements pénitentiaires dans les hypothèses des articles 723, 723-3 et 723-7 qui prévoient soit le placement à l'extérieur et l'admission au régime de semi-liberté, soit les permissions de sortir et le placement sous surveillance électronique.**

§ 1. – Dispositions communes

Art. D. 119 *(Abr., D. n° 2000-1213, 13 déc. 2000 ; rétabli dans la version suivante à compter du 24 mars 2020, D. n° 2020-187, 3 mars 2020)*. **– Dans les cas prévus par les articles 723-1 et 723-7, les mesures d'aménagement de la peine sous le régime de la semi-liberté, du placement extérieur ou de la détention à domicile sous surveillance électronique peuvent être ordonnées par le juge de l'application des peines, conformément aux dispositions du deuxième alinéa du II et du III de l'article 707, au regard de l'évolution de la personnalité et de la situation matérielle, familiale et sociale de la personne condamnée, et notamment lorsque cet aménagement est justifié pour permettre à celle-ci :**

1° D'exercer une activité professionnelle, même temporaire, de suivre un stage, un enseignement ou une formation professionnelle, ou de rechercher un emploi ;

2° De participer à la vie de sa famille ;

3° De suivre un traitement médical ;

4° D'assurer sa réadaptation sociale du fait de son implication dans tout autre projet d'insertion ou de réinsertion de nature à prévenir les risques de récidive.

Toutefois, conformément à l'article 720, lorsque la personne condamnée exécute une ou plusieurs peines privatives de liberté d'une durée totale inférieure ou égale à cinq ans et que la durée de la peine accomplie est au moins égale au double de la durée de la peine restant à subir, l'aménagement doit être ordonné, sauf s'il est impossible à mettre en œuvre au regard des exigences de l'article 707.

Art. D. 120 *(Mod., D. n° 98-1099, 8 déc. 1998 ; abr. à compter du 1er janvier 2001, D. n° 2000-1213, 13 déc. 2000)*.

Art. D. 121 *(Mod., D. n° 2010-1635, 23 déc. 2010)*. **– Les rémunérations des condamnés bénéficiant d'un contrat de travail dans les conditions définies au deuxième alinéa de l'article D. 433-1 sont versées directement par l'employeur sur un compte extérieur dont est titulaire le condamné, sauf prescriptions contraires du juge de l'application des peines.**

Les rémunérations des détenus exerçant une activité à l'extérieur de l'établissement, dans les conditions prévues par le premier alinéa de l'article D. 103, sont versées, sauf prescriptions contraires du juge de l'application des peines, à l'établissement pénitentiaire qui approvisionne le compte nominatif des détenus, en application des dispositions relatives à la répartition des produits du travail.

Art. D. 121-1 *(Mod., D. n° 2009-420, 15 avr. 2009).* – Les condamnés admis au régime de la semi-liberté, du placement à l'extérieur sans surveillance en application de l'article D. 136 ou du placement sous surveillance électronique en application de l'article 723-7 sont dispensés de la constitution du pécule de libération.

Ils demeurent redevables de la part réservée à l'indemnisation des parties civiles et aux créanciers d'aliments, sous réserve de prescriptions particulières déterminées par le juge de l'application des peines.

Art. D. 122 *(Mod., D. n° 2009-420, 15 avr. 2009).* – Par dérogation aux dispositions de l'article D. 318, les détenus bénéficiant d'une mesure de semi-liberté ou d'un placement à l'extérieur sans surveillance en application de l'article D. 136, d'un placement sous surveillance électronique en application de l'article 723-7 ou bénéficiaires d'une permission de sortir sont autorisés à détenir une somme d'argent leur permettant d'effectuer en dehors de l'établissement les dépenses nécessaires et, notamment, de payer les repas pris à l'extérieur d'utiliser des moyens de transport et de faire face à des frais médicaux éventuels.

Le chef de l'établissement apprécie, au moment de la sortie des intéressés, l'importance de la somme qui doit leur être remise, par prélèvement sur leur part disponible. Lorsqu'ils réintègrent l'établissement pénitentiaire, et à intervalles réguliers en ce qui concerne les semi-libres, les détenus doivent justifier des dépenses effectuées.

S'agissant des détenus bénéficiaires d'une permission de sortir, lorsque la somme rapportée est d'un montant supérieur à celui remis au départ, ce surplus est soumis à répartition dans les conditions fixées par les articles D. 320 à D. 320-3.

Art. D. 123 *(Mod., D. n° 2009-420, 15 avr. 2009).* – Les détenus autorisés à sortir d'un établissement en application des articles 723, 723-3 et 723-7 doivent être porteurs d'un document leur permettant de justifier de la régularité de leur situation.

Outre les renseignements d'état civil et d'anthropométrie utiles, ce document doit mentionner les lieux où les intéressés sont autorisés à se rendre ainsi que la date et l'heure auxquelles ils sont dans l'obligation de réintégrer l'établissement pénitentiaire ou le lieu d'assignation désigné par le juge de l'application des peines.

Il doit être produit à toute réquisition de l'autorité publique.

Art. D. 124 *(Mod., D. n° 2004-1364, 13 déc. 2004).* – Les condamnés qui se trouvent en dehors d'un établissement en vertu d'une des autorisations prévues aux articles 723 et 723-3 demeurent soumis à l'ensemble des règles disciplinaires relatives au régime des détenus de leur catégorie, sous la seule réserve des dérogations édictées à la présente section.

Toute inobservation de ces règles, tout manquement à l'obligation de bonne conduite, tout incident, doit être signalé au juge de l'application des peines. En cas d'urgence le chef de l'établissement peut faire procéder à la réintégration immédiate du détenu sauf à en rendre compte sans délai à ce magistrat.

Le juge d'application des peines doit alors statuer dans un délai de dix jours à compter de la réintégration du détenu sur l'éventuel retrait ou révocation de la mesure, conformément aux dispositions de l'article 712-6.

Les dispositions du présent article sont également applicables aux condamnés placés sous surveillance électronique.

Art. D. 125 *(Mod., D. n° 2009-420, 15 avr. 2009).* – Les détenus qui, bénéficiant d'une des autorisations prévues aux articles 723, 723-3 et 723-7, n'ont pas regagné l'établissement pénitentiaire ou le lieu d'assignation désigné par le juge de l'application des peines dans les délais fixés, doivent être considérés comme se trouvant en état d'évasion.

Les diligences prévues aux articles D. 280 et D. 283 doivent en conséquence être effectuées, et les intéressés, de même que ceux qui auraient tenté de se soustraire à l'obligation de réintégrer l'établissement pénitentiaire, encourent des sanctions disciplinaires sans préjudice des poursuites pénales qui pourraient être exercées en application de l'article 434-29 du Code pénal.

Art. D. 125-1 *(Mod., D. n° 2009-420, 15 avr. 2009).* – Les condamnés bénéficiant d'une mesure prise en application des articles 723 et 723-7, qui exercent une activité professionnelle dans les mêmes conditions que les travailleurs libres, sont affiliés au régime d'assurance maladie, vieillesse et accidents du travail dont ils relèvent au titre de cette activité.

La déclaration d'emploi est souscrite à la diligence et sous la responsabilité de l'employeur, conformément aux obligations qui lui incombent selon la nature de son entreprise.

§ 2. – Placement à l'extérieur sous surveillance du personnel pénitentiaire
(D. n° 98-1099, 8 déc. 1998)

Art. D. 126 *(Mod., D. n° 2010-1635, 23 déc. 2010).* – En application des dispositions du premier alinéa de l'article 723, les condamnés peuvent être employés en dehors d'un établissement pénitentiaire à des travaux contrôlés par l'administration.

Ces travaux, quelle qu'en soit la nature, peuvent être exécutés pour le compte d'une administration, d'une collectivité publique, d'une personne physique ou morale sous les régimes définis au premier alinéa de l'article 433-1.

Art. D. 127 *(Mod., D. n° 98-1099, 8 déc. 1998).* – L'ouverture d'un chantier de travail dans les conditions prévues à l'article D. 126 est subordonnée à l'accord du préfet si l'effectif des détenus est supérieur à trois. Dans les autres cas, il en est tenu informé.

Art. D. 128 *(Rempl., D. n° 98-1099, 8 déc. 1998 ; mod., D. n° 2007-1627, 16 nov. 2007).* – Peuvent être désignés pour être employés à des travaux à l'extérieur, s'ils présentent des garanties suffisantes pour la sécurité et l'ordre public, notamment au regard de leur personnalité, de leurs antécédents, de leur conduite en détention et des gages de réinsertion dont ils ont fait preuve :

1° Les détenus ayant à subir une durée d'incarcération inférieure ou égale à cinq ans et n'ayant pas été condamnés antérieurement à une peine privative de liberté supérieure à six mois ;

2° Les détenus remplissant les conditions de délai requises pour être proposés au bénéfice de la libération conditionnelle, quels que soient leurs antécédents et la durée de l'incarcération à subir ;

3° Les détenus remplissant les conditions de délai requises pour être admis à la semi-liberté.

4° Les condamnés pouvant faire l'objet d'un placement extérieur sans surveillance du personnel pénitentiaire, en application des dispositions de l'article D. 136.

Art. D. 129 *(Mod., D. n° 2010-1276, 27 oct. 2010).* – Les détenus placés à l'extérieur peuvent être soumis à l'une ou plusieurs des obligations ou interdictions mentionnées aux articles 131-36-2, 132-44, et 132-45 du Code pénal.

Art. D. 130 *(Mod., D. n° 98-1099, 8 déc. 1998).* – Les détenus placés à l'extérieur demeurent soumis à la surveillance effective du personnel pénitentiaire.

Celui-ci a la charge d'appliquer les prescriptions et règlements relatifs au régime disciplinaire, notamment en ce qui concerne les communications avec les tiers. L'employeur doit se conformer aux indications qui lui sont données à cet égard.

À la fin de chaque journée de travail, les détenus sont réintégrés à l'établissement pénitentiaire, à moins que, sur proposition de l'administration pénitentiaire, il n'en soit décidé autrement par le juge de l'application des peines.

Art. D. 131 *(Rempl., D. n° 98-1099, 8 déc. 1998).* – Le chef d'établissement pénitentiaire doit s'assurer de la stricte application des consignes données au personnel de surveillance pour l'application des dispositions de l'article D. 130.

Art. D. 132 *(Abr., D. n° 98-1099, 8 déc. 1998).*

Art. D. 133 *(Mod., D. n° 2000-1213, 13 déc. 2000).* – Le chef d'établissement a qualité pour accorder une concession pour une durée égale ou inférieure à trois mois ou concernant un effectif égal ou inférieur à cinq détenus.

Les concessions envisagées pour une durée supérieure à trois mois ou pour un effectif supérieur à cinq détenus font l'objet d'un contrat qui en fixe les conditions particulières, notamment en ce qui concerne l'effectif et la rémunération des détenus et la durée de la concession. Ce contrat est signé par le représentant de l'entreprise concessionnaire et le directeur régional des services pénitentiaires.

[Ainsi qu'il est dit à l'article D. 119]. Il ne peut recevoir effet à l'égard du placement de chaque détenu qu'après autorisation du juge de l'application des peines.

Art. D. 134 *(Mod., D. n° 98-1099, 8 déc. 1998).* – Les prix payés pour le travail des détenus doivent être égaux aux salaires et aux accessoires de salaires des travailleurs libres de la même catégorie placés dans les mêmes conditions de tâche et de lieu, déduction faite des frais particuliers pouvant incomber à l'employeur.

Art. D. 135 *(D. n° 85-836, 6 août 1985).* – Les détenus placés à l'extérieur sont soumis aux mêmes horaires et conditions de travail que les travailleurs libres de même profession.

§ 3. – Placement à l'extérieur sans surveillance du personnel pénitentiaire
(D. n° 98-1099, 8 déc. 1998)

Art. D. 136 *(Mod., D. n° 2010-1276, 27 oct. 2010).* – Peuvent être autorisés soit à travailler à l'extérieur, soit à y suivre un enseignement, un stage, un emploi temporaire en vue de leur insertion sociale, une formation professionnelle ou faire l'objet d'une prise en charge sanitaire, sans être soumis à la surveillance continue du personnel pénitentiaire :

1° Les condamnés dont la peine restant à subir n'excède pas deux ans ou un an s'ils sont en état de récidive légale ;

2° Les condamnés admis au bénéfice de la libération conditionnelle, sous la condition d'avoir été soumis à titre probatoire au régime du placement à l'extérieur ;

3° Les condamnés qui remplissent les conditions de délai requises pour être proposés au bénéfice de la libération conditionnelle et dont la peine restant à subir n'excède pas trois ans.

Le juge de l'application des peines détermine les conditions particulières de l'exécution de la mesure suivant la nature de l'activité ou de la prise en charge sanitaire, et la personnalité du condamné.

Il peut en outre subordonner l'octroi ou le maintien de la mesure à l'une ou plusieurs des obligations et interdictions mentionnées aux articles 131-36-2, 132-44 et 132-45 du Code pénal.

L'employeur ou le directeur de l'établissement de formation ou de soins doit informer sans délai le représentant qualifié de l'administration pénitentiaire de tout incident concernant le détenu, notamment de toute absence quelle qu'en soit la durée.

§ 4. – Régime de semi-liberté

Art. D. 137 *(Rétabli, D. n° 98-1099, 8 déc. 1998).* – Les condamnés admis au régime de la semi-liberté en application des dispositions des articles 132-25 du Code pénal et 723-1 du Code de procédure pénale s'engagent à respecter les conditions de bonne tenue et d'assiduité au travail, la participation effective à l'activité et le suivi du traitement médical.

Le juge de l'application des peines détermine les jours et heures de sortie et de retour, les conditions particulières propres à la nature de l'activité ou du traitement et à la personnalité du condamné.

Art. D. 138 *(Mod., D. n° 2010-1276, 27 oct. 2010).* – Le maintien de la semi-liberté peut être subordonné à l'une ou plusieurs des obligations ou interdictions mentionnées aux articles 131-36-2, 132-44 et 132-45 du Code pénal, que le juge de l'application des peines peut modifier ou compléter au cours de l'exécution de la mesure conformément aux dispositions de l'article 712-8.

Art. D. 139 *(Abr., D. n° 98-1099, 8 déc. 1998).*

Art. D. 140 *(Abr., D. n° 80-227, 27 mars 1980).*

Art. D. 141 *(Abr., D. n° 93-193, 8 févr. 1993).*

§ 5. – Permissions de sortir

A. – Dispositions communes
(D. n° 2016-1222, 14 sept. 2016)

Art. D. 142 *(Mod., D. n° 2020-1640, 21 déc. 2020).* – La permission de sortir est accordée pour une ou plusieurs sorties. Elle autorise le condamné à se rendre en un lieu situé sur le territoire national. Elle peut être assortie d'une ou plusieurs conditions, et notamment des obligations prévues aux articles 131-36-2, 132-44 et 132-45 du Code pénal. La permission de sortir peut être assortie de l'interdiction faite au condamné d'entrer en relation avec la victime de l'infraction, ou de paraître dans les lieux où celle-ci se trouve habituellement, notamment en cas de crime ou de délit relevant de l'article 132-80 du Code pénal. Si le condamné fait l'objet d'une interdiction d'entrer en relation avec une personne, de fréquenter certains condamnés ou de paraître en certains lieux, prononcée en application de l'article 138 du présent code ou des articles 131-6, 131-10 ou 132-45 du Code pénal, y compris à l'occasion d'un suivi-socio-judiciaire, d'un sursis probatoire ou d'une peine principale ou complémentaire, la permission de sortir est de plein droit assortie de ces interdictions. Ces dernières peuvent être rappelées dans la décision accordant la permission de sortir. Il en est de même si la personne fait l'objet de ces interdictions en application d'une ordonnance de protection prévue par l'article 515-11 du Code civil.

Un délai de route peut être accordé au bénéficiaire de la permission de sortir ; il est calculé en fonction de la durée du trajet et des horaires des moyens de transport utilisés.

Le juge de l'application des peines peut ordonner le retrait d'une permission de sortir et la réincarcération immédiate du condamné si les conditions qui ont permis l'octroi de celle-ci ne sont plus réunies, si le condamné ne satisfait pas aux obligations qui lui sont imposées ou s'il fait preuve de mauvaise conduite. Ce retrait peut, pour les mêmes motifs, être ordonné avant la mise à exécution de la permission.

Le juge peut à cette fin décerner un mandat d'amener ou d'arrêt en application des dispositions de l'article 712-17.

Les décisions prévues au troisième alinéa peuvent être prises tant par le juge de l'application des peines que par le chef d'établissement lorsque c'est ce dernier qui a octroyé la permission de sortir en application du troisième alinéa de l'article 723-3 et de l'article D. 142-3-1.

Art. D. 142-1 *(D. n° 2016-1222, 14 sept. 2016).* – Les personnes condamnées ne peuvent bénéficier de permission de sortir en cours d'exécution d'une période de sûreté.

Art. D. 142-2 *(D. n° 2016-1222, 14 sept. 2016).* – En cas d'appel d'une ordonnance statuant sur une demande de permission de sortir, le président de la chambre de l'application des peines qui confirme l'octroi ou infirme le rejet de celle-ci peut, si la date prévue pour la permission est dépassée lorsqu'il statue sur l'appel, décider d'une autre date ou décider qu'une nouvelle date sera fixée par le juge de l'application des peines ou, conformément aux dispositions de l'article D. 144, par le directeur du service pénitentiaire d'insertion et de probation.

Art. D. 142-3 *(D. n° 2016-1222, 14 sept. 2016).* – Le détenu bénéficiaire d'une permission de sortir doit supporter les frais occasionnés par son séjour hors de l'établissement et notamment le coût des moyens de transport qu'il serait éventuellement obligé d'utiliser.

En conséquence, aucune permission de sortir ne peut être accordée si une somme suffisante ne figure pas à la part disponible du condamné ou si l'intéressé ne justifie pas de possibilités licites d'hébergement et de transport.

Art. D. 142-3-1 *(D. n° 2020-91, 6 févr. 2020).* – Lorsque le juge de l'application des peines a accordé à la personne condamnée une permission de sortir, en application des articles D. 143 à D. 145, les permissions de sortir ultérieures prévues par ces mêmes articles peuvent être accordées par le chef d'établissement pénitentiaire, conformément au troisième alinéa de l'article 723-3.

Le cas échéant, le juge de l'application des peines fixe les obligations et interdictions des articles 132-44 et 132-45 du Code pénal qui s'appliqueront pour les permissions de sortir ainsi prononcées. Il est également compétent pour les modifier ou ordonner leur mainlevée selon les mêmes formes.

Le juge de l'application des peines peut décider dans la décision octroyant une permission de sortir que les dispositions du troisième alinéa de l'article 723-3 ne sont pas applicables. Suivant les mêmes formes, le juge de l'application des peines peut ordonner ultérieurement soit d'office, soit à la demande du procureur de la République ou du chef d'établissement que ces dispositions ne sont plus applicables. Ces décisions constituent des mesures d'administration judiciaire insusceptibles de recours.

Le chef d'établissement qui accorde une permission de sortir en application des dispositions du présent article statue après avis écrit du service pénitentiaire d'insertion de probation. Il informe immédiatement le juge de l'application des peines et le parquet compétents de sa décision.

Si le chef d'établissement refuse l'octroi de la permission de sortir, il informe le condamné que cette décision ne peut faire l'objet d'aucun recours, mais que celui-ci peut saisir le juge de l'application des peines d'une même demande de permission.

Lorsqu'il est saisi d'une demande relevant des dispositions du dernier alinéa de l'article 723-3, le chef d'établissement doit statuer au plus tard dans un délai de deux mois suivant le dépôt de la demande dans les conditions prévues par l'article D. 49-11. À défaut, le condamné peut directement saisir le juge de l'application des peines dans les mêmes formes.

B. – Permissions de sortir en vue de préparer la réinsertion professionnelle ou sociale et permissions de sortir en vue du maintien des liens familiaux

Art. D. 143 *(Rempl., D. n° 2016-1222, 14 sept. 2016)*. – Les personnes condamnées incarcérées dans une maison d'arrêt, une maison centrale, un centre de semi-liberté et, lorsqu'elles sont majeures, dans un établissement pénitentiaire spécialisé pour mineurs peuvent bénéficier de permissions de sortir d'une durée maximale de trois jours en vue du maintien des liens familiaux ou de la préparation de la réinsertion professionnelle ou sociale dans les cas suivants :

1° Lorsqu'elles exécutent une ou plusieurs peines privatives de liberté d'une durée totale n'excédant pas un an ;

2° Lorsqu'elles ont exécuté la moitié de la peine et qu'elles n'ont plus à subir qu'un temps de détention inférieur à trois ans ;

3° Lorsque le juge ou le tribunal de l'application des peines ont, en application du 1° de l'article D. 535 et selon la procédure prévue aux articles 712-6 ou 712-7, décidé de subordonner l'octroi de la libération conditionnelle à la condition d'avoir bénéficié d'une ou plusieurs permissions de sortir.

Art. D. 143-1 *(Rempl., D. n° 2016-1222, 14 sept. 2016)*. – Les personnes condamnées incarcérées dans les centres de détention peuvent bénéficier des permissions de sortir prévues à l'article D. 143, lorsqu'elles ont exécuté le tiers de leur peine.

À leur égard, la durée de ces permissions peut être portée à cinq jours et, une fois par an, à dix jours.

Art. D. 143-2 *(D. n° 2016-1222, 14 sept. 2016 ; D. n° 2022-339, 10 mars 2022)*. – Les personnes condamnées incarcérées dans les structures d'accompagnement vers la sortie peuvent bénéficier des permissions de sortir prévues à l'article D. 143 sans condition de délai.

À leur égard, la durée de ces permissions peut être portée à cinq jours.

Avertissement : Conformément à l'article 3 du décret n° 2022-339 du 10 mars 2022, ces dispositions entrent en vigueur le lendemain de leur publication au *Journal officiel de la République française*. Toutefois, les centres pénitentiaires comportant un quartier pour peines aménagées demeurent soumis aux dispositions des articles D. 70, D. 72-1, D. 80, D. 81, D. 82-2 D. 86 et D. 143-2 du Code de procédure pénale dans leur rédaction antérieure au présent décret jusqu'à la suppression de ces quartiers par arrêté du garde des sceaux, ministre de la justice, au plus tard le 31 décembre 2023.

Rédaction antérieure. Art. D. 143-2 *(D. n° 2016-1222, 14 sept. 2016)*. – Les personnes condamnées incarcérées dans les centres pour peines aménagées peuvent bénéficier des permissions de sortir prévues à l'article D. 143 sans condition de délai.

À leur égard, la durée de ces permissions peut être portée à cinq jours.

Art. D. 142-3-1 *(Créé, D. n° 2020-91, 6 févr. 2020)*. – Lorsque le juge de l'application des peines a accordé à la personne condamnée une permission de sortir, en application des articles D. 143 à D. 145, les permissions de sortir ultérieures prévues par ces mêmes articles peuvent être accordées par le chef d'établissement pénitentiaire, conformément au troisième alinéa de l'article 723-3.

Le cas échéant, le juge de l'application des peines fixe les obligations et interdictions des articles 132-44 et 132-45 du Code pénal qui s'appliqueront pour les permissions de sortir ainsi prononcées. Il est également compétent pour les modifier ou ordonner leur mainlevée selon les mêmes formes.

Le juge de l'application des peines peut décider dans la décision octroyant une permission de sortir que les dispositions du troisième alinéa de l'article 723-3 ne sont pas applicables. Suivant les mêmes formes, le juge de l'application des peines peut ordonner ultérieurement soit d'office, soit à la demande du procureur de la République ou du chef d'établissement que ces dispositions ne sont plus applicables. Ces décisions constituent des mesures d'administration judiciaire insusceptibles de recours.

Le chef d'établissement qui accorde une permission de sortir en application des dispositions du présent article statue après avis écrit du service pénitentiaire d'insertion de probation. Il informe immédiatement le juge de l'application des peines et le parquet compétents de sa décision.

Si le chef d'établissement refuse l'octroi de la permission de sortir, il informe le condamné que cette décision ne peut faire l'objet d'aucun recours, mais que celui-ci peut saisir le juge de l'application des peines d'une même demande de permission.

Lorsqu'il est saisi d'une demande relevant des dispositions du dernier alinéa de l'article 723-3, le chef d'établissement doit statuer au plus tard dans un délai de deux mois suivant le dépôt de la demande dans les conditions prévues par l'article D. 49-11. À défaut, le condamné peut directement saisir le juge de l'application des peines dans les mêmes formes.

Art. D. 143-3 *(D. n° 2016-1222, 14 sept. 2016).* – Des permissions de sortir peuvent être accordées, ponctuellement ou à titre habituel, les samedis, dimanches et jours fériés ou chômés aux personnes condamnées admises au régime de la semi-liberté ou bénéficiant d'un placement à l'extérieur en application de l'article D. 136 ainsi qu'aux personnes condamnées placées sous surveillance électronique.

Art. D. 143-4 *(D. n° 2016-1222, 14 sept. 2016).* – Des permissions de sortir d'une durée n'excédant pas la journée peuvent être accordées dans les cas suivants aux personnes condamnées à une ou plusieurs peines privatives de liberté d'une durée totale n'excédant pas cinq ans ainsi qu'aux personnes condamnées à une ou plusieurs peines privatives de liberté d'une durée totale supérieure à cinq ans lorsque ces dernières ont exécuté la moitié de leur peine :

1° Présentation des personnes détenues prochainement libérables ou susceptibles d'être admises au bénéfice de la libération conditionnelle ou de la libération sous contrainte ou au régime de semi-liberté ou de placement sous surveillance électronique ou à l'extérieur en application de l'article D. 136, à leurs éventuels employeur ou auprès d'une structure de formation professionnelle, de stage ou d'enseignement ;

2° Présentation aux épreuves d'un examen dans les conditions prévues aux articles D. 436-3 et D. 438-2 ;

3° Présentation à une structure de soins ;

4° Sorties pour la pratique d'activités culturelles ou sportives organisées ;

5° Exercice par le condamné de son droit de vote.

Art. D. 143-5 *(D. n° 2016-1222, 14 sept. 2016).* – Des permissions de sortir d'une durée maximale de trois jours peuvent être accordées à l'occasion de la maladie grave ou du décès d'un membre de leur famille proche, ou de la naissance de leur enfant, d'une part, aux personnes condamnées à une ou plusieurs peines privatives de liberté d'une durée totale n'excédant pas cinq ans et, d'autre part, aux personnes condamnées à une ou plusieurs peines privatives de liberté d'une durée totale supérieure à cinq ans lorsqu'elles ont exécuté la moitié de leur peine.

Art. D. 144 *(D. n° 2016-1222, 14 sept. 2016).* – Lorsque le juge de l'application des peines accorde une permission de sortir en vue de la préparation de la réinsertion professionnelle ou sociale de la personne condamnée, il peut dans son ordonnance décider que la date et les modalités d'exécution de la permission seront fixées par le directeur du service pénitentiaire d'insertion et de probation, après avis du chef de l'établissement pénitentiaire.

Le juge de l'application des peines peut, dans la même ordonnance, accorder plusieurs permissions de sortir en faisant application des dispositions du présent article.

Les dispositions du présent article sont également applicables aux permissions de sortir accordées en vue du maintien des liens familiaux lorsque la durée de la peine restant à exécuter est inférieure ou égale à un an.

Pour l'application des dispositions du présent article, le directeur du service pénitentiaire d'insertion et de probation peut déléguer sa signature et ses pouvoirs à un directeur d'insertion et de probation.

C. – Permissions de sortir en vue de l'accomplissement d'une obligation exigeant la présence du condamné

Art. D. 145 *(Rempl., D. n° 2016-1222, 14 sept. 2016).* – Une permission de sortir d'une durée n'excédant pas la journée peut être accordée en vue de l'accomplissement d'une obligation exigeant la présence de la personne condamnée à une ou plusieurs peines privatives de liberté d'une durée totale n'excédant pas cinq ans ou à une ou plusieurs peines privatives de liberté d'une durée totale supérieure à cinq ans lorsqu'elle a exécuté la moitié de sa peine, dans les cas suivants :

1° La personne condamnée ne peut être représentée auprès de l'organisme et ce dernier est dans l'impossibilité d'intervenir au sein de l'établissement pénitentiaire ;

2° La personne condamnée est convoquée devant une juridiction judiciaire ou administrative et les conditions de la visioconférence ne sont pas réunies.

D. – Dispositions spécifiques applicables aux mineurs

Art. D. 146 *(Rempl., D. n° 2016-1222, 14 sept. 2016 ; abr., D. n° 2021-683, 27 mai 2021).*

Section VII *bis*. – Autorisation de sortie sous escorte

(D. n° 2016-1222, 14 sept. 2016)

Art. D. 147 *(Rempl., D. n° 2016-1222, 14 sept. 2016 ; mod., D. n° 2019-508, 24 mai 2019 ; D. n° 2021-683, 27 mai 2021).* – Toute personne détenue, au sens de l'article D. 50, peut faire l'objet, à titre exceptionnel et pour un temps déterminé, d'une autorisation de sortie sous escorte, conformément aux dispositions de l'article 148-5 ou de l'article 723-6.

Lorsque la personne est en détention provisoire, cette autorisation est délivrée, en toute matière et en tout état de la procédure d'instruction, par le juge d'instruction.

Lorsque la juridiction de jugement est saisie, cette autorisation est délivrée par le procureur de la République ou le procureur général.

L'éligibilité de la personne condamnée détenue à une permission de sortir, au regard des conditions prévues aux articles D. 143 à D. 145, n'est pas un obstacle au prononcé d'une autorisation de sortie sous escorte.

La juridiction de l'application des peines, le juge d'instruction ou le magistrat du parquet compétent peut ordonner le retrait de l'autorisation de sortie sous escorte si les motifs ayant justifié son octroi ne sont plus réunis ou si la personne détenue fait preuve de mauvaise conduite.

Les services de police ou de gendarmerie ou les membres de l'administration pénitentiaire qui sont en charge, selon la répartition définie à l'article D. 315, de l'escorte de la personne détenue à laquelle a été accordée une autorisation de sortie en application du présent article ou des articles 148-5 et 723-6 peuvent être dispensés du port de l'uniforme.

Section VIII. – De la suspension de peine prévue par l'article 720-1-1

(D. n° 2002-619, 26 avr. 2002)

Art. D. 147-1 *(Mod., D. n° 2004-1364, 13 déc. 2004).* – Le condamné dont la peine est suspendue en application de l'article 720-1-1 est placé sous la surveillance du juge de l'application des peines territorialement compétent en application des dispositions de l'article 712-10, assisté du service pénitentiaire d'insertion et de probation.

Art. D. 147-2 *(Mod., D. n° 2010-1277, 27 oct. 2010).* – La juridiction, qui, en application, selon les cas, des articles 712-6, 712-7 ou 712-13, accorde cette suspension de peine, peut prévoir que le condamné sera soumis à l'une ou plusieurs des obligations suivantes, destinées notamment à permettre de vérifier que les conditions prévues par le premier alinéa de l'article 720-1-1 demeurent remplies :

1° Établir sa résidence ou être hospitalisé dans un lieu ou un établissement déterminé par la juridiction ;

2° Tenir le juge de l'application des peines informé de son lieu de résidence ou d'hospitalisation et l'informer de toute modification ;

3° Fixer sa résidence ou son lieu d'hospitalisation dans les limites territoriales déterminées par la juridiction ;

4° Ne pas sortir des limites territoriales déterminées par la juridiction et, le cas échéant, remettre son passeport ;

5° Se soumettre à toute expertise médicale ordonnée par le juge de l'application des peines ;

6° Recevoir les visites du travailleur social du service pénitentiaire d'insertion et de probation et lui communiquer les renseignements ou documents de nature à permettre le contrôle de l'exécution de ses obligations ;

7° Répondre aux convocations du juge de l'application des peines ou du travailleur du service pénitentiaire d'insertion et de probation si son état de santé lui permet de se déplacer ;

8° S'abstenir d'entrer en relation de quelque manière que cela soit avec les victimes de l'infraction pour laquelle il est condamné ;

9° Lorsque la condamnation concerne l'une des infractions mentionnées à l'article 706-47, s'abstenir de fréquenter ou d'entrer en relation avec certaines personnes ou certaines catégories de personnes et notamment des mineurs, à l'exception, le cas échéant, de ceux désignés par la décision.

La juridiction peut également ordonner que le condamné sera soumis à l'une ou plusieurs des obligations ou interdictions mentionnées aux articles 131-36-2, 132-44 et 132-45 du Code pénal. Elle peut également ordonner une injonction de soins conformément aux dispositions de l'article 131-36-4 du Code pénal.

Art. D. 147-3 *(D. n° 2002-619, 26 avr. 2002)*. – Le relèvement ou la modification des obligations peut être ordonné, après avis du service pénitentiaire d'insertion et de probation, par le juge de l'application des peines.

Art. D. 147-4 *(D. n° 2002-619, 26 avr. 2002 ; rempl., D. n° 2004-1364, 13 déc. 2004 ; mod. à compter du 27 décembre 2014, D. n° 2014-1582, 23 déc. 2014)*. – En application du septième alinéa de l'article 720-1-1, le juge de l'application des peines peut mettre fin à la suspension de peine si les obligations fixées par la décision ne sont pas respectées, après le débat contradictoire prévu à l'article 712-6.

Il peut délivrer à cette fin les mandats prévus par l'article 712-17.

Art. D. 147-5 *(Mod., D. n° 2006-385, 30 mars 2006)*. – À tout moment, le procureur de la République peut saisir le juge de l'application des peines afin qu'il ordonne une expertise médicale pour vérifier si le condamné remplit toujours les critères prévus à l'article 720-1-1 (1).

Il peut en outre le saisir pour qu'il ordonne l'expertise exigée par l'avant-dernier alinéa de l'article 720-1-1.

Section IX. – Procédure d'aménagement de peine applicable aux condamnés libres

(Sect. mod. à compter du 1er janvier 2015, D. n° 2014-1582, 23 déc. 2014)

Art. D. 147-6 *(Rempl., D. n° 2010-1276, 27 oct. 2010)*. – Les modalités d'application des dispositions des articles 723-15 à *(Référence rempl. à compter du 1er janvier 2015, D. n° 2014-1582, 23 déc. 2014)* « 723-18 » sont fixées par les dispositions de la présente section.

Art. D. 147-7 *(Rempl., D. n° 2010-1276, 27 oct. 2010 ; mod. à compter du 1er janvier 2015, D. n° 2014-1582, 23 déc. 2014)*. – En cas de cumul de condamnations dont l'une au moins a été prononcée pour des faits commis en état de récidive légale, il est fait application de ces dispositions uniquement si le total des peines d'emprisonnement prononcées ou restant à subir est inférieur ou égal à un an.

Art. D. 147-8 *(Rempl., D. n° 2010-1276, 27 oct. 2010)*. – La libération conditionnelle ne peut être accordée en application des dispositions des articles 723-15 à *(Référence rempl. à compter du 1er janvier 2015, D. n° 2014-1582, 23 déc. 2014)* « 723-18 » que lorsque sont réunies les conditions prévues par les articles 723-1 et 723-7 si une mesure probatoire est prononcée, ou à défaut, lorsque sont réunies les conditions prévues par les articles 729 et suivants, et notamment les temps d'épreuve prévus par ces articles.

Art. D. 147-9 *(Rempl., D. n° 2010-1276, 27 oct. 2010)*. – Lorsqu'il n'a pas été fait application des dispositions prévues aux articles 474 et D. 48-2, les convocations prévues à l'article 723-15 sont délivrées par le juge de l'application des peines et par le service pénitentiaire d'insertion et de probation. Le condamné est convoqué en premier lieu devant le juge de l'application des peines, puis devant le service pénitentiaire d'insertion et de probation.

Toutefois, compte tenu de l'organisation du service de l'application des peines et du service pénitentiaire d'insertion et de probation, le juge de l'application des peines peut, au regard notamment du quantum de la peine prononcée, de la nature des faits et des antécédents du condamné, décider que le condamné est convoqué :

1° Soit en premier lieu devant le service pénitentiaire d'insertion et de probation, puis devant le juge de l'application des peines ;

---

(1) Pour les suspensions en cours à la date du 14 décembre 2005, l'expertise médicale semestrielle prévue par l'avant-dernier alinéa de l'article doit intervenir dans un délai de six mois à compter de la publication du présent décret *(D. n° 2006-385, 30 mars 2006, art. 19, II)*.

2° Soit uniquement devant le juge de l'application des peines, la convocation devant le service pénitentiaire d'insertion et de probation étant le cas échéant faite par le juge de l'application des peines après la présentation du condamné devant ce magistrat.

Art. D. 147-9-1 *(Abr., D. n° 2010-1276, 27 oct. 2010).*

Art. D. 147-10 *(Rempl., D. n° 2010-1276, 27 oct. 2010).* – Si le condamné réside dans un autre ressort que celui de la juridiction ayant prononcé la condamnation, le ministère public près cette juridiction communique directement une copie de la ou des décisions au juge de l'application des peines territorialement compétent. Celui-ci délivre alors la ou les convocations prévues par l'article 723-15.

Art. D. 147-11 *(Rempl., D. n° 2010-1276, 27 oct. 2010).* – Le non-respect des délais d'un mois et de quarante-cinq jours prévus par l'article 723-15 ne constitue pas une cause de nullité des convocations du condamné devant le juge de l'application des peines ou devant le service pénitentiaire d'insertion et de probation.

Art. D. 147-12 *(Rempl., D. n° 2010-1276, 27 oct. 2010).* – Si le condamné a déjà été écroué en détention provisoire, le juge de l'application des peines qui reçoit la copie de la décision en application de l'article 723-15 examine la situation de l'intéressé au regard du crédit de réduction de peine dont il bénéficie pour l'intégralité de la peine et des éventuelles réductions de peine supplémentaires susceptibles de lui être octroyées sur la partie de la condamnation subie en détention provisoire.

Il statue alors sans l'avis préalable de la commission de l'application des peines, mais, sauf urgence ou impossibilité, après avis du chef d'établissement dans lequel le condamné était écroué et au vu d'une synthèse socio-éducative établie par le service pénitentiaire d'insertion et de probation compétent de cet établissement.

Le chef d'établissement ou le procureur de la République peuvent saisir le juge de l'application des peines aux fins de retrait de tout ou partie du bénéfice du crédit de réduction de peine, en cas de mauvaise conduite du condamné pendant sa détention provisoire.

Si, du fait du crédit de réduction de peine et des réductions de peine éventuellement octroyées par le juge de l'application des peines, il ne reste plus aucun reliquat d'emprisonnement à accomplir, le juge de l'application des peines en informe le procureur de la République après avoir procédé aux formalités prévues par l'article D. 147-13.

Art. D. 147-13 *(Rempl., D. n° 2010-1276, 27 oct. 2010).* – Lorsque, du fait du crédit de réduction de peine et, le cas échéant, des réductions de peine supplémentaires octroyées par le juge de l'application des peines, il ne reste plus pour le condamné de reliquat de peine à exécuter, l'information prévue par le dernier alinéa de l'article 721 et par l'article D. 115-18 est faite par le juge de l'application des peines ou, sur instruction de ce dernier, par le service pénitentiaire d'insertion et de probation.

Cette information peut également être adressée au condamné par lettre recommandée.

Cette information peut également être faite par le procureur de la République ou, sur instruction de ce dernier, par son délégué, lorsque la copie du jugement n'a pas été adressée par ce magistrat au juge de l'application des peines.

Le point de départ du délai pendant lequel la commission d'une nouvelle infraction peut donner lieu au retrait du bénéfice du crédit de réduction de peine est celui de la date à laquelle la condamnation est devenue définitive.

Art. D. 147-14 *(Rempl., D. n° 2010-1276, 27 oct. 2010).* – Le procureur de la République peut faire application des dispositions de l'article 723-15 et de la présente sous-section pour des peines d'emprisonnement dont le reliquat restant à subir est supérieur à deux ans, ou un an si le condamné est en état de récidive légale, si, du fait de la détention provisoire exécutée par le condamné, et du total des crédits de réduction de peine et des réductions de peine supplémentaires susceptibles d'être octroyées conformément aux dispositions de l'article 723-18, il ne reste plus de reliquat de peine à exécuter.

Le procureur de la République peut également faire application des dispositions de l'article 723-15 et de la présente sous-section pour des peines d'emprisonnement dont le reliquat restant à subir est supérieur à deux ans, ou un an si le condamné est en état de récidive légale, si, du fait de la détention provisoire exécutée par le condamné, ce dernier est admissible à la libération conditionnelle.

Art. D. 147-15 *(Rempl., D. n° 2010-1276, 27 oct. 2010)*. – Les dispositions de l'article 712-21 ne sont pas applicables aux aménagements de peines décidés en application des articles 723-15 et suivants, sauf si le procureur de la République le requiert lorsqu'il saisit le juge de l'application des peines.

Art. D. 147-16 *(Rempl., D. n° 2010-1276, 27 oct. 2010)*. – Lorsque le condamné n'a pas formé de demande dans les formes prescrites par l'article D. 49-11, le juge de l'application des peines peut, conformément aux dispositions du premier alinéa de l'article 723-15-2, fixer la date d'incarcération après avoir convoqué le condamné et recueilli ses observations. Lorsque le juge refuse une mesure d'aménagement demandée par le condamné dans les formes prescrites par l'article D. 49-11, il peut fixer cette date à l'issue du débat contradictoire.

Art. D. 147-16-1 *(D. n° 2010-1276, 27 oct. 2010 ; mod. à compter du 27 décembre 2014, D. n° 2014-1582, 23 déc. 2014 ; mod. à compter du 24 mars 2020 pour les condamnations prononcées à compter de cette date, y compris si elles concernent des infractions commises avant cette date, D. n° 2020-81, 3 févr. 2020)*. – Sauf si le procureur de la République décide, si la situation particulière du condamné le justifie, de faire application des dispositions de l'article 723-15 et de la présente sous-section, celles-ci ne s'appliquent pas aux emprisonnements résultant d'une décision d'une juridiction de l'application des peines, notamment en cas de décision révoquant un sursis probatoire ou une libération conditionnelle.

Section X. – De la libération sous contrainte

(Sect. rempl. à compter du 1er janvier 2015, D. n° 2014-1582, 23 déc. 2014)

Art. D. 147-17 *(Créé à compter du 1er janvier 2015, D. n° 2014-1582, 23 déc. 2014 ; rempl. à compter du 1er juin 2019, D. n° 2019-508, 24 mai 2019)*. – Lorsqu'une personne condamnée exécute une ou plusieurs peines privatives de liberté d'une durée totale inférieure ou égale à cinq ans, l'administration pénitentiaire doit, au moins un mois avant que la durée de la peine accomplie soit égale au double de la durée de la peine restant à subir, ou, si la peine est inférieure ou égale à six mois, lors de sa mise sous écrou ou lorsque sa peine devient définitive, informer la personne qu'elle est susceptible de bénéficier d'une libération sous contrainte, sauf si elle s'y oppose, en lui faisant part, s'il y a lieu, de l'intérêt et de la faisabilité d'une telle mesure.

Art. D. 147-17-1 *(Créé à compter du 1er juin 2019, D. n° 2019-508, 24 mai 2019)*. – Le refus du condamné exprimé après l'information prévue à l'article D. 147-17 est constaté par le service pénitentiaire d'insertion et de probation qui en informe le juge de l'application des peines.

Art. D. 147-17-2 *(Créé à compter du 1er juin 2019, D. n° 2019-508, 24 mai 2019)*. – Si la personne n'a pas indiqué qu'elle refusait cette mesure, le service pénitentiaire d'insertion et de probation transmet en temps utile au juge de l'application des peines, avant la réunion de la commission de l'application des peines au cours de laquelle la situation de cette personne doit être examinée, son avis sur les éventuelles impossibilités à mettre en œuvre une des mesures au regard des exigences de l'article 707.

Art. D. 147-17-3 *(Créé à compter du 1er juin 2019, D. n° 2019-508, 24 mai 2019)*. – Il n'y pas lieu de faire application des dispositions des articles D. 147-17 à D. 147-17-2 lorsque la personne condamnée a déposé une requête en aménagement de peine pendante devant la juridiction de l'application des peines.

Art. D. 147-17-4 *(Créé à compter du 1er juin 2019, D. n° 2019-508, 24 mai 2019)*. – La décision de libération sous contrainte peut intervenir avant la date à laquelle la durée de la peine accomplie est au moins égale au double de la durée de la peine restant à subir, dès lors qu'elle précise que la mesure qui a été ordonnée n'est mise en œuvre qu'à compter de cette date.

Art. D. 147-17-5 *(Créé à compter du 1er juin 2019, D. n° 2019-508, 24 mai 2019)*. – Le service pénitentiaire d'insertion et de probation situé dans le ressort de l'établissement pénitentiaire où est incarcérée la personne faisant l'objet d'une libération sous contrainte remet ou fait remettre à celle-ci, au plus tard le jour de sa libération, un avis de convocation à comparaître devant le service pénitentiaire d'insertion et de probation territorialement compétent pour la suivre après sa sortie.

Le délai maximal de comparution est de cinq jours ouvrables à compter de la sortie de la personne.

Art. D. 147-18 *(Créé à compter du 1er janvier 2015, D. n° 2014-1582, 23 déc. 2014 ; rempl. à compter du 1er juin 2019, D. n° 2019-508, 24 mai 2019).* – En application du cinquième alinéa de l'article 720, le président de la chambre de l'application des peines de la cour d'appel peut être saisi par le condamné ou le procureur de la République ou se saisir d'office si le juge de l'application des peines n'a pas rendu de décision statuant sur la libération sous contrainte à compter du jour où la durée de la peine accomplie est égale au double de la durée de la peine restant à subir. La saisine par le condamné se fait par lettre recommandée avec accusé de réception ou selon les modalités prévues par l'article 503. Le président de la chambre de l'application des peines de la cour d'appel rend sa décision dans le mois de sa saisine.

Art. D. 147-19 *(Créé à compter du 1er janvier 2015, D. n° 2014-1582, 23 déc. 2014 ; rempl. à compter du 1er juin 2019, D. n° 2019-508, 24 mai 2019).* – La libération sous contrainte ne s'applique pas aux personnes en aménagement de peine sous écrou, sauf lorsqu'elles bénéficient d'un placement extérieur sous surveillance du personnel pénitentiaire dans les conditions définies aux articles D. 126 à D. 135.

Section X ancienne. – Modalités d'exécution des fins de peines d'emprisonnement en l'absence de tout aménagement de peine

(D. n° 2010-1278, 27 oct. 2010, en vigueur le 1er janv. 2011 ; implicitement abr., D. n° 2014-1582, 23 déc. 2014)

Art. D. 147-30-19 à D. 147-30-61 *(Implicitement abr., D. n° 2014-1582, 23 déc. 2014).*

Section XI. – Dispositions applicables à la surveillance judiciaire des personnes dangereuses condamnées pour crime ou délit

(D. n° 2006-385, 30 mars 2006)

Art. D. 147-31 *(Mod., D. n° 2010-1277, 27 oct. 2010).* – Les crimes et délits pour lesquels le suivi socio-judiciaire est encouru et qui sont susceptibles, conformément aux dispositions des articles 723-29 à 723-37, de donner lieu à la surveillance judiciaire d'un condamné dès lors que la peine privative de liberté prononcée est égale ou supérieure à sept ans sont :

1° Les crimes d'atteintes volontaires à la vie prévus par les articles 221-1 à 221-5-1 du Code pénal ;

2° Les crimes d'actes de tortures et de barbarie prévus par les articles 222-1 à 222-6 du Code pénal ;

3° Les crimes et délits de violence commis soit par le conjoint ou le concubin de la victime ou le partenaire lié à celle-ci par un pacte civil de solidarité, ou par son ancien conjoint, son ancien concubin ou l'ancien partenaire lié à celle-ci par un pacte civil de solidarité, soit sur un mineur de quinze ans par un ascendant légitime, naturel ou adoptif ou par tout autre personne ayant autorité sur la victime, prévus par les articles 222-8, 222-10, 222-12, 222-13 et 222-14 du Code pénal ;

4° Les menaces commises par le conjoint ou le concubin de la victime ou le partenaire lié à la victime par un pacte civil de solidarité ou par son ancien conjoint, son ancien concubin ou l'ancien partenaire lié à celle-ci par un pacte civil de solidarité, prévues par l'article 222-18-3 du Code pénal ;

5° Les crimes de viols prévus par les articles 222-23 à 222-26 du Code pénal ;

6° Les délits d'agressions sexuelles prévus par les articles 222-27 à 222-31 du Code pénal ;

7° Les crimes d'enlèvement et de séquestration prévus par les articles 224-1 à 224-5-2 du Code pénal ;

8° Les délits de corruption de mineurs et d'atteintes sexuelles sur mineur de 15 ans prévus par les articles 227-22, 227-22-1 deuxième alinéa, 227-23, 227-25 et 227-26 du Code pénal ;

9° Les destructions, dégradations et détériorations dangereuses pour les personnes prévues par les articles 322-6 à 322-10 du Code pénal, à l'exception de l'article 322-6-1 ;

10° *(Al. aj., D. n° 2016-1455, 28 oct. 2016)* Les délits de trafic d'armes prévus aux articles 222-52 à 222-59 du Code pénal ;

11° *(Al. aj., D. n° 2016-1455, 28 oct. 2016)* Les crimes et délits terroristes prévus aux articles 421-1 à 421-6 du Code pénal.

Art. D. 147-31-1 *(D. n° 2010-1277, 27 oct. 2010).* – Les personnes relevant des dispositions de l'article D. 147-31 ne peuvent pas être placées sous surveillance judiciaire :

1° Si elles ont été condamnées à un suivi socio-judiciaire, sauf si cette condamnation a été prononcée pour des faits commis avant le 13 décembre 2005, conformément aux dispositions du dernier alinéa de l'article 41 de la loi n° 2005-1549 du 12 décembre 2005 relative au traitement de la récidive des infractions pénales ;

2° Si elles bénéficient d'une libération conditionnelle, la surveillance judiciaire peut toutefois être prononcée lorsque la libération conditionnelle s'est achevée à la suite d'une révocation totale ou partielle.

§ 1. – Condamnés susceptibles de faire l'objet d'une surveillance judiciaire

Art. D. 147-32 *(D. n° 2006-385, 30 mars 2006 ; mod., D. 2010-1277, 27 oct. 2010 ; mod. à compter du 1er janvier 2012, D. n° 2011-1986, 28 déc. 2011).* – Au début de chaque mois, le greffe de l'établissement pénitentiaire transmet au procureur de la République, aux fins d'un éventuel placement sous surveillance judiciaire, copie de la fiche pénale [des] personnes condamnées à une peine privative de liberté supérieure ou égale à sept ans, ou, si la personne a été condamnée pour des faits commis en récidive, à cinq ans, et dont la libération doit intervenir entre le sixième et le douzième mois qui suit.

Une copie de cette transmission est adressée pour information au juge de l'application des peines.

Lorsqu'il s'agit d'un condamné dont la libération conditionnelle a été révoquée, notamment en cas de révocation partielle, les transmissions prévues par le présent article sont réalisées sans délai dans les cas où il reste moins de six mois jusqu'à la libération de la personne.

Art. D. 147-33 *(D. n° 2006-385, 30 mars 2006).* – Le procureur de la République vérifie s'il s'agit d'une personne condamnée pour un crime ou un délit mentionné à l'article D. 147-31 et à l'encontre de laquelle un suivi socio-judiciaire n'a pas été prononcé.

Lorsque tel est le cas, il vérifie auprès du juge de l'application des peines si un projet de libération conditionnelle est en cours d'examen.

Si aucune requête tendant à la libération conditionnelle n'est enregistrée au greffe du juge de l'application des peines, ou si, une telle requête étant déposée, le ministère public entend s'y opposer, le procureur de la République examine le dossier du condamné pour apprécier s'il convient de requérir le prononcé d'une surveillance judiciaire avant la libération de l'intéressé.

Art. D. 147-34 *(Rcmpl., D. n° 2010-1277, 27 oct. 2010).* – Afin d'apprécier la nécessité d'une surveillance judiciaire, le juge de l'application des peines et le procureur de la République peuvent, conformément aux dispositions de l'article 723-31, ordonner une expertise médicale, les dispositions de l'article 712-21 exigeant pour certains crimes une dualité d'expert n'étant pas applicable à cette expertise.

S'ils l'estiment opportun, ils peuvent également ordonner, conformément aux dispositions de l'article 723-31-1 de manière alternative ou cumulative :

– la réalisation par deux experts de l'expertise médicale prévue par l'article 723-31 ;

– le placement du condamné aux fins d'une évaluation pluridisciplinaire de dangerosité dans le Centre national d'évaluation ; la durée du placement, comprise entre deux et six semaines, est déterminée par l'administration pénitentiaire, au regard des informations relatives à la situation du condamné transmises par les autorités judiciaires préalablement au placement ;

– la saisine pour avis de la commission pluridisciplinaire des mesures de sûreté.

Lorsque le juge de l'application des peines ordonne une ou plusieurs de ces mesures, Il en informe le procureur de la République et lui transmet les conclusions de celles-ci.

Si une ou plusieurs de ces mesures sont ordonnées par le procureur de la République, il en informe de même le juge de l'application des peines et il lui en transmet les conclusions.

Art. D. 147-35 *(Rempl., D. n° 2010-1276, 27 oct. 2010).* – Si l'expertise ordonnée en application des dispositions de l'article 723-31 conclut à la dangerosité du condamné et constate un risque de récidive qui paraît avéré, le procureur requiert que le condamné soit placé sous surveillance judiciaire dès sa libération conformément aux dispositions de l'article 723-29 et transmet ses réquisitions au juge de l'application des peines aux fins de saisine du tribunal de l'application des peines.

Art. D. 147-36 *(D. n° 2006-385, 30 mars 2006 ; mod., D. n° 2007-1627, 16 nov. 2007).* – L'expertise prévue par l'article 723-31 peut ne pas être ordonnée si figure dans le dossier individuel du condamné une expertise datant de moins de deux ans, ordonnée le cas échéant à l'occasion d'une demande de libération conditionnelle, et qui conclut à la dangerosité du condamné et d'où il ressort qu'il existe un risque de récidive paraissant avéré.

Toutefois, s'il s'agit d'une personne condamnée pour des faits commis avant le 14 décembre 2005, elle peut demander une contre-expertise avant qu'il ne soit statué sur les réquisitions du ministère public par le tribunal de l'application des peines. Cette contre-expertise, qui est alors de droit, est ordonnée par le tribunal de l'application des peines, sauf si elle a été préalablement ordonnée par le procureur de la République.

§ 2. – Contenu et durée de la surveillance judiciaire

Art. D. 147-37 *(D. n° 2006-385, 30 mars 2006 ; mod., D. n° 2007-1627, 16 nov. 2007 ; D. n° 2010-1276, 27 oct. 2010).* – Conformément aux dispositions du dernier alinéa de l'article 723-29, la surveillance judiciaire comporte l'obligation de respecter l'injonction de soins prévue par l'article 131-36-4 du Code pénal lorsque l'expertise médicale prévue par l'article 723-31 ou par l'article D. 147-36 conclut que le condamné est susceptible de faire l'objet d'un traitement. Le tribunal de l'application des peines peut toutefois écarter cette obligation lorsque, conformément aux dispositions du dernier alinéa de l'article 723-29, le juge de l'application des peines a indiqué, en saisissant le tribunal en application de l'article D. 147-35, qu'une injonction de soins n'était pas nécessaire.

Si la surveillance judiciaire comporte une injonction de soins, les dispositions du suivi socio-judiciaire relatives à cette injonction sont applicables, sous réserve des dispositions spécifiques à la surveillance judiciaire.

Le condamné est alors avisé par le juge de l'application des peines, avant sa libération, qu'aucun traitement ne pourra être entrepris sans son consentement, mais que, s'il refuse les soins qui lui seront proposés, tout ou partie de la durée des réductions de peine dont il a bénéficié pourra lui être retiré.

Art. D. 147-37-1 *(D. n° 2007-1627, 16 nov. 2007 ; mod., D. n° 2010-1276, 27 oct. 2010).* – Si la surveillance judiciaire comporte un placement sous surveillance électronique mobile, le tribunal de l'application des peines ou le juge de l'application des peines avise le condamné, avant sa libération et l'installation du dispositif prévu par l'article 763-12, que ce placement ne peut être mis en œuvre sans son consentement, mais que, s'il le refuse ou manque à ses obligations, tout ou partie de la durée des réductions de peine dont il a bénéficié pourra lui être retiré.

Art. D. 147-37-2 *(D. n° 2007-1627, 16 nov. 2007).* – Le jugement prononçant une surveillance judiciaire doit fixer le lieu de résidence du condamné à compter de sa libération.

En cas de nécessité, cette résidence peut être fixée par le juge de l'application des peines après qu'a été rendu le jugement de surveillance judiciaire, dès lors que cette fixation intervient avant la date de libération.

Pour déterminer la résidence du condamné, le juge de l'application des peines peut, s'il y a lieu, procéder par voie de réquisitions, conformément aux dispositions de l'article 712-16.

Art. D. 147-38 *(D. n° 2010-1276, 27 oct. 2010).* – Lorsque le tribunal de l'application des peines est saisi par le procureur de la République aux fins de prononcer une surveillance judiciaire, il peut se prononcer par le même jugement, à la demande du juge de l'application des peines initialement saisi, sur une demande d'aménagement de peine relevant de la compétence de ce magistrat.

Art. D. 147-39 *(D. n° 2006-385, 30 mars 2006 ; mod., D. n° 2010-1276, 27 oct. 2010).* – Lorsque le tribunal de l'application des peines décide que la surveillance judiciaire portera sur la totalité du crédit de réduction de peine et des réductions supplémentaires de peine dont la personne a bénéficié et qui n'ont pas fait l'objet d'un retrait, le tribunal peut fixer dans sa décision la date à laquelle la surveillance judiciaire prendra fin et non la durée de cette mesure.

Art. D. 147-40 *(Rempl., D. n° 2007-1627, 16 nov. 2007).* – Au moins deux semaines avant la date de libération du condamné, une copie de tout ou partie du dossier individuel le concernant, comportant notamment la décision de placement sous surveillance judiciaire, est adressée au juge de l'application des peines du tribunal judiciaire dans le ressort duquel le condamné devra résider, afin de lui permettre de préparer la mise en œuvre de la surveillance judiciaire.

Art. D. 147-40-1 *(D. n° 2007-1627, 16 nov. 2007).* – Si la surveillance judiciaire comporte une injonction de soins, ce juge désigne, avant la libération du condamné, le médecin coordonnateur afin que le choix du médecin traitant puisse, sauf impossibilité, intervenir avant cette libération, en application des dispositions des articles R. 3711-8 et R. 3711-12 à R. 3711-17 du Code de la santé publique.

Pour ce faire, le condamné peut bénéficier de permissions de sortir ou d'autorisations de sortie sous escorte, afin de rencontrer le médecin coordonnateur et son médecin traitant.

Art. D. 147-40-2 *(D. n° 2007-1627, 16 nov. 2007).* – La personne placée sous surveillance judiciaire doit être convoquée par le juge de l'application des peines du tribunal judiciaire dans le ressort duquel elle doit résider, dans un délai maximal de huit jours à compter de sa libération. Cette convocation lui est notifiée contre émargement, avant sa libération, par le chef d'établissement pénitentiaire.

Art. D. 147-40-3 *(D. n° 2010-1277, 27 oct. 2010).* – Le juge de l'application des peines peut suspendre l'exécution de tout ou partie des obligations de la surveillance judiciaire, y compris celles résultant d'un placement sous surveillance électronique mobile, pour des raisons médicales, notamment en cas d'hospitalisation de la personne. Cette décision est prise par ordonnance conformément aux dispositions de l'article 712-8.

La suspension est valable pour une durée maximale de trois mois. Elle peut être renouvelée selon les mêmes modalités si l'état de santé du condamné le justifie.

Les obligations auxquelles était astreint le condamné, y compris celles résultant d'un placement sous surveillance électronique mobile, reprennent de plein droit dès que le juge de l'application des peines constate, par ordonnance, que l'état de santé de ce dernier ne justifie plus la suspension.

Si le juge ne suspend qu'une partie des obligations, il peut modifier ou compléter, pendant la durée de cette suspension, certaines des autres obligations et interdictions auxquelles est astreint le condamné, notamment en lui imposant comme lieu de résidence le lieu de son hospitalisation.

§ 3. – Retrait des réductions de peines en cas d'inobservation des obligations

Art. D. 147-41 *(D. n° 2006-385, 30 mars 2006).* – Le retrait des réductions de peines prévu par l'article 723-35 est ordonné par le juge de l'application des peines, y compris s'il s'agit d'une personne condamnée pour des faits commis avant le 14 décembre 2005 et pour laquelle la surveillance judiciaire a été ordonnée par le tribunal de l'application des peines.

Art. D. 147-42 *(D. n° 2007-1627, 16 nov. 2007).* – Si la surveillance judiciaire comporte un placement sous surveillance électronique mobile et que le condamné refuse la pose du dispositif de contrôle avant sa libération, conformément aux dispositions du deuxième alinéa de l'article 763-12 et de l'article R. 61-27, le juge de l'application des peines ordonne, conformément aux dispositions de l'article 723-35, le retrait de tout ou partie des réductions de peines avant la libération du condamné.

Art. D. 147-43 *(D. n° 2007-1627, 16 nov. 2007 ; mod., D. n° 2010-1277, 27 oct. 2010).* – Lorsque le juge de l'application des peines n'a ordonné le retrait que d'une partie des réductions de peine, la surveillance judiciaire s'applique à nouveau de plein droit et dans toutes ses obligations à la libération du condamné jusqu'à la date fixée par la décision qui l'avait prononcée. Si cette mesure n'avait pas déjà été ordonnée, le juge de l'application des peines peut, avant cette libération, ordonner que le condamné sera placé sous surveillance électronique mobile.

Lorsque le juge de l'application des peines a ordonné le retrait de la totalité des réductions de peines, il peut avant l'exécution de l'intégralité de cette nouvelle période de détention, décider d'une nouvelle surveillance judiciaire, le cas échéant avec placement sous surveillance électronique mobile, pour la durée du retrait des réductions de peine qui n'a pas été exécuté. Dans ce cas, il n'est pas nécessaire de procéder à une nouvelle expertise de dangerosité.

Les décisions prévues aux deux alinéas précédents sont prises par le juge de l'application des peines, par jugement rendu selon les modalités prévues par l'article 712-6, y compris s'il s'agit d'une personne condamnée pour des faits commis avant le 14 décembre 2005 et pour laquelle la première surveillance judiciaire a été ordonnée par le tribunal de l'application des peines.

Dans les cas prévus par le présent article, le délai d'un an prévu par le premier alinéa de l'article 763-10 n'est pas applicable. Dans le cas prévu par le deuxième alinéa, l'avis de la commission pluridisciplinaire des mesures de sûreté n'est pas nécessaire si la personne avait déjà fait l'objet d'un avis de cette commission et avait été placée sous surveillance électronique mobile lors de la première surveillance judiciaire.

Art. D. 147-44 *(D. n° 2007-1627, 16 nov. 2007).* – En cas d'inobservation, par un condamné sous surveillance judiciaire sans placement sous surveillance électronique mobile, des obligations auxquelles il est astreint, le juge de l'application des peines peut, avec l'accord du condamné assisté de son avocat et par jugement rendu selon les modalités prévues par l'article 712-6, ordonner son placement sous surveillance électronique mobile, sans qu'il soit préalablement nécessaire de lui retirer les réductions de peines et de le réincarcérer.

Dans ce cas, l'avis de la commission pluridisciplinaire des mesures de sûreté n'est pas nécessaire.

Section XII. – Dispositions relatives au suivi des condamnés après leur libération pendant le temps des réductions de peine

(Sect. créée à compter du 27 décembre 2014, D. n° 2014-1582, 23 déc. 2014)

Art. D. 147-45 *(Créé à compter du 27 décembre 2014, D. n° 2014-1582, 23 déc. 2014 ; mod. à compter du 24 mars 2020 pour les condamnations prononcées à compter de cette date, y compris si elles concernent des infractions commises avant cette date, D. n° 2020-81, 3 févr. 2020).* – Les dispositions du I de l'article 721-2 ne sont pas applicables aux condamnés susceptibles d'être soumis aux obligations et interdictions prévues par cet article dans le cadre d'un sursis probatoire, d'un suivi socio-judiciaire, d'une surveillance judiciaire, d'un placement sous surveillance électronique, d'un placement extérieur ou d'une semi-liberté.

Art. D. 147-46 *(Créé à compter du 27 décembre 2014, D. n° 2014-1582, 23 déc. 2014).* – Lorsque le juge de l'application des peines a, en application des dispositions de l'article 721-2, ordonné que le condamné soit soumis à certaines mesures de contrôle ou à certaines interdictions pendant une durée égale à tout ou partie des réductions de peine dont il a bénéficié, le condamné est informé, au moment de sa libération, de la possibilité de retrait prévue par le sixième alinéa du I et le troisième alinéa du II de cet article.

Cette information est faite conformément aux dispositions de l'article D. 115-18.

Art. D. 147-47 *(Créé à compter du 27 décembre 2014, D. n° 2014-1582, 23 déc. 2014).* – Le juge de l'application des peines du ressort dans lequel la personne soumise à un suivi en application du I de l'article 721-2 a sa résidence habituelle, assisté du service pénitentiaire d'insertion et de probation, et le cas échéant avec le concours des organismes habilités à cet effet, contrôle le respect des obligations et interdictions auxquelles la personne est soumise.

Art. D. 147-48 *(Créé à compter du 27 décembre 2014, D. n° 2014-1582, 23 déc. 2014).* – Lorsqu'il est fait application des dispositions du I de l'article 721-2, la personne doit être convoquée par le juge de l'application des peines du tribunal judiciaire dans le ressort duquel elle doit résider, dans un délai maximal d'un mois à compter de sa libération. Cette convocation lui est notifiée contre émargement, avant sa libération, par le chef d'établissement pénitentiaire.

Art. D. 147-49 *(Créé à compter du 27 décembre 2014, D. n° 2014-1582, 23 déc. 2014).* – En dehors du cas de l'inobservation par la personne condamnée des mesures de contrôle et interdictions qui lui ont été imposées en application de l'article 721-2, lorsque le juge de l'application des peines modifie ces obligations et interdictions, il statue par ordonnance selon les modalités prévues par l'article 712-8.

Art. D. 147-50 *(Créé à compter du 27 décembre 2014, D. n° 2014-1582, 23 déc. 2014).* – Le délai pendant lequel le condamné doit respecter les obligations et interdictions qui lui ont été imposées sur le fondement de l'article 721-2 n'est pas suspendu en cas de nouvelle incarcération de ce dernier.

Art. D. 147-51 *(Créé à compter du 27 décembre 2014, D. n° 2014-1582, 23 déc. 2014).* – La décision de retrait prise en application du sixième alinéa du I et troisième alinéa du II de l'article 721-2 n'a pas pour effet de remettre à exécution la ou les peines auxquelles correspondait le crédit de réduction de peine ayant été retiré.

CHAPITRE III. – DES DISPOSITIONS COMMUNES AUX DIFFÉRENTS ÉTABLISSEMENTS PÉNITENTIAIRES

Section I. – Du greffe judiciaire des établissements pénitentiaires

(Intitulé mod., D. n° 98-1099, 8 déc. 1998)

§ 1. – Registre et formalités d'écrou

Art. D. 148 *(Mod., D. n° 93-193, 8 févr. 1993).* – Tout établissement pénitentiaire est pourvu d'un registre d'écrou.

Le chef de l'établissement, ou sous son autorité le fonctionnaire chargé du greffe, tient ce registre et veille à la légalité de la détention des individus incarcérés ainsi qu'à l'élargissement des libérables.

Le registre d'écrou est constitué de feuilles mobiles sur lesquelles figurent le numéro d'écrou initial ainsi que le numéro d'écrou actuel et classées dans un fichier.

Il doit être présenté aux fins de contrôle et de visa, aux différentes autorités judiciaires à chacune de leurs visites, ainsi qu'aux autorités administratives qui procèdent à l'inspection générale de l'établissement.

Art. D. 149 *(D. n° 72-852, 12 sept. 1972 ; D. n° 93-193, 8 févr. 1993 ; D. n° 2007-699, 3 mai 2007).* – Lors de la conduite de toute personne dans un établissement pénitentiaire par l'exécuteur d'un arrêt ou jugement de condamnation, d'un mandat d'amener lorsque ce mandat doit être suivi d'incarcération provisoire, ou d'un ordre d'arrestation établi conformément à la loi, un acte d'écrou est dressé sur le registre visé à l'article D. 148. Le chef de l'établissement constate par cet acte la remise de la personne et inscrit la nature et la date du titre de détention, ainsi que l'autorité dont il émane. L'acte d'écrou est signé par le chef de l'établissement et par le chef d'escorte.

(Al. créé à compter du 24 mars 2020 pour les condamnations prononcées à compter de cette date, y compris si elles concernent des infractions commises avant cette date, D. n° 2020-81, 3 févr. 2020) En cas de mandat de dépôt à effet différé, le chef d'établissement qui reçoit le condamné à la date fixée mentionne ce mandat sur le registre d'écrou ainsi que l'ordre de mise à exécution de ce mandat prévu par l'article D. 48-2-5 et dont une copie certifiée conforme lui a été transmis par le procureur général ou le procureur de la République. Si la personne ne se présente pas à l'établissement pénitentiaire à la date fixée, le chef d'établissement en avise le jour même ou le premier jour ouvrable suivant le procureur général ou le procureur de la République. Si le condamné se présente à l'établissement pénitentiaire après la date fixée, mais pendant un jour ouvrable et aux horaires permettant son incarcération, le chef d'établissement est tenu de le recevoir.

En cas d'exécution volontaire de la peine, le chef de l'établissement mentionne sur le registre d'écrou l'arrêt ou le jugement de condamnation dont l'extrait lui a été transmis par le procureur général ou par le procureur de la République.

En toute hypothèse, avis de l'écrou est donné par le chef de l'établissement, selon le cas, au procureur général ou au procureur de la République.

La date de la sortie du détenu, ainsi que, s'il y a lieu, la décision ou le texte de la loi motivant la libération, fait également l'objet d'une mention sur l'acte d'écrou.

Il n'y a pas lieu de lever l'écrou des détenus qui viennent à faire l'objet des mesures prévues à l'article D. 118, mais mention de ces mesures doit être portée au registre d'écrou.

Art. D. 149-1 *(D. n° 93-193, 8 févr. 1993).* – En cas de sortie consécutive à une décision de suspension ou de fractionnement de peine, si la réintégration du condamné doit avoir lieu dans l'établissement d'origine, il est procédé à une levée d'écrou sous forme simplifiée.

De même, lors de son retour, un acte d'écrou est dressé sous forme simplifiée et l'intéressé reprend le numéro d'écrou qui lui était attribué avant sa sortie.

Ces formalités d'écrou sous forme simplifiée sont également applicables aux détenus qui font l'objet d'un transfèrement dans les conditions prévues à l'article D. 313-1 du Code de procédure pénale.

Art. D. 149-2 *(D. n° 93-193, 8 févr. 1993 ; D. n° 2021-683, 27 mai 2021).* – Dans les cas d'application de la procédure d'écrou simplifié, le chef d'établissement est dispensé de l'envoi des avis prévus par les articles D. 149, D. 511 et D. 311 du Code de procédure pénale.

Art. D. 149-3 *(D. n° 2009-420, 15 avr. 2009).* – Par dérogation aux dispositions de l'article D. 334, le détenu bénéficiaire d'une décision de suspension ou fractionnement de peine en application de l'article 720-1 se voit uniquement remettre les sommes inscrites sur la part disponible du compte nominatif. Les parts réservées à l'indemnisation des parties civiles et des créanciers d'aliments ainsi qu'à la constitution du pécule de libération ne sont liquidées qu'à la fin de l'exécution de la peine.

Art. D. 150 *(D. n° 72-852, 12 sept. 1972).* – Outre les écritures exigées pour l'incarcération ou la libération et la mention des ordonnances prévues aux articles 133, 145, 148 et 179, ainsi que des jugements ou arrêts prévus aux articles 213, 464-1 et 569, des indications doivent être portées pour prévenir les fraudes, fixer l'identité des détenus et faire connaître les modifications subies par la situation pénale ou administrative de ceux-ci pendant leur détention ou au moment de leur mise en liberté.

Art. D. 150-1 *(Mod., D. n° 2016-1455, 28 oct. 2016).* – Les peines s'exécutent au fur et à mesure de la réception des extraits de décision de condamnation.

En cas de réception simultanée de plusieurs extraits, il convient de faire exécuter :

– Les peines sanctionnant la commission d'une infraction définie au chapitre Ier du titre II du livre IV du Code pénal avant les autres peines ;

– Les peines sanctionnant des faits commis en état de récidive légale avant les autres peines ;

– les peines dans l'ordre décroissant de leur quantum, la plus forte étant subie la première ; toutefois, si l'une des peines fait suite à une période de détention provisoire non interrompue, son exécution doit être poursuivie ;

– la peine assortie du sursis avant celle qui a entraîné sa révocation.

Lorsque l'évasion s'est produite au cours de l'exécution d'une peine, l'exécution de cette peine doit être reprise et menée jusqu'à son terme avant celle de la peine sanctionnant l'évasion.

Les décisions de retrait du bénéfice d'un crédit de réduction de peine s'exécutent à la suite de la dernière peine portée à l'écrou à la date de la décision.

Art. D. 150-2 *(D. n° 2004-1364, 13 déc. 2004).* – Lorsqu'un condamné doit exécuter plusieurs peines privatives de liberté, les règles spécifiques aux condamnés en état de récidive légale relatives aux conditions d'octroi des mesures relevant de la compétence des juridictions de l'application des peines sont applicables tant qu'une ou plusieurs des peines en cours d'exécution ou devant être exécutée correspond à une condamnation prononcée pour des faits commis en récidive. Ces règles ne sont plus applicables lorsque l'ensemble de ces peines ont été exécutées.

Art. D. 150-3 *(D. n° 2016-1455, 28 oct. 2016).* – Lorsqu'une personne doit exécuter plusieurs peines privatives de liberté, les règles spécifiques aux condamnés pour une ou plusieurs infractions définies au chapitre Ier du titre II du livre IV du Code pénal relatives aux conditions d'octroi des mesures relevant de la compétence des juridictions de l'application des peines sont applicables tant qu'une ou plusieurs des peines en cours d'exécution ou devant être exécutée correspond à une condamnation prononcée pour ces infractions.

Art. D. 151 *(Mod., D. n° 79-534, 3 juill. 1979).* – Le registre d'écrou ne doit pas quitter l'établissement pénitentiaire.

Toutefois, à titre exceptionnel, la fiche d'écrou d'un détenu peut être déplacée en dehors de cet établissement afin de permettre soit l'écrou d'un individu hospitalisé immédiatement après son arrestation et momentanément intransportable, soit la levée d'écrou d'un détenu hospitalisé au moment de sa libération.

§ 2. – Autres registres et écritures du greffe

Art. D. 152 *(Mod., D. n° 2001-475, 30 mai 2001 ; D. n° 2021-1194, 15 sept. 2021)*. – Indépendamment du registre d'écrou, des registres ou livres prévus par la réglementation comptable, le chef de l'établissement doit tenir ou faire tenir les registres et les fichiers suivants :

1° Répertoire alphabétique des détenus écroués ;

2° Registre des demandes de mise en liberté, de saisine de la chambre d'instruction, de demandes d'actes ou de mesures utiles à l'instruction, de requêtes en annulation et de requêtes portant sur les conditions de détention ;

3° Registre des déclarations d'opposition ;

4° Registre des déclarations d'appel et de pourvoi ;

5° Registre des libérations par mois ;

6° Fichier des libérations conditionnelles ;

7° Fichier des interdits de séjour ;

8° Registre du contrôle numérique ;

9° Registre des mesures d'individualisation de la peine ;

10° Registre des inspections et carnet d'ordres de service ;

11° Registre des entrées et sorties ;

12° Registre des mesures mentionnées à l'article 723 ;

13° Fichier des réductions de peine.

Art. D. 153 *(Mod., D. n° 2001-475, 30 mai 2001 ; D. n° 2021-1194, 15 sept. 2021)*. – Pour l'application des articles 81, 82-1, 148-7, 148-8, 156, 167, 173, 221-2, 490-1, 503, 547, 577 et 803-8, le chef de l'établissement, ou, sous son autorité, le fonctionnaire chargé du greffe, tient dans chaque établissement un registre des déclarations d'appel ou de pourvoi, un registre des déclarations d'opposition et un registre des demandes de mise en liberté, de saisine de la chambre d'instruction, de demandes d'actes ou de mesures utiles à l'instruction, de requêtes en annulation et de requêtes portant sur les conditions de détention, dans lesquels sont conservées les déclarations, demandes et requêtes qu'il est appelé à recevoir et à transmettre.

Ces registres sont composés de la copie des exemplaires numérotés desdites déclarations, demandes et requêtes.

Art. D. 154 *(Mod., D. n° 2006-385, 30 mars 2006)*. – Il appartient aux chefs des établissements pénitentiaires de délivrer aux autorités habilitées par la loi ou les règlements des extraits ou des copies certifiées conformes de toutes pièces qui se trouvent en leur possession.

Il leur appartient pareillement de délivrer des expéditions ou extraits des actes d'écrou.

Ils peuvent également légaliser toute signature apposée par les détenus en leur présence pour la gestion de leurs affaires privées.

§ 3. – Dossiers individuels des détenus

Art. D. 155 *(Mod., D. n° 2003-259, 20 mars 2003 ; D. n° 2021-666, 26 mai 2021)*. – Pour tout détenu, il est constitué au greffe de l'établissement pénitentiaire un dossier individuel qui suit l'intéressé dans les différents établissements où il serait éventuellement transféré. Ce dossier contient, dans une cote spéciale, tous les renseignements tenus à jour, utiles à déterminer l'existence d'un éventuel risque suicidaire. Ce dossier contient également les informations relatives à l'inscription de la personne détenue sur les listes électorales et à l'exercice de son droit de vote.

Indépendamment de ce dossier, des dossiers particuliers doivent être établis en outre à l'égard de certains détenus, notamment pour les condamnés proposables à la libération conditionnelle, pour les interdits de séjour, pour les étrangers passibles d'une mesure d'éloignement du territoire français et pour les libérables qui ont à satisfaire à des obligations militaires.

A. – Dossier spécial aux condamnés ayant fait l'objet d'une procédure d'orientation

(D. n° 98-1099, 8 déc. 1998)

Art. D. 156 *(Rempl., D. n° 98-1099, 8 déc. 1998)*. – Un dossier spécial est ouvert pour tout condamné ayant fait l'objet d'une procédure d'orientation suivant les prescriptions des articles D. 75 et suivants.

Ce dossier comprend les quatre parties visées aux articles D. 157, D. 159, D. 162 et D. 163.

Art. D. 157 *(D. n° 85-836, 6 août 1985).* – La partie judiciaire du dossier contient l'extrait ou les extraits de jugement ou d'arrêt de condamnation, la notice individuelle visée à l'article D. 158 et toutes autres pièces ou documents relatifs à l'exécution des peines, notamment ceux qui concernent les victimes.

Art. D. 158 *(Mod., D. n° 2020-1640, 21 déc. 2020 ; D. n° 2021-1820, 24 déc. 2021).* – La notice individuelle contient les renseignements concernant l'état civil du condamné, sa profession, sa situation de famille, ses moyens d'existence, son degré d'instruction, sa conduite habituelle, sa moralité et ses antécédents.

Ces renseignements sont complétés par l'exposé des faits qui ont motivé la condamnation et des éléments de nature à aggraver ou à atténuer la culpabilité de l'intéressé et la liste de ses coauteurs ou complices éventuels.

Le procureur de la République mentionne dans la notice individuelle les interdictions de contact ou de paraître dont il a connaissance prononcées contre le condamné, notamment à l'égard de son conjoint, de son concubin ou de son partenaire lié par un pacte civil de solidarité, ou de son ancien conjoint, concubin ou partenaire, ou à l'égard de ses enfants mineurs, lorsque ces interdictions ont été prononcées en application de l'article 138 du présent code, ou des articles 131-6, 131-10 ou 132-45 du Code pénal, ou dans le cadre d'une ordonnance de protection en application de l'article 515-11 du Code civil, ou qu'elles résultent d'une décision de suspension ou de retrait de l'exercice de l'autorité parentale et des droits de visite et d'hébergement en application des articles 378, 378-1, 378-2, 379, 379-1, 378-2 ou 515-11 du Code civil. La notice doit mentionner les noms et prénoms des personnes concernées par les interdictions de contact ou de paraître, et, si ces informations sont connues, leurs adresse, date et lieu de naissance ainsi que la date d'expiration de la décision.

La rédaction de la notice, qui incombe au ministère public près la juridiction qui a prononcé la condamnation, est obligatoire à l'égard de tout condamné qui doit subir ou auquel il reste à subir plus de trois mois d'une peine privative de liberté à compter de la date où la décision est devenue définitive.

La notice doit être adressée dans le délai prévu au dernier alinéa de l'article D. 77.

Art. D. 159 *(Mod., D. n° 2003-259, 20 mars 2003).* – La partie pénitentiaire du dossier est constituée par le chef de l'établissement dans lequel le condamné accomplit sa peine.

Elle contient tous les renseignements tenus à jour sur son comportement en détention au travail et pendant les activités, et sur les décisions administratives prises à son égard, outre la cote spéciale visée au premier alinéa de l'article D. 155.

Les renseignements relatifs au compte nominatif sont remis à jour par le service comptable.

Art. D. 160 *(Mod., D. n° 98-1099, 8 déc. 1998).* – Dans la même partie du dossier, sont consignées les sanctions disciplinaires prononcées ainsi que toutes les mesures visant à encourager les efforts des détenus en vue de leur réinsertion sociale.

Art. D. 161 *(Abr., D. n° 98-1099, 8 déc. 1998).*

Art. D. 162 *(Mod., D. n° 2010-1635, 23 déc. 2010).* – La troisième partie du dossier visé à l'article D. 156 correspond au dossier destiné aux membres du service pénitentiaire d'insertion et de probation compétent auprès de l'établissement.

Contenant des éléments ou documents recueillis par les personnels d'insertion et de probation ou qui leur ont été fournis, ce dossier leur permet de suivre l'évolution de la personne détenue et, ainsi, de mieux individualiser sa situation pénale et la préparation de sa libération. Il a aussi pour objet de leur permettre de renseigner l'autorité judiciaire qui en fait la demande, en application de l'article D. 461.

Les documents couverts par le secret professionnel ne peuvent être consultés que par un membre d'un service pénitentiaire d'insertion et de probation. En cas de transfèrement, le service pénitentiaire d'insertion et de probation transmet ces documents sous pli fermé au service compétent auprès de l'établissement de destination ou, en cas de libération et s'il y a lieu, au service pénitentiaire d'insertion et de probation du lieu de résidence de l'intéressé.

Art. D. 163 *(Mod., D. n° 98-1099, 8 déc. 1998).* – Une partie du dossier individuel constitue une cote d'observation où sont assemblés les pièces et documents contenant le résultat des enquêtes, examens et expertises auxquels il a pu être procédé sur la personnalité, l'état médical, psychiatrique et psychologique, la situation matérielle, familiale ou sociale du condamné, soit au cours de l'information préalable, soit en vue de son orientation, soit ultérieurement pendant le cours de l'exécution de sa peine.

Ce dossier comprend, par conséquent, les pièces visées aux articles D. 77, D. 78 et D. 79, et contient les différentes appréciations ou avis émis à l'égard du condamné intéressé, ainsi que les rapports de synthèse de l'observation.

Art. D. 163-1 *(D. n° 2007-699, 3 mai 2007)*. – Le dossier individuel contient un exemplaire des documents relatifs aux relevés signalétiques et aux prélèvements dont a fait l'objet le détenu par les services de la police nationale et les unités de la gendarmerie nationale, dans le cadre de la mise en œuvre des fichiers d'identification institués par un texte législatif ou réglementaire.

Art. D. 164 *(Rempl., D. n° 98-1099, 8 déc. 1998)*. – À la libération ou au décès d'un condamné ou après son évasion, les différentes parties de son dossier sont conservées au greffe de l'établissement pendant la durée nécessaire à leur utilisation courante.

Passé ce délai, il appartient à l'administration pénitentiaire de procéder au versement de ces documents aux services des archives départementales.

Les modalités de consultation des archives sont fixées par les articles 7 et 8 de la loi n° 79-18 du 3 janvier 1979 sur les archives.

B. – Dossiers des autres détenus

Art. D. 165 *(Mod., D. n° 98-1099, 8 déc. 1998)*. – Pour les condamnés ne répondant pas au critère défini par l'article D. 156, leur dossier est constitué au fur et à mesure de l'arrivée ou de la rédaction des pièces les concernant.

Toutes dispositions doivent être prises pour assurer la protection du secret de celles d'entre elles qui ont un caractère social.

Art. D. 166 *(D. n° 98-1099, 8 déc. 1998)*. – Le dossier visé à l'article D. 165 est conservé pendant la durée nécessaire à son utilisation courante au greffe de l'établissement où son titulaire a été incarcéré en dernier lieu.

Passé ce délai, il appartient à l'administration pénitentiaire de procéder au versement de ces documents aux services d'archives départementales.

Les modalites de consultation des archives sont fixées par les articles 7 et 8 de la loi n° 79-18 du 3 janvier 1979 sur les archives.

Art. D. 167 *(Mod., D. n° 98-1099, 8 déc. 1998)*. – Pour les détenus étrangers faisant l'objet d'une mesure d'éloignement du territoire, est constituée en application de l'article D. 155 une cote particulière où sont assemblés tous les documents et pièces comprenant des éléments d'identification et de nationalité fournis par les autorités judiciaires ou recueillis au cours de la détention.

Cette cote contient également toutes les informations relatives à la situation pénale et administrative des intéressés.

Art. D. 168 et D. 169 *(Abr., D. n° 96-287, 2 avr. 1996)*.

Art. D. 170 à D. 175 *(D. n° 96-287, 2 avr. 1996. – V. art. D. 283-1 et s.)*.

Section II. – Des visites effectuées par les autorités judiciaires

Art. D. 176 *(Mod., D. n° 2010-1635, 23 déc. 2010)*. – Lors de ses visites d'établissements pénitentiaires, le juge de l'application des peines vérifie les conditions dans lesquelles les condamnés y exécutent leur peine.

Il lui appartient de faire part de ses observations éventuelles aux autorités compétentes pour y donner suite.

Il adresse chaque année au ministre de la Justice, sous le couvert des chefs de cour et de tribunaux judiciaires, un rapport sur l'application des peines.

Art. D. 177 *(Mod., D. n° 2010-1635, 23 déc. 2010 ; D. n° 2021-683, 27 mai 2021)*. – À l'occasion de ses visites dans les établissements pénitentiaires, le président de la chambre de l'instruction vérifie la situation des personnes mises en examen en état de détention provisoire.

Il transmet ses observations éventuelles au président de la chambre de l'instruction compétent à l'égard des prévenus qui ne relèvent pas d'une juridiction du ressort de sa cour d'appel.

À l'occasion de ses visites dans les établissements pénitentiaires, le juge d'instruction peut également voir les prévenus.

Art. D. 178 *(Mod., D. n° 2010-1635, 23 déc. 2010).* – Lors des visites qu'il effectue dans chaque établissement pénitentiaire, le procureur de la République entend les personnes détenues qui auraient des réclamations à présenter.

Il rend compte de ses observations éventuelles au procureur général.

Art. D. 179. – Un rapport conjoint du premier président et du procureur général rend compte chaque année au ministre de la Justice du fonctionnement des établissements pénitentiaires de leur ressort et du service assuré par le personnel de ces établissements.

Section III. – De la commission de surveillance

Art. D. 180 à D. 185 *(Abr., D. n° 2010-1635, 23 déc. 2010).*

Section IV. – Des conditions dans lesquelles certaines personnes sont admises à visiter les détenus

Art. D. 186 *(Mod., D. n° 2010-1635, 23 déc. 2010).* – Les détenus nommément désignés sont visités en vertu d'autorisations et dans les conditions déterminées aux articles R. 57-8-8 et suivants et D. 403 et suivants.

Art. D. 187 *(Mod., D. n° 2020-816, 29 juin 2020).* – Dans le ressort de sa compétence territoriale, le directeur interrégional des services pénitentiaires délivre les autorisations à portée générale qui permettent, à titre permanent ou pour un nombre limité de visites, la communication avec des détenus non nominativement désignés, sous réserve des droits conférés à l'autorité judiciaire.

En dehors des cas visés à l'article D. 473 relatif aux visiteurs de prison, ces autorisations sont exceptionnelles.

Art. D. 187-1 *(D. n° 2007-699, 3 mai 2007).* – Les délégués du médiateur de la République peuvent exercer leur action auprès de tous les détenus quelle que soit leur situation pénale. Toutefois, le droit de visite est suspendu à l'égard des détenus placés au quartier disciplinaire et à l'égard des prévenus dans les cas où ces derniers font l'objet de l'interdiction de communiquer prévue au premier alinéa de l'article 145-4.

Ils reçoivent les détenus dans un local situé à l'intérieur de la détention et en dehors de la présence d'un surveillant.

CHAPITRE IV. – DE L'ADMINISTRATION DES ÉTABLISSEMENTS PÉNITENTIAIRES

Section I. – De l'organisation générale de l'administration pénitentiaire

Art. D. 188 et D. 189 *(Abr., D. n° 2010-1635, 23 déc. 2010).*

Art. D. 190 *(Rempl., D. n° 2010-1635, 23 déc. 2010).* – Le niveau central de l'administration pénitentiaire est constitué par la direction de l'administration pénitentiaire au ministère de la justice.

Art. D. 191 à D. 193 *(Abr. à compter du 1er janvier 2017, D. n° 2016-1877, 27 déc. 2016).*

Art. D. 194 et D. 195 *(Abr., D. n° 72-852, 12 sept. 1972).*

agents chargés de l'entretien sont tenus d'occuper personnellement les logements qui leur sont attribués par nécessité absolue de service.

Art. D. 224. – Les logements prévus à l'article D. 223 doivent être situés hors de la détention.

À titre exceptionnel toutefois, les agents vivant seuls peuvent être logés dans la détention. Les dispositions de l'article D. 225 leur sont applicables.

Art. D. 225. – Dans aucun cas, et sous aucun prétexte, les membres du personnel logés à l'établissement ne doivent recevoir des détenus dans leur logement.

Aucun membre de leur famille ne doit pénétrer à l'intérieur de la détention.

Art. D. 226. – Indépendamment des récompenses prévues par son statut particulier, le personnel pénitentiaire peut, dans la limite des crédits budgétaires ouverts à cet effet, bénéficier de gratifications exceptionnelles attribuées en raison d'actes de courage ou de dévouement.

Art. D. 227 *(Rempl., D. n° 98-1099, 8 déc. 1998).* – Auprès de chaque établissement ou service, un médecin lié par convention avec l'administration pénitentiaire dispense les soins au personnel. Ce médecin assure :

1° L'examen et les soins hors vacation des agents qui en font la demande ;

2° Sur demande, la visite à domicile et hors vacation, des agents malades résidant à moins de deux kilomètres de l'établissement ou du service et se trouvant dans l'impossibilité de se déplacer.

Dans les cas prévus aux 1° et 2°, le personnel titulaire et stagiaire des services déconcentrés de l'administration pénitentiaire a droit au remboursement intégral de ses frais médicaux, pharmaceutiques et d'hospitalisation, sauf s'il se trouve en disponibilité, en détachement, en congé annuel ou exceptionnel. Il possède le même droit lorsqu'il a recours à un médecin spécialisé, après en avoir obtenu l'autorisation de l'administration sur avis conforme du médecin lié par convention avec l'administration pénitentiaire auprès de l'établissement ou du service.

Selon l'importance de l'établissement pénitentiaire, un ou plusieurs médecins sont désignés par le directeur régional des services pénitentiaires pour remplir ces missions.

Les soins au personnel de l'établissement pénitentiaire ne relèvent pas des missions de l'unité de consultations et des soins ambulatoires, en dehors des situations d'urgence.

Art. D. 228. – Le personnel bénéficie par ailleurs d'un service social assuré par l'assistant social ou l'assistante sociale attaché à l'établissement, compte tenu des règles relatives à la liaison et à la coordination des services sociaux.

Section III. – Du contrôle et de l'évaluation des établissements pénitentiaires

(Intitulé mod., D. n° 2010-1635, 23 déc. 2010)

§ 1. – Dispositions générales

(Division créée, D. n° 2010-1635, 23 déc. 2010)

Art. D. 229 *(Mod., D. n° 2016-1675, 5 déc. 2016).* – Sans préjudice du contrôle des autorités judiciaires, prévu aux articles D. 176 et suivants, et celui du conseil d'évaluation, les établissements pénitentiaires font l'objet du contrôle général de l'inspection générale de la justice et des inspections périodiques des magistrats ou des fonctionnaires de la direction de l'administration pénitentiaire et des directeurs régionaux ou de leurs adjoints ; en outre, ils sont soumis aux inspections du préfet ou du sous-préfet, ainsi que, dans le domaine de leur compétence, de toutes autres autorités administratives investies d'un pouvoir de contrôle à l'égard des différents services de l'administration pénitentiaire.

Les modalités selon lesquelles les directeurs régionaux et leurs adjoints effectuent leurs inspections et en dressent rapport sont définies par une instruction de service.

Art. D. 230 *(Abr., D. n° 2010-1635, 23 déc. 2010).*

Art. D. 231. – Les administrations ou corps intéressés par certaines parties du service des établissements pénitentiaires sont habilités à en vérifier l'organisation et le fonctionnement, dans la limite des attributions que leur confèrent les lois et règlements.

Art. D. 232 *(Mod., D. n° 98-1099, 8 déc. 1998).* – Les magistrats et les fonctionnaires ou autres personnes ayant autorité ou mission dans l'établissement pénitentiaire ont accès dans la détention après justification de leur qualité ou présentation de leur ordre de mission et après s'être soumis aux mesures de contrôle réglementaires.

S'ils ont à s'entretenir avec les détenus, ils peuvent le faire en dehors des jours et délais normaux de visite et en l'absence de tout membre du personnel ; l'entretien a lieu éventuellement dans les cellules lorsque cette façon de procéder ne présente pas d'inconvénient.

Art. D. 233. – Il est tenu dans chaque établissement un registre où mention doit être faite de toutes les visites ou inspections effectuées.

Ce registre est présenté obligatoirement aux autorités qui ont procédé à ces visites ou inspections, afin qu'elles puissent y consigner leurs observations.

§ 2. – Conseil d'évaluation
(D. n° 2010-1635, 23 déc. 2010)

Art. D. 234 *(Mod., D. n° 2019-1475, 27 déc. 2019).* – Le conseil d'évaluation est présidé par le préfet du département dans lequel est situé l'établissement pénitentiaire ou, dans le département des Bouches-du-Rhône, par le préfet de police des Bouches-du-Rhône.

Le président du tribunal judiciaire dans le ressort duquel est situé l'établissement et le procureur de la République près ledit tribunal sont désignés en qualité de vice-présidents.

Le conseil d'évaluation comprend :

1° Le président du conseil général ou son représentant ;

2° Le président du conseil régional ou son représentant ;

3° Les maires des communes sur le territoire desquelles est situé l'établissement pénitentiaire ou leurs représentants ;

4° Le président et le procureur de la République des juridictions, autres que celle dans le ressort de laquelle est situé l'établissement concerné, compétentes pour traiter des situations des justiciables pris en charge par l'établissement ;

5° Les juges de l'application des peines intervenant dans l'établissement ou leur représentant désigné par le président de chaque tribunal judiciaire concerné ;

6° Le juge des enfants exerçant les fonctions définies par l'article R. 251-3 du Code de l'organisation judiciaire et intervenant dans l'établissement, si le conseil est institué auprès d'un établissement pénitentiaire pour mineurs ou d'un établissement pénitentiaire comportant un quartier des mineurs ;

7° Le doyen des juges d'instruction du ressort du tribunal judiciaire dans lequel est situé l'établissement ;

8° L'inspecteur d'académie ou son représentant ;

9° Le directeur général de l'agence régionale de santé ou son représentant ;

10° Le commandant du groupement de gendarmerie du département ou son représentant ;

11° Le directeur départemental de la sécurité publique, ou le chef du service territorial de sécurité publique de la direction territoriale de la police nationale, ou son représentant ;

12° Le bâtonnier de l'ordre des avocats du ressort du tribunal judiciaire dans lequel est situé l'établissement ou son représentant ;

13° Un représentant de chaque association intervenant dans l'établissement ;

14° Un représentant des visiteurs de prisons intervenant dans l'établissement ;

15° Un aumônier agréé de chaque culte intervenant dans l'établissement.

Les membres de la commission visés aux 13° et 14° sont nommés pour une période de deux ans renouvelable par un arrêté préfectoral dont une ampliation est adressée au garde des Sceaux, ministre de la Justice.

La composition du conseil d'évaluation est arrêtée par le préfet.

Le premier président et le procureur général de la cour d'appel dans le ressort de laquelle est situé l'établissement pénitentiaire peuvent participer à la réunion du conseil d'évaluation ou désigner un représentant à cette fin.

Le directeur de l'établissement pénitentiaire, le directeur départemental du service pénitentiaire d'insertion et de probation, le directeur interrégional des services pénitentiaires et, le cas échéant, le directeur interrégional de la protection judiciaire de la jeunesse ou leurs représentants assistent aux travaux du conseil d'évaluation.

Art. D. 235 *(D. n° 2010-1635, 23 déc. 2010).* – Le conseil d'évaluation se réunit au moins une fois par an, sur convocation du président et des vice-présidents, qui fixent conjointement l'ordre du jour. Le conseil d'évaluation peut également être réuni sur un point précis à la demande du chef d'établissement ou du tiers de ses membres au moins.

Le secrétariat du conseil est assuré par les services déconcentrés de l'administration pénitentiaire.

Art. D. 236 *(D. n° 2010-1635, 23 déc. 2010).* – Les membres du conseil d'évaluation peuvent être délégués pour visiter l'établissement pénitentiaire aussi fréquemment que le conseil l'estime utile.

Le conseil peut procéder à l'audition de toute personne susceptible de lui apporter des informations utiles à l'exercice de sa mission.

Il auditionne à leur demande les représentants des organisations professionnelles des personnels pénitentiaires sur toute matière relevant de sa compétence.

Art. D. 237 *(D. n° 2010-1635, 23 déc. 2010).* – Le chef d'établissement et le directeur du service pénitentiaire d'insertion et de probation présentent chaque année au conseil d'évaluation un rapport d'activité de l'établissement.

Le conseil est également destinataire :

a) Du règlement intérieur de l'établissement et de chacune de ses modifications ;

b) Des rapports établis à l'issue des contrôles spécialisés effectués par les administrations compétentes en matière, notamment, de santé, d'hygiène, de sécurité du travail, d'enseignement et de consommation.

Il peut solliciter toute autre information ou document utiles à l'exercice de sa mission.

Art. D. 238 *(D. n° 2010-1635, 23 déc. 2010).* – Le conseil d'évaluation établit un procès-verbal de ses réunions qu'il transmet au directeur interrégional des services pénitentiaires de la circonscription dans laquelle est situé l'établissement. Le directeur interrégional des services pénitentiaires transmet ce procès-verbal assorti de ses observations au garde des Sceaux, ministre de la Justice.

Section IV. – Du conseil supérieur de l'administration pénitentiaire

(Sect. abr. à compter du 9 juin 2009, D. n° 2006-672, 8 juin 2006 – V. la rédaction exacte de ces dispositions abrogatives).

CHAPITRE V. – DE LA DISCIPLINE ET DE LA SÉCURITÉ DES ÉTABLISSEMENTS PÉNITENTIAIRES

(D. n° 98-1099, 8 déc. 1998)

Section I. – De la police intérieure

Art. D. 241 et D. 242 *(Abr., D. n° 2010-1365, 23 déc. 2010).*

Art. D. 243 et D. 244 *(Abr., D. n° 2013-368, 30 avr. 2013).*

Art. D. 245 et D. 246 *(Abr., D. n° 96-287, 2 avr. 1996).*

Art. D. 247 et D. 248 *(Abr., D. n° 2013-368, 30 avr. 2013).*

Section II. – De la discipline

Art. D. 249 *(Rempl., D. n° 2010-1635, 23 déc. 2010).* – Les personnes qui souhaitent être habilitées à participer à la commission de discipline en qualité d'assesseur adressent au président du tribunal judiciaire territorialement compétent une lettre de candidature précisant l'adresse des établissements pénitentiaires au sein desquels ils souhaitent intervenir.

Elles peuvent également adresser leur candidature au chef de l'établissement pénitentiaire qui la communique sans délai au président du tribunal judiciaire.

La demande d'agrément est instruite conformément aux dispositions du chapitre II du titre II de la loi du 12 avril 2000 relative aux droits des citoyens dans leurs relations avec les administrations.

La décision d'habilitation entraîne l'inscription sur la liste prévue au troisième alinéa de l'article R. 57-7-8.

Cette liste est communiquée au chef de l'établissement pénitentiaire à l'occasion de chaque nouvelle inscription et au moins une fois par an.

Art. D. 249-1 *(Abr. à compter du 1er juin 2011, D. n° 2010-1635, 23 déc. 2010).*

Art. D. 249-2 à D. 249-4 *(Abr. à compter du 1er juin 2011, D. n° 2010-1635, 23 déc. 2010).*

Art. D. 250 *(Rempl., D. n° 2010-1635, 23 déc. 2010).* – L'habilitation délivrée par le président du tribunal judiciaire est retirée à la demande de la personne habilitée ou lorsque celle-ci ne remplit plus les conditions posées à l'article R. 57-7-10.

Le président du tribunal judiciaire peut également, d'office ou à la demande du chef d'établissement ou du procureur de la République, et après que la personne concernée a été mise en mesure de présenter ses observations écrites et, sur sa demande, des observations orales, procéder au retrait de l'habilitation :

1° Lorsque le titulaire de l'habilitation s'abstient de déférer à plusieurs convocations successives sans motif légitime ;

2° Lorsque le titulaire de l'habilitation adopte un comportement ou des propos incompatibles avec les obligations prévues à l'article R. 57-7-9.

Le retrait de l'habilitation entraîne la radiation de la personne habilitée, par le président du tribunal judiciaire, de la liste prévue au troisième alinéa de l'article R. 57-7-8.

Art. D. 250-1 à D. 250-4 *(Abr. à compter du 1er juin 2011, D. n° 2010-1635, 23 déc. 2010).*

Art. D. 250-5 à D. 251 *(Abr. à compter du 1er juin 2011, D. n° 2010-1635, 23 déc. 2010).*

Art. D. 251 à D. 251-5 *(Abr. à compter du 1er juin 2011, D. n° 2010-1635, 23 déc. 2010).*

Art. D. 251-6 *(Abr. à compter du 1er juin 2011, D. n° 2010-1635, 23 déc. 2010).*

Art. D. 251-7 à D. 252 *(Abr. à compter du 1er juin 2011, D. n° 2010-1635, 23 déc. 2010).*

Art. D. 253 *(Abr., D. n° 2004-1364, 13 déc. 2004).*

Art. D. 254 *(Abr. à compter du 1er juin 2011, D. n° 2010-1635, 23 déc. 2010).*

Section III. – Des règles particulières de compétence

(D. n° 98-1099, 8 déc. 1998 ; D. n° 2010-1635, 23 déc. 2010)

Art. D. 255 à D. 257 *(Abr. à compter de l'entrée en vigueur du décret relatif aux règlements intérieurs types des établissements pénitentiaires dans les conditions prévues à l'art. 728, D. n° 2010-1635, 23 déc. 2010).*

Art. D. 257-1 *(Abr., D. n° 2010-1635, 23 déc. 2010).*

Art. D. 258. – En toute hypothèse, il est loisible à un chef d'établissement de soumettre au directeur régional sous l'autorité duquel il est placé une décision que le présent titre fait relever de sa compétence et il en est pareillement pour le directeur régional à l'égard du ministre de la Justice.

D'autre part, l'urgence peut conférer à un chef d'établissement une compétence qui relèverait normalement du directeur régional, à charge de compte rendu immédiat et si besoin téléphonique.

Section IV. – Des requêtes et plaintes formulées par les personnes détenues

(Mod., D. n° 2010-1635, 23 déc. 2010)

Art. D. 258-1 *(D. n° 2010-1635, 23 déc. 2010).* **– Le chef d'établissement et le personnel doivent assurer par les moyens les plus appropriés l'information des personnes détenues et recueillir les observations et suggestions que celles-ci présenteraient.**

Art. D. 259 et D. 260 *(Abr., D. n° 2013-368, 30 avr. 2013).*

Art. D. 261 *(Abr., D. n° 2010-1635, 23 déc. 2010).*

Art. D. 262 *(Mod., D. n° 2016-1675, 5 déc. 2016).* **– Les autorités administratives et judiciaires françaises et internationales autres que celles mentionnées au second alinéa de l'article 4 et au troisième alinéa de l'article 40 de la loi n° 2009-1436 du 24 novembre 2009 avec lesquelles les personnes détenues peuvent correspondre sous pli fermé sont les suivantes :**

I. – Autorités administratives et judiciaires françaises :

1° Le Président de la République ;

2° Le Premier ministre et les membres du Gouvernement ;

3° Les présidents de l'Assemblée nationale et du Sénat ;

4° Le vice-président du Conseil d'État ;

5° Les députés et les sénateurs ;

6° Le président de la Cour de justice de la République ;

7° Le défenseur des droits et ses délégués ;

8° Le président de la Commission nationale de l'informatique et des libertés ;

9° Le président de la Commission d'accès aux documents administratifs ;

10° Les présidents des cours administratives d'appel et des tribunaux administratifs ;

11° Les magistrats de l'ordre judiciaire en exercice dans leurs juridictions ;

12° Le directeur du cabinet du garde des Sceaux, ministre de la Justice ;

13° Les directeurs du ministère de la justice ;

14° Le chef de l'inspection générale des affaires sociales ;

15° Le chef de l'inspection générale de la justice ;

16° *(16° abr., D. n° 2016-1675, 5 déc. 2016)* **;**

17° Les préfets et les sous-préfets ;

18° Le maire de la commune où la personne détenue est domiciliée ou incarcérée ;

19° Les directeurs interrégionaux des services pénitentiaires et les directeurs interrégionaux de la protection judiciaire et de la jeunesse ;

20° Les directeurs des services d'insertion et probation ;

21° Le président du conseil d'évaluation de l'établissement où est incarcérée la personne détenue ;

22° Les médecins inspecteurs de santé publique ;

23° Les directeurs d'établissement de santé.

II. – Autorités administratives et judiciaires internationales :

1° Le président et les membres de la Cour pénale internationale ;

2° Le président et les membres des tribunaux pénaux internationaux créés par le Conseil de sécurité de l'Organisation des Nations unies ;

3° Le président et les membres des tribunaux spéciaux créés conjointement par l'Organisation des Nations unies et un ou plusieurs États membres de cette organisation ;

4° Les députés au Parlement européen ;

5° Le président et les membres de la Cour européenne des droits de l'homme ;

6° Le président et les membres du Comité européen pour la prévention de la torture et des peines ou traitements inhumains ou dégradants du Conseil de l'Europe ;

7° Le président et les membres du Tribunal communautaire de première instance ;

8° Le président et les membres de la Cour de justice de l'Union européenne ;

9° Le président et les membres du Comité contre la torture des Nations unies ;

10° Le président et les membres du Conseil des droits de l'homme des Nations unies ;

11° Le président et les membres du comité consultatif du Conseil des droits de l'homme des Nations unies ;

12° Le président et les membres de la Commission des droits de l'homme des Nations unies ;

13° Le secrétaire général du Conseil de l'Europe.

Art. D. 263 *(Mod., D. n° 2010-1635, 23 déc. 2010).* – Les personnes détenues militaires ou relevant d'une autorité militaire peuvent correspondre, librement et sous pli fermé, avec les autorités militaires françaises.

Au surplus, elles peuvent être visitées par les représentants de l'autorité militaire ou maritime désignés par une instruction de service.

Art. D. 264 *(Mod., D. n° 2010-1635, 23 déc. 2010).* – À condition que l'État dont ils ressortissent accorde la réciprocité, les personnes détenues étrangères peuvent entrer en rapport avec les représentants diplomatiques et agents consulaires de cet État.

À cette fin, les autorisations nécessaires sont accordées à ces représentants ou agents pour communiquer ou correspondre avec les personnes détenues de leur nationalité, sans qu'il soit toutefois dérogé aux dispositions des articles R. 57-8-15, R. 57-8-16 et R. 57-8-19.

Section V. – De la sécurité

Art. D. 265 *(Mod., D. n° 83-48, 26 janv. 1983 ; D. n° 98-1099, 8 déc. 1998).* – Tout chef d'établissement doit veiller à une stricte application des instructions relatives au maintien de l'ordre et de la sécurité dans l'établissement pénitentiaire qu'il dirige.

À ce titre, il est disciplinairement responsable des incidents ou des évasions imputables à sa négligence ou à l'inobservation des règlements, indépendamment des procédures disciplinaires susceptibles d'être engagées contre d'autres membres du personnel.

§ 1. – Dispositions générales

Art. D. 266 *(Mod., D. n° 98-1099, 8 déc. 1998).* – La sécurité intérieure des établissements pénitentiaires incombe au personnel de l'administration pénitentiaire.

Toutefois, lorsque la gravité ou l'ampleur d'un incident survenu ou redouté à l'intérieur d'un établissement ne permet pas d'assurer le rétablissement ou d'envisager le maintien de l'ordre et de la sécurité par les seuls moyens du personnel de surveillance, le chef de l'établissement doit faire appel au chef du service local de police ou de gendarmerie et en rendre compte sur-le-champ au préfet. Il en est de même dans l'hypothèse d'une attaque ou d'une menace provenant de l'extérieur.

Les modalités de l'appel aux forces préposées au maintien de l'ordre et de l'intervention de celles-ci sont déterminées par une instruction de service et précisées, en ce qui concerne chaque établissement pénitentiaire, par un plan de protection et d'intervention dressé et tenu à jour sous l'autorité du préfet.

Art. D. 267 *(D. n° 72-852, 12 sept. 1972 ; D. n° 98-1099, 8 déc. 1998 ; D. n° 2010-1635, 23 déc. 2010 ; abr., D. n° 2021-1313, 8 oct. 2021).*

Art. D. 268. – Toutes dispositions doivent être prises en vue de prévenir les évasions, notamment en ce qui concerne la disposition des locaux, la fermeture ou l'obturation des portes ou passages, le dégagement des couloirs et des chemins de ronde et leur éclairage. Tout aménagement ou construction de nature à amoindrir la sécurité des murs d'enceinte est interdit.

Art. D. 269 *(Mod., D. n° 98-1099, 8 déc. 1998).* – Les surveillants procèdent, en l'absence des détenus, à l'inspection fréquente et minutieuse des cellules et locaux divers où les détenus séjournent, travaillent ou ont accès. Les systèmes de fermeture sont périodiquement vérifiés et les barreaux contrôlés quotidiennement.

Art. D. 270 *(Mod., D. n° 2016-1222, 14 sept. 2016 ; D. n° 2021-683, 27 mai 2021).* – Hormis les cas visés aux articles D. 136 à D. 145, les personnels pénitentiaires doivent être constamment en mesure de s'assurer de la présence effective des détenus.

Pendant la nuit, les cellules doivent pouvoir être éclairées en cas de besoin. Personne ne doit y pénétrer en l'absence de raisons graves ou de péril imminent. En toute hypothèse, l'intervention de deux membres du personnel au moins est nécessaire, ainsi que celle d'un gradé, s'il y en a un en service de nuit.

Art. D. 271. – La présence de chaque détenu doit être contrôlée au moment du lever et du coucher, ainsi que deux fois par jour au moins, à des heures variables.

Art. D. 272 *(Mod., D. n° 98-1099, 8 déc. 1998).* – Des rondes sont faites après le coucher et au cours de la nuit, suivant un horaire fixé et quotidiennement modifié par le chef de détention, sous l'autorité du chef d'établissement.

Art. D. 273 *(Abr., D. n° 2013-368, 30 avr. 2013. – V. CPP, art. R. 57-6-18, ann.).*

Art. D. 274 *(Mod., D. n° 98-1099, 8 déc. 1998).* – L'entrée ou la sortie des sommes d'argent, correspondances ou objets quelconques n'est régulière que si elle est conforme aux dispositions du présent titre et du règlement intérieur de l'établissement ou si elle a été expressément autorisée par le chef de l'établissement dans le cas où celui-ci est habilité à le faire.

En toute hypothèse, les sommes, correspondances ou objets doivent être soumis au contrôle de l'administration.

Indépendamment des avis prévus à l'article D. 280, il est donné connaissance à l'autorité judiciaire, en vue de l'application éventuelle des pénalités prévues à l'article 434-35 du Code pénal, de la découverte des sommes, correspondances ou objets qui seraient trouvés en possession des détenus ou de leurs visiteurs et qui auraient été envoyés ou remis contrairement aux prescriptions des deux alinéas qui précèdent.

Art. D. 275 *(Abr., D. n° 2010-1635, 23 déc. 2010).*

Art. D. 276 *(Rempl., D. n° 98-1099, 8 déc. 1998).* – Le chef d'établissement détermine les modalités d'organisation du service des agents.

Sous l'autorité du chef d'établissement, le chef de détention ou celui de ses collaborateurs spécialement désigné à cet effet, détermine les activités à assurer. Il arrête chaque jour les divers locaux à contrôler et la programmation des rondes à effectuer. Il consigne sur un registre prévu à cet effet les recommandations spéciales faites aux surveillants, notamment pour signaler un détenu dangereux ou à observer particulièrement.

Art. D. 276-1 *(D. n° 98-1099, 8 déc. 1998).* – En vue de la mise en œuvre des mesures de sécurité adaptées, le ministre de la Justice décide de l'inscription et de la radiation des détenus au répertoire des détenus particulièrement signalés dans des conditions déterminées par instruction ministérielle.

§ 2. – Conditions d'accès dans les lieux de détention

Art. D. 277 *(Mod., D. n° 2010-1635, 23 déc. 2010).* – Sous réserve des dispositions des articles D. 229 à D. 231, aucune personne étrangère au service ne peut être admise à visiter un établissement pénitentiaire qu'en vertu d'une autorisation spéciale délivrée par le chef d'établissement. Cette autorisation est délivrée par le directeur régional des services pénitentiaires lorsque la demande est relative à plusieurs établissements situés dans le ressort de sa compétence territoriale et par le ministre de la Justice lorsqu'elle est relative à des établissements situés sur tout le territoire national.

À moins d'une disposition expresse, cette autorisation ne confère pas à son bénéficiaire le droit de communiquer avec les détenus de quelque manière que ce soit, même en présence de membres du personnel.

Sans préjudice des dispositions de l'article R. 57-6-17 relatives au droit à l'image des personnes détenues prévenues, une autorisation spéciale est nécessaire pour effectuer à l'intérieur d'un établissement pénitentiaire des photographies, croquis, prises de vue et enregistrements sonores se rapportant à la détention. Cette autorisation est délivrée par le directeur régional des services pénitentiaires lorsqu'elle est relative à un ou plusieurs établissements situés dans le ressort de sa compétence territoriale, et par le ministre de la Justice lorsque l'autorisation est relative à des établissements situés sur tout le territoire national.

Art. D. 278 *(Mod., D. n° 98-1099, 8 déc. 1998).* – Les personnes étrangères au service d'un établissement pénitentiaire ne peuvent pénétrer à l'intérieur de celui-ci qu'après avoir justifié de leur identité et de leur qualité et après s'être soumises aux mesures de contrôle réglementaires.

La pièce d'identité produite par les personnes qui n'ont pas autorité dans l'établissement pénitentiaire ou qui n'y sont pas en mission peut être retenue pour leur être restituée seulement au moment de leur sortie.

Art. D. 279. – Un registre est tenu, dans chaque établissement pénitentiaire, sur lequel doivent être obligatoirement inscrits les nom et qualité de toute personne entrant ou sortant ainsi que l'heure et le motif de son entrée ou de sa sortie.

Seuls n'ont pas à figurer sur ce registre les noms des fonctionnaires logés à l'établissement ou des membres de leur famille vivant avec eux.

Art. D. 279-1 *(Mod., D. n° 98-1099, 8 déc. 1998).* – À titre exceptionnel, et seulement pour d'impérieuses raisons de sécurité, le ministre de la Justice peut suspendre pendant une période de temps limitée toute visite à l'intérieur d'un établissement pénitentiaire.

§ 3. – Incidents

Art. D. 280 *(Mod., D. n° 98-1099, 8 déc. 1998).* – Tout incident grave touchant à l'ordre, à la discipline ou à la sécurité de l'établissement pénitentiaire doit être immédiatement porté par le chef de l'établissement à la connaissance du préfet et du procureur de la République, en même temps qu'à celle du directeur régional des services pénitentiaires et du ministre de la Justice.

Si l'incident concerne un prévenu, avis doit en être donné également au magistrat saisi du dossier de l'information et, si l'incident concerne un condamné, au juge de l'application des peines.

Si le détenu appartient aux forces armées, l'autorité militaire doit en outre être avisée.

Art. D. 281. – Le chef de l'établissement dans lequel a été commis un crime ou un délit doit dresser rapport des faits et en aviser directement et sans délai le procureur de la République, conformément aux dispositions de l'article 40.

Art. D. 282. – En cas de décès d'un détenu, le chef de l'établissement donne les avis prévus à l'article D. 280.

S'il y a eu suicide ou mort violente, ou encore si la cause du décès est inconnue ou suspecte, les dispositions de l'article 74 sont applicables.

En toute hypothèse, déclaration du décès est faite à l'officier de l'état civil, conformément aux dispositions de l'article 84 du Code civil.

Le lieu du décès ne doit être indiqué dans l'acte de l'état civil que par la désignation de la rue et du numéro de l'immeuble.

Art. D. 283. – Toute évasion doit être signalée sur-le-champ au chef de l'établissement ou à son représentant le plus proche.

Le chef de l'établissement avise immédiatement les services de police ou de gendarmerie et rend compte de l'évasion aux autorités visées à l'article D. 280.

Toute tentative d'évasion doit également être portée sans délai à la connaissance de ces autorités.

§ 4. – Mise à l'isolement

Art. D. 283-1 à D. 283-2-4 *(Abr., D. n° 2010-1635, 23 déc. 2010).*

§ 5. – Moyens de contrainte

(Intitulé mod., D. n° 72-852, 12 sept. 1972)

Art. D. 283-3 *(D. n° 75-402, 23 mai 1975 ; D. n° 98-1099, 8 déc. 1998). – (Deux al. abr., D. n° 2013-368, 30 avr. 2013).*

Aucun moyen de contrainte ne doit être employé à titre de sanction disciplinaire.

Art. D. 283-4 *(Abr., D. n° 2013-368, 30 avr. 2013).*

Art. D. 283-5 *(Abr., D. n° 2010-1635, 23 déc. 2010).*

Art. D. 283-6 *(Mod., D. n° 2010-1635, 23 déc. 2010).* – Pour l'application des dispositions de l'article R. 57-7-84, les membres des forces préposées au maintien de l'ordre, intervenant à l'intérieur d'un établissement pénitentiaire ou assurant une mission de protection et de garde dans l'établissement ou aux abords de celui-ci en application des dispositions de l'article D. 266, sont, pendant le temps de cette intervention ou de l'accomplissement de cette mission, assimilés aux membres du personnel des établissements pénitentiaires.

CHAPITRE VI. – DES MOUVEMENTS DE PERSONNES DÉTENUES

Section I. – Des entrées et sorties des personnes détenues

Art. D. 284 et D. 285 *(Abr., D. n° 2013-368, 30 avr. 2013).*

Art. D. 286 *(Abr., D. n° 85-836, 6 août 1985).*

Art. D. 287 *(Mod., D. n° 2007-699, 3 mai 2007).* – Des instructions de service déterminent les conditions dans lesquelles :

1° Les services de la police nationale et les unités de la gendarmerie nationale réalisent les relevés signalétiques et les prélèvements prévus à l'article D. 163-1 ;

2° Le recto de chaque fiche pénale intitulé « fiche d'exécution des peines » est rédigé et transmis en copie au casier judiciaire, conformément aux dispositions des articles R. 69 et R. 72 ;

3° Les officiers de police judiciaire habilités de la police nationale et de la gendarmerie nationale reçoivent les informations relatives à l'identité des personnes incarcérées, dès l'incarcération à l'occasion des permissions de sortir, et à la libération.

Art. D. 288 *(Abr., D. n° 2013-368, 30 avr. 2013).*

Art. D. 289 *(Mod., D. n° 2010-1635, 23 déc. 2010). – (Al. abr., D. n° 2013-368, 30 avr. 2013. – V. CPP, art. R. 57-6-18).*

L'application de cette règle ne peut cependant avoir pour conséquence de retarder au-delà de midi leur élargissement dans la journée où elles doivent sortir de détention.

Section II. – Des transfèrements et des extractions

Art. D. 290 *(Mod., D. n° 98-1099, 8 déc. 1998).* – Le transfèrement consiste dans la conduite d'un détenu sous surveillance d'un établissement à un autre établissement pénitentiaire.

Cette opération comporte la radiation de l'écrou à l'établissement de départ et un nouvel écrou à l'établissement pénitentiaire de destination sans que la détention subie soit pour autant considérée comme interrompue.

Art. D. 291 *(Mod., D. n° 98-1099, 8 déc. 1998).* – L'extraction est l'opération par laquelle un détenu est conduit sous surveillance en dehors de l'établissement de détention, lorsqu'il doit comparaître en justice, ou lorsqu'il doit recevoir des soins qu'il n'est pas possible de lui donner dans l'établissement pénitentiaire ou plus généralement lorsque l'accomplissement d'un acte ne pouvant être effectué dans un établissement pénitentiaire a été reconnu absolument nécessaire et compatible avec la situation de l'intéressé.

§ 1. – Dispositions communes

Art. D. 292 *(Mod., D. n° 98-1099, 8 déc. 1998).* – Toute réquisition ou ordre de transfèrement ou d'extraction régulièrement délivré a un caractère impératif et le chef de l'établissement de détention doit y déférer sans le moindre retard, à moins d'impossibilité matérielle ou de circonstances particulières dont il aurait alors à rendre compte immédiatement à l'autorité requérante.

Il en est notamment ainsi lorsqu'il est établi par un médecin, habilité ou autorisé à intervenir dans l'établissement pénitentiaire, que l'état de santé du détenu ne permet pas son transfert ou son extraction. Le certificat délivré par ce praticien permet l'application éventuelle des dispositions de l'article 416.

Art. D. 293 *(Mod., D. n° 2015-439, 16 avr. 2015).* – Aucun transfèrement, aucune extraction ne peut être opéré sans un ordre écrit que délivre l'autorité compétente.

Cet ordre, lorsqu'il n'émane pas de l'administration pénitentiaire elle-même, est adressé par le procureur de la République du lieu de l'autorité requérante aux services de police ou unités de gendarmerie ou, dans les zones géographiques déterminées par arrêté conjoint des ministres de la justice et de l'intérieur, à l'administration pénitentiaire, selon les distinctions prévues aux articles D. 297 et D. 315.

Ce magistrat transmet, pour information, une copie de l'ordre d'extraction au procureur de la République du ressort du lieu de détention de la personne détenue ainsi qu'au chef de l'établissement pénitentiaire et prend toutes dispositions nécessaires pour que le transfèrement ou l'extraction ait lieu dans les conditions de sécurité prévues aux articles D. 294 à D. 296.

L'ordre ainsi donné est conservé au greffe de l'établissement pénitentiaire.

Le chef de l'établissement de détention doit vérifier avec soin, et au besoin auprès du signataire indiqué, l'authenticité de ce document.

Si les personnes chargées de procéder à l'opération sont inconnues des services de l'établissement pénitentiaire, elles doivent justifier de leur identité et de leur qualité.

Art. D. 294 *(Mod., D. n° 2010-1635, 23 déc. 2010).* – Des précautions doivent être prises en vue d'éviter les évasions et tous autres incidents lors des transfèrements et extractions de personnes détenues.

Ces personnes détenues peuvent être soumises, sous la responsabilité du chef d'escorte, au port des menottes ou, s'il y a lieu, des entraves, dans les conditions définies à l'article D. 283-4.

Au cas où une personne détenue serait considérée comme dangereuse ou devrait être surveillée particulièrement, le chef de l'établissement donne tous les renseignements et avis nécessaires au chef de l'escorte.

Art. D. 295. – Les détenus ne doivent avoir aucune communication avec des tiers à l'occasion de transfèrements ou d'extractions.

Les précautions utiles doivent être prises pour les soustraire à la curiosité ou à l'hostilité publique, ainsi que pour éviter toute espèce de publicité.

Art. D. 296 *(Mod., D. n° 83-48, 26 janv. 1983).* – Pour l'observation des principes posés à l'article D. 295, comme pour la sécurité des opérations, l'exécution des transfèrements et extractions doit être préparée et poursuivie avec la plus grande discrétion quant à la date et à l'identité des détenus en cause, au mode de transport, à l'itinéraire et au lieu de destination.

Toutefois, dès que le détenu transféré est arrivé à destination, sa famille ou les personnes autorisées de façon permanente à communiquer avec lui en sont informées.

§ 2. – Transfèrements

A. – Translations judiciaires

Art. D. 297 *(D. n° 83-48, 26 janv. 1983 ; D. n° 2011-1045, 2 sept. 2011). – (Al. jugé illégal, CE, 12 déc. 2018, n° 417244, Section fr. de l'Observatoire international des prisons : JurisData n° 2018-022739)* Ainsi qu'il est dit à l'article D. 57, les personnes détenues en prévention sont transférées sur la réquisition de l'autorité judiciaire compétente selon les règles édictées par le présent code.

Les services de gendarmerie ou de police opèrent la translation dans les conditions qui leur sont propres.

Dans les zones géographiques déterminées par arrêté conjoint des ministres de la justice et de l'intérieur, l'exécution de la translation incombe normalement à l'administration pénitentiaire avec le renfort, le cas échéant, des forces de police ou de la gendarmerie ainsi qu'il est précisé au troisième alinéa de l'article D. 57.

Les frais de l'opération sont imputables sur le chapitre budgétaire des frais de justice criminelle ou correctionnelle.

Art. D. 298 *(D. n° 72-852, 12 sept. 1972).* – Lorsqu'un détenu doit comparaître à quelque titre que ce soit devant une juridiction éloignée de son lieu de détention dans une affaire pour laquelle il n'est pas placé en détention provisoire, sa translation est exécutée dans les conditions visées à l'article D. 297.

Cette translation est requise, selon le cas, par le magistrat saisi du dossier de l'information, ou par le procureur de la République du lieu où l'intéressé doit comparaître ; si ce dernier est prévenu, il ne peut être procédé à sa translation qu'avec l'accord de l'autorité judiciaire dont il relève.

Il convient, en toute hypothèse, de ne prescrire une telle opération que si elle apparaît absolument justifiée, et sous réserve de l'application éventuelle de l'article 664 ou de l'article 712.

Art. D. 299 *(Rempl., D. n° 2011-1045, 2 sept. 2011).* – La charge de procéder éventuellement à la réintégration de la personne détenue transférée dans les conditions de l'article D. 298, qu'elle soit prévenue ou condamnée, incombe à l'administration pénitentiaire avec le renfort, le cas échéant, des forces de police ou de la gendarmerie ainsi qu'il est précisé au troisième alinéa de l'article D. 57.

Si la personne est condamnée, dès que sa présence a cessé d'être utile, le chef d'établissement dans lequel elle a été transférée en rend compte au directeur interrégional ou, si le transfèrement a été effectué d'une direction interrégionale à une autre, à l'administration centrale.

Si la personne est prévenue, le soin de requérir sa réintégration appartient au parquet à la diligence duquel la translation a eu lieu. Les frais du voyage de retour sont imputables comme frais de justice, de même que ceux du voyage de l'aller.

B. – Transfèrements administratifs

Art. D. 300 *(Mod., D. n° 2017-771, 4 mai 2017).* – Le ministre de la Justice ordonne les transfèrements de caractère administratif, c'est-à-dire les transfèrements autres que ceux visés aux articles D. 297 à D. 299.

La compétence du ministre de la Justice est exclusive en ce qui concerne :

1° Le transfèrement à titre administratif de tout détenu d'une région pénitentiaire à une autre ;

2° Les transfèrements vers ou à partir d'une maison centrale ou d'un quartier maison centrale.

S'il s'agit de prévenus, il ne peut être procédé à leur transfert qu'après information du magistrat saisi du dossier de l'instruction judiciaire et qu'à défaut d'opposition de celui-ci dans un délai de huit jours à compter de la réception de cette information.

Art. D. 301 *(Mod., D. n° 2017-771, 4 mai 2017).* – Sous réserve des dispositions de l'article D. 300 et sauf s'il s'agit de détenus ayant fait l'objet d'une décision d'affectation de la part du ministre de la Justice autre qu'une mise à disposition du directeur régional, ce dernier peut ordonner, à l'intérieur de sa région, les transfèrements individuels ou collectifs qu'il estime nécessaires.

S'il s'agit de prévenus, il ne peut être procédé à leur transfert qu'après information du magistrat saisi du dossier de l'instruction judiciaire et qu'à défaut d'opposition de celui-ci dans un délai de huit jours à compter de la réception de cette information.

Art. D. 302 *(D. n° 72-852, 12 sept. 1972).* – Un condamné ne peut être transféré s'il doit être tenu à la disposition de la juridiction dans le ressort de laquelle il se trouve, soit parce qu'il fait l'objet de poursuites – que celles-ci aient ou non donné lieu à la délivrance d'un mandat de justice –, soit parce qu'il est susceptible d'être entendu comme témoin.

Il appartient au ministère public de faire connaître à l'administration pénitentiaire la date à partir de laquelle le détenu pourra être dirigé sur sa destination pénale, et il en est rendu compte à l'autorité ayant délivré l'ordre de transfèrement.

Art. D. 303 *(Abr., D. n° 98-1099, 8 déc. 1998).*

C. – Exécution des transfèrements par l'administration pénitentiaire

Art. D. 304 *(Mod., D. n° 2003-259, 20 mars 2003).* – La direction de l'administration pénitentiaire comprend un service central des transfèrements, dirigé par un directeur d'établissement pénitentiaire.

Ce service assure l'exécution des ordres de transfèrement émanant de l'administration centrale.

Art. D. 305. – Le directeur régional assure l'organisation des transfèrements qu'il ordonne et leur réalisation par les moyens dont il dispose.

La même charge lui incombe en ce qui concerne l'exécution d'un ordre de transfèrement émanant de l'administration centrale, lorsque ce transfèrement est prescrit entre des établissements pénitentiaires situés dans sa région ou lorsque des instructions lui sont données en ce sens.

Art. D. 306 *(Mod., D. n° 98-1099, 8 déc. 1998).* – Les transfèrements s'effectuent par route ou par voie ferrée, maritime ou aérienne.

L'autorité à laquelle incombe l'organisation du transfèrement décide du moyen de transport à utiliser dans chaque cas, compte tenu de l'importance du convoi, du caractère dangereux du détenu, de la distance à parcourir, de l'urgence de l'opération et de l'état de santé du détenu, sous réserve du cas où un transport sanitaire aura été prescrit par un médecin.

Dans ce dernier cas, l'autorité à laquelle incombe l'organisation du transfèrement décide des moyens de surveillance à mettre en œuvre.

Toutes précautions doivent être prises pour assurer aux détenus transportés des conditions suffisantes de confort et d'hygiène.

Art. D. 307. – Les dépenses auxquelles donne lieu l'exécution des transfèrements administratifs sont prises en charge par l'administration pénitentiaire.

Aucun détenu n'est recevable à solliciter d'être transféré à ses propres frais.

Art. D. 308. – L'escorte des détenus transférés par les soins de l'administration pénitentiaire est assurée par des membres du personnel de surveillance inscrits sur une liste dressée par le service central des transfèrements sur proposition des chefs d'établissement.

L'importance de l'escorte est déterminée par l'autorité chargée de l'organisation du transfèrement, en fonction du nombre des détenus transférés, des moyens de transport utilisés et de la distance à parcourir.

Le chef de l'établissement à qui incombe la constitution de l'escorte désigne nommément ceux des agents figurant sur la liste précitée qui seront chargés d'exécuter la mission prescrite.

Art. D. 309 *(Abr., D. n° 83-48, 26 janv. 1983).*

Art. D. 310 *(D. n° 2003-259, 20 mars 2003).* – Le chef de l'établissement remet au chef de l'escorte des détenus à transférer les extraits de jugement ou d'arrêt et les autres pièces figurant au dossier individuel des intéressés, ainsi que les effets ou objets leur appartenant, à l'exclusion de l'argent qui est transmis par virement.

Indépendamment de l'application éventuelle des dispositions de l'article R. 101, le poids et le volume des objets ainsi transportés sont toutefois limités dans les conditions précisées par l'instruction de service.

D. – Cas particuliers

Art. D. 311. – La translation des extradés est assimilée au transfèrement.

Les individus livrés à la France par un État étranger, dès qu'ils sont écroués dans l'établissement pénitentiaire d'une ville frontière ou d'un port maritime ou aérien doivent être signalés d'urgence par le chef de cet établissement au service central des transfèrements.

Ce service fait alors procéder, dans les moindres délais, au transfèrement des intéressés au lieu de l'exécution de leur peine ou, par dérogation aux dispositions de l'article D. 297, à celui de leur jugement.

Il appartient de même au service central des transfèrements de donner les instructions utiles pour assurer la conduite à la frontière ou au port d'embarquement maritime ou aérien et la remise aux autorités étrangères requérantes de tout individu dont l'extradition a été accordée par le gouvernement français.

Le service central des transfèrements assure également d'un point à l'autre de la frontière le transfèrement des extradés dont le transit par la France a été autorisé.

Il lui appartient de même de faire conduire, soit à l'aller d'un établissement pénitentiaire français jusqu'à la frontière ou jusqu'au port français d'embarquement maritime ou aérien, soit au retour de la frontière ou du port français de débarquement maritime ou aérien jusqu'à un établissement pénitentiaire français, les détenus dont l'envoi est demandé conformément aux dispositions de l'article 34 de la loi du 10 mars 1927, ou aux dispositions analogues contenues dans des conventions internationales.

Art. D. 312 *(Mod., D. n° 98-1099, 8 déc. 1998)*. – Les mesures qui ont pour objet de refouler à la frontière certains étrangers condamnés par décision de justice ou d'assurer l'exécution des arrêtés d'expulsion n'incombent pas à l'administration pénitentiaire, même lorsque les intéressés y sont soumis à leur libération.

Art. D. 313 *(Abr., D. n° 2021-683, 27 mai 2021)*.

> **Rédaction antérieure. Art. D. 313** *(Mod., D. n° 98-1099, 8 déc. 1998)*. – Les mineurs qui ont été placés provisoirement dans une maison d'arrêt, et qui doivent faire l'objet d'une des mesures prévues par les articles 15, 16 et 28 de l'ordonnance n° 45-174 du 2 février 1945 relative à l'enfance délinquante sont dirigés sans retard sur l'institution ou auprès de la personne chargée de les recevoir.
>
> À cette fin, le chef de l'établissement pénitentiaire qui en a la garde les signale au procureur de la République du siège du tribunal pour enfants, et à la direction de la protection judiciaire de la jeunesse au ministère de la justice.
>
> Leur prise en charge et leur conduite à destination incombent aux services de la protection judiciaire de la jeunesse et ne comportent aucune intervention de l'administration pénitentiaire.

Art. D. 313-1 *(D. n° 93-193, 8 févr. 1993)*. – Lorsque l'autorité compétente pour ordonner un transfèrement judiciaire ou administratif précise que l'absence du détenu de son lieu habituel de détention n'excédera pas 72 heures, la levée d'écrou de l'intéressé est opérée sous la forme simplifiée.

Lors de son arrivée dans l'établissement de destination, le détenu est écroué selon les mêmes modalités.

Si à la date de retour initialement prévue, la réintégration du détenu ne peut être assurée, son transfert définitif est effectué en régularisation.

§ 3. – Extractions

Art. D. 314 *(Mod., D. n° 2007-699, 3 mai 2007)*. – L'extraction s'effectue sans radiation de l'écrou car elle comporte obligatoirement la reconduite de l'intéressé à l'établissement pénitentiaire.

L'autorité compétente pour ordonner ou pour autoriser l'extraction est tenue en conséquence de donner toutes instructions utiles pour que soit assurée la réintégration.

Celle-ci doit avoir lieu dans le délai le plus bref et, en toute hypothèse autre que celle d'une hospitalisation et celle de la mise à disposition du détenu aux officiers de police judiciaire pour les besoins d'une enquête, le jour même de l'extraction. Lorsqu'il est nécessaire que la mesure motivant l'extraction se prolonge pendant plusieurs jours, le détenu est réintégré chaque soir à l'établissement pénitentiaire.

Art. D. 314-1 *(D. n° 93-193, 8 févr. 1993)*. – Dans l'hypothèse où la réintégration du détenu ne peut s'effectuer dans les délais de l'article D. 314 sans toutefois que son absence de son établissement d'origine n'excède 72 heures, la sortie de l'intéressé s'accompagne d'une levée d'écrou réalisée sous la forme simplifiée selon les modalités de l'article D. 149-1.

À cette fin, l'autorité compétente précise la date exacte du retour prévu à l'établissement d'origine et donne toutes instructions utiles pour que la réintégration du détenu soit assurée à la date initialement arrêtée.

Durant son absence de son lieu habituel de détention, le détenu, écroué dès son arrivée sous la forme simplifiée dans l'établissement de destination, est réintégré chaque soir dans cet établissement.

Art. D. 314-2 *(D. n° 98-1099, 8 déc. 1998)*. – Dans l'hypothèse où, en application des dispositions prévues aux articles D. 391 et suivants, un détenu doit être hospitalisé dans un établissement de santé éloigné de l'établissement pénitentiaire dans lequel il est écroué, il peut faire l'objet d'une levée d'écrou sous la forme simplifiée, nonobstant le fait que l'absence de son établissement d'origine excède soixante-douze heures.

Le détenu est écroué dans l'établissement pénitentiaire situé à proximité de l'établissement de santé selon les mêmes modalités.

À l'issue de l'hospitalisation, le détenu doit être réintégré dans son établissement d'origine dans les délais les plus brefs. Si cette réintégration n'est pas possible, le transfert définitif du détenu est effectué en régularisation.

Art. D. 315 *(Mod., D. n° 2015-439, 16 avr. 2015)*. – Lorsqu'une personne détenue doit comparaître à quelque titre et pour quelque cause que ce soit, devant une juridiction de l'ordre judiciaire, les réquisitions nécessaires sont délivrées par le procureur de la République dans toutes les hypothèses où elles ne relèvent pas de la compétence d'un autre magistrat en vertu des règles édictées par le présent code.

La charge de procéder aux extractions de personnes détenues qui sont requises par l'autorité judiciaire incombe normalement aux services de police quand celles-ci n'entraînent aucun déplacement en dehors de leur circonscription et aux services de gendarmerie dans les autres cas. Dans les zones géographiques déterminées par arrêté conjoint des ministres de la justice et de l'intérieur, elle incombe normalement à l'administration pénitentiaire avec le renfort, le cas échéant, des forces de police ou de la gendarmerie ainsi qu'il est précisé au troisième alinéa de l'article D. 57.

Dans les zones géographiques visées à l'alinéa précédent, les personnels de l'administration pénitentiaire sont habilités à exécuter les mandats d'amener délivrés par l'autorité judiciaire à l'encontre des personnes détenues, au sens de l'article D. 50.

Art. D. 316 *(Mod., D. n° 98-1099, 8 déc. 1998).* – Le préfet apprécie si l'extraction des détenus appelés à comparaître devant des juridictions ou des organismes d'ordre administratif est indispensable. Dans l'affirmative, il requiert l'extraction par les services de police ou de gendarmerie selon la distinction de l'article D. 315.

Art. D. 317 *(Mod., D. n° 2007-699, 3 mai 2007).* – Dans les hypothèses où, en raison des nécessités de l'enquête à laquelle ils procèdent, s'il n'est pas suffisant pour les officiers ou agents de police judiciaire d'user de la faculté qu'ils ont d'entendre les détenus à l'intérieur des établissements pénitentiaires, les services auxquels ces fonctionnaires appartiennent peuvent être autorisés à procéder à l'extraction des intéressés, sous la réserve que ces derniers demeurent sous leur responsabilité et soient réintégrés à l'issue de cette mesure ou après avoir été déférés devant un magistrat.

Lorsque des officiers de police judiciaire n'agissent pas en exécution d'une commission rogatoire ordonnant l'extraction, une autorisation spéciale doit être accordée à cet effet par le magistrat saisi du dossier de l'information, et s'il n'y a pas d'information judiciaire, par le procureur de la République du lieu de détention.

CHAPITRE VII. – DE LA GESTION DES BIENS ET DE L'ENTRETIEN DES PERSONNES DÉTENUES

(Intitulé mod., D. n° 2010-1635, 23 déc. 2010)

Section I. – De la gestion des biens des détenus

Art. D. 318 *(Abr., D. n° 2013-368, 30 avr. 2013).*

§ 1. – Valeurs pécuniaires

(D. n° 75-128, 7 mars 1975)

Art. D. 319 *(Mod., D. n° 2019-1184, 15 nov. 2019).* – L'établissement pénitentiaire où le détenu est écroué tient un compte nominatif où sont inscrites les valeurs pécuniaires lui appartenant et dont le fonctionnement est régi par les dispositions de la section 1 du chapitre VII du titre II du livre V du présent code (deuxième partie : décrets en Conseil d'État).

Sous réserve que les détenus n'en aient pas demandé l'envoi à un tiers ou la consignation, les sommes dont ils sont porteurs à leur entrée dans l'établissement pénitentiaire sont immédiatement inscrites à leur compte nominatif au moment de leur écrou. L'importance de ces sommes ne saurait en aucun cas justifier le refus de la prise en charge.

Le compte nominatif est par la suite crédité ou débité de toutes les sommes qui viennent à être dues au détenu, ou par lui, au cours de sa détention, dans les conditions réglementaires.

Art. D. 320 *(Abr., D. n° 98-1099, 8 déc. 1998 ; rétabli dans la version suivante, D. n° 2004-1072, 5 oct. 2004).* – Toutes les sommes qui échoient aux détenus sont considérées comme ayant un caractère alimentaire, dans la mesure où elles n'excèdent pas chaque mois 200 €. Cette somme est doublée à l'occasion des fêtes de fin d'année.

Elles sont dès lors entièrement versées à la part disponible jusqu'à concurrence de cette provision alimentaire et, pour le surplus, elles sont soumises à répartition dans les proportions ci-après déterminées, sous réserve des dispositions particulières concernant les rentes, les pensions et les indemnités.

Art. D. 320-1 *(Mod., D. n° 2015-689, 18 juin 2015)*. – La première part, affectée à l'indemnisation des parties civiles et créanciers d'aliments, est déterminée en appliquant à la fraction des sommes qui échoient aux détenus les taux de :

- 20 %, pour la fraction supérieure à 200 € et inférieure ou égale à 400 € ;
- 25 %, pour la fraction supérieure à 400 € et inférieure ou égale à 600 € ;
- 30 %, pour la fraction supérieure à 600 €.

Lorsque, d'une part, les sommes inscrites sur cette part atteignent le montant de 1 000 €, que, d'autre part, les parties civiles ont été entièrement indemnisées ou qu'il ressort de la décision définitive sur l'action publique et les intérêts civils qu'il n'y a pas de parties civiles ou qu'aucun dommage et intérêt n'a été accordé et que, enfin, aucun créancier d'aliments ne s'est prévalu de sa créance sur le fondement d'un titre exécutoire, la répartition opérée au titre de cette part a lieu au profit de la part disponible.

Toutefois, le prélèvement au titre de la part réservée à l'indemnisation des parties civiles et des créanciers d'aliments est opéré à nouveau, y compris au-delà du plafond précité, dès qu'un créancier d'aliments vient à se prévaloir de sa créance sur le fondement d'un titre exécutoire ou qu'une victime d'une infraction visée par une condamnation inscrite à l'écrou se prévaut d'une décision exécutoire de condamnation à des dommages et intérêts.

À la demande de la personne détenue, la première part, affectée à l'indemnisation des parties civiles et créanciers d'aliments, peut également être alimentée, y compris en l'absence de décision sur intérêts civils connue, par le versement de sommes figurant sur la troisième part du compte nominatif laissée à la libre disposition des personnes détenues.

Art. D. 320-2 *(Mod., D. n° 2007-861, 14 mai 2007)*. – La deuxième part, affectée à la constitution du pécule de libération, est déterminée en appliquant à la fraction des sommes qui échoient aux détenus le taux de 10 %, sous réserve de la dispense prévue par l'article D. 121-1.

Art. D. 320-3 *(D. n° 2004-1072, 5 oct. 2004)*. – La troisième part, laissée à la libre disposition des détenus, correspond aux sommes restantes après que les prélèvements prévus aux articles D. 320 à D. 320-2 ont été opérés.

Art. D. 321 *(Abr., D. n° 2013-368, 30 avr. 2013)*.

Art. D. 322 *(Mod., D. n° 2009-420, 15 avr. 2009)*. – Les régisseurs chargés de la gestion des comptes nominatifs bénéficient d'une remise de 2,5 p. 100 sur les sommes qui sont acquittées pour le compte des détenus au titre des condamnations pécuniaires prononcées au profit de l'État ou des collectivités publiques.

Art. D. 323 *(Mod., D. n° 2007-931, 15 mai 2007)*. – La part disponible du compte nominatif peut être utilisée par le détenu, conformément aux règlements, pour effectuer des achats à l'intérieur de l'établissement pénitentiaire, ou même, sur autorisation spéciale, pour procéder à des versements au dehors.

En cas d'évasion du titulaire du compte, cette part est appliquée d'office à l'indemnisation des parties civiles. Le reliquat est acquis à l'État, sauf décision du directeur interrégional des services pénitentiaires du lieu où s'est produite l'évasion ordonnant qu'il soit rétabli en tout ou partie au profit du détenu lorsque ce dernier a été repris.

Art. D. 324 *(Mod., D. n° 2015-689, 18 juin 2015)*. – Les sommes constituant le pécule de libération sont inscrites à un compte spécial ; lorsqu'elles dépassent une somme fixée par arrêté du garde des Sceaux, ministre de la Justice, elles sont versées à un livret A.

Une instruction de service détermine les modalités d'application de ces dispositions.

Le capital représentatif des rentes d'accidents du travail dont la conversion a été rendue obligatoire par le décret n° 59-734 du 15 juin 1959 est intégralement versé au pécule de libération.

Pendant l'incarcération, le pécule de libération est indisponible et ne peut faire l'objet d'aucune voie d'exécution. Toutefois, les condamnés bénéficiant d'un aménagement de peine sous écrou peuvent, sur autorisation du chef d'établissement, disposer de tout ou partie des sommes constituant le pécule de libération afin de leur permettre de faire face aux dépenses nécessaires à la préparation de leur réinsertion.

Art. D. 325 *(Mod., D. n° 2004-1072, 5 oct. 2004).* – L'indemnisation des parties civiles concernées par les condamnations inscrites à l'écrou est assurée sur la première part prévue à l'article D. 320-1. À cette fin, le ministère public près la juridiction ayant prononcé la condamnation, dès que cette dernière a acquis un caractère définitif, informe sans délai l'établissement où se trouve incarcéré le ou les détenus de l'existence de parties civiles et du montant de leurs créances.

Cette part ne saurait faire l'objet d'aucun acte de disposition émanant du détenu.

Art. D. 326 *(Abr., D. n° 2010-1635, 23 déc. 2010).*

Art. D. 327 *(Rempl., D. n° 2004-1364, 13 déc. 2004).* – La répartition prévue aux articles D. 320 à D. 320-3 est applicable aux détenus exécutant une contrainte judiciaire.

Toutefois, les détenus souhaitant en faire cesser les effets en application de l'article 759 peuvent demander à ce que les sommes inscrites sur la part réservée à la constitution du pécule de libération et celles figurant sur la part réservée à l'indemnisation des parties civiles et aux créanciers d'aliments permettent d'éteindre leur dette, à la double condition :

– que les parties civiles aient été entièrement indemnisées ou qu'il ressorte de la décision définitive sur l'action publique et les intérêts civils qu'il n'y a pas de parties civiles ou qu'aucun dommage et intérêt n'a été accordé ;
– qu'aucun créancier d'aliments ne se soit prévalu de sa créance sur le fondement d'un titre exécutoire.

Art. D. 328 et D. 329 *(Abr., D. n° 2004-1072, 5 oct. 2004).*

Art. D. 330 *(D. n° 75-128, 7 mars 1975).* – Tout versement effectué à l'extérieur sur la part disponible d'un détenu doit non seulement avoir été demandé ou consenti par ce détenu, mais aussi avoir été autorisé expressément par le magistrat saisi du dossier de l'information s'il s'agit d'un prévenu ou, sinon, par le chef d'établissement.

Art. D. 331 *(Abr., D. n° 2013-368, 30 avr. 2013).*

Art. D. 332 *(Déclaré illégal, CE, 10 févr. 2016, n° 375426, M. B.... : JurisData n° 2016-002135 ; rempl., D. n° 2016-1472, 28 oct. 2016).* – Les retenues de valeurs pécuniaires en réparation de dommages matériels causés en détention, mentionnées au deuxième alinéa du I de l'article 728-1, sont prononcées par décision du chef d'établissement.

Cette décision mentionne le montant de la retenue et en précise les bases de liquidation. Le montant de la retenue est strictement nécessaire à la réparation du dommage constaté.

La décision est notifiée à la personne détenue et au régisseur des comptes nominatifs. Ce dernier procède à la retenue sur la part disponible du compte nominatif de la somme mentionnée dans la décision du chef d'établissement. Il verse au Trésor public les sommes retenues.

Art. D. 332-1 *(D. n° 2016-1472, 28 oct. 2016).* – Les sommes d'argent trouvées en possession irrégulière des personnes détenues, mentionnées au deuxième alinéa du I de l'article 728-1, acquises ou introduites irrégulièrement, sont transmises, sur décision du chef d'établissement, au régisseur des comptes nominatifs qui procède au versement des sommes au Trésor public. La décision est notifiée à la personne détenue.

Art. D. 333 *(Mod., D. n° 2009-420, 15 avr. 2009).* – Une saisie-attribution peut, dans les conditions du droit commun, être valablement formée concernant le compte nominatif d'un détenu, entre les mains du régisseur chargé de la gestion des comptes nominatifs.

La saisie-attribution porte exclusivement sur les sommes composant la part disponible, sous réserve du cantonnement éventuellement ordonné par l'autorité judiciaire et des insaisissabilités reconnues par la loi.

La saisie des rémunérations des détenus peut être opérée dans les conditions du droit commun.

Art. D. 334 *(Mod., D. n° 2015-689, 18 juin 2015).* – Au moment de sa libération, chaque détenu reçoit les sommes qui résultent de la liquidation de son compte nominatif sous réserve des versements au fonds de garantie conformément aux dispositions de l'article D. 334-1 ; le cas échéant lui sont également remis :

1° Les pièces justificatives du paiement des sommes versées pour l'exécution de ses condamnations pécuniaires ;

2° Les pièces justificatives du paiement des sommes versées pour l'indemnisation des parties civiles ;
3° *(Abr., D. n° 2010-1635, 23 déc. 2010)* ;
4° Un état des sommes prélevées au titre de la participation aux frais d'entretien ;
5° Un état des sommes épargnées au titre du pécule de libération ;
6° Un état des sommes prélevées au titre des cotisations à caractère social.

Si l'intéressé doit, après son élargissement, être remis à une escorte, les fonds et les pièces justificatives sont remis contre décharge au chef de cette escorte, par dérogation aux dispositions du premier alinéa de l'article D. 310.

Il en sera de même en cas de transfert uniquement en ce qui concerne les pièces justificatives.

Art. D. 334-1 *(D. n° 2015-689, 18 juin 2015)*. – Au moment de la libération d'une personne détenue condamnée au paiement de dommages et intérêts, les valeurs pécuniaires affectées à l'indemnisation des parties civiles et non réclamées, d'un montant supérieur 500 euros, sont, sous réserve des droits des créanciers d'aliments, versées au fonds de garantie des victimes des actes de terrorisme et d'autres infractions.

Lors de ce versement, l'administration pénitentiaire transmet au fonds les informations utiles relatives aux victimes pour faciliter leur indemnisation, telle que prévue par l'alinéa 7 de l'article L. 422-1 Code des assurances.

§ 2. – Valeurs non pécuniaires
(D. n° 75-128, 7 mars 1975)

Art. D. 335 à D. 338 *(Abr., D. n° 2013-368, 30 avr. 2013)*.

Art. D. 339. – Le chef d'établissement donne connaissance à l'autorité judiciaire des sommes d'argent ou objets trouvés sur les détenus, apportés par eux ou qui leur sont envoyés lorsque, en raison de leur nature, de leur importance ou de leur origine, ces sommes ou objets paraissent susceptibles d'être retenus ou saisis.

Art. D. 340 *(Abr., D. n° 2013-368, 30 avr. 2013)*.

Art. D. 341 *(Mod., D. n° 98-1099, 8 déc. 1998)*. – Après un délai de trois ans depuis le décès d'un détenu, si les bijoux, valeurs, vêtements et effets personnels n'ont pas été réclamés par ses ayants droit, il en est fait remise à l'administration des domaines et cette remise vaut décharge pour l'administration pénitentiaire ; l'argent est de même versé au Trésor.

Après un délai de trois ans à compter de l'évasion d'un détenu, les objets et l'argent laissés reçoivent la même destination que ci-dessus, si la capture de l'intéressé n'a pas été signalée.

Section II. – De l'entretien des détenus

Art. D. 342 et D. 343 *(Abr., D. n° 2013-368, 30 avr. 2013)*.

Art. D. 344 *(Mod., D. n° 2013-368, 30 avr. 2013)*. – Ces prix sont fixés périodiquement par le chef d'établissement. Sauf en ce qui concerne le tabac, ils doivent tenir compte des frais exposés par l'administration pour la manutention et la préparation.

Art. D. 345 à D. 347 *(Abr., D. n° 2013-368, 30 avr. 2013)*.

Art. D. 347-1 *(D. n° 2010-1635, 23 déc. 2010 ; D. n° 2022-291, 1er mars 2022)*. – I. – Une personne détenue est considérée comme dépourvue de ressources suffisantes et peut, à ce titre, bénéficier des aides en nature de l'État lorsque, cumulativement :

1° La part disponible du compte nominatif pendant le mois précédant le mois courant est inférieure à 100 € ;
2° La part disponible de son compte nominatif pendant le mois courant est inférieure à 100 € ;
3° Le montant de ses dépenses cumulées dans le mois courant est inférieur à 100 €.

Pour l'appréciation du niveau de ressources d'une personne entrant en détention, la part disponible de son compte nominatif du mois précédent n'est pas prise en compte pendant le premier mois d'incarcération.

II. – Une personne détenue dépourvue de ressources suffisantes peut bénéficier d'une aide en numéraire de l'État lorsque, cumulativement :

1° La part disponible de son compte nominatif pendant le mois précédant le mois courant est inférieure à 60 € ;

2° La part disponible de son compte nominatif pendant le mois courant est inférieure à 60 € ;

3° Le montant de ses dépenses cumulées dans le mois courant est inférieure à 60 €.

III. – Les aides que reçoivent les personnes détenues dépourvues de ressources suffisantes sont attribuées par l'administration pénitentiaire. Il est tenu compte des aides attribuées à la personne détenue intéressée par toute personne physique ou morale de droit public ou privé autorisée à le faire par l'administration pénitentiaire.

Art. D. 348 *(Abr., D. n° 2013-368, 30 avr. 2013 – V. CPP, art. R. 57-6-18).*

CHAPITRE VIII. – DE LA SANTÉ DES PERSONNES DÉTENUES

(Intitulé rempl., D. n° 2010-1635, 23 déc. 2010)

Section I. – Dispositions générales

(D. n° 98-1099, 8 déc. 1998)

Art. D. 348-1 *(Mod., D. n° 2010-1635, 23 déc. 2010).* – L'inspection générale des affaires sociales et les services des agences régionales de santé veillent à l'observation des mesures nécessaires au maintien de la santé des détenus et de l'hygiène dans les établissements pénitentiaires.

Ces services contrôlent à l'intérieur des établissements pénitentiaires l'exécution des lois et règlements se rapportant à la santé publique et effectuent toutes vérifications utiles à leurs missions.

Art. D. 348-2 *(Mod., D. n° 2011-1471, 8 nov. 2011 ; abr., D. n° 2021-665, 26 mai 2021).*

Art. D. 348-3 *(Rempl., D. n° 2011-1471, 8 nov. 2011 ; abr., D. n° 2021-665, 26 mai 2021).*

Art. D. 348-4 *(Mod., D. n° 2011-1471, 8 nov. 2011 ; abr., D. n° 2021-665, 26 mai 2021).*

Section II. – De l'hygiène

Art. D. 349. – L'incarcération doit être subie dans des conditions satisfaisantes d'hygiène et de salubrité, tant en ce qui concerne l'aménagement et l'entretien des bâtiments, le fonctionnement des services économiques et l'organisation du travail, que l'application des règles de propreté individuelle et la pratique des exercices physiques.

§ 1. – Salubrité et propreté des locaux

Art. D. 350 *(D. n° 72-852, 12 sept. 1972).* – Les locaux de détention et, en particulier, ceux qui sont destinés au logement, doivent répondre aux exigences de l'hygiène, compte tenu du climat, notamment en ce qui concerne le cubage d'air, l'éclairage, le chauffage et l'aération.

Art. D. 351. – Dans tout local où les détenus séjournent, les fenêtres doivent être suffisamment grandes pour que ceux-ci puissent lire et travailler à la lumière naturelle. L'agencement de ces fenêtres doit permettre l'entrée d'air frais. La lumière artificielle doit être suffisante pour permettre aux détenus de lire ou de travailler sans altérer leur vue.

Les installations sanitaires doivent être propres et décentes. Elles doivent être réparties d'une façon convenable et leur nombre proportionné à l'effectif des détenus.

Art. D. 352 *(Abr., D. n° 2013-368, 30 avr. 2013 – V. CPP, art. R. 57-6-18).*

§ 2. – Hygiène du travail et des services économiques

Art. D. 353. – Indépendamment des dispositions relatives à la prévention et à la réparation des accidents du travail et des maladies professionnelles, les prescriptions destinées à protéger la sécurité et la santé des travailleurs libres doivent être observées dans les établissements pénitentiaires.

Art. D. 354 à D. 356 *(Abr., D. n° 2013-368, 30 avr. 2013).*

§ 3. – Hygiène personnelle

Art. D. 357 à D. 359 *(Abr., D. n° 2013-368, 30 avr. 2013).*

Section III. – De l'organisation sanitaire

(D. n° 98-1099, 8 déc. 1998)

§ 1. – Dispositions générales

Art. D. 360 *(D. n° 98-1099, 8 déc. 1998).* – Le transfèrement dans un établissement pénitentiaire mieux approprié peut être sollicité dans les conditions prévues au quatrième alinéa de l'article D. 382, pour les détenus qui ne bénéficient pas, dans l'établissement où ils sont écroués, de conditions matérielles de détention adaptées à leur état de santé et pour ceux qui nécessitent une prise en charge particulière.

Le directeur régional fait procéder, à l'intérieur de sa région et dans les conditions prévues à l'article D. 301, à tout transfèrement ayant pour objet de permettre à un détenu malade d'être pris en charge dans de meilleures conditions.

S'il s'agit de prévenus, le magistrat saisi du dossier de l'information doit avoir donné préalablement son accord au transfèrement, après avoir été informé de la durée probable du traitement envisagé.

Art. D. 361 *(Abr., D. n° 2013-368, 30 avr. 2013).*

Art. D. 362 *(Mod., D. n° 2007-749, 9 mai 2007 ; D. n° 2021-683, 27 mai 2021).* – Hors le cas où l'état de santé du détenu rend nécessaire un acte de diagnostic ou de soins auquel il n'est pas à même de consentir, celui-ci doit, conformément aux dispositions de l'article R. 4127-36 du Code de la santé publique, exprimer son consentement préalablement à tout acte médical et, en cas de refus, être informé par le médecin des conséquences de ce refus.

Art. D. 363 *(Mod., D. n° 2010-1635, 23 déc. 2010).* – Conformément à l'article L. 1121-6 du Code de la santé publique, les détenus ne peuvent être sollicités pour se prêter à des recherches biomédicales que s'il en est attendu un bénéfice direct et majeur pour leur santé. Leur consentement est recueilli selon les modalités prévues par les articles L. 1122-1 et L. 1122-1-1 du même code.

Art. D. 364 *(D. n° 98-1099, 8 déc. 1998).* – Si un détenu se livre à une grève de la faim prolongée, il ne peut être traité sans son consentement, sauf lorsque son état de santé s'altère gravement et seulement sur décision et sous surveillance médicales.

Il en est rendu compte aux autorités à prévenir en cas d'incident dans les conditions visées à l'article D. 280.

Art. D. 365 *(D. n° 98-1099, 8 déc. 1998).* – Hormis les cas où ils se trouvent en dehors d'un établissement pénitentiaire en application des articles 723 et 723-3, les détenus ne peuvent être examinés ou soignés par un médecin de leur choix, à moins d'une décision du directeur interrégional des services pénitentiaires territorialement compétent. Ils doivent alors assumer les frais qui leur incombent du fait de cette prise en charge.

§ 2. – Protection sociale des détenus

Art. D. 366 *(D. n° 98-1099, 8 déc. 1998).* – Les détenus sont affiliés, dès leur incarcération, au régime général de la sécurité sociale. À ce titre, ils bénéficient, ainsi que leurs ayants droit, des prestations en nature de l'assurance maladie et maternité servies par le régime général dans les conditions fixées par les articles L. 381-30 à L. 381-30-6 du Code de la sécurité sociale.

Les détenus bénéficiant d'une mesure de semi-liberté ou de placement à l'extérieur en application de l'article 723 et qui exercent une activité professionnelle dans les conditions de droit commun sont affiliés au régime de sécurité sociale dont ils relèvent au titre de cette activité, dès lors que la durée de celle-ci permet l'ouverture des droits. Dans le cas contraire, ils continuent à bénéficier des prestations en nature de l'assurance maladie et maternité servies par le régime général dans les conditions fixées par les articles L. 381-30 à L. 381-30-6 du Code de la sécurité sociale, jusqu'à ce qu'ils remplissent les conditions d'ouverture du droit aux prestations du régime d'assurance maladie dont ils relèvent au titre de leur activité.

Art. D. 367 *(D. n° 98-1099, 8 déc. 1998 ; D. n° 2022-291, 1er mars 2022)*. – La part qui reste éventuellement à la charge du détenu, après remboursement d'un appareillage ou d'une prothèse par l'assurance maladie est prise sur son compte nominatif. Cependant, l'administration pénitentiaire peut se substituer aux détenus dont les ressources sont insuffisantes.

Le financement des appareillages, prothèses, actes, traitements ou interventions chirurgicales qui ne sont pas pris en charge par l'assurance maladie est à l'entière charge des intéressés, après autorisation du chef d'établissement, sous réserve des dispositions relatives aux prestations servies aux détenus en application de la législation sur les accidents du travail et les maladies professionnelles.

§ 3. – L'organisation des soins en milieu pénitentiaire

Art. D. 368 *(Rempl., D. n° 2010-344, 31 mars 2010 ; mod., D. n° 2016-1505, 8 nov. 2016 ; D. n° 2016-1645, 1er déc. 2016)*. – Les missions de diagnostic et de soins en milieu pénitentiaire et la coordination des actions de prévention et d'éducation pour la santé sont assurées par une équipe hospitalière placée sous l'autorité médicale d'un praticien hospitalier, dans le cadre d'une unité de consultations et de soins ambulatoires, conformément aux dispositions des articles R. 6111-27 à R. 6111-38 du Code de la santé publique.

En application de l'article R. 6122-14 du Code de la santé publique, le directeur général de l'agence régionale de santé désigne, pour chaque établissement pénitentiaire de la région, l'établissement public de santé situé à proximité de l'établissement pénitentiaire, qui est chargé de mettre en œuvre les missions décrites au premier alinéa du présent article.

En application de l'article R. 6111-28 du Code de la santé publique, lorsque l'établissement public de santé désigné par le directeur général de l'agence régionale de santé ne comporte pas de service de psychiatrie et que l'établissement pénitentiaire n'est pas desservi par un service médico-psychologique régional mentionné à l'article D. 372, le directeur général de l'agence régionale de santé désigne en outre, dans les mêmes conditions, l'établissement public de santé ou l'établissement de santé privé, situé à proximité, qui est chargé de dispenser aux détenus les soins en psychiatrie.

Art. D. 369 *(Rempl. à compter du 1er avril 2010, D. n° 2010-344, 31 mars 2010 ; mod., D. n° 2016-1505, 8 nov. 2016)*. – En application des dispositions de l'article R. 6111-29 du Code de la santé publique, les modalités d'intervention de l'établissement public de santé mentionné à l'article R. 6111-27 du même code sont fixées par un protocole signé par le directeur général de l'agence régionale de santé, le directeur interrégional des services pénitentiaires, le chef de l'établissement pénitentiaire et le directeur de l'établissement de santé concerné, après avis du conseil de surveillance.

Il en est de même en ce qui concerne les modalités d'intervention de l'établissement de santé éventuellement désigné en application de l'article R. 6111-28 du Code de la santé publique. Dans ce cas, le directeur de l'établissement public de santé mentionné à l'article R. 6111-27 du Code de la santé publique est également signataire de ce protocole complémentaire.

Art. D. 370 *(Mod., D. n° 2016-1505, 8 nov. 2016)*. – En application de l'article R. 6111-32 (2°) du Code de la santé publique, l'administration pénitentiaire met à disposition de l'unité de consultations et de soins ambulatoires des locaux spécialisés destinés aux consultations, aux examens et, le cas échéant, à une implantation de la pharmacie à usage intérieur.

Des cellules situées à proximité de l'unité de consultations et de soins ambulatoires peuvent être réservées à l'hébergement momentané des détenus malades dont l'état de santé exige des soins fréquents ou un suivi médical particulier, sans toutefois nécessiter une hospitalisation. L'affectation des détenus dans ces cellules est décidée par le chef de l'établissement pénitentiaire, sur proposition du praticien responsable de l'unité de consultation et de soins ambulatoires.

Art. D. 371 *(Abr., D. n° 2010-1635, 23 déc. 2010).*

Art. D. 372 *(Mod., D. n° 2016-1505, 8 nov. 2016 ; D. n° 2016-1645, 1er déc. 2016).* – Les secteurs de psychiatrie en milieu pénitentiaire répondent, conformément aux articles R. 3221-1 à R. 3221-5 du Code de la santé publique, aux besoins de santé mentale de la population incarcérée dans les établissements pénitentiaires relevant de chacun de ces secteurs, sans préjudice des actions de prévention, de diagnostic et de soins courants mises en œuvre par les secteurs de psychiatrie générale ou infanto-juvénile, au titre des articles R. 6111-27 et R. 6111-28 du Code de la santé publique.

Chaque secteur de psychiatrie en milieu pénitentiaire est rattaché à un établissement dispensant des soins aux personnes détenues en application du 2° de l'article L. 6111-1-2 du Code de la santé publique et placé sous l'autorité d'un psychiatre, praticien hospitalier, assisté d'une équipe pluridisciplinaire. Il comporte notamment un service médico-psychologique régional aménagé dans un établissement pénitentiaire.

Les modalités d'intervention du service médico-psychologique régional et de sa coordination avec l'unité de consultations et de soins ambulatoires sont fixées dans le cadre d'un protocole établi en application de l'article R. 3221-5 du Code de la santé publique.

L'administration pénitentiaire prend à sa charge la construction, l'aménagement et l'entretien des locaux individualisés et adaptés, nécessaires au bon fonctionnement du service médico-psychologique régional, en application du décret visé au précédent alinéa.

Art. D. 373 *(Mod., D. n° 2010-1635, 23 déc. 2010).* – L'administration pénitentiaire assure la sécurité des personnes concourant aux missions de santé dans l'enceinte de l'établissement pénitentiaire.

Des personnels de surveillance sont affectés par le chef d'établissement pénitentiaire dans les structures médicales visées au premier alinéa de l'article D. 368, et au deuxième alinéa de l'article D. 372, après avis des médecins responsables de celles-ci.

Art. D. 374 *(Mod., D. n° 2010-1635, 23 déc. 2010).* – Si une intervention médicale paraît nécessaire en dehors des heures d'ouverture de l'unité de consultations et de soins ambulatoires, les personnels pénitentiaires appliquent les directives prévues par le protocole mentionné au premier alinéa de l'article D. 369.

Art. D. 375 *(Mod., D. n° 2010-1635, 23 déc. 2010).* – Le dossier médical du détenu est conservé sous la responsabilité de l'établissement de santé visé au deuxième alinéa de l'article D. 368 et à l'article D. 372.

Quand le dossier est établi par l'établissement de santé, il est soumis aux dispositions des articles R. 1112-2 et suivants du Code de la santé publique.

Seul le personnel soignant peut avoir accès au dossier médical.

En cas de transfèrement ou d'extraction vers un établissement hospitalier, les informations médicales contenues dans le dossier sont transmises au médecin destinataire dans des conditions matérielles garantissant leur inviolabilité.

Art. D. 376 *(Mod., D. n° 2016-1505, 8 nov. 2016).* – Les établissements de santé visés aux articles D. 368 et D. 372 établissent un rapport annuel d'activité incluant la présentation des actions de prévention et d'éducation pour la santé.

Ce rapport est transmis aux signataires des protocoles. Il est présenté devant l'instance de concertation constituée en application de l'article R. 6111-36 (10°) du Code de la santé publique ainsi qu'à la commission de surveillance.

Art. D. 377 *(Abr., D. n° 2010-1635, 23 déc. 2010).*

Art. D. 378 *(Mod., D. n° 2007-931, 15 mai 2007 ; D. n° 2010-1635, 23 déc. 2010).* – Les rapports annuels d'activité présentés en application de l'article D. 376 sont adressés au directeur interrégional des services pénitentiaires, qui en assure la transmission au ministère de la justice en y joignant ses éventuelles observations.

§ 4. – Attributions des personnels de santé

Art. D. 379 *(Mod.,D. n° 2016-1505, 8 nov. 2016)*. – Le praticien responsable de l'unité de consultations et de soins ambulatoires organise le suivi médical des détenus et coordonne les actions de prévention et d'éducation pour la santé mises en œuvre à leur égard, conformément aux dispositions de l'article R. 6111-33 du Code de la santé publique.

Art. D. 380 *(Mod., D. n° 2010-1635, 23 déc. 2010)*. – Le médecin responsable des structures visées à l'article D. 368 veille à l'observation des règles d'hygiène collective et individuelle dans l'établissement pénitentiaire.

À ce titre, il est habilité à visiter l'ensemble des locaux de l'établissement et à signaler aux services compétents les insuffisances en matière d'hygiène et, de manière générale, toute situation susceptible d'affecter la santé des détenus ; il donne son avis sur les moyens d'y remédier.

Art. D. 381 *(Abr., D. n° 2010-1635, 23 déc. 2010)*.

Art. D. 382 *(Mod., D. n° 2010-1635, 23 déc. 2010)*. – Les médecins intervenant dans les structures visées aux articles D. 368, et D. 372 délivrent au détenu, à sa demande, des certificats ou attestations relatifs à son état de santé et, sous réserve de son accord exprès, à sa famille ou à son conseil.

Ils lui fournissent les attestations ou documents indispensables pour bénéficier des avantages qui lui sont reconnus par la sécurité sociale, et notamment de ceux prévus par la législation sur les accidents du travail et les maladies professionnelles.

Ils délivrent aux autorités pénitentiaires des attestations écrites contenant les renseignements strictement nécessaires à l'orientation du détenu ainsi qu'aux modifications ou aux aménagements du régime pénitentiaire que pourrait justifier son état de santé.

En tout état de cause, si ces médecins estiment que l'état de santé d'un détenu n'est pas compatible avec un maintien en détention ou avec le régime pénitentiaire qui lui est appliqué, ils en avisent par écrit le chef de l'établissement pénitentiaire. Ce dernier en informe aussitôt, s'il y a lieu, l'autorité judiciaire compétente.

Un double des attestations et avis délivrés en application des alinéas 3 et 4 du présent article est remis au détenu, à sa demande.

Art. D. 383 *(Mod., D. n° 2010-1635, 23 déc. 2010)*. – Le personnel infirmier répond aux demandes de soins dans le cadre de son rôle propre, dispense les soins et administre les médicaments sur prescription médicale, en application des articles R. 4311-1 à R. 4311-15 du Code de la santé publique.

§ 5. – Mesures spécifiques de santé

Art. D. 384 *(Mod., D. n° 2010-1635, 23 déc. 2010)*. – Des moyens de prévention et d'information sur les maladies transmissibles sont mis à la disposition des personnes incarcérées.

Le médecin responsable des structures visées à l'article D. 368 prescrit, en liaison avec le médecin de prévention du personnel pénitentiaire, toutes les mesures nécessaires à la prophylaxie individuelle et collective des maladies transmissibles. Ces mesures sont mises en œuvre en collaboration avec l'administration pénitentiaire.

Art. D. 384-1 *(Mod., D. n° 2010-344, 31 mars 2010 ; D. n° 2010-1635, 23 déc. 2010)*. – La prophylaxie de la tuberculose prévue par le Code de la santé publique est assurée dans les établissements pénitentiaires par les services compétents prévus à cet effet.

Le dépistage de la tuberculose est réalisé chez tous les entrants provenant de l'état de liberté par un examen clinique effectué et interprété dans les délais les plus brefs à compter de la date d'incarcération. Cette mesure s'applique également aux personnes détenues présentes qui n'auraient jamais bénéficié, ni lors de leur entrée en détention, ni au cours de leur incarcération, d'un dépistage clinique de la tuberculose. Cet examen systématique est pratiqué sur place, sauf impossibilité matérielle. Au vu des résultats de cet examen, le médecin de l'unité de consultations et de soins ambulatoires prescrit, si nécessaire, un examen radiologique.

Les personnes détenues dont l'état de santé le nécessite sont isolées sur avis médical. Le médecin prescrit les mesures appropriées pour éviter toute contamination du personnel et des détenus.

En liaison avec le médecin responsable des structures visées à l'article D. 368 et le médecin de prévention du personnel pénitentiaire, le médecin du service de lutte antituberculeuse effectue le dépistage de la tuberculose auprès des personnes ayant été en contact avec une personne détenue présentant une maladie tuberculeuse.

En application de l'article L. 11 du Code de la santé publique, la déclaration obligatoire des cas de tuberculose est faite par le médecin ayant effectué le diagnostic et est transmise par le médecin responsable des structures visées à l'article D. 368 au médecin de l'agence régionale de santé désigné par le directeur général.

Art. D. 384-2 *(D. n° 98-1099, 8 déc. 1998).* – La prophylaxie des maladies vénériennes prévue par le Code de la santé publique est assurée dans les établissements pénitentiaires par les services compétents prévus à cet effet.

Art. D. 384-3 *(D. n° 98-1099, 8 déc. 1998).* – Toute personne incarcérée doit pouvoir bénéficier, avec son accord, d'une information et d'un conseil personnalisé sur l'infection par le virus de l'immunodéficience humaine (VIH) et, le cas échéant, au cours de consultations médicales, de la prescription d'un test de dépistage et de la remise du résultat.

Art. D. 385 *(Mod., D. n° 2010-1635, 23 déc. 2010).* – Dans le cadre de la prise en charge globale des personnes présentant une dépendance à un produit licite ou illicite, les secteurs de psychiatrie générale et les secteurs de psychiatrie en milieu pénitentiaire favorisent et coordonnent, en collaboration avec les unités de consultations et de soins ambulatoires, les interventions, au sein de l'établissement pénitentiaire, des équipes des structures spécialisées de soins, notamment [des] centres de soins d'accompagnement et de prévention en addictologie.

§ 6. – L'habilitation des personnels hospitaliers

Art. D. 386 *(D. n° 98-1099, 8 déc. 1998).* – Les praticiens hospitaliers exerçant à temps plein dans les structures de soins visées aux articles D. 368 et D. 372 sont, préalablement à leur nomination, habilités par le ministre de la Justice.

Les praticiens hospitaliers exerçant à temps partiel dans ces structures sont, préalablement à leur nomination ou à leur affectation, habilités par le directeur interrégional des services pénitentiaires territorialement compétent.

Les autres personnels médicaux et hospitaliers exerçant dans ces structures sont, préalablement à leur nomination ou à leur affectation, habilités par le directeur interrégional des services pénitentiaires territorialement compétent.

Art. D. 386-1 *(D. n° 98-1099, 8 déc. 1998).* – L'habilitation est accordée, après avis du préfet de département et, à Paris, du préfet de police, pour une période de cinq ans, renouvelable par tacite reconduction.

L'habilitation ne peut être accordée aux personnes qui ont fait l'objet d'une condamnation justifiant l'inscription au bulletin n° 2 du casier judiciaire, pour des agissements contraires à l'honneur, à la probité ou aux bonnes mœurs.

L'habilitation est retirée de plein droit lorsque cette exigence cesse d'être remplie.

Art. D. 387 *(D. n° 98-1099, 8 déc. 1998).* – Les personnels hospitaliers sont informés par le directeur interrégional des services pénitentiaires ou son représentant des conditions d'exercice en milieu carcéral et des obligations résultant des dispositions du présent code.

Le règlement intérieur de l'établissement pénitentiaire dans lequel ils sont amenés à exercer leur mission doit leur être remis par le chef de l'établissement pénitentiaire.

Art. D. 388 *(D. n° 98-1099, 8 déc. 1998).* – L'habilitation peut être suspendue par le directeur interrégional des services pénitentiaires pour les praticiens hospitaliers à temps plein, ou par le chef de l'établissement pénitentiaire pour les autres personnels hospitaliers, en cas de manquements graves aux dispositions du Code de procédure pénale ou du règlement intérieur. Le directeur de l'établissement de santé doit en être préalablement informé.

L'autorité qui a délivré l'habilitation rend, dans le mois suivant la suspension, une décision motivée de maintien ou de retrait de l'habilitation, après avoir recueilli les observations de la personne habilitée et l'avis de l'autorité investie du pouvoir de nomination.

Art. D. 389 *(Mod., D. n° 2016-1505, 8 nov. 2016).* – En cas d'absence ou d'empêchement de l'une des personnes habilitées, ou en cas de nécessité de service, d'autres personnels hospitaliers relevant de l'établissement de santé signataire du protocole passé en application de l'article R. 6111-29 du Code de la santé publique peuvent être autorisés, sur proposition du directeur de cet établissement, à pénétrer dans l'établissement pénitentiaire par le chef de l'établissement pénitentiaire.

Art. D. 390 *(D. n° 98-1099, 8 déc. 1998).* – Dans le cadre des actions de prévention et d'éducation pour la santé, l'autorisation d'accès à l'établissement pénitentiaire est accordée par le chef de l'établissement aux personnes intervenant au titre des collectivités territoriales et aux membres du réseau associatif spécialisé auquel peut faire appel l'établissement de santé.

Art. D. 390-1 *(Mod., D. n° 2007-877, 14 mai 2007).* – Dans le cadre de la prise en charge globale des personnes présentant une dépendance à un produit licite ou illicite, l'autorisation d'accès à l'établissement pénitentiaire est accordée, par le chef d'établissement, aux personnels des structures spécialisées de soins, notamment des centres de soins d'accompagnement et de prévention en addictologie.

§ 7. – Les hospitalisations

Art. D. 391 *(Mod., D. n° 2016-1505, 8 nov. 2016).* – L'hospitalisation des détenus pour des pathologies autres que des troubles mentaux est assurée conformément au 2° de l'article R. 6111-39 du Code de la santé publique :

a) Par l'établissement de santé mentionné à l'article R. 6111-27 du Code de la santé publique lorsque cette hospitalisation présente un caractère d'urgence ou de très courte durée ;

b) Par un établissement de santé figurant sur une liste fixée par arrêté conjoint des ministres de la justice, de l'intérieur, de la défense et des ministres chargés de la santé, de la sécurité sociale et du budget.

Si le malade appartient aux forces armées, le transfèrement doit être effectué sur un hôpital militaire déterminé en accord entre l'administration pénitentiaire et l'autorité militaire, l'hospitalisation étant toujours décidée par le médecin intervenant dans l'établissement pénitentiaire. Les frais de transfèrement et de séjour des militaires sont à la charge du ministère de la défense lorsque les intéressés sont dirigés sur un hôpital militaire.

Les détenus ne peuvent être hospitalisés, même à leurs frais, dans un établissement privé, à moins d'une décision du directeur interrégional des services pénitentiaires territorialement compétent.

Art. D. 392 *(Abr., D. n° 2010-1635, 23 déc. 2010).*

Art. D. 393 *(Mod., D. n° 2020-816, 29 juin 2020).* – L'admission dans un établissement de santé à vocation nationale ou dans un établissement de santé situé dans une autre direction interrégionale des services pénitentiaires que celle où le détenu est écroué doit être autorisée par le ministre de la justice uniquement lorsqu'il s'agit d'un détenu ayant fait l'objet d'une inscription au répertoire des détenus particulièrement signalés. Hors cette catégorie de détenus, le directeur interrégional des services pénitentiaires autorise cette hospitalisation dans les autres cas. Ces autorisations sont données après avis d'un médecin intervenant à l'établissement.

En ce qui concerne les prévenus, l'autorisation d'hospitalisation suppose l'accord préalable du magistrat saisi du dossier de l'information.

En cas d'urgence, il peut toutefois être procédé à l'hospitalisation avant réception de l'accord des autorités judiciaires et administratives compétentes, auxquelles il en est rendu compte immédiatement.

Art. D. 394 *(Mod., D. n° 2014-134, 17 févr. 2014).* – Lorsque l'hospitalisation d'un détenu s'impose dans les conditions visées aux articles D. 391 et D. 392, le chef de l'établissement pénitentiaire avise dans les meilleurs délais le directeur de l'établissement de santé afin qu'il prenne toutes dispositions pour que l'intéressé soit accueilli dans des locaux adaptés, de manière à ce que la garde de celui-ci puisse être assurée dans les conditions prévues ci-dessous sans entraîner de gêne pour l'exécution du service hospitalier ou pour les autres malades.

Le chef de l'établissement pénitentiaire doit donner également tous renseignements utiles au préfet de département ou, dans le département des Bouches-du-Rhône, au préfet de police des Bouches-du-Rhône pour la mettre en mesure de prescrire l'escorte et la garde du détenu hospitalisé par les services de police ou de gendarmerie et, d'une façon générale, pour arrêter les mesures propres à éviter tout incident compte tenu de la personnalité du sujet.

Art. D. 395. – *(Mod., D. n° 2013-368, 30 avr. 2013)* Les détenus admis à l'hôpital sont considérés comme continuant à subir leur peine ou, s'il s'agit de prévenus, comme placés en détention provisoire.

Art. D. 396 *(Mod., D. n° 2016-1505, 8 nov. 2016)*. – En application [du] 3° de l'article R. 6111-36 du Code de la santé publique, les détenus ont accès, pour des consultations ou des examens médicotechniques, aux équipements médicaux situés dans l'établissement de santé.

Art. D. 397 *(D. n° 98-1099, 8 déc. 1998)*. – Lors des hospitalisations et des consultations ou examens prévus à l'article D. 396, les mesures de sécurité adéquates doivent être prises dans le respect de la confidentialité des soins.

Art. D. 398 *(Mod., D. n° 2010-1635, 23 déc. 2010)*. – Les détenus atteints des troubles mentaux visés à l'article L. 3214-3 du Code de la santé publique ne peuvent être maintenus dans un établissement pénitentiaire.

Au vu d'un certificat médical circonstancié et conformément à la législation en vigueur, il appartient à l'autorité préfectorale de faire procéder, dans les meilleurs délais, à leur hospitalisation d'office dans un établissement de santé habilité au titre de l'article L. 3214-1 du Code de la santé publique.

Il n'est pas fait application, à leur égard, de la règle posée au second alinéa de l'article D. 394 concernant leur grade par un personnel de police ou de gendarmerie pendant leur hospitalisation.

Art. D. 399 *(D. n° 98-1099, 8 déc. 1998)*. – Les médecins intervenant en milieu pénitentiaire se tiennent informés de l'évolution de l'état de santé des détenus hospitalisés.

Section IV. – Protection de la mère et de l'enfant

(D. n° 98-1099, 8 déc. 1998)

Art. D. 400 *(Mod., D. n° 2010-1635, 23 déc. 2010)*. – Toutes dispositions doivent être prises par les médecins des structures visées à l'article D. 368, pour que les détenues enceintes bénéficient d'un suivi médical adapté et que leur accouchement soit réalisé dans le service hospitalier approprié à leur état de santé.

Si la naissance a lieu dans un établissement pénitentiaire, l'acte de l'état civil mentionne seulement la rue et le numéro de l'immeuble.

Art. D. 400-1 *(D. n° 98-1099, 8 déc. 1998)*. – Les détenues enceintes et celles qui ont gardé leur enfant auprès d'elles, bénéficient de conditions de détention appropriées.

Art. D. 401 *(Mod., D. n° 2010-1635, 23 déc. 2010)*. – Les enfants peuvent être laissés auprès de leur mère en détention jusqu'à l'âge de dix-huit mois. Des locaux spécialement aménagés sont réservés à l'accueil des mères ayant gardé leur enfant auprès d'elles.

S'il s'agit de prévenues, elles ne peuvent être transférées dans un établissement doté de tels locaux qu'après accord du magistrat saisi du dossier de la procédure.

Il appartient au service pénitentiaire d'insertion et de probation compétent auprès de l'établissement pénitentiaire, en liaison avec les services compétents en matière d'enfance et de famille et avec les titulaires de l'autorité parentale, d'organiser le séjour de l'enfant auprès de sa mère détenue et les sorties de celui-ci à l'extérieur de l'établissement pénitentiaire, et de préparer, le cas échéant, la séparation de l'enfant d'avec sa mère, au mieux de son intérêt. Durant les douze mois suivant son départ, l'enfant peut être admis à séjourner pour de courtes périodes auprès de sa mère.

Art. D. 401-1 *(Mod., D. n° 2007-931, 15 mai 2007)*. – À la demande de la mère, la limite d'âge de dix-huit mois peut être reculée, sur décision du directeur interrégional des services pénitentiaires territorialement compétent, après avis d'une commission consultative.

Avant d'émettre son avis, la commission entend le défenseur de la mère et, si possible, le père de l'enfant.

Art. D. 401-2 *(Mod., D. n° 2010-1635, 23 déc. 2010).* – La commission consultative prévue à l'article D. 401-1 comprend :

1° Un directeur interrégional des services pénitentiaires ou son représentant, président ;

2° Un médecin psychiatre ;

3° Un médecin pédiatre appartenant à un service de protection maternelle et infantile ;

4° Un psychologue ;

5° Un chef d'établissement pénitentiaire spécialement affecté à la détention des femmes ;

6° Un personnel d'insertion et de probation.

Les membres de la commission sont nommés par le directeur interrégional pour une période de deux ans renouvelable.

CHAPITRE IX. – DES RELATIONS DES PERSONNES DÉTENUES AVEC L'EXTÉRIEUR

Art. D. 402 *(Abr., D. n° 2013-368, 30 avr. 2013).*

Section I. – Des visites

Art. D. 403 *(Rempl., D. n° 2010-1635, 23 déc. 2010 ; mod., D. n° 2020-1640, 21 déc. 2020).* – Le permis délivré en application des articles R. 57-8-8 et R. 57-8-10 est soit permanent, soit valable pour un nombre limité de visites.

Il précise, le cas échéant, les modalités particulières prévues pour son application, notamment en ce qui concerne le lieu et l'heure de la visite.

Pour des motifs de bon ordre, de sécurité et de prévention des infractions, et spécialement en cas de crime ou de délit relevant de l'article 132-80 du Code pénal, le permis de visite peut être refusé à la personne victime de l'infraction pour laquelle la personne prévenue ou condamnée est incarcérée, y compris si la victime est membre de la famille du détenu.

Lorsque la personne incarcérée est prévenue ou condamnée du chef de l'une des infractions prévues aux articles 222-8, 222-10, 222-12, 222-13 et 222-33-2-1 du Code pénal, aggravée par la circonstance qu'un mineur assiste aux faits et que ceux-ci sont commis par le conjoint ou le concubin de la victime ou le partenaire lié à la victime par un pacte civil de solidarité, le permis de visite peut, pour les mêmes motifs, être refusé à ce mineur, ainsi qu'aux autres enfants mineurs du couple.

Lorsque l'autorité compétente pour accorder le permis de visite est informée que le prévenu ou le condamné incarcéré fait l'objet d'une interdiction d'entrer en relation avec une personne, qui a été prononcée par l'autorité judiciaire et qui est toujours en cours d'exécution, elle ne peut délivrer le permis de visite à cette personne. Les dispositions du présent alinéa sont applicables en cas d'interdiction de contact prononcée en application de l'article 138 du présent code, prononcée en application des articles 131-6, 131-10 ou 132-45 du Code pénal, y compris dans le cadre d'un sursis probatoire, d'un suivi-socio-judiciaire ou de tout autre peine principale ou complémentaire, le cas échéant à l'occasion d'une procédure autre que celle pour laquelle le prévenu ou le condamné est incarcéré, ou prononcée en application de l'article 515-11 du Code civil dans le cadre d'une ordonnance de protection.

Le permis de visite peut cependant être délivré si l'interdiction de contact est expressément levée, le cas échéant à cette seule fin, par, selon les cas, le juge d'instruction en application du deuxième alinéa de l'article 139 du présent code, la juridiction compétente en application de l'article 702-1 du même code, le juge de l'application des peines en application des articles 712-8 et 739 du même code, ou le juge aux affaires familiales en application de l'article 515-12 du Code civil.

L'autorité compétente pour accorder le permis de visite ne peut de même délivrer un permis de visite à l'enfant mineur d'une personne prévenue ou condamnée incarcérée lorsqu'elle est informée que l'exercice de l'autorité parentale et les droits de visite et d'hébergement de la personne incarcérée sont suspendus en application de l'article 378-2 du Code civil ou dans le cadre d'une ordonnance de protection en application de l'article 515-11 de ce même code, ou que l'autorité parentale ou son exercice, ou le droit de visite de la personne incarcérée sur l'enfant mineur, a été retiré en application des articles 378, 378-1, 379 ou 37-1 de ce même code, sauf en cas de décision judiciaire ultérieure autorisant expressément un droit de visite.

Lorsqu'il s'agit d'une personne condamnée, l'information des autorités mentionnées à l'article R. 57-8-10 de l'existence d'une interdiction judiciaire de contact résulte des mentions figurant dans la notice individuelle en application du troisième alinéa de l'article D. 158 et de la transmission de la décision conformément au deuxième alinéa de l'article D. 77.

Art. D. 404 *(Abr., D. n° 2010-1635, 23 déc. 2010 ; mod., D. n° 2021-1130, 30 août 2021).* – Lorsque le condamné est un majeur faisant l'objet, conformément à l'article 706-112, d'une mesure de protection juridique, son curateur, son tuteur ou la personne désignée en application des articles 706-114 ou 706-117 dispose de plein droit d'un permis de visite.

Art. D. 405 *(Abr., D. n° 2010-1635, 23 déc. 2010).*

Art. D. 405-1 *(Abr., D. n° 98-1099, 8 déc. 1998).*

Art. D. 406 *(Mod., D. n° 2010-1635, 23 déc. 2010).* – L'accès au parloir implique les mesures de contrôle jugées nécessaires à l'égard des visiteurs, pour des motifs de sécurité.

Art. D. 407 *(Abr., D. n° 2010-1635, 23 déc. 2010).*

Art. D. 408 *(Abr., D. n° 2013-368, 30 avr. 2013).*

Art. D. 409 et D. 410 *(Abr., D. n° 2010-1635, 23 déc. 2010).*

Art. D. 411 *(Abr., D. n° 2013-368, 30 avr. 2013).*

Art. D. 412 *(Abr., D. n° 2010-1635, 23 déc. 2010).*

Section II

Art. D. 413 à D. 419-3 *(Abr., D. n° 2010-1635, 23 déc. 2010).*

Section III. – Du maintien des liens familiaux

Art. D. 420 à D. 422 *(Abr., D. n° 2013-368, 30 avr. 2013).*

Art. D. 423 *(Abr., D. n° 2010-1635, 23 déc. 2010).*

Section IV. – Des événements familiaux et des sorties exceptionnelles qu'ils peuvent motiver

(Intitulé mod., D. n° 72-852, 12 sept. 1972)

Art. D. 424 *(Mod., D. n° 2016-1222, 14 sept. 2016).* – Le mariage des détenus, sauf application éventuelle des dispositions des articles D. 143 et D. 143-1, est célébré à l'établissement sur réquisitions du procureur de la République, telles que prévues au deuxième alinéa de l'article 75 du Code civil.

Art. D. 424-1 *(Abr., D. n° 2013-368, 30 avr. 2013 – V. CPP, art. R. 57-6-18).*

Art. D. 425 et D. 426 *(Abr., D. n° 2016-1222, 14 sept. 2016).*

Section V. – Des renseignements concernant les détenus et de leurs relations avec le monde extérieur

(Mod., D. n° 98-1099, 8 déc. 1998)

Art. D. 427 *(Abr., D. n° 2013-368, 30 avr. 2013).*

Art. D. 428 *(Mod., D. n° 98-1099, 8 déc. 1998).* – Les renseignements relatifs au lieu d'incarcération, à la situation pénale ou à la date de libération d'un détenu, doivent être fournis par les services pénitentiaires exclusivement aux autorités administratives et judiciaires qui sont qualifiées pour en connaître.

Leur communication à des tiers est subordonnée, d'une part, à l'appréciation de l'administration pénitentiaire ou, s'il y a lieu, du magistrat saisi du dossier de l'information et, d'autre part, au consentement exprès du détenu.

Toutefois, à défaut de ce consentement, les personnes qui auraient un intérêt légitime à obtenir de tels renseignements ont la faculté d'en solliciter la communication par une requête adressée au procureur de la République du lieu de détention ou, si ce lieu n'est pas connu des requérants, au procureur de la République de leur résidence ; ce magistrat apprécie si les renseignements demandés peuvent être donnés sans inconvénient et, dans l'affirmative, les fait transmettre aux intéressés. Les renseignements peuvent de la même façon être sollicités auprès du général commandant la région militaire.

Art. D. 429 *(Abr., D. n° 2013-368, 30 avr. 2013 – V. CPP, art. R. 57-6-18).*

Section VI. – De l'envoi et de la réception d'objets par les personnes détenues

(D. n° 2010-1635, 23 déc. 2010)

Art. D. 430 et D. 431 *(Abr., D. n° 2013-368, 30 avr. 2013 – V. CPP, art. R. 57-6-18).*

CHAPITRE X. – DES ACTIONS DE PRÉPARATION À LA RÉINSERTION DES PERSONNES DÉTENUES

(D. n° 85-836, 6 août 1985)

Section I. – Du travail des personnes détenues

(D. n° 2010-1635, 23 déc. 2010)

§ 1. – Principes

Art. D. 432 *(Abr., D. n° 2013-368, 30 avr. 2013 – V. CPP, art. R. 57-6-18).*

Art. D. 432-1 *(D. n° 2010-1635, 23 déc. 2010).* – Hors les cas visés à la seconde phrase du troisième alinéa de l'article 717-3, la rémunération du travail effectué au sein des établissements pénitentiaires par les personnes détenues ne peut être inférieure au taux horaire suivant :

45 % du salaire minimum interprofessionnel de croissance pour les activités de production ;

33 % du salaire minimum interprofessionnel de croissance pour le service général, classe I ;

25 % du salaire minimum interprofessionnel de croissance pour le service général, classe II ;

20 % du salaire minimum interprofessionnel de croissance pour le service général, classe III.

Un arrêté du garde des Sceaux, ministre de la Justice, détermine la répartition des emplois entre les différentes classes en fonction du niveau de qualification qu'exige leur exécution.

(Al. aj., D. n° 2016-1853, 23 déc. 2016) La rémunération des activités proposées dans le cadre de l'insertion par l'activité économique ne peut être inférieure à un taux horaire de 45 % du salaire minimum interprofessionnel de croissance.

Art. D. 432-2 *(Mod., D. n° 2016-1853, 23 déc. 2016).* – Les dispositions nécessaires doivent être prises pour qu'un travail productif et suffisant pour occuper la durée normale d'une journée de travail soit fourni aux personnes détenues.

Art. D. 432-3 *(Mod., D. n° 2016-1853, 23 déc. 2016).* – Le travail est procuré aux personnes détenues compte tenu du régime pénitentiaire auquel celles-ci sont soumises, des nécessités de bon fonctionnement des établissements ainsi que des possibilités locales d'emploi.

Dans la mesure du possible, le travail de chaque personne détenue est choisi en fonction non seulement de ses capacités physiques et intellectuelles, mais encore de l'influence que ce travail peut exercer sur les perspectives de sa réinsertion. Il est aussi tenu compte de sa situation familiale et de l'existence de parties civiles à indemniser.

Les personnes détenues peuvent être autorisées à travailler pour leur propre compte par le chef d'établissement. Elles peuvent également être autorisées à travailler pour le compte d'associations constituées en vue de préparer leur réinsertion sociale et professionnelle ou de structures d'insertion par l'activité économique, et bénéficier d'un accompagnement en vue de préparer leur réinsertion sociale et professionnelle.

Ces associations et ces structures sont agréées par décision du directeur régional des services pénitentiaires territorialement compétent.

Art. D. 432-4 *(Mod., D. n° 2016-1853, 23 déc. 2016).* – Lorsque la personne détenue s'avère incompétente pour l'exécution d'une tâche, cette défaillance peut entraîner le déclassement de cet emploi.

Lorsque la personne détenue ne s'adapte pas à un emploi, elle peut faire l'objet d'une suspension, dont la durée ne peut excéder cinq jours, afin qu'il soit procédé à une évaluation de sa situation. À l'issue de cette évaluation, elle fait l'objet soit d'une réintégration dans cet emploi, soit d'un déclassement de cet emploi en vertu de l'alinéa précédent.

Dans le cadre de l'insertion par l'activité économique, la personne détenue pourra être déclassée ou suspendue dans les mêmes conditions pour le non-respect de l'accompagnement socioprofessionnel proposé.

§ 2. – Formes et modalités du travail

Art. D. 433 *(Anc. art. D. 102 dénum., D. n° 2010-1635, 23 déc. 2010).* – Aucun genre de travail ne peut être adopté à titre définitif s'il n'a été préalablement autorisé par le directeur régional des services pénitentiaires.

L'organisation, les méthodes et les rémunérations du travail doivent se rapprocher autant que possible de celles des activités professionnelles extérieures afin notamment de préparer les détenus aux conditions normales du travail libre.

Art. D. 433-1 *(Mod., D. n° 2021-362, 31 mars 2021).* – Outre les modalités prévues au troisième alinéa de l'article D. 432-3, le travail est effectué dans les établissements pénitentiaires dans le cadre du service général pour le compte de l'administration pénitentiaire et dans le cadre d'une activité de production pour le compte d'un concessionnaire, d'une entreprise délégataire, d'une structure d'insertion par l'activité économique, d'une entreprise adaptée ou de l'agence du travail d'intérêt général et de l'insertion professionnelle des personnes placées sous main de justice.

L'agence du travail d'intérêt général et de l'insertion professionnelle des personnes placées sous main de justice, au vu des difficultés sociales et professionnelles que peuvent rencontrer les personnes détenues qu'elle prend en charge, leur propose des activités d'insertion, de formation professionnelle et de travail, en vue de leur insertion, de la préparation de leur sortie de détention et de la lutte contre la récidive.

Les conditions de rémunération et d'emploi des personnes détenues qui travaillent sous le régime de la, production sont fixées par convention conclue entre l'administration pénitentiaire et l'entreprise concessionnaire la structure d'insertion par l'activité économique ou l'entreprise adaptée, en référence aux conditions d'emploi à l'extérieur, en tenant compte des spécificités de la production en milieu carcéral et dans le respect du taux horaire minimal fixé à l'article D. 432-1.

Art. D. 433-2 *(Mod., D. n° 2021-362, 31 mars 2021).* – Les concessions de travail à l'intérieur des établissements pénitentiaires font l'objet de clauses et conditions générales arrêtées par le ministre de la justice.

Les concessions envisagées font l'objet d'un contrat qui en fixe les conditions particulières notamment quant à l'effectif des personnes détenues, au montant des rémunérations et à la durée de la concession. Ce contrat est signé par le représentant de l'entreprise concessionnaire et le directeur interrégional.

Les implantations des structures d'insertion par l'activité économique et des entreprises adaptées à l'intérieur des établissements pénitentiaires font l'objet d'un contrat d'implantation signé par le directeur interrégional des services pénitentiaires, le chef d'établissement pénitentiaire et la structure d'insertion par l'activité économique ou l'entreprise adaptée, qui fixe les conditions relatives à la nature des activités proposées, à l'accompagnement socioprofessionnel individualisé, au montant de la rémunération, à la durée de l'activité et à la nature de la structure d'insertion par l'activité économique ou de l'entreprise adaptée.

Art. D. 433-3 *(Mod., D. n° 2010-1635, 23 déc. 2010).* – Dans chaque établissement, des personnes détenues sont affectées au service général de l'établissement pénitentiaire, en vue de maintenir en état de propreté les locaux de la détention et d'assurer les différents travaux nécessaires au fonctionnement des services. Elles sont rémunérées suivant le taux horaire fixé par l'article D. 432-1.

Ces personnes détenues sont choisies de préférence parmi les condamnés ; des prévenus ne peuvent être désignés qu'avec l'accord préalable du magistrat saisi du dossier de la procédure.

Aucune personne détenue ne peut être employée aux écritures de la comptabilité générale, au greffe judiciaire ou dans les services de santé.

Art. D. 433-4 *(Mod., D. n° 2010-1635, 23 déc. 2010).* – Les rémunérations pour tout travail effectué par une personne détenue sont versées, sous réserve des dispositions de l'article D. 121, à l'administration qui opère le reversement des cotisations sociales aux organismes de recouvrement et procède ensuite à l'inscription et à la répartition de la rémunération nette sur le compte nominatif des personnes détenues, conformément aux dispositions de l'article D. 434.

Ces rémunérations sont soumises à cotisations patronales et ouvrières selon les modalités fixées, pour les assurances maladie, maternité et vieillesse, par les articles R. 381-97 à R. 381-109 du Code de la sécurité sociale.

Les taux de rémunération sont portés à la connaissance des personnes détenues par voie d'affichage.

Art. D. 433-5 *(Mod., D. n° 2021-362, 31 mars 2021).* – Indépendamment de la garde des personnes détenues, les surveillants assurent le respect des règles de discipline et de sécurité sur les lieux du travail.

L'encadrement technique est assuré soit par un personnel spécialisé relevant de l'administration pénitentiaire, soit par un encadrant technique de la structure d'insertion par l'activité économique ou de l'entreprise adaptée, soit par des préposés des entreprises ou des associations. Ces personnes extérieures sont agréées par le directeur interrégional des services pénitentiaires.

Art. D. 433-6 *(Abr., D. n° 2013-368, 30 avr. 2013).*

Art. D. 433-7 *(Mod., D. n° 2010-1635, 23 déc. 2010).* – Sont applicables aux travaux effectués par les personnes détenues dans les établissements pénitentiaires ou à l'extérieur des établissements pénitentiaires dans les conditions définies au premier alinéa de l'article 723, les mesures d'hygiène et de sécurité prévues par les livres I à V et VII de la quatrième partie du Code du travail et les décrets pris pour son application.

Art. D. 433-8 *(Mod., D. n° 2021-143, 10 févr. 2021).* – Pour l'application des règles d'hygiène et de sécurité aux travaux effectués par les personnes détenues, soit dans les établissements pénitentiaires, soit à l'extérieur de ceux-ci dans les conditions définies au premier alinéa de l'article 723, le chef d'établissement compétent peut solliciter l'intervention des services de l'inspection du travail. Cette intervention donne lieu à un rapport, adressé au chef d'établissement pénitentiaire, qui indique, s'il y a lieu, les manquements en matière d'hygiène et de sécurité et recommande les mesures de nature à remédier à la situation.

Le chef d'établissement pénitentiaire adresse dans les deux mois, au service de l'inspection du travail à l'origine du rapport, une réponse motivée précisant les mesures qui lui ont fait suite ainsi que celles qui seront prises, accompagnées d'un calendrier de réalisation. Lorsque la situation du travail présente un risque grave et imminent pour la santé ou la sécurité des personnes détenues au travail, ce délai est ramené à quinze jours.

En cas de désaccord sur la nature ou le calendrier de ces mesures, l'agent de contrôle de l'inspection du travail en réfère au directeur régional des entreprises, de la concurrence, de la consommation, du travail et de l'emploi qui saisit le directeur interrégional des services pénitentiaires compétent. Ce dernier fait connaître sa réponse dans un délai d'un mois.

Art. D. 433-9 *(Mod., D. n° 2010-1635, 23 déc. 2010).* – Le droit à la réparation des accidents du travail et des maladies professionnelles est reconnu aux personnes détenues exécutant un travail selon les modalités du régime spécial établi par les dispositions du Code de la sécurité sociale.

Section I *bis*. – De la répartition du produit du travail

Art. D. 434 *(Mod., D. n° 2010-1635, 23 déc. 2010).* – La rémunération du travail est répartie conformément aux dispositions des articles D. 320 à D. 320-3, après qu'ont été précomptées les cotisations à caractère social mises à la charge des personnes détenues.

Section I *ter*. – De l'enseignement et de la formation professionnelle

(D. n° 98-1099, 8 déc. 1998 ; D. n° 2010-1635, 23 déc. 2010)

Art. D. 435 *(Mod., D. n° 2016-1853, 23 déc. 2016)*. – Les personnes détenues doivent acquérir ou développer les connaissances qui leur seront nécessaires après leur libération en vue d'une meilleure adaptation sociale.

Toutes facilités compatibles avec les exigences de la discipline et de la sécurité doivent être données à cet effet aux personnes détenues aptes à profiter d'un enseignement scolaire et professionnel et, en particulier, aux plus jeunes, aux moins instruits et aux personnes rencontrant des difficultés sociales et professionnelles particulières.

§ 1. – Enseignement

(D. n° 98-1099, 8 déc. 1998)

Art. D. 436 *(Mod., D. n° 2010-1635, 23 déc. 2010)*. – L'enseignement primaire est assuré dans tous les établissements pénitentiaires.

Les condamnés qui ne savent pas lire, écrire ou calculer couramment doivent bénéficier de cet enseignement. Les autres détenus peuvent y être admis sur leur demande.

Des cours spéciaux sont organisés pour les illettrés ainsi que pour ceux qui ne parlent ni n'écrivent la langue française.

Le règlement intérieur détermine les horaires et les modalités dudit enseignement.

Art. D. 436-1 et D. 436-2 *(Abr., D. n° 2013-368, 30 avr. 2013)*.

Art. D. 436-3 *(Mod., D. n° 2016-1222, 14 sept. 2016)*. – Les détenus qui suivent un enseignement sont admis à subir les épreuves des examens qui le sanctionnent lorsque le service de l'enseignement estime leur préparation suffisante.

Les détenus peuvent après avis des services compétents du ministère de l'éducation nationale, se présenter aux épreuves écrites ou orales de tous autres examens organisés à l'établissement sauf opposition du chef d'établissement.

Si les épreuves ne peuvent se dérouler à l'établissement, les candidats sont extraits de l'établissement pénitentiaire ou, si leur situation le permet, bénéficient d'une permission de sortir dans les conditions prévues à l'article D. 143-4.

Les examens donnent lieu à la délivrance de certificats, brevets ou diplômes qui ne font pas apparaître l'état de détention des intéressés.

Art. D. 437 *(Mod., D. n° 2010-1635, 23 déc. 2010)*. – Le service de l'enseignement, comme la charge d'aider ou de conseiller les détenus qui ont été admis à poursuivre des études personnelles, doit être assuré par des personnes qualifiées et plus particulièrement par des membres du corps enseignant affectés selon les procédures en vigueur à l'éducation nationale et ayant reçu un agrément du directeur interrégional des services pénitentiaires.

Par ailleurs, le directeur interrégional peut accepter le concours bénévole que, notamment, des visiteurs de prison et des associations sont susceptibles de lui offrir.

§ 2. – Formation professionnelle

Art. D. 438 *(Mod., D. n° 2010-1635, 23 déc. 2010)*. – Au sein des établissements pénitentiaires, toutes dispositions sont prises pour assurer la formation professionnelle des personnes incarcérées qui le souhaitent.

Le service pénitentiaire d'insertion et de probation détermine, en liaison avec les chefs des établissements auprès desquels il intervient, les actions de formation professionnelle au bénéfice des personnes placées sous main de justice dans les conditions fixées par l'article D. 573.

Le détenu susceptible de profiter d'une formation professionnelle peut être transféré dans l'établissement pénitentiaire où elle est assurée, à condition que sa situation pénale le permette.

Art. D. 438-1 *(Abr., D. n° 2013-368, 30 avr. 2013)*.

Art. D. 438-2 *(Mod., D. n° 2016-1222, 14 sept. 2016).* – Les détenus qui reçoivent une formation professionnelle subissent les épreuves qui la sanctionnent, dans les conditions fixées par les textes les réglementant.

Si les épreuves ne peuvent se dérouler à l'établissement, les candidats sont extraits de l'établissement pénitentiaire ou, si leur situation pénale le permet, bénéficient d'une permission de sortir dans les conditions prévues à l'article D. 143-4.

Les examens donnent lieu à la délivrance de certificats, brevets ou diplômes qui ne font pas apparaître l'état de détention des intéressés.

Section II. – De l'assistance spirituelle

Art. D. 439 *(Mod., D. n° 2017-756, 3 mai 2017).* – L'agrément des aumôniers est délivré par le directeur interrégional des services pénitentiaires après avis du préfet du département dans lequel se situe l'établissement visité, sur proposition de l'aumônier national du culte concerné.

Lorsque la demande d'agrément porte sur des établissements situés dans plusieurs départements, le préfet de région exerce la compétence dévolue au préfet de département en vertu de l'alinéa précédent.

En vue de leur permettre d'assurer les missions qui leur sont confiées, une indemnité forfaitaire peut être allouée aux aumôniers agréés.

Un aumônier agréé à compter du 1er octobre 2017 ne peut bénéficier du versement d'une indemnité sur la base de vacations horaires que s'il est titulaire de l'un des diplômes de formation civile et civique figurant sur une liste déterminée selon des modalités fixées par arrêté conjoint du ministre de l'Intérieur, du ministre chargé de l'enseignement supérieur et du ministre chargé de l'outre-mer.

Toutefois, un aumônier agréé à compter de la même date peut bénéficier du versement de telles indemnités s'il n'est pas titulaire de l'un des diplômes précités dès lors qu'il s'engage à le devenir au cours des deux années qui suivent la décision l'agréant. Au terme de ces deux années, l'indemnité cesse d'être versée si l'aumônier n'a pas obtenu l'un de ces diplômes.

L'indemnité prévue par le présent article n'est cumulable avec aucune autre rémunération publique versée au même titre. Un arrêté conjoint du garde des Sceaux, ministre de la Justice, et du ministre chargé du budget fixe son montant annuel.

Lorsque son titulaire atteint l'âge de soixante-quinze ans, l'agrément est retiré par le directeur interrégional des services pénitentiaires.

Art. D. 439-1 *(D. n° 2010-1635, 23 déc. 2010).* – Les aumôniers consacrent tout ou partie de leur temps aux fonctions définies à l'article R. 57-9-4 selon le nombre des personnes détenues qui souhaitent les rencontrer qui se trouvent dans l'établissement auprès duquel ils sont agréés.

Art. D. 439-2 *(Mod., D. n° 2010-1635, 23 déc. 2010).* – Les aumôniers peuvent être assistés dans leur mission par des auxiliaires bénévoles d'aumônerie, agréés par le directeur interrégional des services pénitentiaires après avis du préfet du département dans lequel se situe l'établissement ou, lorsque la demande d'agrément porte sur des établissements situés dans plusieurs départements, du préfet de région et de l'aumônier national du Culte concerné, pour une période de deux ans renouvelable. Ces derniers peuvent animer des groupes de détenus en vue de la réflexion, de la prière et de l'étude. Ils ne peuvent pas avoir d'entretiens individuels avec les détenus.

Art. D. 439-3 *(Mod., D. n° 2010-1635, 23 déc. 2010).* – Les aumôniers et les auxiliaires bénévoles d'aumônerie ne doivent exercer auprès des détenus qu'un rôle spirituel et moral en se conformant aux dispositions du présent titre et au règlement intérieur de l'établissement.

Art. D. 439-4 *(Mod., D. n° 2010-1635, 23 déc. 2010).* – À la demande de l'aumônier, les offices peuvent être célébrés par d'autres ministres du culte sur autorisation délivrée par le chef de l'établissement.

Art. D. 439-5 *(Mod., D. n° 2010-1635, 23 déc. 2010).* – Le nom des personnes détenues qui ont déclaré leur intention de pratiquer leur religion est communiqué à l'aumônier dans les meilleurs délais.

Section III. – De l'action socioculturelle

(D. n° 83-48, 26 janv. 1983) (1)

§ 1. – Les activités socioculturelles

(D. n° 98-1099, 8 déc. 1998)

Art. D. 440 *(Mod., D. n° 99-276, 13 avr. 1999).* – Des activités socioculturelles sont organisées dans chaque établissement pénitentiaire. Elles ont notamment pour objet de développer les moyens d'expression, les connaissances et les aptitudes des détenus.

Le service pénitentiaire d'insertion et de probation recherche à cet effet le concours d'intervenants extérieurs auxquels peut être confiée l'animation de certaines activités.

L'emploi du temps hebdomadaire doit permettre à tout détenu qui le souhaite de participer à ces activités.

§ 2. – L'action culturelle

(D. n° 98-1099, 8 déc. 1998)

Art. D. 441 *(Rempl., D. n° 98-1099, 8 déc. 1998).* – Une programmation culturelle, résultant de la représentation la plus étendue des secteurs de la culture, est mise en œuvre dans chaque établissement pénitentiaire.

Ce programme a pour objectif de développer les moyens d'expression et les connaissances des détenus.

Art. D. 441-1 *(Mod., D. n° 99-276, 13 avr. 1999).* – Le service pénitentiaire d'insertion et de probation, en liaison avec le chef d'établissement, est chargé de définir et d'organiser la programmation culturelle de l'établissement.

À cet effet, il sélectionne et met en œuvre, avec l'appui des services compétents de l'État et des collectivités territoriales, des projets proposés par des organismes ou des opérateurs culturels.

Art. D. 441-2 *(Abr., D. n° 2010-1635, 23 déc. 2010).*

§ 3. – L'association socioculturelle et sportive

(D. n° 98-1099, 8 déc. 1998)

Art. D. 442 *(D. n° 85-836, 6 août 1985).* – Une association fonctionnant sous le régime de la loi du 1er juillet 1901 est constituée auprès de chaque établissement pénitentiaire en vue de soutenir et de développer l'action socio-culturelle et sportive au profit des détenus.

Pour obtenir l'agrément du garde des Sceaux, ministre de la Justice, les statuts de ces associations doivent remplir les conditions fixées par une instruction de service.

§ 4. – L'accès des détenus aux activités culturelles et socioculturelles

(D. n° 98-1099, 8 déc. 1998)

Art. D. 443 *(Abr., D. n° 2013-368, 30 avr. 2013).*

Art. D. 443-1 *(D. n° 2010-1635, 23 déc. 2010 ; mod., D. n° 2013-368, 30 avr. 2013).* – L'approvisionnement ainsi que la formation et l'encadrement des personnes détenues affectées à la médiathèque dans le cadre d'un classement d'emploi sont assurés par un bibliothécaire ou, à défaut, le service pénitentiaire d'insertion et de probation, avec le concours des bibliothèques territoriales partenaires de l'administration pénitentiaire.

Art. D. 443-2 à D. 444-1 *(Abr., D. n° 2013-368, 30 avr. 2013).*

Art. D. 445 *(Rempl., D. n° 2020-816, 29 juin 2020).* – Sans préjudice des dispositions prévues aux articles 41 de la loi n° 2009-1436 du 24 novembre 2009 pénitentiaire et R. 57-6-17 relatives au droit à l'image des personnes détenues, la diffusion, hors des locaux d'un établissement pénitentiaire, de

(1) V. D. n° 85-836, 6 août 1985, art. 11.

productions audiovisuelles réalisées dans le cadre d'activités d'insertion est soumise à l'autorisation du directeur interrégional des services pénitentiaires territorialement compétent.

Art. D. 446 *(Mod., D. n° 99-276, 13 avr. 1999).* – Pour l'animation d'activités par des personnes extérieures, l'autorisation est donnée par le chef d'établissement.

Sous le contrôle du service pénitentiaire d'insertion et de probation, des détenus peuvent être associés à l'organisation de ces activités et certains d'entre eux chargés de les préparer et de les animer.

La liste des détenus autorisés à participer à ces activités est établie par le chef d'établissement après concertation avec le service pénitentiaire d'insertion et de probation, et éventuellement, avec l'animateur extérieur.

Art. D. 447 *(Abr., D. n° 2013-368, 30 avr. 2013).*

Art. D. 448 *(Abr., D. n° 2010-1635, 23 déc. 2010).*

Art. D. 449 et D. 449-1 *(Abr., D. n° 2013-368, 30 avr. 2013).*

Art. D. 450 *(Dénum., D. n° 2010-1635, 23 déc. 2010. – V. CPP, art. D. 435).*

Art. D. 451 *(Abr. à compter de l'entrée en vigueur du décret en Conseil d'État relatif aux règlements intérieurs types des établissements pénitentiaires prévu à l'article 728 du présent code, D. n° 2010-1635, 23 déc. 2010).*

Art. D. 452 à D. 459 *(Dénum., D. n° 2010-1635, 23 déc. 2010. – V. CPP, art. D. 436 et s.).*

Section IV. – Des activités physiques et sportives

(D. n° 98-1099, 8 déc. 1998)

Art. D. 459-1 *(Mod., D. n° 99-276, 13 avr. 1999).* – Une programmation d'activités sportives est mise en œuvre dans chaque établissement pénitentiaire afin de favoriser l'accès de chacun à une pratique physique. Ce programme tend au développement des capacités physiques, motrices et relationnelles des détenus.

La pratique des activités physiques et sportives s'effectue en liaison avec les services compétents des ministères chargés de l'éducation nationale et de la jeunesse et des sports.

Le service pénitentiaire d'insertion et de probation contribue, en liaison avec le chef d'établissement et les services compétents, à l'élaboration de la programmation des activités sportives de l'établissement.

Art. D. 459-2 *(D. n° 98-1099, 8 déc. 1998).* – Sous réserve des contraintes architecturales, l'établissement doit être doté d'équipements sportifs de plein air et couverts, réglementaires et polyvalents, permettant l'organisation de séances et de rencontres sportives. Dans toute la mesure du possible, la localisation des terrains de sport est différente de celle des cours de promenade.

Art. D. 459-3 *(Abr., D. n° 2013-368, 30 avr. 2013).*

Section V. – De l'intervention socio-éducative

(Rempl., D. n° 99-276, 13 avr. 1999)

Art. D. 460 *(Rempl., D. n° 99-276, 13 avr. 1999).* – Auprès de chaque établissement pénitentiaire, le service pénitentiaire d'insertion et de probation a pour mission de participer à la prévention des effets désocialisants de l'emprisonnement sur les détenus, de favoriser le maintien des liens sociaux et familiaux et de les aider à préparer leur réinsertion sociale.

Il assure les liaisons avec les divers services sociaux, éducatifs, médico-sociaux et prend tous contacts qu'il juge nécessaires pour la réinsertion des détenus.

Art. D. 461 *(Rempl., D. n° 99-276, 13 avr. 1999).* – Le service pénitentiaire d'insertion et de probation est chargé de rechercher les moyens propres à favoriser l'individualisation de la situation pénale des détenus, notamment dans le cadre des orientations données par le juge de l'application des peines.

Chaque fois que la demande leur en est faite ou à leur initiative, les travailleurs sociaux du service pénitentiaire d'insertion et de probation fournissent à l'autorité judiciaire et aux services de l'administration pénitentiaire les éléments permettant de mieux individualiser l'exécution de la mesure privative de liberté de chaque détenu ; ils élaborent notamment des avis ou rapports sur les détenus provisoires ou ceux dont la situation pénale est examinée en commission de l'application des peines.

Art. D. 462 *(Rempl., D. n° 99-276, 13 avr. 1999).* – Le service pénitentiaire d'insertion et de probation est systématiquement avisé de l'identité et de la situation pénale de tout détenu venant d'être écroué. Il a accès au dossier individuel de tout détenu.

Art. D. 463 *(Mod., D. n° 2010-1635, 23 déc. 2010).* – Les personnels du service pénitentiaire d'insertion et de probation ont libre accès, aux heures de service de jour, aux locaux de détention pour les besoins de leur service.

Les entretiens avec les personnes détenues ont lieu, dans des conditions garantissant la confidentialité, soit dans un parloir ou bureau, soit dans la cellule du détenu et, s'il se trouve au quartier disciplinaire, dans un local spécial.

Art. D. 464 et D. 465 *(Abr., D. n° 2013-368, 30 avr. 2013).*

Art. D. 466 à D. 471 *(Abr., D. n° 99-276, 13 avr. 1999).*

Section VI. – Des visiteurs de prison

(D. n° 99-276, 13 avr. 1999)

Art. D. 472 *(Mod., D. n° 99-276, 13 avr. 1999).* – Les visiteurs de prison contribuent, bénévolement et en fonction de leurs aptitudes particulières, à la prise en charge des détenus signalés par le service pénitentiaire d'insertion et de probation, en vue de préparer leur réinsertion en leur apportant notamment aide et soutien pendant leur incarcération. Ils peuvent participer à des actions d'animation collective.

Art. D. 473 *(Mod., D. n° 2014-134, 17 févr. 2014).* – Les visiteurs de prison sont agréés, pour une période de deux ans renouvelable, aux fins d'accès auprès des détenus d'un ou de plusieurs établissements déterminés.

L'agrément est accordé par le directeur régional, après avis du préfet ou, dans le département des Bouches-du-Rhône, du préfet de police des Bouches-du-Rhône.

L'agrément est retiré par le directeur régional soit d'office soit à la demande du juge de l'application des peines ou du procureur de la République.

En cas d'urgence, et pour des motifs graves, l'agrément peut être suspendu par le chef d'établissement, qui en avise sans délai le directeur régional, pour décision.

Art. D. 474 *(Mod., D. n° 99-276, 13 avr. 1999).* – Les visiteurs de prison interviennent en collaboration avec le service pénitentiaire d'insertion et de probation qui a pour tâche de coordonner leurs actions. Ils sont réunis chaque trimestre en présence du chef d'établissement.

Les visiteurs de prison s'engagent au respect des dispositions du présent titre et du règlement intérieur de l'établissement relatives à la discipline et à la sécurité, ainsi qu'aux obligations particulières résultant de leur qualité et de leur rôle, portées à leur connaissance lors de leur prise de fonction.

Art. D. 475 *(Mod., D. n° 2010-1635, 23 déc. 2010).* – Les visiteurs de prison peuvent exercer leur action auprès de tous les détenus écroués dans l'établissement pour lequel ils sont habilités, quelle que soit la situation pénale de ces détenus.

Toutefois, le droit de visite est suspendu à l'égard des prévenus dans le cas où ces derniers font l'objet de l'interdiction de communiquer prévue au premier alinéa de l'article 145-4.

Art. D. 476 et D. 477 *(Abr., D. n° 2013-368, 30 avr. 2013).*

Section VII. – De l'aide à la sortie de détention

(D. n° 83-48, 26 janv. 1983 ; D. n° 99-276, 13 avr. 1999 ; D. n° 2010-1635, 23 déc. 2010)

Art. D. 478 *(Mod., D. n° 2014-1582, 23 déc. 2014).* – Le service public pénitentiaire doit permettre à la personne détenue de préparer sa sortie dans les meilleures conditions, que ce soit en fin de peine ou dans le cadre d'une mesure d'aménagement de peine.

Le service pénitentiaire d'insertion et de probation, en liaison avec les services de l'État, des collectivités territoriales et de tous organismes publics ou privés, favorise l'accès de chaque personne sortant de détention aux droits sociaux et aux dispositifs d'insertion et de santé. Il s'assure que ces personnes bénéficient d'un hébergement dans les premiers temps de leur sortie de détention.

§ 1. – Avis donnés aux personnes détenues au moment de leur sortie de détention

Art. D. 479 *(Mod., D. n° 2010-1635, 23 déc. 2010).* – Le billet de sortie remis à chaque personne sortant de détention dans les conditions visées à l'article D. 288 mentionne les indications relatives à son état civil, son numéro d'immatriculation à la sécurité sociale, la date d'entrée et de sortie de détention, les ressources financières dont elle dispose à sa sortie et les secours, sous leurs diverses formes, dont elle a pu éventuellement bénéficier à sa sortie de détention.

Il comporte l'adresse du service pénitentiaire d'insertion et de probation ou de l'antenne locale du lieu de résidence de la personne sortant de détention ou, s'il est remis à une personne détenue mineure, les coordonnées du service compétent du secteur public de la protection judiciaire de la jeunesse.

Une copie de ce document peut être remise à Pôle emploi.

Art. D. 480 *(Abr., D. n° 2013-368, 30 avr. 2013).*

§ 2. – Aide aux personnes détenues dépourvues de ressources à leur sortie de détention

(D. n° 98-1099, 8 déc. 1998 ; mod., D. n° 2010-1635, 23 déc. 2010)

Art. D. 481 à D. 484 *(Abr., D. n° 2013-368, 30 avr. 2013).*

Art. D. 485 et D. 486 *(Abr., D. n° 98-1099, 8 déc. 1998).*

CHAPITRE XI. – DE DIFFÉRENTES CATÉGORIES DE PERSONNES DÉTENUES

Art. D. 487 *(Mod., D. n° 2010-1635, 23 déc. 2010).* – Indépendamment des mesures qui ont pour objet l'individualisation du traitement pénitentiaire des condamnés, et de celles visées aux articles D. 58 et D. 569 et suivants, concernant respectivement les prévenus et les détenus pour dettes, certaines règles particulières doivent être appliquées à des détenus appartenant à une catégorie déterminée en raison de leur situation pénale ou administrative.

Section I. – Des détenus bénéficiant d'un régime spécial

Art. D. 490 *(Mod., D. n° 98-1099, 8 déc. 1998).* – Bénéficient, pour l'exécution d'une détention provisoire ou d'une peine privative de liberté, d'un régime spécial dont les particularités sont prévues aux articles D. 493 et D. 494 :

Les personnes poursuivies ou condamnées pour infractions de presse, sauf si ces infractions constituent des outrages aux bonnes mœurs, ou des actes de chantage ou des provocations au meurtre ;

Les personnes poursuivies ou condamnées pour atteintes aux intérêts fondamentaux de la Nation.

Art. D. 491 *(Mod., D. n° 75-972, 23 oct. 1975).* – L'admission au régime spécial des personnes qui satisfont à l'une des conditions visées à l'article D. 490 a lieu d'office sur l'indication que le ministère public près la juridiction saisie ou la juridiction de condamnation donne au chef de l'établissement d'incarcération.

Art. D. 492 *(Mod., D. n° 75-972, 23 oct. 1975).* – Le bénéfice du régime spécial cesse d'être applicable aux détenus qui ne remplissent plus les conditions prévues à l'article D. 490.

Art. D. 493 *(Mod., D. n° 98-1099, 8 déc. 1998).* – Les détenus bénéficiaires du régime spécial sont séparés des détenus appartenant aux autres catégories dans toute la mesure du possible.

Les détenus qui subissent leur prévention ou leur peine au régime spécial peuvent recevoir des visites tous les jours, dans les seules limites imposées par les nécessités du service et aux heures fixées par le chef d'établissement.

Art. D. 494 *(Mod., D. n° 98-1099, 8 déc. 1998).* – Les détenus bénéficiaires du régime spécial, même dans les établissements pénitentiaires dont le régime ne comporte pas de telles particularités, et sauf instructions contraires du juge d'instruction en application des articles 145-4 et D. 56, ont la faculté d'être réunis aux heures de la journée fixées par le chef d'établissement.

Art. D. 495 *(Mod., D. n° 98-1099, 8 déc. 1998).* – Tout détenu bénéficiaire du régime spécial est soumis aux mesures réglementaires prévues pour assurer l'ordre et la sécurité dans les établissements pénitentiaires. Il peut notamment faire l'objet des sanctions disciplinaires prévues au présent titre.

Art. D. 496 *(Abr., D. n° 75-972, 23 oct. 1975).*

Art. D. 497 à D. 504 *(Abr., D. n° 83-48, 26 janv. 1983).*

Section II. – Des détenus de nationalité étrangère

Art. D. 505. – Sous réserve des particularités relatives à la libération conditionnelle, les détenus de nationalité étrangère sont soumis au même régime que les détenus nationaux appartenant à leur catégorie pénale.

Des précautions particulières s'imposent néanmoins à leur égard en ce qui concerne l'application éventuelle des mesures visées à la section VII du chapitre II du présent titre.

Art. D. 506 *(Mod., D. n° 98-1099, 8 déc. 1998 ; D. n° 2010-1635, 23 déc. 2010).* – Sous réserve de l'application des dispositions du deuxième alinéa de l'article R. 57-7-25, le recours à un interprète n'a d'objet qu'en cas de nécessité absolue, si la personne détenue ne parle ou ne comprend la langue française et s'il ne se trouve sur place aucune personne capable d'assurer la traduction.

Les visites et la correspondance des étrangers peuvent s'effectuer dans leur langue, sous réserve des dispositions des articles R. 57-8-15 et R. 57-8-18.

Art. D. 507 *(D. n° 98-1099, 8 déc. 1998).* – Les détenus écroués à la suite d'une demande d'extradition émanant d'un gouvernement étranger sont soumis au régime des prévenus.

La délivrance des permis de visite et le contrôle de la correspondance les concernant relèvent du procureur général.

Section III. – Des détenus appartenant aux forces armées

Art. D. 508 *(Mod., D. n° 98-1099, 8 déc. 1998).* – Les détenus militaires en état de prévention devant un tribunal des forces armées ne doivent pas être placés en commun avec des détenus non militaires.

Après condamnation, ils sont soumis au même régime que les autres condamnés de leur catégorie, compte tenu des dispositions de l'article 718. Toutefois, les mesures prévues aux articles 723 et 723-3 ne peuvent être accordées aux condamnés militaires qu'avec l'accord préalable de l'autorité militaire dont relèvent les intéressés.

Art. D. 509 *(Mod., D. n° 98-1099, 8 déc. 1998).* – Les officiers en prévention et ceux qui ont conservé leur grade malgré leur condamnation, sont placés en cellule individuelle, dans toute la mesure du possible, et effectuent leur promenade séparément.

Art. D. 510 *(Mod., D. n° 98-1099, 8 déc. 1998).* – Les dispositions des articles D. 61 et D. 348 sont applicables aux détenus militaires.

Art. D. 511 *(Mod., D. n° 98-1099, 8 déc. 1998).* – Pour tous les militaires, des avis d'incarcération, de prévision de levée d'écrou et de libération sont adressés à l'autorité militaire.

Il en est de même en ce qui concerne les détenus civils soumis à obligations militaires, et pour les jeunes Français âgés de dix-huit à vingt ans.

Art. D. 512. – Les militaires sont remis, dès leur libération et pour quelque cause que celle-ci intervienne, au représentant du bureau de la place ou, à défaut, à la gendarmerie, qui sont respectivement chargés de les faire mettre en route sur leur corps d'affectation.

Il en est de même pour les jeunes libérés titulaires d'un ordre d'appel ou d'un ordre de route et pour ceux qui appartiennent à un contingent d'âge présent sous les drapeaux.

Art. D. 513 *(Mod., D. n° 2018-606, 11 juill. 2018).* – Le médecin militaire désigné par le commandant du centre médical des armées ou, à défaut, le médecin militaire de la place, l'assistante sociale de l'armée et les aumôniers militaires ont accès, dans l'exercice de leurs fonctions et pour les besoins de leur service, auprès des détenus militaires.

Section IV. – Des détenus mineurs

(Rempl., D. n° 2007-749, 9 mai 2007)

Sous-section 1. – Dispositions générales

Art. D. 514 *(Rempl., D. n° 2007-749, 9 mai 2007 ; abr., D. n° 2021-683, 27 mai 2021).*

Art. D. 514-1 *(Mod., D. n° 2015-1486, 16 nov. 2015 ; abr., D. n° 2021-683, 27 mai 2021).*

Sous-section 2. – Du maintien des liens familiaux

Art. D. 515 et D. 515-1 *(Abr., D. n° 2015-1486, 16 nov. 2015).*

Sous-section 3. – De l'accès des mineurs détenus à l'enseignement, à la formation et aux activités socio-éducatives, culturelles et sportives

Art. D. 516 *(Mod., D. n° 2015-1486, 16 nov. 2015 ; abr., D. n° 2021-683, 27 mai 2021).*

Art. D. 517 à D. 518-2 *(Abr., D. n° 2015-1486, 16 nov. 2015).*

Sous-section 4. – De la santé des mineurs

Art. D. 519 *(Rempl. à compter du 1er juin 2007, D. n° 2007-749, 9 mai 2007 ; abr., D. n° 2021-683, 27 mai 2021).*

Art. D. 519-1 *(Abr., D. n° 2015-1486, 16 nov. 2015).*

Sous-section 5. – De la mesure de protection individuelle

Art. D. 520 *(Abr., D. n° 2015-1486, 16 nov. 2015).*

Section V. – Des détenus majeurs âgés de moins de vingt et un ans

(D. n° 2007-749, 9 mai 2007)

Art. D. 521 *(D. n° 2007-749, 9 mai 2007).* – Les détenus majeurs âgés de moins de vingt et un ans sont soumis à un régime particulier et individualisé qui fait une large place à l'enseignement et à la formation.

Sauf si, pour les prévenus, le magistrat saisi du dossier de l'information en dispose autrement, ils participent à des activités d'enseignement, de formation, de travail et socioculturelles et sportives ou de détente.

Art. D. 521-1 *(D. n° 2007-749, 9 mai 2007).* – Les détenus majeurs âgés de moins de vingt et un ans sont soumis, en principe, à l'isolement de nuit.

Toutefois, ils peuvent être placés en cellule avec d'autres détenus de leur âge, soit pour motif médical, soit en raison de leur personnalité.

L'expertise médicale mentionnée au premier alinéa est ordonnée par le juge de l'application des peines conformément à l'article 712-21. À défaut, elle est ordonnée par le tribunal de l'application des peines. Si la personne a été condamnée pour un des crimes mentionnés à l'article 706-53-13, l'expertise est réalisée par deux experts et elle porte sur l'opportunité du recours à un traitement utilisant des médicaments inhibiteurs de libido conformément aux dispositions du 2° de l'article 730-2.

L'évaluation pluridisciplinaire de dangerosité est transmise au tribunal de l'application des peines au plus tard dans un délai de six mois à compter de la saisine du Centre national d'évaluation dans les conditions prévues au deuxième alinéa. Cette évaluation et l'expertise qui l'assortit sont valables pour une durée de deux ans.

Art. D. 527-2 *(Mod., D. n° 2019-508, 24 mai 2019).* – En cas de condamnation mentionnée au premier alinéa de l'article D. 527-1, l'évaluation pluridisciplinaire de dangerosité et l'expertise médicale qui l'assortit doivent également être réalisées, conformément aux dispositions des articles 730-2 et D. 527-1, avant un éventuel placement sous semi-liberté ou sous surveillance électronique probatoire à une libération conditionnelle ordonné en application des dispositions des articles 723-1 et 723-7. Dans ce cas, à l'issue de l'exécution de la semi-liberté ou du placement sous surveillance électronique, la libération conditionnelle peut être accordée sans qu'il soit besoin de réaliser à nouveau une évaluation pluridisciplinaire de dangerosité ainsi qu'une expertise médicale..

Art. D. 527-3 *(D. n° 2016-1455, 28 oct. 2016).* – L'évaluation pluridisciplinaire de dangerosité prévue par l'article 730-2-1 est réalisée par la commission pluridisciplinaire des mesures de sûreté mentionnée à l'article 763-10 compétente pour le ressort de la cour d'appel de Paris.

Lorsqu'elle statue en application du premier alinéa, sa composition prévue par l'article R. 61-8 est ainsi modifiée :

1° Elle est complétée par un fonctionnaire de police ou un militaire de la gendarmerie affecté ou ayant été affecté dans un service de police judiciaire spécialement chargé de la lutte contre le terrorisme désigné, pour une période de cinq ans, par le ministre de l'Intérieur ;

2° Le représentant d'une association d'aide aux victimes prévu au 6° de l'article R. 61-8 est un représentant d'une association mentionnée à l'article 2-9. Ce représentant ne peut toutefois avoir été victime des faits pour lesquels a été condamnée la personne dont la commission est chargée d'évaluer la dangerosité.

Art. D. 527-4 *(D. n° 2016-1455, 28 oct. 2016).* – La commission mentionnée à l'article D. 527-3 est saisie par le tribunal de l'application des peines lorsque celui-ci doit statuer sur l'octroi de la libération conditionnelle si elle ne l'a pas déjà été par le juge de l'application des peines conformément aux dispositions de l'article D. 526.

Elle peut utiliser les moyens de télécommunication conformément aux dispositions de l'article 706-71. Le condamné peut être assisté de son avocat.

Cette commission peut consulter les éléments figurant dans le dossier individuel du condamné mentionné à l'article 724-1.

Sur décision de son président, qui en assure la mise en œuvre, la commission peut également procéder ou faire procéder sur l'ensemble du territoire national à tous examens, auditions, enquêtes administratives, expertises ou autres mesures utiles.

Le président de la commission peut, lorsque la personne est détenue, saisir le centre national d'évaluation qui lui transmet un rapport d'évaluation. Les troisième et cinquième alinéas de l'article D. 527-1 sont alors applicables sauf en ce qui concerne la nécessité d'une expertise médicale.

L'avis de la commission est valable pour une durée de deux ans. Il doit être rendu au plus tard dans un délai de six mois à compter de sa saisine.

Art. D. 528 *(Rétabl, D. n° 2006-385, 30 mars 2006).* – Tout jugement ou arrêt ordonnant une libération conditionnelle est motivé conformément aux dispositions des articles 712-4, 712-13 et 729, ainsi que de celles du présent article.

Il vise le procès-verbal de débat contradictoire dans lequel est mentionné le sens des réquisitions du ministère public.

Il précise les garanties de représentation et de resocialisation de la personne concernant notamment sa résidence ou son domicile et l'origine, la nature et l'importance des revenus dont elle pourra bénéficier.

Il mentionne l'ensemble des mesures et conditions imposées au condamné, qu'il s'agisse des mesures et conditions obligatoires ou des conditions particulières.

Les modalités pratiques d'exécution de ces mesures et conditions peuvent être précisées ultérieurement par une instruction adressée par le juge de l'application des peines au service chargé de suivre le condamné.

Art. D. 528-1 à D. 529-2 *(Abr., D. n° 2004-1364, 13 déc. 2004).*

CHAPITRE II. – DES MESURES ET CONDITIONS AUXQUELLES SONT SOUMIS OU PEUVENT ÊTRE SOUMIS LES LIBÉRÉS CONDITIONNELS

(D. n° 2006-385, 30 mars 2006)

Art. D. 530 *(Rempl., D. n° 2006-385, 30 mars 2006).* – Les mesures et conditions assortissant la libération conditionnelle sont, selon les distinctions prévues par le présent chapitre, obligatoires ou particulières. Elles sont destinées à faciliter et à vérifier la réinsertion du condamné et à prévenir la récidive.

Art. D. 531 *(D. n° 98-1099, 8 déc. 1998).* – Tout condamné, sous réserve de l'application des dispositions de l'article 729-2, a la faculté de refuser son admission à la libération conditionnelle, en sorte que les mesures et les conditions particulières qu'elle comporte à son égard ne peuvent s'appliquer sans son consentement.

Ces mesures et conditions doivent en conséquence être portées à la connaissance de l'intéressé avant l'exécution de la décision qui les prescrit.

Section I. – Des mesures et conditions obligatoires

(D. n° 85-836, 6 août 1985 ; D. n° 2006-385, 30 mars 2006)

Art. D. 532 *(Mod., D. n° 99-276, 13 avr. 1999).* – Les mesures d'aide ont pour objet de susciter et de seconder les efforts du condamné en vue de sa réinsertion sociale, familiale et professionnelle.

Elles sont mises en œuvre par le service pénitentiaire d'insertion et de probation en liaison et avec la participation, le cas échéant, des autres services de l'État, des collectivités territoriales et de tous organismes publics ou privés.

Art. D. 533 *(Rempl., D. n° 2006-385, 30 mars 2006).* – Le condamné faisant l'objet d'une libération conditionnelle doit obligatoirement se soumettre aux mesures de contrôle prévues par l'article 132-44 du Code pénal.

Art. D. 533-1 *(Rempl., D. n° 2011-1876, 14 déc. 2011).* – Si la nature des faits commis par le condamné et sa personnalité le justifient, la décision accordant la libération conditionnelle peut préciser que le condamné fera l'objet d'un suivi renforcé de la part du service pénitentiaire d'insertion et de probation.

Cette indication peut également être précisée, postérieurement à la décision de libération conditionnelle, par une instruction adressée par le juge de l'application des peines au service chargé de suivre le condamné.

Art. D. 533-2 *(Mod., D. n° 2010-1635, 23 déc. 2010).* – Les visites que le condamné est tenu de recevoir du travailleur social en application des dispositions du 2° de l'article 132-44 du Code pénal peuvent être faites au domicile ou à la résidence du condamné, ainsi que, le cas échéant, sur son lieu de travail.

Les visites à domicile ne peuvent intervenir qu'entre 6 heures et 21 heures. Celles concernant le lieu de travail peuvent intervenir pendant les heures de travail, et ne doivent pas gêner ou perturber l'accomplissement de ce travail, ni les relations professionnelles du condamné.

Le personnel du service d'insertion et de probation n'est pas tenu de prévenir à l'avance le condamné de sa visite.

En cas de difficulté dans l'application des dispositions du présent article, le personnel du service d'insertion et de probation en informe le juge de l'application des peines.

Art. D. 534 *(Mod., D. n° 2004-1364, 13 déc. 2004).* – Le juge de l'application des peines peut autoriser le libéré conditionnel à changer de résidence, après avoir consulté le juge de l'application des peines du ressort dans lequel le condamné envisage de s'établir et, lorsque la libération a été accordée par le tribunal de l'application des peines, le procureur de la République de ce ressort.

Le libéré doit obtenir l'autorisation du juge de l'application des peines préalablement à tout déplacement dont la durée excéderait quinze jours, ainsi que pour tout déplacement à l'étranger.

L'établissement à l'étranger, s'il n'est pas prévu dans la décision de libération conditionnelle, ne peut être autorisé que par une modification de ladite décision dans les conditions fixées au 4e alinéa de l'article 732.

Art. D. 534-1 *(D. n° 2007-1627, 16 nov. 2007)*. – Au moins deux semaines avant la date de libération du condamné, une copie de tout ou partie du dossier individuel le concernant, comportant notamment la décision de libération conditionnelle, est adressée au juge de l'application des peines du tribunal judiciaire dans le ressort duquel le condamné devra résider, afin de lui permettre de préparer la mise en œuvre de la libération conditionnelle.

Dans un délai d'un mois à compter de sa libération, le condamné doit être convoqué devant ce juge de l'application des peines ou devant le service pénitentiaire d'insertion ou de probation compétent.

Lorsque la personne a été condamnée pour viol, pour meurtre ou assassinat avec viol ou acte de torture ou de barbarie, ou pour agression ou atteinte sexuelle commise sur un mineur de quinze ans, cette convocation doit intervenir au plus tard dans un délai de huit jours, et doit être remise au condamné avant sa libération.

Lorsqu'en raison des possibilités d'insertion dont peut bénéficier le condamné, et notamment de la date à laquelle ce dernier doit débuter un emploi, la libération conditionnelle doit être accordée en urgence, dans des conditions ne permettant pas de respecter les délais prévus par les deux premiers alinéas, ceux-ci ne sont pas applicables.

Art. D. 534-2 *(D. n° 2010-1277, 27 oct. 2010)*. – Le juge de l'application des peines peut, par ordonnance prise conformément aux dispositions de l'article 712-8, suspendre l'exécution de tout ou partie des obligations de la libération conditionnelle, y compris celles résultant d'un placement sous surveillance électronique mobile, pour des raisons médicales, notamment en cas d'hospitalisation de la personne.

Cette suspension est valable pour une durée maximale de trois mois. Elle peut être renouvelée selon les mêmes modalités si l'état de santé du condamné le justifie.

Les obligations auxquelles était astreint le condamné, y compris celles résultant d'un placement sous surveillance électronique mobile, reprennent de plein droit dès que le juge de l'application des peines constate, par ordonnance, que l'état de santé de ce dernier ne justifie plus la suspension.

Si le juge ne suspend qu'une partie des obligations, il peut modifier ou compléter, pendant la durée de cette suspension, certaines des autres obligations et interdictions auxquelles est astreint le condamné, notamment en lui imposant comme lieu de résidence le lieu de son hospitalisation.

Section II. – Des conditions particulières

Art. D. 535 *(Mod., D. n° 2006-385, 30 mars 2006 ; D. n° 2021-862, 30 juin 2021)*. – La décision accordant à un condamné le bénéfice de la libération conditionnelle peut subordonner l'octroi de cette mesure à l'une des conditions suivantes :

1° Avoir satisfait à une épreuve de semi-liberté, de placement sous surveillance électronique ou de placement à l'extérieur sans surveillance dont les modalités sont déterminées par ladite décision ou avoir bénéficié d'une ou plusieurs permissions de sortir ;

2° Remettre tout ou partie de son compte nominatif au service pénitentiaire d'insertion et de probation, à charge pour ledit service de restitution par fractions ;

3° S'engager dans les armées de terre, de mer ou de l'air et de l'espace dans les cas où la loi l'autorise, ou rejoindre une formation des forces armées s'il s'agit d'un détenu appartenant à un contingent d'âge présent ou appelé sous les drapeaux, ou s'il s'agit d'un militaire en activité de service ;

4° S'il s'agit d'un étranger, être expulsé du territoire national, reconduit à la frontière ou être extradé, ou quitter le territoire national et n'y plus paraître.

Art. D. 536 *(Mod., D. n° 2007-1627, 16 nov. 2007)*. – La décision accordant à un condamné le bénéfice de la libération conditionnelle peut également subordonner l'octroi et le maintien de cette mesure à l'une des obligations et interdictions prévues aux articles 131-36-2, 132-44 et 132-45 du Code pénal.

Art. D. 537 *(Rétabli, D. n° 2006-385, 30 mars 2006)*. – Lorsqu'il n'est pas établi que la victime a déjà été entièrement indemnisée, le juge de l'application des peines ou le tribunal de l'application des peines peut soumettre le condamné à l'obligation de réparer le préjudice causé par l'infraction en application des dispositions du 5° de l'article 132-45 du Code pénal, à charge pour le service désigné pour suivre le condamné de vérifier cette indemnisation, et, s'il y a lieu, le respect de l'obligation de réparation.

Si la situation du condamné le permet, la décision de libération conditionnelle, ou une ordonnance prise ultérieurement par le juge de l'application des peines, peut fixer la périodicité et le montant des remboursements.

Art. D. 538 *(Mod., D. n° 2007-1627, 16 nov. 2007)*. – Conformément aux dispositions du premier alinéa de l'article 731-1, la personne est également soumise, sauf décision contraire du juge ou du tribunal de l'application des peines à une injonction de soins selon les modalités applicables en matière du suivi socio-judiciaire, si elle a été condamnée pour une infraction pour laquelle cette mesure est encourue et qu'une expertise médicale estime qu'elle est susceptible de faire l'objet d'un traitement.

Le condamné est alors avisé par le juge de l'application des peines, avant sa libération, qu'aucun traitement ne pourra être entrepris sans son consentement, mais que s'il refuse les soins qui lui seront proposés, sa libération conditionnelle pourra être révoquée.

Art. D. 539 *(Mod., D. n° 2010-1277, 27 oct. 2010)*. – Conformément aux dispositions du deuxième alinéa de l'article 731-1 et de l'article R. 61-34, la personne majeure peut également être placée sous surveillance électronique mobile, en cas de condamnation à une peine d'au moins sept ans d'emprisonnement concernant une infraction pour laquelle le suivi socio-judiciaire est encouru. Le placement sous surveillance électronique mobile est également possible en cas de condamnation à une peine d'au moins cinq ans d'emprisonnement pour des violences ou des menaces commises soit contre son conjoint, son concubin ou son partenaire lié par un pacte civil de solidarité, soit contre ses enfants ou ceux de son conjoint, concubin ou partenaire ; ces dispositions sont également applicables lorsque les faits ont été commis par l'ancien conjoint ou concubin de la victime, ou par la personne ayant été liée à elle par un pacte civil de solidarité.

Conformément aux dispositions du deuxième alinéa de l'article 763-10, le juge de l'application des peines peut solliciter préalablement l'avis de la commission pluridisciplinaire des mesures de sûreté sur l'opportunité de prononcer une libération conditionnelle avec placement sous surveillance électronique mobile.

Le délai d'un an prévu par le premier alinéa de l'article 763-10 n'est pas applicable au placement sous surveillance électronique décidé dans le cadre d'une libération conditionnelle.

Le juge de l'application des peines avise alors le condamné, avant sa libération et l'installation du dispositif prévu par l'article 763-12, que ce placement ne peut être mis en œuvre sans son consentement, mais que s'il refuse ou manque à ses obligations, sa libération conditionnelle pourra être révoquée.

La libération conditionnelle peut être retirée avant la libération effective du condamné si celui-ci refuse la pose du dispositif de contrôle avant sa libération, conformément aux dispositions du deuxième alinéa de l'article 763-12 et de l'article R. 61-27.

Art. D. 540 *(D. n° 2010-1277, 27 oct. 2010)*. – Conformément aux dispositions de l'article R. 61-34, en cas d'inobservation, par un condamné faisant l'objet d'une libération conditionnelle sans placement sous surveillance électronique mobile, des obligations auxquelles il est astreint, le juge de l'application des peines peut ordonner son placement sous surveillance électronique mobile, sans qu'il soit préalablement nécessaire de le réincarcérer.

Art. D. 541 *(Mod., D. n° 2012-682, 7 mai 2012)*. – Les dispositions du quatrième alinéa de l'article 730-2 ne sont pas applicables aux étrangers condamnés à une peine prévue par cet article lorsqu'une mesure de libération conditionnelle leur est accordée, conformément aux dispositions du premier alinéa de l'article 729-2, en étant subordonnée à la condition d'une mesure d'interdiction du territoire français, de reconduite à la frontière ou d'expulsion.

Art. D. 542 *(D. n° 2010-1277, 27 oct. 2010)*. – Lorsque le tribunal d'application des peines statue sur une demande de libération conditionnelle en application des dispositions de l'article 730, il peut subordonner celle-ci à une mesure de semi-liberté, de placement à l'extérieur ou de placement sous surveillance électronique à titre probatoire conformément aux dispositions des articles 723-1 et 723-7.

CHAPITRE III. – DISPOSITIONS DIVERSES

Art. D. 542 *(Mod., D. n° 99-276, 13 avr. 1999).* **– Les services pénitentiaires d'insertion et de probation sont chargés d'assurer la prise en charge des interdits de séjour faisant l'objet des mesures d'assistance visées à l'article 131-31 du Code pénal.**

Avertissement : Deux articles D. 542 coexistent : l'un préexistant et figurant au sein du chapitre III « Dispositions diverses » ; l'autre, issu du décret du 27 octobre 2010 et figurant au sein de la section II « Des conditions particulières » du chapitre II « Des mesures et conditions auxquelles sont soumis ou peuvent être soumis les libérés conditionnels ».

Art. D. 543 *(Abr., D. n° 85-836, 6 août 1985).*

Art. D. 544 *(Mod., D. n° 99-276, 13 avr. 1999).* **– Pendant les six mois suivant sa date de libération, toute personne peut bénéficier, à sa demande, de l'aide du service pénitentiaire d'insertion et de probation du lieu de sa résidence.**

Cette aide s'exerce en liaison et avec la participation, le cas échéant, des autres services de l'État, des collectivités territoriales et de tous organismes publics ou privés.

CHAPITRE VI

(Abr., D. n° 2004-1364, 13 déc. 2004)

TITRE IV. – DU SURSIS ET DE L'AJOURNEMENT

(Intitulé mod. à compter du 27 décembre 2014, D. n° 2014-1582, 23 déc. 2014)

CHAPITRE I

Art. D. 544-1 *(Rétabli dans la version suivante à compter du 27 décembre 2014, D. n° 2014-1582, 23 déc. 2014).* **– Pour l'application des dispositions de l'article R. 69, un extrait des décisions révoquant un sursis prises en application de l'article 735 est adressé au casier judiciaire par le ministère public.**

CHAPITRE II. – DU SURSIS PROBATOIRE

(Chapitre mod., D. n° 86-462, 14 mars 1986 ; intitulé mod. à compter du 24 mars 2020 pour les condamnations prononcées à compter de cette date, y compris si elles concernent des infractions commises avant cette date, D. n° 2020-81, 3 févr. 2020)

Section I. – Dispositions générales

(Division créée à compter du 24 mars 2020 pour les condamnations prononcées à compter de cette date, y compris si elles concernent des infractions commises avant cette date, D. n° 2020-81, 3 févr. 2020)

Art. D. 545 *(Créé, D. n° 2011-1986, 28 déc. 2011 ; mod. à compter du 24 mars 2020 pour les condamnations prononcées à compter de cette date, y compris si elles concernent des infractions commises avant cette date, D. n° 2020-81, 3 févr. 2020).* **– Pour l'application des dispositions de l'article 741-1, le service pénitentiaire d'insertion et de probation situé dans le ressort de l'établissement pénitentiaire où la personne est incarcérée remet ou fait remettre à la personne condamnée à une peine d'emprisonnement assortie pour partie du sursis probatoire, au plus tard le jour de sa libération, un avis de convocation à comparaître devant le service pénitentiaire d'insertion et de probation territorialement compétent pour suivre le condamné après sa libération.**

Le délai maximal de comparution est de huit jours à compter de la libération de la personne dans les trois cas suivants :

– lorsque la personne exécutait une condamnation prononcée pour un des crimes et délits mentionnés à l'article D. 49-23, pour lequel le suivi socio-judiciaire est encouru ;

– lorsque figurent au bulletin n° 1 du casier judiciaire de la personne auquel le service pénitentiaire d'insertion et de probation a accès en application des dispositions du dernier alinéa de l'article 774 une ou plusieurs condamnations prononcées pour l'une de ces infractions ;

– lorsqu'a été prononcé un sursis probatoire avec suivi renforcé.

Dans les autres cas, le délai maximal de comparution est d'un mois.

Copie de cette convocation est adressée au juge de l'application des peines et au service pénitentiaire d'insertion et de probation territorialement compétents pour suivre le condamné après sa libération.

L'avis de convocation comporte une mention informant le condamné que s'il ne se présente pas au service pénitentiaire d'insertion et de probation à la date prévue, le juge de l'application des peines compétent en sera informé et son sursis probatoire pourra être révoqué.

Les dispositions du présent article sont également applicables en cas de libération d'une personne à la suite de l'exécution d'une peine ferme non assortie pour partie du sursis probatoire, lorsque celle-ci se trouve dès sa libération placée sous le régime du sursis probatoire, en vertu d'une autre condamnation qui est mentionnée au registre d'écrou de l'établissement pénitentiaire dans lequel la personne est écrouée ou qui est enregistrée et toujours active dans le traitement automatisé de données à caractère personnel dénommé « application des peines, probation et insertion » (APPI) prévu par les articles R. 57-4-1 à R. 57-4-10.

Art. D. 546 *(Créé, D. n° 2011-1986, 28 déc. 2011 ; mod. à compter du 24 mars 2020 pour les condamnations prononcées à compter de cette date, y compris si elles concernent des infractions commises avant cette date, D. n° 2020-81, 3 févr. 2020).* – Les modalités selon lesquelles la victime est informée de la date de fin d'un sursis probatoire en application de l'article 745 sont précisées par les articles D. 49-67 et suivants.

Section II. – Dispositions applicables au sursis probatoire avec suivi renforcé

(Section créée à compter du 24 mars 2020 pour les condamnations prononcées à compter de cette date, y compris si elles concernent des infractions commises avant cette date, D. n° 2020-81, 3 févr. 2020)

Art. D. 546-1 *(Créé, D. n° 2011-1986, 28 déc. 2011 ; mod. à compter du 24 mars 2020 pour les condamnations prononcées à compter de cette date, y compris si elles concernent des infractions commises avant cette date, D. n° 2020-81, 3 févr. 2020).* – Lorsque la juridiction de jugement en application de l'article 132-41-1 du Code pénal, ou le juge de l'application des peines en application de l'article 741-2 du Code de procédure pénale ordonne un sursis probatoire avec suivi renforcé, il est fait application des dispositions de la présente section.

Art. D. 546-2 *(Créé, D. n° 2011-1986, 28 déc. 2011 ; mod. à compter du 24 mars 2020 pour les condamnations prononcées à compter de cette date, y compris si elles concernent des infractions commises avant cette date, D. n° 2020-81, 3 févr. 2020).* – Lorsque le condamné est présent à l'audience, il lui est remis une convocation à comparaître devant le service pénitentiaire d'insertion et de probation dans un délai qui ne serait être supérieur à huit jours, si le tribunal a ordonné l'exécution provisoire de sa décision, ou compris entre dix et quinze jours dans le cas contraire.

Si le condamné n'est pas présent à l'audience, cette convocation lui est remise lors de la notification de la condamnation, ou lui est adressée dans les meilleurs délais après cette notification.

Art. D. 546-3 *(Créé, D. n° 2011-1986, 28 déc. 2011 ; mod. à compter du 24 mars 2020 pour les condamnations prononcées à compter de cette date, y compris si elles concernent des infractions commises avant cette date, D. n° 2020-81, 3 févr. 2020).* – Le rapport établi par le service pénitentiaire d'insertion et de probation en application du deuxième alinéa de l'article 741-2 doit être adressé au juge d'application des peines au plus tard trois mois après le prononcé de la condamnation ou, lorsque le prévenu n'était pas présent à l'audience, après sa notification. Il est communiqué sans délai au procureur de la République par le service de l'application des peines.

Ce rapport, effectué à la suite de plusieurs entretiens individuels avec le condamné, propose au juge de l'application des peines un projet d'exécution et de suivi de la mesure ainsi que, s'il y a lieu, des obligations afférentes spécifiquement adaptées à la situation et la personnalité du condamné.

Art. D. 546-4 *(Créé, D. n° 2011-1986, 28 déc. 2011 ; mod. à compter du 24 mars 2020 pour les condamnations prononcées à compter de cette date, y compris si elles concernent des infractions commises avant cette date, D. n° 2020-81, 3 févr. 2020).* – Lorsque le prévenu n'était pas présent à l'audience, la décision du juge de l'application des peines prévue par le troisième alinéa de l'article 741-2 doit intervenir dans un délai de quatre mois à compter de la date à laquelle la condamnation lui a été notifiée.

Art. D. 546-5 *(Créé, D. n° 2011-1986, 28 déc. 2011 ; mod. à compter du 24 mars 2020 pour les condamnations prononcées à compter de cette date, y compris si elles concernent des infractions commises avant cette date, D. n° 2020-81, 3 févr. 2020).* – Le condamné fait l'objet par le service pénitentiaire d'insertion et de probation d'un suivi soutenu dont l'intensité est individualisée et proportionnée aux besoins de la personne, à la sanction et à la mesure prononcée, et évolue au fur et à mesure de l'exécution du sursis probatoire.

Art. D. 546-6 *(Créé, D. n° 2011-1986, 28 déc. 2011 ; mod. à compter du 24 mars 2020 pour les condamnations prononcées à compter de cette date, y compris si elles concernent des infractions commises avant cette date, D. n° 2020-81, 3 févr. 2020).* – La réévaluation de la situation de la personne condamnée prévue par le cinquième alinéa de l'article 741-2 doit intervenir au plus tard un an après le prononcé de la condamnation ou, si le prévenu n'était pas présent à l'audience, après sa notification. À cette fin, le service pénitentiaire d'insertion et de probation adresse au juge d'application des peines un rapport de synthèse sur les conditions d'exécution de la sanction. Ce rapport est communiqué sans délai au procureur de la République par le service de l'application des peines.

Art. D. 546-7 *(Créé, D. n° 2011-1986, 28 déc. 2011 ; mod. à compter du 24 mars 2020 pour les condamnations prononcées à compter de cette date, y compris si elles concernent des infractions commises avant cette date, D. n° 2020-81, 3 févr. 2020 ; abr., D. n° 2021-683, 27 mai 2021).*

Art. D. 546-8 *(Créé, D. n° 2011-1986, 28 déc. 2011 ; mod. à compter du 24 mars 2020 pour les condamnations prononcées à compter de cette date, y compris si elles concernent des infractions commises avant cette date, D. n° 2020-81, 3 févr. 2020).* – Le non-respect des délais prévus par les articles D. 546-2 à D. 546-4 et D. 546-6 ne constitue pas une cause de nullité des convocations ou des actes accomplis en application de ces articles.

CHAPITRE III. – DES CONVERSIONS DE PEINES

(D. n° 2010-1276, 27 oct. 2010 ; rempl. à compter du 24 mars 2020 pour les condamnations prononcées à compter de cette date, y compris si elles concernent des infractions commises avant cette date, D. n° 2020-81, 3 févr. 2020)

Art. D. 547 *(Anc. art. D. 545, D. n° 2010-1276, 27 oct. 2010 ; dénum. à compter du 1er janvier 2012., D. n° 2011-1986, 28 déc. 2011 ; rempl. à compter du 24 mars 2020 pour les condamnations prononcées à compter de cette date, y compris si elles concernent des infractions commises avant cette date, D. n° 2020-81, 3 févr. 2020).* – Lorsqu'en application de l'article 747-1, la partie ferme d'une peine d'emprisonnement ayant fait l'objet d'un sursis probatoire partiel est convertie en peine de détention à domicile sous surveillance électronique, en peine de travail d'intérêt général, en peine de jours-amende ou en un emprisonnement assorti d'un sursis probatoire renforcé, cette décision ne constitue pas une seconde condamnation au sens de l'article 132-53 du Code pénal.

CHAPITRE IV. – DE L'AJOURNEMENT

(Chap. créé à compter du 27 décembre 2014, D. n° 2014-1582, 23 déc. 2014)

Section 1. – De l'ajournement aux fins d'investigations sur la personnalité ou la situation matérielle, familiale et sociale

Art. D. 548 *(Créé à compter du 27 décembre 2014, D. n° 2014-1582, 23 déc. 2014).* – En cas d'ajournement aux fins d'investigations sur la personnalité ou la situation matérielle, familiale et sociale prévu par l'article 132-70-1 du Code pénal, lorsqu'un cautionnement est ordonné dans le cadre d'un contrôle judiciaire décidé en application de l'article 397-3-1 du présent code, les dispositions des articles R. 19 et suivants du présent code sont applicables.

La copie de la décision transmise en application de l'article R. 19 est celle de la juridiction ayant prononcé l'ajournement et le contrôle judiciaire.

Les avis prévus par l'article R. 22 sont adressés au procureur de la République.

Section 2. – De l'ajournement aux fins de consignation d'une somme d'argent

Art. D. 549 *(Créé à compter du 27 décembre 2014, D. n° 2014-1582, 23 déc. 2014).* – La consignation ordonnée dans le cadre de l'ajournement prévu par l'article 132-70-3 du Code pénal obéit au même régime que le cautionnement ordonné dans le cadre d'un contrôle judiciaire décidé en cas d'ajournement prévu par l'article 132-70-1 de ce même code.

TITRE V

Néant.

TITRE VI. – DE LA CONTRAINTE PAR CORPS JUDICIAIRE

Art. D. 569 *(Abr. à compter du 1er janvier 2005, D. n° 2004-1364, 13 déc. 2004 ; rétabli dans la version suivante, D. n° 2020-91, 6 févr. 2020).* – Lorsque le procureur de la République constate que la personne s'est intégralement acquittée du montant des jours-amendes prononcés, il ordonne qu'il soit mis fin à l'emprisonnement mis à exécution en application de l'article 762 et qu'il soit procédé au remboursement de la portion des jours-amendes correspondant au nombre de l'ensemble des jours de détention subis.

Si le paiement intervient avant la mise à exécution de l'emprisonnement, alors que le procureur de la République a déjà saisi à cette fin le juge de l'application des peines conformément à l'article 754, il est fait application des dispositions de l'article D. 49-34-1.

Art. D. 570 *(D. n° 72-852, 12 sept. 1972 ; D. n° 85-836, 6 août 1985 ; D. n° 98-1099, 8 déc. 1998 ; D. n° 2004-1364, 13 déc. 2004 ; D. n° 2009-420, 15 avr. 2009).* – Les personnes détenues en vertu d'une décision de contrainte judiciaire sont soumises au même régime que les condamnés sous réserve des dispositions des articles D. 115-5 et D. 116-1.

TITRE VII. – DE L'INTERDICTION DE SÉJOUR

(D. n° 96-651, 22 juill. 1996)

Art. D. 571 *(D. n° 96-651, 22 juill. 1996).* – Lorsqu'elle est libre, la personne condamnée à l'interdiction de séjour est tenue d'aviser le ministère public près la juridiction qui a prononcé la condamnation, du lieu où elle fixe sa résidence. Lorsqu'elle est détenue, elle doit en aviser, lors de sa libération, le greffe de l'établissement pénitentiaire. Le chef de l'établissement pénitentiaire en informe alors immédiatement le ministère public près la juridiction qui a prononcé la condamnation.

Art. D. 571-1 *(D. n° 96-651, 22 juill. 1996).* – Lorsque la condamnation à l'interdiction de séjour est exécutoire, le ministère public près la juridiction qui a prononcé la condamnation en avise le juge de l'application des peines compétent auquel il transmet une copie de la décision ainsi que toutes informations utiles concernant la résidence de la personne condamnée.

Art. D. 571-2 *(Mod., D. n° 2010-1276, 27 oct. 2010).* – Le ministère public près la juridiction qui a prononcé la condamnation à l'interdiction de séjour devenue exécutoire remet ou fait remettre au condamné un document lui permettant de justifier de sa situation au regard de l'interdiction de séjour. Lorsque l'interdiction de séjour a été prononcée avec exécution provisoire, ce document peut être remis à l'issue de l'audience. Lorsque le condamné a été incarcéré, ce document lui est remis lors de sa libération. Si le condamné est convoqué par le juge d'application des peines alors que ce document n'a pu lui être remis auparavant, ce magistrat en assure la remise.

Le document remis au condamné mentionne l'état civil de celui-ci, la date de la décision de condamnation et la juridiction dont elle émane, la durée de l'interdiction de séjour ainsi que la liste des lieux interdits et, s'il y a lieu, la ou les mesures de surveillance fixées par le tribunal en application de l'article 762-1.

Toute décision modifiant les modalités d'exécution de l'interdiction de séjour en application des articles 762-4 et 762-5 est mentionnée sur le document. Cette mention est portée par le magistrat qui prend la décision ou, si celle-ci est prise par le tribunal correctionnel, par le procureur de la République près ce tribunal.

Si l'interdiction de séjour accompagne une peine privative de liberté sans sursis, le document porte également mention de cette peine et du jour où la privation de liberté a pris fin.

Le document reproduit les termes des articles 131-31 et 131-32 du Code pénal et des articles 762-2, 762-4 et 762-5 du Code de procédure pénale. Il précise en outre que le fait pour le condamné de se soustraire aux obligations et interdictions découlant de l'interdiction de séjour est puni des peines prévues par l'article 434-38 du Code pénal.

Le modèle du document prévu au présent article est établi par les soins du ministre de la Justice.

Art. D. 571-3 *(D. n° 96-651, 22 juill. 1996).* – Le ministère public près la juridiction qui a prononcé la condamnation est avisé, soit par le magistrat qui prend la décision, soit, lorsque celle-ci est prise par le tribunal correctionnel, par le procureur de la République près ce tribunal :

1° De toute transmission de dossier au juge de l'application des peines compétent à la suite d'un changement de résidence du condamné à l'interdiction de séjour ;

2° De toute modification de la liste des lieux interdits et des mesures de surveillance décidée en application de l'article 762-4 ;

3° De toute suspension provisoire de l'exécution de la mesure d'interdiction de séjour décidée en application de l'article 762-5, alinéa 1er ;

4° De toute autorisation provisoire de séjourner dans une localité interdite décidée en application de l'article 762-5, alinéa 2 ;

5° De tout ordre de recherche délivré à l'encontre du condamné en application des dispositions combinées des articles 762-2, alinéa 2, et 741, alinéa 2 ;

6° De toute condamnation pour infraction à l'interdiction de séjour.

En cas de condamnation pour infraction à l'interdiction de séjour, le ministère public près la juridiction qui a prononcé la condamnation en avise en outre le juge de l'application des peines sous le contrôle duquel le condamné à l'interdiction de séjour est placé.

Le ministère public près la juridiction qui a prononcé la condamnation assure la transmission des informations visées aux 2°, 3° et 4° au fichier des personnes recherchées en vue de leur diffusion.

TITRE VII *BIS*. – DU SUIVI SOCIO-JUDICIAIRE

(D. n° 2007-417, 23 mars 2007)

Néant.

TITRE VIII. – DU CASIER JUDICIAIRE

(D. n° 2007-417, 23 mars 2007)

Art. D. 571-4 *(Mod., D. n° 2021-374, 31 mars 2021)*. – En application des dispositions de l'avant-dernier alinéa de l'article 776, peuvent obtenir la délivrance du bulletin n° 2 du casier judiciaire d'une personne, lorsque celui-ci ne porte la mention d'aucune condamnation, et pour les seules nécessités liées au recrutement de la personne, les dirigeants des personnes morales de droit public ou privé gestionnaires des établissements, services ou lieux de vie et d'accueil ainsi que les organisateurs d'accueil suivants :

1° Les accueils mentionnés à l'article L. 227-4 du Code de l'action sociale et des familles.

2° Les établissements ou services mettant en oeuvre les mesures éducatives ordonnées par l'autorité judiciaire en application de l'ordonnance n° 45-174 du 2 février 1945 relative à l'enfance délinquante ou des articles 375 à 375- 8 du Code civil ou concernant des majeurs de moins de vingt et un ans ou les mesures d'investigation préalables aux mesures d'assistances éducatives prévues par le Code de procédure civile et par l'ordonnance précitée du 2 février 1945.

3° Les lieux de vie et d'accueil mentionnés aux articles D. 316-1 et suivants du Code de l'action sociale et des familles qui accueillent des mineurs mentionnés au 2° du I de l'article D. 316-2 de ce même code.

4° Les lieux de vie et d'accueil mentionnés aux articles D. 316-1 et suivants du Code de l'action sociale et des familles ayant été autorisés par le représentant de l'État, seul ou conjointement avec le président du conseil général, qui accueillent des mineurs mentionnés aux 1°, 3° et 4° du I de l'article D. 316-2 de ce même code.

5° Les établissements ou services d'enseignement et d'éducation spéciale qui assurent, à titre principal, une éducation adaptée et un accompagnement social ou médico-social aux mineurs ou jeunes adultes handicapés ou présentant des difficultés d'adaptation, prévus par le 2° du I de l'article L. 312-1 du Code de l'action sociale et des familles.

6° Les centres d'action médico-sociale précoce mentionnés à l'article L. 2132-4 du Code de la santé publique.

7° Les établissements d'enseignement scolaire privés mentionnés à l'article L. 441-1 du Code de l'éducation, les organismes privés d'enseignement à distance mentionnés à l'article L. 444-1 de ce même code et les organismes de soutien scolaire mentionnés à l'article L. 445-1 de ce même code.

Art. D. 571-5 *(Mod., D. n° 2021-374, 31 mars 2021)*. – La demande de délivrance du bulletin et la réponse du casier judiciaire se font par l'intermédiaire des autorités administratives suivantes :

1° Le directeur de la direction départementale interministérielle chargée de la cohésion sociale du département dans lequel est situé le siège social de l'organisateur de l'accueil en ce qui concerne les accueils mentionnés au 1° de l'article D. 571-4, ou l'établissement, le service ou le lieu de vie et d'accueil en ce qui concerne les lieux de vie et d'accueil mentionnés au 4° du même article ;

2° Le directeur régional de la protection judiciaire de la jeunesse ou, dans les départements d'outre-mer, le directeur départemental de la protection judiciaire de la jeunesse, territorialement compétent dans le département où est situé l'établissement, le service ou lieu de vie et d'accueil, en ce qui concerne :

a) Les établissements et services mentionnés au 2° de l'article D. 571-4 ;

b) Les lieux de vie et d'accueil mentionnés au 3° de l'article D. 571-4 ;

3° Le directeur général de l'agence régionale de santé en ce qui concerne les établissements et les services mentionnés au 6° de l'article D. 571-4 ;

4° Le recteur de l'académie dans laquelle sont situés les établissements, les organismes ou, le cas échéant, le siège social des organismes mentionnés au 7° de l'article D. 571-4.

Art. D. 571-6 *(D. n° 2007-417, 23 mars 2007)*. – L'autorité administrative compétente interroge à cette fin le casier judiciaire national informatisé par un moyen de télécommunication sécurisé.

À peine d'irrecevabilité, la demande de délivrance adressée à l'autorité administrative compétente doit mentionner l'identité du dirigeant de la personne morale en indiquant ses fonctions, être signée de ce dernier et préciser l'identité de la personne dont le recrutement est envisagé, ainsi que la nature de l'emploi concerné, en utilisant un formulaire dont le modèle est élaboré par le ministère de la justice.

Art. D. 571-7 *(Mod., D. n° 2021-374, 31 mars 2021).* – Lorsque le bulletin transmis par le casier judiciaire à l'autorité administrative compétente est revêtu de la mention néant, il est remis ou adressé par celle-ci au dirigeant de la personne morale.

Dans le cas contraire, l'autorité administrative compétente informe le dirigeant de la personne morale que le bulletin ne peut lui être délivré car il comporte une ou plusieurs condamnations, en précisant, selon le cas :

1° Pour les situations visées aux 1° à 6° de l'article D. 571-4 :

a) Soit que le bulletin ne comporte aucune des condamnations prévues par les articles L. 133-6 du Code de l'action sociale et des familles ;

b) Soit que le bulletin comporte une ou plusieurs condamnations prévues à l'article L. 133-6 du Code de l'action sociale et des familles, et que la personne dont le bulletin n° 2 a été sollicité ne peut en conséquence être recrutée.

2° Pour les situations visées au 7° de l'article D. 571-4 :

a) Soit que le bulletin ne comporte aucune des condamnations prévues par les articles L. 911-5, L. 444-6 ou L. 445-1 du Code de l'éducation ;

b) Soit que le bulletin comporte une ou plusieurs condamnations prévues aux articles L. 911-5, L. 444-6 ou L. 445-1 du Code de l'éducation.

TITRE XI. – LE SERVICE PÉNITENTIAIRE D'INSERTION ET DE PROBATION

(Rempl., D. n° 99-276, 13 avr. 1999)

CHAPITRE I. – LES MISSIONS DU SERVICE PÉNITENTIAIRE D'INSERTION ET DE PROBATION

Art. D. 572 *(Rempl., D. n° 99-276, 13 avr. 1999).* – Dans chaque département, est créé un service pénitentiaire d'insertion et de probation, service déconcentré de l'administration pénitentiaire, chargé d'exécuter les missions prévues par les articles D. 573 à D. 574.

Le directeur du service pénitentiaire d'insertion et de probation est placé sous l'autorité du directeur interrégional des services pénitentiaires.

Le siège du service pénitentiaire d'insertion et de probation et la liste des antennes locales d'insertion et de probation sont fixés par arrêté du ministre de la Justice.

Art. D. 573 *(Mod., D. n° 2010-1635, 23 déc. 2010).* – Le service pénitentiaire d'insertion et de probation, avec la participation, le cas échéant, des autres services de l'État, des collectivités territoriales et de tous organismes publics ou privés, favorise l'accès aux droits et aux dispositifs d'insertion de droit commun des détenus et personnes qui lui sont confiées par les autorités judiciaires.

Il s'assure en particulier pour les personnes libérées de la continuité des actions d'insertion engagées en vertu des dispositions des articles D. 441-1, D. 438 et D. 438-2.

Il peut également apporter une aide matérielle aux personnes qui lui sont confiées par les autorités judiciaires.

Art. D. 574 *(D. n° 2004-1364, 13 déc. 2004 ; mod., D. n° 2006-385, 30 mars 2006 ; mod. à compter du 27 décembre 2014, D. n° 2014-1582, 23 déc. 2014 ; mod., D. n° 2015-1677, 15 déc. 2015 ; mod. à compter du 24 mars 2020 pour les condamnations prononcées à compter de cette date, y compris si elles concernent des infractions commises avant cette date, D. n° 2020-81, 3 févr. 2020).* – Le service pénitentiaire d'insertion et de probation concourt, sur saisine des autorités judiciaires, à la préparation des décisions de justice à caractère pénal ; il peut être chargé de l'exécution des enquêtes et des mesures préalables au jugement. À cet effet, il effectue les vérifications sur la situation matérielle, familiale et sociale des personnes faisant l'objet d'enquêtes ou de poursuites judiciaires afin de permettre une meilleure individualisation des mesures ou peines et de favoriser l'insertion des intéressés.

Il assure le suivi et le contrôle des personnes placées sous contrôle judiciaire. Il effectue les investigations qui lui sont demandées préalablement à l'exécution des peines privatives de liberté.

Le service pénitentiaire d'insertion et de probation met en œuvre les mesures de contrôle et veille au respect des obligations imposées aux condamnés à l'emprisonnement avec sursis probatoire, à un suivi socio-judiciaire ou à un travail d'intérêt général, aux personnes faisant l'objet d'une mesure d'ajournement de peine probatoire, aux libérés conditionnels, aux condamnés placés sous surveillance judiciaire ou faisant l'objet d'un suivi en application de l'article 721-2, d'une suspension de peine, d'une semi-liberté, d'un placement extérieur, d'un placement sous surveillance électronique ou d'un placement sous surveillance électronique mobile, aux interdits de séjour et aux personnes visées à l'article L. 51 du Code du service national.

Il met également en œuvre les mesures de contrôle et veille au respect de l'obligation de soin prévues par les articles 706-136-1 et D. 47-33 à D. 47-37.

Il met également en œuvre les peines de substitution et les mesures de contrôle et de surveillance relatives aux obligations imposées aux personnes condamnées dans d'autres États membres de l'Union européenne, lorsque la condamnation ou la décision prononçant les peines ou les mesures a été reconnue par les autorités judiciaires françaises dans les conditions prévues par les articles 764-1 à 764-42 du présent code.

Art. D. 575 *(Rempl., D. n° 2011-1876, 14 déc. 2011)*. – Sous l'autorité du directeur du service pénitentiaire d'insertion et de probation, le service pénitentiaire d'insertion et de probation s'assure que la personne qui lui est confiée se soumet aux mesures de contrôle et respecte les obligations qui lui sont imposées.

Le service pénitentiaire d'insertion et de probation met en œuvre les mesures propres à favoriser la prévention de la récidive.

Il propose au magistrat mandant les aménagements de peine ou les modifications des mesures de contrôle et obligations et rend compte de leur respect ou de leur violation.

Il adresse au magistrat mandant un rapport d'évaluation dans les trois mois suivant la date à laquelle le service est saisi de la mesure. Il lui transmet un rapport de fin de mesure un mois avant l'échéance de la mesure ainsi qu'un rapport annuel lorsque la durée de la mesure excède deux ans.

Il lui adresse des rapports ponctuels en cours d'exécution de la mesure :

- en cas de difficulté dans l'application des orientations générales ou des instructions particulières données par l'autorité judiciaire ;
- en cas de modification de la situation du condamné susceptible d'avoir des implications sur le respect de ses obligations et interdictions ;
- en cas de changement significatif des modalités de la prise en charge du condamné ;
- en cas d'incident dans le suivi de la mesure, et ce dans les plus brefs délais ;
- en cas de demande du magistrat mandant.

CHAPITRE II. – LES ATTRIBUTIONS RESPECTIVES DU JUGE DE L'APPLICATION DES PEINES, DES AUTRES MAGISTRATS MANDANTS ET DU DIRECTEUR DU SERVICE PÉNITENTIAIRE D'INSERTION ET DE PROBATION

(D. n° 2011-1876, 14 déc. 2011)

Art. D. 576 *(Rempl., D. n° 2011-1876, 14 déc. 2011)*. – Au sein de chaque juridiction, le juge de l'application des peines, le procureur de la République et les autres magistrats mandants déterminent les orientations générales relatives à l'exécution des mesures confiées au service pénitentiaire d'insertion et de probation ainsi que celles relatives à l'exécution des peines privatives de liberté, et évaluent ensuite leur mise en œuvre.

Les chefs de juridiction organisent la concertation entre les magistrats concernés.

Art. D. 577 *(Rempl., D. n° 2011-1876, 14 déc. 2011)*. – Le juge de l'application des peines, le procureur de la République et les autres magistrats mandants communiquent, le cas échéant, pour chaque dossier dont le service est saisi, des instructions particulières relatives à la finalité de la mesure et au contenu des obligations à respecter.

Le service pénitentiaire d'insertion et de probation définit les modalités de la prise en charge des personnes placées sous main de justice et les met en œuvre, après en avoir avisé le magistrat mandant qui peut, le cas échéant, faire toutes observations utiles.

Le juge de l'application des peines ou le magistrat mandant signale au directeur du service pénitentiaire d'insertion et de probation toute difficulté qu'il constate dans la prise en charge des mesures et, s'il y a lieu, demande au directeur du service précité qu'il lui adresse un rapport en réponse.

Art. D. 578 *(Rempl., D. n° 99-276, 13 avr. 1999)*. – Le juge de l'application des peines et le directeur du service pénitentiaire d'insertion et de probation visitent chaque année les divers foyers ou organismes d'hébergement accueillant les personnes visées aux articles D. 544 et D. 574.

CHAPITRE III. – L'ORGANISATION ET LE FONCTIONNEMENT DU SERVICE PÉNITENTIAIRE D'INSERTION ET DE PROBATION

Art. D. 579 *(Rempl., D. n° 99-276, 13 avr. 1999)*. – Le directeur du service pénitentiaire d'insertion et de probation s'assure du suivi de chaque mesure dont le service est saisi et de l'exécution des instructions données par les magistrats mandants.

Il vérifie que les rapports sont régulièrement adressés aux magistrats.

Art. D. 580 *(Rempl., D. n° 99-276, 13 avr. 1999)*. – Au sein du service, il est tenu un dossier pour chaque personne faisant l'objet d'une mesure visée à l'article D. 574. Ce dossier comprend les pièces d'ordre judiciaire nécessaires au suivi de la mesure, les éléments relatifs au contrôle des obligations ou conditions imposées ainsi que la copie des rapports adressés au magistrat mandant.

Les documents couverts par le secret professionnel ne peuvent être consultés que par un membre du service pénitentiaire d'insertion et de probation.

En cas de changement de résidence de la personne suivie, le service transmet sous pli fermé ces documents au service compétent du lieu de la nouvelle résidence.

Le dossier est communiqué à sa demande au magistrat qui a saisi le service, sauf pour les renseignements recueillis par voie de confidences auprès des personnes prises en charge.

Art. D. 581 *(Rempl., D. n° 99-276, 13 avr. 1999)*. – Les membres du service pénitentiaire d'insertion et de probation sont tenus au secret professionnel dans les conditions prévues par les articles 226-13 et 226-14 du Code pénal.

Chaque fois que la demande leur en est faite ou à leur initiative, ils fournissent à l'autorité judiciaire ou aux services de l'administration pénitentiaire les éléments permettant de mieux individualiser la situation des personnes placées sous main de justice.

Dans le cadre de l'exécution des mesures visées à l'article D. 574, les membres du service pénitentiaire d'insertion et de probation ne peuvent opposer le secret professionnel aux autorités judiciaires, sauf pour les renseignements recueillis par voie de confidences auprès des personnes prises en charge.

Art. D. 582 *(Rempl., D. n° 99-276, 13 avr. 1999)*. – Le service pénitentiaire d'insertion et de probation assure une permanence pour répondre aux demandes de la juridiction et à toutes mesures d'urgence nécessitées par la situation des personnes visées aux articles D. 544 et D. 574.

Art. D. 583 *(Rempl., D. n° 99-276, 13 avr. 1999)*. – À titre exceptionnel, il peut être fait appel à des personnes bénévoles, agréées par le directeur du service après avis du juge de l'application des peines, dans des conditions fixées par arrêté du ministre de la Justice.

Le directeur du service peut retirer ou suspendre son agrément soit d'office, soit à la demande du juge de l'application des peines ou du procureur de la République.

Art. D. 584 *(Rempl., D. n° 99-276, 13 avr. 1999)*. – Chaque année, le directeur du service pénitentiaire d'insertion et de probation transmet un rapport d'activité au directeur interrégional des services pénitentiaires, au président du tribunal judiciaire et au procureur de la République près ledit tribunal ainsi qu'au juge de l'application des peines.

Art. D. 585 *(Rempl., D. n° 99-276, 13 avr. 1999).* – Le directeur du service pénitentiaire d'insertion et de probation est consulté sur les demandes d'agrément formulées, conformément à la législation relative à l'aide sociale, par les organismes hébergeant les libérés.

Ses avis sont transmis par le ministre de la Justice au ministre chargé de la santé.

Art. D. 586 *(Rempl., D. n° 99-276, 13 avr. 1999).* – Les modalités du fonctionnement financier et comptable du service pénitentiaire d'insertion et de probation sont fixées par arrêté conjoint du ministre de la Justice et du ministre chargé du budget.

Art. D. 587 *(Mod., D. n° 2010-1635, 23 déc. 2010).* – En l'absence du chef de service, le directeur du service pénitentiaire d'insertion et de probation délègue sa signature à un personnel du service pénitentiaire d'insertion et de probation pour ordonner les dépenses courantes nécessaires au fonctionnement du service.

Art. D. 588 *(Rétabli, D. n° 2010-884, 27 juill. 2010).* – Pour ses compétences définies par la partie réglementaire du présent code, le directeur du service pénitentiaire d'insertion et de probation peut déléguer sa signature à un directeur d'insertion et de probation, à un chef de service d'insertion et de probation, et à un conseiller technique de service social.

TITRE XII. – DISPOSITIONS GÉNÉRALES

(D. n° 2007-1620, 15 nov. 2007)

CHAPITRE Ier. – DISPOSITIONS RELATIVES À LA PROCÉDURE NUMÉRIQUE

(Chapitre créé, D. n° 2019-507, 24 mai 2019).

Art. D. 589 *(Créé, D. n° 2019-507, 24 mai 2019).* – Toute pièce de procédure, établie ou convertie sous format numérique en application du premier alinéa de l'article 801-1, peut être transmise ou consultée par les personnes autorisées selon les dispositions du présent code.

Les services de la police nationale, les unités de la gendarmerie nationale, les fonctionnaires et agents exerçant des pouvoirs de police judiciaire, les services pénitentiaires et de la protection judiciaire de la jeunesse ainsi que, sur autorisation expresse, toute personne publique ou privée, peuvent établir, convertir et transmettre à l'autorité judiciaire des pièces de procédure sous format numérique, sans nécessité d'un support papier.

Les autorisations mentionnées à l'alinéa précédent peuvent être délivrées soit, dans le cadre d'un protocole, par le ministère de la justice ou à défaut par les chefs de la juridiction destinataire, soit dans le cadre d'une procédure, par le magistrat sous la direction duquel l'enquête est menée, l'officier de police judiciaire procédant à l'enquête ou, sous le contrôle de ce dernier, l'agent de police judiciaire. S'agissant des personnes privées, le protocole précité peut être conclu avec la personne morale ou l'organisme professionnel dont elles relèvent ou sous le contrôle duquel elles sont placées.

Tout support papier dont le contenu a été converti sous format numérique peut être restitué à son possesseur ou détruit dès lors que la pièce sous format numérique a vocation à être transmise à l'autorité judiciaire.

Art. D. 589-1 *(Créé, D. n° 2019-507, 24 mai 2019).* – Le dossier de procédure numérique prévu au deuxième alinéa du I de l'article 801-1 est constitué des pièces mentionnées au premier alinéa de cet article reçues, établies ou converties par les magistrats et agents de greffe qui les assistent.

La conservation et l'archivage de ce dossier et des pièces de procédure qui le constituent sont placés sous la responsabilité du ministère de la justice, sans préjudice des dispositions prévues par la loi ou le règlement applicables aux pièces dont restent détenteurs les services, unités ou personnes mentionnés au deuxième alinéa de l'article D. 589.

Art. D. 589-2 *(Créé, D. n° 2019-507, 24 mai 2019).* – Constituent des procédés de signature sous forme numérique au sens du troisième alinéa du I de l'article 801-1 la signature électronique et la signature manuscrite recueillie sous forme numérique.

Lorsqu'il n'est pas exigé que le signataire soit identifié personnellement au sein de l'acte, est assimilé à un procédé de signature sous forme numérique le cachet électronique.

Toute personne, y compris celles concourant à la procédure au sens de l'article 11, peut recourir aux procédés mentionnés aux alinéas précédents.

Art. D. 589-3 *(Créé, D. n° 2019-507, 24 mai 2019).* – La signature électronique n'est valablement apposée que par l'usage d'un procédé qui permette l'identification du signataire, garantisse le lien de la signature avec l'acte auquel elle s'attache et assure l'intégrité de cet acte.

Cette signature doit être au moins d'un niveau avancé reposant sur un certificat qualifié, au sens du règlement (UE) n° 910/2014 du Parlement européen et du Conseil du 23 juillet 2014 sur l'identification électronique et les services de confiance pour les transactions électroniques au sein du marché intérieur et abrogeant la directive 1999/93/CE. Toutefois, le seul fait que cette signature ne satisfait pas aux exigences de la signature électronique d'un niveau avancé reposant sur un certificat qualifié ne peut constituer une cause de nullité de la procédure.

Art. D. 589-4 *(Créé, D. n° 2019-507, 24 mai 2019).* – La signature manuscrite recueillie sous forme numérique est apposée au moyen d'un dispositif technique, après prise de connaissance par son signataire de l'acte sous un format numérique.

Elle n'est valablement apposée que si, postérieurement à son recueil, il est apposé sur l'acte une signature électronique par une personne concourant à la procédure au sens de l'article 11, ou s'il est recouru à l'appareil sécurisé mentionné à l'article R. 49-1.

Si la personne refuse de signer ou qu'il lui est impossible de signer, il en est fait mention dans l'acte.

Art. D. 589-5 *(Créé, D. n° 2019-507, 24 mai 2019).* – Le cachet électronique peut être utilisé, à la condition posée par l'article D. 589-2, en lieu et place de la signature électronique prévue à l'article D. 589-3, y compris lorsque celle-ci est apposée postérieurement à une signature manuscrite recueillie sous format numérique en application de l'article D. 589-4.

Ce cachet électronique doit être d'un niveau avancé avec certificat qualifié au sens du règlement (UE) n° 910/2014 du Parlement européen et du Conseil du 23 juillet 2014. Toutefois, le seul fait que ce cachet ne satisfait pas aux exigences du cachet électronique d'un niveau avancé avec certificat qualifié ne peut constituer une cause de nullité de la procédure.

Art. D. 589-6 *(Créé, D. n° 2019-507, 24 mai 2019).* – Les dispenses prévues au II de l'article 801-1 sont applicables à toute pièce de procédure sous format numérique dont dispose l'autorité judiciaire ainsi qu'à celles ayant vocation à lui être transmises.

Le magistrat sous la direction duquel l'enquête est menée peut décider de ne pas verser au dossier de procédure numérique les documents, contenus multimédias ou données qui lui ont été transmis par le service, l'unité ou la personne mentionnés au deuxième alinéa de l'article D. 589, le cas échéant en ordonnant leur placement sous scellés.

Art. D. 589-7 *(Créé, D. n° 2019-507, 24 mai 2019).* – Les modalités d'application des dispositions de la présente section sont précisées par arrêté du garde des sceaux, ministre de la justice et du ministre de l'intérieur.

CHAPITRE II. – DES TRANSMISSIONS DE DEMANDES OU DES NOTIFICATIONS PAR UN MOYEN DE TÉLÉCOMMUNICATION ÉLECTRONIQUE

(Anc. chap. Ier, dénum., D. n° 2019-507, 24 mai 2019)

Art. D. 590 *(D. n° 2007-1620, 15 nov. 2007).* – Pour l'application des dispositions de l'article 803-1, l'avocat peut faire connaître son adresse électronique à l'issue de la première comparution de la personne mise en examen, ou de la première audition de la partie civile ou du témoin assisté, lorsque cette adresse ne figure pas, de façon générale, dans le répertoire des avocats communiqué à la juridiction.

Art. D. 590-1 *(Créé, D. n° 2021-1130, 30 août 2021).* – Lorsqu'il s'agit d'actes établis ou convertis sous format numérique en application du premier alinéa de l'article 801-1 et des articles D. 589 à D. 589-7, peuvent être notifiés aux avocats par un envoi adressé par un moyen de télécommunication à l'adresse électronique de l'avocat et dont il est conservé une trace écrite, conformément aux dispositions du I de l'article 803-1 :

1° Les convocations devant les juridictions d'instruction, de jugement ou d'application des peines ;
2° Les avis délivrés au cours des procédures par les magistrats du siège ou du ministère public ou par leurs greffiers ;
3° Les décisions rendues par les juridictions ou le ministère public ;
4° Les copies de pièces de procédure.

Art. D. 591 *(D. n° 2007-1620, 15 nov. 2007 ; D. n° 2021-1130, 30 août 2021)*. – Lorsqu'un protocole a été passé à cette fin entre, d'une part, le président et le procureur de la République du tribunal judiciaire et, d'autre part, le barreau de la juridiction représenté par son bâtonnier, les avocats de ce barreau peuvent transmettre à la juridiction par un moyen de télécommunication à l'adresse électronique de la juridiction ou du service de la juridiction compétent, et dont il est conservé une trace écrite, les demandes, déclarations et observations suivantes :
1° Les demandes de délivrance de copie des pièces d'un dossier prévues par l'article R. 155 ;
2° Les demandes tendant à l'octroi du statut de témoin assisté prévues par l'article 80-1-1 ;
3° Les demandes d'investigations sur la personnalité prévues par le neuvième alinéa de l'article 81 ;
4° Les demandes de la partie civile prévues par l'article 81-1 ;
5° Les demandes d'actes prévues par l'article 82-1 ;
6° Les demandes tendant à la constatation de la prescription prévues par l'article 82-3 ;
7° Les constitutions de partie civile prévues par le premier alinéa de l'article 85 ;
8° Les plaintes adressées au procureur de la République en application du deuxième alinéa de l'article 85 ;
9° Les demandes d'un témoin assisté tendant à sa mise en examen, prévues par l'article 113-6 ;
10° Les demandes de délivrance d'une copie du dossier de l'instruction prévues par le quatrième alinéa de l'article 114 ;
11° Les déclarations de la liste des pièces dont l'avocat souhaite remettre une reproduction à son client, prévues par le septième alinéa de l'article 114 ;
12° Les déclarations de changement de l'adresse déclarée prévues par le dernier alinéa de l'article 116 ;
13° Les demandes de confrontations individuelles prévues par l'article 120-1 ;
14° Les demandes d'expertises prévues par l'article 156 ;
15° Les demandes de modification de la mission d'un expert ou d'adjonction d'un co-expert prévues par l'article 161-1 ;
16° Les observations concernant les rapports d'expertise d'étape, prévues par l'article 161-2 ;
17° Les observations et les demandes de complément d'expertise ou de contre-expertise, prévues par l'article 167 ;
18° Les observations concernant les rapports d'expertise provisoire, prévues par l'article 167-2 ;
19° Les observations, les demandes d'actes et les observations complémentaires faites en application de l'article 175 ;
20° Les demandes formées en application de l'article 77-2 ;
21° Les demandes formées en application de l'article 495-15.

Toute autre demande prévue par des dispositions du présent code et pour laquelle ces dispositions permettent qu'elle soit faite par simple lettre peut également être transmise conformément aux dispositions du présent article.

Les messages ainsi adressés font l'objet d'un accusé électronique de lecture par la juridiction.

Ils sont considérés comme reçus par la juridiction à la date d'envoi de cet accusé, et cette date fait, s'il y a lieu, courir les délais prévus par les dispositions du présent code.

Art. D. 592 *(D. n° 2007-1620, 15 nov. 2007 ; D. n° 2021-1130, 30 août 2021)*. – Les dispositions de l'article D. 591 sont également applicables aux dépôts des mémoires devant la chambre de l'instruction, prévus par l'article 198.

Art. D. 593 *(D. n° 2007-1620, 15 nov. 2007)*. – Les dispositions de l'article D. 591 ne sont pas applicables aux demandes de mise en liberté ou de mainlevée du contrôle judiciaire.

Art. D. 593-1 *(Créé, D. n° 2021-1794, 23 déc. 2021)*. – En application du premier alinéa du I de l'article 801-1, les actes des avocats au Conseil d'État et à la Cour de cassation prévus par les dispositions du présent code dans le cadre de leur mandat de représentation et notamment les constitutions, les mémoires ainsi que les pièces qui leur sont associées, les observations, les demandes de prorogation et de dérogation et les requêtes peuvent être établis et transmis à la chambre criminelle de la Cour de cassation sous format numérique, selon les modalités techniques concernant la procédure de communication par voie électronique devant la Cour de cassation qui ont été arrêtées en application de l'article 748-6 du Code de procédure civile.

CHAPITRE III. – DE L'ACCÈS DES AVOCATS AU DOSSIER DE LA PROCÉDURE

(Créé, D. n° 2022-546, 13 avr. 2022)

Art. D. 593-2 *(Créé, D. n° 2022-546, 13 avr. 2022).* – Dans tous les cas où, en application des dispositions du présent code, un avocat peut demander la délivrance d'une copie du dossier de la procédure pénale, ainsi que dans les cas où, en application des articles 77-2,80-2 114, 388-4, 393, 394, 495-8, 627-6, 696-10, 706-105 et 803-3, il peut consulter ce dossier, l'avocat, son associé ou son collaborateur ou un avocat disposant d'un mandat écrit à cette fin peut, à l'occasion de cette consultation, réaliser lui-même une reproduction de tout ou partie des éléments du dossier par tout moyen, et notamment par l'utilisation d'un scanner portatif ou la prise de photographies. Il en est de même lorsque l'avocat consulte le dossier dans le cadre des procédures prévues par les articles 41-1 à 41-3-1 A. Cette reproduction est réalisée pour l'usage exclusif de l'avocat, qui ne peut la remettre à son client, si elle concerne un dossier d'instruction.

Cette reproduction ne fait pas obstacle au droit de l'avocat d'obtenir, dans les cas et dans les délais prévus par le présent code, une copie du dossier auprès de la juridiction.

Si le dossier est numérisé, l'avocat ne peut refuser d'en recevoir une copie sous forme numérisée, le cas échéant selon les modalités prévues par l'article 803-1, sauf, dans le cas prévu par les articles 114 et R. 165, décision contraire du juge d'instruction ; en cas de numérisation partielle du dossier, la copie de la partie du dossier non numérisée est remise sur support papier.

CHAPITRE IV. – DES MODALITÉS D'EXERCICE DU DROIT À L'ASSISTANCE D'UN INTERPRÈTE ET À LA TRADUCTION DE CERTAINES PIÈCES DE LA PROCÉDURE

(Anc. chap. II, dénum D. n° 2019-507, 24 mai 2019)

Art. D. 594 *(Mod., D. n° 2016-214, 26 févr. 2016 ; D. n° 2022-546, 13 avr. 2022).* – Les modalités d'exercice du droit des personnes suspectées ou poursuivies à l'assistance d'un interprète et à la traduction des pièces essentielles à l'exercice de la défense prévu par l'article préliminaire et par l'article 803-5 sont, sans préjudice de l'application des dispositions législatives du présent code, et notamment de ses articles 62, 63-1, 102,114, 121, 272, 279, 344, 393, 407, 535, 695-27, 695-30 et 706-71, précisées par les dispositions du présent chapitre.

Le présent chapitre fixe également les modalités d'exercice du droit des victimes d'infractions à l'assistance d'un interprète et à la traduction en application du 7° de l'article 10-2 et de l'article 10-3.

Section I. – Modalités d'application des dispositions concernant le droit à un interprète

§ 1. – Droit à l'interprète lors des auditions

Art. D. 594-1 *(D. n° 2013-958, 25 oct. 2013).* – Pour l'application de l'article 803-5, si la personne soupçonnée ou poursuivie n'a pas demandé à bénéficier de l'assistance d'un interprète mais qu'il existe un doute sur sa capacité à parler ou comprendre la langue française, l'autorité qui procède à son audition ou devant laquelle cette personne comparaît s'assure par tous moyens appropriés qu'elle parle et comprend cette langue. S'il apparaît que la personne ne parle pas ou ne comprend pas la langue française, l'assistance de l'interprète doit intervenir sans délai.

Art. D. 594-2 *(D. n° 2013-958, 25 oct. 2013).* – Si la personne suspectée ou poursuivie qui fait l'objet d'une audition conteste l'd'interprète ou la qualité de l'interprétation, elle peut faire des observations qui sont soit mentionnées dans le procès-verbal d'audition, d'interrogatoire ou dans les notes d'audience si elles sont faites immédiatement, soit versées au dossier de la procédure si elles sont faites ultérieurement.

§ 2. – Droit à l'interprète lors des entretiens de la personne avec son avocat

Art. D. 594-3 *(D. n° 2013-958, 25 oct. 2013).* – Pour l'application de l'article préliminaire, les entretiens avec l'avocat ayant un lien direct avec tout interrogatoire ou toute audience, et pour lesquels la personne peut demander à être assistée par un interprète, sont les entretiens intervenant, dans les locaux des services d'enquête, des juridictions et des établissements pénitentiaires, dans des conditions garantissant la confidentialité de l'entretien :

1° Au cours de la garde à vue ou de toute mesure privative de liberté dont le régime est, en tout ou partie, défini par renvoi aux dispositions du présent code sur la garde à vue ;

2° Préalablement à l'audition par un magistrat ou à la comparution devant une juridiction ;

3° Préalablement au dépôt éventuel d'un recours contre une décision juridictionnelle ;

4° Préalablement au dépôt éventuel d'une demande de mise en liberté.

§ 3. – Dispositions communes

Art. D. 594-4 *(D. n° 2013-958, 25 oct. 2013 ; mod., D. n° 2022-656, 25 avr. 2022).* – L'assistance par un interprète en langue étrangère ou en langue des signes peut, le cas échéant, se faire par un moyen de télécommunication, conformément aux dispositions de l'avant-dernier alinéa de l'article 706-71.

Art. D. 594-5 *(D. n° 2013-958, 25 oct. 2013).* – Le droit des personnes suspectées ou poursuivies à bénéficier de l'assistance d'un interprète en application des dispositions du présent code s'applique également aux personnes présentant des troubles de la parole ou de l'audition.

Si leur état le justifie, ces personnes sont assistées au cours de l'audition, ainsi que dans le cas prévu par l'article D. 594-3, pour leurs entretiens avec leur avocat, par un interprète en langue des signes ou par toute personne qualifiée maîtrisant un langage, une méthode ou un dispositif technique permettant de communiquer avec elles.

Section II. – Modalités d'application des dispositions concernant la traduction des pièces essentielles à l'exercice de la défense

Art. D. 594-6 *(D. n° 2013-958, 25 oct. 2013).* – Sans préjudice de la possibilité pour le procureur de la République ou pour la juridiction d'instruction ou de jugement saisie d'ordonner, d'office ou à la demande de la personne, la traduction d'un document considéré comme essentiel à l'exercice de la défense et à la garantie du caractère équitable du procès, doivent être traduits en application de l'article préliminaire et de l'article 803-5 :

1° Les décisions de placement en détention provisoire, de prolongation ou de maintien de la détention, ou de rejet d'une demande de mise en liberté et les ordres d'incarcération prononcés dans le cadre de l'exécution d'un mandat d'arrêt européen ;

2° Les décisions de saisine de la juridiction de jugement ;

3° Les décisions statuant sur l'action publique et portant condamnation, prononcées ou homologuées par une juridiction ;

4° Le procès-verbal de première comparution ou de mise en examen supplétive, lorsque la copie en a été demandée en application de l'article 114.

Art. D. 594-7 *(D. n° 2013-958, 25 oct. 2013).* – La traduction des documents essentiels peut ne porter que sur les passages de ces documents qui sont pertinents pour permettre à la personne d'avoir connaissance des faits qui lui sont reprochés.

Les passages pertinents de ces documents sont déterminés, selon le stade de la procédure, par le procureur de la République, par le juge d'instruction ou par la juridiction de jugement saisie.

Art. D. 594-8 *(D. n° 2013-958, 25 oct. 2013).* – La traduction doit intervenir dans un délai raisonnable qui permette l'exercice des droits de la défense et tienne compte du nombre et de la complexité des documents à traduire, et de la langue dans laquelle ils doivent être traduits.

Art. D. 594-9 *(D. n° 2013-958, 25 oct. 2013).* – Si, à titre d'exception, la pièce de procédure a fait l'objet d'une traduction orale ou d'un résumé oral, conformément aux dispositions du deuxième alinéa de l'article 803-5, il en est fait mention par procès-verbal ou dans les notes d'audiences. Cette mention peut, le cas échéant, figurer dans le document lui-même, notamment dans le procès-verbal de convocation prévu par le dernier alinéa de l'article 390-1, ou dans le procès-verbal de débat contradictoire préalable à un placement en détention provisoire ou à une prolongation de détention provisoire prévu par l'article 145.

Art. D. 594-10 *(D. n° 2013-958, 25 oct. 2013).* – Les dispositions de la présente section et celles de l'article préliminaire et de l'article 803-5 relatives à la traduction ne sont pas applicables aux avis d'amendes forfaitaires et aux avis d'amendes forfaitaires majorées remis ou adressés au contrevenant en application des articles 529 et suivants.

Section III. – Dispositions applicables aux victimes et aux parties civiles

(D. n° 2016-214, 26 févr. 2016)

Sous-section 1. – Dispositions communes à toutes les victimes

Art. D. 594-11 *(D. n° 2016-214, 26 févr. 2016).* – Les victimes d'infractions ont droit à l'assistance d'un interprète lors de leur audition selon les modalités fixées par les dispositions des articles D. 594-2, D. 594-4 et D. 594-5.

Si, à titre exceptionnel, la pièce de procédure a fait l'objet d'une traduction orale ou d'un résumé oral, conformément aux dispositions du troisième alinéa de l'article 10-3, il en est fait mention par procès-verbal ou dans les notes d'audiences.

Art. D. 594-12 *(D. n° 2016-214, 26 févr. 2016).* – Lorsque la victime ne comprend pas la langue française, elle a droit, à sa demande, à une traduction des mentions des informations indispensables à l'exercice de ses droits notamment du récépissé de dépôt de plainte qui lui est remis en application de l'article 15-3.

Sous-section 2. – Dispositions propres aux parties civiles

Art. D. 594-13 *(D. n° 2016-214, 26 févr. 2016).* – Les victimes d'infractions ont droit à l'assistance d'un interprète lors de leur audition selon les modalités fixées par les dispositions des articles D. 594-2, D. 594-4 et D. 594-5.

Si, à titre exceptionnel, la pièce de procédure a fait l'objet d'une traduction orale ou d'un résumé oral, conformément aux dispositions du troisième alinéa de l'article 10-3, il en est fait mention par procès-verbal ou dans les notes d'audiences.

Sans préjudice de la possibilité pour le procureur de la République ou pour la juridiction d'instruction ou de jugement saisie d'ordonner d'office ou à la demande de la partie civile, la traduction de pièces de procédure contenant des informations considérées comme essentielles à l'exercice de ses droits et qui lui sont, à ce titre, remises ou notifiées en application du présent code, doivent être traduites en application de l'article 10-3, si la partie civile en fait la demande :

1° Les décisions de classement sans suite ;
2° Les ordonnances de non-lieu ;
3° Les décisions de condamnation, de relaxe ou d'acquittement.

Art. D. 594-14 *(D. n° 2016-214, 26 févr. 2016).* – Les victimes d'infractions ont droit à l'assistance d'un interprète lors de leur audition selon les modalités fixées par les dispositions des articles D. 594-2, D. 594-4 et D. 594-5.

Si, à titre exceptionnel, la pièce de procédure a fait l'objet d'une traduction orale ou d'un résumé oral, conformément aux dispositions du troisième alinéa de l'article 10-3, il en est fait mention par procès-verbal ou dans les notes d'audiences.

La traduction des documents essentiels peut ne porter que sur les passages de ces documents qui sont pertinents pour permettre à la partie civile d'exercer ses droits.

Les passages pertinents de ces documents sont déterminés, selon le stade de la procédure, par le procureur de la République, par le juge d'instruction ou par la juridiction de jugement saisie.

Art. D. 594-15 *(D. n° 2016-214, 26 févr. 2016).* – Les victimes d'infractions ont droit à l'assistance d'un interprète lors de leur audition selon les modalités fixées par les dispositions des articles D. 594-2, D. 594-4 et D. 594-5.

Si, à titre exceptionnel, la pièce de procédure a fait l'objet d'une traduction orale ou d'un résumé oral, conformément aux dispositions du troisième alinéa de l'article 10-3, il en est fait mention par procès-verbal ou dans les notes d'audiences.

La traduction doit intervenir dans un délai raisonnable qui permette l'exercice des droits de la partie civile et tienne compte du nombre et de la complexité des documents à traduire, et de la langue dans laquelle ils doivent être traduits.

Section IV. – Désignation de l'interprète ou du traducteur

(Ancienne sect. 3 dénum., D. n° 2016-214, 26 févr. 2016)

Art. D. 594-16 *(Anc. art. D. 594-11 créé, D. n° 2013-958, 25 oct. 2013 ; dénum., D. n° 2016-214, 26 févr. 2016).* – Lorsqu'en application des dispositions du présent code un interprète ou un traducteur est requis ou désigné par l'autorité judiciaire compétente, celui-ci est choisi :

1° Sur la liste nationale des experts judiciaires dressée par le bureau de la Cour de cassation, ou sur la liste des experts judiciaires dressée par chaque cour d'appel ;

2° *(Al. mod. à compter du 1er mai 2021, Ord. n° 2020-1734, 16 déc. 2020)* À défaut, sur la liste des interprètes traducteurs prévue par l'article R. 141-1 du Code de l'entrée et du séjour des étrangers et du droit d'asile ;

3° En cas de nécessité, il peut être désigné une personne majeure ne figurant sur aucune de ces listes, dès lors que l'interprète ou le traducteur n'est pas choisi parmi les enquêteurs, les magistrats ou les greffiers chargés du dossier, les parties ou les témoins.

Les interprètes ou les traducteurs ne figurant sur aucune des listes mentionnées au 1° ou au 2° prêtent, chaque fois qu'ils sont commis, le serment d'apporter leur concours à la justice en leur honneur et leur conscience. Leur serment est alors consigné par procès-verbal.

Les interprètes et les traducteurs sont tenus de respecter la confidentialité de l'interprétation et des traductions fournies.

CHAPITRE IV. – DISPOSITIONS GÉNÉRALES APPLICABLES AUX MINEURS

(Chapitre créé à compter du 1er juin 2019, D. n° 2019-507, 24 mai 2019)

Art. D. 594-17 *(Créé à compter du 1er juin 2019, D. n° 2019-507, 24 mai 2019 ; abr., D. n° 2021-683, 27 mai 2021).*

Art. D. 594-18 *(Créé à compter du 1er juin 2019, D. n° 2019-507, 24 mai 2019 ; mod., D. n° 2020-91, 6 févr. 2020 ; abr., D. n° 2021-683, 27 mai 2021).*

Art. D. 594-19 *(Créé à compter du 1er juin 2019, D. n° 2019-507, 24 mai 2019 ; abr., D. n° 2021-683, 27 mai 2021).*

Art. D. 594-20 *(Créé à compter du 1er juin 2019, D. n° 2019-507, 24 mai 2019 ; abr., D. n° 2021-683, 27 mai 2021).*

DISPOSITIONS GÉNÉRALES

Art. D. 599 *(Anc. art. D. 572 ; D. n° 64-119, 4 févr. 1964 ; D. n° 79-37, 10 janv. 1979 ; D. n° 86-462, 14 mars 1986).* – (1) Le présent code, ainsi que les décrets qui le modifient est applicable aux départements de la Guadeloupe, de la Guyane, de la Martinique, de la Réunion et de Saint-Pierre-et-Miquelon.

(1) V. D. n° 84-577, 6 juill. 1984 (*JO* 10 juill. 1984) rendant applicable dans les territoires d'outre-mer, la 3e partie du Code de procédure pénale, mod. D. n° 84-801, 27 août 1984, art. 9 (*JO* 29 août 1984) ; D. n° 2007-749 du 9 mai 2007, art. 17 à 20 (*JO* 10 mai 2007).

LIVRE SIXIÈME

MODALITÉS D'APPLICATION EN CE QUI CONCERNE LES DÉPARTEMENTS DE LA GUADELOUPE, DE LA GUYANE, DE LA MARTINIQUE, DE LA RÉUNION ET DE LA COLLECTIVITÉ D'OUTRE-MER DE SAINT-PIERRE-ET-MIQUELON

(Ord. n° 96-268, 28 mars 1996 ; intitulé rempl., D. n° 2018-858, 8 oct. 2018)

Art. D. 600 *(Anc. art. D. 573 ; mod., D. n° 2018-858, 8 oct. 2018)*. – Des arrêtés du ministre de la Justice déterminent, en tant que de besoin, les adaptations jugées nécessaires à l'application des titres II, III, IV et VI du livre V du Code de procédure pénale (3e partie : Décrets) dans les départements de la Guadeloupe, de la Guyane, de la Martinique, de la Réunion.

Art. D. 600-1 *(Créé, D. n° 2018-858, 8 oct. 2018)*. – Pour l'application des dispositions des titres Ier à IV, VI et XI du livre V du Code de procédure pénale (troisième partie : Décrets), à Saint-Pierre-et-Miquelon, sous réserve des dispositions de l'article D. 600-2, les termes énumérés ci-après sont remplacés comme suit :

1° « service pénitentiaire d'insertion et de probation » par : « conseiller pénitentiaire d'insertion et de probation » ;

2° « directeur du service pénitentiaire d'insertion et de probation » par : « directeur interrégional de la mission des services pénitentiaires de l'outre-mer ».

Art. D. 600-2 *(Créé, D. n° 2018-858, 8 oct. 2018)*. – Pour leur application à Saint-Pierre-et-Miquelon :

I. – L'article D. 572 est ainsi rédigé :

« *Art. D. 572*. – Un conseiller pénitentiaire d'insertion et de probation est chargé d'exécuter les missions prévues par les articles D. 573 à D. 575.

Il est placé sous l'autorité du directeur interrégional de la mission des services pénitentiaires de l'outre-mer. »

II. – L'article D. 577 est ainsi rédigé :

« *Art. D. 577*. – Le juge de l'application des peines, le procureur de la République et les autres magistrats mandants communiquent, pour chaque dossier dont le conseiller pénitentiaire d'insertion et de probation est saisi, des instructions particulières relatives à la finalité de la mesure et au contenu des obligations à respecter.

Le directeur interrégional de la mission des services pénitentiaires de l'outre-mer définit les modalités de la prise en charge des personnes placées sous-main de justice. Après en avoir avisé le magistrat mandant qui peut, le cas échéant, faire toutes observations utiles, ces modalités de prise en charge sont mises en œuvre par le conseiller pénitentiaire d'insertion et de probation.

Le juge de l'application des peines ou le magistrat mandant signale au directeur interrégional de la mission des services pénitentiaires de l'outre-mer toute difficulté qu'il constate dans la prise en charge des mesures et, s'il y a lieu, demande à cette autorité qu'elle lui adresse un rapport en réponse. »

III. – L'article D. 580 est ainsi rédigé :

« *Art. D. 580.* – Le conseiller pénitentiaire d'insertion et de probation tient un dossier pour chaque personne faisant l'objet d'une mesure visée à l'article D. 574. Ce dossier comprend les pièces judiciaires nécessaires au suivi de la mesure, les éléments relatifs au contrôle des obligations ou conditions imposées ainsi que la copie des rapports adressés au magistrat mandant.

Les documents couverts par le secret professionnel ne peuvent être consultés que par le conseiller pénitentiaire d'insertion et de probation, et par le directeur interrégional de la mission des services pénitentiaires de l'outre-mer.

En cas de changement de résidence de la personne suivie, le directeur interrégional de la mission des services pénitentiaires de l'outre-mer transmet sous pli fermé ces documents au service pénitentiaire d'insertion et de probation du lieu de la nouvelle résidence.

Le dossier est communiqué à sa demande au magistrat qui a saisi le directeur interrégional de la mission des services pénitentiaires de l'outre-mer, sauf pour les renseignements recueillis par voie de confidences auprès des personnes prises en charge. »

IV. – L'article D. 581 est ainsi rédigé :

« *Art. D. 581.* – Le conseiller pénitentiaire d'insertion et de probation est tenu au secret professionnel dans les conditions prévues par les articles 226-13 et 226-14 du Code pénal.

Chaque fois que la demande lui en est faite ou à son initiative, il fournit à l'autorité judiciaire ou aux services de l'administration pénitentiaire les éléments permettant de mieux individualiser la situation des personnes placées sous main de justice.

Dans le cadre de l'exécution des mesures visées à l'article D. 574, le conseiller pénitentiaire d'insertion et de probation ne peut opposer le secret professionnel aux autorités judiciaires, sauf pour les renseignements recueillis par voie de confidences auprès des personnes prises en charge. »

V. – À l'article D. 584, les mots : « au directeur interrégional des services pénitentiaires, » sont supprimés.

VI. – Les articles D. 586 et D. 587 ne sont pas applicables.

VII. – L'article D. 588 est ainsi rédigé :

« *Art. D. 588.* – Pour ses compétences définies par la partie réglementaire du présent code, le directeur interrégional de la mission des services pénitentiaires de l'outre-mer peut déléguer sa signature à un conseiller pénitentiaire d'insertion et de probation. »

LIVRE SEPTIÈME

DISPOSITIONS APPLICABLES À MAYOTTE

(D. n° 2007-749, 9 mai 2007)

Art. D. 601 *(D. n° 2007-749, 9 mai 2007 ; abr., D. n° 2021-683, 27 mai 2021).*

Art. D. 602 *(D. n° 2021-1130, 30 août 2021).* **– Pour l'application de l'article 883-2, il ne peut être recouru, pour le déroulement du débat contradictoire prévu par cet article, au moyen de communication audiovisuelle prévu par l'article 706-71, sauf en cas d'accord de la personne, ou sauf si son transport paraît devoir être évité en raison des risques graves de trouble à l'ordre public ou d'évasion.**

Décret n° 2005-163 du 23 février 2005

relatif à l'application outre-mer de certaines dispositions du Code de procédure pénale (troisième partie : Décrets) et concernant l'application des peines
(JO 24 févr. 2005)

Art. 1er. – Outre leur application de plein droit à Mayotte conformément aux 4° et 5° du I de l'article 3 de la loi [n° 2001-616] du 11 juillet 2001 susvisée, les dispositions du décret n° 2004-1364 du 13 décembre 2004 modifiant le Code de procédure pénale (troisième partie : Décrets) et relatif à l'application des peines, telles que modifiées ou complétées par le présent décret, sont applicables en Nouvelle-Calédonie, Polynésie française et dans les îles Wallis-et-Futuna, sous réserve des adaptations prévues par les articles 2 à 5 du présent décret.

Les dispositions des seconds alinéas des articles D. 49-59 et D. 147-12 du Code de procédure pénale dans leur rédaction résultant du décret précité ne sont toutefois pas applicables en Nouvelle-Calédonie.

Art. 2. – Pour l'application des dispositions du Code de procédure pénale résultant du décret [n° 2004-1364] du 13 décembre 2004 susvisé, il est tenu compte des adaptations prévues par les articles 805, 878, 879 et 905 de ce code.

Art. 3. – Les suppressions et modifications concernant les articles du Code de procédure pénale résultant du décret [n° 2004-1364] du 13 décembre 2004 susvisé sont applicables aux articles applicables localement ayant le même objet.

Art. 4. – En Nouvelle-Calédonie et en Polynésie française, les dispositions résultant du décret [n° 2004-1364] du 13 décembre 2004 susvisé concernant le service pénitentiaire d'insertion et de probation, son directeur et ses agents sont applicables aux services et agents exerçant localement des missions similaires.

Art. 5. – En Nouvelle-Calédonie, les dispositions du décret [n° 2004-1364] du 13 décembre 2004 susvisé concernant le secteur public de la protection judiciaire et de la jeunesse, son directeur départemental et ses agents sont applicables aux services et agents exerçant localement des missions similaires.

QUATRIÈME PARTIE : ARRÊTÉS

LIVRE PREMIER

DE L'EXERCICE DE L'ACTION PUBLIQUE ET DE L'INSTRUCTION

TITRE PREMIER. – DES AUTORITÉS CHARGÉES DE L'ACTION PUBLIQUE ET DE L'INSTRUCTION

Art. A. 1 *(Mod., A. 7 mars 2019)*. – I. – Les autorités ou organismes que le procureur de la République ou le juge d'instruction selon le cas peut, conformément aux dispositions de l'article 11-1, autoriser à se faire délivrer une copie des pièces d'une procédure judiciaire en cours sont :

1° Le directeur de l'organisme ou de l'établissement ou du service gérant un régime obligatoire de sécurité sociale, aux fins de mettre en œuvre l'action récursoire des organismes de sécurité sociale contre les tiers responsables d'accidents corporels et le cas échéant, matériels de la circulation routière ;

2° Le directeur de l'association pour la gestion des informations sur le risque automobile (AGIRA), aux fins d'indemniser, par l'intermédiaire du service « Trans PV », les victimes d'accidents corporels de la circulation routière ;

2° *bis* Le Fonds de garantie des victimes des actes de terrorisme et d'autres infractions, aux fins d'indemniser les victimes d'actes de terrorisme ;

3° Le chef de la mission des transports des matières dangereuses, pour l'élaboration des rapports annuels relevant de sa compétence et le contrôle des obligations de déclaration d'accident ;

4° Le directeur de l'Institut français des sciences et technologies des transports, de l'aménagement et des réseaux, pour la réalisation d'enquêtes concernant des accidents ou des types d'accidents déterminés ;

5° Le directeur du service technique des remontées mécaniques et des transports guidés, pour l'élaboration des rapports concernant les accidents et incidents relevant de sa compétence permettant notamment d'établir des recommandations de sécurité ;

6° Le délégué général du Centre européen d'études de sécurité et d'analyse des risques, pour la réalisation d'enquêtes concernant des accidents ou des types d'accidents déterminés ;

7° Les préfets de département pour la réalisation d'enquêtes techniques concernant des accidents et pour l'exercice des missions des observatoires départementaux de la sécurité routière ;

8° Les directeurs des directions interdépartementales des routes et les sociétés concessionnaires d'autoroutes ou d'ouvrages d'art routiers par concession de l'État pour la réalisation de diagnostics de sécurité sur leurs réseaux, en application de l'article L. 118-6 du Code de la voirie routière ;

9° Le délégué général de l'Association des sociétés françaises d'autoroutes et d'ouvrages à péage, pour la réalisation d'un rapport annuel sur les accidents mortels ;

10° Le chef de l'inspection de la défense et de la sécurité civiles du ministère de l'intérieur, pour la réalisation d'enquêtes techniques destinées à prévenir des accidents mettant en cause des sapeurs-pompiers civils ou militaires ;

11° Le directeur général de l'Agence nationale de sécurité du médicament et des produits de santé ainsi que les directeurs généraux des agences régionales de santé, pour la réalisation de recherches ou enquêtes scientifiques ou techniques, permettant d'adopter, à des fins de protection de la santé publique, toute mesure utile, notamment les mesures de police sanitaires nécessaires, destinée à prévenir des accidents ou incidents mettant en cause un produit ou une activité relevant de leur compétence ;

12° Le délégué à la sécurité et à la circulation routières pour la préparation, la mise en œuvre et l'évaluation de la politique de sécurité routière, en application de l'article 3 du décret n° 75-360 du 15 mai 1975 relatif au comité interministériel de la sécurité routière ;

13° Le secrétaire général de l'observatoire interministériel de la sécurité routière pour la réalisation de ses missions prévues par l'article 2 *bis* du décret n° 75-360 du 15 mai 1975 relatif au comité interministériel de la sécurité routière ;

14° Le directeur du centre d'études et d'expertise sur les risques, l'environnement, la mobilité et l'aménagement, le directeur du centre d'études sur les réseaux, les transports, l'urbanisme et les constructions publiques et les directeurs des centres d'études techniques de l'équipement pour la réalisation de diagnostics de sécurité et d'études de sécurité ;

15° Les préfets de région pour l'exercice des missions des observatoires régionaux de la sécurité routière ;

16° Les présidents des conseils généraux pour la réalisation des diagnostics de sécurité de leurs réseaux, en application de l'article L. 131-3 du Code de la voirie routière et de l'article L. 3221-4 du Code général des collectivités territoriales ;

17° Les maires des communes soumises à l'obligation d'élaborer des plans de déplacements urbains et les présidents des autorités organisatrices des transports urbains compétents pour l'exercice des missions des observatoires de l'accidentalité prévus au titre de ces plans, en application de l'article L. 1214-3 du Code des transports et de l'article 28 de la loi n° 82-1153 du 30 décembre 1982 d'orientation des transports intérieurs.

II. – L'autorisation accordée par le procureur de la République peut être délivrée sans limitation de temps sous réserve de la possibilité d'y mettre fin à tout moment, ou pendant une période de temps déterminée, pour des catégories de procédures concernant des infractions dont elle précise la nature.

III. – Le procureur de la République ou le juge d'instruction peut autoriser la transmission d'une copie des pièces de procédure sous réserve que les données nominatives qui y figurent aient été occultées.

IV. – La copie des pièces de procédure est délivrée selon les cas par les services ou unités de police judiciaire, par les services de la juridiction ou, sauf opposition figurant dans l'autorisation, par un des organismes ou autorités visés au I ayant déjà obtenu copie de ces pièces.

V. – Les dispositions ci-dessus sont applicables sans préjudice de la possibilité pour le procureur de la République ou le juge d'instruction d'autoriser des organismes ou autorités à se faire délivrer les pièces d'une procédure judiciaire en cours sur le fondement de dispositions particulières ; ces autorités et organismes sont :

1° En application des articles L. 721-3, L. 721-5 et L. 721-6 du Code de l'aviation civile :

Le directeur du bureau d'enquêtes et d'analyses pour la sécurité de l'aviation civile.

2° En application de l'article 19 de la loi n° 2002-3 du 3 janvier 2002 relative à la sécurité des infrastructures et systèmes de transport, aux enquêtes techniques après événement de mer, accident ou incident de transport terrestre ou aérien et au stockage souterrain de gaz naturel, d'hydrocarbures et de produits chimiques :

Le directeur du bureau d'enquêtes techniques et administratives après accidents (BEA mer).

Le directeur du bureau d'enquêtes sur les accidents de transport terrestre (BEA TT).

3° En application des articles L. 3125-1, L. 3125-2 et R. 3125-1 du Code de la défense :

Le directeur du bureau enquêtes accidents défense mer (BEAD-mer) ;

Le directeur du bureau enquêtes accidents défense transport terrestre (BEAD-TT) ;

Le directeur du bureau enquêtes accidents pour la sécurité de l'aéronautique d'État (BEAD-É).

CHAPITRE I. – DE LA POLICE JUDICIAIRE

Section I. – Des plaintes adressées par voie électronique

(Section créée, A. 26 juin 2020)

Art. A 1er *(A. 26 juin 2020)*. – I. – Les victimes peuvent déposer des plaintes par voie électronique en application des articles 15-3-1 et D. 8-2-1 par le biais du « traitement harmonisé des enquêtes et des signalements pour les e-escroqueries » (THESEE) mis en œuvre par la direction générale de la police nationale, sur le site « www.service-public.fr », pour les infractions suivantes :

a) Escroquerie y compris si elle est connexe à l'infraction d'accès frauduleux à un système de traitement automatisé de données ;

b) Chantage ;

c) Extorsion connexe à l'infraction d'entrave au fonctionnement d'un système de traitement automatisé de données ou à l'infraction d'accès frauduleux à un système de traitement automatisé de données.

Art. A-1-2 *(A. 26 juin 2020).* – La victime qui dépose une plainte ou effectue un signalement en ligne par le biais de la plateforme THESEE peut s'identifier de façon sécurisée au moyen du téléservice FranceConnect.

Section II. – Des officiers de police judiciaire

§ 1. – Désignation des gendarmes officiers de police judiciaire

Dispositions prises pour l'application des articles R. 1 à R. 5 du Code de procédure pénale.

Art. A. 2 *(A. 13 déc. 2016).* – Peuvent être admis à subir l'examen technique d'officier de police judiciaire de la gendarmerie nationale prévu à l'article R. 5 les gendarmes comptant au moins trois ans de service dans la gendarmerie au 1er janvier de l'année de l'examen.

Art. A. 3 *(A. 13 déc. 2016).* – La liste des candidats admis à se présenter à l'examen technique est arrêtée par le directeur des personnels militaires de la gendarmerie nationale

Art. A. 4 *(A. 13 déc. 2016).* – L'examen technique d'officier de police judiciaire de la gendarmerie nationale, organisé chaque année au cours du dernier trimestre, comporte :

1° Une épreuve écrite pratique de droit pénal général et de droit pénal spécial (durée : trois heures – coefficient 2) ;

2° Une épreuve écrite pratique de procédure pénale sur un cas de crime ou de délit (durée : quatre heures – coefficient 3) ;

3° Une épreuve écrite de simulation de compte rendu téléphonique au parquet organisée à partir d'un cas pratique d'enquête (durée : une heure – coefficient 1).

La valeur de chaque épreuve est constatée par une note de 0 à 20.

Toute note égale ou inférieure à 5 dans l'une des épreuves est éliminatoire.

Nul ne pourra être considéré comme ayant satisfait à l'examen s'il ne totalise pas 60 points au moins pour l'ensemble des trois épreuves.

Art. A. 5 *(Rempl., A. 18 mai 2009 ; dénum., A. 13 déc. 2016).* – Le programme des épreuves de l'examen prévu à l'article qui précède est le suivant :

Procédure pénale

L'action publique et l'action civile : notions générales.

Les autorités investies par la loi de missions de police judiciaire :
- la police judiciaire ;
- le ministère public ;
- le magistrat instructeur.

Les enquêtes, les contrôles d'identité :
- les cadres juridiques ;
- les contrôles, les vérifications et les relevés d'identité.

L'instruction :
- du premier et du second degré ;
- le contrôle judiciaire et la détention provisoire ;
- la commission rogatoire.

Les procédures particulières :
- l'entraide judiciaire internationale ;
- la procédure applicable à la criminalité et à la délinquance organisées.

La procédure pénale applicable aux mineurs.
Le contrôle de la mission de police judiciaire.
Les mandats de justice.
Les juridictions de jugement.
L'exécution des décisions de justice :
– la contrainte judiciaire ;
– les juridictions de l'application des peines.
Droit pénal général
La loi pénale :
– les principes généraux ;
– l'application de la loi pénale dans le temps et dans l'espace.
L'infraction pénale :
– la classification des infractions ;
– les éléments constitutifs de l'infraction ;
– les circonstances aggravantes.
La responsabilité pénale :
– les dispositions générales : la tentative, la coaction et la complicité ;
– la responsabilité pénale des personnes morales ;
– les causes d'irresponsabilité ou d'atténuation de la responsabilité.
Les peines :
– la classification légale ;
– le concours d'infractions ;
– la récidive ;
– la réitération d'infractions.
Droit pénal spécial
Les crimes et délits contre les personnes :
– les atteintes à la vie de la personne ;
– les atteintes à l'intégrité physique ou psychique de la personne ;
– la mise en danger de la personne ;
– les atteintes aux libertés de la personne ;
– les atteintes à la dignité de la personne ;
– les atteintes à la personnalité ;
– les atteintes aux mineurs et à la famille.
Les crimes et délits contre les biens :
– le vol ;
– l'extorsion ;
– l'escroquerie et les infractions voisines ;
– les détournements ;
– le recel et les infractions assimilées ou voisines ;
– les destructions, dégradations et détériorations ;
– les atteintes aux systèmes de traitement automatisé de données.
Les crimes et délits contre la nation, l'État et la paix publique :
– les atteintes à l'administration publique commises par des personnes exerçant une fonction publique ;
– les atteintes à l'administration publique commises par des particuliers ;
– les atteintes à l'action de la justice ;
– les atteintes à la confiance publique ;
– la participation à une association de malfaiteurs.
La falsification de moyens de paiement.
Les infractions au régime des matériels de guerre, des armes et des munitions.
Les infractions délictuelles à la circulation routière.
Libertés publiques
Introduction générale aux libertés publiques.

Les libertés individuelles et la vie privée :
- la sûreté ;
- la liberté d'aller et venir ;
- le respect de la vie privée, du domicile et des correspondances ;
- le respect de la personne et les lois antidiscriminatoires ;
- la CNIL.

Les libertés d'expression collectives :
- le régime des manifestations ;
- le régime des attroupements ;
- la liberté de la presse.

Art. A. 6 *(A. 13 déc. 2016)*. – Les règles d'accès à la préparation et de préparation des candidats à l'examen technique sont fixées par instruction ministérielle.

Art. A. 7 *(A. 13 déc. 2016)*. – La date de l'examen technique et les sujets des épreuves sont fixés par la commission prévue à l'article 16 (2° et 4°) du présent code sur proposition du directeur des personnels militaires de la gendarmerie nationale.

Art. A. 8 *(A. 13 déc. 2016)*. – L'organisation matérielle des épreuves de l'examen technique qui se déroulent dans un ou plusieurs centres est assurée par la direction des personnels militaires de la gendarmerie nationale.

Lors des épreuves, les candidats ne peuvent disposer que :
- des codes (qui peuvent être annotés par l'éditeur, mais non commentés) ;
- des impressions du *Journal officiel* (non commenté).

Il est interdit aux candidats sous peine d'exclusion :
- de détenir des documents imprimés ou manuscrits autres que ceux cités aux alinéas précédents ;
- d'utiliser des codes ou impressions du *Journal officiel* surligné, soulignés, annotés ou comportant des onglets, mêmes vierges.

Toute fraude ou tentative de fraude dans l'une des épreuves entraîne la rédaction d'un rapport par le surveillant et peut conduire à l'exclusion du candidat prononcée par le président du jury et le cas échéant, à lui interdire de se présenter à l'examen les années suivantes.

L'enveloppe renfermant chaque sujet de composition est décachetée, en présence des candidats, à l'ouverture de la séance affectée à l'épreuve.

Les compositions sont faites uniquement sur des feuilles fournies par la direction des personnels militaires de la gendarmerie nationale.

Art. A. 9 *(Rempl., A. 13 déc. 2016)*. – Dans le mois qui suit l'examen, le président réunit le jury pour l'établissement des normes de correction et pour la répartition des copies entre les correcteurs. L'anonymat des copies est assuré par le recours à un procédé technique adapté.

Le président du jury fixe la date à laquelle les copies doivent parvenir corrigées au secrétariat de la commission.

Art. A. 10 *(Rempl., A. 13 déc. 2016)*. – Le secrétariat de la commission soumet au président du jury :

1° les copies pour lesquelles est proposée une note éliminatoire dans les conditions prévues à l'article A. 4 du présent code. Ces copies font l'objet d'une seconde correction par un membre désigné par le président du jury et appartenant à une autre formation (magistrature, gendarmerie) que celle dont fait partie le premier correcteur.

La note définitive attribuée à la copie correspond à la moyenne des notes des deux correcteurs ;

2° le relevé des notes attribuées pour chaque épreuve par les correcteurs ;

3° la liste de tous les candidats, avec les notes et le total des points obtenus par chacun d'eux ;

4° la liste par ordre de mérite des gendarmes admis pour avoir totalisé 60 points au moins pour l'ensemble des épreuves sans note éliminatoire et celle des gendarmes éliminés ou n'ayant pas obtenu le nombre de points exigés.

Ces listes mentionnent les notes attribuées aux candidats dans chacune des épreuves et le total des points obtenus.

Art. A. 11 *(Rempl., A. 13 déc. 2016).* – La commission prévue à l'article 16 (2° et 4°) du Code de procédure pénale émet un avis sur les listes mentionnées au 4° de l'article A. 10 dans un délai maximum de quatre mois après la date de l'examen.

Elles sont adressées à la direction générale de la gendarmerie nationale, accompagnées des copies des candidats et du procès-verbal de séance.

Art. A. 12 *(A. 24 août 1960).* – Les candidats ayant échoué à quatre sessions ne peuvent plus être autorisés à se présenter à l'examen technique d'officier de police judiciaire.

§ 2. – Désignation des officiers de police judiciaire de la police nationale

(Mod., A. 30 avr. 2008)

Art. A. 13 *(A. 9 août 2016).* – Peuvent être admis à subir l'examen technique d'officier de police judiciaire de la police nationale prévu à l'article R. 5 du présent code les fonctionnaires du corps d'encadrement et d'application comptant au moins trois ans de services dans le corps au 1er janvier de l'année de l'examen et ayant suivi une formation adaptée, organisée par leur administration d'origine.

Art. A. 14 *(A. 9 août 2016 ; mod. à compter du 1er janvier 2022, A. 6 sept. 2021).* – La liste des candidats admis à se présenter à l'examen technique est établie par le directeur central du recrutement et de la formation de la police nationale et arrêtée par le directeur général de la police nationale.

Art. A. 15 *(A. 9 août 2016 ; mod. à compter du 1er janvier 2022, A. 6 sept. 2021).* – L'examen technique d'officier de police judiciaire de la police nationale comporte :

1° Une épreuve écrite pratique de droit pénal général et de droit pénal spécial (durée : trois heures - coefficient 2) ;

2° Une épreuve écrite pratique de procédure pénale sur un cas de crime, de délit ou de contravention (durée : quatre heures - coefficient 3) ;

3° Une épreuve orale de simulation de compte rendu téléphonique à un magistrat organisée à partir d'un cas pratique d'enquête (préparation : quarante minutes ; durée : vingt minutes - coefficient 1).

La valeur de chaque épreuve est constatée par une note de 0 à 20.

Toute note égale ou inférieure à 5 dans l'une des épreuves est éliminatoire.

Nul ne pourra être considéré comme ayant satisfait à l'examen s'il ne totalise pas 60 points au moins, pour l'ensemble des trois épreuves.

Art. A. 16 *(A. 9 août 2016).* – Le programme des épreuves de l'examen prévu par l'article qui précède est le suivant :

Procédure pénale

L'action publique et l'action civile : notions générales.

Les autorités investies par la loi de missions de police judiciaire :
- la police judiciaire ;
- le ministère public ;
- le magistrat instructeur.

Les enquêtes, les contrôles d'identité :
- les cadres juridiques ;
- les contrôles, les vérifications et les relevés d'identité.

L'instruction :
- du premier et du second degré ;
- le contrôle judiciaire et la détention provisoire ;
- la commission rogatoire.

Les procédures particulières :
- l'entraide judiciaire internationale ;
- la procédure applicable à la criminalité et à la délinquance organisées.

La procédure pénale applicable aux mineurs.

Le contrôle de la mission de police judiciaire.

Les mandats de justice.

Les juridictions de jugement.
L'exécution des décisions de justice :
- la contrainte judiciaire ;
- les juridictions de l'application des peines.
Droit pénal général
La loi pénale :
- les principes généraux ;
- l'application de la loi pénale dans le temps et dans l'espace.
L'infraction pénale :
- la classification des infractions ;
- les éléments constitutifs de l'infraction ;
- les circonstances aggravantes.
La responsabilité pénale :
- les dispositions générales : la tentative, la coaction et la complicité ;
- la responsabilité pénale des personnes morales ;
- les causes d'irresponsabilité ou d'atténuation de la responsabilité.
Les peines :
- la classification légale ;
- le concours d'infractions ;
- la récidive ;
- la réitération d'infractions.
Droit pénal spécial
Les crimes et délits contre les personnes :
- les atteintes à la vie de la personne ;
- les atteintes à l'intégrité physique ou psychique de la personne ;
- la mise en danger de la personne ;
- les atteintes aux libertés de la personne ;
- les atteintes à la dignité de la personne ;
- les atteintes à la personnalité ;
- les atteintes aux mineurs et à la famille.
Les crimes et délits contre les biens :
- le vol ;
- l'extorsion ;
- l'escroquerie et les infractions voisines ;
- les détournements ;
- le recel et les infractions assimilées ou voisines ;
- les destructions, dégradations et détériorations ;
- les atteintes aux systèmes de traitement automatisé de données.
Les crimes et délits contre la nation, l'État et la paix publique :
- les atteintes à l'administration publique commises par des personnes exerçant une fonction publique ;
- les atteintes à l'administration publique commises par des particuliers ;
- les atteintes à l'action de la justice ;
- les atteintes à la confiance publique ;
- la participation à une association de malfaiteurs.
La falsification de moyens de paiement.
Les infractions au régime des matériels de guerre, des armes et des munitions.
Les infractions délictuelles à la circulation routière.
Libertés publiques
Introduction générale aux libertés publiques.
Les libertés individuelles et la vie privée :
- la sûreté ;
- la liberté d'aller et venir ;
- le respect de la vie privée, du domicile et des correspondances ;

– le respect de la personne et les lois antidiscriminatoires ;
– la CNIL.
Les libertés d'expression collectives :
– le régime des manifestations ;
– le régime des attroupements ;
– la liberté de la presse.

Art. A. 17 *(Anc.art. A. 26 abr., dénum. à compter du 1er octobre 2016, A. 9 août 2016).* – Les règles de sélection et de préparation des candidats à l'examen technique sont fixées par circulaire du ministre de l'intérieur.

Art. A. 18 *(A. 9 août 2016 ; mod. à compter du 1er janvier 2022, A. 6 sept. 2021).* – La date de l'examen technique et les sujets des épreuves sont fixés par la commission prévue à l'article 16 (2° et 4°) du présent code sur proposition du directeur central du recrutement et de la formation de la police nationale.

Art. A. 19 *(A. 9 août 2016 ; mod. à compter du 1er janvier 2022, A. 6 sept. 2021).* – L'organisation matérielle des épreuves de l'examen technique, qui se déroulent dans un ou plusieurs centres, est assurée par la direction centrale du recrutement et de la formation de la police nationale conformément aux directives données par instructions du ministre de l'intérieur.

Lors des épreuves, les candidats ne peuvent disposer que :
– des codes (qui peuvent être annotés par l'éditeur, mais non commentés) ;
– des impressions du *Journal officiel* (non commenté).
Il est interdit aux candidats sous peine d'exclusion :
– de détenir des documents imprimés ou manuscrits autres que ceux cités aux alinéas précédents ;
– d'utiliser des codes ou impressions du *Journal officiel* surlignés, soulignés, annotés ou comportant des onglets, même vierges.

Toute fraude ou tentative de fraude dans l'une des épreuves entraîne la rédaction d'un rapport par le surveillant et peut conduire à l'exclusion du candidat prononcée par le président du jury et, le cas échéant, à lui interdire de se présenter à l'examen les années suivantes.

L'enveloppe renfermant chaque sujet de composition est décachetée, en présence des candidats, à l'ouverture de la séance affectée à l'épreuve.

Les compositions sont faites uniquement sur des feuilles fournies par la direction centrale du recrutement et de la formation de la police nationale.

Art. A. 20 *(A. 9 août 2016 ; mod. à compter du 1er janvier 2022, A. 6 sept. 2021).* – Dans le mois qui suit l'examen, le président réunit le jury pour l'établissement des normes de correction et pour la répartition des copies entre les correcteurs. L'anonymat des copies est assuré par le recours à un procédé technique adapté.

Le président du jury fixe la date à laquelle les copies doivent parvenir corrigées au secrétariat de la commission.

Art. A. 21 *(A. 9 août 2016 ; mod. à compter du 1er janvier 2022, A. 6 sept. 2021).* – Le secrétariat de la commission soumet au président du jury :

1° Les copies pour lesquelles est proposée une note éliminatoire, dans les conditions prévues à l'article A. 15 du présent code. Ces copies font l'objet d'une seconde correction par un membre désigné par le président du jury et appartenant à une autre formation (magistrature, police) que celle dont fait partie le premier correcteur.

La note définitive attribuée à la copie correspond à la moyenne des notes des deux correcteurs ;

2° Le relevé des notes attribuées pour chaque épreuve par les correcteurs ;

3° La liste de tous les candidats, avec les notes et le total des points obtenus pour chacun d'eux ;

4° La liste par ordre de mérite des fonctionnaires du corps d'encadrement et d'application de la police nationale admis pour avoir totalisé 60 points au moins pour l'ensemble des épreuves sans note éliminatoire et celle des fonctionnaires du corps d'encadrement et d'application de la police nationale éliminés ou n'ayant pas obtenu le nombre de points exigés. Ces listes mentionnent les notes attribuées aux candidats dans chacune des épreuves et le total des points obtenus. (1)

(1) Par dérogation au 4° de l'article A. 21 du Code de procédure pénale, la liste par ordre de mérite des fonctionnaires admis comprend ceux ayant totalisé 20 point au moins pour l'ensemble des épreuves sans note éliminatoire *(A. 6 mai 2020, JO 13 mai 2020).*

Art. A. 22 *(A. 9 août 2016).* – La commission prévue à l'article 16 (2° et 4°) du présent code émet un avis sur les listes mentionnées au 4° de l'article A. 21 du même code dans un délai maximum de quatre mois après la date de l'examen.

Elles sont adressées à la direction générale de la police nationale, accompagnées des copies des candidats et du procès-verbal de séance.

Art. A. 23 *(A. 9 août 2016).* – Les candidats ayant échoué à quatre sessions ne peuvent plus être autorisés à se présenter à l'examen technique d'officier de police judiciaire.

§ 3. – Affectation de fonctionnaires du corps d'encadrement et d'application de la police nationale ayant la qualité d'officier de police judiciaire dans les services visés à l'article 16 (4°)

(§ abr., A. 27 mai 1968 ; rétabli, A. 11 juin 1999 ; intitulé rempl., A. 30 avr. 2008)

Art. A. 34 *(Mod., A. 28 déc. 2019).* – Les fonctionnaires du corps d'encadrement et d'application de la police nationale visés à l'article 16 (4°) et ayant la qualité d'officier de police judiciaire peuvent recevoir l'habilitation à exercer les attributions attachées à cette qualité s'ils sont affectés à un des services ou à l'une des catégories de services définies aux articles R. 15-18 à R. 15-26-1 et énumérés ci-après :

1° Services dont la compétence territoriale s'étend sur l'ensemble du territoire national :
- la direction centrale de la police judiciaire ;
- la sous-direction de la police judiciaire de la gendarmerie nationale ;
- la direction centrale du renseignement intérieur ;
- l'inspection générale de la police nationale ;
- le détachement de la police nationale auprès de la direction nationale des enquêtes douanières ;
- le centre automatisé de constatation des infractions routières.

2° Services dont la compétence territoriale s'étend sur le ressort d'une ou plusieurs zones de défense ou parties de celles-ci :
- les directions interrégionales de police judiciaire ainsi que leurs services régionaux et antennes de police judiciaire et les directions régionales de police judiciaire ainsi que leurs services départementaux et antennes de police judiciaire ;
- la direction de la préfecture de police chargée du maintien de l'ordre public et de la régulation de la circulation ;
- la direction de la préfecture de police chargée des missions de sécurité et de paix publiques, ainsi que ses sûretés territoriales et ses circonscriptions de sécurité de proximité ;
- *(Al. abr., A. 23 oct. 2013)* ;
- la direction opérationnelle des services techniques et logistiques de la préfecture de police ;
- les circonscriptions de sécurité publique visées à l'article R. 15-19 (7°) ;
- les sections de recherches de la gendarmerie départementale.

3° Services dont la compétence territoriale s'étend sur l'ensemble d'un département :
- les sûretés départementales ;
- les circonscriptions de sécurité publique ;
- *(Al. abr., A. 1er sept. 2009).*

4° Services des directions territoriales de la police nationale :
- les services territoriaux de sécurité publique ;
- les services territoriaux de police judiciaire ;
- les services territoriaux de police aux frontières.

Art. A. 35 *(Mod., A. 28 déc. 2019 ; A. 29 déc. 2021).* – Les fonctionnaires du corps d'encadrement et d'application de la police nationale visés à l'article 16 (4°) du Code de procédure pénale et ayant la qualité d'officier de police judiciaire peuvent recevoir l'habilitation à exercer les attributions attachées à cette qualité prévue à l'article 16 précité s'ils sont affectés à titre exclusif dans l'une des formations de services suivantes :

1° Pour la direction centrale de la police aux frontières :
- l'Office central pour la répression de l'immigration irrégulière et de l'emploi d'étrangers sans titre ;
- la brigade des chemins de fer ;
- l'unité nationale d'escorte, de soutien et d'intervention ;
- le bureau de la police aéronautique.

2° Pour les directions zonales de la police aux frontières :
– les brigades des chemins de fer ;
– les brigades mobiles de recherches ;
– les brigades de police aéronautique ;
– les unités d'éloignement.

2° *bis* Pour la direction interdépartementale de la police aux frontières d'Île-de-France :
– les brigades mobiles de recherche ;
– les unités d'éloignement ;

2° *ter* Pour les directions interdépartementales :
– les brigades mobiles de recherches ;
– les unités d'éloignement ;
– les unités d'investigations ;
– les services de quart et de contrôle de l'immigration ;
– les brigades des chemins de fer.

3° Pour les directions de la police aux frontières des aérodromes Charles-de-Gaulle, Le Bourget et de l'aérodrome d'Orly, les directions départementales, et les services locaux de la police aux frontières :
– les unités d'investigations ;
– les services de quart et du contrôle de l'immigration ;
– les brigades de chemin de fer ;
– les brigades mobiles de recherches ;
– les unités d'éloignement.

4° Pour les unités autoroutières des compagnies républicaines de sécurité pour les voies de circulation auxquelles elles sont affectées : les bureaux de circulation routière.

5° Pour la préfecture de police :
– le service chargé de la lutte contre l'immigration irrégulière et le travail illégal des étrangers cité au *a* du 5 de l'article R. 15-19 du Code de procédure pénale ;
– le service de police chargé de la sécurité des personnes et des biens sur les voies navigables des départements d'Île-de-France cité au *f* du 5 de l'article R. 15-19 du Code de procédure pénale ;
– le service de police déconcentré chargé de la sécurité des personnes et des biens sur les réseaux de transport en commun de voyageurs par voie ferrée cité au deuxième alinéa de l'article R. 15-30 du Code de procédure pénale.

§ 4. – Organisation des services territoriaux de police judiciaires des directions territoriales de la police nationale

Art. A. 35-1 *(Créé, A. 29 déc. 2021)*. – Le siège et le ressort des services territoriaux de police judiciaire des directions territoriales de la police nationale sont fixés conformément au tableau ci-après :

DIRECTION TERRITORIALE DE LA POLICE NATIONALE	SIÈGE	SERVICE TERRITORIAL DE POLICE JUDICIAIRE
Direction territoriale de la police nationale de la Guyane	Cayenne	Cayenne
Direction territoriale de la police nationale de Mayotte	Mamoudzou	Mamoudzou
Direction territoriale de la police nationale de la Nouvelle-Calédonie	Nouméa	Nouméa
Direction territoriale de la police nationale de Guadeloupe	Pointe-à-Pitre	Pointe à Pitre
Direction territoriale de la police nationale de la Martinique	Fort-de-France	Fort de France

DIRECTION TERRITORIALE DE LA POLICE NATIONALE	SIÈGE	SERVICE TERRITORIAL DE POLICE JUDICIAIRE
Direction territoriale de la police nationale de la Réunion	Saint-Denis-de-la-Réunion	Saint-Denis-de-la-Réunion
Direction territoriale de la police nationale de Polynésie française	Papeete	Papeete

Section III. – Désignation des agents des douanes chargés de l'exercice de certaines missions de police judiciaire

(A. 2 nov. 2000)

Art. A. 36 *(A. 2 nov. 2000).* **– Pour l'application de l'article R. 15-33-3, la liste des candidats admis à se présenter à l'examen technique d'aptitude aux fonctions d'agent des douanes chargé de l'exercice de certaines missions de police judiciaire est arrêtée par le directeur général des douanes et droits indirects.**

Les candidats retenus doivent avoir reçu une formation adaptée, organisée par leur administration d'appartenance.

Art. A. 36-1 *(A. 2 nov. 2000).* **– L'examen technique d'aptitude à l'exercice de certaines missions de police judiciaire comporte les trois épreuves suivantes :**

1° Épreuve écrite n° 1 : composition portant sur des connaissances générales en matière de droit pénal ou de procédure pénale (durée : trois heures) ;

2° Épreuve écrite n° 2 : traitement d'un cas pratique de procédure pénale (durée : quatre heures) ;

3° Épreuve orale n° 3 : exposé sur un sujet de procédure pénale suivi d'un entretien avec le jury (temps de préparation : vingt minutes, durée de l'épreuve : vingt à trente minutes).

La valeur de chaque épreuve est constatée par une note de 0 à 20. Toute note égale ou inférieure à 5 dans l'une ou l'autre des épreuves est éliminatoire.

Art. A. 36-2 *(A. 2 nov. 2000).* **– Le programme des épreuves de l'examen technique est ainsi fixé :**

Procédure pénale

Introduction :

La liberté de la preuve ; la séparation des autorités de poursuite, d'instruction et de jugement ;

L'action publique ; l'action civile.

A. – Les autorités investies par la loi de fonctions de police judiciaire :

Le ministère public ;

Le juge d'instruction ;

Les officiers et agents de police judiciaire ;

Les agents des douanes chargés de l'exercice de certaines missions de police judiciaire.

B. – Les activités de police judiciaire :

La distinction entre police administrative et police judiciaire ;

La procédure de flagrance ;

L'enquête préliminaire ;

Les perquisitions et saisies, la garde à vue ;

Le contrôle de la mission de police judiciaire ;

L'instruction préparatoire, les commissions rogatoires, la mise en examen, les mandats de justice, le règlement de l'instruction, le contrôle de la chambre de l'instruction sur l'activité des officiers de police judiciaire et des agents des douanes ;

Les juridictions répressives ;

La procédure pénale applicable aux mineurs ;

La nullité des actes de procédure.

Droit pénal général

A. – Généralités sur la législation pénale.

B. – L'infraction pénale :

Les éléments constitutifs de l'infraction : l'élément légal, l'élément matériel, l'élément moral ;

La classification des infractions et l'organisation judiciaire en matière pénale ;

Les principes généraux de la responsabilité pénale, la complicité, la responsabilité pénale des personnes morales.

C. – La peine :

Définition et classification des peines ;

L'exécution des peines.

Droit pénal spécial

A. – Les infractions au Code des douanes.

B. – Les infractions en matière de contributions indirectes.

C. – Les infractions à la législation sur les contrefaçons de marque.

D. – Les infractions au Code pénal :

– les atteintes à la personne humaine : trafic de stupéfiants ;

– les atteintes aux biens : vol, escroquerie, abus de confiance, recel, blanchiment ;

– les atteintes à l'autorité de l'État : concussion, corruption active et passive, prise illégale d'intérêts, soustraction et détournement de biens, trafic d'influence, actes d'intimidation commis contre des personnes exerçant une fonction publique, soustraction et détournement de biens contenus dans un dépôt public, outrage, rébellion ;

– les atteintes à la confiance publique : faux, falsification des marques de l'autorité.

Art. A. 36-3 *(A. 2 nov. 2000)*. – Les règles de préparation des candidats à l'examen technique sont fixées par instruction de la direction générale des douanes et droits indirects.

Art. A. 36-4 *(A. 2 nov. 2000)*. – La date de l'examen technique et les sujets des épreuves sont choisis, d'un commun accord, par le directeur des affaires criminelles et des grâces et par le directeur général des douanes et droits indirects.

Art. A. 36-5 *(A. 2 nov. 2000)*. – L'organisation matérielle de l'examen technique relatif à l'exercice de certaines missions de police judiciaire par les agents des douanes, et notamment la fourniture des copies et formulaires de composition ainsi que la mise sous anonymat des copies, est assurée par la direction générale des douanes et droits indirects.

Art. A. 36-6 *(A. 2 nov. 2000)*. – Il est interdit aux candidats, sous peine d'exclusion, d'avoir par-devers eux des documents imprimés ou manuscrits. Toutefois, ils peuvent consulter des codes ou recueils de lois, décrets et circulaires ; ces derniers peuvent comporter des références à des textes législatifs ou réglementaires ainsi qu'à des articles de doctrine ou des décisions de jurisprudence.

Toute fraude ou tentative de fraude dans l'une quelconque des épreuves écrites entraîne l'exclusion immédiate de l'examen, prononcée sans délai et sans appel. Sans préjudice de sanctions disciplinaires, le candidat peut ne pas être autorisé à se présenter à l'examen les années suivantes.

Art. A. 36-7 *(A. 2 nov. 2000)*. – Dans le mois qui suit l'examen, le président réunit le jury pour la répartition des copies entre les correcteurs. Il fixe la date à laquelle les copies corrigées doivent être remises au secrétariat de la commission.

Art. A. 36-8 *(A. 2 nov. 2000)*. – Le secrétaire de la commission :

1° S'assure que les copies ont fait l'objet d'une double correction par une équipe composée d'un magistrat et d'un fonctionnaire des douanes. Le résultat de ces doubles corrections est soumis à la commission, qui en délibère spécialement lors de la réunion prévue à l'article A. 36-9 et fixe la note définitive ;

2° Opère un relevé des notes attribuées pour chaque épreuve par les correcteurs ;

3° Dresse la liste de tous les candidats, avec les notes et le total des points obtenus par chacun d'eux.

Art. A. 36-9 *(A. 2 nov. 2000)*. – Dans un délai maximum de quatre mois après la date de l'examen, le président réunit la commission aux fins d'arrêter la liste des agents pour lesquels la commission émet un avis favorable à l'octroi de la qualité d'agent des douanes chargé de l'exercice de certaines missions de police judiciaire.

Seuls peuvent être retenus les candidats qui totalisent trente points au moins pour l'ensemble des trois épreuves.

Art. A. 36-10 *(A. 2 nov. 2000).* – Les candidats ayant échoué à quatre sessions ne peuvent plus être autorisés à se présenter à l'examen technique d'aptitude à l'exercice de certaines missions de police judiciaire.

Art. A. 36-11 ancien *(Abr., A. 13 juin 2006, art. 1er).*

Section IV. – Désignation des agents des services fiscaux chargés de l'exercice de certaines missions de police judiciaire

(A. 7 sept. 2010)

Art. A. 36-10-1 *(Mod., A. 21 mai 2019).* – Pour l'application de l'article R. 15-33-29-7 du Code de procédure pénale, la liste des candidats admis à se présenter à l'examen technique d'aptitude aux fonctions d'agent des services fiscaux chargé de l'exercice de certaines missions de police judiciaire est arrêtée :

1° Conjointement par le directeur général des finances publiques et le directeur général de la police nationale lorsque les agents doivent être affectés au sein du ministère de l'intérieur ;

2° Par le directeur général des finances publiques lorsque les agents doivent être affectés au sein du ministère du budget.

Les candidats retenus doivent avoir reçu une formation adaptée, organisée par le ministère de l'intérieur et par le ministère chargé du budget ou par ce dernier uniquement selon le ministère dans lequel doivent être affectés les candidats.

Art. A. 36-10-2 *(Mod., A. 21 mai 2019).* – L'examen technique d'aptitude à l'exercice de certaines missions de police judiciaire comporte les trois épreuves suivantes :

1° Épreuve écrite n° 1 : composition portant sur des connaissances générales en matière de droit pénal ou de procédure pénale (durée : trois heures) ;

2° Épreuve écrite n° 2 : traitement d'un cas pratique de procédure pénale (durée : quatre heures) ;

3° Épreuve orale n° 3 : exposé sur un sujet de procédure pénale suivi d'un entretien avec le jury (temps de préparation : vingt minutes, durée de l'épreuve : vingt à trente minutes).

La valeur de chaque épreuve est constatée par une note de 0 à 20.

Toute note égale ou inférieure à 5 dans l'une ou l'autre des épreuves est éliminatoire.

Art. A. 36-10-3 *(A. 7 sept. 2010).* – Le programme des épreuves de l'examen technique est ainsi fixé :

Procédure pénale

L'action publique et l'action civile : notions générales.

Les autorités investies par la loi de missions de police judiciaire :

- la police judiciaire ;
- le ministère public ;
- le magistrat instructeur.

Les enquêtes, les contrôles d'identité :

- les cadres juridiques ;
- les contrôles, les vérifications et les relevés d'identité.

L'instruction :

- du premier et du second degré ;
- le contrôle judiciaire et la détention provisoire ;
- la commission rogatoire.

Les procédures particulières :

- l'entraide judiciaire internationale ;
- notions générales sur la saisie et le recouvrement des avoirs criminels ;
- la procédure applicable à la criminalité et à la délinquance organisées.

La procédure pénale applicable aux mineurs.

Le contrôle de la mission de police judiciaire.

Les mandats de justice.

Les juridictions de jugement.

Droit pénal général

La loi pénale :

– les principes généraux ;

– l'application de la loi pénale dans le temps et dans l'espace.

L'infraction pénale :

– la classification des infractions ;

– les éléments constitutifs de l'infraction ;

– les circonstances aggravantes.

La responsabilité pénale :

– les dispositions générales : la tentative, la coaction et la complicité ;

– la responsabilité pénale des personnes morales ;

– les causes d'irresponsabilité ou d'atténuation de la responsabilité.

Les peines :

– la classification légale ;

– le concours d'infractions ;

– la récidive ;

– la réitération d'infractions.

Droit pénal spécial

Les crimes et délits contre les biens :

– l'escroquerie et les infractions voisines ;

– les détournements : abus de confiance, détournement de gage ou d'objets saisis, organisation frauduleuse d'insolvabilité ;

– le recel et les infractions assimilées ou voisines ;

– le blanchiment ;

– les atteintes aux systèmes de traitement automatisé de données.

La participation à une association de malfaiteurs.

Les atteintes à la confiance publique : faux et usage de faux, usurpation d'identité, falsification des marques de l'autorité.

Notions générales relatives à la probité.

Le droit pénal des sociétés : abus de biens sociaux, banqueroute, distribution de dividendes fictifs, présentation de faux bilans, surévaluations d'apports, exercice illégal de la profession de banquier.

Le droit pénal fiscal : fraude fiscale et délits comptables.

L'outrage et la rébellion.

Libertés publiques

Introduction générale aux libertés publiques.

Les libertés individuelles et la vie privée : la sûreté, la liberté d'aller et venir ; le respect de la vie privée, du domicile et des correspondances ; le respect de la personne et les lois antidiscriminatoires.

Art. A. 36-10-4 *(Mod., A. 21 mai 2019).* – Les règles de préparation des candidats à l'examen technique sont fixées, selon le ministère dans lequel doivent être affectés les candidats, par instruction conjointe de la direction générale de la police nationale et de la direction générales des finances publiques ou par instruction de cette dernière uniquement.

Art. A. 36-10-5 *(Mod., A. 21 mai 2019).* – La date de l'examen technique et les sujets des épreuves sont choisis, d'un commun accord, selon le ministère dans lequel doivent être affectés les candidats, par le directeur des affaires criminelles et des grâces, par le directeur de la direction générale de la police nationale et par le directeur général des finances publiques sur proposition du directeur de la formation de la police nationale ou par le directeur des affaires criminelles et des grâces et par le directeur général des finances publiques sur proposition conjointe du chef de service des ressources humaines de la direction générale des finances publiques et du chef de service des ressources humaines de la direction générale des douanes et droits indirects.

Art. A. 36-10-6 *(Mod., A. 21 mai 2019)*. – L'organisation matérielle de l'examen technique relatif à l'exercice de certaines missions de police judiciaire par les agents des services fiscaux, et notamment la fourniture des copies et formulaires de composition ainsi que la mise sous anonymat des copies, est assurée, selon le ministère dans lequel doivent être affectés les candidats, par le directeur de la formation de la police nationale ou conjointement par le chef de service des ressources humaines de la direction générale des finances publiques et le chef de service des ressources humaines de la direction générale des douanes et droits indirects.

Art. A. 36-10-7 *(A. 7 sept. 2010)*. – Il est interdit aux candidats, sous peine d'exclusion, d'avoir par-devers eux des documents imprimés ou manuscrits. Toutefois, ils peuvent consulter des codes ou recueils de lois, décrets et circulaires ; ces derniers peuvent comporter des références à des textes législatifs ou réglementaires ainsi qu'à des articles de doctrine ou des décisions de jurisprudence.

Toute fraude ou tentative de fraude dans l'une quelconque des épreuves écrites entraîne l'exclusion immédiate de l'examen, prononcée sans délai et sans appel. Sans préjudice de sanctions disciplinaires, le candidat peut ne pas être autorisé à se présenter à l'examen les années suivantes.

Art. A. 36-10-8 *(A. 7 sept. 2010)*. – Au plus tard à la fin du mois qui suit l'examen, le président réunit le jury pour la répartition des copies entre les correcteurs. Il fixe la date à laquelle les copies corrigées doivent être remises au secrétariat de la commission.

Art. A. 36-10-9 *(Mod., A. 21 mai 2019)*. – Le secrétaire de la commission :

1° S'assure que les copies ont fait l'objet d'une double correction par une équipe composée d'un magistrat et, selon le ministère dans lequel doivent être affectés les candidats, d'un fonctionnaire du ministère de l'intérieur ou d'un fonctionnaire du ministère du budget.

Le résultat de ces doubles corrections est soumis à la commission, qui en délibère spécialement lors de la réunion prévue à l'article A. 36-10-10 et fixe la note définitive ;

2° Opère un relevé des notes attribuées pour chaque épreuve par les correcteurs ;

3° Dresse la liste de tous les candidats, avec les notes et le total des points obtenus par chacun d'eux.

Art. A. 36-10-10 *(A. 7 sept. 2010)*. – Dans un délai maximum de deux mois après la date de l'examen, le président réunit la commission aux fins d'arrêter la liste des agents pour lesquels la commission émet un avis favorable à l'octroi de la qualité d'agent des services fiscaux chargé de l'exercice de certaines missions de police judiciaire.

Seuls peuvent être retenus les candidats qui totalisent trente points au moins pour l'ensemble des trois épreuves.

Art. A. 36-10-11 *(A. 7 sept. 2010)*. – Les candidats ayant échoué à quatre sessions ne peuvent plus être autorisés à se présenter à l'examen technique d'aptitude à l'exercice de certaines missions de police judiciaire.

Art. A. 36-10-12 *(A. 7 sept. 2010)*. – Les candidats retenus, dument habilités en vertu des dispositions de l'article R. 15-33-29-11 comme agents des services fiscaux chargés d'effectuer des enquêtes en application de l'article 28-2, sont dénommés officiers fiscaux judiciaires.

CHAPITRE II ET III

Néant.

TITRE II. – DES ENQUÊTES ET DES CONTRÔLES D'IDENTITÉ

(A. 14 avr. 2008)

Art. A. 36-11 *(A. 14 avr. 2008)*. – Les supports et formats des enregistrements audiovisuels des interrogatoires des personnes gardées à vue réalisés en application des articles 64-1 et D. 15-6 et transmis aux juridictions doivent respecter les normes et recommandations fixées par le référentiel général d'interopérabilité (RGI).

Les supports, notamment CD et DVD, doivent être non réinscriptibles.

Si le format des enregistrements n'est pas conforme au RGI, un lecteur logiciel, fonctionnant sous le système d'exploitation utilisé sur les postes de travail du ministère de la justice au jour de la publication de l'arrêté, doit figurer sur le support.

Les systèmes d'exploitation utilisés peuvent évoluer dès lors qu'ils conservent leur compatibilité entre eux, conformément aux instructions données par la direction des affaires criminelles et des grâces, la direction générale de la police nationale et la direction générale de la gendarmerie nationale, et qu'ils comportent un horodatage.

TITRE III. – DES JURIDICTIONS D'INSTRUCTION

(A. 14 avr. 2008)

Art. A. 36-11-1 *(A. 14 avr. 2008)*. – Les supports et formats des enregistrements audiovisuels des interrogatoires des personnes mises en examen réalisés en application des articles 116-1 et D. 32-2 et transmis aux juridictions doivent respecter les normes et recommandations fixées par le référentiel général d'interopérabilité (RGI).

Les supports, notamment CD et DVD, doivent être non réinscriptibles.

LIVRE DEUXIÈME

DES JURIDICTIONS DE JUGEMENT

TITRE I. – DE LA COUR D'ASSISES

(A. 12 mars 2004)

CHAPITRE I ET II

Néant.

CHAPITRE III. – DE LA COMPOSITION DE LA COUR D'ASSISES

(A. 12 mars 2004)

Art. A. 36-12 *(Tabl. mod., A. 18 mai 2020)*. **– En application des dispositions du deuxième alinéa de l'article 260, le nombre des jurés figurant sur les listes annuelles établies dans le ressort des cours d'assises énumérées ci-dessous est fixé comme suit :**

DÉPARTEMENTS	NOMBRE DE JURÉS figurant sur la liste annuelle
Alpes-Maritimes	1 000
Ardèche	420
Aude	360
Bouches-du-Rhône	2 000
Charente	300
Côte-d'Or	600
Dordogne	400
Eure	500
Guadeloupe	450
Guyane	550
Haute-Marne	300
Haute-Savoie	600
Ille-et-Vilaine	900
Indre	230
Martinique	550
Mayenne	300

DÉPARTEMENTS	NOMBRE DE JURÉS figurant sur la liste annuelle
Meurthe-et-Moselle	600
Nièvre	230
Paris	2 300
Savoie	390
Seine-et-Marne	1 400
Seine-Saint-Denis	2 000
Val-de-Marne	1 700
Var	1 000
Yonne	350

Les dispositions du présent article cessent d'être applicables si, en raison de l'évolution officiellement constatée du nombre des habitants du ressort de la cour d'assises, le nombre des jurés résultant des dispositions du premier alinéa de l'article 260 dépasse celui fixé ci-dessus.

Art. A. 36-13 *(Mod., A. 18 mai 2020)*. **– La liste des jurés suppléants prévue par l'article 264 comprend :**

1° Sept cents jurés pour les cours d'assises de Paris et de la Seine-Saint-Denis ;

2° Six cents jurés pour la cour d'assises du Val-de-Marne ;

3° Quatre cent cinquante jurés pour les cours d'assises des Bouches-du-Rhône, de la Gironde, du Nord, de Seine-et-Marne et des Yvelines ;

4° Deux cent cinquante jurés pour les cours d'assises des Alpes-Maritimes, de la Corse-du-Sud, de la Haute-Corse, de l'Essonne, des Hauts-de-Seine, d'Ille-et-Vilaine, de la Loire-Atlantique, de la Moselle, du Pas-de-Calais, du Rhône, de la Seine-Maritime, du Val-d'Oise et du Var ;

5° Deux cents jurés pour les cours d'assises du Cher, de la Guyane, de la Marne, de la Martinique, de Meurthe-et-Moselle et de la Réunion ;

6° Cent cinquante jurés pour les cours d'assises de l'Aisne, de l'Ardèche, de l'Aude, du Calvados, de la Côte-d'Or, de l'Eure, du Finistère, du Gard, de la Guadeloupe, de la Haute-Garonne, de la Haute-Savoie, de l'Hérault, de l'Isère, de Maine-et-Loire, de la Meuse, de l'Oise, des Pyrénées-Atlantiques, des Pyrénées-Orientales, du Bas-Rhin, du Haut-Rhin, de la Sarthe, de la Savoie, de la Somme, de Vaucluse, des Vosges et de l'Yonne ;

7° Soixante-dix jurés pour la cour d'assises de la Polynésie française ;

8° Cinquante jurés pour la cour d'assises de la Nouvelle-Calédonie ;

9° Cent jurés pour les autres cours d'assises.

CHAPITRE IV À VII

Néant.

TITRE II. – DU JUGEMENT DES DÉLITS

(A. 12 mars 2004)

CHAPITRE Ier. – DU TRIBUNAL CORRECTIONNEL

(Chap. créé à compter du 1er novembre 2018, A. 14 oct. 2018)

Section 1 à 6

Néant.

Section 7. – De la procédure simplifiée de l'amende forfaitaire délictuelle

Art. A. 36-14 *(Rempl., A. 17 avr. 2020)*. – Lorsque la loi prévoit que l'action publique peut être éteinte par le versement d'une amende forfaitaire, la personne ayant reçu un avis d'amende forfaitaire consécutif à une infraction constatée selon les modalités prévues à l'article D. 45-3 peut adresser la requête en exonération ou la réclamation prévues aux articles 495-18 et 495-19 de façon dématérialisée conformément aux modalités précisées par la présente section.

La contestation est faite sur le site www.antai.fr en utilisant les informations figurant sur l'avis d'amende forfaitaire ou l'avis d'amende forfaitaire majorée, à l'aide du formulaire de contestation en ligne figurant sur ce site

Cette contestation produit les mêmes effets que l'envoi de la lettre recommandée avec demande d'avis de réception prévu au premier alinéa de l'article 495-20.

Art. A. 36-15 *(Rempl., A. 17 avr. 2020)*. – La contestation en ligne peut être faite pour l'un des motifs prévus par le présent article :

1° Dans tous les cas, si la personne a été victime d'une usurpation d'identité au moment de la constatation des faits ;

2° Lorsque la procédure de l'amende forfaitaire concerne le délit de conduite sans permis, si la personne était titulaire d'un permis de conduire en cours de validité au moment de la constatation des faits ;

3° Lorsque la procédure de l'amende forfaitaire concerne le délit de conduite sans assurance, si la personne bénéficiait d'une assurance en cours de validité au moment de la constatation des faits ;

4° Lorsque le délit de conduite sans assurance a été constaté, sans interception du conducteur, selon les modalités prévues à l'article L. 130-9 du même code, par ou à partir d'un appareil de contrôle automatique, si le véhicule mis en cause a été vendu, cédé, volé, détruit ou a fait l'objet d'une usurpation de plaques d'immatriculation ;

5° Autre motif.

Art. A. 36-16 *(Rempl., A. 17 avr. 2020)*. – La personne transmet de façon numérisée, selon les formats indiqués sur le site « www.antai.fr » :

1° Dans le cas prévu au 1° de l'article A. 36-15, la copie du récépissé du dépôt de plainte pour le délit d'usurpation d'identité prévu par l'article 434-23 du Code pénal ;

2° Dans le cas prévu au 2° de l'article A. 36-15, la copie de son permis de conduire en cours de validité au moment de la constatation des faits ;

3° Dans le cas prévu au 3° de l'article A. 36-15, la copie d'une attestation d'assurance en cours de validité au moment de la constatation des faits ;

4° Dans le cas prévu au 4° de l'article A. 36-15, la copie du récépissé du dépôt de plainte pour vol ou destruction du véhicule ou pour le délit d'usurpation de plaque d'immatriculation prévu par l'article L. 317-4-1 du Code de la route, la copie de la déclaration de destruction de véhicule établie conformément aux dispositions de l'article R. 322-9 du Code de la route, ou les copies de la déclaration de cession du véhicule et de son accusé d'enregistrement dans le système d'immatriculation des véhicules

Art. A. 36-17 *(A. 14 oct. 2018)*. – Dans tous les cas, un accusé d'enregistrement de la contestation est présenté automatiquement à la personne lorsque celle-ci a validé et envoyé sa contestation. Ce document peut être téléchargé ou imprimé par la personne.

Art. A. 36-18 *(A. 14 oct. 2018)*. – Le paiement de la consignation ou de l'amende forfaitaire peut être effectué :

– soit par télépaiement automatisé ;
– soit par envoi au comptable de la direction générale des finances publiques d'un chèque joint à la carte de paiement ;
– soit par virement bancaire international.

TITRE III. – DU JUGEMENT DES CONTRAVENTIONS

(A. 5 oct. 1999)

CHAPITRE I ET II

Néant.

CHAPITRE II *BIS*. – DE LA PROCÉDURE DE L'AMENDE FORFAITAIRE

(Rempl. à compter du 1er août 2011, A. 13 mai 2011)

Section I. – Dispositions relatives au procès-verbal, à l'avis de contravention et à la carte de paiement concernant les contraventions forfaitisées

Sous-section 1. – Dispositions communes

Art. A. 37. – Pour relever les contraventions soumises à la procédure de l'amende forfaitaire dans le cas où celles-ci ne sont pas payées immédiatement entre les mains de l'agent verbalisateur, ce dernier utilise des formulaires dont les caractéristiques sont fixées par les dispositions de la présente section.

Arrêté du 13 mai 2011

relatif aux formulaires utilisés pour la constatation et le paiement des contraventions soumises à la procédure de l'amende forfaitaire

Art. 4. – Le présent arrêté entrera en vigueur le 1er août 2011, sous réserve des dispositions de l'article 5.

À compter de cette date, seront utilisés, y compris pour des contraventions commises auparavant, des formulaires conformes aux dispositions du Code de procédure pénale résultant du présent arrêté.

Toutefois, les dispositions de l'article A. 37-19 du Code de procédure pénale dans sa rédaction résultant du présent arrêté peuvent être appliquées, sans attendre le 1er août 2011, dès la publication de cet arrêté au *Journal officiel*.

Art. 5. – L'utilisation après le 1er août 2011 des formulaires pour la constatation et le paiement des contraventions soumises à la procédure de l'amende forfaitaire prévue par les articles A. 37-1 à A. 37-20 dans leur rédaction antérieure à celle résultant du présent arrêté est sans incidence sur la régularité de la procédure.

L'utilisation après le 1er août 2011 des carnets de quittances à souches pour la constatation et le paiement, dans le cas où il est effectué immédiatement, des contraventions soumises à la procédure de l'amende forfaitaire dans leur présentation résultant des dispositions de l'arrêté du 15 mai 1990 relatif à la procédure de l'encaissement immédiat par les agents verbalisateurs est sans incidence sur la régularité de la procédure.

Art. A. 37-1 *(Rempl., A. 13 mai 2011)*. **– Sauf s'il en est disposé autrement, le formulaire utilisé par l'agent verbalisateur est constitué :**

- **d'un premier volet, de format 100 mm × 186 mm, qui constitue la carte de paiement ;**
- **d'un deuxième volet, de format 100 mm × 186 mm, qui constitue l'avis de contravention ;**
- **d'un troisième volet, de format 100 mm × 186 mm, qui constitue le procès-verbal de contravention.**

La carte de paiement et l'avis de contravention sont destinés au contrevenant.

Le procès-verbal de contravention est conservé par le service auquel appartient l'agent verbalisateur ou adressé à l'unité de gendarmerie ou de police compétente, quand les agents verbalisateurs sont ceux visés au 2° et au 8° de l'article L. 130-4 du Code de la route.

Sous-section 2. – Dispositions applicables aux contraventions ne donnant pas lieu à retrait de points du permis de conduire

§ 1. – Dispositions générales

Art. A. 37-2 *(Rempl., A. 13 mai 2011)*. – Lorsque les contraventions soumises à la procédure de l'amende forfaitaire ne sont pas susceptibles d'entraîner une réduction de points du permis de conduire, les trois volets du formulaire constituant la carte de paiement, l'avis de contravention et le procès-verbal de contravention sont de couleur blanche.

Art. A. 37-3 *(Rempl., A. 13 mai 2011)*. – Les caractéristiques de la carte de paiement mentionnée à l'article A. 37-1 sont les suivantes :

I. – Au recto, sur la partie gauche, figurent les informations relatives au service verbalisateur, à la date de l'infraction, au montant de l'amende à payer et, le cas échéant, le numéro d'immatriculation du véhicule.

II. – La partie droite comporte l'emplacement où peut être apposée la partie à envoyer du timbre-amende en cas de non-paiement par chèque, et l'indication du destinataire de la carte de paiement.

III. – Au verso sont mentionnées les modalités de paiement ainsi que les possibilités de requête avec l'indication de l'autorité compétente pour recevoir la réclamation. Il est en outre prévu un emplacement où sont portées des informations relatives à l'auteur de la requête en exonération.

IV. – Sur ce volet sont également indiquées les conséquences du défaut de paiement et de l'absence de requête en exonération dans les délais impartis.

V. – Conformément aux dispositions de l'article R. 49-3-1, ce volet peut également comporter une mention précisant que le paiement de l'amende forfaitaire peut être réalisé par télépaiement automatisé ou par timbre dématérialisé, et indiquant que le contrevenant dispose d'un délai supplémentaire de quinze jours pour s'acquitter de cette amende s'il utilise ce mode de paiement.

Art. A. 37-4 *(Rempl., A. 13 mai 2011)*. – Les caractéristiques de l'avis de contravention mentionné à l'article A. 37-1 sont les suivantes :

I. – Sur la partie gauche sont portées les mentions relatives au service verbalisateur, à la nature, au lieu et à la date de la contravention ainsi que les références des textes réprimant ladite contravention et, le cas échéant, sont précisés les éléments d'identification du véhicule et l'obligation de procéder à l'échange du permis de conduire.

II. – Sur la partie droite figure un emplacement destiné à informer le contrevenant de ses droits et comportant les mentions suivantes :

« Vous êtes informé(e) que :

1. *Vous pouvez exercer un droit d'accès et de rectification lorsque les renseignements vous concernant font l'objet d'un traitement automatisé (art. 39 et 40 de la loi n° 78-17 du 6 janvier 1978) auprès :*

– de l'officier du ministère public près la juridiction de proximité ou le tribunal de police ;

– du comptable public compétent lorsque celui-ci est chargé du recouvrement de l'amende forfaitaire majorée.

2. *Le paiement de l'amende forfaitaire entraîne reconnaissance de la réalité de l'infraction.*

3. *Si la rubrique "Obligation d'échange du permis de conduire" a été cochée, vous êtes dans l'obligation d'effectuer auprès du service préfectoral de votre domicile l'échange de votre permis de conduire délivré par un État de l'Union européenne ou de l'Espace économique européen.*

4. *Vous pouvez exercer, auprès du service préfectoral de votre domicile, un droit d'accès aux informations concernant votre permis de conduire. »*

III. – Un emplacement est destiné, en cas de non-paiement par chèque, à l'apposition de la partie à conserver du timbre-amende.

Art. A. 37-5 *(Rempl., A. 13 mai 2011)*. – Les caractéristiques du procès-verbal de contravention mentionné à l'article A. 37-1 sont les suivantes :

I. – Au recto, sur la partie gauche, sont portées les mentions prévues par le I de l'article A. 37-4, qui sont établies par duplication de la partie gauche du deuxième volet.

II. – Sur la partie droite figurent les emplacements destinés à la signature de l'agent verbalisateur et, le cas échéant, aux éléments chiffrés permettant le traitement de la contravention relevée, à l'établissement d'une fiche d'immobilisation, à la signature et aux déclarations du contrevenant indiquant s'il reconnaît ou ne reconnaît pas l'infraction et précisant qu'il reconnaît avoir reçu la carte de paiement et l'avis de contravention sur lequel figurent les informations prévues au II de l'article A. 37-4 et reproduites au verso du formulaire.

III. – Au verso, sur la partie gauche, est reproduite l'intégralité des informations prévues au II de l'article A. 37-4 et il est indiqué que le contrevenant a reçu l'avis de contravention comportant ces informations.

IV. – Sur la partie droite figurent les informations relatives au contrevenant ainsi que, le cas échéant, au titulaire du certificat d'immatriculation.

§ 2. – Dispositions applicables aux contraventions à l'arrêt ou au stationnement des véhicules

Art. A. 37-6 *(Rempl., A. 13 mai 2011)*. – Par dérogation aux articles A. 37-2 à A. 37-5, les caractéristiques des formulaires utilisés pour les contraventions à l'arrêt ou au stationnement des véhicules qui sont réprimées par les articles R. 417-1 à R. 417-6 et R. 417-10 à R. 417-13 du Code de la route, lorsqu'elles sont soumises à la procédure de l'amende forfaitaire, sont les mêmes que celles décrites aux articles précités sous réserve des différences suivantes :

– avis de contravention : n'y figurent pas les mentions prévues par l'article A. 37-4 relatives à l'échange du permis de conduire ; y figurent deux emplacements pour mentionner, d'une part, si une demande d'enlèvement a été formulée et, d'autre part, si l'infraction a été commise par un véhicule de plus de 20 mètres carrés dans une zone touristique ;

– procès-verbal de contravention : ce volet est de couleur verte ; outre les mentions prévues à l'article A. 37-5, à l'exception de celles relatives à l'information du contrevenant, ce volet comporte au recto, sur la partie gauche, les informations obtenues par duplication du second volet décrit au paragraphe précédent.

Sous-section 3. – Dispositions applicables aux contraventions donnant lieu à retrait de points du permis de conduire

§ 1. – Dispositions générales

Art. A. 37-7 *(Rempl., A. 13 mai 2011)*. – Lorsque les contraventions soumises à la procédure de l'amende forfaitaire sont susceptibles d'entraîner une réduction de points du permis de conduire, les caractéristiques des formulaires utilisés par l'agent verbalisateur, dont les dimensions sont celles fixées par l'article A. 37-1, sont prévues par la présente sous-section.

Art. A. 37-8 *(Rempl., A. 13 mai 2011)*. – Les caractéristiques de la carte de paiement mentionnée à l'article A. 37-1 sont les suivantes :

I. – Au recto, sur la partie gauche, figurent les informations relatives au service verbalisateur, à la date de l'infraction, au montant de l'amende à payer et, le cas échéant, le numéro d'immatriculation du véhicule.

Il est également mentionné que le paiement de l'amende forfaitaire entraîne reconnaissance de la réalité de l'infraction et réduction du nombre de points du permis de conduire.

II. – La partie droite comporte l'emplacement où peut être apposée la partie à envoyer du timbre-amende en cas de non-paiement par chèque, et l'indication du destinataire de la carte de paiement.

III. – Au verso sont mentionnées les modalités de paiement ainsi que les possibilités de requête avec l'indication de l'autorité compétente pour recevoir la réclamation. Il est en outre prévu un emplacement où sont portées des informations relatives à l'auteur de la requête en exonération.

IV. – Sur ce volet sont également indiquées les conséquences du défaut de paiement et de l'absence de requête en exonération dans les délais impartis.

V. – Conformément aux dispositions de l'article R. 49-3-1, ce volet peut également comporter une mention précisant que le paiement de l'amende forfaitaire peut être réalisé par télépaiement automatisé ou par timbre dématérialisé, et indiquant que le contrevenant dispose d'un délai supplémentaire de quinze jours pour s'acquitter de cette amende s'il utilise ce mode de paiement.

Art. A. 37-9 *(Rempl., A. 13 mai 2011)*. – Les caractéristiques de l'avis de contravention mentionné à l'article A. 37-1 sont les suivantes :

I. – Sur la partie gauche, sont portées les mentions relatives au service verbalisateur, à la nature, au lieu et à la date de la contravention ainsi que les références des textes réprimant ladite contravention et, le cas échéant, sont précisés les éléments d'identification du véhicule et l'obligation de procéder à l'échange du permis de conduire.

II. – L'avis de contravention comporte la mention : « Cette contravention entraîne un retrait de point(s) du permis de conduire ».

III. – Sur la partie droite figure un emplacement destiné à informer le contrevenant de ses droits et comportant les mentions suivantes :

« Vous êtes informé(e) que :

1. Vous pouvez exercer un droit d'accès et de rectification lorsque les renseignements vous concernant font l'objet d'un traitement automatisé (art. 39 et 40 de la loi n° 78-17 du 6 janvier 1978) auprès :

– de l'officier du ministère public près la juridiction de proximité ou le tribunal de police ;

– du comptable public compétent lorsque celui-ci est chargé du recouvrement de l'amende forfaitaire majorée.

2. Le paiement de l'amende forfaitaire entraîne reconnaissance de la réalité de l'infraction et, par là même, réduction du nombre de points de votre permis de conduire.

3. Vous encourez un retrait de point(s) correspondant à l'infraction constatée ; le retrait de point(s) sera effectif dès que la réalité de l'infraction aura été établie par le paiement de l'amende forfaitaire ou l'émission du titre exécutoire de l'amende forfaitaire majorée, par l'exécution d'une composition pénale ou par une condamnation définitive.

Selon l'article L. 223-2 du Code de la route :

– pour les délits, le retrait de points est égal à la moitié du nombre maximal de points ;

– pour les contraventions, le retrait de points est, au plus, égal à la moitié du nombre maximal de points ;

– dans le cas où plusieurs infractions entraînant retrait de points sont commises simultanément, les retraits de points se cumulent dans la limite des deux tiers du nombre maximal de points.

4. Les retraits et reconstitutions de point(s) du permis de conduire font l'objet d'un traitement automatisé dénommé "Système national des permis de conduire" (SNPC).

5. Si la rubrique "Obligation d'échange du permis de conduire" a été cochée, vous êtes dans l'obligation d'effectuer, auprès du service préfectoral de votre domicile, l'échange de votre permis de conduire délivré par un État de l'Union européenne ou de l'Espace économique européen.

6. Vous pouvez exercer, auprès du service préfectoral de votre domicile, un droit d'accès aux informations concernant votre permis de conduire.

7. En cas de contestation, vous devez conserver une copie du présent avis de contravention, dont la production pourra vous être demandée. »

IV. – Un emplacement est destiné, en cas de non-paiement par chèque, à l'apposition de la partie à conserver du timbre-amende.

Art. A. 37-10 *(Rempl., A. 13 mai 2011)*. – Le procès-verbal de contravention mentionné à l'article A. 37-1 est de couleur orange et ses caractéristiques sont les suivantes :

I. – Au recto, sur la partie gauche, sont portées les mentions prévues par le I de l'article A. 37-9, qui sont établies par duplication de la partie gauche du deuxième volet.

II. – Le procès-verbal de contravention comporte la mention : « Cette contravention entraîne un retrait de point(s) du permis de conduire ».

III. – Sur la partie droite figurent les emplacements destinés à la signature de l'agent verbalisateur et, le cas échéant, aux éléments chiffrés permettant le traitement de la contravention relevée, à l'établissement d'une fiche d'immobilisation, à la signature et aux déclarations du contrevenant indiquant s'il reconnaît ou ne reconnaît pas l'infraction et précisant qu'il reconnaît avoir reçu la carte de paiement et l'avis de contravention sur lequel figurent les informations prévues au III de l'article A. 37-9 et reproduites au verso du formulaire.

IV. – Au verso, sur la partie gauche, est reproduite l'intégralité des informations prévues au III de l'article A. 37-9 et il est indiqué que le contrevenant a reçu l'avis de contravention comportant ces informations.

V. – Sur la partie droite figurent les informations relatives au contrevenant ainsi que, le cas échéant, au titulaire du certificat d'immatriculation.

§ 2. – **Dispositions applicables aux contraventions en matière de vitesse**

Art. A. 37-11 *(Rempl., A. 13 mai 2011)*. – **Par dérogation aux articles A. 37-7 à A. 37-10, les caractéristiques des formulaires utilisés pour les contraventions réprimées par les articles R. 413-14 et R. 413-17 du Code de la route en ce qu'ils concernent les dépassements de la vitesse maximale autorisée de moins de 50 km/h (dépassement de la vitesse maximale autorisée pour les véhicules à moteur), lorsqu'elles sont soumises à la procédure de l'amende forfaitaire, sont les mêmes que celles décrites aux articles précités sous réserve des différences suivantes :**

– avis de contravention : outre les mentions prévues à l'article A. 37-9, figurent les indications relatives à la vitesse maximale autorisée, à celle enregistrée à l'aide d'un appareil de contrôle et à celle retenue par le service verbalisateur, les informations sur le moyen de contrôle utilisé et sur le type de voie empruntée ;

– procès-verbal de contravention : ce volet est de couleur jaune ; outre les mentions prévues à l'article A. 37-10, ce volet comporte au recto, sur la partie gauche, les informations obtenues par duplication du second volet décrit au paragraphe précédent.

Sous-section 4. – Dispositions applicables en cas de consignation et de contrôle automatisé

Art. A. 37-12 *(Mod., A. 14 oct. 2018)*. – **Par dérogation aux articles A. 37-7, A. 37-8, A. 37-9 et A. 37-11, lorsque les contraventions mentionnées à l'article L. 121-3 du Code de la route sont constatées sans interception du véhicule et à l'aide d'un système de contrôle automatisé enregistrant les données en numérique, les mentions exigées par les articles A. 37-9 et A. 37-11 relatives à l'avis de contravention figurent sur le recto et le verso d'un formulaire unique d'avis de contravention, de format 210 mm × 297 mm, de couleur verte, qui comprend en bas de page une partie détachable, de couleur blanche, intitulée " Carte de paiement ", sur laquelle sont reproduites au recto et au verso les mentions exigées par l'article A. 37-8.**

La carte de paiement prévue à l'alinéa précédent peut être remplacée par une notice de paiement figurant sur un feuillet séparé qui est joint à l'envoi, conformément aux dispositions de l'article A. 37-18.

Le formulaire d'avis de contravention comporte également des mentions rappelant au titulaire de la carte grise les conditions de recevabilité de la requête en exonération prévue par les 1° et 2° de l'article 529-10.

Art. A. 37-13 *(Rempl., A. 13 mai 2011)*. – **Par dérogation aux articles A. 37-7, A. 37-8, A. 37-9 et A. 37-11, lorsque les contraventions mentionnées à l'article L. 121-3 du Code de la route sont constatées sans interception du véhicule et à l'aide d'un système de contrôle automatisé enregistrant les données en numérique, les mentions exigées par les articles A. 37-9 et A. 37-11 relatives à l'avis de contravention figurent sur le recto et le verso d'un formulaire unique d'avis de contravention, de format 210 mm × 297 mm, de couleur verte, qui comprend en bas de page une partie détachable, de couleur blanche, intitulée « Carte de paiement », sur laquelle sont reproduites au recto et au verso les mentions exigées par l'article A. 37-8.**

La carte de paiement prévue à l'alinéa précédent peut être remplacée par une notice de paiement figurant sur un feuillet séparé qui est joint à l'envoi, conformément aux dispositions de l'article A. 37-18.

Le formulaire d'avis de contravention comporte également des mentions rappelant au titulaire de la carte grise les conditions de recevabilité de la requête en exonération prévue par les 1° et 2° de l'article 529-10.

Art. A. 37-14 *(Rempl., A. 13 mai 2011)*. – **Par dérogation à l'article A. 37-10, le procès-verbal du formulaire d'avis de contravention prévu par l'article précédent, lorsqu'il est dressé conformément aux dispositions de l'article 529-11, reproduit les mentions exigées par l'article A. 37-10 et le troisième alinéa de l'article A. 37-11, dans un format 210 mm × 297 mm et sur un support de couleur blanche.**

Sous-section 5. – Dispositions spécifiques applicables en cas de constatation ne permettant pas l'édition immédiate de l'avis de contravention et en cas d'utilisation d'un appareil électronique sécurisé

§ 1. – **Dispositions applicables en cas de constatation ne permettant pas l'édition immédiate de l'avis de contravention**

Art. A. 37-15 *(Rempl., A. 13 mai 2011)*. – **Lorsque, conformément aux dispositions du troisième alinéa du I de l'article R. 49-1 ou du dernier alinéa de l'article R. 49-10, la contravention est constatée par l'agent verbalisateur dans des conditions ne permettant pas l'édition immédiate de l'avis de contravention et de la**

carte de paiement, notamment parce que le procès-verbal de constatation est dressé avec l'appareil prévu par l'article A. 37-19, il est adressé par voie postale au domicile du contrevenant ou, lorsque son identité n'a pu être établie, au domicile du titulaire du certificat d'immatriculation les documents suivants :

– un avis de contravention ;

– une notice de paiement ;

– un formulaire de requête en exonération sur un feuillet distinct, lorsque les informations relatives aux modalités de contestation et de recours ne figurent pas sur l'avis de contravention.

Les caractéristiques de ces documents sont fixées par les articles A. 37-16 à A. 37-18.

Lorsque le procès-verbal constatant l'infraction est dressé en l'absence du contrevenant, un document l'informant qu'il recevra à son domicile un avis de contravention peut être laissé sur le véhicule. La non-dépose de ce document ne constitue toutefois pas une cause de nullité de la procédure.

Art. A. 37-16 *(A. 13 mai 2011)*. – L'avis de contravention adressé par voie postale au contrevenant ou, lorsque son identité n'a pu être établie, au titulaire du certificat d'immatriculation comprend :

I. – Les mentions relatives au service verbalisateur, à la nature, au lieu et à la date de la contravention, les références des textes réprimant ladite contravention, les éléments d'identification du véhicule et l'identité du contrevenant ou, lorsque celle-ci n'a pu être relevée, celle du titulaire du certificat d'immatriculation.

II. – Le montant de l'amende forfaitaire encourue ainsi que le montant de cette amende en cas de minoration ou de majoration en considération du délai ou du mode de paiement.

III. – Une rubrique intitulée « Retrait de point(s) du permis de conduire » où est indiqué si la contravention poursuivie est susceptible d'entraîner un retrait de point(s) du permis de conduire et comportant les mentions prévues au III de l'article A. 37-9, le cas échéant dans un ordre différent. Les dispositions du présent alinéa ne sont toutefois pas applicables s'il s'agit d'une contravention n'entraînant pas retrait de points du permis de conduire.

IV. – Le cas échéant, une rubrique relative à l'obligation de procéder à l'échange du permis de conduire.

V. – Une information sur les droits du destinataire de cet avis et sur les modes d'exercice des recours concernant :

– le traitement automatisé des données à caractère personnel ;

– le droit d'accès au cliché éventuellement pris par des appareils de contrôle automatiques ;

– l'infraction elle-même lorsque les modalités de contestation ne sont pas portées sur un formulaire distinct de la requête en exonération.

Art. A. 37-17 *(A. 13 mai 2011)*. – Lorsqu'un formulaire spécifique de requête en exonération est adressé au contrevenant, il comprend les mentions suivantes :

– les voies de recours ouvertes au contrevenant et les modalités de leur exercice ;

– une information sur l'examen de la requête et les suites susceptibles de lui être données.

Lorsque la contravention poursuivie est l'une de celles mentionnées à l'article L. 121-3 du Code de la route, le formulaire détaille chacun des cas de requête en exonération et précise si une consignation préalable est exigible ou non. Une carte de consignation est insérée au bas du recto du formulaire lorsque ce document est adressé au titulaire du certificat d'immatriculation.

Art. A. 37-18 *(A. 13 mai 2011)*. – La notice de paiement mentionne l'ensemble des possibilités offertes au contrevenant pour s'acquitter du montant de l'amende ainsi que les modalités pratiques de règlement.

Une carte de paiement détachable est intégrée au bas du recto de cette notice.

Conformément aux dispositions de l'article R. 49-3-1, cette notice peut également comporter une mention précisant que le paiement de l'amende forfaitaire peut être réalisé par télépaiement automatisé ou par timbre dématérialisé.

§ 2. – Dispositions relatives aux appareils électroniques sécurisés permettant la réalisation d'un procès-verbal dématérialisé

Art. A. 37-19 *(Mod., A. 6 sept. 2019)*. – L'appareil électronique sécurisé permettant de dresser le procès-verbal de constatation de la contravention en ayant recours à une signature électronique ou à une signature manuscrite recueillie sous forme numérique, prévu par le II de l'article R. 49-1 ou par l'article D. 589-2, doit répondre aux caractéristiques techniques suivantes :

– l'appareil ne peut être utilisé qu'avec une carte électronique d'identification personnelle à chaque agent verbalisateur, et après authentification de ce dernier par un code personnel ;

– les informations conservées dans la mémoire de l'appareil sont chiffrées dès que l'agent valide leur enregistrement, et elles ne peuvent faire l'objet de modification après cette validation ;

– le procès-verbal de constatation de contravention fait l'objet soit d'une signature électronique qui peut être apposée au moyen d'un parapheur électronique, soit d'une signature manuscrite de l'agent apposée à l'aide d'un stylet sur l'écran tactile de l'appareil et qui est ensuite conservée sous forme numérique ;

– il peut être offert au contrevenant la possibilité de signer le procès-verbal grâce à une signature manuscrite apposée avec un stylet sur l'écran tactile de l'appareil et conservée sous forme numérique, sur une page écran qui lui présente un résumé non modifiable des informations concernant la contravention relevée à son encontre, informations dont il reconnaît ainsi avoir eu connaissance.

L'absence de signature du contrevenant sur ce procès-verbal ne constitue toutefois pas une cause de nullité de la procédure.

Lorsqu'il est fait application du présent article, conformément aux dispositions du troisième alinéa du I de l'article R. 49-1, aucun document n'est remis au contrevenant.

Art. A. 37-19-1 *(A. 20 mars 2017).* – En cas de réclamation portée devant la juridiction compétente, le procès-verbal dressé avec l'appareil prévu à l'article A. 37-19 est, sur demande de l'autorité saisie de la réclamation, édité sur un feuillet de couleur blanche au format 210 mm × 297 mm.

Il reproduit les éléments mentionnés au I de l'article A. 37-16 *(Mots aj. à compter du 1er janvier 2015, A. 4 déc. 2014)* « ou à l'article A. 37-27.2 » ainsi que tous les éléments complémentaires sur les circonstances de la commission de l'infraction relevés par l'agent verbalisateur.

Il reproduit la signature manuscrite de l'agent verbalisateur et, le cas échéant, celle du contrevenant, telles qu'elles ont été saisies et numérisées lors de la verbalisation.

§ 3. – Dispositions relatives à la contestation dématérialisée de l'amende forfaitaire

(A. 20 mars 2017)

Art. A. 37-20 *(Mod., A. 6 sept. 2019).* – Lorsqu'une contravention a été constatée par un procès-verbal réalisé en utilisant un appareil électronique sécurisé conformément aux articles R. 49-1, D. 589-2 et A. 37-19, l'avis d'amende forfaitaire peut indiquer que la requête en exonération ou la réclamation pourra être faite de façon dématérialisée conformément aux dispositions du présent article.

Hors les cas prévus par les articles A. 37-20-1 à A. 37-20-5, la contestation est faite sur le site www.antai.fr en utilisant les informations figurant sur l'avis d'amende forfaitaire, à l'aide d'un formulaire de contestation en ligne figurant sur le site. Un accusé d'enregistrement de la contestation est présenté automatiquement à la personne lorsque celle-ci a validé et envoyé sa contestation. Ce document peut être téléchargé ou imprimé par la personne.

Sous-section 6. – Dispositions applicables en cas de contestation dématérialisée des amendes forfaitaires prévues à l'article 529-10

(A. 22 oct. 2015)

Art. A. 37-20-1 *(A. 22 oct. 2015).* – Le titulaire du certificat d'immatriculation ou les personnes visées aux trois derniers alinéas de l'article L. 121-2 du Code de la route ayant reçu un avis d'amende forfaitaire peuvent adresser la requête ou la réclamation prévue par l'article 529-10 de façon dématérialisée conformément aux modalités précisées par la présente sous-section.

La contestation est faite sur le site « www.antai.fr », en utilisant les informations figurant sur l'avis d'amende forfaitaire, à l'aide du formulaire de contestation en ligne figurant sur ce site.

Cette contestation produit les mêmes effets que l'envoi de la lettre recommandée avec demande d'avis de réception prévu au premier alinéa de l'article 529-10.

Art. A. 37-20-2 *(A. 22 oct. 2015 ; dénum. à compter du 1er avril 2017, A. 20 mars 2017 ; mod., A. 14 oct. 2018).* – La contestation en ligne peut être faite pour les motifs suivants :

1° Le véhicule mis en cause a été, vendu, cédé, volé, détruit ou a fait l'objet d'une usurpation de plaques d'immatriculations ;

2° Dans le cas prévu au 3° de l'article A. 37-20-2, lorsque la contestation porte sur une amende forfaitaire majorée, la copie du document démontrant qu'il a été acquitté une consignation préalable dans le cas prévu par l'article R. 49-15 ;

3° Autre motif.

Art. A. 37-20-3 *(Rempl., A. 17 avr. 2020).* – Dans le cas prévu au 1° de l'article A. 37-20-2, la personne transmet de façon numérisée, selon les formats indiqués sur le site « www.antai.fr », la copie du récépissé du dépôt de plainte pour vol ou destruction du véhicule ou pour le délit d'usurpation de plaque d'immatriculation prévu par l'article L. 317-4-1 du Code de la route, la copie de la déclaration de destruction de véhicule établie conformément aux dispositions du Code de la route, ou les copies de la déclaration de cession du véhicule et de son accusé d'enregistrement dans le système d'immatriculation des véhicules.

Art. A. 37-20-4 *(A. 22 oct. 2015 ; dénum. à compter du 1er avril 2017, A. 20 mars 2017).* – Dans le cas prévu au 2° de l'article A. 37-20-2, la personne précise l'identité, l'adresse, ainsi que la référence du permis de conduire de la personne qui était présumée conduire le véhicule lorsque la contravention a été constatée ; elle n'est pas tenue d'adresser une lettre transmise de façon numérisée ; elle est informée que toute fausse déclaration l'expose à des poursuites pénales.

Art. A. 37-20-5 *(A. 22 oct. 2015 ; dénum. à compter du 1er avril 2017, A. 20 mars 2017).* – Dans tous les cas, un accusé d'enregistrement de la contestation est présenté automatiquement à la personne lorsque celle-ci a validé et envoyé sa contestation. Ce document peut être téléchargé ou imprimé par la personne.

Section II. – Dispositions applicables à la procédure de l'encaissement immédiat par les agents verbalisateurs

Sous-section 1. – Dispositions applicables en cas d'utilisation de carnet de quittance à souche

(Intitulé mod. à compter du 1er janvier 2015, A. 4 déc. 2014)

§ 1. – Dispositions communes

(§ créé à compter du 1er janvier 2015, A. 4 déc. 2014)

Art. A. 37-21 *(A. 13 mai 2011).* – Pour constater les contraventions soumises à la procédure de l'amende forfaitaire et en recevoir le paiement, dans le cas où il est effectué immédiatement, les agents verbalisateurs utilisent des carnets de quittances à souches type, de format 100 mm × 217 mm, dont les caractéristiques sont fixées par les dispositions de la présente section.

Ces carnets sont également utilisés pour percevoir la consignation prévue par l'article L. 121-4 du Code de la route.

Art. A. 37-22 *(A. 13 mai 2011).* – Deux volets, placés après la page de garde, permettent de suivre l'utilisation par le service verbalisateur des dix liasses (de cinq feuillets chacune) contenues dans le carnet.

Ils sont signés par le comptable public qui y appose, en outre, le cachet du poste lorsque l'ensemble du carnet a été utilisé.

Un troisième volet vise à rappeler les principales conditions générales du règlement de l'amende forfaitaire ou de la consignation.

Art. A. 37-23 *(A. 13 mai 2011).* – Le recto et le verso du feuillet n° 1 de la liasse comportent le rappel des textes législatifs et réglementaires applicables aux contraventions mentionnées à l'article A. 37-21.

Les rectos des feuillets nos 2, 3, 4 et 5 contiennent des informations identiques par effet de duplication.

Le feuillet n° 2 constitue la quittance proprement dite ; il est remis avec le feuillet n° 1 au contrevenant ou à l'auteur de l'infraction.

Au recto des feuillets nos 2, 3, 4 et 5, sur la partie gauche, figure une partie intitulée : « A. Constatation d'une infraction » visant à recueillir l'identification du service verbalisateur et du contrevenant, la date et la nature de l'infraction, les références des textes réprimant ladite infraction.

Figure au bas de ces feuillets une partie intitulée « B. Encaissement » destinée à recueillir le montant de l'amende forfaitaire payée par le contrevenant ou le montant de la consignation versé par l'auteur de l'infraction.

Le feuillet n° 3 est remis au comptable public au moment du versement des fonds par l'agent verbalisateur.

Le feuillet n° 4 est conservé par le service verbalisateur lors de l'encaissement d'une amende forfaitaire ; dans ce cas, il vaut procès-verbal. Lors de l'encaissement d'une consignation, ce quatrième volet est joint au procès-verbal.

Le feuillet n° 5 demeure dans le carnet à souches d'encaissement immédiat.

Les feuillets n°s 2, 3, 4 et 5 sont signés par les agents verbalisateurs et par le contrevenant ou l'auteur de l'infraction.

§ 2. – Dispositions applicables au paiement immédiat des amendes forfaitaires relatives aux infractions n'entraînant pas retrait de points du permis de conduire

(Ancienne sous-section 2 devenue le présent § à compter du 1er janvier 2015, A. 4 déc. 2014)

Art. A. 37-24 *(A. 13 mai 2011).* – Les contraventions soumises à la procédure de l'amende forfaitaire qui ne sont pas susceptibles d'entraîner un retrait de points du permis de conduire sont relevées sur un carnet dont la page de garde et les feuillets sont de couleur blanche.

Art. A. 37-25 *(A. 13 mai 2011).* – I. – Au recto des feuillets n°s 2, 3, 4 et 5, sur la partie gauche du « B. Encaissement », le contrevenant et les agents verbalisateurs apposent leur signature sous la mention : « Il reconnaît avoir été informé des dispositions portées au verso de ce document ». Sur la partie droite du « B. Encaissement », l'auteur de l'infraction et les agents verbalisateurs apposent leur signature sous la mention : « Il reconnaît avoir été informé des dispositions portées au verso de ce document ».

Sur la partie droite « C. Mode de règlement » figurent les informations relatives au mode de règlement de l'amende forfaitaire ou de la consignation. Elle comporte une case « Obligation d'échange du permis de conduire » qui doit être cochée par l'agent verbalisateur si le contrevenant ou l'auteur de l'infraction est soumis à une telle obligation.

II. – Au verso du feuillet n° 2 figurent les mentions d'information relatives aux droits du contrevenant ou de l'auteur de l'infraction prévues au II de l'article A. 37-4.

Au verso des feuillets n°s 3 et 4 figurent les mentions d'information relatives aux droits du contrevenant ou de l'auteur de l'infraction prévues au II de l'article A. 37-4 et il est indiqué que le contrevenant ou l'auteur de l'infraction en a été informé.

§ 3. – Dispositions applicables au paiement immédiat des amendes forfaitaires entraînant un retrait de points du permis de conduire

(Anc. ss-sect. 3 devenue le présent § à compter du 1er janvier 2015, A. 4 déc. 2014)

Art. A. 37-26 *(A. 13 mai 2011).* – Les contraventions soumises à la procédure de l'amende forfaitaire susceptibles d'entraîner une réduction de points du permis de conduire sont relevées sur un carnet composé de feuillets de couleur blanche, dont la page de garde comporte une case orange permettant de le distinguer du modèle de carnet mentionné à l'article A. 37-24.

Art. A. 37-27 *(A. 13 mai 2011).* – I. – Au recto des feuillets n°s 2, 3, 4 et 5, sur la partie gauche du « B. Encaissement », le contrevenant et les agents verbalisateurs apposent leur signature sous la mention : « Il reconnaît avoir été informé, avant paiement, des dispositions portées au verso de ce document (notamment celles de l'article L. 223-3 du Code de la route et de ce que ce paiement entraîne reconnaissance définitive de l'infraction et retrait de points) ». Sur la partie droite du « B. Encaissement », l'auteur de l'infraction et les agents verbalisateurs apposent leur signature sous la mention : « Il reconnaît avoir été informé des dispositions portées au verso de ce document ».

Sur la partie droite « C. Mode de règlement » figurent les informations relatives au mode de règlement de l'amende forfaitaire ou de la consignation. La mention suivante y est apposée : « Cette contravention entraîne un retrait de points du permis de conduire », ainsi qu'une case « Obligation d'échange du permis de conduire » qui doit être cochée par l'agent verbalisateur si le contrevenant ou l'auteur de l'infraction est soumis à une telle obligation.

II. – Au verso du feuillet n° 2 figurent les mentions d'information relatives aux droits du contrevenant ou de l'auteur de l'infraction prévues au III de l'article A. 37-9.

Au verso des feuillets n°s 3 et 4 figurent les mentions d'information relatives aux droits du contrevenant ou de l'auteur de l'infraction prévues au III de l'article A. 37-9 et il est indiqué que le contrevenant ou l'auteur de l'infraction en a été informé.

Sous-section 2. – Dispositions applicables en cas de constatation avec utilisation d'un appareil électronique sécurisé (1)

(Sous-sect. créée à compter du 1er janvier 2015, A. 4 déc. 2014)

Art. A. 37-27-1 *(A. 4 déc. 2014)*. – Les agents verbalisateurs peuvent également recevoir le paiement immédiat de l'amende forfaitaire ou la consignation prévue par l'article L. 121-4 du Code de la route, lorsque le procès-verbal de constatation est réalisé à l'aide de l'appareil électronique sécurisé dont les caractéristiques sont définies par l'article A. 37-19 ; les modalités selon lesquelles est établi ce procès-verbal sont précisées par l'article A. 37-27-2.

Il est utilisé pour percevoir l'amende ou la consignation un carnet de quittances à souches d'encaissement type, conforme aux dispositions de l'article A. 37-22, comportant dix liasses de cinq feuillets, chaque liasse étant assortie d'un numéro unique ; les caractéristiques spécifiques de ce carnet, qui diffèrent pour partie de celles des carnets prévus par les dispositions de la sous-section 1 de la présente section, sont fixées par l'article A. 37-27-3.

Ce carnet à souche peut être également utilisé pour recevoir la consignation prévue par l'article L. 121-4 du Code de la route pour des délits ou pour des contraventions non forfaitisées, lorsque le procès-verbal n'est pas dressé au moyen de l'appareil électronique sécurisé.

Art. A. 37-27-2 *(A. 4 déc. 2014)*. – Le procès-verbal de constatation dressé au moyen d'un appareil électronique sécurisé est établi conformément aux dispositions du présent article.

I. – En cas d'infraction n'entraînant pas retrait de point, le contrevenant appose sa signature sur une page écran du terminal qui lui présente un résumé non modifiable des informations concernant la contravention relevée à son encontre précédé des mentions d'information relatives aux droits du contrevenant prévues au II de l'article A. 37-4.

II. – En cas d'infraction entraînant retrait de point, le résumé non modifiable des informations concernant la contravention relevée, à la suite duquel le contrevenant appose sa signature, est précédé des mentions d'information relatives aux droits du contrevenant prévues aux 1, 2, 3 (premier alinéa), 4, 5 et 6 du III de l'article A. 37-9. Il est également précisé que l'infraction commise entraîne retrait de point(s).

La page écran du terminal peut comporter la mention « Obligation d'échange du permis de conduire » si le ontrevenant est soumis à une telle obligation.

Il y est enfin précisé que le contrevenant s'acquitte immédiatement du montant de l'amende ou de la consignation.

En cas de paiement de l'amende forfaitaire, la page écran sur laquelle le contrevenant appose sa signature comporte, de façon non modifiable, la précision que le contrevenant reconnaît la contravention relevée, qu'il s'acquitte du paiement de l'amende forfaitaire, et qu'il est informé du retrait de points qui résultera de ce paiement ainsi que, le cas échéant, de son obligation d'échanger son permis de conduire.

III. – Le procès-verbal de constatation fait l'objet d'une signature électronique ou manuscrite de l'agent conformément aux dispositions de l'article A. 37-19.

IV. – Après encaissement, l'agent verbalisateur reporte le numéro de la liasse du carnet de quittances à souche qui a été utilisée, ainsi que les modalités de paiement, sur le procès-verbal dressé à l'aide de l'appareil électronique sécurisé.

Art. A. 37-27-3 *(A. 4 déc. 2014)*. – Les cinq feuillets de chacune des liasses du carnet de quittances à souches d'encaissement répondent aux caractéristiques suivantes.

Le recto et le verso du feuillet n° 1 de la liasse comportent le rappel des textes législatifs et réglementaires applicables aux contraventions faisant l'objet de la procédure de l'amende forfaitaire.

Les rectos des feuillets nos 2, 3, 4 et 5, qui contiennent des informations identiques par effet de duplication, sont destinés à recueillir les éléments nécessaires à l'identification du service verbalisateur et du

(1) Les carnets de quittances à souches d'encaissement prévus par les articles A. 37-21 à A. 37-27 du Code de procédure pénale peuvent continuer d'être utilisés pour le paiement immédiat de l'amende forfaitaire ou le paiement de la consignation en cas de constatation de la contravention à l'aide de l'appareil électronique sécurisé prévu par l'article A. 37-19 de ce code. Dans ce cas, le procès-verbal de constatation est celui établi par cet appareil, les rectos des feuillets nos 2, 3 et 5 comportent les mentions prévues à l'article A. 37-27-3 et le feuillet n° 4, qui peut être détruit, ne vaut pas procès-verbal, A. 4 déc. 2014.

contrevenant ou de l'auteur de l'infraction, la ou les infractions relevées ainsi que la date et le lieu de l'encaissement.

Une partie intitulée « Encaissement » est destinée à recueillir le montant de l'amende forfaitaire qui a été payé ou le montant de la consignation qui a été versé ainsi que le mode de paiement.

Le verso du feuillet n° 2 comporte les mentions d'information relatives aux droits de l'auteur de l'infraction prévues aux 1, 2, 3 (premier alinéa), 4, 5 et 6 du III de l'article A. 37-9.

Les feuillets n°s 2, 3 et 5 sont signés par l'agent verbalisateur.

Les feuillets n°s 1 et 2 sont remis au contrevenant.

Le feuillet n° 3 est remis au comptable public au moment du versement des fonds par l'agent verbalisateur.

Le feuillet n° 5 demeure dans le carnet à souches d'encaissement.

Art. A. 37-27-4 *(A. 4 déc. 2014)*. – Lorsque le procès-verbal concerne une contravention forfaitisée et a été dressé au moyen de l'appareil électronique sécurisé, le feuillet n° 4 n'est pas utilisé et peut être détruit.

Dans les autres cas, les feuillets n°s 2, 3, 4 et 5, utilisés pour constater la consignation et signés par l'agent verbalisateur, sont également signés par l'auteur de l'infraction qui reconnaît avoir été informé, avant paiement, des informations portées au verso du document ; le feuillet n° 4 est joint au procès-verbal de constatation de l'infraction.

Art. A. 37-27-5 *(A. 4 déc. 2014)*. – Lorsque la quittance à souches d'encaissement type prévue par l'article A. 37-27-1 est issue d'un système automatisé comportant l'impression des feuillets devant être remis au contrevenant ou à l'auteur de l'infraction, elle mentionne en guise de numéro de liasse un identifiant unique attribué par le système informatisé et sa délivrance doit s'accompagner de l'enregistrement et de la conservation dans le système informatisé des informations qu'elle mentionne.

Dans ce cas, les informations devant figurer en application des articles A. 37-22 et A. 37-27-3, dans le carnet de quittances à souches d'encaissement et les différents feuillets des liasses de ce carnet, peuvent être conservées sur un support dématérialisé, garantissant leur sécurité et leur fiabilité, en utilisant un appareil sécurisé, qui peut être celui prévu à l'article A. 37-19. Les informations insérées sur ce support ne doivent pas pouvoir être modifiées après la signature de l'agent ou de l'auteur de l'infraction.

Art. A. 37-27-6 *(A. 8 oct. 2018)*. – Les dispositions des alinéas 2 et 3 de l'article A. 37-27-1, du IV de l'article A. 37-27-2, et des articles A. 37-27-3 à A. 37-27-5 ne sont pas applicables, si l'agent verbalisateur est équipé d'un dispositif permettant d'adresser au contrevenant ou à l'auteur de l'infraction une quittance dématérialisée et que le paiement immédiat est réalisé conformément aux dispositions du présent article.

Ce paiement peut être effectué par chèque, ou de façon dématérialisée, avec soit une carte bancaire, soit une autre forme de carte de paiement dont l'utilisation est autorisée pour le paiement des amendes, le cas échéant directement sur le site du télépaiement automatisé des amendes de la direction générale des finances publiques. Si le contrevenant en fait la demande, ce paiement donne alors lieu à l'envoi par voie numérique à l'adresse électronique qu'il communique, d'une quittance dématérialisée comportant les indications mentionnées à l'article A. 37-27-3.

Ce paiement peut être également effectué en espèces si le contrevenant accepte l'envoi par voie numérique, à l'adresse électronique qu'il communique, d'une quittance dématérialisée comportant les indications mentionnées à l'article A. 37-27-3.

La quittance dématérialisée correspondant à chaque encaissement réalisé est remise au comptable public au moment du versement des fonds à sa caisse.

Cette quittance mentionne en guise de numéro de liasse un identifiant unique attribué par le système informatisé et sa délivrance doit s'accompagner de l'enregistrement et de la conservation dans le système informatisé des informations qu'elle mentionne.

Les informations devant figurer, en application des articles A. 37-22 et A. 37-27-3, dans le carnet de quittances à souches d'encaissement et les différents feuillets des liasses de ce carnet, sont conservées sur un support dématérialisé, garantissant leur sécurité et leur fiabilité, en utilisant un appareil sécurisé, qui peut être celui prévu à l'article A. 37-19. Les informations insérées sur ce support ne doivent pas pouvoir être modifiées après la signature de l'agent ou de l'auteur de l'infraction.

Section III. – Dispositions applicables en cas d'émission d'un titre exécutoire d'amende forfaitaire majorée

Art. A. 37-28 *(A. 13 mai 2011)*. – **Lorsque, conformément aux dispositions du premier alinéa de l'article R. 49-6, le comptable public compétent adresse au contrevenant un extrait du titre exécutoire le concernant sous forme d'avis l'invitant à s'acquitter du montant de l'amende forfaitaire majorée, cet avis doit comporter une rubrique intitulée « Retrait de points du permis de conduire » dès lors que la contravention constatée entraîne un retrait de point(s) du permis de conduire.**

Cette rubrique comporte les mentions suivantes :

Vous êtes informé(e) que :

1. ***Vous pouvez exercer un droit d'accès et de rectification lorsque les renseignements vous concernant font l'objet d'un traitement automatisé (art. 39 et 40 de la L. n° 78-17, 6 janv. 1978) auprès :***

– de l'officier du ministère public près la juridiction de proximité ou le tribunal de police ;

– du comptable public chargé du recouvrement de l'amende forfaitaire majorée ;

2. ***L'émission du présent titre exécutoire d'amende forfaitaire majorée a pour conséquence un retrait de point(s) de votre permis de conduire correspondant à l'infraction constatée ;***

3. ***Ce retrait de point(s) ne pourra être remis en cause qu'en cas de contestation, selon les modalités prévues par la loi, du présent titre exécutoire. Le paiement de l'amende forfaitaire majorée en l'absence de contestation entraînera un retrait de points ;***

Selon l'article L. 223-2 du Code de la route :

– pour les délits, le retrait de points est égal à la moitié du nombre maximal de points ;

– pour les contraventions, le retrait de points est, au plus, égal à la moitié du nombre maximal de points ;

– dans le cas où plusieurs infractions entraînant retrait de points sont commises simultanément, les retraits de points se cumulent dans la limite des deux tiers du nombre maximal de points ;

4. ***Les retraits et reconstitutions de point(s) du permis de conduire font l'objet d'un traitement automatisé dénommé « Système national des permis de conduire » (SNPC) ;***

5. ***Vous pouvez exercer, auprès du service préfectoral de votre domicile, un droit d'accès aux informations concernant votre permis de conduire.***

Section IV. – Dispositions applicables aux contraventions non forfaitisées

Art. A. 37-29 *(A. 13 mai 2011)*. – **Les contraventions non soumises à la procédure de l'amende forfaitaire qui ont donné lieu à l'interpellation du contrevenant ou qui ont été relevées en sa présence peuvent être constatées au moyen des formulaires décrits aux articles A. 37 à A. 37-11 ci-dessus.**

Dans ce cas, au recto de la carte de paiement remise au contrevenant figure l'indication que la procédure de l'amende forfaitaire n'est pas applicable à la contravention relevée et que le contrevenant fera l'objet de poursuites ultérieures à l'initiative du ministère public.

Au recto du procès-verbal de contravention sont recueillies les déclarations du contrevenant indiquant s'il reconnaît ou ne reconnaît pas l'infraction, sa signature et celle de l'enquêteur.

Section V. – Dispositions relatives au procès-verbal de contravention et à l'avis de paiement établis par l'agent assermenté d'un exploitant d'autoroute en matière de péage

(A. 5 févr. 2013)

Art. A. 37-30 *(Mod., A. 11 mars 2021)*. – **Le procès-verbal prévu par le III de l'article 529-6 est constitué par un feuillet, comportant sur son recto, dans l'ordre fixé par le présent article, les mentions ci-après :**

1° Le numéro du procès-verbal ;

2° L'intitulé suivant : Procès-verbal de constatation de non-paiement du péage. En application des articles L. 130-4, R. 130-4, R. 130-8 et R. 419-1 et R. 419-2 du Code de la route ;

3° Les coordonnées de la société exploitante ;

4° L'identification de l'agent assermenté ayant constaté la contravention ;

5° Le numéro d'immatriculation et la catégorie du véhicule ;

6° La date, l'heure, le lieu de la contravention et les faits constatés (autoroute ou ouvrage routier, sens, gare de péage ou dispositifs permettant l'identification des véhicules et la perception du montant du péage sans recours à une barrière physique, commune[s], département[s]) et la précision du texte d'incrimination (art. R. 419-1 ou R. 419-2 du Code de la route selon l'infraction constatée) ;

7° La date d'établissement du procès-verbal ;

8° La signature de l'agent assermenté, le cas échéant sous une forme numérisée ;

9° Le montant du péage dû, ou de la somme due, au titre du droit départemental de passage prévu à l'article L. 321-11 du Code de l'environnement, en précisant qu'en cas de défaut de titre d'entrée le montant du péage dû est le montant du trajet le plus cher.

Art. A. 37-31 *(A. 5 févr. 2013)*. – L'avis de paiement prévu par le II de l'article 529-6 est constitué par un feuillet recto verso et répondant aux caractéristiques précisées par les articles A. 37-32 et A. 37-33.

Art. A. 37-32 *(Mod., A. 11 mars 2021)*. – I. – Sur le recto, intitulé : « Avis de paiement, infraction pour non-paiement du péage » figurent, dans la partie haute du document, dans sa partie gauche, les mentions ci-après :

1° Date d'envoi de l'avis ;

2° Numéro de référence de l'avis ;

3° La date, l'heure, le lieu de la contravention (autoroute ou ouvrage routier, sens, gare de péage ou dispositifs permettant l'identification des véhicules et la perception du montant du péage sans recours à une barrière physique, commune[s], département[s]), le numéro d'immatriculation, la catégorie ou le modèle, le pays et la marque du véhicule, l'identification de l'agent assermenté de l'exploitant ayant constaté l'infraction, les faits constatés et la précision du texte d'incrimination (R. 419-1 ou R. 419-2 du Code de la route selon l'infraction constatée) ;

Dans la partie haute et droite du document figurent, à la suite des noms, prénoms et de l'adresse de la personne destinataire de l'avis, les mentions suivantes :

« Madame, Monsieur,

Le véhicule immatriculé [...] a fait l'objet d'un procès-verbal de constatation d'infraction, par un agent assermenté, pour non-paiement du péage.

[Vous êtes le titulaire de la carte d'immatriculation de ce véhicule] ou [vous avez été désigné(e) par M. ou Mme [...] comme étant le(la) conducteur(trice) au moment de l'infraction].

(Rédaction à adapter en fonction de la situation du contrevenant).

Vous devez, dans un délai de deux mois à compter de l'envoi du présent avis :

– soit régulariser votre situation par chèque bancaire compensable en France en utilisant la carte de paiement ci-dessous, ou par l'un des autres moyens de paiement figurant dans l'avis ;

En cas de contravention constatée à la suite de l'usage d'un dispositif de péage permettant l'identification des véhicules et la perception du montant du péage sans recours à une barrière physique, la mention suivante est ajoutée : « La contravention ayant été constatée dans le cadre d'un dispositif de péage permettant l'identification des véhicules et la perception du montant du péage sans recours à une barrière physique, vous pouvez bénéficier de l'application d'une indemnité forfaitaire minorée en régularisant votre situation dans un délai de quinze jours à compter de l'envoi du présent avis. »

– soit formuler une protestation en utilisant la carte de protestation ci-dessous ou son modèle dématérialisé proposé par l'exploitant et en joignant les pièces justificatives.

À défaut de règlement ou de protestation dans un délai de deux mois à compter de la date d'envoi du présent avis de paiement, et conformément à l'article 529-6 du Code de procédure pénale, ce dossier sera transmis à M./Mme l'officier du ministère public. Vous devenez alors redevable de plein droit d'une amende forfaitaire majorée d'un montant de 375 €. Le montant du péage non acquitté restera dû. À défaut de règlement de cette amende forfaitaire majorée dans un délai de quatre mois à compter de son envoi, le Trésor public fera opposition auprès de l'autorité administrative compétente au transfert du certificat d'immatriculation de votre véhicule en cas de vente d'occasion. La transmission à M./Mme l'officier du ministère public de plus de cinq dossiers vous concernant sur une période inférieure ou égale à douze mois vous expose, en application de l'article L. 419-1 du Code de la route, à une amende de 7 500 €. »

À la suite de cette mention, est indiqué le montant total à régler en distinguant :

– le montant TTC du péage non acquitté en fonction de la catégorie du véhicule et du trajet ;

– le montant de l'indemnité forfaitaire, qui est fixé à 90 € par l'article R. 49-8-4-1 du Code de procédure pénale ;

En cas de contravention constatée à la suite de l'usage d'un dispositif de péage permettant l'identification des véhicules et la perception du montant du péage sans recours à une barrière physique, la mention suivante est ajoutée :

« Cependant vous bénéficiez de l'application d'une indemnité forfaitaire minorée dont le montant est fixé à 10 €, en application de l'article R. 49-8-4-1 du Code de procédure pénale, si vous réglez dans un délai de quinze jours à compter de l'envoi du présent avis. »

– le cas échéant, le montant de la somme due au titre du droit départemental de passage prévu à l'article L. 321-11 du Code de l'environnement.

II. – Dans la partie basse du feuillet, figurent à gauche et à droite deux coupons détachables.

Le coupon de gauche, précédé de la mention : « Si vous souhaitez régler, envoyez votre règlement accompagné du talon ci-dessous », est intitulé « carte de paiement ». Il précise l'ordre auquel le chèque est destiné, mentionne le nom du contrevenant, le montant à payer et, en cas de contravention constatée à la suite de l'usage d'un dispositif de péage permettant l'identification des véhicules et la perception du montant du péage sans recours à une barrière physique, le montant à payer en cas de régularisation sous quinze jours, et la référence de l'avis de paiement.

Le coupon de droite, précédé de la mention : « Si vous souhaitez protester, envoyez le talon ci-dessous accompagné des pièces justificatives », est intitulé : « carte de protestation ». Il comporte la mention : « Voir au dos les cas de protestation possible », indique l'adresse où il doit être envoyé ainsi que la référence de l'avis de paiement.

III. – L'exploitant peut également proposer au contrevenant des modes de paiement supplémentaires par rapport à ceux indiqués dans les mentions ci-dessus.

Art. A. 37-33 *(Mod., A. 11 mars 2021)*. – I. – Sur le verso, intitulé : « Information », figurent, au haut du document :

1° La reproduction, précédée de la mention : « *Les textes ci-dessous sont des extraits, pour leur intégralité, se référer aux différents codes concernés* » de l'article L. 121-2 du Code de la route, des articles L. 130-4 (paragraphe 8), L. 330-2 (paragraphe 14) et L. 419-1 de ce code et des alinéas 1, 3, 4, 5, 6 et 7 de l'article 529-6 du Code de procédure pénale ;

2° Les mentions suivantes :

« *Conformément aux articles L. 251-1 à L. 252-7 du Code de la sécurité intérieure,* [identification de l'exploitant] *dispose de moyens de vidéo-protection et informatiques destinés à assurer : la gestion du péage et des abonnements sur le domaine concédé, le traitement des anomalies liées aux trajets et au matériel, et la lutte contre la fraude au péage.*

Les informations enregistrées sont réservées à l'usage des services internes de [identification de l'exploitant].

Conformément aux articles 39 et suivants de la loi n° 78-17 du 6 janvier 1978 relative à l'informatique, aux fichiers et aux libertés, toute personne peut obtenir communication et, le cas échéant, rectification ou suppression des informations la concernant, en s'adressant au responsable du traitement : [nom et adresse du responsable].

Sur simple demande écrite, vous pouvez recevoir ces informations sur un support écrit. » ;

3° L'adresse où doit être envoyé le règlement ou la protestation.

II. – En bas du document, à l'envers de la carte de protestation, figurent les mentions suivantes :

« *Carte de protestation.*

• *Cas 1 : prêt ou location du véhicule (joindre impérativement à ce talon le nom, le prénom, le sexe, la date de naissance, l'adresse et le numéro de permis de conduire de la personne qui conduisait ou était susceptible de conduire le véhicule, ainsi que, le cas échéant, la copie du contrat de location).*

• *Cas 2 : vol, destruction, vente ou cession de véhicule, usurpation de plaque d'immatriculation (joindre impérativement à ce talon le récépissé de dépôt de plainte pour vol, la copie du récépissé de prise en charge pour destruction du véhicule ou les copies de la déclaration de cession du véhicule et de son accusé d'enregistrement dans le système d'immatriculation des véhicules).*

• *Cas 3 : autre motif (joindre impérativement à ce talon votre protestation écrite accompagnée des pièces justificatives relatives par exemple au paiement du péage et à son montant).* »

LIVRE TROISIÈME

DES MESURES DE SÛRETÉ

(A. 3 nov. 2008)

CHAPITRE PREMIER. – DES COMMISSIONS PLURIDISCIPLINAIRES DES MESURES DE SÛRETÉ

Art. A. 37-34 *(Anc. art. A. 37-16 mod., A. 27 janv. 2012 ; dénum., A. 5 févr. 2013).* – Le nombre, le siège et la compétence territoriale des commissions pluridisciplinaires des mesures de sûreté prévues par les articles 706-53-14, 763-10 et R. 61-7 sont fixés comme suit :

SIÈGE DES COMMISSIONS pluridisciplinaires des mesures de sûreté	COMPÉTENCE TERRITORIALE s'étendant au ressort des cours d'appel ou des tribunaux supérieurs d'appel
Bordeaux	Agen, Bordeaux, Limoges, Pau, Toulouse.
Lille	Amiens, Douai, Reims, Rouen.
Lyon	Chambéry, Grenoble, Lyon, Riom.
Marseille	Aix-en-Provence, Bastia, Montpellier, Nîmes.
Nancy	Besançon, Colmar, Dijon, Metz, Nancy.
Paris	Bourges, Paris, Orléans, Versailles, Nouméa, Papeete, Saint-Denis de La Réunion, Saint-Pierre-et-Miquelon.
Rennes	Angers, Caen, Poitiers, Rennes.
Fort-de-France	Basse-Terre, Cayenne, Fort-de-France.

CHAPITRE II. – DES JURIDICTIONS RÉGIONALES DE LA RÉTENTION DE SÛRETÉ

Art. A. 37-35 *(Anc. art. A. 37-17 mod., A. 27 janv. 2012 ; dénum., A. 5 févr. 2013).* – Le nombre, le siège et la compétence territoriale des juridictions régionales de la rétention de sûreté prévues par les articles 706-53-15 et 706-53-21 sont fixés comme suit :

SIÈGE DES JURIDICTIONS régionales de la rétention de sûreté	COMPÉTENCE TERRITORIALE s'étendant au ressort des cours d'appel ou des tribunaux supérieurs d'appel
Bordeaux	Agen, Bordeaux, Limoges, Pau, Toulouse.
Douai	Amiens, Douai, Reims, Rouen.

SIÈGE DES JURIDICTIONS régionales de la rétention de sûreté	COMPÉTENCE TERRITORIALE s'étendant au ressort des cours d'appel ou des tribunaux supérieurs d'appel
Lyon	Chambéry, Grenoble, Lyon, Riom.
Aix-en-Provence	Aix-en-Provence, Bastia, Montpellier, Nîmes.
Nancy	Besançon, Colmar, Dijon, Metz, Nancy.
Paris	Bourges, Paris, Orléans, Versailles, Nouméa, Papeete, Saint-Denis de La Réunion, Saint-Pierre-et-Miquelon.
Rennes	Angers, Caen, Poitiers, Rennes.
Fort-de-France	Basse-Terre, Cayenne, Fort-de-France.

LIVRE QUATRIÈME

DE QUELQUES PROCÉDURES PARTICULIÈRES

TITRE XIX. – DE LA PROCÉDURE APPLICABLE AUX INFRACTIONS DE NATURE SEXUELLE ET AUX MINEURS VICTIMES

Néant.

TITRE XX. – DU FICHIER NATIONAL AUTOMATISÉ DES EMPREINTES GÉNÉTIQUES

(A. 14 févr. 2002 ; A. 23 oct. 2006)

Art. A. 38 ***(Rempl., A. 10 août 2015).*** **– Les segments d'ADN sur lesquels portent les analyses destinées à l'identification génétique figurent dans le tableau ci-après :**

SEGMENT D'ADN OU « LOCUS » selon la nomenclature internationale	LOCALISATION
D3S1358	Chromosome 3
VWA	Chromosome 12
D8S1179	Chromosome 8
D21S11	Chromosome 21
D18S51	Chromosome 18
TH01	Chromosome 11
FGA	Chromosome 4
D16S539	Chromosome 16
D5S818	Chromosome 5
D13S317	Chromosome 13
D7S820	Chromosome 7
CSF1PO	Chromosome 5
TPOX	Chromosome 2
D1S1656	Chromosome 1
D2S441	Chromosome 2
D10S1248	Chromosome 10
D12S391	Chromosome 12
D22S1045	Chromosome 22

SEGMENT D'ADN OU « LOCUS » selon la nomenclature internationale	LOCALISATION
D2S1338	Chromosome 2
D19S433	Chromosome 19
Amélogénine	Chromosomes X et Y

Les analyses peuvent également porter sur les segments d'ADN suivants :

SEGMENT D'ADN OU « LOCUS » selon la nomenclature internationale	LOCALISATION
Penta E	Chromosome 15
Penta D	Chromosome 21
SE33 (ACTBP2)	Chromosome 6
DYS391	Chromosome Y
YINDEL	Chromosome Y

NB : Mais, jusqu'au premier jour du trente-sixième mois suivant celui de la publication du présent arrêté, les analyses destinées à l'identification génétique peuvent ne porter que sur les seuls segments d'ADN figurant dans le tableau ci-après :

SEGMENT D'ADN OU « LOCUS » selon la nomenclature internationale	LOCALISATION
D3S1358	Chromosome 3
VWA	Chromosome 12
D8S1179	Chromosome 8
D21S11	Chromosome 21
D18S51	Chromosome 18
TH01	Chromosome 11
FGA	Chromosome 4
D16S539	Chromosome 16
D5S818	Chromosome 5
D13S317	Chromosome 13
D7S820	Chromosome 7
CSF1PO	Chromosome 5
TPOX	Chromosome 2
Amélogénine	Chromosome X et Y

Elles portent alors également sur deux au moins des quatre segments d'ADN suivants :

SEGMENT D'ADN OU « LOCUS » selon la nomenclature internationale	LOCALISATION
D2S1338	Chromosome 2
D19S433	Chromosome 19
Penta E	Chromosome 15
Penta D	Chromosome 21

Elles peuvent également porter sur le segment suivant :

SEGMENT D'ADN OU « LOCUS » selon la nomenclature internationale	LOCALISATION
SE33 (ACTBP2)	Chromosome 6

TITRE XXI. – DE L'UTILISATION DE MOYENS DE TÉLÉCOMMUNICATION AU COURS DE LA PROCÉDURE

(A. 8 sept. 2003)

Art. A. 38-1 *(A. 8 sept. 2003).* – Les caractéristiques propres aux moyens de télécommunication audiovisuelle ou concernant des moyens de télécommunication sonore autre que le téléphone utilisés pour l'application des dispositions de l'article 706-71 sont précisées par le présent article.

La retransmission doit s'effectuer au moyen d'un système bidirectionnel intégral.

La retransmission doit s'effectuer conformément aux normes H320 ou H323 et aux normes UIT (Union internationale des télécommunications) associées.

Lorsqu'il est procédé au chiffrement de la liaison, celui-ci doit être effectué avec des moyens matériels autorisés par la direction centrale de la sécurité des systèmes d'information.

LIVRE CINQUIÈME

DES PROCÉDURES D'EXÉCUTION

TITRE PREMIER

CHAPITRE I. – DISPOSITIONS GÉNÉRALES

(A. 17 févr. 2005)

Art. A. 38-2 *(Mod., A. 28 déc. 2019)*. – Le rapport annuel du procureur de la République sur l'état et les délais de l'exécution des peines prévu par l'article 709-2 peut être librement consulté par toute personne qui en fait la demande. Avant le dernier jour ouvrable du mois de juin, une affiche est apposée dans une salle ouverte au public du tribunal judiciaire afin d'indiquer les modalités pratiques de cette consultation.

Le procureur de la République peut communiquer à la presse et à d'autres médias, selon les moyens qui lui paraissent les plus appropriés, le contenu de ce rapport.

Ce rapport est annexé ou intégré au rapport annuel qui est adressé au procureur général en application des dispositions du troisième alinéa de l'article 35.

Ce rapport est diffusé auprès de l'ensemble des magistrats, greffiers et fonctionnaires du tribunal judiciaire, des tribunaux de police et des juridictions de proximité.

Une copie de ce rapport est adressée pour information :

- au préfet ;
- au directeur départemental de la sécurité publique ;
- au directeur territorial de la police nationale ;
- au commandant du groupement de gendarmerie ;
- aux chefs des établissements pénitentiaires ;
- au directeur du service pénitentiaire d'insertion et de probation ;
- au directeur départemental de la protection judiciaire de la jeunesse ;
- au trésorier-payeur général ;
- au bâtonnier de l'ordre des avocats ;
- au président de la chambre départementale des huissiers.

Ce rapport est diffusé au sein des conseils locaux de sécurité et de prévention de la délinquance et des conseils départementaux de prévention.

Le procureur de la République peut également adresser une copie de ce rapport à tout organisme ou institution de droit privé ou de droit public coopérant avec l'institution judiciaire, et notamment aux responsables des associations d'aide aux victimes mentionnées au dernier alinéa de l'article 41.

Il est fait état du contenu de ce rapport par le procureur de la République lors de l'audience solennelle de rentrée prévue par l'article R. 711-2 du Code de l'organisation judiciaire.

Art. A. 38-3 *(A. 17 févr. 2005 ; A. 31 août 2021)*. – Les comptables de la direction générale des finances publiques compétents pour assurer le recouvrement des amendes et condamnations pécuniaires, et auxquels sont adressés par le greffier les documents prévus par le quatrième alinéa du 2° de l'article 2 du décret n° 64-1333 du

22 décembre 1964 modifié relatif au recouvrement des amendes et condamnations pécuniaires par les comptables de la direction générale des finances publiques, sont ceux du siège de la juridiction ayant rendu la décision de condamnation. Ces comptables sont également destinataires des relevés de condamnation pénale prévus par l'article R. 55-5.

Art. A. 38-4 *(Mod., A. 17 avr. 2020 ; A. 31 août 2021).* – La direction régionale des finances publiques de Bretagne et du département d'Ille-et-Vilaine est chargée d'assurer les opérations de gestion suivantes :

1° Elle assure le recouvrement de toutes les amendes forfaitaires majorées prononcées pour des infractions relevées par le système de contrôle automatisé conformément aux dispositions de l'article L. 130-9 du Code de la route et résultant d'un titre exécutoire signé par le procureur de la République près le tribunal judiciaire de Rennes ou par l'officier du ministère public agissant sous son autorité ;

2° En application du 11° de l'article 4 du décret n° 2009-707 du 16 juin 2009 modifié relatif aux services déconcentrés de la direction générale des finances publiques, elle encaisse et comptabilise, pour le compte de l'ensemble des directions départementales et régionales des finances publiques, les paiements d'amendes forfaitaires prononcées pour des infractions relevées par le système de contrôle automatisé ou constatées par un procès-verbal réalisé au moyen d'un appareil électronique sécurisé conformément à l'article A. 37-19, lorsqu'ils sont réalisés par carte bancaire via un dispositif de télépaiement automatisé.

Le comptable de la trésorerie du contrôle automatisé, sise à Rennes, est chargé des attributions mentionnées aux 1° et 2° au sein de cette direction régionale des finances publiques.

Art. A. 38-5 *(A. 7 déc. 2007 ; A. 31 août 2021).* – En application du 11° de l'article 4 du décret n° 2009-707 du 16 juin 2009 modifié relatif aux services déconcentrés de la direction générale des finances publiques et par dérogation aux dispositions de l'article A. 38-3, la direction régionale des finances publiques d'Occitanie et du département de la Haute-Garonne assure le recouvrement des amendes et condamnations pécuniaires pour lesquelles la direction générale des finances publiques est compétente et qui sont prononcées par les juridictions des départements de l'Ariège, de l'Aveyron, de la Haute-Garonne, du Gers, du Lot, des Hautes-Pyrénées, du Tarn et de Tarn-et-Garonne.

Le comptable de la trésorerie « Toulouse amendes », sise à Toulouse, est chargé de ces attributions au sein de cette direction régionale des finances publiques.

Art. A. 38-5-1 *(Créé à compter de l'entrée en vigueur des dispositions de l'art. 1er du décret n° 2017-429 du 28 mars 2017, A. 26 oct. 2018 ; A. 31 août 2021).* – Par dérogation aux dispositions de l'article A. 38-3, le recouvrement des amendes forfaitaires majorées délictuelles prévues à l'article 495-18 est assuré par les comptables de la direction générale des finances publiques compétents pour le recouvrement des amendes prononcées par le tribunal judiciaire du chef-lieu du département du domicile du redevable.

Toutefois, lorsque le domicile du redevable n'est pas connu ou n'est pas situé dans un département métropolitain ou d'outre-mer, le recouvrement de ces amendes forfaitaires majorées délictuelles est assuré par les comptables publics compétents pour le recouvrement des amendes prononcées par le tribunal judiciaire du chef-lieu du département du lieu d'infraction.

Par dérogation aux deux alinéas précédents, lorsque le tribunal judiciaire visé à ces alinéas est le tribunal judiciaire de Paris, le recouvrement est assuré au sein de la direction régionale des finances publiques d'Île-de-France et de Paris, par le comptable de la trésorerie « Paris amendes 2e division ».

CHAPITRE II. – AUGMENTATION DU DROIT FIXE DE PROCÉDURE EN CAS DE CONDAMNATION POUR CONDUITE APRÈS UN USAGE DE SUBSTANCES OU PLANTES CLASSÉES COMME STUPÉFIANTS

(Chap. rempl., A. 29 févr. 2012)

Art. A. 38-6 *(A. 29 févr. 2012).* – (1) Les droits fixes de procédure prévus à l'article 1018 A du Code général des impôts sont, conformément aux dispositions du neuvième alinéa de cet article, augmentés d'une somme de 210 euros, correspondant au montant, arrondi à la dizaine inférieure, de l'indemnité maximale prévue par le 10°

(1) Applicable pour les faits commis après le 8 mars 2012, date de publication de l'arrêté au *Journal officiel*.

de l'article R. 118 du présent code pour les analyses toxicologiques permettant d'établir la présence de stupéfiants dans le sang, en cas de condamnation pour conduite après usage de substances ou plantes classées comme stupéfiants ou pour atteinte involontaire à la vie ou à l'intégrité physique de la personne par un conducteur ayant fait usage de substances ou plantes classées comme stupéfiants, prononcée en application de l'article L. 235-1 du Code de la route ou du 3° des articles 221-6-1, 222-19-1 ou 222-20-1 du Code pénal.

TITRE II. – DE LA DÉTENTION

CHAPITRE Ier

Néant.

CHAPITRE II. – DE L'EXÉCUTION DES PEINES PRIVATIVES DE LIBERTÉ

Section I. – Des divers établissements affectés à l'exécution des peines

(A. 31 janv. 2000)

Art. A. 39. – La liste des établissements pénitentiaires classés dans la catégorie des maisons centrales ou comportant un quartier maison centrale prévue à l'article D. 71 est fixée comme suit :

(En vigueur à compter du 13 mai 2013, A. 19 oct. 2012) Quartier maison centrale du centre pénitentiaire d'Alençon - Condé-sur-Sarthe (Orne).

Maison centrale d'Arles (Bouches-du-Rhône).

Quartier maison centrale du centre pénitentiaire de Château-Thierry (Aisne).

Maison centrale de Clairvaux (Aube).

Maison centrale d'Ensisheim (Haut Rhin).

Quartier maison centrale du centre pénitentiaire de Lannemezan (Hautes-Pyrénées).

(Abr., A. 19 janv. 2016).

(Al. abr., A. 21 août 2012).

Quartier maison centrale du centre pénitentiaire de Moulins-Yzeure (Allier).

Maison centrale de Poissy (Yvelines).

(Al. abr., A. 3 janv. 2011).

Maison centrale de Saint-Martin-de-Ré (Charente-Maritime).

Maison centrale de Saint-Maur (Indre).

(A. 2 sept. 2011) Quartier maison centrale du centre pénitentiaire du Sud francilien (Seine-et-Marne).

(Al. créé à compter du 8 novembre 2015, A. 28 sept. 2015) Quartier maison centrale du centre pénitentiaire de Valence (Drôme).

(Al. créé à compter du 2 mars 2015, A. 21 janv. 2015) Quartier maison centrale du centre pénitentiaire de Vendin-le-Vieil.

Art. A. 39-1 *(Mod., A. 28 sept. 2015 ; A. 21 juin 2021).* – La liste des établissements pénitentiaires classés dans la catégorie des centres de détention ou comportant un quartier centre de détention prévue à l'article D. 72 est fixée comme suit :

Quartier centre de détention du centre pénitentiaire d'Aiton (Savoie).

Centre de détention d'Argentan (Orne).

Quartier centre de détention du centre pénitentiaire d'Avignon-Le Pontet (Vaucluse).

Quartier centre de détention du centre pénitentiaire de Baie-Mahaut (Guadeloupe).

Centre de détention de Bapaume (quartier hommes, quartier femmes) (Pas-de-Calais).

Centre de détention de Bédenac (Charente-Maritime).

Quartier centre de détention du centre pénitentiaire de Béziers (hommes) (Hérault).

Quartier centre de détention du centre pénitentiaire de Borgo (Haute-Corse).
Quartier centre de détention du centre pénitentiaire de Bourg-en-Bresse (hommes) (Ain).
Quartier centre de détention du centre pénitentiaire de Caen (Calvados).
Centre de détention de Casabianda (Haute-Corse).
Centre de détention de Châteaudun (Eure-et-Loir).
Quartier centre de détention du centre pénitentiaire de Châteauroux (Indre).
Quartier centre de détention du centre pénitentiaire de Château-Thierry (Aisne).
Quartier centre de détention du centre pénitentiaire de Ducos (Martinique).
Centre de détention d'Écrouves (Meurthe-et-Moselle).
Centre de détention d'Eysses (Lot-et-Garonne).
Quartier centre de détention du centre pénitentiaire du Havre (Seine-Maritime).
Centre de détention de Joux-la-Ville (hommes, femmes) (Yonne).
Quartier centre de détention du centre pénitentiaire de Lannemezan (Hautes-Pyrénées).
Quartier centre de détention du centre pénitentiaire de Laon (Aisne).
Quartier centre de détention (avenue Robert-Badinter) du centre pénitentiaire de Liancourt (Oise).
Quartier [du] centre de détention du centre pénitentiaire de Lille-Annœullin (Nord).
Quartier centre de détention du centre pénitentiaire de Longuenesse (Pas-de-Calais).
Quartier centre de détention du centre pénitentiaire de Lorient-Ploemeur (Morbihan).
Quartier centre de détention du centre pénitentiaire de Majicavo (Mayotte).
Quartier centre de détention du centre pénitentiaire de Marseille (femmes) (Bouches-du-Rhône).
Quartier centre de détention du centre pénitentiaire de Maubeuge (Nord).
Centre de détention de Mauzac (Dordogne).
Quartier centre de détention du centre pénitentiaire de Meaux-Chauconin-Neufmontiers (Seine-et-Marne).
Centre de détention de Melun (Seine-et-Marne).
Quartier centre de détention du centre pénitentiaire de Mont-de-Mars an (Landes).
Centre de détention de Montmédy (Meuse).
Centre de détention de Muret (Haute-Garonne).
Quartier centre de détention du centre pénitentiaire de Nantes (Loire-Atlantique).
Centre de détention de Neuvic (Dordogne).
Centre de détention d'Oermingen (Bas-Rhin).
Quartier centre de détention du centre pénitentiaire d'Orléans-Saran (Loiret).
Quartier centre de détention du centre pénitentiaire de Perpignan (Pyrénées-Orientales).
Quartier centre de détention du centre pénitentiaire de Poitiers-Vivonne (hommes, femmes) (Vienne).
Centre de détention du Port (La Réunion).
Quartier centre de détention du centre pénitentiaire de Remire-Montjoly (Guyane).
Quartier centre de détention du centre pénitentiaire de Rennes - Vezin-le-Coquet (Ille-et-Vilaine).
Centre de détention de Roanne (hommes, femmes) (Loire).
Quartier centre de détention du centre pénitentiaire de Rennes (femmes) (Ille-et-Vilaine).
Quartier centre de détention du centre pénitentiaire de Riom (Puy-de-Dôme).
Centre de détention de Roanne (hommes, femmes) (Loire).
Quartier centre de détention du centre pénitentiaire de Saint-Denis (femmes) (Réunion).
Quartier centre de détention du centre pénitentiaire de Rennes (femmes) (Ille-et-Vilaine).
Quartier centre de détention du centre pénitentiaire de Riom (Puy-de-Dôme).
Centre de détention de Saint-Mihiel (Meuse).
Quartier centre de détention du centre pénitentiaire de Saint-Pierre (collectivité territoriale de Saint-Pierre-et-Miquelon).
Quartier centre de détention du centre pénitentiaire de Saint-Quentin-Fallavier (Isère).
Centre de détention de Saint-Sulpice-la-Pointe (Tarn).
Centre de détention de Salon-de-Provence (Bouches-du-Rhône).
Quartier centre de détention du centre pénitentiaire du Sud francilien (hommes, femmes) (Seine-et-Marne).
Centre de détention de Tarascon (Bouches-du-Rhône).
Centre de détention de Toul (Meurthe-et-Moselle).
Quartier centre de détention du centre pénitentiaire de Toulon-La Farlède (Var).

Centre de détention d'Uzerche (Corrèze).
Centre de détention de Val-de-Reuil (Eure).
Quartier centre de détention du centre pénitentiaire de Varennes-le-Grand (Saône-et-Loire).
Quartier centre de détention du centre pénitentiaire de Vendin-le-Vieil.
Centre de détention de Villenaux-la-Grande (Aube).

Art. A. 39-2 *(Mod., A. 21 déc. 2016 ; D. n° 2016-1996, 30 déc. 2016)*. – La liste des établissements pénitentiaires classés dans la catégorie des centres de semi-liberté prévue à l'article D. 72-1 est fixée comme suit :

Centre de semi-liberté de Besançon (Doubs).
Centre de semi-liberté de Val de Briey (Meurthe-et-Moselle).
Centre de semi-liberté de Corbeil (hommes, femmes) (Essonne).
Centre de semi-liberté de Gagny (Seine-Saint-Denis).
Centre de semi-liberté de Lyon (hommes, femmes) (Rhône).
Centre de semi-liberté de Maxéville (hommes, femmes) (Meurthe-et-Moselle).
Centre de semi-liberté de Melun (Seine-et-Marne).
Centre de semi-liberté de Montargis (Loiret).
Centre de semi-liberté de Souffelweyersheim (hommes, femmes) (Bas-Rhin).

Art. A. 39-3 *(Mod., A. 15 déc. 2016)*. – La liste des établissements pénitentiaires classés dans la catégorie des centres pour peines aménagées ou comportant un quartier pour peines aménagées prévue à l'article D. 72-1 est fixée comme suit :

Quartier pour peines aménagées du centre pénitentiaire d'Aix-Luynes.
Quartier pour peines aménagées du centre pénitentiaire d'Alençon-Condé-sur-Sarthe (Orne).
Quartier pour peines aménagées du centre pénitentiaire de Bordeaux-Gradignan (Gironde).
Quartier pour peines aménagées du centre pénitentiaire de Fresnes (Villejuif, Val-de-Marne).
Quartier pour peines aménagées du centre pénitentiaire de Nantes (Loire-Atlantique).
Quartier pour peines aménagées du centre pénitentiaire de Longuenesse (Pas-de-Calais).
Quartier pour peines aménagées du centre pénitentiaire de Marseille (Bouches-du-Rhône).
Quartier pour peines aménagées du centre pénitentiaire de Meaux - Chauconin-Neufmontiers (Seine-et-Marne).
Quartier pour peines aménagées du centre pénitentiaire de Metz (Moselle).
Quartier pour peines aménagées du centre pénitentiaire de Poitiers-Vivonne (Vienne).

CHAPITRE III

Néant.

CHAPITRE IV. – DE L'ADMINISTRATION DES ÉTABLISSEMENTS PÉNITENTIAIRES

CHAPITRE V. – DE LA DISCIPLINE ET DE LA SÉCURITÉ DES PRISONS

Section IV. – Des réclamations formulées par les détenus

(A. 12 mai 1997)

Art. A. 40 *(Abr., A. 27 oct. 2011)*.

Art. A. 40-1 *(A. 12 mai 1997)*. – Les courriers doivent être adressés, par les détenus, à l'adresse professionnelle ou fonctionnelle des autorités administratives et judiciaires.

Les courriers adressés par les autorités administratives et judiciaires françaises ou assimilées doivent clairement indiquer la qualité de leur expéditeur.

CHAPITRE VI

Art. 40-2 *(Rempl., A. 27 oct. 2011).* **– Sans préjudice des dispositions applicables aux publications écrites et audiovisuelles visées à l'article 43 de la loi n° 2009-1436 du 24 novembre 2009 pénitentiaire, en application de l'article D. 430 du Code de procédure pénale, la liste des objets et catégories d'objets, dont la réception de l'extérieur ou l'envoi vers l'extérieur par les personnes détenues est autorisée, est fixée comme suit :**

OBJETS ET CATÉGORIES d'objets concernés	RÉGIME D'AUTORISATION	INTERDICTIONS OU RESTRICTIONS afin de prévenir les évasions et d'assurer la sécurité et le bon ordre des établissements pénitentiaires
Effets vestimentaires et textiles : – vêtements ; – chaussures ; – linge de toilette ; – linge de table.	Réception ou envoi autorisés	Réception ou envoi interdits : – vêtements dont les inscriptions sont, par leur nature provocante ou outrancière, de nature à porter atteinte au bon ordre ou à la sécurité de l'établissement pénitentiaire ; – vêtements pouvant provoquer une confusion avec l'uniforme pénitentiaire ou tout autre uniforme ainsi que les tenues à imprimés « camouflage » ou les vêtements pouvant servir à masquer une identité (cagoule, capuche) ; – vêtements en cuir, doublés ou matelassés qui protégeraient suffisamment pour franchir des dispositifs de sécurité et faciliter ainsi une évasion ; – chaussures munies d'une structure métallique (tige, boucle, etc.).
Tous documents relatifs à la vie familiale et permettant l'exercice de l'autorité parentale : – autorisations d'intervention chirurgicale et carnet de santé ; – demandes de pièce d'identité ; – autorisations de sortie du territoire ; – documents scolaires (cahiers, carnets de correspondance, livret) ; – contrat d'apprentissage et de qualification ; – tout autre document nécessaire à une prise de décision concernant la famille.	Réception ou envoi autorisés	Réception ou envoi interdits : – bijoux, à l'exception des alliances et montres de la personne détenue ; – valeurs pécuniaires (argent, moyens de paiements, devises, etc.).
Tous objets non métalliques ne dépassant pas 15 cm dans leur plus grande dimension et réalisés par les enfants mineurs sur lequel une personne détenue exerce l'autorité parentale.	Réception autorisée uniquement	

OBJETS ET CATÉGORIES d'objets concernés	RÉGIME D'AUTORISATION	INTERDICTIONS OU RESTRICTIONS afin de prévenir les évasions et d'assurer la sécurité et le bon ordre des établissements pénitentiaires
Tous écrits et dessins réalisés par les enfants mineurs sur lesquels une personne détenue exerce l'autorité parentale.	Réception autorisée uniquement	
Tous dessins ou objets non métalliques réalisés à l'attention des membres de leur famille par les personnes détenues notamment dans le cadre des activités d'art plastique organisées en détention.	Envoi autorisé uniquement	
Petits appareillages médicaux : – lunettes de vue ; – appareillages dentaires ; – appareillages oculaires ; – appareils auditifs.	Réception ou envoi autorisés sous réserve de l'avis de l'UCSA	Réception ou envoi interdits : – médicaments ; – produits parapharmaceutiques.
Denrées alimentaires	Réception autorisée uniquement selon les modalités déterminées par note du directeur de l'administration pénitentiaire	Réception interdite des denrées alimentaires : – conditionnées dans des boîtes métalliques ou des récipients de verre ; – alcooliques ou alcoolisées ; – périssables dont la conservation à température ambiante est impossible ; – plantes ; – animaux.
Agendas papier, papier à lettres et enveloppes, timbres-poste.	Réception ou envoi autorisés	
Jeux de sociétés.	Réception ou envoi autorisés	Réception ou envoi interdits : – jeux comportant des parties métalliques de plus de 10 cm dans leur plus grande dimension ; – jeux comportant des objets interdits par le Code de procédure pénale ou le règlement intérieur de l'établissement pénitentiaire.

CHAPITRE VII. – DE LA GESTION DES BIENS ET DE L'ENTRETIEN DES DÉTENUS

Section I. – De la gestion des biens des détenus

§ 1. – Pécule

Dispositions prises pour l'application des articles D. 324 et D. 329 du Code de procédure pénale.

Art. A. 41 ancien *(Abr., A. 30 mars 2005).*

Art. A. 41 *(Anc. art. A. 41-1, dénum., A. 30 mars 2005).* – La somme prévue à l'article D. 324 du Code de procédure pénale à partir de laquelle les dépôts sur livrets de caisse d'épargne doivent être effectués est fixée à 229 €.

Art. A. 41-2 *(Abr., A. 13 juill. 2000).*

Art. A. 42 *(Abr., A. 30 mars 2005).*

Art. A. 42-1 *(A. 7 mars 1973).* – L'association régulièrement constituée auprès d'un établissement pénitentiaire aux fins visées à l'article D. 449-1 *[abr.]* (1) est agréée par le ministre de la Justice si son statut est conforme à un type commun établi par une instruction de service.

Le trésorier de l'association est un fonctionnaire.

Art. A. 42-2 *(A. 7 mars 1973).* – Le contrôle du fonctionnement de l'association et de sa gestion financière est assuré, soit sur pièces par le ministre de la Justice, soit sur place par ses représentants dûment habilités à cet effet.

Ce contrôle doit comporter notamment la vérification de la comptabilité de l'association et de l'utilisation de ses ressources.

Les fonctionnaires habilités par le ministre de la Justice peuvent procéder à toutes vérifications de caisse et de comptabilité. Tous registres et dossiers, ainsi que tous documents relatifs au fonctionnement de l'association doivent leur être communiqués.

Art. A. 42-3 *(A. 7 mars 1973).* – Chaque année, le président de l'association adresse au ministre de la Justice un compte rendu administratif, technique et financier comprenant notamment un état de la situation financière et des comptes de l'exercice budgétaire écoulé.

§ 2

Néant.

CHAPITRE VIII À X

Néant.

CHAPITRE XI. – DES DIFFÉRENTES CATÉGORIES DE DÉTENUS

Section II

Art. A. 43 *(A. 16 sept. 1971).* – La commission consultative du régime spécial instituée à l'article D. 490 est composée ainsi qu'il suit :

1° Un conseiller à la Cour de cassation, président ;

Un conseiller à ladite cour, président suppléant ;

2° Un membre de l'Institut ;

3° Un membre du Conseil d'État ; un membre dudit Conseil d'État, suppléant ;

4° Le bâtonnier de l'ordre des avocats près la cour d'appel de Paris ou son représentant ;

5° Le directeur des affaires criminelles et des grâces au ministère de la Justice ou son représentant ;

6° Le directeur de l'administration pénitentiaire au ministère de la Justice ou son représentant ;

7° Un conseiller référendaire à la Cour de cassation ;

Un conseiller référendaire à ladite cour, suppléant.

Les président et membres visés aux 1°, 2°, 3° et 7° sont désignés par arrêté du ministre de la Justice.

(1) Abr., D. n° 85-836, 6 août 1985.

Art. A. 43-1 *(A. 16 sept. 1971).* **– La commission établit son règlement intérieur.**

Elle peut faire appel, à titre de rapporteurs, à des magistrats du ministère de la Justice non-membres de la commission, lesquels n'ont pas voix délibérative.

Section VII. – Des mineurs détenus

(A. 9 mai 2007)

Art. A. 43-2 *(A. 9 mai 2007 ; mod., A. 19 déc. 2007 ; abr., A. 27 mai 2021).*

Art. A. 43-3 *(Mod., A. 11 févr. 2016 ; abr., A. 27 mai 2021).*

TITRE III

Néant.

TITRE IV. – DU SURSIS

CHAPITRE Ier

Néant.

CHAPITRE II. – DU SURSIS AVEC MISE À L'ÉPREUVE

Section II. – Des autorités chargées de contrôler le régime de la mise à l'épreuve

§ 1. – De la répartition et de la composition des comités de probation et d'assistance aux libérés

(Abr., A. 18 avr. 2001)

§ 2

Néant.

§ 3. – Des associations placées auprès des comités

(Abr., A. 18 avr. 2001)

CHAPITRE V À IX

Néant.

TITRE X. – DES FRAIS DE JUSTICE

(A. 22 août 2006 ; mod., A. 29 juin 2007)

Art. A. 43-4 *(A. 29 avr. 2021).* **– Conformément aux dispositions de l'article R. 121, les indemnités dues, en application de l'article R. 121-1, aux personnes physiques enquêteurs de personnalité, contrôleurs**

judiciaires, délégués du procureur de la République ou médiateurs du procureur de la République, sont fixées par le tableau ci-après :

IP.^{1}	39
IP.^{2}	74
IP.^{3}	52
IP.^{4}	111
IP.^{5}	153

Art. A. 43-5 *(A. 29 avr. 2021)*. **– Conformément aux dispositions de l'article R. 121, les indemnités dues, en application de l'article R. 121-3, aux associations habilitées ayant passé une convention avec le premier président et le procureur général de la cour d'appel, sont fixées par le tableau ci-après :**

IA.^{1}	70
IA.^{2}	70
IA.^{3}	1110
IA.^{4}	925
IA.^{5}	370

Art. A. 43-5-1 *(Créé, A. 29 avr. 2021)*

<table>
<tr><th colspan="2" rowspan="2">Nature de la mission effectuée</th><th colspan="2">Montant de l'indemnité forfaitaire par mission (exprimé en unités de valeur)</th></tr>
<tr><th>Montant personnes physiques</th><th>Montant associations</th></tr>
<tr><td colspan="2">Pour procéder au rappel des obligations résultant de la loi en application du 1° de l'article 41-1 (1)</td><td>4 unités de valeur</td><td>5 unités de valeur</td></tr>
<tr><td colspan="2">Pour l'exécution des mesures prévues aux alinéas 2° à 4°, 6° à 9° et 11° de l'article 41-1, y compris la vérification du respect par la personne des engagements pris</td><td>7 unités de valeur</td><td>12 unités de valeur</td></tr>
<tr><td colspan="2">Pour l'exécution de la mesure prévue au 10° de l'article 41-1</td><td>6 unités de valeur</td><td>10 unités de valeur</td></tr>
<tr><td rowspan="2">Pour une mission de médiation en application du 5° de l'article 41-1</td><td>– Lorsque la durée de la mission est inférieure ou égale à un mois</td><td rowspan="2">14 unités de valeur</td><td>27 unités de valeur</td></tr>
<tr><td>– Lorsque la durée de la mission est supérieure à un mois et inférieure ou égale à trois mois</td><td>51 unités de valeur</td></tr>
</table>

(1) L'indemnité due au titre du rappel des obligations résultant de la loi n'est pas cumulable avec celles prévues pour les autres missions, à l'exception de la notification d'une peine de stage dont le contrôle de la mise en œuvre est confié au service d'insertion ou de probation ou à une autre personne habilitée, des mesures prévues aux articles 390-1, 495-3 et 527 ainsi que des mesures prévues à l'article 12-1 de l'ordonnance n° 45-174 du 2 février 1945.

Nature de la mission effectuée		Montant de l'indemnité forfaitaire par mission (exprimé en unités de valeur)	
		Montant personnes physiques	Montant associations
	– Lorsque la durée de la mission est supérieure à trois mois		102 unités de valeur
Pour la notification des mesures suivantes :	– une peine de stage dont le contrôle de la mise en œuvre est confié au service d'insertion ou de probation ou à une autre personne habilitée	3 unités de valeur	4 unités de valeur
	– une convocation en justice en application de l'article 390-1		
	– une ordonnance pénale délictuelle en application de l'article 495-3		
	– une ordonnance contraventionnelle en application de l'article 527		
	– l'inscription dans le fichier judiciaire national automatisé des auteurs d'infractions terroristes en application de l'article R. 50-38		
	– l'inscription dans le fichier judiciaire national automatisé des auteurs d'infractions sexuelles ou violentes en application de l'article R. 53-8-9		
	– l'information de l'absence de reliquat de peine à exécuter du fait des réductions de peines en application de l'article D. 147-13		
	– une peine de sanction-réparation en application de l'article 12-1 de l'ordonnance n° 45-174 du 2 février 1945, y compris le recueil de l'accord du mineur et des titulaires de l'exercice de l'autorité parentale		
	– les mesures prononcées dans le cadre d'une composition pénale en application de l'article 41-2, y compris le recueil de l'accord de la personne	7 unités de valeur	12 unités de valeur
Pour le contrôle de l'exécution des mesures suivantes :	– une peine de stage	6 unités de valeur	12 unités de valeurs
	– une peine de sanction-réparation en application du quatrième alinéa de l'article 131-8-1 du Code pénal		

Nature de la mission effectuée		Montant de l'indemnité forfaitaire par mission (exprimé en unités de valeur)	
		Montant personnes physiques	Montant associations
	– les mesures prévues aux 1° à 5° et 8° à 12° de l'article 41-2 proposées dans le cadre d'une composition pénale prévue à l'article 41-2 (2)	6 unités de valeur	10 unités de valeur
	– les mesures prévues aux 6°, 7° et 13° à 19° de l'article 41-2 ou la mesure de réparation du préjudice proposées dans le cadre d'une composition pénale prévue à l'article 41-2 (3)	10 unités de valeur	18 unités de valeur
Pour une mission de représentation du procureur de la République en application de l'article D. 15-3		14 unités de valeur	
Pour une mission de permanence d'une demi-journée en application des dispositions de l'article D. 15-3-1		14 unités de valeur	

Le montant de l'indemnité supplémentaire allouée lorsque la mission concerne un mineur est égal à trois unités de valeur. Cette indemnité n'est pas cumulable avec les missions prévues aux articles 390-1, D. 15-3 et D. 15-3-1.

II. – Le délégué ou le médiateur du procureur de la République n'ayant pu remplir sa mission en raison de la carence de l'intéressé qui n'a pas répondu à au moins deux convocations est indemnisé dans les conditions prévues par le tableau suivant :

Pour les personnes physiques	– lorsque l'indemnité correspondant à l'accomplissement de la mission est inférieure ou égale à 4 unités de valeur	2 unités de valeur
	– lorsque l'indemnité correspondant à l'accomplissement de la mission est supérieure à 4 unités de valeur	4 unités de valeur
Pour les associations	– lorsque l'indemnité correspondant à l'accomplissement de la mission est inférieure ou égale à 9 unités de valeur	4 unités de valeur
	– lorsque l'indemnité correspondant à l'accomplissement de la mission est supérieure à 9 unités de valeur	9 unités de valeur

Art. A. 43-6 *(Rempl., A. 27 févr. 2017 ; A. 7 sept. 2021)*. **– Conformément aux dispositions des articles R. 117, R. 120 et R. 120-2, la rémunération ou les honoraires versés aux médecins, experts psychologues ou radiologues régulièrement requis ou commis est déterminée, pour les prestations mentionnées, par application aux lettres clés de la sécurité sociale des coefficients figurant aux tableaux annexés au présent article.**

S'agissant d'un examen radiologique d'une personne vivante, les cotations fixées dans la deuxième partie de la classification commune des actes médicaux sont appliquées.

(2) Le montant cumulé dû au titre de l'ensemble des actes de contrôle de l'exécution effectués dans le cadre d'une composition pénale ne peut excéder celui équivalent à quarante unités de valeur.

(3) Le montant cumulé dû au titre de l'ensemble des actes de contrôle de l'exécution effectués dans le cadre d'une composition pénale ne peut excéder celui équivalent à quarante unités de valeur.

ANNEXE

I. – TARIFS APPLICABLES AUX ACTES DE MÉDECINE LÉGALE

NATURE DE L'ACTE	RÉFÉRENCE de la lettre clé	COEFFICIENT	INDEMNITÉ COMPLÉMENTAIRE
1° Médecine du vivant			
a) Pour une visite judiciaire comportant un ou plusieurs examens et le dépôt d'un rapport	C	2,5	
b) Pour une visite judiciaire comportant un ou plusieurs examens d'une victime, la fixation des taux d'incapacité et le dépôt d'un rapport	C	3,5	
c) Pour l'examen clinique et la prise de sang prévus aux articles R. 3354-7 à R. 3354-13 du Code de la santé publique et pour l'avis donné par l'expert visé à l'article R. 3354-15 du même code, pour l'examen clinique et le prélèvement biologique prévus par l'article R. 235-6 du Code de la route, ainsi que le recueil de liquide biologique et le dépistage de stupéfiants prévus par l'article R. 235-4 du même code :			
– auxquels il est procédé entre 7 heures et 22 heures ;	C	1,5	
– auxquels il est procédé entre 22 heures et 7 heures ;	C	1,5	10,67 € Cette indemnité est de 18,45 €, 2 200 FCFP lorsque la mission est réalisée en Nouvelle-Calédonie, en Polynésie française ou dans les îles Wallis-et-Futuna
– auxquels il est procédé les dimanches et jours fériés ;	C	1,5	7,62 € Cette indemnité est de 13,42 €, 1 600 FCFP lorsque la mission est réalisée en Nouvelle-Calédonie, en Polynésie française ou dans les îles Wallis-et-Futuna
Lorsque, par dérogation aux dispositions de l'article R. 235-3 du Code de la route, le matériel nécessaire au dépistage est fourni par le praticien requis, les honoraires prévus au *c* ci-dessus sont augmentés d'une indemnité égale au prix unitaire d'acquisition de ce matériel sans pouvoir excéder 25 euros			
d) Pour chaque examen prévu par l'article 706-88 du Code de procédure pénale	C	2	
2° Autopsies			
a) Pour une description de cadavre	C	2,5	
b) Pour une autopsie avant inhumation	CS	6	

NATURE DE L'ACTE	RÉFÉRENCE de la lettre clé	COEFFICIENT	INDEMNITÉ COMPLÉMENTAIRE
c) Pour une autopsie après exhumation ou une autopsie de cadavre en état de décomposition avancée	CS	10	
d) Pour une autopsie de cadavre de nouveau-né avant inhumation	CS	3	
e) Pour une autopsie de cadavre de nouveau-né après exhumation ou une autopsie de cadavre de nouveau-né en état de décomposition avancée	CS	5	

II. – TARIFS APPLICABLES AUX ACTES DE PSYCHIATRIE LÉGALE

NATURE DE L'ACTE	RÉFÉRENCE de la lettre clé	COEFFICIENT
1° Pour une expertise psychiatrique comportant un ou plusieurs examens		
a) Acte réalisé par un médecin visé au 3° de l'article D. 311-1 du Code de la sécurité sociale.	CNPSY	8
b) Acte réalisé par un médecin ne relevant pas du *a*	CNPSY	13
2° Pour une expertise psychiatrique comportant un ou plusieurs examens et concernant une personne poursuivie ou condamnée pour infraction sexuelle ou une victime d'une telle infraction		
a) Acte réalisé par un médecin visé au 3° de l'article D. 311-1 du Code de la sécurité sociale	CNPSY	8,5
b) Acte réalisé par un médecin ne relevant pas du *a*	CNPSY	13,5

III. – TARIFS APPLICABLES AUX ACTES DE PSYCHOLOGIE LÉGALE

NATURE DE L'ACTE	RÉFÉRENCE de la lettre clé	COEFFICIENT
1° Pour une expertise psychologique comportant un ou plusieurs examens		
a) Acte réalisé par une personne visée au 3° de l'article D. 311-1 du Code de la sécurité sociale	CNPSY	6,5
b) Acte réalisé par une personne ne relevant pas du *a*	CNPSY	10
2° Pour une expertise médico-psychologique comportant un ou plusieurs examens, pratiquée par un médecin ayant également la qualité de psychologue, intervenant en qualité d'expert unique		
a) Acte réalisé par un médecin visé au 3° de l'article D. 311-1 du Code de la sécurité sociale.	CNPSY	6,5
b) Acte réalisé par un médecin ne relevant pas du *a*	CNPSY	10

NATURE DE L'ACTE	RÉFÉRENCE de la lettre clé	COEFFICIENT
3° Pour la partie médicale de l'expertise médico-psychologique pratiquée par un médecin et un psychologue intervenant en qualité d'expert distinct	C	3,5
4° Pour la partie psychologique de l'expertise médico-psychologique pratiquée par un médecin et un psychologue intervenant en qualité d'expert distinct		
a) Acte réalisé par une personne visé au 3° de l'article D. 311-1 du Code de la sécurité sociale	CNPSY	6,5
b) Acte réalisé par une personne ne relevant pas du *a*	CNPSY	10

IV. – TARIFS APPLICABLES AUX ACTES DE RADIOLOGIE

NATURE DE L'ACTE	RÉFÉRENCE de la lettre clé	COEFFICIENT
1° Pour la localisation d'un corps étranger dans un cadavre	Z	20
2° Pour la localisation d'un corps étranger dans un cadavre putréfié	Z	35

Art. A. 43-6-1 *(A. 27 févr. 2017 ; A. 7 sept. 2021).* – **Les médecins experts psychiatres et les experts psychologues affiliés à un régime de travailleurs non salariés peuvent, par décision spécialement motivée de l'autorité requérante, être rémunérés sur présentation d'un devis, dans la limite d'un plafond de 750 euros hors taxe, lorsqu'ils sont commis ou requis pour réaliser une expertise répondant à l'un des critères suivants :**

- **mission d'expertise comportant des questions inhabituelles nécessitant des recherches spécifiques ;**
- **mission d'expertise ordonnée dans une procédure complexe ou s'inscrivant dans un contexte particulier.**

Art. A. 43-6-2 *(A. 29 sept. 2017).* – **Conformément aux dispositions de l'article R. 118, le tarif versé aux experts en toxicologie régulièrement requis ou commis est déterminé, pour les prestations mentionnées, par application à la lettre clé B de la sécurité sociale des coefficients figurant au tableau annexé au présent article.**

Nature de l'acte et technique utilisée	Référence à la lettre clé sécurité sociale (valeur à la date du 1 juillet 2017) (1)	Coefficient	Tarif métropole arrondi HT
1° Recherche et dosage de l'éthanol dans le sang par chromatographie en phase gazeuse	B	150	40,50 €
2° Recherche et dosage si nécessaire des stupéfiants (cannabinoïdes, amphétaminiques, cocaïne, opiacés et métabolites) à partir de prélèvements biologiques, par chromatographie avec détection par spectrométrie de masse	B	800	216 €
3° Recherche et dosage des médicaments psychoactifs (hypnotiques, anxiolytiques, neuroleptiques et antidépresseurs) à partir de prélèvements biologiques, par chromatographie avec détection par spectrométrie de masse	B	900	243 €

Nature de l'acte et technique utilisée	Référence à la lettre clé sécurité sociale (valeur à la date du 1 juillet 2017) (1)	Coefficient	Tarif métropole arrondi HT
4° Expertise toxicologique de référence réalisée à partir de prélèvements biologiques dans un cadre thanatologique ou dans un autre contexte (médecine légale du vivant) en ayant recours à titre principal à des techniques chromatographiques couplées à la spectrométrie de masse	B	4074	1100 €
5° Recherche et dosage du strontium (marqueur de noyade vitale) dans toutes les matrices nécessaires par technique d'émission atomique	B	1037	280 €
6° Recherche et dosage de substances pouvant être utilisées dans les cas de soumission chimique, éthanol, stupéfiants (cannabinoïdes, amphétaminiques, cocaïne, opiacés et métabolites), médicaments psychoactifs sédatifs (GHB, hypnotiques, anxiolytiques, neuroleptiques sédatifs et antihistaminiques) dans le sang et les urines en ayant recours à titre principal à des techniques chromatographiques couplées à la spectrométrie de masse	B	4074	1100 €
7° Recherche et dosage de substances pouvant être utilisées dans les cas de soumission chimique, stupéfiants (cannabinoïdes, amphétaminiques, cocaïne, opiacés et métabolites), médicaments psychoactifs sédatifs (hypnotiques, anxiolytiques, neuroleptiques sédatifs et antihistaminiques) dans les phanères avec segmentation si possible et selon le contexte, par chromatographie couplée à la spectrométrie de masse	B	4444	1200 €
8° Recherche et dosage de médicaments psychoactifs et sédatifs dans les phanères avec segmentation si possible et selon le contexte et les données épidémiologiques publiées, par chromatographie couplée à la spectrométrie de masse	B	2963	800 €
9° Recherche et dosage de stupéfiants (cannabinoïdes, amphétaminiques, cocaïne, opiacés et métabolites) dans les phanères avec segmentation si possible et selon le contexte, par chromatographie couplée à la spectrométrie de masse	B	2963	800 €

Art. A. 43-7 *(A. 2 sept. 2008)*. **– Conformément aux dispositions de l'article R. 122, la page de traduction par écrit est payée 25 €.**

L'heure de traduction par oral est fixée à 30 €.

Le tarif de base applicable est majoré dans les hypothèses et proportions suivantes :

1° De 40 % pour la première heure de traduction ;

2° De 25 % pour l'heure de traduction effectuée entre 22 heures et 7 heures ;

3° De 25 % pour l'heure de traduction effectuée le samedi, le dimanche et les jours fériés ;

Ces majorations sont cumulables et chacune se calcule par référence au tarif de base.

Art. A. 43-8 *(A. 2 sept. 2008 ; A. 7 sept. 2021).* – Conformément aux dispositions des articles R. 216 et R. 216-1, il est alloué aux personnes désignées en qualité d'administrateur *ad hoc* dans le cadre d'une procédure pénale des indemnités correspondant aux montants Iaah 1 à Iaah 10 qui sont fixés dans le tableau ci-après :

INDICE	MONTANT
Iaah 1	175 euros
Iaah 2	250 euros
Iaah 3	450 euros
Iaah 4	100 euros
Iaah 5	300 euros
Iaah 6	75 euros
Iaah 7	100 euros
Iaah 8	100 euros
Iaah 9	300 euros
Iaah 10	50 euros

Art. A. 43-9 *(Mod., A. 4 févr. 2020).* – I. – Conformément aux dispositions de l'article R. 213-1, les réquisitions adressées dans les conditions prévues au présent code ayant pour objet la production et la fourniture des données mentionnées à l'article R. 10-13 du Code des postes et des communications électroniques donnent lieu à remboursement aux opérateurs de communications électroniques, sur facture et justificatifs, en appliquant à ces réquisitions, pour chacune des prestations demandées, le montant hors taxe des tarifs fixés dans les tableaux annexés au présent article.

II. – Conformément aux dispositions de l'article R. 213-2, les réquisitions adressées dans les conditions prévues au présent code ayant pour objet les interceptions de communications de téléphonie donnent lieu à remboursement aux opérateurs de communications électroniques, sur facture et justificatifs, en appliquant à ces demandes, pour chacune des prestations demandées, le montant hors taxes des tarifs fixés dans le tableau annexé au présent [article].

III. – Pour les prestations ne figurant pas dans les tableaux annexés, le montant du remboursement est déterminé en accord avec l'opérateur ou sur devis.

Tableaux annexés [à l'article A. 43-4 devenu A 43-6 puis A. 43-9]

I. – Tarifs hors taxes applicables aux prestations requises aux opérateurs de téléphonie mobile

CATÉGORIES de données	CODE	PRESTATIONS REQUISES	TARIFS DES RÉQUISITIONS transmises par l'intermédiaire de la plate-forme nationale des interceptions judiciaires	TARIFS DES RÉQUISITIONS transmises en dehors de la plate-forme nationale des interceptions judiciaires
Information permettant d'identifier l'utilisateur.	MA 01 MA 03 MA 05 MA 07	Identification en nombre d'abonnés, avec les caractéristiques techniques de la ligne, à partir de leur numéro d'appel ou du numéro de leur carte SIM (avec ou sans coordonnées bancaires), demande copiable sous format électronique. Prix par numéro demandé avec un minimum de perception de 20 numéros.	De 2 à 20 numéros : 10,60 € Au-dessus de 20 : 0,53 € par numéro	De 2 à 20 numéros : 16 € Au-dessus de 20 : 0,80 € par numéro

CATÉGORIES de données	CODE	PRESTATIONS REQUISES	TARIFS DES RÉQUISITIONS transmises par l'intermédiaire de la plate-forme nationale des interceptions judiciaires	TARIFS DES RÉQUISITIONS transmises en dehors de la plate-forme nationale des interceptions judiciaires
	MA 02 MA 04 MA 06 MA 08 MA 10	Identification d'un abonné à partir de son numéro d'appel, avec les caractéristiques techniques de la ligne ou du numéro de sa carte SIM (avec ou sans coordonnées bancaires), demande reçue sous forme papier, par fax ou sous toute forme électronique.	3,06 €	4,59 €
	MA 21 MA 22 MA 23	Historique d'attribution d'un numéro d'appel, d'un numéro de carte SIM ou d'un identifiant d'abonné (numéro IMSI).	3,06 €	4,59 €
	MA 30 MA 31	Identification d'abonné à partir du nom ou de la raison sociale et filtre sur d'autres critères, prix forfaitaire pour toutes les réponses correspondant à une demande.	6,46 €	9,69 €
	MA 40	Identification des numéros d'appel et des abonnés associés à partir des moyens de paiement utilisés. Le coût de l'identification de l'abonné est inclus dans le tarif.	8,50 €	12,75 €
	MA 41 MA 42	Identification d'un abonné et de ses moyens de paiement à partir d'un numéro d'appel ou de carte SIM. Le coût de l'identification de l'abonné est inclus dans le tarif.	8,50 €	12,75 €
	MA 50	Recherche de numéros d'appel et identification d'un abonné à partir d'un numéro IMEI. Le coût de l'identification de l'abonné est inclus dans le tarif.	5,10 €	7,65 €
	MA 51 MA 52	Recherche d'identifiants de téléphone mobile et identification d'abonné à partir d'un numéro d'appel ou d'un numéro de carte SIM. Le coût de l'identification de l'abonné est inclus dans le tarif.	5,10 €	7,65 €
	MD 10	Copie du contrat d'abonnement (fournie sous un mois), forfait indépendant du nombre de pages.	4,05 €	4,05 €
	MD 11	Copie des documents annexés au contrat d'abonnement (fournie sous un mois), forfait indépendant du nombre de pages.	4,05 €	4,05 €
	MD 12	Copie de factures (fournie sous un mois), forfait indépendant du nombre de pages.	4,05 €	4,05 €
Données relatives aux équipements terminaux de communications utilisés.	MA 70 MA 71	Fourniture du code de déblocage (code PUK) d'une carte SIM bloquée suite à trois tentatives infructueuses de mise en service.	3,06 €	4,59 €

CATÉGORIES de données	CODE	PRESTATIONS REQUISES	TARIFS DES RÉQUISITIONS transmises par l'intermédiaire de la plate-forme nationale des interceptions judiciaires	TARIFS DES RÉQUISITIONS transmises en dehors de la plate-forme nationale des interceptions judiciaires
Caractéristiques techniques ainsi que date, horaire et durée de chaque communication.	MT 10 MT 11 MT 12 MT 14	Détail des trafics d'un abonné ou d'un terminal sur une période indivisible de 31 jours. L'identification de l'abonné est en sus.	6,46 € + 1,00 € par mois	9,69 € + 1,50 € par mois
	MT 13	Détail des trafics à partir d'un numéro d'appel étranger ou vers un numéro d'appel étranger en itinérance sur le réseau de l'opérateur, sur une période indivisible de 31 jours. L'identification des abonnés est en sus.	6,46 € + 1,00 € par mois	9,69 € + 1,50 € par mois
	MT 20 MT 21 MT 22 MT 24	Détail des trafics avec localisation des équipements terminaux d'un abonné ou d'un terminal, accompagné de l'adresse du relais téléphonique (cellule) par lequel les communications ont débuté, sur une période indivisible de 31 jours. Le coût inclut l'identification de la totalité des cellules, l'identification des abonnés est en sus.	10,20 € + 1,00 € par mois	15,30 € + 1,50 € par mois
	MT 23	Détail des trafics avec localisation des équipements terminaux d'un abonné d'un opérateur étranger accompagné de l'adresse du relais téléphonique (cellule) par lequel les communications ont débuté, sur une période indivisible de 31 jours. Le coût inclut l'identification de la totalité des cellules, l'identification des abonnés est en sus.	10,20 € + 1,00 € par mois	15,30 € + 1,50 € par mois
	MT 30	Détail des trafics vers un abonné étranger sur une période indivisible de 31 jours. L'identification de l'abonné est en sus.	6,46 € + 1,00 € par mois	9,69 € + 1,50 € par mois
	MT 40	Détail des trafics écoulés dans un relais téléphonique (cellule) sur une période de 4 heures au cours des douze derniers mois. L'identification des abonnés est en sus.	8,50 €	12,75 €
	MT 41	Détail des trafics écoulés dans un relais téléphonique (cellule) avec identification des abonnés sur une période de 4 heures au cours des douze derniers mois.	Non applicable	12,75 € + 0,80 € par abonné identifié
Données relatives aux services complémentaires demandés ou utilisés par les fournisseurs.	MA 72	Identification d'un prestataire de services à partir d'un numéro court.	3,06 €	4,59 €
	ME 50	Recherche de l'adresse d'un relais téléphonique (cellule) à partir de son numéro d'identification.	3,06 €	4,59 €
	ME 51	Carte de couverture optimale d'une cellule.	6,46 €	9,69 €

CATÉGORIES de données	CODE	PRESTATIONS REQUISES	TARIFS DES RÉQUISITIONS transmises par l'intermédiaire de la plate-forme nationale des interceptions judiciaires	TARIFS DES RÉQUISITIONS transmises en dehors de la plate-forme nationale des interceptions judiciaires
	ME 52	Carte de couverture secondaire d'une cellule.	6,46 €	9,69 €
	ME 53	Recherche de cellule à partir d'un lieu géographique (couverture optimale théorique).	6,46 €	9,69 €
Données permettant d'identifier le ou les destinataires de la communication.	MA 60 MA 61 MA 62 MA 63	Recherche d'un point de vente à partir d'un numéro d'appel, d'un numéro de carte SIM, d'un identifiant d'abonné (IMSI) ou d'un identifiant de téléphone (IMEI).	4,08 €	6,12 €

II. – Tarifs hors taxes applicables aux prestations requises aux opérateurs de téléphonie fixe

CATÉGORIES de données	CODE	PRESTATIONS REQUISES	TARIFS DES RÉQUISITIONS transmises par l'intermédiaire de la plate-forme nationale des interceptions judiciaires	TARIFS DES RÉQUISITIONS transmises en dehors de la plate-forme nationale des interceptions judiciaires
Information permettant d'identifier l'utilisateur.	FA 01 FA 03	Identification en nombre d'abonnés, à partir de leur numéro d'appel (avec ou sans coordonnées bancaires), demande copiable sous forme électronique. Prix par numéro demandé. Pour les quantités de 2 à 20 numéros, le prix est celui de 20 numéros.	De 2 à 20 numéros : 10,60 € Au-dessus de 20 : 0,53 € par numéro	De 2 à 20 numéros : 16 € Au-dessus de 20 : 0,80 € par numéro
	FA 02 FA 04	Identification d'un abonné à partir de son numéro d'appel (avec ou sans coordonnées bancaires) avec les caractéristiques techniques de la ligne. Demande reçue sous forme papier, par fax ou sous forme électronique.	4,08 €	6,12 €
	FE 10	Détail des caractéristiques techniques de la ligne en vue d'une interception, demande copiable sous forme électronique.	4,08 €	6,12 €
	FA 05	Recherche et identification d'un abonné appelant derrière une tête de ligne ou un serveur.	10,20 €	15,30 €
	FA 06 FA 07	Historique d'attribution d'un numéro.	4,08 €	6,12 €
	FA 10		10,20 €	15,30 €

CATÉGORIES de données	CODE	PRESTATIONS REQUISES	TARIFS DES RÉQUISITIONS transmises par l'intermédiaire de la plate-forme nationale des interceptions judiciaires	TARIFS DES RÉQUISITIONS transmises en dehors de la plate-forme nationale des interceptions judiciaires
	FA 11	Identification d'un abonné à partir du nom ou de la raison sociale et filtre sur d'autres critères, prix forfaitaire pour toutes les réponses correspondant à une demande.		
	FA 20	Recherche des abonnements téléphoniques déclarés à une adresse postale et identification des abonnés, prix forfaitaire pour toutes les réponses correspondant à une demande.	10,20 €	15,30 €
	FA 30	Identification d'un point de vente à partir d'une carte prépayée.	10,20 €	15,30 €
	FA 31	Identification d'une carte prépayée et d'un numéro appelé.	8,96 € par numéro	13,44 € par numéro
	FA 40	Recherche de numéros d'appel et identification d'un abonné à partir d'un moyen de paiement. Le coût de l'identification de l'abonné est inclus dans le tarif.	10,20 €	15,30 €
	FA 41	Identification d'un abonné et de ses moyens de paiement à partir d'un numéro d'appel. Le coût de l'identification de l'abonné est inclus dans le tarif.	10,20 €	15,30 €
	FA 51	Identification d'un abonné ADSL et de son fournisseur d'accès internet.	4,08 €	6,12 €
	FD 10	Copie du contrat d'abonnement (fournie sous un mois), forfait indépendant du nombre de pages.	4,05 €	4,05 €
	FD 11	Copie des documents annexés au contrat d'abonnement (fournie sous un mois), forfait indépendant du nombre de pages.	4,05 €	4,05 €
	FD 12	Copie de factures (fournie sous un mois), forfait indépendant du nombre de pages.	4,05 €	4,05 €
Données relatives aux équipements terminaux utilisés.	FA 21	Identification des publiphones implantés dans une zone géographique donnée.	10,20 €	15,30 €
	FA 50	Recherche d'un opérateur tiers à partir de son numéro de faisceau.	6,46 €	9,69 €
Caractéristiques techniques ainsi que date, horaire et durée de chaque communication.	FT 10	Détail des trafics entrants et sortants d'un abonné sur une période indivisible de 31 jours. L'identification de l'abonné est en sus.	10,20 € + 1,00 € par mois	15,30 € + 1,50 € par mois
	FT 20	Détail des trafics en relation avec un abonné d'un opérateur étranger sur une période indivisible de 31 jours.	10,20 € + 1,00 € par mois	15,30 € + 1,50 € par mois

CATÉGORIES de données	CODE	PRESTATIONS REQUISES	TARIFS DES RÉQUISITIONS transmises par l'intermédiaire de la plate-forme nationale des interceptions judiciaires	TARIFS DES RÉQUISITIONS transmises en dehors de la plate-forme nationale des interceptions judiciaires
	FT 21	Détail des données relatives au trafic d'un abonné avec un serveur.	10,66 €	16,00 €
	FT 40	Détail des données relatives au trafic d'une carte prépayée.	10,20 € + 1,00 € par mois	15,30 € + 1,50 € par mois

III. – Tarifs hors taxes applicables aux interceptions de téléphonie

CATÉGORIES de données	CODE	PRESTATIONS REQUISES	TARIFS DES RÉQUISITIONS transmises par l'intermédiaire de la plate-forme nationale des interceptions judiciaires	TARIFS DES RÉQUISITIONS transmises en dehors de la plate-forme nationale des interceptions judiciaires
Interception de communication de lignes fixes.	FI 20 FI 21 FI 22	Le tarif inclut la fourniture d'un détail de communications en fin d'interception.	16,00 €	24,00 €
Ligne temporaire de renvoi.	FI 10	Mise en place et installation d'une ligne analogique temporaire de renvoi ainsi que les abonnements mensuels.	84,00 € + 31,85 €	120,00 € + 45, 50 € par mois
	FI 11	Mise en place et installation d'une ligne numérique (accès de base RNIS) temporaire de renvoi ainsi que les abonnements mensuels.	152,25 € + 31,85 €	217,50 € + 45, 50 € par mois
Sonde de renvoi.	FI 17	Installation et enlèvement de la sonde hors ligne de renvoi.	350,00 €	350,00 €
Liaisons louées de renvoi.	FI 12 FI 13	En sus des frais fixes d'accès au service, pour les liaisons inférieures ou égales à 10 km, abonnement par période indivisible de 31 jours : 1,1 × (37,77 € + 0,79 € par km).	1,1 × (37,77 € + 0,79 € par km).	497,00 pour les frais fixes d'accès au service (sauf sites prééquipés) En sus des frais fixes d'accès au service, pour les liaisons inférieures ou égales à 10 km, abonnement par période indivisible de 31 jours : 1,1 × (37,77 € + 0,79 € par km).

CATÉGORIES de données	CODE	PRESTATIONS REQUISES	TARIFS DES RÉQUISITIONS transmises par l'intermédiaire de la plate-forme nationale des interceptions judiciaires	TARIFS DES RÉQUISITIONS transmises en dehors de la plate-forme nationale des interceptions judiciaires
		En sus des frais fixes d'accès au service, pour les liaisons supérieures à 10 km, abonnement par période indivisible de 31 jours : 1,1 × (60,10 € + 0,08 € par km).	1,1 × (60,10 € + 0,08 € par km).	En sus des frais fixes d'accès au service, pour les liaisons supérieures à 10 km, abonnement par période indivisible de 31 jours : 1,1 × (60,10 € + 0,08 € par km).
Interception des communications de téléphonie de voix sur IP.	FI 23	Le tarif inclut la fourniture du détail de trafic pour toute la période d'interception.	16,00 €	24,00 €
Interception de communication à l'international.	FI 27	Le tarif inclut la fourniture du détail de trafic pour toute la période d'interception.	16,00 €	24,00 €
Interception des communications de téléphonie mobile.	MI 20 MI 27	Le tarif inclut la fourniture du détail de trafic pour toute la période d'interception.	16,00 €	24,00 €
Mise en suivi du trafic.	MS 14	Délivrance en temps réel des appels émis et reçus avec le code en temps réel de la cellule déclenchée par un téléphone mobile sous interception. La prestation comprend la localisation des bornes, la mise en service et le récapitulatif historique des données fournies.	Non applicable	17,50 € par numéro + 17,50 € par mois
	MS 16	Délivrance en temps réel des appels émis et reçus avec le code en temps réel de la cellule déclenchée par un téléphone mobile sous interception. La prestation comprend la localisation des bornes, la mise en service et le récapitulatif historique des données fournies.	16,00 €	Non applicable
	MS 20	Données permettant d'obtenir la position géographique d'un appareil. Localisation en temps réel des cellules déclenchées par un téléphone mobile.	16,00 €	24,00 €

IV. – Tarifs hors taxes applicables à la fourniture de données par les opérateurs de communications électroniques

CATÉGORIES de données	CODE	PRESTATIONS REQUISES	TARIFS DES RÉQUISITIONS transmises par l'intermédiaire de la plate-forme nationale des interceptions judiciaires	TARIFS DES RÉQUISITIONS transmises en dehors de la plate-forme nationale des interceptions judiciaires
	WA 0X	À partir d'une demande dématérialisée conforme sur des adresses IP horodatées, rechercher sommairement dans le SI le plus pertinent les éléments d'identification relatifs à la personne physique, à l'installation, à la connexion, au contrat et aux identifications numériques.	De 1 à 20 : 3,60 € Au-dessus de 20 : 0,18 € par IP	
	WA 0 H	À partir d'une demande accompagnée d'un fichier électronique copiable, rechercher sommairement dans le SI le plus pertinent les éléments d'identification relatifs à la personne physique, à l'installation, à la connexion, au contrat et aux identifications numériques.		1 et 20 IP : 5,60 € Au-dessus de 20 : 0,28 € par IP
	WA 01	À partir d'une adresse IP horodatée et d'informations complémentaires, obtenir les éléments d'identification relatifs à la personne physique, à l'installation, à la connexion, au contrat et aux identifications numériques.	18 €	18 €
	WA 07	À partir de caractéristiques de compte, obtenir les éléments d'identification relatifs à la personne physique, à l'installation, à la connexion, au contrat et aux identifications numériques.	15,70 €	15,70 €
	WA 08	À partir d'une adresse courriel, obtenir les éléments d'identification relatifs à la personne physique, à l'installation, à la connexion, au contrat et aux identifications numériques.	15,70 €	15,70 €
	WA 09	À partir d'une adresse URL de site visité horodatée, obtenir les éléments d'identification relatifs à la personne physique, à l'installation, à la connexion, au contrat et aux identifications numériques.	15,70 €	15,70 €
	WI 01	Interception du trafic DATA/ IP émis et à destination de l'accès internet, à partir d'éléments caractéristique du compte (identité, adresse IP horodatée...) mettre en place l'interception du trafic DATA/ IP sur la période demandée spécifiant les caractéristiques de renvoi.	16,00 €	24 €

Art. A. 43-10 *(A. 2 sept. 2008)*. **– Conformément aux dispositions de l'article 1210-3 du nouveau Code de procédure civile, le montant de l'indemnité allouée à la personne désignée en qualité d'administrateur *ad hoc* dans le cadre d'une procédure civile est fixé à 200 €.**

Le montant de l'indemnité de carence est fixé à 50 €.

Art. A. 43-11 *(A. 2 sept. 2008).* – Conformément aux dispositions de l'article R. 111-20 du Code de l'entrée et du séjour des étrangers et du droit d'asile, le montant des indemnités allouées à la personne désignée en qualité d'administrateur *ad hoc* dans le cadre d'une procédure de maintien en zone d'attente ou d'une procédure de demande d'asile est fixé ainsi qu'il suit :

150 € pour l'indemnité prévue au 1° ;
150 € pour l'indemnité prévue au 2° ;
150 € pour l'indemnité prévue au 3°.

Le montant de l'indemnité de carence est fixé à 50 €.

Art. A. 43-12 *(Rempl., A. 13 janv. 2011).* – Le tarif de l'enquête sociale mentionnée aux articles 1072, 1171 et 1221 du Code de procédure civile est fixé à 600 € pour une personne physique et à 700 € pour une personne morale.

Le montant de l'indemnité de carence est fixé à 30 €.

(Al. annulé, ■ CE, 23 oct. 2013, n° 347460, Ass. nat. des enquêteurs sociaux : JurisData n° 2013-023640)

Art. A. 43-13 *(A. 20 mai 2009).* – L'indemnité allouée à la personne désignée par le juge pour entendre un mineur en application de l'article 388-1 du Code civil est fixée à 40 € pour une personne physique et à 70 € pour une personne morale.

Art. A. 43-14 *(A. 20 mai 2009).* – Lorsque cette personne n'a pu remplir sa mission en raison de la carence du mineur, il lui est alloué une indemnité d'un montant de 10 € s'il s'agit d'une personne physique et de 20 € s'il s'agit d'une personne morale.

Art. A. 43-15 *(A. 2 mai 2012).* – Le propriétaire dont le véhicule a été mis en fourrière sur autorisation du procureur de la République en application des articles L. 325-1 ou L. 325-1-2 du Code de la route et qui a ensuite fait l'objet d'une décision de relaxe ayant acquis un caractère définitif peut, conformément aux dispositions du dernier alinéa de l'article L. 325-1-1, demander au procureur de la République le remboursement, au titre des frais de justice, des frais d'enlèvement et de garde en fourrière qu'il a dû acquitter pour récupérer son véhicule.

Si la décision de relaxe a été rendue par la chambre des appels correctionnels, la demande est formée devant le procureur général.

Cette demande doit être faite, dans un délai de six mois au plus tard à compter de la date à laquelle la décision de relaxe est devenue définitive, par déclaration au greffe contre récépissé ou par lettre recommandée avec demande d'accusé de réception.

La demande doit être accompagnée de la copie de la décision de relaxe ainsi que la justification du paiement des frais d'enlèvement et de garde en fourrière.

Le montant du remboursement est calculé en fonction des tarifs des frais d'enlèvement et des frais de garde fixés conformément aux dispositions du IV de l'article R. 325-29 du Code de la route.

Le remboursement ne peut porter sur les frais de garde correspondant à une période postérieure à la décision de mainlevée de la mise en fourrière.

Le paiement du remboursement est effectué par le régisseur d'avances de la juridiction au vu de la décision du procureur de la République ou du procureur général.

La décision du procureur de la République ou du procureur général peut faire l'objet d'un recours par le demandeur, dans les dix jours de sa notification, devant la juridiction qui a prononcé la relaxe. Ce recours est formé par déclaration au greffe contre récépissé ou par lettre recommandée avec demande d'accusé de réception.

Art. A. 43-16 *(A. 16 déc. 2013).* – Le montant des frais mentionnés au 3° des articles R. 224-1 et R. 224-2 est fixé à 1 500 €.

Art. A. 43-17 *(A. 25 nov. 2016).* – Conformément aux dispositions de l'article R. 225 du Code de procédure pénale, les conditions et les modalités de modulation des vérifications effectuées dans le cadre de la certification sont les suivantes :

I. – Les chefs de la cour d'appel ou leurs délégués procèdent à une analyse des dépenses de frais de justice en appréciant les risques et enjeux afférents à ces dépenses ainsi que les facteurs aggravants. Ils établissent un plan de contrôle d'intensité variable des états et mémoires de frais qui distingue :

– les états et mémoires de frais soumis à un contrôle approfondi ;
– les états et mémoires de frais soumis à un contrôle formel.

II. – Le contrôle formel n'est applicable qu'aux mémoires de frais énumérés aux 1° et 3° des articles R. 224-1 et R. 224-2, lorsqu'ils sont inférieurs à un montant fixé conjointement par le ministre de la Justice et le ministre chargé du budget.

III. – L'analyse des dépenses de frais de justice, l'établissement et l'exécution du plan de contrôle ainsi que les vérifications effectuées dans le cadre du contrôle approfondi et du contrôle formel sont réalisés conformément aux orientations définies par le ministre de la Justice et le ministre de l'Économie et des Finances.

IV. – L'analyse des dépenses de frais de justice et le bilan de l'exécution du plan de contrôle sont communiqués au comptable assignataire.

À la demande du comptable assignataire, il peut être mis fin temporairement au contrôle d'intensité variable, si les résultats du suivi du plan de contrôle apparaissent insatisfaisants.

Art. A. 43-18 *(A. 6 déc. 2018)*. – Le montant de l'indemnité kilométrique mentionnée à l'article R. 97 du Code de procédure pénale est fixé à 0,24 euro.

TITRE XI. – LE SERVICE PÉNITENTIAIRE D'INSERTION ET DE PROBATION

(A. 18 avr. 2001)

CHAPITRE I. – LES MISSIONS DU SERVICE PÉNITENTIAIRE D'INSERTION ET DE PROBATION

(A. 18 avr. 2001)

Art. A. 44 *(A. 18 avr. 2001 ; A. 21 juin 2021 ; en vigueur à partir du 10 novembre 2021, mod., A. 4 nov. 2021)*. – Le siège des services pénitentiaires d'insertion et de probation et la liste des antennes locales d'insertion et de probation prévus à l'article D. 572 sont fixés conformément au tableau ci-dessous :

(Tabl. mod., A. 5 août 2020 (2 arrêtés)).

SERVICE PÉNITENTIAIRE d'insertion et de probation	SIÈGE	ANTENNES	RESSORT DE COMPÉTENCE
Service pénitentiaire d'insertion et de probation de l'Ain.	Bourg-en-Bresse.	Néant.	Circonscription judiciaire de Bourg-en-Bresse. Centre pénitentiaire de Bourg-en-Bresse.
Service pénitentiaire d'insertion et de probation de l'Aisne.	Laon.	Antenne de Laon.	Circonscription judiciaire de Laon. Centre pénitentiaire de Laon.
		Antenne de Saint-Quentin.	Circonscription judiciaire de Saint-Quentin.
		Antenne de Soissons.	Circonscription judiciaire de Soissons.
		Antenne de Château-Thierry.	Centre pénitentiaire de Château-Thierry.
Service pénitentiaire d'insertion et de probation de l'Allier.	Moulins.	Antenne de Moulins-Yzeure.	Circonscription judiciaire de Moulins. Centre pénitentiaire de Moulins-Yzeure.
		Antenne de Montluçon.	Circonscription judiciaire de Montluçon. Maison d'arrêt de Montluçon.
		Antenne de Cusset.	Circonscription judiciaire de Cusset.

SERVICE PÉNITENTIAIRE d'insertion et de probation	SIÈGE	ANTENNES	RESSORT DE COMPÉTENCE
Service pénitentiaire d'insertion et de probation des Alpes-de-Haute-Provence.	Digne.	Néant.	Circonscription judiciaire de Digne. Maison d'arrêt de Digne.
Service pénitentiaire d'insertion et de probation des Hautes-Alpes.	Gap.	Néant.	Circonscription judiciaire de Gap. Maison d'arrêt de Gap.
Service pénitentiaire d'insertion et de probation des Alpes-Maritimes.	Nice.	Antenne de Nice.	Circonscription judiciaire de Nice. Maison d'arrêt de Nice.
		Antenne de Grasse.	Maison d'arrêt de Grasse.
		Antenne de Mougins.	Circonscription judiciaire de Grasse.
Service pénitentiaire d'insertion et de probation de l'Ardèche.	Privas.	Néant.	Circonscription judiciaire de Privas. Maison d'arrêt de Privas.
Service pénitentiaire d'insertion et de probation des Ardennes.	Charleville-Mézières.	Néant.	Circonscription judiciaire de Charleville-Mézières. Maison d'arrêt de Charleville-Mézières.
Service pénitentiaire d'insertion et de probation de l'Ariège.	Foix.	Néant.	Circonscription judiciaire de Foix. Maison d'arrêt de Foix.
Service pénitentiaire d'insertion et de probation de l'Aube.	Troyes.	Antenne de Troyes.	Circonscription judiciaire de Troyes. Maison d'arrêt de Troyes.
		Antenne de Villenauxe-la-Grande.	Centre de détention de Villenauxe-la-Grande.
		Antenne de Clairvaux.	Maison centrale de Clairvaux.
Service pénitentiaire d'insertion et de probation de l'Aude.	Carcassonne.	Antenne de Carcassonne.	Circonscription judiciaire de Carcassonne. Maison d'arrêt de Carcassonne.
		Antenne de Narbonne.	Circonscription judiciaire de Narbonne.
Service pénitentiaire d'insertion et de probation de l'Aveyron.	Rodez.	Néant.	Circonscription judiciaire de Rodez. Maison d'arrêt de Rodez.
Service pénitentiaire d'insertion et de probation des Bouches-du-Rhône.	Marseille.	Antenne de Marseille.	Circonscription judiciaire de Marseille. Centre pénitentiaire de Marseille.
		Antenne d'Aix-Salon-de-Provence.	Circonscription judiciaire d'Aix-en-Provence. Centre pénitentiaire d'Aix-Luynes. Centre de détention de Salon-de-Provence.
		Antenne d'Arles-Tarascon.	Maison centrale d'Arles. Circonscription judiciaire de Tarascon. Centre de détention de Tarascon.

SERVICE PÉNITENTIAIRE d'insertion et de probation	SIÈGE	ANTENNES	RESSORT DE COMPÉTENCE
Service pénitentiaire d'insertion et de probation du Calvados.	Caen.	Antenne de Caen.	Circonscription judiciaire de Caen. Maison d'arrêt de Caen. Centre pénitentiaire de Caen.
		Antenne de Lisieux.	Circonscription judiciaire de Lisieux.
Service pénitentiaire d'insertion et de probation du Cantal.	Aurillac.	Néant.	Circonscription judiciaire d'Aurillac. Maison d'arrêt d'Aurillac.
Service pénitentiaire d'insertion et de probation de la Charente.	Angoulême.	Néant.	Circonscription judiciaire d'Angoulême. Maison d'arrêt d'Angoulême.
Service pénitentiaire d'insertion et de probation de la Charente-Maritime.	La Rochelle.	Antenne de La Rochelle-Saint-Martin-de-Ré.	Circonscription judiciaire de La Rochelle, à l'exception des cantons situés dans le ressort de l'antenne de Rochefort. Maison centrale de Saint-Martin-de-Ré.
		Antenne de Saintes-Bédenac.	Circonscription judiciaire de Saintes. Maison d'arrêt de Saintes. Centre de détention de Bédenac.
		Antenne de Rochefort.	Cantons d'Aigrefeuille-d'Aunis, La Tremblade, Le Château-d'Oléron, Marennes, Rochefort-Centre, Rochefort-Nord, Rochefort-Sud, Saint-Agnant, Saint-Pierre-d'Oléron, Surgères et Tonnay-Charente. Maison d'arrêt de Rochefort.
Service pénitentiaire d'insertion et de probation du Cher.	Bourges.	Néant.	Circonscription judiciaire de Bourges. Maison d'arrêt de Bourges.
Service pénitentiaire d'insertion et de probation de la Corrèze.	Tulle.	Antenne de Tulle.	Circonscription judiciaire de Tulle. Maison d'arrêt de Tulle.
		Antenne de Brive-la-Gaillarde.	Circonscription judiciaire de Brive-la-Gaillarde.
		Antenne d'Uzerche.	Centre de détention d'Uzerche.
Service pénitentiaire d'insertion et de probation de la Corse-du-Sud.	Ajaccio.	Néant.	Circonscription judiciaire d'Ajaccio. Maison d'arrêt d'Ajaccio.
Service pénitentiaire d'insertion et de probation de la Haute-Corse.	Bastia.	Antenne de Bastia-Borgo.	Circonscription judiciaire de Bastia. Centre pénitentiaire de Borgo.
		Antenne de Casabianda.	Centre de détention de Casabianda.
Service pénitentiaire d'insertion et de probation de la Côte-d'Or.	Dijon.	Néant.	Circonscription judiciaire de Dijon. Maison d'arrêt de Dijon.

SERVICE PÉNITENTIAIRE d'insertion et de probation	SIÈGE	ANTENNES	RESSORT DE COMPÉTENCE
Service pénitentiaire d'insertion et de probation des Côtes-d'Armor.	Saint-Brieuc.	Antenne de Saint-Brieuc.	Circonscription judiciaire de Saint-Brieuc, à l'exception des cantons situés dans le ressort de l'antenne de Guingamp. Cantons de Broons, Caulnes, Dinan-Est, Dinan-Ouest, Evran, Jugon-les-Lacs, Matignon, Plancoët, Plélan-le-Petit et Ploubalay. Maison d'arrêt de Saint-Brieuc.
		Antenne de Guingamp.	Cantons de Bégard, Belle-Isle-en-Terre, Bourbriac, Callac, Guingamp, Lannion, La Roche-Derrien, Lézardrieux, Maël-Carhaix, Perros-Guirec, Plestin-les-Grèves, Plouagat, Plouaret, Pontrieux, Rostrenen, Saint-Nicolas-du-Pélem et Tréguier.
Service pénitentiaire d'insertion et de probation de la Creuse.	Guéret.	Néant.	Circonscription judiciaire de Guéret. Maison d'arrêt de Guéret.
Service pénitentiaire d'insertion et de probation de la Dordogne.	Périgueux.	Antenne de Périgueux-Neuvic.	Circonscription judiciaire de Périgueux. Maison d'arrêt de Périgueux. Centre de détention de Neuvic-sur-l'Isle.
		Antenne de Bergerac-Mauzac.	Circonscription judiciaire de Bergerac. Centre de détention de Mauzac.
Service pénitentiaire d'insertion et de probation du Doubs.	Besançon.	Antenne de Besançon.	Circonscription judiciaire de Besançon. Maison d'arrêt de Besançon. Centre de semi-liberté de Besançon.
		Antenne de Montbéliard.	Circonscription judiciaire de Montbéliard. Maison d'arrêt de Montbéliard.
Service pénitentiaire d'insertion et de probation de la Drôme.	Valence.	Néant.	Circonscription judiciaire de Valence. Centre pénitentiaire de Valence.
Service pénitentiaire d'insertion et de probation de l'Eure.	Évreux.	Antenne d'Évreux.	Circonscription judiciaire d'Évreux, à l'exception des cantons du ressort de l'antenne de Bernay. Maison d'arrêt d'Évreux.
		Antenne de Bernay.	Cantons de Beaumesnil, Beaumont-le-Roger, Bernay-Est, Bernay-Ouest, Beuzeville, Bourgtheroulde-Infreville, Brionne, Broglie, Cormeilles, Montfort-sur-Risle, Pont-Audemer, Quillebeuf-sur-Seine, Routot, Saint-Georges-du-Vièvre et Thiberville.
		Antenne de Val-de-Reuil.	Centre de détention de Val-de-Reuil.
Service pénitentiaire d'insertion et de probation d'Eure-et-Loir.	Chartres.	Chartres.	Circonscription judiciaire de Chartres.
		Châteaudun.	Centre de détention de Châteaudun.

SERVICE PÉNITENTIAIRE d'insertion et de probation	SIÈGE	ANTENNES	RESSORT DE COMPÉTENCE
Service pénitentiaire d'insertion et de probation du Finistère.	Brest.	Antenne de Brest.	Circonscription judiciaire de Brest, à l'exception des cantons situés dans le ressort de l'antenne de Morlaix. Maison d'arrêt de Brest.
		Antenne de Quimper.	Circonscription judiciaire de Quimper.
		Antenne de Morlaix.	Cantons de Carhaix-Plouguer, Huelgoat, Landivisiau, Lanmeur, Morlaix, Plouescat, Plouigneau, Plouzévédé, Saint-Pol-de-Léon, Saint-Thégonnec, Sizun et Taulé.
Service pénitentiaire d'insertion et de probation du Gard.	Nîmes.	Antenne de Nîmes.	Circonscription judiciaire de Nîmes. Maison d'arrêt de Nîmes.
		Antenne d'Alès.	Circonscription judiciaire d'Alès.
Service pénitentiaire d'insertion et de probation de la Haute-Garonne.	Toulouse.	Antenne de Toulouse.	Circonscription judiciaire de Toulouse. Centre pénitentiaire de Toulouse-Seysses (quartier de semi-liberté inclus).
		Antenne de Muret.	Centre de détention de Muret.
		Antenne de Saint-Gaudens.	Circonscription judiciaire de Saint-Gaudens.
Service pénitentiaire d'insertion et de probation du Gers.	Auch.	Néant.	Circonscription judiciaire d'Auch.
Service pénitentiaire d'insertion et de probation de la Gironde.	Bordeaux.	Antenne de Bordeaux-Gradignan.	Circonscription judiciaire de Bordeaux. Centre pénitentiaire de Bordeaux-Gradignan.
		Antenne de Libourne.	Circonscription judiciaire de Libourne.
Service pénitentiaire d'insertion et de probation de l'Hérault.	Montpellier.	Antenne de Montpellier-Villeneuve-lès-Maguelone.	Circonscription judiciaire de Montpellier. Centre pénitentiaire de Villeneuve-lès-Maguelone.
		Antenne de Béziers.	Circonscription judiciaire de Béziers. Centre pénitentiaire de Béziers.
Service pénitentiaire d'insertion et de probation d'Ille-et-Vilaine.	Rennes.	Antenne de Rennes.	Circonscription judiciaire de Rennes. Centre pénitentiaire de Rennes. Centre pénitentiaire de Rennes – Vezin-le-Coquet (quartier de semi-liberté de Rennes compris).
		Antenne de Saint-Malo.	Circonscription judiciaire de Saint-Malo, à l'exception des cantons de Broons, Caulnes, Dinan-Est, Dinan-Ouest, Evran, Jugon-les-Lacs, Matignon, Plancoët, Plélan-le-Petit et Ploubalay. Maison d'arrêt de Saint-Malo.

SERVICE PÉNITENTIAIRE d'insertion et de probation	SIÈGE	ANTENNES	RESSORT DE COMPÉTENCE
Service pénitentiaire d'insertion et de probation de l'Indre.	Châteauroux.	Antenne de Châteauroux.	Circonscription judiciaire de Châteauroux. Centre pénitentiaire de Châteauroux.
		Antenne de Saint-Maur.	Maison centrale de Saint-Maur.
Service pénitentiaire d'insertion et de probation d'Indre-et-Loire.	Tours.	Néant.	Circonscription judiciaire de Tours. Maison d'arrêt de Tours.
Service pénitentiaire d'insertion et de probation de l'Isère.	Grenoble.	Antenne de Grenoble.	Circonscription judiciaire de Grenoble. Centre pénitentiaire de Grenoble-Varces.
		Antenne de Vienne-Saint-Quentin-Fallavier.	Circonscription judiciaire de Vienne, à l'exception des cantons situés dans le ressort de l'antenne de Bourgoin-Jallieu. Centre pénitentiaire de Saint-Quentin-Fallavier.
		Antenne de Bourgoin-Jallieu.	Cantons de Bourgoin-Jallieu-Nord, Bourgoin-Jallieu-Sud, Crémieu, La Tour-du-Pin, Le Grand-Lemps, Le Pont-de-Beauvoisin, Morestel, Saint-Geoire-en-Valdaine et Virieu.
Service pénitentiaire d'insertion et de probation du Jura.	Lons-le-Saunier.	Antenne de Lons-le-Saunier.	Circonscription judiciaire de Lons-le-Saunier, à l'exception des cantons situés dans le ressort de l'antenne de Dole. Maison d'arrêt de Lons-le-Saunier.
		Antenne de Dole.	Cantons d'Arbois, Champagnole, Chaumergy, Chaussin, Chemin, Dampierre, Dole-Nord-Est, Dole-Sud-Ouest, Gendrey, Les Planches-en-Montagne, Montbarrey, Montmirey-le-Château, Nozeroy, Poligny, Rochefort-sur-Nenon, Salins-les-Bains et Villers-Farlay.
Service pénitentiaire d'insertion et de probation des Landes.	Mont-de-Mars an.	Antenne de Mont-de-Mars an.	Circonscription judiciaire de Mont-de-Mars an. Centre pénitentiaire de Mont-de-Mars an (quartier de semi-liberté inclus). Maison d'arrêt de Mont-de-Mars an.
		Antenne de Dax.	Circonscription judiciaire de Dax.
Service pénitentiaire d'insertion et de probation de Loir-et-Cher.	Blois.	Néant.	Circonscription judiciaire de Blois.
			Maison d'arrêt de Blois.
Service pénitentiaire d'insertion et de probation de la Loire.	Saint-Étienne.	Antenne de Saint-Étienne.	Circonscription judiciaire de Saint-Étienne. Centre pénitentiaire de Saint-Étienne.
		Antenne de Roanne.	Circonscription judiciaire de Roanne. Centre de détention de Roanne.
Service pénitentiaire d'insertion et de probation de la Haute-Loire.	Le Puy-en-Velay.	Néant.	Circonscription judiciaire du Puy-en-Velay. Maison d'arrêt du Puy-en-Velay.

SERVICE PÉNITENTIAIRE d'insertion et de probation	SIÈGE	ANTENNES	RESSORT DE COMPÉTENCE
Service pénitentiaire d'insertion et de probation de la Loire-Atlantique.	Nantes.	Antenne de Nantes.	Circonscription judiciaire de Nantes. Centre pénitentiaire de Nantes (quartier de semi-liberté et maison d'arrêt de Nantes inclus).
		Antenne de Saint-Nazaire.	Circonscription judiciaire de Saint-Nazaire.
Service pénitentiaire d'insertion et de probation du Loiret.	Orléans.	Antenne d'Orléans.	Circonscription judiciaire d'Orléans. Centre pénitentiaire d'Orléans-Saran.
		Antenne de Montargis.	Circonscription judiciaire de Montargis. Centre de semi-liberté de Montargis.
Service pénitentiaire d'insertion et de probation du Lot.	Cahors.	Néant.	Circonscription judiciaire de Cahors.
Service pénitentiaire d'insertion et de probation de Lot-et-Garonne.	Agen.	Antenne d'Agen.	Circonscription judiciaire d'Agen.
		Antenne d'Eysses.	Centre de détention d'Eysses.
Service pénitentiaire d'insertion et de probation de la Lozère.	Mende.	Néant.	Circonscription judiciaire de Mende. Maison d'arrêt de Mende.
Service pénitentiaire d'insertion et de probation de Maine-et-Loire.	Angers.	Néant.	Circonscriptions judiciaires d'Angers et de Saumur. Maison d'arrêt d'Angers.
Service pénitentiaire d'insertion et de probation de la Manche.	Coutances.	Antenne de Coutances.	Circonscription judiciaire de Coutances, à l'exception des cantons situés dans le ressort de l'antenne d'Avranches.
		Antenne de Cherbourg.	Circonscription judiciaire de Cherbourg. Maison d'arrêt de Cherbourg.
		Antenne d'Avranches.	Cantons d'Avranches, Barenton, Brécey, Ducey, Granville, Isigny-le-Buat, Juvigny-le-Tertre, La Haye-Pesnel, Le Teilleul, Mortain, Pontorson, Saint-Hilaire-du-Harcouët, Saint-James, Saint-Pois, Sartilly, Sourdeval et Villedieu-les-Poêles.
Service pénitentiaire d'insertion et de probation de la Marne.	Châlons-en-Champagne.	Antenne de Châlons-en-Champagne.	Circonscription judiciaire de Châlons-en-Champagne. Maison d'arrêt de Châlons-en-Champagne.
		Antenne de Reims.	Circonscription judiciaire de Reims. Maison d'arrêt de Reims.

SERVICE PÉNITENTIAIRE d'insertion et de probation	SIÈGE	ANTENNES	RESSORT DE COMPÉTENCE
Service pénitentiaire d'insertion et de probation de la Haute-Marne.	Chaumont.	Néant.	Circonscription judiciaire de Chaumont. Maison d'arrêt de Chaumont.
Service pénitentiaire d'insertion et de probation de la Mayenne.	Laval.	Néant.	Circonscription judiciaire de Laval. Maison d'arrêt de Laval.
Service pénitentiaire d'insertion et de probation de Meurthe-et-Moselle.	Nancy.	Antenne de Nancy.	Circonscription judiciaire de Nancy. Maison d'arrêt de Nancy-Maxéville. Centre de semi-liberté de Maxéville.
		Antenne de Val de Briey.	Circonscription judiciaire de Val de Briey. Centre de semi-liberté de Val de Briey.
		Antenne de Toul-Écrouves.	Centre de détention de Toul. Centre de détention d'Écrouves.
Service pénitentiaire d'insertion et de probation de la Meuse.	Bar-le-Duc.	Antenne de Verdun.	Circonscription judiciaire de Verdun.
		Antenne de Bar-le-Duc.	Circonscription judiciaire de Bar-le-Duc. Maison d'arrêt de Bar-le-Duc.
		Antenne de Montmédy.	Centre de détention de Montmédy.
		Antenne de Saint-Mihiel.	Centre de détention de Saint-Mihiel.
Service pénitentiaire d'insertion et de probation du Morbihan.	Lorient.	Antenne de Lorient.	Circonscription judiciaire de Lorient. Centre pénitentiaire de Lorient-Ploemeur.
		Antenne de Vannes.	Circonscription judiciaire de Vannes. Maison d'arrêt de Vannes.
Service pénitentiaire d'insertion et de probation de la Moselle.	Metz.	Antenne de Metz.	Circonscription judiciaire de Metz. Centre pénitentiaire de Metz.
		Antenne de Sarreguemines.	Circonscription judiciaire de Sarreguemines. Maison d'arrêt de Sarreguemines.
		Antenne de Thionville.	Circonscription judiciaire de Thionville.
Service pénitentiaire d'insertion et de probation de la Nièvre.	Nevers.	Néant.	Circonscription judiciaire de Nevers.
			Maison d'arrêt de Nevers.
Service pénitentiaire d'insertion et de probation du Nord.	Lille.	Antenne de Lille-Loos-Sequedin.	Circonscription judiciaire de Lille. Centre pénitentiaire de Lille-Loos-Sequedin (quartier maison d'arrêt de Sequedin, quartier maison d'arrêt de Loos et quartier centre de détention de Loos, quartier de semi-liberté d'Haubourdin).
		Antenne d'Avesnes-sur-Helpe-Maubeuge.	Circonscription judiciaire d'Avesnes-sur-Helpe. Centre pénitentiaire de Maubeuge.

SERVICE PÉNITENTIAIRE d'insertion et de probation	SIÈGE	ANTENNES	RESSORT DE COMPÉTENCE
		Antenne de Cambrai.	Circonscription judiciaire de Cambrai.
		Antenne de Douai.	Circonscription judiciaire de Douai. Maison d'arrêt de Douai.
		Antenne de Dunkerque.	Circonscription judiciaire de Dunkerque. Circonscription judiciaire d'Hazebrouck.
		Antenne de Lille Annœullin.	Centre pénitentiaire de Lille Annœullin.
		Antenne de Valenciennes.	Circonscription judiciaire de Valenciennes. Maison d'arrêt de Valenciennes.
Service pénitentiaire d'insertion et de probation de l'Oise.	Beauvais.	Antenne de Beauvais.	Circonscription judiciaire de Beauvais. Centre pénitentiaire de Beauvais.
		Antenne de Compiègne.	Circonscription judiciaire de Compiègne.
		Antenne de Liancourt.	Centre pénitentiaire de Liancourt.
		Antenne de Creil.	Circonscription judiciaire de Senlis.
Service pénitentiaire d'insertion et de probation de l'Orne.	Argentan.	Antenne d'Alençon.	Circonscription judiciaire d'Alençon. Centre pénitentiaire d'Alençon – Condé-sur-Sarthe.
		Antenne d'Argentan.	Circonscription judiciaire d'Argentan. Centre de détention d'Argentan.
Service pénitentiaire d'insertion et de probation de Paris.	Paris.	Néant.	Circonscription judiciaire de Paris. Centre pénitentiaire de Paris-La Santé.
Service pénitentiaire d'insertion et de probation du Pas-de-Calais.	Arras.	Antenne d'Arras.	Circonscription judiciaire d'Arras. Maison d'arrêt d'Arras.
		Antenne de Bapaume.	Centre de détention de Bapaume.
		Antenne de Béthune.	Circonscription judiciaire de Béthune. Maison d'arrêt de Béthune. Centre pénitentiaire de Vendin-le-Vieil.
		Antenne de Boulogne-sur-Mer.	Circonscription judiciaire de Boulogne-sur-Mer.
		Antenne de Saint-Omer-Longuenesse.	Circonscription judiciaire de Saint-Omer. Centre pénitentiaire de Longuenesse.
Service pénitentiaire d'insertion et de probation du Puy-de-Dôme.	Clermont-Ferrand.	Néant.	Circonscription judiciaire de Clermont-Ferrand. Centre pénitentiaire de Riom.

SERVICE PÉNITENTIAIRE d'insertion et de probation	SIÈGE	ANTENNES	RESSORT DE COMPÉTENCE
Service pénitentiaire d'insertion et de probation des Pyrénées-Atlantiques.	Pau.	Antenne de Pau.	Circonscription judiciaire de Pau. Maison d'arrêt de Pau.
		Antenne de Bayonne.	Circonscription judiciaire de Bayonne. Maison d'arrêt de Bayonne.
Service pénitentiaire d'insertion et de probation des Hautes-Pyrénées.	Tarbes.	Antenne de Tarbes.	Circonscription judiciaire de Tarbes. Maison d'arrêt de Tarbes.
		Antenne de Lannemezan.	Centre pénitentiaire de Lannemezan.
Service pénitentiaire d'insertion et de probation des Pyrénées-Orientales.	Perpignan.	Néant.	Circonscription judiciaire de Perpignan. Centre pénitentiaire de Perpignan (quartier de semi-liberté inclus).
Service pénitentiaire d'insertion et de probation du Bas-Rhin.	Schiltigheim.	Antenne de Strasbourg.	Circonscription judiciaire de Strasbourg. Maison d'arrêt de Strasbourg.
			Centre de semi-liberté de Souffelweyersheim.
		Antenne de Saverne-Oermingen.	Circonscription judiciaire de Saverne. Centre de détention d'Oermingen.
Service pénitentiaire d'insertion et de probation du Haut-Rhin.	Colmar.	Antenne de Colmar.	Circonscription judiciaire de Colmar.
		Antenne de Mulhouse.	Circonscription judiciaire de Mulhouse. Centre pénitentiaire de Mulhouse-Lutterbach.
		Antenne d'Ensisheim.	Maison centrale d'Ensisheim.
Service pénitentiaire d'insertion et de probation du Rhône.	Lyon.	Antenne de Lyon.	Circonscription judiciaire de Lyon. Maison d'arrêt de Lyon-Corbas. Centre de semi-liberté de Lyon.
		Antenne de Villefranche-sur-Saône.	Circonscription judiciaire de Villefranche-sur-Saône. Centre pénitentiaire de Villefranche-sur-Saône.
Service pénitentiaire d'insertion et de probation de la Haute-Saône.	Vesoul.	Antenne de Vesoul.	Circonscription judiciaire de Vesoul, à l'exception des cantons situés dans le ressort de l'antenne de Lure. Maison d'arrêt de Vesoul.
		Antenne de Lure.	Cantons de Champagney, Faucogney-et-la-Mer, Héricourt-Est, Héricourt-Ouest, Lure-Nord, Lure-Sud, Luxeuil-les-Bains, Mélisey, Saint-Loup-sur-Semouse, Saint-Sauveur, Saulx, Vauvillers et Villersexel.
Service pénitentiaire d'insertion et de probation de Saône-et-Loire.	Chalon-sur-Saône.	Antenne de Chalon-sur-Saône-Varennes-le-Grand.	Circonscription judiciaire de Chalon-sur-Saône. Centre pénitentiaire de Varennes-le-Grand.
		Antenne de Mâcon.	Circonscription judiciaire de Mâcon.

SERVICE PÉNITENTIAIRE d'insertion et de probation	SIÈGE	ANTENNES	RESSORT DE COMPÉTENCE
Service pénitentiaire d'insertion et de probation de la Sarthe.	Le Mans.	Néant.	Circonscription judiciaire du Mans. Maison d'arrêt du Mans-Les Croisettes.
Service pénitentiaire d'insertion et de probation de la Savoie.	Chambéry.	Antenne de Chambéry.	Circonscription judiciaire de Chambéry. Maison d'arrêt de Chambéry.
		Antenne d'Albertville-Aiton.	Circonscription judiciaire d'Albertville. Centre pénitentiaire d'Aiton.
Service pénitentiaire d'insertion et de probation de la Haute-Savoie.	Annemasse.	Antenne d'Annecy.	Circonscription judiciaire d'Annecy.
		Antenne de Bonneville.	Circonscription judiciaire de Bonneville. Maison d'arrêt de Bonneville.
		Antenne d'Annemasse.	Circonscription judiciaire de Thonon-les-Bains.
Service pénitentiaire d'insertion et de probation de la Seine-Maritime.	Rouen.	Antenne de Rouen.	Circonscription judiciaire de Rouen. Maison d'arrêt de Rouen.
		Antenne de Dieppe.	Circonscription judiciaire de Dieppe.
		Antenne du Havre.	Circonscription judiciaire du Havre. Centre pénitentiaire du Havre.
Service pénitentiaire d'insertion et de probation de Seine-et-Marne.	Melun.	Antenne de Melun.	Circonscription judiciaire de Melun. Centre de semi-liberté de Melun. Centre de détention de Melun.
		Antenne de Fontainebleau.	Circonscription judiciaire de Fontainebleau.
		Antenne de Meaux.	Circonscription judiciaire de Meaux. Centre pénitentiaire de Meaux-Chauconin-Neufmontiers (quartier centre de détention inclus).
		Antenne de Réau.	Centre pénitentiaire Sud francilien.
Service pénitentiaire d'insertion et de probation des Yvelines.	Versailles.	Antenne de Versailles-Bois-d'Arcy.	Circonscription judiciaire de Versailles. Maison d'arrêt de Versailles (quartier de semi-liberté inclus). Centre pénitentiaire de Bois-d'Arcy.
		Antenne de Poissy.	Maison centrale de Poissy.
Service pénitentiaire d'insertion et de probation des Deux-Sèvres.	Niort.	Antenne de Niort.	Circonscription judiciaire de Niort, à l'exception des cantons du ressort de l'antenne de Bressuire.
		Antenne de Bressuire.	Cantons d'Airvault, Argenton-les-Vallées, Bressuire, Cerizay, Mauléon, Mazières-en-Gâtine, Ménigoute, Moncoutant, Parthenay, Saint-Loup-Lamairé, Saint-Varent, Secondigny, Thénezay, Thouars 1er canton et Thouars 2e canton.

SERVICE PÉNITENTIAIRE d'insertion et de probation	SIÈGE	ANTENNES	RESSORT DE COMPÉTENCE
Service pénitentiaire d'insertion et de probation de la Somme.	Amiens.	Antenne d'Amiens.	Circonscription judiciaire d'Amiens, à l'exception des cantons situés dans le ressort des antennes d'Abbeville et de Péronne. Maison d'arrêt d'Amiens.
		Antenne d'Abbeville.	Cantons d'Abbeville-Nord, Abbeville-Sud, Ailly-le-Haut-Clocher, Ault, Crécy-en-Ponthieu, Friville-Escarbotin, Gamaches, Hallencourt, Moyenneville, Nouvion, Rue et Saint-Valery-sur-Somme.
		Antenne de Péronne.	Cantons d'Albert, de Bray-sur-Somme, Chaulnes, Combles, Ham, Nesle, Péronne et Roisel.
Service pénitentiaire d'insertion et de probation du Tarn.	Albi.	Antenne d'Albi.	Circonscription judiciaire d'Albi. Maison d'arrêt d'Albi.
		Antenne de Castres.	Circonscription judiciaire de Castres.
		Antenne de Saint-Sulpice-la-Pointe.	Centre de détention de Saint-Sulpice-la-Pointe.
Service pénitentiaire d'insertion et de probation du Tarn-et-Garonne.	Montauban.	Néant.	Circonscription judiciaire de Montauban. Maison d'arrêt de Montauban.
Service pénitentiaire d'insertion et de probation du Var.	Toulon.	Antenne de Toulon.	Circonscription judiciaire de Toulon. Centre pénitentiaire de Toulon-La-Farlède.
		Antenne de Draguignan.	Circonscription judiciaire de Draguignan. Maison d'arrêt de Draguignan.
Service pénitentiaire d'insertion et de probation de Vaucluse.	Avignon.	Antenne d'Avignon.	Circonscription judiciaire d'Avignon. Centre pénitentiaire d'Avignon-Le Pontet (quartier de semi-liberté inclus).
		Antenne de Carpentras.	Circonscription judiciaire de Carpentras.
Service pénitentiaire d'insertion et de probation de la Vendée.	La Roche-sur-Yon.	Antenne de La Roche-sur-Yon-Fontenay-le-Comte.	Circonscription judiciaire de La Roche-sur-Yon. Maison d'arrêt de La Roche-sur-Yon. Maison d'arrêt de Fontenay-le-Comte.
		Antenne des Sables-d'Olonne.	Circonscription judiciaire des Sables-d'Olonne.
Service pénitentiaire d'insertion et de probation de la Vienne.	Poitiers.	Néant.	Circonscription judiciaire de Poitiers. Centre pénitentiaire de Poitiers-Vivonne (quartier de semi-liberté de Poitiers inclus).
Service pénitentiaire d'insertion et de probation de la Haute-Vienne.	Limoges.	Néant.	Circonscription judiciaire de Limoges. Maison d'arrêt de Limoges.

SERVICE PÉNITENTIAIRE d'insertion et de probation	SIÈGE	ANTENNES	RESSORT DE COMPÉTENCE
Service pénitentiaire d'insertion et de probation des Vosges.	Épinal.	Antenne d'Épinal.	Circonscription judiciaire d'Épinal, à l'exception des cantons situés dans le ressort de l'antenne de Saint-Dié-des Vosges. Maison d'arrêt d'Épinal.
		Antenne de Saint-Dié-des-Vosges.	Cantons de Brouvelieures, Corcieux, Fraize, Gérardmer, Provenchères-sur-Fave, Raon-l'Étape, Saint-Dié-des-Vosges-Est, Saint-Dié-des-Vosges-Ouest et Senones.
Service pénitentiaire d'insertion et de probation de l'Yonne.	Auxerre.	Antenne d'Auxerre.	Circonscription judiciaire d'Auxerre. Maison d'arrêt d'Auxerre.
		Antenne de Sens.	Circonscription judiciaire de Sens.
		Antenne de Joux-la-Ville.	Centre de détention de Joux-la-Ville.
Service pénitentiaire d'insertion et de probation du territoire de Belfort.	Belfort.	Néant.	Circonscription judiciaire de Belfort. Maison d'arrêt de Belfort.
Service pénitentiaire d'insertion et de probation de l'Essonne.	Courcouronnes.	Antenne de Corbeil-Essonnes -Courcouronnes.	Circonscription judiciaire d'Evry. Centre de semi-liberté de Corbeil-Essonnes.
		Antenne de Fleury-Mérogis.	Maison d'arrêt de Fleury-Mérogis.
Service pénitentiaire d'insertion et de probation des Hauts-de-Seine.	Nanterre.	Néant.	Circonscription judiciaire de Nanterre. « Centre pénitentiaire de Nanterre ».
Service pénitentiaire d'insertion et de probation de la Seine-Saint-Denis.	Saint-Denis.	Néant.	Circonscription judiciaire de Bobigny. Maison d'arrêt de Villepinte. Centre de semi-liberté de Gagny.
Service pénitentiaire d'insertion et de probation du Val-de-Marne.	Créteil.	Néant.	Circonscription judiciaire de Créteil. Centre pénitentiaire de Fresnes (quartier pour peines aménagées de Villejuif inclus). Établissement public de santé national de Fresnes.
Service pénitentiaire d'insertion et de probation du Val-d'Oise.	Pontoise.	Néant.	Circonscription judiciaire de Pontoise. Maison d'arrêt d'Osny-Pontoise.
Service pénitentiaire d'insertion et de probation de la Guadeloupe.	Les Abymes.	Antenne des Abymes-Baie-Mahault.	Circonscription judiciaire de Pointe-à-Pitre, à l'exception des cantons situés dans le ressort de l'antenne de Saint-Martin. Centre pénitentiaire de Baie-Mahault.
		Antenne de Basse-Terre.	Circonscription judiciaire de Basse-Terre. Maison d'arrêt de Basse-Terre.
		Antenne de Saint-Martin.	Cantons de Saint-Barthélemy, Saint-Martin 1er canton et Saint-Martin 2e canton.

SERVICE PÉNITENTIAIRE d'insertion et de probation	SIÈGE	ANTENNES	RESSORT DE COMPÉTENCE
Service pénitentiaire d'insertion et de probation de la Martinique.	Fort-de-France.	Néant.	Circonscription judiciaire de Fort-de-France. Centre pénitentiaire de Ducos.
Service pénitentiaire d'insertion et de probation de la Guyane.	Cayenne.	Antenne de Cayenne.	Circonscription judiciaire de Cayenne, à l'exception des cantons situés dans le ressort de l'antenne de Saint-Laurent du Maroni. Centre pénitentiaire de Rémire-Montjoly.
		Antenne de Saint-Laurent-du-Maroni.	Cantons de Mana, Maripasoula, Saint-Laurent-du-Maroni.
Service pénitentiaire d'insertion et de probation de La Réunion.	Saint-Denis.	Antenne de Saint-Denis.	Circonscription judiciaire de Saint-Denis. Centre pénitentiaire de Saint-Denis. Maison d'arrêt de Saint-Denis.
		Antenne de Saint-Pierre.	Circonscription judiciaire de Saint-Pierre. Maison d'arrêt de Saint-Pierre.
		Antenne du Port.	Centre détention du Port.
Service pénitentiaire d'insertion et de probation de Mayotte.	Mamoudzou.	Néant.	Circonscription judiciaire de Mamoudzou. Centre pénitentiaire de Majicavo.

CHAPITRE II. – DU SURSIS AVEC MISE À L'ÉPREUVE

(A. 18 avr. 2001)

Néant.

CHAPITRE III. – L'ORGANISATION ET LE FONCTIONNEMENT DU SERVICE PÉNITENTIAIRE D'INSERTION ET DE PROBATION

(A. 18 avr. 2001)

§ 1. – De l'agrément des personnes bénévoles participant aux missions du service pénitentiaire d'insertion et de probation

(A. 18 avr. 2001)

Art. A. 45 *(A. 18 avr. 2001)*. – Les personnes bénévoles visées à l'article D. 583 sont agréées pour une période de deux ans renouvelable.

Pour obtenir cet agrément, les requérants doivent être âgés de plus de vingt et un ans et satisfaire notamment aux conditions suivantes :

1° Ne pas avoir fait l'objet d'une condamnation, d'une incapacité ou d'une déchéance mentionnées sur le bulletin n° 2 du casier judiciaire ;

2° N'avoir pas été l'auteur de faits contraires à l'honneur, à la probité et aux bonnes mœurs ayant donné lieu à une sanction disciplinaire ou administrative de destitution, radiation, révocation, de retrait d'agrément ou d'autorisation.

L'agrément des personnes bénévoles est subordonné à un stage probatoire de six mois.

Art. A. 46 *(A. 18 avr. 2001)*. – En dehors des cas prévus par la loi, les personnes bénévoles visées à l'article D. 583 ne doivent divulguer aucune information recueillie dans l'exercice de leur mission.

Tout manquement à cette obligation peut entraîner la suspension ou le retrait de l'agrément.

Art. A. 47 *(A. 18 avr. 2001)*. – Le directeur du service pénitentiaire d'insertion et de probation avise le directeur régional de l'agrément d'une personne bénévole.

En cas de retrait ou de suspension de l'agrément d'une personne bénévole, le directeur régional est tenu informé.

Le directeur du service pénitentiaire d'insertion et de probation délivre aux personnes bénévoles un document justifiant de leurs fonctions.

Disposition générale

Art. A. 53 *(Rempl., A. 27 févr. 1964)*. – Le présent code, ainsi que les arrêtés qui le modifient, est applicable aux départements de la Guadeloupe, de la Guyane, de la Martinique et de la Réunion.

TITRE XII. – DU CASIER JUDICIAIRE

(A. 28 avr. 2010)

Art. A. 53-1 *(A. 28 avr. 2010)*. – Les autorités compétentes pour obtenir un bulletin n° 2 du casier judiciaire en application du 6° de l'article 776 sont les suivantes :

1° Le directeur général de la cohésion sociale du ministère chargé des affaires sociales ;

2° Le directeur en charge du tourisme du ministère de l'économie ;

3° Les chambres de métiers et de l'artisanat et les chambres régionales du commerce et de l'industrie ;

4° Le directeur en charge de la sécurité et de la circulation routières, le secrétaire général et le directeur en charge des affaires économiques et internationales, le directeur général de la mer et des transports, le directeur général en charge de l'aviation civile, le directeur général en charge de l'urbanisme, de l'habitat et de la construction du ministère de l'écologie et du développement durable ;

5° Le directeur en charge de la nature et des paysages, le directeur de l'eau, le directeur général de l'énergie et des matières premières du ministère de l'écologie ;

6° Le directeur général de l'offre de soins du ministère chargé de la santé ;

7° Les directeurs régionaux de la jeunesse, des sports et de la cohésion sociale ;

8° Les directeurs des services déconcentrés de l'État chargés des sports ;

9° Les directeurs généraux des agences régionales de santé ;

10° Les directeurs départementaux de la cohésion sociale ;

11° Le directeur général de la création artistique et le directeur général des patrimoines du ministère de la culture et de la communication ;

12° Le directeur général en charge de l'alimentation et le directeur général en charge des politiques agricole, agroalimentaire et des territoires du ministère de l'alimentation, de l'agriculture et de la pêche ;

13° Le directeur en charge du centre d'évaluation (CEZ) de Rambouillet.

LIVRE CINQUIÈME *BIS*

DISPOSITIONS GÉNÉRALES

(A. 21 juin 2011)

CHAPITRE UNIQUE. – DISPOSITIONS RELATIVES À LA SIGNATURE ÉLECTRONIQUE

(Intitulé rempl., A. 6 sept. 2019)

Avertissement : Dispositions applicables aux systèmes de traitements automatisés suivants : MINOS, WINOMP, PV électronique et Contrôle automatisé et sur tout le territoire de la République française, y compris en Polynésie française, en Nouvelle-Calédonie et dans les îles Wallis-et-Futuna.

Section I. – Dispositions relatives à la signature électronique

Art. A. 53-2 *(Rempl., A. 6 sept. 2019)*. **– Est une signature électronique avancée reposant sur un certificat qualifié au sens de l'article D. 589-3 une signature électronique avancée, conforme à l'article 26 du règlement (UE) n° 910/2014 du Parlement européen et du Conseil du 23 juillet 2014 sur l'identification électronique et les services de confiance pour les transactions électroniques au sein du marché intérieur et abrogeant la directive 1999/93/CE, qui repose sur un certificat qualifié de signature électronique répondant aux exigences de l'article 28 de ce règlement.**

Le dispositif technique permettant d'apposer cette signature électronique fait l'objet d'une homologation de sécurité conformément à l'article 5 du décret n° 2010-112 du 2 février 2010 pris pour l'application des articles 9, 10 et 12 de l'ordonnance n° 2005-1516 du 8 décembre 2005 relative aux échanges électroniques entre les usagers et les autorités administratives et entre les autorités administratives.

Art. A. 53-3 *(Rempl., A. 6 sept. 2019)*. **– La procédure d'inscription et d'enregistrement des données d'identification et d'habilitation des procédés de signature électronique mis à disposition des personnes concourant à la procédure au sens de l'article 11, est, s'agissant des magistrats, militaires et agents publics, à l'initiative et sous la responsabilité du ministère dont ils relèvent ou sous le contrôle duquel ils sont placés. Dans les autres cas, cette procédure est placée sous le contrôle du ministère de la justice, et peut, le cas échéant, faire l'objet d'un protocole avec la personne morale ou l'organisme professionnel dont relève ou sous le contrôle duquel est placée la personne concernée.**

Art. A. 53-4 *(Rempl., A. 6 sept. 2019)*. **– Le dispositif technique mentionné à l'article D. 589-4 permet de recueillir la signature manuscrite de toute personne, y compris de celle concourant à la procédure au sens de l'article 11, afin d'en faire une image numérique intégrée au corps de l'un des actes mentionnés au premier alinéa du I de l'article 801-1.**

Le recueil sous forme numérique d'une ou plusieurs signatures manuscrites se fait sous le contrôle de la personne chargée d'apposer sa signature électronique sur l'acte, conformément au deuxième alinéa de l'article D. 589-4.

L'identité de celui qui procède à une signature manuscrite recueillie sous forme numérique est obligatoirement mentionnée dans l'acte. Le cas échéant, il est mentionné si cette identité est présumée ou inconnue.

Après l'apposition de la signature électronique, l'ensemble des éléments que l'acte contient, dont les signatures manuscrites recueillies sous forme numérique, ne peut être altéré.

Lorsque, pour la tenue de l'acte, il est recouru à des moyens de télécommunication audiovisuelle en application de l'article 706-71, le recueil sous forme numérique de la signature manuscrite peut se faire avec l'assistance d'une personne, non partie à la procédure, présente aux côtés du signataire.

Les dispositions du présent article ne sont pas applicables aux signatures manuscrites recueillies sous forme numérique par l'appareil mentionné à l'article R. 49-1.

Section II. – Dispositions relatives à la signature numérique

Art. A. 53-5 *(Rempl., A. 6 sept. 2019).* **–** Est un cachet électronique avancé avec certificat qualifié au sens de l'article D. 589-5 un cachet électronique conforme à l'article 36 du règlement (UE) n° 910/2014 du Parlement européen et du Conseil du 23 juillet 2014, créé à l'aide d'un dispositif de création de cachet électronique qualifié conforme à l'article 39 de ce règlement, et qui repose sur un certificat qualifié de cachet électronique répondant aux exigences de l'article 38 du même règlement.

Le dispositif technique permettant d'apposer ce cachet électronique fait l'objet d'une homologation de sécurité conformément à l'article 5 du décret n° 2010-112 du 2 février 2010 précité.

Section III. – Dispositions applicables à l'archivage

Art. A. 53-6 *(Rempl., A. 6 sept. 2019).* **–** Le dossier de procédure numérique, défini à l'article D. 589-1, est archivé dans un système d'archivage électronique sécurisé. Celui-ci garantit la conservation, l'intégrité, l'intelligibilité et l'accessibilité des pièces qu'il contient, ainsi que la traçabilité des opérations de consultation, de versement, de migration, d'effacement et d'extraction.

L'intégrité des pièces conservées dans le système d'archivage électronique est attestée par une empreinte électronique, qui garantit que toute modification ultérieure de la pièce à laquelle elle est attachée est détectable.

Les opérations de migration requises pour assurer la lisibilité des pièces sous format numérique dans le temps ne constituent pas une altération de son contenu ou de sa forme dès lors qu'elles sont tracées et donnent lieu à la génération d'une nouvelle empreinte électronique de chaque pièce.

Les empreintes et les traces générées en application des alinéas précédents sont conservées aussi longtemps que la pièce sous format numérique à laquelle elles se rattachent et dans des conditions ne permettant pas leur modification.

Section IV. – Dispositions relatives à la numérisation des pièces de procédure

(Section créée, A. 6 sept. 2019)

Art. A. 53-7 *(A. 6 sept. 2019).* **–** La conversion sous format numérique de toute pièce ayant vocation à être transmise à l'autorité judiciaire ou versée au sein du dossier de procédure numérique, est réalisée sous la responsabilité de cette dernière et impose le recours à un dispositif de numérisation assurant une reproduction fidèle de sa forme, de son contenu et de sa couleur.

Toute pièce convertie sous format numérique par une personne non autorisée au sens de l'article D. 589 ne peut être versée au sein du dossier de procédure numérique qu'après vérification de sa fidélité, de sa complétude, de l'identité de son émetteur et de sa date de conversion.

La conversion, la restitution et la destruction de pièces de procédure sont effectuées dans le respect des dispositions prévues par la loi ou le règlement applicables aux archives.

Art. A. 53-8 *(A. 6 sept. 2019).* **–** Toute pièce de procédure sous format numérique peut, s'il y a lieu, être imprimée par les magistrats et agents de greffe qui les assistent, les services de la police nationale, les unités de la gendarmerie nationale, les fonctionnaires et agents exerçant des pouvoirs de police judiciaire, les services pénitentiaires ou de la protection judiciaire de la jeunesse afin d'être remise ou transmise sous format papier.

Les pièces ayant fait l'objet d'un procédé de signature sous forme numérique au sens de l'article D. 589-2 conservent leur valeur probante, après leur impression, s'il est joint une attestation unique indiquant qu'elles sont fidèles à leur version sous format numérique dont est détenteur le service mentionné au premier alinéa ou si chaque impression fait l'objet d'une mention certifiant sa fidélité par le service précité.

Section V. – Dispositions relatives à la transmission des pièces sous format numérique

(Section créée, A. 6 sept. 2019)

Art. A. 53-9 *(A. 6 sept. 2019)*. – Toute personne publique ou privée, autorisée à transmettre des pièces sous format numérique conformément au deuxième alinéa de l'article D. 589, doit respecter strictement les conditions et modalités prévues par cette autorisation.

Lorsque cette autorisation est délivrée à un avocat ou au barreau dont il relève, elle mentionne obligatoirement :

- le moyen de télécommunication retenu, en précisant l'adresse électronique du destinataire et, le cas échéant, la plateforme sécurisée d'échange de documents et de fichiers utilisée ;
- les jours et horaires de réception des pièces à l'issue desquels celles-ci ne sont plus recevables lorsque le présent code fixe un délai d'expiration ;
- l'évènement technique à compter duquel la transmission est considérée comme reçue par la juridiction destinataire, cet évènement faisant courir, s'il y a lieu, les délais prévus par les dispositions du présent code.

Cette autorisation peut lister exhaustivement les actes, demandes, déclarations et observations pouvant être transmis selon cette voie, ou ceux pouvant être exclus d'une telle transmission. À défaut de précision, tous les actes, demandes, déclarations ou observations prévus par le présent code sont transmissibles selon cette voie.

Les protocoles fondés sur le troisième alinéa de l'article D. 589 et passés entre les chefs des juridictions et les avocats ou les barreaux dont ces derniers relèvent peuvent préciser que tout ou partie des conditions, restrictions et modalités prévues par les articles D. 591 à D. 593 ne sont pas applicables.

CHAPITRE II. – DISPOSITIONS RELATIVES À LA CAPTATION SONORE DES AUDIENCES DES JURIDICTIONS PÉNALES SPÉCIALISÉES

(Créé, A. 23 juill. 2021)

Art. A. 53-10 *(Créé, A. 23 juill. 2021)*. – Lorsque le premier président de la cour d'appel décide de faire application des dispositions de l'article 802-3 [du Code de procédure pénale], il en informe par tout moyen l'ensemble des parties civiles et leurs avocats respectifs.

Ceux-ci doivent faire connaître au greffe de la juridiction qu'ils souhaitent recevoir la captation sonore des audiences au moins huit jours avant le début de celles-ci si elles veulent bénéficier de cette captation dès le début des débats.

Pour la création des comptes d'utilisateurs, une liste de combinaisons d'identifiants et de mots de passe est générée de manière aléatoire, chiffrée et sécurisée.

Le greffe de la juridiction est seul habilité à détenir la liste enrichie contenant l'affiliation entre l'identité de l'utilisateur et la combinaison de l'identifiant et du mot de passe. Il est également le seul habilité à attribuer et à communiquer à chaque participant éligible les éléments de connexion. Il transmet ces informations pseudonymisées aux équipes en charge du traitement.

Lorsque sont portées à la connaissance des parties civiles et de leur avocats les modalités pratiques d'accès à la captation des débats, qui doivent notamment comporter un code confidentiel propre à chaque partie civile, elles doivent être informées du délit prévu par les dispositions du deuxième alinéa de l'article 802-3.

La diffusion des débats aux parties civiles se fait en différé. Elle peut être interrompue à tout moment par le président d'audience.

La chaîne de retransmission est sécurisée de l'encodeur jusqu'à la plateforme de diffusion. Un encodage et un flux redondé sont mis en œuvre de la réception du flux en régie jusqu'à la plateforme de diffusion. Le flux de diffusion est chiffré de bout en bout.

LIVRE SIXIÈME

MODALITÉS D'APPLICATION EN CE QUI CONCERNE LES DÉPARTEMENTS DE LA GUADELOUPE, DE LA GUYANE, DE LA MARTINIQUE ET DE LA RÉUNION

Art. A. 54 *(Mod., A. 7 mars 1973).* – Par dérogation aux dispositions du second alinéa de l'article D. 77 l'orientation des condamnés à une longue peine relève, dans les départements où est établie une maison centrale de la commission de l'application des peines instituée à l'article D. 95.

Dans les autres départements visés au présent titre l'orientation est effectuée, après avis du juge de l'application des peines, par le fonctionnaire de l'administration pénitentiaire exerçant pour ces déplacements les attributions dévolues aux directeurs régionaux.

Art. A. 55 *(Mod., A. 7 mars 1973).* – Le bulletin concernant chaque condamné ayant à subir une longue peine et visé à l'article D. 80 est adressé par le chef de l'établissement de détention au fonctionnaire de l'administration pénitentiaire exerçant les attributions dévolues au directeur régional.

L'examen du bulletin est effectué, selon les distinctions visées à l'article A. 54, par ce fonctionnaire ou par la commission de l'application des peines à laquelle le bulletin est alors transmis. Cet examen donne lieu :

- Soit à une décision d'affectation dans un établissement pénitentiaire du département où est situé l'établissement de détention ;
- Soit à une proposition d'affectation dans un des autres départements visés au présent titre. Cette proposition est soumise pour décision, au ministre de la Justice.

Art. A. 56 *(A. 27 févr. 1964).* – L'enquête prévue à l'article D. 81 sur la situation du condamné avant son incarcération est demandée au service social de l'administration pénitentiaire ou, à défaut aux services sociaux locaux, par le fonctionnaire visé à l'article A. 54.

Art. A. 57 *(Rempl., A. 4 mars 2003).* – Dans les départements de la Guadeloupe et de la Réunion, les directeurs des centres pénitentiaires de Baie-Mahault et du Port assurent, dans les limites des délégations de compétences qui leur sont consenties, la gestion de l'ensemble des personnels affectés dans les établissements de leur département respectif.

LIVRE SEPTIÈME

DISPOSITIONS APPLICABLES EN NOUVELLE-CALÉDONIE

(A. 27 avr. 2005)

Art. A. 57-1 *(A. 9 mai 2007 ; abr., A. 27 mai 2021).*

Art. A. 58 *(A. 27 avr. 2005).* – **Le siège du service pénitentiaire d'insertion et de probation et la liste des antennes locales d'insertion et de probation de la Nouvelle-Calédonie prévus par l'article D.N.C. 572 sont fixés conformément au tableau ci-dessous :**

SPIP	SIÈGE	ANTENNE	RESSORT DE COMPÉTENCE
Nouvelle-Calédonie.	Nouméa.	Nouméa.	Camp Est Province Est Province des îles Loyauté.
		Koné.	Province Nord.

LIVRE HUITIÈME

DISPOSITIONS APPLICABLES EN POLYNÉSIE FRANÇAISE

(A. 27 avr. 2005)

Art. A. 58-1 *(A. 9 mai 2007 ; abr., A. 27 mai 2021).*

Art. A. 59 *(Mod., A. 3 nov. 2017).* **– Le siège du service pénitentiaire d'insertion et de probation et la liste des antennes locales d'insertion et de probation de la Polynésie française prévus par l'article D.P. 572 sont fixés conformément au tableau ci-dessous :**

SPIP	SIÈGE	ANTENNE	RESSORT DE COMPÉTENCE
Polynésie française.	Papeete.	Antenne de Papeete.	Collectivité d'outre-mer de la Polynésie française, à l'exception des îles Sous-le-Vent. Centre pénitentiaire de Faa'a-Nuutania. Centre de détention de Taiohae (Marquises).
		Antenne d'Uturoa.	Iles Sous-le-Vent. Centre de détention d'Uturoa (Raïatea).

Loi n° 2000-516 du 15 juin 2000

renforçant la protection de la présomption d'innocence et les droits des victimes
(JO 16 juin 2000)

Art. 72 *(Abr., L. n° 2020-1525, 7 déc. 2020).*

....

Art. 140 *(Mod., L. n° 2000-1354, 30 déc. 2000).* **–** Les dispositions des sections 1, 4, 5, 6 et 7 du chapitre 1er, des sections 2 et 3 du chapitre II et des chapitres III et V du titre Ier et celles du II de l'article 96 et des articles 104, 109, 116, 117, 125, 127, 128, 131, 132, 134, 135, 136 et 137 entreront en vigueur le 1er janvier 2001 ; les personnes ayant été condamnées par une cour d'assises postérieurement à la publication de la loi, mais dont la condamnation ne serait pas définitive le 1er janvier 2001, pourront cependant, dans les dix jours suivant cette date, former appel de leur condamnation conformément aux dispositions des articles 380-1 à 380-15 du Code de procédure pénale, dans leur rédaction résultant de l'article 81 ; cet appel entraîne le désistement du pourvoi et permet les appels incidents prévus par l'article 380-2, les affaires renvoyées devant une cour d'assises après cassation et audiencées après le 1er janvier 2001 seront jugées par une cour d'assises composée de neuf jurés et statuant en premier ressort.

Du 1er janvier 2001 jusqu'au 16 juin 2001, la deuxième phrase du sixième alinéa de l'article 722 du Code de procédure pénale, dans sa rédaction résultant du IV de l'article 125, est remplacée par deux phrases ainsi rédigées :

Cette décision est rendue, au vu des observations écrites du condamné ou de son avocat, après avis de la commission de l'application des peines ; à sa demande, le condamné, assisté le cas échéant de son avocat, peut également présenter oralement des observations devant le juge de l'application des peines ; ce magistrat procède à cette audition et statue sans être assisté d'un greffier ; le condamné peut demander à bénéficier de l'aide juridictionnelle. La décision du juge de l'application des peines peut être attaquée par la voie de l'appel par le condamné ou le procureur de la République dans le délai de dix jours à compter de sa notification.

Jusqu'au 1er janvier 2001, le président du tribunal de grande instance excerce les compétences que l'article 44 confie au juge des libertés et de la détention.

Toutefois, les dispositions des articles 14 et 77 entreront en vigueur un an après la publication de la présente loi au *Journal officiel* ; jusqu'à cette date, à compter du 1er janvier 2001, le deuxième alinéa de l'article 367 du Code de procédure pénale, dans sa rédaction résultant de l'article 85 de la présente loi, est ainsi rédigé : « Dans les autres cas, tant que l'arrêt n'est pas définitif, et, le cas échéant, pendant l'instance d'appel, l'ordonnance de prise de corps est mise à exécution ou continue de produire ses effets jusqu'à ce que la durée de détention ait atteint celle de la peine prononcée. »

Les dispositions de l'article 49 entreront en vigueur deux ans après la publication de la présente loi au *Journal officiel* ; jusqu'à cette date, le président du tribunal peut confier au juge des libertés et de la détention désigné en application du second alinéa de l'article 137-1, les fonctions visées par l'article 49.

Loi n° 2000-1354 du 30 décembre 2000

tendant à faciliter l'indemnisation des condamnés reconnus innocents et portant diverses dispositions de coordination en matière de procédure pénale

(JO 31 déc. 2000)

Art. 36 *(V. L. n° 2000-516, 15 juin 2000).*

Loi n° 2003-239 du 18 mars 2003

pour la sécurité intérieure

TITRE VI. – DISPOSITIONS RELATIVES À L'OUTRE-MER

....

Art. 121 *(Mod., L. n° 2016-444, 13 avr. 2016)*. **–** Les articles 1er, 8 à 13, 16 à 22, 23 (I), 24 à 41, 44, 45, 47 à 51, 53, 57, 59, 60, 63 à 65, 73, 76, 78 (I et II), 80 à 85, 90, 110, 111, 112 (I, II et V), 113 et 117 sont applicables en Nouvelle-Calédonie, en Polynésie française et dans les îles Wallis-et-Futuna sous réserve des adaptations suivantes :

Pour l'application de l'article 76 en Nouvelle-Calédonie :

a) Après les mots : « menace à l'ordre public, » sont insérés les mots : « et après la consultation prévue à l'article 7 de l'ordonnance n° 2002-388 du 20 mars 2002 relative à l'entrée et au séjour des étrangers en Nouvelle-Calédonie, » ;

b) La dernière phrase du premier alinéa est ainsi rédigée :

« Cette autorisation provisoire de séjour ouvre droit à l'exercice d'une activité professionnelle dans les conditions prévues par la législation et la réglementation en vigueur localement. »

Pour l'application de l'article 76 en Polynésie française, après les mots : « menace à l'ordre public, » sont insérés les mots : « et après consultation du comité consultatif prévue à l'article 7 de l'ordonnance n° 2000-372 du 26 avril 2000 relative aux conditions d'entrée et de séjour des étrangers en Polynésie française. »

....

Dispositions relatives à Mayotte

Art. 131. – Les articles 1er, 3, 21, 22, 23 (I), 24 à 27, 31, 76, 77, 79, 80 à 84, 86 à 89, 91, 94 à 99, 102, 103, 105, 110 à 112 et 117 sont applicables à Mayotte.

....

Dispositions relatives à la Guyane et à la commune de Saint-Martin

....

Art. 143. – Dans le dernier alinéa de l'article 78-2 du Code de procédure pénale, après les mots : « en deçà », sont insérés les mots : « et sur une ligne tracée à cinq kilomètres de part et d'autre, ainsi que sur la route nationale 2 sur le territoire de la commune de Régina ».

Loi n° 2004-204 du 9 mars 2004

portant adaptation de la justice aux évolutions de la criminalité

Dispositions étendant certaines dispositions législatives à la Nouvelle-Calédonie, à la Polynésie Française, aux îles Wallis-et-Futuna, aux Terres australes et antarctiques françaises et à Mayotte

Art. 217. – I. - Les articles 1er à 5, 6 (I à XIX, XXI), 7 à 11, 12 (I à XV, XVII), 13, 14, 17 à 22, 23 (I à IV), 24 à 26, 28 à 32, 33 (I), 34, 35, 37 (II), 38 à 54, 55 (I et III), 56 (I à V), 62 à 70, 71 (I et II), 74 à 134, 135 (I et II), 136 à 171, 173 à 196, 198 (I à VII), 199 à 205, 207 à 211 et 213 à 216 sont applicables en Nouvelle-Calédonie.

II. - Les articles 1er à 5, 6 (I à XIX, XXI), 7 à 11, 12 (I à XV, XVII), 13, 14, 17 à 22, 24 à 26, 28 à 32, 33 (I), 34, 35, 37 (II), 38 à 54, 55 (I et III), 56 (I à V), 62 à 70, 71 (I et II), 74 à 134, 135 (I et II), 136 à 171, 173 à 196, 198 (I à VII), 199 à 205, 207 à 211 et 213 à 216 sont applicables en Polynésie Française.

III. - Les articles 1er à 5, 6 (I à XIX, XXI, XXIII, XXIV), 7 à 11, 12 (I à XV, XVII), 13, 14, 17 à 22, 24 à 32, 33 (I), 34, 35, 37 (II), 38 à 54, 55 (I et III), 56 (I à V), 62 à 70, 71 (I et II), 74 à 134, 135 (I et II), 136 à 171, 173 à 196, 198 (I à VII), 199 à 205, 207 à 211 et 213 à 216 sont applicables dans les îles Wallis-et-Futuna.

IV. - Les articles 6 (I à XV), 8, 12 (I, II, IV à XIII), 13, 19, 30 à 32, 34, 35, 38 à 41, 44, 46, 50, 51, 54, 55 (I), 173 à 177, 179 (I), 180, 182, 183 (II) et 194 sont applicables dans les Terres australes et antarctiques françaises.

V. - Les articles 3, 6 (XVI à XIX, XXI, XXIII, XXIV), 11, 12 (XIV, XV, XVII), 20, 24, 27, 30, 34, 37 (II), 45, 52, 53, 55 (III), 56 (VI), 57 à 61, 73, 126, 131 (II), 146, 206 à 209, 211 et 213 à 216 sont applicables à Mayotte.

Décret n° 2004-837 du 20 août 2004

relatif aux dispositions applicables aux condamnés en fin de peine et portant diverses dispositions de procédure pénale
(JO 22 août)

Art. 1er. – Jusqu'au 31 décembre 2004, les modalités d'application des dispositions des articles 723-20 à 723-27 du Code de procédure pénale sont fixées par les articles 2 à 19 du présent décret.

CHAPITRE I. – INSTRUCTION DES DOSSIERS DES CONDAMNÉS

Art. 2. – Au sein du service pénitentiaire d'insertion et de probation, il est tenu un dossier individuel pour tous les condamnés détenus visés à l'article 723-20 du Code de procédure pénale.

S'il est fait application des dispositions de l'article 723-27 du Code de procédure pénale, ce dossier peut être ouvert trois mois avant l'échéance prévue à l'article 723-20.

Ce dossier comprend, à la demande du directeur du service pénitentiaire d'insertion et de probation, les documents mentionnés à l'article D. 77 du Code de procédure pénale ainsi que les éléments relatifs à l'instruction du dossier par ce service pour l'application des articles 723-21 et suivants de ce même code.

La copie des documents prévus par l'article D. 77 du Code de procédure pénale est adressée par le ministère public au service pénitentiaire d'insertion et de probation.

Le procureur de la République et le juge de l'application des peines peuvent consulter ce dossier ou en demander la communication.

S'il est fait application des dispositions de l'article D. 116-4 du Code de procédure pénale, du dernier alinéa de l'article 4 ou du premier alinéa de l'article 5 du présent décret, ce dossier peut être consulté par l'avocat du condamné, selon des modalités compatibles avec les exigences du bon fonctionnement du service pénitentiaire d'insertion et de probation. L'avocat du condamné peut se faire délivrer copie de tout ou partie des pièces du dossier.

Art. 3. – Dans l'exercice des attributions prévues aux articles 723-21 et suivants du Code de procédure pénale, le directeur du service pénitentiaire d'insertion et de probation peut procéder ou faire procéder à une enquête sur la situation familiale, matérielle et sociale du condamné, sans préjudice de sa possibilité de demander au juge de l'application des peines d'ordonner une telle enquête.

Il peut en outre solliciter auprès du ministère public près la juridiction dans le ressort de laquelle se situe l'établissement pénitentiaire toute information utile sur la situation judiciaire de l'intéressé.

Pour les condamnés relevant des dispositions du cinquième alinéa de l'article 722 de ce même code, il peut demander au juge de l'application des peines d'ordonner une expertise psychiatrique ou vérifier auprès de ce magistrat qu'une telle expertise figure au dossier et en demander la copie.

D'une manière générale, le directeur du service pénitentiaire d'insertion et de probation qui examine la situation du condamné pour déterminer s'il fera application des dispositions des articles 723-21 et suivants du Code de procédure pénale peut, aux différentes étapes de cet examen, informer régulièrement le juge de l'application des peines de l'évolution du dossier et des perspectives d'aménagement de la peine.

Art. 4. – Le directeur du service pénitentiaire d'insertion et de probation qui envisage de proposer une des mesures visées aux articles 723-20 et 723-27 du Code de procédure pénale doit préalablement recueillir ou faire recueillir par son service l'accord écrit du condamné à cette mesure.

S'il s'agit d'un condamné mineur, il doit également recueillir ou faire recueillir l'avis écrit des titulaires de l'exercice de l'autorité parentale ainsi que l'avis du juge des enfants. Le consentement du mineur doit être donné en présence d'un avocat, choisi par lui ou par les titulaires de l'autorité parentale ou désigné d'office par le bâtonnier à la demande du directeur du service pénitentiaire d'insertion et de probation. Cet avocat peut librement communiquer avec le condamné, le permis de communiquer lui étant délivré par le directeur du service pénitentiaire d'insertion et de probation.

Art. 5. – S'il s'agit de la mesure de placement sous surveillance électronique, le condamné ne peut donner son accord qu'en étant assisté par un avocat, choisi par lui ou désigné d'office par le bâtonnier à sa demande. Cet avocat peut librement communiquer avec le condamné, le permis de communiquer lui étant délivré par le directeur du service pénitentiaire d'insertion et de probation.

Le directeur du service pénitentiaire d'insertion et de probation informe le condamné, le cas échéant par l'intermédiaire de son service, qu'il peut demander qu'un médecin vérifie que la mise en œuvre du procédé de placement sous surveillance électronique ne présente pas d'inconvénient pour sa santé.

Le directeur du service pénitentiaire d'insertion et de probation peut demander qu'il en soit désigné un par le juge de l'application des peines. Cette désignation est de droit à la demande du condamné. Le certificat médical est versé au dossier.

Le service pénitentiaire d'insertion et de probation procède si nécessaire au recueil de l'accord prévu par l'article R. 57-14 du Code de procédure pénale.

CHAPITRE II. – PROPOSITION DU DIRECTEUR DU SERVICE PÉNITENTIAIRE D'INSERTION ET DE PROBATION

Art. 6. – La proposition d'aménagement de peine formée par le directeur du service pénitentiaire d'insertion et de probation est adressée au juge de l'application des peines en temps utile pour que la mesure d'aménagement puisse être mise en œuvre dès qu'il reste au condamné, selon les distinctions faites à l'article 723-20 du Code de procédure pénale, trois ou six mois d'emprisonnement à subir.

Cette proposition fait l'objet d'une requête écrite revêtue de la signature du directeur du service. Cette requête définit précisément les modalités d'exécution de la mesure ainsi que, le cas échéant, les obligations et interdictions énumérées à l'article 132-45 du Code pénal.

Elle est accompagnée de l'avis écrit du chef d'établissement et du consentement écrit du condamné à la mesure ainsi que des pièces justificatives utiles. Le directeur du service pénitentiaire d'insertion et de probation peut, s'il l'estime possible, préciser dans sa requête les modalités pratiques de suivi dont le condamné fera l'objet si la mesure d'aménagement est mise à exécution.

Cette requête est adressée avec les pièces jointes au juge de l'application des peines soit par lettre recommandée avec demande d'avis de réception, soit par remise contre récépissé à ce magistrat ou à son greffe, soit, si l'importance du dossier le permet, par télécopie avec accusé de réception et bordereau de transmission précisant la liste des documents transmis et leur nombre de pages.

Le délai de réponse prévu à l'article 723-21 du Code de procédure pénale ne commence à courir qu'à compter de la date de la réception de la requête par le juge de l'application des peines.

Le juge de l'application des peines peut demander que, dans la mesure du possible, le texte de la requête lui soit également transmis par voie électronique.

Art. 7. – Lorsque, après examen de la situation d'un condamné relevant des dispositions de l'article 723-20 du Code de procédure pénale, le directeur des services pénitentiaires d'insertion et de probation décide de ne pas saisir le juge de l'application des peines d'une proposition d'aménagement en raison de la mauvaise conduite de l'intéressé, de l'impossibilité matérielle de mettre en place une mesure d'aménagement ou de l'absence de projet sérieux de réinsertion, il en informe alors par écrit le condamné en lui précisant qu'il a la faculté de saisir le juge de l'application des peines dans les conditions des articles 722 et D. 116-7 du Code de procédure pénale.

CHAPITRE III. – ORDONNANCES DU JUGE DE L'APPLICATION DES PEINES

Art. 8. – S'il l'estime nécessaire, le juge de l'application des peines peut, avant d'ordonner ou de refuser l'homologation de la proposition, procéder à l'audition du condamné, le cas échéant en présence de son avocat, et procéder à tout autre acte utile conformément aux dispositions de l'article D. 116-1 du Code de procédure pénale.

Art. 9. – Dès qu'elle est rendue, l'ordonnance du juge de l'application des peines visée aux articles 723-22 et 723-23 du Code de procédure pénale est notifiée au ministère public ainsi qu'au condamné par le chef de l'établissement pénitentiaire qui lui en remet une copie contre émargement. Une copie en est adressée au directeur du service pénitentiaire d'insertion et de probation ainsi que, le cas échéant, à l'avocat du condamné dans les formes de l'article D. 116-9 du Code de procédure pénale. Lorsqu'il s'agit d'un condamné mineur, l'ordonnance est notifiée aux titulaires de l'autorité parentale.

Art. 10. – Lorsque le juge de l'application des peines ou le président de la chambre des appels correctionnels décident de substituer à la mesure d'aménagement proposée une des autres mesures prévues par l'article 723-20 du Code de procédure pénale, ils recueillent préalablement le consentement à la mesure du condamné, et ce en présence de son avocat s'ils décident d'ordonner un placement sous surveillance électronique.

Ils peuvent également modifier les modalités de la mesure d'aménagement.

Art. 11. – Lorsque le juge de l'application des peines est tenu d'ordonner une expertise psychiatrique pour les condamnés relevant des dispositions du cinquième alinéa de l'article 722 du Code de procédure pénale, il en informe le directeur du service, et le délai de trois semaines prévu par les articles 723-21 et 723-24 du Code de procédure pénale est suspendu jusqu'à ce que les conclusions de l'expertise soient remises à ce magistrat qui en transmet sans délai une copie au directeur du service pénitentiaire d'insertion et de probation.

Il en est de même dans le cas prévu par l'article 763-4 du Code de procédure pénale. Le juge de l'application des peines n'est toutefois pas tenu d'ordonner une telle expertise s'il décide de refuser l'homologation de la mesure ou dans le cas prévu par le dernier alinéa de l'article D. 116-1 du Code de procédure pénale.

Art. 12. – L'appel de l'ordonnance, qui est porté devant le président de la chambre des appels correctionnels de la cour d'appel, est formé conformément aux dispositions de l'avant-dernier alinéa de l'article D. 116-9 du Code de procédure pénale.

Le condamné peut faire appel de l'ordonnance refusant d'homologuer la proposition d'aménagement de peine dans le délai de vingt-quatre heures à compter de la notification. Il ne peut faire appel d'une ordonnance refusant d'homologuer une proposition de permission de sortir.

Le procureur de la République peut faire appel des ordonnances d'homologation ou de refus d'homologation dans le délai de vingt-quatre heures de leur notification. Il en informe sans délai le juge de l'application des peines, le directeur du service pénitentiaire d'insertion et de probation et le chef d'établissement qui avise le condamné.

En cas d'ordonnance d'homologation, sauf si le procureur de la République fait connaître qu'il ne fait pas appel ou qu'il ne demande pas que son appel soit suspensif, la mise à exécution de la mesure d'aménagement ne peut intervenir avant l'expiration du délai de vingt-quatre heures.

Art. 13. – Le président de la chambre des appels correctionnels, auquel est transmise sans délai par le secrétariat-greffe du juge de l'application des peines une copie du dossier individuel du condamné, de la proposition du directeur du service pénitentiaire d'insertion et de probation et de l'ordonnance du juge de l'application des peines, statue par ordonnance motivée qui n'est susceptible d'aucun recours, au vu des observations écrites du ministère public et de celles du condamné ou de son avocat. Ces observations doivent être adressées huit jours au plus tard après la date de l'appel, sauf dérogation accordée par le président de la chambre des appels correctionnels de la cour d'appel.

CHAPITRE IV. – DÉCISION DU DIRECTEUR DU SERVICE PÉNITENTIAIRE D'INSERTION ET DE PROBATION

Art. 14. – À l'expiration du délai prévu à l'article 723-24 du Code de procédure pénale, sous réserve, le cas échéant, des dispositions de l'article 11 du présent décret, le directeur du service pénitentiaire d'insertion et de probation peut décider de rendre une décision écrite qui constate le défaut de réponse du juge de l'application des peines et qui ramène à exécution la permission de sortir ou la mesure d'aménagement de peine proposée.

Cette décision est notifiée au juge de l'application des peines et au procureur de la République soit par lettre recommandée avec demande d'avis de réception, soit par remise contre récépissé, soit par télécopie avec accusé de réception. La décision est notifiée au condamné par le directeur du service pénitentiaire d'insertion et de probation ou par le chef de l'établissement pénitentiaire qui lui en remet une copie contre émargement. Lorsqu'il s'agit d'un condamné mineur, la décision est notifiée aux titulaires de l'autorité parentale.

Art. 15. – Le directeur du service pénitentiaire d'insertion et de probation peut décider de ne pas ramener la mesure à exécution en cas d'élément nouveau porté à sa connaissance postérieurement au dépôt de la requête et relevant des dispositions du deuxième alinéa de l'article 723-21 du Code de procédure pénale.

Il en informe alors le condamné par écrit en lui précisant qu'il a la faculté de saisir le juge de l'application des peines dans les conditions des articles 722 et D. 116-7 du Code de procédure pénale.

À l'expiration du délai prévu à l'article 723-24, le directeur du service pénitentiaire d'insertion et de probation ne peut ramener la mesure à exécution s'il s'agit d'un condamné relevant des dispositions du cinquième alinéa de l'article 722 ou de l'article 763-4 du Code de procédure pénale lorsque les expertises prévues par ces dispositions n'ont pas été réalisées.

Art. 16. – Le procureur de la République informe soit par lettre recommandée avec demande d'avis de réception, soit par remise contre récépissé, soit par télécopie avec accusé de réception, le directeur du service pénitentiaire d'insertion et de probation du recours formé contre sa décision, qui est porté devant le président de la chambre des appels correctionnels de la cour d'appel. Le procureur de la République en informe sans délai le juge de l'application des peines et le chef d'établissement qui en avise le condamné et, lorsque celui-ci est mineur, les titulaires de l'autorité parentale.

Sauf si le procureur de la République fait connaître qu'il ne forme pas de recours ou qu'il ne demande pas que son recours soit suspensif, la mise à exécution de la mesure ne peut intervenir avant l'expiration du délai de vingt-quatre heures à compter de la notification de la décision au procureur de la République.

Le président de la chambre des appels correctionnels, à qui le dossier de la procédure a été transmis sans délai par le procureur de la République, statue par ordonnance motivée au vu des observations écrites du ministère public et, le cas échéant, celles du condamné ou de son avocat adressées huit jours au plus tard après la date de l'appel, sauf dérogation accordée par le président. Si l'affaire n'est pas examinée par la cour d'appel dans le délai de trois semaines à compter de la date du recours, la mesure peut être ramenée à exécution par le directeur du service pénitentiaire d'insertion et de probation selon les modalités prévues aux articles 16 et 17 du présent décret.

CHAPITRE V. – EXÉCUTION DES MESURES D'AMÉNAGEMENT

Art. 17. – Lorsque sa proposition a été homologuée ou lorsqu'il a été fait application des dispositions de l'article 723-24 du Code de procédure pénale, le directeur du service pénitentiaire d'insertion et de probation ou son service rappelle au condamné la mesure ainsi que les obligations et interdictions auxquelles il est soumis.

S'il s'agit d'un placement sous surveillance électronique, il l'informe des dispositions de l'article R. 57-15 de ce même code.

Il informe également le condamné que, dans les cas énumérés à l'article 723-13 du Code de procédure pénale, le juge de l'applications des peines pourra retirer la décision de placement sous surveillance électronique. Il lui donne connaissance des dispositions des 2° et 4° de l'article 434-29 du Code pénal.

Art. 18. – Les mesures ordonnées en application des dispositions des articles 723-21 à 723-27 du Code de procédure pénale sont contrôlées, modifiées ou révoquées par le juge de l'application des peines conformément aux dispositions du Code de procédure pénale, qu'elles résultent de la proposition homologuée par le juge de l'application des peines ou de la décision du directeur du service pénitentiaire d'insertion et de probation.

Sans préjudice de la possibilité pour le juge de l'application des peines de se saisir d'office ou d'être saisi par le condamné ou par le procureur de la République, le directeur du service pénitentiaire d'insertion et de probation peut saisir ce juge par requête aux fins de révoquer la mesure en cas d'inobservation par le condamné de ses obligations ou aux fins de modifier les modalités de la mesure, des obligations et des interdictions imposées au condamné. Cette requête est adressée au juge de l'application des peines soit par lettre recommandée avec demande d'avis de réception, soit par remise contre récépissé, soit par télécopie avec accusé de réception.

CHAPITRE VI. – DISPOSITIONS DIVERSES

Art. 19. – Pour l'application des dispositions du présent décret, le directeur du service pénitentiaire d'insertion et de probation peut déléguer sa signature et ses pouvoirs à un chef de service d'insertion et de probation ou à un conseiller technique de service social.

En leur absence ou en cas d'empêchement, le directeur régional des services pénitentiaires désigne un fonctionnaire des services déconcentrés de l'administration pénitentiaire pour exercer les missions prévues au présent décret.

Lorsqu'il est fait application des dispositions du présent article, il est mentionné dans les requêtes prévues au présent décret que la personne agit en vertu d'une délégation, dont la date ainsi que l'identité et la qualité du signataire sont précisées dans la requête.

....

Art. 22. – Les dispositions du présent décret sont applicables en Polynésie française et en Nouvelle-Calédonie. Toutefois, les dispositions des articles 1er à 19 ne prendront effet qu'à compter de la publication des décrets instituant un service pénitentiaire d'insertion et de probation en Nouvelle-Calédonie et en Polynésie française.

Art. 23. – Les dispositions des articles 723-20 à 723-28 du Code de procédure pénale et des articles 1er à 19 du présent décret sont applicables aux condamnés pour lesquels il restera à subir à partir du 1er octobre 2004, selon les distinctions prévues par l'article 723-20 du Code de procédure pénale, trois mois ou six mois d'emprisonnement.

Décret n° 2004-1364 du 13 décembre 2004

modifiant le Code de procédure pénale (troisième partie : Décrets) et relatif à l'application des peines *(JO 15 et rect. 26 déc. 2004)*

Art. 31 *(Mod., D. n° 2005-163, 23 févr. 2005)*. – Les dispositions du présent décret entrent en vigueur le 1er janvier 2005, sous réserve des dispositions de l'article 35.

À cette date, les affaires pendantes devant les juridictions régionales de la libération conditionnelle et la juridiction nationale de la libération conditionnelle sont transférées devant les tribunaux de l'application des peines et les chambres de l'application des peines de la cour d'appel respectivement compétents.

Les délais dans lesquels le tribunal de l'application des peines ou la chambre de l'application des peines de la cour d'appel doit statuer courent alors à compter du 1er janvier 2005.

Art. 32 *(Mod., D. n° 2005-163, 23 févr. 2005)*. – Le tribunal correctionnel demeure compétent pour statuer sur les saisines aux fins de révocation du sursis avec mise à l'épreuve examinées avant le 1er janvier 2005 et dont le délibéré a été fixé après cette date.

La chambre correctionnelle de la cour d'appel demeure compétente pour statuer, après le 1er janvier 2005, sur les appels formés contre les jugements du tribunal correctionnel ordonnant la révocation d'un sursis avec mise à l'épreuve pour violation de mesures de contrôle et obligations imposées au condamné rendus avant cette date ou conformément aux dispositions du premier alinéa.

Le procureur de la République retourne au juge de l'application des peines, avec ses réquisitions écrites, les dossiers concernant les saisines aux fins de révocation de sursis avec mise à l'épreuve non audiencées ou non examinées par le tribunal correctionnel avant le 1er janvier 2005, afin qu'il soit statué conformément aux dispositions des articles 712-6 et 747 du Code de procédure pénale. Si le ministère public ne requiert pas la révocation du sursis, le juge de l'application peut soit se saisir d'office, soit décider de ne pas organiser de débat contradictoire.

Les oppositions formées contre les décisions de révocation des sursis avec mise à l'épreuve rendues par défaut par le tribunal correctionnel ou la chambre des appels correctionnels de la cour d'appel sont examinées par le juge de l'application des peines ou la chambre de l'application des peines de la cour d'appel.

Les dispositions du présent article sont également applicables aux saisines tendant à la prolongation du délai d'épreuve ou aux décisions ordonnant cette prolongation.

Art. 33. – Pour l'application des dispositions du troisième alinéa de l'article 207 de la loi n° 2004-204 du 9 mars 2004 susvisées relatives à l'application du crédit de réduction de peine aux personnes condamnées avant le 1er janvier 2005 et sous écrou avant cette date, le crédit de réduction de peine est calculé sur la durée de la peine à compter du premier jour de la période de détention non examinée par le juge de l'application des peines au titre des réductions de peine ordinaires, telle qu'elle est mentionnée dans la fiche pénale du détenu.

Jusqu'au 31 décembre 2005, le juge de l'application des peines peut, par ordonnance motivée prise, sauf en cas d'urgence, après avis de la commission de l'application des peines, rapporter les réductions de peine ordinaires accordées au cours de l'année 2004 en cas de mauvaise conduite du condamné dans l'année suivant leur octroi.

Art. 34. – Les personnes détenues au titre d'une contrainte par corps à la date du 1er janvier 2005 et qui demeurent détenues jusqu'au terme de la mesure conformément aux dispositions de l'article 211 de la loi n° 2004-204 du 9 mars 2004 sont placées sous le régime de la contrainte judiciaire. Le juge de l'application des peines peut mettre fin à leur détention par ordonnance rendue conformément aux dispositions de l'article 712-6 du Code de procédure pénale dès que la durée de celle-ci atteint la durée maximum de détention prévue en cas de contrainte judiciaire.

....

Art. 36. – Les dispositions des articles 20-9 et 20-10 de l'ordonnance [n° 45-174] susvisée du 2 février 1945 ainsi que celles des articles D. 49-45 à D. 49-63 du Code de procédure pénale dans leur rédaction résultant du présent décret sont applicables aux condamnations qui seront prononcées par les juridictions pour mineurs à compter du 1er janvier 2005.

Pour les condamnations prononcées avant le 1er janvier 2005, le juge de l'application des peines peut se dessaisir au profit du juge des enfants, avec l'accord de ce dernier, lorsque l'intérêt du mineur l'exige.

Art. 37. – En cas de révocation après le 1er janvier 2005 de la libération conditionnelle accordée avant le 1er janvier 2005, le crédit de réduction de peine est calculé sur le quantum de la révocation ainsi que sur la période de détention antérieure à la libération conditionnelle si cette période n'a pas été examinée par le juge de l'application des peines au titre des réductions de peine ordinaires.

Loi n° 2005-47 du 26 janvier 2005

relative aux compétences du tribunal d'instance, de la juridiction de proximité et du tribunal de grande instance
(JO 27 janv.)

Art. 11. – La présente loi ne s'applique pas, en matière civile, aux instances engagées avant la date de son entrée en vigueur. Les dispositions des articles 7 à 9 entrent en vigueur le premier jour du troisième mois suivant sa publication. Toutefois, les affaires dont le tribunal de police ou la juridiction de proximité sont régulièrement saisis à cette date demeurent de la compétence de ces juridictions.

Loi n° 2007-291 du 5 mars 2007

tendant à renforcer l'équilibre de la procédure pénale
(JO 6 mars)

Art. 30. – I. – Les articles 9, 10, 11, 17, 18, 19 et 21 et le chapitre VI de la présente loi entrent en vigueur le premier jour du quatrième mois suivant sa publication.

Toutefois, les dispositions des articles 173, 175 et 184 du Code de procédure pénale, dans leur rédaction antérieure à celle résultant de l'article 19 de la présente loi, demeurent applicables aux informations ayant fait l'objet, avant cette date, de l'avis de fin d'information prévu par l'article 175 du même code.

II. – *(Abr., L. n° 2016-1547, 18 nov. 2016).*

III. – L'article 7 entre en vigueur à la date fixée par le décret prévu par l'article 52-1 du Code de procédure pénale dans sa rédaction résultant du I de l'article 6 de la présente loi, et au plus tard le premier jour du douzième mois suivant la publication de la présente loi.

Toutefois, jusqu'à la date d'entrée en vigueur de l'article 7, un décret pris en application de l'article 52-1 du même code peut instituer des pôles de l'instruction dans les ressorts d'une ou plusieurs cours d'appel ou parties de ces ressorts, en fixant dans ces ressorts la date d'entrée en vigueur de l'article 6 de la présente loi.

Les juges d'instruction des juridictions dans lesquelles ne sont pas institués des pôles demeurent compétents pour poursuivre jusqu'à leur terme les informations en cours à la date d'institution des pôles pour des faits de nature criminelle, sans préjudice de la possibilité d'un dessaisissement s'il y a lieu à cosaisine.

IV. - Les articles 14 et 15 entrent en vigueur le premier jour du quinzième mois suivant la date de publication de la présente loi.

Toutefois, jusqu'à cette date, le procureur de la République ou le juge d'instruction peut, d'office ou à la demande de l'officier de police judiciaire, ordonner qu'il soit procédé à un enregistrement audiovisuel conformément à l'article 64-1 du Code de procédure pénale dans sa rédaction résultant du I de l'article 14 de la présente loi, et le juge d'instruction peut, d'office, sur réquisition du procureur de la République ou à la demande des parties, décider de procéder à un enregistrement audiovisuel conformément à l'article 116-1 du même code, dans sa rédaction résultant de l'article 15.

Loi n° 2009-1436 du 24 novembre 2009

(Loi pénitentiaire)

Titre III. – Dispositions finales

(Application en Nouvelle-Calédonie, Polynésie-française, dans les Îles Wallis-et-Futuna, à Saint-Pierre et Miquelon

Art. 99 *(Mod., L. n° 2019-222, 23 mars 2019)*. **–** I. - Sous réserve des adaptations prévues au présent article, la présente loi est applicable, dans sa rédaction résultant de la loi n° 2019-222 du 23 mars 2019 de programmation 2018-2022 et de réforme pour la justice, en Nouvelle-Calédonie, en Polynésie française et dans les îles Wallis-et-Futuna :

1° En Nouvelle-Calédonie et en Polynésie française, à l'exception des deuxième à quatrième alinéas de l'article 21, du deuxième alinéa de l'article 33, de l'article 55, de l'article 56 et de l'article 98 ;

2° Dans les îles Wallis-et-Futuna, à l'exception des articles 2-1 et 3, des deuxième à quatrième alinéas de l'article 21, du deuxième alinéa de l'article 33, de l'article 55, de l'article 56 et de l'article 98.

II. - Pour l'application des articles 2-1 et 8, la Nouvelle-Calédonie est regardée comme une collectivité territoriale.

II *bis*. - Pour l'application de l'article 2-1 en Nouvelle-Calédonie et en Polynésie française, le troisième alinéa est ainsi rédigé :

« Des conventions entre l'administration pénitentiaire et les autres services de l'État, les communes, les associations et d'autres personnes publiques ou privées définissent les conditions et modalités d'accès des personnes condamnées aux droits et dispositifs mentionnés au deuxième alinéa en détention. Les autres collectivités territoriales peuvent participer à la conclusion de ces conventions. »

III. - L'État peut conclure avec les autorités compétentes *[Dispositions déclarées non conformes à la Constitution par la décision du Conseil constitutionnel n° 2009-593 DC du 19 novembre 2009 : JO 25 nov. 2009]* de la Polynésie française et de la Nouvelle-Calédonie une convention afin de définir les modalités d'application de l'article 46.

IV. - Les deuxième à quatrième alinéas de l'article 21 sont applicables à Mayotte.

V. - Par dérogation à l'article 5, un conseil d'évaluation unique est institué en Polynésie française auprès de l'ensemble des établissements pénitentiaires.

VI. - Pour l'application de l'article 27 à Saint-Pierre-et-Miquelon et dans les îles Wallis-et-Futuna, les mots : « et le directeur du service pénitentiaire d'insertion et de probation » sont supprimés.

VII. - Pour son application dans les îles Wallis-et-Futuna, en Polynésie française et en Nouvelle-Calédonie, le 2° et le dernier alinéa de l'article 30 sont ainsi rédigés :

« 2° Pour prétendre au bénéfice des droits et des prestations d'aide sociale prévus par la réglementation applicable localement, lorsqu'elles ne disposent pas d'un domicile de secours ou d'un domicile personnel au moment de l'incarcération ou ne peuvent en justifier ; »

« Pour faciliter leurs démarches de préparation à la sortie, les personnes détenues peuvent également procéder à l'élection de domicile nécessaire à leur accès aux prestations d'aide sociale et à l'exercice de leurs droits prévus par la réglementation applicable localement, soit auprès du centre communal ou intercommunal d'action sociale, soit auprès de l'organisme agréé à cet effet, le plus proche du lieu où elles recherchent une activité en vue de leur insertion ou réinsertion ou le plus proche du lieu d'implantation d'un établissement de santé ou médico-social susceptible de les accueillir. »

VIII. – Pour l'application de l'article 45 dans les îles Wallis-et-Futuna, en Polynésie française et en Nouvelle-Calédonie, les mots : « , dans le respect des troisième et quatrième alinéas de l'article L. 6141-5 du Code de la santé publique » sont supprimés.

IX. – L'article 37 n'est pas applicable en Polynésie française.

X. – Pour l'application de l'article 38 dans les îles Wallis-et-Futuna, en Polynésie française et en Nouvelle-Calédonie, les mots : « le département » sont remplacés par les mots : « les institutions compétentes de la collectivité ».

XI. – Pour l'application de l'article 46 dans les îles Wallis-et-Futuna, en Polynésie française et en Nouvelle-Calédonie, les mots : « par le Code de la santé publique » et les mots : « le directeur général de l'agence régionale de santé » sont remplacés respectivement par les mots : « par la réglementation applicable localement » et par les mots : « les institutions compétentes de la collectivité ».

XII. – Pour l'application du 1° de l'article 49 en Polynésie française et en Nouvelle-Calédonie, les mots : « , visées à l'article L. 1110-11 du Code de la santé publique » sont supprimés.

XIII. – L'article 49 est applicable à Wallis-et-Futuna dans sa rédaction résultant de la loi n° 2016-41 du 26 janvier 2016.

Loi n° 2011-267 du 14 mars 2011

d'orientation et de programmation pour la performance de la sécurité intérieure

Art. 125. – La présente loi est applicable sur l'ensemble du territoire de la République, sous réserve des dispositions suivantes :

1° Les articles 15 et 23, le II de l'article 43, les articles 86, 97, 101, 107, 108, 109, 110, 116, 117, 119, 120 et 124 ne sont pas applicables à Mayotte ;

2° Les articles 23, 86, 110 et 124 ne sont pas applicables à Saint-Barthélemy et à Saint-Martin ;

3° Les articles 15 et 23, le II de l'article 69, les articles 86, 107 et 108, le 4° de l'article 109, les articles 110 et 124 ne sont pas applicables à Saint-Pierre-et-Miquelon ;

4° Les articles 7, 15 et 23, le II de l'article 43, les articles 44, 45, 46, 55, 57, 58, 59, 60, 61, 62, 63, 64, 65 et 67, le II de l'article 69, l'article 70, le 2° de l'article 74, les articles 76, 77, 78, 79, 81, 83, 84, 85, 86, 87, 89, 91, 94, 96, 97, 101, 104, 105, 106, 107 et 108, le 4° de l'article 109, les articles 110, 116, 117, 119, 120 et 124 ne sont pas applicables dans les îles Wallis-et-Futuna ;

5° Les articles 7, 15 et 23, le II de l'article 43, les articles 44, 45, 46, 54, 57, 58, 59, 60, 61, 62, 63, 64, 65 et 67, le II de l'article 69, l'article 70, le 2° de l'article 74, les articles 76, 77, 78, 79, 85, 86, 87, 94, 96, 97, 101, 104, 105, 106, 107, 108, 110, 116, 117, 119, 120 et 124 ne sont pas applicables en Polynésie française ;

6° Les articles 7, 15 et 23, le II de l'article 43, les articles 44, 45, 46, 53, 57, 58, 59, 60, 61, 62, 63, 64, 65 et 67, le II de l'article 69, l'article 70, le 2° de l'article 74, les articles 76, 77, 78, 79, 85, 86, 89, 91, 94, 96, 97, 101, 104, 105, 106, 107, 108, 110, 116, 117, 119, 120 et 124 ne sont pas applicables en Nouvelle-Calédonie ;

7° Les articles 7, 15, 23, 29, 30, 31 et 32, le II de l'article 43, les articles 44, 45, 46, 56, 57, 58, 59, 60, 61, 62, 63, 64 et 65, le II de l'article 69, les articles 91, 94, 95, 97, 108, 109, 110, 116, 117, 119, 120 et 124 ne sont pas applicables dans les Terres australes et antarctiques françaises.

Loi n° 2011-1862 du 13 décembre 2011

relative à la répartition des contentieux et à l'allègement de certaines procédures juridictionnelles

Art. 70 *(Rempl., L. n° 2016-1547, 18 nov. 2016)*. **–** I. – Les articles 3 à 14 de la présente loi entrent en vigueur le premier jour du treizième mois suivant celui de sa promulgation.

II. – L'article 32 de la présente loi entre en vigueur le 1er janvier 2012. À cette date, les procédures en cours devant le tribunal aux armées sont transférées en l'état aux juridictions de droit commun spécialisées en matière militaire ayant leur siège à Paris, sans qu'il y ait lieu de renouveler les actes, formalités et jugements régulièrement intervenus antérieurement à la date de sa suppression, à l'exception des convocations et citations données aux parties et aux témoins qui n'auraient pas été suivies d'une comparution devant la juridiction supprimée.

Les citations et convocations peuvent être délivrées avant l'entrée en vigueur du même article 32 pour une comparution devant les juridictions de droit commun spécialisées en matière militaire ayant leur siège à Paris, à une date postérieure à cette entrée en vigueur.

Les parties ayant comparu devant la juridiction supprimée sont informées par l'une ou l'autre des juridictions qu'il leur appartient d'accomplir les actes de la procédure devant les juridictions de droit commun spécialisées en matière militaire ayant leur siège à Paris auxquelles les procédures sont transférées.

Les archives et les minutes du greffe du tribunal aux armées supprimé sont transférées au greffe des juridictions de droit commun spécialisées en matière militaire ayant leur siège à Paris. Les frais de transfert de ces archives et minutes sont pris sur le crédit ouvert à cet effet au budget du ministère de la justice.

III. - Les articles 1er et 2 de la présente loi entrent en vigueur le 1er juillet 2017.

IV. - Les articles 4 à 15 ne sont pas applicables aux procédures en cours.

V. - À compter de la date prévue à la première phrase du premier alinéa du II de l'article 30 de la loi n° 2007-291 du 5 mars 2007 tendant à renforcer l'équilibre de la procédure pénale, le Code de procédure pénale est ainsi modifié : *(V. CPP, art. 628-1 à 628-3 et 628-6).*

....

Art. 72 *(Mod., L. n° 2013-1029, 15 nov. 2013)*. **–** Les articles 1er, 2, 6, 14 et 22 à 70 de la présente loi, à l'exception de l'article 39, sont applicables dans les îles Wallis-et-Futuna, en Polynésie française et en Nouvelle-Calédonie.

Le III de l'article 4 de la présente loi est applicable dans les îles Wallis-et-Futuna.

L'article 7 de la présente loi est applicable dans les îles Wallis-et-Futuna et en Nouvelle-Calédonie.

Loi n° 2012-304 du 6 mars 2012

relative à l'établissement d'un contrôle des armes moderne, simplifié et préventif

Art. 35 *(Mod., Ord. n° 2013-518, 20 juin 2013)*. **–** La présente loi est applicable dans les îles Wallis-et-Futuna, en Polynésie française, en Nouvelle-Calédonie et dans les Terres australes et antarctiques françaises.

Ordonnance n° 2012-351 du 12 mars 2012

relative à la partie législative du Code de la sécurité intérieure

Art. 21. – Les articles 1er, 2, 3, 6, 8, 9, 15, 17, 18, 19 et 20 de la présente ordonnance sont applicables en Nouvelle-Calédonie, en Polynésie française, dans les îles Wallis-et-Futuna et dans les Terres australes et antarctiques françaises, ainsi que les articles 5 et 14 en Nouvelle-Calédonie, les articles 7, 10 et 16 en Polynésie française et l'article 12 dans les îles Wallis-et-Futuna.

Loi n° 2012-1441 du 24 décembre 2012

relative aux juridictions de proximité

Art. unique. – L'article 70 de la loi n° 2011-1862 du 13 décembre 2011 relative à la répartition des contentieux et à l'allègement de certaines procédures juridictionnelles est ainsi modifié :

1° Au I, les références : « 1er à 14 » sont remplacées par les références : « 3 à 14 » ;

2° Le III est ainsi modifié :

a) Au premier alinéa, après le mot : « loi », sont insérés les mots : « entrent en vigueur le 1er janvier 2015 et » ;

b) À la première phrase du deuxième alinéa, la référence : « I » est remplacée par la référence : « premier alinéa du présent III » ;

c) À la seconde phrase du deuxième alinéa, la référence : « I » est remplacée par la référence : « premier alinéa » ;

d) À la seconde phrase du troisième alinéa, la référence : « I » est remplacée par la référence : « premier alinéa ».

TEXTE RELATIF À LA CRISE SANITAIRE LIÉE À L'ÉPIDÉMIE DE COVID-19

Ordonnance n° 2020-303 du 25 mars 2020

portant adaptation de règles de procédure pénale sur le fondement de la loi n° 2020-290 du 23 mars 2020 d'urgence pour faire face à l'épidémie de covid-19

Art. 1. – Les règles de procédure pénale sont adaptées conformément aux dispositions de la présente ordonnance, afin de permettre la continuité de l'activité des juridictions pénales essentielle au maintien de l'ordre public.

Art. 2 *(Mod., D. n° 2020-557, 13 mai 2020).* **– Les dispositions de la présente ordonnance sont applicables sur l'ensemble du territoire de la République jusqu'à l'expiration d'un délai d'un mois à compter de la date de cessation de l'état d'urgence sanitaire déclaré dans les conditions de l'article 4 de la loi du 23 mars 2020.**

Un décret peut toutefois prévoir que tout ou partie de ces dispositions cesseront d'être applicables, sur tout ou partie du territoire de la République, à une date qu'il fixe, avant l'expiration de ce délai, si l'évolution de la situation sanitaire et les mesures décidées en application de l'article L. 3131-15 du Code de la santé publique ne justifient plus les adaptations prévues par ces dispositions. Tant que ce délai n'est pas expiré, si l'évolution de la situation et ces mesures le justifient, un décret peut prévoir à nouveau l'application de tout ou partie de ces dispositions, sur tout ou partie du territoire de la République.

Chapitre premier : Dispositions générales

Art. 3. – Les délais de prescription de l'action publique et de prescription de la peine sont suspendus à compter du 12 mars 2020 jusqu'au terme prévu à l'article 2.

> **Rédaction antérieure.** Art. 4 *(Mod., D. n° 2020-557, 13 mai 2020 ; annulé Déc. n° 440037 du 23 sept. 2021).* – Les délais fixés par les dispositions du Code de procédure pénale ou par la loi du 29 juillet 1881 sur la liberté de la presse pour l'exercice d'une voie de recours sont doublés sans pouvoir être inférieurs à dix jours.
>
> Les dispositions de l'alinéa qui précède sont sans effet sur le délai de quatre heures mentionné à l'article 148-1-1 du même code.
>
> Tous les recours et demandes peuvent être faits par lettre recommandée avec accusé de réception. Il en est de même pour le dépôt des mémoires ou de conclusions.
>
> Par dérogation aux articles 502 et 576 du Code de procédure pénale, l'appel et le pourvoi en cassation peuvent être formés par lettre recommandée avec accusé de réception. Ils peuvent également être formés par courriel à l'adresse électronique communiquée à cette fin par la juridiction de première instance ou d'appel.
>
> Par dérogation à l'avant-dernier alinéa de l'article 81 du Code de procédure pénale, les demandes prévues par ces articles peuvent toujours être adressées par lettre recommandée avec demande d'avis de réception. Elles peuvent également être adressées par courriel à l'adresse électronique communiquée à cette fin par la juridiction de première instance ou d'appel.
>
> Les courriels adressés font l'objet d'un accusé de réception électronique par la juridiction. Ils sont considérés comme reçus par la juridiction à la date d'envoi de cet accusé, et cette date fait, s'il y a lieu, courir les délais prévus par les dispositions du Code de procédure pénale, modifiés le cas échéant par la présente ordonnance.

NB : Par décision du n° 440037, 440165 du 23 septembre 2021 du Conseil d'État statuant au contentieux, l'article 4 de l'ordonnance n° 2020-303 du 25 mars 2020 portant adaptation de règles de procédure pénale sur le fondement de la loi n° 2020-290 du 23 mars 2020 d'urgence pour faire face à l'épidémie de covid-19 est annulé en tant qu'il ne prévoit pas la suspension des délais fixés par les dispositions du Code de procédure pénale ou par la loi du 29 juillet 1881 sur la liberté de la presse pour l'exercice d'une voie de recours entre le 17 et le 26 mars 2020 lorsque le recours ne peut, en l'état des textes applicables, être exercé que par déclaration au greffe de la juridiction compétente, et que le délai de recours est échu au cours de cette période.

Art. 5. – *(Premier alinéa déclaré contraire à la constitution : Décision n° 2020-872 QPC du 15 janvier 2021, v. init)***Par dérogation à l'article 706-71 du Code de procédure pénale, il peut être recouru à un moyen de télécommunication audiovisuelle devant l'ensemble des juridictions pénales, autres que les juridictions criminelles, sans qu'il soit nécessaire de recueillir l'accord des parties.**

En cas d'impossibilité technique ou matérielle de recourir à un tel moyen, le juge peut décider d'utiliser tout autre moyen de communication électronique, y compris téléphonique, permettant de s'assurer de la qualité de la transmission, de l'identité des personnes et de garantir la confidentialité des échanges entre les parties et leurs avocats. Le juge s'assure à tout instant du bon déroulement des débats et le greffe dresse le procès-verbal des opérations effectuées.

Dans les cas prévus au présent article, le juge organise et conduit la procédure en veillant au respect des droits de la défense et en garantissant le caractère contradictoire des débats.

Chapitre II : Dispositions relatives à la compétence des juridictions et à la publicité des audiences

Art. 6. – Lorsqu'une juridiction pénale du premier degré est dans l'incapacité totale ou partielle de fonctionner, le premier président de la cour d'appel désigne par ordonnance, après avis du procureur général près cette cour, des chefs de juridiction et des directeurs de greffe des juridictions concernées, une autre juridiction de même nature et du ressort de la même cour pour connaître de tout ou partie de l'activité relevant de la compétence de la juridiction empêchée.

L'ordonnance détermine les activités faisant l'objet du transfert de compétence et la date à laquelle le transfert de compétences intervient. Elle est prise pour une durée ne pouvant excéder un mois après la cessation de l'état d'urgence sanitaire déclaré dans les conditions de l'article 4 de la loi du 23 mars 2020. Elle fait l'objet d'une publication dans deux journaux diffusés dans le ressort de la cour et de toute autre mesure de publicité dans tout lieu jugé utile.

La juridiction désignée est compétente pour les affaires en cours à la date d'entrée en vigueur de l'ordonnance de désignation.

Art. 7. – Par dérogation aux règles de publicité définies par les articles 306 et 400 du Code de procédure pénale, le président de la juridiction peut décider, avant l'ouverture de l'audience, que les débats se dérouleront en publicité restreinte, ou, en cas d'impossibilité de garantir les conditions nécessaires à la protection de la santé des personnes présentes à l'audience, à huis clos. Dans les conditions déterminées par le président, des journalistes peuvent assister à l'audience, y compris lorsque le huis clos a été ordonné en application des dispositions du présent article.

Dans les mêmes conditions, le président peut également ordonner que les jugements seront rendus selon les mêmes modalités. Dans ce cas, le dispositif de la décision est affiché sans délai dans un lieu de la juridiction accessible au public.

Devant la chambre de l'instruction, et par dérogation à l'article 199 du Code de procédure pénale, dans le cas où l'audience est publique et où l'arrêt est rendu en séance publique, les dispositions des alinéas précédents sont applicables.

Lorsque le juge des libertés et de la détention doit statuer en audience publique en matière de détention provisoire, en cas d'impossibilité de garantir les conditions nécessaires à la protection de la santé des personnes présentes, ce magistrat peut décider que l'audience se tiendra en chambre du conseil. Dans ce cas, et dans les conditions qu'il détermine, des journalistes peuvent assister à cette audience.

Chapitre III : Dispositions relatives à la composition des juridictions

Art. 8. – Les dispositions des articles 9, 10 et celles du premier alinéa de l'article 11 n'entrent en vigueur, dans tout ou partie des juridictions, qu'en application d'un décret constatant la persistance d'une crise sanitaire de nature à compromettre le fonctionnement des juridictions malgré la mise en œuvre des autres dispositions de la présente ordonnance.

Art. 9. – I. – Par dérogation aux dispositions de l'article 191 du Code de procédure pénale, la chambre de l'instruction peut statuer, en matière correctionnelle, en n'étant composée que de son seul président, ou d'un magistrat désigné pour le remplacer, sur décision du premier président de la cour d'appel constatant que la réunion de la formation collégiale de la juridiction n'est pas possible, sans préjudice de la possibilité pour le président de renvoyer l'affaire à une formation collégiale si ce renvoi lui paraît justifié en raison de la complexité ou de la gravité des faits.

II. – Par dérogation aux dispositions de l'article 398 du Code de procédure pénale, le tribunal correctionnel peut statuer, quelle que soit la nature du délit dont il est saisi et quel que soit le mode de sa saisine, en n'étant composé que de son seul président, ou du magistrat désigné pour le remplacer, sur décision du président du tribunal judiciaire constatant que la réunion de la formation collégiale de la juridiction n'est pas possible, sans préjudice de la possibilité pour le président de renvoyer l'affaire à une formation collégiale si ce renvoi lui paraît justifié en raison de la complexité ou de la gravité des faits.

III. – Par dérogation aux dispositions de l'article 510 du Code de procédure pénale, la chambre des appels correctionnels et la chambre spéciale des mineurs peuvent statuer, dans tous les cas, en n'étant composée que de leur seul président, ou d'un magistrat désigné pour le remplacer, sur décision du premier président de la cour

d'appel constatant que la réunion de la formation collégiale de la juridiction n'est pas possible, sans préjudice de la possibilité pour le président de renvoyer l'affaire à une formation collégiale si ce renvoi lui paraît justifié en raison de la complexité ou de la gravité des faits.

Art. 10. – **En matière correctionnelle, par dérogation aux dispositions du premier alinéa de l'article L. 251-3 du Code de l'organisation judiciaire, le tribunal pour enfants peut statuer en n'étant composé que de son seul président, ou d'un juge des enfants, et à défaut d'un magistrat désigné pour le remplacer, sur décision du président du tribunal judiciaire constatant que la réunion de la formation collégiale de la juridiction n'est pas possible, sans préjudice de la possibilité pour le président de renvoyer l'affaire à une formation collégiale si ce renvoi lui paraît justifié en raison de la complexité ou de la gravité des faits.**

Art. 11. – **Par dérogation aux dispositions des articles 712-1, 712-3 et 712-13 du Code de procédure pénale, le tribunal de l'application des peines et la chambre de l'application des peines de la cour d'appel peuvent, sur décision du président du tribunal judiciaire ou du premier président de la cour d'appel constatant que la réunion de la formation collégiale de la juridiction n'est pas possible, être composés de leur seul président, ou du magistrat désigné pour le remplacer, sans préjudice de la possibilité pour le président de renvoyer l'affaire à une formation collégiale si ce renvoi lui paraît justifié en raison de la complexité ou de la gravité des faits.**

Dans tous les cas, par dérogation aux dispositions du deuxième alinéa de l'article 712-13 du Code de procédure pénale, la chambre de l'application des peines de la cour d'appel peut statuer sans être composée du responsable d'une association de réinsertion des condamnés et du responsable d'une association d'aide aux victimes.

Art. 12. – **Par dérogation aux dispositions de l'article 50 du Code de procédure pénale, si le ou les juges d'instruction sont absents, malades ou autrement empêchés, le président du tribunal judiciaire ou, en cas d'empêchement, le magistrat qui le remplace désigne le ou les magistrats du siège pour exercer les fonctions de juge d'instruction. Il peut établir, à cette fin, un tableau de roulement.**

Les désignations prévues au présent article sont des mesures d'administration judiciaire.

Chapitre IV : Dispositions relatives à la garde à vue

Art. 13. – **Par dérogation aux dispositions des articles 63-4 et 63-4-2 du Code de procédure pénale, l'entretien avec un avocat de la personne gardée à vue ou placée en rétention douanière, ainsi que l'assistance de la personne par un avocat au cours de ses auditions, peut se dérouler par l'intermédiaire d'un moyen de communication électronique, y compris téléphonique, dans des conditions garantissant la confidentialité des échanges.**

Art. 14. – **Les prolongations des gardes à vue des mineurs âgés de seize à dix-huit ans, ainsi que les prolongations des gardes à vue prévues par l'article 706-88 du Code de procédure pénale, peuvent intervenir sans présentation de la personne devant le magistrat compétent.**

Chapitre V : Dispositions applicables en cas de détention provisoire

Art. 15. – **Les dispositions du présent chapitre sont applicables aux détentions provisoires en cours ou débutant de la date de publication de la présente ordonnance à la date de cessation de l'état d'urgence sanitaire déclaré et, le cas échéant, prorogé sur le fondement des articles L. 3131-12 à L. 3131-14 du Code de la santé publique pour faire face à l'épidémie de covid-19.**

Les prolongations de détention provisoire qui découlent de ces dispositions continuent de s'appliquer après la date de cessation de l'état d'urgence sanitaire déclaré et, le cas échéant, prorogé sur le fondement des articles L. 3131-12 à L. 3131-14 du Code de la santé publique pour faire face à l'épidémie de covid-19

Rédaction antérieure. Art. 16 *(Abr., DC n° 2020-878/879 QPC, 29 janv. 2021).* – En matière correctionnelle, les délais maximums de détention provisoire ou d'assignation à résidence sous surveillance électronique, prévus par les dispositions du Code de procédure pénale, qu'il s'agisse des détentions au cours de l'instruction ou des détentions pour l'audiencement devant les juridictions de jugement des affaires concernant des personnes renvoyées à l'issue de l'instruction, sont prolongés plein droit de deux mois lorsque la peine d'emprisonnement encourue est inférieure ou égale à cinq ans et de trois mois dans les autres cas, sans préjudice de la possibilité pour la juridiction compétente d'ordonner à tout moment, d'office, sur demande du ministère public ou sur demande de l'intéressé, la mainlevée de la mesure, le cas échéant avec assignation à résidence sous surveillance électronique ou sous contrôle judiciaire lorsqu'il est mis fin à une détention provisoire. Ce délai est porté à six mois en matière criminelle et, en matière correctionnelle, pour l'audiencement des affaires devant la cour d'appel.

Les prolongations prévues à l'alinéa précédent sont applicables aux mineurs âgés de plus de seize ans, en matière criminelle ou s'ils encourent une peine d'au moins sept ans d'emprisonnement.

Les prolongations prévues par le présent article ne s'appliquent qu'une seule fois au cours de chaque procédure.

Art. 16-1 *(L. n° 2020-546, 11 mai 2020)*. – **À compter du 11 mai 2020, la prolongation de plein droit des délais de détention provisoire prévue à l'article 16 n'est plus applicable aux titres de détention dont l'échéance intervient à compter de cette date et les détentions ne peuvent être prolongées que par une décision de la juridiction compétente prise après un débat contradictoire intervenant, le cas échéant, selon les modalités prévues à l'article 19.**

Si l'échéance du titre de détention en cours, résultant des règles de droit commun du Code de procédure pénale, intervient avant le 11 juin 2020, la juridiction compétente dispose d'un délai d'un mois à compter de cette échéance pour se prononcer sur sa prolongation, sans qu'il en résulte la mise en liberté de la personne, dont le titre de détention est prorogé jusqu'à cette décision. Cette prorogation s'impute sur la durée de la prolongation décidée par la juridiction. En ce qui concerne les délais de détention au cours de l'instruction, cette durée est celle prévue par les dispositions de droit commun ; toutefois, s'il s'agit de la dernière échéance possible, la prolongation peut être ordonnée selon les cas pour les durées prévues à l'article 16 de la présente ordonnance.

En ce qui concerne les délais d'audiencement, la prolongation peut être ordonnée pour les durées prévues au même article 16, y compris si elle intervient après le 11 juin 2020.

La prolongation de plein droit du délai de détention intervenue au cours de l'instruction avant le 11 mai 2020, en application dudit article 16, n'a pas pour effet d'allonger la durée maximale totale de la détention en application des dispositions du Code de procédure pénale, sauf si cette prolongation a porté sur la dernière échéance possible.

Lorsque la détention provisoire au cours de l'instruction a été prolongée de plein droit en application de l'article 16 de la présente ordonnance pour une durée de six mois, cette prolongation ne peut maintenir ses effets jusqu'à son terme que par une décision prise par le juge des libertés et de la détention selon les modalités prévues à l'article 145 du Code de procédure pénale et, le cas échéant, à l'article 19 de la présente ordonnance. La décision doit intervenir au moins trois mois avant le terme de la prolongation. Si une décision de prolongation n'intervient pas avant cette date, la personne est remise en liberté si elle n'est pas détenue pour une autre cause.

Pour les délais de détention en matière d'audiencement, la prolongation de plein droit des délais de détention ou celle décidée en application du troisième alinéa du présent article a pour effet d'allonger la durée maximale totale de la détention possible jusqu'à la date de l'audience prévue en application des dispositions du Code de procédure pénale.

Les dispositions du présent article sont applicables aux assignations à résidence sous surveillance électronique.

Art. 17. – **En cas de comparution immédiate :**

1° Le délai de trois jours ouvrables prévu par le troisième alinéa de l'article 396 du Code de procédure pénale est porté à six jours ;

2° Le délai maximal de six semaines prévu par le premier alinéa de l'article 397-1 du Code de procédure pénale et le délai maximal de quatre mois prévu par le deuxième alinéa du même article sont respectivement portés à dix semaines et à six mois ;

3° Le délai de deux mois prévu par le troisième alinéa de l'article 397-3 du Code de procédure pénale et le délai de quatre mois prévu par le dernier alinéa du même article sont respectivement portés à quatre et six mois ;

4° Le délai de quatre mois prévu au deuxième alinéa de l'article 397-4 du Code de procédure pénale est porté à six mois.

En cas de comparution à délai différé, le délai de deux mois prévu par le troisième alinéa de l'article 397-1-1 du Code de procédure pénale est porté à quatre mois.

Art. 18 (1) *(Mod., Ord. n° 2020-341, 27 mars 2020).* **– Les délais impartis à la chambre de l'instruction ou à une juridiction de jugement par les dispositions du Code de procédure pénale pour statuer sur une demande de mise en liberté sur l'appel d'une ordonnance de refus de mise en liberté, ou sur tout autre recours en matière de détention provisoire et d'assignation à résidence avec surveillance électronique ou de contrôle judiciaire, sont augmentés d'un mois. Il en est de même pour les délais impartis à la chambre de l'instruction pour statuer sur les appels formés contre les ordonnances de renvoi devant le tribunal correctionnel ou les ordonnances de mise en accusation, ou pour statuer en application de l'article 706-121 du même code.**

Les délais impartis au juge des libertés et de la détention pour statuer sur une demande de mise en liberté sont portés à six jours ouvrés.

Art. 18-1 *(L. n° 2020-546, 11 mai 2020)* **. – Par dérogation à l'article 148-4 du Code de procédure pénale, la chambre de l'instruction peut être directement saisie d'une demande de mise en liberté lorsque la personne n'a pas comparu, dans les deux mois suivant la prolongation de plein droit de la détention provisoire intervenue en application de l'article 16 de la présente ordonnance, devant le juge d'instruction ou le magistrat par lui délégué, y compris selon les modalités prévues à l'article 706-71 du Code de procédure pénale. Le cas échéant, la chambre de l'instruction statue dans les conditions prévues au premier alinéa de l'article 18 de la présente ordonnance.**

Art. 19. – Par dérogation aux dispositions des articles 145-1 et 145-2 du Code de procédure pénale, les décisions du juge des libertés et de la détention statuant sur la prolongation de la détention provisoire interviennent au vu des réquisitions écrites du procureur de la République et des observations écrites de la personne et de son avocat, lorsque le recours à l'utilisation du moyen de télécommunication audiovisuelle prévu par l'article 706-71 de ce code n'est matériellement pas possible.

S'il en fait la demande, l'avocat de la personne peut toutefois présenter des observations orales devant le juge des libertés et de la détention, le cas échéant par un moyen de télécommunication audiovisuelle.

Dans les cas prévus au présent article, le juge organise et conduit la procédure en veillant au respect des droits de la défense et en garantissant le caractère contradictoire des débats.

Art. 20. – Le délai de jugement de trois mois imparti à la Cour de cassation par le premier alinéa des articles 567-2 et 574-1 du Code de procédure pénale est porté à six mois et le délai de dépôt des mémoires d'un mois prévu par ces articles est porté à deux mois.

Le délai de quarante jours pour statuer imparti à la Cour de cassation par le premier alinéa de l'article 574-2 du Code de procédure pénale est porté à trois mois à compter de la réception du dossier à la Cour de cassation et le délai de dépôt de mémoire de cinq jours prévu par le deuxième alinéa de cet article est porté à un mois.

Chapitre VI : Dispositions relatives à l'affectation des détenus et à l'exécution des peines privatives de liberté

Art. 21. – Par dérogation aux dispositions du dernier alinéa de l'article 714 du Code de procédure pénale, les personnes mises en examen, prévenues et accusées peuvent être affectées dans un établissement pour peines.

Art. 22. – Par dérogation aux dispositions du dernier alinéa de l'article 717 du Code de procédure pénale, les condamnés peuvent être incarcérés en maison d'arrêt, quel que soit le quantum de peine à subir.

Art. 23. – Les personnes condamnées et les personnes mises en examen, prévenues et accusées placées en détention provisoire peuvent, sans l'accord ou l'avis préalable des autorités judiciaires compétentes, être incarcérées ou transférées dans un établissement pénitentiaire à des fins de lutte contre l'épidémie de covid-19. Il en est rendu compte immédiatement aux autorités judiciaires compétentes qui peuvent modifier les transferts décidés ou y mettre fin.

(1) Conformément à l'article 5 I de l'ordonnance n° 2020-341 du 27 mars 2020, ces dispositions s'appliquent aux procédures en cours.

Art. 24. – Les décisions du juge de l'application des peines ou du tribunal de l'application des peines prévues par les articles 712-6 et 712-7 du Code de procédure pénale interviennent au vu des réquisitions écrites du procureur de la République et des observations écrites de la personne et de son avocat lorsque le recours à l'utilisation du moyen de télécommunication audiovisuelle prévu par l'article 706-71 de ce code n'est matériellement pas possible.

S'il en fait la demande, l'avocat de la personne peut toutefois présenter des observations orales devant la juridiction, le cas échéant par un moyen de télécommunication audiovisuelle garantissant la confidentialité des échanges

Le délai de deux mois prévu par l'article 712-14 du Code de procédure pénale est porté à quatre mois.

Art. 25. – Par dérogation aux dispositions de l'article 712-5 du Code de procédure pénale, les réductions de peine, les autorisations de sorties sous escortes et les permissions de sortir peuvent être ordonnées sans que soit consultée la commission de l'application des peines, lorsque le procureur de la République émet un avis favorable sur la mesure. À défaut, le juge de l'application des peines statue, après avoir recueilli les avis écrits des membres de la commission d'application des peines, par tout moyen.

Par dérogation à l'article 720 du Code de procédure pénale, le juge de l'application des peines ne peut octroyer une libération sous contrainte, sans avis préalable de la commission d'application des peines en cas d'avis favorable du procureur de la République, que si le condamné dispose d'un hébergement et que s'il peut être placé sous le régime de la libération conditionnelle. À défaut d'avis favorable du procureur, le juge peut statuer au vu des avis écrits des membres de la commission d'application des peines recueillis par tout moyen.

Les condamnés ayant fait connaître leur refus d'une libération sous contrainte ou pour lesquels une requête en aménagement de peine est pendante devant la juridiction de l'application des peines ne sont pas exclus des dispositions de l'alinéa précédent

Art. 26. – Par dérogation aux dispositions de l'article 720-1 du Code de procédure pénale, si la personne détenue dispose d'un hébergement, le juge de l'application des peines peut, après avis du procureur de la République, suspendre la peine sans débat contradictoire tel que prévu à l'article 712-6 du même code.

Par dérogation aux dispositions de l'article 720-1-1 du même code, le juge de l'application des peines peut, au vu d'un certificat médical établi par le médecin responsable de la structure sanitaire dans laquelle est prise en charge la personne détenue ou son remplaçant, après avis du procureur de la République, suspendre la peine pour la durée d'hospitalisation du condamné, sans débat contradictoire tel que prévu à l'article 712-6 du même code.

Pour l'application de l'alinéa précédent, avec l'accord du procureur de la République, cette suspension peut être ordonnée sans l'expertise prévue par l'article 712-21 du même code.

Art. 27. – Une réduction supplémentaire de la peine d'un quantum maximum de deux mois, liée aux circonstances exceptionnelles, est accordée par le juge de l'application des peines aux condamnés écroués en exécution d'une ou plusieurs peines privatives de liberté à temps pendant la durée de l'état d'urgence sanitaire. Ces réductions de peine peuvent être ordonnées sans que soit consultée la commission de l'application des peines en cas d'avis favorable du procureur de la République. À défaut d'un tel avis, le juge peut statuer au vu de l'avis écrit des membres de la commission, recueilli par tout moyen.

La réduction de peine prévue au premier alinéa peut être accordée aux condamnés ayant été sous écrou pendant la durée de l'état d'urgence sanitaire, même si leur situation est examinée après l'expiration de cette période. Le cas échéant, la décision de réduction de peine est prise après avis de la commission de l'application des peines.

Sont exclues du bénéfice du présent article :

1° Les personnes condamnées et écrouées pour des crimes, des faits de terrorisme ou pour des infractions relevant de l'article 132-80 du Code pénal ;

2° Les personnes détenues ayant initié une action collective, précédée ou accompagnée de violences envers les personnes ou de nature à compromettre la sécurité des établissements au sens de l'article R. 57-7-1 du Code de procédure pénale, ou y ayant participé ;

3° Les personnes détenues ayant eu un comportement de mise en danger des autres personnes détenues ou du personnel pénitentiaire, au regard des règles imposées par le contexte sanitaire liée à l'épidémie de covid-19.

Art. 28. – Sur décision du procureur de la République statuant sur proposition du directeur du service pénitentiaire d'insertion et de probation, toute personne détenue condamnée à une peine d'emprisonnement d'une durée inférieure ou égale à cinq ans, à laquelle il reste à subir un emprisonnement d'une durée égale ou inférieure à deux mois, exécute le reliquat de sa peine en étant assignée à son domicile, avec l'interdiction d'en sortir, sous réserve des déplacements justifiés par des besoins familiaux, professionnels ou de santé impérieux, conformément à l'interdiction édictée en application du 2° de l'article L. 3131-23 du Code de la santé publique dans le cadre de l'état d'urgence sanitaire déclaré dans les conditions de l'article 4 de la loi du 23 mars 2020 en raison du risque de propagation du covid-19, sauf en cas d'impossibilité matérielle résultant de l'absence d'hébergement. Le condamné peut également être soumis à tout ou partie des obligations et interdictions prévues par les 7° à 14° de l'article 132-45 du Code pénal. Cette mesure entraîne la levée d'écrou.

Sont exclus du bénéfice de la mesure les condamnés incarcérés pour l'exécution d'une ou de plusieurs peines dont l'une au moins a été prononcée pour une infraction qualifiée de crime, une infraction prévue par les articles 421-1 à 421-6 du Code pénal, une infraction prévue au titre II du livre II du Code pénal lorsqu'elle a été commise sur la personne d'un mineur de moins de quinze ans, ou une infraction commise avec la circonstance aggravante définie par l'article 132-80 du Code pénal.

Sont également exclues les personnes détenues ayant initié ou participé à une action collective, précédée ou accompagnée de violences envers les personnes ou de nature à compromettre la sécurité des établissements au sens de l'article R. 57-7-1 du Code de procédure pénale, ou ayant eu un comportement de mise en danger des autres personnes détenues ou du personnel pénitentiaire, au regard des règles imposées par le contexte sanitaire lié à l'épidémie de covid-19.

Si, pendant la durée de son assignation à résidence, le condamné commet la contravention prévue par le troisième alinéa de l'article L. 3136-1 du Code de la santé publique, ou ne respecte pas les autres obligations qui ont pu lui être été imposées en application de l'alinéa premier, le juge de l'application des peines peut, selon les modalités prévue à l'article 712-6 du Code de procédure pénale, ordonner le retrait de cette mesure et sa réincarcération pour la durée de la peine qu'il lui restait à exécuter au moment de la décision d'assignation. Les articles 709-1-1, 712-17 et 712-19 du même code sont applicables.

Si la personne est condamnée pour le délit prévu par le quatrième alinéa de l'article L. 3136-1 du Code de la santé publique commis pendant cette durée, ou si elle est condamnée à une peine privative de liberté pour un crime ou un délit commis pendant cette durée, la juridiction de jugement peut ordonner le retrait de la mesure et la mise à exécution de l'emprisonnement correspondant, qui n'est pas confondu avec celui résultant de la nouvelle condamnation.

Avant sa libération, le condamné est informé par le greffe de l'établissement pénitentiaire des dispositions des deux alinéas précédents.

Art. 28-1 *(Créé, D. n° 2020-557, 13 mai 2020)*. – Si pendant la période définie au premier alinéa de l'article 2 l'évolution de la crise sanitaire le justifie et alors même qu'aucune interdiction n'aurait été édictée en application du 2° de l'article L. 3131-15 du Code de la santé publique, un décret peut prévoir, dans les conditions qu'il précise, que le régime de l'exécution du reliquat de la peine sous forme d'une assignation à domicile défini à l'article 28 est applicable sur tout ou partie du territoire.

Art. 29. – Les dispositions de l'article 747-1 du Code de procédure pénale sont applicables aux condamnés à des peines privatives de liberté pour lesquels il reste à subir un emprisonnement d'une durée égale ou inférieure à six mois.

Chapitre VII : Dispositions applicables aux mineurs poursuivis ou condamnés

Art. 30. – Lorsque le délai prévu des mesures de placements ordonnés en application de l'ordonnance n° 45-174 du 2 février 1945 relative à l'enfance délinquante arrive à échéance, le juge des enfants peut, au vu du rapport du service éducatif, d'office et sans audition des parties, proroger ce délai pour une durée qui ne peut excéder quatre mois. Les parents, le mineur et le procureur de la République sont informés de cette prorogation.

Le juge peut, dans les mêmes conditions, proroger le délai d'exécution des autres mesures éducatives ordonnées en application de l'ordonnance n° 45-174 du 2 février 1945 relative à l'enfance délinquante, pour une durée qui ne peut excéder sept mois.

Art. 31. – Le Premier ministre et la garde des sceaux, ministre de la justice, sont responsables, chacun en ce qui le concerne, de l'application de la présente ordonnance, qui sera publiée au *Journal officiel* de la République française.

Ordonnance n° 2020-1401 du 18 novembre 2020

portant adaptation des règles applicables aux juridictions de l'ordre judiciaire statuant en matière pénale

Art. 1er. – Les règles de procédure pénale sont adaptées conformément aux dispositions de la présente ordonnance, afin de permettre la continuité de l'activité des juridictions pénales essentielle au maintien de l'ordre public.

Chapitre 1er. – Extension du recours à la visio-conférence

Rédaction antérieure. Art. 2 *(Abr., L. n° 2021-689, 31 mai 2021).* – Nonobstant toute disposition contraire, il peut être recouru à un moyen de télécommunication audiovisuelle devant l'ensemble des juridictions pénales et pour les présentations devant le procureur de la République ou devant le procureur général, sans qu'il soit nécessaire de recueillir l'accord des parties.

Le moyen de télécommunication utilisé doit permettre de certifier l'identité des personnes et garantir la qualité de la transmission ainsi que la confidentialité des échanges. Le magistrat s'assure à tout instant du bon déroulement des débats et il est dressé procès-verbal des opérations effectuées.

Le magistrat organise et conduit la procédure en veillant au respect des droits de la défense et en garantissant le caractère contradictoire des débats. Les dispositions du sixième alinéa de l'article 706-71 du Code de procédure pénale sont applicables.

Les dispositions du présent article ne sont applicables devant les juridictions criminelles qu'une fois terminée l'instruction à l'audience mentionnée à l'article 346 du Code de procédure pénale.

Chapitre II. – Dispositions relatives à la compétence des juridictions et à la publicité des audiences

Art. 3 *(Mod., L. n° 2021-689, 31 mai 2021).* **– Lorsqu'une juridiction pénale du premier degré est dans l'incapacité totale ou partielle de fonctionner, le premier président de la cour d'appel désigne par ordonnance, après avis du procureur général près cette cour, des chefs de juridiction et des directeurs de greffe des juridictions concernées, une autre juridiction de même nature et du ressort de la même cour pour connaître de tout ou partie de l'activité relevant de la compétence de la juridiction empêchée.**

L'ordonnance détermine les activités faisant l'objet du transfert de compétence et la date à laquelle le transfert de compétence intervient. La date de fin de validité de l'ordonnance est fixée au plus tard au 30 septembre 2021.

Elle fait l'objet d'une publication dans deux journaux diffusés dans le ressort de la cour et de toute autre mesure de publicité dans tout lieu jugé utile. Elle est adressée aux bâtonniers des ressorts concernés et au Conseil national des barreaux pour diffusion.

La juridiction désignée est compétente pour les affaires en cours à la date d'entrée en vigueur de l'ordonnance de désignation.

Art. 4. – I. – Les chefs de juridiction définissent les conditions d'accès à la juridiction, aux salles d'audience et aux services qui accueillent du public permettant d'assurer le respect des règles sanitaires en vigueur. Ces conditions sont portées à la connaissance du public notamment par voie d'affichage.

II. – Par dérogation aux règles de publicité définies par les articles 306 et 400 du Code de procédure pénale, le président de la formation de jugement peut décider, avant l'ouverture de l'audience, que les débats se dérouleront en publicité restreinte. Dans les conditions déterminées par le président, des journalistes peuvent assister à l'audience.

Dans les mêmes conditions, le président peut également ordonner que les jugements seront rendus selon les mêmes modalités. Dans ce cas, le dispositif de la décision est affiché sans délai dans un lieu de la juridiction accessible au public.

Devant la chambre de l'instruction, et par dérogation à l'article 199 du Code de procédure pénale, dans le cas où l'audience est publique et où l'arrêt est rendu en séance publique, les dispositions des alinéas précédents sont applicables.

Lorsque le juge des libertés et de la détention doit statuer en audience publique en matière de détention provisoire, en cas d'impossibilité de garantir les conditions nécessaires à la protection de la santé des personnes présentes, ce magistrat peut décider que l'audience se tiendra en chambre du conseil. Dans ce cas, et dans les conditions qu'il détermine, des journalistes peuvent assister à cette audience.

Chapitre III. – Dispositions relatives à la composition des juridictions

Art. 5. – Les dispositions des articles 6, 7 et celles du premier alinéa de l'article 8 n'entrent en vigueur, dans tout ou partie des juridictions, qu'en application d'un décret constatant la persistance d'une crise sanitaire de nature à compromettre le fonctionnement des juridictions malgré la mise en œuvre des dispositions de la présente ordonnance.

Art. 6. – I. – Par dérogation aux dispositions de l'article 191 du Code de procédure pénale, la chambre de l'instruction peut statuer, en matière correctionnelle, en n'étant composée que de son seul président, ou d'un magistrat désigné pour le remplacer, sur décision du premier président de la cour d'appel constatant que la réunion de la formation collégiale de la juridiction n'est pas possible, sans préjudice de la possibilité pour le président de renvoyer l'affaire à une formation collégiale si ce renvoi lui paraît justifié en raison de la complexité ou de la gravité des faits.

II. – Par dérogation aux dispositions de l'article 398 du Code de procédure pénale, le tribunal correctionnel peut statuer, quelle que soit la nature du délit dont il est saisi et quel que soit le mode de sa saisine, en n'étant composé que de son seul président, ou du magistrat désigné pour le remplacer, sur décision du président du tribunal judiciaire constatant que la réunion de la formation collégiale de la juridiction n'est pas possible, sans préjudice de la possibilité pour le président de renvoyer l'affaire à une formation collégiale si ce renvoi lui paraît justifié en raison de la complexité ou de la gravité des faits.

III. – Par dérogation aux dispositions de l'article 510 du Code de procédure pénale, la chambre des appels correctionnels et la chambre spéciale des mineurs peuvent statuer, dans tous les cas, en n'étant composées que de leur seul président, ou d'un magistrat désigné pour le remplacer, sur décision du premier président de la cour d'appel constatant que la réunion de la formation collégiale de la juridiction n'est pas possible, sans préjudice de la possibilité pour le président de renvoyer l'affaire à une formation collégiale si ce renvoi lui paraît justifié en raison de la complexité ou de la gravité des faits.

Art. 7. – En matière correctionnelle, par dérogation aux dispositions du premier alinéa de l'article L. 251-3 du Code de l'organisation judiciaire, le tribunal pour enfants peut statuer en n'étant composé que de son seul président, ou d'un juge des enfants, et à défaut d'un magistrat désigné pour le remplacer, sur décision du président du tribunal judiciaire constatant que la réunion de la formation collégiale de la juridiction n'est pas possible, sans préjudice de la possibilité pour le président de renvoyer l'affaire à une formation collégiale si ce renvoi lui paraît justifié en raison de la complexité ou de la gravité des faits.

Art. 8. – Par dérogation aux dispositions des articles 712-1, 712-3 et 712-13 du Code de procédure pénale, le tribunal de l'application des peines et la chambre de l'application des peines de la cour d'appel peuvent, sur décision du président du tribunal judiciaire ou du premier président de la cour d'appel constatant que la réunion de la formation collégiale de la juridiction n'est pas possible, être composés de leur seul président, ou du magistrat désigné pour le remplacer, sans préjudice de la possibilité pour le président de renvoyer l'affaire à une formation collégiale si ce renvoi lui paraît justifié en raison de la complexité ou de la gravité des faits.

Dans tous les cas, par dérogation aux dispositions du deuxième alinéa de l'article 712-13 du Code de procédure pénale, la chambre de l'application des peines de la cour d'appel peut statuer sans être composée du responsable d'une association de réinsertion des condamnés et du responsable d'une association d'aide aux victimes.

Art. 9. – Par dérogation aux dispositions de l'article 50 du Code de procédure pénale, si le ou les juges d'instruction sont absents, malades ou autrement empêchés, le président du tribunal judiciaire ou, en cas d'empêchement, le magistrat qui le remplace désigne le ou les magistrats du siège pour exercer les fonctions de juge d'instruction. Il peut établir, à cette fin, un tableau de roulement.

Les désignations prévues au présent article sont des mesures d'administration judiciaire.

Chapitre IV. – Dispositions relatives aux cours d'assises

Art. 10 *(V. L. n° 2020-734, 17 juin 2020, art. 32).*

Chapitre V. – Dispositions finales

Art. 11 *(Mod., L. n° 2021-689, 31 mai 2021).* **– Les dispositions de la présente ordonnance, dans leur rédaction résultant de la loi n° 2021-689 du 31 mai 2021 relative à la gestion de la sortie de crise sanitaire, sont applicables sur l'ensemble du territoire de la République.**

Les articles 5 à 8 sont applicables jusqu'à l'expiration d'un délai d'un mois après la cessation de l'état d'urgence sanitaire déclaré par le décret n° 2020-1257 du 14 octobre 2020 précité et prorogé dans les conditions prévues à l'article L. 3131-13 du Code de la santé publique.

Les articles 3, 4 et 9 sont applicables jusqu'au 30 septembre 2021.

ANNEXES

ANNEXE 1

ANNEXE 1

MINISTÈRE PUBLIC EUROPÉEN

Règlement (UE) du Conseil n° 2017/1939 du 12 octobre 2017

mettant en œuvre une coopération renforcée concernant la création du Parquet européen

LE CONSEIL DE L'UNION EUROPÉENNE,

vu le traité sur le fonctionnement de l'Union européenne, et notamment son article 86,

vu la proposition de la Commission européenne,

après transmission du projet d'acte législatif aux parlements nationaux,

vu la notification de l'Allemagne, de la Belgique, de la Bulgarie, de Chypre, de la Croatie, de l'Espagne, de la Finlande, de la France, de la Grèce, de la Lituanie, du Luxembourg, du Portugal, de la République tchèque, de la Roumanie, de la Slovaquie et de la Slovénie, par laquelle ces États membres ont, le 3 avril 2017, notifié au Parlement européen, au Conseil et à la Commission leur souhait d'instaurer une coopération renforcée sur la base du projet de règlement,

vu l'approbation du Parlement européen (1),

statuant conformément à une procédure législative spéciale,

considérant ce qui suit :

(1) L'Union s'est donné pour objectif de créer un espace de liberté, de sécurité et de justice.

(2) La possibilité de créer le Parquet européen est prévue par le traité sur le fonctionnement de l'Union européenne (TFUE), dans le titre consacré à l'espace de liberté, de sécurité et de justice.

(3) Aussi bien l'Union que les États membres de l'Union européenne ont l'obligation de protéger les intérêts financiers de l'Union contre les infractions pénales, lesquelles causent, chaque année, un important préjudice financier. Pour l'heure, ces infractions ne font toutefois pas toujours suffisamment l'objet d'enquêtes et de poursuites par les autorités judiciaires pénales nationales.

(4) Le 17 juillet 2013, la Commission a adopté une proposition de règlement du Conseil portant création du Parquet européen.

(5) Lors de sa session du 7 février 2017, le Conseil a pris acte de l'absence d'unanimité sur le projet de règlement.

(6) Conformément à l'article 86, paragraphe 1, deuxième alinéa, du TFUE, un groupe composé de dix-sept États membres a demandé, par lettre datée du 14 février 2017, que le Conseil européen soit saisi du projet de règlement.

(7) Le 9 mars 2017, le Conseil européen a examiné le projet de règlement et a constaté qu'il y avait un désaccord au sens de l'article 86, paragraphe 1, troisième alinéa, du TFUE.

(8) Le 3 avril 2017, l'Allemagne, la Belgique, la Bulgarie, Chypre, la Croatie, l'Espagne, la Finlande, la France, la Grèce, la Lituanie, le Luxembourg, le Portugal, la République tchèque, la Roumanie, la Slovaquie et la Slovénie ont notifié au Parlement européen, au Conseil et à la Commission leur souhait d'instaurer une coopération renforcée concernant la création du Parquet européen. Par conséquent, conformément à l'article 86, paragraphe 1, troisième alinéa, du TFUE, l'autorisation de procéder à une coopération renforcée visée à l'article 20, paragraphe 2, du traité sur l'Union européenne (TUE) et à l'article 329, paragraphe 1, du TFUE est réputée accordée et les dispositions sur la coopération renforcée s'appliquent à compter du 3 avril 2017. En outre, par lettres datées respectivement du 19 avril 2017, du 1er juin 2017, du 9 juin 2017 et du 22 juin 2017, la Lettonie, l'Estonie, l'Autriche et l'Italie ont indiqué qu'elles souhaitaient participer à l'instauration de la coopération renforcée.

---

(1) Approbation du 5 octobre 2017 (non encore parue au *Journal officiel*).

(9) Conformément à l'article 328, paragraphe 1, du TFUE, lors de leur instauration, les coopérations renforcées sont ouvertes à tous les États membres de l'Union européenne. Elles le sont également à tout autre moment, y compris lorsqu'elles sont en cours, sous réserve de respecter les actes déjà adoptés dans ce cadre. La Commission et les États membres qui participent à la coopération renforcée concernant la création du Parquet européen (ci-après dénommés « États membres ») devraient veiller à promouvoir la participation du plus grand nombre possible d'États membres de l'Union européenne. Le présent règlement devrait être obligatoire dans tous ses éléments et directement applicable dans les seuls États membres qui participent à la coopération renforcée concernant la création du Parquet européen, ou en vertu d'une décision adoptée conformément à l'article 331, paragraphe 1, deuxième ou troisième alinéa, du TFUE.

(10) Conformément à l'article 86 du TFUE, le Parquet européen devrait être institué à partir d'Eurojust. Le présent règlement devrait dès lors établir des liens étroits entre ces deux structures sur la base d'une coopération mutuelle.

(11) Le TFUE prévoit que le champ d'application matériel des compétences du Parquet européen est limité aux infractions pénales portant atteinte aux intérêts financiers de l'Union conformément au présent règlement. Le Parquet européen devrait donc avoir pour mission de rechercher, de poursuivre et de renvoyer en jugement les auteurs des infractions portant atteinte aux intérêts financiers de l'Union au titre de la directive (UE) 2017/1371 du Parlement européen et du Conseil (1) ainsi que des infractions qui leur sont indissociablement liées. Toute extension de ces compétences à la lutte contre la criminalité grave ayant une dimension transfrontière requiert une décision adoptée à l'unanimité par le Conseil européen.

(12) Conformément au principe de subsidiarité, l'objectif consistant à combattre les infractions portant atteinte aux intérêts financiers de l'Union peut être mieux atteint, en raison de ses dimensions et de ses effets, au niveau de l'Union. La situation actuelle, dans laquelle les autorités des États membres de l'Union européenne sont seules compétentes pour engager des poursuites pénales contre les infractions portant atteinte aux intérêts financiers de l'Union, ne permet pas toujours d'atteindre cet objectif de manière suffisante. Étant donné que les objectifs fixés dans le présent règlement, à savoir renforcer la lutte contre les infractions portant atteinte aux intérêts financiers de l'Union par l'institution du Parquet européen, ne peuvent pas être atteints de manière suffisante par les États membres de l'Union européenne du fait de la fragmentation des poursuites nationales dans le domaine des infractions préjudiciables aux intérêts financiers de l'Union mais peuvent, en raison de la compétence conférée au Parquet européen pour déclencher des poursuites relatives à ces infractions, l'être mieux au niveau de l'Union, celle-ci peut prendre des mesures, conformément au principe de subsidiarité consacré à l'article 5 du TUE. Conformément au principe de proportionnalité tel qu'énoncé audit article, le présent règlement n'excède pas ce qui est nécessaire pour atteindre ces objectifs et fait en sorte que son incidence sur les ordres juridiques et les structures institutionnelles des États membres soit la moins intrusive possible.

(13) Le présent règlement prévoit un système de compétences partagées entre le Parquet européen et les autorités nationales dans le cadre de la lutte contre les infractions portant atteinte aux intérêts financiers de l'Union, sur la base du droit d'évocation du Parquet européen.

(14) Eu égard au principe de coopération loyale, tant le Parquet européen que les autorités nationales compétentes devraient s'aider et s'informer mutuellement dans le but de lutter efficacement contre les infractions relevant de la compétence du Parquet européen.

(15) Le présent règlement s'applique sans préjudice des systèmes nationaux des États membres concernant la manière dont les enquêtes pénales sont organisées.

(16) Puisque le Parquet européen doit être investi de pouvoirs d'enquête et de poursuite, il convient de mettre en place des garde-fous institutionnels pour garantir son indépendance ainsi que son obligation de rendre des comptes aux institutions de l'Union.

(17) Le Parquet européen devrait agir dans l'intérêt de l'Union dans son ensemble et ne solliciter ni accepter d'instructions d'aucune personne extérieure au Parquet européen.

(18) L'indépendance et les pouvoirs conférés au Parquet européen en vertu du présent règlement ont pour contrepartie une obligation stricte de rendre des comptes. Le chef du Parquet européen est pleinement responsable de l'exécution de ses obligations en sa qualité de chef du Parquet européen et, à ce titre, il assume une responsabilité institutionnelle globale au titre de ses activités générales devant le Parlement européen, le Conseil et la Commission. Par conséquent, chacune de ces institutions peut saisir la Cour de justice de l'Union européenne (ci-après dénommée « Cour de justice ») en vue de le faire révoquer dans certaines circonstances, notamment en cas de faute grave. Il y a lieu d'appliquer la même procédure pour la révocation des procureurs européens.

(19) Le Parquet européen devrait publier un rapport annuel sur ses activités générales, contenant au minimum des données statistiques sur son travail.

(1) Directive (UE) 2017/1371 du Parlement européen et du Conseil du 5 juillet 2017 relative à la lutte contre la fraude portant atteinte aux intérêts financiers de l'Union au moyen du droit pénal (*JO* L 198, 28 juill. 2017, p. 29).

(20) La structure organisationnelle du Parquet européen devrait permettre des prises de décision rapides et efficaces dans le cadre des enquêtes et des poursuites pénales, que celles-ci concernent un ou plusieurs États membres. Cette structure devrait également garantir que l'ensemble des traditions et ordres juridiques nationaux des États membres soient représentés au sein du Parquet européen et que des procureurs ayant une connaissance des différents ordres juridiques s'occupent en principe des enquêtes et des poursuites dans leur État membre respectif.

(21) À cette fin, le Parquet européen devrait être un organe indivisible de l'Union fonctionnant comme un parquet unique. Le niveau central se compose du chef du Parquet européen, qui est le chef du Parquet européen dans son ensemble et le chef du collège des procureurs européens, des chambres permanentes et des procureurs européens. Le niveau décentralisé est constitué des procureurs européens délégués affectés dans les États membres.

(22) En outre, afin de garantir la cohérence de son action et, partant, une protection équivalente des intérêts financiers de l'Union, la structure organisationnelle et le processus de décision interne du Parquet européen devraient permettre au Bureau central d'assurer la supervision, la direction et la surveillance de toutes les enquêtes et poursuites menées par les procureurs européens délégués.

(23) Dans le présent règlement, les termes « suivi général », « supervision et direction » et « surveillance » sont utilisés pour décrire différentes activités de contrôle exercées par le Parquet européen. Les termes « suivi général » devraient s'entendre comme désignant l'administration générale des activités du Parquet européen, dans le cadre de laquelle des instructions ne sont données que sur des questions revêtant une importance horizontale pour celui-ci. Les termes « supervision et direction » devraient s'entendre comme désignant certains pouvoirs de superviser et de diriger des enquêtes et des poursuites particulières. Le terme « surveillance » devrait s'entendre comme désignant un suivi plus étroit et régulier des enquêtes et des poursuites, y compris, lorsque c'est nécessaire, le fait d'intervenir et de donner des instructions sur des questions relatives aux enquêtes et aux poursuites.

(24) Le collège devrait prendre des décisions sur des questions stratégiques, notamment la définition des priorités et de la politique du Parquet européen en matière d'enquêtes et de poursuites, ainsi que sur des questions générales soulevées par des dossiers particuliers, concernant par exemple l'application du présent règlement, la bonne mise en œuvre de la politique du Parquet européen en matière d'enquêtes et de poursuites ou des questions de principe ou revêtant une importance significative pour le développement d'une politique cohérente du Parquet européen en matière d'enquêtes et de poursuites. Les décisions du collège sur les questions générales ne devraient pas porter atteinte à l'obligation d'enquêter et de poursuivre conformément au présent règlement et au droit national. Le collège devrait tout mettre en œuvre pour prendre ses décisions par consensus. S'il n'est pas possible de parvenir à un consensus, les décisions devraient être prises par voie de scrutin.

(25) Les chambres permanentes devraient superviser et diriger les enquêtes et veiller à la cohérence des activités du Parquet européen. La composition des chambres permanentes devrait être déterminée conformément au règlement intérieur du Parquet européen, qui devrait entre autres permettre à un procureur européen d'être membre de plusieurs chambres permanentes lorsque cela est opportun pour garantir, dans la mesure du possible, une répartition équitable de la charge de travail entre les différents procureurs européens.

(26) Les chambres permanentes devraient être présidées par le chef du Parquet européen, un des adjoints au chef du Parquet européen ou un procureur européen, conformément aux principes énoncés dans le règlement intérieur du Parquet européen.

(27) La répartition des dossiers entre les chambres permanentes devrait reposer sur un système de distribution aléatoire afin de garantir, dans la mesure du possible, une répartition uniforme de la charge de travail. Il devrait être possible de déroger à ce principe, sur décision du chef du Parquet européen, afin de permettre au Parquet européen de fonctionner correctement et efficacement.

(28) Un procureur européen de chaque État membre devrait être nommé pour faire partie du collège. Les procureurs européens devraient en principe surveiller, au nom de la chambre permanente compétente, les enquêtes et les poursuites dont s'occupent les procureurs européens délégués dans leur État membre d'origine. Ils devraient assurer la liaison entre le Bureau central et le niveau décentralisé dans leurs États membres, en facilitant le fonctionnement du Parquet européen en tant que parquet unique. Le procureur européen chargé de la surveillance d'une affaire devrait également vérifier que toute instruction est conforme au droit national et informer la chambre permanente si tel n'est pas le cas.

(29) Pour des raisons liées à la charge de travail résultant du nombre élevé d'enquêtes et de poursuites menées dans un État membre donné, un procureur européen devrait pouvoir demander que la surveillance de certaines enquêtes et poursuites dans son État membre d'origine puisse, à titre exceptionnel, être confiée à d'autres procureurs européens. La décision devrait être prise par le chef du Parquet européen avec l'accord du procureur européen qui se chargerait des affaires concernées. Les critères régissant ces décisions devraient être définis dans le règlement intérieur du Parquet européen et prévoir notamment l'obligation pour le procureur européen se chargeant des affaires en question d'avoir une connaissance suffisante de la langue et de l'ordre juridique de l'État membre concerné.

(30) Les enquêtes du Parquet européen devraient, en principe, être menées par les procureurs européens délégués dans les États membres. Elles devraient l'être conformément au présent règlement et, pour les questions qui ne relèvent pas du présent règlement, conformément au droit national. Les procureurs européens délégués devraient s'acquitter de leurs tâches sous la surveillance du procureur européen chargé de la surveillance de l'affaire et en suivant les orientations et instructions de la chambre permanente compétente. Lorsque le droit national d'un État membre prévoit le contrôle interne de certains actes au sein de la structure du parquet national, le contrôle de ces décisions prises par le procureur européen délégué devrait relever des pouvoirs de surveillance du procureur européen chargé de la surveillance de l'affaire conformément au règlement intérieur du Parquet européen. En pareil cas, les États membres ne devraient pas être tenus de prévoir un contrôle par les juridictions nationales, sans préjudice de l'article 19 du TUE et de l'article 47 de la charte des droits fondamentaux de l'Union européenne (ci-après dénommée « charte »).

(31) L'exercice de l'action publique devant les juridictions compétentes s'applique jusqu'au terme de la procédure, qui s'entend comme la détermination définitive de la question de savoir si le suspect ou la personne poursuivie a commis l'infraction, y compris, le cas échéant, la condamnation et la décision rendue sur toute action en justice ou tout recours disponible jusqu'à ce que cette décision soit devenue définitive.

(32) Les procureurs européens délégués devraient faire partie intégrante du Parquet européen et, en cette qualité, lorsqu'ils mènent des enquêtes et des poursuites visant des infractions qui relèvent de la compétence du Parquet européen, ils devraient agir exclusivement pour le compte et au nom de celui-ci sur le territoire de leur État membre respectif. Ils devraient dès lors bénéficier, au titre du présent règlement, d'un statut fonctionnellement et juridiquement indépendant, distinct de tout statut conféré par le droit national.

(33) Indépendamment du statut spécial dont ils bénéficient au titre du présent règlement, les procureurs européens délégués devraient également être, pendant la durée de leur mandat, des membres du ministère public de leur État membre, à savoir des procureurs ou des membres du corps judiciaire, et se voir conférer par leur État membre au minimum les mêmes pouvoirs que les procureurs nationaux.

(34) Les procureurs européens délégués devraient être tenus de suivre les instructions émanant des chambres permanentes et des procureurs européens. Si un procureur européen délégué estime qu'une instruction l'obligerait à prendre une mesure qui ne serait pas conforme au droit national, il devrait demander le réexamen de cette instruction par le chef du Parquet européen.

(35) Le procureur européen délégué chargé d'une affaire devrait signaler au procureur européen chargé de la surveillance de l'affaire et à la chambre permanente compétente tout événement significatif concernant l'affaire, comme l'exécution de mesures d'enquête ou des modifications apportées à la liste des suspects.

(36) Les chambres permanentes devraient exercer leur pouvoir de décision à certaines étapes précises de la procédure du Parquet européen, afin de garantir une politique commune en matière d'enquêtes et de poursuites. Elles devraient adopter des décisions sur la base d'un projet de décision proposé par le procureur européen délégué chargé de l'affaire. Cependant, dans certains cas exceptionnels, une chambre permanente devrait pouvoir adopter une décision en l'absence d'un projet de décision du procureur européen délégué chargé de l'affaire. En pareil cas, un projet de décision peut être présenté par le procureur européen chargé de la surveillance de l'affaire.

(37) Une chambre permanente devrait pouvoir déléguer son pouvoir de décision au procureur européen chargé de la surveillance de l'affaire dans certains cas précis, dans lesquels l'infraction est sans gravité ou la procédure ne présente aucune complexité. Lors de l'appréciation du degré de gravité d'une infraction, il convient de tenir compte des répercussions au niveau de l'Union.

(38) Le règlement intérieur du Parquet européen devrait prévoir un mécanisme de remplacement entre procureurs européens. Ce mécanisme de remplacement devrait être utilisé lorsqu'un procureur européen n'est pas en mesure d'exercer ses fonctions pour une courte période, par exemple lorsqu'il est absent.

(39) En outre, un procureur européen devrait être remplacé par l'un des procureurs européens délégués de son État membre lorsqu'il démissionne, est révoqué ou cesse d'exercer ses fonctions pour toute autre raison ou, par exemple, en cas de maladie prolongée. Le remplacement devrait être limité à une période de trois mois au maximum. La possibilité de prolonger ce délai devrait être laissée à l'appréciation du collège, lorsque cela est jugé nécessaire, compte tenu de la charge de travail du Parquet européen et de la durée de l'absence, dans l'attente du remplacement ou du retour du procureur européen. Le procureur européen délégué qui remplace le procureur européen devrait, pendant la durée du remplacement, ne plus être chargé des enquêtes et des poursuites dont il s'occupait en tant que procureur européen délégué ou procureur national. En ce qui concerne la procédure du Parquet européen dont s'occupait le procureur européen délégué qui remplace un procureur européen, les règles du Parquet européen relatives à la réattribution des affaires devraient s'appliquer.

(40) La procédure de nomination du chef du Parquet européen et des procureurs européens devrait garantir leur indépendance. Ceux-ci devraient tirer leur légitimité des institutions de l'Union intervenant dans la procédure de nomination. Les adjoints au chef du Parquet européen devraient être nommés par le collège parmi ses membres.

(41) Un comité de sélection devrait établir une liste restreinte de candidats au poste de chef du Parquet européen. Le pouvoir d'établir les règles de fonctionnement du comité et de nommer ses membres devrait être conféré au Conseil, sur proposition de la Commission. Un tel pouvoir d'exécution découlerait des pouvoirs spécifiques conférés au Conseil par l'article 86 du TFUE, et reflète la nature particulière du Parquet européen, qui demeurera solidement ancré dans les structures juridiques nationales tout en étant en même temps un organe de l'Union. Le Parquet européen agira dans le cadre de procédures où la plupart des autres acteurs seront nationaux, comme les juridictions, la police et d'autres autorités répressives ; aussi le Conseil a-t-il un intérêt particulier à être étroitement associé à la procédure de nomination. L'attribution de ces pouvoirs au Conseil tient également dûment compte de la nature potentiellement sensible de pouvoirs de décision susceptibles d'avoir des conséquences directes pour les structures judiciaires et de poursuites nationales. Le Parlement européen et le Conseil devraient nommer d'un commun accord l'un des candidats figurant sur la liste restreinte en qualité de chef du Parquet européen.

(42) Chaque État membre devrait désigner trois candidats au poste de procureur européen, lequel sera choisi et nommé par le Conseil. Pour garantir la continuité des travaux du collège, un renouvellement partiel d'un tiers des procureurs européens devrait avoir lieu tous les trois ans. Il convient de conférer au Conseil le pouvoir d'adopter des règles transitoires régissant la nomination des procureurs européens pour leur première période de mandat et durant cette période. Ce pouvoir d'exécution va de pair avec le pouvoir de choisir et de nommer les procureurs européens dont dispose le Conseil. Il se justifie également par la nature particulière des procureurs européens, qui sont liés à leur État membre respectif tout en étant membres du collège et, plus généralement, par la nature particulière du Parquet européen, selon la même logique que celle qui sous-tend le pouvoir d'exécution conféré au Conseil pour établir les règles de fonctionnement du comité de sélection et en nommer les membres. Le Conseil devrait tenir compte de l'équilibre géographique entre les États membres lorsqu'il statue sur le remplacement partiel d'un tiers des procureurs européens au cours de leur première période de mandat.

(43) La procédure de nomination des procureurs européens délégués devrait permettre de faire en sorte que ceux-ci fassent partie intégrante du Parquet européen, tout en restant intégrés, sur le plan opérationnel, aux ordres juridiques et aux structures judiciaires et de poursuites nationaux. Les États membres devraient désigner des candidats aux postes de procureurs européens délégués, qui devraient être nommés par le collège sur proposition du chef du Parquet européen.

(44) Chaque État membre devrait compter au moins deux procureurs européens délégués afin d'assurer le traitement approprié des dossiers dont est saisi le Parquet européen. Le chef du Parquet européen devrait approuver le nombre de procureurs européens délégués par État membre, ainsi que la répartition fonctionnelle et territoriale des tâches entre ceux-ci, en concertation avec chaque État membre. Lors de ces concertations, l'organisation des systèmes de poursuites nationaux devrait être dûment prise en compte. La notion de répartition fonctionnelle des compétences entre les procureurs européens délégués pourrait permettre une répartition des tâches.

(45) Le nombre total de procureurs européens délégués dans un État membre peut être modifié avec l'approbation du chef du Parquet européen, dans les limites de la ligne budgétaire annuelle du Parquet européen.

(46) Le collège devrait être responsable des procédures disciplinaires relatives aux procureurs européens délégués agissant dans le cadre du présent règlement. Comme les procureurs européens délégués restent des membres actifs du ministère public ou du corps judiciaire des États membres, et peuvent également exercer les fonctions de procureur national, les règles nationales en matière disciplinaire peuvent s'appliquer à leur égard pour des motifs non liés au présent règlement. Cependant, en pareil cas, le chef du Parquet européen devrait être informé de la révocation ou de toute autre mesure disciplinaire, compte tenu des responsabilités qui sont les siennes dans la gestion du Parquet européen ainsi que pour protéger l'intégrité et l'indépendance de ce dernier.

(47) Les travaux du Parquet européen devraient en principe être effectués sous une forme électronique. Le Parquet européen devrait mettre en place, détenir et gérer un système de gestion des dossiers. Les informations figurant dans le système de gestion des dossiers devraient comprendre les informations reçues au sujet d'infractions éventuelles relevant de la compétence du Parquet européen, ainsi que les informations provenant des dossiers, même lorsque ceux-ci ont été clos. Lorsqu'il met en place le système de gestion des dossiers, le Parquet européen devrait veiller à ce que celui-ci lui permette de fonctionner comme un parquet unique, au sein duquel les dossiers gérés par les procureurs européens délégués sont à la disposition du Bureau central afin que ce dernier puisse exercer ses missions de prise de décisions, de supervision, de direction et de surveillance.

(48) Les autorités nationales devraient signaler sans tarder au Parquet européen tout comportement susceptible de constituer une infraction relevant de sa compétence. Dans les affaires ne relevant pas de sa compétence, le Parquet européen devrait informer les autorités nationales compétentes de tout fait dont il a eu connaissance et qui pourrait constituer une infraction pénale, par exemple un faux témoignage.

(49) Les institutions, organes et organismes de l'Union, de même que les autorités nationales, devraient transmettre sans tarder au Parquet européen des informations sur les infractions à l'égard desquelles il pourrait exercer

sa compétence. Le Parquet européen peut également recevoir ou collecter des informations provenant d'autres sources, telles que des parties privées. Le Parquet européen devrait disposer d'un mécanisme de vérification ayant pour but de déterminer si, sur la base des informations reçues, les conditions de la compétence matérielle, territoriale et personnelle du Parquet européen sont réunies.

(50) Des lanceurs d'alerte peuvent porter de nouvelles informations à l'attention du Parquet européen, l'aidant ainsi dans l'accomplissement de sa mission consistant à rechercher, poursuivre et renvoyer en jugement les auteurs d'infractions pénales portant atteinte aux intérêts financiers de l'Union. Ces lanceurs d'alerte peuvent toutefois être découragés par la crainte de représailles. Pour faciliter la détection des infractions relevant de la compétence du Parquet européen, les États membres sont encouragés à prévoir, en conformité avec leur droit interne, des procédures efficaces pour permettre le signalement d'infractions éventuelles relevant de la compétence du Parquet européen et faire en sorte que les personnes qui dénoncent ces infractions soient protégées de tout acte de représailles, et en particulier de toute mesure préjudiciable ou discriminatoire en matière d'emploi. Le Parquet européen devrait, si nécessaire, développer ses propres règles internes.

(51) Afin de s'acquitter pleinement de leur obligation d'informer le Parquet européen en cas de soupçon d'infraction relevant de sa compétence, les autorités nationales des États membres ainsi que l'ensemble des institutions, organes et organismes de l'Union devraient suivre les procédures en vigueur en matière de signalement et instaurer des mécanismes efficaces d'évaluation préliminaire des allégations qui leur sont signalées. Les institutions, organes et organismes de l'Union peuvent, à cette fin, faire intervenir l'Office européen de lutte antifraude (OLAF).

(52) Les autorités des États membres devraient établir un système garantissant que les informations sont communiquées au Parquet européen dans les meilleurs délais. C'est aux États membres qu'il appartient de décider si ce système doit être direct ou centralisé.

(53) Le respect de cette obligation de signalement est essentiel au bon fonctionnement du Parquet européen et devrait être interprété au sens large, afin de faire en sorte que les autorités nationales signalent les affaires dans lesquelles l'appréciation de certains critères n'est pas possible dans l'immédiat (par exemple le niveau du préjudice ou la peine applicable). Le Parquet européen devrait également pouvoir demander, au cas par cas, aux autorités des États membres des informations sur d'autres infractions portant atteinte aux intérêts financiers de l'Union. Cela ne devrait pas être considéré comme une possibilité pour le Parquet européen de demander aux autorités des États membres, de façon systématique ou périodique, des informations sur des infractions mineures.

(54) L'efficacité des enquêtes relatives à des infractions portant atteinte aux intérêts financiers de l'Union et le principe *ne bis in idem* peuvent nécessiter, dans certains cas, d'élargir l'enquête à d'autres infractions prévues en droit interne lorsque celles-ci sont indissociablement liées à une infraction portant atteinte aux intérêts financiers de l'Union. La notion d'« infractions indissociablement liées » devrait être appréciée à la lumière de la jurisprudence pertinente qui, aux fins de l'application du principe *ne bis in idem*, retient comme critère pertinent l'identité des faits matériels (ou des faits qui sont en substance les mêmes), compris comme l'existence d'un ensemble de circonstances concrètes indissociablement liées entre elles dans le temps et l'espace.

(55) Le Parquet européen devrait avoir le droit d'exercer sa compétence lorsque des infractions sont indissociablement liées et que l'infraction portant atteinte aux intérêts financiers de l'Union est prépondérante au regard de la gravité de l'infraction concernée, telle qu'elle ressort de la peine maximale susceptible d'être infligée.

(56) Toutefois, le Parquet européen devrait aussi avoir le droit d'exercer sa compétence en cas d'infractions indissociablement liées lorsque l'infraction portant atteinte aux intérêts financiers de l'Union n'est pas prépondérante au regard du niveau de sanction, mais que l'autre infraction indissociablement liée est réputée accessoire par nature parce qu'elle sert uniquement à commettre l'infraction portant atteinte aux intérêts financiers de l'Union, en particulier lorsque cette autre infraction a été commise dans le but principal de créer les conditions permettant de commettre l'infraction portant atteinte aux intérêts financiers de l'Union, telle qu'une infraction ayant pour seul objectif de se procurer les moyens matériels ou légaux de commettre ladite infraction, d'en tirer profit ou d'en obtenir le produit.

(57) La notion d'infraction relative à la participation à une organisation criminelle devrait répondre à la définition prévue en droit interne conformément à la décision-cadre 2008/841/JAI du Conseil (1) et peut englober, par exemple, l'appartenance à une organisation criminelle ou l'organisation et la direction d'une telle organisation.

(58) La compétence du Parquet européen à l'égard des infractions portant atteinte aux intérêts financiers de l'Union devrait, en règle générale, primer les revendications nationales de compétence, de sorte que le Parquet puisse assurer la cohérence des enquêtes et des poursuites et piloter les unes et les autres à l'échelle de l'Union. En

(1) Décision-cadre 2008/841/JAI du Conseil du 24 octobre 2008 relative à la lutte contre la criminalité organisée (*JO* L 300, 11 nov. 2008, p. 42).

ce qui concerne lesdites infractions, les autorités des États membres devraient s'abstenir d'agir, à moins que des mesures urgentes ne s'imposent, jusqu'à ce que le Parquet européen ait décidé de mener ou non une enquête.

(59) Il convient de considérer qu'un cas particulier a des répercussions au niveau de l'Union, entre autres, lorsque l'infraction pénale revêt un caractère et une ampleur transnationaux, lorsque cette infraction implique une organisation criminelle ou lorsque le type particulier d'infraction est susceptible de constituer une menace grave pour les intérêts financiers de l'Union, la réputation des institutions de l'Union et la confiance des citoyens de l'Union.

(60) Lorsque le Parquet européen ne peut pas exercer sa compétence dans une affaire particulière parce qu'il y a lieu de supposer que le préjudice causé ou susceptible d'être causé aux intérêts financiers de l'Union n'excède pas le préjudice causé ou susceptible d'être causé à une autre victime, il devrait néanmoins pouvoir exercer sa compétence pour autant qu'il soit mieux placé pour ouvrir une enquête ou engager des poursuites que les autorités de l'État membre ou des États membres concernés. Le Parquet européen pourrait se révéler mieux placé, entre autres, s'il est plus efficace de le laisser mener l'enquête et les poursuites concernant l'infraction pénale en cause en raison du caractère et de l'ampleur transnationaux de celle-ci, lorsque cette infraction implique une organisation criminelle ou lorsqu'un type particulier d'infraction est susceptible de constituer une menace grave pour les intérêts financiers de l'Union, la réputation des institutions de l'Union ou la confiance des citoyens de l'Union. Dans ce cas, le Parquet européen devrait pouvoir exercer sa compétence avec le consentement des autorités nationales compétentes de l'État membre ou des États membres concernés lorsque cette ou ces autres victimes ont subi un préjudice.

(61) Lorsqu'une autorité judiciaire ou répressive d'un État membre ouvre une enquête concernant une infraction pénale et estime que le Parquet européen pourrait ne pas exercer sa compétence, elle devrait en informer le Parquet européen, afin de permettre à celui-ci d'apprécier s'il devrait exercer sa compétence.

(62) En cas de désaccord sur des questions relatives à l'exercice des compétences, les autorités nationales compétentes devraient décider de la répartition des compétences. La notion d'autorités nationales compétentes devrait s'entendre comme désignant toute autorité judiciaire compétente pour décider de la répartition des compétences conformément au droit national.

(63) Puisque le Parquet européen devrait engager des poursuites devant les juridictions nationales, il convient de définir ses compétences par renvoi au droit pénal des États membres, qui réprime les actes ou omissions portant atteinte aux intérêts financiers de l'Union et détermine les peines applicables en mettant en œuvre dans les ordres juridiques nationaux la législation pertinente de l'Union, notamment la directive (UE) 2017/1371.

(64) Le Parquet européen devrait exercer sa compétence le plus largement possible, de sorte que les enquêtes et les poursuites qu'il mène puissent s'étendre à des infractions commises hors du territoire des États membres.

(65) Les enquêtes et poursuites menées par le Parquet européen devraient être guidées par les principes de proportionnalité, d'impartialité et d'équité envers le suspect ou la personne poursuivie. Cette démarche comprend l'obligation de rechercher tous les types de preuve, à charge et à décharge, d'office ou à la demande de la défense.

(66) Afin de garantir la sécurité juridique et de lutter efficacement contre les infractions portant atteinte aux intérêts financiers de l'Union, les activités d'enquête et de poursuite du Parquet européen devraient être guidées par le principe de légalité, en vertu duquel le Parquet européen applique strictement les règles définies dans le présent règlement en ce qui concerne en particulier la compétence et son exercice, l'ouverture des enquêtes, la clôture des enquêtes, le renvoi d'une affaire, le classement sans suite d'une affaire et les procédures simplifiées en matière de poursuites.

(67) Afin de préserver au mieux les droits de la défense, un suspect ou une personne poursuivie ne devrait, en principe, faire l'objet que d'une seule enquête ou poursuite par le Parquet européen. En principe, lorsqu'une infraction a été commise par plusieurs personnes, le Parquet européen ne devrait ouvrir qu'une seule procédure et devrait mener des enquêtes sur tous les suspects ou personnes poursuivies conjointement.

(68) Lorsque plusieurs procureurs européens délégués ont ouvert des enquêtes relatives à la même infraction pénale, la chambre permanente devrait, s'il y a lieu, les joindre. Toutefois, la chambre permanente peut décider de ne pas joindre ces procédures ou de les scinder par la suite dans un souci d'efficacité des enquêtes, par exemple lorsqu'il pourrait être mis fin plus rapidement à la procédure ouverte à l'encontre d'un suspect ou d'une personne poursuivie, tandis que les procédures ouvertes à l'encontre des autres suspects ou personnes poursuivies devraient se poursuivre, ou encore lorsque scinder l'affaire pourrait abréger la période de détention provisoire de l'un des suspects. Lorsque différentes chambres permanentes sont chargées des affaires à joindre, le règlement intérieur du Parquet européen devrait définir les compétences et les procédures appropriées. Lorsque la chambre permanente décide de scinder une affaire en plusieurs affaires, elle devrait conserver sa compétence à l'égard de celles-ci.

(69) Le Parquet européen devrait s'appuyer sur les autorités nationales, y compris les services de police, en particulier pour faire exécuter des mesures coercitives. En vertu du principe de coopération loyale, toutes les autorités nationales et les organes et organismes compétents de l'Union, dont Eurojust, Europol et l'OLAF, devraient soutenir activement les enquêtes et les poursuites menées par le Parquet européen et coopérer avec

ce dernier, dès qu'un soupçon d'infraction est signalé au Parquet européen et jusqu'à ce que ce dernier détermine s'il y a lieu d'engager des poursuites ou, dans la négative, de procéder au classement sans suite.

(70) Il est essentiel, pour l'efficacité des enquêtes et des poursuites relatives à des infractions portant atteinte aux intérêts financiers de l'Union, que le Parquet européen puisse rassembler des éléments de preuve en recourant à tout le moins à un ensemble minimal de mesures d'enquête, dans le respect du principe de proportionnalité. Pour les besoins des enquêtes et des poursuites qu'il mène, le Parquet européen devrait pouvoir recourir à ces mesures à l'égard des infractions qui relèvent de son mandat, à tout le moins lorsque celles-ci sont passibles d'une peine maximale d'au moins quatre ans d'emprisonnement, ces mesures pouvant toutefois faire l'objet de restrictions conformément au droit national.

(71) Outre l'ensemble minimal de mesures d'enquête visées dans le présent règlement, les procureurs européens délégués devraient être habilités à demander ou à ordonner toute mesure à laquelle les procureurs peuvent avoir recours en droit national dans le cadre de procédures nationales similaires. La possibilité de recourir à une telle mesure devrait être assurée dans tous les cas où la mesure d'enquête indiquée existe, mais peut faire l'objet de restrictions conformément au droit national.

(72) Dans les affaires transfrontières, le procureur européen délégué chargé de l'affaire devrait pouvoir s'appuyer sur les procureurs européens délégués assistants lorsque des mesures doivent être prises dans d'autres États membres. Lorsqu'une telle mesure requiert une autorisation judiciaire, il convient de préciser clairement dans quel État membre l'autorisation devrait être obtenue et, en tout état de cause, il ne devrait y avoir qu'une seule autorisation. Si la mesure d'enquête est définitivement refusée par les autorités judiciaires, à savoir après épuisement de toutes les voies de recours, le procureur européen délégué chargé de l'affaire devrait retirer la demande ou l'ordonnance.

(73) La possibilité qu'offre le présent règlement de recourir à des instruments juridiques en matière de reconnaissance mutuelle ou de coopération transfrontière ne devrait pas remplacer les règles spécifiques relatives aux enquêtes transfrontières prévues par le présent règlement. Elle devrait au contraire les compléter pour garantir que, lorsqu'une mesure est nécessaire dans une enquête transfrontière mais n'existe pas en droit national pour une situation purement interne, elle puisse être utilisée conformément au droit national mettant en œuvre l'instrument concerné, dans le cadre de l'enquête ou des poursuites.

(74) Les dispositions du présent règlement relatives à la coopération transfrontière devraient s'appliquer sans préjudice des instruments juridiques existants qui facilitent la coopération transfrontière entre autorités nationales autres que les autorités chargées des poursuites et les autorités judiciaires. Il devrait en aller de même en ce qui concerne les autorités nationales qui coopèrent au titre du droit administratif.

(75) Les dispositions du présent règlement relatives à la détention provisoire et à la remise transfrontière devraient s'appliquer sans préjudice des procédures spécifiques applicables dans les États membres dans lesquels une autorisation judiciaire n'est pas requise pour l'arrestation initiale d'un suspect ou d'une personne poursuivie.

(76) Le procureur européen délégué chargé de l'affaire devrait être habilité à délivrer ou à demander des mandats d'arrêt européens dans le domaine de compétence du Parquet européen.

(77) Le Parquet européen devrait être habilité à renvoyer une affaire aux autorités nationales lorsque l'enquête fait apparaître que l'infraction ne relève pas de sa compétence. Lors d'un tel renvoi, les autorités nationales devraient conserver toutes les prérogatives qui leur sont dévolues en vertu du droit interne pour décider d'ouvrir, de poursuive ou de classer sans suite l'enquête.

(78) Le présent règlement fait obligation au Parquet européen d'exercer l'action publique, laquelle comprend l'adoption de décisions relatives à la mise en accusation d'un suspect ou d'une personne poursuivie et le choix de l'État membre dont les juridictions seront compétentes pour entendre les poursuites. Il devrait en principe appartenir à la chambre permanente compétente de décider, sur la base d'un projet de décision du procureur européen délégué, de l'éventuelle mise en accusation du suspect ou de la personne poursuivie, de manière à instaurer une politique commune en matière de poursuites. La chambre permanente devrait être habilitée à prendre toute décision dans un délai de vingt et un jours à compter de la réception du projet de décision, y compris demander des éléments de preuve supplémentaires, avant de décider de porter une affaire en jugement, sauf une décision de classer une affaire sans suite lorsque le procureur européen délégué a proposé de porter l'affaire en jugement.

(79) La chambre permanente compétente devrait choisir l'État membre dont les juridictions seront compétentes pour entendre les poursuites à l'aune d'une série de critères fixés dans le présent règlement. La chambre permanente devrait fonder sa décision sur un rapport et un projet de décision du procureur européen délégué chargé de l'affaire, qui devraient être transmis à la chambre permanente par le procureur européen chargé de la surveillance de l'affaire et accompagnés, si nécessaire, de l'analyse de ce dernier. Le procureur européen chargé de la surveillance de l'affaire devrait conserver tous les pouvoirs prévus dans le présent règlement qui lui permettent de donner des instructions spécifiques au procureur européen délégué.

(80) Les éléments de preuve présentés par le Parquet européen devant la juridiction ne devraient pas être déclarés inadmissibles au simple motif qu'ils ont été recueillis dans un autre État membre ou conformément au droit d'un autre État membre, pour autant que la juridiction du fond considère que leur admission respecte l'équité de la procédure et les droits de la défense que la charte confère au suspect ou à la personne poursuivie. Le présent règlement respecte les droits fondamentaux et observe les principes inscrits à l'article 6 du TUE et dans la charte, en particulier son titre VI, dans le droit international et dans les accords internationaux auxquels l'Union ou l'ensemble des États membres sont parties, y compris la convention européenne de sauvegarde des droits de l'Homme et des libertés fondamentales, et dans les constitutions des États membres dans leur champ d'application respectif. Conformément à ces principes, et dans le respect des différents ordres et traditions juridiques des États membres en vertu de l'article 67, paragraphe 1, du TFUE, aucune disposition du présent règlement ne saurait être interprétée comme interdisant aux juridictions d'appliquer les principes fondamentaux du droit national relatifs à l'équité de la procédure qu'elles appliquent dans leurs systèmes nationaux, y compris dans les systèmes de « *common law* ».

(81) Compte tenu du principe de légalité, les enquêtes menées par le Parquet européen devraient en règle générale entraîner des poursuites devant les juridictions nationales compétentes s'il existe des éléments de preuve suffisants et si aucun motif juridique n'éteint l'action publique, ou si aucune procédure simplifiée en matière de poursuites n'a été appliquée. Le présent règlement comporte une liste exhaustive des motifs conduisant au classement sans suite d'une affaire.

(82) Les ordres juridiques nationaux prévoient différents types de procédures simplifiées en matière de poursuites, qui peuvent ou non comprendre l'intervention d'une juridiction, par exemple sous la forme de transactions avec le suspect ou la personne poursuivie. Si de telles procédures existent, le procureur européen délégué devrait avoir le pouvoir de les appliquer dans les conditions prévues en droit national et dans les situations prévues par le présent règlement. Parmi ces situations devraient figurer les cas où le préjudice final causé par l'infraction, après le recouvrement éventuel d'un montant correspondant à ce préjudice, n'est pas significatif. Compte tenu de l'intérêt que revêt la mise en œuvre d'une politique cohérente et efficace en matière de poursuites au sein du Parquet européen, la chambre permanente compétente devrait toujours être appelée à donner son consentement au recours à ces procédures. Lorsque la procédure simplifiée a été appliquée avec succès, l'affaire devrait être définitivement classée.

(83) Le présent règlement impose au Parquet européen de respecter, en particulier, le droit d'accéder à un tribunal impartial, les droits de la défense et la présomption d'innocence, tels qu'ils sont consacrés aux articles 47 et 48 de la charte. L'article 50 de la charte, qui protège le droit à ne pas être jugé ou puni pénalement deux fois pour une même infraction (*ne bis in idem*), garantit qu'il n'y aura pas de risque de double condamnation du fait des poursuites engagées par le Parquet européen. Ce dernier devrait dès lors exercer ses activités dans le respect absolu de ces droits, et le présent règlement devrait être appliqué et interprété en conséquence.

(84) L'article 82, paragraphe 2, du TFUE autorise l'Union à établir des règles minimales sur les droits des personnes dans la procédure pénale, afin de veiller à ce que les droits de la défense et l'équité de la procédure soient respectés. Ces règles minimales ont été fixées progressivement par le législateur de l'Union dans des directives relatives à certains droits spécifiques.

(85) Les droits de la défense prévus dans le droit applicable de l'Union, comme les directives du Parlement européen et du Conseil 2010/64/UE (1), 2012/13/UE (2), 2013/48/UE (3), (UE) 2016/343 (4) et (UE) 2016/1919 (5), telles qu'elles ont été mises en œuvre en droit interne, devraient s'appliquer aux activités du Parquet européen. Tout suspect ou toute personne poursuivie à l'égard desquels le Parquet européen déclenche une enquête devrait bénéficier de ces droits, ainsi que des droits, prévus en droit national, de demander que des

(1) Directive 2010/64/UE du Parlement européen et du Conseil du 20 octobre 2010 relative au droit à l'interprétation et à la traduction dans le cadre des procédures pénales (*JO* L 280, 26 oct. 2010, p. 1).

(2) Directive 2012/13/UE du Parlement européen et du Conseil du 22 mai 2012 relative au droit à l'information dans le cadre des procédures pénales (*JO* L 142, 1er juin 2012, p. 1).

(3) Directive 2013/48/UE du Parlement européen et du Conseil du 22 octobre 2013 relative au droit d'accès à un avocat dans le cadre des procédures pénales et des procédures relatives au mandat d'arrêt européen, au droit d'informer un tiers dès la privation de liberté et au droit des personnes privées de liberté de communiquer avec des tiers et avec les autorités consulaires (*JO* L 294, 6 nov. 2013, p. 1).

(4) Directive (UE) 2016/343 du Parlement européen et du Conseil du 9 mars 2016 portant renforcement de certains aspects de la présomption d'innocence et du droit d'assister à son procès dans le cadre des procédures pénales (*JO* L 65, 11 mars 2016, p. 1).

(5) Directive (UE) 2016/1919 du Parlement européen et du Conseil du 26 octobre 2016 concernant l'aide juridictionnelle pour les suspects et les personnes poursuivies dans le cadre des procédures pénales et pour les personnes dont la remise est demandée dans le cadre des procédures relatives au mandat d'arrêt européen (*JO* L 297, 4 nov. 2016, p. 1).

experts soient nommés ou que des témoins soient entendus, ou que des éléments de preuve au nom de la défense soient produits d'une autre manière par le Parquet européen.

(86) L'article 86, paragraphe 3, du TFUE permet au législateur de l'Union de fixer les règles applicables au contrôle juridictionnel des actes de procédure que le Parquet européen arrête dans l'exercice de ses fonctions. Cette compétence attribuée au législateur de l'Union témoigne de la nature particulière des tâches et de la structure du Parquet européen, qui diffère de celle de tous les autres organes et organismes de l'Union et exige des règles spéciales en matière de contrôle juridictionnel.

(87) L'article 86, paragraphe 2, du TFUE prévoit que le Parquet européen exerce l'action publique devant les juridictions compétentes des États membres. Les actes pris par le Parquet européen dans le cadre de ses enquêtes sont étroitement liés aux poursuites qui pourraient en résulter et ont donc des effets dans l'ordre juridique des États membres. Dans de nombreux cas, ces actes seront exécutés par les autorités répressives nationales agissant sur instructions du Parquet européen, après avoir obtenu dans certains cas l'autorisation d'une juridiction nationale.

Il convient, dès lors, de considérer que les actes de procédure du Parquet européen qui sont destinés à produire des effets juridiques à l'égard de tiers devraient être soumis au contrôle des juridictions nationales compétentes conformément aux exigences et procédures prévues par le droit national. Cela devrait garantir que les actes de procédure qui sont adoptés par le Parquet européen avant la mise en accusation et qui sont destinés à produire des effets juridiques à l'égard de tiers (catégorie à laquelle appartiennent le suspect, la victime et d'autres personnes intéressées dont les droits peuvent être affectés par ces actes) sont soumis au contrôle juridictionnel des juridictions nationales. Les actes de procédure concernant le choix de l'État membre dont les juridictions seront compétentes pour entendre les poursuites, qui doit être déterminé sur la base des critères énoncés dans le présent règlement, sont destinés à produire des effets juridiques à l'égard de tiers et devraient dès lors être soumis au contrôle juridictionnel des juridictions nationales au plus tard au stade du procès.

Les recours en carence formés contre le Parquet européen auprès des juridictions nationales compétentes sont ceux qui concernent les actes de procédure que le Parquet européen est légalement tenu d'adopter et qui sont destinés à produire des effets juridiques à l'égard de tiers. Lorsque le droit national prévoit le contrôle juridictionnel d'actes de procédure qui ne sont pas destinés à produire des effets juridiques à l'égard de tiers ou des recours concernant d'autres carences, le présent règlement ne devrait pas être interprété comme affectant ces dispositions juridiques. En outre, les États membres ne devraient pas être tenus de prévoir un contrôle juridictionnel, par les juridictions nationales compétentes, des actes de procédure qui ne sont pas destinés à produire des effets juridiques à l'égard de tiers, comme la désignation d'experts ou le remboursement des frais des témoins.

Enfin, le présent règlement n'affecte pas les pouvoirs des juridictions du fond nationales.

(88) La légalité des actes de procédure du Parquet européen qui sont destinés à produire des effets juridiques à l'égard de tiers devrait être soumise au contrôle juridictionnel des juridictions nationales. À cet égard, il convient de garantir des voies de recours effectives, conformément à l'article 19, paragraphe 1, deuxième alinéa, du TUE. Par ailleurs, comme la Cour de justice l'a souligné dans sa jurisprudence, les règles de procédure nationales régissant les recours relatifs à la protection des droits individuels octroyés par le droit de l'Union ne doivent pas être moins favorables que les règles régissant des recours similaires au niveau national (principe d'équivalence) et ne doivent pas rendre pratiquement impossible ou excessivement difficile l'exercice des droits conférés par le droit de l'Union (principe d'effectivité).

Lorsque les juridictions nationales contrôlent la légalité de ces actes, elles peuvent le faire sur la base du droit de l'Union, y compris le présent règlement, ainsi que sur la base du droit national applicable dans la mesure où une question n'est pas traitée dans le présent règlement. Comme la Cour de justice l'a précisé dans sa jurisprudence, les juridictions nationales devraient toujours saisir celle-ci de questions préjudicielles lorsqu'elles nourrissent des doutes quant à la validité de ces actes au regard du droit de l'Union.

Les juridictions nationales ne peuvent toutefois pas saisir la Cour de justice de questions préjudicielles portant sur la validité des actes de procédure du Parquet européen au regard du droit procédural national ou des mesures nationales de transposition des directives, même si le présent règlement y fait référence. Cela s'entend néanmoins sans préjudice des renvois préjudiciels concernant l'interprétation de toute disposition du droit primaire, y compris le traité et la charte, ou l'interprétation et la validité de toute disposition du droit dérivé de l'Union, y compris le présent règlement et les directives applicables. En outre, le présent règlement n'exclut pas que les juridictions nationales puissent contrôler la validité des actes de procédure du Parquet européen qui sont destinés à produire des effets juridiques à l'égard de tiers au regard du principe de proportionnalité, tel qu'il est consacré dans le droit national.

(89) La disposition du présent règlement relative au contrôle juridictionnel ne modifie pas les pouvoirs dont dispose la Cour de justice pour contrôler les décisions administratives du Parquet européen qui sont destinées à produire des effets juridiques à l'égard de tiers, à savoir les décisions qui ne sont pas adoptées dans l'exercice de ses fonctions consistant à mener des enquêtes, à engager des poursuites ou à porter une affaire en jugement. Le présent règlement n'empêche pas non plus un État membre de l'Union européenne, le Parlement européen, le

Conseil ou la Commission de former des recours en annulation conformément à l'article 263, deuxième alinéa, du TFUE et à l'article 265, premier alinéa, du TFUE, ni d'engager des procédures en manquement au titre des articles 258 et 259 du TFUE.

(90) Le règlement (CE) n° 45/2001 du Parlement européen et du Conseil (1) est applicable aux opérations de traitement de données administratives à caractère personnel effectuées par le Parquet européen.

(91) Il y a lieu d'assurer dans l'ensemble de l'Union une application cohérente et homogène des règles de protection des libertés et droits fondamentaux des personnes à l'égard du traitement des données à caractère personnel.

(92) La déclaration n° 21 sur la protection des données à caractère personnel dans le domaine de la coopération judiciaire en matière pénale et de la coopération policière, annexée au TUE et au TFUE, prévoit que des règles spécifiques sur la protection des données à caractère personnel et sur la libre circulation de ces données dans les domaines de la coopération judiciaire en matière pénale et de la coopération policière se basant sur l'article 16 du TFUE pourraient s'avérer nécessaires en raison de la nature spécifique de ces domaines.

(93) Les règles du présent règlement relatives à la protection des données à caractère personnel devraient être interprétées et appliquées conformément à l'interprétation et à l'application de la directive (UE) 2016/680 du Parlement européen et du Conseil (2), qui s'appliquera au traitement des données à caractère personnel par les autorités compétentes des États membres de l'Union européenne à des fins de prévention et de détection des infractions pénales, d'enquêtes et de poursuites en la matière ou d'exécution de sanctions pénales.

(94) En matière de protection des données, le principe de traitement loyal est une notion distincte du droit d'accéder à un tribunal impartial au sens de l'article 47 de la charte et de l'article 6 de la convention européenne de sauvegarde des droits de l'Homme et des libertés fondamentales.

(95) Les dispositions relatives à la protection des données qui figurent dans le présent règlement s'entendent sans préjudice des règles applicables à l'admissibilité des données à caractère personnel comme éléments de preuve dans les procédures pénales.

(96) Tous les États membres de l'Union européenne sont affiliés à l'Organisation internationale de police criminelle (Interpol). Pour exécuter sa mission, Interpol reçoit, conserve et diffuse des données à caractère personnel pour aider les autorités compétentes à prévenir et à combattre la criminalité internationale. Il est dès lors approprié de renforcer la coopération entre l'Union et Interpol en favorisant un échange efficace de données à caractère personnel tout en garantissant le respect des libertés et droits fondamentaux en ce qui concerne le traitement automatisé des données à caractère personnel. Lorsque des données opérationnelles à caractère personnel sont transférées du Parquet européen vers Interpol, et vers des pays qui ont délégué des membres à Interpol, le présent règlement, en particulier les dispositions relatives aux transferts internationaux, devrait s'appliquer. Le présent règlement devrait s'appliquer sans préjudice des règles spécifiques énoncées dans la position commune 2005/69/JAI du Conseil (3) et dans la décision 2007/533/JAI du Conseil (4).

(97) Lorsque le Parquet européen transfère des données opérationnelles à caractère personnel à l'autorité d'un pays tiers, à une organisation internationale ou à Interpol en vertu d'un accord international conclu au titre de l'article 218 du TFUE, des garanties appropriées concernant la protection de la vie privée et des libertés et droits fondamentaux des personnes devraient faire en sorte que les dispositions relatives à la protection des données du présent règlement sont respectées.

(98) Afin d'assurer l'efficacité, la fiabilité et la cohérence du contrôle du respect et de l'application du présent règlement en ce qui concerne les données opérationnelles à caractère personnel, comme l'exige l'article 8 de la charte, le Contrôleur européen de la protection des données devrait se voir confier les missions prévues dans le présent règlement et disposer de pouvoirs effectifs, dont celui d'enquêter, d'adopter des mesures correctrices et d'émettre des avis consultatifs, qui constituent les moyens nécessaires à l'accomplissement desdites missions. Cependant, les pouvoirs du Contrôleur européen de la protection des données

(1) Règlement (CE) n° 45/2001 du Parlement européen et du Conseil du 18 décembre 2000 relatif à la protection des personnes physiques à l'égard du traitement des données à caractère personnel par les institutions et organes communautaires et à la libre circulation de ces données (*JO* L 8, 12 janv. 2001, p. 1).

(2) Directive (UE) 2016/680 du Parlement européen et du Conseil du 27 avril 2016 relative à la protection des personnes physiques à l'égard du traitement des données à caractère personnel par les autorités compétentes à des fins de prévention et de détection des infractions pénales, d'enquêtes et de poursuites en la matière ou d'exécution de sanctions pénales, et à la libre circulation de ces données, et abrogeant la décision-cadre 2008/977/JAI du Conseil (*JO* L 119, 4 mai 2016, p. 89).

(3) Position commune 2005/69/JAI du Conseil du 24 janvier 2005 relative à l'échange de certaines données avec Interpol (*JO* L 27, 29 janv. 2005, p. 61).

(4) Décision 2007/533/JAI du Conseil du 12 juin 2007 sur l'établissement, le fonctionnement et l'utilisation du système d'information Schengen de deuxième génération (SIS II) (*JO* L 205, 7 août 2007, p. 63).

ne devraient pas interférer indûment avec les règles spécifiques relatives à la procédure pénale, y compris pour les enquêtes et les poursuites concernant les infractions pénales, ni avec l'indépendance du pouvoir judiciaire.

(99) Afin de permettre au Parquet européen de mener à bien ses missions et de tenir compte des évolutions en matière de technologie de l'information, et eu égard à l'état d'avancement de la société de l'information, il convient de déléguer à la Commission le pouvoir d'adopter des actes conformément à l'article 290 du TFUE en vue de l'établissement et de la mise à jour de la liste des catégories de données opérationnelles à caractère personnel et des catégories de personnes concernées énumérées dans une annexe. Il importe particulièrement que la Commission procède aux consultations appropriées durant son travail préparatoire, y compris au niveau des experts, et que ces consultations soient menées conformément aux principes définis dans l'accord interinstitutionnel du 13 avril 2016 « Mieux légiférer » (1). En particulier, pour assurer leur égale participation à la préparation des actes délégués, le Parlement européen et le Conseil devraient recevoir tous les documents au même moment que les experts des États membres, et leurs experts devraient systématiquement avoir accès aux réunions des groupes d'experts de la Commission traitant de la préparation des actes délégués.

(100) Le Parquet européen devrait coopérer étroitement avec d'autres institutions, organes et organismes de l'Union afin de faciliter l'exercice de ses fonctions au titre du présent règlement et, si nécessaire, conclure des arrangements formels fixant les modalités précises de l'échange d'informations et de la coopération. La coopération avec Europol et l'OLAF devrait revêtir une importance particulière, tant pour éviter toute duplication que pour permettre au Parquet européen d'obtenir les informations utiles dont ces organes disposent et de profiter de leur analyse dans certaines enquêtes.

(101) Le Parquet européen devrait pouvoir obtenir toutes les informations pertinentes relevant de sa compétence qui sont stockées dans les bases de données et les registres des institutions, organes et organismes de l'Union.

(102) Le Parquet européen et Eurojust devraient devenir partenaires et coopérer sur des questions opérationnelles conformément à leurs mandats respectifs. Cette coopération peut porter sur toute enquête menée par le Parquet européen dans le cadre de laquelle il est jugé nécessaire ou approprié de procéder à un échange d'informations ou à une coordination des mesures d'enquête concernant des affaires relevant de la compétence d'Eurojust. Chaque fois que le Parquet européen requiert une telle coopération d'Eurojust, il devrait entrer en contact avec le membre national d'Eurojust représentant l'État membre du procureur européen délégué chargé de l'affaire. La coopération opérationnelle peut aussi associer des pays tiers qui ont conclu un accord de coopération avec Eurojust.

(103) Le Parquet européen et l'OLAF devraient mettre en place et maintenir une coopération étroite visant à garantir la complémentarité de leurs mandats respectifs et à éviter toute duplication. À cet égard, l'OLAF ne devrait pas, en principe, ouvrir d'enquêtes administratives parallèles à l'enquête menée par le Parquet européen concernant les mêmes faits. Toutefois, ce principe devrait s'entendre sans préjudice du pouvoir de l'OLAF de diligenter une enquête administrative de sa propre initiative, en concertation étroite avec le Parquet européen.

(104) Dans toutes ses activités de soutien au Parquet européen, l'OLAF agira indépendamment de la Commission, conformément au règlement (UE, Euratom) n° 883/2013 du Parlement européen et du Conseil (2).

(105) Dans les situations où le Parquet européen ne mène pas d'enquête, il devrait être en mesure de fournir des informations pertinentes pour permettre à l'OLAF d'envisager des mesures appropriées conformément à son mandat. En particulier, le Parquet européen pourrait envisager d'informer l'OLAF lorsqu'il n'y a pas de motifs raisonnables de penser qu'une infraction relevant de la compétence du Parquet européen est en train d'être commise ou a été commise, mais qu'une enquête administrative de l'OLAF peut être appropriée, ou lorsque le Parquet européen classe une affaire sans suite et qu'il est souhaitable de renvoyer l'affaire à l'OLAF aux fins d'un suivi administratif ou de recouvrement. Lorsqu'il fournit des informations, le Parquet européen peut demander à l'OLAF d'envisager d'ouvrir une enquête administrative ou de prendre d'autres mesures de suivi administratif ou de contrôle, notamment aux fins de mesures conservatoires, de recouvrement ou de mesures disciplinaires, conformément au règlement (UE, Euratom) n° 883/2013.

(106) Dans la mesure où des procédures de recouvrement sont ajournées à la suite d'une décision prise par le Parquet européen en liaison avec une enquête ou des poursuites au titre du présent règlement, les États membres

(1) Accord interinstitutionnel entre le Parlement européen, le Conseil de l'Union européenne et la Commission européenne du 13 avril 2016 « Mieux légiférer » (*JO* L 123, 12 mai 2016, p. 1).

(2) Règlement (UE, Euratom) n° 883/2013 du Parlement européen et du Conseil du 11 septembre 2013 relatif aux enquêtes effectuées par l'Office européen de lutte antifraude (OLAF) et abrogeant le règlement (CE) n° 1073/1999 du Parlement européen et du Conseil et le règlement (Euratom) n° 1074/1999 du Conseil (*JO* L 248, 18 sept. 2013, p. 1).

ne devraient pas être considérés comme ayant commis une faute ou une négligence aux fins des procédures de recouvrement au sens de l'article 122 du règlement (UE) n° 1303/2013 du Parlement européen et du Conseil (1).

(107) Il convient que le Parquet européen permette aux institutions, organes ou organismes de l'Union et aux autres victimes concernées de prendre des mesures appropriées. Ces mesures peuvent être conservatoires, notamment pour empêcher tout acte répréhensible de se poursuivre ou pour protéger la réputation de l'Union de toute atteinte, ou pour leur permettre d'intervenir comme partie civile dans la procédure conformément au droit national. L'échange d'informations devrait avoir lieu dans le respect total de l'indépendance du Parquet européen, et uniquement dans la mesure du possible, sans porter préjudice au bon déroulement et à la confidentialité des enquêtes.

(108) Dans la mesure nécessaire à l'accomplissement de ses missions, le Parquet européen devrait également pouvoir nouer et entretenir des relations de coopération avec les autorités de pays tiers et des organisations internationales. Aux fins du présent règlement, on entend par « organisations internationales » les organisations internationales et les organismes de droit public international qui en relèvent, ou d'autres organismes qui sont créés par un accord entre deux pays ou plus, ou en vertu d'un tel accord, ainsi qu'Interpol.

(109) Lorsque le collège identifie un besoin opérationnel de coopération avec un pays tiers ou une organisation internationale, il devrait pouvoir suggérer au Conseil d'attirer l'attention de la Commission sur la nécessité d'une décision d'adéquation ou d'une recommandation concernant l'ouverture de négociations sur un accord international.

Dans l'attente de la conclusion, par l'Union, de nouveaux accords internationaux, ou de l'adhésion de l'Union à des accords multilatéraux déjà conclus par les États membres concernant l'entraide judiciaire en matière pénale, les États membres devraient faciliter l'exercice par le Parquet européen de ses fonctions, conformément au principe de coopération loyale consacré à l'article 4, paragraphe 3, du TUE. Si l'accord multilatéral pertinent le permet et sous réserve de l'acceptation du pays tiers, les États membres devraient reconnaître et, le cas échéant, notifier le Parquet européen en tant qu'autorité compétente aux fins de la mise en œuvre dudit accord multilatéral. Cela peut nécessiter, dans certains cas, une modification de ces accords, mais la renégociation de tels accords ne devrait pas être considérée comme une étape obligatoire, car il se peut que cela ne soit pas toujours possible. Les États membres peuvent également notifier le Parquet européen en tant qu'autorité compétente aux fins de la mise en œuvre d'autres accords internationaux concernant l'entraide judiciaire en matière pénale qu'ils ont conclus, y compris au moyen d'une modification desdits accords.

Lorsque la notification du Parquet européen en tant qu'autorité compétente aux fins d'accords multilatéraux déjà conclus par les États membres avec des pays tiers n'est pas possible ou n'est pas acceptée par les pays tiers, et dans l'attente de l'adhésion de l'Union à ces accords multilatéraux, les procureurs européens délégués peuvent utiliser leur statut de procureur national à l'égard de tels pays tiers, à condition qu'ils informent les autorités des pays tiers que les preuves collectées auprès de ces pays tiers sur la base des accords internationaux en question seront utilisées dans le cadre d'enquêtes et de poursuites menées par le Parquet européen, et qu'ils s'efforcent, le cas échéant, d'obtenir leur consentement à cette fin.

Le Parquet européen devrait également pouvoir s'appuyer sur la réciprocité ou la courtoisie internationale à l'égard des autorités des pays tiers. Cette solution devrait cependant être appliquée au cas par cas, dans les limites de la compétence matérielle du Parquet européen et sous réserve d'éventuelles conditions fixées par les autorités des pays tiers.

(110) Les États membres de l'Union européenne qui ne participent pas à la coopération renforcée concernant la création du Parquet européen ne sont pas liés par le présent règlement. La Commission devrait présenter, le cas échéant, des propositions afin d'assurer une coopération judiciaire en matière pénale effective entre le Parquet européen et les États membres de l'Union européenne qui ne participent pas à la coopération renforcée concernant la création du Parquet européen. Ces propositions devraient en particulier concerner les règles relatives à la coopération judiciaire en matière pénale et de remise, dans le plein respect de l'acquis de l'Union dans ce domaine ainsi que du devoir de coopération loyale conformément à l'article 4, paragraphe 3, du TUE.

(111) Pour assurer la pleine autonomie et l'indépendance du Parquet européen, il convient de le doter d'un budget propre, alimenté pour l'essentiel par une contribution du budget de l'Union. Il importe que le régime financier, budgétaire et en matière de personnel du Parquet européen soit conforme aux normes de l'Union applicables aux organismes visés à l'article 208 du règlement (UE, Euratom) n° 966/2012 du Parlement européen

(1) Règlement (UE) n° 1303/2013 du Parlement européen et du Conseil du 17 décembre 2013 portant dispositions communes relatives au Fonds européen de développement régional, au Fonds social européen, au Fonds de cohésion, au Fonds européen agricole pour le développement rural et au Fonds européen pour les affaires maritimes et la pêche, portant dispositions générales applicables au Fonds européen de développement régional, au Fonds social européen, au Fonds de cohésion et au Fonds européen pour les affaires maritimes et la pêche, et abrogeant le règlement (CE) n° 1083/2006 du Conseil (*JO* L 347, 20 déc. 2013, p. 320).

et du Conseil (1), en tenant cependant compte du fait que le pouvoir qu'a le Parquet européen de mener des enquêtes et des poursuites pénales au niveau de l'Union est unique.

(112) Les coûts liés aux mesures d'enquête prises par le Parquet européen devraient en principe être pris en charge par les autorités nationales qui les exécutent. Les coûts exceptionnellement élevés liés aux mesures d'enquête, occasionnés, par exemple, par des avis complexes émis par des experts, de vastes opérations policières ou des activités de surveillance menées durant une longue période, pourraient être remboursés en partie par le Parquet européen, y compris, lorsque cela est possible, par la réaffectation de ressources provenant d'autres lignes budgétaires du Parquet européen, ou par la modification du budget en conformité avec le présent règlement et les règles financières applicables.

Lors de l'élaboration de la proposition de projet d'état provisionnel des recettes et des dépenses, le directeur administratif devrait tenir compte de la nécessité pour le Parquet européen de rembourser partiellement les mesures d'enquête exceptionnellement coûteuses acceptées par la chambre permanente.

(113) Les dépenses opérationnelles du Parquet européen devraient être couvertes par le budget de ce dernier. Elles devraient englober le coût de la communication opérationnelle entre les procureurs européens délégués et le niveau central du Parquet européen, comme les frais de port de la correspondance, les frais de déplacement, les traductions nécessaires au fonctionnement interne du Parquet européen et les autres frais que les États membres ne supportaient pas pendant les enquêtes et qui sont uniquement dus au fait que le Parquet européen assume la responsabilité des enquêtes et des poursuites. Cependant, les frais liés aux services administratifs et de secrétariat des procureurs européens délégués devraient être pris en charge par les États membres.

Conformément à l'article 332 du TFUE, les dépenses résultant de la mise en œuvre du Parquet européen sont à la charge des États membres. Lesdites dépenses ne comprennent pas les coûts administratifs occasionnés pour les institutions au sens de l'article 13, paragraphe 1, du TUE.

(114) Le collège devrait, en principe, toujours déléguer au directeur administratif le pouvoir dévolu à l'autorité investie du pouvoir de nomination par le statut des fonctionnaires et le régime applicable aux autres agents de l'Union (2) (ci-après dénommé « le statut des fonctionnaires et le régime applicable aux autres agents ») de conclure des contrats d'engagement, sauf si des circonstances particulières exigent qu'il l'exerce lui-même.

(115) Le directeur administratif est chargé, en tant qu'ordonnateur, de l'exécution du budget du Parquet européen. Lors de la concertation menée avec la chambre permanente au sujet d'une mesure d'enquête exceptionnellement coûteuse, il appartient au directeur administratif de décider du montant de la subvention qui sera octroyée, en fonction des ressources financières disponibles et conformément aux critères fixés dans le règlement intérieur du Parquet européen.

(116) La rémunération des procureurs européens délégués en qualité de conseillers spéciaux, qui sera fixée par entente directe, devrait être fondée sur une décision spécifique à prendre par le collège. Cette décision devrait entre autres préciser que les procureurs européens délégués, dans le cas spécifique où ils exercent également les fonctions de procureur national conformément à l'article 13, paragraphe 3, continueront en principe à être payés en leur qualité de procureurs nationaux et que la rémunération à titre de conseiller spécial sera liée uniquement au travail effectué au nom du Parquet européen en qualité de procureur européen délégué. Chaque État membre conserve le pouvoir de déterminer dans sa législation, conformément au droit de l'Union, les conditions de l'octroi des prestations au titre de son régime de sécurité sociale.

(117) Afin de pouvoir être pleinement opérationnel à la date qui sera fixée, le Parquet européen aura besoin de personnel ayant acquis une expérience au sein des institutions, organes ou organismes de l'Union. Pour répondre à ce besoin, il convient de faciliter le recrutement par le Parquet européen d'agents temporaires ou contractuels qui travaillent déjà au sein des institutions, organes ou organismes de l'Union, en garantissant à ces agents le maintien de leurs droits contractuels s'ils sont recrutés par le Parquet européen au cours de sa phase de mise en place jusqu'à un an après que le Parquet européen sera devenu opérationnel conformément à la décision mentionnée à l'article 120, paragraphe 2.

(118) Les procédures du Parquet européen devraient être transparentes conformément à l'article 15, paragraphe 3, du TFUE, et le collège devrait adopter des dispositions spécifiques sur la façon de garantir le droit d'accès du public aux documents. Aucune disposition du présent règlement ne vise à restreindre le droit d'accès du public aux documents dans la mesure où il est garanti dans l'Union et dans les États membres, en particulier en vertu de l'article 42 de la charte et d'autres dispositions pertinentes.

---

(1) Règlement (UE, Euratom) n° 966/2012 du Parlement européen et du Conseil du 25 octobre 2012 relatif aux règles financières applicables au budget général de l'Union et abrogeant le règlement (CE, Euratom) n° 1605/2002 du Conseil (*JO* L 298, 26 oct. 2012, p. 1).

(2) Règlement n° 31 (CEE), 11 (CEEA) des Conseils, fixant le statut des fonctionnaires et le régime applicable aux autres agents de la Communauté économique européenne et de la Communauté européenne de l'énergie atomique (*JO* 45, 14 juin 1962, p. 1385/62).

(119) Les règles générales de transparence applicables aux organismes de l'Union devraient également s'appliquer au Parquet européen, mais seulement en ce qui concerne les documents autres que les dossiers, y compris les images électroniques figurant dans ces dossiers, de manière à ne pas compromettre de quelque façon que ce soit le respect de l'exigence de confidentialité concernant son activité opérationnelle. De même, les enquêtes administratives menées par le Médiateur européen devraient respecter l'obligation de confidentialité imposée au Parquet européen. Afin de garantir l'intégrité des enquêtes et des poursuites menées par le Parquet européen, les règles de transparence ne devraient pas s'appliquer aux documents relatifs à l'activité opérationnelle du Parquet européen.

(120) Le Contrôleur européen de la protection des données a été consulté et a rendu un avis le 10 mars 2014.

(121) Les représentants des États membres, réunis au niveau des chefs d'État ou de gouvernement à Bruxelles le 13 décembre 2003, ont déterminé le siège du Parquet européen conformément aux dispositions de la décision du 8 avril 1965 (1),

A ADOPTÉ LE PRÉSENT RÈGLEMENT :

CHAPITRE I. – OBJET ET DÉFINITIONS

Art. 1er. – *Objet.* – Le présent règlement institue le Parquet européen et fixe ses modalités de fonctionnement.

Art. 2. – *Définitions.* – Aux fins du présent règlement, on entend par :

1) « État membre » : sauf indication contraire, notamment au chapitre VIII, un État membre qui participe à la coopération renforcée concernant la création du Parquet européen, telle qu'elle est réputée autorisée conformément à l'article 86, paragraphe 1, troisième alinéa, du TFUE, ou en vertu d'une décision adoptée conformément à l'article 331, paragraphe 1, deuxième ou troisième alinéa, du TFUE ;

2) « personne » : toute personne physique ou morale ;

3) « intérêts financiers de l'Union » : l'ensemble des recettes perçues et des dépenses exposées, ainsi que des avoirs, qui relèvent du budget de l'Union et des budgets des institutions, organes et organismes institués en vertu des traités ou des budgets gérés et contrôlés par eux ;

4) « personnel du Parquet européen » : le personnel qui, au niveau central, soutient au quotidien le collège, les chambres permanentes, le chef du Parquet européen, les procureurs européens, les procureurs européens délégués et le directeur administratif dans l'exécution des missions confiées au Parquet europeen dans le cadre du présent règlement ;

5) « procureur européen délégué chargé de l'affaire » : un procureur européen délégué responsable des enquêtes et des poursuites qu'il a engagées, qui lui ont été confiées ou dont il s'est saisi en exerçant son droit d'évocation conformément à l'article 27 ;

6) « procureur européen délégué assistant » : un procureur européen délégué situé dans un État membre, autre que l'État membre du procureur européen délégué chargé de l'affaire, où une enquête ou une autre mesure qui lui a été confiée est exécutée ;

7) « données à caractère personnel » : toute information se rapportant à une personne physique identifiée ou identifiable (ci-après dénommée « personne concernée ») ; est réputée être une « personne physique identifiable » une personne physique qui peut être identifiée, directement ou indirectement, notamment par référence à un identifiant, tel qu'un nom, un numéro d'identification, des données de localisation, un identifiant en ligne, ou à un ou plusieurs éléments spécifiques propres à son identité physique, physiologique, génétique, psychique, économique, culturelle ou sociale ;

8) « traitement » : toute opération ou tout ensemble d'opérations effectuées ou non à l'aide de procédés automatisés et appliquées à des données à caractère personnel ou des ensembles de données à caractère personnel, telles que la collecte, l'enregistrement, l'organisation, la structuration, la conservation, l'adaptation ou la modification, l'extraction, la consultation, l'utilisation, la communication par transmission, la diffusion ou toute autre forme de mise à disposition, le rapprochement ou l'interconnexion, la limitation, l'effacement ou la destruction ;

(1) Décision (67/446/CEE) (67/30/Euratom) des représentants des gouvernements des États membres du 8 avril 1965 relative à l'installation provisoire de certaines institutions et de certains services des Communautés (*JO* 152, 13 juill. 1967, p. 18).

9) « limitation du traitement » : le marquage de données à caractère personnel conservées en vue de limiter leur traitement futur ;

10) « profilage » : toute forme de traitement automatisé de données à caractère personnel consistant à utiliser ces données à caractère personnel pour évaluer certains aspects personnels relatifs à une personne physique, notamment pour analyser ou prédire des éléments concernant le rendement au travail, la situation économique, la santé, les préférences personnelles, les intérêts, la fiabilité, le comportement, la localisation ou les déplacements de cette personne ;

11) « pseudonymisation » : le traitement de données à caractère personnel de telle façon que celles-ci ne puissent plus être attribuées à une personne concernée précise sans avoir recours à des informations supplémentaires, pour autant que ces informations supplémentaires soient conservées séparément et soumises à des mesures techniques et organisationnelles afin de garantir que les données à caractère personnel ne sont pas attribuées à une personne physique identifiée ou identifiable ;

12) « fichier » : tout ensemble structuré de données à caractère personnel accessibles selon des critères déterminés, que cet ensemble soit centralisé, décentralisé ou réparti de manière fonctionnelle ou géographique ;

13) « responsable du traitement » : le Parquet européen ou une autre autorité compétente qui, seule ou conjointement avec d'autres, détermine les finalités et les moyens du traitement de données à caractère personnel ; lorsque les finalités et les moyens de ce traitement sont déterminés par le droit de l'Union ou le droit d'un État membre de l'Union européenne, le responsable du traitement ou les critères spécifiques applicables à sa désignation peuvent être prévus par le droit de l'Union ou le droit d'un État membre de l'Union européenne ;

14) « sous-traitant » : la personne physique ou morale, l'autorité publique, le service ou un autre organisme qui traite des données à caractère personnel pour le compte du responsable du traitement ;

15) « destinataire » : la personne physique ou morale, l'autorité publique, le service ou tout autre organisme qui reçoit communication des données à caractère personnel, qu'il s'agisse ou non d'un tiers. Toutefois, les autorités publiques des États membres de l'Union européenne autres que les autorités compétentes au sens de l'article 3, point 7 *a)*, de la directive (UE) 2016/680, qui reçoivent communication de données à caractère personnel dans le cadre d'une mission d'enquête particulière du Parquet européen, ne sont pas considérées comme des destinataires ; le traitement de ces données par les autorités publiques en question est conforme aux règles applicables en matière de protection des données en fonction des finalités du traitement ;

16) « violation de données à caractère personnel » : une violation de la sécurité entraînant, de manière accidentelle ou illicite, la destruction, la perte, l'altération, la divulgation non autorisée de données à caractère personnel transmises, conservées ou traitées d'une autre manière, ou l'accès non autorisé à de telles données ;

17) « données administratives à caractère personnel » : toutes les données à caractère personnel traitées par le Parquet européen, hormis les données opérationnelles à caractère personnel ;

18) « données opérationnelles à caractère personnel » : toutes les données à caractère personnel que le Parquet européen traite pour atteindre les finalités énoncées à l'article 49 ;

19) « données génétiques » : les données à caractère personnel relatives aux caractéristiques génétiques héréditaires ou acquises d'une personne physique qui donnent des informations uniques sur la physiologie ou l'état de santé de cette personne physique et qui résultent, notamment, d'une analyse d'un échantillon biologique de la personne physique en question ;

20) « données biométriques » : les données à caractère personnel résultant d'un traitement technique spécifique, relatives aux caractéristiques physiques, physiologiques ou comportementales d'une personne physique, qui permettent ou confirment son identification unique, telles que des images faciales ou des données dactyloscopiques ;

21) « données concernant la santé » : les données à caractère personnel relatives à la santé physique ou mentale d'une personne physique, y compris la fourniture de soins de santé, qui révèlent des informations sur l'état de santé de cette personne ;

22) « autorité de contrôle » : une autorité publique indépendante qui est instituée par un État membre de l'Union européenne en vertu de l'article 51 du règlement (UE) 2016/679 du Parlement européen et du Conseil (1) ou de l'article 41 de la directive (UE) 2016/680 ;

(1) Règlement (UE) 2016/679 du Parlement européen et du Conseil du 27 avril 2016 relatif à la protection des personnes physiques à l'égard du traitement des données à caractère personnel et à la libre circulation de ces données, et abrogeant la directive 95/46/CE (règlement général sur la protection des données) (*JO* L 119, 4 mai 2016, p. 1).

23) « organisation internationale » : une organisation internationale et les organismes de droit public international qui en relèvent, ou tout autre organisme qui est créé par un accord entre deux pays ou plus, ou en vertu d'un tel accord.

CHAPITRE II. – INSTITUTION ET MISSIONS DU PARQUET EUROPÉEN ET PRINCIPES DE BASE RÉGISSANT SES ACTIVITÉS

Art. 3. – *Institution du Parquet européen.* – 1. Le Parquet européen est institué sous la forme d'un organe de l'Union.

2. Le Parquet européen a la personnalité juridique.

3. Le Parquet européen coopère avec Eurojust et bénéficie de son soutien conformément à l'article 100.

Art. 4. – *Missions.* – Le Parquet européen est compétent pour rechercher, poursuivre et renvoyer en jugement les auteurs et complices des infractions pénales portant atteinte aux intérêts financiers de l'Union qui sont prévues par la directive (UE) 2017/1371 et déterminées par le présent règlement. À cet égard, le Parquet européen diligente des enquêtes, effectue des actes de poursuite et exerce l'action publique devant les juridictions compétentes des États membres jusqu'à ce que l'affaire ait été définitivement jugée.

Art. 5. – *Principes de base régissant les activités du Parquet européen.* – 1. Le Parquet européen veille à ce que ses activités respectent les droits inscrits dans la charte.

2. Dans toutes ses activités, le Parquet européen est lié par les principes d'état de droit et de proportionnalité.

3. Les enquêtes et poursuites menées au nom du Parquet européen sont régies par le présent règlement. Le droit national s'applique dans la mesure où une question n'est pas réglée par le présent règlement. Sauf disposition contraire du présent règlement, le droit national applicable est celui de l'État membre dont le procureur européen délégué traite l'affaire conformément à l'article 13, paragraphe 1. Lorsqu'une question est régie à la fois par le droit national et par le présent règlement, ce dernier prévaut.

4. Le Parquet européen mène ses enquêtes de façon impartiale et recueille tous les éléments de preuve pertinents, aussi bien à charge qu'à décharge.

5. Le Parquet européen ouvre et mène ses enquêtes sans retard indu.

6. Les autorités nationales compétentes prêtent au Parquet européen une assistance et un soutien actifs dans ses enquêtes et poursuites. Tout acte, politique ou procédure mené au titre du present reglement est guide par le principe de coopération loyale.

Art. 6. – *Indépendance et obligation de rendre des comptes.* – 1. Le Parquet européen est indépendant. Le chef du Parquet européen, ses adjoints, les procureurs européens, les procureurs européens délégués, le directeur administratif ainsi que le personnel du Parquet européen, dans l'exercice des fonctions qui leur sont dévolues par le présent règlement, agissent dans l'intérêt de l'Union dans son ensemble, au sens de la législation, et ne sollicitent ni n'acceptent d'instructions d'aucune personne extérieure au Parquet européen, d'aucun État membre de l'Union européenne, ou d'aucune institution, d'aucun organe ou organisme de l'Union. Les États membres de l'Union européenne et les institutions, organes et organismes de l'Union respectent l'indépendance du Parquet européen et ne cherchent pas à l'influencer dans l'exercice de ses missions.

2. Le Parquet européen rend compte de ses activités générales au Parlement européen, au Conseil et à la Commission et publie des rapports annuels conformément à l'article 7.

Art. 7. – *Établissement de rapports.* – 1. Chaque année, le Parquet européen établit et publie un rapport annuel sur ses activités générales dans les langues officielles des institutions de l'Union. Il le transmet au Parlement européen et aux parlements nationaux, ainsi qu'au Conseil et à la Commission.

2. Le chef du Parquet européen se présente une fois par an devant le Parlement européen et devant le Conseil, ainsi que devant les parlements nationaux des États membres à la demande de ces derniers, pour rendre compte des activités générales du Parquet européen, sans préjudice de l'obligation de réserve et de confidentialité qui incombe au Parquet européen en ce qui concerne les dossiers individuels et les données à caractère personnel. Le chef du Parquet européen peut être remplacé par l'un de ses adjoints lors des audiences organisées par les parlements nationaux.

CHAPITRE III. – STATUT, STRUCTURE ET ORGANISATION DU PARQUET EUROPÉEN

SECTION 1. – Statut et structure du parquet européen

Art. 8. – *Structure du Parquet européen.* – 1. Le Parquet européen est un organe indivisible de l'Union fonctionnant comme un parquet unique à structure décentralisée.

2. Le Parquet européen est organisé à un double niveau : central et décentralisé.

3. Le niveau central consiste dans le Bureau central, sis au siège du Parquet européen. Le Bureau central est composé du collège, des chambres permanentes, du chef du Parquet européen, des adjoints au chef du Parquet européen, des procureurs européens et du directeur administratif.

4. Le niveau décentralisé est constitué par les procureurs européens délégués, qui sont affectés dans les États membres.

5. Le Bureau central et les procureurs européens délégués sont assistés par le personnel du Parquet européen dans l'exercice des fonctions qui leur sont dévolues par le présent règlement.

Art. 9. – *Le collège.* – 1. Le collège du Parquet européen est composé du chef du Parquet européen et d'un procureur européen par État membre. Le chef du Parquet européen préside les réunions du collège et est responsable de leur préparation.

2. Le collège se réunit régulièrement et est chargé du suivi général des activités du Parquet européen. Il adopte des décisions sur des questions stratégiques, ainsi que sur des questions générales soulevées par des dossiers particuliers, notamment en vue d'assurer la cohérence et l'efficacité, dans l'ensemble des États membres, de la politique du Parquet européen en matière de poursuites, ainsi que sur d'autres questions visées dans le présent règlement. Le collège ne prend pas de décisions opérationnelles portant sur des dossiers particuliers. Le règlement intérieur du Parquet européen définit les modalités de l'exercice des activités de suivi général par le collège et de l'adoption des décisions sur des questions stratégiques et générales en vertu du présent article.

3. Sur proposition du chef du Parquet européen et conformément au règlement intérieur du Parquet européen, le collège met en place des chambres permanentes.

4. Le collège adopte le règlement intérieur du Parquet européen conformément à l'article 21 et précise les responsabilités quant à l'exercice des fonctions des membres du collège et du personnel du Parquet européen.

5. Sauf disposition contraire du présent règlement, le collège adopte des décisions à la majorité simple. Tout membre du collège a le droit de demander un vote sur des questions sur lesquelles le collège est appelé à statuer. Chaque membre du collège dispose d'une voix. Le chef du Parquet européen dispose d'une voix prépondérante en cas d'égalité de voix sur toute question sur laquelle le collège est appelé à statuer.

Art. 10. – *Les chambres permanentes.* – 1. Les chambres permanentes sont présidées par le chef du Parquet européen ou un de ses adjoints, ou par un procureur européen nommé président conformément au règlement intérieur du Parquet européen. Outre le président, chaque chambre permanente comporte deux membres permanents. Le nombre de chambres permanentes et leur composition ainsi que la répartition des compétences entre celles-ci sont déterminés conformément au règlement intérieur du Parquet européen, compte tenu des besoins de fonctionnement du Parquet européen.

Le règlement intérieur du Parquet européen assure une répartition uniforme de la charge de travail sur la base d'un système d'attribution aléatoire des dossiers et, dans certains cas exceptionnels, établit, lorsque cela est nécessaire au bon fonctionnement du Parquet européen, des procédures pour permettre au chef du Parquet européen de décider de déroger au principe d'attribution aléatoire.

2. Les chambres permanentes supervisent et dirigent les enquêtes et les poursuites menées par les procureurs européens délégués conformément aux paragraphes 3, 4 et 5 du présent article. Elles assurent également la coordination des enquêtes et des poursuites dans les dossiers transfrontières et la mise en œuvre des décisions adoptées par le collège conformément à l'article 9, paragraphe 2.

3. Conformément aux conditions et procédures prévues par le présent règlement, le cas échéant après avoir examiné un projet de décision proposé par le procureur européen délégué chargé de l'affaire, les chambres permanentes prennent les décisions suivantes :

a) porter une affaire en jugement conformément à l'article 36, paragraphes 1, 3 et 4 ;

b) classer une affaire sans suite conformément à l'article 39, paragraphe 1, points *a)* à *g)* ;

c) appliquer une procédure simplifiée en matière de poursuites et charger le procureur européen délégué d'agir en vue de classer définitivement l'affaire, conformément à l'article 40 ;

d) renvoyer une affaire devant les autorités nationales conformément à l'article 34, paragraphe 1, 2, 3 ou 6 ;

e) rouvrir une enquête conformément à l'article 39, paragraphe 2.

4. Le cas échéant, les chambres permanentes prennent les décisions ci-après, conformément aux conditions et procédures prévues par le présent règlement :

a) enjoindre le procureur européen délégué d'ouvrir une enquête conformément aux règles énoncées à l'article 26, paragraphes 1 à 4, si aucune enquête n'a été ouverte ;

b) enjoindre le procureur européen délégué d'exercer le droit d'évocation conformément à l'article 27, paragraphe 6, si personne ne s'est saisi de l'affaire ;

c) saisir le collège de questions stratégiques ou de problèmes généraux soulevés par des dossiers particuliers conformément à l'article 9, paragraphe 2 ;

d) attribuer une affaire conformément à l'article 26, paragraphe 3 ;

e) réattribuer une affaire conformément à l'article 26, paragraphe 5, ou à l'article 28, paragraphe 3 ;

f) approuver la décision d'un procureur européen d'effectuer lui-même l'enquête conformément à l'article 28, paragraphe 4.

5. Dans une affaire particulière, la chambre permanente compétente, agissant par l'intermédiaire du procureur européen qui assure la surveillance de l'enquête ou des poursuites, peut donner des instructions, conformément au droit national applicable, au procureur européen délégué chargé de l'affaire, lorsque cela est nécessaire pour une gestion efficace de l'enquête ou des poursuites, dans l'intérêt de la justice ou pour assurer le fonctionnement cohérent du Parquet européen.

6. La chambre permanente adopte des décisions à la majorité simple. Elle procède à un vote à la demande de l'un de ses membres. Chaque membre dispose d'une voix. Le président dispose d'une voix prépondérante en cas d'égalité de voix. Les décisions sont prises après délibération lors de réunions des chambres, sur la base, le cas échéant, du projet de décision proposé par le procureur européen délégué chargé de l'affaire.

La chambre permanente compétente a accès, sur demande, à toutes les pièces du dossier aux fins de la préparation des décisions.

7. Les chambres permanentes peuvent décider de déléguer le pouvoir de décision que leur confère le paragraphe 3, point *a)* ou *b)*, du présent article, et dans ce dernier cas seulement en ce qui concerne les règles énoncées à l'article 39, paragraphe 1, points *a)* à *f)*, au procureur européen qui assure la surveillance de l'affaire conformément à l'article 12, paragraphe 1, si ces délégations peuvent être dûment justifiées eu égard au degré de gravité de l'infraction ou à la complexité de la procédure dans une affaire spécifique, dans le cas d'une infraction qui a causé ou est susceptible de causer aux intérêts financiers de l'Union un préjudice inférieur à 100 000 euros. Le règlement intérieur du Parquet européen comporte des orientations visant à assurer une application cohérente au sein du Parquet européen.

La chambre permanente informe le chef du Parquet européen de toute décision de déléguer son pouvoir de décision. Après réception de cette information, le chef du Parquet européen peut, dans un délai de trois jours, demander à la chambre permanente de revoir sa décision s'il estime que cela est nécessaire pour garantir la cohérence des enquêtes et des poursuites menées par le Parquet européen. Si le chef du Parquet européen est membre de la chambre permanente concernée, un de ses adjoints exerce le droit de demander ladite révision. Le procureur européen chargé de la surveillance de l'affaire informe la chambre permanente du règlement définitif de l'affaire et lui communique toute information ou circonstance rendant nécessaire, selon lui, une nouvelle appréciation de l'opportunité de maintenir la délégation, en particulier dans les circonstances visées à l'article 36, paragraphe 3.

La décision de déléguer le pouvoir de décision peut être retirée à tout moment, à la demande d'un des membres de la chambre permanente, et est prise conformément au paragraphe 6 du présent article. Une délégation est retirée lorsqu'un procureur européen délégué remplace le procureur européen conformément à l'article 16, paragraphe 7.

Afin de garantir une application cohérente du principe de délégation, chaque chambre permanente fait rapport une fois par an au collège sur l'utilisation de la délégation.

8. Le règlement intérieur du Parquet européen autorise les chambres permanentes à adopter des décisions par la voie d'une procédure écrite qu'il définit de manière détaillée.

Toutes les décisions adoptées et les instructions données conformément aux paragraphes 3, 4, 5 et 7 sont consignées par écrit et sont intégrées au dossier.

9. Outre les membres permanents, le procureur européen qui assure la surveillance d'une enquête ou de poursuites conformément à l'article 12, paragraphe 1, participe aux délibérations de la chambre permanente. Le procureur européen dispose d'un droit de vote, sauf en ce qui concerne les décisions prises par les chambres permanentes au sujet de la délégation ou du retrait de la délégation en vertu du paragraphe 7 du présent article, de l'attribution et de la réattribution en vertu de l'article 26, paragraphes 3, 4 et 5, et de l'article 27, paragraphe 6, et de la mise en état d'une affaire conformément à l'article 36, paragraphe 3, lorsque plus d'un État membre est compétent pour l'affaire, ainsi que dans les situations décrites à l'article 31, paragraphe 8.

Une chambre permanente peut aussi inviter, soit à la demande d'un procureur européen ou d'un procureur européen délégué, soit de sa propre initiative, d'autres procureurs européens ou procureurs européens délégués concernés par une affaire à assister à ses réunions sans droit de vote.

10. Les présidents des chambres permanentes informent le collège, conformément au règlement intérieur du Parquet européen, des décisions adoptées en vertu du présent article, afin de lui permettre de remplir le rôle qui lui est dévolu par l'article 9, paragraphe 2.

Art. 11. – *Le chef du Parquet européen et ses adjoints.* – 1. Le Parquet européen est dirigé par un chef qui en organise les travaux, en dirige les activités et adopte des décisions conformément au présent règlement et au règlement intérieur du Parquet européen.

2. Deux adjoints au chef du Parquet européen sont nommés pour seconder celui-ci dans l'exercice de ses fonctions et le remplacer en cas d'absence ou d'empêchement.

3. Le chef du Parquet européen représente le Parquet européen auprès des institutions de l'Union et des États membres de l'Union européenne, ainsi qu'auprès des tiers. Il peut déléguer ses tâches de représentation à l'un de ses adjoints ou à un procureur européen.

Art. 12. – *Les procureurs européens.* – 1. Les procureurs européens assurent, au nom de la chambre permanente et en respectant toute instruction donnée par celle-ci conformément à l'article 10, paragraphes 3, 4 et 5, la surveillance des enquêtes et des poursuites dont sont responsables les procureurs européens délégués chargés de l'affaire dans leur État membre d'origine. Les procureurs européens présentent des résumés des affaires dont ils sont chargés d'assurer la surveillance et, le cas échéant, des propositions de décisions à adopter par ladite chambre, sur la base de projets de décisions élaborés par les procureurs européens délégués.

Sans préjudice de l'article 16, paragraphe 7, le règlement intérieur du Parquet européen prévoit un mécanisme de remplacement entre procureurs européens pour le cas où le procureur européen chargé de la surveillance de l'affaire serait temporairement absent ou ne serait pas disponible, pour d'autres motifs, pour exercer ses fonctions de procureur européen. Le procureur européen remplaçant peut remplir toute fonction du procureur européen, exception faite de la possibilité de mener une enquête prévue à l'article 28, paragraphe 4.

2. Un procureur européen peut demander, à titre exceptionnel, pour des motifs liés à la charge de travail résultant du nombre d'enquêtes et de poursuites menées dans son État membre d'origine, ou à un conflit d'intérêts personnel, que la surveillance des enquêtes et des poursuites dans le cadre de certaines affaires dont s'occupent des procureurs européens délégués dans son État membre d'origine soit confiée à d'autres procureurs européens, sous réserve de l'accord de ces derniers. Le chef du Parquet européen statue sur la demande en fonction de la charge de travail du procureur européen. En cas de conflit d'intérêts concernant un procureur européen, le chef du Parquet européen fait droit à la demande. Le règlement intérieur du Parquet européen définit les principes régissant cette décision et la procédure à suivre pour la réattribution des dossiers concernés. L'article 28, paragraphe 4, ne s'applique pas aux enquêtes et aux poursuites dont la surveillance est exercée conformément au présent paragraphe.

3. Dans une affaire particulière, les procureurs européens chargés de la surveillance d'une affaire peuvent, conformément au droit national applicable et aux instructions de la chambre permanente compétente, donner des instructions au procureur européen délégué chargé de l'affaire, lorsque cela est nécessaire pour une gestion efficace de l'enquête ou des poursuites, ou que cela est dans l'intérêt de la justice ou pour assurer le fonctionnement cohérent du Parquet européen.

4. Lorsque le droit national d'un État membre prévoit le contrôle interne de certains actes au sein de la structure du parquet national, le contrôle des actes concernés pris par le procureur européen délégué relève des pouvoirs

de surveillance du procureur européen chargé de la surveillance de l'affaire conformément au règlement intérieur du Parquet européen, sans préjudice des pouvoirs de surveillance et de supervision de la chambre permanente.

5. Les procureurs européens assurent la liaison et jouent le rôle de canaux d'information entre les chambres permanentes et les procureurs européens délégués dans leurs États membres d'origine respectifs. Ils supervisent l'exécution, dans leurs États membres respectifs, des missions confiées au Parquet européen, en étroite concertation avec les procureurs européens délégués. Ils veillent, conformément au présent règlement et au règlement intérieur du Parquet européen, à ce que toutes les informations utiles en provenance du Bureau central soient mises à la disposition des procureurs européens délégués et inversement.

Art. 13. – *Les procureurs européens délégués.* – 1. Les procureurs européens délégués agissent au nom du Parquet européen dans leurs États membres respectifs et sont investis des mêmes pouvoirs que les procureurs nationaux dans le domaine des enquêtes, des poursuites et de la mise en état des affaires, en plus et sous réserve des pouvoirs et du statut particuliers qui leur sont conférés et dans les conditions prévues par le présent règlement.

Les procureurs européens délégués sont responsables des enquêtes et des poursuites qu'ils engagent, qui leur sont confiées ou dont ils se saisissent en exerçant leur droit d'évocation. Ils suivent les orientations et les instructions de la chambre permanente chargée de l'affaire ainsi que les instructions du procureur européen chargé de la surveillance de l'affaire.

Les procureurs européens délégués sont également responsables de la mise en état des affaires et disposent notamment du pouvoir de présenter des arguments à l'audience, de prendre part à l'obtention des moyens de preuve et d'exercer les voies de recours existantes conformément au droit national.

2. Chaque État membre compte au moins deux procureurs européens délégués. Le chef du Parquet européen approuve, après avoir consulté les autorités des États membres concernés et être parvenu à un accord avec elles, le nombre de procureurs européens délégués, ainsi que la répartition fonctionnelle et territoriale des compétences entre les procureurs européens délégués dans chaque État membre.

3. Un procureur européen délégué peut également exercer les fonctions de procureur national, pour autant que cela ne l'empêche pas de s'acquitter des obligations qui lui incombent en application du présent règlement. Il informe le procureur européen chargé de la surveillance de l'affaire de ces fonctions. Dans le cas où, à un moment donné, un procureur européen délégué n'est pas en mesure de remplir ses fonctions de procureur européen délégué parce qu'il exerce ces fonctions en tant que procureur national, il en informe le procureur européen chargé de la surveillance de l'affaire, qui consulte les autorités nationales compétentes chargées des poursuites afin de déterminer si le procureur européen délégué doit donner la priorité aux fonctions qu'il exerce au titre du présent règlement. Le procureur européen peut proposer à la chambre permanente de réattribuer le dossier à un autre procureur européen délégué dans le même État membre ou de conduire l'enquête lui-même conformément à l'article 28, paragraphes 3 et 4.

SECTION 2. – Nomination et révocation des membres du parquet européen

Art. 14. – *Nomination et révocation du chef du Parquet européen.* – 1. Le Parlement européen et le Conseil nomment d'un commun accord le chef du Parquet européen pour un mandat de sept ans non renouvelable. Le Conseil statue à la majorité simple.

2. Le chef du Parquet européen est choisi parmi des candidats qui :

a) sont des membres actifs du ministère public ou du corps judiciaire des États membres, ou des procureurs européens actifs ;

b) offrent toutes les garanties d'indépendance ;

c) disposent des qualifications requises pour l'exercice de hautes fonctions au sein du ministère public ou du corps judiciaire dans leurs États membres respectifs et possèdent une expérience pratique pertinente des ordres juridiques nationaux, des enquêtes financières et de la coopération judiciaire internationale en matière pénale, ou qui ont exercé les fonctions de procureur européen ; et

d) disposent d'une expérience et de qualifications d'encadrement suffisantes pour la fonction.

3. La procédure de sélection est fondée sur un appel ouvert à candidatures, qui est publié au *Journal officiel de l'Union européenne*, suivi de l'établissement par un comité de sélection d'une liste restreinte de candidats qualifiés, qui est soumise au Parlement européen et au Conseil. Le comité de sélection est composé de douze

ANNEXE 1

personnalités choisies parmi d'anciens membres de la Cour de justice et de la Cour des comptes européenne, d'anciens membres nationaux d'Eurojust, des membres des juridictions nationales suprêmes, des procureurs de haut niveau et des juristes possédant des compétences notoires. L'une des personnalités choisies est proposée par le Parlement européen. Le Conseil établit les règles de fonctionnement du comité de sélection et adopte une décision portant nomination de ses membres sur proposition de la Commission.

4. Lorsqu'un procureur européen est nommé chef du Parquet européen, une autre personne est nommée sans tarder à son poste de procureur européen conformément à la procédure prévue à l'article 16, paragraphes 1 et 2.

5. La Cour de justice peut, à la requête du Parlement européen, du Conseil ou de la Commission, révoquer le chef du Parquet européen si elle constate qu'il n'est plus en mesure d'exercer ses fonctions ou qu'il a commis une faute grave.

6. Lorsque le chef du Parquet européen démissionne, est révoqué ou cesse d'exercer ses fonctions pour toute autre raison, une autre personne est immédiatement nommée à ce poste conformément à la procédure prévue aux paragraphes 1, 2 et 3.

Art. 15. – *Nomination et révocation des adjoints au chef du Parquet européen.* – 1. Le collège nomme deux procureurs européens aux fonctions d'adjoints au chef du Parquet européen pour un mandat de trois ans renouvelable, qui ne dépasse pas la durée de leur mandat de procureur européen. La procédure de sélection est régie par le règlement intérieur du Parquet européen. Les adjoints au chef du Parquet européen conservent leur statut de procureurs européens.

2. Les règles et conditions régissant l'exercice des fonctions d'adjoint au chef du Parquet européen sont définies dans le règlement intérieur du Parquet européen. Lorsqu'un procureur européen n'est plus en mesure d'exercer ses fonctions d'adjoint au chef du Parquet européen, le collège peut décider, conformément au règlement intérieur du Parquet européen, de le révoquer.

3. Lorsqu'un adjoint au chef du Parquet européen démissionne, est révoqué ou cesse d'exercer ses fonctions d'adjoint au chef du Parquet européen pour une quelconque raison, une autre personne est nommée sans tarder à ce poste conformément à la procédure prévue au paragraphe 1 du présent article. Sous réserve des règles définies à l'article 16, il demeure procureur européen.

Art. 16. – *Nomination et révocation des procureurs européens.* – 1. Chaque État membre désigne trois candidats au poste de procureur européen parmi des candidats qui :

a) sont des membres actifs du ministère public ou du corps judiciaire de l'État membre concerné ;

b) offrent toutes les garanties d'indépendance ; et

c) disposent des qualifications requises pour l'exercice de hautes fonctions au sein du ministère public ou du corps judiciaire dans leurs États membres respectifs et possèdent une expérience pratique pertinente des ordres juridiques nationaux, des enquêtes financières et de la coopération judiciaire internationale en matière pénale.

2. Après avoir reçu l'avis motivé du comité de sélection visé à l'article 14, paragraphe 3, le Conseil choisit et nomme l'un des candidats à la fonction de procureur européen de l'État membre concerné. Si le comité de sélection constate qu'un candidat ne remplit pas les conditions requises pour exercer les fonctions de procureur européen, son avis lie le Conseil.

3. Le Conseil, statuant à la majorité simple, sélectionne et nomme les procureurs européens pour un mandat non renouvelable de six ans. Le Conseil peut décider de proroger ce mandat pour une durée maximale de trois années au terme de la période de six ans.

4. Un renouvellement partiel d'un tiers des procureurs européens a lieu tous les trois ans. Le Conseil, statuant à la majorité simple, adopte des règles transitoires régissant la nomination des procureurs européens pour la première période de mandat et durant cette période.

5. La Cour de justice peut, à la demande du Parlement européen, du Conseil ou de la Commission, révoquer un procureur européen si elle constate qu'il n'est plus en mesure d'exercer ses fonctions ou qu'il a commis une faute grave.

6. Lorsqu'un procureur européen démissionne, est révoqué ou cesse d'exercer ses fonctions pour toute autre raison, une autre personne est nommée sans tarder à ce poste conformément à la procédure prévue aux paragraphes 1 et 2. Si le procureur européen en question exerce également les fonctions d'adjoint au chef du Parquet européen, il est automatiquement révoqué de ces dernières fonctions.

7. Lors de la nomination de chaque procureur européen, le collège désigne l'un des procureurs européens délégués du même État membre pour remplacer le procureur européen qui n'est pas en mesure d'exercer ses fonctions ou a cessé de les exercer conformément aux paragraphes 5 et 6.

Lorsque le collège juge qu'un remplacement est nécessaire, la personne désignée fait fonction de procureur européen intérimaire dans l'attente du remplacement ou du retour du procureur européen, pour une durée n'excédant pas trois mois. Le collège peut, si nécessaire et sur demande, prolonger cette période. Les mécanismes et les modalités du remplacement temporaire sont définis et régis par le règlement intérieur du Parquet européen.

Art. 17. – *Nomination et révocation des procureurs européens délégués.* – 1. Sur proposition du chef du Parquet européen, le collège nomme les procureurs européens délégués désignés par les États membres. Il peut refuser de nommer la personne désignée si celle-ci ne remplit pas les critères visés au paragraphe 2. Les procureurs européens délégués sont nommés pour un mandat de cinq ans renouvelable.

2. À compter de leur nomination aux fonctions de procureur européen délégué et jusqu'à leur révocation, les procureurs européens délégués doivent être des membres actifs du ministère public ou du corps judiciaire de l'État membre qui les a désignés. Ils doivent offrir toutes garanties d'indépendance, disposer des qualifications requises et posséder une expérience pratique pertinente de leur ordre juridique national.

3. Le collège révoque un procureur européen délégué s'il constate qu'il ne remplit plus les conditions énoncées au paragraphe 2, qu'il n'est pas en mesure d'exercer ses fonctions ou qu'il a commis une faute grave.

4. Lorsqu'un État membre décide de révoquer un procureur national nommé en tant que procureur européen délégué ou de prendre des mesures disciplinaires à son égard pour des raisons qui ne sont pas liées aux responsabilités qu'il exerce au titre du présent règlement, il en informe au préalable le chef du Parquet européen. Un État membre ne peut pas révoquer un procureur européen délégué ou prendre des mesures disciplinaires à son égard pour des raisons liées aux responsabilités qu'il exerce au titre du présent règlement sans le consentement du chef du Parquet européen. Si le chef du Parquet européen ne donne pas son consentement, l'État membre concerné peut demander au collège d'examiner la question.

5. Lorsqu'un procureur européen délégué démissionne, que ses services ne sont plus nécessaires à l'exécution des tâches du Parquet européen ou qu'il est révoqué ou cesse d'exercer ses fonctions pour toute autre raison, l'État membre concerné en informe immédiatement le chef du Parquet européen et, le cas échéant, désigne un autre procureur en vue de sa nomination en tant que nouveau procureur européen délégué conformément au paragraphe 1.

Art. 18. – *Statut du directeur administratif.* – 1. Le directeur administratif est engagé en qualité d'agent temporaire du Parquet européen conformément à l'article 2, point *a)*, du régime applicable aux autres agents.

2. Le directeur administratif est nommé par le collège sur une liste de candidats proposée par le chef du Parquet européen, à la suite d'une procédure de sélection ouverte et transparente, conformément au règlement intérieur du Parquet européen. Aux fins de la conclusion du contrat avec le directeur administratif, le Parquet européen est représenté par le chef du Parquet européen.

3. La durée du mandat du directeur administratif est de quatre ans. Avant la fin de cette période, le collège procède à un examen qui tient compte d'une évaluation du travail accompli par le directeur administratif.

4. Le collège, statuant sur proposition du chef du Parquet européen qui tient compte de l'examen visé au paragraphe 3, peut proroger une fois le mandat du directeur administratif, pour une durée n'excédant pas quatre ans.

5. Un directeur administratif dont le mandat a été prorogé ne peut ensuite participer à une autre procédure de sélection pour le même poste.

6. Le directeur administratif rend compte de sa gestion au chef du Parquet européen et au collège.

7. Sur décision du collège, prise à la majorité des deux tiers de ses membres, et sans préjudice des dispositions applicables relatives à la fin d'un contrat prévues par le statut des fonctionnaires et le régime applicable aux autres agents, le directeur administratif peut être démis des fonctions qu'il exerce au sein du Parquet européen.

Art. 19. – *Responsabilités du directeur administratif.* – 1. À des fins administratives et budgétaires, le Parquet européen est géré par son directeur administratif.

2. Sans préjudice des pouvoirs du collège ou du chef du Parquet européen, le directeur administratif est indépendant dans l'exercice de ses fonctions et ne sollicite ni n'accepte aucune instruction d'aucune administration ni d'aucun autre organe.

3. Le directeur administratif est le représentant légal du Parquet européen à des fins administratives et budgétaires. Le directeur administratif exécute le budget du Parquet européen.

4. Le directeur administratif est chargé de la mise en œuvre des tâches administratives confiées au Parquet européen, en particulier :

a) l'administration courante du Parquet européen et la gestion de son personnel ;

b) la mise en œuvre des décisions adoptées par le chef du Parquet européen ou le collège ;

c) l'élaboration du document de programmation annuelle et pluriannuelle et la soumission de celui-ci au chef du Parquet européen ;

d) la mise en œuvre du document de programmation annuelle et pluriannuelle et la présentation au collège de rapports à ce sujet ;

e) l'élaboration des parties administrative et budgétaire du rapport annuel sur les activités du Parquet européen ;

f) l'élaboration d'un plan d'action donnant suite aux conclusions des rapports d'audit, évaluations et enquêtes internes ou externes, y compris ceux du Contrôleur européen de la protection des données et de l'OLAF, et la présentation de rapports à ces derniers et au collège deux fois par an ;

g) l'élaboration d'une stratégie interne antifraude pour le Parquet européen et la présentation de celle-ci au collège pour approbation ;

h) l'élaboration d'une proposition de projet de règles financières applicables au Parquet européen et la soumission de celle-ci au chef du Parquet européen ;

i) l'établissement d'une proposition de projet d'état prévisionnel des recettes et dépenses du Parquet européen et la soumission de celle-ci au chef du Parquet européen ;

j) l'apport du soutien administratif nécessaire pour faciliter le travail opérationnel du Parquet européen ;

k) l'apport d'un soutien au chef du Parquet européen et à ses adjoints dans l'exercice de leurs fonctions.

Art. 20. – *Dispositions administratives provisoires relatives au Parquet européen.* – 1. Sur la base des crédits budgétaires provisoires alloués dans son propre budget, la Commission est chargée de l'établissement et du fonctionnement administratif initial du Parquet européen jusqu'à que ce dernier ait la capacité d'exécuter son propre budget. À cette fin, la Commission peut :

a) désigner, après consultation du Conseil, un fonctionnaire de la Commission en tant que directeur administratif par intérim pour exercer les fonctions attribuées au directeur administratif, y compris les pouvoirs qui lui sont conférés par les dispositions du statut des fonctionnaires et du régime applicable aux autres agents relatives à l'autorité investie du pouvoir de nomination à l'égard du personnel administratif du Parquet européen, en ce qui concerne tout poste d'agent devant être pourvu avant que le directeur administratif n'entre en fonction conformément à l'article 18 ;

b) proposer son aide au Parquet européen, en particulier en détachant un nombre limité de fonctionnaires de la Commission nécessaires pour s'acquitter des tâches administratives du Parquet européen sous la responsabilité du directeur administratif par intérim.

2. Le directeur administratif par intérim peut autoriser tous les paiements couverts par les crédits inscrits au budget du Parquet européen et peut conclure des contrats, y compris des contrats d'engagement du personnel.

3. Dès l'entrée en fonction du collège conformément à l'article 9, paragraphe 1, le directeur administratif par intérim exerce ses fonctions conformément à l'article 18. Le directeur administratif par intérim cesse d'exercer cette fonction une fois que le directeur administratif est entré en fonction après avoir été nommé par le collège conformément à l'article 18.

4. Jusqu'à l'entrée en fonction du collège conformément à l'article 9, paragraphe 1, la Commission exerce celles de ses fonctions qui sont énoncées au présent article en concertation avec un groupe d'experts composé de représentants des États membres.

SECTION 3. – Règlement intérieur du parquet européen

Art. 21. – *Règlement intérieur du Parquet européen.* – 1. L'organisation des travaux du Parquet européen est régie par son règlement intérieur.

2. Dès la création du Parquet européen, le chef du Parquet européen élabore sans tarder une proposition de règlement intérieur du Parquet européen, qui doit être adoptée par le collège à la majorité des deux tiers.

3. Tout procureur européen peut proposer des modifications au règlement intérieur du Parquet européen, qui sont adoptées si le collège le décide à la majorité des deux tiers.

CHAPITRE IV. – COMPÉTENCE ET EXERCICE DE LA COMPÉTENCE DU PARQUET EUROPÉEN

SECTION 1. – Compétence du parquet européen

Art. 22. – *Compétence matérielle du Parquet européen.* – 1. Le Parquet européen est compétent à l'égard des infractions pénales portant atteinte aux intérêts financiers de l'Union qui sont prévues par la directive (UE) 2017/1371, mise en œuvre en droit interne, indépendamment de la question de savoir si le même comportement délictueux pourrait être classé comme un autre type d'infraction en droit interne. En ce qui concerne les infractions visées à l'article 3, paragraphe 2, point *d)*, de la directive (UE) 2017/1371, mise en œuvre en droit interne, le Parquet européen est compétent uniquement lorsque les actes ou omissions intentionnels définis dans cette disposition ont un lien avec le territoire de deux États membres ou plus et entraînent un préjudice d'un montant total d'au moins 10 000 000 euros.

2. Le Parquet européen est également compétent à l'égard des infractions relatives à la participation à une organisation criminelle telles qu'elles sont définies dans la décision-cadre 2008/841/JAI, mise en œuvre en droit interne, si les activités criminelles d'une telle organisation consistent essentiellement à commettre une infraction visée au paragraphe 1.

3. Le Parquet européen est également compétent à l'égard de toute autre infraction pénale indissociablement liée à un comportement délictueux relevant du champ d'application du paragraphe 1 du présent article. La compétence à l'égard de telles infractions pénales ne peut être exercée que conformément à l'article 25, paragraphe 3.

4. En tout état de cause, le Parquet européen n'est pas compétent à l'égard des infractions pénales portant sur les impôts nationaux directs, y compris les infractions qui y sont indissociablement liées. Le présent règlement n'a pas d'incidence sur la structure ni sur le fonctionnement des administrations fiscales des États membres.

Art. 23. – *Compétences territoriale et personnelle du Parquet européen.* – Le Parquet européen est compétent à l'égard des infractions visées à l'article 22, lorsque ces infractions :

a) ont été commises en totalité ou en partie sur le territoire d'un ou de plusieurs États membres ;

b) ont été commises par un ressortissant d'un État membre, pour autant qu'un État membre soit compétent à l'égard de ces infractions lorsqu'elles sont commises en dehors de son territoire ; ou

c) ont été commises en dehors des territoires visés au point *a)* par une personne qui, au moment de l'infraction, était soumise au statut des fonctionnaires ou au régime applicable aux autres agents, pour autant qu'un État membre soit compétent à l'égard de ces infractions lorsqu'elles sont commises en dehors de son territoire.

SECTION 2. – Exercice de la compétence du parquet européen

Art. 24. – *Communication, enregistrement et vérification d'informations.* – 1. Les institutions, organes et organismes de l'Union et les autorités des États membres qui sont compétentes en vertu du droit national applicable signalent sans retard indu au Parquet européen tout comportement délictueux à l'égard duquel celui-ci pourrait exercer sa compétence conformément à l'article 22 et à l'article 25, paragraphes 2 et 3.

2. Lorsqu'une autorité judiciaire ou répressive d'un État membre ouvre une enquête concernant une infraction pénale à l'égard de laquelle le Parquet européen pourrait exercer sa compétence conformément à l'article 22 et à l'article 25, paragraphes 2 et 3, ou si, à un moment quelconque après l'ouverture d'une enquête, l'autorité judiciaire ou l'autorité répressive compétente d'un État membre constate que l'enquête concerne une telle infraction, cette autorité en informe le Parquet européen sans retard indu afin que ce dernier puisse décider d'exercer ou non son droit d'évocation conformément à l'article 27.

3. Lorsqu'une autorité judiciaire ou répressive d'un État membre ouvre une enquête concernant une infraction pénale au sens de l'article 22 et estime que, conformément à l'article 25, paragraphe 3, le Parquet européen pourrait ne pas exercer sa compétence, elle en informe le Parquet européen.

4. Cette information comprend, au minimum, une description des faits, y compris une évaluation du préjudice causé ou susceptible d'être causé, la qualification juridique possible et toute information disponible sur les victimes potentielles, les suspects et toute autre personne impliquée.

5. Le Parquet européen est également informé, conformément aux paragraphes 1 et 2 du présent article, des cas où il n'est pas possible de déterminer si les critères prévus à l'article 25, paragraphe 2, sont remplis.

6. Les informations communiquées au Parquet européen sont enregistrées et vérifiées conformément à son règlement intérieur. La vérification permet de déterminer si, sur la base des informations communiquées conformément aux paragraphes 1 et 2, il y a lieu d'ouvrir une enquête ou d'exercer le droit d'évocation.

7. Si, après vérification, le Parquet européen décide qu'il n'y a pas lieu d'ouvrir une enquête conformément à l'article 26 ou d'exercer son droit d'évocation conformément à l'article 27, les motifs de sa décision sont enregistrés dans le système de gestion des dossiers.

Le Parquet européen informe l'autorité qui a signalé le comportement délictueux conformément au paragraphe 1 ou 2, ainsi que les victimes de l'infraction et, si le droit national en dispose ainsi, les autres personnes qui ont signalé le comportement délictueux.

8. S'il vient à la connaissance du Parquet européen qu'une infraction pénale ne relevant pas de sa compétence pourrait avoir été commise, celui-ci en informe les autorités nationales compétentes sans retard indu et leur transmet tous les éléments de preuve pertinents.

9. Dans certains cas précis, le Parquet européen peut demander davantage d'informations pertinentes aux institutions, organes et organismes de l'Union, ainsi qu'aux autorités des États membres. Les informations demandées peuvent concerner des infractions ayant porté atteinte aux intérêts financiers de l'Union, autres que celles relevant de la compétence du Parquet européen conformément à l'article 25, paragraphe 2.

10. Le Parquet européen peut demander d'autres informations pour permettre au collège de formuler, conformément à l'article 9, paragraphe 2, des orientations générales relatives à l'interprétation de l'obligation d'informer le Parquet européen des cas relevant de l'article 25, paragraphe 2.

Art. 25. – *Exercice de sa compétence par le Parquet européen.* – 1. Le Parquet européen exerce sa compétence soit en ouvrant une enquête en vertu de l'article 26, soit en décidant d'utiliser son droit d'évocation en vertu de l'article 27. Si le Parquet européen décide d'exercer sa compétence, les autorités nationales compétentes s'abstiennent d'exercer la leur à l'égard du même comportement délictueux.

2. Lorsqu'une infraction pénale relevant de l'article 22 a causé ou est susceptible de causer aux intérêts financiers de l'Union un préjudice inférieur à 10 000 euros, le Parquet européen ne peut exercer sa compétence que si :

a) les répercussions du dossier à l'échelle de l'Union sont de nature à rendre nécessaire la conduite d'une enquête par le Parquet européen ; ou

b) des fonctionnaires ou d'autres agents de l'Union, ou des membres des institutions de l'Union, pourraient être soupçonnés d'avoir commis l'infraction.

Le Parquet européen consulte, s'il y a lieu, les autorités nationales ou organes de l'Union compétents, pour déterminer si les critères énoncés aux points *a)* et *b)* du premier alinéa sont remplis.

3. Le Parquet européen s'abstient d'exercer sa compétence à l'égard de toute infraction relevant de l'article 22 et, après consultation des autorités nationales compétentes, renvoie l'affaire à ces dernières sans retard indu, conformément à l'article 34, si :

a) la peine maximale prévue par le droit national pour une infraction relevant de l'article 22, paragraphe 1, est équivalente à la peine maximale encourue pour une infraction indissociablement liée visée à l'article 22, paragraphe 3, ou moins sévère, à moins que cette dernière infraction ait contribué à la commission de l'infraction relevant de l'article 22, paragraphe 1 ; ou

b) il y a lieu de supposer que le préjudice causé ou susceptible d'être causé aux intérêts financiers de l'Union par une infraction visée à l'article 22 n'excède pas le préjudice causé ou susceptible d'être causé à une autre victime.

Le premier alinéa, point *b)*, du présent paragraphe ne s'applique pas aux infractions visées à l'article 3, paragraphe 2, points *a)*, *b)* et *d)*, de la directive (UE) 2017/1371 mise en œuvre en droit interne.

4. Le Parquet européen peut, avec le consentement des autorités nationales compétentes, exercer sa compétence à l'égard des infractions visées à l'article 22, dans les cas où cela serait autrement exclu en

application du paragraphe 3, point *b)*, du présent article, s'il apparaît que le Parquet européen est mieux placé pour ouvrir une enquête ou engager des poursuites.

5. Le Parquet européen informe les autorités nationales compétentes sans retard indu de toute décision d'exercer ou de ne pas exercer sa compétence.

6. En cas de désaccord entre le Parquet européen et les autorités nationales chargées des poursuites sur la question de savoir si le comportement délictueux relève ou non de l'article 22, paragraphe 2 ou 3, ou de l'article 25, paragraphe 2 ou 3, ce sont les autorités nationales compétentes pour statuer sur la répartition des compétences en cas de poursuites à l'échelle nationale qui déterminent qui doit être compétent pour instruire l'affaire. Les États membres désignent l'autorité nationale appelée à statuer sur la répartition des compétences.

CHAPITRE V. – RÈGLES DE PROCÉDURE RELATIVES AUX ENQUÊTES, AUX MESURES D'ENQUÊTE, AUX POURSUITES ET AUX MESURES ALTERNATIVES AUX POURSUITES

SECTION 1. – Règles relatives aux enquêtes

Art. 26. – *Ouverture des enquêtes et répartition des compétences au sein du Parquet européen.* – 1. Lorsque, conformément au droit national applicable, il y a de bonnes raisons de croire qu'une infraction relevant de la compétence du Parquet européen est en train d'être commise ou a été commise, un procureur européen délégué d'un État membre qui, en vertu de son droit national, est compétent à l'égard de ladite infraction ouvre une enquête, sans préjudice des règles prévues à l'article 25, paragraphes 2 et 3, et en fait état dans le système de gestion des dossiers.

2. Si, en procédant à la vérification prévue à l'article 24, paragraphe 6, le Parquet européen décide d'ouvrir une enquête, il en informe sans retard indu l'autorité qui a signalé l'activité criminelle conformément à l'article 24, paragraphe 1 ou 2.

3. Dans les cas où aucune enquête n'a été ouverte par un procureur européen délégué, la chambre permanente à laquelle l'affaire a été attribuée charge un procureur européen délégué, dans les conditions énoncées au paragraphe 1, d'ouvrir une enquête.

4. En principe, une procédure est ouverte et gérée par un procureur européen délégué de l'État membre dans lequel l'activité criminelle a lieu principalement ou, si plusieurs infractions liées relevant de la compétence du Parquet européen ont été commises, de l'État membre dans lequel la plus grande partie des infractions ont été commises. Un procureur européen délégué d'un autre État membre, qui est compétent pour connaître de l'affaire, ne peut ouvrir une enquête ou être chargé par la chambre permanente compétente d'ouvrir une enquête que lorsqu'un écart par rapport à la règle énoncée dans la phrase précédente est dûment justifié, compte tenu des critères qui suivent, par ordre de priorité :

a) le lieu de résidence habituelle du suspect ou de la personne poursuivie ;

b) la nationalité du suspect ou de la personne poursuivie ;

c) le lieu où le principal préjudice financier a eu lieu.

5. Jusqu'à ce qu'une décision de poursuivre soit prise en vertu de l'article 36, la chambre permanente compétente peut décider, lorsqu'une affaire relève de la compétence de plusieurs États membres, après consultation des procureurs européens et/ou des procureurs européens délégués concernés :

a) de réattribuer l'affaire à un procureur européen délégué d'un autre État membre ;

b) de joindre ou de scinder des affaires, en choisissant, dans les deux cas, le procureur européen délégué chargé de l'affaire,

pour autant que de telles décisions soient dans l'intérêt général de la justice et conformes aux critères guidant le choix du procureur européen délégué chargé de l'affaire conformément au paragraphe 4 du présent article.

6. Chaque fois que la chambre permanente décide de réattribuer, de joindre ou de scinder une affaire, elle tient dûment compte de l'avancement des enquêtes à ce moment.

7. Le Parquet européen informe sans retard indu les autorités nationales compétentes de toute décision d'ouverture d'une enquête.

Art. 27. – *Droit d'évocation.* – 1. Dès réception de toutes les informations pertinentes conformément à l'article 24, paragraphe 2, le Parquet européen décide, dans les meilleurs délais, et au plus tard cinq jours après réception des informations communiquées par les autorités nationales, d'exercer ou de ne pas exercer son droit d'évocation, et informe les autorités nationales de cette décision. Dans certains cas particuliers, le chef du Parquet européen peut prendre une décision motivée pour prolonger le délai d'une durée maximale de cinq jours, et il en informe les autorités nationales.

2. Pendant les délais visés au paragraphe 1, les autorités nationales s'abstiennent de prendre toute décision de droit national susceptible d'empêcher le Parquet européen d'exercer son droit d'évocation.

Les autorités nationales prennent toutes les mesures urgentes nécessaires, au titre du droit national, pour assurer l'efficacité de l'enquête et des poursuites.

3. Si le Parquet européen apprend, par d'autres moyens que les informations visées à l'article 24, paragraphe 2, qu'une enquête liée à une infraction pénale à l'égard de laquelle il pourrait être compétent a déjà été ouverte par les autorités compétentes d'un État membre, il en informe sans tarder ces autorités. Après avoir été dûment informé conformément à l'article 24, paragraphe 2, le Parquet européen décide d'exercer ou non son droit d'évocation. La décision est prise dans les délais prévus au paragraphe 1 du présent article.

4. Le Parquet européen consulte, s'il y a lieu, les autorités compétentes de l'État membre concerné avant de décider d'exercer ou non son droit d'évocation.

5. Lorsque le Parquet européen exerce son droit d'évocation, les autorités compétentes des États membres lui transmettent le dossier et s'abstiennent de procéder à de nouveaux actes d'instruction portant sur la même infraction.

6. Le droit d'évocation prévu dans le présent article peut être exercé par un procureur européen délégué de tout État membre dont les autorités compétentes ont ouvert une enquête concernant une infraction relevant du champ d'application des articles 22 et 23.

Lorsqu'un procureur européen délégué qui a reçu les informations conformément à l'article 24, paragraphe 2, envisage de ne pas exercer son droit d'évocation, il en informe la chambre permanente compétente par l'intermédiaire du procureur européen de son État membre, afin de permettre à la chambre permanente de prendre une décision conformément à l'article 10, paragraphe 4.

7. Lorsque le Parquet européen s'abstient d'exercer sa compétence, il en informe les autorités nationales compétentes sans retard indu. À tout moment de la procédure, les autorités nationales compétentes informent le Parquet européen de tout fait nouveau susceptible de l'amener à revoir sa décision de ne pas exercer sa compétence.

Le Parquet européen peut exercer son droit d'évocation après avoir reçu ces informations, à condition que l'enquête nationale ne soit pas encore achevée et qu'aucun acte d'accusation n'ait été soumis à une juridiction. La décision est prise dans le délai prévu au paragraphe 1.

8. Si, dans le cas d'une infraction qui a causé ou est susceptible de causer aux intérêts financiers de l'Union un préjudice inférieur à 100 000 euros, le collège estime, eu égard au degré de gravité de l'infraction ou à la complexité de la procédure dans une affaire spécifique, qu'il n'est pas nécessaire d'ouvrir une enquête ou d'engager des poursuites au niveau de l'Union, il formule, conformément à l'article 9, paragraphe 2, des orientations générales permettant aux procureurs européens délégués de décider, en toute indépendance et sans retard indu, de ne pas se saisir de l'affaire.

Ces orientations indiquent, avec toutes les précisions nécessaires, les circonstances dans lesquelles elles s'appliquent, en fixant des critères clairs, ce en tenant compte en particulier de la nature de l'infraction, de l'urgence de la situation et de l'engagement des autorités nationales compétentes de prendre toutes les mesures nécessaires pour réparer intégralement le préjudice causé aux intérêts financiers de l'Union.

9. Pour assurer l'application cohérente de ces orientations, un procureur européen délégué informe la chambre permanente compétente de chaque décision prise conformément au paragraphe 8 et chaque chambre permanente rend compte une fois par an au collège de l'application des orientations.

Art. 28. – *Conduite de l'enquête.* – 1. Le procureur européen délégué chargé d'une affaire peut, conformément au présent règlement et au droit national, soit prendre des mesures d'enquête et d'autres mesures de sa propre initiative, soit en charger les autorités compétentes de son État membre. Lesdites autorités veillent, conformément au droit national, à ce que toutes les instructions soient suivies et prennent les mesures qu'elles ont été chargées de prendre. Le procureur européen délégué chargé de l'affaire utilise le système de gestion des dossiers pour signaler au procureur européen compétent et à la chambre permanente tout événement important concernant l'affaire, conformément aux règles établies dans le règlement intérieur du Parquet européen.

2. À tout moment au cours des enquêtes conduites par le Parquet européen, les autorités nationales compétentes prennent, conformément au droit national, toute mesure urgente nécessaire pour assurer

l'efficacité des enquêtes, même lorsque ces autorités n'agissent pas spécifiquement sur instruction du procureur européen délégué chargé de l'affaire. Les autorités nationales informent sans retard indu le procureur européen délégué chargé de l'affaire des mesures urgentes qui ont été prises.

3. La chambre permanente compétente peut, sur proposition du procureur européen chargé de la surveillance de l'affaire, décider de réattribuer une affaire à un autre procureur européen délégué dans le même État membre lorsque le procureur européen délégué chargé de l'affaire :

a) est dans l'impossibilité de conduire l'enquête ou les poursuites ; ou

b) ne suit pas les instructions de la chambre permanente compétente ou du procureur européen.

4. À titre exceptionnel, après avoir obtenu l'approbation de la chambre permanente compétente, le procureur européen chargé de la surveillance de l'affaire peut prendre la décision motivée de conduire l'enquête personnellement, soit en prenant personnellement les mesures d'enquête et les autres mesures, soit en confiant ces tâches aux autorités compétentes de son État membre, si cela semble indispensable pour assurer l'efficacité de l'enquête ou des poursuites, sur la base d'un ou plusieurs des critères suivants :

a) la gravité de l'infraction, compte tenu notamment de ses répercussions possibles au niveau de l'Union ;

b) lorsque l'enquête concerne des fonctionnaires ou d'autres agents de l'Union, ou des membres des institutions de l'Union ;

c) lorsque le mécanisme de réattribution prévu au paragraphe 3 n'a pas fonctionné.

Dans de telles circonstances exceptionnelles, les États membres veillent à ce que le procureur européen ait le droit d'ordonner ou de demander des mesures d'enquête et d'autres mesures et à ce qu'il ait tous les pouvoirs, responsabilités et obligations qui incombent à un procureur européen délégué conformément au présent règlement et au droit national.

Les autorités nationales compétentes et les procureurs européens délégués concernés par l'affaire sont informés sans retard indu de la décision prise en vertu du présent paragraphe.

Art. 29. – *Levée des privilèges ou des immunités.* – 1. Lorsque les enquêtes du Parquet européen concernent des personnes protégées par un privilège ou une immunité conférés par le droit national et que ce privilège ou cette immunité constitue un obstacle à une enquête particulière en cours, le chef du Parquet européen rédige une demande écrite motivée tendant à en obtenir la levée conformément aux procédures prévues par ce droit national.

2. Lorsque les enquêtes du Parquet européen concernent des personnes protégées par les privilèges ou immunités conférés par le droit de l'Union, notamment le protocole sur les privilèges et immunités de l'Union européenne, et que ces privilèges ou immunités constituent un obstacle à une enquête particulière en cours, le chef du Parquet européen rédige une demande écrite motivée tendant à obtenir la levée de ces privilèges ou immunités conformément aux procédures prévues par le droit de l'Union.

SECTION 2. – Règles relatives aux mesures d'enquête et autres mesures

Art. 30. – *Mesures d'enquête et autres mesures.* – 1. À tout le moins dans les cas où l'infraction qui fait l'objet de l'enquête est passible d'une peine maximale d'au moins quatre années d'emprisonnement, les États membres veillent à ce que les procureurs européens délégués soient habilités à ordonner ou à demander les mesures d'enquête suivantes :

a) la perquisition de tous locaux, terrains, moyens de transport, domicile privé, vêtements et de tous autres biens personnels ou système informatique, et l'adoption de toute mesure conservatoire qui serait nécessaire afin de préserver leur intégrité ou d'éviter la perte ou la contamination de preuves ;

b) la production de tout objet ou document pertinent, soit au format original, soit à un autre format précisé ;

c) la production de données informatiques stockées, cryptées ou non, soit au format original, soit à un autre format précisé, y compris des coordonnées bancaires ou des données relatives au trafic, à l'exception des données spécifiquement conservées conformément au droit national en application de l'article 15, paragraphe 1, deuxième phrase, de la directive 2002/58/CE du Parlement européen et du Conseil (1) ;

(1) Directive 2002/58/CE du Parlement européen et du Conseil du 12 juillet 2002 concernant le traitement des données à caractère personnel et la protection de la vie privée dans le secteur des communications électroniques (*JO* L 201, 31 juill. 2002, p. 37).

d) le gel des instruments ou des produits du crime, y compris les avoirs, qui sont destinés à faire l'objet d'une confiscation par la juridiction du fond, s'il y a tout lieu de croire que celui qui en est propriétaire ou détenteur ou qui les contrôle s'efforcera de priver d'effet la décision de justice ordonnant la confiscation ;

e) l'interception de communications électroniques reçues ou passées par le suspect ou la personne poursuivie, par tout moyen de communication électronique que le suspect ou la personne poursuivie utilise ;

f) le repérage et le traçage d'un objet par des moyens techniques, y compris les livraisons contrôlées de biens.

2. Sans préjudice de l'article 29, les mesures d'enquête visées au paragraphe 1 du présent article peuvent être assorties de conditions, conformément au droit national applicable, si celui-ci prévoit des restrictions particulières qui s'appliquent à l'égard de certaines catégories de personnes ou de professionnels juridiquement tenus à une obligation de confidentialité.

3. Les mesures d'enquête prévues au paragraphe 1, points *c)*, *e)* et *f)*, du présent article peuvent être assorties d'autres conditions, y compris des limitations, prévues par le droit national applicable. En particulier, les États membres peuvent limiter l'application du paragraphe 1, points *e)* et *f)*, du présent article à certaines infractions graves. Tout État membre qui a l'intention de recourir à cette limitation notifie au Parquet européen la liste correspondante des infractions graves concernées conformément à l'article 117.

4. Les procureurs européens délégués sont habilités à demander ou à ordonner, en plus des mesures visées au paragraphe 1, toute autre mesure à laquelle les procureurs pourraient avoir recours dans leur État membre, conformément au droit national, dans le cadre de procédures nationales similaires.

5. Les procureurs européens délégués ne peuvent ordonner les mesures visées aux paragraphes 1 et 4 que s'il existe des motifs raisonnables de croire que la mesure spécifique en question pourrait permettre d'obtenir des informations ou des éléments de preuve utiles à l'enquête, et pour autant qu'il n'existe aucune mesure moins intrusive qui permettrait d'atteindre le même objectif. Les procédures et les modalités d'adoption des mesures sont régies par le droit national applicable.

Art. 31. – *Enquêtes transfrontières.* – 1. Les procureurs européens délégués agissent en étroite coopération, en se prêtant mutuellement assistance et en se consultant régulièrement dans le cadre des affaires transfrontières. Lorsqu'une mesure doit être prise dans un État membre autre que l'État membre du procureur européen délégué chargé de l'affaire, ce dernier se prononce sur l'adoption de la mesure nécessaire et délègue celle-ci à un procureur européen délégué situé dans l'État membre dans lequel la mesure doit être exécutée.

2. Le procureur européen délégué chargé de l'affaire peut déléguer toutes les mesures auxquelles il peut avoir recours conformément à l'article 30. La justification et l'adoption de ces mesures sont régies par le droit de l'État membre du procureur européen délégué chargé de l'affaire. Lorsque le procureur européen délégué chargé de l'affaire délègue une mesure d'enquête à un ou plusieurs procureurs européens délégués d'un autre État membre, il en informe dans le même temps le procureur européen chargé de la surveillance de l'affaire dont il dépend.

3. Si la mesure requiert une autorisation judiciaire en vertu du droit de l'État membre du procureur européen délégué assistant, ce dernier se charge de l'obtention de cette autorisation conformément au droit de cet État membre.

Si l'autorisation judiciaire relative à la mesure déléguée est refusée, le procureur européen délégué chargé de l'affaire retire la délégation.

Toutefois, lorsque le droit de l'État membre du procureur européen délégué assistant n'exige pas une telle autorisation judiciaire, mais que celle-ci est néanmoins requise par le droit de l'État membre du procureur européen délégué chargé de l'affaire, l'autorisation est obtenue par le procureur européen délégué chargé de l'affaire et présentée en même temps que la délégation.

4. Le procureur européen délégué assistant exécute la mesure déléguée ou charge l'autorité nationale compétente de le faire.

5. Lorsque le procureur européen délégué assistant estime que :

a) la délégation est incomplète ou comporte une erreur manifeste significative ;

b) la mesure ne peut pas être prise dans le délai fixé dans la délégation, pour des raisons objectives et justifiées ;

c) une autre mesure moins intrusive permettrait d'atteindre les mêmes résultats que la mesure déléguée ; ou

d) la mesure déléguée n'existe pas, ou qu'il ne pourrait y avoir recours dans le cadre d'une procédure nationale similaire en vertu du droit de son État membre,

il informe le procureur européen chargé de la surveillance de l'affaire dont il dépend et consulte le procureur européen délégué chargé de l'affaire en vue de régler la question au niveau bilatéral.

6. Si la mesure déléguée n'existe pas dans une situation purement interne, mais qu'il serait possible d'y avoir recours dans une situation transfrontière régie par les instruments juridiques en vigueur en matière de reconnaissance mutuelle ou de coopération transfrontière, les procureurs européens délégués concernés peuvent, en accord avec les procureurs européens chargés de la surveillance de l'affaire dont ils dépendent, recourir à ces instruments.

7. Si les procureurs européens délégués ne peuvent résoudre la question dans un délai de sept jours ouvrables et que la délégation est maintenue, la question est renvoyée à la chambre permanente compétente. Il en va de même lorsque la mesure déléguée n'est pas prise dans le délai fixé dans la délégation ou dans un délai raisonnable.

8. La chambre permanente compétente entend, dans la mesure où cela est nécessaire, les procureurs européens délégués concernés par l'affaire et décide ensuite sans retard indu, conformément au droit national applicable ainsi qu'au présent règlement, si et à quel moment au plus tard la mesure déléguée nécessaire ou une mesure de remplacement est prise par le procureur européen délégué assistant, et communique cette décision auxdits procureurs européens délégués par l'intermédiaire du procureur européen compétent.

Art. 32. – *Exécution des mesures déléguées.* – Les mesures déléguées sont mises en œuvre conformément au présent règlement et au droit de l'État membre du procureur européen délégué assistant. Les formalités et procédures expressément indiquées par le procureur européen délégué chargé de l'affaire sont respectées à moins qu'elles ne soient contraires aux principes fondamentaux du droit de l'État membre du procureur européen délégué assistant.

Art. 33. – *Détention provisoire et remise transfrontière.* – 1. Le procureur européen délégué chargé de l'affaire peut ordonner ou demander l'arrestation ou le placement en détention provisoire du suspect ou de la personne poursuivie, conformément au droit interne applicable dans le cadre de procédures nationales similaires.

2. Lorsqu'il est nécessaire de procéder à l'arrestation et à la remise d'une personne qui ne se trouve pas dans l'État membre sur le territoire duquel est établi le procureur européen délégué chargé de l'affaire, ce dernier délivre ou demande à l'autorité compétente de cet État membre de délivrer un mandat d'arrêt européen conformément à la décision-cadre 2002/584/JAI du Conseil (1).

SECTION 3. – *Règles en matière de poursuites*

Art. 34. – *Renvois et transferts de procédure aux autorités nationales.* – 1. Lorsqu'une enquête menée par le Parquet européen révèle que les faits faisant l'objet de l'enquête ne constituent pas une infraction pénale à l'égard de laquelle il est compétent en vertu des articles 22 et 23, la chambre permanente compétente décide de renvoyer l'affaire aux autorités nationales compétentes sans retard indu.

2. Lorsqu'une enquête menée par le Parquet européen révèle que les conditions spécifiques à l'exercice de ses compétences énoncées à l'article 25, paragraphes 2 et 3, ne sont plus remplies, la chambre permanente compétente décide de renvoyer l'affaire aux autorités nationales compétentes sans retard indu et avant d'engager des poursuites devant les juridictions nationales.

3. Si, dans le cas d'une infraction qui a causé ou est susceptible de causer aux intérêts financiers de l'Union un préjudice inférieur à 100 000 euros, le collège estime, eu égard au degré de gravité de l'infraction ou à la complexité de la procédure dans une affaire spécifique, qu'il n'est pas nécessaire d'ouvrir une enquête ou d'engager des poursuites au niveau de l'Union et qu'un renvoi contribuerait à l'efficacité de l'enquête ou des poursuites, il formule, conformément à l'article 9, paragraphe 2, des orientations générales permettant aux chambres permanentes de renvoyer une affaire aux autorités nationales compétentes.

Ces orientations permettent également aux chambres permanentes de renvoyer une affaire aux autorités nationales compétentes lorsque le Parquet européen exerce une compétence à l'égard d'infractions visées à l'article 3, paragraphe 2, points *a)* et *b)*, de la directive (UE) 2017/1371 et que le préjudice causé ou susceptible d'être causé aux intérêts financiers de l'Union n'excède pas le préjudice causé ou susceptible d'être causé à une autre victime.

(1) Décision-cadre 2002/584/JAI du Conseil du 13 juin 2002 relative au mandat d'arrêt européen et aux procédures de remise entre États membres (*JO* L 190, 18 juill. 2002, p. 1).

Afin de garantir une application cohérente de ces orientations, chaque chambre permanente fait rapport une fois par an au collège sur leur application.

De tels renvois concernent également les infractions indissociablement liées relevant de la compétence du Parquet européen visées à l'article 22, paragraphe 3.

4. La chambre permanente communique au chef du Parquet européen toute décision de renvoyer une affaire aux autorités nationales sur la base du paragraphe 3. Dans un délai de trois jours à compter de la réception de cette information, le chef du Parquet européen peut demander à la chambre permanente de revoir sa décision s'il estime que cela est nécessaire pour garantir la cohérence des enquêtes et des poursuites menées par le Parquet européen. Si le chef du Parquet européen est membre de la chambre permanente concernée, un de ses adjoints exerce le droit de demander ladite révision.

5. Lorsque les autorités nationales compétentes n'acceptent pas de se charger de l'affaire conformément aux paragraphes 2 et 3 dans un délai de trente jours au maximum, le Parquet européen demeure compétent pour engager des poursuites ou classer l'affaire sans suite, conformément aux règles prévues par le présent règlement.

6. Lorsque le Parquet européen envisage un classement sans suite conformément à l'article 39, paragraphe 3, et si l'autorité nationale le demande, la chambre permanente renvoie l'affaire sans tarder à ladite autorité.

7. Si, à la suite d'un renvoi en application du paragraphe 1, 2 ou 3 du présent article et de l'article 25, paragraphe 3, l'autorité nationale décide d'ouvrir une enquête, le Parquet européen transfère le dossier à ladite autorité nationale, s'abstient de prendre de nouvelles mesures d'enquête ou d'engager de nouvelles poursuites et classe l'affaire.

8. Si un dossier est transféré conformément au paragraphe 1, 2 ou 3 du présent article et à l'article 25, paragraphe 3, le Parquet européen en informe les institutions, organes et organismes de l'Union concernés ainsi que, lorsque le droit interne le prévoit, les suspects ou les personnes poursuivies et les victimes de l'infraction.

Art. 35. – *Clôture de l'enquête.* – 1. Lorsque le procureur européen délégué chargé de l'affaire considère que l'enquête est achevée, il soumet au procureur européen chargé de la surveillance de l'affaire un rapport contenant un résumé de l'affaire et un projet de décision visant d'éventuelles poursuites devant une juridiction nationale ou un éventuel renvoi de l'affaire, un classement sans suite ou une procédure simplifiée en matière de poursuites conformément à l'article 34, 39 ou 40. Le procureur européen chargé de la surveillance de l'affaire transmet ces documents à la chambre permanente compétente, accompagnés, s'il l'estime nécessaire, de sa propre analyse. Lorsque la chambre permanente, en application de l'article 10, paragraphe 3, adopte la décision proposée par le procureur européen délégué, celui-ci agit en conséquence.

2. Si la chambre permanente, sur la base des rapports reçus, envisage de ne pas prendre la décision proposée par le procureur européen délégué, elle procède, le cas échéant, à son propre examen du dossier avant de prendre une décision définitive ou de donner de nouvelles instructions au procureur européen délégué.

3. Le cas échéant, le rapport du procureur européen délégué fournit également des motifs suffisants de porter l'affaire en jugement soit devant une juridiction de l'État membre dans lequel il est établi, soit, en application de l'article 26, paragraphe 4, devant une juridiction d'un autre État membre qui est compétente pour connaître de l'affaire.

Art. 36. – *Poursuites devant les juridictions nationales.* – 1. Lorsque le procureur européen délégué soumet un projet de décision proposant de porter une affaire en jugement, la chambre permanente se prononce sur ce projet, conformément aux procédures définies à l'article 35, dans un délai de vingt et un jours. La chambre permanente ne peut pas décider de classer une affaire sans suite si un projet de décision propose de porter ladite affaire en jugement.

2. Si la chambre permanente ne se prononce pas dans un délai de vingt et un jours, la décision proposée par le procureur européen délégué est réputée acceptée.

3. Lorsqu'une affaire relève de la compétence de plus d'un État membre, la chambre permanente décide en principe d'exercer les poursuites dans l'État membre du procureur européen délégué chargé de l'affaire. Cependant, la chambre permanente peut, compte tenu du rapport fourni conformément à l'article 35, paragraphe 1, décider d'exercer les poursuites dans un autre État membre, s'il existe des motifs suffisamment justifiés pour le faire, en tenant compte des critères énoncés à l'article 26, paragraphes 4 et 5, et enjoindre le procureur européen délégué de cet État membre d'agir en conséquence.

4. Avant de décider de porter une affaire en jugement, la chambre permanente compétente peut, sur proposition du procureur européen délégué chargé de l'affaire, décider de joindre plusieurs affaires, lorsque les enquêtes ont été menées par différents procureurs européens délégués à l'encontre de la même ou des mêmes personnes en vue d'exercer les poursuites devant les juridictions d'un seul État membre qui, conformément au droit de celui-ci, a compétence dans chacune de ces affaires.

5. Une fois qu'a été prise une décision quant à l'État membre dans lequel les poursuites seront exercées, la juridiction nationale compétente dans cet État membre sera déterminée sur la base du droit national.

6. Si nécessaire aux fins de recouvrement, de suivi administratif ou de contrôle, le Bureau central informe les autorités nationales compétentes, les personnes intéressées et les institutions, organes et organismes de l'Union concernés de la décision d'engager des poursuites.

7. Lorsque, à la suite d'une décision judiciaire, le Parquet européen doit déterminer s'il forme un recours, le procureur européen délégué soumet à la chambre permanente compétente un rapport comportant un projet de décision et attend ses instructions. S'il devait se révéler impossible d'attendre lesdites instructions dans les délais fixés par le droit national, le procureur européen délégué est habilité à former un recours sans instructions préalables de la chambre permanente, et soumet ensuite sans tarder le rapport à celle-ci. La chambre permanente enjoint alors le procureur européen délégué de maintenir le recours ou de le retirer. La même procédure s'applique lorsque, au cours de la procédure judiciaire et conformément au droit national applicable, le procureur européen délégué chargé de l'affaire prend une position conduisant au classement sans suite de l'affaire.

Art. 37. – *Éléments de preuve.* – 1. Les éléments de preuve présentés à une juridiction par les procureurs du Parquet européen ou par la partie défenderesse ne peuvent être déclarés inadmissibles au seul motif qu'ils ont été recueillis dans un autre État membre ou conformément au droit d'un autre État membre.

2. Le présent règlement ne porte pas atteinte au pouvoir dont dispose la juridiction du fond d'apprécier librement les éléments de preuve présentés par la partie défenderesse ou par les procureurs du Parquet européen.

Art. 38. – *Cession des avoirs confisqués.* – Lorsque, conformément aux conditions et procédures prévues par le droit national, y compris celui transposant la directive 2014/42/UE du Parlement européen et du Conseil (1), la juridiction nationale compétente a, par voie de décision définitive, décidé de confisquer tout bien en rapport avec une infraction relevant de la compétence du Parquet européen ou tout produit provenant d'une telle infraction, ces biens ou produits sont cédés conformément au droit national applicable. Cette cession ne porte pas atteinte aux droits de l'Union ou d'autres victimes d'obtenir réparation pour les dommages subis.

SECTION 4. – Règles en matière de mesures alternatives aux poursuites

Art. 39. – *Classement sans suite de l'affaire.* – 1. Lorsqu'il est devenu impossible de déclencher des poursuites conformément au droit de l'État membre du procureur européen délégué chargé de l'affaire, la chambre permanente décide, sur la base d'un rapport soumis par le procureur européen délégué chargé de l'affaire conformément à l'article 35, paragraphe 1, de classer sans suite la procédure engagée à l'encontre d'une personne pour l'un des motifs suivants :

a) le décès du suspect ou de la personne poursuivie ou la dissolution de la personne morale soupçonnée ou poursuivie ;

b) la démence du suspect ou de la personne poursuivie ;

c) l'amnistie accordée au suspect ou à la personne poursuivie ;

d) l'immunité accordée au suspect ou à la personne poursuivie, à moins que celle-ci ait été levée ;

e) l'expiration du délai national de prescription en matière de poursuites ;

f) l'affaire concernant le suspect ou la personne poursuivie a déjà été définitivement jugée en liaison avec les mêmes actes ;

(1) Directive 2014/42/UE du Parlement européen et du Conseil du 3 avril 2014 concernant le gel et la confiscation des instruments et des produits du crime dans l'Union européenne (*JO* L 127, 29 avr. 2014, p. 39).

g) l'absence de preuves pertinentes.

2. Une décision rendue en application du paragraphe 1 n'empêche pas un complément d'enquête sur la base de faits nouveaux qui n'étaient pas connus du Parquet européen au moment où elle a été rendue et qui ont été découverts par la suite. La décision de rouvrir une enquête sur la base de faits nouveaux incombe à la chambre permanente compétente.

3. Lorsque le Parquet européen est compétent conformément à l'article 22, paragraphe 3, il ne classe sans suite une affaire qu'après avoir consulté les autorités nationales de l'État membre visées à l'article 25, paragraphe 6. Le cas échéant, la chambre permanente renvoie l'affaire aux autorités nationales compétentes conformément à l'article 34, paragraphes 6, 7 et 8.

Il en va de même lorsque le Parquet européen exerce une compétence à l'égard d'infractions visées à l'article 3, paragraphe 2, points *a)* et *b)*, de la directive (UE) 2017/1371 et que le préjudice causé ou susceptible d'être causé aux intérêts financiers de l'Union n'excède pas le préjudice causé ou susceptible d'être causé à une autre victime.

4. Lorsqu'une affaire est classée sans suite, le Parquet européen le notifie officiellement aux autorités nationales compétentes et en informe les institutions, organes et organismes de l'Union concernés ainsi que, lorsque le droit interne le prévoit, les suspects ou les personnes poursuivies et les victimes de l'infraction. Les affaires classées sans suite peuvent également être renvoyées à l'OLAF ou aux autorités administratives ou judiciaires nationales compétentes aux fins de recouvrement ou de tout autre suivi administratif.

SECTION 5. – Règles relatives aux procédures simplifiées

Art. 40. – *Procédures simplifiées en matière de poursuites.* – 1. Si le droit national applicable prévoit une procédure simplifiée en matière de poursuites visant au règlement définitif d'une affaire selon les modalités fixées d'un commun accord avec le suspect, le procureur européen délégué chargé de l'affaire peut, conformément à l'article 10, paragraphe 3, et à l'article 35, paragraphe 1, proposer à la chambre permanente compétente d'appliquer cette procédure conformément aux conditions prévues en droit national.

Lorsque le Parquet européen exerce une compétence à l'égard d'infractions visées à l'article 3, paragraphe 2, points *a)* et *b)*, de la directive (UE) 2017/1371 et que le préjudice causé ou susceptible d'être causé aux intérêts financiers de l'Union n'excède pas le préjudice causé ou susceptible d'être causé à une autre victime, le procureur européen délégué chargé de l'affaire consulte les autorités nationales chargées des poursuites avant de proposer d'appliquer une procédure simplifiée en matière de poursuites.

2. La chambre permanente se prononce sur la proposition du procureur européen délégué chargé de l'affaire en tenant compte des éléments suivants :

a) la gravité de l'infraction, en fonction notamment du préjudice causé ;

b) la volonté de l'auteur présumé de l'infraction de réparer le préjudice causé par son comportement illégal ;

c) le recours à la procédure serait conforme aux objectifs généraux et aux principes fondamentaux du Parquet européen énoncés dans le présent règlement.

Le collège adopte, conformément à l'article 9, paragraphe 2, des orientations relatives à la prise en compte de ces éléments.

3. Si la chambre permanente approuve la proposition, le procureur européen délégué chargé de l'affaire applique la procédure simplifiée en matière de poursuites conformément aux conditions prévues en droit national et l'enregistre dans le système de gestion des dossiers. Lorsque la procédure simplifiée en matière de poursuites est arrivée à son terme à la suite du respect des conditions arrêtées d'un commun accord avec le suspect, la chambre permanente charge le procureur européen délégué d'agir en vue de classer définitivement l'affaire.

CHAPITRE VI. – GARANTIES PROCÉDURALES

Art. 41. – *Portée des droits conférés aux suspects et aux personnes poursuivies.* – 1. Les activités du Parquet européen sont exercées dans le respect total des droits des suspects et personnes poursuivies qui sont consacrés par la charte, notamment le droit à un procès équitable et les droits de la défense.

2. Tout suspect ou personne poursuivie impliqué dans les procédures pénales du Parquet européen jouit, au minimum, des droits procéduraux prévus dans le droit de l'Union, y compris les directives concernant les droits des suspects et personnes poursuivies dans le cadre de procédures pénales, telles qu'elles ont été mises en œuvre en droit interne, comme :

a) le droit à l'interprétation et à la traduction, prévu dans la directive 2010/64/UE ;

b) le droit à l'information et à l'accès aux pièces du dossier, prévu dans la directive 2012/13/UE ;

c) le droit d'accès à un avocat et le droit de communiquer avec des tiers et d'informer des tiers en cas de détention, prévus dans la directive 2013/48/UE ;

d) le droit de garder le silence et le droit d'être présumé innocent, prévus dans la directive (UE) 2016/343 ;

e) le droit à l'aide juridictionnelle, prévu dans la directive (UE) 2016/1919.

3. Sans préjudice des droits visés au présent chapitre, les suspects et les personnes poursuivies ainsi que les autres personnes concernées par les procédures du Parquet européen jouissent de tous les droits procéduraux que le droit interne applicable leur accorde, y compris la possibilité de présenter des éléments de preuve, de demander la désignation d'experts ou une expertise et l'audition de témoins, et de demander que le Parquet européen obtienne de telles mesures au nom de la défense.

Art. 42. – *Contrôle juridictionnel.* – 1. Les actes de procédure du Parquet européen qui sont destinés à produire des effets juridiques à l'égard de tiers sont soumis au contrôle des juridictions nationales compétentes conformément aux exigences et procédures prévues par le droit national. Il en va de même lorsque le Parquet européen s'abstient d'adopter des actes de procédure destinés à produire des effets juridiques à l'égard de tiers que celui-ci était légalement tenu d'adopter en application du présent règlement.

2. La Cour de justice est compétente, conformément à l'article 267 du TFUE, pour statuer, à titre préjudiciel, sur :

a) la validité des actes de procédure du Parquet européen, pour autant qu'une telle question de validité soit soulevée devant une juridiction d'un État membre directement sur la base du droit de l'Union ;

b) l'interprétation ou la validité de dispositions du droit de l'Union, y compris le présent règlement ;

c) l'interprétation des articles 22 et 25 du présent règlement en ce qui concerne tout conflit de compétence entre le Parquet européen et les autorités nationales compétentes.

3. Par dérogation au paragraphe 1 du présent article, les décisions du Parquet européen visant à classer une affaire sans suite, pour autant qu'elles soient contestées directement sur la base du droit de l'Union, sont soumises au contrôle de la Cour de justice conformément à l'article 263, quatrième alinéa, du TFUE.

4. La Cour de justice est compétente, conformément à l'article 268 du TFUE, pour statuer sur tout litige concernant la réparation des dommages causés par le Parquet européen.

5. La Cour de justice est compétente, conformément à l'article 272 du TFUE, pour statuer sur tout litige concernant les clauses d'arbitrage contenues dans les contrats conclus par le Parquet européen.

6. La Cour de justice est compétente, conformément à l'article 270 du TFUE, pour statuer sur tout litige concernant les questions relatives au personnel.

7. La Cour de justice est compétente pour statuer sur la révocation du chef du Parquet européen ou des procureurs européens, conformément, respectivement, à l'article 14, paragraphe 5, et à l'article 16, paragraphe 5.

8. Le présent article s'entend sans préjudice du contrôle juridictionnel exercé par la Cour de justice, conformément à l'article 263, quatrième alinéa, du TFUE, à l'égard des décisions du Parquet européen qui affectent les droits des personnes concernées au titre du chapitre VIII et des décisions du Parquet européen qui ne sont pas des actes de procédure, telles que les décisions du Parquet européen relatives au droit d'accès du public aux documents, ou d'une décision révoquant un procureur européen délégué adoptée conformément à l'article 17, paragraphe 3, du présent règlement, ou de toute autre décision administrative.

CHAPITRE VII. – TRAITEMENT D'INFORMATIONS

Art. 43. – *Accès du Parquet européen aux informations.* – 1. Les procureurs européens délégués peuvent obtenir toutes les informations pertinentes stockées dans les bases de données nationales sur les enquêtes pénales et dans celles tenues par les services répressifs ainsi que dans d'autres registres pertinents tenus par des autorités publiques, dans les mêmes conditions que celles applicables en droit national dans le cadre de procédures similaires.

2. Le Parquet européen peut également obtenir toutes les informations pertinentes relevant de sa compétence qui sont stockées dans les bases de données et dans les registres des institutions, organes et organismes de l'Union.

Art. 44. – *Système de gestion des dossiers.* – 1. Le Parquet européen établit un système de gestion des dossiers, qui est tenu et géré conformément aux règles fixées dans le présent règlement et dans le règlement intérieur du Parquet européen.

2. Le système de gestion des dossiers a pour objectifs de :

a) fournir un soutien à la conduite des enquêtes et des poursuites menées par le Parquet européen, notamment en gérant les flux d'informations internes et en appuyant les activités d'enquête dans le cadre des affaires transfrontières ;

b) garantir un accès sécurisé aux informations relatives aux enquêtes et aux poursuites au sein du Bureau central et par les procureurs européens délégués ;

c) permettre le recoupement d'informations et l'extraction de données à des fins d'analyse opérationnelle et de statistiques ;

d) faciliter le contrôle en vue de s'assurer que le traitement des données opérationnelles à caractère personnel est licite et conforme aux dispositions pertinentes du présent règlement.

3. Le système de gestion des dossiers peut être relié à l'accès aux télécommunications sécurisées visé à l'article 9 de la décision 2008/976/JAI du Conseil (1).

4. Le système de gestion des dossiers comprend :

a) un registre des informations obtenues par le Parquet européen conformément à l'article 24, y compris toutes les décisions liées à ces informations ;

b) un index de tous les dossiers ;

c) toutes les informations provenant des dossiers qui sont stockées sous forme électronique dans le système de gestion des dossiers conformément à l'article 45, paragraphe 3.

L'index ne peut comporter aucune donnée opérationnelle à caractère personnel en dehors des données nécessaires pour identifier les affaires, ou pour établir des recoupements entre différents dossiers.

5. Pour traiter des données opérationnelles à caractère personnel, le Parquet européen ne peut créer de fichiers automatisés autres que les dossiers qu'en conformité avec le présent règlement et avec le règlement intérieur du Parquet européen. Les détails relatifs à ces autres fichiers automatisés sont notifiés au Contrôleur européen de la protection des données.

Art. 45. – *Dossiers du Parquet européen.* – 1. Lorsque le Parquet européen décide d'ouvrir une enquête ou d'exercer son droit d'évocation conformément au présent règlement, le procureur européen délégué chargé de l'affaire ouvre un dossier.

Le dossier comprend l'ensemble des informations et éléments de preuve dont dispose le procureur européen délégué, qui se rapportent à l'enquête ou aux poursuites menées par le Parquet européen.

Dès qu'une enquête a été ouverte, les informations provenant du registre visé à l'article 44, paragraphe 4, point *a)*, sont intégrées au dossier.

2. Le dossier est géré par le procureur européen délégué chargé de l'affaire conformément au droit de son État membre.

Le règlement intérieur du Parquet européen peut comporter des règles relatives à l'organisation et à la gestion des dossiers dans la mesure nécessaire pour garantir le fonctionnement du Parquet européen en tant que parquet unique. L'accès au dossier est accordé aux suspects et aux personnes poursuivies, ainsi qu'aux autres personnes concernées par la procédure, par le procureur européen délégué chargé de l'affaire en conformité avec le droit national de l'État membre de ce procureur.

3. Le système de gestion des dossiers du Parquet européen comprend l'ensemble des informations et éléments de preuve provenant du dossier qui peuvent être stockés sous forme électronique, afin de permettre au Bureau central d'exercer ses fonctions conformément au présent règlement. Le procureur européen délégué chargé de l'affaire veille à ce que le contenu des informations figurant dans le système de gestion des dossiers reflète à tout moment le contenu du dossier, et en particulier à ce que les données opérationnelles à caractère personnel figurant dans le système de gestion des dossiers soient effacées ou rectifiées chaque fois que les données ont été effacées ou rectifiées dans le dossier correspondant.

Art. 46. – *Accès au système de gestion des dossiers.* – Le chef du Parquet européen, ses adjoints, les autres procureurs européens et les procureurs européens délégués ont un accès direct au registre et à l'index.

(1) Décision 2008/976/JAI du Conseil du 16 décembre 2008 concernant le Réseau judiciaire européen (*JO* L 348, 24 déc. 2008, p. 130).

Le procureur européen chargé de la surveillance de l'affaire et la chambre permanente compétente ont, lorsqu'ils exercent leurs compétences conformément aux articles 10 et 12, un accès direct aux informations stockées sous forme électronique dans le système de gestion des dossiers. Le procureur européen chargé de la surveillance de l'affaire a également un accès direct au dossier. La chambre permanente compétente a accès au dossier sur demande.

Les autres procureurs européens délégués peuvent demander à avoir accès aux informations stockées sous forme électronique dans le système de gestion des dossiers ainsi qu'à tout dossier. Il appartient au procureur européen délégué chargé de l'affaire de décider d'accorder ou non cet accès à d'autres procureurs européens délégués, conformément au droit national applicable. Si l'accès n'est pas accordé, la question peut être soumise à la chambre permanente compétente. Dans la mesure nécessaire, la chambre permanente compétente entend les procureurs européens délégués concernés, puis prend une décision conformément au droit national applicable et au présent règlement.

Le règlement intérieur du Parquet européen fixe les règles complémentaires relatives au droit d'accès, ainsi que la procédure à suivre pour établir le niveau d'accès au système de gestion des dossiers accordé au chef du Parquet européen, à ses adjoints, aux autres procureurs européens, aux procureurs européens délégués et au personnel du Parquet européen, dans la mesure nécessaire à l'exercice de leurs fonctions.

CHAPITRE VIII. – PROTECTION DES DONNÉES

Art. 47. – *Principes relatifs au traitement des données à caractère personnel.* – 1. Les données à caractère personnel doivent être :

a) traitées de manière licite et loyale (« licéité et loyauté ») ;

b) collectées pour des finalités déterminées, explicites et légitimes, et ne pas être traitées ultérieurement d'une manière incompatible avec ces finalités ; le traitement ultérieur à des fins archivistiques dans l'intérêt public, à des fins de recherche scientifique ou historique ou à des fins statistiques n'est pas considéré comme incompatible avec les finalités initiales, à condition que le Parquet européen fournisse des garanties appropriées pour les droits et les libertés des personnes concernées (« limitation des finalités ») ;

c) adéquates, pertinentes et non excessives au regard des finalités pour lesquelles elles sont traitées (« minimisation des données ») ;

d) exactes et, si nécessaire, tenues à jour ; toutes les mesures raisonnables doivent être prises pour que les données à caractère personnel qui sont inexactes, eu égard aux finalités pour lesquelles elles sont traitées, soient effacées ou rectifiées sans tarder (« exactitude ») ;

e) conservées sous une forme permettant l'identification des personnes concernées pendant une durée n'excédant pas celle nécessaire au regard des finalités pour lesquelles elles sont traitées ; les données à caractère personnel peuvent être conservées pour des durées plus longues dans la mesure où elles seront traitées exclusivement à des fins archivistiques dans l'intérêt public, à des fins de recherche scientifique ou historique ou à des fins statistiques, à condition que le Parquet européen fournisse des garanties appropriées pour les droits et les libertés des personnes concernées, notamment en mettant en œuvre les mesures techniques et organisationnelles appropriées requises par le présent règlement (« limitation de la conservation ») ;

f) traitées de façon à garantir une sécurité appropriée des données à caractère personnel, y compris la protection contre le traitement non autorisé ou illicite et contre la perte, la destruction ou les dégâts d'origine accidentelle, à l'aide de mesures techniques ou organisationnelles appropriées (« intégrité et confidentialité »).

2. Le Parquet européen est responsable du respect du paragraphe 1 et est en mesure de démontrer que celui-ci est respecté (« responsabilité »), lors du traitement de données à caractère personnel, automatisé en tout ou en partie, et lors du traitement non automatisé de données à caractère personnel contenues ou appelées à figurer dans un fichier.

3. Le traitement, par le Parquet européen, pour l'une des finalités énoncées à l'article 49, autre que celles pour lesquelles les données opérationnelles à caractère personnel ont été collectées, est autorisé à condition que :

a) le Parquet européen soit autorisé à traiter ces données opérationnelles à caractère personnel pour une telle finalité conformément au présent règlement ; et

b) le traitement soit nécessaire et proportionné à cette autre finalité conformément au droit de l'Union ; et

c) le cas échéant, l'utilisation de ces données opérationnelles à caractère personnel ne soit pas interdite par le droit procédural national applicable aux mesures d'enquête prises conformément à l'article 30. Le droit procédural national applicable est celui de l'État membre sur le territoire duquel les données ont été obtenues.

Art. 48. – *Données administratives à caractère personnel.* – 1. Le règlement (CE) n° 45/2001 s'applique à l'ensemble des données administratives à caractère personnel traitées par le Parquet européen.

2. Le Parquet européen fixe les délais de conservation des données administratives à caractère personnel dans les dispositions de son règlement intérieur afférentes à la protection des données.

Art. 49. – *Traitement des données opérationnelles à caractère personnel.* – 1. Le Parquet européen traite les données opérationnelles à caractère personnel par voie automatisée ou dans des fichiers manuels structurés, conformément au présent règlement, et ce, uniquement aux fins suivantes :

a) les enquêtes et poursuites pénales menées conformément au présent règlement ; ou

b) l'échange d'informations avec les autorités compétentes des États membres de l'Union européenne et d'autres institutions, organes ou organismes de l'Union conformément au présent règlement ; ou

c) la coopération avec les pays tiers et les organisations internationales menée conformément au présent règlement.

2. Les catégories de données opérationnelles à caractère personnel et les catégories de personnes concernées dont les données opérationnelles à caractère personnel peuvent être traitées dans l'index visé à l'article 44, paragraphe 4, point *b)*, par le Parquet européen pour chaque finalité prévue au paragraphe 1 du présent article sont énumérées dans une annexe en conformité avec le paragraphe 3.

3. La Commission est habilitée à adopter des actes délégués en conformité avec l'article 115 pour établir la liste des catégories de données opérationnelles à caractère personnel et des catégories de personnes concernées visées au paragraphe 2 du présent article et pour mettre à jour cette liste afin de tenir compte des évolutions en matière de technologies de l'information et de l'état d'avancement de la société de l'information.

Lorsque des raisons d'urgence impérieuses l'imposent, la procédure prévue à l'article 116 est applicable aux actes délégués adoptés en vertu du présent paragraphe.

4. Le Parquet européen peut traiter temporairement des données opérationnelles à caractère personnel afin de déterminer si ces données sont pertinentes pour ses tâches et pour les finalités visées au paragraphe 1. Le collège, statuant sur proposition du chef du Parquet européen et après consultation du Contrôleur européen de la protection des données, précise davantage les conditions applicables au traitement de ces données à caractère personnel, en particulier en ce qui concerne l'accès à ces données opérationnelles et leur utilisation, ainsi que les délais afférents à leur conservation et à leur effacement.

5. Le Parquet européen traite les données opérationnelles à caractère personnel de telle manière que l'on puisse identifier l'autorité ayant fourni les données ou la source dont elles ont été extraites.

6. Lorsqu'il applique les articles 57 à 62, le Parquet européen agit, le cas échéant, conformément au droit procédural national relatif à l'obligation d'information des personnes concernées et à la possibilité de ne pas fournir, de limiter ou de retarder cette information. Le cas échéant, le procureur européen délégué chargé de l'affaire consulte les autres procureurs européens délégués concernés par celle-ci avant de prendre une décision en ce qui concerne les articles 57 à 62.

Art. 50. – *Durée de conservation des données opérationnelles à caractère personnel.* – 1. Le Parquet européen réexamine à intervalles réguliers la nécessité de conserver les données opérationnelles à caractère personnel ayant fait l'objet d'un traitement. Ce réexamen intervient au plus tard trois ans après que les données opérationnelles à caractère personnel ont été traitées pour la première fois, puis tous les trois ans. Le Contrôleur européen de la protection des données est informé lorsque des données opérationnelles à caractère personnel sont conservées pendant plus de cinq ans.

2. Les données opérationnelles à caractère personnel traitées par le Parquet européen ne sont pas conservées au-delà de cinq ans après qu'une décision d'acquittement définitif a été prononcée dans le cadre de l'affaire concernée ; si la personne poursuivie a été déclarée coupable, les délais sont prolongés jusqu'à ce que la peine prononcée soit exécutée ou ne puisse plus être exécutée en vertu du droit de l'État membre de condamnation.

3. Avant l'expiration de l'un des délais visés au paragraphe 2, le Parquet européen vérifie s'il y a lieu de continuer à conserver les données opérationnelles à caractère personnel si et aussi longtemps que cela est nécessaire pour accomplir ses missions. Les raisons de prolonger la conservation des données sont justifiées et consignées. En l'absence de décision de prolonger la conservation des données opérationnelles à caractère personnel, celles-ci sont effacées automatiquement.

Art. 51. – *Distinction entre différentes catégories de personnes concernées.* – Le Parquet européen établit, le cas échéant et dans la mesure du possible, une distinction claire entre les données opérationnelles à caractère personnel de différentes catégories de personnes concernées, telles que :

a) les personnes à l'égard desquelles il existe des motifs sérieux de croire qu'elles ont commis ou sont sur le point de commettre une infraction pénale ;

b) les personnes reconnues coupables d'une infraction pénale ;

c) les victimes d'une infraction pénale ou les personnes à l'égard desquelles certains faits portent à croire qu'elles pourraient être victimes d'une infraction pénale ; et

d) les tiers à une infraction pénale, tels que les personnes pouvant être appelées à témoigner lors d'enquêtes en rapport avec des infractions pénales ou des procédures pénales ultérieures, des personnes pouvant fournir des informations sur des infractions pénales, ou des contacts ou des associés de l'une des personnes visées aux points *a)* et *b)*.

Art. 52. – *Distinction entre les données opérationnelles à caractère personnel et vérification de la qualité des données à caractère personnel.* – 1. Le Parquet européen établit, dans la mesure du possible, une distinction entre les données opérationnelles à caractère personnel fondées sur des faits et celles fondées sur des appréciations personnelles.

2. Le Parquet européen prend toutes les mesures raisonnables pour garantir que les données opérationnelles à caractère personnel qui sont inexactes, incomplètes ou ne sont plus à jour ne soient pas transmises ou mises à disposition. À cette fin, il vérifie, dans la mesure du possible, la qualité des données opérationnelles à caractère personnel avant leur transmission ou mise à disposition. Dans la mesure du possible, lors de toute transmission de données opérationnelles à caractère personnel, le Parquet européen ajoute des informations nécessaires pour permettre au destinataire de juger de l'exactitude, de l'exhaustivité et de la fiabilité des données opérationnelles à caractère personnel, et de leur niveau de mise à jour.

3. S'il s'avère que des données opérationnelles à caractère personnel inexactes ont été transmises ou que des données opérationnelles à caractère personnel ont été transmises de manière illicite, le destinataire en est informé sans retard. Dans ce cas, les données opérationnelles à caractère personnel sont rectifiées ou effacées ou leur traitement est limité conformément à l'article 61.

Art 53. – *Conditions spécifiques applicables au traitement.* – 1. Lorsque le présent règlement l'exige, le Parquet européen soumet le traitement à des conditions spécifiques et informe le destinataire de ces données opérationnelles à caractère personnel desdites conditions et de l'obligation de les respecter.

2. Le Parquet européen respecte les conditions spécifiques applicables au traitement prévues par une autorité nationale conformément à l'article 9, paragraphes 3 et 4, de la directive (UE) 2016/680.

Art. 54. – *Transmission de données opérationnelles à caractère personnel aux institutions, organes et organismes de l'Union.* – 1. Sous réserve d'autres limitations éventuelles prévues par le présent règlement, en particulier par l'article 53, le Parquet européen ne transmet les données opérationnelles à caractère personnel à une autre institution ou à un autre organe ou organisme de l'Union que si elles sont nécessaires à l'exécution légitime de missions relevant de la compétence de cette autre institution ou de cet autre organe ou organisme de l'Union.

2. Lorsque les données opérationnelles à caractère personnel sont transmises à la suite d'une demande de l'autre institution, organe ou organisme de l'Union, tant le responsable du traitement que le destinataire assument la responsabilité de la légitimité de ce transfert.

Le Parquet européen est tenu de vérifier la compétence de l'autre institution, organe ou organisme de l'Union et d'évaluer à titre provisoire la nécessité de la transmission de ces données opérationnelles à caractère personnel. Si des doutes se font jour quant à la nécessité de cette transmission, le Parquet européen demande au destinataire un complément d'informations.

L'autre institution, organe ou organisme de l'Union veille à ce que la nécessité de la transmission des données opérationnelles à caractère personnel puisse être ultérieurement vérifiée.

3. L'autre institution, organe ou organisme de l'Union traite les données opérationnelles à caractère personnel uniquement aux fins qui ont motivé leur transmission.

Art. 55. – *Traitement portant sur des catégories particulières de données opérationnelles à caractère personnel.* – 1. Le traitement des données opérationnelles à caractère personnel qui révèlent l'origine raciale ou ethnique, les opinions politiques, les convictions religieuses ou philosophiques, ou l'appartenance syndicale, et le traitement des données génétiques, des données biométriques aux fins d'identifier une personne physique de manière unique, des données opérationnelles à caractère personnel concernant la santé ou des données opérationnelles à caractère personnel concernant la vie sexuelle ou l'orientation sexuelle d'une personne physique sont autorisés uniquement en cas de nécessité absolue pour les enquêtes du Parquet européen, sous réserve de garanties appropriées pour les droits et les libertés de la personne concernée, et uniquement si elles complètent d'autres données opérationnelles à caractère personnel déjà traitées par le Parquet européen.

2. Le délégué à la protection des données est immédiatement informé du recours au présent article.

Art. 56. – *Décision individuelle automatisée, y compris le profilage.* – La personne concernée a le droit de ne pas faire l'objet d'une décision du Parquet européen fondée exclusivement sur un traitement automatisé, y compris le profilage, qui produit des effets juridiques la concernant ou qui, de façon similaire, l'affecte de manière significative.

Art. 57. – *Communication et modalités de l'exercice des droits de la personne concernée.* – 1. Le Parquet européen prend des mesures raisonnables pour fournir toute information visée à l'article 58. Il procède à toute communication au titre de l'article 56, des articles 59 à 62 et de l'article 75 en ce qui concerne le traitement à la personne concernée d'une façon concise, compréhensible et aisément accessible, en des termes clairs et simples. Les informations sont fournies par tout moyen approprié, y compris par voie électronique. De manière générale, le responsable du traitement fournit les informations sous la même forme que la demande.

2. Le Parquet européen facilite l'exercice des droits de la personne concernée en application des articles 58 à 62.

3. Le Parquet européen informe par écrit la personne concernée de la suite réservée à sa demande, sans retard indu, et en tout état de cause au plus tard trois mois après réception de la demande de la personne concernée.

4. Le Parquet européen fournit les informations visées à l'article 58 et procède à toute communication ou prend toute mesure au titre de l'article 56, des articles 59 à 62 et de l'article 75 sans exiger aucun paiement. Lorsque les demandes d'une personne concernée sont manifestement infondées ou excessives, notamment en raison de leur caractère répétitif, le Parquet européen peut :

a) exiger le paiement de frais raisonnables, qui tiennent compte des coûts administratifs supportés pour fournir les informations, procéder aux communications ou prendre les mesures demandées ; ou

b) refuser de donner suite à la demande.

Il incombe au Parquet européen de démontrer le caractère manifestement infondé ou excessif de la demande.

5. Lorsque le Parquet européen a des doutes raisonnables quant à l'identité de la personne physique présentant une demande visée à l'article 59 ou 61, il peut demander que lui soient fournies des informations supplémentaires nécessaires pour confirmer l'identité de la personne concernée.

Art. 58. – *Informations à mettre à la disposition de la personne concernée ou à lui fournir.* – 1. Le Parquet européen met à la disposition de la personne concernée au moins les informations suivantes :

a) l'identité et les coordonnées de la personne à contacter au sein du Parquet européen ;

b) les coordonnées du délégué à la protection des données ;

c) les finalités du traitement auquel sont destinées les données opérationnelles à caractère personnel ;

d) le droit de saisir le Contrôleur européen de la protection des données et les coordonnées de ce dernier ;

e) l'existence du droit de demander au Parquet européen l'accès aux données opérationnelles à caractère personnel, leur rectification ou leur effacement, et la limitation du traitement des données opérationnelles à caractère personnel relatives à la personne concernée.

2. Outre les informations visées au paragraphe 1, le Parquet européen fournit à la personne concernée, dans des cas particuliers, les informations additionnelles suivantes afin de lui permettre d'exercer ses droits :

a) la base juridique du traitement ;

b) la durée de conservation des données opérationnelles à caractère personnel ou, lorsque cela n'est pas possible, les critères utilisés pour déterminer cette durée ;

c) le cas échéant, les catégories de destinataires des données opérationnelles à caractère personnel, y compris dans les pays tiers ou au sein d'organisations internationales ;

d) au besoin, des informations complémentaires, en particulier lorsque les données opérationnelles à caractère personnel sont collectées à l'insu de la personne concernée.

3. Le Parquet européen peut retarder ou limiter la fourniture des informations à la personne concernée en application du paragraphe 2, ou ne pas fournir ces informations, dès lors et aussi longtemps qu'une mesure de cette nature constitue une mesure nécessaire et proportionnée dans une société démocratique, en tenant dûment compte des droits fondamentaux et des intérêts légitimes de la personne physique concernée, pour :

a) éviter de gêner des enquêtes, des recherches ou des procédures officielles ou judiciaires ;

b) éviter de nuire à la prévention ou à la détection d'infractions pénales, aux enquêtes ou aux poursuites en la matière ou à l'exécution de sanctions pénales ;

c) protéger la sécurité publique dans les États membres de l'Union européenne ;

d) protéger la sécurité nationale des États membres de l'Union européenne ;

e) protéger les droits et les libertés d'autrui.

Art. 59. – *Droit d'accès de la personne concernée.* – La personne concernée a le droit d'obtenir du Parquet européen la confirmation que des données opérationnelles à caractère personnel la concernant sont ou ne sont pas traitées et, lorsqu'elles le sont, l'accès auxdites données opérationnelles à caractère personnel ainsi que les informations suivantes :

a) les finalités du traitement ainsi que sa base juridique ;

b) les catégories de données opérationnelles à caractère personnel concernées ;

c) les destinataires ou catégories de destinataires auxquels les données opérationnelles à caractère personnel ont été communiquées, en particulier les destinataires qui sont établis dans des pays tiers ou les organisations internationales ;

d) lorsque cela est possible, la durée de conservation des données opérationnelles à caractère personnel envisagée ou, lorsque cela n'est pas possible, les critères utilisés pour déterminer cette durée ;

e) l'existence du droit de demander au Parquet européen la rectification ou l'effacement des données opérationnelles à caractère personnel, ou la limitation du traitement des données opérationnelles à caractère personnel relatives à la personne concernée ;

f) le droit de saisir le Contrôleur européen de la protection des données et les coordonnées de ce dernier ;

g) la communication des données opérationnelles à caractère personnel en cours de traitement, ainsi que toute information disponible quant à leur source.

Art. 60. – *Limitations du droit d'accès.* – 1. Le Parquet européen peut limiter, entièrement ou partiellement, le droit d'accès de la personne concernée, dès lors et aussi longtemps qu'une telle limitation partielle ou complète constitue une mesure nécessaire et proportionnée dans une société démocratique, en tenant dûment compte des droits fondamentaux et des intérêts légitimes de la personne physique concernée, pour :

a) éviter de gêner des enquêtes, des recherches ou des procédures officielles ou judiciaires ;

b) éviter de nuire à la prévention ou à la détection d'infractions pénales, aux enquêtes ou aux poursuites en la matière ou à l'exécution de sanctions pénales ;

c) protéger la sécurité publique dans les États membres de l'Union européenne ;

d) protéger la sécurité nationale des États membres de l'Union européenne ;

e) protéger les droits et les libertés d'autrui.

2. Lorsque la fourniture de ces informations risque de compromettre la finalité prévue au paragraphe 1, le Parquet européen se borne à informer la personne concernée qu'il a procédé aux vérifications, sans fournir aucune information susceptible de lui révéler si des données opérationnelles à caractère personnel la concernant sont traitées par le Parquet européen.

Le Parquet européen informe la personne concernée de la possibilité de saisir le Contrôleur européen de la protection des données ou de former un recours juridictionnel devant la Cour de justice contre la décision du Parquet européen.

3. Le Parquet européen consigne les motifs de fait ou de droit sur lesquels se fonde la décision. Cette information est mise à la disposition du Contrôleur européen de la protection des données sur demande.

Art. 61. – *Droit de rectification ou d'effacement des données opérationnelles à caractère personnel et limitation du traitement.* – 1. La personne concernée a le droit d'obtenir du Parquet européen, sans retard indu, la rectification des données opérationnelles à caractère personnel la concernant qui sont inexactes. Compte tenu des finalités du traitement, la personne concernée a le droit d'obtenir que les données opérationnelles à caractère personnel incomplètes soient complétées, y compris en fournissant une déclaration complémentaire.

2. Le Parquet européen efface sans retard indu les données opérationnelles à caractère personnel et la personne concernée a le droit d'obtenir du Parquet européen l'effacement, sans retard indu, de données à caractère personnel la concernant lorsque le traitement constitue une violation de l'article 47, 49 ou 55 ou lorsque les données opérationnelles à caractère personnel doivent être effacées pour respecter une obligation légale à laquelle est soumis le Parquet européen.

3. Au lieu de procéder à l'effacement, le Parquet européen limite le traitement lorsque :

a) l'exactitude des données opérationnelles à caractère personnel est contestée par la personne concernée et qu'il ne peut être déterminé si les données sont exactes ou non ; ou

b) les données opérationnelles à caractère personnel doivent être conservées à des fins probatoires.

Lorsque le traitement est limité en vertu du premier alinéa, point *a)*, le Parquet européen informe la personne concernée avant de lever la limitation du traitement.

4. Lorsque le traitement a été limité en vertu du paragraphe 3, ces données à caractère personnel ne peuvent, à l'exception de la conservation, être traitées que pour la protection des droits de la personne concernée ou d'une autre personne physique ou morale qui est partie à la procédure du Parquet européen, ou pour les finalités énoncées au paragraphe 3, point *b)*.

5. Le Parquet européen informe la personne concernée par écrit de tout refus de rectifier ou d'effacer des données opérationnelles à caractère personnel ou de limiter le traitement, ainsi que des motifs du refus. Le Parquet européen peut limiter, entièrement ou partiellement, l'obligation de fournir ces informations dès lors qu'une telle limitation constitue une mesure nécessaire et proportionnée dans une société démocratique, en tenant dûment compte des droits fondamentaux et des intérêts légitimes de la personne physique concernée, pour :

a) éviter de gêner des enquêtes, des recherches ou des procédures officielles ou judiciaires ;

b) éviter de nuire à la prévention ou à la détection d'infractions pénales, aux enquêtes ou aux poursuites en la matière ou à l'exécution de sanctions pénales ;

c) protéger la sécurité publique dans les États membres de l'Union européenne ;

d) protéger la sécurité nationale des États membres de l'Union européenne ;

e) protéger les droits et les libertés d'autrui.

Le Parquet européen informe la personne concernée de la possibilité de saisir le Contrôleur européen de la protection des données ou de former un recours juridictionnel devant la Cour de justice contre la décision du Parquet européen.

6. Le Parquet européen communique la rectification des données opérationnelles à caractère personnel inexactes à l'autorité compétente dont proviennent les données opérationnelles à caractère personnel inexactes.

7. Lorsque des données opérationnelles à caractère personnel ont été rectifiées ou effacées ou que le traitement a été limité en application des paragraphes 1, 2 et 3, le Parquet européen adresse une notification aux destinataires et les informe qu'ils doivent rectifier ou effacer les données opérationnelles à caractère personnel ou limiter le traitement des données opérationnelles à caractère personnel sous leur responsabilité.

Art. 62. – *Exercice des droits de la personne concernée et vérification par le Contrôleur européen de la protection des données.* – 1. Dans les cas visés à l'article 58, paragraphe 3, à l'article 60, paragraphe 2, et à l'article 61, paragraphe 5, les droits de la personne concernée peuvent également être exercés par l'intermédiaire du Contrôleur européen de la protection des données.

2. Le Parquet européen informe la personne concernée de la possibilité qu'elle a d'exercer ses droits par l'intermédiaire du Contrôleur européen de la protection des données en application du paragraphe 1.

3. Lorsque le droit visé au paragraphe 1 est exercé, le Contrôleur européen de la protection des données informe au moins la personne concernée du fait qu'il a procédé à toutes les vérifications nécessaires ou à un examen. Le Contrôleur européen de la protection des données informe également la personne concernée de son droit de former un recours juridictionnel devant la Cour de justice contre la décision du Contrôleur européen de la protection des données.

Art. 63. – *Obligations du Parquet européen.* – 1. Compte tenu de la nature, de la portée, du contexte et des finalités du traitement ainsi que des risques, dont le degré de probabilité et de gravité varie, pour les droits et les libertés des personnes physiques, le Parquet européen met en œuvre des mesures techniques et organisationnelles appropriées pour s'assurer et être en mesure de démontrer que le traitement est effectué conformément au présent règlement. Ces mesures sont réexaminées et actualisées si nécessaire.

2. Lorsque cela est proportionné au regard des activités de traitement, les mesures visées au paragraphe 1 comprennent la mise en œuvre de politiques appropriées en matière de protection des données par le Parquet européen.

Art. 64. – *Responsables du traitement conjoints.* – 1. Lorsque le Parquet européen ainsi qu'un ou plusieurs responsables du traitement déterminent conjointement les finalités et les moyens du traitement, ils sont les responsables du traitement conjoints. Les responsables du traitement conjoints définissent, de manière transparente, leurs responsabilités respectives quant au respect des obligations qui leur incombent en matière de protection des données, notamment en ce qui concerne l'exercice des droits de la personne concernée, et leurs obligations respectives quant à la communication d'informations, par voie d'accord entre eux, sauf si, et dans la mesure où, leurs responsabilités respectives sont définies par le droit de l'Union ou par le droit d'un État membre de l'Union européenne auquel les responsables du traitement sont soumis. Un point de contact pour les personnes concernées peut être désigné dans l'accord.

2. L'accord visé au paragraphe 1 reflète dûment les rôles respectifs des responsables du traitement conjoints et leurs relations vis-à-vis des personnes concernées. Les grandes lignes de l'accord sont mises à la disposition de la personne concernée.

3. Indépendamment des termes de l'accord visé au paragraphe 1, la personne concernée peut exercer les droits que lui confère le présent règlement à l'égard de chacun des responsables du traitement et contre chacun d'entre eux.

Art. 65. – *Sous-traitant.* – 1. Lorsqu'un traitement doit être effectué pour le compte du Parquet européen, celui-ci fait uniquement appel à des sous-traitants qui présentent des garanties suffisantes quant à la mise en œuvre de mesures techniques et organisationnelles appropriées de manière que le traitement réponde aux exigences du présent règlement et garantisse la protection des droits de la personne concernée.

2. Le sous-traitant ne recrute pas un autre sous-traitant sans l'autorisation écrite préalable, spécifique ou générale, du Parquet européen. Dans le cas d'une autorisation écrite générale, le sous-traitant informe le Parquet européen de tout changement prévu concernant l'ajout ou le remplacement d'autres sous-traitants, donnant ainsi au responsable du traitement la possibilité d'émettre des objections à l'encontre de ces changements.

3. Le traitement par un sous-traitant est régi par un contrat ou un autre acte juridique au titre du droit de l'Union ou du droit d'un État membre de l'Union européenne, qui lie le sous-traitant à l'égard du Parquet européen, définit l'objet, la durée, la nature et la finalité du traitement, le type de données opérationnelles à caractère personnel et les catégories de personnes concernées, et les obligations et les droits du Parquet européen. Ce contrat ou cet autre acte juridique prévoit, notamment, que le sous-traitant :

a) n'agit que sur instruction du responsable du traitement ;

b) veille à ce que les personnes autorisées à traiter les données opérationnelles à caractère personnel s'engagent à respecter la confidentialité ou soient soumises à une obligation légale appropriée de confidentialité ;

c) aide le responsable du traitement, par tout moyen approprié, à veiller au respect des dispositions relatives aux droits de la personne concernée ;

d) selon le choix du Parquet européen, supprime toutes les données opérationnelles à caractère personnel ou les renvoie au Parquet européen au terme de la prestation de services relatifs au traitement, et détruit les copies existantes, à moins que le droit de l'Union ou le droit d'un État membre de l'Union européenne n'exige la conservation des données opérationnelles à caractère personnel ;

e) met à la disposition du Parquet européen toutes les informations nécessaires pour apporter la preuve du respect des obligations prévues au présent article ;

f) respecte les conditions visées aux paragraphes 2 et 3 pour recruter un autre sous-traitant.

4. Le contrat ou l'autre acte juridique visé au paragraphe 3 se présente sous une forme écrite, y compris électronique.

5. Si, en violation du présent règlement, un sous-traitant détermine les finalités et les moyens du traitement, il est considéré comme un responsable du traitement pour ce qui concerne ce traitement.

Art. 66. – *Traitement effectué sous l'autorité du responsable du traitement ou du sous-traitant.* – Le sous-traitant et toute personne agissant sous l'autorité du Parquet européen ou sous celle du sous-traitant, qui a accès à des données opérationnelles à caractère personnel, ne traite pas ces données, excepté sur instruction du Parquet européen, à moins d'y être obligé par le droit de l'Union ou le droit d'un État membre de l'Union européenne.

Art. 67. – *Protection des données dès la conception et protection des données par défaut.* – 1. Compte tenu de l'état des connaissances, des coûts de mise en œuvre et de la nature, de la portée, du contexte et des finalités du traitement, ainsi que des risques, dont le degré de probabilité et de gravité varie, que présente le traitement pour les droits et les libertés des personnes physiques, le Parquet européen met en œuvre, tant au moment de la détermination des moyens du traitement qu'au moment du traitement lui-même, des mesures techniques et organisationnelles appropriées, telles que la pseudonymisation, qui sont destinées à mettre en œuvre les principes relatifs à la protection des données, par exemple la minimisation des données, de façon effective et à assortir le traitement des garanties nécessaires afin de répondre aux exigences du présent règlement et de protéger les droits de la personne concernée.

2. Le Parquet européen met en œuvre les mesures techniques et organisationnelles appropriées pour garantir que, par défaut, seules les données opérationnelles à caractère personnel qui sont adéquates, pertinentes et non excessives au regard de la finalité du traitement sont traitées. Cela s'applique à la quantité de données opérationnelles à caractère personnel collectées, à l'étendue de leur traitement, à leur durée de conservation et à leur accessibilité. En particulier, ces mesures garantissent que, par défaut, les données opérationnelles à caractère personnel ne sont pas rendues accessibles à un nombre indéterminé de personnes physiques sans l'intervention de la personne physique concernée.

Art. 68. – *Registre des catégories d'activités de traitement.* – 1. Le Parquet européen tient un registre de toutes les catégories d'activités de traitement effectuées sous sa responsabilité. Ce registre comporte toutes les informations suivantes :

a) ses coordonnées ainsi que le nom et les coordonnées du délégué à la protection des données ;

b) les finalités du traitement ;

c) une description des catégories de personnes concernées et des catégories de données opérationnelles à caractère personnel ;

d) les catégories de destinataires auxquels les données opérationnelles à caractère personnel ont été ou seront communiquées, y compris les destinataires dans des pays tiers ou des organisations internationales ;

e) le cas échéant, les transferts de données opérationnelles à caractère personnel vers un pays tiers ou à une organisation internationale, y compris l'identification de ce pays tiers ou de cette organisation internationale ;

f) dans la mesure du possible, les délais prévus pour l'effacement des différentes catégories de données ;

g) dans la mesure du possible, une description générale des mesures de sécurité techniques et organisationnelles visées à l'article 73.

2. Les registres visés au paragraphe 1 se présentent sous une forme écrite, y compris électronique.

3. Le Parquet européen met le registre à la disposition du Contrôleur européen de la protection des données sur demande.

Art. 69. – *Journalisation en ce qui concerne le traitement automatisé.* – 1. Le Parquet européen établit des journaux pour toutes les opérations ci-après effectuées dans des systèmes de traitement automatisé : collecte, modification, consultation, communication, y compris les transferts, interconnexion et effacement de données opérationnelles à caractère personnel utilisées à des fins opérationnelles. Les journaux des opérations de consultation et de communication permettent d'établir le motif, la date et l'heure de ces opérations, l'identification de la personne qui a consulté ou communiqué les données opérationnelles à caractère personnel, ainsi que, dans la mesure du possible, l'identité des destinataires de ces données opérationnelles à caractère personnel.

2. Les journaux sont utilisés uniquement à des fins de vérification de la licéité du traitement, d'autocontrôle, de garantie de l'intégrité et de la sécurité des données opérationnelles à caractère personnel et à des fins de procédures pénales. Ces journaux sont effacés au bout de trois ans, sauf si les données restent nécessaires à un contrôle en cours.

3. Le Parquet européen met les journaux à la disposition du Contrôleur européen de la protection des données sur demande.

Art. 70. – *Coopération avec le Contrôleur européen de la protection des données.* – Le Parquet européen coopère avec le Contrôleur européen de la protection des données, à la demande de celui-ci, dans l'exécution de ses missions.

Art. 71. – *Analyse d'impact relative à la protection des données.* – 1. Lorsqu'un type de traitement, en particulier par le recours aux nouvelles technologies, et compte tenu de la nature, de la portée, du contexte et des finalités du traitement, est susceptible d'engendrer un risque élevé pour les droits et les libertés des personnes physiques, le Parquet européen effectue préalablement au traitement une analyse de l'impact des opérations de traitement envisagées sur la protection des données opérationnelles à caractère personnel.

2. L'analyse visée au paragraphe 1 contient au moins une description générale des opérations de traitement envisagées, une évaluation des risques pour les droits et les libertés des personnes concernées, les mesures envisagées pour faire face à ces risques, les garanties, mesures et mécanismes de sécurité visant à assurer la protection des données opérationnelles à caractère personnel et à apporter la preuve du respect du présent règlement, compte tenu des droits et des intérêts légitimes des personnes concernées et des autres personnes touchées.

Art. 72. – *Consultation préalable du Contrôleur européen de la protection des données.* – 1. Le Parquet européen consulte le Contrôleur européen de la protection des données préalablement au traitement qui fera partie d'un nouveau fichier à créer :

a) lorsqu'une analyse d'impact relative à la protection des données, telle qu'elle est prévue à l'article 71, indique que le traitement présenterait un risque élevé si le Parquet européen ne prenait pas de mesures pour atténuer le risque ; ou

b) lorsque le type de traitement, en particulier en raison de l'utilisation de nouveaux mécanismes, technologies ou procédures, présente des risques élevés pour les droits et les libertés des personnes concernées.

2. Le Contrôleur européen de la protection des données peut établir une liste des opérations de traitement devant faire l'objet d'une consultation préalable conformément au paragraphe 1.

3. Le Parquet européen fournit au Contrôleur européen de la protection des données l'analyse d'impact relative à la protection des données en vertu de l'article 71 et, sur demande, toute autre information afin de permettre au Contrôleur européen de la protection des données d'apprécier la conformité du traitement et, en particulier, les risques pour la protection des données opérationnelles à caractère personnel de la personne concernée et les garanties qui s'y rapportent.

4. Lorsque le Contrôleur européen de la protection des données est d'avis que le traitement prévu, visé au paragraphe 1 du présent article, constituerait une violation du présent règlement, en particulier lorsque le Parquet européen n'a pas suffisamment identifié ou atténué le risque, le Contrôleur européen de la protection des données fournit par écrit, dans un délai maximal de six semaines à compter de la réception de la demande de consultation, un avis écrit au Parquet européen en vertu des pouvoirs que lui confère l'article 85. Ce délai peut être prolongé d'un mois, en fonction de la complexité du traitement prévu. Le Contrôleur européen de la protection des données informe le Parquet européen de cette prolongation dans un délai d'un mois à compter de la réception de la demande de consultation ainsi que des motifs du retard.

Art. 73. – *Sécurité du traitement des données opérationnelles à caractère personnel.* – 1. Compte tenu de l'état des connaissances, des coûts de la mise en œuvre et de la nature, de la portée, du contexte et des finalités du traitement, ainsi que des risques, dont le degré de probabilité et de gravité varie, pour les droits et les libertés des personnes physiques, le Parquet européen met en œuvre les mesures techniques et organisationnelles appropriées afin de garantir un niveau de sécurité adapté au risque, notamment en ce qui concerne le traitement portant sur des catégories particulières de données opérationnelles à caractère personnel visées à l'article 55.

2. En ce qui concerne le traitement automatisé, le Parquet européen met en œuvre, à la suite d'une évaluation des risques, des mesures destinées à :

a) empêcher toute personne non autorisée d'accéder aux installations utilisées pour le traitement de données (contrôle de l'accès aux installations) ;

b) empêcher que des supports de données puissent être lus, copiés, modifiés ou supprimés de façon non autorisée (contrôle des supports de données) ;

c) empêcher l'introduction non autorisée de données dans le fichier, ainsi que l'inspection, la modification ou l'effacement non autorisé de données opérationnelles à caractère personnel enregistrées (contrôle de la conservation) ;

d) empêcher que les systèmes de traitement automatisé puissent être utilisés par des personnes non autorisées à l'aide d'installations de transmission de données (contrôle des utilisateurs) ;

e) garantir que les personnes autorisées à utiliser un système de traitement automatisé ne puissent accéder qu'aux données opérationnelles à caractère personnel sur lesquelles porte leur autorisation (contrôle de l'accès aux données) ;

f) garantir qu'il puisse être vérifié et constaté à quelles instances des données opérationnelles à caractère personnel ont été ou peuvent être transmises ou mises à disposition par transmission de données (contrôle de la transmission) ;

g) garantir qu'il puisse être vérifié et constaté a posteriori quelles données opérationnelles à caractère personnel ont été introduites dans les systèmes de traitement automatisé, et à quel moment et par quelle personne elles y ont été introduites (contrôle de l'introduction) ;

h) empêcher que, lors de la transmission de données opérationnelles à caractère personnel ainsi que lors du transport de supports de données, les données opérationnelles à caractère personnel puissent être lues, copiées, modifiées ou supprimées de façon non autorisée (contrôle du transport) ;

i) garantir que les systèmes installés puissent être rétablis en cas d'interruption (restauration) ;

j) garantir que les fonctions du système opèrent, que les erreurs de fonctionnement soient signalées (fiabilité) et que les données opérationnelles à caractère personnel conservées ne puissent pas être corrompues par un dysfonctionnement du système (intégrité).

Art. 74. – *Notification d'une violation de données à caractère personnel au Contrôleur européen de la protection des données.* – 1. En cas de violation de données à caractère personnel, le Parquet européen notifie la violation en question au Contrôleur européen de la protection des données sans retard indu et, si possible, dans un délai de soixante-douze heures au plus tard après en avoir pris connaissance, à moins qu'il soit peu probable que la violation en question engendre des risques pour les droits et les libertés d'une personne physique. Lorsque la notification au Contrôleur européen de la protection des données n'a pas lieu dans les soixante-douze heures, elle est accompagnée des motifs du retard.

2. La notification visée au paragraphe 1 doit, à tout le moins :

a) décrire la nature de la violation de données à caractère personnel, y compris, si possible, les catégories et le nombre approximatif de personnes concernées par la violation et les catégories et le nombre approximatif d'enregistrements de données à caractère personnel concernés ;

b) communiquer le nom et les coordonnées du délégué à la protection des données ;

c) décrire les conséquences probables de la violation de données à caractère personnel ;

d) décrire les mesures que le Parquet européen a prises ou qu'il propose de prendre pour remédier à la violation de données à caractère personnel, y compris, le cas échéant, les mesures pour en atténuer les éventuelles conséquences négatives.

3. Si, et dans la mesure où, il n'est pas possible de fournir les informations visées au paragraphe 2 en même temps, les informations peuvent être communiquées de manière échelonnée sans autre retard indu.

4. Le Parquet européen documente toute violation de données à caractère personnel visée au paragraphe 1, en indiquant les faits concernant la violation des données à caractère personnel, ses effets et les mesures prises pour y remédier. La documentation ainsi constituée permet au Contrôleur européen de la protection des données de vérifier le respect du présent article.

5. Lorsque la violation de données à caractère personnel porte sur des données à caractère personnel qui ont été transmises par un autre responsable du traitement ou à celui-ci, le Parquet européen communique les informations visées au paragraphe 3 à ce responsable du traitement sans retard indu.

Art. 75. – *Communication à la personne concernée d'une violation de données à caractère personnel.* – 1. Lorsqu'une violation de données à caractère personnel est susceptible d'engendrer un risque élevé pour les droits et les libertés d'une personne physique, le Parquet européen communique la violation à la personne concernée sans retard indu.

2. La communication à la personne concernée visée au paragraphe 1 du présent article décrit, en des termes clairs et simples, la nature de la violation de données à caractère personnel et contient au moins les informations et les recommandations visées à l'article 74, paragraphe 2, points *b), c)* et *d)*.

3. La communication à la personne concernée visée au paragraphe 1 n'est pas nécessaire si l'une ou l'autre des conditions ci-après est remplie :

a) le Parquet européen a mis en œuvre les mesures de protection techniques et organisationnelles appropriées et ces dernières ont été appliquées aux données à caractère personnel affectées par ladite violation, en particulier les mesures qui rendent les données à caractère personnel incompréhensibles pour toute personne qui n'est pas autorisée à y avoir accès, telles que le chiffrement ;

b) le Parquet européen a pris des mesures ultérieures qui garantissent que le risque élevé pour les droits et les libertés des personnes concernées visé au paragraphe 1 n'est plus susceptible de se matérialiser ;

c) elle exigerait des efforts disproportionnés. Dans ce cas, il est plutôt procédé à une communication publique ou à une mesure similaire permettant aux personnes concernées d'être informées de manière tout aussi efficace.

4. Si le Parquet européen n'a pas déjà communiqué à la personne concernée la violation de données à caractère personnel la concernant, le Contrôleur européen de la protection des données peut, après avoir examiné si cette violation est susceptible d'engendrer un risque élevé, exiger du Parquet européen qu'il procède à cette communication ou décider que l'une ou l'autre des conditions visées au paragraphe 3 est remplie.

5. La communication à la personne concernée visée au paragraphe 1 du présent article peut être retardée, limitée ou omise, sous réserve des conditions et pour les motifs visés à l'article 60, paragraphe 3.

Art. 76. – *Accès autorisé aux données opérationnelles à caractère personnel au sein du Parquet européen.* – Seuls le chef du Parquet européen, les procureurs européens, les procureurs européens délégués et le personnel autorisé qui les assiste peuvent, pour s'acquitter de leurs missions et dans les limites prévues par le présent règlement, avoir accès aux données opérationnelles à caractère personnel traitées par le Parquet européen.

Art. 77. – *Désignation du délégué à la protection des données.* – 1. Le collège désigne un délégué à la protection des données, sur la base d'une proposition du chef du Parquet européen. Le délégué à la protection des données est un membre du personnel spécialement nommé à cette fin. Dans l'exercice de ses fonctions, le délégué à la protection des données agit en toute indépendance et ne peut recevoir aucune instruction.

2. Le délégué à la protection des données est choisi sur la base de ses qualités professionnelles et, en particulier, de ses connaissances spécialisées du droit et des pratiques en matière de protection des données, et de sa capacité à exercer les missions visées dans le présent règlement, en particulier celles visées à l'article 79.

3. Le choix du délégué à la protection des données ne doit pas pouvoir donner lieu à un conflit d'intérêts entre sa fonction de délégué et toute autre fonction officielle qu'il pourrait exercer, en particulier dans le cadre de l'application du présent règlement.

4. Le délégué à la protection des données est nommé pour une période de quatre ans ; son mandat peut être renouvelé, la durée totale ne pouvant toutefois pas dépasser huit ans. Il ne peut être démis de ses fonctions de délégué à la protection des données par le collège qu'avec le consentement du Contrôleur européen de la protection des données, s'il ne remplit plus les conditions requises pour l'exercice de ses fonctions.

5. Le Parquet européen publie les coordonnées du délégué à la protection des données et les communique au Contrôleur européen de la protection des données.

Art. 78. – *Fonction du délégué à la protection des données.* – 1. Le Parquet européen veille à ce que le délégué à la protection des données soit associé, d'une manière appropriée et en temps utile, à toutes les questions relatives à la protection des données à caractère personnel.

2. Le Parquet européen aide le délégué à la protection des données à exercer les missions visées à l'article 79 en fournissant les ressources nécessaires pour exercer ces missions ainsi que l'accès aux données à caractère personnel et aux traitements, et lui permettant d'entretenir ses connaissances spécialisées.

3. Le Parquet européen veille à ce que le délégué à la protection des données ne reçoive aucune instruction en ce qui concerne l'exercice de ces missions. Le délégué à la protection des données ne peut être relevé de ses fonctions ou pénalisé par le collège pour l'exercice de ses missions. Le délégué à la protection des données fait directement rapport au chef du Parquet européen.

4. Les personnes concernées peuvent prendre contact avec le délégué à la protection des données au sujet de toutes les questions relatives au traitement de leurs données à caractère personnel et à l'exercice des droits que leur confèrent le présent règlement et le règlement (CE) n° 45/2001.

5. Le collège adopte des dispositions d'application concernant le délégué à la protection des données. Ces dispositions d'application portent notamment sur la procédure de sélection et la révocation, les missions, les fonctions et les pouvoirs du délégué à la protection des données, ainsi que sur les moyens de garantir son indépendance.

6. Le Parquet européen affecte au délégué à la protection des données le personnel et les ressources nécessaires à l'exécution de ses missions.

7. Le délégué à la protection des données et son personnel sont tenus à l'obligation de confidentialité conformément à l'article 108.

Art. 79. – *Missions du délégué à la protection des données.* – 1. Le délégué à la protection des données exerce notamment les missions ci-après, en ce qui concerne le traitement de données à caractère personnel :

a) veiller en toute indépendance au respect, par le Parquet européen, des dispositions du présent règlement et du règlement (CE) n° 45/2001 relatives à la protection des données ainsi que des dispositions pertinentes du règlement intérieur du Parquet européen relatives à la protection des données ; il s'agit notamment de contrôler le respect du présent règlement, d'autres dispositions du droit de l'Union ou du droit national en matière de protection des données et des règles internes du Parquet européen en matière de protection des données à caractère personnel, y compris en ce qui concerne la répartition des responsabilités, la sensibilisation et la formation du personnel participant à des opérations de traitement, et les audits s'y rapportant ;

b) informer et conseiller le Parquet européen et le personnel qui procède au traitement sur les obligations qui leur incombent en vertu du présent règlement et d'autres dispositions du droit de l'Union ou du droit national en matière de protection des données ;

c) dispenser des conseils, sur demande, en ce qui concerne l'analyse d'impact relative à la protection des données et vérifier l'exécution de celle-ci en vertu de l'article 71 ;

d) veiller à ce qu'une trace du transfert et de la réception des données à caractère personnel soit conservée conformément aux dispositions figurant dans le règlement intérieur du Parquet européen ;

e) coopérer avec le personnel du Parquet européen chargé des procédures, de la formation et du conseil en matière de traitement des données ;

f) coopérer avec le Contrôleur européen de la protection des données ;

g) veiller à ce que les personnes concernées soient informées de leurs droits au titre du présent règlement ;

h) faire office de point de contact pour le Contrôleur européen de la protection des données sur les questions relatives au traitement, y compris la consultation préalable visée à l'article 72, et mener des consultations, le cas échéant, sur tout autre sujet ;

i) élaborer un rapport annuel et le communiquer au chef du Parquet européen et au Contrôleur européen de la protection des données.

2. Le délégué à la protection des données exerce les fonctions prévues par le règlement (CE) n° 45/2001 en ce qui concerne les données administratives à caractère personnel.

3. Le délégué à la protection des données et le personnel du Parquet européen assistant le délégué à la protection des données dans l'exercice de ses fonctions ont accès aux données à caractère personnel traitées par le Parquet européen ainsi qu'à ses locaux dans la mesure nécessaire à l'accomplissement de leurs tâches.

4. Si le délégué à la protection des données estime que les dispositions du règlement (CE) n° 45/2001 relatives au traitement des données administratives à caractère personnel ou les dispositions du présent règlement relatives au traitement des données opérationnelles à caractère personnel n'ont pas été respectées, il en informe le chef du Parquet européen et lui demande d'y remédier dans un délai déterminé. Si le chef du Parquet européen ne remédie pas au problème dans le délai imparti, le délégué à la protection des données saisit le Contrôleur européen de la protection des données.

Art. 80. – *Principes généraux applicables aux transferts de données opérationnelles à caractère personnel.* – 1. Le Parquet européen ne peut transférer des données opérationnelles à caractère personnel vers un pays tiers ou à une organisation internationale, sous réserve du respect des autres dispositions du présent règlement, en particulier de l'article 53, que lorsque les conditions définies aux articles 80 à 83 sont respectées, à savoir :

a) le transfert est nécessaire à l'exercice des missions du Parquet européen ;

b) les données opérationnelles à caractère personnel sont transférées à un responsable du traitement dans un pays tiers ou dans une organisation internationale qui est une autorité compétente aux fins de l'article 104 ;

c) lorsque les données opérationnelles à caractère personnel à transférer conformément au présent article ont été transmises au Parquet européen ou mises à sa disposition par un État membre de l'Union européenne, le Parquet européen doit obtenir de l'autorité compétente de cet État membre de l'Union européenne l'autorisation préalable de transfert, conformément à son droit national, à moins que cet État membre de l'Union européenne ait autorisé ce transfert en des termes généraux ou sous réserve de conditions spécifiques ;

d) la Commission a constaté par voie de décision, conformément à l'article 81, que le pays tiers ou l'organisation internationale en question assure un niveau de protection adéquat ou, en l'absence d'une telle décision d'adéquation, des garanties appropriées ont été offertes ou existent en application de l'article 82, ou, en l'absence à la fois de décision d'adéquation et de telles garanties appropriées, des dérogations pour des situations particulières s'appliquent en vertu de l'article 83 ; et

e) en cas de transfert ultérieur vers un autre pays tiers ou à une autre organisation internationale, par un pays tiers ou une organisation internationale, le Parquet européen exige du pays tiers ou de l'organisation internationale qu'il lui demande une autorisation préalable pour ce transfert ultérieur, autorisation que le Parquet européen ne peut accorder qu'après avoir dûment pris en considération l'ensemble des facteurs pertinents, y compris la gravité de l'infraction pénale, la finalité pour laquelle les données opérationnelles à caractère personnel ont été transférées initialement et le niveau de protection des données à caractère personnel dans le pays tiers ou au sein de l'organisation internationale vers lequel/laquelle les données opérationnelles à caractère personnel sont transférées ultérieurement.

2. Le Parquet européen ne peut transférer des données opérationnelles à caractère personnel sans l'autorisation préalable d'un État membre de l'Union européenne conformément au paragraphe 1, point *c)*, que lorsque le transfert de données opérationnelles à caractère personnel est nécessaire aux fins de la prévention d'une menace grave et immédiate pour la sécurité publique d'un État membre de l'Union européenne ou d'un pays tiers ou pour les intérêts essentiels d'un État membre de l'Union européenne et si l'autorisation préalable ne peut pas être obtenue en temps utile. L'autorité à laquelle il revient d'accorder l'autorisation préalable est informée sans retard.

3. Le transfert, vers un pays tiers ou à une organisation internationale, par un État membre de l'Union européenne ou une institution, un organe ou un organisme de l'Union, de données opérationnelles à caractère personnel transmises par le Parquet européen est interdit. Cela ne s'applique pas dans les cas où le Parquet européen a autorisé ce transfert après avoir dûment pris en considération l'ensemble des facteurs pertinents, y compris la gravité de l'infraction pénale, la finalité pour laquelle les données opérationnelles à caractère personnel ont été transmises initialement et le niveau de protection des données à caractère personnel dans le pays tiers ou au sein de l'organisation internationale vers lequel/laquelle les données opérationnelles à caractère personnel sont transférées. Cette obligation d'obtenir l'autorisation préalable du Parquet européen ne s'applique pas aux affaires qui ont été renvoyées aux autorités nationales compétentes conformément à l'article 34.

4. Les articles 80 à 83 sont appliqués de manière que le niveau de protection des personnes physiques assuré par le présent règlement et le droit de l'Union ne soit pas compromis.

Art. 81. – *Transferts sur la base d'une décision d'adéquation.* – Le Parquet européen peut transférer des données opérationnelles à caractère personnel vers un pays tiers ou à une organisation internationale lorsque la Commission a constaté par voie de décision, conformément à l'article 36 de la directive (UE) 2016/680, que le pays tiers, un territoire ou un ou plusieurs secteurs déterminés dans ce pays tiers, ou l'organisation internationale en question assure un niveau de protection adéquat.

Art. 82. – *Transferts moyennant des garanties appropriées.* – 1. En l'absence de décision d'adéquation, le Parquet européen peut transférer des données opérationnelles à caractère personnel vers un pays tiers ou à une organisation internationale lorsque :

a) des garanties appropriées en ce qui concerne la protection des données opérationnelles à caractère personnel sont fournies dans un instrument juridiquement contraignant ; ou *b)* le Parquet européen a évalué toutes les circonstances du transfert et estime qu'il existe des garanties appropriées au regard de la protection des données opérationnelles à caractère personnel.

2. Le Parquet européen informe le Contrôleur européen de la protection des données des catégories de transferts relevant du paragraphe 1, point *b)*.

3. Lorsqu'un transfert est effectué sur la base du paragraphe 1, point *b)*, ce transfert est documenté et la documentation est mise à la disposition du Contrôleur européen de la protection des données, sur demande, y compris la date et l'heure du transfert, et des informations sur l'autorité compétente destinataire, sur la justification du transfert et sur les données opérationnelles à caractère personnel transférées.

Art. 83. – *Dérogations pour des situations particulières.* – 1. En l'absence de décision d'adéquation, ou de garanties appropriées en vertu de l'article 82, le Parquet européen ne peut transférer des données opérationnelles à caractère personnel vers un pays tiers ou à une organisation internationale qu'à la condition que le transfert soit nécessaire :

a) à la sauvegarde des intérêts vitaux de la personne concernée ou d'une autre personne ;

b) à la sauvegarde des intérêts légitimes de la personne concernée ;

c) pour prévenir une menace grave et immédiate pour la sécurité publique d'un État membre de l'Union européenne ou d'un pays tiers ; ou

d) dans des cas particuliers, à l'exercice des missions du Parquet européen, à moins que le Parquet européen n'estime que les libertés et droits fondamentaux de la personne concernée l'emportent sur l'intérêt public dans le cadre du transfert.

2. Lorsqu'un transfert est effectué sur la base du paragraphe 1, ce transfert est documenté et la documentation est mise à la disposition du Contrôleur européen de la protection des données, sur demande, y compris la date et l'heure du transfert, et des informations sur l'autorité compétente destinataire, sur la justification du transfert et sur les données opérationnelles à caractère personnel transférées.

Art. 84. – *Transferts de données opérationnelles à caractère personnel à des destinataires établis dans des pays tiers.* – 1. Par dérogation à l'article 80, paragraphe 1, point *b)*, et sans préjudice de tout accord international visé au paragraphe 2 du présent article, le Parquet européen peut, dans certains cas particuliers, transférer des données opérationnelles à caractère personnel directement aux destinataires établis dans des pays tiers, uniquement lorsque les autres dispositions du présent chapitre sont respectées et que toutes les conditions ci-après sont remplies :

a) le transfert est strictement nécessaire à l'exécution de ses missions telles qu'elles sont prévues par le présent règlement, aux fins énoncées à l'article 49, paragraphe 1 ;

b) le Parquet européen établit qu'il n'existe pas de libertés ni de droits fondamentaux de la personne concernée qui prévalent sur l'intérêt public nécessitant le transfert dans le cas en question ;

c) le Parquet européen estime que le transfert à une autorité qui est compétente aux fins visées à l'article 49, paragraphe 1, dans le pays tiers est inefficace ou inapproprié, notamment parce que le transfert ne peut pas être effectué en temps opportun ;

d) l'autorité qui est compétente aux fins visées à l'article 49, paragraphe 1, dans le pays tiers est informée sans retard indu, à moins que cela ne soit inefficace ou inapproprié ;

e) le Parquet européen informe le destinataire de la finalité ou des finalités déterminées pour lesquelles les données opérationnelles à caractère personnel ne doivent faire l'objet d'un traitement que par ce dernier, à condition qu'un tel traitement soit nécessaire.

2. Par accord international au sens du paragraphe 1, on entend tout accord international bilatéral ou multilatéral en vigueur entre l'Union et des pays tiers dans le domaine de la coopération judiciaire en matière pénale et de la coopération policière.

3. Lorsqu'un transfert est effectué sur la base du paragraphe 1, ce transfert est documenté et la documentation est mise à la disposition du Contrôleur européen de la protection des données, sur demande, y compris la date et l'heure du transfert, et des informations sur l'autorité compétente destinataire, sur la justification du transfert et sur les données opérationnelles à caractère personnel transférées.

Art. 85. – *Contrôle exercé par le Contrôleur européen de la protection des données.* – 1. Le Contrôleur européen de la protection des données est chargé de surveiller et d'assurer l'application des dispositions du présent règlement concernant la protection des libertés et droits fondamentaux des personnes physiques à l'égard des traitements de données opérationnelles à caractère personnel effectués par le Parquet européen, ainsi que de conseiller le Parquet européen et les personnes concernées pour toutes les questions concernant le traitement des données opérationnelles à caractère personnel. À cette fin, le Contrôleur européen de la protection des données exerce les fonctions définies au paragraphe 2 du présent article et les pouvoirs qui lui sont conférés en vertu du paragraphe 3 du présent article et coopère avec les autorités de contrôle nationales conformément à l'article 87.

2. Le Contrôleur européen de la protection des données exerce les fonctions ci-après au titre du présent règlement :

a) il reçoit et examine les réclamations et informe la personne concernée des résultats de cet examen dans un délai raisonnable ;

b) il effectue des enquêtes, soit de sa propre initiative, soit sur la base d'une réclamation, et informe les personnes concernées du résultat de ses enquêtes dans un délai raisonnable ;

c) il surveille et assure l'application des dispositions du présent règlement relatives à la protection des personnes physiques à l'égard du traitement de données opérationnelles à caractère personnel par le Parquet européen ;

d) il conseille le Parquet européen, soit de sa propre initiative, soit en réponse à une consultation, pour toutes les questions concernant le traitement de données opérationnelles à caractère personnel, en particulier avant l'élaboration par le Parquet européen de règles internes relatives à la protection des libertés et droits fondamentaux des personnes à l'égard du traitement des données opérationnelles à caractère personnel.

3. Le Contrôleur européen de la protection des données peut, en vertu du présent règlement :

a) conseiller les personnes concernées dans l'exercice de leurs droits ;

b) saisir le Parquet européen en cas de violation alléguée des dispositions régissant le traitement des données opérationnelles à caractère personnel et, le cas échéant, formuler des propositions tendant à remédier à cette violation et à améliorer la protection des personnes concernées ;

c) consulter le Parquet européen lorsque des demandes d'exercice de certains droits à l'égard de données opérationnelles à caractère personnel ont été rejetées en violation des articles 56 à 62 ;

d) saisir le Parquet européen ;

e) ordonner au Parquet européen de procéder à la rectification, à la limitation ou à l'effacement des données opérationnelles à caractère personnel qui ont été traitées par le Parquet européen en violation des dispositions régissant le traitement de données opérationnelles à caractère personnel et de notifier ces mesures aux tiers auxquels les données ont été divulguées, à condition que cela n'entrave pas les enquêtes et les poursuites menées par le Parquet européen ;

f) saisir la Cour de justice dans les conditions prévues par les traités ;

g) intervenir dans les affaires portées devant la Cour de justice.

4. Le Contrôleur européen de la protection des données a accès aux données opérationnelles à caractère personnel traitées par le Parquet européen ainsi qu'à ses locaux dans la mesure nécessaire à l'exercice de ses fonctions.

5. Le Contrôleur européen de la protection des données établit un rapport annuel sur les activités de contrôle portant sur le Parquet européen.

Art. 86. – *Obligation de secret professionnel du Contrôleur européen de la protection des données.* – Le Contrôleur européen de la protection des données et son personnel sont, pendant la durée de leurs fonctions et après la cessation de celles-ci, soumis au secret professionnel concernant toute information confidentielle dont ils ont eu connaissance dans l'exercice de leurs fonctions officielles.

Art. 87. – *Coopération entre le Contrôleur européen de la protection des données et les autorités de contrôle nationales.* – 1. Le Contrôleur européen de la protection des données agit en étroite coopération avec les autorités de contrôle nationales sur les questions particulières exigeant une participation nationale, notamment si le Contrôleur européen de la protection des données ou une autorité de contrôle nationale découvre des différences importantes entre les pratiques des États membres de l'Union européenne ou l'existence de transferts potentiellement illicites transitant par les canaux de communication du Parquet européen, ou dans le contexte de questions soulevées par une ou plusieurs autorités de contrôle nationales concernant la mise en œuvre et l'interprétation du présent règlement.

2. Dans les cas visés au paragraphe 1, le Contrôleur européen de la protection des données et les autorités de contrôle nationales chargées du contrôle de la protection des données peuvent, agissant dans le cadre de leurs compétences respectives et suivant les besoins, échanger des informations utiles, et s'assister mutuellement pour mener les audits et inspections, examiner les difficultés d'interprétation ou d'application du présent règlement, étudier les problèmes que peut poser l'exercice du contrôle indépendant ou l'exercice de leurs droits par les personnes concernées, formuler des propositions harmonisées en vue de trouver des solutions communes aux problèmes éventuels et assurer une sensibilisation en matière de protection des données.

3. Le comité européen de la protection des données établi par le règlement (UE) 2016/679 exerce également les missions énoncées à l'article 51 de la directive (UE) 2016/680 en ce qui concerne les questions relevant du présent règlement, en particulier celles visées aux paragraphes 1 et 2 du présent article.

Art. 88. – *Droit d'introduire une réclamation auprès du Contrôleur européen de la protection des données.* – 1. Toute personne concernée a le droit d'introduire une réclamation auprès du Contrôleur européen de la protection des données, si elle considère que le traitement, par le Parquet européen, de données opérationnelles à caractère personnel la concernant constitue une violation du présent règlement.

2. La personne concernée est informée par le Contrôleur européen de la protection des données de l'état d'avancement et de l'issue de la réclamation, y compris de la possibilité d'un recours juridictionnel en vertu de l'article 89.

Art. 89. – *Droit au contrôle juridictionnel sur les décisions du Contrôleur européen de la protection des données.* – Les décisions du Contrôleur européen de la protection des données peuvent faire l'objet d'un recours devant la Cour de justice.

CHAPITRE IX. – DISPOSITIONS FINANCIÈRES ET EN MATIÈRE DE PERSONNEL

SECTION 1. – Dispositions financières

Art. 90. – *Acteurs financiers.* – 1. Le chef du Parquet européen est chargé d'élaborer les décisions relatives à l'établissement du budget et de les soumettre au collège pour adoption.

2. Le directeur administratif est chargé, en tant qu'ordonnateur, de l'exécution du budget du Parquet européen.

Art. 91. – *Budget.* – 1. Le chef du Parquet européen établit des prévisions pour les recettes et dépenses du Parquet européen pour chaque exercice budgétaire, celui-ci coïncidant avec l'année civile, sur proposition du directeur administratif. Ces prévisions sont inscrites au budget du Parquet européen.

2. Le budget du Parquet européen est équilibré en recettes et en dépenses.

3. Sans préjudice d'autres ressources, les recettes du Parquet européen comprennent :

a) une contribution de l'Union inscrite au budget général de l'Union, sous réserve des paragraphes 7 et 8 ;

b) les droits perçus pour les publications et toute prestation assurée par le Parquet européen.

4. Les dépenses du Parquet européen comprennent la rémunération du chef du Parquet européen, des procureurs européens, des procureurs européens délégués, du directeur administratif et du personnel du Parquet européen, les dépenses administratives et d'infrastructure et les dépenses opérationnelles.

5. Lorsque des procureurs européens délégués agissent dans le cadre du Parquet européen, les dépenses correspondantes encourues par ceux-ci dans le cadre de ces activités sont considérées comme des dépenses opérationnelles du Parquet européen.

Les dépenses opérationnelles du Parquet européen ne comprennent en principe pas les coûts liés aux mesures d'enquête exécutées par les autorités nationales compétentes ni les coûts de l'aide juridictionnelle. Cependant, elles comprennent – dans le cadre du budget du Parquet européen – certains coûts liés aux activités d'enquête et de poursuite visées au paragraphe 6.

Les dépenses opérationnelles comprennent également la mise en place d'un système de gestion des dossiers, les formations, les missions et les traductions nécessaires au fonctionnement interne du Parquet européen, par exemple les traductions destinées à la chambre permanente.

6. Lorsqu'une mesure d'enquête exceptionnellement coûteuse est exécutée au nom du Parquet européen, les procureurs européens délégués peuvent, de leur propre initiative ou sur demande motivée des autorités nationales compétentes, consulter la chambre permanente quant à la possibilité que le coût de la mesure d'enquête soit en partie pris en charge par le Parquet européen. Ces consultations ne retardent pas l'enquête.

La chambre permanente peut alors, après consultation du directeur administratif et en fonction de la proportionnalité de la mesure exécutée dans les circonstances particulières en cause et de la nature extraordinaire des coûts qui y sont liés, décider d'accepter ou de refuser la demande, conformément aux règles relatives à l'appréciation de ces critères qui seront définies dans le règlement intérieur du Parquet européen. Le directeur administratif décide ensuite du montant de la subvention qui sera octroyée en fonction des ressources financières disponibles. Il informe sans retard le procureur européen délégué chargé de l'affaire de sa décision concernant le montant.

7. Conformément à l'article 332 du TFUE, les dépenses du Parquet européen visées aux paragraphes 4 et 5 du présent article sont à la charge des États. Les États membres de l'Union européenne qui ne participent pas à la coopération renforcée concernant la création du Parquet européen reçoivent un ajustement conformément à l'article 11 du règlement (UE, Euratom) n° 609/2014 du Conseil (1).

8. Le paragraphe 7 ne s'applique pas aux coûts administratifs occasionnés pour les institutions de l'Union à la suite de la mise en œuvre de la coopération renforcée concernant la création du Parquet européen.

Art. 92. – *Établissement du budget.* – 1. Chaque année, le chef du Parquet européen établit un projet d'état prévisionnel des recettes et des dépenses du Parquet européen pour l'exercice suivant, sur proposition du directeur administratif. Le chef du Parquet européen adresse le projet d'état prévisionnel au collège pour adoption.

2. Le projet d'état prévisionnel des recettes et des dépenses du Parquet européen est envoyé à la Commission au plus tard le 31 janvier de chaque année. La version définitive de l'état prévisionnel, qui comprend un projet de tableau des effectifs, est transmise par le Parquet européen à la Commission le 31 mars de chaque année au plus tard.

3. La Commission adresse l'état prévisionnel au Parlement européen et au Conseil (ci-après dénommés « autorité budgétaire ») en même temps que le projet de budget général de l'Union.

4. Sur la base de l'état prévisionnel, la Commission inscrit dans le projet de budget général de l'Union les prévisions qu'elle estime nécessaires pour le tableau des effectifs ainsi que le montant de la contribution à charge du budget général, et saisit l'autorité budgétaire conformément aux articles 313 et 314 du TFUE.

5. L'autorité budgétaire autorise les crédits au titre de la contribution du budget général de l'Union au Parquet européen.

6. L'autorité budgétaire adopte le tableau des effectifs du Parquet européen.

7. Le collège adopte le budget du Parquet européen, sur proposition du chef du Parquet européen. Ce budget devient définitif après l'adoption définitive du budget général de l'Union. S'il y a lieu, il est ajusté selon la même procédure que celle appliquée pour l'adoption du budget initial.

8. Pour tout projet de nature immobilière susceptible d'avoir des conséquences significatives sur le budget du Parquet européen, l'article 88 du règlement délégué (UE) n° 1271/2013 de la Commission (2) s'applique.

Art. 93. – *Exécution du budget.* – 1. Le directeur administratif, agissant en qualité d'ordonnateur du Parquet européen, procède à l'exécution du budget sous sa propre responsabilité et dans les limites autorisées dans le budget.

2. Chaque année, le directeur administratif transmet à l'autorité budgétaire toute information pertinente au sujet des résultats de toute procédure d'évaluation.

Art. 94. – *Reddition des comptes et décharge.* – 1. Le comptable du Parquet européen transmet les comptes provisoires de l'exercice (année N) au comptable de la Commission et à la Cour des comptes au plus tard le 1er mars de l'exercice suivant (année N + 1).

2. Le Parquet européen transmet le rapport sur la gestion budgétaire et financière au Parlement européen, au Conseil et à la Cour des comptes au plus tard le 31 mars de l'exercice suivant.

---

(1) Règlement (UE, Euratom) n° 609/2014 du Conseil du 26 mai 2014 relatif aux modalités et à la procédure de mise à disposition des ressources propres traditionnelles, de la ressource propre fondée sur la TVA et de la ressource propre fondée sur le RNB et aux mesures visant à faire face aux besoins de trésorerie (*JO* L 168, 7 juin 2014, p. 39).

(2) Règlement délégué (UE) n° 1271/2013 de la Commission du 30 septembre 2013 portant règlement financier-cadre des organismes visés à l'article 208 du règlement (UE, Euratom) n° 966/2012 du Parlement européen et du Conseil (*JO* L 328, 7 déc. 2013, p. 42).

3. Le comptable de la Commission transmet les comptes provisoires du Parquet européen, consolidés avec la comptabilité de la Commission, à la Cour des comptes au plus tard le 31 mars suivant l'achèvement de chaque exercice.

4. Conformément à l'article 148, paragraphe 1, du règlement (UE, Euratom) n° 966/2012, la Cour des comptes formule ses observations à l'égard des comptes provisoires du Parquet européen au plus tard le 1er juin de l'exercice suivant.

5. Dès réception des observations de la Cour des comptes sur les comptes provisoires du Parquet européen conformément à l'article 148 du règlement (UE, Euratom) n° 966/2012, le comptable du Parquet européen établit les comptes définitifs sous sa propre responsabilité et les soumet au collège pour avis.

6. Le comptable du Parquet européen transmet, au plus tard le 1er juillet suivant l'achèvement de chaque exercice, les comptes définitifs au Parlement européen, au Conseil, à la Commission et à la Cour des comptes, accompagnés de l'avis du collège visé au paragraphe 5.

7. Les comptes définitifs du Parquet européen sont publiés au *Journal officiel de l'Union européenne* au plus tard le 15 novembre de l'exercice suivant chaque exercice.

8. Le directeur administratif adresse à la Cour des comptes une réponse aux observations de celle-ci au plus tard le 30 septembre suivant l'achèvement de chaque exercice. Il l'adresse également à la Commission.

9. Le directeur administratif soumet au Parlement européen, à la demande de celui-ci, toute information nécessaire au bon déroulement de la procédure de décharge pour l'exercice en question, comme le prévoit l'article 109, paragraphe 3, du règlement délégué (UE) n° 1271/2013.

10. Sur recommandation du Conseil statuant à la majorité qualifiée, le Parlement européen donne, avant le 15 mai de l'année N + 2, décharge au directeur administratif sur l'exécution du budget de l'année N.

Art. 95. – *Règles financières.* – Le chef du Parquet européen élabore un projet de règles financières applicables au Parquet européen, sur proposition du directeur administratif. Ces règles sont adoptées par le collège après consultation de la Commission. Les règles financières ne s'écartent pas de celles énoncées dans le règlement délégué (UE) n° 1271/2013, à moins que le fonctionnement du Parquet européen ne l'exige expressément et moyennant l'accord préalable de la Commission.

SECTION 2. – Dispositions en matière de personnel

Art. 96. – *Dispositions générales.* – 1. Le statut des fonctionnaires et le régime applicable aux autres agents ainsi que les réglementations adoptées d'un commun accord par les institutions de l'Union aux fins de l'application de ce statut et de ce régime s'appliquent au chef du Parquet européen et aux procureurs européens, aux procureurs européens délégués, au directeur administratif et au personnel du Parquet européen, sauf disposition contraire du présent règlement.

Le chef du Parquet européen et les procureurs européens sont engagés en qualité d'agents temporaires du Parquet européen au titre de l'article 2, point *a)*, du régime applicable aux autres agents.

2. Le personnel du Parquet européen est recruté selon les règlements et réglementations applicables aux fonctionnaires et autres agents de l'Union européenne.

3. Le pouvoir dévolu à l'autorité investie du pouvoir de nomination par le statut des fonctionnaires et par le régime applicable aux autres agents de conclure des contrats d'engagement est exercé par le collège. Le collège peut déléguer l'exercice de ce pouvoir au directeur administratif à l'égard du personnel du Parquet européen. La délégation de pouvoir prévue au présent paragraphe ne concerne pas le chef du Parquet européen, les procureurs européens, les procureurs européens délégués ou le directeur administratif.

4. Le collège arrête les règles nécessaires pour mettre en œuvre le statut des fonctionnaires et le régime applicable aux autres agents conformément à l'article 110 du statut des fonctionnaires. Il adopte aussi la programmation des ressources humaines dans le cadre du document de programmation.

5. Le protocole sur les privilèges et immunités de l'Union européenne s'applique au Parquet européen ainsi qu'à son personnel.

6. Les procureurs européens délégués sont engagés comme conseillers spéciaux conformément aux articles 5, 123 et 124 du régime applicable aux autres agents. Les autorités nationales compétentes facilitent l'exercice des fonctions des procureurs européens délégués en application du présent règlement et s'abstiennent de toute action ou politique pouvant influer négativement sur leur carrière ou leur statut au sein du ministère public

national. En particulier, les autorités nationales compétentes dotent les procureurs européens délégués des ressources et équipements nécessaires à l'exercice de leurs fonctions au titre du présent règlement et veillent à ce qu'ils soient pleinement intégrés dans leur ministère public national. Des arrangements appropriés doivent être en place pour préserver les droits des procureurs européens délégués liés à la sécurité sociale, à la retraite et à l'assurance en application du régime national. En outre, la rémunération totale d'un procureur européen délégué ne doit pas être inférieure à ce qu'elle serait si ledit procureur était resté uniquement procureur national. Les conditions générales de travail et le milieu de travail des procureurs européens délégués relèvent de la responsabilité des autorités judiciaires nationales compétentes.

7. Les procureurs européens et les procureurs européens délégués ne reçoivent, dans l'exercice de leurs pouvoirs d'enquête et de poursuite, aucun ordre, orientation ou instruction autre que ceux qui sont expressément prévus à l'article 6.

Art. 97. – *Agents temporaires et agents contractuels.* – 1. Les agents temporaires qui sont employés au sein des institutions, organes ou organismes de l'Union au titre de l'article 2, point *a)*, du régime applicable aux autres agents et qui sont engagés par le Parquet européen dans le cadre d'un contrat conclu avant que le Parquet européen soit devenu opérationnel conformément à la décision visée à l'article 120, paragraphe 2, et au plus tard un an après, se voient offrir des contrats au titre de l'article 2, point *f)*, du régime applicable aux autres agents, toutes les autres conditions du contrat demeurant inchangées, sans préjudice de la nécessité de respecter les obligations découlant du régime applicable aux autres agents. Ces agents temporaires sont réputés avoir accompli l'intégralité de leur carrière au sein du Parquet européen.

2. Les agents contractuels qui sont employés au sein des institutions de l'Union au titre de l'article 3 *bis* ou de l'article 3 *ter* du régime applicable aux autres agents et qui sont engagés par le Parquet européen dans le cadre d'un contrat conclu avant que le Parquet européen soit devenu opérationnel conformément à la décision visée à l'article 120, paragraphe 2, et au plus tard un an après, se voient offrir des contrats au titre de l'article 3 *bis* du régime applicable aux autres agents, toutes les autres conditions du contrat demeurant inchangées. Ces agents contractuels sont réputés avoir accompli l'intégralité de leur carrière au sein du Parquet européen.

3. Les agents temporaires qui sont employés au titre de l'article 2, point *f)*, du régime applicable aux autres agents et les agents contractuels qui sont employés au titre de l'article 3 *bis* du régime applicable aux autres agents au sein des organes et organismes de l'Union et qui sont engagés par le Parquet européen dans le cadre d'un contrat conclu avant que le Parquet européen soit devenu opérationnel conformément à la décision visée à l'article 120, paragraphe 2, et au plus tard un an après, se voient offrir des contrats dans les mêmes conditions. Ces agents sont réputés avoir accompli l'intégralité de leur carrière au sein du Parquet européen.

Art. 98. – *Experts nationaux détachés et autre personnel.* – 1. Le Parquet européen peut recourir, en plus de son propre personnel, à des experts nationaux détachés ou à d'autres personnes qui sont mises à sa disposition mais qui ne sont pas employées par lui. Les experts nationaux détachés sont soumis à l'autorité du chef du Parquet européen dans l'exercice des tâches relatives aux fonctions du Parquet européen.

2. Le collège adopte une décision définissant les règles applicables au détachement, auprès du Parquet européen, d'experts nationaux ou d'autres personnes qui sont mises à sa disposition mais qui ne sont pas employées par lui.

CHAPITRE X. – DISPOSITIONS RELATIVES AUX RELATIONS DU PARQUET EUROPÉEN AVEC SES PARTENAIRES

Art. 99. – *Dispositions communes.* – 1. Dans la mesure nécessaire à l'accomplissement de ses missions, le Parquet européen peut nouer et entretenir des relations de coopération avec des institutions, organes et organismes de l'Union conformément à leurs objectifs respectifs, ainsi qu'avec les autorités d'États membres de l'Union européenne qui ne participent pas à la coopération renforcée concernant la création du Parquet européen, les autorités de pays tiers et des organisations internationales.

2. Dans la mesure nécessaire à l'accomplissement de ses missions, le Parquet européen peut, conformément à l'article 111, échanger directement toutes les informations avec les entités visées au paragraphe 1 du présent article, sauf disposition contraire du présent règlement.

3. Aux fins exposées aux paragraphes 1 et 2, le Parquet européen peut conclure des arrangements de travail avec les entités visées au paragraphe 1. Ces arrangements de travail sont de nature technique et/ou

opérationnelle et visent, en particulier, à faciliter la coopération et l'échange d'informations entre les parties. Les arrangements de travail ne peuvent pas servir de base pour permettre l'échange de données à caractère personnel ni avoir des effets juridiquement contraignants pour l'Union ou ses États membres.

Art. 100. – *Relations avec Eurojust.* – 1. Le Parquet européen noue et entretient une relation étroite avec Eurojust, fondée sur une coopération mutuelle dans le cadre de leurs mandats respectifs et la création de liens opérationnels, administratifs et de gestion entre eux, tels qu'ils sont définis dans le présent article. À cette fin, le chef du Parquet européen et le président d'Eurojust se réunissent régulièrement pour examiner des questions d'intérêt commun.

2. Sur le plan opérationnel, le Parquet européen peut, dans les affaires transfrontières, associer Eurojust à ses activités, notamment en :

a) partageant avec lui des informations, y compris des données à caractère personnel, sur ses enquêtes, conformément aux dispositions pertinentes du présent règlement ;

b) invitant Eurojust ou son ou ses membres nationaux compétents à l'aider à transmettre ses décisions ou demandes d'entraide judiciaire à des États membres de l'Union européenne qui sont membres d'Eurojust mais ne participent pas à la mise en place du Parquet européen, ainsi qu'à des pays tiers, et à les y faire exécuter.

3. Le Parquet européen dispose d'un accès indirect aux informations figurant dans le système de gestion des dossiers d'Eurojust sur la base d'un système de concordance/non-concordance (*hit/no-hit*). Chaque fois que se produit une correspondance entre les données introduites dans le système de gestion des dossiers par le Parquet européen et des données détenues par Eurojust, Eurojust et le Parquet européen en sont tous deux informés, de même que l'État membre de l'Union européenne qui a fourni les données à Eurojust. Le Parquet prend des mesures appropriées pour permettre à Eurojust d'avoir accès aux informations figurant dans son système de gestion des dossiers sur la base d'un système de concordance/non-concordance.

4. Le Parquet européen peut bénéficier des ressources et de l'appui de l'administration d'Eurojust. À cette fin, Eurojust peut fournir des services d'intérêt commun au Parquet européen. Les détails sont régis par un arrangement.

Art. 101. – *Relations avec l'OLAF.* – 1. Le Parquet européen noue et entretient une relation étroite avec l'OLAF, fondée sur une coopération mutuelle dans le cadre de leurs mandats respectifs et sur l'échange d'informations. Cette relation vise en particulier à garantir que tous les moyens disponibles sont utilisés pour protéger les intérêts financiers de l'Union grâce au soutien que l'OLAF apporte au Parquet européen et à la complémentarité de ces deux organismes.

2. Sans préjudice des mesures énoncées au paragraphe 3, lorsque le Parquet européen mène une enquête pénale conformément au présent règlement, l'OLAF n'ouvre pas d'enquête administrative parallèle sur les mêmes faits.

3. Au cours d'une enquête menée par le Parquet européen, celui-ci peut demander à l'OLAF, conformément au mandat de ce dernier, de soutenir ou compléter l'action du Parquet européen, notamment par :

a) la fourniture d'informations, d'analyses (y compris d'analyses criminalistiques), d'un service d'expertise et d'un support opérationnel ;

b) la facilitation de la coordination d'actions spécifiques menées par les autorités administratives nationales compétentes et les organes de l'Union ;

c) la conduite d'enquêtes administratives.

4. Le Parquet européen peut, afin de permettre à l'OLAF d'envisager des mesures administratives appropriées conformément à son mandat, fournir des informations pertinentes à l'OLAF dans des situations où le Parquet européen a décidé de ne pas mener d'enquête ou a classé une affaire sans suite.

5. Le Parquet européen dispose d'un accès indirect aux informations figurant dans le système de gestion des dossiers de l'OLAF sur la base d'un système de concordance/non-concordance. Chaque fois que se produit une correspondance entre les données introduites dans le système de gestion des dossiers par le Parquet européen et les données détenues par l'OLAF, ils en sont tous deux informés. Le Parquet européen prend des mesures appropriées pour permettre à l'OLAF d'avoir accès aux informations figurant dans son système de gestion des dossiers sur la base d'un système de concordance/non-concordance.

Art. 102. – *Relations avec Europol.* – 1. Le Parquet européen établit et maintient une relation étroite avec Europol. Les modalités de cette coopération sont définies dans un accord de travail conclu à cet effet.

2. Si nécessaire pour les besoins de ses enquêtes, le Parquet européen peut obtenir, à sa demande, toute information pertinente détenue par Europol au sujet de toute infraction relevant de sa compétence ; il peut également demander à Europol de fournir une aide à l'analyse dans le cadre d'une enquête particulière conduite par le Parquet européen.

Art. 103. – *Relations avec les autres institutions, organes et organismes de l'Union.* – 1. Le Parquet européen établit et maintient une relation de coopération avec la Commission aux fins de protéger les intérêts financiers de l'Union. Les modalités de cette coopération sont définies dans un accord conclu à cet effet.

2. Sans préjudice du bon déroulement et de la confidentialité de ses enquêtes, le Parquet européen fournit sans tarder à l'institution, l'organe ou l'organisme de l'Union et aux autres victimes concernées des informations suffisantes pour leur permettre de prendre des mesures appropriées, notamment :

a) des mesures administratives, telles que des mesures conservatoires visant à protéger les intérêts financiers de l'Union à cet égard. Le Parquet européen peut recommander des mesures spécifiques à l'institution, l'organe ou l'organisme de l'Union ;

b) l'intervention comme partie civile dans la procédure ;

c) des mesures aux fins du recouvrement administratif de sommes dues au budget de l'Union ou de mesures disciplinaires.

Art. 104. – *Relations avec les pays tiers et les organisations internationales.* – 1. Les arrangements de travail visés à l'article 99, paragraphe 3, avec les autorités de pays tiers et les organisations internationales peuvent porter en particulier sur l'échange d'informations stratégiques et le détachement de fonctionnaires de liaison auprès du Parquet européen.

2. En accord avec les autorités compétentes concernées, le Parquet européen peut désigner des points de contact dans les pays tiers afin de faciliter la coopération, en fonction des besoins opérationnels du Parquet européen.

3. Les accords internationaux avec un ou plusieurs pays tiers conclus par l'Union dans des domaines relevant de la compétence du Parquet européen, tels que des accords internationaux concernant la coopération en matière pénale entre le Parquet européen et lesdits pays tiers, ou auxquels l'Union a adhéré conformément à l'article 218 du TFUE, sont contraignants à l'égard du Parquet européen.

4. En l'absence d'accord visé au paragraphe 3, si l'accord international multilatéral pertinent le permet et sous réserve de l'acceptation du pays tiers, les États membres reconnaissent et, le cas échéant, notifient le Parquet européen en tant qu'autorité compétente aux fins de la mise en œuvre des accords internationaux multilatéraux sur l'entraide judiciaire en matière pénale qu'ils ont conclus, y compris, si nécessaire et si possible, au moyen d'une modification de ces accords.

Les États membres peuvent également notifier le Parquet européen en tant qu'autorité compétente aux fins de la mise en œuvre d'autres accords internationaux concernant l'entraide judiciaire en matière pénale qu'ils ont conclus, y compris au moyen d'une modification desdits accords.

5. En l'absence d'accord en application du paragraphe 3 du présent article ou de reconnaissance en application du paragraphe 4 du présent article, le procureur européen délégué chargé de l'affaire peut, conformément à l'article 13, paragraphe 1, avoir recours aux pouvoirs d'un procureur national de son État membre pour solliciter l'entraide judiciaire en matière pénale auprès des autorités d'un pays tiers, sur la base d'accords internationaux conclus par cet État membre ou du droit national applicable, et, lorsque c'est nécessaire, par l'intermédiaire des autorités nationales compétentes. Dans ce cas, le procureur européen délégué informe les autorités du pays tiers concerné que les preuves collectées sur cette base seront utilisées par le Parquet européen aux fins du présent règlement et il s'efforce, le cas échéant, d'obtenir leur accord à cette fin. En tout état de cause, le pays tiers est dûment informé que le destinataire final de la réponse à la demande d'entraide judiciaire est le Parquet européen.

Si le Parquet européen n'est pas en mesure d'exercer ses fonctions sur la base d'un accord international pertinent visé au paragraphe 3 ou 4 du présent article, il peut également solliciter l'entraide judiciaire en matière pénale auprès des autorités de pays tiers dans une affaire particulière et dans les limites de sa compétence matérielle. Le Parquet européen se conforme aux conditions qui peuvent être fixées par lesdites autorités en ce qui concerne l'utilisation des informations qu'elles ont fournies sur cette base.

6. Sous réserve des autres dispositions du présent règlement, le Parquet européen peut, sur demande, fournir aux autorités compétentes d'un pays tiers ou à une organisation internationale, aux fins d'enquêtes ou pour servir de preuves dans une enquête pénale, des informations ou des preuves qui sont déjà en sa possession. Après avoir consulté la chambre permanente, le procureur européen délégué chargé de l'affaire statue sur ces transferts d'informations ou de preuves conformément au droit national de son État membre et au présent règlement.

7. Lorsqu'il est nécessaire de demander l'extradition d'une personne, le procureur européen délégué chargé de l'affaire peut demander à l'autorité compétente de son État membre d'émettre une demande d'extradition conformément aux traités et/ou au droit national applicables.

Art. 105. – *Relations avec les États membres de l'Union européenne qui ne participent pas à la coopération renforcée concernant la création du Parquet européen.* – 1. Les arrangements de travail visés à l'article 99, paragraphe 3, mis en place avec les autorités des États membres de l'Union européenne qui ne participent pas à la coopération renforcée concernant la création du Parquet européen peuvent porter en particulier sur l'échange d'informations stratégiques et le détachement de fonctionnaires de liaison auprès du Parquet européen.

2. En accord avec les autorités compétentes concernées, le Parquet européen peut désigner des points de contact dans les États membres de l'Union européenne qui ne participent pas à la coopération renforcée concernant la création du Parquet européen afin de faciliter la coopération, en fonction des besoins du Parquet européen.

3. En l'absence d'instrument juridique relatif à la coopération en matière pénale et de remise entre le Parquet européen et les autorités compétentes des États membres de l'Union européenne qui ne participent pas à la coopération renforcée concernant la création du Parquet européen, les États membres notifient le Parquet européen en tant qu'autorité compétente aux fins de la mise en œuvre des actes de l'Union applicables dans le domaine de la coopération judiciaire en matière pénale pour les affaires relevant de la compétence du Parquet européen, dans leurs relations avec les États membres de l'Union européenne qui ne participent pas à la coopération renforcée concernant la création du Parquet européen.

CHAPITRE XI. – DISPOSITIONS GÉNÉRALES

Art. 106. – *Statut juridique et conditions de fonctionnement.* – 1. Dans chaque État membre, le Parquet européen possède la capacité juridique reconnue aux personnes morales par le droit national.

2. Les dispositions relatives à l'implantation du Parquet européen au Luxembourg et aux prestations à fournir par lui, ainsi que les règles particulières applicables dans ledit État membre aux membres du collège, au directeur administratif et au personnel du Parquet européen de même qu'aux membres de leurs familles, sont fixées dans un accord de siège conclu entre le Parquet européen et le Luxembourg au plus tard à la date à laquelle le Parquet européen assume ses tâches d'enquête et de poursuite déterminées conformément à l'article 120, paragraphe 2.

Art. 107. – *Régime linguistique.* – 1. Le règlement (CEE) n° 1/58 du Conseil (1) s'applique aux actes visés aux articles 21 et 114 du présent règlement.

2. Le collège arrête à la majorité des deux tiers de ses membres le régime linguistique interne du Parquet européen.

3. Les travaux de traduction requis pour le fonctionnement administratif du Parquet européen au niveau central sont effectués par le Centre de traduction des organes de l'Union européenne, sauf si l'urgence de la question exige le recours à une autre solution. Les procureurs européens délégués arrêtent les modalités de traduction aux fins de la conduite des enquêtes conformément au droit national applicable.

Art. 108. – *Confidentialité et secret professionnel.* – 1. Les membres du collège, le directeur administratif et le personnel du Parquet européen, les experts nationaux détachés et les autres personnes qui sont mises à la disposition du Parquet européen mais ne sont pas employées par lui, ainsi que les procureurs européens délégués, sont tenus à une obligation de confidentialité, conformément à la législation de l'Union, en ce qui concerne toute information détenue par le Parquet européen.

(1) Règlement (CEE) n° 1/58 du Conseil portant fixation du régime linguistique de la Communauté économique européenne (*JO* 17, 6 oct. 1958, p. 385/58).

2. Toute autre personne qui participe ou contribue à l'exécution des fonctions du Parquet européen au niveau national est tenue à une obligation de confidentialité conformément au droit national applicable.

3. L'obligation de confidentialité s'applique également aux personnes visées aux paragraphes 1 et 2 après la cessation de leurs fonctions ou de leur contrat de travail et après la cessation de l'activité.

4. Conformément au droit national ou de l'Union applicable, l'obligation de confidentialité s'applique à toutes les informations reçues par le Parquet européen, à moins qu'elles n'aient déjà été licitement rendues publiques.

5. Les enquêtes effectuées sous l'autorité du Parquet européen sont protégées par les règles régissant le secret professionnel en vertu du droit de l'Union applicable. Toute personne qui participe à l'exécution des fonctions du Parquet européen ou y contribue est tenue au respect du secret professionnel prévu par le droit national applicable.

Art. 109. – *Transparence.* – 1. Le règlement (CE) n° 1049/2001 du Parlement européen et du Conseil (1) s'applique aux documents autres que les dossiers, y compris les images électroniques de ces dossiers, qui sont conservés conformément à l'article 45 du présent règlement.

2. Le chef du Parquet européen élabore, dans un délai de six mois à compter de la date de sa nomination, une proposition de modalités détaillées pour l'application du présent article. Cette proposition est adoptée par le collège.

3. Les décisions prises par le Parquet européen en application de l'article 8 du règlement (CE) n° 1049/2001 peuvent faire l'objet d'une plainte auprès du Médiateur européen ou d'un recours devant la Cour de justice, dans les conditions prévues respectivement aux articles 228 et 263 du TFUE.

Art. 110. – *L'OLAF et la Cour des comptes.* – 1. Pour faciliter la lutte contre la fraude, la corruption et autres actes illégaux en vertu du règlement (UE, Euratom) n° 883/2013, le Parquet européen adhère, au plus tard six mois à compter de la date que la Commission doit fixer en application de l'article 120, paragraphe 2, à l'accord interinstitutionnel du 25 mai 1999 relatif aux enquêtes internes effectuées par l'Office européen de lutte antifraude (OLAF) (2) et arrête les dispositions appropriées applicables au chef du Parquet européen, aux procureurs européens, au directeur administratif et au personnel du Parquet européen, aux experts nationaux détachés et aux autres personnes qui sont mises à la disposition du Parquet européen mais ne sont pas employées par lui, ainsi qu'aux procureurs européens délégués, en utilisant le modèle figurant en annexe dudit accord.

2. La Cour des comptes dispose d'un pouvoir d'audit, sur pièces et sur place, à l'égard de tous les contractants et sous-traitants qui ont reçu des fonds de l'Union par l'intermédiaire du Parquet européen.

3. L'OLAF peut effectuer des enquêtes, y compris des contrôles et vérifications sur place, conformément aux dispositions et procédures prévues par le règlement (UE, Euratom) n° 883/2013 et par le règlement (Euratom, CE) n° 2185/96 du Conseil (3), en vue d'établir l'existence éventuelle d'une irrégularité portant atteinte aux intérêts financiers de l'Union en liaison avec des dépenses financées par le Parquet européen.

4. Sans préjudice des paragraphes 1, 2 et 3, les arrangements de travail conclus avec des organes de l'Union, des autorités de pays tiers et des organisations internationales, ainsi que les contrats du Parquet européen, contiennent des dispositions qui habilitent expressément la Cour des comptes et l'OLAF à effectuer les audits et enquêtes en question, selon leurs compétences respectives.

Art. 111. – *Règles en matière de protection des informations sensibles non classifiées et des informations classifiées.* – 1. Le Parquet européen établit des règles internes relatives à la protection des informations sensibles non classifiées, y compris pour ce qui concerne la création et le traitement de ces informations au sein du Parquet européen.

(1) Règlement (CE) n° 1049/2001 du Parlement européen et du Conseil du 30 mai 2001 relatif à l'accès du public aux documents du Parlement européen, du Conseil et de la Commission (*JO* L 145, 31 mai 2001, p. 43).

(2) Accord interinstitutionnel du 25 mai 1999 entre le Parlement européen, le Conseil de l'Union européenne et la Commission des Communautés européennes relatif aux enquêtes internes effectuées par l'Office européen de lutte antifraude (OLAF) (*JO* L 136, 31 mai 1999, p. 15).

(3) Règlement (Euratom, CE) n° 2185/96 du Conseil du 11 novembre 1996 relatif aux contrôles et vérifications sur place effectués par la Commission pour la protection des intérêts financiers des Communautés européennes contre les fraudes et autres irrégularités (*JO* L 292, 15 nov. 1996, p. 2).

2. Le Parquet européen établit des règles internes relatives à la protection des informations classifiées de l'Union européenne qui sont conformes à la décision 2013/488/UE du Conseil (1) afin d'assurer un niveau de protection équivalent de ces informations.

Art. 112. – *Enquêtes administratives.* – Les activités administratives du Parquet européen sont soumises aux enquêtes du Médiateur européen, conformément à l'article 228 du TFUE.

Art. 113. – *Régime général de responsabilité.* – 1. La responsabilité contractuelle du Parquet européen est régie par le droit applicable au contrat en question.

2. La Cour de justice est compétente pour se prononcer en vertu de toute clause d'arbitrage contenue dans un contrat conclu par le Parquet européen.

3. En matière de responsabilité non contractuelle, le Parquet européen répare, conformément aux principes généraux communs aux droits des États membres de l'Union européenne, les dommages causés par lui-même ou par ses agents dans l'exercice de leurs fonctions, dans la mesure où ces dommages peuvent leur être imputés.

4. Le paragraphe 3 s'applique aussi aux dommages causés du fait d'un procureur européen délégué dans l'exercice de ses fonctions.

5. La Cour de justice est compétente pour connaître des litiges concernant la réparation des dommages visés au paragraphe 3.

6. Les juridictions nationales des États membres de l'Union européenne compétentes pour connaître des litiges impliquant la responsabilité du Parquet européen visée au présent article sont déterminées par référence au règlement (UE) n° 1215/2012 du Parlement européen et du Conseil (2).

7. La responsabilité personnelle des agents du Parquet européen est régie par les dispositions applicables du statut des fonctionnaires et du régime applicable aux autres agents.

Art. 114. – *Règles administratives et documents de programmation.* – Le collègue, sur proposition du chef du Parquet européen, adopte en particulier :

a) sur une base annuelle, le document de programmation contenant la programmation annuelle et pluriannuelle du Parquet européen ;

b) une stratégie antifraude proportionnée aux risques de fraude, compte tenu du rapport coûts/avantages des mesures à mettre en œuvre ;

c) des règles concernant les conditions d'emploi, les critères de réalisation, l'insuffisance professionnelle, les droits et les obligations des procureurs européens délégués, notamment des règles sur la prévention et la gestion des conflits d'intérêts ;

d) des règles détaillées concernant l'application du règlement (CE) n° 1049/2001 dans le cadre des activités du Parquet européen ;

e) les règles d'application visées à l'article 24, paragraphe 8, du règlement (CE) n° 45/2001.

Art. 115. – *Exercice de la délégation.* – 1. Le pouvoir d'adopter des actes délégués conféré à la Commission est soumis aux conditions fixées au présent article.

2. Le pouvoir d'adopter des actes délégués visé à l'article 49, paragraphe 3, est conféré à la Commission pour une durée indéterminée à compter du 20 novembre 2017.

3. La délégation de pouvoir visée à l'article 49, paragraphe 3, peut être révoquée à tout moment par le Parlement européen ou le Conseil. La décision de révocation met fin à la délégation de pouvoir qui y est précisée. La révocation prend effet le jour suivant celui de la publication de ladite décision au *Journal officiel de l'Union européenne* ou à une date ultérieure qui est précisée dans ladite décision. Elle ne porte pas atteinte à la validité des actes délégués déjà en vigueur.

4. Avant d'adopter un acte délégué, la Commission consulte les experts désignés par chaque État membre, conformément aux principes définis dans l'accord interinstitutionnel du 13 avril 2016 « Mieux légiférer ».

(1) Décision 2013/488/UE du Conseil du 23 septembre 2013 concernant les règles de sécurité aux fins de la protection des informations classifiées de l'Union européenne (*JO* L 274, 15 oct. 2013, p. 1).

(2) Règlement (UE) n° 1215/2012 du Parlement européen et du Conseil du 12 décembre 2012 concernant la compétence judiciaire, la reconnaissance et l'exécution des décisions en matière civile et commerciale (*JO* L 351, 20 déc. 2012, p. 1).

5. Aussitôt qu'elle adopte un acte délégué, la Commission le notifie au Parlement européen et au Conseil simultanément.

6. Un acte délégué adopté en vertu de l'article 49, paragraphe 3, n'entre en vigueur que si le Parlement européen ou le Conseil n'a pas exprimé d'objections dans un délai de deux mois à compter de la notification de cet acte au Parlement européen et au Conseil ou si, avant l'expiration de ce délai, le Parlement européen et le Conseil ont tous deux informé la Commission de leur intention de ne pas exprimer d'objections. Ce délai est prolongé de deux mois à l'initiative du Parlement européen ou du Conseil.

Art. 116. – *Procédure d'urgence.* – 1. Les actes délégués adoptés en vertu du présent article entrent en vigueur sans tarder et s'appliquent tant qu'aucune objection n'est exprimée conformément au paragraphe 2. La notification d'un acte délégué au Parlement européen et au Conseil expose les raisons du recours à la procédure d'urgence.

2. Le Parlement européen ou le Conseil peut exprimer des objections à l'égard d'un acte délégué, conformément à la procédure visée à l'article 115, paragraphe 6. En pareil cas, la Commission abroge l'acte concerné immédiatement après que le Parlement européen ou le Conseil lui a notifié sa décision d'exprimer des objections.

Art. 117. – *Notifications.* – Chaque État membre désigne les autorités qui sont compétentes aux fins de l'application du présent règlement. Les informations concernant les autorités désignées, ainsi que toute modification ultérieure de celles-ci, sont notifiées simultanément au chef du Parquet européen, au Conseil et à la Commission. Les États membres transmettent également au Parquet européen une liste détaillée des dispositions de droit pénal matériel national applicables aux infractions définies dans la directive (UE) 2017/1371 et de toutes les autres dispositions de droit national pertinentes. Le Parquet européen veille à ce que les informations figurant dans ces listes soient rendues publiques. Par ailleurs, les États membres qui, conformément à l'article 30, paragraphe 3, ont l'intention de limiter l'application de l'article 30, paragraphe 1, points *e)* et *f)*, à certaines infractions graves notifient au Parquet européen une liste desdites infractions.

Art. 118. – *Réexamen des règles relatives à la protection des personnes physiques à l'égard du traitement des données à caractère personnel par le Parquet européen.* – Dans le cadre de l'adaptation du règlement (CE) n° 45/2001 conformément à l'article 2, paragraphe 3, et à l'article 98 du règlement (UE) 2016/679, la Commission réexamine les dispositions relatives à la protection des personnes physiques à l'égard du traitement des données à caractère personnel par le Parquet européen qui figurent dans le présent règlement. La Commission présente, s'il y a lieu, une proposition législative en vue de modifier ou d'abroger ces dispositions.

Art. 119. – *Réexamen.* – 1. Au plus tard cinq ans après la date fixée par la Commission en application de l'article 120, paragraphe 2, et tous les cinq ans par la suite, la Commission commande une évaluation et présente un rapport d'évaluation de la mise en œuvre et de l'impact du présent règlement, ainsi que de l'efficacité et de l'efficience de l'action du Parquet européen et de ses pratiques professionnelles. La Commission transmet le rapport d'évaluation, accompagné de ses conclusions, au Parlement européen et au Conseil, ainsi qu'aux parlements nationaux. Les conclusions de l'évaluation sont rendues publiques.

2. La Commission présente des propositions législatives au Parlement européen et au Conseil si elle conclut à la nécessité de compléter ou détailler davantage les règles relatives à la création du Parquet européen, à ses fonctions ou à la procédure applicable à ses activités, y compris ses enquêtes transfrontières.

Art. 120. – *Entrée en vigueur.* – 1. Le présent règlement entre en vigueur le vingtième jour suivant celui de sa publication au *Journal officiel de l'Union européenne*.

2. Le Parquet européen exerce sa compétence à l'égard de toute infraction relevant de ses attributions commise après la date d'entrée en vigueur du présent règlement.

Le Parquet européen assume les tâches d'enquête et de poursuite qui lui incombent en vertu du présent règlement à une date qui sera fixée par une décision de la Commission, sur proposition du chef du Parquet européen, dès que le Parquet européen aura été mis en place. La décision de la Commission est publiée au *Journal officiel de l'Union européenne*.

La date est fixée par la Commission au plus tôt trois ans après la date d'entrée en vigueur du présent règlement.

Pour les États membres qui participent à la coopération renforcée en vertu d'une décision adoptée conformément à l'article 331, paragraphe 1, deuxième ou troisième alinéa, du TFUE, le présent règlement est applicable à compter de la date indiquée dans la décision concernée.

Le présent règlement est obligatoire dans tous ses éléments et directement applicable dans les États membres conformément aux traités.

Fait à Luxembourg, le 12 octobre 2017.
Par le Conseil
Le président
U. REINSALU

où ces équipes enquêtent sur des infractions relevant de la compétence d'Europol, conformément à l'article 2. Les agents d'Europol peuvent, dans les limites prévues par le droit de l'État membre où l'équipe commune d'enquête intervient et conformément à l'arrangement visé au paragraphe 2, prêter leur concours à toutes les activités et échanger des informations avec tous les membres de l'équipe commune d'enquête, conformément au paragraphe 3. Toutefois, ils ne participent à l'adoption d'aucune mesure coercitive.

2. Les modalités, sur le plan administratif, de la participation des agents d'Europol à une équipe commune d'enquête sont établies dans un arrangement entre le directeur d'Europol et les autorités compétentes des États membres participant à l'équipe commune d'enquête, avec le concours des unités nationales. Les règles qui régissent de tels arrangements sont arrêtées par le conseil d'administration d'Europol à la majorité des deux tiers de ses membres.

3. Les agents d'Europol s'acquittent de leurs tâches sous l'autorité du chef de l'équipe, compte tenu des conditions établies dans l'arrangement visé au paragraphe 2.

4. Conformément à l'arrangement visé aux paragraphes 2 et 3, les agents d'Europol peuvent être directement en liaison avec les membres de l'équipe commune d'enquête et communiquer aux membres et aux membres détachés de l'équipe commune d'enquête, conformément à la présente convention, les informations provenant de tout élément du système informatisé de recueil d'informations visé à l'article 6. En cas de liaison directe, Europol en informe simultanément les unités nationales des États membres représentés dans l'équipe ainsi que les États membres qui ont fourni les informations.

5. Les informations obtenues par un agent d'Europol lors de sa participation à une équipe commune d'enquête peuvent, avec l'accord et sous la responsabilité de l'État membre qui les a fournies, être introduites dans un des éléments du système informatisé selon les conditions établies par la présente convention.

6. Au cours des opérations d'une équipe commune d'enquête visées au présent article, les agents d'Europol sont soumis au droit interne de l'État membre d'intervention, applicable aux personnes exerçant des fonctions comparables, en ce qui concerne les infractions dont ils seraient victimes ou qu'ils commettraient.

Art. 3 ter *(Prot., 28 nov. 2002, publié par D. n° 2007-495, 30 mars 2007). – Demandes formulées par Europol pour que soient engagées des enquêtes pénales.* – 1. Les États membres doivent traiter toute demande que leur adresse Europol pour les inviter à engager, mener ou coordonner des enquêtes dans des cas précis et lui accorder toute l'attention requise. Ils doivent signaler à Europol s'ils entendent engager l'enquête demandée.

2. Si les autorités compétentes de l'État membre décident de ne pas donner suite à la demande d'Europol, elles informent celui-ci de leur décision et des raisons qui la motivent, sauf si elles ne peuvent fournir de justifications dans la mesure où :

i) cela porterait atteinte à des intérêts nationaux essentiels en matière de sécurité, ou

ii) cela compromettrait le bon déroulement d'enquêtes en cours ou la sécurité de personnes.

3. Les réponses aux demandes d'Europol invitant les États membres à engager, mener ou coordonner des enquêtes dans des cas précis ainsi que les informations concernant le résultat des enquêtes communiquées à Europol doivent être envoyées par l'intermédiaire des autorités compétentes des États membres, conformément aux règles prévues dans la convention Europol et à la législation nationale pertinente.

4. En vertu d'un accord de coopération à signer avec Eurojust, lorsqu'Europol demande que des enquêtes pénales soient engagées, il en informe Eurojust.

Art. 4 *(Mod., Prot. 27 nov. 2003, publié par D. n° 2007-650, 30 avr. 2007). – Unités nationales.* – 1. Chaque État membre crée ou désigne une unité nationale chargée d'exécuter les fonctions énumérées au présent article.

2. L'unité nationale est le seul organe de liaison entre Europol et les services nationaux compétents. Toutefois, les États membres peuvent autoriser les contacts directs entre leurs services compétents désignés et Europol sous réserve des conditions fixées par l'État membre en question, notamment l'intervention préalable de l'unité nationale.

L'unité nationale reçoit en même temps d'Europol toutes les informations échangées au cours des contacts directs entre Europol et les services compétents désignés. Les relations entre l'unité nationale et les services compétents sont régies par le droit national, et notamment par les règles constitutionnelles pertinentes.

3. Les États membres prennent toutes les mesures nécessaires pour assurer l'exécution des fonctions de l'unité nationale, et notamment l'accès de cette unité aux données nationales appropriées.

4. Les unités nationales ont pour mission :

1° De fournir à Europol, de leur propre initiative, les informations et les renseignements qui sont nécessaires pour l'accomplissement de ses fonctions ;

2° De répondre aux demandes d'informations, de renseignements et de conseils formulées par Europol ;

3° De tenir à jour les informations et les renseignements ;

4° D'exploiter et de diffuser dans le respect du droit national les informations et les renseignements au profit des services compétents ;

5° D'adresser à Europol des demandes de conseils, d'informations, de renseignements et d'analyse ;

6° De transmettre à Europol des informations à stocker dans les recueils informatisés ;

7° De veiller au respect du droit lors de chaque échange d'information entre Europol et elles.

5. Sans préjudice de l'exercice des responsabilités des États membres pour le maintien de l'ordre public et la sauvegarde de la sécurité intérieure une unité nationale n'est pas tenue, dans un cas concret, de transmettre les informations et les renseignements visés au paragraphe 4, points 1, 2 et 6, ainsi qu'aux articles 8 et 10, si la transmission :

1° Porte atteinte à des intérêts nationaux essentiels en matière de sécurité ;

2° Compromet le succès d'enquêtes en cours ou la sécurité d'une personne, ou

3° Concerne des informations relevant de services ou d'activités spécifiques de renseignements en matière de sûreté de l'État.

6. Les frais exposés par les unités nationales pour la communication avec Europol sont à la charge des États membres et, à l'exception des frais de connexion, ne sont pas imputés à Europol.

7. Les chefs d'unités nationales se réunissent périodiquement, de leur propre initiative ou sur demande, pour assister Europol de leurs conseils.

Art. 5. – *Officiers de liaison.* – 1. Chaque unité nationale envoie auprès d'Europol au moins un officier de liaison. Le nombre d'officiers de liaison que les États membres peuvent envoyer auprès d'Europol est fixé par une décision adoptée à l'unanimité par le conseil d'administration ; cette décision peut être modifiée à tout moment par le conseil d'administration à l'unanimité. Sous réserve des dispositions particulières de la présente convention, ces officiers sont soumis au droit national de l'État membre d'origine.

2. Les officiers de liaison sont chargés par leur unité nationale de représenter les intérêts de celle-ci au sein d'Europol conformément au droit national de l'État membre d'origine et dans le respect des dispositions applicables au fonctionnement d'Europol.

3. Sous réserve de l'article 4, paragraphes 4 et 5, les officiers de liaison contribuent, dans le cadre des objectifs prévus à l'article 2, paragraphe 1, à l'échange d'informations entre les unités nationales d'origine et Europol, notamment :

1° En transmettant à Europol des informations provenant des unités nationales d'origine ;

2° En communiquant aux unités nationales d'origine les informations provenant d'Europol, et

3° En coopérant avec les agents d'Europol en leur transmettant des informations et en les conseillant pour l'analyse des informations concernant l'État membre d'origine.

4. Dans le même temps, les officiers de liaison contribuent, conformément au droit national et dans le cadre des objectifs prévus à l'article 2, paragraphe 1, à l'échange des informations provenant des unités nationales et à la coordination des mesures qui en découlent.

5. Dans la mesure où cela est nécessaire pour l'accomplissement des tâches visées au paragraphe 3, les officiers de liaison ont le droit de consulter les différents fichiers selon les dispositions appropriées et précisées dans les articles pertinents.

6. L'article 25 s'applique par analogie à l'activité des officiers de liaison.

7. Sans préjudice des autres dispositions de la présente convention, les droits et obligations des officiers de liaison à l'égard d'Europol sont arrêtés à l'unanimité par le conseil d'administration.

8. Les officiers de liaison jouissent des privilèges et immunités nécessaires à l'accomplissement de leurs tâches conformément à l'article 41, paragraphe 2.

9. Les locaux nécessaires aux activités des officiers de liaison sont gratuitement mis à la disposition des États membres par Europol dans l'immeuble d'Europol. Tous les autres frais liés à l'envoi des officiers de liaison sont supportés par les États membres d'origine ; il en va de même pour les frais liés à leur dotation en équipement, dans la mesure où, dans le cadre de l'établissement du budget d'Europol, le conseil d'administration ne recommande pas à l'unanimité une dérogation dans un cas particulier.

Art. 6. – *Système informatisé de recueils d'informations.* – 1. Europol gère un système informatisé de recueils d'informations, qui se compose des éléments suivants :

1° Le système d'informations visé à l'article 7 dont le contenu est limité et défini avec précision et qui permet de repérer rapidement les informations existant dans les États membres et auprès d'Europol ;

2° Les fichiers de travail visés à l'article 10 qui sont créés pour des durées variables aux fins de l'analyse et contiennent des informations circonstanciées, et

3° Le système d'index qui contient des éléments provenant des fichiers d'analyse visés au point 2, selon les modalités prévues à l'article 11.

2. Le système informatisé de recueils d'informations mis en œuvre par Europol ne doit, en aucun cas, être connecté à d'autres systèmes de traitement automatisé, à l'exception du système de traitement automatisé des unités nationales.

Art. 6 bis *(Prot. 27 nov. 2003, publié par D. n° 2007-650, 30 avr. 2007). – Traitement des informations par Europol.* – Pour s'acquitter de ses missions, Europol peut également traiter des données afin de déterminer si ces données sont utiles pour ses missions et peuvent être incluses dans le système informatisé de recueil d'informations visé à l'article 6, paragraphe 1.

Les parties contractantes réunies au sein du Conseil, statuant à la majorité des deux tiers, fixent les conditions relatives au traitement de ces données, notamment en ce qui concerne l'accès aux données et leur utilisation, ainsi que les délais de stockage et de suppression des données, qui ne doivent pas être supérieurs à six mois, dans le respect des principes visés à l'article 14. Le conseil d'administration prépare la décision des parties contractantes et consulte l'autorité de contrôle commune visée à l'article 24.

TITRE II. – SYSTÈME D'INFORMATIONS

Art. 7. – *Création du système d'informations.* – 1. En vue de remplir ses fonctions, Europol crée et gère un système d'informations informatisé. Alimenté directement par les États membres représentés par les unités nationales et les officiers de liaison, dans le respect de leurs procédures nationales, et par Europol pour les données fournies par des États et instances tiers et les données résultant d'analyses, le système d'informations est directement accessible, en consultation, aux unités nationales, aux officiers de liaison, aux directeur et directeurs adjoints ainsi qu'aux agents d'Europol dûment habilités.

L'accès direct des unités nationales au système d'informations pour les personnes mentionnées à l'article 8, paragraphe 1, point 2, est limité aux seuls éléments d'identité prévus à l'article 8, paragraphe 2. L'ensemble des données leur est accessible, sur demande, par l'intermédiaire des officiers de liaison pour les besoins d'une enquête déterminée.

2. Europol :

1° Est compétent pour assurer le respect des dispositions relatives à la coopération et à la gestion du système d'informations, et

2° Est responsable du bon fonctionnement du système d'informations du point de vue technique et du point de vue de l'exploitation. Europol prend en particulier toutes les dispositions nécessaires pour garantir la bonne exécution des mesures prévues aux articles 21 et 25 en ce qui concerne le système d'informations.

3. Dans les États membres, c'est l'unité nationale qui est responsable de la communication avec le système d'informations. Elle est compétente, en particulier, pour les mesures de sécurité visées à l'article 25 applicables aux installations de traitement de données utilisées sur le territoire de l'État membre concerné, pour le contrôle visé à l'article 21 et, pour autant que les dispositions législatives, réglementaires et administratives ainsi que les procédures dudit État membre l'exigent, pour la bonne exécution de la présente convention dans tout autre domaine.

Art. 8. – *Contenu du système d'informations.* – 1. Dans le système d'informations peuvent être stockées, modifiées et utilisées uniquement les données nécessaires à l'accomplissement des fonctions d'Europol, à l'exception des données concernant les infractions connexes selon l'article 2, paragraphe 3, deuxième alinéa. Les données introduites sont relatives :

1° Aux personnes qui, au regard du droit national de l'État membre concerné, sont soupçonnées d'avoir commis une infraction ou participé à une infraction relevant de la compétence d'Europol conformément à l'article 2 ou qui ont été condamnées pour une telle infraction ;

2° Aux personnes pour lesquelles certains faits graves justifient au regard du droit national la présomption qu'elles commettront des infractions relevant de la compétence d'Europol conformément à l'article 2.

2. Les données relatives aux personnes visées au paragraphe 1 ne peuvent comprendre que les indications suivantes :

1° Les nom, nom de naissance, prénoms et, le cas échéant, alias ou nom d'emprunt ;

2° La date et le lieu de naissance ;

3° La nationalité ;

4° Le sexe ;

5° Au besoin, d'autres éléments permettant d'établir l'identité et, notamment les signes physiques particuliers, objectifs et inaltérables.

3. Outre les données visées au paragraphe 2 et la mention d'Europol ou de l'unité nationale qui a introduit les données, les indications ci-après relatives aux personnes visées au paragraphe 1 peuvent être stockées, modifiées et utilisées dans le système d'informations :

1° Les infractions, les faits reprochés avec les dates et lieux ;

2° Les moyens utilisés ou susceptibles de l'être ;

3° Les services traitants et leurs numéros de dossiers ;

4° La suspicion d'appartenance à une organisation criminelle ;

5° Les condamnations, dans la mesure où elles concernent des infractions relevant de la compétence d'Europol selon l'article 2.

Ces données peuvent également être introduites dans la mesure où elles ne comportent pas encore de références aux personnes. Dans la mesure où Europol introduit lui-même des données, il indique, outre son numéro de dossier, si les données ont été transmises par des tiers ou résultent de ses propres analyses.

4. Les informations complémentaires relatives aux catégories de personnes visées au paragraphe 1 et détenues par Europol et par les unités nationales peuvent être communiquées sur demande à toute unité nationale et à Europol. Pour les unités nationales, cette communication s'effectue dans le respect de leur droit national.

Dans le cas où ces informations complémentaires sont relatives à une ou plusieurs infractions connexes, telles que définies à l'article 2, paragraphe 3, deuxième alinéa, la donnée stockée dans le système d'informations est assortie d'une indication visant à signaler l'existence d'infractions connexes afin de permettre aux unités nationales et à Europol d'échanger les informations concernant les infractions connexes.

5. Si la procédure ouverte à l'égard de l'intéressé est définitivement classée ou si celui-ci est acquitté, les données concernées par cette décision doivent être effacées.

Art. 9 *(Mod., Prot. 27 nov. 2003, publié par D. n° 2007-650, 30 avr. 2007). – Droit d'accès au système d'informations.* – 1. Le droit d'introduire directement et de rechercher des données dans le système d'informations est dévolu aux unités nationales, aux officiers de liaison, au directeur, aux directeurs adjoints ainsi qu'aux agents d'Europol dûment habilités. La recherche de données est autorisée dans la mesure où elle est nécessaire à l'exécution d'une tâche précise et se fait dans le respect des dispositions législatives, réglementaires et administratives ainsi que des procédures de l'unité qui l'effectue, sauf dispositions complémentaires de la présente convention.

2. Seule l'unité qui a introduit les données est autorisée à les modifier, les rectifier ou les effacer. Si une unité a des raisons de penser que des données visées à l'article 8, paragraphe 2, sont incorrectes, ou si elle veut les compléter, elle le fait immédiatement savoir à l'unité qui les a introduites, laquelle est tenue d'examiner immédiatement cette communication et, s'il y a lieu, de modifier, compléter, rectifier ou effacer immédiatement les données. Si le système contient des données visées à l'article 8, paragraphe 3, concernant une personne, chaque unité peut introduire pour les compléter d'autres données visées à l'article 8, paragraphe 3. Si ces données sont en contradiction manifeste les unes avec les autres, les unités concernées se mettent d'accord entre elles. Si une unité a l'intention d'effacer entièrement les données visées à l'article 8, paragraphe 2, qu'elle a introduites concernant une personne et que des données visées à l'article 8, paragraphe 3, relatives à cette personne ont été introduites par d'autres unités, la responsabilité en matière de protection des données visée à l'article 15, paragraphe 1, et le droit de modifier, de compléter, de rectifier et d'effacer ces données visé à l'article 8, paragraphe 2, sont transférés à l'unité qui a, la première, introduit après elle des données visées à l'article 8, paragraphe 3, sur cette personne. L'unité qui se propose d'effacer les données en informe l'unité à laquelle est transférée la responsabilité en matière de protection des données.

3. L'unité qui recherche, introduit ou modifie des données dans le système d'informations est responsable du caractère licite de la recherche, de l'introduction ou de la modification ; cette unité doit pouvoir être identifiée. La transmission d'informations entre les unités nationales et les autorités compétentes des États membres est régie par le droit national.

4. Outre les unités nationales et les personnes visées au paragraphe 1, les services compétents désignés à cet effet par les États membres peuvent également interroger le système d'informations d'Europol. Toutefois, la réponse se limitera à indiquer si les données recherchées sont disponibles dans le système d'informations d'Europol. De plus amples informations peuvent ensuite être obtenues par l'intermédiaire de l'unité nationale Europol.

Les informations concernant les services compétents désignés, y compris les modifications ultérieures, sont transmises au secrétariat général du Conseil, qui publie les informations *Journal officiel de l'Union européenne*.

TITRE III. – FICHIERS DE TRAVAIL À DES FINS D'ANALYSE

Art. 10 *(Mod., Prot. 27 nov. 2003, publié par D. n° 2007-650, 30 avr. 2007). – Collecte, traitement et utilisation de données à caractère personnel.* – 1. Dans la mesure où cela est nécessaire pour réaliser les objectifs visés à l'article 2, paragraphe 1, Europol peut, outre des données à caractère non personnel, stocker, modifier et utiliser dans d'autres fichiers des données relatives aux infractions relevant de sa compétence, y compris les données relatives aux infractions connexes prévues à l'article 2, paragraphe 3, deuxième alinéa, destinées à des travaux spécifiques d'analyse, et qui concernent :

1° Les personnes visées à l'article 8, paragraphe 1 ;

2° Des personnes qui pourront être appelées à témoigner à l'occasion d'enquêtes portant sur les infractions considérées ou à l'occasion des poursuites pénales subséquentes ;

3° Des personnes qui ont été victimes d'une des infractions considérées ou pour lesquelles il existe certains faits qui permettent de penser qu'elles pourront être les victimes d'une telle infraction ;

4° Des personnes servant de contacts ou d'accompagnateurs, ainsi que

5° Des personnes pouvant fournir des informations sur les infractions considérées.

La collecte, le stockage et le traitement des données qui sont énumérées à l'article 6, première phrase, de la convention du Conseil de l'Europe du 28 janvier 1981 sur la protection des personnes à l'égard du traitement automatisé des données à caractère personnel ne sont autorisés que s'ils sont strictement nécessaires eu égard à la finalité du fichier concerné et que si ces données complètent d'autres données personnelles enregistrées dans ce même fichier. Il est interdit de sélectionner une catégorie particulière de personnes à partir des seules données de l'article 6, première phrase, de la convention du Conseil de l'Europe du 28 janvier 1981, en violation des règles de finalité précitées.

Le Conseil arrête à l'unanimité les règles d'application sur les fichiers préparées par le conseil d'administration, qui précisent notamment les indications relatives aux catégories de données personnelles prévues au présent article et les dispositions relatives à la sécurité de ces données et au contrôle interne de leur utilisation.

2. Ces fichiers sont créés aux fins de l'analyse définie comme l'assemblage, le traitement ou l'utilisation de données dans le but d'appuyer l'enquête criminelle. Chaque projet d'analyse entraîne la constitution d'un groupe d'analyse associant étroitement les participants ci-après, conformément aux fonctions et missions définies à l'article 3, paragraphes 1 et 2, et à l'article 5, paragraphe 3 :

1° Les analystes et autres agents d'Europol, désignés par la direction d'Europol

2° Les officiers de liaison et/ou les experts des États membres à l'origine des informations ou concernés par l'analyse au sens du paragraphe 6.

Seuls les analystes sont habilités à introduire des données dans le fichier considéré et à les modifier ; tous les participants peuvent rechercher des données dans le fichier.

3. À la demande d'Europol ou de leur propre initiative, les unités nationales transmettent à Europol, sous réserve de l'article 4, paragraphe 5, toutes les informations qui lui sont nécessaires pour remplir les fonctions décrites à l'article 3, paragraphe 1, point 2. Les États membres ne transmettent les données que si leur traitement aux fins de la prévention, de l'analyse ou de la lutte contre des infractions est également autorisé par leur droit national.

En fonction de leur sensibilité, les données en provenance des unités nationales peuvent parvenir directement par tous moyens appropriés dans les groupes d'analyse, *via* ou non les officiers de liaison concernés.

4. Si, outre les informations visées au paragraphe 3, il apparaît justifié que d'autres renseignements sont nécessaires à Europol pour remplir les fonctions visées à l'article 3, paragraphe 1, point 2, Europol peut demander :

1° Aux Communautés européennes et aux organismes de droit public constitués au titre des traités instituant ces Communautés ;

2° À d'autres organismes de droit public constitués dans le cadre de l'Union européenne ;

3° À des organismes qui existent en vertu d'un accord entre deux ou plusieurs États membres de l'Union européenne ;

4° À des États tiers ;

5° À des organisations internationales et aux organismes de droit public qui en relèvent ;

6° À d'autres organismes de droit public qui existent en vertu d'un accord entre deux ou plusieurs États, et

7° À l'organisation internationale de police criminelle, de lui transmettre les informations correspondantes par tous moyens appropriés. Il peut également, aux mêmes conditions et par les mêmes voies, en accepter de la part de ces différentes instances, à leur initiative. Le Conseil statuant à l'unanimité après avoir consulté le conseil d'administration, arrête les règles à observer en la matière par Europol.

5. Dans la mesure où Europol est en droit, dans le cadre d'instruments juridiques de l'Union européenne ou d'instruments internationaux, d'interroger par voie automatisée d'autres systèmes d'informations, il peut rechercher de cette façon des données à caractère personnel si cela est nécessaire pour lui permettre de remplir ses fonctions visées à l'article 3, paragraphe 1, point 2. L'utilisation de ces données par Europol est régie par les dispositions applicables de ces instruments juridiques de l'Union européenne ou de ces instruments internationaux

6. Si l'analyse est de caractère général et de type stratégique, l'ensemble des États membres, par l'intermédiaire d'officiers de liaison et/ou d'experts, est pleinement associé aux résultats des travaux, notamment par la communication des rapports établis par Europol.

Si l'analyse porte sur des cas particuliers ne concernant pas tous les États membres et a une visée directement opérationnelle, y participent les représentants des États membres suivants :

1° Ceux qui sont à l'origine des informations ayant suscité la décision de création du fichier d'analyse ou qui sont immédiatement concernés par elles et ceux que le groupe d'analyse invite ultérieurement à s'associer parce qu'ils sont entre-temps également concernés ;

2° Ceux auxquels la consultation du système d'index révèle qu'ils ont besoin d'en connaître et qui le font valoir dans les conditions définies au paragraphe 7.

7. Les officiers de liaison habilités font valoir ce besoin d'en connaître. Chaque État membre désigne et habilite à cet effet un nombre limité d'officiers de liaison. Il en transmet la liste au conseil d'administration.

Pour faire valoir ce besoin d'en connaître au sens du paragraphe 6, l'officier de liaison le motive dans un écrit visé par l'autorité hiérarchique dont il relève dans son État et communiqué à l'ensemble des participants à l'analyse. Il est alors associé de plein droit à l'analyse en cours.

En cas d'objection au sein du groupe d'analyse, cette association de plein droit est différée le temps d'une procédure de conciliation qui peut connaître trois phases successives :

1° Les participants à l'analyse s'efforcent de se mettre d'accord avec l'officier de liaison qui a fait valoir son besoin d'en connaître ; ils disposent au maximum de huit jours ;

2° Si le désaccord persiste, les chefs des unités nationales concernées ainsi que la direction d'Europol se réunissent dans les trois jours ;

3° Si le désaccord persiste toujours, les représentants au conseil d'administration d'Europol des parties concernées se réunissent dans un délai de huit jours. Si l'État membre considéré ne renonce pas à faire valoir son besoin d'en connaître, son association de plein droit devient effective par décision consensuelle.

8. L'État membre qui transmet une donnée à Europol est seul juge de son degré et de sa variation de sensibilité. Toute diffusion ou exploitation opérationnelle d'une donnée communiquée est décidée par l'État membre qui a communiqué les données à Europol. Si l'État membre dont il s'agit ne peut être déterminé, la décision sur la diffusion ou l'exploitation opérationnelle est prise par ceux qui participent à l'analyse. Un État membre ou un expert associé accédant à une analyse en cours ne peut notamment diffuser ou exploiter les données sans l'accord préalable des États membres d'abord concernés. Un État membre qui accède à une analyse en cours ne peut notamment diffuser ou exploiter les données sans accord préalable des États membres d'abord concernés.

9. Europol peut inviter des experts d'États tiers ou d'organismes tiers au sens du paragraphe 4 à s'associer aux activités d'un groupe d'analyse, dans les cas où :

1. Un accord est en vigueur entre Europol et l'État ou organisme tiers et contient des dispositions appropriées relatives à l'échange d'informations, notamment à la transmission des données à caractère personnel, ainsi qu'à la confidentialité des informations échangées ;

2. L'association des experts de l'État ou organisme tiers sert l'intérêt des États membres ;

3. L'État ou organisme tiers est directement concerné par les travaux d'analyse ; et

4. Tous les participants au sens du paragraphe 2 marquent leur accord sur l'association des experts de l'État ou organisme tiers aux activités du groupe d'analyse.

L'association d'experts d'un État ou organisme tiers aux activités d'un groupe d'analyse fait l'objet d'un arrangement entre Europol et l'État ou organisme tiers. Les règles régissant ces arrangements sont fixées par le conseil d'administration statuant à la majorité des deux tiers de ses membres.

Les arrangements entre Europol et un État ou organisme tiers sont communiqués à l'autorité de contrôle commune visée à l'article 24 afin que celle-ci puisse formuler, à l'attention du conseil d'administration, toutes observations qu'elle estime nécessaires.

Art. 11. – *Système d'index.* – 1. Europol constitue un système d'index des données stockées dans les fichiers visés à l'article 10, paragraphe 1.

2. Le directeur, les directeurs adjoints, les agents d'Europol dûment habilités et les officiers de liaison ont le droit de consulter le système d'index. Le système d'index doit être tel qu'il révèle clairement à l'officier de liaison consultant, sur la base des données consultées, que les fichiers visés à l'article 6, paragraphe 1, point 2, et à l'article 10, paragraphe 1, contiennent des informations concernant son État membre d'origine.

L'accès par les officiers de liaison est défini de telle sorte qu'il permette de déterminer si une information est stockée ou non, mais de manière à exclure tout recoupement ou déduction quant au contenu des fichiers.

3. Les modalités relatives à l'aménagement du système d'index sont définies par le conseil d'administration statuant à l'unanimité.

Art. 12 *(Rempl., Prot. 27 nov. 2003, publié par D. n° 2007-650, 30 avr. 2007).* – *Instruction de création de fichiers.* – 1. Tout fichier automatisé de données à caractère personnel qu'Europol gère dans le cadre de ses fonctions visées à l'article 10 fait l'objet d'une instruction de création indiquant :

1° La dénomination du fichier ;

2° L'objet du fichier ;

3° Les catégories de personnes concernées par les données qu'il contiendra ;

4° Le type de données à stocker et, éventuellement, les données strictement nécessaires parmi celles énumérées à l'article 6, première phrase, de la convention du Conseil de l'Europe du 28 janvier 1981 ;

5° Les différents types de données à caractère personnel permettant d'accéder à l'ensemble du fichier ;

6° Le transfert ou l'introduction des données à stocker ;

7° Les conditions dans lesquelles des données à caractère personnel stockées dans le fichier peuvent être transmises, et à quels destinataires et selon quelle procédure ;

8° Les délais de vérification des données et la durée pendant laquelle elles sont stockées ;

9° Le mode d'établissement des procès-verbaux.

2. Le conseil d'administration et l'autorité de contrôle commune prévue à l'article 24 sont immédiatement avisés par le directeur d'Europol de l'instruction de création du fichier et reçoivent communication du dossier.

L'autorité de contrôle commune peut formuler, à l'attention du conseil d'administration, toutes les observations qu'elle estime nécessaires. Le directeur d'Europol peut demander à l'autorité de contrôle commune de formuler ses observations dans un délai déterminé.

3. Le conseil d'administration peut à tout moment inviter le directeur d'Europol à modifier l'instruction de création ou à clore le fichier. Le conseil d'administration décide de la date à laquelle la modification ou la clôture prendront effet.

4. Le fichier ne peut être conservé pendant plus de trois ans. Toutefois, avant l'expiration de la période de trois ans, Europol vérifie s'il est nécessaire de continuer à conserver le fichier. Lorsque cela est strictement nécessaire eu égard à la finalité du fichier, le directeur d'Europol peut décider de conserver le fichier pendant une nouvelle période de trois ans. La procédure à suivre dans ce cas est celle prévue aux paragraphes 1 à 3.

TITRE IV. – DISPOSITIONS COMMUNES RELATIVES AU TRAITEMENT DE L'INFORMATION

Art. 13. – *Obligation d'informer.* – Europol communique sans délai aux unités nationales et, à la demande de celles-ci, à leurs officiers de liaison, les informations concernant leur État membre, ainsi que les liens qui ont pu être établis entre des infractions qui relèvent de la compétence d'Europol en vertu de l'article 2. Des informations et renseignements sur d'autres infractions graves, dont Europol prend connaissance dans l'accomplissement de ses tâches, peuvent également être transmis.

Art. 14. – *Niveau de protection des données.* – 1. Dans le cadre de l'application de la présente convention, chaque État membre prend, au plus tard pour la date d'entrée en vigueur de ladite convention, en ce qui concerne le traitement des données à caractère personnel dans des fichiers, les mesures de droit interne nécessaires pour garantir un niveau de protection des données correspondant au moins à celui qui résulte de l'application des principes de la convention du Conseil de l'Europe du 28 janvier 1981, et tient compte à cet égard de la recommandation R (87) 15 du Comité des ministres du Conseil de l'Europe, du 17 septembre 1987, sur l'utilisation des données à caractère personnel par la police.

2. La transmission de données à caractère personnel prévue dans la présente convention ne pourra commencer que lorsque, sur le territoire de chacun des États membres participant à cette transmission, les règles prescrites par le paragraphe 1 en matière de protection des données seront entrées en vigueur.

3. Lors de la collecte, du traitement et de l'utilisation de données à caractère personnel, Europol respecte les principes de la convention du Conseil de l'Europe du 28 janvier 1981 et de la recommandation R (87) 15 du Comité des ministres du Conseil de l'Europe du 17 septembre 1987.

Europol respecte ces principes également pour les données non automatisées qu'il détient sous forme de fichiers, à savoir tout ensemble structuré de données personnelles accessible selon des critères déterminés.

Art. 15. – *Responsabilité en matière de protection des données.* – 1. Sous réserve d'autres dispositions de la présente convention, la responsabilité relative aux données conservées dans les services d'Europol, en particulier en ce qui concerne le caractère licite de la collecte, de la transmission à Europol et de l'introduction ainsi que l'exactitude, l'actualité des données et le contrôle des délais de conservation, incombe :

1° À l'État membre qui a introduit ou qui a transmis les données ;

2° À Europol en ce qui concerne les données qui lui ont été transmises par des tiers ou qui résultent des travaux d'analyse d'Europol.

2. En outre, sous réserve d'autres dispositions de la présente convention, Europol est responsable de toutes les données parvenues à Europol et traitées par lui, qu'elles soient dans le système d'informations visé à l'article 8, dans les fichiers créés aux fins de l'analyse visés à l'article 10, dans le système d'index visé à l'article 11 ou dans ceux de l'article 14, paragraphe 3.

3. Europol stocke les données de telle manière qu'on puisse identifier les États membres ou les tiers qui les ont transmises ou reconnaître qu'elles résultent de travaux d'analyse d'Europol.

Art. 16 *(Rempl., Prot. 27 nov. 2003, publié par D. n° 2007-650, 30 avr. 2007).* – *Dispositions relatives au contrôle des demandes de données.* – Europol met en place des mécanismes de contrôle appropriés permettant de vérifier le caractère licite des demandes de données adressées au système informatisé de recueil d'informations prévu aux articles 6 et 6 *bis*.

Les données ainsi recueillies ne peuvent être utilisées qu'à cette fin par Europol et par les autorités de contrôle visées aux articles 23 et 24 et sont effacées au bout de six mois, à moins qu'elles ne soient encore nécessaires pour un contrôle en cours. Le conseil d'administration règle les détails de ces mécanismes de contrôle après avoir entendu l'autorité de contrôle commune.

Art. 17. – *Règles d'utilisation.* – 1. Les données à caractère personnel extraites du système d'informations, du système d'index ou des fichiers créés aux fins de l'analyse et les données communiquées par tout autre moyen approprié ne doivent être transmises ou utilisées que par les services compétents des États membres pour prévenir et lutter contre la criminalité relevant de la compétence d'Europol et contre les autres formes graves de criminalité.

L'utilisation des données visées au premier alinéa se fait dans le respect du droit de l'État membre dont relèvent les services utilisateurs.

Europol ne peut utiliser les données visées au paragraphe 1 que pour remplir les fonctions prévues à l'article 3.

2. Si, pour certaines données, l'État membre émetteur ou bien l'État ou l'instance tiers visé à l'article 10, paragraphe 4, indique qu'elles sont soumises dans cet État membre ou auprès du tiers à des restrictions d'utilisation particulières, ces restrictions doivent être respectées également par l'utilisateur, hormis dans le cas particulier où le droit national oblige à déroger aux restrictions d'utilisation au profit des autorités judiciaires, des institutions législatives ou de toute autre instance indépendante créée par la loi et chargée du contrôle des services nationaux compétents au sens de l'article 2, paragraphe 4. Dans ce cas, les données ne peuvent être utilisées qu'après consultation préalable de l'État émetteur dont les intérêts et points de vue doivent être pris en compte autant que possible.

3. L'utilisation des données à d'autres fins ou par d'autres autorités que celles visées à l'article 2 n'est possible qu'après autorisation préalable de l'État membre qui a transmis les données pour autant que le droit national de cet État membre le permet.

Art. 18 *(Mod., Prot. 27 nov. 2003, publié par D. n° 2007-650, 30 avr. 2007). – Transmission de données à des États et instances tiers.* – 1. Europol peut transmettre des données à caractère personnel conservées par ses services à des États et instances tiers au sens de l'article 10, paragraphe 4, et aux conditions posées au paragraphe 4 du présent article, lorsque :

1° Cette mesure est nécessaire, dans des cas individuels, pour la prévention ou la lutte contre les infractions relevant de la compétence d'Europol conformément à l'article 2 ;

2° Un niveau adéquat de protection des données est garanti dans cet État ou cette instance, et que

3° Cette mesure est admissible selon les règles générales au sens du paragraphe 2. Ces règles peuvent prévoir, à titre exceptionnel, une dérogation au point 2, lorsque le directeur d'Europol estime que la transmission des données est absolument nécessaire pour sauvegarder les intérêts essentiels des États membres concernés dans le cadre des objectifs d'Europol ou dans le but de prévenir un danger imminent lié à une infraction pénale Le directeur d'Europol tient compte en toute circonstance du niveau de protection des données assuré dans l'État ou l'instance en cause, afin de mettre en balance ce niveau de protection et les intérêts précités.

2. Le Conseil, statuant compte tenu des circonstances visées au paragraphe 3, arrête à l'unanimité des règles générales pour la transmission par Europol de données à caractère personnel aux États et instances tiers au sens de l'article 10, paragraphe 4. Le conseil d'administration prépare la décision du Conseil et consulte l'autorité de contrôle commune visée à l'article 24.

3. Le caractère adéquat du niveau de protection des données offert par les États et instances tiers au sens de l'article 10, paragraphe 4, est apprécié en tenant compte de toutes les circonstances qui interviennent lors de la transmission de données à caractère personnel, notamment :

1° Du type de données ;

2° De leur finalité ;

3° De la durée du traitement prévu, ainsi que

4° Des dispositions générales ou particulières s'appliquant aux États et instances tiers au sens de l'article 10, paragraphe 4.

4. Si les données visées ont été transmises à Europol par un État membre, Europol ne peut les transmettre aux États et instances tiers qu'avec l'accord de l'État membre. L'État membre peut donner, à cet effet, un accord préalable, général ou non, révocable à tout moment.

Si les données n'ont pas été transmises par un État membre, Europol s'assure que leur transmission n'est pas de nature à :

1° Empêcher un État membre de s'acquitter dûment des fonctions relevant de sa compétence ;

2° Menacer la sécurité et l'ordre publics d'un État membre ou risquer de lui nuire d'une quelconque façon.

5. Europol est responsable du caractère licite de la transmission. Il doit prendre note de la transmission et de son motif. La transmission n'est autorisée que si le destinataire s'engage à ce que les données ne soient utilisées qu'aux fins auxquelles elles ont été transmises. Cela ne concerne pas la transmission de données à caractère personnel que rend nécessaire une demande d'Europol.

6. Lorsque la transmission visée au paragraphe 1 concerne des informations qui doivent être tenues secrètes, elle n'est autorisée que s'il existe un accord de protection du secret entre Europol et le destinataire.

Art. 19. – *Droit d'accès.* – 1. Toute personne désirant exercer son droit d'accéder aux données la concernant, stockées à Europol, ou de les faire vérifier peut, à cet effet, formuler gratuitement une demande dans tout État membre de son choix à l'autorité nationale compétente, qui saisit alors sans délai Europol et avise le requérant qu'Europol lui répondra directement.

2. La demande doit faire l'objet d'un traitement complet par Europol dans les trois mois qui suivent sa réception par l'autorité nationale compétente de l'État membre.

3. Le droit de toute personne d'accéder aux données la concernant ou de les faire vérifier s'exerce dans le respect du droit de l'État membre auprès duquel elle le fait valoir, en tenant compte des dispositions suivantes.

Lorsque le droit de l'État membre saisi prévoit la communication relative aux données, celle-ci est refusée dans la mesure où cela est nécessaire :

1° Pour qu'Europol puisse s'acquitter dûment de ses fonctions ;

2° Pour protéger la sécurité des États membres et l'ordre public ou pour lutter contre les infractions criminelles ;

3° Pour protéger les droits et libertés des tiers,

et, par conséquent, l'intérêt de la personne concernée par la communication des informations ne peut prévaloir.

4. Le droit à la communication s'exerce dans le respect du paragraphe 3 selon les procédures suivantes :

1° Pour les données intégrées dans le système d'informations défini à l'article 8, leur communication ne peut être décidée que si l'État membre qui a introduit les données et les États membres directement concernés par cette communication ont eu, au préalable, l'occasion de faire connaître leur position, qui peut aller jusqu'au refus de communication. Les données communicables ainsi que les modalités de communication sont indiquées par l'État membre qui a introduit les données ;

2° Pour les données intégrées par Europol dans le système d'informations, les États membres directement concernés par cette communication doivent avoir eu, au préalable, l'occasion de faire connaître leur position, qui peut aller jusqu'au refus de communication ;

3° Pour les données intégrées dans les fichiers de travail à des fins d'analyse définis à l'article 10, leur communication est subordonnée à un consensus d'Europol et des États membres participant à l'analyse, au sens de l'article 10, paragraphe 2, et du ou des États membres directement concernés par cette communication.

Lorsqu'un ou plusieurs États membres ou Europol ont manifesté leur opposition à la communication relative aux données, Europol notifie au requérant qu'il a procédé aux vérifications sans donner d'indications qui puissent lui révéler s'il est ou non connu.

5. Le droit à la vérification s'exerce selon les procédures suivantes :

Lorsque le droit national applicable ne prévoit pas la communication relative aux données ou s'il s'agit d'une simple demande de vérification, Europol, en étroite coordination avec les autorités nationales concernées, procède aux vérifications et notifie au requérant qu'il a procédé aux vérifications, sans donner d'indications qui puissent révéler s'il est ou non connu.

6. Dans sa réponse à une demande de vérification ou d'accès aux données, Europol informe le requérant qu'il peut former un recours devant l'autorité de contrôle commune s'il n'est pas satisfait de la décision. Ce dernier peut également saisir l'autorité de contrôle commune s'il n'a pas été répondu à sa demande dans les délais impartis par le présent article.

7. Si le requérant dépose un recours devant l'autorité de contrôle commune prévue à l'article 24, celui-ci est instruit par cette autorité.

– Lorsque le recours concerne la communication relative aux données introduites par un État membre dans le système d'informations, l'autorité de contrôle commune prend sa décision conformément au droit national de l'État membre auprès duquel la demande a été introduite. L'autorité de contrôle commune consulte préalablement l'autorité de contrôle nationale ou la juridiction compétente de l'État membre qui est à l'origine de la donnée. Celle-ci procède aux vérifications nécessaires afin, notamment, d'établir si la décision de refus est intervenue conformément aux dispositions du paragraphe 3 et du paragraphe 4, premier alinéa, du présent article. Dans ce cas, la décision, pouvant aller jusqu'au refus de communication, est prise par l'autorité de contrôle commune en étroite coordination avec l'autorité de contrôle nationale ou la juridiction compétente.

– Lorsque le recours concerne la communication relative aux données introduites par Europol dans le système d'informations ou des données stockées dans les fichiers de travail aux fins d'analyse, l'autorité de contrôle commune, en cas d'opposition persistante d'Europol ou d'un État membre, ne peut, après avoir entendu Europol ou l'État membre, passer outre à cette opposition qu'à la majorité des deux tiers de ses membres. Si cette majorité n'est pas réunie, l'autorité de contrôle commune notifie au requérant qu'il a été procédé aux vérifications, sans donner d'indications qui puissent révéler à ce dernier s'il est ou non connu.

– Lorsque le recours concerne la vérification des données introduites par un État membre dans le système d'informations, l'autorité de contrôle commune s'assure que les vérifications nécessaires ont été correctement effectuées, en étroite coordination avec l'autorité de contrôle nationale de l'État membre qui a introduit les données. L'autorité de contrôle commune notifie au requérant qu'il a été procédé aux vérifications, sans donner d'indications qui puissent révéler à ce dernier s'il est ou non connu.

– Lorsque le recours concerne la vérification des données introduites par Europol dans le système d'informations ou des données stockées dans les fichiers de travail aux fins d'analyse, l'autorité de contrôle commune s'assure que les vérifications nécessaires ont été correctement effectuées par Europol. L'autorité de contrôle commune notifie au requérant qu'il a été procédé aux vérifications, sans donner d'indications qui puissent révéler à ce dernier s'il est ou non connu.

8. Les dispositions susvisées s'appliquent par analogie aux données non automatisées détenues par Europol sous forme de fichiers, à savoir tout ensemble structuré de données personnelles accessibles selon des critères déterminés.

Art. 20. – *Rectification et effacement des données.* – 1. S'il s'avère que des données stockées par Europol, qui lui ont été transmises par des États ou des instances tiers ou qui résultent de son activité d'analyse, sont entachées d'erreurs ou que leur introduction ou leur stockage sont contraires aux dispositions de la présente convention, Europol est tenu de rectifier ces données ou de les effacer.

2. Si des données entachées d'erreurs ou contraires aux dispositions de la présente convention sont introduites directement par les États membres à Europol, ceux-ci sont tenus de les rectifier ou de les effacer en liaison avec Europol. Si des données entachées d'erreurs sont transmises par un autre moyen approprié ou si les erreurs affectant les données fournies par les États membres sont dues à une transmission fautive ou contraire aux dispositions de la présente convention ou si elles proviennent de leur introduction, de leur prise en compte ou de leur stockage fautifs ou contraires aux dispositions de la présente convention par Europol, celui-ci est tenu de les rectifier ou de les effacer en liaison avec les États membres concernés.

3. Dans les cas visés aux paragraphes 1 et 2, tous les destinataires de ces données sont informés sans délai. Ces derniers sont tenus de procéder également à la rectification ou à l'effacement de ces données.

4. Toute personne est en droit de demander à Europol qu'il soit procédé à la rectification ou à l'effacement des données erronées la concernant.

Europol informe le requérant qu'il a été procédé à la rectification ou à l'effacement des données le concernant. Si le requérant n'est pas satisfait de la réponse d'Europol ou s'il n'a pas obtenu de réponse dans un délai de trois mois, il peut saisir l'autorité de contrôle commune.

Art. 21 *(Mod., Prot. 27 nov. 2003, publié par D. n° 2007-650, 30 avr. 2007).* – *Délais pour la conservation et l'effacement des fichiers.* – 1. Les données contenues dans des fichiers ne doivent être conservées à Europol que le temps nécessaire pour lui permettre de remplir ses fonctions. La nécessité de continuer à conserver les données doit être examinée au plus tard trois ans après leur introduction. La vérification des données conservées dans le système d'informations et de leur effacement est effectuée par l'unité qui les a introduites. La vérification des données conservées dans les autres fichiers des services d'Europol et de leur effacement est effectuée par Europol. Europol signale automatiquement aux États membres, avec un préavis de trois mois, l'expiration des délais d'examen concernant la conservation des données qu'ils ont introduites.

2. Lorsqu'elles effectuent la vérification, les unités mentionnées au paragraphe 1, troisième et quatrième phrases, peuvent décider de conserver les données jusqu'à la vérification suivante, si leur conservation reste nécessaire pour permettre à Europol de remplir ses fonctions. Si elles décident de ne pas conserver davantage les données, celles-ci sont effacées automatiquement.

3. La nécessité de conserver de manière prolongée les données à caractère personnel des personnes visées à l'article 10, paragraphe 1, est réexaminée chaque année et ce réexamen fait l'objet d'une mention. Lesdites données ne doivent pas être conservées dans un fichier visé à l'article 12 pendant une période plus longue que la durée d'existence du fichier.

4. Si un État membre efface dans ses fichiers nationaux des données transmises à Europol que celui-ci conserve dans les autres fichiers, il en informe Europol. Ce dernier efface alors les données, à moins qu'elles ne présentent pour lui un intérêt autre, compte tenu des renseignements dont il dispose par ailleurs et que ne possède pas l'État membre qui les a transmises. Europol informe l'État membre concerné du maintien de ces données dans les fichiers.

5. L'effacement n'a pas lieu s'il risque de nuire à des intérêts dignes de protection de l'intéressé. Dans ce cas, les données ne peuvent plus être utilisées qu'avec le consentement de l'intéressé.

Art. 22 *(Mod., Prot. 27 nov. 2003, publié par D. n° 2007-650, 30 avr. 2007). – Conservation et rectification de données figurant dans des dossiers.* – 1. S'il s'avère que l'ensemble d'un dossier ou que des données figurant dans ce dossier détenu par Europol ne sont plus nécessaires pour l'accomplissement des fonctions d'Europol, ou si ces informations sont dans leur ensemble contraires aux dispositions de la présente convention, le dossier ou les données concernées doivent être détruits. Tant que le dossier ou les données concernées ne sont pas effectivement détruits, une mention interdisant toute utilisation doit y être apposée.

Un dossier peut ne pas être détruit lorsqu'il y a lieu de supposer que cela porterait atteinte aux intérêts légitimes de la personne concernée par ces données. Dans ce cas, la même mention interdisant toute utilisation de ce dossier doit y être alors portée.

2. S'il s'avère que les données figurant dans les dossiers d'Europol sont entachées d'erreurs, Europol est tenu de les rectifier.

3. Toute personne concernée par un dossier d'Europol peut exercer vis-à-vis d'Europol un droit à rectification, destruction du dossier ou inscription d'une mention. L'article 20, paragraphe 4, et l'article 24, paragraphes 2 et 7, sont applicables.

4. Les principes relatifs au traitement des informations établis dans le présent titre sont applicables aux données figurant dans des dossiers sur support papier.

Art. 23. – *Autorité de contrôle nationale.* – 1. Chaque État membre désigne une autorité de contrôle nationale chargée de contrôler en toute indépendance et dans le respect du droit national que l'introduction, la consultation ainsi que la transmission, sous quelque forme que ce soit, à Europol, de données à caractère personnel par cet État membre sont licites et de s'assurer que les droits des personnes n'en sont pas lésés. À cette fin, l'autorité de contrôle a accès, auprès des unités nationales ou des officiers de liaison, aux données introduites par l'État membre contenues dans le système d'informations et dans le système d'index selon les procédures nationales applicables.

Pour exercer leur contrôle, les autorités de contrôle nationales ont accès aux bureaux et aux dossiers des officiers de liaison respectifs au sein d'Europol.

En outre, conformément aux procédures nationales applicables, les autorités de contrôle nationales contrôlent les activités que mènent les unités nationales conformément à l'article 4, paragraphe 4, et celles des officiers de liaison conformément à l'article 5, paragraphe 3, points 1, 2 et 3, et paragraphes 4 et 5, dans la mesure où ces activités concernent la protection des données personnelles.

2. Toute personne a le droit de demander à l'autorité de contrôle nationale de s'assurer que l'introduction et la transmission à Europol, sous quelque forme que ce soit, des données qui la concernent ainsi que la consultation des données par l'État membre concerné sont licites.

Ce droit est régi par le droit national de l'État membre auquel appartient l'autorité de contrôle sollicitée.

Art. 24 *(Mod., Prot. 27 nov. 2003, publié par D. n° 2007-650, 30 avr. 2007). – Autorité de contrôle commune.* – 1. Il est institué une autorité de contrôle commune indépendante chargée de surveiller, dans le respect de la présente convention, l'activité d'Europol afin de s'assurer que le stockage, le traitement et l'utilisation des données dont disposent les services d'Europol ne portent pas atteinte aux droits des personnes. L'autorité de contrôle commune contrôle en outre la licéité de la transmission des données qui ont pour origine Europol. L'autorité de contrôle commune se compose au maximum de deux membres ou représentants, éventuellement assistés de suppléants, de chacune des autorités de contrôle nationales, offrant donc toutes les garanties d'indépendance et possédant les capacités requises, et nommés pour cinq ans par chaque État membre. Chaque délégation dispose d'une voix délibérative.

L'autorité de contrôle commune désigne en son sein un président.

Dans l'exercice de leurs attributions, les membres de l'autorité de contrôle commune ne reçoivent d'instructions d'aucune autorité.

2. Europol est tenu d'assister l'autorité de contrôle commune dans l'exécution de ses fonctions. Il doit en particulier :

1° Lui fournir les renseignements qu'elle demande, lui donner accès à tous les documents et dossiers ainsi qu'un accès aux données stockées ;

2° La laisser à tout moment accéder librement à tous ses locaux ;

3° Exécuter les décisions de l'autorité de contrôle commune en matière de recours conformément aux dispositions prévues à l'article 19, paragraphe 7, et à l'article 20, paragraphe 4.

3. L'autorité de contrôle commune est également compétente pour analyser les difficultés d'application et d'interprétation liées à l'activité d'Europol en matière de traitement et d'utilisation de données à caractère personnel, pour étudier les problèmes qui peuvent se poser, lors du contrôle indépendant effectué par les autorités de contrôle des États membres ou à l'occasion de l'exercice du droit d'information ainsi que pour élaborer des propositions harmonisées en vue de trouver des solutions communes aux problèmes existants.

4. Toute personne a le droit de demander à l'autorité de contrôle commune de s'assurer que les éventuels stockage, collecte, traitement et utilisation de données à caractère personnel la concernant ont été effectués au sein d'Europol de façon licite et correcte.

5. Si l'autorité de contrôle commune constate que des dispositions de la présente convention n'ont pas été respectées lors du stockage, du traitement ou de l'utilisation de données à caractère personnel, elle adresse toutes observations qu'elle estime nécessaires au directeur d'Europol et demande que la réponse à ses observations lui soit apportée dans un délai qu'elle fixe. Le directeur tient informé le conseil d'administration de toute la procédure. En cas de difficultés, l'autorité de contrôle commune saisit le conseil d'administration.

6. L'autorité de contrôle commune établit à intervalles réguliers un rapport d'activité. Ce rapport est transmis au Parlement européen et au Conseil ; auparavant, l'occasion est donnée au conseil d'administration d'émettre un avis qui sera joint au rapport.

L'autorité de contrôle commune décide de rendre public ou non son rapport d'activité et, le cas échéant, décide des modalités de cette publication.

7. L'autorité de contrôle commune, par une décision prise à l'unanimité, établit son règlement intérieur. Celui-ci est soumis à l'approbation unanime du Conseil. Elle constitue en son sein un comité composé d'un membre de chaque délégation, disposant chacun d'une voix délibérative. Ce comité est chargé d'examiner par tous les moyens appropriés les recours prévus à l'article 19, paragraphe 7, et à l'article 20, paragraphe 4. Si elles le demandent, les parties, assistées de leur conseil si elles le souhaitent, sont entendues par ce comité. Les décisions prises dans ce cadre sont définitives à l'égard de toutes les parties concernées.

8. Elle peut créer, en outre, une ou plusieurs commissions.

9. Elle est consultée sur la partie du projet de budget qui la concerne. Son avis est annexé au projet de budget en question.

10. Elle est assistée par un secrétariat dont les tâches sont déterminées par le règlement intérieur.

Art. 25. – *Sécurité des données.* – 1. Il appartient à Europol de prendre les mesures techniques et les dispositions d'organisation nécessaires à l'exécution de la présente convention. Les mesures ne sont nécessaires que si leur coût est en rapport avec l'objectif de protection visé.

2. Chaque État membre et Europol prennent, en ce qui concerne le traitement automatisé des données dans les services d'Europol, les mesures qui sont propres à :

1° Interdire à toute personne non autorisée d'accéder aux installations utilisées pour le traitement de données à caractère personnel (contrôle à l'entrée des installations) ;

2° Empêcher que des supports de données ne puissent être lus, copiés, modifiés ou enlevés par une personne non autorisée (contrôle des supports de données) ;

3° Empêcher l'introduction non autorisée dans le fichier ainsi que toute prise de connaissance, modification ou effacement non autorisés de données à caractère personnel intégrées (contrôle de l'intégration) ;

4° Empêcher que des systèmes de traitement automatisé de données ne puissent être utilisés par des personnes non autorisées à l'aide d'installations de transmission de données (contrôle de l'utilisation) ;

5° Garantir que, pour l'utilisation d'un système de traitement automatisé de données, les personnes autorisées ne puissent accéder qu'aux données relevant de leur compétence (contrôle de l'accès) ;

6° Garantir qu'il puisse être vérifié et constaté à quelles instances des données à caractère personnel peuvent être transmises par des installations de transmission de données (contrôle de la transmission) ;

7° Garantir qu'il puisse être vérifié et constaté *a posteriori* quelles données à caractère personnel ont été introduites dans les systèmes de traitement automatisé de données, à quel moment et par quelle personne elles y ont été introduites (contrôle de l'introduction) ;

8° Empêcher que, lors de la transmission de données à caractère personnel ainsi que lors du transport de supports de données, les données ne puissent être lues, copiées, modifiées ou effacées de façon non autorisée (contrôle du transport) ;

9° Assurer que les systèmes employés puissent être réparés immédiatement en cas de dérangement (remise en état) ;

10° Assurer que les fonctions du système ne soient pas défectueuses, que les erreurs de fonctionnement soient immédiatement signalées (fiabilité) et que les données stockées ne puissent pas être faussées par une erreur de fonctionnement du système (authenticité).

TITRE V. – STATUT JURIDIQUE, ORGANISATION ET DISPOSITIONS FINANCIÈRES

Art. 26 *(Mod., Prot. 27 nov. 2003, publié par D. n° 2007-650, 30 avr. 2007). – Capacité juridique.* – 1. Europol a la personnalité juridique.

2. Dans chaque État membre, Europol possède la capacité juridique la plus large reconnue aux personnes morales par la législation nationale. Europol peut notamment acquérir ou aliéner des biens immobiliers ou mobiliers et ester en justice.

3. Europol est habilité à conclure un accord de siège avec le Royaume des Pays-Bas, à conclure les accords de protection du secret exigés en vertu de l'article 18, paragraphe 6, ainsi que d'autres arrangements avec les États et instances tiers au sens de l'article 10, paragraphe 4, dans le cadre des règles arrêtées à l'unanimité par le Conseil sur la base de la présente convention.

Art. 27. – *Organes d'Europol.* – Les organes d'Europol sont :

1° Le conseil d'administration ;

2° Le directeur ;

3° Le contrôleur financier ;

4° Le comité budgétaire.

Art. 28 *(Mod., Prot., 28 nov. 2002, publié par D. n° 2007-495, 30 mars 2007 ; Prot. 27 nov. 2003, publié par D. n° 2007-650, 30 avr. 2007). – Conseil d'administration.* – 1. Europol a un conseil d'administration. Le conseil d'administration :

1° Participe à la définition des priorités d'Europol concernant la prévention et la lutte contre les formes graves de la criminalité internationale relevant de son mandat (art. 2, paragraphe 2) ;

1° *bis* Arrête à la majorité des deux tiers les règles qui régissent les modalités, sur le plan administratif, de la participation des agents d'Europol aux équipes communes d'enquête (art. 3 *bis*, paragraphe 2) ;

2° Définit à l'unanimité les droits et obligations des officiers de liaison à l'égard d'Europol (art. 5) ;

3° Décide à l'unanimité du nombre d'officiers de liaison que les États membres peuvent envoyer auprès d'Europol (art. 5) ;

3° *bis* Participe à la fixation des conditions relatives au traitement des données aux fins de déterminer si ces données sont utiles pour ses missions et peuvent être incluses dans le système informatisé de recueil d'informations (art. 6 *bis*) ;

4° Assure la préparation des règles d'application sur les fichiers (art. 10) ;

4° *bis* Définit, à la majorité des deux tiers de ses membres, les règles régissant les arrangements relatifs à l'association d'experts d'un pays ou d'un organisme tiers aux activités d'un groupe d'analyse (art. 10, paragraphe 9) ;

5° Participe à l'adoption des règles relatives aux relations entre Europol et les États et instances tiers au sens de l'article 10, paragraphe 4 (art. 10, 18 et 42) ;

6° Définit, à l'unanimité, les modalités relatives à l'aménagement du système d'index (art. 11) ;

7° Peut inviter le directeur d'Europol à modifier une instruction de création de fichiers ou à clore le dossier (art. 12, paragraphe 3) ;

8° Peut prendre position sur les observations et sur les rapports de l'autorité de contrôle commune (art. 24) ;

pour des faits et informations dont le contenu ne doit pas être tenu secret. L'obligation de réserve et de confidentialité demeure également après cessation de leurs fonctions, de leur contrat de travail ou de leur activité. L'obligation visée à la première phrase est notifiée par Europol et les conséquences pénales d'une violation sont signalées ; la notification est constatée par écrit.

3. Les organes, leurs membres, les directeurs adjoints, les agents d'Europol, les officiers de liaison ainsi que les personnes soumises à l'obligation prévue au paragraphe 2 ne peuvent, sans en référer au directeur ou, s'il s'agit du directeur, au conseil d'administration, faire ni déposition ni déclaration à l'occasion d'une procédure judiciaire ou extrajudiciaire sur des faits et informations qui seraient venus à leur connaissance dans l'exercice de leurs fonctions ou de leurs activités.

Le directeur ou le conseil d'administration, selon les cas, s'adresse à l'autorité judiciaire ou à toute autre instance compétente pour que soient prises les mesures nécessaires conformément au droit national qui s'applique à l'instance saisie, soit pour que soient aménagées les modalités du témoignage afin de garantir la confidentialité des informations, soit, pour autant que le droit national le permet, pour refuser la communication relative aux informations dans la mesure où la protection d'intérêts primordiaux d'Europol ou d'un État membre l'exige.

Dans la mesure où le droit de l'État membre prévoit le droit de refuser de témoigner, les personnes appelées à témoigner doivent être dûment autorisées à témoigner. L'autorisation est donnée par le directeur et, dans le cas où il est lui-même appelé à témoigner, par le conseil d'administration. Lorsqu'un officier de liaison est appelé à témoigner à propos d'informations qui lui viennent d'Europol, cette autorisation est délivrée après accord de l'État membre dont relève l'officier de liaison concerné.

En outre, lorsqu'il apparaît que le témoignage peut comprendre des informations et renseignements qui ont été transmis par un État membre ou qui concernent apparemment un État membre, l'avis de cet État membre doit être obtenu avant la délivrance de l'autorisation.

L'autorisation de témoigner ne peut être refusée que dans la mesure où cela est nécessaire pour garantir des intérêts supérieurs dignes de la protection d'Europol ou de celle du ou des États membres concernés.

Cette obligation demeure également après cessation de leurs fonctions, de leur contrat de travail ou de leur activité.

4. Chaque État membre traite toute violation des obligations de réserve ou de confidentialité visées aux paragraphes 2 et 3 comme une violation de ses règles de droit relatives au respect du secret professionnel ou ses dispositions relatives à la protection de matériel confidentiel.

Le cas échéant, chaque État membre instaure au plus tard à la date d'entrée en vigueur de la présente convention les règles de droit national ou les dispositions qui sont requises aux fins de la poursuite d'une violation des obligations de réserve ou de protection du secret visées aux paragraphes 2 et 3. Il fait en sorte que ces règles et dispositions s'appliquent également à ses propres agents qui, dans le cadre de leurs activités, sont en relation avec Europol.

Art. 32 bis *(Prot. 27 nov. 2003, publié par D. n° 2007-650, 30 avr. 2007). – Droit d'accès aux documents Europol.* – Sur proposition du directeur d'Europol, le conseil d'administration, statuant à la majorité des deux tiers de ses membres, adopte des règles prévoyant l'accès aux documents d'Europol pour tout citoyen de l'Union, ainsi que toute personne physique ou morale qui réside ou a son siège dans un État membre, en prenant en considération les principes et limites énoncés par le règlement du Parlement européen et du Conseil relatif à l'accès du public aux documents du Parlement européen, du Conseil et de la Commission, adopté sur la base de l'article 255 du traité instituant la Communauté européenne.

Art. 33. – *Langues.* – 1. Les rapports et tous les autres documents et pièces qui sont portés à la connaissance du conseil d'administration doivent lui être présentés dans toutes les langues officielles de l'Union européenne ; les langues de travail du conseil d'administration sont les langues officielles de l'Union européenne.

2. Les travaux de traduction nécessaires au travail d'Europol sont assurés par le centre de traduction des institutions de l'Union européenne.

Art. 34 *(Rempl., Prot. 27 nov. 2003, publié par D. n° 2007-650, 30 avr. 2007). – Information du Parlement européen.* – 1. Le Conseil consulte le Parlement européen, conformément à la procédure de consultation prévue dans le traité sur l'Union européenne, sur toute initiative d'un État membre ou proposition de la Commission concernant l'adoption d'une mesure visée à l'article 10, paragraphes 1 et 4, à l'article 18, paragraphe 2, à l'article 24, paragraphe 7, à l'article 26, paragraphe 3, à l'article 30, paragraphe 3, à l'article 31, paragraphe 1, et à l'article 42, paragraphe 2, ou sur toute modification éventuelle de la convention ou de son annexe.

2. La présidence du Conseil ou son représentant peuvent comparaître devant le Parlement européen aux fins d'examiner les questions générales liées à Europol. La présidence du Conseil ou son représentant peuvent être assistés par le directeur d'Europol. La présidence du Conseil ou son représentant tiennent compte, vis-à-vis du Parlement européen, des obligations de réserve et de protection du secret.

3. Les obligations prévues au présent article s'entendent sans préjudice des droits des parlements nationaux et des principes généraux applicables aux relations avec le Parlement européen en vertu du traité sur l'Union européenne.

Art. 35 *(Mod., Prot. 27 nov. 2003, publié par D. n° 2007-650, 30 avr. 2007). – Budget.* – 1. Toutes les recettes et les dépenses d'Europol, y compris tous les frais de l'autorité de contrôle commune et de son secrétariat, créé selon l'article 24, doivent faire l'objet de prévisions pour chaque exercice budgétaire et être inscrites au budget : un tableau des effectifs est joint au budget. L'exercice budgétaire commence le 1er janvier et s'achève le 31 décembre.

Le budget doit être équilibré en recettes et dépenses.

Un plan financier quinquennal est établi en même temps que le budget.

2. Le budget est financé par les contributions des États membres et par d'autres recettes occasionnelles. La contribution financière à verser par les différents États membres est fonction de la part de leur produit national brut dans la somme des produits nationaux bruts des États membres au cours de l'année qui précède celle de l'établissement du budget. Le produit national brut au sens du présent paragraphe est le produit national brut défini par la directive 89/130/CEE, Euratom du Conseil, du 13 février 1989, relative à l'harmonisation de l'établissement du produit national brut aux prix du marché.

3. Le directeur établit le projet de budget et celui du tableau des effectifs pour l'exercice suivant au plus tard le 31 mars de chaque année et, après examen par le comité budgétaire, il les présente au conseil d'administration accompagnés du projet de plan financier quinquennal.

4. Le conseil d'administration arrête le plan financier quinquennal. La décision du conseil d'administration est prise à l'unanimité.

Le plan financier quinquennal est transmis au Conseil. Il est également communiqué par le Conseil au Parlement européen pour information.

5. Le conseil, statuant sur avis du conseil d'administration, arrête le budget d'Europol au plus tard le 30 juin de l'année qui précède l'exercice budgétaire. Le Conseil prend sa décision à l'unanimité. Il est procédé par analogie dans le cas de budgets supplémentaires ou rectificatifs. L'adoption du budget par le Conseil implique l'obligation pour chaque État membre de verser en temps voulu la contribution financière qui lui incombe.

6. Le directeur exécute le budget conformément aux dispositions du règlement financier prévu au paragraphe 9.

7. Le contrôle de l'engagement et du paiement des dépenses et le contrôle de la constatation et du recouvrement des recettes sont exercés par un contrôleur financier, nommé à l'unanimité par le conseil d'administration et responsable devant lui. Le règlement financier peut prévoir que, pour certaines recettes ou dépenses, le contrôle par le contrôleur financier s'effectue *a posteriori*.

8. Le comité budgétaire se compose d'un représentant de chaque État membre, expert en matière budgétaire. Il est chargé de préparer les délibérations en matière budgétaire et financière.

9. Le Conseil arrête à l'unanimité le règlement financier spécifiant notamment les modalités relatives à l'établissement, à la modification et à l'exécution du budget ainsi qu'au contrôle de ladite exécution, ainsi que les modalités de versement des contributions financières des États membres.

Art. 36 *(Mod., Prot. 27 nov. 2003, publié par D. n° 2007-650, 30 avr. 2007). – Contrôles des comptes.* – 1. Les comptes concernant toutes les recettes et dépenses inscrites au budget ainsi que le bilan des éléments actifs et passifs d'Europol sont soumis à un contrôle annuel conformément au règlement financier. À cet effet, le directeur soumet au plus tard avant le 31 mai de l'année suivante un rapport sur la clôture de l'exercice.

2. Le contrôle des comptes est effectué par un comité de contrôle commun composé de trois membres désignés par la Cour des comptes des Communautés européennes sur proposition de son président. La durée du mandat

de ces membres est de trois ans : ceux-ci se succèdent de telle manière que chaque année soit remplacé le membre qui était au comité de contrôle depuis trois ans. Par dérogation aux dispositions de la deuxième phrase, le mandat du membre qui, par tirage au sort, arrive :

– à la première place, est fixé à deux ans ;
– à la deuxième place, à trois ans, et
– à la troisième place, à quatre ans,

lors de la première composition du comité de contrôle commun après l'entrée en fonction d'Europol.

Les frais éventuels du contrôle des comptes sont imputés sur le budget prévu par l'article 35.

3. Le comité de contrôle commun présente au Conseil un rapport de contrôle sur l'exercice écoulé : au préalable, le directeur et le contrôleur financier ont la possibilité de donner leur avis sur le rapport de contrôle et ce rapport est discuté au conseil d'administration.

4. Le directeur d'Europol fournit aux membres du comité de contrôle commun tous les renseignements et leur prête toute l'assistance dont ils ont besoin pour accomplir leur tâche.

5. Le Conseil donne décharge au directeur pour l'exécution du budget de l'exercice concerné, après examen du rapport de clôture de l'exercice.

6. Le règlement financier précise les modalités du contrôle des comptes.

Art. 37. – *Accord de siège.* – Les dispositions relatives à l'implantation d'Europol dans l'État du siège et aux prestations à fournir par l'État du siège ainsi que les règles particulières applicables dans l'État du siège d'Europol, aux membres de ses organes, ses directeurs adjoints, ses agents et aux membres de la famille sont fixées dans un accord de siège conclu, après approbation à l'unanimité par le conseil d'administration, entre Europol et le Royaume des Pays-Bas.

TITRE VI. – RESPONSABILITÉ ET PROTECTION JURIDIQUE

Art. 38. – *Responsabilité du fait d'un traitement illicite ou incorrect de données.* – 1. Tout État membre est responsable, conformément à son droit national, de tout dommage causé à une personne, dans lequel interviennent des données entachées d'erreurs de droit ou de fait, stockées ou traitées à Europol. Seul l'État membre où le fait dommageable s'est produit peut faire l'objet d'une action en indemnisation de la part de la victime, qui s'adresse aux juridictions compétentes en vertu du droit national de l'État membre ainsi concerné. Un État membre ne peut invoquer le fait qu'un autre État membre ou Europol ait transmis des données incorrectes pour se décharger de la responsabilité qui lui incombe, conformément à son droit national, à l'égard d'une personne lésée.

2. Si ces données entachées d'erreurs de droit ou de fait résultent d'une transmission fautive ou d'un manquement aux obligations prévues par la présente convention de la part d'un ou de plusieurs États membres ou d'un stockage ou traitement illicite ou incorrect de la part d'Europol, Europol ou cet (ces) État(s) membre(s) est (sont) tenu(s) au remboursement, sur requête, des sommes versées au titre d'indemnisation, à moins que les données n'aient été utilisées par l'État membre sur le territoire duquel le fait dommageable a été commis, en violation de la présente convention.

3. Tout désaccord entre cet État membre et Europol ou un autre État membre sur le principe ou le montant de ce remboursement doit être soumis au conseil d'administration qui statue à la majorité des deux tiers.

Art. 39 *(Mod., Prot. 27 nov. 2003, publié par D. n° 2007-650, 30 avr. 2007).* – *Autres types de responsabilité.* – 1. La responsabilité contractuelle d'Europol est régie par la loi applicable au contrat en question.

2. En matière de responsabilité non contractuelle, Europol doit, indépendamment d'une responsabilité selon l'article 38, réparer les dommages causés du fait de ses organes, directeurs adjoints ou agents dans l'exercice de leurs fonctions, dans la mesure où les dommages leur sont imputables. La disposition qui précède n'est pas exclusive du droit à d'autres réparations fondé sur la législation nationale des États membres.

3. La personne lésée a le droit d'exiger qu'Europol s'abstienne d'une action ou l'annule.

4. Les juridictions nationales des États membres compétentes pour connaître des litiges impliquant la responsabilité d'Europol visée au présent article sont déterminées par référence aux dispositions pertinentes du règlement (CE) n° 44/2001 du Conseil du 22 décembre 2000 concernant la compétence judiciaire, la reconnaissance et l'exécution des décisions en matière civile et commerciale.

Art. 39 *bis* *(Prot., 28 nov. 2002, publié par D. n° 2007-495, 30 mars 2007). – Responsabilité relative à la participation d'Europol aux équipes communes d'enquête.* – 1. L'État membre sur le territoire duquel des dommages sont causés par des agents d'Europol opérant conformément à l'article 3 *bis* dans ledit État membre, lors de leur participation à des mesures opérationnelles, assume la réparation de ces dommages dans les conditions applicables aux dommages causés par ses propres agents.

2. Sauf accord contraire de l'État membre concerné, Europol rembourse intégralement à ce dernier toutes sommes versées aux victimes ou à leurs ayants droit pour les dommages visés au paragraphe 1. Tout désaccord entre cet État membre et Europol sur le principe ou le montant du remboursement doit être soumis au conseil d'administration, qui statue à la majorité des deux tiers ».

Art. 40 *(Mod., Prot. 27 nov. 2003, publié par D. n° 2007-650, 30 avr. 2007). – Règlement des différends et des contentieux.* – 1. Tout différend entre les États membres relatif à l'interprétation ou à l'application de la présente convention doit, dans une première étape, être examiné au sein du Conseil en vue de parvenir à une solution.

2. À l'expiration d'un délai de six mois, si une solution n'a pu être trouvée, les États membres parties au différend s'engagent, par voie d'accord, sur les modalités selon lesquelles le différend en question sera réglé.

3. Les dispositions sur les voies de recours visées à la réglementation relative au régime applicable aux agents temporaires et auxiliaires des Communautés européennes sont applicables, par analogie, au personnel d'Europol.

Art. 41 *(Mod., Prot. 27 nov. 2003, publié par D. n° 2007-650, 30 avr. 2007). – Privilèges et immunités.* – 1. Europol, les membres des organes, ses directeurs adjoints et ses agents jouissent des privilèges et immunités nécessaires à l'accomplissement de leurs tâches conformément à un protocole qui définit les règles applicables dans tous les États membres.

2. Le Royaume des Pays-Bas et les autres États membres conviennent, en termes identiques pour les officiers de liaison envoyés par les autres États membres ainsi que les membres de leur famille, des privilèges et immunités nécessaires à l'accomplissement en bonne et due forme des tâches des officiers de liaison au sein d'Europol.

3. Le protocole prévu au paragraphe 1 est adopté par le Conseil, statuant à l'unanimité et adopté par les États membres selon leurs règles constitutionnelles respectives.

Voir : *supra* Protocole 19 juin 1997.

TITRE VII. – DISPOSITIONS FINALES

Art. 42 *(Mod., Prot. 27 nov. 2003, publié par D. n° 2007-650, 30 avr. 2007). – Relations avec les États et instances tiers.* – 1. Dans la mesure où cela est utile pour accomplir les fonctions définies à l'article 3, Europol établit et maintient des relations de coopération avec les instances tierces au sens de l'article 10, paragraphe 4, points 1 à 3. Le conseil d'administration établit à l'unanimité les règles régissant ces relations. La présente disposition est sans préjudice de l'article 10, paragraphes 4 et 5, et de l'article 18, paragraphe 2 ; l'échange de données personnelles ne peut se faire que dans le respect des dispositions des titres II à IV de la présente convention.

2. Dans la mesure où cela est nécessaire pour accomplir les fonctions définies à l'article 3, Europol peut en outre établir et maintenir des relations avec les États tiers et autres instances tierces au sens de l'article 10, paragraphe 4, points 4, 5, 6 et 7. Le Conseil, statuant à l'unanimité et sur avis du conseil d'administration, établit des règles régissant les relations visées à la première phrase. Le paragraphe 1, troisième phrase, s'applique *mutatis mutandis*.

3. Europol établit et entretient une coopération étroite avec Eurojust, dans la mesure où cela l'aide à s'acquitter de ses missions et à réaliser ses objectifs, en tenant compte de la nécessité d'éviter les doubles emplois. Les éléments essentiels de cette coopération font l'objet d'un accord conclu en conformité avec la présente convention et ses mesures d'application.

Art. 43 *(Mod., Prot. 27 nov. 2003, publié par D. n° 2007-650, 30 avr. 2007). – Modification de la convention.* – 1. Le Conseil à l'initiative d'un État membre et sur avis du conseil d'administration, adopte à l'unanimité, dans le cadre du traité sur l'Union européenne, les modifications à la présente convention, qu'il recommande aux États membres d'adopter selon leurs règles constitutionnelles respectives.

2. Les modifications entrent en vigueur conformément à l'article 45, paragraphe 2, de la présente convention.

3. Toutefois, le Conseil, statuant à l'unanimité, peut décider, après examen par le conseil d'administration, de modifier l'annexe à la convention en y ajoutant d'autres formes graves de criminalité internationale ou en modifiant les définitions qui y figurent.

4. Le secrétaire général du Conseil de l'Union européenne notifie à tous les États membres la date d'entrée en vigueur des modifications.

Art. 44. – *Réserves.* – La présente convention ne peut faire l'objet d'aucune réserve.

Art. 45. – *Entrée en vigueur.* – 1. La présente convention est soumise à l'adoption par les États membres selon leurs règles constitutionnelles respectives.

2. Les États membres notifient au dépositaire l'accomplissement des procédures requises par leurs règles constitutionnelles respectives pour l'adoption de la présente convention.

3. La présente convention entre en vigueur le premier jour du mois qui suit l'expiration d'une période de trois mois après la notification visée au paragraphe 2 par l'État, membre de l'Union européenne à la date de l'adoption par le Conseil de l'acte établissant la présente convention, qui procède le dernier à cette formalité.

4. Sans préjudice du paragraphe 2, l'activité d'Europol ne débutera, en application de la présente convention, qu'à la date où le dernier des actes prévus à l'article 5, paragraphe 7, à l'article 10, paragraphe 1, à l'article 24, paragraphe 7, à l'article 30, paragraphe 3, à l'article 31, paragraphe 1, à l'article 35, paragraphe 9, à l'article 37 et à l'article 41, paragraphes 1 et 2, sera entré en vigueur.

5. Lorsque l'activité d'Europol débutera, celle de l'unité « Drogues » Europol prendra fin conformément à l'action commune du Conseil du 10 mars 1995 concernant l'unité « Drogues » Europol. Europol deviendra alors propriétaire de tous les équipements qui ont été financés sur le budget commun de l'unité « Drogues » Europol, qui ont été développés ou produits par l'unité « Drogues » Europol ou qui ont été mis à sa disposition par l'État du siège en vue d'une utilisation permanente à titre gratuit ainsi que de toutes les archives et des systèmes de données qu'elle gérait de manière autonome.

6. À dater de l'adoption par le Conseil de l'acte établissant la présente convention, les États membres prennent, dans le cadre de leur droit interne, individuellement ou en commun, toutes les mesures préparatoires nécessaires pour que l'activité d'Europol puisse débuter.

Art. 46. – *Adhésion de nouveaux États membres.* – 1. La présente convention est ouverte à l'adhésion de tout État qui devient membre de l'Union européenne.

2. Le texte de la convention dans la langue de l'État membre adhérent, établi par le Conseil de l'Union européenne, fait foi.

3. Les instruments d'adhésion sont déposés auprès du dépositaire.

4. La présente convention entre en vigueur à l'égard de l'État membre adhérent le premier jour du mois qui suit l'expiration d'une période de trois mois après la date du dépôt de son instrument d'adhésion ou à la date de l'entrée en vigueur de la convention si elle n'est pas encore entrée en vigueur au moment de l'expiration de la période susmentionnée.

Art. 47. – *Dépositaire.* – 1. Le secrétaire général du Conseil de l'Union européenne est dépositaire de la présente convention.

2. Le dépositaire publie au *Journal officiel des Communautés européennes* les notifications, instruments ou communications relatifs à la présente convention.

En foi de quoi, les plénipotentiaires soussignés ont apposé leurs signatures au bas de la présente convention.

Fait à Bruxelles, le vingt-six juillet mil neuf cent quatre-vingt-quinze, en un exemplaire unique, en langues allemande, anglaise, danoise, espagnole, finnoise, française, grecque, irlandaise, italienne, néerlandaise, portugaise et suédoise, tous ces textes faisant également foi, exemplaire qui est déposé dans les archives du Secrétariat général du Conseil de l'Union européenne.

ANNEXE

Visée à l'article 2

Liste d'autres formes graves de criminalité internationale relevant de la compétence d'Europol en complément de celles prévues d'ores et déjà à l'article 2, paragraphe 1, et dans le respect des objectifs d'Europol tels qu'énoncés à l'article 2, paragraphe 1 :

(Int. rempl., Prot. 27 nov. 2003, publié par D. n° 2007-650, 30 avr. 2007)

Atteinte à la vie, à l'intégrité physique et à la liberté :
- homicide volontaire, coups et blessures graves ;
- trafic illicite d'organes et de tissus humains ;
- enlèvement, séquestration et prise d'otage ;
- racisme et xénophobie.

Atteintes au patrimoine, aux biens publics et fraude :
- vols organisés ;
- trafic illicite de biens culturels y compris antiquités et œuvres d'art ;
- escroqueries et fraudes ;
- racket et extorsion de fonds ;
- contrefaçon et piratage de produits ;
- falsification de documents administratifs et trafic de faux ;
- faux monnayage, falsification de moyens de paiement ;
- criminalité informatique ;
- corruption.

Commerce illégal et atteinte à l'environnement :
- trafic illicite d'armes, de munitions et d'explosifs ;
- trafic illicite d'espèces animales menacées ;
- trafic illicite d'espèces et d'essences végétales menacées ;
- criminalité au détriment de l'environnement ;
- trafic illicite de substances hormonales et autres facteurs de croissance.

(Al. rempl., Prot. 30 nov. 2000, publié par D. n° 2007-641, 27 avr. 2007 ; abr. à compter du 18 avr. 2007, Prot. 27 nov. 2003, publié par D. n° 2007-650, 30 avr. 2007)

(Mod. à compter du 18 avr. 2007, Prot. 27 nov. 2003, publié par D. n° 2007-650, 30 avr. 2007) En ce qui concerne les formes de criminalité énumérées à l'article 2, paragraphe 1, au sens de la présente convention, on entend par :

– criminalité liée aux matières nucléaires et radioactives : les infractions telles qu'énumérées à l'article 7, paragraphe 1, de la convention sur la protection physique des matières nucléaires, signée à Vienne et à New York le 3 mars 1980, et concernant les matières nucléaires et/ou radioactives définies respectivement dans l'article 197 du traité Euratom et dans la directive 80/836 Euratom du 15 juillet 1980 ;

– filière d'immigration clandestine : les actions visant à faciliter délibérément, dans un but lucratif, l'entrée, le séjour ou la mise au travail sur le territoire des États membres de l'Union européenne, contrairement aux réglementations et aux conditions applicables dans les États membres ;

– traite des êtres humains : le fait de soumettre une personne au pouvoir réel et illégal d'autres personnes en usant de violences ou de menaces ou en abusant d'un rapport d'autorité ou de manœuvres en vue notamment de se livrer à l'exploitation de la prostitution d'autrui, à des formes d'exploitation et de violences sexuelles à l'égard des mineurs ou au commerce lié à l'abandon d'enfant ;

– criminalité liée au trafic de véhicules volés : le vol ou le détournement d'automobiles, camions, semi-remorques, cargaisons des camions ou semi-remorques, autobus, motocyclettes, caravanes, véhicules agricoles, véhicules de chantier et pièces détachées de véhicules ainsi que le recel de ces objets ;

– activités illicites de blanchiment d'argent : les infractions telles qu'énumérées à l'article 6, paragraphes 1 à 3, de la convention du Conseil de l'Europe relative au blanchiment, au dépistage, à la saisie et à la confiscation des produits de crime, signée à Strasbourg le 8 novembre 1990.

– (Prot. 27 nov. 2003, publié par D. n° 2007-650, 30 avr. 2007) trafic de drogue : les infractions telles qu'énumérées à l'article 3, paragraphe 1, de la Convention des Nations unies du 20 décembre 1988 contre le trafic illicite de stupéfiants et de substances psychotropes et dans les dispositions modifiant ou remplaçant ladite convention.

Les formes de criminalité mentionnées à l'article 2 et dans la présente annexe sont appréciées par les services nationaux compétents selon la législation nationale des États auxquels ils appartiennent.

Déclarations

Ad article 10, paragraphe 1

Lors de l'élaboration des dispositions d'exécution concernant l'article 10, paragraphe 1, la République fédérale d'Allemagne et la République d'Autriche continueront de veiller à ce que soit affirmé le principe suivant :

Les données concernant les personnes visées au point 1 de la première phrase de l'article 10, paragraphe 1, et autres que celles énumérées à l'article 8, paragraphes 2 et 3 sont uniquement stockées si par la nature des faits, par les circonstances des faits ou pour toute autre considération, on a des raisons de soupçonner que des procédures pénales doivent être engagées à l'encontre de ces personnes pour des infractions relevant de la compétence d'Europol en vertu de l'article 2.

Ad article 14, paragraphes 1 et 3, article 15, paragraphe 2, et article 19, paragraphe 8

1. La République fédérale d'Allemagne et la République d'Autriche procéderont à la transmission des données au titre de la présente convention étant entendu que, pour le traitement et l'exploitation non automatisés de ces données, elles s'attendent à ce qu'Europol et les États membres respectent l'esprit des dispositions de la présente convention relatives à la protection juridique des données.

2. Le Conseil, vu l'article 14, paragraphes 1 et 3, l'article 15, paragraphe 2 et l'article 19, paragraphe 8 de la convention, déclare que s'agissant du respect du niveau de protection des données échangées entre les États membres et Europol pour ce qui est de leur traitement non automatisé, Europol élaborera – trois ans après le lancement de ses activités et avec la participation de l'autorité de contrôle commune et des autorités de contrôle nationales, chacune pour les domaines ressortant de leur compétence – un rapport qui, après étude par le conseil d'administration, sera soumis au Conseil pour examen.

Ad article 40, paragraphe 2

Les États membres suivants conviennent que, dans un tel cas, ils soumettront systématiquement le différend en cause à la Cour de justice des Communautés européennes :

Royaume de Belgique ;
Royaume de Danemark ;
République fédérale d'Allemagne ;
République hellénique ;
Royaume d'Espagne ;
République française ;
Irlande ;
République italienne ;
Grand-Duché de Luxembourg ;
Royaume des Pays-Bas ;
République d'Autriche ;
République portugaise ;
République de Finlande ;
Royaume de Suède.

Ad article 42

Le Conseil déclare qu'Europol devrait établir en priorité des relations avec les services compétents des États avec lesquels les Communautés européennes et leurs États membres ont établi un dialogue structuré.

Protocole concernant l'interprétation à titre préjudiciel, par la Cour de justice des Communautés européennes de la Convention portant création d'un office européen de police,

Fait à Bruxelles le 24 juillet 1996

Publication : D. n° 99-219, 15 mars 1999 : *JO* 23 mars 1999

Entré en vigueur à l'égard de la France le 29 décembre 1998

Les Hautes Parties contractantes sont convenues des dispositions ci-après, qui sont annexées à la Convention :

Art. 1er. – La Cour de justice des Communautés européennes est compétente, dans les conditions établies par le présent Protocole, pour statuer à titre préjudiciel sur l'interprétation de la Convention portant création d'un office européen de police, ci-après dénommée « Convention Europol ».

Art. 2. – 1. Tout État membre peut, par une déclaration faite au moment de la signature du présent Protocole ou à tout autre moment postérieurement à ladite signature, accepter la compétence de la Cour de justice des Communautés européennes pour statuer, à titre préjudiciel, sur l'interprétation de la Convention Europol dans les conditions définies au paragraphe 2, soit point *a*, soit point *b*.

2. Tout État membre qui fait une déclaration au titre du paragraphe 1 peut indiquer :

_a)_ Soit que toute juridiction de cet État membre dont les décisions ne sont pas susceptibles d'un recours juridictionnel de droit interne a la faculté de demander à la Cour de justice des Communautés européennes de statuer, à titre préjudiciel, sur une question soulevée dans une affaire pendante devant elle et portant sur

l'interprétation de la Convention Europol lorsqu'elle estime qu'une décision sur ce point est nécessaire pour rendre son jugement ;

b) Soit que toute juridiction de cet État membre a la faculté de demander à la Cour de justice des Communautés européennes de statuer, à titre préjudiciel, sur une question soulevée dans une affaire pendante devant elle et portant sur l'interprétation de la Convention Europol lorsqu'elle estime qu'une décision sur ce point est nécessaire pour rendre son jugement.

Art. 3. – 1. Le protocole sur le Statut de la Cour de justice des Communautés européennes et le règlement de procédure de celle-ci sont applicables.

2. Conformément au Statut de la Cour de justice des Communautés européennes, tout État membre a le droit, qu'il ait ou non fait une déclaration au titre de l'article 2, de déposer devant la Cour de justice des Communautés européennes un mémoire ou des observations écrites dans les affaires dont elle est saisie en vertu de l'article 1er.

Art. 4. – 1. Le présent protocole est soumis à l'adoption par les États membres selon leurs règles constitutionnelles respectives.

2. Les États membres notifient au dépositaire l'accomplissement des procédures requises par leurs règles constitutionnelles respectives pour l'adoption du présent Protocole, ainsi que toute déclaration effectuée en application de l'article 2.

3. Le présent Protocole entre en vigueur quatre-vingt-dix jours après la notification, visée au paragraphe 2, par l'État, membre de l'Union européenne à la date de l'adoption par le Conseil de l'acte établissant le présent Protocole, qui procède le dernier à cette formalité. Toutefois, son entrée en vigueur intervient au plus tôt en même temps que celle de la Convention Europol.

Art. 5. – 1. Le présent Protocole est ouvert à l'adhésion de tout État qui devient membre de l'Union européenne.

2. Les instruments d'adhésion sont déposés auprès du dépositaire.

3. Le texte du présent Protocole dans la langue de l'État membre adhérant, établi par le Conseil de l'Union européenne, fait foi.

4. Le présent Protocole entre en vigueur à l'égard de l'État membre adhérant quatre-vingt-dix jours après la date du dépôt de son instrument d'adhésion, ou à la date de l'entrée en vigueur du présent Protocole, si celui-ci n'est pas encore entré en vigueur à l'expiration de ladite période de quatre-vingt-dix jours.

Art. 6. – Tout État qui devient membre de l'Union européenne et qui adhère à la Convention Europol conformément à l'article 46 de cette Convention doit accepter les dispositions du présent Protocole.

Art. 7. – 1. Des amendements au présent Protocole peuvent être proposés par chaque État membre, Haute Partie contractante. Toute proposition d'amendement est transmise au dépositaire, qui la communique au Conseil.

2. Les amendements sont arrêtés par le Conseil, qui en recommande l'adoption par les États membres selon leurs règles constitutionnelles respectives.

3. Les amendements ainsi arrêtés entrent en vigueur conformément aux dispositions de l'article 4.

Art. 8. – 1. Le Secrétaire général du Conseil de l'Union européenne est dépositaire du présent Protocole.

2. Le dépositaire publie au *Journal officiel des Communautés européennes* les notifications, instruments ou communications relatifs au présent Protocole.

En foi de quoi, les plénipotentiaires soussignés ont apposé leur signature au bas du présent Protocole.

Fait à Bruxelles, le 24 juillet 1996, en un exemplaire unique, en langues allemande, anglaise, danoise, espagnole, finnoise, française, grecque, irlandaise, italienne, néerlandaise, portugaise et suédoise, chaque texte faisant également foi.

DÉCLARATION CONCERNANT L'ADOPTION SIMULTANÉE DE LA CONVENTION PORTANT CRÉATION D'UN OFFICE EUROPÉEN DE POLICE ET DU PROTOCOLE CONCERNANT L'INTERPRÉTATION, À TITRE PRÉJUDICIEL, PAR LA COUR DE JUSTICE DES COMMUNAUTÉS EUROPÉENNES DE CETTE CONVENTION

Les représentants des gouvernements des États membres de l'Union européenne réunis au sein du Conseil.

Au moment de la signature de l'acte établissant le Protocole concernant l'interprétation, à titre préjudiciel, par la Cour de justice des Communautés européennes de la Convention portant création d'un office européen de police ;

Désirant assurer une interprétation aussi efficace et uniforme que possible de ladite Convention dès son entrée en vigueur, se déclarent prêts à prendre des mesures appropriées pour que les procédures nationales d'adoption de la Convention portant création d'un office européen de police et du Protocole concernant son interprétation soient achevées simultanément et dans les meilleurs délais.

En foi de quoi les plénipotentiaires soussignés ont apposé leur signature au bas de la présente déclaration.

DÉCLARATIONS FAITES EN APPLICATION DE L'ARTICLE 2

Lors de la signature du présent Protocole, ont déclaré accepter la compétence de la Cour de justice des Communautés européennes selon les modalités prévues à l'article 2 :

La République française et l'Irlande selon les modalités prévues à l'article 2, paragraphe 2, point *a* ;

Le Royaume de Belgique, la République fédérale d'Allemagne, la République hellénique, la République italienne, le Grand-Duché de Luxembourg, le Royaume des Pays-Bas, la République d'Autriche, la République portugaise et la République de Finlande selon les modalités prévues à l'article 2, paragraphe 2, point *b*.

DÉCLARATIONS

Le Royaume de Belgique, la République fédérale d'Allemagne, la République hellénique, la République italienne, le Grand-Duché de Luxembourg, le Royaume des Pays-Bas, la République d'Autriche et la République portugaise se réservent le droit de prévoir dans leur législation interne que, lorsqu'une question relative à l'interprétation de la Convention Europol sera soulevée dans une affaire pendante devant une juridiction nationale dont les décisions ne sont pas susceptibles d'un recours juridictionnel de droit interne, cette juridiction sera tenue de saisir la Cour de justice des Communautés européennes.

Pour le Royaume de Suède, la/les déclaration(s) sera/seront faite(s) à l'automne 1996 ; pour le Royaume de Danemark et le Royaume d'Espagne, la/les déclaration(s) sera/seront faite(s) au moment de l'adoption.

Les gouvernements de la Belgique, des Pays-Bas et du Luxembourg attirent de nouveau l'attention sur la nécessité d'arriver dès que possible à une solution, analogue à celle que prévoit le présent Protocole au sujet de la compétence à attribuer à la Cour de justice des Communautés européennes pour l'interprétation de la Convention sur l'emploi de l'informatique dans le domaine des douanes et de la Convention relative à la protection des intérêts financiers.

Le gouvernement italien, conformément à la position qui est la sienne sur l'attribution de compétences à la Cour de justice des Communautés européennes dans les actes conclus dans le cadre du titre VI du Traité sur l'Union européenne, considère qu'une solution analogue à celle prévue dans le présent Protocole doit être adoptée quant à la Convention sur l'emploi de l'informatique dans le domaine des douanes et à la Convention relative à la protection des intérêts financiers.

Protocole du 19 juin 1997

établissant, sur la base de l'article K. 3 du traité sur l'Union européenne et de l'article 41, paragraphe 3, de la convention Europol, les privilèges et immunités d'Europol, des membres de ses organes, de ses directeurs adjoints et de ses agents, fait à Bruxelles

(Publié par D. n° 2000-925, 18 sept. 2000 ; Entré en vigueur le 1er juill. 1999)

Les Hautes Parties contractantes au présent protocole, États membres de l'Union européenne,

Se référant à l'acte du Conseil du 19 juin 1997,

Considérant que, aux termes de l'article 41, paragraphe 1, de la convention fondée sur l'article K. 3 du traité sur l'Union européenne portant création d'un Office européen de police (convention Europol), Europol, les membres de ses organes, ses directeurs adjoints et ses agents doivent jouir des privilèges et immunités nécessaires à l'accomplissement de leurs tâches conformément à un protocole qui définit les règles applicables dans tous les États membres,

Sont convenues des dispositions suivantes :

Art. 1er. – *Définitions.* – **Aux fins du présent protocole, on entend par :**

_a)_ « convention », la convention fondée sur l'article K. 3 du traité sur l'Union européenne portant création d'un Office européen de police (convention Europol) ;

_b)_ « Europol », l'Office européen de police ;

_c)_ « organes d'Europol », le conseil d'administration visé à l'article 28 de la convention, le contrôleur financier visé à l'article 35, paragraphe 7, de la convention, et le comité budgétaire visé à l'article 35, paragraphe 8, de la convention ;

_d)_ « conseil », le conseil d'administration visé à l'article 28 de la convention ;

e) « directeur », le directeur d'Europol visé à l'article 29 de la convention ;

f) « personnel », le directeur, les directeurs adjoints et les agents d'Europol visés à l'article 30 de la convention, à l'exception des agents locaux visés à l'article 3 du Statut du personnel ;

g) « archives d'Europol », l'ensemble des dossiers, correspondances, documents, manuscrits, données sur supports informatiques ou autres, photographies, films, enregistrements vidéo et sonores appartenant à Europol ou à un membre de son personnel, ou détenus par eux, et tout autre matériel similaire qui, de l'avis unanime du conseil d'administration et du directeur, fait partie des archives d'Europol.

Art. 2. – *Immunité de juridiction et exemption de perquisition, saisie, réquisition, confiscation et toute autre forme de contrainte.* – 1. Europol jouit de l'immunité de juridiction en ce qui concerne la responsabilité du fait d'un traitement illicite ou incorrect de données, visée à l'article 38, paragraphe 1, de la convention.

2. Les biens, fonds et avoirs d'Europol, en quelque endroit qu'ils se trouvent sur le territoire des États membres et quel qu'en soit le détenteur, sont exempts de perquisition, saisie, réquisition, confiscation et de toute autre forme de contrainte.

Art. 3. – *Inviolabilité des archives.* – Les archives d'Europol sont inviolables, quel que soit leur lieu de conservation sur le territoire des États membres et quel qu'en soit le détenteur.

Art. 4. – *Exonération d'impôts et de droits.* – 1. Dans le cadre de ses fonctions officielles, Europol, ainsi que ses avoirs, revenus et autres biens sont exonérés de tout impôt direct.

2. Europol est exonéré des impôts et droits indirects entrant dans les prix des biens immobiliers et mobiliers et des services acquis pour son usage officiel et représentant des dépenses importantes. L'exonération peut prendre la forme d'un remboursement.

3. Les biens acquis conformément au présent article avec exonération de la taxe sur la valeur ajoutée ou des droits d'accise ne peuvent être cédés à titre onéreux ou gratuit que dans les conditions convenues avec l'État membre qui a accordé l'exonération.

4. Aucune exonération ne sera accordée en ce qui concerne les impôts, taxes et droits qui constituent la rémunération de services spécifiques.

Art. 5. – *Non-assujettissement des avoirs financiers aux restrictions.* – Europol n'est soumis, sur le plan financier, à aucun contrôle, aucune réglementation, aucune obligation de notification en ce qui concerne ses opérations financières, ni à aucun moratoire, et peut librement : *a)* acheter des devises par les voies autorisées, les détenir et les céder ; *b)* avoir des comptes dans n'importe quelle monnaie.

Art. 6. – *Facilités et immunités concernant les communications.* – 1. Les États membres autorisent Europol à communiquer librement et sans avoir à solliciter de permission spéciale, dans le cadre de toutes ses fonctions officielles, et protègent ce droit conféré à Europol. Europol est autorisé à utiliser des codes et à envoyer et recevoir de la correspondance officielle et d'autres communications officielles par courrier ou par valise scellée en bénéficiant des mêmes privilèges et immunités que ceux qui sont accordés aux courriers et valises diplomatiques.

2. Dans les limites de la convention internationale des télécommunications du 6 novembre 1982, Europol bénéficie pour ses communications officielles d'un traitement qui n'est pas moins favorable que celui que les États membres accordent à toute organisation internationale ou gouvernementale, y compris les missions diplomatiques de ces gouvernements, en ce qui concerne les priorités en matière de communication par courrier, câbles, télégrammes, télex, radio, télévision, téléphone, télécopie, satellite ou autres moyens de communication.

Art. 7. – *Entrée, séjour et départ.* – Les États membres facilitent, au besoin, l'entrée, le séjour et le départ à des fins officielles des personnes énumérées à l'article 8. Cependant, il pourra être exigé des personnes qui revendiquent le traitement prévu par le présent article qu'elles fournissent la preuve qu'elles relèvent bien des catégories décrites à l'article 8.

Art. 8. – *Privilèges et immunités des membres des organes et des membres du personnel d'Europol.* – 1. Les membres des organes et les membres du personnel d'Europol jouissent des immunités suivantes :

a) sans préjudice de l'article 32 et, dans la mesure où il est applicable, de l'article 40, paragraphe 3, de la convention, l'immunité de juridiction pour toutes les paroles prononcées ou écrites et pour les actes accomplis dans l'exercice de leurs fonctions officielles ; ils continuent à bénéficier de cette immunité même lorsqu'ils ont cessé d'être membres d'un organe d'Europol ou membres du personnel d'Europol ;

b) l'inviolabilité de tous leurs papiers, documents et autre matériel officiels.

2. Les membres du personnel d'Europol dont les traitements et émoluments sont soumis à un impôt au profit d'Europol dans les conditions indiquées à l'article 10 bénéficient de l'exonération de l'impôt sur le revenu en ce qui concerne les traitements et émoluments versés par Europol. Toutefois, ces traitements et émoluments peuvent être pris en compte pour évaluer le montant de l'impôt à acquitter au titre des revenus provenant d'autres sources. Le présent paragraphe ne s'applique pas aux pensions et retraites versées aux anciens membres du personnel d'Europol et à leurs avants droit.

3. Les dispositions de l'article 14 du protocole sur les privilèges et immunités des Communautés européennes s'appliquent aux membres du personnel d'Europol.

4 *(Prot. 28 nov. 2002, publié par D.n° 2007-495, 30 mars 2007)* Conformément à l'article 17, paragraphe 2, l'immunité prévue au paragraphe 1, point *a*, n'est pas accordée pour les actes officiels dont l'accomplissement est requis dans le cadre des fonctions exercées au titre de l'article 3 *bis* de la convention pour ce qui concerne la participation des agents d'Europol à des équipes communes d'enquêtes.

Art. 9. – *Exceptions aux immunités.* – L'immunité accordée aux personnes visées à l'article 8 ne s'étend pas aux actions civiles engagées par un tiers en cas de dommages corporels ou autres, ou d'homicide, survenus lors d'un accident de la circulation causé par ces personnes.

Art. 10. – *Impôts.* – 1. Sous réserve des conditions et suivant les procédures fixées par Europol et approuvées par le Conseil, les membres du personnel d'Europol engagés pour une durée minimale d'un an sont soumis à un impôt au profit d'Europol sur les traitements et émoluments versés par celui-ci.

2. Chaque année, les noms et adresses des membres du personnel d'Europol visés au présent article ainsi que toute autre personne ayant conclu un contrat de travail avec Europol sont communiqués aux États membres. Europol délivre à chacun d'eux une attestation annuelle indiquant le montant total, brut et net, des rémunérations de toute nature versées par Europol pour l'année concernée, y compris les modalités et la nature des paiements et les montants des retenues à la source.

3. Le présent article ne s'applique pas aux pensions et retraites versées aux anciens membres du personnel d'Europol et à leurs ayants droit.

Art. 11. – *Protection du personnel.* – Les États membres prennent, si le directeur le leur demande, toutes les mesures raisonnables compatibles avec leur législation nationale pour assurer la sécurité et la protection nécessaires des personnes visées dans le présent protocole, dont la sécurité est menacée en raison de leur service auprès d'Europol.

Art. 12. – *Levée des immunités.* – 1. Les privilèges et immunités accordés en vertu du présent protocole sont conférés dans l'intérêt d'Europol et non dans l'intérêt des personnes concernées. Europol et toutes les personnes qui jouissent de ces privilèges et immunités ont le devoir d'observer par ailleurs les dispositions législatives et réglementaires des États membres.

2. Le directeur est tenu de lever l'immunité dont bénéficient Europol et les membres du personnel d'Europol au cas où cette immunité entraverait l'action de la justice et où il peut la lever sans nuire aux intérêts d'Europol. Le conseil a la même obligation à l'égard du directeur, du contrôleur financier et des membres du comité budgétaire. En ce qui concerne les membres du conseil, il appartient aux États membres dont ces membres sont ressortissants de lever les immunités.

3. Lorsque l'immunité d'Europol visée à l'article 2, paragraphe 2, a été levée, les perquisitions et saisies ordonnées par les autorités judiciaires des États membres s'effectuent en présence du directeur ou d'une personne déléguée par lui, dans le respect des règles de confidentialité établies par la convention ou en vertu de celle-ci.

4. Europol coopère à tout moment avec les autorités compétentes des États membres pour faciliter la bonne administration de la justice et veille à empêcher tout abus des privilèges et immunités accordés au titre du présent protocole.

5. Si une autorité compétente ou une entité judiciaire d'un État membre estime qu'il y a eu abus d'un privilège ou d'une indemnité accordés en vertu du présent protocole, l'organe auquel incombe la levée de l'immunité aux

termes du paragraphe 2 consulte, sur demande, les autorités compétentes pour déterminer si cet abus a bien eu lieu. Si les consultations n'aboutissent pas à un résultat satisfaisant pour les deux parties, la question est réglée selon la procédure fixée à l'article 13.

Art. 13. – *Règlements des différends.* – 1. Les différends concernant un refus de lever une immunité d'Europol ou d'une personne qui, en raison de ses fonctions officielles, jouit de l'immunité au sens de l'article 8, paragraphe 1, sont examinés par le Conseil, conformément à la procédure établie au titre VI du traité sur l'Union européenne en vue de parvenir à un règlement.

2. Lorsqu'un tel différend n'a pu être réglé, les modalités de son règlement sont arrêtées par le Conseil statuant à l'unanimité.

Art. 14. – *Réserves.* – Le présent protocole ne peut faire l'objet de réserves.

Art. 15. – *Entrée en vigueur.* – 1. Le présent protocole est soumis à l'adoption par les États membres selon leurs règles constitutionnelles respectives.

2. Les États membres notifient au dépositaire l'accomplissement des procédures requises par leurs règles constitutionnelles respectives pour l'adoption du présent protocole.

3. Le présent protocole entre en vigueur le premier jour du deuxième mois qui suit la notification, visée au paragraphe 2, par l'État, membre de l'Union européenne à la date de l'adoption par le Conseil de l'acte établissant le présent protocole, qui procède le dernier à cette formalité.

Art. 16. – *Adhésion.* – 1. Le présent protocole est ouvert à l'adhésion de tout État qui devient membre de l'Union européenne.

2. Les instruments d'adhésion sont déposés auprès du dépositaire.

3. Le texte du présent protocole dans la langue de l'État adhérent, établi par le Conseil de l'Union européenne, fait foi.

4. Le présent protocole entre en vigueur à l'égard de l'État adhérent quatre-vingt-dix jours après la date du dépôt de son instrument d'adhésion ou à la date d'entrée en vigueur du présent protocole, s'il n'est pas encore entré en vigueur au moment de l'expiration de cette période de quatre-vingt-dix jours.

Art. 17. – *Évaluation.* – 1. Dans les deux années qui suivent l'entrée en vigueur du présent protocole, celui-ci fait l'objet d'une évaluation sous la supervision du conseil d'administration.

2. Conformément à l'article 8, paragraphe 1, point *a*, l'immunité ne sera accordée que pour les actes officiels accomplis dans le cadre des fonctions exercées au titre de l'article 3 de la convention dans la version signée le 26 juillet 1995. Avant toute modification et extension des fonctions au titre de l'article 3 de la convention, une évaluation aura lieu conformément au premier alinéa, notamment en ce qui concerne l'article 8, paragraphe 1, point *a*, et l'article 13.

Art. 18. – *Modifications.* – Tout État membre, en tant que Haute Partie contractante, peut proposer des modifications au présent protocole. Toute proposition de modification est envoyée au dépositaire, qui la transmet au Conseil.

2. Les modifications sont établies par le Conseil statuant à l'unanimité, qui recommande aux États membres de les adopter selon leurs règles constitutionnelles respectives.

3. Les modifications ainsi établies entrent en vigueur selon les dispositions de l'article 15.

4. Le Secrétaire général du Conseil de l'Union européenne notifie à tous les États membres la date d'entrée en vigueur des modifications.

Art. 19. – *Dépositaire.* – 1. Le Secrétaire général du Conseil de l'Union européenne est dépositaire du présent protocole.

2. Le dépositaire publie au *Journal officiel des Communautés européennes* les notifications, instruments ou communications relatifs au présent protocole.

En foi de quoi, les plénipotentiaires soussignés ont apposé leurs signatures au bas du présent protocole.

Fait à Bruxelles, le 19 juin 1997 en un exemplaire unique, en langues allemande, anglaise, danoise, espagnole, finnoise, française, grecque, irlandaise, italienne, néerlandaise, portugaise et suédoise, chacun de ces textes faisant également foi, exemplaire qui est déposé dans les archives du Secrétaire général du Conseil de l'Union européenne.

Décret n° 2000-925 du 18 septembre 2000

portant publication du Protocole établissant, sur la base de l'article K. 3 du traité sur l'Union européenne et de l'article 41, paragraphe 3, de la convention Europol, les privilèges et immunités d'Europol, des membres de ses organes, de ses directeurs adjoints et de ses agents, fait à Bruxelles le 19 juin 1997

(JO 23 sept. 2000)

Règlement (UE) n° 2016/794 du Parlement européen et du Conseil du 11 mai 2016

relatif à l'Agence de l'Union européenne pour la coopération des services répressifs (Europol) et remplaçant et abrogeant les décisions du Conseil 2009/371/JAI, 2009/934/JAI, 2009/935/JAI, 2009/936/JAI et 2009/968/JAI

(JOUE 24 mai 2016)

Décision du Conseil du 6 avril 2009

portant création de l'Office européen de police (Europol) (2009/371/JAI)

(JOUE 15 mai 2009)

ANNEXE 3

DROITS DE L'HOMME

I. – UNION EUROPÉENNE

Charte du 7 décembre 2000

des droits fondamentaux de l'Union européenne

(JOCE n° L 364, 18 déc. 2000. Rect. JOCE n° C 7, 11 janv. 2001)

Proclamation solennelle

Le Parlement européen, le Conseil et la Commission proclament solennellement en tant que Charte des droits fondamentaux de l'Union européenne le texte repris ci-après.

Fait à Nice, le sept décembre deux mille.

Préambule

Les peuples de l'Europe, en établissant entre eux une union sans cesse plus étroite, ont décidé de partager un avenir pacifique fondé sur des valeurs communes.

Consciente de son patrimoine spirituel et moral, l'Union se fonde sur les valeurs indivisibles et universelles de dignité humaine, de liberté, d'égalité et de solidarité ; elle repose sur le principe de la démocratie et le principe de l'État de droit. Elle place la personne au cœur de son action en instituant la citoyenneté de l'Union et en créant un espace de liberté, de sécurité et de justice.

L'Union contribue à la préservation et au développement de ces valeurs communes dans le respect de la diversité des cultures et des traditions des peuples de l'Europe, ainsi que de l'identité nationale des États membres et de l'organisation de leurs pouvoirs publics au niveau national, régional et local ; elle cherche à promouvoir un développement équilibré et durable et assure la libre circulation des personnes, des biens, des services et des capitaux, ainsi que la liberté d'établissement.

À cette fin, il est nécessaire, en les rendant plus visibles dans une Charte, de renforcer la protection des droits fondamentaux à la lumière de l'évolution de la société, du progrès social et des développements scientifiques et technologiques.

La présente Charte réaffirme, dans le respect des compétences et des tâches de la Communauté et de l'Union, ainsi que du principe de subsidiarité, les droits qui résultent notamment des traditions constitutionnelles et des obligations internationales communes aux États membres, du traité sur l'Union européenne et des traités communautaires, de la Convention européenne de sauvegarde des droits de l'Homme et des libertés fondamentales, des Chartes sociales adoptées par la Communauté et par le Conseil de l'Europe, ainsi que de la jurisprudence de la Cour de justice des Communautés européennes et de la Cour européenne des droits de l'Homme.

La jouissance de ces droits entraîne des responsabilités et des devoirs tant à l'égard d'autrui qu'à l'égard de la communauté humaine et des générations futures.

En conséquence, l'Union reconnaît les droits, les libertés et les principes énoncés ci-après.

Chapitre Ier. – Dignité

Art. 1er. – *Dignité humaine.* La dignité humaine est inviolable. Elle doit être respectée et protégée.

Art. 2. – *Droit à la vie.* 1. Toute personne a droit à la vie.

2. Nul ne peut être condamné à la peine de mort, ni exécuté.

Art. 3. – *Droit à l'intégrité de la personne.* 1. Toute personne a droit à son intégrité physique et mentale.

2. Dans le cadre de la médecine et de la biologie, doivent notamment être respectés :
- le consentement libre et éclairé de la personne concernée, selon les modalités définies par la loi,
- l'interdiction des pratiques eugéniques, notamment celles qui ont pour but la sélection des personnes,
- l'interdiction de faire du corps humain et de ses parties, en tant que tels, une source de profit,
- l'interdiction du clonage reproductif des êtres humains.

Art. 4. – *Interdiction de la torture et des peines ou traitements inhumains ou dégradants.* Nul ne peut être soumis à la torture, ni à des peines ou traitements inhumains ou dégradants.

Art. 5. – *Interdiction de l'esclavage et du travail forcé.* 1. Nul ne peut être tenu en esclavage ni en servitude.

2. Nul ne peut être astreint à accomplir un travail forcé ou obligatoire.

3. La traite des êtres humains est interdite.

Chapitre II. – Libertés

Art. 6. – *Droit à la liberté et à la sûreté.* Toute personne a droit à la liberté et à la sûreté.

Art. 7. – *Respect de la vie privée et familiale.* Toute personne a droit au respect de sa vie privée et familiale, de son domicile et de ses communications.

Art. 8. – *Protection des données à caractère personnel.* 1. Toute personne a droit à la protection des données à caractère personnel la concernant.

2. Ces données doivent être traitées loyalement, à des fins déterminées et sur la base du consentement de la personne concernée ou en vertu d'un autre fondement légitime prévu par la loi. Toute personne a le droit d'accéder aux données collectées la concernant et d'en obtenir la rectification.

3. Le respect de ces règles est soumis au contrôle d'une autorité indépendante.

Art. 9. – *Droit de se marier et droit de fonder une famille.* Le droit de se marier et le droit de fonder une famille sont garantis selon les lois nationales qui en régissent l'exercice.

Art. 10. – *Liberté de pensée, de conscience et de religion.* 1. Toute personne a droit à la liberté de pensée, de conscience et de religion. Ce droit implique la liberté de changer de religion ou de conviction, ainsi que la liberté de manifester sa religion ou sa conviction individuellement ou collectivement, en public ou en privé, par le culte, l'enseignement, les pratiques et l'accomplissement des rites.

2. Le droit à l'objection de conscience est reconnu selon les lois nationales qui en régissent l'exercice.

Art. 11. – *Liberté d'expression et d'information.* 1. Toute personne a droit à la liberté d'expression. Ce droit comprend la liberté d'opinion et la liberté de recevoir ou de communiquer des informations ou des idées sans qu'il puisse y avoir ingérence d'autorités publiques et sans considération de frontières.

2. La liberté des médias et leur pluralisme sont respectés.

Art. 12. – *Liberté de réunion et d'association.* 1. Toute personne a droit à la liberté de réunion pacifique et à la liberté d'association à tous les niveaux, notamment dans les domaines politique, syndical et civique, ce qui implique le droit de toute personne de fonder avec d'autres des syndicats et de s'y affilier pour la défense de ses intérêts.

2. Les parties politiques au niveau de l'Union contribuent à l'expression de la volonté politique des citoyens ou citoyennes de l'Union.

Art. 13. – *Liberté des arts et des sciences.* Les arts et la recherche scientifique sont libres. La liberté académique est respectée.

Art. 14. – *Droit à l'éducation.* 1. Toute personne a droit à l'éducation, ainsi qu'à l'accès à la formation professionnelle et continue.

2. Ce droit comporte la faculté de suivre gratuitement l'enseignement obligatoire.

3. La liberté de créer des établissements d'enseignement dans le respect des principes démocratiques, ainsi que le droit des parents d'assurer l'éducation et l'enseignement de leurs enfants conformément à leurs convictions religieuses, philosophiques et pédagogiques, sont respectés selon les lois nationales qui en régissent l'exercice.

Art. 15. – *Liberté professionnelle et droit de travailler.* 1. Toute personne a le droit de travailler et d'exercer une profession librement choisie ou acceptée.

2. Tout citoyen ou toute citoyenne de l'Union a la liberté de chercher un emploi, de travailler, de s'établir ou de fournir des services dans tout État membre.

3. Les ressortissants des pays tiers qui sont autorisés à travailler sur le territoire des États membres ont droit à des conditions de travail équivalentes à celles dont bénéficient les citoyens ou citoyennes de l'Union.

Art. 16. – *Liberté d'entreprise.* La liberté d'entreprise est reconnue conformément au droit communautaire et aux législations et pratiques nationales.

Art. 17. – *Droit de propriété.* 1. Toute personne a le droit de jouir de la propriété des biens qu'elle a acquis légalement, de les utiliser, d'en disposer et de les léguer. Nul ne peut être privé de sa propriété, si ce n'est pour cause d'utilité publique, dans des cas et conditions prévus par une loi et moyennant en temps utile une juste indemnité pour sa perte. L'usage des biens peut être réglementé par la loi dans la mesure nécessaire à l'intérêt général.

2. La propriété intellectuelle est protégée.

Art. 18. – *Droit d'asile.* Le droit d'asile est garanti dans le respect des règles de la convention de Genève du 28 juillet 1951 et du protocole du 31 janvier 1967 relatifs au statut des réfugiés et conformément au traité instituant la Communauté européenne.

Art. 19. – *Protection en cas d'éloignement, d'expulsion et d'extradition.* 1. Les expulsions collectives sont interdites.

2. Nul ne peut être éloigné, expulsé ou extradé vers un État où il existe un risque sérieux qu'il soit soumis à la peine de mort, à la torture ou à d'autres peines ou traitements inhumains ou dégradants.

Chapitre III. – Égalité

Art. 20. – *Égalité en droit.* Toutes les personnes sont égales en droit.

Art. 21. – *Non-discrimination.* 1. Est interdite, toute discrimination fondée notamment sur le sexe, la race, la couleur, les origines ethniques ou sociales, les caractéristiques génétiques, la langue, la religion ou les convictions, les opinions politiques ou toute autre opinion, l'appartenance à une minorité nationale, la fortune, la naissance, un handicap, l'âge ou l'orientation sexuelle.

2. Dans le domaine d'application du traité instituant la Communauté européenne et du traité sur l'Union européenne, et sans préjudice des dispositions particulières desdits traités, toute discrimination fondée sur la nationalité est interdite.

Art. 22. – *Diversité culturelle, religieuse et linguistique.* L'Union respecte la diversité culturelle, religieuse et linguistique.

Art. 23 *(Rect. JOCE n° C 7, 11 janv. 2001).* – *Égalité entre hommes et femmes.* L'égalité entre les hommes et les femmes doit être assurée dans tous les domaines, y compris en matière d'emploi, de travail et de rémunération.

Le principe de l'égalité n'empêche pas le maintien ou l'adoption de mesures prévoyant des avantages spécifiques en faveur du sexe sous-représenté.

Art. 24. – *Droits de l'enfant.* 1. Les enfants ont droit à la protection et aux soins nécessaires à leur bien-être. Ils peuvent exprimer leur opinion librement. Celle-ci est prise en considération pour les sujets qui les concernent, en fonction de leur âge et de leur maturité.

2. Dans tous les actes relatifs aux enfants, qu'ils soient accomplis par des autorités publiques ou des institutions privées, l'intérêt supérieur de l'enfant doit être une considération primordiale.

3. Tout enfant a le droit d'entretenir régulièrement des relations personnelles et des contacts directs avec ses deux parents, sauf si cela est contraire à son intérêt.

Art. 25. – *Droits des personnes âgées.* L'Union reconnaît et respecte le droit des personnes âgées à mener une vie digne et indépendante et à participer à la vie sociale et culturelle.

Art. 26. – *Intégration des personnes handicapées.* L'Union reconnaît et respecte le droit des personnes handicapées à bénéficier de mesures visant à assurer leur autonomie, leur intégration sociale et professionnelle et leur participation à la vie de la communauté.

Chapitre IV. – Solidarité

Art. 27. – *Droit à l'information et à la consultation des travailleurs au sein de l'entreprise.* Les travailleurs ou leurs représentants doivent se voir garantir, aux niveaux appropriés, une information et une consultation en temps utile, dans les cas et conditions prévus par le droit communautaire et les législations et pratiques nationales.

Art. 28. – *Droit de négociation et d'actions collectives.* Les travailleurs et les employeurs, ou leurs organisations respectives, ont, conformément au droit communautaire et aux législations et pratiques nationales, le droit de négocier et de conclure des conventions collectives aux niveaux appropriés et de recourir, en cas de conflits d'intérêts, à des actions collectives pour la défense de leurs intérêts, y compris la grève.

Art. 29. – *Droit d'accès aux services de placement.* Toute personne a le droit d'accéder à un service gratuit de placement.

Art. 30. – *Protection en cas de licenciement injustifié.* Tout travailleur a droit à une protection contre tout licenciement injustifié, conformément au droit communautaire et aux législations et pratiques nationales.

Art. 31. – *Conditions de travail justes et équitables.* 1. Tout travailleur a droit à des conditions de travail qui respectent sa santé, sa sécurité et sa dignité.

2. Tout travailleur a droit à une limitation de la durée maximale du travail et à des périodes de repos journalier et hebdomadaire, ainsi qu'à une période annuelle de congés payés.

Art. 32. – *Interdiction du travail des enfants et protection des jeunes au travail.* Le travail des enfants est interdit. L'âge minimal d'admission au travail ne peut être inférieur à l'âge auquel cesse la période de scolarité obligatoire, sans préjudice des règles plus favorables aux jeunes et sauf dérogations limitées.

Les jeunes admis au travail doivent bénéficier de conditions de travail adaptées à leur âge et être protégés contre l'exploitation économique ou contre tout travail susceptible de nuire à leur sécurité, à leur santé, à leur développement physique, mental, moral ou social ou de compromettre leur éducation.

Art. 33. – *Vie familiale et vie professionnelle.* 1. La protection de la famille est assurée sur le plan juridique, économique et social.

2. Afin de pouvoir concilier vie familiale et vie professionnelle, toute personne a le droit d'être protégée contre tout licenciement pour un motif lié à la maternité, ainsi que le droit à un congé de maternité payé et à un congé parental à la suite de la naissance ou de l'adoption d'un enfant.

Art. 34. – *Sécurité sociale et aide sociale.* 1. L'Union reconnaît et respecte le droit d'accès aux prestations de sécurité sociale et aux services sociaux assurant une protection dans des cas tels que la maternité, la maladie, les accidents du travail, la dépendance ou la vieillesse, ainsi qu'en cas de perte d'emploi, selon les modalités établies par le droit communautaire et les législations et pratiques nationales.

2. Toute personne qui réside et se déplace légalement à l'intérieur de l'Union a droit aux prestations de sécurité sociale et aux avantages sociaux, conformément au droit communautaire et aux législations et pratiques nationales.

3. Afin de lutter contre l'exclusion sociale et la pauvreté, l'Union reconnaît et respecte le droit à une aide sociale et à une aide au logement destinées à assurer une existence digne à tous ceux qui ne disposent pas de ressources suffisantes, selon les modalités établies par le droit communautaire et les législations et pratiques nationales.

Art. 35. – *Protection de la santé.* Toute personne a le droit d'accéder à la prévention en matière de santé et de bénéficier de soins médicaux dans les conditions établies par les législations et pratiques nationales. Un niveau élevé de protection de la santé humaine est assuré dans la définition et la mise en œuvre de toutes les politiques et actions de l'Union.

Art. 36. – *Accès aux services d'intérêt économique général.* L'Union reconnaît et respecte l'accès aux services d'intérêt économique général tel qu'il est prévu par les législations et pratiques nationales, conformément au traité instituant la Communauté européenne, afin de promouvoir la cohésion sociale et territoriale de l'Union.

Art. 37. – *Protection de l'environnement.* Un niveau élevé de protection de l'environnement et l'amélioration de sa qualité doivent être intégrés dans les politiques de l'Union et assurés conformément au principe du développement durable.

Art. 38. – *Protection des consommateurs.* Un niveau élevé de protection des consommateurs est assuré dans les politiques de l'Union.

Chapitre V. – Citoyenneté

Art. 39. – *Droit de vote et d'éligibilité aux élections au Parlement européen.* 1. Tout citoyen ou toute citoyenne de l'Union a le droit de vote et d'éligibilité aux élections au Parlement européen dans l'État membre où il ou elle réside, dans les mêmes conditions que les ressortissants de cet État.

2. Les membres du Parlement européen sont élus au suffrage universel direct, libre et secret.

Art. 40. – *Droit de vote et d'éligibilité aux élections municipales.* Tout citoyen ou toute citoyenne de l'Union a le droit de vote et d'éligibilité aux élections municipales dans l'État membre où il ou elle réside, dans les mêmes conditions que les ressortissants de cet État.

Art. 41. – *Droit à une bonne administration.* 1. Toute personne a le droit de voir ses affaires traitées impartialement, équitablement et dans un délai raisonnable par les institutions et organes de l'Union.

2. Ce droit comporte notamment :

- le droit de toute personne d'être entendue avant qu'une mesure individuelle qui l'affecterait défavorablement ne soit prise à son encontre ;
- le droit d'accès de toute personne au dossier qui la concerne, dans le respect des intérêts légitimes de la confidentialité et du secret professionnel et des affaires ;
- l'obligation pour l'administration de motiver ses décisions.

3. Toute personne a droit à la réparation par la Communauté des dommages causés par les institutions, ou par leurs agents dans l'exercice de leurs fonctions, conformément aux principes généraux communs aux droits des États membres.

4. Toute personne peut s'adresser aux institutions de l'Union dans une des langues des traités et doit recevoir une réponse dans la même langue.

Art. 42. – *Droit d'accès aux documents.* Tout citoyen ou toute citoyenne de l'Union ou toute personne physique ou morale résidant ou ayant son siège statutaire dans un État membre a un droit d'accès aux documents du Parlement européen, du Conseil et de la Commission.

Art. 43. – *Médiateur.* Tout citoyen ou toute citoyenne de l'Union ou toute personne physique ou morale résidant ou ayant son siège statutaire dans un État membre a le droit de saisir le médiateur de l'Union en cas de mauvaise administration dans l'action des institutions ou organes communautaires, à l'exclusion de la Cour de justice et du Tribunal de première instance dans l'exercice de leurs fonctions juridictionnelles.

ANNEXE 3

Art. 44. – ***Droit de pétition.*** **Tout citoyen ou toute citoyenne de l'Union ou toute personne physique ou morale résidant ou ayant son siège statutaire dans un État membre a le droit de pétition devant le Parlement européen.**

Art. 45. – ***Liberté de circulation et de séjour.*** **1. Tout citoyen ou toute citoyenne de l'Union a le droit de circuler et de séjourner librement sur le territoire des États membres.**

2. La liberté de circulation et de séjour peut être accordée, conformément au traité instituant la Communauté européenne, aux ressortissants de pays tiers résidant légalement sur le territoire d'un État membre.

Art. 46. – ***Protection diplomatique et consulaire.*** **Tout citoyen de l'Union bénéficie, sur le territoire d'un pays tiers où l'État membre dont il est ressortissant n'est pas représenté, de la protection des autorités diplomatiques et consulaires de tout État membre dans les mêmes conditions que les nationaux de cet État.**

Chapitre VI. – Justice

Art. 47. – ***Droit à un recours effectif et à accéder à un tribunal impartial.*** **Toute personne dont les droits et libertés garantis par le droit de l'Union ont été violés a droit à un recours effectif devant un tribunal dans le respect des conditions prévues au présent article.**

Toute personne a droit à ce que sa cause soit entendue équitablement, publiquement et dans un délai raisonnable par un tribunal indépendant et impartial, établi préalablement par la loi. Toute personne a la possibilité de se faire conseiller, défendre et représenter.

Une aide juridictionnelle est accordée à ceux qui ne disposent pas de ressources suffisantes, dans la mesure où cette aide serait nécessaire pour assurer l'effectivité de l'accès à la justice.

Art. 48. – ***Présomption d'innocence et droits de la défense.*** **1. Tout accusé est présumé innocent jusqu'à ce que sa culpabilité ait été légalement établie.**

2. Le respect des droits de la défense est garanti à tout accusé.

Confiscation fiscale. Selon l'article L. 152-4, II, alinéa 2, du Code monétaire et financier, la somme qui, transférée en méconnaissance des obligations déclaratives énoncées notamment à l'article L. 152-1 dudit code, a été saisie peut être confisquée si, pendant la durée de la consignation, il est établi que l'auteur de ce délit est ou a été en possession d'objets laissant présumer sa participation passée ou actuelle à la commission d'une infraction au Code des douanes ou s'il y a des raisons plausibles de penser qu'il a commis ou participé à la commission d'une telle infraction. Il s'en déduit que le prononcé de la peine de confiscation n'impose pas que l'auteur du transfert de capitaux sans déclaration soit poursuivi du chef de cette autre infraction douanière. Il ne saurait *a fortiori* être exigé que cette autre infraction douanière soit établie dès lors que la réunion d'éléments tendant à sa plausibilité est nécessaire mais suffisante pour permettre la confiscation des fonds. Il s'en déduit également qu'il importe peu que le prévenu ait été relaxé du chef de cette autre infraction douanière, car si l'autorité de la chose jugée assortissant la relaxe prohibe toute nouvelle poursuite, elle ne peut constituer un obstacle au prononcé d'une peine en répression du délit de transfert de capitaux sans déclaration pour lequel l'intéressé a été déclaré coupable. Ces dispositions ne méconnaissent pas l'article 48-1 de la Charte des droits fondamentaux de l'Union qui protège la présomption d'innocence. En effet, en premier lieu, la sanction fiscale de confiscation n'est encourue qu'en cas de déclaration préalable de culpabilité du chef de transfert de capitaux sans déclaration dont les éléments constitutifs doivent être établis par l'autorité poursuivante ; en second lieu, l'atteinte au principe de la présomption d'innocence ne saurait résulter de ce que les juges, après avoir retenu la culpabilité du prévenu, ne peuvent prononcer la confiscation que si sont réunies certaines circonstances de fait, appréciées au cas par cas, dont il résulte une vraisemblance raisonnable de commission ou de participation à la commission d'une autre infraction douanière, laquelle peut être discutée par la défense. Pour confirmer le jugement et rejeter la demande de l'administration des douanes et droits indirects tendant à la confiscation des fonds transférés sans déclaration et saisis, l'arrêt attaqué, après avoir déclaré le prévenu coupable de transfert de capitaux sans déclaration et constaté le caractère définitif de la relaxe des chefs de blanchiments de droit commun et douanier, énonce que ladite administration ne peut, sauf à méconnaître le principe de l'autorité de la chose jugée, se fonder sur la même infraction à la législation sur les stupéfiants, définitivement écartée par la relaxe. Les juges ajoutent qu'aucune autre infraction prévue par le Code des douanes n'est établie à l'égard du prévenu. En se déterminant ainsi, la cour d'appel a méconnu le texte susvisé et les principes ci-dessus rappelés. En effet, les juges ne pouvaient, pour refuser de rechercher s'il existait des raisons plausibles de penser que le prévenu avait commis une infraction douanière autre que le transfert de capitaux sans déclaration, ou participé à la commission d'une telle infraction, se fonder uniquement sur la relaxe du chef de blanchiment douanier et sur le défaut de caractérisation d'une autre infraction douanière (■ Cass. crim., 9 sept. 2020, n° 19-82.263).

Art. 49. – *Principes de légalité et de proportionnalité des délits et des peines.* **1. Nul ne peut être condamné pour une action ou une omission qui, au moment où elle a été commise, ne constituait pas une infraction d'après le droit national ou le droit international. De même, il n'est infligé aucune peine plus forte que celle qui était applicable au moment où l'infraction a été commise. Si, postérieurement à cette infraction, la loi prévoit une peine plus légère, celle-ci doit être appliquée.**

2. Le présent article ne porte pas atteinte au jugement et à la punition d'une personne coupable d'une action ou d'une omission qui, au moment où elle a été commise, était criminelle d'après les principes généraux reconnus par l'ensemble des nations.

3. L'intensité des peines ne doit pas être disproportionnée par rapport à l'infraction.

Application immédiate de la loi plus douce. Il résulte de l'article 112-1 du Code pénal et de l'article 49 de la Charte des droits fondamentaux de l'Union européenne tel qu'interprété par la Cour de justice de l'Union européenne dans son arrêt du 7 août 2018, X... e.a. (aff. n° C-115/17) que le principe de l'application immédiate de la loi pénale plus douce ne trouve pas à s'appliquer lorsque les poursuites ont été engagées à raison d'un comportement qui reste incriminé et que les sanctions encourues n'ont pas été modifiées dans un sens moins sévère. Méconnaît ce principe la cour d'appel qui, pour relaxer des prévenus poursuivis pour de fausses déclarations leur permettant d'obtenir des restitutions à l'exportation de quartiers de bœufs, relève que le règlement (CEE) n° 1964/82 du 20 juillet 1982 arrêtant les conditions d'octroi des restitutions particulières à l'exportation pour certaines viandes bovines, applicable au moment des faits, a été modifié puis abrogé par le règlement (CE) n° 1359/2007 du 21 novembre 2007 instituant des dispositions moins sévères devant être appliquées, alors que, d'une part, selon l'arrêt de la Cour de justice de l'Union européenne susmentionné, le choix du législateur européen de modifier les critères d'éligibilité aux restitutions de marchandises s'est fondé sur une appréciation économique de la situation du marché de la viande et ne visait pas à remettre en question la qualification pénale ou l'appréciation, par les autorités nationales, de la peine à appliquer à des comportements ayant pour effet d'obtenir indûment des restitutions particulières à l'exportation, d'autre part, le texte législatif national qui constitue le support de l'incrimination n'a pas été modifié, et qu'ainsi, les dispositions nouvelles, bien qu'issues d'une norme communautaire, ne s'appliquent pas aux infractions commises avant leur entrée en vigueur (■ Cass. crim., 16 janv. 2019, n° 15-82.333 : *Bull. crim.* n° 19).

Art. 50. – *Droit à ne pas être jugé ou puni pénalement deux fois pour une même infraction.* **Nul ne peut être poursuivi ou puni pénalement en raison d'une infraction pour laquelle il a déjà été acquitté ou condamné dans l'Union par un jugement pénal définitif conformément à la loi.**

1) Cumul d'une sanction pénale et d'une sanction fiscale. L'article 50 de la Charte des droits fondamentaux n'a pas en lui-même pour effet d'interdire par principe tout cumul entre des sanctions fiscales et pénales (■ Cass. crim., 22 févr. 2017, n° 14-82.526 : *Bull. crim.* n° 49). L'article 50 de la Charte des droits fondamentaux ne s'oppose pas à ce que des poursuites pénales soient engagées pour fraude fiscale à l'encontre de la personne physique, représentant de la personne morale qui a fait l'objet de sanctions fiscales pour les mêmes faits (Cf. l'arrêt CJUE du 5 avril 2017, C-217/15 et C-350/15) (■ Cass. crim., 6 déc. 2017, n° 16-81.857 : *Bull. crim.* n° 282).

2) Cumul d'une sanction pénale et d'une sanction boursière. L'article 50 de la Charte des droits fondamentaux de l'Union européenne ne s'oppose pas à ce qu'une personne sanctionnée pour un manquement relevant de la compétence de l'AMF puisse, en raison des mêmes faits, être poursuivie et condamnée pour un délit dès lors que, d'une part, ce cumul garantit la sanction effective, proportionnée et dissuasive, au sens de l'article 14-1 de la directive n° 2003/6/CE du 28 janvier 2003, dont dépend la réalisation de l'objectif d'intérêt général reconnu par l'Union européenne, entrant dans les prévisions de l'article 52 de la Charte et tendant à assurer l'intégrité des marchés financiers communautaires et à renforcer la confiance des investisseurs, d'autre part, le montant global des amendes susceptibles d'être prononcées ne peut dépasser le plafond de la sanction encourue la plus élevée (■ Cass. crim., 22 janv. 2014, n° 12-86.579 : *Bull. crim.* n° 22).

ANNEXE 3

Chapitre VII. – Dispositions générales

Art. 51. – *Champ d'application.* 1. Les dispositions de la présente Charte s'adressent aux institutions et organes de l'Union dans le respect du principe de subsidiarité, ainsi qu'aux États membres uniquement lorsqu'ils mettent en œuvre le droit de l'Union. En conséquence, ils respectent les droits, observent les principes et en promeuvent l'application, conformément à leurs compétences respectives.

2. La présente Charte ne crée aucune compétence ni aucune tâche nouvelles pour la Communauté et pour l'Union et ne modifie pas les compétences et tâches définies par les traités.

Art. 52. – *Portée des droits garantis.* 1. Toute limitation de l'exercice des droits et libertés reconnus par la présente Charte doit être prévue par la loi et respecter le contenu essentiel desdits droits et libertés. Dans le respect du principe de proportionnalité, des limitations ne peuvent être apportées que si elles sont nécessaires et répondent effectivement à des objectifs d'intérêt général reconnus par l'Union ou au besoin de protection des droits et libertés d'autrui.

2. Les droits reconnus par la présente Charte qui trouvent leur fondement dans les traités communautaires ou dans le traité sur l'Union européenne s'exercent dans les conditions et limites définies par ceux-ci.

3. Dans la mesure où la présente Charte contient des droits correspondant à des droits garantis par la Convention européenne de sauvegarde des droits de l'Homme et des libertés fondamentales, leur sens et leur portée sont les mêmes que ceux que leur confère ladite convention. Cette disposition ne fait pas obstacle à ce que le droit de l'Union accorde une protection plus étendue.

Art. 53. – *Niveau de protection.* Aucune disposition de la présente Charte ne doit être interprétée comme limitant ou portant atteinte aux droits de l'Homme et libertés fondamentales reconnus, dans leur champ d'application respectif, par le droit de l'Union, le droit international et les conventions internationales auxquelles sont parties l'Union, la Communauté ou tous les États membres, et notamment la Convention européenne de sauvegarde des droits de l'Homme et des libertés fondamentales, ainsi que par les constitutions des États membres.

Art. 54. – *Interdiction de l'abus de droit.* Aucune des dispositions de la présente Charte ne doit être interprétée comme impliquant un droit quelconque de se livrer à une activité ou d'accomplir un acte visant à la destruction des droits ou libertés reconnus dans la présente Charte ou à des limitations plus amples des droits et libertés que celles qui sont prévues par la présente Charte.

Bibliographie : J. Dutheil de la Rochère, *JCl. Europe Traité*, Fasc. 160 ; *JCl. Libertés*, Fasc. 140.

Directive du Parlement européen et du Conseil n° 2013/48/UE du 22 octobre 2013

relative au droit d'accès à un avocat dans le cadre des procédures pénales et des procédures relatives au mandat d'arrêt européen, au droit d'informer un tiers dès la privation de liberté et au droit des personnes privées de liberté de communiquer avec des tiers et avec les autorités consulaires.

Directive (UE) du Parlement européen et du Conseil n° 2016/343 du 9 mars 2016

portant renforcement de certains aspects de la présomption d'innocence et du droit d'assister à son procès dans le cadre des procédures pénales.

II. – CONSEIL DE L'EUROPE

Convention du 4 novembre 1950

de sauvegarde des droits de l'Homme et des libertés fondamentales, signée à Rome

(Ratifiée par la France le 3 mai 1974
L. n° 73-1227, 31 déc. 1973 : JO 3 janv. 1974
Publiée par D. n° 74-360, 3 mai 1974)

Les gouvernements signataires, Membres du Conseil de l'Europe,

Considérant la Déclaration universelle des droits de l'Homme, proclamée par l'Assemblée Générale des Nations unies le 10 décembre 1948 ;

Considérant que cette Déclaration tend à assurer la reconnaissance et l'application universelles et effectives des droits qui y sont énoncés ;

Considérant que le but du Conseil de l'Europe est de réaliser une union plus étroite entre ses Membres, et que l'un des moyens d'atteindre ce but est la sauvegarde et le développement des droits de l'Homme et des libertés fondamentales ;

Réaffirmant leur profond attachement à ces libertés fondamentales qui constituent les assises mêmes de la justice et de la paix dans le monde et dont le maintien repose essentiellement sur un régime politique véritablement démocratique, d'une part, et, d'autre part, sur une conception commune et un commun respect des droits de l'Homme dont ils se réclament ;

Résolus, en tant que gouvernements d'États européens animés d'un même esprit et possédant un patrimoine commun d'idéal et de traditions politiques, de respect de la liberté et de prééminence du droit, à prendre les premières mesures propres à assurer la garantie collective de certains droits énoncés dans la Déclaration universelle,

Sont convenus de ce qui suit :

Art. 1er ***(Mod. à compter du 1er novembre 1998, Prot. n° 11, 11 mai 1994, art. 2-2 et ann. publié par D. n° 98-1055, 18 nov. 1998). – Obligation de respecter les droits de l'Homme.***

Les Hautes Parties contractantes reconnaissent à toute personne relevant de leur juridiction les droits et libertés définis au titre I de la présente Convention.

1) États non parties à la Convention. La Convention ne régit pas les actes des États qui n'y sont pas parties, ni ne prétend exiger des Parties contractantes qu'elles imposent ses normes à pareils États (■ CEDH, 7 juill. 2011, n° 55721/07, *Al-Skeini et a. c/ R.-U.*, § 141).

2) « Juridiction » d'un État et imputabilité de la violation de la Convention. La « juridiction » au sens de l'article 1er est une condition *sine qua non* de son application. Elle doit avoir été exercée pour qu'un État contractant puisse être tenu pour responsable des actes ou omissions à lui imputables qui sont à l'origine d'une allégation de violation des droits et libertés énoncés dans la Convention (■ CEDH, GC, 19 oct. 2012, nos 43370/04, 8252/05 et 18454/06, *Catan et a. c/ Moldavie et Russie*, § 66). V. toutefois ■ CEDH, GC, 8 avr. 2004, n° 71503/01, *Assanidzé c/ Georgie*, § 144).

3) Conditions de la « juridiction » d'un État. Principes. La juridiction d'un État, au sens de l'article 1er, est principalement territoriale. Elle est présumée s'exercer normalement sur l'ensemble du territoire de l'État ; à l'inverse, les actes des États contractants accomplis ou produisant des effets en dehors de leur territoire ne peuvent que dans des circonstances exceptionnelles s'analyser en l'exercice par eux de leur juridiction au sens de l'article 1er (■ CEDH, GC, 19 oct. 2012, nos 43370/04, 8252/05 et 18454/06, *Catan et a. c/ Moldavie et Russie*, § 104).

4) Conditions de la « juridiction » d'un État. Applications. Un aéroport situé sur le sol d'un État fait juridiquement partie du territoire de cet État quand bien même il s'agirait d'un aéroport international (■ CEDH, GC, 21 nov. 2019, nos 61411/15, 61420/15, 61427/15 et 3028/16, *Z. A. et a. c/ Russie*, § 130).

5) Conditions de la « juridiction » d'un État. Exceptions. Le principe voulant que la juridiction de l'État contractant au sens de l'article 1er soit limitée à son propre territoire connaît une exception lorsque, par suite d'une action militaire – légale ou non –, l'État exerce un contrôle effectif sur une zone située en dehors de son territoire (■ CEDH, GC, 19 oct. 2012, nos 43370/04, 8252/05 et 18454/06, *Catan et a. c/ Moldavie et Russie*, § 106). La Cour a reconnu dans sa jurisprudence que, par exception au principe de territorialité, la juridiction d'un État contractant au sens de l'article 1er peut s'étendre aux actes de ses organes qui déploient leurs effets en dehors de son territoire ; danscertaines circonstances, le recours à la force par des agents d'un État opérant hors de son territoire peut faire passer sous la juridiction de cet État, au sens de l'article 1er, toute personne se retrouvant ainsi sous le contrôle de ceux-ci. Cette règle a été appliquée dans le cas de personnes remises entre les mains d'agents de l'État à l'extérieur de ses frontières (■ CEDH, 7 juill. 2011, n° 55721/07, *Al-Skeini et a. c/ R.-U.*, § 133, 136). De même, on rencontre d'autres cas d'exercice extraterritorial de sa compétence par un État dans les affaires concernant des actes accomplis à l'étranger par des agents diplomatiques ou consulaires, ou à bord d'aéronefs immatriculés dans l'État en cause ou de navires battant son pavillon (■ CEDH, GC, 29 mars 2010, n° 3394/03, *Medvedyev et a. c/ France*, § 65). C'est ainsi que, relativement à des requérants qui sont à bord d'un navire intercepté en haute mer par des agents français, la Cour considère que, compte tenu de l'existence d'un contrôle absolu et exclusif exercé par la France, au moins *de facto*, sur ce navire et son équipage dès l'interception du navire, de manière continue et ininterrompue, les requérants relevaient bien de la juridiction de la France au sens de l'article 1er de la Convention (■ CEDH, GC, 29 mars 2010, préc., § 67).

6) Établissement d'un lien juridictionnel par l'ouverture d'une procédure. Si les autorités d'enquête ou les organes judiciaires d'un État contractant ouvrent au sujet d'un décès qui s'est produit en dehors de la juridiction dudit État leur propre enquête pénale ou leurs propres poursuites en vertu de leur droit interne (par exemple sur le fondement de dispositions relatives à la compétence universelle ou du principe de la personnalité active ou passive), l'ouverture de ladite enquête ou de ladite procédure suffit à établir un lien juridictionnel aux fins de l'article 1er entre l'État en question et les proches de la victime qui saisissent ultérieurement la Cour (■ CEDH, GC, 29 janv. 2019, n° 36925/07, *Güzelyurtlu et a. c/ Chypre et Turquie*, § 188).

TITRE PREMIER. – DROITS ET LIBERTÉS

Art. 2 ***(Mod. à compter du 1er novembre 1998, Prot. n° 11, 11 mai 1994, art. 2-2 et ann. publié par D. n° 98-1055, 18 nov. 1998). – Droit à la vie.***

1. Le droit de toute personne à la vie est protégé par la loi. La mort ne peut être infligée à quiconque intentionnellement, sauf en exécution d'une sentence capitale prononcée par un tribunal au cas où le délit est puni de cette peine par la loi.

2. La mort n'est pas considérée comme infligée en violation de cet article dans les cas où elle résulterait d'un recours à la force rendu absolument nécessaire :

a) **pour assurer la défense de toute personne contre la violence illégale ;**

b) **pour effectuer une arrestation régulière ou pour empêcher l'évasion d'une personne régulièrement détenue ;**

c) **pour réprimer, conformément à la loi, une émeute ou une insurrection.**

Bibliographie : M. Afroukh, *L'article 2 de la Convention européenne des droits de l'Homme dans la jurisprudence administrative : RFDA* 2011, p. 1153. • M. Lévinet (dir.), *Le droit au respect de la vie au sens de la Convention européenne des droits de l'Homme : Droit et Justice* 2010, n° 93. • R. Parizot, *Prévention du meurtre : la Cour européenne va-t-elle trop loin ? : D.* 2013, p. 188. • D. Roets, *De l'obligation procédurale de coopérer incombant aux États européens en cas d'atteinte volontaire à la vie : RSC* 2019, p. 701. • F. Sudre, *Les « obligations positives » dans la jurisprudence européenne des droits de l'Homme : RTDH* 1995, 363 ; *Les incertitudes du juge européen face au droit à la vie, Mélanges Mouly*, Litec, 1998, p. 375. • F. Tulkens, *Le droit à la vie et le champ des obligations des États dans la jurisprudence récente de la Cour européenne des droits de l'Homme*, in *Libertés, justice, tolérance. Mélanges en l'honneur du Doyen Gérard Cohen-Jonathan*, Bruxelles, Bruylant, 2004, p. 1605.

I – PRIMAUTÉ DU DROIT À LA VIE

1) Caractère inaliénable du droit à la vie. Le droit à la vie constitue un attribut inaliénable de la personne humaine et forme la valeur suprême dans l'échelle des droits de l'Homme (■ CEDH, GC, 22 mars 2001, *Streletz, Kessler et Krenz c/ Allemagne*, § 94). L'article 2 garantit non seulement le droit à la vie mais expose les circonstances dans lesquelles infliger la mort peut se justifier ; il se place à ce titre parmi les articles primordiaux de la Convention, auquel aucune dérogation ne saurait être autorisée, en temps de paix, en vertu de l'article 15. Combiné à l'article 3 (art. 15+3) de la Convention, il consacre l'une des valeurs fondamentales des sociétés démocratiques qui forment le Conseil de l'Europe. Il faut donc en interpréter les dispositions de façon étroite (■ CEDH, 27 sept. 1995, n° 18984/9, *Mac Cann et a. c/ RU*, § 147).

2) Protection du droit à la vie dans le cadre d'arrestations – Exigences conventionnelles. Pris dans son ensemble, le texte de l'article 2 démontre qu'il ne vise pas uniquement l'homicide intentionnel mais également les situations où un usage légitime de la force peut conduire à donner la mort de façon involontaire (■ CEDH, gr. ch., 27 sept. 1995, n° 18984/91, *Mc Cann et a. c/ Royaume-Uni*, § 148. ■ CEDH, 21 juin, n° 36083/16, *Semache c/ France*, § 66). Eu égard à l'article 2, § 2, b de la Convention, le but légitime d'effectuer une arrestation régulière ne peut justifier de mettre en danger des vies humaines qu'en cas de nécessité absolue. La Cour rappelle qu'en règle générale il ne peut y avoir pareille nécessité lorsque l'on sait que la personne qui doit être arrêtée ne représente aucune menace pour la vie ou l'intégrité physique de quiconque et n'est pas soupçonnée d'avoir commis une infraction à caractère violent, même s'il peut en résulter une impossibilité d'arrêter le fugitif (■ CEDH, gr. ch., 6 juill. 2005, nos 43577/98 et 43579/98, *Natchova et a. c/ Bulgarie*, § 95 et 107. ■ CEDH, 7 juin 2018, n° 19510/15, *Toubache c/ France*, § 36). De plus, le recours à la force doit être rendu « absolument nécessaire » pour atteindre l'un des objectifs mentionnés aux alinéas a, b ou c (art. 2-2-a, art. 2-2-b, art. 2-2-c) (■ CEDH, gr. ch., 27 sept. 1995, n° 18984/91, *McCann et a. c/ Royaume-Uni*, § 148). À cet égard, l'emploi des termes « absolument nécessaire » figurant à l'article 2, § 2 (art. 2-2) indique qu'il faut appliquer un critère de nécessité plus strict et impérieux que celui normalement employé pour déterminer si l'intervention de l'État est « nécessaire dans une société démocratique » au titre du paragraphe 2 des articles 8 à 11 (art. 8-2, art. 9-2, art. 10-2, art. 11-2) de la Convention. La force utilisée doit en particulier être strictement proportionnée aux buts mentionnés au paragraphe 2 a, b et c de l'article 2 (art. 2-2-a-b-c) (■ CEDH, gr. ch., 27 sept. 1995, *McCann et a. c/ Royaume-Uni*, préc., § 149).

3) **Protection du droit à la vie dans le cadre d'arrestations – Appréciation de la légitimité de la force meurtrière.** Eu égard à la difficulté de la mission de la police dans les sociétés contemporaines, à l'imprévisibilité du comportement humain et à l'inévitabilité de choix opérationnels en termes de priorités et de ressources, la Cour interprète l'étendue de l'obligation positive pesant sur les autorités internes de manière à ne pas imposer à celles-ci un fardeau insupportable (■ CEDH, 7 juin 2018, *Toubache c/ France*, préc., § 37). Ainsi, elle rappelle que le recours à la force peut se justifier lorsqu'il se fonde sur une conviction honnête considérée, pour de bonnes raisons, comme valable à l'époque des événements mais qui se révèle ensuite erronée (■ CEDH, *Mac Cann et a.*, préc., § 200. ■ CEDH, gr. ch., 24 mars 2011, n° 23458/02, *Giuliani et Gaggio c/ Italie*, § 179). La Cour considère, en outre, qu'elle doit éviter de prendre le rôle d'un juge du fond compétent pour apprécier les faits, sauf si cela est rendu inévitable par les circonstances d'une affaire particulière. En principe, là où des procédures internes ont été menées, ce n'est pas la tâche de la Cour de substituer sa propre version des faits sur la base des preuves recueillies par elles (■ CEDH, gr. ch., 24 mars 2011, n° 23458/02, *Giuliani et Gaggio*, § 180).

4) **Frappes aériennes de l'OTAN.** Si les circonstances de la frappe aérienne qui a tué les deux fils du requérant, et notamment le processus de prise de décision et de vérification de la cible qui a abouti à l'ordre d'engager la frappe ont été établis de manière fiable à l'issue d'un examen approfondi visant à déterminer la licéité du recours à la force létale, la violation de l'article 2 ne peut être retenue (■ CEDH, GC, 16 févr. 2021, n° 4871/16, *Hanan c/ Allemagne*, § 219).

5) **Risque de suicide en prison.** La Cour rappelle que la première phrase de l'article 2 de la Convention impose aux États contractants l'obligation non seulement de s'abstenir de donner la mort de manière volontaire et irrégulière, mais aussi de prendre les mesures nécessaires à la protection de la vie des personnes relevant de leur juridiction (■ CEDH, GC, 2011, n° 23458/02, *Giuliani et Gaggio c/ Italie* (extraits), § 174, et ■ CEDH, GC, 31 janv. 2019, n° 78103/14, *Fernandes de Oliveira c/ Portugal*, § 104). L'article 2 de la Convention peut, dans certaines circonstances bien définies, mettre à la charge des autorités l'obligation positive de prendre préventivement des mesures d'ordre pratique pour protéger l'individu contre autrui ou, dans certaines circonstances particulières, contre lui-même. Les obligations des États contractants prennent une dimension particulière à l'égard des personnes détenues, celles-ci se trouvant entièrement sous le contrôle des autorités : compte tenu de leur vulnérabilité, les autorités ont le devoir de les protéger. Cela étant, il convient cependant d'interpréter cette obligation de manière à ne pas imposer aux autorités un fardeau insupportable ou excessif. Toute menace présumée contre la vie n'oblige donc pas les autorités à prendre des mesures concrètes pour en prévenir la réalisation. Ainsi, dans le cas spécifique du risque de suicide en prison, il n'y a une telle obligation positive que lorsque les autorités savent ou devraient savoir sur le moment qu'existe un risque réel et immédiat qu'un individu donné attente à sa vie. Pour caractériser un manquement à cette obligation, il faut ensuite établir que les autorités ont omis de prendre, dans le cadre de leurs pouvoirs, les mesures qui, d'un point de vue raisonnable, auraient sans doute paré ce risque. Concrètement, il faut et il suffit que le requérant démontre que les autorités n'ont pas fait tout ce que l'on pouvait raisonnablement attendre d'elles dans les circonstances de la cause pour empêcher la matérialisation d'un risque certain et immédiat pour la vie dont elles avaient ou auraient dû avoir connaissance (■ CEDH, 2008, n° 5608/05. ■ CEDH, GC, 2008, n° 5608/05, *Renolde c/ France*, § (extraits), § 83, et *De Donder et De Clippel*, préc., § 69). En ce qui concerne les risques de suicide, dans le cas de personnes privées de leur liberté par les autorités (principalement dans le cadre d'un placement en garde à vue ou d'une détention), la Cour a pris en compte divers facteurs afin d'établir si les autorités savaient ou auraient dû savoir qu'il existait pour la vie d'un individu donné un risque réel et immédiat, déclenchant l'obligation de prendre des mesures préventives adéquates. Ces facteurs incluent généralement : les antécédents de troubles mentaux, la gravité de la maladie mentale, des tentatives de suicide ou des actes d'auto-agression antérieurs, les pensées ou menaces suicidaires, les signes de détresse physique ou mentale (*Fernandes de Oliveira*, préc., § 115) (■ CEDH, 23 mars 2021, n° 50636/11, *Kotenok c/ Russie*, §§ 52-54).

6) **Protection de la vie des enfants dans le cadre de violences conjugales.** En réagissant promptement aux allégations de violences domestiques formulées par la requérante et en tenant dûment compte du contexte particulier de violences domestiques qui caractérisait cette affaire, les autorités ont fait preuve de la diligence particulière requise. Elles ont procédé à une évaluation des risques autonome, proactive et exhaustive,

dont le résultat les a conduites à adopter une mesure d'interdiction et de protection. Cette évaluation n'a toutefois pas fait apparaître l'existence d'un risque réel et immédiat pour la vie du fils de la requérante. Par conséquent, les autorités n'avaient aucune obligation de prendre des mesures opérationnelles préventives à cet égard, de sorte qu'il n'y a pas de violation de l'article 2 de la Convention en son volet matériel (▪ CEDH, gr. ch., 16 juin 2021, n° 62903/15, *Kurt c/ Autriche*, §§ 211-212).

II – OBLIGATIONS PROCÉDURALES DÉCOULANT DE LA PROTECTION DU DROIT À LA VIE

A – Obligations d'enquête et de poursuite

1° *Considérations générales*

7) Existence de l'obligation. Une loi interdisant de manière générale aux agents de l'État de procéder à des homicides arbitraires serait en pratique inefficace s'il n'existait pas de procédure permettant de contrôler la légalité du recours à la force meurtrière par les autorités de l'État. L'obligation de protéger le droit à la vie qu'impose cette disposition (art. 2), combinée avec le devoir général incombant à l'État en vertu de l'article 1er (art. 2+1) de la Convention de « reconna[ître] à toute personne relevant de [sa] juridiction les droits et libertés définis [dans] la (...) Convention », implique et exige de mener une forme d'enquête efficace lorsque le recours à la force, notamment par des agents de l'État, a entraîné mort d'homme (▪ CEDH, *Mac Cann et a.*, préc., § 161. Cette enquête doit pouvoir conduire à l'identification et la punition des responsables (▪ CEDH, 20 mai 1999, n° 21594/93, *Ogur c/ Turquie*, § 88).

8) Nature de l'obligation. L'obligation de mener des investigations à la suite d'une mort suspecte ne constitue pas une obligation de résultat, mais de moyens. L'effectivité de l'enquête exige que les autorités prennent les mesures raisonnables dont elles disposent pour assurer l'obtention des preuves relatives aux faits en question, y compris, entre autres, les dépositions des témoins oculaires, des expertises et, le cas échéant, une autopsie propre à fournir un compte rendu complet et précis des blessures et une analyse objective des constatations cliniques, notamment de la cause du décès. Toute déficience de l'enquête affaiblissant sa capacité à établir la cause du décès ou les responsabilités risque de faire conclure qu'elle ne répond pas à cette norme (▪ CEDH, 18 nov. 2010, n° 310/04, *Seidova c/ Bulgarie*, § 50).

9) Autonomie de l'obligation : articles 2 et 13. L'obligation pour l'État de mener une enquête effective est considérée dans la jurisprudence de la Cour comme une obligation inhérente à l'article 2, lequel exige notamment que le droit à la vie soit « protégé par la loi ». Bien qu'un manquement à cette obligation puisse avoir des conséquences sur le droit protégé par l'article 13, l'obligation procédurale de l'article 2 est une obligation distincte. Elle peut donner lieu à un constat d'« ingérence » distincte et indépendante. Cette conclusion découle du fait que la Cour a toujours examiné la question des obligations procédurales séparément de la question du respect de l'obligation matérielle (constatant, le cas échéant, une violation distincte de l'article 2 en son volet procédural), et qu'en diverses occasions la violation de l'obligation procédurale a été alléguée en l'absence de grief relatif à l'aspect matériel de cette disposition (▪ CEDH, GC, 24 mars 2011, n° 23458/02, § 299).

10) Autonomie de l'obligation : aspects substantiels et procéduraux de l'article 2. Des obligations procédurales ont, dans divers contextes, été dégagées de la Convention lorsque cela a été perçu comme nécessaire pour garantir que les droits consacrés par cet instrument ne soient pas théoriques ou illusoires mais concrets et effectifs. Ainsi, l'obligation de mener une enquête effective au sujet d'un décès causé, notamment, par les forces de sécurité de l'État a pour ce motif été dégagée de l'article 2, qui garantit le droit à la vie (▪ CEDH, 27 juin 2000, n° 22277/93, *Ilhan c/ Turquie*, § 91). La Cour rappelle d'emblée que l'enquête que requiert l'article 2 sous son volet procédural ne constitue pas un mode de redressement d'une violation alléguée du droit à la vie qui a pu survenir avant la date critique. La violation alléguée de l'obligation procédurale a pour origine l'absence d'enquête effective ; l'obligation procédurale a son propre champ d'application et peut jouer indépendamment de l'obligation matérielle de l'article 2 (▪ CEDH, 9 avr. 2009, n° 71463/01, *Šilih c/ Solvénie*, §§ 158-159. ▪ CEDH, GC, 21 oct. 2013, nos 55508/07 et 29520/09, *Janowiec et a. c/ Russie*, § 142).

2° *Portée de l'obligation*

11) Origine de la violation de l'article 2. Bien que l'État ne soit pour rien dans le décès du proche des requérants, la Cour estime que les exigences procédurales élémentaires issues de l'article 2 s'appliquent avec autant de force à une enquête portant sur une agression potentiellement mortelle, que la victime soit décédée ou non. Lorsque ce sont des motifs raciaux qui sont à l'origine de l'agression, il importe particulièrement que l'enquête soit menée avec diligence et impartialité, eu égard à la nécessité de réaffirmer en permanence la condamnation du racisme par la société et de préserver la confiance des minorités dans la capacité des autorités à les protéger de la menace des violences racistes (■ CEDH, 26 juill. 2007, n° 55523/00, *Anguelova et Iliev c/ Bulgarie*, § 98). L'obligation procédurale de fournir une forme d'enquête officielle effective intervient lorsque des individus disparaissent dans des conditions où leur vie est en danger, et elle ne se limite pas aux affaires où il apparaît que la mort a été causée par un agent de l'État (■ CEDH, 18 sept. 2009, *Varnava et a. c/ Turquie*, § 136).

12) Obligation d'enquêter d'office. Savoir quelle forme d'enquête est de nature à permettre la mise en œuvre effective des lois internes permettant la protection du droit à la vie peut varier selon les circonstances. Toutefois, quelles que soient les modalités retenues, les autorités doivent agir d'office dès que la question est signalée à leur attention. Elles ne sauraient laisser à l'initiative des proches de la victime le dépôt d'une plainte formelle ou la responsabilité d'engager une procédure d'enquête (■ CEDH, 14 mars 2002, n° 46477/99, *Paul et Audrey Edwards c/ RU*, § 69).

13) Procédure d'enquête. L'obligation procédurale découlant de l'article 2 ou, le cas échéant, de l'article 3 de la Convention s'insère dans le cadre d'une procédure pénale, civile, administrative ou disciplinaire susceptible de mener à l'identification et à la punition des responsables ou à l'indemnisation de la partie lésée (■ CEDH, *Mc Cann et a. c/ RU*, préc., § 161). Cette définition a pour effet d'exclure les autres types de démarches pouvant être entreprises à d'autres fins, par exemple pour établir une vérité historique (■ CEDH, 21 oct. 2013, n°s 55508/07 et 29520/09, *Janowiec et a. c/ Russie*, § 143). Les procédures d'enquête d'un comité humanitaire portant sur des disparitions, auxquelles l'État en cause aurait participé, et qui concourent sans conteste au but humanitaire pour lequel elles ont été créées, ne répondent cependant pas en elles-mêmes à l'exigence d'enquête effective découlant de l'article 2 de la Convention, eu égard notamment à l'étroite portée (■ CEDH, 10 mai 2001, n° 25781/94, *Chypre c/ Turquie*, § 135).

14) Disparitions forcées – Spécificités. Il importe de différencier dans la jurisprudence de la Cour l'obligation d'enquêter sur un décès suspect et celle d'enquêter sur une disparition suspecte. Une disparition est un phénomène distinct, qui se caractérise par une situation où les proches sont confrontés de manière continue à l'incertitude et au manque d'explications et d'informations sur ce qui s'est passé, les éléments pertinents à cet égard pouvant parfois même être délibérément dissimulés ou obscurcis. Cette situation dure souvent très longtemps, prolongeant par là même le tourment des proches de la victime. Dès lors, on ne saurait ramener une disparition à un acte ou événement « instantané » ; l'élément distinctif supplémentaire que constitue le défaut ultérieur d'explications sur ce qu'il est advenu de la personne disparue et sur le lieu où elle se trouve engendre une situation continue. Par conséquent, l'obligation procédurale subsiste potentiellement tant que le sort de la personne concernée n'a pas été éclairci ; l'absence persistante de l'enquête requise sera considérée comme emportant une violation continue (■ CEDH, *Chypre c/ Turquie*, préc., § 136). Il en est ainsi même lorsque l'on peut finalement présumer que la victime est décédée (■ CEDH, *Varnava c/ Turquie*, préc., § 148).

15) Négligences médicales. Dans des affaires de négligence médicale, la Cour a considéré que l'obligation procédurale découlant de l'article 2, qui impose de mettre en place un système judiciaire effectif, est respectée si le système juridique ouvre aux victimes un recours civil soit seul, soit combiné avec un recours pénal, qui permette d'établir la responsabilité des médecins concernés et d'obtenir les réparations civiles appropriées. Elle a aussi admis que lorsque des membres de certaines professions sont impliqués, des mesures disciplinaires peuvent également être envisagées (V., entre autres, ■ CEDH, GC, 25 juin 2019, n° 41720/13. ■ CEDH, 25 juin 2019, n° 41720/13, n° 27524/09, *Nicolae Virgiliu Tănase c/ Roumanie*, § 159. ■ CEDH, GC, 16 nov. 2017, n° 27524/09. ■ CEDH, 16 nov. 2017, *Movsesyan c/ Arménie*, § 62, et la jurisprudence citée). La Cour rappelle que le choix des mesures destinées à assurer le respect des obligations positives découlant de l'article 2 de la Convention relève en principe de la marge d'appréciation des États contractants. Toutefois, pour que cette obligation soit respectée, il faut que les mécanismes de protection prévus en droit interne non seulement existent en théorie, mais aussi fonctionnent effectivement en pratique. Dans ce contexte, il est implicite que le système mis en place au niveau national pour déterminer la cause du décès d'individus se trouvant sous la responsabilité de professionnels de la santé doit être indépendant. Cela suppose non seulement une absence de lien hiérarchique ou institutionnel, mais aussi l'indépendance tant formelle que concrète à l'égard des personnes impliquées dans les événements de toutes les parties chargées d'apprécier les faits dans le cadre de la procédure devant conduire à établir la cause d'un décès. Cette exigence est particulièrement importante lorsqu'il s'agit de recueillir des expertises médicales, car il est très probable que les rapports des médecins experts pèsent d'un poids déterminant dans l'appréciation que fera le tribunal de questions hautement complexes de négligence médicale, ce qui leur confère un rôle particulièrement important dans la procédure (■ CEDH,

25 mars 2021, n° 77238/16, *Mehmood c/ Grèce*, §§ 61-63).

B – Caractères de l'enquête

16) Efficacité de l'enquête. Pour être efficaces, les enquêtes issues de l'obligation procédurale de l'article 2 doivent être susceptibles de conduire à l'identification et la punition des responsables des événements en cause (▪ CEDH, 2 sept. 1998, n° 63/1997/847/1054, *Yasa c/ Turquie*, § 74. ▪ CEDH, *Ogur c/ Turquie*, préc., § 88). Il ne saurait donc être satisfait à cette obligation par le simple octroi de dommages-intérêts (▪ CEDH, 19 févr. 1998, n° 22729/93, *Kaya c/ Turquie*, Recueil 1998-I, p. 329, § 105). En effet, si un recours fondé sur la responsabilité objective de l'État passait pour une voie de droit à épuiser au titre de griefs soulevés sur le terrain des articles 2 ou 13, l'obligation de l'État de rechercher le ou les coupables d'une agression mortelle pourrait s'en voir annihilée (▪ CEDH, *Yasa c/ Turquie*, préc., § 74). Sur la notion de procédure d'enquête, V. *supra*.

17) Examen complet, impartial et approfondi. Le droit national doit permettre de procéder à un examen complet, impartial et approfondi des circonstances dans lesquelles les homicides ont été commis. Tel est le cas lorsqu'une enquête judiciaire publique a été diligentée, au cours de laquelle les requérants ont bénéficié d'une représentation en justice et soixante-dix-neuf témoins ont déposé, la procédure d'une durée de dix-neuf jours ayant par ailleurs permis d'examiner en détail les circonstances des décès, comme le prouve le volumineux procès-verbal de l'enquête, consignant des mesures d'interrogatoire et contre-interrogatoire des témoins clés, notamment les militaires et policiers ayant participé à la préparation et à la conduite de l'opération anti-terroriste (▪ CEDH, *Mac Cann et a.*, préc., § 162). Ces exigences ne sont en revanche pas satisfaites lorsque le Procureur chargé de l'enquête s'est borné à relever des constatations sur le corps de la victime, à opérer une reconnaissance et dresser un croquis des lieux, à procéder à une reconstitution des faits et une audition de trois témoins, sans analyse balistique des douilles retrouvées sur le lieux de la mort ou interrogatoire des membres des forces de sécurité mêlés aux opérations. Le manquement aux obligations d'enquête est d'autant plus patent que l'instructeur, nommé par le préfet pour mener les enquêtes, était lieutenant-colonel de gendarmerie et, en cette qualité, dépendait de la même hiérarchie locale que les forces de sécurité sur lesquelles il menait son enquête (▪ CEDH, *Ogur c/ Turquie*, préc., §§ 89-91). Si le rejet d'une piste d'investigation qui s'impose de toute évidence compromet de façon décisive la capacité de l'enquête à établir les circonstances de l'affaire et l'identité des personnes responsables, il n'en demeure pas moins que la nature et le degré de l'examen répondant au critère minimum d'effectivité dépendent des circonstances de l'espèce. Ils s'apprécient à la lumière de l'ensemble des faits pertinents et eu égard aux réalités pratiques du travail d'enquête (▪ CEDH, GC, 24 mars 2011, n° 23458/02, *Guiliani et Gaggio c/ Italie*, § 302). D'une manière générale, pour qu'une enquête puisse passer pour effective, il faut que les institutions et les personnes qui en sont chargées soient indépendantes des personnes qu'elle vise. Cela suppose non seulement l'absence de lien hiérarchique ou institutionnel, mais aussi une indépendance concrète (▪ CEDH, 4 mai 2001, n° 37715/97, *Shanaghan c/ RU*, § 104. ▪ CEDH, GC, 7 juill. 2011, n° 55721/07, *Al-Seinki et a. c/ RU*, § 167). De plus, pour être effective, l'enquête doit permettre d'identifier et de sanctionner les responsables. Elle doit également être suffisamment vaste pour permettre aux autorités qui en sont chargées de prendre en considération non seulement les actes des agents de l'État qui ont eu directement et illégalement recours à la force, mais aussi l'ensemble des circonstances les ayant entourés. Toute carence de l'enquête affaiblissant sa capacité à établir les circonstances de l'affaire ou l'identité des responsables risque de faire conclure qu'elle ne répond pas à la norme d'effectivité requise (▪ CEDH, GC, 17 sept. 2014, *Mocanu et a. c/ Roumanie*, n°s 10865/09, 45886/07 et 32431/08, § 320-322). Comme pour l'article 3, l'effectivité de l'enquête implique qu'elle doit être approfondie, ce qui signifie que les autorités doivent toujours s'efforcer sérieusement de découvrir ce qui s'est passé et qu'elles ne doivent pas s'appuyer sur des conclusions hâtives ou mal fondées pour clore l'enquête (même arrêt, § 325). À cet égard, elles doivent avoir pris les mesures raisonnables dont elles disposaient pour assurer l'obtention des preuves relatives aux faits en question, y compris, entre autres, les dépositions des témoins oculaires, des expertises et, le cas échéant, une autopsie propre à fournir un compte rendu complet et précis des blessures et une analyse objective des constatations cliniques, notamment de la cause du décès (▪ CEDH, 4 mai 2000, n° 28883/95, *Mac Keer c/ RU*, § 113).

18) Détermination du nombre des victimes. En temps normal, l'établissement précis du nombre et de la qualité des victimes d'un recours à la force létale est un élément essentiel à l'effectivité de toute enquête portant sur des événements ayant fait un nombre important de victimes. En l'espèce, le procureur général a tenu compte des écarts que présentaient les conclusions des différents rapports à cet égard, des différences de mode de calcul entre les uns et les autres et des éléments de preuve disponibles, y compris les données vidéo, et il a conclu que la frappe avait vraisemblablement fait une cinquantaine de morts et de blessés, et que parmi ces victimes, il y avait bien plus de combattants talibans que de civils. La Cour est disposée à admettre qu'il n'était pas possible d'obtenir des données plus précises dans les conditions qui prévalaient sur place – la frappe aérienne avait eu lieu de nuit dans une zone de combat actif, la population locale avait retiré les corps du site quelques heures seulement après les faits – et il était difficile de recourir à des techniques forensiques modernes compte tenu des mœurs sociales et religieuses de la population afghane. En toute hypothèse, elle observe que le nombre précis de victimes civiles était sans incidence sur l'appréciation juridique de la responsabilité pénale du colonel K., qui portait principalement sur l'appréciation subjective que l'intéressé avait faite de la situation lorsqu'il avait ordonné la frappe aérienne. Compte tenu de ces circonstances particulières, la Cour considère que le fait que les autorités n'aient pas établi précisément le nombre et la qualité des victimes de la frappe aérienne ne s'analyse pas en une carence susceptible de rendre l'enquête non conforme aux exigences de la Convention.

19) Célérité et diligences raisonnables. Une exigence de célérité et de diligence raisonnable est également implicite dans l'obligation procédurale issue de l'article 2. Il est essentiel que les investigations soient menées à bref délai lorsque survient un décès dans une situation controversée, car l'écoulement du temps érode inévitablement la quantité et la qualité des preuves disponibles, et l'apparence d'un manque de diligence jette un doute sur la bonne foi des investigations menées et fait perdurer l'épreuve que traverse la famille du défunt (▪ CEDH, *Seidova c/ Bulgari*, préc., § 51). S'il peut arriver que des obstacles ou difficultés empêchent une enquête de progresser dans une situation particulière, il reste que la prompte ouverture d'une enquête par les autorités lorsqu'il a été fait usage de la force meurtrière peut, d'une manière générale, être considérée comme capitale pour maintenir la confiance du public et son adhésion à l'État de droit et pour prévenir toute apparence de tolérance d'actes illégaux ou de collusion dans leur perpétration (▪ CEDH, *Paul et Audrey Edwards c/ Royaume-Uni*, préc., § 72). L'enjeu politique et social invoqué par le Gouvernement relativement aux évènements de Timisoara ne saurait justifier la durée excessivement longue de l'enquête (plus de 8 ans avec une inactivité marquée du parquet de 6 ans). Au contraire, son importance pour la société roumaine aurait dû inciter les autorités internes à traiter le dossier promptement et sans retards inutiles afin de prévenir toute apparence de tolérance des actes illégaux ou de collusion dans leur perpétration (▪ CEDH, 8 déc. 2009, n° 22465/03, *Sandru et a. c/ Roumanie*, § 79). Dans le même sens, relativement à une enquête visant à établir les responsables pour l'ensemble de la répression armée qui s'est déroulée pendant les derniers jours de décembre 1989, dans plusieurs villes de Roumanie, à l'exception de Timişoara, Cluj et Sibiu qui faisaient l'objet d'enquêtes séparées (▪ CEDH, 24 mai 2011, n°s 33810/07 et 18817/08, *Association 21 décembre 1989 et a. c/ Roumanie*, § 142). La Cour souligne l'importance du droit des victimes et de leurs familles et ayants droit de connaître la vérité sur les circonstances d'événements impliquant la violation massive de droits aussi fondamentaux que le droit à la vie, qui implique le droit à une enquête judiciaire effective et l'éventuel droit à la réparation. Pour cette raison, dans le cas de l'usage massif de la force meurtrière à l'encontre de la population civile lors de manifestations antigouvernementales précédant la transition d'un régime totalitaire vers un régime plus démocratique, elle ne peut pas accepter qu'une enquête soit effective lorsqu'elle s'achève par l'effet de la prescription de la responsabilité pénale, alors que ce sont les autorités elles-mêmes qui sont restées inactives (même arrêt, § 144).

20) Participation des proches à la procédure. Le public doit avoir un droit de regard suffisant sur l'enquête ou sur ses conclusions, de sorte qu'il puisse y avoir mise en cause de la responsabilité tant en pratique qu'en théorie. Le degré requis de contrôle du public peut varier d'une situation à l'autre. Dans tous les cas, les proches de la victime doivent être associés à la procédure dans la mesure nécessaire à la protection de leurs intérêts légitimes (▪ CEDH, *Séidova*, préc., § 52). À cet égard, ils ne sauraient être totalement privés d'accéder aux documents du dossier de l'enquête (▪ CEDH, 20 mai 1992, n° 21594/93, *Ogur c/ Turquie*, § 92). De même, pour ce qui est de l'article 3 de la Convention, la victime doit être en mesure de participer effectivement à l'enquête (▪ CEDH, GC, *Monacu et a. c/ Roumanie*, préc., § 324).

21) Recours juridictionnel. La Cour rappelle que l'obligation procédurale découlant de l'article 2 de la Convention n'impose pas forcément d'instaurer un contrôle juridictionnel des décisions d'enquête (▪ CEDH, GC, 16 févr. 2021, n° 4871/16, *Hanan c/ Allemagne*, § 220). Lorsque tel est le cas, et que la Cour observe d'abord que l'irrecevabilité de la demande était conforme à la jurisprudence bien établie des juridictions internes et, ensuite, que la cour d'appel a bel et bien procédé à un examen approfondi des éléments mentionnés par le requérant, aucun grief ne peut être avancé (même arrêt).

C – Obligation de coopération

22) L'obligation procédurale issue de la protection du droit à la vie peut conduire la Cour à examiner si des autorités Belges sollicitées en vue de la remise d'une personne poursuivie en Espagne pour meurtre, ont apporté une demande appropriée à la demande de coopération (■ CEDH, 7 juill. 2019, n° 8351/17, Romeo Castano, § 82 : F. Sudre, *Droit de la Convention européenne des droits de l'homme : JCP* G 2020, n° 1-2, doctr. 40). À cet égard, la Cour souligne que, du point de vue de la Convention, un risque de traitement inhumain et dégradant de la personne dont la remise est demandée, à cause des conditions de détention en Espagne, peut constituer un motif légitime pour refuser l'exécution du MAE, et donc pour refuser la coopération avec l'Espagne. Encore faut-il, vu la présence de droits de tiers, que le constat d'un tel risque repose sur des bases factuelles suffisantes (préc., § 85) et que l'examen effectué par les juridictions belges lors des procédures de remise soit assez complet pour considérer le motif invoqué comme reposant sur une base factuelle suffisante (préc., § 90). Toutefois le présent arrêt ne saurait être interprété comme réduisant l'obligation des États de ne pas extrader une personne vers un pays qui demande son extradition lorsqu'il y a des motifs sérieux de croire que l'intéressé, si on l'extrade vers ce pays, y courra un risque réel d'être soumis à un traitement contraire à l'article 3 (préc. § 92).

III – COMPÉTENCE TEMPORELLE DE LA COUR

23) Compétence *ratione temporis* de la Cour. L'enquête que requiert l'article 2 sous son volet procédural ne constitue pas un mode de redressement d'une violation alléguée du droit à la vie qui a pu survenir avant la date critique. La violation alléguée de l'obligation procédurale a pour origine l'absence d'enquête effective ; l'obligation procédurale a son propre champ d'application et peut jouer indépendamment de l'obligation matérielle de l'article 2 (■ CEDH, 9 avr. 2009, n° 71463/01, *Šilih c/ Solvénie*, § 159. *Janowiec et a. c/ Russie*, préc., § 142). Dès lors, la compétence temporelle de la Cour englobe les actes et omissions de nature procédurale qui sont survenus ou auraient dû survenir après l'entrée en vigueur de la Convention à l'égard de l'État défendeur (arrêts préc.).

24) Appréciation de la compétence temporelle de la Cour : critère du lien véritable. Dans le cas d'un décès survenu avant la date d'entrée en vigueur de la Convention, seuls les actes et/ou omissions de nature procédurale postérieurs à cette date peuvent relever de la compétence temporelle de la Cour. En outre, pour que les obligations procédurales imposées par l'article 2 deviennent applicables, il doit exister un lien véritable entre le décès et l'entrée en vigueur de la Convention à l'égard de l'État défendeur. Ainsi, il doit être établi qu'une part importante des mesures procédurales requises par cette disposition – non seulement une enquête effective sur le décès de la personne concernée, mais aussi le déclenchement d'une procédure adéquate visant à déterminer la cause du décès et à obliger les responsables à répondre de leurs actes ont été ou auraient dû être mises en œuvre après la date critique. La Cour n'exclut pas, toutefois, que dans certaines circonstances ce lien puisse également reposer sur la nécessité de vérifier que les garanties offertes par la Convention et les valeurs qui la sous-tendent sont protégées de manière réelle et effective (■ CEDH, *Silih c/ Slovénie*, préc., §§ 162-163). Comp. pour qu'un « lien véritable » puisse être établi, qui justifierait la compétence temporelle de la Cour, il doit être satisfait aux deux critères : le délai entre le décès en tant que fait générateur et l'entrée en vigueur de la Convention doit avoir été relativement bref, et la majeure partie de l'enquête doit avoir été conduite, ou aurait dû l'être, après l'entrée en vigueur (■ CEDH, *Janowiec et a. c/ Russie*, préc., § 148).

25) Appréciation de la compétence temporelle de la Cour : critère des « valeurs de la Convention ». La Cour admet qu'il peut exister des situations extraordinaires ne satisfaisant pas au critère du « lien véritable », mais où la nécessité de protéger de manière réelle et effective les garanties offertes par la Convention et les valeurs qui la sous-tendent constitue un fondement suffisant pour reconnaître l'existence d'un lien justifiant sa compétence. Le renvoi aux valeurs qui sous-tendent la Convention signifie que l'existence du lien requis peut être constatée si le fait générateur revêt une dimension plus large qu'une infraction pénale ordinaire et constitue la négation des fondements mêmes de la Convention. Tel serait le cas de graves crimes de droit international tels que les crimes de guerre, le génocide ou les crimes contre l'humanité, conformément aux définitions qu'en donnent les instruments internationaux pertinents. La Cour considère néanmoins que le critère des « valeurs de la Convention » ne peut pas s'appliquer à des événements antérieurs à l'adoption de la Convention, le 4 novembre 1950, car c'est seulement à cette date que celle-ci a commencé à exister en tant qu'instrument international de protection des droits de l'Homme. Dès lors, la responsabilité sur le terrain de la Convention d'une Partie à celle-ci ne peut pas être engagée pour la non-réalisation d'une enquête sur un crime de droit international, fût-il le plus abominable, si celui-ci est antérieur à la Convention. Bien qu'elle soit sensible à l'argument selon lequel, même aujourd'hui, certains pays ont réussi à juger des responsables de crimes de guerre commis au cours de la Seconde Guerre mondiale, la Cour souligne la différence fondamentale qui existe entre la possibilité de poursuivre une personne pour un grave crime de droit international si les circonstances le permettent et l'obligation de le faire au regard de la Convention (▪ CEDH, *Janowiec et a. c/ Russie*, préc., §§ 149-151).

Art. 3 ***(Mod. à compter du 1er novembre 1998, Prot. n° 11, 11 mai 1994, art. 2-2 et ann. publié par D. n° 98-1055, 18 nov. 1998). – Interdiction de la torture.***

Nul ne peut être soumis à la torture ni à des peines ou traitements inhumains ou dégradants.

Bibliographie : G. Bechlivanou-Morea, *Rendre plus effectif le droit au maintien des liens familiaux : RSC* 2013, p. 137. • E. Bonis-Garçon, *La conformité des peines perpétuelles françaises à l'article 3 de la CEDH : Dr. pén.* 2015, comm. 15 ; *Peines perpétuelles et prohibition des traitements inhumains et dégradants : Dr. pén.* 2015, comm. 61 ; *Réexamen des peines perpétuelles et prohibition des traitements inhumains et dégradants : Dr. pén.* 2016, comm. 182. • N. Colette-Basecqz et O. Nederlandt, *L'arrêt pilote W.D. c/ Belgique sonne-t-il le glas de la détention des internés dans les annexes psychiatriques des prisons ? : RTDH* 2018, p. 213. • J.-P. Céré, *Le détenu malade : le traitement du droit européen : AJ Pénal* 2010, p. 32 ; *La Cour européenne des droits de l'Homme et la protection des droits des détenus : RPDP* 2009, 369. • J.-P. Céré et D. de Béchillon, *Le contrôle du placement à l'isolement. Une nouvelle étape dans la formation du droit pénitentiaire : RPDP* 2003, p. 389. • P. Darbéda, *Détenus en surnombre ? À propos de la recommandation du 30 septembre 1999 du Conseil de l'Europe : RSC* 2000, 443. • B. Ecochard, *L'émergence d'un droit à des conditions de détention décentes garanti par l'article 3 de la CEDH : RFDA* 2003, p. 99. • J. Portier, *L'acquis jurisprudentiel de la CEDH dans les fouilles à corps en milieu carcéral : AJDA* 2019, p. 1738. • L. Robert, *Enfants de « djihadistes » retenus en Syrie : vers une obligation de rapatriement en droit européen des droits de l'homme : RTDH* 2019-120, p. 779. • F. Sudre, *L'article 3 bis de la Convention européenne des droits de l'Homme : le droit à des conditions de détention conformes au respect de la dignité humaines, Mélanges G. Cohen-Jonathan*, Bruxelles, Bruylant, 2004, p. 1499.

• Sommaire

1) Caractère absolu de l'interdiction. L'article 3 consacre l'une des valeurs fondamentales des sociétés démocratiques. Même dans les circonstances les plus difficiles, telle la lutte contre le terrorisme et le crime organisé, la Convention prohibe en termes absolus la torture et les peines ou traitements inhumains ou dégradants. L'article 3 ne prévoit pas de restrictions, en quoi il contraste avec la majorité des clauses normatives de la Convention et des Protocoles nos 1 et 4 (P1, P4), et d'après l'article 15 § 2 (art. 15-2) il ne souffre nulle dérogation, même en cas de danger public menaçant la vie de la nation (▪ CEDH, 18 déc. 1996, *Aksoy c/ Turquie*, Recueil des arrêts et décisions 1996-VI, § 62. ▪ CEDH, 18 janv. 1978, *Irlande c/ Royaume-Uni*, § 161 *in fine*, série A, n° 25, § 163. ▪ CEDH, GC, 28 févr. 2008, *Saadi c/ Italie*, § 127 : *JCP* 2008, I, 167, obs. F. Sudre ; *RSC* 2008, p. 692, note J.-P. Marguenaud). Même dans les circonstances les plus difficiles, telle la lutte contre le terrorisme et le crime organisé, la Convention prohibe en termes absolus la torture et les peines et traitements inhumains ou dégradants, quel que soit le comportement de la personne concernée. La nature de l'infraction qui était reprochée au requérant est donc dépourvue de pertinence pour l'examen sous l'angle de l'article 3 (▪ CEDH, gde ch., 1er juin 2010, *Gafgen c/ Allemagne*, § 87 : *JurisData* n° 2010-024148 ; *JCP G* 2010, act. p. 701 et 1300 ; *Dr. pén.* 2001, n° 4, chron. 3, obs. E. Dreyer. ▪ CEDH, 15 nov. 1996, *Chahal c/ Royaume-Uni*, § 79, Recueil des arrêts et décisions 1996-V).

I – INTERDICTION DES MAUVAIS TRAITEMENTS

2) Gravité minimale. Pour tomber sous le coup de l'article 3 de la Convention, un mauvais traitement doit atteindre un minimum de gravité. L'appréciation de ce minimum est relative ; elle dépend de l'ensemble des données de la cause, notamment de la durée du traitement et de ses effets physiques et mentaux ainsi que, parfois, du sexe, de l'âge et de l'état de santé de la victime. En outre, en recherchant si un traitement est « dégradant » au sens de l'article 3, la Cour examinera si le but était d'humilier et de rabaisser l'intéressé et si, considérée dans ses effets, la mesure a ou non atteint la personnalité de celui-ci de manière incompatible avec l'article 3. Même l'absence d'un tel but ne saurait exclure de façon définitive un constat de violation de l'article 3 (▪ CEDH, 16 déc. 1999, n° 24888/94, *V. c/ RU*, § 71. ▪ CEDH, 24 juill. 2001, n° 44558/98, *Valasinas c/ Litanie*, § 101. ▪ CEDH, 19 avr. 2001, n° 28524/95, *Peers c/ Grèce*, § 74). La mort par lapidation, la flagellation et le fouet, qui sont les peines prescrites par le droit iranien pour réprimer l'adultère, doivent être considérés comme des formes de traitements prohibés par l'article 3 de la Convention (▪ CEDH, 11 juill. 2000, n° 40035/98, *Jabarri c/ Turquie*, § 35).

3) Traitements inhumains et dégradants. Pour qu'une peine ou le traitement dont elle s'accompagne puissent être qualifiés d'« inhumains » ou de « dégradants », la souffrance ou l'humiliation doivent en tout cas aller au-delà de celles que comporte inévitablement une forme donnée de traitement ou de peine légitimes (▪ CEDH, 6 avr. 2000, n° 26772/95, *Labita c/ Italie* [GC], § 120. ▪ CEDH, GC, 28 févr. 2008, n° 37201/06, *Saadi c/ Italie*, § 135). L'individu peut être humilié par le simple fait qu'on le condamne au pénal. Cependant, ce qui importe aux fins de l'article 3 (art. 3) est qu'il soit humilié non par sa seule condamnation, mais par l'exécution de sa peine. Tel peut être, dans la plupart des cas sinon dans tous, l'un des effets du châtiment judiciaire qui entraîne la soumission forcée aux exigences du système pénal (▪ CEDH, 25 avr. 1978, n° 5856/72, *Yurer c/ RU*, § 30). Les peines judiciaires corporelles impliquent, par nature, qu'un être humain se livre à des violences physiques sur l'un de ses semblables. En outre, il s'agit de violences institutionnalisées, en l'occurrence autorisées par la loi, prescrites par les organes judiciaires de l'État et infligées par sa police. Ainsi, quoique le requérant n'ait pas subi de lésions physiques graves ou durables, son châtiment, consistant à le traiter en objet aux mains de la puissance publique, a porté atteinte à ce dont la protection figure précisément parmi les buts principaux de l'article 3 (art. 3) : la dignité et l'intégrité physique de la personne. On ne saurait davantage exclure que la peine ait entraîné des séquelles psychologiques néfastes (même arrêt, § 33). Si le retrait des stupéfiants de l'estomac du requérant par l'administration d'un émétique pouvait passer pour une nécessité médicale, étant donné que l'intéressé risquait de mourir d'une intoxication, la façon dont l'intervention a été pratiquée (usage de la force de manière à lui poser alors une sonde nasogastrique pour vaincre sa résistance physique et mentale, acte d'intrusion physique supplémentaire contre sa volonté puisqu'on lui a injecté un autre émétique) a été douloureuse et angoissante. Les autorités ont de ce fait porté gravement atteinte à l'intégrité physique et mentale du requérant, contre son gré. Elles l'ont forcé à vomir, non pas pour des raisons thérapeutiques mais pour recueillir des éléments de preuve qu'elles auraient également pu obtenir par des méthodes moins intrusives. La façon dont la mesure litigieuse a été exécutée était de nature à inspirer au requérant des sentiments de peur, d'angoisse et d'infériorité propres à l'humilier et à l'avilir. En outre, elle a comporté des risques pour la santé de l'intéressé, en particulier en raison du manquement à procéder préalablement à une anamnèse adéquate. Bien que ce ne fût pas délibéré, la façon dont l'intervention a été pratiquée a également occasionné au requérant des douleurs physiques et des souffrances mentales. L'intéressé a donc été soumis à un traitement inhumain et dégradant contraire à l'article 3 (▪ CEDH, GC, 11 juill. 2006, n° 54810/00, *Jalloh c/ Allemagne*, § 82).

4) Qualification de torture. Pour déterminer si une forme donnée de mauvais traitements doit être qualifiée de torture, la Cour doit avoir égard à la distinction que l'article 3 opère entre cette notion et celle de traitements inhumains ou dégradants. Cette distinction paraît avoir été consacrée par la Convention pour marquer d'une spéciale infamie des traitements inhumains délibérés provoquant de fort graves et cruelles souffrances. Outre la gravité des traitements, la notion de torture suppose un élément intentionnel, reconnu dans la Convention contre la torture et autres peines ou traitements cruels, inhumains ou dégradants des Nations unies, entrée en vigueur le 26 juin 1987, qui précise que le terme de « torture » s'entend de l'infliction intentionnelle d'une douleur ou de souffrances aiguës aux fins notamment d'obtenir des renseignements, de punir ou d'intimider (▪ CEDH, GC, 12 déc. 2012, n° 39630/09, *El-Masri c/ L'ex-République Yougoslave de la Macédoine*, § 196. ▪ CEDH, 27 juin 2000, n° 21986/93, *Salman c/ Turquie*, § 114). L'opération de remise du requérant aux mains de la CIA au cours de laquelle il a été déshabillé par la force, soumis à l'encapuchonnement et s'est vu administrer de force et sans aucune explication un suppositoire alors que celui-ci était maintenu au sol constitue un acte de torture (même arrêt, § 205-2011). Des actes de violence physique et mentale commis sur la personne provoquant des douleurs et des souffrances « aiguës » et revêtant un caractère particulièrement grave et cruel doivent être regardés comme des actes de torture au sens de l'article 3 de la Convention. Tel est le cas lorsque, outre les coups portés sur le requérant, celui-ci a été tiré par les cheveux ; a dû courir dans un couloir le long duquel des policiers se plaçaient pour le faire trébucher ; a été mis à genoux devant une jeune femme à qui il fut déclaré « Tiens, tu vas entendre quelqu'un chanter » ; qu'un policier lui a ultérieurement présenté son sexe en lui disant « Tiens, suce-le » avant de lui uriner dessus et qu'il a été menacé avec un chalumeau puis avec une seringue (▪ CEDH, 28 juill. 1999, n° 25803/94, *Selmouni c/ France*, § 103). Sont constitutifs de tortures le recours à la falaka et les coups portés sur la poitrineayant conduit à la fracture du sternum (▪ CEDH, *Salman c/ Turquie*, préc., § 110-117). Il en va de même de la « pendaison palestinienne », pratique selon laquelle le requérant s'est vu ôter tous ses vêtements et lié les mains dans le dos, puis suspendu par les bras. Ce traitement ne peut avoir été infligé que délibérément, sa réalisation exigeant une dose de préparation et d'entraînement. En outre, il apparaît avoir été administré dans le but d'obtenir du requérant des aveux ou des informations, ce qui, hormis les graves souffrances qu'il doit avoir causées à l'intéressé à l'époque, a conduit à la paralysie des deux bras ayant mis un certain temps avant de disparaître (▪ CEDH, 18 déc. 1996, n° 21987/93, *Aksoy c/ Turquie*, § 64).

5) **Standard probatoire.** Pour l'établissement des faits allégués, la Cour se sert du critère de la preuve « au-delà de tout doute raisonnable », une telle preuve pouvant néanmoins résulter d'un faisceau d'indices, ou de présomptions non réfutées, suffisamment graves, précis et concordants (▪ CEDH, 18 janv. 1978, *Irlande c/ Royaume-Uni*, § 161 *in fine*, série A, n° 25. ▪ CEDH, GC, 6 avr. 2000, n° 26772/95, *Labita c/ Italie*, § 121. ▪ CEDH, GC, 23 févr. 2012, n° 29226/03, *Creangă c/ Roumanie*, § 88). Un « doute raisonnable » n'est pas un doute fondé sur une possibilité purement théorique ou suscité pour éviter une conclusion désagréable ; c'est un doute dont les raisons peuvent être tirées des faits présentés (▪ CEDH, 12 avr. 2005, n° 36378/02, *Chamaïev et a. c/ Georgie et Russie*, § 338).

6) **Effet horizontal de l'article 3.** L'article 3 de la Convention consacre l'une des valeurs fondamentales des sociétés démocratiques et, à ce titre, prohibe en termes absolus la torture et les peines et les traitements inhumains et dégradants. Il astreint les autorités des États contractants non seulement à s'abstenir de provoquer de telles mesures, mais à prendre des mesures propres à empêcher que lesdites personnes ne soient soumises à des tortures ou à des traitements inhumains ou dégradants, même administrés par des particuliers (▪ CEDH, 23 sept. 1998, *A c/ R.-U.*, § 22, Recueil des arrêts et décisions-IV. ▪ CEDH, 4 déc.2003, n° 39272/98, *MC c/ Bulgarie*, § 149. ▪ CEDH, 20 oct. 2011, n° 25001/07, *Stasi c/ France*, § 77). Entraîne la violation de l'article 3 le fait pour les autorités, faute de s'être coordonnées et d'avoir transféré le requérant dans un lieu de détention sûr, de l'avoir exposé pendant plusieurs années à un risque de mauvais traitement de la part des codétenus (▪ CEDH, 29 oct. 2013, n° 11160/07, *D.F. c/ Lettonie*, § 93-95).

7) **Intensité de l'obligation de protection des victimes de mauvais traitement.** L'article 3 peut, dans certaines circonstances, imposer à l'État de prendre des mesures concrètes pour protéger les victimes avérées ou potentielles de mauvais traitements. Il faut toutefois interpréter cette obligation positive de manière à ne pas imposer aux autorités un fardeau insupportable ou excessif, eu égard à l'imprévisibilité du comportement humain et aux choix opérationnels à faire en termes de priorités et de ressources. Dès lors, tout risque de mauvais traitement n'oblige pas les autorités, au regard de la Convention, à prendre des mesures concrètes pour en prévenir la réalisation. Cependant, les mesures requises doivent au moins permettre une protection efficace, notamment des enfants et autres personnes vulnérables, et inclure des mesures raisonnables pour empêcher des mauvais traitements dont les autorités avaient ou auraient dû avoir connaissance. Pour que l'on puisse parler d'une obligation positive, il doit dès lors être établi que les autorités avaient ou auraient dû avoir connaissance à l'époque de l'existence d'un risque réel et immédiat pour un individu identifié de subir des mauvais traitements du fait des actes criminels d'un tiers et qu'elles sont restées en défaut de prendre, dans le cadre de leurs pouvoirs, des mesures qui auraient raisonnablement pu être réputées de nature à éviter ce risque (▪ CEDH, GC, 2 févr. 2021, req. n° 22457/16, *X et a. c/ Bulgarie*, §§ 181-183).

II – APPLICATIONS SUBSTANTIELLES DE L'ARTICLE 3

A – Violences policières

8) **Appréciation de la violence.** Lorsque des procédures internes ont été menées, il n'appartient pas à la Cour de substituer sa propre version des faits à celle des autorités internes qui doivent

établir les faits sur la base des preuves recueillies par elles. Si les constatations de celles-ci ne lient pas la Cour, laquelle demeure libre de se livrer à sa propre évaluation à la lumière de l'ensemble des matériaux dont elle dispose, elle ne s'écartera normalement des constatations de fait des juges nationaux que si elle est en possession de données convaincantes à cet effet (▪ CEDH 2011, gr. ch., n° 23458/02, § 180, *Klaas c/ Allemagne*, 22 sept. 1993, § 29, série A, n° 269, et *Giuliani et Gaggio c/ Italie* (extraits)). Toutefois, lorsque la Cour note que le tribunal correctionnel a jugé, par une décision devenue définitive, que le requérant avait pu légitimement se croire agressé à son domicile et qu'il avait agi en état de légitime défense, elle ne peut retenir la thèse du Gouvernement selon laquelle le requérant aurait sciemment agressé les forces de l'ordre ce qui ne ressort que des affirmations des policiers impliqués dans les faits litigieux et mis en cause, à l'exclusion de tout autre élément de la procédure. Et ce d'autant moins que les éléments de preuve dont elle dispose ne permettent pas à la Cour de déterminer si, après qu'il eut compris qu'il s'agissait des forces de l'ordre, le requérant a persisté à se rebeller ou non. La Cour constate par ailleurs, qu'il n'a pas été poursuivi pour des faits de rébellion et que les gestes accomplis par plusieurs policiers casqués et protégés par des boucliers ont été particulièrement violents. La Cour observe, en effet, que les policiers ont décrit ainsi le mode opératoire utilisé pour interpeller le requérant (paragraphes 12 et 30 ci-dessus) : percussion au niveau du visage, utilisation de la force jusqu'à la mise au sol, retournement et plaquage sur le ventre au moyen de pressions des genoux et des coudes exercées au niveau du cou, du dos et des jambes du requérant puis menottage dans le dos. Ces éléments ajoutés aux multiples fractures et hématomes constatés sur l'ensemble du corps du requérant attestent de l'intensité de la force physique dont il a été fait usage à son encontre (▪ CEDH, 30 avr. 2020, req. n° 43207/16, *Castellani c/ France*, § 65).

9) Caractère proportionné de la violence. Lorsqu'un individu est privé de sa liberté ou, plus généralement, se trouve confronté à des agents des forces de l'ordre, l'utilisation à son égard de la force physique alors qu'elle n'est pas rendue strictement nécessaire par son comportement porte atteinte à la dignité humaine et constitue, en principe, une violation du droit garanti par l'article 3 de la Convention (▪ CEDH, 3 oct. 2013, n° 16705/10, *Douet c/ France*, § 28). S'agissant en particulier de l'usage de la force au cours d'une arrestation, la Cour doit rechercher si la force utilisée était strictement nécessaire et proportionnée et si l'État doit être tenu pour responsable des blessures infligées. Pour répondre à cette question, elle doit prendre en compte les blessures occasionnées et les circonstances dans lesquelles elles l'ont été. De plus, il incombe normalement au Gouvernement d'apporter des preuves pertinentes démontrant que le recours à la force était à la fois proportionné et nécessaire (même arrêt, § 30). Attestent du caractère disproportionné de la force physique employée contre un suspect alors qu'il n'opposait pas de résistance active à son arrestation, des certificats médicaux produits par le requérant faisant état de nombreuses lésions, le fait que le médecin qui a ausculté l'intéressé après son arrestation a déclaré son état incompatible avec une mesure de garde à vue sans examen complémentaire et soins adaptés, le fait qu'une incapacité totale de travail de cinq jours a été retenue, et qu'une fracture du coude gauche et un arrachement osseux de l'épicondyle médial de l'humérus ont par la suite été diagnostiqués, les blessures n'étant toujours pas consolidées, plus de sept mois après les faits (▪ CEDH, *Douet c/ France*, préc., § 37). Si la Cour n'estime pas devoir examiner le système et les modalités de la garde à vue en France, ni en l'occurrence la durée et la fréquence des interrogatoires du requérant, il lui suffit de noter que les certificats et rapports médicaux, établis en toute indépendance par des praticiens, attestent de l'intensité et de la multiplicité des coups qui lui ont été portés ; il y a là deux éléments assez sérieux pour conférer à ce traitement un caractère inhumain et dégradant. Les nécessités de l'enquête et les indéniables difficultés de la lutte contre la criminalité, notamment en matière de terrorisme, ne sauraient conduire à limiter la protection due à l'intégrité physique de la personne (▪ CEDH, 27 août 1992, n° 12850/87, *Tomasi c/ France*, § 115).

10) Preuve du caractère non nécessaire des violences. Face, d'une part, aux incohérences qui frappent le récit des circonstances litigieuses par les requérants et, d'autre part, du caractère satisfaisant des explications fournies par le Gouvernement s'agissant de leurs blessures et eu égard aux conclusions auxquelles sont unanimement parvenues les autorités nationales au terme des investigations effectives menées au plan interne, la Cour estime qu'elle n'est pas en position, au vu des éléments dont elle dispose, de se départir des appréciations factuelles des juridictions nationales selon lesquelles les requérants n'ont pas été victimes, lors de leur interpellation et de leur garde à vue, d'un usage de la force non strictement nécessaire (▪ CEDH, 18 févr. 2021, n°s 60324/15 et 60335/15, *PM et FF c/ France*, § 88).

B – Violences domestiques

11) Bien que les femmes constituent la grande majorité des victimes de violences domestiques en Russie, les autorités russes n'ont pas mis en place à ce jour de mesures générales visant à lutter contre ce traitement discriminatoire et à protéger les femmes contre ce type de maltraitances. Non seulement de telles violences continuent d'être sous-déclarées et sous-enregistrées, mais les femmes ne bénéficient pas d'un égal accès à la justice puisque la majorité des cas de violence domestique relève de simples « poursuites privées » qui aboutissent rarement. En tolérant pendant des années un climat propice à la violence domestique, la Russie a manqué à son obligation mettre en place les conditions d'une véritable égalité des sexes qui permettrait aux femmes de ne pas craindre de subir de mauvais traitements (▪ CEDH, 9 juill. 2019, n° 41261/17, *Volodina c/ Russie* : *JurisData* n° 2019-014388 ; *JCP* G 2019, act. 872, obs. H. Surrel).

12) Cyberviolence. La cyberviolence est actuellement reconnue comme un aspect de la violence à l'encontre des femmes et des filles et peut se présenter sous diverses formes dont les violations informatiques de la vie privée, l'intrusion dans l'ordinateur de la victime et la prise, le partage et la manipulation des données et des images, y compris des données intimes. Dans le contexte de la violence domestique, la cybersurveillance est souvent le fait des partenaires intimes. La Cour accepte donc l'argument de la requérante selon lequel des actes tels que surveiller, accéder à ou sauvegarder sans droit la correspondance du conjoint peuvent être pris en compte lorsque les autorités nationales enquêtent sur des faits de violence domestique (▪ CEDH, 11 févr. 2020, n° 56867/15, *Buturugă c/ Roumanie*, § 74 : F. Sudre, *Prendre en compte la violence conjugale sous toutes ses formes* : *JCP* G 2020, n° 9, p. 242).

C – Détenus

13) Niveau de souffrance inhérent à la détention et obligations positives des États. La Cour a toujours souligné que la souffrance et l'humiliation infligées au titre de l'article 3 doivent aller au-delà de celles que comporte inévitablement une forme donnée de traitement ou de peine légitimes. Les mesures privatives de liberté s'accompagnent ordinairement de pareilles souffrance et humiliation. L'article 3 impose donc à l'État de s'assurer que tout prisonnier est détenu dans des conditions qui sont compatibles avec le respect de la dignité humaine, que les modalités d'exécution de la mesure ne soumettent pas l'intéressé à une détresse ou à une épreuve d'une intensité qui excède le niveau inévitable de souffrance inhérent à la détention et que, eu égard aux exigences pratiques de l'emprisonnement, la santé et le bien-être du prisonnier sont assurés de manière adéquate (▪ CEDH, 26 oct. 2000, n° 30210/96, *Kudła c/ Pologne* [GC], §§ 92-94 : Rec. CEDH 2000-XI. ▪ CEDH, *Valasinas c/ Lituanie*, préc., § 102). Les mesures privatives de liberté impliquent habituellement pour un détenu certains inconvénients. Toutefois, la Cour rappelle que l'incarcération ne fait pas perdre à un détenu le bénéfice des droits garantis par la Convention. Au contraire, dans certains cas, la personne incarcérée peut avoir besoin d'une protection accrue en raison de la vulnérabilité de sa situation et parce qu'elle se trouve entièrement sous la responsabilité de l'État. Dans ce contexte, l'article 3 fait peser sur les autorités une obligation positive qui consiste à s'assurer que tout prisonnier est détenu dans des conditions qui sont compatibles avec le respect de la dignité humaine, que les modalités d'exécution de la mesure ne soumettent pas l'intéressé à une détresse ou à une épreuve d'une intensité qui excède le niveau inévitable de souffrance inhérent à la détention et que, eu égard aux exigences pratiques de l'emprisonnement, la santé et le bien-être du prisonnier sont assurés de manière adéquate (▪ CEDH, 14 sept. 2010, n° 37186/03, *Florea c/ Roumanie*, § 50).

14) Âge des détenus. Si aucune disposition de la Convention n'interdit en tant que telle la détention au-delà d'un certain âge, la Cour a déjà eu l'occasion d'indiquer que, dans certaines conditions, le maintien en détention pour une période prolongée d'une personne d'un âge avancé pourrait poser problème sous l'angle de l'article 3 de la Convention. Cependant, il convient dans chaque cas d'avoir égard aux circonstances particulières de l'espèce. En particulier, le fait que le détenu ait plus de 90 ans ne constitue pas en tant que telle une violation de l'article 3, si par ailleurs, en dépit des problèmes de santé liés à son âge avancé, son état général est qualifié par le corps médical de « bon », avec « une conscience et une lucidité parfaites », et qu'il ne montre aucun signe de dépendance (▪ CEDH, 7 juin 2001, n° 64666/01, *Papon c/ France*).

1° Conditions matérielles de la détention

15) Problèmes structurels des prisons françaises : recommandations européennes. La Cour a conclu à la violation de l'article 3 de la Convention en raison des conditions matérielles dans lesquelles les requérants ont été détenus, et en particulier en raison du manque d'espace personnel dont ils ont disposé. Elle observe à cet égard que la prolongation du moratoire sur l'encellulement individuel ne permet pas d'augurer des perspectives d'amélioration immédiates. La Cour a également constaté que les référés administratifs ne pouvaient être considérés, à l'heure actuelle, comme des recours permettant de faire cesser ou d'améliorer, de manière effective des traitements contraires à l'article 3 de la Convention. Elle a relevé que le Gouvernement ne contestait pas la suroccupation des établissements concernés qui, comme l'indique le CGLPL, est un facteur d'aggravation de conditions de détention matérielles indignes. Par voie de conséquence, il y a un lien direct entre la surpopulation carcérale et la violation de l'article 13 de la Convention également. Dans les affaires examinées, la Cour a ainsi pu constater que l'exécution des décisions du juge administratif se heurte à un phénomène structurel, attesté par les requêtes, les statistiques, les nombreux rapports nationaux et internationaux ainsi que par les tierces interventions. Dans ce contexte, la Cour recommande à l'État défendeur d'envisager l'adoption de mesures générales. D'une part, de telles mesures devraient être prises afin de garantir aux détenus des conditions de détention conformes à l'article 3 de la Convention. Cette mise en conformité devrait comporter la résorption définitive de la surpopulation carcérale. Ces mesures pourraient concerner la refonte du mode de calcul de la capacité des établissements pénitentiaires, et l'amélioration du respect de cette capacité d'accueil. La Cour note également que la loi de programmation 2018-2022 comporte des dispositions de politique pénale et pénitentiaire qui pourraient avoir un impact positif sur la réduction du nombre de personnes incarcérées. Par ailleurs, devrait être établi un recours préventif permettant aux détenus, de manière effective, en combinaison avec le recours indemnitaire de redresser la situation dont ils sont victimes et d'empêcher la continuation d'une violation alléguée. (▪ CEDH, 30 janv. 2020, n° 9671/15 et 31 autres, *J.M.B et a. c/ France*, § 315 : B. Pasta-Belda, *La surpopulation carcérale enfin condamnée à Strasbourg : JCP G* 2020, n° 6, p. 154 ; C. Roux, *Prisons françaises et CEDH : les référés passés en préventive : Dr. adm.* 2020, n° 3, alerte 31 ; J.-M. Pastor, *Prisons indignes et référés inefficaces : La France sommée de revoir ses règles : AJDA* 2020, p. 263).

16) Impact du faible montant de la réparation sur l'effectivité du recours compensatoire consécutif à des conditions de détention indignes. La Cour doit apprécier l'effectivité du recours indemnitaire en tenant compte à la fois du montant de la réparation accordée et de l'impact de la mise à la charge du requérant des frais d'expertise. S'agissant, d'une part, de l'indemnisation allouée au requérant en réparation du préjudice moral subi à raison de quatre mois de détention dans des conditions indignes, le tribunal administratif en a fixé le montant à 500 €. Compte tenu de la nature de son contrôle de cassation qui laisse, « en l'absence de dénaturation », cette question de fait à l'appréciation souveraine des juges du fond, le Conseil d'État n'a pas remis en cause le montant de l'indemnité fixé par le tribunal administratif qui, en dépit de sa faiblesse, ne s'éloignait pas suffisamment des standards d'indemnisation d'un préjudice moral alors en vigueur devant la juridiction administrative pour caractériser une dénaturation de nature à entraîner la cassation, sur ce point, du jugement de première instance. La Cour constate que ce montant se situe dans la moyenne de ce qu'octroyaient habituellement les juridictions administratives françaises à l'époque des faits. Elle relève l'extrême modicité de cette somme, ainsi d'ailleurs que la rapporteure publique dans les conclusions devant le Conseil d'État, qui est inférieure à celle qui serait accordée aujourd'hui dans le cadre du barème progressif consacré par la décision du Conseil d'État du 3 décembre 2018), et la circonstance qu'elle ne représente qu'un très faible pourcentage de celle qu'elle aurait pu octroyer dans des circonstances similaires. S'agissant, d'autre part, de la mise à la charge du requérant des frais d'expertise, la Cour rappelle le principe selon lequel les règles en matière de frais de procédure ne doivent pas faire peser un fardeau excessif sur le détenu dont l'action est fondée et considère que tel a été le cas en l'espèce. La Cour note à cet égard que, postérieurement à la décision du 2 décembre 2015, le Conseil d'État a jugé qu'il résulte de l'article 24 de la loi du 10 juillet 1991 et de l'article R. 761-1 du Code de justice administrative précités que, lorsque la partie perdante bénéficie de l'aide juridictionnelle totale, ce qui était le cas du requérant, et hors le cas où le juge décide de faire usage de la faculté que lui ouvre l'article R. 761-1 du Code de justice administrative, en présence de circonstances particulières, de mettre les dépens à la charge d'une autre partie, les frais d'expertise incombent à l'État. Dans ces conditions et alors même qu'au regard du principe de subsidiarité, les juridictions nationales sont les mieux placées pour apprécier concrètement les conditions de détention des personnes détenues et pour fixer le montant de l'indemnité octroyée pour réparer le préjudice moral résultant de conditions attentatoires à la dignité humaine, la Cour considère que, dans les circonstances particulières de l'espèce, le résultat auquel a abouti l'action engagée par le requérant qui l'a placé en situation, compte tenu tant de la faiblesse du montant de l'indemnisation allouée que de la mise à sa charge des frais d'expertise, de devoir à l'État une somme de 273,57 € après qu'eut été caractérisée l'existence d'un préjudice moral subi du fait de conditions de détention attentatoires à sa dignité a privé le recours qu'il a exercé de son effectivité (▪ CEDH, 19 nov. 2020, n° 25338/16, Barbotin, §§ 57-58).

17) Conditions d'hygiène. Constitue un traitement dégradant le fait que pendant deux mois au moins, le requérant a dû passer une grande partie de la journée sur son lit, dans une cellule dépourvue de fenêtres et de système d'aération, où la chaleur devenait quelquefois insupportable ; et que lui-même et son compagnon de cellule devaient utiliser les toilettes en présence l'un de l'autre. Ces conditions de détention litigieuses ont porté atteinte à la dignité du requérant et ont provoqué chez lui des sentiments de désespoir et d'infériorité propres à l'humilier et à le rabaisser, voire à briser sa résistance physique et morale (▪ CEDH, 19 avr. 2001, n° 28524/95, *Peers c/ Grèce*, § 75). La surpopulation et l'insalubrité extrêmes, et leurs effets préjudiciables sur la santé et le bien-être de l'intéressé, combinées avec la durée de la période de détention s'analysent en un traitement dégradant. C'est ainsi qu'emporte violation de l'article 3 et constitue un traitement dégradant contraire à l'article 3 l'encellulement dans une pièce dépourvue d'aération adéquate, occupée par un nombre excessif de détenus qui étaient apparemment autorisés à fumer à l'intérieur, infestée de parasites ayant entraîné plusieurs maladies de peau et infections fongiques, avec installations sanitaires sales et délabrées, n'offrant aucune intimité réelle (▪ CEDH, 15 juill. 2002, n° 47095/99, *Kalchnikov c/ Russie*, § 98-103). L'accès, au moment voulu, à des toilettes convenables et le maintien de bonnes conditions d'hygiène sont des éléments essentiels d'un environnement humain de sorte que les détenus doivent jouir d'un accès facile aux installations sanitaires et protégeant leur intimité. Tel n'est pas le cas de toilettes se situant dans la cellule, sans cloison, avec pour seules séparations un muret et, en l'absence de réparation de la porte, un rideau que le requérant et son compagnon de cellule devaient utiliser en présence l'un de l'autre, en l'absence d'intimité, étant précisé que le lit était situé à 90 cm de celles-ci. L'effet cumulé de la promiscuité et des manquements relevés aux règles d'hygiène ont provoqué chez le requérant des sentiments de désespoir et d'infériorité propres à l'humilier et à le rabaisser et doivent être qualifiés de traitements dégradants (▪ CEDH, 25 avr. 2013, n° 40119/09, *Canali c/ France*, § 52-53). A atteint le seuil de gravité posé par l'article 3 l'encellulement pendant 60 jours sans toilettes ni eau courante. Si les parties ne sont pas d'accord sur la question de savoir si le requérant avait, pendant la journée, accès libre aux toilettes dans le couloir de la prison, elles s'accordent à dire qu'en tout cas, pendant la nuit, le requérant ne disposait que d'un seau hygiénique pour satisfaire ses besoins naturels. Quoiqu'il en soit, l'utilisation dans les cellules d'un seau hygiénique a déjà été considérée par la Cour comme inacceptable (▪ CEDH, 25 nov. 2014, n° 64682/12, *Vasilescu c/ Belgique*, § 103).

18) Espace de vie – Cadre interprétatif. Dans les affaires où le surpeuplement n'est pas important au point de soulever à lui seul un problème sous l'angle de l'article 3, la Cour considère que d'autres aspects des conditions de détention sont à prendre en considération dans l'examen du respect de cette disposition. Parmi ces éléments figurent la possibilité d'utiliser les toilettes de manière privée, l'aération disponible, l'accès à la lumière et à l'air naturels, la qualité du chauffage et le respect des exigences sanitaires de base. Lorsqu'un détenu dispose dans la cellule d'un espace personnel compris entre 3 et 4 m², le facteur spatial demeure un élément de poids dans l'appréciation du caractère adéquat ou non des conditions de détention. En revanche lorsqu'un détenu dispose de plus de 4 m² d'espace personnel, ce facteur, en lui-même, ne pose pas de problème au regard de l'article 3 de la Convention (▪ CEDH, 30 janv. 2020, n° 9671/15 et 31 autres, *J.M.B et a. c/ France*, § 256). Eu égard à sa jurisprudence concernant l'espace personnel minimum dont les détenus doivent normalement pouvoir disposer, en vertu de laquelle une détention dans des conditions où le détenu dispose de moins de 3 mètres carrés d'espace personnel donne lieu à une forte présomption de violation de l'article 3 qui ne peut être renversée que si se trouvent réunis toute une série de facteurs atténuants, au nombre desquels figure la brièveté des périodes concernées, la Cour, eu égard à la longue durée (6 ans et demi) de la période ici en cause, estime que le requérant a traversé une épreuve d'une intensité qui excède le niveau inévitable de souffrance inhérent à la détention et qui s'analyse dès lors en un traitement dégradant, contraire à l'article 3 de la Convention (Comp. avec ▪ CEDH, 28 févr. 2012, n° 11463/09, *Samaras et a. c/ Grèce*, §§ 63-65, Muršić, préc., §§ 151-153 et *Nikitin et a. c/ Estonie*. ▪ CEDH, 29 janv. 2019, n°s 23226/16 et 6 autres, §§ 173, 178 et 188). Au demeurant, elle estime que l'absence de chauffage a constitué, en l'espèce, un facteur aggravant, vu l'inconfort, voire la détresse qu'elle a pu causer chez le requérant tout au long de sa détention à la prison de Porto (▪ CEDH, 20 oct. 2020, n° 33729/18, *Badulescu c/ Portugal*, § 31). La Cour a déjà dit à maintes reprises qu'elle ne peut pas donner une fois pour toutes la mesure chiffrée de l'espace personnel qui doit être octroyé à un détenu pour que ses conditions de détention puissent être jugées compatibles avec la Convention au regard de l'article 3. Elle considère en effet que plusieurs autres facteurs, tels que la durée de la privation de liberté, les possibilités d'exercice en plein air ou l'état de santé physique et mentale du détenu, jouent un rôle important dans l'appréciation des conditions de détention au regard des garanties de l'article 3. Néanmoins, l'exiguïté extrême dans une cellule de prison est un aspect particulièrement important qui doit être pris en compte afin d'établir si les conditions de détention litigieuses étaient « dégradantes » au sens de l'article 3 de la Convention. Dans bon nombre d'affaires où l'espace alloué au détenu dans une cellule collective était inférieur à 3 m², la Cour a jugé que la surpopulation était grave au point de justifier le constat d'une violation de l'article 3. D'autre part, dans les cas où il est apparu que les détenus disposaient chacun d'un espace personnel compris entre 3 et 4 m², la Cour a examiné le caractère suffisant ou insuffisant des autres aspects des conditions matérielles de détention du requérant pour se prononcer sur le respect de l'article 3. Elle n'a conclu à la violation de cette disposition que lorsque le manque d'espace s'accompagnait, dans un cas donné, d'autres déficiences dans les conditions matérielles de détention, concernant, notamment, l'accès à la cour de promenade et à l'air et à la lumière naturels, l'aération des locaux, le chauffage, la possibilité d'utiliser les toilettes dans l'intimité, le respect des normes sanitaires et hygiéniques de base (▪ CEDH, 20 oct. 2016, n° 7334/13, *Mursic c/ Croatie*, § 103). Lorsque la surpopulation carcérale atteint un certain niveau, le manque d'espace dans un établissement pénitentiaire peut constituer l'élément central à prendre en compte dans l'appréciation de la conformité d'une situation donnée à l'article 3 (▪ CEDH, 7 avr. 2005, n° 53254/99, *Karalevičius c/ Lituanie*, § 39). Ainsi, dès lors qu'elle a été confrontée à des cas de surpopulation sévère, la Cour a jugé que cet élément, à lui seul, suffit pour conclure à la violation de l'article 3 de la Convention (▪ CEDH, 10 janv. 2012, n°s 42525/07 et 60800/08, *Ananyev et a. c/ Russie* § 145 ; *Vasilescu c/ Belgique*, préc., § 100). En règle générale, bien que l'espace estimé souhaitable par le CPT pour les cellules collectives soit de 4 m², il s'agit de cas de figure où l'espace personnel accordé à un requérant était inférieur à 3 m². En revanche, dans des affaires où la surpopulation n'était pas importante au point de soulever à elle seule un problème sous l'angle de l'article 3, la Cour a noté que d'autres aspects des conditions de détention étaient à prendre en compte dans l'examen du respect de cette disposition. Parmi ces éléments figurent la possibilité d'utiliser les toilettes de manière privée, l'aération disponible, l'accès à la lumière et à l'air naturels, la qualité du chauffage et le respect des exigences sanitaires de base (▪ CEDH, 8 janv. 2013, n°s 43517/09, 46882/09, 55400/09, 57875/09, 61535/09, 35315/10 et 37818/10, *Torreggiani et a. c/ Italie*, §§ 67-69).

19) Espace de vie – Applications. Le manque d'espace sévère dont les sept requérants ont souffert pendant des périodes comprises entre quatorze mois et cinquante-quatre mois (espace personnel de 3 m² en raison du partage des cellules), qui représente en soi un traitement contraire à la Convention, est encore aggravé par d'autres traitements allégués par les intéressés. Le manque d'eau chaude dans les deux établissements pendant de longues périodes, qui a été reconnu par le Gouvernement, ainsi que l'éclairage et la ventilation insuffisants dans les cellules de la prison de Piacenza, sur lesquels le Gouvernement ne s'est pas exprimé, n'ont pas manqué d'engendrer chez les requérants une souffrance supplémentaire engendrant violation de l'article 3, bien que ces derniers éléments ne constituent pas en soi un traitement inhumain et dégradant (▪ CEDH, 8 janv. 2013, *Torreggiani et a. c/ Italie*, préc., § 77). Comp., même si chaque cellule de 12 à 13 m², sans tenir compte des sanitaires, accueillait quatre détenus, l'espace personnel de chacun restait dans les critères considérés comme admissibles par la Cour. Lorsqu'un détenu disposait, dans sa cellule, d'un espace personnel compris entre 3 m² et 4 m², le facteur spatial demeurait un élément de poids dans l'appréciation que fait la Cour du caractère adéquat ou non des conditions de détention. En pareil cas, elle conclura à la violation de l'article 3 de la Convention si le manque d'espace s'accompagne d'autres mauvaises conditions matérielles de détention, notamment d'un défaut d'accès à la cour de promenade ou à l'air et à la lumière naturels, d'une mauvaise aération, d'une température insuffisante ou trop élevée dans les locaux, d'une absence d'intimité aux toilettes ou de mauvaises conditions sanitaires et hygiéniques (▪ CEDH, 18 janv. 2018, n° 30030/15, *Koureas et a. c/ Grèce*, §§ 68-69). En ce qui concerne une période de 98 jours consécutifs, voire de 155 jours non consécutifs, au cours de laquelle le requérant disposait d'un espace personnel compris entre 3 m² et 4 m², la Cour estime qu'il s'agit d'une période non négligeable. Pour se prononcer sur le respect de l'article 3 de la Convention, la Cour doit donc examiner le caractère suffisant ou insuffisant des autres aspects des conditions matérielles de détention du requérant, afin de déterminer si ce manque d'espace s'accompagnait d'autres déficiences, notamment d'un défaut d'accès à la cour de promenade ou à l'air et à la lumière naturels, d'une mauvaise aération, d'une température insuffisante ou trop élevée dans les locaux, d'une absence d'intimité aux toilettes ou de mauvaises conditions sanitaires et hygiéniques (▪ CEDH, 24 nov. 2020, n° 31623/17, *Bardali c/ Suisse*, § 52 : *JCP* G 2020, 1391, obs. F. Sudre).

20) Mineurs. La détention d'un mineur de quinze ans dans une prison pour adultes, où il y a passé cinq années, sans conseil juridique pendant une période de six mois et demi, jugé pour une infraction passible de la peine de mort, l'ont placé dans une situation psychologique ayant conduit à plusieurs reprises à tenter de mettre fin à ses jours. En s'abstenant dans ces conditions de porter des soins médicaux nécessaires et adaptés, et des mesures propres à éviter de nouvelles tentatives de suicide, il ne fait aucun doute que le requérant a subi des traitements inhumains et dégradants (■ CEDH, 20 janv. 2009, n° 70337/01, *Guvec c/ Turquie*, § 99).

2° *Régime juridique de la détention*

• Fouilles corporelles

21) Applicabilité de l'article 3. Des conditions générales de détention – dans lesquelles s'inscrivent les modalités des fouilles imposées aux détenus – peuvent s'analyser en un traitement contraire à l'article 3 (V. par exemple, les arrêts Van der Ven et Lorsé précités, §§ 49 et 61 respectivement), tout comme une fouille corporelle isolée (V. les arrêts *Valašinas c/ Lituanie*, 24 juill. 2001, n° 44558/98 : Rec. CEDH 2001-VIII, et *Iwańczuk c/ Pologne*, 15 nov. 2001, n° 25196/94 ; V. aussi l'arrêt *Yankov c/ Bulgarie*, 11 déc. 2003, § 110).

Lorsqu'un individu soutient qu'il a subi un traitement inhumain ou dégradant à raison de fouilles auxquelles il a été soumis en détention, la Cour peut être amenée à examiner les modalités de celles-ci à l'aune du régime de privation de liberté dans lequel elles s'inscrivent, afin de prendre en compte les effets cumulatifs des conditions de détention subies par l'intéressé.

22) Fouille corporelle et dignité. La Cour n'a aucune difficulté à concevoir qu'un individu qui se trouve obligé de se soumettre à un traitement de cette nature se sente de ce seul fait atteint dans son intimité et sa dignité, tout particulièrement lorsque cela implique qu'il se dévêtisse devant autrui, et plus encore lorsqu'il lui faut adopter des postures embarrassantes. Un tel traitement n'est pourtant pas en soi illégitime : des fouilles corporelles, même intégrales, peuvent parfois se révéler nécessaires pour assurer la sécurité dans une prison – y compris celle du détenu lui-même –, défendre l'ordre ou prévenir les infractions pénales (■ CEDH, 4 févr. 2003, n° 50901/99, *Van der Ven c/ Pays-Bas*, § 60. ■ CEDH, 12 juin 2007, n° 70204/01, *Frérot c/ France*, § 38). Il n'en reste pas moins que les fouilles corporelles doivent, en sus d'être « nécessaires » pour parvenir à l'un de ces buts,être menées selon des « modalités adéquates », de manière à ce que le degré de souffrance ou d'humiliation subi par les détenus ne dépasse pas celui que comporte inévitablement cette forme de traitement légitime. À défaut, elles enfreignent l'article 3 de la Convention. Il va en outre de soi que plus importante est l'intrusion dans l'intimité du détenu fouillé à corps (notamment lorsque ces modalités incluent l'obligation de se dévêtir devant autrui, plus encore lorsque l'intéressé doit en sus prendre des postures embarrassantes), plus grande est la vigilance qui s'impose (■ CEDH, *Frérot c/ France*, préc.).

23) Fouilles systématiques. La pratique des fouilles à corps hebdomadaires à l'encontre du requérant qui était déjà soumis à un grand nombre de mesures de contrôle, imposée pendant une période d'environ trois ans et demi, alors qu'il n'y avait pour cela aucun impératif de sécurité convaincant porte atteinte à sa dignité humaine et a dû provoquer chez lui des sentiments d'angoisse et d'infériorité de nature à l'humilier et à le rabaisser (■ CEDH, 4 févr. 2003, n° 50901/99, *Van der Ven c/ Pays-Bas*, § 62). Les fouilles subies à Fresnes après chaque parloir, par des détenus se voyant systématiquement ordonner de « se pencher et tousser », sont contraires à l'article 3. En effet, les inspections anales pratiquées dans de telles conditions ne reposent comme il se doit sur aucun « impératif convaincant de sécurité », de défense de l'ordre ou de prévention des infractions pénales, mais sur la présomption que tout détenu revenant du parloir dissimule de tels objets ou substances dans les parties les plus intimes de son corps. La Cour comprend en conséquence que les détenus concernés, tel le requérant, aient le sentiment d'être de la sorte victimes de mesures arbitraires. Elle conçoit que ce sentiment soit accentué par le fait que le régime de la fouille des détenus en général, et des fouilles intégrales en particulier, d'une part est pour l'essentiel organisé par une instruction émanant de l'administration elle-même – la circulaire du 14 mars 1986 –, et d'autre part laisse au chef d'établissement un large pouvoir d'appréciation (■ CEDH, *Frérot c/ France*, préc., § 47). Des fouilles intégrales systématiques, non justifiées et non dictées par des impératifs de sécurité, peuvent créer chez les détenus le sentiment d'être victimes de mesures arbitraires. Le sentiment d'arbitraire, celui d'infériorité et l'angoisse qui y sont souvent associés, et celui d'une profonde atteinte à la dignité que provoque l'obligation de se déshabiller devant autrui et de se soumettre à une inspection anale visuelle, peuvent caractériser un degré d'humiliation dépassant celui, tolérable parce qu'inéluctable, que comporte inévitablement la fouille corporelle des détenus (■ CEDH, 9 juill. 2009, n° 39364/05, *Khider c/ France*, § 127).

24) Modalités des fouilles. Bien que déroulées sur une courte période, des fouilles pratiquées plusieurs fois par jours par des hommes cagoulés et soumises à enregistrement ont pu provoquer chez le requérant un sentiment d'arbitraire, d'infériorité et d'angoisse caractérisant un degré d'humiliation dépassant celui – tolérable parce que

ANNEXE 3

inéluctable – que comporte inévitablement la fouille corporelle des détenus (■ CEDH, 20 janv. 2011, n° 51246/08, *El Shennawy c/ France*, § 46).

25) Configuration des lieux. S'il est vrai que les fouilles corporelles devraient s'exécuter dans un lieu complètement à l'abri de tout risque potentiel d'exposition au regard de tiers, l'on ne saurait déduire de la seule configuration des lieux (cabine non close accessible à la vue de certains agents) que les fouilles qui y sont pratiquées impliquent un degré de souffrance ou d'humiliation dépassant l'inévitable. De surcroît et pour ce qui est plus particulièrement de la fouille litigieuse, il ne ressort du dossier aucune volonté d'humiliation, le requérant n'alléguant d'ailleurs pas avoir été victime de gardiens irrespectueux ou qui auraient fait preuve d'un comportement démontrant qu'ils poursuivaient le but de l'humilier (■ CEDH, 31 oct. 2013, n° 47229/12, *S. J. n° 2 c/ Luxembourg*, § 60).

• **Transfèrement**

26) Le transfert d'un détenu vers un autre établissement peut s'avérer nécessaire pour assurer la sécurité dans une prison et empêcher tout risque d'évasion (■ CEDH, *Khider c/ France*, préc., § 110). Il n'en demeure pas moins que les quatorze transfèrements du requérant sur sept années de détention n'apparaissaient plus au fil du temps justifiés par de tels impératifs ; et même s'ils ont eu lieu dans des prisons de la région parisienne, ils étaient de nature à créer chez lui un sentiment d'angoisse aigu quant à son adaptation dans les différents lieux de détention et la possibilité de continuer de recevoir les visites de sa famille et rendaient quasi impossible la mise en place d'un suivi médical cohérent sur le plan psychologique (même arrêt, § 111). Le profil, la dangerosité et le passé du requérant, qui a tenté plusieurs évasions et organisé celle de certains complices, justifie qu'il soit soumis à des transfèrements multiples (■ CEDH, 20 janv. 2011, n° 19606/08, *Payet c/ France*, § 57-64). Si les lourds antécédents judiciaires et disciplinaires du requérant et des motifs de sécurité ont effectivement pu motiver certains transferts, il n'en demeure pas moins qu'en l'espèce, les quarante-trois transferts du requérant sur une période de six ans n'apparaissent pas au fil du temps justifiés par de tels impératifs. La Cour observe en outre que la majorité des rapports psycho-sociaux et médicaux versés au dossier concordent pour dire que les changements répétés d'établissement imposés au requérant ont eu des conséquences très néfastes sur son bien-être psychique et étaient de nature à créer et à exacerber chez lui des sentiments d'angoisse aigus quant à son adaptation dans les différents lieux de détention rendant pendant longtemps quasi impossible la mise en place d'un suivi médical cohérent sur le plan psychologique. La Cour n'est pas convaincue qu'un juste équilibre ait été ménagé par les autorités pénitentiaires entre les impératifs de sécurité et l'exigence d'assurer au requérant des conditions humaines de détention (■ CEDH, 17 nov. 2015, *Bamouhammad c/ Belgique*, § 130-132).

• **Isolement**

27) Isolement total, interdiction. Un isolement sensoriel complet doublé d'un isolement social total peut détruire la personnalité et constitue une forme de traitement inhumain qui ne saurait se justifier par les exigences de la sécurité ou d'autres raisons (■ CEDH, GC, 8 juill. 2004, n° 48787/99, *Ilascu et a. c/ Moldova et Russie*, § 432).

28) Isolement total, caractérisation. Ne peut être considérée comme détenue en isolement total la personne qui certes n'a pas pu avoir pendant 6 ans des contacts qu'avec le personnel travaillant dans l'établissement pénitentiaire, où il est le seul détenu, mais disposant de livres, de journaux et d'un poste de radio. Si cette personne n'a pas non plus accès aux émissions télévisées ni au téléphone, elle communique en revanche avec l'extérieur par courrier et voit des médecins tous les jours, ainsi que ses avocats et des membres de sa famille une fois par semaine. Si la Cour prend note des recommandations du CPT selon lesquelles l'isolement social relatif du requérant ne devrait pas durer trop longtemps et les effets de cet isolement devraient être atténués par l'accès de l'intéressé à la télévision et aux communications téléphoniques avec ses avocats et ses proches parents, elle tient aussi compte des préoccupations du Gouvernement qui craint que le requérant puisse utiliser les communications avec l'extérieur pour reprendre contact avec des membres du mouvement armé séparatiste dont il était le chef. La Cour est également sensible aux inquiétudes du Gouvernement quant aux difficultés que poserait la protection de la vie du requérant dans une prison ordinaire, de sorte que les conditions de sa détention ne peuvent, en ces circonstances, être considérées comme contraires à l'article 3 de la Conv. EDH (■ CEDH, 12 mai 2005, n° 46221/99, *Ocalan c/ Turquie*, § 194-196).

29) Isolement partiel. En revanche, l'interdiction de contacts avec d'autres détenus pour des raisons de sécurité, de discipline et de protection ne constitue pas en elle-même une forme de peine ou de traitement inhumain (V. *Messina c/ Italie* (déc:), n° 25498/94 : Rec. CEDH 1999-V). Une mesure d'isolement, même si elle n'est pas totale, peut être contraire à l'article 3 dès lors qu'elle est de nature à conduire à une destruction de la personnalité. Tel est le cas lorsque le requérant poursuivi pour une infraction non violente a été placé dans une cellule faisait 7 m², avec un espace vital ne dépassant pas la moitié de cette surface, équipée d'un lit et de toilettes, mais sans lavabo, très mal éclairée, très sale et avec des rats, l'intéressé ayant par ailleurs été privé de tout contact avec d'autres détenus et de toute activité sociale, puisqu'il ne bénéficiait d'aucun accès à la promenade en plein air et n'a été autorisé à sortir de sa cellule que pour s'entretenir avec son avocat ou pour assister aux audiences qui se tenaient périodiquement, environ tous les mois (▪ CEDH, 9 oct. 2012, n° 24626/09, *X c/ Turquie*, § 42).

30) Effet cumulatif des mesures. Les conditions de détention du requérant, classé DPS dès le début de son incarcération, soumis à des transfèrements répétés d'établissements pénitentiaires, placé en régime d'isolement à long terme et faisant l'objet de fouilles corporelles intégrales régulières s'analysent, par leur effet combiné et répétitif, en un traitement inhumain et dégradant au sens de l'article 3 (▪ CEDH, *Khider c/ France*, préc., § 133).

• Port de menottes

31) L'utilisation de menottes et entraves et la surveillance d'au moins un agent de l'escorte lors des actes médicaux du détenu, au mépris de la déontologie, ne peut être acceptée que si elle est strictement nécessaire aux exigences de sécurité. Dans le cas contraire, pareilles contraintes et surveillances sont de nature à causer au requérant un sentiment d'arbitraire, d'infériorité et d'angoisse caractérisant un degré d'humiliation dépassant celui que comporte inévitablement les examens médicaux des détenus, et entraîne par voie de suite la violation de l'article 3 de la Convention (▪ CEDH, 26 mai 2011, n° 19868/08, *Duval c/ France*, § 52 : *Dr. pén.* 2012, chron. 3, obs. E. Dreyer ; *RSC* 2011, p. 707, obs. D. Roets).

• Perpétuité

32) Compatibilité avec l'article 3. Le prononcé d'une peine d'emprisonnement perpétuel à l'encontre d'un délinquant adulte n'est pas en soi prohibé par l'article 3 ou toute autre disposition de la Convention et ne se heurte pas à celle-ci. Les États contractants doivent rester libres d'infliger des peines perpétuelles aux adultes auteurs d'infractions particulièrement graves telles que l'assassinat : le faire n'est pas en soi prohibé par l'article 3 ni par aucune autre disposition de la Convention et n'est pas incompatible avec celle-ci. Parallèlement, la Cour a néanmoins estimé qu'infliger à un adulte une peine perpétuelle incompressible pouvait soulever une question sous l'angle de l'article 3 (▪ CEDH, GC, 12 févr. 2008, n° 21906/04, *Kafkaris c/ Chypre* : *JurisData* n° 2008-010468, §§ 96-97). Pour déterminer si dans un cas donné une peine perpétuelle peut passer pour incompressible, la Cour recherche si l'on peut dire qu'un détenu condamné à perpétuité a des chances d'être libéré. L'analyse de la jurisprudence de la Cour sur ce point révèle que là où le droit national offre la possibilité de revoir la peine perpétuelle dans le but de la commuer, de la suspendre ou d'y mettre fin ou encore de libérer le détenu sous condition, il est satisfait aux exigences de l'article 3 (même arrêt, § 98). La Cour rappelle avoir déjà dit qu'une peine perpétuelle incompressible est contraire à l'article 3 de la Convention (▪ CEDH, 12 févr. 2019, n° 33056/16, *Boltan c/ Turquie*, § 40).

33) Conditions temporelles du réexamen de la peine. La Cour considère qu'en ce qui concerne les peines perpétuelles l'article 3 doit être interprété comme exigeant qu'elles soient compressibles, c'est-à-dire soumises à un réexamen permettant aux autorités nationales de rechercher si, au cours de l'exécution de sa peine, le détenu a tellement évolué et progressé sur le chemin de l'amendement qu'aucun motif légitime d'ordre pénologique ne permet plus de justifier son maintien en détention. La Cour tient toutefois à souligner que, compte tenu de la marge d'appréciation qu'il faut accorder aux États contractants en matière de justice criminelle et de détermination des peines, elle n'a pas pour tâche de dicter la forme (administrative ou judiciaire) que doit prendre un tel réexamen. Pour la même raison, elle n'a pas à dire à quel moment ce réexamen doit intervenir. Cela étant, elle constate aussi qu'il se dégage des éléments de droit comparé et de droit international produits devant elle une nette tendance en faveur de l'instauration d'un mécanisme spécial garantissant un premier réexamen dans un délai de vingt-cinq ans au plus après l'imposition de la peine perpétuelle, puis des réexamens périodiques par la suite (▪ CEDH, GC, 9 juill. 2013, n°s 66069/09, 130/10 et 3896/10, *Vinter c/ R.-U.*, § 120).

34) Délais prévus par le droit français (art. 720-4, CPP). Le délai de trente ans prévu à l'article 720-4 du Code de procédure pénale se situe au-delà de la « tendance en faveur de l'instauration d'un mécanisme spécial garantissant un premier réexamen dans un délai de vingt-cinq ans au plus après l'imposition de la peine perpétuelle ». Toutefois, cette disposition prévoit que le relèvement de la période de sûreté en cause pourra être accordé si « le condamné a subi une incarcération d'une durée au moins égale à trente ans ». Ce libellé implique que la privation de liberté subie à compter du mandat de dépôt soit comptabilisée dans la durée d'incarcération. Il s'agit de l'application, *mutatis mutandis*, du principe édicté par l'article 716-4 du Code de procédure pénale (paragraphe 23 ci-dessus) selon lequel la détention provisoire subie au cours de la procédure est déduite de la peine privative de liberté prononcée. La Cour observe à cet égard qu'il n'est pas contesté par les parties que c'est donc en 2034, soit vingt-six ans après le prononcé de la peine perpétuelle par la cour d'assises le 2 octobre 2008, que le requérant pourra saisir le juge de l'application des peines d'une demande de relèvement de la décision spéciale de la cour d'assises de ne lui octroyer aucun aménagement de peine et se voir accorder, le cas échéant, une libération conditionnelle. Au regard de la marge d'appréciation des États en matière de justice criminelle et de détermination des peines, la Cour conclut que cette possibilité de réexamen de la réclusion à perpétuité est suffisante pour considérer que la peine prononcée contre le requérant est compressible aux fins de l'article 3 de la Convention (■ CEDH, 13 nov. 2014, n° 40014/10, *Bodein c/ France*, § 61).

35) Durée abstraitement excessive. Une période d'attente de quarante ans pour que les personnes condamnées à la réclusion criminelle à perpétuité sans possibilité de libération conditionnelle puissent espérer un réexamen de leur peine est une période nettement plus longue que le cadre maximal recommandé de vingt-cinq années établi à partir de considérations tirées du droit comparé et du droit international. Cette durée est, à elle seule, un élément suffisant pour conclure que la nouvelle procédure hongroise ne propose pas *de facto* une peine compressible, ce qui rend ce droit incompatible avec l'article 3 de la Convention (■ CEDH, 4 oct. 2016, n°s 37871/14 et 73986/14, *T.P. et A.T. c/ Hongrie, E. Bonis : Dr. pén.* 2016, n° 12, comm. 182).

36) Conditions substantielles du réexamen de la peine. Les impératifs de châtiment, de dissuasion, de protection du public et d'amendement figurent au nombre des motifs propres à justifier une détention. En matière de perpétuité, un grand nombre d'entre eux seront réunis au moment où la peine est prononcée. Cependant l'équilibre entre eux n'est pas forcément immuable, il pourra évoluer au cours de l'exécution de la peine. C'est seulement par un réexamen de la justification du maintien en détention à un stade approprié de l'exécution de la peine que ces facteurs ou évolutions peuvent être correctement appréciés (■ CEDH, *Vinter et a. c/ RU*, préc., § 111). Le réexamen exigé pour qu'une peine perpétuelle puisse être réputée compressible doit, en conséquence, permettre aux autorités nationales de rechercher si, au cours de l'exécution de sa peine, le détenu a tellement évolué et progressé sur le chemin de l'amendement qu'aucun motif légitime d'ordre pénologique ne permet plus de justifier son maintien en détention (même arrêt, § 119). Par conséquent, la possibilité pour un détenu purgeant une peine perpétuelle de bénéficier d'une grâce ou d'une mise en liberté pour des motifs d'humanité tenant à un mauvais état de santé, à une invalidité physique ou à un âge avancé ne correspond pas à ce que recouvre l'expression « perspective d'élargissement » employée dans l'arrêt Kafkaris. Une chambre de la Cour a jugé dans une affaire récente que l'appréciation doit reposer sur des critères objectifs et définis à l'avance. Le droit du détenu à un réexamen implique une appréciation concrète des informations pertinentes et le réexamen doit être entouré de garanties procédurales adéquates. Dans la mesure nécessaire pour que le détenu sache ce qu'il doit faire pour que sa libération puisse être envisagée et à quelles conditions, une motivation des décisions peut être requise, et il faut donc que le détenu ait accès à un contrôle juridictionnel pour faire remédier à tout défaut à cet égard. Enfin, pour apprécier si une peine perpétuelle est compressible *de facto*, il peut être utile de prendre en compte les données statistiques sur le mécanisme de recours antérieures au réexamen en question, notamment le nombre de personnes ayant obtenu une grâce (■ CEDH, GC, 26 avr. 2016, n° 10511/10, *Murray c/ Pays-Bas*, § 100). La Cour a récemment déclaré, dans le contexte de l'article 8 de la Convention, que « l'accent mis sur l'amendement et la réinsertion des détenus était à présent un élément que les États membres étaient tenus de prendre en compte dans l'élaboration de leurs politiques pénales ». Des considérations similaires doivent s'appliquer dans le contexte de l'article 3, eu égard au fait que le respect de la dignité humaine oblige les autorités pénitentiaires à œuvrer à la réinsertion des condamnés à perpétuité. Il s'ensuit que le réexamen requis d'une peine perpétuelle doit prendre en compte les progrès du détenu sur le chemin de l'amendement et déterminer si le détenu a fait des progrès tels qu'aucun motif légitime d'ordre pénologique ne justifie plus son maintien en détention (■ CEDH, *Vinter c/ RU*, préc., § 122). Partant, un réexamen de la peine limité à des motifs d'humanité ne saurait suffire (■ CEDH, GC, 17 janv. 2017, n° 57592/08, *Hutchinson c/ RU*, § 43 : *Dr. pén.* 2017, comm. 51, E. Bonis-Garçon).

37) Peine incompressible *de facto*. Dès lors que l'État n'offre au détenu aucun moyen de s'amender et de pouvoir ainsi bénéficier d'une remise en liberté, la peine perpétuelle doit être considérée *de facto* incompressible. En effet, le requérant n'ayant bénéficié d'aucun traitement et ses besoins et les possibilités en la matière n'ayant jamais été évalués, la Cour estime qu'au moment de l'introduction par lui de sa requête devant la Cour, aucun de ses recours en grâce n'était en pratique apte à mener à la conclusion qu'il avait fait des progrès tels sur la voie de l'amendement qu'aucun motif d'ordre pénologique ne justifiait plus son maintien en détention. Cette appréciation vaut aussi pour le premier, et en définitive unique, réexamen périodique de la peine perpétuelle du requérant qui fut effectué (▪ CEDH, *Murray c/ Pays-Bas*, préc., § 125).

38) Nature du mécanisme de révision. La Cour a souligné qu'elle n'a pas pour tâche de dicter la forme (administrative ou judiciaire) que le mécanisme de révision doit prendre, eu égard à la marge d'appréciation qu'il convient d'accorder aux États contractants en la matière (▪ CEDH, *Vinter et a. c/ RU*, préc., § 120). Il appartient donc à chaque État de décider si le réexamen des peines doit être conduit par le pouvoir exécutif ou par le pouvoir judiciaire (▪ CEDH, GC, *Hutchinson c/ RU*, préc., § 45).

39) Prévision du mécanisme de révision. Si le réexamen requis est un événement qui par définition ne peut avoir lieu que postérieurement au prononcé de la peine, un détenu condamné à la perpétuité réelle ne doit pas être obligé d'attendre d'avoir passé un nombre indéterminé d'années en prison avant de pouvoir se plaindre d'un défaut de conformité des conditions légales attachées à sa peine avec les exigences de l'article 3 en la matière. Cela serait contraire non seulement au principe de la sécurité juridique mais aussi aux principes généraux relatifs à la qualité de victime, au sens de ce terme tiré de l'article 34 de la Convention. De plus, dans le cas où la peine est incompressible en vertu du droit national à la date de son prononcé, il serait inconséquent d'attendre du détenu qu'il œuvre à sa propre réinsertion alors qu'il ne sait pas si, à une date future inconnue, un mécanisme permettant d'envisager son élargissement eu égard à ses efforts de réinsertion sera ou non instauré. Un détenu condamné à la perpétuité réelle a le droit de savoir, dès le début de sa peine, ce qu'il doit faire pour que sa libération soit envisagée et ce que sont les conditions applicables. Il a le droit, notamment, de connaître le moment où le réexamen de sa peine aura lieu ou pourra être sollicité. Dès lors, dans le cas où le droit national ne prévoit aucun mécanisme ni aucune possibilité de réexamen des peines de perpétuité réelle, l'incompatibilité avec l'article 3 en résultant prend naissance dès la date d'imposition de la peine perpétuelle et non à un stade ultérieur de la détention (▪ CEDH, GC, *Vinter c/ RU*, préc., § 122). Comp. ▪ CEDH, 3 févr. 2015, n° 57592/08, *Hutchinson c/ Royaume-Uni* : *JurisData* n° 2015-001654 ; *Dr. pén.* 2015, comm. 61, E. Bonis-Garçon, prenant en compte une clarification ultérieure de l'état du droit anglais pour conclure au respect de l'article 3 de la Conv. EDH. *Adde*, ▪ CEDH, GC, 17 janv. 2017, *Hutchinson c/ RU*, préc. : *Dr. pén.* 2017, comm. 51, E. Bonis-Garçon.

40) Grâce présidentielle. Un recours en grâce qui n'est qu'une mesure de faveur accordée de manière discrétionnaire par le Président de la République ne peut être considéré comme une mesure de révision (▪ CEDH, *Bodein c/ France*, préc., § 59).

41) Motifs humanitaires. La Cour rappelle avoir déjà jugé que la libération pour motifs humanitaires ne correspond pas à la notion de « perspective d'élargissement » pour des motifs légitimes d'ordre pénologique (▪ CEDH, gr. ch., *Vinter c/ RU*, § 129, préc. ▪ CEDH, 12 févr. 2019, *Boltan c/ Turquie*, § 41).

3° *Santé des détenus*

• Principes généraux

42) L'article 3 de la Convention impose à l'État l'obligation positive de s'assurer que tout prisonnier est détenu dans des conditions compatibles avec le respect de la dignité humaine et que les modalités d'exécution de la mesure ne le soumettent pas à une détresse ou une épreuve d'une intensité qui excède le niveau inévitable de souffrance inhérent à la détention. La souffrance due à une maladie qui survient naturellement, qu'elle soit physique ou mentale, peut en soi relever de l'article 3 de la Convention si elle se trouve ou risque de se trouver exacerbée par des conditions de détention dont les autorités peuvent être tenues pour responsables. La santé et le bien-être du prisonnier doivent être assurés de manière adéquate compte tenu des exigences pratiques de l'emprisonnement, notamment par l'administration des soins médicaux requis. Ainsi, la détention d'une personne malade dans des conditions matérielles et médicales inappropriées peut en principe constituer un traitement contraire à l'article 3 (▪ CEDH, 26 oct. 2000, n° 30210/96, *Kudla c/ Pologne*, §§ 93-94. ▪ CEDH, 5 mars 2013, n° 44084/10, *Gülay Çetin*, § 101. ▪ CEDH, 28 nov. 2017, n° 55089/13, *Doreneanu c/ Roumanie*, § 76. ▪ CEDH, 27 juin 2000, n° 22277/93, *Ilahn c/ Turquie*, § 87). Pour déterminer si la détention d'une personne malade est conforme à l'article 3 de la Convention, la Cour prend en considération trois éléments. Le premier élément est l'état de santé de l'intéressé et l'effet des modalités d'exécution de la détention sur son évolution. Les conditions de détention ne peuvent en aucun cas soumettre une personne privée de liberté à des sentiments de peur, d'angoisse et d'infériorité propres à l'humilier, à l'avilir et éventuellement à briser sa résistance physique et morale. Ainsi, la détention d'une personne malade dans des conditions matérielles et médicales inappropriées peut en principe constituer un traitement contraire à l'article 3 de la Convention. Le deuxième élément à prendre en considération est le caractère adéquat ou non des soins et traitements médicaux dispensés en détention. Il n'est pas suffisant que le détenu soit examiné et qu'un diagnostic soit établi ; il est primordial qu'une thérapie correspondant au diagnostic soit établie et une surveillance médicale adéquate soit également mise en œuvre. Le troisième et dernier élément est l'opportunité du maintien en détention de l'intéressé compte tenu de son état de santé. Certes, la Convention n'impose aucune « obligation générale » de libérer un détenu pour raisons de santé, même s'il souffre d'une maladie particulièrement difficile à soigner. Il n'en demeure pas moins que la Cour ne saurait exclure que, dans des conditions particulièrement graves, l'on puisse se trouver en présence de situations où une bonne administration de la justice pénale exige que des mesures de nature humanitaire soient prises (▪ CEDH, *Dorneanu c/ Roumanie*, préc., §§ 77-80). En général, la dégradation de la santé du détenu ne joue pas en soi un rôle déterminant quant au respect de l'article 3 de la Convention. La Cour doit examiner à chaque fois si la détérioration de l'état de santé de l'intéressé est imputable à des lacunes dans les soins médicaux dispensés (▪ CEDH, 12 juin 2008, n° 39780/06, *Kotsaftis c/ Grèce*, § 53. ▪ CEDH, 21 déc. 2010, n° 36435/07, *Raffray Tadei c/ France*, § 51).

• **Maladie mentale**

43) Capacité à se plaindre. Le fait que le requérant se trouve dans l'incapacité de se plaindre de sa détention en milieu pénitentiaire de façon claire et précise, en raison de l'insanité d'esprit qu'il présente, ne saurait justifier des conditions de détention inhumaines ou dégradantes. Admettre le contraire reviendrait à vider de son sens la notion de dignité humaine qui se trouve au cœur même de la Convention (▪ CEDH, 19 févr. 2019, n° 38704/11, *Gömi c/ Turquie*, § 85). Concernant les détenus atteints de maladie mentale, la Cour rappelle que pour apprécier si le traitement ou la sanction concernés étaient incompatibles avec les exigences de l'article 3, il faut tenir compte de leur vulnérabilité et de leur incapacité, dans certains cas à se plaindre de manière cohérente ou à se plaindre tout court des effets d'un traitement donné à une personne. Le traitement infligé à un malade mental peut se trouver incompatible avec les normes imposées par l'article 3 s'agissant de la protection de la dignité humaine, même si cette personne n'est pas en mesure, ou pas capable, d'indiquer les effets néfastes précis (▪ CEDH, 3 nov. 2011, n° 32010/07, *Cocaing c/ France*, § 57. ▪ CEDH, 3 avr. 2001, n° 27229/95, *Keenan c/ R.-U.*, § 113).

44) Illustrations. Il convient au sein de la vaste catégorie des maladies mentales, de distinguer celles, telle la psychose, qui comportent, pour les personnes qui en souffrent, des risques particulièrement élevés (▪ CEDH, *Cocaing c/ France*, préc., § 57). L'infliction d'une sanction disciplinaire lourde – dont 7 jours d'isolement dans un quartier disciplinaire et vingt-huit jours de détention supplémentaires – à un malade dont on connaissait la tendance suicidaire, laquelle s'est réalisée, faute de surveillance effective et de traitement adapté, constitue un traitement inhumain et dégradant au sens de l'article 3 (▪ CEDH, *Keenan c/ RU*, préc., § 116). Le maintien d'un détenu à l'EDS de Paifve sans espoir réaliste de changement et sans encadrement médical approprié à son trouble mental, pendant une période d'environ 13 ans doit, nonobstant les quelques consultations organisées pendant quelques périodes brèves à l'échelle de toute cette durée, être vu comme une épreuve particulièrement pénible l'ayant soumis à une détresse d'une intensité qui excède le niveau inévitable de souffrance inhérent à la détention (▪ CEDH, gr. ch., 31 janv. 2019, n° 18052/11, *Rooman c/ Belgique : JurisData* n° 2019-001637 ; *V. Peltier : Dr. pén.* 2019, comm. 78). L'encadrement des internés dans des annexes psychiatriques des prisons n'est pas suffisant à satisfaire aux obligations issues de l'article 3 de la Convention (▪ CEDH, 10 janv. 2013, n° 42418/09, *Claes c/ Belgique*, 99). Une prise en charge adéquate implique que le traitement thérapeutique soit réalisée dans une langue comprise par le détenu, surtout lorsque la seule langue parlée par l'intéressée est l'une des langues officielles du pays ; le recours tardif, et pour une courte durée, à un psychologue parlant ladite langue ne suffit pas à prémunir l'État contre la violation de l'article 3 (▪ CEDH, 18 juill. 2017, n° 18052/11, *Rooman c/ Belgique*, §§ 90-93). Si l'on ne peut en déduire une obligation générale de libérer un détenu pour des motifs de santé, l'article 3 de la Convention impose en tous les cas à l'État de protéger l'intégrité physique des personnes privées de liberté notamment par l'administration de soins médicaux requis (▪ CEDH, 11 juill. 2006, n° 33834/03, *Rivière c/ France*, § 62). Le maintien en détention d'une personne gravement atteinte de troubles mentaux, sans encadrement médical approprié, constitue une épreuve particulièrement pénible la soumettant à une détresse et à une épreuve d'une intensité qui excède le niveau évitable de souffrance inhérent à la détention (même arrêt, § 76). Le maintien d'un détenu atteint de maladie mentale dans une annexe psychiatrique sans espoir réaliste de changement, sans encadrement médical approprié et pendant une période significative constitue une épreuve particulièrement pénible l'ayant soumis à une détresse d'une intensité qui excède le niveau inévitable de souffrances inhérent à la détention (▪ CEDH, 6 sept. 2016, n° 73548/13, *W.D c/ Belgique*, § 114). À l'instar des affaires dont elle a déjà eu à connaître (V. notamment les quatre arrêts de principe *L.B. c/ Belgique, Claes, Dufoort et Swennen*, ainsi que les huit arrêts de suivi, *Van Meroye, Oukili, Caryn, Moreels, Gelaude, Saadouni, Plaisier, et Lankester*, et l'arrêt pilote *W.D. c/ Belgique*, tous précités), les requérants ont en l'espèce été détenus pendant plusieurs années dans les ailes psychiatriques de prisons ordinaires dans lesquelles ils n'ont pas bénéficié de soins et de traitements appropriés à leur état de santé mentale. Cette situation a eu pour effet de rompre le lien entre le motif de leur détention et le lieu et les conditions dans lesquelles la détention a eu lieu. Leur maintien en aile psychiatrique sans espoir réaliste d'un changement, sans encadrement médical approprié et pendant une période significative a également constitué une épreuve particulièrement pénible les ayant soumis à une détresse d'une intensité qui excède le niveau inévitable de souffrance inhérent à la détention (*W.D. c/ Belgique*, préc., § 114). La Cour observe par ailleurs que lors de sa dernière visite périodique en Belgique en 2017, le CPT a relevé que les ailes psychiatriques pénitentiaires souffraient toujours de ces problèmes systémiques bien connus (§ 114 ci-dessus). Partant, la Cour conclut qu'il y a eu violation des articles 3 et 5, paragraphe 1, de la Convention (▪ CEDH, 6 avr. 2021, n° 46130/14, *Venken et a. c/ Belgique*, §§ 168-171). Quelles que soient les entraves que le requérant ait pu lui-même provoquer par son comportement, elles ne dispensent pas l'État de ses obligations. La situation d'infériorité dans laquelle se trouvent les personnes souffrant de troubles mentaux exige une vigilance accrue dans le contrôle du respect de la convention ; il en est d'autant plus ainsi que la personne est placée en milieu carcéral (même arrêt, § 115). Les personnes souffrant de troubles mentaux pouvant avoir des difficultés à évaluer leur propre situation ou leurs propres besoins et être incapables d'indiquer de manière cohérente ou même d'indiquer tout court qu'elles ont besoin d'être soignées, l'État ne saurait se libérer de ses obligations en avançant que le requérant lui-même ne s'est pas soucié d'obtenir un traitement et qu'il a souhaité être transféré à un établissement où l'assistance psychiatrique était encore plus limitée (▪ CEDH, GC, 26 avr. 2016, n° 10511/10, *Murray c/ Pays-Bas*, § 124). Le placement en cellule disciplinaire d'une personne atteinte d'un trouble ancien de la personnalité, aggravé par sa polytoxicomanie, et ayant des tendances suicidaires ainsi que le maintien de cette mesure malgré l'aggravation préoccupante de son état psychique n'est pas compatible avec le niveau de traitement exigé à l'égard d'une personne atteinte de pareils troubles et emporte violation de l'article 3 de la Convention (▪ CEDH, 19 juill. 2012, n° 38447/09, *Ketreb c/ France*, §§ 112-116).

• **Handicap**

45) La détention d'une personne, atteinte de thalidomide, handicapée des quatre membres et souffrant également de problèmes rénaux, dans des conditions où elle souffre dangereusement du froid, risquant d'avoir des lésions cutanées en raison de la dureté et de l'inaccessibilité de son lit, et ne pouvant que très difficilement aller aux toilettes ou se laver constitue un traitement dégradant contraire à l'article 3 de la Convention, et ce même en l'absence d'intention d'humilier (▪ CEDH, 10 juill. 2001, n° 33394/96, *Price c/ RU*, § 30). La détention d'une personne atteinte de paraplégie, dans un établissement où elle ne peut se déplacer et en particulier quitter sa cellule par ses propres moyens constitue un traitement dégradant au sens de l'article 3 de la Convention, sans que l'intention d'humilier ou de rabaisser du requérant ne soit requise (▪ CEDH, 24 oct. 2006, n° 6253/03, *Vincent c/ France*, § 103). Constitue un traitement dégradant le fait d'incarcérer un individu doté d'un implant métallique dans la colonne vertébrale dans un centre pénitentiaire ordinaire non adapté aux personnes en fauteuil roulant, où le requérant a dû compter sur ses codétenus, ni formés ni qualifiés pour l'assister dans ses activités quotidiennes (▪ CEDH, 25 juin 2013, n° 6087/03, *Grimailovs c/ Lettonie*, §§ 131-137). Le grave handicap du détenu, souffrant d'incontinence anale et rénale, ne s'oppose pas à son maintien en détention. En revanche, le fait d'avoir continué à être détenu sans pouvoir bénéficier d'aucun traitement de rééducation, et dans un établissement où il ne peut prendre des douches que grâce à l'aide d'un codétenu, sont des circonstances qui ont soumis le requérant à une épreuve d'une intensité qui a dépassé le niveau inévitable de souffrances inhérentes à une privation de liberté et constitue un traitement dégradant prohibé par l'article 3 (▪ CEDH, 19 févr. 2015, n° 10401/12, *Helhal c/ France*, § 63). La personne souffrant de graves blessures au dos, de paraplégie et de troubles vésicaux et intestinaux, doit être détenue dans des conditions tenant compte de son handicap. S'analyse en un traitement inhumain et dégradant, la situation de dépendance forcée dans laquelle se trouvait le requérant vis-à-vis de ses codétenus et l'obligation de solliciter leur aide pour l'accomplissement de gestes liés à l'hygiène intime, cette position très inconfortable ayant eu des répercussions négatives sur son bien-être psychique et ayant nuit à ses relations avec les détenus contraints d'accomplir ces gestes pénibles contre leur gré. Il en va d'autant plus ainsi que les autorités ne lui avaient de surcroît pas fourni de lit médical ou autre équipement susceptible de lui offrir un minimum de confort, par exemple de matelas anti-escarres, ce qui avait aggravé encore la situation (▪ CEDH, 10 mai 2016, n° 78774/13, *Topekhin c/ Russie*, §§ 86-88). La Cour note que, selon les informations fournies au sujet de la présente affaire par la direction de la prison de Diavata au Gouvernement dans un document daté du 9 mai 2018, qui se trouve annexé aux observations de celui-ci, le requérant avait été placé dans un dortoir d'une superficie totale de 24 m², destiné aux personnes handicapées et équipé de 5 lits, d'un système de climatisation, de toilettes adaptées et d'une douche d'une superficie de 2 m², de sorte que la surface restante du dortoir était de 22 m². Selon les précisions apportées par la direction pénitentiaire dans ce même document, le requérant partageait le dortoir avec 4 autres détenus. Il résulte de ces indications que chaque détenu disposait d'environ 4,4 m² d'espace personnel. Faute de constats objectifs, la Cour ne peut pas se prononcer sur la plupart des allégations du requérant concernant les conditions relatives au chauffage, à l'eau chaude, à l'éclairage, à la propreté des dortoirs et à la fourniture des produits d'hygiène. Elle relève cependant que la prison de Diavata ne dispose pas de réfectoire et que les détenus sont obligés de prendre leurs repas dans leurs cellules, assis sur leurs lits. Par ailleurs, elle prend note des assertions du requérant, qui affirme qu'il n'avait pas accès à la cour de promenade, que celle-ci n'était pas adaptée aux besoins des personnes handicapées, que son alimentation n'était pas appropriée à son état de personne diabétique et qu'il devait partager sa cellule avec des fumeurs, malgré les prescriptions contraires des médecins. Or, ces allégations n'ont pas été démenties par le Gouvernement. Eu égard à ce qui précède, la Cour considère que les conditions de détention du requérant, compte tenu notamment du handicap de l'intéressé et de la durée de son incarcération, ont soumis ce dernier à une épreuve d'une intensité qui excédait le niveau inévitable de souffrance inhérent à la détention (▪ CEDH, 14 janv. 2021, n° 27025/13, *Kargakis c/ Grèce*, §§ 74-76).

• Accès aux soins dentaires

46) La Cour rappelle que, même si elle tient particulièrement compte des difficultés objectives auxquelles se heurtent les requérants lorsqu'il leur faut recueillir des preuves à l'appui de leurs allégations relatives à leurs conditions de détention, les intéressés doivent fournir un récit détaillé et cohérent des circonstances dont ils se plaignent. Elle n'ignore pas, par ailleurs, que la surpopulation pénitentiaire peut affecter la qualité des services au sein d'une prison. En l'espèce, toutefois, le requérant n'indique pas les dates auxquelles il aurait demandé à être vu par un dentiste ou aurait reçu des soins dentaires, et il n'explique pas en quoi les soins qui lui auraient été prodigués auraient été déficients. Au vu de ces constatations, la Cour estime que le grief du requérant tiré d'un manque d'accès à des soins dentaires n'est pas suffisamment étayé (▪ CEDH, 20 oct. 2020, n° 33729/18, *Badulescu c/ Portugal*).

• Grève de la faim

47) Conditions de l'alimentation forcée. L'article 3 de la Convention impose à l'État une obligation de protéger l'intégrité physique des personnes privées de liberté, notamment par l'administration des soins médicaux requis. Les personnes concernées n'en demeurent pas moins protégées par l'article 3, dont les exigences ne souffrent aucune dérogation. Une mesure dictée par une nécessité thérapeutique du point de vue des conceptions médicales établies ne saurait en principe passer pour inhumaine ou dégradante. Il en est ainsi, par exemple, de l'alimentation de force visant à sauver la vie d'un détenu qui refuse délibérément de s'alimenter. Il incombe pourtant à la Cour de s'assurer que la nécessité médicale a été démontrée de manière convaincante et que les garanties procédurales dont doit s'entourer la décision de procéder, par exemple, à une alimentation de force, existent et ont été respectées (▪ CEDH, 6 mars 2007, n° 7715/02). Viole l'article 3 de la Convention, l'alimentation forcée d'un détenu en grève de la faim, aucun élément médical n'indiquait notamment que la vie ou la santé du requérant étaient gravement en danger et il existait des raisons suffisantes de penser que l'alimentation de force visait en fait à décourager l'intéressé de poursuivre son action de protestation (▪ CEDH, 19 juin 2007, *Ciorap c/ République de Moldava*, § 89). Une décision d'alimentation forcée non mise à exécution n'entre pas en contradiction avec l'article 3 de la Convention dès lors que, à supposer même que cette décision eût été exécutée, au cas où le requérant n'aurait pas interrompu sa grève de la faim, aucun élément du dossier ne permet d'affirmer *a priori* que cela aurait donné lieu à des traitements dépassant le seuil minimum de gravité exigé par l'article 3 de la Convention (▪ CEDH, 26 mars 2013, n° 73175/10, *Rappaz c/ Suisse*, § 80).

48) Grève de la faim et isolement cellulaire. Le fait d'avoir placé le requérant, lequel avait entamé une grève de la faim depuis 3 semaines, avec les risques associés à cet état, par exemple la perte de conscience, en isolement cellulaire sans suivi médical et sur l'avis d'un infirmier qui, d'après le rapport établi par le CPT en 1994, n'avait reçu qu'une formation de base, s'analyse en un traitement dégradant contraire à l'article 3

Royaume-Uni, §§ 73-74. ▪ CEDH, 1er févr. 2018, n° 9373/15, *M. A. c/ France*, § 5).

56) **Appréciation du risque de mauvais traitements.** L'existence d'une situation générale de violence dans un pays donné (Afghanistan) dont la Cour ne peut que constater la réalité ne permet cependant pas d'affirmer qu'une telle situation est à elle seule de nature à entraîner, en cas d'expulsion, une violation de l'article 3. Si le requérant n'apporte pas d'élément réellement étayé, s'agissant de sa situation personnelle, ni suffisant pour pouvoir être considéré comme appartenant à un groupe minoritaire particulièrement menacé, la Cour se doit de conclure à l'absence de motifs sérieux et avérés de croire que l'expulsion du requérant exposerait celui-ci à un risque réel de subir des traitements inhumains ou dégradants au sens de l'article 3 (▪ CEDH, *Sultani c/ France*, préc., § 68). Pour apprécier l'existence d'un risque réel de mauvais traitements, la Cour se doit d'appliquer des critères rigoureux (*Saadi c/ Italie*, préc. § 128). L'appréciation doit se concentrer sur les conséquences prévisibles de l'expulsion du requérant vers le pays de destination, compte tenu de la situation générale dans ce pays et des circonstances propres à l'intéressé (▪ CEDH, GC, 23 mars 2016, n° 43611/11, *G. c/ Suède*, § 115. ▪ CEDH, 29 avr. 2019, n° 12148/18, *AM c/ France*, § 117 : F. Sudre, *Bon d'expulsion vers l'Algérie pour un terroriste : JCP G* 2019, n° 20, p. 545 ; F. Safi, *La compatibilité de l'expulsion d'un terroriste avec l'article 3 de la Convention EDH ou du mauvais usage de la notion de torture : D.* 2019, p. 1319).

57) **Rôle de la Cour au regard de la situation dénoncée par le requérant (demande d'asile non initialement prévue).** La Cour considère que sa tâche n'est pas d'établir elle-même si le requérant encourait un risque réel de mauvais traitements au Soudan, mais qu'elle doit chercher à déterminer, compte tenu des faits de la cause et des griefs que soulève le requérant relativement à la démarche des autorités belges qu'il estime défaillante, si les autorités ont tenu compte, d'office et de manière appropriée, des informations générales disponibles sur le Soudan, et si le requérant s'est vu offrir une possibilité suffisante de demander la protection internationale en Belgique et d'exposer sa situation personnelle (V., *mutatis mutandis*, dans une affaire concernant l'expulsion d'étrangers vers un pays tiers considéré comme un pays tiers sûr, *Iliaset Ahmed c/ Hongrie* (▪ CEDH, 27 oct. 2020, n° 19656/18, *MA c/ Belgique*, § 88 : *JCP G* 2021, doctr. 28, obs. B. Pastre-Belda).

58) **Appréciation du risque de mauvais traitement, terrorisme.** Si certaines caractéristiques de la procédure pénale algérienne critiquées par le requérant, à l'instar de la durée maximale de la garde à vue en matière de terrorisme ou de potentielles difficultés d'accès à un avocat ou à un médecin, peuvent éventuellement soulever des doutes quant au respect du droit à un procès équitable, elles ne permettent pas à elles seules de conclure à l'existence d'un risque général de mauvais traitements sous l'angle de l'article 3 de la Convention pour telle ou telle catégorie de personnes. Ainsi, la situation générale en matière de traitement des personnes liées au terrorisme en Algérie n'empêche pas en soi l'éloignement du requérant (▪ CEDH, 29 avr. 2019, *AM c/ France*, préc., § 126). À cet égard, s'il est possible que les activités terroristes passées du requérant fassent de lui l'objet de mesures de contrôle et de surveillance à son retour en Algérie, voire de poursuites judiciaires déclenchées à l'occasion de ce retour, de telles mesures ne constituent pas, en tant que telles, un traitement prohibé par l'article 3 de la Convention (préc., § 131).

59) **Charge de la preuve.** Concernant la charge de la preuve dans les affaires d'expulsion, la jurisprudence constante de la Cour dit qu'il appartient en principe au requérant de produire des éléments susceptibles de démontrer qu'il y a des raisons sérieuses de penser que, si la mesure incriminée était mise à exécution, il serait exposé à un risque réel de se voir infliger des traitements contraires à l'article 3 ; et que lorsque de tels éléments sont soumis, il incombe au Gouvernement de dissiper les doutes éventuels à ce sujet (▪ CEDH, *Saadi c/ Italie*, préc., § 129. ▪ CEDH, 1er févr. 2018, n° 9373/15, *M. A. c/ France*, § 51). Eu égard à la situation particulière dans laquelle se trouvent souvent les demandeurs d'asile, il est fréquemment nécessaire de leur accorder le bénéfice du doute lorsque l'on apprécie la crédibilité de leurs déclarations et des documents qui les appuient. Toutefois, lorsque sont soumises des informations qui donnent de bonnes raisons de douter de la véracité des déclarations du demandeur d'asile, il incombe à celui-ci de fournir une explication satisfaisante pour les inexactitudes contenues dans ces déclarations. La Cour a estimé que même lorsque certains détails dans le récit d'un requérant apparaissent quelque peu invraisemblables, cela n'est pas forcément de nature à nuire à la crédibilité générale des allégations de l'intéressé. En règle générale, on ne peut considérer que le demandeur d'asile s'est acquitté de la charge de la preuve tant qu'il n'a pas fourni, pour démontrer l'existence d'un risque individuel, et donc réel, de mauvais traitements qu'il courrait en cas d'expulsion, un exposé étayé qui permette de faire la distinction entre sa situation et les périls généraux existant dans le pays de destination. De

plus, même si certains facteurs individuels peuvent ne pas constituer un risque réel quand on les examine séparément, ils sont néanmoins susceptibles d'engendrer un risque réel lorsqu'ils sont pris cumulativement et considérés dans le cadre d'une situation de violence générale et de sécurité renforcée. Les éléments suivants peuvent représenter de tels facteurs de risque : l'existence d'antécédents judiciaires et/ou d'un mandat d'arrêt, l'âge, le sexe et l'origine de la personne à éloigner, le fait qu'elle ait auparavant été enregistrée comme membre présumé ou effectif d'un groupe persécuté, et l'existence d'une autre demande d'asile, déposée à l'étrange (■ CEDH, GC, 23 août 2016, n° 59166/12, *J. K. et a. c/ Suède*, § 93). Le requérant qui se contente d'apporter à la Cour un document manuscrit décrivant ses conditions de détention, sans l'assortir d'aucun élément de preuve tels, par exemple, des certificats médicaux propres à établir que ses conditions de détention auraient dépassé le seuil de gravité nécessaire pour constituer une violation de l'article 3 de la Convention, ne satisfait pas aux exigences probatoires permettant de constater une violation de la Convention et le caractère illégal de son expulsion au Maroc (■ CEDH, 19 avr. 2018, n° 46240/15, *A. S. c/ France*, §§ 63-64).

60) Charge de la preuve, assouplissements. Le demandeur d'asile est normalement la seule partie à pouvoir fournir des informations sur sa situation personnelle. Sur ce point, la charge de la preuve doit donc en principe reposer sur l'intéressé, lequel doit présenter, aussi rapidement que possible, tous les éléments relatifs à sa situation personnelle qui sont nécessaires pour étayer sa demande de protection internationale. Eu égard toutefois au caractère absolu des droits garantis par les articles 2 et 3 de la Convention, et à la situation de vulnérabilité dans laquelle se trouvent souvent les demandeurs d'asile, si un État contractant est informé de faits, relatifs à un individu donné, propres à exposer celui-ci à un risque de mauvais traitements contraires auxdites dispositions en cas de retour dans le pays en question, les obligations découlant pour les États des articles 2 et 3 de la Convention impliquent que les autorités évaluent ce risque d'office. Cela vaut spécialement pour les situations où il a été porté à la connaissance des autorités nationales que le demandeur d'asile fait vraisemblablement partie d'un groupe systématiquement exposé à une pratique de mauvais traitements et qu'il y a des motifs sérieux et avérés de croire à l'existence de la pratique en question et à son appartenance au groupe visé. En ce qui concerne l'évaluation de la situation générale régnant dans un pays donné, les autorités nationales qui examinent une demande de protection internationale ont pleinement accès aux informations. Pour cette raison, la situation générale dans un autre pays doit être établie d'office par les autorités nationales compétentes en matière d'immigration (■ CEDH, 27 oct. 2020, n° 19656/18, *M et A c/ Belgique*, § 81 : *JCP* G 2021, doctr. 28, obs. B. Pastre-Belda). En règle générale, on ne peut considérer que le demandeur d'asile s'est acquitté de la charge de la preuve tant qu'il n'a pas fourni, pour démontrer l'existence d'un risque individuel, et donc réel, de mauvais traitements qu'il courrait en cas d'expulsion, un exposé étayé qui permette de faire la distinction entre sa situation et les périls généraux existant dans le pays de destination. Cette exigence est toutefois assouplie dans certaines circonstances, par exemple lorsque l'intéressé allègue faire partie d'un groupe systématiquement exposé à une pratique de mauvais traitements (■ CEDH, 29 avr. 2019, n° 12148/18, *AM c/ France*, § 119).

61) Expulsion d'une personne gravement malade. La schizophrénie est une maladie mentale grave, mais le simple fait que le requérant en souffre ne peut à lui seul être considéré comme suffisant pour faire relever son grief de l'article 3 de la Convention [...] La Cour estime qu'elle n'a pas à se prononcer *in abstracto* sur la question de savoir si le fait de souffrir d'une forme sévère de schizophrénie doit être considéré comme un état de santé risquant d'entraîner des « souffrances intenses » au sens du critère Paposhvili. En l'espèce, après avoir examiné les éléments produits par les parties devant elle et devant les juridictions internes, elle considère qu'il n'a pas été démontré que le renvoi du requérant vers la Turquie ait exposé l'intéressé à un déclin grave, rapide et irréversible de son état de santé entraînant des souffrances intenses, ni, *a fortiori*, à une réduction significative de son espérance de vie. En effet, il ressort de certaines déclarations médicales pertinentes qu'une rechute pouvait se traduire par une « résurgence de [l']agressivité » de l'intéressé et « augmente[r] significativement le risque qu'il ne commette des infractions violentes » en raison de l'aggravation de ses symptômes psychotiques. De tels effets auraient certes été très graves et néfastes, mais on ne peut considérer qu'ils auraient été de nature à « entraîner des souffrances intenses » chez le requérant. En l'absence d'élément convaincant en ce sens, la Cour ne peut conclure que le requérant ait jamais présenté un risque de comportement auto-agressif. Un des experts a certes évoqué de « graves conséquences » pour le requérant « lui-même », mais il ressort de ses explications que ces conséquences relevaient d'un risque élevé que le requérant ne devienne dangereux pour autrui [...]. Même en admettant qu'une part de spéculation est inhérente à la fonction préventive de l'article 3 et qu'il ne s'agit pas d'exiger des intéressés qu'ils apportent une preuve certaine de leurs affirmations selon lesquelles ils risquent des traitements prohibés (Paposhvili, préc., § 186), la Cour n'est pas convaincue qu'en l'espèce le requérant ait démontré qu'il y avait des motifs sérieux de croire que l'absence de traitements adéquats en Turquie ou le défaut d'accès à ceux-ci l'exposeraient au risque de subir les conséquences indiquées au paragraphe 183 de l'arrêt Paposhvili et aux paragraphes 129 et 134 ci-dessus. Les considérations qui précèdent suffisent à la Cour pour conclure qu'au regard des circonstances de l'espèce, le seuil de gravité des traitements au regard de l'article 3 de la Convention n'a pas été atteint. Comme indiqué précédemment, ce seuil doit rester très élevé dans ce type d'affaires (▪ CEDH, gr. ch., n° 57467/15, *Savran c/ Danemark*, §§ 141-148). Pour une appréciation contraire, ▪ CEDH, 1er oct. 2019, n° 57467/15, *Savran c/ Danemark* : B. Pastre-Belda, *Droit de la Convention européenne des droits de l'homme : JCP* G 2020, n° 1-2, doctr. 40.

62) Expulsion d'un demandeur d'asile vers un pays tiers intermédiaire. Dans tous les cas où un État contractant ordonne l'expulsion d'un demandeur d'asile vers un pays tiers intermédiaire sans examiner au fond la demande de l'intéresse, que le pays tiers de destination soit ou non un État membre de l'Union européenne ou un État partie à la Convention, il doit procéder à un examen approfondi visant à déterminer s'il existe un risque réel que l'intéressé se voie refuser, dans le pays tiers de destination, l'accès à une procédure d'asile adéquate qui le protège contre le refoulement. Dès lors qu'il est établi que les garanties à cet égard sont insuffisantes, l'article 3 implique l'obligation de ne pas expulser le demandeur d'asile vers le pays tiers concerné (▪ CEDH, GC, 21 nov. 2019, n° 47287/15, *Ilias et Ahmed c/ Hongrie*, § 134 : B. Pastre-Belda, *Droit de la Convention européenne des droits de l'Homme : JCP* G 2020, n° 1-2, doctr. 40). La Cour observe que les États contractants sont libres, sous réserve du respect de leurs engagements internationaux, de rejeter une demande d'asile et de renvoyer un demandeur d'asile vers son pays d'origine ou vers un pays tiers acceptant de le recevoir lorsque la demande d'asile en question est dénuée de fondement ou, *a fortiori*, lorsque l'intéressé ne peut prétendre de manière défendable qu'il court un risque nécessitant l'octroi d'une protection. La forme que doit prendre l'examen du bien-fondé de la demande dépend naturellement de la gravité des griefs soulevés et des éléments de preuve présentés. Cela étant, il importe de ne pas perdre de vue que lorsqu'un État contractant ordonne l'expulsion d'un demandeur d'asile vers un pays tiers sans examiner sa demande au fond, il est impossible de savoir si l'intéressé risque de subir des traitements contraires à l'article 3 dans son pays d'origine ou s'il s'agit simplement d'un migrant économique. C'est uniquement à l'issue d'une procédure prévue par la loi et donnant lieu à une décision en droit que les autorités peuvent formuler à cet égard un constat sur lequel elles peuvent s'appuyer. En l'absence de pareil constat, l'expulsion vers un pays tiers doit être précédée d'un examen approfondi de la question de savoir si la procédure d'asile du pays tiers de destination offre des garanties suffisantes pour éviter que le demandeur d'asile ne soit expulsé directement ou indirectement vers son pays d'origine sans une évaluation appropriée des risques auxquels pareille mesure l'exposerait sous l'angle de l'article 3 de la Convention. Le fait de constater *a posteriori*, dans le cadre d'une procédure interne ou internationale, que l'intéressé ne courait pas de risques dans son pays d'origine, ne peut servir à exonérer rétrospectivement l'État de l'obligation procédurale décrite ci-dessus. S'il en allait autrement, des demandeurs d'asile exposés à un péril mortel dans leur pays d'origine pourraient être expulsés sommairement, en toute légalité, vers des pays tiers « non sûrs ». Concrètement, l'interdiction des mauvais traitements se verrait ainsi vidée de son sens dans les cas d'expulsion de demandeurs d'asile (même arrêt, § 136 et 137).

63) Refoulement. Le refoulement d'une enfant de cinq ans par les autorités belges et son renvoi à Kinshasa, non accompagnée, lui a nécessairement causé un sentiment d'extrême angoisse et a fait preuve d'un manque flagrant d'humanité envers sa personne, de sorte qu'il atteint le seuil requis pour être qualifié de traitement inhumain. La Cour estime également que ce refoulement constitue un manquement aux obligations positives de l'État belge, qui s'est abstenu de prendre les mesures et précautions requises (▪ CEDH, 12 oct. 2006, n° 13178/03, *Mitunga c/ Belgique*, § 69).

3° *Rétention des étrangers*

64) Zones de transit. Si les États sont autorisés à placer en détention des immigrés potentiels en vertu de leur « droit indéniable de contrôler (...) l'entrée et le séjour des étrangers sur leur territoire », ce droit doit s'exercer en conformité avec les dispositions de la Convention. La Cour doit avoir égard à la situation particulière de ces personnes lorsqu'elle est amenée à contrôler les modalités d'exécution de la mesure de détention à l'aune des dispositions conventionnelles. La Cour juge inacceptable que quiconque puisse être détenu dans des conditions impliquant une absence totale de prise en charge de ses besoins essentiels. Le fait que des personnes travaillant en zone de transit ont subvenu à certains des besoins des étrangers qui y étaient retenus n'enlève rien à la situation totalement inacceptable que les intéressés ont manifestement dû endurer. En effet, la zone de transit, sans accès à l'extérieur pour se promener ou faire de l'exercice physique, ni structure interne de restauration, ni contact avec le monde extérieur, n'était en rien adaptée aux besoins d'un séjour de plus de dix jours (▪ CEDH, 24 janv. 2008, n°s 29787/03 et 29810/03, *Riad et Idiab c/ Belgique*, § 88-111 : *JCP* G 2008, I, 167, n° 5, obs. F. Sudre). La Cour n'a guère de doute qu'un lieu public tel que la zone de transit d'un aéroport, non doté d'équipements de première nécessité comme des lits, des douches ou des lieux pour cuisiner, est par définition mal équipé pour servir de lieu de séjour à long terme. Elle a déjà constaté des violations de l'article 3 de la Convention à raison de mauvaises conditions de détention (d'une durée de onze et quinze jours) dans la zone de transit de l'aéroport de Bruxelles. La principale distinction palpable entre cette affaire et la présente est que les requérants en l'espèce ont dû subir de mauvaises conditions de détention pendant non pas quelques jours mais plusieurs mois de suite. Comme dans l'affaire Riad et Idiab, la Cour juge inacceptable que quelqu'un puisse être détenu dans des conditions dépourvues de toute prise en charge de ses besoins essentiels. Le fait que le HCR ait subvenu à certains des besoins des requérants n'enlève rien à la situation totalement inacceptable que les intéressés ont manifestement dû endurer (▪ CEDH, 28 mars 2017, n°s 61411/15, 61420/15, 61427/15 et 3028/16, *Z. A. et a. c/ Russie*, § 107). L'absence de volonté délibérée d'humilier ou de rabaisser les requérants ne saurait écarter un constat de violation de l'article 3 de la Convention au titre des traitements inhumains et dégradants (même arrêt, § 109).

65) Centre de rétention – enfants. Le centre de Rouen-Oissel, bien que doté d'une zone « familles », ne dispose pas d'infrastructures adaptées à la présence d'enfants : pas de lits pour enfants et des lits adultes avec des angles en fer pointus, aucune activité destinée aux enfants, petit espace de jeux très sommaire sur un bout de moquette, cour intérieure bétonnée de 20 m^2 avec vue sur un ciel grillagé, grilles au maillage serré aux fenêtres des chambres, ne permettant pas de voir à l'extérieur, fermeture automatique des portes des chambres, dangereuses pour les enfants. Dans ces conditions, la rétention d'enfants âgés de cinq mois et trois ans pendant une période de quinze jours, si elle n'apparaît pas excessive en soi, peut être ressentie comme infiniment longue par eux compte tenu de l'inadéquation des infrastructures à leur accueil et à leur âge et caractérise une violation de l'article 3 de la Convention (▪ CEDH, 19 janv. 2012, n°s 39472/07 et 39474/07, *Popov c/ France*, §§ 95-100).

66) Rétention de mineurs, postes-frontières. La détention de mineurs dans des gardes-frontières, pendant une période allant de 20 à 33 jours, sans assistance spécifique ou possibilité de sortie constitue un traitement inhumain et dégradant. En effet, la « garde protectrice » pendant plusieurs semaines, en raison principalement du nombre insuffisant des structures ouvertes disponibles a été dénoncée par le CPT, lequel a appelé les autorités grecques à redoubler d'efforts pour mettre fin à leur détention dans des locaux de la police (▪ CEDH, 28 févr. 2019, n° 19951/16, *H.A. et a. c/ Grèce*, § 167).

67) Jungle de Calais. Dans les affaires relatives à l'accueil d'étrangers mineurs, accompagnés ou non accompagnés, il convient de garder à l'esprit que la situation d'extrême vulnérabilité de l'enfant est déterminante et prédomine sur la qualité d'étranger en séjour illégal (▪ CEDH, 5 avr. 2011, n° 8687/08, *Rahimi c/ Grèce*, § 87). À défaut de prise en charge par les autorités et malgré le soutien qu'il a pu trouver auprès d'organisations non gouvernementales présentes sur la lande de Calais, le requérant de 12 ans a vécu 6 mois dans un environnement manifestement inadapté à sa condition d'enfant, caractérisé notamment par l'insalubrité, la précarité et l'insécurité. C'est au demeurant au motif de la situation de danger dans laquelle il se trouvait et de l'intensification de celle-ci dans le contexte du démantèlement de la zone sud de la lande, que le juge des enfants du tribunal de grande instance de Boulogne-sur-Mer a, le 22 février 2016, ordonné qu'il soit confié à l'aide sociale à l'enfance (...). La Cour est consciente de la complexité de la tâche des autorités internes, eu égard en particulier au nombre de personnes présentes sur la lande à l'époque des faits de la cause, ainsi qu'à la difficulté d'identifier les mineurs isolés parmi eux et de définir et mettre en place des modalités d'accueil adaptées à leur situation alors qu'ils n'étaient pas toujours demandeurs d'une prise en charge. Sur ce dernier point, elle relève l'ambiguïté de l'attitude du requérant qui, s'il a saisi le juge des enfants d'une demande de placement provisoire, n'avait pas pour objectif de rester en France mais projetait de quitter ce pays pour se rendre au Royaume-Uni (...). La Cour n'est toutefois pas convaincue que les autorités, qui ont omis d'exécuter l'ordonnance du juge des enfants ordonnant le placement provisoire du requérant, ont fait tout ce que l'on pouvait raisonnablement attendre d'elles pour répondre à l'obligation de prise en charge et de protection de ce dernier (...). Le requérant a vécu durant plusieurs mois dans le bidonville de la lande de Calais, dans un environnement totalement inadapté à sa condition d'enfant, que ce soit en termes de sécurité, de logement, d'hygiène ou d'accès à la nourriture et aux soins, et dans une précarité inacceptable au regard de son jeune âge. La Cour estime que ces circonstances particulièrement graves et l'inexécution de l'ordonnance du juge des enfants destinée à protéger le requérant, examinées ensemble, constituent une violation des obligations pesant sur l'État défendeur, et que le seuil de gravité requis par l'article 3 de la Convention est atteint. Elle en déduit que le requérant s'est trouvé, par la carence des autorités françaises, dans une situation contraire à cette disposition, qu'elle juge constitutive d'un traitement dégradant (▪ CEDH, 28 févr. 2019, n° 12267/16, *Khan c/ France*, §§ 76-96).

68) Rétention de mineurs, centre ouvert. Le placement d'étrangers mineurs au sein d'une structure ouverte, où les requérants pouvaient sortir et entrer à leur guise, à un moment où les flux migratoires vers la Grèce ont créé une crise migratoire et humanitaire sans précédent appelant l'adoption des mesures urgentes, ne peut être qualifié de traitement inhumains et dégradants. En effet, d'une part, la « safe zone » dudit centre (centre de Diavata) gérée par une organisation non gouvernementale, avait été créée afin de répondre aux besoins des mineurs non accompagnés qui se trouvaient dans certains secteurs du nord de la Grèce. D'autre part, dans son intervention devant la Cour, le haut-commissaire des Nations unies pour les réfugiés qui évoque la création des « safe zones » dans des centres situés près de Thessalonique, dont celle de Diavata, n'émet pas des critiques à leur égard (▪ CEDH, 28 févr. 2019, n° 19951/16, *H.A. et a. c/ Grèce*

69) Prise en charge par l'État dans un bref délai. S'il est vrai que le campement de l'avenue de Blida à Metz, où les requérants ont vécu du 29 juin au 3 octobre 2013, était saturé, offrait des conditions sanitaires critiques et était devenu, au fil des semaines, insalubre, la Cour n'est pas en mesure de conclure, eu égard, d'une part, à l'absence d'éléments précis au dossier permettant d'apprécier concrètement les conditions de vie des requérants et compte tenu, d'autre part, des mesures prises par les autorités françaises pour les prendre en charge, lesquelles ont permis d'améliorer, à bref délai, leurs conditions matérielles d'accueil, en particulier en assurant le suivi médical et la scolarisation de leurs enfants, que les requérants se sont trouvés, pendant la période litigieuse, dans une situation de dénuement matériel susceptible d'atteindre la gravité nécessaire pour tomber sous le coup de l'article 3 de la Convention. Partant, il n'y a pas eu violation de l'article 3 de la Convention (▪ CEDH, 10 sept. 2020, n° 63141/13, § 89).

4° *Demandeurs d'asile*

70) Protection des mineurs demandeurs d'asile : examen osseux. Dans les affaires relatives à l'accueil d'étrangers mineurs, accompagnés ou non accompagnés, il convient de garder à l'esprit que la situation d'extrême vulnérabilité de l'enfant est déterminante et prédomine sur la qualité d'étranger en séjour illégal. La Cour a admis que les autorités nationales se trouvent devant une tâche délicate lorsqu'elles doivent évaluer l'authenticité d'actes d'état civil, en raison des difficultés résultant parfois du dysfonctionnement des services de l'état civil de certains pays d'origine des migrants et des risques de fraude qui y sont associés. Les autorités nationales sont en principe mieux placées pour établir les faits sur la base des preuves recueillies par elle ou produites devant elles et il faut donc leur réserver un certain pouvoir d'appréciation à cet égard. Il en est de même à l'égard de la décision de pratiquer un examen médical des enfants (▪ CEDH, 10 oct. 2019, n° 50376/13, *M. D. c/ France*, §§ 94 et 95).

71) Retard dans le traitement des demandes des jeunes majeurs isolés. La Cour constate que les autorités françaises ont manqué à l'encontre des requérants demandeurs d'asile à leurs obligations prévues par le droit interne. En conséquence, la Cour considère qu'elles doivent être tenues pour responsables des conditions dans lesquelles ils se sont trouvés pendant des mois, vivant dans la rue, sans ressources, sans accès à des sanitaires, ne disposant d'aucun moyen de subvenir à leurs besoins essentiels et dans l'angoisse permanente d'être attaqués et volés. La Cour estime que les requérants ont été victimes d'un traitement dégradant témoignant d'un manque de respect pour leur dignité et que cette situation a, sans aucun doute, suscité chez eux des sentiments de peur, d'angoisse ou d'infériorité propres à conduire au désespoir. Elle considère que de telles conditions d'existence, combinées avec l'absence de réponse adéquate des autorités françaises qu'ils ont alertées à maintes reprises sur leur impossibilité de jouir en pratique de leurs droits et donc de pourvoir à leurs besoins essentiels, et le fait que les juridictions internes leur ont systématiquement opposé le manque de moyens dont disposaient les instances compétentes au regard de leurs conditions de jeunes majeurs isolés, en bonne santé et sans charge de famille, ont atteint le seuil de gravité requis par l'article 3 de la Convention (▪ CEDH, 2 juill. 2020, n° 28820/13, *NH et a. c/ France*, § 184 : *JCP* G 2020, 863, obs. F. Sudre).

5° *Renvoi dans un pays incriminant l'homosexualité*

72) La Cour considère que l'incrimination des pratiques homosexuelles ne suffit pas à rendre une décision de renvoi contraire à la Convention. Elle estime néanmoins que les autorités suisses n'ont pas correctement apprécié le risque de mauvais traitements auquel le premier requérant, du fait de son homosexualité, se trouverait exposé en cas de renvoi vers la Gambie, et qu'elles n'ont pas suffisamment cherché à déterminer si l'État le protégerait contre de tels actes aux mains d'acteurs non étatiques. Selon plusieurs autorités indépendantes, les autorités de Gambie refusent d'accorder leur protection aux personnes LGBTI (▪ CEDH, 17 nov. 2020, n°s 889/19 et 43987/16, *B et C c/ Suisse* : *JCP* G 2021, doctr. 28, obs. B. Pastre-Belda).

III – OBLIGATIONS PROCÉDURALES DE L'ARTICLE 3

V. également sous CEDH, 4 nov. 1950, art. 2, p. 2570.

73) Nature de l'obligation d'enquête. L'obligation de mener une enquête effective est une obligation de moyens et non de résultat. Il n'existe pas un droit absolu à obtenir l'ouverture de poursuites contre une personne donnée, ou la condamnation de celle-ci, lorsqu'il n'y a pas eu de défaillances blâmables dans les efforts déployés pour obliger les auteurs d'infractions pénales à rendre des comptes (▪ CEDH, 31 mars 2016, n° 30808/11, *A, B et C c/ Lettonie*, § 149, et ▪ CEDH, 15 mars 2016, n° 61495/11, *M.G.C. c/ Roumanie*, § 58). Il n'appartient au demeurant pas à la Cour de se prononcer sur les allégations d'erreurs ou d'omissions particulières de l'enquête ; elle ne saurait se substituer aux autorités internes dans l'appréciation des faits de la cause ni statuer sur la responsabilité pénale de l'agresseur présumé (▪ CEDH, 27 sept. 2011, préc., *B.V. c/ Belgique*, § 61, et n° 29032/04, *M. et C. c/ Roumanie*, § 113). Il ne revient pas non plus à la Cour de remettre en question les pistes suivies par les enquêteurs ou les constatations de fait auxquelles ils sont parvenus, sauf dans le cas où celles-ci sont arbitraires ou ne reposent manifestement pas sur des éléments pertinents (▪ CEDH, 20 févr. 2020, n° 41990/18, *Y. c/ Bulgarie*, § 82). La mise à l'écart d'une piste d'investigation qui s'impose de toute évidence peut néanmoins compromettre de façon décisive la capacité de l'enquête à établir les circonstances de l'affaire et l'identité des personnes responsables (▪ CEDH, CG, 2 févr. 2021, n° 22457/16, *X et a. c/ Bulgarie*, § 186).

74) Obligation d'enquête, violences imputables à l'État. Lorsqu'un individu affirme de manière défendable avoir subi, aux mains de la police ou d'autres services comparables de l'État, des sévices contraires à l'article 3, cette disposition, combinée avec le devoir général imposé à l'État par l'article 1er de la Convention de « reconnaître à toute personne relevant de [sa] juridiction, les droits et libertés définis (...) [dans la] Convention », requiert, par implication, qu'il y ait une enquête officielle effective. Cette enquête, à l'instar de celle résultant de l'article 2, doit pouvoir mener à l'identification et à la punition des responsables. S'il n'en allait pas ainsi, nonobstant son importance fondamentale, l'interdiction légale générale de la torture et des peines ou traitements inhumains ou dégradants serait inefficace en pratique et il serait possible dans certains cas à des agents de l'État de fouler aux pieds, en jouissant d'une quasi-impunité, les droits de ceux soumis à leur contrôle (▪ CEDH, 18 oct. 2001, n° 31143/96, *Indelicato c/ Italie*, § 36. ▪ CEDH, 8 mars 2011, n° 40351/05, *B. Ukar*, § 28. ▪ CEDH, 7 oct. 2014, n° 3344/13, *A. Rojo c/ Espagne*, § 34. ▪ CEDH, 31 mai 2016, n° 36286/14, *B. Martinez*, § 37). La Cour a déjà rappelé que les procureurs de la République ne doivent pas limiter leurs investigations au simple constat que la force utilisée par les forces de l'ordre a été conforme à la loi en vigueur : ils doivent mener leur enquête en utilisant tous les moyens légaux mis à leur disposition pour examiner dans quelle mesure la force utilisée contre des individus a été justifiée eu égard au comportement de ces derniers (▪ CEDH, 5 juill. 2016, n° 20347/07, *Eğitim ve Bilim Emekçileri Sendikası et a. c/ Turquie*, § 83). Force est de constater que le procureur de la République qui a pris le dossier en charge n'a pas procédé à l'audition de la requérante, des policiers accusés ni des témoins oculaires des événements. Par ailleurs, contrairement aux dires du Gouvernement, la décision de non-lieu ne fait aucune mention des enregistrements des caméras. Pour la Cour, ces lacunes ont compromis l'effectivité de l'enquête judiciaire effectuée par le parquet dans l'établissement des faits. Elle considère que les autorités judiciaires ont donc manqué à leur obligation positive de mener une enquête effective sur les allégations de mauvais traitements formulées par la requérante (▪ CEDH, 16 févr. 2021, n° 38949/09, *Iltumur Ozan et a. c/ Turquie*, § 39). Une investigation effective s'impose d'autant plus fortement lorsque le requérant se trouve, pendant la période de temps où les mauvais traitements allégués se seraient produits, dans une situation d'isolement et d'absence totale de communication avec l'extérieur, pareil contexte exigeant un effort plus important, de la part des autorités internes, pour établir les faits dénoncés (même arrêt, § 37. ▪ CEDH, *B. Martinez c/ Espagne*, préc., § 45).

75) Obligation d'enquête, violences conjugales. Combinée avec l'article 3 de la Convention, l'obligation que l'article 1er de la Convention impose aux hautes parties contractantes de garantir à toute personne relevant de leur juridiction les droits et libertés consacrés par la Convention leur commande de prendre des mesures propres à empêcher que lesdites personnes ne soient soumises à des tortures, à des traitements ou à des châtiments inhumains ou dégradants, même administrés par des particuliers. Les enfants et autres personnes vulnérables en particulier, dont font partie les victimes de violences domestiques, ont droit à la protection de l'État, sous la forme d'une prévention efficace, les mettant à l'abri de formes aussi graves d'atteinte à l'intégrité de la personne. Ces obligations positives, qui se chevauchent souvent, consistent en : *a)* l'obligation de prendre des mesures raisonnables dans le but de prévenir les mauvais traitements dont les autorités avaient ou auraient dû avoir connaissance, et *b)* l'obligation procédurale de mener une enquête effective lorsqu'un individu fait valoir un grief défendable d'avoir subi des mauvais traitements (▪ CEDH, 11 févr. 2020, n° 56867/15, *Buturugă c/ Roumanie*, § 60 : *JurisData* n° 2020-001813 ; F. Sudre, *Prendre en compte la violence conjugale sous toutes ses formes : JCP* G 2020, n° 9, p. 242). La Cour insiste sur la diligence particulière que requiert le traitement des plaintes pour violences domestiques et estime que les spécificités des faits de violences domestiques telles que reconnues dans la convention d'Istanbul (paragraphe 38 ci-dessus) doivent être prises en compte dans le cadre des procédures interne (préc., § 67).

76) Enfant victime de maltraitance. La Cour note, avec le Gouvernement, la grande réactivité du procureur qui a adressé, le jour même du signalement (qui pourtant ne comportait pas la mention de la nécessité d'une mesure de protection immédiate), un « soit-transmis » à la gendarmerie afin de faire procéder à une enquête sur « d'éventuels faits de maltraitance dont pourrait être victime l'enfant ». La Cour relève aussi que, dans le cadre de cette enquête, des mesures utiles et pertinentes ont été prises, telles que l'audition filmée de l'enfant et son examen par un médecin légiste. Cependant, la Cour estime que plusieurs facteurs tempèrent la portée de ces constats, pour les raisons qui suivent. Les autorités françaises avaient l'obligation positive de prendre les mesures nécessaires afin, d'une part, de déterminer si la jeune fille avait effectivement fait l'objet de mauvais traitements et, d'autre part, de protéger l'enfant de tout acte futur de maltraitance. À cet égard, la Cour relève plusieurs manquements de la part de l'État : après la demande d'enquête du parquet, il a fallu attendre 13 jours pour qu'un agent de police soit saisi ; les enseignants qui avaient informé les autorités de l'état de la jeune fille n'ont pas été auditionnés par la police ; l'audition de la mère a été succincte et celle du père absente, ce dernier ayant été entendu uniquement dans le cadre de l'examen médico-légal de l'enfant ; l'audition de l'enfant a été réalisée sans la participation d'un psychologue ; le parquet n'a pas informé les services sociaux de sa décision de classer l'affaire sans suite ; or, si le parquet avait, par le biais d'un soit-transmis ou de tout autre mode de communication, même informel, informé l'ASE de sa décision tout en attirant l'attention de celle-ci sur la nécessité d'une enquête sociale ou du moins d'une surveillance à l'égard de l'enfant, il aurait accru les chances d'une réaction appropriée des services sociaux en aval du classement sans suite. Tout porte à croire que, de cette manière, l'ASE aurait redoublé de vigilance dans la période suivant le classement sans suite et, en tout cas, au plus tard lorsqu'une information préoccupante a été transmise. Les services sociaux, qui ont fini par prendre connaissance de la décision de classement sans suite, ont certes pris des mesures par la suite, par le biais notamment de visites au domicile réalisées en réponse à l'information préoccupante du 27 avril 2009. Toutefois, il importe de rappeler que cette dernière coïncidait avec une hospitalisation de M. d'une durée d'un mois entier, qui avait donné lieu à une prise de contact par le service pédiatrique avec l'ASE – motivée par les interrogations persistantes concernant la situation de l'enfant – et même à une note additionnelle adressée à l'ASE. La Cour estime qu'il s'agissait là d'un élément complémentaire, éloquent en soi, dont les services sociaux ne pouvaient raisonnablement faire abstraction. Face à ces facteurs combinés – information préoccupante et hospitalisation concomitante – ils auraient dû redoubler de vigilance dans l'appréciation de la situation de M. Or, force est de constater que, dans le sillage de la décision du classement sans suite, ils n'ont pas engagé d'action véritablement perspicace qui aurait permis de déceler l'état réel dans lequel se trouvait l'enfant. Pour toutes ces raisons, la Cour estime que les autorités françaises ont failli à protéger la victime des mauvais traitements infligés par ses parents, ce qui a d'ailleurs abouti à son décès. Elle conclut donc à la violation de l'article 3 de la Convention (▪ CEDH, 4 juin 2020, n°s 15343/15 et 16806/15, *Association Innocence en Danger et Association Enfance et Partage c/ France*, §§ 164-175. J.-P. Marguénaud, *La représentation devant la Cour européenne des droits de l'homme des enfants battus à mort* : *RSC* 2020, p. 734, A. Gouttenoire et F. Sudre ; *JCP* G 2020, p. 871, Condamnation de la France, à la requête d'associations de protection de l'enfance, pour défaut de protection d'un enfant contre des actes de maltraitance de ses parents).

77) Enfant victime d'abus sexuel : victimisation secondaire. La Cour estime que les facteurs analysés sous les titres *a)* et *b)* ci-dessus, à savoir, l'absence d'assistance à la requérante, le manquement à sa protection face aux accusés, la reconstitution inutile des viols, les examens médicaux répétitifs, le manque de sérénité et de sécurité durant les audiences, l'évaluation du consentement de la victime, la durée excessive de la procédure, et enfin, la prescription pénale de deux chefs d'accusation ont constitué des cas graves de victimisation secondaire de la requérante. Aux yeux de la Cour, le comportement des autorités nationales, tel que décrit ci-dessus, ne fut pas conforme à l'obligation de protéger un enfant victime d'exploitation et d'abus sexuels. Il appartenait au premier chef aux juges de la cour d'assises de veiller à ce que le respect de l'intégrité personnelle de la requérante fût correctement protégé durant le procès. Compte tenu du caractère intime du sujet en cause et de l'âge de la requérante, l'affaire revêtait inexorablement une sensibilité particulière dont les autorités auraient dû tenir compte dans la conduite de la procédure pénale. Quant aux améliorations introduites à partir de 2005 dans le système judiciaire turc auxquelles le Gouvernement défendeur fait référence, la Cour considère que celles-ci n'entrent pas en jeu en l'occurrence puisque, mis à part l'assistance d'une psychologue durant le recueil de la déposition de la requérante le 12 mai 2004 par commission rogatoire, ces amendements n'avaient pas été appliqués au cas de la requérante. Au vu de ce qui précède, la Cour considère qu'en l'espèce la conduite de la procédure n'a pas assuré l'application effective du droit pénal vis-à-vis de l'atteinte portée aux valeurs protégées par les articles 3 et 8 de la Convention (■ CEDH, 9 févr. 2021, n° 40591/11, *N. C c/ Turquie*, §§ 132-135 : *JCP* G 2021, n° 10, p. 266, F. Sudre). Dans les cas où des enfants ont été potentiellement victimes d'abus sexuels, le respect des obligations positives découlant de l'article 3 requiert, dans le cadre des procédures internes engagées, la mise en œuvre effective du droit des enfants à ce que leur intérêt supérieur prime, ainsi que la prise en compte de leur particulière vulnérabilité et de leurs besoins spécifiques (■ 26 nov. 2019, n° 6318/17, § 61, *A et B c/ Croatie*, préc., § 111, et *M.M.B. c/ Slovaquie* ; voir également *M.G.C. c/ Roumanie*, préc., §§ 70 et 73). Ces exigences sont également énoncées dans d'autres instruments internationaux pertinents en l'espèce tels que la CIDE, la convention de Lanzarote et les instruments adoptés dans le cadre de l'Union européenne (voir les paragraphes 124-127 et 135-137 ci-dessus). D'une manière plus générale, la Cour estime que l'obligation procédurale de mener une enquête effective découlant de l'article 3 de la Convention doit être interprétée, lorsque des abus sexuels sur des mineurs sont potentiellement en jeu, à la lumière des obligations découlant des autres instruments internationaux applicables et, plus particulièrement, de la convention de Lanzarote (■ CEDH, CG, 2 févr. 2021, n° 22457/16, *X et a. c/ Bulgarie*, § 192).

78) Expulsion d'un réfugié dont le statut a été retiré (appréciation *ex nunc*). Le fait que l'intéressé a la qualité de réfugié est un élément qui doit être particulièrement pris en compte par les autorités internes lorsqu'elles examinent la réalité du risque que celui-ci allègue subir en cas d'expulsion. Or, à la lumière des faits de l'espèce, la Cour relève que la circonstance que la révocation du statut de réfugié du requérant est sans incidence sur le maintien ou non de sa qualité de réfugié n'a pas été prise en compte par les autorités françaises dans le cadre de l'édiction puis du contrôle de la mesure d'éloignement vers la fédération de Russie. La Cour en déduit que les autorités françaises et les juridictions internes n'ont pas évalué les risques que le requérant allègue encourir dans l'hypothèse où la mesure d'éloignement serait mise à exécution à l'aune de cette circonstance et du fait que, du moins lors de son arrivée en France en 2011, le requérant a été identifié comme appartenant alors à un groupe ciblé. La Cour n'exclut pas que, au terme de l'examen approfondi et complet de la situation personnelle du requérant et de la vérification qu'il possède encore ou non la qualité de réfugié, les autorités françaises arrivent à la même conclusion que le tribunal administratif de Lille, à savoir l'absence de risque pour celui-ci, au regard de l'article 3 de la Convention, en cas d'expulsion vers la Russie. La Cour relève toutefois que la CNDA a émis sur le fondement de l'article L. 731-3 du Code de l'entrée et du séjour des étrangers et du droit d'asile et dans des hypothèses analogues des avis défavorables à l'expulsion de personnes vers le pays dont ils ont la nationalité au motif que, s'ils avaient perdu le statut de réfugié, ils en avaient conservé la qualité, et ce y compris dans l'hypothèse de l'expulsion vers la Russie d'un ressortissant russe d'origine tchétchène présentant un profil similaire (sans toutefois être identique) à celui du requérant. La Cour constate également que dans ces deux avis, la CNDA a estimé que la décision fixant le pays de destination était contraire aux obligations de la France découlant du droit à la protection des réfugiés contre le refoulement, les articles 4 et 19, paragraphe 2, de la Charte et l'article 3 de la Convention. En conclusion, et eu égard aux considérations qui précèdent, la Cour estime qu'il y aurait une violation de l'article 3 de la Convention en son volet procédural si le requérant était renvoyé en Russie en l'absence d'une appréciation *ex nunc* par les autorités françaises du risque qu'il allègue encourir en cas de mise à exécution de la mesure de renvoi (■ CEDH, 15 avr. 2021, n° 5560/19, *K.I. c/ France*, §§ 141-146).

79) Enquête d'office. Lorsqu'il existe des motifs raisonnables de croire qu'un acte de torture a été commis, il incombe aux autorités compétentes de l'État de procéder d'office et sans retard à une enquête impartiale (■ CEDH, *B. Martinez c/ Espagne*, préc., § 45).

80) Coopération avec un État tiers : l'exigence d'effectivité de l'enquête peut inclure dans certaines circonstances pour les autorités qui en sont chargées une obligation de coopérer avec les autorités d'un autre État, impliquant une obligation de solliciter une assistance ou une obligation de prêter son assistance. La nature et l'étendue de ces obligations dépendront inévitablement des circonstances de chaque espèce, par exemple du point de savoir si les principaux éléments de preuve se trouvent sur le territoire de l'État contractant concerné ou si les suspects s'y sont réfugiés (V., sous l'angle de l'article 2 de la Convention, ■ CEDH, CG, 29 janv. 2019, n° 36925/07, § 233, *Güzelyurtlu et a. c/ Chypre et Turquie*). Cela signifie que les États concernés doivent prendre toutes les mesures raisonnables envisageables pour coopérer les uns avec les autres et épuiser de bonne foi les possibilités que leur offrent les instruments internationaux applicables relatifs à l'entraide judiciaire et à la coopération en matière pénale. Bien que la Cour ne soit pas compétente pour surveiller le respect des traités et obligations internationaux autres que la Convention, elle vérifie normalement dans ce contexte si l'État défendeur a fait usage des possibilités que lui offraient ces instruments (■ CEDH, CG, 2 févr. 2021, n° 22457/16, *X et a. c/ Bulgarie*, § 191).

81) Défaillances de l'enquête. Sont insuffisantes les investigations menées par le juge d'instruction à la suite d'une dénonciation pour mauvais traitement lors du transfert d'un détenu, consistant uniquement à entendre les surveillants sous le statut de témoin assisté. En effet, la Cour observe que le magistrat instructeur n'a ni procédé à une confrontation entre les surveillants ayant des déclarations contradictoires, ni entendu le surveillant M. V. qui, dans un courrier à sa hiérarchie, a dénoncé le « passage à tabac » subi par le requérant. Enfin, la juge d'instruction n'a pas ordonné d'expertise médicale et technique, afin d'établir si la marque de strangulation constatée avait pu être causée ou non par l'usage normal d'un bouclier. De telles mesures étaient pourtant nécessaires pour tenter d'éclaircir les faits (■ CEDH, 5 déc. 2019, n° 71670/14, *J.M c/ France*, § 108 : A. S. Chavent-Leclère : *Procédures* 2020, n° 2, comm. 4). Sont insuffisantes les investigations menées au plan national, et les conclusions d'un juge d'instruction écartant les tortures que le requérant imputait aux agents de la police nationale au motif qu'elles n'étaient pas accréditées, faute d'indices corroborant les faits décrits dans sa plainte. En effet, aucune suite n'ayant été donnée aux demandes du requérant tendant à la production des enregistrements des caméras de sécurité des locaux où il était gardé, ou bien à l'identification et à l'audition des agents qui l'avaient interrogé ou qui avaient été en contact avec lui, ou encore à ce que soit pratiqué un examen médical pour établir l'existence d'éventuelles lésions ou séquelles psychologiques, l'enquête menée dans la présente affaire n'a pas été suffisamment approfondie et effective pour remplir les exigences procédurales de l'article 3 de la Convention (■ CEDH, *A. Rojo*, préc., §§ 36-37). Le retard très important dans la conduite de la première enquête, et la négligence dans l'identification des responsables présumés lors des enquêtes ultérieures ne constituent pas des mesures positives suffisantes que l'existence d'un grief défendable imposait en application de l'article 3 de la Conv. EDH (■ CEDH, *Indelicato c/ Italie*, § 37). N'a pas été suffisamment approfondie et effective pour répondre aux exigences posées par l'article 3 de la Convention, l'enquête ouverte après plainte des parents du requérant, dès lors qu'il est observé que l'examen médical du requérant pratiqué par le médecin généraliste de la prison n'a eu lieu que deux mois après que les parents eurent adressé au procureur régional leur lettre de dénonciation, à un moment où toute trace des sévices allégués avait probablement disparu ; que les décisions des autorités nationales ne comportaient aucune précision sur les motifs du rejet des plaintes formulées par les parents du requérant ; qu'il n'existait aucun document de cette époque qui aurait permis d'analyser, étape par étape, la nature des investigations effectuées en rapport avec les allégations en cause et auxquelles, semble-t-il, aucune autorité extérieure n'avait participé. Pareilles enquêtes, superficielles et de pure forme, ne traduisaient aucun effort sérieux pour découvrir ce qui s'était réellement passé dans la prison en septembre 1998 (■ CEDH, 29 avr. 2003, n° 38812/97, *Poltoratski c/ Ukraine*, § 126).

82) Violences sexuelles : mise à exécution de la sanction pénale. L'exécution d'une condamnation pour abus sexuels fait partie intégrante de l'obligation positive incombant aux États en vertu des articles 3 et 8 de la Convention. Le fait de bénéficier d'une amnistie durant une période totale d'environ un an est en contradiction avec les exigences procédurales des articles 3 et 8 de la Convention, énoncées ci-dessus. D'autant plus que cette situation a permis au condamné de quitter le pays juste avant l'adoption de la dernière décision ayant annulé l'octroi de l'amnistie (■ CEDH, 13 avr. 2021, n° 37882/13, *E. G. c/ République de Moldova*, §§ 41-45).

83) Recommandations procédurales. La Cour estime que la situation de vulnérabilité particulière des personnes détenues au secret commande que soient imposées par le Code de procédure pénale des mesures de surveillance juridictionnelle appropriées et que celles-ci soient rigoureusement appliquées, afin que les abus soient évités et que l'intégrité physique des détenus soit protégée. La Cour souscrit aux recommandations du CPT, reprises par le Commissaire aux droits de l'Homme du Conseil de l'Europe dans son rapport du 9 octobre 2013 concernant aussi bien les garanties à assurer en pareil cas que le principe même de la possibilité de placer une personne en détention au secret selon les règles établies par la législation espagnole (■ CEDH, 7 oct. 2014, n° 74016/12, *E. Caballero c/ Espagne*, § 48. ■ CEDH, *B. Martinez c/ Espagne*, préc., § 46).

IV – VIOLATION DE L'ARTICLE 3 ET ÉQUITÉ PROCÉDURALE

84) Liens. L'utilisation d'éléments de preuve recueillis grâce à une violation de l'un des droits absolus constituant le noyau dur de la Convention, et particulièrement l'article 3 de la Conv. EDH, suscite toujours de graves doutes quant à l'équité de la procédure, même si le fait de les avoir admis comme preuves n'a pas été décisif pour la condamnation du suspect (■ CEDH, 17 oct. 2006, n° 72000/01, *Göçmen c/ Turquie*, §§ 73-74. ■ CEDH, GC, 1er juin 2010, n° 22978/05, *Gäfgen c/ Allemagne*, § 165).

85) Preuve directement issue d'actes de torture. En ce qui concerne l'utilisation au procès de preuves matérielles que des mauvais traitements contraires à l'article 3 ont directement permis de recueillir, la Cour estime que des éléments matériels à charge rassemblés au moyen d'actes de violence, du moins si ces actes peuvent être qualifiés de torture, ne doivent jamais, quelle qu'en soit la valeur probante, être invoqués pour prouver la culpabilité de la personne qui en avait été victime. Toute autre conclusion ne ferait que légitimer indirectement le type de conduite moralement répréhensible que les auteurs de l'article 3 de la Convention ont cherché à interdire ou, en d'autres termes, ne ferait que « conférer une apparence de légalité à la brutalité ». La Cour note à cet égard que l'article 15 de la Convention des Nations unies contre la torture et autres peines ou traitements cruels, inhumains ou dégradants énonce que toute déclaration dont il est établi qu'elle a été obtenue par la torture ne peut être invoquée comme élément de preuve dans une procédure contre la victime des actes de torture (■ CEDH, 11 juill. 2006, n° 54810/00, *Jalloh c/ Allemagne*, § 105. ■ CEDH, GC, *Gäfgen c/ Allemagne*, préc., § 167).

86) Aveu obtenu au moyen de la violation de l'article 3. L'emploi dans l'action pénale de déclarations obtenues par le biais d'une violation de l'article 3 – que cette violation soit qualifiée de torture ou de traitement inhumain ou dégradant – prive automatiquement d'équité la procédure dans son ensemble et viole l'article 6 (■ CEDH, *Gäfgen c/ Allemagne*, préc., § 166. ■ CEDH, 25 sept. 2012, n° 649/08, *El Haski c/ Belgique*, § 85). Il en va ainsi indépendamment de la valeur probante des déclarations et du fait de savoir si l'admission de ces éléments a été ou non déterminante pour le verdict de culpabilité (■ CEDH, *Gäfgen c/ Allemagne*, préc., § 166).

87) Preuves matérielles indirectes. Si l'utilisation de preuves matérielles rassemblées à la suite directe d'actes de torture porte nécessairement atteinte à l'équité procédurale, en revanche l'utilisation de telles preuves obtenues au moyen d'un traitement contraire à l'article 3 qui se situe en deçà de la torture ne contrevient à l'article 6 que s'il est démontré que la violation de l'article 3 a influé sur l'issue de la procédure, c'est-à-dire qu'elle a eu un impact sur le verdict de culpabilité ou la peine (■ CEDH, *El Haski*, préc., § 85). La Cour estime que ces principes valent non seulement lorsque la victime du traitement contraire à l'article 3 est l'accusé lui-même mais aussi lorsqu'il s'agit d'un tiers (même arrêt).

Art. 4 ***(Mod. à compter du 1er novembre 1998, Prot. n° 11, 11 mai 1994, art. 2-2 et ann. publié par D. n° 98-1055, 18 nov. 1998). – Interdiction de l'esclavage et du travail forcé.***

1. Nul ne peut être tenu en esclavage ni en servitude.

2. Nul ne peut être astreint à accomplir un travail forcé ou obligatoire.

3. N'est pas considéré comme « travail forcé ou obligatoire » au sens du présent article :

***a)* tout travail requis normalement d'une personne soumise à la détention dans les conditions prévues par l'article 5 de la présente Convention, ou durant sa mise en liberté conditionnelle ;**

***b)* tout service de caractère militaire ou, dans le cas d'objecteurs de conscience dans les pays où l'objection de conscience est reconnue comme légitime, à un autre service à la place du service militaire obligatoire ;**

***c)* tout service requis dans le cas de crises ou de calamités qui menacent la vie ou le bien-être de la communauté ;**
***d)* tout travail ou service formant partie des obligations civiques normales.**

1) Notion de travail. Afin d'éclairer la notion de « travail », la Cour précise que tout travail exigé d'un individu sous la menace d'une « peine » ne constitue pas nécessairement un « travail forcé ou obligatoire » prohibé par cette disposition. Il convient en effet de prendre en compte, notamment, la nature et le volume de l'activité en cause. Ces circonstances permettent de distinguer un « travail forcé » de ce qui relève de travaux qui peuvent raisonnablement être exigés au titre de l'entraide familiale ou de la cohabitation. Dans ce sens, la Cour a notamment eu recours, dans l'arrêt *Van der Mussele*, à la notion de « fardeau disproportionné » pour déterminer si un avocat stagiaire était soumis à un travail obligatoire lorsqu'il était exigé de lui qu'il assure à titre gracieux la défense de clients en qualité d'avocat commis d'office (▪ CEDH, 11 oct. 2012, n° 67724/09, *C.N. et V. c/ France*, § 74).

2) Traite d'êtres humains. La traite porte en elle-même atteinte à la dignité humaine, elle est incompatible avec une société démocratique ainsi qu'avec les valeurs consacrées par la Convention et elle relève donc du champ de l'interdiction posée par l'article 4 sans qu'il soit nécessaire de déterminer si elle doit être qualifiée d'« esclavage », de « servitude » ou de « travail forcé ». Les éléments constitutifs de la traite des personnes – à savoir le fait de traiter des êtres humains comme des biens, d'exercer sur eux une étroite surveillance, de limiter leur liberté de circulation, de leur faire subir des actes de violence et des menaces ainsi que des conditions de vie et de travail épouvantables sans les rémunérer ou contre une faible rémunération – relèvent de ces trois qualifications. Dans ce système, des êtres humains sont traités comme des biens que l'on peut vendre et acheter et ils sont soumis à un travail forcé, qu'ils exercent souvent pour peu ou pas d'argent, généralement dans l'industrie du sexe mais aussi ailleurs. Cela implique une surveillance étroite des activités des victimes, et bien souvent, celles-ci voient leur liberté de circulation restreinte, subissent des actes de violence et des menaces, et sont soumises à des conditions de vie et de travail épouvantables (▪ CEDH, 17 janv. 2017, n° 58216/12, *J. et a. c/ Autriche*, § 104).

3) Obligation positive des États. Principe. Au regard de l'article 4 de la Convention, les États peuvent aussi bien être tenus pour responsables de leurs agissements directs que de leurs manquements à leur obligation positive de protéger efficacement les victimes d'esclavage, de servitude, de travail obligatoire ou forcé et de mener une enquête approfondie sur leurs allégations (▪ CEDH, 26 juill. 2005, n° 73316/01, *Siliadin c/ France*, § 89 et 112). Vu l'importance de l'article 4 au sein de la Convention, sa portée ne saurait se limiter aux seuls agissements directs des autorités de l'État. Ladite disposition met aussi à la charge des États membres une série d'obligations positives se rapportant notamment à la prévention de la traite, à la protection des victimes de celle-ci ainsi qu'à la répression de la traite. Pour qu'il y ait obligation positive de prendre des mesures concrètes dans une affaire donnée, il doit être démontré que les autorités de l'État avaient ou devaient avoir connaissance de circonstances permettant de soupçonner raisonnablement qu'un individu était soumis, ou se trouvait en danger réel et immédiat d'être soumis, à la traite ou à l'exploitation au sens de l'article 3, a du protocole de Palerme et de l'article 4, a de la Convention anti-traite du Conseil de l'Europe. Si tel est le cas et que les autorités ne prennent pas les mesures appropriées relevant de leurs pouvoirs pour soustraire l'individu à la situation ou au risque en question, il y a violation de l'article 4 de la Convention (▪ CEDH, 30 mars 2017, n° 21884/15, *Chowdury et a. c/ Grèce*, § 86 et 88. ▪ CEDH, 18 juill. 2019, n° 40311/10, *T. I. et a. c/ Grèce*, § 136).

4) Obligation positive des États. Obligation d'enquêter. L'article 4 impose une obligation procédurale d'enquêter sur les situations de traite potentielle. L'obligation d'enquête ne dépend pas d'une plainte de la victime ou d'un proche : une fois que la question a été portée à leur attention, les autorités doivent agir. Pour être effective, l'enquête doit être indépendante des personnes impliquées dans les faits. Elle doit également permettre d'identifier et de sanctionner les responsables. Il s'agit là d'une obligation non de résultat, mais de moyens. Une exigence de célérité et de diligence raisonnable est implicite dans tous les cas, mais lorsqu'il est possible de soustraire l'individu concerné à une situation dommageable, l'enquête doit être menée d'urgence. La victime ou le proche doivent être associés à la procédure dans toute la mesure nécessaire à la protection de leurs intérêts légitimes (▪ CEDH, 7 janv. 2010, n° 25965/04, *Rantsev c/ Chypre et Russie*, § 288). L'article 4 impose aux autorités l'obligation positive d'enquêter dès qu'un incident est porté à leur connaissance. L'enquête doit satisfaire aux exigences d'indépendance et d'impartialité, de célérité et de diligence raisonnable et, lorsqu'il est possible de soustraire l'individu concerné à une situation dommageable, elle doit être menée d'urgence. Elle doit également permettre d'identifier et de sanctionner les responsables. Il s'agit là d'une obligation non de résultat, mais de moyens. En outre, les autorités doivent prendre toutes les mesures raisonnables à leur disposition pour obtenir les preuves relatives à l'incident. Enfin, cette obligation positive doit être interprétée de manière à ne pas imposer aux autorités un fardeau insupportable ou excessif (■ CEDH, 17 janv. 2017, n° 58216/12, *J. et a. c/ Autriche*, § 107. ■ CEDH, 18 juill. 2019, n° 40311/10, *T. I. et a. c/ Grèce*, § 138).

Art. 5 ***(Mod. à compter du 1er novembre 1998, Prot. n° 11, 11 mai 1994, art. 2-2 et ann. publié par D. n° 98-1055, 18 nov. 1998).*** **– 1. Toute personne a droit à la liberté et à la sûreté. Nul ne peut être privé de sa liberté, sauf dans les cas suivants et selon les voies légales :**

a) **s'il est détenu régulièrement après condamnation par un tribunal compétent ;**

b) **s'il a fait l'objet d'une arrestation ou d'une détention régulières pour insoumission à une ordonnance rendue, conformément à la loi, par un tribunal ou en vue de garantir l'exécution d'une obligation prescrite par la loi ;**

c) **s'il a été arrêté et détenu en vue d'être conduit devant l'autorité judiciaire compétente, lorsqu'il y a des raisons plausibles de soupçonner qu'il a commis une infraction ou qu'il y a des motifs raisonnables de croire à la nécessité de l'empêcher de commettre une infraction ou de s'enfuir après l'accomplissement de celle-ci ;**

d) **s'il s'agit de la détention régulière d'un mineur, décidée pour son éducation surveillée ou de sa détention régulière, afin de le traduire devant l'autorité compétente ;**

e) **s'il s'agit de la détention régulière d'une personne susceptible de propager une maladie contagieuse, d'un aliéné, d'un alcoolique, d'un toxicomane ou d'un vagabond ;**

f) **s'il s'agit de l'arrestation ou de la détention régulières d'une personne pour l'empêcher de pénétrer irrégulièrement dans le territoire, ou contre laquelle une procédure d'expulsion ou d'extradition est en cours.**

2. Toute personne arrêtée doit être informée, dans le plus court délai et dans une langue qu'elle comprend, des raisons de son arrestation et de toute accusation portée contre elle.

3. Toute personne arrêtée ou détenue, dans les conditions prévues au paragraphe 1 *c* du présent article, doit être aussitôt traduite devant un juge ou un autre magistrat habilité par la loi à exercer des fonctions judiciaires et a le droit d'être jugée dans un délai raisonnable, ou libérée pendant la procédure. La mise en liberté peut être subordonnée à une garantie assurant la comparution de l'intéressé à l'audience.

4. Toute personne privée de sa liberté par arrestation ou détention a le droit d'introduire un recours devant un tribunal, afin qu'il statue à bref délai sur la légalité de sa détention et ordonne sa libération si la détention est illégale.

5. Toute personne victime d'une arrestation ou d'une détention dans des conditions contraires aux dispositions de cet article a droit à réparation.

Bibliographie : F. Bernard, *La définition du champ d'application de l'article 5 de la CEDH : RTDH* 2014, 95. • J. Andriantsimbazovina, *Conv. EDH, art. 5 : Droit à la liberté et à la sûreté : Rép. pén. Dalloz*. • D. Boccon-Gibbod, *Pour une vraie réforme statutaire du parquet : AJ Pénal* 2017, p. 381. • É. Bonis-Garçon et O. Décima, *Le parquet et les sirènes de l'indépendance : JCP* G 2013, 460. • E. Bonis, *L'indépendance des magistrats du parquet ou le difficile exercice d'équilibriste du Conseil constitutionnel : Dr. pén.* 2018, étude 3. • L. Cadiet, *Statut du parquet : le retour. Mais lequel ? : Procédures* 2017, repère 8. • A. Giudicelli, *Principe d'impartialité : comment l'appliquer au Ministère public ? : RSC* 2017, p. 81. • J.-L. Lennon, *L'indépendance du ministère public ou le supplice de Tantale : Dr. pén.* 2016, n° 11, étude 25. • B. Pastre-Belda, *La protection des droits fondamentaux de la personne privée de liberté : quelles évolutions dans la jurisprudence européenne ? : RTDH* 2019-119, p. 599. • M. de Silva, *Principes directeurs d'une procédure pénale européenne : la contribution des organes de la Convention européenne des droits de l'Homme, Recueil des cours de l'Académie de droit européen*, vol. V, t. 2, 59. • F. Sudre et autres, *Le droit à la liberté et à la sûreté : RDP* 2015, p. 839. • E. Vergès, *Politique pénale et action publique, la difficile conciliation du modèle français de Ministère public et des standards européens : RSC* 2013, p. 603.

• *Sommaire*

I – DROIT À LA LIBERTÉ ET À LA SÛRETÉ

1) Nature et importance du droit à la liberté. L'article 5 de la Convention figure parmi les principales dispositions garantissant les droits fondamentaux qui protègent la sécurité physique des personnes et, en tant que tel, revêt une importance primordiale. Il a essentiellement pour but de protéger l'individu contre une privation de liberté arbitraire ou injustifiée. Trois grands principes en particulier ressortent de la jurisprudence de la Cour : les exceptions, dont la liste est exhaustive, appellent une interprétation étroite et ne se prêtent pas à l'importante série de justifications prévues par d'autres dispositions (les articles 8 à 11 de la Convention en particulier) ; la régularité de la détention sur laquelle l'accent est mis de façon répétée du point de vue tant de la procédure que du fond, et qui implique une adhésion scrupuleuse à la prééminence du droit ; et l'importance de la rapidité ou de la célérité des contrôles juridictionnels requis (▪ CEDH, GC, 3 oct. 2006, n° 543/03, *MacKay c/ RU*, § 30). Tout individu a droit à la protection de ce droit, c'est-à-dire à ne pas être ou rester privé de liberté, sauf dans le respect des exigences du paragraphe 1 de l'article 5 (▪ CEDH, 29 mars 2010, n° 3394/03, *Medvedyev c/ France*). L'importance fondamentale des garanties figurant à l'article 5 pour assurer aux individus dans une démocratie le droit à ne pas être soumis à des détentions arbitraires par les autorités. C'est pour cette raison que la Cour ne cesse de souligner dans sa jurisprudence que toute privation de liberté doit observer les normes de fond comme de procédure de la législation nationale mais également se conformer au but même de l'article 5 : protéger l'individu contre l'arbitraire. Atteste de l'importance de la protection accordée à l'individu contre l'arbitraire le fait que l'article 5 § 1 dresse la liste exhaustive des circonstances dans lesquelles un individu peut être légalement privé de sa liberté, étant bien entendu que ces circonstances appellent une interprétation étroite puisqu'il s'agit d'exceptions à une garantie fondamentale de la liberté individuelle (▪ CEDH, 13 déc. 2012, n° 39630/09, *El Masri c/ République Yougoslave de Macédoine*, § 230). Il faut souligner aussi que les auteurs de la Convention ont renforcé la protection de l'individu contre les privations arbitraires de sa liberté en consacrant un ensemble de droits matériels conçus pour réduire au minimum le risque d'arbitraire, en prévoyant que les actes de privation de liberté doivent pouvoir être soumis à un contrôle juridictionnel indépendant et que la responsabilité des autorités doit pouvoir être recherchée (même arrêt, § 231).

2) Principes encadrant le droit à la liberté. Les principes généraux impliqués par la Convention auxquels renvoie la jurisprudence relative à l'article 5 § 1 sont le principe de la prééminence du droit et, lié au précédent, celui de la sécurité juridique, le principe de proportionnalité et le principe de protection contre l'arbitraire, la protection contre l'arbitraire étant de plus le but de l'article (▪ CEDH, *Erkalo c/ Pays-Bas*, préc., § 52). Lorsqu'il s'agit d'une privation de liberté, il est particulièrement important de satisfaire au principe général de la sécurité juridique. Par conséquent, il est essentiel que les conditions de la privation de liberté en vertu du droit interne soient clairement définies et que la loi elle-même soit prévisible dans son application, de façon à remplir le critère de « légalité » fixé par la Convention, qui exige que toute loi soit suffisamment précise pour permettre au justiciable – en s'entourant au besoin de conseils éclairés – de prévoir, à un degré raisonnable dans les circonstances de la cause, les conséquences de nature à dériver d'un acte déterminé (▪ CEDH, 21 déc. 2012, n°s 28189/04 et 28192/04, *Ichin et autres c/ Ukraine*, § 33).

A – La notion de privation de liberté

3) Définition abstraite. En proclamant le « droit à la liberté », le paragraphe 1 de l'article 5 (art. 5-1) vise la liberté individuelle dans son acception classique, c'est-à-dire la liberté physique de la personne. Il a pour but d'assurer que nul n'en soit dépouillé de manière arbitraire ; ainsi que l'ont relevé Gouvernement et Commis sion, il ne concerne pas les simples restrictions à la liberté de circuler (art. 2 du Protocole n° 4) (P4-2). Cela ressort à la fois de l'emploi des termes « privé de sa liberté », « arrestation » et « détention », qui figurent également aux paragraphes 2 à 5, et d'une comparaison entre l'article 5 (art. 5) et les autres dispositions normatives de la Convention et des Protocoles (■ CEDH, 8 juin 1976, n°s 5100/71, 5101/71, 5102/71, 5354/72 et 5370/72, *Engels et a. c/ Pays-Bas*, § 58). Entre privation et restriction de liberté, il n'y a pourtant qu'une différence de degré ou d'intensité, non de nature ou d'essence. Le classement dans l'une ou l'autre de ces catégories se révèle parfois ardu, car dans certains cas marginaux il s'agit d'une pure affaire d'appréciation, mais la Cour ne saurait éluder un choix dont dépendent l'applicabilité ou l'inapplicabilité de l'article 5 (■ CEDH, 6 nov. 1980, n° 7367/76, *Guzzardi c/ Italie*, § 93, série A, n° 39). Il existe des privations de liberté autres que la détention consécutive à une arrestation ou à une condamnation. L'évolution des normes juridiques et des idées tend à en accroître la diversité de ces mesures ; or la Convention s'interprète à la lumière des conceptions prévalant de nos jours dans les États démocratiques (■ CEDH, *Guzzardi c/ Italie*, préc., § 95). L'article 5 consacre un droit fondamental de l'homme, à savoir la protection de l'individu contre les atteintes arbitraires de l'État à son droit à la liberté. Les alinéas *a)* à *f)* de l'article 5 § 1 énumèrent limitativement les motifs autorisant la privation de liberté. Pareille mesure n'est pas conforme à l'article 5 § 1 si elle ne relève pas de l'un de ces motifs. On ne saurait exclure que le recours à des techniques de contention et de contrôle des foules puissent, dans des circonstances particulières, donner lieu à une privation de liberté contraire à l'article 5 § 1. Dans chaque cas particulier, l'article 5 § 1 doit s'interpréter d'une manière qui tienne compte du contexte spécifique dans lequel les techniques en cause sont utilisées et de l'obligation d'assurer le maintien de l'ordre et la protection du public que tant le droit national que le droit conventionnel font peser sur la police (■ CEDH, GC, 15 mars 2012, n°s 39692/09, 40713/09 et 41008/09, *Austin et a. c/ RU*, § 60).

4) **Autonomie de la notion.** Bien que la Cour prenne en compte les constatations de fait émanant des juridictions internes, elle ne se juge pas tenue par leurs conclusions juridiques quant au point de savoir si le requérant était ou non détenu, surtout si la question a été examinée sous l'angle du délit de détention arbitraire et non à l'aune de la notion de « privation de liberté » énoncé à l'article 5 § 1 de la Convention, les critères applicables dans l'un et l'autre cas étant différents (■ CEDH, 5 oct. 2004, n° 45508/99, *H.L. c/ RU*, § 90).

5) **Critères de détermination – Généralités.** La Cour rappelle que, pour déterminer si un individu se trouve « privé de sa liberté » au sens de l'article 5, il faut partir de sa situation concrète et prendre en compte un ensemble de critères comme le genre, la durée, les effets et les modalités d'exécution de la mesure considérée (■ CEDH, 6 nov. 1980, n° 7367/76, *Guzzardi c/ Italie*, § 92, série A, n° 39. ■ CEDH, 7 janv. 2012, n° 25965/04, *Rantsev c/ Chypre et Russie*, § 314. ■ CEDH, CG, 23 févr. 2012, n° 29226/03, *Creanga c/ Roumanie*, § 91). La Cour estime que l'exigence de prendre en compte le « genre » et les « modalités d'exécution » de la mesure en question lui permet d'avoir égard au contexte et aux circonstances spécifiques entourant les restrictions à la liberté qui s'éloignent de la situation type d'incarcération en cellule. En effet, le contexte dans lequel s'insère la mesure représente un facteur important car il est courant, dans les sociétés modernes, que surviennent des situations dans lesquelles le public peut être appelé à supporter des restrictions à la liberté de circulation ou à la liberté des personnes dans l'intérêt du bien commun. Le public est généralement prêt à accepter que des restrictions temporaires soient apportées à la liberté de mouvement dans certains contextes, par exemple dans les transports publics, lors de déplacements sur l'autoroute, ou à l'occasion d'un match de football. La Cour considère que, sous réserve qu'elles soient le résultat inévitable de circonstances échappant au contrôle des autorités, qu'elles soient nécessaires pour prévenir un risque réel d'atteintes graves aux personnes ou aux biens et qu'elles soient limitées au minimum requis à cette fin, des restrictions à la liberté aussi courantes ne peuvent à bon droit être regardées comme des « privations de liberté » au sens de l'article 5 § 1 (■ CEDH, GC, *Austin et a. c/ RU*, préc., § 59. ■ CEDH, GC, 12 sept. 2012, n° 10593/08, *Nada c/ Suisse*, § 226).

6) **Critères de détermination : confinement général.** Dans le cadre du confinement général, le requérant a été obligé de rester à son domicile, à moins de sortir pour l'une des raisons expressément indiquées dans la loi, muni d'une attestation de déplacement. Il avait la liberté de quitter son domicile pour différentes raisons et il pouvait alors se rendre à différents endroits, au moment de la journée où cela s'avérerait nécessaire. Il ne faisait pas l'objet d'une surveillance individuelle de la part des autorités. Il n'a pas affirmé avoir été contraint de vivre dans un endroit exigu et ne s'est pas trouvé dans l'impossibilité de nouer des contacts sociaux. Le degré des restrictions apportées à la liberté de circulation du requérant n'est pas d'une intensité telle qu'elle permette de considérer que le confinement général imposé par les autorités ait constitué une privation de liberté. Elle

estime donc que le requérant ne peut passer pour avoir été privé de sa liberté au sens de l'article 5 § 1 de la Convention (■ CEDH, 13 avr. 2021, n° 49933/20, *Terhes c/ Roumanie*, §§ 43-45).

7) Critères de détermination : aspects objectifs et subjectifs de la privation de liberté. La notion de privation de liberté au sens de l'article 5 § 1 ne comporte pas seulement un aspect objectif, à savoir l'internement d'une personne dans un certain espace restreint pendant un laps de temps non négligeable. Une personne ne peut passer pour avoir été privée de sa liberté que si – et cela constitue l'aspect subjectif – elle n'a pas valablement consenti à son internement. Le point de savoir si la requérante a consenti à son séjour à la clinique est donc déterminant pour la qualification (■ CEDH, 16 juin 2005, n° 61603/00, *Stork c/ Allemagne*, § 74). L'aspect objectif de la privation de liberté peut être apprécié au regard d'une appréciation cumulée et combinée de la situation du requérant soumis à un internement en milieu ouvert. L'impossibilité de quitter le lieu d'internement, la surveillance stricte et quasi permanente, le peu d'occasions de contacts sociaux sont des éléments à prendre en compte pour la qualification de la privation de liberté au sens de l'article 5 § 1 de la Convention (■ CEDH, *Guzzardi c/ Italie*, préc., § 95). Le fait que le requérant n'ait pas émis de protestation lors de l'arrestation, qu'il n'ait pas été menotté, incarcéré ou physiquement maîtrisé n'est pas décisif pour la détermination de la privation de liberté (■ CEDH, 27 juill. 2013, n° 41872/10, *M.A. c/ Chypre*, § 193). Le droit à la liberté occupe une place trop importante dans une société démocratique pour qu'une personne perde le bénéfice de la protection de la Convention du seul fait qu'elle a accepté d'être mise en détention, en particulier lorsque nul ne conteste que cette personne est juridiquement incapable de consentir ou de s'opposer à la mesure proposée (■ CEDH, GC, 17 janv. 2012, n° 36760/06, *Stanev c/ Bulgarie*, § 119). Il en va de même lorsque les requérants, qualifiés de vagabonds par le droit national, se sont présentés à la police en vue d'un internement. Le droit à la liberté revêt une trop grande importance dans une « société démocratique », au sens de la Convention, pour qu'une personne perde le bénéfice de la protection de celle-ci du seul fait qu'elle se constitue prisonnière. Une détention pourrait enfreindre l'article 5 (art. 5) quand bien même l'individu dont il s'agit l'aurait acceptée. Dans une matière qui relève de l'ordre public au sein du Conseil de l'Europe, un contrôle scrupuleux, de la part des organes de la Convention, de toute mesure pouvant porter atteinte aux droits et libertés garantis, est commandé dans tous les cas (■ CEDH, 18 juin 1971, n°s 2832/66, 2835/66 et 2899/66, *De Wilde, Ooms et Versyp c/ Belgique*, § 65). S'il existe des situations dans lesquelles la volonté d'une personne dont les capacités mentales sont altérées peut être valablement remplacée par celle d'un tiers agissant dans le cadre d'une mesure de protection, il est parfois difficile de connaître la véritable volonté ou les préférences d'une telle personne. Toutefois, la Cour a déjà eu l'occasion de dire que le fait qu'une personne soit privée de sa capacité juridique ne signifie pas nécessairement qu'elle soit incapable de comprendre quelle est sa situation. En pareille situation, et dès lors que le requérant a exprimé de manière explicite son souhait de quitter le foyer et entrepris des démarches pour retrouver sa pleine capacité et faire cesser la mesure de curatelle, son maintien en centre psychiatrique s'analyse en une privation de liberté au sens de l'article 5 § 1 de la Convention (■ CEDH, GC, 17 janv. 2012, *Stanev c/ Bulgarie*, préc., § 130).

8) Critères de détermination : durée de la mesure. Lorsque les faits font apparaître une privation de liberté au sens de l'article 5 § 1, l'éventuelle brièveté de cette privation n'en efface pas la réalité (■ CEDH, *Rantsev c/ Chypre et Russie*, préc., § 317). Une privation de liberté de deux heures peut donc tomber sous le coup de l'article 5 § 1 de la Convention, d'autant qu'elle s'est soldée par le décès de la requérante après être tombée du balcon de l'appartement dont elle semblait tenter de s'enfuir (même arrêt, § 316). Même si la durée de l'interpellation et de la fouille n'a ni pour l'un ni pour l'autre dépassé trente minutes, les requérants ont été entièrement privés de toute liberté de circulation. Ils ont été obligés de rester là où ils se trouvaient et de se soumettre à une fouille, et un refus les aurait exposés à une arrestation, à un placement en garde à vue et à des poursuites pénales. Cet élément coercitif montre qu'il y a bien eu privation de liberté au sens de l'article 5 § 1 (■ CEDH, 12 janv. 2010, n° 4158/05, *Gillan et Quinton c/ RU*, § 57).

B – Domaine de la privation de liberté

9) Conditions de détention. Si la Cour n'exclut pas que des mesures adoptées dans une prison puissent dans des circonstances exceptionnelles s'analyser en une atteinte au droit à la liberté, de manière générale, toutefois, des mesures disciplinaires formelles ou non, qui ont des effets sur les conditions de détention à l'intérieur de la prison, ne peuvent passer pour une privation de liberté. De telles mesures doivent être considérées dans des circonstances normales comme des modifications des conditions de la détention légale et, de ce fait, sortent du champ d'application de l'article 5 § 1 de la Convention. Dans certains cas, des questions peuvent toutefois se poser sous l'angle des articles 3 et 8 de la Convention (■ CEDH, 4 mai 2000, n° 42117/98, *Bollan c/ RU*). La Cour rappelle qu'en proclamant le « droit à la liberté », le paragraphe 1 de l'article 5 vise la liberté physique de la personne ; il a pour but d'assurer que nul n'en soit privé de manière arbitraire. Cette disposition ne régit cependant pas les conditions d'une privation de liberté et ne garantit pas le droit à être soumis à un régime de détention moins sévère que le régime carcéral traditionnel (■ CEDH, 2 août 2011, n° 44955/98, *Vittorio et Luigi Mancini c/ Italie*, § 16). La détention en prison ou l'assignation à domicile constituaient pour les requérants une privation de liberté aux termes de l'article 5 § 1 *c)* de la Convention (■ même arrêt, § 17).

10) Zones de transit. Le maintien d'étrangers dans la zone internationale comporte une restriction à la liberté, mais qui ne saurait être assimilée en tous points à celle subie dans les centres de rétention d'étrangers en attente d'expulsion ou de reconduite à la frontière. Assorti de garanties adéquates pour les personnes qui en font l'objet, un tel maintien n'est acceptable que pour permettre aux États de combattre l'immigration clandestine tout en respectant leurs engagements internationaux, notamment en vertu de la Convention de Genève de 1951 relative au statut des réfugiés et de la Convention européenne des droits de l'Homme ; le souci légitime des États de déjouer les tentatives de plus en plus fréquentes de contourner les restrictions à l'immigration ne doit pas priver les demandeurs d'asile de la protection accordée par ces conventions. Pareil maintien ne doit pas se prolonger de manière excessive car il risquerait de transformer une simple restriction à la liberté – inévitable en vue de l'organisation matérielle du rapatriement de l'étranger ou, si celui-ci a sollicité l'asile, pendant l'examen de la demande d'admission sur le territoire au titre de l'asile – en privation de liberté. Il faut tenir compte, à cet égard, du fait qu'une telle mesure s'applique non pas à des auteurs d'infractions pénales mais à des étrangers qui, craignant souvent pour leur vie, fuient leur propre pays. Si la décision de maintien incombe par la force des choses aux autorités administratives ou policières, la prolongation de celui-ci nécessite le contrôle non tardif du juge, gardien traditionnel des libertés individuelles. Avant tout et surtout, un tel maintien ne doit pas priver le demandeur d'asile du droit d'accéder effectivement à la procédure de détermination du statut de réfugié (■ CEDH, 25 juin 1996, n° 19776/92, *Amuur c/ France*, § 42-43).

11) Sanctions disciplinaires. La mise aux arrêts de six jours à son domicile d'un militaire constitue une privation de liberté au sens de l'article 5 de la Convention (■ CEDH, 2 nov. 2006, n° 69966/01, *Dacosta Silva c/ Espagne*, § 44). En revanche ne peut être analysée comme une privation de liberté au sens de l'article 5 de la Convention, la situation dans laquelle les autorités nationales ont demandé et rejeté une demande d'asile dans un délai de trois jours, et que les requérants sont restés dans la zone de transit de leur plein gré, sans surveillance policière et pouvant donc mener leur vie quotidienne, correspondre et prendre contact avec des tiers sans intervention ou surveillance des autorités autrichiennes, avant que ces mêmes autorités acceptent leur entrée sur le territoire pour des raisons humanitaires (■ CEDH, 8 déc. 2005, n° 74762/01, *Mahadid et Haddar c/ Autriche*).

12) Enfermement dans le cadre d'une « déprogrammation » psychologique. Le transfert des requérants par la police catalane agissant sur les ordres d'un juge d'instruction, à un hôtel puis leur maintien dans l'hôtel pendant dix jours, sous la surveillance de personnes engagées à cet effet, dont une restait en permanence dans chaque chambre, sans autorisation de sortie pendant les trois premiers jours, fenêtres des chambres fermées hermétiquement avec des planches en bois et les vitres retirées et soumis à un processus de « déprogrammation » par un psychologue et un psychiatre s'analysent en fait, en raison des restrictions subies, en une privation de liberté (■ CEDH, 14 oct. 1999, n°s 37680/97 et 37680/97, *Riera Blume et a. c/ Espagne*, § 29).

13) Hospitalisation d'un mineur. L'hospitalisation d'un mineur dans un pavillon de psychiatrie infantile, où il ne pouvait recevoir des visiteurs qu'avec l'accord du personnel, avait besoin d'une permission spéciale pour téléphoner, comme pour voir des personnes extérieures à l'établissement, et se trouvait sous surveillance presque constante ne constitue pas une privation de liberté au sens de l'article 5 de la Convention. En effet, l'enfant se trouvait encore à un âge où il est normal qu'un parent se prononce, au besoin, contre son gré et rien ne prouvait que la mère ait agi de mauvaise foi. Elle avait pris sa décision en suivant les conseils de médecins compétents. Un enfant comme le requérant doit pouvoir être hospitalisé à la demande du titulaire de l'autorité parentale, hypothèse manifestement non couverte par le paragraphe 1 de l'article 5 mais relevant de l'exercice, par une mère consciente de ses responsabilités, de ses droits parentaux dans l'intérêt de l'enfant (■ CEDH, 28 nov. 1988, n° 10929/84, *Nielsen c/ Danemark*, § 58-73).

14) Arrestations massives en vue d'expulsions. L'expulsion collective de ressortissants géorgiens, précédée d'arrestations massives – dans les rues, sur leur lieu de travail ou à leur domicile –, entre dans le périmètre de l'article 5 § 1 de la

Convention (▪ CEDH, GC, 3 juill. 2014, n° 13255/07, *Georgie c/ Russie* (I), § 182-188).

15) Pratique du Kettling. La mise en place et le maintien du cordon par la police nécessaires pour prévenir des atteintes graves aux personnes ou aux biens ne constituent pas une privation de liberté au sens de l'article 5 § 1 de la Convention. En l'absence de nécessité la mesure aurait été d'un « genre » différent, et sa nature coercitive et restrictive aurait pu suffire à la faire tomber dans le champ de l'article 5 (▪ CEDH, GC, 13 mars 2012, n°s 39692/09, 40713/09 et 41008/09, *Austin et a. c/ RU*, § 68).

16) Disparitions. La détention non reconnue d'un individu constitue une négation totale de ses garanties et une violation extrêmement grave de l'article 5. Lorsque les autorités s'emparent d'un individu, elles doivent toujours être à même d'indiquer où il se trouve. C'est pourquoi il faut considérer que l'article 5 leur fait obligation de prendre des mesures effectives pour pallier le risque d'une disparition et mener une enquête rapide et efficace lorsqu'elles sont saisies d'une plainte plausible selon laquelle une personne a été appréhendée et n'a pas été revue depuis (▪ CEDH, 25 mai 1998, n° 24276/94, *El Masri*, préc., § 233. ▪ CEDH, *Kurt c/ Turquie*, § 124). Les enquêtes concernant les infractions à caractère terroriste confrontent indubitablement les autorités à des problèmes particuliers. Cela ne signifie pas pour autant que les autorités aient carte blanche, au regard de l'article 5, pour arrêter et placer en garde à vue des suspects, à l'abri de tout contrôle effectif par les tribunaux internes et, en dernière instance, par les organes de contrôle de la Convention, chaque fois qu'elles estiment qu'il y a infraction terroriste (même arrêt, § 232 ; ▪ CEDH, 11 juill. 2000, n° 20869/92, *Dikme c/ Belgique*, § 64). Ne pas consigner des données telles que la date et l'heure de l'arrestation, le lieu de détention, le nom du détenu ainsi que les raisons de la détention et l'identité de la personne qui y a procédé doit passer pour incompatible avec l'exigence de régularité de la détention et avec l'objectif même de l'article 5 de la Convention (▪ CEDH, *Kurt c/ Turquie*, préc., § 125. ▪ CEDH, 13 juin 2002, n° 38361/97, *Anguelova c/ Bulgarie*, § 154).

C – Étendue des obligations de l'État

17) Obligations positives de l'État. La première phrase de l'article 5 § 1 de la Convention exige de l'État non seulement qu'il s'abstienne de porter activement atteinte aux droits en question, mais aussi qu'il prenne des mesures appropriées pour protéger l'ensemble des personnes relevant de sa juridiction contre toute atteinte illégale à ces droits (▪ CEDH, GC, 13 déc. 2012, n° 39630/09, *El Masri c/ République Yougoslave de Macédoine*, § 239). La Cour a eu l'occasion de dire que la première phrase de l'article 5 § 1 doit être comprise comme imposant à l'État l'obligation positive de protéger la liberté des personnes relevant de sa juridiction. Si tel n'était pas le cas, il en résulterait une lacune assez grande dans la protection contre la détention arbitraire, ce qui ne cadrerait pas avec l'importance que revêt la liberté individuelle dans une société démocratique. L'État est donc tenu de prendre des mesures offrant une protection effective aux personnes vulnérables, notamment des mesures raisonnables destinées à empêcher une privation de liberté dont les autorités avaient ou auraient dû avoir connaissance (▪ CEDH, *Storck c/ Allemagne*, préc., § 102. ▪ CEDH, GC, *Stanev c/ Bulgarie*, préc., § 120). Ainsi, ayant égard aux circonstances particulières de ces affaires, la Cour a estimé que la responsabilité des autorités nationales se trouvait engagée s'agissant d'une détention demandée par le tuteur du requérant et exécutée dans un hôpital psychiatrique et par une détention dans une clinique privée (même arrêt). Même si la détention du requérant a été demandée par une personne privée, en l'occurrence sa tutrice, elle a été appliquée par un établissement public, à savoir un hôpital psychiatrique. La situation litigieuse engage donc la responsabilité des autorités (▪ CEDH, 27 mars 2003, n° 44009/05, *Chtoukaturov c/ Russie*, § 110). Même dans des situations où il n'est pas établi que l'intéressé ait été enlevé par des agents de l'État, la Cour rappelle que la première phrase de l'article 5 § 1 de la Convention doit être comprise comme imposant à l'État l'obligation positive de protéger la liberté de ses ressortissants. Elle considère que, dans les circonstances de la présente espèce, où la disparition et la détention d'une personne ne sont pas reconnues par l'État, il n'y a pas de raison de considérer que la portée de l'obligation positive d'une privation arbitraire de sa liberté que fait à l'État l'article 5 de la Convention est différente de celle que lui fait l'article 2 de protéger la vie de l'intéressé (▪ CEDH, 15 janv. 2009, n° 25385/04, *Medova c/ Russie*, § 123).

II – PRIVATIONS DE LIBERTÉ AUTORISÉES

A – La régularité du cadre légal

18) Référence au droit national. En matière de « régularité » d'une détention, y compris l'observation des « voies légales », la Convention renvoie pour l'essentiel à la législation nationale et consacre l'obligation d'en observer les normes de fond comme de procédure. Ce terme impose, en premier lieu, que toute arrestation ou détention ait une base légale en droit interne, mais concerne aussi la qualité de la loi ; il la veut compatible avec la prééminence du droit, notion inhérente à l'ensemble des articles de la Convention. La « qualité de la loi » implique qu'une loi nationale autorisant une privation de liberté soit suffisamment accessible, précise et prévisible dans son application afin d'éviter tout danger d'arbitraire (25 juin 1996, *Amuur c/ France*, préc., § 50). Le critère de « légalité » fixé par la Convention exige donc que toute loi soit suffisamment précise pour permettre au citoyen – en s'entourant au besoin de conseils éclairés – de prévoir, à un degré raisonnable dans les circonstances de la cause, les conséquences de nature à dériver d'un acte déterminé. Lorsqu'il s'agit d'une privation de liberté, il est essentiel que le droit interne définisse clairement les conditions de détention (▪ CEDH, GC, 21 oct. 2013, n° 42750/09, *Del Rio Prada*, § 125. ▪ CEDH, GC, 23 févr. 2012, n° 29226/03, *Creangă c/ Roumanie*, § 101).

19) Incidence de l'appel. Une période de détention est en principe régulière si elle a lieu en exécution d'une décision judiciaire. La constatation ultérieure d'un manquement par le juge peut ne pas rejaillir, en droit interne, sur la validité de la détention subie dans l'intervalle. C'est pourquoi les organes de Strasbourg se refusent toujours à accueillir des requêtes émanant de personnes reconnues coupables d'infractions pénales et qui tirent argument de ce que les juridictions d'appel ont constaté que le verdict de culpabilité ou la peine reposaient sur des erreurs de fait ou de droit (▪ CEDH, *Benham c/ RU*, préc., § 42. ▪ CEDH, *Tsirlis et Kouloumpas c/ Grèce*, préc., § 58). En revanche, si la Cour constate que la décision de condamnation, bien que réparée en appel, a été rendue en totale méconnaissance du droit interne, en l'occurrence, niant aux témoins de Jéhovah la qualité de religion connue et en condamnant les requérants qui étaient ministres de ce culte à une privation de liberté au motif qu'ils s'étaient soustraits à leur obligations militaires, alors la violation de l'article 5 § 1 doit être relevée (▪ CEDH, 29 mai 1997, n°s 19233/91 et 19234/91, *Tsirlis et Kouloumpas c/ Grèce*, § 58-63).

20) Contrôle du droit national. Il incombe au premier chef aux autorités nationales, et notamment aux tribunaux, d'interpréter et d'appliquer le droit interne pour vérifier la régularité de la privation de liberté. Comme, au regard de l'article 5, paragraphe 1 (art. 5-1), l'inobservation du droit interne entraîne un manquement à la Convention, la Cour peut et doit toutefois exercer un certain contrôle pour rechercher si le droit interne a bien été respecté (▪ CEDH, GC, 10 juin 1996, n° 19380/92, *Benham c/ RU*, § 41. ▪ CEDH, 29 févr. 1988, n° 9106/80, *Bouamar c/ Belgique*, § 49).

21) Référence au droit international. Si en matière de « régularité » d'une détention, y compris l'observation des « voies légales », la Convention renvoie pour l'essentiel à la législation nationale, il faut également tenir compte, le cas échéant, d'autres normes juridiques applicables aux intéressés, y compris celles qui trouvent leur source dans le droit international. Dans tous les cas, elle consacre l'obligation d'en observer les normes de fond comme de procédure, mais elle exige de surcroît la conformité de toute privation de liberté au but de l'article 5 : protéger l'individu contre l'arbitraire (▪ CEDH, *Medvedyev c/ France*, préc., § 79). La légalité de la privation de liberté au regard du droit interne (placement ou prorogation) n'est pas seule en jeu ni suffisante. Il convient aussi de rechercher si la détention de l'intéressé pendant la période examinée est conforme à l'article 5 § 1 de la Convention, qui vise à empêcher que des personnes soient arbitrairement privées de leur liberté (▪ CEDH, 2 sept. 1998, n° 23807/94, *Erkalo c/ Pays-Bas*, § 56).

B – Motifs des privations de liberté autorisées

22) Nécessité des motifs justifiant une privation de liberté. Une détention non enregistrée constitue un manquement grave et s'analyse en une négation des garanties fondamentales contenues à l'article 5, paragraphe1 de la Convention. Tel est le cas lorsque plus de 23 heures se sont écoulées entre l'arrestation du requérant pour terrorisme et l'établissement du procès-verbal officiel (▪ CEDH, 17 sept. 2020, n° 58444/15, *Grubnyk c/ Ukraine* : *JurisData* n° 2020-014780 ; *JCP* G 2020, 1113, obs. L. Milano).

23) Pluralité de motifs. La Cour rappelle que l'article 5 § 1 de la Convention renferme une liste exhaustive des motifs autorisant la privation de liberté. Le fait qu'un motif soit applicable n'empêche toutefois pas nécessairement qu'un autre le soit aussi ; une détention peut, selon les circonstances, se justifier sous l'angle de plus d'un alinéa (▪ CEDH, 2 sept. 1998, n° 23807/94, *Erkalo c/ Pays-Bas*, § 50).

1° *Détention consécutive à une condamnation*

24) Notion de condamnation. L'article 5 § 5 se distingue selon le caractère juridique de l'infraction dont une personne a été déclarée coupable. Il s'applique à toute « condamnation » privative de liberté prononcée par un « tribunal », que le droit interne de l'État en cause la qualifie de pénale ou de disciplinaire (▪ CEDH, 8 juin 1976, n°s 5100/71,

5101/71, 5102/71, 5354/72 et 5370/72, *Engel c/ Pays-Bas*, § 68). Par « condamnation » au sens de l'article 5 § 1 *a)*, il faut entendre, eu égard au texte français, à la fois une déclaration de culpabilité, consécutive à l'établissement légal d'une infraction (■ CEDH, *Guzzardi c/ Italie*, préc., § 100), et l'infliction d'une peine ou autre mesure privative de liberté (■ CEDH, 24 juin 1982, n° 7906/77, *Van Droogenbroeck c/ Belgique*, § 35). En ce sens également, ■ CEDH, GC, *Del Rio Prada*, préc., § 123.

25) Tribunal compétent. Une Haute Cour militaire, dont la compétence n'a point prêté à discussion, constitue un tribunal du point de vue organique. Sans doute ses quatre membres militaires ne sont-ils pas inamovibles en droit, mais comme les deux membres civils ils jouissent de l'indépendance inhérente à la notion de « tribunal » telle que la conçoit la Convention au sens de l'article 5 § 1 (■ CEDH, *Engel c/ Autriche*, préc., § 69).

26) Causalité entre la condamnation et la privation de liberté. La détention après condamnation n'implique pas un simple ordre chronologique de succession entre « condamnation » et « détention » : la seconde doit en outre résulter de la première, se produire, « à la suite et par suite » – ou « en vertu » – « de celle-ci » (■ CEDH, *Engel et a. c/ Autriche*, préc., § 68 ; ■ *Van Droogenbroeck c/ Belgique*, préc., § 35). En bref, il doit exister entre elles un lien de causalité suffisant. Toutefois, le lien entre la condamnation initiale et la prolongation de la privation de liberté se distend peu à peu avec l'écoulement du temps. Le lien de causalité exigé par l'alinéa *a)* pourrait finir par se rompre au cas où une décision de ne pas libérer ou de réincarcérer se fonderait sur des motifs incompatibles avec les objectifs visés par la décision initiale (de la juridiction de jugement) ou sur une appréciation non raisonnable eu égard à ces objectifs. En pareil cas, un internement régulier à l'origine se muerait en une privation de liberté arbitraire et, dès lors, incompatible avec l'article 5 (■ CEDH, *M. c/ Allemagne* C., 17 déc. 2012, n° 19359/04, § 88).

2° Détention pour insoumission à une ordonnance rendue par un Tribunal ou inobservation d'un ordre prescrit par la loi

27) Le premier volet de l'article 5 § 1, *b* vise la détention pour « insoumission à une ordonnance rendue, conformément à la loi, par un tribunal », c'est-à-dire le non-respect d'une décision déjà prise à l'égard d'un individu. Les organes de la Convention ont jugé qu'il s'appliquait notamment aux cas d'individus n'ayant pas payé une amende ordonnée par un tribunal (n° 6289/73, *Airey c/ Irlande*, décision de la Commission du 7 juill. 1977, Décisions et rapports (DR) 8, p. 50), ne s'étant pas soumis à des examens médicaux ordonnés par un tribunal (n° 8278/78, *X c/ Autriche*, décision de la Commission du 13 déc. 1979, DR 18, p. 154, et n° 6659/74, *X c/ Allemagne*, décision de la Commission du 10 déc. 1975, DR 3, p. 92), n'ayant pas respecté une décision de remise d'enfants à un parent (■ CEDH, 4 sept. 2007, n° 4065/04, (déc.) *Paradis et a. c/ Allemagne*), n'ayant pas respecté des restrictions de résidence imposées par une décision de justice (n° 8916/80, *Freda c/ Italie*, décision de la Commission du 7 oct. 1980, DR 21, p. 251) (■ CEDH, 27 juill. 2010, n° 28221/08, *Gatt c/ Malte*, § 37). L'article 5 § 1, *b* trouve à s'appliquer si le but de l'ordonnance était de garantir le paiement d'une somme due aux autorités à titre de sanction pour un manquement aux règles de la liberté conditionnelle (même arrêt, § 42) ou en cas de violation d'une sommation de « magistrate », c'est-à-dire du manquement à l'obligation faite à la personne visée de prendre un « engagement » (une promesse ou une lettre de gage, garantie par une somme d'argent fixée par le tribunal) de respecter l'ordre public ou de bien se conduire pendant une période déterminée (■ CEDH, 23 sept. 1998, n° 24838/94, *Steel et a. c/ R.-U.*, § 31).

Peuvent également être examinés sous l'angle de l'article 5 § 1 *b*, l'arrestation et le placement en détention policière décidés suite au refus du requérant d'obtempérer à l'ordre de quitter les lieux fondé sur une loi nationale (■ CEDH, 24 mars 2005, *Epple c/ Allemagne*, § 36).

3° Détention provisoire

28) Exigence d'une procédure pénale. L'alinéa *c)* de l'article 5 (art. 5-1-c) permet exclusivement des privations de liberté ordonnées dans le cadre d'une procédure pénale. Cela ressort de son libellé, qu'il faut lire en combinaison avec d'une part l'alinéa *a)* (art. 5-1-c+5-1-a) et d'autre part le paragraphe 3 (art. 5-1-c+5-3), avec lequel il forme un tout (■ CEDH, 22 févr. 1989, n° 11152/84, *Ciulla c/ Italie*, § 38). En vertu de la jurisprudence constante de la Cour, ce motif de détention ne se prête pas à une politique de prévention générale dirigée contre une personne qui se révèle dangereuse par sa propension à la délinquance. Il ménage seulement aux États contractants le moyen d'empêcher une infraction concrète et déterminée, notamment en ce qui concerne le moment et le lieu de sa commission ainsi que les victimes potentielles (■ CEDH, 17 déc. 2009, n° 19359/04, *M. c/ Allemagne*, §§ 89 et 102), ce qui ne couvre pas les autres infractions potentielles que le requérant peut commettre notamment au regard du trouble mental dont il est atteint (■ CEDH, gr. ch., 4 déc. 2018, n° 27505/14, *Ilnseher c/ Allemagne*, § 145 : *Dr. pen.* 2019, comm. 40, obs. V. Peltier). L'assignation à résidence autorisée dans le cadre d'une politique de prévention contre les comportements mafieux, contrairement à une condamnation à l'emprisonnement, peut se fonder sur de simples indices et non sur des preuves ; partant, la privation de liberté qui y prélude parfois en vertu de l'article 6, comme en l'espèce, ne saurait être assimilée à la détention provisoire régie par l'article 5, paragraphe 1 *c)* (art. 5-1-c) de la Convention. La Cour ne sous-estime certes pas l'importance de la lutte de la République italienne contre la délinquance organisée, mais elle note que la liste limitative dressée par le paragraphe 1 de l'article 5 (art. 5-1) de la Convention appelle une interprétation étroite (▪ même arrêt, § 41). N'est ni nécessaire ni proportionné, le placement en garde à vue d'un avocat, soumis à une fouille intégrale et à un contrôle d'alcoolémie, alors qu'aucun impératif sécuritaire n'est établi et que le placement en garde à vue avait été décidé par un OPJ avec lequel l'avocat en cause avait eu une altercation relativement à la défense de son client (▪ CEDH, 23 avr. 2015, n° 26690/11, *François c/ France*, §§ 52-59).

29) Détention préventive. La Cour estime de manière générale que, pour que les policiers ne se trouvent pas dans l'impossibilité pratique d'accomplir leur devoir de maintien de l'ordre et de protection du public, il faut en principe qu'ils puissent en vertu du paragraphe 1, c de article 5 de la Convention procéder à des privations de liberté hors du cadre d'une procédure pénale, sous réserve qu'ils respectent le principe de protection de l'individu contre l'arbitraire qui sous-tend l'article. Quant à savoir dans quelles circonstances pareille privation de liberté est justifiée, il s'agit d'une question concernant le respect de l'article 5, § 1, c (▪ CEDH, gr. ch., 22 oct. 2018, n° 35553/12, *V et A c/ Danemark*, § 114 : D. Goetz, *Détention provisoire et hooliganisme : 1-0 pour la CEDH, 5 nov. 2018 : Dalloz actualité*. ▪ CEDH, 7 mars 2013, n° 15598/08, *Ostendorf c/ Allemagne*).

4° Détention d'un mineur

30) Notion de minorité. L'âge de majorité n'étant dans aucun État signataire de la Convention inférieur à 18 ans, il n'est pas douteux que l'enfant âgé de 16 ans lors des faits doive être considéré comme un mineur au sens, autonome, de cette disposition (▪ CEDH, 14 déc. 1979, n° 8500/79, *Comm. X c/ Suisse*, p. 4).

31) Spécialité de la disposition. Le paragraphe *d)* de l'article 5 de la Convention comporte le seul cas de détention possible pour un mineur. Ce paragraphe renferme en réalité un cas spécifique, mais non exclusif, de détention d'un mineur, à savoir, celle qui serait faite en vue de son éducation surveillée ou en vue de sa traduction devant l'autorité compétente pour décider en la matière. La détention motivée par le caractère illégal du séjour en raison de ce que l'enfant n'était pas en possession des documents requis se rattache ainsi au paragraphe *f)* de l'article 5 de la Convention qui permet l'arrestation ou la détention « régulières d'une personne pour l'empêcher de pénétrer irrégulièrement dans le territoire, ou contre laquelle une procédure d'expulsion ou d'extradition est en cours » (▪ CEDH, 12 oct. 2006, n° 13178/03, *Mitunga c/ Belgique*, § 101).

32) Domaine de la privation de liberté. L'internement d'un mineur en maison d'arrêt n'enfreint pas forcément l'alinéa *d)* (art. 5-1-d), même quand il n'est pas de nature à pourvoir comme tel à l'« éducation surveillée » de l'intéressé. Ainsi qu'il ressort de la préposition « pour » (« for the purpose of »), la « détention » dont parle ce texte constitue un moyen d'assurer le placement de l'intéressé sous « éducation surveillée », mais il peut ne pas s'agir d'un placement immédiat. Tout comme l'article 5 § 1 reconnaît, en ses alinéas *c)* et *a)* (art. 5-1-c, art. 5-1-a), la distinction entre détention avant jugement et détention après condamnation, l'alinéa *d)* (art. 5-1-d) n'empêche pas une mesure provisoire de garde qui serve de préliminaire à un régime d'éducation surveillée sans en revêtir elle-même le caractère (▪ CEDH, 29 févr. 1988, n° 9106/80, *Bouamar c/ Belgique*, § 50). En ce qui concerne la détention des mineurs, l'expression « éducation surveillée » ne saurait être strictement assimilée à la notion d'enseignement scolaire : elle inclut à bien des égards l'exercice, par les autorités, des droits parentaux dans l'intérêt et aux fins de la protection de la personne concernée (▪ CEDH, 21 déc. 2010, n°s 28189/04 et 28192/04, *Ichin et a. c/ Ukraine*, § 39). Toutefois, l'enfermement dans des centres conçus pour isoler provisoirement différentes catégories de mineurs, y compris les auteurs d'infractions pénales, alors que leur règlement ne prévoit pas avec suffisamment de clarté quelles activités éducatives doivent être organisées en leur sein et les travaux préventifs et éducatifs prévus dans ce texte ne consistent qu'en des tâches de nature purement investigative consistant à recueillir des éléments d'information sur l'implication éventuelle de mineurs dans des faits délictueux, ne saurait entrer dans les prévisions de l'article 5-1 *d* de la Convention (même arrêt). Ne saurait non plus être considéré comme une mesure provisoire de garde préalable à un régime d'éducation surveillée, le placement de mineurs dans un établissement pénitentiaire soumis au régime disciplinaire en vigueur, l'utilisation des services éducatifs et récréatifs étant totalement facultative (▪ CEDH, 16 mai 2002, n° 39474/98, *DG c/ Irlande*, §§ 83-85).

5° Détention pour des raisons médicales et sociales

33) Finalité de la détention. La privation de liberté visée à l'article 5, § 1, e a une double fonction : d'une part une fonction sociale de protection, d'autre part une fonction thérapeutique liée à l'intérêt individuel pour la personne aliénée de bénéficier d'une thérapie ou d'un parcours de soins appropriés et individualisés (▪ CEDH, gr. ch., 31 janv. 2019, n° 18052/11, *Rooman c/ Belgique* : *JurisData* n° 2019-001637 ; B. Pastra-Belda, *L'administration d'une thérapie adéquate, nouvelle exigence d'une détention « régulière » : JCP G* 2019, n° 7, p. 175 ; V. Peltier, Internement d'un condamné atteint de troubles mentaux : *Dr. pén.* 2019, comm. 78).

34) Cas visés. En ce qui concerne la justification de la détention d'une personne au titre de l'alinéa e de l'article 5, § 1, la Cour rappelle que le terme « aliéné » doit se concevoir selon un sens autonome. Il ne se prête pas à une définition précise, son sens ne cessant d'évoluer avec les progrès de la recherche psychiatrique (▪ CEDH, gr. ch., 4 déc. 2018, n°s 10211/12 et 27505/14, *Ilnseher c/ Allemagne*, § 127 : V. Peltier : *Dr. pén.* 2019, comm. 78). Aux fins de l'article 5, § 1 *e)*, un individu ne peut passer pour « aliéné » et subir une privation de liberté que si les trois conditions suivantes au moins se trouvent réunies : premièrement, son aliénation doit avoir été établie de manière probante ; deuxièmement, le trouble doit revêtir un caractère ou une ampleur légitimant l'internement ; troisièmement, l'internement ne peut se prolonger valablement sans la persistance de pareil trouble. De plus, il doit exister un certain lien entre, d'une part, le motif invoqué pour la privation de liberté autorisée et, d'autre part, le lieu et le régime de détention. En principe, la « détention » d'une personne comme malade mental ne sera « régulière » au regard de l'alinéa *e)* du paragraphe 1 que si elle se déroule dans un hôpital, une clinique ou un autre établissement approprié (▪ CEDH, 21 janv. 2005, n° 56529/00, *Ehorn c/ Suède*, § 42. ▪ CEDH, GC, 17 janv. 2012, *Stanev c/ Bulgarie*, §§ 145-147. ▪ CEDH, gr. ch., 4 déc. 2018, n°s 10211/12 et 27505/14, *Ilnseher c/ Allemagne*, § 127 : V. Peltier : *Dr. pén.* 2019, comm. 78). Un individu ne saurait être privé de sa liberté parce qu'il est « alcoolique » que lorsque d'autres mesures, moins sévères, ont été considérées et jugées insuffisantes pour sauvegarder l'intérêt personnel ou public exigeant la détention. Il ne suffit donc pas que la privation de liberté soit conforme au droit national, encore faut-il qu'elle soit nécessaire dans les circonstances de l'espèce (▪ même arrêt, § 43). La Convention ne contient pas de définition du terme « vagabond ». La définition qui figure à l'article 347 du Code pénal belge est ainsi libellée : « Les vagabonds sont ceux qui n'ont ni domicile certain, ni moyens de subsistance, et qui n'exercent habituellement ni métier ni profession ». Si ces trois circonstances se trouvent réunies, elles peuvent conduire les autorités compétentes à mettre les intéressés à la disposition du gouvernement à titre de vagabonds. La définition précitée ne paraît nullement inconciliable avec l'acception usuelle du mot « vagabond », et la Cour estime qu'une personne qui est un vagabond au sens de l'article 347 du Code tombe, en principe, sous le coup de l'exception prévue à l'article 5 paragraphe 1 *e)* (art. 5-1-e) de la Convention (▪ CEDH, 18 juin 1971, n°s 2832/66, 2835/66 et 2899/66, *De Wilde, Ooms et Versyp c/ Belgique*, § 68). Outre les vagabonds, l'alinéa *e)* de l'article 5-1 de la Convention vise les aliénés, les alcooliques et les toxicomanes. Or si la Convention permet de priver de leur liberté ces personnes, toutes socialement inadaptées, ce n'est pas pour le seul motif qu'il faut les considérer comme parfois dangereuses pour la sécurité publique, mais aussi parce que leur propre intérêt peut nécessiter leur internement. De ce que l'article 5 (art. 5) autorise à détenir les vagabonds, on ne saurait donc déduire que les mêmes raisons, voire de meilleures, s'appliquent à quiconque peut passer pour encore plus dangereux (▪ CEDH, 6 nov. 2011, n° 7367/76, *Guzzardi c/ Italie*, § 98). On ne saurait considérer que l'alinéa *e)* de l'article 5, § 1 autorise à détenir quelqu'un du seul fait de ses idées ou son comportement (▪ CEDH, 19 mai 2004, n° 44568/98, *R.L. et M.J.D. c/ France*, § 114).

35) Évaluation de la situation. À ses yeux, pour priver l'intéressé de sa liberté on doit, sauf dans cas d'urgence, avoir établi son « aliénation » de manière probante. La nature même de ce qu'il faut démontrer devant l'autorité nationale compétente – un trouble mental réel – appelle une expertise médicale objective. En outre, le trouble doit revêtir un caractère ou une ampleur légitimant l'internement. Qui plus est, ce dernier ne peut se prolonger valablement sans la persistance de pareil trouble (▪ CEDH, 24 oct. 1979, n° 6301/73, *Winterwerp c/ Pays-Bas*, § 39). La privation de liberté d'une personne considérée comme aliénée ne peut être jugée conforme à l'article 5, § 1 *e)* si elle a été décidée sans que l'on ait demandé l'avis d'un médecin expert. Toute autre approche reste en deçà de la protection requise contre l'arbitraire, inhérente à l'article 5 de la Convention. À cet égard, la forme et la procédure retenues peuvent dépendre des circonstances. Il est acceptable, dans des cas urgents ou lorsqu'une personne est arrêtée en raison de son comportement violent, qu'un tel avis soit obtenu immédiatement après l'arrestation. Dans tous les autres cas, une consultation préalable est indispensable. À défaut d'autres possibilités, du fait par exemple du refus de l'intéressé de se présenter à un examen, il faut au moins demander l'évaluation d'un médecin expert sur la base du dossier, sinon on ne peut sou tenir que l'aliénation de l'intéressé a été établie de manière probante (■ CEDH, *R.L. et M.J.D. c/ France*, préc., § 117).

36) Détention avant transfert dans un établissement adapté. Aucune disposition ne précisant la durée de la détention provisoire dans l'attente d'un transfert vers un établissement psychiatrique spécialisé, il incombe à la Cour d'examiner si, compte tenu de la finalité de la décision d'internement, le maintien en détention provisoire pendant une durée de 7 mois est ou non justifiée. À cet égard le fait que l'annexe psychiatrique de l'établissement pénitentiaire en cause ne prévoyait ni suivi médical ni environnement thérapeutique doit la conduire à conclure qu'il y a eu rupture du lien entre le but de la détention et les conditions dans lesquelles celle-ci a eu lieu, et partant violation de l'article 5 (■ CEDH, 30 juill. 1998, n° 25357/94, *Aerts c/ Belgique*, §§ 46-50). Lorsque la personne condamnée doit faire l'objet d'une prise en charge psychiatrique dans un établissement hospitalier adapté, et que celle-ci est retardée, au motif que la dangerosité de l'intéressé, malgré une pré-thérapie, est persistante et la prise en charge prématurée aux yeux des établissements consultés, la privation de liberté demeure justifiée au regard de l'article 5, § 1 *a* de la Convention (■ CEDH, 13 oct. 2009, n° 25357/94, *De Schepper c/ Belgique*, §§ 46-51).

37) Levée de l'internement. La levée de l'internement d'un individu reconnu jadis, par une juridiction, comme un aliéné dangereux pour la société concerne, outre l'intéressé, la communauté dans laquelle il va vivre si on l'élargit ; en l'occurrence il s'agissait de l'auteur d'un homicide, ce qui accroît la difficulté inhérente à toute appréciation dans le domaine psychiatrique. Partant, la section de surveillance devait témoigner de prudence et elle avait besoin de quelque temps pour examiner la demande, sans que pour autant la violation de l'article 5 § 1 *d* doive être constatée (■ CEDH, 23 févr. 1984, n° 9019/80, *Luberti c/ Italie*, § 29).

38) Maintien et contrôle de l'internement après modification de loi l'excluant pour l'infraction ayant donné lieu à la mesure. Le législateur a choisi de maintenir la force exécutoire des décisions d'internement prises sous l'empire de la loi de défense sociale. Il en résulte que, s'agissant des personnes internées sur le fondement d'une décision passée en force de chose jugée avant le 1er octobre 2016, les effets de la nouvelle loi relative à l'internement se limitent aux décisions relatives au maintien de l'internement, ses modalités d'exécution et l'éventuelle mise en liberté des intéressés. Rappelant qu'elle n'a pas pour tâche de se prononcer sur l'opportunité des techniques choisies par le législateur, la Cour estime que l'approche retenue par les juridictions internes en l'espèce n'est ni arbitraire ni manifestement déraisonnable. Le fait que l'internement ne peut plus être prononcé pour l'infraction l'ayant justifié n'affecte donc pas la régularité de l'internement (■ CEDH, 1er juin 2021, nos 62819/17 et 63921/17, *Denis et Irvine c/ Belgique*, §§ 165-166). La Convention n'exige ainsi pas que soit prise en compte, au moment du contrôle de la persistance des troubles mentaux, la nature des faits qui avaient été commis par l'intéressé et qui avaient constitué le fondement de son internement. La Cour rappelle néanmoins que c'est l'état de santé mentale actuel de la personne qui doit être pris en considération (■ même arrêt, §§ 171-172).

6° *Détention d'étrangers*

39) Généralités. Si la règle générale exposée à l'article 5 § 1 est que toute personne a droit à la liberté, l'alinéa *f)* de cette disposition prévoit une exception en permettant aux États de restreindre la liberté des étrangers dans le cadre du contrôle de l'immigration. Ainsi que la Cour l'a déjà observé, sous réserve de leurs obligations en vertu de la Convention, les États jouissent du « droit indéniable de contrôler souverainement l'entrée et le séjour des étrangers sur leur territoire ». La faculté pour les États de placer en détention des candidats à l'immigration ayant sollicité – par le biais d'une demande d'asile ou non – l'autorisation d'entrer dans le pays est un corollaire indispensable de ce droit. Il ressort de la teneur de l'arrêt Amuur que la détention d'immigrés potentiels, notamment de demandeurs d'asile, peut se concilier avec l'article 5 § 1 *f)* (■ CEDH, 29 janv. 2008, n° 13229/03, *Saadi c/ RU*, § 64).

Le droit des États de contrôler leur immigration doit s'exercer en conformité avec les dispositions de la Convention (Amuur précité, § 41) et la Cour doit avoir égard à la situation particulière de ces personnes lorsqu'elle est amenée à contrôler les modalités d'exécution de la mesure de détention à l'aune des dispositions conventionnelles (■ CEDH, 13 déc. 2011, n° 15297/09, *Kanagaratman et a. c/ Belgique*, § 80). S'agissant de la seconde partie de l'article 5, § 1 *f)*, la Cour rappelle que seul le déroulement de la procédure d'expulsion justifie la privation de liberté et que, si la procédure n'est pas menée avec la diligence requise, la détention cesse d'être justifiée au regard de cette disposition (■ CEDH, 23 juill. 2013, n° 42337/12, *Suso Musa c/ Malte*, § 91). Le point de savoir à quel moment la première partie de l'article 5 cesse de s'appliquer, au motif que la personne concernée s'est vu accorder une autorisation officielle d'entrée ou de séjour, dépend largement du droit interne (■ même arrêt, § 97).

40) Maintien dans des zones internationales. Le maintien d'étrangers dans la zone internationale comporte une restriction à la liberté, mais qui ne saurait être assimilée en tous points à celle subie dans les centres de rétention d'étrangers en attente d'expulsion ou de reconduite à la frontière. Assorti de garanties adéquates pour les personnes qui en font l'objet, un tel maintien n'est acceptable que pour permettre aux États de combattre l'immigration clandestine tout en respectant leurs engagements internationaux, notamment en vertu de la Convention de Genève de 1951 relative au statut des réfugiés et de la Convention européenne des droits de l'Homme ; le souci légitime des États de déjouer les tentatives de plus en plus fréquentes de contourner les restrictions à l'immigration ne doit pas priver les demandeurs d'asile de la protection accordée par ces conventions. Pareil maintien ne doit pas se prolonger de manière excessive car il risquerait de transformer une simple restriction à la liberté – inévitable en vue de l'organisation matérielle du rapatriement de l'étranger ou, si celui-ci a sollicité l'asile, pendant l'examen de la demande d'admission sur le territoire au titre de l'asile – en privation de liberté. Il faut tenir compte, à cet égard, du fait qu'une telle mesure s'applique non pas à des auteurs d'infractions pénales mais à des étrangers qui, craignant souvent pour leur vie, fuient leur propre pays. Si la décision de maintien incombe par la force des choses aux autorités administratives ou policières, la prolongation de celui-ci nécessite le contrôle non tardif du juge, gardien traditionnel des libertés individuelles. Avant tout et surtout, un tel maintien ne doit pas priver le demandeur d'asile du droit d'accéder effectivement à la procédure de détermination du statut de réfugié (■ CEDH, 25 juin 1996, n° 19776/92, *Amuur c/ France*, § 43).

41) Fondement de la privation de liberté. L'article 5 § 1 *f)* n'exige pas que la détention d'une personne soit considérée comme raisonnablement nécessaire, par exemple pour l'empêcher de commettre une infraction ou de s'enfuir. Cependant, une privation de liberté fondée sur le second membre de phrase de cette disposition ne peut se justifier que par le fait qu'une procédure d'expulsion ou d'extradition est en cours. Si celle-ci n'est pas menée avec la diligence requise, la détention cesse d'être justifiée au regard de l'article 5, § 1 *f)* (■ CEDH, GC, 19 févr. 2009, n° 3455/05, *A et a. c/ RU*, § 164). Un placement en détention d'étrangers ne saurait donc se justifier parce que les autorités les soupçonnaient d'être des terroristes internationaux et pensaient que, en liberté sur le sol britannique, ils représentaient une menace pour la sécurité nationale. L'internement et la détention préventive sans inculpation sont en effet incompatibles avec le droit fondamental à la liberté consacré par l'article 5, § 1 en l'absence d'une dérogation valable établie au titre de l'article 15 (■ même arrêt, §§ 171-172).

42) Mesures provisoires et suspension des procédures de remise. La mise en œuvre d'une mesure provisoire aux termes de laquelle la Cour indique à un État partie qu'il serait souhaitable qu'un individu ne soit pas renvoyé vers un pays déterminé est, en elle-même, sans incidence sur la conformité à l'article 5 § 1 de la Convention de la privation de liberté dont ledit individu fait le cas échéant l'objet. Plus particulièrement, le maintien en détention le temps de vérifier si l'expulsion peut se faire vers un autre pays est susceptible de constituer une détention « régulière » d'une personne « contre laquelle une procédure d'expulsion ou d'extradition est en cours » au sens de l'article 5, § 1, *f)* de la Convention (■ CEDH, 26 juin 2007, n° 25389/05, *Grebemedhin c/ France*, § 74). Le fait que l'application d'une mesure provisoire empêchait provisoirement la poursuite de la procédure d'expulsion à l'encontre du requérant ne rend pas illégale sa détention, dans la mesure où les autorités belges envisageaient toujours son expulsion et la procédure, suspendue, était toujours « en cours ». Si le prolongement déraisonnable de la détention aurait pu avoir une incidence sur sa « légalité » au sens de l'article 5 de la Convention, la Cour observe que le requérant a été libéré onze jours après que la mesure provisoire ait été prorogée jusqu'à nouvel ordre, et elle estime que cette période n'a pas excédé le délai raisonnable nécessaire aux fins de l'objectif poursuivi (■ CEDH, 14 juin 2011, n° 12572/08, *S. P. c/ Belgique*).

43) Conditions de régularité. Il ressort de la jurisprudence relative à l'article 5, § 1 *f)* que pour ne pas être taxée d'arbitraire, la mise en œuvre de pareille mesure de détention doit se faire de bonne foi ; elle doit aussi être étroitement liée au but consistant à empêcher une personne de pénétrer irrégulièrement sur le territoire ; en outre, les lieu et conditions de détention doivent être appropriés ; enfin, la durée de la détention ne doit pas excéder le délai raisonnable nécessaire pour atteindre le but poursuivi (■ CEDH, 5 avr. 2011, n° 8687/08, *Rahimi c/ Grèce*, § 106. ■ CEDH, GC, *A et a. c/ RU*, préc., § 164). À cet égard, les autorités décidant d'une rétention doivent non seulement vérifier si d'autres mesures moins radicales permettaient de garantir l'expulsion, et accorder une attention particulière aux besoins des mineurs (■ CEDH, *Rahimi c/ Grèce*, préc., § 109).

44) Durée de la détention. On ne saurait imputer à l'État les retards qu'entraîna le comportement de l'intéressé dans la procédure extraditionnelle. Ce dernier ne peut valablement se

ANNEXE 3

plaindre d'une situation qu'il a dans une large mesure provoquée et prétendre ainsi à la violation de l'article 5 de la Convention (■ CEDH, 24 sept. 1992, n° 11613/85, *Kolompar c/ Belgique*, § 42).

III – GARANTIES DUES À LA PERSONNE PRIVÉE DE LIBERTÉ

45) Avocat. La Cour souligne l'importance et la protection particulière que la Convention accorde à l'avocat intervenant dans l'exercice de ses fonctions. La Cour rappelle régulièrement que les avocats occupent une position centrale dans l'administration de la justice en leur qualité d'intermédiaires entre les justiciables et les tribunaux ; c'est d'ailleurs à ce titre qu'ils jouent un rôle clé pour assurer la confiance du public dans l'action des tribunaux, dont la mission est fondamentale dans une démocratie et un État de droit (■ CEDH, 23 avr. 2015, n° 26690/11, *François c/ France*, § 51).

46) Soins. Il existe un lien étroit entre la régularité de la détention des personnes atteintes de troubles psychiques et le caractère approprié du traitement de leur état de santé mentale. Dès lors, toute détention de personnes souffrant de maladies psychiques doit poursuivre un but thérapeutique. Quel que soit l'endroit où ces personnes se trouvent placées, elles ont droit à un environnement médical adapté à leur état de santé, accompagné de réelles mesures thérapeutiques, ayant pour but de les préparer à une éventuelle libération. Quant à la portée des soins prodigués, la Cour estime que le niveau de traitement médical requis pour cette catégorie de détenus doit aller au-delà des soins de base (■ CEDH, gr. ch., 31 janv. 2019, n° 18052/11, *Rooman c/ Belgique* : *JurisData* n° 2019-001637 ; B. Pastra-Belda, *L'administration d'une thérapie adéquate, nouvelle exigence d'une détention « régulière »* : *JCP* G 2019, n° 7, p. 175).

47) Cadre légal des interrogatoires après arrestation. L'audition du requérant qui a eu lieu sans placement en garde à vue alors qu'il avait été conduit au commissariat sous la contrainte est constitutive d'une privation de liberté qui ne s'est pas déroulée « selon les voies légales ». Partant, il y a eu violation de l'article 5 § 1 de la Convention (■ CEDH, 9 déc. 2021, n° 56138/16, *Jarrand c/ France*, §§ 66-67).

A – Information

48) Domaine et finalité du droit à l'information. La Cour est consciente de la connotation pénale des termes utilisés à l'article 5 § 2 (art. 5-2). Avec la Commission, elle considère cependant qu'ils doivent recevoir une interprétation autonome, conforme en particulier à l'objet et au but de l'article 5 (art. 5) : protéger toute personne contre les privations arbitraires de liberté. Aussi l'« arrestation » visée au paragraphe 2 de l'article 5 (art. 5-2) dépasse-t-elle le cadre des mesures à caractère pénal. De même, en parlant de « toute accusation » (« any charge ») le texte précité n'entend pas formuler une condition à son applicabilité, mais désigner une éventualité qu'il prend en compte (■ CEDH, 21 févr. 1990, n° 11509/85, *Van Der Leer c/ Pays-Bas*, § 27). Le paragraphe 2 de l'article 5 (art. 5-2) énonce une garantie élémentaire : toute personne arrêtée doit savoir pourquoi. Intégré au système de protection qu'offre l'article 5 (art. 5), il oblige à signaler à une telle personne, dans un langage simple accessible pour elle, les raisons juridiques et factuelles de sa privation de liberté, afin qu'elle puisse en discuter la légalité devant un tribunal en vertu du paragraphe 4 (art. 5-4). Elle doit bénéficier de ces renseignements « dans le plus court délai » (en anglais : « promptly »), mais le policier qui l'arrête peut ne pas les lui fournir en entier sur-le-champ. Pour déterminer si elle en a reçu assez et suffisamment tôt, il faut avoir égard aux particularités de l'espèce (■ CEDH, 30 août 1998, n°s 12244/86, 12245/86 et 12383/86, *Fox, Campbell et Hartley*, § 40).

49) Titulaires du droit à l'information. Il ressort clairement du libellé de l'article 5 § 2 que les États sont tenus de fournir à l'intéressé ou à son représentant des informations spécifiques. Des déclarations générales – en l'occurrence des annonces émanant du parlement – ne sauraient répondre à la nécessité pour l'intéressé d'être informé des motifs de son arrestation ou de sa détention (■ CEDH, *Saadi c/ RU*, préc., § 53).

50) Modalités de l'information. Les renseignements visés à l'article 5. 2 de la Convention doivent être communiqués « dans le plus court délai », mais le policier qui l'arrête peut ne pas les lui fournir en entier sur-le-champ. Pour déterminer si elle en a reçu assez et suffisamment tôt, il faut avoir égard aux particularités de l'espèce. Concernant une personne arrêtée parce qu'elle est soupçonnée d'avoir commis une infraction, l'article 5 § 2 n'exige pas que les renseignements nécessaires soient donnés sous une forme particulière ni qu'ils comportent une énumération complète des éléments à charge. S'agissant d'une arrestation en vue de l'extradition, les informations données peuvent être encore moins complètes (■ CEDH, *Saadi c/ RU*, préc., § 51. ■ CEDH, 19 avr. 2011, n° 69458/01, *Gasins c/ Lettonie*, § 53). L'information donnée à une personne sourde et muette, illettrée et mentalement déficiente, en présence d'un traducteur en langages des signes, mais en dehors de la présence de son avocat ou de son tuteur ne remplit pas les conditions requises par l'article 5.2

de la Convention (■ CEDH, 8 nov. 2012, n° 28973/11, *Z.H. c/ Hongrie*, § 42-43).

51) Précision de l'information. L'information prodiguée doit être précise ; les faits reprochés à la requérante ne sauraient se déduire de la nature des questions qui lui ont été posées lors de l'interrogatoire (■ CEDH, 28 oct. 1994, n° 14310/88, *Murray c/ R.-U.*, § 77). Pour autant, l'article 5.2 de la Convention n'oblige pas les autorités à communiquer à l'intéressé, lors de son arrestation, une énumération complète de toutes les accusations portées contre lui (■ CEDH, 19 avr. 2011, n° 69458/01, *Gasins c/ Lettonie*, § 53).

52) Connaissance de l'information. Compte tenu de la nature délictueuse et délibérée de l'acte ayant conduit à son arrestation – en l'occurrence, la présentation de faux papiers lors d'un contrôle d'identité –, le requérant ne saurait prétendre n'avoir pas compris pourquoi il fut appréhendé et amené au commissariat (■ CEDH, 11 juill. 2000, n° 20869/92, *Dikme c/ Turquie*, § 54).

B – Droit d'être aussitôt traduit devant un magistrat

1° *La présentation au magistrat*

53) Objectifs du contrôle. La Cour l'a déclaré à de nombreuses reprises, l'article 5 § 3 de la Convention fournit aux personnes arrêtées ou détenues au motif qu'on les soupçonne d'avoir commis une infraction pénale des garanties contre la privation arbitraire ou injustifiée de liberté. L'article 5 § 3, qui forme un tout avec l'article 5 § 1 *c)*, a essentiellement pour objet d'imposer l'élargissement du moment où la détention cesse d'être raisonnable. Les premiers mots de l'article 5 § 3 ne se contentent pas de l'accès du détenu à une autorité judiciaire ; ils visent à imposer au magistrat devant lequel la personne arrêtée comparaît l'obligation d'examiner les circonstances militant pour ou contre la détention, de se prononcer selon des critères juridiques sur l'existence de raisons la justifiant et, en leur absence, d'ordonner l'élargissement. En d'autres termes, l'article 5 § 3 exige que le magistrat se penche sur le bien-fondé de la détention (■ CEDH, 29 avr. 1999, n° 25642/94, *Aquilina c/ Malte*, § 47). La Cour rappelle également l'importance des garanties de l'article 5 § 3 pour la personne arrêtée. Cet article vise à assurer que la personne arrêtée soit aussitôt physiquement conduite devant une autorité judiciaire. Ce contrôle judiciaire rapide et automatique assure aussi une protection appréciable contre les comportements arbitraires, les détentions au secret et les mauvais traitements. L'article 5 § 3, en tant qu'il s'inscrit dans ce cadre de garanties, vise structurellement deux aspects distincts : les premières heures après une arrestation, moment où une personne se retrouve aux mains des autorités, et la période avant le procès éventuel devant une juridiction pénale, pendant laquelle le suspect peut être détenu ou libéré, avec ou sans condition. Ces deux volets confèrent des droits distincts et n'ont apparemment aucun lien logique ou temporel (■ CEDH, GC, 29 mars 2010, n° 3394/03, *Medvedyev et a. c/ France*, § 118).

54) Réalité du contrôle. La Cour rappelle qu'elle a jugé à de nombreuses reprises que les premiers mots de l'article 5 § 3 ne se contentent pas de prévoir l'accès du détenu à une autorité judiciaire ; ils visent à imposer au magistrat devant lequel la personne arrêtée comparaît l'obligation d'examiner les circonstances militant pour ou contre la détention, de se prononcer selon des critères juridiques sur l'existence de raisons la justifiant et, en leur absence, d'ordonner l'élargissement. En d'autres termes, l'article 5 § 3 exige que le magistrat se penche sur le bien-fondé de la détention. De ce point de vue, la présentation à un magistrat qui n'examine pas le bien-fondé de la détention et se contente d'informer l'intéressé que le parquet a décidé son renvoi en jugement, lui faisant prendre connaissance du contenu du réquisitoire l'interrogeant sur une déclaration qu'il avait faite devant le Parquet ne satisfait pas aux exigences de l'article 5 § 3 de la Convention (■ CEDH, 3 juin 2003, n° 33343/96, *Pantea c/ Roumanie*, § 232).

55) Détention préventive. En ce qui concerne la privation de liberté préventive de courte durée, l'exigence selon laquelle cette mesure doit viser à « conduire la personne devant l'autorité judiciaire compétente » est implicitement subordonnée à la condition que la cause de la rétention se prolonge assez longtemps pour que la personne puisse être conduite devant un juge. À cet égard, la Cour considère que la réponse à la question de savoir si l'exigence de but a été respectée devrait dépendre d'un examen objectif de la conduite des autorités, en particulier du point de savoir si elles ont, conformément à l'article 5, § 3, conduit aussitôt l'intéressé devant un juge afin que celui-ci examine la régularité de la privation de liberté ou si elles l'ont libéré avant cela. De plus, en cas de non-respect de cette obligation, la personne concernée devrait avoir un droit à réparation conformément au paragraphe 5 de l'article 5 (...). De ce point de vue, lorsqu'un individu est libéré après avoir fait l'objet d'une courte privation de liberté préventive, soit parce que le risque a disparu soit, par exemple, parce qu'un délai légal court a expiré, l'exigence selon laquelle les autorités doivent avoir pour but lorsqu'elles privent la personne de liberté de la conduire devant l'autorité judiciaire compétente ne devrait pas en elle-même faire obstacle à une privation de liberté préventive relevant du second volet de l'article 5, § 1 (■ CEDH, gr. ch.,

22 oct. 2018, n° 35553/12, *V et A c/ Danemark*, § 125-126 : *JurisData* n° 2018-019165 ; *JCP* G 2019, act. 1186, obs. F. Sudre, D. Goetz, Détention provisoire et hooliganisme : 1-0 pour la CEDH : *Dalloz actualité*, 5 nov. 2018).

2° *Notion de magistrat au sens conventionnel du terme*

56) Indépendance et impartialité. Le paragraphe 1 *c)* de l'article 5 formant un tout avec le paragraphe 3 (art. 5-3), « autorité judiciaire compétente » constitue un synonyme abrégé de « juge ou (...) autre magistrat habilité par la loi à exercer des fonctions judiciaires ». Comparer le paragraphe 3 (art. 5-3) avec le paragraphe 4 (art. 5-4) offre davantage d'intérêt en l'espèce : à la différence de celui-là, celui-ci requiert l'intervention d'un « tribunal ». Pour mériter cette dernière appellation, un organe doit notamment être indépendant de l'exécutif et des parties, mais il en va de même du « magistrat » mentionné au paragraphe 3 (art. 5-3) : si ses « fonctions judiciaires » peuvent ne pas revêtir un caractère juridictionnel, en quoi elles diffèrent des tâches définies au paragraphe 4 (art. 5-4), elles ne se conçoivent pourtant pas non plus sans l'indépendance de leur titulaire (▪ CEDH, 4 déc. 1979, n° 7710/76, *Schiesser c/ Suisse*, § 29). Si le « magistrat » ne se confond pas avec le « juge », encore faut-il qu'il en possède certaines des qualités, c'est-à-dire remplisse des conditions constituant autant de garanties pour la personne arrêtée. La première d'entre elles réside dans l'indépendance à l'égard de l'exécutif et des parties. Elle n'exclut pas toute subordination à d'autres juges ou magistrats pourvu qu'ils jouissent eux-mêmes d'une indépendance analogue (même arrêt, § 31). Sans doute la Convention n'exclut-elle pas que le magistrat qui décide de la détention ait aussi d'autres fonctions, mais son impartialité peut paraître sujette à caution, s'il peut intervenir dans la procédure pénale ultérieure en qualité de partie poursuivante (▪ CEDH, 24 oct. 1990, n° 12794/87, *Huber c/ Suisse*, § 43). Pour qu'un « magistrat » puisse passer pour exercer des « fonctions judiciaires », au sens de l'article 5 § 3 de la Convention, il doit remplir certaines conditions représentant, pour la personne détenue, des garanties contre l'arbitraire ou la privation injustifiée de liberté. Ainsi, le « magistrat » doit être indépendant de l'exécutif et des parties. À cet égard, les apparences objectives à l'époque de la décision sur la détention sont pertinentes : s'il apparaît à ce stade que le magistrat peut intervenir dans la procédure pénale ultérieure en qualité de partie poursuivante, son indépendance et son impartialité peuvent paraître sujettes à caution (▪ CEDH, 3 juin 2003, n° 33343/96, *Pantea c/ Roumanie*, § 236).

57) Application aux magistrats du parquet. Force est de constater que le procureur de la République français n'est pas une « autorité judiciaire » au sens que la jurisprudence de la Cour donne à cette notion : comme le soulignent les requérants, il lui manque en particulier l'indépendance à l'égard du pouvoir exécutif pour pouvoir être ainsi qualifié (▪ CEDH, 10 juill. 2008, *Medvedyev et a. c/ France*, § 61). Si l'ensemble des magistrats de l'ordre judiciaire représente l'autorité judiciaire citée à l'article 66 de la Constitution, il ressort du droit interne que les magistrats du siège sont soumis à un régime différent de celui prévu pour les membres du ministère public. Ces derniers dépendent tous d'un supérieur hiérarchique commun, le garde des Sceaux, ministre de la Justice, qui est membre du gouvernement, et donc du pouvoir exécutif. Contrairement aux juges du siège, ils ne sont pas inamovibles en vertu de l'article 64 de la Constitution. Ils sont placés sous la direction et le contrôle de leurs chefs hiérarchiques au sein du Parquet, et sous l'autorité du garde des Sceaux, ministre de la Justice. En vertu de l'article 33 du Code de procédure pénale, le ministère public est tenu de prendre des réquisitions écrites conformes aux instructions qui lui sont données dans les conditions prévues aux articles 36, 37 et 44 du même code, même s'il développe librement les observations orales qu'il croit convenables au bien de la justice. La Cour n'ignore pas que le lien de dépendance effective entre le ministre de la Justice et le ministère public fait l'objet d'un débat au plan interne. Toutefois, il ne lui appartient pas de prendre position dans ce débat qui relève des autorités nationales : la Cour n'est en effet appelée à se prononcer que sous le seul angle des dispositions de l'article 5 § 3 de la Convention, et des notions autonomes développées par sa jurisprudence au regard desdites dispositions. Dans ce cadre, la Cour considère que, du fait de leur statut ainsi rappelé, les membres du ministère public, en France, ne remplissent pas l'exigence d'indépendance à l'égard de l'exécutif, qui, selon une jurisprudence constante, compte, au même titre que l'impartialité, parmi les garanties inhérentes à la notion autonome de « magistrat » au sens de l'article 5 § 3 (▪ CEDH, 23 nov. 2010, n° 37104/06, *Moulin c/ France*, § 56-58). Le point de savoir si les magistrats du ministère public peuvent être qualifiés de « juge ou (...) autre magistrat habilité par la loi à exercer des fonctions judiciaires », au sens autonome des dispositions de l'article 5 § 3 de la Convention, a été tranché dans son arrêt *Moulin c/ France* (▪ CEDH, 27 juin 2013, n° 62736/09, *Vassis et a. c/ France*, § 53). La Cour rappelle que, dans l'affaire *Vasilescu c/ Roumanie*, elle a d'ores et déjà constaté – sur le terrain de l'article 6

§ 1 de la Convention – qu'en Roumanie, les procureurs, agissant en qualité de magistrats du ministère public, subordonnés d'abord au procureur général, puis au ministre de la Justice, ne remplissaient pas l'exigence d'indépendance à l'égard de l'exécutif. La Cour ne décèle aucune raison qui justifierait une conclusion différente en l'espèce, cette fois-ci sur le terrain de l'article 5 § 3 de la Convention, dès lors que l'indépendance à l'égard de l'exécutif compte également parmi les garanties inhérentes à la notion de « magistrat », au sens de l'article 5 § 3 (▪ CEDH, *Pantéa c/ Roumanie*, préc., § 238).

58) Application aux magistrats du siège. En droit bulgare les magistrats instructeurs n'ont pas le pouvoir de rendre des décisions juridiquement contraignantes en matière de mise en détention ou d'élargissement d'un suspect. Au contraire, toute décision émanant d'un magistrat instructeur peut être infirmée par le procureur, qui peut également retirer une affaire à un magistrat instructeur si l'approche suivie par ce dernier ne le satisfait pas. Il en résulte que le magistrat instructeur n'était pas suffisamment indépendant pour qu'on puisse adéquatement le décrire comme un « magistrat habilité par la loi à exercer des fonctions judiciaires », au sens de l'article 5 § 3 (▪ CEDH, *Assenov et a. c/ Bulgarie*, préc., § 148). Dans le même sens, aucune disposition législative n'interdisant au magistrat instructeur ayant entendu la personne détenue d'agir en tant que procureur au procès de la requérante (▪ CEDH, GC, 25 mars 1999, n° 31195/96, *Nicolova c/ Bulgarie*, § 51). En revanche, le juge d'instruction français présente les garanties requises au sens de l'article 5 § 3 (▪ CEDH, CG, 29 mars 2010, n° 3394/03, *Medvedyev c/ France*, § 132).

59) Conditions supplémentaires. À l'indépendance, s'ajoute d'après l'article 5, § 3, une exigence de procédure et une de fond. À la charge du « magistrat », la première comporte l'obligation d'entendre personnellement l'individu traduit devant lui ; la seconde, celle d'examiner les circonstances qui militent pour ou contre la détention, de se prononcer selon des critères juridiques sur l'existence de raisons la justifiant et, en leur absence, d'ordonner l'élargissement (▪ CEDH, *Schiesser c/ Suisse*, préc., § 31. ▪ CEDH, GC, 25 mars 1999, n° 31195/96, *Nicolova c/ Bulgarie*, § 49).

60) Exigences de forme attachées à la qualité de magistrat. L'article 5 § 3 requiert que le juge entende lui-même la personne détenue avant de prendre la décision appropriée (▪ CEDH, *Aquilina c/ Malte*, préc., 52. ▪ CEDH, 28 oct. 1998, n° 24760/94, *Assenov c/ Bulgarie*, § 146).

61) Exigences de fond attachées à la qualité de magistrat. Les questions que l'article 5 § 3 oblige le magistrat à examiner vont au-delà du seul aspect de la légalité. Destiné à établir si la privation de liberté de l'individu est justifiée, le contrôle requis par l'article 5 § 3 doit être suffisamment ample pour couvrir les diverses circonstances militant pour ou contre la détention (▪ CEDH, *Aquilina c/ Malte*, préc., § 52). L'article 5 § 3 exige que le juge se prononce selon des critères juridiques sur l'existence de raisons justifiant la détention et, en leur absence, qu'il ait le pouvoir d'ordonner de manière contraignante l'élargissement (▪ CEDH, *Assenov c/ Bulgarie*, préc., § 146. ▪ CEDH, *Schiesser c/ Suisse*, préc., § 31). Le contrôle automatique initial portant sur l'arrestation et la détention doit donc permettre d'examiner les questions de régularité et celle de savoir s'il existe des raisons plausibles de soupçonner que la personne arrêtée a commis une infraction, c'est-à-dire si la détention se trouve englobée par les exceptions autorisées énumérées à l'article 5 § 1 *c)*. S'il n'en est pas ainsi, ou si la détention est illégale, le magistrat doit avoir le pouvoir d'ordonner la libération (▪ CEDH, *MacKay c/ RU*, préc., § 40).

3° *Délais de présentation à un magistrat*

• Notion de promptitude

62) La célérité doit s'apprécier à la lumière de l'objet et du but de l'article 5. La Cour prend en compte l'importance de ce dernier dans le système de la Convention : il consacre un droit fondamental de l'Homme, la protection de l'individu contre les atteintes arbitraires de l'État à sa liberté. Le contrôle judiciaire de pareille ingérence de l'exécutif constitue un élément essentiel de la garantie de l'article 5 paragraphe 3 (art. 5-3), conçue pour réduire au minimum le risque d'arbitraire. Il va de pair avec la prééminence du droit, l'un des « principes fondamentaux » d'une « société démocratique », auquel « se réfère expressément le préambule de la Convention » et « dont s'inspire la Convention tout entière ». L'obligation exprimée en français par l'adverbe « aussitôt » et en anglais par « promptly » se distingue clairement de l'exigence moins stricte formulée dans la seconde partie du paragraphe 3 (art. 5-3) (« délai raisonnable » / « reasonable time ») et même de celle que définit le paragraphe 4 de l'article 5 (art. 5-4) (« à bref délai » / « speedily »). Le terme « promptly » figure aussi dans le texte anglais du paragraphe 2 (art. 5-2), là où le texte français contient le membre de phrase « dans le plus court délai ». Ainsi que le laisse entendre l'arrêt *Irlande contre Royaume-Uni* (▪ CEDH, 18 janv. 1978, série A, n° 25, p. 76, § 199), le mot « promptly » employé au paragraphe 3 (art. 5-3) peut se comprendre comme ayant un sens plus large qu'« aussitôt », qui littéralement signifie immédiatement. Placée ainsi devant des textes d'un même traité normatif faisant également foi mais ne concordant pas entièrement, la Cour doit les interpréter d'une manière qui les concilie dans la mesure du possible et soit la plus propre à atteindre le but et réaliser l'objet de ce traité. L'utilisation dans le texte français de l'adverbe « aussitôt », lequel évoque avec force l'idée d'imminence, confirme que le degré de souplesse lié à la notion de promptitude (« promptness ») est limité, même si l'on ne peut en aucun cas oublier les circonstances en se prononçant sur le terrain du paragraphe 3 (art. 5-3). Si la célérité s'apprécie suivant les particularités de chaque cause, le poids à leur accorder ne saurait jamais aller jusqu'à porter atteinte à la substance du droit protégé par l'article 5 paragraphe 3 (art. 5-3), c'est-à-dire jusqu'à dispenser en pratique l'État d'assurer un élargissement rapide ou une prompte comparution devant une autorité judiciaire (■ CEDH, 29 nov. 1988, n°s 11209/84, 11234/84, 11266/84 et 11386/85, *Brogan et a. c/ R.-U.*, § 58).

• Applications jurisprudentielles

63) Définition abstraite. La Cour considère que toute période de garde à vue dépassant quatre jours est *prima facie* trop longue, même dans un contexte de lutte contre le terrorisme (■ CEDH, *Brogan et a. c/ RU*, préc., § 62. ■ CEDH, 23 juin 2009, n° 39686/02, *Oral et Atabay c/ Turquie*, § 43). Toutefois, elle rappelle avoir conclu à la violation de cette disposition pour des périodes de garde à vue moins longues concernant les mineurs et dans le cas de certains délits (■ CEDH, *Oral et Atabay c/ Turquie*, préc.). Une durée de deux ou trois jours avant la présentation à « un juge ou un autre magistrat habilité par la loi à exercer des fonctions judiciaires » répond à l'exigence de promptitude qu'expriment les termes « aussitôt traduite » (■ CEDH, GC, 29 avr. 1999, n° 25642/94, *Aquilina c/ Malte*, § 51).

64) Circonstances exceptionnelles. Des circonstances exceptionnelles peuvent justifier un retard dans le contrôle de la mesure privative de liberté (■ CEDH, *Brogan et a. c/ RU*, préc., § 62. ■ CEDH, *MacKay c/ RU*, préc., § 33. ■ CEDH, *Oral et Atabay c/ Turquie*, préc., § 43). De prime abord, le délai de seize jours n'apparaît pas comme conciliable avec la notion d'« aussitôt traduit » énoncée par l'article 5 § 3 de la Convention. En conséquence, seules des circonstances tout à fait exceptionnelles pourraient justifier un tel délai. Une impossibilité matérielle d'amener physiquement le requérant devant le juge d'instruction dans un délai plus court, consécutive d'une part, au fait que l'arrestation a eu lieu en haute mer à 5 500 km des côtes espagnoles, et d'autre part, que des actes de résistance de la part de certains membres de l'équipage ont empêché de prendre la route immédiatement, constituent des circonstances exceptionnelles ne permettant pas de conclure à la violation de l'article 5 § 3 de la Convention (■ CEDH, 12 janv. 1999, n° 37388/97, *Rigopoulos c/ Espagne*). Doit également être vue comme exceptionnelle l'interpellation en haute mer par l'armée française de l'équipage d'un navire battant pavillon cambodgien dans le cadre de soupçons de trafic de drogue et une privation de liberté des suspects durant treize jours, le temps de l'acheminement du navire jusqu'en France (■ CEDH, *Medvedyev et a. c/ France*, préc., § 131-134). Pour des situations comparables d'arrestation en haute mer, V. ■ CEDH, *Vassis et a. c/ France*, préc., et *Ali Samatar et a. c/ France*, préc.

65) Mineurs. En présence de mineurs, une période de garde à vue sans présentation à une autorité judiciaire inférieure à quatre jours peut être jugée incompatible avec l'article 5 § 3 de la Convention. Tel est le cas d'une garde à vue d'une durée de 3 jours et 9 heures alors que lesdits mineurs n'avaient bénéficié d'aucune assistance (■ CEDH, 3 févr. 2009, n°s 17019/02 et 30070/02, *Ipek c/ Turquie*, § 36).

66) Privations de liberté successives. Si la Cour a déjà jugé qu'une durée de deux ou trois jours avant la présentation à « un juge ou un autre magistrat habilité par la loi à exercer des fonctions judiciaires » répondait à l'exigence de promptitude qu'expriment les termes « aussitôt traduite », cela concernait des affaires dans lesquelles le début de la garde à vue coïncidait avec le début de la privation de liberté. Par ailleurs, la Cour rappelle qu'il faut examiner chaque cas d'espèce au regard de ses caractéristiques particulières. Ainsi, lorsqu'une garde à vue ayant succédé à une privation de liberté de 18 jours en mer se déroule sans présentation à un magistrat avant un délai approximatif de 48 heures, la violation de l'article 5 § 3 de la Convention ne peut être que constatée (■ CEDH, 27 juin 2013, n° 62736/09, *Vassis et a. c/ France*, § 58-59). Une durée de garde à vue de huit à neuf heures après l'interception des suspects sur un bateau au large du Cap-Vert, treize jours auparavant, demeure compatible avec la notion d'« aussitôt traduit » énoncée à l'article 5 § 3 et dans la jurisprudence de la Cour. D'une part, en effet, rien n'indique que leur acheminement vers la France ait pris plus de temps que nécessaire, compte tenu notamment des conditions météorologiques et de l'état de délabrement avancé du Winner qui rendaient impossible une navigation plus rapide. D'autre part, les requérants ne prétendent pas qu'il était envisageable de les remettre aux autorités d'un pays plus proche que la France, où ils auraient pu être rapidement traduits devant une autorité judiciaire. Enfin, la présentation des suspects à un juge d'instruction a été organisée rapidement à leur arrivée en France (■ CEDH, *Medvedyev et a. c/ France*, préc., § 131). Un délai de garde à vue de 48 heures sans présentation à un magistrat au sens conventionnel du terme est excessif, dès lors que les requérants, interpellés aux larges des côtes somaliennes, avaient été privés de liberté pendant quatre jours et une vingtaine d'heures. Le fait que cette garde à vue était conforme au droit interne n'est pas déterminant dans le contexte de l'appréciation du respect de la condition de promptitude que pose l'article 5 § 3 de la Convention. Les requérants auraient dû être traduits « sans délai » devant un « juge ou un autre magistrat habilité par la loi à exercer des fonctions judiciaires » (■ CEDH, 4 déc. 2014, n°s 17110/10 et 17301/10, *Ali Samatar et a. c/ France*, § 55-59).

4° Automaticité du contrôle à la charge du magistrat

67) Non seulement le contrôle judiciaire de la détention doit avoir lieu rapidement, mais il doit être automatique. Il ne peut être rendu tributaire d'une demande formée au préalable par la personne détenue. Pareille exigence modifierait la nature de la garantie offerte par l'article 5 § 3, qui est distincte de celle prévue par l'article 5 § 4, d'après lequel la personne détenue a le droit d'inviter un tribunal à examiner la légalité de sa détention. Elle pourrait même la priver de sa substance, l'article 5 § 3 visant à protéger l'individu contre la détention arbitraire en garantissant la soumission de l'acte privatif de liberté à un contrôle judiciaire indépendant (■ CEDH, GC, 29 avr. 1999, n° 25642/94, *Aquilina c/ Malte*, § 49). Le caractère automatique du contrôle est nécessaire pour atteindre le but de ce paragraphe, étant donné qu'une personne soumise à des mauvais traitements pourrait se trouver dans l'impossibilité de saisir le juge d'une demande de contrôle de la légalité de sa détention ; il pourrait en aller de même pour d'autres catégories vulnérables de personnes arrêtées, telles celles atteintes d'une déficience mentale ou celles qui ne parlent pas la langue du magistrat (■ CEDH, GC, 3 oct. 2006, n° 543/03, *MacKay*, § 34).

C – Jugement dans un délai raisonnable

1° Détention provisoire pendant l'instruction

68) Exigence de durée raisonnable. L'article 5 (art. 5), qui commence par l'affirmation du droit de toute personne à la liberté et à la sûreté, détermine pour le surplus les cas et conditions auxquels il est permis de déroger à ce principe, en vue notamment du maintien de l'ordre public qui exige d'assurer la répression des infractions. C'est donc essentiellement en fonction de l'état de détention de la personne poursuivie que les tribunaux nationaux, et éventuellement après eux la Cour européenne, doivent apprécier si le délai écoulé, pour quelque cause que ce soit, avant le jugement de l'accusé a dépassé à un moment donné les limites raisonnables, c'est-à-dire celles du sacrifice qui, dans les circonstances de la cause, pouvait raisonnablement être infligé à une personne présumée innocente. En d'autres mots c'est, au sens de l'article 5, paragraphe 3 (art. 5-3), la détention provisoire des accusés qui ne peut être maintenue au-delà des limites raisonnables (■ CEDH, 27 juin 1968, n° 2122/64, *Wemhoff c/ Allemagne*, § 5).

69) Rôle de la Cour dans l'appréciation du délai raisonnable. Certes, il appartient aux autorités judiciaires nationales de rechercher toutes les circonstances de nature à faire admettre ou à faire écarter l'existence d'une véritable exigence d'intérêt public justifiant une dérogation à la règle du respect de la liberté individuelle. L'examen de l'observation de l'article 5, paragraphe 3 (art. 5-3), de la Convention serait cependant vidé de son contenu s'il était interdit à la Cour de vérifier librement, sur la base des circonstances relevées par les juridictions internes et des faits non controuvés indiqués par le requérant dans ses demandes et recours, si la prolongation de la détention était raisonnable au sens de l'article 5, paragraphe 3 (■ CEDH, 10 nov. 1969, n° 1602/62, *Stogmuller c/ Autriche*, § 3).

70) Appréciation *in concreto* de la durée raisonnable. Le caractère raisonnable du maintien en détention d'un accusé doit s'apprécier dans chaque cas suivant les circonstances de la cause. Les circonstances susceptibles d'être prises en considération sont d'une extrême variété. De là, dans l'appréciation du caractère raisonnable d'une détention, la possibilité de fortes divergences d'opinion. En vue de réduire le risque et l'étendue de ces divergences et à titre de mesure de discipline intellectuelle, ainsi que le Président de la Commission l'a indiqué dans son exposé devant la Cour, la Commission a conçu une méthode de recherche consistant à définir une série de sept critères dont l'application serait propre à conduire à une appréciation, favorable ou défavorable, de la durée de la détention ordonnée. L'examen, en fonction de ces critères, des divers aspects de l'affaire devrait aboutir à une évaluation de ses éléments dans leur ensemble, le coefficient d'importance de chacun de ces critères pouvant varier suivant les circonstances de la cause. La Cour ne croit pas devoir faire sienne cette méthode. Avant d'être portés devant les organes chargés par la Convention d'assurer le respect des engagements résultant de celle-ci pour les Hautes Parties

Contractantes, les cas de prétendue violation de l'article 5, paragraphe 3 (art. 5-3) doivent avoir fait l'objet de recours internes et donc de décisions motivées de la part des autorités judiciaires nationales. Il appartient à celles-ci d'indiquer les circonstances qui leur ont paru rendre nécessaire, pour des raisons d'intérêt public, la privation de liberté d'une personne soupçonnée d'infraction et non condamnée. De même, cette personne doit avoir fait valoir dans ses recours tant les raisons de nature à énerver les conclusions tirées par les autorités des faits retenus par elles que d'autres circonstances militant en faveur d'une libération. C'est à la lumière de ces indications que la Cour doit apprécier si les motifs donnés par les autorités nationales pour justifier le maintien en détention sont pertinents et suffisants pour faire admettre que la détention n'a pas dépassé les limites raisonnables et, dès lors, n'a pas contrevenu à l'article 5, paragraphe 3 (art. 5-3) de la Convention (▪ CEDH, 27 juin 1968, n° 2122/64, *Wemhoff c/ Allemagne*, § 10-12). Chacun reconnaît l'impossibilité de traduire cette notion en un nombre fixe de jours, de semaines, de mois ou d'années ou en des durées variant suivant la gravité de l'infraction. Aussi la Cour est-elle nécessairement amenée, en examinant l'observation de l'article 5, paragraphe 3 (art. 5-3), à rechercher et apprécier le caractère raisonnable des motifs qui ont déterminé les autorités judiciaires à décider, dans le cas qui lui est soumis, cette grave dérogation aux principes de la liberté individuelle et de la présomption d'innocence que constitue toute détention sans condamnation. Elle prend en considération, à cet effet, les faits établis ressortant des décisions desdites autorités et ceux non réfutés allégués par l'intéressé (▪ CEDH, *Stogmuller c/ Autriche*, préc., § 4). Le caractère raisonnable de la durée d'une détention ne se prête pas à une évaluation abstraite. La légitimité du maintien en détention d'un accusé doit s'apprécier dans chaque cas d'après les particularités de la cause. La poursuite de l'incarcération ne se justifie dans une espèce donnée que si des indices concrets révèlent une véritable exigence d'intérêt public prévalant, nonobstant la présomption d'innocence, sur la règle du respect de la liberté individuelle fixée à l'article 5 de la Convention (▪ CEDH, GC, 26 oct. 2000, n° 30210/96, *Kudla c/ Pologne*, § 110. ▪ CEDH, 26 janv. 2007, n° 27561/02, *Solmaz c/ Turquie*, § 38). La Cour rappelle que le caractère raisonnable de la durée d'une détention ne se prête pas à une évaluation abstraite. À cet égard, l'article 5 § 3 de la Convention ne saurait être interprété comme autorisant de manière inconditionnelle une détention provisoire pour autant qu'elle ne dépasse pas une certaine durée. Tout maintien en détention provisoire d'un accusé, même pour une courte durée, doit être justifié de manière convaincante par les autorités (▪ CEDH, 1er juill. 2008, n° 42250/02, *Calmanovici c/ Roumanie*, § 90).

71) Méthode d'appréciation. Il incombe en premier lieu aux autorités judiciaires nationales de veiller à ce que dans une affaire donnée la détention provisoire subie par un accusé n'excède pas une durée raisonnable. À cet effet, il leur faut, en tenant dûment compte du principe de la présomption d'innocence, examiner toutes les circonstances de nature à manifester ou écarter l'existence de ladite exigence d'intérêt public justifiant une dérogation à la règle fixée à l'article 5 et en rendre compte dans leurs décisions relatives aux demandes d'élargissement. C'est essentiellement au vu des motifs figurant dans ces décisions et sur la base des faits non contestés indiqués par l'intéressé dans ses moyens que la Cour doit déterminer s'il y a eu ou non violation de l'article 5 § 3 (▪ CEDH, 26 juin 1991, n° 12369/86, *Letellier c/ France*, § 35-36. ▪ CEDH, 31 mai 2005, nos 57547/00 et 68591/01, *Dumont-Maliberg c/ France*, § 59-60. ▪ CEDH, 26 janv. 2012, *Berasategi c/ France*, § 35). La persistance de raisons plausibles de soupçonner la personne arrêtée d'avoir commis une infraction – non contestée en l'espèce – est une condition *sine qua non* de la régularité du maintien en détention, mais au bout d'un certain temps elle ne suffit plus ; la Cour doit alors établir si les autres motifs adoptés par les autorités judiciaires continuent à légitimer la privation de liberté. Quand ils se révèlent « pertinents » et « suffisants », elle cherche de surcroît si les autorités nationales compétentes ont apporté une « diligence particulière » à la poursuite de la procédure (même arrêt).

72) Durée de la détention. Une durée de détention provisoire de cinq ans et dix mois apparaît *prima facie* déraisonnable et doit être accompagnée de justifications particulièrement fortes (▪ CEDH, *Berasategi c/ France*, préc., § 37).

73) Motif initial du placement en détention. Le risque de fuite d'une personne soupçonnée d'avoir commis des infractions d'escroquerie et de faux est à même de justifier un placement en détention provisoire (▪ CEDH, *Stogmuller c/ Autriche*, préc., § 113). La Cour rappelle que des éléments concrets comme la continuation prolongée d'actes répréhensibles, l'importance du dommage subi et la nocivité de l'inculpé peuvent avoir de l'importance pour les juges. Elle rappelle également que la gravité d'une infraction peut conduire les autorités à placer et laisser un suspect en détention provisoire pour empêcher de nouvelles infractions, si les circonstances de la cause, notamment les antécédents et la personnalité de l'intéressé, rendent le danger plausible et la mesure adéquate (■ CEDH, *Dumont-Maliverg c/ France*, préc., § 65). La Cour reconnaît que, par leur gravité particulière et par la réaction du public à leur accomplissement, certaines infractions peuvent susciter un trouble social de nature à justifier une détention provisoire, au moins pendant un temps. Dans des circonstances exceptionnelles, cet élément peut donc entrer en ligne de compte au regard de la Convention, en tout cas dans la mesure où le droit interne reconnaît la notion de trouble à l'ordre public provoqué par une infraction. Cependant, on ne saurait l'estimer pertinent et suffisant que s'il repose sur des faits de nature à montrer que l'élargissement du détenu troublerait l'ordre public (■ CEDH, 3 oct. 2013, n° 12430/11, *Vosgien c/ France*, § 55). Le risque de pressions sur les témoins et d'altération des preuves, la dangerosité des prévenus, la complexité de l'affaire et les nécessités de l'instruction peuvent constituer des motifs pertinents de placement en détention provisoire (■ CEDH, GC, 6 avr. 2000, n° 26772/95, *Labita c/ Italie*, § 162-163). En revanche, la Cour estime que l'on ne peut fonder le maintien en détention sur le fait que le requérant niait toute culpabilité : un accusé a le droit de se taire et de contester les faits qui lui sont reprochés. Il est d'ailleurs présumé innocent tout au long de la procédure d'instruction. Le Gouvernement ne saurait donc soutenir qu'en niant les faits le requérant aurait imposé son maintien en détention (■ CEDH, *Dumont-Maliberg*, préc., § 68). Identiquement, le fait que le requérant n'a ni domicile, ni travail ni famille ne peut être considéré en tant que tel comme justifiant les placements en détention provisoire (■ CEDH, 15 févr. 2005, n° 55939/00, *Sulaoja c/ Estonie*, § 64).

74) Persistance des motifs de détention. La persistance de raisons plausibles de soupçonner la personne arrêtée d'avoir commis une infraction est une condition *sine qua non* de la régularité du maintien en détention, mais au bout d'un certain temps elle ne suffit plus ; la Cour doit alors établir si les autres motifs adoptés par les autorités judiciaires continuent à légitimer la privation de liberté. Quand ceux-ci se révèlent « pertinents » et « suffisants », la Cour cherche de surcroît si les autorités nationales compétentes ont apporté une « diligence particulière » à la poursuite de la procédure (■ CEDH, 26 juin 1991, n° 12369/86, *Letellier c/ France*, § 35). Le risque de fuite initial ne saurait être invoqué pour justifier du maintien en détention provisoire alors qu'aucun élément nouveau n'est à même d'étayer ledit risque (■ CEDH, *Sogmuller c/ Autriche*, préc., § 114). Il en va de même de la nécessité de préserver l'ordre public invoqué au début de l'instruction, après cinq ans de détention provisoire (■ CEDH, 5 oct. 2004, n° 49451/99, *Blondet c/ France*, § 43).

75) Appréciation concrète des motifs invoqués. Les juridictions nationales ne peuvent se borner à faire abstraitement référence à la gravité des faits reprochés et au trouble à l'ordre public, sans étayer le caractère certain et actuel de l'atteinte à l'ordre public et sans préciser en quoi l'élargissement du requérant, en tant que tel, aurait eu pour effet de le troubler (■ CEDH, *Vosgien c/ France*, préc., § 57). Le risque que l'accusé fasse obstacle au bon déroulement de la justice ne peut être invoqué dans l'abstrait : il doit être étayé par des éléments de preuves factuels (■ CEDH, 10 oct. 2005, n° 9190/03, *Becciev c/ Moldavie*, § 59). La Cour observe que les motivations des décisions pertinentes étaient, au moins au début, plausibles, mais également tout à fait générales ; elles se référaient à la globalité des détenus et se bornaient à mentionner abstraitement la nature du crime en cause. Elles ne révélaient aucune considération susceptible d'étayer le fondement des risques évoqués et n'en établissaient pas la réalité par rapport au requérant, qui n'avait aucun antécédent et était accusé d'un rôle mineur dans le cadre de l'association mafieuse en question (le procureur avait requis pour lui une peine de trois ans). Elles ne tenaient pas compte de ce que les accusations dirigées contre le requérant reposaient sur des éléments qui, au fil du temps, s'affaiblissaient au lieu de se renforcer. La Cour estime dès lors que les motifs invoqués dans les décisions querellées n'étaient pas suffisants pour justifier le maintien en détention du requérant pendant deux ans et sept mois (■ CEDH, GC, 6 avr. 2000, n° 26772/95, *Labita c/ Italie*, § 163-165).

76) Diligence des autorités. La célérité particulière à laquelle un accusé détenu a droit dans l'examen de son cas ne doit pas nuire aux efforts des magistrats pour accomplir leur tâche avec le soin voulu (■ CEDH, 26 avr. 2011, n°s 59301/08 et 8439/09, *Tinner c/ Suisse*, § 62). La Cour ne discernant aucune période pendant laquelle les autorités n'ont pas procédé à des recherches ou à des actes d'instruction et constatant que la longueur de la détention incriminée se révèle imputable, pour l'essentiel, à la complexité de l'affaire ne peut conclure à la violation de l'article 5 § 3 de la Convention. L'affaire en effet concernait des accusations graves portées contre le requérant et la poursuite des investigations confirma son rôle clé dans les faits reprochés. Elle impliquait plusieurs acteurs et nécessitait de nombreuses mesures d'instruction, ce dont témoigne le nombre important d'expertises réalisées (■ CEDH, *Berasategi c/ France*, préc., § 41). N'a pas été menée avec suffisamment de diligences, l'instruction d'une durée de cinq années, et au cours de laquelle le mis en cause n'a été entendu que cinq fois, les investigations ayant subi de nombreuses périodes d'inacti vité imputables aux autorités judiciaires (■ CEDH, *Blondet c/ France*, préc., § 45).

77) Attitude du requérant. La longueur de la détention étant en partie due au comportement du requérant, le caractère déraisonnable de la détention provisoire ne peut être retenu. Si celui-ci n'a certes pas l'obligation de coopérer avec les autorités, il doit cependant supporter les conséquences que son attitude a pu entraîner dans la marche de l'instruction (■ CEDH, 26 sept. 2006, n° 27678/02, *Gérard Bernard c/ France*, § 42. ■ CEDH, *Berasategi c/ France*, préc., § 41. ■ CEDH, 18 oct. 2012, n° 60468/08, *Rossi c/ France*, § 84).

78) Mineurs. Dans au moins trois arrêts concernant la Turquie, la Cour a exprimé son inquiétude face à la pratique consistant à placer des enfants en détention provisoire et conclu à des violations de l'article 5 § 3 de la Convention. La Cour rappelle que s'agissant de mineurs, des méthodes alternatives doivent d'abord être envisagées et que la détention ne doit être utilisée qu'en dernier recours (■ CEDH, 20 janv. 2009, n° 70337/01, *Guvec c/ Turquie*, § 108).

2° *Délais d'audiencement*

79) La Cour rappelle à cet égard qu'il incombe aux États d'agencer leur système judiciaire de manière à permettre à leurs tribunaux de répondre aux exigences de l'article 5. À cet égard, la longueur de la détention provisoire du requérant ne peut être justifiée au regard de l'encombrement des sessions d'assises (■ CEDH, 23 janv. 2007, n° 2078/04, *Cretello c/ France*, § 36 : *Dr. pén.* 2008, chron. 3, obs. E. Dreyer).

3° *La libération sous caution*

80) L'objet de la garantie visée à l'article 5 § 3 de la Convention est d'assurer non la réparation du préjudice, mais notamment la comparution de l'accusé à l'audience. Dès lors, son montant doit être apprécié principalement « par rapport à l'intéressé, à ses ressources, à ses liens avec les personnes appelées à servir de cautions et pour tout dire à la confiance qu'on peut avoir que la perspective de perte du cautionnement ou de l'exécution des cautions en cas de non-comparution à l'audience agira sur lui comme un frein suffisant pour écarter toute velléité de fuite » (■ CEDH, *Neumeister c/ Autriche*, préc., § 14). En tout état de cause, il ressort de la structure de l'article 5 en général et de son paragraphe 3 en particulier qu'une caution ne peut être exigée aussi longtemps que prévalent des raisons justifiant la détention de l'intéressé. Si le danger de fuite peut être évité par une caution ou une autre garantie, l'accusé doit être remis en liberté, sachant que si une peine plus légère peut être anticipée, cela réduit le risque de fuite et doit être pris en considération. Les autorités doivent consacrer autant de soin à fixer un cautionnement approprié qu'à décider si le maintien d'une personne accusée en détention demeure ou non indispensable. En outre, le montant de la caution doit être dûment justifié dans la décision qui le détermine et prendre en compte les ressources de l'intéressé. Si le montant de la garantie prévue à l'article 5 § 3 de la Convention doit être apprécié principalement par rapport à l'intéressé et à ses ressources, il ne semble toutefois pas déraisonnable, dans certaines circonstances, de prendre également en considération l'ampleur du préjudice imputé (■ CEDH, GC, n° 12050/04, *Mangouras c/ Espagne*, § 78).

D – Procédure d'habeas corpus

81) Objet de l'article 5 § 4 de la Convention. Aux termes de l'article 5, § 4, les personnes arrêtées ou détenues ont droit à un examen du respect des exigences de procédure et de fond nécessaires à la « légalité », au sens de l'article 5, § 1, de leur privation de liberté. Si la procédure au titre de l'article 5, § 4 ne doit pas toujours s'accompagner de garanties identiques à celles que l'article 6 prescrit pour les procès civils ou pénaux, il faut qu'elle revête un caractère judiciaire et offre des garanties adaptées à la nature de la privation de liberté en question (■ CEDH, 22 oct. 2019, n° 27703/16, *Venet c/ Belgique*, § 31 : L. Milano, *Droit de la convention européenne des droits de l'Homme : JCP* G 2020, n° 1-2, Doctr. 40). La procédure portant sur un recours formé contre une détention ou la prolongation de celle-ci doit notamment être contradictoire et garantir l'égalité des armes entre les parties, à savoir la partie poursuivante et le détenu. Pour déterminer si une procédure offre des garanties suffisantes, il faut avoir égard à la nature particulière des circonstances dans lesquelles elle se déroule. Il importe d'éviter que la complexité de l'examen des recours soit une source de retard (même arrêt, § 32-33). L'article 5 paragraphe 4 (art. 5-4) ne garantit pas le droit à un examen judiciaire d'une portée telle qu'il habiliterait le « tribunal » à substituer sur l'ensemble des aspects de la cause, y compris des considérations d'opportunité, sa propre appréciation à celle de l'autorité dont émane la décision. Il n'en veut pas moins un contrôle assez ample pour s'étendre à chacune des conditions indispensables, selon la Convention, à la régularité de la détention d'un individu (■ CEDH, 2 mars 1987, n° 9787/82, *Weeks c/ RU*, § 59). S'il est vrai que l'article 5 § 4 de la Convention n'entraîne pas pour le juge examinant un recours contre une détention l'obligation d'étudier chacun des arguments avancés par l'appelant, les garanties qu'il prévoit seraient vidées de leur sens si le juge, en s'appuyant sur le droit et la pratique internes, pouvait considérer comme dénués de pertinence, ou omettre de prendre en compte, des faits concrets invoqués par le détenu et susceptibles de jeter un doute sur l'existence des conditions indispensables à la « légalité », au sens de la Convention, de la privation de liberté (■ CEDH, 25 mars 1999, n° 31195/96, *Nicolova c/ Bulgarie*, § 61). La Cour rappelle qu'en garantissant un recours aux personnes arrêtées ou détenues l'article 5 § 4 consacre aussi le droit pour celles-ci d'obtenir, dans un bref délai à compter de l'introduction du recours, une décision judiciaire concernant la régularité de leur détention et mettant fin à leur privation de liberté si elle se révèle illégale (■ CEDH, 9 juill. 2009, n° 11364/03, *Mooren c/ Allemagne*, § 106). À lui seul, le fait de n'avoir constaté aucun manquement aux exigences du paragraphe 1 de l'article ne dispense pas la Cour de contrôler l'observation du paragraphe 4 (art. 5-4) : il s'agit de deux textes distincts et le respect du premier n'implique pas forcément celui du second (■ CEDH, *De Wilde, Ooms et Versyp c/ Belgique*, préc., § 73). L'importance de l'article 5 paragraphe 4, notamment en matière d'extradition, ressort du reste d'une jurisprudence constante (■ CEDH, 24 sept. 1992, n° 11613/85, *Kolompar c/ Belgique*, § 45).

82) Indépendance et impartialité. Si l'article 5 § 4 de la Convention, qui consacre le droit « d'introduire un recours devant un tribunal », n'exige pas explicitement que ce tribunal soit indépendant et impartial, il diffère donc de l'article 6 § 1, qui parle notamment d'un « tribunal indépendant et impartial ». Toutefois, la Cour a jugé que l'indépendance représente l'un des éléments constitutifs les plus importants de la notion de « tribunal » que l'on trouve dans plusieurs articles de la Convention. La Cour estime qu'il serait inconcevable que l'article 5 § 4 de la Convention, qui peut concerner des questions aussi sensibles que la privation de sa liberté d'un « aliéné », au sens de l'article 5 § 1 e), n'envisage pas également comme condition fondamentale l'impartialité du tribunal en question (■ CEDH, GC, 29 mars 2001, n° 27154/95, *D. N. c/ Suisse*, § 42).

83) Normes de référence. Telle que l'entend l'article 5 paragraphe 4, la « légalité » d'une « arrestation ou détention » s'apprécie sous l'angle non du seul droit interne, mais aussi du texte de la Convention, des principes généraux qu'elle consacre et du but des restrictions qu'autorise l'article 5 paragraphe 1 (■ CEDH, *Weeks c/ RU*, préc., § 57). La Cour rappelle qu'elle n'a point pour tâche de se prononcer *in abstracto* sur une législation, raison pour laquelle elle ne peut statuer sur la compatibilité en général des dispositions et de la pratique nationale en cause. Elle doit en revanche rechercher si les conséquences pratiques de cette législation et de la jurisprudence y afférente ont donné lieu à une violation de la Convention, en l'occurrence sous l'angle de l'article 5 § 4 de la Convention (■ CEDH, 25 mars 1999, n° 31195/96, *Nicolova c/ Bulgarie*, § 60).

84) Existence du recours. La Cour rappelle qu'une voie de recours doit exister avec un degré suffisant de certitude, sans quoi lui manquent l'accessibilité et l'efficacité requises par l'article 5 § 4. Or le dossier fourni à la Cour ne contient aucun exemple de personne en garde à vue qui ait obtenu qu'un juge statuât sur la légalité de sa détention ou la libérât, à la suite d'un recours introduit par elle en vertu des articles 19 § 8 de la Constitution ou 5 § 4 de la Convention. La Cour n'estime pas devoir trancher cette question de droit turc. Toutefois, l'absence de jurisprudence révèle l'incertitude actuelle dudit recours en pratique (■ CEDH, 26 nov. 1997, n° 87/1996/67/897-902, *Sakik et a. c/ Turquie*, § 53-54). Un recours peut devenir inefficace en raison des incertitudes jurisprudentielles, et plus précisément en raison de la contradiction de positions entre deux chambres de la Cour de cassation (■ CEDH, 24 août 1998, n° 23824/94, *Soumare c/ France*, § 37). La Cour admet que la complémentarité des recours, administratif et judiciaire, peut permettre de contrôler l'ensemble des éléments de la légalité d'un acte, puis aboutir à la libération de la personne internée. Toutefois, dans la présente affaire, la Cour ne peut que constater que les actes successifs fondant la privation de liberté du requérant ont été annulés par les juges administratifs, sans que jamais l'intéressé n'obtienne une décision des tribunaux judiciaires mettant fin à la mesure d'hospitalisation. Dès lors, la Cour parvient à la conclusion que, dans les circonstances très particulières de l'espèce, l'articulation entre la compétence du juge judiciaire et celle du juge administratif quant aux voies de recours offertes n'a pas permis au requérant d'obtenir une décision d'un tribunal pouvant statuer « sur la légalité de sa détention et ordonner sa libération si la détention est illégale » (■ CEDH, 18 nov. 2011, n° 35935/03, *Beaudoin c/ France*, § 108).

85) Modalités du contrôle. Le contrôle judiciaire prévu à l'article 5 § 4 de la Convention peut varier d'un domaine à l'autre et dépend du type de privation de liberté en cause (■ CEDH, 22 oct. 2013, n° 11577/06, *M.H c/ R.-U.*, § 75). Par exemple, si une personne est privée de liberté sur le fondement de l'article 5, § 1, c, l'existence de soupçons relativement à la commission de l'infraction doit pouvoir être contrôlée, car il y a là un élément essentiel de la privation de liberté et donc de sa régularité (■ CEDH, GC, *Nicolova c/ Bulgarie*, préc., § 58). Le contrôle de la privation de liberté fondé sur le trouble mental doit comprendre une expertise suffisamment récente pour permettre aux autorités compétentes d'apprécier la condition clinique de la personne concernée au moment où la demande de libération est prise en considération (■ CEDH, 12 févr. 2014, n° 8300/06, *Ruiz Ribera*, § 60). Un patient interné en hôpital psychiatrique doit avoir la possibilité d'engager une procédure par laquelle serait examinée la question de savoir si les conditions nécessaires pour son internement en vue d'un traitement obligatoire sont toujours remplies. La Cour a jugé dans des précédents qu'un système de contrôle périodique où l'initiative ne revient qu'aux autorités n'est pas en soi suffisant (■ CEDH, 3 juill. 2012, n° 34806/04, *X. c/ Finlande*, § 170). Lorsque le requérant a été incarcéré pour une peine indéterminée, fondée en partie sur sa dangerosité, des questions nouvelles de légalité peuvent surgir en cours d'emprisonnement et le requérant est en droit, en vertu de l'article 5 § 4, de saisir un tribunal compétent pour statuer sur ces questions, à des intervalles raisonnables, ainsi que sur la légalité de toute réincarcération éventuelle (■ CEDH, 21 févr. 1996, n° 23389/94, *Singh c/ R.-U.*, § 62. ■ CEDH, *Hussain c/ RU*, préc., § 51).

86) Garanties procédurales – Liens entre l'article 5 et l'article 6 de la Convention. Il y a conflit entre les articles 5 et 6 de la Convention, dès lors que la première disposition n'impose pas en général qu'une audience sur la légalité d'une détention provisoire se déroule en public, tandis que la seconde exige des audiences publiques dans son domaine d'application. Dans ce contexte, la Cour rappelle que les articles de la Convention doivent s'interpréter en harmonie les uns avec les autres. Concernant le contrôle d'une détention provisoire, il serait contraire au principe d'une interprétation harmonieuse de tirer du volet civil de l'article 6 des exigences plus strictes que celles imposées par le système complet de protection mis en place, pour les procédures pénales, par l'article 5 § 4 et le volet pénal de l'article 6. Il découle des considérations qui précèdent que l'article 5 § 4 contient, pour les questions de privation de liberté, des garanties procédurales particulières qui sont distinctes des garanties procédurales de l'article 6. L'article 5 § 4 est donc la *lex specialis* par rapport à l'article 6 (■ CEDH, 5 nov. 2005, n° 67175/01, *Reinprecht c/ Autriche*, § 54-55). L'exigence d'équité procédurale découlant de l'article 5 § 4 n'impose pas l'application de critères uniformes et immuables indépendants du contexte, des faits et des circonstances de la cause. Si une procédure relevant de l'article 5 § 4 ne doit pas toujours s'accompagner de garanties identiques à celles que l'article 6 prescrit pour les litiges civils ou pénaux, elle doit revêtir un caractère judiciaire et offrir à l'individu mis en cause des garanties adaptées à la nature de la privation de liberté dont il se plaint (■ CEDH, GC, 19 févr. 2009, n° 3455/05, *A et a. c/ RU*, § 203). Le droit à une procédure contradictoire, tel qu'il est garanti par l'article 6, § 1 de la Convention, implique en principe le droit pour les parties à un procès de se voir communiquer et de discuter toute pièce ou observation présentée au juge, fût-ce par un magistrat indépendant tel que l'avocat général à la Cour de cassation belge, en vue d'influencer sa décision. Eu égard aux conséquences de la privation de liberté sur les droits fondamentaux de la personne concernée, du caractère fondamental du droit à une procédure contradictoire et du lien étroit qui existe entre l'article 5, § 4 et l'article 6, § 1 en matière de procédure pénale, la Cour estime qu'il en va de même dans le cadre d'une procédure relevant de l'article 5, § 4 de la Convention (■ CEDH, 22 oct. 2019, *Venet c/ Belgique*, préc., § 42).

87) Garanties procédurales – Audience. Dans une situation comme celle du requérant, où une longue période d'emprisonnement peut être en jeu et où des éléments touchant à la personnalité et au degré de maturité du détenu sont importants pour décider de sa dangerosité, l'article 5 paragraphe 4 (art. 5-4) exige une audience contradictoire dans le cadre d'une procédure emportant représentation par un défenseur et possibilité de citer et d'interroger des témoins. Ne répond pas à cette exigence le fait que le requérant aurait pu obtenir une audience en engageant une procédure de contrôle juridictionnel. D'abord, l'article 5 paragraphe 4 (art. 5-4) présuppose l'existence d'une procédure conforme à ses exigences sans qu'il soit nécessaire d'engager une procédure distincte pour la mettre en branle. Ensuite, pas plus que le délégué de la Commission, la Cour n'est convaincue que la possibilité pour le requérant d'obtenir une audience par le biais d'une procédure de contrôle juridictionnel soit suffisamment sûre pour être considérée comme répondant aux impératifs de l'article 5 paragraphe 4 (art. 5-4) de la Convention (■ CEDH, 21 févr. 1996, n° 21928/93, *Hussain c/ RU*, § 60-61). Si l'article 5 § 4 peut commander la tenue d'une audience, il n'exige pas, en règle générale, qu'une telle audience se déroule en public (■ CEDH, 31 mai 2011, n° 5829/04, *Khodorkovskiy c/ Russie*, § 220). La jurisprudence de la Cour n'inclut donc pas l'exigence de publicité dans la liste des garanties procédurales inhérentes à la notion d'équité dans le contexte spécifique des procédures relatives à une détention. Au sujet de la détention provisoire autorisée par l'article 5 § 1 *c)* de la Convention, la Cour a estimé que l'on ne saurait déduire du lien existant entre l'article 5 § 4 et l'article 6 de la Convention en matière pénale que l'article 5 § 4 exige la publicité d'une audience consacrée à la légalité d'une telle détention ; ces deux dispositions répondent à des finalités distinctes, et c'est cette différence de finalités qui explique pourquoi l'article 5 § 4 contient des exigences procédurales plus souples que l'article 6 tout en étant bien plus strict sur le respect d'un « bref délai » pour le contrôle de la légalité de la détention (*ibid.*, § 40). La Cour a toutefois précisé qu'elle n'excluait pas la possibilité que dans des circonstances particulières une audience publique puisse être nécessaire (▪ CEDH, 30 mars 2021, n° 82087/17, *D. C. c/ Belgique*, § 125).

88) Garanties procédurales : principe du contradictoire. La procédure de contrôle prévue au titre de l'article 5 § 4 de la Convention doit être contradictoire et garantir dans tous les cas « l'égalité des armes » entre les parties. La tenue d'une audience peut s'imposer, notamment en cas de détention provisoire. De plus, en pareil cas, le suspect privé de liberté doit se voir offrir une véritable occasion de contester les éléments à l'origine des accusations portées contre lui car la persistance de soupçons raisonnables qu'il a commis une infraction est une condition *sine qua non* de la légalité de son maintien en détention. Cette exigence peut imposer au tribunal compétent d'entendre les témoins dont les dépositions semblent, de prime abord, susceptibles d'influer de manière décisive sur la légalité du maintien en détention de l'intéressé. Elle peut aussi commander que celui-ci – ou son représentant – puisse accéder aux pièces du dossier d'instruction sur lesquelles sont fondées les poursuites dirigées contre lui (▪ CEDH, *A et a. c/ RU*, préc., § 204). Si la procédure au titre de l'article 5 § 4 ne doit pas toujours s'accompagner de garanties identiques à celles que l'article 6 § 1 de la Convention prescrit pour les procès civils ou pénaux, il faut qu'elle revête un caractère judiciaire et offre des garanties adaptées à la nature de la privation de liberté en question (▪ CEDH, 22 mai 2012, n° 5826/03, *Idalov c/ Russie*, § 161). Un procès portant sur un recours formé contre une détention doit être contradictoire et garantir l'égalité des armes entre les parties, à savoir le procureur et le détenu. La législation nationale peut remplir cette exigence de diverses manières, mais la méthode adoptée par elle doit garantir que la partie adverse soit au courant du dépôt d'observations et jouisse d'une possibilité véritable de les commenter. Pour déterminer si une procédure relevant de l'article 5 § 4 offre les garanties nécessaires, il faut avoir égard à la nature particulière des circonstances dans lesquelles elle se déroule (▪ CEDH, 29 nov. 2011, n° 31610/08, *Altinok c/ Turquie*, § 45). Le droit à une procédure contradictoire, tel qu'il est garanti par l'article 6, § 1 de la Convention, implique en principe le droit pour les parties à un procès de se voir communiquer et de discuter toute pièce ou observation présentée au juge, fût-ce par un magistrat indépendant tel que l'avocat général à la Cour de cassation belge, en vue d'influencer sa décision. Eu égard aux conséquences de la privation de liberté sur les droits fondamentaux de la personne concernée, du caractère fondamental du droit à une procédure contradictoire et du lien étroit qui existe entre l'article 5, § 4 et l'article 6, § 1 en matière de procédure pénale, la Cour estime qu'il en va de même dans le cadre d'une procédure relevant de l'article 5, § 4 de la Convention (▪ CEDH, 22 oct. 2019, *Venet c/ Belgique*, préc., § 42).

89) Double degré de juridiction, garanties. Si l'article 5, § 4 n'astreint pas les États contractants à instaurer un double degré de juridiction pour l'examen de la légalité de la détention et celui des demandes d'élargissement, un État qui se dote d'un tel système doit en principe accorder les mêmes garanties aussi bien en appel qu'en première instance (▪ CEDH, 22 oct. 2019, *Venet c/ Belgique*, préc., § 34. ▪ CEDH, 23 nov. 1993, n° 13190/87, *Navarra c/ France*, § 28). Les principes du contradictoire ainsi que celui d'égalité des armes doivent être respectés en appel (▪ CEDH, 17 avr. 2012, n° 26808/08, *Çatal c/ Turquie*, § 33-34). S'il est vrai qu'un recours contre une décision portant sur la détention provisoire doit en principe accorder au détenu les mêmes garanties en appel qu'en première instance, il ne faut pas perdre de vue le caractère spécifique de la procédure relevant de l'article 5 § 4, notamment l'exigence de célérité, ainsi que le risque d'une certaine paralysie de la procédure pénale si l'inculpé devait être entendu à chaque fois qu'il introduit une demande d'élargissement (▪ CEDH, *Altinok c/ Turquie*, préc., § 49).

90) Cas particulier de mineurs retenus. La loi française ne prévoit pas que les mineurs puissent faire l'objet d'une mesure de placement en rétention ; ainsi, les enfants « accompagnant » leurs parents tombent dans un vide juridique ne leur permettant pas d'exercer le recours garanti à leurs parents. La Cour considère en conséquence qu'ils ne se sont pas ainsi vu garantir la protection requise par la Convention et qu'il y a eu violation de l'article 5 § 4 de la Convention du chef des enfants (▪ CEDH, 19 janv. 2012, n°s 39472/07 et 39474/07, *Popov c/ France*, § 124).

91) Célérité – Définition. L'adverbe « aussitôt » (promptly) de l'article 5 § 3 implique du reste plus de célérité que les mots « à bref délai » (speedily) figurant au paragraphe 4 (art. 5-4) (▪ CEDH, 29 août 1990, n° 11701/85, *E. c/ Norvège*, § 64). La notion de bref délai ne peut se définir *in abstracto*, mais doit – comme pour le « délai raisonnable » des articles 5 paragraphe 3 et 6 paragraphe 1 (art. 5-3, art. 6-1) – s'apprécier à la lumière des circonstances de chaque affaire (▪ CEDH, 21 oct. 1986, *Sanchez-Reisse c/ Suisse*, § 55).

92) Célérité – Appréciation. La Cour rappelle que, en garantissant aux détenus un recours pour contester la régularité de leur incarcération, l'article 5 § 4 consacre aussi le droit pour eux, à la suite de l'institution d'une telle procédure, d'obtenir à bref délai une décision judiciaire concernant la régularité de leur détention et mettant fin à celle-ci si elle se révèle illégale. Dans chaque cas, il convient d'apprécier à la lumière des circonstances de l'espèce si le droit à une décision rapide a bien été respecté. La Cour estime en outre qu'une décision rapide sur la légalité d'une détention s'impose d'autant plus lorsque le procès est en cours, l'accusé devant pleinement bénéficier du principe de la présomption d'innocence (■ CEDH, 22 mai 2012, n° 5826/03, *Idalov c/ Russie*, § 154-155). Des recours contre un placement en détention, examinés respectivement, quatre-vingt-trois, cinquante-deux, quarante-trois, quarante-six et cent quatre jours après avoir été introduits, compte tenu de leur absence de complexité, ne peuvent passer pour avoir répondu à l'exigence de célérité posée à l'article 5 § 4 de la Convention (même arrêt, § 156-158). Dans plusieurs arrêts, la Cour a estimé que le bref délai doit prendre en compte la « durée globale » d'une procédure, incluant ainsi les différentes phases devant tous les organes appelés à statuer (■ CEDH, *Navarra c/ France*, préc., § 28). La Cour a estimé dans les affaires Mehmet Hasan Altan, Şahin Alpay et Akgün qu'elle pouvait tolérer que le contrôle devant la Cour constitutionnelle turque à la suite de la tentative de coup d'État prenne plus de temps. En dépit de la longueur manifeste des délais d'un an, 2 mois et 3 jours (Mehmet Hasan Altan, préc., § 164), d'un an, 4 mois et 3 jours (Şahin Alpay, préc., § 136) et d'un an et 16 jours (Akgün, décision préc., § 38), elle a conclu que l'exigence de célérité énoncée à l'article 5, § 4 avait été satisfaite. Néanmoins, elle a précisé que cette conclusion ne signifiait pas que la Cour constitutionnelle ait carte blanche relativement à des griefs similaires soulevés sous l'angle de l'article 5, § 4 de la Convention. À cet égard, un délai de 16 mois entre la mise en détention et l'inculpation par le Parquet doit être regardé comme extrêmement long et ne saurait être considéré comme « bref » au sens de l'article 5, § 4 de la Convention (■ CEDH, 10 déc. 2019, n° 28749/18, *Kavala c/ Turquie*, § 191-194).

E – Réparation de la détention illégale

93) Ouverture du droit à la réparation. Le paragraphe 5 de l'article 5 se trouve respecté dès lors que l'on peut demander réparation du chef d'une privation de liberté opérée dans des conditions contraires aux paragraphes 1, 2, 3 ou 4. Le droit à réparation énoncé au paragraphe 5 suppose donc qu'une violation de l'un de ces autres paragraphes ait été établie par une autorité nationale ou par les institutions de la Convention (■ CEDH, GC, 18 déc. 2002, n° 24952/94, *N.C c/ Italie*, § 92. ■ CEDH, 3 juin 2003, n° 33343/96, *Pantea c/ Roumanie*, § 262). En l'absence de constat par une autorité nationale d'une violation de l'un quelconque des autres paragraphes de l'article 5, que ce soit directement ou en substance, la Cour elle-même doit tout d'abord en établir l'existence pour que l'article 5 § 5 puisse s'appliquer (■ CEDH, 11 déc. 2003, n° 39084/97, *Yankoc c/ Bulgarie*, § 190-193). Les requérants n'ayant pu se prévaloir d'un droit exécutoire à réparation devant les juridictions internes pour les violations constatées à l'article 5 de la Convention, leur droit à réparation au titre de l'article 5 § 5 a été violé (■ CEDH, GC, 19 févr. 2009, n° 3455/05, *A et a. c/ R.-U.*, § 229). Le droit à réparation doit être reconnu dès lors que la violation à l'un des paragraphes de l'article 5 a été constaté par la Cour, et ce, même si selon le gouvernement, la mesure de privation de liberté avait été décidée conformément au droit national (■ CEDH (Plén.), 29 nov. 1988, n°s 11209/84, 11234/84, 11266/84 et 11386/85, *Brogan et a. c/ RU*, § 66-67). La Cour réaffirme que l'article 5 § 5 de la Convention crée un droit direct à réparation, à condition que les juridictions nationales ou les institutions de la Convention aient conclu que la personne concernée a subi une privation de liberté contraire à l'article 5 § 1 et 4 de la Convention (■ CEDH, *Storck c/ Allemagne*, préc., § 122). Emporte la violation de l'article 5 § 5 de la Convention le fait d'avoir reconnu d'un côté que la détention était irrégulière au sens de l'article 5 § 1 et d'avoir, de l'autre côté, exclu la réparation du préjudice qui en est découle au motif que ladite détention résultait d'une « faute lourde » des requérants (■ CEDH, 29 mai 1997, n°s 19233/91 et 19234/91, *Tsirlis et Kouloupas c/ Grèce*, § 66).

94) Nature du droit à réparation. Le droit à réparation visé à l'article 5, paragraphe 5, peut, il est vrai, avoir un contenu plus large qu'une simple réparation pécuniaire. Toutefois, il ne saurait viser le droit à obtenir la cessation de la privation de liberté, puisque ce droit est garanti, quant à lui, par l'article 5 § 4, de la Convention. C'est donc sur le plan de la réparation pécuniaire que doit se situer l'examen de ce grief (■ Comm., application req. n° 9990/82, 15 mai 1984, *Lorenzo Bozano c/ Italie*, p. 13). Lorsqu'est en jeu la légalité de la détention, une action en indemnisation dirigée contre l'État ne constitue pas un recours à épuiser parce que le droit de faire examiner par un tribunal la légalité de la détention et celui d'obtenir réparation d'une privation de liberté contraire à l'article 5 sont deux droits distincts (■ CEDH, 19 oct. 2000, n° 27785/95, *Wloch c/ Pologne*, § 90). L'article 5 paragraphe 5 et l'article 50 (art. 5-5, art. 50) se situent sur des plans différents, bien qu'ils s'occupent tous deux de problèmes de réparation dans le cadre de la Convention. Le premier (art. 5-5) édicte une règle de fond : figurant parmi les clauses « normatives » du Titre I de la Convention, il garantit un droit individuel dont le respect s'impose d'abord aux autorités des États contractants, ainsi que le confirme l'emploi de l'adjectif « enforceable » dans le texte anglais. L'article 50, lui, énonce une règle de compétence : inséré dans le Titre IV de la Convention, il habilite expressément la Cour à octroyer à la « partie lésée » une satisfaction équitable, sous certaines conditions. L'une de ces dernières consiste dans l'existence d'une décision ou mesure nationale contraire à « des obligations découlant de la (...) Convention », et rien n'indique qu'une infraction à l'un des quatre premiers paragraphes de l'article 5 n'entre pas en ligne de compte à cet égard. Si le paragraphe 5 de l'article 5 a soin de spécifier que « toute personne victime » d'une telle infraction « a droit à réparation », il ne s'ensuit nullement que la Cour ne puisse appliquer l'article 50 quand elle a constaté une violation du paragraphe 3 par exemple ; il en résulte, sans plus, que dans l'exercice de la large compétence que lui attribue l'article 50 elle doit prendre en considération, entre autres éléments, la règle de fond du paragraphe 5 de l'article 5 (▪ CEDH, 7 mai 1974, n° 1936/63, *Neumeister c/ Autriche*, § 30).

95) Condition du dommage. De l'avis de la Cour, le paragraphe 5 de l'article 5 (art. 5-5) se trouve respecté dès lors que l'on peut demander réparation du chef d'une privation de liberté opérée dans des conditions contraires aux paragraphes 1, 2, 3 ou 4 (art. 5-1, art. 5-2, art. 5-3, art. 5-4). Il n'interdit pas aux États contractants de subordonner l'octroi d'une indemnité à l'établissement, par l'intéressé, d'un dommage résultant du manquement. Dans le domaine de l'article 5 § 5 (art. 5-5), la qualité de « victime » se conçoit même en l'absence de préjudice, mais il n'y a pas lieu à « réparation » sans un tort, matériel ou moral, à réparer (▪ CEDH, 27 sept. 1990, n° 12535/86, *Wassink c/ Pays-Bas*, § 38).

96) Preuve du dommage. La Cour est de l'avis que les effets néfastes d'une détention irrégulière sur l'état psychologique d'un individu peuvent perdurer même après sa libération. Or, il apparaît que le tribunal de la ville de Sofia n'a pas envisagé cette éventualité. Il ressort également de la motivation de son jugement du 1er septembre 2004 qu'il n'a pas pris en compte le fait que la violation constatée du droit fondamental de l'intéressé à la liberté et à la sûreté, ainsi que les affirmations de celui-ci selon lesquelles il était dans un état psychologique fragilisé au cours de sa détention, pouvaient également être retenues comme éléments pour l'établissement d'un préjudice moral. La Cour estime que l'application d'une approche formaliste comme celle adoptée par le tribunal interne dans la présente affaire est susceptible d'exclure l'octroi d'une réparation pécuniaire dans un très large nombre de cas où la détention irrégulière est de courte durée et où celle-ci ne s'accompagne pas d'une détérioration objectivement perceptible de l'état physique ou psychique du détenu (▪ CEDH, 2 sept. 2010, n° 9411/05, *Danev c/ Bulgarie*, § 34).

Art. 6 *(Mod. à compter du 1er novembre 1998, Prot. n° 11, 11 mai 1994, art. 2-2 et ann. publié par D. n° 98-1055, 18 nov. 1998). – Droit à un procès équitable.*

1. Toute personne a droit à ce que sa cause soit entendue équitablement, publiquement et dans un délai raisonnable, par un tribunal indépendant et impartial, établi par la loi, qui décidera, soit des contestations sur ses droits et obligations de caractère civil, soit du bien-fondé de toute accusation en matière pénale dirigée contre elle. Le jugement doit être rendu publiquement, mais l'accès de la salle d'audience peut être interdit à la presse et au public pendant la totalité ou une partie du procès dans l'intérêt de la moralité, de l'ordre public ou de la sécurité nationale dans une société démocratique, lorsque les intérêts des mineurs ou la protection de la vie privée des parties au procès l'exigent, ou dans la mesure jugée strictement nécessaire par le tribunal, lorsque dans des circonstances spéciales la publicité serait de nature à porter atteinte aux intérêts de la justice.

2. Toute personne accusée d'une infraction est présumée innocente jusqu'à ce que sa culpabilité ait été légalement établie.

3. Tout accusé a droit notamment à :

a) **être informé, dans le plus court délai, dans une langue qu'il comprend et d'une manière détaillée, de la nature et de la cause de l'accusation portée contre lui ;**

b) **disposer du temps et des facilités nécessaires à la préparation de sa défense ;**

c) **se défendre lui-même ou avoir l'assistance d'un défenseur de son choix et, s'il n'a pas les moyens de rémunérer un défenseur, pouvoir être assisté gratuitement par un avocat d'office, lorsque les intérêts de la justice l'exigent ;**

d) **interroger ou faire interroger les témoins à charge et obtenir la convocation et l'interrogation des témoins à décharge dans les mêmes conditions que les témoins à charge ;**

e) **se faire assister gratuitement d'un interprète, s'il ne comprend pas ou ne parle pas la langue employée à l'audience.**

• *Sommaire*

I – ACCUSATION EN MATIÈRE PÉNALE

A – Matière pénale

1° *Définition*

1) « Critères Engel ». Selon la jurisprudence constante de la Cour, l'existence ou non d'une « accusation en matière pénale » doit s'apprécier sur la base de trois critères, que l'on désigne couramment sous le nom de « critères Engel ». Le premier est la qualification juridique de l'infraction en droit interne, le second la nature même de l'infraction et le troisième le degré de sévérité de la sanction que risque de subir l'intéressé. Les deuxième et troisième critères sont alternatifs et pas nécessairement cumulatifs. Cela n'empêche pas l'adoption d'une approche cumulative si l'analyse séparée de chaque critère ne permet pas d'aboutir à une conclusion claire quant à l'existence d'une accusation en matière pénale (■ CEDH, GC, 10 févr. 2009, n° 14939/03, *Zolotoukhine c/ Russie*, § 53. ■ CEDH, 6 nov. 2018, n°s 55391/13, 57728/13 et 74041/13, *Ramos Nunes de Carvalho e Sá c/ Portugal*, § 122). S'agissant du troisième critère, la Cour prend également en compte la nature de la peine (■ CEDH, GC, 22 déc. 2020, n°s 68273/14, 68271/14, *Gestur Jónsson et Ragnar Halldór Hall*, § 75 : *Procédures* 2021, comm. 66, obs. N. Fricero). La coloration pénale d'une instance est subordonnée au degré de gravité de la sanction dont est *a priori* passible la personne concernée (*Engel et a.* préc., § 82) et non à la gravité de la sanction finalement infligée (■ CEDH, 11 juin 2009, n° 5242/04, *Dubus SA c/ France*, § 37). Le fait qu'une personne n'encoure pas une peine d'emprisonnement n'est pas en lui-même déterminant ; le montant, même élevé, de l'amende infligée et l'absence de plafond légal ne permettent pas à eux seuls de considérer que la nature et la gravité de la sanction la font relever de la sphère « pénale » au sens autonome de l'article 6 (*ibid.*, §§ 78 et 96). Le caractère général d'une norme et le but, à la fois préventif et répressif, d'une sanction suffisent à établir, au regard de l'article 6 de la Convention, la nature pénale de l'infraction litigieuse (■ CEDH, 21 févr. 1984, n° 8544/79, *Öztürk c/ Allemagne*, § 53, à propos d'une contravention administrative routière).

2° Applications

2) Droit de la concurrence. L'article 6 de la Convention, dans son volet pénal, est applicable à l'amende civile à laquelle la société requérante a été condamnée sur le fondement de l'article L. 442-6 du Code de commerce en raison de pratiques restrictives de la concurrence (▪ CEDH, 1er oct. 2019, n° 37858/14, *Carrefour France c/ France*, § 42).

3) Droit douanier. Les dispositions répressives du droit douanier français relèvent de la « matière pénale » telle que l'entend l'article 6 (▪ CEDH, 7 oct. 1988, n° 10519/83, *Salabiaku c/ France*, § 24).

4) Droit fiscal. En application des critères Engel, une amende fiscale relève de la notion de matière pénale, dès lors que, par sa nature et sa gravité, elle n'est pas négligeable, qu'elle ne tend pas à la réparation pécuniaire d'un préjudice, mais a un caractère essentiellement punitif et dissuasif et que, quant à la qualification de la procédure en droit interne, la plus haute juridiction du pays, le Tribunal fédéral, a jugé que l'amende en question était de nature « pénale » et fonction de la « culpabilité » du contribuable fautif (▪ CEDH, 29 août 1997, n° 71/1996/690/882, *A. P., M. P. et T. P. c/ Suisse*, § 40 et s.).

5) Droit de l'urbanisme – Mesure de remise en l'état des lieux. S'agissant de l'infraction de maintien d'une construction érigée sans permis, la Cour estime, en application des « critères Engel », qu'une « mesure de réparation », consistant en la remise en état des lieux par la destruction de la construction peut être regardée comme une « peine » au sens de la Convention (▪ CEDH, 27 nov. 2007, n° 21861/03, *Hamer c/ Belgique*, §§ 52 et s.).

6) Droit des étrangers – Interdiction du territoire. Les décisions relatives à l'entrée, au séjour et à l'éloignement des étrangers n'emportent pas contestation sur des droits ou obligations de caractère civil du requérant, ni n'ont trait au bien-fondé d'une accusation en matière pénale dirigée contre lui ; partant, l'article 6, § 1 ne trouve pas à s'appliquer. Le fait que ces mesures soient prononcées dans le cadre d'une procédure pénale ne saurait changer son caractère essentiellement préventif. Il en découle que la procédure en relèvement de l'interdiction du territoire français ne saurait relever du domaine pénal (▪ CEDH, 5 oct. 2000, n° 39652/98, *Maaouia c/ France*, §§ 39, 40, 41).

7) Procédure d'extradition. La procédure d'extradition ne porte pas contestation sur les droits et obligations de caractère civil du requérant, ni sur le bien-fondé d'une accusation en matière pénale dirigée contre lui au sens de l'article 6 de la Convention (▪ CEDH, 16 avr. 2002, n° 65964/01, *Peñafiel Salgado c/ Espagne*).

8) Mandat d'arrêt européen. La procédure du mandat d'arrêt européen ne porte pas sur le bien-fondé d'une accusation en matière pénale (▪ CEDH, 7 oct. 2008, n° 441138/05, *Monedero Angora c/ Espagne*).

B – Accusation

9) Accusé : notion. La place éminente que le droit à un procès équitable occupe dans une société démocratique conduit la Cour à opter pour une conception « matérielle », et non « formelle », de l'« accusation » visée à l'article 6, § 1. Elle lui commande de regarder au-delà des apparences et d'analyser les réalités de la procédure en litige (▪ CEDH, 27 févr. 1980, n° 6903/75, *Deweer c/ Belgique*, § 44). Les garanties offertes par l'article 6, §§ 1 et 3 s'appliquent à tout « accusé » au sens autonome que revêt ce terme sur le terrain de la Convention. Il y a « accusation en matière pénale » dès lors qu'une personne est officiellement inculpée par les autorités compétentes ou que les actes effectués par celles-ci en raison des soupçons qui pèsent contre elle ont des répercussions importantes sur sa situation (▪ CEDH, GC, 12 mai 2017, n° 21980/04, *Simeonovi c/ Bulgarie*, § 110). L'article 6 a pour finalité principale, au pénal, d'assurer un procès équitable devant un « tribunal » compétent pour décider « du bien-fondé de l'accusation », mais il n'en résulte pas qu'il se désintéresse des phases qui se déroulent avant la procédure de jugement (▪ CEDH, 24 nov. 1993, n° 13972/88, *Imbrioscia c/ Suisse*, § 36). En matière pénale, le « délai raisonnable » de l'article 6, § 1 débute dès l'instant qu'une personne se trouve « accusée » ; il peut s'agir d'une date antérieure à la saisine de la juridiction de jugement (▪ CEDH, 15 juill. 1982, n° 8130/78, *Eckle c/ Allemagne*, § 73). Les arrêts Wemhoff et Neumeister du 27 juin 1968, puis l'arrêt Ringeisen du 16 juillet 1971 ont retenu respectivement le moment de l'arrestation, de l'inculpation et de l'ouverture des enquêtes préliminaires (▪ CEDH, 27 févr. 1980, préc., § 42). Ainsi, à titre d'exemple, une personne qui a été arrêtée parce qu'elle est soupçonnée d'avoir commis une infraction pénale, une personne soupçonnée, interrogée sur son implication dans des faits constitutifs d'une infraction pénale ou une personne formellement inculpée, selon les modalités du droit interne, d'une infraction pénale peuvent toutes être considérées comme « accusées d'une infraction pénale » et prétendre à la protection de l'article 6 de la Convention. C'est la survenance même du premier de ces événements, indépendamment de leur ordre chronologique, qui déclenche l'application de l'article 6 sous son volet pénal (▪ CEDH, GC, 12 mai 2017, préc., § 111). Dès lors que l'interpellation et le placement en garde à vue d'une personne peuvent avoir des répercussions importantes sur sa situation, elle fait l'objet d'une accusation en matière pénale (■ CEDH, 14 oct. 2010, n° 1466/07, *Brusco c/ France*, §§ 49, 50).

II – TRIBUNAL INDÉPENDANT ET IMPARTIAL ÉTABLI PAR LA LOI (§ 1)

A – Tribunal

10) Notion. Un « tribunal » se caractérise au sens matériel par son rôle juridictionnel : trancher, sur la base de normes de droit et à l'issue d'une procédure organisée, toute question relevant de sa compétence. Il doit aussi remplir une série d'autres conditions : indépendance, notamment à l'égard de l'exécutif, impartialité, durée du mandat des membres ; outre ces exigences, la notion même de « tribunal » implique que celui-ci se compose de juges sélectionnés sur la base du mérite – c'est-à-dire de juges qui, grâce à leurs compétences professionnelles et à leur intégrité morale, sont capables d'exercer les fonctions judiciaires associées à cette charge dans un État régi par la prééminence du droit ; les juges non professionnels peuvent être soumis à des critères de sélection différents, en ce qui concerne en particulier les compétences professionnelles requises (■ CEDH, GC, 1er déc. 2020, n° 26374/18, *Gudmundur Andri Astradsson c/ Islande*, §§ 219 et s.). La notion de « tribunal » ne s'étend pas au juge d'instruction, qui n'est pas appelé à se prononcer sur le bien-fondé d'une « accusation en matière pénale ». Toutefois, dans la mesure où les actes accomplis par le juge d'instruction influent directement et inéluctablement sur la conduite et, dès lors, sur l'équité de la procédure ultérieure, y compris le procès proprement dit, la Cour estime que l'article 6, § 1 de la Convention est applicable, même si certaines des garanties procédurales envisagées par l'article 6 § 1 de la Convention peuvent ne pas s'appliquer (■ CEDH, 6 janv. 2010, n° 74181/01, *Vera Fernández-Huidobro c/ Espagne*, §§ 110, 111). Les garanties d'indépendance et d'impartialité propres au procès équitable fixées par l'article 6, § 1 de la Convention concernent essentiellement les juridictions appelées à décider du fond d'une accusation en matière pénale et ne s'appliquent pas au représentant du parquet – ce dernier étant notamment l'une des parties à une procédure judiciaire contradictoire – ni à l'organe qui, sans se pencher sur son innocence ou sa culpabilité, est chargé de décider si l'accusé doit être jugé par un « tribunal » (■ CEDH, 8 déc. 2009, n° 45291/06, *Previti c/ Italie*, § 255).

B – Tribunal établi par la loi

11) Notion. V. ■ CEDH, GC, 1er déc. 2020, n° 26374/18, *Gudmundur Andri Astradsson c/ Islande*, §§ 223 et s.

C – Indépendance et impartialité

12) Magistrats professionnels et non professionnels. L'exigence d'indépendance et d'impartialité vaut pour les jurés comme pour les magistrats, professionnels ou non (■ CEDH, 25 nov. 1993, n° 14191/88, *Holm c/ Suède*, § 30).

13) Membres du Parquet. Le procureur de la République, en tant que partie poursuivante, n'est pas appelé, en cette qualité, à « décider du bien-fondé d'une accusation en matière pénale » au sens de l'article 6, § 1 de la Convention. La Cour rappelle à cet égard que le ministère public ne saurait être astreint aux obligations d'indépendance et d'impartialité que l'article 6 impose à un « tribunal », c'est-à-dire un organe juridictionnel « appelé à trancher, sur la base de normes de droit et à l'issue d'une procédure organisée, toute question relevant de sa compétence » (■ CEDH, 18 oct. 2018, n° 80018/12, *Thiam c/ France*, § 71).

14) Indépendance, impartialité, et publicité de l'audience. Le droit du prévenu à une audience publique ne représente pas seulement une garantie de plus que l'on s'efforcera d'établir la vérité : il contribue également à convaincre l'accusé que sa cause a été entendue par un tribunal dont il pouvait contrôler l'indépendance et l'impartialité (■ CEDH, 25 juill. 2000, nos 24954/94, 24971/94 et 24972/94, *Tierce et a. c/ Saint-Marin*, § 92).

1° Indépendance

15) Portée. L'article 6, § 1 de la Convention exige que les tribunaux soient indépendants tant de l'exécutif que des parties mais également du législateur, c'est-à-dire du Parlement (■ CEDH, 18 mai 1999, n° 28972/95, *Ninn-Hansen c/ Danemark*).

16) Critères de l'indépendance. Pour établir si un tribunal peut passer pour « indépendant », il faut prendre en compte, notamment, le mode de désignation et la durée du mandat de ses membres, l'existence d'une protection contre les pressions extérieures et le point de savoir s'il y a ou non apparence d'indépendance (■ CEDH, 25 févr. 1995, n° 22107/93, *Findlay c/ R.-U.*, § 73).

En matière d'indépendance, même les apparences peuvent revêtir de l'importance. Pour se prononcer sur l'existence d'une raison légitime de redouter dans le chef d'une juridiction un défaut d'indépendance ou d'impartialité, le point de vue de l'accusé entre en ligne de compte mais sans pour autant jouer un rôle décisif. L'élément déterminant consiste à savoir si les appréhensions de l'intéressé peuvent passer pour objectivement justifiées (■ CEDH, 9 juin 1988, n° 41/1997/825/1031, *Incal c/ Turquie*, § 71). Il n'y a pas lieu de mettre en cause l'indépendance d'une juridiction lorsque la Cour estime qu'un observateur objectif n'aurait aucune raison de s'inquiéter (▪ CEDH, 25 août 2005, n° 23695/02). La situation de partie demanderesse à un litige d'une personnalité ayant un rôle institutionnel dans le déroulement de la carrière des juges (tel que le président de la République) est susceptible de créer un doute légitime sur l'indépendance et l'impartialité de ceux-ci (▪ CEDH, 18 oct. 2018, n° 80018/12, *Thiam c/ France*, § 71).

2° Impartialité

• **Impartialité subjective (personnelle) et objective (fonctionnelle)**

17) Principe de distinction. L'impartialité se définit d'ordinaire par l'absence de préjugé ou de parti pris. Son existence peut s'apprécier de diverses manières. La Cour distingue donc entre une démarche subjective, essayant de déterminer ce que tel juge pensait dans son for intérieur ou quel était son intérêt dans une affaire particulière, et une démarche objective amenant à rechercher s'il offrait des garanties suffisantes pour exclure à cet égard tout doute légitime. Quant à la seconde démarche, lorsqu'une juridiction collégiale est en cause, elle conduit à se demander si, indépendamment de l'attitude personnelle de tel ou tel de ses membres, certains faits vérifiables autorisent à mettre en cause l'impartialité de la juridiction elle-même. En la matière, même les apparences peuvent revêtir de l'importance. Pour se prononcer sur l'existence, dans une affaire donnée, d'une raison légitime de redouter d'un organe particulier un défaut d'impartialité, l'optique de celui qui met en doute l'impartialité entre en ligne de compte mais ne joue pas un rôle décisif. L'élément déterminant consiste à savoir si l'on peut considérer les appréhensions de l'intéressé comme objectivement justifiées (▪ CEDH, GC, 15 déc. 2005, n° 73797/01, *Kyprianou c/ Chypre*, §§ 118, 119).

18) Relativité de la distinction. La frontière entre la démarche subjective et la démarche objective n'est pas hermétique car non seulement la conduite même d'un juge peut, du point de vue d'un observateur extérieur, entraîner des doutes objectivement justifiés quant à son impartialité (démarche objective) mais elle peut également toucher à la question de sa conviction personnelle (démarche subjective) (▪ CEDH, GC, 15 déc. 2005, n° 73797/01, *Kyprianou c/ Chypre*, § 119).

19) Mise en œuvre de la distinction. Une analyse de la jurisprudence de la Cour permet de distinguer deux types de situations susceptibles de dénoter un défaut d'impartialité du juge. Le premier, d'ordre fonctionnel, regroupe les cas où la conduite personnelle du juge n'est absolument pas en cause mais où, par exemple, l'exercice par la même personne de différentes fonctions dans le cadre du processus judiciaire ou des liens hiérarchiques ou autres avec un autre acteur de la procédure suscitent des doutes objectivement justifiés quant à l'impartialité du tribunal, lequel ne répond donc pas aux normes de la Convention selon la démarche objective. Le second type de situations est d'ordre personnel et se rapporte à la conduite des juges dans une affaire donnée. D'un point de vue objectif, pareille conduite peut suffire à fonder des craintes légitimes et objectivement justifiées, mais peut également poser problème dans le cadre de la démarche subjective, voire révéler des préjugés personnels de la part des juges. À cet égard la réponse à la question de savoir s'il y a lieu de recourir à la démarche objective, à la démarche subjective ou aux deux dépend des circonstances de la conduite litigieuse (▪ CEDH, GC, 15 déc. 2005, n° 73797/01, *Kyprianou c/ Chypre*, § 121).

20) Impartialité subjective. L'impartialité personnelle d'un magistrat se présume jusqu'à la preuve du contraire (▪ CEDH, 24 mai 1989, n° 10486/83, *Hauschildt c/ Danemark*, § 47).

• **Impartialité et situation d'ordre fonctionnel**

21) Cumul de fonctions d'instruction et de jugement. Qu'un juge de première instance ou d'appel ait déjà pris des décisions avant le procès, notamment au sujet de la détention provisoire, ne peut passer pour justifier en soi des appréhensions quant à son impartialité (▪ CEDH, 24 mai 1989, n° 10486/83, *Hauschildt c/ Danemark*, § 50). La situation dans laquelle l'un des membres d'une juridiction de jugement a interrogé des témoins lors de l'instruction préparatoire peut susciter chez le prévenu des doutes sur l'impartialité du juge, mais on ne saurait pourtant les considérer comme objectivement justifiés qu'en fonction des circonstances de la cause. Ainsi lorsque le juge n'a pas été chargé de préparer le dossier d'instruction en vue du procès ou d'ordonner le renvoi en jugement du prévenu, ni pris aucune décision de procédure, mais que son rôle, limité dans le temps, n'a consisté qu'à interroger deux témoins, on ne peut considérer comme objectivement justifiée la crainte du requérant de voir la juridiction de jugement manquer d'impartialité. Au demeurant, le requérant ne saurait prétendre avoir eu des motifs légitimes de douter de l'impartialité du tribunal qui l'a jugé alors qu'il pouvait en récuser la composition mais s'en est abstenu (▪ CEDH, 22 févr. 1996, n° 17358/90, *Bulut c/ Autriche*, §§ 33, 34). Les craintes quant à l'impartialité de la juridiction de jugement peuvent passer pour objectivement justifiées lorsque tous ses membres sont intervenus dans de nombreux actes d'instruction dont, en particulier, l'appel contre l'ordonnance d'inculpation prononcée à l'encontre du requérant (■ CEDH, 22 juill. 2008, n° 21369/04, *Gómez de Liano y Botella c/ Espagne*, § 71).

22) Cumul de fonctions de jugement. Les craintes quant à l'impartialité de la juridiction de jugement peuvent passer pour objectivement justifiées lorsqu'un juge appartenant à une juridiction de jugement s'est déjà prononcé sur des accusations pénales similaires contre le même accusé ou qu'il a déjà jugé un coaccusé dans une procédure pénale distincte, si ces décisions de jugement antérieures comportent des conclusions qui préjugent effectivement la question de la culpabilité d'un accusé ultérieurement poursuivi (■ CEDH, 7 août 1996, n° 19874/92, *Ferrantelli et Santangelo c/ Italie*, § 59).

23) Cumul de fonctions de poursuites et de jugement. Si un juge, après avoir occupé au parquet une charge de nature à l'amener à traiter un certain dossier dans le cadre de ses attributions, se trouve saisi de la même affaire comme magistrat du siège, les justiciables sont en droit de craindre qu'il n'offre pas assez de garanties d'impartialité (■ CEDH, 1er oct. 1982, n° 8692/79, *Piersack c/ Belgique*, § 30).

• Impartialité et situation d'ordre personnel

24) Déclarations publiques d'un juge. La plus grande discrétion s'impose aux autorités judiciaires lorsqu'elles sont appelées à juger, afin de garantir leur image de juges impartiaux. Cette discrétion doit les amener à ne pas utiliser la presse, même pour répondre à des provocations. Le fait que le président du tribunal ait employé publiquement des expressions sous-entendant une appréciation négative de la cause du requérant avant de présider l'organe judiciaire appelé à trancher l'affaire n'est pas compatible avec les exigences d'impartialité de tout tribunal, consacrées à l'article 6, § 1 de la Convention : en effet, les déclarations du président du tribunal étaient de nature à justifier objectivement les craintes du requérant à l'égard de son impartialité (■ CEDH, 16 sept. 1999, n° 29569/95, *Buscemi c/ Italie*, §§ 67, 68). La circonstance que certains magistrats ou groupes de magistrats puissent, en leur qualité d'experts en matière juridique, exprimer des réserves ou des critiques à l'égard des projets de loi du Gouvernement ne saurait nuire à l'équité des procédures judiciaires auxquelles ces projets pourraient s'appliquer, spécialement lorsque les juridictions appelées à connaître de la cause du requérant sont entièrement composées de juges professionnels jouissant d'une expérience et d'une formation leur permettant d'écarter toute influence extérieure au procès (■ CEDH, 8 déc. 2009, n° 45291/06, *Previti c/ Italie*, § 253).

25) Convictions politiques du juge. Le fait qu'un juge ait des convictions politiques différentes de celles de l'accusé ne saurait, en soi, donner lieu à un conflit d'intérêts de nature à justifier le désistement du juge en question. Cela est d'autant plus vrai lorsqu'aucune raison objective ne permet de soupçonner que le magistrat mis en cause n'a pas regardé le serment qu'il a prêté lors de son entrée en fonctions comme prioritaire par rapport à tout autre engagement social ou politique. Il en est ainsi en particulier lorsqu'il n'existe aucun lien entre les propos ou l'engagement politique des juges concernés et la procédure en cause qui ne met pas en cause les idées politiques du prévenu (■ CEDH, 8 déc. 2009, n° 45291/06, *Previti c/ Italie*, § 258).

III – DROIT D'ACCÈS À UN TRIBUNAL (§ 1)

A – Principe

26) Droit non absolu. La Cour rappelle que le droit à un tribunal, dont le droit d'accès constitue un aspect, n'est pas absolu et qu'il se prête à des limitations implicites, notamment en ce qui concerne les conditions de recevabilité d'un recours. Celles-ci ne peuvent toutefois pas en restreindre l'exercice d'une manière ou à un point tels qu'il se trouve atteint dans sa substance même. Elles doivent tendre à un but légitime et il doit exister un rapport raisonnable de proportionnalité entre les moyens employés et le but visé (■ CEDH, 29 juill. 1998, n° 51/1998/835/1041, *Guérin c/ France*, § 37).

B – Applications

27) Formalisme excessif. Si le droit d'exercer un recours est bien entendu soumis à des conditions légales, les tribunaux doivent, en appliquant des règles de procédure, éviter à la fois un excès de formalisme qui porterait atteinte à l'équité de la procédure, et une souplesse excessive qui aboutirait à supprimer les conditions de procédure établies par les lois (■ CEDH, 26 juill. 2007, n° 35787/03, *Walchli c/ France*, § 29). Compte tenu de l'enjeu de l'appel contre l'arrêt de la cour d'assises pour un requérant exposé à une lourde peine privative de liberté et de la nécessaire prise en compte de sa situation médicale à l'issue de son internement dans un établissement psychiatrique, l'application qui a été faite des règles de droit interne, et notamment des articles 380-1 et suivants du Code de procédure pénale, et qui a conduit la Cour de cassation à déclarer son appel tardif constitue une application particulièrement rigoureuse d'une règle procédurale, qui a porté atteinte à son droit d'accès à un tribunal, dans son essence même (■ CEDH, 26 sept. 2006, n° 16846/02, *Labergère c/ France*, § 23). La réglementation relative aux délais à respecter pour former un recours vise à assurer une bonne administration de la justice et le respect, en particulier, du principe de sécurité juridique. Les intéressés doivent s'attendre à ce que ces règles soient appliquées. C'est ainsi que tout relevé de forclusion entraînant la prorogation des délais pour un appel ordinaire admis après un laps de temps important et pour des motifs qui n'apparaissent pas particulièrement convaincants pourrait conduire à une violation du principe de sécurité juridique et être contraire au droit à un tribunal garanti par l'article 6 de la Convention. Bien qu'une telle décision relève avant tout du pouvoir souverain des juridictions internes, ce pouvoir n'est pas illimité. Le juge statuant sur une demande de relevé de forclusion pour un appel ordinaire est tenu d'indiquer dans chaque cas les motifs justifiant sa décision et de vérifier si les raisons invoquées à l'appui d'une telle demande pourraient justifier une atteinte au principe de l'autorité de la chose jugée. La Cour rappelle ensuite que l'existence de raisons susceptibles de justifier une atteinte au principe de l'autorité de la chose jugée, à supposer celles-ci établies, ne suffit pas à elle seule à conclure à l'absence de violation de l'article 6 de la Convention. Un autre facteur important doit être pris en considération, à savoir le temps écoulé depuis le moment où l'auteur d'une demande de relevé de forclusion et d'un appel tardif a eu connaissance de l'existence d'un jugement rendu à son encontre. La Cour rappelle que le prononcé de relevé de forclusion pour un appel tardif constitue une entorse au principe de l'autorité de la chose jugée. Par conséquent, l'auteur d'un appel tardif se doit d'agir avec une diligence suffisante, c'est-à-dire sans tarder à partir du moment où il a découvert, ou aurait dû découvrir, l'existence du jugement attaqué (▪ CEDH, 28 mars 2017, n° 33636/09, *Magomedov et autres c/ Russie*, § 87 à 89).

28) Personne en fuite. L'irrecevabilité du pourvoi, pour des raisons liées à la fuite du requérant, s'analyse en une sanction disproportionnée, eu égard à la place primordiale que les droits de la défense et le principe de la prééminence du droit occupent dans une société démocratique (▪ CEDH, 23 nov. 1993, n° 14032/88, *Poitrimol c/ France*, § 38).

29) Recours subordonné à une consignation. Est légitime la réglementation relative aux formes à respecter pour introduire un recours qui vise à assurer une bonne administration de la justice et dont le but poursuivi par l'obligation de consigner est de prévenir l'exercice de recours dilatoires ou abusifs et d'éviter l'encombrement excessif du rôle du tribunal de police, dans le domaine de la circulation routière qui concerne l'ensemble de la population et se prête à des contestations fréquentes (▪ CEDH, 30 juin 2009, n° 49852/06, *Schneider c/ France*).

30) Cas particulier de la constitution de partie civile. L'article 6, paragraphe 1 consacre le « droit à un tribunal », dont le droit d'accès, à savoir le droit de saisir le tribunal en matière civile, ne constitue qu'un aspect (▪ CEDH, GC, 25 juin 2019, n° 41720/13, *Nicolae Virgiliu Tanase c/ Roumanie*, § 192). La Convention ne garantit ni le droit à la « vengeance privée » ni l'*actio popularis*. Ainsi, le droit de faire poursuivre ou condamner pénalement des tiers ne saurait être admis en soi : il doit impérativement aller de pair avec l'exercice par la victime de son droit d'intenter l'action, par nature civile, offerte par le droit interne, ne serait-ce qu'en vue de l'obtention d'une réparation symbolique ou de la protection d'un droit à caractère civil, à l'instar par exemple du droit de jouir d'une « bonne réputation » (▪ CEDH, GC, 12 févr. 2004, n° 47287/99, *Perez c/ France*, § 70). Dans des affaires où l'abandon des poursuites avait mis obstacle à l'examen d'une constitution de partie civile intervenue dans le cadre d'une procédure pénale, la Cour a recherché si les requérants pouvaient user d'autres voies pour faire valoir leurs droits civils. Dans les cas où elle a conclu qu'ils disposaient d'autres voies de recours accessibles et effectives, elle a jugé qu'il n'y avait pas eu atteinte à leur droit d'accès à un tribunal (▪ CEDH, aff. *Nicolae Virgiliu Tanase c/ Roumanie*, préc., § 198).

IV – DROIT À UN PROCÈS ÉQUITABLE (§ 1)

31) Jugement d'un jeune mineur. On ne saurait affirmer que le procès d'un enfant sous le coup d'une accusation pénale, même s'il n'est âgé que de onze ans, constitue en soi une violation du droit à un procès équitable garanti par l'article 6, § 1. Toutefois, la Cour estime qu'il est essentiel de traiter un enfant accusé d'une infraction d'une manière qui tienne pleinement compte de son âge, de sa maturité et de ses capacités sur le plan intellectuel et émotionnel, et de prendre des mesures de nature à favoriser sa compréhension de la procédure et sa participation à celle-ci (▪ CEDH, GC, 16 déc. 1999, n° 24888/94, *V. c/ R.-U.*, § 86).

A – Renonciation au droit à un procès équitable

32) Conditions. Ni la lettre ni l'esprit de l'article 6 de la Convention n'empêchent une personne de renoncer de son plein gré aux garanties d'un procès équitable de manière expresse ou tacite.

Cependant, la renonciation doit se trouver établie de manière non équivoque et s'entourer d'un minimum de garanties correspondant à sa gravité. De plus, elle ne doit se heurter à aucun intérêt public important. Pour qu'un accusé puisse être considéré comme ayant implicitement renoncé, par son comportement, à un droit important sous l'angle de l'article 6, il doit être établi qu'il aurait pu raisonnablement prévoir les conséquences du comportement en question (■ CEDH, GC, 18 oct. 2006, n° 18114/02, *Hermi c/ Italie*, §§ 73, 74. ■ CEDH, GC, 18 déc. 2018, n° 36658/05, *Murtazaliyeva c/ Russie*, § 117 : *JCP* G 2019, 253, note L. Milano).

B – Appréciation *in globo*

33) Principe et portée. Le respect des exigences du procès équitable s'apprécie au cas par cas à l'aune de la conduite de la procédure dans son ensemble et non en se fondant sur l'examen isolé de tel ou tel point ou incident, bien que l'on ne puisse exclure qu'un élément déterminé soit à ce point décisif qu'il permette de juger de l'équité du procès à un stade précoce (■ CEDH, GC, 13 sept. 2016, n°s 50541/08, 50571/08, 50573/08 et 40351/09, *Ibrahim et a. c/ R.-U.*, § 251). En conséquence, une requête présentée à la Cour, alors que la procédure interne est pendante au stade de l'instruction, est prématurée : d'une part, la conformité d'un procès aux principes fixés à l'article 6 de la Convention doit en principe être examinée sur la base de l'ensemble du procès ; d'autre part, un « accusé » ne peut se dire victime d'une violation de son droit à un procès équitable en l'absence de déclaration de culpabilité et de condamnation (■ CEDH, 28 août 2012, n° 71407/10, *Simons c/ Belgique*, § 18).

34) Intérêts pris en compte. La Cour envisage la procédure dans son ensemble et vérifie le respect non seulement des droits de la défense mais aussi de l'intérêt du public et des victimes à ce que les auteurs de l'infraction soient dûment poursuivis et, si nécessaire, des droits des témoins (■ CEDH, GC, 15 déc. 2011, n°s 26766/05, 22228/06, *Al-Khawaja et Tahery c/ R.-U.*, § 118).

35) Influence de la procédure antérieure au jugement. Lorsque la procédure est examinée dans son ensemble de manière à mesurer les conséquences de lacunes procédurales survenues au stade de l'enquête sur l'équité globale du procès pénal, les facteurs non limitatifs énumérés ci-dessous, qui découlent de la jurisprudence de la Cour, doivent être pris en compte s'il y a lieu : *a)* la vulnérabilité particulière du requérant, par exemple en raison de son âge ou de ses capacités mentales ; *b)* le dispositif légal encadrant la procédure antérieure à la phase de jugement et l'admissibilité des preuves au cours de cette phase, ainsi que le respect ou non de ce dispositif, étant entendu que, quand s'applique une règle dite d'exclusion, il est très peu vraisemblable que la procédure dans son ensemble soit jugée inéquitable ; *c)* la possibilité ou non pour le requérant de contester l'authenticité des preuves recueillies et de s'opposer à leur production ; *d)* la qualité des preuves et l'existence ou non de doutes quant à leur fiabilité ou à leur exactitude compte tenu des circonstances dans lesquelles elles ont été obtenues ainsi que du degré et de la nature de toute contrainte qui aurait été exercée ; *e)* lorsque les preuves ont été recueillies illégalement, l'illégalité en question et, si celle-ci procède de la violation d'un autre article de la Convention, la nature de la violation constatée ; *f)* s'il s'agit d'une déposition, la nature de celle-ci et le point de savoir s'il y a eu prompte rétractation ou rectification ; *g)* l'utilisation faite des preuves, et en particulier le point de savoir si elles sont une partie intégrante ou importante des pièces à charge sur lesquelles s'est fondée la condamnation, ainsi que la force des autres éléments du dossier ; *h)* le point de savoir si la culpabilité a été appréciée par des magistrats professionnels ou par des jurés et, dans ce dernier cas, la teneur des instructions qui auraient été données au jury ; *i)* l'importance de l'intérêt public à enquêter sur l'infraction particulière en cause et à en sanctionner l'auteur ; *j)* l'existence dans le droit et la pratique internes d'autres garanties procédurales (■ CEDH, GC, 13 sept. 2016, n°s 50541/08, 50571/08, 50573/08 et 40351/09, *Ibrahim et a. c/ R.-U.*, § 274. ■ CEDH, GC, 9 nov. 2018, n° 71409/10, *Beuze c/ Belgique*, § 150). Pour la violation du droit à l'assistance de l'avocat avant la phase de jugement, V. ■ CEDH, 24 nov. 1993, n° 13972/88, *Imbrioscia c/ Suisse*, § 36. ■ CEDH, GC, 27 nov. 2008, n° 36391/02, *Salduz c/ Turquie*, § 50.

C – Principe de l'égalité des armes et respect du contradictoire

36) Situation équivalente des parties. Selon le principe de l'égalité des armes, qui est l'un des éléments de la notion plus large de procès équitable, chaque partie doit se voir offrir une possibilité raisonnable de présenter sa cause dans des conditions qui ne la placent pas dans une situation de net désavantage par rapport à son ou ses adversaires. Toutefois les droits découlant de ces principes ne sont pas absolus ; ainsi du cas particulier où des intérêts nationaux supérieurs sont mis en avant pour dénier à une partie une procédure pleinement contradictoire. Les États contractants jouissent en la matière d'une certaine marge d'appréciation. Il appartient pourtant à la Cour de statuer en dernier ressort sur le respect des exigences de la Convention (■ CEDH, GC, 19 sept. 2017, n° 35289/11, *Regner c/ République Tchèque*, §§ 146, 147).

37) Contradictoire et accès aux preuves. Tout procès pénal, y compris ses aspects procéduraux, doit revêtir un caractère contradictoire et garantir l'égalité des armes entre l'accusation et la défense : c'est là un des aspects fondamentaux du droit à un procès équitable. Le droit à un procès pénal contradictoire implique, pour l'accusation comme pour la défense, la faculté de prendre connaissance des observations ou éléments de preuve produits par l'autre partie. De surcroît, l'article 6, § 1 exige que les autorités de poursuite communiquent à la défense toutes les preuves pertinentes en leur possession, à charge comme à décharge. Cela dit, le droit à une divulgation des preuves pertinentes n'est pas absolu. Dans une procédure pénale donnée, il peut y avoir des intérêts concurrents – tels que la sécurité nationale ou la nécessité de protéger des témoins risquant des représailles ou de garder secrètes des méthodes policières de recherche des infractions – qui doivent être mis en balance avec les droits de l'accusé. Toutefois, seules sont légitimes les mesures restreignant les droits de la défense qui sont absolument nécessaires. De surcroît, si l'on veut garantir un procès équitable à l'accusé, toutes difficultés causées à la défense par une limitation de ses droits doivent être suffisamment compensées par la procédure suivie devant les autorités judiciaires (■ CEDH, GC, 16 févr. 2000, n° 28901/95, *Rowe et Davis c/ R.-U.*, §§ 60, 61). Lorsque des preuves ont été dissimulées à la partie requérante au nom de l'intérêt public, la Cour doit examiner si le processus décisionnel a satisfait dans toute la mesure du possible aux exigences du contradictoire et de l'égalité des armes et s'il était assorti de garanties aptes à protéger les intérêts de l'intéressé (■ CEDH, GC, 19 sept. 2017, n° 35289/11, *Regner c/ République Tchèque*, § 149). La procédure demeure équitable lorsque l'accusation ne se prévaut pas des éléments de preuve non divulgués, qui ne sont pas portés à la connaissance du jury (■ CEDH, 16 févr. 2000, n° 27052/95, *Jasper c/ R.-U.*, § 55).

D – Motivation des décisions

38) Procédures devant des magistrats professionnels. Dans les procédures qui se déroulent devant des magistrats professionnels, la compréhension par un accusé de sa condamnation est assurée au premier chef par la motivation des décisions de justice. Les juridictions doivent exposer avec une clarté suffisante les motifs sur lesquels elles se fondent. La motivation a également pour finalité de démontrer aux parties qu'elles ont été entendues et, ainsi, de contribuer à une meilleure acceptation de la décision. En outre, elle oblige le juge à fonder son raisonnement sur des arguments objectifs et préserve les droits de la défense. Si les tribunaux ne sont pas tenus d'apporter une réponse détaillée à chaque argument soulevé, il doit ressortir de la décision que les questions essentielles de la cause ont été traitées (■ CEDH, GC, 16 nov. 2010, n° 926/05, *Taxquet c/ Belgique*, § 90). L'article 6, § 1 oblige les tribunaux à motiver leurs décisions, mais il ne peut se comprendre comme exigeant une réponse détaillée à chaque argument. L'étendue de ce devoir peut varier selon la nature de la décision. C'est pourquoi la question de savoir si un tribunal a manqué à son obligation de motiver ne peut s'analyser qu'à la lumière des circonstances de l'espèce (■ CEDH, 9 déc. 1994, n° 18390/91, *Ruiz Torija c/ Espagne*, § 29).

39) Procédures avec jury. La Convention ne requiert pas que les jurés donnent les raisons de leur décision et l'article 6 ne s'oppose pas à ce qu'un accusé soit jugé par un jury populaire même dans le cas où son verdict n'est pas motivé. Il n'en demeure pas moins que pour que les exigences d'un procès équitable soient respectées, le public, et au premier chef l'accusé, doit être à même de comprendre le verdict qui a été rendu (■ CEDH, GC, 16 nov. 2010, n° 926/05, *Taxquet c/ Belgique*, § 90). Devant les cours d'assises avec participation d'un jury populaire, il faut s'accommoder des particularités de la procédure où, le plus souvent, les jurés ne sont pas tenus de – ou ne peuvent pas – motiver leur conviction. Dans ce cas, l'article 6 exige de rechercher si l'accusé a pu bénéficier des garanties suffisantes de nature à écarter tout risque d'arbitraire et à lui permettre de comprendre les raisons de sa condamnation. Ces garanties procédurales doivent compenser adéquatement l'absence de motivation des réponses du jury. Enfin, doit être prise en compte, lorsqu'elle existe, la possibilité pour l'accusé d'exercer des voies de recours (■ CEDH, GC, 16 nov. 2010, n° 926/05, *Taxquet c/ Belgique*, § 92).

E – Droit de garder le silence et droit de ne pas contribuer à sa propre condamnation

40) Affirmation des deux droits. Même si l'article 6 de la Convention ne les mentionne pas expressément, le droit de se taire lors d'un interrogatoire de police et le droit de ne pas contribuer à sa propre incrimination sont au cœur de la notion de procès équitable consacrée par l'article 6 (■ CEDH, GC, 8 févr. 1996, n° 18731/91, *John Murray c/ R.-U.*, § 45).

41) Domaine *ratione materiae* des deux droits. Les exigences générales d'équité consacrées à l'article 6, y compris le droit de ne pas contribuer à sa propre incrimination, s'appliquent aux procédures pénales concernant tous les types d'infraction criminelle, de la plus simple à la plus complexe (■ CEDH, 17 déc. 1996, n° 19187/91, *Saunders c/ R.-U.*, § 74).

42) Rapport entre les deux droits. Le droit de ne pas s'incriminer soi-même concerne en premier lieu le respect de la détermination d'un accusé de garder le silence (■ CEDH, 17 déc. 1996, n° 19187/91, *Saunders c/ R.-U.*, § 69).

43) Rapport avec la présomption d'innocence. Le droit de ne pas contribuer à sa propre incrimination est étroitement lié au principe de la présomption d'innocence consacré par l'article 6, § 2 de la Convention (■ CEDH, 21 déc. 2000, n° 34720/97, *Heaney et Mc Guinness c/ Irlande*, § 40).

44) Rapport avec le secret professionnel de l'avocat. La protection du secret professionnel de l'avocat est le corollaire du droit qu'a le client d'un avocat de ne pas contribuer à sa propre incrimination (■ CEDH, 24 juill. 2008, n° 18603/03, *André et a. c/ France*, § 41).

45) Nécessité d'une atteinte à la substance des deux droits. Pour déterminer s'il y a eu une atteinte à la substance même du droit de garder le silence et de ne pas contribuer à sa propre incrimination, la Cour s'attache à examiner la nature et le degré de la coercition employée pour l'obtention des éléments de preuve, l'existence de garanties appropriées dans la procédure et l'utilisation faite des éléments ainsi obtenus. En raison de la nature particulière de la réglementation en cause et du caractère limité des informations sollicitées, l'obligation faite aux propriétaires d'identifier le conducteur de leurs véhicules au moment de la perpétration d'une infraction routière ne porte pas atteinte à la substance même du droit de garder le silence et de ne pas contribuer à leur propre incrimination (■ CEDH, GC, 29 juin 2007, n°s 15809/02, 25624/02, *O'Hallaran et Francis c/ R.-U.*, §§ 55 et s.). N'est pas contraire au principe de la présomption d'innocence l'obligation faite à un conducteur de véhicule à moteur de se soumettre à un examen sanguin lorsqu'il est soupçonné d'ébriété (■ CEDH, 4 déc. 1978, n° 8239/78, *X. c/ Pays-Bas*) ou de se soumettre à des contrôles d'alcoolémie (■ CEDH, 15 juin 1999, n° 43486/98, *T. Ortiz et L. Martin c/ Espagne*).

46) Preuves obtenues par la contrainte au mépris de la volonté de l'accusé. Le droit de ne pas contribuer à sa propre incrimination présuppose que, dans une affaire pénale, l'accusation cherche à fonder son argumentation sans recourir à des éléments de preuve obtenus par la contrainte ou les pressions, au mépris de la volonté de l'accusé (■ CEDH, 17 déc. 1996, n° 19187/91, *Saunders c/ R.-U.*, § 68). Ainsi le fait d'avoir dû prêter serment avant de déposer a constitué pour le requérant – qui faisait déjà depuis la veille l'objet d'une mesure coercitive, la garde à vue – une forme de pression, et le risque de poursuites pénales en cas de témoignage mensonger a assurément rendu la prestation de serment plus contraignante (■ CEDH, 14 oct. 2010, n° 1466/07, *Brusco c/ France*, § 52). Toutefois, le droit de ne pas s'incriminer soi-même concernant en premier lieu le respect de la détermination d'un accusé de garder le silence, il ne s'étend pas à l'usage de données que l'on peut obtenir de l'accusé en recourant à des pouvoirs coercitifs mais qui existent indépendamment de la volonté du suspect, par exemple les documents recueillis en vertu d'un mandat, les prélèvements d'haleine, de sang et d'urine ainsi que de tissus corporels en vue d'une analyse de l'ADN (■ CEDH, 17 déc. 1996, n° 19187/91, *Saunders c/ R.-U.*, § 69).

47) Droit de ne pas contribuer à sa propre incrimination. Le droit de ne pas s'incriminer soi-même ne se limite pas aux aveux au sens strict ou aux remarques mettant l'accusé directement en cause : il suffit, pour qu'il y ait auto-incrimination, que ses déclarations soient susceptibles d'affecter substantiellement la position de celui-ci, à l'instar de déclarations circonstanciées qui orientent la conduite des auditions et interrogatoires, qui affectent la position du suspect ou sa crédibilité (■ CEDH, GC, 9 nov. 2018, n° 71409/10, *Beuze c/ Belgique*, § 178, 179). Compte tenu de la nature du droit de ne pas témoigner contre soi-même et du droit de garder le silence, la Cour considère que, en principe, il ne peut y avoir de justification au défaut de signification de ces droits à un suspect. Toutefois, dans l'hypothèse où cette information a fait défaut, la Cour doit rechercher si, malgré cette lacune, la procédure dans son ensemble a été équitable. Les restrictions au droit de ne pas témoigner contre soi-même et au droit à être informé de la possibilité de garder le silence ne peuvent pas entraîner *ab initio* la violation de la Convention mais donnent lieu à un examen en 2 étapes. La première consiste à vérifier l'existence de raisons impérieuses de restreindre ces droits : même dans l'hypothèse où celles-ci feraient défaut, il ne saurait y avoir de constat de violation automatique de la Convention, la Cour devant, lors d'une seconde étape, effectuer un contrôle de l'équité de la procédure dans son ensemble (■ CEDH, GC, 13 sept. 2016, n°s 50541/08, 50571/08, 50573/08 et 40351/09, *Ibrahim et a. c/ R.-U.*, §§ 262, 269 et 273. ■ CEDH, 11 juill. 2019, n° 30828/13, *Bloise c/ France*, § 57). L'accès immédiat à un avocat à même de fournir des renseignements sur les droits procéduraux est vraisemblablement de nature à prévenir tout manque d'équité qui découlerait de l'absence de notification officielle de ces droits. Si l'accès à un avocat est retardé, la nécessité pour les enquêteurs de signifier au suspect son droit à un avocat et son droit de garder le silence et de ne pas témoigner contre soi-même prend une importance particulière (■ CEDH, GC, 9 nov. 2018, n° 71409/10, *Beuze c/ Belgique*, § 130). La charge de la preuve pèse ainsi sur le Gouvernement, qui doit démontrer de manière convaincante que le requérant a néanmoins bénéficié globalement d'un procès pénal équitable (■ CEDH, GC, 9 nov. 2018, n° 71409/10, *Beuze c/ Belgique*, § 165. Pour une procédure jugée globalement inéquitable, v. ■ CEDH, 11 juill. 2019, n° 62313/12, *Olivieri c/ France*. Pour une procédure jugée globalement équitable, v. ■ CEDH, 11 juill. 2019, n° 30828/13, *Bloise c/ France*). La tâche de l'avocat consiste notamment à faire en sorte que soit respecté le droit de tout accusé de ne pas s'incriminer lui-même. Un prompt accès à un avocat fait partie des garanties procédurales auxquelles la Cour prête une attention particulière lorsqu'elle examine la question de savoir si une procédure a ou non anéanti la substance même du droit de ne pas contribuer à sa propre incrimination. Toute exception à la jouissance de ce droit doit être clairement circonscrite et son application strictement limitée dans le temps (■ CEDH, GC, 27 nov. 2008, n° 36391/02, *Salduz c/ Turquie*, § 54). La personne placée en garde à vue a le droit d'être assistée d'un avocat dès le début de cette mesure ainsi que pendant les interrogatoires, et ce *a fortiori* lorsqu'elle n'a pas été informée par les autorités de son droit de se taire (■ CEDH, 14 oct. 2010, n° 1466/07, *Brusco c/ France*, § 45).

48) Condamnation fondée sur le silence gardé. Il est manifestement incompatible avec le droit de garder le silence et le droit de ne pas contribuer à sa propre incrimination de fonder une condamnation exclusivement ou essentiellement sur le silence du prévenu ou sur son refus de répondre à des questions ou de déposer. Il est tout aussi évident que ces droits ne peuvent et ne sauraient empêcher de prendre en compte le silence de l'intéressé, dans des situations qui appellent assurément une explication de sa part, pour apprécier la force de persuasion des éléments à charge. On ne saurait donc dire que la décision d'un prévenu de se taire d'un bout à l'autre de la procédure pénale devrait nécessairement être dépourvue d'incidences une fois que le juge du fond tentera d'apprécier les éléments à charge. Pour rechercher si le fait de tirer de son silence des conclusions défavorables à l'accusé enfreint l'article 6, il faut tenir compte de l'ensemble des circonstances, eu égard en particulier aux cas où l'on peut procéder à des déductions, au poids que les juridictions nationales leur ont accordé en appréciant les éléments de preuve et le degré de coercition inhérent à la situation (■ CEDH, GC, 8 févr. 1996, n° 18731/91, *John Murray c/ R.-U.*, § 47. ■ CEDH, 2 mai 2000, n° 35718/97, *Condron c/ R.-U.*, § 56. ■ CEDH, 6 juin 2000, n° 36408/97, *Averill c/ R.-U.*, § 45).

F – Preuves obtenues illégalement

49) Principe de recevabilité. L'article 6 ne réglemente pas l'admissibilité des preuves en tant que telle, matière qui, dès lors, relève au premier chef du droit interne. La Cour ne saurait donc exclure par principe et *in abstracto* l'admissibilité d'une preuve recueillie de manière illégale. Il lui incombe seulement de rechercher si le procès a présenté dans l'ensemble un caractère équitable (■ CEDH, 12 juill. 1988, n° 10862/84, *Schenk c/ Suisse*, § 46). À cet égard, il faut se demander si les droits de la défense ont été respectés, notamment si le requérant s'est vu offrir la possibilité de remettre en question l'authenticité de l'élément de preuve et de s'opposer à son utilisation, ainsi que la faculté d'interroger tel ou tel témoin ; si les aveux que le requérant a livrés au cours de ses conversations étaient spontanés ; il faut prendre aussi en compte la qualité de l'élément de preuve, dont le point de savoir si les circonstances dans lesquelles il a été recueilli font douter de sa fiabilité ou de son exactitude. Si un problème d'équité ne se pose pas nécessairement lorsque la preuve obtenue n'est pas corroborée par d'autres éléments, il faut noter que lorsqu'elle est très solide et ne prête à aucun doute, le besoin d'autres éléments à l'appui devient moindre (■ CEDH, 5 nov. 2002, n° 48539/99, *Allan c/ R.-U.*, § 43). À ce propos, la Cour attache de l'importance au point de savoir si l'élément de preuve en question a exercé une influence décisive sur l'issue de l'action pénale (■ CEDH, GC, 1er juin 2010, n° 22978/05, *Gäfgen c/ Allemagne*, § 164).

1° Preuves obtenues par torture ou traitements inhumains et dégradants

50) Preuves obtenues en violation de l'article 3. L'admission comme preuves de déclarations obtenues par des actes de torture ou d'autres mauvais traitements contraires à l'article 3 entache d'iniquité l'ensemble de la procédure, indépendamment de la valeur probante des déclarations, que l'admission de ces éléments ait été ou non déterminante pour le verdict de culpabilité (■ CEDH, GC, 1er juin 2010, n° 22978/05, *Gäfgen c/ Allemagne*, § 166). L'emploi de déclarations obtenues par le biais d'une violation de l'article 3 prive automatiquement d'équité la procédure dans son ensemble et viole l'article 6 ; il en va de même de l'utilisation de preuves matérielles rassemblées à la suite directe d'actes de torture (■ CEDH, 25 sept. 2012, n° 649/08, *El Haski c/ Belgique*, § 85. ■ CEDH, 8 oct. 2019, n° 13128/06, *Urazbayev c/ Russie*, § 61). Mais V. ■ CEDH, 25 sept. 2012, n° 649/08, *El Haski c/ Belgique*, § 85 : l'utilisation de preuves obtenues au moyen d'un traitement contraire à l'article 3 qui se situe en deçà de la torture ne contrevient en revanche à l'article 6 que s'il est démontré que la violation de l'article 3 a influé sur l'issue de la procédure, c'est-à-dire qu'elle a eu un impact sur le verdict de culpabilité ou la peine ; ces principes valent non seulement lorsque la victime du traitement contraire à l'article 3 est l'accusé lui-même mais aussi lorsqu'il s'agit d'un tiers.

2° Cas des provocations policières

51) Définition de la provocation (« guet-apens »). Le recours à des méthodes d'investigation spéciales – et en particulier aux techniques d'infiltration – ne saurait en soi emporter violation du droit à un procès équitable. Toutefois, en raison du risque de provocations policières engendré par celles-ci, il est essentiel d'en cantonner l'usage dans des limites claires. L'intérêt public ne saurait justifier l'utilisation d'éléments recueillis à la suite d'une provocation policière. Un tel procédé est susceptible de priver *ab initio* et définitivement l'accusé d'un procès équitable. Il y a provocation policière (« guet-apens ») lorsque les agents impliqués – membres des forces de l'ordre ou personnes intervenant à leur demande – ne se limitent pas à examiner d'une manière purement passive l'activité délictueuse, mais exercent sur la personne qui en fait l'objet une influence de nature à l'inciter à commettre une infraction qu'autrement elle n'aurait pas commise, pour en rendre possible la constatation, c'est-à-dire en apporter la preuve et la poursuivre (■ CEDH, GC, 5 févr. 2008, n° 74420/01, *Ramanauskas c/ Lituanie*, §§ 51 et s.). En pareil cas, le procès du requérant a perdu le caractère équitable requis par l'article 6 de la Convention (même arrêt, § 73). Pour déterminer si l'enquête était « purement passive », la Cour examine les motifs qui ont justifié l'opération d'infiltration et la conduite des autorités qui l'ont exercée. En particulier, elle recherche s'il existait des soupçons objectifs que le requérant était impliqué dans des activités criminelles ou prédisposé à commettre une infraction pénale (■ CEDH, 4 nov. 2010, n° 18757/06, *Bannikova c/ Russie*, § 38. – V. ■ CEDH, 9 juin 1998, n° 44/1997/1034, §§ 35 et s.).

52) Régime applicable en cas de provocation. L'article 6 de la Convention n'est respecté que si, lors de son procès, le requérant a pu utilement invoquer la provocation, que ce soit par la voie d'une exception ou autrement. Il ne suffit donc pas que soient respectées des garanties de caractère général telles que l'égalité des armes ou les droits de la défense. La preuve de l'absence de provocation incombe à la partie poursuivante pour autant que les allégations du prévenu ne soient pas dépourvues de toute vraisemblance. À défaut d'une telle preuve contraire, il appartient aux autorités judiciaires de procéder à un examen des faits de la cause et de prendre les mesures nécessaires à la manifestation de la vérité afin de déterminer s'il y a eu ou non provocation (■ CEDH, GC, 5 févr. 2008, n° 74420/01, *Ramanauskas c/ Lituanie*, §§ 69, 70).

G – Droit à un procès public

53) Publicité des débats, indépendance et impartialité du tribunal. Le droit du prévenu à une audience publique ne représente pas seulement une garantie de plus que l'on s'efforcera d'établir la vérité : il contribue également à convaincre l'accusé que sa cause a été entendue par un tribunal dont il pouvait contrôler l'indépendance et l'impartialité (■ CEDH, 25 juill. 2000, n°s 24954/94, 24971/94 et 24972/94, *Tierce et a. c/ Saint-Marin*, § 92).

54) Publicité et information du public. La publicité des débats judiciaires constitue un principe fondamental consacré par l'article 6, § 1, qui protège les justiciables contre une justice secrète échappant au contrôle du public. Un obstacle de fait peut violer la Convention à l'égal d'une entrave juridique. Le simple fait que le procès ait eu lieu dans les locaux d'une prison ne doit pas nécessairement faire conclure à une absence de publicité. Un procès ne peut remplir la condition de publicité que si le public est en mesure d'obtenir des informations au sujet de la date et du lieu auxquels il est censé se tenir et que si le lieu en question est aisément accessible au public (■ CEDH, 14 nov. 2000, n° 35115/97, *Riepan c/ Autriche*, §§ 27 et s.).

1° Publicité des débats et du prononcé de la décision

55) Double publicité. Du principe de la publicité de la procédure des organes judiciaires découlent deux aspects différents : la tenue de débats publics et le prononcé public des jugements et arrêts (■ CEDH, 25 juill. 2000, n°s 24954/94, 24971/94 et 24972/94, *Tierce et a. c/ Saint-Marin*, § 93).

• Publicité des débats

56) Obligation non absolue. L'obligation de tenir une audience publique n'est pas absolue, les circonstances qui permettent de se dispenser d'une audience dépendant essentiellement de la nature des questions dont les tribunaux internes se trouvent saisis (■ CEDH, GC, 23 févr. 2017, n° 43395/09, *De Tommaso c/ Italie*, § 163). Ainsi les autorités nationales peuvent tenir compte d'impératifs d'efficacité et d'économie, l'organisation systématique de débats pouvant constituer un obstacle à la particulière diligence requise en matière de sécurité et, à la limite, empêcher le respect du délai raisonnable visé à l'article 6, § 1. En outre, certaines procédures pénales ne comportent aucun caractère infamant pour ceux qu'elles visent et les « accusations en matière pénale » n'ont pas toutes le même poids (■ CEDH, GC, 23 nov. 2006, n° 75053/01, *Jussila c/ Finlande*, §§ 41 et s.).

57) Huis clos. L'obligation d'entendre une cause publiquement est subordonnée à des exceptions, comme cela ressort du texte de l'article 6, § 1 lui-même. Même dans un contexte pénal où la publicité serait escomptée, il peut parfois se révéler nécessaire au regard de l'article 6 de limiter la transparence et la publicité de la procédure, par exemple pour protéger un témoin ou sa vie privée, ou pour promouvoir le libre échange d'informations et d'opinions dans l'intérêt de la justice (■ CEDH, 24 avr. 2001, n°s 36337/97 et 35974/97, *B. et P. c/ R.-U.*, § 37).

• Prononcé public de la décision

58) Lecture publique du seul dispositif. Même à l'issue d'un procès tenu à huis clos, la limitation du prononcé public au seul dispositif d'un jugement n'est pas contraire à l'article 6 (■ CEDH, 1er mars 2011, n° 15924/05, *Welke et Białek c/ Pologne*, § 83).

2° Publicité et présence de l'accusé au procès

59) Lien avec les droits de la défense. Du principe de la tenue de débats publics dérive le droit de l'accusé à être entendu en personne par la juridiction. De ce point de vue, le principe de la publicité des débats poursuit le but d'assurer à l'accusé ses droits de défense (■ CEDH, 25 juill. 2000, n°s 24954/94, 24971/94 et 24972/94, *Tierce et a. c/ Saint-Marin*, § 95), notamment la possibilité d'exposer oralement ses moyens de défense, d'entendre les dépositions à charge, d'interroger et de contre-interroger les témoins (■ CEDH, GC, 23 nov. 2006, n° 75053/01, *Jussila c/ Finlande*, § 40).

60) Cas des juridictions statuant en droit, non en fait. La comparution personnelle du prévenu ne revêt pas la même importance décisive en appel qu'au premier degré. Il faut prendre en compte l'ensemble du procès et le rôle qu'y a joué la juridiction d'appel. Les procédures consacrées exclusivement à des points de droit et non de fait peuvent remplir les exigences de l'article 6 même si la cour d'appel ou de cassation n'a pas donné au requérant la faculté de s'exprimer en personne devant elle, pourvu qu'il y ait eu audience publique en première instance. Même dans l'hypothèse d'une cour d'appel dotée de la plénitude de juridiction, l'article 6 n'implique pas toujours le droit à une audience publique ni, *a fortiori*, le droit de comparaître en personne. En revanche, lorsque la juridiction d'appel doit examiner une affaire en fait et en droit et procéder à une appréciation globale de la culpabilité ou de l'innocence, elle ne peut statuer à ce sujet sans évaluer directement les éléments de preuve présentés en personne par l'inculpé qui souhaite prouver qu'il n'a pas commis l'acte constituant prétendument une infraction pénale (■ CEDH, GC, 18 oct. 2006, n° 18114/02, *Hermi c/ Italie*, §§ 60 et s.).

H – Droit à ce que sa cause soit entendue dans un délai raisonnable

61) *Dies a quo.* La période à prendre en considération commence nécessairement le jour où une personne se trouve accusée (■ CEDH, 27 juin 1968, n° 1936/63, *Neumeister c/ Autriche*, § 18). Il arrive que le délai ait pour point de départ une date antérieure à la saisine de la juridiction de jugement, du tribunal compétent pour décider du bien-fondé de l'accusation : les arrêts Wemhoff et Neumeister du 27 juin 1968, puis l'arrêt Ringeisen du 16 juillet 1971 ont retenu respectivement le moment de l'arrestation, de l'inculpation et de l'ouverture des enquêtes préliminaires (■ CEDH, 27 févr. 1980, n° 6963/75, *Deweer c/ Belgique*, § 42).

62) *Dies ad quem.* L'article 6, § 1 indique comme terme final du délai le jugement statuant sur le bien-fondé de l'accusation, ce qui peut s'étendre à une décision rendue par une juridiction de recours lorsque celle-ci se prononce sur le bien-fondé de l'accusation (■ CEDH, 27 juin 1968, n° 1936/63, *Neumeister c/ Autriche*, § 19). Le délai couvre l'ensemble de la procédure en cause, jusqu'à la détermination de la peine (■ CEDH, GC, 16 déc. 1999, n° 24888/94, *V. c/ R.-U.*, § 109).

63) Appréciation du caractère raisonnable du délai. Le caractère raisonnable de la durée d'une procédure relevant de l'article 6, § 1 doit s'apprécier dans chaque espèce suivant les circonstances de la cause. En recherchant si la durée d'un procès pénal a été raisonnable, la Cour a pris en considération, dans les affaires Neumeister et Ringeisen, notamment la complexité de l'affaire, le comportement du requérant et la manière dont l'affaire a été conduite par les autorités administratives et judiciaires (■ CEDH, 28 juin 1978, n° 6223/73, *König c/ Allemagne*, § 99. V. jugeant excessive la durée d'une inscription supérieure à 7 ans, ■ CEDH, 8 févr. 2018, n° 63323/12, *Goetschy/France* : *Procédure* 2018, n° 123, obs. A.-S. Chavent-Leclère).

V – PRÉSOMPTION D'INNOCENCE (§ 2)

64) Personne accusée d'une infraction. La notion d'« accusation en matière pénale », telle que la conçoit l'article 6, § 1, est une notion autonome : l'existence ou non d'une telle accusation doit s'apprécier sur la base de trois critères, que l'on désigne couramment sous le nom de « critères *Engel* » (*Engel et a. c/ Pays-Bas*, 8 juin 1976, § 82). Le premier est la qualification juridique de l'infraction en droit interne, le deuxième, la nature même de l'infraction, et le troisième, le degré de sévérité de la sanction que risque de subir l'intéressé. Les deuxième et troisième critères sont alternatifs et non nécessairement cumulatifs. Cela n'empêche pas l'adoption d'une approche cumulative si l'analyse séparée de chaque critère ne permet pas d'aboutir à une conclusion claire quant à l'existence d'une accusation en matière pénale. Ces considérations valent aussi pour la notion de « personne accusée d'une infraction » à laquelle renvoie l'article 6, § 2 de la Convention (■ CEDH, 1 oct. 2019, n° 37858/14, *Carrefour France c/ France*, § 40). V. n° 1.

65) Présomption d'innocence, élément du procès équitable. Les exigences des paragraphes 2 et 3 de l'article 6 représentent des éléments de la notion générale de procès équitable consacrée par le paragraphe 1 (■ CEDH, 19 déc. 1989, n° 9783/82, *Kamasinski c/ Autriche*, § 62).

66) Présomptions de culpabilité. L'article 6, § 2 ne se désintéresse pas des présomptions de fait ou de droit qui se rencontrent dans les lois répressives. Il commande aux États de les enserrer dans des limites raisonnables prenant en compte la gravité de l'enjeu et préservant les droits de la défense (■ CEDH, 7 oct. 1988, n° 10519/83, *Salabiaku c/ France*, § 28). En d'autres termes, les moyens employés doivent être raisonnablement proportionnés au but légitime poursuivi (■ CEDH, 23 juill. 2002, n° 34619/97, *Janosevic c/ Suède*, § 101).

A – Présomption d'innocence et procédure pénale

67) Présomption régissant l'ensemble d'une procédure. La présomption d'innocence régit l'ensemble de la procédure pénale, indépendamment de l'issue des poursuites, et non le seul examen du bien-fondé de l'accusation (■ CEDH, 25 mars 1983, n° 8660/79, *Minelli c/ Suisse*, § 30, à propos d'une décision condamnant au paiement des frais de la procédure un accusé ayant bénéficié de la prescription de l'action publique).

68) Présomption d'innocence et procédure d'application de la peine. S'il est clair que l'article 6, § 2 régit les procédures pénales dans leur globalité et non seulement l'examen du bien-fondé de l'accusation, le droit à être présumé innocent au titre de l'article 6, § 2 ne vaut qu'en rapport avec l'infraction précise dont le prévenu est « accusé ». Dès lors qu'il a été dûment prouvé que celui-ci est coupable de l'infraction en cause, l'article 6, § 2 ne peut s'appliquer en rapport avec les allégations énoncées au sujet de la personnalité et du comportement de l'intéressé dans le cadre de la procédure d'infliction de la peine, à moins que ces allégations soient d'une nature et d'un degré tels qu'elles s'analysent en la formulation d'une nouvelle « accusation », au sens autonome que possède cette notion dans le cadre de la Convention (■ CEDH, 1er mars 2007, n° 30810/03, *Geerings c/ Pays-Bas*, § 43).

69) Présomption d'innocence et preuves. Le principe de la présomption d'innocence exige, entre autres, qu'en remplissant leurs fonctions les membres du tribunal ne partent pas de l'idée préconçue que le prévenu a commis l'acte incriminé ; la charge de la preuve pèse sur l'accusation et le doute profite à l'accusé. En outre, il incombe à celle-ci d'indiquer à l'intéressé de quelles charges il fera l'objet – afin de lui fournir l'occasion de préparer et présenter sa défense en conséquence – et d'offrir des preuves suffisantes pour fonder une déclaration de culpabilité (■ CEDH, 6 déc. 1988, n° 10590/83, *Barberà, Messegué et Jabardo c/ Espagne*, § 77).

70) Présomption d'innocence et motivation. La présomption d'innocence se trouve méconnue si, sans établissement légal préalable de la culpabilité d'un prévenu et, notamment, sans que ce dernier ait eu l'occasion d'exercer les droits de la défense, une décision judiciaire le concernant reflète le sentiment qu'il est coupable. Il peut en aller ainsi même en l'absence de constat formel ; il suffit d'une motivation donnant à penser que le juge considère l'intéressé comme coupable (■ CEDH, 25 mars 1983, n° 8660/79, *Minelli c/ Suisse*, § 37). Il y a en effet une différence fondamentale entre le fait de dire que quelqu'un est simplement soupçonné d'avoir commis une infraction pénale et une déclaration judiciaire sans équivoque avançant, en l'absence de condamnation définitive, que l'intéressé a commis l'infraction en question. La Cour a appliqué ces principes à des situations dans lesquelles il y a eu extinction de l'action publique pour divers motifs, y compris pour prescription, par des décisions prises par un procureur ou par des tribunaux de différents degrés de juridiction : ainsi l'article 6, § 2 est-il violé en l'espèce, dans le cas d'un procureur qui classe l'affaire en raison de la prescription mais affirme que les faits sont établis et que l'intéressé a commis l'infraction (■ CEDH, 29 janv. 2019, n° 31816/08, *Stirmanov c/ Russie*, § 43). Le principe de la présomption d'innocence et le droit de l'accusé de contester toute preuve contre lui veulent que la juridiction du jugement procède à un examen et à une évaluation complets, indépendants et exhaustifs des preuves à charge, et ce, indépendamment de l'appréciation qui en a été faite dans d'autres procédures (■ CEDH, 8 oct. 2019, n° 13128/06, *Urazbayev c/ Russie*, § 62).

B – Présomption d'innocence hors la procédure pénale

71) Procédure ultérieure à la procédure pénale. La présomption d'innocence subsiste après la clôture de la procédure pénale terminée par un acquittement. Chaque fois que la question de l'applicabilité de l'article 6, § 2 se pose dans le cadre d'une procédure ultérieure, le requérant doit démontrer l'existence d'un lien entre la procédure pénale achevée et l'action subséquente (■ CEDH, GC, 12 juill. 2013, n° 25424/09, *Allen c/ R.-U.*, §§ 103, 104).

72) Présomption d'innocence à l'encontre d'une autorité publique non juridictionnelle. La présomption d'innocence ne se limite pas à une simple garantie procédurale en matière pénale. Sa portée, plus étendue, exige qu'aucun représentant de l'État ou d'une autorité publique ne déclare qu'une personne est coupable d'une infraction avant que sa culpabilité ait été établie par un tribunal. Toutefois, une distinction doit être faite entre les décisions ou les déclarations qui reflètent le sentiment que la personne concernée est coupable et celles qui se bornent à décrire un état de suspicion. Les premières violent la présomption d'innocence, tandis que les secondes sont conformes à l'esprit de l'article 6 de la Convention (■ CEDH, 18 mars 2010, n° 58939/00, *Kuzmin c/ Russie*, § 59. ■ CEDH, 21 févr. 2019, n° 6123/11, *Lolov c/ Bulgarie*, § 63). L'article 6, § 2 ne saurait empêcher les autorités de renseigner le public sur des enquêtes pénales en cours, mais il requiert qu'elles le fassent avec toute la discrétion et toute la réserve que commande le respect de la présomption d'innocence. La présomption d'innocence est méconnue lorsque certains hauts responsables de la police désignent un accusé comme le complice d'un assassinat (■ CEDH, 10 févr. 1995, n° 15175/89, *Allenet de Ribemont c/ France*, §§ 36 et s.). Une campagne médiatique virulente est dans certains cas susceptible de nuire à l'équité du procès, en influençant l'opinion publique et, par là même, les juridictions appelées à se prononcer sur la culpabilité d'un accusé (■ CEDH, 18 mars 2010, n° 58939/00, *Kuzmin c/ Russie*, § 62).

C – Présomption d'innocence et droit pénal

73) Principe de responsabilité pénale du fait personnel. Le cas des héritiers. Il existe une règle fondamentale du droit pénal, selon laquelle la responsabilité pénale ne survit pas à l'auteur de l'acte délictueux. De l'avis de la Cour, cette règle est aussi requise par la présomption d'innocence consacrée à l'article 6, § 2 de la Convention. Hériter de la culpabilité du défunt n'est pas compatible avec les normes de la justice pénale dans une société régie par la prééminence du droit (■ CEDH, 29 août 1997, n° 71/1996/690/882, *A. P., M. P. et T. P. c/ Suisse*, § 48).

VI – DROITS DE LA DÉFENSE (§ 3)

74) Droits de la défense, élément du procès équitable. Les exigences du paragraphe 3 de l'article 6 représentent des aspects particuliers du droit à un procès équitable garanti par le paragraphe 1, ce qui permet à la Cour d'examiner un grief sous l'angle de ces deux textes combinés (■ CEDH, 19 déc. 1989, n° 9783/82, *Kamasinski c/ Autriche*, § 62. ■ CEDH, 25 juill. 2000, n° 23969/94, *Mattocia c/ Italie*, § 58). Les exigences de l'article 6, § 3 peuvent jouer un rôle avant la saisine du juge du fond si et dans la mesure où leur inobservation initiale risque de compromettre gravement le caractère équitable du procès (■ CEDH, 24 nov. 1993, n° 13972/88, *Imbrioscia c/ Suisse*, n° 36).

75) Exercice abusif des droits de la défense. On élargirait outre mesure la notion de droits de la défense si l'on admettait qu'un accusé échappe à toute poursuite lorsque, dans l'exercice de ses droits, il incite intentionnellement à soupçonner à tort d'un comportement répréhensible un témoin ou une autre personne participant à la procédure. La simple possibilité de poursuivre ultérieurement un prévenu à raison d'allégations formulées pour sa défense ne saurait passer pour porter atteinte aux droits garantis à l'article 6, § 3 *c)*. Il pourrait en aller différemment si la législation ou la pratique nationales créent, par leur rigueur exagérée en la matière, un risque de telles poursuites assez grand pour paralyser en vérité le libre exercice de ces droits par l'accusé (■ CEDH, 28 août 1991, n°s 11170/84, 12876/87 et 13468/87, *Brandstetter c/ Autriche*, §§ 52, 53).

A – Informations sur la nature et la cause de l'accusation (§ 3, *a*)

76) Portée des informations à fournir. L'article 6, § 3 *a)* de la Convention reconnaît à l'accusé le droit d'être informé non seulement de la cause de l'accusation, c'est-à-dire des faits matériels qui sont mis à sa charge et sur lesquels se fonde l'accusation, mais aussi de la qualification juridique donnée à ces faits et ce, d'une manière détaillée. La portée de cette disposition doit notamment s'apprécier à la lumière du droit plus général à un procès équitable que garantit l'article 6, § 1 de la Convention. Les dispositions de l'article 6, § 3 *a)* n'imposent aucune forme particulière quant à la manière dont l'accusé doit être informé de la nature et de la cause de l'accusation portée contre lui. Il existe un lien entre les alinéas *a)* et *b)* de l'article 6, § 3 si bien que le droit à être informé sur la nature et la cause de l'accusation doit être envisagé à la lumière du droit pour l'accusé de disposer du temps et des facilités nécessaires à la préparation de sa défense (■ CEDH, GC, 25 mars 1999, n° 25444/94, *Pelissier et Sassi c/ France*, §§ 51 et s. ■ CEDH, 25 juill. 2000, n° 23969/94, *Mattocia c/ Italie*, § 60).

77) Information détaillée. L'étendue de l'information « détaillée » visée par cette disposition varie selon les circonstances particulières de la cause ; toutefois, l'accusé doit disposer d'éléments suffisants pour comprendre pleinement les charges portées contre lui en vue de préparer convenablement sa défense (■ CEDH, 25 juill. 2000, n° 23969/94, *Mattocia c/ Italie*, § 60).

78) Modification de l'accusation. L'accusé doit être dûment et pleinement informé des modifications de l'accusation, y compris celles touchant sa « cause », et doit disposer du temps et des facilités nécessaires pour y réagir et organiser sa défense sur la base de toute nouvelle information ou allégation (■ CEDH, 25 juill. 2000, n° 23969/94, *Mattocia c/ Italie*, § 61).

79) Traduction de l'acte d'accusation. Au regard du paragraphe 3 *a)* de l'article 6 de la Convention, un accusé à qui la langue employée par le tribunal n'est pas familière peut en pratique se trouver désavantagé si on ne lui délivre pas aussi une traduction de l'acte d'accusation, établie dans un idiome qu'il comprenne (■ CEDH, GC, 18 oct. 2006, n° 18114/02, *Hermi c/ Italie*, § 68). Sur la traduction, V. *infra* E.

B – Préparation de la défense (§ 3, *b*)

80) Élément du procès équitable. Les exigences du paragraphe 3 *b)* et *c)* de l'article 6 s'analysent en éléments particuliers du droit à un procès équitable, garanti par le paragraphe 1, ce qui permet à la Cour d'étudier l'ensemble des griefs sous l'angle de ces trois textes combinés (■ CEDH, 22 juin 1993, n° 12914/87, *Melin c/ France*, § 21).

81) Délai pour préparer la défense. Pour savoir si l'accusé a disposé d'un délai adéquat pour la préparation de sa défense, il faut tenir compte de la nature du procès, ainsi que de la complexité de l'affaire et du stade de la procédure (■ CEDH, 10 juill. 2012, n° 58331/09, *Gregačević c/ Croatie*, § 51). Dans le cas où seul a été lu à l'audience le dispositif du jugement du tribunal correctionnel, le requérant, faute d'avoir pu obtenir le jugement complet avant l'expiration du délai d'appel, a eu pour seule issue d'interjeter appel sans connaître aucun élément de la motivation retenue par le tribunal. Il a donc été porté atteinte aux droits de la défense en violation de l'article 6, §§ 1 et 3 *b)* de la Convention (■ CEDH, 24 juill. 2007, n° 53640/00, *Baucher c/ France*, §§ 47 et s.).

82) Préparation de la défense et accès au dossier. Aux fins de l'article 6, il n'est pas incompatible avec les droits de la défense de réserver à l'avocat d'un accusé l'accès au dossier de la juridiction saisie (■ CEDH, 21 sept. 1993, n° 12350/86, *Krezow c/ Autriche*, § 52). Lorsque l'accusé a été autorisé à se défendre lui-même, l'empêcher d'accéder à son dossier pénal et refuser de lui communiquer des pièces ne l'ont pas mis en mesure de préparer sa défense d'une manière adéquate. Il n'a donc pas bénéficié de l'égalité des armes, contrairement aux exigences de l'article 6, § 1 de la Convention, combiné avec l'article 6, § 3 (■ CEDH, 18 mars 1997, n° 22209/93, *Foucher c/ France*, §§ 33 et s.).

C – Défense par soi-même ou avec un défenseur (§ 3, *c*)

1° *Procédure en l'absence de l'accusé*

83) Compatibilité avec l'article 6. Une procédure se déroulant en l'absence du prévenu n'est pas en soi incompatible avec la Convention s'il peut obtenir ultérieurement qu'une juridiction statue à nouveau, après l'avoir entendu, sur le bien-fondé de l'accusation en fait comme en droit (■ CEDH, 13 févr. 2001, n° 29731/96, *Krombach c/ France*, § 85).

2° *Accusé se défendant lui-même*

84) Responsabilité de la conduite de sa propre défense. Un plaideur qui a délibérément renoncé aux services d'un avocat doit témoigner lui-même de diligence procédurale dans la conduite de sa défense (■ CEDH, 22 juin 1993, n° 12914/87, *Melin c/ France*, § 25).

3° *Assistance d'un avocat*

85) Information de l'accusé. L'article 6, § 3, *c)* de la Convention garantit le droit pour un accusé d'être informé immédiatement du contenu du droit à un avocat, indépendamment de l'âge ou de la situation particulière de l'intéressé, et indépendamment du point de savoir s'il est représenté par un avocat d'office ou un avocat de son choix (■ CEDH, GC, 9 nov. 2018, n° 71409/10, *Beuze c/ Belgique*, § 129).

86) Contenu du droit à l'assistance d'un avocat. Le droit à l'assistance d'un avocat emporte des exigences minimales, que la désignation d'un défenseur ne suffit pas à satisfaire. Premièrement, le suspect doit pouvoir entrer en contact avec son avocat dès sa privation de liberté. Cela implique que le suspect puisse consulter son avocat préalablement à un interrogatoire, voire en l'absence d'un interrogatoire. L'avocat doit pouvoir s'entretenir avec son client en privé et en recevoir des instructions confidentielles. Deuxièmement, les suspects doivent bénéficier de la présence physique de leur avocat durant les auditions initiales menées par la police et durant les interrogatoires ultérieurs menés au cours de la procédure antérieure à la phase de jugement. La Cour a estimé, par exemple, que les restrictions suivantes pouvaient compromettre l'équité de la procédure : le défaut ou les difficultés d'accès par l'avocat au dossier pénal aux stades de l'ouverture de la procédure pénale, de l'enquête et de l'instruction ; l'absence d'un avocat lors des mesures d'enquête telles qu'une parade d'identification ou une reconstitution des faits. En outre, la Cour a indiqué qu'il fallait tenir compte, au cas par cas, dans le cadre de l'appréciation de l'équité globale de la procédure, de toute la gamme d'interventions propres au conseil : la discussion de l'affaire, l'organisation de la défense, la recherche des preuves favorables à l'accusé, la préparation des interrogatoires, le soutien de l'accusé en détresse et le contrôle des conditions de détention (■ CEDH, GC, 9 nov. 2018, n° 71409/10, *Beuze c/ Belgique*, § 132 et s.).

• Choix du défenseur

87) Liberté de choix : liberté non absolue. Le droit pour tout accusé à l'assistance d'un défenseur de son choix ne saurait avoir un caractère absolu ; les paragraphes 1 et 3 *c)* de l'article 6 garantissent ainsi qu'une procédure ne sera pas conduite contre un accusé qui ne serait pas représenté adéquatement dans sa défense, mais ils ne donnent pas nécessairement à l'accusé le droit de décider lui-même de la manière dont sa défense doit être assurée (■ CEDH, GC, 4 avr. 2018, n° 56402/12, *Correia de Matos c/ Portugal*, §§ 121, 122). Partant, les juridictions nationales peuvent passer outre s'il existe des motifs pertinents et suffisants de juger que les intérêts de la justice le commandent. La spécificité de la procédure devant la Cour de cassation peut justifier de réserver aux seuls avocats spécialisés le monopole de la prise de parole. Le fait de ne pas offrir à un requérant l'occasion de plaider sa cause oralement, personnellement ou par l'intermédiaire d'un avocat inscrit à un barreau, ne porte donc pas atteinte à son droit à un procès équitable au sens de l'article 6 (■ CEDH, GC, 26 juill. 2002, n°s 32911/96, 35237/97 et 34595/97, *Meftah c/ France*, § 47).

• Droit à l'assistance d'un avocat

88) Assistance obligatoire d'un avocat. La règle imposant à un accusé l'assistance d'un conseil à tous les stades de l'instance ne saurait passer pour incompatible avec la Convention (■ CEDH, 25 sept. 1992, n° 13611/88, *Croissant c/ Allemagne*, § 27).

89) Droit à l'assistance d'un avocat et accusé non comparant. La comparution d'un prévenu revêtant une importance capitale, le législateur doit pouvoir décourager les abstentions injustifiées. Mais il est aussi d'une importance cruciale pour l'équité du système pénal que l'accusé soit adéquatement défendu tant en première instance qu'en appel. C'est ce dernier intérêt qui prévaut et, par voie de conséquence, le fait que l'accusé, bien que dûment assigné, ne comparaisse pas ne saurait – même à défaut d'excuse – justifier qu'il soit privé du droit à l'assistance d'un défenseur que lui reconnaît l'article 6, § 3 *c)* de la Convention. Il appartient aux juridictions d'assurer le caractère équitable d'un procès et de veiller par conséquent à ce qu'un avocat, qui à l'évidence y assiste pour défendre son client en l'absence de celui-ci, se voie donner l'occasion de le faire (■ CEDH, 13 févr. 2001, n° 29731/96, *Krombach c/ France*, § 84).

90) Point de départ du droit d'accès à un avocat. Le point de départ du droit d'accès à un avocat en cas de privation de liberté ne fait pas de doute. Ce droit est applicable dès qu'il existe une « accusation en matière pénale » au sens donné à cette notion par la jurisprudence de la Cour et, en particulier, dès l'arrestation d'un suspect, indépendamment du fait que l'intéressé ait ou non été interrogé ou qu'il ait fait l'objet d'une autre mesure d'enquête pendant la période pertinente (■ CEDH, GC, 9 nov. 2018, n° 71409/10, *Beuze c/ Belgique*, § 124). Un accusé, au sens de l'article 6 de la Convention, a le droit de bénéficier de l'assistance d'un avocat dès le début de sa garde à vue ou de sa détention provisoire et, le cas échéant, lors de ses interrogatoires par la police et le juge d'instruction ; si une restriction à ce droit peut dans certaines circonstances se trouver justifiée et être compatible avec les exigences de cette disposition, le fait que son exercice est impossible en raison d'une règle de droit interne systématique est inconciliable avec le droit à un procès équitable (■ CEDH, 28 août 2012, n° 71407/10, *Simons c/ Belgique*, § 31). Un accusé doit, dès qu'il est privé de liberté, pouvoir bénéficier de l'assistance d'un avocat et cela indépendamment des interrogatoires qu'il subit. En effet, l'équité de la procédure requiert que l'accusé puisse obtenir toute la vaste gamme d'interventions qui sont propres au conseil. À cet égard, la discussion de l'affaire, l'organisation de la défense, la recherche des preuves favorables à l'accusé, la préparation des interrogatoires, le soutien de l'accusé en détresse et le contrôle des conditions de détention sont des éléments fondamentaux de la défense que l'avocat doit librement exercer (■ CEDH, 13 oct. 2009, n° 7377/03, *Dayanan c/ Turquie*, § 32).

91) Restrictions au droit à l'assistance d'un avocat. Si l'article 6 exige normalement que le prévenu puisse bénéficier de l'assistance d'un avocat dès les premiers stades de l'interrogatoire de police, ce droit, que la Convention n'énonce pas expressément, peut être soumis à des restrictions pour des raisons valables. Il s'agit de savoir dans chaque cas si, à la lumière de l'ensemble de la procédure, la restriction a privé l'accusé d'un procès équitable (■ CEDH, 16 oct. 2001, n° 39846/98, *Brennan c/ R.-U.*, § 45), car même une restriction justifiée peut avoir pareil effet dans certaines circonstances (■ CEDH, GC, 27 nov. 2008, n° 36391/02, *Salduz c/ Turquie*, § 52). Les restrictions au droit d'accès à un avocat, même systématiques, ne peuvent pas entraîner *ab initio* la violation de la Convention mais donnent lieu à un examen en 2 étapes. La première consiste à vérifier l'existence de raisons impérieuses de restreindre ces droits : même dans l'hypothèse où celles-ci feraient défaut, il ne saurait y avoir de constat de violation automatique de la Convention, la Cour devant, lors d'une seconde étape, effectuer un contrôle de l'équité de la procédure dans son ensemble (▪ CEDH, GC, 13 sept. 2016, n°s 50541/08, 50571/08, 50573/08 et 40351/09, *Ibrahim et a. c/ R.-U.*, §§ 262, 269 et 273. ▪ CEDH, 11 juill. 2019, n° 30828/13, *Bloise c/ France*, § 57). L'absence de raisons impérieuses de restreindre l'assistance de l'avocat ne suffit pas en elle-même à entraîner une violation de l'article 6. Qu'il y ait ou non des raisons impérieuses, il convient de statuer dans chaque cas sur le respect de l'équité globale de la procédure ; mais en l'absence de telles raisons la Cour doit évaluer l'équité du procès en opérant un contrôle très strict. L'incapacité du Gouvernement défendeur à établir l'existence de raisons impérieuses pèse lourdement dans la balance lorsqu'il s'agit d'apprécier globalement l'équité du procès et elle peut faire pencher la balance en faveur d'un constat de violation de l'article 6, §§ 1 et 3 *c)*. C'est alors au Gouvernement défendeur qu'il incombe d'expliquer de façon convaincante pourquoi, à titre exceptionnel et au vu des circonstances particulières du cas d'espèce, la restriction à l'accès à l'assistance juridique n'a pas porté une atteinte irrémédiable à l'équité globale du procès (▪ CEDH, GC, 13 sept. 2016, n°s 50541/08, 50571/08, 50573/08 et 40351/09, *Ibrahim et a. c/ R.-U.*, § 262 et 265). Les restrictions au droit d'accès à un avocat ne sont permises que dans des cas exceptionnels, elles doivent être de nature temporaire et reposer sur une appréciation individuelle des circonstances particulières du cas d'espèce. Les raisons impérieuses ne sauraient résulter de la seule existence d'une loi interdisant la présence d'un avocat ; dès lors qu'un gouvernement défendeur a démontré de façon convaincante l'existence d'un besoin urgent de prévenir une atteinte grave à la vie, à la liberté ou à l'intégrité physique dans un cas donné, ce besoin peut s'analyser en une raison impérieuse de restreindre l'accès à un avocat aux fins de l'article 6 de la Convention (▪ CEDH, GC, 9 nov. 2018, n° 71409/10, *Beuze c/ Belgique*, § 142 et 143).

92) Portée des déclarations faites par l'accusé sans l'assistance d'un avocat. Il est en principe porté une atteinte irrémédiable aux droits de la défense lorsque des déclarations incriminantes faites lors d'un interrogatoire de police subi sans assistance possible d'un avocat sont utilisées pour fonder une condamnation (▪ CEDH, GC, 27 nov. 2008, n° 36391/02, *Salduz c/ Turquie*, § 55). Lorsque l'accusé a été personnellement touché par les restrictions apportées à la possibilité pour lui d'avoir accès à un avocat, puisque les preuves recueillies par la police lors de sa garde à vue ont servi de fondement à sa condamnation, ni l'assistance fournie ultérieurement par un avocat, ni la nature contradictoire de la suite de la procédure n'ont pu porter remède à l'absence d'un avocat pendant la garde à vue (▪ CEDH, 17 févr. 2009, n° 16500/04, *I. Öztürk c/ Turquie*, § 51). Mais lorsque l'accusé, grâce à l'utilisation des voies de recours internes, n'a pas été condamné, le défaut dont était entachée la procédure doit être considéré comme ayant été redressé, car il est de jurisprudence constante qu'à la suite d'un acquittement ou de l'annulation d'une condamnation, le requérant ne peut pas être considéré comme « victime » des droits garantis par l'article 6 de la Convention (▪ CEDH, 2 mars 2010, n° 16147/08, *Bouglame c/ Belgique*).

93) Accès de l'avocat au dossier de la procédure. Des restrictions à l'accès au dossier aux stades de l'ouverture d'une procédure pénale, de l'enquête et de l'instruction peuvent se justifier par, notamment, la nécessité de préserver le secret des données dont disposent les autorités et de protéger les droits d'autrui ; l'article 6 ne saurait donc être interprété comme garantissant un accès illimité au dossier pénal dès avant le premier interrogatoire par le juge d'instruction, lorsque les autorités nationales disposent de raisons relatives à la protection des intérêts de la justice suffisantes pour ne pas mettre en échec l'efficacité des investigations. L'assistance de l'avocat lors d'un interrogatoire n'est donc pas ineffective en raison d'un défaut d'accès au dossier avant cet interrogatoire (▪ CEDH, 9 avr. 2015, n° 30460/13, *A. T. c/ Luxembourg*, § 79 et s.).

• Droit à l'assistance gratuite d'un avocat

94) Assistance gratuite d'un avocat : droit non absolu. Malgré l'importance de relations confiantes entre avocat et client, le droit de tout accusé à l'assistance d'un défenseur de son choix ne saurait avoir un caractère absolu. Il est sujet à certaines limitations lorsqu'il s'agit de doter l'accusé d'un défenseur d'office. En désignant un tel avocat, les juridictions nationales doivent assurément se soucier des vœux de l'accusé. Elles peuvent cependant passer outre s'il existe des motifs pertinents et suffisants de juger que les intérêts de la justice le commandent (▪ CEDH, 25 sept. 1992, n° 13611/88, *Croissant c/ Allemagne*, § 29). L'article 6, § 3, *c)* ne saurait aller jusqu'à commander l'octroi d'une aide judiciaire gratuite toutes les fois qu'un condamné, n'ayant aucune chance objective de succès, souhaite former un recours après avoir obtenu en première instance un procès équitable comme le veut l'article 6 (■ CEDH, 2 mars 1987, n° 9562/81, *Monnel et Morris c/ R.-U.*, § 67).

95) Droit à l'assistance gratuite d'un avocat : conditions. Le droit de l'accusé à l'assistance gratuite d'un avocat d'office constitue un élément, parmi d'autres, de la notion de procès pénal équitable. L'alinéa *c)* de l'article 6, § 3 l'assortit de deux conditions : que le plaideur n'ait pas les moyens de rémunérer un défenseur et que les intérêts de la justice le commandent (■ CEDH, 25 sept. 1992, n° 13191/87, *P. Hoang c/ France*, § 39).

96) Carence de l'avocat commis d'office. On ne saurait imputer à un État la responsabilité de toute défaillance d'un avocat d'office. De l'indépendance du barreau par rapport à l'État, il découle que la conduite de la défense appartient pour l'essentiel à l'accusé et à son avocat, commis au titre de l'aide judiciaire ou rétribué par son client. L'article 6, § 3 *c)* n'oblige les autorités nationales compétentes à intervenir que si la carence de l'avocat d'office apparaît manifeste ou si on les en informe suffisamment de quelque autre manière (■ CEDH, 19 déc. 1989, n° 9783/82, *Kamasinski c/ Autriche*, § 65).

97) Combinaison avec le droit à un procès équitable (art. 6, § 1). Pour apprécier l'équité globale d'une procédure, la Cour prend en compte les exigences du paragraphe 3 de l'article 6 qui représentent des aspects particuliers du droit à un procès équitable garanti par le paragraphe 1er de cette disposition (■ CEDH, gr. ch., 13 sept. 2016, nos 50541/08, 50571/08, 50573/08 et 40351/09, *Ibrahim et a. c/ R.-U.*, § 251. ■ CEDH, 14 mai 2020, n° 78085/12, *Papadopoulos c/ Grèce*, § 34).

D – Audition des témoins (§ 3 d)

98) Notion de « témoin ». Le terme « témoin » a, dans le système de la Convention, un sens autonome. Ainsi, dès lors qu'une déposition, qu'elle soit faite par un témoin *stricto sensu* ou par un coïnculpé, est susceptible de fonder, d'une manière substantielle, la condamnation du prévenu, elle constitue un témoignage à charge et les garanties prévues par l'article 6, §§ 1 et 3 *d)* de la Convention lui sont applicables (■ CEDH, 27 févr. 2001, n° 33354/96, *Lucà c/ Italie*, § 41. Ainsi d'un expert, V. ■ CEDH, 26 mars 1996, n° 20524/92, *Doorson c/ Pays-Bas*, §§ 81, 82). Il y a lieu de considérer comme témoin une personne dont les dires, tels qu'enregistrés par la police, ont été utilisés comme éléments de preuve par les juridictions internes (■ CEDH, 2 juill. 2002, n° 34209/96, *S. N. c/ Suède*, § 45).

99) Témoignage obtenu contre un avantage. L'utilisation de déclarations faites par des témoins en échange d'une immunité ou d'autres avantages ne suffit pas en soi à rendre la procédure inéquitable (■ CEDH, 27 janv. 2004, n° 44484/98, *Lorsé c/ Pays-Bas*).

1° Comparution du témoin

• Devoirs de l'autorité judiciaire

100) Recherche du caractère justifié de l'absence d'un témoin. Si un témoin ne se présente pas pour déposer en personne, l'autorité judiciaire a le devoir de rechercher si cette absence est justifiée (■ CEDH, GC, 15 déc. 2011, nos 26766/05 et 22228/06, *Al-Khawaja et Tahery c/ R.-U.*, § 120).

101) Témoin à charge. Combiné avec le paragraphe 3, le paragraphe 1 de l'article 6 oblige les États contractants à des mesures positives pour permettre à l'accusé d'interroger ou faire interroger les témoins à charge (■ CEDH, 17 juill. 2001, nos 29900/96, 29902/96 et 29903/96, *Sadak et a. c/ Turquie* (n° 1), § 67).

102) Obligation de motivation. Le refus d'interroger un témoin doit être motivé (■ CEDH, 22 avr. 1992, n° 12351/86, *Vidal c/ Belgique*, § 34).

• Droit à la comparution d'un témoin

103) Droit de caractère non absolu. L'article 6 ne reconnaît pas à l'accusé un droit absolu d'obtenir la comparution de témoins devant un tribunal. Il incombe en principe au juge national de décider de la nécessité ou opportunité de citer un témoin (■ CEDH, 2 juill. 2002, n° 34209/96, *S. N. c/ Suède*, § 44). On ne saurait interpréter cette disposition comme exigeant dans tous les cas que des questions soient posées directement par l'accusé ou par son conseil, dans le cadre d'un contre-interrogatoire ou par d'autres moyens (même arrêt, § 52).

104) Dispense de comparution d'un témoin : conditions. Lorsque le témoin n'a jamais été interrogé aux stades antérieurs de la procédure, il ne faut admettre sa déposition écrite en lieu et place de sa présence au procès qu'en dernier recours. Avant de pouvoir dispenser un témoin de comparaître au motif qu'il craint de se présenter au procès, le juge doit estimer établi que toutes les autres possibilités, telles que l'anonymat ou d'autres mesures spéciales, seraient inadaptées ou impossibles à mettre en œuvre (■ CEDH, GC, 15 déc. 2011, nos 26766/05 et 22228/06, *Al-Khawaja et Tahery c/ R.-U.*, § 125).

• Témoins à charge et témoins à décharge

105) Dispense de comparution d'un témoin à charge : portée. Si l'admission à titre de preuve d'un témoignage par ouï-dire constituant l'élément à charge unique ou déterminant n'emporte pas automatiquement violation de l'article 6, § 1, lorsqu'une condamnation repose exclusivement ou dans une mesure déterminante sur les dépositions de témoins absents, la Cour doit soumettre la procédure à l'examen le plus rigoureux. Le caractère unique ou déterminant d'une preuve de ce type doit être contrebalancé par des éléments suffisants, notamment par des garanties procédurales solides. L'examen de cette question permet de ne prononcer une condamnation que si la déposition du témoin absent est suffisamment fiable compte tenu de son importance dans la cause (▪ CEDH, GC, 15 déc. 2011, n°s 26766/05 et 22228/06, *Al-Khawaja et Tahery c/ R.-U.*, § 147. ▪ CEDH, GC, 15 déc. 2015, n° 9154/10, *Schatschashwili c/ Allemagne*, § 114 et s.).

106) Droit de contester les témoignages à charge : principe. L'article 6 § 3 *d)* consacre le principe selon lequel, avant qu'un accusé puisse être déclaré coupable, tous les éléments à charge doivent en principe être produits devant lui en audience publique, en vue d'un débat contradictoire (▪ CEDH, GC, 15 déc. 2015, n° 9154/10, *Schatschashwili c/ Allemagne*, § 103). Il ne suffit pas à un accusé de se plaindre de ne pas avoir pu interroger certains témoins. Encore faut-il qu'il étaye sa demande d'audition de témoins en en précisant l'importance et que cette audition soit nécessaire à la manifestation de la vérité. Ce principe s'applique à la demande d'audition du plaignant (▪ CEDH, GC, 6 mai 2003, n° 48898//99, *Perna c/ Italie*, § 29). La Cour tient compte des particularités des procédures pénales portant sur des infractions à caractère sexuel. Ce type de procédure est souvent vécu comme une épreuve par la victime, en particulier lorsque celle-ci est confrontée contre son gré à l'accusé. Ces aspects prennent d'autant plus de relief dans une affaire impliquant un mineur. Pour apprécier si un accusé a bénéficié ou non d'un procès équitable au cours d'une telle procédure, il faut tenir compte du droit de la victime présumée au respect de sa vie privée. Par conséquent, la Cour admet que dans le cadre de procédures pénales se rapportant à des violences sexuelles, certaines mesures soient prises aux fins de protéger la victime, pourvu que ces mesures puissent être conciliées avec un exercice adéquat et effectif des droits de la défense (▪ CEDH, 14 mai 2020, n° 78085/12, *Papadopoulos c/ Grèce*, § 35).

107) Droit de contester les témoignages à charge : portée. En règle générale, les paragraphes 3 *d)* et 1 de l'article 6 commandent d'accorder à l'accusé une occasion adéquate et suffisante de contester un témoignage à charge et d'en interroger l'auteur, au moment de la déposition ou plus tard (▪ CEDH, 15 juin 1992, n° 12433/86, *Lüdi c/ Suisse*, § 47). De ce principe général découlent deux exigences : premièrement, l'absence d'un témoin doit être justifiée par un motif sérieux ; deuxièmement, lorsqu'une condamnation se fonde uniquement ou dans une mesure déterminante sur des dépositions faites par une personne que l'accusé n'a pu interroger ou faire interroger ni au stade de l'instruction, ni pendant les débats, les droits de la défense peuvent se trouver restreints d'une manière incompatible avec les garanties de l'article 6 – règle de la preuve « unique ou déterminante » – (▪ CEDH, GC, 15 déc. 2011, n°s 26766/05 et 22228/06, *Al-Khawaja et Tahery c/ R.-U.*, § 119. – Comp. ▪ CEDH, 13 nov. 2003, n° 71846/01, *Rachdad c/ France*, § 24 : le témoignage litigieux ne peut en tout état de cause constituer le seul élément sur lequel repose la condamnation. L'emploi de dépositions remontant à la phase de l'enquête préliminaire et de l'instruction ne se heurte pas en soi aux paragraphes 3 *d)* et 1 de l'article 6, sous réserve du respect des droits de la défense (▪ CEDH, 2 juill. 2002, n° 34209/96, *S. N. c/ Suède*, § 44).

108) Droit à la convocation des témoins à décharge. L'article 6, § 3, *d)* ne commande pas la convocation et l'interrogation de tout témoin à décharge. Ainsi que l'indiquent les mots « dans les mêmes conditions », il a pour but essentiel une complète égalité des armes en la matière ; sous cette réserve, il laisse aux autorités nationales compétentes le soin de juger de la pertinence d'une offre de preuve dans la mesure compatible avec la notion de procès équitable qui domine l'ensemble de l'article 6 (▪ CEDH, 8 juin 1976, n°s 5100/71, 5101/71, 5102/71, 5354/72 et 5370/72, *Engel et a. c/ Pays-Bas*, § 91). Dès lors que la demande d'audition de témoin à décharge est formulée conformément au droit interne, pour apprécier le refus d'y procéder, la Cour retient le critère en trois branches qui suit : 1. La demande d'audition de témoin était-elle suffisamment motivée et pertinente au regard de l'objet de l'accusation ? 2. Les juridictions internes ont-elles examiné la pertinence que pouvait avoir la déposition et motivé par des raisons suffisantes leur décision de ne pas auditionner le témoin au procès ? 3. La décision des juridictions internes de ne pas auditionner le témoin a-t-elle nui à l'équité globale du procès ? Si les conclusions tirées au terme des deux premières branches seront généralement très révélatrices quant à savoir si la procédure a été équitable, il ne peut être exclu que dans certains cas, certes exceptionnels, des considérations d'équité pourront justifier une conclusion contraire (▪ CEDH, GC, 18 déc. 2018, n° 36658/05, *Murtazaliyeva c/ Russie*, § 158, 168 : *JCP* G 2019, 253, note L. Milano).

2° *Témoignage anonyme*

109) Compatibilité avec l'article 6 : principe. La Convention n'empêche pas de s'appuyer, au stade de l'instruction préparatoire, sur des sources telles que des indicateurs occultes. Si l'emploi ultérieur de leurs déclarations par la juridiction de jugement pour asseoir une condamnation peut soulever des problèmes au regard de la Convention, semblable utilisation n'est pas en toutes circonstances incompatible avec la Convention (▪ CEDH, 16 mars 1996, n° 20524/92, *Doorson c/ Pays-Bas*, § 69).

110) Compatibilité avec l'article 6 : conditions. Si les problèmes que soulèvent d'une part les dépositions de témoins anonymes et, d'autre part, celles de témoins absents ne sont pas identiques, les deux situations ne diffèrent pas dans le principe dès lors que les unes comme les autres dépositions risquent de désavantager l'accusé. Le principe sous-jacent est que, dans un procès pénal, l'accusé doit avoir une possibilité réelle de contester les allégations dont il fait l'objet. Ce principe commande non seulement que l'accusé connaisse l'identité de ses accusateurs, afin de pouvoir contester leur probité et leur crédibilité, mais aussi qu'il puisse mettre à l'épreuve la sincérité et la fiabilité de leur témoignage, en les faisant interroger oralement en sa présence, soit au moment de la déposition, soit à un stade ultérieur de la procédure (▪ CEDH, GC, 15 déc. 2011, n°s 26766/05 et 22228/06, *Al-Khawaja et Tahery c/ R.-U.*, § 127). L'article 6 ne requiert pas explicitement que les intérêts des témoins en général, et ceux des victimes appelées à déposer en particulier, soient pris en considération. Toutefois, il peut y aller de leur vie, de leur liberté ou de leur sûreté. Les principes du procès équitable commandent donc que, dans les cas appropriés, les intérêts de la défense soient mis en balance avec ceux des témoins ou des victimes appelés à déposer. Aucune violation de l'article 6, § 1 combiné avec l'article 6, § 3 *d)* ne peut être constatée s'il est établi que la procédure suivie devant les autorités judiciaires a suffisamment compensé les obstacles auxquels se heurtait la défense (▪ CEDH, 16 mars 1996, n° 20524/92, *Doorson c/ Pays-Bas*, §§ 70 et s.). Dans le cadre de procédures pénales se rapportant à des violences sexuelles, certaines mesures peuvent être prises aux fins de protéger la victime, pourvu qu'elles puissent être conciliées avec un exercice adéquat et effectif des droits de la défense. Les autorités judiciaires peuvent être ainsi appelées à prendre des mesures qui compensent les obstacles auxquels se heurte la défense (▪ CEDH, 2 juill. 2002, n° 34209/96, *S. N. c/ Suède*, § 47).

E – Droit à l'assistance d'un interprète (§ 3, e)

111) Droit à l'assistance gratuite d'un interprète : portée. Le droit à l'assistance gratuite d'un interprète ne vaut pas pour les seules déclarations orales à l'audience, mais aussi pour les pièces écrites et pour l'instruction préparatoire (▪ CEDH, GC, 18 oct. 2006, n° 18114/02, *Hermi c/ Italie*, § 69). Le paragraphe 3 *e)* ne va pas jusqu'à exiger une traduction écrite de toute preuve documentaire ou pièce officielle du dossier. Il n'en demeure pas moins que l'assistance prêtée en matière d'interprétation doit permettre à l'accusé de savoir ce qu'on lui reproche et de se défendre (▪ CEDH, GC, 18 oct. 2006, n° 18114/02, *Hermi c/ Italie*, § 70).

112) Obligations de l'État. L'obligation des autorités compétentes ne se limite pas à désigner un interprète : il leur incombe en outre, une fois alertées dans un cas donné, d'exercer un certain contrôle ultérieur de la valeur de l'interprétation assurée (▪ CEDH, GC, 18 oct. 2006, n° 18114/02, *Hermi c/ Italie*, § 70).

Art. 7 ***(Mod. à compter du 1er novembre 1998, Prot. n° 11, 11 mai 1994, art. 2-2 et ann. publié par D. n° 98-1055, 18 nov. 1998). – Pas de peine sans loi.***

1. Nul ne peut être condamné pour une action ou une omission qui, au moment où elle a été commise, ne constituait pas une infraction d'après le droit national ou international. De même il n'est infligé aucune peine plus forte que celle qui était applicable au moment où l'infraction a été commise.

2. Le présent article ne portera pas atteinte au jugement et à la punition d'une personne coupable d'une action ou d'une omission qui, au moment où elle a été commise, était criminelle d'après les principes généraux de droit reconnus par les nations civilisées.

Bibliographie : E. Bonis et V. Peltier, *Droit de la peine*, LexisNexis, 2019.

I – CONDITIONS D'APPLICATION DE L'ARTICLE 7

A – Principes généraux

1) L'article 7 ne se borne pas à prohiber l'application rétroactive du droit pénal au désavantage de l'accusé : elle consacre aussi, d'une manière plus générale, le principe de la légalité des délits et des peines (*nullum crimen, nulla poena sine lege*) et celui qui commande de ne pas appliquer la loi pénale de manière extensive au détriment de l'accusé, notamment par analogie. Il en résulte qu'une infraction doit être clairement définie par le droit, qu'il soit national ou international. Cette condition se trouve remplie lorsque le justiciable peut savoir, à partir du libellé de la disposition pertinente et, au besoin, à l'aide de son interprétation par les tribunaux et d'un avis juridique éclairé, quels actes et omissions engagent sa responsabilité pénale. À cet égard, la Cour a indiqué que la notion de « droit » (« *law* ») utilisée à l'article 7 correspond à celle de « loi » qui figure dans d'autres articles de la Convention ; elle englobe le droit écrit comme non écrit et implique des conditions qualitatives, entre autres celles de l'accessibilité et de la prévisibilité (▪ CEDH, 11 juin 2020, *Baldassi et a. c/ France*, n°s 15271/16 et 6 autres ; V., pour un exposé complet, ▪ CEDH, 20 oct. 2015, n° 35343/05, *Vasiliauskas c/ Lituanie*).

B – Inapplication de l'article 7 en l'absence de condamnation

2) Nécessité d'une condamnation. La logique de la « peine » et de la « punition », et la notion de « guilty » (dans la version anglaise) et la correspondante notion de « personne coupable » (dans la version française), militent pour une interprétation de l'article 7 qui exige, pour punir, une déclaration de responsabilité par les juridictions nationales, qui puisse permettre d'imputer l'infraction et d'infliger la peine à son auteur. À défaut de quoi, la punition n'aurait pas de sens (*Sud Fondi et a.*, préc., § 116). Il serait en effet incohérent d'exiger, d'une part, une base légale accessible et prévisible et de permettre, d'autre part, une punition quand, comme en l'espèce, la personne concernée n'a pas été condamnée (▪ CEDH, 29 oct. 2013, *Varvara c/ Italie*, n° 17475/09).

3) Acquittement. N'ayant pas été condamné mais au contraire acquitté, le requérant ne saurait se prétendre victime d'une violation de l'article 7 § 1 (art. 7-1) de la Convention (▪ CEDH, 10 mars 1989, *Tomasi c/ France*, n° 13853/88).

4) Poursuites pénales en cours. L'article 7 Conv. EDH ne s'applique pas à une personne faisant l'objet de poursuites pénales en cours (CEDH, *Lukanov c/ Bulgarie*, n° 21915/93, Commission, 12 janv. 1995, Décisions et Rapports 80-B).

5) Extradition. La notion de condamnation de l'article 7, bien qu'autonome, ne peut comprendre la décision d'extradition permettant une condamnation (CEDH, *X c/ Pays-Bas*, n° 7512/76, Commission, 6 juill. 1976, Décisions et Rapports 6).

6) Procédure de déclaration d'irresponsabilité pour cause de trouble mental. Les mesures litigieuses à l'égard du requérant (hospitalisation et mesures de sûreté prononcées respectivement sur le fondement des articles 706-135 et 706-136 du Code de la procédure pénale, déclaré pénalement irresponsable pour cause de trouble mental, n'ont pas été ordonnées après condamnation pour une « infraction » : ▪ CEDH, 3 sept. 2015, n° 42875/10, *Berland c/ France : Dr. pén.* 2015, comm. 134, obs. V. Peltier.

C – Inapplication de l'article 7 en l'absence d'infraction

7) Notion autonome. Les critères de la notion autonome d'infraction fixés par l'arrêt Engel contre Pays-Bas sont applicables à l'article 7 Conv. EDH (▪ CEDH, 17 mai 2016, n° 76959/11, *Sté Oxygène Plus c/ France* (déc.). ▪ CEDH, 4 oct. 2016, n° 37462/09, *Aja c/ Croatie*).

8) *Impeachment*. Dans le contexte d'une procédure *d'impeachment* du Président de la République, la destitution et l'inéligibilité répondent à la responsabilité constitutionnelle du chef de l'État ; elles échappent donc, par leur finalité, au domaine « pénal ». Il en découle que les procédures initiées contre lui n'ont pas abouti à sa « condamnation » ou à l'infliction d'une « peine » au sens de l'article 7 de la Convention (▪ CEDH [GC], 6 janv. 2011, n° 34932/04, *Paksas c/ Lituanie*).

D – Inapplication de l'article 7 en l'absence d'infliction d'une peine

9) Peines. Sont des peines au sens de l'article 7 Conv. EDH :

– **la contrainte par corps** (devenue contrainte judiciaire) : ▪ CEDH, 8 juin 1995, *Jamil c/ France*, série A, n° 317-B ;

– **la détention de sûreté :** ▪ CEDH, 17 déc. 2009, n° 19359/04, *M. c/ Allemagne*. ▪ CEDH, 14 avr. 2011, n° 30060/04, *Jendrowiak c/ Allemagne*. ▪ CEDH, 28 nov. 2013, n° 7345/12, *Glien c/ Allemagne*. Même si la détention de sûreté est une peine, lorsqu'elle a été prolongée en raison de la nécessité de traiter des troubles mentaux, la nature et l'objectif de cette mesure ont changé au point qu'il n'y a plus lieu de qualifier celle-ci de « peine » au sens de l'article 7 (▪ CEDH, 7 janv. 2016, n° 23279/14, *Bergmann c/ Allemagne : Dr. pén.* 2016, comm. 70, obs. V. Peltier ; *AJ Pénal* 2016, 339, obs. L. Grégoire). Contra ▪ CEDH, 4 déc. 2018, n° 10211/12 et 27505/14, *Ilnseher c/ Allemagne : Dr. pén.* 2019, comm. 40, obs. V. Peltier : Eu égard à ce qui précède et ayant examiné les facteurs pertinents dans leur intégralité et procédé à sa propre appréciation, la Cour considère que la détention de sûreté telle qu'exécutée en application du nouveau cadre législatif pendant la période en cause en l'espèce ne peut plus être qualifiée de peine au sens de l'article 7, § 1. La détention de sûreté a été imposée au requérant en raison de la nécessité et dans l'optique de traiter le trouble mental dont il était atteint et eu égard à son passé criminel. La Cour admet que la nature et le but de sa détention de sûreté, en particulier, différaient substantiellement de ceux d'une détention de sûreté ordinaire qui aurait été infligée à une personne ne présentant pas de trouble mental. L'élément punitif de la détention de sûreté et son lien avec l'infraction commise par le requérant ont été effacés au point que dans ces circonstances la mesure n'était plus constitutive d'une peine.

– **la confiscation** : la Cour conclut que les mesures de confiscation s'analysent en des « peines » au sens de l'article 7 de la Convention. Cette conclusion, qui est le fruit de l'interprétation autonome de la notion de « peine » au sens de l'article 7, entraîne l'applicabilité de cette disposition, même en l'absence de procédure pénale au sens de l'article 6 (▪ CEDH, 28 juin 2018, *G.I.E.M. S.R. L. ET autres c/ Italie*, (n° 1828/06, 34163/07 et 19029/11). Voir déjà ▪ CEDH, 9 févr. 1995, *Welch c/ R-U*, n° 17440/90).

10) Mesures préventives. Ne sont pas des peines au sens de l'article 7 Conv. EDH :

– l'hospitalisation d'office prévue par l'article 706-135 du Code de procédure pénale et les mesures de sûreté de l'article 706-136 du Code de procédure pénale (▪ CEDH, 3 sept. 2015, n° 42875/10, *Berland c/ France* : *Dr. pén.* 2015, comm. 134, obs. V. Peltier) ;

– la détention de sûreté ordonnée par une juridiction de jugement à la suite d'une condamnation pour des infractions graves, et dont les conditions d'exécution ont été modifiées substantiellement conformément à un nouveau cadre législatif dans l'optique de traiter un trouble mental chez le détenu (notamment dans un centre spécialisé et non dans une prison ordinaire), au point que la mesure s'est transformée au fil de temps et n'est plus constitutive d'une peine (▪ CEDH, 4 déc. 2018, n°s 10211/12 et 27505/14, *Ilnseher c/ Allemagne* : *JurisData* n° 2018-022865 ; *Dr. pén.* 2019, comm. 40, obs. V. Peltier). V., ambigu ▪ CEDH, 7 janv. 2016, n° 23279/14, *Bergmann c/ All.* : *Dr. pén.* 2016, comm. 70, obs. V. Peltier ; *AJ pénal* 2016, p. 339, obs. L. Grégoire.

– **l'inscription dans un fichier à visée préventive** : fichier policier (▪ CEDH (déc.), 26 janv. 1999, n° 42293/90, *Adamson c/ Royaume-Uni*) ; FIJAIS (▪ CEDH, 17 déc. 2009, n° 5335/06, *B c/ France*. ▪ CEDH, 17 déc. 2009, n° 16428/05, *G c/ France*. ▪ CEDH, 17 déc. 2009, n° 22115/06, *MB c/ France*) ;

– **le prélèvement et la conservation d'échantillons d'ADN des personnes condamnées** : CEDH (déc.), 7 déc. 2006, n° 29514/05, *Van der Velden c/ Pays-Bas* ;

– **la détention à caractère préventif pour préserver l'ordre public et éviter qu'une personne commette une infraction** (▪ CEDH, 1er juill. 1961, n° 332/57, *Lawless c/ Irlande*) ;

– **le transfèrement d'une personne condamnée dans un autre pays**, en application du Protocole additionnel à la Convention du Conseil de l'Europe sur le transfèrement des personnes condamnées (▪ CEDH, 27 juin 2006, n° 28578/03, *Szabo c/ Suède*) ou en vertu de la décision-cadre de l'Union européenne relative au mandat d'arrêt européen et à la procédure de remise entre États membres (▪ CEDH, 23 oct. 2012, n° 1997/11, *Giza c/ Pologne*) ;

– **une mesure de surveillance spéciale ou une assignation à résidence** : ▪ CEDH, 22 févr. 1994, n° 12954/87, *Raimondo c/ Italie* ;

– **une sanction d'isolement disciplinaire** : ▪ Commission, 13 oct. 1986, n° 11885/85, *A. c/ Espagne* ;

– l'inaptitude à exercer le mandat de député et la perte du droit de se porter candidat aux élections : ▪ CEDH, 18 mai 2021, n° 63772/16, *Galan c/ Italie* (déc.).

11) Mesures relatives à l'exécution ou à l'application de la peine.

a. Principe. Les questions relatives à l'existence, aux modalités d'exécution ainsi qu'aux justifications d'un régime de libération relèvent du pouvoir qu'ont les États membres de décider de leur politique criminelle (▪ CEDH, 12 juill. 2008, n° 21906/04, *Kafkaris c/ Chypre*). Lorsque la nature et le but d'une mesure concernent la remise d'une peine ou un changement dans le système de libération conditionnelle, cette mesure ne fait pas partie intégrante de la « peine » au sens de l'article 7 (CEDH, *Hogben c/ Royaume-Uni*, n° 11653/85, Commission 3 mars 1986 (libération conditionnelle) ; *Hosein c/ Royaume-Uni*, n° 26293/95, Commission 28 févr. 1996. ▪ CEDH, 10 juill. 2003, *Grava c/ Italie*, n° 43522/98 (remise de peine). ▪ CEDH, 29 nov. 2005, *Uttley c/ Royaume-Uni*, n° 36946/03 (libération conditionnelle). ▪ CEDH, 12 juill. 2008, *Kafkaris c/ Chypre*, n° 21906/04 (remise de peine).

b. Exception. La Cour n'exclut pas que des mesures prises après le prononcé d'une peine définitive ou pendant l'exécution de celle-ci puissent aboutir à une modification de la portée de la « peine » infligée par le juge qui l'a prononcée. En pareil cas, la Cour estime que les mesures en question doivent tomber sous le coup de l'interdiction de la rétroactivité des peines consacrée par l'article 7 § 1 *in fine* de la Convention. Tel est le cas des nouvelles modalités d'imputation des remises de peine pour travail en détention qui ne saurait passer pour une mesure se rattachant exclusivement à l'exécution de la peine infligée à la requérante (▪ CEDH, 21 oct. 2013, n° 42750/09, *Del Rio Prada c/ Espagne*. – CEDH, *Del Rio Prada c/ Espagne*, ou les bouleversements apportés au droit conventionnel de la peine sans revirement de jurisprudence... : *Dr. pén.* 2014, étude 2 et *Dr. pén.* 2013, comm.

173 ; *RSC* 2014, p. 174, obs. D. Roets. ▪ CEDH, 9 janv. 2018, n° 43977/13, *Kadusic c/ Suisse*). À la lumière de ce qui précède, et eu égard au droit interne pertinent à l'époque où les requérants ont commis les infractions, où les décisions de cumul et/ou plafonnement ont été adoptées, et où les intéressés ont demandé le cumul des peines purgées en France, la Cour estime que les décisions litigieuses n'ont pas conduit à une modification de la portée des peines infligées. Les peines infligées ont toujours été des peines maximales de 30 ans d'emprisonnement résultant du cumul et/ou plafonnement des peines individuelles prononcées par les juridictions pénales espagnoles à l'encontre des requérants, sans prise en compte des peines prononcées et purgées en France. Il s'ensuit que les décisions litigieuses du Tribunal suprême n'ont pas conduit à une modification de la portée des peines infligées aux requérants. Dès lors, la Cour estime qu'il n'y a pas eu violation de l'article 7 de la Convention (▪ CEDH, 23 oct. 2018, n°s 65101/16, 73789/16 et 73902/16, *Arrozpide Sarasola et a. c/ Espagne*).

E – Infraction / peine accessible ou prévisible

12) Condamnation prévisible. Avant la date des faits de l'espèce, la Cour de cassation s'était prononcée dans le sens de l'application de l'article 24, alinéa 8, de la loi du 29 juillet 1881 en cas d'appel au boycott de produits importés d'Israël (...). En l'état de la jurisprudence à l'époque des faits de leur cause, les requérants pouvaient savoir qu'ils risquaient d'être condamnés sur le fondement de l'article 24, alinéa 8, de la loi du 29 juillet 1881 en raison de l'appel à boycott des produits importés d'Israël qu'ils ont proféré (▪ CEDH, 11 juin 2020, n°s 15271/16 et 6 autres, *Baldassi et a. c/ France*). Le requérant aurait dû savoir, le cas échéant, après avoir sollicité un avis juridique, qu'en fournissant à un journaliste, à de nombreuses reprises sur une période de cinq ans, en échange de sommes d'argent, des informations internes à la prison, il risquait d'être jugé coupable de comportement fautif par un agent public dans l'exercice de ses fonctions (▪ CEDH, 6 juill. 2021, n° 41387/17, *Norman c/ Royaume-Uni*).

13) Interprétation judiciaire. L'interprétation de questions de procédure est sans incidence sur la prévisibilité de l'infraction (▪ CEDH, 25 juill. 2013, n°s 11082/06 et 13772/05, *Khodorkovskiy et Lebedev c/ Russie*).

14) Choix discrétionnaire du Procureur. La peine encourue n'est pas prévisible lorsqu'elle résulte du choix de la juridiction compétente opéré par le Procureur (▪ CEDH, 22 janv. 2013, n° 42931/10, *Camilleri c/ Malte*).

II – DOMAINE D'APPLICATION DE L'ARTICLE 7

A – Lois de procédure

1° Principe : application immédiate des lois de procédure

15) Principe *tempus regit actum*. Les règles sur la rétroactivité contenues dans l'article 7 de la Convention ne s'appliquent qu'aux dispositions définissant les infractions et les peines qui les répriment ; dans d'autres affaires, la Cour a estimé raisonnable l'application, par les juridictions internes, du principe *tempus regit actum* en ce qui concerne les lois de procédure (▪ CEDH, 17 sept. 2009, n° 10249/03, *Scoppola c/ Italie (n° 2)*).

16) Illustrations.

a. Délais. La Cour ne saurait estimer déraisonnable l'application, par les juridictions italiennes, du principe *tempus regit actum* en matière de délais pour l'introduction d'un recours. À cet égard, elle rappelle que c'est d'abord aux autorités nationales et, spécialement, aux cours et tribunaux qu'il incombe d'interpréter le droit interne et qu'elle ne substituera pas sa propre interprétation du droit à la leur en l'absence d'arbitraire. Ceci est particulièrement vrai s'agissant de l'interprétation par les tribunaux des règles de nature procédurale telles que les délais régissant le dépôt de documents ou l'introduction de recours (▪ CEDH, 12 févr. 2004, n° 7856/02, *Mione c/ Italie*. – V. déjà ▪ CEDH, 16 déc. 1997, *Tejedor García c/ Espagne*, Recueil des arrêts et décisions 1997-VIII, p. 2796. ▪ CEDH (déc.), 10 juill. 2007, n° 45989/06, *Rasnik c/ Italie*).

b. Règles de preuves. Mise en œuvre d'une loi contenant de nouvelles règles en matière d'évaluation des preuves (▪ CEDH (déc.), 12 avr. 2007, n° 20402/03, *Martelli c/ Italie*).

c. Déclarations de témoins. Les règles en matière d'utilisation des déclarations des témoins sont énoncées dans le Code de procédure pénale, dont les dispositions réglementent la procédure à suivre pour poursuivre et juger les infractions. Ces dispositions ont trait notamment aux conditions de recevabilité des preuves et n'indiquent ni les éléments constitutifs des infractions ni les peines à infliger en cas de condamnation. Elles constituent donc des règles de procédure, auxquelles l'article 7 de la Convention ne trouve pas à s'appliquer (▪ CEDH, 13 nov. 2014, n° 43952/09, *Bosti c/ Italie*).

d. Prescription. L'application immédiate d'une loi prorogeant les délais de prescription ne portait pas atteinte à l'article 7 de la Convention, « car on ne peut interpréter cette disposition comme empêchant, par l'effet de l'application immédiate d'une loi de procédure, un allongement des délais de prescription lorsque les faits reprochés n'ont jamais été prescrits » (▪ CEDH, 22 juin 2000, nos 32492/96, 32547/96, 32548/96, 33209/96 et 33210/96, *Coëme et a. c/ Belgique*). Les règles en matière de prescription de lois de procédure (▪ CEDH, 12 févr. 2013, n° 1845/08, *Préviti c/ Italie*. ▪ CEDH, 22 sept. 2015, n° 55959/14, *Borcea c/ Roumanie*). Lorsque les actes du requérant étaient également incriminés par le droit international, ils ne sont pas prescrits si ce dernier ne prévoyait aucune prescription (▪ CEDH (GC), 17 mai 2010, *Kononov c/ Lettonie*, pour des crimes de guerre visés par les Statuts des TMI de Nuremberg et de Tokyo, la Convention de 1948 pour la prévention et la répression du crime de génocide, les Conventions de Genève de 1949 et les Principes de Nuremberg : *RSC* 2010, p. 696, obs. D. Roets ; *D.* 2010, p. 2732, obs. G. Roujou de Boubée, T. Garé et S. Mirabail ; *RTDH* 2011, p. 343, note E. Decaux ; *RIDP* 2010, p. 634, obs. F. Fourment ; *JCP* G 2010, 1187, note B. Belda ; *JDI* 2011, chron. 12, comm. 12, obs. P. Tavernier ; *Dr. pén.* 2011, chron. 3, obs. E. Dreyer).

2° *Exception : application non rétroactive*

17) Répercussion sur la sévérité de la peine. Si la règle de procédure a une répercussion sur la sévérité de la peine, elle doit être considérée comme une disposition de droit matériel et être soumise au principe de non-rétroactivité de la loi pénale plus sévère (▪ CEDH (GC), 17 sept. 2009, n° 10249/03, *Scoppola c/ Italie* (n° 2) : *RSC* 2010, p. 234, obs. Marguénaud ; *Dr. pén.* 2010, chron. 3, obs. E. Dreyer).

18) Peine applicable en cas de recours à une procédure simplifiée. Le paragraphe 2 de l'article 442 est entièrement consacré à la sévérité de la peine à infliger lorsque le procès s'est déroulé selon cette procédure simplifiée. En particulier, à l'époque où le requérant a commis les infractions, cette disposition prévoyait qu'en cas de condamnation, la peine fixée par le juge était réduite d'un tiers. La Cour estime que l'article 442 § 2 du Code de procédure pénale est une disposition de droit pénal matériel concernant la sévérité de la peine à infliger en cas de condamnation selon la procédure abrégée. Elle tombe donc dans le champ d'application de la dernière phrase de l'article 7 § 1 de la Convention (▪ CEDH, 17 sept. 2009, n° 10249/03, *Scoppola c/ Italie* (n° 2) : *RSC* 2010, p. 234, obs. Marguénaud ; *Dr. pén.* 2010, chron. 3, obs. E. Dreyer).

B – Lois de fond

1° *Non-rétroactivité de la loi pénale plus sévère*

19) Non-violation. La détermination de la peine du requérant a été le résultat d'une mise en balance de l'ensemble des éléments pertinents. Dans ce contexte, rien n'indique que la cour d'appel aurait octroyé au requérant des circonstances atténuantes si elle n'avait pas jugé l'affaire sous l'angle de la nouvelle loi n° 125 de 2008 et pris en compte l'absence d'antécédents pénaux. Au vu de ce qui précède, la Cour estime que le requérant n'a pas été pénalisé en raison de l'appréciation, sous l'angle de la nouvelle loi, de faits antérieurs à l'entrée en vigueur de celle-ci (▪ CEDH, GC, 27 janv. 2015, n° 59552/08, *Rohlena c/ République tchèque*, § 67 et, *a contrario*, ▪ CEDH, *Maktouf et Damjanović*, précité, § 70) (▪ CEDH, 6 févr. 2020, n° 44221/14). Il n'y a pas violation de l'article 7 lorsque les actes poursuivis étaient déjà réprimés par le Code pénal applicable à l'époque des faits – même s'ils l'étaient uniquement en tant que circonstance aggravante et non comme une infraction distincte (▪ CEDH, 30 mars 2009, n° 13113/03, *Ould Dah c/ France*). Pas de violation de l'article 7 lorsque la condamnation de l'intéressé était fondée sur le droit international applicable à l'époque pertinente (▪ CEDH, 20 oct. 2015, n° 35343/05, *Vasiliauskas c/ Lituanie*, mais qui conclut à la violation).

20) Violation. Pour des exemples, ▪ CEDH, GC, 20 oct. 2015, n° 35343/05, *Vasiliauskas c/ Lituanie*. ▪ CEDH, 21 oct. 2013, n° 42750/09, *Del Río Prada c/ Espagne*, préc. ▪ CEDH, 17 déc. 2009, n° 19359/04, *M. c/ Allemagne*. ▪ CEDH, 15 déc. 2009, n° 16012/06, *Gurguchiani c/ Espagne*. ▪ CEDH, 8 juin 1995, n° 15917/89, *Jamil c/ France*. ▪ CEDH, 25 mai 1993, n° 14307/88, *Kokkinakis c/ Grèce*).

21) Rétroactivité *in mitius*. Si la loi pénale en vigueur au moment de la commission de l'infraction et les lois pénales postérieures adoptées avant le prononcé d'un jugement définitif sont différentes, le juge doit appliquer celle dont les dispositions sont les plus favorables au prévenu (▪ CEDH, 17 sept. 2009, n° 10249/03, *Scoppola c/ Italie* (n° 2)). Le principe s'applique non seulement à la peine applicable mais aussi aux éléments constitutifs de l'infraction (▪ CEDH, 3 déc. 2019, nos 22429/07 et 25195/07, *Parmak et Bakir c/ Turquie*).

Art. 8 ***(Mod. à compter du 1er novembre 1998, Prot. n° 11, 11 mai 1994, art. 2-2 et ann. publié par D. n° 98-1055, 18 nov. 1998). – Droit au respect de la vie privée et familiale.***

1. Toute personne a droit au respect de sa vie privée et familiale, de son domicile et de sa correspondance.

2. Il ne peut y avoir ingérence d'une autorité publique dans l'exercice de ce droit que pour autant que cette ingérence est prévue par la loi et qu'elle constitue une mesure qui, dans une société démocratique, est nécessaire

à la sécurité nationale, à la sûreté publique, au bien-être économique du pays, à la défense de l'ordre et à la prévention des infractions pénales, à la protection de la santé ou de la morale, ou à la protection des droits et libertés d'autrui.

Bibliographie : *Répertoire.* S. Jacopin, *La réception par les lois pénales françaises contemporaines de l'article 8 de la Convention européenne des droits de l'Homme : Dr. pén.* 2006, étude 9. • J.-P. Marguénaud, *V° CEDH*, art. 8 : *Vie privée : Rép. dr. eur.* Dalloz.

Sur les écoutes téléphoniques. P. Kayser, *La conformité à la Convention européenne des droits de l'Homme et à la Constitution de la France des écoutes téléphoniques administratives : D.* 1991, 17. • R. Koering-Joulin, *De l'art de faire l'économie d'une loi* (à propos de l'arrêt *Kruslin* et de ses suites) : *D.* 1990, 187.

Sur les visites domiciliaires. O. Dugrip, *La conformité du droit des visites domiciliaires en matière de concurrence, douanière et fiscale*, in*F. Sudre* (dir.), *Le droit français et la CEDH* : Engel, 1994, p. 143. • A. Mangiavillano, *La Cour européenne et la garantie juridictionnelle de l'inviolabilité du domicile en matière fiscale : RIDC* 1-2009, 93. • D. Maherzi, *La visite domiciliaire en droit douanier français à l'épreuve de la CEDH : une réforme partielle : RTDH* 2011-85, 59.

Sur la vie privée des détenus. V. Malabat, *Les droits familiaux des détenus : RPDP* 2007, 61.

Sur la vie privée des salariés. J.-F. Renucci, *Surveillance au travail et Convention européenne des droits de l'Homme : D.* 2018, p. 138.

• *Sommaire*

I – PROTECTION DE LA VIE PRIVÉE ET FAMILIALE AU MOYEN D'UNE PROCÉDURE PÉNALE

A – Protection de la vie privée et familiale par l'engagement d'une procédure pénale

1) Obligation positive. Si l'article 8 a essentiellement pour objet de prémunir l'individu contre des ingérences arbitraires des pouvoirs publics, il ne se contente pas d'astreindre l'État à s'abstenir de pareilles ingérences : à cet engagement plutôt négatif peuvent s'ajouter des obligations positives inhérentes à un respect effectif de la vie privée ou familiale (▪ CEDH, 9 oct. 1979, n° 6289/73, *Airey c/ Irlande*, § 32. ▪ CEDH, 12 nov. 2013, n° 5786/08, *Söderman c/ Suède*, § 78). Elles peuvent impliquer l'adoption de mesures visant au respect de la vie privée jusque dans les relations des individus entre eux (▪ CEDH, 12 nov. 2013, *Söderman c/ Suède*, préc., § 78).

2) Domaine d'application. L'article 8 n'est pas applicable en l'absence d'aspect particulier d'interaction ou de contacts entre individus. Dès lors, le manquement allégué à l'obligation de mener une enquête effective sur un accident de la route au cours duquel une personne a subi des blessures involontaires potentiellement mortelles est irrecevable (▪ CEDH, 25 juin 2019, n° 41720/13, *Nicolae Virgiliu Tănase c/ Roumanie*).

1° Absence de poursuite pour une raison de fond

3) Incrimination insuffisante. Eu égard à l'ensemble des considérations qui précèdent et nonobstant la marge d'appréciation de l'État défendeur, la Cour estime que le droit suédois pertinent, tel qu'il était en vigueur, lorsque s'est produit l'acte spécifique par lequel le beau-père de la requérante a tenté, dans un but sexuel, de filmer en secret la jeune fille nue dans sa salle de bains, n'assurait pas à l'intéressée une protection de son droit au respect de sa vie privée propre à faire conclure que les obligations positives découlant pour l'État défendeur de l'article 8 de la Convention se trouvaient satisfaites. L'acte en question a porté atteinte à l'intégrité de la jeune fille et était d'autant plus grave que celle-ci était mineure, que l'incident s'était produit à son domicile, où elle était censée se sentir en sécurité, et que l'auteur n'était autre que son beau-père, une personne à qui elle devait pouvoir faire confiance. Or, ainsi que la Cour l'a constaté plus haut, le droit suédois ne comportait aucun recours pénal ni aucun recours civil propres, dans les circonstances particulières de l'espèce, à assurer à la requérante une protection effective contre ladite atteinte à son intégrité (■ CEDH, 12 nov. 2013, *Söderman c/ Suède*, préc., § 117).

2° Absence de poursuite pour une raison procédurale

4) Enquête effective – Signification. Les États ont l'obligation positive, inhérente aux articles 3 et 8 de la Convention, d'adopter des dispositions en matière pénale qui sanctionnent effectivement le viol et de les appliquer en pratique au travers d'une enquête et de poursuites effectives (■ CEDH, 4 déc. 2003, n° 39272/98, *M.C. c/ Bulgarie*, § 153). L'obligation de mener une enquête effective est une obligation de moyens et non de résultat. Elle n'impose dès lors pas que toute procédure pénale doive se solder par une condamnation, voire par le prononcé d'une peine déterminée, mais les instances judiciaires internes ne doivent en aucun cas s'avérer disposées à laisser impunies des atteintes graves à l'intégrité physique et morale des personnes (■ CEDH, 17 janv. 2019, n° 22457/16, *X et a. c/ Bulgarie*, § 89) Pour qu'une enquête puisse passer pour effective, les personnes et les institutions qui en sont chargées doivent être indépendantes des personnes qu'elle vise (■ CEDH, 28 sept. 2015, n° 23380/09, *Bouyid c/ Belgique*, § 118. ■ CEDH, 17 janv. 2019, n° 22457/16, *X et a. c/ Bulgarie*, § 90). L'enquête menée doit être suffisamment approfondie (■ CEDH, 4 déc. 2003, n° 39272/98, *M.C. c/ Bulgarie*, § 151. ■ CEDH, 17 janv. 2019, n° 22457/16, *X et a. c/ Bulgarie*, § 91). Cela étant, la Cour n'est pas appelée à se prononcer sur les allégations d'erreurs ou d'omissions particulières de l'enquête ; elle ne saurait se substituer aux autorités internes dans l'appréciation des faits de la cause ni statuer sur la responsabilité pénale de l'agresseur présumé (■ CEDH, 27 sept. 2011, n° 29032/04, *M. et C. c/ Roumanie*, n°, § 113. ■ CEDH, 17 janv. 2019, n° 22457/16, *X et a. c/ Bulgarie*, § 91).

5) Enquête effective – Conséquence : durée de la procédure. Une exigence de célérité et de diligence raisonnable est implicite. Indépendamment de l'issue de la procédure, les mécanismes de protection prévus en droit interne doivent fonctionner en pratique dans des délais raisonnables permettant de conclure l'examen au fond des affaires concrètes qui sont soumises aux autorités (■ CEDH, 1er févr. 2011, n° 19506/05, *Ebcin c/ Turquie*, § 40. ■ CEDH, 9 févr. 2021, n° 40591/11, *N.Ç. c/ Turquie*, § 96).

6) Enquête effective – Conséquence : mesure permettant l'identification de l'auteur de l'infraction. La Cour considère qu'une protection pratique et effective du requérant impliquait l'adoption de mesures efficaces pour identifier et poursuivre l'auteur, c'est-à-dire la personne qui avait passé l'annonce. Or pareilles mesures n'ont pas été prises [la législation alors en vigueur ne permettant pas d'obtenir du fournisseur d'accès à internet l'identité de la personne qui avait passé l'annonce à caractère sexuel concernant un mineur]. La prépondérance ayant été accordée à l'exigence de confidentialité, il n'a jamais été possible de procéder à une enquête efficace. La Cour conclut donc qu'il y a eu violation de l'article 8 de la Convention (■ CEDH, 2 déc. 2008, n° 2872/02, *KU c/ Finlande*, §§ 49 et 50).

7) Enquête effective – Prise en compte de la sensibilité de l'affaire dans la conduite de l'enquête. Les autorités doivent tenir compte, dans la conduite de la procédure pénale, de la sensibilité particulière de l'affaire, due au caractère intime du sujet en cause (exploitation et abus sexuels) à l'âge de la requérante (mineure). Constitue dès lors une violation de l'article 8 l'absence d'assistance à la requérante, le manquement à sa protection face aux accusés, la reconstitution inutile des viols, les examens médicaux répétitifs, le manque de sérénité et de sécurité durant les audiences, l'évaluation du consentement de la victime, la durée excessive de la procédure, et enfin, la prescription pénale de deux chefs d'accusation (■ CEDH, 9 févr. 2021, n° 40591/11, *N.Ç. c/ Turquie*, §§ 132-133).

8) Enquête effective – Applications. Par conséquent, la Cour conclut à la violation des obligations positives qui incombent à l'État défendeur en vertu de l'article 8 dès lors que les autorités compétentes n'ont pas usé de toutes les possibilités qui s'offraient à elles pour établir les circonstances des actes dont il s'agit et n'ont pas apprécié avec suffisamment de précision la crédibilité des déclarations contradictoires recueillies (■ CEDH, 4 déc. 2003, *M.C. c/ Bulgarie*, préc., § 178 185), dès lors que les allégations de la requérante n'ont pas été examinées sur le fond par les autorités nationales, et que celles-ci n'ont pas procédé à des actes de procédure afin de recueillir des preuves permettant d'établir la réalité des faits ou leur qualification juridique (■ CEDH, 11 févr. 2020, n° 56867/15, *Buturuga c/ Roumanie*, § 78), dès lors que les autorités n'ont pas été capables d'apporter une réponse cohérente et scientifiquement fondée aux allégations et aux plaintes des requérants, que les juridictions nationales se sont fondées sur des rapports officiels établis, soit au mépris de l'exigence d'indépendance, soit éludant ou n'abordant pas de manière satisfaisante les questions centrales qui devaient être tranchées, que les juridictions administratives ont rejeté les oppositions des requérants en faisant abstraction de leurs arguments, sinon décisifs, du moins principaux, lesquels exigeaient pourtant des réponses spécifiques et explicites (▪ CEDH, 25 juin 2019, n° 54969/09, *Mehmet Ulusoy et a. c/ Turquie*, § 116) ou encore dès lors que les autorités ont commis des manquements (remise en liberté après arrestation, retards dans le lancement d'avis de recherche) à faire exécuter la peine infligée à l'auteur d'agressions sexuelles (▪ CEDH, 13 avr. 2021, n° 37882/13, *E.G. c/ Rép. de Moldova*).

En revanche, la Cour ne révèle pas de manquement à cette obligation positive dès lors que la police estimait ne disposer d'aucun élément impliquant M. P.-L. et que l'on ne pouvait donc retenir aucune charge contre lui (▪ CEDH, 28 oct. 1998, n° 23452/94, *Osman c/ R.-U.*, §§ 129-130) ou dès lors que l'affaire ne révèle pas de défaillances blâmables ou l'absence de volonté de la part des autorités compétentes de faire la lumière sur les faits ou d'identifier et poursuivre les personnes éventuellement responsables (▪ CEDH, 17 janv. 2019, n° 22457/16, *X et a. c/ Bulgarie*, § 104).

9) Recevabilité de l'action civile. En rejetant l'action civile engagée par le requérant, les juridictions n'ont pas manqué aux obligations positives incombant à l'État de protéger le droit de l'intéressé au respect de sa vie privée, dès lors qu'elles ont procédé à une mise en balance suffisante des intérêts en jeu au regard des critères posés par la Cour (▪ CEDH, 22 fév. 2022, n°s 76549/17 et 76756/17, *Regional air service et Ivascu c/ Roumanie*. ▪ CEDH, 7 déc. 2021, n° 44332/16, *Danes et a. c/ Roumanie*).

10) Victimisation secondaire durant la procédure. Les poursuites et les sanctions pénales jouent un rôle crucial dans la réponse institutionnelle à la violence fondée sur le genre et dans la lutte contre l'inégalité entre les sexes. Il est dès lors essentiel que les autorités judiciaires évitent de reproduire des stéréotypes sexistes dans les décisions de justice, de minimiser les violences contre le genre et d'exposer les femmes à une victimisation secondaire en utilisant des propos culpabilisants et moralisateurs propres à décourager la confiance des victimes dans la justice. Violent leurs obligations positives découlant de l'article 8 les autorités nationales qui, bien qu'ayant veillé à ce que l'enquête et les débats fussent menés dans le respect de ces obligations, n'ont pas protégé la requérante d'une victimisation secondaire durant toute la procédure (▪ CEDH, 27 mai 2021, n° 5671/16, *J. L. c/ Italie*, §§ 141 à 143).

B – Protection de la vie privée et familiale par l'empêchement d'une procédure pénale

11) Refus d'exclusion des poursuites. La requérante en l'espèce est empêchée par la loi d'exercer son choix d'éviter ce qui, à ses yeux, constituera une fin de vie indigne et pénible. La Cour ne peut exclure que cela représente une atteinte au droit de l'intéressée au respect de sa vie privée, au sens de l'article 8 § 1 de la Convention. La seule question est celle de la nécessité de l'ingérence dénoncée, nul ne contestant que l'interdiction du suicide assisté en l'espèce était imposée par la loi et poursuivait le but légitime de préserver la vie, donc de protéger les droits d'autrui. [...] La Cour ne voit rien de disproportionné non plus dans le refus des autorités de prendre par avance l'engagement d'exonérer de toute poursuite le mari de la requérante [pour l'aider à mettre fin à ses jours]. Des arguments puissants fondés sur l'État de droit pourraient être opposés à toute prétention par l'exécutif de soustraire des individus ou des catégories d'individus à l'application de la loi. Quoi qu'il en soit, vu la gravité de l'acte pour lequel une immunité était réclamée, on ne peut juger arbitraire ou déraisonnable la décision prise par les autorités en l'espèce de refuser de prendre l'engagement sollicité (▪ CEDH, 29 avr. 2002, n° 2346/02, *Pretty c/ R.-U.*, §§ 67, 69 et 77).

II – PROTECTION DE LA VIE PRIVÉE ET FAMILIALE DANS LE CADRE D'UNE PROCÉDURE PÉNALE

A – Droit au respect de la vie privée

12) Géolocalisation. La Cour rappelle que la « vie privée » est une notion large, qui ne se prête pas à une définition exhaustive. L'article 8 protège notamment le droit à l'identité et au développement personnel ainsi que le droit pour tout individu de nouer et de développer des relations avec ses semblables et le monde extérieur. Il existe donc une zone d'interaction entre l'individu et autrui qui, même dans un contexte public, peut relever de la vie privée. La surveillance du requérant par GPS ainsi que le traitement et l'utilisation des données ainsi obtenues s'analysent en une ingérence dans la vie privée de l'intéressé, telle que protégée par l'article 8 § 1 (▪ CEDH, 2 sept. 2010, n° 35623/05, *Uzun c/ Allemagne*, §§ 43 et 52 : *D.* 2001, 724, note H. Matsopoulou ; *Dr. pén.* 2011, chron. 3, E. Dreyer ; *RSC* 2011, chron. 217, obs. D. Roets. ▪ CEDH, 8 févr. 2018, n° 31446/12, *Ben Faiza c/ France*, § 53). Quant à l'exigence de « prévisibilité » de la loi dans ce domaine, la Cour rappelle que dans le contexte de mesures de surveillance secrète la loi doit user de termes assez clairs pour indiquer à tous de manière suffisante en quelles circonstances et sous quelles conditions elle habilite la puissance publique à recourir à de telles mesures. Eu égard au risque d'abus inhérent à tout système de surveillance secrète, de telles mesures doivent se fonder sur une loi particulièrement précise, en particulier compte tenu de ce que la technologie disponible devient de plus en plus sophistiquée [...]. En outre, lorsqu'il s'agit de mesures de surveillance secrète par les autorités publiques, l'absence de contrôle public et le risque d'abus de pouvoir impliquent que le droit interne offre une protection contre les ingérences arbitraires dans l'exercice des droits garantis par l'article 8. La Cour doit se convaincre de l'existence de garanties adéquates et suffisantes contre les abus (■ CEDH, 2 sept. 2010, *Uzun c/ Allemagne*, préc., §§ 61-63). Dans le domaine des mesures de géolocalisation, le droit français, écrit et non écrit, n'indiquait pas, au moment des faits d'espèce (antérieurement à la loi du 28 mars 2014), avec assez de clarté l'étendue et les modalités d'exercice du pouvoir d'appréciation des autorités dans le domaine considéré (■ CEDH, 8 févr. 2018, n° 31446/12, *Ben Faiza c/ France*, § 60).

13) **Vidéosurveillance.** La vidéosurveillance de salariés sur leur lieu de travail afin d'étayer des soupçons de vol constitue une ingérence dans leur vie privée. En raison de l'absence d'information des salariés sur la présence de l'ensemble des caméras, de la durée et de la continuité de la surveillance, ayant duré plusieurs semaines et concernant toute la journée de travail, la Cour conclut que les juridictions nationales n'ont pas ménagé un juste équilibre entre les droits en jeu et qu'il y a eu violation de l'article 8 à l'égard des requérantes (■ CEDH, 9 janv. 2018, n° 1874/13, *Lopez Ribalda c/ Espagne* : *JCP* G 2018, Zoom 82, F. Sudre ; *AJ pénal* 2019, p. 604, obs. P. Buffon et E. Gouesse).

14) **Exhumation de corps.** Certaines questions touchant à la manière de traiter la dépouille d'un proche défunt, ainsi que les questions relatives à la possibilité d'assister aux obsèques d'un proche et de se rendre sur sa tombe, entrent dans le champ d'application du droit au respect de la vie familiale ou privée. Par suite, l'exhumation du corps d'un défunt contre la volonté des proches dans le contexte d'une procédure pénale relève du droit au respect de la vie privée et familiale (■ CEDH, 20 sept. 2018, n°s 30491/17 et 31083/17, *Solska et Rybicka c/ Pologne*). Dès lors que le Parquet n'était pas tenu de rechercher si les buts de l'enquête pouvaient être atteints par des moyens moins restrictifs, ni d'évaluer les répercussions éventuelles des mesures litigieuses sur la vie privée et familiale des requérantes, que sa décision n'était susceptible ni d'un recours auprès d'une juridiction pénale ni d'aucune autre forme de contrôle adéquat par une autorité indépendante, le droit interne n'offrait pas de garanties suffisantes contre l'arbitraire dans le contexte d'un ordre d'exhumation délivré par le parquet (■ CEDH, 20 sept. 2018, n°s 30491/17 et 31083/17, *Solska et Rybicka c/ Pologne*).

15) **Détention provisoire – Lieu de détention.** Le placement d'un détenu dans un établissement pénitentiaire éloigné de son foyer familial peut avoir des répercussions sur le maintien de contacts avec ses proches et constituer une ingérence dans son droit au respect de la vie familiale (■ CEDH, 22 janv. 2019, n° 58811/09, *Savin c/ Russie*, § 35). Une telle ingérence doit être prévue par la loi au sens de l'article 8, § 2 de la Convention. Tel n'est pas le cas lorsque le droit interne n'assure pas une protection contre l'arbitraire dans l'exercice par les autorités du pouvoir discrétionnaire qui leur était accordé en matière de choix du lieu d'incarcération de détenus condamnés et que, par conséquent, les requérants sont privés du degré minimal de protection voulu par la prééminence du droit dans une société démocratique (■ CEDH, 22 janv. 2019, *Savin c/ Russie*, préc., § 36). Une telle ingérence doit être proportionnée au but légitime poursuivi. Tel n'est pas le cas lorsque la distance géographique à parcourir par les proches est grande, que l'éloignement géographique perdure pendant plusieurs années, que rien ne vient établir que les requérants auraient – malgré la distance géographique – maintenu des contacts réguliers avec les membres de leur famille ou bénéficié de visites fréquentes de la part de ces derniers et que rien ne permet d'apprécier si les autorités internes ont procédé à un examen circonstancié de la demande de transfèrement des requérants et à une mise en balance individualisée des intérêts en jeu intégrant, dans la motivation retenue, la situation personnelle des requérants, y compris la longue période de détention passée dans des prisons situées loin de leurs familles ainsi que les contraintes liées à l'âge, l'état de santé et la situation financière de leurs proches pouvant empêcher ces derniers de faire le voyage pour les voir (■ CEDH, 17 sept. 2019, n°s 19302/09 et 49089/12, *Avsar et Tekin c/ Turquie*, § 73).

16) **Détention provisoire – Interdiction des visites.** Bien que toute détention régulière entraîne par sa nature une restriction à la vie privée et familiale de l'intéressé, il est cependant essentiel au respect de la vie familiale que l'administration pénitentiaire et les autres autorités compétentes aident le détenu à maintenir un contact avec sa famille proche (■ CEDH, 28 nov. 2002, n° 58442/00, *Lavents c/ Lettonie*, § 141. ■ CEDH, 15 juin 2006, n° 64846/01, *Moisejevs c/ Lettonie*, § 151. – V. déjà en matière de détention après juge-

ment, ▪ CEDH, 28 sept. 2000, n° 25498/94, *Messina c/ Italie*, § 61). L'interdiction des visites familiales constitue une ingérence dans le droit du requérant au respect de sa vie familiale, garanti par l'article 8 § 1 de la Convention (▪ CEDH, 28 nov. 2002, *Lavents c/ Lettonie*, préc., § 138). La notion de « vie familiale », au sens de l'article 8 de la Convention, ne se borne pas aux seules familles fondées sur le mariage mais peut englober d'autres relations *de facto*. Cependant, pour déterminer si une relation de fait s'analyse en une « vie familiale », il faut tenir compte d'un certain nombre d'éléments, comme le fait de savoir si les membres du couple vivent ensemble et depuis combien de temps, s'ils ont eu des enfants ensemble, de manière naturelle ou autre, etc. [...]. L'interdiction des visites de la compagne et des parents du prévenu constitue une ingérence dans l'exercice de son droit au respect de sa vie familiale, garanti par l'article 8 § 1 de la Convention (▪ CEDH, 15 juin 2006, *Moisejevs c/ Lettonie*, préc., § 152). Pareille ingérence n'enfreint pas la Convention, si elle est « prévue par la loi », vise au moins un but légitime au regard du paragraphe 2 de l'article 8 et peut passer pour une mesure « nécessaire dans une société démocratique ». Si les restrictions apportées aux visites familiales d'un détenu provisoire peuvent se justifier par une multitude de facteurs – le risque de collusion ou de soustraction, la protection des témoins, la nécessité d'assurer un bon déroulement de l'instruction – encore faut-il que ces restrictions se fondent sur un besoin social impérieux et qu'elles demeurent proportionnées aux buts légitimes recherchés. Les autorités nationales compétentes doivent donc faire preuve de leurs efforts pour trouver un juste équilibre entre les exigences de l'investigation et les droits du détenu. En particulier, la durée de l'interdiction des visites familiales et sa portée sont des facteurs à prendre en considération aux fins de détermination de la proportionnalité de cette mesure. En tout état de cause, une interdiction absolue de visites ne peut se justifier que par des circonstances exceptionnelles (▪ CEDH, 28 nov. 2002, *Lavents c/ Lettonie*, préc., §§ 139-141). L'interdiction absolue des visites pendant trois périodes, dont la plus longue est de 1 an et 7 mois, n'est pas « nécessaire dans une société démocratique » (▪ CEDH, 28 nov. 2002, *Lavents c/ Lettonie*, préc., § 142). L'interdiction des visites pendant des durées de 2 et de 6 ans n'est pas « nécessaire dans une société démocratique » (▪ CEDH, 15 juin 2006, n° 64846/01, *Moisejevs c/ Lettonie*, §§ 152 à 156).

17) Détention provisoire – Modalités des visites. La séparation avec les visiteurs par une paroi empêchant tout contact physique (▪ CEDH, 15 juin 2006, n° 64846/01, *Moisejevs c/ Lettonie*, §§ 257-259. ▪ CEDH, 13 févr. 2018, n° 43149/10, *Andrey Smirnov c/ Russie*, § 55) et la possibilité de ne communiquer avec eux que sous la surveillance d'un gardien par le biais d'un dispositif téléphonique permettant une mise sur écoute des conversations échangées (▪ CEDH, 9 juin 2020, n° 63748/13, *Psibiyev et Berov c/ Russie*, §§ 36-41) est injustifiée en l'absence d'éléments concrets démontrant la dangerosité du détenu ou l'existence d'un risque de sécurité ou de collusion.

18) Détention provisoire – Fouille des visiteurs. Il ne fait pas de doute que l'obligation de se soumettre à une fouille à corps constitue généralement une ingérence au sens du premier paragraphe de l'article 8 et doit être justifiée au regard des dispositions du second paragraphe, c'est-à-dire être « prévue par la loi » et « nécessaire dans une société démocratique » pour un ou plusieurs des buts légitimes qui y sont énoncés. Bien que poursuivant un but légitime, à savoir lutter contre le trafic de drogue au sein de l'établissement, les fouilles imposées aux requérants n'étaient pas proportionnées à ce but légitime, eu égard notamment à la manière dont elles furent menées (▪ CEDH, 29 sept. 2006, n° 12350/04, *Wainwright c/ Royaume-Uni*, §§ 43-48).

19) Détention – Refus de sortie sous escorte. Le refus d'autoriser un détenu à quitter le milieu carcéral pour assister aux obsèques d'un proche constitue une ingérence dans son droit au respect de la vie privée et familiale, au sens de l'article 8 de la Convention (▪ CEDH, 12 nov. 2002, n° 26761/95, *Płoski c/ Pologne*, § 32).

Le refus opposé par les autorités au demandeur d'assister à l'enterrement de son frère au motif qu'une telle possibilité n'était pas prévue par le droit interne, non fondé sur un examen individuel et circonstancié de la demande et à une mise en balance des intérêts en jeu, à savoir, d'une part, le droit de l'intéressé au respect de sa vie privée et familiale et, d'autre part, les impératifs liés à la défense de l'ordre et à la prévention des infractions pénales constitue une ingérence dans le droit à la vie privée et familiale du requérant non « nécessaire dans une société démocratique » (▪ CEDH, 2 mai 2019, n° 54558/15, *Vetsev c/ Bulgarie*, § 25).

Le refus opposé à la requérante de l'autoriser à sortir de prison sous escorte pour se rendre au funérarium et se recueillir sur la dépouille de son père fondé d'une part, sur le profil pénal de la requérante, qui purgeait plusieurs peines de prison pour des actes de terrorisme et continuait de revendiquer son appartenance à l'organisation ETA, d'autre part, sur l'impossibilité de mettre en place une escorte renforcée dans le délai imparti, n'était pas disproportionné aux buts légitimes poursuivis (▪ CEDH, 11 avr. 2019, n° 48798/14, *Gui-*

mon c/ Fr., § 39, 46 et 51 : *Dr. pén.* 2019, comm. 137, note A. Maron et M. Haas).

20) Détention – Vidéosurveillance du détenu. Le placement d'un détenu sous vidéosurveillance permanente constitue une grave ingérence dans sa vie privée et entre de ce fait dans le champ d'application de l'article 8 de la Convention (▪ CEDH, 1er juin 2004, n° 8704/03, *Van der Graaf c/ Pays-Bas*. ▪ CEDH, 6 déc. 2016, n° 43545/13, *Vasilică Mocanu c/ Roumanie*, § 36. ▪ CEDH, 27 août 2019, *Izmestyev c/ Russie*, n° 74141/10, § 12). Une telle ingérence viole l'article 8 dès lors que le droit interne n'indique pas avec assez de clarté l'étendue et les modalités d'exercice du pouvoir d'appréciation des autorités internes dans le domaine de la vidéosurveillance de détenus condamnés purgeant une peine privative de liberté (▪ CEDH, 27 août 2019, *Izmestyev c/ Russie*, préc., § 130).

21) Confiscation de passeport. La notion de « vie privée » est une notion large, qui ne se prête pas à une définition exhaustive. Toutefois l'article 8 protège l'intégrité physique et morale de la personne, y compris le droit de vivre en privé, loin de toute attention non voulue. Le droit au respect de la vie privée assure également à l'individu un domaine dans lequel il peut poursuivre librement le développement et l'accomplissement de sa personnalité. La privation de son passeport a représenté, pour Y.S., une ingérence continue dans sa vie privée. Le Gouvernement n'a pas démontré que la non-restitution à Y.S. de son passeport lors de sa sortie de détention provisoire eût une base en droit interne. Il y a donc eu violation de l'article 8 de la Convention (▪ CEDH, 24 juill. 2003, *Smirnova c/ Russie*, nos 46133/99 et 48183/99, §§ 95, 97, 100). L'obligation faite à un inculpé ou à un condamné de déposer son passeport pour obtenir d'être mis provisoirement ou conditionnellement en liberté constitue une ingérence dans l'exercice des droits prévus par l'article 8 de la Conv. EDH. Cette mesure, étant prévue par la loi et nécessaire à la prévention des infractions pénales, constitue une ingérence justifiée des autorités publiques dans la vie privée du requérant et dans sa liberté de mouvement et sa liberté de choisir sa résidence (▪ Comm. EDH, 6 mars 1984, n° 10307/83, *M. c/ RFA*).

22) Conservation de données personnelles. La conservation par les autorités des empreintes digitales, échantillons cellulaires et profils ADN, relevés dans le cadre de procédures pénales, s'analyse en une atteinte au droit des requérants au respect de leur vie privée au sens de l'article 8 § 1 de la Convention (▪ CEDH, 4 déc. 2008, nos 30562/04 et 3566/05, *S. et Marper c/ Royaume-Uni* : *Dr. pén.* 2009, chron. 4, obs. E. Dreyer ; *RSC* 2009, 182, obs. J.-P. Marguénaud). La protection des données à caractère personnel joue un rôle fondamental pour l'exercice du droit au respect de la vie privée et familiale consacré par l'article 8 de la Convention. La législation interne doit donc ménager des garanties appropriées pour empêcher toute utilisation de données à caractère personnel qui ne serait pas conforme aux garanties prévues dans cet article. La nécessité de disposer de telles garanties se fait d'autant plus sentir lorsqu'il s'agit de protéger les données à caractère personnel soumises à un traitement automatique, en particulier lorsque ces données sont utilisées à des fins policières. Le droit interne doit notamment assurer que ces données sont pertinentes et non excessives par rapport aux finalités pour lesquelles elles sont enregistrées, et qu'elles sont conservées sous une forme permettant l'identification des personnes concernées pendant une durée n'excédant pas celle nécessaire aux finalités pour lesquelles elles sont enregistrées. Le droit interne doit aussi contenir des garanties aptes à protéger efficacement les données à caractère personnel enregistrées contre les usages impropres et abusifs. Les considérations qui précèdent valent tout spécialement lorsqu'est en jeu la protection de catégories particulières de données plus sensibles, notamment des données ADN qui, dans la mesure où elles contiennent le patrimoine génétique de la personne, revêtent une grande importance tant pour elle-même que pour sa famille. Le caractère général et indifférencié du pouvoir de conservation des empreintes digitales, échantillons biologiques et profils ADN des personnes soupçonnées d'avoir commis des infractions mais non condamnées, tel qu'il a été appliqué aux requérants en l'espèce, ne traduit pas un juste équilibre entre les intérêts publics et privés concurrents en jeu, et l'État défendeur a outrepassé toute marge d'appréciation acceptable en la matière. Dès lors, la conservation litigieuse s'analyse en une atteinte disproportionnée au droit des requérants au respect de leur vie privée et ne peut passer pour nécessaire dans une société démocratique (▪ CEDH, 4 déc. 2008, *S. et Marper c/ Royaume-Uni*, préc.).

23) Fichier automatisé d'auteurs d'infractions sexuelles. La mémorisation par une autorité publique de données relatives à la vie privée d'un individu constitue une ingérence au sens de l'article 8. L'utilisation ultérieure des informations mémorisées importe peu. Plus précisément, l'obligation pour les personnes ayant fait l'objet d'une condamnation pour infraction sexuelle d'indiquer à la police leur nom, date de naissance, adresse ou changement d'adresse relève de l'article 8 § 1 de la Convention (▪ CEDH, 17 déc. 2009, n° 22115/06, *M. B. c/ France*, § 49). La Cour observe que la durée de conservation des informations est de vingt ou trente ans selon la gravité de la condamnation, l'effacement des données est de droit, une fois ce délai écoulé, la personne concernée peut présenter une demande d'effacement au procureur de la République, dont la décision est susceptible de recours devant le juge des libertés et de la détention puis devant le président de la chambre de l'instruction ; cette procédure judiciaire d'effacement des données assure un contrôle indépendant de la justification de la conservation des informations sur la base de critères précis et présente des garanties suffisantes et adéquates du respect de la vie privée au regard de la gravité des infractions justifiant l'inscription sur le fichier. Concernant les modalités d'utilisation du fichier et le champ des autorités publiques ayant accès à ce fichier, la Cour constate que la consultation est exclusivement accessible à des autorités astreintes à une obligation de confidentialité et dans des circonstances précisément déterminées. En conclusion, la Cour estime que l'inscription au FIJAIS, telle qu'elle a été appliquée au requérant en l'espèce, traduit un juste équilibre entre les intérêts privés et publics concurrents en jeu, et que l'État défendeur n'a pas outrepassé sa marge d'appréciation acceptable en la matière. Partant, il n'y a pas eu, en l'espèce, violation de l'article 8 de la Convention (▪ CEDH, 17 déc. 2009, *M. B. c/ France*, préc., §§ 58-62).

24) FNAEG. La protection des données à caractère personnel joue un rôle fondamental dans l'exercice du droit au respect de la vie privée consacré par l'article 8 de la Convention. La législation interne doit donc ménager des garanties appropriées pour empêcher toute utilisation de données à caractère personnel qui ne serait pas conforme aux garanties prévues par cet article [...]. Le droit interne doit notamment assurer que ces données sont pertinentes et non excessives par rapport aux finalités pour lesquelles elles sont enregistrées, et qu'elles sont conservées sous une forme permettant l'identification des personnes concernées pendant une durée n'excédant pas celle nécessaire aux finalités pour lesquelles elles sont enregistrées. Le droit interne doit aussi contenir des garanties aptes à protéger efficacement les données à caractère personnel enregistrées contre les usages impropres et abusifs, tout en offrant une possibilité concrète de présenter une requête en effacement des données mémorisées (▪ CEDH, 22 juin 2017, n° 8806/12, *Aycaguer c/ France*, § 38). La Cour observe ensuite que le Conseil constitutionnel a rendu, le 16 septembre 2010, une décision déclarant les dispositions relatives au fichier incriminé conformes à la Constitution, sous réserve entre autres « de proportionner la durée de conservation de ces données personnelles, compte tenu de l'objet du fichier, à la nature ou à la gravité des infractions concernées ». À ce jour, cette réserve n'a pas reçu de suite appropriée [...]. Par ailleurs, s'agissant de la procédure d'effacement, il n'est pas contesté que celle-ci n'existe que pour les personnes soupçonnées, et non pour celles qui ont été condamnées, à l'instar du requérant. Or, la Cour estime que les personnes condamnées devraient également se voir offrir une possibilité concrète de présenter une requête en effacement des données mémorisées [...] (▪ CEDH, 22 juin 2017, *Aycaguer c/ France*, préc., §§ 43 et 44). Dès lors, la condamnation pénale du requérant pour avoir refusé de se soumettre au prélèvement destiné à l'enregistrement de son profil dans le FNAEG s'analyse en une atteinte disproportionnée à son droit au respect de sa vie privée et ne peut passer pour nécessaire dans une société démocratique (▪ CEDH, 22 juin 2017, *Aycaguer c/ France*, préc., § 46).

25) Fichier automatisé des empreintes digitales. La conservation, dans un fichier des autorités nationales, des empreintes digitales d'un individu identifié ou identifiable constitue une ingérence dans le droit au respect de la vie privée (▪ CEDH, GC, 18 avr. 2013, n° 19522/09, *M. K. c/ France : Procédures* 2013, comm. 197, note S. Chavent-Leclère ; *RSC* 2013, 666, obs. D. Roets). Le régime de collecte des données, dont il résulte que les fichiers ont pour résultat l'ajout et la conservation du plus grand nombre de noms possibles, qu'ils concernent toutes les infractions, y compris les simples contraventions, qu'ils n'opèrent aucune distinction fondée sur l'existence ou non d'une condamnation par un tribunal, voire d'une poursuite par le ministère public, de même que le régime de collecte des données, dont il ressort que la période d'archivage de vingt-cinq ans est en réalité indéfinie, les chances de succès d'une demande d'effacement étant hypothétiques, n'offrent pas une protection suffisante aux intéressés et s'analysent en une atteinte disproportionnée au droit du requérant au respect de sa vie privée (▪ CEDH, GC, 18 avr. 2013, *M. K. c/ France*, préc.).

26) Fichier STIC. L'inscription au STIC des données relatives au requérant a constitué une ingérence dans son droit à la vie privée (▪ CEDH, 18 sept. 2014, n° 21010/10, §§ 31-44, *Brunet c/ France : RSC* 2015, 165, obs. D. Roets). La Cour note que si les informations répertoriées au STIC ne comportent ni les empreintes digitales (à la différence du fichier automatisé des empreintes digitales) ni le profil ADN des personnes, elles présentent néanmoins un caractère intrusif non négligeable, en ce qu'elles font apparaître des éléments détaillés d'identité et de personnalité en lien avec des infractions constatées, dans un fichier destiné à la recherche des infractions. La durée de conservation des fiches, qui est de vingt ans, est importante, compte tenu de l'absence de déclaration judiciaire de culpabilité et du classement sans suite de la procédure dont a bénéficié le requérant. La loi, dans sa version applicable à l'époque des faits comme dans celle en vigueur, ne donne au procureur le pouvoir d'ordonner l'effacement d'une fiche que dans l'hypothèse d'un non-lieu ou d'un classement sans suite motivé par une insuffisance des charges, outre les cas de relaxe ou d'acquittement pour lesquels l'effacement est de principe mais où il peut prescrire le maintien des données au STIC et sa décision n'est pas susceptible de recours. Dès lors, la conservation litigieuse s'analyse en une atteinte disproportionnée au droit du requérant au respect de sa vie privée et ne peut passer pour nécessaire dans une société démocratique (▪ CEDH, 18 sept. 2014, *Brunet c/ France*, préc., §§ 31-44).

27) Huis-clos. Le manquement d'une juridiction interne à assurer la protection de la confidentialité des informations médicales produites par le requérant à l'appui de sa demande de mise en liberté en refusant sa demande de huis-clos constitue une ingérence dans son droit au respect de la vie privée ; en l'absence de mise en balance suffisante entre l'intérêt général de la publicité des audiences et le droit au respect de la confidentialité des données médicales, cette ingérence n'est pas justifiée (▪ CEDH, 13 oct. 2020, n° 69356/13, *Francu c/ Roumanie*).

28) Utilisation de données recueillies lors de la procédure à d'autres fins. L'utilisation, dans le cadre de l'enquête disciplinaire menée contre le requérant, des renseignements obtenus par le biais de sa mise sur écoute téléphonique lors d'une enquête constitue une violation de l'article 8 de la Convention dès lors que cette utilisation des données, en dehors du but pour lequel elles ont été collectées, n'est pas prévue par la législation nationale (▪ CEDH, 9 mars 2021, n° 76521/12, *Eminagaoglu c/ Turquie*, § 161).

B – Droit au respect du domicile

29) Perquisition et visite domiciliaire dans des locaux professionnels. Le terme de « domicile » figurant à l'article 8 peut englober, par exemple, le bureau d'un membre d'une profession libérale, notamment d'un avocat. Dès lors, la visite opérée au cabinet des requérants et les saisies effectuées s'analysent en une ingérence dans l'exercice de leurs droits découlant du paragraphe 1 de l'article 8 de la Convention (▪ CEDH, 16 déc. 1992, n° 13710/88, *Niemietz c/ Allemagne*, § 30. ▪ CEDH, 24 juill. 2008, n° 18603/03, *André c/ France*, §§ 36 et 37 : *JCP* G 2008, II, 10182, note C. Louit).

30) Perquisition ou visite domiciliaire dans des locaux d'une personne morale. Une perquisition effectuée au domicile d'une personne physique se trouvant simultanément être le siège des bureaux d'une société contrôlée par elle, constituait bien une ingérence dans le droit au respect du domicile, au sens de l'article 8 de la Convention (▪ CEDH, 25 sept. 1996, n° 10461/83, *Chapell c/ Royaume-Uni*). La Cour considère qu'il est temps de reconnaître, dans certaines circonstances, que les droits garantis sous l'angle de l'article 8 de la Convention peuvent être interprétés comme incluant pour une société le droit au respect de son siège social, son agence ou ses locaux professionnels (▪ CEDH, 16 déc. 2002, n° 37971/97, *Sté Colas Est c/ France*, § 41. – *Adde* ▪ CEDH, 9 déc. 2004, n° 41872/98, *Van Rossem c/ Belgique*, § 36).

31) Perquisition et visite domiciliaire – Garanties – Cabinet d'un avocat. V. égal. jurispr. citées Correspondance entre l'avocat et son client, *infra*. Si le droit interne peut prévoir la possibilité de perquisitions ou de visites domiciliaires dans le cabinet d'un avocat, celles-ci doivent impérativement être assorties de garanties particulières (s'agissant d'une visite domiciliaire en matière fiscale, ▪ CEDH, 24 juill. 2008, n° 18603/03 *André c/ France*, § 44 : *JCP* G 2008, II, 10182, note C. Louit. – S'agissant d'une perquisition de droit commun, ▪ CEDH, 21 janv. 2010, n° 43757/05, *Xavier Da Silveira c/ France*, § 37 : *JCP* G 2010, 583, note K. Grabarczyk). Cela est notamment le cas lorsqu'elles sont exécutées en présence du bâtonnier de l'Ordre des avocats (▪ CEDH, 21 janv. 2010, *Xavier Da Silveira c/ France*, préc., § 41. ▪ CEDH, 25 févr. 2003, n° 51772/99, *Roemen et Schmit*, § 69. ▪ CEDH, 24 juill. 2008, *André c/ France*, préc., § 43). Outre l'absence du juge qui avait autorisé la visite domiciliaire, la présence du bâtonnier et les contestations expresses de celui-ci n'ont pas été de nature à empêcher la consultation effective de tous les documents du cabinet, ainsi que leur saisie. S'agissant notamment de la saisie de notes manuscrites du premier requérant, la Cour relève qu'il n'est pas contesté qu'il s'agissait de documents personnels de l'avocat, soumis au secret professionnel, comme le soutenait le bâtonnier. Ensuite, et surtout, la Cour constate que la visite domiciliaire litigieuse avait pour but la découverte chez les requérants, en leur seule qualité d'avocats de la société soupçonnée de fraude, de documents susceptibles d'établir la fraude présumée de celle-ci et de les utiliser à charge contre elle. À aucun moment les requérants n'ont été accusés ou soupçonnés d'avoir commis une infraction ou participé à une fraude commise par leur cliente. Compte tenu de ce qui précède, la Cour juge que la visite domiciliaire et les saisies effectuées au domicile des requérants étaient, dans les circonstances de l'espèce, disproportionnées par rapport au but visé (▪ CEDH, 24 juill. 2008, *André c/ France*, préc., §§ 45 à 48).

32) Perquisition et visite domiciliaire – Garanties – Accord de l'occupant ou autorisation judiciaire. Faute d'accord de l'occupant ou à défaut d'une autorisation judiciaire, et *a fortiori* en l'absence d'une voie de recours effective, la visite effectuée en matière d'urbanisme sur le fondement de l'article L. 461-1 du Code de l'urbanisme ne saurait passer comme proportionnée aux buts légitimes recherchés (▪ CEDH, 16 mai 2019, n° 66554/14, *Halabi c/ France*, § 69 : *Dr. adm.* 2019, comm. 47, note A. Meynaud-Zéroual ; *AJDA* 2019, p. 1826, note Philippe Coleman ; *RDI* 2019, p. 403, obs. C. de Jacobet de Nombel).

33) Autorisation judiciaire – Nuance. L'absence d'un mandat de perquisition et saisie peut être contrebalancée par un contrôle judiciaire *a posteriori* sur la légalité et la nécessité de ces mesures d'instruction. Encore faut-il que ce contrôle soit efficace dans les circonstances particulières de l'affaire en cause (▪ CEDH, 7 juin 2007, n° 71362/01, *Smirnov c/ Russie*, § 45. ▪ CEDH, 15 oct. 2013, n° 34529/10, *Gutsanovi c/ Bulgarie*, § 222. ▪ CEDH, 8 déc. 2020, n° 52507/09, *Bostan c/ République de Moldavie*, § 25). En l'absence d'une autorisation préalable d'un juge et d'un contrôle judiciaire effectif *a posteriori* de la mesure d'instruction contestée, les requérants n'ont pas bénéficié de garanties procédurales suffisantes pour prévenir le risque d'abus de pouvoir de la part des autorités d'investigation (▪ CEDH, 8 déc. 2020, n° 52507/09, *Bostan c/ République de Moldavie*, § 29).

34) Perquisition et visite domiciliaire – Garanties – Autorisation précise. D'après la Cour, un mandat de perquisition doit être assorti de certaines limites pour que l'ingérence qu'il autorise dans les droits garantis par l'article 8, et en particulier le droit au respect du domicile, ne soit pas potentiellement illimitée et, partant, disproportionnée. Par conséquent, un mandat de perquisition doit comporter des mentions minimales permettant qu'un contrôle s'exerce sur le respect, par les agents qui l'ont exécuté, du champ d'investigation qu'il détermine (▪ CEDH, 9 déc. 2004, n° 41872/98, *Van Rossem c/ Belgique*, § 45). Force est à la Cour de constater que le mandat de perquisition était rédigé en des termes relativement larges. Le juge d'instruction y demandait en effet de perquisitionner en vue « de rechercher et de saisir tous objets, documents, effets et/ou autres choses utiles à la manifestation de la vérité respectivement en relation avec les infractions libellées sous rubrique ou dont l'utilisation serait de nature à nuire à la bonne marche de l'instruction et notamment le document du 23 juillet 1998 portant la mention manuscrite aux chefs de service ». Ce mandat de perquisition octroyait ainsi aux enquêteurs des pouvoirs assez étendus. Au vu de tout ce qui précède, la Cour estime qu'il y a eu violation de l'article 8 de la Convention dans le chef de la requérante (▪ CEDH, 25 févr. 2003, *Roemen et Schmit*, préc., n° 70-72). La Cour relève que l'autorisation de la visite domiciliaire était rédigée en termes larges, la décision se contentant d'ordonner de procéder aux visites et aux saisies nécessitées par la recherche de la preuve des agissements dans certains lieux où des documents et supports d'information relatifs à la fraude présumée étaient susceptibles de se trouver, et ce en particulier au domicile professionnel des requérants. Dès lors, les fonctionnaires et officiers de police judiciaire se voyaient reconnaître des pouvoirs étendus. Compte tenu de ce qui précède, la Cour juge que la visite domiciliaire et les saisies effectuées au domicile des requérants étaient, dans les circonstances de l'espèce, disproportionnées par rapport au but visé (▪ CEDH, 24 juill. 2008, *André c/ France*, préc., §§ 45 à 48). La Cour considère qu'une perquisition effectuée au stade de l'enquête préliminaire, un stade antérieur à l'instruction préparatoire et donc particulièrement précoce de la procédure pénale, doit s'entourer des garanties adéquates et suffisantes afin d'éviter qu'elle ne serve à fournir aux autorités de police des éléments compromettants sur des personnes qui n'ont pas encore été identifiées comme étant suspectes d'avoir commis une infraction. La Cour constate que le mandat litigieux était rédigé dans des termes généraux. Il prescrivait de vérifier si des infractions criminelles avaient été commises par les requérants ou d'autres personnes liées à eux et de saisir tout objet ou document en lien avec l'affaire. En particulier lorsque la législation nationale ne prévoit pas de contrôle judiciaire *ex ante factum* sur la légalité et la nécessité de cette mesure d'instruction, il devrait exister d'autres garanties, notamment sur le plan de l'exécution du mandat, de nature à contrebalancer les imperfections liées à l'émission et au contenu du mandat de perquisition (▪ CEDH, 16 mars 2017, n° 51693/13, *Modestou c/ Grèce*, §§ 45, 46 et 48). *En matière douanière*, à l'époque des faits, l'administration des douanes disposait de pouvoirs fort larges ; elle avait notamment compétence pour apprécier seule l'opportunité, le nombre, la durée et l'ampleur des opérations de contrôle. En l'absence surtout d'un mandat judiciaire, les restrictions et conditions prévues par la loi et soulignées par le Gouvernement apparaissaient trop lâches et lacunaires pour que les ingérences dans les droits du requérant fussent étroitement proportionnées au but légitime recherché. En résumé, il y a eu violation de l'article 8 (▪ CEDH, 25 févr. 1993, n° 10828/84, *Funke c/ France*, §§ 57 et 59).

35) Perquisition et visite domiciliaire – Garanties – Contrôle juridictionnel « efficace ». L'article 6 § 1 de la Convention implique en matière de visite domiciliaire que les personnes concernées puissent obtenir un contrôle juridictionnel effectif, en fait comme en droit, de la régularité de la décision prescrivant la visite ainsi que, le cas échéant, des mesures prises sur son fondement ; le ou les recours disponibles doivent permettre, en cas de constat d'irrégularité, soit de prévenir la survenance de l'opération, soit, dans l'hypothèse où une opération jugée irrégulière a déjà eu lieu, de fournir à l'intéressé un redressement approprié. Certes, l'article L. 16 B prévoit [...] que les opérations s'effectuent sous le contrôle du juge qui les a ordonnées, de sorte que, pendant leur déroulement, les personnes dont les locaux sont concernés ont la possibilité de le saisir en vue notamment d'une suspension ou de l'arrêt de la visite. Cependant, s'il s'agit là aussi d'une garantie que la Cour prend en compte dans le contexte de l'article 8 de la Convention et dans laquelle on peut voir une modalité propre à assurer un contrôle de la régularité des mesures prises sur le fondement de l'autorisation délivrée par ledit juge, cela ne permet pas un contrôle indépendant de la régularité de l'autorisation elle-même. Il résulte de ce qui précède que les requérants n'ont pas eu accès à un « tribunal » pour obtenir, à l'issue d'une procédure répondant aux exigences de l'article 6 § 1 de la Convention, une décision sur leur « contestation » (s'agissant d'une visite domiciliaire en matière fiscale, ▪ CEDH, 21 févr. 2008, n° 18497/03, *Ravon et a. c/ France*, §§ 28, 31 et 34). Lorsque la législation nationale ne prévoit pas de contrôle judiciaire *ex ante factum* sur la légalité et la nécessité de cette mesure d'instruction, il devrait exister d'autres garanties, notamment sur le plan de l'exécution du mandat, de nature à contrebalancer les imperfections liées à l'émission et au contenu du mandat de perquisition. La Cour rappelle qu'elle a déjà eu l'occasion d'affirmer que, par exemple, l'absence d'un mandat de perquisition peut être contrebalancée par un contrôle judiciaire *ex post factum*. Encore faut-il que ce contrôle soit efficace dans les circonstances particulières de l'affaire en cause. À l'absence d'un contrôle judiciaire *ex ante*, à l'imprécision du mandat et à l'absence physique du requérant, se rajoute l'absence d'un contrôle judiciaire *ex post factum* immédiat (▪ CEDH, 16 mars 2017, n° 51693/13, *Modestou c/ Grèce*, §§ 48, 49 et 52). S'agissant du recours exercé devant le JLD, en vue de faire constater l'illégalité de la perquisition et obtenir restitution des objets saisis et destruction des procès-verbaux de perquisition, la Cour relève que cette procédure a pour but de trancher les contestations élevées uniquement par le bâtonnier ou son représentant à l'occasion de la saisie de documents dans le cadre de la perquisition du cabinet ou du domicile d'un avocat. Or le litige en cause porte précisément sur l'absence du bâtonnier ou de son représentant lors de la perquisition au domicile du requérant : partant, un pourvoi en cassation était voué à l'échec. Quant au recours devant le président de la chambre de l'instruction, la Cour note que le requérant n'avait pas davantage la qualité requise par la loi, n'étant, comme l'a relevé le magistrat, ni partie à la procédure ni témoin assisté. En conséquence, cet autre recours ne saurait être qualifié d'efficace. Dès lors, la Cour estime que l'ingérence litigieuse était, dans les circonstances de l'espèce, disproportionnée par rapport au but visé, et que l'intéressé n'a pas bénéficié d'un « contrôle efficace » tel que voulu par la prééminence du droit et apte à limiter l'ingérence à ce qui était « nécessaire dans une société démocratique (▪ CEDH, 21 janv. 2010, *Xavier Da Silveira c/ France*, préc., §§ 46 et 49). N'exerce pas un contrôle effectif le juge qui, amené à approuver *a posteriori* une perquisition réalisée sans autorisation judiciaire préalable pour cause d'urgence, se contente de déclarer la situation urgente sans exposer aucun argument particulier à l'appui de ce constat (▪ CEDH, 13 oct. 2020, n° 5113/11, *Marin Yosifov c/ Bulgarie*, § 67).

36) Pénétration dans un domicile aux fins d'interpellation. L'intervention des forces de l'ordre au domicile du requérant afin de l'interpeller dans le cadre d'une enquête de flagrance est constitutive d'une ingérence d'une autorité publique dans l'exercice de son droit au respect de son domicile. Pareille ingérence doit être prévue par la loi, dirigée vers un but légitime et « nécessaire dans une société démocratique » pour le ou les atteindre. Les dispositions du Code de procédure pénale français définissent le régime juridique de l'enquête de flagrance et les prérogatives dont sont dotés les agents et officiers de police judiciaire pour intervenir dans ce cadre afin de procéder à toutes constatations utiles ainsi que, le cas échéant, faire cesser les faits constitutifs d'un crime ou d'un délit flagrant, y compris, si nécessaire, au moyen d'une intrusion domiciliaire. Dans ces conditions, la Cour considère que l'ingérence litigieuse était prévue par la loi (▪ CEDH, 9 déc. 2021, n° 56138/16, *Jarrand c/ France*, §§ 75, 76 et 79).

C – Droit au respect de la correspondance

37) Interception de correspondances téléphoniques – Ingérence. Quoique le paragraphe 1 de l'article 8 ne mentionne pas les conversations téléphoniques, la Cour estime avec la Commission qu'elles se trouvent comprises dans les notions de « vie privée » et de « correspondance », visées par ce texte (▪ CEDH, 6 sept. 1978, n° 5029/71, *Klass et a. c/ Allemagne*, § 41).

Les communications téléphoniques se trouvant comprises dans les notions de « vie privée » et de « correspondance » au sens de l'article 8, l'interception des communications téléphoniques du requérant s'analysait en une « ingérence d'une autorité publique » dans l'exercice d'un droit au respect de la vie privée (▪ CEDH, 2 août 1984, n° 8691/79, *Malone c/ Royaume-Uni*, § 64).

38) Interception de correspondances téléphoniques – Base légale. Le membre de phrase « prévue par la loi » ne se borne pas à renvoyer au droit interne, mais concerne aussi la qualité de la « loi » ; il la veut compatible avec la prééminence du droit, mentionnée dans le préambule de la Convention. Il implique ainsi que le droit interne doit offrir une certaine protection contre des atteintes arbitraires de la puissance publique aux droits garantis par le paragraphe 1. Or le danger d'arbitraire apparaît avec une netteté singulière là où un pouvoir de l'exécutif s'exerce en secret. Les impératifs de la Convention, notamment quant à la prévisibilité, ne peuvent être tout à fait les mêmes dans le contexte spécial de l'interception de communications pour les besoins d'enquêtes de police que quand la loi en cause a pour but d'assortir de restrictions la conduite d'individus. En particulier, l'exigence de prévisibilité ne saurait signifier qu'il faille permettre à quelqu'un de prévoir si et quand ses communications risquent d'être interceptées par les autorités, afin qu'il puisse régler son comportement en conséquence. Néanmoins, la loi doit user de termes assez clairs pour indiquer à tous de manière suffisante en quelles circonstances et sous quelles conditions elle habilite la puissance publique à opérer pareille atteinte secrète, et virtuellement dangereuse, au droit au respect de la vie privée et de la correspondance (▪ CEDH, 2 août 1984, *Malone c/ Royaume-Uni*, préc., § 67). Le système [français] n'offre pas pour le moment des sauvegardes adéquates contre divers abus à redouter. Par exemple, rien ne définit les catégories de personnes susceptibles d'être mises sous écoute judiciaire, ni la nature des infractions pouvant y donner lieu ; rien n'astreint le juge à fixer une limite à la durée de l'exécution de la mesure ; rien non plus ne précise les conditions d'établissement des procès-verbaux de synthèse consignant les conversations interceptées, ni les précautions à prendre pour communiquer intacts et complets les enregistrements réalisés, aux fins de contrôle éventuel par le juge – qui ne peut guère se rendre sur place pour vérifier le nombre et la longueur des bandes magnétiques originales – et par la défense, ni les circonstances dans lesquelles peut ou doit s'opérer l'effacement ou la destruction desdites bandes, notamment après non-lieu ou relaxe [...]. En résumé, le droit français, écrit et non écrit, n'indique pas avec assez de clarté l'étendue et les modalités d'exercice du pouvoir d'appréciation des autorités dans le domaine considéré. Ainsi, les requérants n'ont pas joui du degré minimal de protection voulu par la prééminence du droit dans une société démocratique (▪ CEDH, 24 avr. 1990, n° 11105/84, *Huvig c/ France*, §§ 34 et 35. ▪ CEDH, 24 avr. 1990, n° 11801/85, *Kruslin c/ France*, §§ 35 et 36 : *D.* 1990, 353, note J. Pradel). Sans doute les requérants n'en ont-ils pas ou guère souffert, le résultat des écoutes incriminées n'ayant « pas servi de fondement aux poursuites », mais selon la jurisprudence constante de la Cour l'existence d'une violation se conçoit même en l'absence de préjudice (▪ CEDH, 24 avr. 1990, *Huvig c/ France*, préc., § 35). La Cour estime que les articles 100 et suivants du Code de procédure pénale, créés par la loi du 10 juillet 1991 sur le secret des correspondances émises par la voie des télécommunications, posent des règles claires et détaillées et précisent, *a priori*, avec suffisamment de clarté l'étendue et les modalités d'exercice du pouvoir d'appréciation des autorités dans le domaine considéré (▪ CEDH, 24 août 1998, n° 23618/94, *Lambert c/ France*, § 28 : *JCP* G, I, 105, obs. F. Sudre ; *RSC* 1998, 393, obs. R. Koering-Joulin, 829, obs. Pettiti).

39) Interception de correspondances téléphoniques – Proportionnalité. La proportionnalité de la mesure s'apprécie au regard de sa nature et de sa durée, ainsi que des aspects de la vie privée du requérant qui ont été exposés (▪ CEDH, 18 mai 2021, n° 14132/14, *Zamfirescu c/ Roumanie*, §§ 61 et 62).

40) Interception de correspondances téléphoniques – Droits des tiers. La base légale de la mesure se trouve dans les articles 100 et suivants du Code de procédure pénale, dès lors que l'interception, l'enregistrement et la transcription de la conversation entre la requérante et M. P. ont été réalisés en exécution d'écoutes téléphoniques décidées par un juge d'instruction sur le fondement de ces dispositions. Le fait que la requérante n'était pas la titulaire de la ligne téléphonique ainsi mise sous écoute est à cet égard indifférent. Par définition, une telle opération a pour conséquence que des conversations avec des tiers soient écoutées et implique donc l'interception de propos émanant de personnes qui ne sont pas visées par la mesure ordonnée par le juge d'instruction. Il reste à déterminer si elles remplissent la condition de prévisibilité s'agissant, comme en l'espèce, de l'interception, l'enregistrement et la transcription d'une conversation entre le titulaire de la ligne téléphonique mise sous écoute et un avocat, et de l'utilisation subséquente de la transcription dans une procédure dirigée contre ce dernier. La Cour rappelle à cet égard qu'elle a admis que les articles 100 et suivants du

Code de procédure pénale répondaient à l'exigence de « qualité de la loi » dès lors qu'ils « pos[ai]ent des règles claires et détaillées et précis[ai]ent, *a priori*, avec suffisamment de clarté l'étendue et les modalités d'exercice du pouvoir d'appréciation des autorités dans le domaine considéré. Elle observe cependant que ces dispositions ne couvrent pas la situation des personnes dont les propos ont été interceptés à l'occasion de la mise sous écoute de la ligne téléphonique d'une autre personne [...]. La Cour constate cependant que, s'agissant spécifiquement de propos tenus dans un tel contexte par un avocat au titulaire de la ligne mise sous écoute, la Cour de cassation avait déjà, à l'époque des faits de la cause, précisé que, par exception, une conversation entre un avocat et son client surprise à l'occasion d'une mesure d'instruction régulière pouvait être transcrite et versée au dossier de la procédure lorsqu'il apparaissait que son contenu était de nature à faire présumer la participation de cet avocat à des faits constitutifs d'une infraction. Certes, la Cour de cassation n'a expressément indiqué que dans un arrêt rendu le 1er octobre 2003 dans le contexte de la présente espèce que cela vaut également lorsque ces faits sont étrangers à la saisine du juge d'instruction. La Cour estime toutefois [...] que la requérante, professionnelle du droit, pouvait, dans le contexte de l'espèce, prévoir que la ligne téléphonique de M. P. était susceptible d'être placée sous écoute sur le fondement de ces articles, que ceux des propos qu'elle lui tiendrait sur cette ligne qui seraient de nature à faire présumer sa participation à une infraction pourraient être enregistrés et transcrits malgré sa qualité d'avocate, et qu'elle risquait des poursuites [pénales et disciplinaires] à raison de tels propos. [...] La Cour admet en conséquence que l'ingérence litigieuse était « prévue par la loi », au sens de l'article 8 § 2 de la Convention (■ CEDH, 16 juin 2016, n° 49176/11, *Versini-Campinchi et Crasnianski c/ France*, §§ 51 à 56 : *D.* 2016, 1375).

41) Interception de correspondances téléphoniques – Recours des tiers. Les dispositions de la loi de 1991 régissant les écoutes téléphoniques répondent aux exigences de l'article 8 de la Convention et à celles des arrêts Kruslin et Huvig. Cependant, force est de constater que le raisonnement de la Cour de cassation [selon lequel le requérant était « sans qualité pour critiquer les conditions dans lesquelles a été ordonnée la prolongation d'écoutes téléphoniques sur une ligne attribuée à un tiers »] pourrait conduire à des décisions privant de la protection de la loi un nombre très important de personnes, à savoir toutes celles qui conversent sur une autre ligne téléphonique que la leur. Cela reviendrait d'ailleurs, en pratique, à vider le mécanisme protecteur d'une large partie de sa substance. Tel fut le cas pour le requérant qui n'a pas joui, en l'espèce, de la protection effective de la loi nationale, laquelle n'opère pas de distinction selon le titulaire de la ligne placée sur écoutes. Dès lors, la Cour estime que l'intéressé n'a pas bénéficié d'un « contrôle efficace » tel que voulu par la prééminence du droit et apte à limiter à ce qui était « nécessaire dans une société démocratique » l'ingérence litigieuse. Partant, il y a eu violation de l'article 8 de la Convention (■ CEDH, 24 août 1998, *Lambert c/ France*, préc., §§ 38 à 41). Les dispositions de la loi de 1991 régissant les écoutes téléphoniques répondent aux exigences de l'article 8 de la Convention et à celles des arrêts Kruslin et Huvig. Cependant, force est de constater que le raisonnement de la Cour de cassation [selon lequel il n'appartient pas à la chambre d'accusation d'apprécier la régularité d'écoutes téléphoniques ordonnées dans le cadre d'une autre procédure et dont la transcription a été versée au dossier] pourrait conduire à des décisions privant de la protection de la loi un certain nombre de personnes, à savoir toutes celles qui se verraient opposer le résultat d'écoutes téléphoniques réalisées dans des procédures étrangères à la leur, ce qui reviendrait, en pratique, à vider le mécanisme protecteur d'une large partie de sa substance. Tel fut le cas pour le requérant qui n'a pas joui, en l'espèce, de la protection effective de la loi nationale, laquelle n'opère pas de distinction selon la procédure dans le cadre de laquelle les écoutes ont été ordonnées. Dès lors, la Cour estime que l'intéressé n'a pas bénéficié d'un « contrôle efficace » tel que voulu par la prééminence du droit et apte à limiter à ce qui était « nécessaire dans une société démocratique » l'ingérence litigieuse. Partant, il y a eu violation de l'article 8 de la Convention (■ CEDH, 29 mars 2005, n° 57752/00, §§ 41 à 44, *Matheron c/ France* : *JCP* G 2005, II 10091, note Di Raimondi ; *D.* 2005, 1755, note J. Pradel).

42) Réquisitions adressées à un opérateur téléphonique. Les réquisitions adressées à une société de téléphonie mobile, ayant permis l'obtention de documents comportant la liste des appels reçus et émis par trois lignes de téléphones portables, constituent une ingérence d'une autorité publique dans le droit de l'intéressé au respect de sa vie privée (■ CEDH, 8 févr. 2018, n° 31446/12, *Ben Faiza c/ France*, § 67). Cette mesure est prévue par la loi et, tendant à la défense de l'ordre, à la prévention des infractions pénales ainsi qu'à la protection de la santé publique, elle poursuit des buts légitimes. La Cour en conclut que la réquisition judiciaire à un opérateur de téléphonie mobile n'a pas violé l'article 8 de la Convention (■ CEDH, 8 févr. 2018, n° 31446/12, *Ben Faiza c/ France*, §§ 76 à 80).

43) Sonorisation – Domicile. La Cour observe que la surveillance exercée par la police dans la présente affaire (à savoir la sonorisation de l'appartement d'un suspect) constituait incontestablement une ingérence dans les droits du requérant au titre de l'article 8 § 1 de la Convention (▪ CEDH, 12 mai 2000, *Kahn c/ Royaume-Uni*, §§ 25 à 28. – *Adde* ▪ CEDH, 25 sept. 2001, n° 44787/98, *P.G. et J.H. c/ Royaume-Uni*, §§ 37 et 38). Le problème fondamental consiste à savoir si cette ingérence se justifiait au regard de l'article 8 § 2, notamment si elle était « prévue par la loi » et « nécessaire dans une société démocratique » à la poursuite de l'un des buts énumérés dans ledit paragraphe. La Cour rappelle que l'expression « prévue par la loi » impose non seulement le respect du droit interne, mais concerne aussi la qualité de la loi qui doit être compatible avec le principe de la prééminence du droit. Dans le contexte de la surveillance secrète exercée par les autorités publiques, en l'espèce par la police, le droit interne doit offrir une protection contre l'ingérence arbitraire dans l'exercice du droit d'un individu au regard de l'article 8. En outre, la loi doit user de termes assez clairs pour indiquer aux individus de manière suffisante en quelles circonstances et sous quelles conditions elle habilite les autorités publiques à prendre pareilles mesures secrètes. À l'époque des faits de la présente cause, il n'existait aucun système légal régissant l'emploi d'appareils d'écoute secrète. Les directives du ministère de l'Intérieur n'étaient à l'époque des faits ni juridiquement contraignantes ni directement accessibles au public. Dans la présente affaire, l'on ne peut en conséquence considérer que l'ingérence était « prévue par la loi », au sens de l'article 8 § 2 de la Convention. Il y a donc eu violation de l'article 8 (▪ CEDH, 12 mai 2000, *Kahn c/ Royaume-Uni*, préc., §§ 25 à 28. – *Adde* ▪ CEDH, 25 sept. 2001, *P.G. et J.H. c/ Royaume-Uni*, préc., §§ 37 et 38). La sonorisation de l'appartement d'une personne chez laquelle devait se rendre un suspect caractérise sans aucun doute une ingérence dans les droits garantis par l'article 8 § 1 de la Convention, d'autant plus que l'opération de « sonorisation » en cause visait clairement l'interception des propos de l'intéressé (▪ CEDH, 31 mai 2005, n° 59842/00, § 25, *Vetter c/ France* : *D.* 2005, 1755, note J. Pradel ; *D.* 2005, 2575, note P. Hennion-Jacquet ; *RSC* 2006, 663, obs. Massias). À supposer qu'il puisse être considéré que la mesure litigieuse trouve son fondement légal dans les articles 81, 151 et 152 du Code de procédure pénale, la Cour estime que la « loi » ainsi identifiée ne remplit pas les conditions qualitatives consacrées par sa jurisprudence. La Cour rappelle à cet égard que la « loi » doit notamment être « prévisible » « quant au sens et à la nature des mesures applicables » : elle doit être « compatible avec la prééminence du droit », et « offrir une certaine protection contre des atteintes arbitraires de la puissance publique aux droits garantis par le paragraphe 1 [de l'article 8] ». En outre, la « loi » doit user de termes assez clairs pour indiquer aux individus de manière suffisante en quelles circonstances et sous quelles conditions elle habilite les autorités publiques à prendre des mesures de surveillance secrète. La Cour estime que, comme les interceptions d'entretiens téléphoniques, les écoutes de conversations par le biais de la pose de micros représentent une atteinte grave au respect de la vie privée. Elles doivent donc se fonder sur une « loi » d'une précision particulière : dans ce domaine aussi, l'existence de règles claires et détaillées apparaît indispensable, d'autant que les procédés techniques utilisables ne cessent de se perfectionner [...]. Or, d'une part, les articles 81, 151 et 152 du Code de procédure pénale ne contiennent pas de dispositions de cette nature et, d'autre part, le Gouvernement ne prétend pas que cette lacune se trouve adéquatement comblée par la jurisprudence. Bref, la Cour ne peut que constater que, dans le domaine de la pose de micros, le droit français n'indique pas avec assez de clarté l'étendue et les modalités d'exercice du pouvoir d'appréciation des autorités (▪ CEDH, 31 mai 2005, *Vetter c/ France*, préc., §§ 26 à 27).

44) Sonorisation – Cellule d'un commissariat. L'enregistrement des voix des requérants lors de leur inculpation et à l'intérieur de leur cellule au commissariat révèle une ingérence dans leur droit au respect de leur vie privée au sens de l'article 8 § 1 de la Convention (▪ CEDH, 25 sept. 2001, n° 44787/98, *P.G. et J.H. c/ Royaume-Uni*, § 61). La Cour a examiné si l'ingérence était « prévue par la loi ». Ce critère comporte deux conditions principales : que la mesure ait une base en droit interne et que la qualité de la loi soit telle qu'elle offre des garanties contre l'arbitraire. La Cour rappelle que la base légale invoquée par le Gouvernement pour la mesure en question tient aux pouvoirs généraux de la police de conserver et de rassembler des preuves. S'il peut être autorisé de se fonder sur les pouvoirs implicitement conférés aux policiers de consigner des éléments et de recueillir et de conserver des pièces à conviction obtenues au cours d'une enquête, il est juridiquement établi qu'un texte législatif spécifique ou d'autres dispositions légales expresses sont requis pour des mesures plus agressives, qu'il s'agisse d'effectuer une perquisition dans une propriété privée ou de procéder à des prélèvements corporels sur une personne [...]. À l'époque des faits, il n'existait aucun texte législatif régissant l'emploi d'appareils d'écoute dissimulés par la police dans ses propres locaux. Dès lors, l'ingérence n'était pas « prévue par la loi » au sens du second paragraphe de l'article 8 de la Convention et il y a eu violation de cette disposition (■ CEDH, 25 sept. 2001, *P.G. et J.H. c/ Royaume-Uni*, préc., §§ 62 et 63).

45) Sonorisation – Parloir d'une prison. L'article 8 protège le droit pour tout individu de nouer et développer des relations avec ses semblables et le monde extérieur. Il existe donc une zone d'interaction entre l'individu et autrui qui, même dans un contexte public, peut relever de la « vie privée ». La Cour considère que l'enregistrement et l'utilisation subséquente des conversations tenues au parloir par les requérants avec leurs proches s'analysent en une ingérence dans leur vie privée (■ CEDH, 20 déc. 2005, n° 71611/01, *Wisse c/ France*, § 24). Les juridictions internes ont conclu que l'ingérence litigieuse trouvait sa base légale dans les articles 81, 151 et 152 du Code de procédure pénale. À supposer que le seul arrêt de la Cour de cassation cité par le Gouvernement, et antérieur à celui de la présente affaire, puisse constituer une base légale à l'enregistrement des conversations dans les parloirs des prisons, la Cour rappelle que, à l'instar des interceptions d'entretiens téléphoniques ou des écoutes de conversations par le biais de la pose de micros, la loi sur laquelle il se fonde doit être « prévisible » quant au sens et à la nature des mesures applicables. [...] Or d'une part, les articles 81, 151 et 152 du Code de procédure pénale ne contiennent pas de dispositions de cette nature et, d'autre part, cette lacune n'est pas adéquatement comblée par la jurisprudence. La Cour considère dès lors que dans le domaine des enregistrements des conversations tenues dans les parloirs des prisons, le droit français n'indique pas avec assez de clarté la possibilité d'ingérence par les autorités dans la vie privée des détenus, ainsi que l'étendue et les modalités d'exercice de leur pouvoir d'appréciation dans ce domaine. Elle conclut que les requérants n'ont pas joui du degré minimal de protection voulu par la prééminence du droit dans une société démocratique et qu'il y a eu violation de l'article 8 de la Convention (■ CEDH, 20 déc. 2005, *Wisse c/ France*, préc., §§ 33-34).

46) Correspondance de l'avocat – Déclaration de soupçon. En consacrant le droit de « toute personne » au respect de sa « correspondance », l'article 8 de la Convention protège la confidentialité des « communications privées », quel que soit le contenu de la correspondance dont il est question et quelle que soit la forme qu'elle emprunte. C'est donc la confidentialité de tous les échanges auxquels les individus peuvent se livrer à des fins de communication qui se trouve garantie par l'article 8. Ainsi, dès lors qu'elle les astreint à fournir à une autorité administrative des informations relatives à une autre personne qu'ils détiennent à raison des échanges qu'ils ont eus avec elle, l'obligation de déclaration de soupçon mise à la charge des avocats constitue une ingérence dans leur droit au respect de leur correspondance. Elle constitue également une ingérence dans leur droit au respect de leur « vie privée », cette notion incluant les activités professionnelles ou commerciales. En l'espèce, certes, le requérant ne prétend ni s'être trouvé concrètement dans la situation de devoir déclarer de tels soupçons, ni avoir été sanctionné en application du règlement litigieux pour avoir omis de le faire. Cependant, comme indiqué précédemment, il se trouve confronté au dilemme suivant : soit il se plie à ce règlement et renonce ainsi à sa conception du principe de confidentialité des échanges entre l'avocat et son client et du secret professionnel des avocats ; soit il ne s'y plie pas et s'expose à des sanctions disciplinaires pouvant aller jusqu'à la radiation. Ainsi, selon la Cour, l'obligation de déclaration de soupçon représente une « ingérence permanente » dans l'exercice par le requérant, en sa qualité d'avocat, des droits garantis par l'article 8, même si ce n'est pas la sphère la plus intime de sa vie privée qui est en cause mais le droit au respect de ses échanges professionnels avec ses clients. Pareille ingérence enfreint l'article 8, sauf si elle est « prévue par la loi », dirigée vers un ou des buts légitimes au regard du paragraphe 2 et « nécessaire » « dans une société démocratique » pour le ou les atteindre (■ CEDH, 6 déc. 2012, n° 06/12/2012, §§ 90-93, *Michaud c/ France* : *JCP* 2013, 187, note H. Robert, 188, note C. Picheral ; *Procédures* 2013, comm. 43, obs. J. Buisson). Deux éléments sont aux yeux de la Cour décisifs dans l'appréciation de la proportionnalité de l'ingérence que constitue la déclaration de soupçon. Tout d'abord, [...] l'obligation de déclaration de soupçon ne concerne que des activités éloignées de la mission de défense confiée aux avocats, similaires à celles exercées par les autres professionnels soumis à cette obligation [...]. Ensuite, la loi met en place un filtre protecteur du secret professionnel : les avocats ne communiquent pas les déclarations directement à Tracfin mais, selon le cas, au président de l'ordre des avocats au Conseil d'État et à la Cour de cassation ou au bâtonnier de l'ordre auprès duquel ils sont inscrits [...]. Le président de l'ordre des avocats au Conseil d'État et à la Cour de cassation ou le bâtonnier, plus à même que quiconque d'apprécier ce qui est couvert ou non par le secret professionnel, ne transmettent ensuite la déclaration de soupçon à Tracfin qu'après s'être assurés que les conditions fixées par l'article L. 561-3 du Code monétaire et financier sont remplies [...]. Compte tenu de ce qui précède, la Cour estime que, telle que mise en œuvre en France et eu égard au but légitime poursuivi et à la particulière importance de celui-ci dans une société démocratique, l'obligation de déclaration de soupçon ne porte pas une atteinte disproportionnée au secret professionnel des avocats (■ CEDH, 6 déc. 2012, *Michaud c/ France*, préc., §§ 126-131).

47) Correspondance de l'avocat – Saisie au cabinet de l'avocat. La Cour estime que la fouille et la saisie de données électroniques au cabinet d'un avocat s'analysent en une ingérence dans le droit des requérants au respect de leur « correspondance » au sens de l'article 8 (▪ CEDH, 16 oct. 2007, n° 74336/01, § 45, *Wieser et BicosBeteiligungen GMBH c/ Autriche : Dr. pén.* 2008, chron. 3, obs. E. Dreyer). Il faut se demander en particulier si la perquisition a été opérée en vertu d'un mandat décerné par un juge et reposant sur des motifs plausibles de soupçonner l'intéressé, si le mandat était d'une portée raisonnable et – dans le cas du cabinet d'un avocat – si la perquisition a été opérée en présence d'un observateur indépendant afin que des documents couverts par le secret professionnel ne soient pas soustraits. La Cour estime que, les fonctionnaires de police n'ayant pas respecté certaines des garanties de procédure censées prévenir les abus ou l'arbitraire et protéger le secret professionnel des avocats, la fouille et la saisie des données électroniques du premier requérant ont été disproportionnées au but légitime poursuivi (▪ CEDH, 16 oct. 2007, *Wieser et Bicos-Beteiligungen GMBH c/ Autriche*, préc., §§ 57 et 66). Est également disproportionnée la saisie de données électroniques (disque dur d'ordinateur et clé USB) pratiquée au cabinet d'avocats sur le fondement d'une ordonnance large, ne précisant pas quels objets ou documents concrets ou spécifiques devraient l'être, ni comment ces éléments seraient pertinents pour l'enquête pénale concernée, ne s'accompagnant d'aucune procédure de filtrage des documents ou des données électroniques protégés par le secret professionnel, ni d'aucune interdiction explicite de saisir des données protégées par ce secret et le droit interne n'étant pas clair sur les conséquences attribuées à un éventuel manquement par les autorités judiciaires à l'obligation de procéder rapidement à un examen des données saisies, et, le cas échéant, de restituer aux intéressés ou de détruire les données protégées par ce secret (▪ CEDH, 3 sept. 2019, n° 14704/12, *Kirdök et a. c/ Turquie*, § 53 à 55).

48) Correspondance du détenu – Correspondance avec son avocat. L'obstacle apporté à la possibilité même de correspondre avec un avocat représente la forme la plus radicale d'ingérence dans l'exercice du droit au respect de la correspondance (▪ CEDH, 21 févr. 1975, n° 4451/70, § 43, *Golder c/ Royaume-Uni*). L'interception de la correspondance échangée entre l'avocat et son client placé en détention préventive constitue une « ingérence » d'une autorité publique dans l'exercice du droit au respect de la correspondance (▪ CEDH, 20 juin 1988, n° 11368/85, § 24, *Schönenberger et Durmaz c/ Suisse*. – *Adde* ▪ CEDH, 25 mars 1983, n°s 5947/72, 6205/73, 7052/75, 7061/75, 7107/75, 7113/75 et 7136/75, *Silver c/ Royaume-Uni*, § 84). L'ouverture des courriers échangés entre l'avocat et son client détenu constitue une « ingérence » d'une autorité publique dans l'exercice du droit au respect de la correspondance. Pareille ingérence méconnaît ce texte sauf si, « prévue par la loi », elle poursuit un ou des buts légitimes au regard du paragraphe 2 et, de plus, est « nécessaire, dans une société démocratique », pour les atteindre (▪ CEDH, 25 mars 1992, n° 13590/88, *Campbell c/ R.-U.*, § 34). Un certain contrôle de la correspondance des détenus se recommande et ne se heurte pas en soi à la Convention, eu égard aux exigences normales et raisonnables de l'emprisonnement (▪ CEDH, 25 mars 1983, *Silver c/ Royaume-Uni*, préc., § 98. ▪ CEDH, 25 mars 1992, *Campbell c/ R.-U.*, préc., § 45). Pour mesurer le degré tolérable de pareil contrôle d'une manière générale, il ne faut pourtant pas oublier que la possibilité d'écrire et de recevoir des lettres représente parfois, pour le détenu, le seul lien avec le monde extérieur. Il y va clairement de l'intérêt public qu'une personne désireuse de consulter un homme de loi puisse le faire dans des conditions propices à une pleine et libre discussion. D'où le régime privilégié dont bénéficie, en principe, la relation avocat-client [...]. La confidentialité s'impose avec force s'agissant de la correspondance échangée par un détenu avec un avocat au sujet d'une procédure envisagée ou en cours [...]. Un contrôle systématique de pareille correspondance ne cadre pas avec le principe de confidentialité inhérent aux rapports entre avocat et client. Il en résulte que les autorités pénitentiaires peuvent ouvrir la lettre d'un avocat à un détenu si elles ont des motifs plausibles de penser qu'il y figure un élément illicite non révélé par les moyens normaux de détection. Toutefois, elles ne doivent que la décacheter, sans la lire (▪ CEDH, 25 mars 1992, *Campbell c/ R.-U.*, préc., §§ 45 à 48. ▪ CEDH, 6 avr. 2021, n° 46992/11, *Kale c/ Turquie*, § 20). Il y a lieu de fournir des garanties appropriées pour empêcher la lecture de ce type de lettres consistant par exemple en l'ouverture de l'enveloppe en présence du détenu (▪ CEDH, 6 avr. 2021, *Kale c/ Turquie*, préc.). En l'absence de telles garanties, la vérification physique par l'administration pénitentiaire de la correspondance ne peut passer pour proportionnée au regard du but légitime poursuivi (▪ CEDH, 13 déc. 2016, n° 26623/07, *Eylem Kaya c/ Turquie*. ▪ CEDH, 6 avr. 2021, n° 46154/10, *Inan c/ Turquie*, § 25).

49) Correspondance du détenu – Correspondance avec son avocat étrangère aux droits de la défense. Les communications orales et écrites entre un avocat et son client sont, qu'elle qu'en soit la finalité, confidentielles. L'interception par l'administration pénitentiaire de la correspondance sans rapport avec l'exercice des droits de la défense, qui ne constitue pas en vertu de la loi interne un motif de dérogation au principe de confidentialité des communications entre l'avocat et son client, équivaut à interpréter et à appliquer cette loi d'une manière manifestement déraisonnable et donc non prévisible au sens de l'article 8, § 2 de la Convention européenne des droits de l'homme (■ CEDH, 9 avr. 2019, n° 11236/09, *Altay c/ Turquie*).

Art. 9 ***(Mod. à compter du 1er novembre 1998, Prot. n° 11, 11 mai 1994, art. 2-2 et ann. publié par D. n° 98-1055, 18 nov. 1998). – Liberté de penser, de conscience et de religion.***

1. Toute personne a droit à la liberté de pensée, de conscience et de religion ; ce droit implique la liberté de changer de religion ou de conviction, ainsi que la liberté de manifester sa religion ou sa conviction individuellement ou collectivement, en public ou en privé, par le culte, l'enseignement, les pratiques et l'accomplissement des rites.

2. La liberté de manifester sa religion ou ses convictions ne peut faire l'objet d'autres restrictions que celles qui, prévues par la loi, constituent des mesures nécessaires, dans une société démocratique, à la sécurité publique, à la protection de l'ordre, de la santé ou de la morale publiques, ou à la protection des droits et libertés d'autrui.

Bibliographie : A. Clavier, *Les droits religieux des détenus : RPDP* 1984, p. 9.

I – PROTECTION DE LA LIBERTÉ DE PENSÉE, DE CONSCIENCE ET DE RELIGION AU MOYEN D'UNE PROCÉDURE PÉNALE

1) **Déclenchement des poursuites pénales en cas d'atteinte à la liberté religieuse.** Le droit de ne subir aucune ingérence dans l'exercice des droits garantis par l'article 9 paragraphe 1 de la Convention n'implique pas nécessairement et en toutes circonstances le droit d'engager les poursuites, quelles qu'elles soient, contre ceux qui, par un ouvrage ou une publication, blessent la sensibilité d'un individu ou d'un groupe d'individus. Toutefois, l'État peut avoir certaines obligations positives d'adopter des mesures visant à éviter qu'un individu ne soit perturbé dans l'exercice de son culte par les activités d'autrui. Cependant le fait que, à l'issue d'une enquête pénale concernant l'infraction d'atteinte alléguée d'outrage public aux sentiments religieux ouverte à la demande des requérants, les autorités aient finalement conclu à l'absence d'infraction ne s'analyse pas, en soi, à un défaut de protection des droits des requérants garantis par l'article 9 de la Convention (■ CEDH, 18 avr. 1997, nos 33490/96 et 34055/96, *Commission EDH, Dubowska et Skup c/ Pologne*).

2) **Conduite de l'enquête en cas d'atteinte à la liberté religieuse.** Il n'est pas permis, au nom de la liberté de religion, d'exercer des pressions abusives sur autrui dans le désir de promouvoir ses convictions religieuses. Toutefois, le rôle des autorités n'est pas d'enrayer la cause des tensions en éliminant le pluralisme, mais de s'assurer que des groupes opposés l'un à l'autre se tolèrent. Ce rôle de l'État contribue à assurer l'ordre public, la paix religieuse et la tolérance dans une société démocratique. Par leur inactivité (manquement des autorités à identifier et à punir les auteurs d'actes de violence), les autorités compétentes ont manqué à leur obligation de prendre les mesures propres à assurer qu'un groupe d'extrémistes orthodoxes tolère l'existence de la communauté religieuse des requérants et permette à ceux-ci d'exercer librement leur droit à la liberté de religion (■ CEDH, 3 mai 2007, n° 71156/01, *Membres de la congrégation des témoins de Jéhovah de Gldani et a. c/ Géorgie*).

II – PROTECTION DE LA LIBERTÉ DE PENSÉE, DE CONSCIENCE ET DE RELIGION DANS LE CADRE DE LA PROCÉDURE PÉNALE

3) **Limite à la liberté de religion.** L'article 9 ne protège pas n'importe quel acte motivé ou inspiré par une religion ou conviction (■ CEDH, 1er juill. 1997, *Kalaç c/ Turquie : Rec.* 1997-IV ; *RD imm.* 1998, 204, obs. Decaux et Tavernier).

4) **Liberté de conscience de l'avocat – Représentation de personnes placées en garde à vue.** La sanction disciplinaire infligée à un avocat pour avoir refusé de participer aux missions auxquelles il serait commis d'office, conformément à la loi, pour représenter des personnes placées en garde à vue n'est pas contraire à l'article 9 de la Convention dès lors que son refus est dû à son opposition de principe à cette loi et non aux difficultés d'avoir à intervenir dans une affaire concrète heurtant sa conscience, ce qui aurait pu lui permettre d'invoquer la clause de conscience (■ Comm. EDH, 21 oct. 1998, n° 37489/97, *Mignot c/ France*).

5) Liberté de religion de l'avocat – Report de l'audience pénale. La Cour n'est pas convaincue que la fixation de l'audience litigieuse à une date correspondant à une fête juive et le refus de la reporter à une autre date puissent s'analyser en une restriction au droit du requérant d'exercer librement son culte. En effet, il n'est pas contesté que l'intéressé a pu s'acquitter de ses devoirs religieux. En outre, celui-ci devait s'attendre à ce que sa demande de renvoi soit rejetée conformément aux dispositions de la loi en vigueur et aurait pu se faire remplacer à l'audience litigieuse afin de satisfaire à ses obligations professionnelles. Même à supposer qu'il y ait eu ingérence dans le droit du requérant au titre de l'article 9 § 1, la Cour estime que cette ingérence était prévue par la loi, qu'elle se justifiait par la protection des droits et libertés d'autrui – notamment le droit des justiciables à bénéficier d'un bon fonctionnement de l'administration de la justice et à voir respecter le principe du délai raisonnable de la procédure – et qu'elle présentait un rapport raisonnable de proportionnalité entre les moyens employés et le but visé (▪ CEDH, 3 avr. 2012, n° 28790/08, *Francesca Sessa c/ Italie* : *JCP* G 2012, act. 526. *H. Surrel* : *D. act.* 24 avr. 2012, obs. L. Dargent).

6) Liberté de religion des témoins – Prestation de serment. La liberté de manifester ses convictions religieuses comporte également un aspect négatif, à savoir le droit pour l'individu de ne pas être obligé de manifester sa confession ou ses convictions religieuses et de ne pas être obligé d'agir en sorte qu'on puisse tirer comme conclusion qu'il a – ou n'a pas – de telles convictions. Le fait d'imposer aux témoins de prêter serment en posant la main droite sur l'Évangile sauf pour eux à se déclarer d'une autre religion ou d'aucune religion constitue une restriction injustifiée à la liberté de religion dès lors que tout témoin est, en tout état de cause, en principe obligé de révéler aux organes judiciaires compétents ses convictions religieuses pour pouvoir être auditionné dans le cadre de la procédure pénale (▪ CEDH, 3 juin 2010, n os 42837/06, 3237/07, 3269/07, 35793/07 et 6099/08, *Dimitras et a. c/ Grèce*).

7) Liberté de religion des témoins – Port de signe religieux. Le fait d'expulser du prétoire et de condamner pour outrage à magistrat un témoin en raison de son refus d'ôter sa calotte constitue une ingérence dans la liberté de religion du requérant (▪ CEDH, 5 déc. 2017, n° 57792/15, *Hamidovic c/ Bosnie-Herzégovine* : *JCP* G 2018, 29, veille G. Gonzalez, § 30). S'agissant de la nécessité de l'ingérence, la Cour souligne en particulier que la situation du requérant doit être distinguée des affaires concernant le port de symboles et vêtements religieux sur le lieu de travail, notamment par des agents publics. Ces derniers, contrairement aux particuliers comme le requérant, peuvent avoir un devoir de discrétion, de neutralité et d'impartialité, notamment le devoir de ne pas porter des symboles et vêtements religieux lorsqu'ils exercent des fonctions officielles. En l'absence de tout comportement provoquant et irrespectueux, la sanction infligée au requérant pour avoir simplement refusé d'enlever sa calotte viole l'article 9 de la Convention (▪ CEDH, 5 déc. 2017, *Hamidovic c/ Bosnie-Herzégovine*, préc., § 41).

8) Liberté de religion de la personne détenue (avant ou après condamnation) – Participation aux offices. Le fait de ne pas autoriser le requérant, condamné pour meurtre, à recevoir la visite d'un prêtre et à participer aux offices constitue une ingérence dans l'exercice de son droit de manifester sa religion ou sa conviction par le culte, les pratiques et l'accomplissement des rites », au sens de l'article 9 § 1. Cette ingérence n'étant pas « prévue par la loi », il y a eu violation de l'article 9 de la Convention (▪ CEDH, 29 avr. 2003, n° 38812/97, *Poltoraski c/ Ukraine*). Le fait d'interdire au requérant (placé en détention provisoire) de participer à des services religieux alors qu'il le demandait, constitue une ingérence dans l'exercice de son droit « de manifester sa religion ou sa conviction (...) par le culte, (...) les pratiques et l'accomplissement des rites », au sens de l'article 9 § 1. Cette ingérence n'étant pas « prévue par la loi » au sens de l'article 9 § 2 de la Convention, aucune disposition du droit interne ne régissant l'exercice des droits religieux des personnes placées en détention provisoire, il y a eu violation de l'article 9 de la Convention (▪ CEDH, 30 nov. 2006, n° 61638/00, *Igors Dmitrijevs c/ Lettonie*).

9) Liberté de religion de la personne détenue (avant ou après condamnation) – Détention d'objets religieux. L'interception, par l'administration pénitentiaire, d'un livre à caractère philosophique et religieux contenant un chapitre illustré consacré aux arts martiaux et aux techniques de défense constitue une restriction à la liberté de religion justifiée selon l'article 9 § 2 de la Convention par la nécessité de protéger les droits et libertés d'autrui (▪ Comm. EDH, 16 mai 1976, n° 6886/75, *X. c/ Royaume-Uni*).

10) Liberté de religion de la personne détenue (avant ou après condamnation) – Tenue vestimentaire. On ne saurait déduire de l'article 9 de la Convention un droit pour les détenus à porter leurs vêtements personnels (▪ Comm. EDH, 6 mars 1982, n° 8231/78, *X. c/ Royaume-Uni*. ▪ Comm. EDH, 15 mai 1980, n° 8317/78, *McFeeley et a. c/ Royaume-Uni*).

11) Liberté de religion de la personne détenue (avant ou après condamnation) – Alimentation. Le fait de respecter des règles diététiques peut être tenu comme relevant de l'expression directe de la croyance au sens de l'article 9. La Cour renvoie aux règles pénitentiaires européennes, qui recommandent que les détenus se voient servir de la nourriture qui prenne en compte leur religion. En refusant d'accorder au détenu bouddhiste un régime végétarien, quand ces repas n'ont pas à être préparés, cuisinés et servis d'une manière particulière, les autorités ont failli à leur obligation de peser de manière équitable les intérêts en présence. La Cour en conclut qu'il y a violation de l'article 9 de la Convention (▪ CEDH, 7 déc. 2000, *Jakobski c/ Pologne : RSC* 2011, chron. 221, obs. J.-P. Marguénaud ; *AJ Pénal* 2011, 258, obs. M. Herzog-Evans). L'exigence d'une preuve écrite en cas de changement de religion au cours de la détention afin de pouvoir recevoir des repas conformes à celle-ci dépasse le niveau de justification qui peut être exigé concernant la démonstration d'une croyance authentique. Il eut été préférable que les juridictions internes examinent la manière dont l'intéressé manifestait ou entendait manifester sa nouvelle religion (▪ CEDH, 8 mars 2021, n° 21969/15, *Neagu c/ Roumanie*, §§ 39 et 41 : *JCP G* 2020, 1318, obs. G. Gonzalez. ▪ CEDH, 10 nov. 2020, n° 65993/16, *Saran c/ Roumanie*, § 38).

En revanche, en permettant aux requérants de se procurer par leurs propres moyens les produits nécessaires à une alimentation casher et en aménageant une cuisine séparée destinée à la confection des repas casher, les conditions de préparation de ces repas ayant été approuvées par une fondation religieuse juive, les autorités nationales ont satisfait, à un degré raisonnable dans les circonstances de l'espèce, à leurs obligations positives découlant de l'article 9 de la Convention (▪ CEDH, 9 sept. 2020, n°s 23735/16 et 23740/16, *Erlich et Kastro c/ Roumanie*, §§ 40, 43 et 44).

12) Liberté de religion de la personne détenue (avant ou après condamnation) – Travail en prison. Même si un détenu objecte que l'obligation de nettoyer sa cellule est contraire aux prescriptions de sa religion, cette obligation peut être considérée comme nécessaire à la protection de la santé du requérant et des autres détenus (▪ Comm. EDH, 6 mars 1982, n° 8231/78, *X. c/ Royaume-Uni*).

13) Perquisition et saisie. L'interruption par la police d'une réunion religieuse ainsi que la perquisition et la saisie qui lui ont succédé constituent une ingérence dans l'exercice par les requérants de leur droit de manifester leur religion. Pareille ingérence n'est justifiée que si elle est prévue par la loi et nécessaire, dans une société démocratique, pour atteindre un but légitime. Tel n'est pas le cas lorsque la perquisition et la saisie ont été menées sans qu'une procédure pénale ne soit ouverte, les mesures incriminées ne pouvant ainsi avoir pour base légale les dispositions du Code de procédure pénale, celles-ci étant au demeurant extrêmement vagues (▪ CEDH, 27 janv. 2011, n° 77185/01, *Boychev et a. c/ Bulgarie*).

Art. 10 *(Mod. à compter du 1er novembre 1998, Prot. n° 11, 11 mai 1994, art. 2-2 et ann. publié par D. n° 98-1055, 18 nov. 1998). – Liberté d'expression.*

1. Toute personne a droit à la liberté d'expression. Ce droit comprend la liberté d'opinion et la liberté de recevoir ou de communiquer des informations ou des idées sans qu'il puisse y avoir ingérence d'autorités publiques et sans considération de frontière. Le présent article n'empêche pas les États de soumettre les entreprises de radiodiffusion, de cinéma ou de télévision à un régime d'autorisations.

2. L'exercice de ces libertés comportant des devoirs et des responsabilités peut être soumis à certaines formalités, conditions, restrictions ou sanctions, prévues par la loi, qui constituent des mesures nécessaires, dans une société démocratique, à la sécurité nationale, à l'intégrité territoriale ou à la sûreté publique, à la défense de l'ordre et à la prévention du crime, à la protection de la santé ou de la morale, à la protection de la réputation ou des droits d'autrui, pour empêcher la divulgation d'informations confidentielles ou pour garantir l'autorité et l'impartialité du pouvoir judiciaire.

Bibliographie : J.-P. Marguénaud, *La liberté d'expression et la Convention européenne des droits de l'Homme : JCl. Communication* 2015, Fasc. 12. • X. Bioy, *Rép. dr. eur.* Dalloz, *V° Conv. EDH*, art. 10 : Liberté d'expression et de la presse, 2017. • F. Fourment, *La protection des sources journalistiques : AJ Pénal* 2007, p. 9. • L. François, *De l'effectivité des devoirs et responsabilités des journalistes d'investigations : D.* 2008, p. 2270. • L. François, *La procéduralisation du droit à la liberté d'expression par la Cour européenne des droits de l'Homme : Légipresse* 2010, n° 278, p. 408. • L. François, *L'apothéose du droit à la présomption d'innocence : D.* 2010, p. 2409. • J.-M. Larralde, *L'article 10 de la Convention européenne des droits de l'Homme et la liberté de la presse : RTDH* 2007, p. 3. • P. Wachsmann, « *Une certaine marge d'appréciation* ». *Considérations sur les variations du contrôle européen en matière de liberté de la presse : Mél. Lambert*, Bruylant, 2000, p. 1017.

ANNEXE 3

• *Sommaire*

1) **Généralités.** La liberté d'expression constitue l'un des fondements essentiels d'une société démocratique, l'une des conditions primordiales de son progrès et de l'épanouissement de chacun (▪ CEDH, 7 déc. 1976, n° 5493/76, *Handyside c/ Royaume-Uni*, § 49).

I – CONTENU DE LA LIBERTÉ D'EXPRESSION

2) **Portée de la liberté d'expression.** Sous réserve du paragraphe 2 de l'article 10 (art. 10-2), la liberté d'expression vaut non seulement pour les informations ou idées accueillies avec faveur ou considérées comme inoffensives ou indifférentes, mais aussi pour celles qui heurtent, choquent ou inquiètent l'État ou une fraction quelconque de la population. Ainsi le veulent le pluralisme, la tolérance et l'esprit d'ouverture sans lesquels il n'est pas de société démocratique. Il en découle notamment que toute formalité, condition, restriction ou sanction imposée en la matière doit être proportionnée au but légitime poursuivi (▪ CEDH, 7 déc. 1976, n° 5493/76, *Handyside c/ Royaume-Uni*, § 49).

3) **Droit d'accéder à l'information.** Lorsque l'accès à l'information est déterminant pour l'exercice du droit de recevoir et de communiquer des informations, refuser cet accès peut constituer une ingérence dans l'exercice de ce droit. Les informations demandées par la requérante aux services de police étaient nécessaires pour lui permettre de mener à bien l'étude sur le fonctionnement du système des commissions d'office qu'elle réalisait en sa qualité d'organisation non gouvernementale de défense des droits de l'Homme afin de contribuer à un débat sur une question présentant un intérêt public évident. En refusant à la requérante l'accès aux informations demandées, qui étaient déjà disponibles, les autorités internes ont entravé l'exercice par elle de sa liberté de recevoir et de communiquer des informations, d'une manière portant atteinte à la substance même de ses droits protégés par l'article 10 (▪ CEDH, GC, 8 nov. 2016, n° 18030-11, *Magya HelsinkiBizottsag c/ Hongrie*).

4) **Droit au secret des sources journalistiques.** La protection des sources journalistiques est l'une des pierres angulaires de la liberté de la presse. L'absence d'une telle protection pourrait dissuader les sources journalistiques d'aider la presse à informer le public sur des questions d'intérêt général. En conséquence, la presse pourrait être moins à même de jouer son rôle indispensable de « chien de garde », et son aptitude à fournir des informations précises et fiables pourrait s'en trouver amoindrie (▪ CEDH, GC, 27 mars 1996, n° 17488/90, *Goodwin c/ Royaume-Uni*. ▪ CEDH, 25 févr. 2003, n° 51772/99, *Roemen et Schmit c/ Luxembourg*. ▪ CEDH, 14 sept. 2010, n° 38224/03, *SanomaUitgevers B.V. c/ Pays-Bas* [GC], § 50 : *JCP* G 2010, act. 951, G. Gonzalez ; *RSC* 2011, p. 223, obs. J.-P. Marguénaud. ▪ CEDH, 12 avr. 2012, n° 30002-08, *Martin et a. c/ France*, § 59. ▪ CEDH, 18 avr. 2013, n° 26419/10, *Saint Paul Luxembourg SA c/ Luxembourg*, § 49. ▪ CEDH, 19 janv. 2016, n° 49085/07, *Görmüs et a. c/ Turquie*). Le droit des journalistes de taire leurs sources ne saurait être considéré comme un simple privilège qui leur serait accordé ou retiré en fonction de la licéité ou de l'illicéité des sources, mais un véritable attribut du droit à l'information, à traiter avec la plus grande circonspection (▪ CEDH, 27 nov. 2007, n° 20477/05, *Tillack c/ Belgique*, § 65).

5) **Droit au secret des sources journalistiques – Portée.** Les auteurs de commentaires publiés sur les forums de discussion proposés sur le portail d'actualités d'un média ne peuvent pas être considérés comme une source journalistique dès lors que les commentaires s'adressent au public et non à un journaliste. L'injonction donnée à ce média de divulguer les données relatives aux auteurs de commentaires injurieux mis en ligne ne porte donc pas atteinte au secret des sources journalistiques. Cependant, une atteinte à l'article 10 peut aussi survenir autrement que par une injonction de révéler une source journalistique : une obligation de divulguer les données de commentateurs en ligne est de nature à dissuader ceux-ci de contribuer à un débat, et donc d'avoir un effet dissuasif sur les utilisateurs qui s'expriment sur les forums en général, et également de porter indirectement atteinte au droit du média à la liberté de la

presse. En conséquence, les injonctions des juridictions nationales de divulguer les données d'utilisateur en cause ont constitué une ingérence dans l'exercice par la société requérante de son droit à la liberté de la presse (▪ CEDH, 7 déc. 2021, n° 39378/15, *Standard Verlagsgesellschaft mbH c/ Autriche*).

II – IMPLICATIONS PROCÉDURALES DE LA LIBERTÉ D'EXPRESSION

A – Admission de restrictions procédurales

1° *Restrictions à finalité procédurale*

6) Diffusion de l'image d'un accusé. L'interdiction de diffuser l'image de l'accusé pour rendre compte d'un procès en cours n'emporte pas nécessairement violation de l'article 10 (▪ CEDH, 21 sept. 2017, n° 51405/12, *Axel Springer SE et RTL Television GmbH c/ Allemagne : D. act.* 2 oct. 2017, obs. S. Lavric).

7) Secret de l'instruction. La condamnation de journalistes pour recel de photocopies de déclarations d'impôt provenant de la violation du secret professionnel par un fonctionnaire des impôts non identifié s'analyse en une ingérence dans l'exercice par les intéressés de leur liberté d'expression. Pareille immixtion enfreint l'article 10, sauf si elle est prévue par la loi, dirigée vers un ou des buts légitimes au regard du paragraphe 2 et nécessaire dans une société démocratique pour les atteindre (▪ CEDH, 21 janv. 1999, n° 29183/95, *Fressoz et Roire c/ France*, §§ 40 et 41 : *JCP* G 1999, I 10120, note E. Derieux). La condamnation du requérant pour avoir publié des documents issus d'un dossier d'instruction, en violation des dispositions incriminant la divulgation d'informations protégées par le secret de l'enquête et de l'information constitue une ingérence dans l'exercice par lui du droit à la liberté d'expression garanti par l'article 10 § 1 de la Convention. Cette ingérence est prévue par la loi, poursuit des buts légitimes, à savoir empêcher « la divulgation d'informations confidentielles », garantir « l'autorité et l'impartialité du pouvoir judiciaire » et « la protection de la réputation (et) des droits d'autrui » et nécessaire dans une société démocratique (▪ CEDH, GC, 29 mars 2016, n° 56925/08, *Bédat c/ Suisse : Comm. com. électr.* 2016, comm. 54, note A. Lepage ; *JCP* G 2016, 507, H. Surrel). En revanche, la condamnation d'un journaliste pour avoir publié un portrait-robot couvert par le secret de l'instruction ne constitue pas une violation de l'article 10 quand cette publication s'est faite sans se préoccuper de la fiabilité du document publié, qui ne correspondait plus au signalement du suspect, ni de son effet sur l'information en cours, qu'elle relève d'une approche sensationnaliste et qu'elle a exercé une influence négative sur la conduite de la procédure pénale (▪ CEDH, 17 déc. 2020, n° 61470/15, *Sellami c/ Fr*, §§ 48 à 65 : *AJ pénal* 2021, p. 104, note G. Royer).

8) Publication d'actes de procédure pénale avant lecture en audience publique. La condamnation de journalistes pour avoir retranscrit le contenu d'actes de procédure pénale avant leur lecture en audience publique sur le fondement de l'article 38 de la loi du 29 juillet 1881 constitue une ingérence dans leur liberté d'expression « nécessaire dans une société démocratique » pour protéger la réputation et les droits d'autrui et garantir l'autorité et l'impartialité du pouvoir judiciaire au sens de l'article 10 § 2 de la Convention (▪ CEDH, 24 nov. 2005, n° 53886/00, *Tourancheau et July c/ France*). Les condamnations prononcées à l'encontre de journalistes pour avoir publié, dans le cadre de deux articles de presse, des extraits d'actes de procédure pénale avant leur lecture en audience publique sur le fondement de l'article 38 de la loi du 29 juillet 1881, répondaient à un besoin social assez impérieux pour primer l'intérêt public s'attachant à la liberté de la presse et elles ne sauraient passer pour disproportionnées au regard des buts légitimes poursuivis que sont la protection de la réputation et des droits d'autrui et à la garantie de l'autorité et de l'impartialité du pouvoir judiciaire (▪ CEDH, 1er juin 2017, n° 68974/11, *Giesbert et a. c/ France*).

9) Garantie de l'autorité et de l'impartialité du pouvoir judiciaire. Il convient de tenir compte de la mission particulière du pouvoir judiciaire dans la société. Comme garant de la justice, valeur fondamentale dans un État de droit, son action a besoin de la confiance des citoyens pour prospérer. Aussi peut-il s'avérer nécessaire de protéger celle-ci contre des attaques destructrices dénuées de fondement sérieux, alors surtout que le devoir de réserve interdit aux magistrats visés de réagir. Pour autant, en dehors de l'hypothèse de telles attaques, les magistrats peuvent faire, lorsqu'ils agissent dans l'exercice de leurs fonctions officielles, l'objet de critiques dont les limites sont plus larges qu'à l'égard de simples particuliers (▪ CEDH, 23 avr. 2015, n° 29369/10, *Morice c/ France*, §§ 128 et 131. ▪ CEDH, 15 déc. 2015, n° 29024/11, *Bono c/ France*, § 44 : *JCP* G 2016, 238, J.-P. Marguénaud). Les règles de confidentialité des délibérations judiciaires sont cruciales pour la préservation de l'autorité et de l'impartialité de la justice en ce qu'elles contribuent à garantir la liberté et la franchise des débats entre les personnes appelées à se prononcer sur les questions qui se posent. Il est donc essentiel que les jurés soient libres d'émettre des avis et des opinions sur tous les aspects d'une affaire et les éléments de preuve dont ils disposent, sans devoir s'autocensurer par crainte de voir leurs opinions générales ou leurs observations sur tel ou tel point divulguées et critiquées dans la presse. Même une règle imposant un secret absolu des délibérations du jury ne saurait passer pour déraisonnable, car toute exception qui y serait apportée créerait nécessairement un doute potentiellement préjudiciable à l'objectif poursuivi par la règle en question. La condamnation à des peines d'amende, pour *contempt of court*, d'un journal et d'un ancien juré pour infraction au secret des délibérations du jury n'était pas disproportionnée (■ CEDH, 24 janv. 2012, n° 33510/10, *Seckerson et Times Newspapers Limited c/ Royaume-Uni*).

10) Conditions de détention – Accès à l'information. La détention implique nécessairement un certain nombre de restrictions à la communication des détenus avec le monde extérieur, notamment à leur capacité de recevoir des informations. À cet égard, l'article 10 ne saurait s'interpréter comme imposant une obligation générale de fournir aux détenus un accès à internet ou à des sites internet spécifiques (■ CEDH, 19 janv. 2016, n° 17429/10, *Kalda c/ Estonie*, § 45 et 53). La manière de réglementer les modalités d'accès à ces types de possibilité dans le milieu carcéral relève de la marge d'appréciation de l'État contractant. Il suffit à la Cour de rechercher si les juridictions nationales ont rempli, d'une part, leur tâche consistant à mettre en balance les différents intérêts en jeu dans la présente affaire et, d'autre part, leur obligation d'empêcher tout abus de la part de l'Administration dans l'application des règles internes (■ CEDH, 18 juin 2019, n°s 47121/06, 13988/07 et 34750/07, *Mehmet Resit Arslanet et Ohran Bingöl c/ Turquie*, § 64). Le refus d'accès à des sites juridiques, insuffisamment justifié par les autorités nationales, n'est pas nécessaire dans une société démocratique et constitue une violation de l'article 10 (■ CEDH, 9 févr. 2021, n° 68550/ 17, *Ramazan Demir c/ Turquie*, §§ 45 à 47).

2° Restrictions de nature procédurale

11) Poursuites et condamnation pénales contre l'intéressé. Les poursuites pénales répétées peuvent avoir pour effet de censurer partiellement les professionnels des médias et de limiter leur aptitude à exposer publiquement une opinion, sous réserve de ne pas préconiser directement ou indirectement la commission d'infractions terroristes, qui a sa place dans un débat public (■ CEDH, 12 mars 2019, n°s 52497/08, 6741/12 et 7110/12, *Ali Gürbüz c/ Turquie*, § 77). Compte tenu de l'effet dissuasif qu'elle était de nature à provoquer, la condamnation pénale de la requérante en sa qualité de propriétaire et d'éditrice d'un périodique à raison de ses publications, même assortie d'un sursis à l'exécution de la peine, s'analyse en une ingérence dans l'exercice par l'intéressée de son droit à la liberté d'expression (■ CEDH, 3 sept. 2019, n° 66575/12, *Yildiz c/ Turquie*, §§ 26 et 28). De même, les poursuites pénales engagées contre des professeurs d'université, auteurs d'un rapport public, constituent une ingérence dans l'exercice de leur droit à la liberté d'expression, eu égard à leur durée (plus de 3 ans) et à leur effet dissuasif même si elles n'ont débouché sur aucune condamnation pénale (■ CEDH, 20 oct. 2020, n° 36944/07, *Kaboğlu et Oran c/ Turquie*, §§ 114 à 116).

12) Procédures touchant un fonctionnaire ou un magistrat. Une procédure disciplinaire, une révocation ou une nomination touchant un fonctionnaire ou un magistrat, si elle est exclusivement ou principalement motivée par l'exercice de la liberté d'expression du requérant, constitue une ingérence dans l'exercice du droit protégé par l'article 10 de la Convention. Si au contraire elle est essentiellement liée à la capacité du requérant à exercer ses fonctions, il n'y a pas d'ingérence au regard de l'article 10 (■ CEDH, 23 juin 2016, n° 20261/12, *Baka c/ Hongrie*, § 151. ■ CEDH, 13 nov. 2008, n°s 64119/00 et 76292/01, *Kayasu c/ Turquie*, § 80. ■ CEDH, 19 oct. 2021, n° 40072/13, *Miroslava Todorova c/ Bulgarie*, § 154).

13) Injonction judiciaire adressée à des journalistes de dévoiler leur source. Une ordonnance mettant le requérant en demeure de divulguer l'identité de sa source ne saurait se concilier avec l'article 10 de la Convention que si elle se justifie par un impératif prépondérant d'intérêt public (■ CEDH, GC, 27 mars 1996, n° 17488/90, *Goodwin c/ Royaume-Uni*. ■ CEDH, 6 oct. 2020, n° 35449/14, *Jecker c/ Suisse*, § 41). L'injonction contraignante de remise de matériaux journalistiques qui comportaient des informations propres à permettre l'identification des sources journalistiques adressée à une société de presse constitue une ingérence dans l'exercice par ladite société de sa liberté de recevoir ou de communiquer des informations, au sens de l'article 10 § 1 de la Convention (■ CEDH, GC, 14 sept. 2010, n° 38224/ 03, *Sanoma Uitgevers B.V. c/ Pays-Bas [GC]* : *JCP* G 2010, act. 951, G. Gonzalez ; *RSC* 2011, p. 223, obs. J.-P. Marguénaud).

14) Perquisition et saisie au domicile ou sur le lieu de travail des journalistes. Les mesures de perquisition sur le lieu de travail de journalistes et de saisie de leurs données, sous forme informatique ou imprimée, s'analysent en une ingérence dans l'exercice du droit des intéressés à la liberté d'expression. Pareille ingérence enfreint l'article 10, sauf si, « prévue par la loi », elle poursuivait un ou plusieurs buts légitimes au regard du paragraphe 2 et était « nécessaire, dans une société démocratique », pour atteindre ce ou ces buts (■ CEDH, 19 janv. 2016, n° 49085/07, *Görmüs et a. c/ Turquie*). Les perquisitions au domicile et dans les locaux professionnels d'un journaliste aux fins d'identifier les fonctionnaires qui avaient livré à celui-ci des informations confidentielles s'analysent en une ingérence dans l'exercice par l'intéressé des droits découlant du paragraphe 1 de l'article 10. L'absence de résultat des perquisitions n'enlève pas à ces dernières leur objet, à savoir trouver l'auteur d'une violation du secret professionnel et donc la source du journaliste (■ CEDH, 25 févr. 2003, n° 51772/99, *Roemen et Schmit c/ Luxembourg*, § 47. – *Adde*, ■ CEDH, 12 avr. 2012, n° 30002/08, *Martin et a. c/ France*, § 85). Une décision de saisie et de perquisition dans les locaux professionnels des journalistes concernés constitue un acte plus grave qu'une sommation de divulgation de l'identité de la source. En effet, les enquêteurs qui, munis d'un mandat de perquisition, surprennent un journaliste à son lieu de travail ont des pouvoirs d'investigation très larges du fait qu'ils ont, par définition, accès à toute la documentation détenue par le journaliste (■ CEDH, 25 févr. 2003, n° 51772/99, *Roemen et Schmit c/ Luxembourg*, § 57. ■ CEDH, 19 janv. 2016, n° 49085/07, *Görmüs et a. c/ Turquie*).

15) Écoutes téléphoniques sur la ligne de journalistes. Les perquisitions et les écoutes téléphoniques réalisées à l'encontre de journalistes dans le but de déterminer la provenance d'informations couvertes par le secret de l'instruction et relatées dans un article de presse s'analysent en une « ingérence » dans l'exercice par les requérants de leur droit à la liberté d'expression. Pareille immixtion enfreint l'article 10 de la Convention, sauf si elle est « prévue par la loi », dirigée vers un ou plusieurs des buts légitimes énumérés au paragraphe 2 de l'article 10 et « nécessaire » dans une société démocratique afin d'atteindre le ou lesdits buts (■ CEDH, 28 juin 2012, n°s 15054/07 et 15066/07, *Ressiot et a. c/ France*).

16) Garde à vue imposée à un journaliste pour n'avoir pas obtempéré à un ordre de dispersion. L'injonction faite à un journaliste de quitter les lieux d'une manifestation devenue violente et la garde à vue qui lui est imposée pour n'avoir pas obtempéré constituent une ingérence dans l'exercice par le requérant de son droit à la liberté d'expression (■ CEDH, GC, 20 oct. 2015, n° 11882/10, *Pentikäinen c/ Finlande : JCP* G 2016, doct. 65, n° 23, F. Sudre).

B – Conditions des restrictions procédurales

1° Prévision légale

17) Acception matérielle de la loi. La Cour rappelle avoir toujours entendu le terme « loi » dans son acception « matérielle » et non « formelle » ; elle y a inclus à la fois le « droit écrit », comprenant aussi bien des textes de rang infralégislatif que des actes réglementaires pris par un ordre professionnel, par délégation du législateur, dans le cadre de son pouvoir normatif autonome, et le « droit non écrit ». La « loi » doit se comprendre comme englobant le texte écrit et le « droit élaboré » par les juges. En résumé, la « loi » est le texte en vigueur tel que les juridictions compétentes l'ont interprété (■ CEDH, 14 sept. 2010, n° 38224/03, *SanomaUitgevers B.V. c/ Pays-Bas [GC] : JCP* G 2010, act. 951, G. Gonzalez ; *RSC* 2011, p. 223, obs. J.-P. Marguénaud).

18) Existence d'une base légale – Absence de prévision légale de la mesure précédemment déclarée illégale sur le fondement de la CEDH. Une mesure de détention qui n'est pas régulière, en ce qu'elle constitue une ingérence dans l'une des libertés garanties par la Convention, ne saurait être considérée en principe comme une restriction prévue par la loi nationale. Ainsi, la détention provisoire du dirigeant d'une maison d'édition, déclarée illégale sous l'angle de l'article 5 de la Cour Européenne des Droits de l'Homme par la Cour car non fondée sur des raisons plausibles de soupçonner sa participation à une infraction, n'est pas prévue par la loi au sens de l'article 10 § 2 CEDH (■ CEDH, 15 sept. 2020, n° 5064/12, *Ragıp Zarakolu c/ Turquie*, § 79). De même que la détention provisoire de journalistes (■ CEDH, 10 nov. 2020, n° 23199/17, *Sabuncu et a. c/ Turquie*, § 230. ■ CEDH, 24 nov. 2020, n° 36493/17, *Şik c/ Turquie*, § 187. ■ CEDH, 13 avr. 2021, n° 80/17, *Murat Aksoy c/ Turquie*, § 163).

19) Qualité de la loi – Signification. Les termes « prévue par la loi » figurant aux articles 8 à 11 de la Convention signifient que la mesure incriminée doit avoir une base légale en droit interne ; ils visent aussi la qualité de la loi, l'accessibilité de celle-ci aux personnes concernées et une formulation assez précise pour leur permettre de prévoir, à un degré raisonnable dans les circonstances de la cause, les conséquences pouvant résulter d'un acte déterminé. En outre, la prévisibilité de la loi ne s'oppose pas à ce que la personne concernée soit amenée à recourir à des conseils éclairés pour évaluer, à un degré raisonnable dans les circonstances de la cause, les conséquences pouvant résulter d'un acte déterminé. Il en va spécialement ainsi des professionnels, habitués à devoir faire preuve d'une grande prudence dans l'exercice de leur métier (■ CEDH, 1er juin 2017, n° 68974/11, *Giesbert et a. c/ France*. ■ CEDH, 24 nov. 2005, n° 53886/00, *Tourancheau et July*, § 54 et 56).

20) Qualité de la loi – Applications. La saisie par l'autorité pénitentiaire du manuscrit d'un roman écrit par un détenu ne constitue pas une ingérence « prévue par la loi » au sens du paragraphe 2 de l'article 10 de la Convention dès lors que le règlement pénitentiaire qui en est le fondement légal n'indique pas avec suffisamment de clarté l'étendue et les modalités du pouvoir d'appréciation des autorités dans le domaine en cause, et que son application pratique n'apparaissait pas pallier cette carence (▪ CEDH, 23 mai 2017, n° 28691/05, *Sarigül c/ Turquie*). La levée de l'immunité parlementaire d'un député et la détention provisoire de celui-ci, basée sur ses accusations de terrorisme formulées à l'occasion de discours politiques, constituent une ingérence dans l'exercice de sa liberté d'expression. En l'absence d'interprétation par les juridictions nationales de la disposition constitutionnelle qui la fonde, cette ingérence n'est pas « prévue par la loi » en ce qu'elle ne répond pas à l'exigence de prévisibilité, car lorsqu'il défendait une opinion politique l'intéressé pouvait légitimement s'attendre à bénéficier du cadre juridique constitutionnel en place offrant la protection de l'immunité pour le discours politique et des garanties procédurales constitutionnelles (▪ CEDH, GC, 22 déc. 2020, n° 14305/17, *Selahattin Demirtaş c/ Turquie*, § 270).

21) Existence de garanties légales en cas d'atteinte au secret des sources journalistiques. Toute atteinte au droit à la protection des sources doit être entourée de garanties procédurales, définies par la loi, en rapport avec l'importance du principe en jeu. Au premier rang des garanties exigées doit figurer la possibilité de faire contrôler la mesure par un juge ou un organe indépendant et impartial. Le contrôle requis doit être mené par un organe, distinct de l'exécutif et des autres parties intéressées, investi du pouvoir de dire, avant la remise des éléments réclamés, s'il existe un impératif d'intérêt public l'emportant sur le principe de protection des sources des journalistes et, dans le cas contraire, d'empêcher tout accès non indispensable aux informations susceptibles de conduire à la divulgation de l'identité des sources. L'injonction de remise de CD-Rom mentionnant les sources journalistiques adressée à une entreprise de presse et dont la décision est confiée au procureur plutôt qu'à un juge indépendant n'est pas entourée de garanties légales adéquates et viole l'article 10 de la Convention (▪ CEDH, 14 sept. 2010, n° 38224/03, *Sanoma Uitgevers B.V. c/ Pays-Bas [GC]* : *JCP* G 2010, act. 951, G. Gonzalez ; *RSC* 2011, p. 223, obs. J.-P. Marguénaud).

2° *Existence d'un but légitime (buts invoqués en matière procédurale)*

22) Défense de l'ordre et prévention du crime. Les perquisitions au domicile et sur le lieu de travail d'un journaliste ayant pour but la recherche des auteurs potentiels d'une violation du secret professionnel et de l'éventuelle illégalité subséquemment commise par le requérant dans l'exercice de ses fonctions poursuivaient le « but légitime » que constituent la défense de l'ordre public et la prévention des infractions pénales (▪ CEDH, 25 févr. 2003, n° 51772/99, *Roemen et Schmit c/ Luxembourg*, § 50).

23) Empêchement de la divulgation d'informations confidentielles. Le droit du requérant d'informer le public et le droit du public de recevoir des informations se heurtent à des intérêts publics et privés de même importance, protégés par l'interdiction de divulguer des informations couvertes par le secret de l'instruction. Ces intérêts sont : l'autorité et l'impartialité du pouvoir judiciaire, l'effectivité de l'enquête pénale et le droit du prévenu à la présomption d'innocence et à la protection de sa vie privée (▪ CEDH, GC, 29 mars 2016, n° 56925/08, *Bédat c/ Suisse* : *Comm. com. électr.* 2016, comm. 54, note A. Lepage ; *JCP* G 2016, 507, H. Surrel).

24) Garantie de l'autorité et de l'impartialité du pouvoir judiciaire. V. *supra*.

3° *Caractère nécessaire dans une société démocratique*

25) Signification. Si l'adjectif « nécessaire », au sens de l'article 10 § 2, n'est pas synonyme d'« indispensable », il n'a pas non plus la souplesse de termes tels qu'« admissible », « normal », « utile », « raisonnable » ou « opportun » (▪ CEDH, 7 déc. 1976, n° 5493/76, *Handyside c/ Royaume-Uni*, § 48. ▪ CEDH, 26 avr. 1979, n° 6538/74, *Sunday Times c/ Royaume-Uni*, § 59). L'adjectif « nécessaire », au sens de l'article 10 § 2 implique un « besoin social impérieux » (▪ CEDH, 26 avr. 1979, n° 6538/74, *Sunday Times c/ Royaume-Uni*, § 59. ▪ CEDH, 8 juill. 1986, n° 9815/82, *Lingens c/ Autriche*).

26) Marge d'appréciation des États. Les États contractants jouissent d'une certaine marge d'appréciation pour juger de l'existence d'un tel besoin, mais elle va de pair avec un contrôle européen portant à la fois sur la loi et sur les décisions qui l'appliquent, même quand elles émanent d'une juridiction indépendante (▪ CEDH, 7 déc. 1976, n° 5493/76, *Handyside c/ Royaume-Uni*, §§ 48 et 49. ▪ CEDH, 8 juill. 1986, n° 9815/82, *Lingens c/ Autriche*). La Cour n'a pas pour tâche, lorsqu'elle exerce son contrôle, de se substituer aux juridictions internes, mais de vérifier sous l'angle de l'article 10 les décisions qu'elles ont rendues en vertu de leur pouvoir d'appréciation. Pour cela, la Cour doit considérer l'« ingérence » litigieuse à la lumière de l'ensemble de l'affaire pour déterminer si les motifs invoqués par les autorités nationales pour la justifier apparaissent « pertinents et suffisants » (▪ CEDH, 26 nov. 1991, n° 13166/87, *Sunday Times c/ Royaume-Uni*, § 50. ▪ CEDH, 27 mars 1996, *Goodwin c/ Royaume-Uni*, § 40. ▪ CEDH, 29 août 1997, n° 83/1996/702/894, *Worm c/ Autriche*, § 47).

27) Critères généraux d'appréciation – Prise en compte des droits et des devoirs du titulaire de la liberté d'expression. Quiconque exerce sa liberté d'expression assume « des devoirs et des responsabilités » dont l'étendue dépend de sa situation et du procédé technique utilisé. En recherchant, comme en l'espèce, si des « restrictions » ou « sanctions » tendaient à la « protection de la morale » qui les rendait « nécessaires » dans une « société démocratique », la Cour ne saurait faire abstraction des « devoirs » et « responsabilités » de l'intéressé (▪ CEDH, 7 déc. 1976, n° 5493/76, *Handyside c/ Royaume-Uni*, § 49). Toute personne, fût-elle journaliste, qui exerce sa liberté d'expression, assume « des devoirs et des responsabilités » dont l'étendue dépend de sa situation et du procédé technique utilisé. Ainsi, malgré le rôle essentiel qui revient aux médias dans une société démocratique, les journalistes ne sauraient en principe être déliés, par la protection que leur offre l'article 10, de leur devoir de respecter les lois pénales de droit commun. Le paragraphe 2 de l'article 10 pose d'ailleurs les limites de l'exercice de la liberté d'expression, qui restent valables même quand il s'agit de rendre compte dans la presse de questions sérieuses d'intérêt général. Ainsi, la garantie que l'article 10 offre aux journalistes, en ce qui concerne les comptes rendus sur des questions d'intérêt général, est subordonnée à la condition que les intéressés agissent de bonne foi sur la base de faits exacts et fournissent des informations « fiables et précises » dans le respect de la déontologie journalistique (▪ CEDH, 10 déc. 2007, n° 69698/01, *Stoll c/ Suisse*, §§ 102 et 103). Si la presse ne doit pas franchir certaines limites, concernant notamment la protection de la réputation et des droits d'autrui et la nécessité d'empêcher la divulgation d'informations confidentielles, il lui incombe néanmoins de communiquer, dans le respect de ses devoirs et de ses responsabilités, des informations et des idées sur toutes les questions d'intérêt général, y compris celles qui se rapportent à l'administration de la justice. À sa fonction qui consiste à diffuser des informations et des idées sur de telles questions s'ajoute le droit, pour le public, d'en recevoir. S'il en allait autrement, la presse ne pourrait jouer son rôle indispensable de « chien de garde ». La liberté journalistique comprend aussi le recours possible à une certaine dose d'exagération, voire même de provocation (▪ CEDH, 17 déc. 2004, n° 49017/99, *Pedersen et Baadsgaard c/ Danemark*).

28) Critères généraux d'appréciation – Prise en compte de la nature de la sanction. La nature et la lourdeur des sanctions infligées sont des éléments à prendre en considération lorsque l'on évalue la proportionnalité de l'ingérence. Même lorsque la sanction est la plus modérée possible, à l'instar d'une condamnation accompagnée d'une dispense de peine sur le plan pénal et à ne payer qu'un « euro symbolique » au titre des dommages-intérêts, elle n'en constitue pas moins une sanction pénale qui peut avoir un effet dissuasif quant à l'exercice de la liberté d'expression, lequel doit être pris en compte pour apprécier la proportionnalité de l'ingérence. Le prononcé même d'une condamnation pénale est l'une des formes les plus graves d'ingérence dans le droit à la liberté d'expression, eu égard à l'existence d'autres moyens d'intervention et de réfutation, notamment par les voies de droit civiles. Pour cette raison, les autorités internes sont invitées à faire preuve de retenue dans l'usage de la voie pénale (▪ CEDH, 12 juill. 2016, n° 50147/11, *Reichman c/ France*, § 73). Sanctionner un journaliste pour avoir aidé à la diffusion de déclarations émanant d'un tiers dans un entretien entraverait gravement la contribution de la presse aux discussions de problèmes d'intérêt général et ne saurait se concevoir sans raisons particulièrement sérieuses. La Cour n'admet pas à cet égard l'argument du Gouvernement selon lequel le faible montant de l'amende entre en ligne de compte ; ce qui importe, c'est que le journaliste a été condamné (▪ CEDH, 23 sept. 1994, n° 15890/89, *Jersild c/ Danemark*, § 35).

29) Critères généraux d'appréciation – Existence d'un débat d'intérêt général. L'article 10 § 2 de la Convention ne laisse guère de place pour des restrictions à la liberté d'expression dans le domaine du discours politique ou des questions d'intérêt général (▪ CEDH, 8 juill. 1986, n° 9815/82, *Lingens c/ Autriche*. ▪ CEDH, 19 janv. 2016, n° 49085/07, *Görmüs et a. c/ Turquie*). Le dopage dans le sport professionnel et les problèmes de santé publique en découlant concernent un débat d'intérêt public. Les perquisitions et les écoutes téléphoniques réalisées à l'encontre de journalistes dans le but de déterminer la provenance d'informations couvertes par le secret de l'instruction et relatées dans un article de presse ne représentent pas des moyens raisonnablement proportionnés à la poursuite des buts légitimes visés compte tenu de l'intérêt de la société démocratique à assurer et à maintenir la liberté de la presse (▪ CEDH, 28 juin 2012, n°s 15054/07 et 15066/07, *Ressiot et a. c/ France*). La publication de documents militaires fichant les journalistes selon leur tendance politique afin de sélectionner ceux autorisés à participer et à couvrir les événements organisés par l'état-major des armées contribue à nourrir le débat public sur des questions d'intérêt général. La perquisition et la saisie de données informatiques dans les locaux professionnels des journalistes en vue d'identifier les fonctionnaires donneurs d'alerte ne sont pas proportionnées au but légitime visé et de ce fait, elles ne sont pas nécessaires dans une société démocratique (▪ CEDH, 19 janv. 2016, n° 49085/07, *Görmüs et a. c/ Turquie*).

30) Critères d'appréciation en cas de divulgation d'informations couvertes par le secret de l'instruction. Les critères devant guider les autorités nationales des États parties à la Convention dans l'appréciation du caractère « nécessaire » de l'ingérence s'agissant des affaires de violation du secret de l'instruction par un journaliste sont la manière dont le requérant est entré en possession des informations litigieuses, la teneur de l'article litigieux, la contribution de l'article litigieux à un débat d'intérêt général, l'influence de l'article litigieux sur la conduite de la procédure pénale, l'atteinte à la vie privée du prévenu et la proportionnalité de la sanction prononcée (▪ CEDH, GC, 29 mars 2016, n° 56925/08, *Bédat c/ Suisse : Comm. com. électr.* 2016, comm. 54, note A. Lepage ; *JCP* G 2016, 507, H. Surrel, §§ 55 à 81).

31) Application – Critique de la justice pénale par des journalistes. Il incombe à la presse de communiquer, dans le respect de ses devoirs et responsabilités, des informations et des idées sur les questions politiques ainsi que sur les autres thèmes d'intérêt général. Parmi eux figurent sans nul doute ceux qui concernent le fonctionnement de la justice, institution essentielle à toute société démocratique. La presse représente en effet l'un des moyens dont disposent les responsables politiques et l'opinion publique pour s'assurer que les juges s'acquittent de leurs hautes responsabilités conformément au but constitutif de la mission qui leur est confiée. Il convient cependant de tenir compte de la mission particulière du pouvoir judiciaire dans la société. Comme garant de la justice, valeur fondamentale dans un État de droit, son action a besoin de la confiance des citoyens pour prospérer. Aussi peut-il s'avérer nécessaire de protéger celle-ci contre des attaques destructrices dénuées de fondement sérieux, alors surtout que le devoir de réserve interdit aux magistrats visés de réagir. La condamnation pour diffamation des requérants pour avoir critiqué le comportement de juges pénaux ne se révèle pas disproportionnée au but légitime poursuivi et peut dès lors passer pour nécessaire dans une société démocratique (▪ CEDH, 26 avr. 1995, n° 15974/90, *Prager et Oberschlick c/ Autriche*, § 34). Les restrictions à la liberté d'expression autorisées au paragraphe 2 de l'article 10 « pour garantir l'autorité et l'impartialité du pouvoir judiciaire » ne permettent pas aux États de limiter toutes les formes de débat public sur des questions en cours d'examen par les tribunaux. Les tribunaux ont compétence pour se prononcer sur la culpabilité ou l'innocence quant à une accusation en matière pénale, mais il n'en résulte point qu'auparavant ou en même temps, les questions dont connaissent les juridictions pénales ne peuvent donner lieu à discussion ailleurs, que ce soit dans des revues spécialisées, la grande presse ou le public en général. À condition de ne pas franchir les bornes fixées aux fins d'une bonne administration de la justice, les comptes rendus de procédures judiciaires, y compris les commentaires, contribuent à les faire connaître et sont donc parfaitement compatibles avec l'exigence de publicité de l'audience énoncée à l'article 6 § 1 de la Convention. À la fonction des médias consistant à communiquer de telles informations et idées s'ajoute le droit, pour le public, d'en recevoir. Cela est d'autant plus vrai lorsque le procès est celui d'un personnage connu tel qu'un ancien ministre, comme en l'espèce [...]. Cependant, comme tout un chacun, les personnalités connues sont en droit de bénéficier d'un procès équitable tel que garanti à l'article 6, ce qui, en matière pénale, comprend le droit à un tribunal impartial. Les journalistes doivent s'en souvenir qui rédigent des articles sur des procédures pénales en cours, car les limites du commentaire admissible peuvent ne pas englober des déclarations qui risqueraient, intentionnellement ou non, de réduire les chances d'une personne de bénéficier d'un procès équitable ou de saper la confiance du public dans le rôle tenu par les tribunaux dans l'administration de la justice pénale (▪ CEDH, 29 août 1997, *Worm c/ Autriche*, § 50). La condamnation pénale de journalistes pour la publication d'un article diffamatoire suggérant la passivité de gendarmes dans le cadre de l'assassinat d'un journaliste n'est pas nécessaire dans une société démocratique dès lors que l'article porte sur un sujet d'intérêt général, ne comporte pas d'attaque personnelle et que, reprenant les déclarations d'une tierce personne, le critère à appliquer ne consiste pas à se demander si ces journalistes peuvent prouver la véracité desdites déclarations, mais s'ils ont agi de bonne foi et se sont conformés à l'obligation leur incombant d'habitude de vérifier une déclaration factuelle en s'appuyant sur une base réelle suffisamment précise et fiable qui pût être tenue pour proportionnée à la nature et à la force de leur allégation, sachant que plus l'allégation est sérieuse, plus la base factuelle doit être solide (▪ CEDH, 16 janv. 2001, *Magosso et Brindani c/ Italie*, §§ 47, 49 et 55).

32) Application – Critique de la justice pénale par des avocats. Les avocats ont le droit de se prononcer publiquement sur le fonctionnement de la justice, même si leur critique ne saurait franchir certaines limites (■ CEDH, 21 mars 2002, n° 31611/96, *Nicula c/ Finlande*, § 46 : *JCP* G 2002, I, 157, n° 16, chron. F. Sudre. ■ CEDH, 23 avr. 2015, n° 29369/10, *Morice c/ France*, § 134. ■ CEDH, 15 déc. 2015, n° 29024/11, *Bono c/ France*, § 45 : *JCP* G 2016, 238, J.-P. Marguénaud). La question de la liberté d'expression est liée à l'indépendance de la profession d'avocat, cruciale pour un fonctionnement effectif de l'administration équitable de la justice. Ce n'est qu'exceptionnellement qu'une limite touchant la liberté d'expression de l'avocat de la défense – même au moyen d'une sanction pénale légère – peut passer pour nécessaire dans une société démocratique (■ CEDH, 23 avr. 2015, *Morice c/ France*, préc., §§ 134 et 135. ■ CEDH, 15 déc. 2015, *Bono c/ France*, préc., § 45). Il convient toutefois de distinguer selon que l'avocat s'exprime dans le prétoire ou en dehors de celui-ci. S'agissant des « faits d'audience », l'avocat a le devoir de défendre avec zèle les intérêts de ses clients (■ CEDH, 21 mars 2002, n° 31611/96, *Nicula c/ Finlande*, § 54. ■ CEDH, 23 avr. 2015, n° 29369/10, *Morice c/ France*, § 137. ■ CEDH, 12 févr. 2019, n° 70465/12, *Pais Pires de Lima c/ Portugal*, § 61 et 62 : *JCP* G 2019, 252, obs. H. Surrel), ce qui le conduit parfois à s'interroger sur la nécessité de s'opposer ou non à l'attitude du tribunal ou de s'en plaindre. Concernant les propos tenus en dehors du prétoire, la défense d'un client peut se poursuivre dans un journal télévisé ou une intervention dans la presse. Il reste que les avocats ne peuvent tenir des propos d'une gravité dépassant le commentaire admissible sans solide base factuelle ou proférer des injures (■ CEDH, 23 avr. 2015, n° 29369/10, *Morice c/ France*, § 138 et 139. ■ CEDH, 12 févr. 2019, n° 70465/12, *Pais Pires de Lima c/ Portugal*, § 61 et 62). La condamnation du requérant (avocat) pour complicité de diffamation pour avoir dénoncé le manque d'impartialité et de loyauté d'un juge d'instruction s'analyse en une ingérence disproportionnée dans le droit à la liberté d'expression de l'intéressé, qui n'était donc pas « nécessaire dans une société démocratique » au sens de l'article 10 de la Convention (■ CEDH, 23 avr. 2015, *Morice c/ France*, préc.). En infligeant une sanction disciplinaire au requérant (ayant accusé les magistrats instructeurs de s'être rendus complices de la torture dont avait fait l'objet son client lors d'interrogatoires menés par les autorités syriennes), les autorités ont porté une atteinte excessive à l'exercice de la mission de défense de l'avocat (■ CEDH, 15 déc. 2015, *Bono c/ France*, préc.). Est contraire à l'article 10 la condamnation pour violation du secret professionnel de la requérante qui s'était exprimée, en sa qualité d'avocate de victimes constituées parties civiles, dans la presse à propos d'un rapport d'expertise couvert par le secret professionnel quand les déclarations de la requérante s'inscrivaient dans le cadre d'un débat d'intérêt général, s'agissant d'une affaire relative à un scandale sanitaire intéressant l'opinion publique (■ CEDH, 15 déc. 2011, n° 28198/09, *Mor c/ France*), de même que la sanction disciplinaire prononcée à l'égard d'un avocat dont les propos constituaient une critique à l'égard du jury et des magistrats d'assises mais s'inscrivaient dans un débat d'intérêt général relatif au fonctionnement de la justice pénale dans le contexte d'une affaire médiatique et constituaient un jugement de valeur disposant d'une base factuelle suffisante et s'inscrivant dans le cadre de la défense pénale de son client (■ CEDH, 19 avr. 2018, n° 41841/12, *Ottan c/ France* : *JCP* G 2018, 549, obs. H. Surrel ; *AJ pénal* 2018, p. 310, obs. J.-B. Thierry) *V. égal. pour la critique des décisions constitutionnelles*, les déclarations du requérant (avocat) portaient sur une question d'intérêt général et elles s'inscrivaient dans le cadre d'une vive polémique déclenchée parmi les avocats par une décision de la Cour constitutionnelle sur le statut de la profession et qui mettait fin à l'organisation des avocats en une structure unique, l'Union des avocats de Moldova, dont le requérant était le président. Dans ce contexte, même si ces affirmations peuvent passer pour dénoter une certaine absence de considération à l'égard de la Cour constitutionnelle du fait de sa décision, elles ne peuvent être qualifiées ni de graves ni d'injurieuses à l'égard des juges de la Cour. Eu égard à ces considérations, il n'y avait pas « un besoin social impérieux » de restreindre la liberté d'expression du requérant et les autorités nationales n'ont pas fourni des motifs « pertinents et suffisants » pour la justifier. Le requérant n'ayant pas dépassé les limites de la critique permise par l'article 10 de la Convention, on ne saurait considérer que l'ingérence incriminée était « nécessaire dans une société démocratique » (■ CEDH, 20 avr. 2004, n° 60115/00, *Amihalachioiae c/ Moldavie*, §§ 35 à 39).

33) Application – Critique de la justice pénale par des magistrats. On est en droit d'attendre des fonctionnaires de l'ordre judiciaire qu'ils usent de leur liberté d'expression avec retenue chaque fois que l'autorité et l'impartialité du pouvoir judiciaire sont susceptibles d'être mises en cause. La Cour n'en estime pas moins que toute atteinte à la liberté d'expression d'un magistrat dans la situation du requérant appelle de sa part un examen attentif. L'atteinte portée au droit à la liberté d'expression du requérant, à savoir la sanction infligée pour offense aux forces armées pour avoir préconisé l'ouverture d'une procédure pénale contre les auteurs d'un coup d'État, qui a entraîné sa révocation définitive de la fonction de procureur et l'interdiction d'exercer comme avocat, était disproportionnée à tout but légitime poursuivi (■ CEDH, 13 nov. 2008, n°s 64119/00 et 76292/01, *Kayasu c/ Turquie*, § 92).

34) Application – Investigations portant atteinte au secret des sources journalistiques. La Cour se demande si d'autres mesures que la perquisition au siège de la rédaction du journal n'auraient pas pu permettre au juge d'instruction de rechercher s'il y avait eu effectivement violation du secret professionnel. (...) Elle souligne que la chambre d'instruction de la cour d'appel a elle-même estimé qu'il n'était pas nécessaire que le juge d'instruction ait effectué antérieurement tous les actes possibles et qu'il relevait de sa seule conscience de déterminer s'il devait procéder à la perquisition. La Cour en induit que, procéder à d'autres actes d'instruction avant la perquisition, n'était pas une priorité pour les magistrats chargés de superviser l'instruction. (...) Elle conclut que la mesure litigieuse est à considérer comme disproportionnée et a violé le droit des requérants à la liberté d'expression reconnu par l'article 10 de la Convention (■ CEDH, 12 avr. 2012, n° 30002/08, *Martin et a. c/ France*, §§ 86 et 89). La nécessité de divulguer l'identité d'une source ne s'apprécie pas seulement au regard du fait que la mesure est la seule à pouvoir faire avancer l'enquête ; elle s'apprécie aussi au regard de la gravité de l'infraction et celle-ci ne saurait être établie de façon abstraite, par référence aux catégories établies par la loi de façon abstraite ; il faut plutôt démontrer que la mesure est nécessaire au regard des circonstances de la cause (■ CEDH, 6 oct. 2020, n° 35449/14, *Jecker c/ Suisse*, §§ 38 et 41).

35) Application – Garde-à-vue imposée à un journaliste pour n'avoir pas obtempéré à un ordre de dispersion. L'injonction faite à un journaliste de quitter les lieux d'une manifestation devenue violente et la garde-à-vue qui lui est imposée pour n'avoir pas obtempéré constituent une ingérence nécessaire dans une société démocratique dès lors qu'il ressort clairement du dossier de l'affaire que les autorités n'ont pas délibérément empêché les médias de couvrir la manifestation ou entravé leur travail pour essayer de dissimuler au public l'attitude de la police vis-à-vis de la manifestation en général ou des manifestants en particulier (■ CEDH, gde ch., 20 oct. 2015, n° 11882/10, *Pentikäinen c/ Finlande : JCP* G 2016, doctr. 65, n° 23, F. Sudre).

36) Application – Détention provisoire imposée à un journaliste. Le fait de formuler des critiques contre les gouvernements et de publier des informations qui sont considérées comme dangereuses pour les intérêts nationaux par les leaders et dirigeants d'un pays ne doit pas aboutir à la formulation d'accusations pénales particulièrement graves comme l'appartenance ou l'assistance à une organisation terroriste, la tentative de renversement du gouvernement ou de l'ordre constitutionnel ou la propagande du terrorisme. Et même dans les cas où il existe de telles accusations graves, la détention provisoire devrait être uniquement utilisée de manière exceptionnelle, en dernier ressort, quand les autres mesures ne suffisent pas à garantir véritablement la bonne conduite de la procédure (■ CEDH, 20 mars 2018, n° 16538/17, *Şahin Alpay c/ Turquie*, § 81).

37) Application – Détention provisoire imposée à un élu. Vu le caractère fondamental du libre jeu du débat politique dans une société démocratique, le fait de priver de sa liberté un élu du peuple pour une longue durée en raison de ses activités politiques, sans aucune raison impérieuse susceptible de justifier la gravité de la mesure incriminée, s'analyse en une ingérence manifestement disproportionnée aux buts légitimes poursuivis par l'article 10 de la Convention (■ CEDH, 14 sept. 2021, n° 31417/19, *Tuncer Bakirhan c/ Turquie*, §§ 80 et 81).

Art. 11 ***(Mod. à compter du 1er novembre 1998, Prot. n° 11, 11 mai 1994, art. 2-2 et ann. publié par D. n° 98-1055, 18 nov. 1998). – Liberté de réunion et d'association.***

1. Toute personne a droit à la liberté de réunion pacifique et à la liberté d'association, y compris le droit de fonder avec d'autres des syndicats et de s'affilier à des syndicats pour la défense de ses intérêts.

2. L'exercice de ces droits ne peut faire l'objet d'autres restrictions que celles qui, prévues par la loi, constituent des mesures nécessaires, dans une société démocratique, à la sécurité nationale, à la sûreté publique, à la défense de l'ordre et à la prévention du crime, à la protection de la santé ou de la morale, ou à la protection des droits et libertés d'autrui. Le présent article n'interdit pas que des restrictions légitimes soient imposées à l'exercice de ces droits par les membres des forces armées, de la police ou de l'administration de l'État.

Art. 12 ***(Mod. à compter du 1er novembre 1998, Prot. n° 11, 11 mai 1994, art. 2-2 et ann. publié par D. n° 98-1055, 18 nov. 1998). – Droit au mariage.***

À partir de l'âge nubile, l'homme et la femme ont le droit de se marier et de fonder une famille selon les lois nationales régissant l'exercice de ce droit.

Art. 13 ***(Mod. à compter du 1er novembre 1998, Prot. n° 11, 11 mai 1994, art. 2-2 et ann. publié par D. n° 98-1055, 18 nov. 1998). – Droit à un recours effectif.***

Toute personne dont les droits et libertés reconnus dans la présente Convention ont été violés, a droit à l'octroi d'un recours effectif devant une instance nationale, alors même que la violation aurait été commise par des personnes agissant dans l'exercice de leurs fonctions officielles.

I – CADRE DU RECOURS

1) **Une instance nationale.** L'« instance » n'a pas besoin d'être une institution judiciaire, mais alors ses pouvoirs et les garanties qu'elle présente entrent en ligne de compte pour apprécier l'effectivité du recours s'exerçant devant elle (▪ CEDH, 21 févr. 1975, n° 4451/70, *Golder c/ RU*. ▪ CEDH, 6 sept. 1978, n° 5029/71, *Klass c/ Allemagne*. ▪ CEDH, 25 mars 1983, n° 5947/72, *Silver et a. c/ RU*. ▪ CEDH, 26 oct. 2000, n° 30210/96, *Kudla c/ Pologne*). Les recours devant une autorité administrative en vue de contester des conditions de détention pouvaient passer pour satisfaire aux exigences de cette disposition (▪ CEDH, 22 oct. 2009, n° 17599/05, *Norbert Sikorski c/ Pologne*. ▪ CEDH, 22 oct. 2009, n° 17885/04, *Orchowski c/ Pologne*).

L'« instance » nationale qualifiée doit être habilitée à connaître du contenu du grief fondé sur la Convention et, de plus, à offrir le redressement approprié (▪ CEDH, 7 juill. 1989, n° 14038/88, *Soering c/ RU*. ▪ CEDH (GC), 15 nov. 1996, n° 22414/93, *Chahal c/ RU*).

2) **Séparation des pouvoirs.** La Cour ne saurait exiger un contrôle par un juge de la procédure parlementaire relative à la composition de l'organe et, en particulier, de la décision de l'assemblée élective d'empêcher qu'un élu condamné puisse continuer à exercer ses fonctions – en dehors de toute considération relative à la nature même du droit constitutionnel en cause. Une telle exigence ne tiendrait pas compte d'un système qui, comme celui en cause, contient une réserve constitutionnelle relative au pouvoir du Parlement de juger non seulement des titres d'admission de ses membres, mais également des causes d'inéligibilité et d'incompatibilité pouvant survenir (§ 22 ci-dessus). Elle nuirait aussi au principe général d'indépendance du Parlement dans l'accomplissement de sa mission et à la nécessité de garantir le fonctionnement efficace de cet organe, valeur essentielle à une société démocratique (▪ CEDH, 18 mai 2021, n° 63772/16, *Galan c/ Italie*).

II – OBJET DU RECOURS

A – Droits et libertés reconnus par la Convention

3) **Principe.** Le droit de recours prévu par l'article 13 ne peut concerner qu'un droit protégé par la Convention (▪ CEDH, 21 oct. 1997, n° 120/1996/732/938, *Pierre-Bloch c/ France*. ▪ CEDH (déc.), 4 avr. 2006, n° 44081/02, *Bompard c/ France*). L'article 13 garantit l'existence en droit interne d'un recours permettant de s'y prévaloir – et donc de dénoncer le non-respect – des droits et libertés de la Convention tels qu'ils peuvent s'y trouver consacrés (▪ CEDH, 17 avr. 1988, n°s 9659/82 et 9658/82, *Boyle et Rice c/ RU*. ▪ CEDH, 21 févr. 1986, n° 8793/79, *James et a. c/ RU*. ▪ CEDH, 21 janv. 2011, n° 30696/09, *M.S.S. c/ Belgique et Grèce*). Pour qu'un recours interne contre des conditions de détention soit effectif, l'autorité ou juridiction saisie doit statuer conformément aux principes pertinents énoncés dans la jurisprudence de la Cour sur le terrain de l'article 3 de la Convention. La réalité de la situation – et non les apparences – étant ce qui importe, la seule référence à cet article dans les décisions internes ne suffit pas : l'affaire doit avoir été effectivement examinée en conformité avec les normes découlant de la jurisprudence de la Cour (▪ CEDH, 21 mai 2015, n° 50494/12, *Yengo c/ France : AJ Pénal 2015, p. 450, obs. Senna*).

B – Violation

4) **Violation alléguée.** L'article 13 prévoit que tout individu dont les droits et libertés reconnus par la Convention « ont été violés » doit avoir un « recours effectif devant une instance nationale », alors même que « la violation aurait été commise » par des personnes agissant dans l'exercice de leurs fonctions officielles. Pris à la lettre, il semble indiquer que l'on n'a droit à un recours interne que s'il y a eu « violation ». Cependant, nul ne peut en établir une devant une « instance nationale » s'il n'est pas d'abord à même de saisir une telle « instance ». On ne peut donc subordonner le jeu de l'article 13 à la condition que la Convention soit vraiment violée. Il faut ainsi l'interpréter comme garantissant un « recours effectif devant une instance nationale » à quiconque allègue une violation de ses droits et libertés protégés par la Convention (▪ CEDH, 6 sept. 1978, n° 5029/71, *Klass c/ Allemagne*. ▪ CEDH, 18 déc. 1996, n° 21787/93, *Valsamis c/ Grèce*). Bien que donc non tenus d'incorporer la Convention à leur système juridique national, les États n'en doivent pas moins, aux termes de l'article 1er et sous une forme ou une autre, y assurer à quiconque relève de leur juridiction la substance des droits et libertés reconnus (▪ CEDH, 8 juill. 1986, n°s 9006/80, 9262/81, 9263/81, 9265/81, 9266/81, 9313/81 et 9405/81, *Lithgow et a. c/ RU* citant ▪ CEDH, 18 janv. 1978, *Irlande c/ RU*, n° 91).

Disposition normative de la Convention. Nonobstant son libellé, l'article 13 peut entrer en jeu même sans violation d'une autre clause – dite

« normative » – de la Convention. Il garantit l'existence en droit interne d'un recours permettant de s'y prévaloir – et donc de dénoncer le non-respect des droits et libertés de la Convention tels qu'ils peuvent s'y trouver consacrés (■ CEDH, 8 juill. 1986, n°s 9006/80, 9262/81, 9263/81, 9265/81, 9266/81, 9313/81 et 9405/81, *Lithgow et a. c/ RU*. ■ CEDH, 17 avr. 1988, n°s 9659/82 et 9658/82, *Boyle et Rice c/ RU*).

5) Grief défendable.

a. Principe. L'article 13 ne saurait cependant s'interpréter comme exigeant un recours interne pour toute doléance, si injustifiée soit-elle, qu'un individu peut présenter sur le terrain de la Convention : il doit s'agir d'un grief défendable au regard de celle-ci (■ CEDH, 26 mars 1987, n° 9248/81, *Leander c/ Suède*. ■ CEDH, 17 avr. 1988, n°s 9659/82 et 9658/82, *Boyle et Rice c/ RU*). Une procédure de recours interne ne saurait être jugée effective au sens de l'article 13 de la Convention si elle n'offre pas la possibilité de traiter la substance d'un « grief défendable » au sens de la Convention et d'apporter une réparation adéquate. Ainsi, en énonçant de manière explicite l'obligation pour les États de protéger les droits de l'Homme en premier lieu au sein de leur propre ordre juridique, l'article 13 établit au profit des justiciables une garantie supplémentaire de jouissance effective des droits en question (■ CEDH, 23 févr. 2017, n° 43395/09, *De Tommaso c/ Italie*. ■ CEDH, 23 mai 2006, n° 46343/99, *Riener c/ Bulgarie*. ■ CEDH, GC, 26 oct. 2000, n° 30210/96, *Kudła c/ Pologne*. ■ CEDH, gr. ch., 10 mai 2001, n° 28945/95, *T.P. et K.M. c/ Royaume-Uni*).

b. Absence de définition du grief défendable. La Cour ne croit pas devoir donner une définition abstraite de la notion de défendabilité. Il y a lieu en revanche de rechercher, à la lumière des faits comme de la nature du ou des problèmes juridiques en jeu, si chaque allégation de violation à l'origine d'un grief présenté sur le terrain de l'article 13 pouvait se défendre et, dans l'affirmative, si les exigences de ce texte se trouvaient remplies pour elle (■ CEDH, 17 avr. 1988, n°s 9659/82 et 9658/82, *Boyle et Rice c/ RU* : correspondance des détenus).

c. Illustrations.

Griefs non défendables. La requérante soutient qu'elle ne dispose pas d'un recours effectif pour obtenir réparation des souffrances subies lors de sa garde à vue, en raison de l'insuffisance de l'enquête. Sur le fondement des preuves produites devant elle, la Cour conclut que les griefs présentés par la requérante ne révèlent aucune apparence de violation de l'article 3. Ils ne sont dès lors pas « défendables » aux fins de l'article 13 (■ CEDH, 25 oct. 2005, n° 50971/99, *HusniyeTekin c/ Turquie*). Les éléments du dossier ne sont pas suffisants pour que la Cour apprécie l'existence d'une pratique administrative de violation de l'article 13 (■ CEDH, 2 sept. 1998, n° 63/1997/847/1054, *Ya[scedil]a c/ Turquie*). Une plainte au directeur de la prison et, au besoin, une requête au ministre eussent assuré un recours interne effectif (■ CEDH, 17 avr. 1988, n°s 9659/82 et 9658/82, *Boyle et Rice c/ RU* : correspondance des détenus) L'article 13 n'impose pas aux États de permettre aux individus de dénoncer, devant une autorité interne, les lois nationales comme contraires à la Convention (■ CEDH, gr. ch., 23 févr. 2017, n° 43395/09, *De Tommaso c/ Italie*. ■ CEDH, 25 mars 1993, n° 13134/87, *Costello-Roberts c/ Royaume-Uni*).

6) Griefs défendables. La thèse développée par le requérant quant à un risque de mauvais traitement en Erythrée avait un degré suffisant de crédibilité pour qu'il soit considéré qu'une question sérieuse se pose sous l'angle de l'article 3. Il y a lieu d'en déduire que le grief tiré de l'article 3 est « défendable », de sorte que le requérant est en principe en mesure d'invoquer cette disposition en combinaison avec l'article 13 (■ CEDH, 26 avr. 2007, n° 25389/05, *Gebremedhin (Gaberamadhien) c/ France*). L'expulsion du requérant vers la Grèce par les autorités belges s'analysait en une violation de l'article 3 de la Convention. Les griefs soulevés par le requérant sur ce point sont dès lors « défendables » aux fins de l'article 13 (■ CEDH, 21 janv. 2011, n° 30696/09, *M.S.S. c/ Belgique et Grèce*). L'effet combiné des mesures telles que les transferts répétés, les placements à l'isolement et les fouilles corporelles dans le cas du requérant a entraîné la violation de l'article 3 de la Convention. Les griefs de celui-ci constituent donc des « griefs défendables » au sens de l'article 13 (■ CEDH, 9 juill. 2009, n° 39364/05, *Khider c/ France*). La Cour rappelle qu'elle a conclu que les conditions de détention du requérant en cellule disciplinaire ont entraîné la violation de l'article 3 de la Convention. Le grief de celui-ci constitue donc un « grief défendable » au sens de l'article 13 (■ CEDH, 20 janv. 2011, n° 19606/08, *Payet c/ France* : placement en cellule disciplinaire. ■ CEDH, 3 nov. 2011, *Cocaign c/ France*).

III – CARACTÉRISTIQUES DU RECOURS

A – Effectivité du recours

7) But du recours. La Convention exige un « recours » permettant aux autorités internes compétentes à la fois de connaître du contenu du grief fondé sur la Convention et d'offrir le redressement approprié (■ CEDH, 25 juin 1997, n° 20605/92, *Halford c/ Royaume-Uni*. ■ CEDH, 9 juill. 2002, n° 33424/96, *Nouhaud c/ France*. ■ CEDH, 26 avr. 2007, n° 25389/05, *Gebremedhin (Gaberamadhien) c/ France*. ■ CEDH, 21 janv. 2011, n° 30696/09, *M.S.S. c/ Belgique et Grèce*), même si les États contractants jouissent d'une certaine marge d'appréciation quant à la manière de se conformer aux obligations que leur fait cette disposition (■ CEDH,

23 févr. 2016, n° 11138/10, *Mozer c/ République de Moldova et Russie*. ▪ CEDH, 15 nov. 1996, n° 22414/93, *Chahal c/ Royaume-Uni*).

La portée de l'obligation que l'article 13 fait peser sur les États contractants varie en fonction de la nature du grief du requérant (▪ CEDH, 26 avr. 2007, n° 25389/05, *Gebremedhin (Gaberamadhien) c/ France*. ▪ CEDH, 21 janv. 2011, n° 30696/09, *M.S.S. c/ Belgique et Grèce*).

Un recours est « effectif » dès lors qu'il permet soit de faire intervenir plus tôt la décision des juridictions saisies, soit de fournir au justiciable une réparation adéquate pour les retards déjà accusés (▪ CEDH (déc.), 11 sept. 2002, n° 57220/00, *Mifsud c/ France*. ▪ CEDH, 26 oct. 2000, n° 30210/96, *Kudla c/ Pologne*).

8) Forme. Ni l'article 13 ni la Convention en général ne prescrivent aux États contractants une [façon] déterminée d'assurer dans leur droit interne l'application effective de toutes les dispositions de cet instrument (▪ CEDH, 6 févr. 1976, n° 5614/72, *Syndicat suédois des conducteurs de locomotives*). Mais la nature du droit en cause n'est pas sans influer sur le type de recours que l'État doit offrir (▪ CEDH, 20 mars 2008, n° 15339/02, *Budayeva et a. c/ Russie*).

L'ensemble des recours offerts par le droit interne peut remplir les exigences de l'article 13, même si aucun d'eux n'y répond en entier à lui seul (▪ CEDH (GC), 15 nov. 1996, n° 22414/93, *Chahal c/ RU*. ▪ CEDH, 26 oct. 2000, n° 30210/96, *Kudla c/ Pologne*. ▪ CEDH, 26 avr. 2007, n° 25389/05, *Gebremedhin (Gaberamadhien) c/ France*. – ▪ CEDH (GC), 21 janv. 2011, n° 30696/09, *M.S.S. c/ Belgique et Grèce*. ▪ CEDH, 13 déc. 2012, n° 22689/07, *De Souza Ribeiro c/ France*).

9) Existence du recours.

a. Certitude du recours. Un recours n'est effectif que s'il est disponible et suffisant. Il doit être suffisamment certain non seulement en théorie, mais également en pratique (▪ CEDH, 10 sept. 2010, n° 31333/06, *Mc Farlane c/ Irlande*. – ▪ CEDH GC, 29 mars 2006, n° 62361/00, *Pizzati c/ Italie*), en ce sens particulièrement que son exercice ne doit pas être entravé de manière injustifiée par les actes ou omissions des autorités de l'État défendeur (▪ CEDH GC, n°s 23657/94 et 23657/94, *Çakıcı c/ Turquie*. ▪ CEDH, 21 janv. 2011, n° 30696/09, *M.S.S. c/ Belgique et Grèce*). Il doit être effectif tant en pratique qu'en droit (▪ CEDH, 13 déc. 2012, n° 39630/09, *El-Masri c/ l'ex-République yougoslave de Macédoine*. ▪ CEDH, 26 oct. 2000, n° 30210/96, *Kudla c/ Pologne*).

b. Contexte du recours. Il convient de ne pas prendre en compte uniquement les recours formels disponibles, mais également le contexte politique et juridique général dans lequel ils fonctionnent, ainsi que la situation personnelle du requérant (▪ CEDH, 6 nov. 1980, n° 7654/76, *Van Oosterwijck c/ Belgium*. ▪ CEDH, 24 juill. 2012, n° 41526/10, *Đorđević c/ Croatie*).

10) Éléments du recours. Des rapports ont été établis ; ils ont joué un rôle important dans la collecte, l'organisation et l'analyse des informations éparpillées relatives aux circonstances ayant entouré l'usage par les agents de l'État de la force létale, et ils ont permis aux requérants, et au public en général, d'avoir connaissance d'aspects de graves violations des droits de l'Homme qui seraient autrement demeurés ignorés. En ce sens, ils peuvent être considérés comme un aspect des recours effectifs visant à établir la connaissance nécessaire à l'élucidation des faits, distincts des obligations procédurales incombant à l'État en vertu des articles 2 et 3 de la Convention (▪ CEDH, 13 avr. 2017, n°s 26562/07, 14755/08 et 49339/08, *Tagayeva et autres c/ Russie*).

11) Délai de recours. Il faut prêter une attention particulière à la rapidité du recours lui-même puisqu'il n'est pas exclu que la durée excessive d'un recours le rende inadéquat (▪ CEDH (déc.), 2 déc. 1999, n° 32082/96, *Tomé Mota c/ Portugal*. ▪ CEDH, 22 mai 2003, n° 58698/00, *Paulino Tomás*. ▪ CEDH, 4 sept. 2014, n° 17897/09, *MV et MT c/ France*).

Le temps nécessaire à l'examen d'un recours peut en mettre en cause l'efficacité ; cela n'implique pas pour autant que le simple dépassement d'un délai légal constitue une méconnaissance du droit garanti à l'article 13 de la Convention (▪ CEDH, 28 sept. 2000, n° 25498/94, *Messina c/ Italie* (n° 2)). Mais le non-respect systématique du délai légal de dix jours a sensiblement réduit, voire annulé l'impact du contrôle exercé par les tribunaux sur les arrêtés du ministre de la Justice. Par exemple, en l'espèce, le tribunal d'application des peines a révoqué en trois occasions les restrictions aux visites familiales, mais en raison du retard dans ces décisions (un retard d'environ sept mois au total), le requérant a subi lesdites restrictions plus longtemps qu'il n'était nécessaire. Dans ces circonstances, la Cour estime que la réclamation devant le tribunal d'application des peines ne constituait pas un recours effectif quant au grief défendable du requérant relatif à une violation du droit au respect de sa vie familiale garanti par l'article 8 de la Convention (▪ CEDH, 28 sept. 2000, n° 25498/94, *Messina c/ Italie (n° 2) : RSC* 2001, p. 881, obs. F. Tulkens).

La procédure de demande d'asile dite prioritaire, applicable aux demandeurs en rétention et le recours devant le tribunal administratif contre un arrêté préfectoral de reconduite à la frontière ne violent pas l'article 13, les requérants ne pouvant valablement soutenir que l'accessibilité des recours disponibles a été affectée par la brièveté des délais dans lesquels ils devaient être exercés et par les difficultés matérielles rencontrées pour obtenir les preuves nécessaires (■ CEDH, 4 sept. 2014, n° 17897/09, *M. V. et M. T. c/ France*).

Le recours de l'article L. 781-1 du Code de l'organisation judiciaire (visant au constat du manquement au droit de voir sa cause entendue dans un délai raisonnable et à la réparation du préjudice en résultant) est un recours effectif au sens de l'article 13 Conv. EDH que le requérant qui se plaint de la durée déraisonnable d'une procédure judiciaire doit exercer avant de saisir la Conv. EDH (■ CEDH, 9 juill. 2002, n° 33424/96, *Nouhaud c/ France*. ■ CEDH, 11 sept. 2002, n° 57220/00, *Mifsud c/ France*).

12) Moment d'appréciation du caractère effectif du recours. C'est à la date d'introduction de la requête que l'« effectivité » du recours au sens de l'article 13 doit être appréciée. En conséquence, pour conclure en l'espèce à la violation de l'article 13 de la Convention à l'égard des deux premiers requérants, il suffit à la Cour de constater qu'en tout état de cause, à la date d'introduction de la requête, l'effectivité « en pratique » et « en droit » du recours invoqué par le Gouvernement n'était pas avérée (■ CEDH, 9 juill. 2002, n° 33424/96, *Nouhaud c/ France*).

13) Issue du recours. L'effectivité d'un recours ne dépend pas de la certitude d'une issue favorable pour le requérant (■ CEDH, 17 avr. 1988, n°s 9659/82 et 9658/82, *Boyle et Rice c/ RU*. ■ CEDH, 26 oct. 2000, n° 30210/96, *Kudla c/ Pologne*. ■ CEDH, 26 avr. 2007, n° 25389/05, *Gebremedhin (Gaberamadhien) c/ France*).

B – Caractère suspensif du recours

14) Recours suspensif. L'article 13 requiert également que les intéressés disposent d'un recours de plein droit suspensif (■ CEDH (déc.), 13 mars 2011, n° 51564/99, *Čonka c/ Belgique*. ■ CEDH, 26 avr. 2007, n° 25389/05, *Gebremedhin (Gaberamadhien) c/ France*. ■ CEDH, 21 janv. 2011, n° 30696/09, *M.S.S. c/ Belgique et Grèce*).

15) Recours non suspensif. L'article 13 s'oppose à ce que pareilles mesures soient exécutées avant même l'issue de l'examen par les autorités nationales de leur compatibilité avec la Convention. Toutefois, les États contractants jouissent d'une certaine marge d'appréciation quant à la manière de se conformer aux obligations que leur fait l'article 13 (■ CEDH (GC), 15 nov. 1996, n° 22414/93, *Chahal c/ RU*).

La possibilité, offerte à l'étranger situé en zone d'attente, de saisir le juge des référés contre la décision de non-admission sur le territoire français, ne constitue pas un recours effectif au sens de l'article 13 Conv. EDH. En effet, un tel recours, non suspensif, n'exclut pas que l'étranger soit réacheminé dans son pays d'origine avant qu'il ait été statué sur sa demande d'entrée au titre de l'asile. Or, dans le cas où un risque de torture ou de mauvais traitements dans le pays d'origine est invoqué et compte tenu de la nature irréversible du dommage susceptible d'être causé, l'article 13 exige que l'intéressé ait accès à un recours de plein droit suspensif (■ CEDH, 26 avr. 2007, n° 25389/05, *Gebremedhin (Gaberamadhien) c/ France*).

Mais les conséquences de l'ingérence dans les droits garantis par l'article 8 sont en principe réversibles et le cas d'espèce le démontre, car le lien familial n'a pas été durablement rompu à la suite de l'expulsion du requérant. Celui-ci a en effet pu revenir vivre en Guyane quelque temps après son expulsion, certes de manière clandestine, mais il a obtenu un titre de séjour à compter de 2009. Compte tenu notamment de la marge d'appréciation dont les États jouissent en pareille matière, la Cour considère que le recours offert au requérant pour contester l'APRF était « effectif » au sens de l'article 13 de la Convention, malgré son caractère non suspensif (■ CEDH, 30 juin 2011, n° 22689/07, *Souza Ribeiro c/ France*).

IV – RELATIONS ENTRE L'ARTICLE 13 ET LES AUTRES TEXTES DE LA CONVENTION

16) Rappel. Le constat de violation d'une autre disposition de la Convention n'est pas une condition préalable pour l'application de l'article 13 (■ CEDH, 16 juill. 2020, n° 77457/13, *Dikaiou et a. c/ Grèce*. ■ CEDH, 8 oct. 2015, n° 21566/13, *Sergey Denisov c/ Russie*).

A – Article 13 et article 3 Conv. EDH

17) Portée. Le grief d'une personne selon lequel son renvoi vers un pays tiers l'exposerait à des traitements prohibés par l'article 3 de la Convention doit impérativement faire l'objet d'un contrôle attentif par une « instance nationale ». Ce principe a conduit la Cour à juger que la notion de « recours effectif » au sens de l'article 13 combiné avec l'article 3 requiert « un examen indépendant et rigoureux » de tout grief soulevé par une personne se trouvant dans une telle situation, aux termes duquel « il existe des motifs sérieux de croire à l'existence d'un risque réel de traitements contraires à l'article 3 » et, d'autre part, « la possibilité de faire surseoir à l'exécution de la mesure litigieuse » (■ CEDH, 11 juill. 2000, n° 40035/98, *Jabari c/ Turquie*. ■ CEDH, 12 avr. 2005, n° 36378/02, *Chamaïev et a. c/ Géorgie et Russie*. ■ CEDH, 26 avr. 2007, n° 25389/05, *Gebremedhin (Gaberamadhien) c/ France*).

18) Recours compensatoire. L'économie générale du recours indemnitaire ouvert devant le juge administratif répond, en offrant la perspective d'une réparation adéquate du préjudice subi tant en ce qui concerne l'évaluation de l'indemnisation que le versement effectif des sommes allouées, aux exigences de l'article 13. Le résultat auquel a abouti l'action engagée par le requérant qui l'a placé en situation, compte tenu tant de la faiblesse du montant de l'indemnisation allouée que de la mise à sa charge des frais d'expertise, de devoir à l'État une somme de 273,57 € après qu'eut été caractérisée l'existence d'un préjudice moral subi du fait de conditions de détention attentatoires à sa dignité a privé le recours qu'il a exercé de son effectivité (■ CEDH, 19 nov. 2020, n° 25338/16, *Barbotin c/ France* : *Dr. pén.* 2021, comm. 19, obs. V. Peltier). Selon la jurisprudence de la Cour en matière de conditions de détention, les exigences combinées des articles 13 et 3 impliquent l'existence de remèdes préventifs et compensatoires qui doivent coexister de façon complémentaire. En ce qui concerne le remède compensatoire, les principes relatifs au recours indemnitaire ont été précisés par la Cour dans l'arrêt *Neshkov et autres* précité (V., égal., récemment, ■ CEDH, 17 mars 2020, n° 41743/17, *Shmelev et a. c/ Russie* (déc.), §§ 89 à 96). Le montant de la réparation susceptible d'être accordée est un élément constitutif de l'effectivité du recours au sens de l'article 13 de la Convention (■ CEDH, *Neshkov et a.*, préc., § 288. ■ CEDH, 27 juin 2017, n°s 65540/16 et 22368/17, *Angel Dimitrov Atanasov et Aleksandar Atanasov Apostolov c/ Bulgarie* (déc.), § 61. ■ CEDH, 12 févr. 2019, n° 31975/15, *Draniceru c/ la République de Moldova* (déc.), §§ 32-34). L'insuffisance de la réparation peut conduire à une violation de la règle de droit prévue par cette disposition (*mutatis mutandis*, ■ CEDH, 10 avr. 2012, n° 37568/09, *Karim Rhazali et a. c/ France* (déc.)). Les règles en matière de frais de procédure ne doivent pas faire peser un fardeau excessif sur le détenu dont l'action est fondée (*Neshkov et a.*, préc., § 184 ; ■ CEDH, 31 octobre 2019, n° 21613/16, *Ulemek c/ Croatie*, §§ 107-108 ; CEDH, 30 janvier 2020, n° 14057/17, *Sukachov c/ Ukraine*, § 115 ; et, par exemple, CEDH, 27 nov. 2008, n° 28674/03, *Slavtcho Kostov c/ Bulgarie*, § 62) et considère que tel a été le cas en l'espèce (■ CEDH, 19 nov. 2020, *Barbotin c/ France*, préc.).

19) Illustrations. a. Violation.

Droit d'asile. La Cour a jugé, quant à l'effectivité du système de droit interne pris dans son ensemble, que si les recours exercés par le requérant étaient théoriquement disponibles, leur accessibilité en pratique avait été limitée par plusieurs facteurs liés, pour l'essentiel, au classement automatique de sa demande en procédure prioritaire, à la brièveté des délais de recours à sa disposition et aux difficultés matérielles et procédurales d'apporter des preuves alors que le requérant se trouvait en détention ou en rétention. La Cour a conclu à la violation de l'article 13 combiné avec l'article 3 après avoir constaté qu'il s'agissait d'une première demande d'asile et que le requérant, gardé à vue puis détenu, n'avait pas eu la possibilité de se rendre en personne à la préfecture pour introduire une demande d'asile comme l'exige le droit français (■ CEDH, 2 févr. 2012, n° 9152/09, *M c/ France*). Un bref délai n'empêche pas l'effectivité d'un recours si le demandeur d'asile est entendu et bénéficie de garanties pour faire valoir ses prétentions (■ CEDH, 22 juill. 2021, n° 39126/18, *E.H. c/ France*).

Décision d'expulsion. L'article 13 de la Convention n'impose pas, en la matière, que les recours disposent d'un caractère suspensif. La possibilité d'un recours exercé *a posteriori* par un requérant suffit donc au respect de cette disposition, et il ne résulte pas des échanges entre les parties qu'un tel recours était inexistant ou ineffectif dans les circonstances de l'espèce. La Cour conclut en conséquence à l'absence de violation de l'article 13 combiné avec l'article 3 de la Convention (■ CEDH, 25 juin 2020, n° 9347/14, *Moustahi c/ France*). À défaut pour les autorités belges d'avoir sursis à l'éloignement du requérant conformément à l'interdiction qui leur en était faite, elles ont privé les recours qu'il avait initiés avec succès de leur effectivité au mépris de l'article 13 combiné avec l'article 3 de la Convention (■ CEDH, 27 oct. 2020, n° 19656/18, *M.A. c/ Belgique*). Il y a violation de l'article 13 combiné avec l'article 3 en raison des défaillances dans l'examen par les autorités grecques de la demande d'asile du requérant, et du risque encouru par celui-ci d'être refoulé directement ou indirectement vers son pays d'origine sans un examen sérieux du bien-fondé de sa demande d'asile et sans avoir eu accès à un recours effectif (■ CEDH (GC), 21 janv. 2011, n° 30696/09, *MSS c/ Belgique* : procédure de suspension en extrême urgence d'une décision d'expulsion).

Mise à l'isolement. Le requérant n'a pas disposé des « recours effectifs » pour faire valoir ses griefs tirés de l'article 3 de la Convention, à savoir les transfèrements répétés et les fouilles corporelles fréquentes. Il y a donc eu violation de l'article 13 de la Convention combiné avec cette disposition (■ CEDH, 9 juill. 2009, n° 39364/05, *Khider c/ France* : *RSC* 2010, p. 225, obs. Marguénaud ; *Gaz. Pal.* 28 et 29 oct. 2009, p. 20, note Renucci ; *D.* 2009, 2462, note Herzog-Evan ; *AJ Pénal* 2009, 372, obs. Herzog-Evans ; *Dr. pén.* 2009, comm. 129, obs. A. Maron et M. Haas ; *Dr. pén.* 2010, chron. 3, obs. E. Dreyer).

Fouilles intégrales à répétition. Le Conseil d'État a ainsi reconnu la possibilité de contester par la voie du référé-liberté le régime de fouilles auquel un détenu est soumis. Toutefois, en l'espèce, force est de constater que le requérant n'a pas bénéficié d'un recours effectif dès lors qu'à l'époque des mesures litigieuses, il ne disposait pas de cette voie du référé qui aurait pu « empêcher la survenance ou la continuation de la violation alléguée ou aurait pu fournir un redressement approprié pour toute violation s'étant déjà produite ». Partant, la Cour considère que le requérant n'a pas disposé d'un recours effectif pour faire valoir son grief tiré de l'article 3 de la Convention. Il y a donc eu violation de l'article 13 de la Convention (▪ CEDH, 20 janv. 2011, n° 51246/08, *El Shennawy c/ France : Dalloz actualité* 14 févr. 2011, obs. Priou-Alibert ; *AJ Pénal* 2011, p. 88, obs. M. Herzog-Evans ; *Dr. pén.* 2012, chron. 3, obs. E. Dreyer).

Placement en cellule disciplinaire. Compte tenu de l'importance des répercussions d'une détention en cellule disciplinaire, un recours effectif permettant au détenu de contester aussi bien la forme que le fond, et donc les motifs, d'une telle mesure devant une instance juridictionnelle est indispensable. Eu égard à ce qui précède, la Cour considère qu'en tout état de cause, le requérant n'a pas eu, à sa disposition, un recours effectif lui permettant de contester les conditions de sa détention (▪ CEDH, 20 janv. 2011, n° 19606/08, *Payet c/ France* (placement en cellule disciplinaire) : *AJ Pénal* 2011, 88, obs. M. Herzog-Evans ; *RSC* 2011, p. 718, obs. J.-P. Marguénaud. ▪ CEDH, 3 nov. 2011, *Cocaign c/ France : AJ Pénal* 2011, 605, obs. J.-P. Céré ; *RSC* 2012, p. 263, obs. J.-P. Marguénaud. ▪ CEDH, 10 nov. 2011, *Plathey c/ France : AJ Pénal* 2011, p. 605, obs. J.-P. Céré ; *RSC* 2012, p. 263, obs. J.-P. Marguénaud ; *Dr. pén.* 2012, chron. 3, obs. E. Dreyer).

Conditions de détention en maison d'arrêt. Les remèdes préventifs et compensatoires doivent coexister de façon complémentaire pour être jugés effectifs (▪ CEDH, 19 nov. 2020, *Barbotin c/ France*, préc. ▪ CEDH, 10 janv. 2012, n°s 42525/07 et 60800/08, *Ananyev et a. c/ Russie*).

Il n'a pas été démontré que les voies de recours préventives indiquées par le Gouvernement sont effectives en pratique, c'est-à-dire susceptibles d'empêcher la continuation de la violation alléguée et d'assurer aux requérants une amélioration de leurs conditions matérielles de détention. Dès lors, la Cour considère qu'il y a lieu de rejeter l'exception de non-épuisement soulevée par le Gouvernement et conclut que les requérants, à l'exception de M. *Mixtur* qui ne s'est pas plaint de la violation de l'article 13 de la Convention, n'ont pas disposé d'un recours effectif en violation de l'article 13 de la Convention (▪ CEDH, 30 janv. 2020, n°s 9671/15 et 31 autres, *J.M.B et a. c/ France : JCP* G 2020, 154, aperçu rapide B. Pastre-Belda ; *Rev. pénit.* 2020, p. 179, obs. C. Margaine).

L'économie générale du recours indemnitaire ouvert devant le juge administratif répond, en offrant la perspective d'une réparation adéquate du préjudice subi tant en ce qui concerne l'évaluation de l'indemnisation que le versement effectif des sommes allouées, aux exigences de l'article 13. Le résultat auquel a abouti l'action engagée par le requérant qui l'a placé en situation, compte tenu tant de la faiblesse du montant de l'indemnisation allouée que de la mise à sa charge des frais d'expertise, de devoir à l'État une somme de 273,57 € après qu'eut été caractérisée l'existence d'un préjudice moral subi du fait de conditions de détention attentatoires à sa dignité a privé le recours qu'il a exercé de son effectivité (▪ CEDH, 19 nov. 2020, *Barbotin c/ France*, préc.). L'état du droit, à la date à laquelle le requérant a saisi la Cour, ne permettait pas encore de regarder le référé-liberté comme une voie de recours qu'il avait l'obligation d'épuiser. Ainsi, alors que le requérant avait déjà saisi plusieurs autorités pour faire valoir que le maintien en détention dans sa cellule était inhumain et dégradant, le Gouvernement n'a pas démontré avec une certitude suffisante que l'usage de cette voie de recours aurait été de nature à remédier à la situation dénoncée par celui-ci. Eu égard à tout ce qui précède, la Cour considère que, à l'époque des faits, le droit français n'offrait au requérant aucun recours susceptible d'empêcher la continuation des conditions de détention qu'il subissait ou d'obtenir une amélioration de celles-ci. En conséquence, la Cour estime que l'exception tirée par le Gouvernement du non-épuisement des voies de recours internes doit être rejetée et conclut que le requérant n'a pas disposé d'un recours effectif en violation de l'article 13 de la Convention (▪ CEDH, 21 mai 2015, n° 50494/12, *Yengo c/ France : AJ Pénal* 2015, p. 450, obs. Senna).

La Cour rappelle avoir affirmé à plusieurs reprises que, dans la mesure où le requérant allègue être personnellement affecté par les conditions générales de détention dans la prison, comme en l'espèce, les recours prévus aux articles 6 et 572 précités ne lui seraient d'aucune utilité (V. ▪ CEDH, 23 juill. 2020, n° 29760/15, *Lautaru et Seed c/ Grèce.* ▪ CEDH, 18 janv. 2018, n° 30030/15, *Koureas et a. c/ Grèce.* ▪ CEDH, 16 févr. 2017, n° 44559/15, *D.M. c/ Grèce.* ▪ CEDH, 28 janv. 2016, n° 69781/13, *Konstantinopoulos et a. c/ Grèce.* ▪ CEDH, 13 nov. 2014, n° 50765/11, *Papakonstantinou c/ Grèce*).

b. Non-violation.

Brièveté des délais. Le réexamen d'une demande d'asile selon le mode prioritaire ne privait pas l'étranger en rétention d'un examen circonstancié dès lors qu'une première demande avait fait l'objet d'un examen complet dans le cadre d'une procédure d'asile normale. Le simple fait qu'une demande d'asile soit traitée en procédure prioritaire et donc dans un délai restreint ne saurait en conséquence, à lui seul, permettre à la Cour de conclure à l'ineffectivité de l'examen mené (▪ CEDH, 20 sept. 2007, n° 45223/05, *Sultani c/ France*).

Les requérants, qui étaient libres, ont disposé de trois mois pour rédiger le récit des faits à l'origine de leur départ et de leurs craintes en cas de retour ainsi que pour se procurer les documents de nature à étayer leur demande d'asile. Outre leur demande l'asile, les requérants ont pu, lorsqu'ils ont fait l'objet d'un arrêté préfectoral de reconduite à la frontière, former un recours suspensif devant le tribunal administratif. Eu égard aux circonstances de l'espèce, les requérants ne peuvent valablement soutenir que l'accessibilité des recours disponibles a été affectée par la brièveté des délais dans lesquels ils devaient être exercés et par les difficultés matérielles rencontrées pour obtenir les preuves nécessaires (▪ CEDH, 6 juin 2013, n° 50094/10, *ME c/ France*. ▪ CEDH, 10 oct. 2013, n° 18913/11, *KK c/ France*. ▪ CEDH, 4 sept. 2014, n° 17897/09, *M. V. et M. T. c/ France*).

B – Article 13 et article 5

20) Si la Cour conclut à la violation de l'article 5 sur les aspects procéduraux, elle peut estimer qu'il n'y a pas lieu d'examiner séparément le grief tiré de l'article 13, celui-ci devant donc être déclaré recevable (▪ CEDH, 27 juill. 2006, n° 69481/01, *Bazorkina c/ Russie*. ▪ CEDH, 9 nov. 2006, n° 7615/02, *Imakaïeva c/ Russie*). En outre, la notion de recours effectif, au sens de l'article 13, implique des investigations approfondies et un accès effectif des parents à la procédure d'enquête (▪ CEDH, 25 mai 1998, *Kurt c/ Turquie* : *Rec. CEDH* 1998-III).

En cas d'identité de faits à l'origine des griefs tirés de l'article 13 et de l'article 5, la Cour n'a pas besoin d'examiner l'allégation de violation de l'article 13, puisqu'elle a déjà conclu à la violation de l'article 5, § 4 et/ou 5 (▪ CEDH, 22 mai 1984, n°s 8805/79, 8806/79 et 9242/81, *De Jong, Baljet et Van Den Brink c/ Pays-Bas*. ▪ CEDH, 15 nov. 1996, n° 22414/93, *Chahal c/ RoyaumeUni*. ▪ CEDH, 12 oct. 2006, n° 13178/03, *Mubilanzila Mayeka et Kaniki Mitunga c/ Belgique*. ▪ CEDH, 12 juill. 2016, n° 11593/12, *A.B. et a. c/ France*).

C – Article 13 et article 6 Conv. EDH

21) Absorption des garanties de l'article 13 par l'article 6. Quand le droit revendiqué est un droit de caractère civil, l'article 6 § 1 constitue une *lex specialis* par rapport à l'article 13, dont les garanties se trouvent absorbées par celle-ci. En conséquence, il n'y a pas lieu de statuer sur ce grief (▪ CEDH, 20 nov. 1995, n° 19589/92, *British-American Tobacco Company Ltd c/ Pays-Bas*. ▪ CEDH, 19 déc. 1997, n° 155/1996/774/975, *Brualla Gómez de la Torre c/ Espagne*). Dès lors, ayant conclu à la violation de l'article 6 de la Convention, la Cour estime qu'il n'y a pas lieu de rechercher s'il y a eu violation de l'article 13 (▪ CEDH, 30 oct. 2003, n° 41576/98, *Ganci c/ Italie*. – ▪ CEDH, n° 27824/95, *Posti et Rahko c/ Finlande*, § 89, CEDH 2002-VII).

22) Protection de la présomption d'innocence. Violation de l'article 13 : au regard de l'article 6, § 2 en l'absence de recours que le requérant aurait pu exercer devant une juridiction pénale compétente afin d'obtenir le redressement de la violation de sa présomption d'innocence dans son aspect procédural, quant aux propos tenus à son égard par deux ministres devant le Parlement (▪ CEDH, 24 mai 2011, n° 53466/07, *Konstas c/ Grèce*).

23) Non-violation de l'article 13. Au regard de l'article 6, § 2, étant donné que la requérante disposait d'un recours civil efficace lui permettant d'obtenir une indemnisation financière pour la violation de sa présomption d'innocence lors d'une procédure pénale contre des tiers (▪ CEDH, 3 sept. 2019, n° 69717/14, *Januškevičienė c/ Lituanie*).

24) Délai raisonnable. L'article 13 garantit un recours effectif devant une instance nationale permettant de se plaindre d'une méconnaissance de l'obligation, imposée par l'article 6 § 1, d'entendre les causes dans un délai raisonnable (▪ CEDH, 10 avr. 2018, *Brudan c/ Roumanie*, n° 75717/14. ▪ CEDH, 26 oct. 2000, n° 30210/96, *Kudła c/ Pologne* [GC]). Lorsque le droit à un procès dans un délai raisonnable est en cause, un recours est « effectif » dès lors qu'il permet soit de faire intervenir plus tôt la décision des juridictions saisies, soit de fournir au justiciable une réparation adéquate pour les retards déjà accusés (▪ CEDH, 10 avr. 2018, *Brudan c/ Roumanie*, n° 75717/14. ▪ CEDH, 8 juin 2006, *Sürmeli c/ Allemagne* [GC], n° 75529/01. ▪ CEDH, 21 déc. 2010, *Vassilios Athanasiou et autres c/ Grèce*, n° 50973/08). Un recours indemnitaire peut passer pour effectif lorsque la procédure a déjà connu une durée excessive et qu'il n'existe pas de recours préventif (▪ CEDH, 26 oct. 2000, *Kudła c/ Pologne*, préc. ▪ CEDH, gr. ch., 11 sept. 2002, n° 57220/00, *Mifsud c/ France*. ▪ CEDH, gr. ch., 29 mars 2006, n° 36813/97, *Scordino c/ Italie (n° 1)*. ▪ CEDH, gr. ch., 10 sept. 2010, *McFarlane c/ Irlande*. Les critères applicables à la durée des procédures concernant un recours indemnitaire ne sauraient être ceux adoptés pour évaluer la durée des procédures ordinaires, eu égard notamment au fait que ces premières ne revêtent normalement aucune complexité particulière. Non-violation de l'article 13 combiné avec l'article 6 § 1 étant donné que le recours indemnitaire est considéré comme effectif en raison de sa durée non excessive, soit 18 mois au total (▪ CEDH, 6 juill. 2021, n° 61450/08, *Titan Total Group S.R.L. c/ Rép. de Moldova**).

25) Expropriation. Le principe de la prééminence du droit que les États contractants se sont engagés à respecter en ratifiant la Convention englobe l'obligation de garantir la bonne suite donnée par les autorités compétentes à tout recours qui aura été reconnu justifié. À l'époque des faits, il n'existait en Albanie aucun recours effectif concernant l'inexécution de décisions définitives et la durée de la procédure. La Cour constitutionnelle n'avait d'autres moyens de remédier à l'inexécution de décisions judiciaires définitives que de rendre un jugement déclaratoire constatant une violation. Dès lors, les requérants ne disposaient d'aucun recours effectif pour faire examiner leurs griefs tirés de l'inexécution de l'injonction en cause (■ CEDH, 11 janv. 2018, n° 10613/16, *Sharxhi et a. c/ Albanie*).

D – Article 13 et article 8 Conv. EDH

26) Détention. Visites. Les requérants ne présentent pas un grief défendable pour autant qu'ils jugent contraire à l'article 8 d'accorder aux condamnés détenus en général ou même à ceux, comme eux, de la catégorie à plus faible risque, douze visites d'une heure par an seulement. On ne saurait donc constater une infraction à l'article 13 de ce chef (■ CEDH, 17 avr. 1988, n°s 9659/82 et 9658/82, *Boyle et Rice c/ RU*).

27) Vidéosurveillance. Violation de l'article 13 combiné avec l'article 8 car le droit interne, tel qu'interprété par les tribunaux, ne présupposait aucune mise en balance ni ne permettait aux détenus d'obtenir un contrôle judiciaire de la proportionnalité de leur placement sous vidéosurveillance permanente dans leurs cellules par rapport aux droits acquis à protéger leur vie privée (■ CEDH, 2 juill. 2019, n°s 27057/06 et 2 autres, *Gorlov et a. c/ Russie*).

28) Immigration. Bien que la Cour ait conclu à la perte de la qualité de victime s'agissant du grief tiré de l'article 8 de la Convention (paragraphe 22 ci-dessus), elle considère qu'il y a lieu en l'espèce de poursuivre l'examen au fond du grief tiré de l'article 13 de la Convention combiné avec l'article 8. Les conséquences de l'ingérence dans les droits garantis par l'article 8 sont en principe réversibles et le cas d'espèce le démontre, car le lien familial n'a pas été durablement rompu à la suite de l'expulsion du requérant. Celui-ci a en effet pu revenir vivre en Guyane quelque temps après son expulsion, certes de manière clandestine, mais il a obtenu un titre de séjour à compter de 2009. Compte tenu notamment de la marge d'appréciation dont les États jouissent en pareille matière, la Cour considère que le recours offert au requérant pour contester l'APRF était « effectif » au sens de l'article 13 de la Convention (■ CEDH, 30 juin 2011, n° 22689/07, *S. Ribeiro c/ France*). *Contra* : la hâte avec laquelle la mesure de renvoi a été mise en œuvre a eu pour effet en pratique de rendre les recours existants inopérants et donc indisponibles. La Cour conclut à la violation de l'article 13 de la Convention combiné avec l'article 8 (■ CEDH (GC), 13 déc. 2012, n° 22689/07, *S. Ribeiro c/ France*).

En matière d'immigration, lorsqu'il existe un grief défendable selon lequel une expulsion risque de porter atteinte au droit de l'étranger au respect de sa vie privée et familiale, l'article 13 de la Convention combiné avec l'article 8 exige que l'État fournisse à la personne concernée une possibilité effective de contester la décision d'expulsion ou de refus d'un permis de séjour et d'obtenir un examen suffisamment approfondi et offrant des garanties procédurales adéquates des questions pertinentes par une instance interne compétente fournissant des gages suffisants d'indépendance et d'impartialité (■ CEDH, 26 juill. 2011, n° 41416/08, *M. et a. c/ Bulgarie*. ■ CEDH, 20 juin 2002, n° 50963/99, *Al-Nashif c/ Bulgarie*).

E – Article 13 et article 10 Conv. EDH.

29) Blocage de sites web. Violation de l'article 13 en combinaison avec l'article 10 au motif que les juridictions avaient refusé d'examiner le fond du grief et n'avaient examiné ni la légalité ni la proportionnalité des effets des ordonnances de blocage sur les sites web des demandeurs (■ CEDH, 23 juin 2020, n° 61919/16, *Engels c/ Russie*. ■ CEDH, 23 juin 2020, n° 20159/15, *Bulgakov c/ Russie*. ■ CEDH, 23 juin 2020, n°s 12468/15, 23489/15 et 19074/16, *OOO Flavus et a. c/ Russie*. ■ CEDH, 23 juin 2020, n° 10795/14, *Vladimir Kharitonov c/ Russie*).

F – Article 13 combiné avec l'article 4 du protocole n° 4.

30) L'absence d'effet suspensif d'un recours contre une décision d'éloignement n'est pas en soi constitutive d'une violation de l'article 13 de la Convention lorsque, comme en l'espèce, les requérants n'allèguent pas un risque réel de violation des droits garantis par les articles 2 et 3 dans le pays de destination. Il n'y a donc pas eu violation de l'article 13 de la Convention combiné avec l'article 4 du protocole n° 4 (■ CEDH, 13 févr. 2020, n°s 8675/15 et 8697/15, *N.D. et N.T. c/ Espagne*. ■ CEDH, 15 déc. 2016, n° 16483/12, *Khlaifia et a. c/ Italie*).

Art. 14 ***(Mod. à compter du 1er novembre 1998, Prot. n° 11, 11 mai 1994, art. 2-2 et ann. publié par D. n° 98-1055, 18 nov. 1998). – Interdiction de discrimination.***

La jouissance des droits et libertés reconnus dans la présente Convention doit être assurée, sans distinction aucune, fondée notamment sur le sexe, la race, la couleur, la langue, la religion, les opinions politiques ou toutes autres opinions, l'origine nationale ou sociale, l'appartenance à une minorité nationale, la fortune, la naissance ou toute autre situation.

1) **Principe.** L'article 14 ne fait que compléter les autres clauses matérielles de la Convention et de ses protocoles. Il n'a pas d'existence indépendante, puisqu'il vaut uniquement pour « la jouissance des droits et libertés » qu'elles garantissent. Son application ne présuppose pas nécessairement la violation de l'un des droits matériels garantis par la Convention et, dans cette mesure, il possède une portée autonome. Une mesure conforme en elle-même aux exigences de l'article consacrant le droit ou la liberté en question peut toutefois enfreindre cet article, combiné avec l'article 14, pour le motif qu'elle revêt un caractère discriminatoire. Pour que l'article 14 trouve à s'appliquer, il suffit donc que les faits du litige tombent « sous l'empire » de l'une au moins desdites clauses (■ CEDH, gr. ch., 24 janv. 2017, n°s 60367/08 et 961/11, *Khamtokhu et Aksenchik c/ Russie*. ■ CEDH, 13 juill. 2010, n° 7205/07, *Clift c/ Royaume-Uni*. ■ CEDH, gr. ch., 12 févr. 2008, n° 21906/04, *Kafkaris c/ Chypre*). L'article 14 ne prohibe pas toute différence de traitement, mais uniquement certaines distinctions fondées sur une caractéristique identifiable, objective ou personnelle (« situation »), par laquelle des personnes ou groupes de personnes se distinguent les uns des autres. Cette disposition énumère des éléments précis constitutifs d'une « situation », tels que le sexe ou la race. Toutefois, la liste que renferme l'article 14 revêt un caractère indicatif, et non limitatif, ce dont témoigne l'adverbe « notamment » (« any ground such as » dans la version anglaise) ainsi que la présence dans cette liste de l'expression « toute autre situation » (« any other status » dans la version anglaise) (■ CEDH, gr. ch., 24 janv. 2017, n°s 60367/08 et 961/11, *Khamtokhu et Aksenchik c/ Russie*). Les États contractants jouissent d'une certaine marge d'appréciation pour déterminer si et dans quelle mesure des différences entre des situations à d'autres égards analogues justifient des distinctions de traitement. La notion de discrimination au sens de l'article 14 englobe également les cas dans lesquels un individu ou un groupe se voit, sans justification adéquate, moins bien traité qu'un autre, même si la Convention ne requiert pas le traitement plus favorable (■ CEDH, gr. ch., 24 mai 2016, n° 38590/10, *Biao c/ Danemark*).

2) **Charge de la preuve.** Lorsqu'un requérant a établi l'existence d'une différence de traitement, il incombe au Gouvernement de démontrer que cette différence de traitement était justifiée favorable (■ CEDH, gr. ch., 24 mai 2016, n° 38590/10, *Biao c/ Danemark*).

Article 14 combiné avec l'article 5.

3) **Réclusion criminelle à perpétuité.** Même si l'État défendeur a manifestement la possibilité, dans le but de promouvoir les principes de justice et d'humanité, d'étendre l'exclusion de la réclusion à perpétuité à toutes les catégories de délinquants, il n'est pas tenu de le faire en vertu de la Convention, telle qu'elle est actuellement interprétée par la Cour. De plus, eu égard à l'application en pratique de la réclusion à perpétuité en Fédération de Russie, en ce qui concerne tant les modalités d'imposition que la possibilité d'un réexamen ultérieur, ainsi qu'aux intérêts de la société dans son ensemble pour autant qu'ils sont compatibles avec la Convention et à l'ample marge d'appréciation qu'elle reconnaît à l'État défendeur dans ce domaine, la Cour estime qu'il existe un rapport raisonnable de proportionnalité entre les moyens employés et le but légitime recherché. Elle conclut que les exclusions litigieuses ne constituent pas une différence de traitement prohibée aux fins de l'article 14 combiné avec l'article 5. Pour conclure ainsi, la Cour a tenu pleinement compte de la nécessité d'interpréter la Convention d'une manière harmonieuse et en conformité avec son esprit général.

88. À la lumière des considérations ci-dessus, la Cour estime qu'il n'y a pas eu violation de l'article 14 de la Convention combiné avec l'article 5, tant en ce qui concerne la différence de traitement fondée sur l'âge qu'en ce qui concerne la différence de traitement fondée sur le sexe (■ CEDH, gr. ch., 24 janv. 2017, n°s 60367/08 et 961/11, *Khamtokhu et Aksenchik c/ Russie*).

Art. 15 ***(Mod. à compter du 1er novembre 1998, Prot. n° 11, 11 mai 1994, art. 2-2 et ann. publié par D. n° 98-1055, 18 nov. 1998). – Dérogation en cas d'urgence.***

1. En cas de guerre ou en cas d'autre danger public menaçant la vie de la Nation, toute Haute Partie contractante peut prendre des mesures dérogeant aux obligations prévues par la présente Convention, dans la stricte mesure où la situation l'exige et à la condition que ces mesures ne soient pas en contradiction, avec les autres obligations découlant du droit international.

2. La disposition précédente n'autorise aucune dérogation à l'article 2, sauf pour le cas de décès résultant d'actes licites de guerre, et aux articles 3, 4 (paragraphe 1) et 7.

3. Toute Haute Partie contractante qui exerce ce droit de dérogation tient le Secrétaire général du Conseil de l'Europe pleinement informé des mesures prises et des motifs qui les ont inspirées. Elle doit également informer le Secrétaire général du Conseil de l'Europe de la date à laquelle ces mesures ont cessé d'être en vigueur et les dispositions de la Convention reçoivent de nouveau pleine application.

Bibliographie : O. De Schutter, *La convention européenne des droits de l'Homme à l'épreuve de la lutte contre le terrorisme*, in *Lutte contre le terrorisme et droits fondamentaux : Droit et justice* 2002, p. 85. • G. Gonzalez, *L'état d'urgence au sens de l'article 15 de la convention EDH, Cahiers de la recherche des droits fondamentaux* 2007, n° 6, p. 93. • I.-O. Kaboglu et C. Palluel, *L'état d'urgence en Turquie à l'épreuve du droit européen des droits de l'Homme : RTDH* 2018, p. 113.

I – CONDITIONS DE LA DÉROGATION AUX OBLIGATIONS CONVENTIONNELLES

A – Existence d'un danger public

1) Définition du danger. Dans le contexte général de l'article 15 (art. 15) de la Convention, le sens normal et habituel des mots « en cas de guerre ou en cas d'autre danger public menaçant la vie de la nation » désigne une situation de crise ou de danger exceptionnel et imminent qui affecte l'ensemble de la population et constitue une menace pour la vie organisée de la communauté composant l'État. Un « danger public menaçant la vie de la nation » a pu être raisonnablement déduit par le Gouvernement irlandais de la conjonction de plusieurs éléments constitutifs, à savoir, notamment, le fait qu'il existait, sur le territoire de la République d'Irlande, une armée secrète agissant en dehors de l'ordre constitutionnel et usant de la violence pour atteindre ses objectifs ; le fait que cette armée opérait également en dehors du territoire de l'État, compromettant ainsi gravement les relations de la République d'Irlande avec le pays voisin ; ainsi que de l'aggravation progressive et alarmante des activités terroristes depuis l'automne 1956 et pendant tout le cours du premier semestre de l'année 1957 (▪ CEDH, 1er juill. 1961, *Lawless c/ Irlande (n° 3)*, série A, n° 3, § 28).

2) Ampleur du danger. Le danger peut constituer une région (6 comtés en l'espèce) sans avoir à affecter le territoire de l'État dans son ensemble (▪ CEDH, 18 janv. 1978, *Irlande c/ Royaume-Uni*, série A, n° 25, § 205). Ainsi, l'ampleur et les effets particuliers de l'activité terroriste du PKK dans le Sud-Est de la Turquie peuvent être suffisants, pour la création d'un « danger public menaçant la vie de la nation » (▪ CEDH, 18 déc. 1996, *Aksoy c/ Turquie*, Recueil des arrêts et décisions 1996-VI).

3) Imminence du danger. La dérogation ne saurait se justifier qu'en cas de danger actuel ou imminent, ayant des répercussions sur l'ensemble de la nation, constituant une menace pour la vie organisée de la communauté, et ayant un caractère exceptionnel en ce sens que les mesures ou restrictions ordinaires autorisées par la Convention pour assurer la sécurité, la santé et l'ordre publics devaient être manifestement insuffisantes (▪ Comm. EDH, nos 3321/67, 3322/67, 3323/67 et 3344/67, *Danemark, Norvège, Suède et Pays-Bas c/ Grèce*, rapport de la Commission du 5 novembre 1969, § 113, Annuaire 12, vol. I, p. 70). Pour autant, l'exigence d'imminence ne doit pas recevoir une interprétation étroite au point d'obliger les États à attendre qu'un désastre survienne pour prendre des mesures propres à le conjurer. En outre, si l'article 15 ayant pour objet de permettre aux États de prendre des mesures dérogatoires pour protéger leur population contre des dangers à venir, la réalité de la menace dirigée contre la vie de la nation doit s'apprécier principalement au regard des faits connus à l'époque de la dérogation, rien n'empêche la Cour de tenir compte d'éléments apparus ultérieurement (▪ CEDH, GC, 19 févr. 2009, n° 3455/05, *A. et a. c/ Royaume-Uni*, § 177).

4) Persistance du danger. La justification des mesures dérogatoires repose sur l'existence de circonstances exceptionnelles, de sorte qu'elles ne sauraient être maintenues en vigueur après leur disparition (▪ Comm. EDH, déc. 9 juin 1958, n° 14/65, *De Becker c/ Belgique*). Le danger peut néanmoins durer plusieurs années. À cet égard, on ne saurait contester la validité de la dérogation pour la simple raison que le Gouvernement avait résolu d'étudier la possibilité d'imaginer, à l'avenir, un moyen de mieux se conformer aux obligations découlant de la Convention. De fait, pareil processus de réflexion continue non seulement se concilie avec l'article 15 § 3 (art. 15-3), qui commande un réexamen constant de la nécessité de mesures d'exception, mais encore correspond de manière implicite à la notion même de proportionnalité (▪ CEDH, 26 mai 1993, *Brannigan et McBride c/ Royaume-Uni*, série A, n° 258-B, § 54).

5) Durée du danger. La Cour n'a encore jamais expressément jugé que le danger invoqué devait être de nature temporaire, quoique la durée de celui-ci puisse entrer en ligne de compte pour la question de la proportionnalité de la riposte qui lui est apportée. Il ressort au contraire des affaires qu'elle a eu à connaître concernant l'état d'urgence en Irlande du Nord qu'un « danger public » au sens de l'article 15 peut persister plusieurs années (▪ CEDH, GC, 19 févr. 2009, n° 3455/05, *A. et a. c/ Royaume-Uni*, § 178).

6) Appréciation du danger. Il incombe d'abord à chaque État contractant, responsable de « la vie de (sa) nation », de déterminer si un « danger public » la menace (▪ CEDH, 1er juill. 1961, *Lawless c/ Irlande (n° 3)*, préc., § 207). En effet, les autorités nationales se trouvent en principe mieux placées que le juge international pour se prononcer sur la présence de pareil danger comme sur la nature et l'étendue des dérogations nécessaires pour le conjurer (▪ CEDH, 18 janv. 1978, *Irlande c/ Royaume-Uni*, série A, n° 25, § 207). Pour autant, la Cour se doit d'examiner la dérogation prévue à l'article 15 sur la base de la prééminence du droit, en tenant compte spécialement de la durée de ladite dérogation (▪ CEDH, 26 mai 1993, *Brannigan et McBride c/ Royaume-Uni*, préc., § 48).

B – Nécessité de la mesure

7) Contrôle de la Cour. Les États contractants doivent n'user de leur droit de dérogation que « dans la stricte mesure où la situation l'exige ». S'il incombe d'abord à chaque État contractant, responsable de « la vie de (sa) nation », de déterminer si un « danger public » la menace et, dans l'affirmative, jusqu'où il faut aller pour essayer de le dissiper, les États ne jouissent pas pour autant d'un pouvoir illimité en ce domaine. Chargée, avec la Commission, d'assurer le respect de leurs engagements, la Cour a compétence pour décider s'ils ont excédé la « stricte mesure » des exigences de la crise. La marge nationale d'appréciation s'accompagne donc d'un contrôle européen (▪ CEDH, 18 janv. 1978, *Irlande c/ Royaume-Uni*, série A, n° 25, § 206-207).

8) Éléments de contrôle. La Cour doit ainsi vérifier si l'application de la législation ordinaire n'aurait pas permis de freiner l'accroissement du danger pesant sur l'État considéré (▪ CEDH, *Lawless c/ Irlande*, préc., § 36) ; si la législation cherchait vraiment à parer à un état d'urgence, en raison des difficultés particulières inhérentes à l'instruction et à la répression de la criminalité terroriste (▪ CEDH, *Brannigan et McBride c/ Royaume-Uni*, préc., § 49-51) ; si les mesures dérogatoires ne sont pas disproportionnées notamment au regard de la discrimination opérée entre nationaux et étranger (▪ CEDH, *A. et a. c/ Royaume-Uni* [GC], préc., § 182-190), ou encore si l'État a adapté les mesures dérogatoires, en tempérant sur certains points la rigueur des textes applicables à l'origine (▪ CEDH, *Irlande c/ R.-U.*, préc., § 220). La Cour est également attentive au fait de savoir si les juridictions nationales ont, elles aussi, conclu à la nécessité des mesures dérogatoires. La Cour suprême de l'État défendeur ayant jugé, après avoir examiné les questions soulevées par la dérogation, qu'il existait un danger public menaçant la vie de la nation mais que les mesures prises pour le conjurer n'étaient pas strictement exigées par la situation, la Cour estime ne pouvoir parvenir à une solution contraire sans avoir la certitude que les juridictions internes ont commis une erreur d'application ou d'interprétation de l'article 15 ou de sa jurisprudence ou que leurs conclusions sont manifestement déraisonnables (même arrêt, § 174). Identiquement la Cour vérifie que les garanties offertes dans le système dérogatoire sont suffisantes (▪ CEDH, *AKsoy c/ Turquie*, préc., § 79). Tel n'est pas le cas, en dépit de la gravité manifeste du problème terroriste dans le Sud-Est de la Turquie et les difficultés éprouvées par l'État pour prendre des mesures efficaces pour le combattre, d'une détention au secret du requérant, soupçonné d'avoir participé à des infractions terroristes, pendant quatorze jours ou plus, sans possibilité pour lui de voir un juge ou un autre magistrat (même arrêt, § 84).

C – Conformité au droit international

9) Article 15 et Pacte de 1966. Alors que l'article 4 du Pacte des Nations unies de 1966 sur les droits civils et politiques impose qu'un danger exceptionnel menaçant l'existence de la nation soit proclamé par un acte officiel, il n'entre pas dans les attributions de la Cour d'essayer de définir, par voie d'autorité, le sens des mots « proclamé par un acte officiel ». Toutefois la notification d'une dérogation au sens de l'article 15, contenant les motifs et les mesures d'urgence revêt un caractère formel et divulgue les intentions du Gouvernement en matière de dérogation, cadrant bien avec la notion de proclamation officielle (▪ CEDH, 26 mai 1993, *Brannigan et Mc Bride c/ R.-U.*, § 67-73).

10) Droit international humanitaire et article 15. Il apparaît que la pratique consistant à ne pas notifier de dérogation au titre de l'article 15 de la Convention aux fins des détentions ordonnées sur la base des troisième et quatrième Conventions de Genève lors de conflits armés internationaux trouve son pendant dans la pratique des États sur le terrain du Pacte international relatif aux droits civils et politiques. De nombreux États ont interné des personnes en vertu des pouvoirs conférés par les troisième et quatrième Conventions de Genève dans le contexte de conflits armés internationaux postérieurs à la ratification par eux dudit Pacte, mais aucun d'eux n'a, pour ce faire, formulé de dérogation expresse au titre de l'article 4 de cet instrument, même après que la Cour internationale de justice eut rendu les avis consultatifs et arrêts susmentionnés, dans lesquels elle précisait bien que les obligations découlant pour les États des instruments internationaux de protection des droits de l'Homme auxquels ils étaient parties continuaient de s'appliquer en cas de conflit armé international. Ainsi, il est permis au regard de la Convention, et sans que l'État ait émis de dérogation au titre de l'article 15, d'interner des prisonniers de guerre pendant la durée des hostilités, ainsi que des civils représentant une menace pour la sécurité, tant que les garanties procédurales du droit international humanitaire en place (■ CEDH, GC, 16 sept. 2014, n° 29750/09, *Hassan c/ Royaume-Uni*, § 101-103 : *JurisData* n° 2014-021950 ; *JCP* G 2014, act. 1022, B. Pastre-Belda ; *RTDH* 2015, p. 481, note P. Frumer).

II – DROITS INDÉROGEABLES

11) Interdiction des tortures et mauvais traitements. L'article 3, la Cour l'a dit à maintes reprises, consacre l'une des valeurs fondamentales des sociétés démocratiques. Même dans les circonstances les plus difficiles, telle la lutte contre le terrorisme et le crime organisé, la Convention prohibe en termes absolus la torture et les peines ou traitements inhumains ou dégradants. L'article 3, ne prévoit pas de restrictions, en quoi il contraste avec la majorité des clauses normatives de la Convention et des Protocoles n°s 1 et 4 (P1, P4), et d'après l'article 15 § 2 (art. 15-2) il ne souffre nulle dérogation, même en cas de danger public menaçant la vie de la nation (■ CEDH, *Aksoy c/ Turquie*, préc., § 62 ; *Irlande c/ Royaume-Uni*, préc., § 163 ; CEDH GC., 28 févr. 2008, *Saadi c/ Italie*, § 127 : *JCP* 2008, I, 167, obs. F. Sudre ; *RSC* 2008, p. 692, note J.-P. Marguenaud). Même dans les circonstances les plus difficiles, telle la lutte contre le terrorisme et le crime organisé, la Convention prohibe en termes absolus la torture et les peines et traitements inhumains ou dégradants, quel que soit le comportement de la personne concernée. La nature de l'infraction qui était reprochée au requérant est donc dépourvue de pertinence pour l'examen sous l'angle de l'article 3 (■ CEDH, gde ch., 1er juin 2010, *Gäfgen c/ Allemagne*, § 87 : *JurisData* n° 2010-024148 ; *JCP* G 2010, Actu, p. 701 et 1300 ; *Dr. pén.* 2001, n° 4, chron. 3, obs. E. Dreyer. ■ CEDH, 15 nov. 1996, *Chahal c/ Royaume-Uni*, § 79, Recueil des arrêts et décisions 1996-V).

12) Droit à la vie. L'article 2 garantit non seulement le droit à la vie mais expose les circonstances dans lesquelles infliger la mort peut se justifier ; il se place à ce titre parmi les articles primordiaux de la Convention, auquel aucune dérogation ne saurait être autorisée, en temps de paix, en vertu de l'article 15. Combiné à l'article 3 (art. 15 + 3) de la Convention, il consacre l'une des valeurs fondamentales des sociétés démocratiques qui forment le Conseil de l'Europe. Il faut donc en interpréter les dispositions de façon étroite (■ CEDH, 27 sept. 1995, n° 18984/9, *MacCann et a. c/ RU*, § 147). À cet égard, il appartient à la Cour de veiller qu'une attaque anti-terroriste dans son ensemble a été contrôlée et organisée de manière à respecter les exigences de l'article 2 et de déterminer si les informations qui rendaient pratiquement inévitable le recours à la force meurtrière ont pris dûment en considération le droit à la vie des trois suspects (même arrêt, § 201).

13) Principe de légalité. La garantie que consacre l'article 7 (art. 7), élément essentiel de la prééminence du droit, occupe une place primordiale dans le système de protection de la Convention, comme l'atteste le fait que l'article 15 (art. 15) n'y autorise aucune dérogation en temps de guerre ou autre danger public. Ainsi qu'il découle de son objet et de son but, on doit l'interpréter et l'appliquer de manière à assurer une protection effective contre les poursuites, les condamnations et sanctions arbitraires (■ CEDH, 22 nov. 1995, *SW c/ R.-U.*, série A, n° 335-B, § 34).

III – NOTIFICATION DE LA MESURE DÉROGATOIRE

A – Information au Secrétaire général du Conseil de l'Europe

14) Formalisation de l'information. L'application de l'article 15 implique un acte public et formel de la part de l'État concerné (■ Comm. EDH, *Chypre c/ Turquie*, rapport du 4 oct. 1983, § 67).

15) Contenu de l'information. Il revient à la Cour d'examiner, conformément au paragraphe 3 de l'article 15 de la Convention, si le Secrétaire général du Conseil de l'Europe a été dûment informé aussi bien des mesures dérogatoires prises que des motifs qui les ont inspirées. Se conforme aux obligations que lui imposait, en tant que Partie à la Convention, le paragraphe 3 de l'article 15, l'État qui transmet au Secrétaire général du Conseil de l'Europe une lettre où se trouve annexé le texte de loi litigieux et celui de la proclamation d'état d'urgence douze jours après la mise en vigueur des mesures, ladite lettre précisant que les mesures prises l'ont été « pour empêcher la perpétration de délits contre la paix et l'ordre publics et le maintien de forces militaires ou armées autres que celles autorisées par la Constitution » (■ CEDH, *Lawless c/ Irlande*, préc., § 47).

16) Obligations supplémentaires. La Convention ne contient aucune disposition spéciale prescrivant à l'État contractant intéressé de promulguer sur son territoire l'avis de dérogation qu'il a adressé au Secrétaire général du Conseil de l'Europe (même arrêt, § 47).

17) Contrôle d'office. La Cour est compétente pour se pencher d'office sur la question du respect formel des obligations de l'article 15 § 3, et spécialement sur le point de savoir si la notification de dérogation contient suffisamment d'informations au sujet de la mesure litigieuse (■ CEDH, *Aksoy c/ Turquie*, préc., § 86).

B – Portée de l'information au Secrétaire général du Conseil de l'Europe

18) **Portée territoriale.** La Cour estime qu'elle irait à l'encontre du but et de l'objet de l'article 15 de la Convention si, appelée à apprécier la portée territoriale de la dérogation litigieuse, elle en étendait les effets à une partie du territoire non explicitement couverte par la notification. La dérogation doit ainsi être considérée comme inapplicable *ratione loci* dès lors qu'elle a concerné une zone non incluse dans la zone visée par l'état d'urgence lors de la notification (■ CEDH, 26 nov. 1997, *Sakik et a. c/ Turquie*, § 39. ■ CEDH, 27 mai 2004, *Yurttas c/ Turquie*, § 58).

Art. 16 *(Mod. à compter du 1er novembre 1998, Prot. n° 11, 11 mai 1994, art. 2-2 et ann. publié par D. n° 98-1055, 18 nov. 1998). – Restrictions à l'activité politique des étrangers.*

Aucune des dispositions des articles 10, 11 et 14 ne peut être considérée comme interdisant aux Hautes Parties contractantes d'imposer des restrictions à l'activité politique des étrangers.

Art. 17 *(Mod. à compter du 1er novembre 1998, Prot. n° 11, 11 mai 1994, art. 2-2 et ann. publié par D. n° 98-1055, 18 nov. 1998). – Interdiction de l'abus de droit.*

Aucune des dispositions de la présente Convention ne peut être interprétée comme impliquant pour un État, un groupement ou un individu, un droit quelconque de se livrer à une activité ou d'accomplir un acte visant à la destruction des droits ou libertés reconnus dans la présente Convention ou à des limitations plus amples de ces droits et libertés que celles prévues à ladite Convention.

Art. 18 *(Mod. à compter du 1er novembre 1998, Prot. n° 11, 11 mai 1994, art. 2-2 et ann. publié par D. n° 98-1055, 18 nov. 1998). – Limitation de l'usage des restrictions aux droits.*

Les restrictions qui, aux termes de la présente Convention, sont apportées auxdits droits et libertés ne peuvent être appliquées que dans le but pour lequel elles ont été prévues.

TITRE II. – COUR EUROPÉENNE DES DROITS DE L'HOMME

(Titres II à IV rempl. par le présent titre à compter du 1er novembre 1998, Prot. n° 11, 11 mai 1994, art. 1er publié par D. n° 98-1055, 18 nov. 1998)

Art. 19 *(Rempl. à compter du 1er novembre 1998, Prot. n° 11, 11 mai 1994, art. 2-2 et ann. publié par D. n° 98-1055, 18 nov. 1998). – Institution de la Cour.*

Afin d'assurer le respect des engagements résultant pour les Hautes Parties contractantes de la présente Convention et de ses protocoles, il est institué une Cour européenne des Droits de l'Homme, ci-dessous nommée « la Cour ». Elle fonctionne de façon permanente.

Art. 20 *(Rempl., à compter du 1er novembre 1998, Prot. n° 11, 11 mai 1994, art. 2-2 et ann. publié par D. n° 98-1055, 18 nov. 1998). – Nombre de juges.*

La Cour se compose d'un nombre de juges égal à celui des Hautes Parties contractantes.

Art. 21 *(Rempl., à compter du 1er novembre 1998, Prot. n° 11, 11 mai 1994, art. 2-2 et ann. publié par D. n° 98-1055, 18 nov. 1998). – Conditions d'exercice des fonctions.*

1. Les juges doivent jouir de la plus haute considération morale et réunir les conditions requises pour l'exercice de hautes fonctions judiciaires ou être des jurisconsultes possédant une compétence notoire.

2. Les juges siègent à la Cour à titre individuel.

3. Pendant la durée de leur mandat, les juges ne peuvent exercer aucune activité incompatible avec les exigences d'indépendance, d'impartialité ou de disponibilité requise par une activité exercée à plein temps ; toute question soulevée en application de ce paragraphe est tranchée par la Cour.

Art. 22 *(Rempl. à compter du 1er novembre 1998, Prot. n° 11, 11 mai 1994 publié par D. n° 98-1055, 18 nov. 1998 ; modifié à compter du 1er juin 2010, Prot. n° 14, 13 mai 2004 publié par D. n° 2010-711, 28 juin 2010). – Élection des juges.*

1. Les juges sont élus par l'Assemblée parlementaire au titre de chaque Haute Partie contractante, à la majorité des voix exprimées, sur une liste de trois candidats présentés par la Haute Partie contractante.

Art. 23 *(Rempl. à compter du 1er novembre 1998, Prot. n° 11, 11 mai 1994 publié par D. n° 98-1055, 18 nov. 1998 ; rempl. à compter du 1er juin 2010, Prot. n° 14, 13 mai 2004 publié par D. n° 2010-711, 28 juin 2010). – Durée du mandat et révocation.*

1. Les juges sont élus pour une durée de neuf ans. Ils ne sont pas rééligibles.

2. Le mandat des juges s'achève dès qu'ils atteignent l'âge de 70 ans.

3. Les juges restent en fonction jusqu'à leur remplacement. Ils continuent toutefois de connaître des affaires dont ils sont déjà saisis.

4. Un juge ne peut être relevé de ses fonctions que si les autres juges décident, à la majorité des deux tiers, que ce juge a cessé de répondre aux conditions requises.

Art. 24 *(Rempl. à compter du 1er novembre 1998, Prot. n° 11, 11 mai 1994 publié par D. n° 98-1055, 18 nov. 1998 ; rempl. à compter du 1er juin 2010, Prot. n° 14, 13 mai 2004 publié par D. n° 2010-711, 28 juin 2010). – Greffe et rapporteurs.*

1. La Cour dispose d'un greffe dont les tâches et l'organisation sont fixées par le règlement de la Cour.

2. Lorsqu'elle siège en formation de juge unique, la Cour est assistée de rapporteurs qui exercent leurs fonctions sous l'autorité du président de la Cour. Ils font partie du greffe de la Cour.

Art. 25 *(Rempl. à compter du 1er novembre 1998, Prot. n° 11, 11 mai 1994 publié par D. n° 98-1055, 18 nov. 1998 ; mod., à compter du 1er juin 2010, Prot. n° 14, 13 mai 2004 publié par D. n° 2010-711, 28 juin 2010). – Assemblée plénière.*

La Cour réunie en Assemblée plénière :

a) Élit, pour une durée de trois ans, son président et un ou deux vice-présidents ; ils sont rééligibles ;
b) Constitue des Chambres pour une période déterminée ;
c) Élit les présidents des Chambres de la Cour, qui sont rééligibles ;
d) Adopte le règlement de la Cour ;
e) Élit le greffier et un ou plusieurs greffiers adjoints ;
f) Fait toute demande au titre de l'article 26, paragraphe 2.

Art. 26 *(Rempl. à compter du 1er novembre 1998, Prot. n° 11, 11 mai 1994 publié par D. n° 98-1055, 18 nov. 1998 ; rempl. à compter du 1er juin 2010, Prot. n° 14, 13 mai 2004 publié par D. n° 2010-711, 28 juin 2010). – Formations de juge unique, comités, Chambres et Grande chambre.*

1. Pour l'examen des affaires portées devant elle, la Cour siège en formations de juge unique, en comités de trois juges, en Chambres de sept juges et en une Grande Chambre de dix-sept juges. Les Chambres de la Cour constituent les comités pour une période déterminée.

2. À la demande de l'Assemblée plénière de la Cour, le Comité des Ministres peut, par une décision unanime et pour une période déterminée, réduire à cinq le nombre de juges des Chambres.

3. Un juge siégeant en tant que juge unique n'examine aucune requête introduite contre la Haute Partie contractante au titre de laquelle ce juge a été élu.

4. Le juge élu au titre d'une Haute Partie contractante partie au litige est membre de droit de la Chambre et de la Grande Chambre. En cas d'absence de ce juge, ou lorsqu'il n'est pas en mesure de siéger, une personne choisie par le président de la Cour sur une liste soumise au préalable par cette Partie siège en qualité de juge.

5. Font aussi partie de la Grande Chambre, le président de la Cour, les vice-présidents, les présidents des Chambres et d'autres juges désignés conformément au règlement de la Cour. Quand l'affaire est déférée à la Grande Chambre en vertu de l'article 43, aucun juge de la Chambre qui a rendu l'arrêt ne peut y siéger, à l'exception du président de la Chambre et du juge ayant siégé au titre de la Haute Partie contractante intéressée.

Art. 27 *(Créé à compter du 1er juin 2010, Prot. n° 14, 13 mai 2004, art. 7 publié par D. n° 2010-711, 28 juin 2010). – Compétence des juges uniques.*

1. Un juge unique peut déclarer une requête introduite en vertu de l'article 34 irrecevable ou la rayer du rôle lorsqu'une telle décision peut être prise sans examen complémentaire.

2. La décision est définitive.

3. Si le juge unique ne déclare pas une requête irrecevable ou ne la raye pas du rôle, ce juge la transmet à un comité ou à une Chambre pour examen complémentaire.

Art. 28 *(Rempl. à compter du 1er juin 2010, Prot. n° 14, 13 mai 2004, art. 8 publié par D. n° 2010-711, 28 juin 2010). – Compétence des comités.*

1. Un comité saisi d'une requête individuelle introduite en vertu de l'article 34 peut, par vote unanime,

a la déclarer irrecevable ou la rayer du rôle lorsqu'une telle décision peut être prise sans examen complémentaire ; ou

b la déclarer recevable et rendre conjointement un arrêt sur le fond lorsque la question relative à l'interprétation ou à l'application de la Convention ou de ses Protocoles qui est à l'origine de l'affaire fait l'objet d'une jurisprudence bien établie de la Cour.

2. Les décisions et arrêts prévus au paragraphe 1 sont définitifs.

3. Si le juge élu au titre de la Haute Partie contractante partie au litige n'est pas membre du comité, ce dernier peut, à tout moment de la procédure, l'inviter à siéger en son sein en lieu et place de l'un de ses membres, en prenant en compte tous facteurs pertinents, y compris la question de savoir si cette Partie a contesté l'application de la procédure du paragraphe 1.*b*.

Art. 29 *(Rempl. à compter du 1er juin 2010, Prot. n° 14, 13 mai 2004, art. 8 publié par D. n° 2010-711, 28 juin 2010). – Décisions des Chambres sur la recevabilité et le fond.*

1. Si aucune décision n'a été prise en vertu des articles 27 ou 28, ni aucun arrêt rendu en vertu de l'article 28, une Chambre se prononce sur la recevabilité et le fond des requêtes individuelles introduites en vertu de l'article 34. La décision sur la recevabilité peut être prise de façon séparée.

2. Une Chambre se prononce sur la recevabilité et le fond des requêtes étatiques introduites en vertu de l'article 33. Sauf décision contraire de la Cour dans des cas exceptionnels, la décision sur la recevabilité est prise séparément.

Art. 30 *(Rempl. à compter du 1er novembre 1998, Prot. n° 11, 11 mai 1994, art. 1er publié par D. n° 98-1055, 18 nov. 1998). – Dessaisissement en faveur de la Grande Chambre.*

Si l'affaire pendante devant une Chambre soulève une question grave relative à l'interprétation de la Convention ou de ses protocoles, ou si la solution d'une question peut conduire à une contradiction avec un arrêt rendu antérieurement par la Cour, la Chambre peut, tant qu'elle n'a pas rendu son arrêt, se dessaisir au profit de la Grande Chambre, à moins que l'une des parties ne s'y oppose.

Art. 31 *(Mod. à compter du 1er juin 2010, Prot. n° 14, 13 mai 2004, art. 8 publié par D. n° 2010-711, 28 juin 2010). – Attributions de la Grande Chambre.*

La Grande Chambre :

a) Se prononce sur les requêtes introduites en vertu de l'article 33 ou de l'article 34 lorsque l'affaire lui a été déférée par la Chambre en vertu de l'article 30 ou lorsque l'affaire lui a été déférée en vertu de l'article 43 ;

b) Se prononce sur les questions dont la Cour est saisie par le Comité des Ministres en vertu de l'article 46, paragraphe 4 ; et

c) Examine les demandes d'avis consultatifs introduites en vertu de l'article 47.

Art. 32 *(Mod. à compter du 1er juin 2010, Prot. n° 14, 13 mai 2004, art. 8 publié par D. n° 2010-711, 28 juin 2010). – Compétence de la Cour.*

1. La compétence de la Cour s'étend à toutes les questions concernant l'interprétation et l'application de la Convention et de ses protocoles qui lui seront soumises dans les conditions prévues par les articles 33, 34, 46 et 47.

2. En cas de contestation sur le point de savoir si la Cour est compétente, la Cour décide.

Art. 33 *(Rempl. à compter du 1er novembre 1998, Prot. n° 11, 11 mai 1994, art. 1er publié par D. n° 98-1055, 18 nov. 1998). – Affaires interétatiques.*

Toute Haute Partie contractante peut saisir la Cour de tout manquement aux dispositions de la Convention et de ses protocoles qu'elle croira pouvoir être imputé à une autre Haute Partie contractante.

Art. 34 *(Rempl. à compter du 1er novembre 1998, Prot. n° 11, 11 mai 1994, art. 1er publié par D. n° 98-1055, 18 nov. 1998). – Requêtes individuelles.*

La Cour peut être saisie d'une requête par toute personne physique, toute organisation non gouvernementale ou tout groupe de particuliers qui se prétend victime d'une violation par l'une des Hautes Parties contractantes des droits reconnus dans la Convention ou ses protocoles. Les Hautes Parties contractantes s'engagent à n'entraver par aucune mesure l'exercice efficace de ce droit.

I – NOTION DE VICTIME

Bibliographie : J.-F. Renucci, *La notion de victime au sens de l'article 34 de la Conv. EDH* : *D.* 2014, p. 238.

A – Caractère direct de la violation

1) Qualité de victime. Pour se prévaloir de l'article 34 de la Convention, un requérant doit pouvoir se prétendre victime d'une violation de la Convention ; la notion de « victime », selon la jurisprudence constante de la Cour, doit être interprétée de façon autonome et indépendante des notions internes telles que celles concernant l'intérêt ou la qualité pour agir. L'intéressé doit pouvoir démontrer qu'il a « subi directement les effets » de la mesure litigieuse (■ CEDH, gr. ch., n° 46043/14. ■ CEDH, gr. ch., 5 juin 2015, n° 46043/14, *Lambert et a. c/ France*, § 89. ■ CEDH, gr. ch., 1er juill. 2014 (extraits), n° 43835/11, *S.A.S. c/ France*, § 57. ■ CEDH, 5 nov. 2020, n° 18108/20 (extraits), *Le Mailloux c/ France* (déc.) [comité], § 10. ■ CEDH, 21 sept. 2021, n° 41994/21, *Zambrano c/ France*). Par « victime », l'article 25 (article 34 actuel) désigne la personne directement concernée par l'acte ou l'omission litigieux, l'existence d'un manquement aux exigences de la Convention se concevant même en l'absence de préjudice. Partant, l'atténuation d'une peine et l'arrêt des poursuites, décidés en raison de la durée excessive d'une procédure, ne privent pas en principe l'intéressé de la qualité de victime au sens de l'article 25 (■ CEDH, 15 juill. 1982, n° 8130/78, *Eckle c/ Allemagne* : *JDI* 1985, 202, obs. Rolland et Tavernier. ■ CEDH, 13 mai 1980, *Artico c/ Italie* : *Cah. dr. eur.* 1982, 213, obs. Cohen-Jonathan : *Ann. fr. dr. int.* 1981, 288, obs. Pelloux ; *JDI* 1982, 202, obs. Rolland). Une décision ou une mesure favorable à un requérant ne suffit en principe à lui retirer la qualité de « victime » que si les autorités nationales ont reconnu, explicitement ou en substance, puis réparé la violation de la Convention (■ CEDH, gr. ch., 12 sept. 2012, n° 10593/08, *Nada c/ Suisse*). Au cours des 33 ans qu'il passa en prison après sa condamnation à une peine perpétuelle, l'intéressé introduisit de nombreuses demandes de grâce, qui toutes échouèrent. Il bénéficia certes d'une grâce le 31 mars 2014, pour des motifs tenant à la détérioration de son état de santé (paragraphe 30 ci-dessus), mais cette décision n'emportait pas reconnaissance de la violation alléguée de l'article 3 de la Convention. Dès lors que rien n'indique par ailleurs que la grâce octroyée eût une finalité réparatrice, le requérant peut passer pour avoir été victime des violations alléguées (■ CEDH, 26 avr. 2016, n° 10511/10, *Murray c/ Pays-Bas* : *JurisData* n° 2016-007793 ; *Dr. pén.* 2016, comm. 120, obs. V. Peltier).

Malgré l'invitation à quitter le territoire, dépourvue par elle-même de caractère exécutoire, et le rejet de la demande d'admission exceptionnelle au séjour présentée par M. Pusparajah, aucun ordre de reconduite à la frontière n'a été pris à l'encontre des requérants. Si le préfet de police décidait leur renvoi, les intéressés disposeraient du recours ouvert par l'article 22 *bis* et de l'ensemble des garanties dont il s'accompagne ; s'ils s'avisaient d'introduire aujourd'hui ledit recours, les juridictions saisies le déclareraient probablement irrecevable parce que prématuré ou sans objet. En résumé, les requérants ne peuvent, en l'état, « se prétendre victimes d'une violation » au sens de l'article 25 § 1 (actuel article 34) de la Convention (■ CEDH, 27 août 1992, nos 17550/90 et 17825/91, *Vijayanathan et Pusparajah c/ France* : *Ann. fr. dr. int.* 1992, 629, obs. Coussirat-Coustère ; *JDI* 1993, 745, obs. Decaux et Tavernier ; *RUDH* 1993, p. 1, obs. Sudre et a.).

La Cour n'a pas normalement pour tâche d'examiner dans l'abstrait la législation et la pratique pertinentes, mais de rechercher si la manière dont elles ont été appliquées au requérant ou l'ont touché a donné lieu à une violation de la Convention (■ CEDH, 4 déc. 2015, n° 47143/06, *Roman Zakharov c/ Russie*. ■ CEDH, gr. ch., 18 déc. 2002, n° 24952/94, *N.C. c/ Italie*. ■ CEDH, 9 nov. 2006, n° 72331/01, *Krone Verlag GmbH & Co. KG c/ Autriche* (n° 4). ■ CEDH, gr. ch., 17 juill. 2014, n° 47848/08, *Centre de ressources juridiques au nom de Valentin Câmpeanu c/ Roumanie*). Il s'ensuit que pour pouvoir introduire une requête en vertu de l'article 34, une personne doit pouvoir démontrer qu'elle a « subi directement les effets » de la mesure litigieuse.

Cette condition est nécessaire pour que soit enclenché le mécanisme de protection prévu par la Convention, même si ce critère ne doit pas s'appliquer de façon rigide, mécanique et inflexible tout au long de la procédure (■ CEDH, gr. ch., 17 juill. 2014, n° 47848/08, *Centre de ressources juridiques au nom de Valentin Câmpeanu c/ Roumanie*).

2) Renonciation aux garanties offertes par la CSDH. À supposer même que les droits garantis par l'article 3 de la Convention puissent faire l'objet d'une renonciation, le requérant n'a en tout cas pas, en quittant la Belgique, renoncé à la protection qu'il tire de l'article 3 (V., *mutatis mutandis*, ■ CEDH, 31 janv. 2012, n° 50012/08, *M.S. c/ Belgique*). En tout état de cause, la Cour souligne que les faits à l'origine de la requête s'étaient déjà concrétisés lors du départ du requérant. Les circonstances postérieures au départ n'ont donc pas d'incidence sur la qualité de victime du requérant (■ CEDH, 27 oct. 2020, n° 19656/18, *M.A. c/ Belgique*).

B – Caractère personnel de la violation

3) Principe. L'article 34 de la Convention « exige qu'un individu requérant se prétende effectivement lésé par la violation qu'il allègue. Cet article n'institue pas au profit des particuliers une sorte d'*actio popularis* pour l'interprétation de la Convention ; il ne les autorise pas à se plaindre *in abstracto* d'une loi par cela seul qu'elle leur semble enfreindre la Convention (▪ CEDH, 23 mai 2002, n° 6422/029916/02, *Segi et a. et Gestoras pro amnistia et a. c/ Allemagne, Autriche, Belgique, Danemark, Espagne, Finlande, France, Grèce, Irlande, Italie, Luxembourg, Pays-Bas, Portugal, Royaume-Uni et Suède : D.* 2003, somm. 523, obs. Renucci. ▪ CEDH, 6 sept. 1978, n° 5029/71, *Klass et a. c/ Allemagne : Cah. dr. eur.* 1979, 474, obs. Cohen-Jonathan ; *AFDI* 1979, 338, obs. Pelloux ; *JDI* 1980, 463, obs. Rolland). En principe, il ne suffit pas à un individu requérant de soutenir qu'une loi viole par sa simple existence les droits dont il jouit aux termes de la Convention ; elle doit avoir été appliquée à son détriment » (▪ CEDH, 6 sept. 1978, n° 5029/71, *Klass c/ Allemagne*).

4) Exception.

a. Exposé. Dans le système de protection des droits de l'Homme imaginé par les auteurs de la Convention, l'exercice du droit de recours individuel ne saurait avoir pour objet de prévenir une violation de la Convention. Ce n'est que dans des circonstances tout à fait exceptionnelles que le risque d'une violation future peut néanmoins conférer à un requérant la qualité de victime d'une violation de la Convention. C'est le cas par exemple d'une législation qui, sans avoir été appliquée personnellement au requérant, lui fait courir le risque d'être affecté directement, dans les conditions précises de son existence. C'est également le cas, en matière d'expulsion ou d'extradition, lorsque le requérant peut démontrer *prima facie* un risque de traitements inhumains et dégradants, traitements dont la responsabilité incombera à l'État, qui prend la décision d'expulser ou d'extrader, s'il n'a pas pris toutes les précautions pour s'assurer que le requérant ne sera pas soumis à de tels traitements. Pour que dans une telle situation le requérant puisse se prétendre victime, il faut toutefois qu'il produise des indices raisonnables et convaincants de la probabilité de réalisation d'une violation en ce qui le concerne personnellement ; de simples suspicions ou conjectures sont insuffisantes à cet égard (▪ Comm. EDH, 4 déc. 1995, n° 28204/95, *Tauira et 18 a. c/ France*). La Cour accepte qu'un individu puisse, sous certaines conditions, se prétendre victime d'une violation entraînée par la simple existence de mesures secrètes ou d'une législation en permettant, sans avoir besoin d'avancer qu'on les lui a réellement appliquées. Les conditions requises doivent être définies dans chaque cause selon le ou les droits de la Convention dont on allègue la violation, le caractère secret des mesures incriminées et la relation entre l'intéressé et ces mesures (▪ CEDH, 6 sept. 1978, n° 5029/71, *Klass c/ Allemagne*).

b. Illustrations. Contrôle des correspondances. La législation incriminée institue un système de surveillance exposant chacun, en République fédérale d'Allemagne, au contrôle de sa correspondance, de ses envois postaux et de ses télécommunications, sans qu'il le sache jamais à moins d'une indiscrétion ou d'une notification ultérieure dans les circonstances indiquées par l'arrêt de la Cour constitutionnelle fédérale (paragraphe 11 ci-dessus). Ladite législation frappe par là directement tout usager ou usager virtuel des services des postes et télécommunications de la République fédérale d'Allemagne. Eu égard aux particularités de la cause, la Cour décide que les requérants sont chacun en droit de « se prétend(re) victime(s) d'une violation » de la Convention bien qu'ils ne puissent alléguer à l'appui de leur requête avoir subi une mesure concrète de surveillance (▪ CEDH, 6 sept. 1978, n° 5029/71, *Klass c/ Allemagne*).

C – Gravité de la violation

5) De plus, seules les personnes qui allèguent une mesure d'une certaine gravité peuvent se prétendre victimes d'une violation de la Convention (▪ CEDH, 27 août 1992, n°s 17550/90 et 17825/91, *Vijayanathan et Pusparajah c/ France : AFDI* 1992, 629, obs. Coussirat-Coustère ; *JDI* 1993, 745, obs. Decaux et Tavernier ; *RUDH* 1993, p. 1, obs. Sudre et a.).

II – ABSENCE D'ENTRAVE DE LA PART DES HAUTES PARTIES CONTRACTANTES

6) Tortures. Pour que le mécanisme de recours individuel instauré par l'ancien article 25 de la Convention soit efficace, il est de la plus haute importance que les requérants, déclarés ou potentiels, soient libres de communiquer avec les institutions de la Convention, sans que les autorités ne les pressent en aucune manière de retirer ou modifier leurs griefs. À cet égard, le terme « presser » vise non seulement la coercition directe et les actes flagrants d'intimidation, mais aussi les actes ou contacts indirects et de mauvais aloi tendant à dissuader les requérants, ou à les décourager de se prévaloir du recours qu'offre la Convention. Eu égard au contexte et étant donné en particulier que la requérante a été victime de tortures durant son interrogatoire, la Cour estime que celle-ci doit s'être sentie intimidée quant à sa requête à la Commission (▪ CEDH, 10 oct. 2000, n°s 22947/93 et 22948/93, *Akkoc c/ Turquie*).

7) Refus de transmission de son dossier à un détenu. Les autorités de l'État [ont] l'obligation de fournir des copies des documents aux requérants qui se trouvent dans une situation de vulnérabilité et de dépendance particulière et qui ne peuvent obtenir les documents nécessaires sans le soutien de l'État. Dans le cas de l'espèce, une telle situation de dépendance résultait de l'emprisonnement [...] [de ce fait] le requérant n'avait ni accès au dossier ni n'avait l'opportunité de sélectionner les documents qu'il estimait nécessaires pour son recours devant la Cour. La Cour estime que le refus du juge de l'exécution des peines de fournir à l'intéressé des photocopies de la totalité du dossier s'analyse en une ingérence dans l'exercice de son droit de recours (■ CEDH, 11 oct. 2016, n° 3142/11, *C. Moya c/ Espagne : AJ Pénal* 2016, p. 547, obs. M. Herzog-Evans).

8) Enquêtes. Rien n'indique que les enquêtes menées en l'espèce à l'encontre des avocats du requérant ont été destinées à pousser le requérant à retirer ou à modifier sa requête ou à le gêner de toute autre manière dans l'exercice effectif de son droit de recours individuel, ni qu'elles ont eu un tel effet. Il ressort même de la formulation du grief que ces enquêtes n'ont aucun lien avec la requête de l'intéressé. Les autorités de l'État défendeur ne peuvent donc passer pour avoir entravé l'exercice par le requérant de son droit de recours individuel. Dès lors, la Cour estime que l'État défendeur n'a pas manqué aux obligations qui lui incombaient au titre de l'article 34 de la Convention (■ CEDH, 20 nov. 2018, n° 14305/17, *Selahattin Demirtas c/ Turquie* (n° 2)).

9) Attestation de sécurité. Rien n'indiquerait que la mesure litigieuse, à savoir la révocation de l'attestation de sécurité du requérant, aurait eu une incidence sur sa relation de travail avec le ministère de la Défense. Dès lors, le requérant ne saurait être considéré comme victime, au sens de l'article 34 de la Convention, d'une violation de son droit à un procès équitable (■ CEDH, 19 sept. 2017, n° 35289/11, *Regner c/ République tchèque*).

III – ÉLÉMENTS DE PROCÉDURE

10) Nature procédurale du grief. La Cour rappelle la nature purement procédurale d'un grief tiré du non-respect de l'article 34 de la Convention, dont la recevabilité ne peut dès lors faire l'objet d'une contestation (■ CEDH, 10 avr. 2018, n° 46240/15, *A. S c/ France*. ■ CEDH, 28 juill. 1998, n° 23818/94, *Ergi c/ Turquie*. ■ CEDH, 6 oct. 2016, n° 29070/15, *Pivovarnik c/ Ukraine*).

11) Transaction. Selon le requérant, les termes de la transaction lui étaient plus favorables que la responsabilité découlant du droit interne et c'était dans le seul but d'éviter un préjudice plus grand qu'il avait accepté de la conclure. La Cour ne voit aucune raison de s'écarter de ce raisonnement. En effet, le simple fait pour le requérant d'avoir satisfait à l'obligation qui lui était imposée ne le prive pas de la qualité de victime au sens de l'article 34 de la Convention (■ CEDH, 11 déc. 2018, n° 36480/07, *LEKIĆ c/ SLOVÉNIE*).

12) Faillite. En vertu du droit finlandais, la première société requérante, bien que gérée par le syndic de faillite, conserve la personnalité juridique, la Cour estime qu'elle peut toujours se prétendre victime des violations alléguées des articles 6, § 1 et 10 de la Convention (■ CEDH, 27 juin 2017, n° 931/13, *SATAKUNNAN MARKKINAPÖRSSI OY ET SATAMEDIA OY c/ FINLANDE*).

13) Traite des êtres humains. En rejetant la demande de ce groupe de requérants au motif, entre autres, que ceux-ci avaient tardé à saisir les autorités de police, le procureur a méconnu le cadre réglementaire régissant la traite des êtres humains. En effet, l'article 13 de la Convention anti-traite du Conseil de l'Europe prévoit justement un « délai de rétablissement et de réflexion » d'au moins trente jours pour que la personne concernée puisse se rétablir et échapper à l'influence des trafiquants et prenne, en connaissance de cause, une décision quant à sa coopération avec les autorités (paragraphe 42 ci-dessus). Compte tenu de ce qui précède, la Cour rejette l'exception du Gouvernement relative à la qualité de victimes des requérants qui n'ont pas participé à la procédure devant la cour d'assises et estime qu'il y a eu violation de l'article 4, § 2 de la Convention au titre de l'obligation procédurale de mener une enquête effective sur la situation de traite des êtres humains et de travail forcé dénoncée par ces requérants (■ CEDH, 30 mars 2017, n° 21884/15, *Chowdury et a. c/ Grèce*).

14) Décès du requérant. Dans les cas où le requérant originaire décède après l'introduction de la requête, la Cour autorise normalement les proches de l'intéressé à poursuivre la procédure, à condition qu'ils aient un intérêt légitime à le faire (■ CEDH, 26 avr. 2016, n° 10511/10, *Murray c/ Pays-Bas*. ■ CEDH, gr. ch., 3 déc. 2000, n° 33071/96, *Malhous c/ République tchèque*. ■ CEDH, 25 nov. 2014, n°s 45520/04 et 19363/05, *Larionovs et Tess c/ Lettonie*). Eu égard à l'objet de la requête et à l'ensemble des éléments dont elle dispose, la Cour estime qu'en l'espèce le fils et la sœur du requérant avaient un intérêt légitime au maintien de la requête et, de ce fait, qualité pour agir au titre de l'article 34 de la Convention (■ CEDH, 26 avr. 2016, n° 10511/10, *Murray c/ Pays-Bas*. ■ CEDH, 9 sept. 2014, n° 33955/07, *Carrella c/ Italie*).

Art. 35 *(Mod. à compter du 1er juin 2010, Prot. n° 14, 13 mai 2004, art. 8 publié par D. n° 2010-711, 28 juin 2010). – Conditions de recevabilité.*

1. La Cour ne peut être saisie qu'après l'épuisement des voies de recours internes, tel qu'il est entendu selon les principes de droit international généralement reconnus, et dans un délai de six mois à partir de la date de la décision interne définitive.

2. La Cour ne retient aucune requête individuelle introduite en application de l'article 34, lorsque :

***a)* Elle est anonyme ; ou**

***b)* Elle est essentiellement la même qu'une requête précédemment examinée par la Cour ou déjà soumise à une autre instance internationale d'enquête ou de règlement, et si elle ne contient pas de faits nouveaux.**

3. La Cour déclare irrecevable toute requête individuelle introduite en application de l'article 34 lorsqu'elle estime :

***a)* que la requête est incompatible avec les dispositions de la Convention ou de ses Protocoles, manifestement mal fondée ou abusive ; ou**

***b)* que le requérant n'a subi aucun préjudice important, sauf si le respect des droits de l'homme garantis par la Convention et ses Protocoles exige un examen de la requête au fond et à condition de ne rejeter pour ce motif aucune affaire qui n'a pas été dûment examinée par un tribunal interne.**

4. La Cour rejette toute requête qu'elle considère comme irrecevable en application du présent article. Elle peut procéder ainsi à tout stade de la procédure.

Bibliographie : J. Andriantsimbazovina, *Le recours en responsabilité de l'État du fait du dysfonctionnement du service public de la justice est un recours à épuiser avant la saisine de la Cour européenne des droits de l'Homme : Gaz. Pal.* 2015, 331-332, p. 15. • H. Hurpy, *Pour une subsidiarité renforcée, encore et toujours ! : JCP* G 2019, n° 2, p. 192. • J.-S. Bergé, *De la hiérarchie des normes au droit hiérarchisé : figures pratiques de l'application du droit à différents niveaux : JDI* 2013, doctr. 1. • O. De Schutter, *La subsidiarité dans la CEDH : la dimension procédurale, in M. Verdussen (Dir.), L'Europe de la subsidiarité : Bruylant,* 2000, p. 63. • M. Melchior, *Les Cours constitutionnelles et l'épuisement des voies de recours internes à l'égard de la CEDH : Mél. Silvio Marcus Helmons,* 2003, p. 231. • V. Tellier-Cayrol, *La question prioritaire de constitutionnalité, voie de recours interne ? : AJ pénal* 2011, p. 25.

I – ÉPUISEMENT DES VOIES DE RECOURS INTERNES

A – Finalité de la règle d'épuisement des voies de recours

1) La finalité de l'article 35, § 1, qui énonce la règle de l'épuisement des voies de recours internes, est de ménager aux États contractants l'occasion de prévenir ou de redresser les violations alléguées contre eux avant que la Cour n'en soit saisie (▪ CEDH, 20 oct. 2020, n° 36944/07, *Kaboğlu et Oran c/ Turquie* (n° 2)). La règle de l'article 35, § 1 se fonde sur l'hypothèse, incorporée dans l'article 13 (avec lequel elle présente d'étroites affinités), que l'ordre interne offre un recours effectif quant à la violation alléguée. Ainsi, en énonçant de manière explicite l'obligation pour les États de protéger les droits de l'Homme en premier lieu au sein de leur propre ordre juridique, l'article 13 établit au profit des justiciables une garantie supplémentaire de jouissance effective des droits en question. Tel qu'il se dégage des travaux préparatoires, l'objet de l'article 13 est de fournir un moyen au travers duquel les justiciables puissent obtenir, au niveau national, le redressement des violations de leurs droits garantis par la Convention, avant d'avoir à mettre en œuvre le mécanisme international de plainte devant la Cour. Vu sous cet angle, le droit de chacun à voir sa cause entendue dans un délai raisonnable ne peut être que moins effectif s'il n'existe aucune possibilité de saisir d'abord une autorité nationale des griefs tirés de la Convention, et les exigences de l'article 13 doivent être regardées comme renforçant celles de l'article 6, § 1 plutôt que comme étant absorbées par l'obligation générale, imposée par cet article, de ne pas soumettre les justiciables à des procédures judiciaires anormalement longues (▪ CEDH, gr. ch., 26 oct. 2000, n° 30210/96, *Kudla c/ Pologne*, § 152).

2) Épuisement des voies de recours et subsidiarité. Les États n'ont pas à répondre de leurs actes devant un organisme international avant d'avoir eu la possibilité de redresser la situation dans leur ordre juridique interne. Cette règle se fonde sur l'hypothèse, objet de l'article 13 de la Convention – et avec lequel elle présente d'étroites affinités – que l'ordre interne offre un recours effectif quant à la violation alléguée. De la sorte, elle constitue un aspect important du principe voulant que le mécanisme de sauvegarde instauré par la Convention revête un caractère subsidiaire par rapport aux systèmes nationaux de garantie des droits de l'Homme (▪ CEDH, 28 juill. 1999, n° 25803/94, *Selmouni c/ France*, § 74). Il est primordial que le mécanisme de sauvegarde instauré par la Convention revête un caractère subsidiaire par rapport aux systèmes nationaux de garantie des droits de l'Homme. La Cour a la charge de surveiller le respect par les États contractants de leurs obligations au titre de la Convention. Elle ne peut et ne doit se substituer aux États contractants auxquels il incombe de veiller à ce que les droits et libertés fondamentaux consacrés par la Convention soient respectés et protégés au niveau interne. La règle de l'épuisement des voies de recours internes est donc une partie indispensable du fonctionnement de ce mécanisme de protection. Les États n'ont pas à répondre de leurs actes devant un organisme international avant d'avoir eu la possibilité de redresser la situation dans leur ordre juridique interne. Les personnes désireuses de se prévaloir de la compétence de contrôle de la Cour en ce qui concerne les griefs dirigés contre un État ont donc l'obligation d'utiliser auparavant les recours qu'offre le système juridique de leur pays. La Cour ne saurait trop souligner qu'elle n'est pas une juridiction de première instance ; elle n'a pas la capacité, et il ne sied pas à sa fonction de juridiction internationale de se prononcer sur un grand nombre d'affaires qui supposent d'établir les faits de base ou de calculer une compensation financière – deux tâches, qui, par principe et dans un souci d'effectivité, incombent aux juridictions internes (▪ CEDH, gr. ch., 1er mars 2010, nos 46113/99, 3843/02, 13751/02, 13466/03, 10200/04, 14163/04, 19993/04 et 21819/04, *Démopoulos et a. c/ Turquie*, § 69).

B – Caractéristiques des voies de recours internes

3) L'obligation découlant de l'article 35 se limite à celle de faire un usage normal des recours vraisemblablement effectifs, suffisants et accessibles (▪ CEDH, 27 mai 2003, n° 37235/97, *Sofri et a. c/ Italie* (déc.). ▪ CEDH, 19 févr. 1998, n° 26102/95, *Dalia c/ France*).

Un requérant doit donc se prévaloir des recours normalement disponibles et suffisants pour lui permettre d'obtenir réparation des violations qu'il allègue. Ces recours doivent exister à un degré suffisant de certitude, en pratique comme en théorie, sans quoi leur manquent l'effectivité et l'accessibilité voulues (▪ Comm. EDH, 7 juin 1990, n° 29340/95, *Kemmache c/ France*. ▪ CEDH, 20 févr. 1991, n° 11889/85, *Vernillo c/ France*. ▪ CEDH, 16 sept. 1996, n° 21893/93, *Akdivar et a. c/ Turquie*. ▪ CEDH, 7 avr. 1997, n° 29340/95, *Civet c/ France*).

Concernant l'exception tirée du non-épuisement des voies de recours internes faute d'avoir exercé le recours prévu à l'article 175-1 du Code de procédure pénale, la Commission rappelle que le droit d'obtenir la cessation d'une privation de liberté se distingue de celui de faire renvoyer l'affaire devant la juridiction de jugement pour y être jugé au fond et de faire déclarer qu'il n'y a pas lieu à suivre. Il s'ensuit que l'exception du Gouvernement ne peut qu'être rejetée sur ce point (▪ CEDH, 7 avr. 1997, n° 29340/95, *Civet c/ France*).

C – But de l'exercice des voies de recours

4) La règle de l'épuisement des voies de recours internes vise à ménager aux États contractants l'occasion de prévenir ou de redresser les violations alléguées contre eux avant que ces allégations ne leur soient soumises (▪ CEDH, 30 oct. 2018, nos 68271/14 et 68273/14, *Gestur Jónsson et Ragnar Halldór Hall c/ Islande*. ▪ CEDH [GC], 1er mars 2006, n° 56581/00, *Sejdovic c/ Italie*. ▪ CEDH, 28 juill. 1990, n° 25803/94, *Selmouni c/ France*. ▪ CEDH, 23 avr. 1996, n° 16839/90, *Remli c/ France*). La règle de l'épuisement des voies de recours internes doit s'appliquer avec une certaine souplesse et sans formalisme excessif. En même temps, elle oblige, en principe, à soulever devant les juridictions nationales appropriées, au moins en substance, dans les formes et délais prescrits par le droit interne, les griefs que l'on entend formuler par la suite au niveau international (▪ CEDH [GC], 1er mars 2006, n° 56581/00, *Sejdovic c/ Italie*. ▪ CEDH [GC], 20 juin 2002, n° 56679/00, *Azinas c/ Chypre*. ▪ CEDH [GC], 21 janv. 1999, n° 29183/95, *Fressoz et Roire c/ France*).

D – Issue de l'exercice des voies de recours

5) Principe : ineffectivité d'un recours inévitablement voué à l'échec. Les doléances d'Open Door n'auraient eu aucune chance d'aboutir, vu le raisonnement de la Cour suprême concernant le haut niveau de protection que le droit irlandais assure au droit à la vie de l'enfant à naître. Open Door et Dublin Well Woman ne formulent pas un grief nouveau pour lequel elles n'auraient pas épuisé les voies de recours internes ; elles se bornent à développer leur thèse à l'appui de plaintes déjà examinées par les tribunaux irlandais. L'article 26 (art. 26) n'y met nullement obstacle. De la décision de la Cour suprême, il ressort nettement qu'elles avaient bel et bien plaidé, en vain, qu'une injonction aurait des répercussions préjudiciables à la santé des femmes. Enfin, les arrêts de la Cour suprême en l'espèce et en des causes ultérieures montrent qu'une action des quatre personnes physiques requérantes n'aurait eu aucune perspective de succès. Il y a donc lieu de rejeter l'exception de non-épuisement des voies de recours internes (▪ CEDH, 29 oct. 1992, n° 14234/88, *Open Door et Dublin WellWoman c/ Irlande : AFDI* 1992, 629, obs. Coussirat-Coustère ; *JDI* 1993, 751, obs. Decaux et Tavernier. ▪ Comm. EDH, 8 avr. 1994, n° 17419/90, *Wingrove c/ Royaume-Uni*. ▪ Comm. EDH, 24 juin 199, n° 29742/966, *Kuche c/ RFA*). En raison de la jurisprudence constante du Conseil d'État, la Commission considère établi qu'un éventuel pourvoi en cassation des requérants, fondé sur l'article 6 § 1 Conv. EDH, aurait immanquablement été voué à l'échec. Il en résulte qu'il ne s'agit pas d'une voie de recours à épuiser, au sens de l'article 26 Conv. EDH, et que l'exception soulevée par le Gouvernement doit être rejetée (▪ Comm. EDH, 27 nov. 1995, n° 21257/93, *Gautrin et a. c/ France*). La Commission relève que la Cour de cassation considère que le moyen tiré de l'article 5, § 3, Conv. EDH est soit un moyen de pur fait, soit un moyen mélangé de fait et de droit. (...) Or, en l'espèce, le requérant ne se plaint pas d'une absence de réponse à ses conclusions, ni d'un non-respect des formalités légales prévues à peine de nullité ou d'une erreur de droit dans l'interprétation et l'application des dispositions du Code de procédure pénale. Il invoque purement et simplement l'article 5, § 3, Conv. EDH en contestant l'appréciation souveraine de la chambre d'accusation. Dès lors, compte tenu de ce qui vient d'être dit, le pourvoi en cassation n'était pas de nature à lui permettre d'obtenir réparation de la violation qu'il allègue. Il s'ensuit que l'exception du Gouvernement ne peut qu'être rejetée sur ce point (▪ Comm. EDH, 7 avr. 1997, n° 29340/95, *Civet c/ France*).

6) Limite. Mais le simple fait de nourrir des doutes quant aux perspectives de succès d'un recours donné qui n'est pas de toute évidence voué à l'échec ne constitue pas une raison valable pour justifier la non-utilisation de recours internes (▪ CEDH, 6 sept. 2001, n° 69789/01, *Brusco c/ Italie*. ▪ CEDH, 16 sept. 1996, n° 21893/93, *Akdivar et a. c/ Turquie*. ▪ CEDH, 6 nov. 1980, n° 7654/76, *Van Oosterwijck c/ Belgique*. ▪ CEDH, 29 mai 2012, n° 74044/11, *Alberto Eugenio da Conceicao c/ Portugal* (déc.). – V. aussi ▪ Comm. EDH, 1er juill. 1996, nos 24962/94, 25370/94 et 26303/95, *Koltsidas, Fountis, Androutsos et a. c/ Grèce*).

E – Application de la règle de l'épuisement

7) Principe.

a. Rappel. L'article 26 (actuel article 35) doit s'appliquer avec une certaine souplesse et sans formalisme excessif (▪ CEDH, 19 mars 1991, n° 11069/84, *Cardot c/ France*. ▪ CEDH, 23 avr. 1992, n° 11798/85, *Castells c/ Espagne*. ▪ CEDH, 16 déc. 1992, n° 12964/87, *Geouffre de la Pradelle*).

Il serait à coup sûr excessif, et contraire à l'esprit de la règle de l'épuisement, d'admettre qu'une personne puisse valablement adresser une requête à la Commission avant tout exercice d'une voie de recours interne (▪ CEDH, 16 juill. 1971, n° 2614/65, *Ringeisen c/ Autriche*).

Sans doute l'article 26 (actuel article 35) doit-il s'appliquer « avec une certaine souplesse et sans formalisme excessif », mais il n'exige pas seulement la saisine des juridictions nationales compétentes et l'exercice de recours destinés à combattre une décision déjà rendue : il oblige aussi, en principe, à soulever devant ces mêmes juridictions, au moins en substance et dans les formes et délais prescrits par le droit interne, les griefs que l'on entend formuler par la suite à Strasbourg ; il commande en outre l'emploi des moyens de procédure propres à empêcher une violation de la Convention. M. Cardot n'a pas donné aux juridictions françaises l'occasion que l'article 26 (art. 35) a pour finalité de ménager en principe aux États contractants : éviter ou redresser les violations alléguées contre eux. L'exception de non-épuisement se révèle donc fondée (▪ CEDH, 19 mars 1991, n° 11069/84, *Cardot c/ France*. – V. aussi ▪ CEDH, 6 déc. 1980, n° 7367/76, *Guzzardi c/ Italie*. ▪ CEDH, 6 déc. 1988, n° 10590/83, *Barbera, Messegue et Jabardo c/ Espagne*. ▪ CEDH, 10 nov. 1969, n° 1602/62, *Stögmüller c/ Autriche*. ▪ CEDH, 27 févr. 1980, n° 6903/75, *Deweer c/ Belgique*).

b. Illustrations. Le pourvoi en cassation constitue une voie de recours efficace à épuiser, dans la mesure où la Cour de cassation est à même d'apprécier, sur la base d'un examen de la procédure, le respect de la part des autorités judiciaires du délai raisonnable conformément aux exigences de l'article 5, § 3, Conv. EDH (▪ CEDH, 7 avr. 1997, n° 29340/95, *Civet c/ France*. ▪ CEDH, 20 janv. 2000, n° 30962/96, *Yahiaoui c/ France*). Faute d'explications convaincantes du Gouvernement sur le caractère « effectif » et « adéquat » du recours invoqué par lui, à savoir une plainte avec constitution de partie civile, la Cour estime que le recours dont le requérant disposait n'était pas, en l'espèce, normalement disponible et suffisant pour lui permettre d'obtenir réparation des violations qu'il allègue. Tout en soulignant que sa décision se limite aux circonstances de l'espèce et ne doit pas s'interpréter comme une déclaration générale signifiant qu'une plainte avec constitution de partie civile ne constitue jamais un recours qui doit être tenté en cas d'allégation de mauvais traitements au cours d'une garde à vue, la Cour décide que l'exception de non-épuisement des voies de recours internes soulevée par le Gouvernement ne saurait être retenue (▪ CEDH, 28 juill. 1990, n° 25803/94, *Selmouni c/ France*). En matière d'allégation de recours illégal à la force par les agents de l'État, des procédures civiles ou administratives visant uniquement à l'allocation de dommages et intérêts et non à l'identification et à la punition des responsables – telle que l'action en responsabilité de l'article L. 141-1 du Code de l'organisation judiciaire – ne sont pas en règle générale des recours adéquats et effectifs propres à remédier à des griefs fondés sur le volet matériel des articles 2 et 3 de la Convention (■ CEDH, 21 juin 2019, n° 36083/16, *Semache c/ France*, § 53). En revanche, la constitution de partie civile s'insère pleinement dans la logique de l'obligation procédurale spécifique que les articles 2 et 3 de la Convention mettent à la charge des États, de mener d'office une enquête officielle effective, de nature à permettre d'établir les causes de la mort et d'identifier les éventuels responsables de celle-ci et d'aboutir à leur punition, afin de garantir que les agents ou organes de l'État responsables des faits aient à rendre des comptes (même arrêt § 54). Toutefois, la Cour a jugé que dans le cas d'un suicide en garde à vue que l'action en réparation prévue par l'article L. 141-1 du Code de l'organisation judiciaire était une voie de recours interne à épuiser s'agissant du volet substantiel d'un grief tiré de l'article 2. Elle a retenu dans cette affaire que le fait pour les requérants de s'être constitués parties civiles dans le cadre de la procédure pénale ne les dispensait pas d'exercer cette action en réparation, celle-ci offrant « un régime plus souple que l'action pénale et, en conséquence, d'autres chances de succès », l'action pénale « suppos[ant], pour être couronnée de succès, que soit démontrée la commission d'une infraction pénale ». Elle a conclu au non-épuisement des voies de recours internes s'agissant du grief tiré d'une violation du volet substantiel de l'article 2 (■ CEDH, 15 sept. 2015, *Benmouna et a. c/ France*, § 47-54).

8) Exceptions.

a. Droit international. Selon les « principes de droit international généralement reconnus », certaines circonstances particulières peuvent dispenser le requérant de l'obligation d'épuiser les recours internes qui s'offrent à lui (■ CEDH, 6 nov. 1980, n° 7654/76, *Van Oosterwijck c/ Belgique*. ■ CEDH, 16 sept. 1996, n° 21893/93, *Akdivar et a. c/ Turquie*. ■ CEDH, 6 sept. 2001, n° 69789/01, *Brusco c/ Italie*. ■ CEDH, 28 juill. 1990, n° 25803/94, *Selmouni c/ France*). Selon les « principes de droit international généralement reconnus », certaines circonstances particulières peuvent dispenser le requérant de l'obligation d'épuiser les voies de recours internes qui s'offrent à lui. Cette règle ne s'applique pas non plus lorsque est prouvée une pratique administrative consistant dans la répétition d'actes interdits par la Convention et la tolérance officielle de l'État, de sorte que toute procédure serait vaine ou ineffective (■ CEDH, 18 déc. 1996, n° 21987/93, *Aksoy c/ Turquie*, § 52). À cet égard, il n'appartient pas seulement à la Cour de savoir si les recours internes disponibles étaient, d'une manière générale, effectifs ou adéquats ; il lui faut également rechercher si, compte tenu de l'ensemble des circonstances de l'espèce, le requérant a fait tout ce qu'on pouvait raisonnablement attendre de lui pour épuiser les voies de recours internes (même arrêt, § 54). À admettre même que le requérant ne se soit pas plaint auprès du procureur des mauvais traitements subis au cours de sa garde à vue, les blessures que ceux-ci avaient provoquées devaient être parfaitement visibles lors de l'entretien. Or, le procureur choisit de ne pas s'enquérir de la nature, de l'étendue et de la cause de ces blessures, alors qu'en droit turc il avait l'obligation d'enquêter. Il échet de rappeler que cette omission de la part du procureur eut lieu après que le requérant eut été gardé à vue pendant au moins 14 jours sans avoir accès à une assistance ou à un soutien d'ordre juridique ou médical. Pendant ce laps de temps, il avait subi des lésions graves nécessitant un traitement en milieu hospitalier. Ces circonstances suffisaient, à elles seules, à lui inspirer un sentiment de vulnérabilité, d'impuissance et d'appréhension face aux représentants de l'État. On conçoit qu'ayant vu que le procureur s'était rendu compte de ses blessures mais s'était abstenu d'agir à cet égard, le requérant se soit mis à croire qu'il ne pouvait espérer susciter l'intérêt et obtenir satisfaction par les voies de droit internes. La Cour conclut dès lors qu'il y avait des circonstances spéciales libérant M. Aksoy de son obligation d'épuiser les voies de recours internes (même arrêt, § 56 et 57). Lorsque le requérant se plaint d'une durée excessive du recours en responsabilité de l'État qu'il a engagé pour obtenir réparation du préjudice qu'il estimait avoir subi en raison de la longueur déraisonnable des procédures administratives antérieures, exiger de lui qu'il forme un nouveau recours en responsabilité de l'État pour dysfonctionnement du service de la justice devant les juridictions interne serait déraisonnable et constituerait un obstacle disproportionné à l'exercice efficace de son droit de recours individuel (■ CEDH, *Veritier c/ France*, préc., § 58). En infligeant systématiquement une amende, distincte des dépens, au demandeur en cas de rejet de son pourvoi, les dispositions internes litigieuses sanctionnent, de fait, même indirectement, l'exercice du pourvoi en révision. Le fait d'infliger une amende en fonction du résultat d'un recours, dont il n'est pas soutenu qu'il ait été fautif ou abusif, est de nature à vider celui-ci de sa substance. En conséquence, la Cour estime que le pourvoi en révision que la requérante aurait pu former ne satisfaisait pas aux exigences de l'article 35 de la Convention (■ CEDH, 16 juill. 2009, n° 43376/06, *Prencipe c/ Monaco*, § 96-97).

b. Pratique administrative. Cette règle ne s'applique pas non plus lorsqu'est prouvée l'existence d'une pratique administrative consistant en la répétition d'actes interdits par la Convention et la tolérance officielle de l'État, de sorte que toute procédure serait vaine ou ineffective (▪ CEDH, 18 janv. 1978, n° 5310/71, *Irlande c/ Royaume-Uni*. ▪ CEDH, 16 sept. 1996, n° 21893/93, *Akdivar et a. c/ Turquie*). Le gouvernement requérant a limité l'objet de l'affaire à l'existence alléguée d'une pratique administrative de violation des droits de l'homme. Il déclare clairement et sans équivoque qu'il n'a pas pour but de « faire constater des violations individuelles ». Dès lors, la règle de l'épuisement des voies de recours internes ne s'applique pas dans les circonstances de l'espèce (▪ CEDH, gr. ch., 16 déc. 2020, n°s 20958/14 et 38334/18, *Ukraine c/ Russie (Crimée)* (déc.)).

F – Preuve de l'épuisement des recours

9) Charge de la preuve. Il incombe au Gouvernement qui soulève l'exception d'indiquer les moyens qui, à son avis, étaient à la disposition des intéressés et auraient dû être utilisés par eux jusqu'à épuisement (▪ CEDH, 18 juin 1971, n° 2832/66, *De Wilde, Ooms et Versyp c/ Belgique*). L'avocat du requérant pouvait raisonnablement, à l'époque, croire vouée à l'échec toute objection tirée de la participation de tel magistrat à plusieurs décisions antérieures au procès. Le Gouvernement n'a donc pas démontré que le droit danois offrît alors un recours effectif dont on pouvait s'attendre à voir le requérant se prévaloir (▪ CEDH, 24 mai 1989, n° 10486/83, *Hauschildt c/ Danemark*). Le Gouvernement n'a produit devant la Cour aucune jurisprudence de nature à étayer sa thèse concernant l'adéquation et l'effectivité du recours. En conséquence, à l'instar de la Commission, la Cour estime que le pourvoi en cassation que la requérante aurait pu à l'époque former contre l'arrêt du 4 octobre 1994 ne satisfaisait pas à la condition d'efficacité (▪ CEDH, 19 févr. 1998, n° 26102/95, *Dalia c/ France*).

10) Obligation du requérant. Cependant, une fois cela démontré, c'est au requérant qu'il revient d'établir que le recours évoqué par le Gouvernement a en fait été employé ou bien, pour une raison quelconque, n'était ni adéquat ni effectif compte tenu des faits de la cause ou encore que certaines circonstances particulières le dispensaient de cette obligation (▪ CEDH, 16 sept. 1996, n° 21893/93, *Akdivar et a. c/ Turquie* : *Justices* 1997, 172, obs. Cohen-Jonathan ; *AFDI* 1996, 749, obs. Coussirat-Coustère ; *JDI* 1997, p. 239, obs. Decaux et Tavernier ; *RSC* 1997, p. 454, obs. R. Koering-Joulin ; *JCP* 1997, I, 4000, obs. F. Sudre).

L'un de ces éléments peut être la passivité totale des autorités nationales face à des allégations sérieuses selon lesquelles des agents de l'État ont commis des fautes ou causé un préjudice, par exemple lorsqu'elles n'ouvrent aucune enquête ou ne proposent aucune aide. Dans ces conditions, l'on peut dire que la charge de la preuve se déplace à nouveau, et qu'il incombe à l'État défendeur de montrer quelles mesures il a prises eu égard à l'ampleur et à la gravité des faits dénoncés (▪ CEDH, 28 juill. 1990, n° 25803/94, *Selmouni c/ France* : *AFDI* 1999, 747, obs. Coussirat-Coustère ; *JDI* 2000, 118 ; *RSC* 1999, p. 891, obs. Massias ; *JCP* 1999, I, 10193, obs. Sudre.

II – DÉLAI POUR AGIR

11) Finalité du délai pour agir. Le délai de 6 mois prévu à l'article 35, § 1 poursuit plusieurs buts. Sa finalité première est de servir la sécurité juridique et de veiller à ce que les affaires soulevant des questions au regard de la Convention soient examinées dans un délai raisonnable, tout en évitant aux autorités et autres personnes concernées d'être pendant longtemps dans l'incertitude. En outre, cette règle fournit au requérant potentiel un délai de réflexion suffisant pour lui permettre d'apprécier l'opportunité d'introduire une requête et, le cas échéant, de déterminer les griefs et arguments précis à présenter, et elle facilite l'établissement des faits dans une affaire car, avec le temps, il devient problématique d'examiner de manière équitable les questions soulevées (▪ CEDH, gr. ch., 29 juin 2012, n° 27396/06, *Sabri Güneş c/ Turquie*, § 39).

12) Autonomie du délai pour agir. Le caractère variable de la détermination du délai de 6 mois trouve sa source dans le principe selon lequel le délai de 6 mois constitue une règle autonome qui doit être interprétée et appliquée dans chaque affaire de manière à assurer l'exercice efficace du droit de recours individuel. L'application par la Cour de ses propres critères de computation des délais, indépendamment des règles nationales, tend à assurer la sécurité juridique, une bonne administration de la justice et, ainsi, le fonctionnement pratique et effectif du mécanisme de la Convention. En effet, si dans la détermination du *dies ad quem*, la Cour devait nécessairement tenir compte du droit et de la pratique internes, il lui faudrait établir un calendrier complet des jours fériés dans les 47 États parties à la Convention, lesquels varient d'un pays à l'autre et parfois même au sein d'un même pays (▪ CEDH, gr. ch., *Sabri Güneş c/ Turquie*, préc., § 56).

A – Point de départ

13) Le délai court normalement à partir de la décision interne définitive mais lorsqu'aucune décision interne n'est nécessaire pour l'application d'une mesure générale au cas particulier, la date à retenir est celle à laquelle le requérant a été effectivement affecté par cette mesure (▪ Comm.

EDH, 16 juill. 1980, n° 8440/78, *Christians against Racism and Fascism c/ Royaume-Uni*).

Lorsque la violation alléguée consiste, comme dans le cas d'espèce, en une situation continue, le délai de six mois ne commence à courir qu'à partir du moment où cette situation continue a pris fin (■ Comm. EDH, 5 sept. 1994, n° 17864/91, *Cinar c/ Turquie*).

B – Décision définitive

14) Arrêt rendu par la Cour suprême. Dans la mesure où le requérant se plaint de circonstances du procès qui ont été contestées dans son pourvoi en cassation (par exemple, le refus d'entendre certains témoins et experts), la décision interne définitive, au sens de l'article 26 de la Convention, est l'arrêt de la Cour suprême rendu le ... janvier 1972 dans la cause du requérant. Or, le conseil du requérant, représentant ce dernier, a eu immédiatement connaissance de cet arrêt, dont il ressortait nécessairement qu'il n'avait pas été remédié aux circonstances du procès soumises à l'appréciation de la Cour suprême et en quoi le requérant voit une violation de la Convention (■ Comm. EDH, 20 mai 1976, n° 5759/72, *X c/ Autriche*).

15) Signification d'une copie de l'arrêt concernant le requérant. La Cour constate que, conformément au droit et à la pratique internes, M. Worm était en droit de se voir signifier d'office une copie de l'arrêt de la cour d'appel et que les autorités judiciaires sont entièrement responsables du retard important avec lequel cela a été fait. Ledit arrêt, dont la version définitive était longue de plus de neuf pages, comportait un raisonnement juridique détaillé. Dans ces conditions, la Cour pense comme la Commission qu'il est plus conforme à l'objet et au but de l'article 26 de considérer que le délai de six mois commence à courir à compter de la date de signification de la copie de l'arrêt. Il s'agit d'ailleurs de la solution retenue en droit autrichien pour le calcul du délai de présentation des appels dans le système interne (■ CEDH, 29 août 1997, n° 22714/93, *Worm c/ Autriche*).

III – IRRECEVABILITÉ DES REQUÊTES

A – Requête anonyme

16) Rejet des requêtes anonymes (■ Comm. EDH, 1er sept. 1958, *Amateur de tranquillité*, Digest, V, p. 334). Lorsque l'affaire ne comporte aucune information de nature à permettre à la Cour d'identifier le requérant, la requête doit être considérée comme anonyme et déclarée irrecevable en application de l'article 35, § 2, a (■ CEDH, 15 sept. 2009, n° 7245/09, *Blondje c/ Pays-Bas*). Inversement, lorsque les requérants ont fourni des éléments factuels et juridiques permettant à la Cour de les identifier et d'établir leurs liens avec les faits litigieux et le grief invoqué, la requête n'est pas anonyme au sens de l'article 35, § 2 de la Convention (■ CEDH, gr. ch., 13 juill. 2013, *Sindicatul « Păstorul cel Bun » c/ Roumanie*, § 71). Semblablement, la Cour admet des tactiques de dissimulation des vraies identités dans un contexte de conflit armé, lorsqu'est en jeu la protection des intéressés et de leurs proches (■ CEDH, 16 sept. 2003, *Shamayev et a. c/ Russie et Georgie*). Par ailleurs les associations ont le droit de présenter une requête même si ses membres ne sont pas identifiés (■ Comm. EDH, 5 mai 1979, *Church of scientology c/ Suède*, DR 16/68).

B – Requête manifestement mal fondée ou abusive

17) Rappel. Tout comportement d'un requérant manifestement contraire à la vocation du droit de recours établi par la Convention et entravant le bon fonctionnement de la Cour ou le bon déroulement de la procédure devant elle peut être qualifié d'abusif au sens de l'article 35, § 3, *a*) de la Convention (■ CEDH, GC, 1er juill. 2014, n° 43835/11, *S.A.S. c/ France*. ■ CEDH, 28 févr. 2017, n° 28796/04, *Bivolaru c/ Roumanie*).

18) Engorgement de la Cour. Le « comportement abusif » du requérant qu'elle exige doit non seulement être manifestement contraire à la vocation du droit de recours, mais aussi entraver le bon fonctionnement de la Cour ou le bon déroulement de la procédure devant elle (■ CEDH, 16 juill. 2019, nos 12200/08, 35949/11 et 58282/12, *Miroļubovs et a.*, préc., § 65, et *Zhdanov et a. c/ Russie*, § 81). En l'espèce, la Cour constate que le requérant a pris l'initiative, s'appuyant sur son site internet « nopass.fr », de lutter contre le passe sanitaire institué en France en invitant ses visiteurs à se joindre à lui pour exercer un recours collectif devant la Cour. [...] Compte tenu de ce qui précède et notamment des objectifs ouvertement poursuivis par le requérant, la démarche de ce dernier est manifestement contraire à la vocation du droit de recours individuel. En l'espèce, il vise délibérément à nuire au mécanisme de la Convention et au fonctionnement de la Cour, dans le cadre de ce qu'il qualifie de « stratégie judiciaire » et qui s'avère en réalité contraire à l'esprit de la Convention et aux objectifs qu'elle poursuit (■ CEDH, 21 sept. 2021, n° 41994/21, *Zambrano c/ France*).

19) Crimes de guerre. L'examen du dossier ne permet pas de dégager, même d'office, l'apparence d'une violation des droits et libertés garantis par la Convention ; qu'il échet, dès lors, de rejeter le restant de la requête sur la base de l'article 27 paragraphe 2 (actuel article 35) de la Convention, pour défaut manifeste de fondement. Considérant au surplus, quant à l'ensemble de la requête, que l'étude des documents produits en l'espèce a pleinement convaincu la Commission qu'Ilse Koch, dans les circonstances rappelées plus haut et en avançant une série d'allégations et de griefs auxquels la Convention ne fournit pas le moindre appui, ne cherche qu'à échapper aux conséquences de sa condamnation ; que l'introduction de la présente requête constitue, dans ces conditions, un abus manifeste et caractérisé du droit de recours individuel, au sens de l'article 27, paragraphe 2 de la Convention (▪ Comm. EDH, 8 mars 1962, n° 1270/61).

20) Écoutes téléphoniques. Le requérant ne formule aucun grief précis quant à l'étendue et à la durée des écoutes téléphoniques diligentées, ou encore à leur encadrement et à leur utilisation, qui jetterait un doute sur le rapport de proportionnalité devant exister sous l'angle de l'article 8 § 2 de la Convention. Dans ces conditions, et à la lumière de l'ensemble des données de l'affaire, la Cour estime que le requérant n'apporte aucun élément de nature à faire penser que l'ingérence en cause était disproportionnée par rapport au but légitime poursuivi. N'ayant relevé aucune apparence de violation des droits et libertés garantis par la Convention ou ses Protocoles, elle considère que cette partie de la requête est manifestement mal fondée et qu'elle doit être rejetée en application de l'article 35 § 3 de la Convention (▪ CEDH, 27 mai 2008, n° 30392/03, *Marchiani c/ France*).

21) Durée de la détention provisoire. Le requérant n'a pas prouvé avoir demandé sa mise en liberté provisoire et avoir recouru jusqu'en cassation contre les éventuelles décisions de rejet de ses demandes. Par conséquent, il n'a pas épuisé les voies de recours dont il disposait en droit italien. De plus, ni l'examen de l'affaire telle qu'elle a été présentée ni même l'examen d'office auquel la Commission a procédé n'ont permis de déceler aucune circonstance particulière qui aurait pu dispenser le requérant, selon les principes de droit international généralement reconnus en la matière, d'épuiser les voies de recours internes (▪ Comm. EDH, 13 déc. 1978, n° 7975/77, *Bonazzi c/ Italie*). Si, dans la présente affaire, le requérant a formé à deux reprises un pourvoi en cassation contre des arrêts de la chambre d'accusation, il n'a pas déposé de mémoire ampliatif à l'appui de ses pourvois, dont la Cour de cassation l'a déclaré déchu. La Cour en conclut que le requérant n'a pas valablement épuisé les voies de recours internes, au sens de l'article 35, § 1, Conv. EDH. Il y a donc lieu d'accueillir l'exception soulevée par le Gouvernement (▪ CEDH, 20 janv. 2000, n° 30962/96, *Yahiaoui c/ France*).

C – Requête soumise à double examen

22) Requête déjà soumise à la Cour européenne. Afin de déterminer si la requête est essentiellement la même qu'une autre précédemment examinée par la Cour, celle-ci se doit de vérifier si les deux requêtes dont elle a été saisie ont trait essentiellement à la même personne, aux mêmes faits et aux mêmes griefs (▪ CEDH, gr. ch., 30 juin 2009, n° 32772/02, *VgT c/ Suisse II*, § 63). Une requête n'ayant jamais été l'objet d'une décision formelle de la Cour ou de la Commission ne saurait faire obstacle à l'examen d'une nouvelle demande présentée à la Cour (▪ CEDH, 29 avr. 2004, n° 75529/01, *Sürmeli c/ Allemagne*). Pour qu'une requête puisse être réputée essentiellement la même qu'une autre précédemment examinée par la Cour ou déjà soumise à une autre instance internationale d'enquête ou de règlement aux fins de l'article 35, § 2, *b*, elle doit non seulement soulever essentiellement les mêmes faits et griefs mais également avoir été introduite par les mêmes personnes. Dès lors, on ne saurait dire qu'en introduisant une requête interétatique un gouvernement requérant prive des particuliers de la possibilité d'introduire ou de faire valoir leurs propres griefs (▪ CEDH, gr. ch., 18 sept. 2009, n° 16064/90, *Varnava et a. c/ Turquie*, § 118).

23) Requête soumise à une autre instance internationale. Il en résulte que la Convention, visant à éviter la pluralité de procédures internationales relatives aux mêmes affaires, exclut que la Cour puisse retenir une requête ayant déjà fait l'objet d'un examen de la part d'une instance internationale (▪ CEDH, 15 nov. 2005, n° 41183/02, *Jeličić c/ Bosnie Herzegovine*). Cette règle s'applique nonobstant la date d'introduction de ces procédures, l'élément à prendre en compte étant l'existence préalable d'une décision rendue sur le fond au moment où la Cour examine l'affaire (▪ CEDH, 7 avr. 2009, n° 2096/05, *Peraldi c/ France*). Pour déterminer si deux affaires sont essentiellement les mêmes, la Cour prend en compte l'identité des parties dans les deux procédures, les dispositions légales sur lesquelles celles-ci se sont fondées, la nature de leurs griefs et celle de la réparation qu'elles tentent d'obtenir (▪ CEDH, 6 déc. 2011, n° 72808/10, *OTOF c/ Grèce*, § 32). Si les personnes qui se plaignent devant les deux institutions ne sont pas les mêmes, la « requête » soumise à la Cour ne peut passer pour être « essentiellement la même » que celle concernant les griefs formulés devant une autre instance internationale d'enquête ou de règlement (▪ CEDH, 25 sept. 2012, *Eğitim c/ Turquie*, § 37. ▪ CEDH, 5 juill. 2007, n° 21449/04, *Celniku c/ Grèce*, § 39). Le terme « autre instance » figurant à l'article 35, § 2, *b* vise une instance de caractère judiciaire ou quasi judiciaire analogue à celle prévue par la Convention. La Cour doit donc déterminer si la nature de l'organe de contrôle, la procédure suivie par celui-ci et l'effet de ses décisions sont tels que l'article 35, § 2, b exclut la compétence de la Cour (■ CEDH, 1er févr. 2011, n° 23205/08, *Karoussiotis c/ Portugal*, § 62). Tel n'est pas le cas de la procédure d'infraction engagée devant la Commission européenne, laquelle ne peut allouer de réparation individuelle. À cet égard la Commission, elle ne constitue pas une « instance internationale d'enquête ou de règlement », au sens de l'article 35, § 2, *b* de la Convention (■ CEDH, 1er févr. 2011, n° 23205/08, *Karoussiotis c/ Portugal*, § 66-77). En revanche, le Groupe de travail des Nations unies sur la détention arbitraire est une « instance internationale d'enquête ou de règlement » au sens de l'article 35, § 2, *b* de la Convention. Dès lors qu'il est appelé à statuer sur la durée de la détention provisoire subie par le requérant, le grief soulevé devant lui et la Cour est essentiellement le même. Il y a donc lieu d'accueillir l'exception d'irrecevabilité formulée par le Gouvernement au titre de l'article 35, § 2, *b* de la Convention (■ CEDH, *Peraldi*, préc.).

D – Absence de préjudice important

24) Définition du préjudice. La notion de « préjudice important » n'a à ce jour fait l'objet que d'une jurisprudence limitée, cette notion, issue du principe *de minimis non curat praetor*, renvoie à l'idée que la violation d'un droit doit atteindre un seuil minimum de gravité pour justifier un examen par une juridiction internationale. L'appréciation de ce seuil est, par nature, relative et dépend des circonstances de l'espèce (■ CEDH, 19 oct. 2010, n° 18774/09, *Rinck c/ France*). Un grief qui a été déclaré irrecevable pour absence de préjudice important au sens de l'article 35, § 3, *b)* de la Convention, même s'il peut sembler ne pas être manifestement mal fondé, n'est pas « défendable » au sens de la jurisprudence relative à l'article 13 (■ CEDH, 10 nov. 2016, nos 70474/11 et 68038/12, *Kiril Zlatkov Nikolov c/ France*).

25) Appréciation du préjudice. L'appréciation de ce minimum est relative par essence ; elle dépend de l'ensemble des données de la cause (V. *mutatis mutandis*, ■ *Soering c/ Royaume-Uni*, 7 juill. 1989, § 100, série A, n° 161). La gravité d'une violation doit être appréciée compte tenu à la fois de la perception subjective du requérant et de l'enjeu objectif d'une affaire donnée. Sans doute l'insistance du requérant à obtenir le versement de 22,50 roubles russes par l'autorité défenderesse a-t-elle été suscitée par sa perception subjective selon laquelle il s'agissait là d'une question de principe décisive. Bien que pertinent, cet élément est insuffisant pour amener la Cour à conclure que l'intéressé a subi un préjudice important. L'impression subjective du requérant quant aux conséquences des violations alléguées doit pouvoir être justifiée par des motifs objectifs (■ CEDH, 1er juill. 2010, n° 25551/05, *Korolev c/ Russie* (déc.)).

Dès lors que le requérant ne rapporte pas la preuve que l'issue du litige aurait eu des répercussions importantes sur sa vie personnelle, un préjudice de 150 €, 22 € de frais de procédure et un point de retrait de permis ne constituent pas un préjudice important au regard de son droit à un procès équitable (■ CEDH, 19 oct. 2010, n° 18774/09, *Rinck c/ France*).

Art. 36 *(Mod. à compter du 1er juin 2010, Prot. n° 14, 13 mai 2004, art. 8 publié par D. n° 2010-711, 28 juin 2010). – Tierce intervention.*

1. Dans toute affaire devant une Chambre ou la Grande Chambre, une Haute Partie contractante dont un ressortissant est requérant a le droit de présenter des observations écrites et de prendre part aux audiences.

2. Dans l'intérêt d'une bonne administration de la justice, le président de la Cour peut inviter toute Haute Partie contractante qui n'est pas Partie à l'instance ou toute personne intéressée autre que le requérant à présenter des observations écrites ou à prendre part aux audiences.

3. Dans toute affaire devant une Chambre ou la Grande Chambre, le Commissaire aux Droits de l'Homme du Conseil de l'Europe peut présenter des observations écrites et prendre part aux audiences.

Art. 37 *(Rempl. à compter du 1er juin 2010, Prot. n° 14, 13 mai 2004, art. 8 publié par D. n° 2010-711, 28 juin 2010). – Radiation.*

1. À tout moment de la procédure, la Cour peut décider de rayer une requête du rôle lorsque les circonstances permettent de conclure :

***a)* Que le requérant n'entend plus la maintenir ; ou**

***b)* Que le litige a été résolu ; ou**

***c)* Que, pour tout autre motif dont la Cour constate l'existence, il ne se justifie plus de poursuivre l'examen de la requête.**

Toutefois, la Cour poursuit l'examen de la requête si le respect des droits de l'homme garantis par la Convention et ses protocoles l'exige.

2. La Cour peut décider la réinscription au rôle d'une requête lorsqu'elle estime que les circonstances le justifient.

Art. 38 ***(Rempl. à compter du 1er juin 2010, Prot. n° 14, 13 mai 2004, art. 8 publié par D. n° 2010-711, 28 juin 2010). – Examen contradictoire de l'affaire.***

La Cour examine l'affaire de façon contradictoire avec les représentants des parties et, s'il y a lieu, procède à une enquête pour la conduite efficace de laquelle les Hautes Parties contractantes intéressées fourniront toutes facilités nécessaires.

1) Coopération obligatoire des États. Pour un fonctionnement efficace du système de recours individuel instauré par l'article 34 de la Convention, les États contractants ont ainsi obligation de fournir toutes facilités nécessaires à la Cour, que celle-ci cherche à établir les faits ou à accomplir ses fonctions d'ordre général afférentes à l'examen des requêtes. Le défaut de communication par un gouvernement, sans justification satisfaisante, d'informations en sa possession peut non seulement amener la Cour à tirer des conclusions quant au bien-fondé des allégations du requérant, mais aussi avoir des conséquences négatives sur l'appréciation de la mesure dans laquelle l'État défendeur peut passer pour s'être acquitté de ses obligations découlant de l'article 38 de la Convention (▪ CEDH, 3 juill. 2014, n° 13255/07, *Géorgie c/ Russie.* ▪ CEDH, gr. ch., 6 mai 2003, n° 26307/95, *Tahsin Acar c/ Turquie.* ▪ CEDH, 13 juin 2000, n° 23531/94, *Timurtaş c/ Turquie.* ▪ CEDH, gr. ch., 18 juin 2002, n° 23763/94, *Tanrıkulu c/ Turquie*). La Cour a conclu au non-respect des exigences de l'article 38 dans des affaires antérieures où le gouvernement défendeur n'avait fourni aucune explication à son refus de produire les documents sollicités (▪ CEDH, 2 sept. 2010, n° 71420/01, *Bekirski c/ Bulgarie.* ▪ CEDH, 16 sept. 2010, n° 75472/01, *Tigran Ayrapetyan c/ Russie.* ▪ CEDH, 24 janv. 2008, n° 839/02, *Maslova et Nalbandov c/ Russie*) ou avait communiqué une copie incomplète ou altérée tout en refusant de produire l'original aux fins d'inspection par la Cour (▪ CEDH, 5 juill. 2005, n° 49790/99, *Troubnikov c/ Russie*).

2) Fourniture des éléments de preuve.

a. Moment. L'obligation de fournir les éléments de preuve sollicités par la Cour s'impose à l'État défendeur dès formulation de la demande, qu'elle intervienne lors de la communication initiale de la requête au Gouvernement ou à un stade ultérieur de la procédure (▪ CEDH, 26 avr. 2011, n° 25091/07, *Enoukidze et Guirgvliani c/ Géorgie.* ▪ CEDH, 2 sept. 2010, n° 71420/01, *Bekirski c/ Bulgarie*, § 111-113).

b. Fourniture intégrale des documents. Les documents sollicités doivent être produits dans leur intégralité si la Cour a précisé que tel devait être le cas, et l'absence d'un élément, quel qu'il soit, doit être dûment justifiée (▪ CEDH, 24 avr. 2012, n° 1413/05, *Damir Sibgatullin c/ Russie.* ▪ CEDH, 26 avr. 2011, n° 25091/07, *Enoukidze et Guirgvliani c/ Géorgie.* ▪ CEDH, 1er juill. 2010, n°s 17674/02 et 39081/02, *Davydov et a. c/ Ukraine*). Même si les informations fournies par le Gouvernement ne couvraient pas de manière exhaustive tous les points énumérés par la cour, le caractère incomplet de ces informations ne l'avait pas empêchée d'examiner le cas d'espèce. La Cour ne voit aucune raison de s'écarter de l'approche de la chambre sur ce point. Partant, elle conclut qu'il n'y a pas eu en l'espèce violation de l'article 38 de la Convention (▪ CEDH, 24 mars 2011, n° 23458/02, *Giuliani et Gaggio*).

c. Délais de fourniture. Tout document demandé doit être produit dans les meilleurs délais, et en tout état de cause dans le respect de l'échéance fixée par la Cour, un retard substantiel et inexpliqué pouvant conduire celle-ci à juger non convaincantes les explications de l'État défendeur (▪ CEDH, 24 avr. 2012, *Damir Sibgatullin*, n° 1413/05. ▪ CEDH, gr. ch., 6 mai 2003, n° 26307/95, *Tahsin Acar c/ Turquie.* ▪ CEDH, 26 avr. 2011, n° 25091/07, *Enoukidze et Guirgvliani c/ Géorgie*).

d. Refus de fourniture. Dans le cadre de sa procédure, la Cour peut répondre à des impératifs légitimes de sécurité nationale par des aménagements adéquats, par exemple en restreignant l'accès à des documents en vertu de l'article 33 de son règlement ou, en dernier ressort, en tenant une audience à huis clos. Alors qu'il était parfaitement informé de ces possibilités et que c'est à la partie désireuse d'obtenir des garanties de confidentialité de formuler et de justifier une requête en ce sens, le gouvernement russe n'a pas demandé l'application de telles mesures. En refusant de produire copie du document sollicité par elle, le Gouvernement a manqué en l'espèce aux obligations résultant pour lui de l'article 38 de la Convention (▪ CEDH, 21 oct. 2013, n°s 55508/07 et 29520/09, *Janowiec c/ Russie.* – V. aussi ▪ CEDH, 9 nov. 2006, n° 7615/02, *Imakaïeva c/ Russie.* ▪ CEDH, 24 mars 2005, n° 21894/93, *Akkum et a. c/ Turquie*).

e. Audition de témoins. La délégation de la Cour n'a pu auditionner deux témoins, ainsi que la personne qui a téléphoné à M. Tanış le 25 janvier 2001 et dont le nom n'a pas été communiqué. D'autre part, la Cour n'a pu obtenir les documents du dossier d'investigation faisant apparaître les informations occultées. Dans ces conditions, la Cour estime que le manquement du gouvernement turc à agir avec la diligence voulue pour accéder à ses demandes relatives à l'obtention d'éléments de preuve qu'elle jugeait nécessaires à l'examen de la requête, ne se concilie pas avec les obligations qui lui incombent au titre de l'article 38 § 1 *a)* de la Convention (▪ CEDH, 2 août 2005, n° 65899/01, *TANIŞ ET A. c/ TURQUIE*).

Art. 39 *(Rempl. à compter du 1er juin 2010, Prot. n° 14, 13 mai 2004, art. 8 publié par D. n° 2010-711, 28 juin 2010). – Règlements amiables.*

1. À tout moment de la procédure, la Cour peut se mettre à la disposition des intéressés en vue de parvenir à un règlement amiable de l'affaire s'inspirant du respect des droits de l'homme tels que les reconnaissent la Convention et ses Protocoles.

2. La procédure décrite au paragraphe 1 est confidentielle.

3. En cas de règlement amiable, la Cour raye l'affaire du rôle par une décision qui se limite à un bref exposé des faits et de la solution adoptée.

4. Cette décision est transmise au Comité des Ministres qui surveille l'exécution des termes du règlement amiable tels qu'ils figurent dans la décision.

Art. 40 *(Rempl. à compter du 1er novembre 1998, Prot. n° 11, 11 mai 1994, art. 1er publié par D. n° 98-1055, 18 nov. 1998). – Audience publique et accès aux documents.*

1. L'audience est publique à moins que la Cour n'en décide autrement en raison de circonstances exceptionnelles.

2. Les documents déposés au greffe sont accessibles au public à moins que le président de la Cour n'en décide autrement.

Art. 41 *(Rempl. à compter du 1er novembre 1998, Prot. n° 11, 11 mai 1994, art. 1er publié par D. n° 98-1055, 18 nov. 1998). – Satisfaction équitable.*

Si la Cour déclare qu'il y a eu violation de la Convention ou de ses protocoles, et si le droit interne de la Haute Partie contractante ne permet d'effacer qu'imparfaitement les conséquences de cette violation, la Cour accorde à la partie lésée, s'il y a lieu, une satisfaction équitable.

Bibliographie : M. De Salvia, *La satisfaction équitable au titre des mesures individuelles et la pratique des organes de la CEDH : qu'en est-il du principe de sécurité juridique ? : Mél. Strasser* 2007, 45. • P. Frumer, *La réparation des atteintes aux droits de l'Homme internationalement protégés. Quelques données comparatives : RTDH* 1996, p. 329. • E. Lambert, *La pratique récente de la réparation des violations de la Convention européenne de sauvegarde des droits de l'Homme : plaidoyer pour la préservation d'un acquis remarquable : RTDH* 2000, p. 199. • P. Tavernier, *La contribution de la jurisprudence de la Cour européenne des droits de l'Homme relative au droit de la responsabilité en matière de réparation, Une remise en cause nécessaire : RTDH* 2007, p. 945. • Tomuschat, *Just satisfaction under article 50 of the ECHR : Mél. Ryssdal* 2000, 1409.

I – CONDITIONS D'OCTROI D'UNE SATISFACTION ÉQUITABLE

1) **Subsidiarité.** Un arrêt constatant une violation entraîne pour l'État défendeur l'obligation juridique au regard de la Convention de mettre un terme à la violation et d'en effacer les conséquences de manière à rétablir autant que faire se peut la situation antérieure à celle-ci. Si la nature de la violation permet une *restitutio in integrum*, il incombe à l'État défendeur de la réaliser, la Cour n'ayant ni la compétence ni la possibilité pratique de l'accomplir elle-même. Si, en revanche, le droit national ne permet pas ou ne permet qu'imparfaitement d'effacer les conséquences de la violation, l'article 50 (devenu art. 41) habilite la Cour à accorder, s'il y a lieu, à la partie lésée la satisfaction qui lui semble appropriée (▪ CEDH, 31 oct. 1995, n° 14556/89, *Papamichalopoulos et a. c/ Grèce*, § 34. ▪ CEDH, 23 janv. 2001, n° 28342/95, *Brumarescu c/ Roumanie*, § 19 : *JCP* G 2001, I, 342, n° 8, chron. F. Sudre). La Cour note qu'en principe la restitution des terrains placerait les requérants, autant que possible, dans une situation équivalant à celle où ils se trouveraient si les exigences de l'article 1er du Protocole n° 1 n'avaient pas été méconnues. Toutefois, en l'espèce, compte tenu de ce que les requérants n'ont jamais demandé la restitution des terrains devant les juridictions nationales et du fait que pareille restitution n'est d'ailleurs pas possible, la Cour estime devoir allouer aux intéressés une indemnité correspondant à la valeur pleine et entière des terrains (▪ CEDH, 22 déc. 2009, n° 58858/00, *Guiso-Gallisay c/ Italie*, § 96). Les États contractants parties à une affaire sont en principe libres de choisir les moyens dont ils useront pour se conformer à un arrêt constatant une violation. Ce pouvoir d'appréciation quant aux modalités d'exécution d'un arrêt traduit la liberté de choix dont est assortie l'obligation primordiale imposée par la Convention aux États contractants : assurer le respect des droits et libertés garantis par l'article 1 (▪ CEDH, 31 oct. 1995, *Papamichalopoulos et a. c/ Grèce*,

préc. ▪ CEDH, 23 janv. 2001, *Brumarescu c/ Roumanie*, préc.). V. cpdt : La Cour estime, dans les circonstances de l'espèce, que la restitution du bien litigieux, telle qu'ordonnée par le jugement définitif du tribunal de première instance de Bucarest du 9 décembre 1993, placerait le requérant, autant que possible, dans une situation équivalant à celle où il se trouverait si les exigences de l'article 1er du Protocole n° 1 n'avaient pas été méconnues […]. À défaut pour l'État défendeur de procéder à pareille restitution dans un délai de six mois à compter du prononcé du présent arrêt, la Cour décide qu'il devra verser au requérant, pour dommage matériel, la valeur actuelle de la maison, dont il faudra déduire la valeur du bien déjà restitué au requérant (▪ CEDH, 23 janv. 2001, *Brumarescu c/ Roumanie*, préc., §§ 22 et 23).

2) Subsidiarité – Octroi d'une réparation complémentaire. La Cour alloue 50 000 euros au requérant au titre du dommage moral, en sus de tout montant qui lui a déjà été versé [par la CIVI]. Relevant que le fonds de garantie pourrait demander au requérant le remboursement du montant qu'il lui a versé à hauteur de ce que la Cour lui a alloué pour dommage, la Cour juge équitable de préciser que cette somme de 50 000 euros ne devra pas lui être réclamée (▪ CEDH, 25 juin 2013, n° 30812/07, *Trévalec c/ Belgique*, § 27 : *D.* 2013, 2139, obs. L. Sadoun-Jarin ; *RSC* 2014, 139, obs. A. Giudicelli).

3) Affaire interétatique. Pour qu'une satisfaction équitable puisse être demandée dans le cadre d'une affaire interétatique, trois critères doivent être réunies : le type de grief formulé par le gouvernement requérant, qui doit porter sur la violation de droits fondamentaux de ses ressortissants (ou d'autres personnes), la possibilité d'identifier les victimes et l'objectif principal de la procédure, qui ne doit pas viser à indemniser l'État d'une violation de ses droits à lui, mais à dédommager des victimes individuelles (▪ CEDH, 10 mai 2001, n° 25781/94, *Chypre c/ Turquie*, §§ 43 à 45. ▪ CEDH, 31 août 2019, n° 13255/07, *Georgie c/ Russie*, § 22).

II – MODALITÉS D'OCTROI D'UNE SATISFACTION ÉQUITABLE

4) Constat de la violation. La Cour estime que le constat d'une violation constitue par lui-même, dans les circonstances de la cause, une satisfaction équitable suffisante aux fins de l'article 50 (devenu l'art. 41) (▪ CEDH, 27 oct. 1987, n° 10930/84, *Boden c/ Suède*, § 41). Dans son mémoire, la requérante demande à la Cour de lui accorder une réparation pour dommage moral. Lors de l'audience, toutefois, elle s'est déclarée prête à renoncer à ses prétentions si la Cour concluait à la violation. Dans ces conditions, la Cour estime que son constat de violation de l'article 8 de la Convention constitue en soi une satisfaction équitable suffisante (▪ CEDH, 23 sept. 1998, n° 24755/94, *Mc Leod c/ Royaume-Uni*, §§ 64 et 65).

5) Réparation pécuniaire du préjudice – Préjudice personnel. À sa connaissance, les autorités belges n'ont pas remboursé jusqu'ici aux héritières de M. Deweer les 10 000 francs belges indûment payés par lui. En outre, la réalité des dépenses qu'il exposa en décembre 1977 pour se présenter devant la Commission ne prête pas à controverse et il apparaît fort raisonnable de les évaluer à 800 francs français. Enfin, le requérant et sa famille ont éprouvé sans nul doute un dommage moral justifiant pour le moins une satisfaction de même nature. En conséquence, la Cour fait droit à la demande [des héritières du requérant] (▪ CEDH, 27 févr. 1980, n° 6903/75, *Deweer c/ Belgique*, § 60). La Cour relève que la seule base à retenir pour l'octroi d'une satisfaction équitable réside en l'espèce dans le fait que le requérant n'a pas joui des garanties de l'article 6. Elle ne saurait certes spéculer sur ce qu'eût été l'issue du procès dans le cas contraire, mais n'estime pas déraisonnable de penser que l'intéressé a subi une perte de chances réelles. À quoi s'ajoute un préjudice moral indéniable éprouvé tant par lui-même que par sa veuve. Ces éléments ne se prêtent pas à un calcul. Les appréciant en équité comme le veut l'article 50 (devenu art. 43), la Cour accorde à Mme Colozza [veuve du requérant], à laquelle il y a lieu de reconnaître la qualité de « partie lésée », une indemnité de 6 000 000 lires (▪ CEDH, 12 févr. 1985, n° 9024/80, *Colozza c/ Italie*, § 38).

6) Réparation pécuniaire du préjudice – Préjudice direct. Les Éditions Périscope revendiquent d'abord 2 000 000 F pour le dommage matériel qu'elles auraient subi […]. La Cour n'aperçoit pas de lien de causalité entre la violation de l'article 6 paragraphe 1 et le rejet du recours de ladite société par les juridictions nationales. Elle écarte donc la demande (▪ CEDH, 26 mars 1992, n° 11760/85, *Éd. Périscope c/ France*, §§ 46 et 47).

7) Réparation pécuniaire du préjudice – Préjudice certain. Quant au dommage matériel allégué, les éléments du dossier n'autorisent pas à conclure que le respect de l'article 6 § 1 eût permis d'échapper à la vente aux enchères de la maison. En revanche, les intéressés ont subi, en raison des conséquences de la durée de la procédure, une certaine perte de chances réelles qui justifie en l'espèce l'octroi d'une satisfaction équitable (▪ CEDH, 23 avr. 1987, n° 9316/81, *Lechner et Hess c/ Autriche*, § 64). Le requérant a subi une perte de chances réelles justifiant l'octroi d'une indemnité (■ CEDH, 9 juin 1988, n° 9276/81, *O. c/ Royaume-Uni*, § 12). Les requérants ont subi une perte de chances à laquelle on doit avoir égard encore que la perspective de les réaliser eût été douteuse (■ CEDH, 18 déc. 1984, n°s 7151/75 et 7152/75, *Sporrong et Lönnroth c/ Suède*, § 25).

8) Restitution de biens – Incompétence de la Cour s'agissant de biens situés dans un État tiers. Les biens situés dans un État tiers ne peuvent servir de base à une demande de satisfaction équitable dirigée contre l'État défendeur à la présente procédure en l'absence de prise de position de principe dans l'arrêt au principal sur les droits revendiqués par la requérante à l'égard de ces biens. La requérante aura la possibilité d'introduire, le cas échéant, une requête contre cet État tiers au cas où les juridictions de celui-ci ne tiendraient pas compte des conclusions du présent arrêt au principal et n'en tireraient pas les conséquences (■ CEDH, 18 juin 2020, n° 20452/14, *Molla Sali c/ Grèce*, §§ 50 à 53).

9) Remboursement des frais et dépens. Selon sa jurisprudence constante, la Cour peut accorder un dédommagement pour des frais et dépens *a)* réellement et nécessairement assumés par la partie lésée afin d'empêcher ou faire corriger, dans l'ordre juridique interne, une violation de la Convention, d'amener la Commission puis la Cour à la relever et d'en obtenir l'effacement, et *b)* dont le taux est raisonnable (■ CEDH, 27 août 1991, n° 13057/87, *Demicoli c/ Italie*, § 49). Selon la jurisprudence de la Cour, un requérant ne peut obtenir le remboursement de ses frais et dépens que dans la mesure où se trouvent établis leur réalité, leur nécessité et le caractère raisonnable de leur taux. En l'espèce et compte tenu des documents en sa possession et des critères susmentionnés, la Cour décide de ne rien accorder au requérant (■ CEDH, 3 nov. 2009, n° 45890/05, *Adam c/ Roumanie*, § 47).

10) Saisissabilité des indemnités. Le requérant invite la Cour à préciser dans son arrêt que les montants alloués au titre de l'article 50 (devenu l'art. 41) ne pourront donner lieu à aucune saisie. Elle ne s'estime pas en mesure d'accéder à cette demande (■ CEDH, 27 août 1991, n°s 12750/87, 13780/88 et 14003/88, *Philis c/ Grèce*, § 79). Le requérant invite la Cour à décider que l'État devra le garantir de toute demande d'exécution du jugement du tribunal de grande instance de Paris du 14 mars 1979 ou, à défaut, l'autoriser à solliciter ultérieurement une augmentation de la satisfaction équitable. La Cour rappelle que l'article 50 (devenu l'art. 41) ne lui donne pas compétence pour adresser une telle injonction à un État contractant (■ CEDH, 7 août 1996, n° 15175/89, *Allenet de Ribemont c/ France*, §§ 63 et 65). La Cour estime que l'indemnité fixée par application des dispositions de l'article 41 et due en vertu d'un arrêt de la Cour devrait être insaisissable. Il semblerait quelque peu surprenant d'accorder au requérant une somme à titre de réparation, en raison notamment de mauvais traitements ayant entraîné une violation des dispositions de l'article 3 de la Convention, ainsi que pour couvrir les frais et dépens occasionnés pour aboutir à ce constat, somme dont l'État lui-même serait ensuite à la fois débiteur et bénéficiaire. Quand bien même les sommes en jeu seraient-elles d'une nature différente, la Cour estime que la réparation du préjudice moral serait certainement détournée de sa vocation, et le système de l'article 41 perverti, si l'on pouvait se satisfaire d'une telle situation. Cependant, la Cour n'a pas compétence pour accéder à une telle demande (■ CEDH, 28 juill. 1999, n° 25803/94, *Selmouni c/ France*, § 133).

III – PRONONCÉ DE LA SATISFACTION ÉQUITABLE

11) Décision distincte. Les requérants invitaient la Cour à surseoir à statuer sur l'application de l'article 50 (devenu l'art. 41) jusqu'à l'issue des poursuites pénales engagées en France contre les époux Miailhe. Ils la priaient cependant d'allouer à chacun d'eux – à titre définitif pour Mme Victoria Miailhe, à titre provisionnel pour M. Miailhe et sa femme – 100 000 F pour dommage moral et 100 000 F pour frais. De l'avis de la Cour, la question ne se trouve pas en état bien que les poursuites correctionnelles contre les époux Miailhe aient maintenant pris fin. Partant, il y a lieu de la réserver et de fixer la procédure ultérieure, en tenant compte de l'éventualité d'un accord entre l'État défendeur et les requérants (■ CEDH, 25 févr. 1993, n° 12661/87, *Miailhe c/ France*, §§ 42 et 44). La Cour estime que la question de l'application de l'article 41 ne se trouve pas en état pour autant que le dommage est concerné. Il convient donc de la réserver et de fixer la procédure ultérieure en tenant compte de l'éventualité d'un accord entre l'État défendeur et le requérant (■ CEDH, 22 avr. 1992, n° 12351/86, *Vidal c/ Belgique*, § 36. ■ CEDH, 14 juin 2011, n° 30812/07, *Trévalec c/ Belgique*, § 102 : *RSC* 2011, 902, obs. J.-P. Marguénaud).

Art. 42 ***(Rempl. à compter du 1er novembre 1998, Prot. n° 11, 11 mai 1994, art. 1er publié par D. n° 98-1055, 18 nov. 1998). – Arrêts des Chambres.***

Les arrêts des Chambres deviennent définitifs conformément aux dispositions de l'article 44, paragraphe 2.

Art. 43 *(Rempl. à compter du 1er novembre 1998, Prot. n° 11, 11 mai 1994, art. 1er publié par D. n° 98-1055, 18 nov. 1998). – Renvoi devant la Grande Chambre.*

1. Dans un délai de trois mois à compter de la date de l'arrêt d'une Chambre, toute Partie à l'affaire peut, dans des cas exceptionnels, demander le renvoi de l'affaire devant la Grande Chambre.

2. Un collège de cinq juges de la Grande Chambre accepte la demande si l'affaire soulève une question grave relative à l'interprétation ou à l'application de la Convention ou de ses protocoles, ou encore une question grave de caractère général.

3. Si le collège accepte la demande, la Grande Chambre se prononce sur l'affaire par un arrêt.

Art. 44 *(Rempl. à compter du 1er novembre 1998, Prot. n° 11, 11 mai 1994, art. 1er publié par D. n° 98-1055, 18 nov. 1998). – Arrêts définitifs.*

1. L'arrêt de la Grande Chambre est définitif.

2. L'arrêt d'une Chambre devient définitif :

a) Lorsque les Parties déclarent qu'elles ne demanderont pas le renvoi de l'affaire devant la Grande Chambre ; ou

b) Trois mois après la date de l'arrêt, si le renvoi de l'affaire devant la Grande Chambre n'a pas été demandé ; ou

c) Lorsque le collège de la Grande Chambre rejette la demande de renvoi formulée en application de l'article 43.

3. L'arrêt définitif est publié.

Art. 45 *(Rempl. à compter du 1er novembre 1998, Prot. n° 11, 11 mai 1994, art. 1er publié par D. n° 98-1055, 18 nov. 1998). – Motivation des arrêts et décisions.*

1. Les arrêts, ainsi que les décisions déclarant des requêtes recevables ou irrecevables, sont motivés.

2. Si l'arrêt n'exprime pas en tout ou en partie l'opinion unanime des juges, tout juge a le droit d'y joindre l'exposé de son opinion séparée.

Art. 46 *(Rempl. à compter du 1er juin 2010, Prot. n° 14, 13 mai 2004, art. 16 publié par D. n° 2010-711, 28 juin 2010). – Force obligatoire et exécution des arrêts.*

1. Les Hautes Parties contractantes s'engagent à se conformer aux arrêts définitifs de la Cour dans les litiges auxquels elles sont parties.

2. L'arrêt définitif de la Cour est transmis au Comité des Ministres qui en surveille l'exécution.

3. Lorsque le Comité des Ministres estime que la surveillance de l'exécution d'un arrêt définitif est entravée par une difficulté d'interprétation de cet arrêt, il peut saisir la Cour afin qu'elle se prononce sur cette question d'interprétation. La décision de saisir la Cour est prise par un vote à la majorité des deux tiers des représentants ayant le droit de siéger au Comité.

4. Lorsque le Comité des Ministres estime qu'une Haute Partie contractante refuse de se conformer à un arrêt définitif dans un litige auquel elle est partie, il peut, après avoir mis en demeure cette Partie et par décision prise par un vote à la majorité des deux tiers des représentants ayant le droit de siéger au Comité, saisir la Cour de la question du respect par cette Partie de son obligation au regard du paragraphe 1.

5. Si la Cour constate une violation du paragraphe 1, elle renvoie l'affaire au Comité des Ministres afin qu'il examine les mesures à prendre. Si la Cour constate qu'il n'y a pas eu violation du paragraphe 1, elle renvoie l'affaire au Comité des Ministres, qui décide de clore son examen.

Art. 47 *(Rempl. à compter du 1er novembre 1998, Prot. n° 11, 11 mai 1994, art. 1er publié par D. n° 98-1055, 18 nov. 1998). – Avis consultatifs.*

1. La Cour peut, à la demande du Comité des Ministres, donner des avis consultatifs sur des questions juridiques concernant l'interprétation de la Convention et de ses protocoles.

2. Ces avis ne peuvent porter ni sur les questions ayant trait au contenu ou à l'étendue des droits et libertés définis au titre Ier de la Convention et dans les protocoles ni sur les autres questions dont la Cour ou le Comité des Ministres pourraient avoir à connaître par suite de l'introduction d'un recours prévu par la Convention.

3. La décision du Comité des Ministres de demander un avis à la Cour est prise par un vote à la majorité des représentants ayant le droit de siéger au Comité.

Art. 48 *(Rempl. à compter du 1er novembre 1998, Prot. n° 11, 11 mai 1994, art. 1er publié par D. n° 98-1055, 18 nov. 1998). – Compétence consultative de la Cour.*

La Cour décide si la demande d'avis consultatif présentée par le Comité des Ministres relève de sa compétence telle que définie par l'article 47.

Art. 49 *(Rempl. à compter du 1er novembre 1998, Prot. n° 11, 11 mai 1994, art. 1er publié par D. n° 98-1055, 18 nov. 1998). – Motivation des avis consultatifs.*

1. L'avis de la Cour est motivé.

2. Si l'avis n'exprime pas en tout ou en partie l'opinion unanime des juges, tout juge a le droit d'y joindre l'exposé de son opinion séparée.

3. L'avis de la Cour est transmis au Comité des Ministres.

Art. 50 *(Rempl. à compter du 1er novembre 1998, Prot. n° 11, 11 mai 1994, art. 1er publié par D. n° 98-1055, 18 nov. 1998). – Frais de fonctionnement de la Cour.*

Les frais de fonctionnement de la Cour sont à la charge du Conseil de l'Europe.

Art. 51 *(Rempl. à compter du 1er novembre 1998, Prot. n° 11, 11 mai 1994, art. 1er publié par D. n° 98-1055, 18 nov. 1998). – Privilèges et immunités des juges.*

Les juges jouissent, pendant l'exercice de leurs fonctions, des privilèges et immunités prévus à l'article 40 du Statut du Conseil de l'Europe et dans les accords conclus au titre de cet article.

TITRE III. – DISPOSITIONS DIVERSES

(Ancien Titre V dénuméroté et intitulé créé à compter du 1er novembre 1998, Prot. n° 11, 11 mai 1994, art. 2-1 et 2-2 publié par D. n° 98-1055, 18 nov. 1998)

Art. 52 *(Anc. art. 57 dénum. et mod. à compter du 1er novembre 1998, Prot. n° 11, 11 mai 1994, art. 2-1 et 2-2 et ann. publié par D. n° 98-1055, 18 nov. 1998). – Enquêtes du secrétaire général.*

Toute Haute Partie contractante fournira sur demande du Secrétaire général du Conseil de l'Europe les explications requises sur la manière dont son droit interne assure l'application effective de toutes les dispositions de cette Convention.

Art. 53 *(Anc. art. 60 dénum. et mod. à compter du 1er novembre 1998, Prot. n° 11, 11 mai 1994, art. 2-1 et 2-2 et ann. publié par D. n° 98-1055, 18 nov. 1998). – Sauvegarde des droits de l'Homme reconnus.*

Aucune des dispositions de la présente Convention ne sera interprétée comme limitant ou portant atteinte aux Droits de l'homme et aux libertés fondamentales qui pourraient être reconnus conformément aux lois de toute Partie contractante ou à toute autre Convention à laquelle cette Partie contractante est partie.

Art. 54 *(Anc. art. 61 dénum. et mod. à compter du 1er novembre 1998, Prot. n° 11, 11 mai 1994, art. 2-1 et 2-2 et ann. publié par D. n° 98-1055, 18 nov. 1998). – Pouvoirs du Comité des Ministres.*

Aucune disposition de la présente Convention ne porte atteinte aux pouvoirs conférés au Comité des Ministres par le Statut du Conseil de l'Europe.

Art. 55 *(Anc. art. 62 dénum. et mod. à compter du 1er novembre 1998, Prot. n° 11, 11 mai 1994, art. 2-1 et 2-2 et ann. publié par D. n° 98-1055, 18 nov. 1998). – Renonciation à d'autres modes de règlement des différends.*

Les Hautes Parties contractantes renoncent réciproquement, sauf compromis spécial, à se prévaloir des traités, conventions ou déclarations existant entre elles, en vue de soumettre, par voie de requête, un différend né de l'interprétation ou de l'application de la présente Convention à un mode de règlement autre que ceux prévus par ladite Convention.

Art. 56 *(Anc. art. 63 dénum. et mod. à compter du 1er novembre 1998, Prot. n° 11, 11 mai 1994, art. 2-1 et 2-2 et ann. publié par D. n° 98-1055, 18 nov. 1998). – Application territoriale.*

1. Tout État peut, au moment de la ratification ou à tout autre moment par la suite, déclarer, par notification adressée au Secrétariat général du Conseil de l'Europe, que la présente Convention s'appliquera sous réserve du paragraphe 4 du présent article à tous les territoires ou à l'un quelconque des territoires dont il assure les relations internationales.

2. La Convention s'appliquera au territoire ou aux territoires désignés dans la notification à partir du trentième jour qui suivra la date à laquelle le Secrétaire général du Conseil de l'Europe aura reçu cette notification.

3. Dans lesdits territoires les dispositions de la présente Convention seront appliquées en tenant compte des nécessités locales.

4. Tout État qui a fait une déclaration conformément au premier paragraphe de cet article, peut, à tout moment par la suite, déclarer relativement à un ou plusieurs des territoires visés dans cette déclaration qu'il accepte la compétence de la Cour pour connaître des requêtes de personnes physiques, d'organisations non gouvernementales ou de groupes de particuliers comme le prévoit l'article 34 de la Convention.

Art. 57 *(Anc. art. 64 dénum. et mod. à compter du 1er novembre 1998, Prot. n° 11, 11 mai 1994, art. 2-1 et 2-2 et ann. publié par D. n° 98-1055, 18 nov. 1998). – Réserves.*

1. Tout État peut, au moment de la signature de la présente Convention ou du dépôt de son instrument de ratification, formuler une réserve au sujet d'une disposition particulière de la Convention, dans la mesure où une loi alors en vigueur sur son territoire n'est pas conforme à cette disposition. Les réserves de caractère général ne sont pas autorisées aux termes du présent article.

2. Toute réserve émise conformément au présent article comporte un bref exposé de la loi en cause.

Art. 58 *(Anc. art. 65 dénum. et mod. à compter du 1er novembre 1998, Prot. n° 11, 11 mai 1994, art. 2-1 et 2-2 et ann. publié par D. n° 98-1055, 18 nov. 1998). – Dénonciation.*

1. Une Haute Partie contractante ne peut dénoncer la présente Convention qu'après l'expiration d'un délai de cinq ans à partir de la date d'entrée en vigueur de la Convention à son égard et moyennant un préavis de six mois, donné par une notification adressée au Secrétaire général du Conseil de l'Europe, qui en informe les autres Parties contractantes.

2. Cette dénonciation ne peut avoir pour effet de délier la Haute Partie contractante intéressée des obligations contenues dans la présente Convention en ce qui concerne tout fait qui, pouvant constituer une violation de ces obligations, aurait été accompli par elle antérieurement à la date à laquelle la dénonciation produit effet.

3. Sous la même réserve cesserait d'être Partie à la présente Convention toute Partie contractante qui cesserait d'être Membre du Conseil de l'Europe.

4. La Convention peut être dénoncée conformément aux dispositions des paragraphes précédents en ce qui concerne tout territoire auquel elle a été déclarée applicable aux termes de l'article 56.

Art. 59 *(Anc. art. 66 dénum. et mod. à compter du 1er novembre 1998, Prot. n° 11, 11 mai 1994, art. 2-1 et 2-2 et ann. publié par D. n° 98-1055, 18 nov. 1998). – Signature et ratification.*

1. La présente Convention est ouverte à la signature des Membres du Conseil de l'Europe. Elle sera ratifiée. Les ratifications seront déposées près le Secrétaire général du Conseil de l'Europe.

2. L'Union européenne peut adhérer à la présente Convention.

3. La présente Convention entrera en vigueur après le dépôt de dix instruments de ratification.

4. Pour tout signataire qui la ratifiera ultérieurement, la Convention entrera en vigueur dès le dépôt de l'instrument de ratification.

5. Le Secrétaire général du Conseil de l'Europe notifiera à tous les Membres du Conseil de l'Europe l'entrée en vigueur de la Convention, les noms des Hautes Parties contractantes qui l'auront ratifiée, ainsi que le dépôt de tout instrument de ratification intervenu ultérieurement.

5. Le Secrétaire général du Conseil de l'Europe notifiera à tous les membres du Conseil de l'Europe l'entrée en vigueur de la Convention, les noms des Hautes Parties contractantes qui l'auront ratifiée, ainsi que le dépôt de tout instrument de ratification intervenu ultérieurement.

Fait à Rome, le 4 novembre 1950, en français et en anglais, les deux textes faisant également foi, en un seul exemplaire qui sera déposé dans les archives du Conseil de l'Europe. Le Secrétaire général en communiquera des copies certifiées conformes à tous les signataires.

Protocole n° 1 du 20 mars 1952

à la Convention de sauvegarde des droits de l'Homme et des libertés fondamentales
(*JO* 4 mai 1974) (1)

Les Gouvernements signataires, Membres du Conseil de l'Europe,

Résolus à prendre des mesures propres à assurer la garantie collective de droits et libertés autres que ceux qui figurent déjà dans le Titre I de la Convention de sauvegarde des Droits de l'Homme et des libertés fondamentales, signée à Rome le 4 novembre 1950 (ci-après dénommée « la Convention »),

sont convenus de ce qui suit :

Art. 1er *(Mod. à compter du 1er novembre 1998, Prot. n° 11, 11 mai 1994, art. 2-4, a et ann. publié par D. n° 98-1055, 18 nov. 1998). – Protection de la propriété.* **Toute personne physique ou morale a droit au respect de ses biens. Nul ne peut être privé de sa propriété que pour cause d'utilité publique et dans les conditions prévues par la loi et les principes généraux du droit international.**

Les dispositions précédentes ne portent pas atteinte au droit que possèdent les États de mettre en vigueur les lois qu'ils jugent nécessaires pour réglementer l'usage des biens conformément à l'intérêt général ou pour assurer le paiement des impôts ou d'autres contributions ou des amendes.

1) Respect d'une procédure équitable. Il résulte de l'article 1er du protocole additionnel n° 1 à la Convention européenne des droits de l'homme, tel qu'interprété par la Cour européenne des droits de l'homme, que toute personne physique ou morale a droit au respect de ses biens et que, si ces dispositions ne portent pas atteinte au droit que possèdent les États de mettre en vigueur les lois qu'ils jugent nécessaires pour réglementer l'usage des biens conformément à l'intérêt général, les intéressés doivent bénéficier d'une procédure équitable, qui comprend le droit au caractère contradictoire de l'instance (■ Cass. crim., 21 oct. 2020, n° 19-87.071, § 17 : publié au *Bull.*). Il s'en déduit que la juridiction correctionnelle qui statue sur la requête en restitution d'un objet placé sous main de justice présentée par un tiers est tenue de s'assurer, si la saisie a été opérée entre ses mains ou s'il justifie être titulaire de droits sur le bien dont la restitution est sollicitée, que lui ont été communiquées en temps utile, outre les procès-verbaux de saisie ou, en cas de saisie spéciale, les réquisitions aux fins de saisie, l'ordonnance et, le cas échéant, la décision de saisie, conformément au deuxième alinéa de l'article 479 du Code de procédure pénale, les pièces précisément identifiées de la procédure sur lesquelles elle se fonde dans ses motifs décisoires. Au besoin, il appartient à la juridiction correctionnelle de renvoyer l'examen de la demande de restitution à une audience ultérieure après avoir statué sur la culpabilité et sur la peine, sans que puisse être opposée au tiers requérant l'autorité de la chose jugée de la décision ayant éventuellement ordonné la confiscation, ni que puisse être exécutée cette mesure tant qu'il n'a pas été définitivement statué sur la demande de restitution (même arrêt, §§ 18, 19) Il n'y a donc pas lieu à communication des pièces de la procédure s'agissant d'un demandeur qui, non détenteur de l'immeuble au moment de la saisie, ne justifie pas être titulaire de droits sur celui-ci (même arrêt, § 19).

2) Amende. Le prononcé d'une amende est une ingérence dans le droit garanti par le premier alinéa de l'article 1 du Protocole n° 1, car il prive le requérant d'un élément de propriété, à savoir de la somme qu'il doit payer ; cette ingérence se justifie conformément au second alinéa de cet article, qui prévoit expressément une exception pour ce qui est du paiement d'impôts, d'autres contributions ou d'amendes. Toutefois, cette disposition doit être interprétée à la lumière du principe général énoncé dans la première phrase du premier alinéa, et il doit donc exister un rapport de proportionnalité raisonnable entre les moyens employés et le but recherché. Par conséquent, l'obligation financière née du paiement d'une amende peut léser la garantie consacrée par cette disposition, si elle impose à la personne en cause une charge excessive ou porte fondamentalement atteinte à sa situation financière (■ CEDH, 11 janv. 2007, n° 35533/04, *Mamidakis c/ Grèce*, §§ 44 et 45).

3) Confiscation d'un bien indivis. Il résulte de l'article 1er du protocole additionnel n° 1 à la Convention européenne des droits de l'homme, que le tribunal ne peut, sur le fondement de l'article 131-21, alinéa 6, du Code pénal, ordonner la confiscation d'un bien indivis dans sa totalité, dont le condamné, propriétaire indivis, a la libre disposition, l'autre indivisaire étant de mauvaise foi, qu'après s'être assuré, au besoin d'office, de la proportionnalité de l'atteinte portée au droit de propriété de chacun des indivisaires au regard de la gravité concrète des faits et de leur situation personnelle (■ Cass. crim., 25 nov. 2020, n° 19-86.979 : publié au *Bull.* ; *JCP G* 2021, 227, note G. Beaussonie et J. Laurent).

(1) Prot. publié par D. n° 74-360, 3 mai 1974 et entré en vigueur le 3 mai 1974. – NDLR.

4) Confiscation de biens de contrebande. Les principes de droit communs aux États contractants autorisent en règle générale la confiscation des marchandises passées en contrebande. Pour que la confiscation se révèle légitime sous l'angle du second alinéa de l'article 1er, il suffit que l'État ait observé les règles explicites de ce texte et maintenu l'équilibre entre ses propres intérêts et ceux de l'individu. Pareil équilibre dépend de maints facteurs ; parmi les circonstances à considérer figure l'attitude du propriétaire, et notamment le degré de faute ou de prudence dont il a fait preuve (■ CEDH, 24 oct. 1986, n° 9118/80, *Agosi c/ R.-U.*, § 54).

5) Motivation de la décision de confiscation. Il résulte des articles 1er du Protocole n° 1 à la Convention européenne des droits de l'homme et 131-21 du Code pénal que, hormis le cas où la confiscation, qu'elle soit en nature ou en valeur, porte sur un bien qui, dans sa totalité, constitue le produit de l'infraction, le juge, en ordonnant une telle mesure, doit apprécier le caractère proportionné de l'atteinte portée au droit de propriété de l'intéressé lorsqu'une telle garantie est invoquée ou procéder à cet examen d'office lorsqu'il s'agit d'une confiscation de tout ou partie du patrimoine (■ Cass. crim., 16 déc. 2020, n° 20-80.279, § 8). Il incombe en conséquence au juge qui décide de confisquer un bien, après s'être assuré de son caractère confiscable au regard des conditions légales, de préciser la nature et l'origine de ce bien ainsi que le fondement de la mesure et, le cas échéant, de s'expliquer sur la nécessité et la proportionnalité de l'atteinte portée au droit de propriété du prévenu (■ Cass. crim., 15 févr. 2022, nos 15-87.257 et 21-81.092, § 13). Il résulte des dispositions des articles premier du Protocole additionnel n° 1 à la Convention de sauvegarde des droits de l'Homme et des libertés fondamentales, 132-1 et 131-21, alinéa 6, du Code pénal, 485 du Code de procédure pénale, que le juge qui prononce une mesure de confiscation de tout ou partie d'un patrimoine doit motiver sa décision au regard de la gravité des faits, de la personnalité de son auteur et de sa situation personnelle et apprécier le caractère proportionné de l'atteinte portée au droit de propriété de l'intéressé (■ Cass. crim., 8 mars 2017, n° 15-87.422 : *Bull. crim.* n° 66. ■ Cass. crim., 2 déc. 2020, n° 19-84.363, § 29). Méconnaît ces dispositions : … la cour d'appel qui justifie le prononcé, à titre de peine complémentaire, d'une mesure de confiscation de la propriété du prévenu qu'elle déclare coupable de faits de blanchiment par le seul constat de ce que cette peine est adaptée à la nature des faits délictueux commis (■ Cass. crim., 8 mars 2017, préc.) ; … l'arrêt qui prononce la confiscation du bien immeuble, propriété et domicile familial de la prévenue, sans mieux s'expliquer sur la situation personnelle de la prévenue décrite comme sans profession et sans ressources et mère de 2 enfants mineurs (■ Cass. crim., 2 déc. 2020, préc., § 35). Justifient leur décision, sans méconnaître l'article premier du Protocole additionnel à la Convention européenne des droits de l'Homme, les juges qui s'expliquent, par des motifs dépourvus d'insuffisance, sur la nécessité et la proportionnalité de l'atteinte portée au droit de propriété de l'intéressé par la mesure de confiscation de tout ou partie du patrimoine, au regard de sa situation personnelle et de la gravité concrète des faits (■ Cass. crim., 7 déc. 2016, n° 15-85.136 : *Bull. crim.* n° 330). Le moyen, qui invoque pour la première fois devant la Cour de cassation le caractère disproportionné de l'atteinte spécifique portée au droit de propriété de l'intéressé par la mesure de confiscation de son véhicule prononcée par le tribunal de police et confirmée par la cour d'appel, en violation de l'article 1er du Protocole additionnel n° 1 à la Convention européenne des droits de l'Homme, est nouveau, mélangé de fait, et, comme tel, irrecevable (■ Cass. crim., 13 juin 2017, n° 16-83.201 : *Bull. crim.*n° 164).

6) Motivation de la décision de saisie pénale. En application de l'article 1er du protocole n° 1 à la Convention européenne des droits de l'homme, sauf lorsqu'il ordonne la saisie d'un bien qui constitue, dans sa totalité, le produit de l'infraction, ou qui représente la valeur de celui-ci, le juge est tenu, d'office, s'agissant d'une saisie de patrimoine, ou lorsque la personne concernée le demande, de se livrer à un contrôle de proportionnalité de la mesure de saisie qu'il décide, au regard de la gravité des faits et de la situation personnelle du demandeur (■ Cass. crim., 9 déc. 2020, n° 20-81.907, § 11). En application de l'article 1 du protocole n° 1 à la Convention européenne des droits de l'homme, le juge qui autorise ou ordonne la saisie d'un bien acquis au moyen de fonds constituant l'objet ou le produit de l'infraction et de fonds licites, doit motiver sa décision, s'agissant de ces derniers, au regard de la nécessité et la proportionnalité de l'atteinte ainsi portée au droit de propriété (■ Cass. crim., 27 juin 2018, n° 17-84.280 : *Bull. crim.* n° 127). Le juge qui prononce une mesure de saisie de tout ou partie du patrimoine doit apprécier le caractère proportionné de l'atteinte portée aux droits de l'intéressé ; doit par conséquent être censuré l'arrêt qui n'a pas recherché si les mesures critiquées, en ce qu'elles concernent des éléments de patrimoine insusceptibles de constituer le produit de l'infraction, ne portaient pas une atteinte disproportionnée au droit de propriété du demandeur (■ Cass. crim., 4 mai 2017, n° 16-87.330 : visa de l'article 1 du protocole n° 1 à la Convention européenne des droits de l'Homme).

7) Propagande et publicité en faveur du tabac. Les dispositions qui interdisent la propagande et la publicité directe ou indirecte en faveur du tabac ou des produits du tabac ne méconnaissent ni l'article 10 de la Convention européenne des droits de l'Homme et des libertés fondamentales, ni l'article 1er du protocole additionnel, dès lors qu'elles constituent une mesure nécessaire à la protection de la santé publique et proportionnée à cet objectif d'intérêt général, justifiant une restriction à la liberté d'expression et au droit de propriété (■ Cass. crim., 18 mars 2003, n° 02-83.015 : *Bull. crim.* n° 69).

8) Contrefaçon. C'est sans méconnaître l'article premier du premier Protocole additionnel à la Convention européenne des droits de l'homme que l'arrêt attaqué a ordonné, sur le fondement des deuxième et troisième alinéas de l'article L. 335-6 du Code de la propriété intellectuelle, la confiscation et la destruction des dessins dont il avait préalablement constaté le caractère contrefaisant. En effet, ces peines, à caractère principalement dissuasif, répondent à l'impératif d'intérêt général de lutte contre la contrefaçon et garantissent de manière proportionnée que les objets contrefaisants seront définitivement écartés de tout circuit commercial afin de ne pas compromettre à nouveau les droits de propriété intellectuelle (■ Cass. crim., 3 nov. 2021, n° 21-81.356).

Art. 2 ***(Mod. à compter du 1er novembre 1998, Prot. n° 11, 11 mai 1994, art. 2-4, a et ann. publié par D. n° 98-1055, 18 nov. 1998). – Droit à l'instruction.*** **Nul ne peut se voir refuser le droit à l'instruction. L'État, dans l'exercice des fonctions qu'il assumera dans le domaine de l'éducation et de l'enseignement, respectera le droit des parents d'assurer cette éducation et cet enseignement conformément à leurs convictions religieuses et philosophiques.**

Art. 3 ***(Mod. à compter du 1er novembre 1998, Prot. n° 11, 11 mai 1994, art. 2-4, a et ann. publié par D. n° 98-1055, 18 nov. 1998). – Droit à des élections libres.*** **Les Hautes Parties contractantes s'engagent à organiser, à des intervalles raisonnables, des élections libres au scrutin secret, dans les conditions qui assurent la libre expression de l'opinion du peuple sur le choix du corps législatif.**

Sanction privant de l'exercice du droit de vote. Dans leurs ordres juridiques respectifs, les États contractants entourent les droits de vote et d'éligibilité de conditions auxquelles l'article 3 ne met en principe pas obstacle. Ils jouissent en la matière d'une large marge d'appréciation, mais il appartient à la Cour de s'assurer que lesdites conditions ne réduisent pas les droits dont il s'agit au point de les atteindre dans leur substance même et de les priver de leur effectivité, qu'elles poursuivent un but légitime et que les moyens employés ne se révèlent pas disproportionnés (■ CEDH, 6 avr. 2000, n° 26772/95, *Labita c/ Italie*, § 201, à propos de la radiation des listes électorales d'une personne accusée d'appartenir à une organisation mafieuse).

Art. 4 ***(Mod. à compter du 1er novembre 1998, Prot. n° 11, 11 mai 1994, art. 2-4, a et ann. publié par D. n° 98-1055, 18 nov. 1998). – Application territoriale.*** **Toute Haute Partie contractante peut, au moment de la signature ou de la ratification du présent Protocole ou à tout moment par la suite, communiquer au Secrétaire général du Conseil de l'Europe une déclaration indiquant la mesure dans laquelle il s'engage à ce que les dispositions du présent Protocole s'appliquent à tels territoires qui sont désignés dans ladite déclaration et dont il assure les relations internationales.**

Toute Haute Partie contractante qui a communiqué une déclaration en vertu du paragraphe précédent peut, de temps à autre, communiquer une nouvelle déclaration modifiant les termes de toute déclaration antérieure ou mettant fin à l'application des dispositions du présent Protocole sur un territoire quelconque.

Une déclaration faite conformément au présent article sera considérée comme ayant été faite conformément au paragraphe 1 de l'article 63 de la Convention.

Art. 5 ***(Mod. à compter du 1er novembre 1998, Prot. n° 11, 11 mai 1994, art. 2-4, a et ann. publié par D. n° 98-1055, 18 nov. 1998). – Relations avec la convention.*** **Les Hautes Parties contractantes considéreront les articles 1er, 2, 3 et 4 de ce Protocole comme des articles additionnels à la Convention et toutes les dispositions de la Convention s'appliqueront en conséquence.**

Art. 6 ***(Mod. à compter du 1er novembre 1998, Prot. n° 11, 11 mai 1994, art. 2-4, a et ann. publié par D. n° 98-1055, 18 nov. 1998). – Signature et ratification.*** **Le présent Protocole est ouvert à la signature des Membres du Conseil de l'Europe, signataires de la Convention ; il sera ratifié en même temps que la Convention ou après la ratification de celle-ci. Il entrera en vigueur après le dépôt de dix instruments de ratification. Pour tout signataire qui le ratifiera ultérieurement, le Protocole entrera en vigueur dès le dépôt de l'instrument de ratification.**

Les instruments de ratification seront déposés près le Secrétaire général du Conseil de l'Europe qui notifiera à tous les membres les noms de ceux qui l'auront ratifié.

Fait à Paris, le 20 mars 1952, en français et en anglais, les deux textes faisant également foi, en un seul exemplaire qui sera déposé dans les archives du Conseil de l'Europe. Le Secrétaire général en communiquera copie certifiée conforme à chacun des Gouvernements signataires.

L'instrument de ratification de la France comporte la déclaration suivante :

« Le Gouvernement de la République déclare que le présent protocole s'appliquera à l'ensemble du territoire de la République, compte tenu, en ce qui concerne les territoires d'outre-mer, des nécessités locales auxquelles l'article 63 de la Convention de sauvegarde des droits de l'Homme et des libertés fondamentales fait référence. »

Protocole n° 4 du 16 septembre 1963

à la Convention européenne de sauvegarde des droits de l'Homme et des libertés fondamentales reconnaissant certains droits et libertés autres que ceux figurant déjà dans la Convention et dans le premier protocole additionnel à la Convention, signé à Strasbourg

(Ratification par la France le 3 mai 1974
L. n° 73-1227, 30 déc. 1973 : JO 3 janv. 1974
Publié par D. n° 74-360, 3 mai 1974 : JO 4 mai 1974)

Les Gouvernements signataires, Membres du Conseil de l'Europe.

Résolus à prendre des mesures propres à assurer la garantie collective de droits et libertés autres que ceux qui figurent déjà dans le Titre I de la Convention de sauvegarde des droits de l'Homme et des libertés fondamentales, signée à Rome le 4 novembre 1950 (ci-après dénommée « la Convention ») et dans les articles 1er à 3 du premier Protocole additionnel à la Convention, signé à Paris le 20 mars 1952, sont convenus de ce qui suit :

Art. 1er *(Mod. à compter du 1er novembre 1998, Prot. n° 11, 11 mai 1994, art. 2-4, a et ann. publié par D. n° 98-1055, 18 nov. 1998). – Interdiction de l'emprisonnement pour dette.*

Nul ne peut être privé de sa liberté pour la seule raison qu'il n'est pas en mesure d'exécuter une obligation contractuelle.

Art. 2 *(Mod. à compter du 1er novembre 1998, Prot. n° 11, 11 mai 1994, art. 2-4, a et ann. publié par D. n° 98-1055, 18 nov. 1998). – Liberté de circulation.*

1. Quiconque se trouve régulièrement sur le territoire d'un État a le droit d'y circuler librement et d'y choisir librement sa résidence.

2. Toute personne est libre de quitter n'importe quel pays, y compris le sien.

3. L'exercice de ces droits ne peut faire l'objet d'autres restrictions que celles qui, prévues par la loi, constituent des mesures nécessaires, dans une société démocratique, à la sécurité nationale, à la sûreté publique, au maintien de l'ordre public, à la prévention des infractions pénales, à la protection de la santé ou de la morale, ou à la protection des droits et libertés d'autrui.

4. Les droits reconnus au paragraphe 1 peuvent également, dans certaines zones déterminées, faire l'objet de restrictions qui, prévues par la loi, sont justifiées par l'intérêt public dans une société démocratique.

Art. 3 *(Mod. à compter du 1er novembre 1998, Prot. n° 11, 11 mai 1994, art. 2-4, a et ann. publié par D. n° 98-1055, 18 nov. 1998). – Interdiction de l'expulsion des nationaux.*

1. Nul ne peut être expulsé, par voie de mesure individuelle ou collective, du territoire de l'État dont il est le ressortissant.

2. Nul ne peut être privé du droit d'entrer sur le territoire de l'État dont il est le ressortissant.

Art. 4 *(Mod. à compter du 1er novembre 1998, Prot. n° 11, 11 mai 1994, art. 2-4, a et ann. publié par D. n° 98-1055, 18 nov. 1998). – Interdiction des expulsions collectives d'étrangers.*

Les expulsions collectives d'étrangers sont interdites.

Art. 5 *(Mod. à compter du 1er novembre 1998, Prot. n° 11, 11 mai 1994, art. 2-4, a et ann. publié par D. n° 98-1055, 18 nov. 1998). – Application territoriale.*

1. Toute Haute Partie contractante peut, au moment de la signature ou de la ratification du présent protocole ou à tout moment par la suite, communiquer au Secrétaire général du Conseil de l'Europe une déclaration indiquant la mesure dans laquelle elle s'engage à ce que les dispositions du présent protocole s'appliquent à tels territoires qui sont désignés dans ladite déclaration et dont elle assure les relations internationales.

2. Toute Haute Partie contractante qui a communiqué une déclaration en vertu du paragraphe précédent peut, de temps à autre, communiquer une nouvelle déclaration modifiant les termes de toute déclaration antérieure ou mettant fin à l'application des dispositions du présent protocole sur un territoire quelconque.

3. Une déclaration faite conformément au présent article sera considérée comme ayant été faite conformément au paragraphe 1 de l'article 56 de la Convention.

4. Le territoire de tout État auquel le présent protocole s'applique en vertu de sa ratification ou de son acceptation par ledit État, et chacun des territoires auxquels le protocole s'applique en vertu d'une déclaration souscrite par ledit État conformément au présent article, seront considérés comme des territoires distincts aux fins des références au territoire d'un État faites par les articles 2 et 3.

5. Tout État qui a fait une déclaration conformément au paragraphe 1 ou 2 du présent article peut, à tout moment par la suite, déclarer relativement à un ou plusieurs des territoires visés dans cette déclaration qu'il accepte la compétence de la Cour pour connaître des requêtes de personnes physiques, d'organisations non gouvernementales ou de groupes de particuliers, comme le prévoit l'article 34 de la Convention, au titre des articles 1er à 4 du présent Protocole ou de certains d'entre eux.

Art. 6 *(Mod. à compter du 1er novembre 1998, Prot. n° 11, 11 mai 1994, art. 2-4, a et ann. publié par D. n° 98-1055, 18 nov. 1998). – Relations avec la Convention.*

1. Les Hautes Parties contractantes considéreront les articles 1 à 5 de ce protocole comme des articles additionnels à la Convention et toutes les dispositions de la Convention s'appliqueront en conséquence.

Art. 7 *(Mod. à compter du 1er novembre 1998, Prot. n° 11, 11 mai 1994, art. 2-4, a et ann. publié par D. n° 98-1055, 18 nov. 1998). – Signature et ratification.*

1. Le présent protocole est ouvert à la signature des membres du Conseil de l'Europe, signataires de la Convention ; il sera ratifié en même temps que la Convention ou après la ratification de celle-ci. Il entrera en vigueur après le dépôt de cinq instruments de ratification. Pour tout signataire qui le ratifiera ultérieurement, le protocole entrera en vigueur dès le dépôt de l'instrument de ratification.

2. Les instruments de ratification seront déposés près le Secrétaire général du Conseil de l'Europe qui notifiera à tous les Membres les noms de ceux qui l'auront ratifié.

En foi de quoi, les soussignés, dûment autorisés à cet effet, ont signé le présent protocole.

Fait à Strasbourg, le 16 septembre 1963, en français et en anglais, les deux textes faisant également foi, en un seul exemplaire qui sera déposé dans les archives du Conseil de l'Europe. Le Secrétaire général en communiquera copie certifiée conforme à chacun des États signataires.

Protocole n° 6 du 28 avril 1983

à la Convention européenne de sauvegarde des droits de l'Homme et des libertés fondamentales concernant l'abolition de la peine de mort, signé à Strasbourg

(Publié par D. n° 86-282, 28 févr. 1986 : JO 1er mars 1986)

Les États membres du Conseil de l'Europe, signataires du présent protocole à la Convention de sauvegarde des droits de l'Homme et des libertés fondamentales, signée à Rome le 4 novembre 1950 (ci-après dénommée « la Convention »),

considérant que les développements intervenus dans plusieurs États membres du Conseil de l'Europe expriment une tendance générale en faveur de l'abolition de la peine de mort ;

sont convenus de ce qui suit :

Art. 1er. *– Abolition de la peine de mort.*

La peine de mort est abolie. Nul ne peut être condamné à une telle peine ni exécuté.

Art. 2. *– Peine de mort en temps de guerre.*

Un État peut prévoir dans sa législation la peine de mort pour des actes commis en temps de guerre ou de danger imminent de guerre ; une telle peine ne sera appliquée que dans les cas prévus par cette législation et conformément à ses dispositions. Cet État communiquera au Secrétaire général du Conseil de l'Europe les dispositions afférentes de la législation en cause.

Art. 3. *– Interdiction de dérogations.*

Aucune dérogation n'est autorisée aux dispositions du présent protocole au titre de l'article 15 de la Convention.

Art. 4. – *Interdiction de réserves.*

Aucune réserve n'est admise aux dispositions du présent protocole au titre de l'article 64 de la Convention.

Art. 5. – *Application territoriale.*

1. Tout État peut, au moment de la signature ou au moment du dépôt de son instrument de ratification, d'acceptation ou d'approbation, désigner le ou les territoires auxquels s'appliquera le présent protocole.

2. Tout État peut, à tout autre moment par la suite, par une déclaration adressée au Secrétaire général du Conseil de l'Europe, étendre l'application du présent protocole à tout autre territoire désigné dans la déclaration. Le protocole entrera en vigueur à l'égard de ce territoire le premier jour du mois qui suit la date de réception de la déclaration par le Secrétaire général.

3. Toute déclaration faite en vertu des deux paragraphes précédents pourra être retirée, en ce qui concerne tout territoire désigné dans cette déclaration par notification adressée au Secrétaire général. Le retrait prendra effet le premier jour du mois qui suit la date de réception de la notification par le Secrétaire général.

Art. 6. – *Relations avec la Convention.*

Les États Parties considèrent les articles 1 à 5 du présent protocole comme des articles additionnels à la Convention et toutes les dispositions de la Convention s'appliquent en conséquence.

Art. 7. – *Signature et ratification.*

Le présent protocole est ouvert à la signature des États membres du Conseil de l'Europe, signataires de la Convention. Il sera soumis à ratification, acceptation ou approbation. Un État membre du Conseil de l'Europe ne pourra ratifier, accepter ou approuver le présent protocole sans avoir simultanément ou antérieurement ratifié la Convention. Les instruments de ratification, d'acceptation ou d'approbation seront déposés près le Secrétaire général du Conseil de l'Europe.

Art. 8. – *Entrée en vigueur.*

1. Le présent protocole entrera en vigueur le premier jour du mois qui suit la date à laquelle cinq États membres du Conseil de l'Europe auront exprimé leur consentement à être liés par le Protocole conformément aux dispositions de l'article 7.

2. Pour tout État membre qui exprimera ultérieurement son consentement à être lié par le protocole, celui-ci entrera en vigueur le premier jour du mois qui suit la date du dépôt de l'instrument de ratification, d'acceptation ou d'approbation.

Art. 9. – *Fonctions du dépositaire.*

Le Secrétaire général du Conseil de l'Europe notifiera aux États membres du Conseil :

a) toute signature ;

b) le dépôt de tout instrument de ratification, d'acceptation ou d'approbation ;

c) toute date d'entrée en vigueur du présent protocole conformément à ses articles 5 et 8 ;

d) tout autre acte, notification ou communication ayant trait au présent Protocole.

En foi de quoi, les soussignés, dûment autorisés à cet effet, ont signé le présent protocole.

Fait à Strasbourg, le vingt-huit avril mil neuf cent quatre-vingt-trois, en français et en anglais, les deux textes faisant également foi, en un seul exemplaire qui sera déposé dans les archives du Conseil de l'Europe. Le Secrétaire général du Conseil de l'Europe en communiquera copie certifiée conforme à chacun des États membres du Conseil de l'Europe.

Protocole n° 7 du 22 novembre 1984

à la Convention européenne de sauvegarde des droits de l'Homme et des libertés fondamentales, signé à Strasbourg

(Loi autorisant la ratification, L. n° 85-1475, 31 déc. 1985 : JO 1er janv. 1986. – Ratifié par la France le 1er nov. 1988. – Publié par D. n° 89-37, 24 janv. 1989 : JO 27 janv. 1989 Entré en vigueur à l'égard de la France : le 1er nov. 1988)

Les États membres du Conseil de l'Europe, signataires du présent protocole,

Résolus à prendre de nouvelles mesures propres à assurer la garantie collective de certains droits et libertés par la Convention de sauvegarde des droits de l'Homme et des libertés fondamentales, signée à Rome le 4 novembre 1950 (ci-après dénommée « la Convention »),

sont convenus de ce qui suit :

Art. 1er *(Mod. à compter du 1er novembre 1998, Prot. n° 11, 11 mai 1994, art. 2-7, a et ann. publié par D. n° 98-1055, 18 nov. 1998).* – ***Garanties procédurales en cas d'expulsion d'étrangers.***

1. Un étranger résidant régulièrement sur le territoire d'un État ne peut en être expulsé qu'en exécution d'une décision prise conformément à la loi et doit pouvoir :

a) **Faire valoir les raisons qui militent contre son expulsion ;**

b) **Faire examiner son cas, et**

c) **Se faire représenter à ces fins devant l'autorité compétente ou une ou plusieurs personnes désignées par cette autorité.**

2. Un étranger peut être expulsé avant l'exercice des droits énumérés au paragraphe 1. ***a, b*** **et** ***c*** **de cet article lorsque cette expulsion est nécessaire dans l'intérêt de l'ordre public ou est basée sur des motifs de sécurité nationale.**

1) **Rappel.** La Convention ne garantit pas le droit pour un étranger d'entrer ou de résider dans un pays particulier (■ CEDH, 15 oct. 2020, n° 80982/12, *Muhammad et Muhammad c/ Roumanie et les références jurisprudentielles.* ■ CEDH, GC, 13 déc. 2012, n° 22689/07, *De Souza Ribeiro c/ France.* ■ CEDH, GC, 21 nov. 2019, n° 47287/15, *Ilias et Ahmed c/ Hongrie*).

2) **Contrôle purement formel.** Par une ordonnance du Parquet, le requérant a été déclaré indésirable sur le territoire roumain, interdit du territoire et expulsé au motif que le Service roumain de renseignements avait « des informations suffisantes et sérieuses selon lesquelles il menait des activités de nature à mettre en danger la sécurité nationale », sans autre précision. La Cour note également que le requérant a reçu une copie de l'ordonnance du Parquet le jour de son expulsion vers l'Italie. Toutefois, la Cour observe que la communication faite au requérant ne contenait aucune référence aux faits reprochés et avait un caractère purement formel. Dès lors, la Cour ne peut que constater que les autorités n'ont pas fourni au requérant le moindre indice concernant les faits qui lui étaient reprochés. Au vu du contrôle purement formel opéré par la cour d'appel en l'espèce, le requérant n'a pas véritablement pu faire examiner son cas ni faire valoir les raisons militant contre son expulsion (■ CEDH, 15 févr. 2011, n° 33118/05, *Geleri c/ Roumanie*).

3) **Informations classées secrètes non communiquées aux requérants et absence de garanties compensatrices suffisantes.** Les droits procéduraux du requérant ont subi des restrictions importantes sans que la nécessité de ces limitations ait été examinée et jugée dûment par une autorité indépendante au niveau national. Elle note aussi que le requérant n'a reçu aucune information sur son comportement concret susceptible de mettre en danger la sécurité nationale et sur le déroulement des moments clés de la procédure. Quant à l'étendue du contrôle opéré, la Cour considère que le seul fait que la décision d'expulsion a été prise par de hautes autorités judiciaires indépendantes, sans qu'il puisse être constaté qu'elles ont exercé concrètement les pouvoirs que la loi roumaine leur conférait, n'est pas de nature à pouvoir compenser les restrictions subies par l'intéressé dans l'exercice de ses droits procéduraux (■ CEDH, 9 mars 2021, n° 36328/13, *Hassine c/ Roumanie.* V. aussi ■ CEDH, 15 oct. 2020, n° 80982/12, *Muhammad et Muhammad c/ Roumanie*).

4) **Résidence sur le territoire de l'État.** L'article 1 du protocole n° 7 se réfère expressément aux étrangers « résidant régulièrement sur le territoire d'un État ». Or eu égard à tous les éléments dont elle dispose en l'espèce, la Cour considère qu'il n'est pas établi qu'il y a eu également, au cours de la période litigieuse, des arrestations, détentions et expulsions de ressortissants géorgiens résidant régulièrement sur le territoire de la Fédération de Russie. Dès lors, la Cour estime que le grief soulevé par le gouvernement requérant sur le terrain de cet article n'est pas suffisamment étayé et que les éléments de preuve dont elle dispose sont insuffisants pour aboutir à un constat de violation (■ CEDH, 3 juill. 2014, n° 13255/07, *Géorgie c/ Russie*). Les garanties spécifiques prévues par cette disposition ne s'appliquent qu'aux étrangers résidant régulièrement sur le territoire d'un État ayant ratifié ce protocole (■ CEDH, 14 mars 2002, n° 57575/00, *Sejdovic et Sulejmanovic c/ Italie.* ■ CEDH, 14 mars 2002, n° 57574/00, *Sulejmanovic et Sultanovic c/ Italie*), ce qui n'est pas le cas si le requérant était dépourvu de titre de séjour valide. (■ CEDH, 20 sept. 2007, n° 45223/05, *Saltani c/ France*).

5) **Décision prise conformément à la loi.** L'étranger concerné ne peut être expulsé qu'« en exécution d'une décision prise conformément à la loi ». Cette règle ne souffre aucune exception. Selon le rapport explicatif au protocole n° 7, « le mot « loi » désigne la loi nationale de l'État en question. La décision doit donc être prise par l'autorité compétente conformément aux dispositions du droit matériel et aux règles de procédure applicables » (■ CEDH, 5 oct. 2006, n° 14139/03, *Bolat c/ Russie*). La Cour relève que

la première garantie accordée aux personnes visées par cet article prévoit que celles-ci ne peuvent être expulsées qu'« en exécution d'une décision prise conformément à la loi ». Le mot « loi » désignant la loi nationale, le renvoi à celle-ci concerne, à l'instar de l'ensemble des dispositions de la Convention, non seulement l'existence d'une base en droit interne, mais aussi la qualité de la loi : il exige l'accessibilité et la prévisibilité de celle-ci, ainsi qu'une certaine protection contre les atteintes arbitraires de la puissance publique aux droits garantis par la Convention (■ CEDH, 8 juin 2006, n° 10337/04, *Lupsa c/ Roumanie*).

Art. 2 ***(Mod. à compter du 1er novembre 1998, Prot. n° 11, 11 mai 1994, art. 2-7, a et ann. publié par D. n° 98-1055, 18 nov. 1998). – Droit à un double degré de juridiction en matière pénale.***

1. Toute personne déclarée coupable d'une infraction pénale par un tribunal a le droit de faire examiner par une juridiction supérieure la déclaration de culpabilité ou la condamnation. L'exercice de ce droit, y compris les motifs pour lesquels il peut être exercé, sont régis par la loi.

2. Ce droit peut faire l'objet d'exceptions pour des infractions mineures telles qu'elles sont définies par la loi ou lorsque l'intéressé a été jugé en première instance par la plus haute juridiction ou a été déclaré coupable et condamné à la suite d'un recours contre son acquittement.

I – PRINCIPE DU DROIT À UN DOUBLE DEGRÉ DE JURIDICTION

A – Objet de l'article 2

1) L'article 2 du Protocole n° 7 à la Convention règle pour l'essentiel des aspects institutionnels, tels que l'accessibilité de la juridiction d'appel ou la portée du contrôle exercé par une telle juridiction (■ CEDH, nos 27618/95 et 27619/95, *Pesti et Frodl c/ Autriche* (déc.). ■ CEDH, 30 oct. 2014, n° 17888/12, *Shvydka c/ Ukraine*. ■ CEDH, 4 juin 2015, n° 5425/11, *Ruslan Yakovenko c/ Ukraine*. ■ CEDH, 9 nov. 2017, n° 46005/11, *Firat c/ Grèce*).

B – Conditions de validité du double degré de juridiction

2) Condamnation à une infraction. La notion d'« infraction pénale » visée au paragraphe 1 de l'article 2 du Protocole n° 7 correspond à celle d'« accusation en matière pénale » de l'article 6 § 1 de la Convention (■ CEDH, 31 juill. 2007, n° 65022/01, *Zaicevs c/ Lettonie*. ■ CEDH, 6 sept. 2005, n° 61406/00, *Gourepka c/ Ukraine*).

3) Validité du recours.

a. Contrôle de la Cour suprême. Les requérants pouvaient former et ont formé un recours en nullité devant la Cour suprême ; ils y dénonçaient les vices de procédure du procès. De surcroît, ils introduisirent un recours contre la peine, que la Cour suprême a aussi examiné. La Cour estime dès lors que le contrôle par la Cour suprême de la condamnation des requérants suffisait aux fins de l'article 2 du Protocole n° 7. En conséquence, il n'y a aucune apparence de violation de cette disposition (■ CEDH, 18 janv. 2000, nos 27618/95 et 27619/95, *Pesti et Frodl c/ Autriche*).

b. Absence de sacrifice de sa liberté par le requérant. La Cour considère que l'exercice par le requérant de son droit à un double degré de juridiction ne s'est pas fait au prix de sa liberté. Dès lors, la Cour conclut qu'il n'y a pas eu en l'espèce violation de l'article 2 du Protocole n° 7 à la Convention (■ CEDH, 9 nov. 2017, n° 46005/11, *Firat c/ Grèce*).

4) Non-conformité du recours.

a. Sacrifice de sa liberté par le requérant. Un appel du requérant peut différer pour une durée indéterminée la date à laquelle le jugement serait devenu exécutoire. Par conséquent, le requérant aurait payé de sa liberté l'exercice de son droit d'interjeter appel, d'autant plus que la durée de sa détention n'aurait pas été précisée. Il s'agit là d'une circonstance contraire à l'esprit même du droit que lui confère l'article 2 du Protocole n° 7 (■ CEDH, 4 juin 2015, n° 5425/11, *Ruslan Yakovenko c/ Ukraine*).

b. Peine déjà exécutée. La Cour estime que le droit de faire examiner par une juridiction supérieure la déclaration de culpabilité ou la condamnation d'une personne serait enfreint si cet examen intervenait une fois purgée en intégralité la peine infligée par le juge. Elle souligne qu'un recours en appel n'est pas susceptible à un tel stade de remédier à un vice dont serait frappée la décision du juge inférieur. En l'espèce, elle conclut que la durée de l'examen en appel par rapport à celle de la peine a nui à l'appel formé le 21 septembre 2011, lequel ne pouvait donc plus remédier à tout vice entachant la décision de première instance. Il y a donc eu violation de l'article 2 du Protocole n° 7 à la Convention (■ CEDH, 30 oct. 2014, n° 17888/12, *Shvydka c/ Ukraine*).

II – EXCEPTIONS AU DROIT À UN DOUBLE DEGRÉ DE JURIDICTION

A – Principe

5) Limitation de la portée du contrôle aux questions de droit. Les États contractants peuvent limiter la portée du contrôle exercé par une juridiction supérieure. Dans plusieurs États membres du Conseil de l'Europe, ce contrôle se borne aux questions de droit ou peut être subordonné à l'octroi à la personne désireuse d'interjeter appel d'une autorisation à cette fin (■ Comm. EDH, 9 sept. 1992, n° 19028/91, *Nielsen c/ Danemark*. ■ Comm. EDH, 8 déc. 1992, n° 19715/92, *N.W. c/ Luxembourg*. ■ Comm. EDH, 15 mai 1996, n° 28140/95, *Altieri c/ France, Chypre et Suisse*. ■ Comm. EDH, 20 mai 1998, n° 35884/97, *Saussier c/ France*. ■ CEDH, 18 janv. 2000, n°s 27618/95 et 27619/95, *Pesti et Frodl c/ Autriche*. ■ CEDH, 30 mai 2000, n° 53183/99, *Loewenguth c/ France*. ■ CEDH, 22 juin 2000, n° 48203/99, *Deperrois c/ France*).

6) **Infractions mineures.** Pour décider si une infraction est de caractère mineur, un critère important est la question de savoir si l'infraction est passible d'une peine d'emprisonnement ou non (■ CEDH, 30 juin 2020, n° 50514/13, *Saquetti Iglesias c/ Espagne*. ■ CEDH, 1er oct. 2009, n°s 49925/11 et a., *Stanchev*. ■ CEDH, 31 juill. 2007, n° 73053/01, *Zaicevs*. ■ CEDH, 30 nov. 2006, n° 75101/01, *Grecu c/ Roumanie*). L'infraction est mineure si l'emprisonnement est exceptionnel (■ CEDH, 26 oct. 2021, n° 20962/15, *Kindlhofer c/ Autriche* : infraction passible d'une amende ou d'une période d'emprisonnement à défaut de paiement de celle-ci).

B – Illustrations

7) **Conformité. Recours devant la Cour de cassation.** La Cour rappelle toutefois qu'il ressort du texte de l'article 2 du Protocole n° 7 que les États parties conservent la faculté de décider des modalités d'exercice du droit à réexamen et peuvent restreindre l'étendue de celui-ci ; dans nombre de ces États, ledit réexamen se trouve ainsi limité aux questions de droit. La Cour estime dès lors que la possibilité offerte au requérant de se pourvoir en cassation contre l'arrêt du 31 mars 1998 répondait aux exigences de l'article 2 du Protocole n° 7 à la Convention (■ CEDH, 30 mai 2000, n° 53183/99, *Loewenguth c/ France*. ■ CEDH, 22 juin 2000, n° 48203/99, *Deperrois c/ France*).

8) **Déchéance du pourvoi.** Si la Cour de cassation a rendu un arrêt constatant la déchéance, elle a procédé néanmoins à l'examen de la cause et n'a pu que tirer les conséquences du non-respect par le requérant des règles procédurales. (■ CEDH, 25 juill. 2002, n° 54210/00, *Papon c/ France*).

9) **Transaction.** En acceptant de transiger, le requérant a renoncé non seulement à son droit à un procès ordinaire, mais aussi à son droit de recours ordinaire. Cette conséquence de la transaction pénale, qui découle d'une disposition de droit interne clairement libellée (l'article 679-7, § 2), a été ou aurait dû être expliquée au requérant par ses avocats. La renonciation de l'intéressé à son droit de recours ordinaire ne constitue pas une restriction arbitraire contraire au principe analogue contenu dans l'article 2 du protocole n° 7, selon lequel toute limitation du droit de recours consacré par cette disposition doit revêtir un caractère raisonnable. L'acceptation par le requérant de la transaction pénale, qui a emporté renonciation de l'intéressé à son droit d'obtenir un examen ordinaire du bien-fondé de son affaire et à son droit de recours ordinaire, était incontestablement consciente et volontaire. Eu égard aux circonstances de l'affaire, on ne saurait dire que cette décision résultait d'une contrainte exercée par les autorités de poursuite ou de fausses promesses de leur part. Au contraire, elle a été prise dans des conditions offrant des garanties suffisantes contre d'éventuels abus de procédure. Au vu des éléments du dossier, la Cour n'est pas convaincue que la renonciation en question se heurtait à un intérêt public important. En conséquence, il n'y a eu violation ni de l'article 6, § 1 de la Convention ni de l'article 2 du protocole n° 7 (■ CEDH, 29 avr. 2014, n° 9043/05, *Natsvlishvili Et Togonidze c/ Géorgie*).

10) **Non-conformité. Contumace.** En vertu des articles 630 et 639 combinés du Code de procédure pénale, le requérant, d'une part, ne pouvait être défendu devant la cour d'assises par un avocat et ne l'a pas été, et, d'autre part, ne pouvait pas former de pourvoi en cassation puisqu'il était contumax. Il n'avait donc de réelle possibilité ni d'être défendu en première instance ni de faire examiner sa condamnation par une juridiction supérieure. Partant, il y a eu également violation de l'article 2 du Protocole n° 7 à la Convention (■ CEDH, 13 févr. 2001, n° 29731/96, *Krombach c/ France*).

Art. 3 ***(Mod. à compter du 1er novembre 1998, Prot. n° 11, 11 mai 1994, art. 2-7, a et ann. publié par D. n° 98-1055, 18 nov. 1998). – Droit d'indemnisation en cas d'erreur judiciaire.***

Lorsqu'une condamnation pénale définitive est ultérieurement annulée, ou lorsque la grâce est accordée, parce qu'un fait nouveau ou nouvellement révélé prouve qu'il s'est produit une erreur judiciaire, la personne qui a subi une peine en raison de cette condamnation est indemnisée, conformément à la loi ou à l'usage en vigueur dans l'État concerné, à moins qu'il ne soit prouvé que la non-révélation en temps utile du fait inconnu lui est imputable en tout ou en partie.

1) Compétence *ratione temporis*. L'article 3 du protocole n° 7 ne peut s'appliquer avant que la condamnation n'ait été infirmée (■ CEDH, 3 juill. 2008, n° 26601/02, *Matveïev c/ Russie*).

2) Indemnité conformément à la loi. Si cette disposition garantit le paiement d'une indemnité conformément à la loi ou à la pratique de l'État concerné, cela ne signifie pas qu'aucune indemnité ne doit être versée lorsque le droit ou la pratique internes ne le prévoient pas (■ CEDH, 12 juin 2012, n° 22999/06, *Poghosyan Et Baghdasaryan c/ Arménie*).

3) Objectif de l'article 3. Le but de l'article 3 du protocole n° 7 n'est pas simplement de couvrir toute perte financière causée par une condamnation à tort mais également de fournir à une personne condamnée à la suite d'une erreur judiciaire une réparation pour tout dommage moral subi, tel que le sentiment de détresse ou d'angoisse, les désagréments divers et la dégradation de la qualité de vie (■ CEDH, 12 juin 2012, n° 22999/06 *Poghosyan Et Baghdasaryan c/ Arménie*).

Art. 4 ***(Mod. à compter du 1er novembre 1998, Prot. n° 11, 11 mai 1994, art. 2-7, a et ann. publié par D. n° 98-1055, 18 nov. 1998). – Droit à ne pas être jugé ou puni deux fois.***

1. Nul ne peut être poursuivi ou puni pénalement par les juridictions du même État en raison d'une infraction pour laquelle il a déjà été acquitté ou condamné par un jugement définitif conformément à la loi et à la procédure pénale de cet État.

2. Les dispositions du paragraphe précédent n'empêchent pas la réouverture du procès, conformément à la loi et à la procédure pénale de l'État concerné, si des faits nouveaux ou nouvellement révélés ou un vice fondamental dans la procédure précédente sont de nature à affecter le jugement intervenu.

3. Aucune dérogation n'est autorisée au présent article au titre de l'article 15 de la Convention.

I – PROHIBITION DU CUMUL

A – Domaine de l'interdiction du cumul

1) Application. L'article 4 du Protocole n° 7 visait non pas seulement le cas d'une double condamnation, mais aussi celui des doubles poursuites et, dans le cas contraire, il n'aurait pas été nécessaire de mettre le terme « poursuivi » avant le terme « puni », car il ne pourrait qu'on constituer un doublon. Cette disposition s'applique même si l'individu concerné n'avait fait l'objet que de simples poursuites n'ayant pas abouti à une condamnation. Elle a souligné que l'article 4 du Protocole n° 7 renfermait trois garanties distinctes et disposait que nul ne pouvait être poursuivi, jugé ou puni deux fois pour les mêmes faits (■ CEDH, 10 févr. 2009, n° 14939/03, *Zolotoukhine c/ Russie* (GC)).

2) Inapplication. Poursuites dans deux États différents. L'article 4 du protocole n° 7 ne fait pas obstacle à ce qu'une personne soit poursuivie ou punie pénalement par les juridictions d'un État partie à la Convention en raison d'une infraction pour laquelle elle avait été acquittée ou condamnée par un jugement définitif dans un autre État partie. En résumé, les poursuites à l'encontre du requérant ayant été conduites par les juridictions de deux États différents, à savoir l'Allemagne et la France, l'article 4 du protocole n° 7 ne trouve pas à s'appliquer (■ CEDH, 20 févr. 2018, n° 67521/14, *Krombach c/ France*).

3) Accusation en matière pénale. Pour déterminer si une procédure est « pénale » pour les besoins de l'article 4 du Protocole n° 7, il faut appliquer les critères dits « *Engel* » (■ CEDH, *Engel et a. c/ Pays-Bas*, 8 juin 1976, § 82, série A n° 22) relatifs à la notion d'« accusation en matière pénale », au sens de l'article 6 paragraphe 1 de la Convention (■ CEDH, GC, 15 nov. 2016, nos 24130/11 et 29758/11, *A et B c/ Norvège*). Il s'agit des critères suivants : la qualification juridique de la mesure litigieuse en droit national, la nature même de celle-ci, et la nature et le degré de sévérité de la « sanction » (V., not., ■ CEDH, GC, *Kapetanios et a. c/ Grèce*, nos 3453/12 et 2 autres, § 52, 30 avril 2015, et *Escoubet c/ Belgique*, n° 26780/95, § 32, CEDH 1999-VII). Les deuxième et troisième critères sont alternatifs et non cumulatifs, mais cela n'empêche pas l'adoption d'une approche cumulative si l'analyse séparée de chaque critère ne permet pas d'aboutir à une conclusion claire quant à l'existence d'une « accusation en matière pénale » (V., par ex., ■ CEDH, *Kapetanios et a.* préc., *ibid.*) (■ CEDH, 25 juin 2020, nos 52273/16 et 4 autres, *Ghoumid et a. c/ France*).

4) Lien entre article 4 protocole et autres articles CSDH. Lorsque la Cour a déjà constaté que la procédure en question ne concernait pas le bien-fondé d'une « accusation en matière pénale » au sens de l'article 6 de la Convention, elle considère en principe que le requérant n'a pas été « poursuivi ou puni pénalement » au sens de l'article 4 du Protocole n° 7 et que cette disposition n'est pas davantage applicable (■ CEDH, 6 janv. 2011, n° 34932/04, *Paksas c/ Lituanie*). Pour une approche similaire concernant la non-applicabilité de l'article 4 du Protocole n° 7 à la lumière d'une conclusion antérieure de non-applicabilité de l'article 7 (■ CEDH, 19 janv. 2021, nos 45431/14 et 22769/15, *Timofeyev et Postupkin c/ Russie*).

Le requérant ne se trouvait pas non plus « accusé d'une infraction » au sens de l'article 6, § 2 de la Convention dans le cadre de ces procédures, ni « condamné » ou « poursuivi ou puni pénalement » au sens de l'article 4, § 1 du protocole n° 7, et que lesdites procédures n'ont pas abouti à sa « condamnation » ou à l'infliction d'une « peine » au sens de l'article 7 de la Convention. Ces dispositions ne sont donc pas davantage applicables en l'espèce (▪ CEDH, 6 janv. 2011, n° 34932/04, *Paksas c/ Lituanie*).

5) Punition. La déchéance de nationalité prévue par l'article 25 du Code civil n'est pas une punition pénale, au sens de l'article 4 du Protocole n° 7 qui n'est donc pas applicable en l'espèce (▪ CEDH, 25 juin 2020, n°s 52273/16 et 4 autres, *Ghoumid et a. c/ France*).

B – Conditions de l'interdiction du cumul

6) *Non bis.* a. Décision définitive. La garantie offerte par l'article 4 du protocole n° 7 entre en jeu lorsque de nouvelles poursuites sont engagées et que la décision antérieure d'acquittement ou de condamnation est déjà passée en force de chose jugée (▪ CEDH, 10 févr. 2009, n°s 14939/03 et 48203/99, *Zolotoukhine c/ Russie* (GC). ▪ CEDH, 4 mars 2014, n°s 18640/10, 18647/10, 18663/10, 18668/10 et 18698/10, *Grande Stevens et a. c/ Italie*).

La requérante avait été jugée à nouveau pour une infraction fiscale pour laquelle elle avait déjà été acquittée par un jugement définitif : violation de l'article 4 du Protocole n° 7 (▪ CEDH, 27 nov. 2014, n° 7356/10, *Lucky Dev c/ Suède*). À partir du moment où le jugement d'acquittement dans la procédure pénale initiale a obtenu l'autorité de la chose jugée en 1997, le premier requérant devait être considéré comme ayant été « déjà acquitté par un jugement définitif » au sens de l'article 4 du Protocole n° 7 (▪ CEDH, 9 mai 2016, n°s 66602/09 et 71879/12, *Sismanidis et Sitaridis c/ Grèce*).

b. Internement. Une décision est définitive si elle est passée en force de chose jugée. Tel est le cas lorsqu'elle est irrévocable, c'est-à-dire lorsqu'elle n'est pas susceptible de voies de recours ordinaires. Le jugement confirmant l'internement psychiatrique provisoire ne peut pas être assimilé à un acquittement au sens de l'article 4 du Protocole n° 7, mais il a trait à une mesure à caractère préventif n'impliquant aucun examen ou constat de la culpabilité du requérant (▪ CEDH, 15 mars 2005, n° 70982/01, *Horciag c/ Roumanie*).

c. Révision en cas de trouble mental non détecté. D'après le second paragraphe de l'article 4 du protocole n° 7 à la Convention, le premier paragraphe du même article n'empêche pas la réouverture du procès, conformément à la loi et à la procédure pénale de l'État concerné, si des faits nouveaux ou nouvellement révélés ou un vice fondamental dans la procédure précédente sont de nature à affecter le jugement intervenu. En l'espèce, les autorités internes ont considéré l'établissement nouveau de l'état mental du requérant comme un fait nouvellement révélé et ont, sur la base de celui-ci, procédé à la modification du jugement initial par l'application par analogie des règles sur la révision (▪ CEDH, 9 janv. 2018, n° 43977/13, *Kadusic c/ Suisse*).

7) *Idem.* a. « Concours idéal d'infractions » : non-violation de l'article 4. Il s'agit là d'un cas typique de concours idéal d'infractions, caractérisé par la circonstance qu'un fait pénal unique se décompose en deux infractions distinctes, en l'occurrence l'absence de maîtrise du véhicule et le fait de provoquer par négligence des lésions corporelles ; en pareil cas, la peine la plus lourde absorbe le plus souvent la plus légère. Il n'y a là rien qui contrevienne à l'article 4 du Protocole n° 7, dès lors que celui-ci prohibe de juger deux fois une même infraction, alors que dans le concours idéal d'infractions, un même fait pénal s'analyse en deux infractions distinctes (▪ CEDH, 30 juill. 1998, n° 84/1997/868/1080, *Oliveira c/ Suisse*).

La Cour estime qu'en l'espèce une même juridiction pénale a jugé la même personne pour les mêmes faits délictueux, à savoir un trafic de stupéfiants importés en contrebande. Autrement dit, comme dans l'affaire Oliveira susmentionnée, un fait pénal unique se décompose ici en deux infractions distinctes : un délit pénal général et un délit douanier. Une condamnation pour une infraction pénale et un délit douanier concernant les mêmes faits (importation, acquisition, détention et transport de stupéfiants), assortie d'une contrainte par corps, ne constitue pas une violation de l'article 4 du Protocole n° 7 à la Convention. On peut admettre qu'il s'agit là aussi, comme dans l'affaire précitée, d'un concours idéal de qualifications, et ce précédent devrait être transposé *a fortiori* (car, dans Oliveira, il y avait eu condamnation par deux juridictions : la Cour l'avait regretté, au nom de la bonne administration de la justice, mais avait cependant conclu à la non-violation) (▪ CEDH, 2 juill. 2002, n° 33402/96, *Göktan c/ France*).

Une même juridiction pénale a jugé une même personne pour les mêmes faits délictueux, à savoir l'exploitation d'appareils de jeu interdits sur la voie ou dans un lieu public. Autrement dit, comme dans les affaires Oliveira et Göktan précitées, un fait unique a donné lieu à plusieurs infractions distinctes : un délit pénal général (sanctionné par une peine d'emprisonnement de six mois avec sursis) et divers délits fiscaux et douaniers (sanctionnés par des amendes, pénalités, confiscation des recettes et des appareils, et paiement de l'impôt dû). L'on peut donc admettre qu'il s'agit, comme dans les affaires Oliveira et Göktan précitées, d'un concours idéal de qualifications. En l'espèce, compte tenu de la jurisprudence Oliveira et Göktan, elle ne relève aucune apparence de violation de l'article 4 du Protocole n° 7 à la Convention (▪ CEDH, 24 juin 2003, n° 61178/00, *Gauthier c/ France* (déc.)).

La condamnation à une amende fiscale par l'administration fiscale et à une sanction pénale par une juridiction pénale ne violait pas la règle *non bis in idem* édictée par l'article 4 du Protocole n° 7. En d'autres termes, les articles 1741 et 1728 du Code général des impôts n'ont pas trait à la même infraction, de sorte qu'aucune question ne saurait se poser en l'espèce sous l'angle de l'article 4 du Protocole n° 7 (▪ CEDH, 14 sept. 1999, n°s 36855/97 et 41731/98, *Ponsetti et Chesnel c/ France*).

b. Même comportement : violation de l'article 4. La Cour n'ignore pas que les dispositions en cause se distinguent non seulement sur le plan de l'appellation des infractions mais aussi sur celui, plus fondamental, de leur nature et de leur but. Elle relève en outre que l'infraction punie par l'article 5 du Code de la route ne représente qu'un aspect du délit sanctionné par l'article 81 § 2 du Code pénal. Néanmoins, les deux décisions litigieuses se fondent sur le même comportement. Partant, il y a eu violation de l'article 4 du Protocole n° 7 (P7-4) (▪ CEDH, 23 oct. 1995, n° 15963/90, *Gradinger c/ Autriche*).

Le requérant avait été jugé et sanctionné par deux fois sur la base d'un seul acte, puisque l'infraction administrative de conduite en état d'ivresse et les circonstances aggravantes appliquées en vertu du Code pénal ne différaient pas dans leurs éléments essentiels (▪ CEDH, 29 mai 2001, n° 37950/97, *Franz Fischer c/ Autriche*. ▪ CEDH, 8 avr. 2003, (déc.), n° 41265/98, *Manasson c/ Suède*. ▪ CEDH, 2 sept. 2004, (déc.), n° 77413/01, *Bachmaier c/ Autriche*. ▪ CEDH, 14 sept. 2004, (déc.), n° 60619/00, *Rosenquist c/ Suède*. ▪ CEDH, 19 oct. 2006, (déc.), n° 4483/02, *Aşcı c/ Autriche*. ▪ CEDH, 7 déc. 2006, (déc.), n° 37301/03, *Hauser-Sporn c/ Autriche*. ▪ CEDH, 26 juill. 2007, (déc.), n° 18015/03, *Schutte c/ Autriche*. ▪ CEDH, 4 mars 2008, (déc.), n° 2529/04, *Garetta c/ France*).

c. Faits « en substance » les mêmes. L'article 4 du Protocole n° 7 doit être compris comme interdisant de poursuivre ou de juger une personne pour une seconde infraction pour autant que celle-ci a pour origine des faits identiques ou des faits qui sont « en substance » les mêmes que ceux ayant donné lieu à la première infraction. La Cour estime que les poursuites engagées contre le requérant en application de l'article 213 § 2 *b)* du Code pénal concernaient essentiellement la même infraction que celle pour laquelle l'intéressé avait déjà été condamné par une décision définitive en vertu de l'article 158 du Code des infractions administratives (▪ CEDH, 10 févr. 2009, n° 14939/03, *Zolotoukhine c/ Russie* (GC)). Le point de savoir si les infractions en question sont les mêmes (*idem*) dépend d'une analyse axée sur les faits plutôt que par exemple d'un examen formel consistant à comparer les « éléments essentiels » des infractions. L'interdiction vise l'inculpation ou le jugement pour une seconde « infraction » pour autant que celle-ci a pour origine des faits identiques ou des faits qui sont en substance les mêmes (▪ CEDH, 15 nov. 2016, n°s 24130/11 et 29758/11, *A et B c/ Norvège*). La circonstance que la qualification juridique des charges portées contre le requérant dans les deux procédures puisse sembler similaire ne signifie pas qu'il s'agissait de la même infraction ou que les chefs d'accusation se fondaient sur les mêmes faits (▪ CEDH, 5 oct. 2006, n° 45106/04, *Marcello Viola c/ Iatlie*. – V., *mutatis mutandis*, ▪ CEDH, 2 sept. 2004, n° 27549/02, *Jerinò c/ Italie*).

Poursuites pénales et extra-pénales. Les nouvelles poursuites concernaient une seconde « infraction » ayant pour origine des faits identiques à ceux qui avaient fait l'objet de la première condamnation définitive. Ce constat suffit pour conclure à la violation de l'article 4 du Protocole n° 7 (▪ CEDH, 4 mars 2014, n°s 18640/10, 18647/10, 18663/10, 18668/10 et 18698/10, *Grande Stevens et a. c/ Italie*. ▪ CEDH, 30 avr. 2015, n°s 3453/12, 42941/12 et 9028/13, *Kapetanios et a. c/ Grèce*. ▪ CEDH, 9 mai 2016, n°s 66602/09 et 71879/12, *Sismanidis et Sitaridis c/ Grèce*).

Les faits à l'origine des deux procédures dirigées contre le requérant étaient essentiellement les mêmes, à savoir l'usage d'un carburant moins lourdement taxé que le diesel, la seule différence étant la notion d'intention dans la première. En bref, la seconde sanction a été prononcée pour des faits identiques à la première ; il y a donc eu répétition de procédures (▪ CEDH, 16 juin 2009, n° 13079/03, *Ruotsalainen c/ Finlande*). V. encore : ▪ CEDH, 14 janv. 2010, n° 2376/03, *Tsonyo Tsonev c/ Bulgarie (n° 2)*. ▪ CEDH, 18 oct. 2011, n° 53785/09, *Tomasović c/ Croatie*. ▪ CEDH, 12 déc. 2013, n° 20383/04, *Khmel c/ Russie*. ▪ CEDH, 14 janv. 2014, n° 32042/11, *Muslija c/ Bosnie-Herzégovine*. ▪ CEDH, 1er mars 2016, n° 50124/13, *Milenković c/ Serbie*. ▪ CEDH, 16 juin 2016, n° 44396/05, *Igor Tarasov c/ Ukraine*.

Poursuites correctionnelles puis criminelles. Il apparaît que non seulement les trois arrêts de mise en accusation rendus en 2001 ignorent de nombreux éléments factuels évoqués dans le cadre de la procédure correctionnelle, mais surtout qu'ils visent des comportements et s'appuient sur des faits qui ne furent pas évoqués durant la première procédure. La Cour en conclut que le requérant n'a pas été poursuivi ou condamné dans le cadre de la procédure criminelle pour des faits qui auraient été en substance les mêmes que ceux ayant fait l'objet de la condamnation correctionnelle définitive (■ CEDH, 19 déc. 2017, n° 78477/11, *Ramda c/ France*). V. encore ■ CEDH, 13 juin 2017, n° 41788/11, *Simkus c/ Lituanie*.

C – Portée de l'interdiction du cumul

8) En cas d'atteinte au principe *non bis in idem*, les secondes poursuites doivent être arrêtées et les secondes sanctions prononcées doivent être « annulées » (■ CEDH, 27 nov. 2014, n° 7356/10, *Lucky Dev c/ Suède*).

II – ADMISSION DU CUMUL

A – Lien matériel et temporel entre les procédures

1° *Existence d'un lien*

9) Il existe entre les procédures administrative et pénale un lien matériel et temporel suffisamment étroit pour qu'elles soient considérées comme deux aspects d'un système unique et qu'il n'y ait donc pas dualité de procédure au sens de l'article 4 § 1 du Protocole n° 7 à la Convention. Partant, on ne saurait déduire du retrait litigieux d'un permis de conduire que l'intéressé a été poursuivi ou puni en raison d'une infraction pour laquelle il avait déjà été condamné par un jugement définitif au mépris de l'article 4 § 1 du Protocole n° 7 à la Convention (■ CEDH, 4 oct. 2016, n° 21563/12, *Rivard c/ Suisse* : *Dr. pén.* 2016, comm. 181, obs. V. Peltier). Si des sanctions différentes ont été imposées par deux autorités différentes lors de procédures différentes, il existait néanmoins entre celles-ci un lien, tant matériel que temporel, suffisamment étroit pour les considérer comme s'inscrivant dans le mécanisme intégré de sanctions prévu par le droit norvégien dans le cas où une omission d'informations sur certains revenus dans une déclaration fiscale conduit à une erreur dans l'assiette de l'impôt (■ CEDH, 15 nov. 2016, n°s 24130/11 et 29758/11, *A et B c/ Norvège* : *Dr. pén.* 2017, comm. 14, obs. V. Peltier. – V. aussi ■ CEDH, 17 févr. 2015, n° 41604/11, *Boman c/ Finlande*, uniquement en anglais). Si les sanctions en cause avaient été infligées par deux autorités différentes dans des procédures distinctes, il existait néanmoins un lien suffisamment étroit entre elles, que ce soit en substance ou dans le temps, pour considérer que le retrait faisait partie des sanctions prévues par le droit suédois pour les infractions de conduite en état d'ivresse aggravée et de conduite illégale. Le retrait du permis de l'intéressé ne signifiait donc pas que celui-ci avait été jugé ou puni une nouvelle fois pour une infraction pour laquelle il avait déjà fait l'objet d'une condamnation définitive (■ CEDH, 13 déc. 2005, n° 73661/01, (déc.), *Nilsson c/ Suède*). La responsabilité des requérants avait donc été examinée par des autorités et juridictions différentes dans le cadre de procédures largement indépendantes les unes des autres. Le requérant fut reconnu coupable, au titre de la loi de protection contre la violence domestique, de plusieurs infractions mineures de violence domestique qu'il avait commises à l'encontre de sa femme et de ses enfants pendant plusieurs années, en particulier de deux incidents, survenus respectivement en janvier 2008 et le 3 novembre 2008. Par la suite, il fut reconnu coupable de plusieurs chefs de violence domestique au sens du Code pénal concernant des événements survenus entre février 2005 et le 3 novembre 2008. Il fit appel de cette décision, mais fut débouté de son recours. Les procédures et les peines en cause formaient un ensemble cohérent et proportionné, qui a permis de sanctionner de manière effective, proportionnée et dissuasive tant les différents actes commis par le requérant dans leur individualité que son comportement dans son ensemble (■ CEDH, 31 août 2021, n° 45512/11, *Galović c/ Croatie*).

2° *Absence de lien*

10) La Cour a rappelé que, si l'article 4 du Protocole n° 7 n'exclut pas la conduite de procédures administratives et pénales parallèles pour les mêmes faits, l'une et l'autre doivent être unies par un lien matériel et temporel suffisant pour qu'il n'y ait pas répétition. En l'espèce, la Cour a estimé qu'il n'y avait pas de lien matériel et temporel suffisant entre les deux procédures pour exclure la répétition (■ CEDH, 18 mai 2017, n° 22007/11, *Johannesson et a. c/ Islande*). La Cour estime tout d'abord qu'il n'existait pas de lien matériel suffisamment étroit, compte tenu de l'identité des buts visés par les procédures devant l'Autorité des marchés financiers et les juridictions pénales et, dans une certaine mesure, d'une répétition dans le recueil des éléments de preuve par différents services d'enquête. Ensuite, et surtout, elle relève également l'absence d'un lien temporel suffisamment étroit pour considérer les procédures comme s'inscrivant dans le mécanisme intégré de sanctions prévu par le droit français. Partant, le requérant a subi un préjudice disproportionné en conséquence de la double poursuite et de la double condamnation, par la commission des sanctions de l'Autorité des marchés financiers et les juridictions pénales, pour les mêmes faits (■ CEDH, 6 juin 2019, n° 47342/14, *Nodet c/ France* : *Dr. pén.* 2019, comm. 177, obs. V. Peltier). V. aussi ■ CEDH, 20 mai 2014, n° 758/11, *Häkkä c/ Finlande*. ■ CEDH, 20 mai 2014, n° 11828/11, *Nykänen c/ Finlande*. ■ CEDH, 20 mai 2014, n° 37394/11, *Glantz c/ Finlande*. ■ CEDH, 27 nov. 2014, n° 7356/10, *Lucky Dev c/ Suède*. ■ CEDH, 27 janv. 2015, n° 17039/13, *Rinas c/ Finlande*. ■ CEDH, 10 févr. 2015, n° 53197/13, *Österlund c/ Finlande*. ■ CEDH, 10 févr. 2015, n° 53753/12, *Kiiveri c/ Finlande*.

B – Lien substantiel

11) Les procédures entretenant un lien substantiel entre elles sont conduites par des autorités appartenant à différents ordres juridictionnels (▪ CEDH, 20 mai 2014, n° 37394/11, *Glantz c/ Finlande*. ▪ CEDH, 20 mai 2014, n° 758/11, *Häkkä c/ Finlande*. ▪ CEDH, 20 mai 2014, n° 11828/11, *Nykänen c/ Finlande*. ▪ CEDH, 20 mai 2014, n° 35232/11, *Piirttimäki c/ Finlande*. ▪ CEDH, 4 oct. 2016, n° 21563/12, *Rivard c/ Suisse*. ▪ CEDH, 15 nov. 2016, n°s 24130/11 et 29758/11, *A et B c/ Norvège*).

III – LES RÉSERVES AU PROTOCOLE

A – Réserve italienne

12) La Cour relève l'absence dans la réserve en question d'un « bref exposé » de la loi ou des lois prétendument incompatibles avec l'article 4 du Protocole n° 7. On peut déduire du libellé de la réserve que l'Italie a entendu exclure du champ d'application de cette disposition toutes les infractions et les procédures qui ne sont pas qualifiées de « pénales » par la loi italienne. Il n'empêche qu'une réserve qui n'invoque ni ne mentionne les dispositions spécifiques de l'ordre juridique italien excluant des infractions ou des procédures du champ d'application de l'article 4 du Protocole n° 7, n'offre pas à un degré suffisant la garantie qu'elle ne va pas au-delà des dispositions explicitement écartées par l'État contractant (V. *mutatis mutandis*, *Chorherr c/ Autriche*, 25 août 1993, § 20, série A, n° 266 B ; *Gradinger c/ Autriche*, 23 oct. 1995, § 51, série A, n° 328 C et *Eisenstecken*, préc., § 29 ; V. également, *a contrario*, *Kozlova et Smirnova c/ Lettonie* (déc.), n° 57381/00, CEDH 2001-XI). À cet égard, la Cour rappelle que même des difficultés pratiques importantes dans l'indication et la description de toutes les dispositions concernées par la réserve ne sauraient justifier le non-respect des conditions édictées à l'article 57 de la Convention (*Liepājnieks*, décision préc., § 54). Par conséquent, la réserve invoquée par l'Italie ne satisfait pas aux exigences de l'article 57 § 2 de la Convention (▪ CEDH, 4 mars 2014, n°s 18640/10, 18647/10, 18663/10, 18668/10 et 18698/10, *Grande Stevens et a. c/ Italie*).

B – Réserve française

13) Signalons que les réserves formulées par l'Autriche et l'Italie ont été jugées non valables parce qu'elles n'étaient pas accompagnées d'un bref exposé de la loi en cause comme le veut l'article 57 § 2 (V., respectivement, *Gradinger c/ Autriche*, 23 oct. 1995, § 51, série A n° 328-C, et *Grande Stevens*, préc., §§ 204-211), contrairement à la réserve émise par la France (▪ CEDH, *Göktan c/ France*, n° 33402/96, § 51, CEDH 2002-V) (▪ CEDH, 15 nov. 2016, n°s 24130/11 et 29758/11, *A et B c/ Norvège*, préc.). Bien que le Gouvernement n'en ait pas excipé dans la présente affaire, la France avait émis une réserve, lors de la ratification du Protocole n° 7, suivant laquelle elle n'acceptait l'article 4 que pour les affaires relevant de la compétence des tribunaux statuant en matière pénale ; or, comme la Cour l'a admis dans l'arrêt Jamil précité, l'amende douanière a un caractère mixte, qui pourrait la faire entrer dans le champ d'application de la réserve. La Cour ne saurait toutefois se fonder sur celle-ci, puisqu'elle n'a pas été soulevée, et qu'au surplus c'est bien un tribunal correctionnel qui a infligé cette amende (▪ CEDH, 2 juill. 2002, n° 33402/96, *Göktan c/ France*). V. aussi ▪ Cass. crim., 1er avr. 2020, n° 18-85.958 : *JurisData* n° 2020-006449 ; *Dr. pén.* 2020, comm. 126, obs. V. Peltier. ▪ Cass. crim., 1er avr. 2020, n° 18-85958 : *Dr. pén.* 2020, comm. 126, obs. V. Peltier. ▪ Cass. crim., 11 sept. 2019, n° 18-81.067 : *JurisData* n° 2019-015446 ; à paraître au *Bull.* ▪ Cass. crim., 11 sept. 2019, n° 18-82.430 : *JurisData* n° 2019-015450 ; à paraître au *Bull.* : *Dr. pén.* 2019, comm. 193, obs. V. Peltier.

C – Réserve autrichienne

14) La Cour relève d'emblée l'absence d'un « bref exposé » de la loi qui ne serait pas conforme aux articles 3 et 4 du Protocole n° 7 (P7-3, P7-4). Certes, on peut déduire du libellé de la « déclaration » que l'Autriche a entendu exclure l'application des articles 3 et 4 (P7-3, P7-4) à toutes les procédures qui ne seraient pas « pénales dans le sens du Code pénal autrichien » ; le Gouvernement le souligne à juste titre. Il n'empêche que munie d'une telle désignation, non exhaustive, la « déclaration » n'offre pas à un degré suffisant « la garantie [qu'elle] ne va pas au-delà des dispositions explicitement écartées » par l'Autriche (V. en dernier lieu, l'arrêt Chorherr préc., p. 34, § 20). Par conséquent, elle méconnaît l'article 64 § 2 (art. 64-2). Cette conclusion suffit à fonder l'invalidité de la « déclaration », sans qu'il s'impose de se pencher de surcroît sur le respect des autres conditions formulées par l'article 64 (art. 64) (▪ CEDH, 23 oct. 1995, n° 15963/90, *Gradinger c/ Autriche*).

Pour un exposé de la jurisprudence constitutionnelle : ▪ Cons. const., 18 mars 2015, n°s 2014-453/454 QPC et 2015-462 QPC : *JurisData* n° 2015-005120 ; *JCP G* 2015, 368, obs. F. Sudre ; *JCP G* 2015, 369, obs. J.-H. Robert ; *Dr. pén.* 2015, comm. 79 ; *Rev. pénit.* 2015, p. 419 s. ▪ Cons. const., 24 juin 2016, n°s 2016-545 QPC et 2015-546 QPC. V. aussi ▪ Cons. const., 22 juill. 2016, n° 2016-556 QPC. ▪ Cons. const., 23 nov. 2018, n° 2018-745 QPC. ▪ Cass. crim., 24 juin 2020, n° 19-81134 : *Dr. pén.* 2020, comm. 165, obs. V. Peltier. ▪ Cass. crim., 1er avr. 2020, n° 18-85958 ; *Dr. pén.* 2020, comm. 126, obs. V. Peltier. ▪ Cass. crim., 29 janv. 2020, n° 17-83577 :

Dr. pén. 2020, comm. 90, obs. V. Peltier. ▪ Cass. crim., 11 sept. 2019, n° 18-82.430 : *JurisData* n° 2019-015450 ; à paraître au *Bull.* ; *Dr. pén.* 2019, comm. 193, obs. V. Peltier. ▪ Cass. crim., 11 sept. 2019, n° 18-84.144 : *JurisData* n° 2019-015453 ; à paraître au *Bull.* ▪ Cass. crim., 11 sept. 2019, n° 18-81.040 : *JurisData* n° 2019-015451, à paraître au *Bull.* – ▪ Cass. crim., 11 sept. 2019, n° 18-81.067 : *JurisData* n° 2019- 015446 ; à paraître au *Bull.* ; *Dr. pén.* 2019, comm. 186 et 187, obs. J.-H. Robert.

IV – RÉOUVERTURE DU PROCÈS

15) Justification de la réouverture. Tant le fait de ne pas avoir enquêté sur les motifs de haine à l'origine de l'agression violente en cause que le fait de ne pas avoir pris en considération ces motifs dans la fixation de la peine de l'agresseur s'analysaient en des « vices fondamentaux » dans la procédure au sens de l'article 4 § 2 du Protocole n° 7, ce qui permettait la réouverture de cette procédure au détriment de l'accusé. Dans ces conditions, le principe *ne bis in idem* ne saurait constituer un obstacle *de jure* au réexamen de l'affaire dans le respect des normes de la Convention (▪ CEDH, 14 janv. 2021, n° 50231/13, *Sabalić c/ Croatie*).

16) Recours en révision. Le recours en révision d'une décision de relaxe peut être considéré comme une tentative de réouverture du procès, autorisée en vertu du deuxième paragraphe de l'article 4 du Protocole n° 7 et non comme un « deuxième procès » avorté : non-violation de l'article 4 du Protocole n° 7 (▪ CEDH, 20 juill. 2004, n° 50178/99, *Nikitine c/ Russie*). D'après le second paragraphe de l'article 4 du protocole n° 7 à la Convention, le premier paragraphe du même article n'empêche pas la réouverture du procès, conformément à la loi et à la procédure pénale de l'État concerné, si des faits nouveaux ou nouvellement révélés ou un vice fondamental dans la procédure précédente sont de nature à affecter le jugement intervenu. S'agissant du cas d'espèce, les autorités internes ont considéré l'établissement nouveau de l'état mental du requérant comme un fait nouvellement révélé et ont, sur la base de celui-ci, procédé à la modification du jugement initial par l'application par analogie des règles sur la révision (article 65, § 2 du Code pénal). La Cour constate que le requérant n'indique pas en quoi la réouverture du procès ne serait pas intervenue « conformément à la loi et à la procédure pénale de l'État concerné ». Aucun indice dans ce sens ne découle par ailleurs du dossier disponible à la Cour. Compte tenu de ce qui précède, il n'y a pas eu violation de l'article 4 du protocole n° 7 à la Convention (▪ CEDH, 9 janv. 2018, n° 43977/13, *Kadusic c/ Suisse*).

17) Non-lieu. Le requérant ne saurait se prévaloir d'une ordonnance de non-lieu pour alléguer la clôture définitive des poursuites, car, étant susceptible d'être infirmée par le procureur hiérarchiquement supérieur, elle n'a pas force de chose jugée. Dès lors, en raison de l'absence d'une décision définitive clôturant irrévocablement les poursuites pénales, la Cour estime que leur reprise ne constitue que la continuation des poursuites initiales. Le requérant ne saurait donc prétendre que, contrairement à l'article 4 du Protocole n° 7, il a été poursuivi deux fois en raison d'une infraction pour laquelle il aurait déjà été acquitté par une décision définitive (▪ CEDH, 15 mars 2005, n° 70982/01, *Horciag c/ Roumanie*).

18) Amnistie. À supposer que les amnisties soient possibles lorsqu'elles s'accompagnent de circonstances particulières telles qu'un processus de réconciliation et/ou une forme de réparation pour les victimes, l'amnistie octroyée au requérant en l'espèce n'en resterait pas moins inacceptable puisque rien n'indique la présence de telles circonstances en l'espèce. La Cour estime qu'en dressant un nouvel acte d'accusation contre le requérant et en le condamnant pour crimes de guerre contre la population civile, les autorités croates ont agi dans le respect tant des obligations découlant des articles 2 et 3 de la Convention que des exigences et recommandations figurant dans les mécanismes et instruments internationaux susmentionnés. Eu égard à ce qui précède, la Cour conclut que l'article 4 du Protocole n° 7 à la Convention ne trouve donc pas à s'appliquer aux circonstances de l'espèce (▪ CEDH, 27 mai 2014, n° 4455/10, *Margus c/ Croatie*).

Art. 5 ***(Mod. à compter du 1er novembre 1998, Prot. n° 11, 11 mai 1994, art. 2-7, a et ann. publié par D. n° 98-1055, 18 nov. 1998). – Égalité entre époux.***

Les époux jouissent de l'égalité de droits et de responsabilités de caractère civil entre eux et dans leurs relations avec leurs enfants au regard du mariage, durant le mariage et lors de sa dissolution. Le présent article n'empêche pas les États de prendre les mesures nécessaires dans l'intérêt des enfants.

Art. 6 ***(Mod. à compter du 1er novembre 1998, Prot. n° 11, 11 mai 1994, art. 2-7, a et ann. publié par D. n° 98-1055, 18 nov. 1998). – Application territoriale.***

1. Tout État peut, au moment de la signature ou au moment du dépôt de son instrument de ratification, d'acceptation ou d'approbation, désigner le ou les territoires auxquels s'appliquera le présent protocole, en indiquant la mesure dans laquelle il s'engage à ce que les dispositions du présent protocole s'appliquent à ce ou ces territoires.

2. Tout État peut, à tout autre moment par la suite, par une déclaration adressée au secrétaire général du Conseil de l'Europe, étendre l'application du présent Protocole à tout autre territoire désigné dans la déclaration. Le Protocole entrera en vigueur à l'égard de ce territoire le premier jour du mois qui suit l'expiration d'une période de deux mois après la date de réception de la déclaration par le secrétaire général.

3. Toute déclaration faite en vertu des deux paragraphes précédents pourra être retirée ou modifiée en ce qui concerne tout territoire désigné dans cette déclaration, par notification adressée au secrétaire général. Le retrait ou la modification prendra effet le premier jour du mois qui suit l'expiration d'une période de deux mois après la date de réception de la notification par le Secrétaire général.

4. Une déclaration faite conformément au présent article sera considérée comme ayant été faite conformément au paragraphe 1 de l'article 56 de la Convention.

5. Le territoire de tout État auquel le présent protocole s'applique en vertu de sa ratification, de son acceptation ou de son approbation par ledit État, et chacun des territoires auxquels le Protocole s'applique en vertu d'une déclaration souscrite par ledit État conformément au présent article, peuvent être considérés comme des territoires distincts aux fins de la référence au territoire d'un État faite par l'article 1er.

6. Tout État ayant fait une déclaration conformément au paragraphe 1 ou 2 du présent article peut, à tout moment par la suite, déclarer relativement à un ou plusieurs des territoires visés dans cette déclaration qu'il accepte la compétence de la Cour pour connaître des requêtes de personnes physiques, d'organisations non gouvernementales ou de groupes de particuliers, comme le prévoit l'article 34 de la Convention, au titre des articles 1er à 5 du présent Protocole.

Art. 7 *(Mod. à compter du 1er novembre 1998, Prot. n° 11, 11 mai 1994, art. 2-7, a et ann. publié par D. n° 98-1055, 18 nov. 1998). – Relations avec la Convention.*

Les États Parties considèrent les articles 1 à 6 du présent protocole comme des articles additionnels à la Convention et toutes les dispositions de la Convention s'appliquent en conséquence.

Art. 8 *(Mod. à compter du 1er novembre 1998, Prot. n° 11, 11 mai 1994, art. 2-7, a et ann. publié par D. n° 98-1055, 18 nov. 1998). – Signature et ratification.*

Le présent protocole est ouvert à la signature des États membres du Conseil de l'Europe qui ont signé la Convention. Il sera soumis à ratification, acceptation ou approbation. Un État membre du Conseil de l'Europe ne peut ratifier, accepter ou approuver le présent protocole sans avoir simultanément ou antérieurement ratifié la Convention. Les instruments de ratification, d'acceptation ou d'approbation seront déposés près le Secrétaire général du Conseil de l'Europe.

Art. 9 *(Mod. à compter du 1er novembre 1998, Prot. n° 11, 11 mai 1994, art. 2-7, a et ann. publié par D. n° 98-1055, 18 nov. 1998). – Entrée en vigueur.*

1. Le présent protocole entrera en vigueur le premier jour du mois qui suit l'expiration d'une période de deux mois après la date à laquelle sept États membres du Conseil de l'Europe auront exprimé leur consentement à être liés par le Protocole, conformément aux dispositions de l'article 8.

2. Pour tout État membre qui exprimera ultérieurement son consentement à être lié par le Protocole, celui-ci entrera en vigueur le premier jour du mois qui suit l'expiration d'une période de deux mois après la date du dépôt de l'instrument de ratification, d'acceptation ou d'approbation.

Art. 10 *(Mod. à compter du 1er novembre 1998, Prot. n° 11, 11 mai 1994, art. 2-7, a et ann. publié par D. n° 98-1055, 18 nov. 1998). – Fonctions du dépositaire.*

Le Secrétaire général du Conseil de l'Europe notifiera à tous les États membres du Conseil de l'Europe :

a) Toute signature ;

b) Le dépôt de tout instrument de ratification, d'acceptation ou d'approbation ;

c) Toute date d'entrée en vigueur du présent protocole, conformément à ses articles 6 et 9 ;

d) Tout autre acte, notification ou déclaration ayant trait au présent protocole.

En foi de quoi, les soussignés, dûment autorisés à cet effet, ont signé le présent protocole.

Fait à Strasbourg, le 22 novembre 1984, en français et en anglais, les deux textes faisant également foi, en un seul exemplaire qui sera déposé dans les archives du Conseil de l'Europe. Le Secrétaire général du Conseil de l'Europe en communiquera copie certifiée conforme à chacun des États membres du Conseil de l'Europe.

Déclarations et réserves accompagnant l'instrument de ratification

Le Gouvernement de la République française déclare qu'au sens de l'article 2, paragraphe 1, l'examen par une juridiction supérieure peut se limiter à un contrôle de l'application de la loi, tel que le recours en cassation.

Le Gouvernement de la République française déclare que seules les infractions relevant en droit français de la compétence des tribunaux statuant en matière pénale doivent être regardées comme des infractions au sens des articles 2 à 4 du présent protocole.

Le Gouvernement de la République française déclare que l'article 5 ne doit pas faire obstacle à l'application des règles de l'ordre juridique français concernant la transmission du nom « patronymique ».

L'article 5 ne doit pas faire obstacle à l'application de dispositions du droit local dans la collectivité territoriale de Mayotte et les territoires de Nouvelle-Calédonie et des îles Wallis-et-Futuna.

Le Protocole n° 7 à la Convention de sauvegarde des droits de l'Homme et des libertés fondamentales s'appliquera à l'ensemble du territoire de la République, compte tenu, en ce qui concerne les territoires d'outre-mer et la collectivité territoriale de Mayotte, des nécessités locales auxquelles l'article 63 de la Convention européenne des droits de l'Homme et des libertés fondamentales fait référence.

Déclaration d'acceptation du droit de recours individuel et de reconnaissance de la juridiction obligatoire de la Cour, faite en application de l'article 7 du protocole n° 7 à la Convention de sauvegarde des droits de l'Homme et des libertés fondamentales

(Publiée D. n° 89-37, 24 janv. 1989 : JO 27 janv.)

(Lettre du ministre des Affaires étrangères au Secrétaire général du Conseil de l'Europe)

Monsieur le Secrétaire général,

Au nom du Gouvernement de la République française,

Et conformément à l'article 7 du Protocole n° 7 à la Convention de sauvegarde des droits de l'Homme et des libertés fondamentales, signé à Strasbourg le 22 novembre 1984, qui entre en vigueur le 1er novembre 1988,

me référant aux déclarations faites par le Gouvernement français, l'une le 2 octobre 1981, l'autre le 20 octobre 1983, conformément aux articles 25 et 46 de la Convention de sauvegarde des droits de l'Homme et des libertés fondamentales, déclarations renouvelées le 1er octobre 1986,

Je déclare :

– reconnaître à compter de la présente Déclaration et jusqu'à l'expiration de la période fixée dans la Déclaration précitée du 1er octobre 1986, la compétence de la Commission européenne des droits de l'Homme pour être saisie d'une requête adressée au secrétaire général du Conseil de l'Europe par toute personne physique, toute organisation non gouvernementale ou tout groupe de particuliers, qui se prétend victime d'une violation, par la France, des droits reconnus dans les articles 1 à 5 du Protocole n° 7 susmentionné ;

– reconnaître également à compter de la présente Déclaration et jusqu'à l'expiration de la période fixée dans la Déclaration précitée du 1er octobre 1986 comme obligatoire de plein droit et sans convention spéciale à l'égard de toute autre Partie contractante acceptant la même obligation la juridiction de la Cour européenne des droits de l'Homme sur toutes les affaires concernant l'interprétation et l'application du Protocole n° 7 susmentionné.

Je vous prie d'agréer, Monsieur le secrétaire général, l'assurance de ma haute considération.

Fait à Paris, le 1er novembre 1988.

Déclarations de renouvellement de l'acceptation du droit de recours individuel et de la reconnaissance de la juridiction obligatoire de la Cour européenne des droits de l'Homme, en application des articles 25 et 46 de la Convention européenne de sauvegarde des droits de l'Homme et des libertés fondamentales du 4 novembre 1950, de l'article 6 du protocole n° 4 à ladite Convention en date du 16 septembre 1963 et de l'article 7 du protocole n° 7 à ladite Convention en date du 22 novembre 1984

(Publiées D. n° 90-415, 14 mai 1990 : JO 19 mai)

(Lettres de Madame le ministre délégué aux Affaires étrangères à Madame le Secrétaire général du Conseil de l'Europe)

Déclaration de renouvellement de l'acceptation du droit de recours individuel

(prise d'effet : 25 sept. 1989)

Madame le Secrétaire général,

Au nom du Gouvernement de la République française, je déclare, conformément à l'article 25 de la Convention de sauvegarde des droits de l'Homme et des libertés fondamentales, signée à Rome le 4 novembre 1950, conformément au paragraphe 2 de l'article 6 du protocole n° 4 à ladite Convention, signé à Strasbourg le 16 septembre

1963 et conformément à l'article 7 du Protocole n° 7 à ladite Convention, signé à Strasbourg le 22 novembre 1984, reconnaître, pour une nouvelle période de cinq ans à compter de la présente Déclaration, la compétence de la Commission européenne des droits de l'Homme pour être saisie d'une requête adressée au Secrétaire général du Conseil de l'Europe par toute personne physique, toute organisation non gouvernementale ou tout groupe de particuliers, qui se prétend victime d'une violation, par l'une des Hautes Parties Contractantes, des droits reconnus dans la Convention, dans les articles 1er à 4 du Protocole n° 4 et dans les articles 1er à 5 du Protocole n° 7 susmentionnés.

Je vous prie d'agréer, Madame le Secrétaire général, l'assurance de ma haute considération.

Déclaration de renouvellement de la reconnaissance
de la juridiction obligatoire de la Cour européenne des droits de l'Homme
(prise d'effet : 25 sept. 1989)

Madame le Secrétaire général,

Au nom du Gouvernement de la République française, je déclare, conformément à l'article 46 de la Convention de sauvegarde des droits de l'Homme et des libertés fondamentales, signée à Rome le 4 novembre 1950, conformément au paragraphe 2 de l'article 6 du Protocole n° 4 à ladite Convention, signé à Strasbourg le 16 septembre 1963 et conformément à l'article 7 du Protocole n° 7 à ladite Convention, signé à Strasbourg le 22 novembre 1984, reconnaître pour une nouvelle période de cinq ans à compter de la présente Déclaration, comme obligatoire de plein droit et sans convention spéciale à l'égard de toute autre Partie contractante acceptant la même obligation, la juridiction de la Cour européenne des droits de l'Homme sur toutes les affaires concernant l'interprétation et l'application de ladite convention, des articles 1er à 4 du Protocole n° 4 et 1er à 5 du Protocole n° 7.

Je vous prie d'agréer, Madame le Secrétaire général, l'assurance de ma haute considération.

Protocole n° 11 du 11 mai 1994

à la Convention de sauvegarde des droits de l'Homme et des libertés fondamentales portant restructuration du mécanisme de contrôle établi par la Convention, fait à Strasbourg

(D. n° 98-1055, 18 nov. 1998 : JO 25 nov. 1998)

(Les dispositions du protocole n° 11 et de l'annexe sont intégrées dans le texte de la Convention européenne)

....

Les États membres du Conseil de l'Europe, signataires du présent Protocole à la Convention de sauvegarde des Droits de l'Homme et des Libertés fondamentales, signée à Rome le 4 novembre 1950 (ci-après dénommée « la Convention »),

Considérant qu'il est nécessaire et urgent de restructurer la mécanisme de contrôle établi par la Convention afin de maintenir et de renforcer l'efficacité de la protection des droits de l'Homme et des libertés fondamentales prévue par la Convention, en raison principalement de l'augmentation des requêtes et du nombre croissant des membres du Conseil de l'Europe ;

Considérant qu'il convient par conséquent d'amender certaines dispositions de la Convention en vue, notamment, de remplacer la commission et la Cour européennes des Droits de l'Homme existantes par une nouvelle Cour permanente ;

Vu la résolution n° 1 adoptée lors de la conférence ministérielle européenne sur les droits de l'Homme, tenue à Vienne les 19 et 20 mars 1985 ;

Vu la recommandation 1194 (1992), adoptée par l'Assemblée parlementaire du Conseil de l'Europe le 6 octobre 1992 ;

Vu la décision prise sur la réforme du mécanisme de contrôle de la Convention par les chefs d'État et de gouvernement des États membres du Conseil de l'Europe dans la déclaration de Vienne du 9 octobre 1993,

sont convenus de ce qui suit :

Art. 1er *(V. Conv. 4 nov. 1950, art. 19 à 51 publiée par D. n° 74-360, 3 mai 1974).*

Art. 2. – 1. Le titre V de la Convention [du 4 novembre 1950 publiée par D. n° 74-360, 3 mai 1974] devient le titre III de la Convention ; l'article 57 de la Convention devient l'article 52 de la Convention ; les articles 58 et 59 de la Convention sont supprimés, et les articles 60 à 66 de la Convention deviennent respectivement les articles 53 à 59 de la Convention.

2. Le titre Ier de la Convention [du 4 novembre 1950 publiée par D. n° 74-360, 3 mai 1974] s'intitule « Droits et libertés » et le nouveau titre III « Dispositions diverses ». Les intitulés figurant à l'annexe du présent Protocole ont été attribués aux articles 1er à 18 et aux nouveaux articles 52 à 59 de la Convention.

3. *(V. Conv. 4 nov. 1950, art. 56 et 58, publiée par D. n° 74-360, 3 mai 1974).*
4. *(V. Prot. additionnel, 20 mars 1952, publié par D. n° 74-360, 3 mai 1974).*
5. Le Protocole n° 4 est amendé comme suit :
a) Les articles sont présentés avec les intitulés énumérés à l'annexe du présent Protocole ;
b) (V. Prot. n° 4, 16 sept. 1963, art. 5 et 6, publié par D. n° 74-360, 3 mai 1974).
6. Le Protocole n° 6 est amendé comme suit :
a) Les articles sont présentés avec les intitulés énumérés à l'annexe du présent Protocole ; et
b) (V. Prot. n° 6, 28 avr. 1983, art. 4, publié par D. n° 86-282, 28 févr. 1986).
7. Le Protocole n° 7 est amendé comme suit :
a) Les articles sont présentés avec les intitulés énumérés à l'annexe du présent Protocole ;
b) (V. Prot. n° 7, 22 nov. 1984, art. 6 et 7, publié par D. n° 89-37, 24 janv. 1989).
8. Le Protocole n° 9 est abrogé.

Art. 3. – 1. Le présent Protocole est ouvert à la signature des États membres du Conseil de l'Europe signataires de la Convention, qui peuvent exprimer leur consentement à être liés par :

a) Signature sans réserve de ratification, d'acceptation ou d'approbation ; ou

b) Signature sous réserve de ratification, d'acceptation ou d'approbation, suivie de ratification, d'acceptation ou d'approbation.

2. Les instruments de ratification, d'acceptation ou d'approbation seront déposés près le Secrétaire général du Conseil de l'Europe.

Art. 4. – Le présent Protocole entrera en vigueur le premier jour du mois qui suit l'expiration d'une période d'un an après la date à laquelle toutes les parties à la Convention auront exprimé leur consentement à être liées par le Protocole conformément aux dispositions de l'article 3. L'élection des nouveaux juges pourra se faire, et toutes autres mesures nécessaires à l'établissement de la nouvelle Cour pourront être prises, conformément aux dispositions du présent Protocole, à partir de la date à laquelle toutes les Parties à la Convention auront exprimé leur consentement à être liées par le Protocole.

Art. 5. – 1. Sans préjudice des dispositions des paragraphes 3 et 4 ci-dessous, le mandat des juges, membres de la Commission, greffier et greffier adjoint expire à la date d'entrée en vigueur du présent Protocole.

2. Les requêtes pendantes devant la Commission qui n'ont pas encore été déclarées recevables à la date d'entrée en vigueur du présent Protocole sont examinées par la Cour conformément aux dispositions du présent Protocole.

3. Les requêtes déclarées recevables à la date d'entrée en vigueur du présent Protocole continuent d'être traitées par les membres de la Commission dans l'année qui suit. Toutes les affaires dont l'examen n'est pas terminé durant cette période sont transmises à la Cour qui les examine, en tant que requêtes recevables, conformément aux dispositions du présent Protocole.

4. Pour les requêtes pour lesquelles la Commission, après l'entrée en vigueur du présent Protocole, a adopté un rapport conformément à l'ancien article 31 de la Convention, le rapport est transmis aux parties qui n'ont pas la faculté de le publier. Conformément aux dispositions applicables avant l'entrée en vigueur du présent Protocole, une affaire peut être déférée à la Cour. Le collège de la Grande Chambre détermine si l'une des Chambres ou la Grande Chambre doit se prononcer sur l'affaire. Si une Chambre se prononce sur l'affaire, sa décision est définitive. Les affaires non déférées à la Cour sont examinées par le Comité des ministres agissant conformément aux dispositions de l'ancien article 32 de la Convention.

5. Les affaires pendantes devant la Cour dont l'examen n'est pas encore achevé à la date d'entrée en vigueur du présent Protocole sont transmises à la Grande Chambre de la Cour, qui se prononce sur l'affaire conformément aux dispositions de ce Protocole.

6. Les affaires pendantes devant le Comité des ministres dont l'examen en vertu de l'ancien article 32 n'est pas encore achevé à la date d'entrée en vigueur du présent Protocole sont réglées par le Comité des ministres agissant conformément à cet article.

Art. 6. – Dès lors qu'une Haute Partie contractante a reconnu la compétence de la Commission ou la juridiction de la Cour par la déclaration prévue à l'ancien article 25 ou à l'ancien article 46 de la Convention, uniquement pour les affaires postérieures, ou fondées sur des faits postérieurs, à ladite déclaration, cette restriction continuera à s'appliquer à la juridiction de la Cour aux termes du présent Protocole.

Art. 7. – Le Secrétaire général du Conseil de l'Europe notifiera aux États membres du Conseil :

a) Toute signature ;

b) Le dépôt de tout instrument de ratification, d'acceptation ou d'approbation ;

c) La date d'entrée en vigueur du présent Protocole ou certaines de ses dispositions conformément à l'article 4 ; et

d) Tout autre acte, notification ou communication ayant trait au présent Protocole.

En foi de quoi, les soussignés, dûment autorisés à cet effet, ont signé le présent Protocole.

Fait à Strasbourg, le 11 mai 1994, en français et en anglais, les deux textes faisant également foi, en un seul exemplaire qui sera déposé dans les archives du Conseil de l'Europe. Le secrétaire général du Conseil de l'Europe en communiquera copie certifiée conforme à chacun des États membres du Conseil de l'Europe.

Protocole n° 12 du 4 novembre 2000

Les États membres du Conseil de l'Europe, signataires du présent Protocole,

Prenant en compte le principe fondamental selon lequel toutes les personnes sont égales devant la loi et ont droit à une égale protection de la loi ;

Résolus à prendre de nouvelles mesures pour promouvoir l'égalité de tous par la garantie collective d'une interdiction générale de discrimination par la Convention de sauvegarde des Droits de l'Homme et des Libertés fondamentales, signée à Rome le 4 novembre 1950 (ci-après dénommée « la Convention ») ;

Réaffirmant que le principe de non-discrimination n'empêche pas les États parties de prendre des mesures afin de promouvoir une égalité pleine et effective, à la condition qu'elles répondent à une justification objective et raisonnable,

Sont convenus de ce qui suit :

Art. 1er. – *Interdiction générale de la discrimination.* – 1 La jouissance de tout droit prévu par la loi doit être assurée, sans discrimination aucune, fondée notamment sur le sexe, la race, la couleur, la langue, la religion, les opinions politiques ou toutes autres opinions, l'origine nationale ou sociale, l'appartenance à une minorité nationale, la fortune, la naissance ou toute autre situation.

2 Nul ne peut faire l'objet d'une discrimination de la part d'une autorité publique quelle qu'elle soit fondée notamment sur les motifs mentionnés au paragraphe 1.

Art. 2. – *Application territoriale.* – 1. Tout État peut, au moment de la signature ou au moment du dépôt de son instrument de ratification, d'acceptation ou d'approbation, désigner le ou les territoires auxquels s'appliquera le présent Protocole.

2. Tout État peut, à tout autre moment par la suite, par une déclaration adressée au Secrétaire général du Conseil de l'Europe, étendre l'application du présent Protocole à tout autre territoire désigné dans la déclaration. Le Protocole entrera en vigueur à l'égard de ce territoire le premier jour du mois qui suit l'expiration d'une période de trois mois après la date de réception de la déclaration par le Secrétaire général.

3. Toute déclaration faite en vertu des deux paragraphes précédents pourra être retirée ou modifiée, en ce qui concerne tout territoire désigné dans cette déclaration, par notification adressée au Secrétaire général du Conseil de l'Europe. Le retrait ou la modification prendra effet le premier jour du mois qui suit l'expiration d'une période de trois mois après la date de réception de la notification par le Secrétaire général.

4. Une déclaration faite conformément au présent article sera considérée comme ayant été faite conformément au paragraphe 1 de l'article 56 de la Convention.

5. Tout État ayant fait une déclaration conformément au paragraphe 1 ou 2 du présent article peut, à tout moment par la suite, déclarer relativement à un ou plusieurs des territoires visés dans cette déclaration qu'il accepte la compétence de la Cour pour connaître des requêtes de personnes physiques, d'organisations non gouvernementales ou de groupes de particuliers, comme le prévoit l'article 34 de la Convention, au titre de l'article 1er du présent Protocole.

Art. 3. – *Relations avec la Convention.* – Les États parties considèrent les articles 1er et 2 du présent Protocole comme des articles additionnels à la Convention et toutes les dispositions de la Convention s'appliquent en conséquence.

Art. 4. – *Signature et ratification.* – Le présent Protocole est ouvert à la signature des États membres du Conseil de l'Europe qui ont signé la Convention. Il sera soumis à ratification, acceptation ou approbation. Un

État membre du Conseil de l'Europe ne peut ratifier, accepter ou approuver le présent Protocole sans avoir simultanément ou antérieurement ratifié la Convention. Les instruments de ratification, d'acceptation ou d'approbation seront déposés près le Secrétaire général du Conseil de l'Europe.

Art. 5. – *Entrée en vigueur.* – **1 Le présent Protocole entrera en vigueur le premier jour du mois qui suit l'expiration d'une période de trois mois après la date à laquelle dix États membres du Conseil de l'Europe auront exprimé leur consentement à être liés par le présent Protocole conformément aux dispositions de son article 4.**

2 Pour tout État membre qui exprimera ultérieurement son consentement à être lié par le présent Protocole, celui-ci entrera en vigueur le premier jour du mois qui suit l'expiration d'une période de trois mois après la date du dépôt de l'instrument de ratification, d'acceptation ou d'approbation.

Art. 6. – *Fonctions du dépositaire.* – **Le Secrétaire général du Conseil de l'Europe notifiera à tous les États membres du Conseil de l'Europe :**

a) toute signature ;

b) le dépôt de tout instrument de ratification, d'acceptation ou d'approbation ;

c) toute date d'entrée en vigueur du présent Protocole conformément à ses articles 2 et 5 ;

d) tout autre acte, notification ou communication, ayant trait au présent Protocole.

En foi de quoi, les soussignés, dûment autorisés à cet effet, ont signé le présent Protocole.

Fait à Rome, le 4 novembre 2000, en français et en anglais, les deux textes faisant également foi, en un seul exemplaire qui sera déposé dans les archives du Conseil de l'Europe. Le Secrétaire général du Conseil de l'Europe en communiquera copie certifiée conforme à chacun des États membres du Conseil de l'Europe.

Protocole n° 13 du 3 mai 2002

à la Convention de sauvegarde des droits de l'Homme et des libertés fondamentales relatif à l'abolition de la peine de mort en toutes circonstances, adopté à Vilnius

(Publié par D. n° 2008-193, 27 févr. 2008 : JO 29 févr. 2008 – Entré en vigueur le 1er févr. 2008)

Les États membres du Conseil de l'Europe, signataires du présent Protocole,

Convaincus que le droit de toute personne à la vie est une valeur fondamentale dans une société démocratique, et que l'abolition de la peine de mort est essentielle à la protection de ce droit et à la pleine reconnaissance de la dignité inhérente à tous les êtres humains ;

Souhaitant renforcer la protection du droit à la vie garanti par la Convention de sauvegarde des Droits de l'Homme et des libertés fondamentales signée à Rome le 4 novembre 1950 (ci-après dénommée « la Convention ») ;

Notant que le Protocole n° 6 à la Convention concernant l'abolition de la peine de mort, signé à Strasbourg le 28 avril 1983, n'exclut pas la peine de mort pour des actes commis en temps de guerre ou de danger imminent de guerre ;

Résolus à faire le pas ultime afin d'abolir la peine de mort en toutes circonstances,

sont convenus de ce qui suit :

Art. 1er. – ***Abolition de la peine de mort.***

La peine de mort est abolie. Nul ne peut être condamné à une telle peine ni exécuté.

Art. 2. – ***Interdiction de dérogations.***

Aucune dérogation n'est autorisée aux dispositions du présent Protocole au titre de l'article 15 de la Convention.

Art. 3. – ***Interdiction de réserves.***

Aucune réserve n'est admise aux dispositions du présent Protocole au titre de l'article 57 de la Convention.

Art. 4. – ***Application territoriale.***

1. Tout État peut, au moment de la signature ou au moment du dépôt de son instrument de ratification, d'acceptation ou d'approbation, désigner le ou les territoires auxquels s'appliquera le présent Protocole.

2. Tout État peut, à tout autre moment par la suite, par une déclaration adressée au Secrétaire général du Conseil de l'Europe, étendre l'application du présent Protocole à tout autre territoire désigné dans la déclaration. Le Protocole entrera en vigueur à l'égard de ce territoire le premier jour du mois qui suit l'expiration d'une période de trois mois après la date de réception de la déclaration par le Secrétaire général.

3. Toute déclaration faite en vertu des deux paragraphes précédents pourra être retirée ou modifiée, en ce qui concerne tout territoire désigné dans cette déclaration, par notification adressée au Secrétaire général. Le retrait ou la modification prendra effet le premier jour du mois qui suit l'expiration d'une période de trois mois après la date de réception de la notification par le Secrétaire général.

Art. 5. – *Relations avec la Convention.*

Les États Parties considèrent les articles 1 à 4 du présent Protocole comme des articles additionnels à la Convention, et toutes les dispositions de la Convention s'appliquent en conséquence.

Art. 6. – *Signature et ratification.*

Le présent Protocole est ouvert à la signature des États membres du Conseil de l'Europe qui ont signé la Convention. Il sera soumis à ratification, acceptation ou approbation. Un État membre du Conseil de l'Europe ne peut ratifier, accepter ou approuver le présent Protocole sans avoir simultanément ou antérieurement ratifié la Convention. Les instruments de ratification, d'acceptation ou d'approbation seront déposés près le Secrétaire général du Conseil de l'Europe.

Art. 7. – *Entrée en vigueur.*

1. Le présent Protocole entrera en vigueur le premier jour du mois qui suit l'expiration d'une période de trois mois après la date à laquelle dix États membres du Conseil de l'Europe auront exprimé leur consentement à être liés par le présent Protocole conformément aux dispositions de son article 6.

2. Pour tout État membre qui exprimera ultérieurement son consentement à être lié par le présent Protocole, celui-ci entrera en vigueur le premier jour du mois qui suit l'expiration d'une période de trois mois après la date du dépôt de l'instrument de ratification, d'acceptation ou d'approbation.

Art. 8. – *Fonctions du dépositaire.*

Le Secrétaire général du Conseil de l'Europe notifiera à tous les États membres du Conseil de l'Europe :

a) toute signature ;

b) le dépôt de tout instrument de ratification, d'acceptation ou d'approbation ;

c) toute date d'entrée en vigueur du présent Protocole conformément à ses articles 4 et 7 ;

d) tout autre acte, notification ou communication, ayant trait au présent Protocole.

En foi de quoi, les soussignés, dûment autorisés à cet effet, ont signé le présent Protocole.

Fait à Vilnius, le 3 mai 2002, en français et en anglais, les deux textes faisant également foi, en un seul exemplaire qui sera déposé dans les archives du Conseil de l'Europe. Le Secrétaire général du Conseil de l'Europe en communiquera copie certifiée conforme à chacun des États membres du Conseil de l'Europe.

Protocole n° 14 du 13 mai 2004

à la Convention de sauvegarde des droits de l'Homme et des libertés fondamentales, amendant le système de contrôle de la Convention, fait à Strasbourg

(Publié par D. n° 2010-711, 28 juin 2010 : JO 30 juin 2010

Entré en vigueur le 1er juin 2010)

Préambule

Les dispositions du protocole sont intégrées dans le texte de la Convention européenne.

Les États membres du Conseil de l'Europe, signataires du présent Protocole à la Convention de sauvegarde des Droits de l'Homme et des Libertés fondamentales, signée à Rome le 4 novembre 1950 (ci-après dénommée « la Convention »),

Vu la Résolution n° 1 et la Déclaration adoptées lors de la Conférence ministérielle européenne sur les droits de l'Homme, tenue à Rome les 3 et 4 novembre 2000 ;

Vu les Déclarations adoptées par le Comité des Ministres le 8 novembre 2001, le 7 novembre 2002 et le 15 mai 2003, lors de ses 109e, 111e et 112e Sessions respectivement ;

Vu l'Avis n° 251 (2004), adopté par l'Assemblée parlementaire du Conseil de l'Europe le 28 avril 2004 ;

ANNEXE 3

Considérant qu'il est nécessaire et urgent d'amender certaines dispositions de la Convention afin de maintenir et de renforcer l'efficacité à long terme du système de contrôle en raison principalement de l'augmentation continue de la charge de travail de la Cour européenne des Droits de l'Homme et du Comité des Ministres du Conseil de l'Europe ;

Art. Préambule. – Considérant, en particulier, qu'il est nécessaire de veiller à ce que la Cour continue de jouer son rôle prééminent dans la protection des droits de l'Homme en Europe,

Sont convenus de ce qui suit :

Art. 1er. – Le paragraphe 2 de l'article 22 de la Convention est supprimé.

Art. 2. – L'article 23 de la Convention est modifié comme suit :

« **Article 23 – Durée du mandat et révocation**

1. Les juges sont élus pour une durée de neuf ans. Ils ne sont pas rééligibles.

2. Le mandat des juges s'achève dès qu'ils atteignent l'âge de 70 ans.

3. Les juges restent en fonction jusqu'à leur remplacement. Ils continuent toutefois de connaître des affaires dont ils sont déjà saisis.

4. Un juge ne peut être relevé de ses fonctions que si les autres juges décident, à la majorité des deux tiers, que ce juge a cessé de répondre aux conditions requises. »

Art. 3. – L'article 24 de la Convention est supprimé.

Art. 4. – L'article 25 de la Convention devient l'article 24 et son libellé est modifié comme suit :

« **Article 24 – Greffe et rapporteurs**

1. La Cour dispose d'un greffe dont les tâches et l'organisation sont fixées par le règlement de la Cour.

2. Lorsqu'elle siège en formation de juge unique, la Cour est assistée de rapporteurs qui exercent leurs fonctions sous l'autorité du président de la Cour. Ils font partie du greffe de la Cour. »

Art. 5. – L'article 26 de la Convention devient l'article 25 (« Assemblée plénière ») et son libellé est modifié comme suit :

1. À la fin du paragraphe d, la virgule est remplacée par un point-virgule et le mot « et » est supprimé.

2. À la fin du paragraphe *e*, le point est remplacé par un point-virgule.

3. Un nouveau paragraphe *f* est ajouté, dont le libellé est :

« *f.* fait toute demande au titre de l'article 26, paragraphe 2. »

Art. 6. – L'article 27 de la Convention devient l'article 26 et son libellé est modifié comme suit :

« **Article 26 – Formations de juge unique, comités, Chambres et Grande Chambre**

1. Pour l'examen des affaires portées devant elle, la Cour siège en formations de juge unique, en comités de trois juges, en Chambres de sept juges et en une Grande Chambre de dix-sept juges. Les Chambres de la Cour constituent les comités pour une période déterminée.

2. À la demande de l'Assemblée plénière de la Cour, le Comité des Ministres peut, par une décision unanime et pour une période déterminée, réduire à cinq le nombre de juges des Chambres.

3. Un juge siégeant en tant que juge unique n'examine aucune requête introduite contre la Haute Partie contractante au titre de laquelle ce juge a été élu.

4. Le juge élu au titre d'une Haute Partie contractante partie au litige est membre de droit de la Chambre et de la Grande Chambre. En cas d'absence de ce juge, ou lorsqu'il n'est pas en mesure de siéger, une personne choisie par le président de la Cour sur une liste soumise au préalable par cette Partie siège en qualité de juge.

5. Font aussi partie de la Grande Chambre, le président de la Cour, les vice-présidents, les présidents des Chambres et d'autres juges désignés conformément au règlement de la Cour. Quand l'affaire est déférée à la Grande Chambre en vertu de l'article 43, aucun juge de la Chambre qui a rendu l'arrêt ne peut y siéger, à l'exception du président de la Chambre et du juge ayant siégé au titre de la Haute Partie contractante intéressée. »

Art. 7. – Après le nouvel article 26, un nouvel article 27 est inséré dans la Convention, dont le libellé est :

« **Article 27 – Compétence des juges uniques**

1. Un juge unique peut déclarer une requête introduite en vertu de l'article 34 irrecevable ou la rayer du rôle lorsqu'une telle décision peut être prise sans examen complémentaire.

2. La décision est définitive.

3. Si le juge unique ne déclare pas une requête irrecevable ou ne la raye pas du rôle, ce juge la transmet à un comité ou à une Chambre pour examen complémentaire. »

Art. 8. – L'article 28 de la Convention est modifié comme suit :

« **Article 28 – Compétence des comités**

1. Un comité saisi d'une requête individuelle introduite en vertu de l'article 34 peut, par vote unanime,

a) la déclarer irrecevable ou la rayer du rôle lorsqu'une telle décision peut être prise sans examen complémentaire ; ou

b) la déclarer recevable et rendre conjointement un arrêt sur le fond lorsque la question relative à l'interprétation ou à l'application de la Convention ou de ses Protocoles qui est à l'origine de l'affaire fait l'objet d'une jurisprudence bien établie de la Cour.

2. Les décisions et arrêts prévus au paragraphe 1 sont définitifs.

3. Si le juge élu au titre de la Haute Partie contractante partie au litige n'est pas membre du comité, ce dernier peut, à tout moment de la procédure, l'inviter à siéger en son sein en lieu et place de l'un de ses membres, en prenant en compte tous facteurs pertinents, y compris la question de savoir si cette Partie a contesté l'application de la procédure du paragraphe 1.*b*. »

Art. 9. – L'article 29 de la Convention est amendé comme suit :

1. Le libellé du paragraphe 1 est modifié comme suit : « Si aucune décision n'a été prise en vertu des articles 27 ou 28, ni aucun arrêt rendu en vertu de l'article 28, une Chambre se prononce sur la recevabilité et le fond des requêtes individuelles introduites en vertu de l'article 34. La décision sur la recevabilité peut être prise de façon séparée. »

2. Est ajoutée à la fin du paragraphe 2 une nouvelle phrase, dont le libellé est : « Sauf décision contraire de la Cour dans des cas exceptionnels, la décision sur la recevabilité est prise séparément. »

3. Le paragraphe 3 est supprimé.

Art. 10. – L'article 31 de la Convention est amendé comme suit :

1. À la fin du paragraphe a, le mot « et » est supprimé.

2. Le paragraphe *b* devient le paragraphe *c* et un nouveau paragraphe *b* est inséré, dont le libellé est :

« *b.* se prononce sur les questions dont la Cour est saisie par le Comité des Ministres en vertu de l'article 46, paragraphe 4 ; et ».

Art. 11. – L'article 32 de la Convention est amendé comme suit :

À la fin du paragraphe 1, une virgule et le nombre 46 sont insérés après le nombre 34.

Art. 12. – Le paragraphe 3 de l'article 35 de la Convention est modifié comme suit :

« 3. La Cour déclare irrecevable toute requête individuelle introduite en application de l'article 34 lorsqu'elle estime :

a. que la requête est incompatible avec les dispositions de la Convention ou de ses Protocoles, manifestement mal fondée ou abusive ; ou

b. que le requérant n'a subi aucun préjudice important, sauf si le respect des droits de l'Homme garantis par la Convention et ses Protocoles exige un examen de la requête au fond et à condition de ne rejeter pour ce motif aucune affaire qui n'a pas été dûment examinée par un tribunal interne. »

Art. 13. – Un nouveau paragraphe 3 est ajouté à la fin de l'article 36 de la Convention, dont le libellé est :

« 3. Dans toute affaire devant une Chambre ou la Grande Chambre, le Commissaire aux Droits de l'Homme du Conseil de l'Europe peut présenter des observations écrites et prendre part aux audiences. »

Art. 14. – L'article 38 de la Convention est modifié comme suit :

« **Article 38 – Examen contradictoire de l'affaire**

La Cour examine l'affaire de façon contradictoire avec les représentants des parties et, s'il y a lieu, procède à une enquête pour la conduite efficace de laquelle les Hautes Parties contractantes intéressées fourniront toutes facilités nécessaires. »

Art. 15. – L'article 39 de la Convention est modifié comme suit :

« **Article 39 – Règlements amiables**

1. À tout moment de la procédure, la Cour peut se mettre à la disposition des intéressés en vue de parvenir à un règlement amiable de l'affaire s'inspirant du respect des droits de l'Homme tels que les reconnaissent la Convention et ses Protocoles.

2. La procédure décrite au paragraphe 1 est confidentielle.

3. En cas de règlement amiable, la Cour raye l'affaire du rôle par une décision qui se limite à un bref exposé des faits et de la solution adoptée.

4. Cette décision est transmise au Comité des Ministres qui surveille l'exécution des termes du règlement amiable tels qu'ils figurent dans la décision. »

Art. 16. – L'article 46 de la Convention est modifié comme suit :

« **Article 46 – Force obligatoire et exécution des arrêts**

1. Les Hautes Parties contractantes s'engagent à se conformer aux arrêts définitifs de la Cour dans les litiges auxquels elles sont parties.

2. L'arrêt définitif de la Cour est transmis au Comité des Ministres qui en surveille l'exécution.

3. Lorsque le Comité des Ministres estime que la surveillance de l'exécution d'un arrêt définitif est entravée par une difficulté d'interprétation de cet arrêt, il peut saisir la Cour afin qu'elle se prononce sur cette question d'interprétation. La décision de saisir la Cour est prise par un vote à la majorité des deux tiers des représentants ayant le droit de siéger au Comité.

4. Lorsque le Comité des Ministres estime qu'une Haute Partie contractante refuse de se conformer à un arrêt définitif dans un litige auquel elle est partie, il peut, après avoir mis en demeure cette Partie et par décision prise par un vote à la majorité des deux tiers des représentants ayant le droit de siéger au Comité, saisir la Cour de la question du respect par cette Partie de son obligation au regard du paragraphe 1.

5. Si la Cour constate une violation du paragraphe 1, elle renvoie l'affaire au Comité des Ministres afin qu'il examine les mesures à prendre. Si la Cour constate qu'il n'y a pas eu violation du paragraphe 1, elle renvoie l'affaire au Comité des Ministres, qui décide de clore son examen. »

Art. 17. – L'article 59 de la Convention est amendé comme suit :

1. Un nouveau paragraphe 2 est inséré, dont le libellé est : « 2. L'Union européenne peut adhérer à la présente Convention. »

2. Les paragraphes 2, 3 et 4 deviennent respectivement les paragraphes 3, 4 et 5.

Dispositions finales et transitoires

Art. 18. – 1. Le présent Protocole est ouvert à la signature des États membres du Conseil de l'Europe signataires de la Convention, qui peuvent exprimer leur consentement à être liés par :

a. signature sans réserve de ratification, d'acceptation ou d'approbation ; ou

b. signature sous réserve de ratification, d'acceptation ou d'approbation, suivie de ratification, d'acceptation ou d'approbation.

2. Les instruments de ratification, d'acceptation ou d'approbation seront déposés près le Secrétaire Général du Conseil de l'Europe.

Art. 19. – Le présent Protocole entrera en vigueur le premier jour du mois qui suit l'expiration d'une période de trois mois après la date à laquelle toutes les Parties à la Convention auront exprimé leur consentement à être liées par le Protocole, conformément aux dispositions de l'article 18.

Art. 20. – 1. À la date de l'entrée en vigueur du présent Protocole, ses dispositions s'appliquent à toutes les requêtes pendantes devant la Cour ainsi qu'à tous les arrêts dont l'exécution fait l'objet de la surveillance du Comité des Ministres.

2. Le nouveau critère de recevabilité inséré par l'article 12 du présent Protocole dans l'article 35, paragraphe 3.*b* de la Convention, ne s'applique pas aux requêtes déclarées recevables avant l'entrée en vigueur du Protocole. Dans les deux ans qui suivent l'entrée en vigueur du présent Protocole, seules les Chambres et la Grande Chambre de la Cour peuvent appliquer le nouveau critère de recevabilité.

Art. 21. – À la date d'entrée en vigueur du présent Protocole, la durée du mandat des juges accomplissant leur premier mandat est prolongée de plein droit pour atteindre un total de neuf ans. Les autres juges terminent leur mandat, qui est prolongé de plein droit de deux ans.

Art. 22. – Le Secrétaire Général du Conseil de l'Europe notifiera aux États membres du Conseil de l'Europe :

***a.* toute signature ;**

***b.* le dépôt de tout instrument de ratification, d'acceptation ou d'approbation ;**

***c.* la date d'entrée en vigueur du présent Protocole conformément à l'article 19 ; et**

***d.* tout autre acte, notification ou communication ayant trait au présent Protocole.**

En foi de quoi, les soussignés, dûment autorisés à cet effet, ont signé le présent Protocole.

Fait à Strasbourg, le 13 mai 2004, en français et en anglais, les deux textes faisant également foi, en un seul exemplaire qui sera déposé dans les archives du Conseil de l'Europe. Le Secrétaire Général du Conseil de l'Europe en communiquera copie certifiée conforme à chacun des États membres du Conseil de l'Europe.

Protocole n° 15 du 24 juin 2013

portant amendement à la Convention de sauvegarde des Droits de l'Homme et des Libertés fondamentales

Préambulo

Les États membres du Conseil de l'Europe et les autres Hautes Parties contractantes à la Convention de sauvegarde des Droits de l'Homme et des Libertés fondamentales, signée à Rome le 4 novembre 1950 (ci-après dénommée « la Convention »), signataires du présent Protocole,

Vu la Déclaration adoptée lors de la Conférence de haut niveau sur l'avenir de la Cour européenne des Droits de l'Homme, tenue à Brighton les 19 et 20 avril 2012, ainsi que les Déclarations adoptées lors des Conférences tenues à Interlaken les 18 et 19 février 2010 et à Izmir les 26 et 27 avril 2011 ;

Vu l'Avis n° 283 (2013) adopté par l'Assemblée parlementaire du Conseil de l'Europe le 26 avril 2013 ;

Considérant qu'il est nécessaire de veiller à ce que la Cour européenne des Droits de l'Homme (ci-après dénommée « la Cour ») continue de jouer son rôle prééminent dans la protection des droits de l'Homme en Europe,

Sont convenus de ce qui suit :

Art. 1er. – À la fin du préambule de la Convention, un nouveau considérant est ajouté et se lit comme suit :

« Affirmant qu'il incombe au premier chef aux Hautes Parties contractantes, conformément au principe de subsidiarité, de garantir le respect des droits et libertés définis dans la présente Convention et ses protocoles, et que, ce faisant, elles jouissent d'une marge d'appréciation, sous le contrôle de la Cour européenne des Droits de l'Homme instituée par la présente Convention, ».

Art. 2. – 1. À l'article 21 de la Convention, un nouveau paragraphe 2 est inséré et se lit comme suit :

« Les candidats doivent être âgés de moins de 65 ans à la date à laquelle la liste de trois candidats est attendue par l'Assemblée parlementaire, en vertu de l'article 22. »

2. Les paragraphes 2 et 3 de l'article 21 de la Convention deviennent respectivement les paragraphes 3 et 4 de l'article 21.

3. Le paragraphe 2 de l'article 23 de la Convention est supprimé. Les paragraphes 3 et 4 de l'article 23 deviennent respectivement les paragraphes 2 et 3 de l'article 23.

Art. 3. – À l'article 30 de la Convention, les mots « à moins que l'une des parties ne s'y oppose » sont supprimés.

Art. 4. – À l'article 35, paragraphe 1, de la Convention, les mots « dans un délai de six mois » sont remplacés par les mots « dans un délai de quatre mois »

Art. 5. – À l'article 35, paragraphe 3, alinéa *b*, de la Convention, les mots « et à condition de ne rejeter pour ce motif aucune affaire qui n'a pas été dûment examinée par un tribunal interne » sont supprimés.

Dispositions finales et transitoires

Art. 6. – 1. Le présent Protocole est ouvert à la signature des Hautes Parties contractantes à la Convention, qui peuvent exprimer leur consentement à être liées par :

a) la signature sans réserve de ratification, d'acceptation ou d'approbation ; ou

b) la signature sous réserve de ratification, d'acceptation ou d'approbation, suivie de ratification, d'acceptation ou d'approbation.

2. Les instruments de ratification, d'acceptation ou d'approbation seront déposés près le Secrétaire général du Conseil de l'Europe.

Art. 7. – Le présent Protocole entrera en vigueur le premier jour du mois qui suit l'expiration d'une période de trois mois après la date à laquelle toutes les Hautes Parties contractantes à la Convention auront exprimé leur consentement à être liées par le Protocole, conformément aux dispositions de l'article 6.

Art. 8. – 1. Les amendements introduits par l'article 2 du présent Protocole s'appliquent uniquement aux candidats figurant sur les listes soumises à l'Assemblée parlementaire par les Hautes Parties contractantes, en vertu de l'article 22 de la Convention, après l'entrée en vigueur du présent Protocole.

2. L'amendement introduit par l'article 3 du présent Protocole ne s'applique pas aux affaires pendantes dans lesquelles l'une des parties s'est opposée, avant l'entrée en vigueur du présent Protocole, à une proposition d'une chambre de la Cour de se dessaisir au profit de la Grande Chambre.

3. L'article 4 du présent Protocole entrera en vigueur à l'expiration d'une période de six mois après la date d'entrée en vigueur du présent Protocole. L'article 4 du présent Protocole ne s'applique pas aux requêtes au regard desquelles la décision définitive au sens de l'article 35, paragraphe 1, de la Convention a été prise avant la date d'entrée en vigueur de l'article 4 du présent Protocole.

4. Toutes les autres dispositions du présent Protocole s'appliquent à la date de son entrée en vigueur, conformément aux dispositions de l'article 7.

Art. 9. – Le Secrétaire général du Conseil de l'Europe notifiera aux États membres du Conseil de l'Europe et aux autres Hautes Parties contractantes à la Convention :

a) toute signature ;

b) le dépôt de tout instrument de ratification, d'acceptation ou d'approbation ;

c) la date d'entrée en vigueur du présent Protocole, conformément à l'article 7 ; et

d) tout autre acte, notification ou communication ayant trait au présent Protocole.

En foi de quoi, les soussignés, dûment autorisés à cet effet, ont signé le présent Protocole.

Fait à Strasbourg, le 24 juin 2013, en français et en anglais, les deux textes faisant également foi, en un seul exemplaire qui sera déposé dans les archives du Conseil de l'Europe. Le Secrétaire général du Conseil de l'Europe en communiquera copie certifiée conforme à chacun des États membres du Conseil de l'Europe et aux autres Hautes Parties contractantes à la Convention.

Protocole n° 16 du 2 octobre 2013

à la Convention de sauvegarde des Droits de l'Homme
et des Libertés fondamentales

Préambule

Les États membres du Conseil de l'Europe et les autres Hautes Parties contractantes à la Convention de sauvegarde des Droits de l'Homme et des Libertés fondamentales, signée à Rome le 4 novembre 1950 (ci-après dénommée « la Convention »), signataires du présent Protocole,

Vu les dispositions de la Convention, notamment l'article 19 établissant la Cour européenne des droits de l'Homme (ci-après dénommée « la Cour ») ;

Considérant que l'extension de la compétence de la Cour pour donner des avis consultatifs renforcera l'interaction entre la Cour et les autorités nationales, et consolidera ainsi la mise en œuvre de la Convention, conformément au principe de subsidiarité ;

Vu l'Avis n° 285 (2013) adopté par l'Assemblée parlementaire du Conseil de l'Europe le 28 juin 2013,
Sont convenus de ce qui suit :

Art. 1er. – 1. Les plus hautes juridictions d'une Haute Partie contractante, telles que désignées conformément à l'article 10, peuvent adresser à la Cour des demandes d'avis consultatifs sur des questions de principe relatives à l'interprétation ou à l'application des droits et libertés définis par la Convention ou ses protocoles.

2. La juridiction qui procède à la demande ne peut solliciter un avis consultatif que dans le cadre d'une affaire pendante devant elle.

3. La juridiction qui procède à la demande motive sa demande d'avis et produit les éléments pertinents du contexte juridique et factuel de l'affaire pendante.

Art. 2. – 1. Un collège de cinq juges de la Grande Chambre se prononce sur l'acceptation de la demande d'avis consultatif au regard de l'article 1er. Tout refus du collège d'accepter la demande est motivé.

2. Lorsque le collège accepte la demande, la Grande Chambre rend un avis consultatif.

3. Le collège et la Grande Chambre, visés aux paragraphes précédents, comprennent de plein droit le juge élu au titre de la Haute Partie contractante dont relève la juridiction qui a procédé à la demande. En cas d'absence de ce juge, ou lorsqu'il n'est pas en mesure de siéger, une personne choisie par le Président de la Cour sur une liste soumise au préalable par cette Partie siège en qualité de juge.

Art. 3. – Le Commissaire aux droits de l'Homme du Conseil de l'Europe et la Haute Partie contractante dont relève la juridiction qui a procédé à la demande ont le droit de présenter des observations écrites et de prendre part aux audiences. Le Président de la Cour peut, dans l'intérêt d'une bonne administration de la justice, inviter toute autre Haute Partie contractante ou personne à présenter également des observations écrites ou à prendre part aux audiences.

Art. 4. – 1. Les avis consultatifs sont motivés.

2. Si l'avis consultatif n'exprime pas, en tout ou en partie, l'opinion unanime des juges, tout juge a le droit d'y joindre l'exposé de son opinion séparée.

3. Les avis consultatifs sont transmis à la juridiction qui a procédé à la demande et à la Haute Partie contractante dont cette juridiction relève.

4. Les avis consultatifs sont publiés.

Art. 5. – Les avis consultatifs ne sont pas contraignants.

Art. 6. – Les Hautes Parties contractantes considèrent les articles 1 à 5 du présent Protocole comme des articles additionnels à la Convention, et toutes les dispositions de la Convention s'appliquent en conséquence.

Art. 7. – Le présent Protocole est ouvert à la signature des Hautes Parties contractantes à la Convention, qui peuvent exprimer leur consentement à être liées par :

***a)* la signature sans réserve de ratification, d'acceptation ou d'approbation ; ou**

***b)* la signature sous réserve de ratification, d'acceptation ou d'approbation, suivie de ratification, d'acceptation ou d'approbation.**

2. Les instruments de ratification, d'acceptation ou d'approbation seront déposés près le Secrétaire général du Conseil de l'Europe.

Art. 8. – 1. Le présent Protocole entrera en vigueur le premier jour du mois qui suit l'expiration d'une période de trois mois après la date à laquelle dix Hautes Parties contractantes à la Convention auront exprimé leur consentement à être liées par le Protocole conformément aux dispositions de l'article 7.

2. Pour toute Haute Partie contractante à la Convention qui exprimera ultérieurement son consentement à être liée par le présent Protocole, celui-ci entrera en vigueur le premier jour du mois qui suit l'expiration d'une période de trois mois après la date de l'expression de son consentement à être liée par le Protocole conformément aux dispositions de l'article 7.

Art. 9. – Aucune réserve n'est admise aux dispositions du présent Protocole au titre de l'article 57 de la Convention.

ANNEXE 3

Art. 10. – Chaque Haute Partie contractante à la Convention indique, au moment de la signature ou du dépôt de son instrument de ratification, d'acceptation ou d'approbation, au moyen d'une déclaration adressée au Secrétaire général du Conseil de l'Europe, quelles juridictions elle désigne aux fins de l'article 1er, paragraphe 1, du présent Protocole. Cette déclaration peut être modifiée à tout moment de la même manière.

Art. 11. – Le Secrétaire général du Conseil de l'Europe notifiera aux États membres du Conseil de l'Europe et aux autres Hautes Parties contractantes à la Convention :

a) toute signature ;

b) le dépôt de tout instrument de ratification, d'acceptation ou d'approbation ;

c) toute date d'entrée en vigueur du présent Protocole conformément à l'article 8 ;

d) toute déclaration faite en vertu de l'article 10 ; et

e) tout autre acte, notification ou communication ayant trait au présent Protocole.

En foi de quoi, les soussignés, dûment autorisés à cet effet, ont signé le présent Protocole.

Fait à Strasbourg, le 2 octobre 2013, en français et en anglais, les deux textes faisant également foi, en un seul exemplaire qui sera déposé dans les archives du Conseil de l'Europe. Le Secrétaire général du Conseil de l'Europe en communiquera copie certifiée conforme à chacun des États membres du Conseil de l'Europe et aux autres Hautes Parties contractantes à la Convention.

Règlement de la Cour européenne des droits de l'homme du 14 novembre 2016

La Cour européenne des droits de l'Homme,

Vu la Convention de sauvegarde des droits de l'Homme et des libertés fondamentales et ses Protocoles,

Arrête le présent règlement :

Art. 1er. – (1) *Définitions.* – Aux fins de l'application du présent règlement, et sauf si le contraire ressort du contexte :

a) le terme « Convention » désigne la Convention de sauvegarde des droits de l'Homme et des libertés fondamentales et ses Protocoles ;

b) l'expression « Cour plénière » désigne la Cour européenne des droits de l'Homme siégeant en assemblée plénière ;

c) l'expression « Grande Chambre » désigne la Grande Chambre de dix-sept juges constituée en application de l'article 26 § 1 de la Convention ;

d) le terme « section » désigne une chambre constituée par la Cour plénière pour une période déterminée en vertu de l'article 25 *b)* de la Convention, et l'expression « président de la section » désigne le juge élu président de ladite section par la Cour plénière en vertu de l'article 25 *c)* de la Convention ;

e) le terme « chambre » désigne une chambre de sept juges constituée en vertu de l'article 26 § 1 de la Convention, et l'expression « président de la chambre » désigne le juge présidant une telle « chambre » ;

f) le terme « comité » désigne un comité de trois juges constitué en application de l'article 26 § 1 de la Convention, et l'expression « président du comité » désigne le juge qui préside un tel comité ;

g) l'expression « formation de juge unique » désigne une formation constituée en application de l'article 26 § 1 de la Convention ;

h) le terme « Cour » désigne indifféremment la Cour plénière, la Grande Chambre, une section, une chambre, un comité, un juge unique ou le collège de cinq juges mentionné à l'article 43 § 2 de la Convention et à l'article 2 du Protocole n° 16 à la Convention ;

i) l'expression « juge *ad hoc* » désigne toute personne choisie en application de l'article 26 § 4 de la Convention et conformément à l'article 29 du présent règlement pour faire partie de la Grande Chambre ou d'une chambre ;

j) les termes « juge » et « juges » désignent les juges élus par l'Assemblée parlementaire du Conseil de l'Europe et les juges *ad hoc* ;

k) l'expression « juge rapporteur » désigne un juge nommé pour accomplir les tâches prévues aux articles 48 et 49 du présent règlement ;

(1) Tel que la Cour l'a modifié les 7 juillet 2003, 13 novembre 2006 et 19 septembre 2016.

l) le terme « rapporteur non judiciaire » désigne un membre du greffe chargé d'assister les formations de juge unique prévues à l'article 24 § 2 de la Convention ;

m) le terme « délégué » désigne un juge nommé par la chambre pour faire partie d'une délégation ; l'expression « chef de la délégation » désigne le délégué nommé par la chambre pour conduire sa délégation ;

n) le terme « délégation » désigne un organe composé de délégués, de membres du greffe et de toute autre personne nommée par la chambre pour assister la délégation ;

o) le terme « greffier » désigne, selon le contexte, le greffier de la Cour ou le greffier d'une section ;

p) les termes « partie » et « parties » désignent :

- les Parties contractantes requérantes ou défenderesses ;
- le requérant (personne physique, organisation non gouvernementale ou groupe de particuliers) qui a saisi la Cour au titre de l'article 34 de la Convention ;

q) l'expression « tiers intervenant » désigne toute Partie contractante ou toute personne concernée ou le Commissaire aux droits de l'Homme du Conseil de l'Europe qui, comme prévu à l'article 36 §§ 1, 2 et 3 de la Convention et à l'article 3 du Protocole n° 16, a exercé son droit de présenter des observations écrites et de prendre part à une audience, ou y a été invité ;

r) les termes « audience » et « audiences » désignent les débats consacrés à la recevabilité et/ou au fond d'une requête, à une demande de révision ou d'avis consultatif, à une demande d'interprétation introduite par une partie ou par le Comité des Ministres, ou à une question de manquement dont la Cour peut être saisie en vertu de l'article 46 § 4 de la Convention ;

s) l'expression « Comité des Ministres » désigne le Comité des Ministres du Conseil de l'Europe ;

t) les termes « ancienne Cour » et « Commission » désignent respectivement la Cour et la Commission européennes des droits de l'Homme créées en vertu de l'ancien article 19 de la Convention.

Titre I. – De l'organisation et du fonctionnement de la Cour

Chapitre I. – Des juges

Art. 2. – (1) *Calcul de la durée du mandat.* – 1. Lorsque le siège est vacant à la date de l'élection du juge, ou lorsque l'élection a lieu moins de trois mois avant que le siège ne devienne vacant, le mandat commence à courir à la date de la prise de fonctions, laquelle ne peut intervenir plus de trois mois après la date de l'élection.

2. Lorsque l'élection d'un juge a lieu plus de trois mois avant que le siège ne devienne vacant, le mandat commence à courir à la date à laquelle le siège devient vacant.

3. Conformément à l'article 23 § 3 de la Convention, le juge élu reste en fonctions jusqu'au moment où son successeur a prêté le serment ou fait la déclaration prévus à l'article 3 du présent règlement.

Art. 3. – *Serment ou déclaration solennelle.* – 1. Avant d'entrer en fonctions, tout juge élu doit, à la première séance de la Cour plénière à laquelle il assiste ou, en cas de besoin, devant le président de la Cour, prêter le serment ou faire la déclaration solennelle que voici :

« Je jure » – ou « Je déclare solennellement » – « que j'exercerai mes fonctions de juge avec honneur, indépendance et impartialité, et que j'observerai le secret des délibérations. »

2. Il en est dressé procès-verbal.

Art. 4. – (2) *Incompatibilités.* – 1. En vertu de l'article 21 § 3 de la Convention, les juges ne peuvent exercer pendant la durée de leur mandat aucune activité politique ou administrative ni aucune activité professionnelle incompatible avec leur devoir d'indépendance et d'impartialité ou avec la disponibilité requise par une activité exercée à plein temps. Chaque juge déclare au président de la Cour toute activité supplémentaire. En cas de désaccord entre ce dernier et l'intéressé, toute question soulevée est tranchée par la Cour plénière.

2. Un ancien juge ne peut représenter, à quelque titre que ce soit, une partie ou un tiers intervenant à une procédure devant la Cour portant sur une requête introduite avant la date à laquelle il a cessé d'exercer ses fonctions. Un ancien juge ne peut représenter, à quelque titre que ce soit, une partie ou un tiers intervenant à une

(1) Tel qu'amendé par la Cour les 13 novembre 2006 et 2 avril 2012.
(2) Tel qu'amendé par la Cour le 29 mars 2010.

ANNEXE 3

procédure devant la Cour portant sur une requête introduite après la date à laquelle il a cessé d'exercer ses fonctions qu'à l'expiration d'un délai de deux ans à compter de cette date.

Art. 5. – (1) *Préséance*. – 1. Les juges élus prennent rang après les président et vice-présidents de la Cour et les présidents des sections, suivant la date de leur prise de fonctions conformément à l'article 2 §§ 1 et 2 du présent règlement.

2. Les vice-présidents de la Cour élus à cette fonction le même jour prennent rang suivant la durée de leurs fonctions de juge. En cas d'égalité, ils prennent rang suivant leur âge. La même règle vaut pour les présidents des sections.

3. Les juges dont la durée de fonctions est la même prennent rang suivant leur âge.

4. Les juges *ad hoc* prennent rang suivant leur âge, après les juges élus.

Art. 6. – *Démission*. – La démission d'un juge est adressée au président de la Cour, qui la transmet au Secrétaire général du Conseil de l'Europe. Sous réserve de l'application des articles 24 § 4 *in fine* et 26 § 3 du présent règlement, elle emporte vacance de siège.

Art. 7. – *Révocation*. – Un juge ne peut être relevé de ses fonctions que si les autres juges, réunis en session plénière, décident, à la majorité des deux tiers des juges élus en fonctions, qu'il a cessé de répondre aux conditions requises. Il doit au préalable être entendu par la Cour plénière. Tout juge peut mettre en mouvement la procédure de révocation.

Chapitre II (2). – De la présidence de la Cour et du rôle du bureau

Art. 8. – (3) *Élection du président et des vice-présidents de la Cour et des présidents et vice-présidents des sections*. – 1. La Cour plénière élit son président et ses deux vice-présidents pour une période de trois ans et les présidents de section pour une période de deux ans, sans que ces périodes puissent excéder la durée du mandat de juge des intéressés.

2. Chaque section élit de même un vice-président pour une période de deux ans, sans que celle-ci puisse excéder la durée du mandat de juge des intéressés.

3. Un juge élu conformément aux paragraphes 1 ou 2 ci-dessus ne peut être réélu qu'une seule fois au même niveau de fonctions.

4. Les présidents et vice-présidents continuent d'exercer leurs fonctions jusqu'à l'élection de leurs successeurs.

5. Les élections visées au paragraphe 1 du présent article ont lieu au scrutin secret ; seuls y participent les juges élus présents. Si aucun candidat ne réunit la majorité absolue des suffrages exprimés, il est procédé à un ou plusieurs tours additionnels de scrutin jusqu'à ce qu'un candidat ait réuni la majorité absolue. À l'issue de chaque tour, tout candidat ayant recueilli moins de cinq voix sera éliminé. Si plus de deux candidats ayant obtenu au moins cinq voix restent encore en lice, celui ayant recueilli le plus petit nombre de voix sera également éliminé. Si plus d'un candidat se trouve dans cette situation, seul est éliminé le candidat qui vient en dernier dans l'ordre de préséance selon l'article 5 du présent règlement. En cas de partage des voix entre deux candidats lors du tour de scrutin final, préférence est donnée au juge qui a la préséance selon le même article 5.

6. Les règles fixées au paragraphe précédent s'appliquent aux élections visées au paragraphe 2 de cet article. Cependant, lorsque plus d'un tour de scrutin est nécessaire pour que l'un des candidats réunisse la majorité absolue, seul le candidat ayant reçu le plus petit nombre de voix sera éliminé à l'issue de chaque tour de scrutin.

Art. 9. – *Fonctions du président de la Cour*. – 1. Le président de la Cour dirige les travaux et les services de la Cour. Il représente la Cour et, notamment, en assure les relations avec les autorités du Conseil de l'Europe.

2. Il préside les séances plénières de la Cour, les séances de la Grande Chambre et celles du collège de cinq juges.

(1) Tel qu'amendé par la Cour le 14 mai 2007.

(2) Tel que la Cour l'a modifié le 7 juillet 2003.

(3) Tel que la Cour l'a modifié les 7 novembre 2005, 20 février 2012, 14 janvier 2013, 14 avril 2014, 1er juin 2015 et 19 septembre 2016.

3. Il ne participe pas à l'examen des affaires traitées par les chambres, sauf s'il est le juge élu au titre d'une Partie contractante concernée.

Art. 9 A. – (1) *Rôle du bureau.* – 1. *a)* La Cour se dote d'un bureau, composé du président et des vice-présidents de la Cour et des présidents de section. Lorsqu'un vice-président de la Cour ou un président de section est empêché d'assister à une réunion du bureau, il est remplacé par le vice-président de la section ou, à défaut, par le membre de la section qui prend rang immédiatement après lui, au sens de l'article 5 du présent règlement.

b) Le bureau peut convier à une de ses réunions tout autre membre de la Cour ou toute autre personne dont il juge la présence nécessaire.

2. Le bureau est assisté par le greffier et les greffiers adjoints.

3. Le bureau a pour tâche d'assister le président dans l'accomplissement de ses fonctions de direction du travail et des services de la Cour. À cet effet, le président peut lui soumettre toute question administrative ou extrajudiciaire relevant de sa compétence.

4. Le bureau facilite également la coordination entre les sections de la Cour.

5. Le président peut consulter le bureau avant d'émettre des instructions pratiques au sens de l'article 32 du présent règlement et avant d'approuver les instructions générales établies par le greffier au titre de l'article 17 § 4 du présent règlement.

6. Le bureau peut faire rapport sur toute question à la Cour plénière, qu'il peut également saisir de propositions.

7. Un compte rendu de chaque réunion du bureau est établi et distribué aux juges dans les deux langues officielles de la Cour. Le secrétaire du bureau est désigné par le greffier en accord avec le président.

Art. 10. – *Fonctions des vice-présidents de la Cour.* – Les vice-présidents de la Cour assistent le président de la Cour. Ils le remplacent en cas d'empêchement ou de vacance de la présidence, ou à sa demande. Ils font aussi fonction de présidents de section.

Art. 11. – *Remplacement du président et des vice-présidents de la Cour.* – En cas d'empêchement simultané du président et des vice-présidents de la Cour, ou en cas de vacance simultanée de leurs fonctions, la présidence est assumée par un des présidents de section ou, si aucun d'eux n'est disponible, par un autre juge élu, suivant l'ordre de préséance établi à l'article 5 du présent règlement.

Art. 12. – (2) *Présidence des sections et des chambres.* – Les présidents des sections président les séances de la section et des chambres dont ils font partie et dirigent le travail des sections. Les vice-présidents des sections les remplacent en cas d'empêchement ou de vacance de la présidence de la section, ou à la demande du président de la section. À défaut, les membres de la section et des chambres les remplacent, suivant l'ordre de préséance établi à l'article 5 du présent règlement.

Art. 13. – (3) *Incapacité d'exercice.* – Les membres de la Cour ne peuvent exercer la présidence dans une affaire où est partie une Partie contractante dont ils sont ressortissants ou au titre de laquelle ils ont été élus, ou dans une affaire où ils siègent en qualité de juge désigné au titre de l'article 29 § 1 *a)* ou de l'article 30 § 1 du présent règlement.

Art. 14. – *Représentation équilibrée des sexes.* – Dans les désignations régies par le présent chapitre et par le chapitre suivant, la Cour poursuit une politique visant à une représentation équilibrée des sexes.

Chapitre III. – Du greffe

Art. 15. – (4) *Élection du greffier.* 1. La Cour plénière élit son greffier. Les candidats doivent jouir de la plus haute considération morale et posséder les connaissances juridiques, administratives et linguistiques ainsi que l'expérience requises pour l'exercice des fonctions.

(1) Inséré par la Cour le 7 juillet 2003.
(2) Tel que la Cour l'a modifié les 17 juin et 8 juillet 2002.
(3) Tel que la Cour l'a modifié le 4 juillet 2005.
(4) Tel que la Cour l'a modifié le 14 avril 2014.

2. Le greffier est élu pour un mandat de cinq ans et est rééligible. Il ne peut être relevé de ses fonctions que si les juges, réunis en session plénière, décident, à la majorité des deux tiers des juges élus en fonctions, que l'intéressé a cessé de répondre aux conditions requises. Il doit au préalable être entendu par la Cour plénière. Tout juge peut mettre en mouvement la procédure de révocation.

3. Les élections visées au présent article ont lieu au scrutin secret ; seuls y participent les juges élus présents. Si aucun candidat ne réunit la majorité absolue des suffrages exprimés, il est procédé à un ou plusieurs tours additionnels de scrutin jusqu'à ce qu'un candidat ait réuni la majorité absolue. À l'issue de chaque tour, tout candidat ayant recueilli moins de cinq voix sera éliminé. Si plus de deux candidats ayant obtenu au moins cinq voix restent encore en lice, celui ayant recueilli le plus petit nombre de voix sera également éliminé. En cas de partage des voix lors d'un tour de scrutin supplémentaire, préférence est donnée d'abord à la candidate, s'il y en a une, et ensuite au candidat le plus âgé.

4. Avant d'entrer en fonctions, le greffier doit, devant la Cour plénière ou, en cas de besoin, devant le président de la Cour, prêter le serment ou faire la déclaration solennelle que voici :

« Je jure » – ou « Je déclare solennellement » – « que j'exercerai en toute loyauté, discrétion et conscience les fonctions qui m'ont été confiées en ma qualité de greffier de la Cour européenne des droits de l'Homme. »

Il en est dressé procès-verbal.

Art. 16. – (1) *Élection des greffiers adjoints.* – 1. La Cour plénière élit également un ou plusieurs greffiers adjoints dans les conditions, de la manière et pour la durée définies à l'article précédent. La procédure prévue pour la révocation du greffier s'applique également pour la révocation des greffiers adjoints. La Cour consulte au préalable le greffier.

2. Avant d'entrer en fonctions, un greffier adjoint doit, devant la Cour plénière ou, en cas de besoin, devant le président de la Cour, prêter un serment ou faire une déclaration semblables à ceux prévus pour le greffier. Il en est dressé procès-verbal.

Art. 17. – *Fonctions du greffier.* – 1. Le greffier assiste la Cour dans l'accomplissement de ses fonctions. Il est responsable de l'organisation et des activités du greffe, sous l'autorité du président de la Cour.

2. Il a la garde des archives de la Cour et sert d'intermédiaire pour les communications et notifications adressées à celle-ci, ou émanant d'elle, au sujet des affaires portées ou à porter devant elle.

3. Le greffier, sous réserve du devoir de discrétion attaché à ses fonctions, répond aux demandes de renseignements concernant l'activité de la Cour, notamment à celles de la presse.

4. Des instructions générales préparées par le greffier et approuvées par le président de la Cour règlent le fonctionnement du greffe.

Art. 18. – (2) *Organisation du greffe.* – 1. Le greffe se compose des greffes de section, en nombre égal à celui des sections constituées par la Cour, et des services nécessaires pour fournir à la Cour les prestations administratives et juridiques requises.

2. Le greffier de section assiste la section dans l'accomplissement de ses fonctions. Il peut être secondé par un greffier adjoint de section.

3. Les agents du greffe sont nommés par le greffier sous l'autorité du président de la Cour. La nomination du greffier et des greffiers adjoints est régie par les articles 15 et 16 du présent règlement.

Art. 18 A. – (3) *Rapporteurs non judiciaires.* – 1. Lorsqu'elle siège en formation de juge unique, la Cour est assistée de rapporteurs non judiciaires qui fonctionnent sous l'autorité du président de la Cour. Ils font partie du greffe de la Cour.

2. Les rapporteurs non judiciaires sont désignés par le président de la Cour sur proposition du greffier. Les greffiers de section et greffiers adjoints de section visés à l'article 18 § 2 du présent règlement font de droit fonction de rapporteurs non judiciaires.

(1) Tel que la Cour l'a modifié le 14 avril 2014.
(2) Tel que la Cour l'a modifié les 13 novembre 2006 et 2 avril 2012.
(3) Inséré par la Cour le 13 novembre 2006 et amendé le 14 janvier 2013.

Art. 18 B. – (1) *Jurisconsulte*. – Aux fins de la qualité et de la cohérence de sa jurisprudence, la Cour est assistée d'un jurisconsulte. Celui-ci fait partie du greffe. Il fournit des avis et des informations, notamment aux formations de jugement et aux membres de la Cour.

Chapitre IV. – Du fonctionnement de la Cour

Art. 19. – *Siège de la Cour*. – 1. Le siège de la Cour est fixé à Strasbourg, siège du Conseil de l'Europe. La Cour peut toutefois, lorsqu'elle le juge utile, exercer ses fonctions en d'autres lieux du territoire des États membres du Conseil de l'Europe.

2. La Cour peut décider, en tout état d'instruction d'une requête, qu'il est nécessaire qu'elle-même ou l'un ou plusieurs de ses membres procèdent à une enquête ou accomplissent toute autre tâche en d'autres lieux.

Art. 20. – *Sessions plénières de la Cour*. – 1. Sur convocation de son président, la Cour se réunit en session plénière chaque fois que l'exige l'exercice des fonctions lui incombant en vertu de la Convention et du présent règlement. Le président procède à pareille convocation si un tiers au moins des membres le demandent, et en tout cas une fois l'an pour l'examen de questions administratives.

2. Le quorum de deux tiers des juges élus en fonctions est exigé pour le fonctionnement de la Cour plénière.

3. Si le quorum n'est pas atteint, le président ajourne la séance.

Art. 21. – *Autres sessions de la Cour*. – 1. La Grande Chambre, les chambres et les comités siègent de façon permanente. Toutefois, sur proposition de son président, la Cour arrête chaque année les périodes de session.

2. En dehors desdites périodes, la Grande Chambre et les chambres peuvent être convoquées par leur président en cas d'urgence.

Art. 22. – *Délibérations*. – 1. La Cour délibère en chambre du conseil. Ses délibérations restent secrètes.

2. Seuls les juges prennent part aux délibérations. Sont présents dans la chambre du conseil le greffier ou la personne désignée pour le remplacer, ainsi que les autres agents du greffe et les interprètes dont l'assistance paraît nécessaire. Aucune autre personne ne peut y être admise qu'en vertu d'une décision spéciale de la Cour.

3. Avant tout vote sur une question soumise à la Cour, le président peut inviter les juges à exprimer leur opinion.

Art. 23. – *Votes*. – 1. Les décisions de la Cour sont prises à la majorité des voix des juges présents. En cas de partage des voix, le vote est renouvelé et, s'il y a toujours partage, la voix du président est prépondérante. Le présent paragraphe s'applique sauf disposition contraire du présent règlement.

2. Les décisions et arrêts de la Grande Chambre et des chambres sont adoptés à la majorité des juges effectifs. Les abstentions ne sont pas admises pour les votes définitifs portant sur la recevabilité ou sur le fond d'une affaire.

3. En règle générale, les votes s'effectuent à main levée. Le président peut décider de procéder à un vote sur appel nominal, dans l'ordre inverse de préséance.

4. Toute question devant être mise aux voix est formulée en termes précis.

Art. 23 A. – (2) *Décision par accord tacite*. – Lorsqu'il est nécessaire pour la Cour de trancher un point de procédure ou toute autre question en dehors d'une réunion programmée, le président peut donner instruction de faire circuler un projet de décision parmi les juges et de fixer à ceux-ci un délai pour la formulation d'observations. En l'absence de toute objection de la part des juges, la proposition est réputée avoir été adoptée à l'expiration dudit délai.

Chapitre V. – Des formations

Art. 24. – (3) *Composition de la Grande Chambre*. – 1. La Grande Chambre se compose de dix-sept juges et d'au moins trois juges suppléants.

(1) Inséré par la Cour le 23 juin 2014.
(2) Inséré par la Cour le 13 décembre 2004.
(3) Tel que la Cour l'a modifié les 8 décembre 2000, 13 décembre 2004, 4 juillet 2005, 7 novembre 2005, 29 mai 2006, 13 novembre 2006, 6 mai 2013 et 19 septembre 2016.

2. *a)* Font partie de la Grande Chambre le président et les vice-présidents de la Cour, ainsi que les présidents des sections. Lorsqu'un vice-président de la Cour ou le président d'une section ne peut siéger à la Grande Chambre, il est remplacé par le vice-président de la section concernée.

b) Le juge élu au titre d'une Partie contractante concernée ou, le cas échéant, le juge désigné en vertu des articles 29 ou 30 du présent règlement est membre de droit de la Grande Chambre, conformément à l'article 26 §§ 4 et 5 de la Convention.

c) Dans les affaires qui lui sont déférées en vertu de l'article 30 de la Convention, la Grande Chambre comprend également les membres de la chambre s'étant dessaisie.

d) Dans les affaires qui lui sont déférées en vertu de l'article 43 de la Convention, la Grande Chambre ne comprend aucun juge ayant siégé dans la chambre qui a rendu l'arrêt concernant l'affaire ainsi renvoyée, à l'exception du président de cette chambre et du juge ayant siégé au titre de l'État partie intéressé, ni aucun juge ayant siégé dans la chambre ou les chambres s'étant prononcées sur la recevabilité de la requête.

e) Les juges et juges suppléants appelés à compléter la Grande Chambre chaque fois qu'une affaire lui est déférée sont désignés parmi les juges restants au moyen d'un tirage au sort effectué par le président de la Cour en présence du greffier. Les modalités du tirage au sort sont fixées par la Cour plénière, qui veille à ce que soit assurée une composition géographiquement équilibrée et reflétant la diversité des systèmes juridiques existant dans les Parties contractantes.

f) Pour l'examen d'une demande soumise au titre de l'article 46 § 4 de la Convention, la Grande Chambre comprend, outre les juges visés au paragraphe 2 *a)* et *b)* du présent article, les membres du comité ou de la chambre ayant rendu l'arrêt en cause. Si celui-ci a été rendu par une Grande Chambre, elle est composée des mêmes juges que cette dernière. Dans tous les cas, y compris ceux où il n'est pas possible de réunir la Grande Chambre initiale, les juges et juges suppléants appelés à compléter la Grande Chambre sont désignés conformément au paragraphe 2 *e)* du présent article.

g) Lorsqu'elle examine une demande d'avis consultatif au titre de l'article 47 de la Convention, la Grande Chambre est constituée conformément aux dispositions du paragraphe 2 *a)* et *e)* du présent article.

h) Lorsqu'elle examine une demande d'avis consultatif soumise en vertu du Protocole n° 16 à la Convention, la Grande Chambre est constituée conformément aux dispositions du paragraphe 2 *a)*, *b)* et *e)* du présent article.

3. Si des juges ne peuvent siéger, ils sont remplacés par les juges suppléants suivant l'ordre de désignation prévu au paragraphe 2 *e)* du présent article.

4. Les juges et juges suppléants désignés conformément aux dispositions précitées siègent jusqu'à l'achèvement de la procédure. Leur mandat expiré, ils continuent de participer à l'examen de l'affaire s'ils en ont déjà connu au fond. Ces dispositions s'appliquent également à la procédure relative aux avis consultatifs.

5. *a)* Le collège de cinq juges de la Grande Chambre appelé à examiner une demande présentée en vertu de l'article 43 de la Convention se compose :

– du président de la Cour ; si le président de la Cour se trouve empêché, il est remplacé par le vice-président ayant la préséance ;

– de deux présidents de section désignés par rotation ; si un président de section ainsi désigné se trouve empêché, il est remplacé par le vice-président de sa section ;

– de deux juges désignés par rotation parmi les juges élus au sein des sections restantes pour siéger au collège pour une période de six mois ;

– d'au moins deux juges suppléants désignés par rotation parmi les juges élus au sein des sections pour siéger au collège pour une période de six mois.

b) Lorsqu'il examine une demande de renvoi, le collège ne comporte aucun juge ayant pris part à l'examen de la recevabilité ou du fond de l'affaire en question.

c) Un juge élu au titre d'une Partie contractante concernée par une demande de renvoi ou ressortissant d'une telle partie ne peut siéger au collège lorsque celui-ci examine la demande. De même, un juge élu désigné en vertu des articles 29 ou 30 du présent règlement ne peut participer à l'examen de la demande.

d) Si un membre du collège se trouve empêché pour l'un des motifs visés aux alinéas *b)* ou *c)*, il est remplacé par un juge suppléant désigné par rotation parmi les juges élus au sein des sections pour siéger au collège pour une période de six mois.

e) Lorsqu'il est saisi d'une demande d'avis consultatif soumise en vertu de l'article 1 du Protocole n° 16 à la Convention, le collège est composé conformément aux dispositions de l'article 93 du présent règlement.

Art. 25. – *Constitution des sections.* – 1. Les chambres prévues à l'article 25 *b)* de la Convention (et dénommées « sections » dans le présent règlement) sont constituées par la Cour plénière, sur proposition du président, pour une période de trois ans à compter de l'élection des titulaires de fonctions présidentielles visés à l'article 8 du présent règlement. Il y a au moins quatre sections.

2. Chaque juge est membre d'une section. La composition des sections doit être équilibrée tant du point de vue géographique que du point de vue de la représentation des sexes et tenir compte des différents systèmes juridiques existant dans les Parties contractantes.

3. Lorsqu'un juge cesse de faire partie de la Cour avant l'échéance de la période pour laquelle la section a été constituée, son successeur à la Cour le remplace comme membre de la section.

4. Le président de la Cour peut exceptionnellement procéder à des modifications dans la composition des sections si les circonstances le requièrent.

5. Sur proposition du président, la Cour plénière peut constituer une section supplémentaire.

Art. 26. – (1) *Constitution des chambres.* – 1. Les chambres de sept juges prévues à l'article 26 § 1 de la Convention pour examiner les affaires portées devant la Cour sont constituées comme suit à partir des sections.

a) Sous réserve du paragraphe 2 du présent article et de l'article 28 § 4, dernière phrase, du présent règlement, la chambre comprend pour chaque affaire le président de la section et le juge élu au titre de toute Partie contractante concernée. Si ce dernier n'est pas membre de la section à laquelle la requête a été attribuée conformément aux articles 51 ou 52 du présent règlement, il siège comme membre de droit de la chambre, conformément à l'article 26 § 4 de la Convention. L'article 29 du présent règlement s'applique si ledit juge ne peut siéger ou se déporte.

b) Les autres membres de la chambre sont désignés par le président de la section, par rotation, parmi les membres de la section.

c) Les membres de la section qui ne sont pas désignés de la sorte siègent dans l'affaire en qualité de suppléants.

2. Le juge élu au titre de toute Partie contractante concernée, ou, le cas échéant, le juge élu ou *ad hoc* désigné conformément aux articles 29 ou 30 du présent règlement, peut être dispensé par le président de la chambre d'assister aux réunions consacrées aux questions préparatoires ou procédurales. Aux fins de pareilles réunions, le premier juge suppléant siégera.

3. Même après la fin de son mandat, le juge continue de connaître des affaires pour lesquelles il a pris part à l'examen au fond.

Art. 27. – (2) *Comités.* – 1. Des comités de trois juges appartenant à la même section sont constitués, en application de l'article 26 § 1 de la Convention. Après avoir consulté les présidents des sections, le président de la Cour décide du nombre de comités à créer.

2. Les comités sont constitués pour une période de douze mois, par rotation parmi les membres de chaque section autres que le président.

3. Les membres de la section, y compris le président de la section, qui ne sont pas membres d'un comité peuvent, s'il y a lieu, être appelés à siéger. Ils peuvent également remplacer des membres empêchés de siéger.

4. Le comité est présidé par le membre qui a la préséance au sein de la section.

Art. 27 A. – (3) *Formation de juge unique.* – 1. Des juges uniques sont institués en application de l'article 26 § 1 de la Convention. Après avoir consulté le bureau, le président de la Cour décide du nombre de juges uniques à créer et procède aux désignations requises au titre d'une ou plusieurs Parties contractantes.

2. Siègent également comme juges uniques :

a) les présidents de section lorsqu'ils exercent les compétences qui leur sont dévolues par l'article 54 §§ 2 *b)* et 3 du présent règlement ;

b) les vice-présidents de section désignés pour statuer sur les demandes de mesures provisoires conformément à l'article 39 § 4 du présent règlement.

(1) Tel que la Cour l'a modifié les 17 juin et 8 juillet 2002 et 6 mai 2013.
(2) Tel que la Cour l'a modifié les 13 novembre 2006 et 16 novembre 2009.
(3) Inséré par la Cour le 13 novembre 2006 et modifié les 14 janvier 2013 et 9 septembre 2019.

3. Conformément à l'article 26 § 3 de la Convention, un juge ne peut statuer en qualité de juge unique sur une requête dirigée contre la Partie contractante au titre de laquelle il a été élu. En outre, un juge ne peut statuer en qualité de juge unique sur une requête dirigée contre une Partie contractante dont il est ressortissant.

4. Les juges uniques sont désignés pour une période de douze mois. Ils continuent d'assumer leurs autres tâches au sein des sections dont ils sont membres conformément à l'article 25 § 2 du présent règlement.

5. En application de l'article 24 § 2 de la Convention, chaque juge unique, lorsqu'il statue, est assisté d'un rapporteur non judiciaire.

Art. 28. – (1) *Empêchement, déport ou dispense.* – 1. Tout juge empêché de participer aux séances pour lesquelles il est convoqué en fait part, dans le plus bref délai, au président de la chambre.

2. Aucun juge ne peut participer à l'examen d'une affaire :

a) s'il a un intérêt personnel dans celle-ci, du fait par exemple d'un lien conjugal ou parental, d'un autre lien de proche parenté, d'un lien personnel ou professionnel étroit, ou d'un lien de subordination avec l'une quelconque des parties ;

b) s'il est antérieurement intervenu dans l'affaire, soit comme agent, conseil ou conseiller d'une partie ou d'une personne ayant un intérêt dans l'affaire, soit, au niveau national ou au niveau international, comme membre d'une autre juridiction ou commission d'enquête, ou à tout autre titre ;

c) s'il s'engage, alors qu'il est juge *ad hoc* ou ancien juge élu continuant à siéger au titre de l'article 26 § 3 du présent règlement, dans une activité politique ou administrative, ou dans une activité professionnelle incompatible avec son indépendance ou son impartialité ;

d) s'il a exprimé en public, par le truchement des médias, par écrit, par des actions publiques ou par tout autre moyen, des opinions qui sont objectivement de nature à nuire à son impartialité ;

e) si, pour quelque autre raison que ce soit, son indépendance ou son impartialité peuvent légitimement être mises en doute.

3. Si un juge se déporte pour l'une desdites raisons, il en informe le président de la chambre, qui le dispense de siéger.

4. Si le juge concerné ou le président de la chambre hésitent sur l'existence ou non de l'une des causes de déport énumérées au paragraphe 2 du présent article, la chambre décide. Elle entend le juge concerné, puis délibère et vote hors sa présence. Aux fins des délibérations et vote en question, l'intéressé est remplacé par le premier juge suppléant de la chambre. Il en va de même s'il siège au titre d'une Partie contractante concernée conformément aux articles 29 et 30 du présent règlement.

5. Les dispositions ci-dessus s'appliquent également aux juges appelés à siéger comme juges uniques ou dans un comité, étant entendu que la notification visée aux paragraphes 1 et 3 est adressée au président de la section.

Art. 29. – (2) Juges *ad hoc*. – 1. *a)* Si le juge élu au titre d'une Partie contractante concernée se trouve empêché de siéger dans une chambre, se déporte ou est dispensé, ou si pareil juge fait défaut, le président de la chambre désigne un juge *ad hoc* pouvant participer à l'examen de l'affaire conformément à l'article 28 du présent règlement à partir d'une liste préalablement soumise par la Partie contractante et contenant les noms de trois à cinq personnes remplissant les critères fixés au paragraphe 1 c) du présent article et désignées par elle comme pouvant servir en qualité de juge *ad hoc* pour une période renouvelable de quatre ans.

La liste, où les deux sexes doivent figurer, doit être accompagnée d'une notice biographique des personnes qui la composent. Celles-ci ne peuvent représenter, à quelque titre que ce soit, une partie ou un tiers intervenant devant la Cour.

b) La procédure décrite au paragraphe 1 *a)* du présent article s'applique si la personne ainsi désignée se trouve empêchée ou se déporte.

c) Un juge *ad hoc* doit posséder les qualifications requises par l'article 21 § 1 de la Convention et être à même de satisfaire aux exigences de disponibilité et de présence énoncées au paragraphe 5 du présent article. Pendant

(1) Tel que la Cour l'a modifié les 17 juin et 8 juillet 2002, 13 décembre 2004, 13 novembre 2006 et 6 mai 2013.

(2) Tel que la Cour l'a modifié les 17 juin et 8 juillet 2002, 13 novembre 2006, 29 mars 2010 et 6 mai 2013, 19 septembre 2016, 16 avril 2018 et 3 juin 2019.

la durée de son mandat, un juge *ad hoc* ne peut représenter, à quelque titre que ce soit, une partie ou un tiers intervenant devant la Cour.

2. Le président de la chambre désigne un autre juge élu pour siéger en qualité de juge *ad hoc* lorsque :

a) au moment de la communication de la requête au titre de l'article 54 § 2 *b)* du règlement, la Partie contractante concernée n'avait pas fourni au greffier la liste visée au paragraphe 1 *a)* du présent article ; ou

b) il estime que moins de trois des personnes indiquées dans la liste répondent aux conditions fixées au paragraphe 1 *c)* du présent article.

3. Le président de la chambre peut décider de ne désigner un juge *ad hoc* conformément au paragraphe 1 *a)* ou 2 du présent article qu'au moment où connaissance de la requête sera donnée à la Partie contractante en vertu de l'article 54 § 2 *b)* du présent règlement. Dans l'attente de la décision du président de la chambre, c'est le premier juge suppléant qui siège.

4. Au début de la première séance consacrée à l'examen de l'affaire après sa désignation, le juge *ad hoc* prête le serment ou fait la déclaration solennelle prévus à l'article 3 du présent règlement. Il en est dressé procès-verbal.

5. Les juges *ad hoc* doivent se tenir à la disposition de la Cour et, sous réserve de l'article 26 § 2 du présent règlement, assister aux réunions de la chambre.

6. Les dispositions du présent article s'appliquent *mutatis mutandis* à la procédure suivie devant un collège de la Grande Chambre relativement à une demande d'avis consultatif soumise en vertu de l'article 1 du Protocole n° 16 à la Convention et à la procédure suivie devant la Grande Chambre constituée pour examiner les demandes acceptées par le collège.

Art. 30. – (1) *Communauté d'intérêt.* – 1. Si deux ou plusieurs Parties contractantes requérantes ou défenderesses ont un intérêt commun, le président de la chambre peut les inviter à s'entendre pour ne désigner, en qualité de juge de la communauté d'intérêt, qu'un seul des juges élus à leur titre, qui sera appelé à siéger de droit ; à défaut d'accord, il tire au sort parmi les juges proposés celui qui siégera en qualité de juge de la communauté d'intérêt.

2. Le président de la chambre peut décider de n'inviter les Parties contractantes concernées à procéder à la désignation visée au paragraphe 1 du présent article qu'une fois la requête portée à la connaissance des Parties contractantes défenderesses conformément à l'article 54 § 2 du présent règlement.

3. En cas de contestation sur l'existence d'une communauté d'intérêt ou sur toute autre question connexe, la chambre décide, au besoin après avoir recueilli les observations écrites des Parties contractantes concernées.

Titre II. – Procédure

Chapitre I. – Règles générales

Art. 31. – *Possibilité de dérogations particulières.* – Les dispositions du présent titre ne font pas obstacle à ce que la Cour y déroge pour l'examen d'une affaire particulière après avoir consulté les parties en tant que de besoin.

Art. 32. – *Instructions pratiques.* – Le président de la Cour peut édicter des instructions pratiques, notamment en rapport avec des questions telles que la comparution aux audiences et le dépôt d'observations écrites ou d'autres documents.

Art. 33. – (2) *Publicité des documents.* – 1. Tous les documents déposés au greffe par les parties ou par des tiers intervenants en rapport avec une requête, à l'exception de ceux soumis dans le cadre de négociations menées en vue de parvenir à un règlement amiable comme le prévoit l'article 62 du présent règlement, sont accessibles au public, selon les modalités pratiques édictées par le greffier, à moins que le président de la

(1) Tel que la Cour l'a modifié le 7 juillet 2003.

(2) Tel que la Cour l'a modifié les 17 juin, 8 juillet 2002, 7 juillet 2003, 4 juillet 2005, 13 novembre 2006, 4 mai 2007 et 4 novembre 2019.

chambre n'en décide autrement pour les raisons indiquées au paragraphe 2 du présent article, soit d'office, soit à la demande d'une partie ou de toute autre personne intéressée.

2. L'accès du public à un document ou à une partie d'un document peut être restreint dans l'intérêt de la moralité, de l'ordre public ou de la sécurité nationale dans une société démocratique lorsque les intérêts des mineurs ou la protection de la vie privée des parties ou de toute personne concernée l'exigent, ou, dans la mesure jugée strictement nécessaire par le président de la chambre, lorsque, dans des circonstances spéciales, la publicité serait de nature à porter atteinte aux intérêts de la justice.

3. Toute demande de confidentialité formulée au titre du paragraphe 1 du présent article doit être motivée et préciser si elle vise tous les documents ou seulement une partie d'entre eux.

Art. 34. – (1) *Emploi des langues.* – 1. Les langues officielles de la Cour sont le français et l'anglais.

2. Lorsqu'une requête est introduite au titre de l'article 34 de la Convention, toutes communications avec le requérant ou son représentant et toutes observations orales ou écrites soumises par le requérant ou son représentant, si elles ne se font pas ou ne sont pas rédigées dans l'une des langues officielles de la Cour, doivent se faire ou être rédigées dans l'une des langues officielles des Parties contractantes tant que la requête n'a pas été portée à la connaissance d'une Partie contractante en vertu du présent règlement. Si une Partie contractante est informée d'une requête ou si une requête est portée à sa connaissance en vertu du présent règlement, la requête et ses annexes doivent lui être communiquées dans la langue dans laquelle le requérant les a déposées au greffe.

3. *a)* Toutes communications avec le requérant ou son représentant et toutes observations orales ou écrites soumises par le requérant ou son représentant et se rapportant à une audience, ou intervenant après que la requête a été portée à la connaissance d'une Partie contractante, doivent se faire ou être rédigées dans l'une des langues officielles de la Cour, sauf si le président de la chambre donne l'autorisation de continuer à employer la langue officielle d'une Partie contractante.

b) Si pareille autorisation est accordée, le greffier prend les dispositions nécessaires en vue de l'interprétation ou de la traduction, intégrale ou partielle, en français ou en anglais des observations orales ou écrites du requérant lorsque le président de la chambre juge pareille mesure dans l'intérêt de la bonne conduite de la procédure.

c) Exceptionnellement, le président de la chambre peut subordonner l'octroi de l'autorisation à la condition que le requérant supporte tout ou partie des frais ainsi occasionnés.

d) Sauf décision contraire du président de la chambre, toute décision prise en vertu des dispositions ci-dessus du présent paragraphe demeure applicable à toutes les phases ultérieures de la procédure, y compris à celles entraînées par l'introduction d'une demande de renvoi de l'affaire à la Grande Chambre ou d'une demande en interprétation ou en révision de l'arrêt au sens respectivement des articles 73, 79 et 80 du présent règlement.

4. *a)* Toutes communications avec une Partie contractante qui est partie au litige et toutes observations orales ou écrites émanant d'une telle partie doivent se faire ou être rédigées dans l'une des langues officielles de la Cour. Le président de la chambre peut autoriser la Partie contractante concernée à employer sa langue officielle ou l'une de ses langues officielles pour ses observations, orales ou écrites.

b) Si pareille autorisation est accordée, la partie qui l'a sollicitée doit :

i. déposer une traduction française ou anglaise de ses observations écrites dans un délai qu'il appartient au président de la chambre de fixer, le greffier conservant la possibilité de prendre les dispositions nécessaires pour faire traduire le document aux frais de la Partie demanderesse si cette dernière n'a pas fourni la traduction dans le délai imparti ;

ii. assumer les frais afférents à l'interprétation en français ou en anglais de ses observations orales, le greffier se chargeant de prendre les dispositions nécessaires pour assurer cette interprétation.

c) Le président de la chambre peut enjoindre à une Partie contractante qui est partie au litige de fournir dans un délai déterminé une traduction ou un résumé en français ou en anglais de l'ensemble ou de certaines des annexes à ses observations écrites ou de toute autre pièce pertinente, ou d'extraits de ces documents.

d) Les alinéas ci-dessus du présent paragraphe s'appliquent aussi, *mutatis mutandis*, aux tierces interventions au titre de l'article 44 du présent règlement et à l'emploi d'une langue non officielle par un tiers intervenant.

(1) Tel que la Cour l'a modifié le 13 décembre 2004 et 19 septembre 2016.

5. Le président de la chambre peut inviter la Partie contractante défenderesse à fournir une traduction de ses observations écrites dans sa langue officielle ou dans une de ses langues officielles, afin d'en faciliter la compréhension par le requérant.

6. Tout témoin, expert ou autre personne comparaissant devant la Cour peut employer sa propre langue s'il n'a une connaissance suffisante d'aucune des deux langues officielles. Dans ce cas, le greffier prend les dispositions nécessaires en vue de l'interprétation et de la traduction.

7. La demande d'avis consultatif soumise à la Cour par une juridiction en vertu de l'article 1 du Protocole n° 16 à la Convention, et dans le respect des conditions décrites à l'article 92 du présent règlement, peut être formulée dans la langue nationale officielle employée dans la procédure interne. Si la langue en question n'est pas l'une des langues officielles de la Cour, une traduction en anglais ou en français de la demande doit être déposée dans un délai qu'il appartient au président de la Cour de fixer.

Art. 35. – *Représentation des Parties contractantes.* – Les Parties contractantes sont représentées par des agents, qui peuvent se faire assister par des conseils ou conseillers.

Art. 36. – (1) *Représentation des requérants.* – 1. Les personnes physiques, organisations non gouvernementales et groupes de particuliers visés à l'article 34 de la Convention peuvent initialement soumettre des requêtes en agissant soit par eux-mêmes, soit par l'intermédiaire d'un représentant.

2. Une fois la requête notifiée à la Partie contractante défenderesse comme prévu à l'article 54 § 2 *b)* du présent règlement, le requérant doit être représenté conformément au paragraphe 4 du présent article, sauf décision contraire du président de la chambre.

3. Le requérant doit être ainsi représenté à toute audience décidée par la chambre, sauf si le président de la chambre autorise exceptionnellement le requérant à présenter sa cause lui-même, sous réserve, au besoin, qu'il soit assisté par un conseil ou par un autre représentant agréé.

4. *a)* Le représentant agissant pour le compte du requérant en vertu des paragraphes 2 et 3 du présent article doit être un conseil habilité à exercer dans l'une quelconque des Parties contractantes et résidant sur le territoire de l'une d'elles, ou une autre personne agréée par le président de la chambre.

b) Dans des circonstances exceptionnelles et à tout moment de la procédure, le président de la chambre peut, lorsqu'il considère que les circonstances ou la conduite du conseil ou de l'autre personne désignés conformément à l'alinéa précédent le justifient, décider que ce conseil ou cette personne ne peut plus représenter ou assister le requérant et que celui-ci doit chercher un autre représentant.

5. *a)* Le conseil ou l'autre représentant agréé du requérant, ou ce dernier s'il demande à pouvoir assumer lui-même la défense de ses intérêts, doivent, même s'ils obtiennent l'autorisation visée à l'alinéa *b)* ci-dessous, avoir une compréhension suffisante de l'une des langues officielles de la Cour.

b) S'ils n'ont pas une aisance suffisante pour s'exprimer dans l'une des langues officielles de la Cour, le président de la chambre peut, en vertu de l'article 34 § 3 du présent règlement, leur accorder l'autorisation d'employer l'une des langues officielles des Parties contractantes.

Art. 37. – (2) *Communications, notifications et citations.* – 1. Les communications et notifications adressées aux agents ou conseils des parties sont réputées adressées aux parties.

2. Si, pour une communication, notification ou citation destinée à des personnes autres que les agents ou conseils des parties, la Cour estime requis le concours du gouvernement de l'État sur le territoire duquel la communication, notification ou citation doit produire effet, le président de la Cour s'adresse directement à ce gouvernement pour obtenir les facilités nécessaires.

Art. 38. – *Observations écrites.* – 1. Il ne peut être déposé d'observations écrites ou d'autres documents que dans le délai fixé par le président de la chambre ou par le juge rapporteur, selon le cas, conformément au présent règlement. Les observations écrites ou autres documents déposés en dehors de ce délai ou en méconnaissance d'une instruction pratique édictée au titre de l'article 32 du présent règlement ne peuvent être versés au dossier, sauf décision contraire du président de la chambre.

(1) Tel que la Cour l'a modifié le 7 juillet 2003.
(2) Tel que la Cour l'a modifié le 7 juillet 2003.

2. C'est la date certifiée de l'envoi du document ou, à défaut, la date de réception au greffe qui est prise en compte pour le calcul du délai visé au paragraphe 1 du présent article.

Art. 38 A. – (1) *Examen des questions de procédure.* – Les questions de procédure nécessitant une décision de la chambre sont traitées au moment de l'examen de l'affaire, sauf décision contraire du président de la chambre.

Art. 39. – (2) *Mesures provisoires.* – 1. La chambre ou, le cas échéant, le président de la section ou un juge de permanence désigné conformément au paragraphe 4 du présent article peuvent, soit à la demande d'une partie ou de toute autre personne intéressée, soit d'office, indiquer aux parties toute mesure provisoire qu'ils estiment devoir être adoptée dans l'intérêt des parties ou du bon déroulement de la procédure.

2. Le cas échéant, le Comité des Ministres est immédiatement informé des mesures adoptées dans une affaire.

3. La chambre ou, le cas échéant, le président de la section ou un juge de permanence désigné conformément au paragraphe 4 du présent article peuvent inviter les parties à leur fournir des informations sur toute question relative à la mise en œuvre des mesures provisoires indiquées.

4. Le président de la Cour peut désigner des vice-présidents de section comme juges de permanence pour statuer sur les demandes de mesures provisoires.

Art. 40. – *Communication en urgence d'une requête.* – En cas d'urgence, toutes autres mesures de procédure étant réservées, le greffier peut, avec l'autorisation du président de la chambre et par tout moyen disponible, informer une Partie contractante concernée de l'introduction d'une requête et de l'objet sommaire de celle-ci.

Art. 41. – (3) *Ordre de traitement des requêtes.* – Pour déterminer l'ordre dans lequel les affaires doivent être traitées, la Cour tient compte de l'importance et de l'urgence des questions soulevées, sur la base de critères définis par elle. La chambre et son président peuvent toutefois déroger à ces critères et réserver un traitement prioritaire à une requête particulière.

Art. 42 *(Ancien article 43).* – *Jonction et examen simultané de requêtes.* – 1. La chambre peut, à la demande des parties ou d'office, ordonner la jonction de deux ou plusieurs requêtes.

2. Le président de la chambre peut, après avoir consulté les parties, ordonner qu'il soit procédé simultanément à l'instruction de requêtes attribuées à la même chambre, sans préjuger la décision de la chambre sur la jonction des requêtes.

Art. 43 *(Ancien article 44).* – (4) *Radiation du rôle et réinscription au rôle.* – 1. À tout moment de la procédure, la Cour peut décider de rayer une requête du rôle dans les conditions de l'article 37 de la Convention.

2. Lorsqu'une Partie contractante requérante fait connaître au greffier son intention de se désister, la chambre peut rayer la requête du rôle de la Cour conformément à l'article 37 de la Convention si l'autre Partie contractante ou les autres Parties contractantes concernées par l'affaire acceptent le désistement.

3. En cas de règlement amiable au sens de l'article 39 de la Convention, la Cour raye la requête du rôle par la voie d'une décision. Conformément à l'article 39 § 4 de la Convention, cette décision est transmise au Comité des Ministres, qui surveille l'exécution des termes du règlement amiable tels qu'ils figurent dans la décision. Dans les autres cas prévus par l'article 37 de la Convention, la requête est rayée du rôle par la voie d'un arrêt si elle a été déclarée recevable, ou par la voie d'une décision si elle n'a pas été déclarée recevable. Dans le cas où la requête est rayée du rôle par la voie d'un arrêt, une fois celui-ci devenu définitif le président de la chambre le communique au Comité des Ministres pour lui permettre de surveiller, conformément à l'article 46 § 2 de la Convention, l'exécution des engagements auxquels ont pu être subordonnés le désistement ou la solution du litige.

(1) Inséré par la Cour les 17 juin et 8 juillet 2002.
(2) Tel que la Cour l'a modifié les 4 juillet 2005, 16 janvier 2012 et 14 janvier 2013.
(3) Tel que la Cour l'a modifié les 17 juin, 8 juillet 2002 et 29 juin 2009.
(4) Tel que la Cour l'a modifié les 17 juin, 8 juillet 2002, 7 juillet 2003, 13 novembre 2006 et 2 avril 2012.

4. Lorsqu'une requête a été rayée du rôle en vertu de l'article 37 de la Convention, les dépens sont laissés à l'appréciation de la Cour. S'ils sont alloués par une décision rayant du rôle une requête qui n'a pas été déclarée recevable, le président de la chambre transmet la décision au Comité des Ministres.

5. Lorsqu'une requête a été rayée du rôle en vertu de l'article 37 de la Convention, la Cour peut décider sa réinscription au rôle si elle estime que des circonstances exceptionnelles le justifient.

Art. 44. – (1) *Tierce intervention.* – 1. *a)* Lorsqu'une requête introduite en vertu de l'article 33 ou de l'article 34 de la Convention est portée à la connaissance de la Partie contractante défenderesse en vertu de l'article 51 § 1 ou de l'article 54 § 2 *b)* du présent règlement, le greffier communique en même temps une copie de la requête à toute autre Partie contractante dont un ressortissant est requérant dans la cause. Il notifie aussi, le cas échéant, à pareille Partie contractante la décision de tenir une audience dans la cause.

b) Si une Partie contractante souhaite exercer le droit que lui reconnaît l'article 36 § 1 de la Convention de présenter des observations écrites ou de prendre part à une audience, elle doit en aviser le greffier par écrit au plus tard douze semaines après la communication ou la notification visées à l'alinéa qui précède. Le président de la chambre peut, à titre exceptionnel, fixer un autre délai.

2. Si le Commissaire aux droits de l'Homme du Conseil de l'Europe souhaite exercer le droit que lui reconnaît l'article 36 § 3 de la Convention de présenter des observations écrites ou de prendre part à une audience, il doit en aviser le greffier par écrit au plus tard douze semaines après la communication de la requête à la Partie contractante défenderesse ou de la notification à celle-ci de la décision de tenir une audience. Le président de la chambre peut, à titre exceptionnel, fixer un autre délai.

Pour le cas où le Commissaire aux droits de l'Homme ne pourrait pas participer lui-même à la procédure devant la Cour, il indiquera le nom du ou des membres de son bureau qu'il aura désignés pour le représenter. Il pourra se faire assister par un conseil.

3. *a)* Une fois la requête portée à la connaissance de la Partie contractante défenderesse en vertu des articles 51 § 1 ou 54 § 2 *b)* du présent règlement, le président de la chambre peut, dans l'intérêt d'une bonne administration de la justice, comme le prévoit l'article 36 § 2 de la Convention, inviter ou autoriser toute Partie contractante non partie à la procédure, ou toute personne intéressée autre que le requérant, à soumettre des observations écrites ou, dans des circonstances exceptionnelles, à prendre part à l'audience.

b) Les demandes d'autorisation à cette fin doivent être dûment motivées et soumises par écrit dans l'une des langues officielles, comme l'exige l'article 34 § 4 du présent règlement, au plus tard douze semaines après que la requête a été portée à la connaissance de la Partie contractante défenderesse. Le président de la chambre peut, à titre exceptionnel, fixer un autre délai.

4. *a)* Dans les affaires qui doivent être examinées par la Grande Chambre, les délais prescrits aux paragraphes précédents courent à compter de la notification aux parties de la décision adoptée par la chambre en vertu de l'article 72 § 1 du présent règlement de se dessaisir en faveur de la Grande Chambre, ou de la décision adoptée par le collège de la Grande Chambre en vertu de l'article 73 § 2 du présent règlement d'accueillir la demande de renvoi devant la Grande Chambre soumise par une partie.

b) Les délais fixés au présent article peuvent exceptionnellement être prorogés par le président de la chambre si des arguments suffisants sont avancés pour justifier pareille mesure.

5. L'invitation ou l'autorisation mentionnées au paragraphe 3 *a)* du présent article sont assorties de conditions, y compris de délai, fixées par le président de la chambre. En cas de non-respect de ces conditions, le président peut décider de ne pas verser les observations au dossier ou de limiter la participation à l'audience dans la mesure qu'il juge appropriée.

6. Les observations écrites soumises au titre du présent article doivent être rédigées dans l'une des langues officielles, comme le prévoit l'article 34 § 4 du présent règlement. Le greffier les transmet aux parties, qui, sous réserve des conditions, y compris de délai, fixées par le président de la chambre, sont autorisées à y répondre par écrit ou, le cas échéant, à l'audience.

7. Les dispositions du présent article s'appliquent mutatis mutandis à la procédure suivie lorsqu'il s'agit pour la Grande Chambre de rendre un avis consultatif au titre de l'article 2 du Protocole n° 16 à la Convention. Le président de la Grande Chambre fixe les délais impartis aux tiers intervenants.

(1) Tel que la Cour l'a modifié les 7 juillet 2003, 13 novembre 2006 et 19 septembre 2016.

Art. 44 A. – (1) *Obligation de coopérer avec la Cour.* – Les parties ont l'obligation de coopérer pleinement à la conduite de la procédure et, en particulier, de prendre les dispositions en leur pouvoir que la Cour juge nécessaires à la bonne administration de la justice. Cette obligation s'applique également, le cas échéant, aux Parties contractantes qui ne sont pas parties à la procédure.

Art. 44 B. – (2) *Non-respect d'une ordonnance de la Cour.* – Lorsqu'une partie ne se conforme pas à une ordonnance de la Cour relative à la conduite de la procédure, le président de la chambre peut prendre toute mesure qu'il juge appropriée.

Art. 44 C. – (3) *Défaut de participation effective.* – 1. Lorsqu'une partie reste en défaut de produire les preuves ou informations requises par la Cour ou de divulguer de son propre chef des informations pertinentes, ou lorsqu'elle témoigne autrement d'un manque de participation effective à la procédure, la Cour peut tirer de son comportement les conclusions qu'elle juge appropriées.

2. L'abstention ou le refus par une Partie contractante défenderesse de participer effectivement à la procédure ne constitue pas en soi pour la chambre une raison d'interrompre l'examen de la requête.

Art. 44D. – (4) *Observations hors de propos formulées par une partie.* – Si le représentant d'une partie formule des observations abusives, frivoles, vexatoires, trompeuses ou prolixes, le président de la chambre peut l'exclure de la procédure, refuser d'admettre tout ou partie des observations en cause ou rendre toute ordonnance qu'il juge appropriée, sans préjudice de l'article 35 § 3 de la Convention.

Art. 44E. – (5) *Non-maintien d'une requête.* – Comme le prévoit l'article 37 § 1 *a)* de la Convention, si une Partie contractante requérante ou un individu requérant n'entend plus maintenir sa requête, la chambre peut rayer celle-ci du rôle de la Cour, conformément à l'article 43 du présent règlement.

Chapitre II. – De l'introduction de l'instance

Art. 45. – *Signatures.* – 1. Toute requête formulée en vertu des articles 33 ou 34 de la Convention doit être présentée par écrit et signée par le requérant ou son représentant.

2. Lorsque la requête est présentée par une organisation non gouvernementale ou par un groupe de particuliers, elle est signée par les personnes habilitées à représenter l'organisation ou le groupe. La chambre ou le comité concernés décident de toute question relative au point de savoir si les personnes qui ont signé une requête avaient compétence pour le faire.

3. Lorsqu'un requérant est représenté conformément à l'article 36 du présent règlement, son ou ses représentants doivent produire une procuration ou un pouvoir écrit.

Art. 46. – *Contenu d'une requête étatique.* – La ou les Parties contractantes qui désirent introduire une requête devant la Cour en vertu de l'article 33 de la Convention en déposent le texte au greffe en donnant :

a) le nom de la Partie contractante contre laquelle la requête est dirigée ;

b) un exposé des faits ;

c) un exposé de la ou des violations alléguées de la Convention et des arguments pertinents ;

d) un exposé sur l'observation des critères de recevabilité (épuisement des recours internes et observation du délai de six mois) énoncés à l'article 35 § 1 de la Convention ;

e) l'objet de la requête et les grandes lignes de la ou des demandes de satisfaction équitable éventuellement formulées au titre de l'article 41 de la Convention pour le compte de la ou des parties censément lésées ;

f) les nom et adresse de la ou des personnes désignées comme agents ;

et en l'assortissant :

g) des copies de tous documents pertinents et en particulier des décisions, judiciaires ou autres, concernant l'objet de la requête.

(1) Inséré par la Cour le 13 décembre 2004.
(2) Inséré par la Cour le 13 décembre 2004.
(3) Inséré par la Cour le 13 décembre 2004.
(4) Inséré par la Cour le 13 décembre 2004.
(5) Inséré par la Cour le 13 décembre 2004.

Art. 47. – (1) *Contenu d'une requête individuelle.* – 1. Toute requête déposée en vertu de l'article 34 de la Convention est présentée sur le formulaire fourni par le greffe, sauf si la Cour en décide autrement. Elle doit contenir tous les renseignements demandés dans les parties pertinentes du formulaire de requête et indiquer :

a) les nom, date de naissance, nationalité et adresse du requérant et, lorsque le requérant est une personne morale, les nom complet, date de constitution ou d'enregistrement, numéro officiel d'enregistrement (le cas échéant) et adresse officielle de celle-ci ;

b) s'il y a lieu, les nom, adresse, numéros de téléphone et de télécopie et adresse électronique de son représentant ;

c) si le requérant a un représentant, la date et la signature originale du requérant dans l'encadré du formulaire de requête réservé au pouvoir ; la signature originale du représentant montrant qu'il a accepté d'agir au nom du requérant doit aussi figurer dans cet encadré ;

d) la ou les Parties contractantes contre lesquelles la requête est dirigée ;

e) un exposé concis et lisible des faits ;

f) un exposé concis et lisible de la ou des violations alléguées de la Convention et des arguments pertinents ; et

g) un exposé concis et lisible confirmant le respect par le requérant des critères de recevabilité énoncés à l'article 35 § 1 de la Convention.

2. *a)* Toutes les informations visées aux alinéas *e)* à *g)* du paragraphe 1 ci-dessus doivent être exposées dans la partie pertinente du formulaire de requête et être suffisantes pour permettre à la Cour de déterminer, sans avoir à consulter d'autres documents, la nature et l'objet de la requête.

b) Le requérant peut toutefois compléter ces informations en joignant au formulaire de requête un document d'une longueur maximale de 20 pages exposant en détail les faits, les violations alléguées de la Convention et les arguments pertinents.

3.1. Le formulaire de requête doit être signé par le requérant ou son représentant et être assorti :

a) des copies des documents afférents aux décisions ou mesures dénoncées, qu'elles soient de nature judiciaire ou autre ;

b) des copies des documents et décisions montrant que le requérant a épuisé les voies de recours internes et observé le délai exigé à l'article 35 § 1 de la Convention ;

c) le cas échéant, des copies des documents relatifs à toute autre procédure internationale d'enquête ou de règlement ;

d) si le requérant est une personne morale, comme le paragraphe 1 *a)* du présent article le prévoit, du (des) document(s) montrant que l'individu qui introduit la requête a qualité pour représenter le requérant ou détient un pouvoir à cet effet.

3.2. Les documents soumis à l'appui de la requête doivent figurer sur une liste par ordre chronologique, porter des numéros qui se suivent et être clairement identifiés.

4. Le requérant qui ne désire pas que son identité soit révélée doit le préciser et fournir un exposé des raisons justifiant une dérogation à la règle normale de publicité de la procédure devant la Cour. Cette dernière peut autoriser l'anonymat ou décider de l'accorder d'office.

5.1. En cas de non-respect des obligations énumérées aux paragraphes 1 à 3 du présent article, la requête ne sera pas examinée par la Cour, sauf si :

a) le requérant a fourni une explication satisfaisante pour le non-respect en question ;

b) la requête concerne une demande de mesure provisoire ;

c) la Cour en décide autrement, d'office ou à la demande d'un requérant.

5.2. La Cour pourra toujours demander à un requérant de soumettre dans un délai déterminé toute information ou tout document utiles sous la forme ou de la manière jugées appropriées.

6. *a)* Aux fins de l'article 35 § 1 de la Convention, la requête est réputée introduite à la date à laquelle un formulaire de requête satisfaisant aux exigences posées par le présent article est envoyé à la Cour, le cachet de la poste faisant foi.

b) Si elle l'estime justifié, la Cour peut toutefois décider de retenir une autre date.

7. Le requérant doit informer la Cour de tout changement d'adresse et de tout fait pertinent pour l'examen de sa requête.

---

(1) Tel que la Cour l'a modifié les 17 juin et 8 juillet 2002, 11 décembre 2007, 22 septembre 2008, 6 mai 2013, 1er juin et 5 octobre 2015.

Chapitre III. – Des juges rapporteurs

Art. 48. – (1) *Requêtes étatiques.* – 1. Lorsque la Cour est saisie en vertu de l'article 33 de la Convention, la chambre constituée pour examiner l'affaire nomme juge(s) rapporteur(s) un ou plusieurs de ses membres qu'elle charge de soumettre un rapport sur la recevabilité, après réception des observations des Parties contractantes concernées.

2. Le ou les juges rapporteurs soumettent à la chambre les rapports, projets de textes et autres documents susceptibles d'aider celle-ci et son président à s'acquitter de leurs fonctions.

Art. 49. – (2) *Requêtes individuelles.* – 1. Lorsque les éléments produits par le requérant suffisent par eux-mêmes à révéler que la requête est irrecevable ou devrait être rayée du rôle, celle-ci est examinée par un juge unique, sauf raison spéciale de procéder autrement.

2. Lorsque la Cour est saisie en vertu de l'article 34 de la Convention et que la requête semble justifier un examen par une chambre ou par un comité exerçant ses fonctions conformément à l'article 53 § 2 du présent règlement, le président de la section à laquelle l'affaire est attribuée désigne le juge qui examinera la requête en qualité de juge rapporteur.

3. Au cours de son examen, le juge rapporteur :

a) peut demander aux parties de soumettre, dans un délai donné, tous renseignements relatifs aux faits, tous documents ou tous autres éléments qu'il juge pertinents ;

b) décide du point de savoir si la requête doit être examinée par un juge unique, par un comité ou par une chambre, sachant que le président de la section peut ordonner que l'affaire soit soumise à une chambre ou à un comité ;

c) soumet les rapports, projets de textes et autres documents pouvant aider la chambre, le comité ou leurs présidents respectifs à s'acquitter de leurs fonctions.

Art. 50. – *Procédure devant la Grande Chambre.* – Lorsqu'une affaire a été déférée à la Grande Chambre en vertu de l'article 30 ou de l'article 43 de la Convention, le président de la Grande Chambre désigne comme juge(s) rapporteur(s) un ou – dans le cas d'une requête étatique – un ou plusieurs de ses membres.

Chapitre IV – De la procédure d'examen de la recevabilité

Requêtes étatiques

Art. 51. – (3) *Attribution des requêtes et procédure subséquente.* – 1. Lorsqu'une requête est introduite en vertu de l'article 33 de la Convention, le président de la Cour la porte immédiatement à la connaissance de la Partie contractante défenderesse et l'attribue à l'une des sections.

2. Conformément à l'article 26 § 1 *a)* du présent règlement, les juges élus au titre des Parties contractantes requérantes et défenderesses sont membres de droit de la chambre constituée pour examiner l'affaire. L'article 30 du présent règlement s'applique si la requête a été introduite par plusieurs Parties contractantes ou si des requêtes ayant le même objet et introduites par plusieurs Parties contractantes sont examinées conjointement en application de l'article 42 du présent règlement.

3. Une fois l'affaire attribuée à une section, le président de la section constitue la chambre conformément à l'article 26 § 1 du présent règlement et invite la Partie contractante défenderesse à présenter par écrit ses observations sur la recevabilité de la requête. Le greffier communique les observations ainsi obtenues à la Partie contractante requérante, qui peut soumettre par écrit des observations en réponse.

4. Avant l'intervention de la décision sur la recevabilité de la requête, la chambre ou son président peuvent décider d'inviter les parties à lui présenter des observations complémentaires par écrit.

5. Une audience sur la recevabilité est organisée si l'une ou plusieurs des Parties contractantes concernées en font la demande ou si la chambre en décide ainsi d'office.

6. Avant de fixer la procédure écrite et, le cas échéant, la procédure orale, le président de la chambre consulte les parties.

(1) Tel que la Cour l'a modifié les 17 juin et 8 juillet 2002.
(2) Tel que la Cour l'a modifié les 17 juin, 8 juillet 2002, 4 juillet 2005, 13 novembre 2006 et 14 mai 2007.
(3) Tel que la Cour l'a modifié les 17 juin et 8 juillet 2002.

Requêtes individuelles

Art. 52. – (1) *Attribution d'une requête à une section.* – 1. Le président de la Cour attribue à une section toute requête introduite en vertu de l'article 34 de la Convention, en veillant à une répartition équitable de la charge de travail entre les sections.

2. La chambre de sept juges prévue à l'article 26 § 1 de la Convention est constituée par le président de la section concernée, conformément à l'article 26 § 1 du présent règlement.

3. En attendant la constitution d'une chambre conformément au paragraphe 2 du présent article, le président de la section exerce les pouvoirs que le présent règlement confère au président de la chambre.

Art. 52 A. – (2) *Procédure devant le juge unique.* – 1. Conformément à l'article 27 de la Convention, un juge unique peut déclarer irrecevable une requête introduite en vertu de l'article 34 de la Convention ou la rayer du rôle lorsque pareille décision peut être prise sans autre examen. Cette décision est définitive. Elle est sommairement motivée. Elle est communiquée au requérant.

2. Si le juge unique n'adopte aucune des décisions visées au paragraphe 1 du présent article, il transmet la requête pour examen soit à un comité, soit à une chambre.

Art. 53. – (3) *Procédure devant un comité.* – 1. Conformément à l'article 28 § 1 *a)* de la Convention, le comité peut, à l'unanimité et à tout stade de la procédure, déclarer une requête irrecevable ou la rayer du rôle de la Cour lorsque pareille décision peut être prise sans autre examen.

2. Si, à la lumière des observations des parties reçues conformément à l'article 54 § 2 *b)* du présent règlement, le comité estime que l'affaire doit être examinée selon la procédure prévue à l'article 28 § 1 *b)* de la Convention, il adopte, à l'unanimité, un arrêt incluant sa décision sur la recevabilité et, le cas échéant, sur la satisfaction équitable.

3. Si le juge élu au titre de la Partie contractante concernée n'est pas membre du comité, ce dernier peut, à l'unanimité et à tout stade de la procédure, décider de l'inviter à siéger en son sein en lieu et place de l'un de ses membres, en prenant en compte tous facteurs pertinents, y compris la question de savoir si la Partie contractante a contesté l'application de la procédure prévue à l'article 28 § 1 *b)* de la Convention.

4. Les décisions et les arrêts rendus au titre de l'article 28 § 1 de la Convention sont définitifs. Ils sont motivés. Les décisions peuvent ne contenir qu'une motivation sommaire lorsqu'elles ont été adoptées après avoir été transmises par un juge unique conformément à l'article 52 A § 2 du présent règlement.

5. Le greffier communique la décision du comité au requérant ainsi qu'à la Partie ou aux Parties contractantes concernées lorsque celles-ci ont précédemment été informées de la requête en application du présent règlement.

6. Si le comité n'adopte ni décision ni arrêt, il transmet la requête à la chambre constituée conformément à l'article 52 § 2 du présent règlement pour connaître de l'affaire.

7. Les dispositions des articles 42 § 1 et 79 à 81 du présent règlement s'appliquent *mutatis mutandis* aux procédures suivies devant un comité.

Art. 54. – (4) *Procédure devant une chambre.* – 1. La chambre peut sur-le-champ déclarer la requête irrecevable ou la rayer du rôle de la Cour. La décision de la chambre peut porter sur tout ou partie de la requête.

2. Sinon, la chambre ou le président de la section peuvent :

a) demander aux parties de soumettre tous renseignements relatifs aux faits, tous documents ou tous autres éléments jugés pertinents par la chambre ou son président ;

b) donner connaissance de la requête ou d'une partie de la requête à la Partie contractante défenderesse et inviter celle-ci à soumettre par écrit des observations à leur sujet et, à réception de ces dernières, inviter le requérant à y répondre ;

c) inviter les parties à soumettre par écrit des observations complémentaires.

---

(1) Tel que la Cour l'a modifié les 17 juin et 8 juillet 2002.

(2) Inséré par la Cour le 13 novembre 2006 et modifié le 9 septembre 2019 et 4 novembre 2019.

(3) Tel que la Cour l'a modifié les 17 juin, 8 juillet 2002, 4 juillet 2005, 14 mai 2007, 16 janvier 2012 et 4 novembre 2019.

(4) Tel que la Cour l'a modifié les 17 juin, 8 juillet 2002, 14 janvier 2013 et 4 novembre 2019.

3. Dans l'exercice des compétences qu'il tire du paragraphe 2 *b)* du présent article, le président de la section peut, en qualité de juge unique, déclarer sur-le-champ une partie de la requête irrecevable ou rayer une partie de la requête du rôle de la Cour. Pareille décision est définitive. Elle est assortie d'une motivation sommaire. Elle est communiquée au requérant ainsi qu'à la Partie ou aux Parties contractantes concernées au moyen d'une lettre exposant cette motivation.

4. Le paragraphe 2 du présent article s'applique également aux vice-présidents de section désignés comme juges de permanence en vertu de l'article 39 § 4 pour statuer sur les demandes de mesures provisoires. Une décision déclarant une requête irrecevable est assortie d'une motivation sommaire. Elle est communiquée au requérant au moyen d'une lettre exposant cette motivation.

5. Avant de statuer sur la recevabilité, la chambre peut décider, soit à la demande d'une partie, soit d'office, de tenir une audience si elle l'estime nécessaire à l'accomplissement de ses fonctions au titre de la Convention. En ce cas, les parties sont aussi invitées à se prononcer sur les questions de fond soulevées par la requête, sauf si la chambre en décide autrement à titre exceptionnel.

Art. 54 A. – (1) *Examen conjoint de la recevabilité et du fond.* – 1. Lorsqu'elle donne connaissance de la requête à la Partie contractante défenderesse en vertu de l'article 54 § 2 *b)* du présent règlement, la chambre décide, en principe, d'en examiner conjointement la recevabilité et le fond, comme le prévoit l'article 29 § 1 de la Convention. Les parties sont invitées à s'exprimer dans leurs observations sur la question de la satisfaction équitable et, le cas échéant, à y inclure leurs propositions en vue d'un règlement amiable. Les conditions fixées aux articles 60 et 62 du présent règlement s'appliquent *mutatis mutandis*. La Cour peut toutefois décider à tout moment, si nécessaire, de prendre une décision séparée sur la recevabilité.

2. Si les parties ne peuvent aboutir à un règlement amiable ou à une autre solution et que la chambre est convaincue, à la lumière de leurs arguments respectifs, que l'affaire est recevable et en état d'être jugée au fond, elle adopte immédiatement un arrêt comportant sa décision sur la recevabilité, sauf dans les cas où elle décide de prendre séparément une telle décision.

Requêtes étatiques et individuelles

Art. 55. – *Exceptions d'irrecevabilité.* – Si la Partie contractante défenderesse entend soulever une exception d'irrecevabilité, elle doit le faire, pour autant que la nature de l'exception et les circonstances le permettent, dans les observations écrites ou orales sur la recevabilité de la requête présentées par elle au titre, selon le cas, de l'article 51 ou de l'article 54 du présent règlement.

Art. 56. – (2) *Décision de la chambre.* – 1. La décision de la chambre indique si elle a été prise à l'unanimité ou à la majorité ; elle est motivée.

2. La décision de la chambre est communiquée par le greffier au requérant. Si la Partie ou les Parties contractantes concernées et, le cas échéant, le ou les tiers intervenants, y compris le Commissaire aux droits de l'homme du Conseil de l'Europe, ont précédemment été informés de la requête en application du présent règlement, la décision doit également leur être communiquée. En cas de règlement amiable, la décision de rayer une requête du rôle est transmise au Comité des Ministres conformément à l'article 43 § 3 du présent règlement.

Art. 57. – (3) *Langue de la décision.* – La Cour rend toutes ses décisions en français ou en anglais, sauf si elle décide de rendre une décision dans les deux langues officielles. Les décisions de la Grande Chambre sont toutefois rendues dans les deux langues officielles, les deux versions linguistiques faisant également foi.

(1) Inséré par la Cour les 17 juin et 8 juillet 2002 et modifié les 13 décembre 2004 et 13 novembre 2006.
(2) Tel que la Cour l'a modifié les 17 juin, 8 juillet 2002, 13 novembre 2006 et 4 novembre 2019.
(3) Tel que la Cour l'a modifié les 17 juin, 8 juillet 2002 et 4 novembre 2019.

Chapitre V. – De la procédure postérieure à la décision sur la recevabilité

Art. 58. – (1) *Requêtes étatiques.* – 1. Lorsque la chambre a décidé de retenir une requête introduite en vertu de l'article 33 de la Convention, le président de la chambre, après consultation des Parties contractantes concernées, fixe les délais pour le dépôt des observations écrites sur le fond et pour la production de preuves supplémentaires éventuelles. Le président peut cependant, avec l'accord des Parties contractantes concernées, décider qu'il n'y a pas lieu à procédure écrite.

2. Une audience sur le fond est organisée si une ou plusieurs des Parties contractantes concernées en font la demande ou si la chambre en décide ainsi d'office. Le président de la chambre fixe la procédure orale.

Art. 59. – (1) *Requêtes individuelles.* – 1. Une fois qu'une requête introduite en vertu de l'article 34 de la Convention a été déclarée recevable, la chambre ou son président peuvent inviter les parties à soumettre des éléments de preuve ou observations écrites complémentaires.

2. Sauf décision contraire, le délai fixé pour la présentation des observations est le même pour chacune des parties.

3. La chambre peut décider, soit à la demande d'une partie, soit d'office, de tenir une audience sur le fond si elle l'estime nécessaire à l'accomplissement de ses fonctions au titre de la Convention.

4. Le président de la chambre fixe, le cas échéant, la procédure écrite et orale.

Art. 60. – (2) *Demande de satisfaction équitable.* – 1. Tout requérant qui souhaite que la Cour lui accorde une satisfaction équitable au titre de l'article 41 de la Convention en cas de constat d'une violation de ses droits découlant de celle-ci doit formuler une demande spécifique à cet effet.

2. Sauf décision contraire du président de la chambre, le requérant doit soumettre ses prétentions, chiffrées et ventilées par rubrique et accompagnées des justificatifs pertinents, dans le délai qui lui a été imparti pour la présentation de ses observations sur le fond.

3. Si le requérant ne respecte pas les exigences décrites dans les paragraphes qui précèdent, la chambre peut rejeter tout ou partie de ses prétentions.

4. Les prétentions du requérant sont transmises à la Partie contractante défenderesse pour observations.

Art 61. – (3) *Procédure de l'arrêt pilote.* – 1. La Cour peut décider d'appliquer la procédure de l'arrêt pilote et adopter un arrêt pilote lorsque les faits à l'origine d'une requête introduite devant elle révèlent l'existence, dans la Partie contractante concernée, d'un problème structurel ou systémique ou d'un autre dysfonctionnement similaire qui a donné lieu ou est susceptible de donner lieu à l'introduction d'autres requêtes analogues.

2. *a)* Avant de décider d'appliquer la procédure de l'arrêt pilote, la Cour doit inviter les parties à donner leur avis sur la question de savoir si la requête à examiner a pour origine pareil problème ou dysfonctionnement au sein de la Partie contractante concernée et si elle se prête à cette procédure.

b) La Cour peut décider d'appliquer la procédure de l'arrêt pilote d'office ou à la demande de l'une ou des deux parties.

c) Toute requête pour laquelle il a été décidé que la procédure de l'arrêt pilote serait appliquée doit se voir réserver un traitement prioritaire au sens de l'article 41 du règlement de la Cour.

3. La Cour doit indiquer dans l'arrêt pilote adopté par elle la nature du problème structurel ou systémique ou du dysfonctionnement qu'elle a constaté et le type de mesures de redressement que la Partie contractante concernée doit prendre au niveau interne en application du dispositif de l'arrêt.

4. La Cour peut fixer, dans le dispositif de l'arrêt pilote adopté par elle, un délai déterminé pour l'adoption des mesures mentionnées au point 3 ci-dessus, en tenant compte de la nature des mesures requises et de la rapidité avec laquelle il peut être remédié, au niveau interne, au problème constaté par elle.

5. Lorsqu'elle adopte un arrêt pilote, la Cour peut réserver la question de la satisfaction équitable en tout ou partie dans l'attente de l'adoption par la Partie contractante défenderesse des mesures tant individuelles que générales indiquées dans l'arrêt.

(1) Tel que la Cour l'a modifié les 17 juin, 8 juillet 2002 et 4 novembre 2019.
(2) Tel que la Cour l'a modifié le 13 décembre 2004.
(3) Inséré par la Cour le 21 février 2011.

6. *a)* Le cas échéant, la Cour peut ajourner l'examen de toutes les requêtes procédant du même motif dans l'attente de l'adoption des mesures de redressement indiquées dans le dispositif de l'arrêt pilote.

b) Les requérants concernés sont informés de la décision d'ajournement sous la forme qui convient. S'il y a lieu, tout élément nouveau intéressant leur affaire leur est notifié.

c) La Cour peut à tout moment examiner une requête ajournée si l'intérêt d'une bonne administration de la justice l'exige.

7. Lorsque les parties à une affaire pilote parviennent à un règlement amiable, celui-ci doit comporter une déclaration de la Partie contractante défenderesse concernant la mise en œuvre des mesures générales indiquées dans l'arrêt et des mesures de redressement devant être accordées aux autres requérants, déclarés ou potentiels.

8. Si la Partie contractante concernée ne se conforme pas au dispositif de l'arrêt pilote, la Cour, sauf décision contraire, reprend l'examen des requêtes qui ont été ajournées en application du point 6 ci-dessus.

9. Le Comité des Ministres, l'Assemblée parlementaire du Conseil de l'Europe, le Secrétaire général du Conseil de l'Europe et le Commissaire aux droits de l'Homme du Conseil de l'Europe sont systématiquement informés de l'adoption d'un arrêt pilote ou de tout autre arrêt où la Cour signale l'existence d'un problème structurel ou systémique au sein d'une Partie contractante.

10. La décision de traiter une requête suivant la procédure de l'arrêt pilote, l'adoption d'un arrêt pilote, son exécution et la clôture de la procédure donnent lieu à la publication d'informations sur le site Internet de la Cour.

Art. 62. – (1) *Règlement amiable.* – 1. La requête une fois retenue, le greffier, agissant sur les instructions de la chambre ou du président de celle-ci, entre en rapport avec les parties en vue de parvenir à un règlement amiable, conformément à l'article 39 § 1 de la Convention. La chambre prend toutes mesures appropriées pour faciliter la conclusion d'un tel règlement.

2. En vertu de l'article 39 § 2 de la Convention, les négociations menées en vue de parvenir à un règlement amiable sont confidentielles et sans préjudice des observations des parties dans la procédure contentieuse. Aucune communication écrite ou orale ni aucune offre ou concession intervenues dans le cadre desdites négociations ne peuvent être mentionnées ou invoquées dans la procédure contentieuse.

3. Si la chambre apprend par le greffier que les parties acceptent un règlement amiable, et après s'être assurée que ledit règlement s'inspire du respect des droits de l'Homme tels que les reconnaissent la Convention et ses Protocoles, elle raye l'affaire du rôle conformément à l'article 43 § 3 du présent règlement.

4. Les paragraphes 2 et 3 s'appliquent, *mutatis mutandis*, à la procédure prévue à l'article 54 A du présent règlement.

Art. 62 A. – (2) *Déclaration unilatérale.* – 1. *a)* Dans les cas où le requérant refuse les termes d'une proposition de règlement amiable faite en vertu de l'article 62 du présent règlement, la Partie contractante concernée peut saisir la Cour d'une demande de radiation du rôle sur le fondement de l'article 37 § 1 de la Convention.

b) Pareille demande est accompagnée d'une déclaration reconnaissant clairement qu'il y a eu violation de la Convention à l'égard du requérant ainsi que d'un engagement de la Partie contractante concernée de fournir un redressement adéquat et, le cas échéant, de prendre les mesures correctives nécessaires.

c) Une déclaration au sens du paragraphe 1 *b)* du présent article doit être faite dans le cadre d'une procédure publique et contradictoire, menée indépendamment de l'éventuelle procédure de règlement amiable visée à l'article 39 § 2 de la Convention et à l'article 62 § 2 du présent règlement et dans le respect de la confidentialité de celle-ci.

2. Dans les cas où des circonstances exceptionnelles le justifient, la demande et la déclaration l'accompagnant peuvent être soumises à la Cour même si un règlement amiable n'a pas été préalablement recherché.

(1) Tel que la Cour l'a modifié les 17 juin, 8 juillet 2002 et 13 novembre 2006.
(2) Inséré par la Cour le 2 avril 2012.

3. Si elle considère que la déclaration offre une base suffisante pour conclure que le respect des droits de l'Homme garantis par la Convention et ses Protocoles n'exige pas qu'elle poursuive l'examen de la requête, la Cour peut rayer la requête du rôle, en tout ou en partie, quand bien même le requérant souhaiterait qu'elle poursuive l'examen de la requête.

4. Le présent article s'applique, *mutatis mutandis*, à la procédure prévue à l'article 54 A du présent règlement.

Chapitre VI. – De l'audience

Art. 63. – (1) *Publicité des audiences.* – 1. L'audience est publique, à moins que, en vertu du paragraphe 2 du présent article, la chambre n'en décide autrement en raison de circonstances exceptionnelles, soit d'office, soit à la demande d'une partie ou de toute autre personne intéressée.

2. L'accès de la salle peut être interdit à la presse et au public pendant la totalité ou une partie de l'audience, dans l'intérêt de la moralité, de l'ordre public ou de la sécurité nationale dans une société démocratique, lorsque les intérêts des mineurs ou la protection de la vie privée des parties l'exigent, ou dans la mesure jugée strictement nécessaire par la chambre, lorsque, dans des circonstances spéciales, la publicité serait de nature à porter atteinte aux intérêts de la justice.

3. Toute demande d'audience à huis clos formulée au titre du paragraphe 1 du présent article doit être motivée et indiquer si elle vise l'intégralité ou une partie seulement des débats.

Art. 64. – (1) *Direction des débats.* – 1. Le président de la chambre organise et dirige les débats ; il détermine l'ordre dans lequel les comparants sont appelés à prendre la parole.

2. Tout juge peut poser des questions à toute personne qui se présente devant la chambre.

Art. 65. – (1) *Défaillance.* – Lorsqu'une partie ou toute autre personne supposées comparaître s'en abstiennent ou s'y refusent, la chambre peut néanmoins poursuivre l'audience si cela lui paraît compatible avec une bonne administration de la justice.

Art. 66 à 69 *(Supprimés).*

Art. 70. – (2) *Compte rendu des audiences.* – 1. Si le président de la chambre en décide ainsi, un compte rendu de l'audience est établi par les soins du greffier. Y figurent :

a) la composition de la chambre ;

b) la liste des comparants ;

c) le texte des observations formulées, des questions posées et des réponses recueillies ;

d) le texte de toute décision prononcée à l'audience.

2. Si la totalité ou une partie du compte rendu est rédigée dans une langue non officielle, le greffier prend les dispositions voulues pour la faire traduire dans l'une des langues officielles.

3. Les représentants des parties reçoivent communication d'une copie du compte rendu afin de pouvoir, sous le contrôle du greffier ou du président de la chambre, le corriger, sans toutefois modifier le sens et la portée de ce qui a été dit à l'audience. Le greffier fixe, sur les instructions du président de la chambre, les délais dont ils disposent à cette fin.

4. Une fois corrigé, le compte rendu est signé par le président de la chambre et le greffier ; il fait foi de son contenu.

Chapitre VII. – De la procédure devant la Grande Chambre

Art. 71. – (3) *Applicabilité des dispositions procédurales.* – 1. Les dispositions régissant la procédure devant les chambres s'appliquent, *mutatis mutandis*, à celle devant la Grande Chambre.

2. Les pouvoirs conférés aux chambres par les articles 54 § 5 et 59 § 3 du présent règlement en matière de tenue d'audiences peuvent, dans les procédures devant la Grande Chambre, être aussi exercés par le président de la Grande Chambre.

---

(1) Tel que la Cour l'a modifié le 7 juillet 2003.
(2) Tel que la Cour l'a modifié les 17 juin et 8 juillet 2002.
(3) Tel que la Cour l'a modifié les 17 juin et 8 juillet 2002.

Art. 72. – (1) *Dessaisissement au profit de la Grande Chambre.* – 1. Lorsqu'une affaire pendante devant une chambre soulève une question grave relative à l'interprétation de la Convention ou de ses Protocoles, la chambre peut se dessaisir au profit de la Grande Chambre, à moins que l'une des parties ne s'y oppose conformément au paragraphe 4 du présent article.

2. Lorsque la solution d'une question dont une chambre est saisie dans une affaire pendante peut conduire à une contradiction avec la jurisprudence de la Cour, la chambre doit se dessaisir au profit de la Grande Chambre, à moins que l'une des parties ne s'y oppose conformément au paragraphe 4 du présent article.

3. Une décision de dessaisissement n'a pas besoin d'être motivée.

4. Le greffier communique aux parties l'intention de la chambre de se dessaisir. Elles disposent d'un délai d'un mois à partir de la date de cette communication pour soumettre par écrit au greffe une objection dûment motivée. Toute objection ne satisfaisant pas auxdites conditions sera considérée par la chambre comme non valable.

Art. 73. – *Renvoi à la Grande Chambre demandé par une partie.* – 1. En vertu de l'article 43 de la Convention, toute partie peut à titre exceptionnel, dans le délai de trois mois à compter de la date du prononcé de l'arrêt rendu par une chambre, déposer par écrit au greffe une demande de renvoi à la Grande Chambre, en indiquant la question grave relative à l'interprétation ou à l'application de la Convention ou de ses Protocoles, ou la question grave de caractère général qui, selon elle, mérite d'être examinée par la Grande Chambre.

2. Un collège de cinq juges de la Grande Chambre constitué conformément à l'article 24 § 5 du présent règlement examine la demande sur la seule base du dossier existant. Il ne la retient que s'il estime que l'affaire soulève bien pareille question. La décision de rejet de la demande n'a pas besoin d'être motivée.

3. Si le collège retient la demande, la Grande Chambre statue par un arrêt.

Chapitre VIII. – Des arrêts

Art. 74. – (2) *Contenu de l'arrêt.* – 1. Tout arrêt visé aux articles 28, 42 et 44 de la Convention comprend :

a) le nom du président et des autres juges composant la chambre ou le comité ainsi que du greffier ou du greffier adjoint ;

b) la date de son adoption et celle de son prononcé ;

c) l'indication des parties ;

d) le nom des agents, conseils et conseillers des parties ;

e) l'exposé de la procédure ;

f) les faits de la cause ;

g) un résumé des conclusions des parties ;

h) les motifs de droit ;

i) le dispositif ;

j) s'il y a lieu, la décision prise au titre des frais et dépens ;

k) l'indication du nombre des juges ayant constitué la majorité ;

l) s'il y a lieu, l'indication de celui des textes qui fait foi.

2. Tout juge qui a pris part à l'examen de l'affaire par une chambre ou par la Grande Chambre a le droit de joindre à l'arrêt soit l'exposé de son opinion séparée, concordante ou dissidente, soit une simple déclaration de dissentiment.

Art. 75. – (3) *Décision sur la question de la satisfaction équitable.* – 1. Lorsque la chambre ou le comité constatent une violation de la Convention ou de ses Protocoles, ils statuent par le même arrêt sur l'application de l'article 41 de la Convention si une demande spécifique a été soumise conformément à l'article 60 du présent règlement et si la question se trouve en état ; sinon, ils la réservent, en tout ou en partie, et fixent la procédure ultérieure.

2. Pour statuer sur l'application de l'article 41 de la Convention, la chambre ou le comité siègent autant que possible dans la même composition que pour l'examen du fond de l'affaire. S'il n'est pas possible de réunir la chambre ou le comité initiaux, le président de la section ou du comité complète ou constitue la chambre ou le comité par tirage au sort.

(1) Tel que la Cour l'a modifié le 6 février 2013.
(2) Tel que la Cour l'a modifié le 13 novembre 2006.
(3) Tel que la Cour l'a modifié les 13 décembre 2004 et 13 novembre 2006.

3. Lorsque la chambre ou le comité accordent une satisfaction équitable au titre de l'article 41 de la Convention, ils peuvent décider que, si le règlement n'intervient pas dans le délai indiqué, des intérêts moratoires seront dus sur les sommes allouées.

4. Si la Cour reçoit communication d'un accord intervenu entre la partie lésée et la Partie contractante responsable, elle vérifie qu'il est équitable et, si elle le juge tel, raye l'affaire du rôle conformément à l'article 43 § 3 du présent règlement.

Art. 76. – (1) *Langue de l'arrêt.* – La Cour rend tous ses arrêts en français ou en anglais, sauf si elle décide de rendre un arrêt dans les deux langues officielles. Les arrêts de la Grande Chambre sont toutefois rendus dans les deux langues officielles, les deux versions linguistiques faisant également foi.

Art. 77. – (2) *Signature, prononcé et communication de l'arrêt.* – 1. L'arrêt est signé par le président de la chambre ou du comité et par le greffier.

2. L'arrêt rendu par une chambre peut être lu en audience publique par le président de la chambre ou par un autre juge délégué par lui. Les agents et représentants des parties sont dûment prévenus de la date de l'audience. En l'absence de lecture en audience publique de pareil arrêt et dans le cas des arrêts rendus par un comité, la communication visée au paragraphe 3 du présent article vaut prononcé.

3. L'arrêt est transmis au Comité des Ministres. Le greffier en communique copie aux parties, au Secrétaire général du Conseil de l'Europe, à tout tiers intervenant y compris le Commissaire aux droits de l'Homme du Conseil de l'Europe et à toute autre personne directement concernée. L'exemplaire original, dûment signé, est déposé aux archives de la Cour.

Art. 78 *(Supprimé).*

Art. 79. – *Demande en interprétation d'un arrêt.* – 1. Toute partie peut demander l'interprétation d'un arrêt dans l'année qui suit le prononcé.

2. La demande est déposée au greffe. Elle indique avec précision le ou les points du dispositif de l'arrêt dont l'interprétation est demandée.

3. La chambre initiale peut décider d'office de l'écarter au motif que nulle raison n'en justifie l'examen. S'il n'est pas possible de réunir la chambre initiale, le président de la Cour constitue ou complète la chambre par tirage au sort.

4. Si la chambre n'écarte pas la demande, le greffier communique celle-ci à toute autre partie concernée, en l'invitant à présenter ses observations écrites éventuelles dans le délai fixé par le président de la chambre. Celui-ci fixe aussi la date de l'audience si la chambre décide d'en tenir une. La chambre statue par un arrêt.

Art. 80. – *Demande en révision d'un arrêt.* – 1. En cas de découverte d'un fait qui, par sa nature, aurait pu exercer une influence décisive sur l'issue d'une affaire déjà tranchée et qui, à l'époque de l'arrêt, était inconnu de la Cour et ne pouvait raisonnablement être connu d'une partie, cette dernière peut, dans le délai de six mois à partir du moment où elle a eu connaissance du fait découvert, saisir la Cour d'une demande en révision de l'arrêt dont il s'agit.

2. La demande mentionne l'arrêt dont la révision est demandée, contient les indications nécessaires pour établir la réunion des conditions prévues au paragraphe 1 du présent article et s'accompagne d'une copie de toute pièce à l'appui. Elle est déposée au greffe, avec ses annexes.

3. La chambre initiale peut décider d'office d'écarter la demande au motif que nulle raison n'en justifie l'examen. S'il n'est pas possible de réunir la chambre initiale, le président de la Cour constitue ou complète la chambre par tirage au sort.

4. Si la chambre n'écarte pas la demande, le greffier communique celle-ci à toute autre partie concernée, en l'invitant à présenter ses observations écrites éventuelles dans le délai fixé par le président de la chambre. Celui-ci fixe aussi la date de l'audience si la chambre décide d'en tenir une. La chambre statue par un arrêt.

(1) Tel que la Cour l'a modifié les 17 juin, 8 juillet 2002 et 4 novembre 2019.
(2) Tel que la Cour l'a modifié les 13 novembre 2006, 1er décembre 2008 et 1er juin 2015.

Art. 81. – *Rectification d'erreurs dans les décisions et arrêts.* – Sans préjudice des dispositions relatives à la révision des arrêts et à la réinscription au rôle des requêtes, les erreurs de plume ou de calcul et les inexactitudes évidentes peuvent être rectifiées par la Cour soit d'office, soit à la demande d'une partie si cette demande est présentée dans le délai d'un mois à compter du prononcé de la décision ou de l'arrêt.

Chapitre IX. – Des avis consultatifs au titre des articles 47, 48 et 49 de la Convention (1)

Art. 82 (2). – En matière d'avis consultatifs, la Cour applique, outre les dispositions des articles 47, 48 et 49 de la Convention, les dispositions ci-après. Elle applique également, dans la mesure où elle le juge approprié, les autres dispositions du présent règlement.

Art. 83. – (3) La demande d'avis consultatif est adressée au greffier. Elle indique en termes complets et précis la question sur laquelle l'avis de la Cour est requis et, en outre :

a) la date à laquelle le Comité des Ministres a pris la décision visée à l'article 47 § 3 de la Convention ;

b) les nom et adresse de la ou des personnes désignées par le Comité des Ministres pour fournir à la Cour toutes explications qu'elle pourrait demander.

Est joint à la demande tout document pouvant servir à élucider la question.

Art. 84. – (3) 1. Dès réception de la demande, le greffier adresse un exemplaire de celle-ci et de ses annexes à tous les membres de la Cour.

2. Il informe les Parties contractantes qu'elles peuvent soumettre à la Cour des observations écrites sur la demande.

Art. 85. – (3) 1. Le président de la Cour fixe les délais dans lesquels seront déposés les observations écrites ou autres documents.

2. Les observations écrites ou autres documents sont adressés au greffier. Le greffier les communique à tous les membres de la Cour, au Comité des Ministres et à chacune des Parties contractantes.

Art. 86. – Après clôture de la procédure écrite, le président de la Cour décide s'il y a lieu de permettre aux Parties contractantes qui ont présenté des observations écrites de les développer oralement lors d'une audience fixée à cet effet.

Art. 87. – (4) 1. Une Grande Chambre est constituée pour examiner la demande d'avis consultatif.

2. Si la Grande Chambre estime que la demande ne relève pas de sa compétence telle que définie à l'article 47 de la Convention, elle le constate dans une décision motivée.

Art. 88. – (5) 1. Décisions motivées et avis consultatifs sont émis à la majorité des voix par la Grande Chambre. Ils mentionnent le nombre des juges ayant constitué la majorité.

1 B. Décisions motivées et avis consultatifs sont rendus dans les deux langues officielles de la Cour, les deux versions linguistiques faisant également foi.

2. Tout juge peut, s'il le désire, joindre à la décision motivée ou à l'avis consultatif de la Cour soit l'exposé de son opinion séparée, concordante ou dissidente, soit une simple déclaration de dissentiment.

Art. 89. – (4) La décision motivée ou l'avis consultatif peuvent être lus en audience publique, dans l'une des deux langues officielles, par le président de la Grande Chambre ou par un autre juge délégué par lui, le Comité des Ministres et toutes les Parties contractantes ayant été prévenus. À défaut, il est procédé à la notification prévue à l'article 90 du règlement.

---

(1) Inséré par la Cour le 19 septembre 2016.
(2) Tel que la Cour l'a amendé le 19 septembre 2016.
(3) Tel que la Cour l'a modifié le 4 juillet 2005.
(4) Tel que la Cour l'a modifié le 4 juillet 2005.
(5) Tel que la Cour l'a modifié les 4 juillet 2005 et 4 novembre 2019.

Art. 90. – (1) L'avis consultatif ou la décision motivée sont signés par le président de la Grande Chambre et par le greffier. L'exemplaire original, dûment signé, est déposé aux archives de la Cour. Le greffier en communique copie certifiée conforme au Comité des Ministres, aux Parties contractantes et au Secrétaire général du Conseil de l'Europe.

Chapitre X. (2)– Des avis consultatifs au titre du Protocole n° 16 à la Convention

Art. 91. – *Généralités.* – Dans les procédures relatives aux demandes d'avis consultatif émanant des juridictions désignées par les Parties contractantes conformément à l'article 10 du Protocole no 16 à la Convention, la Cour applique, outre les dispositions de ce protocole, les dispositions ci-après. Elle applique également, dans la mesure où elle le juge approprié, les autres dispositions du présent règlement.

Art. 92. – *Introduction d'une demande d'avis consultatif.* – 1. En vertu de l'article 1 du Protocole n° 16 à la Convention, certaines juridictions des Parties contractantes à ce protocole peuvent adresser à la Cour des demandes d'avis consultatif sur des questions de principe relatives à l'interprétation ou à l'application des droits et libertés définis par la Convention ou ses Protocoles. Toute demande d'avis consultatif est à adresser au greffier de la Cour.

2.1 La demande doit être motivée et exposer :

a) l'objet de l'affaire interne ainsi que le contexte juridique et factuel pertinent ;

b) les dispositions juridiques internes pertinentes ;

c) les questions pertinentes relatives à la Convention, en particulier les droits ou libertés en jeu ;

d) si cela est pertinent, un résumé des arguments des parties à la procédure interne sur la question ; et

e) si cela est possible et opportun, un exposé par la juridiction dont émane la demande d'avis consultatif de son propre avis sur la question, y compris toute analyse qu'elle a pu faire de la question.

2.2. La juridiction dont émane la demande soumet tous les autres documents pertinents au regard du contexte juridique et factuel de l'affaire pendante.

2.3. En cas de retrait de sa demande, la juridiction dont émane la demande notifie ce retrait au greffier. À réception de pareille notification, la Cour clôt la procédure.

Art. 93. – *Examen d'une demande par le collège.* – 1.1 La demande d'avis consultatif est examinée par un collège de cinq juges de la Grande Chambre. Le collège se compose :

a) du président de la Cour ; si le président de la Cour se trouve empêché, il est remplacé par le vice-président ayant la préséance ;

b) de deux présidents de section désignés par rotation ; si un président de section ainsi désigné se trouve empêché, il est remplacé par le vice-président de sa section ;

c) d'un juge désigné par rotation parmi les juges élus au sein des sections restantes pour siéger au collège pour une période de six mois ;

d) du juge élu au titre de la Partie contractante dont relève la juridiction qui a procédé à la demande ou, le cas échéant, d'un juge désigné conformément à l'article 29 du présent règlement ;

e) d'au moins deux juges suppléants désignés par rotation parmi les juges élus au sein des sections pour siéger au collège pour une période de six mois.

1.2. Un juge siégeant au collège continue à siéger s'il a participé à l'examen d'une demande d'avis consultatif et qu'aucune décision définitive n'a été prise à l'expiration de la période pour laquelle il a été désigné pour siéger au collège

2. Les demandes d'avis consultatif doivent se voir réserver un traitement prioritaire au sens de l'article 41 du présent règlement.

3. Le collège de la Grande Chambre accepte la demande s'il estime qu'elle satisfait aux exigences de l'article 1 du Protocole n° 16 à la Convention.

4. Le refus du collège d'accepter une demande est motivé.

5. Le rejet ou l'acceptation de la demande par le collège est notifié à la juridiction qui l'a soumise et à la Partie contractante dont cette juridiction relève.

---

(1) Tel que la Cour l'a modifié les 4 juillet 2005 et 1er juin 2015.
(2) Inséré par la Cour le 19 septembre 2016.

Art. 94. – *Procédure consécutive à l'acceptation par le collège d'une demande d'avis consultatif* – (1)1. Lorsque le collège accepte une demande d'avis consultatif au titre de l'article 93, une Grande Chambre est constituée conformément à l'article 24 § 2 h) du présent règlement pour examiner la demande et rendre un avis consultatif.

2. Le président de la Grande Chambre peut inviter la juridiction dont émane la demande à soumettre à la Cour toute information complémentaire jugée nécessaire pour préciser l'objet de la demande ou l'avis de la juridiction concernée sur la question soulevée par la demande.

3. Le président de la Grande Chambre peut inviter les parties à la procédure interne à présenter des observations écrites et, le cas échéant, à prendre part à l'audience.

4. Les observations écrites ou les autres documents sont adressés au greffier dans les délais impartis par le président de la Grande Chambre.

5. Une copie des observations écrites déposées conformément aux dispositions de l'article 44 du présent règlement est communiquée à la juridiction dont émane la demande, qui pourra formuler des remarques sur les observations en question.

6. La procédure écrite une fois clôturée, le président de la Grande Chambre décide du point de savoir s'il y a lieu de tenir une audience.

7. Les avis consultatifs sont émis par la Grande Chambre à la majorité des voix. Ils mentionnent le nombre des juges ayant constitué la majorité.

7 B. Les avis consultatifs sont rendus dans les deux langues officielles de la Cour, les deux versions linguistiques faisant également foi.

8. Tout juge peut, s'il le désire, joindre à l'avis consultatif de la Cour soit l'exposé de son opinion séparée, concordante ou dissidente, soit une simple déclaration de dissentiment.

9. L'avis consultatif est signé par le président de la Grande Chambre et par le greffier. L'exemplaire original, dûment signé, est déposé aux archives de la Cour. Le greffier en communique copie certifiée conforme à la juridiction qui a soumis la demande et à la Partie contractante dont cette juridiction relève.

10. Copie de l'avis consultatif est également communiquée aux tiers intervenants qui ont pris part à la procédure au titre de l'article 3 du Protocole n° 16 à la Convention et de l'article 44 du présent règlement.

Art. 95. – *Frais et dépens afférents à la procédure d'avis consultatif et assistance judiciaire* – 1. Lorsque le président de la Grande Chambre a invité, en vertu de l'article 44 § 7 et de l'article 94 § 3 du présent règlement, une partie à la procédure interne à intervenir dans la procédure d'avis consultatif, la question du remboursement des frais et dépens exposée par cette partie n'est pas tranchée par la Cour, mais elle est réglée conformément au droit et à la pratique de la Haute Partie contractante dont relève la juridiction qui a procédé à la demande.

2. Les dispositions du chapitre XII s'appliquent mutatis mutandis lorsque le président de la Grande Chambre a invité, en vertu de l'article 44 § 7 et de l'article 94 § 3 du présent règlement, une partie à la procédure interne à intervenir dans la procédure d'avis consultatif et que cette partie n'a pas de ressources suffisantes pour faire face aux frais encourus, en tout ou partie.

Chapitre XI. (2) – Des procédures au titre de l'article 46 §§ 3, 4 et 5 de la Convention

Procédure au titre de l'article 46 § 3 de la Convention

Art. 96 *(Ancien article 91).* – Toute demande d'interprétation soumise au titre de l'article 46 § 3 de la Convention est adressée au greffier. Elle énonce de manière exhaustive et précise la nature et l'origine de la question d'interprétation qui a mis obstacle à l'exécution de l'arrêt qu'elle vise et s'accompagne :

a) des informations relatives à la procédure d'exécution devant le Comité des Ministres, s'il en est mené une, de l'arrêt qu'elle vise ;

b) d'une copie de la décision visée à l'article 46 § 3 de la Convention ;

(1) Tel que la Cour l'a modifié le 4 novembre 2019.
(2) Inséré par la Cour les 13 novembre 2006 et 14 mai 2007.

c) des nom et adresse de la ou des personnes désignées par le Comité des Ministres pour donner à la Cour toutes explications qu'elle pourrait souhaiter obtenir.

Art. 97 *(Ancien article 92).* – 1. La demande d'interprétation est examinée par la Grande Chambre, la chambre ou le comité qui a rendu l'arrêt qu'elle vise.

2. Lorsqu'il n'est pas possible de réunir la Grande Chambre, la chambre ou le comité originaire, le président de la Cour complète ou compose la formation par tirage au sort.

Art. 98 *(Ancien article 93).* – La décision par laquelle la Cour se prononce sur la question d'interprétation dont elle a été saisie par le Comité des Ministres est définitive. Elle ne peut faire l'objet d'aucune opinion séparée des juges. Copie en est transmise au Comité des Ministres et aux parties concernées ainsi qu'à tout tiers intervenant y compris le Commissaire aux droits de l'Homme du Conseil de l'Europe.

Procédure au titre de l'article 46 §§ 4 et 5 de la Convention

Art. 99 *(Ancien article 94).* – Lorsqu'elle est saisie d'une question portant sur le point de savoir si une Partie contractante a ou non manqué à son obligation découlant de l'article 46 § 1 de la Convention, la Cour applique, outre les dispositions de l'article 31 *b)* et de l'article 46 §§ 4 et 5 de la Convention, les dispositions qui suivent. Elle applique également d'autres dispositions du règlement dans la mesure où elle le juge approprié.

Art. 100 *(Ancien article 95).* – Toute demande introduite au titre de l'article 46 § 4 de la Convention doit être motivée et adressée au greffier. Elle s'accompagne :

a) de l'arrêt qu'elle vise ;

b) des informations se rapportant à la procédure d'exécution devant le Comité des Ministres de l'arrêt qu'elle vise, y compris, le cas échéant, des observations écrites formulées par les parties concernées dans le cadre de cette procédure et des communications auxquelles celle-ci a donné lieu ;

c) de la copie de la mise en demeure notifiée à la ou aux Parties contractantes et de la copie de la décision visée à l'article 46 § 4 de la Convention ;

d) des nom et adresse de la ou des personnes désignées par le Comité des Ministres pour fournir à la Cour toutes explications qu'elle pourrait souhaiter obtenir ;

e) de la copie de tous autres documents de nature à éclairer la question.

Art. 101 *(Ancien article 96).* – Une Grande Chambre est constituée conformément à l'article 24 § 2 *g)* du règlement pour examiner la question soumise à la Cour.

Art. 102 *(Ancien article 97).* – Le président de la Grande Chambre informe le Comité des Ministres et les parties concernées qu'elles peuvent soumettre des observations écrites sur la question dont la Cour est saisie.

Art. 103 *(Ancien article 98).* – 1. Le président de la Grande Chambre fixe les délais à l'intérieur desquels les observations écrites ou autres documents doivent être déposés.

2. La Grande Chambre peut décider de tenir une audience.

Art. 104 *(Ancien article 99).* – La Grande Chambre statue par la voie d'un arrêt. Copie de l'arrêt est communiquée au Comité des Ministres et aux parties concernées ainsi qu'à tout tiers intervenant, y compris le Commissaire aux droits de l'Homme du Conseil de l'Europe.

Chapitre XIA. (1) – Publication des arrêts, décisions et avis consultatifs

Art. 104 A. – *Publication dans la base de données jurisprudentielles de la Cour* – Tous les arrêts, toutes les décisions et tous les avis consultatifs sont publiés, sous l'autorité du greffier, sur HUDOC, la base de données jurisprudentielles de la Cour. Toutefois, cette règle ne s'applique pas aux décisions qui, en vertu de l'article 52 A § 1 du présent règlement, sont adoptées par un juge unique, aux décisions qui, en vertu de l'article 54 §§ 3 et 4 du présent règlement, sont adoptées par un président de section ou un vice-président de section

(1) Inséré par la Cour le 4 novembre 2019.

agissant en qualité de juge unique, et aux décisions de comité qui, en vertu de l'article 52 A § 2 du présent règlement ne comportent qu'une motivation sommaire ; la Cour rend périodiquement accessibles au public des informations générales sur ces décisions.

Art. 104 B. – *Affaires phares* – En outre, le greffier met en évidence, de la façon qu'il convient, les arrêts, décisions et avis consultatifs que le bureau considère comme relatifs à des affaires phares.

Chapitre XII. – De l'assistance judiciaire

Art. 105 *(Ancien article 100)*. – 1. Le président de la chambre peut, soit à la demande d'un requérant ayant introduit une requête en vertu de l'article 34 de la Convention, soit d'office, accorder l'assistance judiciaire à ce requérant pour la défense de sa cause une fois que, conformément à l'article 54 § 2 *b)* du présent règlement, la Partie contractante défenderesse a présenté par écrit ses observations sur la recevabilité de la requête ou que le délai qui lui était imparti à cet effet a expiré.

2. Sous réserve de l'article 110 du présent règlement, lorsque le requérant s'est vu accorder l'assistance judiciaire pour la défense de sa cause devant la chambre, il continue d'en bénéficier devant la Grande Chambre.

Art. 106 *(Ancien article 101)*. – L'assistance judiciaire ne peut être accordée que si le président de la chambre constate :

a) que l'octroi de cette assistance est nécessaire à la bonne conduite de l'affaire devant la chambre ;

b) que le requérant ne dispose pas de moyens financiers suffisants pour faire face à tout ou partie des frais qu'il est amené à exposer.

Art. 107 *(Ancien article 102)*. – 1. En vue de déterminer si le requérant dispose ou non de moyens financiers suffisants pour faire face à tout ou partie des frais qu'il est amené à exposer, il est invité à remplir une déclaration indiquant ses ressources, ses avoirs en capital et les engagements financiers qu'il a envers les personnes à sa charge, ou toute autre obligation financière. La déclaration doit être certifiée par la ou les autorités internes qualifiées.

2. Le président de la chambre peut inviter la Partie contractante concernée à présenter ses observations par écrit.

3. Après avoir recueilli les renseignements visés au paragraphe 1 du présent article, le président de la chambre décide de l'octroi ou du refus de l'assistance judiciaire. Le greffier en informe les parties intéressées.

Art. 108 *(Ancien article 103)*. – 1. Les honoraires ne peuvent être versés qu'à un conseil ou à une autre personne désignée conformément à l'article 36 § 4 du présent règlement. Ils peuvent, le cas échéant, couvrir les services de plus d'un représentant ainsi défini.

2. Outre les honoraires, l'assistance judiciaire peut couvrir les frais de déplacement et de séjour ainsi que les autres débours nécessaires exposés par le requérant ou son représentant désigné.

Art. 109 *(Ancien article 104)*. – L'assistance judiciaire une fois accordée, le greffier fixe :

a) le taux des honoraires à verser conformément au barème en vigueur ;

b) le montant à verser au titre des frais.

Art. 110 *(Ancien article 105)*. – S'il est convaincu que les conditions énoncées à l'article 106 du présent règlement ne sont plus remplies, le président de la chambre peut à tout moment retirer ou modifier le bénéfice de l'assistance judiciaire.

Titre III. – Dispositions transitoires

Art. 111 *(Ancien article 106)*. – *Relations entre la Cour et la Commission*. – 1. Dans les affaires portées devant la Cour en vertu de l'article 5 §§ 4 et 5 du Protocole n° 11 à la Convention, la Cour peut inviter la Commission à déléguer un ou plusieurs de ses membres pour participer à l'examen de l'affaire devant la Cour.

2. Dans les affaires évoquées au paragraphe 1 du présent article, la Cour prend en considération le rapport adopté par la Commission au titre de l'ancien article 31 de la Convention.

3. Sauf décision contraire du président de la chambre, le rapport est rendu public par les soins du greffier aussitôt que possible après la saisine de la Cour.

4. Dans les affaires déférées à la Cour en vertu de l'article 5 §§ 2 à 5 du Protocole n° 11, les autres documents composant le dossier de la Commission, y compris l'ensemble des mémoires et observations, restent confidentiels, à moins que le président de la chambre n'en décide autrement.

5. Dans les affaires où la Commission a recueilli des témoignages mais n'a pas été en mesure d'adopter un rapport au titre de l'ancien article 31 de la Convention, la Cour prend en considération les comptes rendus intégraux, la documentation et l'avis émis par les délégations de la Commission à l'issue de ces investigations.

Art. 112 *(Ancien article 107). – Procédure devant une chambre et la Grande Chambre.* – 1. Lorsqu'une affaire est déférée à la Cour en vertu de l'article 5 § 4 du Protocole n° 11 à la Convention, un collège de juges de la Grande Chambre constitué conformément à l'article 24 § 5 du présent règlement décide, sur la seule base du dossier, si elle doit être tranchée par une chambre ou par la Grande Chambre.

2. Si l'affaire est tranchée par une chambre, l'arrêt de celle-ci est définitif, conformément à l'article 5 § 4 du Protocole n° 11, et l'article 73 du présent règlement est inapplicable.

3. Les affaires transmises à la Cour en vertu de l'article 5 § 5 du Protocole n° 11 sont déférées à la Grande Chambre par le président de la Cour.

4. Pour chaque affaire qui lui est transmise en vertu de l'article 5 § 5 du Protocole n° 11, la Grande Chambre est complétée par des juges désignés par rotation au sein de l'un des groupes évoqués à l'article 24 § 3 (1) du présent règlement, les affaires étant attribuées alternativement à chacun des groupes.

Art. 113 *(Ancien article 108). – Octroi de l'assistance judiciaire.* – Sous réserve de l'article 96 du présent règlement, dans les affaires déférées à la Cour en application de l'article 5 §§ 2 à 5 du Protocole n° 11 à la Convention, un requérant qui s'est vu accorder l'assistance judiciaire dans le cadre de la procédure devant la Commission ou l'ancienne Cour continue d'en bénéficier pour la défense de sa cause devant la Cour.

Art. 114 *(Ancien article 109).* – Demande en révision d'un arrêt. – 1. Lorsqu'une partie soumet une demande en révision d'un arrêt rendu par l'ancienne Cour, le président de la Cour la transmet à l'une des sections conformément aux conditions prévues aux articles 51 ou 52 du présent règlement, selon le cas.

2. Nonobstant l'article 80 § 3 du présent règlement, le président de la section concernée constitue une nouvelle chambre pour examiner la demande.

3. La chambre à constituer comprend de plein droit :

a) le président de la section ;

et, qu'ils appartiennent ou non à la section concernée,

b) le juge élu au titre de la Partie contractante concernée ou, s'il est empêché, tout juge désigné en application de l'article 29 du présent règlement ;

c) tout membre de la Cour ayant appartenu à la chambre initiale de l'ancienne Cour qui a rendu l'arrêt.

4. *a)* Le président de la section tire au sort les autres membres de la chambre parmi les membres de la section concernée ;

b) Les membres de la section non désignés ainsi siègent comme juges suppléants.

Titre IV. – Clauses finales

Art. 115 *(Ancien article 110).* – Suspension d'un article. – L'application de toute disposition concernant le fonctionnement interne de la Cour peut être immédiatement suspendue sur proposition d'un juge, à condition que cette décision soit prise à l'unanimité par la chambre concernée. La suspension ainsi décidée ne déploie ses effets que pour les besoins du cas particulier pour lequel elle a été proposée.

Art. 116 *(Ancien article 111).* – Amendement d'un article. – 1. Toute modification aux dispositions du présent règlement peut être adoptée par la majorité des juges de la Cour, réunis en session plénière, sur proposition soumise préalablement. La proposition de modification, formulée par écrit, doit parvenir au greffier au moins un mois avant la session où elle sera examinée. Lorsqu'il reçoit une telle proposition, le greffier en donne le plus tôt possible connaissance à tous les membres de la Cour.

(1) Tel que la Cour l'a modifié le 13 décembre 2004.

2. Le greffier informe les Parties Contractantes des propositions de la Cour visant à modifier les dispositions du règlement qui concernent directement la conduite des procédures suivies devant elle et les invite à présenter des observations écrites sur les propositions en question. De même, il invite les organisations possédant une expérience en matière de représentation des requérants devant la Cour, ainsi que des associations des barreaux, à présenter des observations écrites sur ces propositions.

Art. 117 *(Ancien article 112* (1)*). – Entrée en vigueur du règlement.* **– Le présent règlement entrera en vigueur le 1er novembre 1998.**

Annexe au règlement (2) **(concernant les enquêtes)**

Article A1 – Mesures d'instruction

1. La chambre peut, soit à la demande d'une partie, soit d'office, adopter toute mesure d'instruction qu'elle estime apte à l'éclairer sur les faits de la cause. Elle peut notamment prier les parties de produire des preuves écrites et décider d'entendre en qualité de témoin ou d'expert, ou à un autre titre, toute personne dont les dépositions, dires ou déclarations lui paraissent utiles à l'accomplissement de sa tâche.

2. La chambre peut aussi inviter toute personne ou institution de son choix à exprimer un avis ou à lui faire un rapport écrit sur toute question que la chambre juge pertinente pour l'affaire.

3. Après qu'une affaire a été déclarée recevable ou, exceptionnellement, avant la décision sur la recevabilité, la chambre peut désigner un ou plusieurs de ses membres ou d'autres juges de la Cour comme délégué(s) pour procéder à une collecte de renseignements, à une visite des lieux ou à une autre mesure d'instruction. Elle peut également désigner toute personne ou institution de son choix pour assister la délégation de la manière qu'elle juge appropriée.

4. Les dispositions du présent chapitre relatives aux mesures d'instruction mises en œuvre par une délégation s'appliquent, *mutatis mutandis*, aux mesures d'instruction mises en œuvre par la chambre elle-même.

5. Les auditions menées par une chambre ou une délégation dans le cadre d'une mesure d'instruction ont lieu à huis clos, sauf décision contraire du président de la chambre ou du chef de la délégation.

6. Le président de la chambre peut, lorsqu'il l'estime approprié, inviter ou autoriser tout tiers intervenant à participer à une mesure d'instruction. Il fixe les conditions de pareille participation et peut limiter celle-ci en cas de non-respect desdites conditions.

Article A2 – Obligations des parties relativement aux mesures d'instruction

1. Le requérant et toute Partie contractante concernée aident la Cour en tant que de besoin dans la mise en œuvre des mesures d'instruction.

2. La Partie contractante sur le territoire de laquelle une délégation procède à des investigations *in situ* accorde à celle-ci les facilités et la coopération nécessaires au bon déroulement de la procédure. Elle a ainsi l'obligation, dans toute la mesure nécessaire, de garantir la liberté de circulation sur son territoire et de prendre toutes les

---

(1) Les amendements adoptés le 8 décembre 2000 sont entrés en vigueur immédiatement. Les amendements adoptés les 17 juin 2002 et 8 juillet 2002 sont entrés en vigueur le 1er octobre 2002. Les amendements adoptés le 7 juillet 2003 sont entrés en vigueur le 1er novembre 2003. Les amendements adoptés le 13 décembre 2004 sont entrés en vigueur le 1er mars 2005. Les amendements adoptés le 4 juillet 2005 sont entrés en vigueur le 3 octobre 2005. Les amendements adoptés le 7 novembre 2005 sont entrés en vigueur le 1er décembre 2005. Les amendements adoptés le 29 mai 2006 sont entrés en vigueur le 1er juillet 2006. Les amendements adoptés le 14 mai 2007 sont entrés en vigueur le 1er juillet 2007. Les amendements adoptés les 11 décembre 2007, 22 septembre et 1er décembre 2008 sont entrés en vigueur le 1er janvier 2009. Les amendements adoptés le 29 juin 2009 sont entrés en vigueur le 1er juillet 2009. Les amendements relatifs au Protocole n° 14 à la Convention, adoptés les 13 novembre 2006 et 14 mai 2007, sont entrés en vigueur le 1er juin 2010. Les amendements adoptés le 21 février 2011 sont entrés en vigueur le 1er avril 2011. Les amendements adoptés le 16 janvier 2012 sont entrés en vigueur le 1er février 2012. Les amendements adoptés le 20 février 2012 sont entrés en vigueur le 1er mai 2012. Les amendements adoptés le 2 avril 2012 sont entrés en vigueur le 1er septembre 2012. Les amendements adoptés les 14 janvier et 6 février 2013 sont entrés en vigueur le 1er mai 2013. Les amendements adoptés le 6 mai 2013 sont entrés en vigueur les 1er juillet 2013 et 1er janvier 2014. Les amendements adoptés les 14 avril et 23 juin 2014 sont entrés en vigueur le 1er juillet 2014. Certains amendements adoptés le 1er juin 2015 sont entrés immédiatement en vigueur. Les amendements à l'Article 47 adoptés les 1er juin et 5 octobre 2015 sont entrés en vigueur le 1er janvier 2016. Les amendements à l'Article 8 adoptés le 19 septembre 2016 sont entrés en vigueur à la même date. Les amendements adoptés le 14 novembre 2016 sont entrés en vigueur à la même date. Les amendements à l'Article 29 adoptés le 16 avril 2018 sont entrés en vigueur à la même date. Les amendements adoptés le 19 septembre 2016 sont entrés en vigueur le 1er août 2018. L'amendement à l'Articles 29 § 1 adopté le 3 juin 2019 est entré en vigueur à la même date. Les amendements aux Article 27 A et 52 A adoptés le 9 septembre 2019 sont entrés en vigueur à la même date. Les amendements adoptés le 4 novembre 2019 sont entrés en vigueur le 1er janvier 2020.

(2) Inséré par la Cour le 7 juillet 2003.

mesures de sécurité voulues pour la délégation, pour le requérant et pour l'ensemble des témoins, experts et autres personnes pouvant être entendus par la délégation. Il lui incombe de veiller à ce qu'aucune personne ou organisation n'ait à pâtir d'un témoignage ou d'une aide fournis à la délégation.

Article A3 – Non-comparution devant une délégation

Lorsqu'une partie ou toute autre personne supposées comparaître s'en abstiennent ou s'y refusent, la délégation peut néanmoins poursuivre ses travaux si cela lui paraît compatible avec une bonne administration de la justice.

Article A4 – Conduite de la procédure devant une délégation

1. Les délégués exercent le cas échéant les pouvoirs conférés à la chambre par la Convention ou le présent règlement et dirigent la procédure devant eux.

2. Le chef de la délégation peut décider de tenir une réunion préparatoire avec les parties ou leurs représentants préalablement à toute audition par la délégation.

Article A5 – Citation des témoins, experts et autres personnes à comparaître devant une délégation

1. Les témoins, experts et autres personnes devant être entendus par la délégation sont convoqués par le greffier.

2. La convocation indique :

a) l'affaire dont il s'agit ;

b) l'objet de l'enquête, expertise ou autre mesure d'instruction ordonnée par la chambre ou son président ;

c) les dispositions prises pour le paiement de l'indemnité revenant à la personne convoquée.

3. Les parties fournissent autant que possible des informations suffisantes pour établir l'identité et l'adresse des témoins, experts ou autres personnes devant être convoqués.

4. Conformément à l'article 37 § 2 du règlement, la Partie contractante sur le territoire de laquelle réside le témoin assume la responsabilité de notifier toute convocation que lui adresse la chambre à cette fin. Si elle se trouve dans l'impossibilité de se conformer à cette obligation, elle s'en explique par écrit. Il lui incombe par ailleurs de prendre toutes mesures raisonnables propres à assurer la comparution des personnes convoquées qui se trouvent sous son autorité ou son contrôle.

5. Lorsqu'une délégation procède à des auditions *in situ*, son chef peut solliciter la comparution devant elle de témoins, experts ou autres personnes. La Partie contractante sur le territoire de laquelle les auditions ont lieu prend, si elle y est invitée, l'ensemble des mesures raisonnables propres à faciliter cette comparution.

6. Si un témoin, un expert ou une autre personne sont convoqués à la demande ou pour le compte d'une Partie contractante requérante ou défenderesse, les frais de comparution incombent à celle-ci, sauf décision contraire de la chambre. Lorsque la personne convoquée se trouve détenue dans la Partie contractante sur le territoire de laquelle la délégation mène ses investigations *in situ*, les frais afférents à sa comparution incombent à ladite partie, sauf décision contraire de la chambre. Dans tous les autres cas, la chambre décide si les frais doivent être supportés par le Conseil de l'Europe ou s'il échet de les mettre à la charge du requérant ou de la tierce partie à la demande ou pour le compte de laquelle la personne comparaît. Dans tous les cas, ils sont fixés par le président de la chambre.

Article A6 – Serment ou déclaration solennelle des témoins et experts entendus par une délégation

1. Après vérification de son identité et avant de déposer, le témoin prête le serment ou fait la déclaration solennelle que voici :

« Je jure » – ou « Je déclare solennellement, en tout honneur et en toute conscience, » – « que je dirai la vérité, toute la vérité et rien que la vérité. »

Il en est dressé procès-verbal.

2. Après vérification de son identité et avant d'accomplir sa mission pour la délégation, tout expert prête le serment ou fait la déclaration solennelle que voici :

« Je jure » – ou « Je déclare solennellement » – « que je m'acquitterai de mes fonctions d'expert en tout honneur et en toute conscience. »

Il en est dressé procès-verbal.

Article A7 – Audition de témoins, experts ou autres personnes par une délégation

1. Tout délégué peut poser des questions aux agents, conseils et conseillers des parties, au requérant, aux témoins, aux experts, ainsi qu'à toute autre personne qui se présente devant la délégation.

2. Sous le contrôle du chef de la délégation, les témoins, experts et autres personnes comparaissant devant la délégation peuvent être interrogés par les agents, conseils et conseillers des parties. En cas de contestation sur une question posée, le chef de la délégation décide.

3. Sauf circonstances exceptionnelles et moyennant le consentement du chef de la délégation, les témoins, experts et autres personnes devant être entendus par une délégation ne sont pas admis à pénétrer dans la salle avant de déposer.

4. Le chef de la délégation peut prendre des dispositions spéciales pour que des témoins, experts ou autres personnes puissent être entendus hors la présence des parties lorsque la bonne administration de la justice l'exige.

5. En cas de litige relativement à la récusation d'un témoin ou d'un expert, le chef de la délégation décide. La délégation peut entendre à titre de simple renseignement une personne ne réunissant pas les conditions pour être entendue comme témoin ou expert.

Article A8 – Compte rendu des auditions menées par une délégation

1. Le greffier établit un compte rendu de toutes auditions menées par une délégation dans le cadre d'une mesure d'instruction. Y figurent :

a) la composition de la délégation ;

b) la liste des comparants : agents, conseils et conseillers des parties ;

c) les nom, prénom, qualité et adresse des témoins, experts ou autres personnes entendus ;

d) le texte des déclarations faites, des questions posées et des réponses recueillies ;

e) le texte de toute décision prononcée pendant les auditions par la délégation ou par son chef.

2. Si la totalité ou une partie du compte rendu est rédigée dans une langue non officielle, le greffier prend les dispositions voulues pour la faire traduire dans l'une des langues officielles.

3. Les représentants des parties reçoivent communication d'une copie du compte rendu afin de pouvoir, sous le contrôle du greffier ou du chef de la délégation, le corriger, sans toutefois modifier le sens et la portée de ce qui a été dit lors des auditions. Le greffier fixe, sur les instructions du chef de la délégation, les délais dont ils disposent à cette fin.

4. Une fois corrigé, le compte rendu est signé par le chef de la délégation et par le greffier ; il fait foi de son contenu.

Instructions pratiques

Demandes de mesures provisoires (1)
(Article 39 du règlement)

En vertu de l'article 39 de son règlement, la Cour peut indiquer des mesures provisoires, obligatoires pour l'État concerné. Pareilles mesures ne sont indiquées que dans des circonstances exceptionnelles.

La Cour n'indique des mesures provisoires à un État membre que lorsque, après avoir examiné toutes les informations pertinentes, elle considère que le requérant serait exposé à un risque réel de dommages graves et irréversibles en l'absence de la mesure en question.

Les requérants ou leurs représentants (2) qui sollicitent des mesures provisoires au titre de l'article 39 du règlement doivent se conformer aux exigences exposées ci-dessous.

I. Fournir tous éléments à l'appui

Toute demande adressée à la Cour doit être motivée. Le requérant doit en particulier exposer de manière détaillée les éléments sur lesquels se fondent ses craintes, la nature des risques invoqués et les dispositions de la Convention dont la violation est alléguée.

Un simple renvoi à des énonciations contenues dans un autre document ou à la procédure interne ne suffit pas. Il est capital que les demandes s'accompagnent de l'ensemble des éléments propres à les étayer, et notamment des décisions rendues par les juridictions, commissions ou autres organes internes, ainsi que de tous autres documents jugés de nature à corroborer les allégations du requérant.

La Cour n'a pas pour règle de contacter les requérants dont les demandes de mesures provisoires sont incomplètes. En principe, elle ne se prononce pas sur les demandes qui ne comportent pas les informations requises pour qu'elle puisse statuer.

Lorsque l'affaire est déjà pendante devant la Cour, le numéro attribué à la requête doit être mentionné.

Dans les affaires d'extradition ou d'expulsion, il y a lieu de préciser la date et l'heure auxquelles la décision est censée être mise en œuvre, l'adresse du requérant ou son lieu de détention et son numéro de dossier officiel. Toute modification de ces informations (date et heure de renvoi, adresse, etc.) doit être communiquée dès que possible.

La Cour peut décider d'examiner en même temps la recevabilité de l'affaire et la demande de mesure provisoire.

II. Envoyer les demandes par télécopie ou par courrier (3)

Les demandes de mesures provisoires formées au titre de l'article 39 du règlement doivent être envoyées par télécopie ou par courrier. La Cour ne traite pas les demandes adressées par courrier électronique. Dans toute la mesure du possible, ces demandes doivent être établies dans l'une des langues officielles des Parties contractantes. Toute demande doit comporter les mentions suivantes, à faire figurer en gras sur la première page du document :

« Article 39 – Urgent

(1) Instruction pratique édictée par le président de la Cour au titre de l'article 32 du règlement le 5 mars 2003 et amendée les 16 octobre 2009 et 7 juillet 2011.

(2) Il y a lieu de fournir toutes précisions à cet égard.

(3) En fonction du degré d'urgence et étant précisé que les demandes par courrier ne doivent pas être envoyées par courrier ordinaire.

Personne à contacter (nom et coordonnées) : ...

[Dans les affaires d'expulsion ou d'extradition]

Date et heure du renvoi et destination : ... »

III. Introduire les demandes en temps utile

Il faut en principe envoyer la demande de mesure provisoire dès que possible après que la décision interne définitive a été rendue, de manière à laisser à la Cour et à son greffe suffisamment de temps pour examiner la question. Dans les affaires d'éloignement, la Cour pourra ne pas traiter les demandes reçues moins d'un jour ouvré avant la date prévue d'exécution de la mesure d'éloignement (1).

Lorsque la décision interne définitive est imminente et que sa mise en œuvre risque d'être immédiate, notamment dans les affaires d'extradition ou d'expulsion, les requérants et leurs représentants doivent soumettre leur demande de mesure provisoire sans attendre cette décision, en indiquant clairement la date à laquelle celle-ci sera rendue et en précisant que leur demande est subordonnée au caractère négatif de la décision interne définitive.

IV. Mesures internes à effet suspensif

La Cour n'est pas une instance d'appel des décisions des juridictions internes. Dans les affaires d'extradition ou d'expulsion, les requérants doivent exercer les recours internes susceptibles de conduire à une suspension de la mesure d'éloignement avant d'adresser à la Cour une demande de mesure provisoire. Dans le cas où il demeure loisible aux requérants d'exercer un recours interne à effet suspensif, la Cour n'applique pas l'article 39 du règlement pour empêcher l'exécution de la mesure d'éloignement.

V. Suite à donner à la demande de mesure provisoire

Les requérants auteurs d'une demande de mesure provisoire au titre de l'article 39 du règlement doivent veiller à répondre aux lettres que leur adresse le greffe de la Cour. En cas de rejet d'une demande de mesure provisoire, ils doivent notamment indiquer à la Cour s'ils souhaitent poursuivre leur affaire. Lorsqu'une mesure provisoire a été indiquée, ils doivent régulièrement et sans délai informer la Cour de l'état d'avancement des procédures internes en instance, faute de quoi l'affaire pourra être rayée du rôle.

L'introduction de l'instance (2)

(Requêtes individuelles au titre de l'article 34 de la Convention)

I. Généralités

1. Toute requête introduite au titre de l'article 34 de la Convention doit être présentée par écrit. Aucune requête ne peut être soumise par téléphone. Sauf dans les cas prévus par l'article 47 du règlement de la Cour, seul un formulaire de requête complet interrompt le cours du délai de six mois fixé à l'article 35 § 1 de la Convention. Le formulaire de requête est disponible en ligne sur le site internet de la Cour (3). Les requérants sont vivement encouragés à le télécharger et à l'imprimer plutôt que de demander à la Cour de leur en envoyer une version papier par la poste. Ils gagneront ainsi du temps et seront plus à même d'introduire une requête complète dans le délai de six mois. On trouve aussi sur le site de la Cour une aide pour remplir les différents champs du formulaire.

2. Toute requête doit être envoyée à l'adresse suivante :

Monsieur le Greffier de la Cour européenne des droits de l'Homme

Conseil de l'Europe

F-67075 Strasbourg Cedex

3. L'envoi d'une requête par télécopie n'interrompt pas le cours du délai de six mois fixé à l'article 35 § 1. Les requérants doivent, avant l'expiration du délai de six mois, faire suivre leur télécopie d'un envoi par la poste de l'original du formulaire signé.

4. Les requérants doivent faire preuve de diligence dans la conduite de leur correspondance avec le greffe de la Cour. Une réponse tardive ou une absence de réponse peuvent être considérées comme un signe indiquant que le requérant n'entend plus maintenir sa requête.

II. Forme et contenu

5. Les déclarations faites dans le formulaire de requête au sujet des faits, des griefs et du respect des exigences relatives à l'épuisement des voies de recours internes et du délai d'introduction de la requête fixé à l'article 35 § 1

(1) La liste des jours fériés ou chômés pendant lesquels le greffe de la Cour est fermé peut être consultée sur le site internet de la Cour : www.echr.coe.int/contact/fr.

(2) Instruction pratique édictée par le président de la Cour au titre de l'article 32 du règlement le 1er novembre 2003 et amendée les 22 septembre 2008, 24 juin 2009,6 novembre 2013, 5 octobre 2015 et 27 novembre 2019. Cette instruction pratique complète les articles 45 et 47 du règlement.

(3) www.echr.coe.int.

de la Convention doivent être conformes aux règles énoncées à l'article 47 du règlement. Les déclarations supplémentaires, présentées le cas échéant sur des feuilles séparées, ne doivent pas dépasser 20 pages (article 47 § 2 *b)* du règlement) et doivent :

a) être au format A4 et comprendre une marge d'au moins 3,5 cm ;

b) être parfaitement lisibles et, si elles sont dactylographiées, être rédigées dans une police de caractères d'au moins 12 points dans le corps du texte et 10 points dans les notes en bas de page, avec un interligne de 1,5 ;

c) ne comporter que des nombres exprimés en chiffres, et non en toutes lettres ;

d) être paginées (pages numérotées consécutivement) ;

e) être divisées en paragraphes numérotés ;

f) être divisées en chapitres de la manière suivante : « Faits », « Griefs ou exposé des violations » et « Informations relatives à l'épuisement des voies de recours internes et au respect du délai fixé à l'article 35 § 1 ».

6. Tous les champs pertinents du formulaire de requête doivent être remplis avec des mots. Évitez d'utiliser des symboles, des signes ou des abréviations. Formulez chaque réponse en mots, même si elle est négative ou si la question ne semble pas pertinente.

7. Le requérant doit exposer les faits, ses griefs et les explications relatives au respect des critères de recevabilité dans l'encadré du formulaire de requête prévu à cet effet. Ces informations doivent être suffisantes pour permettre à la Cour de déterminer la nature et l'objet de la requête. Le formulaire rempli doit ainsi se suffire à lui-même. Il ne suffit pas de joindre en annexe un exposé des faits, des griefs et des informations relatives au respect des critères, même en ajoutant la mention « voir annexe ». La présence de ces informations sur le formulaire de requête a pour but d'aider la Cour à examiner et à attribuer rapidement les nouvelles requêtes. Un complément d'informations peut être fourni, si nécessaire, dans un document à part ne devant pas dépasser 20 pages. Un tel complément ne peut en aucun cas remplacer l'exposé des faits, des griefs et des explications relatives au respect des critères de recevabilité qui doit obligatoirement figurer sur le formulaire de requête lui-même. Un formulaire de requête ne comportant pas ces informations ne sera pas considéré comme conforme à l'article 47 du règlement.

8. Une personne morale (à savoir une société, une organisation non gouvernementale ou une association) qui veut saisir la Cour doit le faire par l'intermédiaire d'un représentant dont l'identité doit être indiquée dans l'encadré approprié du formulaire de requête ; il doit en outre fournir ses coordonnées et expliquer à quel titre il agit au nom de la personne morale ou quel est son lien avec celle-ci. Il faut fournir avec le formulaire de requête la preuve que le représentant a qualité pour agir au nom de la personne morale, par exemple un extrait du registre du commerce ou un compte rendu de l'organe dirigeant. Le représentant de la personne morale n'est pas la même personne que l'avocat qui est autorisé à la défendre devant la Cour. Il se peut que le représentant de la personne morale soit aussi avocat ou juriste et qu'il soit compétent pour assurer en plus la fonction de représentant en justice. Il convient dans tous les cas de remplir les deux parties du formulaire de requête concernant la représentation et de joindre les documents requis attestant l'existence d'un mandat pour représenter la personne morale.

9. Un requérant n'est pas obligé d'être représenté par un défenseur au moment où il introduit sa requête. S'il mandate un avocat, il faut remplir l'encadré du formulaire de requête réservé au pouvoir. Dans ce cas, la signature du requérant ainsi que celle de son représentant doivent être apposées dans cet encadré. Il n'est pas admis à ce stade de fournir un pouvoir sur un formulaire séparé car la Cour demande que toutes les informations essentielles figurent sur le formulaire de requête. S'il est allégué qu'il n'est pas possible au requérant d'apposer sa signature dans l'encadré du formulaire de requête réservé au pouvoir en raison de difficultés pratiques insurmontables, il faut expliquer à la Cour en quoi consistent ces difficultés, preuves à l'appui. Il n'est pas possible de prétexter un manque de temps dû à la nécessité de remplir le formulaire rapidement afin de respecter le délai de six mois.

10. Le formulaire de requête doit être accompagné des documents pertinents :

a) relatifs aux décisions ou mesures dénoncées ;

b) montrant que le requérant a respecté la règle de l'épuisement des voies de recours internes et le délai mentionnés à l'article 35 § 1 de la Convention ;

c) contenant, le cas échéant, des informations au sujet d'autres procédures internationales.

Si le requérant n'est pas en mesure de produire une copie de l'un de ces documents, il doit en tout cas fournir une explication satisfaisante ; il ne lui suffira pas de faire simplement état de difficultés s'il est raisonnable d'attendre que l'explication soit étayée par des documents, comme une preuve d'indigence, un refus des autorités de fournir une décision ou autre élément montrant l'impossibilité pour le requérant de se procurer le document en question. Si aucune explication n'est fournie, ou si l'explication fournie est insuffisante, la requête ne sera pas attribuée à une formation judiciaire.

Lorsque les documents sont fournis par voie électronique, ils doivent respecter le format exigé dans la présente instruction et doivent aussi être classés et numérotés en suivant l'ordre de la liste figurant sur le formulaire de requête.

11. Lorsqu'un requérant a déjà soumis une ou plusieurs autres requêtes sur lesquelles la Cour a statué ou qu'il a une ou plusieurs autres requêtes pendantes devant la Cour, il doit en informer le greffe et préciser le numéro de ces requêtes.

12. *a)* Lorsqu'un requérant demande que son identité ne soit pas divulguée, il doit s'en expliquer par écrit, conformément à l'article 47 § 4 du règlement.

b) Le requérant doit également préciser, pour le cas où sa demande d'anonymat serait accueillie par le président de la chambre, s'il souhaite être désigné par ses initiales ou par une simple lettre (par exemple « X », « Y » ou « Z »).

13. Le formulaire de requête doit être signé par le requérant ou par le représentant désigné. S'il est représenté, le requérant ainsi que son représentant doivent apposer leur signature dans l'encadré du formulaire de requête réservé au pouvoir. Ni le formulaire de requête ni l'encadré réservé au pouvoir ne peuvent être signés « par procuration » (« p. p. »).

III. Requêtes groupées et requérants multiples

14. Lorsqu'un requérant ou un représentant introduit pour plusieurs requérants des requêtes concernant des faits différents, il faut utiliser un formulaire de requête pour chacun, en indiquant toutes les informations requises et en annexant les documents relatifs à chaque requérant au formulaire correspondant.

15. Lorsqu'il y a plus de cinq requérants, le représentant doit fournir, en plus des formulaires de requête et des documents, un tableau récapitulant les informations personnelles requises de chaque requérant. Ce tableau est disponible en téléchargement sur le site Internet de la Cour (1). Lorsque le représentant est avocat, le tableau doit aussi être fourni sous forme électronique.

16. Lorsque l'affaire porte sur un grand nombre de requérants ou de requêtes, la Cour peut demander aux requérants ou à leurs représentants de fournir le texte de leurs observations et déclarations ou leurs documents par voie électronique ou par un autre moyen. Elle peut aussi leur demander de prendre d'autres mesures visant à faciliter le traitement efficace et rapide des requêtes.

IV. Défaut de réponse aux demandes d'information ou non-respect des instructions données

17. Le manquement à fournir dans les délais fixés les informations ou les pièces supplémentaires sollicitées par la Cour ou à respecter les instructions qu'elle a données quant à la forme et à la manière dont la requête doit être introduite, y compris dans le cas de requêtes groupées ou de requérants multiples, peut, selon le stade de la procédure, amener la Cour à ne pas examiner la ou les requête(s), à les déclarer irrecevables ou à les rayer du rôle.

Les observations écrites (2)

I. Dépôt d'observations

Généralités

1. Les observations doivent être déposées au greffe dans le délai fixé en application de l'article 38 du règlement et de la manière décrite au paragraphe 2 dudit article.

2. La date à laquelle des observations ou autres documents ont été reçus au greffe de la Cour est apposée sur les pièces en question au moyen d'un tampon dateur.

3. À l'exception des observations et documents pour lesquels un système d'envoi électronique a été mis en place (voir les instructions pratiques pertinentes), tous les autres documents comportant des observations, de même que tous les documents les accompagnant, doivent être soumis au greffe de la Cour en trois exemplaires envoyés par courrier ou en un exemplaire unique envoyé par télécopie (3) suivi de trois exemplaires envoyés par courrier.

4. Les observations ou autres documents envoyés par courrier électronique ne sont pas acceptés.

5. Les documents secrets doivent être envoyés par courrier recommandé.

6. Les observations dont la production n'a pas été demandée ne peuvent être versées au dossier que sur décision du président de la chambre (voir l'article 38 § 1 du règlement).

Envoi par télécopie

7. Une partie peut présenter des observations ou autres documents à la Cour en les envoyant par télécopie.

8. Le nom de la personne ayant signé les observations doit également apparaître en caractères imprimés, de manière à ce que cette personne puisse être identifiée.

(1) www.echr.coe.int.

(2) Instruction pratique édictée par le président de la Cour conformément à l'article 32 du règlement le 1er novembre 2003, modifiée le 22 septembre 2008 et le 29 septembre 2014.

(3) Numéro : +00 33 (0)3 88 41 27 30 ; les autres numéros de télécopie sont indiqués sur le site Internet de la Cour (www.echr.coe.int).

Envoi électronique

9. La Cour peut autoriser le Gouvernement d'une Partie contractante ou, après la communication d'une requête, le requérant à envoyer des observations et d'autres documents par voie électronique. En pareil cas, l'instruction pratique relative aux observations écrites s'applique conjointement à celles relatives à l'envoi électronique de documents.

II. Forme et contenu

Forme

10. Tout document renfermant des observations doit comporter :

a) le numéro de la requête et le nom de l'affaire ;

b) un intitulé indiquant la nature de son contenu (par exemple, observations sur la recevabilité [et le fond] ; réponse aux observations sur la recevabilité [et le fond] soumises par le Gouvernement/le requérant ; observations sur le fond ; observations additionnelles sur la recevabilité [et le fond] ; mémoire, etc.).

11. Les observations doivent en outre normalement :

a) être établies sur du papier au format A4 avec une marge non inférieure à 3,5 cm de large ;

b) être dactylographiées et facilement lisibles, le texte lui-même devant apparaître au minimum en corps 12 et les notes en bas de page en corps 10, avec un interligne de 1,5 ;

c) avoir tous les nombres exprimés en chiffres ;

d) avoir toutes les pages numérotées de manière continue ;

e) être divisées en paragraphes numérotés ;

f) être divisées en chapitres et/ou têtes de rubriques correspondant à la forme et au style des décisions et arrêts de la Cour (« En fait »/« Droit [et pratique] interne[s] pertinent[s] »/« Griefs »/« En droit » ; ce dernier chapitre doit être composé de sections intitulées « Exception préliminaire tirée de (...) » ; « Violation alléguée de l'article (...) » selon le cas) ;

g) exposer sous une section distincte les réponses aux questions posées par la Cour ou aux arguments développés par la partie adverse ;

h) comporter des renvois à tous les documents et/ou pièces probantes mentionnés dans les observations et s'y trouvant annexés ;

i) dans le cas d'un envoi par courrier, être établies seulement sur la face recto des feuilles, les feuilles et les annexes devant être assemblées de manière à pouvoir être facilement séparées (il convient d'éviter de les coller ou de les agrafer).

12. Si exceptionnellement des observations excèdent 30 pages, elles doivent être aussi accompagnées d'un bref résumé.

13. Lorsqu'une partie produit des documents et/ou d'autres annexes à l'appui d'observations, chaque pièce doit être répertoriée dans une annexe distincte.

Contenu

14. Les observations déposées par les parties à la suite de la communication de la requête doivent comporter :

a) tous commentaires jugés utiles concernant les faits de la cause ; toutefois,

i. si une partie n'a rien à redire à l'exposé des faits établi par le greffe, elle doit limiter ses observations à une brève déclaration en ce sens ;

ii. si une partie ne conteste qu'à certains égards l'exposé des faits établi par le greffe, ou si elle souhaite y ajouter des précisions, elle doit limiter ses observations à ces points précis ;

iii. si une partie conteste l'exposé des faits ou une partie de l'exposé des faits émanant de la partie adverse, elle doit préciser clairement les points qu'elle ne conteste pas et limiter ses observations aux points qu'elle conteste ;

b) les arguments juridiques se rapportant, à la recevabilité d'abord, au fond ensuite ; toutefois,

i. si des questions précises sur un point de fait ou de droit ont été adressées à une partie, celle-ci doit, sans préjudice de l'article 55 du règlement, limiter ses arguments à ces questions ;

ii. si des observations répondent à des arguments de la partie adverse, elles doivent se référer aux arguments précis en cause, dans l'ordre prescrit ci-dessus.

15. *a)* Les observations déposées par les parties après la déclaration de recevabilité de la requête doivent comporter :

i. une brève déclaration indiquant la position adoptée quant aux faits de la cause tels qu'établis dans la décision sur la recevabilité ;

ii. les arguments juridiques relatifs au fond de l'affaire ;

iii. les réponses aux questions précises posées par la Cour relativement à des points de fait ou de droit.

b) Une partie requérante qui soumet en même temps une demande de satisfaction équitable doit le faire de la manière décrite dans l'instruction pratique concernant la présentation des demandes de satisfaction équitable.

16. Eu égard au caractère confidentiel de la procédure de règlement amiable (voir les articles 39 § 2 de la Convention et 62 § 2 du règlement), l'ensemble des observations et documents déposés dans le cadre de la procédure visant à la conclusion d'un règlement amiable doivent être soumis séparément des observations écrites.

17. Aucune référence aux offres, concessions ou autres déclarations soumises en rapport avec le règlement amiable ne peut figurer dans les observations déposées dans le cadre de la procédure contentieuse.

III. Délais

Généralités

18. Chaque partie doit veiller à ce que ses observations et tous documents ou pièces les accompagnant parviennent au greffe de la Cour en temps utile.

Prorogation des délais

19. Tout délai fixé en vertu de l'article 38 du règlement peut être prorogé à la demande d'une partie.

20. Toute partie qui souhaite obtenir pareille prorogation de délai doit formuler une demande à cet égard dès qu'elle a connaissance des circonstances lui paraissant justifier une telle mesure et, en tout état de cause, avant l'expiration du délai en question. Elle doit motiver sa demande.

21. Si une prorogation de délai est accordée, elle vaut pour toutes les parties assujetties au respect du délai en question, y compris celles qui n'ont pas sollicité de prorogation.

IV. Non-respect des exigences entourant le dépôt d'observations

22. Lorsque des observations ont été déposées d'une manière non conforme aux exigences énoncées aux paragraphes 8 à 15 de la présente instruction pratique, le président de la chambre peut inviter la partie concernée à les soumettre une nouvelle fois, en respectant ces exigences.

23. En cas de non-respect des conditions énumérées ci-dessus, la Cour peut considérer que les observations n'ont pas été déposées de manière valable (voir l'article 38 § 1 du règlement).

Demandes de satisfaction équitable (1)

I. Introduction

1. L'octroi d'une satisfaction équitable ne découle pas automatiquement du constat par la Cour européenne des droits de l'Homme qu'il y a eu violation d'un droit garanti par la Convention européenne des droits de l'Homme ou ses Protocoles. Cela ressort clairement du libellé de l'article 41 de la Convention, qui dispose que la Cour n'accorde une satisfaction équitable que si le droit interne ne permet d'effacer qu'imparfaitement les conséquences d'une violation et, même en pareil cas, que « s'il y a lieu » (*if necessary* dans le texte anglais) de le faire.

2. L'indemnité allouée au titre de l'article 41 de la Convention doit être « équitable » (*just* dans le texte anglais) compte tenu des circonstances de la cause. La Cour doit donc prendre en considération les caractéristiques de l'affaire dont elle se trouve saisie. Elle peut estimer que le constat de violation de la Convention constitue en soi une satisfaction équitable suffisante pour tel ou tel chef de préjudice allégué et qu'il n'y a pas lieu d'accorder une réparation pécuniaire. Elle peut aussi déceler des motifs d'équité pour octroyer une somme inférieure à la valeur du dommage réellement subi ou aux frais et dépens effectivement exposés, voire pour n'accorder aucune indemnité. Ce peut être le cas, par exemple, si la situation dénoncée, le montant du dommage ou le niveau des frais sont imputables à une faute du requérant lui-même. Pour fixer le montant à accorder, la Cour peut envisager aussi les situations respectives du requérant, partie lésée par une violation, et de la Partie contractante, responsable de l'intérêt général. Enfin, la Cour prend d'habitude en compte la situation économique de l'État mis en cause.

3. Lorsqu'elle accorde une indemnité au titre de l'article 41 de la Convention, la Cour peut décider de se référer aux normes internes. Elle n'est toutefois jamais liée par elles.

4. Tout requérant désireux de déposer une demande de satisfaction équitable doit respecter les conditions de forme et de fond pertinentes fixées par la Convention et le règlement de la Cour.

II. Dépôt de demandes de satisfaction équitable : conditions de forme

5. L'article 60 du règlement fixe les délais et les autres conditions de forme à respecter pour déposer une demande de satisfaction équitable. Ses passages pertinents sont ainsi libellés :

« 1. Tout requérant qui souhaite que la Cour lui accorde une satisfaction équitable au titre de l'article 41 de la Convention en cas de constat d'une violation de ses droits découlant de celle-ci doit formuler une demande spécifique à cet effet.

(1) Instruction pratique édictée par le président de la Cour au titre de l'article 32 du règlement le 28 mars 2007.

2. Sauf décision contraire du président de la chambre, le requérant doit soumettre ses prétentions, chiffrées et ventilées par rubrique et accompagnées des justificatifs pertinents, dans le délai qui lui a été imparti pour la présentation de ses observations sur le fond.

3. Si le requérant ne respecte pas les exigences décrites dans les paragraphes qui précèdent, la chambre peut rejeter tout ou partie de ses prétentions.

(...) »

La Cour exige donc des demandes précises, pièces justificatives à l'appui, sans quoi elle n'alloue aucune indemnité. Elle écarte les demandes présentées dans les formulaires de requête mais non réitérées au stade approprié de la procédure. Elle rejette aussi les demandes tardives.

III. Dépôt de demandes de satisfaction équitable : conditions de fond

6. La Cour peut allouer des indemnités au titre de l'article 41 de la Convention pour :

a) dommage matériel ;

b) préjudice moral ; et

c) frais et dépens.

1. Le dommage de manière générale

7. Il faut démontrer clairement l'existence d'un lien de causalité entre le dommage prétendument subi et la violation dénoncée. La Cour ne se contentera pas d'un lien simplement ténu entre la violation alléguée et le préjudice, ni de simples spéculations quant à ce qui aurait pu être.

8. Une indemnité pour dommage peut être accordée pour autant que celui-ci résulte de la violation constatée. Aucune indemnité ne peut être allouée pour un préjudice provoqué par des événements ou des situations dont la Cour n'estime pas qu'ils emportent violation de la Convention, ni pour un dommage se rapportant à des griefs déclarés irrecevables à un stade antérieur de la procédure.

9. Lorsqu'elle accorde une indemnité pour dommage, la Cour tend à indemniser le requérant des conséquences préjudiciables réelles d'une violation. Elle n'entend pas punir la Partie contractante responsable. Jusqu'ici, la Cour n'a donc pas jugé bon d'accueillir des demandes de dommages-intérêts catalogués comme « punitifs », « aggravés » ou « exemplaires ».

2. Dommage matériel

10. En ce qui concerne le dommage matériel, le principe est que le requérant doit être placé, autant que faire se peut, dans la situation dans laquelle il se serait trouvé si la violation ne s'était pas produite – il s'agit, en d'autres termes, de réaliser une *restitutio in integrum*. Ce qui peut supposer une réparation pour la perte effectivement subie (*damnum emergens*) et la perte ou le manque à gagner auxquels il faut s'attendre pour l'avenir (*lucrum cessans*).

11. Il appartient au requérant de démontrer que la violation ou les violations alléguées ont entraîné pour lui un préjudice matériel. Il doit produire les documents pertinents afin de prouver, dans la mesure du possible, non seulement l'existence mais aussi le montant ou la valeur du dommage.

12. En principe, l'indemnité allouée par la Cour reflète l'intégralité du dommage calculé. Toutefois, si le préjudice réel ne se prête pas à une évaluation précise, la Cour procède à une estimation à partir des éléments dont elle dispose. Comme il est indiqué au paragraphe 2 ci-dessus, elle peut aussi trouver en équité des motifs d'allouer une somme inférieure au montant total de la perte subie.

3. Dommage moral

13. L'indemnité que la Cour alloue pour préjudice moral est censée fournir une réparation pécuniaire du dommage moral, par exemple la souffrance physique ou mentale.

14. Par sa nature, le dommage moral ne se prête pas à un calcul précis. Si son existence est établie, et si la Cour estime qu'il y a lieu d'accorder une indemnité pécuniaire, elle procède à une évaluation en équité en ayant égard aux normes qui se dégagent de sa jurisprudence.

15. Tout requérant qui demande réparation d'un dommage moral est invité à préciser le montant de l'indemnité qu'il estime équitable de se voir allouer. Celui qui se prétend victime de plusieurs violations peut réclamer une somme forfaitaire destinée à couvrir l'ensemble du préjudice résultant des violations alléguées ou solliciter des montants distincts pour chacune des violations en question.

4. Frais et dépens

16. La Cour peut ordonner de rembourser au requérant les frais et dépens qu'il a assumés – d'abord au niveau interne puis dans la procédure devant elle – pour empêcher la violation ou pour en faire effacer les conséquences. Les frais et dépens incluent d'ordinaire les frais de l'assistance d'un avocat, les frais de justice, etc. Ils peuvent comprendre aussi les frais de déplacement et de séjour, en particulier ceux rendus indispensables par la nécessité d'assister à une audience devant la Cour.

17. La Cour ne peut accueillir les demandes pour frais et dépens que si elles se rapportent aux violations constatées par elle. Elle doit les écarter si elles concernent des griefs qui n'ont pas débouché sur le constat

d'une violation, ou des griefs déclarés irrecevables. Cela étant, il est loisible à un requérant de ventiler ses prétentions au titre des frais et dépens entre les différents griefs qu'il soulève.

18. Les frais et dépens doivent avoir été réellement exposés. Autrement dit, le requérant doit les avoir réglés, ou être tenu de les régler, en vertu d'une obligation légale ou contractuelle. Tout montant versé ou dû par les autorités internes ou le Conseil de l'Europe au titre de l'assistance judiciaire doit être déduit de la somme éventuellement allouée pour frais et dépens.

19. Les frais et dépens doivent avoir été nécessaires, c'est-à-dire que le requérant a dû les engager pour empêcher la violation ou y faire remédier.

20. Ils doivent être d'un montant raisonnable. Si la Cour les juge excessifs, elle alloue une somme raisonnable selon sa propre estimation.

21. La Cour exige des preuves, comme des notes d'honoraires et des factures détaillées. Elles doivent être suffisamment précises pour lui permettre de déterminer dans quelle mesure les conditions susmentionnées se trouvent remplies.

5. Informations quant au paiement

22. Le requérant est invité à indiquer un compte bancaire sur lequel il souhaite voir verser les sommes qui pourraient lui être octroyées. S'il désire que tel ou tel montant, comme les sommes allouées pour frais et dépens, soit réglé séparément, par exemple directement sur le compte bancaire de son représentant, il doit le préciser.

IV. Forme des réparations octroyées par la Cour

23. La réparation éventuellement accordée par la Cour revêt d'ordinaire la forme d'une somme d'argent à verser par la Partie contractante défenderesse à la victime ou aux victimes des violations constatées. Ce n'est que très exceptionnellement que la Cour peut envisager d'inviter la Partie contractante défenderesse à prendre telle ou telle mesure pour mettre fin ou remédier aux violations en question. Toutefois, la Cour a la faculté de donner des indications quant à la manière dont il convient d'exécuter ses arrêts (article 46 de la Convention).

24. L'indemnité que le requérant peut se voir allouer par la Cour au titre de l'article 41 de la Convention est en principe exprimée en euros (EUR, €), indépendamment de la monnaie dans laquelle l'intéressé formule ses demandes. Si le requérant doit percevoir son indemnité dans une monnaie autre que l'euro, la Cour ordonne que les sommes exprimées en euros soient converties dans cette autre monnaie, au taux de change applicable à la date du versement. Lorsqu'il présente ses prétentions, le requérant doit, le cas échéant, envisager ce qu'implique cette politique compte tenu des effets qu'aura la conversion en euros de sommes exprimées dans une monnaie différente ou la conversion de sommes exprimées en euros dans une monnaie différente.

25. La Cour fixe, de son propre chef, un délai pour le versement éventuel à opérer ; ce délai est d'habitude de trois mois à compter de la date à laquelle l'arrêt devient définitif et exécutoire. La Cour ordonne aussi le paiement d'intérêts moratoires simples en cas de versement intervenant après échéance du délai ainsi fixé. Elle fixe d'ordinaire le taux de ces intérêts à un niveau égal à celui du taux d'intérêt de la facilité de prêt marginal de la Banque centrale européenne pour la période comprise entre la date d'expiration du délai fixé jusqu'au versement de l'indemnité allouée, augmenté de trois points de pourcentage.

L'envoi électronique sécurisé de documents par le Gouvernement (1)

I. Champ d'application

1. Les Gouvernements des États contractants qui ont opté pour le système d'envoi électronique sécurisé de documents mis en place par la Cour envoient toutes leurs communications écrites avec la Cour en les transférant vers le site Internet sécurisé créé à cet effet et acceptent les communications écrites qui leur sont adressées par le greffe de la Cour en les téléchargeant à partir dudit site, sous réserve des exceptions suivantes :

a) toutes les communications écrites concernant une demande de mesures provisoires au titre de l'article 39 du règlement sont envoyées simultanément par deux moyens : par l'intermédiaire du site sécurisé et par télécopie ;

b) les annexes telles que plans, manuels, etc. qui ne peuvent être visualisées en totalité sous format électronique peuvent être envoyées par courrier ;

c) le greffe de la Cour peut demander qu'un document ou une annexe papier soient envoyés par courrier.

2. Si le Gouvernement a envoyé un document par courrier ou par télécopie, il adresse dès que possible par voie électronique une note d'envoi par courrier ou par télécopie qui décrit le document envoyé, indique la date de son envoi et expose les raisons pour lesquelles un envoi électronique n'a pas été possible.

II. Exigences techniques

3. Le Gouvernement se dote de l'équipement technique nécessaire et suit le manuel de l'utilisateur reçu du greffe de la Cour.

(1) Instruction pratique édictée par le président de la Cour au titre de l'article 32 du règlement le 22 septembre 2008, modifiée le 29 septembre 2014 et le 5 juillet 2018.

III. Format et convention de dénomination

4. Tout document transmis par voie électronique doit l'être en format PDF, et de préférence en format PDF recherchable.

5. Les lettres et observations écrites non signées ne sont pas acceptées. Les documents signés devant être transmis par voie électronique sont générés par scannage de la copie papier originale. Le gouvernement conserve la copie papier originale dans son dossier.

6. Le nom d'un document transmis par voie électronique se compose du numéro de la requête suivi du nom du requérant tel qu'écrit en alphabet latin par le greffe de la Cour et d'une indication du contenu du document (1).

IV. Date à retenir pour les délais

7. La date à laquelle le Gouvernement a téléchargé avec succès un document sur le site sécurisé est considérée comme la date d'envoi du document au sens de l'article 38 § 2 du règlement ou comme la date de dépôt du document au regard de l'article 73 § 1 du règlement.

8. Afin de faciliter la traçabilité de la correspondance échangée, chaque jour peu avant minuit le serveur sécurisé génère automatiquement un message électronique donnant la liste des documents transmis par voie électronique au cours des vingt-quatre heures écoulées.

V. Pluralité de versions d'un seul et même document

9. Le site électronique sécurisé ne permet pas la modification, le remplacement ou la suppression d'un document téléchargé. Si le Gouvernement est confronté à la nécessité de modifier un document téléchargé par lui, il crée un nouveau document, qu'il nomme différemment (par exemple en ajoutant le mot « modifié » au nom du premier document). Cette possibilité ne doit être utilisée qu'en cas de véritable nécessité, et non aux fins de correction d'erreurs mineures.

10. Lorsque le Gouvernement a envoyé plus d'une version du même document, seul le document parvenu dans les délais est pris en considération. Lorsque plus d'une version est parvenue au greffe dans les délais, c'est la dernière qui est prise en considération, sauf décision contraire du président de la chambre.

Demandes d'anonymat (2)

(Articles 33 et 47 du règlement)

Principes généraux

Il est rappelé aux parties que, sauf dérogation accordée en vertu des articles 33 ou 47 du règlement, les documents afférents aux procédures suivies devant la Cour sont publics. Ainsi, toutes les informations soumises en rapport avec une requête, que ce soit dans le cadre de la procédure écrite ou dans celui de la procédure orale, y compris les informations au sujet du requérant ou de tiers, sont accessibles au public.

Les parties doivent également savoir que les exposés des faits, les décisions et les arrêts de la Cour sont normalement publiés dans Hudoc (3) sur le site Internet de la Cour (article 78 du règlement).

Demandes formulées dans des affaires pendantes

Tout requérant qui souhaite conserver l'anonymat doit en faire la demande au moment où il remplit le formulaire de requête ou aussitôt que possible par la suite. Dans un cas comme dans l'autre, il doit exposer les motifs de sa demande et préciser l'impact qu'une divulgation de son identité pourrait avoir sur lui.

Demandes rétroactives

Si un requérant souhaite demander l'anonymat relativement à une affaire ou à des affaires publiées sur Hudoc avant le 1er janvier 2010, il doit envoyer au greffe une lettre exposant les motifs de sa demande et précisant l'impact que la divulgation de son identité a eu ou pourrait avoir sur lui. Il doit également expliquer pourquoi il n'a pas sollicité l'anonymat alors que l'affaire était pendante devant la Cour.

Pour statuer sur la demande, le président tient compte des explications fournies par le requérant, du degré de publicité que la décision ou l'arrêt a déjà reçu et du point de savoir s'il est opportun ou non, notamment sur le plan pratique, d'accueillir la demande.

Si le président fait droit à la demande, il détermine également les mesures à prendre pour éviter que le requérant ne soit identifié. Il peut ainsi décider, par exemple, que la décision ou l'arrêt concernant le requérant sera retiré du site Internet de la Cour ou que les éléments d'identification personnelle de l'intéressé seront supprimés des documents publiés.

Autres mesures

Le président peut également prendre relativement à tout document publié par la Cour toute autre mesure lui paraissant nécessaire ou souhaitable pour garantir le droit au respect de la vie privée.

---

(1) Exemple : 65051/01 Karagyozov Observ Recev Fond.
(2) Instruction pratique édictée par le président de la Cour au titre de l'article 32 du règlement le 14 janvier 2010.
(3) http://hudoc.echr.coe.int

L'envoi électronique de documents par le requérant (1)

I. Champ d'application

1. Après communication de la requête, tout requérant qui aura opté pour l'envoi électronique de documents adresse toutes ses communications écrites avec la Cour en utilisant le Service de communication par voie électronique (SCE) de la Cour et accepte les communications écrites qui lui sont adressées par le greffe de la Cour par le biais du SCE, sous réserve des exceptions suivantes :

a) les communications écrites concernant une demande de mesures provisoires au titre de l'article 39 du règlement ne sont envoyées que par télécopie et par courrier ;

b) les annexes telles que plans, manuels, etc. qui ne peuvent être visualisées en totalité sous format électronique peuvent être envoyées par courrier ;

c) le greffe de la Cour peut demander qu'un document ou une annexe papier soient envoyés par courrier.

2. Si le requérant a envoyé un document par courrier ou par télécopie, il adresse dès que possible par voie électronique une note d'envoi par courrier ou par télécopie qui décrit le document envoyé, indique la date de son envoi et expose les raisons pour lesquelles un envoi électronique n'a pas été possible.

II. Exigences techniques

3. Le requérant se dote de l'équipement technique nécessaire et suit le manuel de l'utilisateur reçu du greffe de la Cour.

III. Format et convention de dénomination

4. Tout document transmis par voie électronique doit l'être en format PDF, et de préférence en format PDF recherchable.

5. Les lettres et observations écrites non signées ne sont pas acceptées. Les documents signés devant être transmis par voie électronique sont générés par scannage de la copie papier originale. Le requérant en conserve la copie papier originale dans son dossier.

6. Le nom d'un document transmis par voie électronique se compose du numéro de la requête suivi du nom du requérant tel qu'écrit en alphabet latin par le greffe de la Cour et d'une indication du contenu du document (2).

IV. Date à retenir pour les délais

7. La date à laquelle le requérant a transmis avec succès un document par voie électronique est considérée comme la date d'envoi (heure de Strasbourg) du document au sens de l'article 38 § 2 du règlement ou comme la date de dépôt du document aux fins de l'article 73 § 1 du règlement.

8. Afin de faciliter la traçabilité de la correspondance échangée et de garantir le respect des délais fixés par la Cour, le requérant doit régulièrement vérifier son courrier électronique et son compte sur le SCE.

V. Pluralité de versions d'un seul et même document

9. Le SCE ne permet pas la modification, le remplacement ou la suppression d'un document téléchargé. Si le requérant est confronté à la nécessité de modifier un document téléchargé par lui, il crée un nouveau document, qu'il nomme différemment (par exemple en ajoutant le mot « modifié » au nom du premier document). Cette possibilité ne doit être utilisée qu'en cas de véritable nécessité, et non aux fins de correction d'erreurs mineures.

10. Lorsque le requérant a envoyé plus d'une version du même document, seul le document parvenu dans les délais est pris en considération. Lorsque plus d'une version est parvenue au greffe dans les délais, c'est la dernière qui est prise en considération, sauf décision contraire du président de la chambre.

Convention du Conseil de l'Europe du 16 mai 2005

sur la lutte contre la traite des êtres humains,
adoptée à Varsovie

(Signée par la France le 22 mai 2006 à Strasbourg
Publiée par D. n° 2008-1118, 31 oct. 2008 : JO 4 nov. 2008
Entrée en vigueur le 1er mai 2008)

Préambule

Les États membres du Conseil de l'Europe et les autres Signataires de la présente Convention,

Considérant que le but du Conseil de l'Europe est de réaliser une union plus étroite entre ses membres ;

Considérant que la traite des êtres humains constitue une violation des droits de la personne humaine et une atteinte à la dignité et à l'intégrité de l'être humain ;

(1) Instruction pratique édictée par le président de la Cour au titre de l'article 32 du règlement le 29 septembre 2014. Cette instruction pratique est entrée en vigueur le 6 septembre 2018.

(2) Exemple : 65051/01 Karagyozov Observ Recev Fond.

Considérant que la traite des êtres humains peut conduire à une situation d'esclavage pour les victimes ;

Considérant que le respect des droits des victimes et leur protection, ainsi que la lutte contre la traite des êtres humains doivent être les objectifs primordiaux ;

Considérant que toute action ou initiative dans le domaine de la lutte contre la traite des êtres humains doit être non discriminatoire et prendre en considération l'égalité entre les femmes et les hommes, ainsi qu'une approche fondée sur les droits de l'enfant ;

Rappelant les déclarations des ministres des affaires étrangères des États membres lors des 112e (14 et 15 mai 2003) et 114e (12 et 13 mai 2004) Sessions du Comité des ministres, appelant à une action renforcée du Conseil de l'Europe dans le domaine de la traite des êtres humains ;

Gardant présente à l'esprit la Convention de sauvegarde des droits de l'Homme et des libertés fondamentales (1950) et ses Protocoles ;

Gardant à l'esprit les recommandations suivantes du Comité des ministres aux États membres du Conseil de l'Europe : Recommandation n° R (91) 11 sur l'exploitation sexuelle, la pornographie, la prostitution ainsi que la traite d'enfants et de jeunes adultes ; Recommandation n° R (97) 13 sur l'intimidation des témoins et les droits de la défense ; Recommandation n° R (2000) 11 sur la lutte contre la traite des êtres humains aux fins d'exploitation sexuelle ; Recommandation Rec. (2001) 16 sur la protection des enfants contre l'exploitation sexuelle ; Recommandation Rec. (2002) 5 sur la protection des femmes contre la violence ;

Gardant à l'esprit les recommandations suivantes de l'Assemblée parlementaire du Conseil de l'Europe : Recommandation 1325 (1997) relative à la traite des femmes et à la prostitution forcée dans les États membres du Conseil de l'Europe ; Recommandation 1450 (2000) sur la violence à l'encontre des femmes en Europe ; Recommandation 1545 (2002) campagne contre la traite des femmes ; Recommandation 1610 (2003) migrations liées à la traite des femmes et à la prostitution ; Recommandation 1611 (2003) trafic d'organes en Europe ; Recommandation 1663 (2004) esclavage domestique : servitude, personnes au pair et épouses achetées par correspondance ;

Gardant à l'esprit la Décision-cadre du Conseil de l'Union européenne du 19 juillet 2002 relative à la lutte contre la traite des êtres humains ; la Décision-cadre du Conseil de l'Union européenne du 15 mars 2001 relative au statut des victimes dans le cadre des procédures pénales et la Directive du Conseil de l'Union européenne du 29 avril 2004 relative au titre de séjour délivré aux ressortissants des Pays tiers qui sont victimes de la traite des êtres humains ou ont fait l'objet d'une aide à l'immigration clandestine et qui coopèrent avec les autorités compétentes ;

Tenant dûment compte de la Convention des Nations unies contre la criminalité transnationale organisée et son Protocole visant à prévenir, réprimer et punir la traite des personnes, en particulier des femmes et des enfants, afin de renforcer la protection assurée par ces instruments et de développer les normes qu'ils énoncent ;

Tenant dûment compte des autres instruments juridiques internationaux pertinents dans le domaine de la lutte contre la traite des êtres humains ;

Tenant compte du besoin d'élaborer un instrument juridique international global qui soit centré sur les droits de la personne humaine des victimes de la traite et qui mette en place un mécanisme de suivi spécifique,

sont convenus de ce qui suit :

Chapitre Ier
Objet, champ d'application, principe de non-discrimination et définitions

Art. 1er. – *Objet de la Convention.*

1. La présente Convention a pour objet :

_a)_ De prévenir et combattre la traite des êtres humains, en garantissant l'égalité entre les femmes et les hommes ;

_b)_ De protéger les droits de la personne humaine des victimes de la traite, de concevoir un cadre complet de protection et d'assistance aux victimes et aux témoins, en garantissant l'égalité entre les femmes et les hommes, ainsi que d'assurer des enquêtes et des poursuites efficaces ;

_c)_ De promouvoir la coopération internationale dans le domaine de la lutte contre la traite des êtres humains.

2. Afin d'assurer une mise en œuvre efficace de ses dispositions par les Parties, la présente Convention met en place un mécanisme de suivi spécifique.

Art. 2. – *Champ d'application.*

La présente Convention s'applique à toutes les formes de traite des êtres humains, qu'elles soient nationales ou transnationales et liées ou non à la criminalité organisée.

Art. 3. – *Principe de non-discrimination.*

La mise en œuvre de la présente Convention par les Parties, en particulier la jouissance des mesures visant à protéger et promouvoir les droits des victimes, doit être assurée sans discrimination aucune, fondée notamment sur le sexe, la race, la couleur, la langue, la religion, les opinions politiques ou toutes autres opinions, l'origine nationale ou sociale, l'appartenance à une minorité nationale, la fortune, la naissance ou toute autre situation.

Art. 4. – *Définitions.*

Aux fins de la présente Convention :

a) L'expression « traite des êtres humains » désigne le recrutement, le transport, le transfert, l'hébergement ou l'accueil de personnes, par la menace de recours ou le recours à la force ou d'autres formes de contrainte, par enlèvement, fraude, tromperie, abus d'autorité ou d'une situation de vulnérabilité, ou par l'offre ou l'acceptation de paiements ou d'avantages pour obtenir le consentement d'une personne ayant autorité sur une autre aux fins d'exploitation. L'exploitation comprend, au minimum, l'exploitation de la prostitution d'autrui ou d'autres formes d'exploitation sexuelle, le travail ou les services forcés, l'esclavage ou les pratiques analogues à l'esclavage, la servitude ou le prélèvement d'organes ;

b) Le consentement d'une victime de la « traite d'êtres humains » à l'exploitation envisagée, telle qu'énoncée à l'alinéa (a) du présent article, est indifférent lorsque l'un quelconque des moyens énoncés à l'alinéa (a) a été utilisé ;

c) Le recrutement, le transport, le transfert, l'hébergement ou l'accueil d'un enfant aux fins d'exploitation sont considérés comme une « traite des êtres humains » même s'ils ne font appel à aucun des moyens énoncés à l'alinéa (a) du présent article ;

d) Le terme « enfant » désigne toute personne âgée de moins de dix-huit ans ;

e) Le terme « victime » désigne toute personne physique qui est soumise à la traite des êtres humains telle que définie au présent article.

Chapitre II
Prévention, coopération et autres mesures

Art. 5. – *Prévention de la traite des êtres humains.*

1. Chaque Partie prend des mesures pour établir ou renforcer la coordination au plan national entre les différentes instances chargées de la prévention et de la lutte contre la traite des êtres humains.

2. Chaque Partie établit et/ou soutient des politiques et programmes efficaces afin de prévenir la traite des êtres humains par des moyens tels que : des recherches ; des campagnes d'information, de sensibilisation et d'éducation ; des initiatives sociales et économiques et des programmes de formation, en particulier à l'intention des personnes vulnérables à la traite et des professionnels concernés par la traite des êtres humains.

3. Chaque Partie promeut une approche fondée sur les droits de la personne humaine et utilise l'approche intégrée de l'égalité entre les femmes et les hommes, ainsi qu'une approche respectueuse des enfants, dans le développement, la mise en œuvre et l'évaluation de l'ensemble des politiques et programmes mentionnés au paragraphe 2.

4. Chaque Partie prend les mesures appropriées qui sont nécessaires afin de faire en sorte que les migrations se fassent de manière légale, notamment par la diffusion d'informations exactes par les services concernés, sur les conditions permettant l'entrée et le séjour légaux sur son territoire.

5. Chaque Partie prend des mesures spécifiques afin de réduire la vulnérabilité des enfants à la traite, notamment en créant un environnement protecteur pour ces derniers.

6. Les mesures établies conformément au présent article impliquent, le cas échéant, les organisations non gouvernementales, d'autres organisations compétentes et d'autres éléments de la société civile, engagés dans la prévention de la traite des êtres humains, la protection ou l'aide aux victimes.

Art. 6. – *Mesures pour décourager la demande.*

Afin de décourager la demande qui favorise toutes les formes d'exploitation des personnes, en particulier des femmes et des enfants, aboutissant à la traite, chaque Partie adopte ou renforce des mesures législatives, administratives, éducatives, sociales, culturelles ou autres, y compris :

a) Des recherches sur les meilleures pratiques, méthodes et stratégies ;

b) Des mesures visant à faire prendre conscience de la responsabilité et du rôle important des médias et de la société civile pour identifier la demande comme une des causes profondes de la traite des êtres humains ;

c) Des campagnes d'information ciblées, impliquant, lorsque cela est approprié, entre autres, les autorités publiques et les décideurs politiques ;

d) Des mesures préventives comprenant des programmes éducatifs à destination des filles et des garçons au cours de leur scolarité, qui soulignent le caractère inacceptable de la discrimination fondée sur le sexe, et ses conséquences néfastes, l'importance de l'égalité entre les femmes et les hommes, ainsi que la dignité et l'intégrité de chaque être humain.

Art. 7. – *Mesures aux frontières.*

1. Sans préjudice des engagements internationaux relatifs à la libre circulation des personnes, les Parties renforcent, dans la mesure du possible, les contrôles aux frontières nécessaires pour prévenir et détecter la traite des êtres humains.

2. Chaque Partie adopte les mesures législatives ou autres appropriées pour prévenir, dans la mesure du possible, l'utilisation des moyens de transport exploités par des transporteurs commerciaux pour la commission des infractions établies conformément à la présente Convention.

3. Lorsqu'il y a lieu, et sans préjudice des conventions internationales applicables, ces mesures consistent notamment à prévoir l'obligation pour les transporteurs commerciaux, y compris toute compagnie de transport ou tout propriétaire ou exploitant d'un quelconque moyen de transport, de vérifier que tous les passagers sont en possession des documents de voyage requis pour l'entrée dans l'État d'accueil.

4. Chaque Partie prend les mesures nécessaires, conformément à son droit interne, pour assortir de sanctions l'obligation énoncée au paragraphe 3 du présent article.

5. Chaque Partie adopte les mesures législatives ou autres nécessaires pour permettre, conformément à son droit interne, de refuser l'entrée de personnes impliquées dans la commission des infractions établies conformément à la présente Convention ou d'annuler leur visa.

6. Les Parties renforcent la coopération entre leurs services de contrôle aux frontières, notamment par l'établissement et le maintien de voies de communication directes.

Art. 8. – *Sécurité et contrôle des documents.*

Chaque Partie prend les mesures nécessaires :

a) Pour faire en sorte que les documents de voyage ou d'identité qu'elle délivre soient d'une qualité telle qu'on ne puisse facilement en faire un usage impropre ni les falsifier ou les modifier, les reproduire ou les délivrer illicitement ; et

b) Pour assurer l'intégrité et la sécurité des documents de voyage ou d'identité délivrés par elle ou en son nom et pour empêcher qu'ils ne soient créés et délivrés illicitement.

Art. 9. – *Légitimité et validité des documents.*

À la demande d'une autre Partie, une Partie vérifie, conformément à son droit interne et dans un délai raisonnable, la légitimité et la validité des documents de voyage ou d'identité délivrés ou censés avoir été délivrés en son nom et dont on soupçonne qu'ils sont utilisés pour la traite des êtres humains.

Chapitre III
Mesures visant à protéger et promouvoir les droits des victimes, en garantissant l'égalité entre les femmes et les hommes

Art. 10. – *Identification des victimes.*

1. Chaque Partie s'assure que ses autorités compétentes disposent de personnes formées et qualifiées dans la prévention et la lutte contre la traite des êtres humains et dans l'identification des victimes, notamment des enfants, et dans le soutien à ces dernières et que les différentes autorités concernées collaborent entre elles ainsi qu'avec les organisations ayant un rôle de soutien, afin de permettre d'identifier les victimes dans un processus prenant en compte la situation spécifique des femmes et des enfants victimes et, dans les cas appropriés, de délivrer des permis de séjour suivant les conditions de l'article 14 de la présente Convention.

2. Chaque Partie adopte les mesures législatives ou autres nécessaires pour identifier les victimes, le cas échéant, en collaboration avec d'autres Parties et avec des organisations ayant un rôle de soutien. Chaque Partie s'assure que, si les autorités compétentes estiment qu'il existe des motifs raisonnables de croire qu'une personne a été victime de la traite des êtres humains, elle ne soit pas éloignée de son territoire jusqu'à la fin du processus d'identification en tant que victime de l'infraction prévue à l'article 18 de la présente Convention par les autorités compétentes et bénéficie de l'assistance prévue à l'article 12, paragraphes 1 et 2.

3. En cas d'incertitude sur l'âge de la victime et lorsqu'il existe des raisons de croire qu'elle est un enfant, elle est présumée être un enfant et il lui est accordé des mesures de protection spécifiques dans l'attente que son âge soit vérifié.

4. Dès qu'un enfant est identifié en tant que victime et qu'il est non accompagné, chaque Partie :

a) Prévoit sa représentation par le biais de la tutelle légale, d'une organisation ou d'une autorité chargée d'agir conformément à son intérêt supérieur ;

b) Prend les mesures nécessaires pour établir son identité et sa nationalité ;

c) Déploie tous les efforts pour retrouver sa famille lorsque cela est dans son intérêt supérieur.

Art. 11. – *Protection de la vie privée.*

1. Chaque Partie protège la vie privée et l'identité des victimes. Les données à caractère personnel les concernant sont enregistrées et utilisées dans les conditions prévues par la Convention pour la protection des personnes à l'égard du traitement automatisé des données à caractère personnel (STE n° 108).

2. En particulier, chaque Partie adopte des mesures afin d'assurer que l'identité, ou les éléments permettant l'identification, d'un enfant victime de la traite ne soient pas rendus publics, que ce soit par les médias ou par d'autres moyens, sauf circonstances exceptionnelles afin de permettre de retrouver des membres de la famille de l'enfant ou d'assurer autrement son bien-être et sa protection.

3. Chaque Partie envisage de prendre, dans le respect de l'article 10 de la Convention de sauvegarde des droits de l'Homme et des libertés fondamentales tel qu'interprété par la Cour européenne des droits de l'Homme, des mesures en vue d'encourager les médias à sauvegarder la vie privée et l'identité des victimes, à travers l'autorégulation ou par le biais de mesures de régulation ou de corégulation.

Art. 12 – *Assistance aux victimes.*

1. Chaque Partie prend les mesures législatives ou autres nécessaires pour assister les victimes dans leur rétablissement physique, psychologique et social. Une telle assistance comprend au minimum :

a) Des conditions de vie susceptibles d'assurer leur subsistance, par des mesures telles qu'un hébergement convenable et sûr, une assistance psychologique et matérielle ;

b) L'accès aux soins médicaux d'urgence ;

c) Une aide en matière de traduction et d'interprétation, le cas échéant ;

d) Des conseils et des informations, concernant notamment les droits que la loi leur reconnaît, ainsi que les services mis à leur disposition, dans une langue qu'elles peuvent comprendre ;

e) Une assistance pour faire en sorte que leurs droits et intérêts soient présentés et pris en compte aux étapes appropriées de la procédure pénale engagée contre les auteurs d'infractions ;

f) L'accès à l'éducation pour les enfants.

2. Chaque Partie tient dûment compte des besoins en matière de sécurité et de protection des victimes.

3. En outre, chaque Partie fournit l'assistance médicale nécessaire ou tout autre type d'assistance aux victimes résidant légalement sur son territoire qui ne disposent pas de ressources adéquates et en ont besoin.

4. Chaque Partie adopte les règles par lesquelles les victimes résidant légalement sur son territoire sont autorisées à accéder au marché du travail, à la formation professionnelle et à l'enseignement.

5. Chaque Partie prend des mesures, le cas échéant et aux conditions prévues par son droit interne, afin de coopérer avec les organisations non gouvernementales, d'autres organisations compétentes ou d'autres éléments de la société civile, engagés dans l'assistance aux victimes.

6. Chaque Partie adopte les mesures législatives ou autres nécessaires pour s'assurer que l'assistance à une victime n'est pas subordonnée à sa volonté de témoigner.

7. Pour la mise en œuvre des dispositions prévues au présent article, chaque Partie s'assure que les services sont fournis sur une base consensuelle et informée, prenant dûment en compte les besoins spécifiques des

personnes en situation vulnérable et les droits des enfants en matière d'hébergement, d'éducation et de soins convenables.

Art. 13. – *Délai de rétablissement et de réflexion.*

1. Chaque Partie prévoit dans son droit interne un délai de rétablissement et de réflexion d'au moins 30 jours lorsqu'il existe des motifs raisonnables de croire que la personne concernée est une victime. Ce délai doit être d'une durée suffisante pour que la personne concernée puisse se rétablir et échapper à l'influence des trafiquants et/ou prenne, en connaissance de cause, une décision quant à sa coopération avec les autorités compétentes. Pendant ce délai, aucune mesure d'éloignement ne peut être exécutée à son égard. Cette disposition est sans préjudice des activités réalisées par les autorités compétentes dans chacune des phases de la procédure nationale applicable, en particulier pendant l'enquête et la poursuite des faits incriminés. Pendant ce délai, les Parties autorisent le séjour de la personne concernée sur leur territoire.

2. Pendant ce délai, les personnes visées au paragraphe 1 du présent article ont droit au bénéfice des mesures prévues à l'article 12, paragraphes 1 et 2.

3. Les Parties ne sont pas tenues au respect de ce délai pour des motifs d'ordre public, ou lorsqu'il apparaît que la qualité de victime est invoquée indûment.

Art. 14. – *Permis de séjour.*

1. Chaque Partie délivre un permis de séjour renouvelable aux victimes, soit dans l'une des deux hypothèses suivantes, soit dans les deux :

a) L'autorité compétente estime que leur séjour s'avère nécessaire en raison de leur situation personnelle ;

b) L'autorité compétente estime que leur séjour s'avère nécessaire en raison de leur coopération avec les autorités compétentes aux fins d'une enquête ou d'une procédure pénale.

2. Lorsqu'il est juridiquement nécessaire, le permis de séjour des enfants victimes est délivré conformément à leur intérêt supérieur et, le cas échéant, renouvelé dans les mêmes conditions.

3. Le non-renouvellement ou le retrait d'un permis de séjour est soumis aux conditions prévues par le droit interne de la Partie.

4. Si une victime dépose une demande de titre de séjour d'une autre catégorie, la Partie concernée tient compte du fait que la victime a bénéficié ou bénéficie d'un permis de séjour en vertu du paragraphe 1.

5. Eu égard aux obligations des Parties visées à l'article 40 de la présente Convention, chaque Partie s'assure que la délivrance d'un permis, conformément à la présente disposition, est sans préjudice du droit de chercher l'asile et d'en bénéficier.

Art. 15. – *Indemnisation et recours.*

1. Chaque Partie garantit aux victimes, dès leur premier contact avec les autorités compétentes, l'accès aux informations sur les procédures judiciaires et administratives pertinentes dans une langue qu'elles peuvent comprendre.

2. Chaque Partie prévoit, dans son droit interne, le droit à l'assistance d'un défenseur et à une assistance juridique gratuite pour les victimes, selon les conditions prévues par son droit interne.

3. Chaque Partie prévoit, dans son droit interne, le droit pour les victimes à être indemnisées par les auteurs d'infractions.

4. Chaque Partie adopte les mesures législatives ou autres nécessaires pour faire en sorte que l'indemnisation des victimes soit garantie, dans les conditions prévues dans son droit interne, par exemple par l'établissement d'un fonds pour l'indemnisation des victimes ou d'autres mesures ou programmes destinés à l'assistance et l'intégration sociales des victimes qui pourraient être financés par les avoirs provenant de l'application des mesures prévues à l'article 23.

Art. 16. – *Rapatriement et retour des victimes.*

1. La Partie dont une victime est ressortissante ou dans laquelle elle avait le droit de résider à titre permanent au moment de son entrée sur le territoire de la Partie d'accueil facilite et accepte, en tenant dûment compte des droits, de la sécurité et de la dignité de cette personne, le retour de celle-ci sans retard injustifié ou déraisonnable.

2. Lorsqu'une Partie renvoie une victime dans un autre État, ce retour est assuré compte dûment tenu des droits, de la sécurité et de la dignité de la personne et de l'état de toute procédure judiciaire liée au fait qu'elle est une victime et est de préférence volontaire.

3. À la demande d'une Partie d'accueil, une Partie requise vérifie si une personne est son ressortissant ou avait le droit de résider à titre permanent sur son territoire au moment de son entrée sur le territoire de la Partie d'accueil.

4. Afin de faciliter le retour d'une victime qui ne possède pas les documents requis, la Partie dont cette personne est ressortissante ou dans laquelle elle avait le droit de résider à titre permanent au moment de son entrée sur le territoire de la Partie d'accueil accepte de délivrer, à la demande de la Partie d'accueil, les documents de voyage ou toute autre autorisation nécessaire pour permettre à la personne de se rendre et d'être réadmise sur son territoire.

5. Chaque Partie prend les mesures législatives ou autres nécessaires pour mettre en place des programmes de rapatriement avec la participation des institutions nationales ou internationales et des organisations non gouvernementales concernées. Ces programmes visent à éviter la révictimisation. Chaque Partie devrait déployer tous les efforts pour favoriser la réinsertion des victimes dans la société de l'État de retour, y compris la réinsertion dans le système éducatif et le marché du travail, notamment par l'acquisition et l'amélioration de compétences professionnelles. En ce qui concerne les enfants, ces programmes devraient inclure la jouissance du droit à l'éducation, ainsi que des mesures visant à leur assurer le bénéfice d'une prise en charge ou d'un accueil adéquats par leur famille ou des structures d'accueil appropriées.

6. Chaque Partie prend les mesures législatives ou autres nécessaires pour mettre à la disposition des victimes, le cas échéant en collaboration avec toute Partie concernée, des renseignements sur les instances susceptibles de les aider dans le pays où ces victimes sont retournées ou rapatriées, telles que les services de détection et de répression, les organisations non gouvernementales, les professions juridiques susceptibles de leur donner des conseils et les organismes sociaux.

7. Les enfants victimes ne sont pas rapatriés dans un État, si, à la suite d'une évaluation portant sur les risques et la sécurité, il apparaît que le retour n'est pas dans l'intérêt supérieur de l'enfant.

Art. 17. – *Égalité entre les femmes et les hommes.*

Lorsqu'elle applique les mesures prévues au présent chapitre, chaque Partie vise à promouvoir l'égalité entre les femmes et les hommes et a recours à l'approche intégrée de l'égalité dans le développement, la mise en œuvre et l'évaluation de ces mesures.

Chapitre IV
Droit pénal matériel

Art. 18. – *Incrimination de la traite des êtres humains.*

Chaque Partie adopte les mesures législatives et autres nécessaires pour conférer le caractère d'infraction pénale aux actes énoncés à l'article 4 de la présente Convention, lorsqu'ils ont été commis intentionnellement.

Art. 19. – *Incrimination de l'utilisation des services d'une victime.*

Chaque Partie envisage d'adopter les mesures législatives et autres nécessaires pour conférer le caractère d'infraction pénale, conformément à son droit interne, au fait d'utiliser les services qui font l'objet de l'exploitation visée à l'article 4, paragraphe a, de la présente Convention, en sachant que la personne concernée est victime de la traite d'êtres humains.

Art. 20. – *Incrimination des actes relatifs aux documents de voyage ou d'identité.*

Chaque Partie adopte les mesures législatives et autres nécessaires pour conférer le caractère d'infraction pénale, aux actes ci-après lorsqu'ils ont été commis intentionnellement afin de permettre la traite des êtres humains :

a) Fabriquer un document de voyage ou d'identité frauduleux ;

b) Procurer ou fournir un tel document ;

c) Retenir, soustraire, altérer, endommager ou détruire un document de voyage ou d'identité d'une autre personne.

Art. 21. – *Complicité et tentative.*

1. Chaque Partie adopte les mesures législatives et autres qui se révèlent nécessaires pour ériger en infraction pénale toute complicité lorsqu'elle est commise intentionnellement en vue de la perpétration d'une des infractions établies en application des articles 18 et 20 de la présente Convention.

2. Chaque Partie adopte les mesures législatives et autres qui se révèlent nécessaires pour ériger en infraction pénale, toute tentative intentionnelle de commettre l'une des infractions établies en application des articles 18 et 20, paragraphe a, de la présente Convention.

Art. 22. – *Responsabilité des personnes morales.*

1. Chaque Partie adopte les mesures législatives et autres qui se révèlent nécessaires pour faire en sorte que les personnes morales puissent être tenues pour responsables des infractions établies en application de la présente Convention, lorsqu'elles sont commises pour leur compte par toute personne physique, agissant soit individuellement, soit en tant que membre d'un organe de la personne morale, qui exerce un pouvoir de direction en son sein, sur les bases suivantes :

a) Un pouvoir de représentation de la personne morale ;

b) Une autorité pour prendre des décisions au nom de la personne morale ;

c) Une autorité pour exercer un contrôle au sein de la personne morale.

2. Outre les cas déjà prévus au paragraphe 1, chaque Partie adopte les mesures nécessaires pour s'assurer qu'une personne morale puisse être tenue pour responsable lorsque l'absence de surveillance ou de contrôle de la part d'une personne physique mentionnée au paragraphe 1 a rendu possible la commission d'une infraction établie conformément à la présente Convention pour le compte de ladite personne morale par une personne physique agissant sous son autorité.

3. Selon les principes juridiques de la Partie, la responsabilité d'une personne morale peut être pénale, civile ou administrative.

4. Cette responsabilité est établie sans préjudice de la responsabilité pénale des personnes physiques ayant commis l'infraction.

Art. 23. – *Sanctions et mesures.*

1. Chaque Partie adopte les mesures législatives et autres qui se révèlent nécessaires pour faire en sorte que les infractions pénales établies en application des articles 18 à 21 soient passibles de sanctions effectives, proportionnées et dissuasives. Celles-ci incluent, pour les infractions établies conformément à l'article 18 lorsqu'elles sont commises par des personnes physiques, des sanctions privatives de liberté pouvant donner lieu à l'extradition.

2. Chaque Partie veille à ce que les personnes morales tenues pour responsables en application de l'article 22 fassent l'objet de sanctions ou mesures pénales ou non pénales effectives, proportionnées et dissuasives, y compris des sanctions pécuniaires.

3. Chaque Partie adopte les mesures législatives et autres qui se révèlent nécessaires pour lui permettre de confisquer ou de priver autrement des instruments et des produits des infractions pénales établies en vertu des articles 18 et 20, paragraphe a, de la présente Convention, ou des biens dont la valeur correspond à ces produits.

4. Chaque Partie adopte les mesures législatives ou autres qui se révèlent nécessaires pour permettre la fermeture temporaire ou définitive de tout établissement utilisé pour commettre la traite des êtres humains, sans préjudice des droits des tiers de bonne foi, ou pour interdire à l'auteur de cette infraction, à titre temporaire ou définitif, l'exercice de l'activité à l'occasion de laquelle celle-ci a été commise.

Art. 24. – *Circonstances aggravantes.*

Chaque Partie fait en sorte que les circonstances suivantes soient considérées comme des circonstances aggravantes dans la détermination de la sanction appliquée aux infractions établies conformément à l'article 18 de la présente Convention :

a) L'infraction a mis en danger la vie de la victime délibérément ou par négligence grave ;

b) L'infraction a été commise à l'encontre d'un enfant ;

c) L'infraction a été commise par un agent public dans l'exercice de ses fonctions ;

d) L'infraction a été commise dans le cadre d'une organisation criminelle.

Art. 25. – *Condamnations antérieures.*

Chaque Partie adopte les mesures législatives et autres pour prévoir la possibilité de prendre en compte, dans le cadre de l'appréciation de la peine, les condamnations définitives prononcées dans une autre Partie pour des infractions établies conformément à la présente Convention.

Art. 26. – *Disposition de non-sanction.*

Chaque Partie prévoit, conformément aux principes fondamentaux de son système juridique, la possibilité de ne pas imposer de sanctions aux victimes pour avoir pris part à des activités illicites lorsqu'elles y ont été contraintes.

Chapitre V
Enquêtes, poursuites et droit procédural

Art. 27. – *Requêtes ex parte et ex officio.*

1. Chaque Partie s'assure que les enquêtes ou les poursuites concernant les infractions établies conformément à la présente Convention ne soient pas subordonnées à la déclaration ou à l'accusation émanant d'une victime, du moins quand l'infraction a été commise, en tout ou en partie, sur son territoire.

2. Chaque Partie veille à ce que les victimes d'une infraction commise sur le territoire d'une Partie autre que celle dans laquelle elles résident puissent porter plainte auprès des autorités compétentes de leur État de résidence. L'autorité compétente auprès de laquelle la plainte a été déposée, dans la mesure où elle n'exerce pas elle-même sa compétence à cet égard, la transmet sans délai à l'autorité compétente de la Partie sur le territoire de laquelle l'infraction a été commise. Cette plainte est traitée selon le droit interne de la Partie où l'infraction a été commise.

3. Chaque Partie assure, au moyen de mesures législatives ou autres, aux conditions prévues par son droit interne, aux groupes, fondations, associations ou organisations non gouvernementales qui ont pour objectif de lutter contre la traite des êtres humains ou de protéger les droits de la personne humaine, la possibilité d'assister et/ou de soutenir la victime qui y consent au cours des procédures pénales concernant l'infraction établie conformément à l'article 18 de la présente Convention.

Art. 28. – *Protection des victimes, témoins et personnes collaborant avec les autorités judiciaires.*

1. Chaque Partie adopte les mesures législatives ou autres nécessaires pour assurer une protection effective et appropriée face aux représailles ou intimidations possibles, notamment au cours des enquêtes et des poursuites à l'encontre des auteurs ou après celles-ci, au profit :

a) Des victimes ;

b) Lorsque cela est approprié, des personnes qui fournissent des informations concernant des infractions pénales établies en vertu de l'article 18 la présente Convention ou qui collaborent d'une autre manière avec les autorités chargées des investigations ou des poursuites ;

c) Des témoins qui font une déposition concernant des infractions pénales établies en vertu de l'article 18 de la présente Convention ;

d) Si nécessaire, des membres de la famille des personnes visées aux alinéas a et c.

2. Chaque Partie adopte les mesures législatives ou autres nécessaires pour assurer et pour offrir divers types de protection. De telles mesures peuvent inclure la protection physique, l'attribution d'un nouveau lieu de résidence, le changement d'identité et l'aide dans l'obtention d'un emploi.

3. Tout enfant bénéficie de mesures de protection spéciales prenant en compte son intérêt supérieur.

4. Chaque Partie adopte les mesures législatives ou autres nécessaires pour assurer, si nécessaire, une protection appropriée face aux représailles ou intimidations possibles, notamment au cours des enquêtes et des poursuites à l'encontre des auteurs ou après celles-ci, aux membres des groupes, fondations, associations ou organisations non gouvernementales qui exercent une ou plusieurs des activités énoncées à l'article 27, paragraphe 3.

5. Chaque Partie envisage la conclusion d'accords ou d'arrangements avec d'autres États afin de mettre en œuvre le présent article.

Art. 29. – *Autorités spécialisées et instances de coordination.*

1. Chaque Partie adopte les mesures nécessaires pour que des personnes ou des entités soient spécialisées dans la lutte contre la traite des êtres humains et dans la protection des victimes. Ces personnes ou entités disposent de l'indépendance nécessaire, dans le cadre des principes fondamentaux du système juridique de cette Partie, pour pouvoir exercer leurs fonctions efficacement et sont libres de toute pression illicite. Lesdites personnes ou le personnel desdites entités doivent disposer d'une formation et des ressources financières adaptées aux fonctions qu'ils exercent.

2. Chaque Partie adopte les mesures nécessaires pour assurer la coordination de la politique et de l'action des services de son administration et des autres organismes publics luttant contre la traite des êtres humains, le cas échéant en mettant sur pied des instances de coordination.

3. Chaque Partie dispense ou renforce la formation des agents responsables de la prévention et de la lutte contre la traite des êtres humains, y compris la formation aux Droits de la personne humaine. Cette formation peut être adaptée aux différents services et est axée, le cas échéant, sur les méthodes utilisées pour empêcher la traite, en poursuivre les auteurs et protéger les droits des victimes, y compris la protection des victimes contre les trafiquants.

4. Chaque Partie envisage de nommer des rapporteurs nationaux ou d'autres mécanismes chargés du suivi des activités de lutte contre la traite menées par les institutions de l'État et de la mise en œuvre des obligations prévues par la législation nationale.

Art. 30. – *Procédures judiciaires.*

Dans le respect de la Convention de sauvegarde des droits de l'Homme et des libertés fondamentales, notamment son article 6, chaque Partie adopte les mesures législatives ou autres nécessaires pour garantir au cours de la procédure judiciaire :

a) La protection de la vie privée des victimes et, lorsqu'il y a lieu, de leur identité ;

b) La sécurité des victimes et leur protection contre l'intimidation, selon les conditions prévues par son droit interne et, lorsqu'il s'agit d'enfants victimes, en ayant égard tout particulièrement aux besoins des enfants et en garantissant leur droit à des mesures de protection spécifiques.

Art. 31. – *Compétence.*

1. Chaque Partie adopte les mesures législatives et autres qui se révèlent nécessaires pour établir sa compétence à l'égard de toute infraction pénale établie conformément à la présente Convention, lorsque l'infraction est commise :

a) Sur son territoire ; ou

b) À bord d'un navire battant pavillon de cette Partie ; ou

c) À bord d'un aéronef immatriculé selon les lois de cette Partie ; ou

d) Par un de ses ressortissants, ou par un apatride ayant sa résidence habituelle sur son territoire, si l'infraction est punissable pénalement là où elle a été commise ou si elle ne relève de la compétence territoriale d'aucun État ;

e) À l'encontre de l'un de ses ressortissants.

2. Chaque Partie peut, au moment de la signature ou du dépôt de son instrument de ratification, d'acceptation, d'approbation ou d'adhésion, dans une déclaration adressée au Secrétaire général du Conseil de l'Europe, préciser qu'il se réserve le droit de ne pas appliquer, ou de n'appliquer que dans des cas ou conditions spécifiques, les règles de compétence définies au paragraphe 1 (d) et (e) du présent article ou dans une partie quelconque de ces paragraphes.

3. Chaque Partie adopte les mesures nécessaires pour établir sa compétence à l'égard de toute infraction visée par la présente Convention, lorsque l'auteur présumé de l'infraction est présent sur son territoire et ne peut être extradé vers une autre Partie au seul titre de sa nationalité, après une demande d'extradition.

4. Lorsque plusieurs Parties revendiquent leur compétence à l'égard d'une infraction présumée établie conformément à la présente Convention, les Parties concernées se concertent, lorsque cela est opportun, afin de déterminer la mieux à même d'exercer les poursuites.

5. Sans préjudice des règles générales de droit international, la présente Convention n'exclut aucune compétence pénale exercée par une Partie conformément à son droit interne.

Chapitre VI
Coopération internationale et coopération avec la société civile

Art. 32. – *Principes généraux et mesures de coopération internationale.*

Les Parties coopèrent, conformément aux dispositions de la présente Convention, en application des instruments internationaux et régionaux pertinents applicables, des arrangements reposant sur des législations uniformes ou réciproques et de leur droit interne, dans la mesure la plus large possible aux fins :

– de prévenir et de combattre la traite des êtres humains ;

– de protéger et d'assister les victimes ;

– de mener des investigations ou des procédures concernant les infractions pénales établies conformément à la présente Convention.

Art. 33. – *Mesures relatives aux personnes menacées ou disparues.*

1. Si une Partie, sur la foi d'informations dont elle dispose, a des motifs raisonnables de croire que la vie, la liberté ou l'intégrité physique d'une personne visée à l'article 28, paragraphe 1, est en danger immédiat sur le territoire d'une autre Partie, elle doit, dans un tel cas d'urgence, les transmettre sans délai à cette autre Partie afin qu'elle prenne les mesures de protection appropriées.

2. Les Parties à la présente Convention peuvent envisager de renforcer leur coopération dans la recherche des personnes disparues, en particulier des enfants, si des informations disponibles peuvent laisser penser qu'elles sont victimes de la traite des êtres humains. À cette fin, Les Parties peuvent conclure entre elles des traités bilatéraux ou multilatéraux.

Art. 34. – *Informations.*

1. La Partie requise informe sans délai la Partie requérante du résultat définitif concernant les mesures entreprises au titre du présent chapitre. La Partie requise informe également sans délai la Partie requérante de toutes circonstances qui rendent impossible l'exécution des mesures sollicitées ou risquent de la retarder considérablement.

2. Une Partie peut, dans les limites de son droit interne et en l'absence de demande préalable, communiquer à une autre Partie des informations obtenues dans le cadre de ses propres enquêtes lorsqu'elle estime que cela pourrait aider la Partie destinataire à engager ou à mener à bien des enquêtes ou des procédures au sujet d'infractions pénales établies conformément à la présente Convention, ou lorsque ces informations pourraient aboutir à une demande de coopération formulée par cette Partie au titre du présent chapitre.

3. Avant de communiquer de telles informations, la Partie qui les fournit peut demander qu'elles restent confidentielles ou qu'elles ne soient utilisées qu'à certaines conditions. Si la Partie destinataire ne peut faire droit à cette demande, elle doit en informer l'autre Partie, qui devra alors déterminer si les informations en question devraient néanmoins être fournies. Si la Partie destinataire accepte les informations aux conditions prescrites, elle sera liée par ces dernières.

4. L'ensemble des informations requises concernant les articles 13, 14 et 16 et qui sont nécessaires à l'attribution des droits qui y sont conférés par ces articles, sont transmises sans délai à la demande de la Partie concernée, dans le respect de l'article 11 de la présente Convention.

Art. 35. – *Coopération avec la société civile.*

Chaque Partie encourage les autorités de l'État, ainsi que les agents publics, à coopérer avec les organisations non gouvernementales, les autres organisations pertinentes et les membres de la société civile, afin d'établir des partenariats stratégiques pour atteindre les buts de la présente Convention.

Chapitre VII
Mécanisme de suivi

Art. 36. – *Groupe d'experts sur la lutte contre la traite des êtres humains.*

1. Le Groupe d'experts sur la lutte contre la traite des êtres humains (ci-après dénommé « GRETA ») est chargé de veiller à la mise en œuvre de la présente Convention par les Parties.

2. Le GRETA est composé de 10 membres au minimum et de 15 membres au maximum. La composition du GRETA tient compte d'une participation équilibrée entres les femmes et les hommes et d'une participation géographiquement équilibrée, ainsi que d'une expertise multidisciplinaire. Ses membres sont élus par le Comité des Parties pour un mandat de 4 ans, renouvelable une fois, parmi les ressortissants des États Parties à la présente Convention.

3. L'élection des membres du GRETA se fonde sur les principes suivants :

a) Ils sont choisis parmi des personnalités de haute moralité connues pour leur compétence en matière de droits de la personne humaine, assistance et protection des victimes et lutte contre la traite des êtres humains ou ayant une expérience professionnelle dans les domaines dont traite la présente Convention ;

b) Ils siègent à titre individuel, sont indépendants et impartiaux dans l'exercice de leurs mandats et se rendent disponibles pour remplir leurs fonctions de manière effective ;

c) Le GRETA ne peut comprendre plus d'un national du même État ;

d) Ils devraient représenter les principaux systèmes juridiques.

4. La procédure d'élection des membres du GRETA est fixée par le Comité des ministres, après consultation des Parties à la Convention et en avoir obtenu l'assentiment unanime, dans un délai d'un an à compter de l'entrée en vigueur de la présente Convention. Le GRETA adopte ses propres règles de procédure.

Art. 37. – *Comité des Parties.*

1. Le Comité des Parties est composé des représentants au Comité des ministres du Conseil de l'Europe des États membres Parties à la Convention et des représentants des Parties à la Convention qui ne sont pas membres du Conseil de l'Europe.

2. Le Comité des Parties est convoqué par le Secrétaire général du Conseil de l'Europe. Sa première réunion doit se tenir dans un délai d'un an suivant l'entrée en vigueur de la présente Convention afin d'élire les membres du GRETA. Il se réunira par la suite à la demande d'un tiers des Parties, du président du GRETA ou du secrétaire général.

3. Le Comité des Parties adopte ses propres règles de procédure.

Art. 38. – *Procédure.*

1. La procédure d'évaluation porte sur les Parties à la Convention et est divisée en cycles dont la durée est déterminée par le GRETA. Au début de chaque cycle, le GRETA sélectionne les dispositions particulières sur lesquelles va porter la procédure d'évaluation.

2. Le GRETA détermine les moyens les plus appropriés pour procéder à cette évaluation. Le GRETA peut, en particulier, adopter un questionnaire pour chacun des cycles qui peut servir de base à l'évaluation de la mise en œuvre par les Parties à la présente Convention. Ce questionnaire est adressé à toutes les Parties. Les Parties répondent à ce questionnaire ainsi qu'à toute autre demande d'information du GRETA.

3. Le GRETA peut solliciter des informations auprès de la société civile.

4. Subsidiairement, le GRETA peut organiser, en coopération avec les autorités nationales et la « personne de contact » désignée par ces dernières, si nécessaire, avec l'assistance d'experts nationaux indépendants, des visites dans les pays concernés. Lors de ces visites, le GRETA peut se faire assister par des spécialistes dans des domaines spécifiques.

5. Le GRETA établit un projet de rapport contenant ses analyses concernant la mise en œuvre des dispositions sur lesquelles portent la procédure d'évaluation, ainsi que ses suggestions et propositions relatives à la manière dont la Partie concernée peut traiter les problèmes identifiés. Le projet de rapport est transmis pour commentaire à la Partie faisant l'objet de l'évaluation. Ses commentaires sont pris en compte par le GRETA lorsqu'il établit son rapport.

6. Sur cette base, le GRETA adopte son rapport et ses conclusions concernant les mesures prises par la Partie concernée pour mettre en œuvre les dispositions de la présente Convention. Ce rapport et ces conclusions sont envoyés à la Partie concernée et au Comité des Parties. Le rapport et les conclusions du GRETA sont rendus publics dès leur adoption avec les commentaires éventuels de la Partie concernée.

7. Sans préjudice de la procédure prévue aux paragraphes 1 à 6 du présent article, le Comité des Parties peut adopter, sur base du rapport et des conclusions du GRETA, des recommandations adressées à cette Partie (a) concernant les mesures à prendre pour mettre en œuvre les conclusions du GRETA, si nécessaire en fixant une date pour la soumission d'informations sur leur mise en œuvre et (b) ayant pour objectif de promouvoir la coopération avec cette Partie afin de mettre en œuvre la présente Convention.

Chapitre VIII
Relation avec d'autres instruments internationaux

Art. 39. – *Relation avec le Protocole additionnel à la Convention des Nations unies contre la criminalité transnationale organisée visant à prévenir, réprimer et punir la traite des personnes, en particulier des femmes et des enfants.*

La présente Convention ne porte pas atteinte aux droits et obligations découlant des dispositions du Protocole additionnel à la Convention des Nations unies contre la criminalité transnationale organisée visant à prévenir, réprimer et punir la traite des personnes, en particulier des femmes et des enfants. La présente Convention a pour but de renforcer la protection instaurée par le Protocole et de développer les normes qu'il énonce.

Art. 40. – *Relation avec d'autres instruments internationaux.*

1. La présente Convention ne porte pas atteinte aux droits et obligations découlant des dispositions d'autres instruments internationaux auxquels les Parties à cette Convention sont Parties ou le deviendront et qui contiennent des dispositions relatives aux matières régies par la présente Convention et qui assure une plus grande protection et assistance aux victimes de la traite.

2. Les Parties à la Convention pourront conclure entre elles des accords bilatéraux ou multilatéraux relatifs aux questions réglées par la présente Convention, aux fins de compléter ou de renforcer les dispositions de celle-ci ou pour faciliter l'application des principes qu'elle consacre.

3. Les Parties qui sont membres de l'Union européenne appliquent, dans leurs relations mutuelles, les règles de la Communauté et de l'Union européenne dans la mesure où il existe des règles de la Communauté ou de l'Union européenne régissant le sujet particulier concerné et applicables au cas d'espèce, sans préjudice de l'objet et du but de la présente Convention et sans préjudice de son entière application à l'égard des autres Parties.

4. Aucune disposition de la présente Convention n'a d'incidences sur les droits, obligations et responsabilités des États et des particuliers en vertu du droit international, y compris du droit international humanitaire et du droit international relatif aux droits de l'Homme et en particulier, lorsqu'ils s'appliquent, de la Convention de 1951 et du Protocole de 1967 relatifs au statut des réfugiés ainsi que du principe de non-refoulement qui y est énoncé.

Chapitre IX
Amendements à la Convention

Art. 41. – *Amendements.*

1. Tout amendement à la présente Convention proposé par une Partie devra être communiqué au Secrétaire général du Conseil de l'Europe et être transmis par ce dernier aux États membres du Conseil de l'Europe, à tout autre État signataire, à tout État Partie, à la Communauté européenne et à tout État invité à signer la présente Convention, conformément aux dispositions de l'article 42, ainsi qu'à tout État qui a été invité à adhérer à la présente Convention conformément aux dispositions de l'article 43.

2. Tout amendement proposé par une Partie sera communiqué au GRETA, qui transmettra au Comité des ministres son avis sur l'amendement proposé.

3. Le Comité des ministres examinera l'amendement proposé et l'avis formulé sur celui-ci par le GRETA ; il pourra alors, après consultation des Parties à la Convention et en avoir obtenu l'assentiment unanime, adopter cet amendement.

4. Le texte de tout amendement adopté par le Comité des ministres conformément au paragraphe 3 du présent article sera communiqué aux Parties, en vue de son acceptation.

5. Tout amendement adopté conformément au paragraphe 3 du présent article entrera en vigueur le premier jour du mois suivant l'expiration d'une période d'un mois après la date à laquelle toutes les Parties auront informé le Secrétaire général qu'elles l'ont accepté.

Chapitre X
Clauses finales

Art. 42. – *Signature et entrée en vigueur.*

1. La présente Convention est ouverte à la signature des États membres du Conseil de l'Europe, des États non membres ayant participé à son élaboration, ainsi que de la Communauté européenne.

2. La présente Convention est soumise à ratification, acceptation ou approbation. Les instruments de ratification, d'acceptation ou d'approbation sont déposés près le Secrétaire général du Conseil de l'Europe.

3. La présente Convention entrera en vigueur le premier jour du mois suivant l'expiration d'une période de trois mois après la date à laquelle 10 Signataires, dont au moins 8 États membres du Conseil de l'Europe, auront exprimé leur consentement à être liés par la Convention, conformément aux dispositions du paragraphe précédent.

4. Si un État visé au paragraphe 1, ou la Communauté européenne, exprime ultérieurement son consentement à être lié par la Convention, cette dernière entrera en vigueur, à son égard, le premier jour du mois suivant l'expiration d'une période de trois mois après la date du dépôt de l'instrument de ratification, d'acceptation ou d'approbation.

Art. 43. – *Adhésion à la Convention.*

1. Après l'entrée en vigueur de la présente Convention, le Comité des ministres du Conseil de l'Europe pourra, après consultation des Parties à la Convention et en avoir obtenu l'assentiment unanime, inviter tout État non membre du Conseil de l'Europe n'ayant pas participé à l'élaboration de la Convention à adhérer à la présente Convention par une décision prise à la majorité prévue à l'article 20 d du Statut du Conseil de

l'Europe, et à l'unanimité des voix des représentants des États contractants ayant le droit de siéger au Comité des ministres.

2. Pour tout État adhérent, la Convention entrera en vigueur le premier jour du mois suivant l'expiration d'une période de trois mois après la date du dépôt de l'instrument d'adhésion près le Secrétaire général du Conseil de l'Europe.

Art. 44. – *Application territoriale.*

1. Tout État, ou la Communauté européenne, peut, au moment de la signature ou au moment du dépôt de son instrument de ratification, d'acceptation, d'approbation ou d'adhésion, désigner le ou les territoires auxquels s'appliquera la présente Convention.

2. Toute Partie peut, à tout autre moment par la suite, par une déclaration adressée au Secrétaire général du Conseil de l'Europe, étendre l'application de la présente Convention à tout autre territoire désigné dans cette déclaration et dont il assure les relations internationales ou au nom duquel il est autorisé à prendre des engagements. La Convention entrera en vigueur à l'égard de ce territoire le premier jour du mois suivant l'expiration d'une période de trois mois après la date de réception de la déclaration par le Secrétaire général.

3. Toute déclaration faite en vertu des deux paragraphes précédents pourra, à l'égard de tout territoire désigné dans cette déclaration, être retirée par notification adressée au Secrétaire général du Conseil de l'Europe. Ce retrait prendra effet le premier jour du mois suivant l'expiration d'une période de trois mois après la date de réception de la notification par le Secrétaire général.

Art. 45. – *Réserves.*

Aucune réserve n'est admise aux dispositions de la présente Convention, à l'exception de celle prévue à l'article 31, paragraphe 2.

Art. 46. – *Dénonciation.*

1. Toute Partie peut, à tout moment, dénoncer la présente Convention en adressant une notification au Secrétaire général du Conseil de l'Europe.

2. Cette dénonciation prendra effet le premier jour du mois suivant l'expiration d'une période de trois mois après la date de réception de la notification par le Secrétaire général.

Art. 47. – *Notification.*

Le Secrétaire général du Conseil de l'Europe notifiera aux États membres du Conseil de l'Europe, à tout État signataire, à tout État Partie, à la Communauté européenne, à tout État ayant été invité à signer la présente Convention conformément à l'article 42, et à tout État invité à adhérer à la Convention, conformément à l'article 43 :

a) Toute signature ;

b) Le dépôt de tout instrument de ratification, d'acceptation, d'approbation ou d'adhésion ;

c) Toute date d'entrée en vigueur de la présente Convention, conformément aux articles 42 et 43 ;

d) Tout amendement adopté conformément à l'article 41, ainsi que la date d'entrée en vigueur dudit amendement ;

e) Toute dénonciation faite en vertu des dispositions de l'article 46 ;

f) Tout autre acte, notification ou communication ayant trait à la présente Convention ;

g) Toute réserve en vertu de l'article 45.

En foi de quoi, les soussignés, dûment autorisés à cet effet, ont signé la présente Convention.

Fait à Varsovie, le 16 mai 2005, en français et en anglais, les deux textes faisant également foi, en un seul exemplaire qui sera déposé dans les archives du Conseil de l'Europe. Le Secrétaire général du Conseil de l'Europe en communiquera copie certifiée conforme à chacun des États membres du Conseil de l'Europe, aux États non membres ayant participé à l'élaboration de la présente Convention, à la Communauté européenne et à tout autre État invité à adhérer à la présente Convention.

Déclarations françaises

Le Gouvernement français, conformément à l'article 31, paragraphe 2, déclare qu'il n'exercera sa compétence s'agissant des infractions établies à l'article 20 de la présente convention et commises par ses ressortissants hors du territoire de la République française qu'à la condition que les faits soient également punis par la législation du pays où ils ont été commis, et que ceux-ci aient donné lieu soit à une plainte de la victime ou de ses ayants droit, soit à une dénonciation officielle de la part des autorités du pays où ils ont été commis.

Le Gouvernement français, conformément à l'article 31, paragraphe 2, déclare qu'il n'exercera sa compétence s'agissant des infractions établies par la présente convention et commises à l'encontre de l'un de ses ressortissants hors du territoire de la République française qu'à la condition que les faits aient donné lieu soit à une plainte de la victime, soit à une dénonciation officielle des autorités du pays où ils ont été commis.

III. – NATIONS UNIES

Pacte international du 16 décembre 1966

relatif aux droits civils et politiques

(Adopté et ouvert à la signature, à la ratification et à l'adhésion par l'Assemblée générale des Nations unies dans sa résolution 2200 A (XXI) du 16 déc. 1966 (D. n° 81-76, 29 janv. 1981 : JO 1er févr. 1981)

Préambule

Les États parties au présent Pacte,

Considérant que, conformément aux principes énoncés dans la Charte des Nations unies, la reconnaissance de la dignité inhérente à tous les membres de la famille humaine et de leurs droit égaux et inaliénables constitue le fondement de la liberté, de la justice et de la paix dans le monde,

reconnaissant que ces droits découlent de la dignité inhérente à la personne humaine,

reconnaissant que, conformément à la Déclaration universelle des droits de l'Homme, l'idéal de l'être humain libre, jouissant des libertés civiles et politiques et libéré de la crainte et de la misère, ne peut être réalisé que si des conditions permettant à chacun de jouir de ses droits civils et politiques, aussi bien que de ses droits économiques, sociaux et culturels, sont créées.

Considérant que la Charte des Nations unies impose aux États l'obligation de promouvoir le respect universel et effectif des droits et des libertés de l'Homme,

prenant en considération le fait que l'individu a des devoirs envers autrui et envers la collectivité à laquelle il appartient et est tenu de s'efforcer de promouvoir et de respecter les droits reconnus dans le présent Pacte,

sont convenus des articles suivants :

PREMIÈRE PARTIE

Art. 1er. – 1. Tous les peuples ont le droit de disposer d'eux-mêmes. En vertu de ce droit, ils déterminent librement leur statut politique et assurent librement leur développement économique, social et culturel.

2. Pour atteindre leurs fins, tous les peuples peuvent disposer librement de leurs richesses et de leurs ressources naturelles, sans préjudice des obligations qui découlent de la coopération économique internationale, fondée sur le principe de l'intérêt mutuel, et du droit international. En aucun cas, un peuple ne pourra être privé de ses propres moyens de subsistance.

3. Les États parties au présent Pacte, y compris ceux qui ont la responsabilité d'administrer des territoires non autonomes et des territoires sous tutelle, sont tenus de faciliter la réalisation du droit des peuples à disposer d'eux-mêmes, et de respecter ce droit, conformément aux dispositions de la Charte des Nations unies.

DEUXIÈME PARTIE

Art. 2. – 1. Les États parties au présent Pacte s'engagent à respecter et à garantir à tous les individus se trouvant sur leur territoire et relevant de leur compétence les droits reconnus dans le présent Pacte, sans distinction aucune, notamment de race, de couleur, de sexe, de langue, de religion, d'opinion politique ou de toute autre opinion, d'origine nationale ou sociale, de fortune, de naissance ou de toute autre situation.

2. Les États parties au présent Pacte s'engagent à prendre, en accord avec leurs procédures constitutionnelles et avec les dispositions du présent Pacte, les arrangements devant permettre l'adoption de telles mesures d'ordre législatif ou autre, propres à donner effet aux droits reconnus dans le présent Pacte qui ne seraient pas déjà en vigueur.

3. Les États parties au présent Pacte s'engagent à :

a) Garantir que toute personne dont les droits et libertés reconnus dans le présent Pacte auront été violés disposera d'un recours utile, alors même que la violation aurait été commise par des personnes agissant dans l'exercice de leurs fonctions officielles ;

b) Garantir que l'autorité compétente, judiciaire, administrative ou législative, ou toute autre autorité compétente selon la législation de l'État, statuera sur les droits de la personne qui forme le recours et développer les possibilités de recours juridictionnel ;

c) Garantir la bonne suite donnée par les autorités compétentes à tout recours qui aura été reconnu justifié.

Art. 3. – Les États parties au présent Pacte s'engagent à assurer le droit égal des hommes et des femmes de jouir de tous les droits civils et politiques énoncés dans le présent Pacte.

Art. 4. – 1. Dans le cas où un danger public exceptionnel menace l'existence de la nation et est proclamé par un acte officiel, les États parties au présent Pacte peuvent prendre, dans la stricte mesure où la situation l'exige, des mesures dérogeant aux obligations prévues dans le présent Pacte, sous réserve que ces mesures ne soient pas incompatibles avec les autres obligations que leur impose le droit international et qu'elles n'entraînent pas une discrimination fondée uniquement sur la race, la couleur, le sexe, la langue, la religion ou l'origine sociale.

2. La disposition précédente n'autorise aucune dérogation aux articles 6, 7, 8 (par. 1 et 2), 11, 15, 16 et 18.

3. Les États parties au présent Pacte qui usent du droit de dérogation doivent, par l'entremise du Secrétaire général de l'Organisation des Nations unies, signaler aussitôt aux autres États parties les dispositions auxquelles ils ont dérogé ainsi que les motifs qui ont provoqué cette dérogation. Une nouvelle communication sera faite par la même entremise, à la date à laquelle ils ont mis fin à ces dérogations.

Art. 5. – 1. Aucune disposition du présent Pacte ne peut être interprétée comme impliquant pour un État, un groupement ou un individu un droit quelconque de se livrer à une activité ou d'accomplir un acte visant à la destruction des droits et des libertés reconnus dans le présent Pacte ou à des limitations plus amples que celles prévues audit pacte.

2. Il ne peut être admis aucune restriction ou dérogation aux droits fondamentaux de l'Homme reconnus ou en vigueur dans tout État partie au présent Pacte en application de lois, de conventions, de règlements ou de coutumes, sous prétexte que le présent Pacte ne les reconnaît pas ou les reconnaît à un moindre degré.

TROISIÈME PARTIE

Art. 6. – 1. Le droit à la vie est inhérent à la personne humaine. Ce droit doit être protégé par la loi. Nul ne peut être arbitrairement privé de la vie.

2. Dans les pays où la peine de mort n'a pas été abolie, une sentence de mort ne peut être prononcée que pour les crimes les plus graves, conformément à la législation en vigueur au moment où le crime a été commis et qui ne doit pas être en contradiction avec les dispositions du présent Pacte ni avec la convention pour la prévention et la répression du crime de génocide. Cette peine ne peut être appliquée qu'en vertu d'un jugement définitif rendu par un tribunal compétent.

3. Lorsque la privation de la vie constitue le crime de génocide, il est entendu qu'aucune disposition du présent article n'autorise un État partie au présent Pacte à déroger d'aucune manière à une obligation quelconque assumée en vertu des dispositions de la Convention pour la prévention et la répression du crime de génocide.

4. Tout condamné à mort a le droit de solliciter la grâce ou la commutation de la peine. L'amnistie, la grâce ou la commutation de la peine de mort peuvent dans tous les cas être accordées.

5. Une sentence de mort ne peut être imposée pour des crimes commis par des personnes âgées de moins de dix-huit ans et ne peut être exécutée contre des femmes enceintes.

6. Aucune disposition du présent article ne peut être invoquée pour retarder ou empêcher l'abolition de la peine capitale par un État partie au présent Pacte.

Art. 7. – Nul ne sera soumis à la torture ni à des peines ou traitements cruels, inhumains ou dégradants. En particulier, il est interdit de soumettre une personne sans son libre consentement à une expérience médicale ou scientifique.

Art. 8. – 1. Nul ne sera tenu en esclavage ; l'esclavage et la traite des esclaves, sous toutes leurs formes, sont interdits.

2. Nul ne sera tenu en servitude.

3. *a)* Nul ne sera astreint à accomplir un travail forcé ou obligatoire ;

b) L'alinéa *a* du présent paragraphe ne saurait être interprété comme interdisant, dans les pays où certains crimes peuvent être punis de détention accompagnée de travaux forcés, l'accomplissement d'une peine de travaux forcés, infligée par un tribunal compétent ;

c) N'est pas considéré comme « travail forcé ou obligatoire » au sens du présent paragraphe :

i) Tout travail ou service, non visé à l'alinéa *b*, normalement requis d'un individu qui est détenu en vertu d'une décision de justice régulière ou qui, ayant fait l'objet d'une telle décision, est libéré conditionnellement ;

ii) Tout service de caractère militaire et, dans les pays où l'objection de conscience est admise, tout service national exigé des objecteurs de conscience en vertu de la loi ;

iii) Tout service exigé dans les cas de force majeure ou de sinistres qui menacent la vie ou le bien-être de la communauté ;

iv) Tout travail ou tout service formant partie des obligations civiques normales.

Art. 9. – 1. Tout individu a droit à la liberté et à la sécurité de sa personne. Nul ne peut faire l'objet d'une arrestation ou d'une détention arbitraires. Nul ne peut être privé de sa liberté, si ce n'est pour des motifs et conformément à la procédure prévus par la loi.

2. Tout individu arrêté sera informé, au moment de son arrestation, des raisons de cette arrestation et recevra notification, dans le plus court délai, de toute accusation portée contre lui.

3. Tout individu arrêté ou détenu du chef d'une infraction pénale sera traduit dans le plus court délai devant un juge ou une autre autorité habilitée par la loi à exercer des fonctions judiciaires, et devra être jugé dans un délai raisonnable ou libéré. La détention de personnes qui attendent de passer en jugement ne doit pas être de règle, mais la mise en liberté peut être subordonnée à des garanties assurant la comparution de l'intéressé à l'audience, à tous les autres actes de la procédure et, le cas échéant, pour l'exécution du jugement.

4. Quiconque se trouve privé de sa liberté par arrestation ou détention a le droit d'introduire un recours devant un tribunal afin que celui-ci statue sans délai sur la légalité de sa détention et ordonne sa libération si la détention est illégale.

5. Tout individu victime d'arrestation ou de détention illégales a droit à réparation.

Art. 10. – 1. Toute personne privée de sa liberté est traitée avec humanité et avec le respect de la dignité inhérente à la personne humaine.

2. *a)* Les prévenus sont, sauf dans des circonstances exceptionnelles, séparés des condamnés et sont soumis à un régime distinct, approprié à leur condition de personnes non condamnées ;

b) Les jeunes prévenus sont séparés des adultes et il est décidé de leur cas aussi rapidement que possible.

3. Le régime pénitentiaire comporte un traitement des condamnés dont le but essentiel est leur amendement et leur reclassement social. Les jeunes délinquants sont séparés des adultes et soumis à un régime approprié à leur âge et à leur statut légal.

Art. 11. – Nul ne peut être emprisonné pour la seule raison qu'il n'est pas en mesure d'exécuter une obligation contractuelle.

Art. 12. – 1. Quiconque se trouve légalement sur le territoire d'un État a le droit d'y circuler librement et d'y choisir librement sa résidence.

2. Toute personne est libre de quitter n'importe quel pays, y compris le sien.

3. Les droits mentionnés ci-dessus ne peuvent être l'objet de restrictions que si celles-ci sont prévues par la loi, nécessaires pour protéger la sécurité nationale, l'ordre public, la santé ou la moralité publiques, ou les droits et libertés d'autrui, et compatibles avec les autres droits reconnus par le présent Pacte.

4. Nul ne peut être arbitrairement privé du droit d'entrer dans son propre pays.

Art. 13. – Un étranger qui se trouve légalement sur le territoire d'un État partie au présent Pacte ne peut en être expulsé qu'en exécution d'une décision prise conformément à la loi et, à moins que des raisons impérieuses de sécurité nationale ne s'y opposent, il doit avoir la possibilité de faire valoir les raisons qui militent contre son expulsion et de faire examiner son cas par l'autorité compétente, ou par une ou plusieurs personnes spécialement désignées par ladite autorité, en se faisant représenter à cette fin.

Art. 14. – 1. Tous sont égaux devant les tribunaux et les cours de justice. Toute personne a droit à ce que sa cause soit entendue équitablement et publiquement par un tribunal compétent, indépendant et impartial, établi par la loi, qui décidera soit du bien-fondé de toute accusation en matière pénale dirigée contre elle, soit des contestations sur ses droits et obligations de caractère civil. Le huis clos peut être prononcé pendant la totalité ou une partie du procès soit dans l'intérêt des bonnes mœurs, de l'ordre public ou de la sécurité nationale dans une société démocratique, soit lorsque l'intérêt de la vie privée des parties en cause l'exige, soit encore dans la mesure où le tribunal l'estimera absolument nécessaire, lorsqu'en raison des circonstances particulières de l'affaire la publicité nuirait aux intérêts de la justice ; cependant, tout jugement rendu en matière pénale ou civile sera public, sauf si l'intérêt de mineurs exige qu'il en soit autrement ou si le procès porte sur des différends matrimoniaux ou sur la tutelle des enfants.

2. Toute personne accusée d'une infraction pénale est présumée innocente jusqu'à ce que sa culpabilité ait été légalement établie.

3. Toute personne accusée d'une infraction pénale a droit, en pleine égalité, au moins aux garanties suivantes :

a) À être informée, dans le plus court délai, dans une langue qu'elle comprend et de façon détaillée, de la nature et des motifs de l'accusation portée contre elle ;

b) À disposer du temps et des facilités nécessaires à la préparation de sa défense et à communiquer avec le conseil de son choix ;

c) À être jugée sans retard excessif ;

d) À être présente au procès et à se défendre elle-même ou à avoir l'assistance d'un défenseur de son choix ; si elle n'a pas de défenseur, à être informée de son droit d'en avoir un, et, chaque fois que l'intérêt de la justice l'exige, à se voir attribuer d'office un défenseur, sans frais, si elle n'a pas les moyens de le rémunérer ;

e) À interroger ou faire interroger les témoins à charge et à obtenir la comparution et l'interrogatoire des témoins à décharge dans les mêmes conditions que les témoins à charge ;

f) À se faire assister gratuitement d'un interprète si elle ne comprend pas ou ne parle pas la langue employée à l'audience ;

g) À ne pas être forcée de témoigner contre elle-même ou de s'avouer coupable.

4. La procédure applicable aux jeunes gens qui ne sont pas encore majeurs au regard de la loi pénale tiendra compte de leur âge et de l'intérêt que présente leur rééducation.

5. Toute personne déclarée coupable d'une infraction a le droit de faire examiner par une juridiction supérieure la déclaration de culpabilité et la condamnation, conformément à la loi.

6. Lorsqu'une condamnation pénale définitive est ultérieurement annulée ou lorsque la grâce est accordée parce qu'un fait nouveau ou nouvellement révélé prouve qu'il s'est produit une erreur judiciaire, la personne qui a subi une peine à raison de cette condamnation sera indemnisée, conformément à la loi, à moins qu'il ne soit prouvé que la non-révélation en temps utile du fait inconnu lui est imputable en tout ou partie.

7. Nul ne peut être poursuivi ou puni en raison d'une infraction pour laquelle il a déjà été acquitté ou condamné par un jugement définitif conformément à la loi et à la procédure pénale de chaque pays.

Art. 15. – 1. Nul ne sera condamné pour des actions ou omissions qui ne constituaient pas un acte délictueux d'après le droit national ou international au moment où elles ont été commises. De même, il ne sera infligé aucune peine plus forte que celle qui était applicable au moment où l'infraction a été commise. Si, postérieurement à cette infraction, la loi prévoit l'application d'une peine plus légère, le délinquant doit en bénéficier.

2. Rien dans le présent article ne s'oppose au jugement ou à la condamnation de tout individu en raison d'actes ou omissions qui, au moment où ils ont été commis, étaient tenus pour criminels, d'après les principes généraux de droit reconnus par l'ensemble des nations.

Art. 16. – Chacun a droit à la reconnaissance en tous lieux de sa personnalité juridique.

Art. 17. – 1. Nul ne sera l'objet d'immixtions arbitraires ou illégales dans sa vie privée, sa famille, son domicile ou sa correspondance, ni d'atteintes illégales à son honneur et à sa réputation.

2. Toute personne a droit à la protection de la loi contre de telles immixtions ou de telles atteintes.

Art. 2. – 1. Il ne sera admis aucune réserve au présent Protocole, en dehors de la réserve formulée lors de la ratification ou de l'adhésion et prévoyant l'application de la peine de mort en temps de guerre à la suite d'une condamnation pour un crime de caractère militaire, d'une gravité extrême, commis en temps de guerre.

2. L'État partie formulant une telle réserve communiquera au Secrétaire général de l'Organisation des Nations unies, lors de la ratification ou de l'adhésion, les dispositions pertinentes de sa législation interne qui s'appliquent en temps de guerre.

3. L'État partie ayant formulé une telle réserve notifiera au Secrétaire général de l'Organisation des Nations unies la proclamation ou la levée de l'état de guerre sur son territoire.

Art. 3. – Les États parties au présent Protocole feront état, dans les rapports qu'ils présentent au Comité des droits de l'Homme en vertu de l'article 40 du Pacte, des mesures qu'ils auront adoptées pour donner effet au présent Protocole.

Art. 4. – En ce qui concerne les États parties au Pacte qui ont fait la déclaration prévue à l'article 41, la compétence reconnue au Comité des droits de l'Homme pour recevoir et examiner des communications dans lesquelles un État partie prétend qu'un autre État partie ne s'acquitte pas de ses obligations s'étend aux dispositions du présent Protocole, à moins que l'État partie en cause n'ait fait une déclaration en sens contraire lors de la ratification ou de l'adhésion.

Art. 5. – En ce qui concerne les États parties au premier Protocole facultatif se rapportant au Pacte international relatif aux droits civils et politiques adopté le 16 décembre 1966, la compétence reconnue au Comité des droits de l'Homme pour recevoir et examiner des communications émanant de particuliers relevant de leur juridiction s'étend aux dispositions du présent Protocole, à moins que l'État partie en cause n'ait fait une déclaration en sens contraire lors de la ratification ou de l'adhésion.

Art. 6. – 1. Les dispositions du présent Protocole s'appliquent en tant que dispositions additionnelles du Pacte.

2. Sans préjudice de la possibilité de formuler la réserve prévue à l'article 2 du présent Protocole, le droit garanti au paragraphe 1 de l'article 1er du présent Protocole ne peut faire l'objet d'aucune des dérogations visées à l'article 4 du Pacte.

Art. 7. – 1. Le présent Protocole est ouvert à la signature de tout État qui a signé le Pacte.

2. Le présent Protocole est soumis à la ratification de tout État qui a ratifié le Pacte ou qui y a adhéré. Les instruments de ratification seront déposés auprès du Secrétaire général de l'Organisation des Nations unies.

3. Le présent Protocole sera ouvert à l'adhésion de tout État qui a ratifié le Pacte ou qui y a adhéré.

4. L'adhésion se fera par le dépôt d'un instrument d'adhésion auprès du Secrétaire général de l'Organisation des Nations unies.

5. Le Secrétaire général de l'Organisation des Nations unies informera tous les États qui ont signé le présent Protocole ou qui y ont adhéré du dépôt de chaque instrument de ratification ou d'adhésion.

Art. 8. – 1. Le présent Protocole entrera en vigueur trois mois après la date du dépôt auprès du Secrétaire général de l'Organisation des Nations unies du dixième instrument de ratification ou d'adhésion.

2. Pour chacun des États qui ratifieront le présent Protocole ou y adhéreront après le dépôt du dixième instrument de ratification ou d'adhésion, ledit Protocole entrera en vigueur trois mois après la date du dépôt par cet État de son instrument de ratification ou d'adhésion.

Art. 9. – Les dispositions du présent Protocole s'appliquent, sans limitation ni exception aucune, à toutes les unités constitutives des États fédératifs.

Art. 10. – Le Secrétaire général de l'Organisation des Nations unies informera tous les États visés au paragraphe 1 de l'article 48 du Pacte :

a) Des réserves, communications et notifications reçues au titre de l'article 2 du présent Protocole ;

b) Des déclarations faites en vertu des articles 4 ou 5 du présent Protocole ;

c) Des signatures apposées au présent Protocole et des instruments de ratification et d'adhésion déposés conformément à l'article 7 du présent Protocole ;

d) De la date à laquelle le présent Protocole entrera en vigueur conformément à l'article 8 de celui-ci.

Art. 11. – 1. Le présent Protocole, dont les textes anglais, arabe, chinois, espagnol, français et russe font également foi, sera déposé aux archives de l'Organisation des Nations unies.

2. Le Secrétaire général de l'Organisation des Nations unies transmettra une copie certifiée conforme du présent Protocole à tous les États visés à l'article 48 du Pacte.

Convention du 10 décembre 1984

contre la torture et autres peines ou traitements cruels, inhumains ou dégradants, adoptée à New York

(Publiée par D. n° 87-916, 9 nov. 1987 : JO 14 nov. 1987)

Les États Parties à la présente Convention.

Considérant que, conformément aux principes proclamés dans la Charte des Nations unies, la reconnaissance des droits égaux et inaliénables de tous les membres de la famille humaine est le fondement de la liberté, de la justice et de la paix dans le monde.

Reconnaissant que ces droits procèdent de la dignité inhérente à la personne humaine.

Considérant que les États sont tenus, en vertu de la Charte, en particulier de l'article 55, d'encourager le respect universel et effectif des droits de l'Homme et des libertés fondamentales.

Tenant compte de l'article 5 de la Déclaration universelle des droits de l'Homme et de l'article 7 du Pacte international relatif aux droits civils et politiques qui prescrivent tous deux que nul ne sera soumis à la torture ni à des peines ou traitements cruels, inhumains ou dégradants.

Tenant compte également de la Déclaration sur la protection de toutes les personnes contre la torture et autres peines ou traitements cruels, inhumains ou dégradants, adoptée par l'assemblée générale le 9 décembre 1975.

Désireux d'accroître l'efficacité de la lutte contre la torture et les autres peines ou traitements cruels, inhumains ou dégradants dans le monde entier,

sont convenus de ce qui suit :

PREMIÈRE PARTIE

Art. 1er. – 1. Aux fins de la présente Convention, le terme « torture » désigne tout acte par lequel une douleur ou des souffrances aiguës, physiques ou mentales, sont intentionnellement infligées à une personne aux fins notamment d'obtenir d'elle ou d'une tierce personne des renseignements ou des aveux, de la punir d'un acte qu'elle ou une tierce personne a commis ou est soupçonnée d'avoir commis, de l'intimider ou de faire pression sur elle ou d'intimider ou de faire pression sur une tierce personne, ou pour tout autre motif fondé sur une forme de discrimination quelle qu'elle soit, lorsqu'une telle douleur ou de telles souffrances sont infligées par un agent de la fonction publique ou toute autre personne agissant à titre officiel ou à son instigation ou avec son consentement exprès ou tacite. Ce terme ne s'étend pas à la douleur ou aux souffrances résultant uniquement de sanctions légitimes, inhérentes à ces sanctions ou occasionnées par elles.

2. Cet article est sans préjudice de tout instrument international ou de toute loi nationale qui contient on peut contenir des dispositions de portée plus large.

Art. 2. – 1. Tout État Partie prend des mesures législatives, administratives, judiciaires et autres mesures efficaces pour empêcher que des actes de torture soient commis dans tout territoire sous sa juridiction.

2. Aucune circonstance exceptionnelle, quelle qu'elle soit, qu'il s'agisse de l'état de guerre ou de menace de guerre, d'instabilité politique intérieure ou de tout autre état d'exception, ne peut être invoquée pour justifier la torture.

3. L'ordre d'un supérieur ou d'une autorité publique ne peut être invoqué pour justifier la torture.

Art. 3. – 1. Aucun État Partie n'expulsera, ne refoulera ni n'extradera une personne vers un autre État où il y a des motifs sérieux de croire qu'elle risque d'être soumise à la torture.

2. Pour déterminer s'il y a de tels motifs, les autorités compétentes tiendront compte de toutes les considérations pertinentes, y compris, le cas échéant, de l'existence, dans l'État intéressé, d'un ensemble de violations systématiques des droits de l'Homme, graves, flagrantes ou massives.

Art. 4. – 1. Tout État Partie veille à ce que tous les actes de torture constituent des infractions au regard de son droit pénal. Il en est de même de la tentative de pratiquer la torture ou de tout acte commis par n'importe quelle personne qui constitue une complicité ou une participation à l'acte de torture.

2. Tout État Partie rend ces infractions passibles de peines appropriées qui prennent en considération leur gravité.

Art. 5. – 1. Tout État Partie prend les mesures nécessaires pour établir sa compétence aux fins de connaître des infractions visées à l'article 4 dans les cas suivants :

a) Quand l'infraction a été commise sur tout territoire sous la juridiction dudit État ou à bord d'aéronefs ou de navires immatriculés dans cet État ;

b) Quand l'auteur présumé de l'infraction est un ressortissant dudit État ;

c) Quand la victime est un ressortissant dudit État et que ce dernier le juge approprié.

2. Tout État Partie prend également les mesures nécessaires pour établir sa compétence aux fins de connaître desdites infractions dans le cas où l'auteur présumé de celles-ci se trouve sur tout territoire sous sa juridiction et où ledit État ne l'extrade pas, conformément à l'article 8, vers l'un des États visés au paragraphe 1 du présent article.

3. La présente Convention n'écarte aucune compétence pénale exercée conformément aux lois nationales.

V. G. Poissonnier, *Le point sur... Traité international : « Affaire Hissène Habré : Le Sénégal devra juger ou extrader l'ancien chef d'État tchadien » : D.* 2012, n° 33, 2184.

Art. 6. – 1. S'il estime que les circonstances le justifient, après avoir examiné les renseignements dont il dispose, tout État Partie sur le territoire duquel se trouve une personne soupçonnée d'avoir commis un infraction visée à l'article 4 assure la détention de cette personne ou prend toutes autres mesures juridiques nécessaires pour assurer sa présence. Cette détention et ces mesures doivent être conformes à la législation dudit État ; elles ne peuvent être maintenues que pendant le délai nécessaire à l'engagement de poursuites pénales ou d'une procédure d'extradition.

2. Ledit État procède immédiatement à une enquête préliminaire en vue d'établir les faits.

3. Toute personne détenue en application du paragraphe 1 du présent article peut communiquer immédiatement avec le plus proche représentant qualifié de l'État dont elle a la nationalité ou, s'il s'agit d'une personne apatride, avec le représentant de l'État où elle réside habituellement.

4. Lorsqu'un État a mis une personne en détention, conformément aux dispositions du présent article, il avise immédiatement de cette détention et des circonstances qui la justifient les États visés au paragraphe 1 de l'article 5. L'État qui procède à l'enquête préliminaire visée au paragraphe 2 du présent article en communique rapidement les conclusions auxdits États et leur indique s'il entend exercer sa compétence.

Art. 7. – 1. L'État Partie sur le territoire sous la juridiction duquel l'auteur présumé d'une infraction visée à l'article 4 est découvert, s'il n'extrade pas ce dernier, soumet l'affaire, dans les cas visés à l'article 5, à ses autorités compétentes pour l'exercice de l'action pénale.

2. Ces autorités prennent leur décision dans les mêmes conditions que pour toute infraction de droit commun de caractère grave en vertu du droit de cet État. Dans les cas visés au paragraphe 2 de l'article 5, les règles de preuve qui s'appliquent aux poursuites et à la condamnation ne sont en aucune façon moins rigoureuses que celles qui s'appliquent dans les cas visés au paragraphe 1 de l'article 5.

3. Toute personne poursuivie pour l'une quelconque des infractions visées à l'article 4 bénéficie de la garantie d'un traitement équitable à tous les stades de la procédure.

Art. 8. – 1. Les infractions visées à l'article 4 sont de plein droit comprises dans tout traité d'extradition conclu entre États Parties. Les États Parties s'engagent à comprendre lesdites infractions dans tout traité d'extradition à conclure entre eux.

2. Si un État Partie qui subordonne l'extradition à l'existence d'un traité est saisi d'une demande d'extradition par un autre État partie avec lequel il n'est pas lié par un traité d'extradition, il peut considérer la présente Convention comme constituant la base juridique de l'extradition en ce qui concerne lesdites infractions. L'extradition est subordonnée aux autres conditions prévues par le droit de l'État requis.

3. Les États Parties qui ne subordonnent pas l'extradition à l'existence d'un traité reconnaissant lesdites infractions comme cas d'extradition entre eux dans les conditions prévues par le droit de l'État requis.

4. Entre États Parties, lesdites infractions sont considérées aux fins d'extradition comme ayant été commises tant au lieu de leur perpétration que sur le territoire sous la juridiction des États tenus d'établir leur compétence en vertu du paragraphe 1 de l'article 5.

Art. 9. – 1. Les États Parties s'accordent l'entraide judiciaire la plus large possible dans toute procédure pénale relative aux infractions visées à l'article 4, y compris en ce qui concerne la communication de tous les éléments de preuve dont ils disposent et qui sont nécessaires aux fins de la procédure.

2. Les États Parties s'acquittent de leurs obligations en vertu du paragraphe 1 du présent article en conformité avec tout traité d'entraide judiciaire qui peut exister entre eux.

Art. 10. – 1. Tout État Partie veille à ce que l'enseignement et l'information concernant l'interdiction de la torture fassent partie intégrante de la formation du personnel civil ou militaire chargé de l'application des lois, du personnel médical, des agents de la fonction publique et d'autres personnes qui peuvent intervenir dans la garde, l'interrogatoire ou le traitement de tout individu arrêté, détenu ou emprisonné de quelque façon que ce soit.

2. Tout État Partie incorpore ladite interdiction aux règles ou instructions édictées en ce qui concerne les obligations et les attributions de telles personnes.

Art. 11. – Tout État Partie exerce une surveillance systématique sur les règles, instructions, méthodes et pratiques d'interrogatoire et sur les dispositions concernant la garde et le traitement des personnes arrêtées, détenues ou emprisonnées de quelque façon que ce soit sur tout territoire sous sa juridiction, en vue d'éviter tout cas de torture.

Art. 12. – Tout État Partie veille à ce que les autorités compétentes procèdent immédiatement à une enquête impartiale chaque fois qu'il y a des motifs raisonnables de croire qu'un acte de torture a été commis sur tout territoire sous sa juridiction.

Art. 13. – Tout État Partie assure à toute personne qui prétend avoir été soumise à la torture sur tout territoire sous sa juridiction le droit de porter plainte devant les autorités compétentes dudit État qui procéderont immédiatement et impartialement à l'examen de sa cause. Des mesures seront prises pour assurer la protection du plaignant et des témoins contre tout mauvais traitement ou toute intimidation en raison de la plainte déposée ou de toute déposition faite.

Art. 14. – 1. Tout État Partie garantit, dans son système juridique, à la victime d'un acte de torture, le droit d'obtenir réparation et d'être indemnisée équitablement et de manière adéquate, y compris les moyens nécessaires à sa réadaptation la plus complète possible. En cas de mort de la victime résultant d'un acte de torture, les ayants cause de celle-ci ont droit à l'indemnisation.

2. Le présent article n'exclut aucun droit à indemnisation qu'aurait la victime ou toute autre personne en vertu des lois nationales.

Art. 15. – Tout État Partie veille à ce que toute déclaration dont il est établi qu'elle a été obtenue par la torture ne puisse être invoquée comme un élément de preuve dans une procédure, si ce n'est contre la personne accusée de torture pour établir qu'une déclaration accusée de torture pour établir qu'une déclaration a été faite.

Art. 16. – 1. Tout État Partie s'engage à interdire dans tout territoire sous sa juridiction d'autres actes constitutifs de peines ou traitements cruels, inhumains ou dégradants qui ne sont pas des actes de torture telle qu'elle est définie à l'article premier lorsque de tels actes sont commis par un agent de la fonction publique ou toute autre personne agissant à titre officiel, ou à son instigation ou avec son consentement exprès ou tacite. En particulier, les obligations énoncées aux articles 10, 11, 12 et 13 sont applicables moyennant le remplacement de la mention de la torture par la mention d'autres formes de peines ou traitements cruels, inhumains ou dégradants.

2. Les dispositions de la présente Convention sont sans préjudice des dispositions de tout autre instrument international ou de la loi nationale qui interdisent les peines ou traitements cruels, inhumains ou dégradants, ou qui ont trait à l'extradition ou à l'expulsion.

DEUXIÈME PARTIE

Art. 17. – 1. Il est institué un Comité contre la torture (ci-après dénommé le Comité) qui a les fonctions définies ci-après. Le Comité est composé de dix experts de haute moralité et possédant une compétence reconnue dans le domaine des droits de l'Homme, qui siègent à titre personnel. Les experts sont élus par les États Parties, compte tenu d'une répartition géographique équitable et de l'intérêt que représente la participation aux travaux du Comité de quelques personnes ayant une expérience juridique.

2. Les membres du Comité sont élus au scrutin secret sur une liste de candidats désignés par les États Parties. Chaque État Partie peut désigner un candidat choisi parmi ses ressortissants. Les États Parties tiennent compte de l'intérêt qu'il y a à désigner des candidats qui soient également membres du Comité des droits de l'Homme

institué en vertu du Pacte international relatif aux droits civils et politiques et qui soient disposés à siéger au Comité contre la torture.

3. Les membres du Comité sont élus au cours des réunions biennales des États Parties convoquées par le Secrétaire général de l'Organisation des Nations unies. À ces réunions, où le quorum est constitué par les deux tiers des États Parties, sont élus membres du Comité les candidats qui obtiennent le plus grand nombre de voix et la majorité absolue des votes des représentants des États Parties présents et votants.

4. La première élection aura lieu au plus tard six mois après la date d'entrée en vigueur de la présente Convention. Quatre mois au moins avant la date de chaque élection, le Secrétaire général de l'Organisation des Nations unies envoie une lettre aux États Parties pour les inviter à présenter leurs candidatures dans un délai de trois mois. Le Secrétaire général dresse une liste par ordre alphabétique de tous les candidats ainsi désignés, avec indication des États Parties qui les ont désignés, et la communique aux États Parties.

5. Les membres du Comité sont élus pour quatre ans. Ils sont rééligibles s'ils sont présentés à nouveau. Toutefois, le mandat de cinq des membres élus lors de la première élection prendra fin au bout de deux ans ; immédiatement après la première élection, le nom de ces cinq membres sera tiré au sort par le président de réunion mentionnée au paragraphe 3 du présent article.

6. Si un membre du Comité décède, se démet de ses fonctions ou n'est plus en mesure pour quelque autre raison de s'acquitter de ses attributions au Comité, l'État Partie qui l'a désigné nomme parmi ses ressortissants un autre expert qui siège au Comité pour la partie du mandat restant à courir, sous réserve de l'approbation de la majorité des États Parties. Cette approbation est considérée comme acquise à moins que la moitié des États Parties ou davantage n'émettent une opinion défavorable dans un délai de six semaines à compter du moment où ils ont été informés par le Secrétaire général de l'Organisation des Nations unies de la nomination proposée.

7. Les États Parties prennent à leur charge les dépenses des membres du Comité pour la période où ceux-ci s'acquittent de fonctions au Comité.

Art. 18. – 1. Le Comité élit son bureau pour une période de deux ans. Les membres du bureau sont rééligibles.

2. Le Comité établit lui-même son règlement intérieur ; celui-ci doit, toutefois, contenir notamment les dispositions suivantes :

a) Le quorum est de six membres ;

b) Les décisions du Comité sont prises à la majorité des membres présents.

3. Le Secrétaire général de l'Organisation des Nations unies met à la disposition du Comité le personnel et les installations matérielles qui lui sont nécessaires pour s'acquitter efficacement des fonctions qui lui sont confiées en vertu de la présente Convention.

4. Le Secrétaire général de l'organisation des Nations unies convoque les membres du Comité pour la première réunion. Après sa première réunion, le Comité se réunit à toute occasion prévue par son règlement intérieur.

5. Les États Parties prennent à leur charge les dépenses occasionnées par la tenue de réunions des États Parties et du Comité, y compris le remboursement à l'Organisation des Nations unies de tous frais, tels que dépenses de personnel et coût d'installations matérielles, que l'Organisation aura engagés conformément au paragraphe 3 du présent article.

Art. 19. – 1. Les États Parties présentent au comité, par l'entremise du Secrétaire général de l'Organisation des Nations unies, des rapports sur les mesures qu'ils ont prises pour donner effet à leurs engagements en vertu de la présente Convention, dans un délai d'un an à compter de l'entrée en vigueur de la Convention pour l'État Partie intéressé. Les États Parties présentent ensuite des rapports complémentaires tous les quatre ans sur toutes nouvelles mesures prises, et tous autres rapports demandés par le Comité.

2. Le Secrétaire général de l'Organisation des Nations unies transmet les rapports à tous les États Parties.

3. Chaque rapport est étudié par le Comité, qui peut faire les commentaires d'ordre général sur le rapport qu'il estime appropriés et qui transmet lesdits commentaires à l'État Partie intéressé. Cet État Partie peut communiquer en réponse au Comité toutes observations qu'il juge utiles.

4. Le Comité peut, à sa discrétion, décider de reproduire dans le rapport annuel qu'il établit conformément à l'article 24 tous commentaires formulés par lui en vertu du paragraphe 3 du présent article, accompagnés des observations reçues à ce sujet de l'État Partie intéressé. Si l'État Partie intéressé le demande, le Comité peut aussi reproduire le rapport présenté au titre du paragraphe 1 du présent article.

Art. 20. – 1. Si le Comité reçoit des renseignements crédibles qui lui semblent contenir des indications bien fondées que la torture est pratiquée systématiquement sur le territoire d'un État Partie, il invite ledit État à coopérer dans l'examen des renseignements et, à cette fin, à lui faire part de ses observations à ce sujet.

2. En tenant compte de toutes observations éventuellement présentées par l'État Partie intéressé et de tous autres renseignements pertinents dont il dispose, le Comité peut, s'il juge que cela se justifie, charger un ou plusieurs de ses membres de procéder à une enquête confidentielle et de lui faire rapport d'urgence.

3. Si une enquête est faite en vertu du paragraphe 2 du présent article, le Comité recherche la coopération de l'État Partie intéressé. En accord avec cet État Partie, l'enquête peut comporter une visite sur son territoire.

4. Après avoir examiné les conclusions du membre ou des membres qui lui sont soumises conformément au paragraphe 2 du présent article, le Comité transmet ces conclusions à l'État Partie intéressé, avec tous commentaires ou suggestions qu'il juge appropriés compte tenu de la situation.

5. Tous les travaux du Comité dont il est fait mention aux paragraphes 1 à 4 du présent article sont confidentiels et, à toutes les étapes des travaux, on s'efforce d'obtenir la coopération de l'État Partie. Une fois achevés ces travaux relatifs à une enquête menée en vertu du paragraphe 2, le Comité peut, après consultations avec l'État Partie intéressé, décider de faire figurer un compte rendu succinct des résultats des travaux dans le rapport annuel qu'il établit conformément à l'article 24.

Art. 21. – 1. Tout État Partie à la présente Convention peut, en vertu du présent article, déclarer à tout moment qu'il reconnaît la compétence du Comité pour recevoir et examiner des communications dans lesquelles un État Partie prétend qu'un autre État Partie ne s'acquitte pas de ses obligations au titre de la présente Convention. Ces communications ne peuvent être reçues et examinées conformément au présent article que si elles émanent d'un État Partie qui a fait une déclaration reconnaissant, en ce qui le concerne, la compétence du Comité. Le Comité ne reçoit aucune communication intéressant un État Partie qui n'a pas fait une telle déclaration. La procédure ci-après s'applique à l'égard des communications reçues en vertu du présent article.

a) Si un État Partie à la présente Convention estime qu'un autre État également Partie à la Convention n'en applique pas les dispositions, il peut appeler, par communication écrite, l'attention de cet État sur la question. Dans un délai de trois mois à compter de la date de réception de la communication, l'État destinataire fera tenir à l'État qui a adressé la communication des explications ou toutes autres déclarations écrites élucidant la question, qui devront comprendre, dans toute la mesure possible et utile, des indications sur ses règles de procédure et sur les moyens de recours, soit déjà utilisés, soit en instance, soit encore ouverts ;

b) Si, dans un délai de six mois à compter de la date de réception de la communication originale par l'État destinataire, la question n'est pas réglée à la satisfaction des deux États Parties intéressés, l'un comme l'autre auront le droit de la soumettre au Comité, en adressant une notification au Comité, ainsi qu'à l'autre État intéressé ;

c) Le Comité ne peut connaître d'une affaire qui lui est soumise en vertu du présent article qu'après s'être assuré que tous les recours internes disponibles ont été utilisés et épuisés, conformément aux principes de droit international généralement reconnus. Cette règle ne s'applique pas dans les cas où les procédures de recours excèdent des délais raisonnables ni dans les cas où il est peu probable que les procédures de recours donneraient satisfaction à la personne qui est la victime de la violation de la présente Convention ;

d) Le Comité tient ses séances à huis clos lorsqu'il examine les communications prévues au présent article ;

e) Sous réserve des dispositions de l'alinéa *c*, le Comité met ses bons offices à la disposition des États Parties intéressés, afin de parvenir à une solution amiable de la question, fondée sur le respect des obligations prévues par la présente Convention. À cette fin, le Comité peut, s'il l'estime opportun, établir une commission de conciliation *ad hoc* ;

f) Dans toute affaire qui lui est soumise en vertu du présent article, le Comité peut demander aux États Parties intéressés, visés à l'alinéa *b*, de lui fournir tout renseignement pertinent ;

g) Les États Parties intéressés, visés à l'alinéa *b*, ont le droit de se faire représenter lors de l'examen de l'affaire par le Comité et de présenter des observations oralement ou par écrit, ou sous l'une et l'autre forme ;

h) Le Comité doit présenter un rapport dans un délai de douze mois à compter du jour où il a reçu la notification visée à l'alinéa *b* ;

i) Si une solution a pu être trouvée conformément aux dispositions de l'alinéa *e*, le Comité se borne dans son rapport à un bref exposé des faits et de la solution intervenue ;

j) Si une solution n'a pu être trouvée conformément aux dispositions de l'alinéa e, le Comité se borne, dans son rapport, à un bref exposé des faits ; le texte des observations écrites et le procès-verbal des observations orales présentées par les États Parties intéressés sont joints au rapport.

Pour chaque affaire, le rapport est communiqué aux États Parties intéressés.

2. Les dispositions du présent article entreront en vigueur lorsque cinq États Parties à la présente Convention auront fait la déclaration prévue au paragraphe 1 du présent article. Ladite déclaration est déposée par l'État Partie auprès du Secrétaire général de l'Organisation des Nations unies, qui en communique copie aux autres États Parties. Une déclaration peut être retirée à tout moment au moyen d'une notification adressée au Secrétaire général. Ce retrait est sans préjudice de l'examen de toute question qui fait l'objet d'une communication déjà transmise en vertu du présent article ; aucune autre communication d'un État Partie ne sera reçue en vertu du présent article après que le Secrétaire général aura reçu notification du retrait de la déclaration, à moins que l'État Partie intéressé ait fait une nouvelle déclaration.

Art. 22. – 1. Tout État Partie à la présente Convention peut, en vertu du présent article, déclarer à tout moment qu'il reconnaît la compétence du Comité pour recevoir et examiner des communications présentées par ou pour le compte de particuliers relevant de sa juridiction qui prétendent être victimes d'une violation, par un État Partie, des dispositions de la Convention. Le Comité ne reçoit aucune communication intéressant un État Partie qui n'a pas fait une telle déclaration.

2. Le Comité déclare irrecevable toute communication soumise en vertu du présent article qui est anonyme ou qu'il considère être un abus du droit de soumettre de telles communications, ou être incompatible avec les dispositions de la présente Convention.

3. Sous réserve des dispositions du paragraphe 2, le Comité porte toute communication qui lui est soumise en vertu du présent article à l'attention de l'État Partie à la présente Convention qui a fait une déclaration en vertu du paragraphe 1 et a prétendument violé l'une quelconque des dispositions de la Convention. Dans les six mois qui suivent, ledit État soumet par écrit au Comité des explications ou déclarations éclaircissant la question et indiquant, le cas échéant, les mesures qu'il pourrait avoir prises pour remédier à la situation.

4. Le Comité examine les communications reçues en vertu du présent article en tenant compte de toutes les informations qui lui sont soumises par ou pour le compte du particulier et par l'État Partie intéressé.

5. Le Comité n'examinera aucune communication d'un particulier conformément au présent article sans s'être assuré que :

a) La même question n'a pas été et n'est pas en cours d'examen devant une autre instance internationale d'enquête ou de règlement ;

b) Le particulier a épuisé tous les recours internes disponibles ; cette règle ne s'applique pas si les procédures de recours excèdent des délais raisonnables ou s'il est peu probable qu'elles donneraient satisfaction au particulier qui est la victime d'une violation de la présente Convention.

6. Le Comité tient ses séances à huis clos lorsqu'il examine les communications prévues dans le présent article.

7. Le Comité fait part de ses constatations à l'État Partie intéressé et au particulier.

8. Les dispositions du présent article entreront en vigueur lorsque cinq États Parties à la présente Convention auront fait la déclaration prévue au paragraphe 1 du présent article. Ladite déclaration est déposée par l'État Partie auprès du secrétaire général de l'Organisation des Nations unies, qui en communique copie aux autres États Parties. Une déclaration peut être retirée à tout moment au moyen d'une notification adressée au Secrétaire général. Ce retrait est sans préjudice de l'examen de toute question qui fait l'objet d'une communication déjà transmise en vertu du présent article ; aucune autre communication soumise par ou pour le compte d'un particulier ne sera reçue en vertu du présent article après que le Secrétaire général aura reçu notification du retrait de la déclaration, à moins que l'État Partie intéressé ait fait une nouvelle déclaration.

Art. 23. – Les membres du Comité et les membres des commissions de conciliation *ad hoc* qui pourraient être nommés conformément à l'alinéa *e* du paragraphe 1 de l'article 21 ont droit aux facilités, privilèges et immunités reconnus aux experts en mission pour l'Organisation des Nations unies, tels qu'ils sont énoncés dans les sections pertinentes de la Convention sur les privilèges et les immunités des Nations unies.

Art. 24. – Le Comité présente aux États Parties et à l'Assemblée générale de l'Organisation des Nations unies un rapport annuel sur les activités qu'il aura entreprises en application de la présente Convention.

TROISIÈME PARTIE

Art. 25. – 1. La présente Convention est ouverte à la signature de tous les États.

2. La présente Convention est sujette à ratification. Les instruments de ratification seront déposés auprès du Secrétaire général de l'Organisation des Nations unies.

Art. 26. – Tous les États peuvent adhérer à la présente Convention. L'adhésion se fera par le dépôt d'un instrument d'adhésion auprès du Secrétaire général de l'Organisation des Nations unies.

Art. 27. – 1. La présente Convention entrera en vigueur le trentième jour après la date du dépôt auprès du Secrétaire général de l'Organisation des Nations unies du vingtième instrument de ratification ou d'adhésion.

2. Pour tout État qui ratifiera la présente Convention ou y adhérera après le dépôt du vingtième instrument de ratification ou d'adhésion, la Convention entrera en vigueur le trentième jour après la date du dépôt par cet État de son instrument de ratification ou d'adhésion.

Art. 28. – 1. Chaque État pourra, au moment où il signera ou ratifiera la présente Convention ou y adhérera, déclarer qu'il ne reconnaît pas la compétence accordée au Comité aux termes de l'article 20.

2. Tout État Partie qui aura formulé une réserve conformément aux dispositions du paragraphe 1 du présent article pourra à tout moment lever cette réserve par une notification adressée au Secrétaire général de l'Organisation des Nations unies.

Art. 29. – 1. Tout État Partie à la présente Convention pourra proposer un amendement et déposer sa proposition auprès du Secrétaire général de l'Organisation des Nations unies. Le Secrétaire général communiquera la proposition d'amendement aux États Parties en leur demandant de lui faire savoir s'ils sont favorables à l'organisation d'une conférence d'États Parties en vue de l'examen de la proposition et de sa mise aux voix. Si, dans les quatre mois qui suivent la date d'une telle communication, le tiers au moins des États Parties se prononcent en faveur de la tenue de ladite conférence, le Secrétaire général organisera la conférence sous les auspices de l'Organisation des Nations unies. Tout amendement adopté par la majorité des États Parties présents et votants à la conférence sera soumis par le Secrétaire général à l'acceptation de tous les États Parties.

2. Un amendement adopté selon les dispositions du paragraphe 1 du présent article entrera en vigueur lorsque les deux tiers des États Parties à la présente Convention auront informé le Secrétaire général de l'Organisation des Nations unies qu'ils l'ont accepté conformément à la procédure prévue par leurs constitutions respectives.

3. Lorsque les amendements entreront en vigueur, ils auront force obligatoire pour les États Parties qui les auront acceptés, les autres États Parties demeurant liés par les dispositions de la présente Convention et par tous les amendements antérieurs qu'ils auront acceptés.

Art. 30. – 1. Tout différend entre deux ou plus des États Parties concernant l'interprétation ou l'application de la présente Convention qui ne peut pas être réglé par voie de négociation est soumis à l'arbitrage à la demande de l'un d'entre eux. Si, dans les six mois qui suivent la date de la demande d'arbitrage, les parties ne parviennent pas à se mettre d'accord sur l'organisation de l'arbitrage, l'une quelconque d'entre elles peut soumettre le différend à la Cour internationale de justice en déposant une requête conformément au statut de la Cour.

2. Chaque État pourra, au moment où il signera ou ratifiera la présente Convention ou y adhérera, déclarer qu'il ne se considère pas lié par les dispositions du paragraphe 1 du présent article. Les autres États Parties ne seront pas liés par lesdites dispositions envers tout État Partie qui aura formulé une telle réserve.

3. Tout État Partie qui aura formulé une réserve conformément aux dispositions du paragraphe 2 du présent article pourra à tout moment lever cette réserve par une notification adressée au Secrétaire général de l'Organisation des Nations unies.

Art. 31. – 1. Un État Partie pourra dénoncer la présente Convention par notification écrite adressée au Secrétaire général de l'Organisation des Nations unies. La dénonciation prend effet un an après la date à laquelle la notification aura été reçue par le Secrétaire général.

2. Une telle dénonciation ne libérera pas l'État Partie des obligations qui lui incombent en vertu de la présente Convention en ce qui concerne tout acte ou toute omission commis avant la date à laquelle la dénonciation prendra effet ; elle ne fera nullement obstacle à la poursuite de l'examen de toute question dont le Comité était déjà saisi à la date à laquelle la dénonciation a pris effet.

3. Après la date à laquelle la dénonciation par un État Partie prend effet, le Comité n'entreprend l'examen d'aucune question nouvelle concernant cet État.

Art. 32. – Le Secrétaire général de l'Organisation des Nations unies notifiera à tous les États membres de l'Organisation des Nations unies et à tous les États qui auront signé la présente Convention ou y auront adhéré :

a) Les signatures, les ratifications et les adhésions reçues en application des articles 25 et 26 ;

b) La date d'entrée en vigueur de la Convention en application de l'article 27 et la date d'entrée en vigueur de tout amendement en application de l'article 29 ;

c) Les dénonciations reçues en application de l'article 31.

Art. 33. – 1. La présente Convention, dont les textes anglais, arabe, chinois, espagnol, français et russe font également foi, sera déposée auprès du Secrétaire général de l'Organisation des Nations unies.

2. Le Secrétaire général de l'Organisation des Nations unies fera tenir copie certifiée conforme de la présente Convention à tous les États.

ANNEXE

DÉCLARATIONS ET RÉSERVES

Art. 21. – Le Gouvernement de la République française déclare, conformément au paragraphe 1er de l'article 21 de la Convention, qu'il reconnaît la compétence du Comité contre la torture pour recevoir et examiner les communications dans lesquelles un État Partie prétend qu'un autre État Partie ne s'acquitte pas de ses obligations au titre de la présente Convention.

Art. 22. – Le Gouvernement de la République française déclare, conformément au paragraphe 1er de l'article 22 de la Convention, qu'il reconnaît la compétence du Comité contre la torture pour recevoir et examiner des communications présentées par ou pour le compte de particuliers relevant de sa juridiction qui prétendent être victimes d'une violation, par un État Partie, des dispositions de la Convention.

....

Art. 30. – Le Gouvernement de la République française déclare, conformément au paragraphe 2 de l'article 30 de la Convention, qu'il ne sera pas lié par les dispositions du paragraphe 1er de cet article.

ANNEXE 4

COUR PÉNALE INTERNATIONALE

Convention du 17 juillet 1998

portant statut de la Cour pénale internationale, adoptée à Rome

(Entrée en vigueur le 1er juill. 2002

Publiée par D. n° 2002-925, 6 juin 2002 : JO 11 juin 2002)

PRÉAMBULE

Les États Parties au présent Statut,

Conscients que tous les peuples sont unis par des liens étroits et que leurs cultures forment un patrimoine commun, et soucieux du fait que cette mosaïque délicate puisse être brisée à tout moment ;

Ayant à l'esprit qu'au cours de ce siècle, des millions d'enfants, de femmes et d'hommes ont été victimes d'atrocités qui défient l'imagination et heurtent profondément la conscience humaine ;

Reconnaissant que des crimes d'une telle gravité menacent la paix, la sécurité et le bien-être du monde ;

Affirmant que les crimes les plus graves qui touchent l'ensemble de la communauté internationale ne sauraient rester impunis et que leur répression doit être effectivement assurée par des mesures prises dans le cadre national et par le renforcement de la coopération internationale ;

Déterminés à mettre un terme à l'impunité des auteurs de ces crimes et à concourir ainsi à la prévention de nouveaux crimes ;

Rappelant qu'il est du devoir de chaque État de soumettre à sa juridiction criminelle les responsables de crimes internationaux ;

Réaffirmant les buts et principes de la Charte des Nations unies et, en particulier, que tous les États doivent s'abstenir de recourir à la menace ou à l'emploi de la force, soit contre l'intégrité territoriale ou l'indépendance politique de tout État, soit de toute autre manière incompatible avec les buts des Nations unies ;

Soulignant à cet égard que rien dans le présent Statut ne peut être interprété comme autorisant un État Partie à intervenir dans un conflit armé ou dans les affaires intérieures d'un autre État ;

Déterminés, à ces fins et dans l'intérêt des générations présentes et futures, à créer un Cour pénale internationale permanente et indépendante reliée au système des Nations unies, ayant compétence à l'égard des crimes les plus graves qui touchent l'ensemble de la communauté internationale ;

Soulignant que la Cour pénale internationale dont le présent Statut porte création est complémentaire des juridictions pénales nationales ;

Résolus à garantir durablement le respect de la justice internationale, et sa mise en œuvre,

sont convenus de ce qui suit :

CHAPITRE I. – INSTITUTION DE LA COUR

Art. 1er. – *La Cour.* – Il est créé une Cour pénale internationale (« la Cour ») en tant qu'institution permanente, qui peut exercer sa compétence à l'égard des personnes pour les crimes les plus graves ayant une portée internationale, au sens du présent Statut. Elle est complémentaire des juridictions pénales nationales. Sa compétence et son fonctionnement sont régis par les dispositions du présent Statut.

Art. 2. – *Lien de la Cour avec les Nations unies.* – La Cour est liée aux Nations unies par un accord qui doit être approuvé par l'assemblée des États Parties au présent Statut, puis conclu par le président de la Cour au nom de celle-ci.

Art. 3. – *Siège de la Cour.* – 1. La Cour a son siège à La Haye, aux Pays-Bas (« l'État hôte »).

2. La Cour et l'État hôte conviennent d'un accord de siège qui doit être approuvé par l'Assemblée des États Parties, puis conclu par le président de la Cour au nom de celle-ci.

3. Si elle le juge souhaitable, la Cour peut siéger ailleurs selon les dispositions du présent Statut.

Art. 4. – *Régime et pouvoirs juridiques de la Cour.* – 1. La Cour a la personnalité juridique internationale. Elle a aussi la capacité juridique qui lui est nécessaire pour exercer ses fonctions et accomplir sa mission.

2. La Cour peut exercer ses fonctions et ses pouvoirs, comme prévu dans le présent Statut, sur le territoire de tout État Partie et, par une convention à cet effet, sur le territoire de tout autre État.

CHAPITRE II. – COMPÉTENCE, RECEVABILITÉ ET DROIT APPLICABLE

Art. 5 *(Résolution RC/Res.6 du 11 juin 2010).* – *Crimes relevant de la compétence de la Cour.* – La compétence de la Cour est limitée aux crimes les plus graves qui touchent l'ensemble de la communauté internationale. En vertu du présent Statut, la Cour a compétence à l'égard des crimes suivants :

a) Le crime de génocide ;

b) Les crimes contre l'humanité ;

c) Les crimes de guerre ;

d) Le crime d'agression.

Art. 6. – *Crime de génocide.* – Aux fins du présent Statut, on entend par crime de génocide l'un quelconque des actes ci-après commis dans l'intention de détruire, en tout ou en partie, un groupe national, ethnique, racial ou religieux, comme tel :

a) Meurtre de membres du groupe ;

b) Atteinte grave à l'intégrité physique ou mentale de membres du groupe ;

c) Soumission intentionnelle du groupe à des conditions d'existence devant entraîner sa destruction physique totale ou partielle ;

d) Mesures visant à entraver les naissances au sein du groupe ;

e) Transfert forcé d'enfants du groupe à un autre groupe.

Art. 7. – *Crimes contre l'humanité.* – 1. Aux fins du présent Statut, on entend par crime contre l'humanité l'un quelconque des actes ci-après lorsqu'il est commis dans le cadre d'une attaque généralisée ou systématique lancée contre toute population civile et en connaissance de cette attaque :

a) Meurtre ;

b) Extermination ;

c) Réduction en esclavage ;

d) Déportation ou transfert forcé de population ;

e) Emprisonnement ou autre forme de privation grave de liberté physique en violation des dispositions fondamentales du droit international ;

f) Torture ;

g) Viol, esclavage sexuel, prostitution forcée, grossesse forcée, stérilisation forcée ou toute autre forme de violence sexuelle de gravité comparable ;

h) Persécution de tout groupe ou de toute collectivité identifiable pour des motifs d'ordre politique, racial, national, ethnique, culturel, religieux ou sexiste au sens du paragraphe 3, ou en fonction d'autres critères universellement reconnus comme inadmissibles en droit international, en corrélation avec tout acte visé dans le présent paragraphe ou tout crime relevant de la compétence de la Cour ;

i) Disparitions forcées de personnes ;

j) Crime d'apartheid ;

k) Autres actes inhumains de caractère analogue causant intentionnellement de grandes souffrances ou des atteintes graves à l'intégrité physique ou à la santé physique ou mentale.

2. Aux fins du paragraphe 1 :

a) Par « attaque lancée contre une population civile », on entend le comportement qui consiste en la commission multiple d'actes visés au paragraphe 1 à l'encontre d'une population civile quelconque, en application ou dans la poursuite de la politique d'un État ou d'une organisation ayant pour but une telle attaque ;

b) Par « extermination », on entend notamment le fait d'imposer intentionnellement des conditions de vie, telles que la privation d'accès à la nourriture et aux médicaments, calculées pour entraîner la destruction d'une partie de la population ;

c) Par « réduction en esclavage », on entend le fait d'exercer sur une personne l'un quelconque ou l'ensemble des pouvoirs liés au droit de propriété, y compris dans le cadre de la traite des êtres humains, en particulier des femmes et des enfants ;

d) Par « déportation ou transfert forcé de population », on entend le fait de déplacer de force des personnes, en les expulsant ou par d'autres moyens coercitifs, de la région où elles se trouvent légalement, sans motifs admis en droit international ;

e) Par « torture », on entend le fait d'infliger intentionnellement une douleur ou des souffrances aiguës, physiques ou mentales, à une personne se trouvant sous sa garde ou sous son contrôle ; l'acception de ce terme ne s'étend pas à la douleur ou aux souffrances résultant uniquement de sanctions légales, inhérentes à ces sanctions ou occasionnées par elles ;

f) Par « grossesse forcée », on entend la détention illégale d'une femme mise enceinte de force, dans l'intention de modifier la composition ethnique d'une population ou de commettre d'autres violations graves du droit international. Cette définition ne peut en aucune manière s'interpréter comme ayant une incidence sur les lois nationales relatives à la grossesse ;

g) Par « persécution », on entend le déni intentionnel et grave de droits fondamentaux en violation du droit international, pour des motifs liés à l'identité du groupe ou de la collectivité qui en fait l'objet ;

h) Par « crime d'apartheid », on entend des actes inhumains analogues à ceux que vise le paragraphe 1, commis dans le cadre d'un régime institutionnalisé d'oppression systématique et de domination d'un groupe racial sur tout autre groupe racial ou tous autres groupes raciaux et dans l'intention de maintenir ce régime ;

i) Par « disparitions forcées de personnes », on entend les cas où des personnes sont arrêtées, détenues ou enlevées par un État ou une organisation politique ou avec l'autorisation, l'appui ou l'assentiment de cet État ou de cette organisation, qui refuse ensuite d'admettre que ces personnes sont privées de liberté ou de révéler le sort qui leur est réservé ou l'endroit où elles se trouvent, dans l'intention de les soustraire à la protection de la loi pendant une période prolongée.

3. Aux fins du présent Statut, le terme « sexe » s'entend de l'un et l'autre sexes, masculin et féminin, suivant le contexte de la société. Il n'implique aucun autre sens.

Art. 8 *(Résolution RC/Res.5 du 11 juin 2010). – Crimes de guerre.* – 1. La Cour a compétence à l'égard des crimes de guerre, en particulier lorsque ces crimes s'inscrivent dans le cadre d'un plan ou une politique ou lorsqu'ils font partie d'une série de crimes analogues commis sur une grande échelle.

2. Aux fins du Statut, on entend par « crimes de guerre » :

a) Les infractions graves aux conventions de Genève du 12 août 1949, à savoir l'un quelconque des actes ci-après lorsqu'ils visent des personnes ou des biens protégés par les dispositions des conventions de Genève :

i) L'homicide intentionnel ;

ii) La torture ou les traitements inhumains, y compris les expériences biologiques ;

iii) Le fait de causer intentionnellement de grandes souffrances ou de porter gravement atteinte à l'intégrité physique ou à la santé ;

iv) La destruction et l'appropriation de biens, non justifiées par des nécessités militaires et exécutées sur une grande échelle de façon illicite et arbitraire ;

v) Le fait de contraindre un prisonnier de guerre ou une personne protégée à servir dans les forces d'une puissance ennemie ;

vi) Le fait de priver intentionnellement un prisonnier de guerre ou toute autre personne protégée de son droit d'être jugé régulièrement et impartialement ;

vii) La déportation ou le transfert illégal ou la détention illégale ;

viii) La prise d'otages ;

b) Les autres violations graves des lois et coutumes applicables aux conflits armés internationaux dans le cadre établi du droit international, à savoir l'un quelconque des actes ci-après :

i) Le fait de diriger intentionnellement des attaques contre la population civile en tant que telle ou contre des civils qui ne participent pas directement aux hostilités ;

ii) Le fait de diriger intentionnellement des attaques contre des biens de caractère civil, c'est-à-dire des biens qui ne sont pas des objectifs militaires ;

iii) Le fait de diriger intentionnellement des attaques contre le personnel, les installations, le matériel, les unités ou les véhicules employés dans le cadre d'une mission d'aide humanitaire ou de maintien de la paix conformément à la Charte des Nations unies, pour autant qu'ils aient droit à la protection que le droit international des conflits armés garantit aux civils et aux biens de caractère civil ;

iv) Le fait de lancer intentionnellement une attaque en sachant qu'elle causera incidemment des pertes en vies humaines dans la population civile, des blessures aux personnes civiles, des dommages aux biens de caractère civil ou des dommages étendus, durables et graves à l'environnement naturel qui seraient manifestement excessifs par rapport à l'ensemble de l'avantage militaire concret et direct attendu ;

v) Le fait d'attaquer ou de bombarder, par quelque moyen que ce soit, des villes, villages, habitations ou bâtiments qui ne sont pas défendus et qui ne sont pas des objectifs militaires ;

vi) Le fait de tuer ou de blesser un combattant qui, ayant déposé les armes ou n'ayant plus de moyens de se défendre, s'est rendu à discrétion ;

vii) Le fait d'utiliser indûment le pavillon parlementaire, le drapeau ou les insignes militaires et l'uniforme de l'ennemi ou de l'Organisation des Nations unies, ainsi que les signes distinctifs prévus par les conventions de Genève, et, ce faisant, de causer la perte de vies humaines ou des blessures graves ;

viii) Le transfert, direct ou indirect, par une puissance occupante d'une partie de sa population civile, dans le territoire qu'elle occupe, ou la déportation ou le transfert à l'intérieur ou hors du territoire occupé de la totalité ou d'une partie de la population de ce territoire ;

ix) Le fait de diriger intentionnellement des attaques contre des bâtiments consacrés à la religion, à l'enseignement, à l'art, à la science ou à l'action caritative, des monuments historiques, des hôpitaux et des lieux où des malades ou des blessés sont rassemblés, à condition qu'ils ne soient pas des objectifs militaires ;

x) Le fait de soumettre des personnes d'une partie adverse tombées en son pouvoir à des mutilations ou à des expériences médicales ou scientifiques quelles qu'elles soient qui ne sont ni motivées par un traitement médical, dentaire ou hospitalier, ni effectuées dans l'intérêt de ces personnes, et qui entraînent la mort de celles-ci ou mettent sérieusement en danger leur santé ;

xi) Le fait de tuer ou de blesser par traîtrise des individus appartenant à la nation ou à l'armée ennemie ;

xii) Le fait de déclarer qu'il ne sera pas fait de quartier ;

xiii) Le fait de détruire ou de saisir les biens de l'ennemi, sauf dans les cas où ces destructions ou saisies seraient impérieusement commandées par les nécessités de la guerre ;

xiv) Le fait de déclarer éteints, suspendus ou non recevables en justice les droits et actions des nationaux de la partie adverse ;

xv) Le fait pour un belligérant de contraindre les nationaux de la partie adverse à prendre part aux opérations de guerre dirigées contre leur pays, même s'ils étaient au service de ce belligérant avant le commencement de la guerre ;

xvi) Le pillage d'une ville ou d'une localité, même prise d'assaut ;

xvii) Le fait d'employer du poison ou des armes empoisonnées ;

xviii) Le fait d'utiliser des gaz asphyxiants, toxiques ou similaires, ainsi que tous liquides, matières ou procédés analogues ;

xix) Le fait d'utiliser des balles qui s'épanouissent ou s'aplatissent facilement dans le corps humain, telles que des balles dont l'enveloppe dure ne recouvre pas entièrement le centre ou est percée d'entailles ;

xx) Le fait d'employer les armes, projectiles, matières et méthodes de guerre de nature à causer des maux superflus ou des souffrances inutiles ou à frapper sans discrimination en violation du droit international des conflits armés, à condition que ces armes, projectiles, matières et méthodes de guerre fassent l'objet d'une interdiction générale et qu'ils soient inscrits dans une annexe au présent Statut, par voie d'amendement adopté selon les dispositions des articles 121 et 123 ;

xxi) Les atteintes à la dignité de la personne, notamment les traitements humiliants et dégradants ;

xxii) Le viol, l'esclavage sexuel, la prostitution forcée, la grossesse forcée telle que définie à l'article 7, paragraphe 2, alinéa *f*, la stérilisation forcée ou toute autre forme de violence sexuelle constituant une infraction grave aux conventions de Genève ;

xxiii) Le fait d'utiliser la présence d'un civil ou d'une autre personne protégée pour éviter que certains points, zones ou forces militaires ne soient la cible d'opérations militaires ;

xxiv) Le fait de diriger intentionnellement des attaques contre les bâtiments, le matériel, les unités et les moyens de transport sanitaires, et le personnel utilisant, conformément au droit international, les signes distinctifs prévus par les conventions de Genève ;

xxv) Le fait d'affamer délibérément des civils comme méthode de guerre, en les privant de biens indispensables à leur survie, y compris en empêchant intentionnellement l'envoi des secours prévus par les conventions de Genève ;

xxvi) Le fait de procéder à la conscription ou à l'enrôlement d'enfants de moins de quinze ans dans les forces armées nationales ou de les faire participer activement à des hostilités ;

c) En cas de conflit armé ne présentant pas un caractère international, les violations graves de l'article 3 commun aux quatre conventions de Genève du 12 août 1949, à savoir l'un quelconque des actes ci-après commis à l'encontre de personnes qui ne participent pas directement aux hostilités, y compris les membres de forces armées qui ont déposé les armes et les personnes qui ont été mises hors de combat par maladie, blessure, détention ou par toute autre cause :

i) Les atteintes à la vie et à l'intégrité corporelle, notamment le meurtre sous toutes ses formes, les mutilations, les traitements cruels et la torture ;

ii) Les atteintes à la dignité de la personne, notamment les traitements humiliants et dégradants ;

iii) Les prises d'otages ;

iv) Les condamnations prononcées et les exécutions effectuées sans un jugement préalable, rendu par un tribunal régulièrement constitué, assorti des garanties judiciaires généralement reconnues comme indispensables ;

d) L'alinéa *c* du paragraphe 2 s'applique aux conflits armés ne présentant pas un caractère international et ne s'applique donc pas aux situations de troubles et tensions internes telles que les émeutes, les actes isolés et sporadiques de violence ou les actes de nature similaire ;

e) Les autres violations graves des lois et coutumes applicables aux conflits armés ne présentant pas un caractère international, dans le cadre établi du droit international, à savoir l'un quelconque des actes ci-après :

i) Le fait de diriger intentionnellement des attaques contre la population civile en tant que telle ou contre des personnes civiles qui ne participent pas directement aux hostilités ;

ii) Le fait de diriger intentionnellement des attaques contre les bâtiments, le matériel, les unités et les moyens de transport sanitaires, et le personnel utilisant, conformément au droit international, les signes distinctifs des conventions de Genève ;

iii) Le fait de diriger intentionnellement des attaques contre le personnel, les installations, le matériel, les unités ou les véhicules employés dans le cadre d'une mission d'aide humanitaire ou de maintien de la paix conformément à la Charte des Nations unies, pour autant qu'ils aient droit à la protection que le droit international des conflits armés garantit aux civils et aux biens de caractère civil ;

iv) Le fait de diriger intentionnellement des attaques contre des bâtiments consacrés à la religion, à l'enseignement, à l'art, à la science ou à l'action caritative, des monuments historiques, des hôpitaux et des lieux où des malades et des blessés sont rassemblés, pour autant que ces bâtiments ne soient pas des objectifs militaires ;

v) Le pillage d'une ville ou d'une localité, même prise d'assaut ;

vi) Le viol, l'esclavage sexuel, la prostitution forcée, la grossesse forcée, telle que définie à l'article 7, paragraphe 2, alinéa *f*, la stérilisation forcée, ou toute autre forme de violence sexuelle constituant une violation grave à l'article 3 commun aux quatre conventions de Genève ;

vii) Le fait de procéder à la conscription ou à l'enrôlement d'enfants de moins de quinze ans dans les forces armées ou dans des groupes armés ou de les faire participer activement à des hostilités ;

viii) Le fait d'ordonner le déplacement de la population civile pour des raisons ayant trait au conflit, sauf dans les cas où la sécurité des civils ou des impératifs militaires l'exigent ;

ix) Le fait de tuer ou de blesser par traîtrise un adversaire combattant ;

x) Le fait de déclarer qu'il ne sera pas fait de quartier ;

xi) Le fait de soumettre des personnes d'une autre partie au conflit tombées en son pouvoir à des mutilations ou à des expériences médicales ou scientifiques quelles qu'elles soient, qui ne sont ni motivées par un traitement médical, dentaire ou hospitalier, ni effectuées dans l'intérêt de ces personnes, et qui entraînent la mort de celles-ci ou mettent sérieusement en danger leur santé ;

xii) Le fait de détruire ou de saisir les biens d'un adversaire, sauf si ces destructions ou saisies sont impérieusement commandées par les nécessités du conflit ;

xiii) Le fait d'employer du poison ou des armes empoisonnées ;

xiv) Le fait d'employer des gaz asphyxiants, toxiques ou similaires, ainsi que tous liquides, matières ou procédés analogues ;

xv) Le fait d'utiliser des balles qui s'épanouissent ou s'aplatissent facilement dans le corps humain, telles que des balles dont l'enveloppe dure ne recouvre pas entièrement le centre ou est percée d'entailles.

f) L'alinéa e du paragraphe 2 s'applique aux conflits armés ne présentant pas un caractère international et ne s'applique donc pas aux situations de troubles et tensions internes telles que les émeutes, les actes isolés et sporadiques de violence ou les actes de nature similaire. Il s'applique aux conflits armés qui opposent de manière prolongée sur le territoire d'un État les autorités du gouvernement de cet État et des groupes armés organisés ou des groupes armés organisés entre eux.

3. Rien dans le paragraphe 2, alinéas *c* et *e* n'affecte la responsabilité d'un gouvernement de maintenir ou rétablir l'ordre public dans l'État ou de défendre l'unité et l'intégrité territoriale de l'État par tous les moyens légitimes.

Art. 8 *bis* *(Résolution RC/Res.6 du 11 juin 2010). – Crime d'agression.*

1. Aux fins du présent Statut, on entend par « crime d'agression » la planification, la préparation, le lancement ou l'exécution par une personne effectivement en mesure de contrôler ou de diriger l'action politique ou militaire d'un État, d'un acte d'agression qui, par sa nature, sa gravité et son ampleur, constitue une violation manifeste de la Charte des Nations Unies.

2. Aux fins du paragraphe 1, on entend par « acte d'agression » l'emploi par un État de la force armée contre la souveraineté, l'intégrité territoriale ou l'indépendance politique d'un autre État, ou de toute autre manière incompatible avec la Charte des Nations Unies. Qu'il y ait ou non déclaration de guerre, les actes suivants sont des actes d'agression au regard de la résolution 3314 (XXIX) de l'Assemblée générale des Nations Unies en date du 14 décembre 1974 :

a) L'invasion ou l'attaque par les forces armées d'un État du territoire d'un autre État ou l'occupation militaire, même temporaire, résultant d'une telle invasion ou d'une telle attaque, ou l'annexion par la force de la totalité ou d'une partie du territoire d'un autre État ;

b) Le bombardement par les forces armées d'un État du territoire d'un autre État, ou l'utilisation d'une arme quelconque par un État contre le territoire d'un autre État ;

c) Le blocus des ports ou des côtes d'un État par les forces armées d'un autre État ;

d) L'attaque par les forces armées d'un État des forces terrestres, maritimes ou aériennes, ou des flottes aériennes et maritimes d'un autre État ;

e) L'emploi des forces armées d'un État qui se trouvent dans le territoire d'un autre État avec l'agrément de celui-ci en contravention avec les conditions fixées dans l'accord pertinent, ou la prolongation de la présence de ces forces sur ce territoire après l'échéance de l'accord pertinent ;

f) Le fait pour un État de permettre que son territoire, qu'il a mis à la disposition d'un autre État, serve à la commission par cet autre État d'un acte d'agression contre un État tiers ;

g) L'envoi par un État ou au nom d'un État de bandes, groupes, troupes irrégulières ou mercenaires armés qui exécutent contre un autre État des actes assimilables à ceux de forces armées d'une gravité égale à celle des actes énumérés ci-dessus, ou qui apportent un concours substantiel à de tels actes.

Art. 9 *(Résolution RC/Res.6 du 11 juin 2010). – Éléments des crimes.* – 1. Les éléments des crimes aident la Cour à interpréter et appliquer les articles 6, 7, 8 et 8 *bis*. Ils doivent être adoptés à la majorité des deux tiers des membres de l'Assemblée des États Parties.

2. Des amendements aux éléments des crimes peuvent être proposés par :

a) Tout État Partie ;

b) Les juges, statuant à la majorité absolue ;

c) Le procureur.

Les amendements doivent être adoptés à la majorité des deux tiers des membres de l'Assemblée des États Parties.

3. Les éléments des crimes et les amendements s'y rapportant sont conformes au présent Statut.

Art. 10. – Aucune disposition du présent chapitre ne doit être interprétée comme limitant ou affectant de quelque manière que ce soit les règles du droit international existantes ou en formation qui visent d'autres fins que le présent Statut.

Art. 11. – *Compétence ratione temporis.* – 1. La Cour n'a compétence qu'à l'égard des crimes relevant de sa compétence commis après l'entrée en vigueur du présent Statut.

2. Si un État devient Partie au présent Statut après l'entrée en vigueur de celui-ci, la Cour ne peut exercer sa compétence qu'à l'égard des crimes commis après l'entrée en vigueur du Statut pour cet État, sauf si ledit État fait la déclaration prévue à l'article 12, paragraphe 3.

Art. 12. – *Conditions préalables à l'exercice de la compétence.* – 1. Un État qui devient Partie au Statut accepte par là même la compétence de la Cour à l'égard des crimes visés à l'article 5.

2. Dans les cas visés à l'article 13, paragraphes *a* ou *c* la Cour peut exercer sa compétence si l'un des États suivants ou les deux sont Parties au présent Statut ou ont accepté la compétence de la Cour conformément au paragraphe 3 :

a) L'État sur le territoire duquel le comportement en cause a eu lieu ou, si le crime a été commis à bord d'un navire ou d'un aéronef, l'État du pavillon ou l'État d'immatriculation ;

b) L'État dont la personne accusée du crime est un ressortissant.

3. Si l'acceptation de la compétence de la Cour par un État qui n'est pas Partie au présent Statut est nécessaire aux fins du paragraphe 2, cet État peut, par déclaration déposée auprès du greffier, consentir à ce que la Cour exerce sa compétence à l'égard du crime dont il s'agit. L'État ayant accepté la compétence de la Cour coopère avec celle-ci sans retard et sans exception conformément au chapitre IX.

Art. 13. – *Exercice de la compétence.* – La Cour peut exercer sa compétence à l'égard d'un crime visé à l'article 5, conformément aux dispositions du présent Statut :

a) Si une situation dans laquelle un ou plusieurs de ces crimes paraissent avoir été commis est déférée au procureur par un État Partie, comme prévu à l'article 14 ;

b) Si une situation dans laquelle un ou plusieurs de ces crimes paraissent avoir été commis est déférée au procureur par le Conseil de sécurité agissant en vertu du chapitre VII de la Charte des Nations unies ; ou

c) Si le procureur a ouvert une enquête sur le crime en question en vertu de l'article 15.

Art. 14. – *Renvoi d'une situation par un État Partie.* – 1. Tout État Partie peut déférer au procureur une situation dans laquelle un ou plusieurs des crimes relevant de la compétence de la Cour paraissent avoir été commis, et prier le procureur d'enquêter sur cette situation en vue de déterminer si une ou plusieurs personnes identifiées devraient être accusées de ces crimes.

2. L'État qui procède au renvoi indique autant que possible les circonstances pertinentes de l'affaire et produit les pièces à l'appui dont il dispose.

Art. 15. – *Le procureur.* – 1. Le procureur peut ouvrir une enquête de sa propre initiative au vu de renseignements concernant des crimes relevant de la compétence de la Cour.

2. Le procureur vérifie le sérieux des renseignements reçus. À cette fin, il peut rechercher des renseignements supplémentaires auprès d'États, d'organes de l'Organisation des Nations unies, d'organisations intergouvernementales et non gouvernementales, ou d'autres sources dignes de foi qu'il juge appropriées, et recueillir des dépositions écrites ou orales au siège de la Cour.

3. S'il conclut qu'il y a une base raisonnable pour ouvrir une enquête, le procureur présente à la Chambre préliminaire une demande d'autorisation en ce sens, accompagnée de tout élément justificatif recueilli. Les victimes peuvent adresser des représentations à la Chambre préliminaire, conformément au règlement de procédure et de preuve.

4. Si elle estime, après examen de la demande et des éléments justificatifs qui l'accompagnent, qu'il existe une base raisonnable pour ouvrir une enquête et que l'affaire semble relever de la compétence de la Cour, la Chambre préliminaire donne son autorisation, sans préjudice des décisions que la Cour prendra ultérieurement en matière de compétence et de recevabilité.

5. Une réponse négative de la Chambre préliminaire n'empêche pas le procureur de présenter par la suite une nouvelle demande en se fondant sur des faits ou des éléments de preuve nouveaux ayant trait à la même situation.

6. Si, après l'examen préliminaire visé aux paragraphes 1 et 2, le procureur conclut que les renseignements qui lui ont été soumis ne constituent pas une base raisonnable pour l'ouverture d'une enquête, il en avise ceux qui les lui ont fournis. Il ne lui est pas pour autant interdit d'examiner, à la lumière de faits ou d'éléments de preuve nouveaux, les autres renseignements qui pourraient lui être communiqués au sujet de la même affaire.

Art. 15 *bis* *(Résolution RC/Res.6 du 11 juin 2010). – Exercice de la compétence à l'égard du crime d'agression (Renvoi par un État, de sa propre initiative).*

1. La Cour peut exercer sa compétence à l'égard du crime d'agression conformément aux paragraphes *a)* et *c)* de l'article 13, sous réserve des dispositions qui suivent

2. La Cour peut exercer sa compétence uniquement à l'égard de crimes d'agression commis un an après la ratification ou l'acceptation des amendements par trente États Parties.

3. La Cour exerce sa compétence à l'égard du crime d'agression conformément à cet article, sous réserve d'une décision qui sera prise après le 1er janvier 2017 par la même majorité d'États Parties que celle requise pour l'adoption d'un amendement au Statut.

4. La Cour peut, conformément à l'article 12, exercer sa compétence à l'égard d'un crime d'agression résultant d'un acte d'agression commis par un État Partie à moins que cet État Partie n'ait préalablement déclaré qu'il n'acceptait pas une telle compétence en déposant une déclaration auprès du Greffier. Le retrait d'une telle déclaration peut être effectué à tout moment et sera envisagé par l'État Partie dans un délai de trois ans.

5. En ce qui concerne un État qui n'est pas Partie au présent Statut, la Cour n'exerce pas sa compétence à l'égard du crime d'agression quand celui-ci est commis par des ressortissants de cet État ou sur son territoire.

6. Lorsque le Procureur conclut qu'il y a une base raisonnable pour mener une enquête pour crime d'agression, il s'assure d'abord que le Conseil de sécurité a constaté qu'un acte d'agression avait été commis par l'État en cause. Il avise le Secrétaire général de l'Organisation des Nations Unies de la situation portée devant la Cour et lui communique toute information et tout document utiles.

7. Lorsque le Conseil de sécurité a constaté un acte d'agression, le Procureur peut mener l'enquête sur ce crime.

8. Lorsqu'un tel constat n'est pas fait dans les six mois suivant la date de l'avis, le Procureur peut mener une enquête pour crime d'agression, à condition que la Section préliminaire ait autorisé l'ouverture d'une enquête pour crime d'agression selon la procédure fixée à l'article 15, et que le Conseil de sécurité n'en ait pas décidé autrement, conformément à l'article 16.

9. Le constat d'un acte d'agression par un organe extérieur à la Cour est sans préjudice des constatations que fait la Cour elle-même en vertu du présent Statut.

10. Le présent article est sans préjudice des dispositions relatives à l'exercice de la compétence à l'égard des autres crimes visés à l'article 5.

Art. 15 *ter* *(Résolution RC/Res.6 du 11 juin 2010). – Exercice de la compétence à l'égard du crime d'agression (Renvoi par le Conseil de sécurité).*

1. La Cour peut exercer sa compétence à l'égard du crime d'agression conformément au paragraphe *b)* de l'article 13, sous réserve des dispositions qui suivent

2. La Cour peut exercer sa compétence uniquement à l'égard de crimes d'agression commis un an après la ratification ou l'acceptation des amendements par trente États Parties.

3. La Cour exerce sa compétence à l'égard du crime d'agression conformément à cet article, sous réserve d'une décision qui sera prise après le 1er janvier 2017 par la même majorité d'États Parties que celle requise pour l'adoption d'un amendement au Statut.

4. Le constat d'un acte d'agression par un organe extérieur à la Cour est sans préjudice des constatations que fait la Cour elle-même en vertu du présent Statut.

5. Le présent article est sans préjudice des dispositions relatives à l'exercice de la compétence à l'égard des autres crimes visés à l'article 5.

Art. 16. – *Sursis à enquêter ou à poursuivre.* – Aucune enquête ni aucune poursuite ne peuvent être engagées ni menées en vertu du présent Statut pendant les douze mois qui suivent la date à laquelle le Conseil de sécurité a fait une demande en ce sens à la Cour dans une résolution adoptée en vertu du chapitre VII de la Charte des Nations unies ; la demande peut être renouvelée par le Conseil dans les mêmes conditions.

Art. 17. – *Questions relatives à la recevabilité.* – 1. Eu égard au dixième alinéa du préambule et à l'article 1er, une affaire est jugée irrecevable par la Cour lorsque

a) L'affaire fait l'objet d'une enquête ou de poursuites de la part d'un État ayant compétence en l'espèce, à moins que cet État n'ait pas la volonté ou soit dans l'incapacité de mener véritablement à bien l'enquête ou les poursuites ;

b) L'affaire a fait l'objet d'une enquête de la part d'un État ayant compétence en l'espèce et que cet État a décidé de ne pas poursuivre la personne concernée, à moins que cette décision ne soit l'effet du manque de volonté ou de l'incapacité de l'État de mener véritablement à bien des poursuites ;

c) La personne concernée a déjà été jugée par la Cour en vertu de l'article 20, paragraphe 3 ;

d) L'affaire n'est pas suffisamment grave pour que la Cour y donne suite.

2. Pour déterminer s'il y a manque de volonté de l'État dans un cas d'espèce, la Cour considère l'existence, eu égard aux garanties d'un procès équitable reconnues par le droit international, de l'une ou de plusieurs des circonstances suivantes :

a) La procédure a été ou est engagée ou la décision de l'État a été prise dans le dessein de soustraire la personne concernée à sa responsabilité pénale pour les crimes relevant de la compétence de la Cour visés à l'article 5 ;

b) La procédure a subi un retard injustifié qui, dans les circonstances, est incompatible avec l'intention de traduire en justice la personne concernée ;

c) La procédure n'a pas été ou n'est pas menée de manière indépendante ou impartiale mais d'une manière qui, dans les circonstances, est incompatible avec l'intention de traduire en justice la personne concernée.

3. Pour déterminer s'il y a incapacité de l'État dans un cas d'espèce, la Cour considère si l'État est incapable, en raison de l'effondrement de la totalité ou d'une partie substantielle de son propre appareil judiciaire ou de l'indisponibilité de celui-ci, de se saisir de l'accusé, de réunir les éléments de preuve et les témoignages nécessaires ou de mener autrement à bien la procédure.

Art. 18. – *Décision préliminaire sur la recevabilité.* – 1. Lorsqu'une situation a été déférée à la Cour comme le prévoit l'article 13, alinéa *a*, et que le procureur a déterminé qu'il y aurait une base raisonnable pour ouvrir une enquête, ou lorsque le procureur a ouvert une enquête au titre des articles 13, paragraphe *c*, et 15, le procureur le notifie à tous les États Parties et aux États qui, selon les renseignements disponibles, auraient normalement compétence à l'égard des crimes dont il s'agit. Il peut le faire à titre confidentiel et, quand il juge que cela est nécessaire pour protéger des personnes, prévenir la destruction d'éléments de preuve ou empêcher la fuite de personnes, il peut restreindre l'étendue des renseignements qu'il communique aux États.

2. Dans le mois qui suit la réception de cette notification, un État peut informer la Cour qu'il ouvre ou a ouvert une enquête sur ses ressortissants ou d'autres personnes placées sous sa juridiction pour des actes criminels qui pourraient être constitutifs des crimes visés à l'article 5 et qui ont un rapport avec les renseignements notifiés aux États. Si l'État le lui demande, le procureur lui défère le soin de l'enquête sur ces personnes, à moins que la Chambre préliminaire ne l'autorise, sur sa demande, à faire enquête lui-même.

3. Ce sursis à enquêter peut être réexaminé par le procureur six mois après avoir été décidé, ou à tout moment où il se sera produit un changement notable de circonstances découlant du manque de volonté ou de l'incapacité de l'État de mener véritablement à bien l'enquête.

4. L'État intéressé ou le procureur peut relever appel devant la Chambre d'appel de la décision de la Chambre préliminaire, comme le prévoit l'article 82. Cet appel peut être examiné selon une procédure accélérée.

5. Lorsqu'il sursoit à enquêter comme prévu au paragraphe 2, le procureur peut demander à l'État concerné de lui rendre régulièrement compte des progrès de son enquête et, le cas échéant, des poursuites engagées par la suite. Les États Parties répondent à ces demandes sans retard injustifié.

6. En attendant la décision de la Chambre préliminaire, ou à tout moment après avoir décidé de surseoir à son enquête comme le prévoit le présent article, le procureur peut, à titre exceptionnel, demander à la Chambre préliminaire l'autorisation de prendre les mesures d'enquête nécessaires pour préserver des éléments de preuve dans le cas où l'occasion de recueillir des éléments de preuve importants ne se représentera pas ou s'il y a un risque appréciable que ces éléments de preuve ne soient plus disponibles par la suite.

7. L'État qui a contesté une décision de la Chambre préliminaire en vertu du présent article peut contester la recevabilité d'une affaire au regard de l'article 19 en invoquant des faits nouveaux ou un changement de circonstances notables.

Art. 19. – *Contestation de la compétence de la Cour ou de la recevabilité d'une affaire.* – 1. La Cour s'assure qu'elle est compétente pour connaître de toute affaire portée devant elle. Elle peut d'office se prononcer sur la recevabilité de l'affaire conformément à l'article 17.

2. Peuvent contester la recevabilité de l'affaire pour les motifs indiqués à l'article 17 ou contester la compétence de la Cour :

a) L'accusé ou la personne à l'encontre de laquelle a été délivré un mandat d'arrêt ou une citation à comparaître en vertu de l'article 58 ;

b) L'État qui est compétent à l'égard du crime considéré du fait qu'il mène ou a mené une enquête, ou qu'il exerce ou a exercé des poursuites en l'espèce ; ou

c) L'État qui doit avoir accepté la compétence de la Cour selon l'article 12.

3. Le procureur peut demander à la Cour de se prononcer sur une question de compétence ou de recevabilité. Dans les procédures portant sur la compétence ou la recevabilité, ceux qui ont déféré une situation en application de l'article 13, ainsi que les victimes, peuvent également soumettre des observations à la Cour.

4. La recevabilité d'une affaire ou la compétence de la Cour ne peut être contestée qu'une fois par les personnes ou les États visés au paragraphe 2. L'exception doit être soulevée avant l'ouverture ou à l'ouverture du procès. Dans des circonstances exceptionnelles, la Cour peut autoriser qu'une exception soit soulevée plus d'une fois ou à une phase ultérieure du procès. Les exceptions d'irrecevabilité soulevées à l'ouverture du procès, ou par la suite avec l'autorisation de la Cour, ne peuvent être fondées que sur les dispositions de l'article 17, paragraphe 1, alinéa *c*.

5. Les États visés au paragraphe 2, alinéas *b* et *c*, soulèvent leur exception le plus tôt possible.

6. Avant la confirmation des charges, les exceptions d'irrecevabilité ou d'incompétence sont renvoyées à la Chambre préliminaire. Après la confirmation des charges, elles sont renvoyées à la Chambre de première instance. Il peut être fait appel des décisions portant sur la compétence ou la recevabilité devant la Chambre d'appel conformément à l'article 82.

7. Si l'exception est soulevée par l'État visé au paragraphe 2, alinéas *b* ou *c* le procureur sursoit à enquêter jusqu'à ce que la Cour ait pris la décision prévue à l'article 17.

8. En attendant qu'elle statue, le procureur peut demander à la Cour l'autorisation :

a) De prendre les mesures d'enquête visées à l'article 18, paragraphe 6 ;

b) De recueillir la déposition ou le témoignage d'un témoin ou de mener à bien les opérations de rassemblement et d'examen des éléments de preuve commencées avant que l'exception ait été soulevée ;

c) D'empêcher, en coopération avec les États concernés, la fuite des personnes contre lesquelles le procureur a déjà requis un mandat d'arrêt conformément à l'article 58.

9. Une exception n'entache en rien la validité de toute action du procureur ou de toute ordonnance rendue ou de tout mandat délivré par la Cour avant que l'exception ait été soulevée.

10. Quand la Cour a jugé une affaire irrecevable au regard de l'article 17, le procureur peut lui demander de reconsidérer sa décision s'il est certain que des faits nouvellement apparus infirment les raisons pour lesquelles l'affaire avait été jugée irrecevable en vertu de l'article 17.

11. Si, eu égard aux questions visées à l'article 17, le procureur sursoit à enquêter, il peut demander à l'État intéressé de lui communiquer des renseignements sur le déroulement de la procédure. Ces renseignements sont tenus confidentiels si l'État le demande. Si le procureur décide par la suite d'ouvrir une enquête, il notifie sa décision à l'État dont la procédure était à l'origine du sursis.

Art. 20 *(Résolution RC/Res.6 du 11 juin 2010).* – *Ne bis in idem.* – 1. Sauf disposition contraire du présent Statut, nul ne peut être jugé par la Cour pour des actes constitutifs de crimes pour lesquels il a déjà été condamné ou acquitté par elle.

2. Nul ne peut être jugé par une autre juridiction pour un crime visé à l'article 5 pour lequel il a déjà été condamné ou acquitté par la Cour.

3. Quiconque a été jugé par une autre juridiction pour un comportement tombant aussi sous le coup des articles 6, 7, 8 ou 8 *bis* ne peut être jugé par la Cour que si la procédure devant l'autre juridiction :

a) Avait pour but de soustraire la personne concernée à sa responsabilité pénale pour des crimes relevant de la compétence de la Cour ; ou

b) N'a pas été au demeurant menée de manière indépendante ou impartiale, dans le respect des garanties d'un procès équitable prévues par le droit international, mais d'une manière qui, dans les circonstances, était incompatible avec l'intention de traduire l'intéressé en justice.

Art. 31. – *Motifs d'exonération de la responsabilité pénale.* – 1. Outre les autres motifs d'exonération de la responsabilité pénale prévus par le présent Statut, une personne n'est pas responsable pénalement si, au moment du comportement en cause :

a) Elle souffrait d'une maladie ou d'une déficience mentale qui la privait de la faculté de comprendre le caractère délictueux ou la nature de son comportement, ou de maîtriser celui-ci pour le conformer aux exigences de loi ;

b) Elle était dans un état d'intoxication qui la privait de la faculté de comprendre le caractère délictueux ou la nature de son comportement, ou de maîtriser celui-ci pour le conformer aux exigences de la loi, à moins qu'elle ne se soit volontairement intoxiquée dans des circonstances telles qu'elle savait que, du fait de son intoxication, elle risquait d'adopter un comportement constituant un crime relevant de la compétence de la Cour, ou qu'elle n'ait tenu aucun compte de ce risque ;

c) Elle a agi raisonnablement pour se défendre, pour défendre autrui ou, dans le cas des crimes de guerre, pour défendre des biens essentiels à sa survie ou à celle d'autrui ou essentiels à l'accomplissement d'une mission militaire, contre un recours imminent et illicite à la force, d'une manière proportionnée à l'ampleur du danger qu'elle courait ou que couraient l'autre personne ou les biens protégés. Le fait qu'une personne ait participé à une opération défensive menée par des forces armées ne constitue pas en soi un motif d'exonération de la responsabilité pénale au titre du présent alinéa ;

d) Le comportement dont il est allégué qu'il constitue un crime relevant de la compétence de la Cour a été adopté sous la contrainte résultant d'une menace de mort imminente ou d'une atteinte grave, continue ou imminente à sa propre intégrité physique ou à celle d'autrui, et si elle a agi par nécessité et de façon raisonnable pour écarter cette menace, à condition qu'elle n'ait pas eu l'intention de causer un dommage plus grand que celui qu'elle cherchait à éviter. Cette menace peut être :

i) Soit exercée par d'autres personnes ;

ii) Soit constituée par d'autres circonstances indépendantes de sa volonté.

2. La Cour se prononce sur la question de savoir si les motifs d'exonération de la responsabilité pénale prévus dans le présent Statut sont applicables au cas dont elle est saisie.

3. Lors du procès, la Cour peut prendre en considération un motif d'exonération autre que ceux qui sont prévus au paragraphe 1, si ce motif découle du droit applicable indiqué à l'article 21. La procédure d'examen de ce motif d'exonération est fixée dans le Règlement de procédure et de preuve.

Art. 32. – *Erreur de fait ou erreur de droit* – 1. Une erreur de fait n'est un motif d'exonération de la responsabilité pénale que si elle fait disparaître l'élément psychologique du crime.

2. Une erreur de droit portant sur la question de savoir si un comportement donné constitue un crime relevant de la compétence de la Cour n'est pas un motif d'exonération de la responsabilité pénale. Toutefois, une erreur de droit peut être un motif d'exonération de la responsabilité pénale si elle fait disparaître l'élément psychologique du crime ou si elle relève de l'article 33.

Art. 33. – *Ordre hiérarchique et ordre de la loi.* – 1. Le fait qu'un crime relevant de la compétence de la Cour a été commis sur ordre d'un gouvernement ou d'un supérieur, militaire ou civil, n'exonère pas la personne qui l'a commis de sa responsabilité pénale, à moins que :

a) Cette personne n'ait eu l'obligation légale d'obéir aux ordres du gouvernement ou du supérieur en question ;

b) Cette personne n'ait pas su que l'ordre était illégal ; et

c) L'ordre n'ait pas été manifestement illégal.

2. Aux fins du présent article, l'ordre de commettre un génocide ou un crime contre l'humanité est manifestement illégal.

CHAPITRE IV. – COMPOSITION ET ADMINISTRATION DE LA COUR

Art. 34. – *Organes de la Cour.* – Les organes de la Cour sont les suivants :

a) La présidence ;

b) Une Section des appels, une Section de première instance et une Section préliminaire ;

c) Le Bureau du procureur ;

d) Le Greffe.

Art. 35. – *Exercice des fonctions des juges.* – 1. Tous les juges sont élus en tant que membres à plein temps de la Cour et sont disponibles pour exercer leurs fonctions à plein temps dès que commence leur mandat.

2. Les juges qui composent la présidence exercent leurs fonctions à plein temps dès leur élection.

3. La présidence peut, en fonction de la charge de travail de la Cour et en consultation avec les autres juges, décider périodiquement de la mesure dans laquelle ceux-ci sont tenus d'exercer leurs fonctions à plein temps. Les décisions prises à cet égard le sont sans préjudice des dispositions de l'article 40.

4. Les arrangements financiers concernant les juges qui ne sont pas tenus d'exercer leurs fonctions à plein temps sont établis conformément à l'article 49.

Art. 36. – *Qualifications, candidature et élection des juges.* – 1. Sous réserve du paragraphe 2, la Cour se compose de dix-huit juges.

2. *a)* La présidence peut au nom de la Cour proposer d'augmenter le nombre des juges fixé au paragraphe 1, en motivant dûment sa proposition. Celle-ci est communiquée sans délai à tous les États Parties par le greffier ;

b) La proposition est ensuite examinée lors d'une réunion de l'Assemblée des États Parties convoquée conformément à l'article 112. Elle est considérée comme adoptée si elle est approuvée à cette réunion à la majorité des deux tiers des membres de l'Assemblée des États Parties. Elle devient effective à la date que fixe l'Assemblée des États Parties ;

c) i) Quand la proposition d'augmenter le nombre des juges a été adoptée conformément à l'alinéa *b*, l'élection des juges supplémentaires a lieu à la réunion suivante de l'Assemblée des États Parties, conformément aux paragraphes 3 à 8, et à l'article 37, paragraphe 2 ;

ii) Quand la proposition d'augmenter le nombre des juges a été adoptée et est devenue effective conformément aux alinéas *b* et *c*, sous-alinéa i, la Présidence peut proposer à tout moment par la suite, si le travail de la Cour le justifie, de réduire le nombre des juges, mais pas en deçà du nombre fixé au paragraphe 1. La proposition est examinée selon la procédure établie aux alinéas *a* et *b*. Si elle adoptée, le nombre des juges diminue progressivement à mesure que le mandat des juges en exercice vient à expiration, et ainsi jusqu'à ce que le nombre prévu soit atteint.

3. *a)* Les juges sont choisis parmi des personnes jouissant d'une haute considération morale, connues pour leur impartialité et leur intégrité et réunissant les conditions requises dans leurs États respectifs pour l'exercice des plus hautes fonctions judiciaires ;

b) Tout candidat à un siège à la Cour doit :

i) Avoir une compétence reconnue dans les domaines du droit pénal et de la procédure pénale ainsi que l'expérience nécessaire du procès pénal, que ce soit en qualité de juge, de procureur ou d'avocat, ou en toute autre qualité similaire ; ou

ii) Avoir une compétence reconnue dans des domaines pertinents du droit international, tels que le droit international humanitaire et les droits de l'homme, ainsi qu'une grande expérience dans une profession juridique qui présente un intérêt pour le travail judiciaire de la Cour ;

c) Tout candidat à un siège à la Cour doit avoir une excellente connaissance et une pratique courante d'au moins une des langues de travail de la Cour.

4. *a)* Les candidats à un siège de la Cour peuvent être présentés par tout État Partie au présent Statut :

i) Selon la procédure de présentation de candidatures aux plus hautes fonctions judiciaires dans l'État en question ; ou

ii) Selon la procédure de présentation de candidatures à la Cour internationale de justice prévue dans le Statut de celle-ci.

Les candidatures sont accompagnées d'un document détaillé montrant que le candidat présente les qualités prévues au paragraphe 3.

b) Chaque État Partie peut présenter la candidature d'une personne à une élection donnée. Cette personne n'a pas nécessairement sa nationalité mais doit avoir celle d'un État Partie.

c) L'Assemblée des États Parties peut décider de constituer, selon qu'il convient, une commission consultative pour l'examen des candidatures. Dans ce cas, la composition et le mandat de cette commission sont définis par l'Assemblée des États Parties.

5. Aux fins de l'élection, il est établi deux listes de candidats :

La liste A, qui contient les noms des candidats possédant les compétences visées au paragraphe 3, alinéa *b*, sous-alinéa i) ;

La liste B, qui contient les noms des candidats possédant les compétences visées au paragraphe 3, alinéa *b*, sous-alinéa ii).

Tout candidat possédant les compétences requises pour figurer sur les deux listes peut choisir celle sur laquelle il se présente. À la première élection, neuf juges au moins sont élus parmi les candidats de la liste A et cinq juges au moins parmi ceux de la liste B. Les élections suivantes sont organisées de manière à maintenir la même proportion entre les juges élus sur l'une et l'autre listes.

6. *a)* Les juges sont élus au scrutin secret lors d'une réunion de l'Assemblée des États Parties convoquée à cet effet en vertu de l'article 112. Sous réserve du paragraphe 7, sont élus les dix-huit candidats ayant obtenu le nombre de voix le plus élevé et la majorité des deux tiers des États Parties présents et votants.

b) S'il reste des sièges à pourvoir à l'issue du premier tour de scrutin, il est procédé à des scrutins successifs conformément à la procédure établie à l'alinéa *a* jusqu'à ce que les sièges restants aient été pourvus.

7. La Cour ne peut comprendre plus d'un ressortissant du même État. À cet égard, celui qui peut être considéré comme le ressortissant de plus d'un État est censé être ressortissant de l'État où il exerce habituellement ses droits civils et politiques.

8. *a)* Dans le choix des juges, les États Parties tiennent compte de la nécessité d'assurer, dans la composition de la Cour :

i) La représentation des principaux systèmes juridiques du monde ;

ii) Une représentation géographique équitable ; et

iii) Une représentation équitable des hommes et des femmes ;

b) Les États Parties tiennent également compte de la nécessité d'assurer la présence de juges spécialisés dans certaines matières, y compris, mais sans s'y limiter, les questions liées à la violence contre les femmes ou les enfants.

9. *a)* Sous réserve de l'alinéa *b*, les juges sont élus pour un mandat de neuf ans et, sous réserve de l'alinéa *c* et de l'article 37, paragraphe 2, ils ne sont pas rééligibles ;

b) À la première élection, un tiers des juges élus, désignés par tirage au sort, sont nommés pour un mandat de trois ans ; un tiers des juges élus, désignés par tirage au sort, sont nommés pour un mandat de six ans ; les autres juges sont nommés pour un mandat de neuf ans ;

c) Un juge nommé pour un mandat de trois ans en application de l'alinéa *b* est rééligible pour un mandat complet.

10. Nonobstant les dispositions du paragraphe 9, un juge affecté à une Chambre de première instance ou d'appel conformément à l'article 39, qui a commencé à connaître devant cette chambre d'une affaire en première instance ou en appel, reste en fonctions jusqu'à la conclusion de cette affaire.

Art. 37. – *Sièges vacants.* – 1. Il est pourvu par élection aux sièges devenus vacants, selon les dispositions de l'article 36.

2. Un juge élu à un siège devenu vacant achève le mandat de son prédécesseur ; si la durée du mandat à achever est inférieure ou égale à trois ans, il est rééligible pour un mandat entier conformément à l'article 36.

Art. 38. – *La présidence.* – 1. Le président et les premier et second vice-présidents sont élus à la majorité absolue des juges. Ils sont élus pour trois ans ou jusqu'à l'expiration de leur mandat de juge si celui-ci prend fin avant trois ans. Ils sont rééligibles une fois.

2. Le premier vice-président remplace le président lorsque celui-ci est empêché ou récusé. Le second vice-président remplace le président lorsque celui-ci et le premier vice-président sont tous deux empêchés ou récusés.

3. Le président, le premier vice-président et le second vice-président composent la présidence, laquelle est chargée :

a) De la bonne administration de la Cour, à l'exception du Bureau du procureur, et

b) Des autres fonctions qui lui sont conférées conformément au présent Statut.

4. Dans l'exercice des attributions visées au paragraphe 3, alinéa *a*, la présidence agit en coordination avec le procureur, dont elle recherche l'accord pour toutes les questions d'intérêt commun.

Art. 39. – *Les Chambres.* – 1. Dès que possible, après l'élection des juges, la Cour s'organise en sections comme le prévoit l'article 34, paragraphe *b*. La Section des appels est composée du président et de quatre autres juges ; la Section de première instance et la Section préliminaire sont composées chacune de six juges au moins. L'affectation des juges aux sections est fondée sur la nature des fonctions assignées à chacune d'elles et sur les compétences et l'expérience des juges élus à la Cour, de telle sorte que chaque section comporte la proportion voulue de spécialistes du droit pénal et de la procédure pénale et de spécialistes du droit international. La Section préliminaire et la Section de première instance sont principalement composées de juges ayant l'expérience des procès pénaux.

2. *a)* Les fonctions judiciaires de la Cour sont exercées dans chaque section par des Chambres ;

b) i) La Chambre d'appel est composée de tous les juges de la Section des appels ;

ii) Les fonctions de la Chambre de première instance sont exercées par trois juges de la Section de première instance ;

iii) Les fonctions de la Chambre préliminaire sont exercées soit par trois juges de la Section préliminaire, soit par un seul juge de cette Section conformément au présent Statut et au règlement de procédure et de preuve ;

c) Aucune disposition du présent paragraphe n'interdit la constitution simultanée de plus d'une chambre de première instance ou chambre préliminaire lorsque le travail de la Cour l'exige.

3. *a)* Les juges affectés à la Section préliminaire et à la Section de première instance y siègent pendant trois ans ; ils continuent d'y siéger au-delà de ce terme, jusqu'au règlement de toute affaire dont ils ont eu à connaître dans ces sections.

b) Les juges affectés à la Section des appels y siègent pendant toute la durée de leur mandat.

4. Les juges affectés à la Section des appels siègent exclusivement dans cette Section. Aucune disposition du présent article n'interdit toutefois l'affectation provisoire de juges de la Section de première instance à la Section préliminaire, ou inversement, si la présidence estime que le travail de la Cour l'exige, étant entendu qu'un juge qui a participé à la phase préliminaire d'une affaire n'est en aucun cas autorisé à siéger à la Chambre de première instance saisie de cette affaire.

Art. 40. – *Indépendance des juges.* – 1. Les juges exercent leurs fonctions en toute indépendance.

2. Les juges n'exercent aucune activité qui pourrait être incompatible avec leurs fonctions judiciaires ou faire douter de leur indépendance.

3. Les juges tenus d'exercer leurs fonctions à plein temps au siège de la Cour ne doivent se livrer à aucune autre activité de caractère professionnel.

4. Toute question qui soulève l'application des paragraphes 2 et 3 est tranchée à la majorité absolue des juges. Un juge ne participe pas à la décision portant sur une question qui le concerne.

Art. 41. – *Décharge et récusation des juges.* – 1. La Présidence peut décharger un juge, à sa demande, des fonctions qui lui sont attribuées en vertu du présent Statut, conformément au règlement de procédure et de preuve.

2. *a)* Un juge ne peut participer au règlement d'aucune affaire dans laquelle son impartialité pourrait raisonnablement être mise en doute pour un motif quelconque. Un juge est récusé pour une affaire conformément au présent paragraphe notamment s'il est intervenu auparavant, à quelque titre que ce soit, dans cette affaire devant la Cour ou dans une affaire pénale connexe au niveau national dans laquelle la personne faisant l'objet de l'enquête ou des poursuites était impliquée. Un juge peut aussi être récusé pour les autres motifs prévus par le Règlement de procédure et de preuve ;

b) Le procureur ou la personne faisant l'objet de l'enquête ou des poursuites peut demander la récusation d'un juge en vertu du présent paragraphe ;

c) Toute question relative à la récusation d'un juge est tranchée à la majorité absolue des juges. Le juge dont la récusation est demandée peut présenter ses observations sur la question mais ne participe pas à la décision.

Art. 42. – *Le Bureau du procureur.* – 1. Le Bureau du procureur agit indépendamment en tant qu'organe distinct au sein de la Cour. Il est chargé de recevoir les communications et tout renseignement dûment étayé concernant les crimes relevant de la compétence de la Cour, de les examiner, de conduire les enquêtes et de soutenir l'accusation devant la Cour. Ses membres ne sollicitent ni n'acceptent d'instructions d'aucune source extérieure.

2. Le Bureau est dirigé par le procureur. Celui-ci a toute autorité sur la gestion et l'administration du Bureau, y compris le personnel, les installations et les autres ressources. Le procureur est secondé par un ou plusieurs procureurs adjoints, habilités à procéder à tous les actes que le présent Statut requiert du procureur. Le procureur et les procureurs adjoints sont de nationalités différentes. Ils exercent leurs fonctions à plein temps.

3. Le procureur et les procureurs adjoints doivent jouir d'une haute considération morale et avoir de solides compétences et une grande expérience pratique en matière de poursuites ou de procès dans des affaires pénales. Ils doivent avoir une excellente connaissance et une pratique courante d'au moins une des langues de travail de la Cour.

4. Le procureur est élu au scrutin secret par l'Assemblée des États Parties, à la majorité absolue des membres de celle-ci. Les procureurs adjoints sont élus de la même façon sur une liste de candidats présentée par le procureur. Le procureur présente trois candidats pour chaque poste de procureur adjoint à pourvoir. À moins qu'il ne soit décidé d'un mandat plus court au moment de leur élection, le procureur et les procureurs adjoints exercent leurs fonctions pendant neuf ans et ne sont pas rééligibles.

5. Ni le procureur ni les procureurs adjoints n'exercent d'activité risquant d'être incompatible avec leurs fonctions en matière de poursuites ou de faire doute de leur indépendance. Ils ne se livrent à aucune autre activité de caractère professionnel.

6. La présidence peut décharger, à sa demande, le procureur ou un procureur adjoint de ses fonctions dans une affaire déterminée.

7. Ni le procureur ni les procureurs adjoints ne peuvent participer au règlement d'une affaire dans laquelle leur impartialité pourrait être raisonnablement mise en doute pour un motif quelconque. Ils sont récusés pour une affaire conformément au présent paragraphe si, entre autres, ils sont antérieurement intervenus, à quelque titre que ce soit, dans cette affaire devant la Cour ou dans une affaire pénale connexe au niveau national dans laquelle la personne faisant l'objet de l'enquête ou des poursuites était impliquée.

8. Toute question relative à la récusation du procureur ou d'un procureur adjoint est tranchée par la Chambre d'appel :

a) La personne faisant l'objet d'une enquête ou de poursuites peut à tout moment demander la récusation du procureur ou d'un procureur adjoint pour les motifs énoncés dans le présent article ;

b) Le procureur ou le procureur adjoint intéressé, selon le cas, peut présenter ses observations sur la question.

9. Le procureur nomme des conseillers qui sont des spécialistes du droit relatif à certaines questions, y compris, mais sans s'y limiter, celles des violences sexuelles, des violences à motivation sexiste et des violences contre les enfants.

Art. 43. – *Le greffe.* – 1. Le greffe est responsable des aspects non judiciaires de l'administration et du service de la Cour, sans préjudice des fonctions et attributions du procureur définies à l'article 42.

2. Le greffe est dirigé par le greffier, qui est le responsable principal de l'administration de la Cour. Le greffier exerce ses fonctions sous l'autorité du président de la Cour.

3. Le greffier et le greffier adjoint doivent être des personnes d'une haute moralité et d'une grande compétence, ayant une excellente connaissance et une pratique courante d'au moins une des langues de travail de la Cour.

4. Les juges élisent le greffier à la majorité absolue et au scrutin secret, en tenant compte des recommandations éventuelles de l'Assemblée des États Parties. Si le besoin s'en fait sentir, ils élisent de la même manière un greffier adjoint sur recommandation du greffier.

5. Le greffier est élu pour cinq ans, est rééligible une fois et exerce ses fonctions à plein temps. Le greffier adjoint est élu pour cinq ans ou pour un mandat plus court, selon ce qui peut être décidé à la majorité absolue des juges ; il est appelé à exercer ses fonctions selon les exigences du service.

6. Le greffier crée, au sein du greffe, une division d'aide aux victimes et aux témoins. Cette division est chargée, en consultation avec le Bureau du procureur, de conseiller et d'aider de toute manière appropriée les témoins, les victimes qui comparaissent devant la Cour et les autres personnes auxquelles les dépositions de ces témoins peuvent faire courir un risque, ainsi que de prévoir les mesures et les dispositions à prendre pour assurer leur protection et leur sécurité. Le personnel de la Division comprend des spécialistes de l'aide aux victimes de traumatismes, y compris de traumatismes consécutifs à des violences sexuelles.

Art. 44. – *Le personnel.* – 1. Le procureur et le greffier nomment le personnel qualifié nécessaire dans leurs services respectifs, y compris, dans le cas du procureur, des enquêteurs.

2. Lorsqu'ils recrutent le personnel, le procureur et le greffier veillent à s'assurer les services de personnes possédant les plus hautes qualités d'efficacité, de compétence et d'intégrité, en tenant compte, *mutatis mutandis*, des critères énoncés à l'article 36, paragraphe 8.

3. Le greffier, en accord avec la Présidence et le procureur, propose le Statut du personnel qui comprend les conditions de nomination, de rémunération et de cessation de fonctions. Le Statut du personnel est approuvé par l'assemblée des États Parties.

4. La Cour peut, dans des circonstances exceptionnelles, avoir recours à l'expertise de personnel mis à sa disposition à titre gracieux par des États Parties, des organisations intergouvernementales ou des organisations non gouvernementales pour aider tout organe de la Cour dans ses travaux. Le procureur peut accepter un tel personnel pour le Bureau du procureur. Les personnes mises à disposition à titre gracieux sont employées conformément aux directives qui seront établies par l'Assemblée des États Parties.

Art. 45. – *Engagement solennel.* – Avant de prendre les fonctions que prévoit le présent Statut, les juges, le procureur, les procureurs adjoints, le greffier et le greffier adjoint prennent en séance publique l'engagement solennel d'exercer leurs attributions en toute impartialité et en toute conscience.

Art. 46. – *Perte de fonctions.* – 1. Un juge, le procureur, un procureur adjoint, le greffier ou le greffier adjoint est relevé de ses fonctions sur décision prise conformément au paragraphe 2, dans les cas où :

a) Il est établi qu'il a commis une faute lourde ou un manquement grave aux devoirs que lui impose le présent Statut, selon ce qui est prévu dans le règlement de procédure et de preuve ; ou

b) Il se trouve dans l'incapacité d'exercer ses fonctions, telles que les définit le présent Statut.

2. La décision concernant la perte de fonctions d'un juge, du procureur ou d'un procureur adjoint en application du paragraphe 1 est prise par l'Assemblée des États Parties au scrutin secret :

a) Dans le cas d'un juge, à la majorité des deux tiers des États Parties sur recommandation adoptée à la majorité des deux tiers des autres juges ;

b) Dans le cas du procureur, à la majorité absolue des États Parties ;

c) Dans le cas d'un procureur adjoint, à la majorité absolue des États Parties sur recommandation du procureur.

3. La décision concernant la perte de fonctions du greffier ou du greffier adjoint est prise à la majorité absolue des juges.

4. Un juge, un procureur, un procureur adjoint, un greffier ou un greffier adjoint dont le comportement ou l'aptitude à exercer les fonctions prévues par le présent Statut sont contestés en vertu du présent article a toute latitude pour produire et recevoir des éléments de preuve et pour faire valoir ses arguments conformément au règlement de procédure et de preuve. Il ne participe pas autrement à l'examen de la question.

Art. 47. – *Sanctions disciplinaires.* – Un juge, un procureur, un procureur adjoint, un greffier ou un greffier adjoint qui a commis une faute d'une gravité moindre que celle visée à l'article 46, paragraphe 1, encourt les sanctions disciplinaires prévues par le règlement de procédure et de preuve.

Art. 48. – *Privilèges et immunités.* – 1. La Cour jouit sur le territoire des États Parties des privilèges et immunités nécessaires à l'accomplissement de sa mission.

2. Les juges, le procureur, les procureurs adjoints et le greffier jouissent, dans l'exercice de leurs fonctions ou relativement à ces fonctions, des privilèges et immunités accordés aux chefs de missions diplomatiques. Après l'expiration de leur mandat, ils continuent à jouir de l'immunité contre toute procédure légale pour les paroles, les écrits et les actes qui relèvent de l'exercice de leurs fonctions officielles.

3. Le greffier adjoint, le personnel du Bureau du procureur et le personnel du Greffe jouissent des privilèges, immunités et facilités nécessaires à l'exercice de leurs fonctions, conformément à l'accord sur les privilèges et immunités de la Cour.

4. Les avocats, experts, témoins ou autres personnes dont la présence est requise au siège de la Cour bénéficient du traitement nécessaire au bon fonctionnement de la Cour, conformément à l'accord sur les privilèges et immunités de la Cour.

5. Les privilèges et immunités peuvent être levés :

a) Dans le cas d'un juge ou du procureur, par décision prise à la majorité absolue des juges ;

b) Dans le cas du greffier, par la Présidence ;

c) Dans le cas des procureurs adjoints et du personnel du Bureau du procureur, par le procureur ;

d) Dans le cas du greffier adjoint et du personnel du Greffe, par le greffier.

Art. 49. – *Traitements, indemnités et remboursement de frais.* – Les juges, le procureur, les procureurs adjoints, le greffier et le greffier adjoint perçoivent les traitements, indemnités et remboursements arrêtés par l'Assemblée des États Parties. Ces traitements et indemnités ne sont pas réduits en cours de mandat.

Art. 50. – *Langues officielles et langues de travail.* – 1. Les langues officielles de la Cour sont l'anglais, l'arabe, le chinois, l'espagnol, le français et le russe. Les arrêts de la Cour ainsi que les autres décisions réglant des questions fondamentales qui lui sont soumises sont publiés dans les langues officielles. La Présidence détermine, au regard des critères fixés par le règlement de procédure et de preuve, quelles décisions peuvent être considérées aux fins du présent paragraphe comme réglant des questions fondamentales.

2. Les langues de travail de la Cour sont l'anglais et le français. Le règlement de procédure et de preuve définit les cas dans lesquels d'autres langues officielles peuvent être employées comme langues de travail.

3. À la demande d'une partie à une procédure ou d'un État autorisé à intervenir dans une procédure, la Cour autorise l'emploi par cette partie ou cet État d'une langue autre que l'anglais ou le français si elle l'estime justifié.

Art. 51. – *Règlement de procédure et de preuve.* – 1. Le Règlement de procédure et de preuve entre en vigueur dès son adoption par l'Assemblée des États Parties à la majorité des deux tiers de ses membres.

2. Des amendements au Règlement de procédure et de preuve peuvent être proposés par :

a) Tout État Partie ;

b) Les juges agissant à la majorité absolue ;

c) Le procureur.

Ces amendements entrent en vigueur dès leur adoption à la majorité des deux tiers des membres de l'Assemblée des États Parties.

3. Après l'adoption du Règlement de procédure et de preuve, dans les cas urgents où la situation particulière portée devant la Cour n'est pas prévue par le Règlement, les juges peuvent, à la majorité des deux tiers, établir des règles provisoires qui s'appliquent jusqu'à ce que l'Assemblée des États Parties, à sa réunion ordinaire ou extraordinaire suivante, les adopte, les modifie ou les rejette.

4. Le Règlement de procédure et de preuve, les amendements s'y rapportant et les règles provisoires sont conformes aux dispositions du présent Statut. Les amendements au Règlement de procédure et de preuve ainsi que les règles provisoires ne s'appliquent pas rétroactivement au préjudice de la personne qui fait l'objet d'une enquête, de poursuites ou d'une condamnation.

5. En cas de conflit entre le Statut et le Règlement de procédure et de preuve, le Statut prévaut.

Art. 52. – *Règlement de la Cour.* – 1. Les juges adoptent à la majorité absolue, conformément au présent Statut et au Règlement de procédure et de preuve, le règlement nécessaire au fonctionnement quotidien de la Cour.

2. Le procureur et le greffier sont consultés pour l'élaboration du règlement de la Cour et de tout amendement s'y rapportant.

3. Le Règlement de la Cour et tout amendement s'y rapportant prennent effet dès leur adoption, à moins que les juges n'en décident autrement. Ils sont communiqués immédiatement après leur adoption aux États Parties, pour observation. Ils restent en vigueur si la majorité des États Parties n'y fait pas objection dans les six mois.

CHAPITRE V. – ENQUÊTE ET POURSUITES

Art. 53. – *Ouverture d'une enquête.* – 1. Le procureur, après avoir évalué les renseignements portés à sa connaissance, ouvre une enquête, à moins qu'il ne conclue qu'il n'y a pas de base raisonnable pour poursuivre en vertu du présent Statut. Pour prendre sa décision, le procureur examine :

a) Si les renseignements en sa possession fournissent une base raisonnable pour croire qu'un crime relevant de la compétence de la Cour a été ou est en voie d'être commis ;

b) Si l'affaire est ou serait recevable au regard de l'article 17 ; et

c) S'il y a des raisons sérieuses de penser, compte tenu de la gravité du crime et des intérêts des victimes, qu'une enquête ne servirait pas les intérêts de la justice.

S'il ou elle conclut qu'il n'y a pas de base raisonnable pour poursuivre et si cette conclusion est fondée exclusivement sur les considérations visées à l'alinéa *c*, le procureur en informe la Chambre préliminaire.

2. Si, après enquête, le procureur conclut qu'il n'y a pas de base suffisante pour engager des poursuites :

a) Parce qu'il n'y a pas de base suffisante, en droit ou en fait, pour demander un mandat d'arrêt ou une citation à comparaître en application de l'article 58 ;

b) Parce que l'affaire est irrecevable au regard de l'article 17 ; ou

c) Parce que poursuivre ne servirait pas les intérêts de la justice, compte tenu de toutes les circonstances, y compris la gravité du crime, les intérêts des victimes, l'âge ou le handicap de l'auteur présumé et son rôle dans le crime allégué,

il ou elle informe de sa conclusion et des raisons qui l'ont motivée la Chambre préliminaire et l'État qui lui a déféré la situation conformément à l'article 14, ou le Conseil de sécurité s'il s'agit d'une situation visée à l'article 13, paragraphe *b*.

3. *a)* À la demande de l'État qui a déféré la situation conformément à l'article 14, ou du Conseil de sécurité s'il s'agit d'une situation visée à l'article 13, paragraphe *b*, la Chambre préliminaire peut examiner la décision de ne pas poursuivre prise par le procureur en vertu des paragraphes 1 ou 2 et demander au procureur de la reconsidérer.

b) De plus, la Chambre préliminaire peut, de sa propre initiative, examiner la décision du procureur de ne pas poursuivre si cette décision est fondée exclusivement sur les considérations visées au paragraphe 1, alinéa *c*, et au paragraphe 2, alinéa *c*. En tel cas, la décision du procureur n'a d'effet que si elle est confirmée par la Chambre préliminaire.

4. Le procureur peut à tout moment reconsidérer sa décision d'ouvrir ou non une enquête ou d'engager ou non des poursuites à la lumière de faits ou de renseignements nouveaux.

Art. 54. – *Devoirs et pouvoirs du procureur en matière d'enquêtes.* – 1. Le procureur :

a) Pour établir la vérité, étend l'enquête à tous les faits et éléments de preuve qui peuvent être utiles pour déterminer s'il y a responsabilité pénale au regard du présent Statut et, ce faisant, enquête tant à charge qu'à décharge ;

b) Prend les mesures propres à assurer l'efficacité des enquêtes et des poursuites visant des crimes relevant de la compétence de la Cour. Ce faisant, il a égard aux intérêts et à la situation personnelle des victimes et des témoins, y compris leur âge, leur sexe, tel que défini à l'article 7, paragraphe 3, et leur état de santé ; il tient également compte de la nature du crime, en particulier lorsque celui-ci comporte des violences sexuelles, des violences à caractère sexiste ou des violences contre des enfants ; et

c) Respecte pleinement les droits des personnes énoncés dans le présent Statut.

2. Le procureur peut enquêter sur le territoire d'un État :

a) Conformément aux dispositions du chapitre IX ; ou

b) Avec l'autorisation de la Chambre préliminaire en vertu de l'article 57, paragraphe 3, alinéa *d*.

3. Le procureur peut :

a) Recueillir et examiner des éléments de preuve ;

b) Convoquer et interroger des personnes faisant l'objet d'une enquête, des victimes et des témoins ;

c) Rechercher la coopération de tout État ou organisation intergouvernementale ou accord intergouvernemental conformément à leurs compétences ou à leur mandat respectif ;

d) Conclure tous arrangements ou accords qui ne sont pas contraires aux dispositions du présent Statut et qui peuvent être nécessaires pour faciliter la coopération d'un État, d'une organisation intergouvernementale ou d'une personne ;

e) S'engager à ne divulguer à aucun stade de la procédure les documents ou renseignements qu'il a obtenus sous la condition qu'ils demeurent confidentiels et ne servent qu'à obtenir de nouveaux éléments de preuve, à moins que celui qui a fourni l'information ne consente à leur divulgation ; et

f) Prendre, ou demander que soient prises, des mesures nécessaires pour assurer la confidentialité des renseignements recueillis, la protection des personnes ou la préservation des éléments de preuve.

Art. 55. – *Droits des personnes dans le cadre d'une enquête.* – 1. Dans une enquête ouverte en vertu du présent Statut, une personne :

a) N'est pas obligée de témoigner contre elle-même ni de s'avouer coupable ;

b) N'est soumise à aucune forme de coercition, de contrainte ou de menace, ni à la torture ni à aucune autre forme de peine ou traitement cruel, inhumain ou dégradant ;

c) Bénéficie gratuitement, si elle n'est pas interrogée dans une langue qu'elle comprend et parle parfaitement, de l'aide d'un interprète compétent et de toutes traductions que rendent nécessaires les exigences de l'équité ; et

d) Ne peut être arrêtée ou détenue arbitrairement ; elle ne peut être privée de sa liberté si ce n'est pour les motifs et selon les procédures prévus dans le Statut.

2. Lorsqu'il y a des motifs de croire qu'une personne a commis un crime relevant de la compétence de la Cour et que cette personne doit être interrogée, soit par le procureur soit par les autorités nationales en vertu d'une demande faite au titre du chapitre IX, cette personne a de plus les droits suivants, dont elle est informée avant d'être interrogée :

a) Être informée avant d'être interrogée qu'il y a des raisons de croire qu'elle a commis un crime relevant de la compétence de la Cour ;

b) Garder le silence, sans que ce silence soit pris en considération pour la détermination de sa culpabilité ou de son innocence ;

c) Être assistée par le défenseur de son choix ou, si elle n'en a pas, par un défenseur commis d'office chaque fois que les intérêts de la justice l'exigent, sans avoir dans ce cas à verser de rémunération si elle n'en a pas les moyens ; et

d) Être interrogée en présence de son conseil, à moins qu'elle n'ait renoncé volontairement à son droit d'être assistée d'un conseil.

Art. 56. – *Rôle de la Chambre préliminaire dans le cas où l'occasion d'obtenir des renseignements ne se présentera plus.* – 1. *a)* Lorsque le procureur considère qu'une enquête offre l'occasion unique, qui ne se présentera plus par la suite, de recueillir un témoignage ou une déposition, ou d'examiner, recueillir ou vérifier des éléments de preuve aux fins d'un procès, il en avise la Chambre préliminaire ;

b) La Chambre préliminaire peut alors, à la demande du procureur, prendre toutes mesures propres à assurer l'efficacité et l'intégrité de la procédure et, en particulier, à protéger les droits de la défense ;

c) Sauf ordonnance contraire de la Chambre préliminaire, le procureur informe également de la circonstance visée à l'alinéa *a* la personne qui a été arrêtée ou a comparu sur citation délivrée dans le cadre de l'enquête, afin que cette personne puisse être entendue.

2. Les mesures visées au paragraphe 1, alinéa *b*, peuvent consister :

a) À faire des recommandations ou rendre des ordonnances concernant la marche à suivre ;

b) À ordonner qu'il soit dressé procès-verbal de la procédure ;

c) À nommer un expert ;

d) À autoriser l'avocat d'une personne qui a été arrêtée, ou a comparu devant la Cour sur citation, à participer à la procédure ou, lorsque l'arrestation ou la comparution n'a pas encore eu lieu ou que l'avocat n'a pas encore été choisi, à désigner un avocat qui se chargera des intérêts de la défense et les représentera ;

e) À charger un de ses membres ou, au besoin, un des juges disponibles de la Section préliminaire ou de la Section de première instance de faire des recommandations ou de rendre des ordonnances concernant le rassemblement et la préservation des éléments de preuve et les auditions de personnes ;

f) À prendre toute autre mesure nécessaire pour recueillir ou préserver les éléments de preuve.

3. *a)* Lorsque le procureur n'a pas demandé les mesures visées au présent article mais que la Chambre préliminaire est d'avis que ces mesures sont nécessaires pour préserver des éléments de preuve qu'elle juge essentiels pour la défense au cours du procès, elle consulte le procureur pour savoir si celui-ci avait de bonnes raisons de ne pas demander les mesures en question. Si, après consultation, elle conclut que le fait de ne pas avoir demandé ces mesures n'est pas justifié, elle peut prendre des mesures de sa propre initiative.

b) Le procureur peut faire appel de la décision de la Chambre préliminaire d'agir de sa propre initiative en vertu du présent paragraphe. Cet appel est examiné selon une procédure accélérée.

4. L'admissibilité des éléments de preuve préservés ou recueillis aux fins du procès en application du présent article, ou de l'enregistrement de ces éléments de preuve, est régie par l'article 69, leur valeur étant celle que leur donne la Chambre de première instance.

Art. 57. – *Fonctions et pouvoirs de la Chambre préliminaire.* – 1. À moins que le présent Statut n'en dispose autrement, la Chambre préliminaire exerce ses fonctions conformément aux dispositions du présent article.

2. *a)* Les décisions rendues par la Chambre préliminaire en vertu des articles 15, 18, 19, 54, paragraphe 2, 61, paragraphe 7, et 72 sont prises à la majorité des juges qui la composent ;

b) Dans tous les autres cas, un seul juge de la Chambre préliminaire peut exercer les fonctions prévues dans le présent Statut, sauf disposition contraire du Règlement de procédure et de preuve ou décision contraire de la Chambre préliminaire prise à la majorité.

3. Indépendamment des autres fonctions qui lui sont conférées en vertu du présent Statut, la Chambre préliminaire peut :

a) Sur requête du procureur, rendre les ordonnances et délivrer les mandats qui peuvent être nécessaires aux fins d'une enquête ;

b) À la demande d'une personne qui a été arrêtée ou a comparu sur citation conformément à l'article 58, rendre toute ordonnance, y compris des mesures telles que visées à l'article 56, ou solliciter tout concours au titre du chapitre IX qui peuvent être nécessaires pour aider la personne à préparer sa défense ;

c) En cas de besoin, assurer la protection et le respect de la vie privée des victimes et des témoins, la préservation des preuves, la protection des personnes qui ont été arrêtées ou ont comparu sur citation, ainsi que la protection des renseignements touchant la sécurité nationale ;

d) Autoriser le procureur à prendre certaines mesures d'enquête sur le territoire d'un État Partie sans s'être assuré de la coopération de cet État au titre du chapitre IX si, ayant tenu compte dans la mesure du possible des vues de cet État, elle a déterminé qu'en l'espèce celui-ci est manifestement incapable de donner suite à une demande de coopération parce qu'aucune autorité ou composante compétente de son appareil judiciaire national n'est disponible pour donner suite à une demande de coopération au titre du chapitre IX ;

e) Lorsqu'un mandat d'arrêt ou une citation à comparaître a été délivré en vertu de l'article 58, solliciter la coopération des États en vertu de l'article 93, paragraphe 1, alinéa *k*, en tenant dûment compte de la force des éléments de preuve et des droits des parties concernées, comme prévu dans le présent Statut et dans le Règlement de procédure et de preuve, pour qu'ils prennent des mesures conservatoires aux fins de confiscation, en particulier dans l'intérêt supérieur des victimes.

Art. 58. – *Délivrance par la Chambre préliminaire d'un mandat d'arrêt ou d'une citation à comparaître.* – 1. À tout moment après l'ouverture d'une enquête, la Chambre préliminaire délivre, sur requête du procureur, un mandat d'arrêt contre une personne si, après examen de la requête et des éléments de preuve ou autres renseignements fournis par le procureur, elle est convaincue :

a) Qu'il y a des motifs raisonnables de croire que cette personne a commis un crime relevant de la compétence de la Cour ; et

b) Que l'arrestation de cette personne est nécessaire pour garantir :

i) Que la personne comparaîtra ;

ii) Qu'elle ne fera pas obstacle à l'enquête ou à la procédure devant la Cour, ni n'en compromettra le déroulement ; ou

iii) Le cas échéant, qu'elle ne poursuivra pas l'exécution du crime dont il s'agit ou d'un crime connexe relevant de la compétence de la Cour et se produisant dans les mêmes circonstances.

2. La requête du procureur contient les éléments suivants :

a) Le nom de la personne visée et tous autres éléments utiles d'identification ;

b) Une référence précise au crime relevant de la compétence de la Cour que la personne est censée avoir commis ;

c) L'exposé succinct des faits dont il est allégué qu'ils constituent ce crime ;

d) Un résumé des éléments de preuve qui donnent des motifs raisonnables de croire que la personne a commis ce crime ; et

e) Les raisons pour lesquelles le procureur estime qu'il est nécessaire de procéder à l'arrestation de cette personne.

3. Le mandat d'arrêt contient les éléments suivants :

a) Le nom de la personne visée et tous autres éléments utiles d'identification ;

b) Une référence précise au crime relevant de la compétence de la Cour qui justifie l'arrestation ; et

c) L'exposé succinct des faits dont il est allégué qu'ils constituent ce crime.

4. Le mandat d'arrêt reste en vigueur tant que la Cour n'en a pas décidé autrement.

5. Sur la base du mandat d'arrêt, la Cour peut demander l'arrestation provisoire ou l'arrestation et la remise de la personne conformément au chapitre IX.

6. Le procureur peut demander à la Chambre préliminaire de modifier le mandat d'arrêt en requalifiant les crimes qui y sont visés ou en y ajoutant de nouveaux crimes. La Chambre préliminaire modifie le mandat d'arrêt si elle a des motifs raisonnables de croire que la personne a commis les crimes requalifiés ou les nouveaux crimes.

7. Le procureur peut demander à la Chambre préliminaire de délivrer une citation à comparaître au lieu d'un mandat d'arrêt. Si la Chambre préliminaire est convaincue qu'il y a des motifs raisonnables de croire que la personne a commis le crime qui lui est imputé et qu'une citation à comparaître suffit à garantir qu'elle se présentera devant la Cour, elle délivre la citation, avec ou sans conditions restrictives de liberté (autres que la détention) si la législation nationale le prévoit. La citation contient les éléments suivants :

a) Le nom de la personne visée et tous autres éléments utiles d'identification ;

b) La date de comparution ;

c) Une référence précise au crime relevant de la compétence de la Cour que la personne est censée avoir commis ; et

d) L'exposé succinct des faits dont il est allégué qu'ils constituent le crime.

La citation est notifiée à la personne qu'elle vise.

Art. 59. – *Procédure d'arrestation dans l'État de détention.* – 1. L'État Partie qui a reçu une demande d'arrestation provisoire ou d'arrestation et de remise prend immédiatement des mesures pour faire arrêter la personne dont il s'agit conformément à sa législation et aux dispositions du chapitre IX.

2. Toute personne arrêtée est déférée sans délai à l'autorité judiciaire compétente de l'État de détention qui vérifie, conformément à la législation de cet État :

a) Que le mandat vise bien cette personne ;

b) Que celle-ci a été arrêtée selon la procédure régulière ; et

c) Que ses droits ont été respectés.

3. La personne arrêtée a le droit de demander à l'autorité compétente de l'État de détention sa mise en liberté provisoire en attendant sa remise.

4. Lorsqu'elle se prononce sur cette demande, l'autorité compétente de l'État de détention examine si, eu égard à la gravité des crimes allégués, l'urgence et des circonstances exceptionnelles justifient la mise en liberté provisoire et si les garanties voulues assurent que l'État de détention peut s'acquitter de son obligation de remettre la personne à la Cour. L'autorité compétente de l'État de détention ne peut pas examiner si le mandat d'arrêt a été régulièrement délivré au regard de l'article 58, paragraphe 1, alinéas *a* et *b*.

5. La Chambre préliminaire est avisée de toute demande de mise en liberté provisoire et fait des recommandations à l'autorité compétente de l'État de détention. Avant de rendre sa décision, celle-ci prend pleinement en considération ces recommandations, y compris éventuellement celles qui portent sur les mesures propres à empêcher l'évasion de la personne.

6. Si la mise en liberté provisoire est accordée, la Chambre préliminaire peut demander des rapports périodiques sur le régime de la liberté provisoire.

7. Une fois ordonnée la remise par l'État de détention, la personne est livrée à la Cour aussitôt que possible.

Art. 60. – *Procédure initiale devant la Cour.* – 1. Dès que la personne est remise à la Cour ou dès qu'elle comparaît devant celle-ci, volontairement ou sur citation, la Chambre préliminaire vérifie qu'elle a été informée des crimes qui lui sont imputés et des droits que lui reconnaît le présent Statut, y compris le droit de demander sa mise en liberté provisoire en attendant d'être jugée.

2. La personne visée par un mandat d'arrêt peut demander sa mise en liberté provisoire en attendant d'être jugée. Si la Chambre préliminaire est convaincue que les conditions énoncées à l'article 58, paragraphe 1, sont réalisées, la personne est maintenue en détention. Sinon, la Chambre préliminaire la met en liberté, avec ou sans conditions.

3. La Chambre préliminaire réexamine périodiquement sa décision de mise en liberté ou de maintien en détention. Elle peut le faire à tout moment à la demande du procureur ou de l'intéressé. Elle peut alors modifier sa décision concernant la détention, la mise en liberté ou les conditions de celle-ci si elle est convaincue que l'évolution des circonstances le justifie.

4. La Chambre préliminaire s'assure que la détention avant le procès ne se prolonge pas de manière excessive à cause d'un retard injustifiable imputable au procureur. Si un tel retard se produit, la Cour examine la possibilité de mettre l'intéressé en liberté, avec ou sans conditions.

5. Si besoin est, la Chambre préliminaire peut délivrer un mandat d'arrêt pour garantir la comparution d'une personne qui a été mise en liberté.

Art. 61. – *Confirmation des charges avant le procès.* – 1. Sous réserve du paragraphe 2, dans un délai raisonnable après la remise de la personne à la Cour ou sa comparution volontaire devant celle-ci, la Chambre préliminaire tient une audience pour confirmer les charges sur lesquelles le procureur entend se fonder pour requérir le renvoi en jugement. L'audience se déroule en présence du procureur et de la personne faisant l'objet de l'enquête ou des poursuites, ainsi que du conseil de celle-ci.

2. La Chambre préliminaire peut, à la demande du procureur ou de sa propre initiative, tenir une audience en l'absence de l'intéressé pour confirmer les charges sur lesquelles le procureur entend se fonder pour requérir le renvoi en jugement lorsque la personne :

a) A renoncé à son droit d'être présente ; ou

b) A pris la fuite ou est introuvable, et que tout ce qui était raisonnablement possible a été fait pour garantir sa comparution et l'informer des charges qui pèsent contre elle et de la tenue prochaine d'une audience pour confirmer ces charges.

Dans ces cas, la personne est représentée par un conseil lorsque la Chambre préliminaire juge que cela sert les intérêts de la justice.

3. Dans un délai raisonnable avant l'audience, la personne :

a) Reçoit notification écrite des charges sur lesquelles le procureur entend se fonder pour requérir le renvoi en jugement ; et

b) Est informée des éléments de preuve sur lesquels le procureur entend se fonder à l'audience.

La Chambre préliminaire peut rendre des ordonnances concernant la divulgation de renseignements aux fins de l'audience.

4. Avant l'audience, le procureur peut poursuivre l'enquête et peut modifier ou retirer des charges. La personne visée reçoit notification de tout amendement ou retrait de charges dans un délai raisonnable avant l'audience.

En cas de retrait de charges, le procureur informe la Chambre préliminaire des motifs de ce retrait.

5. À l'audience, le procureur étaye chacune des charges avec des éléments de preuves suffisants pour établir l'existence de motifs substantiels de croire que la personne a commis le crime qui lui est imputé. Il peut se fonder sur des éléments de preuve sous forme de documents ou de résumés et n'est pas tenu de faire comparaître les témoins qui doivent déposer au procès.

6. À l'audience, la personne peut :

a) Contester les charges ;

b) Contester les éléments de preuve produits par le procureur ; et

c) Présenter des éléments de preuve.

7. À l'issue de l'audience, la Chambre préliminaire détermine s'il existe des preuves suffisantes donnant des motifs substantiels de croire que la personne a commis chacun des crimes qui lui sont imputés. Selon ce qu'elle a déterminé, la Chambre préliminaire :

a) Confirme les charges pour lesquelles elle a conclu qu'il y avait des preuves suffisantes ; et renvoie la personne devant une chambre de première instance pour y être jugée sur la base des charges confirmées ;

b) Ne confirme pas les charges pour lesquelles elle a conclu qu'il n'y avait pas de preuves suffisantes ;

c) Ajourne l'audience et demande au procureur d'envisager :

i) D'apporter des éléments de preuve supplémentaires ou de procéder à de nouvelles enquêtes relativement à une charge particulière ; ou

ii) De modifier une charge si les éléments de preuve produits semblent établir qu'un crime différent, relevant de la compétence de la Cour, a été commis.

8. Lorsque la Chambre préliminaire ne confirme pas une charge, il n'est pas interdit au procureur de demander ultérieurement la confirmation de cette charge s'il étaye sa demande d'éléments de preuve supplémentaires.

9. Après confirmation des charges et avant que le procès ne commence, le procureur peut modifier les charges avec l'autorisation de la Chambre préliminaire et après que l'accusé en a été avisé. Si le procureur entend ajouter des charges supplémentaires ou substituer aux charges des charges plus graves, une audience doit se tenir conformément au présent article pour confirmer les charges nouvelles. Après l'ouverture du procès, le procureur peut retirer les charges avec l'autorisation de la Chambre de première instance.

10. Tout mandat déjà délivré cesse d'avoir effet à l'égard de toute charge non confirmée par la Chambre préliminaire ou retirée par le procureur.

11. Dès que les charges ont été confirmées conformément au présent article, la présidence constitue une chambre de première instance qui, sous réserve du paragraphe 9 et de l'article 64, paragraphe 4, conduit la phase suivante de la procédure et peut remplir à cette fin toute fonction de la Chambre préliminaire utile en l'espèce.

CHAPITRE VI. – LE PROCÈS

Art. 62. – *Lieu du procès.* – Sauf s'il en est décidé autrement, le procès se tient au siège de la Cour.

Art. 63. – *Procès en présence de l'accusé.* – 1. L'accusé est présent à son procès.

2. Si l'accusé, présent devant la Cour, trouble de manière persistante le déroulement du procès, la Chambre de première instance peut ordonner son expulsion de la salle d'audience et fait alors en sorte qu'il suive le procès et donne des instructions à son conseil de l'extérieur de la salle, au besoin à l'aide des moyens techniques de communication. De telles mesures ne sont prises que dans des circonstances exceptionnelles quand d'autres solutions raisonnables se sont révélées vaines et seulement pour la durée strictement nécessaire.

Art. 64. – *Fonctions et pouvoirs de la Chambre de première instance.* – 1. Les fonctions et pouvoirs de la Chambre de première instance énoncés dans le présent article sont exercés conformément au Statut et au Règlement de procédure et de preuve.

2. La Chambre de première instance veille à ce que le procès soit conduit de façon équitable et avec diligence, dans le plein respect des droits de l'accusé et en ayant pleinement égard à la nécessité d'assurer la protection des victimes et des témoins.

3. Lorsqu'une affaire est renvoyée en jugement conformément au présent Statut, la Chambre de première instance à laquelle elle est attribuée :

a) Consulte les parties et adopte toutes procédures utiles à la conduite équitable et diligente de l'instance ;

b) Détermine la langue ou les langues du procès ; et

c) Sous réserve de toutes autres dispositions applicables du présent Statut, assure la divulgation de documents ou de renseignements encore non divulgués, suffisamment tôt avant l'ouverture du procès pour permettre une préparation suffisante de celui-ci.

4. La Chambre de première instance peut, si cela est nécessaire pour assurer son fonctionnement efficace et équitable, soumettre des questions préliminaires à la Chambre préliminaire ou, au besoin, à un autre juge disponible de la section préliminaire.

5. La Chambre de première instance peut, en le notifiant aux parties, ordonner la jonction ou la disjonction, selon le cas, des charges portées contre plusieurs accusés.

6. Dans l'exercice de ses fonctions avant ou pendant un procès, la Chambre de première instance peut, si besoin est :

a) Assumer toutes les fonctions de la Chambre préliminaire visées à l'article 61, paragraphe 11 ;

b) Ordonner la comparution des témoins et leur audition ainsi que la production de documents et d'autres éléments de preuve, en obtenant au besoin l'aide des États selon les dispositions du présent Statut ;

c) Assurer la protection des renseignements confidentiels ;

d) Ordonner la production d'éléments de preuve en complément de ceux qui ont été recueillis avant le procès ou présentés au procès par les parties ;

e) Assurer la protection de l'accusé, des témoins et des victimes ; et

f) Statuer sur toute autre question pertinente.

7. Le procès est public. Toutefois, la Chambre de première instance peut, en raison de circonstances particulières, prononcer le huis clos pour certaines audiences aux fins énoncées à l'article 68 ou en vue de protéger des renseignements confidentiels ou sensibles donnés dans les dépositions.

8. *a)* À l'ouverture du procès, la Chambre de première instance fait donner lecture à l'accusé des charges préalablement confirmées par la Chambre préliminaire. La Chambre de première instance s'assure que l'accusé comprend la nature des charges. Elle donne à l'accusé la possibilité de plaider coupable selon ce qui est prévu à l'article 65, ou de plaider non coupable ;

b) Lors du procès, le président peut donner des instructions pour la conduite de la procédure, notamment pour qu'elle soit conduite d'une manière équitable et impartiale. Sous réserve de toute instruction du président, les parties peuvent produire des éléments de preuve conformément aux dispositions du présent Statut.

9. La Chambre de première instance peut notamment, à la requête d'une Partie ou d'office :

a) Statuer sur la recevabilité ou la pertinence des preuves ; et

b) Prendre toute mesure nécessaire pour assurer l'ordre à l'audience.

10. La Chambre de première instance veille à ce que le greffier établisse et conserve un procès-verbal intégral du procès relatant fidèlement les débats.

Art. 65. – *Procédure en cas d'aveu de culpabilité.* – 1. Lorsque l'accusé reconnaît sa culpabilité comme le prévoit l'article 64, paragraphe 8, alinéa *a*, la Chambre de première instance détermine :

a) Si l'accusé comprend la nature et les conséquences de son aveu de culpabilité ;

b) Si l'aveu de culpabilité a été fait volontairement après consultation suffisante avec le défenseur de l'accusé ; et

c) Si l'aveu de culpabilité est étayé par les faits de la cause tels qu'ils ressortent :

i) Des charges présentées par le procureur et admises par l'accusé ;

ii) De toutes pièces présentées par le procureur qui accompagnent les charges et que l'accusé accepte ; et

iii) De tous autres éléments de preuve, tels que les témoignages, présentés par le procureur ou l'accusé.

2. Si la Chambre de première instance est convaincue que les conditions visées au paragraphe 1 sont réunies, elle considère que l'aveu de culpabilité, accompagné de toutes les preuves complémentaires présentées, établit tous les éléments constitutifs du crime sur lequel il porte, et elle peut reconnaître l'accusé coupable de ce crime.

3. Si la Chambre de première instance n'est pas convaincue que les conditions visées au paragraphe 1 sont réunies, elle considère qu'il n'y a pas eu aveu de culpabilité, auquel cas elle ordonne que le procès se poursuive selon les procédures normales prévues par le présent Statut et peut renvoyer l'affaire à une autre chambre de première instance.

4. Si la Chambre de première instance est convaincue qu'une présentation plus complète des faits de la cause serait dans l'intérêt de la justice, en particulier dans l'intérêt des victimes, elle peut :

a) Demander au procureur de présenter des éléments de preuve supplémentaires, y compris des dépositions de témoins ; ou

b) Ordonner que le procès se poursuive selon les procédures normales prévues par le présent Statut, auquel cas elle considère qu'il n'y a pas eu aveu de culpabilité et peut renvoyer l'affaire à une autre chambre de première instance.

5. Toute discussion entre le procureur et la défense relative à la modification des chefs d'accusation, à l'aveu de culpabilité ou à la peine à prononcer n'engage pas la Cour.

Art. 66. – *Présomption d'innocence.* – 1. Toute personne est présumée innocente jusqu'à ce que sa culpabilité ait été établie devant la Cour conformément au droit applicable.

2. Il incombe au procureur de prouver la culpabilité de l'accusé.

3. Pour condamner l'accusé, la Cour doit être convaincue de sa culpabilité au-delà de tout doute raisonnable.

Art. 67. – *Droits de l'accusé.* – 1. Lors de l'examen des charges portées contre lui, l'accusé a droit à ce que sa cause soit entendue publiquement, compte tenu des dispositions du présent Statut, équitablement et de façon impartiale. Il a droit, en pleine égalité, au moins aux garanties suivantes :

a) Être informé dans le plus court délai et de façon détaillée de la nature, de la cause et de la teneur des charges dans une langue qu'il comprend et parle parfaitement ;

b) Disposer du temps et des facilités nécessaires à la préparation de sa défense et communiquer librement et confidentiellement avec le conseil de son choix ;

c) Être jugé sans retard excessif ;

d) Sous réserve des dispositions du paragraphe 2 de l'article 63, être présent à son procès, se défendre lui-même ou se faire assister par le défenseur de son choix ; s'il n'a pas de défenseur, être informé de son droit d'en avoir un et, chaque fois que l'intérêt de la justice l'exige, se voir attribuer d'office un défenseur par la Cour, sans frais s'il n'a pas les moyens de le rémunérer ;

e) Interroger ou faire interroger les témoins à charge et obtenir la comparution et l'interrogatoire des témoins à décharge dans les mêmes conditions que les témoins à charge. L'accusé a également le droit de faire valoir des moyens de défense et de présenter d'autres éléments de preuve admissibles en vertu du présent Statut ;

f) Se faire assister gratuitement d'un interprète compétent et bénéficier des traductions nécessaires pour satisfaire aux exigences de l'équité, si la langue employée dans toute procédure suivie devant la Cour ou dans tout document présenté n'est pas une langue qu'il comprend et parle parfaitement ;

g) Ne pas être forcé de témoigner contre lui-même ou de s'avouer coupable, et garder le silence sans que ce silence soit pris en considération pour déterminer sa culpabilité ou son innocence ;

h) Faire, sans prêter serment, une déclaration écrite ou orale pour sa défense ; et

i) Ne pas se voir imposer le renversement du fardeau de la preuve ni la charge de la réfutation.

2. Outre toute autre communication prévue par le présent Statut, le procureur communique à la défense, dès que cela est possible, les éléments de preuve en sa possession ou à sa disposition dont il estime qu'ils disculpent l'accusé ou tendent à le disculper ou à atténuer sa culpabilité, ou sont de nature à entamer la crédibilité des éléments de preuve à charge. En cas de doute quant à l'application du présent paragraphe, la Cour tranche.

Art. 68. – *Protection et participation au procès des victimes et des témoins.* – 1. La Cour prend les mesures propres à protéger la sécurité, le bien-être physique et psychologique, la dignité et le respect de la vie privée des victimes et des témoins. Ce faisant, elle tient compte de tous les facteurs pertinents, notamment l'âge, le sexe tel que défini à l'article 7, paragraphe 3, et l'état de santé, ainsi que la nature du crime, en particulier, mais sans s'y limiter lorsque celui-ci s'accompagne de violences à caractère sexuel, de violences à caractère sexiste ou de violences contre des enfants. Le procureur prend ces mesures en particulier au stade de l'enquête et des poursuites. Ces mesures ne doivent être ni préjudiciables ni contraires aux droits de la défense et aux exigences d'un procès équitable et impartial.

2. Par exception au principe de la publicité des débats énoncé à l'article 67, les chambres de la Cour peuvent, pour protéger les victimes et les témoins ou un accusé, ordonner le huis clos pour une partie quelconque de la procédure ou permettre que les dépositions soient recueillies par des moyens électroniques ou autres moyens spéciaux. Ces mesures sont appliquées en particulier à l'égard d'une victime de violences sexuelles ou d'un enfant qui est victime ou témoin, à moins que la Cour n'en décide autrement compte tenu de toutes les circonstances, en particulier des vues de la victime ou du témoin.

3. Lorsque les intérêts des victimes sont concernés, la Cour permet que leurs vues et préoccupations soient exposées et examinées, à des stades de la procédure qu'elle estime appropriés et d'une manière qui n'est ni préjudiciable ni contraire aux droits de la défense et aux exigences d'un procès équitable et impartial. Ces vues et préoccupations peuvent être exposées par les représentants légaux des victimes lorsque la Cour l'estime approprié, conformément au Règlement de procédure et de preuve.

4. La Division d'aide aux victimes et aux témoins peut conseiller le procureur et la Cour sur les mesures de protection, les dispositions de sécurité et les activités de conseil et d'aide visées à l'article 43, paragraphe 6.

5. Lorsque la divulgation d'éléments de preuve et de renseignements en vertu du présent Statut risque de mettre gravement en danger un témoin ou les membres de sa famille, le procureur peut, dans toute procédure engagée avant l'ouverture du procès, s'abstenir de divulguer ces éléments de preuve ou renseignements et en présenter un résumé. De telles mesures doivent être appliquées d'une manière qui n'est ni préjudiciable ni contraire aux droits de la défense et aux exigences d'un procès équitable et impartial.

6. Un État peut demander que soient prises les mesures nécessaires pour assurer la protection de ses fonctionnaires ou agents et la protection d'informations confidentielles ou sensibles.

Art. 69. – *Preuve.* – 1. Avant de déposer, chaque témoin, conformément au Règlement de procédure et de preuve, prend l'engagement de dire la vérité.

2. Les témoins sont entendus en personne lors d'une audience, sous réserve des mesures prévues à l'article 68 ou dans le Règlement de procédure et de preuve. La Cour peut également autoriser un témoin à présenter une déposition orale ou un enregistrement vidéo ou audio et à présenter des documents ou des transcriptions écrites, sous réserve des dispositions du présent Statut et conformément au Règlement de procédure de preuve. Ces mesures ne doivent être ni préjudiciables ni contraires aux droits de la défense.

3. Les Parties peuvent présenter des éléments de preuve pertinents pour l'affaire, conformément à l'article 64. La Cour a le pouvoir de demander la présentation de tous les éléments de preuve qu'elle juge nécessaires à la manifestation de la vérité.

4. La Cour peut se prononcer sur la pertinence et l'admissibilité de tout élément de preuve conformément au Règlement de procédure et de preuve, en tenant compte notamment de la valeur probante de cet élément de preuve et de la possibilité qu'il nuise à l'équité du procès ou à une évaluation équitable de la déposition d'un témoin.

5. La Cour respecte les règles de confidentialité telles qu'elles sont énoncées dans le Règlement de procédure et de preuve.

6. La Cour n'exige pas la preuve des faits qui sont notoires, mais en dresse le constat judiciaire.

7. Les éléments de preuve obtenus par un moyen violant le présent Statut ou les droits de l'homme internationalement reconnus ne sont pas admissibles :

a) Si la violation met sérieusement en question la crédibilité des éléments de preuve ; ou

b) Si l'admission de ces éléments de preuve serait de nature à compromettre la procédure et à porter gravement atteinte à son intégrité.

8. Lorsqu'elle se prononce sur la pertinence ou l'admissibilité d'éléments de preuve réunis par un État, la Cour ne se prononce pas sur l'application de la législation nationale de cet État.

Art. 70. – *Atteintes à l'administration de la justice.* – 1. La Cour a compétence pour connaître des atteintes suivantes à son administration de la justice lorsqu'elles sont commises intentionnellement :

a) Faux témoignage d'une personne qui a pris l'engagement de dire la vérité en application de l'article 69, paragraphe 1 ;

b) Production d'éléments de preuve faux ou falsifiés en connaissance de cause ;

c) Subornation de témoin, manœuvres visant à empêcher un témoin de comparaître ou de déposer librement, représailles exercées contre un témoin en raison de sa déposition, destruction ou falsification d'éléments de preuve ou entrave au rassemblement de tels éléments ;

d) Intimidation d'un membre ou agent de la Cour, entrave à son action ou trafic d'influence afin de l'amener, par la contrainte ou la persuasion, à ne pas exercer ses fonctions ou à ne pas les exercer comme il convient ;

e) Représailles contre un membre ou un agent de la Cour en raison des fonctions exercées par celui-ci ou par un autre membre ou agent ;

f) Sollicitation ou acceptation d'une rétribution illégalement par un membre ou un agent de la Cour dans le cadre de ses fonctions officielles.

2. Les principes et les procédures régissant l'exercice par la Cour de sa compétence à l'égard des atteintes à l'administration de la justice en vertu du présent article sont énoncés dans le Règlement de procédure et de preuve. Les modalités de la coopération internationale avec la Cour dans la mise en œuvre des dispositions du présent article sont régies par la législation nationale de l'État requis.

3. En cas de condamnation, la Cour peut imposer une peine d'emprisonnement ne pouvant excéder cinq années, ou une amende prévue dans le Règlement de procédure et de preuve, ou les deux.

4. *a)* Les États Parties étendent les dispositions de leur droit pénal qui répriment les atteintes à l'intégrité de leurs procédures d'enquête ou de leur système judiciaire aux atteintes à l'administration de la justice en vertu du présent article commises sur le territoire, ou par l'un de leurs ressortissants ;

b) À la demande de la Cour, un État Partie saisit ses autorités compétentes aux fins de poursuites chaque fois qu'il le juge approprié. Ces autorités traitent les dossiers dont il s'agit avec diligence, en y consacrant les moyens nécessaires à une fonction efficace.

Art. 71. – *Sanctions en cas d'inconduite à l'audience.* – 1. La Cour peut sanctionner l'inconduite à l'audience, y compris la perturbation de l'audience ou le refus délibéré de suivre ses instructions, par des mesures administratives autres qu'une peine d'emprisonnement, par exemple l'expulsion temporaire ou permanente de la salle, une amende ou d'autres mesures analogues prévues dans le Règlement de procédure et de preuve.

2. Le régime des sanctions indiquées au paragraphe 1 est fixé dans le Règlement de procédure et de preuve.

Art. 72. – *Protection de renseignements touchant à la sécurité nationale.* – 1. Le présent article s'applique dans tous les cas où la divulgation de renseignements ou de documents d'un État porterait atteinte, de l'avis de cet État, aux intérêts de sa sécurité nationale. Ces cas sont, en particulier, ceux qui relèvent de l'article 56, paragraphes 2 et 3, de l'article 61, paragraphe 3, de l'article 64, paragraphe 3, de l'article 67, paragraphe 2, de l'article 68, paragraphe 6, de l'article 87, paragraphe 6, et de l'article 93, ainsi que les cas, à tout autre stade de la procédure, où une telle divulgation peut être en cause.

2. Le présent article s'applique également lorsqu'une personne qui a été invitée à fournir des renseignements ou des éléments de preuve a refusé de le faire ou en a référé à l'État au motif que leur divulgation porterait atteinte aux intérêts d'un État en matière de sécurité nationale et lorsque cet État confirme qu'à son avis la divulgation de ces renseignements porterait atteinte aux intérêts de sa sécurité nationale.

3. Aucune disposition du présent article ne porte atteinte aux normes de confidentialité applicables en vertu de l'article 54, paragraphe 3, alinéas *e* et *f*, ni à l'application de l'article 73.

4. Si un État apprend que des renseignements ou des documents de l'État sont ou seront probablement divulgués à un stade quelconque de la procédure, et s'il estime qu'une telle divulgation porterait atteinte aux intérêts de sa sécurité nationale, cet État a le droit d'intervenir en vue d'obtenir le règlement de la question selon les dispositions du présent article.

5. Lorsqu'un État estime que la divulgation de renseignements porterait atteinte aux intérêts de sa sécurité nationale, il prend, en liaison avec le procureur, la défense, la Chambre préliminaire ou la Chambre de première instance, selon le cas, toutes les mesures raisonnablement possibles pour trouver une solution par la concertation. Ces mesures peuvent notamment consister à :

a) Modifier ou préciser la demande ;

b) Faire trancher par la Cour la question de la pertinence des renseignements ou éléments de preuve demandés, ou la question de savoir si les éléments de preuve, quoique pertinents, pourraient être ou ont été obtenus d'une source autre que l'État requis ;

c) Obtenir les renseignements ou éléments de preuve d'une autre source ou sous une forme différente ; ou

d) Trouver un accord sur les conditions auxquelles l'assistance pourrait être fournie, notamment par la communication de résumés ou de versions corrigées, l'imposition de restrictions à la divulgation, le recours à une procédure à huis clos ou ex parte, ou l'application d'autres mesures de protection autorisées par le Statut ou le règlement de procédure et de preuve.

6. Lorsque toutes les mesures raisonnablement possibles ont été prises pour régler la question par la concertation et que l'État estime qu'il n'existe ni moyens ni conditions qui lui permettraient de communiquer ou de divulguer les renseignements ou les documents sans porter atteinte aux intérêts de sa sécurité nationale, il en avise le procureur ou la Cour en indiquant les raisons précises qui l'ont conduit à cette conclusion, à moins qu'un énoncé précis de ces raisons ne porte nécessairement en soi atteinte aux intérêts de l'État en matière de sécurité nationale.

7. Par la suite, si la Cour détermine que les éléments de preuve sont pertinents et nécessaires pour l'établissement de la culpabilité ou de l'innocence de l'accusé, elle peut prendre les mesures ci-après :

a) Lorsque la divulgation des renseignements ou du document est sollicitée dans le cadre d'une demande de coopération au titre du chapitre IX ou dans les circonstances décrites au paragraphe 2, et que l'État a invoqué le motif de refus visé à l'article 93, paragraphe 4 :

i) La Cour peut, avant de tirer la conclusion visée au paragraphe 7, alinéa *a* ii), demander la tenue de consultations supplémentaires aux fins d'examiner les observations de l'État, y compris, le cas échéant, la tenue d'audiences à huis clos et *ex parte* ;

ii) Si la Cour conclut qu'en invoquant le motif de refus énoncé à l'article 93, paragraphe 4, dans les circonstances de l'espèce, l'État requis n'agit pas conformément aux obligations qui lui incombent en vertu du Statut, elle peut renvoyer l'affaire conformément à l'article 87, paragraphe 7, en précisant les raisons qui motivent sa conclusion ; et

iii) La Cour peut tirer toute conclusion qu'elle estime appropriée en l'espèce, lorsqu'elle juge l'accusé, quant à l'existence ou la non-existence d'un fait ; ou

b) Dans toutes les autres circonstances :

i) Ordonner la divulgation ; ou

ii) Dans la mesure où elle n'ordonne pas la divulgation, tirer toute conclusion qu'elle estime appropriée en l'espèce, lorsqu'elle juge l'accusé, quant à l'existence ou la non-existence d'un fait.

Art. 73. – *Renseignements ou documents émanant de tiers.* – Si un État Partie est requis par la Cour de fournir un document ou un renseignement en sa possession, sous sa garde ou sous son contrôle qui lui a été communiqué à titre confidentiel par un État, une organisation intergouvernementale ou une organisation internationale, il demande à celui dont il tient le renseignement ou le document l'autorisation de le divulguer. Si celui qui a communiqué le renseignement ou le document est un État Partie, il consent à la divulgation du renseignement ou du document, ou s'efforce de régler la question avec la Cour, sous réserve des dispositions de l'article 72. Si celui qui a communiqué le renseignement ou le document n'est pas un État Partie et refuse de consentir à la divulgation, l'État requis informe la Cour qu'il n'est pas en mesure de fournir le document ou le renseignement en raison d'une obligation préexistante de confidentialité à l'égard de celui dont il le tient.

Art. 74. – *Conditions requises pour la décision.* – 1. Tous les juges de la Chambre de première instance assistent à chaque phase du procès et à l'intégralité des débats. La présidence peut désigner au cas par cas un ou plusieurs juges suppléants, en fonction des disponibilités, pour assister également à toutes les phases du procès et remplacer un membre de la Chambre de première instance qui ne pourrait continuer de siéger.

2. La Chambre de première instance fonde sa décision sur son appréciation des preuves et sur l'ensemble des procédures. Sa décision ne peut aller au-delà des faits et des circonstances décrits dans les charges et les modifications apportées à celles-ci. Elle est fondée exclusivement sur les preuves produites et examinées au procès.

3. Les juges s'efforcent de prendre leur décision à l'unanimité, faute de quoi, ils la prennent à la majorité.

4. Les délibérations de la Chambre de première instance sont et demeurent secrètes.

5. La décision est présentée par écrit. Elle contient l'exposé complet et motivé des constatations de la Chambre de première instance sur les preuves et les conclusions. Il n'est prononcé qu'une seule décision. S'il n'y a pas unanimité, la décision contient les vues de la majorité et de la minorité. Il est donné lecture de la décision ou de son résumé en audience publique.

Art. 75. – *Réparation en faveur des victimes.* – 1. La Cour établit des principes applicables aux formes de réparation, telles que la restitution, l'indemnisation ou la réhabilitation, à accorder aux victimes ou à leurs ayants droit. Sur cette base, la Cour peut, sur demande, ou de son propre chef dans des circonstances exceptionnelles, déterminer dans sa décision l'ampleur du dommage, de la perte ou du préjudice causé aux victimes ou à leurs ayants droit, en indiquant les principes sur lesquels elle fonde sa décision.

2. La Cour peut rendre contre une personne condamnée une ordonnance indiquant la réparation qu'il convient d'accorder aux victimes ou à leurs ayants droit. Cette réparation peut prendre notamment la forme de la restitution, de l'indemnisation ou de la réhabilitation.

Le cas échéant, la Cour peut décider que l'indemnité accordée à titre de réparation est versée par l'intermédiaire du Fonds visé à l'article 79.

3. Avant de rendre une ordonnance en vertu du présent article, la Cour peut solliciter, et prend en considération, les observations de la personne condamnée, des victimes, des autres personnes intéressées ou des États intéressés, et les observations formulées au nom de ces personnes ou de ces États.

4. Lorsqu'elle exerce le pouvoir que lui confère le présent article et après qu'une personne a été reconnue coupable d'un crime relevant de sa compétence, la Cour peut déterminer s'il est nécessaire, pour donner effet aux ordonnances qu'elle rend en vertu du présent article, de demander des mesures au titre de l'article 93, paragraphe 1.

5. Les États Parties font appliquer les décisions prises en vertu du présent article comme si les dispositions de l'article 109 étaient applicables au présent article.

6. Les dispositions du présent article s'entendent sans préjudice des droits que le droit interne ou le droit international reconnaissent aux victimes.

Art. 76. – *Prononcé de la peine.* – 1. En cas de verdict de culpabilité, la Chambre de première instance fixe la peine à appliquer en tenant compte des conclusions et éléments de preuve pertinents présentés au procès.

2. Sauf dans les cas où l'article 65 s'applique et avant la fin du procès, la Chambre de première instance peut d'office, et doit à la demande du procureur ou de l'accusé, tenir une audience supplémentaire pour prendre connaissance de toutes nouvelles conclusions et de tous nouveaux éléments de preuve pertinents pour la fixation de la peine conformément au Règlement de procédure et de preuve.

3. Lorsque le paragraphe 2 s'applique, la Chambre de première instance entend les observations prévues à l'article 75 au cours de l'audience supplémentaire visée au paragraphe 2 et, au besoin, au cours de toute nouvelle audience.

4. La sentence est prononcée en audience publique et, lorsque cela est possible, en présence de l'accusé.

CHAPITRE VII. – LES PEINES

Art. 77. – *Peines applicables.* – 1. Sous réserve de l'article 110, la Cour peut prononcer contre une personne déclarée coupable d'un crime visé à l'article 5 du présent Statut l'une des peines suivantes :

a) Une peine d'emprisonnement à temps de trente ans au plus ; ou

b) Une peine d'emprisonnement à perpétuité, si l'extrême gravité du crime et la situation personnelle du condamné le justifient.

2. À la peine d'emprisonnement, la Cour peut ajouter :

a) Une amende fixée selon les critères prévus par le Règlement de procédure et de preuve ;

b) La confiscation des profits, biens et avoirs tirés directement ou indirectement du crime, sans préjudice des droits des tiers de bonne foi.

Art. 78. – *Fixation de la peine.* – 1. Lorsqu'elle fixe la peine, la Cour tient compte, conformément au Règlement de procédure et de preuve, de considérations telles que la gravité du crime et la situation personnelle du condamné.

2. Lorsqu'elle prononce une peine d'emprisonnement, la Cour en déduit le temps que le condamné a passé, sur son ordre, en détention. Elle peut également en déduire toute autre période passée en détention à raison d'un comportement lié au crime.

3. Lorsqu'une personne est reconnue coupable de plusieurs crimes, la Cour prononce une peine pour chaque crime et une peine unique indiquant la durée totale d'emprisonnement. Cette durée ne peut être inférieure à celle de la peine individuelle la plus lourde et ne peut être supérieure à trente ans ou à celle de la peine d'emprisonnement à perpétuité prévue à l'article 77, paragraphe 1, alinéa *b*.

Art. 79. – *Fonds au profit des victimes.* – 1. Un fonds est créé, sur décision de l'assemblée des États Parties, au profit des victimes de crimes relevant de la compétence de la Cour et de leurs familles.

2. La Cour peut ordonner que le produit des amendes et tout autre bien confisqué soient versés au fonds.

3. Le fonds est géré selon les principes fixés par l'assemblée des États Parties.

Art. 80. – *Le statut, l'application des peines par les États et le droit national.* – Rien dans le présent chapitre du Statut n'affecte l'application par les États des peines que prévoit leur droit interne, ni l'application du droit des États qui ne prévoient pas les peines prévues dans le présent chapitre.

CHAPITRE VIII. – APPEL ET RÉVISION

Art. 81. – *Appel d'une décision sur la culpabilité ou la peine.* – 1. Il peut être fait appel, conformément au Règlement de procédure et de preuve, d'une décision rendue en vertu de l'article 74 selon les modalités suivantes :

a) Le procureur peut interjeter appel pour l'un des motifs suivants :

i) Vice de procédure ;

ii) Erreur de fait ;

iii) Erreur de droit ;

b) La personne déclarée coupable, ou le procureur au nom de cette personne, peut interjeter appel pour l'un des motifs suivants :

i) Vice de procédure ;

ii) Erreur de fait ;

iii) Erreur de droit ;

iv) Tout autre motif de nature à compromettre l'équité ou la régularité de la procédure ou de la décision.

2. *a)* Le procureur ou le condamné peut, conformément au Règlement de procédure et de preuve, interjeter appel de la peine prononcée au motif d'une disproportion entre celle-ci et le crime ;

b) Si, à l'occasion d'un appel contre la peine prononcée, la Cour estime qu'il existe des motifs qui pourraient justifier l'annulation de tout ou partie de la décision sur la culpabilité, elle peut inviter le procureur et le condamné à invoquer les motifs énoncés à l'article 81, paragraphe 1, alinéas *a* ou *b*, et se prononcer sur la décision sur la culpabilité conformément à l'article 83 ;

c) La même procédure s'applique si, à l'occasion d'un appel concernant uniquement la décision sur la culpabilité, la Cour estime qu'il existe des motifs justifiant une réduction de la peine en vertu du paragraphe 2, alinéa *a* ;

3. *a)* À moins que la Chambre de première instance n'en décide autrement, la personne reconnue coupable reste détenue pendant la procédure d'appel ;

b) Lorsque la durée de la détention dépasse la durée de la peine prononcée, la personne reconnue coupable est mise en liberté ; toutefois, si le procureur fait également appel, la libération peut être subordonnée aux conditions énoncées à l'alinéa *c* ci-après ;

c) En cas d'acquittement, l'accusé est immédiatement mis en liberté, sous réserve des conditions suivantes :

i) Dans des circonstances exceptionnelles, et en fonction, notamment du risque d'évasion, de la gravité de l'infraction et des chances de voir l'appel aboutir, la Chambre de première instance peut, à la demande du procureur, ordonner le maintien en détention de l'accusé pendant la procédure d'appel ;

ii) La décision rendue par la Chambre de première instance en vertu du sous-alinéa i) est susceptible d'appel conformément au Règlement de procédure et de preuve.

4. Sous réserve des dispositions du paragraphe 3, alinéas *a* et *b*, il est sursis à l'exécution de la décision sur la culpabilité ou la peine durant le délai consenti pour le recours en appel et durant la procédure d'appel.

Art. 82. – *Appel d'autres décisions.* – 1. L'une ou l'autre partie peut faire appel, conformément au Règlement de procédure et de preuve, de l'une des décisions ci-après :

a) Décision sur la compétence ou la recevabilité ;

b) Décision accordant ou refusant la mise en liberté de la personne faisant l'objet d'une enquête ou de poursuites ;

c) Décision de la Chambre préliminaire d'agir de sa propre initiative en vertu de l'article 56, paragraphe 3 ;

d) Décision soulevant une question de nature à affecter de manière appréciable le déroulement équitable et rapide de la procédure ou l'issue du procès, et dont le règlement immédiat par la Chambre d'appel pourrait, de l'avis de la Chambre préliminaire ou de la Chambre de première instance, faire sensiblement progresser la procédure.

2. La décision de la Chambre préliminaire visée à l'article 57, paragraphe 3, alinéa *d*, est susceptible d'appel de la part de l'État concerné ou du procureur, avec l'autorisation de la Chambre préliminaire. Cet appel est examiné selon une procédure accélérée.

3. L'appel n'a d'effet suspensif que si la Chambre d'appel l'ordonne sur requête présentée conformément au Règlement de procédure et de preuve.

4. Le représentant légal des victimes, la personne condamnée ou le propriétaire de bonne foi d'un bien affecté par une ordonnance rendue en vertu de l'article 75 peut relever appel de cette ordonnance conformément au Règlement de procédure et de preuve.

Art. 83. – *Procédure d'appel.* – 1. Aux fins des procédures visées à l'article 81 et au présent article, la Chambre d'appel a tous les pouvoirs de la Chambre de première instance.

2. Si la Chambre d'appel conclut que la procédure faisant l'objet de l'appel est viciée au point de porter atteinte à la régularité de la décision ou de la condamnation, ou que la condamnation faisant l'objet de l'appel est sérieusement entachée d'une erreur, de fait ou de droit, elle peut :

a) Annuler ou modifier la décision ou la condamnation ; ou

b) Ordonner un nouveau procès devant une chambre de première instance différente.

À ces fins, la Chambre d'appel peut renvoyer une question de fait devant la Chambre de première instance initialement saisie afin que celle-ci tranche la question et lui fasse rapport, ou elle peut elle-même demander des éléments de preuve afin de trancher. Lorsque seule la personne condamnée, ou le procureur en son nom, a interjeté appel de la décision ou de la condamnation, celle-ci ne peut être modifiée à son détriment.

3. Si, dans le cadre de l'appel d'une condamnation, la Chambre d'appel constate que la peine est disproportionnée par rapport au crime, elle peut la modifier conformément au chapitre VII.

4. L'arrêt de la Chambre d'appel est adopté à la majorité des juges et rendu en audience publique. Il est motivé. Lorsqu'il n'y a pas unanimité, il contient les vues de la majorité et de la minorité, mais un juge peut présenter une opinion individuelle ou une opinion dissidente sur une question de droit.

5. La Chambre d'appel peut prononcer son arrêté en l'absence de la personne acquittée ou condamnée.

Art. 84. – *Révision d'une décision sur la culpabilité ou la peine.* – 1. La personne déclarée coupable ou, si elle est décédée, son conjoint, ses enfants, ses parents ou toute personne vivant au moment de son décès qu'elle a mandatée par écrit expressément à cette fin, ou le procureur agissant au nom de cette personne, peuvent saisir la Chambre d'appel d'une requête en révision de la décision définitive sur la culpabilité ou la peine pour les motifs suivants :

a) Il a été découvert un fait nouveau qui :

i) N'était pas connu au moment du procès sans que cette circonstance puisse être imputée, en totalité ou en partie, au requérant ; et

ii) S'il avait été établi lors du procès, aurait vraisemblablement entraîné un verdict différent ;

b) Il a été découvert qu'un élément de preuve décisif, retenu lors du procès et sur la base duquel la culpabilité a été établie, était faux, contrefait ou falsifié ;

c) Un ou plusieurs des juges qui ont participé à la décision sur la culpabilité ou qui ont confirmé les charges ont commis dans cette affaire un acte constituant une faute lourde ou un manquement à leurs devoirs d'une gravité suffisante pour justifier qu'ils soient relevés de leurs fonctions en application de l'article 46.

2. La Chambre d'appel rejette la requête si elle la juge infondée. Si elle estime que la requête est fondée sur des motifs valables, elle peut, selon ce qui convient :

a) Réunir à nouveau la Chambre de première instance qui a rendu le jugement initial ;

b) Constituer une nouvelle chambre de première instance ;

c) Rester saisie de l'affaire,

afin de déterminer, après avoir entendu les parties selon les modalités prévues dans le Règlement de procédure et de preuve, si le jugement doit être révisé.

Art. 85. – *Indemnisation des personnes arrêtées ou condamnées.* – 1. Quiconque a été victime d'une arrestation ou mise en détention illégales a droit à réparation.

2. Lorsqu'une condamnation définitive est ultérieurement annulée parce qu'un fait nouveau ou nouvellement révélé prouve qu'il s'est produit une erreur judiciaire, la personne qui a subi une peine en raison de cette condamnation est indemnisée conformément à la loi, à moins qu'il ne soit prouvé que la non-révélation en temps utile du fait inconnu lui est imputable en tout ou partie.

3. Dans des circonstances exceptionnelles, si la Cour constate, au vu de faits probants, qu'une erreur judiciaire grave et manifeste a été commise, elle peut, à sa discrétion, accorder une indemnité conforme aux critères énoncés dans le Règlement de procédure et de preuve à une personne qui avait été placée en détention et a été libérée à la suite d'un acquittement définitif ou parce qu'il a été mis fin aux poursuites pour ce motif.

CHAPITRE IX. – COOPÉRATION INTERNATIONALE ET ASSISTANCE JUDICIAIRE

Art. 86. – *Obligation générale de coopérer.* – Conformément aux dispositions du présent Statut, les États Parties coopèrent pleinement avec la Cour dans les enquêtes et poursuites qu'elle mène pour les crimes relevant de sa compétence.

Art. 87. – *Demandes de coopération : dispositions générales.* – 1. *a)* La Cour est habilitée à adresser des demandes de coopération aux États Parties. Ces demandes sont transmises par la voie diplomatique ou toute autre voie appropriée que chaque État Partie choisit au moment de la ratification, de l'acceptation ou de l'approbation du présent Statut ou de l'adhésion à celui-ci.

Toute modification ultérieure du choix de la voie de transmission est faite par chaque État Partie conformément au Règlement de procédure et de preuve.

b) S'il y a lieu, et sans préjudice des dispositions de l'alinéa *a*, les demandes peuvent être également transmises par l'Organisation internationale de police criminelle Interpol ou par toute organisation régionale compétente.

2. Les demandes de coopération et les pièces justificatives y afférentes sont soit rédigées dans une langue officielle de l'État requis ou accompagnées d'une traduction dans cette langue, soit rédigées dans l'une des langues de travail de la Cour ou accompagnées d'une traduction dans l'une de ces langues, selon le choix fait par l'État requis au moment de la ratification, de l'acceptation ou de l'approbation du présent Statut ou de l'adhésion à celui-ci.

Toute modification ultérieure de ce choix est faite conformément au Règlement de procédure et de preuve.

3. L'État requis respecte le caractère confidentiel des demandes de coopération et des pièces justificatives y afférentes, sauf dans la mesure où leur divulgation est nécessaire pour donner suite à la demande.

4. En ce qui concerne les demandes d'assistance présentées au titre du présent chapitre, la Cour peut rendre, notamment en matière de protection des renseignements, les mesures qui peuvent être nécessaires pour garantir la sécurité et le bien-être physique ou psychologique des victimes, des témoins potentiels et des membres de leur

famille. La Cour peut demander que tout renseignement fourni au titre du présent chapitre soit communiqué et traité de telle sorte que soient préservés la sécurité et le bien-être physique ou psychologique des victimes, des témoins potentiels et des membres de leur famille.

5. *a)* La Cour peut inviter tout État non Partie au présent Statut à prêter son assistance au titre du présent chapitre sur la base d'un arrangement ad hoc ou d'un accord conclu avec cet État ou sur toute autre base appropriée.

b) Si, ayant conclu avec la Cour un arrangement ad hoc ou un accord, un État non Partie au présent Statut n'apporte pas l'assistance qui lui est demandée en vertu de cet arrangement ou de cet accord, la Cour peut en informer l'Assemblée des États Parties, ou le Conseil de sécurité lorsque c'est celui-ci qui l'a saisie.

6. La Cour peut demander des renseignements ou des documents à toute organisation intergouvernementale. Elle peut également solliciter d'autres formes de coopération et d'assistance dont elle est convenue avec une organisation intergouvernementale et qui sont conformes aux compétences ou au mandat de celle-ci.

7. Si un État Partie n'accède pas à une demande de coopération de la Cour contrairement à ce que prévoit le présent Statut, et l'empêche ainsi d'exercer les fonctions et les pouvoirs que lui confère le présent Statut, la Cour peut en prendre acte et en référer à l'Assemblée des États Parties ou au Conseil de sécurité lorsque c'est celui-ci qui l'a saisie.

Art. 88. – *Procédures disponibles selon la législation nationale.* – Les États Parties veillent à prévoir dans leur législation nationale les procédures qui permettent la réalisation de toutes les formes de coopération visées dans le présent chapitre.

Art. 89. – *Remise de certaines personnes à la Cour.* – 1. La Cour peut présenter à tout État sur le territoire duquel une personne est susceptible de se trouver une demande accompagnée des pièces justificatives indiquées à l'article 91, tendant à ce que cette personne soit arrêtée et lui soit remise, et sollicite la coopération de cet État pour l'arrestation et la remise de la personne. Les États Parties répondent à toute demande d'arrestation et de remise conformément aux dispositions du présent chapitre et aux procédures prévues par leur législation nationale.

2. Lorsque la personne dont la remise est sollicitée saisit une juridiction nationale d'une contestation fondée sur le principe *non bis in idem*, comme prévu à l'article 20, l'État requis consulte immédiatement la Cour pour savoir s'il y a eu en l'espèce une décision sur la recevabilité. S'il a été décidé que l'affaire est recevable, l'État requis donne suite à la demande. Si la décision sur la recevabilité est pendante, l'État requis peut différer l'exécution de la demande jusqu'à ce que la Cour ait statué.

3. *a)* Les États Parties autorisent le transport à travers leur territoire, conformément aux procédures prévues par leur législation nationale, de toute personne transférée à la Cour par un autre État, sauf dans le cas où le transit par leur territoire gênerait ou retarderait la remise ;

b) Une demande de transit est transmise par la Cour conformément à l'article 87. Elle contient :

i) Le signalement de la personne transportée ;

ii) Un bref exposé des faits et de leur qualification juridique ; et

iii) Le mandat d'arrêt et de l'ordonnance de remise ;

c) La personne transportée reste détenue pendant le transit ;

d) Aucune autorisation n'est nécessaire si la personne est transportée par voie aérienne et si aucun atterrissage n'est prévu sur le territoire de l'État de transit ;

e) Si un atterrissage imprévu a lieu sur le territoire de l'État de transit, celui-ci peut exiger de la Cour la présentation d'une demande de transit dans les formes prescrites à l'alinéa *b*. L'État de transit place la personne transportée en détention jusqu'à la réception de la demande de transit et l'accomplissement effectif du transit. Toutefois, la détention au titre du présent alinéa ne peut se prolonger au-delà de 96 heures après l'atterrissage imprévu si la demande n'est pas reçue dans ce délai.

4. Si la personne réclamée fait l'objet de poursuites ou exécute une peine dans l'État requis pour un crime différent de celui pour lequel sa remise à la Cour est demandée, cet État, après avoir décidé d'accéder à la demande de la Cour, consulte celle-ci.

Art. 90. – *Demandes concurrentes.* – 1. Si un État Partie reçoit de la Cour, conformément à l'article 89, une demande de remise et reçoit par ailleurs de tout autre État une demande d'extradition de la même personne pour le même comportement, qui constitue la base du crime pour lequel la Cour demande la remise de cette personne, il en avise la Cour et l'État requérant.

2. Lorsque l'État requérant est un État Partie, l'État requis donne la priorité à la demande de la Cour :

a) Si la Cour a décidé, en application des articles 18 ou 19, que l'affaire que concerne la demande de remise est recevable en tenant compte de l'enquête menée ou des poursuites engagées par l'État requérant en relation avec la demande d'extradition de celui-ci ; ou

b) Si la Cour prend la décision visée à l'alinéa *a* à la suite de la notification faite par l'État requis en application du paragraphe 1.

3. Lorsque la Cour n'a pas pris la décision visée au paragraphe 2, alinéa *a*, l'État requis peut, s'il le souhaite, commencer à instruire la demande d'extradition de l'État requérant en attendant que la Cour se prononce comme prévu à l'alinéa *b*. Il n'extrade pas la personne tant que la Cour n'a pas jugé l'affaire irrecevable. La Cour se prononce selon une procédure accélérée.

4. Si l'État requérant est un État non partie au présent Statut, l'État requis, s'il n'est pas tenu par une obligation internationale d'extrader l'intéressé vers l'État requérant, donne la priorité à la demande de remise de la Cour, si celle-ci a jugé que l'affaire était recevable.

5. Quand une affaire relevant du paragraphe 4 n'a pas été jugée recevable par la Cour, l'État requis peut, s'il le souhaite, commencer à instruire la demande d'extradition de l'État requérant.

6. Dans les cas où le paragraphe 4 s'applique mais que l'État requis est tenu par une obligation internationale d'extrader la personne vers l'État non partie requérant, l'État requis détermine s'il y a lieu de remettre la personne à la Cour ou de l'extrader vers l'État requérant. Dans sa décision, il tient compte de toutes les considérations pertinentes, notamment :

a) L'ordre chronologique des demandes ;

b) Les intérêts de l'État requérant, en particulier, le cas échéant, le fait que le crime a été commis sur son territoire et la nationalité des victimes et de la personne réclamée ; et

c) La possibilité d'une remise ultérieure de cette personne entre la Cour et l'État requérant.

7. Si un État Partie reçoit de la Cour une demande de remise et reçoit par ailleurs d'un autre État une demande d'extradition de la même personne pour un comportement différent de celui qui constitue le crime pour lequel la Cour demande la remise :

a) L'État requis donne la priorité à la demande de la Cour s'il n'est pas tenu par une obligation internationale d'extrader la personne vers l'État requérant ;

b) S'il est tenu par une obligation internationale d'extrader la personne vers l'État requérant, l'État requis soit remet cette personne à la Cour soit l'extrade vers l'État requérant. Dans son choix, il tient compte de toutes les considérations pertinentes, notamment celles qui sont énoncées au paragraphe 6, mais accorde une importance particulière à la nature et à la gravité relative du comportement en cause.

8. Lorsqu'à la suite d'une notification reçue en application du présent article, la Cour a jugé une affaire irrecevable et que l'extradition vers l'État requérant est ultérieurement refusée, l'État requis avise la Cour de cette décision.

Art. 91. – *Contenu de la demande d'arrestation et de remise.* – 1. Une demande d'arrestation et de remise est faite par écrit. En cas d'urgence, elle peut être faite par tout moyen laissant une trace écrite, à condition d'être confirmée selon les modalités prévues à l'article 87, paragraphe 1, alinéa *a*.

2. Si la demande concerne l'arrestation et la remise d'une personne faisant l'objet d'un mandat d'arrêt délivré par la Chambre préliminaire en vertu de l'article 58, elle contient ou est accompagnée d'un dossier contenant les pièces justificatives suivantes :

a) Le signalement de la personne recherchée, suffisant pour l'identifier, et des renseignements sur le lieu où elle se trouve probablement ;

b) Une copie du mandat d'arrêt ; et

c) Les documents, déclarations et renseignements qui peuvent être exigés dans l'État requis pour procéder à la remise ; toutefois, les exigences de l'État requis ne doivent pas être plus lourdes dans ce cas que dans celui des demandes d'extradition présentées en application de traités ou arrangements conclus entre l'État requis et d'autres États et devraient même, si possible, l'être moins, eu égard au caractère particulier de la Cour.

3. Si la demande concerne l'arrestation et la remise d'une personne qui a déjà été reconnue coupable, elle contient ou est accompagnée d'un dossier contenant les pièces justificatives suivantes :

a) Une copie de tout mandat d'arrêt visant cette personne ;

b) Une copie du jugement ;

c) Des renseignements attestant que la personne recherchée est bien celle visée par le jugement ; et *d)* Si la personne recherchée a été condamnée à une peine, une copie de la condamnation, avec, dans le cas d'une peine d'emprisonnement, indication du temps déjà accompli et du temps restant à accomplir.

4. À la demande de la Cour, un État Partie tient avec celle-ci, soit d'une manière générale, soit à propos d'une question particulière, des consultations sur les conditions prévues par sa législation interne qui pourraient s'appliquer selon le paragraphe 2, alinéa *c*. Lors de ces consultations, l'État Partie informe la Cour des exigences particulières de sa législation.

Art. 92. – *Arrestation provisoire.* – 1. En cas d'urgence, la Cour peut demander l'arrestation provisoire de la personne recherchée en attendant que soient présentées la demande de remise et les pièces justificatives visées à l'article 91.

2. La demande d'arrestation provisoire est faite par tout moyen laissant une trace écrite et contient :

a) Le signalement de la personne recherchée, suffisant pour l'identifier, et des renseignements sur le lieu où elle se trouve probablement ;

b) L'exposé succinct des crimes pour lesquels la personne est recherchée et des faits qui seraient constitutifs de ces crimes, y compris, si possible, la date et le lieu où ils se seraient produits.

c) Une déclaration affirmant l'existence à l'encontre de la personne recherchée d'un mandat d'arrêt ou d'un jugement établissant sa culpabilité ; et

d) Une déclaration indiquant qu'une demande de remise de la personne recherchée suivra.

3. Une personne provisoirement arrêtée peut être remise en liberté si l'État requis n'a pas reçu la demande de remise et les pièces justificatives visées à l'article 91 dans le délai prescrit par le Règlement de procédure et de preuve. Toutefois, cette personne peut consentir à être remise avant l'expiration de ce délai si la législation de l'État requis le permet. Dans ce cas, l'État requis procède aussitôt que possible à sa remise à la Cour.

4. La mise en liberté de la personne recherchée prévu au paragraphe 3, est sans préjudice de son arrestation ultérieure et de sa remise si la demande de remise accompagnée des pièces justificatives est présentée par la suite.

Art. 93. – *Autres formes de coopération.* – 1. Les États Parties font droit, conformément aux dispositions du présent chapitre et aux procédures prévues par leur législation nationale, aux demandes d'assistance de la Cour liées à une enquête ou à des poursuites et concernant :

a) L'identification d'une personne, le lieu où elle se trouve ou la localisation de biens ;

b) Le rassemblement d'éléments de preuve, y compris les dépositions faites sous serment, et la production d'éléments de preuve, y compris les expertises et les rapports dont la Cour a besoin ;

c) L'interrogatoire des personnes faisant l'objet d'une enquête ou de poursuite ;

d) La signification de documents, y compris les pièces de procédure ;

e) Les mesures propres à faciliter la comparution volontaire devant la Cour de personnes déposant comme témoins ou experts ;

f) Le transfèrement temporaire de personnes en vertu du paragraphe 7 ;

g) L'examen de localités ou de sites, notamment l'exhumation et l'examen de cadavres enterrés dans des fosses communes ;

h) L'exécution de perquisitions et de saisies ;

i) La transmission de dossiers et de documents, y compris les dossiers et les documents officiels ;

j) La protection des victimes et des témoins et la préservation des éléments de preuve ;

k) L'identification, la localisation, le gel ou la saisie du produit des crimes, des biens, des avoirs et des instruments qui sont liés aux crimes, aux fins de leur confiscation éventuelle, sans préjudice des droits des tiers de bonne foi ; et

l) Toute autre forme d'assistance non interdite par la législation de l'État requis propre à faciliter l'enquête et les poursuites relatives aux crimes relevant de la compétence de la Cour.

2. La Cour est habilitée à fournir à un témoin ou à un expert comparaissant devant elle l'assurance qu'il ne sera ni poursuivi, ni détenu, ni soumis par elle à une restriction quelconque de sa liberté personnelle pour un acte ou une omission antérieurs à son départ de l'État requis.

3. Si l'exécution d'une mesure particulière d'assistance décrite dans une demande présentée en vertu du paragraphe 1 est interdite dans l'État requis en vertu d'un principe juridique fondamental d'application générale, ledit État engage sans tarder des consultations avec la Cour pour tenter de régler la question. Au

cours de ces consultations, il est envisagé d'apporter l'assistance demandée sous une autre forme ou sous certaines conditions. Si la question n'est pas réglée à l'issue des consultations, la Cour modifie la demande.

4. Conformément à l'article 72, un État Partie ne peut rejeter, totalement ou partiellement, une demande d'assistance de la Cour que si cette demande a pour objet la production de documents ou la divulgation d'éléments de preuve qui touchent à sa sécurité nationale ;

5. Avant de rejeter une demande d'assistance visée au paragraphe 1, alinéa l, l'État requis détermine si l'assistance peut être fournie sous certaines conditions, ou pourrait l'être ultérieurement ou sous une autre forme, étant entendu que si la Cour ou le procureur acceptent ces conditions, ils sont tenus de les observer.

6. L'État requis qui rejette une demande d'assistance fait connaître sans retard ses raisons à la Cour ou au procureur.

7. *a)* La Cour peut demander le transfèrement temporaire d'une personne détenue aux fins d'identification ou pour obtenir un témoignage ou d'autres formes d'assistance. Cette personne peut être transférée si les conditions suivantes sont remplies :

i) La personne donne librement et en connaissance de cause son consentement au transfèrement ; et

ii) L'État requis donne son accord au transfèrement, sous réserve des conditions dont cet État et la Cour peuvent convenir.

b) La personne transférée reste détenue. Une fois l'objectif du transfèrement atteint, la Cour renvoie sans délai cette personne dans l'État requis.

8. *a)* La Cour préserve le caractère confidentiel des pièces et renseignements recueillis, sauf dans la mesure nécessaire à l'enquête et aux procédures décrites dans la demande ;

b) L'État requis peut au besoin communiquer des documents ou des renseignements au procureur à titre confidentiel. Le procureur ne peut alors les utiliser que pour recueillir des éléments de preuve nouveaux ;

c) L'État requis peut, soit d'office, soit à la demande du procureur, autoriser par la suite la divulgation de ces documents ou renseignements. Ceux-ci peuvent alors être utilisés comme moyen de preuve conformément aux dispositions des chapitres V et VI et au Règlement de procédure et de preuve.

9. *a)* i) Si un État Partie reçoit, d'une part, de la Cour et, d'autre part, d'un autre État dans le cadre d'une obligation internationale, des demandes concurrentes ayant un autre objet que la remise ou l'extradition, il s'efforce, en consultation avec la Cour et cet autre État, de faire droit aux deux demandes, au besoin en différant l'une ou l'autre ou en la subordonnant à certaines conditions,

ii) À défaut, la concurrence des demandes est résolue conformément aux principes établis à l'article 90.

b) Toutefois, lorsque la demande de la Cour concerne des renseignements, des biens ou des personnes qui se trouvent sous l'autorité d'un État tiers ou d'une organisation internationale en vertu d'un accord international, l'État requis en informe la Cour et celle-ci adresse sa demande à l'État tiers ou à l'organisation internationale.

10. *a)* Si elle reçoit une demande en ce sens, la Cour peut coopérer avec l'État Partie qui mène une enquête ou un procès concernant un comportement qui constitue un crime relevant de la compétence de la Cour ou un crime grave au regard du droit interne de cet État, et prêter assistance à cet État.

b) i) Cette assistance comprend notamment :

1° La transmission de dépositions, documents et autres éléments de preuve recueillis au cours d'une enquête ou d'un procès menés par la Cour ; et

2° L'interrogatoire de toute personne détenue par ordre de la Cour ;

ii) Dans le cas visé au point *a* du sous-alinéa *b, i, a* :

a) La transmission des documents et autres éléments de preuve obtenus avec l'assistance d'un État requiert le consentement de cet État ;

b) La transmission des dépositions, documents et autres éléments de preuve fournis par un témoin ou par un expert se fait conformément aux dispositions de l'article 68.

c) La Cour peut, dans les conditions énoncées au présent paragraphe, faire droit à une demande d'assistance émanant d'un État qui n'est pas partie au présent Statut.

Art. 94. – *Sursis à exécution d'une demande à raison d'une enquête ou de poursuites en cours.* – 1. Si l'exécution immédiate d'une demande devait nuire au bon déroulement de l'enquête ou des poursuites en cours dans une affaire différente de celle à laquelle se rapporte la demande, l'État requis peut surseoir à l'exécution de celle-ci pendant un temps fixé d'un commun accord avec la Cour. Toutefois, ce sursis ne dure pas plus qu'il n'est nécessaire pour mener à bien l'enquête ou les poursuites en question dans l'État requis. Avant de décider de surseoir à l'exécution de la demande, l'État requis examine si l'assistance peut être fournie immédiatement sous certaines conditions.

2. Si la décision est prise de surseoir à l'exécution de la demande en application du paragraphe 1, le procureur peut toutefois demander l'adoption de mesures pour préserver les éléments de preuve, en vertu de l'article 93, paragraphe 1, alinéa *j*.

Art. 95. – *Sursis à exécution d'une demande en raison d'une exception d'irrecevabilité.* – Lorsque la Cour examine une exception d'irrecevabilité conformément aux articles 18 ou 19, l'État requis peut surseoir à l'exécution d'une demande faite au titre du présent chapitre en attendant que la Cour ait statué, à moins que la Cour n'ait expressément décidé que le procureur pouvait continuer de rassembler des éléments de preuve en application des articles 18 ou 19.

Art. 96. – *Contenu d'une demande portant sur d'autres formes de coopération visées à l'article 93.* – 1. Une demande portant sur d'autres formes de coopération visées à l'article 93 est faite par écrit. En cas d'urgence, elle peut être faite par tout moyen laissant une trace écrite, à condition d'être confirmée selon les modalités indiquées à l'article 87, paragraphe 1, alinéa *a*.

2. La demande contient ou est accompagnée d'un dossier contenant les éléments suivants :

a) L'exposé succinct de l'objet de la demande et de la nature de l'assistance demandée, y compris les fondements juridiques et les motifs de la demande ;

b) Des renseignements aussi détaillés que possible sur la personne ou le lieu qui doivent être identifiés ou localisés, de manière que l'assistance demandée puisse être fournie ;

c) L'exposé succinct des faits essentiels qui justifient la demande ;

d) L'exposé des motifs et l'explication détaillée des procédures ou des conditions à respecter ;

e) Tout renseignement que peut exiger la législation de l'État requis pour qu'il soit donné suite à la demande ; et

f) Tout autre renseignement utile pour que l'assistance demandée puisse être fournie.

3. À la demande de la Cour, un État Partie tient avec celle-ci, soit d'une manière générale, soit à propos d'une question particulière, des consultations sur les conditions prévues par sa législation qui pourraient s'appliquer comme prévu au paragraphe 2, alinéa e. Lors de ces consultations, l'État Partie informe la Cour des exigences particulières de sa législation.

4. Les dispositions du présent article s'appliquent aussi, le cas échéant, à une demande d'assistance adressée à la Cour.

Art. 97. – *Consultations.* – Lorsqu'un État Partie est saisi d'une demande au titre du présent chapitre et constate qu'elle soulève des difficultés qui pourraient en gêner ou en empêcher l'exécution, il consulte la Cour sans tarder en vue de régler la question. Ces difficultés peuvent prendre notamment les formes suivantes :

a) Les informations ne sont pas suffisantes pour donner suite à la demande ;

b) Dans le cas d'une demande de remise, la personne réclamée reste introuvable en dépit de tous les efforts, ou les recherches ont permis d'établir que la personne se trouvant dans l'État requis n'est manifestement pas celle que vise le mandat ; ou

c) L'État requis serait contraint, pour donner suite à la demande sous sa forme actuelle, de violer une obligation conventionnelle qu'il a déjà à l'égard d'un autre État.

Art. 98. – *Coopération en relation avec la renonciation à l'immunité et le consentement à la remise.* – 1. La Cour ne peut présenter une demande de remise ou d'assistance qui contraindrait l'État requis à agir de façon incompatible avec les obligations qui lui incombent en droit international en matière d'immunité des États ou d'immunité diplomatique d'une personne ou de biens d'un État tiers, à moins d'obtenir au préalable la coopération de cet État tiers en vue de la levée de l'immunité.

2. La Cour ne peut poursuivre l'exécution d'une demande de remise qui contraindrait l'État requis à agir de façon incompatible avec les obligations qui lui incombent en vertu d'accords internationaux selon lesquels le consentement de l'État d'envoi est nécessaire pour que soit remise à la Cour une personne relevant de cet État, à moins que la Cour ne puisse au préalable obtenir la coopération de l'État d'envoi pour qu'il consente à la remise.

Art. 99. – *Exécution des demandes présentées au titre des articles 93 et 96.* – 1. L'État requis donne suite aux demandes d'assistance conformément à la procédure prévue par sa législation et, à moins que cette législation ne l'interdise, de la manière précisée dans la demande, y compris en appliquant toute procédure indiquée dans celle-ci ou autorisant les personnes qu'elle précise à être présentes et à participer à l'exécution de la demande.

2. En cas de demande urgente, les documents ou éléments de preuve produits pour y répondre sont, à la requête de la Cour, envoyés d'urgence.

3. Les réponses de l'État requis sont communiquées dans leur langue et sous leur forme originales.

4. Sans préjudice des autres articles du présent chapitre, lorsque cela est nécessaire pour exécuter efficacement une demande à laquelle il peut être donné suite sans recourir à des mesures de contrainte, notamment lorsqu'il s'agit d'entendre ou de faire déposer une personne agissant de son plein gré, y compris hors de la présence des autorités de l'État Partie requis quand cela est déterminant pour la bonne exécution de la demande, ou lorsqu'il s'agit d'inspecter un site public ou un autre lieu public sans le modifier, le procureur peut réaliser l'objet de la demande directement sur le territoire de l'État, selon les modalités suivantes :

a) Lorsque l'État requis est l'État sur le territoire duquel il est allégué que le crime a été commis et qu'il y a eu une décision sur la recevabilité comme prévu aux articles 18 ou 19, le procureur peut exécuter directement la demande, après avoir mené avec l'État requis des consultations aussi étendues que possible ;

b) Dans les autres cas, le procureur peut exécuter la demande après consultations avec l'État Partie requis et eu égard aux conditions ou préoccupations raisonnables que cet État a éventuellement fait valoir. Lorsque l'État requis constate que l'exécution d'une demande relevant du présent alinéa soulève des difficultés, il consulte aussitôt la Cour en vue d'y remédier.

5. Les dispositions autorisant la personne entendue ou interrogée par la Cour au titre de l'article 72 à invoquer les restrictions prévues pour empêcher la divulgation d'informations confidentielles touchant à la sécurité nationale s'appliquent également à l'exécution des demandes d'assistance relevant du présent article.

Art. 100. – *Dépenses.* – 1. Les dépenses ordinaires afférentes à l'exécution des demandes sur le territoire de l'État requis sont à la charge de cet État, à l'exception des frais suivants, qui sont à la charge de la Cour :

a) Frais liés aux voyages et à la protection des témoins et des experts ou au transfèrement des détenus en vertu de l'article 93 ;

b) Frais de traduction, d'interprétation et de transcription ;

c) Frais de déplacement et de séjour des juges, du procureur, des procureurs adjoints, du greffier, du greffier adjoint et des membres du personnel de tous les organes de la Cour ;

d) Coût des expertises ou rapports demandés par la Cour ;

e) Frais liés au transport des personnes remises à la Cour par l'État de détention ; et

f) Après consultation, tous frais extraordinaires que peut entraîner l'exécution d'une demande.

2. Les dispositions du paragraphe 1 s'appliquent, selon qu'il convient, aux demandes adressées à la Cour par les États Parties. Dans ce cas, la Cour prend à sa charge les frais ordinaires de l'exécution.

Art. 101. – *Règle de la spécialité.* – 1. Une personne remise à la Cour en application du présent Statut ne peut être poursuivie, punie ou détenue à raison de comportements antérieurs à sa remise, à moins que ceux-ci ne soient constitutifs des crimes pour lesquels elle a été remise.

2. La Cour peut solliciter de l'État qui lui a remis une personne une dérogation aux conditions posées au paragraphe 1. Elle fournit au besoin des renseignements supplémentaires conformément à l'article 91. Les États Parties sont habilités à accorder une dérogation à la Cour et doivent s'efforcer de le faire.

Art. 102. – *Emploi des termes.* – Aux fins du présent Statut :

a) On entend par « remise » le fait pour un État de livrer une personne à la Cour en application du présent Statut.

b) On entend par « extradition » le fait pour un État de livrer une personne à un autre État en application d'un traité, d'une convention ou de la législation nationale.

CHAPITRE X. – EXÉCUTION

Art. 103. – *Rôle des États dans l'exécution des peines d'emprisonnement.* – 1. *a)* Les peines d'emprisonnement sont accomplies dans un État désigné par la Cour sur la liste des États qui lui ont fait savoir qu'ils étaient disposés à recevoir des condamnés.

ANNEXE 4

b) Lorsqu'il déclare qu'il est disposé à recevoir des condamnés, un État peut assortir son acceptation de conditions qui doivent être agréées par la Cour et être conformes aux dispositions du présent chapitre ;

c) L'État désigné dans une affaire donnée fait savoir promptement à la Cour s'il accepte ou non sa désignation.

2. *a)* L'État chargé de l'exécution avise la Cour de toute circonstance, y compris la réalisation de toute condition convenue en application du paragraphe 1, qui serait de nature à modifier sensiblement les conditions ou la durée de la détention. La Cour est avisée au moins quarante-cinq jours à l'avance de toute circonstance de ce type connue ou prévisible. Pendant ce délai, l'État chargé de l'exécution ne prend aucune mesure qui pourrait être contraire à ses obligations en vertu de l'article 110 ;

b) Si la Cour ne peut accepter le changement de circonstances visées à l'alinéa *a*, elle en avise l'État chargé de l'exécution et procède conformément à l'article 104, paragraphe 1.

3. Quand elle exerce son pouvoir de désignation conformément au paragraphe 1, la Cour prend en considération :

a) Le principe selon lequel les États Parties doivent partager la responsabilité de l'exécution des peines d'emprisonnement conformément aux principes de répartition équitable énoncés dans le Règlement de procédure et de preuve ;

b) Les règles conventionnelles du droit international généralement acceptées qui régissent le traitement des détenus ;

c) Les vues de la personne condamnée ;

d) La nationalité de la personne condamnée ;

e) Toute autre circonstance relative au crime, à la situation de la personne condamnée ou à l'exécution effective de la peine, susceptible de guider le choix de l'État chargé de l'exécution.

4. Si aucun État n'est désigné comme prévu au paragraphe 1, la peine d'emprisonnement est accomplie dans un établissement pénitentiaire fourni par l'État hôte, dans les conditions définies par l'accord de siège visé à l'article 3, paragraphe 2. Dans ce cas, les dépenses afférentes à l'exécution de la peine sont à la charge de la Cour.

Art. 104. – *Modification de la désignation de l'État chargé de l'exécution.* – 1. La Cour peut décider à tout moment de transférer un condamné dans une prison d'un autre État.

2. La personne condamnée par la Cour peut à tout moment demander à celle-ci son transfert hors de l'État chargé de l'exécution.

Art. 105. – *Exécution de la peine.* – 1. Sous réserve des conditions qu'un État a éventuellement formulées comme le prévoit l'article 103, paragraphe 1, alinéa *b*, la peine d'emprisonnement est exécutoire pour les États Parties, qui ne peuvent en aucun cas la modifier.

2. La Cour a seule le droit de se prononcer sur une demande de révision de sa décision sur la culpabilité ou la peine. L'État chargé de l'exécution n'empêche pas le condamné de présenter une telle demande.

Art. 106. – *Contrôle de l'exécution de la peine et conditions de détention.* – 1. L'exécution d'une peine d'emprisonnement est soumise au contrôle de la Cour. Elle est conforme aux règles conventionnelles internationales largement acceptées en matière de traitement des détenus.

2. Les conditions de détention sont régies par la législation de l'État chargé de l'exécution. Elles sont conformes aux règles conventionnelles internationales largement acceptées en matière de traitement des détenus. Elles ne peuvent en aucun cas être ni plus ni moins favorables que celles que l'État chargé de l'exécution réserve aux détenus condamnés pour des infractions similaires.

3. Les communications entre le condamné et la Cour sont libres et confidentielles.

Art. 107. – *Transfèrement du condamné qui a accompli sa peine.* – 1. Une fois sa peine purgée, une personne qui n'est pas un ressortissant de l'État chargé de l'exécution peut être transférée, conformément à la législation de l'État chargé de l'exécution, dans un autre État qui accepte ou est tenu de l'accueillir ou dans un autre État qui accepte de l'accueillir en réponse au souhait qu'elle a formulé d'être transférée dans cet État, à moins que l'État chargé de l'exécution n'autorise cette personne à demeurer sur son territoire.

2. Les dépenses afférentes au transfèrement du condamné dans un autre État en application du paragraphe 1 sont supportées par la Cour si aucun État ne les prend en charge.

3. Sous réserve des dispositions de l'article 108, l'État de détention peut également, en application de sa législation, extrader ou remettre de quelque autre manière la personne à un État qui a demandé son extradition ou sa remise aux fins de jugement ou d'exécution d'une peine.

Art. 108. – *Limites en matière de poursuites ou de condamnations pour d'autres infractions.* – 1. Le condamné détenu par l'État chargé de l'exécution ne peut être poursuivi, condamné ou extradé vers un État tiers pour un comportement antérieur à son transfèrement dans l'État chargé de l'exécution, à moins que la Cour n'ait approuvé ces poursuites, cette condamnation ou cette extradition à la demande de l'État chargé de l'exécution.

2. La Cour statue sur la question après avoir entendu le condamné.

3. Le paragraphe 1 cesse de s'appliquer si le condamné demeure volontairement plus de trente jours sur le territoire de l'État chargé de l'exécution après avoir accompli la totalité de la peine prononcée par la Cour, ou s'il retourne sur le territoire de cet État après l'avoir quitté.

Art. 109. – *Paiement des peines d'amendes et des mesures de confiscation.* – 1. Les États Parties font exécuter les peines d'amende et les mesures de confiscation ordonnées par la Cour en vertu du chapitre VII, sans préjudice des droits des tiers de bonne foi et conformément à la procédure prévue par leur législation interne.

2. Lorsqu'un État Partie n'est pas en mesure de donner effet à l'ordonnance de confiscation, il prend des mesures pour récupérer la valeur du produit, des biens ou des avoirs dont la Cour a ordonné la confiscation, sans préjudice des droits des tiers de bonne foi.

3. Les biens, ou le produit de la vente de biens immobiliers ou, le cas échéant, d'autres biens, obtenus par un État Partie en exécution d'un arrêt de la Cour sont transférés à la Cour.

Art. 110. – *Examen par la Cour de la question d'une réduction de peine.* – 1. L'État chargé de l'exécution ne peut libérer la personne détenue avant la fin de la peine prononcée par la Cour.

2. La Cour a seule le droit de décider d'une réduction de peine. Elle se prononce après avoir entendu le condamné.

3. Lorsque la personne a purgé les deux tiers de sa peine ou accompli vingt-cinq années d'emprisonnement dans le cas d'une condamnation à perpétuité, la Cour réexamine la peine pour déterminer s'il y a lieu de la réduire. Elle ne procède pas à ce réexamen avant ce terme.

4. Lors du réexamen prévu au paragraphe 3, la Cour peut réduire la peine si elle constate qu'une ou plusieurs des conditions suivantes sont réalisées :

a) La personne a, dès le début et de façon continue, manifesté sa volonté de coopérer avec la Cour dans les enquêtes et poursuites de celle-ci ;

b) La personne a facilité spontanément l'exécution des décisions et ordonnances de la Cour dans d'autres cas, en particulier en l'aidant à localiser des avoirs faisant l'objet de décisions ordonnant leur confiscation, le versement d'une amende ou une réparation et pouvant être employés au profit des victimes ; ou

c) D'autres facteurs prévus dans le Règlement de procédure et de preuve attestent un changement de circonstances manifeste aux conséquences appréciables de nature à justifier la réduction de la peine.

5. Si, lors du réexamen prévu au paragraphe 3, la Cour détermine qu'il n'y a pas lieu de réduire la peine, elle réexamine par la suite la question de la réduction de peine aux intervalles prévus dans le Règlement de procédure et de preuve et en appliquant les critères qui y sont énoncés.

Art. 111. – *Évasion.* – Si un condamné s'évade de son lieu de détention et fuit l'État chargé de l'exécution de la peine, cet État peut, après avoir consulté la Cour, demander à l'État dans lequel se trouve le condamné de le lui remettre en application des accords bilatéraux ou multilatéraux en vigueur, ou demander à la Cour de solliciter la remise de cette personne au titre du chapitre IX. Lorsque la Cour sollicite la remise d'une personne, elle peut demander que cette personne soit livrée à l'État dans lequel elle accomplissait sa peine ou à un autre État qu'elle désigne.

CHAPITRE XI. – ASSEMBLÉE DES ÉTATS PARTIES

Art. 112. – *Assemblée des États Parties.* – 1. Il est constitué une Assemblée des États Parties au présent Statut. Chaque État Partie y dispose d'un représentant, qui peut être secondé par des suppléants et de conseillers. Les autres États qui ont signé le Statut ou l'Acte final peuvent y siéger à titre d'observateurs.

2. L'Assemblée :

a) Examine et adopte, s'il y a lieu, les recommandations de la commission préparatoire ;

b) Donne à la Présidence, au procureur et au greffier des orientations générales pour l'administration de la Cour ;

c) Examine les rapports et les activités du Bureau établi en vertu du paragraphe 3 et prend les mesures qu'ils appellent ;

d) Examine et arrête le budget de la Cour ;

e) Décide s'il y a lieu, conformément à l'article 36, de modifier le nombre des juges ;

f) Examine, conformément à l'article 87, paragraphes 5 et 7, toute question relative à la non-coopération des États ;

g) S'acquitte de toute autre fonction compatible avec les dispositions du présent Statut et du Règlement de procédure et de preuve.

3. *a)* L'Assemblée est dotée d'un bureau, composé d'un président, de deux vice-présidents et de dix-huit membres élus par elle pour trois ans ;

b) Le Bureau a un caractère représentatif, eu égard, en particulier, au principe de la répartition géographique équitable et à la nécessité d'assurer une représentation adéquate des principaux systèmes juridiques du monde ;

c) Le Bureau se réunit aussi souvent que nécessaire, mais au moins une fois par an. Il aide l'Assemblée à s'acquitter de ses responsabilités.

4. L'Assemblée crée les autres organes subsidiaires qu'elle juge nécessaires, notamment un mécanisme de contrôle indépendant qui procède à des inspections, évaluations et enquêtes afin que la Cour soit administrée de la manière la plus efficace et la plus économique possible.

5. Le président de la Cour, le procureur et le greffier ou leurs représentants participent, selon qu'il convient, aux réunions de l'Assemblée et du Bureau.

6. L'Assemblée se réunit une fois par an et, lorsque les circonstances l'y engagent, elle tient des sessions extraordinaires, au siège de la Cour ou au siège de l'Organisation des Nations unies. À moins que le présent Statut n'en dispose autrement, les sessions extraordinaires sont convoquées par le Bureau soit d'office, soit à la demande du tiers des États Parties.

7. Chaque État Partie dispose d'une voix. L'Assemblée et le Bureau s'efforcent dans toute la mesure possible d'adopter leurs décisions par consensus. Si le consensus n'est pas possible, et à moins que le Statut n'en dispose autrement :

a) Les décisions sur les questions de fond sont prises à la majorité des deux tiers des présents et votants, la majorité absolue des États Parties constituant le quorum pour le scrutin ;

b) Les décisions sur les questions de procédure sont prises à la majorité simple des États Parties présents et votants.

8. Un État Partie en retard dans le paiement de sa contribution aux dépenses de la Cour ne peut participer au vote ni à l'Assemblée ni au Bureau si le montant de ses arriérés est égal ou supérieur à la contribution dont il est redevable pour les deux années complètes écoulées. L'Assemblée peut néanmoins autoriser cet État à participer au vote à l'Assemblée et au bureau si elle constate que son manquement est dû à des circonstances indépendantes de sa volonté.

9. L'Assemblée adopte son propre règlement intérieur.

10. Les langues officielles et les langues de travail de l'Assemblée des États Parties sont celles de l'Assemblée générale des Nations unies.

CHAPITRE XII. – FINANCEMENT

Art. 113. – *Règlement financier et règles de gestion financière.* – Sauf disposition contraire expresse, toutes les questions financières qui se rapportent à la Cour et aux réunions de l'Assemblée des États Parties, y compris le Bureau et les organes subsidiaires de celle-ci, sont régis par le présent Statut, le Règlement financier et les règles de gestion financière adoptés par l'Assemblée des États Parties.

Art. 114. – *Règlement des dépenses.* – Les dépenses de la Cour et de l'Assemblée des États Parties, y compris le Bureau et les organes subsidiaires de celle-ci, sont réglées par prélèvement sur les ressources financières de la Cour.

Art. 115. – *Ressources financières de la Cour et de l'Assemblée des États Parties.* – Les dépenses de la Cour et de l'Assemblée des États Parties, y compris le Bureau et les organes subsidiaires de celle-ci, inscrites au budget arrêté par l'Assemblée des États Parties, sont financées par les sources suivantes :

a) Les contributions des États Parties ;

b) Les ressources financières fournies par l'Organisation des Nations unies, sous réserve de l'approbation de l'Assemblée générale, en particulier dans le cas des dépenses liées à la saisine de la Cour par le Conseil de sécurité.

Art. 116. – *Contributions volontaires.* – Sans préjudice de l'article 115, la Cour peut recevoir et utiliser à titre de ressources financières supplémentaires les contributions volontaires des gouvernements, des organisations internationales, des particuliers, des entreprises et d'autres entités, selon les critères fixés en la matière par l'Assemblée des États Parties.

Art. 117. – *Calcul des contributions.* – Les contributions des États Parties sont calculées selon un barème des quotes-parts convenu, fondé sur le barème adopté par l'Organisation des Nations unies pour son budget ordinaire, et adapté conformément aux principes sur lesquels ce barème est fondé.

Art. 118. – *Vérification annuelle des comptes.* – Les rapports, livres et comptes de la Cour, y compris ses états financiers annuels, sont vérifiés chaque année par un contrôleur indépendant.

CHAPITRE XIII. – CLAUSES FINALES

Art. 119. – *Règlement des différends.* – 1. Tout différend relatif aux fonctions judiciaires de la Cour est réglé par décision de la Cour.

2. Tout autre différend entre deux ou plusieurs États Parties concernant l'interprétation ou l'application du présent Statut qui n'est pas résolu par la voie de négociations dans les trois mois après le début de celle-ci est renvoyé à l'Assemblée des États Parties. L'Assemblée peut chercher à résoudre elle-même le différend ou faire des recommandations sur d'autres moyens de le régler, y compris le renvoi à la Cour internationale de Justice en conformité avec le Statut de celle-ci.

Art. 120. – *Réserves.* – Le présent Statut n'admet aucune réserve.

Art. 121. – *Amendements.* – 1. À l'expiration d'une période de sept ans commençant à la date d'entrée en vigueur du présent Statut, tout État Partie peut proposer des amendements à celui-ci. Le texte des propositions d'amendement est soumis au Secrétaire général de l'Organisation des Nations unies, qui le communique sans retard à tous les États Parties.

2. Trois mois au plus tôt après la date de cette communication, l'Assemblée des États Parties, à la réunion suivante, décide, à la majorité de ses membres présents et votants, de se saisir ou non de la proposition. L'Assemblée peut traiter cette proposition elle-même ou convoquer une conférence de révision si la question soulevée le justifie.

3. L'adoption d'un amendement lors d'une réunion de l'Assemblée des États Parties ou d'une conférence de révision requiert, s'il n'est pas possible de parvenir à un consensus, la majorité des deux tiers des États Parties.

4. Sous réserve des dispositions du paragraphe 5, un amendement entre en vigueur à l'égard de tous les États Parties un an après que les sept huitièmes d'entre eux ont déposé leurs instruments de ratification ou d'acceptation auprès du Secrétaire général de l'Organisation des Nations unies.

5. Un amendement aux articles 5, 6, 7 et 8 du présent Statut entre en vigueur à l'égard des États Parties qui l'ont accepté un an après le dépôt de leurs instruments de ratification ou d'acceptation. La Cour n'exerce pas sa compétence à l'égard d'un crime faisant l'objet de cet amendement lorsque ce crime a été commis par un ressortissant d'un État Partie qui n'a pas accepté l'amendement ou sur le territoire de cet État.

6. Si un amendement a été accepté par les sept huitièmes des États Parties conformément au paragraphe 4, tout État Partie qui ne l'a pas accepté peut se retirer du présent Statut avec effet immédiat, nonobstant l'article 127, paragraphe 1, mais sous réserve de l'article 127, paragraphe 2, en donnant notification de son retrait au plus tard un an après l'entrée en vigueur de cet amendement.

7. Le Secrétaire général de l'Organisation des Nations unies communique à tous les États Parties les amendements adoptés lors d'une réunion de l'Assemblée des États Parties ou d'une conférence de révision.

Art. 122. – *Amendements aux dispositions de caractère institutionnel.* – 1. Tout État Partie peut proposer, nonobstant l'article 121, paragraphe 1, des amendements aux dispositions du présent Statut de caractère exclusivement institutionnel, à savoir les articles 35, 36, paragraphes 8 et 9, 37, 38, 39, paragraphes 1 (deux premières phrases), 2 et 4, 42, paragraphes 4 à 9, 43, paragraphes 2 et 3, 44, 46, 47 et 49. Le texte de tout amendement proposé est soumis au Secrétaire général de l'Organisation des Nations unies ou à toute autre personne désignée par l'Assemblée des États Parties, qui le communique sans retard à tous les États Parties et aux autres participants à l'Assemblée.

2. Les amendements relevant du présent article pour lesquels il n'est pas possible de parvenir à un consensus sont adoptés par l'Assemblée des États Parties ou par une conférence de révision à la majorité des deux tiers des États Parties. Ils entrent en vigueur à l'égard de tous les États Parties six mois après leur adoption par l'Assemblée ou, selon le cas, par la conférence de révision.

Art. 123. – *Révision du statut.* – 1. Sept ans après l'entrée en vigueur du présent Statut, le Secrétaire général de l'Organisation des Nations unies convoquera une conférence de révision pour examiner tout amendement au présent Statut. L'examen pourra porter notamment, mais pas exclusivement, sur la liste des crimes figurant à l'article 5. La conférence sera ouverte aux participants à l'Assemblée des États Parties, selon les mêmes conditions.

2. À tout moment par la suite, à la demande d'un État Partie et aux fins énoncées au paragraphe 1, le Secrétaire général de l'Organisation des Nations unies, avec l'approbation de la majorité des États Parties, convoque une conférence de révision.

3. L'adoption et l'entrée en vigueur de tout amendement au Statut examiné lors d'une conférence de révision sont régies par les dispositions de l'article 121, paragraphes 3 à 7.

Art. 124. – *Disposition transitoire.* – Nonobstant les dispositions de l'article 12, paragraphes 1 et 2, un État qui devient Partie au présent Statut peut déclarer que, pour une période de sept ans à partir de l'entrée en vigueur du Statut à son égard, il n'accepte pas la compétence de la Cour en ce qui concerne la catégorie de crimes visée à l'article 8 lorsqu'il est allégué qu'un crime a été commis sur son territoire ou par ses ressortissants. Il peut à tout moment retirer cette déclaration. Les dispositions du présent article seront réexaminées à la conférence de révision convoquée conformément à l'article 123, paragraphe 1.

Art. 125. – *Signature, ratification, acceptation, approbation ou adhésion.* – 1. Le présent Statut est ouvert à la signature de tous les États le 17 juillet 1998, au siège de l'Organisation des Nations unies pour l'alimentation et l'agriculture, à Rome. Il reste ouvert à la signature jusqu'au 17 octobre 1998, au ministère des Affaires étrangères de l'Italie, à Rome, et, après cette date, jusqu'au 31 décembre 2000, au siège de l'Organisation des Nations unies, à New York.

2. Le présent Statut est soumis à ratification, acceptation ou approbation par les États signataires. Les instruments de ratification, d'acceptation ou d'approbation seront déposés auprès du Secrétaire général de l'Organisation des Nations unies.

3. Le présent Statut est ouvert à l'adhésion de tous les États. Les instruments d'adhésion seront déposés auprès du Secrétaire général de l'Organisation des Nations unies.

Art. 126. – *Entrée en vigueur.* – 1. Le présent Statut entrera en vigueur le premier jour du mois suivant le soixantième jour après la date de dépôt du soixantième instrument de ratification, d'acceptation, d'approbation ou d'adhésion auprès du Secrétaire général de l'Organisation des Nations unies.

2. À l'égard de chaque État qui ratifie, accepte ou approuve le présent Statut ou y adhère après le dépôt du soixantième instrument de ratification, d'acceptation, d'approbation ou d'adhésion, le statut entre en vigueur le premier jour du mois suivant le soixantième jour après le dépôt par cet État de son instrument de ratification, d'acceptation, d'approbation ou d'adhésion.

Art. 127. – *Retrait.* – 1. Tout État Partie peut, par voie de notification écrite adressée au Secrétaire général de l'Organisation des Nations unies, se retirer du présent Statut. Le retrait prend effet un an après la date à laquelle la notification a été reçue, à moins que celle-ci ne prévoie une date postérieure.

2. Son retrait ne dégage pas l'État des obligations mises à sa charge par le présent Statut alors qu'il y était Partie, y compris les obligations financières encourues, et n'affecte pas non plus la coopération établie avec la Cour à l'occasion des enquêtes et procédures pénales à l'égard desquelles l'État avait le devoir de coopérer et qui ont été commencées avant la date à laquelle le retrait a pris effet ; le retrait n'affecte en rien la poursuite de l'examen des affaires que la Cour avait déjà commencé à examiner avant la date à laquelle il a pris effet.

Art. 128. – *Textes faisant foi.* – L'original du présent Statut, dont les textes anglais, arabe, chinois, espagnol, français et russe font également foi, sera déposé auprès du Secrétaire général de l'Organisation des Nations unies, qui en fera tenir copie certifiée conforme à tous les États.

En foi de quoi les soussignés, à ce dûment autorisés par leur gouvernement respectif, ont signé le présent Statut.
Fait à Rome, le 17 juillet 1998.

DÉCLARATIONS DE LA RÉPUBLIQUE FRANÇAISE

I. – Déclaration interprétative de la France

« (1) Les dispositions du Statut de la Cour pénale internationale ne font pas obstacle à l'exercice par la France de son droit naturel de légitime défense, et ce conformément à l'article 51 de la Charte.

(2) Les dispositions de l'article 8 du Statut, en particulier celles du paragraphe 2 *b)*, concernent exclusivement les armements classiques et ne sauraient ni réglementer ni interdire l'emploi éventuel de l'arme nucléaire, ni porter préjudice aux autres règles du droit international applicables à d'autres armes, nécessaires à l'exercice par la France de son droit naturel de légitime défense, à moins que l'arme nucléaire ou ces autres armes ne fassent l'objet dans l'avenir d'une interdiction générale et ne soient inscrites dans une annexe au Statut, par voie d'amendement adopté selon les dispositions des articles 121 et 123.

(3) Le Gouvernement de la République française considère que l'expression « conflit armé » dans l'article 8, paragraphe 2 *b)* et *c)*, d'elle-même et dans son contexte, indique une situation d'un genre qui ne comprend pas la commission de crimes ordinaires, y compris les actes de terrorisme, qu'ils soient collectifs ou isolés.

(4) La situation à laquelle les dispositions de l'article 8, paragraphe 2 *b)* (xxiii), du Statut font référence ne fait pas obstacle au lancement par la France d'attaques contre des objectifs considérés comme des objectifs militaires en vertu du droit international humanitaire.

(5) Le Gouvernement de la République française déclare que l'expression « avantage militaire » à l'article 8, paragraphe 2 *b)* (iv), désigne l'avantage attendu de l'ensemble de l'attaque et non de parties isolées ou particulières de l'attaque.

(6) Le Gouvernement de la République française déclare qu'une zone spécifique peut être considérée comme un « objectif militaire », tel qu'évoqué dans l'ensemble du paragraphe 2 *b)* de l'article 8, si, à cause de sa situation ou de sa nature, de son utilisation ou de son emplacement, sa destruction totale ou partielle, sa capture ou sa neutralisation, compte tenu des circonstances du moment, offre un avantage militaire décisif.

Le Gouvernement de la République française considère que les dispositions de l'article 8, paragraphe 2 *b)* (ii) et (v), ne visent pas les éventuels dommages collatéraux résultant des attaques dirigées contre des objectifs militaires.

(7) Le Gouvernement de la République française considère que le risque de dommages à l'environnement naturel résultant de l'utilisation des méthodes et moyens de guerre, tel qu'il découle des dispositions de l'article 8, paragraphe 2 *b)* (iv), doit être analysé objectivement sur la base de l'information disponible au moment où il est apprécié. »

II. – Déclaration de la France en application de l'article 87, paragraphe 2

« En application de l'article 87, paragraphe 2, du Statut, la République française déclare que les demandes de coopération et les pièces justificatives y afférentes qui lui seront adressées par la Cour devront être rédigées en langue française. »

Décret n° 2002-925 du 6 juin 2002
portant publication de la convention portant statut de la Cour pénale internationale

Règlement de procédure et de preuve (1) (2) du

Chapitre I. – Dispositions générales

Règle 1. – Emploi des termes

Dans le présent document :

(a) Le terme « article » désigne les articles du Statut de Rome ;

---

(1) Note explicative : Le Règlement de procédure et de preuve est un instrument d'application du Statut de la Cour pénale internationale (Statut de Rome), auquel il est subordonné dans tous les cas. Lors de l'élaboration du Règlement, on a veillé à ne pas paraphraser les dispositions du Statut et, dans la mesure du possible, à ne pas les répéter. Quand il y a lieu, le Règlement renvoie explicitement au Statut, afin de mettre en relief le rapport existant entre les deux textes, comme le prévoit l'article 51, notamment aux paragraphes 4 et 5. Dans tous les cas, le Règlement de procédure et de preuve doit être lu en regard des dispositions du Statut, auxquelles il est subordonné. Le Règlement de procédure et de preuve n'affecte en rien les règles de procédure qu'applique tout tribunal ou système juridique national dans le cadre de poursuites nationales.

(2) Le texte de ce Règlement de procédure et de preuve est tiré des documents officiels de l'Assemblée des États parties au Statut de Rome de la Cour pénale internationale, première session, New York, 3-10 septembre 2002 (ICC-ASP/1/3 et Corr.1), deuxième partie. A. Les amendements respectifs sont cités dans les notes de bas de page.

(b) Le terme « Chambre » désigne les chambres de la Cour ;

(c) Le terme « chapitre » désigne les chapitres du Statut de Rome ;

(d) Le terme « juge président » désigne le juge qui préside une chambre ;

(e) Le terme « Président » désigne le président de la Cour ;

(f) Le terme « Règlement de la Cour » désigne le règlement de la Cour ;

(g) Le terme « Règlement » désigne le Règlement de procédure et de preuve.

Règle 2. – Textes faisant foi

Le Règlement a été adopté dans les langues officielles de la Cour telles qu'énoncées au paragraphe 1 de l'article 50. Tous les textes font également foi.

Règle 3. – Amendements

1. Les amendements qu'il est proposé d'apporter au Règlement en application du paragraphe 2 de l'article 51 sont adressés au Président du Bureau de l'Assemblée des États Parties.

2. Le Président du Bureau de l'Assemblée des États Parties veille à ce que tous les projets d'amendement soient traduits dans les langues officielles de la Cour et transmis aux États Parties.

3. La procédure visée dans les dispositions 1 et 2 ci-dessus s'applique également aux règles provisoires envisagées au paragraphe 3 de l'article 51.

Chapitre 2. – Composition et administration de la Cour

Section I. – Dispositions générales relatives à la composition et à l'administration de la Cour

Règle 4 (1). **– Sessions plénières**

1. Les juges se réunissent en session plénière après avoir pris l'engagement solennel visé à la règle 5. Lors de cette session, les juges élisent le Président et les Vice-Présidents.

2. Les juges se réunissent par la suite en session plénière au moins une fois par an pour exercer les fonctions qui leur incombent en vertu du Statut, du Règlement et du Règlement de la Cour, et, en session plénière extraordinaire, que le Président convoque, en cas de besoin, de sa propre initiative ou à la demande de la moitié des juges.

3. La Cour peut valablement délibérer en session plénière si les deux tiers des juges sont présents.

4. À moins que le Statut ou le Règlement n'en disposent autrement, la Cour se prononce en session plénière à la majorité des juges présents. En cas de partage égal des voix, le Président ou le juge assumant la présidence a voix prépondérante.

5. Le Règlement de la Cour est adopté aussitôt que possible en séance plénière.

Règle 4 *bis* (2). **– La Présidence**

1. Conformément à l'article 38, la Présidence est élue par les juges réunis en séance plénière.

2. Dès que possible après son élection, la Présidence décide, après consultation des juges, de leur affectation aux sections conformément au paragraphe 1 de l'article 39.

Règle 5. – Engagement solennel prévu à l'article 45

1. Comme prévu à l'article 45, avant de prendre les fonctions que prévoit le Statut :

a) Les juges prennent l'engagement solennel suivant :

« Je déclare solennellement que je remplirai mes devoirs et exercerai mes attributions de juge de la Cour pénale internationale en tout honneur et dévouement, en toute impartialité et en toute conscience, et que je respecterai le caractère confidentiel des enquêtes et des poursuites et le secret des délibérations. » ;

b) Le Procureur, les Procureurs adjoints, le Greffier et le Greffier adjoint prennent l'engagement solennel suivant :

« Je déclare solennellement que je remplirai mes devoirs et exercerai mes attributions (titre) de la Cour pénale internationale en tout honneur et dévouement, en toute impartialité et en toute conscience, et que je respecterai le caractère confidentiel des enquêtes et des poursuites. »

2. Le texte de l'engagement, signé par l'intéressé en présence du Président ou d'un Vice-Président du Bureau de l'Assemblée des États Parties, est classé au Greffe et versé aux archives de la Cour.

(1) Modifié par la résolution ICC-ASP/10/Res.1.

(2) Modifié par la résolution ICC-ASP/10/Res.1.

Règle 6. – Engagement solennel pris par le personnel du Bureau du Procureur, le personnel du Greffe, les interprètes et les traducteurs

1. Avant de prendre ses fonctions, chaque membre du personnel du Bureau du Procureur ou du Greffe prend l'engagement suivant :

« Je déclare solennellement que je remplirai mes devoirs et exercerai mes attributions de (titre) de la Cour pénale internationale en tout honneur et dévouement, en toute impartialité et en toute conscience, et que je respecterai le caractère confidentiel des enquêtes et des poursuites. »

Le texte de l'engagement signé par l'intéressé en présence selon le cas du Procureur, du Procureur adjoint, du Greffier ou du Greffier adjoint, est classé au Greffe et versé aux archives de la Cour.

Avant de prendre ses fonctions, chaque interprète et chaque traducteur prend l'engagement suivant :

« Je déclare solennellement que j'accomplirai ma tâche avec dévouement, en toute impartialité et en respectant pleinement le secret professionnel. »

Le texte de l'engagement signé par l'intéressé en présence du Président ou de son représentant est classé au Greffe et versé aux archives de la Cour.

Règle 7. – Désignation d'un juge unique selon l'alinéa *b)* iii) du paragraphe 2 de l'article 39

1. Lorsque la Chambre préliminaire désigne un juge comme juge unique selon l'alinéa *b)* iii) du paragraphe 2 de l'article 39, elle le fait au regard de critères objectifs préétablis.

2. Le juge désigné prend les décisions appropriées aux circonstances dans les domaines pour lesquels il n'est pas expressément prévu dans le Statut ou le Règlement que la Chambre préliminaire se prononce en séance plénière.

3. La Chambre préliminaire peut décider d'office ou à la demande d'une partie d'assumer elle-même en séance plénière les fonctions du juge unique.

Règle 8. – Code de conduite professionnelle

1. Le Président, sur proposition du Greffier, élabore un projet de code de conduite professionnelle des conseils après avoir pris l'avis du Procureur. Au moment de préparer sa proposition, le Greffier mène des consultations comme le prévoit la disposition 3 de la règle 20.

2. Le projet de code de conduite est communiqué à l'Assemblée des États Parties aux fins d'adoption, conformément au paragraphe 7 de l'article 112.

3. La procédure d'amendement du code de conduite est définie par celui-ci.

Section II. – Le Bureau du Procureur

Règle 9. – Fonctionnement du Bureau du Procureur

Dans le cadre des responsabilités qui lui incombent en ce qui concerne la gestion et l'administration de son Bureau, le Procureur établit le règlement qui en régit l'activité. Lorsqu'il établit ce règlement et lorsqu'il le modifie, le Procureur prend l'avis du Greffier sur toute question susceptible d'affecter le fonctionnement du Greffe.

Règle 10. – Conservation des informations et des preuves

Le Procureur est responsable de la conservation, de la garde et de la sûreté des informations et des pièces à conviction recueillies au cours des enquêtes menées par son Bureau.

Règle 11. – Délégation des fonctions du Procureur

Le Procureur ou un procureur adjoint peut autoriser des membres du Bureau du Procureur, sauf ceux qui sont visés au paragraphe 4 de l'article 44, à le re-présenter dans l'exercice de ses fonctions, à l'exception de celles qui lui sont propres au regard du Statut, à savoir, entre autres, celles décrites aux articles 15 et 53 de celui-ci.

Section III. – Le Greffe

Sous-section 1. – Dispositions générales relatives au Greffe

Règle 12. – Qualifications et élection du Greffier et du Greffier adjoint

1. Dès qu'elle est élue, la Présidence établit une liste de candidats répondant aux critères énoncés au paragraphe 3 de l'article 43 ; elle la communique à l'Assemblée des États Parties en sollicitant ses recommandations.

2. Dès qu'il reçoit les recommandations éventuelles de l'Assemblée des États Parties, le Président transmet sans délai la liste et les recommandations à la Cour réunie en session plénière.

3. Comme le prévoit le paragraphe 4 de l'article 43, la Cour réunie en session plénière élit aussitôt que possible le Greffier à la majorité absolue, en tenant compte des recommandations éventuelles de l'Assemblée des États

Parties. Si aucun candidat n'obtient la majorité absolue au premier tour, il est procédé à de nouveaux scrutins jusqu'à ce qu'un candidat obtienne la majorité absolue.

4. Si le besoin d'un Greffier adjoint se fait sentir, le Greffier peut faire une recommandation en ce sens au Président. Le Président convoque une session plénière pour trancher. Si la Cour ainsi réunie décide à la majorité absolue qu'un Greffier adjoint doit être élu, le Greffier lui présente une liste de candidats.

5. Le Greffier adjoint est élu de la même manière que le Greffier par la Cour réunie en session plénière.

Règle 13. – Fonctions du Greffier

1. Sans préjudice des pouvoirs que le Statut confère au Bureau du Procureur en matière de réception, d'obtention et de diffusion des informations et d'établissement à cette fin de voies de transmission, le Greffier est chargé de toute communication émanant de la Cour ou adressée à celle-ci.

2. Le Greffier est également chargé de la sécurité interne de la Cour, en consultation avec la Présidence et le Procureur, ainsi qu'avec l'État hôte.

Règle 14. – Fonctionnement du Greffe

1. Dans le cadre des responsabilités qui lui incombent en ce qui concerne l'organisation et l'administration du Greffe, le Greffier établit le règlement qui en régit l'activité. Lorsqu'il établit ce règlement et lorsqu'il le modifie, le Greffier prend l'avis du Procureur sur toute question susceptible d'affecter le fonctionnement du Bureau de celui-ci. Le règlement du Greffe est approuvé par la Présidence.

2. Le règlement du Greffe doit prévoir que les conseils de la défense bénéficient de l'assistance administrative du Greffe dans les limites du raisonnable et selon les modalités appropriées aux circonstances.

Règle 15. – Dossiers

1. Le Greffier tient une base de données contenant toutes les informations se rapportant à chaque affaire portée devant la Cour, sous réserve des ordonnances de non-divulgation qu'un juge ou une chambre pourrait rendre à l'égard d'un certain document ou d'une certaine information, et en veillant à protéger les renseignements personnels délicats. Le public a accès aux informations versées dans la base de données dans les langues de travail de la Cour.

2. Le Greffier tient également les autres dossiers de la Cour.

Sous-section 2. – Responsabilité du Greffe à l'égard des victimes et des témoins

Règle 16. – Responsabilités du Greffier à l'égard des victimes et des témoins

1. En ce qui concerne les victimes, le Greffier assume les fonctions suivantes conformément au Statut et au Règlement :

a) Leur faire parvenir avis et notifications, ou les faire parvenir à leurs représentants légaux ;

b) Les aider à obtenir des avis juridiques et à se faire représenter, et fournir à leurs représentants légaux l'aide, le soutien et les informations appropriés, y compris les installations dont ils peuvent avoir besoin pour exercer directement leurs fonctions, en vue de protéger leurs droits à toutes les phases de la procédure conformément aux règles 89 à 91 ;

c) Les aider à participer aux différentes phases de la procédure conformément aux règles 89 à 91 ;

d) Dans le cas de victimes de violences sexuelles, prendre des mesures sexospécifiques pour faciliter leur participation à toutes les phases de la procédure.

2. En ce qui concerne les victimes, les témoins et toute personne à laquelle la déposition de ces témoins peut faire courir un risque, le Greffier assume les fonctions suivantes conformément au Statut et au Règlement :

a) Les informer des droits que leur reconnaissent le Statut et le Règlement, et de l'existence, des fonctions et de la disponibilité de la Division d'aide aux victimes et aux témoins ;

b) S'assurer qu'ils sont informés en temps utile des décisions de la Cour qui peuvent affecter leurs intérêts, sans préjudice des règles de confidentialité.

3. Aux fins de l'accomplissement de ces fonctions, le Greffier peut tenir un registre spécial des victimes qui ont manifesté l'intention de participer à la procédure relative à une affaire donnée.

4. Des accords concernant la réinstallation et le soutien sur le territoire d'un État de personnes traumatisées ou menacées, qu'il s'agisse de victimes, de témoins ou de toute autre personne à laquelle la déposition de ces témoins peut faire courir un risque, peuvent être négociés avec les États par le Greffier au nom de la Cour. Ces accords peuvent rester confidentiels.

Règle 17. – Fonctions de la Division

1. La Division d'aide aux victimes et aux témoins exerce ses fonctions conformément au paragraphe 6 de l'article 43.

2. La Division exerce notamment les fonctions suivantes, conformément au Statut et au Règlement et, s'il y a lieu, en consultation avec la Chambre, le Procureur et la défense :

a) Dans le cas de tous les témoins, des victimes qui comparaissent devant la Cour et de toute autre personne à laquelle la déposition de ces témoins peut faire courir un risque, et compte tenu de leurs besoins propres et de leur situation particulière :

i) Assurer leur protection et leur sécurité par des mesures adéquates et établir des plans de protection à court et à long terme ;

ii) Recommander aux organes de la Cour d'adopter des mesures de protection et en aviser les États concernés ;

iii) Les aider à obtenir les soins médicaux, psychologiques ou autres dont ils ont besoin ;

iv) Mettre à la disposition de la Cour et des parties une formation en matière de traumatismes, de violences sexuelles, de sécurité et de confidentialité ;

v) Recommander, en consultation avec le Bureau du Procureur, l'élaboration d'un code de conduite insistant sur l'importance vitale de la sécurité et du secret professionnel à l'intention des enquêteurs de la Cour et de la défense, et de toutes les organisations intergouvernementales et non gouvernementales agissant au nom de la Cour, le cas échéant ;

vi) Coopérer au besoin avec les États pour prendre les mesures visées par la présente règle ;

b) Dans le cas des témoins :

i) Les conseiller sur les moyens d'obtenir un avis juridique pour protéger leurs droits, notamment à l'occasion de leur déposition ;

ii) Les aider quand ils sont appelés à déposer devant la Cour ;

iii) Prendre des mesures sexospécifiques pour faciliter la déposition, à toutes les phases de la procédure, des victimes de violences sexuelles.

3. Dans l'accomplissement de ses fonctions, la Division prête dûment attention aux besoins particuliers des enfants, des personnes âgées et des handicapés. Pour faciliter la participation et assurer la protection des enfants témoins, la Division désigne s'il y a lieu, avec l'accord des parents ou du tuteur légal, un accompagnateur qui aide l'enfant à toutes les phases de la procédure.

Règle 18. – Responsabilités de la Division

Pour pouvoir s'acquitter utilement et efficacement de ses fonctions, la Division d'aide aux victimes et aux témoins :

a) Veille à ce que son personnel respecte en toute circonstance le secret professionnel ;

b) Tout en tenant compte des intérêts propres du Bureau du Procureur, de la défense et des témoins, respecte les intérêts des témoins, éventuellement en séparant ses services entre témoins à charge et témoins à décharge, agit avec impartialité dans sa coopération avec toutes les parties et conformément aux décisions rendues par les Chambres ;

c) Met à toutes les phases de la procédure et par la suite, dans la limite du raisonnable, une aide administrative et technique à la disposition des témoins, des victimes qui comparaissent devant la Cour et de toute autre personne à laquelle la déposition de ces témoins peut faire courir un risque ;

d) Assure la formation de son personnel dans les matières concernant la sécurité, l'intégrité et la dignité des victimes et des témoins, y compris les sexospécificités et les particularités culturelles ;

e) Le cas échéant, coopère avec les organisations intergouvernementales et non gouvernementales.

Règle 19. – Spécialistes attachés à la Division

En sus du personnel indiqué au paragraphe 6 de l'article 43 et sous réserve de l'article 44, la Division d'aide aux victimes et aux témoins peut comprendre notamment, selon les besoins, des spécialistes, entre autres, des domaines suivants :

a) Protection et sécurité des témoins ;

b) Questions juridiques et administratives, y compris les aspects relatifs au droit humanitaire et au droit pénal ;

c) Logistique ;

d) Aspects psychologiques des procédures pénales ;

e) Sexospécificités et diversité culturelle ;

f) Les enfants, en particulier les enfants traumatisés ;

g) Les personnes âgées, en particulier celles victimes d'un traumatisme lié à la guerre et à l'exil ;

h) Les personnes handicapées ;

i) Assistance sociale ;

j) Soins médicaux ;

k) Interprétation et traduction.

Sous-section 3. – Conseil de la défense

Règle 20. – Responsabilités du Greffier en ce qui concerne les droits de la défense

1. En application du paragraphe 1 de l'article 43, le Greffier organise le travail du Greffe de façon à faire valoir les droits de la défense conformément au principe du procès équitable fixé par le Statut. À cette fin, il s'acquitte notamment des fonctions suivantes :

a) Faciliter la protection de la confidentialité telle que définie à l'alinéa *b)* du paragraphe 1 de l'article 67 ;

b) Fournir aide et assistance ainsi que des informations à tous les conseils de la défense comparaissant devant la Cour et apporter au besoin son appui quand les services d'enquêteurs professionnels sont nécessaires pour la conduite effective et efficace de la défense ;

c) Aider les personnes arrêtées, les personnes auxquelles s'appliquent les dispositions du paragraphe 2, de l'article 55 ainsi que les accusés à obtenir des avis juridiques ainsi que l'assistance d'un conseil ;

d) Conseiller, au besoin, le Procureur et les Chambres sur les questions concernant la défense ;

e) Mettre à la disposition de la défense les installations dont elle peut avoir besoin pour exercer directement ses fonctions ;

f) Faciliter la diffusion des informations et de la jurisprudence de la Cour auprès des conseils de la défense et, s'il y a lieu, coopérer avec les ordres nationaux d'avocats ou avec toute instance indépendante représentative d'associations d'avocats ou de conseillers juridiques visées à la disposition 3 ci-dessous, pour encourager des juristes à se perfectionner et se spécialiser dans le droit du Statut et du Règlement.

2. Le Greffier exerce les fonctions énoncées dans la disposition 1 ci-dessus, y compris les fonctions d'administration financière du Greffe, de façon à garantir l'indépendance professionnelle des conseils de la défense.

3. Aux fins de l'organisation de l'aide judiciaire en application de la règle 21 et de l'élaboration d'un code de conduite professionnelle en application de la règle 8, le Greffier prend selon que de besoin l'avis de toute instance indépendante représentative d'associations d'avocats ou de conseillers juridiques, notamment de toute instance dont la création peut être facilitée par l'Assemblée des États Parties.

Règle 21. – Commission d'office d'un conseil

1. Sous réserve de l'alinéa *c)* du paragraphe 2 de l'article 55 et de l'alinéa *d)* du paragraphe 1 de l'article 67, les critères et les procédures pour la commission d'office d'un conseil aux indigents sont fixés dans le Règlement de la Cour, sur proposition, présentée par le Greffier, après consultation de toute instance indépendante représentative d'associations d'avocats ou de conseillers juridiques dont il est question dans la disposition 3 de la règle 20.

2. Le Greffier dresse et tient à jour une liste de conseils répondant aux critères énoncés dans la règle 22 et dans le Règlement de la Cour. L'intéressé choisit librement son conseil sur cette liste ou un autre conseil répondant aux critères en question et acceptant d'être inscrit sur la liste.

3. Si la commission d'office d'un conseil est refusée, l'intéressé peut porter la question devant la Présidence, dont la décision est définitive. Si sa requête est rejetée, l'intéressé peut en présenter une autre au Greffier s'il établit qu'il y a des circonstances nouvelles.

4. La personne qui choisit de se représenter elle-même en avise le Greffier par écrit dès que possible.

5. S'il s'avère qu'une personne soi-disant indigente ne l'est pas, la Chambre saisie de l'affaire à ce moment-là peut rendre une ordonnance de mise à contribution pour recouvrer les frais de la commission d'office.

Règle 22. – Nomination et qualifications du conseil de la défense

1. Le conseil de la défense doit être d'une compétence reconnue en droit international ou en droit pénal et en matière de procédures, et avoir acquis l'expérience nécessaire du procès pénal en exerçant des fonctions de juge, de procureur, d'avocat, ou quelque autre fonction analogue. Il doit avoir une excellente connaissance de l'une au moins des langues de travail de la Cour et la parler couramment. Il peut se faire seconder par d'autres personnes ayant des connaissances spécialisées utiles en l'espèce, notamment des professeurs de droit.

2. Le conseil de la défense retenu par une personne exerçant le droit que lui reconnaît le Statut de faire appel au défenseur de son choix fait enregistrer dès que possible sa procuration par le Greffier.

3. Dans l'accomplissement de leurs devoirs, les conseils de la défense sont soumis aux dispositions du Statut, du Règlement, du Règlement de la Cour, du code de conduite professionnelle des conseils adopté en application de la règle 8 et de tout autre instrument adopté par la Cour ayant un rapport avec leurs fonctions.

Section IV. – Situations pouvant nuire au fonctionnement de la Cour

Sous-section 1. – Révocation et sanctions disciplinaires

Règle 23. – Principe général

Les juges, le Procureur, les Procureurs adjoints, le Greffier et le Greffier adjoint sont relevés de leurs fonctions ou sanctionnés par des mesures disciplinaires dans les cas et sous réserve des garanties prévues dans le Statut et dans le présent Règlement.

Règle 24. – Définition de la faute lourde et du manquement grave aux devoirs de la charge

1. Aux fins de l'alinéa *a)* du paragraphe 1 de l'article 46, on entend par « faute lourde » :

a) Le comportement qui, s'inscrivant dans l'exercice de fonctions officielles, est incompatible avec lesdites fonctions et nuit ou risque de nuire gravement à la bonne administration de la justice devant la Cour ou au bon fonctionnement interne de celle-ci, par exemple :

i) Le fait de divulguer des faits ou des informations dont l'intéressé a eu connaissance dans l'exercice de ses fonctions ou qui ont trait à une question pendante, quand cette divulgation nuit gravement aux procédures judiciaires ou à une personne quelconque ;

ii) Le fait de taire des informations ou des circonstances d'une importance telle qu'elles l'auraient empêché d'être élu à sa charge ;

iii) Le fait d'abuser de sa charge judiciaire pour obtenir indûment des faveurs d'autorités, d'officiels ou de professionnels ; ou

b) Le comportement qui, ne s'inscrivant pas dans l'exercice de fonctions officielles, est d'une gravité telle qu'il nuit ou risque de nuire gravement au prestige de la Cour.

2. Aux fins de l'alinéa *a)* du paragraphe 1 de l'article 46, il y a « manquement grave aux devoirs de la charge » lorsque l'intéressé a fait preuve de négligence grave dans l'exercice de ses fonctions ou agi consciemment en contravention des devoirs de sa charge. Ceci peut inclure, entre autres, des situations dans lesquelles l'intéressé :

a) Ne respecte pas l'obligation de demander à être dessaisi d'une affaire alors qu'il sait qu'il y a des motifs pour faire une telle demande ;

b) Provoque de manière répétée des retards injustifiés dans l'ouverture des enquêtes, la conduite des poursuites ou des procès ou dans l'exercice de pouvoirs judiciaires.

Règle 25 – Définition de la faute d'une gravité moindre

1. Aux fins de l'article 47, on entend par « faute d'une gravité moindre » :

a) Le comportement qui, s'inscrivant dans l'exercice de fonctions officielles, nuit ou risque de nuire à la bonne administration de la justice devant la Cour ou au bon fonctionnement interne de celle-ci, par exemple :

i) S'immiscer dans l'exercice des fonctions d'une personne visée à l'article 47 ;

ii) Ne pas exécuter ou ignorer de façon répétée les demandes formulées par le juge président ou par la Présidence dans l'exercice de leurs attributions légitimes ;

iii) Ne pas faire appliquer les sanctions disciplinaires dont sont passibles le Greffier, un Greffier adjoint ou les autres fonctionnaires de la Cour, alors qu'un juge sait ou devrait savoir qu'ils ont manqué gravement aux devoirs de leur charge ;

b) Un comportement ne s'inscrivant pas dans l'exercice de fonctions officielles qui nuit ou risque de nuire au prestige de la Cour.

2. Rien dans la présente règle n'exclut que le comportement visé par la disposition 1 *a)* constitue « une faute lourde » ou « un manquement grave aux devoirs de la charge » aux fins de l'alinéa *a)* du paragraphe 1 de l'article 46 du Statut.

Règle 26 (1). – Réception et recevabilité des plaintes

1. Aux fins du paragraphe 1 de l'article 46 et de l'article 47 du Statut de Rome, toute plainte concernant l'un des comportements visés dans les règles 24 et 25, doit indiquer les motifs sur lesquels elle se fonde, et présenter tout élément de preuve disponible ; elle peut également indiquer l'identité du plaignant. La plainte reste confidentielle.

2. Toutes les plaintes seront transmises au Mécanisme de contrôle indépendant, qui peut également ouvrir une enquête de sa propre initiative. Toute personne soumettant une telle plainte peut également décider d'en soumettre une copie à la Présidence de la Cour aux seules fins d'information.

(1) Modifié par la résolution ICC ASP/17/Res.2.

3. Le Mécanisme de contrôle indépendant évalue les plaintes et écarte celles qui sont manifestement non fondées. Lorsqu'une plainte est ainsi écartée, le Mécanisme de contrôle indépendant expose ses raisons dans un rapport qui est transmis à l'Assemblée des États Parties et à la Présidence.

4. Le Mécanisme de contrôle indépendant procède à une enquête sur toutes les autres plaintes et en transmet les résultats, assortis des recommandations qu'il formule, à l'Assemblée des États Parties et à tout autre organe compétent tel qu'indiqué aux articles 46 et 47 du Statut, et aux règles 29 et 30.

Règle 27. – Dispositions communes sur les droits de la défense

1. Lorsqu'il est envisagé de relever quelqu'un de ses fonctions en application de l'article 46 ou de prendre contre lui des mesures disciplinaires en application de l'article 47, l'intéressé en est informé par écrit.

2. L'intéressé a toute latitude de présenter et de recevoir des éléments de preuve, de faire valoir ses arguments et de répondre aux questions qui lui sont posées.

3. Il peut être représenté par un conseil pendant le déroulement de la procédure établie en application de la présente règle.

Règle 28. – Suspension

Lorsque les allégations portées contre une personne faisant l'objet d'une plainte sont suffisamment sérieuses, l'intéressé peut être suspendu de ses fonctions en attendant que l'organe compétent se prononce.

Règle 29. – Procédure en cas de demande de révocation

1. La question de la révocation d'un juge, du Greffier ou du Greffier adjoint est mise aux voix en séance plénière.

2. La Présidence informe par écrit le Président du Bureau de l'Assemblée des États Parties de toute recommandation adoptée dans le cas d'un juge et de toute décision adoptée dans le cas du Greffier ou d'un Greffier adjoint.

3. Le Procureur informe par écrit le Président du Bureau de l'Assemblée des États Parties de toute recommandation qu'il fait au sujet d'un procureur adjoint.

4. Lorsqu'il apparaît que le comportement en cause ne constitue ni une faute lourde ni un manquement grave aux devoirs de la charge, il peut être décidé, en application de l'article 47, que l'intéressé a commis une faute d'une moindre gravité et une sanction disciplinaire peut alors être prononcée.

Règle 30. – Procédure en cas de demande de mesures disciplinaires

1. Dans le cas d'un juge, du Greffier ou d'un Greffier adjoint, la décision d'imposer une mesure disciplinaire est prise par la Présidence.

2. Dans le cas du Procureur, la décision d'imposer une mesure disciplinaire est prise à la majorité absolue du Bureau de l'Assemblée des États Parties.

3. Dans le cas d'un procureur adjoint :

a) La décision de prononcer un blâme est prise par le Procureur ;

b) La décision d'imposer une amende est prise à la majorité absolue du Bureau de l'Assemblée des États Parties sur recommandation du Procureur.

4. Le blâme est consigné par écrit et transmis au Président du Bureau de l'Assemblée des États Parties.

Règle 31. – Révocation

Une fois prononcée, la révocation prend effet immédiatement. L'intéressé cesse de faire partie de la Cour, y compris pour les affaires en cours auxquelles il participait.

Règle 32. – Mesures disciplinaires

Peuvent être infligées les mesures disciplinaires suivantes :

a) Le blâme ; ou

b) L'amende, d'un montant maximum équivalant à six mois du traitement versé par la Cour à l'intéressé.

Sous-section 2. Décharge, récusation, décès et démission

Règle 33. – Décharge des juges, du Procureur ou des procureurs adjoints

1. Lorsqu'un juge, le Procureur ou un procureur adjoint souhaite être déchargé de ses fonctions, il en fait la demande par écrit à la Présidence en indiquant les raisons pour lesquelles il devrait être déchargé.

2. La Présidence considère la demande comme confidentielle et ne fait pas connaître publiquement les raisons de sa décision sans le consentement de l'intéressé.

Règle 34. – Récusation des juges, du Procureur ou des procureurs adjoints

1. Outre les motifs prévus au paragraphe 2 de l'article 41 et au paragraphe 7 de l'article 42, les motifs de récusation d'un juge, du Procureur ou d'un procureur adjoint sont, notamment, les suivants :

a) L'existence d'un intérêt personnel dans l'affaire dont il s'agit, notamment le fait d'être le conjoint, le père ou la mère de l'une des parties, ou d'avoir avec elle des liens familiaux, personnels ou professionnels étroits, ou une relation de subordination ;

b) La participation à titre privé à toute action en justice, engagée avant que l'intéressé ne participe à l'affaire, ou engagée par celui-ci alors qu'il participe déjà à l'affaire, dans laquelle la personne faisant l'objet d'une enquête ou de poursuites était ou est une partie adverse ;

c) Le fait d'avoir eu, avant de prendre des fonctions à la Cour, des attributions qui donnent à penser que l'intéressé s'est formé sur l'affaire, sur les parties ou sur leurs représentants légaux une opinion qui risque objectivement de nuire à l'impartialité à laquelle il est tenu ;

d) L'expression, par le canal des organes d'information, par des écrits ou par des actes publics, d'opinions qui risquent objectivement de contredire l'impartialité à laquelle il est tenu.

2. Sous réserve des dispositions du paragraphe 2 de l'article 41 et du paragraphe 8 de l'article 42, les requêtes en récusation sont présentées dès que sont connus les motifs sur lesquels elles sont fondées ; ces requêtes contiennent les motifs invoqués, accompagnés de tout élément de preuve pertinent. Elles sont communiquées à l'intéressé qui peut présenter ses observations par écrit.

3. Toute question relative à la récusation du Procureur ou d'un procureur adjoint est tranchée à la majorité absolue des juges de la Chambre d'appel.

Règle 35. – Obligation qu'ont les juges, le Procureur ou les Procureurs adjoints de demander leur décharge

Lorsqu'un juge, le Procureur ou un procureur adjoint a des raisons de croire qu'il existe dans son cas un motif de récusation, il demande à être déchargé sans attendre qu'une demande soit présentée selon le paragraphe 2 de l'article 41, le paragraphe 7 de l'article 42 et la règle 34. Il présente sa demande de décharge, et la Présidence l'examine, conformément à la règle 33.

Règle 36. – Décès d'un juge, du Procureur, d'un procureur adjoint, du Greffier ou d'un Greffier adjoint

Si un juge, le Procureur, un procureur adjoint, le Greffier ou un Greffier adjoint décède, la Présidence en informe par écrit le Président du Bureau de l'Assemblée des États Parties.

Règle 37. – Démission d'un juge, du Procureur, d'un procureur adjoint, du Greffier ou d'un Greffier adjoint

1. Si un juge, le Procureur, un procureur adjoint, le Greffier ou un Greffier adjoint décide de démissionner, il en informe par écrit la Présidence. La Présidence en informe par écrit le Président du Bureau de l'Assemblée des États Parties.

2. Le juge, le Procureur, le Procureur adjoint, le Greffier ou le Greffier adjoint démissionnaire s'efforce de donner un préavis d'au moins six mois. Avant que la démission d'un juge ne prenne effet, l'intéressé fait tout pour mener à terme les responsabilités dont il lui reste à s'acquitter.

Sous-section 3. – Remplacements et juge suppléant

Règle 38. – Remplacements

1. Un juge peut être remplacé pour des raisons objectives et justifiées, notamment les suivantes :

a) Démission ;

b) Décharge ;

c) Récusation ;

d) Révocation ;

e) Décès.

2. La procédure de remplacement est régie par le Statut, le Règlement et le Règlement de la Cour.

Règle 39. – Juge suppléant

Le juge suppléant qui est affecté par la Présidence à une chambre de première instance en application du paragraphe 1 de l'article 74 doit assister à chaque phase du procès et à l'intégralité des débats, mais ne peut y prendre part et n'exerce aucune des fonctions des membres de la Chambre saisie de l'affaire tant qu'il n'est pas appelé à remplacer un de ces membres empêché de siéger. Le juge suppléant est désigné conformément à une procédure préétablie par la Cour.

Section V. – Publications, langues, traductions

Règle 40. – Publication des décisions dans les langues officielles de la Cour

1. Aux fins du paragraphe 1 de l'article 50, les décisions ci-après sont considérées comme réglant des questions fondamentales :

a) Toutes les décisions de la Section des appels ;

b) Toutes les décisions de la Cour relatives à sa compétence ou à la recevabilité d'une affaire, prises en vertu des articles 17, 18, 19 ou 20 ;

c) Toutes les décisions d'une chambre de première instance relatives à la culpabilité ou à l'innocence, à la peine et à la réparation à accorder aux victimes, prises en vertu des articles 74, 75 ou 76 ;

d) Toutes les décisions prises par une chambre préliminaire en vertu de l'alinéa *d)* du paragraphe 3 de l'article 57.

2. Toutes les décisions relatives à la confirmation des charges, prises en vertu du paragraphe 7 de l'article 61, ou relatives aux atteintes à l'administration de la justice, prises en vertu du paragraphe 3 de l'article 70, sont publiées dans toutes les langues officielles de la Cour lorsque, de l'avis de la Présidence, elles règlent des questions fondamentales.

3. La Présidence peut décider de publier dans toutes les langues officielles d'autres décisions touchant à de grandes questions d'interprétation ou d'application du Statut ou à de grandes questions d'intérêt général.

Règle 41. – Langues de travail de la Cour

1. Aux fins du paragraphe 2 de l'article 50, la Présidence autorise l'emploi d'une langue officielle comme langue de travail lorsque :

a) Cette langue est comprise et parlée par la majorité des personnes en cause dans une affaire dont la Cour est saisie et que l'une des parties à la procédure en fait la demande ; ou

b) Le Procureur et la défense en font la demande.

2. La Présidence peut autoriser l'emploi d'une langue officielle de la Cour comme langue de travail si cela est à son avis propre à améliorer l'efficacité de la procédure.

Règle 42. – Services de traduction et d'interprétation

La Cour s'assure les services de traduction et d'interprétation nécessaires pour garantir l'exécution des obligations qui lui incombent en vertu du Statut et du Règlement.

Règle 43. – Procédure à suivre pour la publication des documents de la Cour

La Cour veille à ce que tous les documents qui doivent être publiés conformément au Statut et au Règlement respectent l'obligation de protéger la confidentialité de la procédure et la sécurité des victimes et des témoins.

Chapitre 3. – Compétence et recevabilité

Section I. – Déclarations et renvois relatifs aux articles 11, 12, 13 et 14

Règle 44. – Déclaration prévue au paragraphe 3 de l'article 12

1. Le Greffier peut, à la demande du Procureur, s'informer confidentiellement auprès d'un État qui n'est pas partie au Statut ou qui est devenu partie au Statut après l'entrée en vigueur de celui-ci, si cet État a l'intention de faire la déclaration prévue au paragraphe 3 de l'article 12.

2. Lorsqu'un État dépose auprès du Greffier ou fait savoir à celui-ci qu'il a l'intention de déposer la déclaration prévue au paragraphe 3 de l'article 12, ou lorsque le Greffier agit selon la disposition 1 ci-dessus, le Greffier informe l'État concerné que sa déclaration emporte acceptation de la compétence de la Cour à l'égard des crimes visés à l'article 5 auxquels renvoie la situation considérée, et que les dispositions du Chapitre IX du Statut ainsi que toutes les règles qui en découlent concernant les États Parties lui sont applicables.

Règle 45. – Renvoi d'une situation au Procureur

Le renvoi d'une situation au Procureur se fait par écrit.

Section II. – Ouverture des enquêtes selon l'article 15

Règle 46. – Renseignements fournis au Procureur au titre des paragraphes 1 et 2 de l'article 15

Lorsque des renseignements sont fournis comme prévu au paragraphe 1 de l'article 15 ou que des dépositions écrites ou orales sont recueillies au siège de la Cour comme prévu au paragraphe 2 dudit article, le Procureur protège la confidentialité de ces informations et dépositions ou prend toute autre mesure nécessaire en exécution de ses obligations en vertu du Statut.

Règle 47. – Dépositions selon le paragraphe 2 de l'article 15

1. Les règles 111 et 112 s'appliquent *mutatis mutandis* aux dépositions recueillies par le Procureur selon le paragraphe 2 de l'article 15.

2. Lorsque le Procureur considère qu'il y a de fortes chances qu'une déposition soit impossible à recueillir par la suite, il peut demander à la Chambre préliminaire de prendre toute mesure utile pour garantir l'efficacité et l'intégrité des procédures et, en particulier, de désigner un conseil ou un juge de la Chambre préliminaire qui sera présent lors de la déposition pour veiller aux droits de la défense. Si la déposition est par la suite présentée dans la procédure, son admissibilité est régie par l'article 69, paragraphe 4, et sa valeur est celle qui lui est donnée par la chambre compétente.

Règle 48. – Détermination de l'existence d'une base raisonnable justifiant l'ouverture d'une enquête selon le paragraphe 3 de l'article 15

Pour déterminer s'il y a une base raisonnable pour ouvrir une enquête en application du paragraphe 3 de l'article 15, le Procureur se fonde sur les considérations visées aux alinéas *a)* à *c)* du paragraphe 1 de l'article 53.

Règle 49. – Décision et notification selon le paragraphe 6 de l'article 15

1. Lorsqu'une décision est prise en application du paragraphe 6 de l'article 15, le Procureur la fait connaître sans retard, ainsi que les raisons qui la motivent, d'une manière qui ne porte pas atteinte à la sécurité, au bien-être ou à la vie privée de ceux qui lui ont fourni des renseignements conformément aux paragraphes 1 et 2 de l'article 15, ni à l'intégrité des enquêtes ou des procédures.

2. La notification doit indiquer qu'il est possible de soumettre de nouveaux renseignements sur la même situation à la lumière de faits ou d'éléments de preuve nouveaux.

Règle 50. – Procédure par laquelle la Chambre préliminaire autorise l'ouverture d'une enquête en vertu de l'article 15

1. Lorsque le Procureur a l'intention de demander, en application de l'article 15, paragraphe 3, à la Chambre préliminaire l'autorisation d'ouvrir une enquête, il en informe les victimes qu'il connaît ou qui sont connues de la Division d'aide aux victimes et aux témoins, ou leurs représentants légaux, à moins qu'il ne détermine qu'il mettrait ce faisant en péril l'intégrité de l'enquête ou la vie ou le bien-être de victimes ou de témoins. Le Procureur peut aussi annoncer son intention par des moyens de diffusion générale afin d'atteindre des groupes de victimes s'il estime qu'en l'espèce cela ne mettra pas en péril l'intégrité et l'efficacité de l'enquête ni la sécurité et le bien-être de victimes ou de témoins. À ces fins, le Procureur peut solliciter en tant que de besoin l'assistance de la Division d'aide aux victimes et aux témoins.

2. Le Procureur présente par écrit la demande d'autorisation.

3. Ayant été informées conformément à la disposition 1 ci-dessus, les victimes peuvent faire des représentations par écrit à la Chambre préliminaire dans le délai fixé dans le Règlement de la Cour.

4. La Chambre préliminaire, en décidant de la procédure à suivre, peut demander de plus amples renseignements au Procureur et aux victimes qui ont fait des représentations et tenir une audience si elle l'estime approprié.

5. La Chambre préliminaire fait connaître sa décision, qu'elle motive, d'autoriser ou non l'ouverture d'une enquête selon le paragraphe 4 de l'article 15, en ce qui concerne la totalité ou une partie de la demande du Procureur. Elle communique cette décision aux victimes qui ont fait des représentations.

6. La procédure ci-dessus s'applique aussi à toute nouvelle demande présentée à la Chambre préliminaire en application du paragraphe 5 de l'article 15.

Section III. – Exceptions et décisions préliminaires visées aux articles 17, 18 et 19

Règle 51. – Informations fournies au titre de l'article 17

Lorsqu'elle examine les questions visées au paragraphe 2 de l'article 17, la Cour peut, au vu des circonstances de l'espèce, tenir compte, entre autres considérations, des informations que l'État visé au paragraphe 1 de l'article 17, pourrait avoir portées à son attention pour attester que ses tribunaux satisfont aux normes internationales en matière d'indépendance et d'impartialité des poursuites en cas de comportement similaire, ou de la confirmation par l'État, adressée par écrit au Procureur, qu'une enquête a été ouverte sur l'affaire dont il s'agit ou que des poursuites ont été engagées.

Règle 52. – Notification prévue au paragraphe 1 de l'article 18

1. Sous réserve des restrictions prévues au paragraphe 1 de l'article 18, la notification contient les renseignements relatifs aux actes susceptibles de constituer des crimes visés à l'article 5 qui sont pertinents aux fins de l'application du paragraphe 2 de l'article 18.

2. Un État peut demander au Procureur de plus amples renseignements pour l'aider dans l'application du paragraphe 2 de l'article 18. Cette demande n'affecte pas le délai d'un mois fixé au paragraphe 2 de l'article 18 et le Procureur y répond dans les meilleurs délais.

Règle 53. – Déferement en vertu du paragraphe 2 de l'article 18

L'État qui demande un déferement en vertu du paragraphe 2 de l'article 18 doit le faire par écrit et fournir des renseignements sur l'enquête qu'il mène, en tenant compte dudit paragraphe. Le Procureur peut lui demander de plus amples renseignements.

Règle 54. – Demande présentée par le Procureur en vertu du paragraphe 2 de l'article 18

1. La demande présentée par le Procureur à la Chambre préliminaire en vertu du paragraphe 2 de l'article 18 est faite par écrit ; elle est motivée. Le Procureur communique à la Chambre préliminaire les informations fournies par l'État en application de la règle 53.

2. Le Procureur avise par écrit l'État qu'il a fait une demande à la Chambre préliminaire en vertu du paragraphe 2 de l'article 18, en exposant brièvement ses motifs.

Règle 55. – Procédure concernant le paragraphe 2 de l'article 18

1. La Chambre préliminaire arrête la procédure à suivre et peut prendre les mesures utiles au bon déroulement de l'instance. Elle peut tenir une audience.

2. La Chambre préliminaire examine la demande du Procureur et les observations éventuellement présentées par l'État qui a demandé que le soin de l'enquête lui soit déféré conformément au paragraphe 2 de l'article 18 ; elle prend en considération les circonstances énumérées à l'article 17 pour décider d'autoriser ou non l'enquête.

3. La décision de la Chambre préliminaire et ses attendus sont communiqués dès que possible au Procureur et à l'État qui a demandé que le soin de l'enquête lui soit déféré.

Règle 56. – Demande déposée par le Procureur après le réexamen prévu au paragraphe 3 de l'article 18

1. Après le réexamen prévu au paragraphe 3 de l'article 18, le Procureur peut demander à la Chambre préliminaire l'autorisation visée au paragraphe 2 dudit article. Sa demande est présentée par écrit ; elle est motivée.

2. Le Procureur transmet à la Chambre préliminaire toute information supplémentaire fournie par l'État en application du paragraphe 5 de l'article 18.

3. L'instance est conduite selon la disposition 2 de la règle 54 et selon la règle 55.

Règle 57. – Mesures conservatoires prévues au paragraphe 6 de l'article 18

La Chambre préliminaire examine *ex parte* et à huis clos les demandes que lui présente le Procureur dans les cas envisagés au paragraphe 6 de l'article 18. Elle rend sa décision selon une procédure accélérée.

Règle 58. – Procédure au titre de l'article 19

1. Les requêtes ou demandes prévues à l'article 19 sont présentées par écrit ; elles sont motivées.

2. Lorsqu'une chambre de la Cour est saisie d'une requête ou d'une demande contenant une contestation ou une question relative à sa compétence ou à la recevabilité d'une affaire au titre des paragraphes 2 ou 3 de l'article 19, ou lorsqu'elle agit d'office comme le prévoit le paragraphe 1 dudit article, elle arrête la procédure à suivre et peut prendre les mesures utiles au bon déroulement de l'instance. Elle peut tenir une audience. Elle peut examiner la contestation ou la question dans le cadre d'une audience de confirmation des charges ou d'un procès, à condition qu'il n'en résulte pas de retard excessif ; dans ce cas, elle entend et statue d'abord sur la contestation ou la question.

3. La Cour transmet la requête ou la demande présentée au titre de la disposition 2 au Procureur ainsi qu'à la personne visée au paragraphe 2 de l'article 19 lorsque cette personne a été remise à la Cour ou a comparu devant celle-ci volontairement ou sur citation, et les autorise à présenter des observations écrites au sujet de la requête ou de la demande dans le délai que fixe la Chambre.

4. La Cour statue d'abord sur toute contestation ou question relative à sa compétence, ensuite sur toute contestation ou question se rapportant à la recevabilité.

Règle 59. – Participation aux procédures selon le paragraphe 3 de l'article 19

1. Aux fins du paragraphe 3 de l'article 19, le Greffier informe de toute question ou contestation relevant des alinéas 1, 2 et 3 de l'article 19 concernant la compétence ou la recevabilité :

a) Ceux qui ont déféré une situation en application de l'article 13 ;

b) Les victimes qui ont déjà communiqué avec la Cour à l'occasion de l'affaire dont il s'agit, ou leurs représentants légaux.

2. Le Greffier fournit à tous ceux qui sont visés à la disposition 1 ci-dessus, selon des modalités compatibles avec l'obligation qu'a la Cour de tenir les informations confidentielles, de protéger les personnes et de préserver les preuves, un résumé des motifs pour lesquels la compétence de la Cour ou la recevabilité de l'affaire a été contestée.

3. Tous ceux qui sont informés comme prévu à la disposition 1 ci-dessus peuvent faire par écrit des représentations à la Chambre compétente dans le délai que fixe celle-ci.

Règle 60. – Organe compétent en matière d'exceptions

Les exceptions d'incompétence ou d'irrecevabilité qui sont soulevées après la confirmation des charges mais avant la constitution ou la désignation de la Chambre de première instance sont adressées à la Présidence, qui les renvoie à la Chambre de première instance dès que celle-ci est constituée ou désignée conformément à la règle 130.

Règle 61. – Mesures conservatoires prises au titre du paragraphe 8 de l'article 19

La règle 57 est applicable aux demandes adressées par le Procureur à la Chambre compétente en application de l'article 19, paragraphe 8.

Règle 62. – Procédure au titre du paragraphe 10 de l'article 19

1. Si le Procureur forme la demande prévue au paragraphe 10 de l'article 19, il l'adresse à la Chambre qui a rendu la décision la plus récente concernant la recevabilité. Les règles 58, 59 et 61 s'appliquent.

2. L'État ou les États dont la contestation de la recevabilité d'une affaire en application du paragraphe 2 de l'article 19 a provoqué la décision d'irrecevabilité visée au paragraphe 10 de l'article 19 sont informés de la demande du Procureur et il leur est accordé un délai pour présenter leurs observations.

Chapitre 4. – Dispositions applicables aux diverses phases de la procédure

Section I. – Preuve

Règle 63. – Dispositions générales en matière d'administration de la preuve

1. Les règles d'administration de la preuve énoncées dans le présent chapitre ainsi qu'à l'article 69 s'appliquent aux procédures devant toutes les Chambres.

2. Les Chambres sont habilitées, en vertu du pouvoir discrétionnaire visé au paragraphe 9 de l'article 64, à évaluer librement tous les moyens de preuve présentés en vue d'en déterminer la pertinence ou l'admissibilité comme le prévoit l'article 69.

3. Les Chambres statuent en matière d'admissibilité à la requête d'une partie ou d'office, conformément à l'alinéa *a)* du paragraphe 9 de l'article 64, lorsque la requête se fonde sur les motifs visés au paragraphe 7 de l'article 69.

4. Sans préjudice du paragraphe 3 de l'article 66, les Chambres n'imposent pas l'obligation juridique de corroborer la preuve des crimes relevant de la compétence de la Cour, en particulier des crimes de violences sexuelles.

5. Les Chambres n'appliquent pas les règles de droit interne régissant l'administration de la preuve, si ce n'est au sens de l'article 21.

Règle 64. – Procédure relative à la pertinence ou à l'admissibilité des preuves

1. Toute question touchant à la pertinence ou à l'admissibilité des preuves doit être soulevée lors de la présentation de celles-ci à une Chambre. Exceptionnellement, une question qui n'était pas connue lors de cette présentation peut être soulevée dès le moment où elle est connue. La Chambre concernée peut exiger une requête écrite à cet effet. La Cour transmet la requête écrite à tous ceux qui participent à la procédure, sauf si elle en décide autrement.

2. Les décisions prises par les Chambres en matière d'administration de la preuve sont motivées ; les motifs sont consignés dans le procès-verbal, s'ils ne l'ont pas été au cours du procès conformément au paragraphe 10 de l'article 64 et de la disposition 1 de la règle 137.

3. Les éléments de preuve déclarés non pertinents ou non admissibles ne sont pas pris en considération par les Chambres.

Règle 65. – Obligation de témoigner

1. Un témoin qui comparaît devant la Cour peut être contraint par elle à déposer, sauf disposition contraire du Statut ou du Règlement, en particulier des règles 73, 74 et 75.

2. La règle 171 s'applique aux témoins qui comparaissent devant la Cour et peuvent être contraints par elle à déposer conformément à la disposition 1 ci-dessus.

Règle 66. – Engagement solennel

1. Sous réserve de la disposition 2 ci-dessous, les témoins prennent, avant de déposer, l'engagement solennel suivant, conformément au paragraphe 1 de l'article 69 :

« Je déclare solennellement que je dirai la vérité, toute la vérité, rien que la vérité. »

2. Toute personne âgée de moins de 18 ans ou dont le discernement est altéré et qui, de l'avis de la Chambre, ne comprend pas la signification d'un engagement solennel peut être autorisée à témoigner sans engagement solennel si la Chambre l'estime capable de décrire les faits dont elle a connaissance et de comprendre le sens de l'obligation de dire la vérité.

3. L'attention du témoin est appelée, avant qu'il ne dépose, sur l'infraction définie au paragraphe 1 *a)* de l'article 70.

Règle 67. – Témoignages en direct présentés par liaison audio ou vidéo

1. Conformément au paragraphe 2 de l'article 69, les Chambres de la Cour peuvent autoriser un témoin à présenter une déposition orale par liaison audio ou vidéo, pour autant que la technique utilisée permette au Procureur, à la défense, ainsi qu'à la Chambre elle-même, d'interroger le témoin pendant qu'il dépose.

2. L'interrogatoire des témoins envisagé dans la présente règle est mené selon les dispositions pertinentes du présent chapitre.

3. La Chambre s'assure, avec le concours du Greffe, que le lieu choisi pour la présentation d'un témoignage par liaison audio ou vidéo se prête à une déposition franche et sincère ainsi qu'au respect de la sécurité, du bien-être physique et psychologique, de la dignité et de la vie privée du témoin.

Règle 68 (1). – Témoignages préalablement enregistrés

1. Lorsque la Chambre préliminaire n'a pas pris les mesures prévues à l'article 56, la Chambre de première instance peut, conformément aux paragraphes 2 et 4 de l'article 69 et après avoir entendu les parties, autoriser la présentation de témoignages déjà enregistrés sur support audio ou vidéo, ainsi que de transcriptions ou d'autres preuves écrites de ces témoignages, pour autant que cela ne soit ni préjudiciable ni contraire aux droits de la défense et que les exigences posées par l'une ou l'autre des dispositions suivantes soient remplies.

2. Si le témoin dont le témoignage a été enregistré ne comparaît pas en personne devant la Chambre de première instance, celle-ci peut autoriser la présentation du témoignage préalablement enregistré dans l'un quelconque des cas suivants :

a) Le Procureur et la défense ont eu la possibilité de l'interroger pendant l'enregistrement ;

b) Le témoignage préalablement enregistré tend à prouver un point autre que les actes et le comportement de l'accusé. Dans ce cas :

i) Pour déterminer si la présentation d'un témoignage préalablement enregistré peut être autorisée en application de la disposition (b), la Chambre évaluera notamment :

– si le témoignage en question porte sur des points ne faisant pas l'objet d'un litige important ;

– s'il est cumulatif ou corroboratif, au sens où d'autres témoins déposeront ou ont déjà déposé oralement sur des faits similaires ;

– s'il se rapporte au contexte ;

– s'il est tel que les intérêts de la justice sont mieux servis par sa présentation ; et

– s'il présente des indices suffisants de fiabilité.

ii) Le témoignage préalablement enregistré relevant de la disposition (b) ne peut être présenté que s'il s'accompagne d'une attestation dans laquelle le témoin déclare que le contenu de ce témoignage est, pour autant qu'il le sache et s'en souvienne, véridique et exact. L'attestation ne peut contenir aucune information nouvelle et doit être établie raisonnablement peu de temps avant la production du témoignage préalablement enregistré.

(1) Modifié par la résolution ICC-ASP/12/Res.7.

iii) L'attestation doit être établie en présence d'une personne habilitée à la contresigner, que ce soit par la Chambre ou conformément au droit et à la procédure d'un État. Cette personne doit consigner par écrit la date et le lieu de l'attestation et confirmer que son auteur :

– est la personne identifiée dans le témoignage préalablement enregistré ;

– affirme faire l'attestation de façon volontaire, sans être indûment influencé ;

– affirme que le contenu du témoignage préalablement enregistré est, pour autant qu'il le sache et s'en souvienne, véridique et exact ; et

– a été informé qu'il pouvait être poursuivi pour faux témoignage si le contenu du témoignage préalablement enregistré n'était pas véridique.

c) Le témoignage préalablement enregistré provient d'une personne décédée par la suite ou que l'on doit présumer décédée, ou d'une personne qui, en raison d'obstacles ne pouvant être surmontés par des efforts raisonnables, n'est pas disponible pour témoigner oralement. Dans ce cas :

i) Le témoignage préalablement enregistré ne peut être présenté en vertu de la disposition (c) que si la Chambre est convaincue que la personne n'est pas disponible pour les raisons susmentionnées, que la nécessité de recourir aux mesures visées à l'article 56 ne pouvait être prévue et que le témoignage préalablement enregistré présente des indices suffisants de fiabilité.

ii) Le fait que le témoignage préalablement enregistré tende à prouver les actes et le comportement d'un accusé peut militer contre sa présentation, en tout ou en partie.

d) Le témoignage préalablement enregistré provient d'une personne qui a fait l'objet de pressions. Dans ce cas :

i) Le témoignage préalablement enregistré ne peut être présenté en vertu de la disposition (d) que si la Chambre est convaincue :

– que le témoin n'a pas comparu ou, bien qu'ayant comparu, n'a pas abordé en cette occasion certains points importants qui figurent dans son témoignage préalablement enregistré ;

– que le fait que le témoin n'a pas comparu ou n'a pas abordé certains points résulte concrètement de pressions indues, notamment sous forme de menaces, d'intimidation ou de coercition ;

– que des efforts raisonnables ont été déployés pour obtenir la présence du témoin à l'audience ou, s'il comparaît, pour obtenir de lui tous les faits importants dont il a connaissance ;

– que les intérêts de la justice sont mieux servis par la présentation du témoignage préalablement enregistré ; et

– que le témoignage préalablement enregistré présente des indices suffisants de fiabilité.

ii) Pour les besoins de la disposition (d)(i), les pressions indues peuvent notamment concerner l'intégrité physique ou psychologique du témoin, ou ses intérêts économiques ou autres.

iii) Lorsqu'un témoignage préalablement enregistré produit en vertu de la disposition (d)(i) se rapporte à un procès déjà terminé concernant des infractions définies à l'article 70, la Chambre peut, aux fins de son évaluation, tenir compte des faits jugés prouvés à l'issue de ce procès.

iv) Le fait que le témoignage préalablement enregistré tende à prouver les actes et le comportement d'un accusé peut militer contre sa présentation, en tout ou en partie.

3. Si le témoin dont le témoignage a été enregistré comparaît en personne devant la Chambre de première instance, celle-ci peut autoriser la présentation de ce témoignage pour autant que le témoin ne s'y oppose pas et que le Procureur, la défense, et la Chambre elle-même, aient la possibilité de l'interroger à l'audience.

Règle 69. – Accords en matière de preuve

Le Procureur et la défense peuvent convenir que des faits invoqués dans les charges, la teneur d'un document, le témoignage attendu d'un témoin ou d'autres éléments de preuve ne sont pas contestés ; les Chambres peuvent alors considérer les faits allégués comme établis, à moins qu'elles n'estiment qu'ils doivent être exposés de façon plus complète dans l'intérêt de la justice et, en particulier, dans l'intérêt des victimes.

Règle 70. – Principes applicables à l'administration de la preuve en matière de violences sexuelles

Dans le cas de crimes de violences sexuelles, la Cour suit et, le cas échéant, applique les principes suivants :

a) Le consentement ne peut en aucun cas être inféré des paroles ou de la conduite d'une victime lorsque la faculté de celle-ci de donner librement un consentement véritable a été altérée par l'emploi de la force, de la menace ou de la contrainte, ou à la faveur d'un environnement coercitif ;

b) Le consentement ne peut en aucun cas être inféré des paroles ou de la conduite d'une victime lorsque celle-ci est incapable de donner un consentement véritable ;

c) Le consentement ne peut en aucun cas être inféré du silence ou du manque de résistance de la victime de violences sexuelles présumées ;

d) La crédibilité, l'honorabilité ou la disponibilité sexuelle d'une victime ou d'un témoin ne peut en aucun cas être inférée de leur comportement sexuel antérieur ou postérieur.

Règle 71. – Preuves du comportement sexuel d'une victime ou d'un témoin

Étant donné la définition et la nature des crimes relevant de la compétence de la Cour et sous réserve des dispositions du paragraphe 4 de l'article 69, les Chambres n'admettent aucune preuve relative au comportement sexuel antérieur ou postérieur d'une victime ou d'un témoin.

Règle 72. – Examen à huis clos de la pertinence ou de l'admissibilité des éléments de preuve

1. Si des éléments de preuve doivent être produits ou obtenus, y compris en interrogeant la victime ou le témoin, pour établir la réalité du consentement de la victime de violences sexuelles présumées, ou pour établir les paroles, la conduite, le silence ou le manque de résistance de la victime ou du témoin, eu égard aux principes *a)* à *d)* de la règle 70, une notification doit être adressée à la Cour précisant la nature de ces éléments de preuve et expliquant leur pertinence en l'espèce.

2. Lorsqu'elles se prononcent sur la pertinence ou l'admissibilité des preuves visées par la disposition 1 ci-dessus, les Chambres entendent à huis clos le Procureur, la défense, le témoin, la victime ou, le cas échéant, le représentant légal de celle-ci ; elles s'assurent que les éléments produits ont une valeur probante suffisante eu égard à la question considérée et tiennent compte du préjudice qu'ils peuvent causer, comme le prévoit le paragraphe 4 de l'article 69. À cette fin, les Chambres prennent en considération le paragraphe 3 de l'article 21 ainsi que les articles 67 et 68, et sont guidées par les principes *a)* à *d)* de la règle 70, particulièrement en ce qui concerne l'interrogatoire proposé des victimes.

3. Lorsqu'elles déterminent l'admissibilité des éléments de preuve visés par la disposition 2 ci-dessus, les Chambres indiquent au procès-verbal à quelles fins précises ils sont admissibles. Pour apprécier les éléments de preuve, les Chambres appliquent les principes *a)* à *d)* de la règle 70.

Règle 73. – Confidentialité

1. Sans préjudice de l'alinéa *b)* du paragraphe 1 de l'article 67, les communications entre une personne et son conseil sont couvertes par le secret professionnel ; en conséquence, la divulgation de leur contenu ne peut être ordonnée, que si :

a) L'intéressé y consent par écrit ; ou que si

b) L'intéressé a volontairement divulgué ce contenu à un tiers, qui le révèle par la suite.

2. Eu égard à la disposition 5 de la règle 63, les autres communications faites dans le cadre d'une certaine catégorie de relations professionnelles ou d'autres relations confidentielles sont considérées comme couvertes par le secret professionnel, et ne peuvent donc faire l'objet d'une divulgation qu'aux mêmes conditions que celles que fixent les dispositions 1 *a)* et 1 *b)* ci-dessus, si une des Chambres détermine que :

a) Ces communications relèvent d'une certaine catégorie de relations professionnelles et s'inscrivent dans des rapports confidentiels dont on pouvait raisonnablement déduire qu'elles demeureraient privées et ne seraient pas révélées ;

b) La confidentialité est un aspect essentiel de la nature et de la qualité des relations existant entre l'intéressé et la personne à laquelle il s'est confié ; et

c) La reconnaissance du secret de ces communications servirait les fins du Statut et du Règlement.

3. Lorsqu'elle procède à cette détermination, la Cour accorde une attention particulière à ce que le secret professionnel soit étendu aux communications s'inscrivant dans des relations professionnelles entre une personne et son médecin, son psychiatre, son psychologue ou son conseiller, en particulier lorsque les communications concernent ou impliquent des victimes, ou entre une personne et un membre du clergé ; dans ce dernier cas, la Cour considère comme couvertes par le secret professionnel les informations divulguées au cours d'une confession religieuse lorsque celle-ci fait partie intégrante des rites de la religion considérée.

4. La Cour considère comme couverts par le secret professionnel et ne pouvant donc être divulgués, y compris dans le cadre du témoignage d'une personne travaillant ou ayant travaillé en qualité de représentant ou d'employé pour le Comité international de la Croix-Rouge, tous renseignements, documents ou autres éléments de preuve qui seraient tombés en la possession du Comité dans l'exercice ou en conséquence des fonctions que celui-ci assume conformément aux statuts du Mouvement international de la Croix-Rouge et du Croissant-Rouge, à moins :

a) Qu'après les consultations prévues par la disposition 6 ci-dessous, le Comité n'ait indiqué par écrit qu'il ne s'opposait pas à leur divulgation ou n'ait renoncé de quelque autre façon à ce secret ; ou

b) Que ces renseignements, documents ou autres éléments de preuve ne figurent dans des déclarations ou des documents du Comité déjà rendus publics.

5. La disposition 4 ci-dessus n'affecte en rien l'admissibilité d'éléments de preuve semblables obtenus par des sources autres que le Comité international de la Croix- Rouge, ses représentants ou employés, lorsque ces éléments ont été recueillis par ces sources, indépendamment du Comité, de ses représentants et de ses employés.

6. Si la Cour détermine qu'un certain renseignement, document ou élément de preuve émanant du Comité international de la Croix-Rouge est d'une grande importance dans un cas d'espèce, elle mène des consultations avec le Comité pour résoudre la question par la concertation, eu égard aux circonstances de l'affaire, à la pertinence de l'élément de preuve demandé, à la disponibilité de cet élément de preuve auprès d'une autre source, à l'intérêt de la justice et à celui des victimes, et à l'exercice par la Cour et le Comité de leur fonctions respectives.

Règle 74. – Témoignages incriminant leur auteur

1. À moins que le témoin n'ait reçu l'instruction prévue à la règle 190, la Chambre lui notifie les dispositions de la présente règle avant de l'entendre.

2. Lorsqu'elle détermine qu'elle doit donner à un certain témoin des garanties en matière de non-incrimination, la Cour donne les garanties prévues à l'alinéa *c)* de la disposition 3 avant que l'intéressé ne comparaisse, soit directement soit en réponse à la demande envisagée à l'alinéa *e)* du paragraphe 1 de l'article 93.

3. *a)* Un témoin peut refuser de faire toute déclaration qui risquerait de l'incriminer.

b) Lorsqu'un témoin comparaît après avoir reçu les garanties prévues à la disposition 2 ci-dessus, la Cour peut lui enjoindre de répondre à la question ou aux questions.

c) Dans les autres cas, la Chambre peut ordonner au témoin de répondre à la question ou aux questions après lui avoir garanti que les éléments de preuve contenus dans sa déposition :

i) Resteront confidentiels et ne seront pas révélés au public ou à un État ; et

ii) Ne seront pas utilisés directement ou indirectement contre lui dans le cadre de poursuites ultérieures devant la Cour, sauf en application des articles 70 et 71.

4. Avant de donner une telle garantie, et pour s'assurer qu'elle est opportune dans le cas de ce témoin, la Chambre prend l'avis du Procureur *ex parte*.

5. Lorsqu'elle doit statuer sur le point de savoir si elle doit ordonner au témoin de répondre, la Chambre tient compte des considérations ci-après :

a) L'importance des éléments de preuve attendus ;

b) Le caractère unique de ces éléments de preuve ;

c) La nature, si elle est connue, de l'incrimination éventuelle ; et

d) La qualité des mesures de protection du témoin dans les circonstances.

6. Si la Chambre détermine qu'il n'est pas opportun de donner au témoin une telle garantie, elle ne lui ordonne pas de répondre aux questions. Dans ce cas, elle peut néanmoins poursuivre l'interrogatoire sur d'autres points.

7. Afin de donner effet à la garantie qu'elle donne, la Chambre :

a) Ordonne que la déposition se fera à huis clos ;

b) Ordonne que l'identité du témoin et le contenu de sa déposition ne seront divulgués d'aucune façon, et dispose que tout manquement à cet égard est passible des sanctions prévues à l'article 71 ;

c) Appelle expressément l'attention du Procureur, de l'accusé, du conseil de la défense, du représentant légal des victimes et de tout membre du personnel de la Cour présent, sur les conséquences du manquement visé au point *b)* ci-dessus ;

d) Ordonne la mise sous scellés des procès-verbaux ; et

e) Met en œuvre les mesures de protection qu'appelle une décision prise par la Cour pour garantir que l'identité du témoin et le contenu de sa déposition ne sont pas divulgués.

8. Si le Procureur se rend compte que la déposition d'un témoin risque d'incriminer son auteur, il demande une audience à huis clos et en informe la Chambre avant que le témoin ne dépose. La Chambre peut ordonner les mesures envisagées dans la disposition 7 ci-dessus pour la totalité ou une partie de la déposition de ce témoin.

9. L'accusé, le conseil de la défense ou le témoin peut signaler au Procureur ou à la Chambre, avant qu'un témoin ne dépose, que cette déposition soulèvera des problèmes en ce qui concerne l'incrimination de son auteur ; la Chambre peut prendre les mesures envisagées dans la disposition 7 ci-dessus.

10. Si la question de l'incrimination de soi-même se pose en cours d'instance, la Chambre suspend l'audition du témoin et donne à celui-ci la possibilité d'obtenir, s'il le demande, un avis juridique aux fins de l'application de la présente règle.

Règle 75. – Témoignages de proches incriminant l'accusé

1. Un témoin comparaissant devant la Cour qui est le conjoint, l'enfant ou le père ou la mère d'un accusé ne peut être contraint par les Chambres à faire aucune déclaration qui risquerait d'incriminer l'accusé. Le témoin peut toutefois choisir de faire une telle déclaration.

2. Lorsqu'elles apprécient un témoignage, les Chambres peuvent tenir compte du fait que le témoin visé à la disposition 1 ci-dessus a refusé de répondre à une question tendant à ce qu'il contredise une de ses déclarations précédentes et du fait qu'il a choisi de répondre à certaines questions mais pas à d'autres.

Section II. – Divulgation

Règle 76. – Divulgation de renseignements concernant les témoins à charge au stade préliminaire

1. Le Procureur communique à la défense le nom des témoins qu'il entend appeler à déposer et une copie de leurs déclarations. Il le fait suffisamment tôt pour que la défense ait le temps de se préparer convenablement.

2. Par la suite, le Procureur communique à la défense le nom et une copie des déclarations de tous les témoins à charge supplémentaires lorsqu'il est décidé de les citer.

3. Les déclarations des témoins à charge sont communiquées à l'intéressé dans leur texte original et dans une langue qu'il comprend et parle parfaitement.

4. La présente règle s'entend sous réserve des restrictions prévues par le Statut et les règles 81 et 82 en ce qui concerne la protection des victimes et des témoins et le respect de leur vie privée ainsi que la protection des renseignements confidentiels.

Règle 77. – Inspection des pièces en la possession ou sous le contrôle du Procureur

Sous réserve des restrictions applicables à la communication de pièces et à la divulgation de renseignements en vertu du Statut et des règles 81 et 82, le Procureur permet à la défense de prendre connaissance des livres, documents, photographies et autres objets se trouvant en sa possession ou sous son contrôle qui sont nécessaires à la préparation de la défense de l'accusé, qui seront utilisés par le Procureur comme moyens de preuve à l'audience de confirmation des charges ou au procès, ou qui ont été obtenus de l'accusé ou lui appartiennent.

Règle 78. – Inspection des pièces en la possession ou sous le contrôle de la défense

La défense permet au Procureur de prendre connaissance des livres, documents, photographies et autres objets se trouvant en sa possession ou sous son contrôle, qui seront utilisés par la défense comme moyens de preuve à l'audience de confirmation des charges ou au procès.

Règle 79. – Divulgation de certains éléments par la défense

1. La défense informe le Procureur de son intention d'invoquer :

a) L'existence d'un alibi, auquel cas doivent être précisés le lieu ou les lieux où l'accusé prétend s'être trouvé au moment des faits incriminés, le nom des témoins et tous les autres éléments de preuve sur lesquels l'accusé a l'intention de se fonder pour établir son alibi ;

b) Un des motifs d'exonération de la responsabilité pénale prévus au paragraphe 1 de l'article 31, auquel cas doivent être précisés dans la notification le nom des témoins et tous autres éléments de preuve que l'accusé a l'intention d'invoquer pour établir son moyen de défense.

2. Compte dûment tenu des délais fixés dans d'autres règles, la notification visée dans la disposition 1 ci-dessus doit être donnée suffisamment à l'avance pour que le Procureur puisse se préparer convenablement et y répondre. La Chambre saisie de l'affaire peut autoriser un ajournement pour donner le temps au Procureur d'examiner le point soulevé par la défense.

3. Le fait que la défense manque à l'obligation d'information prévue dans la présente règle ne limite pas son droit d'invoquer les circonstances visées dans la disposition 1 ci-dessus et de présenter des éléments de preuve.

4. La présente règle s'entend sans préjudice du pouvoir qu'ont les Chambres d'ordonner la divulgation de tout autre élément de preuve.

Règle 80. – Procédure à suivre pour invoquer un motif d'exonération de la responsabilité pénale en application du paragraphe 3 de l'article 31

1. La défense doit notifier à la Chambre de première instance et au Procureur son intention d'invoquer un motif d'exonération de la responsabilité pénale en application du paragraphe 3 de l'article 31. Cette notification doit être faite suffisamment tôt avant l'ouverture du procès pour que le Procureur ait le temps de préparer convenablement celui-ci.

2. Une fois reçue la notification prévue par la disposition 1 ci-dessus, la Chambre de première instance entend le Procureur et la défense avant de déterminer si la défense peut invoquer le motif d'exonération de la responsabilité pénale.

3. Si la défense est autorisée à invoquer le motif d'exonération de la responsabilité pénale, la Chambre de première instance peut autoriser l'ajournement du procès pour donner au Procureur le temps d'examiner le motif en question.

Règle 81. – Restrictions à l'obligation de communiquer des éléments de preuve

1. Les rapports, mémoires et autres documents internes établis par une partie, ses assistants ou ses représentants dans le cadre de l'enquête ou de la mise en état de l'affaire n'ont pas à être communiqués.

2. Lorsqu'il est en possession ou qu'il a sous son contrôle des pièces ou renseignements qui doivent être divulgués selon le Statut, mais dont la communication peut être préjudiciable à des enquêtes en cours ou à venir, le Procureur peut demander à la Chambre saisie de l'affaire de déterminer si ces pièces ou ces renseignements doivent être communiqués à la défense. La Chambre entend le Procureur ex parte. Néanmoins, le Procureur ne peut par la suite produire ces pièces ou ces renseignements comme éléments de preuve à l'audience de confirmation des charges ou au procès sans que l'accusé en ait eu préalablement connaissance.

3. Lorsque des mesures ont été prises pour préserver des renseignements confidentiels conformément aux articles 54, 57, 64, 72 et 93, et assurer la sécurité des témoins, des victimes et des membres de leur famille conformément à l'article 68, les informations y relatives ne sont pas communiquées, si ce n'est dans les conditions prévues dans lesdits articles. Lorsque la communication de ces renseignements peut présenter un risque pour la sécurité du témoin, la Cour prend des mesures pour en aviser à l'avance ce témoin.

4. La Chambre saisie de l'affaire prend, d'office ou à la demande du Procureur, de l'accusé ou de tout État, les mesures nécessaires pour préserver le caractère confidentiel des renseignements conformément aux articles 54, 72 et 93, et assurer la sécurité des témoins, des victimes et des membres de leur famille conformément à l'article 68, notamment en autorisant la non-divulgation de l'identité de ces personnes avant le début du procès.

5. Lorsque des pièces ou des renseignements en la possession ou sous le contrôle du Procureur n'ont pas été communiqués en application du paragraphe 5 de l'article 68, ces pièces ou ces renseignements ne peuvent par la suite être produits comme éléments de preuve à l'audience de confirmation des charges ou au procès sans que l'accusé en ait eu préalablement connaissance.

6. Lorsque des pièces ou des renseignements en la possession ou sous le contrôle de la défense doivent être communiqués, la défense peut s'abstenir de le faire quand les circonstances sont analogues à celles qui permettent au Procureur d'invoquer le paragraphe 5 de l'article 68, et les remplacer par un résumé. Ces pièces et ces renseignements ne peuvent par la suite être produits comme éléments de preuve à l'audience de confirmation des charges ou au procès sans que le Procureur en ait eu préalablement connaissance.

Règle 82. – Restrictions à l'obligation de communiquer les pièces et les renseignements couverts par l'alinéa *e)* du paragraphe 3 de l'article 54

1. Lorsque des pièces ou des renseignements en la possession ou sous le contrôle du Procureur sont couverts par l'alinéa *e)* du paragraphe 3 de l'article 54, le Procureur ne peut les produire par la suite comme éléments de preuve sans le consentement préalable de celui qui les a fournis et sans que l'accusé en ait eu préalablement connaissance.

2. Si le Procureur présente comme éléments de preuve des pièces ou des renseignements couverts par l'alinéa *e)* du paragraphe 3 de l'article 54, les Chambres ne peuvent pas ordonner la présentation d'éléments de preuve additionnels reçus de celui qui a fourni les pièces ou renseignements originels ; elles ne peuvent pas non plus citer ce dernier ou ses représentants comme témoins ni ordonner leur comparution pour obtenir ces éléments de preuve additionnels.

3. Si le Procureur cite un témoin à comparaître pour qu'il communique comme élément de preuve une pièce ou un renseignement couvert par l'alinéa *e)* du paragraphe 3 de l'article 54, les Chambres ne peuvent obliger ce témoin à répondre à aucune question relative à ces pièces ou ces renseignements ou à leur origine, si l'intéressé refuse de le faire en invoquant la confidentialité.

4. Le droit qu'a l'accusé de contester les éléments de preuve couverts par l'alinéa *e)* du paragraphe 3 de l'article 54, reste entier, soumis uniquement aux limites fixées par les dispositions 2 et 3 ci-dessus.

5. Les Chambres peuvent ordonner, à la demande de la défense, que, dans l'intérêt de la justice, les dispositions 1, 2 et 3 ci-dessus s'appliquent *mutatis mutandis* aux pièces et aux renseignements que l'accusé a en sa possession, qui lui ont été fournis dans les mêmes conditions que celles qu'envisage l'alinéa *e)* du paragraphe 3 de l'article 54 et qui doivent être présentés comme éléments de preuve.

Règle 83. – Décision concernant les éléments de preuve à décharge conformément au paragraphe 2 de l'article 67

Le Procureur peut demander à être entendu *ex parte* dès que les circonstances le permettent par la Chambre saisie de l'affaire, afin que celle-ci prenne la décision envisagée au paragraphe 2 de l'article 67.

Règle 84. – Divulgation et moyens de preuve supplémentaires en vue du procès

Afin de permettre aux parties de préparer le procès et pour faciliter le déroulement équitable et diligent de la procédure, la Chambre de première instance, conformément aux alinéas 3 *c)* et 6 *d)* de l'article 64 et au paragraphe 2 de l'article 67, mais sous réserve du paragraphe 5 de l'article 68, prend toutes les décisions nécessaires pour la communication de pièces ou de renseignements non encore divulgués et la production d'éléments de preuve supplémentaires. Pour éviter les retards et faire en sorte que le procès s'ouvre à la date prévue, ces décisions sont assorties de délais stricts, que la Chambre de première instance peut reconsidérer.

Section III. – Victimes et témoins

Sous-section 1. – Définition et principe général applicables aux victimes

Règle 85. – Définition des victimes

Aux fins du Statut et du Règlement :

a) Le terme « victime » s'entend de toute personne physique qui a subi un préjudice du fait de la commission d'un crime relevant de la compétence de la Cour ;

b) Le terme « victime » peut aussi s'entendre de toute organisation ou institution dont un bien consacré à la religion, à l'enseignement, aux arts, aux sciences ou à la charité, un monument historique, un hôpital ou quelque autre lieu ou objet utilisé à des fins humanitaires a subi un dommage direct.

Règle 86. – Principe général

Les Chambres, lorsqu'elles donnent un ordre ou une instruction, et les autres organes de la Cour, lorsqu'ils s'acquittent des fonctions qui leur sont dévolues par le Statut et le Règlement, tiennent compte des besoins des victimes et des témoins conformément à l'article 68, en particulier s'il s'agit d'enfants, de personnes âgées, de personnes handicapées et de victimes de violences sexuelles ou sexistes.

Sous-section 2. – Protection des victimes et des témoins

Règle 87. – Mesures de protection

1. Les Chambres peuvent, soit sur requête du Procureur ou de la défense soit à la demande d'un témoin, d'une victime ou, le cas échéant, du représentant légal de celle-ci, soit d'office et après avoir consulté, selon que de besoin, la Division d'aide aux victimes et aux témoins, ordonner des mesures destinées à assurer la protection d'une victime, d'un témoin ou d'une autre personne à laquelle la déposition d'un témoin peut faire courir un risque, conformément aux paragraphes 1 et 2 de l'article 68. Avant d'ordonner une mesure de protection, la Chambre cherche autant que possible à obtenir le consentement de la personne qui en fera l'objet.

2. Les requêtes ou demandes prévues par la disposition 1 ci-dessus sont régies par la règle 134, étant entendu que :

a) Ces requêtes ou demandes ne peuvent être présentées *ex parte* ;

b) Toute demande émanant d'un témoin, d'une victime ou, le cas échéant, du représentant légal de celle-ci doit être notifiée au Procureur et à la défense, qui ont la possibilité d'y répondre ;

c) Une requête ou une demande qui concerne un certain témoin ou une certaine victime doit être notifiée à ce témoin, à cette victime ou, le cas échéant, au représentant légal de celle-ci ainsi qu'à l'autre partie, qui ont la possibilité d'y répondre ;

d) Lorsque la Chambre agit d'office, elle avise le Procureur et la défense, ainsi que les témoins et les victimes ou, le cas échéant, les représentants légaux de celles-ci, qui feraient l'objet des mesures de protection envisagées ; elle leur donne la possibilité de répondre ;

e) Une requête ou une demande peut être déposée sous pli scellé ; elle demeure alors scellée tant qu'une chambre n'en décide pas autrement. Les réponses faites à des requêtes ou à des demandes déposées sous pli scellé sont également déposées sous pli scellé.

3. Saisies d'une requête ou une demande présentée conformément à la disposition 1 ci-dessus, les Chambres peuvent tenir une audience à huis clos pour déterminer s'il y a lieu d'ordonner des mesures propres à empêcher que soient révélés au public, à la presse ou à des agences d'information l'identité d'une victime, d'un témoin ou d'une autre personne à laquelle la déposition d'un témoin peut faire courir un risque, ou le lieu où se trouve l'intéressé ; elles peuvent notamment ordonner :

a) Que le nom de la victime, du témoin ou de toute autre personne à laquelle la déposition d'un témoin peut faire courir un risque et toute autre indication qui pourrait permettre l'identification de l'intéressé soient supprimés des procès-verbaux de la Chambre rendus publics ;

b) Qu'il soit fait interdiction au Procureur, à la défense ou à toute autre personne participant à la procédure de révéler de telles informations à un tiers ;

c) Que des dépositions soient recueillies par des moyens électroniques ou autres moyens spéciaux, y compris des moyens techniques permettant l'altération de l'image ou de la voix, des techniques audiovisuelles, en particulier la vidéoconférence et la télévision en circuit fermé, et le recours à des moyens exclusivement acoustiques ;

d) Qu'un pseudonyme soit employé pour désigner une victime, un témoin ou une autre personne à laquelle la déposition d'un témoin peut faire courir un risque ; ou

e) Que la procédure devant elles se déroule partiellement à huis clos.

Règle 88. – Mesures spéciales

1. Les Chambres peuvent soit d'office, soit sur requête du Procureur ou de la défense, soit à la demande d'un témoin, d'une victime ou, le cas échéant, du représentant légal de celle-ci, et après avoir consulté, selon que de besoin, la Division d'aide aux victimes et aux témoins, ordonner, en tenant compte des vues de l'intéressé, des mesures spéciales, notamment des mesures visant à faciliter la déposition d'une victime ou d'un témoin traumatisé, d'un enfant, d'une personne âgée ou d'une victime de violences sexuelles, conformément aux paragraphes 1 et 2 de l'article 68. Avant d'ordonner une mesure spéciale, elles cherchent autant que possible à obtenir le consentement de la personne qui en fait l'objet.

2. Les Chambres peuvent, sur requête ou sur demande comme prévu par la disposition 1 ci-dessus, tenir une audience, au besoin à huis clos ou *ex parte*, pour déterminer s'il y a lieu d'ordonner une mesure spéciale, notamment la présence d'un conseil, d'un représentant, d'un psychologue ou d'un membre de la famille de l'intéressé pendant la déposition d'une victime ou d'un témoin.

3. Les dispositions 2. *b)* à 2. *d)* de la règle 87 s'appliquent *mutatis mutandis* aux demandes et requêtes présentées au titre de la présente règle.

4. Une requête ou une demande présentée au titre de la présente règle peut être déposée sous pli scellé ; elle demeure scellée tant qu'une chambre n'en décide pas autrement. Les réponses faites à des requêtes ou à des demandes déposées sous pli scellé sont également déposées sous pli scellé.

5. Les atteintes à la vie privée des victimes et des témoins risquant de mettre les intéressés en danger, les Chambres doivent contrôler avec vigilance la manière dont l'interrogatoire de ces personnes est mené pour éviter tout harcèlement et toute intimidation, en veillant particulièrement à la protection des victimes de violences sexuelles.

Sous-section 3. – Participation des victimes à la procédure

Règle 89. – Demandes relatives à la participation des victimes à la procédure

1. Les victimes qui veulent exposer leurs vues et leurs préoccupations adressent une demande écrite au Greffier, qui la communique à la Chambre compétente. Sous réserve des dispositions du Statut, en particulier du paragraphe 14 de l'article 68, le Greffier communique une copie de la demande au Procureur et à la défense, qui ont toujours le droit d'y répondre dans le délai fixé par la Chambre. Sous réserve de la disposition 2 ci-dessous, celle-ci arrête les modalités de la participation des victimes à la procédure, modalités qui peuvent inclure la possibilité de faire des déclarations au début et à la fin des audiences devant la Cour.

2. Les Chambres peuvent rejeter une demande, d'office ou à la demande du Procureur ou de la défense, si elles considèrent que son auteur n'est pas une victime ou que les conditions fixées au paragraphe 3 de l'article 68 ne sont pas remplies. La victime dont la demande a été rejetée peut en déposer une nouvelle à une phase ultérieure de la procédure.

3. Les demandes visées par la présente règle peuvent aussi être introduites par une personne agissant avec le consentement de la victime, ou au nom de celle-ci lorsque celle-ci est un enfant ou que son invalidité rend ce moyen nécessaire.

4. Lorsque plusieurs demandes sont introduites, les Chambres peuvent les examiner d'une manière propre à assurer l'efficacité des procédures et rendre une décision unique.

Règle 90. – Représentation légale des victimes

1. Les victimes sont libres de choisir leur représentant légal.

2. Lorsqu'il y a plusieurs victimes, les Chambres peuvent, afin d'assurer l'efficacité des procédures, demander aux victimes ou à un groupe particulier de victimes de choisir, au besoin avec l'assistance du Greffe, un ou plusieurs représentants légaux communs. En vue de faciliter la représentation coordonnée des victimes, le Greffe peut leur prêter son concours, par exemple en leur communiquant la liste de conseils qu'il tient à jour, ou en leur proposant un ou plusieurs représentants légaux communs.

3. Si les victimes ne sont pas en mesure de choisir un ou plusieurs représentants légaux communs dans le délai imparti par la Chambre, celle-ci peut demander au Greffier de désigner un ou plusieurs représentants légaux.

4. Lorsqu'un représentant légal commun est choisi, les Chambres et le Greffe prennent toutes les précautions raisonnables pour que les intérêts propres de chaque victime, tels qu'ils sont notamment envisagés au paragraphe 1 de l'article 68, soient représentés et que tout conflit d'intérêts soit évité.

5. Une victime ou un groupe de victimes qui n'a pas les moyens de rémunérer un représentant légal commun choisi par la Cour peut bénéficier de l'assistance du Greffe, y compris, le cas échéant, de son aide financière.

6. Les représentants légaux d'une victime ou de plusieurs victimes doivent avoir les qualifications fixées dans la disposition 1 de la règle 22.

Règle 91. – Participation du représentant légal à la procédure

1. Les Chambres peuvent modifier des décisions prises précédemment en vertu de la règle 89.

2. Le représentant légal d'une victime a le droit d'assister et de participer à toute la procédure, dans les conditions fixées dans la décision de la Chambre et toute modification ultérieure de celle-ci en application des règles 89 et 90. Il participe à toutes les audiences sauf si la chambre concernée juge que, dans les circonstances de l'espèce, son intervention doit se limiter au dépôt d'observations et de conclusions écrites. Le Procureur et la défense doivent avoir la possibilité de répondre à toute intervention orale et écrite du représentant légal de la victime.

3. *a)* Si un représentant légal qui assiste et participe à une audience en vertu de la présente règle souhaite interroger un témoin, y compris selon la procédure prévue aux règles 67 et 68, un expert ou l'accusé, il en fait la demande à la Chambre. Celle-ci peut le prier de formuler par écrit ses questions, qui sont alors communiquées au Procureur et, au besoin, à la défense ; ceux-ci peuvent formuler des observations dans le délai fixé par la Chambre.

b) La Chambre statue alors sur la demande en prenant en considération la phase à laquelle en est la procédure, les droits de l'accusé, les intérêts des témoins, les exigences d'un procès équitable, impartial et diligent et la nécessité de donner effet au paragraphe 3 de l'article 68. Elle peut joindre à sa décision des instructions quant à la forme et à l'ordre des questions et quant à la production de pièces, en exerçant les pouvoirs qui lui sont conférés par l'article 64. Si elle le juge nécessaire, elle peut interroger un témoin, un expert ou un accusé au nom du représentant légal de la victime.

4. Dans le cas d'une audience uniquement consacrée aux réparations conformément à l'article 75, les restrictions prévues à la disposition 3 ci-dessus concernant l'interrogatoire effectué par un représentant légal des victimes ne sont pas applicables. Le représentant légal peut alors, avec l'autorisation de la chambre concernée, interroger les témoins, les experts et la personne en cause.

Règle 92. – Notification aux victimes et à leurs représentants légaux

1. La présente règle s'applique à toutes les procédures devant la Cour, à l'exception des procédures relevant du chapitre II.

2. Pour leur permettre de demander à participer à la procédure en application de la règle 89, la Cour notifie aux victimes la décision du Procureur de ne pas ouvrir d'enquête ou de ne pas engager de poursuites en vertu de l'article 53. Cette notification est adressée aux victimes ou à leurs représentants légaux qui ont déjà participé à la procédure et, dans la mesure du possible, à celles qui ont communiqué avec la Cour au sujet de la situation ou de l'affaire en cause. La Cour peut ordonner les mesures prévues dans la disposition 8 ci-dessous si les circonstances de l'espèce l'y engagent.

3. Pour leur permettre de demander à participer à la procédure en application de la règle 89, la Cour notifie aux victimes sa décision de tenir une audience de confirmation des charges en application de l'article 61. Cette notification est adressée aux victimes ou à leurs représentants légaux qui ont déjà participé à la procédure et, dans la mesure du possible, à celles qui ont communiqué avec la Cour au sujet de l'affaire en cause.

4. Lorsqu'il y a eu notification aux fins de participation comme prévu dans les dispositions 2 et 3 ci-dessus, les notifications ultérieures prévues par les dispositions 5 et 6 ci-dessous ne sont adressées qu'aux victimes ou à leurs représentants légaux qui peuvent participer à la procédure dans les conditions fixées par une décision de la Chambre prise en application de la règle 89 et de toute modification de cette décision.

5. Selon des modalités compatibles avec toute décision prise en vertu des règles 89 à 91, les victimes ou leurs représentants légaux qui participent à la procédure sont informés en temps voulu par le Greffier :

a) Du déroulement de la procédure, notamment de la date des audiences et de leur éventuel report, ainsi que de la date à laquelle les décisions seront rendues ;

b) Des demandes, conclusions, requêtes et autres pièces relatives à ces demandes, conclusions ou requêtes.

6. Lorsque des victimes ou des représentants légaux ont participé à une certaine phase de la procédure, le Greffier leur notifie aussitôt que possible les décisions rendues par la Cour au cours de cette phase.

7. Les notifications prévues dans les dispositions 5 et 6 ci-dessus sont faites par écrit ou, lorsque cela n'est pas possible, sous toute autre forme appropriée. Le Greffier conserve la trace de toutes les notifications. Il peut au besoin solliciter la coopération des États Parties en invoquant les alinéas *d)* et *l)* du paragraphe 1 de l'article 93.

8. Aux fins des notifications prévues dans les dispositions 2 à 7 ci-dessus ou à la demande d'une chambre, le Greffier prend les mesures nécessaires pour assurer une publicité adéquate à la procédure. Il peut pour cela solliciter la coopération des États Parties concernés, au titre du chapitre IX, et demander l'assistance d'organisations intergouvernementales.

Règle 93. – Avis des victimes ou de leurs représentants légaux

Les Chambres peuvent solliciter les vues des victimes ou de leurs représentants légaux qui participent à la procédure conformément aux règles 89 à 91 sur toutes questions, notamment celles visées aux règles 107, 109, 125, 128, 136, 139 et 191. Les Chambres peuvent également solliciter les vues d'autres victimes, le cas échéant.

Sous-section 4. – Réparation en faveur des victimes

Règle 94. – Procédure à suivre en cas de demandes présentées par les victimes

1. Les demandes en réparation présentées par les victimes en vertu de l'article 75 sont déposées par écrit auprès du Greffier. Elles doivent contenir les indications ou éléments suivants :

a) Les nom, prénoms et adresse du requérant ;

b) La description du dommage, de la perte ou du préjudice ;

c) Le lieu et la date de l'incident et, dans la mesure du possible, les nom et prénoms de la personne ou des personnes que la victime tient pour responsables du dommage, de la perte ou du préjudice ;

d) Le cas échéant, la description des avoirs, biens ou autres biens mobiliers corporels dont la restitution est demandée ;

e) Une demande d'indemnisation ;

f) Une demande de réhabilitation ou de réparation sous d'autres formes ;

g) Dans la mesure du possible, toutes pièces justificatives, notamment les noms et adresses des témoins.

2. À l'ouverture du procès et sous réserve des mesures de protection qu'elle peut ordonner, la Cour demande au Greffier de notifier la demande en réparation à la personne ou aux personnes qui y sont nommées ou qui sont nommées dans les charges et, dans la mesure du possible, à toute personne ou tout État intéressé. Les destinataires de cette notification peuvent déposer des observations auprès du Greffe en vertu du paragraphe 3 de l'article 75.

Règle 95. – Procédure à suivre lorsque la Cour agit de son propre chef

1. Lorsqu'elle entend procéder d'office en vertu du paragraphe 1 de l'article 75, la Cour demande au Greffier de notifier son intention à la personne ou aux personnes contre lesquelles elle envisage de statuer et, dans la mesure du possible, aux victimes, à toute personne et à tout État intéressés. Les destinataires de cette notification peuvent déposer des observations auprès du Greffe en vertu du paragraphe 3 de l'article 75.

2. Si, à la suite de la notification prévue dans la disposition 1 ci-dessus :

a) Une victime dépose une demande en réparation, il est statué sur cette demande comme si elle avait été déposée conformément à la règle 94 ;

b) Une victime demande que la Cour ne rende pas d'ordonnance de réparation, la Cour ne rend pas d'ordonnance individuelle pour cette victime.

Règle 96. – Publicité donnée aux procédures en réparation

1. Sans préjudice d'aucune autre règle relative à la notification des procédures, le Greffier adresse dans la mesure du possible une notification aux victimes ou à leurs représentants légaux et à la personne ou aux personnes concernées. Il prend aussi, en tenant compte des renseignements que le Procureur peut lui avoir fournis, toute mesure nécessaire pour donner une publicité adéquate aux procédures en réparation devant la Cour, afin, autant que possible, que les autres victimes, les personnes et États intéressés en soient convenablement informés.

2. Lorsqu'elle prend les mesures prévues dans la disposition 1 ci-dessus, la Cour peut, conformément au chapitre IX, solliciter la coopération des États Parties concernés, et l'assistance d'organisations intergouvernementales pour que soit donnée par tous les moyens la plus large publicité possible aux procédures en réparation qui se déroulent devant elle.

Règle 97. – Évaluation de la réparation

1. Compte tenu de l'ampleur du dommage, de la perte ou du préjudice, la Cour peut accorder une réparation individuelle ou, lorsqu'elle l'estime appropriée, une réparation collective, ou les deux.

2. La Cour peut soit d'office, soit à la demande des victimes ou de leurs représentants légaux, soit à la demande de la personne reconnue coupable, désigner des experts compétents pour l'aider à déterminer l'ampleur du dommage, de la perte ou du préjudice causé aux victimes ou à leurs ayants droit et pour suggérer diverses options en ce qui concerne les types et modalités appropriés de réparation. Le cas échéant, la Cour invite les victimes ou leurs représentants légaux et la personne reconnue coupable ainsi que les personnes et États intéressés à faire des observations sur les expertises.

3. Dans tous les cas, la Cour respecte les droits des victimes et de la personne reconnue coupable.

Règle 98. – Fonds au profit des victimes

1. Les ordonnances accordant réparation à titre individuel sont rendues directement contre la personne reconnue coupable.

2. La Cour peut ordonner que le montant de la réparation mise à la charge de la personne reconnue coupable soit déposé au Fonds au profit des victimes si, au moment où elle statue, il lui est impossible d'accorder un montant à chaque victime prise individuellement. Le montant de la réparation ainsi déposé est séparé des autres ressources du Fonds et est remis à chaque victime dès que possible.

3. La Cour peut ordonner que le montant de la réparation mise à la charge de la personne reconnue coupable soit versé par l'intermédiaire du Fonds au profit des victimes lorsqu'en raison du nombre des victimes et de l'ampleur, des formes et des modalités de la réparation, une réparation à titre collectif est plus approprié.

4. À l'issue de consultations avec les États intéressés et le Fonds au profit des victimes, la Cour peut ordonner que la réparation soit versée par l'intermédiaire du Fonds à une organisation intergouvernementale, internationale ou nationale agréée par le Fonds.

5. D'autres ressources du Fonds peuvent être utilisées au profit des victimes sous réserve des dispositions de l'article 79.

Règle 99. – Coopération et mesures conservatoires aux fins de confiscation en vertu de l'alinéa *e)* du paragraphe 3 de l'article 57 et du paragraphe 4 de l'article 75

1. La Chambre préliminaire, en application de l'alinéa *e)* du paragraphe 3 de l'article 57, ou la Chambre de première instance, en application du paragraphe 4 de l'article 75, peut, déterminer d'office, à la demande du Procureur ou à la demande des victimes ou de leurs représentants légaux qui ont présenté une demande de réparation ou se sont engagés par écrit à le faire, s'il convient de solliciter l'adoption de certaines mesures.

2. Il n'y a pas lieu à notification à moins que la Cour ne juge qu'en l'espèce la notification ne risque pas de nuire à l'efficacité des mesures demandées. Ce cas échéant, le Greffier notifie la procédure à la personne contre laquelle une demande est formée et, dans la mesure du possible, aux personnes ou aux États intéressés.

3. Lorsqu'une ordonnance est rendue sans notification préalable, la Chambre compétente demande au Greffier de la notifier à ceux contre qui la demande a été présentée et, dans la mesure du possible, aux personnes ou États intéressés dès que cela est possible sans nuire à l'efficacité des mesures demandées ; elle les invite à présenter des observations sur le point de savoir si l'ordonnance doit être rapportée ou autrement modifiée.

4. La Cour peut rendre des ordonnances concernant le calendrier et la conduite des procédures pouvant être nécessaires pour statuer sur ces questions.

Section IV. – Dispositions diverses

Règle 100 (1). – Lieu où se déroule le procès

1. Si elle estime que cela peut servir les intérêts de la justice, la Cour peut décider, dans un cas d'espèce, de siéger dans un État autre que l'État hôte pendant une ou plusieurs périodes si nécessaire, pour tenir tout ou partie des audiences de l'affaire.

2. Après l'ouverture d'une enquête, la Chambre peut à tout moment, de sa propre initiative ou à la demande du Procureur ou de la défense, recommander que la Chambre siège dans un autre lieu. Les juges de la Chambre s'efforcent de prendre leur recommandation à l'unanimité, faute de quoi, ils la prennent à la majorité. Cette recommandation qui prend en considération l'avis des parties et des victimes ainsi qu'un rapport d'évaluation préparé par le Greffe, est adressée par écrit à la Présidence et indique l'État où la Chambre pourrait siéger. L'évaluation préparée par le Greffe est jointe en annexe à la recommandation.

3. La Présidence consulte l'État où la Chambre a l'intention de siéger. Si celui-ci consent à ce que la Chambre siège sur son territoire, la décision de siéger dans un État autre que l'État hôte est prise par la Présidence, en consultation avec la Chambre. Par la suite, la Chambre ou le juge désigné siège dans le lieu fixé.

(1) Modifié par la résolution ICC-ASP/12/Res.7.

Règle 101. – Délais

1. Dans les ordonnances dans lesquelles elle fixe des délais de procédure, la Cour tient compte de la nécessité de promouvoir l'équité et la diligence des procédures en ayant particulièrement à l'esprit les droits de la défense et des victimes ;

2. Compte tenu des droits de la défense, en particulier ceux qui sont visés à l'alinéa *c)* du paragraphe 1 de l'article 67, les parties auxquelles une ordonnance est adressée s'efforcent d'agir aussi rapidement que possible, dans le délai imparti par la Cour.

Règle 102. – Communications non écrites

Lorsqu'une personne ne peut, en raison d'une incapacité ou parce qu'elle est analphabète, présenter une requête, une demande, une observation ou une autre communication écrite à la Cour, elle a la faculté de le faire sur un support audio ou vidéo ou sous toute autre forme électronique.

Règle 103. – *Amicus curiae* et autres formes de déposition

1. À n'importe quelle phase de la procédure, toute chambre de la Cour peut, si elle le juge souhaitable en l'espèce pour la bonne administration de la justice, inviter ou autoriser tout État, toute organisation ou toute personne à présenter par écrit ou oralement des observations sur toute question qu'elle estime appropriée.

2. Le Procureur et la défense ont la possibilité de répondre aux observations présentées en vertu de la disposition 1 ci-dessus.

3. Les observations présentées par écrit en vertu de la disposition 1 ci-dessus sont déposées au Greffe, qui en fournit copie au Procureur et à la défense. La Chambre fixe le délai de dépôt des observations.

Chapitre 5. – Enquête et poursuites

Section I. – Décision du Procureur sur l'ouverture d'une enquête selon les paragraphes 1 et 2 de l'article 53

Règle 104. – Évaluation des renseignements par le Procureur

1. Lorsque, agissant en application du paragraphe 1 de l'article 53, il évalue les renseignements portés à sa connaissance, le Procureur en vérifie le sérieux.

2. Aux fins de la disposition 1 ci-dessus, le Procureur peut rechercher des renseignements supplémentaires auprès d'États, d'organes de l'Organisation des Nations Unies, d'organisations intergouvernementales et non gouvernementales, ou d'autres sources dignes de foi qu'il juge appropriées, et recueillir des dépositions écrites ou orales au siège de la Cour. Les dispositions de la règle 47 s'appliquent dans ce cas.

Règle 105. – Notification de la décision du Procureur de ne pas ouvrir d'enquête

1. Lorsqu'il décide en vertu du paragraphe 1 de l'article 53 de ne pas ouvrir d'enquête, le Procureur en informe par écrit et sans retard l'État ou les États qui lui ont déféré la situation dont il s'agit en vertu de l'article 14, ou le Conseil de sécurité s'il s'agit d'une situation visée au paragraphe *b)* de l'article 13.

2. Lorsque le Procureur décide de ne pas présenter de demande d'autorisation à la Chambre préliminaire, la règle 49 s'applique.

3. Les notifications prévues dans la disposition 1 ci-dessus contiennent la conclusion du Procureur et, compte tenu du paragraphe 1 de l'article 68, indiquent les motifs sur lesquels elle repose.

4. Dans tous les cas où il décide de ne pas enquêter sur le seul fondement de l'alinéa *c)* du paragraphe 1 de l'article 53, le Procureur en informe par écrit et sans retard la Chambre préliminaire.

5. Cette notification contient la conclusion du Procureur et indique les motifs sur lesquels elle repose.

Règle 106. – Notification de la décision du Procureur de ne pas poursuivre

1. Lorsqu'il détermine en vertu du paragraphe 2 de l'article 53 qu'il n'y a pas de motifs suffisants pour engager des poursuites, le Procureur en informe par écrit et sans retard la Chambre préliminaire, ainsi que l'État ou les États qui lui ont déféré la situation dont il s'agit en vertu de l'article 14, ou le Conseil de sécurité s'il s'agit d'une situation visée au paragraphe *b)* de l'article 13.

2. Les notifications prévues dans la disposition 1 ci-dessus contiennent la conclusion du Procureur et, compte tenu du paragraphe 1 de l'article 68, indiquent les motifs sur lesquels elle repose.

Section II. – Procédure prévue au paragraphe 3 de l'article 53

Règle 107. – Demande de réexamen au titre de l'alinéa *a)* du paragraphe 3 de l'article 53

1. Les demandes de réexamen d'une décision du Procureur de ne pas ouvrir d'enquête ou de ne pas engager de poursuites, telles qu'elles sont envisagées au paragraphe 3 de l'article 53, sont soumises par écrit dans les 90 jours suivant la notification donnée en application des règles 105 ou 106, elles sont motivées.

2. La Chambre préliminaire peut demander au Procureur de lui communiquer, éventuellement sous forme de résumés, les informations ou les documents qu'il détient et qu'elle estime nécessaires au réexamen demandé.

3. La Chambre préliminaire prend les mesures envisagées aux articles 54, 72 et 93 qui sont nécessaires à la protection des informations et des documents visés par la disposition 2 ci-dessus et à la sécurité des témoins et des victimes, et des membres de leur famille, conformément à l'article 68.

4. Lorsqu'un État ou le Conseil de sécurité fait la demande prévue par la disposition 1 ci-dessus, la Chambre préliminaire peut lui demander des explications supplémentaires.

5. Lorsqu'une question relative à la compétence de la Cour ou à la recevabilité de l'affaire est soulevée, la règle 59 s'applique.

Règle 108. – Décision de la Chambre préliminaire au titre de l'alinéa *a)* du paragraphe 3 de l'article 53

1. La décision de la Chambre préliminaire visée à l'alinéa *a)* du paragraphe 3 de l'article 53 est prise à la majorité des juges qui la composent ; elle est motivée. Elle est communiquée à tous ceux qui ont participé à la procédure de réexamen.

2. Si la Chambre préliminaire lui demande de reconsidérer, en tout ou en partie, sa décision de ne pas ouvrir d'enquête ou de ne pas engager de poursuites, le Procureur le fait dans les meilleurs délais.

3. Lorsqu'il a pris sa décision définitive, le Procureur en informe la Chambre préliminaire par écrit. Cette notification contient la conclusion du Procureur et indique les motifs sur lesquels elle repose. Elle est communiquée à tous ceux qui ont participé à la procédure de réexamen.

Règle 109. – Réexamen d'une décision du Procureur par la Chambre préliminaire en vertu de l'alinéa *b)* du paragraphe 3 de l'article 53

1. La Chambre préliminaire peut d'office examiner une décision prise par le Procureur sur le seul fondement des sous-alinéas 1 *c)* ou 2 *c)* de l'article 53, dans les 180 jours suivant la notification prévue aux règles 105 ou 106. Elle informe le Procureur de son intention de réexaminer sa décision et lui fixe un délai pour la présentation éventuelle d'observations et d'autres éléments d'information.

2. Lorsque la Chambre préliminaire a été saisie par un État ou par le Conseil de sécurité, ceux-ci sont également informés et peuvent présenter des observations conformément à la règle 107.

Règle 110. – Décision de la Chambre préliminaire au titre de l'alinéa *b)* du paragraphe 3 de l'article 53

1. La décision de la Chambre préliminaire de confirmer ou non une décision prise par le Procureur sur le seul fondement des sous-alinéas 1 *c)* ou 2 *c)* de l'article 53, est prise à la majorité des juges qui composent la Chambre ; elle est motivée. Elle est notifiée à tous ceux qui ont participé à la procédure de réexamen.

2. Lorsque la Chambre préliminaire ne confirme pas la décision du Procureur visée à la disposition 1 ci-dessus, celui-ci procède à l'enquête ou aux poursuites.

Section III. – Rassemblement des éléments de preuve

Règle 111. – Procès-verbal des interrogatoires

1. Il est dressé procès-verbal de la déposition de toute personne entendue dans le cadre d'une enquête ou de poursuites. Le procès-verbal est signé par la personne qui l'établit et qui conduit l'interrogatoire et par la personne interrogée et son conseil, si celui-ci est présent, ainsi que, le cas échéant, par le Procureur ou le juge présent. La date, l'heure et le lieu de l'interrogatoire sont consignés dans le procès-verbal, qui mentionne toutes les personnes présentes. Si l'une d'elles n'a pas signé le procès-verbal, il en est fait mention et les raisons en sont consignées.

2. Lorsque le Procureur ou les autorités nationales procèdent à un interrogatoire, il est dûment tenu compte de l'article 55. Lorsqu'une personne est informée de ses droits conformément au paragraphe 2 de l'article 55, le fait que cette information a été donnée est mentionné dans le procès-verbal.

Règle 112. – Enregistrement de certains interrogatoires

1. Lorsque le Procureur procède à l'interrogatoire d'une personne à qui s'appliquent les dispositions du paragraphe 2 de l'article 55, ou d'une personne contre laquelle un mandat d'arrêt ou une citation à comparaître ont été

décernés en vertu du paragraphe 7 de l'article 58, l'interrogatoire est conservé sous forme d'enregistrement sonore ou vidéo selon les modalités suivantes :

a) La personne interrogée est informée, dans une langue qu'elle comprend et parle parfaitement, que l'interrogatoire va être enregistré sur support audio ou vidéo et qu'elle peut s'y opposer si elle le souhaite. Le fait que cette information a été donnée et la réponse de l'intéressé sont consignés dans le procès-verbal. La personne peut, avant de donner sa réponse, s'entretenir en privé avec son conseil si celui-ci est présent. Si elle refuse l'enregistrement sonore ou vidéo, il est procédé conformément à la règle 111 ;

b) La déclaration par laquelle la personne interrogée renonce à la présence de son conseil au cours de l'interrogatoire est consignée et, si possible, enregistrée sur support audio ou vidéo ;

c) Si l'interrogatoire est interrompu, l'heure de la suspension et celle de la reprise sont mentionnées dans l'enregistrement, au moment même où l'une et l'autre interviennent ;

d) À la fin de l'interrogatoire, la personne interrogée doit avoir la possibilité de préciser ou de compléter toutes ses déclarations. L'heure de la fin de l'interrogatoire est consignée ;

e) L'enregistrement est transcrit dès que possible après la fin de l'interrogatoire et une copie de la transcription est remise à la personne interrogée, ainsi qu'une copie de la bande magnétique ou, s'il a été utilisé un appareil multibandes, l'une des bandes magnétiques originales ;

f) La bande magnétique originale ou l'une des bandes magnétiques originales portant la signature du Procureur et de la personne interrogée, et du conseil de celle-ci s'il est présent, sont mises sous scellés, en présence de la personne interrogée et, le cas échéant, de son conseil.

2. Le Procureur s'efforce autant que possible de faire enregistrer l'interrogatoire conformément à la disposition 1 ci-dessus. Lorsque les circonstances ne s'y prêtent pas, les interrogatoires peuvent, à titre exceptionnel, ne faire l'objet d'aucun enregistrement audio ou vidéo. Les raisons en sont consignées par écrit et il est procédé conformément à la règle 111.

3. Lorsque, en application des dispositions 1 *a)* ou 2 ci-dessus, l'interrogatoire n'est pas enregistré sur support audio ou vidéo, il est remis copie de sa déposition à la personne interrogée.

4. Le Procureur peut décider d'appliquer les dispositions de la présente règle à l'interrogatoire de personnes autres que celles visées par la disposition 1 ci-dessus, en particulier lorsque de telles procédures aideraient à éviter aux victimes de violences sexuelles ou sexistes, aux enfants et aux personnes handicapées de subir un traumatisme ultérieur lors de leur déposition. Le Procureur peut adresser une demande à cet effet à la Chambre concernée.

5. La Chambre préliminaire peut ordonner, en vertu du paragraphe 2 de l'article 56, que la procédure fixée dans la présente règle soit appliquée à n'importe quel interrogatoire.

Règle 113. – Rassemblement de renseignements sur l'état de santé de la personne concernée

1. La Chambre préliminaire peut, d'office ou à la demande du Procureur, de la personne concernée ou du conseil de celle-ci, ordonner qu'une personne bénéficiant des droits visés au paragraphe 2 de l'article 55 subisse un examen médical, psychologique ou psychiatrique. Pour rendre sa décision, la Chambre préliminaire prend alors en considération la nature et l'objet de l'examen et le fait que l'intéressé y consent ou non.

2. La Chambre préliminaire désigne l'un ou plusieurs des experts inscrits sur la liste agréée par le Greffier, ou un expert qu'elle a elle-même agréé à la demande d'une partie.

Règle 114. – Occasion d'obtenir des renseignements qui ne se présentera plus prévue à l'article 56

1. Dès qu'elle reçoit du Procureur l'avis prévu à l'alinéa *a)* du paragraphe 1 de l'article 56, la Chambre préliminaire tient sans retard des consultations avec le Procureur et, sous réserve de l'alinéa *c)* du paragraphe 1 de l'article 56, avec la personne arrêtée ou qui a comparu sur citation et le conseil de celle-ci, afin de déterminer les mesures à prendre et les modalités de leur application, y compris des mesures visant à protéger le droit de communiquer en vertu de l'alinéa *b)* du paragraphe 1 de l'article 67.

2. Les décisions par lesquelles la Chambre préliminaire ordonne des mesures en vertu du paragraphe 3 de l'article 56 sont prises à la majorité des juges qui la composent, après consultations avec le Procureur. Au cours de ces consultations, le Procureur peut aviser la Chambre préliminaire que les mesures qu'elle envisage risquent de nuire au bon déroulement de l'enquête.

Règle 115. – Rassemblement des éléments de preuve sur le territoire d'un État Partie au titre de l'alinéa *d)* du paragraphe 3 de l'article 57

1. Lorsqu'il estime qu'il y a lieu d'appliquer l'alinéa *d)* du paragraphe 3 de l'article 57, le Procureur peut demander par écrit à la Chambre préliminaire l'autorisation de prendre certaines mesures sur le territoire de l'État Partie dont il s'agit. Après avoir reçu une telle demande, la Chambre préliminaire informe l'État Partie concerné et sollicite ses vues chaque fois que possible.

2. Lorsqu'elle détermine si la requête est fondée, la Chambre préliminaire tient compte des vues exprimées par l'État Partie. Elle peut, d'office ou à la demande du Procureur ou de l'État Partie, décider de tenir une audience.

3. L'autorisation prévue à l'alinéa *d)* du paragraphe 3 de l'article 57 est donnée sous forme d'ordonnance. Elle est motivée au regard des critères définis dans ledit alinéa. Elle peut indiquer les procédures à suivre pour recueillir les éléments de preuve.

Règle 116. – Rassemblement des éléments de preuve à la demande de la défense au titre de l'alinéa *b)* du paragraphe 3 de l'article 57

1. La Chambre préliminaire rend une ordonnance ou sollicite un concours en application de l'alinéa *b)* du paragraphe 3 de l'article 57 lorsqu'elle estime :

a) Que son ordonnance facilitera le rassemblement d'éléments de preuve qui pourraient être pertinents en l'espèce ou nécessaires pour préparer la défense ; et

b) S'il s'agit d'un cas de coopération relevant du chapitre IX, que des renseignements suffisants ont été fournis pour satisfaire aux prescriptions prévues au paragraphe 2 de l'article 96.

2. Avant de décider de rendre ou non une ordonnance en application de l'alinéa *b)* du paragraphe 3 de l'article 57, la Chambre préliminaire peut prendre l'avis du Procureur.

Section IV. – Procédures applicables en cas de mesures privatives ou restrictives de liberté

Règle 117. – Détention dans l'État d'arrestation

1. La Cour prend des mesures pour s'assurer qu'elle est informée de toute arrestation opérée à la suite d'une demande faite par elle en vertu des articles 89 ou 92. Ayant été ainsi informée, elle s'assure que l'intéressé reçoit copie du mandat d'arrêt que la Chambre préliminaire a délivré en vertu de l'article 58 et des dispositions pertinentes du Statut. Les documents sont communiqués à l'intéressé dans une langue qu'il comprend et parle parfaitement.

2. Après son arrestation, l'intéressé peut à tout moment adresser une demande à la Chambre préliminaire pour que celle-ci lui commette un conseil qui l'assistera dans toute la procédure devant la Cour ; la Chambre préliminaire statue au sujet de la demande.

3. En cas de contestation de la régularité du mandat d'arrêt au regard des alinéas *a)* ou *b)* du paragraphe 1 de l'article 58, une demande écrite est adressée à la Chambre préliminaire ; elle est motivée. Après avoir pris l'avis du Procureur, la Chambre préliminaire statue sans retard.

4. Lorsqu'elle est avisée par l'autorité compétente de l'État de détention qu'une demande de mise en liberté a été formée par la personne arrêtée conformément au paragraphe 5 de l'article 59, la Chambre préliminaire fait ses recommandations dans le délai fixé par l'État de détention.

5. Dans le cas où elle est avisée de la remise en liberté provisoire de l'intéressé par l'autorité compétente de l'État de détention, la Chambre préliminaire fait connaître à cet État les modalités et la périodicité selon lesquelles il devra l'informer du régime de la liberté provisoire.

Règle 118. – Détention au siège de la Cour

1. Si la personne remise à la Cour demande sa mise en liberté provisoire avant le procès, soit lors de sa première comparution conformément à la règle 121, soit par la suite, la Chambre préliminaire prend l'avis du Procureur puis statue sans retard.

2. La Chambre préliminaire réexamine sa décision de mise en liberté ou de maintien en détention comme le prévoit le paragraphe 3 de l'article 60, au moins tous les 120 jours ; elle peut le faire à tout moment à la demande du détenu ou du Procureur.

3. Après la première comparution, toute demande de mise en liberté provisoire doit être faite par écrit. Le Procureur en est avisé. La Chambre préliminaire statue après avoir reçu les observations écrites du Procureur et du détenu. Elle peut, d'office ou à la demande du Procureur ou du détenu, décider de tenir une audience. Elle tient une audience au moins chaque année.

Règle 119. – Mise en liberté sous condition

1. La Chambre préliminaire peut imposer à la personne mise en liberté une ou plusieurs conditions restrictives, notamment les suivantes :

a) Ne pas sortir des limites territoriales déterminées par la Chambre préliminaire sans l'accord explicite de celle-ci ;

b) Éviter certains lieux et certaines personnes désignés par la Chambre préliminaire ;

c) S'abstenir d'entrer directement ou indirectement en rapport avec les victimes et les témoins ;

d) Ne pas se livrer à certaines activités professionnelles ;

e) Résider à l'adresse déterminée par la Chambre préliminaire ;

f) Répondre aux convocations de toute autorité ou de toute personne qualifiée habilitée par la Chambre préliminaire ;

g) Fournir une caution ou constituer des sûretés réelles ou personnelles, dont le montant, les délais et les modalités de règlement sont fixés par la Chambre préliminaire ;

h) Remettre au Greffier tous documents justificatifs de son identité, notamment son passeport.

2. À la demande de l'intéressé ou du Procureur, ou de sa propre initiative, la Chambre préliminaire peut à tout moment modifier les conditions restrictives imposées en application de la disposition 1 ci-dessus.

3. Avant d'imposer ou de modifier des conditions restrictives de liberté, la Chambre préliminaire demande au Procureur, à l'intéressé, aux États concernés et aux victimes qui ont communiqué avec la Cour au sujet de l'affaire en cause et auxquelles, de l'avis de la Chambre, la mise en liberté ou les conditions imposées pourraient faire courir un risque, de lui présenter leurs observations.

4. Si la Chambre préliminaire est convaincue que l'intéressé a enfreint une ou plusieurs des obligations qui lui étaient imposées, elle peut, pour ce motif, délivrer contre lui un mandat d'arrêt à la demande du Procureur ou de sa propre initiative.

5. Lorsque la Chambre préliminaire délivre une citation à comparaître en application du paragraphe 7 de l'article 58 et qu'elle souhaite imposer à l'intéressé une ou plusieurs conditions restrictives de liberté, elle s'assure des dispositions de la législation nationale de l'État concerné par la citation. Dans le cadre fixé par cette législation, la Chambre préliminaire procède conformément aux dispositions 1, 2 et 3 ci-dessus. Si elle est informée que la personne concernée n'a pas respecté les conditions qui lui étaient imposées, elle procède conformément à la disposition 4.

Règle 120. – Instruments de contrainte

Les instruments de contrainte ne sont pas utilisés si ce n'est pour éviter un risque d'évasion, pour protéger la personne détenue par la Cour ou d'autres personnes ou pour d'autres raisons de sécurité ; ils sont retirés lorsque l'intéressé comparaît devant une chambre.

Section V. – Procédure de confirmation des charges selon l'article 61

Règle 121. – Procédure applicable avant l'audience de confirmation des charges

1. Toute personne ayant fait l'objet d'un mandat d'arrêt ou d'une citation à comparaître en vertu de l'article 58 comparaît devant la Chambre préliminaire en présence du Procureur aussitôt après son arrivée à la Cour. Sous réserve des dispositions des articles 60 et 61, elle jouit des droits énoncés à l'article 67. Lors de cette première comparution, la Chambre préliminaire fixe la date à laquelle elle entend tenir l'audience de confirmation des charges. Elle veille à ce que cette date et ses éventuels reports en application de la disposition 7 ci-dessus soient rendus publics.

2. En application du paragraphe 3 de l'article 61, la Chambre préliminaire prend les décisions nécessaires pour que le Procureur et la personne ayant fait l'objet d'un mandat d'arrêt ou d'une citation à comparaître se communiquent réciproquement leurs moyens de preuve ; pendant cette communication :

a) La personne concernée peut être assistée ou représentée par le conseil de son choix ou par le conseil qui lui a été commis d'office ;

b) La Chambre préliminaire tient des conférences de mise en état pour que l'échange d'informations se déroule dans de bonnes conditions. Pour chaque affaire, un juge de la Chambre préliminaire est désigné pour organiser ces conférences soit d'office soit à la demande du Procureur ou de la personne concernée ;

c) Tous les moyens de preuve ayant fait l'objet d'un échange entre le Procureur et la personne concernée aux fins de l'audience de confirmation des charges sont communiqués à la Chambre préliminaire.

3. Le Procureur remet à la Chambre préliminaire et à la personne concernée, 30 jours au plus tard avant la date de l'audience, un état détaillé des charges et l'inventaire des preuves qu'il entend produire à l'audience.

4. Lorsqu'il entend modifier les charges en vertu du paragraphe 4 de l'article 61, le Procureur informe la Chambre préliminaire et la personne concernée des charges modifiées et de l'inventaire des preuves qu'il entend produire à l'audience au plus tard 15 jours avant la date de l'audience.

5. Lorsqu'il entend présenter de nouveaux éléments de preuve à l'audience, le Procureur en remet l'inventaire à la Chambre préliminaire et à la personne concernée au plus tard 15 jours avant la date de l'audience.

6. Si elle entend présenter des éléments de preuve en vertu du paragraphe 6 de l'article 61, la personne concernée en remet l'inventaire à la Chambre préliminaire 15 jours au plus tard avant la date de l'audience. La

Chambre préliminaire communique sans retard cet inventaire au Procureur. La personne concernée remet l'inventaire des preuves qu'elle entend produire pour contester les charges lorsque celles-ci ont été modifiées ou pour répliquer à un nouvel inventaire du Procureur.

7. Le Procureur et la personne concernée peuvent demander à la Chambre préliminaire le report de l'audience de confirmation des charges. La Chambre préliminaire peut aussi reporter l'audience d'office.

8. La Chambre préliminaire ne tient pas compte des charges et des éléments de preuve présentés après l'expiration du délai, extensions éventuelles comprises.

9. Le Procureur et la personne concernée peuvent présenter à la Chambre préliminaire des conclusions écrites sur des éléments de fait et de droit, y compris sur les motifs d'exonération de la responsabilité pénale prévus au paragraphe 1 de l'article 31, au plus tard trois jours avant la date de l'audience. Une copie de ces conclusions est transmise immédiatement au Procureur ou à la personne concernée, suivant le cas.

10. Le Greffe constitue et tient à jour le dossier de la procédure devant la Chambre préliminaire, auquel sont versées toutes les pièces transmises à celle-ci en application de la présente règle. Sous réserve, le cas échéant, des restrictions assurant la confidentialité et la protection de renseignements touchant à la sécurité nationale, le dossier peut être consulté par le Procureur, la personne concernée et les victimes ou leurs représentants légaux qui participent à la procédure conformément aux règles 89 à 91.

Règle 122. – Audience de confirmation des charges en présence de l'accusé

1. Le juge président de la Chambre préliminaire demande au greffier d'audience de donner lecture des charges telles qu'elles sont présentées par le Procureur. Il détermine les modalités du déroulement de l'audience et peut notamment fixer les conditions et l'ordre dans lesquels il entend que les preuves versées au dossier de la procédure soient présentées.

2. Si une question ou une contestation relative à la compétence de la Cour ou à la recevabilité d'une affaire est soulevée, la règle 58 s'applique.

3. Avant d'en venir au fond, le juge président de la Chambre préliminaire demande au Procureur et à la personne concernée s'ils entendent soulever des exceptions ou présenter des observations au sujet d'une question touchant à la régularité des procédures qui ont précédé l'audience.

4. Les exceptions qui sont soulevées ou les observations qui sont présentées en application de la disposition 3 ci-dessus ne peuvent plus l'être par la suite ni lors de la procédure de confirmation, ni lors du procès.

5. Si les exceptions ou observations envisagées dans la disposition 3 ci-dessus sont soulevées ou présentées, le juge président de la Chambre préliminaire invite les personnes visées par la disposition 3 à faire valoir leurs moyens dans l'ordre qu'il définit. La personne concernée a le droit d'y répondre.

6. Si les exceptions soulevées ou les observations présentées sont celles qu'envisage la disposition 3 ci-dessus, la Chambre préliminaire décide soit d'en joindre l'examen à celui des charges et des éléments de preuve, soit de l'en disjoindre ; dans ce dernier cas, elle statue à leur sujet après avoir ajourné l'audience de confirmation des charges.

7. Lors de l'examen au fond, le Procureur et la personne concernée présentent leurs moyens comme le prévoient les paragraphes 5 et 6 de l'article 61.

8. La Chambre préliminaire autorise le Procureur et la personne concernée à présenter dans cet ordre leurs observations finales.

9. Sous réserve des dispositions de l'article 61, l'article 69 s'applique *mutatis mutandis* à l'audience de confirmation des charges.

Règle 123. – Mesures prises en vue d'assurer la présence de la personne concernée à l'audience de confirmation des charges

1. Lorsque la Chambre préliminaire a décerné un mandat d'arrêt ou une citation à comparaître conformément au paragraphe 7 de l'article 59, et que la personne concernée est arrêtée ou reçoit notification de la citation, la Chambre préliminaire veille à ce que cette personne soit informée des dispositions du paragraphe 2 de l'article 61.

2. La Chambre préliminaire peut tenir des consultations avec le Procureur, à la demande de celui-ci ou de sa propre initiative, afin de déterminer si une audience de confirmation des charges peut se tenir dans les conditions fixées à l'alinéa *b)* du paragraphe 2 de l'article 61. Lorsque la personne concernée est assistée d'un conseil connu de la Cour, les consultations se tiennent en présence de celui-ci, sauf si la Chambre préliminaire en décide autrement.

3. La Chambre préliminaire s'assure qu'un mandat d'arrêt a été délivré contre la personne concernée et, si le mandat d'arrêt n'a pas été exécuté dans un délai normal, que toutes les mesures raisonnables ont été prises pour localiser cette personne et la faire arrêter.

Règle 124. – Renonciation au droit d'être présent à l'audience de confirmation des charges

1. Si la personne concernée est à la disposition de la Cour mais souhaite renoncer à son droit d'être présente à l'audience de confirmation des charges, elle en fait la demande par écrit à la Chambre préliminaire, qui peut alors tenir des consultations avec le Procureur et la personne concernée, assistée ou représentée par son conseil.

2. Une audience de confirmation des charges ne peut se tenir, comme le prévoit l'alinéa *a)* du paragraphe 2 de l'article 61, que si la Chambre préliminaire s'est assurée que la personne concernée sait qu'elle a le droit d'être présente à l'audience et connaît les conséquences de sa renonciation à ce droit.

3. La Chambre préliminaire peut autoriser la personne concernée à suivre l'audience de l'extérieur de la salle, au besoin par l'intermédiaire d'un dispositif technique de communication, et prend des dispositions à cet effet.

4. Le fait que la personne concernée a renoncé à être présente à l'audience n'empêche pas la Chambre préliminaire de recevoir de cette personne des observations écrites sur les questions dont elle est saisie.

Règle 125. – Décision de tenir une audience de confirmation des charges en l'absence de la personne concernée

1. Après avoir tenu les consultations prévues par les règles 123 et 124, la Chambre préliminaire détermine s'il y a lieu de tenir une audience de confirmation des charges en l'absence de la personne concernée et, dans l'affirmative, si cette personne peut être représentée par son conseil. Le cas échéant, elle fixe la date de l'audience et la rend publique.

2. La décision de la Chambre préliminaire est notifiée au Procureur et, si possible, à la personne concernée ou à son conseil.

3. Si la Chambre préliminaire décide de ne pas tenir d'audience de confirmation des charges en l'absence de la personne concernée et si celle-ci n'est pas à la disposition de la Cour, la confirmation des charges ne peut avoir lieu tant que l'intéressé n'est pas à la disposition de la Cour. La Chambre préliminaire peut reconsidérer sa décision à tout moment, à la demande du Procureur ou de sa propre initiative.

4. Si la Chambre préliminaire décide de ne pas tenir d'audience de confirmation des charges en l'absence de la personne concernée et si celle-ci est à la disposition de la Cour, la Chambre ordonne sa comparution.

Règle 126. – Audience de confirmation des charges en l'absence de la personne concernée

1. Les dispositions des règles 121 et 122 s'appliquent *mutatis mutandis* à la préparation et au déroulement de l'audience de confirmation des charges en l'absence de la personne concernée.

2. Si la Chambre préliminaire a décidé que la personne concernée sera représentée par un conseil, celui-ci doit avoir la possibilité d'exercer tous les droits de cette personne.

3. Lorsqu'une personne qui a pris la fuite est arrêtée et que la Cour a confirmé les charges sur lesquelles le Procureur entend poursuivre le procès, cette personne est renvoyée à la Chambre de première instance constituée en application du paragraphe 11 de l'article 61. Si cela est nécessaire pour assurer le fonctionnement efficace et équitable de cette Chambre, l'intéressé peut lui demander par écrit de soumettre des questions à la Chambre préliminaire, conformément au paragraphe 4 de l'article 64.

Section VI. – Clôture de la phase préliminaire

Règle 127. – Procédure à suivre en cas de décisions différentes sur des charges multiples

Dans l'hypothèse où la Chambre préliminaire est prête à confirmer certaines charges mais ajourne l'audience sur d'autres charges, comme prévu à l'alinéa *c)* du paragraphe 7 de l'article 61, elle peut décider que le renvoi de l'intéressé devant la Chambre de première instance du chef des charges qu'elle est prête à confirmer sera différé dans l'attente de la poursuite de l'audience. Elle peut alors fixer un délai au Procureur pour que celui-ci puisse procéder conformément aux sous-alinéas *c)* I) ou ii) du paragraphe 7 de l'article 61.

Règle 128. – Modification des charges

1. Si le Procureur entend modifier des charges déjà confirmées avant l'ouverture du procès en vertu de l'article 61, il en fait la demande par écrit à la Chambre préliminaire, qui en avise l'accusé.

2. Avant de statuer sur cette modification, la Chambre préliminaire peut demander à l'accusé et au Procureur, des observations écrites sur certaines questions de fait ou de droit.

3. Si la Chambre préliminaire estime que les modifications proposées par le Procureur peuvent être considérées comme des charges nouvelles ou comme des charges plus graves, elle procède conformément aux règles 121 et 122 ou 123 à 126, selon le cas.

Règle 129. – Notification de la décision relative à la confirmation des charges

La décision prise par la Chambre préliminaire quant à la confirmation des charges et au renvoi de l'accusé devant la Chambre de première instance est notifiée, si possible, au Procureur, à l'intéressé et à son conseil. La décision et le dossier de la procédure devant la Chambre préliminaire sont transmis à la Présidence.

Règle 130. – Constitution de la Chambre de première instance

Lorsqu'elle constitue la Chambre de première instance et lui renvoie l'affaire, la Présidence lui transmet la décision de la Chambre préliminaire et le dossier de la procédure. Elle peut également renvoyer l'affaire devant une chambre de première instance déjà constituée.

Chapitre 6. – Le procès

Règle 131. – Transmission du dossier de la procédure par la Chambre préliminaire

1. Le Greffier tient à jour le dossier de la procédure transmis par la Chambre préliminaire, conformément à la disposition 10 de la règle 121.

2. Sous réserve, le cas échéant, des restrictions assurant la confidentialité et la protection de renseignements touchant à la sécurité nationale, le dossier peut être consulté par le Procureur, la défense, les représentants des États qui participent à la procédure et les victimes ou leurs représentants légaux qui y participent conformément aux règles 89 à 91.

Règle 132. – Conférences de mise en état

1. Aussitôt après sa constitution, la Chambre de première instance tient une conférence de mise en état pour fixer la date du procès. Elle peut, d'office ou à la demande du Procureur ou de la défense, repousser cette date. Elle notifie la date du procès à tous ceux qui participent à la procédure. Elle veille à ce que cette date et tout report éventuel soient rendus publics.

2. Pour faciliter le déroulement équitable et diligent de la procédure, la Chambre de première instance peut consulter les parties lors de conférences de mise en état tenues selon que de besoin.

Règle 132 *bis* (1). – Désignation d'un juge pour la préparation du procès

1. Dans le cadre de l'exercice de son pouvoir en application de l'article 64, paragraphe 3 *a)*, une Chambre de première instance peut désigner un ou plusieurs de ses membres en vue d'assurer la préparation du procès.

2. Le juge prend, en consultation avec la Chambre de première instance, toutes les mesures préparatoires nécessaires pour faciliter le déroulement équitable et rapide de la procédure.

3. Le juge peut, à tout moment, de sa propre initiative ou, en tant que de besoin, à la demande d'une partie, demander à la Chambre de première instance de se prononcer sur des questions spécifiques. La Chambre de première instance peut décider, à la majorité des juges qui la composent, de sa propre initiative ou, en tant que de besoin, à la demande d'une partie, d'examiner des questions qui, autrement, auraient pu être traitées par le juge.

4. Afin de s'acquitter de ses responsabilités en matière de préparation du procès, le juge peut également tenir des conférences de mise en état et rendre des ordonnances et des décisions. Le juge peut également établir un plan de travail faisant figurer les obligations dont les parties doivent s'acquitter dans le cadre de la présente règle, et les dates auxquelles lesdites obligations doivent être remplies.

5. Les fonctions du juge peuvent être exercées dans le cadre des questions préparatoires, sans qu'il soit tenu compte de ce qu'elles interviennent avant ou après l'ouverture du procès. Ces questions peuvent notamment porter sur le fait de :

a) garantir un échange adéquat des pièces entre les parties ;

b) ordonner les mesures de protection qui s'avèrent nécessaires ;

c) traiter les demandes des victimes visant à participer à la procédure, telles que visées à l'article 68, paragraphe 3 ;

d) s'entretenir avec les parties au sujet des questions visées par la règle 54 des Règles de la Cour, les décisions sur ces questions étant prises par la Chambre de première instance ;

e) établir le calendrier des questions à traiter, à l'exception de la fixation de la date du procès, tel que visée à l'article 132, paragraphe 1 ;

f) traiter les conditions de détention et des questions qui y sont liées ; et

(1) Modifié par la résolution ICC-ASP/11/Res.2.

g) traiter toute autre question préparatoire devant être réglée, qui autrement ne relève pas de la compétence exclusive de la Chambre de première instance.

6. Le juge ne doit pas rendre de décision qui porte sérieusement atteinte aux droits de l'accusé ou qui affecte les questions de droit et de fait au cœur de l'affaire, ni, sous réserve du paragraphe 5, prendre de décision qui nuise aux droits essentiels des victimes.

Règle 133. – Exceptions d'incompétence ou d'irrecevabilité

Les exceptions d'incompétence ou d'irrecevabilité soulevées à l'ouverture du procès, ou par la suite avec l'autorisation de la Cour, sont examinées par le juge président et la Chambre de première instance, conformément à la règle 58.

Règle 134. – Requêtes se rapportant à la procédure

1. Avant l'ouverture du procès, la Chambre de première instance peut, d'office ou à la demande du Procureur ou de la défense, statuer sur toute question concernant le déroulement de la procédure. Toute requête du Procureur ou de la défense est présentée par écrit et, à moins qu'elle n'ait pour objet une procédure ex parte, elle est communiquée à l'autre partie. L'autre partie a la possibilité de présenter une réponse à toute requête n'ayant pas pour objet une procédure ex parte.

2. À l'ouverture du procès, la Chambre de première instance demande au Procureur et à la défense s'ils ont des exceptions à soulever ou des observations à présenter concernant le déroulement de la procédure postérieure à l'audience de confirmation. Ces exceptions ne peuvent être soulevées et ces observations ne peuvent être présentées par la suite au cours du procès sans l'autorisation de la Chambre de première instance chargée de l'affaire.

3. Après l'ouverture du procès, la Chambre de première instance peut, d'office ou à la demande du Procureur ou de la défense, statuer sur toute question qui se pose pendant le déroulement du procès.

Règle 134 *bis* (1). – Comparution au moyen d'une liaison vidéo

1. Un accusé faisant l'objet d'une citation à comparaître peut demander par écrit à la Chambre de première instance l'autorisation de comparaître au moyen d'une liaison vidéo pendant une ou plusieurs parties de son procès.

2. La Chambre de première instance statue sur la demande au cas par cas, compte dûment tenu de l'objet des audiences en question.

Règle 134 *ter* (2). – Dispense de comparution au procès

1. Un accusé faisant l'objet d'une citation à comparaître peut demander par écrit à la Chambre de première instance de lui accorder une dispense et de l'autoriser à être uniquement représenté par un conseil pendant une ou plusieurs parties de son procès.

2. La Chambre de première instance ne fait droit à la demande que si elle est convaincue que :

a) il existe des circonstances exceptionnelles justifiant une telle absence ;

b) d'autres mesures, comme la modification du calendrier du procès ou un bref ajournement du procès, seraient inadéquates ;

c) l'accusé a explicitement renoncé à son droit d'être présent au procès ; et

d) les droits de l'accusé seront pleinement garantis en son absence.

3. La Chambre de première instance statue sur la demande au cas par cas, compte dûment tenu de l'objet des audiences en question. L'absence doit être limitée au strict nécessaire et ne saurait devenir la règle.

Règle 134 *quater* (3). – Dispense de comparution au procès en raison de fonctions publiques extraordinaires

1. Lorsqu'un accusé faisant l'objet d'une citation à comparaître est tenu d'exercer des fonctions publiques extraordinaires au plus haut échelon national, il peut demander par écrit à la Chambre de première instance de lui accorder une dispense et de l'autoriser à être uniquement représenté par un conseil ; il doit être précisé dans la demande que l'accusé renonce explicitement au droit d'être présent au procès.

2. La Chambre de première instance examine la demande rapidement et, si d'autres mesures se révèlent inadéquates, elle fait droit à la demande dès lors qu'elle estime que cela sert les intérêts de la justice et pour

(1) Modifié par la résolution ICC-ASP/12/Res.7.
(2) Modifié par la résolution ICC-ASP/12/Res.7.
(3) Modifié par la résolution ICC-ASP/12/Res.7.

autant que les droits de l'accusé soient pleinement garantis. La décision est prise compte dûment tenu de l'objet des audiences en question et peut être reconsidérée à tout moment.

Règle 135. – Examen médical de l'accusé

1. La Chambre de première instance peut, pour répondre à l'obligation fixée à l'alinéa *a)* du paragraphe 8 de l'article 64, ou pour toute autre raison, ou à la demande d'une partie, ordonner un examen médical, psychiatrique ou psychologique de l'accusé, dans les conditions fixées à la règle 113.

2. La Chambre doit consigner par écrit les motifs de cette décision.

3. La Chambre désigne un ou plusieurs experts parmi ceux qui figurent sur la liste des experts agréés par le Greffier, ou un expert agréé par la Chambre de première instance à la demande d'une partie.

4. Lorsque la Chambre de première instance estime que l'accusé n'est pas en état de passer en jugement, elle ordonne l'ajournement du procès. Elle peut, d'office ou à la demande du Procureur ou de la défense, réexaminer le cas de l'accusé. En tout état de cause, elle doit le faire tous les 120 jours, sauf raisons contraires. La Chambre peut, selon que de besoin, ordonner un nouvel examen de l'accusé. Après s'être assurée que l'accusé est en état de passer en jugement, la Chambre procède conformément à la règle 132.

Règle 136. –Jonction et disjonction d'instances

1. Les accusés dont les charges ont été jointes sont jugés ensemble, à moins que la Chambre de première instance n'ordonne, d'office ou à la demande du Procureur ou de la défense, des procès séparés pour éviter de causer un préjudice grave aux accusés, dans l'intérêt de la justice ou parce qu'un accusé, dont les charges avaient été jointes à d'autres, a fait un aveu de culpabilité et peut être poursuivi conformément au paragraphe 2 de l'article 65.

2. Lorsque les accusés sont jugés ensemble, chacun d'eux a les mêmes droits que s'il était jugé séparément.

Règle 137. – Procès-verbal du procès

1. Conformément au paragraphe 10 de l'article 64, le Greffier fait établir et conserver un procès-verbal intégral et fidèle de l'ensemble des procédures, y compris les transcriptions, les enregistrements sonores et vidéo et les autres supports du son ou de l'image.

2. Une chambre de première instance peut ordonner la divulgation d'une partie ou de la totalité du procès-verbal de procédures à huis clos si les motifs de la décision de la non-divulgation ont disparu.

3. La Chambre de première instance peut autoriser d'autres personnes que le Greffier à prendre des photographies, à procéder à des enregistrements sonores ou vidéo ou à utiliser d'autres supports du son ou de l'image au procès.

Règle 138. – Conservation des preuves

Le Greffier assure, selon que de besoin, la conservation et la garde de tous les éléments de preuve et autres pièces produits au procès, sous réserve de toute ordonnance de la Chambre de première instance.

Règle 139. – Décision en cas d'aveu de culpabilité

1. Après avoir procédé conformément au paragraphe 1 de l'article 65, la Chambre de première instance peut, pour déterminer s'il convient de procéder conformément au paragraphe 4 de l'article 65, solliciter l'avis du Procureur et de la défense.

2. La Chambre de première instance statue ensuite sur l'aveu de culpabilité ; elle indique les motifs de sa décision, qui sont consignés au procès-verbal.

Règle 140. – Instructions pour la conduite des débats et les dépositions

1. Lorsque le juge président de la Chambre de première instance ne donne pas les instructions qu'envisage le paragraphe 8 de l'article 64, le Procureur et la défense conviennent de l'ordre et des modalités de la présentation des moyens de preuve devant la Chambre. Faute d'un tel accord, le juge président donne des instructions.

2. Dans tous les cas, sous réserve des paragraphes 8 *b)* et 9 de l'article 64, du paragraphe 4 de l'article 69 et de la disposition 5 de la règle 88, les témoins peuvent être interrogés comme suit :

a) Toute partie qui, dans la présentation de ses moyens de preuve en vertu du paragraphe 3 de l'article 69, fait appel à un témoin a le droit d'interroger ce témoin ;

b) Le Procureur et la défense ont le droit d'interroger ce témoin sur des points pertinents concernant son témoignage et la fiabilité de celui-ci, ainsi que sur sa propre crédibilité et d'autres questions pertinentes ;

c) La Chambre de première instance peut interroger un témoin avant ou après tout interrogatoire fait conformément à la disposition 2 *a)* ou *b)* ;

d) La défense a le droit d'interroger le témoin en dernier.

3. Sauf décision contraire de la Chambre de première instance, le témoin qui n'est ni un expert ni un enquêteur et qui n'a pas encore déposé ne doit pas assister à la déposition d'un autre témoin. Toutefois, s'il a entendu un autre témoignage, le sien n'est pas pour autant inadmissible. Lorsqu'un témoin dépose après avoir entendu d'autres témoignages, ce fait est consigné au procès-verbal et la Chambre en tient compte dans son appréciation des moyens de preuve.

Règle 141. – Clôture de la présentation des moyens de preuve et conclusions

1. Le juge président déclare, le moment venu, que la présentation des moyens de preuve est close.

2. Le juge président invite le Procureur et la défense à présenter leurs conclusions orales. La défense a toujours la possibilité de parler en dernier.

Règle 142. – Délibéré

1. Après les conclusions orales, la Chambre de première instance se retire pour délibérer à huis clos. Elle informe tous ceux qui ont participé à la procédure de la date à laquelle elle rendra sa décision. Le prononcé a lieu dans un délai raisonnable après que la Chambre s'est retirée pour délibérer.

2. Lorsqu'il y a plusieurs charges, la Chambre se prononce séparément sur chacune d'elles. Lorsqu'il y a plusieurs accusés, la Chambre se prononce séparément sur les charges pesant sur chacun d'eux.

Règle 143. – Audiences supplémentaires sur des questions se rapportant à la peine ou aux réparations

Lorsqu'une nouvelle audience sur des questions se rapportant à la peine et, le cas échéant, aux réparations, doit être tenue conformément aux paragraphes 2 et 3 de l'article 76, le juge président en fixe la date. Dans des circonstances exceptionnelles, la Chambre de première instance peut reporter l'audience, agissant d'office ou à la demande du Procureur, de la défense ou des représentants légaux des victimes qui participent à la procédure conformément aux règles 89 à 91 ou, pour ce qui est des audiences se rapportant aux réparations, des victimes qui ont fait une demande conformément à la règle 94.

Règle 144. – Prononcé des décisions de la Chambre de première instance

1. Les décisions de la Chambre de première instance concernant la recevabilité de l'affaire, la compétence de la Cour, la responsabilité pénale de l'accusé, la peine ou les réparations sont prononcées en audience publique et, si possible, en présence de l'accusé, du Procureur, des victimes ou des représentants légaux des victimes qui participent à la procédure conformément aux règles 89 à 91 et des représentants des États qui ont participé à la procédure.

2. Des copies de toutes les décisions susmentionnées sont fournies le plus rapidement possible :

a) À toux ceux qui ont participé à la procédure, dans une langue de travail de la Cour ;

b) À l'accusé dans une langue qu'il comprend et parle parfaitement, pour satisfaire si besoin est aux exigences de l'équité conformément au paragraphe 1 *f)* de l'article 67.

Chapitre 7. – Les peines

Règle 145. – Fixation de la peine

1. Lorsqu'elle fixe la peine conformément au paragraphe 1 de l'article 78, la Cour :

a) Garde à l'esprit que la peine prononcée en vertu de l'article 77, emprisonnement ou amende selon le cas, doit être au total proportionnée à la culpabilité ;

b) Évalue le poids relatif de toutes les considérations pertinentes, y compris les facteurs atténuants et les facteurs aggravants, et tient compte à la fois de la situation de la personne condamnée et des circonstances du crime ;

c) Tient compte, notamment, en plus des considérations mentionnées au paragraphe 1 de l'article 78, de l'ampleur du dommage causé, en particulier le préjudice causé aux victimes et aux membres de leur famille, de la nature du comportement illicite et des moyens qui ont servi au crime ; du degré de participation de la personne condamnée ; du degré d'intention ; des circonstances de temps, de lieu et de manière ; de l'âge ; du niveau d'instruction et de la situation sociale et économique de la personne condamnée.

2. Outre les considérations susmentionnées, la Cour tient compte, selon qu'il convient :

a) De l'existence de circonstances atténuantes telles que :

i) Circonstances qui, tout en s'en approchant, ne constituent pas des motifs d'exonération de la responsabilité pénale, comme une altération substantielle du discernement ou la contrainte ;

ii) Comportement de la personne condamnée postérieurement aux faits, y compris les efforts qu'elle peut avoir faits pour indemniser les victimes et son attitude coopérative à l'égard de la Cour ;

b) De l'existence de circonstances aggravantes telles que :

i) Condamnations pénales antérieures pertinentes pour des crimes relevant de la compétence de la Cour ou de nature comparable ;

ii) Abus de pouvoir ou de fonctions officielles ;

iii) Vulnérabilité particulière de la victime ;

iv) Cruauté particulière du crime ou victimes nombreuses ;

v) Mobile ayant un aspect discriminatoire fondé sur l'une des considérations énumérées au paragraphe 3 de l'article 21 ;

vi) Autres circonstances de nature comparable.

3. La peine d'emprisonnement à perpétuité peut être prononcée lorsqu'elle est justifiée par l'extrême gravité du crime et la situation personnelle de la personne condamnée, attestées par l'existence d'une ou de plusieurs circonstances aggravantes.

Règle 146. – Amendes imposées en vertu de l'article 77

1. Lorsqu'elle décide d'imposer une amende en vertu de l'alinéa *a)* du paragraphe 2 de l'article 77 et qu'elle en fixe le montant, la Cour détermine si l'emprisonnement est une peine suffisante. Elle tient dûment compte des moyens financiers de la personne condamnée, sous réserve des confiscations prononcées en vertu de l'alinéa *b)* du paragraphe 2 de l'article 77 et, le cas échéant, des réparations accordées en vertu de l'article 75. Outre les considérations indiquées à la règle 145, la Cour tient compte du fait que le profit personnel était ou non un mobile du crime et, si oui, dans quelle mesure.

2. Les amendes imposées en vertu de l'alinéa *a)* du paragraphe 2 de l'article 77 sont fixées à un montant approprié. La Cour tient particulièrement compte, en plus des considérations susmentionnées, des dommages et des préjudices causés et du profit relatif qu'en a tiré l'auteur. En aucun cas ce montant ne peut au total dépasser les trois quarts de la valeur des avoirs identifiables, liquides ou réalisables et des biens de la personne condamnée, déduction faite d'un montant suffisant pour répondre à ses besoins financiers et à ceux des personnes à sa charge.

3. Lorsqu'elle impose une amende, la Cour accorde à la personne condamnée un délai de paiement raisonnable. Elle peut décider que l'amende sera payée en une seule fois ou par versements échelonnés avant l'expiration du délai.

4. Lorsqu'elle impose une amende, la Cour a la faculté de la calculer suivant un système de jours-amende. Dans ce cas, la durée est au minimum de 30 jours et au maximum de cinq ans. La Cour fixe le montant total conformément aux dispositions 1 et 2 ci-dessus. Elle détermine le montant de l'amende journalière en fonction de la situation personnelle de la personne condamnée, notamment des besoins financiers des personnes à sa charge.

5. Si la personne condamnée ne paie pas l'amende imposée dans les conditions sus-indiquées, la Cour prend des mesures en vertu des règles 217 à 222 et conformément à l'article 109. En cas de refus persistant de payer, si la Présidence, agissant d'office ou à la demande du Procureur, estime que toutes les mesures d'exécution utiles ont été épuisées, elle peut en dernier recours allonger la peine d'emprisonnement au maximum du quart de la durée d'origine et sans dépasser cinq ans. Pour fixer la durée de cet allongement, la Présidence tient compte de la proportion de l'amende qui a déjà été payée. Il n'y a pas d'allongement en cas de détention à perpétuité. L'allongement ne peut pas avoir pour effet de porter la durée totale de la détention à plus de 30 ans.

6. Pour déterminer s'il y a lieu d'ordonner un allongement de la peine et, le cas échéant, en fixer la durée, la Présidence siège à huis clos et entend la personne condamnée et le Procureur. La personne condamnée a le droit de se faire assister par un conseil.

7. Lorsqu'elle impose une amende, la Cour avertit la personne condamnée que le non-paiement de l'amende selon les conditions indiquées ci-dessus peut entraîner un allongement de la peine d'emprisonnement comme le prévoit la présente règle.

Règle 147. – Ordonnances de confiscation

1. Conformément aux paragraphes 2 et 3 de l'article 76, à la disposition 1 de la règle 63 et à la règle 143, lorsqu'au cours d'une audience une chambre vient à envisager une confiscation, elle prend connaissance des éléments de preuve permettant de déterminer et de localiser les profits, biens ou avoirs tirés directement ou indirectement du crime.

2. Si, avant ou pendant l'audience, une chambre découvre l'existence d'un tiers de bonne foi qui pourrait avoir un droit sur les profits, biens ou avoirs en question, elle avise ce tiers.

3. Le Procureur, la personne condamnée et tout tiers de bonne foi ayant un droit sur les profits, biens ou avoirs en question peuvent soumettre des éléments de preuve pertinents.

4. Après avoir examiné les éléments de preuve qui lui ont été soumis, la Chambre peut rendre une ordonnance de confiscation des profits, biens ou avoirs si elle est convaincue qu'ils dérivent directement ou indirectement du crime.

Règle 148. – Ordonnances de transfert du produit des amendes et des confiscations

Avant de rendre une ordonnance selon le paragraphe 2 de l'article 79, les Chambres peuvent inviter les représentants du Fonds au profit des victimes à leur soumettre des observations écrites ou orales.

Chapitre 8. – Appel et révision

Section I. – Dispositions générales

Règle 149. – Règles applicables à la procédure de la Chambre d'appel

Les chapitres V et VI et les règles applicables à la procédure et à l'administration de la preuve devant la Chambre préliminaire et la Chambre de première instance s'appliquent *mutatis mutandis* aux procédures devant la Chambre d'appel.

Section II. – Appels des décisions portant sur la culpabilité ou sur la peine ainsi que sur les ordonnances concernant les réparations

Règle 150. – Appel

1. Sous réserve de la disposition 2 ci-dessous, il peut être fait appel des décisions portant condamnation ou acquittement rendues en vertu de l'article 74, des peines prononcées en vertu de l'article 74, des peines prononcées en vertu de l'article 76 ou des ordonnances de réparation rendues en vertu de l'article 75, dans un délai de 30 jours à compter de la date à laquelle la décision portant condamnation ou acquittement, la peine ou l'ordonnance de réparation a été portée à la connaissance de l'appelant.

2. La Chambre d'appel peut proroger le délai visé à la disposition 1 ci-dessus, pour un motif valable, à la demande de l'appelant.

3. L'acte d'appel est déposé au Greffe.

4. S'il n'est pas fait appel conformément aux dispositions 1 à 3 ci-dessus, la décision de la Chambre de première instance portant condamnation ou acquittement, la peine prononcée ou l'ordonnance de réparation devient définitive.

Règle 151. – Procédure d'appel

1. Dès qu'un appel a été formé en vertu de la règle 150, le Greffier transmet à la Chambre d'appel le dossier de la procédure.

2. Le Greffier avise du dépôt de l'acte d'appel tous ceux qui ont participé à la procédure devant la Chambre de première instance.

Règle 152. – Désistement d'appel

1. L'appelant peut se désister à tout moment tant qu'un arrêt n'a pas été rendu. En pareil cas, l'intéressé dépose auprès du Greffier un acte écrit de désistement. Le Greffier en informe les autres parties.

2. Si c'est le Procureur qui a fait appel au nom d'une personne déclarée coupable comme le prévoit l'alinéa *b)* du paragraphe 1 de l'article 81, il doit, avant de déposer un acte de désistement, informer l'intéressé de son intention d'interrompre la procédure afin de lui donner la possibilité de la poursuivre.

Règle 153. – Arrêt dans les cas d'appel des ordonnances de réparation

1. La Chambre d'appel peut confirmer, infirmer ou modifier une ordonnance de réparation prise conformément à l'article 75.

2. L'arrêt de la Chambre d'appel est rendu conformément aux paragraphes 4 et 5 de l'article 83.

Section III. – Appels d'autres décisions

Règle 154. – Appels n'exigeant pas l'autorisation de la Cour

1. Dans le cas visé à l'alinéa *c)* ii) du paragraphe 3 de l'article 81 ou à l'alinéa *a)* ou *b)* du paragraphe 1 de l'article 82, il peut être fait appel d'une décision dans les cinq jours suivant la date à laquelle cette décision a été portée à la connaissance de l'appelant.

2. Dans le cas visé à l'alinéa *c)* du paragraphe 1 de l'article 82, il peut être fait appel dans un délai de deux jours à compter de la date à laquelle la décision attaquée a été portée à la connaissance de l'appelant.

3. Les dispositions 3 et 4 de la règle 150 sont applicables aux appels visés dans les dispositions 1 et 2 ci-dessus.

Règle 155. – Appels exigeant l'autorisation de la Cour

1. Lorsqu'une partie souhaite faire appel d'une décision visée à l'alinéa *d)* du paragraphe 1 ou au paragraphe 2 de l'article 82, elle doit, dans un délai de cinq jours à compter de la date à laquelle la décision a été portée à sa connaissance, présenter à la Chambre qui a rendu cette décision une requête écrite exposant les motifs pour lesquels elle sollicite l'autorisation d'interjeter appel.

2. La Chambre rend sa décision, qui est notifiée à tous ceux qui ont participé à la procédure ayant donné lieu à la décision visée à la disposition 1 ci-dessus.

Règle 156. – Procédure d'appel

1. Dès qu'il est saisi d'un acte d'appel conformément à la règle 154, ou dès que l'autorisation d'interjeter appel a été donnée conformément à la règle 155, le Greffier transmet à la Chambre d'appel le dossier de la procédure devant la Chambre qui a rendu la décision attaquée.

2. Le Greffier avise du dépôt de l'acte d'appel tous ceux qui ont participé à la procédure devant la Chambre qui a rendu la décision attaquée, à moins qu'ils n'en aient été avisés par la Chambre en vertu de la disposition 2 de la règle 155.

3. La procédure d'appel est écrite, sauf décision contraire de la Chambre d'appel.

4. L'appel est entendu le plus rapidement possible.

5. Au moment du dépôt de l'acte d'appel, la partie appelante peut demander que l'appel ait un effet suspensif, conformément au paragraphe 3 de l'article 82.

Règle 157. – Désistement d'appel

Quiconque a formé un appel relevant de la règle 154, ou a été autorisé à interjeter appel par une Chambre conformément à la règle 155, peut se désister à tout moment tant qu'un arrêt n'a pas été rendu. En pareil cas, l'intéressé dépose auprès du Greffier un acte écrit de désistement. Le Greffier en informe les autres parties.

Règle 158. – Arrêt

1. La Chambre d'appel saisie d'un appel relevant de la présente section confirme, infirme ou modifie la décision attaquée.

2. La Chambre d'appel rend son arrêt conformément au paragraphe 4 de l'article 83.

Section IV. – Révision d'une décision sur la culpabilité ou la peine

Règle 159. – Requête en révision

1. Toute requête en révision introduite conformément au paragraphe 1 de l'article 84 est présentée par écrit ; elle est motivée. Dans la mesure du possible, elle est accompagnée de pièces justificatives.

2. La Chambre d'appel détermine à la majorité des juges si la requête est fondée ; elle motive sa décision par écrit.

3. La décision est notifiée au requérant et, dans la mesure du possible, à tous ceux qui ont participé à la procédure dans laquelle a été prise la décision initiale.

Règle 160. – Transfèrement aux fins de la révision

1. Pour organiser l'audience prévue à la règle 161, la Chambre compétente communique sa décision suffisamment à l'avance pour permettre, le cas échéant, le transfèrement de la personne condamnée au siège de la Cour.

2. La décision de la Cour est communiquée sans délai à l'État chargé de l'exécution de la peine.

3. La disposition 3 de la règle 206 s'applique.

Règle 161. – Décision concernant la révision

1. À une date qu'elle détermine et communique au requérant et à tous ceux auxquels a été notifiée la décision visée à la disposition 3 de la règle 159, la Chambre compétente tient une audience pour déterminer s'il y a lieu de réviser la décision sur la culpabilité ou la peine.

2. Pour la conduite des débats, la Chambre compétente exerce, *mutatis mutandis*, tous les pouvoirs de la Chambre de première instance, conformément au chapitre VI et aux règles applicables à la procédure et à l'administration de la preuve devant les chambres préliminaire et de première instance.

3. La décision est prise conformément aux dispositions du paragraphe 4 de l'article 83.

Chapitre 9. – Atteintes à l'administration de la justice et inconduite devant la Cour

Section I. – Atteintes à l'administration de la justice définies à l'article 70

Règle 162. – Exercice de la compétence

1. Avant de décider d'exercer ou non sa compétence, la Cour peut consulter des États Parties qui peuvent avoir compétence pour connaître de l'infraction.

2. Lorsqu'elle décide d'exercer ou non sa compétence, la Cour prend notamment en considération :

a) La disponibilité et l'efficacité des moyens de poursuite dans l'État Partie ;

b) La gravité de l'atteinte commise ;

c) La possibilité de joindre les charges visées à l'article 70 avec celles qui sont visées aux articles 5 à 8 ;

d) La nécessité de diligenter la procédure ;

e) Les liens avec une enquête en cours ou un procès porté devant la Cour ; et

f) Les questions relatives à l'administration de la preuve.

3. La Cour considère avec bienveillance toute demande que lui adresse l'État hôte afin qu'elle renonce à son droit d'exercer sa compétence dans les cas où cet État estime particulièrement important qu'elle y renonce.

4. Si la Cour décide de ne pas exercer sa compétence, elle peut demander à un État Partie d'exercer lui-même sa compétence conformément au paragraphe 4 de l'article 70.

Règle 163. – Application du Statut et du Règlement

1. Sauf indication contraire des dispositions 2 et 3 ci-dessus, de la règle 162 ou des règles 164 à 169, le Statut et le Règlement s'appliquent *mutatis mutandis* aux enquêtes, poursuites et peines ordonnées par la Cour pour sanctionner une atteinte définie à l'article 70.

2. Les dispositions du chapitre II et les règles qui en découlent ne sont pas applicables, à l'exception de l'article 21.

3. Les dispositions du chapitre X et les règles qui en découlent ne sont pas applicables, à l'exception des articles 103, 107, 109 et 111.

Règle 164. – Prescription

1. Si la Cour exerce sa compétence comme le prévoit la règle 162, les délais de prescription sont ceux qu'indique la présente règle.

2. Le délai de prescription pour les atteintes définies à l'article 70 est de cinq années à compter de la date de l'infraction s'il n'y a eu ni enquête ni poursuites pendant cette période. La prescription s'interrompt si une enquête ou des poursuites sont ouvertes pendant cette période soit devant la Cour, soit par un État Partie compétent pour connaître de l'infraction en vertu de l'alinéa *a)* du paragraphe 4 de l'article 70.

3. Les peines imposées en cas d'atteinte définie à l'article 70 se prescrivent par dix années à compter de la date à laquelle elles deviennent définitives. La prescription s'interrompt pendant que la personne condamnée se trouve en détention ou en dehors du territoire des États Parties.

Règle 165 (1). – Enquête, poursuites, procès et appel

1. Le Procureur peut de son propre chef engager et conduire des enquêtes sur les atteintes définies à l'article 70 sur la base des renseignements communiqués par une chambre ou toute autre source digne de foi.

2. Les articles 39-2-b, 53, 57-2, 59, 76-2 et 82-1-d et les règles qui en découlent ne sont pas applicables. Une chambre composée d'un juge de la Section préliminaire exerce les fonctions et pouvoirs de la Chambre préliminaire dès qu'elle reçoit une demande présentée sur le fondement de l'article 58. Une chambre composée d'un juge exerce les fonctions et pouvoirs de la Chambre de première instance et un collège de trois juges statue en appel. Les procédures relatives à la constitution des chambres et du collège de trois juges sont fixées dans le Règlement de la Cour.

3. Aux fins de l'article 61, une chambre préliminaire constituée conformément à la disposition 2 ci-dessus peut trancher toute question visée audit article, sur la base de conclusions écrites et sans tenir d'audience, à moins que l'intérêt de la justice n'exige qu'il en soit autrement.

4. La Chambre de première instance saisie de l'affaire à l'origine de la procédure relevant de l'article 70 peut, au besoin et compte tenu des droits de la défense, ordonner la jonction des charges relevant de l'article 70 avec les charges portées dans le cadre de l'affaire d'origine. En cas de jonction des charges, la Chambre de première

(1) Établie par les juges de la Cour le 10 février 2016, agissant conformément à l'article 51(3) du Statut ; voir la résolution ICC-ASP/15/Res.5, paragr. 125.

instance saisie de l'affaire d'origine est aussi saisie des charges relevant de l'article 70. Faute d'une telle jonction, une affaire concernant des charges relevant de l'article 70 doit être jugée par une chambre de première instance composée d'un juge.

Règle 166. – Peines prononcées en application de l'article 70

1. Si la cour prononce une peine en application de l'article 70, les dispositions de la présente règle sont applicables.

2. L'article 77 et les règles qui en découlent ne sont pas applicables, à l'exception de toute confiscation ordonnée en vertu de l'alinéa *b)* du paragraphe 2 de l'article 77 qui peut s'ajouter à une peine d'emprisonnement, à une amende ou aux deux.

3. Chaque atteinte est passible d'une amende distincte ; ces amendes peuvent se cumuler. En aucun cas, leur total ne peut dépasser la moitié de la valeur des avoirs identifiables, liquides ou réalisables, et des biens de la personne condamnée, déduction faite d'un montant suffisant pour répondre à ses besoins financiers et à ceux des personnes à sa charge.

4. Lorsqu'elle impose une amende, la Cour accorde à la personne condamnée un délai de paiement raisonnable. Elle peut décider que l'amende sera payée en une seule fois ou par versements échelonnés avant l'expiration du délai.

5. Si la personne condamnée ne paie pas l'amende imposée dans les conditions fixées, selon la disposition 4 ci-dessus, la Cour prend des mesures appropriées en vertu des règles 217 à 222 et conformément à l'article 109. En cas de refus persistant de payer, si la Cour, agissant d'office ou à la demande du Procureur, estime que toutes les mesures d'exécution utiles ont été épuisées, elle peut, en dernier recours, prononcer une peine d'emprisonnement en vertu du paragraphe 3 de l'article 70. Lorsqu'elle fixe cette peine d'emprisonnement, la Cour tient compte du montant de l'amende qui a déjà été payée.

Règle 167. – Coopération internationale et assistance judiciaire

1. En cas d'atteinte définie à l'article 70, la Cour peut solliciter la coopération et l'assistance judiciaire d'un État sous l'une des formes que prévoit le chapitre IX. Elle indique alors qu'elle agit au titre d'une enquête ou de poursuites concernant une telle atteinte.

2. Les conditions dans lesquelles la coopération internationale ou l'assistance judiciaire sont fournies dans le cas des atteintes définies à l'article 70 sont celles qu'énonce le paragraphe 2 dudit article.

Règle 168. – *Ne bis in idem*

Dans le cas des atteintes définies à l'article 70, nul ne peut être jugé par la Cour pour un comportement qui constituait une infraction pour laquelle il a déjà été condamné ou acquitté par elle ou par une autre juridiction.

Règle 169. – Arrestation immédiate

S'il est allégué qu'une atteinte définie à l'article 70 a été commise à l'audience, le Procureur peut demander oralement à la Chambre concernée d'ordonner l'arrestation immédiate de l'intéressé.

Section II. – Inconduite à l'audience selon l'article 71

Règle 170. – Perturbation de l'audience

Compte tenu de l'article 63, paragraphe 2, le juge président de la Chambre saisie de l'affaire peut, après avertissement :

a) Ordonner à la personne qui trouble le déroulement de la procédure de quitter la salle d'audience, ou l'expulser ; ou

b) En cas de récidive, interdire à cette personne d'assister aux audiences.

Règle 171. – Refus d'obtempérer à un ordre de la Cour

1. Lorsque l'inconduite consiste à refuser délibérément d'obtempérer à un ordre oral ou écrit de la Cour qui n'est pas relatif à la règle 170 et que cet ordre s'accompagne d'une menace de sanctions en cas de refus d'obtempérer, le juge président de la Chambre saisie de l'affaire peut interdire à l'intéressé d'assister aux audiences pendant une période ne pouvant excéder 30 jours ou, en cas d'inconduite plus grave, lui imposer une amende.

2. Si la personne visée par la disposition 1 ci-dessus est un membre du personnel de la Cour, un conseil de la défense ou un représentant légal des victimes, le juge président de la Chambre saisie de l'affaire peut également lui interdire d'exercer ses fonctions devant la Cour pendant une période ne pouvant excéder 30 jours.

3. Dans les cas envisagés dans les dispositions 1 et 2 ci-dessus, si le juge président considère qu'une suspension plus longue est appropriée, il en réfère à la Présidence, qui peut tenir une audience pour déterminer s'il y a lieu d'ordonner une suspension plus longue ou une suspension définitive.

4. Une amende imposée en application de la disposition 1 ci-dessus ne peut excéder 2 000 euros ou l'équivalent en une autre monnaie, mais, en cas de récidive, une nouvelle amende peut être imposée chaque jour que persiste l'inconduite ; ces amendes peuvent se cumuler.

5. L'intéressé doit pouvoir se faire entendre avant que l'une des peines sanctionnant l'inconduite décrites dans la présente règle ne lui soit imposée.

Règle 172. – Comportement tombant sous le coup à la fois de l'article 70 et de l'article 71

Si la Cour juge qu'un comportement tombant sous le coup de l'article 71 constitue également l'une des infractions définies à l'article 70, elle procède conformément à l'article 70 et aux règles 162 à 169 ci-dessus.

Chapitre 10. – Indemnisation des personnes arrêtées ou condamnées

Règle 173. – Demande d'indemnisation

1. Quiconque réclame une indemnisation pour l'un des motifs visés à l'article 85 doit en faire la demande par écrit à la Présidence, qui charge une chambre de trois juges de l'examiner. Ces juges ne doivent pas avoir été associés à une décision antérieure de la Cour concernant le requérant.

2. La demande d'indemnisation doit être présentée six mois au plus tard à compter de la date à laquelle le requérant a été avisé de la décision de la Cour concernant :

a) L'illégalité de l'arrestation ou de la mise en détention, envisagée au paragraphe 1 de l'article 85 ;

b) L'annulation d'une condamnation envisagée au paragraphe 2 de l'article 85 ;

c) L'existence d'une erreur judiciaire grave et manifeste envisagée au paragraphe 3 de l'article 85.

3. La demande indique les motifs et le montant de l'indemnisation demandée.

4. Le requérant a le droit de bénéficier des services d'un conseil.

Règle 174. – Présentation des demandes d'indemnisation

1. La demande d'indemnisation et toute autre observation écrite formulée par le requérant sont transmises au Procureur, qui doit avoir la possibilité d'y répondre par écrit. Toute observation du Procureur est communiquée au requérant.

2. La Chambre constituée selon la disposition 1 de la règle 173 tient une audience ou se prononce sur la base de la demande et des observations écrites du Procureur et du requérant. Elle doit tenir une audience si le Procureur ou le requérant en font la demande.

3. La décision est prise à la majorité des juges. Elle est communiquée au Procureur et au requérant.

Règle 175. – Montant de l'indemnisation

Lorsqu'elle fixe le montant de l'indemnisation visée au paragraphe 3 de l'article 85, la Chambre constituée selon la disposition 1 de la règle 173 prend en considération les conséquences de l'erreur judiciaire grave et manifeste sur la situation personnelle, familiale, sociale et professionnelle du requérant.

Chapitre 11. – Coopération internationale et assistance judiciaire

Section I. – Demandes de coopération au titre de l'article 87

Règle 176. – Organes de la Cour compétents pour transmettre et recevoir les communications en matière de coopération internationale et d'assistance judiciaire

1. Une fois la Cour établie, le Greffier se procure auprès du Secrétaire général de l'Organisation des Nations Unies toutes les communications qu'ont faites les États au titre des paragraphes 1 *a)* et 2 de l'article 87.

2. Le Greffier transmet les demandes de coopération émanant des chambres et assure la réception des réponses, des renseignements et des documents provenant des États requis. Le Bureau du Procureur assure la transmission des demandes de coopération du Procureur et la réception des réponses, des renseignements et des documents provenant des États requis.

3. Le Greffier reçoit les communications par lesquelles les États font savoir qu'ils ont modifié leur choix quant à la voie de transmission utilisée sur le plan national pour recevoir les demandes de coopération ou quant à la langue dans laquelle ces demandes doivent leur être adressées ; il communique ces informations, selon qu'il convient, aux États qui en font la demande.

4. La disposition 2 de la présente règle s'applique *mutatis mutandis* lorsque la Cour demande des informations et des documents à une organisation intergouvernementale ou fait appel à sa coopération et à son assistance sous quelque autre forme.

5. Le Greffier transmet, selon qu'il convient, les communications visées par les dispositions 1 et 3 ci-dessus et la disposition 2 de la règle 177 à la Présidence ou au Bureau du Procureur, ou aux deux.

Règle 177. – Voies de transmission

1. Les communications faites lors de la ratification, de l'acceptation, de l'approbation ou de l'adhésion pour désigner l'autorité nationale chargée de recevoir les demandes de coopération contiennent tous renseignements utiles sur cette autorité.

2. Lorsque la Cour sollicite l'assistance d'une organisation intergouvernementale en vertu du paragraphe 6 de l'article 87, le Greffier s'enquiert lorsque cela est nécessaire de la voie de transmission désignée par cette organisation et obtient tous renseignements utiles à ce sujet.

Règle 178. – Langue choisie par les États Parties en vertu du paragraphe 2 de l'article 87

1. Si l'État Partie requis a plus d'une langue officielle, il peut préciser, lors de la ratification, de l'acceptation, de l'approbation ou de l'adhésion, que les demandes de coopération et les pièces justificatives y afférentes peuvent être rédigées dans l'une quelconque de ses langues officielles.

2. Si l'État Partie requis n'a pas choisi de langue de communication avec la Cour lors de la ratification, de l'acceptation, de l'approbation ou de l'adhésion, la demande de coopération est rédigée dans l'une des langues de travail de la Cour ou accompagnée d'une traduction dans l'une de ces langues, comme le prévoit le paragraphe 2 de l'article 87.

Règle 179. – Langue des demandes adressées aux États non parties au Statut

Si un État non partie au Statut a accepté de prêter assistance à la Cour au titre du paragraphe 5 de l'article 87 et n'a pas choisi la langue dans laquelle les demandes de coopération doivent lui être adressées, celles-ci sont rédigées dans l'une des langues de travail de la Cour ou accompagnées d'une traduction dans l'une de ces langues.

Règle 180. – Modification des voies de transmission ou des langues utilisées pour les demandes de coopération

1. Toute modification du choix de la voie de transmission ou de la langue qu'un État a désignée selon le paragraphe 2 de l'article 87 est communiquée au Greffier par écrit dès que possible.

2. Ces modifications prennent effet à l'égard des demandes de coopération faites par la Cour à une date convenue entre la Cour et l'État ou, faute d'un accord à ce sujet, 45 jours après que la Cour a reçu la communication et, dans tous les cas, sans préjudice des demandes déjà formulées ou en cours.

Section II. – Remise à la Cour, transit et demandes concurrentes visées aux articles 89 et 90

Règle 181. – Contestation de la recevabilité d'une affaire devant une juridiction nationale

Lorsque se présente la situation décrite au paragraphe 2 de l'article 89, et sans préjudice des dispositions de l'article 19 et des règles 58 à 62 concernant la procédure applicable en cas de contestation de la compétence de la Cour ou de la recevabilité d'une affaire, la Chambre chargée de l'affaire, si la décision sur la recevabilité est toujours pendante, prend des mesures pour obtenir de l'État requis tous les renseignements pertinents au sujet de la contestation soulevée par la personne qui invoque le principe *ne bis in idem*.

Règle 182. – Demande de transit en vertu de l'alinéa *e)* du paragraphe 3 de l'article 89

1. Dans la situation décrite à l'alinéa *e)* du paragraphe 3 de l'article 89, la Cour peut communiquer la demande de transit par tout moyen laissant une trace écrite.

2. Si le délai prévu à l'alinéa *e)* du paragraphe 3 de l'article 89 expire et que la personne concernée est libérée, sa mise en liberté est sans préjudice de son arrestation ultérieure dans les conditions prévues à l'article 89 ou à l'article 92.

Règle 183. – Possibilité de remise à titre temporaire

À la suite des consultations visées au paragraphe 4 de l'article 89, l'État requis peut remettre la personne recherchée à titre temporaire dans les conditions convenues entre l'État requis et la Cour. Dans ce cas, l'intéressé est placé en détention pour la durée de sa présence devant la Cour et transféré à l'État requis lorsque sa présence devant la Cour n'est plus nécessaire, au plus tard lorsque la procédure s'est achevée.

Règle 184. – Dispositions pour la remise

1. Lorsque la personne recherchée par la Cour peut être remise, l'État requis en informe immédiatement le Greffier.

2. L'intéressé est remis à la Cour à la date et suivant les modalités convenues entre les autorités de l'État requis et le Greffier.

3. Si les circonstances rendent la remise impossible à la date convenue, les autorités de l'État requis et le Greffier conviennent d'une nouvelle date et des modalités de la remise.

4. Le Greffier se tient en rapport avec les autorités de l'État hôte au sujet des dispositions à prendre pour la remise de la personne à la Cour.

Règle 185. – Mise en liberté d'une personne détenue par la Cour pour une raison autre que celle de l'exécution de sa peine

1. Sous réserve de la disposition 2 ci-dessous lorsqu'une personne remise à la Cour est libérée parce que la Cour n'est pas compétente, que l'affaire est irrecevable au regard des alinéas *b), c)* ou *d)* du paragraphe 1 de l'article 17, que les charges n'ont pas été confirmées au regard de l'article 61, que la personne a été acquittée lors du procès ou en appel, ou pour toute autre raison, la cour prend, aussitôt que possible, les dispositions qu'elle juge appropriées pour le transfèrement de l'intéressé, en tenant compte de son avis, dans un État qui est tenu de le recevoir, ou dans un autre État qui accepte de le recevoir, ou dans un État qui a demandé son extradition avec l'assentiment de l'État qui l'a remis initialement. En l'espèce, l'État hôte facilite le transfèrement conformément à l'accord visé au paragraphe 2 de l'article 3 et aux arrangements y relatifs.

2. Lorsqu'elle juge une affaire irrecevable au sens de l'alinéa *a)* du paragraphe 1 de l'article 17, la Cour prend les dispositions qu'elle juge appropriées pour faire transférer l'intéressé dans l'État dont l'enquête ou les poursuites ont fourni les motifs de l'irrecevabilité, sauf si l'État qui avait initialement remis la personne à la Cour en demande le retour.

Règle 186. – Demandes concurrentes dans le cadre d'une contestation de la recevabilité d'une affaire

Dans la situation décrite au paragraphe 8 de l'article 90, l'État requis communique sa décision au Procureur pour que celui-ci puisse agir selon le paragraphe 10 de l'article 19.

Section III. – Documents relatifs aux demandes d'arrestation et de remise selon les articles 91 et 92

Règle 187. – Traduction des documents accompagnant les demandes de remise

Aux fins de l'alinéa *a)* du paragraphe 1 de l'article 67, et conformément à la disposition 1 de la règle 117, les demandes présentées en vertu de l'article 91 sont accompagnées d'une traduction du mandat d'arrêt ou du jugement de condamnation, selon le cas, et d'une traduction de toutes les dispositions pertinentes du Statut dans une langue que la personne comprend et parle parfaitement.

Règle 188. – Délai de production des documents après l'arrestation provisoire

Aux fins du paragraphe 3 de l'article 92, le délai de réception par l'État requis de la demande de remise et des pièces justificatives est de 60 jours à compter de la date de l'arrestation provisoire.

Règle 189. – Transmission des documents à l'appui de la demande

Si une personne a consenti à être remise à la Cour comme le prévoit le paragraphe 3 de l'article 92 et que l'État requis procède à sa remise, la Cour n'est pas tenue de fournir les documents visés à l'article 91, sauf indication contraire de l'État requis.

Section IV. – Coopération au titre de l'article 93

Règle 190. – Instruction concernant les témoignages incriminant leur auteur jointe aux citations

Lorsqu'elle fait la demande envisagée à l'alinéa *e)* du paragraphe 1 de l'article 93, la Cour y joint une instruction concernant la règle 74 relative aux témoignages incriminant leur auteur, instruction adressée au témoin concerné et rédigée dans une langue que celui-ci comprend et parle parfaitement.

Règle 191. – Assurance donnée par la Cour en vertu du paragraphe 2 de l'article 93

La Chambre chargée de l'affaire peut décider, d'office ou à la demande du Procureur, de la défense ou du témoin ou expert concerné, de donner l'assurance prévue au paragraphe 2 de l'article 93, après avoir entendu les observations du Procureur et du témoin ou de l'expert concerné.

Règle 192. – Transfèrement des détenus

1. Le transfèrement des détenus à la Cour en application du paragraphe 7 de l'article 93 est organisé par les autorités nationales concernées en liaison avec le Greffier et les autorités de l'État hôte.

2. Le Greffier veille au bon déroulement du transfèrement, y compris la surveillance du détenu lorsqu'il est sous la garde de la Cour.

3. Une personne détenue par la Cour a le droit de soulever devant la Chambre compétente des questions relatives aux conditions de sa détention.

4. Conformément à l'alinéa *b)* du paragraphe 7 de l'article 93, une fois réalisées les fins du transfèrement, le Greffier organise le retour des intéressés à la garde de l'État requis.

Règle 193. – Transfèrement temporaire de l'État chargé de l'exécution de la peine

1. La Chambre saisie de l'affaire à ce moment-là peut ordonner le transfèrement temporaire, de l'État chargé de l'exécution de la peine au siège de la Cour, de toute personne que la Cour a condamnée et dont le témoignage ou quelque autre assistance lui est nécessaire. Les dispositions du paragraphe 7 de l'article 93 ne s'appliquent pas.

2. Le Greffier veille au bon déroulement du transfèrement en liaison avec les autorités de l'État chargé de l'exécution de la peine ainsi qu'avec les autorités de l'État hôte. Une fois réalisées les fins du transfèrement, la Cour renvoie la personne condamnée dans l'État chargé de l'exécution de la peine.

3. La personne transférée est maintenue en détention tout le temps que sa présence devant la Cour est requise. La durée de la détention au siège de la Cour est intégralement déduite de la peine à accomplir.

Règle 194. – Coopération demandée à la Cour

1. Conformément au paragraphe 10 de l'article 93 et, *mutatis mutandis*, de l'article 96, un État peut transmettre à la Cour une demande de coopération ou d'assistance rédigée dans l'une des deux langues de travail de la Cour ou accompagnée d'une traduction dans l'une de ces langues.

2. Les demandes visées dans la disposition 1 ci-dessus sont adressées au Greffier qui les transmet, selon le cas, au Procureur ou à la Chambre concernée.

3 Si des mesures de protection ont été prises au titre de l'article 68, le Procureur ou la Chambre, selon le cas, tient compte des observations de la Chambre qui a ordonné ces mesures ainsi que des observations de la victime ou du témoin concerné avant de se prononcer.

4. Si la demande a trait à des documents ou des éléments de preuve visés à l'alinéa *b)* ii) du paragraphe 10 de l'article 93, le Procureur ou la Chambre, selon le cas, obtient le consentement écrit de l'État concerné avant de donner suite à la demande.

5. Si la Cour décide de faire droit à la demande de coopération ou d'assistance émanant d'un État, elle procède dans la mesure du possible suivant la procédure indiquée par l'État requérant dans sa demande et en présence des personnes désignées dans celle-ci.

Section V. – Coopération au titre de l'article 98

Règle 195. – Communication de renseignements

1. Un État requis, qui fait savoir à la Cour qu'une demande de remise ou d'assistance soulève un problème d'exécution au regard de l'article 98, lui fournit tous les renseignements utiles pour l'aider dans l'application de l'article 98. Tout État tiers ou État d'envoi concerné peut fournir des renseignements supplémentaires pour aider la Cour.

2. La Cour ne peut poursuivre l'exécution d'une demande de remise sans le consentement d'un État d'envoi si, en vertu du paragraphe 2 de l'article 98, la demande de remise est incompatible avec les obligations résultant d'accords internationaux selon lesquels le consentement de l'État d'envoi est nécessaire pour qu'une personne relevant de cet État soit remise à la Cour.

Section VI. – Règle de la spécialité énoncée à l'article 101

Règle 196. – Présentation d'observations relatives au paragraphe 1 de l'article 101

Toute personne remise à la Cour peut présenter des observations sur ce qu'elle estime être une violation des dispositions du paragraphe 1 de l'article 101.

Règle 197. – Extension de la remise

Si la Cour a demandé une dérogation aux conditions posées au paragraphe 1 de l'article 101, l'État requis peut la prier de recueillir et de lui communiquer les observations présentées par la personne remise.

Chapitre 12. – Exécution

Section I. – Rôle des États dans l'exécution des peines d'emprisonnement et modification de la désignation de l'État chargé de l'exécution selon les articles 103 et 104

Règle 198. – Communications entre la Cour et les États

Sauf si le contexte l'exclut, l'article 87 et les règles 176 à 180 s'appliquent selon qu'il convient aux communications entre la Cour et un État au sujet de l'exécution des peines.

Règle 199. – Organe responsable pour l'application du chapitre X

Sauf disposition contraire du présent Règlement, les fonctions de la Cour en vertu du Chapitre X du Statut sont exercées par la Présidence.

Règle 200. – Liste des États chargés de l'exécution

1. La liste des États qui se sont déclarés disposés à recevoir des personnes condamnées est établie et tenue par le Greffier.

2. La Présidence n'inscrit pas un État sur la liste visée au paragraphe 1 *a)* de l'article 103, si elle n'approuve pas les conditions dont cet État assortit son acceptation. La Présidence peut demander un complément d'information à cet État avant de prendre une décision.

3. Un État qui a assorti son acceptation de conditions peut retirer ces conditions à tout moment. Toute modification et tout ajout doivent être confirmés par la Présidence.

4. Un État peut à tout moment aviser le Greffier qu'il ne souhaite plus figurer sur la liste. Le retrait est sans effet sur l'exécution des peines des personnes que l'État a déjà accepté de recevoir.

5. La Cour peut conclure des arrangements bilatéraux avec les États en vue d'établir un cadre pour la réception des personnes qu'elle a condamnées. Ces arrangements sont conformes au Statut.

Règle 201. – Principes de répartition équitable

Les principes de répartition équitable mentionnés au paragraphe 3 de l'article 103 comprennent :

a) Le principe de la répartition géographique équitable ;

b) La nécessité de donner à chaque État inscrit sur la liste la possibilité de recevoir des personnes condamnées ;

c) Le nombre de personnes condamnées déjà reçues par cet État et par d'autres États chargés de l'exécution de peines prononcées par la Cour ;

d) Tous autres facteurs pertinents.

Règle 202. – Moment du transfèrement de la personne condamnée à l'État chargé de l'exécution

Le transfèrement d'une personne condamnée de la Cour à l'État chargé de l'exécution désigné n'a lieu qu'une fois que la décision sur la condamnation et la décision sur la peine sont devenues définitives.

Règle 203. – Observations de la personne condamnée

1. La Présidence avise par écrit la personne condamnée qu'elle est en voie de désigner un État chargé de l'exécution. La personne condamnée lui soumet par écrit ses observations sur la question dans le délai qu'elle lui prescrit.

2. La Présidence peut autoriser la personne condamnée à faire des représentations oralement.

3. La Présidence doit permettre à la personne condamnée :

a) De se faire assister, au besoin, par un interprète compétent et de bénéficier de toute traduction nécessaire à la présentation de ses observations ;

b) De disposer des délais et des moyens nécessaires pour préparer la présentation de ses observations.

Règle 204. – Renseignements concernant la désignation

Lorsque la Présidence notifie sa décision à l'État désigné, elle lui transmet les renseignements et documents suivants :

a) Le nom, la nationalité, la date et le lieu de naissance de la personne condamnée ;

b) La copie du jugement définitif de condamnation et de la peine prononcée ;

c) La durée et la date du début de la peine et la durée de la peine restant à accomplir ;

d) Après consultation de la personne condamnée, tout renseignement utile sur l'état de santé de celle-ci, y compris les traitements qu'elle suit.

Règle 205. – Rejet de la désignation dans une affaire donnée

Si, dans une certaine affaire, l'État désigné se désiste, la Présidence peut désigner un autre État.

Règle 206. – Transfèrement de la personne condamnée à l'État chargé de l'exécution

1. Le Greffier informe le Procureur et la personne condamnée du nom de l'État désigné pour l'exécution de la peine.

2. La personne condamnée est transférée dans l'État chargé de l'exécution aussitôt que possible après l'acceptation de ce dernier.

3. Le Greffier veille au bon déroulement du transfèrement en consultation avec les autorités de l'État chargé de l'exécution et de l'État hôte.

Règle 207. – Transit

1. Aucune autorisation n'est nécessaire si la personne condamnée est transportée par voie aérienne et qu'aucun atterrissage n'est prévu sur le territoire d'un État de transit. Si un atterrissage imprévu a lieu sur le territoire de l'État de transit, cet État, dans la mesure où son droit national le permet, place la personne condamnée en détention jusqu'à réception de la demande de transit prévue à la disposition 2 ci-dessous ou d'une demande de remise en vertu du paragraphe 1 de l'article 89, ou de l'article 92.

2. Pour autant que les dispositions du droit national le permettent, les États Parties autorisent le transit d'une personne condamnée par leur territoire et les dispositions des alinéas *b)* et *c)* du paragraphe 3 de l'article 89, et des articles 105 et 108 et de toutes règles y relatives s'appliquant selon qu'il convient. Copie du jugement de condamnation définitif et de la sentence prononcée est jointe à la demande de transit.

Règle 208. – Dépenses

1. Les dépenses ordinaires relatives à l'exécution de la peine sur le territoire de l'État chargé de l'exécution sont à la charge de cet État.

2. Les autres dépenses, notamment les frais de transport de la personne condamnée et les dépenses visées aux alinéas *c)*, *d)* et *e)* du paragraphe 1 de l'article 100, sont à la charge de la Cour.

Règle 209. – Changement de l'État chargé de l'exécution

1. La Présidence peut agir à tout moment d'office ou à la demande de la personne condamnée ou du Procureur, comme prévu au paragraphe 1 de l'article 104.

2. La demande de la personne condamnée ou du Procureur est faite par écrit et contient les motifs pour lesquels le transfert est sollicité.

Règle 210. – Procédure applicable en cas de changement de l'État chargé de l'exécution

1. Avant de décider de désigner un autre État chargé de l'exécution, la Présidence peut :

a) Solliciter les observations de l'État chargé de l'exécution ;

b) Examiner les observations écrites ou orales de la personne condamnée et du Procureur ;

c) Examiner un rapport d'expertise écrit ou oral, notamment au sujet de la personne condamnée ;

d) Obtenir tous autres renseignements pertinents de toute source digne de foi.

2. La disposition 3 de la règle 203 s'applique selon que de besoin.

3. Si la Présidence refuse de désigner un autre État chargé de l'exécution, elle communique sa décision dans les plus brefs délais à la personne condamnée, au Procureur et au Greffier ; sa décision est motivée. Elle informe aussi l'État chargé de l'exécution.

Section II. – Exécution, contrôle et transfèrement selon les articles 105, 106 et 107

Règle 211. – Contrôle de l'exécution de la peine et conditions de détention

1. Afin de contrôler l'exécution des peines d'emprisonnement, la Présidence :

a) Veille, en consultation avec l'État chargé de l'exécution de la peine, au respect des dispositions du paragraphe 3 de l'article 106 lorsque des arrangements sont pris pour permettre à la personne condamnée d'exercer son droit de communiquer avec la Cour au sujet des conditions de sa détention ;

b) Peut demander tout renseignement, rapport ou expertise dont elle a besoin à l'État chargé de l'exécution de la peine ou à toute autre source digne de foi ;

c) Peut, selon qu'il convient, déléguer un juge ou un membre du personnel de la Cour en le chargeant de rencontrer la personne condamnée, après en avoir avisé l'État chargé de l'exécution de la peine, et de l'entendre hors la présence des autorités du pays ;

d) Peut, selon qu'il convient, donner à l'État d'exécution la possibilité de présenter des observations sur les vues exprimées par la personne condamnée, conformément à l'alinéa *c)* ci-dessus.

2. Lorsqu'une personne condamnée peut dûment prétendre au bénéfice d'un programme ou d'un avantage offert par la prison en vertu de la législation de l'État chargé de l'exécution de la peine, et que des activités en dehors des locaux de la prison peuvent être prévues à ce titre, l'État chargé de l'exécution de la peine en avise la Présidence et lui communique en même temps toute autre information ou observation de nature à permettre à la Cour d'exercer son contrôle.

Règle 212. – Renseignements concernant la localisation de la personne aux fins de l'exécution des peines d'amende et de confiscation et des mesures de réparation

Aux fins de l'exécution des peines d'amende et de confiscation et des mesures de réparation prononcées par la Cour, la Présidence peut, à tout moment, ou 30 jours au moins avant le terme prévu de la peine exécutée par la personne condamnée, demander à l'État chargé de l'exécution de lui communiquer tout renseignement utile quant à son intention d'autoriser l'intéressée à rester sur son territoire ou quant à la destination vers laquelle il envisage de la transférer.

Règle 213. – Procédure applicable dans le cas prévu au paragraphe 3 de l'article 107

Dans le cas prévu au paragraphe 3 de l'article 107, la procédure établie aux règles 214 et 215 s'applique selon qu'il convient.

Section III. – Limites en matière de poursuites ou de condamnation pour d'autres infractions en application de l'article 108

Règle 214. – Demande présentée aux fins de l'ouverture de poursuites ou de l'exécution d'une peine pour un comportement antérieur

1. Aux fins de l'application de l'article 108, lorsque l'État chargé de l'exécution souhaite poursuivre la personne condamnée ou lui faire exécuter une peine pour un comportement antérieur à son transfèrement, il en informe la Présidence en lui communiquant les pièces suivantes :

a) Un exposé des faits, accompagnés de leur qualification juridique ;

b) Une copie de toutes dispositions légales applicables, y compris en matière de prescription et de peines applicables ;

c) Une copie de toute décision prononçant une peine, de tout mandat d'arrêt ou autre document ayant la même force, ou de tout autre acte de justice dont l'État entend poursuivre l'exécution ;

d) Un protocole contenant les observations de la personne condamnée recueillies après que l'intéressé a été suffisamment informé de la procédure.

2. En cas de demande d'extradition émanant d'un autre État, l'État chargé de l'exécution communique cette demande à la Présidence sous sa forme intégrale, accompagnée des observations de la personne condamnée recueillies après que celle-ci a été suffisamment informée de la demande d'extradition.

3. La Présidence peut, dans tous les cas, solliciter toute pièce ou tout renseignement complémentaire de l'État chargé de l'exécution ou de l'État qui requiert l'extradition.

4. Si la personne a été remise à la Cour par un État autre que l'État d'exécution ou que l'État demandant l'extradition, la Présidence consulte l'État qui a remis la personne et prend ses vues en considération.

5. Les pièces et renseignements communiqués à la Présidence en application des dispositions 1 à 4 ci-dessus sont communiqués au Procureur, qui peut formuler des observations.

6. La Présidence peut décider de tenir une audience.

Règle 215. – Décision concernant une demande présentée aux fins de l'ouverture de poursuites ou de l'exécution d'une peine

1. La Présidence rend sa décision aussitôt que possible. Cette décision est notifiée à tous ceux qui ont participé à la procédure.

2. Si la demande soumise en application des dispositions 1 ou 2 de la règle 214 concerne l'exécution d'une peine, la personne condamnée ne peut accomplir cette peine dans l'État chargé par la Cour de faire exécuter la peine prononcée par elle ou être extradée vers un État tiers qu'après avoir accompli la totalité de la peine prononcée par la Cour, sous réserve des dispositions de l'article 110.

3. La Présidence n'autorise l'extradition temporaire de la personne condamnée vers un État tiers aux fins de poursuites qu'à la condition d'avoir obtenu des assurances qu'elle juge suffisantes que la personne condamnée sera maintenue en détention dans l'État tiers et transférée de nouveau à l'État chargé de l'exécution de la peine prononcée par la Cour à l'issue des poursuites.

Règle 216. – Renseignements concernant l'exécution

La Présidence demande à l'État chargé de l'exécution de l'informer de tout événement important concernant la personne condamnée et de toutes poursuites engagées contre celle-ci pour des faits postérieurs à son transfèrement.

Section IV. – Paiement des amendes et exécution des mesures de confiscation et des ordonnances de réparation

Règle 217. – Coopération et mesures aux fins de l'exécution des peines d'amende, des mesures de confiscation ou des ordonnances de réparation

Aux fins de l'exécution des peines d'amende, des mesures de confiscation ou des ordonnances de réparation, la Présidence sollicite, selon le cas, une coopération et des mesures d'exécution conformément aux dispositions du chapitre IX ; elle communique copie des décisions pertinentes à tout État avec lequel la personne condamnée semble avoir un lien direct en raison de sa nationalité, de son domicile, de sa résidence habituelle ou du lieu de ses avoirs et de ses biens, ou avec lequel la victime a un lien de ce type. La Présidence, selon qu'il convient, informe l'État de toute demande présentée par un tiers ou du fait que les personnes qui ont reçu notification de procédures conduites en application de l'article 75 n'ont présenté aucune demande.

Règle 218. – Ordonnances de confiscation et de réparation

1. Pour permettre aux États de lui donner suite, une ordonnance de confiscation indique :

a) L'identité de la personne contre laquelle elle est émise ;

b) Les revenus, biens et avoirs que la Cour ordonne de confisquer ; et

c) Que si un État Partie n'est pas en mesure de donner effet à l'ordonnance de confiscation relative aux produits, biens ou avoirs spécifiés, il doit prendre des mesures pour en récupérer la valeur.

2. Quand elle demande aux États leur coopération ou l'adoption de mesures d'exécution, la Cour leur fournit également les informations dont elle dispose sur le lieu où se trouvent les produits, biens et avoirs visés par l'ordonnance de confiscation.

3. Pour permettre aux États de lui donner suite, une ordonnance de réparation indique :

a) L'identité de la personne contre laquelle elle est émise ;

b) S'agissant de réparations de caractère financier, l'identité des victimes à qui sont accordées des réparations à titre individuel ou, si le montant des réparations doit être versé au Fonds en faveur des victimes, les coordonnées du compte du Fonds où il doit être déposé ; et

c) L'ampleur et la nature des réparations ordonnées par la Cour, y compris, le cas échéant, les biens et avoirs dont la restitution a été ordonnée.

4. Quand la Cour accorde des réparations à titre individuel, une copie de l'ordonnance est remise à la victime.

Règle 219. – Non-modification des ordonnances de réparation

Lorsqu'elle transmet copie des ordonnances de réparation aux États Parties en vertu de la règle 217, la Présidence les informe qu'au moment de donner effet à une ordonnance de réparation, leurs autorités nationales ne peuvent modifier les réparations fixées par la Cour, ni la nature ou l'ampleur des dommages, pertes ou préjudices telles que la Cour les a déterminées, ni les principes énoncés dans la décision, et qu'elles doivent en faciliter l'exécution.

Règle 220. – Non-modification des jugements imposant des amendes

Lorsqu'elle transmet aux États Parties, aux fins d'exécution conformément à l'article 109 et à la règle 217, copie de jugements imposant des amendes, la Présidence les informe que leurs autorités nationales ne peuvent pas modifier les amendes imposées au moment où elles font exécuter le jugement.

Règle 221. – Décision concernant la disposition ou l'affectation de biens ou avoirs

1. La Présidence, après avoir consulté selon qu'il convient le Procureur, la personne condamnée, les victimes ou leurs représentants légaux, les autorités nationales de l'État chargé de l'exécution, tout tiers concerné ou les représentants du Fonds au profit des victimes prévu à l'article 79, se prononce sur toutes les questions concernant la liquidation ou l'affectation des biens ou avoirs réalisés en exécution d'une décision de la Cour.

2. Lorsqu'elle décide de la liquidation ou de l'affectation de biens, d'avoirs ou de sommes d'argent appartenant à la personne condamnée, la Présidence donne dans tous les cas la priorité aux mesures de réparation prononcées en faveur des victimes.

Règle 222. – Assistance en matière de notification ou pour toute autre mesure d'exécution

La Présidence aide l'État chargé de l'exécution des peines d'amende, des mesures de confiscation ou des ordonnances de réparation qui en fait la demande à faire notifier à la personne condamnée ou à toute autre personne concernée tout acte pertinent et lui prête assistance pour toute autre mesure nécessaire en application de la procédure prévue par le droit national de l'État chargé de l'exécution, à l'exécution de la décision.

Section V. – Examen de la question d'une réduction de peine envisagé à l'article 110

Règle 223. – Critères pour l'examen de la question de la réduction de la peine

Lorsqu'ils examinent la question de la réduction d'une peine en vertu des paragraphes 3 et 5 de l'article 110, les trois juges de la Chambre d'appel prennent en considération les critères énumérés aux alinéas *a)* et *b)* du paragraphe 4 de l'article 110, ainsi que les critères suivants :

a) Le fait que le comportement de la personne condamnée en détention montre que l'intéressée désavoue son crime ;

b) Les possibilités de resocialisation et de réinsertion réussie de la personne condamnée ;

c) La perspective que la libération anticipée de la personne condamnée ne risque pas d'être une cause d'instabilité sociale significative ;

d) Toute action significative entreprise par la personne condamnée en faveur des victimes et les répercussions que la libération anticipée peut avoir sur les victimes et les membres de leur famille ;

e) La situation personnelle de la personne condamnée, notamment l'aggravation de son état de santé physique ou mentale ou son âge avancé.

Règle 224. – Procédure applicable pour l'examen de la question d'une réduction de peine

1. Aux fins de l'application du paragraphe 3 de l'article 110, trois juges de la Chambre d'appel, nommés par cette chambre, tiennent une audience, sauf s'ils en décident autrement, à titre exceptionnel. L'audience a lieu en présence de la personne condamnée, qui peut être assistée par son conseil et par un interprète si besoin est. Les trois juges de la Chambre d'appel invitent le Procureur, l'État chargé de l'exécution d'une peine prononcée en vertu de l'article 77 ou d'une ordonnance de réparation rendue en vertu de l'article 75, ainsi que, dans la mesure du possible, les victimes ou leurs représentants légaux qui ont participé à la procédure, à participer à l'audience ou à soumettre des observations écrites. Dans des circonstances exceptionnelles, l'audience peut avoir lieu par voie de vidéoconférence ou être tenue dans l'État chargé de l'exécution de la peine par un juge délégué par la Chambre d'appel.

2. Les trois mêmes juges communiquent dès que possible leur décision et leurs attendus à tous ceux qui ont participé à la procédure d'examen.

3. Aux fins de l'application du paragraphe 5 de l'article 110, trois juges de la Chambre d'appel, nommés par cette chambre, examinent la question de la réduction de peine tous les trois ans, sauf si la Chambre a fixé un intervalle inférieur dans une décision prise en application du paragraphe 3 de l'article 110. Si les circonstances se trouvent sensiblement modifiées, ces trois juges peuvent autoriser la personne condamnée à demander un réexamen pendant cette période de trois ans ou à tout intervalle plus court qu'ils auraient fixé.

4. Aux fins d'un réexamen au titre du paragraphe 5 de l'article 110, trois juges de la Chambre d'appel, nommés par cette chambre, sollicitent des observations écrites de la personne condamnée ou de son conseil, du Procureur, de l'État chargé de l'exécution d'une peine prononcée en vertu de l'article 77 ou d'une ordonnance de réparation rendue en vertu de l'article 75, ainsi que, dans la mesure du possible, des victimes ou de leurs représentants légaux qui ont participé à la procédure. Les trois juges peuvent également décider de tenir une audience.

5. La décision et les attendus des trois juges sont communiqués, dès que possible, à tous ceux qui ont participé à la procédure d'examen.

Section VI. – Évasion

Règle 225. – Mesures au titre de l'article 111 en cas d'évasion

1. Si la personne condamnée s'est évadée, l'État chargé de l'exécution de la peine en informe le Greffier, dans les meilleurs délais, par tout moyen laissant une trace écrite. La Présidence procède alors conformément au chapitre IX.

2. Toutefois, si l'État dans lequel se trouve la personne condamnée accepte de la remettre à l'État chargé de l'exécution de la peine, soit en application d'accords internationaux, soit en application de sa législation nationale, l'État chargé de l'exécution de la peine en avise le Greffier par écrit. Il est procédé dans les meilleurs délais à la remise de l'intéressée à l'État chargé de l'exécution de la peine, au besoin en consultation avec le Greffier, qui prête toute assistance nécessaire, en présentant au besoin les demandes de transit aux États concernés, conformément à la règle 207. Si aucun État ne les prend à sa charge, les frais liés à la remise de la personne condamnée sont à la charge de la Cour.

3. Si la personne condamnée est remise à la Cour en application du chapitre IX, celle-ci procède à son transfèrement vers l'État chargé de l'exécution de la peine. La Présidence peut toutefois, conformément à l'article 103 et aux règles 203 à 206, désigner, d'office ou à la demande du Procureur ou de l'État chargé initialement de l'exécution de la peine, un autre État, qui peut être l'État dans lequel la personne condamnée s'est enfuie.

4. Dans tous les cas, la détention subie sur le territoire de l'État où la personne condamnée a été emprisonnée après son évasion et, lorsque la disposition 3 ci-dessus s'applique, la détention subie au siège de la Cour après la remise de l'intéressée est intégralement déduite de la peine restant à accomplir.

ANNEXE 5

CONVENTION DES NATIONS UNIES CONTRE LA CRIMINALITÉ TRANSNATIONALE ORGANISÉE

Convention des Nations unies du 15 novembre 2000

contre la criminalité transnationale organisée adoptée à New York

(Signée par la France le 12 déc. 2000 L. n° 2002-1040, 6 août 2002 autorisant la ratification
Publiée par D. n° 2003-875, 8 sept. 2003
Entrée en vigueur le 29 sept. 2003)

Art. 1er. – *Objet.* – L'objet de la présente Convention est de promouvoir la coopération afin de prévenir et de combattre plus efficacement la criminalité transnationale organisée.

Art. 2. – *Terminologie.* – Aux fins de la présente Convention :

a) L'expression « groupe criminel organisé » désigne un groupe structuré de trois personnes ou plus existant depuis un certain temps et agissant de concert dans le but de commettre une ou plusieurs infractions graves ou infractions établies conformément à la présente Convention, pour en tirer, directement ou indirectement, un avantage financier ou un autre avantage matériel ;

b) L'expression « infraction grave » désigne un acte constituant une infraction passible d'une peine privative de liberté dont le maximum ne doit pas être inférieur à quatre ans ou d'une peine plus lourde ;

c) L'expression « groupe structuré » désigne un groupe qui ne s'est pas constitué au hasard pour commettre immédiatement une infraction et qui n'a pas nécessairement de rôles formellement définis pour ses membres, de continuité dans sa composition ou de structure élaborée ;

d) Le terme « biens » désigne tous les types d'avoirs, corporels ou incorporels, meubles ou immeubles, tangibles ou intangibles, ainsi que les actes juridiques ou documents attestant la propriété de ces avoirs ou les droits y relatifs ;

e) L'expression « produit du crime » désigne tout bien provenant directement ou indirectement de la commission d'une infraction ou obtenu directement ou indirectement en la commettant ;

f) Les termes « gel » ou « saisie » désignent l'interdiction temporaire du transfert, de la conversion, de la disposition ou du mouvement de biens, ou le fait d'assumer temporairement la garde ou le contrôle de biens sur décision d'un Tribunal ou d'une autre autorité compétente ;

g) Le terme « confiscation » désigne la dépossession permanente de biens sur décision d'un Tribunal ou d'une autre autorité compétente ;

h) L'expression « infraction principale » désigne toute infraction à la suite de laquelle un produit est généré, qui est susceptible de devenir l'objet d'une infraction définie à l'article 6 de la présente Convention ;

i) L'expression « livraison surveillée » désigne la méthode consistant à permettre le passage par le territoire d'un ou de plusieurs États d'expéditions illicites ou suspectées de l'être, au su et sous le contrôle des autorités compétentes de ces États, en vue d'enquêter sur une infraction et d'identifier les personnes impliquées dans sa commission ;

j) L'expression « organisation régionale d'intégration économique » désigne toute organisation constituée par des États souverains d'une région donnée, à laquelle ses États membres ont transféré des compétences en ce qui concerne les questions régies par la présente Convention et qui a été dûment mandatée, conformément à ses procédures internes, pour signer, ratifier, accepter, approuver ladite Convention ou y adhérer ; les références dans la présente Convention aux « États Parties » sont applicables à ces organisations dans la limite de leur compétence.

Art. 3. – *Champ d'application*. – 1. La présente Convention s'applique, sauf disposition contraire, à la prévention, aux enquêtes et aux poursuites concernant :

a) Les infractions établies conformément aux articles 5, 6, 8 et 23 de la présente Convention ; et

b) Les infractions graves telles que définies à l'article 2 de la présente Convention ;

lorsque ces infractions sont de nature transnationale et qu'un groupe criminel organisé y est impliqué.

2. Aux fins du paragraphe 1 du présent article, une infraction est de nature transnationale si :

a) Elle est commise dans plus d'un État ;

b) Elle est commise dans un État mais qu'une partie substantielle de sa préparation, de sa planification, de sa conduite ou de son contrôle a lieu dans un autre État ;

c) Elle est commise dans un État mais implique un groupe criminel organisé qui se livre à des activités criminelles dans plus d'un État ; ou

d) Elle est commise dans un État mais a des effets substantiels dans un autre État.

Art. 4. – *Protection de la souveraineté*. – 1. Les États Parties exécutent leurs obligations au titre de la présente Convention d'une manière compatible avec les principes de l'égalité souveraine et de l'intégrité territoriale des États et avec celui de la non-intervention dans les affaires intérieures d'autres États.

2. Aucune disposition de la présente Convention n'habilite un État Partie à exercer sur le territoire d'un autre État une compétence et des fonctions qui sont exclusivement réservées aux autorités de cet autre État par son droit interne.

Art. 5. – *Incrimination de la participation à un groupe criminel organisé*. – 1. Chaque État Partie adopte les mesures législatives et autres nécessaires pour conférer le caractère d'infraction pénale, lorsque commis intentionnellement :

a) À l'un ou l'autre des actes suivants ou aux deux, en tant qu'infractions pénales distinctes de celles impliquant une tentative d'activité criminelle ou sa consommation :

i) Au fait de s'entendre avec une ou plusieurs personnes en vue de commettre une infraction grave à une fin liée directement ou indirectement à l'obtention d'un avantage financier ou autre avantage matériel et, lorsque le droit interne l'exige, impliquant un acte commis par un des participants en vertu de cette entente ou impliquant un groupe criminel organisé ;

ii) À la participation active d'une personne ayant connaissance soit du but et de l'activité criminelle générale d'un groupe criminel organisé soit de son intention de commettre les infractions en question :

a. Aux activités criminelles du groupe criminel organisé ;

b. À d'autres activités du groupe criminel organisé lorsque cette personne sait que sa participation contribuera à la réalisation du but criminel susmentionné ;

b) Au fait d'organiser, de diriger, de faciliter, d'encourager ou de favoriser au moyen d'une aide ou de conseils la commission d'une infraction grave impliquant un groupe criminel organisé.

2. La connaissance, l'intention, le but, la motivation ou l'entente visés au paragraphe 1 du présent article peuvent être déduits de circonstances factuelles objectives.

3. Les États Parties dont le droit interne subordonne l'établissement des infractions visées à l'alinéa *a)* i) du paragraphe 1 du présent article à l'implication d'un groupe criminel organisé veillent à ce que leur droit interne couvre toutes les infractions graves impliquant des groupes criminels organisés. Ces États Parties, de même que les États Parties dont le droit interne subordonne l'établissement des infractions visées à l'alinéa *a)* i) du paragraphe 1 du présent article à la commission d'un acte en vertu de l'entente, portent cette information à la connaissance du Secrétaire général de l'Organisation des Nations unies au moment où ils signent la présente Convention ou déposent leurs instruments de ratification, d'acceptation ou d'approbation ou d'adhésion.

Art. 6. – *Incrimination du blanchiment du produit du crime*. – 1. Chaque État Partie adopte, conformément aux principes fondamentaux de son droit interne, les mesures législatives et autres nécessaires pour conférer le caractère d'infraction pénale, lorsque l'acte a été commis intentionnellement :

a) i) À la conversion ou au transfert de biens dont celui qui s'y livre sait qu'ils sont le produit du crime, dans le but de dissimuler ou de déguiser l'origine illicite desdits biens ou d'aider toute personne qui est impliquée dans la commission de l'infraction principale à échapper aux conséquences juridiques de ses actes ;

ii) À la dissimulation ou au déguisement de la nature véritable, de l'origine, de l'emplacement, de la disposition, du mouvement ou de la propriété de biens ou de droits y relatifs dont l'auteur sait qu'ils sont le produit du crime ;

b) et, sous réserve des concepts fondamentaux de son système juridique :

i) À l'acquisition, à la détention ou à l'utilisation de biens dont celui qui les acquiert, les détient ou les utilise sait, au moment où il les reçoit, qu'ils sont le produit du crime ;

ii) À la participation à l'une des infractions établies conformément au présent article ou à toute autre association, entente, tentative ou complicité par fourniture d'une assistance, d'une aide ou de conseils en vue de sa commission.

2. Aux fins de l'application du paragraphe 1 du présent article :

a) Chaque État Partie s'efforce d'appliquer le paragraphe 1 du présent article à l'éventail le plus large d'infractions principales ;

b) Chaque État Partie inclut dans les infractions principales toutes les infractions graves telles que définies à l'article 2 de la présente Convention et les infractions établies conformément à ses articles 5, 8 et 23. S'agissant des États Parties dont la législation contient une liste d'infractions principales spécifiques, ceux-ci incluent dans cette liste, au minimum, un éventail complet d'infractions liées à des groupes criminels organisés ;

c) Aux fins de l'alinéa *b)*, les infractions principales incluent les infractions commises à l'intérieur et à l'extérieur du territoire relevant de la compétence de l'État Partie en question. Toutefois, une infraction commise à l'extérieur du territoire relevant de la compétence d'un État Partie ne constitue une infraction principale que lorsque l'acte correspondant est une infraction pénale en vertu du droit interne de l'État où il a été commis et constituerait une infraction pénale en vertu du droit interne de l'État Partie appliquant le présent article s'il avait été commis sur son territoire ;

d) Chaque État Partie remet au Secrétaire général de l'Organisation des Nations unies une copie de ses lois qui donnent effet au présent article ainsi qu'une copie de toute modification ultérieurement apportée à ces lois ou une description de ces lois et modifications ultérieures ;

e) Lorsque les principes fondamentaux du droit interne d'un État Partie l'exigent, il peut être disposé que les infractions énoncées au paragraphe 1 du présent article ne s'appliquent pas aux personnes qui ont commis l'infraction principale ;

f) La connaissance, l'intention ou la motivation, en tant qu'éléments constitutifs d'une infraction énoncée au paragraphe 1 du présent article, peuvent être déduites de circonstances factuelles objectives.

Art. 7. – *Mesures de lutte contre le blanchiment d'argent.* – 1. Chaque État Partie :

a) Institue un régime interne complet de réglementation et de contrôle des banques et institutions financières non bancaires, ainsi que, le cas échéant, des autres entités particulièrement exposées au blanchiment d'argent, dans les limites de sa compétence, afin de prévenir et de détecter toutes formes de blanchiment d'argent, lequel régime met l'accent sur les exigences en matière d'identification des clients, d'enregistrement des opérations et de déclaration des opérations suspectes ;

b) S'assure, sans préjudice des articles 18 et 27 de la présente Convention, que les autorités administratives, de réglementation, de détection et de répression et autres, chargées de la lutte contre le blanchiment d'argent (y compris, quand son droit interne le prévoit, les autorités judiciaires) sont en mesure de coopérer et d'échanger des informations aux niveaux national et international, dans les conditions définies par son droit interne et, à cette fin, envisage la création d'un service de renseignement financier qui fera office de centre national de collecte, d'analyse et de diffusion d'informations concernant d'éventuelles opérations de blanchiment d'argent.

2. Les États Parties envisagent de mettre en œuvre des mesures réalisables de détection et de surveillance du mouvement transfrontière d'espèces et de titres négociables appropriés, sous réserve de garanties permettant d'assurer une utilisation correcte des informations et sans entraver d'aucune façon la circulation des capitaux licites. Il peut être notamment fait obligation aux particuliers et aux entreprises de signaler les transferts transfrontières de quantités importantes d'espèces et de titres négociables appropriés.

3. Lorsqu'ils instituent un régime interne de réglementation et de contrôle aux termes du présent article, et sans préjudice de toute autre article de la présente Convention, les États Parties sont invités à prendre pour lignes directrices les initiatives pertinentes prises par les organisations régionales, interrégionales et multilatérales pour lutter contre le blanchiment d'argent.

4. Les États Parties s'efforcent de développer et de promouvoir la coopération mondiale, régionale, sous-régionale et bilatérale entre les autorités judiciaires, les services de détection et de répression et les autorités de réglementation financière en vue de lutter contre le blanchiment d'argent.

Art. 8. – *Incrimination de la corruption.* – 1. Chaque État Partie adopte les mesures législatives et autres nécessaires pour conférer le caractère d'infraction pénale, lorsque les actes ont été commis intentionnellement :

a) Au fait de promettre, d'offrir ou d'accorder à un agent public, directement ou indirectement, un avantage indu, pour lui-même ou pour une autre personne ou entité, afin qu'il accomplisse ou s'abstienne d'accomplir un acte dans l'exercice de ses fonctions officielles ;

b) Au fait pour un agent public de solliciter ou d'accepter, directement ou indirectement, un avantage indu pour lui-même ou pour une autre personne ou entité, afin d'accomplir ou de s'abstenir d'accomplir un acte dans l'exercice de ses fonctions officielles.

2. Chaque État Partie envisage d'adopter les mesures législatives et autres nécessaires pour conférer le caractère d'infraction pénale aux actes visés au paragraphe 1 du présent article impliquant un agent public étranger ou un fonctionnaire international. De même, chaque État Partie envisage de conférer le caractère d'infraction pénale à d'autres formes de corruption.

3. Chaque État Partie adopte également les mesures nécessaires pour conférer le caractère d'infraction pénale au fait de se rendre complice d'une infraction établie conformément au présent article.

4. Aux fins du paragraphe 1 du présent article et de l'article 9 de la présente Convention, le terme « agent public » désigne un agent public ou une personne assurant un service public, tel que ce terme est défini dans le droit interne et appliqué dans le droit pénal de l'État Partie où la personne en question exerce cette fonction.

Art. 9. – *Mesures contre la corruption.* – 1. Outre les mesures énoncées à l'article 8 de la présente Convention, chaque État Partie, selon qu'il convient et conformément à son système juridique, adopte des mesures efficaces d'ordre législatif, administratif ou autre pour promouvoir l'intégrité et prévenir, détecter et punir la corruption des agents publics.

2. Chaque État Partie prend des mesures pour s'assurer que ses autorités agissent efficacement en matière de prévention, de détection et de répression de la corruption des agents publics, y compris en leur donnant une indépendance suffisante pour empêcher toute influence inappropriée sur leurs actions.

Art. 10. – *Responsabilité des personnes morales.* – 1. Chaque État Partie adopte les mesures nécessaires, conformément à ses principes juridiques, pour établir la responsabilité des personnes morales qui participent à des infractions graves impliquant un groupe criminel organisé et qui commettent les infractions établies conformément aux articles 5, 6, 8 et 23 de la présente Convention.

2. Sous réserve des principes juridiques de l'État Partie, la responsabilité des personnes morales peut-être pénale, civile ou administrative.

3. Cette responsabilité est sans préjudice de la responsabilité pénale des personnes physiques qui ont commis les infractions.

4. Chaque État Partie veille, en particulier, à ce que les personnes morales tenues responsables conformément au présent article fassent l'objet de sanctions efficaces, proportionnées et dissuasives de nature pénale ou non pénale, y compris de sanctions pécuniaires.

Art. 11. – *Poursuites judiciaires, jugement et sanctions.* – 1. Chaque État Partie rend la commission d'une infraction établie conformément aux articles 5, 6, 8 et 23 de la présente Convention passible de sanctions qui tiennent compte de la gravité de cette infraction.

2. Chaque État Partie s'efforce de faire en sorte que tout pouvoir judiciaire discrétionnaire conféré par son droit interne et afférent aux poursuites judiciaires engagées contre des individus pour des infractions visées par la présente Convention soit exercé de façon à optimiser l'efficacité des mesures de détection et de répression de ces infractions, compte dûment tenu de la nécessité d'exercer un effet dissuasif en ce qui concerne leur commission.

3. S'agissant d'infractions établies conformément aux articles 5, 6, 8 et 23 de la présente Convention, chaque État Partie prend les mesures appropriées conformément à son droit interne et compte dûment tenu des droits de la défense, pour faire en sorte que les conditions auxquelles sont subordonnées les décisions de mise en liberté dans l'attente du jugement ou de la procédure d'appel tiennent compte de la nécessité d'assurer la présence du défendeur lors de la procédure pénale ultérieure.

4. Chaque État Partie s'assure que ses tribunaux ou autres autorités compétentes ont à l'esprit la gravité des infractions visées par la présente Convention lorsqu'ils envisagent l'éventualité d'une libération anticipée ou conditionnelle de personnes reconnues coupables de ces infractions.

5. Lorsqu'il y a lieu, chaque État Partie détermine, dans le cadre de son droit interne, une période de prescription prolongée au cours de laquelle des poursuites peuvent être engagées du chef d'une des infractions visées par la présente Convention, cette période étant plus longue lorsque l'auteur présumé de l'infraction s'est soustrait à la justice.

6. Aucune disposition de la présente Convention ne porte atteinte au principe selon lequel la définition des infractions établies conformément à celle-ci et des moyens juridiques de défense applicables ainsi que d'autres principes juridiques régissant la légalité des incriminations relève exclusivement du droit interne d'un État Partie et selon lequel lesdites infractions sont poursuivies et punies conformément au droit de cet État Partie.

Art. 12. – *Confiscation et saisie.* – 1. Les États Parties adoptent, dans toute la mesure possible dans le cadre de leurs systèmes juridiques nationaux, les mesures nécessaires pour permettre la confiscation :

a) Du produit du crime provenant d'infractions visées par la présente Convention ou de biens dont la valeur correspond à celle de ce produit ;

b) Des biens, des matériels et autres instruments utilisés ou destinés à être utilisés pour les infractions visées par la présente Convention.

2. Les États Parties adoptent les mesures nécessaires pour permettre l'identification, la localisation, le gel ou la saisie de tout ce qui est mentionné au paragraphe 1 du présent article aux fins de confiscation éventuelle.

3. Si le produit du crime a été transformé ou converti, en partie ou en totalité, en d'autres biens, ces derniers peuvent faire l'objet des mesures visées au présent article en lieu et place dudit produit.

4. Si le produit du crime a été mêlé à des biens acquis légitimement, ces biens, sans préjudice de tous pouvoirs de gel ou de saisie, peuvent être confisqués à concurrence de la valeur estimée du produit qui y a été mêlé.

5. Les revenus ou autres avantages tirés du produit du crime, des biens en lesquels le produit a été transformé ou converti ou des biens auxquels il a été mêlé peuvent aussi faire l'objet des mesures visées au présent article, de la même manière et dans la même mesure que le produit du crime.

6. Aux fins du présent article et de l'article 13 de la présente Convention, chaque État Partie habilite ses tribunaux ou autres autorités compétentes à ordonner la production ou la saisie de documents bancaires, financiers ou commerciaux. Les États Parties ne peuvent invoquer le secret bancaire pour refuser de donner effet aux dispositions du présent paragraphe.

7. Les États Parties peuvent envisager d'exiger que l'auteur d'une infraction établisse l'origine licite du produit présumé du crime ou d'autres biens pouvant faire l'objet d'une confiscation, dans la mesure où cette exigence est conforme aux principes de leur droit interne et à la nature de la procédure judiciaire et des autres procédures.

8. L'interprétation des dispositions du présent article ne doit en aucun cas porter atteinte aux droits des tiers de bonne foi.

9. Aucune disposition du présent article ne porte atteinte au principe selon lequel les mesures qui y sont visées sont définies et exécutées conformément au droit interne de chaque État Partie et selon les dispositions dudit droit.

Art. 13. – *Coopération internationale aux fins de confiscation.* – 1. Dans toute la mesure possible dans le cadre de son système juridique national, un État Partie qui a reçu d'un autre État Partie ayant compétence pour connaître d'une infraction visée par la présente Convention une demande de confiscation du produit du crime, des biens, des matériels ou autres instruments visés au paragraphe 1 de l'article 12 de la présente Convention, qui sont situés sur son territoire :

a) Transmet la demande à ses autorités compétentes en vue de faire prononcer une décision de confiscation et, si celle-ci intervient, la faire exécuter ; ou

b) Transmet à ses autorités compétentes, afin qu'elle soit exécutée dans les limites de la demande, la décision de confiscation prise par un Tribunal situé sur le territoire de l'État Partie requérant conformément au paragraphe 1 de l'article 12 de la présente Convention, pour ce qui est du produit du crime, des biens, des matériels ou autres instruments visés au paragraphe 1 de l'article 12 situés sur le territoire de l'État Partie requis.

2. Lorsqu'une demande est faite par un autre État Partie qui a compétence pour connaître d'une infraction visée par la présente Convention, l'État Partie requis prend des mesures pour identifier, localiser et geler ou saisir le

produit du crime, les biens, les matériels ou les autres instruments visés au paragraphe 1 de l'article 12 de la présente Convention, en vue d'une éventuelle confiscation à ordonner soit par l'État Partie requérant, soit comme suite à une demande formulée en vertu du paragraphe 1 du présent article, par l'État Partie requis.

3. Les dispositions de l'article 18 de la présente Convention s'appliquent *mutatis mutandis* au présent article. Outre les informations visées au paragraphe 15 de l'article 18, les demandes faites conformément au présent article contiennent :

a) Lorsque la demande relève de l'alinéa *a)* du paragraphe 1 du présent article, une description des biens à confisquer et un exposé des faits sur lesquels se fonde l'État Partie requérant qui permettent à l'État Partie requis de faire prononcer une décision de confiscation dans le cadre de son droit interne ;

b) Lorsque la demande relève de l'alinéa *b)* du paragraphe 1 du présent article, une copie légalement admissible de la décision de confiscation rendue par l'État Partie requérant sur laquelle la demande est fondée, un exposé des faits et des informations indiquant dans quelles limites il est demandé d'exécuter la décision ;

c) Lorsque la demande relève du paragraphe 2 du présent article, un exposé des faits sur lesquels se fonde l'État Partie requérant et une description des mesures demandées.

4. Les décisions ou mesures prévues aux paragraphes 1 et 2 du présent article sont prises par l'État Partie requis conformément à son droit interne et selon les dispositions dudit droit, et conformément à ses règles de procédure ou à tout traité, accord ou arrangement bilatéral ou multilatéral le liant à l'État Partie requérant.

5. Chaque État Partie remet au Secrétaire général de l'Organisation des Nations unies une copie de ses lois et règlements qui donnent effet au présent article ainsi qu'une copie de toute modification ultérieurement apportée à ces lois et règlements ou une description de ces lois, règlements et modifications ultérieures.

6. Si un État Partie décide de subordonner l'adoption des mesures visées aux paragraphes 1 et 2 du présent article à l'existence d'un traité en la matière, il considère la présente Convention comme une base conventionnelle nécessaire et suffisante.

7. Un État Partie peut refuser de donner suite à une demande de coopération en vertu du présent article dans le cas où l'infraction à laquelle elle se rapporte n'est pas une infraction visée par la présente Convention.

8. L'interprétation des dispositions du présent article ne doit en aucun cas porter atteinte aux droits des tiers de bonne foi.

9. Les États Parties envisagent de conclure des traités, accords ou arrangements bilatéraux ou multilatéraux afin de renforcer l'efficacité de la coopération internationale instaurée aux fins du présent article.

Art. 14. – *Disposition du produit du crime ou des biens confisqués.* – 1. Un État Partie qui confisque le produit du crime ou des biens en application de l'article 12 ou du paragraphe 1 de l'article 13 de la présente Convention en dispose conformément à son droit interne et à ses procédures administratives.

2. Lorsque les États Parties agissent à la demande d'un autre État Partie en application de l'article 13 de la présente Convention, ils doivent, dans la mesure où leur droit interne le leur permet et si la demande leur en est faite, envisager à titre prioritaire de restituer le produit du crime ou les biens confisqués à l'État Partie requérant, afin que ce dernier puisse indemniser les victimes de l'infraction ou restituer ce produit du crime ou ces biens à leurs propriétaires légitimes.

3. Lorsqu'un État Partie agit à la demande d'un autre État Partie en application des articles 12 et 13 de la présente Convention, il peut envisager spécialement de conclure des accords ou arrangements prévoyant :

a) De verser la valeur de ce produit ou de ces biens, ou les fonds provenant de leur vente, ou une partie de ceux-ci, au compte établi en application de l'alinéa *c)* du paragraphe 2 de l'article 30 de la présente Convention et à des organismes intergouvernementaux spécialisés dans la lutte contre la criminalité organisée ;

b) De partager avec d'autres États Parties, systématiquement ou au cas par cas, ce produit ou ces biens, ou les fonds provenant de leur vente, conformément à son droit interne ou à ses procédures administratives.

Art. 15. – *Compétence.* – 1. Chaque État Partie adopte les mesures nécessaires pour établir sa compétence à l'égard des infractions établies conformément aux articles 5, 6, 8 et 23 de la présente Convention dans les cas suivants :

a) Lorsque l'infraction est commise sur son territoire ; ou

b) Lorsque l'infraction est commise à bord d'un navire qui bat son pavillon ou à bord d'un aéronef immatriculé conformément à son droit interne au moment où ladite infraction est commise.

2. Sous réserve de l'article 4 de la présente Convention, un État Partie peut également établir sa compétence à l'égard de l'une quelconque de ces infractions dans les cas suivants :

a) Lorsque l'infraction est commise à l'encontre d'un de ses ressortissants ;

b) Lorsque l'infraction est commise par un de ses ressortissants ou par une personne apatride résidant habituellement sur son territoire ; ou

c) Lorsque l'infraction est :

i) Une de celles établies conformément au paragraphe 1 de l'article 5 de la présente Convention et est commise hors de son territoire en vue de la commission, sur son territoire, d'une infraction grave ;

ii) Une de celles établies conformément à l'alinéa *b)* ii) du paragraphe 1 de l'article 6 de la présente Convention et est commise hors de son territoire en vue de la commission, sur son territoire, d'une infraction établie conformément aux alinéas *a)* i) ou ii), ou *b)* i) du paragraphe 1 de l'article 6 de la présente Convention.

3. Aux fins du paragraphe 10 de l'article 16 de la présente Convention, chaque État Partie adopte les mesures nécessaires pour établir sa compétence à l'égard des infractions visées par la présente Convention lorsque l'auteur présumé se trouve sur son territoire et qu'il n'extrade pas cette personne au seul motif qu'elle est l'un de ses ressortissants.

4. Chaque État Partie peut également adopter les mesures nécessaires pour établir sa compétence à l'égard des infractions visées par la présente Convention lorsque l'auteur présumé se trouve sur son territoire et qu'il ne l'extrade pas.

5. Si un État Partie qui exerce sa compétence en vertu du paragraphe 1 ou 2 du présent article a été avisé, ou a appris de toute autre façon, qu'un ou plusieurs autres États Parties mènent une enquête ou ont engagé des poursuites ou une procédure judiciaire concernant le même acte, les autorités compétentes de ces États Parties se consultent, selon qu'il convient, pour coordonner leurs actions.

6. Sans préjudice des normes du droit international général, la présente Convention n'exclut pas l'exercice de toute compétence pénale établie par un État Partie conformément à son droit interne.

Art. 16. – *Extradition.* – 1. Le présent article s'applique aux infractions visées par la présente Convention ou dans les cas où un groupe criminel organisé est impliqué dans une infraction visée à l'alinéa *a)* ou *b)* du paragraphe 1 de l'article 3 et que la personne faisant l'objet de la demande d'extradition se trouve sur le territoire de l'État Partie requis, à condition que l'infraction pour laquelle l'extradition est demandée soit punissable par le droit interne de l'État Partie requérant et de l'État Partie requis.

2. Si la demande d'extradition porte sur plusieurs infractions graves distinctes, dont certaines ne sont pas visées par le présent article, l'État Partie requis peut appliquer également cet article à ces dernières infractions.

3. Chacune des infractions auxquelles s'applique le présent article est de plein droit incluse dans tout traité d'extradition en vigueur entre les États Parties en tant qu'infraction dont l'auteur peut être extradé. Les États Parties s'engagent à inclure ces infractions en tant qu'infractions dont l'auteur peut être extradé dans tout traité d'extradition qu'ils concluront entre eux.

4. Si un État Partie qui subordonne l'extradition à l'existence d'un traité reçoit une demande d'extradition d'un État Partie avec lequel il n'a pas conclu pareil traité, il peut considérer la présente Convention comme la base légale de l'extradition pour les infractions auxquelles le présent article s'applique.

5. Les États Parties qui subordonnent l'extradition à l'existence d'un traité :

a) Au moment du dépôt de leur instrument de ratification, d'acceptation, d'approbation ou d'adhésion à la présente Convention, indiquent au Secrétaire général de l'Organisation des Nations unies s'ils considèrent la présente Convention comme la base légale pour coopérer en matière d'extradition avec d'autres États Parties ; et

b) S'ils ne considèrent pas la présente Convention comme la base légale pour coopérer en matière d'extradition, s'efforcent, s'il y a lieu, de conclure des traités d'extradition avec d'autres États Parties afin d'appliquer le présent article.

6. Les États Parties qui ne subordonnent pas l'extradition à l'existence d'un traité reconnaissent entre eux aux infractions auxquelles le présent article s'applique le caractère d'infraction dont l'auteur peut être extradé.

7. L'extradition est subordonnée aux conditions prévues par le droit interne de l'État Partie requis ou par les traités d'extradition applicables, y compris, notamment, aux conditions concernant la peine minimale requise pour extrader et aux motifs pour lesquels l'État Partie requis peut refuser l'extradition.

8. Les États Parties s'efforcent, sous réserve de leur droit interne, d'accélérer les procédures d'extradition et de simplifier les exigences en matière de preuve y relatives en ce qui concerne les infractions auxquelles s'applique le présent article.

9. Sous réserve des dispositions de son droit interne et des traités d'extradition qu'il a conclus, l'État Partie requis peut, à la demande de l'État Partie requérant et s'il estime que les circonstances le justifient et qu'il y a urgence, placer en détention une personne présente sur son territoire dont l'extradition est demandée ou prendre à son égard toutes autres mesures appropriées pour assurer sa présence lors de la procédure d'extradition.

10. Un État Partie sur le territoire duquel se trouve l'auteur présumé de l'infraction, s'il n'extrade pas cette personne au titre d'une infraction à laquelle s'applique le présent article au seul motif qu'elle est l'un de ses ressortissants, est tenu, à la demande de l'État Partie requérant l'extradition, de soumettre l'affaire sans retard excessif à ses autorités compétentes aux fins de poursuites. Lesdites autorités prennent leur décision et mènent les poursuites de la même manière que pour toute autre infraction grave en vertu du droit interne de cet État Partie. Les États Parties intéressés coopèrent entre eux, notamment en matière de procédure et de preuve, afin d'assurer l'efficacité des poursuites.

11. Lorsqu'un État Partie, en vertu de son droit interne, n'est autorisé à extrader ou remettre de toute autre manière l'un de ses ressortissants que si cette personne est ensuite renvoyée dans cet État Partie pour purger la peine prononcée à l'issue du procès ou de la procédure à l'origine de la demande d'extradition ou de remise, et lorsque cet État Partie et l'État Partie requérant s'accordent sur cette option et d'autres conditions qu'ils peuvent juger appropriées, cette extradition ou remise conditionnelle est suffisante aux fins de l'exécution de l'obligation énoncée au paragraphe 10 du présent article.

12. Si l'extradition, demandée aux fins d'exécution d'une peine, est refusée parce que la personne faisant l'objet de cette demande est un ressortissant de l'État Partie requis, celui-ci, si son droit interne le lui permet, en conformité avec les prescriptions de ce droit et à la demande de l'État Partie requérant, envisage de faire exécuter lui-même la peine qui a été prononcée conformément au droit interne de l'État Partie requérant, ou le reliquat de cette peine.

13. Toute personne faisant l'objet de poursuites en raison de l'une quelconque des infractions auxquelles le présent article s'applique se voit garantir un traitement équitable à tous les stades de la procédure, y compris la jouissance de tous les droits et de toutes les garanties prévus par le droit interne de l'État Partie sur le territoire duquel elle se trouve.

14. Aucune disposition de la présente Convention ne doit être interprétée comme faisant obligation à l'État Partie requis d'extrader s'il a de sérieuses raisons de penser que la demande a été présentée aux fins de poursuivre ou de punir une personne en raison de son sexe, de sa race, de sa religion, de sa nationalité, de son origine ethnique ou de ses opinions politiques, ou que donner suite à cette demande causerait un préjudice à cette personne pour l'une quelconque de ces raisons.

15. Les États Parties ne peuvent refuser une demande d'extradition au seul motif que l'infraction est considérée comme touchant aussi à des questions fiscales.

16. Avant de refuser l'extradition, l'État Partie requis consulte, le cas échéant, l'État Partie requérant afin de lui donner toute possibilité de présenter ses opinions et de donner des informations à l'appui de ses allégations.

17. Les États Parties s'efforcent de conclure des accords ou arrangements bilatéraux et multilatéraux pour permettre l'extradition ou pour en accroître l'efficacité.

Art. 17. – *Transfert des personnes condamnées.* – Les États Parties peuvent envisager de conclure des accords ou arrangement bilatéraux ou multilatéraux relatifs au transfert sur leur territoire de personnes condamnées à des peines d'emprisonnement ou autres peines privatives de liberté du fait d'infractions visées par la présente Convention afin qu'elles puissent y purger le reste de leur peine.

Art. 18. – *Entraide judiciaire.* – 1. Les États Parties s'accordent mutuellement l'entraide judiciaire la plus large possible lors des enquêtes, poursuites et procédures judiciaires concernant les infractions visées par la présente Convention, comme prévu à l'article 3, et s'accordent réciproquement une entraide similaire lorsque l'État Partie requérant a des motifs raisonnables de soupçonner que l'infraction visée à l'alinéa *a)* ou *b)* du paragraphe 1 de l'article 3 est de nature transnationale, y compris quand les victimes, les témoins, le produit, les instruments ou les éléments de preuve de ces infractions se trouvent dans l'État Partie requis et qu'un groupe criminel organisé y est impliqué.

2. L'entraide judiciaire la plus large possible est accordée, autant que les lois, traités, accords et arrangements pertinents de l'État Partie requis le permettent, lors des enquêtes, poursuites et procédures judiciaires concernant des infractions dont une personne morale peut être tenue responsable dans l'État Partie requérant, conformément à l'article 10 de la présente Convention.

3. L'entraide judiciaire qui est accordée en application du présent article peut être demandée aux fins suivantes :

a) Recueillir des témoignages ou des dépositions ;

b) Signifier des actes judiciaires ;

c) Effectuer des perquisitions et des saisies, ainsi que des gels ;

d) Examiner des objets et visiter des lieux ;

e) Fournir des informations, des pièces à conviction et des estimations d'experts ;

f) Fournir des originaux ou des copies certifiées conformes de documents et dossiers pertinents, y compris des documents administratifs, bancaires, financiers ou commerciaux et des documents de sociétés ;

g) Identifier ou localiser des produits du crime, des biens, des instruments ou d'autres choses afin de recueillir des éléments de preuve ;

h) Faciliter la comparution volontaire de personnes dans l'État Partie requérant ;

i) Fournir tout autre type d'assistance compatible avec le droit interne de l'État Partie requis.

4. Sans préjudice de son droit interne, les autorités compétentes d'un État Partie peuvent, sans demande préalable, communiquer des informations concernant des affaires pénales à une autorité compétente d'un autre État Partie, si elles pensent que ces informations pourraient l'aider à entreprendre ou à conclure des enquêtes et des poursuites pénales, ou amener ce dernier État Partie à formuler une demande en vertu de la présente Convention.

5. La communication d'informations conformément au paragraphe 4 du présent article se fait sans préjudice des enquêtes et poursuites pénales dans l'État dont les autorités compétentes fournissent les informations. Les autorités compétentes qui reçoivent ces informations accèdent à toute demande tendant à ce que lesdites informations restent confidentielles, même temporairement, ou à ce que leur utilisation soit assortie de restrictions. Toutefois, cela n'empêche pas l'État Partie qui reçoit les informations de révéler, lors de la procédure judiciaire, des informations à la décharge d'un prévenu. Dans ce dernier cas, l'État Partie qui reçoit les informations avise l'État Partie qui les communique avant la révélation et, s'il lui en est fait la demande, consulte ce dernier. Si, dans un cas exceptionnel, une notification préalable n'est pas possible, l'État Partie qui reçoit les informations informe sans retard de la révélation l'État Partie qui les communique.

6. Les dispositions du présent article n'affectent en rien les obligations découlant de tout autre traité bilatéral ou multilatéral régissant ou devant régir, entièrement ou partiellement, l'entraide judiciaire.

7. Les paragraphes 9 à 29 du présent article sont applicables aux demandes faites conformément au présent article si les États Parties en question ne sont pas liés par un traité d'entraide judiciaire. Si lesdits États Parties sont liés par un tel traité, les dispositions correspondantes de ce traité sont applicables, à moins, que les États Parties ne conviennent d'appliquer à leur place les dispositions des paragraphes 9 à 29 du présent article. Les États Parties sont vivement encouragés à appliquer ces paragraphes s'ils facilitent la coopération.

8. Les États Parties ne peuvent invoquer le secret bancaire pour refuser l'entraide judiciaire prévue au présent article.

9. Les États Parties peuvent invoquer l'absence de double incrimination pour refuser de donner suite à une demande d'entraide judiciaire prévue au présent article. L'État Partie requis peut néanmoins, lorsqu'il le juge approprié, fournir cette assistance, dans la mesure où il le décide à son gré, indépendamment du fait que l'acte constitue ou non une infraction conformément au droit interne de l'État Partie requis.

10. Toute personne détenue ou purgeant une peine sur le territoire d'un État Partie, dont la présence est requise dans un autre État Partie à des fins d'identification ou de témoignage ou pour qu'elle apporte de toute autre manière son concours à l'obtention de preuves dans le cadre d'enquêtes, de poursuites ou de procédures judiciaires relatives aux infractions visées par la présente Convention, peut faire l'objet d'un transfert si les conditions ci-après sont réunies :

a) Ladite personne y consent librement et en toute connaissance de cause ;

b) Les autorités compétentes des deux États Parties concernés y consentent, sous réserve des conditions que ces États Parties peuvent juger appropriées.

11. Aux fins du paragraphe 10 du présent article :

a) L'État Partie vers lequel le transfert est effectué a le pouvoir et l'obligation de garder l'intéressé en détention, sauf demande ou autorisation contraire de la part de l'État Partie à partir duquel la personne a été transférée ;

b) L'État Partie vers lequel le transfert est effectué s'acquitte sans retard de l'obligation de remettre l'intéressé à la garde de l'État Partie à partir duquel le transfert a été effectué, conformément à ce qui aura été convenu au préalable ou à ce que les autorités compétentes des deux États Parties auront autrement décidé ;

c) L'État Partie vers lequel le transfert est effectué ne peut exiger de l'État Partie à partir duquel le transfert est effectué qu'il engage une procédure d'extradition pour que l'intéressé lui soit remis ;

d) Il est tenu compte de la période que l'intéressé a passée en détention dans l'État Partie vers lequel il a été transféré aux fins du décompte de la peine à purger dans l'État Partie à partir duquel il a été transféré.

12. À moins que l'État Partie à partir duquel une personne doit être transférée en vertu des paragraphes 10 et 11 du présent article ne donne son accord, ladite personne, quelle que soit sa nationalité, ne sera pas poursuivie, détenue, punie ou soumise à d'autres restrictions à sa liberté de mouvement sur le territoire de l'État Partie vers lequel elle est transférée à raison d'actes, d'omissions ou de condamnations antérieurs à son départ du territoire de l'État Partie à partir duquel elle a été transférée.

13. Chaque État Partie désigne une autorité centrale qui a la responsabilité et le pouvoir de recevoir les demandes d'entraide judiciaire et, soit de les exécuter, soit de les transmettre aux autorités compétentes pour exécution. Si un État Partie a une région ou un territoire spécial doté d'un système d'entraide judiciaire différent, il peut désigner une autorité centrale distincte qui aura la même fonction pour ladite région ou ledit territoire. Les autorités centrales assurent l'exécution ou la transmission rapide et en bonne et due forme des demandes reçues. Si l'autorité centrale transmet la demande à une autorité compétente pour exécution, elle encourage l'exécution rapide et en bonne et due forme de la demande par l'autorité compétente. L'autorité centrale désignée à cette fin fait l'objet d'une notification adressée au Secrétaire général de l'Organisation des Nations unies au moment où chaque État Partie dépose ses instruments de ratification, d'acceptation ou d'approbation ou d'adhésion à la présente Convention. Les demandes d'entraide judiciaire et toute communication y relative sont transmises aux autorités centrales désignées par les États Parties. La présente disposition s'entend sans préjudice du droit de tout État Partie d'exiger que ces demandes et communications lui soient adressées par la voie diplomatique et, en cas d'urgence, si les États Parties en conviennent, par l'intermédiaire de l'Organisation internationale de police criminelle, si cela est possible.

14. Les demandes sont adressées par écrit ou, si possible, par tout autre moyen pouvant produire un document écrit, dans une langue acceptable pour l'État Partie requis, dans des conditions permettant audit État Partie d'en établir l'authenticité. La ou les langues acceptables pour chaque État Partie sont notifiées au Secrétaire général de l'Organisation des Nations unies au moment où ledit État Partie dépose ses instruments de ratification, d'acceptation ou d'approbation ou d'adhésion à la présente Convention. En cas d'urgence et si les États Parties en conviennent, les demandes peuvent être faites oralement, mais doivent être confirmées sans délai par écrit.

15. Une demande d'entraide judiciaire doit contenir les renseignements suivants :

a) La désignation de l'autorité dont émane la demande ;

b) L'objet et la nature de l'enquête, des poursuites ou de la procédure judiciaire auxquelles se rapporte la demande, ainsi que le nom et les fonctions de l'autorité qui en est chargée ;

c) Un résumé des faits pertinents, sauf pour les demandes adressées aux fins de la signification d'actes judiciaires ;

d) Une description de l'assistance requise et le détail de toute procédure particulière que l'État Partie requérant souhaite voir appliquée ;

e) Si possible, l'identité, l'adresse et la nationalité de toute personne visée ; et

f) Le but dans lequel le témoignage, les informations ou les mesures sont demandés.

16. L'État Partie requis peut demander un complément d'information lorsque cela apparaît nécessaire pour exécuter la demande conformément à son droit interne ou lorsque cela peut faciliter l'exécution de la demande.

17. Toute demande est exécutée conformément au droit interne de l'État Partie requis et, dans la mesure où cela ne contrevient pas au droit interne de l'État Partie requis et lorsque cela est possible, conformément aux procédures spécifiées dans la demande.

18. Lorsque cela est possible et conforme aux principes fondamentaux du droit interne, si une personne qui se trouve sur le territoire d'un État Partie doit être entendue comme témoin ou comme expert par les autorités judiciaires d'un autre État Partie, le premier État Partie peut, à la demande de l'autre, autoriser son audition par vidéoconférence s'il n'est pas possible ou souhaitable qu'elle comparaisse en personne sur le territoire de l'État Partie requérant. Les États Parties peuvent convenir que l'audition sera conduite par une autorité judiciaire de l'État Partie requérant et qu'une autorité judiciaire de l'État Partie requis y assistera.

19. L'État Partie requérant ne communique ni n'utilise les informations ou les éléments de preuve fournis par l'État Partie requis pour des enquêtes, poursuites ou procédures judiciaires autres que celles visées dans la demande sans le consentement préalable de l'État Partie requis. Rien dans le présent paragraphe n'empêche l'État Partie requérant de révéler, lors de la procédure, des informations ou des éléments de preuve à décharge. Dans ce dernier cas, l'État Partie requérant avise l'État Partie requis avant la révélation et, s'il lui en est fait la demande, consulte l'État Partie requis. Si, dans un cas exceptionnel, une notification préalable n'est pas possible, l'État Partie requérant informe sans retard l'État Partie requis de la révélation.

20. L'État Partie requérant peut exiger que l'État Partie requis garde le secret sur la demande et sa teneur, sauf dans la mesure nécessaire pour l'exécuter. Si l'État Partie requis ne peut satisfaire à cette exigence, il en informe sans délai l'État Partie requérant.

21. L'entraide judiciaire peut être refusée :

a) Si la demande n'est pas faite conformément aux dispositions du présent article ;

b) Si l'État Partie requis estime que l'exécution de la demande est susceptible de porter atteinte à sa souveraineté, à sa sécurité, à son ordre public ou à d'autres intérêts essentiels ;

c) Au cas où le droit interne de l'État Partie requis interdirait à ses autorités de prendre les mesures demandées s'il s'agissait d'une infraction analogue ayant fait l'objet d'une enquête, de poursuites ou d'une procédure judiciaire dans le cadre de sa propre compétence ;

d) Au cas où il serait contraire au système juridique de l'État Partie requis concernant l'entraide judiciaire d'accepter la demande.

22. Les États Parties ne peuvent refuser une demande d'entraide judiciaire au seul motif que l'infraction est considérée comme touchant aussi à des questions fiscales.

23. Tout refus d'entraide judiciaire doit être motivé.

24. L'État Partie requis exécute la demande d'entraide judiciaire aussi promptement que possible et tient compte dans toute la mesure possible de tous délais suggérés par l'État Partie requérant et qui sont motivés, de préférence dans la demande. L'État Partie requis répond aux demandes raisonnables de l'État Partie requérant concernant les progrès faits dans l'exécution de la demande. Quand l'entraide demandée n'est plus nécessaire, l'État Partie requérant en informe promptement l'État Partie requis.

25. L'entraide judiciaire peut être différée par l'État Partie requis au motif qu'elle entraverait une enquête, des poursuites ou une procédure judiciaire en cours.

26. Avant de refuser une demande en vertu du paragraphe 21 du présent article ou d'en différer l'exécution en vertu de son paragraphe 25, l'État Partie requis étudie avec l'État Partie requérant la possibilité d'accorder l'entraide sous réserve des conditions qu'il juge nécessaires. Si l'État Partie requérant accepte l'entraide sous réserve de ces conditions, il se conforme à ces dernières.

27. Sans préjudice de l'application du paragraphe 12 du présent article, un témoin, un expert ou une autre personne qui, à la demande de l'État Partie requérant, consent à déposer au cours d'une procédure ou à collaborer à une enquête, à des poursuites ou à une procédure judiciaire sur le territoire de l'État Partie requérant ne sera pas poursuivi, détenu, puni ou soumis à d'autres restrictions à sa liberté personnelle sur ce territoire à raison d'actes, d'omissions ou de condamnations antérieurs à son départ du territoire de l'État Partie requis. Cette immunité cesse lorsque le témoin, l'expert ou ladite personne ayant eu, pour une période de quinze jours consécutifs ou pour toute autre période convenue par les États Parties, à compter de la date à laquelle ils ont été officiellement informés que leur présence n'était plus requise par les autorités judiciaires, la possibilité de quitter le territoire de l'État Partie requérant, y sont néanmoins demeurés volontairement ou, l'ayant quitté, y sont revenus de leur plein gré.

28. Les frais ordinaires encourus pour exécuter une demande sont à la charge de l'État Partie requis, à moins qu'il n'en soit convenu autrement entre les États Parties concernés. Lorsque des dépenses importantes ou extraordinaires sont ou se révèlent ultérieurement nécessaires pour exécuter la demande, les États Parties se

consultent pour fixer les conditions selon lesquelles la demande sera exécutée, ainsi que la manière dont les frais seront assumés.

29. L'État Partie requis :

a) Fournit à l'État Partie requérant copies des dossiers, documents ou renseignements administratifs en sa possession et auxquels, en vertu de son droit interne, le public a accès ;

b) Peut, à son gré, fournir à l'État Partie requérant intégralement, en partie ou aux conditions qu'il estime appropriées, copies de tous dossiers, documents ou renseignements administratifs en sa possession et auxquels, en vertu de son droit interne, le public n'a pas d'accès.

30. Les États Parties envisagent, s'il y a lieu, la possibilité de conclure des accords ou des arrangements bilatéraux ou multilatéraux qui servent les objectifs et les dispositions du présent article, leur donnent un effet pratique ou les renforcent.

Art. 19. – *Enquêtes conjointes.* – Les États Parties envisagent de conclure des accords ou arrangements bilatéraux ou multilatéraux en vertu desquels, pour les affaires qui font l'objet d'enquêtes, de poursuites ou de procédures judiciaires dans un ou plusieurs États, les autorités compétentes concernées peuvent établir des instances d'enquêtes conjointes. En l'absence de tels accords ou arrangements, des enquêtes conjointes peuvent être décidées au cas par cas. Les États Parties concernés veillent à ce que la souveraineté de l'État Partie sur le territoire duquel l'enquête doit se dérouler soit pleinement respectée.

Art. 20. – *Techniques d'enquête spéciales.* – 1. Si les principes fondamentaux de son système juridique national le permettent, chaque État Partie, compte tenu de ses possibilités et conformément aux conditions prescrites dans son droit interne, prend les mesures nécessaires pour permettre le recours approprié aux livraisons surveillées et, lorsqu'il le juge approprié, le recours à d'autres techniques d'enquête spéciales, telles que la surveillance électronique ou d'autres formes de surveillance et les opérations d'infiltration, par ses autorités compétentes sur son territoire en vue de combattre efficacement la criminalité organisée.

2. Aux fins des enquêtes sur les infractions visées par la présente Convention, les États Parties sont encouragés à conclure, si nécessaire, des accords ou arrangements bilatéraux ou multilatéraux appropriés pour recourir aux techniques d'enquête spéciales dans le cadre de la coopération internationale. Ces accords ou arrangements sont conclus et appliqués dans le plein respect du principe de l'égalité souveraine des États et ils sont mis en œuvre dans le strict respect des dispositions qu'ils contiennent.

3. En l'absence d'accords ou d'arrangements visés au paragraphe 2 du présent article, les décisions de recourir à des techniques d'enquête spéciales au niveau international sont prises au cas par cas et peuvent, si nécessaire, tenir compte d'ententes et d'arrangements financiers quant à l'exercice de leur compétence par les États Parties intéressés.

4. Les livraisons surveillées auxquelles il est décidé de recourir au niveau international peuvent inclure, avec le consentement des États Parties concernés, des méthodes telles que l'interception des marchandises et l'autorisation de la poursuite de leur acheminement, sans altération ou après soustraction ou remplacement de la totalité ou d'une partie de ces marchandises.

Art. 21. – *Transfert des procédures pénales.* – Les États Parties envisagent la possibilité de se transférer mutuellement les procédures relatives à la poursuite d'une infraction visée par la présente Convention dans les cas où ce transfert est jugé nécessaire dans l'intérêt d'une bonne administration de la justice et, en particulier lorsque plusieurs juridictions sont concernées, en vue de centraliser les poursuites.

Art. 22. – *Établissement des antécédents judiciaires.* – Chaque État Partie peut adopter les mesures législatives ou autres qui sont nécessaires pour tenir compte, dans les conditions et aux fins qu'il juge appropriées, de toute condamnation dont l'auteur présumé d'une infraction aurait antérieurement fait l'objet dans un autre État, afin d'utiliser cette information dans le cadre d'une procédure pénale relative à une infraction visée par la présente Convention.

Art. 23. – *Incrimination de l'entrave au bon fonctionnement de la justice.* – Chaque État Partie adopte les mesures législatives et autres qui sont nécessaires pour conférer le caractère d'infraction pénale, lorsque les actes ont été commis intentionnellement :

a) Au fait de recourir, à la force physique, à des menaces ou à l'intimidation ou de promettre, d'offrir ou d'accorder un avantage indu pour obtenir un faux témoignage ou empêcher un témoignage ou la présentation d'éléments de preuve dans une procédure en rapport avec la commission d'infractions visées par la présente Convention ;

b) Au fait de recourir à la force physique, à des menaces ou à l'intimidation pour empêcher un agent de la justice ou un agent des services de détection et de répression d'exercer les devoirs de leur charge lors de la commission d'infractions visées par la présente Convention. Rien dans le présent alinéa ne porte atteinte au droit des États Parties de disposer d'une législation destinée à protéger d'autres catégories d'agents publics.

Art. 24. – *Protection des témoins.* – 1. Chaque État Partie prend, dans la limite de ses moyens, des mesures appropriées pour assurer une protection efficace contre des actes éventuels de représailles ou d'intimidation aux témoins qui, dans le cadre de procédures pénales, font un témoignage concernant les infractions visées par la présente Convention et, le cas échéant, à leurs parents et à d'autres personnes qui leur sont proches.

2. Les mesures envisagées au paragraphe 1 du présent article peuvent consister notamment, sans préjudice des droits du défendeur, y compris du droit à une procédure régulière :

a) À établir, pour la protection physique de ces personnes, des procédures visant notamment, selon les besoins et dans la mesure du possible, à leur fournir un nouveau domicile et à permettre, le cas échéant, que les renseignements concernant leur identité et le lieu où elles se trouvent ne soient pas divulgués ou que leur divulgation soit limitée ;

b) À prévoir des règles de preuve qui permettent aux témoins de déposer d'une manière qui garantisse leur sécurité, notamment à les autoriser à déposer en recourant à des techniques de communication telles que les liaisons vidéo ou à d'autres moyens adéquats.

3. Les États Parties envisagent de conclure des arrangements avec d'autres États en vue de fournir un nouveau domicile aux personnes mentionnées au paragraphe 1 du présent article.

4. Les dispositions du présent article s'appliquent également aux victimes lorsqu'elles sont témoins.

Art. 25. – *Octroi d'une assistance et d'une protection aux victimes.* – 1. Chaque État Partie prend, dans la limite de ses moyens, des mesures appropriées pour prêter assistance et accorder protection aux victimes d'infractions visées par la présente Convention, en particulier dans les cas de menace de représailles ou d'intimidation.

2. Chaque État Partie établit des procédures appropriées pour permettre aux victimes d'infractions visées par la présente Convention d'obtenir réparation.

3. Chaque État Partie, sous réserve de son droit interne, fait en sorte que les avis et préoccupations des victimes soient présentés et pris en compte aux stades appropriés de la procédure pénale engagée contre les auteurs d'infractions, d'une manière qui ne porte pas préjudice aux droits de la défense.

Art. 26. – *Mesures propres à renforcer la coopération avec les services de détection et de répression.* – 1. Chaque État Partie prend des mesures appropriées pour encourager les personnes qui participent ou ont participé à des groupes criminels organisés :

a) À fournir des informations utiles aux autorités compétentes à des fins d'enquête et de recherche de preuves sur des questions telles que :

i) L'identité, la nature, la composition, la structure ou les activités des groupes criminels organisés, ou le lieu où ils se trouvent ;

ii) Les liens, y compris à l'échelon international, avec d'autres groupes criminels organisés ;

iii) Les infractions que les groupes criminels organisés ont commises ou pourraient commettre ;

b) À fournir une aide factuelle et concrète aux autorités compétentes, qui pourrait contribuer à priver les groupes criminels organisés de leurs ressources ou du produit du crime.

2. Chaque État Partie envisage de prévoir la possibilité, dans les cas appropriés, d'alléger la peine dont est passible un prévenu qui coopère de manière substantielle à l'enquête ou aux poursuites relatives à une infraction visée par la présente Convention.

3. Chaque État Partie envisage de prévoir la possibilité, conformément aux principes fondamentaux de son droit interne, d'accorder l'immunité de poursuites à une personne qui coopère de manière substantielle à l'enquête ou aux poursuites relatives à une infraction visée par la présente Convention.

4. La protection de ces personnes est assurée comme le prévoit l'article 24 de la présente Convention.

5. Lorsqu'une personne qui est visée au paragraphe 1 du présent article et se trouve dans un État Partie peut apporter une coopération substantielle aux autorités compétentes d'un autre État Partie, les États Parties

concernés peuvent envisager de conclure des accords ou arrangements, conformément à leur droit interne, concernant l'éventuel octroi par l'autre État Partie du traitement décrit aux paragraphes 2 et 3 du présent article.

Art. 27. – *Coopération entre les services de détection et de répression.* – 1. Les États Parties coopèrent étroitement, conformément à leurs systèmes juridiques et administratifs respectifs, en vue de renforcer l'efficacité de la détection et de la répression des infractions visées par la présente Convention. En particulier, chaque État Partie adopte des mesures efficaces pour :

a) Renforcer ou, si nécessaire, établir des voies de communication entre ses autorités, organismes et services compétents pour faciliter l'échange sûr et rapide d'informations concernant tous les aspects des infractions visées par la présente Convention, y compris, si les États Parties concernés le jugent approprié, les liens avec d'autres activités criminelles.

b) Coopérer avec d'autres États Parties, s'agissant des infractions visées par la présente Convention, dans la conduite d'enquêtes concernant les points suivants :

i) Identité et activités des personnes soupçonnées d'implication dans lesdites infractions, lieu où elles se trouvent ou lieu où se trouvent les autres personnes concernées ;

ii) Mouvement du produit du crime ou des biens provenant de la commission de ces infractions ;

iii) Mouvement des biens, des matériels ou d'autres instruments utilisés ou destinés à être utilisés dans la commission de ces infractions ;

c) Fournir, lorsqu'il y a lieu, les pièces ou quantités de substances nécessaires à des fins d'analyse ou d'enquête ;

d) Faciliter une coordination efficace entre les autorités, organismes et services compétents et favoriser l'échange de personnel et d'experts, y compris, sous réserve de l'existence d'accords ou d'arrangements bilatéraux entre les États Parties concernés, le détachement d'agents de liaison ;

e) Échanger, avec d'autres États Parties, des informations sur les moyens et procédés spécifiques employés par les groupes criminels organisés, y compris, s'il y a lieu, sur les itinéraires et les moyens de transport ainsi que sur l'usage de fausses identités, de documents modifiés ou falsifiés ou d'autres moyens de dissimulation de leurs activités ;

f) Échanger des informations et coordonner les mesures administratives et autres prises, comme il convient, pour détecter au plus tôt les infractions visées par la présente Convention.

2. Afin de donner effet à la présente Convention, les États Parties envisagent de conclure des accords ou des arrangements bilatéraux ou multilatéraux prévoyant une coopération directe entre leurs services de détection et de répression et, lorsque de tels accords ou arrangements existent déjà, de les modifier. En l'absence de tels accords ou arrangements entre les États Parties concernés, ces derniers peuvent se baser sur la présente Convention pour instaurer une coopération en matière de détection et de répression concernant les infractions visées par la présente Convention. Chaque fois que cela est approprié, les États Parties utilisent pleinement les accords ou arrangements, y compris les organisations internationales ou régionales, pour renforcer la coopération entre leurs services de détection et de répression.

3. Les États Parties s'efforcent de coopérer, dans la mesure de leurs moyens, pour faire face à la criminalité transnationale organisée perpétrée au moyen de techniques modernes.

Art. 28. – *Collecte, échange et analyse d'informations sur la nature de la criminalité organisée.* – 1. Chaque État Partie envisage d'analyser, en consultation avec les milieux scientifiques et universitaires, les tendances de la criminalité organisée sur son territoire, les circonstances dans lesquelles elle opère, ainsi que les groupes professionnels et les techniques impliqués.

2. Les États Parties envisagent de développer leurs capacités d'analyse des activités criminelles organisées et de les mettre en commun directement entre eux et par le biais des organisations internationales et régionales. À cet effet, des définitions, normes et méthodes communes devraient être élaborées et appliquées selon qu'il convient.

3. Chaque État Partie envisage de suivre ses politiques et les mesures concrètes prises pour combattre la criminalité organisée et d'évaluer leur mise en œuvre et leur efficacité.

Art. 29. – *Formation et assistance technique.* – 1. Chaque État Partie établit, développe ou améliore, dans la mesure des besoins, des programmes de formation spécifiques à l'intention du personnel de ses services de détection et de répression, y compris des magistrats du parquet, des juges d'instruction et des agents des douanes, ainsi que d'autres personnels chargés de prévenir, de détecter et de réprimer les infractions visées par la présente Convention. Ces programmes peuvent prévoir des détachements et des échanges de personnel. Ils portent en particulier, dans la mesure où le droit interne l'autorise, sur les points suivants :

a) Méthodes employées pour prévenir, détecter et combattre les infractions visées par la présente Convention ;

b) Itinéraires empruntés et techniques employées par les personnes soupçonnées d'implication dans des infractions visées par la présente Convention, y compris dans les États de transit, et mesures de lutte appropriées ;

c) Surveillance du mouvement des produits de contrebande ;

d) Détection et surveillance du mouvement du produit du crime, des biens, des matériels ou des autres instruments, et méthodes de transfert, de dissimulation ou de déguisement de ce produit, de ces biens, de ces matériels ou de ces autres instruments, ainsi que les méthodes de lutte contre le blanchiment d'argent et contre d'autres infractions financières ;

e) Rassemblement des éléments de preuve ;

f) Techniques de contrôle dans les zones franches et les ports francs ;

g) Matériels et techniques modernes de détection et de répression, y compris la surveillance électronique, les livraisons surveillées et les opérations d'infiltration ;

h) Méthodes utilisées pour combattre la criminalité transnationale organisée perpétrée au moyen d'ordinateurs, de réseaux de télécommunication ou d'autres techniques modernes ; et

i) Méthodes utilisées pour la protection des victimes et des témoins.

2. Les États Parties s'entraident pour planifier et exécuter des programmes de recherche et de formation conçus pour échanger des connaissances spécialisées dans les domaines visés au paragraphe 1 du présent article et, à cette fin, mettent aussi à profit, lorsqu'il y a lieu, des conférences et séminaires régionaux et internationaux pour favoriser la coopération et stimuler les échanges de vues sur les problèmes communs, y compris les problèmes et besoins particuliers des États de transit.

3. Les États Parties encouragent les activités de formation et d'assistance technique de nature à faciliter l'extradition et l'entraide judiciaire. Ces activités de formation et d'assistance technique peuvent inclure une formation linguistique, des détachements et des échanges entre les personnels des autorités centrales ou des organismes ayant des responsabilités dans les domaines visés.

4. Lorsqu'il existe des accords ou arrangements bilatéraux et multilatéraux en vigueur, les États Parties renforcent, autant qu'il est nécessaire, les mesures prises pour optimiser les activités opérationnelles et de formation au sein des organisations internationales et régionales et dans le cadre d'autres accords ou arrangements bilatéraux et multilatéraux en la matière.

Art. 30. – *Autres mesures : application de la Convention par le développement économique et l'assistance technique.* – 1. Les États Parties prennent des mesures propres à assurer la meilleure application possible de la présente Convention par la coopération internationale, compte tenu des effets négatifs de la criminalité organisée sur la société en général, et sur le développement durable en particulier.

2. Les États Parties font des efforts concrets, dans la mesure du possible, et en coordination les uns avec les autres ainsi qu'avec les organisations régionales et internationales :

a) Pour développer leur coopération à différents niveaux avec les pays en développement, en vue de renforcer la capacité de ces derniers à prévenir et combattre la criminalité transnationale organisée ;

b) Pour accroître l'assistance financière et matérielle à fournir aux pays en développement afin d'appuyer les efforts qu'ils déploient pour lutter efficacement contre la criminalité transnationale organisée et de les aider à appliquer la présente Convention avec succès ;

c) Pour fournir une assistance technique aux pays en développement et aux pays à économie en transition afin de les aider à répondre à leurs besoins aux fins de l'application de la présente Convention. Pour ce faire, les États Parties s'efforcent de verser volontairement des contributions adéquates et régulières à un compte établi à cet effet dans le cadre d'un mécanisme de financement des Nations unies. Les États Parties peuvent aussi envisager spécialement, conformément à leur droit interne et aux dispositions de la présente Convention, de verser au compte susvisé un pourcentage des fonds ou de la valeur correspondante du produit du crime ou des biens confisqués en application des dispositions de la présente Convention ;

d) Pour encourager et convaincre d'autres États et des institutions financières, selon qu'il convient, de s'associer aux efforts faits conformément au présent article, notamment en fournissant aux pays en développement davantage de programmes de formation et de matériel moderne afin de les aider à atteindre les objectifs de la présente Convention.

3. Autant que possible, ces mesures sont prises sans préjudice des engagements existants en matière d'assistance étrangère ou d'autres arrangements de coopération financière aux niveaux bilatéral, régional ou international.

4. Les États Parties peuvent conclure des accords ou des arrangements bilatéraux ou multilatéraux sur l'assistance matérielle et logistique, en tenant compte des arrangements financiers nécessaires pour assurer l'efficacité des moyens de coopération internationale prévus par la présente Convention et pour prévenir, détecter et combattre la criminalité transnationale organisée.

Art. 31. – *Prévention.* – 1. Les États Parties s'efforcent d'élaborer et d'évaluer des projets nationaux ainsi que de mettre en place et de promouvoir les meilleures pratiques et politiques pour prévenir la criminalité transnationale organisée.

2. Conformément aux principes fondamentaux de leur droit interne, les États Parties s'efforcent de réduire, par des mesures législatives, administratives ou autres appropriées, les possibilités actuelles ou futures des groupes criminels organisés de participer à l'activité des marchés licites en utilisant le produit du crime. Ces mesures devraient être axées sur :

a) Le renforcement de la coopération entre les services de détection et de répression ou les magistrats du parquet et entités privées concernées, notamment dans l'industrie ;

b) La promotion de l'élaboration de normes et procédures visant à préserver l'intégrité des entités publiques et des entités privées concernées, ainsi que de codes de déontologie pour les professions concernées, notamment celles de justice, de notaire, de conseiller fiscal et de comptable ;

c) La prévention de l'usage impropre par les groupes criminels organisés des procédures d'appel d'offres menées par des autorités publiques ainsi que des subventions et licences accordées par des autorités publiques pour une activité commerciale ;

d) La prévention de l'usage impropre par des groupes criminels organisés de personnes morales ; ces mesures pourraient inclure :

i) L'établissement de registres publics des personnes morales et physiques impliquées dans la création, la gestion et le financement de personnes morales ;

ii) La possibilité de déchoir les personnes reconnues coupables d'infractions visées par la présente Convention, par décision de justice ou par tout moyen approprié, pour une période raisonnable, du droit de diriger des personnes morales constituées sur leur territoire ;

iii) L'établissement de registres nationaux des personnes déchues du droit de diriger des personnes morales ; et

iv) L'échange d'informations contenues dans les registres mentionnés aux sous-alinéa *i)* et *iii)* du présent alinéa avec les autorités compétentes des autres États Parties.

3. Les États Parties s'efforcent de promouvoir la réinsertion dans la société des personnes reconnues coupables d'infractions visées par la présente Convention.

4. Les États Parties s'efforcent d'évaluer périodiquement les instruments juridiques et les pratiques administratives pertinents en vue de déterminer s'ils comportent des lacunes permettant aux groupes criminels organisés d'en faire un usage impropre.

5. Les États Parties s'efforcent de mieux sensibiliser le public à l'existence, aux causes et à la gravité de la criminalité transnationale organisée et à la menace qu'elle représente. Ils peuvent le faire, selon qu'il convient, par l'intermédiaire des médias et en adoptant des mesures destinées à promouvoir la participation du public aux activités de prévention et de lutte.

6. Chaque État Partie communique au Secrétaire général de l'Organisation des Nations unies le nom et l'adresse de l'autorité ou des autorités susceptibles d'aider les autres États Parties à mettre au point des mesures de prévention de la criminalité transnationale organisée.

7. Les États Parties collaborent, selon qu'il convient, entre eux et avec les organisations régionales et internationales compétentes en vue de promouvoir et de mettre au point les mesures visées dans le présent article. À ce titre, ils participent à des projets internationaux visant à prévenir la criminalité transnationale organisée, par exemple en agissant sur les facteurs qui rendent les groupes socialement marginalisés vulnérables à l'action de cette criminalité.

Art. 32. – *Conférence des Parties à la Convention.* – 1. Une Conférence des Parties à la Convention est instituée pour améliorer la capacité des États Parties à combattre la criminalité transnationale organisée et pour promouvoir et examiner l'application de la présente Convention.

2. Le Secrétaire général de l'Organisation des Nations unies convoquera la Conférence des Parties au plus tard un an après l'entrée en vigueur de la présente Convention. La Conférence des Parties adoptera un règlement intérieur et des règles régissant les activités énoncées aux paragraphes 3 et 4 du présent article (y compris des règles relatives au financement des dépenses encourues au titre de ces activités).

3. La Conférence des Parties arrête des mécanismes en vue d'atteindre les objectifs visés au paragraphe 1 du présent article, notamment :

a) Elle facilite les activités menées par les États Parties en application des articles 29, 30 et 31 de la présente Convention, y compris en encourageant la mobilisation de contributions volontaires ;

b) Elle facilite l'échange d'informations entre États Parties sur les caractéristiques et tendances de la criminalité transnationale organisée et les pratiques efficaces pour la combattre ;

c) Elle coopère avec les organisations régionales et internationales et les organisations non gouvernementales compétentes ;

d) Elle examine à intervalles réguliers l'application de la présente Convention ;

e) Elle formule des recommandations en vue d'améliorer la présente Convention et son application ;

4. Aux fins des alinéas *d)* et *e)* du paragraphe 3 du présent article, la Conférence des Parties s'enquiert des mesures adoptées et des difficultés rencontrées par les États Parties pour appliquer la présente Convention en utilisant les informations que ceux-ci lui communiquent ainsi que les mécanismes complémentaires d'examen qu'elle pourra établir.

5. Chaque État Partie communique à la Conférence des Parties, comme celle-ci le requiert, des informations sur ses programmes, plans et pratiques ainsi que sur ses mesures législatives et administratives visant à appliquer la présente Convention.

Art. 33. – *Secrétariat*. – 1. Le Secrétaire général de l'Organisation des Nations unies fournit les services de secrétariat nécessaires à la Conférence des Parties à la Convention.

2. Le secrétariat :

a) Aide la Conférence des Parties à réaliser les activités énoncées à l'article 32 de la présente Convention, prend des dispositions et fournit les services nécessaires pour les sessions de la Conférence des Parties ;

b) Aide les États Parties, sur leur demande, à fournir des informations à la Conférence des Parties comme le prévoit le paragraphe 5 de l'article 32 de la présente Convention ; et

c) Assure la coordination nécessaire avec le secrétariat des organisations régionales et internationales compétentes.

Art. 34. – *Application de la Convention*. – 1. Chaque État Partie prend les mesures nécessaires, y compris législatives et administratives, conformément aux principes fondamentaux de son droit interne, pour assurer l'exécution de ses obligations en vertu de la présente Convention.

2. Les infractions établies conformément aux articles 5, 6, 8 et 23 de la présente Convention sont établies dans le droit interne de chaque État Partie indépendamment de leur nature transnationale ou de l'implication d'un groupe criminel organisé comme énoncé au paragraphe 1 de l'article 3 de la présente Convention, sauf dans la mesure où, conformément à l'article 5 de la présente Convention, serait requise l'implication d'un groupe criminel organisé.

3. Chaque État Partie peut adopter des mesures plus strictes ou plus sévères que celles qui sont prévues par la présente Convention afin de prévenir et de combattre la criminalité transnationale organisée.

Art. 35. – *Règlement des différends*. – 1. Les États Parties s'efforcent de régler les différends concernant l'interprétation ou l'application de la présente Convention par voie de négociation.

2. Tout différend entre deux États Parties ou plus concernant l'interprétation ou l'application de la présente Convention qui ne peut être réglé par voie de négociation dans un délai raisonnable est, à la demande de l'un de ces États Parties, soumis à l'arbitrage. Si, dans un délai de six mois à compter de la date de la demande d'arbitrage, les États Parties ne peuvent s'entendre sur l'organisation de l'arbitrage, l'un quelconque d'entre eux peut soumettre le différend à la Cour internationale de Justice en adressant une requête conformément au Statut de la Cour.

3. Chaque État Partie peut, au moment de la signature, de la ratification, de l'acceptation ou de l'approbation de la présente Convention ou de l'adhésion à celle-ci, déclarer qu'il ne se considère pas lié par le paragraphe 2 du présent article. Les autres États Parties ne sont pas liés par le paragraphe 2 du présent article envers tout État Partie ayant émis une telle réserve.

4. Tout État Partie qui a émis une réserve en vertu du paragraphe 3 du présent article peut la retirer à tout moment en adressant une notification au Secrétaire général de l'Organisation des Nations unies.

Art. 36. – *Signature, ratification, acceptation, approbation et adhésion*. – 1. La présente Convention sera ouverte à la signature de tous les États du 12 au 15 décembre 2000 à Palerme (Italie) et, par la suite, au siège de l'Organisation des Nations unies, à New York, jusqu'au 12 décembre 2002.

2. La présente Convention est également ouverte à la signature des organisations régionales d'intégration économique à la condition qu'au moins un État membre d'une telle organisation ait signé la présente Convention, conformément au paragraphe 1 du présent article.

3. La présente Convention est soumise à ratification, acceptation ou approbation. Les instruments de ratification, d'acceptation ou d'approbation seront déposés auprès du Secrétaire général de l'Organisation des Nations unies. Une organisation régionale d'intégration économique peut déposer ses instruments de ratification, d'acceptation ou d'approbation si au moins un de ses États membres l'a fait. Dans cet instrument de ratification, d'acceptation ou d'approbation, cette organisation déclare l'étendue de sa compétence concernant les questions régies par la présente Convention. Elle informe également le dépositaire de toute modification pertinente de l'étendue de sa compétence.

4. La présente Convention est ouverte à l'adhésion de tout État ou de toute organisation régionale d'intégration économique dont au moins un État membre est Partie à la présente Convention. Les instruments d'adhésion sont déposés auprès du Secrétaire général de l'Organisation des Nations unies. Au moment de son adhésion, une organisation régionale d'intégration économique déclare l'étendue de sa compétence concernant les questions régies par la présente Convention. Elle informe également le dépositaire de toute modification pertinente de l'étendue de sa compétence.

Art. 37. – *Relation avec les protocoles*. – 1. La présente Convention peut être complétée par un ou plusieurs protocoles.

2. Pour devenir Partie à un protocole, un État ou une organisation régionale d'intégration économique doit être également Partie à la présente Convention.

3. Un État Partie à la présente Convention n'est pas lié par un protocole, à moins qu'il ne devienne Partie audit protocole conformément aux dispositions de ce dernier.

4. Tout protocole à la présente Convention est interprété conjointement avec la présente Convention, compte tenu de l'objet de ce protocole.

Art. 38. – *Entrée en vigueur*. – 1. La présente Convention entrera en vigueur le quatre-vingt-dixième jour suivant la date de dépôt du quarantième instrument de ratification, d'acceptation, d'approbation ou d'adhésion. Aux fins du présent paragraphe, aucun des instruments déposés par une organisation régionale d'intégration économique n'est considéré comme un instrument venant s'ajouter aux instruments déjà déposés par les États membres de cette organisation.

2. Pour chaque État ou organisation régionale d'intégration économique qui ratifiera, acceptera ou approuvera la présente Convention ou y adhérera après le dépôt du quarantième instrument pertinent, la présente Convention entrera en vigueur le trentième jour suivant la date de dépôt de l'instrument pertinent par ledit État ou ladite organisation.

Art. 39. – *Amendement*. – 1. À l'expiration d'un délai de cinq ans à compter de l'entrée en vigueur de la présente Convention, un État Partie peut proposer un amendement et en déposer le texte auprès du Secrétaire général de l'Organisation des Nations unies. Ce dernier communique alors la proposition d'amendement aux États Parties et à la Conférence des Parties à la Convention en vue de l'examen de la proposition et de l'adoption d'une décision. La Conférence des Parties n'épargne aucun effort pour parvenir à un consensus sur tout amendement. Si tous les efforts en ce sens ont été épuisés sans qu'un accord soit intervenu, il faudra, en dernier recours, pour que l'amendement soit adopté, un vote à la majorité des deux tiers des États Parties présents à la Conférence des Parties et exprimant leur vote.

2. Les organisations régionales d'intégration économique disposent, pour exercer, en vertu du présent article, leur droit de vote dans les domaines qui relèvent de leur compétence, d'un nombre de voix égal au nombre de leurs États membres Parties à la présente Convention. Elles n'exercent pas leur droit de vote si leurs États membres exercent le leur, et inversement.

3. Un amendement adopté conformément au paragraphe 1 du présent article est soumis à ratification, acceptation ou approbation des États Parties.

4. Un amendement adopté conformément au paragraphe 1 du présent article entrera en vigueur pour un État Partie quatre-vingt-dix jours après la date de dépôt par ledit État Partie auprès du Secrétaire général de l'Organisation des Nations unies d'un instrument de ratification, d'acceptation ou d'approbation dudit amendement.

5. Un amendement entré en vigueur a force obligatoire à l'égard des États Parties qui ont exprimé leur consentement à être liés par lui. Les autres États Parties restent liés par les dispositions de la présente Convention et tous les amendements antérieurs qu'ils ont ratifiés, acceptés ou approuvés.

Art. 40. – *Dénonciation.* – **1. Un État Partie peut dénoncer la présente Convention par notification écrite adressée au Secrétaire général de l'Organisation des Nations unies. Une telle dénonciation prend effet un an après la date de réception de la notification par le Secrétaire général.**

2. Une organisation régionale d'intégration économique cesse d'être Partie à la présente Convention lorsque tous ses États membres l'ont dénoncée.

3. La dénonciation de la présente Convention conformément au paragraphe 1 du présent article entraîne la dénonciation de tout protocole y relatif.

Art. 41. – *Dépositaire et langues.* – **1. Le Secrétaire général de l'Organisation des Nations unies est le dépositaire de la présente Convention.**

2. L'original de la présente Convention, dont les textes anglais, arabe, chinois, espagnol, français et russe font également foi, sera déposé auprès du Secrétaire général de l'Organisation des Nations unies.

En foi de quoi, les plénipotentiaires soussignés, à ce dûment autorisés par leurs gouvernements respectifs, ont signé la présente Convention.

Protocole du 15 novembre 2000

contre le trafic illicite de migrants par terre, air et mer,
additionnel à la Convention des Nations Unies
contre la criminalité transnationale organisée, adopté à New York

(Signé par la France le 12 déc. 2000
Publié par D. n° 2004-446, 19 mai 2004
Entré en vigueur le 28 janvier 2004)

Préambule

Les États Parties au présent Protocole,

Déclarant qu'une action efficace visant à prévenir et combattre le trafic illicite de migrants par terre, air et mer exige une approche globale et internationale, y compris une coopération, des échanges d'informations et d'autres mesures appropriées, d'ordre social et économique notamment, aux niveaux national, régional et international,

Rappelant le résolution 54/212 de l'Assemblée générale du 22 décembre 1999, dans laquelle l'Assemblée a instamment engagé les États Membres et les organismes des Nations unies à renforcer la coopération internationale dans le domaine des migrations internationales et du développement afin de s'attaquer aux causes profondes des migrations, en particulier celles qui sont liées à la pauvreté, et de porter au maximum les avantages que les migrations internationales, procurent aux intéressés, et a encouragé, selon qu'il convenait, les mécanismes inter-régionaux, régionaux et sous-régionaux à continuer de s'occuper de la question des migrations et du développement,

Convaincus qu'il faut traiter les migrants avec humanité et protéger pleinement leurs droits,

Tenant compte du fait que, malgré les travaux entrepris dans d'autres instances internationales, il n'y a aucun instrument universel qui porte sur tous les aspects du trafic illicite de migrants et d'autres questions connexes,

Préoccupés par l'accroissement considérable des activités des groupes criminels organisés en matière de trafic illicite de migrants et des autres activités criminelles connexes énoncées dans le présent Protocole, qui portent gravement préjudice aux États concernés,

Également préoccupés par le fait que le trafic illicite de migrants risque de mettre en danger la vie ou la sécurité des migrants concernés,

Rappelant la résolution 53/111 de l'Assemblée générale du 9 décembre 1998, dans laquelle l'Assemblée a décidé de créer un comité intergouvernemental spécial à composition non limitée chargé d'élaborer une convention internationale générale contre la criminalité transnationale organisée et d'examiner s'il y avait lieu d'élaborer, notamment, un instrument international de lutte contre le trafic et le transport illicites de migrants, y compris par voie maritime,

Convaincus que le fait d'adjoindre à la Convention des Nations unies contre la criminalité transnationale organisée un instrument international contre le trafic illicite de migrants par terre, air et mer aidera à prévenir et à combattre ce type de criminalité,

sont convenus de ce qui suit :

I. – Dispositions générales

Art. 1er. – *Relation avec la Convention des Nations unies contre la criminalité transnationale organisée.* – 1. Le présent Protocole complète la Convention des Nations unies contre la criminalité transnationale organisée. Il est interprété conjointement avec la Convention.

2. Les dispositions de la Convention s'appliquent *mutatis mutandis* au présent Protocole, sauf disposition contraire dudit Protocole.

3. Les infractions établies conformément à l'article 6 du présent Protocole sont considérées comme des infractions établies conformément à la Convention.

Art. 2. – *Objet.* – Le présent Protocole a pour objet de prévenir et combattre le trafic illicite de migrants, ainsi que de promouvoir la coopération entre les États Parties à cette fin, tout en protégeant les droits des migrants objet d'un tel trafic.

Art. 3. – *Terminologie.* – Aux fins du présent Protocole :

***a)* L'expression « trafic illicite de migrants » désigne le fait d'assurer, afin d'en tirer, directement ou indirectement, un avantage financier ou un autre avantage matériel, l'entrée illégale dans un État Partie d'une personne qui n'est ni un ressortissant ni un résident permanent de cet État ;**

***b)* L'expression « entrée illégale » désigne le franchissement de frontières alors que les conditions nécessaires à l'entrée légale dans l'État d'accueil ne sont pas satisfaites ;**

***c)* L'expression « document de voyage ou d'identité frauduleux » désigne tout document de voyage ou d'identité :**

i) Qui a contrefait ou modifié de manière substantielle par quiconque autre qu'une personne ou une autorité légalement habilitée à établir ou à délivrer le document de voyage ou d'identité au nom d'un État ; ou

ii) Qui a été délivré ou obtenu de manière irrégulière moyennant fausse déclaration, corruption ou contrainte, ou de toute autre manière illégale ; ou

iii) Qui est utilisé par une personne autre que le titulaire légitime ;

***d)* Le terme « navire » désigne tout type d'engin aquatique, y compris un engin sans tirant d'eau et un hydravion, utilisé ou capable d'être utilisé comme moyen de transport sur l'eau, à l'exception d'un navire de guerre, d'un navire de guerre auxiliaire ou autre navire appartenant à un gouvernement ou exploité par lui, tant qu'il est utilisé exclusivement pour un service public non commercial.**

Art. 4. – *Champ d'application.* – Le présent Protocole s'applique, sauf disposition contraire, à la prévention, aux enquêtes et aux poursuites concernant les infractions établies conformément à son article 6, lorsque ces infractions sont de nature transnationale et qu'un groupe criminel organisé y est impliqué, ainsi qu'à la protection des droits des personnes qui ont été l'objet de telles infractions.

Art. 5. – *Responsabilité pénale des migrants.* – Les migrants ne deviennent pas passibles de poursuites pénales en vertu du présent Protocole du fait qu'ils ont été l'objet des actes énoncés à son article 6.

Art. 6. – *Incrimination.* – 1. Chaque État Partie adopte les mesures législatives et autres nécessaires pour conférer le caractère d'infraction pénale, lorsque les actes ont été commis intentionnellement et pour en tirer, directement ou indirectement, un avantage financier ou autre avantage matériel :

***a)* Au trafic illicite de migrants ;**

***b)* Lorsque les actes ont été commis afin de permettre le trafic illicite de migrants :**

i) À la fabrication d'un document de voyage ou d'identité frauduleux ;

ii) Au fait de procurer, de fournir ou de posséder un tel document ;

***c)* Au fait de permettre à une personne, qui n'est ni un ressortissant ni un résident permanent, de demeurer dans l'État concerné, sans satisfaire aux conditions nécessaires au séjour légal dans ledit État, par les moyens mentionnés à l'alinéa *b* du présent paragraphe ou par tous autres moyens illégaux.**

2. Chaque État Partie adopte également les mesures législatives et autres nécessaires pour conférer le caractère d'infraction pénale :

a) Sous réserve des concepts fondamentaux de son système juridique, au fait de tenter de commettre une infraction établie conformément au paragraphe 1 du présent article ;

b) Au fait de se rendre complice d'une infraction établie conformément à l'alinéa *b* (i) ou à l'alinéa *c* du paragraphe 1 du présent article et, sous réserve des concepts fondamentaux de son système juridique, au fait de se rendre complice d'une infraction établie conformément à l'alinéa *b* (ii) du paragraphe 1 du présent article ;

c) Au fait d'organiser la commission d'une infraction établie conformément au paragraphe 1 du présent article ou de donner des instructions à d'autres personnes pour qu'elles la commettent.

3. Chaque État Partie adopte les mesures législatives et autres nécessaires pour conférer le caractère de circonstance aggravante des infractions établies conformément aux alinéas *a*, *b* (i) et *c* du paragraphe 1 du présent article et, sous réserve des concepts fondamentaux de son système juridique, des infractions établies conformément aux alinéas *b* et *c* du paragraphe 2 du présent article :

a) Au fait de mettre en danger ou de risquer de mettre en danger la vie ou la sécurité des migrants concernés ; ou

b) Au traitement inhumain ou dégradant de ces migrants, y compris pour l'exploitation.

4. Aucune disposition du présent Protocole n'empêche un État Partie de prendre des mesures contre une personne dont les actes constituent, dans son droit interne, une infraction.

II. – Trafic illicite de migrants par mer

Art. 7. – *Coopération.* – Les États Parties coopèrent dans toute la mesure possible en vue de prévenir et de réprimer le trafic illicite de migrants par mer, conformément au droit international de la mer.

Art. 8. – *Mesures contre le trafic illicite de migrants par mer.* – 1. Un État Partie qui a des motifs raisonnables de soupçonner qu'un navire battant son pavillon ou se prévalant de l'immatriculation sur son registre, sans nationalité, ou possédant en réalité la nationalité de l'État Partie en question bien qu'il batte un pavillon étranger ou refuse d'arborer son pavillon, se livre au trafic illicite de migrants par mer peut demander à d'autres États Parties de l'aider à mettre fin à l'utilisation dudit navire dans ce but. Les États Parties ainsi requis fournissent cette assistance dans la mesure du possible compte tenu des moyens dont ils disposent.

2. Un État Partie qui a des motifs raisonnables de soupçonner qu'un navire exerçant la liberté de navigation conformément au droit international et battant le pavillon ou portant les marques d'immatriculation d'un autre État Partie se livre au trafic illicite de migrants par mer peut le notifier à l'État du pavillon, demander confirmation de l'immatriculation et, si celle-ci est confirmée, demander l'autorisation à cet État de prendre les mesures appropriées à l'égard de ce navire. L'État du pavillon peut notamment autoriser l'État requérant à :

a) Arraisonner le navire ;

b) Visiter le navire ; et

c) S'il trouve des preuves que le navire se livre au trafic illicite de migrants par mer, prendre les mesures appropriées à l'égard du navire, des personnes et de la cargaison à bord, ainsi que l'État du pavillon l'a autorisé à le faire.

3. Un État Partie qui a pris une des mesures conformément au paragraphe 2 du présent article informe sans retard l'État du pavillon concerné des résultats de cette mesure.

4. Un État Partie répond sans retard à une demande que lui adresse un autre État Partie en vue de déterminer si un navire qui se prévaut de l'immatriculation sur son registre ou qui bat son pavillon y est habilité, ainsi qu'à une demande d'autorisation présentée conformément au paragraphe 2 du présent article.

5. Un État du pavillon peut, dans la mesure compatible avec l'article 7 du présent Protocole, subordonner son autorisation à des conditions arrêtées d'un commun accord entre lui et l'État requérant, notamment en ce qui concerne la responsabilité et la portée des mesures effectives à prendre. Un État Partie ne prend aucune mesure supplémentaire sans l'autorisation expresse de l'État du pavillon, à l'exception de celles qui sont nécessaires pour écarter un danger imminent pour la vie des personnes ou de celles qui résultent d'accords bilatéraux ou multilatéraux pertinents.

6. Chaque État Partie désigne une ou, s'il y a lieu, plusieurs autorités habilitées à recevoir les demandes d'assistance, de confirmation de l'immatriculation sur son registre ou du droit de battre son pavillon, ainsi que

les demandes d'autorisation de prendre les mesures appropriées et à y répondre. Le Secrétaire général notifie à tous les autres États Parties l'autorité désignée par chacun d'eux dans le mois qui suit cette désignation.

7. Un État Partie qui a des motifs raisonnables de soupçonner qu'un navire se livre au trafic illicite de migrants par mer et que ce navire est sans nationalité ou peut être assimilé à un navire sans nationalité peut l'arraisonner et le visiter. Si les soupçons sont confirmés par les preuves, cet État Partie prend les mesures appropriées conformément au droit interne et au droit international pertinents.

Art. 9. – *Clauses de protection*. – 1. Lorsqu'il prend des mesures à l'encontre d'un navire conformément à l'article 8 du présent Protocole, un État Partie :

a) Veille à la sécurité et au traitement humain des personnes à bord ;

b) Tient dûment compte de la nécessité de ne pas compromettre la sécurité du navire ou de sa cargaison ;

c) Tient dûment compte de la nécessité de ne pas porter préjudice aux intérêts commerciaux ou aux droits de l'État du pavillon ou de tout autre État intéressé ;

d) Veille, selon ses moyens, à ce que toute mesure prise à l'égard du navire soit écologiquement rationnelle.

2. Lorsque les motifs des mesures prises en application de l'article 8 du présent Protocole se révèlent dénués de fondement, le navire est indemnisé de toute perte ou de tout dommage éventuel, à condition qu'il n'ait commis aucun acte justifiant les mesures prises.

3. Lorsqu'une mesure est prise, adoptée ou appliquée conformément au présent chapitre, il est tenu dûment compte de la nécessité de ne pas affecter ni entraver :

a) Les droits et obligations des États côtiers et l'exercice de leur compétence conformément au droit international de la mer ; ou

b) Le pouvoir de l'État du pavillon d'exercer sa compétence et son contrôle pour les questions d'ordre administratif, technique et social concernant le navire.

4. Toute mesure prise en mer en application du présent chapitre est exécutée uniquement par des navires de guerre ou des aéronefs militaires, ou d'autres navires ou aéronefs à ce dûment habilités, portant visiblement une marque extérieure et identifiables comme étant au service de l'État.

III. – Prévention, coopération et autres mesures

Art. 10. – *Information*. – 1. Sans préjudice des articles 27 et 28 de la Convention, les États Parties, en particulier ceux qui ont des frontières communes ou sont situés sur des itinéraires empruntés pour le trafic illicite de migrants, pour atteindre les objectifs du présent Protocole, échangent, conformément à leurs systèmes juridiques et administratifs respectifs, des informations pertinentes concernant notamment :

a) Les points d'embarquement et de destination ainsi que les itinéraires, les transporteurs et les moyens de transport dont on sait ou dont on soupçonne qu'ils sont utilisés par un groupe criminel organisé commettant les actes énoncés à l'article 6 du présent Protocole ;

b) L'identité et les méthodes des organisations ou groupes criminels organisés dont on sait ou dont on soupçonne qu'ils commettent les actes énoncés à l'article 6 du présent Protocole ;

c) L'authenticité et les caractéristiques des documents de voyage délivrés par un État Partie, ainsi que le vol de documents de voyage ou d'identité vierges ou l'usage impropre qui en est fait ;

d) Les moyens et méthodes de dissimulation et de transport des personnes, la modification, la reproduction ou l'acquisition illicites ou tout autre usage impropre de documents de voyage ou d'identité utilisés dans les actes énoncés à l'article 6 du présent Protocole, et les moyens de les détecter ;

e) Les données d'expérience d'ordre législatif ainsi que les pratiques et mesures tendant à prévenir et à combattre les actes énoncés à l'article 6 du présent Protocole ; et

f) Des questions scientifiques et techniques présentant une utilité pour la détection et la répression, afin de renforcer mutuellement leur capacité à prévenir et détecter les actes énoncés à l'article 6 du présent Protocole, à mener des enquêtes sur ces actes et à en poursuivre les auteurs.

2. Un État Partie qui reçoit des informations se conforme à toute demande de l'État Partie qui les a communiquées soumettant leur usage à des restrictions.

Art. 11. – *Mesures aux frontières*. – 1. Sans préjudice des engagements internationaux relatifs à la libre circulation des personnes, les États Parties renforcent, dans la mesure du possible, les contrôles aux frontières nécessaires pour prévenir et détecter le trafic illicite de migrants.

2. Chaque État Partie adopte les mesures législatives ou autres appropriées pour prévenir, dans la mesure du possible, l'utilisation des moyens de transport exploités par des transporteurs commerciaux pour la commission de l'infraction établie conformément à l'alinéa *a* du paragraphe 1 de l'article 6 du présent Protocole.

3. Lorsqu'il y a lieu, et sans préjudice des conventions internationales applicables, ces mesures consistent notamment à prévoir l'obligation pour les transporteurs commerciaux, y compris toute compagnie de transport ou tout propriétaire ou exploitant d'un quelconque moyen de transport, de vérifier que tous les passagers sont en possession des documents de voyage requis pour l'entrée dans l'État d'accueil.

4. Chaque État Partie prend les mesures nécessaires, conformément à son droit interne, pour assortir de sanctions l'obligation énoncée au paragraphe 3 du présent article.

5. Chaque État Partie envisage de prendre des mesures qui permettent, conformément à son droit interne, de refuser l'entrée de personnes impliquées dans la commission des infractions établies conformément au présent Protocole ou d'annuler leur visa.

6. Sans préjudice de l'article 27 de la Convention, les États Parties envisagent de renforcer la coopération entre leurs services de contrôle aux frontières, notamment par l'établissement et le maintien de voies de communication directes.

Art. 12. – *Sécurité et contrôle des documents.* – Chaque État Partie prend les mesures nécessaires, selon des moyens disponibles :

a) Pour faire en sorte que les documents de voyage ou d'identité qu'il délivre soient d'une qualité telle qu'on ne puisse facilement en faire en usage impropre et les falsifier ou les modifier, les reproduire ou les délivrer illicitement ; et

b) Pour assurer l'intégrité et la sécurité des documents de voyage ou d'identité délivrés par lui ou en son nom et pour empêcher qu'ils ne soient créés, délivrés et utilisés illicitement.

Art. 13. – *Légitimité et validité des documents.* – À la demande d'un autre État Partie, un État Partie vérifie, conformément à son droit interne et dans un délai raisonnable, la légitimité et la validité des documents de voyage ou d'identité délivrés ou censés avoir été délivrés en son nom et dont on soupçonne qu'ils sont utilisés pour commettre les actes énoncés à l'article 6 du présent Protocole.

Art. 14. – *Formation et coopération technique.* – 1. Les États Parties assurent ou renforcent la formation spécialisée des agents des services d'immigration et autres agents compétents à la prévention des actes énoncés à l'article 6 du présent Protocole et au traitement humain des migrants objet de tels actes, ainsi qu'au respect des droits qui leur sont reconnus dans le présent Protocole.

2. Les États Parties coopèrent entre eux et avec les organisations internationales, les organisations non gouvernementales et les autres organisations compétentes ainsi qu'avec d'autres éléments de la société civile, selon qu'il convient, pour assurer une formation adéquate des personnels sur leur territoire, en vue de prévenir, de combattre et d'éradiquer les actes énoncés à l'article 6 du présent Protocole et de protéger les droits des migrants objet de tels actes. Cette formation porte notamment sur :

a) L'amélioration de la sécurité et de la qualité des documents de voyage ;

b) La reconnaissance et la détection des documents de voyage ou d'identité frauduleux ;

c) Les activités de renseignement à caractère pénal, en particulier ce qui touche à l'identification des groupes criminels organisés dont on sait ou dont on soupçonne qu'ils commettent les actes énoncés à l'article 6 du présent Protocole, aux méthodes employées pour transporter les migrants objet d'un trafic illicite, à l'usage impropre de documents de voyage ou d'identité pour commettre les actes énoncés à l'article 6 et aux moyens de dissimulation utilisés dans le trafic illicite de migrants ;

d) L'amélioration des procédures de détection, aux points d'entrée et de sortie traditionnels et non traditionnels, des migrants objet d'un trafic illicite ; et

e) Le traitement humain des migrants et la protection des droits qui leur sont reconnus dans le présent Protocole.

3. Les États Parties ayant l'expertise appropriée envisagent d'apporter une assistance technique aux États qui sont fréquemment des pays d'origine ou de transit pour les personnes ayant été l'objet des actes énoncés à l'article 6 du présent Protocole. Les États Parties font tout leur possible pour fournir les ressources nécessaires, telles que véhicules, systèmes informatiques et lecteurs de documents, afin de combattre les actes énoncés à l'article 6.

Art. 15. – *Autres mesures de prévention.* – 1. Chaque État Partie prend des mesures visant à mettre en place ou renforcer des programmes d'information pour sensibiliser le public au fait que les actes énoncés à l'article 6 du présent Protocole constituent une activité criminelle fréquemment perpétrée par des groupes criminels organisés afin d'en tirer un profit et qu'ils font courir de graves risques aux migrants concernés.

2. Conformément à l'article 31 de la Convention, les États Parties coopèrent dans le domaine de l'information afin d'empêcher que les migrants potentiels ne deviennent victimes de groupes criminels organisés.

3. Chaque État Partie promeut ou renforce, selon qu'il convient, des programmes de développement et une coopération aux niveaux national, régional et international, en tenant compte des réalités socio-économiques des migrations, et en accordant une attention particulière aux zones économiquement et socialement défavorisées, afin de s'attaquer aux causes socio-économiques profondes du trafic illicite de migrants, telles que la pauvreté et le sous-développement.

Art. 16. – *Mesures de protection et d'assistance.* – 1. Lorsqu'il applique le présent Protocole, chaque État Partie prend, conformément aux obligations qu'il a contractées en vertu du droit international, toutes les mesures appropriées, y compris, s'il y a lieu, des mesures législatives, pour sauvegarder et protéger les droits des personnes qui ont été l'objet des actes énoncés à l'article 6 du présent Protocole, tels que ces droits leur sont accordés en vertu du droit international applicable, en particulier le droit à la vie et le droit de ne pas être soumis à la torture ou à d'autres peines ou traitements cruels, inhumains ou dégradants.

2. Chaque État Partie prend les mesures appropriées pour accorder aux migrants une protection adéquate contre toute violence pouvant leur être infligée, aussi bien par des personnes que par des groupes, du fait qu'ils ont été l'objet des actes énoncés à l'article 6 du présent Protocole.

3. Chaque État Partie accorde une assistance appropriée aux migrants dont la vie ou la sécurité sont mises en danger par le fait qu'ils ont été l'objet des actes énoncés à l'article 6 du présent Protocole.

4. Lorsqu'ils appliquent les dispositions du présent article, les États Parties tiennent compte des besoins particuliers des femmes et des enfants.

5. En cas de détention d'une personne qui a été l'objet des actes énoncés à l'article 6 du présent Protocole, chaque État Partie respecte les obligations qu'il a contractées en vertu de la Convention de Vienne sur les relations consulaires, dans les cas applicables, y compris l'obligation d'informer sans retard la personne concernée des dispositions relatives à la notification aux fonctionnaires consulaires et à la communication avec ces derniers.

Art. 17. – *Accords et arrangements.* – Les États Parties envisagent la conclusion d'accords bilatéraux ou régionaux, d'arrangements opérationnels ou d'ententes visant à :

a) Établir les mesures les plus appropriées et efficaces pour prévenir et combattre les actes énoncés à l'article 6 du présent Protocole ; ou

b) Développer les dispositions du présent Protocole entre eux.

Art. 18. – *Retour des migrants objet d'un trafic illicite.* – 1. Chaque État Partie consent à faciliter et à accepter, sans retard injustifié ou déraisonnable, le retour d'une personne qui a été l'objet d'un acte énoncé à l'article 6 du présent Protocole et qui est son ressortissant ou a le droit de résider à titre permanent sur son territoire au moment du retour.

2. Chaque État Partie étudie la possibilité de faciliter et d'accepter, conformément à son droit interne, le retour d'une personne qui a été l'objet d'un acte énoncé à l'article 6 du présent Protocole et qui avait le droit de résider à titre permanent sur son territoire au moment de l'entrée de ladite personne sur le territoire de l'État d'accueil.

3. À la demande de l'État Partie d'accueil, un État Partie requis vérifie, sans retard injustifié ou déraisonnable, si une personne qui a été l'objet d'un acte énoncé à l'article 6 du présent Protocole est son ressortissant ou a le droit de résider à titre permanent sur son territoire.

4. Afin de faciliter le retour d'une personne ayant été l'objet d'un acte énoncé à l'article 6 du présent Protocole et ne possédant pas les documents voulus, l'État Partie dont cette personne est ressortissante ou dans lequel elle a le droit de résider à titre permanent accepte de délivrer, à la demande de l'État Partie d'accueil, les documents de voyage ou toute autre autorisation nécessaires pour permettre à la personne de se rendre et d'être réadmise sur son territoire.

5. Chaque État Partie concerné par le retour d'une personne qui a été l'objet d'un acte énoncé à l'article 6 du présent Protocole prend toutes les mesures appropriées pour organiser ce retour de manière ordonnée et en tenant dûment compte de la sécurité et de la dignité de la personne.

6. Les États Parties peuvent coopérer avec les organisations internationales compétentes pour l'application du présent article.

7. Le présent article s'entend sans préjudice de tout droit accordé par toute loi de l'État Partie d'accueil aux personnes qui ont été l'objet d'un acte énoncé à l'article 6 du présent Protocole.

8. Le présent article n'a pas d'incidences sur les obligations contractées en vertu de tout autre traité bilatéral ou multilatéral applicable ou de tout autre accord ou arrangement opérationnel applicable régissant, en totalité ou en partie, le retour des personnes qui ont été l'objet d'un acte énoncé à l'article 6 du présent Protocole.

IV. – Dispositions finales

Art. 19. – *Clause de sauvegarde.* – 1. Aucune disposition du présent Protocole n'a d'incidences sur les droits, obligations et responsabilités des États et des particuliers en vertu du droit international, y compris du droit international humanitaire relatif aux droits de l'homme et en particulier, lorsqu'ils s'appliquent, de la Convention de 1951 et du Protocole de 1967 relatifs au Statut des réfugiés ainsi que du principe de non-refoulement qui y est énoncé.

2. Les mesures énoncées dans le présent Protocole sont interprétées et appliquées d'une façon telle que les personnes ne font pas l'objet d'une discrimination au motif qu'elles sont l'objet des actes énoncés à l'article 6 du présent Protocole. L'interprétation et l'application de ces mesures sont conformes aux principes de non-discrimination internationalement reconnus.

Art. 20. – *Règlement des différends.* – 1. Les États Parties s'efforcent de régler des différends concernant l'interprétation ou l'application du présent Protocole par voie de négociation.

2. Tout différend entre deux États Parties ou plus concernant l'interprétation ou l'application du présent Protocole qui ne peut être réglé par voie de négociation dans un délai raisonnable est, à la demande de l'un de ces États Parties, soumis à l'arbitrage. Si, dans un délai de six mois à compter de la date de la demande d'arbitrage, les États Parties ne peuvent s'entendre sur l'organisation de l'arbitrage, l'un quelconque d'entre eux peut soumettre le différend à la Cour internationale de Justice en adressant une requête conformément au Statut de la Cour.

3. Chaque État Partie peut, au moment de la signature, de la ratification, de l'acceptation ou l'approbation du présent Protocole ou de l'adhésion à celui-ci, déclarer qu'il ne se considère pas lié par le paragraphe 2 du présent article. Les autres États Parties ne sont pas liés par le paragraphe 2 du présent article envers tout État Partie ayant émis une telle réserve.

4. Tout État Partie qui a émis une réserve en vertu du paragraphe 3 du présent article peut la retirer à tout moment en adressant une notification au Secrétaire général de l'Organisation des Nations unies.

Art. 21. – *Signature, ratification, acceptation, approbation et adhésion.* – 1. Le présent Protocole sera ouvert à la signature de tous les États du 12 au 15 décembre 2000 à Palerme (Italie) et, par la suite, au Siège de l'Organisation des Nations unies, à New York, jusqu'au 12 décembre 2002.

2. Le présent Protocole est également ouvert à la signature des organisations régionales d'intégration économique à la condition qu'au moins un État membre d'une telle organisation ait signé le présent Protocole conformément au paragraphe 1 du présent article.

3. Le présent Protocole est soumis à ratification, acceptation ou approbation. Les instruments de ratification, d'acceptation ou d'approbation seront déposés auprès du Secrétaire général de l'Organisation des Nations unies. Une organisation régionale d'intégration économique peut déposer ses instruments de ratification, d'acceptation ou d'approbation si au moins un de ses États membres l'a fait. Dans cet instrument de ratification, d'acceptation ou d'approbation, cette organisation déclare l'étendue de sa compétence concernant les questions régies par le présent Protocole. Elle informe également le dépositaire de toute modification pertinente de l'étendue de sa compétence.

4. Le présent Protocole est ouvert à l'adhésion de tout État ou de toute organisation régionale d'intégration économique dont au moins un État membre est Partie au présent Protocole. Les instruments d'adhésion sont déposés auprès du Secrétaire général de l'Organisation des Nations unies. Au moment de son adhésion, une organisation régionale d'intégration économique déclare l'étendue de sa compétence concernant les questions régies par le présent Protocole. Elle informe également de dépositaire de toute modification pertinente de l'étendue de sa compétence.

Art. 22. – *Entrée en vigueur.* – 1. Le présent Protocole entrera en vigueur le quatre-vingt-dixième jour suivant la date de dépôt du quarantième instrument de ratification, d'acceptation, d'approbation ou d'adhésion, étant entendu qu'il n'entrera pas en vigueur avant que la Convention n'entre elle-même en vigueur. Aux fins du présent paragraphe, aucun des instruments déposés par une organisation régionale d'intégration économique n'est considéré comme un instrument venant s'ajouter aux instruments déjà déposés par les États membres de cette organisation.

2. Pour chaque État ou organisation régionale d'intégration économique qui ratifiera, acceptera ou approuvera le présent Protocole ou y adhérera après le dépôt du quarantième instrument pertinent, le présent Protocole entrera en vigueur le trentième jour suivant la date de dépôt de l'instrument pertinent par ledit État ou ladite organisation ou à la date à laquelle il entre en vigueur en application du paragraphe 1 du présent article, si celle-ci est postérieure.

Art. 23. – *Amendement.* – 1. À l'expiration d'un délai de cinq ans à compter de l'entrée en vigueur du présent Protocole, un État Partie au Protocole peut proposer un amendement et en déposer le texte auprès du Secrétaire général de l'Organisation des Nations unies. Ce dernier communique alors la proposition d'amendement aux États Parties et à la Conférence des Parties à la Convention en vue de l'examen de la proposition et de l'adoption d'une décision. Les États Parties au présent Protocole réunis en Conférence des Parties n'épargnent aucun effort pour parvenir à un consensus sur tout amendement. Si tous les efforts en ce sens ont été épuisés sans qu'un accord soit intervenu, il faudra, en dernier recours, pour que l'amendement soit adopté, un vote à la majorité des deux tiers des États Parties au présent Protocole présents à la Conférence des Parties et exprimant leur vote.

2. Les organisations régionales d'intégration économique disposent, pour exercer, en vertu du présent article, leur droit de vote dans les domaines qui relèvent de leur compétence, d'un nombre de voix égal au nombre de leurs États membres Parties au présent Protocole. Elles n'exercent pas leur droit de vote si leurs États membres exercent le leur, et inversement.

3. Un amendement adopté conformément au paragraphe 1 du présent article est soumis à ratification, acceptation ou approbation des États Parties.

4. Un amendement adopté conformément au paragraphe 1 du présent article entrera en vigueur pour un État Partie quatre-vingt-dix jours après la date de dépôt par ledit État Partie auprès du Secrétaire général de l'Organisation des Nations unies d'un instrument de ratification, d'acceptation ou d'approbation dudit amendement.

5. Un amendement entré en vigueur a force obligatoire à l'égard des États Parties qui ont exprimé leur consentement à être liés par lui. Les autres États Parties restent liés par les dispositions du présent Protocole et tous amendements antérieurs qu'ils ont ratifiés, acceptés ou approuvés.

Art. 24. – *Dénonciation.* – 1. Un État Partie peut dénoncer le présent Protocole par notification écrite adressée au Secrétaire général de l'Organisation des Nations unies. Une telle dénonciation prend effet un an après la date de réception de la notification par le Secrétaire général.

2. Une organisation régionale d'intégration économique cesse d'être Partie au présent Protocole lorsque tous ses États membres l'ont dénoncé.

Art. 25. – *Dépositaire et langues.* – 1. Le Secrétaire général de l'Organisation des Nations unies est le dépositaire du présent Protocole.

2. L'original du présent Protocole, dont les textes anglais, arabe, chinois, espagnol, français et russe font également foi, sera déposé auprès du Secrétaire général du l'Organisation des Nations unies.

En foi de quoi, les plénipotentiaires soussignés, à ce dûment autorisés par leurs gouvernements respectifs, ont signé le présent Protocole.

Protocole du 15 novembre 2000
additionnel à la Convention des Nations unies contre la criminalité transnationale organisée visant à prévenir, réprimer et punir la traite des personnes, en particulier des femmes et des enfants, adopté à New York

(Signé par la France le 12 déc. 2000
Publié par D. n° 2004-447, 19 mai 2004
Entré en vigueur le 25 décembre 2003)

Préambule

Les États Parties au présent Protocole,

Déclarant qu'une action efficace visant à prévenir et combattre la traite des personnes, en particulier des femmes et des enfants, exige de la part des pays d'origine, de transit et de destination une approche globale et internationale comprenant des mesures destinées à prévenir une telle traite, à punir les trafiquants et à protéger les victimes de cette traite, notamment en faisant respecter leurs droits fondamentaux internationalement reconnus,

Tenant compte du fait que, malgré l'existence de divers instruments internationaux qui renferment des règles et des dispositions pratiques visant à lutter contre l'exploitation des personnes, en particulier des femmes et des enfants, il n'y a aucun instrument universel qui porte sur tous les aspects de la traite des personnes,

Préoccupés par le fait que, en l'absence d'un tel instrument, les personnes vulnérables à une telle traite ne seront pas suffisamment protégées,

Rappelant la résolution 53/111 de l'Assemblée générale du 9 décembre 1998, dans laquelle l'Assemblée a décidé de créer un comité intergouvernemental spécial à composition non limitée chargé d'élaborer une convention internationale générale contre la criminalité transnationale organisée et d'examiner s'il y avait lieu d'élaborer, notamment, un instrument international de lutte contre la traite des femmes et des enfants,

Convaincus que le fait d'adjoindre à la Convention des Nations unies contre la criminalité transnationale organisée un instrument international visant à prévenir, réprimer et punir la traite des personnes, en particulier des femmes et des enfants, aidera à prévenir et combattre ce type de criminalité,

sont convenus de ce qui suit :

I. – Dispositions générales

Art. 1er. – ***Relation avec la Convention des Nations unies contre la criminalité transnationale organisée.*** **– 1. Le présent Protocole complète la Convention des Nations unies contre la criminalité transnationale organisée. Il est interprété conjointement avec la Convention.**

2. Les dispositions de la Convention s'appliquent *mutatis mutandis* au présent Protocole, sauf disposition contraire dudit Protocole.

3. Les infractions établies conformément à l'article 5 du présent Protocole sont considérées comme des infractions établies conformément à la Convention.

Art. 2. – ***Objet.*** **– Le présent Protocole a pour objet :**

a) **De prévenir et de combattre la traite des personnes, en accordant une attention particulière aux femmes et aux enfants ;**

b) **De protéger et d'aider les victimes d'une telle traite en respectant pleinement leurs droits fondamentaux ; et**

c) **De promouvoir la coopération entre les États Parties en vue d'atteindre ces objectifs.**

Art. 3. – ***Terminologie.*** **– Aux fins du présent Protocole :**

a) **L'expression « traite des personnes » désigne le recrutement, le transport, le transfert, l'hébergement ou l'accueil de personnes, par la menace de recours ou le recours à la force ou à d'autres formes de contrainte, par enlèvement, fraude, tromperie, abus d'autorité ou d'une situation de vulnérabilité, ou par l'offre ou l'acceptation de paiements ou d'avantages pour obtenir le consentement d'une personne ayant autorité sur une autre aux fins d'exploitation. L'exploitation comprend, au minimum, l'exploitation de la prostitution d'autrui ou d'autres formes d'exploitation sexuelle, le travail ou les services forcés, l'esclavage ou les pratiques analogues à l'esclavage, la servitude ou le prélèvement d'organes ;**

b) **Le consentement d'une victime de la traite des personnes à l'exploitation envisagée, telle qu'énoncée à l'alinéa *a* du présent article, est indifférent lorsque l'un quelconque des moyens énoncés à l'alinéa *a* a été utilisé ;**

c) Le recrutement, le transport, le transfert, l'hébergement ou l'accueil d'un enfant aux fins d'exploitation sont considérés comme une « traite des personnes » même s'ils ne font appel à aucun des moyens énoncés à l'alinéa *a* du présent article ;

d) Le terme « enfant » désigne toute personne âgée de moins de dix-huit ans.

Art. 4. – *Champ d'application.* – Le présent Protocole s'applique, sauf disposition contraire, à la prévention, aux enquêtes et aux poursuites concernant les infractions établies conformément à son article 5, lorsque ces infractions sont de nature transnationale et qu'un groupe criminel organisé y est impliqué, ainsi qu'à la protection des victimes de ces infractions.

Art. 5. – *Incrimination.* – 1. Chaque État Partie adopte les mesures législatives et autres nécessaires pour conférer le caractère d'infraction pénale aux actes énoncés à l'article 3 du présent Protocole, lorsqu'ils ont été commis intentionnellement.

2. Chaque État Partie adopte également les mesures législatives et autres nécessaires pour conférer le caractère d'infraction pénale :

a) Sous réserve des concepts fondamentaux de son système juridique, au fait de tenter de commettre une infraction établie conformément au paragraphe 1 du présent article ;

b) Au fait de se rendre complice d'une infraction établie conformément au paragraphe 1 du présent article ; et

c) Au fait d'organiser la commission d'une infraction établie conformément au paragraphe 1 du présent article ou de donner des instructions à d'autres personnes pour qu'elles la commettent.

II. – Protection des victimes de la traite des personnes

Art. 6. – *Assistance et protection accordées aux victimes de la traite des personnes.* – 1. Lorsqu'il y a lieu et dans la mesure où son droit interne le permet, chaque État Partie protège la vie privée et l'identité des victimes de la traite des personnes, notamment en rendant les procédures judiciaires relatives à cette traite non publiques.

2. Chaque État Partie s'assure que son système juridique ou administratif prévoit des mesures permettant de fournir aux victimes de la traite des personnes, lorsqu'il y a lieu :

a) Des informations sur les procédures judiciaires et administratives applicables ;

b) Une assistance pour faire en sorte que leurs avis et préoccupations soient présentés et pris en compte aux stades appropriés de la procédure pénale engagée contre les auteurs d'infractions, d'une manière qui ne porte pas préjudice aux droits de la défense.

3. Chaque État Partie envisage de mettre en œuvre des mesures en vue d'assurer le rétablissement physique, psychologique et social des victimes de la traite des personnes, y compris, s'il y a lieu, en coopération avec les organisations non gouvernementales, d'autres organisations compétentes et d'autres éléments de la société civile et, en particulier, de leur fournir :

a) Un logement convenable ;

b) Des conseils et des informations, concernant notamment les droits que la loi leur reconnaît, dans une langue qu'elles peuvent comprendre ;

c) Une assistance médicale, psychologique et matérielle ; et

d) Des possibilités d'emploi, d'éducation et de formation.

4. Chaque État Partie tient compte, lorsqu'il applique les dispositions du présent article, de l'âge, du sexe et des besoins spécifiques des victimes de la traite des personnes, en particulier des besoins spécifiques des enfants, notamment un logement, une éducation et des soins convenables.

5. Chaque État Partie s'efforce d'assurer la sécurité physique des victimes de la traite des personnes pendant qu'elles se trouvent sur son territoire.

6. Chaque État Partie s'assure que son système juridique prévoit des mesures qui offrent aux victimes de la traite des personnes la possibilité d'obtenir réparation du préjudice subi.

Art. 7. – *Statut des victimes de la traite des personnes dans les États d'accueil.* – 1. En plus de prendre des mesures conformément à l'article 6 du présent Protocole, chaque État Partie envisage d'adopter des mesures législatives ou d'autres mesures appropriées qui permettent aux victimes de la traite des personnes de rester sur son territoire, à titre temporaire ou permanent, lorsqu'il y a lieu.

2. Lorsqu'il applique la disposition du paragraphe 1 du présent article, chaque État Partie tient dûment compte des facteurs humanitaires et personnels.

Art. 8. – *Rapatriement des victimes de la traite des personnes.* – 1. L'État Partie dont une victime de la traite des personnes est ressortissante ou dans lequel elle avait le droit de résider à titre permanent au moment de son entrée sur le territoire de l'État Partie d'accueil facilite et accepte, en tenant dûment compte de la sécurité de cette personne, le retour de celle-ci sans retard injustifié ou déraisonnable.

2. Lorsqu'un État Partie renvoie une victime de la traite des personnes dans un État Partie dont cette personne est ressortissante ou dans lequel elle avait le droit de résider à titre permanent au moment de son entrée sur le territoire de l'État Partie d'accueil, ce retour est assuré compte dûment tenu de la sécurité de la personne, ainsi que de l'état de toute procédure judiciaire liée au fait qu'elle est une victime de la traite, et il est de préférence volontaire.

3. À la demande d'un État Partie d'accueil, un État Partie requis vérifie, sans retard injustifié ou déraisonnable, si une victime de la traite des personnes est son ressortissant ou avait le droit de résider à titre permanent sur son territoire au moment de son entrée sur le territoire de l'État Partie d'accueil.

4. Afin de faciliter le retour d'une victime de la traite des personnes qui ne possède pas les documents voulus, l'État Partie dont cette personne est ressortissante ou dans lequel elle avait le droit de résider à titre permanent au moment de son entrée sur le territoire de l'État Partie d'accueil accepte de délivrer, à la demande de l'État Partie d'accueil, les documents de voyage ou toute autre autorisation nécessaires pour permettre à la personne de se rendre et d'être réadmise sur son territoire.

5. Le présent article s'entend sans préjudice de tout droit accordé aux victimes de la traite des personnes par toute loi de l'État Partie d'accueil.

6. Le présent article s'entend sans préjudice de tout accord ou arrangement bilatéral ou multilatéral applicable régissant, en totalité ou en partie, le retour des victimes de la traite des personnes.

III. – Prévention, coopération et autres mesures

Art. 9. – *Prévention de la traite des personnes.* – 1. Les États Parties établissent des politiques, programmes et autres mesures d'ensemble pour :

a) Prévenir et combattre la traite des personnes ; et

b) Protéger les victimes de la traite des personnes, en particulier les femmes et les enfants, contre une nouvelle victimisation.

2. Les États Parties s'efforcent de prendre des mesures telles que des recherches, des campagnes d'information et des campagnes dans les médias, ainsi que des initiatives sociales et économiques, afin de prévenir et de combattre la traite des personnes.

3. Les politiques, programmes et autres mesures établis conformément au présent article incluent, selon qu'il convient, une coopération avec les organisations non gouvernementales, d'autres organisations compétentes et d'autres éléments de la société civile.

4. Les États Parties prennent ou renforcent des mesures, notamment par le biais d'une coopération bilatérale ou multilatérale, pour remédier aux facteurs qui rendent les personnes, en particulier les femmes et les enfants, vulnérables à la traite, tels que la pauvreté, le sous-développement et l'inégalité des chances.

5. Les États Parties adoptent ou renforcent des mesures législatives ou autres, telles que des mesures d'ordre éducatif, social ou culturel, notamment par le biais d'une coopération bilatérale et multilatérale, pour décourager la demande qui favorise toutes les formes d'exploitation des personnes, en particulier des femmes et des enfants, aboutissant à la traite.

Art. 10. – *Échange d'informations et formation.* – 1. Les services de détection, de répression, d'immigration ou d'autres services compétents des États Parties coopèrent entre eux, selon qu'il convient, en échangeant, conformément au droit interne de ces États, des informations qui leur permettent de déterminer :

a) Si des personnes franchissant ou tentant de franchir une frontière internationale avec des documents de voyage appartenant à d'autres personnes ou sans documents de voyage sont auteurs ou victimes de la traite des personnes ;

b) Les types de documents de voyage que des personnes ont utilisés ou tenté d'utiliser pour franchir une frontière internationale aux fins de la traite des personnes ; et *c)* Les moyens et méthodes utilisés par les groupes criminels organisés pour la traite des personnes, y compris le recrutement et le transport des victimes, les itinéraires et les liens entre les personnes et les groupes se livrant à cette traite, ainsi que les mesures pouvant permettre de les découvrir.

2. Les États Parties assurent ou renforcent la formation des agents des services de détection, de répression, d'immigration et d'autres services compétents à la prévention de la traite des personnes. Cette formation devrait mettre l'accent sur les méthodes utilisées pour prévenir une telle traite, traduire les trafiquants en justice et faire respecter les droits des victimes, notamment protéger ces dernières des trafiquants. Elle devrait également tenir compte de la nécessité de prendre en considération les droits de la personne humaine et les problèmes spécifiques des femmes et des enfants, et favoriser la coopération avec les organisations non-gouvernementales, d'autres organisations compétentes et d'autres éléments de la société civile.

3. Un État Partie qui reçoit des informations se conforme à toute demande de l'État Partie qui les a communiquées soumettant leur usage à des restrictions.

Art. 11. – *Mesures aux frontières.* – 1. Sans préjudice des engagements internationaux relatifs à la libre circulation des personnes, les États Parties renforcent, dans la mesure du possible, les contrôles aux frontières nécessaires pour prévenir et détecter la traite des personnes.

2. Chaque État Partie adopte les mesures législatives ou autres appropriées pour prévenir, dans la mesure du possible, l'utilisation des moyens de transport exploités par des transporteurs commerciaux pour la commission des infractions établies conformément à l'article 5 du présent Protocole.

3. Lorsqu'il y a lieu, et sans préjudice des conventions internationales applicables, ces mesures consistent notamment à prévoir l'obligation pour les transporteurs commerciaux, y compris toute compagnie de transport ou tout propriétaire ou exploitant d'un quelconque moyen de transport, de vérifier que tous les passagers sont en possession des documents de voyage requis pour l'entrée dans l'État d'accueil.

4. Chaque État Partie prend les mesures nécessaires, conformément à son droit interne, pour assortir de sanctions l'obligation énoncée au paragraphe 3 du présent article.

5. Chaque État Partie envisage de prendre des mesures qui permettent, conformément à son droit interne, de refuser l'entrée de personnes impliquées dans la commission des infractions établies conformément au présent Protocole ou d'annuler leur visa.

6. Sans préjudice de l'article 27 de la Convention, les États Parties envisagent de renforcer la coopération entre leurs services de contrôle aux frontières, notamment par l'établissement et le maintien de voies de communication directes.

Art. 12. – *Sécurité et contrôle des documents.* – Chaque État Partie prend les mesures nécessaires, selon les moyens disponibles :

a) Pour faire en sorte que les documents de voyage ou d'identité qu'il délivre soient d'une qualité telle qu'on ne puisse facilement en faire usage impropre et les falsifier ou les modifier, les reproduire ou les délivrer illicitement ; et

b) Pour assurer l'intégrité et la sécurité des documents de voyage ou d'identité délivrés par lui ou en son nom et pour empêcher qu'ils ne soient créés, délivrés et utilisés illicitement.

Art. 13. – *Légitimité et validité des documents.* – À la demande d'un autre État Partie, un État Partie vérifie, conformément à son droit interne et dans un délai raisonnable, la légitimité et la validité des documents de voyage ou d'identité délivrés ou censés avoir été délivrés en son nom et dont on soupçonne qu'ils sont utilisés pour la traite des personnes.

IV. – Dispositions finales

Art. 14. – *Clause de sauvegarde.* – 1. Aucune disposition du présent Protocole n'a d'incidences sur les droits, obligations et responsabilités des États et des particuliers en vertu du droit international, y compris du droit international humanitaire et du droit international relatif aux droits de l'homme et en particulier, lorsqu'ils s'appliquent, de la Convention de 1951 et du Protocole de 1967 relatifs au Statut des réfugiés ainsi que du principe de non-refoulement qui y est énoncé.

2. Les mesures énoncées dans le présent Protocole sont interprétées et appliquées d'une façon telle que les personnes ne font pas l'objet d'une discrimination au motif qu'elles sont victimes d'une traite. L'interprétation et l'application de ces mesures sont conformes aux principes de non-discrimination internationalement reconnus.

Art. 15. – *Règlement des différends.* – 1. Les États Parties s'efforcent de régler les différends concernant l'interprétation ou l'application du présent Protocole par voie de négociation.

2. Tout différend entre deux États Parties ou plus concernant l'interprétation ou l'application du présent Protocole qui ne peut être réglé par voie de négociation dans un délai raisonnable est, à la demande de l'un de ces États Parties, soumis à l'arbitrage. Si dans un délai de six mois à compter de la date de la demande d'arbitrage, l'un quelconque d'entre eux peut soumettre le différend à la Cour internationale de Justice en adressant une requête conformément au Statut de la Cour.

3. Chaque État Partie peut, au moment de la signature, de la ratification, de l'acceptation ou de l'approbation du présent Protocole ou de l'adhésion à celui-ci, déclarer qu'il ne se considère pas lié par le paragraphe 2 du présent article. Les autres États Parties ne sont pas liés par le paragraphe 2 du présent article envers tout État Partie ayant émis une telle réserve.

4. Tout État Partie qui a émis une réserve en vertu du paragraphe 3 du présent article peut la retirer à tout moment en adressant une notification au Secrétaire général de l'Organisation des Nations unies.

Art. 16. – *Signature, ratification, acceptation, approbation et adhésion.* – 1. Le présent Protocole sera ouvert à la signature de tous les États du 12 au 15 décembre 2000 à Palerme (Italie) et, par la suite, au siège de l'Organisation des Nations unies, à New York, jusqu'au 12 décembre 2002.

2. Le présent Protocole est également ouvert à la signature des organisations régionales d'intégration économique à la condition qu'au moins un État membre d'une telle organisation ait signé le présent Protocole conformément au paragraphe 1 du présent article.

3. Le présent Protocole est soumis à ratification, acceptation ou approbation. Les instruments de ratification, d'acceptation ou d'approbation seront déposés auprès du Secrétaire général de l'Organisation des Nations unies. Une organisation régionale d'intégration économique peut déposer ses instruments de ratification, d'acceptation ou d'approbation si au moins un de ses États membres l'a fait. Dans cet instrument de ratification, d'acceptation ou d'approbation, cette organisation déclare l'étendue de sa compétence concernant les questions régies par le présent Protocole. Elle informe également le dépositaire de toute modification pertinente de l'étendue de sa compétence.

4. Le présent Protocole est ouvert à l'adhésion de tout État ou de toute organisation régionale d'intégration économique dont au moins un État membre est Partie au présent Protocole. Les instruments d'adhésion sont déposés auprès du Secrétaire général de l'Organisation des Nations unies. Au moment de son adhésion, une organisation régionale d'intégration économique déclare l'étendue de sa compétence concernant les questions régies par le présent Protocole. Elle informe également le dépositaire de toute modification pertinente de l'étendue de sa compétence.

Art. 17. – *Entrée en vigueur.* – 1. Le présent Protocole entrera en vigueur le quatre-vingt-dixième jour suivant la date de dépôt du quatrième instrument de ratification, d'acceptation, d'approbation ou d'adhésion, étant entendu qu'il n'entrera pas en vigueur avant que la Convention n'entre elle-même en vigueur. Aux fins du présent paragraphe, aucun des instruments déposés par une organisation régionale d'intégration économique n'est considéré comme un instrument venant s'ajouter aux instruments déjà déposés par les États membres de cette organisation.

2. Pour chaque État ou organisation régionale d'intégration économique qui ratifiera, acceptera ou approuvera le présent Protocole ou y adhérera après le dépôt du quarantième instrument pertinent, le présent Protocole entrera en vigueur le trentième jour suivant la date de dépôt de l'instrument pertinent par ledit État ou ladite organisation ou à la date à laquelle il entre en vigueur en application du paragraphe 1 du présent article si celle-ci est postérieure.

Art. 18. – *Amendement.* – 1. À l'expiration d'un délai de cinq ans à compter de l'entrée en vigueur du présent Protocole, un État Partie au Protocole peut proposer un amendement et en déposer le texte auprès du Secrétaire général de l'Organisation des Nations unies. Ce dernier communique alors la proposition d'amendement aux États Parties et à la conférence des Parties à la Convention en vue de l'examen de la proposition et de l'adoption d'une décision. Les États Parties au présent Protocole réunis en Conférence des Parties n'épargnent aucun effort pour parvenir à un consensus sur tout amendement. Si tous les efforts en ce sens ont été épuisés sans qu'un accord soit intervenu, il faudra, en dernier recours, pour que l'amendement soit adopté, un vote à la majorité des deux tiers des États Parties au présent Protocole présents à la Conférence des Parties et exprimant leur vote.

2. Les organisations régionales d'intégration économique disposent, pour exercer, en vertu du présent article, leur droit de vote dans les domaines qui relèvent de leur compétence d'un nombre de voix égal au nombre de leurs États Membres Parties au présent Protocole. Elles n'exercent pas leur droit de vote si leurs États membres exercent le leur et inversement.

3. Un amendement adopté conformément au paragraphe 1 du présent article est soumis à ratification, acceptation ou approbation des États Parties.

4. Un amendement adopté conformément au paragraphe 1 du présent article entrera en vigueur pour un État Partie quatre-vingt-dix jours après la date de dépôt par ledit État Partie auprès du Secrétaire général de l'Organisation des Nations unies d'un instrument de ratification, d'acceptation ou d'approbation dudit amendement.

5. Un amendement entré en vigueur a force obligatoire à l'égard des États Parties qui ont exprimé leur consentement à être liés par lui. Les autres États Parties restent liés par les dispositions du présent Protocole et tous amendements antérieurs qu'ils ont ratifiés, acceptés ou approuvés.

Art. 19. – *Dénonciation*. – 1. Un État Partie peut dénoncer le présent Protocole par notification écrite adressée au Secrétaire général de l'Organisation des Nations unies. Une telle dénonciation prend effet un an après la date de réception de la notification par le Secrétaire général.

2. Une organisation régionale d'intégration économique cesse d'être Partie au présent Protocole lorsque tous ses États membres l'ont dénoncé.

Art. 20. – *Dépositaire et langues*. – 1. Le Secrétaire de l'Organisation des Nations unies est le dépositaire du présent Protocole.

2. L'original du présent Protocole, dont les textes anglais, arabe, chinois, espagnol, français et russe font également foi, sera déposé auprès du Secrétaire général de l'Organisation des Nations unies.

En foi de quoi, les plénipotentiaires soussignés, à ce dûment autorisés par leurs gouvernements respectifs, ont signé le présent Protocole.

ANNEXE 6

CYBERCRIMINALITÉ

Convention du 23 novembre 2001

sur la cybercriminalité, faite à Budapest

(JO 24 mai 2006) (1) (2)

Préambule

Les États membres du Conseil de l'Europe et les autres États signataires,

Considérant que le but du Conseil de l'Europe est de réaliser une union plus étroite entre ses membres ;

Reconnaissant l'intérêt d'intensifier la coopération avec les autres États parties à la Convention ;

Convaincus de la nécessité de mener, en priorité, une politique pénale commune destinée à protéger la société de la criminalité dans le cyberespace, notamment par l'adoption d'une législation appropriée et par l'amélioration de la coopération internationale ;

Conscients des profonds changements engendrés par la numérisation, la convergence et la mondialisation permanente des réseaux informatiques ;

Préoccupés par le risque que les réseaux informatiques et l'information électronique soient utilisés également pour commettre des infractions pénales et que les preuves de ces infractions soient stockées et transmises par le biais de ces réseaux ;

Reconnaissant la nécessité d'une coopération entre les États et l'industrie privée dans la lutte contre la cybercriminalité, et le besoin de protéger les intérêts légitimes dans l'utilisation et le développement des technologies de l'information ;

Estimant qu'une lutte bien menée contre la cybercriminalité requiert une coopération internationale en matière pénale accrue, rapide et efficace ;

Convaincus que la présente Convention est nécessaire pour prévenir les actes portant atteinte à la confidentialité, à l'intégrité et à la disponibilité des systèmes informatiques, des réseaux et des données, ainsi que l'usage frauduleux de tels systèmes, réseaux et données, en assurant l'incrimination de ces comportements, tels que décrits dans la présente Convention, et l'adoption de pouvoirs suffisants pour permettre une lutte efficace contre ces infractions pénales, en en facilitant la détection, l'investigation et la poursuite, tant au plan national qu'au niveau international, et en prévoyant des dispositions matérielles en vue d'une coopération internationale rapide et fiable ;

Gardant à l'esprit la nécessité de garantir un équilibre adéquat entre les intérêts de l'action répressive et le respect des droits de l'homme fondamentaux, tels que garantis dans la Convention de sauvegarde des Droits de l'Homme et des Libertés fondamentales du Conseil de l'Europe (1950) (3), dans le Pacte international relatif aux droits civils et politiques des Nations Unies (1966) (4), ainsi que dans d'autres conventions internationales applicables en matière de droits de l'homme, qui réaffirment le droit à ne pas être inquiété pour ses opinions, le droit à la liberté d'expression, y compris la liberté de rechercher, d'obtenir et de communiquer des informations et des idées de toute nature, sans considération de frontière, ainsi que le droit au respect de la vie privée ;

(1) Conv. publiée par D. n° 2006-580, 23 mai 2006, et entrée en vigueur le 1er mai 2006.
(2) V. Prot. additionnel, 28 janvier 2003, publié par D. n° 2006-597, 23 mai 2006. – NDLR.
(3) Conv. 4 nov. 1950 publiée par D. n° 74-360, 3 mai 1974. – NDLR.
(4) Pacte 19 déc. 1966 publié par D. n° 81-76, 29 janv. 1981. – NDLR.

Conscients également du droit à la protection des données personnelles, tel que spécifié, par exemple, par la Convention de 1981 du Conseil de l'Europe pour la protection des personnes à l'égard du traitement automatisé des données à caractère personnel ;

Considérant la Convention des Nations Unies relative aux droits de l'enfant (1989) (1) et la Convention de l'Organisation internationale du travail sur les pires formes de travail des enfants (1999) (2) ;

Tenant compte des conventions existantes du Conseil de l'Europe sur la coopération en matière pénale, ainsi que d'autres traités similaires conclus entre les États membres du Conseil de l'Europe et d'autres États, et soulignant que la présente Convention a pour but de les compléter en vue de rendre plus efficaces les enquêtes et les procédures pénales portant sur des infractions pénales en relation avec des systèmes et des données informatiques, ainsi que de permettre la collecte des preuves électroniques d'une infraction pénale ;

Se félicitant des récentes initiatives destinées à améliorer la compréhension et la coopération internationales aux fins de la lutte contre la criminalité dans le cyberespace, notamment des actions menées par les Nations Unies, l'OCDE, l'Union européenne et le G8 ;

Rappelant les Recommandations du Comité des Ministres n° R (85) 10 concernant l'application pratique de la Convention européenne d'entraide judiciaire en matière pénale relative aux commissions rogatoires pour la surveillance des télécommunications, n° R (88) 2 sur des mesures visant à combattre la piraterie dans le domaine du droit d'auteur et des droits voisins, n° R (87) 15 visant à réglementer l'utilisation de données à caractère personnel dans le secteur de la police, n° R (95) 4 sur la protection des données à caractère personnel dans le domaine des services de télécommunication, eu égard notamment aux services téléphoniques, et n° R (89) 9 sur la criminalité en relation avec l'ordinateur, qui indique aux législateurs nationaux des principes directeurs pour définir certaines infractions informatiques, ainsi que n° R (95) 13 relative aux problèmes de procédure pénale liés à la technologie de l'information ;

Eu égard à la Résolution n° 1, adoptée par les ministres européens de la Justice lors de leur 21e Conférence (Prague, 10 et 11 juin 1997), qui recommande au Comité des Ministres de soutenir les activités concernant la cybercriminalité menées par le Comité européen pour les problèmes criminels (CDPC) afin de rapprocher les législations pénales nationales et de permettre l'utilisation de moyens d'investigation efficaces en matière d'infractions informatiques, ainsi qu'à la Résolution n° 3, adoptée lors de la 23e Conférence des ministres européens de la Justice (Londres, 8 et 9 juin 2000), qui encourage les parties aux négociations à poursuivre leurs efforts afin de trouver des solutions permettant au plus grand nombre d'États d'être parties à la Convention et qui reconnaît la nécessité de disposer d'un mécanisme rapide et efficace de coopération internationale qui tienne dûment compte des exigences spécifiques de la lutte contre la cybercriminalité ;

Prenant également en compte le plan d'action adopté par les chefs d'État et de gouvernement du Conseil de l'Europe à l'occasion de leur 2e Sommet (Strasbourg, 10 et 11 octobre 1997) afin de trouver des réponses communes au développement des nouvelles technologies de l'information, fondées sur les normes et les valeurs du Conseil de l'Europe,

Sont convenus de ce qui suit :

CHAPITRE Ier. – TERMINOLOGIE

Art. 1er. – *Définitions.* – Aux fins de la présente Convention :

***a)* l'expression « système informatique » désigne tout dispositif isolé ou ensemble de dispositifs interconnectés ou apparentés, qui assure ou dont un ou plusieurs éléments assurent, en exécution d'un programme, un traitement automatisé de données ;**

***b)* l'expression « données informatiques » désigne toute représentation de faits, d'informations ou de concepts sous une forme qui se prête à un traitement informatique, y compris un programme de nature à faire en sorte qu'un système informatique exécute une fonction ;**

***c)* l'expression « fournisseur de services » désigne :**

***i)* toute entité publique ou privée qui offre aux utilisateurs de ses services la possibilité de communiquer au moyen d'un système informatique, et**

***ii)* toute autre entité traitant ou stockant des données informatiques pour ce service de communication ou ses utilisateurs ;**

***d)* « données relatives au trafic » désigne toutes données ayant trait à une communication passant par un système informatique, produites par ce dernier en tant qu'élément de la chaîne de communication, indiquant l'origine, la destination, l'itinéraire, l'heure, la date, la taille et la durée de la communication ou le type de service sous-jacent.**

(1) Conv. 26 janv. 1990 publiée par D. n° 90-917, 8 oct. 1990. – NDLR.
(2) Conv. 17 juin 1999 publiée par D. n° 2001-1074, 15 nov. 2001. – NDLR.

CHAPITRE II. – MESURES À PRENDRE AU NIVEAU NATIONAL

Section 1. – Droit pénal matériel

TITRE Ier. – INFRACTIONS CONTRE LA CONFIDENTIALITÉ, L'INTÉGRITÉ ET LA DISPONIBILITÉ DES DONNÉES ET SYSTÈMES INFORMATIQUES

Art. 2. – *Accès illégal.* – Chaque Partie adopte les mesures législatives et autres qui se révèlent nécessaires pour ériger en infraction pénale, conformément à son droit interne, l'accès intentionnel et sans droit à tout ou partie d'un système informatique. Une Partie peut exiger que l'infraction soit commise en violation des mesures de sécurité, dans l'intention d'obtenir des données informatiques ou dans une autre intention délictueuse, ou soit en relation avec un système informatique connecté à un autre système informatique.

Art. 3. – *Interception illégale.* – Chaque Partie adopte les mesures législatives et autres qui se révèlent nécessaires pour ériger en infraction pénale, conformément à son droit interne, l'interception intentionnelle et sans droit, effectuée par des moyens techniques, de données informatiques, lors de transmissions non publiques, à destination, en provenance ou à l'intérieur d'un système informatique, y compris les émissions électromagnétiques provenant d'un système informatique transportant de telles données informatiques. Une Partie peut exiger que l'infraction soit commise dans une intention délictueuse ou soit en relation avec un système informatique connecté à un autre système informatique.

Art. 4. – *Atteinte à l'intégrité des données.* – 1. Chaque Partie adopte les mesures législatives et autres qui se révèlent nécessaires pour ériger en infraction pénale, conformément à son droit interne, le fait, intentionnel et sans droit, d'endommager, d'effacer, de détériorer, d'altérer ou de supprimer des données informatiques.

2. Une Partie peut se réserver le droit d'exiger que le comportement décrit au paragraphe 1 entraîne des dommages sérieux.

Art. 5. – *Atteinte à l'intégrité du système.* – Chaque Partie adopte les mesures législatives et autres qui se révèlent nécessaires pour ériger en infraction pénale, conformément à son droit interne, l'entrave grave, intentionnelle et sans droit, au fonctionnement d'un système informatique, par l'introduction, la transmission, l'endommagement, l'effacement, la détérioration, l'altération ou la suppression de données informatiques.

Art. 6. – *Abus de dispositifs.* – 1. Chaque Partie adopte les mesures législatives et autres qui se révèlent nécessaires pour ériger en infraction pénale, conformément à son droit interne, lorsqu'elles sont commises intentionnellement et sans droit :

a) la production, la vente, l'obtention pour utilisation, l'importation, la diffusion ou d'autres formes de mise à disposition :

i) d'un dispositif, y compris un programme informatique, principalement conçu ou adapté pour permettre la commission de l'une des infractions établies conformément aux articles 2 à 5 ci-dessus ;

ii) d'un mot de passe, d'un code d'accès ou de données informatiques similaires permettant d'accéder à tout ou partie d'un système informatique, dans l'intention qu'ils soient utilisés afin de commettre l'une ou l'autre des infractions visées par les articles 2 à 5 ; et

b) la possession d'un élément visé aux paragraphes *a.* i ou ii ci-dessus, dans l'intention qu'il soit utilisé afin de commettre l'une ou l'autre des infractions visées par les articles 2 à 5. Une Partie peut exiger en droit interne qu'un certain nombre de ces éléments soit détenu pour que la responsabilité pénale soit engagée.

2. Le présent article ne saurait être interprété comme imposant une responsabilité pénale lorsque la production, la vente, l'obtention pour utilisation, l'importation, la diffusion ou d'autres formes de mise à disposition mentionnées au paragraphe 1 du présent article n'ont pas pour but de commettre une infraction établie conformément aux articles 2 à 5 de la présente Convention, comme dans le cas d'essai autorisé ou de protection d'un système informatique.

3. Chaque Partie peut se réserver le droit de ne pas appliquer le paragraphe 1 du présent article, à condition que cette réserve ne porte pas sur la vente, la distribution ou toute autre mise à disposition des éléments mentionnés au paragraphe 1. *a.* ii du présent article.

TITRE II. – INFRACTIONS INFORMATIQUES

Art. 7. – *Falsification informatique.* – Chaque Partie adopte les mesures législatives et autres qui se révèlent nécessaires pour ériger en infraction pénale, conformément à son droit interne, l'introduction, l'altération, l'effacement ou la suppression intentionnels et sans droit de données informatiques, engendrant des données non authentiques, dans l'intention qu'elles soient prises en compte ou utilisées à des fins légales comme si elles étaient authentiques, qu'elles soient ou non directement lisibles et intelligibles. Une Partie peut exiger une intention frauduleuse ou une intention délictueuse similaire pour que la responsabilité pénale soit engagée.

Art. 8. – *Fraude informatique.* – Chaque Partie adopte les mesures législatives et autres qui se révèlent nécessaires pour ériger en infraction pénale, conformément à son droit interne, le fait intentionnel et sans droit de causer un préjudice patrimonial à autrui :

a) par toute introduction, altération, effacement ou suppression de données informatiques ;

b) par toute forme d'atteinte au fonctionnement d'un système informatique, dans l'intention, frauduleuse ou délictueuse, d'obtenir sans droit un bénéfice économique pour soi-même ou pour autrui.

TITRE III. – INFRACTIONS SE RAPPORTANT AU CONTENU

Art. 9. – *Infractions se rapportant à la pornographie enfantine.* – 1. Chaque Partie adopte les mesures législatives et autres qui se révèlent nécessaires pour ériger en infraction pénale, conformément à son droit interne, les comportements suivants lorsqu'ils sont commis intentionnellement et sans droit :

a) la production de pornographie enfantine en vue de sa diffusion par le biais d'un système informatique ;

b) l'offre ou la mise à disposition de pornographie enfantine par le biais d'un système informatique ;

c) la diffusion ou la transmission de pornographie enfantine par le biais d'un système informatique ;

d) le fait de se procurer ou de procurer à autrui de la pornographie enfantine par le biais d'un système informatique ;

e) la possession de pornographie enfantine dans un système informatique ou un moyen de stockage de données informatiques.

2. Aux fins du paragraphe 1 ci-dessus, le terme « pornographie enfantine » comprend toute matière pornographique représentant de manière visuelle :

a) un mineur se livrant à un comportement sexuellement explicite ;

b) une personne qui apparaît comme un mineur se livrant à un comportement sexuellement explicite ;

c) des images réalistes représentant un mineur se livrant à un comportement sexuellement explicite.

3. Aux fins du paragraphe 2 ci-dessus, le terme « mineur » désigne toute personne âgée de moins de 18 ans. Une Partie peut toutefois exiger une limite d'âge inférieure, qui doit être au minimum de 16 ans.

4. Une Partie peut se réserver le droit de ne pas appliquer, en tout ou en partie, les paragraphes 1, alinéas *d* et *e*, et 2, alinéas *b* et *c*.

TITRE IV. – INFRACTIONS LIÉES AUX ATTEINTES À LA PROPRIÉTÉ INTELLECTUELLE ET AUX DROITS CONNEXES

Art. 10. – *Infractions liées aux atteintes à la propriété intellectuelle et aux droits connexes.* – 1. Chaque Partie adopte les mesures législatives et autres qui se révèlent nécessaires pour ériger en infraction pénale, conformément à son droit interne, les atteintes à la propriété intellectuelle, définies par la législation de ladite Partie, conformément aux obligations que celle-ci a souscrites en application de l'Acte de Paris du 24 juillet 1971 portant révision de la Convention de Berne pour la protection des œuvres littéraires et artistiques (1), de l'Accord sur les aspects commerciaux des droits de propriété intellectuelle et du traité de l'OMPI sur la propriété intellectuelle, à l'exception de tout droit moral conféré par ces conventions, lorsque de tels actes sont commis délibérément, à une échelle commerciale et au moyen d'un système informatique.

2. Chaque Partie adopte les mesures législatives et autres qui se révèlent nécessaires pour ériger en infraction pénale, conformément à son droit interne, les atteintes aux droits connexes définis par la législation de ladite Partie, conformément aux obligations que cette dernière a souscrites en application de la Convention internationale pour la protection des artistes interprètes ou exécutants, des producteurs de phonogrammes et des organismes de radiodiffusion (Convention de Rome) (2), de l'Accord relatif aux aspects commerciaux des droits de propriété intellectuelle et du Traité de l'OMPI sur les interprétations et exécutions, et les phonogrammes,

(1) Conv. 24 juill. 1971 publiée par D. n° 74-743, 21 août 1974. – NDLR.
(2) Conv. 26 oct. 1961 publiée par D. n° 88-234, 9 mars 1988. – NDLR.

à l'exception de tout droit moral conféré par ces conventions, lorsque de tels actes sont commis délibérément, à une échelle commerciale et au moyen d'un système informatique.

3. Une Partie peut, dans des circonstances bien délimitées, se réserver le droit de ne pas imposer de responsabilité pénale au titre des paragraphes 1 et 2 du présent article, à condition que d'autres recours efficaces soient disponibles et qu'une telle réserve ne porte pas atteinte aux obligations internationales incombant à cette Partie en application des instruments internationaux mentionnés aux paragraphes 1 et 2 du présent article.

TITRE V. – AUTRES FORMES DE RESPONSABILITÉ ET DE SANCTIONS

Art. 11. – *Tentative et complicité.* – 1. Chaque Partie adopte les mesures législatives et autres qui se révèlent nécessaires pour ériger en infraction pénale, conformément à son droit interne, toute complicité lorsqu'elle est commise intentionnellement en vue de la perpétration d'une des infractions établies en application des articles 2 à 10 de la présente Convention, dans l'intention qu'une telle infraction soit commise.

2. Chaque Partie adopte les mesures législatives et autres qui se révèlent nécessaires pour ériger en infraction pénale, conformément à son droit interne, toute tentative intentionnelle de commettre l'une des infractions établies en application des articles 3 à 5, 7, 8, 9.1.*a* et *c* de la présente Convention.

3. Chaque Partie peut se réserver le droit de ne pas appliquer, en tout ou en partie, le paragraphe 2 du présent article.

Art. 12. – *Responsabilité des personnes morales.* – 1. Chaque Partie adopte les mesures législatives et autres qui se révèlent nécessaires pour que les personnes morales puissent être tenues pour responsables des infractions établies en application de la présente Convention, lorsqu'elles sont commises pour leur compte par toute personne physique, agissant soit individuellement, soit en tant que membre d'un organe de la personne morale, qui exerce un pouvoir de direction en son sein, fondé :

a) sur un pouvoir de représentation de la personne morale ;

b) sur une autorité pour prendre des décisions au nom de la personne morale ;

c) sur une autorité pour exercer un contrôle au sein de la personne morale.

2. Outre les cas déjà prévus au paragraphe 1 du présent article, chaque Partie adopte les mesures qui se révèlent nécessaires pour s'assurer qu'une personne morale peut être tenue pour responsable lorsque l'absence de surveillance ou de contrôle de la part d'une personne physique mentionnée au paragraphe 1 a rendu possible la commission des infractions établies en application de la présente Convention pour le compte de ladite personne morale par une personne physique agissant sous son autorité.

3. Selon les principes juridiques de la Partie, la responsabilité d'une personne morale peut être pénale, civile ou administrative.

4. Cette responsabilité est établie sans préjudice de la responsabilité pénale des personnes physiques ayant commis l'infraction.

Art. 13. – *Sanctions et mesures.* – 1. Chaque Partie adopte les mesures législatives et autres qui se révèlent nécessaires pour que les infractions pénales établies en application des articles 2 à 11 soient passibles de sanctions effectives, proportionnées et dissuasives, comprenant des peines privatives de liberté.

2. Chaque Partie veille à ce que les personnes morales tenues pour responsables en application de l'article 12 fassent l'objet de sanctions ou de mesures pénales ou non pénales effectives, proportionnées et dissuasives, comprenant des sanctions pécuniaires.

Section 2. – Droit procédural

TITRE Ier. – DISPOSITIONS COMMUNES

Art. 14. – *Portée d'application des mesures du droit de procédure.* – 1. Chaque Partie adopte les mesures législatives et autres qui se révèlent nécessaires pour instaurer les pouvoirs et procédures prévus dans la présente section aux fins d'enquêtes ou de procédures pénales spécifiques.

2. Sauf disposition contraire figurant à l'article 21, chaque Partie applique les pouvoirs et procédures mentionnés dans le paragraphe 1 du présent article :

a) aux infractions pénales établies conformément aux articles 2 à 11 de la présente Convention ;

b) à toutes les autres infractions pénales commises au moyen d'un système informatique ; et

c) à la collecte des preuves électroniques de toute infraction pénale.

3. *a)* Chaque Partie peut se réserver le droit de n'appliquer les mesures mentionnées à l'article 20 qu'aux infractions ou catégories d'infractions spécifiées dans la réserve, pour autant que l'éventail de ces infractions ou catégories d'infractions ne soit pas plus réduit que celui des infractions auxquelles elle applique les mesures mentionnées à l'article 21. Chaque Partie envisagera de limiter une telle réserve de manière à permettre l'application la plus large possible de la mesure mentionnée à l'article 20.

b) Lorsqu'une Partie, en raison des restrictions imposées par sa législation en vigueur au moment de l'adoption de la présente Convention, n'est pas en mesure d'appliquer les mesures visées aux articles 20 et 21 aux communications transmises dans un système informatique d'un fournisseur de services :

i) qui est mis en œuvre pour le bénéfice d'un groupe d'utilisateurs fermé, et

ii) qui n'emploie pas les réseaux publics de télécommunication et qui n'est pas connecté à un autre système informatique, qu'il soit public ou privé, cette Partie peut réserver le droit de ne pas appliquer ces mesures à de telles communications. Chaque Partie envisagera de limiter une telle réserve de manière à permettre l'application la plus large possible de la mesure mentionnée aux articles 20 et 21.

Art. 15. – *Conditions et sauvegardes.* – 1. Chaque Partie veille à ce que l'instauration, la mise en œuvre et l'application des pouvoirs et procédures prévus dans la présente section soient soumises aux conditions et sauvegardes prévues par son droit interne, qui doit assurer une protection adéquate des droits de l'homme et des libertés, en particulier des droits établis conformément aux obligations que celle-ci a souscrites en application de la Convention de sauvegarde des Droits de l'Homme et des Libertés fondamentales du Conseil de l'Europe (1950) (1) et du Pacte international relatif aux droits civils et politiques des Nations Unies (1966) (2), ou d'autres instruments internationaux applicables concernant les droits de l'homme, et qui doit intégrer le principe de la proportionnalité.

2. Lorsque cela est approprié, eu égard à la nature de la procédure ou du pouvoir concerné, ces conditions et sauvegardes incluent, entre autres, une supervision judiciaire ou d'autres formes de supervision indépendante, des motifs justifiant l'application ainsi que la limitation du champ d'application et de la durée du pouvoir ou de la procédure en question.

3. Dans la mesure où cela est conforme à l'intérêt public, en particulier à la bonne administration de la justice, chaque Partie examine l'effet des pouvoirs et procédures dans cette section sur les droits, responsabilités et intérêts légitimes des tiers.

TITRE II. – CONSERVATION RAPIDE DE DONNÉES INFORMATIQUES STOCKÉES

Art. 16. – *Conservation rapide de données informatiques stockées.* – 1. Chaque Partie adopte les mesures législatives et autres qui se révèlent nécessaires pour permettre à ses autorités compétentes d'ordonner ou d'imposer d'une autre manière la conservation rapide de données électroniques spécifiées, y compris des données relatives au trafic, stockées au moyen d'un système informatique, notamment lorsqu'il y a des raisons de penser que celles-ci sont particulièrement susceptibles de perte ou de modification.

2. Lorsqu'une Partie fait application du paragraphe 1 ci-dessus, au moyen d'une injonction ordonnant à une personne de conserver des données stockées spécifiées se trouvant en sa possession ou sous son contrôle, cette Partie adopte les mesures législatives et autres qui se révèlent nécessaires pour obliger cette personne à conserver et à protéger l'intégrité desdites données pendant une durée aussi longue que nécessaire, au maximum de quatre-vingt-dix jours, afin de permettre aux autorités compétentes d'obtenir leur divulgation. Une Partie peut prévoir qu'une telle injonction soit renouvelée par la suite.

3. Chaque Partie adopte les mesures législatives et autres qui se révèlent nécessaires pour obliger le gardien des données ou une autre personne chargée de conserver celles-ci à garder le secret sur la mise en œuvre desdites procédures pendant la durée prévue par son droit interne.

4. Les pouvoirs et procédures mentionnés dans le présent article doivent être soumis aux articles 14 et 15.

(1) Conv. 4 nov. 1950 publiée par D. n° 74-360, 3 mai 1974. – NDLR.

(2) Pacte 19 déc. 1966 publié par D. n° 81-76, 29 janv. 1981. – NDLR.

Art. 17. – *Conservation et divulgation partielle rapides de données relatives au trafic.* – 1. Afin d'assurer la conservation des données relatives au trafic, en application de l'article 16, chaque Partie adopte les mesures législatives et autres qui se révèlent nécessaires :

a) pour veiller à la conservation rapide de ces données relatives au trafic, qu'un seul ou plusieurs fournisseurs de services aient participé à la transmission de cette communication ; et

b) pour assurer la divulgation rapide à l'autorité compétente de la Partie, ou à une personne désignée par cette autorité, d'une quantité suffisante de données relatives au trafic pour permettre l'identification par la Partie des fournisseurs de services et de la voie par laquelle la communication a été transmise.

2. Les pouvoirs et procédures mentionnés dans le présent article doivent être soumis aux articles 14 et 15.

TITRE III. – INJONCTION DE PRODUIRE

Art. 18. – *Injonction de produire.* – 1. Chaque Partie adopte les mesures législatives et autres qui se révèlent nécessaires pour habiliter ses autorités compétentes à ordonner :

a) à une personne présente sur son territoire de communiquer les données informatiques spécifiées, en sa possession ou sous son contrôle, qui sont stockées dans un système informatique ou un support de stockage informatique ; et

b) à un fournisseur de services offrant des prestations sur le territoire de la Partie, de communiquer les données en sa possession ou sous son contrôle relatives aux abonnés et concernant de tels services.

2. Les pouvoirs et procédures mentionnés dans le présent article doivent être soumis aux articles 14 et 15.

3. Aux fins du présent article, l'expression « données relatives aux abonnés » désigne toute information, sous forme de données informatiques ou sous toute autre forme, détenue par un fournisseur de services et se rapportant aux abonnés de ses services, autres que des données relatives au trafic ou au contenu, et permettant d'établir :

a) le type de service de communication utilisé, les dispositions techniques prises à cet égard et la période de service ;

b) l'identité, l'adresse postale ou géographique et le numéro de téléphone de l'abonné, et tout autre numéro d'accès, les données concernant la facturation et le paiement, disponibles sur la base d'un contrat ou d'un arrangement de services ;

c) toute autre information relative à l'endroit où se trouvent les équipements de communication, disponible sur la base d'un contrat ou d'un arrangement de services.

TITRE IV. – PERQUISITION ET SAISIE DE DONNÉES INFORMATIQUES STOCKÉES

Art. 19. – *Perquisition et saisie de données informatiques stockées.* – 1. Chaque Partie adopte les mesures législatives et autres qui se révèlent nécessaires pour habiliter ses autorités compétentes à perquisitionner ou à accéder d'une façon similaire :

a) à un système informatique ou à une partie de celui-ci ainsi qu'aux données informatiques qui y sont stockées ; et

b) à un support du stockage informatique permettant de stocker des données informatiques sur son territoire.

2. Chaque Partie adopte les mesures législatives et autres qui se révèlent nécessaires pour veiller à ce que, lorsque ses autorités perquisitionnent ou accèdent d'une façon similaire à un système informatique spécifique ou à une partie de celui-ci, conformément au paragraphe 1. *a*, et ont des raisons de penser que les données recherchées sont stockées dans un autre système informatique ou dans une partie de celui-ci situé sur son territoire, et que ces données sont légalement accessibles à partir du système initial ou disponibles pour ce système initial, lesdites autorités soient en mesure d'étendre rapidement la perquisition ou l'accès d'une façon similaire à l'autre système.

3. Chaque Partie adopte les mesures législatives et autres qui se révèlent nécessaires pour habiliter ses autorités compétentes à saisir ou à obtenir d'une façon similaire les données informatiques pour lesquelles l'accès a été réalisé en application des paragraphes 1 ou 2. Ces mesures incluent les prérogatives suivantes :

a) saisir ou obtenir d'une façon similaire un système informatique ou une partie de celui-ci, ou un support de stockage informatique ;

b) réaliser et conserver une copie de ces données informatiques ;

c) préserver l'intégrité des données informatiques stockées pertinentes ;

d) rendre inaccessibles ou enlever ces données informatiques du système informatique consulté.

4. Chaque Partie adopte les mesures législatives et autres qui se révèlent nécessaires pour habiliter ses autorités compétentes à ordonner à toute personne connaissant le fonctionnement du système informatique ou les mesures appliquées pour protéger les données informatiques qu'il contient de fournir toutes les informations raisonnablement nécessaires, pour permettre l'application des mesures visées par les paragraphes 1 et 2.

5. Les pouvoirs et procédures mentionnés dans cet article doivent être soumis aux articles 14 et 15.

TITRE V. – COLLECTE EN TEMPS RÉEL DE DONNÉES INFORMATIQUES

Art. 20. – *Collecte en temps réel des données relatives au trafic.* – 1. Chaque Partie adopte les mesures législatives et autres qui se révèlent nécessaires pour habiliter ses autorités compétentes :

a) à collecter ou enregistrer par l'application de moyens techniques existant sur son territoire, et

b) à obliger un fournisseur de services, dans le cadre de ses capacités techniques existantes :

i) à collecter ou à enregistrer par l'application de moyens techniques existant sur son territoire, ou

ii) à prêter aux autorités compétentes son concours et son assistance pour collecter ou enregistrer, en temps réel, les données relatives au trafic associées à des communications spécifiques transmises sur son territoire au moyen d'un système informatique.

2. Lorsqu'une Partie, en raison des principes établis de son ordre juridique interne, ne peut adopter les mesures énoncées au paragraphe 1 *a*, elle peut, à la place, adopter les mesures législatives et autres qui se révèlent nécessaires pour assurer la collecte ou l'enregistrement en temps réel des données relatives au trafic associées à des communications spécifiques transmises sur son territoire par l'application de moyens techniques existant sur ce territoire.

3. Chaque Partie adopte les mesures législatives et autres qui se révèlent nécessaires pour obliger un fournisseur de services à garder secrets le fait que l'un quelconque des pouvoirs prévus dans le présent article a été exécuté ainsi que toute information à ce sujet.

4. Les pouvoirs et procédures mentionnés dans le présent article doivent être soumis aux articles 14 et 15.

Art. 21. – *Interception de données relatives au contenu.* – 1. Chaque Partie adopte les mesures législatives et autres qui se révèlent nécessaires pour habiliter ses autorités compétentes en ce qui concerne un éventail d'infractions graves à définir en droit interne :

a) à collecter ou à enregistrer par l'application de moyens techniques existant sur son territoire, et

b) à obliger un fournisseur de services, dans le cadre de ses capacités techniques :

i) à collecter ou à enregistrer par l'application de moyens techniques existant sur son territoire, ou

ii) à prêter aux autorités compétentes son concours et son assistance pour collecter ou enregistrer, en temps réel, les données relatives au contenu de communications spécifiques sur son territoire, transmises au moyen d'un système informatique.

2. Lorsqu'une Partie, en raison des principes établis dans son ordre juridique interne, ne peut adopter les mesures énoncées au paragraphe 1. *a*, elle peut à la place adopter les mesures législatives et autres qui se révèlent nécessaires pour assurer la collecte ou l'enregistrement en temps réel des données relatives au contenu de communications spécifiques transmises sur son territoire par l'application de moyens techniques existant sur ce territoire.

3. Chaque Partie adopte les mesures législatives et autres qui se révèlent nécessaires pour obliger un fournisseur de services à garder secrets le fait que l'un quelconque des pouvoirs prévus dans le présent article a été exécuté, ainsi que toute information à ce sujet.

4. Les pouvoirs et procédures mentionnés dans le présent article doivent être soumis aux articles 14 et 15.

Section 3. – Compétence

Art. 22. – *Compétence.* – 1. Chaque Partie adopte les mesures législatives et autres qui se révèlent nécessaires pour établir sa compétence à l'égard de toute infraction pénale établie conformément aux articles 2 à 11 de la présente Convention, lorsque l'infraction est commise :

a) sur son territoire ; ou

b) à bord d'un navire battant pavillon de cette Partie ; ou

c) à bord d'un aéronef immatriculé selon les lois de cette Partie ; ou

d) par un de ses ressortissants, si l'infraction est punissable pénalement là où elle a été commise ou si l'infraction ne relève de la compétence territoriale d'aucun État.

2. Chaque Partie peut se réserver le droit de ne pas appliquer, ou de n'appliquer que dans des cas ou des conditions spécifiques, les règles de compétence définies aux paragraphes 1. *b* à 1. *d* du présent article ou dans une partie quelconque de ces paragraphes.

3. Chaque Partie adopte les mesures qui se révèlent nécessaires pour établir sa compétence à l'égard de toute infraction mentionnée à l'article 24, paragraphe 1, de la présente Convention, lorsque l'auteur présumé de l'infraction est présent sur son territoire et ne peut être extradé vers une autre Partie au seul titre de sa nationalité, après une demande d'extradition.

4. La présente Convention n'exclut aucune compétence pénale exercée par une Partie conformément à son droit interne.

5. Lorsque plusieurs Parties revendiquent une compétence à l'égard d'une infraction présumée visée dans la présente Convention, les Parties concernées se concertent, lorsque cela est opportun, afin de déterminer la mieux à même d'exercer les poursuites.

CHAPITRE III. – COOPÉRATION INTERNATIONALE

Section 1. – Principes généraux

TITRE Ier. – PRINCIPES GÉNÉRAUX RELATIFS À LA COOPÉRATION INTERNATIONALE

Art. 23. – *Principes généraux relatifs à la coopération internationale.* – Les Parties coopèrent les unes avec les autres, conformément aux dispositions du présent chapitre, en application des instruments internationaux pertinents sur la coopération internationale en matière pénale, des arrangements reposant sur des législations uniformes ou réciproques et de leur droit national, dans la mesure la plus large possible, aux fins d'investigations ou de procédures concernant les infractions pénales liées à des systèmes et des données informatiques ou pour recueillir les preuves, sous forme électronique, d'une infraction pénale.

TITRE II. – PRINCIPES RELATIFS À L'EXTRADITION

Art. 24. – *Extradition.* – 1. *a)* Le présent article s'applique à l'extradition entre les Parties pour les infractions pénales définies conformément aux articles 2 à 11 de la présente Convention, à condition qu'elles soient punissables dans la législation des deux Parties concernées par une peine privative de liberté pour une période maximale d'au moins un an, ou par une peine plus sévère.

b) Lorsqu'il est exigé une peine minimale différente, sur la base d'un traité d'extradition tel qu'applicable entre deux ou plusieurs parties, y compris la Convention européenne d'extradition (STE n° 24) (1), ou d'un arrangement reposant sur des législations uniformes ou réciproques, la peine minimale prévue par ce traité ou cet arrangement s'applique.

2. Les infractions pénales décrites au paragraphe 1 du présent article sont considérées comme incluses en tant qu'infractions pouvant donner lieu à extradition dans tout traité d'extradition existant entre ou parmi les Parties. Les Parties s'engagent à inclure de telles infractions comme infractions pouvant donner lieu à extradition dans tout traité d'extradition pouvant être conclu entre ou parmi elles.

3. Lorsqu'une Partie conditionne l'extradition à l'existence d'un traité et reçoit une demande d'extradition d'une autre Partie avec laquelle elle n'a pas conclu de traité d'extradition, elle peut considérer la présente Convention comme fondement juridique pour l'extradition au regard de toute infraction pénale mentionnée au paragraphe 1 du présent article.

4. Les Parties qui ne conditionnent pas l'extradition à l'existence d'un traité reconnaissent les infractions pénales mentionnées au paragraphe 1 du présent article comme des infractions pouvant donner lieu entre elles à l'extradition.

5. L'extradition est soumise aux conditions prévues par le droit interne de la Partie requise ou par les traités d'extradition en vigueur, y compris les motifs pour lesquels la Partie requise peut refuser l'extradition.

6. Si l'extradition pour une infraction pénale mentionnée au paragraphe 1 du présent article est refusée uniquement sur la base de la nationalité de la personne recherchée ou parce que la Partie requise s'estime compétente pour cette infraction, la Partie requise soumet l'affaire, à la demande de la Partie requérante, à ses autorités compétentes aux fins de poursuites, et rendra compte, en temps utile, de l'issue de l'affaire à la Partie requérante. Les autorités en question prendront leur décision et mèneront l'enquête et la procédure de la même manière que pour toute autre infraction de nature comparable, conformément à la législation de cette Partie.

(1) Conv. 13 déc. 1957 publiée par D. n° 86-736, 14 mai 1986. – NDLR.

7. *a)* Chaque Partie communique au Secrétaire Général du Conseil de l'Europe, au moment de la signature ou du dépôt de son instrument de ratification, d'acceptation, d'approbation ou d'adhésion, le nom et l'adresse de chaque autorité responsable de l'envoi ou de la réception d'une demande d'extradition ou d'arrestation provisoire, en l'absence de traité.

b) Le Secrétaire Général du Conseil de l'Europe établit et tient à jour un registre des autorités ainsi désignées par les Parties. Chaque Partie doit veiller en permanence à l'exactitude des données figurant dans le registre.

TITRE III. – PRINCIPES GÉNÉRAUX RELATIFS À L'ENTRAIDE

Art. 25. – *Principes généraux relatifs à l'entraide.* – 1. Les Parties s'accordent l'entraide la plus large possible aux fins d'investigations ou de procédures concernant les infractions pénales liées à des systèmes et à des données informatiques, ou afin de recueillir les preuves sous forme électronique d'une infraction pénale.

2. Chaque Partie adopte également les mesures législatives et autres qui se révèlent nécessaires pour s'acquitter des obligations énoncées aux articles 27 à 35.

3. Chaque Partie peut, en cas d'urgence, formuler une demande d'entraide ou les communications s'y rapportant par des moyens rapides de communication, tels que la télécopie ou le courrier électronique, pour autant que ces moyens offrent des conditions suffisantes de sécurité et d'authentification (y compris, si nécessaire, le cryptage), avec confirmation officielle ultérieure si l'État requis l'exige. L'État requis accepte la demande et y répond par n'importe lequel de ces moyens rapides de communication.

4. Sauf disposition contraire expressément prévue dans les articles du présent chapitre, l'entraide est soumise aux conditions fixées par le droit interne de la Partie requise ou par les traités d'entraide applicables, y compris les motifs sur la base desquels la Partie requise peut refuser la coopération. La Partie requise ne doit pas exercer son droit de refuser l'entraide concernant les infractions visées aux articles 2 à 11 au seul motif que la demande porte sur une infraction qu'elle considère comme de nature fiscale.

5. Lorsque, conformément aux dispositions du présent chapitre, la Partie requise est autorisée à subordonner l'entraide à l'existence d'une double incrimination, cette condition sera considérée comme satisfaite si le comportement constituant l'infraction, pour laquelle l'entraide est requise, est qualifié d'infraction pénale par son droit interne, que le droit interne classe ou non l'infraction dans la même catégorie d'infractions ou qu'il la désigne ou non par la même terminologie que le droit de la Partie requérante.

Art. 26. – *Information spontanée.* – 1. Une Partie peut, dans les limites de son droit interne et en l'absence de demande préalable, communiquer à une autre Partie des informations obtenues dans le cadre de ses propres enquêtes lorsqu'elle estime que cela pourrait aider la Partie destinataire à engager ou à mener à bien des enquêtes ou des procédures au sujet d'infractions pénales établies conformément à la présente Convention, ou lorsque ces informations pourraient aboutir à une demande de coopération formulée par cette Partie au titre du présent chapitre.

2. Avant de communiquer de telles informations, la Partie qui les fournit peut demander qu'elles restent confidentielles ou qu'elles ne soient utilisées qu'à certaines conditions. Si la Partie destinataire ne peut faire droit à cette demande, elle doit en informer l'autre Partie, qui devra alors déterminer si les informations en question devraient néanmoins être fournies. Si la Partie destinataire accepte les informations aux conditions prescrites, elle sera liée par ces dernières.

TITRE IV. – PROCÉDURES RELATIVES AUX DEMANDES D'ENTRAIDE EN L'ABSENCE D'ACCORDS INTERNATIONAUX APPLICABLES

Art. 27. – *Procédures relatives aux demandes d'entraide en l'absence d'accords internationaux applicables.* – 1. En l'absence de traité d'entraide ou d'arrangement reposant sur des législations uniformes ou réciproques en vigueur entre la Partie requérante et la Partie requise, les dispositions des paragraphes 2 à 9 du présent article s'appliquent. Elles ne s'appliquent pas lorsqu'un traité, un arrangement ou une législation de ce type existent, à moins que les Parties concernées ne décident d'appliquer à la place tout ou partie du reste de cet article.

2. *a)* Chaque Partie désigne une ou plusieurs autorités centrales chargées d'envoyer les demandes d'entraide ou d'y répondre, de les exécuter ou de les transmettre aux autorités compétentes pour leur exécution ;

b) Les autorités centrales communiquent directement les unes avec les autres ;

c) Chaque Partie, au moment de la signature ou du dépôt de ses instruments de ratification, d'acceptation, d'approbation ou d'adhésion, communique au Secrétaire Général du Conseil de l'Europe les noms et adresses des autorités désignées en application du présent paragraphe ;

d) Le Secrétaire Général du Conseil de l'Europe établit et tient à jour un registre des autorités centrales désignées par les Parties. Chaque Partie veille en permanence à l'exactitude des données figurant dans le registre.

3. Les demandes d'entraide sous le présent article sont exécutées conformément à la procédure spécifiée par la Partie requérante, sauf lorsqu'elle est incompatible avec la législation de la Partie requise.

4. Outre les conditions ou les motifs de refus prévus à l'article 25, paragraphe 4, l'entraide peut être refusée par la Partie requise :

a) si la demande porte sur une infraction que la Partie requise considère comme étant de nature politique ou liée à une infraction de nature politique ; ou

b) si la Partie requise estime que le fait d'accéder à la demande risquerait de porter atteinte à sa souveraineté, à sa sécurité, à son ordre public ou à d'autres intérêts essentiels.

5. La Partie requise peut surseoir à l'exécution de la demande si cela risquerait de porter préjudice à des enquêtes ou procédures conduites par ses autorités.

6. Avant de refuser ou de différer sa coopération, la Partie requise examine, après avoir le cas échéant consulté la Partie requérante, s'il peut être fait droit à la demande partiellement, ou sous réserve des conditions qu'elle juge nécessaires.

7. La Partie requise informe rapidement la Partie requérante de la suite qu'elle entend donner à la demande d'entraide. Elle doit motiver son éventuel refus d'y faire droit ou l'éventuel ajournement de la demande. La Partie requise informe également la Partie requérante de tout motif rendant l'exécution de l'entraide impossible ou étant susceptible de la retarder de manière significative.

8. La Partie requérante peut demander que la Partie requise garde confidentiels le fait et l'objet de toute demande formulée au titre du présent chapitre, sauf dans la mesure nécessaire à l'exécution de ladite demande. Si la Partie requise ne peut faire droit à cette demande de confidentialité, elle doit en informer rapidement la Partie requérante, qui devra alors déterminer si la demande doit néanmoins être exécutée.

9. *a)* En cas d'urgence, les autorités judiciaires de la Partie requérante peuvent adresser directement à leurs homologues de la Partie requise les demandes d'entraide ou les communications s'y rapportant. Dans un tel cas, copie est adressée simultanément aux autorités centrales de la Partie requise par le biais de l'autorité centrale de la Partie requérante.

b) Toute demande ou communication formulée au titre du présent paragraphe peut l'être par l'intermédiaire de l'Organisation internationale de police criminelle (Interpol).

c) Lorsqu'une demande a été formulée en application de l'alinéa *a* du présent article et lorsque l'autorité n'est pas compétente pour la traiter, elle la transmet à l'autorité nationale compétente et en informe directement la Partie requérante.

d) Les demandes ou communications effectuées en application du présent paragraphe qui ne supposent pas de mesure de coercition peuvent être directement transmises par les autorités compétentes de la Partie requérante aux autorités compétentes de la Partie requise.

e) Chaque Partie peut informer le Secrétaire Général du Conseil de l'Europe, au moment de la signature ou du dépôt de son instrument de ratification, d'acceptation, d'approbation ou d'adhésion, que, pour des raisons d'efficacité, les demandes faites sous ce paragraphe devront être adressées à son autorité centrale.

Art. 28. – *Confidentialité et restriction d'utilisation.* – 1. En l'absence de traité d'entraide ou d'arrangement reposant sur des législations uniformes ou réciproques en vigueur entre la Partie requérante et la Partie requise, les dispositions du présent article s'appliquent. Elles ne s'appliquent pas lorsqu'un traité, un arrangement ou une législation de ce type existent, à moins que les Parties concernées ne décident d'appliquer à la place tout ou partie du présent article.

2. La Partie requise peut subordonner la communication d'informations ou de matériels en réponse à une demande :

a) À la condition que ceux-ci restent confidentiels lorsque la demande d'entraide ne pourrait être respectée en l'absence de cette condition ; ou *b)* À la condition qu'ils ne soient pas utilisés aux fins d'enquêtes ou de procédures autres que celles indiquées dans la demande.

3. Si la Partie requérante ne peut satisfaire à l'une des conditions énoncées au paragraphe 2, elle en informe rapidement la Partie requise, qui détermine alors si l'information doit néanmoins être fournie. Si la Partie requérante accepte cette condition, elle sera liée par celle-ci.

4. Toute Partie qui fournit des informations ou du matériel soumis à l'une des conditions énoncées au paragraphe 2 peut exiger de l'autre Partie qu'elle lui communique des précisions, en relation avec cette condition, quant à l'usage fait de ces informations ou de ce matériel.

Section 2. – Dispositions spécifiques

TITRE Ier. – ENTRAIDE EN MATIÈRE DE MESURES PROVISOIRES

Art. 29. – *Conservation rapide de données informatiques stockées.* – 1. Une Partie peut demander à une autre Partie d'ordonner ou d'imposer d'une autre façon la conservation rapide de données stockées au moyen d'un système informatique se trouvant sur le territoire de cette autre Partie, et au sujet desquelles la Partie requérante a l'intention de soumettre une demande d'entraide en vue de la perquisition ou de l'accès par un moyen similaire, de la saisie ou de l'obtention par un moyen similaire, ou de la divulgation desdites données.

2. Une demande de conservation faite en application du paragraphe 1 doit préciser :

a) l'autorité qui demande la conservation ;

b) l'infraction faisant l'objet de l'enquête ou de procédures pénales et un bref exposé des faits qui s'y rattachent ;

c) les données informatiques stockées à conserver et la nature de leur lien avec l'infraction ;

d) toutes les informations disponibles permettant d'identifier le gardien des données informatiques stockées ou l'emplacement du système informatique ;

e) la nécessité de la mesure de conservation ; et

f) le fait que la Partie entend soumettre une demande d'entraide en vue de la perquisition ou de l'accès par un moyen similaire, de la saisie ou de l'obtention par un moyen similaire, ou de la divulgation des données informatiques stockées.

Après avoir reçu la demande d'une autre Partie, la Partie requise doit prendre toutes les mesures appropriées afin de procéder sans délai à la conservation des données spécifiées, conformément à son droit interne. Pour pouvoir répondre à une telle demande, la double incrimination n'est pas requise comme condition préalable à la conservation.

4. Une Partie qui exige la double incrimination comme condition pour répondre à une demande d'entraide visant la perquisition ou l'accès similaire, la saisie ou l'obtention par un moyen similaire ou la divulgation des données stockées peut, pour des infractions autres que celles établies conformément aux articles 2 à 11 de la présente Convention, se réserver le droit de refuser la demande de conservation au titre du présent article dans le cas où elle a des raisons de penser que, au moment de la divulgation, la condition de double incrimination ne pourra pas être remplie.

5. En outre, une demande de conservation peut être refusée uniquement :

a) si la demande porte sur une infraction que la Partie requise considère comme étant de nature politique ou liée à une infraction de nature politique ; ou

b) si la Partie requise estime que le fait d'accéder à la demande risquerait de porter atteinte à sa souveraineté, à sa sécurité, à l'ordre public ou à d'autres intérêts essentiels.

6. Lorsque la Partie requise estime que la conservation simple ne suffira pas à garantir la disponibilité future des données, ou compromettra la confidentialité de l'enquête de la Partie requérante, ou nuira d'une autre façon à celle-ci, elle en informe rapidement la Partie requérante, qui décide alors s'il convient néanmoins d'exécuter la demande.

7. Toute conservation effectuée en réponse à une demande visée au paragraphe 1 sera valable pour une période d'au moins soixante jours afin de permettre à la Partie requérante de soumettre une demande en vue de la perquisition ou de l'accès par un moyen similaire, de la saisie ou de l'obtention par un moyen similaire, ou de la divulgation des données. Après la réception d'une telle demande, les données doivent continuer à être conservées en attendant l'adoption d'une décision concernant la demande.

Art. 30. – *Divulgation rapide de données conservées.* – 1. Lorsque, en exécutant une demande de conservation de données relatives au trafic concernant une communication spécifique formulée en application de l'article 29, la Partie requise découvre qu'un fournisseur de services dans un autre État a participé à la transmission de cette communication, la Partie requise divulgue rapidement à la Partie requérante une quantité suffisante de données concernant le trafic, aux fins d'identifier ce fournisseur de services et la voie par laquelle la communication a été transmise.

2. La divulgation de données relatives au trafic en application du paragraphe 1 peut être refusée seulement :

a) si la demande porte sur une infraction que la Partie requise considère comme étant de nature politique ou liée à une infraction de nature politique ; ou

b) si elle considère que le fait d'accéder à la demande risquerait de porter atteinte à sa souveraineté, à sa sécurité, à son ordre public ou à d'autres intérêts essentiels.

TITRE II. – ENTRAIDE CONCERNANT LES POUVOIRS D'INVESTIGATION

Art. 31. – *Entraide concernant l'accès aux données stockées.* – 1. Une Partie peut demander à une autre Partie de perquisitionner ou d'accéder de façon similaire, de saisir ou d'obtenir de façon similaire, de divulguer des données stockées au moyen d'un système informatique se trouvant sur le territoire de cette autre Partie, y compris les données conservées conformément à l'article 29.

2. La Partie requise satisfait à la demande en appliquant les instruments internationaux, les arrangements et les législations mentionnés à l'article 23, et en se conformant aux dispositions pertinentes du présent chapitre.

3. La demande doit être satisfaite aussi rapidement que possible dans les cas suivants :

a) il y a des raisons de penser que les données pertinentes sont particulièrement sensibles aux risques de perte ou de modification ; ou

b) les instruments, arrangements et législations visés au paragraphe 2 prévoient une coopération rapide.

Art. 32. – *Accès transfrontière à des données stockées, avec consentement ou lorsqu'elles sont accessibles au public.* – Une Partie peut, sans l'autorisation d'une autre Partie :

a) accéder à des données informatiques stockées accessibles au public (source ouverte), quelle que soit la localisation géographique de ces données ; ou

b) accéder à, ou recevoir au moyen d'un système informatique situé sur son territoire, des données informatiques stockées situées dans un autre État, si la Partie obtient le consentement légal et volontaire de la personne légalement autorisée à lui divulguer ces données au moyen de ce système informatique.

Art. 33. – *Entraide dans la collecte en temps réel de données relatives au trafic.* – 1. Les Parties s'accordent l'entraide dans la collecte en temps réel de données relatives au trafic, associées à des communications spécifiées sur leur territoire, transmises au moyen d'un système informatique. Sous réserve des dispositions du paragraphe 2, cette entraide est régie par les conditions et les procédures prévues en droit interne.

2. Chaque Partie accorde cette entraide au moins à l'égard des infractions pénales pour lesquelles la collecte en temps réel de données concernant le trafic serait disponible dans une affaire analogue au niveau interne.

Art. 34. – *Entraide en matière d'interception de données relatives au contenu.* – Les Parties s'accordent l'entraide, dans la mesure permise par leurs traités et lois internes applicables, pour la collecte ou l'enregistrement en temps réel de données relatives au contenu de communications spécifiques transmises au moyen d'un système informatique.

TITRE III. – RÉSEAU 24/7

Art. 35. – *Réseau 24/7.* – 1. Chaque Partie désigne un point de contact joignable vingt-quatre heures sur vingt-quatre, sept jours sur sept, afin d'assurer une assistance immédiate pour des investigations concernant les infractions pénales liées à des systèmes et à des données informatiques, ou pour recueillir les preuves sous forme électronique d'une infraction pénale. Cette assistance englobera la facilitation, ou, si le droit et la pratique internes le permettent, l'application directe des mesures suivantes :

a) apport de conseils techniques ;

b) conservation des données, conformément aux articles 29 et 30 ;

c) recueil de preuves, apport d'informations à caractère juridique, et localisation des suspects.

2. *a)* Le point de contact d'une Partie aura les moyens de correspondre avec le point de contact d'une autre Partie selon une procédure accélérée.

b) Si le point de contact désigné par une Partie ne dépend pas de l'autorité ou des autorités de cette Partie responsables de l'entraide internationale ou de l'extradition, le point de contact veillera à pouvoir agir en coordination avec cette ou ces autorités, selon une procédure accélérée.

3. Chaque Partie fera en sorte de disposer d'un personnel formé et équipé en vue de faciliter le fonctionnement du réseau.

CHAPITRE IV. – CLAUSES FINALES

Art. 36. – *Signature et entrée en vigueur.* (1) – 1. La présente Convention est ouverte à la signature des États membres du Conseil de l'Europe et des États non membres qui ont participé à son élaboration.

2. La présente Convention est soumise à ratification, acceptation ou approbation. Les instruments de ratification, d'acceptation ou d'approbation sont déposés près le Secrétaire Général du Conseil de l'Europe.

3. La présente Convention entrera en vigueur le premier jour du mois qui suit l'expiration d'une période de trois mois après la date à laquelle cinq États, incluant au moins trois États membres du Conseil de l'Europe, auront exprimé leur consentement à être liés par la Convention, conformément aux dispositions des paragraphes 1 et 2.

4. Pour tout État signataire qui exprimera ultérieurement son consentement à être lié par la Convention, celle-ci entrera en vigueur le premier jour du mois qui suit l'expiration d'une période de trois mois après la date de l'expression de son consentement à être lié par la Convention, conformément aux dispositions des paragraphes 1 et 2.

Art. 37. – *Adhésion à la Convention.* – 1. Après l'entrée en vigueur de la présente Convention, le Comité des Ministres du Conseil de l'Europe peut, après avoir consulté les États contractants à la Convention et en avoir obtenu l'assentiment unanime, inviter tout État non membre du Conseil, n'ayant pas participé à son élaboration, à adhérer à la présente Convention. La décision est prise à la majorité prévue à l'article 20.*d* du Statut du Conseil de l'Europe et à l'unanimité des représentants des États contractants ayant le droit de siéger au Comité des Ministres.

2. Pour tout État adhérent à la Convention, conformément au paragraphe 1 ci-dessus, la Convention entrera en vigueur le premier jour du mois qui suit l'expiration d'une période de trois mois après la date de dépôt de l'instrument d'adhésion près le Secrétaire Général du Conseil de l'Europe.

Art. 38. – *Application territoriale.* – 1. Tout État peut, au moment de la signature ou au moment du dépôt de son instrument de ratification, d'acceptation, d'approbation ou d'adhésion, désigner le ou les territoires auxquels s'appliquera la présente Convention.

2. Tout État peut, à tout autre moment par la suite, par déclaration adressée au Secrétaire Général du Conseil de l'Europe, étendre l'application de la présente Convention à tout autre territoire désigné dans la déclaration. La Convention entrera en vigueur à l'égard de ce territoire le premier jour du mois qui suit l'expiration d'une période de trois mois après la date de réception de la déclaration par le Secrétaire Général.

3. Toute déclaration faite en application des deux paragraphes précédents peut être retirée, en ce qui concerne tout territoire désigné dans cette déclaration, par notification adressée au Secrétaire Général du Conseil de l'Europe. Le retrait prendra effet le premier jour du mois qui suit l'expiration d'une période de trois mois après la date de réception de ladite notification par le Secrétaire Général.

Art. 39. – *Effets de la convention.* – 1. L'objet de la présente Convention est de compléter les traités ou les accords multilatéraux ou bilatéraux applicables existant entre les Parties, y compris les dispositions :

– de la Convention européenne d'extradition, ouverte à la signature le 13 décembre 1957, à Paris (STE n° 24) (2) ;

– de la Convention européenne d'entraide judiciaire en matière pénale, ouverte à la signature le 20 avril 1959, à Strasbourg (STE n° 30) (3) ;

(1) Conv. publiée par D. n° 2006-580, 23 mai 2006, et entrée en vigueur le 1er mai 2006.
(2) Conv. 13 déc. 1957 publiée par D. n° 86-736, 14 mai 1986. – NDLR.
(3) Conv. 20 avr. 1959 publiée par D. n° 67-636, 23 juill. 1967. – NDLR.

– du Protocole additionnel à la Convention européenne d'entraide judiciaire en matière pénale, ouvert à la signature le 17 mars 1978, à Strasbourg (STE n° 99) (1).

2. Si deux ou plusieurs Parties ont déjà conclu un accord ou un traité relatif aux matières traitées par la présente Convention, ou si elles ont autrement établi leurs relations sur ces sujets, ou si elles le feront à l'avenir, elles ont aussi la faculté d'appliquer ledit accord ou traité ou d'établir leurs relations en conséquence, au lieu de la présente Convention. Toutefois, lorsque les Parties établiront leurs relations relatives aux matières faisant l'objet de la présente Convention d'une manière différente de celle y prévue, elles le feront d'une manière qui ne soit pas incompatible avec les objectifs et les principes de la Convention.

3. Rien dans la présente Convention n'affecte d'autres droits, restrictions, obligations et responsabilités d'une Partie.

Art. 40. – *Déclarations.* – Par déclaration écrite adressée au Secrétaire Général du Conseil de l'Europe, tout État peut, au moment de la signature ou du dépôt de son instrument de ratification, d'acceptation, d'approbation ou d'adhésion, déclarer qu'il se prévaut de la faculté d'exiger, le cas échéant, un ou plusieurs éléments supplémentaires tels que prévus aux articles 2, 3, 6, paragraphe 1. *b*, 7, 9, paragraphe 3, et 27, paragraphe 9. *e*.

Art. 41. – *Clause fédérale.* – 1. Un État fédéral peut se réserver le droit d'honorer les obligations contenues dans le chapitre II de la présente Convention dans la mesure où celles-ci sont compatibles avec les principes fondamentaux qui gouvernent les relations entre son gouvernement central et les États constituants ou autres entités territoriales analogues, à condition qu'il soit en mesure de coopérer sur la base du chapitre III.

2. Lorsqu'il fait une réserve prévue au paragraphe 1, un État fédéral ne saurait faire usage des termes d'une telle réserve pour exclure ou diminuer de manière substantielle ses obligations en vertu du chapitre II. En tout état de cause, il se dote de moyens étendus et effectifs permettant la mise en œuvre des mesures prévues par ledit chapitre.

3. En ce qui concerne les dispositions de cette Convention dont l'application relève de la compétence législative de chacun des États constituants ou autres entités territoriales analogues, qui ne sont pas, en vertu du système constitutionnel de la fédération, tenus de prendre des mesures législatives, le gouvernement fédéral porte, avec son avis favorable, lesdites dispositions à la connaissance des autorités compétentes des États constituants, en les encourageant à adopter les mesures appropriées pour les mettre en œuvre.

Art. 42. – *Réserves.* – Par notification écrite adressée au Secrétaire Général du Conseil de l'Europe, tout État peut, au moment de la signature ou du dépôt de son instrument de ratification, d'acceptation, d'approbation ou d'adhésion, déclarer qu'il se prévaut de la ou les réserves prévues à l'article 4, paragraphe 2, à l'article 6, paragraphe 3, à l'article 9, paragraphe 4, à l'article 10, paragraphe 3, à l'article 11, paragraphe 3, à l'article 14, paragraphe 3, à l'article 22, paragraphe 2, à l'article 29, paragraphe 4, et à l'article 41, paragraphe 1. Aucune autre réserve ne peut être faite.

Art. 43. – *Statut et retrait des réserves.* – 1. Une Partie qui a fait une réserve conformément à l'article 42 peut la retirer en totalité ou en partie par notification adressée au Secrétaire Général du Conseil de l'Europe. Ce retrait prend effet à la date de réception de ladite notification par le Secrétaire Général. Si la notification indique que le retrait d'une réserve doit prendre effet à une date précise, et si cette date est postérieure à celle à laquelle le Secrétaire Général reçoit la notification, le retrait prend effet à cette date ultérieure.

2. Une Partie qui a fait une réserve comme celles mentionnées à l'article 42 retire cette réserve, en totalité ou en partie, dès que les circonstances le permettent.

3. Le Secrétaire Général du Conseil de l'Europe peut périodiquement demander aux Parties ayant fait une ou plusieurs réserves comme celles mentionnées à l'article 42 des informations sur les perspectives de leur retrait.

Art. 44. – *Amendements.* – 1. Des amendements à la présente Convention peuvent être proposés par chaque Partie, et sont communiqués par le Secrétaire Général du Conseil de l'Europe aux États membres du Conseil de l'Europe, aux États non membres ayant pris part à l'élaboration de la présente Convention, ainsi qu'à tout État y ayant adhéré ou ayant été invité à y adhérer, conformément aux dispositions de l'article 37.

(1) Prot. 17 mars 1978 signé par la France le 28 mars 1990 et publié par D. n° 91-386, 17 avr. 1991. – NDLR.

ANNEXE 6

2. Tout amendement proposé par une Partie est communiqué au Comité européen pour les problèmes criminels (CDPC), qui soumet au Comité des Ministres son avis sur ledit amendement.

3. Le Comité des Ministres examine l'amendement proposé et l'avis soumis par le CDPC et, après consultation avec les États non membres parties à la présente Convention, peut adopter l'amendement.

4. Le texte de tout amendement adopté par le Comité des Ministres conformément au paragraphe 3 du présent article est communiqué aux Parties pour acceptation.

5. Tout amendement adopté conformément au paragraphe 3 du présent article entre en vigueur le trentième jour après que toutes les Parties ont informé le Secrétaire Général de leur acceptation.

Art. 45. – *Règlement des différends.* – 1. Le Comité européen pour les problèmes criminels du Conseil de l'Europe (CDPC) est tenu informé de l'interprétation et de l'application de la présente Convention.

2. En cas de différend entre les Parties sur l'interprétation ou l'application de la présente Convention, les Parties s'efforceront de parvenir à un règlement du différend par la négociation ou par tout autre moyen pacifique de leur choix, y compris la soumission du différend au CDPC, à un tribunal arbitral qui prendra des décisions qui lieront les Parties au différend, ou à la Cour internationale de justice, selon un accord entre les Parties concernées.

Art. 46. – *Concertation des Parties.* – 1. Les Parties se concertent périodiquement, au besoin, afin de faciliter :

a) l'usage et la mise en œuvre effectifs de la présente Convention, y compris l'identification de tout problème en la matière, ainsi que les effets de toute déclaration ou réserve faite conformément à la présente Convention ;

b) l'échange d'informations sur les nouveautés juridiques, politiques ou techniques importantes observées dans le domaine de la criminalité informatique et la collecte de preuves sous forme électronique ;

c) l'examen de l'éventualité de compléter ou d'amender la Convention.

2. Le Comité européen pour les problèmes criminels (CDPC) est tenu périodiquement au courant du résultat des concertations mentionnées au paragraphe 1.

3. Le CDPC facilite, au besoin, les concertations mentionnées au paragraphe 1 et adopte les mesures nécessaires pour aider les Parties dans leurs efforts visant à compléter ou amender la Convention. Au plus tard à l'issue d'un délai de trois ans à compter de l'entrée en vigueur de la présente Convention, le CDPC procédera, en coopération avec les Parties, à un réexamen de l'ensemble des dispositions de la Convention et proposera, le cas échéant, les amendements appropriés.

4. Sauf lorsque le Conseil de l'Europe les prend en charge, les frais occasionnés par l'application des dispositions du paragraphe 1 sont supportés par les Parties, de la manière qu'elles déterminent.

5. Les Parties sont assistées par le Secrétariat du Conseil de l'Europe dans l'exercice de leurs fonctions découlant du présent article.

Art. 47. – *Dénonciation.* – 1. Toute Partie peut, à tout moment, dénoncer la présente Convention par notification au Secrétaire Général du Conseil de l'Europe.

2. La dénonciation prendra effet le premier jour du mois qui suit l'expiration d'une période de trois mois après la date de réception de la notification par le Secrétaire Général.

Art. 48. – *Notification.* – Le Secrétaire Général du Conseil de l'Europe notifie aux États membres du Conseil de l'Europe, aux États non membres ayant pris part à l'élaboration de la présente Convention, ainsi qu'à tout État y ayant adhéré ou ayant été invité à y adhérer :

a) toute signature ;

b) le dépôt de tout instrument de ratification, d'acceptation, d'approbation ou d'adhésion ;

c) toute date d'entrée en vigueur de la présente Convention, conformément à ses articles 36 et 37 ;

d) toute déclaration faite en application de l'article 40 ou toute réserve faite en application de l'article 42 ;

e) tout autre acte, notification ou communication ayant trait à la présente Convention.

En foi de quoi, les soussignés, dûment autorisés à cet effet, ont signé la présente Convention.

Fait à Budapest, le 23 novembre 2001, en français et en anglais, les deux textes faisant également foi, en un seul exemplaire qui sera déposé dans les archives du Conseil de l'Europe.

Le Secrétaire Général du Conseil de l'Europe en communiquera copie certifiée conforme à chacun des États membres du Conseil de l'Europe, aux États non membres qui ont participé à l'élaboration de la Convention et à tout État invité à y adhérer.

Déclarations et réserves de la République française

Art. 9 (2) (b). – *Pornographie enfantine.* – La France appliquera l'article 9 (1) à toute matière pornographique représentant de manière visuelle une personne, qui apparaît comme un mineur se livrant à un comportement sexuellement explicite, pour autant qu'il n'est pas établi que ladite personne était âgée de dix-huit ans au jour de la fixation ou de l'enregistrement de son image.

Art. 21. – *Interception de données relatives au contenu.* – La France n'appliquera les mesures prévues à l'article 21 que si l'infraction poursuivie est punie d'une peine d'emprisonnement supérieure ou égale à deux ans d'emprisonnement.

Art. 22. – *Compétence.* – La France déclare qu'elle se réserve le droit de ne pas établir sa compétence lorsque l'infraction ne relève de la compétence territoriale d'aucun État. La France déclare en outre que, lorsque l'infraction est pénalement punissable là où elle a été commise, la poursuite ne pourra être exercée qu'à la requête du ministère public et devra être précédée d'une plainte de la victime ou de ses ayants droit ou d'une dénonciation officielle par l'autorité du pays où le fait a été commis (art. 22 [1] [d]).

Art. 24. – *Demandes d'extradition.* – La France indique que :

– le ministère des Affaires étrangères sera l'autorité responsable pour l'envoi et la réception d'une demande d'extradition en l'absence de traité (ministère des Affaires étrangères, 37, quai d'Orsay, 75700 Paris 07 SP) ;

– le procureur de la République territorialement compétent sera l'autorité responsable pour l'envoi et la réception d'une demande d'arrestation provisoire en l'absence de traité.

Art. 27. – *Demandes d'entraide.* – La France indique que, même en cas d'urgence :

– les demandes d'entraide émanant des autorités judiciaires françaises et destinées aux autorités judiciaires étrangères sont transmises par l'intermédiaire du ministère de la Justice (ministère de la Justice, 13, place Vendôme, 75042 Paris Cedex 01) ;

– les demandes d'entraide émanant des autorités judiciaires étrangères et destinées aux autorités judiciaires françaises sont transmises par la voie diplomatique (ministère des Affaires étrangères, 37, quai d'Orsay, 75700 Paris 07 SP).

Art. 35. – *Point de contact.* – La France désigne comme point de contact l'Office central de lutte contre la criminalité liée aux technologies de l'information et de la communication (11, rue des Saussaies, 75800 Paris).

Décret n° 2006-580 du 23 mai 2006

portant publication de la Convention sur la cybercriminalité, faite à Budapest le 23 novembre 2001
(*JO 24 mai 2006*)

ANNEXE 7

EXTRADITION

Convention européenne d'extradition du 13 décembre 1957

signée à Paris

(Publiée par D. n° 86-736, 14 mai 1986
Entrée en vigueur le 11 mai 1986)

Les gouvernements signataires, membres du Conseil de l'Europe,

Considérant que le but du Conseil de l'Europe est de réaliser une union plus étroite entre ses membres ;

Considérant que cet objectif peut être atteint par la conclusion d'accords ou par l'adoption d'une action commune dans le domaine juridique ;

Convaincus que l'acceptation de règles uniformes en matière d'extradition est de nature à faire progresser cette œuvre d'unification.

Sont convenus de ce qui suit :

Art. 1er. – *Obligation d'extrader.* – Les Parties contractantes s'engagent à se livrer réciproquement, selon les règles et sous les conditions déterminées par les articles suivants, les individus qui sont poursuivis pour une infraction ou recherchés aux fins d'exécution d'une peine ou d'une mesure de sûreté par les autorités judiciaires de la Partie requérante.

Art. 2. – *Faits donnant lieu à extradition.* – 1. Donneront lieu à extradition les faits punis par les lois de la Partie requérante et de la Partie requise d'une peine privative de liberté ou d'une mesure de sûreté privative de liberté d'un maximum d'au moins un an ou d'une peine plus sévère. Lorsqu'une condamnation à une peine est intervenue ou qu'une mesure de sûreté a été infligée sur le territoire de la Partie requérante, la sanction prononcée devra être d'une durée d'au moins quatre mois.

2. Si la demande d'extradition vise plusieurs faits distincts punis chacun par la loi de la Partie requérante et de la Partie requise d'une peine privative de liberté ou d'une mesure de sûreté privative de liberté, mais dont certains ne remplissent pas la condition relative au taux de la peine, la Partie requise aura la faculté d'accorder également l'extradition pour ces derniers.

3. Toute Partie contractante dont la législation n'autorise pas l'extradition pour certaines infractions visées au paragraphe 1 du présent article pourra, en ce qui la concerne, exclure ces infractions du champ d'application de la Convention.

4. Toute Partie contractante qui voudra se prévaloir de la faculté prévue au paragraphe 3 du présent article notifiera au Secrétaire général du Conseil de l'Europe, au moment du dépôt de son instrument de ratification ou d'adhésion, soit une liste des infractions pour lesquelles l'extradition est autorisée, soit une liste des infractions pour lesquelles l'extradition est exclue, en indiquant les dispositions légales autorisant ou excluant l'extradition. Le Secrétaire général du Conseil communiquera ces listes aux autres signataires.

5. Si, par la suite, d'autres infractions viennent à être exclues de l'extradition par la législation d'une Partie contractante, celle-ci notifiera cette exclusion au Secrétaire général du Conseil qui en informera les autres signataires. Cette notification ne prendra effet qu'à l'expiration d'un délai de trois mois à compter de la date de sa réception par le Secrétaire général.

6. Toute Partie qui aura fait usage de la faculté prévue aux paragraphes 4 et 5 du présent article pourra à tout moment soumettre à l'application de la présente Convention des infractions qui en ont été exclues. Elle notifiera ces modifications au Secrétaire général du Conseil qui les communiquera aux autres.

7. Toute Partie pourra appliquer la règle de la réciprocité en ce qui concerne les infractions exclues du champ d'application de la Convention en vertu du présent article.

Art. 3. – *Infractions politiques.* – 1. L'extradition ne sera pas accordée si l'infraction pour laquelle elle est demandée est considérée par la Partie requise comme une infraction politique ou comme un fait connexe à une telle infraction.

2. La même règle s'appliquera si la Partie requise a des raisons sérieuses de croire que la demande d'extradition motivée par une infraction de droit commun a été présentée aux fins de poursuivre ou de punir un individu pour des considérations de race, de religion, de nationalité ou d'opinions politiques ou que la situation de cet individu risque d'être aggravée pour l'une ou l'autre de ces raisons.

3. Pour l'application de la présente Convention, l'attentat à la vie d'un chef d'État ou d'un membre de sa famille ne sera pas considéré comme infraction politique.

4. L'application du présent article n'affectera pas les obligations que les Parties auront assumées ou assumeront aux termes de toute autre convention internationale de caractère multilatéral.

Art. 4. – *Infractions militaires.* – L'extradition à raison d'infractions militaires qui ne constituent pas des infractions de droit commun est exclue du champ d'application de la présente Convention.

Art. 5. – *Infractions fiscales.* – En matière de taxes et impôts, de douane, de change, l'extradition sera accordée, dans les conditions prévues par la présente Convention, seulement s'il en a été ainsi décidé entre Parties contractantes pour chaque infraction ou catégorie d'infractions.

Art. 6. – *Extradition des nationaux.* – 1. *a)* Toute Partie contractante aura la faculté de refuser l'extradition de ses ressortissants.

b) Chaque Partie contractante pourra, par une déclaration faite au moment de la signature ou du dépôt de son instrument de ratification ou d'adhésion, définir, en ce qui la concerne, le terme « ressortissants » au sens de la présente Convention.

c) La qualité de ressortissant sera appréciée au moment de la décision sur l'extradition. Toutefois, si cette qualité n'est reconnue qu'entre l'époque de la décision et la date envisagée pour la remise, la Partie requise pourra également se prévaloir de la disposition de l'alinéa *a)* du présent paragraphe.

2. Si la Partie requise n'extrade pas son ressortissant, elle devra, sur la demande de la Partie requérante, soumettre l'affaire aux autorités compétentes afin que des poursuites judiciaires puissent être exercées s'il y a lieu. À cet effet, les dossiers, informations et objets relatifs à l'infraction seront adressés gratuitement par la voie prévue au paragraphe 1 de l'article 12. La Partie requérante sera informée de la suite qui aura été donnée à sa demande.

Art. 7. – *Lieu de perpétration.* – 1. La Partie requise pourra refuser d'extrader l'individu réclamé à raison d'une infraction qui, selon sa législation, a été commise en tout ou en partie sur son territoire ou en un lieu assimilé à son territoire.

2. Lorsque l'infraction motivant la demande d'extradition aura été commise hors du territoire de la Partie requérante, l'extradition ne pourra être refusée que si la législation de la Partie requise n'autorise pas la poursuite d'une infraction du même genre commise hors de son territoire ou n'autorise pas l'extradition pour l'infraction faisant l'objet de la demande.

Art. 8. – *Poursuites en cours pour les mêmes faits.* – Une Partie requise pourra refuser d'extrader un individu réclamé si cet individu fait l'objet de sa part de poursuites pour le ou les faits à raison desquels l'extradition est demandée.

Art. 9. – *Non bis in idem.* – L'extradition ne sera pas accordée lorsque l'individu réclamé a été définitivement jugé par les autorités compétentes de la Partie requise, pour le ou les faits à raison desquels l'extradition est demandée. L'extradition pourra être refusée si les autorités compétentes de la Partie requise ont décidé de ne pas engager de poursuites ou de mettre fin aux poursuites qu'elles ont exercées pour le ou les mêmes faits.

Art. 10. – *Prescription.* – L'extradition ne sera pas accordée si la prescription de l'action ou de la peine est acquise d'après la législation soit de la Partie requérante, soit de la Partie requise.

Art. 11. – *Peine capitale.* – Si le fait à raison duquel l'extradition est demandée est puni de la peine capitale par la loi de la Partie requérante et que, dans ce cas, cette peine n'est pas prévue par la législation de la Partie requise, ou n'y est généralement pas exécutée, l'extradition pourra n'être accordée qu'à la condition que la Partie requérante donne des assurances jugées suffisantes par la Partie requise que la peine capitale ne sera pas exécutée.

Art. 12. – *Requête et pièces à l'appui.* – 1. La requête sera formulée par écrit et présentée par la voie diplomatique. Une autre voie pourra être convenue par arrangement direct entre deux ou plusieurs Parties.

2. Il sera produit à l'appui de la requête :

a) L'original ou l'expédition authentique soit d'une décision de condamnation exécutoire, soit d'un mandat d'arrêt ou de tout autre acte ayant la même force, délivré dans les formes prescrites par la loi de la Partie requérante ;

b) Un exposé des faits pour lesquels l'extradition est demandée. Le temps et le lieu de leur perpétration, leur qualification légale et les références aux dispositions légales qui leur sont applicables seront indiqués le plus exactement possible ; et

c) Une copie des dispositions légales applicables ou, si cela n'est pas possible, une déclaration sur le droit applicable, ainsi que le signalement aussi précis que possible de l'individu réclamé et tous autres renseignements de nature à déterminer son identité et sa nationalité.

Art. 13. – *Complément d'informations.* – Si les informations communiquées par la Partie requérante se révèlent insuffisantes pour permettre à la Partie requise de prendre une décision en application de la présente Convention, cette dernière Partie demandera le complément d'informations nécessaire et pourra fixer un délai pour l'obtention de ces informations.

Art. 14. – *Règle de la spécialité.* – 1. L'individu qui aura été livré ne sera ni poursuivi, ni jugé, ni détenu en vue de l'exécution d'une peine ou d'une mesure de sûreté, ni soumis à toute autre restriction de sa liberté individuelle, pour un fait quelconque antérieur à la remise, autre que celui ayant motivé l'extradition, sauf dans les cas suivants :

a) Lorsque la Partie qui l'a livré y consent. Une demande sera présentée à cet effet, accompagnée des pièces prévues à l'article 12 et d'un procès-verbal judiciaire consignant les déclarations de l'extradé. Ce consentement sera donné lorsque l'infraction pour laquelle il est demandé entraîne elle-même l'obligation d'extrader aux termes de la présente Convention ;

b) Lorsque, ayant eu la possibilité de le faire, l'individu extradé n'a pas quitté dans les quarante-cinq jours qui suivent son élargissement définitif, le territoire de la Partie à laquelle il a été livré ou s'il y est retourné après l'avoir quitté.

2. Toutefois, la Partie requérante pourra prendre les mesures nécessaires en vue, d'une part, d'un renvoi éventuel du territoire, d'autre part, d'une interruption de la prescription conformément à sa législation, y compris le recours à une procédure par défaut.

3. Lorsque la qualification donnée au fait incriminé sera modifiée au cours de la procédure, l'individu extradé ne sera poursuivi ou jugé que dans la mesure où les éléments constitutifs de l'infraction nouvellement qualifiée permettraient l'extradition.

Art. 15. – *Réextradition à un État tiers.* – Sauf dans le cas prévu au paragraphe 1, alinéa *b)* de l'article 14, l'assentiment de la Partie requise sera nécessaire pour permettre à la Partie requérante de livrer à une autre Partie ou à un État tiers l'individu qui lui aura été remis et qui serait recherché par l'autre Partie ou par l'État tiers pour des infractions antérieures à la remise. La Partie requise pourra exiger la production des pièces prévues au paragraphe 2 de l'article 12.

Art. 16. – *Arrestation provisoire.* – 1. En cas d'urgence, les autorités compétentes de la Partie requérante pourront demander l'arrestation provisoire de l'individu recherché ; les autorités compétentes de la Partie requise statueront sur cette demande conformément à la loi de cette Partie.

2. La demande d'arrestation provisoire indiquera l'existence d'une des pièces prévues au paragraphe 2, alinéa *a)* de l'article 12 et fera part de l'intention d'envoyer une demande d'extradition ; elle mentionnera l'infraction pour laquelle l'extradition sera demandée, le temps et le lieu où elle a été commise ainsi que, dans la mesure du possible, le signalement de l'individu recherché.

3. La demande d'arrestation provisoire sera transmise aux autorités compétentes de la Partie requise soit par la voie diplomatique, soit directement par la voie postale ou télégraphique, soit par l'Organisation internationale de Police criminelle (Interpol), soit par tout autre moyen laissant une trace écrite ou admis par la Partie requise. L'autorité requérante sera informée sans délai de la suite donnée à sa demande.

4. L'arrestation provisoire pourra prendre fin si, dans le délai de dix-huit jours après l'arrestation, la Partie requise n'a pas été saisie de la demande d'extradition et des pièces mentionnées à l'article 12 ; elle ne devra, en aucun cas, excéder quarante jours après l'arrestation. Toutefois, la mise en liberté provisoire est possible à tout moment, sauf pour la Partie requise à prendre toute mesure qu'elle estimera nécessaire en vue d'éviter la fuite de l'individu réclamé.

5. La mise en liberté ne s'opposera pas à une nouvelle arrestation et à l'extradition si la demande d'extradition parvient ultérieurement.

Art. 17. – *Concours de requêtes.* – Si l'extradition est demandée concurremment par plusieurs États, soit pour le même fait, soit pour des faits différents, la Partie requise statuera compte tenu de toutes circonstances et notamment de la gravité relative et du lieu des infractions, des dates respectives des demandes, de la nationalité de l'individu réclamé et de la possibilité d'une extradition ultérieure à un autre État.

Art. 18. – *Remise de l'extradé.* – 1. La Partie requise fera connaître à la Partie requérante par la voie prévue au paragraphe 1 de l'article 12, sa décision sur l'extradition.

2. Tout rejet complet ou partiel sera motivé.

3. En cas d'acceptation, la Partie requérante sera informée du lieu et de la date de remise, ainsi que de la durée de la détention subie en vue de l'extradition par l'individu réclamé.

4. Sous réserve du cas prévu au paragraphe 5 du présent article, si l'individu réclamé n'a pas été reçu à la date fixée, il pourra être mis en liberté à l'expiration d'un délai de quinze jours à compter de cette date et il sera en tout cas mis en liberté à l'expiration d'un délai de trente jours ; la Partie requise pourra refuser de l'extrader pour le même fait.

5. En cas de force majeure empêchant la remise ou la réception de l'individu à extrader, la Partie intéressée en informera l'autre Partie ; les deux Parties se mettront d'accord sur une nouvelle date de remise et les dispositions du paragraphe 4 du présent article seront applicables.

Art. 19. – *Remise ajournée ou conditionnelle.* – 1. La Partie requise pourra, après avoir statué sur la demande d'extradition, ajourner la remise de l'individu réclamé pour qu'il puisse être poursuivi par elle ou, s'il a déjà été condamné, pour qu'il puisse purger, sur son territoire, une peine encourue à raison d'un fait autre que celui pour lequel l'extradition est demandée.

2. Au lieu d'ajourner la remise, la Partie requise pourra remettre temporairement à la Partie requérante l'individu réclamé dans des conditions à déterminer d'un commun accord entre les Parties.

Art. 20. – *Remise d'objets.* – 1. À la demande de la Partie requérante, la Partie requise saisira et remettra, dans la mesure permise par sa législation, les objets :

a) Qui peuvent servir de pièces à conviction, ou

b) Qui, provenant de l'infraction, auraient été trouvés au moment de l'arrestation en la possession de l'individu réclamé ou seraient découverts ultérieurement.

2. La remise des objets visés au paragraphe 1 du présent article sera effectuée même dans le cas où l'extradition déjà accordée ne pourrait avoir lieu par suite de la mort ou de l'évasion de l'individu réclamé.

3. Lorsque lesdits objets seront susceptibles de saisie ou de confiscation sur le territoire de la Partie requise, cette dernière pourra, aux fins d'une procédure pénale en cours, les garder temporairement ou les remettre sous condition de restitution.

4. Sont toutefois réservés les droits que la Partie requise ou des tiers auraient acquis sur ces objets. Si de tels droits existent, les objets seront, le procès terminé, restitués le plus tôt possible et sans frais à la Partie requise.

Art. 21. – *Transit.* – 1. Le transit à travers le territoire de l'une des Parties contractantes sera accordé sur demande adressée par la voie prévue au paragraphe 1 de l'article 12 à la condition qu'il ne s'agisse pas d'une infraction considérée par la Partie requise du transit comme revêtant un caractère politique ou purement militaire compte tenu des articles 3 et 4 de la présente Convention.

2. Le transit d'un ressortissant, au sens de l'article 6, du pays requis du transit, pourra être refusé.

3. Sous réserve des dispositions du paragraphe 4 du présent article, la production des pièces prévues au paragraphe 2 de l'article 12 sera nécessaire.

4. Dans le cas où la voie aérienne sera utilisée, il sera fait application des dispositions suivantes :

a) Lorsqu'aucun atterrissage ne sera prévu, la Partie requérante avertira la partie dont le territoire sera survolé, et attestera l'existence d'une des pièces prévues au paragraphe 2, alinéa *a)* de l'article 12. Dans le cas d'atterrissage fortuit, cette notification produira les effets de la demande d'arrestation provisoire visée à l'article 16 et la Partie requérante adressera une demande régulière de transit ;

b) Lorsqu'un atterrissage sera prévu, la Partie requérante adressera une demande régulière de transit.

5. Toutefois, une Partie pourra déclarer, au moment de la signature de la présente Convention ou du dépôt de son instrument de ratification ou d'adhésion, qu'elle n'accordera le transit d'un individu qu'aux mêmes conditions que celles de l'extradition ou à certaines d'entre elles. Dans ces cas, la règle de la réciprocité pourra être appliquée.

6. Le transit de l'individu extradé ne sera pas effectué à travers un territoire où il y aurait lieu de croire que sa vie ou sa liberté pourraient être menacées en raison de sa race, de sa religion, de sa nationalité ou de ses opinions politiques.

Art. 22. – *Procédure.* – Sauf disposition contraire de la présente Convention, la loi de la Partie requise est seule applicable à la procédure de l'extradition ainsi qu'à celle de l'arrestation provisoire.

Art. 23. – *Langues à employer.* – Les pièces à produire seront rédigées soit dans la langue de la Partie requérante, soit dans celle de la Partie requise. Cette dernière pourra réclamer une traduction dans la langue officielle du Conseil de l'Europe qu'elle choisira.

Art. 24. – *Frais.* – 1. Les frais occasionnés par l'extradition sur le territoire de la Partie requise seront à la charge de cette Partie.

2. Les frais occasionnés par le transit à travers le territoire de la Partie requise du transit seront à la charge de la Partie requérante.

3. Dans le cas d'extradition en provenance d'un territoire non métropolitain de la Partie requise, les frais occasionnés par le transport entre ce territoire et le territoire métropolitain de la Partie requérante seront à la charge de cette dernière. Il en sera de même des frais occasionnés par le transport entre le territoire non métropolitain de la Partie requise et le territoire métropolitain de celle-ci.

Art. 25. – *Définition des « mesures de sûreté ».* – Au sens de la présente Convention, l'expression « mesures de sûreté » désigne toutes mesures privatives de liberté qui ont été ordonnées en complément ou en substitution d'une peine, par sentence d'une juridiction pénale.

Art. 26. – *Réserves.* – 1. Toute Partie contractante pourra, au moment de la signature de la présente Convention ou du dépôt de son instrument de ratification ou d'adhésion, formuler une réserve au sujet d'une ou plusieurs dispositions déterminées de la Convention.

2. Toute Partie contractante qui aura formulé une réserve la retirera aussitôt que les circonstances le permettront. Le retrait des réserves sera fait par notification adressée au Secrétaire général du Conseil de l'Europe.

3. Une Partie contractante qui aura formulé une réserve au sujet d'une disposition de la Convention ne pourra prétendre à l'application de cette disposition par une autre Partie que dans la mesure où elle l'aura elle-même acceptée.

Art. 27. – *Champ d'application territorial.* – 1. La présente Convention s'appliquera aux territoires métropolitains des Parties contractantes.

2. Elle s'appliquera également, en ce qui concerne la France, à l'Algérie et aux départements d'outre-mer, et en ce qui concerne le Royaume-Uni de Grande-Bretagne et d'Irlande du Nord, aux îles Anglo-Normandes et à l'île de Man.

3. La République fédérale d'Allemagne pourra étendre l'application de la présente Convention au *Land* Berlin par une déclaration adressée au Secrétaire général du Conseil de l'Europe. Celui-ci notifiera cette déclaration aux autres Parties.

4. Par arrangement direct entre deux ou plusieurs Parties contractantes, le champ d'application de la présente Convention pourra être étendu aux conditions qui sont stipulées dans cet arrangement à tout territoire d'une de ces Parties autre que ceux visés aux paragraphes 1, 2 et 3 du présent article, et dont une des Parties assure les relations internationales.

Art. 28. – *Relations entre la présente Convention et les accords bilatéraux.* – 1. La présente Convention abroge, en ce qui concerne les territoires auxquels elle s'applique, celles des dispositions des traités, conventions ou accords bilatéraux qui, entre deux Parties contractantes, régissent la matière de l'extradition.

2. Les Parties contractantes ne pourront conclure entre elles des accords bilatéraux ou multilatéraux que pour compléter les dispositions de la présente Convention ou pour faciliter l'application des principes contenus dans celle-ci.

3. Lorsque, entre deux ou plusieurs Parties contractantes, l'extradition se pratique sur la base d'une législation uniforme les parties auront la faculté de régler leurs rapports mutuels en matière d'extradition en se fondant exclusivement sur ce système, nonobstant les dispositions de la présente Convention. Le même principe sera applicable entre deux ou plusieurs Parties contractantes dont chacune a en vigueur une loi prévoyant l'exécution sur son territoire des mandats d'arrêt décernés sur le territoire de l'autre ou des autres. Les Parties contractantes qui excluent ou viendraient à exclure de leurs rapports mutuels l'application de la présente Convention, conformément aux dispositions du présent paragraphe, devront adresser une notification à cet effet au Secrétaire général du Conseil de l'Europe. Celui-ci communiquera aux autres Parties contractantes toute notification reçue en vertu du présent paragraphe.

Art. 29. – *Signature, ratification, entrée en vigueur.* – 1. La présente Convention demeurera ouverte à la signature des Membres du Conseil de l'Europe. Elle sera ratifiée et les instruments de ratification seront déposés auprès du Secrétaire général du Conseil.

2. La Convention entrera en vigueur quatre-vingt-dix jours après la date du dépôt du troisième instrument de ratification.

3. Elle entrera en vigueur à l'égard de tout signataire qui la ratifiera ultérieurement quatre-vingt-dix jours après le dépôt de son instrument de ratification.

Art. 30. – *Adhésion.* – 1. Le Comité des Ministres du Conseil de l'Europe pourra inviter tout État non Membre du Conseil à adhérer à la présente Convention. La résolution concernant cette invitation devra recevoir l'accord unanime des Membres du Conseil ayant ratifié la Convention.

2. L'adhésion s'effectuera par le dépôt, auprès du Secrétaire général du Conseil, d'un instrument d'adhésion qui prendra effet quatre-vingt-dix jours après son dépôt.

Art. 31. – *Dénonciation.* – Toute Partie contractante pourra, en ce qui la concerne, dénoncer la présente Convention en adressant une notification au Secrétaire général du Conseil de l'Europe. Cette dénonciation prendra effet six mois après la date de la réception de sa notification par le Secrétaire général du Conseil.

Art. 32. – *Notifications.* – Le Secrétaire général du Conseil de l'Europe notifiera aux Membres du Conseil et au gouvernement de tout État ayant adhéré à la présente Convention :

a) Le dépôt de tout instrument de ratification ou d'adhésion ;

b) La date de l'entrée en vigueur ;

c) Toute déclaration faite en application des dispositions du paragraphe 1 de l'article 6 et du paragraphe 5 de l'article 21 ;

d) Toute réserve formulée en application des dispositions du paragraphe 1 de l'article 26 ;

e) Le retrait de toute réserve effectué en application des dispositions du paragraphe 2 de l'article 26 ;

f) Toute notification de dénonciation reçue en application des dispositions de l'article 31 de la présente Convention et la date à laquelle celle-ci prendra effet.

En foi de quoi, les soussignés, dûment autorisés à cet effet, ont signé la présente Convention.

Réserves et déclarations du gouvernement de la République française consignées dans l'instrument de ratification du 10 février 1986

Art. 1er. – L'extradition ne sera pas accordée lorsque la personne réclamée serait jugée dans l'État requérant par un tribunal n'assurant pas les garanties fondamentales de procédure et de protection des droits de la défense ou par un tribunal institué pour son cas particulier, ou lorsque l'extradition est demandée pour l'exécution d'une peine ou d'une mesure de sûreté infligée par un tel tribunal.

L'extradition pourra être refusée si la remise est susceptible d'avoir des conséquences d'une gravité exceptionnelle pour la personne réclamée, notamment en raison de son âge ou de son état de santé.

Art. 2 § 1. – S'agissant des personnes poursuivies, l'extradition ne sera accordée que pour les faits punis par la loi française et par la loi de l'État requérant d'une peine ou mesure de sûreté privative de liberté d'un maximum d'au moins deux ans.

S'agissant des peines plus sévères que les peines ou mesures de sûreté privatives de liberté, l'extradition pourra être refusée si ces peines ou mesures de sûreté ne sont pas prévues dans l'échelle des peines applicables en France.

Art. 3 § 3. – La France se réserve le droit d'apprécier, en fonction des circonstances particulières de chaque affaire, si l'attentat à la vie d'un chef d'État ou d'un membre de sa famille revêt ou non un caractère politique.

Art. 5. – La France déclare qu'en matière de taxes, d'impôts, de douane et de change, l'extradition sera accordée à l'État requérant s'il en a été ainsi décidé par simple échange de lettres dans chaque cas particulier.

Art. 6. – L'extradition sera refusée lorsque la personne réclamée avait la nationalité française au moment des faits.

Art. 14 § 3. – La France exigera que l'infraction nouvellement qualifiée vise les mêmes faits que ceux en raison desquels l'extradition a été accordée et que cette nouvelle qualification n'emporte pas l'application d'une peine pour laquelle l'extradition pourrait être refusée.

Art. 16 § 2. – En cas de demande d'arrestation provisoire, la France exigera également un bref exposé des faits mis à la charge de la personne réclamée.

Art. 21. – La France se réserve la faculté de n'accorder le transit qu'aux mêmes conditions que celles de l'extradition.

Art. 23. – La France déclare qu'elle demandera une traduction des requêtes aux fins d'extradition et des pièces annexes dans l'une des langues officielles du Conseil de l'Europe et qu'elle choisit le français.

Art. 27 § 1 et 2. – Le Gouvernement de la République française déclare qu'en ce qui concerne la France, la Convention s'applique aux départements européens et d'outre-mer de la République.

Décret n° 86-736 du 14 mai 1986

portant publication de la Convention européenne d'extradition,
signée à Paris le 13 décembre 1957
(JO 15 mai 1986)

Convention du 27 septembre 1996

établie sur la base de l'article K. 3
du traité sur l'Union européenne, relative à l'extradition entre les États membres
de l'Union européenne (ensemble une annexe), faite à Dublin
(Entrée en vigueur le 1er juill. 2005)

Les Hautes Parties contractantes à la présente Convention, États membres de l'Union européenne,

Se référant à l'acte du Conseil de l'Union européenne du 27 septembre 1996 ;

Désirant améliorer la coopération judiciaire en matière pénale entre les États membres, en ce qui concerne tant l'exercice des poursuites que l'exécution des condamnations ;

Reconnaissant l'importance de l'extradition dans le domaine de la coopération judiciaire pour la réalisation de ces objectifs ;

Soulignant que les États membres ont un intérêt commun à assurer que les procédures d'extradition fonctionnent d'une manière efficace et rapide dans la mesure où leurs systèmes de gouvernement sont fondés sur les principes démocratiques et où les États membres respectent les obligations fixées par la convention de sauvegarde des droits de l'homme et des libertés fondamentales, signée à Rome le 4 novembre 1950 ;

ANNEXE 7

Exprimant leur confiance dans la structure et dans le fonctionnement de leurs systèmes judiciaires et dans la capacité de tous les États membres de garantir un procès équitable ;

Ayant à l'esprit que le Conseil a établi, par son acte du 10 mars 1995, la convention relative à la procédure simplifiée d'extradition entre les États membres de l'Union européenne ;

Tenant compte de l'intérêt de conclure entre les États membres de l'Union européenne une convention complétant la convention européenne d'extradition du 13 décembre 1957 et les autres conventions en vigueur en la matière ;

Considérant que les dispositions de ces conventions demeurent applicables pour toutes les questions qui ne sont pas traitées dans la présente Convention,

sont convenues de ce qui suit :

Art. 1er. – *Dispositions générales.* **– 1. La présente Convention a pour objet de compléter les dispositions et de faciliter l'application entre les États membres de l'Union européenne :**

De la convention européenne d'extradition du 13 décembre 1957, ci-après dénommée « convention européenne d'extradition » ;

De la convention européenne pour la répression du terrorisme du 27 janvier 1977, ci-après dénommée « convention européenne pour la répression du terrorisme » ;

De la convention du 19 juin 1990 d'application de l'accord de Schengen du 14 juin 1985 relatif à la suppression graduelle des contrôles aux frontières communes, dans le cadre des relations entre les États membres qui sont Parties à cette convention, et

Du chapitre I du traité d'extradition et d'entraide judiciaire en matière pénale entre le Royaume de Belgique, le Grand-Duché de Luxembourg et le Royaume des Pays-Bas, du 27 juin 1962, modifié par le protocole du 11 mai 1974, ci-après dénommé « traité Benelux » dans le cadre des relations entre les États membres de l'Union économique Benelux.

2. Le paragraphe 1 n'affecte pas l'application de dispositions plus favorables des accords bilatéraux ou multilatéraux entre États membres, ni, comme le prévoit l'article 28, paragraphe 3, de la convention européenne d'extradition, les arrangements convenus en matière d'extradition sur la base d'une législation uniforme ou des législations réciproques prévoyant l'exécution sur le territoire d'un État membre de mandats d'arrêt décernés sur le territoire d'un autre État membre.

Art. 2. – *Faits donnant lieu à extradition.* **– 1. Donnent lieu à extradition les faits punis par la loi de l'État membre requérant d'une peine privative de liberté ou d'une mesure de sûreté privative de liberté d'un maximum d'au moins douze mois et par la loi de l'État membre requis d'une peine privative de liberté ou d'une mesure de sûreté privative de liberté d'un maximum d'au moins six mois.**

2. L'extradition ne peut être refusée au motif que la législation de l'État membre requis ne prévoit pas le même type de mesure de sûreté privative de liberté que la législation de l'État membre requérant.

3. L'article 2, paragraphe 2, de la convention européenne d'extradition et l'article 2, paragraphe 2, du traité Benelux s'appliquent également lorsque certains faits sont punis de sanctions pécuniaires.

Art. 3. – *Conspiration et association de malfaiteurs.* **– 1. Lorsque l'infraction motivant la demande d'extradition est qualifiée par la loi de l'État membre requérant de conspiration ou d'association de malfaiteurs et est punie d'une peine privative de liberté ou d'une mesure de sûreté privative de liberté d'un maximum d'au moins douze mois, l'extradition ne peut être refusée au motif que la loi de l'État membre requis ne prévoit pas que ces mêmes faits sont constitutifs d'une infraction, si la conspiration ou l'association a pour but de commettre :**

***a)* Une ou plusieurs des infractions visées aux articles 1 et 2 de la convention européenne pour la répression du terrorisme ; ou**

***b)* Toute autre infraction punie d'une peine privative de liberté ou d'une mesure de sûreté privative de liberté d'un maximum d'au moins douze mois relevant du trafic de stupéfiants et d'autres formes de criminalité organisée ou d'autres actes de violence dirigés contre la vie, l'intégrité corporelle ou la liberté d'une personne, ou créant un danger collectif pour des personnes.**

2. Pour déterminer si la conspiration ou l'association a pour but de commettre une des infractions visées au paragraphe 1, point *a* ou *b* du présent article, l'État membre requis prend en considération les informations figurant dans le mandat d'arrêt ou l'acte ayant la même force juridique, ou dans la décision de condamnation de

la personne dont l'extradition est demandée, ainsi que dans l'exposé des faits prévu à l'article 12, paragraphe 2, point *b*, de la convention européenne d'extradition ou à l'article 11, paragraphe 2, point *b*, du traité Benelux.

3. Lorsqu'il procède à la notification visée à l'article 18, paragraphe 2, tout État membre peut déclarer qu'il se réserve le droit de ne pas appliquer le paragraphe 1 ou de l'appliquer dans certaines conditions précises.

4. Tout État membre qui a émis une réserve au titre du paragraphe 3 prévoit que donne lieu à extradition, aux termes de l'article 2, paragraphe 1, le comportement de toute personne qui contribue à la perpétration, par groupe de personnes agissant dans un but commun, d'une ou de plusieurs infractions relevant d'activités de terrorisme au sens des articles 1 et 2 de la convention européenne pour la répression du terrorisme, du trafic de stupéfiants et d'autres formes de criminalité organisée ou d'autres actes de violence dirigés contre la vie, l'intégrité corporelle ou la liberté d'une personne, ou créant un danger collectif pour des personnes, punies d'une peine privative de liberté ou d'une mesure de sûreté privative de liberté d'un maximum d'au moins douze mois, même lorsque cette personne ne participe pas à l'exécution proprement dite de l'infraction ou des infractions en cause ; sa contribution doit avoir été intentionnelle et commise en ayant connaissance soit du but et de l'activité criminelle générale du groupe, soit de l'intention du groupe de commettre l'infraction ou les infractions en cause.

Art. 4. – *Décision de privation de liberté dans un lieu autre qu'un établissement pénitentiaire.* – L'extradition aux fins d'une poursuite ne peut être refusée au motif que la demande est étayée, conformément à l'article 12, paragraphe 2, point *a*, de la convention européenne d'extradition ou l'article 11, paragraphe 2, point *a*, du traité Benelux, par une décision de l'autorité judiciaire de l'État membre requérant visant à priver une personne de sa liberté en la plaçant dans un lieu autre qu'un établissement pénitentiaire.

Art. 5. – *Infractions politiques.* – 1. Aux fins de l'application de la présente Convention, aucune infraction ne peut être considérée par l'État membre requis comme une infraction politique, un fait connexe à une telle infraction ou une infraction inspirée par des motifs politiques.

2. Lorsqu'il procède à la notification visée à l'article 18, paragraphe 2, tout État membre peut déclarer qu'il n'appliquera le paragraphe 1 du présent article qu'au regard :

a) Des infractions visées aux articles 1 et 2 de la convention européenne pour la répression du terrorisme ; et

b) Des faits qualifiés de conspiration ou d'association de malfaiteurs, qui correspondent à la description des conduites visées à l'article 3, paragraphe 4, en vue de commettre une ou plusieurs des infractions visées aux articles 1 et 2 de la convention européenne pour la répression du terrorisme.

3. Les dispositions de l'article 3, paragraphe 2, de la convention européenne d'extradition et de l'article 5 de la convention européenne pour la répression du terrorisme demeurent inchangées.

4. Les réserves formulées au titre de l'article 13 de la convention européenne pour la répression du terrorisme ne s'appliquent pas à l'extradition entre les États membres.

Art. 6. – *Infractions fiscales.* – 1. En matière de taxes et impôts, de douane et de change, donnent également lieu à extradition, dans les conditions prévues par la présente convention, la convention européenne d'extradition et le traité Benelux, les faits qui correspondent selon la législation de l'État membre requis à une infraction de même nature.

2. L'extradition ne peut être refusée au motif que la législation de l'État membre requis n'impose pas le même type de taxes ou d'impôts ou ne contient pas le même type de réglementation en matière de taxes et impôts, de douane et de change que la législation de l'État membre requérant.

3. Lorsqu'il procède à la notification visée à l'article 18, paragraphe 2, tout État membre peut déclarer qu'il n'accordera l'extradition au titre d'une infraction fiscale que pour des faits susceptibles de constituer une infraction en matière d'accises, de taxe à la valeur ajoutée ou de douane.

Art. 7. – *Extradition des nationaux.* – 1. L'extradition ne peut être refusée au motif que la personne qui fait l'objet de la demande d'extradition est un ressortissant de l'État membre requis au sens de l'article 6 de la convention européenne d'extradition.

2. Lorsqu'il procède à la notification visée à l'article 18, paragraphe 2, tout État membre peut déclarer qu'il n'accordera pas l'extradition de ses nationaux ou ne l'autorisera que sous certaines conditions qu'il spécifie.

3. Toute réserve visée au paragraphe 2 a une validité de cinq ans à compter du premier jour de l'application de la présente convention par l'État membre concerné. Toutefois, elle peut être renouvelée pour des périodes successives de même durée.

Douze mois avant la date d'expiration de la réserve, le dépositaire informe l'État concerné de cette échéance.

L'État membre notifie au dépositaire, au plus tard trois mois avant l'expiration de chaque période de cinq ans, soit qu'il maintient sa réserve, soit qu'il la modifie dans le sens d'un allégement des conditions d'extradition, soit qu'il la lève.

En l'absence de la notification visée à l'alinéa précédent, le dépositaire informe l'État membre concerné que sa réserve est considérée comme automatiquement prorogée pour une période de six mois, avant l'expiration de laquelle cet État membre devra procéder à la notification. À l'issue de cette période, l'absence de notification entraîne la caducité de la réserve.

Art. 8. – *Prescription.* – 1. L'extradition ne peut être refusée au motif qu'il y a prescription de l'action ou de la peine selon la législation de l'État membre requis.

2. L'État membre requis a la faculté de ne pas appliquer le paragraphe 1 lorsque la demande d'extradition est motivée par des faits relevant de la compétence de cet État membre selon sa propre loi pénale.

Art. 9. – *Amnistie.* – L'extradition n'est pas accordée pour une infraction couverte par l'amnistie dans l'État membre requis si celui-ci avait compétence pour poursuivre cette infraction selon sa propre loi pénale.

Art. 10. – *Faits différents de ceux qui ont motivé la demande d'extradition.* – 1. Pour des faits commis avant sa remise, autres que ceux qui ont motivé la demande d'extradition, la personne extradée peut, sans qu'il soit nécessaire de recueillir le consentement de l'État membre requis :

a) Être poursuivie ou jugée lorsque les faits ne sont pas punis d'une peine privative de liberté ou d'une mesure de sûreté privative de liberté ;

b) Être poursuivie ou jugée dans la mesure où les poursuites pénales ne donnent pas lieu à l'application d'une mesure de restriction de sa liberté individuelle ;

c) Être soumise à l'exécution d'une peine ou d'une mesure non privative de liberté, y compris une peine ou une mesure pécuniaire, ou de la mesure qui s'y substitue, même si elle est restrictive de sa liberté individuelle ;

d) Être poursuivie, jugée, détenue en vue de l'exécution d'une peine ou d'une mesure de sûreté, ou soumise à toute autre restriction de sa liberté individuelle si, après sa remise, elle renonce expressément au bénéfice de la règle de la spécialité pour des faits précis antérieurs à sa remise.

2. La renonciation de la personne extradée visée au paragraphe 1, point *d*, est donnée devant les autorités judiciaires compétentes de l'État membre requérant et est consignée dans un procès-verbal, conformément au droit interne de celui-ci.

3. Chaque État membre adopte les mesures nécessaires pour assurer que la renonciation visée au paragraphe 1, point *d*, est recueillie dans des conditions faisant apparaître que la personne l'a exprimée volontairement et en étant pleinement consciente des conséquences qui en résultent. À cette fin, la personne extradée a le droit de se faire assister d'un conseil.

4. Lorsque l'État membre requis a fait une déclaration conformément à l'article 6, paragraphe 3, le paragraphe 1, points *a*, *b* et *c*, du présent article ne s'applique pas aux infractions à caractère fiscal, à l'exception de celles visées à l'article 6, paragraphe 3.

Art. 11. – *Présomption de consentement de l'État membre requis.* – Lorsqu'il procède à la notification visée à l'article 18, paragraphe 2, ou à tout autre moment, tout État membre peut déclarer que, dans le cadre de ses relations avec les autres États membres ayant fait la même déclaration, le consentement prévu à l'article 14, paragraphe 1, point *a*, de la convention européenne d'extradition et à l'article 13, paragraphe 1, point *a*, du traité Benelux est réputé acquis, sauf indication contraire dans un cas particulier lorsqu'il accorde l'extradition.

Lorsque, dans un cas particulier, l'État membre a indiqué que son consentement n'était pas réputé acquis, l'article 10, paragraphe 1, reste d'application.

Art. 12. – *Réextradition vers un autre État membre.* – 1. L'article 15 de la convention européenne d'extradition et l'article 14, paragraphe 1, du traité Benelux ne sont pas applicables aux demandes de réextradition d'un État membre vers un autre État membre.

2. Lorsqu'il procède à la notification visée à l'article 18, paragraphe 2, un État membre peut déclarer que l'article 15 de la convention européenne d'extradition et l'article 14, paragraphe 1, du traité Benelux restent applicables, sauf dispositions contraires prévues à l'article 13 de la convention relative à la procédure simplifiée d'extradition entre les États membres de l'Union européenne ou sauf si la personne concernée consent à sa réextradition vers un autre État membre.

Art. 13. – *Autorité centrale et transmission de documents par télécopie.* – 1. Chaque État membre désigne une autorité centrale ou, lorsque son ordre constitutionnel le prévoit, des autorités centrales chargées de transmettre et de recevoir les demandes d'extradition et les documents requis à l'appui de ces demandes, ainsi que toute autre correspondance officielle relative aux demandes d'extradition, sauf disposition contraire de la présente convention.

2. Lorsqu'il procède à la notification visée à l'article 18, paragraphe 2, chaque État membre indique l'autorité ou les autorités qu'il a désignées en application du paragraphe 1 du présent article. Il communique au dépositaire toute modification concernant cette désignation.

3. La demande d'extradition et les documents visés au paragraphe 1 peuvent être transmis par télécopie. Chaque autorité centrale dispose d'un appareil assurant par cette voie la transmission et la réception de ces documents et veille à ce qu'il soit maintenu en état de fonctionnement.

4. Lorsqu'il est fait usage d'un appareil de télécopie pour l'application du présent article, la communication est cryptée par un dispositif cryptographique associé à l'appareil dont dispose l'autorité centrale, afin de garantir l'origine et la confidentialité de la transmission.

Les États membres se concertent sur les modalités pratiques d'application du présent article.

5. Afin de garantir l'authenticité des pièces d'extradition, l'autorité centrale de l'État membre requérant déclare dans sa demande qu'elle certifie la conformité avec les originaux des pièces transmises à l'appui de cette demande et donne la description de la pagination. Si l'État membre requis conteste cette conformité, son autorité centrale est fondée à exiger de l'autorité centrale de l'État membre requérant qu'elle produise les originaux des pièces ou leur copie conforme dans un délai raisonnable soit par la voie diplomatique, soit par toute autre voie convenue d'un commun accord.

Art. 14 – *Complément d'information.* – Lorsqu'il procède à la notification visée à l'article 18, paragraphe 2, ou à tout autre moment, tout Etat membre peut déclarer que, dans le cadre de ses relations avec les autres États membres ayant fait la même déclaration, les autorités judiciaires ou les autres autorités compétentes de ces autres États membres peuvent, s'il y a lieu, s'adresser directement à ses autorités judiciaires ou à ses autres autorités compétentes chargées des poursuites pénales contre la personne dont l'extradition est demandée pour solliciter un complément d'information, conformément à l'article 13 de la convention européenne d'extradition ou à l'article 12 du traité Benelux.

Au moment où il fait cette déclaration, l'État membre indique quelles sont ses autorités judiciaires ou ses autres autorités compétentes habilitées à solliciter, à communiquer et à recevoir ce complément d'information.

Art. 15. – *Authentification.* – Tout document ou toute copie de document transmis à des fins d'extradition est dispensé d'authentification ou de toute autre formalité, sauf dispositions contraires expresses de la présente convention, de la convention européenne d'extradition ou du traité Benelux. Dans ce dernier cas, les copies des documents sont considérées comme authentifiées dès lors qu'elles ont été certifiées conformes par les autorités judiciaires qui ont délivré l'original ou par l'autorité centrale visée à l'article 13.

Art. 16. – *Transit.* – En cas de transit, au sens de l'article 21 de la convention européenne d'extradition et de l'article 21 du traité Benelux, à travers le territoire d'un État membre vers un autre État membre, les dispositions suivantes s'appliquent :

a) Les renseignements contenus dans la demande de transit doivent être suffisants pour permettre à l'État membre de transit d'évaluer la demande et de prendre à l'encontre de la personne extradée les mesures de contrainte nécessaires à l'exécution du transit.

À cet effet, les renseignements suivants sont considérés comme suffisants :

– identité de la personne extradée ;
– existence d'un mandat d'arrêt ou d'un acte ayant la même force juridique ou d'un jugement exécutoire ;

– nature et qualification légale de l'infraction ;
– description des circonstances de l'infraction, y compris la date et le lieu.

b) La demande de transit ainsi que les renseignements prévus au point *a* peuvent être adressés à l'État membre de transit par tout moyen permettant d'en conserver une trace écrite. L'État membre de transit fait connaître sa décision par le même procédé.

c) En cas d'utilisation de la voie aérienne sans escale prévue, lorsque survient un atterrissage fortuit, l'État membre requérant fournit à l'État membre concerné les renseignements prévus au point *a*.

d) Sous réserve des dispositions de la présente convention, et notamment de ses articles 3, 5 et 7, les dispositions de l'article 21, paragraphes 1, 2, 5 et 6, de la Convention européenne d'extradition, ainsi que de l'article 21, paragraphe 1, du traité Benelux, restent d'application.

Art. 17. – *Réserves.* – La présente convention ne peut faire l'objet d'aucune réserve, hormis celles qu'elle prévoit expressément.

Art. 18. – *Entrée en vigueur.* – 1. La présente convention est soumise à adoption par les États membres conformément à leurs règles constitutionnelles respectives.

2. Les États membres notifient au secrétaire général du Conseil de l'Union européenne l'accomplissement des procédures requises par leurs règles constitutionnelles respectives pour l'adoption de la présente convention.

3. La présente convention entre en vigueur quatre-vingt-dix jours après la notification visée au paragraphe 2 par l'État, membre de l'Union européenne au moment de l'adoption par le Conseil de l'acte établissant la présente convention, qui procède le dernier à cette formalité.

4. Jusqu'à l'entrée en vigueur de la présente convention, chaque État membre peut, lorsqu'il procède à la notification visée au paragraphe 2 ou à tout autre moment, déclarer que cette convention est applicable, en ce qui le concerne, dans ses rapports avec les États membres qui ont fait la même déclaration. Ces déclarations prennent effet quatre-vingt-dix jours après la date de leur dépôt.

5. La présente convention ne s'applique qu'aux demandes présentées postérieurement à la date de son entrée en vigueur ou de sa mise en application dans les relations entre l'État membre requis et l'État membre requérant.

Art. 19. – *Adhésion de nouveaux États membres.* – 1. La présente convention est ouverte à l'adhésion de tout État qui devient membre de l'Union européenne.

2. Le texte de la présente convention dans la langue de l'État membre adhérent, établi par le Conseil de l'Union européenne, fait foi.

3. Les instruments d'adhésion sont déposés auprès du dépositaire.

4. La présente convention entre en vigueur à l'égard de tout État qui y adhère quatre-vingt-dix jours après le dépôt de son instrument d'adhésion ou à la date de l'entrée en vigueur de cette convention, si elle n'est pas encore entrée en vigueur au moment de l'expiration de ladite période de quatre-vingt-dix jours.

5. Si la présente convention n'est pas encore en vigueur lors du dépôt de leur instrument d'adhésion, l'article 18, paragraphe 4, s'applique aux États membres adhérents.

Art. 20. – *Dépositaire.* – 1. Le secrétaire général du Conseil de l'Union européenne est dépositaire de la présente convention.

2. Le dépositaire publie au *Journal officiel* des Communautés européennes l'état des adoptions et des adhésions, les déclarations et les réserves, ainsi que toute autre notification relative à la présente convention.

En foi de quoi, les plénipotentiaires soussignés ont apposé leurs signatures au bas de la présente convention.

Fait à Dublin, le 27 septembre 1996, en un exemplaire unique, en langues allemande, anglaise, danoise, espagnole, finnoise, française, grecque, irlandaise, italienne, néerlandaise, portugaise et suédoise, tous ces textes faisant également foi, exemplaire qui est déposé dans les archives du secrétariat général du Conseil de l'Union européenne. Le secrétaire général en transmet une copie certifiée conforme à chaque État membre.

ANNEXE

DÉCLARATION COMMUNE LIÉE AU DROIT D'ASILE

Les États membres déclarent que la présente convention ne saurait porter atteinte au droit d'asile tel qu'il est reconnu par leurs constitutions respectives ni à l'application par ces États membres des dispositions de la convention relative au statut des réfugiés du 28 juillet 1951, complétée par la convention sur le statut des apatrides du 28 septembre 1954 et par le protocole relatif au statut des réfugiés du 31 janvier 1967.

DÉCLARATION DU DANEMARK, DE LA FINLANDE ET DE LA SUÈDE RELATIVE À L'ARTICLE 7 DE LA PRÉSENTE CONVENTION

Le Danemark, la Finlande et la Suède confirment – ainsi qu'ils l'avaient fait savoir au cours des négociations en vue de leur adhésion aux accords de Schengen – qu'ils ne se prévaudront pas, à l'égard des autres États membres qui assurent un traitement égal, des déclarations qu'ils ont faites dans le cadre de l'article 6, paragraphe 1, de la convention européenne d'extradition pour refuser l'extradition de résidents d'États qui ne sont pas des États nordiques.

DÉCLARATION RELATIVE À LA NOTION DE « NATIONAUX »

Le Conseil prend note de l'engagement des États membres d'appliquer la convention du Conseil de l'Europe du 21 mars 1983 sur le transfèrement des personnes condamnées à l'égard des nationaux de chaque État membre au sens de l'article 3, paragraphe 4, de ladite convention.

L'engagement des États membres mentionné au premier alinéa est pris sans préjudice de l'application de l'article 7, paragraphe 2, de la présente convention.

DÉCLARATION DE LA GRÈCE RELATIVE À L'ARTICLE 5

La Grèce interprète l'article 5 sous l'angle du paragraphe 3 de ce même article. Cette interprétation assure le respect des conditions de la Constitution hellénique, qui :

– prévoit expressément l'interdiction d'extrader un étranger poursuivi en raison de son activité pour la liberté, et

– distingue les infractions politiques de celles dites mixtes, pour lesquelles il n'est pas prévu le même régime que pour les infractions politiques.

DÉCLARATION DU PORTUGAL CONCERNANT L'EXTRADITION DEMANDÉE POUR UNE INFRACTION À LAQUELLE CORRESPONDRA UNE PEINE OU UNE MESURE DE SÛRETÉ À CARACTÈRE PERPÉTUEL

Ayant formulé une réserve à la Convention européenne d'extradition de 1957 selon laquelle il n'accordera pas l'extradition des personnes lorsqu'elles seront réclamées pour une infraction à laquelle correspondra une peine ou une mesure de sûreté à caractère perpétuel, le Portugal déclare que, lorsque l'extradition est demandée pour une infraction à laquelle correspondra une telle peine ou mesure de sûreté, il n'accordera l'extradition, dans le respect des dispositions pertinentes de sa Constitution, telles qu'interprétées par sa Cour constitutionnelle, que s'il considère comme suffisantes les assurances fournies par l'État membre requérant de promouvoir, selon sa législation et sa pratique en matière d'exécution des peines, les mesures d'aménagement dont pourrait bénéficier la personne réclamée.

Le Portugal réaffirme la validité des engagements souscrits dans les accords internationaux en vigueur auxquels il est partie, et en particulier au titre de l'article 5 de la convention d'adhésion du Portugal à la convention d'application de Schengen.

DÉCLARATION DU CONSEIL RELATIVE AU SUIVI DE LA CONVENTION

Le Conseil déclare :

a) Qu'il considère comme opportun de procéder, sur la base des informations fournies par les États membres, à un examen périodique :

– de la mise en œuvre de la présente convention ;

– de son fonctionnement lorsqu'elle sera en vigueur ;

– de la possibilité pour les États membres de modifier les réserves exprimées dans le cadre de la présente convention dans le sens d'un allégement des conditions d'extradition ou de lever ces réserves ;

– du fonctionnement des procédures d'extradition entre les États membres dans une perspective générale ;

b) Qu'il examinera un an après l'entrée en vigueur de la présente convention l'attribution éventuelle d'une compétence à la Cour de justice des Communautés européennes.

DÉCLARATIONS FRANÇAISES

Art. 5. – La France déclare, conformément au paragraphe 2 et dans le respect de la déclaration commune liée au droit d'asile, qu'elle n'appliquera le paragraphe 1 qu'au regard des infractions visées aux articles 1er et 2 de la Convention européenne pour la répression du terrorisme du 27 janvier 1977, et de toute association de malfaiteurs en vue de la commission de ces infractions.

Art. 7. – La France déclare qu'elle n'extradera pas ses nationaux en vue d'exécuter une peine prononcée par une juridiction de l'État requérant. Elle autorisera l'extradition de ses ressortissants aux fins de poursuites pénales dans ledit État, sous réserve de réciprocité et à la condition, en cas de condamnation de la personne réclamée à une peine privative de liberté, que l'intéressé soit, à moins qu'il ne s'y oppose, transféré sur le territoire de la République française, pour y exécuter sa peine.

Art. 12. – La France déclare, conformément au paragraphe 2, que l'article 15 de la convention européenne d'extradition reste applicable, sauf si la personne concernée, ayant consenti à l'extradition, a renoncé expressément au bénéfice de la règle de la spécialité conformément à l'article 7 de la convention relative à la procédure simplifiée d'extradition entre les États membres de l'Union européenne, ou si ladite personne consent à sa réextradition vers un autre État membre.

Art. 13. – La France désigne la direction des affaires criminelles et des grâces du ministère de la Justice en qualité d'autorité centrale pour recevoir et transmettre les demandes d'extradition, ainsi que les autres documents et pièces visés à cet article.

Art. 18. – La France déclare que la présente convention est applicable, conformément à l'article 18, paragraphe 4, dans ses rapports avec les États membres qui ont fait la même déclaration.

Décret n° 2005-770 du 8 juillet 2005

portant publication de la convention établie sur la base de l'article K. 3 du traité sur l'Union européenne, relative à l'extradition entre les États membres de l'Union européenne (ensemble une annexe), faite à Dublin

(JO 10 juillet 2005)

Convention du 10 mars 1995

établie sur la base de l'article K. 3 du traité sur l'Union européenne, relative à la procédure simplifiée d'extradition entre les États membres de l'Union européenne, faite à Bruxelles

(Entrée en vigueur le 1er juill. 2005)

Les Hautes Parties contractantes à la présente convention, États membres de l'Union européenne,

Se référant à l'acte du Conseil du 10 mars 1995,

Désirant améliorer la coopération judiciaire en matière pénale entre les États membres, en ce qui concerne tant l'exercice des poursuites que l'exécution des condamnations,

Reconnaissant l'importance de l'extradition dans le domaine de la coopération judiciaire pour la réalisation de ces objectifs,

Convaincus de la nécessité de simplifier la procédure d'extradition, dans la mesure compatible avec les principes fondamentaux de leur droit interne, y compris les principes de la convention européenne de sauvegarde des droits de l'homme et des libertés fondamentales,

Constatant que, dans un grand nombre de procédures d'extradition, la personne faisant l'objet de la demande ne s'oppose pas à sa remise,

Considérant qu'il est souhaitable de réduire à un minimum, dans de tels cas, le temps nécessaire à l'extradition et toute période de détention aux fins d'extradition,

Considérant qu'il convient par conséquent de faciliter l'application de la convention européenne d'extradition du 13 décembre 1957 en simplifiant et en améliorant la procédure d'extradition,

Considérant que les dispositions de la convention européenne d'extradition demeurent applicables pour toutes les questions qui ne sont pas traitées dans la présente convention,

sont convenues des dispositions qui suivent :

Art. 1er. – *Dispositions générales.* – 1. La présente convention vise à faciliter l'application entre les États membres de l'Union européenne de la convention européenne d'extradition en complétant les dispositions de celle-ci.

2. Le paragraphe 1 n'affecte pas l'application des dispositions plus favorables des accords bilatéraux ou multilatéraux en vigueur entre États membres.

Art. 2. – *Obligation de remise.* – Les États membres s'engagent à se remettre selon la procédure simplifiée telle que prévue par la présente convention les personnes recherchées à des fins d'extradition, moyennant le consentement de ces personnes et l'accord de l'État requis, donnés conformément à la présente convention.

Art. 3. – *Conditions de la remise.* – 1. En vertu de l'article 2, toute personne ayant fait l'objet d'une demande d'arrestation provisoire selon l'article 16 de la convention européenne d'extradition est remise conformément aux articles 4 à 11 et à l'article 12 paragraphe 1 de la présente convention.

2. La remise visée au paragraphe 1 n'est pas subordonnée à la présentation d'une demande d'extradition et des documents requis par l'article 12 de la convention européenne d'extradition.

Art. 4. – *Renseignements à communiquer.* – 1. Aux fins de l'information de la personne arrêtée en vue de l'application des articles 6 et 7, ainsi que de l'autorité compétente visée à l'article 5 paragraphe 2, les renseignements suivants, à communiquer par l'État requérant, sont considérés comme suffisants :

a) l'identité de la personne recherchée ;

b) l'autorité qui demande l'arrestation ;

c) l'existence d'un mandat d'arrêt ou d'un acte ayant la même force ou d'un jugement exécutoire ;

d) la nature et la qualification légale de l'infraction ;

e) la description des circonstances de l'infraction, y compris l'heure, le lieu et le degré de participation à l'infraction de la personne recherchée ;

f) dans la mesure du possible, les conséquences de l'infraction.

2. Nonobstant le paragraphe 1, des renseignements complémentaires peuvent être demandés si les renseignements prévus audit paragraphe se révèlent insuffisants pour permettre à l'autorité compétente de l'État requis d'autoriser la remise.

Art. 5. – *Consentement et accord.* – 1. Le consentement de la personne arrêtée est donné conformément aux articles 6 et 7.

2. L'autorité compétente de l'État requis donne son accord selon ses procédures nationales.

Art. 6. – *Information de la personne.* – Lorsqu'une personne recherchée aux fins d'extradition est arrêtée sur le territoire d'un autre État membre, l'autorité compétente l'informe, conformément à son droit interne, de la demande dont elle fait l'objet ainsi que de la possibilité qui lui est offerte de consentir à sa remise à l'État requérant selon la procédure simplifiée

Art. 7. – *Recueil du consentement.* – 1. Le consentement de la personne arrêtée et, le cas échéant, sa renonciation expresse au bénéfice de la règle de la spécialité sont donnés devant les autorités judiciaires compétentes de l'État requis, conformément au droit interne de celui-ci.

2. Tout État membre adopte les mesures nécessaires pour que le consentement et, le cas échéant, la renonciation visés au paragraphe 1 soient recueillis dans des conditions faisant apparaître que la personne les a exprimés volontairement et en étant pleinement consciente des conséquences qui en résultent. À cette fin, la personne arrêtée a le droit de se faire assister d'un conseil.

3. Le consentement et, le cas échéant, la renonciation visés au paragraphe 1 sont consignés dans un procès-verbal, selon la procédure prévue par le droit interne de l'État requis.

4. Le consentement et, le cas échéant, la renonciation visés au paragraphe 1 sont irrévocables. Lors du dépôt de leur instrument de ratification, d'acceptation, d'approbation ou d'adhésion, les États membres peuvent indiquer dans une déclaration que le consentement et, le cas échéant, la renonciation peuvent être révocables, selon les règles applicables en droit interne. Dans ce cas, la période comprise entre la notification du consentement et celle de sa révocation n'est pas prise en considération pour la détermination des délais prévus à l'article 16 paragraphe 4 de la convention européenne d'extradition.

Art. 8. – *Communication du consentement.* – 1. L'État requis communique immédiatement à l'État requérant le consentement de la personne. Afin de permettre à cet État de présenter, le cas échéant, une demande d'extradition, l'État requis lui fait savoir, au plus tard dix jours après l'arrestation provisoire, si la personne a donné ou non son consentement.

2. La communication visée au paragraphe 1 s'effectue directement entre les autorités compétentes.

Art. 9. – *Renonciation au bénéfice de la règle de la spécialité.* – Tout État membre peut déclarer, lors du dépôt de son instrument de ratification, d'acceptation, d'approbation ou d'adhésion ou à tout autre moment, que les règles prévues à l'article 14 de la Convention européenne d'extradition ne sont pas applicables lorsque la personne, conformément à l'article 7 de la présente convention :

a) consent à l'extradition, ou

b) ayant consenti à l'extradition, renonce expressément au bénéfice de la règle de la spécialité.

Art. 10. – *Communication de la décision d'extradition.* – 1. Par dérogation aux règles prévues à l'article 18 paragraphe 1 de la convention européenne d'extradition, la communication de la décision d'extradition prise en application de la procédure simplifiée, ainsi que des informations relatives à cette procédure, s'effectue directement entre l'autorité compétente de l'État requis et l'autorité de l'État requérant qui a demandé l'arrestation provisoire.

2. La communication visée au paragraphe 1 s'effectue au plus tard dans les vingt jours suivant la date du consentement de la personne.

Art. 11. – *Délai de remise.* – 1. La remise de la personne s'effectue au plus tard dans les vingt jours suivant la date à laquelle la décision d'extradition a été communiquée dans les conditions énoncées à l'article 10 paragraphe 2.

2. À l'expiration du délai prévu au paragraphe 1, si la personne se trouve détenue, elle est remise en liberté sur le territoire de l'État requis.

3. En cas de force majeure empêchant la remise de la personne dans le délai prévu au paragraphe 1, l'autorité concernée visée à l'article 10 paragraphe 1 en informe l'autre autorité. Elles conviennent entre elles d'une nouvelle date de remise. Dans cette hypothèse, la remise aura lieu dans les vingt jours suivant la nouvelle date ainsi convenue. Si la personne en question est encore détenue à l'expiration de ce délai, elle est remise en liberté.

4. Les paragraphes 1, 2 et 3 du présent article ne s'appliquent pas dans le cas où l'État requis souhaite faire usage de l'article 19 de la convention européenne d'extradition.

Art. 12. – *Consentement donné après l'expiration du délai prévu à l'article 8 ou dans d'autres circonstances.* – 1. Lorsque la personne a donné son consentement après l'expiration du délai de dix jours prévu à l'article 8, l'État requis :

– met en œuvre la procédure simplifiée telle que prévue par la présente convention si une demande d'extradition au sens de l'article 12 de la convention européenne d'extradition ne lui est pas encore parvenue ;

– peut recourir à cette procédure simplifiée si une demande d'extradition au sens de l'article 12 de la convention européenne d'extradition lui est parvenue entre-temps.

2. Lorsque aucune demande d'arrestation provisoire n'a été faite, et dans le cas où un consentement a été donné après réception d'une demande d'extradition, l'État requis peut recourir à la procédure simplifiée telle que prévue par la présente convention.

3. Lors du dépôt de son instrument de ratification, d'acceptation, d'approbation ou d'adhésion, chaque État membre déclare s'il a l'intention d'appliquer le paragraphe 1 deuxième tiret et le paragraphe 2 et dans quelles conditions il entend le faire.

Art. 13. – *Réextradition à un autre État membre.* – Lorsque la personne extradée ne bénéficie pas de la règle de la spécialité conformément à la déclaration de l'État membre prévue à l'article 9 de la présente convention, l'article 15 de la convention européenne d'extradition ne s'applique pas à la réextradition de cette personne à un autre État membre, à moins que ladite déclaration en dispose autrement.

Art. 14. – *Transit.* – En cas de transit au sens de l'article 21 de la convention européenne d'extradition, lorsqu'il s'agit d'extradition selon la procédure simplifiée, les dispositions suivantes s'appliquent :

a) en cas d'urgence, la demande peut être adressée, par tous moyens laissant une trace écrite, à l'État de transit, accompagnée des renseignements prévus à l'article 4. L'État de transit peut faire connaître sa décision par le même procédé ;

b) les renseignements visés à l'article 4 sont suffisants pour permettre à l'autorité compétente de l'État de transit de savoir s'il s'agit d'une procédure simplifiée d'extradition et de prendre à l'encontre de la personne extradée les mesures de contrainte nécessaires à l'exécution du transit.

Art. 15. – *Détermination des autorités compétentes.* – Lors du dépôt de son instrument de ratification, d'acceptation, d'approbation ou d'adhésion, chaque État membre indique dans une déclaration quelles sont les autorités compétentes au sens des articles 4 à 8, 10 et 14.

Art. 16. – *Entrée en vigueur.* – 1. La présente convention est soumise à ratification, acceptation ou approbation. Les instruments de ratification, d'acceptation ou d'approbation sont déposés auprès du Secrétariat général du Conseil de l'Union européenne. Le Secrétaire général du Conseil en notifie le dépôt à tous les États membres.

2. La présente convention entre en vigueur quatre-vingt-dix jours après le dépôt de l'instrument de ratification, d'acceptation ou d'approbation par l'État membre qui procède le dernier à cette formalité.

3. Jusqu'à l'entrée en vigueur de la présente convention, chaque État membre peut, lors du dépôt de son instrument de ratification, d'acceptation ou d'approbation ou à tout autre moment, déclarer que cette convention est applicable à son égard, dans ses rapports avec les États membres qui ont fait la même déclaration, quatre-vingt-dix jours après le dépôt de sa déclaration.

4. Toute déclaration faite en vertu de l'article 9 prend effet trente jours après son dépôt, mais au plus tôt à la date de l'entrée en vigueur de la présente convention ou de la mise en application de celle-ci à l'égard de l'État membre concerné.

5. La présente convention ne s'applique qu'aux demandes présentées postérieurement à la date de son entrée en vigueur ou de sa mise en application entre l'État requis et l'État requérant.

Art. 17. – *Adhésion.* – 1. La présente convention est ouverte à l'adhésion de tout État qui devient membre de l'Union européenne.

2. Le texte de la présente convention, établi dans la langue de l'État adhérent par les soins du Secrétariat général du Conseil de l'Union européenne et approuvé par tous les États membres fait foi au même titre que les autres textes authentiques. Le Secrétaire général en transmet une copie certifiée conforme à chaque État membre.

3. Les instruments d'adhésion sont déposés auprès du Secrétariat général du Conseil de l'Union européenne.

4. La présente convention entre en vigueur à l'égard de tout État qui y adhère quatre-vingt-dix jours après le dépôt de son instrument d'adhésion ou à la date de l'entrée en vigueur de cette convention, si elle n'est pas encore entrée en vigueur au moment de l'expiration de ladite période de quatre-vingt-dix jours.

5. Dans le cas où la présente convention n'est pas encore entrée en vigueur au moment du dépôt de leur instrument d'adhésion, l'article 16 paragraphe 3 s'applique aux États membres adhérents.

En foi de quoi, les plénipotentiaires soussignés ont apposé leurs signatures au bas de la présente convention.

Fait à Bruxelles, le 10 mars 1995, en un exemplaire unique, en langues allemande, anglaise, danoise, espagnole, finnoise, française, grecque, irlandaise, italienne, néerlandaise, portugaise et suédoise, tous ces textes faisant également foi, exemplaire qui est déposé dans les archives du Secrétariat général du Conseil de l'Union européenne. Le Secrétaire général en transmet une copie certifiée conforme à chaque État membre.

ANNEXE

DÉCLARATIONS FRANÇAISES

Art. 7. – *Paragraphe 4.* – La France déclare que l'exercice, dans les délais légaux, par la personne réclamée, d'une voie de recours à l'encontre de la décision de la chambre de l'instruction de la cour d'appel territorialement compétente ayant accordé son extradition, vaut révocation du consentement à l'extradition.

Art. 9. – La France déclare que les règles prévues à l'article 14 de la Convention européenne d'extradition ne sont pas applicables lorsque la personne, ayant consenti à l'extradition, renonce expressément au bénéfice de la règle de la spécialité.

Art. 12. – *Paragraphe 3.* – La France déclare qu'elle appliquera le paragraphe 1 second tiret et le paragraphe 2 dans les conditions fixées par sa législation interne.

Art. 15. – La France déclare que les autorités compétentes au sens des articles 4 à 8, 10 et 14 sont les suivantes :
- le procureur de la République territorialement compétent, au sens de l'article 4 ;
- la chambre de l'instruction de la cour d'appel territorialement compétente, au sens des articles 5 et 7 ;
- le procureur général territorialement compétent, au sens des articles 6 et 8 ;
- le Ministre de la Justice, au sens des articles 10 et 14.

Art. 16. – La France déclare que la présente convention est applicable, conformément à l'article 16, paragraphe 3, dans ses rapports avec les États membres qui ont fait la même déclaration.

Décret n° 2005-771 du 8 juillet 2005

portant publication de la convention établie sur la base de l'article K. 3 du traité sur l'Union européenne, relative à la procédure simplifiée d'extradition entre les États membres de l'Union européenne, faite à Bruxelles

(JO 10 juillet 2005)

ANNEXE 8

ANNEXE 8

CONVENTIONS D'ENTRAIDE JUDICIAIRE

Convention du 20 avril 1959
européenne d'entraide judiciaire en matière pénale signée à Strasbourg

(Publiée par D. n° 67-636, 23 juill. 1967 : JO 4 août et rect. 4 oct. 1967)

PRÉAMBULE

Les Gouvernements signataires, Membres du Conseil de l'Europe,

Considérant que le but du Conseil de l'Europe est de réaliser une union plus étroite entre ses Membres ;

Convaincus que l'adoption de règles communes dans le domaine de l'entraide judiciaire en matière pénale est de nature à atteindre cet objectif ;

Considérant que l'entraide judiciaire est une matière connexe à celle de l'extradition qui a déjà fait l'objet d'une convention en date du 13 décembre 1957,

Sont convenus de ce qui suit :

TITRE PREMIER. – DISPOSITIONS GÉNÉRALES

Art. 1er ***(Rempl., Prot. 8 nov. 2001, art. 1er, publié par D. n° 2012-813, 16 juin 2012).*** **– 1. Les Parties s'engagent à s'accorder mutuellement, selon les dispositions de la présente Convention et dans les meilleurs délais, l'entraide judiciaire la plus large possible dans toute procédure visant des infractions dont la répression est, au moment où l'entraide est demandée, de la compétence des autorités judiciaires de la Partie requérante.**

2. La présente Convention ne s'applique ni à l'exécution des décisions d'arrestation et des condamnations ni aux infractions militaires qui ne constituent pas des infractions de droit commun.

3. L'entraide judiciaire pourra également être accordée dans des procédures pour des faits qui sont punissables selon le droit national de la Partie requérante ou de la Partie requise au titre d'infractions aux règlements poursuivies par des autorités administratives dont la décision peut donner lieu à un recours devant une juridiction compétente, notamment en matière pénale.

4. L'entraide judiciaire ne sera pas refusée au seul motif que les faits dont il s'agit peuvent engager la responsabilité d'une personne morale dans la Partie requérante.

Art. 2. **– L'entraide judiciaire pourra être refusée :**

a) **si la demande se rapporte à des infractions considérées par la Partie requise soit comme des infractions politiques, soit comme des infractions connexes à des infractions politiques, soit comme des infractions fiscales ;**

b) **si la Partie requise estime que l'exécution de la demande est de nature à porter atteinte à la souveraineté, à la sécurité, à l'ordre public ou à d'autres intérêts essentiels de son pays.**

TITRE II. – COMMISSIONS ROGATOIRES

Art. 3. – 1. La Partie requise fera exécuter, dans les formes prévues par sa législation, les commissions rogatoires relatives, à une affaire pénale qui lui seront adressées par les autorités judiciaires de la Partie requérante et qui ont pour objet d'accomplir des actes d'instruction ou de communiquer des pièces à conviction, des dossiers ou des documents.

2. Si la Partie requérante désire que les témoins ou les experts déposent sous serment, elle en fera expressément la demande et la Partie requise y donnera suite si la loi de son pays ne s'y oppose pas.

3. La Partie requise pourra ne transmettre que des copies ou photocopies certifiées conformes des dossiers ou documents demandés. Toutefois, si la Partie requérante demande expressément la communication des originaux, il sera donné suite à cette demande dans toute la mesure du possible.

Art. 4 *(Mod., Prot. 8 nov. 2001, art. 2, publié par D. n° 2012-813, 16 juin 2012).* – 1. Si la partie requérante le demande expressément, la partie requise l'informera de la date et du lieu d'exécution de la commission rogatoire. Les autorités et personnes en cause pourront assister à cette exécution si la partie requise y consent.

2. Les demandes visant la présence de ces autorités ou personnes en cause ne devraient pas être refusées lorsqu'une telle présence tend à ce que l'exécution de la demande d'entraide réponde mieux aux besoins de la Partie requérante et, de ce fait, permet d'éviter des demandes d'entraide supplémentaires.

Art. 5. – 1. Toute Partie Contractante pourra, au moment de la signature de la présente Convention ou du dépôt de son instrument de ratification ou d'adhésion, par déclaration adressée au Secrétaire général du Conseil de l'Europe, se réserver la faculté de soumettre l'exécution des commissions rogatoires aux fins de perquisition ou saisie d'objets à une ou plusieurs des conditions suivantes :

a) l'infraction motivant la commission rogatoire doit être punissable selon la loi de la Partie requérante et de la Partie requise ;

b) l'infraction motivant la commission rogatoire doit être susceptible de donner lieu à extradition dans le pays requis ;

c) l'exécution de la commission rogatoire doit être compatible avec la loi de la Partie requise.

2. Lorsqu'une Partie Contractante aura fait une déclaration conformément au paragraphe 1er du présent article, toute autre Partie pourra appliquer la règle de la réciprocité.

Art. 6. – 1. La Partie requise pourra surseoir à la remise des objets, dossiers ou documents dont la communication est demandée, s'ils lui sont nécessaires pour une procédure pénale en cours.

2. Les objets, ainsi que les originaux des dossiers et documents, qui auront été communiqués en exécution d'une commission rogatoire, seront renvoyés aussitôt que possible par la Partie requérante à la Partie requise, à moins que celle-ci n'y renonce.

TITRE III. – REMISE D'ACTES DE PROCÉDURE ET DE DÉCISIONS JUDICIAIRES – COMPARUTION DE TÉMOINS, EXPERTS ET PERSONNES POURSUIVIES

Art. 7. – 1. La Partie requise procédera à la remise des actes de procédure et des décisions judiciaires qui lui seront envoyés à cette fin par la Partie requérante.

Cette remise pourra être effectuée par simple transmission de l'acte ou de la décision au destinataire. Si la Partie requérante le demande expressément, la Partie requise effectuera la remise dans une des formes prévues par sa législation pour les significations analogues ou dans une forme spéciale compatible avec cette législation.

2. La preuve de la remise se fera au moyen d'un récépissé daté et signé par le destinataire ou d'une déclaration de la Partie requise constatant le fait, la forme et la date de la remise. L'un ou l'autre de ces documents sera immédiatement transmis à la Partie requérante. Sur demande de cette dernière, la Partie requise précisera si la remise a été faite conformément à sa loi. Si la remise n'a pu se faire, la Partie requise en fera connaître immédiatement le motif à la Partie requérante.

3. Toute Partie Contractante pourra, au moment de la signature de la présente Convention ou du dépôt de son instrument de ratification ou d'adhésion, par déclaration adressée au Secrétaire général du Conseil de l'Europe, demander que la citation à comparaître destinée à une personne poursuivie se trouvant sur son territoire soit transmise à ses autorités dans un certain délai avant la date fixée pour la comparution. Ce délai sera précisé dans ladite déclaration et ne pourra pas excéder 50 jours.

Il sera tenu compte de ce délai en vue de la fixation de la date de comparution et lors de la transmission de la citation.

Art. 8. – Le témoin ou l'expert qui n'aura pas déféré à une citation à comparaître dont la remise a été demandée ne pourra être soumis, alors même que cette citation contiendrait des injonctions, à aucune sanction ou mesure de contrainte, à moins qu'il ne se rende par la suite de son plein gré sur le territoire de la Partie requérante et qu'il n'y soit régulièrement cité à nouveau.

Art. 9. – Les indemnités à verser, ainsi que les frais de voyage et de séjour à rembourser au témoin ou à l'expert par la Partie requérante seront calculés depuis le lieu de leur résidence et lui seront accordés selon des taux au moins égaux à ceux prévus par les tarifs et règlements en vigueur dans le pays où l'audition doit avoir lieu.

Art. 10. – 1. Si la Partie requérante estime que la comparution personnelle d'un témoin ou d'un expert devant ses autorités judiciaires est particulièrement nécessaire, elle en fera mention dans la demande de remise de la citation et la Partie requise invitera ce témoin ou cet expert à comparaître.

La Partie requise fera connaître la réponse du témoin ou de l'expert à la Partie requérante.

2. Dans le cas prévu au paragraphe 1er du présent article, la demande ou la citation devra mentionner le montant approximatif des indemnités à verser, ainsi que des frais de voyage et de séjour à rembourser.

3. Si une demande lui est présentée à cette fin, la Partie requise pourra consentir une avance au témoin ou à l'expert. Celle-ci sera mentionnée sur la citation et remboursée par la Partie requérante.

Art. 11 *(Rempl., Prot. 8 nov. 2001, art. 3, publié par D. n° 2012-813, 16 juin 2012)*. – 1. Toute personne détenue dont la comparution personnelle aux fins d'instruction, à l'exclusion de sa comparution aux fins de jugement, est demandée par la Partie requérante sera transférée temporairement sur son territoire, sous condition de son renvoi dans le délai indiqué par la Partie requise et sous réserve des dispositions de l'article 12 de la présente Convention, dans la mesure où celles-ci peuvent s'appliquer.

Le transfèrement pourra être refusé :

a) si la personne détenue n'y consent pas ;
b) si sa présence est nécessaire dans une procédure pénale en cours sur le territoire de la Partie requise ;
c) si son transfèrement est susceptible de prolonger sa détention ; ou
d) si d'autres considérations impérieuses s'opposent à son transfèrement sur le territoire de la Partie requérante.

2. Sous réserve des dispositions de l'article 2 de la présente Convention, dans un cas prévu au paragraphe 1, le transit de la personne détenue par un territoire d'un État tiers sera accordé sur demande, accompagnée de tous les documents utiles, adressée par le ministère de la Justice de la Partie requérante au ministère de la Justice de la Partie requise du transit. Toute Partie pourra refuser d'accorder le transit de ses ressortissants.

3. La personne transférée devra rester en détention sur le territoire de la Partie requérante et, le cas échéant, sur le territoire de la Partie requise du transit, à moins que la Partie requise du transfèrement ne demande sa mise en liberté.

Art. 12. – 1. Aucun témoin ou expert, de quelque nationalité qu'il soit, qui, à la suite d'une citation, comparaîtra devant les autorités judiciaires de la Partie requérante, ne pourra être ni poursuivi, ni détenu, ni soumis à aucune autre restriction de sa liberté individuelle sur le territoire de cette Partie pour des faits ou condamnations antérieurs à son départ du territoire de la Partie requise.

2. Aucune personne, de quelque nationalité qu'elle soit, citée devant les autorités judiciaires de la Partie requérante afin d'y répondre de faits pour lesquels elle fait l'objet de poursuites, ne pourra y être ni poursuivie, ni détenue, ni soumise à aucune autre restriction de sa liberté individuelle pour des faits ou condamnations antérieurs à son départ du territoire de la Partie requise et non visés par la citation.

3. L'immunité prévue au présent article cessera lorsque le témoin, l'expert ou la personne poursuivie, ayant eu la possibilité de quitter le territoire de la Partie requérante pendant quinze jours consécutifs, après que sa présence n'était plus requise par les autorités judiciaires, sera néanmoins demeuré sur ce territoire ou y sera retournée après l'avoir quitté.

TITRE IV. – CASIER JUDICIAIRE

Art. 13. – 1. La Partie requise communiquera, dans la mesure où ses autorités judiciaires pourraient elles-mêmes les obtenir en pareil cas, les extraits du casier judiciaire et tous renseignements relatifs à ce dernier qui lui seront demandés par les autorités judiciaires d'une Partie contractante pour les besoins d'une affaire pénale.

2. Dans les cas autres que ceux prévus au paragraphe 1er du présent article, il sera donné suite à pareille demande dans les conditions prévues par la législation, les règlements ou la pratique de la Partie requise.

TITRE V. – PROCÉDURE

Art. 14. – 1. Les demandes d'entraide devront contenir les indications suivantes :

a) l'autorité dont émane la demande,

b) l'objet et le motif de la demande,

c) dans la mesure du possible, l'identité et la nationalité de la personne en cause, et

d) le nom et l'adresse du destinataire s'il y a lieu.

2. Les commissions rogatoires prévues aux articles 3, 4 et 5 mentionneront en outre l'inculpation et contiendront un exposé sommaire des faits.

Art. 15 *(Rempl., Prot. 8 nov. 2001, art. 4, publié par D. n° 2012-813, 16 juin 2012).* – 1. Les demandes d'entraide judiciaire, ainsi que toute information spontanée, seront adressées, sous forme écrite, par le ministère de la Justice de la Partie requérante au ministère de la Justice de la Partie requise et renvoyées par la même voie. Toutefois, elles peuvent être adressées directement par l'autorité judiciaire de la Partie requérante à l'autorité judiciaire de la Partie requise et renvoyées par la même voie.

2. Les demandes prévues à l'article 11 de la présente Convention ainsi que celles prévues à l'article 13 du Deuxième Protocole additionnel à la présente Convention, seront adressées dans tous les cas par le ministère de la Justice de la Partie requérante au ministère de la Justice de la Partie requise et renvoyées par la même voie.

3. Les demandes d'entraide judiciaire relatives aux procédures visées au paragraphe 3 de l'article 1er de la présente Convention peuvent également être adressées directement par l'autorité administrative ou judiciaire de la Partie requérante à l'autorité administrative ou judiciaire de la Partie requise, selon le cas, et renvoyées par la même voie.

4. Les demandes d'entraide judiciaire faites en vertu des articles 18 ou 19 du Deuxième Protocole additionnel à la présente Convention peuvent également être adressées directement par l'autorité compétente de la Partie requérante à l'autorité compétente de la Partie requise.

5. Les demandes prévues au paragraphe 1 de l'article 13 de la présente Convention pourront être adressées directement par les autorités judiciaires concernées au service compétent de la Partie requise, et les réponses pourront être renvoyées directement par ce service. Les demandes prévues au paragraphe 2 de l'article 13 de la présente Convention seront adressées par le ministère de la Justice de la Partie requérante au ministère de la Justice de la Partie requise.

6. Les demandes de copie des sentences et mesures visées à l'article 4 du Protocole additionnel à la Convention peuvent être adressées directement aux autorités compétentes. Tout État contractant pourra, à tout moment, par déclaration adressée au Secrétaire Général du Conseil de l'Europe, indiquer les autorités qu'il considérera compétentes aux fins du présent paragraphe.

7. En cas d'urgence et lorsque la transmission directe est admise par la présente Convention, elle pourra s'effectuer par l'intermédiaire de l'Organisation internationale de police criminelle (Interpol).

8. Toute Partie pourra, à tout moment, par déclaration adressée au Secrétaire Général du Conseil de l'Europe, se réserver le droit de soumettre l'exécution des demandes d'entraide judiciaire, ou de certaines d'entre elles, à une ou plusieurs des conditions suivantes :

a) une copie de la demande doit être adressée à l'autorité centrale y désignée ;

b) la demande, sauf lorsqu'elle est urgente, doit être adressée à l'autorité centrale y désignée ;

c) dans le cas d'une transmission directe pour motif d'urgence, une copie doit être communiquée en même temps à son ministère de la Justice ;

d) certaines ou toutes les demandes d'entraide judiciaire doivent lui être adressées par une voie autre que celle prévue au présent article.

9. Les demandes d'entraide judiciaire ou toute autre communication en vertu de la présente Convention ou de ses protocoles, peuvent être faites par voie de moyens électroniques de communication, ou par tout autre moyen de télécommunication, à condition que la Partie requérante soit prête à produire à tout moment, sur demande, une trace écrite de l'expédition ainsi que l'original. Cependant, tout État contractant peut, à tout moment, par déclaration

adressée au Secrétaire Général du Conseil de l'Europe, indiquer les conditions dans lesquelles il est prêt à accepter et à mettre en exécution des demandes reçues par voie électronique ou tout autre moyen de télécommunication.

10. Le présent article ne portera pas atteinte aux dispositions des accords ou arrangements bilatéraux en vigueur entre les Parties, selon lesquelles la transmission directe des demandes d'entraide judiciaire entre les autorités des Parties est prévue.

Art. 16. – 1. Sous réserve des dispositions du paragraphe 2 du présent article, la traduction des demandes et des pièces annexes ne sera pas exigée.

2. Toute Partie Contractante pourra, au moment de la signature ou du dépôt de son instrument de ratification ou d'adhésion, par déclaration adressée au Secrétaire général du Conseil de l'Europe, se réserver la faculté d'exiger que les demandes et pièces annexes lui soient adressées accompagnées, soit d'une traduction dans sa propre langue, soit d'une traduction dans l'une quelconque des langues officielles du Conseil de l'Europe ou dans celle de ces langues qu'elle indiquera. Les autres Parties pourront appliquer la règle de la réciprocité.

3. Le présent article ne portera pas atteinte aux dispositions relatives à la traduction des demandes et pièces annexes contenues dans les accords ou arrangements en vigueur ou à intervenir entre deux ou plusieurs Parties Contractantes.

Art. 17. – Les pièces et documents transmis en application de la présente Convention seront dispensés de toutes formalités de légalisation.

Art. 18. – Si l'autorité saisie d'une demande d'entraide est incompétente pour y donner suite, elle transmettra d'office cette demande à l'autorité compétente de son pays et, dans le cas où la demande a été adressée par la voie directe, elle en informera par la même voie la Partie requérante.

Art. 19. – Tout refus d'entraide judiciaire sera motivé.

Art. 20 *(Rempl., Prot. 8 nov. 2001, art. 5, publié par D. n° 2012-813, 16 juin 2012)*. – 1. Les Parties ne se réclament pas mutuellement le remboursement des frais découlant de l'application de la Convention ou de ses protocoles, à l'exception :

a) des frais occasionnés par l'intervention d'experts sur le territoire de la Partie requise ;

b) des frais occasionnés par le transfèrement de personnes détenues effectué en application des articles 13 ou 14 du Deuxième Protocole additionnel à la présente Convention, ou de l'article 11 de la présente Convention ;

c) des frais importants ou extraordinaires.

2. Toutefois, le coût de l'établissement de la liaison vidéo ou téléphonique, les coûts liés à la mise à disposition de la liaison vidéo ou téléphonique dans la Partie requise, la rémunération des interprètes qu'elle fournit et les indemnités versées aux témoins ainsi que leurs frais de déplacement dans la Partie requise sont remboursés par la Partie requérante à la Partie requise, à moins que les Parties n'en conviennent autrement.

3. Les Parties se consultent en vue de déterminer les conditions de paiement des frais susceptibles d'être réclamés en vertu des dispositions du paragraphe 1 (*c*) du présent article.

4. Les dispositions du présent article s'appliquent sans préjudice de l'application des dispositions de l'article 10, paragraphe 3, de la présente Convention.

TITRE VI. – DÉNONCIATION AUX FINS DE POURSUITES

Art. 21. – 1. Toute dénonciation adressée par une Partie Contractante en vue de poursuites devant les tribunaux d'une autre Partie fera l'objet de communications entre ministères de la Justice. Cependant les Parties Contractantes pourront user de la faculté prévue au paragraphe 6 de l'article 15.

2. La Partie requise fera connaître la suite donnée à cette dénonciation et transmettra s'il y a lieu copie de la décision intervenue.

3. Les dispositions de l'article 16 s'appliqueront aux dénonciations prévues au paragraphe 1er du présent article.

TITRE VII. – ÉCHANGE D'AVIS DE CONDAMNATION

(Ainsi rédigé à compter du 2 mai 1991, Protocole 17 mars 1978, art. 4 publié par D. n° 91-386, 17 avr. 1991)

Art. 22. – 1. Chacune des Parties Contractantes donnera à la partie intéressée avis des sentences pénales et des mesures postérieures qui concernent les ressortissants de cette partie et ont fait l'objet d'une inscription au casier judiciaire. Les ministères de la Justice se communiqueront ces avis au moins une fois par an. Si la personne en cause est considérée comme ressortissante de deux ou plusieurs parties contractantes, les avis seront communiqués à chacune des parties intéressées à moins que cette personne ne possède la nationalité de la partie sur le territoire de laquelle elle a été condamnée.

2. En outre, toute Partie Contractante qui a donné les avis précités communiquera à la partie intéressée, sur sa demande, dans des cas particuliers, copie des sentences et mesures dont il s'agit, ainsi que tout autre renseignement s'y référant, pour lui permettre d'examiner si elles requièrent des mesures sur le plan interne. Cette communication se fera entre les ministères de la Justice intéressés.

TITRE VIII. – DISPOSITIONS FINALES

Art. 23. – 1. Toute Partie Contractante pourra, au moment de la signature de la présente Convention ou du dépôt de son instrument de ratification ou d'adhésion, formuler une réserve au sujet d'une ou de plusieurs dispositions déterminées de la Convention.

2. Toute Partie Contractante qui aura formulé une réserve la retirera aussitôt que les circonstances le permettront. Le retrait des réserves sera fait par notification adressée au Secrétaire général du Conseil de l'Europe.

3. Une Partie Contractante qui aura formulé une réserve au sujet d'une disposition de la Convention ne pourra prétendre à l'application de cette disposition par une autre Partie que dans la mesure où elle l'aura elle-même acceptée.

Art. 24 *(Rempl., Prot. 8 nov. 2001, art. 6, publié par D. n° 2012-813, 16 juin 2012)*. – Tout État, au moment de la signature ou au moment du dépôt de son instrument de ratification, d'acceptation, d'approbation ou d'adhésion, par déclaration adressée au Secrétaire Général du Conseil de l'Europe, indiquera quelles autorités il considérera comme des autorités judiciaires aux fins de la présente Convention. Par la suite il pourra, à tout moment et de la même manière, changer les termes de sa déclaration.

Art. 25. – 1. La présente Convention s'appliquera aux territoires métropolitains des Parties Contractantes.

2. Elle s'appliquera également, en ce qui concerne la France, à l'Algérie et aux départements d'outre-mer, et, en ce qui concerne l'Italie, au territoire de la Somalie sous administration italienne.

3. La République Fédérale d'Allemagne pourra étendre l'application de la présente Convention au *Land* Berlin par une déclaration adressée au Secrétaire général du Conseil de l'Europe.

4. En ce qui concerne le Royaume des Pays-Bas, la présente Convention s'appliquera à son territoire européen. Le Royaume pourra étendre l'application de la Convention aux Antilles néerlandaises, au Surinam et à la Nouvelle-Guinée néerlandaise par une déclaration adressée au Secrétaire général du Conseil de l'Europe.

5. Par arrangement direct entre deux ou plusieurs Parties Contractantes, le champ d'application de la présente Convention pourra être étendu, aux conditions qui seront stipulées dans cet arrangement, à tout territoire d'une de ces Parties autre que ceux visés aux paragraphes 1, 2, 3 et 4 du présent article et dont une des Parties assure les relations internationales.

Art. 26. – 1. Sous réserve des dispositions du paragraphe 7 de l'article 15 et du paragraphe 3 de l'article 16, la présente Convention abroge, en ce qui concerne les territoires auxquels elle s'applique, celles des dispositions des traités, conventions ou accords bilatéraux qui, entre deux Parties Contractantes, régissent l'entraide judiciaire en matière pénale.

2. Toutefois la présente Convention n'affectera pas les obligations contenues dans les dispositions de toute autre convention internationale de caractère bilatéral ou multilatéral, dont certaines clauses régissent ou régiront, dans un domaine déterminé, l'entraide judiciaire sur des points particuliers.

3. Les Parties Contractantes ne pourront conclure entre elles des accords bilatéraux ou multilatéraux relatifs à l'entraide judiciaire en matière pénale que pour compléter les dispositions de la présente Convention ou pour faciliter l'application des principes contenus dans celle-ci.

4. Lorsque, entre deux ou plusieurs Parties Contractantes, l'entraide judiciaire en matière pénale se pratique sur la base d'une législation uniforme ou d'un régime particulier prévoyant l'application réciproque de mesures d'entraide judiciaire sur leurs territoires respectifs, ces Parties auront la faculté de régler leurs rapports mutuels en ce domaine en se fondant exclusivement sur ces systèmes nonobstant les dispositions de la présente Convention. Les Parties Contractantes qui excluent ou viendraient à exclure de leurs rapports mutuels l'application de la présente Convention,

conformément aux dispositions du présent paragraphe, devront adresser une notification à cet effet au Secrétaire général du Conseil de l'Europe.

Art. 27. – 1. La présente Convention demeurera ouverte à la signature des Membres du Conseil de l'Europe. Elle sera ratifiée et les instruments de ratification seront déposés auprès du Secrétaire général du Conseil.

2. La Convention entrera en vigueur 90 jours après la date du dépôt du troisième instrument de ratification.

3. Elle entrera en vigueur à l'égard de tout signataire qui la ratifiera ultérieurement 90 jours après le dépôt de son instrument de ratification.

Art. 28. – 1. Le comité des ministres du Conseil de l'Europe pourra inviter tout État non membre du Conseil à adhérer à la présente convention. La résolution concernant cette invitation devra recevoir l'accord unanime des membres du Conseil ayant ratifié la convention.

2. L'adhésion s'effectuera par le dépôt, auprès du secrétaire général du Conseil, d'un instrument d'adhésion qui prendra effet quatre-vingt-dix jours après son dépôt.

Art. 29. – Toute partie contractante pourra, en ce qui la concerne, dénoncer la présente convention en adressant une notification au secrétaire général du Conseil de l'Europe Traité. Cette dénonciation prendra effet six mois après la date de la réception de sa notification par le secrétaire général du Conseil.

Art. 30. – Le secrétaire général du Conseil de l'Europe notifiera aux membres du Conseil et au gouvernement de tout État ayant adhéré à la présente convention :

a) Les noms des signataires et le dépôt de tout instrument de ratification ou adhésion ;

b) La date de l'entrée en vigueur ;

c) Toute notification reçue en application des dispositions du paragraphe 1 de l'article 5, du paragraphe 3 de l'article 7, du paragraphe 6 de l'article 15, du paragraphe 2 de l'article 16, de l'article 24, des paragraphes 3 et 4 de l'article 25 et du paragraphe 4 de l'article 26 ;

d) Toute réserve formulée en application des dispositions du paragraphe 1 de l'article 23 ;

e) Le retrait de toute réserve effectué en application des dispositions du paragraphe 2 de l'article 23 ;

f) Toute notification de dénonciation reçue en application des dispositions de l'article 29 et la date à laquelle celle-ci prendra effet.

(États signataires : Autriche (1), *Belgique* (1), *Danemark* (1), *France* (1), *Allemagne fédérale, Grèce* (1), *Israël, Italie, Liechtenstein, Luxembourg, Pays-Bas, Norvège, Suède* (1), *Turquie et Suisse.)*

En foi de quoi les soussignés, dûment autorisés à cet effet, ont signé la présente convention.

Strasbourg, le 20 avril 1959.

RÉSERVES DE LA FRANCE

(Réserves et Déclarations faites lors de la signature le 28 avril 1961)

Le Gouvernement français déclare que, en raison de l'organisation interne et du fonctionnement du casier judiciaire en France, les autorités qui en sont chargées se trouvent dans l'impossibilité matérielle de donner automatiquement avis aux Parties Contractantes à la présente Convention, conformément à l'article 22, des mesures intervenues postérieurement à la condamnation de leurs ressortissants – telles que les mesures de grâce, de réhabilitation ou d'amnistie – qui font l'objet d'une inscription au casier judiciaire.

Il donne cependant l'assurance que ces autorités, lorsqu'elles en seront requises à propos de cas particuliers, préciseront dans la mesure du possible auxdites Parties Contractantes la situation pénale de leurs ressortissants.

Le Gouvernement français déclare que, doivent être considérées comme autorités judiciaires françaises aux fins de la présente Convention, les autorités suivantes :

– les Premiers Présidents, Présidents, Conseillers et Juges des juridictions répressives ;

– les Juges d'instruction desdites juridictions ;

– les membres du ministère public près lesdites juridictions, à savoir :

les Procureurs Généraux ;

les Avocats Généraux ;

(1) État ayant formulé une réserve : V. *JO* 4 août et rect. 4 oct. 1967.

les Substituts des Procureurs Généraux ;
les Procureurs de la République et leurs Substituts ;
les Représentants du ministère public auprès des tribunaux de police ;
les Commissaires du Gouvernement près les tribunaux des forces armées.

Déclarations figurant dans l'instrument de ratification déposé le 23 mai 1967

En déposant cet instrument de ratification, le Gouvernement de la République française déclare :

1. Qu'il confirme la réserve et la déclaration faites lors de la signature le 28 avril 1961 de ladite Convention et concernant, la première, l'échange des casiers judiciaires (art. 22), la seconde, les autorités judiciaires devant être considérées comme telles aux fins de la Convention (art. 24) ;

2. Qu'il fait usage :

a) de la faculté prévue à l'article 7, paragraphe 3, et précise en conséquence que les citations à comparaître destinées à des personnes poursuivies se trouvant sur le territoire français devront être envoyées aux autorités françaises au moins 30 jours avant la date fixée pour la comparution de ces personnes ;

b) de la faculté prévue à l'article 15, paragraphe 6, en vue de l'application de l'article 15, paragraphes 2 et 3, de telle sorte que les dispositions des deux paragraphes susvisés s'appliqueront de la manière suivante :

Article 5, paragraphe 2 : en cas d'urgence, lorsque les commissions rogatoires prévues aux articles 3, 4 et 5 seront adressées directement par les autorités judiciaires de la Partie requérante aux autorités judiciaires de la Partie requise, une copie de ces commissions rogatoires devra être communiquée en même temps au ministère de la Justice de la Partie requise ;

Article 15, paragraphe 4 : les demandes d'entraide judiciaire autres que celles prévues à l'article 15, paragraphes 1 et 3, et notamment les demandes d'enquêtes préliminaires à la poursuite, devront être adressées par le ministère de la Justice de la Partie requérante au ministère de la Justice de la Partie requise et renvoyées par la même voie ;

3. Que la Convention européenne d'entraide judiciaire en matière pénale ne sera pas applicable à l'Algérie, nonobstant les dispositions de l'article 25, paragraphe 2, ce pays ayant accédé à l'indépendance depuis la signature par le Gouvernement français de la Convention susvisée.

Protocole additionnel du 17 avril 1991

à la Convention européenne d'entraide judiciaire en matière pénale du 20 avril 1959

(Signé par la France le 28 mars 1990
Publié par D. n° 91-386, 17 avr. 1991 : JO 25 avr. 1991
Entré en vigueur le 2 mai 1991)

Art. 1er. – Les Parties contractantes n'exerceront pas le droit prévu à l'article 2 *a* de la Convention de refuser l'entraide judiciaire pour le seul motif que la demande se rapporte à une infraction que la partie requise considère comme une infraction fiscale.

Art. 2. – 1. Dans le cas où une Partie contractante s'est réservé la faculté de soumettre l'exécution des commissions rogatoires aux fins de perquisition ou saisie d'objets à la condition que l'infraction motivant la commission rogatoire soit punissable selon la loi de la partie requérante et de la partie requise, cette condition sera remplie en ce qui concerne les infractions fiscales, si l'infraction est punissable selon la loi de la partie requérante et correspond à une infraction de même nature selon la loi de la partie requise.

2. La demande ne pourra être rejetée pour le motif que la législation de la partie requise n'impose pas le même type de taxes ou impôts, ou ne contient pas le même type de réglementation en matière de taxes et impôts, de douane et de change que la législation de la partie requérante.

Art. 3. – La Convention s'appliquera également :

***a)* À la notification des actes visant l'exécution d'une peine, le recouvrement d'une amende ou le paiement des frais de procédure ;**

***b)* Aux mesures relatives au sursis au prononcé d'une peine ou à son exécution, à la libération conditionnelle, au renvoi du début d'exécution de la peine ou à l'interruption de son exécution.**

Art. 4. – L'article 22 de la Convention est complété par le texte suivant, l'article 22 original de la Convention constituant le paragraphe 1 et les dispositions ci-après le paragraphe 2 *(V. Conv. 20 avr. 1959, art. 22).*

Art. 5. – 1. Le présent Protocole est ouvert à la signature des États membres du Conseil de l'Europe qui ont signé la Convention. Il sera soumis à ratification, acceptation ou approbation. Les instruments de ratification, d'acceptation ou d'approbation seront déposés près le Secrétaire général du Conseil de l'Europe.

2. Le Protocole entrera en vigueur quatre-vingt-dix jours après la date du dépôt du troisième instrument de ratification, d'acceptation ou d'approbation.

3. Il entrera en vigueur à l'égard de tout État signataire qui le ratifiera, l'acceptera ou l'approuvera ultérieurement quatre-vingt-dix jours après la date du dépôt de son instrument de ratification, d'acceptation ou d'approbation.

4. Un État membre du Conseil de l'Europe ne peut ratifier, accepter ou approuver le présent Protocole sans avoir simultanément ou antérieurement ratifié la Convention.

Art. 6. – 1. Tout État qui a adhéré à la Convention peut adhérer au présent Protocole après l'entrée en vigueur de celui-ci.

2. L'adhésion s'effectuera par le dépôt, près le Secrétaire général du Conseil de l'Europe, d'un instrument d'adhésion qui prendra effet quatre-vingt-dix jours après la date de son dépôt.

Art. 7. – 1. Tout État peut, au moment de la signature ou au moment du dépôt de son instrument de ratification, d'acceptation, d'approbation ou d'adhésion, désigner le ou les territoires auxquels s'appliquera le présent Protocole.

2. Tout État peut, au moment du dépôt de son instrument de ratification, d'acceptation, d'approbation ou d'adhésion, ou tout autre moment, par la suite étendre l'application du présent Protocole, par déclaration adressée au Secrétariat général du Conseil de l'Europe, à tout autre territoire désigné dans la déclaration et dont il assure les relations internationales ou pour lequel il est habilité à stipuler.

3. Toute déclaration faite en vertu du paragraphe précédent pourra être retirée, en ce qui concerne tout territoire désigné dans cette déclaration, par notification adressée au Secrétaire général du Conseil de l'Europe. Le retrait prendra effet six mois après la date de réception de la notification par le Secrétaire général du Conseil de l'Europe.

Art. 8. – 1. Les réserves formulées par une partie contractante concernant une disposition de la Convention s'appliqueront également au présent Protocole, à moins que cette partie n'exprime l'intention contraire au moment de la signature ou au moment du dépôt de son instrument de ratification, d'acceptation, d'approbation ou d'adhésion. Il en sera de même pour les déclarations faites en vertu de l'article 24 de la Convention.

2. Tout État peut, au moment de la signature ou au moment du dépôt de son instrument de ratification, d'acceptation, d'approbation ou d'adhésion, déclarer qu'il se réserve le droit :

a) De ne pas accepter le titre I, ou de l'accepter seulement en ce qui concerne certaines infractions ou catégories d'infractions visées par l'article 1er, ou de ne pas exécuter les commissions rogatoires aux fins de perquisition ou saisie d'objets en matière d'infractions fiscales ;

b) De ne pas accepter le titre II ;

c) De ne pas accepter le titre III.

3. Toute Partie contractante qui a formulé une réserve en vertu du paragraphe précédent peut la retirer au moyen d'une déclaration adressée au Secrétaire général du Conseil de l'Europe et qui prendra effet à la date de sa réception.

4. Une Partie contractante qui a appliqué au présent Protocole une réserve formulée au sujet d'une disposition de la Convention ou qui a formulé une réserve au sujet d'une disposition du présent Protocole ne peut prétendre à l'application de cette disposition par une autre Partie contractante : toutefois elle peut, si la réserve est partielle ou conditionnelle, prétendre à l'application de cette disposition dans la mesure où elle l'a acceptée.

5. Aucune autre réserve n'est admise aux dispositions du présent Protocole.

Art. 9. – Les dispositions du présent Protocole ne font pas obstacle aux règles plus détaillées contenues dans les accords bilatéraux ou multilatéraux conclus entre des Parties contractantes en application de l'article 26, paragraphe 3, de la Convention.

Art. 10. – Le Comité européen pour les problèmes criminels du Conseil de l'Europe suivra l'exécution du présent Protocole et facilitera autant que de besoin le règlement amiable de toute difficulté à laquelle l'exécution du Protocole donnerait lieu.

Art. 11. – 1. Toute Partie contractante pourra, en ce qui la concerne, dénoncer le présent Protocole en adressant une notification au Secrétaire général du Conseil de l'Europe.

2. La dénonciation prendra effet six mois après la date de réception de la notification par le Secrétaire général.

3. La dénonciation de la Convention entraîne automatiquement la dénonciation du présent Protocole.

Art. 12. – Le Secrétaire général du Conseil de l'Europe notifiera aux États membres du Conseil et à tout État ayant adhéré à la Convention :

a) Toute signature du présent Protocole ;

b) Le dépôt de tout instrument de ratification, d'acceptation, d'approbation ou d'adhésion ;

c) Toute date d'entrée en vigueur du présent Protocole conformément à ses articles 5 et 6 ;

d) Toute déclaration reçue en application des dispositions des paragraphes 2 et 3 de l'article 7 ;

e) Toute déclaration reçue en application des dispositions du paragraphe 1 de l'article 8 ;

f) Toute réserve formulée en application des dispositions du paragraphe 2 de l'article 8 ;

g) Le retrait de toute réserve effectué en application des dispositions du paragraphe 3 de l'article 8 ;

h) Toute notification reçue en application des dispositions de l'article 11 et la date à laquelle la dénonciation prendra effet.

En foi de quoi, les soussignés, dûment autorisés à cet effet, ont signé le présent Protocole.

Fait à Strasbourg, le 17 mars 1978, en français et en anglais, les deux textes faisant également foi, en un seul exemplaire qui sera déposé dans les archives du Conseil de l'Europe. Le Secrétaire général du Conseil de l'Europe en communiquera copie certifiée conforme à chacun des États signataires et adhérents.

DÉCLARATION FRANÇAISE

Le Gouvernement de la République française déclare que le présent Protocole additionnel à la Convention européenne d'entraide judiciaire en matière pénale est applicable aux départements européens et d'outre-mer de la République française.

Décret n° 91-386 du 17 avril 1991

portant publication du protocole additionnel
à la Convention européenne d'entraide judiciaire en matière pénale du 20 avril 1959

Directive n° 2014/41/UE du Parlement européen et du Conseil du 3 avril 2014

concernant la décision d'enquête européenne en matière pénale

LE PARLEMENT EUROPÉEN ET LE CONSEIL DE L'UNION EUROPÉENNE,

vu le traité sur le fonctionnement de l'Union européenne, et notamment son article 82, paragraphe 1, point *a)*,

vu l'initiative du Royaume de Belgique, de la République de Bulgarie, de la République d'Estonie, du Royaume d'Espagne, de la République d'Autriche, de la République de Slovénie et du Royaume de Suède,

après transmission du projet d'acte législatif aux parlements nationaux,

statuant conformément à la procédure législative ordinaire (1),

considérant ce qui suit :

(1) L'Union européenne s'est donné pour objectif de maintenir et de développer un espace de liberté, de sécurité et de justice.

(2) En vertu de l'article 82, paragraphe 1, du traité sur le fonctionnement de l'Union européenne, la coopération judiciaire en matière pénale dans l'Union doit être fondée sur le principe de reconnaissance mutuelle des jugements et décisions judiciaires, communément considéré comme la pierre angulaire de la coopération judiciaire en matière pénale dans l'Union depuis le Conseil européen de Tampere des 15 et 16 octobre 1999.

(3) La décision-cadre 2003/577/JAI du Conseil (2) a répondu à la nécessité d'une reconnaissance mutuelle immédiate des décisions visant à empêcher toute opération de destruction, de transformation, de déplacement, de transfert ou d'aliénation d'éléments de preuve. Cependant, étant donné que cet instrument est limité à la phase de

(1) Position du Parlement européen du 27 février 2014 (non encore parue au Journal officiel) et décision du Conseil du 14 mars 2014.

(2) Décision-cadre 2003/577/JAI du Conseil du 22 juillet 2003 relative à l'exécution dans l'Union européenne des décisions de gel de biens ou d'éléments de preuve (*JO* L 196 du 2.8.2003, p. 45).

gel, la décision de gel doit être accompagnée d'une demande séparée de transfert des éléments de preuve vers l'État émettant la décision (ci-après dénommé « État d'émission »), conformément aux règles applicables à l'entraide judiciaire en matière pénale. Il en résulte une procédure en deux étapes qui nuit à son efficacité. En outre, ce régime coexiste avec les instruments traditionnels de coopération et est donc rarement utilisé en pratique par les autorités compétentes.

(4) La décision-cadre 2008/978/JAI du Conseil (1) relative au mandat européen d'obtention de preuves a été adoptée pour appliquer le principe de reconnaissance mutuelle aux fins de recueillir des objets, documents et données en vue de leur utilisation dans le cadre de procédures pénales. Toutefois, le mandat européen d'obtention de preuves n'est applicable qu'aux éléments de preuve qui existent déjà et couvre, par conséquent, un spectre limité de la coopération judiciaire en matière pénale relative aux éléments de preuve. Compte tenu de sa portée limitée, les autorités compétentes ont pu choisir d'utiliser le nouveau régime ou de recourir aux procédures d'entraide judiciaire qui, en tout état de cause, continuent à s'appliquer aux éléments de preuves qui ne relèvent pas du champ d'application du mandat européen d'obtention de preuves.

(5) Depuis l'adoption des décisions-cadres 2003/577/JAI et 2008/978/JAI, il est devenu manifeste que le cadre existant pour l'obtention de preuves est trop fragmenté et trop complexe. Une nouvelle approche est donc nécessaire.

(6) Dans le programme de Stockholm, adopté par le Conseil européen les 10 et 11 décembre 2009, celui-ci a estimé qu'il convenait de poursuivre les travaux devant permettre la mise en place d'un système global d'obtention de preuves dans les affaires revêtant une dimension transfrontalière, sur le fondement du principe de reconnaissance mutuelle. Il a indiqué que les instruments qui existaient dans ce domaine constituaient un régime fragmentaire et qu'une nouvelle approche s'imposait, qui devait être fondée sur le principe de reconnaissance mutuelle tout en tenant compte de la souplesse du système d'entraide judiciaire classique. Le Conseil européen a ainsi appelé de ses vœux un système global destiné à remplacer tous les instruments qui existent actuellement dans ce domaine, y compris la décision-cadre 2008/978/JAI, qui couvrirait, dans la mesure du possible, tous les types d'éléments de preuve, prévoirait des délais de mise en œuvre et limiterait autant que possible les motifs de refus.

(7) Cette nouvelle approche repose sur un instrument unique dénommé « décision d'enquête européenne ». Une décision d'enquête européenne doit être émise pour faire réaliser une ou plusieurs mesures d'enquête spécifiques dans l'État exécutant la décision d'enquête européenne (ci-après dénommé « État d'exécution ») en vue de recueillir des preuves. Cela comprend l'obtention de preuves qui sont déjà en possession de l'autorité d'exécution.

(8) La décision d'enquête européenne devrait avoir une portée horizontale et devrait dès lors s'appliquer à toutes les mesures d'enquête visant à recueillir des preuves. Néanmoins, la création d'une équipe commune d'enquête et l'obtention de preuves dans le cadre d'une telle équipe nécessitent des règles spécifiques qu'il est préférable de traiter séparément. Sans préjudice de l'application de la présente directive, les instruments existants devraient donc continuer à s'appliquer à ce type de mesures d'enquête.

(9) La présente directive ne devrait pas s'appliquer à l'observation transfrontalière visée dans la convention d'application de l'accord de Schengen (2).

(10) La décision d'enquête européenne devrait être centrée sur la mesure d'enquête qui doit être réalisée. L'autorité d'émission est la mieux placée pour décider, en fonction de sa connaissance des éléments de l'enquête concernée, des mesures d'enquête auxquelles il y a lieu de recourir. Cependant, l'autorité d'exécution devrait, chaque fois que cela s'avère possible, recourir à un autre type de mesure d'enquête si la mesure indiquée n'existe pas dans son droit national ou s'il n'était pas possible d'y recourir dans le cadre d'une procédure nationale similaire. La disponibilité d'une mesure devrait renvoyer aux cas où la mesure d'enquête indiquée existe dans le droit de l'État d'exécution mais qu'il ne peut y être recouru légalement que dans certaines situations, par exemple lorsque la mesure d'enquête ne peut être réalisée que dans le cas d'infractions présentant un certain degré de gravité, à l'encontre de personnes faisant déjà l'objet d'une certaine suspicion, ou avec le consentement de l'intéressé. L'autorité d'exécution peut également recourir à un autre type de mesure d'enquête si celle-ci devait permettre d'obtenir le même résultat que la mesure d'enquête indiquée dans la décision d'enquête européenne par des moyens impliquant une atteinte moindre aux droits fondamentaux.

(11) Une décision d'enquête européenne devrait être choisie lorsque l'exécution d'une mesure d'enquête semble proportionnée, adéquate et applicable au cas en question. L'autorité d'émission devrait par conséquent vérifier si la preuve recherchée est nécessaire et proportionnée aux fins de la procédure, si la mesure d'enquête choisie est nécessaire et proportionnée aux fins de l'obtention de la preuve concernée, et si une décision d'enquête euro-

(1) Décision-cadre 2008/978/JAI du Conseil du 18 décembre 2008 relative au mandat européen d'obtention de preuves visant à recueillir des objets, des documents et des données en vue de leur utilisation dans le cadre de procédures pénales (*JO* L 350 du 30.12.2008, p. 72).

(2) Convention d'application de l'Accord de Schengen du 14 juin 1985 entre les gouvernements des États de l'Union économique Benelux, de la République fédérale d'Allemagne et de la République française relatif à la suppression graduelle des contrôles aux frontières communes (*JO* L 239 du 22.9.2000, p. 19).

péenne devrait être émise aux fins d'associer un autre État membre à l'obtention de cette preuve. Ces mêmes vérifications devraient être effectuées dans le cadre de la procédure de validation, lorsque la validation d'une décision d'enquête européenne est requise au titre de la présente directive. L'exécution d'une décision d'enquête européenne ne devrait pas être refusée pour des motifs autres que ceux mentionnés dans la présente directive. Néanmoins, l'autorité d'exécution devrait pouvoir choisir une mesure d'enquête moins intrusive que celle indiquée dans la décision d'enquête européenne concernée si elle permet d'atteindre des résultats similaires.

(12) Lorsqu'elle émet une décision d'enquête européenne, l'autorité d'émission devrait accorder une attention particulière au plein respect des droits consacrés par l'article 48 de la charte des droits fondamentaux de l'Union européenne (ci-après dénommée « charte »). La présomption d'innocence et les droits de la défense dans une procédure pénale sont des pierres angulaires des droits fondamentaux reconnus par la charte dans le domaine de la justice pénale. Toute limitation de l'exercice de ces droits par une mesure d'enquête ordonnée conformément à la présente directive devrait pleinement respecter les exigences établies à l'article 52 de la charte en ce qui concerne son caractère nécessaire et proportionné et les objectifs auxquels elle devrait répondre, notamment le besoin de protection des droits et libertés d'autrui.

(13) En vue d'assurer la transmission de la décision d'enquête européenne à l'autorité compétente de l'État d'exécution, l'autorité d'émission peut recourir à tous les moyens de transmission possibles ou appropriés, par exemple le système de télécommunications sécurisé du Réseau judiciaire européen, Eurojust, ou d'autres canaux utilisés par les autorités judiciaires ou répressives.

(14) Lorsqu'ils font une déclaration concernant le régime linguistique, les États membres sont encouragés à indiquer, outre leur(s) langue(s) officielle(s), au moins une langue qui est couramment utilisée dans l'Union.

(15) La présente directive devrait être mise en œuvre en tenant compte des directives du Parlement européen et du Conseil 2010/64/UE (1), 2012/13/UE (2) et 2013/48/UE (3), qui concernent les droits procéduraux dans le cadre des procédures pénales.

(16) Pourraient par exemple constituer des mesures non intrusives, des mesures qui ne portent pas atteinte au droit à la vie privée ou au droit de propriété, en fonction du droit national.

(17) Le principe non *bis* in idem est un principe de droit fondamental dans l'Union, reconnu par la charte et développé par la jurisprudence de la Cour de justice de l'Union européenne. L'autorité d'exécution devrait donc pouvoir refuser l'exécution d'une décision d'enquête européenne si cette exécution est contraire à ce principe. Étant donné la nature préliminaire des procédures sous-tendant la décision d'enquête européenne, son exécution ne devrait pas être refusée lorsqu'elle vise à établir si une atteinte éventuelle au principe non *bis* in idem existe, ou lorsque l'autorité d'émission a donné l'assurance que les éléments de preuve transférés à la suite de l'exécution de la décision d'enquête européenne ne seront pas utilisés pour poursuivre ou sanctionner une personne qui a été définitivement jugée dans un autre État membre sur la base des mêmes faits.

(18) Comme dans d'autres instruments de reconnaissance mutuelle, la présente directive n'a pas pour effet de modifier l'obligation de respecter les droits et principes juridiques fondamentaux consacrés par l'article 6 du traité sur l'Union européenne et par la charte. Afin de bien préciser ce point, une disposition spécifique est insérée dans le texte.

(19) La création d'un espace de liberté, de sécurité et de justice dans l'Union est fondée sur la confiance mutuelle et la présomption que les autres États membres respectent le droit de l'Union et, en particulier, les droits fondamentaux. Cette présomption est toutefois réfragable. Par conséquent, s'il existe des motifs sérieux de croire que l'exécution d'une mesure d'enquête indiquée dans la décision d'enquête européenne porterait atteinte à un droit fondamental de la personne concernée et que l'État d'exécution méconnaîtrait ses obligations concernant la protection des droits fondamentaux reconnus dans la charte, l'exécution de la décision d'enquête européenne devrait être refusée.

(20) Il devrait être possible de refuser une décision d'enquête européenne lorsque sa reconnaissance ou son exécution dans l'État d'exécution porterait atteinte à une immunité ou à un privilège dans cet État. Il n'y a pas de définition commune de ce qui constitue une immunité ou un privilège dans le droit de l'Union ; la définition précise de ces termes relève donc du droit national, qui peut englober la protection applicable aux professions médicales et juridiques, mais ne saurait faire l'objet d'une interprétation qui irait à l'encontre de l'obligation de supprimer certains motifs de refus énoncée dans le protocole à la convention relative à l'entraide judiciaire en matière pénale

(1) Directive 2010/64/UE du Parlement européen et du Conseil du 20 octobre 2010 relative au droit à l'interprétation et à la traduction dans le cadre des procédures pénales (*JO* L 280 du 26.10.2010, p. 1).

(2) Directive 2012/13/UE du Parlement européen et du Conseil du 22 mai 2012 relative au droit à l'information dans le cadre des procédures pénales (*JO* L 142 du 1.6.2012, p. 1).

(3) Directive 2013/48/UE du Parlement européen et du Conseil du 22 octobre 2013 relative au droit d'accès à un avocat dans le cadre des procédures pénales et des procédures relatives au mandat d'arrêt européen, au droit d'informer un tiers dès la privation de liberté et au droit des personnes privées de liberté de communiquer avec des tiers et avec les autorités consulaires (*JO* L 294 du 6.11.2013, p. 1).

entre les États membres de l'Union européenne (1). Ces motifs peuvent également comprendre les règles relatives à la liberté de la presse et à la liberté d'expression dans d'autres médias, même si celles-ci ne sont pas nécessairement considérées comme des privilèges ou des immunités.

(21) Des limitations dans le temps sont nécessaires pour garantir une coopération rapide, efficace et cohérente entre les États membres en matière pénale. La prise de décision relative à la reconnaissance ou à l'exécution, ainsi qu'à l'exécution concrète de la mesure d'enquête, devraient se faire avec la même célérité et priorité que dans le cadre d'une procédure nationale similaire. Il y a lieu de fixer des délais pour veiller à ce qu'une décision soit prise ou qu'une exécution ait lieu dans un délai raisonnable, ou pour répondre aux contraintes procédurales de l'État d'émission.

(22) Les voies de recours permettant de contester une décision d'enquête européenne devraient être au moins égales à celles qui sont prévues dans le cadre d'une procédure nationale à l'encontre de la mesure d'enquête concernée. Conformément à leur droit national, les États membres devraient veiller à ce que ces voies de recours soient applicables, notamment en informant en temps utile toute partie intéressée des possibilités de recours. Dans les cas où des objections à l'encontre de la décision d'enquête européenne sont soulevées par une partie intéressée dans l'État d'exécution en ce qui concerne les motifs de fond sous-tendant l'émission de la décision d'enquête européenne, il est souhaitable que les informations relatives à cette contestation soient transmises à l'autorité d'émission et que la partie intéressée en soit dûment informée.

(23) Les dépenses supportées sur le territoire de l'État d'exécution pour l'exécution d'une décision d'enquête européenne devraient être exclusivement supportées par cet État, conformément au principe général de la reconnaissance mutuelle. Toutefois, l'exécution d'une décision d'enquête européenne peut entraîner des coûts exceptionnellement élevés pour l'État d'exécution. Ces coûts exceptionnellement élevés peuvent, par exemple, être occasionnés par des avis complexes émis par des experts, par de vastes opérations policières ou par des activités de surveillance menées durant une longue période. De tels coûts ne devraient pas faire obstacle à l'exécution d'une décision d'enquête européenne, et l'autorité d'émission et l'autorité d'exécution devraient chercher à établir les coûts qui doivent être considérés comme étant exceptionnellement élevés. La question des coûts pourrait faire l'objet de consultations entre l'État d'émission et l'État d'exécution, et il est recommandé de régler cette question au stade des consultations. En dernier ressort, l'autorité d'émission peut décider de retirer la décision d'enquête européenne ou de la maintenir, et la part des coûts qui sont jugés à la fois exceptionnellement élevés par l'État d'exécution et absolument nécessaires durant la procédure devrait être supportée par l'État d'émission. Ce mécanisme ne devrait pas constituer un motif supplémentaire de refus, et ne devrait en aucun cas être utilisé de manière abusive pour retarder ou entraver l'exécution d'une décision d'enquête européenne.

(24) La décision d'enquête européenne établit un régime unique pour l'obtention de preuves. Des règles additionnelles sont toutefois nécessaires pour certains types de mesures d'enquête, qui devraient être indiquées dans la décision d'enquête européenne, telles que le transfèrement temporaire de personnes détenues, les auditions par vidéoconférence ou téléconférence, l'obtention d'informations relatives aux comptes bancaires ou aux transactions bancaires, les livraisons surveillées ou les enquêtes discrètes. Les mesures d'enquête impliquant l'obtention de preuves en temps réel, de manière continue et au cours d'une période déterminée relèvent de la décision d'enquête européenne, mais, si nécessaire, l'État d'émission et l'État d'exécution devraient convenir de modalités pratiques pour tenir compte des différences qui existent entre les législations nationales de ces États.

(25) La présente directive énonce les règles relatives à la réalisation d'une mesure d'enquête à toutes les phases de la procédure pénale, y compris celle du procès, si nécessaire avec la participation de la personne concernée, en vue de l'obtention de preuves. Par exemple, une décision d'enquête européenne peut être émise en vue du transfèrement temporaire de cette personne vers l'État d'émission ou de la réalisation d'une audition par vidéoconférence. Cependant, lorsque cette personne doit être transférée vers un autre État membre aux fins de poursuites, y compris pour être renvoyée devant une juridiction aux fins de jugement, un mandat d'arrêt européen devrait être émis conformément à la décision-cadre 2002/584/JAI du Conseil (2).

(26) Afin de garantir un usage proportionné du mandat d'arrêt européen, l'autorité d'émission devrait examiner si une décision d'enquête européenne serait un moyen efficace et proportionné de conduire une procédure pénale. L'autorité d'émission devrait en particulier examiner si l'émission d'une décision d'enquête européenne en vue de permettre l'audition par vidéoconférence d'un suspect ou d'une personne poursuivie pourrait constituer une alternative efficace.

(27) Une décision d'enquête européenne peut être émise en vue d'obtenir des preuves concernant les comptes, de quelque nature qu'ils soient, détenus dans une banque ou un autre établissement financier non bancaire par

(1) Protocole à la convention relative à l'entraide judiciaire en matière pénale entre les États membres de l'Union européenne, établi par le Conseil conformément à l'article 34 du traité sur l'Union européenne (*JO* C 326 du 21.11.2001, p. 2).

(2) Décision-cadre 2002/584/JAI du Conseil du 13 juin 2002 relative au mandat d'arrêt européen et aux procédures de remise entre États membres (*JO* L 190 du 18.7.2002, p. 1.)

une personne qui fait l'objet d'une procédure pénale. Cette possibilité doit être entendue de façon large comme visant non seulement les suspects ou les personnes poursuivies, mais également toute autre personne à propos de laquelle ces informations sont jugées nécessaires par les autorités compétentes au cours de la procédure pénale.

(28) Lorsque, dans la présente directive, il est fait référence aux établissements financiers, cette expression devrait être entendue conformément à la définition pertinente figurant à l'article 3 de la directive 2005/60/Conseil d'État du Parlement européen et du Conseil (1).

(29) Lorsqu'une décision d'enquête européenne est émise en vue d'obtenir des « renseignements » concernant un compte déterminé, il convient d'entendre par « renseignements », au moins le nom et l'adresse du titulaire du compte, les informations concernant toute procuration détenue sur le compte et tout autre renseignement ou document fourni par le titulaire du compte lors de son ouverture et toujours détenu par la banque.

(30) Les possibilités de coopérer au titre de la présente directive en matière d'interception de télécommunications ne devraient pas être limitées au contenu des télécommunications, mais pourraient aussi concerner la collecte de données relatives au trafic et à la localisation liées à ces télécommunications, ce qui permettrait aux autorités compétentes d'émettre une décision d'enquête européenne aux fins d'obtenir des données moins intrusives sur les télécommunications. Une décision d'enquête européenne émise aux fins d'obtenir des données historiques en matière de trafic et de localisation liées aux télécommunications devrait être traitée dans le cadre du régime général applicable à l'exécution de la décision d'enquête européenne et peut être considérée, en fonction du droit national de l'État d'exécution, comme une mesure d'enquête intrusive.

(31) Lorsque plusieurs États membres sont en mesure de fournir l'assistance technique nécessaire, une décision d'enquête européenne ne devrait être envoyée qu'à un seul d'entre eux, et la priorité devrait être donnée à l'État membre dans lequel se trouve la personne concernée. Les États membres dans lesquels se trouve la cible de l'interception et dont l'assistance technique n'est pas nécessaire pour réaliser l'interception devraient en être informés conformément à la présente directive. Toutefois, lorsque l'assistance technique ne peut être fournie par un seul État membre, une décision d'enquête européenne peut être transmise à plusieurs États d'exécution.

(32) Dans toute décision d'enquête européenne comprenant une demande relative à l'interception de télécommunications, il convient que l'autorité d'émission fournisse à l'autorité d'exécution des informations suffisantes, comme par exemple des informations détaillées concernant le comportement délictueux qui fait l'objet de l'enquête, afin de permettre à l'autorité d'exécution d'évaluer si cette mesure d'enquête serait autorisée dans le cadre d'une procédure nationale similaire.

(33) Les États membres devraient tenir compte du fait qu'il importe de veiller à ce que l'assistance technique puisse être fournie par un fournisseur de services qui gère les réseaux et les services de télécommunications accessibles au public sur le territoire de l'État membre concerné, afin de faciliter la coopération au titre du présent instrument en ce qui concerne l'interception légale de télécommunications.

(34) La présente directive, en vertu de son champ d'application, ne prévoit que des mesures provisoires dans le but d'obtenir des preuves. À cet égard, il convient de souligner que tous les éléments, y compris les avoirs financiers, peuvent faire l'objet de plusieurs mesures provisoires au cours d'une procédure pénale, non seulement aux fins d'obtenir des preuves, mais aussi en vue d'une confiscation. La distinction entre les deux objectifs des mesures provisoires n'est pas toujours évidente, et l'objectif poursuivi par la mesure provisoire peut changer au cours de la procédure. C'est pour cette raison qu'il est essentiel de maintenir une relation harmonieuse entre les différents instruments applicables dans ce domaine. En outre, pour la même raison, le fait de déterminer si un élément doit être utilisé comme preuve, et donc faire l'objet d'une décision d'enquête européenne, est une question qui devrait être laissée à l'appréciation de l'autorité d'émission.

(35) Lorsqu'il est fait référence à l'entraide judiciaire dans les instruments internationaux applicables, comme par exemple dans les conventions conclues dans le cadre du Conseil de l'Europe, cela devrait être entendu comme signifiant qu'entre les États membres liés par la présente directive, celle-ci prévaut sur ces conventions.

(36) Il convient que les catégories d'infractions énumérées à l'annexe D soient interprétées de manière cohérente avec leur interprétation dans le cadre des instruments juridiques en vigueur en matière de reconnaissance mutuelle.

(37) Conformément à la déclaration politique commune des États membres et de la Commission du 28 septembre 2011 sur les documents explicatifs (2), les États membres se sont engagés à joindre à la notification de leurs mesures de transposition, dans les cas où cela se justifie, un ou plusieurs documents expliquant le lien entre les éléments d'une directive et les parties correspondantes des instruments nationaux de transposition. En ce qui concerne la présente directive, le Parlement européen et le Conseil estiment que la transmission de ces documents est justifiée.

---

(1) Directive 2005/60/CE du Parlement européen et du Conseil du 26 octobre 2005 relative à la prévention de l'utilisation du système financier aux fins du blanchiment de capitaux et du financement du terrorisme (*JO* L 309 du 25.11.2005, p. 15).

(2) *JO* C 369 du 17.12.2011, p. 14.

(38) Étant donné que l'objectif de la présente directive, à savoir la reconnaissance mutuelle des décisions prises aux fins de l'obtention de preuves, ne peut pas être atteint de manière suffisante par les États membres mais peut, en raison de ses dimensions ou de ses effets, l'être mieux au niveau de l'Union, celle-ci peut prendre des mesures, conformément au principe de subsidiarité consacré à l'article 5 du traité sur l'Union européenne. Conformément au principe de proportionnalité tel qu'énoncé audit article, la présente directive n'excède pas ce qui est nécessaire pour atteindre cet objectif.

(39) La présente directive respecte les droits fondamentaux et observe les principes inscrits à l'article 6 du traité sur l'Union européenne et dans la charte, notamment son titre VI, dans le droit international et les accords internationaux auxquels l'Union ou l'ensemble des États membres sont parties, y compris la convention de sauvegarde des droits de l'homme et des libertés fondamentales, et dans les constitutions des États membres dans leur champ d'application respectif. Aucune disposition de la présente directive ne peut être interprétée comme interdisant de refuser l'exécution d'une décision d'enquête européenne lorsqu'il y a des raisons de croire, sur la base d'éléments objectifs, que ladite décision a été émise dans le but de poursuivre ou de punir une personne en raison de son sexe, de sa race ou de ses origines ethniques, de sa religion, de son orientation sexuelle, de sa nationalité, de sa langue ou de ses opinions politiques, ou qu'il peut être porté atteinte à la situation de cette personne pour l'un quelconque de ces motifs.

(40) La protection des personnes physiques à l'égard du traitement des données à caractère personnel est un droit fondamental. Conformément à l'article 8, paragraphe 1, de la charte et à l'article 16, paragraphe 1, du traité sur le fonctionnement de l'Union européenne, toute personne a droit à la protection des données à caractère personnel la concernant.

(41) Les États membres devraient prévoir, dans le cadre de l'application de la présente directive, des procédures transparentes en ce qui concerne le traitement des données à caractère personnel et le droit des personnes concernées à des voies de recours en vue de la protection de leurs données à caractère personnel.

(42) Les données à caractère personnel recueillies au titre de la présente directive ne devraient être traitées que si cela est nécessaire, et cela devrait être proportionné aux finalités compatibles avec la prévention, les enquêtes, la détection des infractions pénales et les poursuites en la matière, ou l'exécution de sanctions pénales et l'exercice des droits de la défense. Seules les personnes autorisées devraient avoir accès aux informations contenant des données à caractère personnel pouvant être obtenues au moyen de processus d'authentification.

(43) Conformément à l'article 3 du protocole n 21 sur la position du Royaume-Uni et de l'Irlande à l'égard de l'espace de liberté, de sécurité et de justice, annexé au traité sur l'Union européenne et au traité sur le fonctionnement de l'Union européenne, le Royaume-Uni a notifié son souhait de participer à l'adoption et à l'application de la présente directive.

(44) Conformément aux articles 1 et 2 et à l'article 4 *bis*, paragraphe 1, du protocole n° 21 sur la position du Royaume Uni et de l'Irlande à l'égard de l'espace de liberté, de sécurité et de justice, annexé au traité sur l'Union européenne et au traité sur le fonctionnement de l'Union européenne, l'Irlande ne participe pas à l'adoption de la présente directive et n'est donc pas liée par celle-ci ni soumise à son application.

(45) Conformément aux articles 1er et 2 du protocole n° 22 sur la position du Danemark annexé au traité sur l'Union européenne et au traité sur le fonctionnement de l'Union européenne, le Danemark ne participe pas à l'adoption de la présente directive et n'est pas lié par celle-ci ni soumis à son application.

(46) Le Contrôleur européen de la protection des données a rendu un avis le 5 octobre 2010 (1), fondé sur l'article 41, paragraphe 2, du règlement (Conseil d'État) n° 45/2001 du Parlement européen et du Conseil (2),

ONT ADOPTÉ LA PRÉSENTE DIRECTIVE :

Chapitre I. – La décision d'enquête européenne

Art. premier. – Décision d'enquête européenne et obligation de l'exécuter

1. La décision d'enquête européenne est une décision judiciaire qui a été émise ou validée par une autorité judiciaire d'un État membre (ci-après dénommé « État d'émission ») afin de faire exécuter une ou plusieurs mesures d'enquête spécifiques dans un autre État membre (ci-après dénommé « État d'exécution ») en vue d'obtenir des preuves conformément à la présente directive.

La décision d'enquête européenne peut également être émise pour l'obtention de preuves qui sont déjà en possession des autorités compétentes de l'État d'exécution.

(1) *JO* C 355 du 29.12.2010, p. 1.

(2) Règlement (CE) n° 45/2001 du Parlement européen et du Conseil du 18 décembre 2000 relatif à la protection des personnes physiques à l'égard du traitement des données à caractère personnel par les institutions et organes communautaires et à la libre circulation de ces données (*JO* L 8 du 12.1.2001, p. 1).

2. Les États membres exécutent une décision d'enquête européenne sur la base du principe de reconnaissance mutuelle et conformément à la présente directive.

3. Dans le cadre des droits de la défense applicables conformément à la procédure pénale nationale, l'émission d'une décision d'enquête européenne peut être demandée par un suspect ou une personne poursuivie, ou par un avocat agissant au nom d'un suspect ou d'une personne poursuivie.

4. La présente directive n'a pas pour effet de modifier l'obligation de respecter les droits fondamentaux et les principes juridiques inscrits à l'article 6 du traité sur l'Union européenne, y compris les droits de la défense des personnes faisant l'objet d'une procédure pénale, et il n'est porté atteinte à aucune des obligations qui incombent aux autorités judiciaires à cet égard.

Art. 2. – Définitions

Aux fins de la présente directive, on entend par :

a) « État d'émission », l'État membre dans lequel la décision d'enquête européenne est émise ;

b) « État d'exécution », l'État membre qui exécute la décision d'enquête européenne, dans lequel la mesure d'enquête doit être réalisée ;

c) « autorité d'émission » :

i) un juge, une juridiction, un juge d'instruction ou un procureur compétent(e) dans l'affaire concernée ; ou

ii) toute autre autorité compétente définie par l'État d'émission qui, dans le cas d'espèce, agit en qualité d'autorité chargée des enquêtes dans le cadre de procédures pénales, compétente pour ordonner l'obtention de preuves conformément au droit national. En outre, avant d'être transmise à l'autorité d'exécution, la décision d'enquête européenne est validée, après examen de sa conformité aux conditions d'émission prévues par la présente directive, en particulier les conditions prévues à l'article 6, paragraphe 1, par un juge, une juridiction, un juge d'instruction ou un procureur dans l'État d'émission. Lorsque la décision d'enquête européenne a été validée par une autorité judiciaire, cette dernière peut également être considérée comme une autorité d'émission aux fins de la transmission de la décision d'enquête européenne ;

d) « autorité d'exécution », une autorité compétente pour reconnaître une décision d'enquête européenne et en assurer l'exécution conformément à la présente directive et aux procédures applicables dans le cadre d'une procédure nationale similaire. Ces procédures peuvent nécessiter l'autorisation d'une juridiction dans l'État d'exécution lorsque son droit national le prévoit.

Art. 3. – Champ d'application de la décision d'enquête européenne

La décision d'enquête européenne couvre toute mesure d'enquête, à l'exception de la création d'une équipe commune d'enquête et de l'obtention de preuves dans le cadre de cette équipe telle qu'elle est prévue à l'article 13 de la convention relative à l'entraide judiciaire en matière pénale entre les États membres de l'Union européenne (1) (ci-après dénommée « convention ») et à la décision-cadre 2002/465/JAI du Conseil (2), sauf aux fins de l'application, respectivement, de l'article 13, paragraphe 8, de la convention, et de l'article 1er, paragraphe 8, de ladite décision-cadre.

Art. 4. – Types de procédures pour lesquelles la décision d'enquête européenne peut être émise

Une décision d'enquête européenne peut être émise :

a) aux fins des procédures pénales qui sont engagées par une autorité judiciaire, ou à engager devant celle-ci, concernant une infraction pénale conformément au droit de l'État d'émission ;

b) dans des procédures engagées par des autorités administratives relatives à des faits qui sont punissables selon le droit de l'État d'émission au titre d'infractions aux règles de droit, et lorsque la décision peut donner lieu à un recours devant une juridiction compétente, notamment en matière pénale ;

c) dans des procédures engagées par des autorités judiciaires pour des faits qui sont punissables selon le droit de l'État d'émission au titre d'infractions aux règles de droit, et lorsque la décision peut donner lieu à un recours devant une juridiction compétente, notamment en matière pénale ; et

d) en lien avec des procédures visées aux points *a)*, *b)* et *c)* portant sur des faits ou des infractions pouvant engager la responsabilité d'une personne morale ou entraîner une peine à son encontre dans l'État d'émission.

---

(1) Convention établie par le Conseil conformément à l'article 34 du traité sur l'Union européenne, relative à l'entraide judiciaire en matière pénale entre les États membres de l'Union européenne (*JO* C 197 du 12.7.2000, p. 3).

(2) Décision-cadre 2002/465/JAI du Conseil du 13 juin 2002 relative aux équipes communes d'enquête (*JO* L 162 du 20.6.2002, p. 1).

Art. 5. – Contenu et forme de la décision d'enquête européenne

1. La décision d'enquête européenne prévue dans le formulaire figurant à l'annexe A est complétée, signée, et son contenu est certifié comme étant exact et correct par l'autorité d'émission.

La décision d'enquête européenne contient notamment les informations suivantes :

a) des données concernant l'autorité d'émission et, le cas échéant, l'autorité de validation ;

b) l'objet et les motifs de la décision d'enquête européenne ;

c) les informations nécessaires disponibles sur la ou les personnes concernées ;

d) une description de l'acte délictueux faisant l'objet de l'enquête ou de la procédure, et les dispositions applicables du droit pénal de l'État d'émission ;

e) une description de la ou des mesures d'enquête demandées et des preuves à obtenir.

2. Chaque État membre indique la ou les langues officielles des institutions de l'Union dans lesquelles, outre la ou les langues officielles de l'État membre concerné, la décision d'enquête européenne peut être complétée ou traduite lorsque l'État membre concerné est l'État d'exécution.

3. L'autorité compétente de l'État d'émission procède à la traduction de la décision d'enquête européenne figurant à l'annexe A dans une langue officielle de l'État d'exécution ou dans toute autre langue indiquée par l'État d'exécution conformément au paragraphe 2 du présent article.

Chapitre II. – Procédures et garanties pour l'État d'émission

Art. 6. – Conditions d'émission et de transmission d'une décision d'enquête européenne

1. L'autorité d'émission ne peut émettre une décision d'enquête européenne que si les conditions suivantes sont réunies :

a) l'émission de la décision d'enquête européenne est nécessaire et proportionnée aux finalités des procédures visées à l'article 4, compte tenu des droits du suspect ou de la personne poursuivie ; et

b) la ou les mesures d'enquête indiquées dans la décision d'enquête européenne auraient pu être ordonnées dans les mêmes conditions dans le cadre d'une procédure nationale similaire.

2. Dans chaque cas, le respect des conditions visées au paragraphe 1 est vérifié par l'autorité d'émission.

3. Lorsque l'autorité d'exécution a des raisons de penser que les conditions visées au paragraphe 1 n'ont pas été respectées, elle peut consulter l'autorité d'émission sur l'importance d'exécuter la décision d'enquête européenne. Après cette consultation, l'autorité d'émission peut décider de retirer la décision d'enquête européenne.

Art. 7. – Transmission de la décision d'enquête européenne

1. La décision d'enquête européenne, complétée conformément à l'article 5, est transmise par l'autorité d'émission à l'autorité d'exécution par tout moyen permettant de laisser une trace écrite, dans des conditions permettant à l'État d'exécution d'en établir l'authenticité.

2. Toute autre communication officielle est effectuée directement entre l'autorité d'émission et l'autorité d'exécution.

3. Sans préjudice de l'article 2, point *d)*, chaque État membre peut désigner une autorité centrale ou, lorsque son ordre juridique le prévoit, plusieurs autorités centrales, pour assister les autorités compétentes. Un État membre peut, si cela s'avère nécessaire en raison de l'organisation de son système judiciaire interne, confier à sa ou à ses autorités centrales la transmission administrative et la réception des décisions d'enquête européenne, ainsi que de toute autre correspondance officielle les concernant.

4. L'autorité d'émission peut transmettre les décisions d'enquête européenne par le biais du système de télécommunications du Réseau judiciaire européen (RJE) créé par l'action commune 98/428/JAI du Conseil (1).

5. Si l'identité de l'autorité d'exécution lui est inconnue, l'autorité d'émission sollicite par tout moyen, y compris les points de contact du RJE, le renseignement de la part de l'État d'exécution.

6. Lorsque l'autorité de l'État d'exécution qui reçoit la décision d'enquête européenne n'est pas compétente pour la reconnaître ou prendre les mesures nécessaires en vue de son exécution, elle la transmet d'office à l'autorité d'exécution et elle en informe l'autorité d'émission.

---

(1) Action commune 98/428/JAI du 29 juin 1998 adoptée par le Conseil sur la base de l'article K.3 du traité sur l'Union européenne concernant la création d'un Réseau judiciaire européen (*JO* L 191 du 7.7.1998, p. 4.

7. Toutes les difficultés concernant la transmission ou l'authenticité d'un document nécessaire à l'exécution de la décision d'enquête européenne sont gérées au moyen de contacts directs entre l'autorité d'exécution et l'autorité d'émission impliquées ou, le cas échéant, en impliquant les autorités centrales des États membres.

Art. 8. – Décision d'enquête européenne liée à une décision d'enquête européenne antérieure

1. Lorsqu'une autorité d'émission émet une décision d'enquête européenne qui vient compléter une décision d'enquête européenne antérieure, elle le précise dans la décision d'enquête européenne, dans la section D du formulaire figurant à l'annexe A.

2. Si l'autorité d'émission apporte son assistance dans le cadre de l'exécution de la décision d'enquête européenne dans l'État d'exécution, conformément à l'article 9, paragraphe 4, elle peut, sans préjudice des notifications faites au titre de l'article 33, paragraphe 1, point *c)*, adresser une décision d'enquête européenne qui complète une décision d'enquête européenne antérieure directement à l'autorité d'exécution, tant qu'elle est présente sur le territoire de cet État.

3. La décision d'enquête européenne qui complète une décision d'enquête européenne antérieure est certifiée conformément à l'article 5, paragraphe 1, premier alinéa, et, le cas échéant, est validée conformément à l'article 2, point *c)*.

Chapitre III.– Procédures et garanties pour l'État d'exécution

Art. 9. – Reconnaissance et exécution

1. L'autorité d'exécution reconnaît une décision d'enquête européenne, transmise conformément à la présente directive, sans qu'aucune autre formalité ne soit requise, et veille à ce qu'elle soit exécutée de la même manière et suivant les mêmes modalités que si la mesure d'enquête concernée avait été ordonnée par une autorité de l'État d'exécution, à moins que cette autorité ne décide de se prévaloir de l'un des motifs de non-reconnaissance ou de non-exécution ou de l'un des motifs de report prévus par la présente directive.

2. L'autorité d'exécution respecte les formalités et procédures expressément indiquées par l'autorité d'émission, sauf si la présente directive en dispose autrement et sous réserve que ces formalités et procédures ne soient pas contraires aux principes fondamentaux du droit de l'État d'exécution.

3. Lorsqu'une autorité d'exécution reçoit une décision d'enquête européenne qui n'a pas été émise par une autorité d'émission telle qu'elle est définie à l'article 2, point *c)*, l'autorité d'exécution renvoie la décision d'enquête européenne à l'État d'émission.

4. L'autorité d'émission peut demander qu'une ou plusieurs autorités de l'État d'émission assistent les autorités compétentes de l'État d'exécution dans l'exécution de la décision d'enquête européenne, dans la mesure où les autorités désignées de l'État d'émission pourraient les assister dans l'exécution des mesures d'enquête indiquées dans la décision d'enquête européenne dans le cadre d'une procédure nationale similaire. L'autorité d'exécution accède à cette demande à condition que cette assistance ne soit pas contraire aux principes fondamentaux du droit de l'État d'exécution et ne nuise pas à ses intérêts nationaux essentiels en matière de sécurité

5. Les autorités de l'État d'émission présentes dans l'État d'exécution sont liées par le droit de l'État d'exécution pendant l'exécution de la décision d'enquête européenne. Elles n'ont aucun pouvoir répressif sur le territoire de l'État d'exécution, sauf si l'exercice de tels pouvoirs sur le territoire de l'État d'exécution est conforme au droit de l'État d'exécution et dans la mesure convenue entre l'autorité d'émission et l'autorité d'exécution.

6. L'autorité d'émission et l'autorité d'exécution peuvent se consulter, par tout moyen approprié, en vue de faciliter l'application efficace du présent article.

Art. 10. – Recours à un type différent de mesure d'enquête

1. L'autorité d'exécution a recours, chaque fois que cela s'avère possible, à une mesure d'enquête autre que celle prévue dans la décision d'enquête européenne lorsque :

a) la mesure d'enquête indiquée dans la décision d'enquête européenne n'existe pas dans le droit de l'État d'exécution ; ou

b) la mesure d'enquête indiquée dans la décision d'enquête européenne ne serait pas disponible dans le cadre d'une procédure nationale similaire.

2. Sans préjudice de l'article 11, le paragraphe 1 ne s'applique pas aux mesures d'enquête ci-après, auxquelles il doit toujours être possible de recourir au titre du droit de l'État d'exécution :

a) l'obtention d'informations ou d'éléments de preuve qui sont déjà en possession de l'autorité d'exécution et qui auraient pu être obtenus, conformément au droit de l'État d'exécution, dans le cadre d'une procédure pénale ou aux fins de la décision d'enquête européenne ;

b) l'obtention d'informations contenues dans des bases de données détenues par la police ou les autorités judiciaires et auxquelles l'autorité d'exécution peut accéder directement dans le cadre d'une procédure pénale ;

c) l'audition d'un témoin, d'un expert, d'une victime, d'un suspect, d'une personne poursuivie ou d'un tiers sur le territoire de l'État d'exécution ;

d) toute mesure d'enquête non intrusive telle qu'elle est définie par le droit de l'État d'exécution ;

e) l'identification d'abonnés titulaires d'un numéro de téléphone spécifique ou de personnes détentrices d'une adresse IP spécifique.

3. L'autorité d'exécution peut également recourir à une mesure d'enquête autre que celle indiquée dans la décision d'enquête européenne si la mesure d'enquête choisie par l'autorité d'exécution permet d'obtenir le même résultat que la mesure indiquée dans la décision d'enquête européenne par des moyens moins intrusifs.

4. Lorsque l'autorité d'exécution décide de recourir à la possibilité visée aux paragraphes 1 et 3, elle en informe préalablement l'autorité d'émission, qui peut décider de retirer ou de compléter la décision d'enquête européenne.

5. Lorsque, conformément au paragraphe 1, la mesure d'enquête indiquée dans la décision d'enquête européenne n'existe pas dans le droit de l'État d'exécution ou qu'elle ne serait pas disponible dans le cadre d'une procédure nationale similaire, et lorsqu'il n'existe aucune autre mesure d'enquête qui permettrait d'obtenir le même résultat que la mesure d'enquête demandée, l'autorité d'exécution informe l'autorité d'émission qu'il n'a pas été possible d'apporter l'assistance demandée.

Art. 11. – Motifs de non-reconnaissance ou de non-exécution

1. Sans préjudice de l'article 1, paragraphe 4, la reconnaissance ou l'exécution d'une décision d'enquête européenne peut être refusée dans l'État d'exécution lorsque :

a) il existe une immunité ou un privilège au titre du droit de l'État d'exécution qui rend impossible l'exécution de la décision d'enquête européenne, ou il existe des règles relatives à l'établissement et à la limitation de la responsabilité pénale concernant la liberté de la presse ou la liberté d'expression dans d'autres médias qui rendent impossible l'exécution de la décision d'enquête européenne ;

b) dans un cas particulier, l'exécution de la décision d'enquête européenne risque de nuire à des intérêts nationaux essentiels en matière de sécurité, de mettre en danger la source d'information ou de comporter l'utilisation d'informations classifiées se rapportant à des activités de renseignement particulières ;

c) la décision d'enquête européenne a été émise dans le cadre d'une procédure visée à l'article 4, points *b)* et *c)*, et la mesure d'enquête ne serait pas autorisée au titre du droit de l'État d'exécution dans le cadre d'une procédure nationale similaire ;

d) l'exécution de la décision d'enquête européenne serait contraire au principe non *bis* in idem ;

e) la décision d'enquête européenne concerne une infraction pénale qui est présumée avoir été commise hors du territoire de l'État d'émission et en totalité ou en partie sur le territoire de l'État d'exécution, et les faits pour lesquels elle a été émise ne constituent pas une infraction dans l'État d'exécution ;

f) il existe des motifs sérieux de croire que l'exécution de la mesure d'enquête indiquée dans la décision d'enquête européenne serait incompatible avec les obligations de l'État d'exécution conformément à l'article 6 du traité sur l'Union européenne et à la charte ;

g) les faits pour lesquels la décision d'enquête européenne a été émise ne constituent pas une infraction au titre du droit de l'État d'exécution, à moins qu'ils ne concernent une infraction figurant dans les catégories d'infractions figurant à l'annexe D, conformément à ce qui a été indiqué par l'autorité d'émission dans la décision d'enquête européenne, si ces faits sont passibles dans l'État d'émission d'une peine ou d'une mesure de sûreté privative de liberté d'un maximum d'au moins trois ans ; ou

h) le recours à la mesure d'enquête indiquée dans la décision d'enquête européenne est limité en vertu du droit de l'État d'exécution à une liste ou catégorie d'infractions ou à des infractions passibles de sanctions d'un certain seuil qui ne comprennent pas l'infraction sur laquelle porte la décision d'enquête européenne.

2. Le paragraphe 1, points *g)* et *h)*, ne s'applique pas aux mesures d'enquête visées à l'article 10, paragraphe 2.

3. Lorsque la décision d'enquête européenne concerne une infraction en matière de taxes ou d'impôts, de douane et de change, l'autorité d'exécution ne peut refuser la reconnaissance ou l'exécution au motif que le droit de l'État d'exécution n'impose pas le même type de taxe ou de droits ou ne contient pas le même type de réglementation en matière de taxes, d'impôts, de douane ou de change que le droit de l'État d'émission.

4. Dans les cas visés au paragraphe 1, points *a)*, *b)*, *d)*, *e)* et *f)*, avant de décider de ne pas reconnaître ou exécuter, en tout ou partie, une décision d'enquête européenne, l'autorité d'exécution consulte l'autorité d'émission par tout moyen approprié et, le cas échéant, demande à l'autorité d'émission de fournir sans tarder toute information nécessaire.

5. Dans le cas visé au paragraphe 1, point *a)*, et lorsque la levée du privilège ou de l'immunité relève de la compétence d'une autorité de l'État d'exécution, l'autorité d'exécution lui demande d'exercer cette compétence immédiatement. Lorsque la levée du privilège ou de l'immunité relève de la compétence d'une autorité d'un autre État membre ou d'une organisation internationale, il revient à l'autorité d'émission de demander à l'autorité concernée d'exercer cette compétence.

Art. 12. – **Délais de reconnaissance ou d'exécution**

1. La décision relative à la reconnaissance ou à l'exécution est prise et la mesure d'enquête réalisée avec la même célérité et priorité que dans le cadre d'une procédure nationale similaire et, en tout état de cause, dans les délais prévus au présent article.

2. Lorsque l'autorité d'émission a indiqué dans la décision d'enquête européenne qu'en raison de délais de procédure, de la gravité de l'infraction ou d'autres circonstances particulièrement urgentes, un délai plus court que ceux prévus dans le présent article est nécessaire, ou si l'autorité d'émission a indiqué dans la décision d'enquête européenne que la mesure d'enquête doit être exécutée à une date spécifique, l'autorité d'exécution tient compte au mieux de cette exigence.

3. L'autorité d'exécution prend la décision relative à la reconnaissance ou à l'exécution de la décision d'enquête européenne dès que possible et, sans préjudice du paragraphe 5, au plus tard 30 jours après la réception de la décision d'enquête européenne par l'autorité d'exécution compétente.

4. Sauf s'il existe des motifs de report au titre de l'article 15 ou si l'État d'exécution est déjà en possession des éléments de preuve mentionnés dans la mesure d'enquête visée par la décision d'enquête européenne, l'autorité d'exécution exécute la mesure d'enquête sans tarder et sans préjudice du paragraphe 5, au plus tard 90 jours suivant la date à laquelle la décision visée au paragraphe 3 a été prise.

5. S'il n'est pas possible, dans un cas spécifique, pour l'autorité d'exécution compétente de respecter le délai indiqué au paragraphe 3 ou la date spécifique indiquée au paragraphe 2, elle en informe sans tarder l'autorité compétente de l'État d'émission par tout moyen disponible, en indiquant les raisons du retard et une estimation du temps nécessaire pour prendre une décision. Dans ce cas, le délai visé au paragraphe 3 peut être prorogé de 30 jours maximum.

6. S'il n'est pas possible, dans un cas spécifique, pour l'autorité d'exécution compétente de respecter le délai indiqué au paragraphe 4, elle en informe sans tarder l'autorité compétente de l'État d'émission par tout moyen disponible, en indiquant les raisons du retard, et elle consulte l'autorité d'émission sur la date appropriée pour l'exécution de la mesure d'enquête.

Art. 13. – **Transfert des éléments de preuve**

1. L'autorité d'exécution transfère sans retard indu à l'État d'émission les éléments de preuve obtenus ou déjà en la possession des autorités compétentes de l'État d'exécution à la suite de l'exécution de la décision d'enquête européenne.

Lorsque cela est demandé dans la décision d'enquête européenne, et dans la mesure du possible en vertu du droit de l'État d'exécution, les éléments de preuve sont transférés immédiatement aux autorités compétentes de l'État d'émission qui prêtent assistance dans le cadre de l'exécution de la décision d'enquête européenne conformément à l'article 9, paragraphe 4.

2. Le transfert des éléments de preuve peut être suspendu, dans l'attente d'une décision concernant un recours, à moins que la décision d'enquête européenne n'indique des motifs suffisants pour considérer qu'un transfert immédiat est indispensable au bon déroulement de son enquête ou à la préservation de droits individuels. Toutefois, le transfert des éléments de preuve est suspendu dans le cas où il causerait un préjudice grave et irréversible à la personne concernée.

3. Lors du transfert des éléments de preuve obtenus, l'autorité d'exécution précise si elle exige le renvoi des éléments de preuve à l'État d'exécution dès qu'ils ne sont plus nécessaires à l'État d'émission.

4. Lorsque les objets, documents ou données concernés sont déjà pertinents pour d'autres procédures, l'autorité d'exécution peut, à la demande expresse de l'autorité d'émission et après consultation de celle-ci, transférer temporairement ces éléments de preuve, à condition qu'ils soient renvoyés à l'État d'exécution dès qu'ils ne sont plus nécessaires à l'État d'émission ou à tout autre moment ou toute autre occasion convenus entre les autorités compétentes.

Art. 14. – Recours

1. Les États membres veillent à ce que des voies de recours équivalentes à celles ouvertes dans le cadre d'une procédure nationale similaire soient applicables aux mesures d'enquête indiquées dans la décision d'enquête européenne.

2. Les motifs de fond qui sont à l'origine de l'émission de la décision d'enquête européenne ne peuvent être contestés que par une action intentée dans l'État d'émission, sans préjudice des garanties des droits fondamentaux dans l'État d'exécution.

3. Lorsque cela ne nuit pas à la confidentialité d'une enquête au titre de l'article 19, paragraphe 1, l'autorité d'émission et l'autorité d'exécution prennent les mesures appropriées pour veiller à ce que des informations soient fournies sur les possibilités de recours prévues par le droit national lorsque celles-ci deviennent applicables et en temps utile afin de garantir leur exercice effectif.

4. Les États membres veillent à ce que les délais de recours soient identiques à ceux qui sont prévus dans le cadre de procédures nationales similaires et qu'ils s'appliquent de manière à garantir aux personnes concernées la possibilité d'exercer un recours effectif.

5. L'autorité d'émission et l'autorité d'exécution s'informent mutuellement des recours formés contre l'émission, la reconnaissance ou l'exécution d'une décision d'enquête européenne.

6. Un recours ne suspend pas l'exécution de la mesure d'enquête, à moins que cela ne soit prévu dans le cadre de procédures nationales similaires.

7. L'État d'émission tient compte du fait que la reconnaissance ou l'exécution d'une décision d'enquête européenne ait été contestée avec succès conformément à son droit national. Sans préjudice des règles de procédure nationales, les États membres veillent à ce que, dans une procédure pénale dans l'État d'émission, les droits de la défense et l'équité de la procédure soient respectés dans le cadre de l'évaluation des éléments de preuve obtenus au moyen de la décision d'enquête européenne.

Art. 15. – Motifs de report de la reconnaissance ou de l'exécution

1. La reconnaissance ou l'exécution de la décision d'enquête européenne peut être reportée dans l'État d'exécution lorsque :

a) son exécution risque de nuire à une enquête criminelle ou à des poursuites pénales en cours, jusqu'au moment jugé raisonnable par l'État d'exécution ;

b) les objets, documents ou données concernés sont déjà utilisés dans le cadre d'une autre procédure, jusqu'à ce qu'ils ne soient plus nécessaires à cette fin.

2. Dès que le motif de report cesse d'exister, l'autorité d'exécution prend immédiatement les mesures nécessaires à l'exécution de la décision d'enquête européenne et en informe l'autorité d'émission par tout moyen permettant de laisser une trace écrite.

Art. 16. – Obligation d'informer

1. L'autorité compétente de l'État d'exécution qui reçoit la décision d'enquête européenne en accuse réception sans tarder, et en tout état de cause dans la semaine à compter de sa réception, en remplissant et envoyant le formulaire figurant à l'annexe B.

Lorsqu'une autorité centrale a été désignée conformément à l'article 7, paragraphe 3, cette obligation s'applique tant à l'autorité centrale qu'à l'autorité d'exécution qui reçoit la décision d'enquête européenne de l'autorité centrale.

Dans les cas visés à l'article 7, paragraphe 6, cette obligation s'applique tant à l'autorité compétente qui a reçu en premier lieu la décision d'enquête européenne qu'à l'autorité d'exécution à laquelle cette décision est finalement transmise.

2. Sans préjudice de l'article 10, paragraphes 4 et 5, l'autorité d'exécution informe l'autorité d'émission, immédiatement et par tout moyen disponible :

a) s'il est impossible à l'autorité d'exécution de prendre une décision sur la reconnaissance ou l'exécution en raison du fait que le formulaire prévu à l'annexe A est incomplet ou manifestement incorrect ;

b) si, au cours de l'exécution de la décision d'enquête européenne, l'autorité d'exécution juge opportun, sans plus ample informé, de diligenter des mesures d'enquête non prévues initialement ou qui n'avaient pas pu être spécifiées au moment de l'émission de la décision d'enquête européenne, pour permettre à l'autorité d'émission de prendre de nouvelles mesures dans le cas d'espèce ; ou

c) si l'autorité d'exécution constate que, dans le cas d'espèce, elle ne peut respecter les formalités et procédures expressément indiquées par l'autorité d'émission conformément à l'article 9.

À la demande de l'autorité d'émission, cette information est confirmée sans tarder par tout moyen permettant de laisser une trace écrite.

3. Sans préjudice de l'article 10, paragraphes 4 et 5, l'autorité d'exécution informe l'autorité d'émission sans tarder et par tout moyen permettant de laisser une trace écrite :

a) de toute décision prise en vertu de l'article 10 ou 11 ;

b) de toute décision reportant l'exécution ou la reconnaissance de la décision d'enquête européenne, des motifs du report et, si possible, de la durée prévue du report.

Art. 17. – Responsabilité pénale en ce qui concerne les fonctionnaires

Lorsqu'ils sont présents sur le territoire de l'État d'exécution dans le cadre de l'application de la présente directive, les fonctionnaires de l'État d'émission sont assimilés aux fonctionnaires de l'État d'exécution en ce qui concerne les infractions dont ils sont victimes ou qu'ils commettent.

Art. 18. – Responsabilité civile en ce qui concerne les fonctionnaires

1. Lorsque, dans le cadre de l'application de la présente directive, des fonctionnaires d'un État membre sont présents sur le territoire d'un autre État membre, le premier État membre est responsable des dommages causés par ses fonctionnaires au cours des opérations dont ils sont chargés, conformément au droit de l'État membre sur le territoire duquel ils opèrent.

2. L'État membre sur le territoire duquel les dommages visés au paragraphe 1 sont causés assume la réparation de ces dommages dans les conditions applicables aux dommages causés par ses propres fonctionnaires.

3. L'État membre dont les fonctionnaires ont causé des dommages à quiconque sur le territoire d'un autre État membre rembourse intégralement les sommes que ce dernier a versées aux victimes ou à leurs ayants droit.

4. Sans préjudice de l'exercice de ses droits à l'égard des tiers et à l'exception du paragraphe 3, chaque État membre renonce, dans les cas prévus au paragraphe 1, à demander à un autre État membre le remboursement du montant des dommages qu'il a subis.

Art. 19. – Confidentialité

1. Chaque État membre prend les mesures nécessaires pour veiller à ce que, lors de l'exécution d'une décision d'enquête européenne, l'autorité d'émission et l'autorité d'exécution tiennent dûment compte du caractère confidentiel de l'enquête.

2. L'autorité d'exécution garantit, conformément à son droit national, la confidentialité de la décision d'enquête européenne en termes de faits et de contenu, sauf dans la mesure nécessaire à l'exécution de la mesure d'enquête. Si l'autorité d'exécution ne peut pas respecter l'exigence de confidentialité, elle en informe sans tarder l'autorité d'émission.

3. Conformément à son droit national, et sauf indication contraire de l'autorité d'exécution, l'autorité d'émission ne divulgue aucun élément de preuve ni aucune information fournie par l'autorité d'exécution, sauf dans la mesure où cette divulgation est nécessaire aux fins des enquêtes ou procédures décrites dans la décision d'enquête européenne.

4. Chaque État membre prend les mesures nécessaires pour faire en sorte que les banques ne divulguent pas au client de la banque concerné ni à d'autres tiers que des informations ont été transmises à l'État d'émission conformément aux articles 26 et 27, ou qu'une enquête est en cours.

Art. 20. – Protection des données à caractère personnel

Lorsqu'ils transposent la présente directive, les États membres veillent à ce que les données à caractère personnel soient protégées et qu'elles puissent uniquement être traitées conformément à la décision-cadre

2008/977/JAI du Conseil (1) et aux principes énoncés dans la convention du Conseil de l'Europe pour la protection des personnes à l'égard du traitement automatisé des données à caractère personnel du 28 janvier 1981 et son protocole additionnel.

L'accès à ces données est limité, sans préjudice des droits de la personne concernée. Seules les personnes autorisées peuvent avoir accès à ces données.

Art. 21. – Coûts

1. Sauf disposition contraire dans la présente directive, l'État d'exécution supporte tous les coûts engagés sur le territoire de l'État d'exécution qui sont liés à l'exécution de la décision d'enquête européenne.

2. Lorsque l'autorité d'exécution estime que les coûts d'exécution de la décision d'enquête européenne peuvent être considérés comme étant exceptionnellement élevés, elle peut consulter l'autorité d'émission sur le point de savoir si les coûts pourraient être partagés, et selon quelles modalités, ou si la décision d'enquête européenne pourrait être modifiée.

L'autorité d'exécution informe préalablement l'autorité d'émission des spécifications détaillées de la part des coûts considérée comme étant exceptionnellement élevée.

3. Dans des circonstances exceptionnelles, si aucun accord ne peut être dégagé en ce qui concerne les coûts visés au paragraphe 2, l'autorité d'émission peut décider :

a) de retirer la décision d'enquête européenne en tout ou en partie ; ou

b) de maintenir la décision d'enquête européenne, et de supporter la part des coûts considérée comme étant exceptionnellement élevée.

Chapitre IV. – Dispositions particulières relatives à certaines mesures d'enquête

Art. 22. – Transfèrement temporaire de personnes détenues vers l'État d'émission aux fins de la réalisation d'une mesure d'enquête

1. Une décision d'enquête européenne peut être émise en vue du transfèrement temporaire d'une personne détenue dans l'État d'exécution aux fins de l'exécution d'une mesure d'enquête en vue de l'obtention de preuves requérant la présence de cette personne sur le territoire de l'État d'émission, sous réserve qu'elle soit renvoyée dans le délai fixé par l'État d'exécution.

2. Outre les motifs de non-reconnaissance ou de non-exécution visés à l'article 11, l'exécution d'une décision d'enquête européenne peut également être refusée au motif :

a) que la personne détenue ne donne pas son consentement ; ou

b) que le transfèrement est susceptible de prolonger la détention de cette personne.

3. Sans préjudice du paragraphe 2, point *a)*, lorsque l'État d'exécution le juge nécessaire compte tenu de l'âge de la personne ou de son état physique ou mental, le représentant légal de la personne détenue a la possibilité d'exprimer un avis sur le transfèrement temporaire.

4. Dans les cas visés au paragraphe 1, le transit de la personne détenue à travers le territoire d'un État membre tiers (ci-après dénommé « État membre de transit ») est autorisé sur présentation d'une demande, accompagnée de tous les documents nécessaires.

5. Les modalités pratiques du transfèrement temporaire d'une personne, y compris le détail de ses conditions de détention dans l'État d'émission, et les dates limites auxquelles elle doit être transférée du territoire de l'État d'exécution et renvoyée sur ce territoire sont fixées d'un commun accord entre l'État d'émission et l'État d'exécution, en veillant à ce que l'état physique et mental de la personne concernée, ainsi que le niveau de sécurité requis dans l'État d'émission, soient pris en compte.

6. La personne transférée reste en détention sur le territoire de l'État d'émission et, le cas échéant, sur le territoire de l'État membre de transit, pour les faits ou les condamnations pour lesquels elle a été maintenue en détention dans l'État d'exécution, à moins que l'État d'exécution ne demande sa mise en liberté.

7. La période de détention sur le territoire de l'État d'émission est déduite de la durée de la détention que doit ou devra subir la personne concernée sur le territoire de l'État d'exécution.

(1) Décision-cadre 2008/977/JAI du Conseil du 27 novembre 2008 relative à la protection des données à caractère personnel traitées dans le cadre de la coopération policière et judiciaire en matière pénale (*JO* L 350 du 30.12.2008, p. 60).

8. Sans préjudice du paragraphe 6, une personne transférée n'est ni poursuivie, ni détenue, ni soumise à aucune autre restriction de sa liberté individuelle dans l'État d'émission pour des faits commis ou des condamnations prononcées avant son départ du territoire de l'État d'exécution et qui ne sont pas précisés dans la décision d'enquête européenne.

9. L'immunité visée au paragraphe 8 cesse d'exister si la personne transférée, ayant eu la possibilité de partir pendant une période de quinze jours consécutifs à compter de la date à partir de laquelle sa présence n'est plus requise par les autorités d'émission, est :

a) néanmoins restée sur le territoire ; ou

b) y est revenue après l'avoir quitté.

Art. 23. – Transfèrement temporaire de personnes détenues vers l'État d'exécution aux fins de l'exécution d'une mesure d'enquête

1. Une décision d'enquête européenne peut être émise en vue du transfèrement temporaire d'une personne détenue dans l'État d'émission aux fins de l'exécution d'une mesure d'enquête en vue de l'obtention de preuves requérant sa présence sur le territoire de l'État d'exécution.

2. Le paragraphe 2, point *a)*, et les paragraphes 3 à 9 de l'article 22 s'appliquent *mutatis mutandis* au transfèrement temporaire au titre du présent article.

3. Les frais résultant de l'application du présent article sont pris en charge conformément à l'article 21, à l'exclusion des frais occasionnés par le transfèrement de la personne concernée vers l'État d'exécution et depuis celui-ci qui sont à la charge de l'État d'émission.

Art. 24. – Audition par vidéoconférence ou par un autre moyen de transmission audiovisuelle

1. Lorsqu'une personne qui se trouve sur le territoire de l'État d'exécution doit être entendue comme témoin ou expert par les autorités compétentes de l'État d'émission, l'autorité d'émission peut émettre une décision d'enquête européenne en vue d'entendre le témoin ou l'expert par vidéoconférence ou par un autre moyen de transmission audiovisuelle, conformément aux paragraphes 5 à 7.

L'autorité d'émission peut également émettre une décision d'enquête européenne aux fins d'entendre un suspect ou une personne poursuivie par vidéoconférence ou par un autre moyen de transmission audiovisuelle.

2. Outre les motifs de non-reconnaissance ou de non-exécution visés à l'article 11, l'exécution d'une décision d'enquête européenne peut être refusée si :

a) le suspect ou la personne poursuivie ne donne pas son consentement ; ou

b) l'exécution d'une telle mesure d'enquête dans un cas particulier serait contraire aux principes fondamentaux du droit de l'État d'exécution.

3. L'autorité d'émission et l'autorité d'exécution fixent les modalités pratiques d'un commun accord. Par cet accord, l'autorité d'exécution s'engage à :

a) citer le témoin ou l'expert concerné à comparaître, en indiquant l'heure et le lieu de l'audition ;

b) citer le suspect ou la personne poursuivie à comparaître en vue de l'entendre conformément aux règles détaillées prévues par le droit de l'État d'exécution et à informer ces personnes de leurs droits au titre du droit de l'État d'émission, dans un délai leur permettant d'exercer effectivement leurs droits de la défense ;

c) veiller à ce que la personne à entendre soit dûment identifiée.

4. Si, dans les circonstances d'un cas d'espèce, l'autorité d'exécution ne dispose pas des moyens techniques permettant d'organiser une audition par vidéoconférence, l'État d'émission peut les mettre à sa disposition d'un commun accord.

5. Lorsqu'une audition se tient par vidéoconférence ou par un autre moyen de transmission audiovisuelle, les règles suivantes s'appliquent :

a) l'audition a lieu en présence d'un représentant de l'autorité compétente de l'État d'exécution, assisté au besoin d'un interprète ; ce représentant est également responsable de l'identité de la personne entendue et du respect des principes fondamentaux du droit de l'État d'exécution.

Si l'autorité d'exécution estime que les principes fondamentaux du droit de l'État d'exécution ne sont pas respectés au cours de l'audition, elle prend immédiatement les mesures nécessaires pour faire en sorte que l'audition se poursuive conformément à ces principes ;

b) les autorités compétentes de l'État d'émission et de l'État d'exécution conviennent, le cas échéant, des mesures relatives à la protection de la personne à entendre ;

c) l'audition est menée directement par l'autorité compétente de l'État d'émission, ou sous sa direction, conformément à son droit interne ;

d) à la demande de l'État d'émission ou de la personne à entendre, l'État d'exécution veille à ce que la personne à entendre soit assistée d'un interprète lorsque cela est nécessaire ;

e) les suspects ou les personnes poursuivies sont informés avant l'audition des droits procéduraux qui leur sont reconnus par le droit de l'État d'exécution et de l'État d'émission, y compris le droit de ne pas témoigner. Les témoins et les experts peuvent invoquer le droit de ne pas témoigner qui leur serait reconnu par le droit de l'État d'exécution ou de l'État d'émission et sont informés de ce droit avant l'audition.

6. Sans préjudice de toute mesure convenue en ce qui concerne la protection des personnes, à l'issue de l'audition, l'autorité d'exécution établit un procès-verbal de l'audition indiquant la date et le lieu de l'audition, l'identité de la personne entendue, les identités et qualités de toutes les autres personnes ayant participé à l'audition dans l'État d'exécution, toutes les éventuelles prestations de serment et les conditions techniques dans lesquelles l'audition s'est déroulée. Le document est transmis par l'autorité d'exécution à l'autorité d'émission.

7. Chaque État membre prend les mesures nécessaires pour que, lorsqu'une personne est entendue sur son territoire conformément au présent article et refuse de témoigner alors qu'elle est tenue de le faire ou fait de fausses dépositions, son droit national s'applique comme il s'appliquerait si l'audition avait lieu dans le cadre d'une procédure nationale.

Art. 25. – Audition par téléconférence

1. Si une personne qui se trouve sur le territoire d'un État membre doit être entendue comme témoin ou expert par les autorités compétentes d'un autre État membre, l'autorité d'émission de ce dernier peut, s'il est inopportun ou impossible pour la personne à entendre de comparaître personnellement sur son territoire et après avoir examiné d'autres moyens appropriés, émettre une décision d'enquête européenne pour entendre un témoin ou un expert par téléconférence tel que cela est prévu au paragraphe 2.

2. Sauf s'il en a été convenu autrement, l'article 24, paragraphes 3, 5, 6 et 7, s'applique *mutatis mutandis* aux auditions par téléconférence.

Art. 26. – Informations relatives aux comptes bancaires et autres comptes financiers

1. Une décision d'enquête européenne peut être émise en vue de déterminer si une personne physique ou morale qui fait l'objet de la procédure pénale concernée détient ou contrôle un ou plusieurs comptes, de quelque nature que ce soit, dans une banque située sur le territoire de l'État d'exécution et, si c'est le cas, d'obtenir tous les renseignements concernant les comptes identifiés.

2. Chaque État membre prend les mesures nécessaires pour pouvoir fournir les informations visées au paragraphe 1 conformément aux conditions énoncées au présent article.

3. Les informations visées au paragraphe 1 comprennent également, si une demande à ce titre figure dans la décision d'enquête européenne, les comptes sur lesquels la personne qui fait l'objet de la procédure pénale concernée a une procuration.

4. L'obligation prévue au présent article ne s'applique que dans la mesure où la banque qui gère le compte possède les informations concernées.

5. Dans la décision d'enquête européenne, l'autorité d'émission indique les raisons pour lesquelles elle considère que les informations demandées sont susceptibles d'être importantes aux fins de la procédure pénale concernée et les raisons qui l'amènent à supposer que des banques situées dans l'État d'exécution détiennent le compte ainsi que, dans la mesure où elle dispose d'une telle information, les banques qui pourraient être concernées. Elle communique également dans la décision d'enquête européenne toute information susceptible d'en faciliter l'exécution.

6. Une décision d'enquête européenne peut également être émise en vue de déterminer si une personne physique ou morale qui fait l'objet de la procédure pénale concernée détient un ou plusieurs comptes dans un établissement financier non bancaire situé sur le territoire de l'État d'exécution. Les paragraphes 3 à 5 s'appliquent *mutatis mutandis*. Dans ce cas, et outre les motifs de non-reconnaissance et de non-exécution visés à l'article 11, l'exécution de la décision d'enquête européenne peut également être refusée dans le cas où l'exécution de la mesure d'enquête ne serait pas autorisée dans le cadre d'une procédure nationale similaire.

Art. 27. – Informations relatives aux opérations bancaires et autres opérations financières

1. Une décision d'enquête européenne peut être émise en vue d'obtenir les renseignements concernant des comptes bancaires déterminés et des opérations bancaires qui ont été réalisées pendant une période déterminée sur un ou plusieurs comptes spécifiés dans la décision, y compris les renseignements concernant tout compte émetteur ou récepteur.

2. Chaque État membre prend les mesures nécessaires pour pouvoir fournir les informations visées au paragraphe 1 conformément aux conditions énoncées au présent article.

3. L'obligation prévue au présent article ne s'applique que dans la mesure où la banque qui gère le compte possède les informations concernées.

4. Dans la décision d'enquête européenne, l'autorité d'émission indique les raisons pour lesquelles elle considère que les informations demandées sont pertinentes aux fins de la procédure pénale concernée.

5. Une décision d'enquête européenne peut également être émise à propos des informations prévues au paragraphe 1 en ce qui concerne des opérations financières réalisées par des établissements financiers autres que des banques. Les paragraphes 3 et 4 s'appliquent *mutatis mutandis*. Dans ce cas, et outre les motifs de non-reconnaissance et de non-exécution visés à l'article 11, l'exécution de la décision d'enquête européenne peut également être refusée lorsque l'exécution de la mesure d'enquête ne serait pas autorisée dans le cadre d'une procédure nationale similaire.

Art. 28. – Mesures d'enquête impliquant l'obtention de preuves en temps réel, de manière continue et au cours d'une période déterminée

1. Lorsque la décision d'enquête européenne est émise aux fins de l'exécution d'une mesure d'enquête qui requiert l'obtention de preuves en temps réel, de manière continue et au cours d'une période déterminée, telle que :

a) le suivi d'opérations bancaires ou d'autres opérations financières qui sont réalisées sur un ou plusieurs comptes spécifiques ;

b) des livraisons contrôlées sur le territoire de l'État d'exécution,

son exécution peut être refusée, outre les motifs de non-reconnaissance et de non-exécution visés à l'article 11, si l'exécution de la mesure d'enquête concernée ne serait pas autorisée dans le cadre d'une procédure nationale similaire.

2. L'État d'émission et l'État d'exécution fixent d'un commun accord les modalités pratiques de la mesure d'enquête visée au paragraphe 1, point *b)*, et ailleurs si nécessaire.

3. Dans la décision d'enquête européenne, l'autorité d'émission indique les raisons pour lesquelles elle considère que les informations demandées sont pertinentes aux fins de la procédure pénale concernée.

4. Le droit d'agir, de diriger et de contrôler des opérations liées à l'exécution d'une décision d'enquête européenne visée au paragraphe 1 relève des autorités compétentes de l'État d'exécution.

Art. 29. – Enquêtes discrètes

1. Une décision d'enquête européenne peut être émise en vue de demander à l'État d'exécution de prêter assistance l'État d'émission dans la conduite d'enquêtes pénales menées par des agents intervenant en secret ou sous une fausse identité (ci-après dénommées « enquêtes discrètes »).

2. Dans la décision d'enquête européenne, l'autorité d'émission indique les raisons pour lesquelles elle considère que l'enquête discrète est susceptible d'être pertinente aux fins de la procédure pénale concernée. La décision relative à la reconnaissance et à l'exécution d'une décision d'enquête européenne émise au titre du présent article est prise dans chaque cas individuel par les autorités compétentes de l'État d'exécution dans le respect de son droit interne et des procédures nationales.

3. Outre les motifs de non-reconnaissance et de non-exécution visés à l'article 11, l'autorité d'exécution peut refuser d'exécuter une décision d'enquête européenne visée au paragraphe 1, lorsque :

a) l'exécution d'une enquête discrète ne serait pas autorisée dans le cadre d'une procédure nationale similaire ; ou

b) il n'a pas été possible de parvenir à un accord sur les modalités des enquêtes discrètes au titre du paragraphe 4.

4. Les enquêtes discrètes sont menées conformément au droit interne et aux procédures nationales de l'État membre sur le territoire duquel elles se déroulent. Le droit d'agir, de diriger et de contrôler les opérations liées aux enquêtes discrètes relève des seules autorités compétentes de l'État d'exécution. L'État d'émission et l'État d'exécution conviennent, dans le respect de leur droit interne et de leurs procédures nationales, de la durée de l'enquête discrète, de ses modalités précises et du statut juridique des agents concernés participant aux enquêtes discrètes.

Chapitre V. – Interception de télécommunications

Art. 30. – Interception de télécommunications avec l'assistance technique d'un autre État membre

1. Une décision d'enquête européenne peut être émise en vue de l'interception de télécommunications dans l'État membre dont l'assistance technique est nécessaire.

2. Lorsque plus d'un État membre est en mesure de fournir l'assistance technique nécessaire complète pour la même interception de télécommunications, la décision d'enquête européenne est envoyée à l'un d'entre eux seulement. La priorité est toujours donnée à l'État membre où se trouve ou se trouvera la cible de l'interception.

3. Une décision d'enquête européenne visée au paragraphe 1 contient également les informations suivantes :

a) les informations nécessaires à l'identification de la cible de l'interception ;

b) la durée souhaitée de l'interception ; et

c) la fourniture de données techniques suffisantes, en particulier l'identificateur de cible, afin de garantir que la décision d'enquête européenne puisse être exécutée.

4. L'autorité d'émission indique dans la décision d'enquête européenne les raisons pour lesquelles elle estime que la mesure d'enquête indiquée est pertinente aux fins de la procédure pénale concernée.

5. Outre les motifs de non-reconnaissance ou de non-exécution visés à l'article 11, l'exécution d'une décision d'enquête européenne visée au paragraphe 1 peut également être refusée lorsque la mesure d'enquête concernée n'aurait pas été autorisée dans le cadre d'une procédure nationale similaire. L'État d'exécution peut subordonner son consentement au respect des conditions qui seraient respectées dans le cadre d'une procédure nationale similaire.

6. Une décision d'enquête européenne visée au paragraphe 1 peut être exécutée :

a) en transmettant les télécommunications immédiatement à l'État d'émission ; ou

b) en interceptant, enregistrant et transmettant ultérieurement le résultat de l'interception des télécommunications à l'État d'émission.

L'autorité d'émission et l'autorité d'exécution se consultent en vue de se mettre d'accord sur le point de savoir si l'interception est réalisée conformément au point *a)* ou *b)*.

7. Lors de l'émission d'une décision d'enquête européenne visée au paragraphe 1 ou au cours de l'interception, l'autorité d'émission peut également, lorsqu'elle a une raison particulière de le faire, demander une transcription, un décodage ou un déchiffrement de l'enregistrement, sous réserve de l'accord de l'autorité d'exécution.

8. Les frais résultant de l'application du présent article sont pris en charge conformément à l'article 21, à l'exclusion des frais occasionnés par la transcription, le décodage et le déchiffrement des communications interceptées qui sont à la charge de l'État d'émission.

Art. 31. – Notification de l'État membre où se trouve la cible de l'Interception et dont l'assistance technique n'est pas nécessaire

1. Lorsque l'autorité compétente d'un État membre qui effectue l'interception (ci-après dénommé « État membre interceptant ») a autorisé, aux fins de l'exécution d'une mesure d'enquête, l'interception de télécommunications et que l'adresse de communication de la cible de l'interception précisée dans l'ordre d'interception est utilisée sur le territoire d'un autre État membre (ci-après dénommé « État membre notifié ») dont l'assistance technique n'est pas nécessaire pour effectuer cette interception, l'État membre interceptant notifie l'interception à l'autorité compétente de l'État membre notifié ;

a) avant l'interception dans les cas où l'autorité compétente de l'État membre interceptant sait déjà, au moment d'ordonner l'interception, que la cible de l'interception se trouve ou se trouvera sur le territoire de l'État membre notifié ;

b) au cours de l'interception ou après sa réalisation, dès qu'elle s'aperçoit que la cible de l'interception se trouve ou s'est trouvée sur le territoire de l'État membre notifié au moment de l'interception.

2. La notification visée au paragraphe 1 se fait au moyen du formulaire figurant à l'annexe C.

3. L'autorité compétente des États membres notifiés peut, dans le cas où l'interception ne serait pas autorisée dans le cadre d'une procédure nationale similaire, notifier sans tarder et au plus tard dans les 96 heures suivant la réception de la notification visée au paragraphe 1, l'autorité compétente de l'État membre interceptant :

a) que l'interception ne peut pas être effectuée ou doit être interrompue ; et

b) si nécessaire, que les données interceptées alors que la cible de l'interception se trouvait sur son territoire ne peuvent pas être utilisées ou ne peuvent être utilisées que dans les conditions qu'elle spécifie. L'autorité compétente de l'État membre notifié informe l'autorité compétente de l'État membre interceptant des motifs qui justifient lesdites conditions.

4. L'article 5, paragraphe 2, s'applique *mutatis mutandis* à la notification visée au paragraphe 2.

Chapitre VI. – Mesures provisoires

Art. 32. – Mesures provisoires

1. L'autorité d'émission peut émettre une décision d'enquête européenne afin de prendre toute mesure visant à empêcher provisoirement toute opération de destruction, de transformation, de déplacement, de transfert ou d'aliénation d'éléments susceptibles d'être utilisés comme preuve.

2. L'autorité d'exécution se prononce sur la mesure provisoire et communique sa décision dans les meilleurs délais et, si possible, dans les 24 heures à compter de la réception de la décision d'enquête européenne.

3. Lorsque une mesure provisoire visée au paragraphe 1 est demandée, l'autorité d'émission indique dans la décision d'enquête européenne si les éléments de preuve doivent être transférés à l'État d'émission ou rester dans l'État d'exécution. L'autorité d'exécution reconnaît et exécute la décision d'enquête européenne, en transférant les éléments de preuve conformément aux procédures prévues dans la présente directive.

4. Lorsque, conformément au paragraphe 3, une décision d'enquête européenne est accompagnée d'une instruction voulant que les éléments de preuve restent dans l'État d'exécution, l'autorité d'émission indique la date de levée de la mesure provisoire visée au paragraphe 1, ou la date estimée à laquelle la demande de transfert des éléments de preuve sera présentée à l'État d'émission.

5. L'autorité d'exécution peut, après avoir consulté l'autorité d'émission et conformément au droit et aux pratiques nationales, poser des conditions appropriées aux circonstances de l'espèce afin de limiter la durée pendant laquelle la mesure provisoire visée au paragraphe 1 doit être maintenue. Si, conformément à ces conditions, elle envisage de lever la mesure provisoire, l'autorité d'exécution en informe l'autorité d'émission et lui donne la possibilité de formuler des observations. L'autorité d'émission informe immédiatement l'autorité d'exécution que la mesure provisoire visée au paragraphe 1 a été levée.

Chapitre VII. – Dispositions finales

Art. 33. – Notifications

1. Au plus tard le 22 mai 2017, chaque État membre communique à la Commission les informations suivantes :

a) l'autorité ou les autorités qui, conformément à son droit interne, sont compétentes conformément à l'article 2, points *c)* et *d)*, lorsque cet État membre est l'État d'émission ou d'exécution ;

b) les langues acceptées pour une décision d'enquête européenne, visées à l'article 5, paragraphe 2 ;

c) les informations relatives à l'autorité ou aux autorités centrales désignées si l'État membre souhaite faire usage de la possibilité prévue à l'article 7, paragraphe 3. Ces informations lient les autorités de l'État d'émission.

2. Chaque État membre peut également fournir à la Commission la liste des documents nécessaires qu'il exigerait au titre de l'article 22, paragraphe 4.

3. Les États membres communiquent à la Commission toute modification ultérieure apportée aux informations visées aux paragraphes 1 et 2.

4. La Commission met les informations reçues au titre du présent article à la disposition de tous les États membres et du RJE. Le RJE met les informations à disposition sur le site internet visé à l'article 9 de la décision 2008/976/JAI du Conseil (1)

Art. 34. – Relations avec d'autres instruments juridiques, conventions et accords

1. Sans préjudice de leur application entre États membres et États tiers ni de leur application temporaire en vertu de l'article 35, la présente directive remplace, à partir du 22 mai 2017, les dispositions correspondantes des conventions suivantes, applicables entre les États membres liés par la présente directive :

a) la convention européenne d'entraide judiciaire en matière pénale du Conseil de l'Europe du 20 avril 1959, ainsi que les deux protocoles additionnels à celle-ci, et les accords bilatéraux conclus en vertu de l'article 26 de ladite convention ;

(1) Décision 2008/976/JAI du Conseil du 16 décembre 2008 concernant le Réseau judiciaire européen (*JO* L 348 du 24.12.2008, p. 130).

b) la convention d'application de l'accord de Schengen ;

c) la convention relative à l'entraide judiciaire en matière pénale entre les États membres de l'Union européenne et le protocole à celle-ci.

2. La décision-cadre 2008/978/JAI est remplacée par la présente directive pour les États membres liés par la présente directive. Les dispositions de la décision-cadre 2003/577/JAI sont remplacées pour les États membres liés par la présente directive pour ce qui concerne le gel d'éléments de preuve.

Pour les États membres liés par la présente directive, les références faites à la décision-cadre 2008/978/JAI et, pour ce qui concerne le gel d'éléments de preuve, à la décision-cadre 2003/577/JAI, s'entendent comme faites à la présente directive.

3. Outre la présente directive, les États membres ne peuvent conclure ou continuer d'appliquer des conventions ou accords bilatéraux ou multilatéraux avec d'autres États membres après le 22 mai 2017 que dans la mesure où ces conventions et accords permettent de renforcer encore les objectifs de la présente directive et contribuent à simplifier ou à faciliter davantage les procédures d'obtention de preuves et pour autant que le niveau de garanties prévu dans la présente directive soit respecté.

4. Les États membres notifient à la Commission, au plus tard le 22 mai 2017, les conventions et accords existants visés au paragraphe 3 qu'ils souhaitent continuer d'appliquer. Les États membres notifient également à la Commission, dans les trois mois à compter de leur signature, toute nouvelle convention ou tout nouvel accord visé au paragraphe 3.

Art. 35. – **Dispositions transitoires**

1. Les demandes d'entraide reçues avant le 22 mai 2017 demeurent régies par les instruments existants relatifs à l'entraide en matière pénale. Les décisions de gel d'éléments de preuve prises en vertu de la décision-cadre 2003/577/JAI et reçues avant le 22 mai 2017 sont également régies par cette décision-cadre.

2. L'article 8, paragraphe 1, s'applique *mutatis mutandis* à la décision d'enquête européenne faisant suite à une décision de gel prise au titre de la décision-cadre 2003/577/JAI.

Art. 36. – **Transposition**

1. Les États membres prennent les dispositions nécessaires pour se conformer à la présente directive au plus tard le 22 mai 2017.

2. Lorsque les États membres adoptent ces dispositions, celles-ci contiennent une référence à la présente directive ou sont accompagnées d'une telle référence lors de leur publication officielle. Les modalités de cette référence sont arrêtées par les États membres.

3. Au plus tard le 22 mai 2017, les États membres transmettent à la Commission le texte des dispositions transposant dans leur droit national les obligations découlant de la présente directive.

Art. 37. – **Rapport sur l'application**

Au plus tard cinq ans après le 21 mai 2014, la Commission présente au Parlement européen et au Conseil un rapport sur l'application de la présente directive, sur la base d'informations tant qualitatives que quantitatives comprenant, en particulier, l'évaluation de son incidence sur la coopération en matière pénale et sur la protection des personnes physiques, ainsi que sur l'exécution des dispositions relatives à l'interception des télécommunications compte tenu des évolutions techniques. Ce rapport est accompagné, si nécessaire, de propositions visant à modifier la présente directive.

Art. 38. – **Entrée en vigueur**

La présente directive entre en vigueur le vingtième jour suivant celui de sa publication au *Journal officiel de l'Union européenne*.

Art. 39. – **Destinataires**

Les États membres sont destinataires de la présente directive, conformément aux traités.

Annexe A

Décision d'enquête européenne

La présente décision d'enquête européenne a été émise par une autorité compétente. L'autorité d'émission certifie que l'émission de la présente décision d'enquête européenne est nécessaire et proportionnée aux fins des procédures qui y sont énoncées, compte tenu des droits du suspect ou de la personne poursuivie, et que les mesures d'enquête demandées auraient pu être ordonnées dans les mêmes conditions dans le cadre d'une procédure nationale similaire. Je demande l'exécution de la ou des mesures d'enquête indiquées ci-après en tenant dûment compte de la confidentialité de l'enquête et le transfert des éléments de preuve obtenus à la suite de l'exécution de la décision d'enquête européenne.

SECTION A

État d'émission: ....

État d'exécution: ....

SECTION B: **Urgence**

Veuillez indiquer s'il s'agit d'un cas d'urgence justifié par

☐ la dissimulation ou la destruction de preuves

☐ l'imminence du procès

☐ toute autre raison

Veuillez préciser ci-après:

Les délais impartis pour exécuter la décision d'enquête européenne sont fixés dans la directive 2014/41/UE. Toutefois, si un délai plus court ou un délai spécifique est nécessaire, veuillez fournir la date et la justifier:

....

....

SECTION C: Mesure(s) d'enquête à exécuter

1. Décrire l'assistance/la ou les mesures d'enquête demandées ET indiquer, le cas échéant, s'il s'agit de l'une des mesures d'enquête ci-après:

....

....

....

....

....

....

☐ Obtention d'informations ou d'éléments de preuve qui sont déjà en possession de l'autorité d'exécution

☐ Audition

- ☐ d'un témoin
- ☐ d'un expert
- ☐ d'un suspect ou d'une personne poursuivie
- ☐ d'une victime
- ☐ d'un tiers

☐ Obtention d'informations contenues dans des bases de données détenues par la police ou les autorités judiciaires

☐ Identification d'abonnés titulaires d'un numéro de téléphone spécifique ou de personnes détentrices d'une adresse IP spécifique

☐ Transfèrement temporaire d'une personne détenue vers l'État d'émission

☐ Transfèrement temporaire d'une personne détenue vers l'État d'exécution

- ☐ Audition par vidéoconférence ou par un autre moyen de transmission audiovisuelle
  - ☐ d'un témoin
  - ☐ d'un expert
  - ☐ d'un suspect ou d'une personne poursuivie
- ☐ Audition par téléconférence
  - ☐ d'un témoin
  - ☐ d'un expert
- ☐ Informations relatives aux comptes bancaires et autres comptes financiers
- ☐ Informations relatives aux opérations bancaires et autres opérations financières
- ☐ Mesures d'enquête impliquant l'obtention de preuves en temps réel, de manière continue et au cours d'une période déterminée
  - ☐ Suivi des opérations bancaires et autres opérations financières
  - ☐ Livraisons surveillées
  - ☐ Autres
- ☐ Enquête discrète
- ☐ Interception de télécommunications
- ☐ Mesure(s) provisoire(s) visant à empêcher toute opération de destruction, de transformation, de déplacement, de transfert ou d'aliénation d'éléments susceptibles d'être utilisés comme preuve

SECTION D: Lien avec une décision d'enquête européenne antérieure

Indiquer si la présente décision d'enquête européenne vient compléter une décision d'enquête européenne antérieure. Le cas échéant, communiquer les informations permettant de déterminer de quelle décision d'enquête européenne antérieure il s'agit (la date d'émission de la décision d'enquête européenne, l'autorité à laquelle ce document a été transmis et, si l'information est disponible, la date de transmission de la décision d'enquête européenne et les numéros de référence donnés par les autorités d'émission et d'exécution):

....

....

Le cas échéant, indiquer également si une décision d'enquête européenne a déjà été adressée à un autre État membre dans la même procédure:

....

SECTION E: Identité de la personne concernée

1. Indiquer toutes les informations, dans la mesure où elles sont connues, relatives à l'identité de la ou des personne(s) (i) physique(s) ou (ii) morale(s) concernées par la mesure d'enquête (si plus d'une personne est concernée, veuillez fournir les informations pour chacune d'entre elles):

(i) S'il s'agit d'une/de personne(s) physique(s)

Nom: ....

Prénom(s): ....

Tout autre nom utile, le cas échéant: ....

Pseudonyme(s), le cas échéant: ....

Sexe: ....

Nationalité: ....

Numéro d'identité ou numéro de sécurité sociale: ....

Type et numéro de la (des) pièce(s) d'identité (carte d'identité, passeport), s'ils sont disponibles:

....

Date de naissance: ....

Lieu de naissance: ....

Résidence et/ou adresse connue (si l'adresse est inconnue, indiquer la dernière adresse connue):

....

Langue(s) que la personne comprend:

....

ii) S'il s'agit d'une (de) personne(s) morale(s)

Dénomination: ....

Forme juridique: ....

Dénomination abrégée, dénomination communément utilisée ou raison commerciale, le cas échéant:

....

Siège social: ....

Numéro d'immatriculation: ....

Adresse de la personne morale: ....

Nom du représentant de la personne morale: ....

Veuillez décrire la qualité de la personne concernée au stade actuel de la procédure:

☐ Suspect ou personne poursuivie

☐ Victime

☐ Témoin

☐ Expert

☐ Tiers

☐ Autre (veuillez préciser) ....

2. Si elle diffère de l'adresse indiquée ci-dessus, veuillez indiquer le lieu où la mesure d'enquête doit être exécutée:

....

....

3. Fournir toute autre information qui aidera à l'exécution de la décision d'enquête européenne:

....

....

SECTION F: Type de procédure pour laquelle la décision d'enquête européenne est émise:

☐ a) en ce qui concerne des procédures pénales engagées par une autorité judiciaire, ou qui peuvent être engagées devant celle-ci, concernant une infraction pénale au titre du droit interne de l'État d'émission; ou

☐ b) procédures engagées par des autorités administratives pour des faits qui, constituant des infractions aux règles de droit, sont punissables selon le droit interne de l'État d'émission et lorsque la décision peut donner lieu à un recours devant une juridiction compétente, notamment en matière pénale; ou

☐ c) procédures engagées par des autorités judiciaires pour des faits qui, constituant des infractions aux règles de droit, sont punissables selon le droit interne de l'État d'émission et lorsque la décision peut donner lieu à un recours devant une juridiction compétente, notamment en matière pénale;

☐ d) en relation avec les procédures visées aux points a), b) et c) portant sur des faits ou des infractions pouvant engager la responsabilité d'une personne morale ou entraîner une peine à son encontre dans l'État d'émission.

SECTION G: Motifs de l'émission de la décision d'enquête européenne

1. Résumé des faits

Exposer les raisons pour lesquelles la décision d'enquête européenne est émise, y compris un résumé des faits en cause, une description des infractions reprochées ou faisant l'objet de l'enquête, le stade actuel de l'enquête, ce qui justifie les facteurs de risque invoqués et toute autre information utile.

....

....

....

2. Nature et qualification juridique de l'infraction ou des infractions pour lesquelles la décision d'enquête européenne est émise et disposition juridique ou code applicable:

....

....

....

3. L'infraction pour laquelle la décision d'enquête européenne est émise est-elle passible dans l'État d'émission d'une peine ou d'une mesure de sûreté privative de liberté d'au moins trois ans au maximum, définies par le droit de l'État d'émission et figure-t-elle dans la liste d'infractions ci-dessous? (Cocher la case correspondante):

☐ participation à une organisation criminelle,

☐ terrorisme,

☐ traite des êtres humains,

☐ exploitation sexuelle des enfants et pédopornographie,

☐ trafic de stupéfiants et de substances psychotropes,

☐ trafic d'armes, de munitions et d'explosifs,

☐ corruption,

☐ fraude, y compris la fraude portant atteinte aux intérêts financiers des Communautés européennes au sens de la convention du 26 juillet 1995 relative à la protection des intérêts financiers des Communautés européennes,

☐ blanchiment des produits du crime,

☐ faux-monnayage et contrefaçon de monnaie, y compris de l'euro,

☐ cybercriminalité,

☐ crimes contre l'environnement, y compris le trafic d'espèces animales menacées et le trafic d'espèces et d'essences végétales menacées,

☐ aide à l'entrée et au séjour irréguliers,

☐ homicide volontaire, coups et blessures graves,

☐ trafic d'organes et de tissus humains,

☐ enlèvement, séquestration et prise d'otage,

☐ racisme et xénophobie,

☐ vol organisé ou vol à main armée,

☐ trafic illicite de biens culturels, y compris d'antiquités et d'œuvres d'art,

☐ escroquerie,

☐ racket et extorsion de fonds,

☐ contrefaçon et piratage de produits,

☐ falsification de documents administratifs et trafic de faux,

☐ falsification de moyens de paiementfalsification de moyens de paiement,

☐ trafic illicite de substances hormonales et d'autres facteurs de croissance,

☐ trafic illicite de matières nucléaires et radioactives,

☐ trafic de véhicules volés

☐ viol,

☐ incendie volontaire,

☐ crimes relevant de la compétence de la Cour pénale internationale

☐ détournement illicite d'aéronefs/de navires,

☐ sabotage.

SECTION H: Exigences complémentaires pour certaines mesures

Remplir les sections pertinentes pour la ou les mesure(s) d'enquête demandées:

SECTION H1: Transfèrement d'une personne détenue

(1) Si le transfèrement temporaire d'une personne détenue vers l'État d'émission aux fins de l'exécution d'une mesure d'enquête est demandé, veuillez indiquer si la personne a donné son consentement à cette mesure:

☐ Oui ☐ Non ☐ Je demande que le consentement de la personne soit demandé

(2) Si le transfèrement temporaire d'une personne détenue vers l'État d'exécution aux fins de l'exécution d'une mesure d'enquête est demandé, veuillez indiquer si la personne a donné son consentement à cette mesure:

☐ Oui ☐ Non

SECTION H2: Vidéoconférence ou téléconférence ou autre moyen de transmission audiovisuelle

Si une audition par vidéoconférence ou téléconférence ou un autre moyen de transmission audiovisuelle est demandée:

Veuillez indiquer le nom de l'autorité qui mènera l'audition (coordonnées/langue):

....

Veuillez indiquer les motifs pour lesquels cette mesure est demandée: ....

....

☐ a) Audition par vidéoconférence ou par un autre moyen de transmission audiovisuelle:

☐ Le suspect ou la personne poursuivie a donné son consentement

☐ b) Audition par téléconférence

SECTION H3: Mesures provisoires

Si une mesure provisoire visant à empêcher toute opération de destruction, de transformation, de déplacement, de transfert ou d'aliénation d'éléments susceptibles d'être utilisés comme preuve est demandée, veuillez indiquer si:

☐ l'élément doit être transféré à l'État d'émission

☐ l'élément doit rester dans l'État d'exécution; veuillez indiquer la date prévue:

pour la levée de la mesure provisoire: ....

pour la présentation d'une demande ultérieure concernant l'élément: ....

SECTION H4: Informations relatives aux comptes bancaires et autres comptes financiers

1) Si des informations relatives aux comptes bancaires et autres comptes financiers que la personne détient ou contrôle sont demandées, veuillez indiquer, pour chacun d'entre eux, les raisons pour lesquelles vous estimez la mesure pertinente aux fins de la procédure pénale et pour quels motifs vous supposez que les banques de l'État d'exécution détiennent le compte:

☐ Informations relatives aux comptes bancaires que la personne détient ou sur lesquels elle a procuration

☐ Informations relatives aux comptes financiers que la personne détient ou sur lesquels elle a procuration

....

....

....

....

2) Si des informations relatives aux opérations bancaires ou autres opérations financières sont demandées, veuillez indiquer, pour chacune d'entre elles, les raisons pour lesquelles vous estimez la mesure pertinente aux fins de la procédure pénale::

☐ Informations relatives aux opérations bancaires

☐ Informations relatives aux autres opérations financières

....

....

....

....

Indiquer la période et les comptes concernés:

....

....

SECTION H5: Mesures d'enquête impliquant l'obtention de preuves en temps réel, de manière continue et au cours d'une période déterminée

Si cette mesure d'enquête est demandée, veuillez indiquer les raisons pour lesquelles vous estimez les informations demandées pertinentes aux fins de la procédure pénale:

....

....

SECTION H6: Enquêtes discrètes

Si une enquête discrète est demandée, veuillez indiquer les raisons pour lesquelles vous estimez que la mesure d'enquête est susceptible d'être pertinente aux fins de la procédure pénale:

....

....

SECTION H7: Interception de télécommunications

1) Si l'interception de télécommunications est demandée, veuillez indiquer les raisons pour lesquelles vous estimez la mesure d'enquête pertinente aux fins de la procédure pénale:

....

....

2) Veuillez fournir les informations ci-après:

a) informations permettant d'identifier la cible de l'interception:

....

b) durée souhaitée de l'interception:

....

c) données techniques (en particulier l'identificateur de cible – par exemple des données relatives au téléphone mobile, au téléphone fixe, à l'adresse électronique, à la connexion internet) pour que la décision d'enquête européenne puisse être exécutée:

....

(3) Veuillez indiquer votre préférence concernant la méthode d'exécution:

☐ Transmission immédiate

☐ Enregistrement et transmission ultérieure

Veuillez indiquer si vous demandez aussi une transcription, un décodage ou un déchiffrement des données interceptées (*).

....

....

(*) Veuillez noter que les frais occasionnés par toute transcription, tout décodage ou tout déchiffrement doivent être pris en charge par l'État d'émission.

SECTION I: Formalités et procédures demandées pour l'exécution

1. Cocher et remplir, le cas échéant

☐ Il est demandé que l'autorité d'exécution respecte les formalités et procédures suivantes (...):

....

....

2. Cocher et remplir, le cas échéant

☐ Il est demandé qu'un ou plusieurs fonctionnaires de l'État d'émission participent à l'exécution de la décision d'enquête européenne afin d'apporter un appui aux autorités compétentes de l'État d'exécution.

Coordonnées des fonctionnaires:

....

....

Langues dans lesquelles il est possible de communiquer: ....

....

SECTION J: Voies de recours

1. Veuillez indiquer si un recours a déjà été formé contre l'émission d'une décision d'enquête européenne et, dans l'affirmative, veuillez préciser (description des voies de recours, y compris des démarches qu'il est nécessaire d'effectuer, et délais):

....

....

2. Autorité dans l'État d'émission pouvant fournir des informations complémentaires sur les voies de recours dans l'État d'émission et indiquer s'il est possible de disposer d'une assistance juridique ou de services d'interprétation et de traduction:

Nom: ....

Personne à contacter (le cas échéant): ....

Adresse: ....

N° de téléphone: (indicatif de pays) (indicatif de zone ou urbain) ....

N° de télécopieur: (indicatif de pays) (indicatif de zone ou urbain) ....

Adresse électronique: ....

SECTION K: Coordonnées de l'autorité qui a émis la décision d'enquête européenne

Cocher le type d'autorité qui a émis la décision d'enquête européenne:

☐ autorité judiciaire

☐ (*) toute autre autorité compétente telle qu'elle est définie par le droit de l'État d'émission

(*) Veuillez aussi compléter la section (L)

Nom de l'autorité:

....

Nom du représentant/point de contact:

....

Dossier n°: ....

Adresse: ....

N° de téléphone: (indicatif de pays) (indicatif de zone ou urbain) ....

N° de télécopieur: (indicatif de pays) (indicatif de zone ou urbain) ....

Adresse électronique: ....

Langues dans lesquelles il est possible de communiquer avec l'autorité d'émission:

....

Si elles diffèrent de celles indiquées précédemment, les coordonnées de la (ou des) personne(s) à contacter en vue d'obtenir des informations complémentaires ou de prendre les dispositions pratiques nécessaires au transfert des éléments de preuve:

Nom/Titre/Organisation:..

Adresse:..

Adresse électronique/n° de téléphone:..

Signature de l'autorité d'émission et/ou de son représentant certifiant que le contenu de la décision d'enquête européenne est exact et correct:

Nom:..

Fonction (titre/grade):..

Date:..

Cachet officiel (le cas échéant):

SECTION L: Coordonnées de l'autorité judiciaire qui a validé la décision d'enquête européenne

Veuillez indiquer le type d'autorité judiciaire qui a validé la décision d'enquête européenne:

☐ a) un juge ou une juridiction

☐ b) un juge d'instruction

☐ c) un procureur

Nom officiel de l'autorité ayant validé la décision d'enquête européenne:

....

Nom de son représentant:

....

Fonction (titre/grade):

....

Dossier n°:..

Adresse:..

....

N° de téléphone: (indicatif de pays) (indicatif de zone ou urbain)..

N° de télécopieur: (indicatif de pays) (indicatif de zone ou urbain)..

Adresse électronique:..

Langues dans lesquelles il est possible de communiquer avec l'autorité ayant validé la décision:

....

Veuillez indiquer si le principal point de contact pour l'autorité d'exécution devrait être:

☐ l'autorité d'émission

☐ l'autorité ayant validé la décision

Signature et coordonnées de l'autorité ayant validé la décision

Nom:..

Fonction (titre/grade):..

Date:..

Cachet officiel (le cas échéant):

Annexe B

Confirmation de la réception d'une décision d'enquête européenne

Le présent formulaire doit être rempli par l'autorité de l'État d'exécution qui a reçu la décision d'enquête européenne mentionnée ci-dessous.

A) DECISION D'ENQUETE EUROPEENNE CONCERNEE

Autorité qui a émis la décision d'enquête européenne:

....

Référence du dossier: ....

Date d'émission: ....

Date de réception: ....

(B) AUTORITE QUI A REÇU LA DECISION D'ENQUETE EUROPEENNE ([1])

Nom officiel de l'autorité compétente:

....

Nom de son représentant:

....

Fonction (titre/grade):

....

Adresse:

....

....

....

N° de téléphone: (indicatif de pays) (indicatif de zone ou urbain) ....

N° de télécopieur: (indicatif de pays) (indicatif de zone ou urbain)...

Adresse électronique: ....

Référence du dossier: ....

Langues dans lesquelles il est possible de communiquer avec l'autorité:

....

C) (LE CAS ECHEANT) AUTORITE COMPETENTE A LAQUELLE LA DECISION D'ENQUETE EUROPÉENNE EST TRANSMISE PAR L'AUTORITÉ MENTIONNÉE SOUS B)

Nom officiel de l'autorité:

....

Nom de son représentant:

....

Fonction (titre/grade):

....

Adresse:

....

....

N° de téléphone: (indicatif de pays) (indicatif de zone ou urbain) ....

N° de télécopieur: (indicatif de pays) (indicatif de zone ou urbain)...

Adresse électronique: ....

Date de transmission: ....

Référence du dossier: ....

Langues dans lesquelles il est possible de communiquer:

....

([1]) Cette partie doit être remplie par chaque autorité qui a reçu la décision d'enquête européenne. Cette obligation incombe à l'autorité compétente pour reconnaître et exécuter la décision d'enquête européenne et, le cas échéant, à l'autorité centrale ou à l'autorité qui a transmis la décision d'enquête européenne à l'autorité compétente.

D) TOUTE AUTRE INFORMATION SUSCEPTIBLE D'ÊTRE PERTINENTE POUR L'AUTORITÉ D'ÉMISSION:

....

....

....

(E) SIGNATURE ET DATE

Signature:

Date: ....

Cachet officiel (le cas échéant):

ANNEXE 8

Annexe C

Notification

Le présent formulaire est utilisé afin de notifier à un État membre l'interception de télécommunications qui sera, qui est ou qui a été réalisée sur son territoire sans son assistance technique. J'informe... (État membre notifié) de l'interception.

A) ([1]) L'AUTORITÉ COMPÉTENTE

Nom officiel de l'autorité compétente de l'État membre interceptant:

....

Nom de son représentant:

....

Fonction (titre/grade):

....

Adresse:

....

....

....

N° de téléphone: (indicatif de pays) (indicatif de zone ou urbain) ....

N° de télécopieur: (indicatif de pays) (indicatif de zone ou urbain)..............................

Adresse électronique: ....

Référence du dossier:..

Date d'émission: ....

Langues dans lesquelles il est possible de communiquer avec l'autorité:

....

B) INFORMATIONS CONCERNANT L'INTERCEPTION

I) Informations sur l'état de la situation: cette notification a lieu (veuillez cocher la case correspondante)

- ☐ avant l'interception
- ☐ au cours de l'interception
- ☐ après l'interception

II) La durée (prévue) de l'interception (connue de l'autorité d'émission):

...., à compter du ....

III) Cible de l'interception: (numéro de téléphone, adresse IP ou adresse électronique)

....

IV) Identité des personnes concernées

Indiquer toutes les informations, dans la mesure où elles sont connues, relatives à l'identité de la ou des personne(s) (i) physique(s) ou (ii) morale(s) contre laquelle ou lesquelles la procédure a/peut avoir lieu:

i) S'il s'agit d'une/de personne(s) physique(s)

Nom: ....

Prénom(s): ....

Tout nom utile, le cas échéant: ....

Pseudonyme, le cas échéant: ....

Sexe: ....

Nationalité: ....

Numéro d'identité ou numéro de sécurité sociale: ....

([1]) L'autorité visée ici est celle qui devrait être contactée pour la correspondance ultérieure avec l'État d'émission.

Date de naissance: ....

Lieu de naissance: ....

Résidence et/ou adresse connue; si l'adresse est inconnue, indiquer la dernière adresse connue:

....

Langue(s) que la personne comprend:

....

ii) S'il s'agit de personne(s) morale(s)

Nom: ....

Forme: ....

Dénomination abrégée, dénomination communément utilisée ou raison commerciale, le cas échéant:

....

Siège social ....

Numéro d'immatriculation: ....

Adresse de la personne morale: ....

Nom et coordonnées du représentant de la personne morale: ....

V) Informations concernant l'objet de cette interception:

Indiquer toutes les informations nécessaires, y compris la description du dossier, la qualification juridique de l'infraction ou des infractions et la disposition législative ou le code applicable, afin de permettre à l'autorité notifiée d'évaluer les éléments suivants:

☐ si l'interception serait autorisée dans le cadre d'une procédure nationale similaire; et si les données interceptées peuvent être utilisées dans le cadre d'une procédure judiciaire;

☐ lorsque l'interception a déjà eu lieu, si ces données peuvent être utilisées dans le cadre d'une procédure judiciaire

....

....

....

....

....

....

Veuillez noter que toute objection à l'égard de l'interception ou de l'utilisation des données déjà interceptées doit être formulée au plus tard 96 heures après réception de la présente notification.

C) SIGNATURE ET DATE

Signature:

Date: ....

Cachet officiel (le cas échéant):

Annexe D

Les catégories d'infractions visées à l'article 11

– participation à une organisation criminelle,
– terrorisme,
– traite des êtres humains,
– exploitation sexuelle des enfants et pédopornographie,
– trafic de stupéfiants et de substances psychotropes,
– trafic d'armes, de munitions et d'explosifs,
– corruption,
– fraude, y compris la fraude portant atteinte aux intérêts financiers des Communautés européennes au sens de la convention du 26 juillet 1995 relative à la protection des intérêts financiers des Communautés européennes,
– blanchiment des produits du crime,
– faux-monnayage et contrefaçon de monnaie, y compris de l'euro,
– cybercriminalité,
– crimes contre l'environnement, y compris le trafic d'espèces animales menacées et le trafic d'espèces et d'essences végétales menacées,
– aide à l'entrée et au séjour irréguliers,
– homicide volontaire, coups et blessures graves,
– trafic d'organes et de tissus humains,
– enlèvement, séquestration et prise d'otage,
– racisme et xénophobie,
– vol organisé ou vol à main armée,
– trafic illicite de biens culturels, y compris d'antiquités et d'œuvres d'art,
– escroquerie,
– racket et extorsion de fonds,
– contrefaçon et piratage de produits,
– falsification de documents administratifs et trafic de faux,
– falsification de moyens de paiement,
– trafic illicite de substances hormonales et d'autres facteurs de croissance,
– trafic illicite de matières nucléaires et radioactives,
– trafic de véhicules volés,
– viol,
– incendie volontaire,
– crimes relevant de la Cour pénale internationale,
– détournement illicite d'aéronefs/de navires,
– sabotage.

ANNEXE 9

CONVENTION D'APPLICATION DE L'ACCORD DE SCHENGEN

Convention du 19 juin 1990
d'application de l'Accord de Schengen du 14 juin 1985
entre les Gouvernements des États de l'Union Économique Benelux,
de la République fédérale d'Allemagne et de la République française,
relatif à la suppression graduelle des contrôles aux frontières communes
(Publiée par D. n° 95-304, 21 mars 1995 : JO 22 mars 1995
Entrée en vigueur le 1er septembre 1993)

Le Royaume de Belgique, la République fédérale d'Allemagne, la République française, le Grand-Duché de Luxembourg et le Royaume des Pays-Bas, ci-après dénommés les Parties Contractantes,

se fondant sur l'Accord de Schengen du 14 juin 1985 relatif à la suppression graduelle des contrôles aux frontières communes,

ayant décidé d'accomplir la volonté exprimée dans cet accord de parvenir à la suppression des contrôles aux frontières communes dans la circulation des personnes et d'y faciliter le transport et la circulation des marchandises,

considérant que le Traité instituant les Communautés européennes, complété par l'Acte Unique européen, prévoit que le marché intérieur comporte un espace sans frontières intérieures,

considérant que le but poursuivi par les Parties Contractantes coïncide avec cet objectif, sans préjuger des mesures qui seront prises en application des dispositions du Traité,

considérant que l'accomplissement de cette volonté appelle une série de mesures appropriées et une étroite coopération entre les Parties Contractantes,

sont convenus de ce qui suit :

TITRE Ier. – DÉFINITIONS

Art. 1er. – Au sens de la présente Convention, on entend par :

Frontières intérieures : les frontières communes terrestres des Parties contractantes ainsi que leurs aéroports pour les vols intérieurs et leurs ports maritimes pour les liaisons régulières de transbordeurs qui sont en provenance ou à destination exclusives d'autres ports sur les territoires des Parties contractantes, sans faire escale dans des ports en dehors de ces territoires ;

Frontières extérieures : les frontières terrestres et maritimes ainsi que les aéroports et ports maritimes des Parties contractantes, pour autant qu'ils ne sont pas frontières intérieures ;

Vol intérieur : tout vol qui est en provenance ou à destination exclusives des territoires des Parties contractantes sans atterrissage sur le territoire d'un État tiers ;

État tiers : tout État autre que les Parties contractantes ;

Étranger : toute personne autre que les ressortissants des États membres des communautés européennes ;

Étranger signalé aux fins de non-admission : tout étranger signalé aux fins de non-admission dans le Système d'Information Schengen conformément aux dispositions de l'article 96 ;

Point de passage frontalier : tout point de passage autorisé par les autorités compétentes pour le franchissement des frontières extérieures ;

Contrôle frontalier : le contrôle aux frontières qui, indépendamment de tout autre motif, se fonde sur la seule intention de franchir la frontière ;

Transporteur : toute personne physique ou morale qui assure, à titre professionnel, le transport de personnes par voie aérienne, maritime ou terrestre ;

Titre de séjour : toute autorisation de quelque nature que ce soit délivrée par une Partie contractante donnant droit au séjour sur son territoire. N'entre pas dans cette définition l'admission temporaire au séjour sur le territoire d'une Partie contractante en vue du traitement d'une demande d'asile ou d'une demande de titre de séjour ;

Demande d'asile : *(Définition abr., Prot. 26 avr. 1994, art. 1er, publié par D. n° 97-912, 30 sept. 1997 : JO 7 oct. 1997).*

Demandeur d'asile : *(Définition abr., Prot. 26 avr. 1994, art. 1er, publié par D. n° 97-912, 30 sept. 1997 : JO 7 oct. 1997).*

Traitement d'une demande d'asile : *(Définition abr., Prot. 26 avr. 1994, art. 1er, publié par D. n° 97-912, 30 sept. 1997 : JO 7 oct. 1997).*

TITRE II. – SUPPRESSION DES CONTRÔLES AUX FRONTIÈRES INTÉRIEURES ET CIRCULATION DES PERSONNES

CHAPITRE Ier. – FRANCHISSEMENT DES FRONTIÈRES INTÉRIEURES

Art. 2. – 1. Les frontières intérieures peuvent être franchies en tout lieu sans qu'un contrôle des personnes soit effectué.

2. Toutefois, lorsque l'ordre public ou la sécurité nationale l'exigent, une Partie contractante peut, après consultation des autres Parties contractantes, décider que, durant une période limitée, des contrôles frontaliers nationaux adaptés à la situation seront effectués aux frontières intérieures. Si l'ordre public ou la sécurité nationale exigent une action immédiate, la Partie contractante concernée prend les mesures nécessaires et en informe le plus rapidement possible les autres Parties contractantes.

3. La suppression du contrôle des personnes aux frontières intérieures ne porte atteinte ni aux dispositions de l'article 22, ni à l'exercice des compétences de police par les autorités compétentes en vertu de la législation de chaque Partie contractante sur l'ensemble de son territoire, ni aux obligations de détention, de port et de présentation de titres et documents prévues par sa législation.

4. Les contrôles des marchandises sont effectués conformément aux dispositions pertinentes de la présente Convention.

CHAPITRE II. – FRANCHISSEMENT DES FRONTIÈRES EXTÉRIEURES

Art. 3. – 1. Les frontières extérieures ne peuvent en principe être franchies qu'aux points de passage frontaliers et durant les heures d'ouverture fixées. Des dispositions plus détaillées ainsi que les exceptions et les modalités du petit trafic frontalier, de même que les règles applicables à des catégories particulières de trafic maritime telles que la navigation de plaisance ou la pêche côtière, sont arrêtées par le Comité exécutif.

2. Les Parties contractantes s'engagent à instaurer des sanctions à l'encontre du franchissement non autorisé des frontières extérieures en dehors des points de passage frontaliers et des heures d'ouverture fixées.

Art. 4. – 1. Les Parties contractantes garantissent qu'à partir de 1993 les passagers d'un vol en provenance d'États tiers qui embarquent sur des vols intérieurs seront au préalable soumis, à l'entrée, à un contrôle de personnes ainsi qu'à un contrôle des bagages à main dans l'aéroport d'arrivée du vol extérieur. Les passagers d'un vol intérieur qui embarquent sur un vol à destination d'États tiers seront au préalable soumis, à la sortie, à un contrôle de personnes et à un contrôle des bagages à main dans l'aéroport de départ du vol extérieur.

2. Les Parties contractantes prennent les mesures nécessaires afin que les contrôles puissent s'effectuer conformément aux dispositions du paragraphe 1.

3. Les dispositions des paragraphes 1 et 2 n'affectent pas le contrôle des bagages enregistrés ; ce contrôle est effectué respectivement dans l'aéroport de destination finale ou dans l'aéroport de départ initial.

4. Jusqu'à la date prévue au paragraphe 1, les aéroports sont considérés, par dérogation à la définition des frontières intérieures, comme des frontières extérieures pour les vols intérieurs.

Art. 5. – 1. Pour un séjour n'excédant pas trois mois, l'entrée sur les territoires des Parties contractantes peut être accordée à l'étranger qui remplit les conditions ci-après :

a) Posséder un document ou des documents valables permettant le franchissement de la frontière, déterminés par le Comité exécutif ;

b) Être en possession d'un visa valable si celui-ci est requis ;

c) Présenter, le cas échéant, les documents justifiant de l'objet et des conditions du séjour envisagé et disposer des moyens de subsistance suffisants, tant pour la durée du séjour envisagé que pour le retour dans le pays de provenance ou le transit vers un État tiers dans lequel son admission est garantie, ou être en mesure d'acquérir légalement ces moyens ;

d) Ne pas être signalé aux fins de non-admission ;

e) Ne pas être considéré comme pouvant compromettre l'ordre public, la sécurité nationale ou les relations internationales de l'une des Parties contractantes.

2. L'entrée sur les territoires des Parties contractantes doit être refusée à l'étranger qui ne remplit pas l'ensemble de ces conditions, sauf si une Partie contractante estime nécessaire de déroger à ce principe pour des motifs humanitaires ou d'intérêt national ou en raison d'obligations internationales. En ce cas, l'admission sera limitée au territoire de la Partie contractante concernée qui devra en avertir les autres Parties contractantes.

Ces règles ne font pas obstacle à l'application des dispositions particulières relatives au droit d'asile ni de celles de l'article 18.

3. Est admis en transit l'étranger titulaire d'une autorisation de séjour ou d'un visa de retour délivrés par l'une des Parties contractantes ou, si nécessaire, de ces deux documents, sauf s'il figure sur la liste de signalement nationale de la Partie contractante aux frontières extérieures de laquelle il se présente.

Art. 6. – 1. La circulation transfrontalière aux frontières extérieures est soumise au contrôle des autorités compétentes. Le contrôle est effectué selon des principes uniformes, dans le cadre des compétences nationales et de la législation nationale, en tenant compte des intérêts de toutes les Parties contractantes et pour les territoires des Parties contractantes.

2. Les principes uniformes mentionnés au paragraphe 1 sont les suivants :

a) Le contrôle des personnes comprend non seulement la vérification des documents de voyage et des autres conditions d'entrée, de séjour, de travail et de sortie, mais encore la recherche et la prévention de menaces pour la sécurité nationale et l'ordre public des Parties contractantes. Ce contrôle porte aussi sur les véhicules et les objets en possession des personnes franchissant la frontière. Il est effectué par chaque Partie contractante en conformité avec sa législation, notamment pour la fouille ;

b) Toutes les personnes doivent faire l'objet au moins d'un contrôle permettant l'établissement de leur identité à partir de la production ou de la présentation des documents de voyage ;

c) À l'entrée, les étrangers doivent être soumis à un contrôle approfondi, au sens des dispositions du point *a)* ;

d) À la sortie, il est procédé au contrôle requis dans l'intérêt de toutes les Parties contractantes en vertu du droit des étrangers et pour les besoins de la recherche et de la prévention de menaces pour la sécurité nationale et l'ordre public des Parties contractantes. Ce contrôle est exercé dans tous les cas à l'égard des étrangers ;

e) Si de tels contrôles ne peuvent être effectués en raison de circonstances particulières, des priorités devront être fixées. À cet égard, le contrôle de la circulation à l'entrée a, en principe, priorité sur le contrôle à la sortie.

3. Les autorités compétentes surveillent par unités mobiles les intervalles des frontières extérieures entre les points de passage frontaliers ; il en est de même pour les points de passage frontaliers en dehors de leurs heures normales d'ouverture. Ce contrôle est effectué de manière à ne pas inciter les personnes à éviter le contrôle aux points de passage. Les modalités de la surveillance sont fixées, le cas échéant, par le Comité exécutif.

4. Les Parties contractantes s'engagent à mettre en place des effectifs appropriés et en nombre suffisant en vue de l'exercice du contrôle et de la surveillance des frontières extérieures.

5. Un niveau équivalent de contrôle est exercé aux frontières extérieures.

Art. 7. – Les Parties contractantes se prêteront assistance et assureront une coopération étroite et permanente en vue d'une exécution efficace des contrôles et surveillances. Elles procéderont notamment à un échange de toutes les informations pertinentes et importantes, à l'exclusion des données nominatives à caractère individuel, sauf dispositions contraires de la présente Convention, à une harmonisation, dans la mesure du possible, des instructions données aux services chargés des contrôles et à la promotion d'une formation et d'un recyclage uniformes du personnel affecté aux contrôles. Cette coopération peut prendre la forme d'un échange de fonctionnaires de liaison.

Art. 8. – Le Comité exécutif prend les décisions nécessaires relatives aux modalités pratiques d'application du contrôle et de la surveillance des frontières.

CHAPITRE III. – VISAS

Section I. — Visais pour les séjours d'une courte durée

Art. 9. – 1. Les Parties contractantes s'engagent à adopter une politique commune en ce qui concerne la circulation des personnes, et notamment le régime des visas. À cette fin, elles se prêtent mutuellement assistance. Les Parties contractantes s'engagent à poursuivre d'un commun accord l'harmonisation de leur politique en matière de visas.

2. S'agissant des États tiers dont les ressortissants sont soumis à un régime de visa commun à toutes les Parties contractantes au moment de la signature de la présente Convention ou après celle-ci, ce régime de visa ne pourra être modifié que d'un commun accord entre toutes les Parties contractantes. Une Partie contractante peut déroger exceptionnellement au régime commun de visa à l'égard d'un État tiers, pour des motifs impérieux relevant de la politique nationale, qui exigent une décision urgente. Elle devra préalablement consulter les autres Parties contractantes et, dans sa décision, tenir compte de leurs intérêts ainsi que des conséquences de cette décision.

Art. 10. – 1. Il est institué un visa uniforme valable pour le territoire de l'ensemble des Parties contractantes. Ce visa, dont la durée de validité est régie par l'article 11, peut être délivré pour un séjour de trois mois au maximum.

2. Jusqu'à l'instauration d'un tel visa, les Parties contractantes reconnaîtront leurs visas nationaux respectifs, pour autant que leur délivrance s'effectue sur la base des conditions et critères communs déterminés dans le cadre des dispositions pertinentes du présent chapitre.

3. Par dérogation aux dispositions des paragraphes 1 et 2, chaque Partie contractante se réserve le droit de restreindre la validité territoriale du visa selon les modalités communes déterminées dans le cadre des dispositions pertinentes du présent chapitre.

Art. 11. – 1. Le visa institué à l'article 10 peut être :

a) Un visa de voyage valable pour une ou plusieurs entrées, sans que ni la durée d'un séjour ininterrompu ni la durée totale des séjours successifs puissent excéder trois mois par semestre, à compter de la date de la première entrée ;

b) Un visa de transit qui permet à son titulaire de transiter une, deux ou exceptionnellement plusieurs fois par les territoires des Parties contractantes pour se rendre sur le territoire d'un État tiers, sans que la durée d'un transit puisse dépasser cinq jours.

2. Les dispositions du paragraphe 1 ne font pas obstacle à ce que, au cours du semestre considéré, une Partie contractante délivre en cas de besoin un nouveau visa dont la validité sera limitée à son territoire.

Art. 12. – 1. Le visa uniforme institué à l'article 10, paragraphe 1, est délivré par les autorités diplomatiques et consulaires des Parties contractantes et, le cas échéant, par les autorités des Parties contractantes désignées dans le cadre de l'article 17.

2. La Partie contractante compétente pour la délivrance de ce visa est en principe celle de la destination principale. Si celle-ci ne peut être déterminée, la délivrance du visa incombe en principe au poste diplomatique ou consulaire de la Partie contractante de première entrée.

3. Le Comité exécutif précise les modalités d'application et notamment les critères de détermination de la destination principale.

Art. 13. – 1. Aucun visa ne peut être apposé dans un document de voyage si celui-ci est périmé.

2. La durée de validité du document de voyage doit être supérieure à celle du visa, compte tenu du délai d'utilisation de celui-ci. Elle doit permettre le retour de l'étranger dans son pays d'origine ou son entrée dans un pays tiers.

Art. 14. – 1. Aucun visa ne peut être apposé dans un document de voyage si celui-ci n'est valable pour aucune des Parties contractantes. Si le document de voyage n'est valable que pour une ou plusieurs Parties contractantes, le visé à apposer sera limité à cette ou à ces Parties contractantes.

2. Dans le cas où le document de voyage n'est pas reconnu comme valable par une ou plusieurs des Parties contractantes, le visa peut être délivré sous la forme d'une autorisation tenant lieu de visa.

Art. 15. – En principe, les visas mentionnés à l'article 10 ne peuvent être délivrés que si l'étranger satisfait aux conditions d'entrée fixées à l'article 5, paragraphe 1, points *a), c), d)* et *e)*.

Art. 16. – Si une Partie contractante estime nécessaire de déroger, pour l'un des motifs énumérés à l'article 5, paragraphe 2, au principe défini à l'article 15, en délivrant un visa à un étranger qui ne remplit pas l'ensemble des conditions d'entrée visées à l'article 5, paragraphe 1, la validité de ce visa sera limitée au territoire de cette Partie contractante qui devra en avertir les autres Parties contractantes.

Art. 17. – 1. Le Comité exécutif arrête des règles communes pour l'examen des demandes de visa, veille à leur application correcte et les adapte aux nouvelles situations et circonstances.

2. Le Comité exécutif précise en outre les cas dans lesquels la délivrance d'un visa est subordonnée à la consultation de l'autorité centrale de la Partie contractante saisie, ainsi que, le cas échéant, des autorités centrales des autres Parties contractantes.

3. Le Comité exécutif prend en outre les décisions nécessaires concernant les points suivants :

a) Les documents de voyage qui peuvent être revêtus d'un visa ;

b) Les instances chargées de la délivrance des visas ;

c) Les conditions de délivrance de visas à la frontière ;

d) La forme, le contenu, la durée de validité des visas et les droits à percevoir pour leur délivrance ;

e) Les conditions de prolongation et de refus des visas mentionnés aux points *c)* et *d)*, dans le respect des intérêts de l'ensemble des Parties contractantes ;

f) Les modalités de limitation de la validité territoriale des visas ;

g) Les principes d'élaboration d'une liste commune des étrangers signalés aux fins de non-admission, sans préjudice de l'article 96.

Section II. — Visas pour les séjours de longue durée

Art. 18. – Les visas pour un séjour de plus de trois mois sont des visas nationaux délivrés par l'une des Parties contractantes selon sa propre législation.

Un tel visa permet à son titulaire de transiter par le territoire des autres Parties contractantes en vue de se rendre sur le territoire de la Partie contractante qui a délivré le visa, sauf s'il ne satisfait pas aux conditions d'entrée visées à l'article 5, paragraphe 1, points *a), d)* et *e)*, ou s'il figure sur la liste de signalement nationale de la Partie contractante par le territoire de laquelle le transit est souhaité.

CHAPITRE IV. – CONDITIONS DE CIRCULATION DES ÉTRANGERS

Art. 19. – 1. Les étrangers titulaires d'un visa uniforme qui sont entrés régulièrement sur le territoire de l'une des Parties contractantes peuvent circuler librement sur le territoire de l'ensemble des Parties contractantes pendant la durée de validité du visa, pour autant qu'ils remplissent les conditions d'entrée visées à l'article 5, paragraphe 1, points *a), c), d)* et *e)*.

2. Jusqu'à l'instauration du visa uniforme, les étrangers titulaires d'un visa délivré par une des Parties contractantes, qui sont entrés régulièrement sur le territoire de l'une d'elles, peuvent circuler librement sur le territoire de l'ensemble des Parties contractantes pendant la durée de validité du visa et au maximum pendant trois mois à compter de la date de la première entrée, pour autant qu'ils remplissent les conditions d'entrée visées à l'article 5, paragraphe 1, points *a), c), d)* et *e)*.

3. Les paragraphes 1 et 2 ne s'appliquent pas aux visas dont la validité fait l'objet d'une limitation territoriale conformément aux dispositions du chapitre 3 du présent titre.

4. Les dispositions du présent article s'appliquent sans préjudice des dispositions de l'article 22.

Art. 20. – 1. Les étrangers non soumis à l'obligation de visa peuvent circuler librement sur les territoires des Parties contractantes pendant une durée maximale de trois mois au cours d'une période de six mois à compter de la date de première entrée, pour autant qu'ils remplissent les conditions d'entrée visées à l'article 5, paragraphe 1, points *a), c), d)* et *e)*.

2. Les dispositions du paragraphe 1 ne font pas obstacle au droit de chaque Partie contractante de prolonger au-delà de trois mois le séjour d'un étranger sur son territoire dans des circonstances exceptionnelles ou par application des dispositions d'un accord bilatéral conclu antérieurement à l'entrée en vigueur de la présente Convention.

3. Les dispositions du présent article s'appliquent sans préjudice des dispositions de l'article 22.

Art. 21. – 1. Les étrangers titulaires d'un titre de séjour délivré par une des Parties contractantes peuvent, sous le couvert de ce titre ainsi que d'un document de voyage, ces documents étant en cours de validité, circuler librement pendant une période de trois mois au maximum sur le territoire des autres Parties contractantes, pour autant qu'ils remplissent les conditions d'entrée visées à l'article 5, paragraphe 1, points *a), c)* et *e)*, et qu'ils ne figurent pas sur la liste de signalement nationale de la Partie contractante concernée.

2. Le paragraphe 1 s'applique également aux étrangers titulaires d'une autorisation provisoire de séjour délivrée par l'une des Parties contractantes et d'un document de voyage délivré par cette Partie contractante.

3. Les Parties contractantes communiquent au Comité exécutif la liste des documents qu'elles délivrent valant titre de séjour ou autorisation provisoire de séjour et document de voyage au sens du présent article.

4. Les dispositions du présent article s'appliquent sans préjudice des dispositions de l'article 22.

Art. 22. – 1. Les étrangers entrés régulièrement sur le territoire d'une des Parties contractantes sont tenus de se déclarer, dans les conditions fixées par chaque Partie contractante, aux autorités compétentes de la Partie contractante sur le territoire de laquelle ils pénètrent. Cette déclaration peut être souscrite au choix de chaque Partie contractante, soit à l'entrée, soit, dans un délai de trois jours ouvrables à partir de l'entrée, à l'intérieur du territoire de la Partie contractante sur lequel ils pénètrent.

2. Les étrangers résidant sur le territoire de l'une des Parties contractantes et qui se rendent sur le territoire d'une autre Partie contractante sont astreints à l'obligation de déclaration visée au paragraphe 1.

3. Chaque Partie contractante arrête les exceptions aux dispositions des paragraphes 1 et 2 et les communique au Comité exécutif.

Art. 23. – 1. L'étranger qui ne remplit pas ou ne remplit plus les conditions de court séjour applicables sur le territoire de l'une des Parties contractantes doit en principe quitter sans délai les territoires des Parties contractantes.

2. L'étranger qui dispose d'un titre de séjour ou d'une autorisation de séjour provisoire en cours de validité délivrés par une autre Partie contractante doit se rendre sans délai sur le territoire de cette Partie contractante.

3. Lorsque le départ volontaire d'un tel étranger n'est pas effectué ou lorsqu'il peut être présumé que ce départ n'aura pas lieu ou si le départ immédiat de l'étranger s'impose pour des motifs relevant de la sécurité nationale ou de l'ordre public, l'étranger doit être éloigné du territoire de la Partie contractante sur lequel il a été appréhendé, dans les conditions prévues par le droit national de cette Partie contractante. Si l'application de ce droit ne permet pas l'éloignement, la Partie contractante concernée peut admettre l'intéressé au séjour sur son territoire.

4. L'éloignement peut être réalisé du territoire de cet État vers le pays d'origine de cette personne ou tout autre État dans lequel son admission est possible, notamment en application des dispositions pertinentes des accords de réadmission conclus par les Parties contractantes.

5. Les dispositions du paragraphe 4 ne font pas obstacle aux dispositions nationales relatives au droit d'asile ni à l'application de la Convention de Genève du 28 juillet 1951 relative au statut des réfugiés, telle qu'amendée par le Protocole de New York du 31 janvier 1967, ni aux dispositions du paragraphe 2 du présent article et de l'article 33, paragraphe 1, de la présente Convention.

Art. 24. – Sous réserve de la définition par le Comité exécutif des critères et modalités pratiques appropriés, les Parties contractantes compensent entre elles les déséquilibres financiers qui peuvent résulter de l'obligation d'éloignement prévue à l'article 23 lorsque cet éloignement ne peut se réaliser aux frais de l'étranger.

CHAPITRE V. – TITRES DE SÉJOUR ET SIGNALEMENT AUX FINS DE NON-ADMISSION

Art. 25. – 1. Lorsqu'une Partie contractante envisage de délivrer un titre de séjour à un étranger qui est signalé aux fins de non-admission, elle consulte au préalable la Partie contractante signalante et prend en compte les intérêts de celle-ci ; le titre de séjour ne sera délivré que pour des motifs sérieux, notamment d'ordre humanitaire ou résultant d'obligations internationales.

Si le titre de séjour est délivré, la Partie contractante signalante procède au retrait du signalement, mais peut cependant inscrire cet étranger sur sa liste nationale de signalement.

2. Lorsqu'il apparaît qu'un étranger titulaire d'un titre de séjour en cours de validité délivré par l'une des Parties contractantes est signalé aux fins de non-admission, la Partie contractante signalante consulte la Partie qui a délivré le titre de séjour afin de déterminer s'il y a des motifs suffisants pour retirer le titre de séjour.

Si le titre de séjour n'est pas retiré, la Partie contractante signalante procède au retrait du signalement, mais peut cependant inscrire cet étranger sur sa liste nationale de signalement.

CHAPITRE VI. – MESURES D'ACCOMPAGNEMENT

Art. 26. – 1. Sous réserve des engagements qui découlent de leur adhésion à la Convention de Genève du 28 juillet 1951 relative au statut des réfugiés, telle qu'amendée par le Protocole de New York du 31 janvier 1967, les Parties contractantes s'engagent à introduire dans leur législation nationale les règles suivantes :

a) Si l'entrée sur le territoire d'une des Parties contractantes est refusée à un étranger, le transporteur qui l'a amené à la frontière extérieure par voie aérienne, maritime ou terrestre est tenu de le reprendre en charge sans délai. À la requête des autorités de surveillance de la frontière, il doit ramener l'étranger dans l'État tiers à partir duquel il a été transporté, dans l'État tiers qui a délivré le document de voyage avec lequel il a voyagé ou dans tout autre État tiers où son admission est garantie ;

b) Le transporteur est tenu de prendre toutes les mesures nécessaires pour s'assurer que l'étranger transporté par voie aérienne ou maritime est en possession des documents de voyage requis pour l'entrée sur les territoires des Parties contractantes.

2. Les Parties contractantes s'engagent, sous réserve des engagements qui découlent de leur adhésion à la Convention de Genève du 28 juillet 1951 relative au statut des réfugiés, telle qu'amendée par le Protocole de New York du 31 janvier 1967 et dans le respect de leur droit constitutionnel, à instaurer des sanctions à l'encontre des transporteurs qui acheminent par voie aérienne ou maritime d'un État tiers vers leur territoire, des étrangers qui ne sont pas en possession des documents de voyage requis.

3. Les dispositions du paragraphe 1, point *b)*, et du paragraphe 2 s'appliquent aux transporteurs de groupes assurant des liaisons routières internationales par autocar, à l'exception du trafic frontalier.

Art. 27. – 1. Les Parties contractantes s'engagent à instaurer des sanctions appropriées à l'encontre de quiconque aide ou tente d'aider, à des fins lucratives, un étranger à pénétrer ou à séjourner sur le territoire d'une Partie contractante en violation de la législation de cette Partie contractante relative à l'entrée et au séjour des étrangers.

2. Si une Partie contractante est informée de faits mentionnés au paragraphe 1 qui constituent une violation de la législation d'une autre Partie contractante, elle en informe cette dernière.

3. La Partie contractante qui demande à une autre Partie contractante de poursuivre, en raison de la violation de sa propre législation, des faits mentionnés au paragraphe 1, devra justifier, par une dénonciation officielle ou par une attestation des autorités compétentes, des dispositions législatives qui ont été violées.

CHAPITRE VII. – RESPONSABILITÉ POUR LE TRAITEMENT DE DEMANDES D'ASILE

(Chapitre abrogé, Prot. 26 avr. 1994, publié par D. n° 97-912, 30 sept. 1997 : JO 7 oct. 1997)

TITRE III. – POLICE ET SÉCURITÉ

CHAPITRE Ier. – COOPÉRATIVE POLICIÈRE

Art. 39. – 1. Les Parties Contractantes s'engagent à ce que leurs services de police s'accordent, dans le respect de la législation nationale et dans les limites de leurs compétences, l'assistance aux fins de la prévention et de la recherche de faits punissables, pour autant que le droit national ne réserve pas la demande aux autorités judiciaires et que la demande ou son exécution n'implique pas l'application de mesures de contrainte par la Partie Contractante requise. Lorsque les autorités de police requises ne sont pas compétentes pour exécuter une demande, elles la transmettent aux autorités compétentes.

2. Les informations écrites qui sont fournies par la Partie Contractante requise en vertu de la disposition du paragraphe 1 ne peuvent être utilisées par la Partie Contractante requérante aux fins d'apporter la preuve des faits incriminés qu'avec l'accord des autorités judiciaires compétentes de la Partie Contractante requise.

3. Les demandes d'assistance visées au paragraphe 1 et les réponses à ces demandes peuvent être échangées entre les organes centraux chargés, par chaque Partie Contractante, de la coopération policière internationale. Lorsque la demande ne peut être faite en temps utile par la voie susvisée, elle peut être adressée par les autorités de police de la Partie Contractante requérante directement aux autorités compétentes de la Partie requise et celles-ci peuvent y répondre directement. Dans ces cas, l'autorité de police requérante avise dans les meilleurs délais l'organe central chargé, dans la Partie Contractante requise, de la coopération policière internationale, de sa demande directe.

4. Dans les régions frontalières, la coopération peut être réglée par des arrangements entre les Ministres compétents des Parties Contractantes.

5. Les dispositions du présent article ne font pas obstacle aux accords bilatéraux plus complets présents et futurs entre Parties Contractantes ayant une frontière commune. Les Parties Contractantes s'informent mutuellement de ces accords.

Art. 40. – 1. Les agents d'une des Parties Contractantes qui, dans le cadre d'une enquête judiciaire, observent dans leur pays une personne présumée avoir participé à un fait punissable pouvant donner lieu à extradition, sont autorisés à continuer cette observation sur le territoire d'une autre Partie Contractante lorsque celle-ci a autorisé l'observation transfrontalière sur la base d'une demande d'entraide judiciaire présentée au préalable. L'autorisation peut être assortie de conditions.

Sur demande, l'observation sera confiée aux agents de la Partie Contractante sur le territoire de laquelle elle est effectuée.

La demande d'entraide judiciaire mentionnée à l'alinéa 1 doit être adressée à une autorité désignée par chacune des Parties Contractantes et compétente pour accorder ou transmettre l'autorisation demandée.

2. Lorsque, pour des raisons particulièrement urgentes, l'autorisation préalable de l'autre Partie Contractante ne peut être demandée, les agents observateurs sont autorisés à continuer au-delà de la frontière l'observation d'une personne présumée avoir commis des faits punissables énumérés au paragraphe 7, dans les conditions ci-après :

a) Le franchissement de la frontière sera communiqué immédiatement durant l'observation à l'autorité de la Partie Contractante désignée au paragraphe 5, sur le territoire de laquelle l'observation continue ;

b) Une demande d'entraide judiciaire présentée conformément au paragraphe 1 et exposant les motifs justifiant le franchissement de la frontière, sans autorisation préalable, sera transmise sans délai.

L'observation sera arrêtée dès que la Partie Contractante sur le territoire de laquelle elle a lieu le demande, suite à la communication visée au point *a* ou à la demande visée au point *b*, ou si l'autorisation n'est pas obtenue cinq heures après le franchissement de la frontière.

3. L'observation visée aux paragraphes 1 et 2 ne peut être exercée qu'aux conditions générales suivantes :

a) Les agents observateurs doivent se conformer aux dispositions du présent article et au droit de la Partie Contractante sur le territoire de laquelle ils opèrent ; ils doivent obtempérer aux injonctions des autorités localement compétentes.

b) Sous réserve des situations prévues au paragraphe 2, les agents se munissent durant l'observation d'un document attestant que l'autorisation a été accordée.

c) Les agents observateurs devront être en mesure de justifier à tout moment de leur qualité officielle.

d) Les agents observateurs peuvent emporter leur arme de service pendant l'observation, sauf décision contraire expresse de la Partie requise ; son utilisation est interdite sauf en cas de légitime défense.

e) L'entrée dans les domiciles et les lieux non accessibles au public est interdite.

f) Les agents observateurs ne peuvent ni interpeller ni arrêter la personne observée.

g) Toute opération fera l'objet d'un rapport aux autorités de la Partie Contractante sur le territoire de laquelle elle est intervenue ; la comparution personnelle des agents observateurs peut être requise.

h) Les autorités de la Partie Contractante dont les agents observateurs sont originaires apportent, lorsqu'il est demandé par les autorités de la Partie Contractante sur le territoire de laquelle l'observation a eu lieu, leur concours à l'enquête consécutive à l'opération à laquelle ils ont participé y compris aux procédures judiciaires.

4. Les agents visés aux paragraphes 1 et 2 sont :

– en ce qui concerne le Royaume de Belgique : les membres de la police judiciaire près les Parquets, de la gendarmerie et de la police communale, ainsi que, dans les conditions fixées par accords bilatéraux appropriés visés au paragraphe 6, en ce qui concerne leurs attributions touchant au trafic illicite de stupéfiants et substances psychotropes, au trafic d'armes et d'explosifs, et au transport illicite de déchets toxiques et nuisibles, les agents des douanes ;

– en ce qui concerne la République fédérale d'Allemagne : les agents des Polizeien des Bundes und der Länder ainsi que, pour les seuls domaines du trafic illicite de stupéfiants et substances psychotropes et du trafic d'armes, les agents du Zollfahndungsdienst (service de recherches douanières) en leur qualité d'agents auxiliaires du ministère public ;

– en ce qui concerne la République française : les officiers et agents de police judiciaire de la police nationale et de la gendarmerie nationale, ainsi que, dans les conditions fixées par accords bilatéraux appropriés visés au paragraphe 6, en ce qui concerne leurs attributions touchant au trafic illicite de stupéfiants et substances psychotropes, au trafic d'armes et d'explosifs, et au transport illicite de déchets toxiques et nuisibles, les agents des douanes ;

– en ce qui concerne le Grand-Duché de Luxembourg : les agents de la gendarmerie et de la police, ainsi que, dans les conditions fixées par accords bilatéraux appropriés visés au paragraphe 6, en ce qui concerne leurs attributions touchant au trafic illicite de stupéfiants et substances psychotropes, au trafic d'armes et d'explosifs, et au transport illicite de déchets toxiques et nuisibles, les agents des douanes ;

– en ce qui concerne le Royaume des Pays-Bas : les agents de la Rijkspolitie et de la Gemeentepolitie, ainsi que, dans les conditions fixées par accords bilatéraux appropriés visés au paragraphe 6, en ce qui concerne leurs attributions touchant au trafic illicite de stupéfiants et substances psychotropes, au trafic d'armes et d'explosifs et au transport illicite de déchets toxiques et nuisibles, les agents du service fiscal de renseignements et de recherche compétents en matière de droits d'entrée et accises.

– *(Tiret implicitement créé à compter du 26 mars 1995, Accord 25 juin 1991, publié par D. n° 95-305, 21 mars 1995)* en ce qui concerne le Royaume d'Espagne : les fonctionnaires du Cuerpo Nacional de Policia et du Cuerpo de la Guardia Civil dans l'exercice de leur fonction de police judiciaire, ainsi que, dans les conditions fixées par accords bilatéraux appropriés visés à l'article 40 paragraphe 6 de la [présente] Convention de 1990, en ce qui concerne leurs attributions touchant au trafic illicite de stupéfiants et substances psychotropes, au trafic d'armes et d'explosifs et au transport illicite de déchets toxiques et nuisibles, les fonctionnaires dépendant de l'Administration des douanes.

– *(Tiret implicitement créé à compter du 26 mars 1995, Accord 25 juin 1991, publié par D. n° 95-306, 21 mars 1995)* en ce qui concerne la République portugaise : les membres de la Policia Judiciaria, ainsi que, dans les conditions fixées par accords bilatéraux appropriés visés à l'article 40, paragraphe 6, de la [présente] Convention de 1990, en ce qui concerne leurs attributions touchant au trafic illicite de stupéfiants et substances psychotropes, au trafic d'armes et d'explosifs, et au transport illicite de déchets toxiques et nuisibles, les agents des douanes, en tant qu'agents auxiliaires du Ministère public.

– *(Tiret implicitement créé à compter du 1er juin 1997, Accord 27 nov. 1990, publié par D. n° 97-970)* en ce qui concerne la République italienne : les officiers et agents de police judiciaire appartenant à la Polizia di Stato et à l'Arma dei Carabinieri, et, en ce qui concerne leurs attributions touchant à la fausse monnaie, au trafic illicite de stupéfiants et substances psychotropes, au trafic d'armes et d'explosifs et au transport illicite de déchets toxiques et nuisibles, les officiers et agents de police judiciaire appartenant à la Guardia di Finanza, ainsi que, dans les conditions fixées par accords bilatéraux appropriés visés à l'article 40, paragraphe 6, de la [présente] Convention de 1990, en ce qui concerne leurs attributions touchant au trafic illicite de stupéfiants et substances psychotropes, au trafic d'armes et d'explosifs et au transport illicite de déchets toxiques et nuisibles, les agents des douanes.

– *(Tiret implicitement créé à compter du 1er décembre 1997, Accord 6 nov. 1992, publié par D. n° 99-30, 11 janv. 1999)* en ce qui concerne la République hellénique : le personnel policier de l'« Ellhniko Astynomva » et le « Aimenikh Sima », chacun selon ses compétences, ainsi que, dans les conditions fixées par accords bilatéraux appropriés visés à l'article 40, paragraphe 6, de la [présente] Convention de 1990, en ce qui concerne leurs attributions touchant au trafic illicite de stupéfiants et substances psychotropes, au trafic d'armes et d'explosifs et au transport illicite de déchets toxiques et nuisibles, les fonctionnaires dépendant de l'administration des douanes.

– *(Tiret implicitement créé à compter du 1er décembre 1997, Accord 6 nov. 1992, publié par D. n° 99-30, 11 janv. 1999)* en ce qui concerne la République d'Autriche :

a) Les organes du öffentliche Sicherheitsdienst, à savoir :

– les agents de la Bundesgendarmerie ;

– les agents des Bundessicherheitswachekorps ;

– les agents des Kriminalbeamtenkorps ;

– les agents du rechtskundige Dienst bei Sicherheitsbehörden, habilités à donner directement des ordres et à exercer la contrainte.

b) Les agents des douanes, aux conditions définies dans des arrangements bilatéraux appropriés au sens de l'article 40, paragraphe 6, de la [présente] Convention de 1990, en ce qui concerne leurs compétences dans les domaines du trafic illicite de stupéfiants et de substances psychotropes, d'armes et d'explosifs ainsi que du transport illicite de déchets toxiques et nuisibles.

5. L'autorité visée aux paragraphes 1 et 2 est :

– en ce qui concerne le Royaume de Belgique : le Commissariat général de la Police judiciaire ;

– en ce qui concerne la République fédérale d'Allemagne : le Bundeskriminalamt ;

– en ce qui concerne la République française : la Direction centrale de la Police judiciaire ;

– en ce qui concerne le Grand-Duché de Luxembourg : le Procureur général d'État ;

– en ce qui concerne le Royaume des Pays-Bas : le Landelijk Officier van Justitie compétent pour l'observation transfrontalière.

– *(Tiret implicitement créé à compter du 26 mars 1995, Accord 25 juin 1991, publié par D. n° 95-305, 21 mars 1995)* en ce qui concerne le Royaume d'Espagne : la Direccion General de la Policia.

– *(Tiret implicitement créé à compter du 26 mars 1995, Accord 25 juin 1991, publié par D. n° 95-306, 21 mars 1995)* en ce qui concerne la République portugaise : la Direccca o geral de la Policia Judiciaria.

– *(Tiret implicitement créé à compter du 1er juin 1997, Accord 27 nov. 1990, publié par D. n° 97-970, 15 oct. 1997)* en ce qui concerne la République italienne, la direction centrale de la police criminelle du ministère de l'intérieur.

– *(Tiret implicitement créé à compter du 1er décembre 1997, Accord 6 nov. 1992, publié par D. n° 99-30, 11 janv. 1999)* en ce qui concerne la République hellénique : « Dieyqynoh Dieqnoyz Astynomikhz Synergasiaz toy Ypozrgeioy Dhmosiaz Tazevz ».

– *(Tiret implicitement créé à compter du 1er décembre 1997, Accord 28 avr. 1995, publié par D. n° 99-31, 11 janv. 1999)* en ce qui concerne la République d'Autriche : la Generaldirektion für die öffentliche Sicherheit im Bundesministerium für Inneres.

6. Les Parties Contractantes peuvent, sur le plan bilatéral étendre le champ d'application du présent article et adopter des dispositions supplémentaires en exécution de cet article.

7. L'observation telle que visée au paragraphe 2 ne peut avoir lieu que pour l'un des faits punissables suivants :

– assassinat,
– meurtre,
– viol,
– incendie volontaire,
– fausse monnaie,
– vol et recel aggravés,
– extorsion,
– enlèvement et prise d'otage,
– trafic d'êtres humains,
– trafic illicite de stupéfiants et substances psychotropes,
– infractions aux dispositions légales en matière d'armes et explosifs,
– destruction par explosifs,
– transport illicite de déchets toxiques et nuisibles.

Art. 41. – 1. Les agents d'une des Parties Contractantes qui, dans leur pays, suivent une personne prise en flagrant délit de commission d'une des infractions visées au paragraphe 4 ou de participation à l'une desdites infractions, sont autorisés à continuer la poursuite sans autorisation préalable sur le territoire d'une autre Partie Contractante lorsque les autorités compétentes de l'autre Partie Contractante n'ont pu être averties préalablement de l'entrée sur ce territoire, en raison de l'urgence particulière, par un des moyens de communication prévus à l'article 44, ou que ces autorités n'ont pu se rendre sur place à temps pour reprendre la poursuite.

Il en est de même lorsque la personne poursuivie, se trouvant en état d'arrestation provisoire ou purgeant une peine privative de liberté, s'est évadée.

Au plus tard au moment du franchissement de la frontière, les agents poursuivants font appel aux autorités compétentes de la Partie Contractante sur le territoire de laquelle la poursuite a lieu. La poursuite sera arrêtée dès que la Partie Contractante sur le territoire de laquelle la poursuite doit avoir lieu, le demande. À la demande des agents poursuivants, les autorités localement compétentes appréhenderont la personne poursuivie pour établir son identité ou procéder à son arrestation.

2. La poursuite est exercée selon l'une des modalités suivantes, qui est définie par la déclaration prévue au paragraphe 9 :

a) Les agents poursuivants ne disposent pas du droit d'interpellation.

b) Si aucune demande d'interrompre la poursuite n'est formulée et que les autorités localement compétentes ne peuvent intervenir assez rapidement, les agents poursuivants pourront interpeller la personne poursuivie, jusqu'à ce que les agents de la Partie Contractante sur le territoire de laquelle la poursuite a lieu, qui devront être informés sans délai, puissent établir son identité ou procéder à son arrestation.

3. La poursuite est exercée conformément aux paragraphes 1 et 2 selon l'une des modalités suivantes, qui est définie par la déclaration prévue au paragraphe 9 :

a) dans une zone ou pendant une durée à compter du franchissement de la frontière qui seront déterminées dans la déclaration ;

b) sans limitation dans l'espace ou dans le temps.

4. Dans une déclaration visée au paragraphe 9, les Parties Contractantes définissent les infractions visées au paragraphe 1 selon l'une des modalités suivantes :

a) Les infractions suivantes :

- assassinat,
- meurtre,
- viol,
- incendie volontaire,
- fausse monnaie,
- vol et recel aggravés,
- extorsion,
- enlèvement et prise d'otage,
- trafic d'êtres humains,
- trafic illicite de stupéfiants et substances psychotropes,
- infractions aux dispositions légales en matière d'armes et explosifs,
- destruction par explosifs,
- transport illicite de déchets toxiques et nuisibles,
- délit de fuite à la suite d'un accident ayant entraîné la mort ou des blessures graves.

b) Les infractions pouvant donner lieu à extradition.

5. La poursuite ne peut s'exercer qu'aux conditions générales suivantes :

a) Les agents poursuivants doivent se conformer aux dispositions du présent article et au droit de la Partie Contractante sur le territoire de laquelle ils opèrent ; ils doivent obtempérer aux injonctions des autorités localement compétentes.

b) La poursuite se fait uniquement par les frontières terrestres.

c) L'entrée dans les domiciles et les lieux non accessibles au public est interdite.

d) Les agents poursuivants sont aisément identifiables, soit par le port d'un uniforme, soit par un brassard ou par des dispositifs accessoires placés sur le véhicule ; l'usage de tenue civile combiné avec l'utilisation de véhicules banalisés sans l'identification précitée est interdit ; les agents poursuivants doivent être en mesure de justifier en tout temps de leur qualité officielle.

e) Les agents poursuivants peuvent emporter leur arme de service ; son utilisation est interdite sauf en cas de légitime défense.

f) Aux fins d'être conduite devant les autorités localement compétentes, la personne poursuivie, une fois appréhendée comme prévu au paragraphe 2 point *b*, ne pourra subir qu'une fouille de sécurité ; des menottes pourront être utilisées au cours de son transfert ; les objets en possession de la personne poursuivie pourront être saisis.

g) Après chaque opération mentionnée aux paragraphes 1, 2 et 3, les agents poursuivants se présentent devant les autorités localement compétentes de la Partie Contractante sur le territoire de laquelle ils ont opéré et rendent compte de leur mission ; à la demande de ces autorités, ils sont tenus de rester à disposition jusqu'à ce que les circonstances de leur action aient été suffisamment éclaircies ; cette condition s'applique même lorsque la poursuite n'a pas conduit à l'arrestation de la personne poursuivie.

h) Les autorités de la Partie Contractante dont les agents poursuivants sont originaires apportent, lorsqu'il est demandé par les autorités de la Partie Contractante sur le territoire de laquelle la poursuite a eu lieu, leur concours à l'enquête consécutive à l'opération à laquelle ils ont participé y compris aux procédures judiciaires.

6. Une personne qui, à la suite de l'action prévue au paragraphe 2, a été arrêtée par les autorités localement compétentes, peut, quelle que soit sa nationalité, être retenue aux fins d'audition. Les règles pertinentes du droit national sont applicables par analogie.

Si cette personne n'a pas la nationalité de la Partie Contractante sur le territoire de laquelle elle a été arrêtée, elle sera mise en liberté au plus tard six heures après l'arrestation, les heures entre minuit et neuf heures non comptées, à moins que les autorités localement compétentes aient reçu au préalable une demande d'arrestation provisoire aux fins d'extradition sous quelque forme que ce soit.

7. Les agents visés aux paragraphes précédents sont :

– en ce qui concerne le Royaume de Belgique : les membres de la police judiciaire près les parquets, de la gendarmerie et de la police communale, ainsi que, dans les conditions fixées par accords bilatéraux appropriés visés au paragraphe 10, en ce qui concerne leurs attributions touchant au trafic illicite de stupéfiants et substances psychotropes, au trafic d'armes et d'explosifs, et au transport illicite de déchets toxiques et nuisibles, les agents des douanes ;

– en ce qui concerne la République fédérale d'Allemagne : les Polizeien des Bundes und der Länder ainsi que, pour les seuls domaines du trafic illicite de stupéfiants et substances psychotropes et du trafic d'armes, les agents du Zollfahndungsdienst (service de recherches douanières) en leur qualité d'agents auxiliaires du ministère public ;

– en ce qui concerne la République française : les officiers et agents de police judiciaire de la police nationale et de la gendarmerie nationale, ainsi que, dans les conditions fixées par accords bilatéraux appropriés visés au paragraphe 10, en ce qui concerne leurs attributions touchant au trafic illicite de stupéfiants et substances psychotropes, au trafic d'armes et d'explosifs, et au transport illicite de déchets toxiques et nuisibles, les agents des douanes ;

– en ce qui concerne le Grand-Duché de Luxembourg : les agents de la gendarmerie et de la police, ainsi que, dans les conditions fixées par accords bilatéraux appropriés visés au paragraphe 10, en ce qui concerne leurs attributions touchant au trafic illicite de stupéfiants et substances psychotropes, au trafic d'armes et d'explosifs, et au transport illicite de déchets toxiques et nuisibles, les agents des douanes ;

– en ce qui concerne le Royaume des Pays-Bas : les fonctionnaires de la Rijkspolitie et de la Gemeentepolitie, ainsi que, dans les conditions fixées par accords bilatéraux appropriés visés au paragraphe 10, en ce qui concerne leurs attributions touchant au trafic illicite de stupéfiants et substances psychotropes, au trafic d'armes et d'explosifs et au transport illicite de déchets toxiques et nuisibles, les fonctionnaires du service fiscal de renseignements et de recherche compétents en matière de droits d'entrée et accises.

– *(Tiret implicitement créé à compter du 26 mars 1995, Accord 25 juin 1991, publié par D. n° 95-305, 21 mars 1995)* en ce qui concerne le Royaume d'Espagne : les fonctionnaires du Cuerpo Nacional de Policia et du Cuerpo de la Guardia Civil dans l'exercice de leur fonction de police judiciaire, ainsi que, dans les conditions fixées par accords bilatéraux appropriés visés à l'article 41 paragraphe 10 de la [présente] Convention de 1990, en ce qui concerne leurs attributions touchant au trafic illicite de stupéfiants et substances psychotropes, au trafic d'armes et d'explosifs et au transport illicite de déchets toxiques et nuisibles, les fonctionnaires dépendant de l'Administration des douanes.

– *(Tiret implicitement créé à compter du 26 mars 1995, Accord 25 juin 1991, publié par D. n° 95-306, 21 mars 1995)* en ce qui concerne la République portugaise : les membres de la Police judiciaire, ainsi que, dans les conditions fixées par accords bilatéraux appropriés visés à l'article 41, paragraphe 10, de la [présente] Convention de 1990, en ce qui concerne leurs attributions touchant au trafic illicite de stupéfiants et substances psychotropes, au trafic d'armes et d'explosifs, et au transport illicite de déchets toxiques et nuisibles, les agents des douanes en tant qu'agents auxiliaires du Ministère public.

– *(Tiret implicitement créé à compter du 1er juin 1997, Accord 27 nov. 1990, publié par D. n° 97-970, 15 oct. 1997)* en ce qui concerne la République italienne : les officiers et agents de police judiciaire appartenant à la Polizia di Stato et à l'Arma dei Carabinieri, et, en ce qui concerne leurs attributions touchant à la fausse monnaie, au trafic illicite de stupéfiants et substances psychotropes, au trafic d'armes et d'explosifs et au transport illicite de déchets toxiques et nuisibles, les officiers et agents de police judiciaire appartenant à la Guardia di Finanza, ainsi que, dans les conditions fixées par accords bilatéraux appropriés visés à l'article 41, paragraphe 10, de la [présente] Convention de 1990, en ce qui concerne leurs attributions touchant au trafic illicite de stupéfiants et substances psychotropes, au trafic d'armes et d'explosifs et au transport illicite de déchets toxiques et nuisibles, les agents des douanes.

– *(Tiret implicitement créé à compter du 1er décembre 1997, Accord 28 avr. 1995, publié par D. n° 99-31, 11 janv. 1999)* en ce qui concerne la République d'Autriche :

1. Les organes du Offentliche Sicherheitsdienst, à savoir :

– les agents de la Bundesgendarmerie ;

– les agents des Bundessicherheitswachekorps ;

– les agents des Kriminalbeamtenkorps ;

– les agents du rechtskundige Dienst bei Sicherheitsbehörden, habilités à donner directement des ordres et à exercer la contrainte.

2. Les agents des douanes, aux conditions définies dans des arrangements bilatéraux appropriés au sens de l'article 41, paragraphe 10, de la [présente] Convention de 1990, en ce qui concerne leurs compétences dans les domaines du trafic illicite de stupéfiants et de substances psychotropes, d'armes et d'explosifs ainsi que du transport illicite de déchets toxiques et nuisibles.

8. Le présent article ne porte pas atteinte, pour les Parties Contractantes concernées, à l'article 27 du Traité Benelux d'extradition et d'entraide judiciaire en matière pénale du 27 juin 1962 tel que modifié par le Protocole du 11 mai 1974.

9. Au moment de la signature de la présente Convention, chaque Partie Contractante fait une déclaration dans laquelle elle définit, sur la base des dispositions des paragraphes 2, 3 et 4, les modalités d'exercice de la poursuite sur son territoire pour chacune des Parties Contractantes avec laquelle elle a une frontière commune.

Une Partie Contractante peut à tout moment remplacer sa déclaration par une autre à condition qu'elle ne restreigne pas la portée de la précédente.

Chaque déclaration est faite après concertation avec chacune des Parties Contractantes concernées et dans un esprit d'équivalence des régimes applicables de part et d'autre des frontières intérieures.

10. Les Parties Contractantes peuvent, sur le plan bilatéral étendre le champ d'application du paragraphe 1 et adopter des dispositions supplémentaires en exécution du présent article.

Art. 42. – Au cours des opérations visées aux articles 40 et 41, les agents en mission sur le territoire d'une autre Partie Contractante seront assimilés aux agents de celle-ci en ce qui concerne les infractions dont ils seraient victimes ou qu'ils commettraient.

Art. 43. – 1. Lorsque, conformément aux articles 40 et 41 de la présente Convention, les agents d'une Partie Contractante se trouvent en mission sur le territoire d'une autre Partie Contractante, la première Partie Contractante est responsable des dommages qu'ils causent pendant le déroulement de la mission, conformément au droit de la Partie Contractante sur le territoire de laquelle ils opèrent.

2. La Partie Contractante sur le territoire de laquelle les dommages visés au paragraphe 1 sont causés assume la réparation de ces dommages dans les conditions applicables aux dommages causés par ses propres agents.

3. La Partie Contractante dont les agents ont causé des dommages à quiconque sur le territoire d'une Partie Contractante rembourse intégralement à cette dernière les sommes qu'elle a versées aux victimes ou à leurs ayants droit.

4. Sans préjudice de l'exercice de ses droits à l'égard des tiers et à l'exception de la disposition du paragraphe 3, chacune des Parties Contractantes renoncera, dans le cas prévu au paragraphe 1, à demander le remboursement du montant des dommages qu'elle a subis à une autre Partie Contractante.

Art. 44. – 1. Conformément aux conventions internationales pertinentes et en tenant compte des circonstances locales et des possibilités techniques, les Parties Contractantes créent, notamment dans les régions frontalières, des lignes téléphoniques, radio, télex et autres liaisons directes aux fins de faciliter la coopération policière et douanière, notamment pour la transmission d'informations en temps utile dans le cadre de l'observation et de la poursuite transfrontalières.

2. En plus de ces mesures à prendre à court terme, elles examineront notamment les possibilités ci-après :

a) l'échange de matériels ou l'affectation de fonctionnaires de liaison munis du matériel radio approprié ;

b) l'élargissement des bandes de fréquences utilisées dans les zones frontalières ;

c) la mise en place d'une liaison commune aux services de police et des douanes opérant dans ces mêmes zones ;

d) la coordination de leurs programmes d'achat d'équipements de communication, en vue d'aboutir à la mise en place de systèmes de communication normalisés et compatibles.

Art. 45. – 1. Les Parties Contractantes s'engagent à prendre les mesures nécessaires pour garantir que :

a) le chef d'un établissement d'hébergement ou son préposé veillent à ce que les étrangers hébergés, y inclus les ressortissants des autres Parties Contractantes ainsi que d'autres États membres des Communautés européennes, à l'exclusion des conjoints ou mineurs les accompagnant ou des membres des groupes de voyage, remplissent et signent personnellement les fiches de déclaration et à ce qu'ils justifient de leur identité par la production d'un document d'identité valable ;

b) les fiches de déclaration ainsi remplies seront conservées pour les autorités compétentes ou seront transmises à celles-ci, pour autant que ces autorités le jugent nécessaire pour la prévention de menaces, pour des poursuites pénales ou pour éclaircir le sort de personnes disparues ou victimes d'accidents, sauf si le droit national en dispose autrement.

2. La disposition du paragraphe 1 s'applique par analogie aux personnes qui logent en des lieux quelconques faisant l'objet d'une exploitation par des loueurs professionnels notamment dans des tentes, des caravanes et des bateaux.

Art. 46. – 1. Dans des cas particuliers, chaque Partie Contractante peut, dans le respect de sa législation nationale et sans y être invitée, communiquer à la Partie Contractante concernée des informations qui peuvent être importantes pour celle-ci aux fins de l'assistance pour la répression d'infractions futures, de la prévention d'infractions ou de la prévention de menaces pour l'ordre et la sécurité publics.

2. Les informations sont échangées, sans préjudice du régime de la coopération dans les régions frontalières visé à l'article 39 paragraphe 4, par l'intermédiaire d'une instance centrale à désigner. Dans des cas particulièrement urgents, l'échange d'informations au sens du présent article peut s'effectuer directement entre les autorités de police concernées, sauf dispositions nationales contraires. L'instance centrale en est avisée dans les meilleurs délais.

Art. 47. – 1. Les Parties Contractantes peuvent conclure des accords bilatéraux permettant le détachement, pour une durée déterminée ou indéterminée, de fonctionnaires de liaison d'une Partie Contractante auprès de services de police de l'autre Partie Contractante.

2. Le détachement de fonctionnaires de liaison pour une durée déterminée ou indéterminée a pour but de promouvoir et d'accélérer la coopération entre les Parties Contractantes, notamment en accordant l'assistance :

a) sous la forme d'échange d'informations aux fins de la lutte tant préventive que répressive contre la criminalité ;

b) dans l'exécution de demandes d'entraide policière et judiciaire en matière pénale ;

c) pour les besoins de l'exercice des missions des autorités chargées de la surveillance des frontières extérieures.

3. Les fonctionnaires de liaison ont une mission d'avis et d'assistance. Ils ne sont pas compétents pour l'exécution autonome de mesures de police. Ils fournissent des informations et exécutent leurs missions dans le cadre des instructions qui leur sont données par la Partie Contractante d'origine et par la Partie Contractante auprès de laquelle ils sont détachés. Ils font régulièrement rapport au chef du service de police auprès duquel ils sont détachés.

4. Les Parties Contractantes peuvent convenir dans un cadre bilatéral ou multilatéral que les fonctionnaires de liaison d'une Partie Contractante détachés auprès d'États tiers représentent également les intérêts d'une ou de plusieurs autres Parties Contractantes. En vertu de tels accords, les fonctionnaires de liaison détachés auprès d'États tiers fournissent des informations à d'autres Parties Contractantes, sur demande ou de leur propre initiative, et accomplissent, dans les limites de leurs compétences, des missions pour le compte de ces Parties. Les Parties Contractantes s'informent mutuellement de leurs intentions relatives au détachement de fonctionnaires de liaison dans des États tiers.

CHAPITRE II. – ENTRAIDE JUDICIAIRE EN MATIÈRE PÉNALE

Art. 48. – 1. Les dispositions du présent chapitre visent à compléter la convention européenne d'entraide judiciaire en matière pénale du 20 avril 1959 ainsi que, dans les relations entre les Parties Contractantes membres de l'Union économique Benelux, le Chapitre II du Traité Benelux d'extradition et d'entraide judiciaire en matière pénale du 27 juin 1962 tel qu'il est modifié par le Protocole du 11 mai 1974 et à faciliter l'application desdits accords.

2. Le paragraphe 1 n'affecte pas l'application des dispositions plus larges des accords bilatéraux en vigueur entre les Parties Contractantes.

Art. 49. – L'entraide judiciaire est également accordée :

a) *(Abr., D. n° 2006-15, 5 janv. 2006)* ;

b) dans des procédures d'indemnisation pour des mesures de poursuites ou des condamnations injustifiées ;

c) dans les procédures de grâce ;

d) dans les actions civiles jointes aux actions pénales, tant que la juridiction répressive n'a pas encore définitivement statué sur l'action pénale ;

e) pour la notification de communications judiciaires relatives à l'exécution d'une peine ou mesure de sûreté, de la perception d'une amende ou du paiement de frais de procédure ;

f) pour des mesures relatives à la suspension du prononcé ou au sursis à l'exécution d'une peine ou mesure de sûreté, à la mise en liberté conditionnelle, à l'ajournement de l'exécution ou à l'interruption de l'exécution d'une peine ou mesure de sûreté.

Art. 50 *(Abr., D. n° 2006-16, 5 janv. 2006).*

Art. 51. – Les Parties Contractantes ne subordonnent pas la recevabilité de commissions rogatoires aux fins de perquisition et de saisie à des conditions autres que celles ci-après :

a) Le fait qui a donné lieu à la commission rogatoire est punissable selon le droit des deux Parties Contractantes d'une peine privative de liberté ou d'une mesure de sûreté restreignant la liberté d'un maximum d'au moins 6 mois, ou punissable selon le droit d'une des deux Parties Contractantes d'une sanction équivalente et selon le droit de l'autre Partie Contractante au titre d'infraction aux règlements poursuivie par des autorités administratives dont la décision peut donner lieu à un recours devant une juridiction compétente notamment en matière pénale.

b) L'exécution de la commission rogatoire est compatible avec le droit de la Partie Contractante requise.

Art. 52 et 53 *(Abr., D. n° 2006-16, 5 janv. 2006).*

CHAPITRE III. – APPLICATION DU PRINCIPE *NE BIS IN IDEM*

Art. 54. – Une personne qui a été définitivement jugée par une Partie Contractante ne peut, pour les mêmes faits, être poursuivie par une autre Partie Contractante, à condition que, en cas de condamnation, la sanction ait été subie ou soit actuellement en cours d'exécution ou ne puisse plus être exécutée selon les lois de la Partie Contractante de condamnation.

Art. 55. – 1. Une Partie Contractante peut, au moment de la ratification, de l'acceptation ou de l'approbation de la présente Convention, déclarer qu'elle n'est pas liée par l'article 54 dans l'un ou plusieurs des cas suivants :

a) lorsque les faits visés par le jugement étranger ont eu lieu soit en tout, soit en partie sur son territoire ; dans ce dernier cas, cette exception ne s'applique cependant pas si ces faits ont eu lieu en partie sur le territoire de la Partie Contractante où le jugement a été rendu ;

b) lorsque les faits visés par le jugement étranger constituent une infraction contre la sûreté de l'État ou d'autres intérêts également essentiels de cette Partie Contractante ;

c) lorsque les faits visés par le jugement étranger ont été commis par un fonctionnaire de cette Partie Contractante en violation des obligations de sa charge.

2. Une Partie Contractante qui a fait une déclaration concernant l'exception mentionnée au paragraphe 1 point *b*, précisera les catégories d'infractions auxquelles cette exception peut s'appliquer.

3. Une Partie Contractante pourra, à tout moment, retirer une telle déclaration relative à l'une ou plusieurs des exceptions mentionnées au paragraphe 1.

4. Les exceptions qui ont fait l'objet d'une déclaration au titre du paragraphe 3 ne s'appliquent pas lorsque la Partie Contractante concernée *a*, pour les mêmes faits, demandé la poursuite à l'autre Partie Contractante ou accordé l'extradition de la personne concernée.

Art. 56. – Si une nouvelle poursuite est intentée par une Partie Contractante contre une personne qui a été définitivement jugée pour les mêmes faits par une autre Partie Contractante, toute période de privation de liberté subie sur le territoire de cette dernière Partie Contractante en raison de ces faits doit être déduite de la sanction qui sera éventuellement prononcée. Il sera également tenu compte, dans la mesure où les législations nationales le permettent, des sanctions autres que celles privatives de liberté qui ont déjà été subies.

Art. 57. – 1. Lorsqu'une personne est accusée d'une infraction par une Partie Contractante et que les autorités compétentes de cette Partie Contractante ont des raisons de croire que l'accusation concerne les mêmes faits que ceux pour lesquels elle a déjà été définitivement jugée par une autre Partie Contractante, ces autorités demanderont, si elles l'estiment nécessaire, les renseignements pertinents aux autorités compétentes de la Partie Contractante sur le territoire de laquelle une décision a déjà été rendue.

2. Les informations demandées seront données aussitôt que possible et seront prises en considération pour la suite à réserver à la procédure en cours.

3. Chaque Partie Contractante désignera, au moment de la ratification, de l'acceptation ou de l'approbation de la présente Convention, les autorités qui seront habilitées à demander et à recevoir les informations prévues au présent article.

Art. 58. – Les dispositions précédentes ne font pas obstacle à l'application de dispositions nationales plus larges concernant l'effet « *ne bis in idem* » attaché aux décisions judiciaires prises à l'étranger.

CHAPITRE IV. – EXTRADITION

(Rempl. dans les relations entre États membres à compter du 1er janv. 2004, Décision-cadre n° 2002/584/JAI, 13 juin 2002)

Art. 59 *(Rempl. dans les relations entre États membres à compter du 1er janv. 2004, Décision-cadre n° 2002/584/JAI, 13 juin 2002)*. – 1. Les dispositions du présent chapitre visent à compléter la Convention européenne d'extradition du 13 septembre 1957, ainsi que, dans les relations entre les Parties Contractantes membres de l'Union économique Benelux, le chapitre Ier du Traité Benelux d'extradition et d'entraide judiciaire en matière pénale du 27 juin 1962 tel qu'il est modifié par le Protocole du 11 mai 1974 et à faciliter l'application desdits accords.

2. Le paragraphe 1 n'affecte pas l'application des dispositions plus larges des accords bilatéraux en vigueur entre des Parties Contractantes.

Art. 60 *(Rempl. dans les relations entre États membres à compter du 1er janv. 2004, Décision-cadre n° 2002/584/JAI, 13 juin 2002)*. – Dans les relations entre deux Parties Contractantes, dont une n'est pas Partie à la Convention européenne d'extradition du 13 septembre 1957, les dispositions de ladite Convention sont applicables, compte tenu des réserves et déclarations déposées soit lors de la ratification de ladite Convention soit, pour les Parties Contractantes qui ne sont pas Parties à la Convention, lors de la ratification, l'approbation ou l'acceptation de la présente Convention.

Art. 61 *(Rempl. dans les relations entre États membres à compter du 1er janvier 2004, Décision-cadre n° 2002/584/JAI, 13 juin 2002 ; abr. à compter du 15 juillet 2005, Cons. UE, déc. n° 2003/169/JAI, 27 févr. 2003)*.

Art. 62. – 1. *(§ rempl. dans les relations entre États membres à compter du 1er janv. 2004, Décision-cadre n° 2002/584/JAI, 13 juin 2002 ; abr. à compter du 15 juillet 2005, Cons. UE, déc. n° 2003/169/JAI, 27 févr. 2003)*.

2. *(§ rempl. dans les relations entre États membres à compter du 1er janvier 2004, Décision-cadre n° 2002/584/JAI, 13 juin 2002 ; abr. à compter du 15 juillet 2005, Cons. UE, déc. n° 2003/169/JAI, 27 févr. 2003)*.

3. *(§ rempl. dans les relations entre États membres à compter du 1er janvier 2004, Décision-cadre n° 2002/584/JAI, 13 juin 2002)* L'absence d'une plainte ou d'un avis officiel autorisant les poursuites, qui ne sont nécessaires qu'en vertu de la législation de la Partie Contractante requise, ne porte pas atteinte à l'obligation d'extrader.

du signalement. Des consultations doivent avoir lieu à ce sujet avec les autres Parties Contractantes. Si la Partie Contractante signalante ne retire pas le signalement, le signalement reste de pleine application pour les autres Parties Contractantes.

Art. 95. – 1. Les données relatives aux personnes recherchées pour l'arrestation aux fins d'extradition, sont intégrées à la demande de l'autorité judiciaire de la Partie Contractante requérante.

2. Préalablement au signalement, la Partie Contractante signalante vérifie si l'arrestation est autorisée par le droit national des Parties Contractantes requises. Si la Partie Contractante signalante a des doutes, elle doit consulter les autres Parties Contractantes concernées.

La Partie Contractante signalante envoie aux Parties Contractantes requises en même temps que le signalement par la voie la plus rapide les informations essentielles ci-après concernant l'affaire :

a) l'autorité dont émane la demande d'arrestation ;

b) l'existence d'un mandat d'arrêt ou d'un acte ayant la même force, ou d'un jugement exécutoire ;

c) la nature et la qualification légale de l'infraction ;

d) la description des circonstances de la commission de l'infraction, y compris le moment, le lieu et le degré de participation à l'infraction de la personne signalée ;

e) dans la mesure du possible, les conséquences de l'infraction.

3. Une Partie Contractante requise peut faire assortir le signalement dans le fichier de la partie nationale du Système d'Information Schengen d'une indication visant à interdire, jusqu'à l'effacement de ladite indication, l'arrestation au motif du signalement. L'indication est à effacer au plus tard vingt-quatre heures après l'intégration du signalement, à moins que cette Partie Contractante ne refuse l'arrestation demandée pour des raisons juridiques ou pour des raisons spéciales d'opportunité. Dans la mesure où, dans des cas particulièrement exceptionnels, la complexité des faits à l'origine du signalement le justifie, le délai précité peut être prolongé jusqu'à une semaine. Sans préjudice d'une indication ou d'une décision de refus, les autres Parties Contractantes peuvent exécuter l'arrestation demandée par le signalement.

4. Si, pour des raisons particulièrement urgentes, une Partie Contractante demande une recherche immédiate, la Partie requise examine si elle peut renoncer à l'indication. La Partie Contractante requise prend les dispositions nécessaires afin que la conduite à tenir puisse être exécutée sans délai si le signalement est validé.

5. S'il n'est pas possible de procéder à l'arrestation parce qu'un examen n'est pas encore terminé ou en raison d'une décision de refus d'une Partie Contractante requise, cette dernière doit traiter le signalement comme étant un signalement aux fins de communication du lieu de séjour.

6. Les Parties Contractantes requises exécutent la conduite à tenir demandée par le signalement en conformité avec les Conventions d'extradition en vigueur et le droit national. Elles ne sont pas tenues d'exécuter la conduite à tenir demandée dans la mesure où il s'agit d'un de leurs ressortissants, sans préjudice de la possibilité de procéder à l'arrestation conformément au droit national.

Art. 96. – 1. Les données relatives aux étrangers qui sont signalés aux fins de non-admission sont intégrées sur la base d'un signalement national résultant de décisions prises, dans le respect des règles de procédure prévues par la législation nationale, par les autorités administratives ou les juridictions compétentes.

2. Les décisions peuvent être fondées sur la menace pour l'ordre public ou la sécurité et sûreté nationales que peut constituer la présence d'un étranger sur le territoire national.

Tel peut être notamment le cas :

a) d'un étranger qui a été condamné pour une infraction passible d'une peine privative de liberté d'au moins un an.

b) d'un étranger à l'égard duquel il existe des raisons sérieuses de croire qu'il a commis des faits punissables graves, y inclus ceux visés à l'article 71, ou à l'égard duquel il existe des indices réels qu'il envisage de commettre de tels faits sur le territoire d'une Partie Contractante.

3. Les décisions peuvent être également fondées sur le fait que l'étranger a fait l'objet d'une mesure d'éloignement, de renvoi ou d'expulsion non rapportée ni suspendue comportant ou assortie d'une interdiction d'entrée, ou, le cas échéant, de séjour, fondée sur le non-respect des réglementations nationales relatives à l'entrée ou au séjour des étrangers.

Art. 97. – Les données relatives aux personnes disparues ou aux personnes qui, dans l'intérêt de leur propre protection ou pour la prévention de menaces, doivent être placées provisoirement en sécurité à la demande de l'autorité compétente ou de l'autorité judiciaire compétente de la Partie signalante, sont intégrées afin que les autorités de police communiquent le lieu de séjour à la Partie signalante ou puissent placer la personne en sécurité aux fins de les empêcher de poursuivre leur voyage, si la législation nationale l'autorise. Cela s'applique particulièrement aux mineurs et aux personnes qui doivent être internées sur décision d'une autorité compétente. La communication est subordonnée au consentement de la personne disparue, si celle-ci est majeure.

Art. 98. – 1. Les données relatives aux témoins, aux personnes citées à comparaître devant les autorités judiciaires dans le cadre d'une procédure pénale afin de répondre de faits pour lesquels elles font l'objet de poursuites, ou aux personnes qui doivent faire l'objet d'une notification d'un jugement répressif ou d'une demande de se présenter pour subir une peine privative de liberté, sont intégrées, à la demande des autorités judiciaires compétentes, aux fins de la communication du lieu de séjour ou du domicile.

2. Les renseignements demandés seront communiqués à la Partie requérante en conformité avec la législation nationale et avec les Conventions en vigueur relatives à l'entraide judiciaire en matière pénale.

Art. 99 *(Mod., Cons. CE, déc. n° 2005/111/JAI, 24 févr. 2005).* – 1. Les données concernant les personnes ou les véhicules, les embarcations, les aéronefs et les conteneurs sont introduites conformément au droit national de l'État membre signalant, aux fins de surveillance discrète et de contrôle spécifique, conformément au paragraphe 5.

2. Un tel signalement peut être effectué pour la répression d'infractions pénales et pour la prévention de menaces pour la sécurité publique :

a) Lorsqu'il existe des indices réels faisant présumer que la personne concernée envisage de commettre ou commet des faits punissables nombreux et extrêmement graves, ou

b) Lorsque l'appréciation globale de l'intéressé, en particulier sur la base des faits punissables commis jusqu'alors, permet de supposer qu'il commettra également à l'avenir des faits punissables extrêmement graves.

3. En outre, le signalement peut être effectué conformément au droit national, à la demande des instances compétentes pour la sûreté de l'État, lorsque des indices concrets permettent de supposer que les informations visées au paragraphe 4 sont nécessaires à la prévention d'une menace grave émanant de l'intéressé ou d'autres menaces graves pour la sûreté intérieure et extérieure de l'État. L'État membre procédant au signalement en vertu du présent paragraphe doit en tenir informés les autres États membres.

4. Dans le cadre de la surveillance discrète, les informations ci-après peuvent en tout ou en partie être recueillies et transmises à l'autorité signalante à l'occasion de contrôles de frontière ou d'autres contrôles de police et des douanes exercés à l'intérieur du pays :

a) Le fait que la personne signalée ou le véhicule signalé a été trouvé ;

b) Le lieu, le moment ou le motif de la vérification ;

c) L'itinéraire et la destination du voyage ;

d) Les personnes qui accompagnent l'intéressé ou les occupants ;

e) Le véhicule utilisé ;

f) Les objets transportés ;

g) Les circonstances dans lesquelles la personne ou le véhicule a été trouvé.

Lors de la collecte de ces informations, il convient de veiller à ne pas mettre en péril le caractère discret de la surveillance.

5. Pendant le contrôle spécifique mentionné au paragraphe 1, les personnes, les véhicules, les embarcations, les aéronefs, les conteneurs et les objets transportés peuvent être fouillés conformément au droit national, aux fins visées aux paragraphes 2 et 3. Si le contrôle spécifique n'est pas autorisé selon la loi d'une Partie contractante, il se trouve automatiquement converti, pour cette Partie contractante, en surveillance discrète.

6. Une Partie contractante requise peut faire assortir le signalement dans le fichier de la partie nationale du Système d'Information Schengen d'une indication visant à interdire, jusqu'à l'effacement de ladite indication, l'exécution de la conduite à tenir en application du signalement aux fins de surveillance discrète ou de contrôle spécifique. L'indication est à effacer au plus tard vingt-quatre heures après l'intégration du signalement, à moins que cette Partie contractante ne refuse la conduite demandée pour des raisons juridiques ou pour des raisons spéciales d'opportunité. Sans préjudice d'une indication ou d'une décision de refus, les autres Parties contractantes peuvent exécuter la conduite demandée par le signalement.

d'une menace grave imminente pour l'ordre et la sécurité publics, pour des raisons graves de sûreté de l'État ou aux fins de la prévention d'un fait punissable grave. À cet effet, l'autorisation préalable de la Partie contractante signalante doit être obtenue.

4. Les données ne pourront pas être utilisées à des fins administratives. Par dérogation, les données introduites conformément à l'article 96 et les données concernant les documents relatifs aux personnes introduites conformément à l'article 100, paragraphe 3, points *d)* et *e)*, ne peuvent être utilisées, conformément à la législation nationale de chaque État membre, qu'aux fins de l'article 101, paragraphe 2.

5. Toute utilisation de données non conforme aux paragraphes 1 à 4 sera considérée comme détournement de finalité au regard du droit national de chaque Partie contractante.

Art. 102 *bis* *(PE et Cons. UE, règl. (CE) n° 1160/2005, 6 juill. 2005).* – 1. Nonobstant l'article 92, paragraphe 1, l'article 100, paragraphe 1, l'article 101, paragraphes 1 et 2, et l'article 102, paragraphes 1, 4 et 5, les services chargés, dans les États membres, de délivrer les certificats d'immatriculation des véhicules visés par la directive 1999/37/CE du Conseil du 29 avril 1999 relative aux documents d'immatriculation des véhicules disposent d'un droit d'accès aux données ci-après qui sont intégrées dans le système d'information Schengen, exclusivement en vue de vérifier si les véhicules qui leur sont présentés afin d'être immatriculés ont été volés, détournés ou égarés :

a) données relatives aux véhicules à moteur d'une cylindrée supérieure à 50 cm^3, qui ont été volés, détournés ou égarés ;

b) données relatives aux remorques et aux caravanes d'un poids à vide supérieur à 750 kg, qui ont été volées, détournées ou égarées ;

c) données relatives aux certificats d'immatriculation pour les véhicules et aux plaques d'immatriculation des véhicules, qui ont été volés, détournés, égarés ou invalidés.

Sous réserve du paragraphe 2, l'accès de ces services auxdites données est régi par la législation nationale de chaque État membre.

2. Les services visés au paragraphe 1 qui sont des services publics sont habilités à procéder directement à une interrogation portant sur les données du système d'information Schengen visées dans ledit paragraphe.

Les services visés au paragraphe 1 qui ne sont pas des services publics n'ont accès aux données du système d'information Schengen visées dans ledit paragraphe que par l'intermédiaire d'une instance visée à l'article 101, paragraphe 1. Ladite instance est habilitée à procéder directement à une interrogation portant sur les données et à les transmettre à ces services. L'État membre concerné veille à ce que les services en question et leur personnel soient tenus de respecter toute limite fixée en ce qui concerne les conditions d'utilisation des données qui leur sont transmises par l'instance.

3. L'article 100, paragraphe 2, ne s'applique pas aux interrogations effectuées conformément au présent article. Les communications des services visés au paragraphe 1 à un service de police ou à une autorité judiciaire portant sur des informations apparues lors d'une interrogation du système d'information Schengen et amenant à suspecter l'existence d'une infraction pénale sont régies par le droit national.

4. Chaque année, après consultation de l'autorité de contrôle commune établie conformément à l'article 115 sur les règles de protection des données, le Conseil communique au Parlement européen un rapport sur la mise en œuvre du présent article. Ce rapport contient des informations et des statistiques sur le recours aux dispositions du présent article et sur les résultats obtenus dans leur mise en œuvre et expose comment les règles de protection des données ont été appliquées.

Art. 103 *(Rempl., Cons. UE, règl. (CE) n° 871/2004, 29 avr. 2004 ; Cons. CE, déc. n° 2005/111/JAI, 24 févr. 2005).* – Chaque État membre veille à ce que toute transmission de données à caractère personnel soit enregistrée dans la partie nationale du Système d'information Schengen par l'instance gestionnaire du fichier des données, afin de contrôler l'admissibilité de la recherche. L'enregistrement ne peut être utilisé qu'à cette fin et est effacé au plus tôt après une période d'un an et au plus tard après une période de trois ans.

Art. 104. – 1. Le droit national de la Partie Contractante signalante s'applique au signalement, sauf conditions plus exigeantes prévues par la présente Convention.

2. Pour autant que la présente Convention ne prévoie pas de dispositions particulières, le droit de chaque Partie Contractante est applicable aux données intégrées dans la partie nationale du Système d'Information Schengen.

3. Pour autant que la présente Convention ne prévoie pas de dispositions particulières concernant l'exécution de la conduite à tenir demandée par le signalement, le droit national de la Partie Contractante requise qui exécute la conduite à tenir est applicable. Dans la mesure où la présente Convention prévoit des dispositions particulières concernant l'exécution de la conduite à tenir demandée par le signalement, les compétences en matière de conduite à tenir sont régies par le droit national de la Partie Contractante requise. Si la conduite à tenir demandée ne peut pas être exécutée, la Partie Contractante requise en informe la Partie Contractante signalante sans délai.

Art. 105. – La Partie Contractante signalante est responsable de l'exactitude, de l'actualité, ainsi que de la licéité de l'intégration des données dans le Système d'Information Schengen.

Art. 106. – 1. Seule la Partie Contractante signalante est autorisée à modifier, à compléter, à rectifier ou à effacer les données qu'elle a introduites.

2. Si une des Parties Contractantes qui n'a pas fait le signalement dispose d'indices faisant présumer qu'une donnée est entachée d'erreur de droit ou de fait, elle en avise dans les meilleurs délais la Partie Contractante signalante qui doit obligatoirement vérifier la communication et, si nécessaire, corriger ou effacer la donnée sans délai.

3. Si les Parties Contractantes ne peuvent parvenir à un accord, la Partie Contractante qui n'est pas à l'origine du signalement soumet le cas pour avis à l'autorité de contrôle commune visée à l'article 115 paragraphe 1.

Art. 107. – Lorsqu'une personne a déjà fait l'objet d'un signalement dans le Système d'Information Schengen, la Partie Contractante qui introduit un nouveau signalement s'accorde avec la Partie Contractante qui a introduit le premier signalement sur l'intégration des signalements. À cette fin, les Parties Contractantes peuvent également arrêter des dispositions générales.

Art. 108. – 1. Chacune des Parties Contractantes désigne une instance qui a la compétence centrale pour la partie nationale du Système d'Information Schengen.

2. Chacune des Parties Contractantes effectue ses signalements par l'intermédiaire de cette instance.

3. Ladite instance est responsable du bon fonctionnement de la partie nationale du Système d'Information Schengen et prend les mesures propres à assurer le respect des dispositions de la présente Convention.

4. Les Parties Contractantes s'informent mutuellement par l'intermédiaire du dépositaire de l'instance visée au paragraphe 1.

Art. 109. – 1. Le droit de toute personne d'accéder aux données la concernant qui sont intégrées dans le Système d'Information Schengen, s'exerce dans le respect du droit de la Partie Contractante auprès de laquelle elle le fait valoir. Si le droit national le prévoit, l'autorité nationale de contrôle prévue à l'article 114 paragraphe 1 décide si des informations sont communiquées et selon quelles modalités. Une Partie Contractante qui n'a pas effectué le signalement ne peut communiquer des informations concernant ces données que si elle a donné préalablement à la Partie Contractante signalante l'occasion de prendre position.

2. La communication de l'information à la personne concernée est refusée si elle peut nuire à l'exécution de la tâche légale consignée dans le signalement, ou pour la protection des droits et libertés d'autrui. Elle est refusée dans tous les cas durant la période de signalement aux fins de surveillance discrète.

Art. 110. – Toute personne peut faire rectifier des données entachées d'erreur de fait la concernant ou faire effacer des données entachées d'erreur de droit la concernant.

Art. 111. – 1. Toute personne peut saisir, sur le territoire de chaque Partie Contractante, la juridiction ou l'autorité compétentes en vertu du droit national, d'une action notamment en rectification, en effacement, en information ou en indemnisation en raison d'un signalement la concernant.

2. Les Parties Contractantes s'engagent mutuellement à exécuter les décisions définitives prises par les juridictions ou autorités visées au paragraphe 1, sans préjudice des dispositions de l'article 116.

Art. 112. – 1. Les données à caractère personnel intégrées dans le Système d'Information Schengen aux fins de la recherche de personnes, ne sont conservées que pendant la durée nécessaire aux fins auxquelles elles ont été fournies. Au plus tard trois ans après leur intégration, la nécessité de leur conservation doit être examinée par la Partie Contractante signalante. Ce délai est d'un an pour les signalements visés à l'article 99.

2. Chacune des Parties Contractantes fixe le cas échéant des délais d'examen plus courts conformément à son droit national.

3. La fonction de support technique du Système d'Information Schengen signale automatiquement aux Parties Contractantes l'effacement programmé dans le système, moyennant un préavis d'un mois.

4. La Partie Contractante signalante peut, dans le délai d'examen, décider de maintenir le signalement si ce maintien est nécessaire aux fins qui sont à la base du signalement. Le prolongement du signalement doit être communiqué à la fonction de support technique. Les dispositions du paragraphe 1 sont applicables au signalement prolongé.

Art. 112 *bis* *(Cons. UE, règl. (CE) n° 871/2004, 29 avr. 2004 ; Cons. CE, déc. n° 2005/111/JAI, 24 févr. 2005)*. – 1. Les données à caractère personnel figurant dans les fichiers détenus par les instances visées à l'article 92, paragraphe 4, à la suite d'échanges d'informations conformément audit paragraphe ne sont conservées que pendant le temps nécessaire à la réalisation des objectifs pour lesquels elles ont été fournies. Elles sont, en tout état cause, effacées au plus tard un an après que le ou les signalement(s) concernant la personne ou l'objet en question a (ont) été effacé(s) du Système d'information Schengen.

2. Le paragraphe 1 n'affecte pas le droit qu'a un État membre de conserver dans des fichiers nationaux des données relatives à un signalement particulier que cet État membre a émis ou qui a donné lieu à l'adoption de mesures sur son territoire. Le délai pendant lequel les données peuvent être conservées dans ces fichiers est régi par la législation nationale.

Art. 113. – 1. *(§ rempl., Cons. CE, déc. n° 2005/111/JAI, 24 févr. 2005 et Cons. UE, déc. n° 2005/719/JAI, 12 oct. 2005)* Les données autres que celles visées à l'article 112 sont conservées au maximum pendant dix ans et les données relatives aux objets visés à l'article 99, paragraphe 1, au maximum pendant cinq ans.

2. Les données effacées sont encore conservées durant une année dans la fonction de support technique. Durant cette période, elles ne peuvent être consultées que pour le contrôle *a posteriori* de leur exactitude et de la licéité de leur intégration. Ensuite, elles devront être détruites.

Art. 113 *bis* *(Cons. UE, règl. (CE) n° 871/2004, 29 avr. 2004 ; Cons. CE, déc. n° 2005/111/JAI, 24 févr. 2005)*. – 1. Les données autres que les données à caractère personnel figurant dans les fichiers détenus par les instances visées à l'article 92, paragraphe 4, à la suite d'un échange d'informations en application dudit paragraphe ne sont conservées que pendant le temps nécessaire à la réalisation des objectifs pour lesquels elles ont été fournies. Elles sont, en tout état de cause, effacées au plus tard un an après que le ou les signalement(s) concernant la personne ou l'objet en question a (ont) été effacé(s) du Système d'information Schengen.

2. Le paragraphe 1 n'affecte pas le droit qu'a un État membre de conserver dans des fichiers nationaux des données relatives à un signalement particulier que cet État membre a émis ou qui a donné lieu à l'adoption de mesures sur son territoire. Le délai pendant lequel les données peuvent être conservées dans ces fichiers est régi par la législation nationale.

Art. 114. – 1. Chaque Partie Contractante désigne une autorité de contrôle chargée, dans le respect du droit national, d'exercer un contrôle indépendant du fichier de la partie nationale du Système d'Information Schengen et de vérifier que le traitement et l'utilisation des données intégrées dans le Système d'Information Schengen ne sont pas attentatoires aux droits de la personne concernée. À cet effet l'autorité de contrôle a accès au fichier de la partie nationale du Système d'Information Schengen.

2. Toute personne a le droit de demander aux autorités de contrôle de vérifier les données la concernant intégrées dans le Système d'Information Schengen ainsi que l'utilisation qui est faite de ces données. Ce droit est régi par le droit national de la Partie Contractante auprès de laquelle la demande est introduite. Si les données ont été intégrées par une autre Partie Contractante, le contrôle se réalise en étroite coordination avec l'autorité de contrôle de cette Partie Contractante.

Art. 115. – 1. Il est créé une autorité de contrôle commune chargée du contrôle de la fonction de support technique du Système d'Information Schengen. Cette autorité se compose de deux représentants de chaque autorité nationale de contrôle. Chaque Partie Contractante dispose d'une voix délibérative. Le contrôle est exercé conformément aux dispositions de la présente Convention, de la Convention du Conseil de l'Europe du

28 janvier 1981 pour la protection des personnes à l'égard du traitement automatisé des données à caractère personnel en tenant compte de la Recommandation R (87) 15 du 17 septembre 1987 du Comité des ministres du Conseil de l'Europe visant à réglementer l'utilisation des données à caractère personnel dans le secteur de la police et conformément au droit national de la Partie Contractante responsable de la fonction de support technique.

2. À l'égard de la fonction de support technique du Système d'Information Schengen, l'autorité de contrôle commune a pour mission de vérifier la bonne exécution des dispositions de la présente Convention. À cet effet, elle a accès à la fonction de support technique.

3. L'autorité du contrôle commune est également compétente pour analyser les difficultés d'application ou d'interprétation pouvant survenir lors de l'exploitation du Système d'Information Schengen, pour étudier les problèmes pouvant se poser lors de l'exercice du contrôle indépendant effectué par les autorités de contrôle nationales des Parties Contractantes ou à l'occasion de l'exercice du droit d'accès au système, ainsi que pour élaborer des propositions harmonisées en vue de trouver des solutions communes aux problèmes existants.

4. Les rapports établis par l'autorité de contrôle commune sont transmis aux instances auxquelles les autorités de contrôle nationales transmettent leurs rapports.

Art. 116. – 1. Toute Partie Contractante est responsable, conformément à son droit national, de tout dommage causé à une personne du fait de l'exploitation du fichier national du Système d'Information Schengen. Il en est également ainsi lorsque les dommages ont été causés par la Partie Contractante signalante, celle-ci ayant intégré des données entachées d'erreur de droit ou de fait.

2. Si la Partie Contractante contre laquelle une action est intentée n'est pas la Partie Contractante signalante, cette dernière est tenue au remboursement, sur requête, des sommes versées à titre d'indemnisation, à moins que les données n'aient été utilisées par la Partie Contractante requise en violation de la présente Convention.

Art. 117. – 1. En ce qui concerne le traitement automatisé de données à caractère personnel qui sont transmises en application du présent Titre, chaque Partie Contractante prendra au plus tard au moment de l'entrée en vigueur de la présente Convention les dispositions nationales nécessaires aux fins de réaliser un niveau de protection des données à caractère personnel qui soit au moins égal à celui découlant des principes de la Convention du Conseil de l'Europe du 28 janvier 1981 pour la protection des personnes à l'égard du traitement automatisé des données à caractère personnel, et dans le respect de la Recommandation R (87) 15 du 17 septembre 1987 du Comité des Ministres du Conseil de l'Europe visant à réglementer l'utilisation des données à caractère personnel dans le secteur de la police.

2. La transmission de données à caractère personnel prévue par le présent Titre ne pourra avoir lieu que lorsque les dispositions de protection des données à caractère personnel prévues au paragraphe 1 seront entrées en vigueur sur le territoire des Parties Contractantes concernées par la transmission.

Art. 118. – 1. Chacune des Parties Contractantes s'engage à prendre, pour la partie nationale du Système d'Information Schengen, les mesures qui sont propres :

a) à empêcher toute personne non autorisée d'accéder aux installations utilisées pour le traitement de données à caractère personnel (contrôle à l'entrée des installations) ;

b) à empêcher que des supports de données ne puissent être lus, copiés, modifiés ou éloignés par une personne non autorisée (contrôle des supports de données) ;

c) à empêcher l'introduction non autorisée dans le fichier ainsi que toute prise de connaissance, modification ou effacement non autorisés de données à caractère personnel intégrées (contrôle de l'intégration) ;

d) à empêcher que des systèmes de traitement automatisé de données ne puissent être utilisés par des personnes non autorisées à l'aide d'installations de transmission de données (contrôles de l'utilisation) ;

e) à garantir que, pour l'utilisation d'un système de traitement automatisé de données, les personnes autorisées ne puissent accéder qu'aux données relevant de leur compétence (contrôle de l'accès) ;

f) à garantir qu'il puisse être vérifié et constaté à quelles instances des données à caractère personnel peuvent être transmises par des installations de transmission de données (contrôles de la transmission) ;

g) à garantir qu'il puisse être vérifié et constaté *a posteriori* quelles données à caractère personnel ont été introduites dans les systèmes de traitement automatisé de données, à quel moment et par quelle personne elles y ont été introduites (contrôle de l'introduction) ;

h) à empêcher que, lors de la transmission de données à caractère personnel ainsi que lors du transport de supports de données, les données ne puissent être lues, copiées, modifiées ou effacées de façon non autorisée (contrôle du transport).

2. Chaque Partie Contractante doit prendre des mesures particulières en vue d'assurer la sécurité des données lors de la transmission de données à des services situés en dehors des territoires des Parties Contractantes. Ces mesures doivent être communiquées à l'autorité de contrôle commune.

3. Chaque Partie Contractante ne peut désigner pour le traitement de données de sa partie nationale du Système d'Information Schengen que des personnes spécialement qualifiées et soumises à un contrôle de sécurité.

4. La Partie Contractante responsable de la fonction de support technique du Système d'Information Schengen prend pour ce dernier les mesures prévues aux paragraphes 1 à 3.

....

Décret n° 95-315 du 23 mars 1995

portant création et attributions du bureau national chargé de la gestion opérationnelle de la partie nationale du système d'Information Schengen, dénommé Sirène

(Abr. et codifié à compter du 1er janv. 2014, D. n° 2013-1113, 4 déc. 2013. - V. désormais infra CSI, art. R. 231-1 s.)

ANNEXE 10

COUR DE JUSTICE DE LA RÉPUBLIQUE

Constitution du 4 octobre 1958

de la République française

TITRE X. – DE LA RESPONSABILITÉ PÉNALE DES MEMBRES DU GOUVERNEMENT

(Titre créé, L. const. n° 93-952, 27 juill. 1993)

Art. 68-1 *(L. const. n° 93-952, 27 juill. 1993).* – **Les membres du Gouvernement sont pénalement responsables des actes accomplis dans l'exercice de leurs fonctions et qualifiés crimes ou délits au moment où ils ont été commis.**

Ils sont jugés par la Cour de justice de la République.

La Cour de justice de la République est liée par la définition des crimes et délits ainsi que par la détermination des peines telles qu'elles résultent de la loi.

Art. 68-2 *(L. const. n° 93-952, 27 juill. 1993).* – **La Cour de justice de la République comprend quinze juges : douze parlementaires élus, en leur sein et en nombre égal, par l'Assemblée nationale et par le Sénat après chaque renouvellement général ou partiel de ces assemblées et trois magistrats du siège à la Cour de cassation, dont l'un préside la Cour de justice de la République.**

Toute personne qui se prétend lésée par un crime ou un délit commis par un membre du Gouvernement dans l'exercice de ses fonctions peut porter plainte auprès d'une commission des requêtes.

Cette commission ordonne soit le classement de la procédure, soit sa transmission au procureur général près la Cour de cassation aux fins de saisine de la Cour de justice de la République.

Le procureur général près la Cour de cassation peut aussi saisir d'office la Cour de justice de la République sur avis conforme de la commission des requêtes.

Une loi organique détermine les conditions d'application du présent article (1).

Loi organique n° 93-1252 du 23 novembre 1993

sur la Cour de justice de la République

TITRE PREMIER. – DE L'ORGANISATION DE LA COUR DE JUSTICE DE LA RÉPUBLIQUE

CHAPITRE I. – DE LA COMPOSITION ET DU FONCTIONNEMENT DE LA COUR DE JUSTICE DE LA RÉPUBLIQUE

Art. 1er. – **Les juges parlementaires à la Cour de justice de la République sont élus au scrutin majoritaire : le scrutin est secret. Nul n'est élu s'il n'a réuni la majorité absolue des suffrages exprimés. Pour chaque titulaire, un suppléant est élu dans les mêmes conditions.**

(1) V. T. appl. : L. org. n° 93-1252, 23 nov. 1993. – NDLR.

Les juges magistrats sont élus pour trois ans parmi les magistrats du siège hors hiérarchie à la Cour de cassation par l'ensemble de ces magistrats. L'un d'entre eux est désigné dans les mêmes formes en qualité de président de la Cour de justice de la République. Pour chaque titulaire, un suppléant est élu dans les mêmes conditions.

Art. 2. – Dès leur élection, les juges parlementaires prêtent serment devant l'assemblée qui les a désignés.

Ils jurent et promettent de bien et fidèlement remplir leurs fonctions, de garder le secret des délibérations et des votes et de se conduire en tout comme dignes et loyaux magistrats.

Art. 3. – Les membres de la Cour de justice de la République sont tenus d'assister aux audiences et aux délibérations auxquelles ils sont convoqués.

En cas d'absence non justifiée par un motif grave, ils sont déclarés démissionnaires par la Cour de justice de la République statuant soit d'office, soit à la requête du ministère public. Il est pourvu à leur remplacement dans les conditions fixées par la présente loi organique.

Art. 4. – Tout juge de la Cour de justice de la République, tout membre de la commission d'instruction instituée à l'article 11 peut être récusé pour l'une des causes prévues par le Code de procédure pénale en matière correctionnelle.

La Cour de justice de la République statue, dès l'ouverture des débats, sur les causes de récusation des juges.

Le premier président de la Cour de cassation statue sur la récusation des membres de la commission d'instruction, dans les formes prévues en matière correctionnelle.

Art. 5. – Tout juge qui souhaite s'abstenir, même en dehors des cas prévus par le Code de procédure pénale en matière correctionnelle, est tenu de le déclarer à la Cour de justice de la République qui statue sur sa demande.

Art. 6. – En cas de récusation ou d'empêchement temporaire de l'un des juges, il est remplacé par son suppléant.

En cas de cessation définitive des fonctions d'un juge titulaire en cours de mandat, son suppléant devient titulaire.

Le juge suppléant temporairement empêché, devenu titulaire ou ayant cessé définitivement ses fonctions en cours de mandat est remplacé par un juge élu dans les conditions prévues à l'article 1er. S'il s'agit d'un magistrat, il est élu pour la durée du mandat restant à courir.

Art. 7. – Les fonctions des juges parlementaires prennent fin :

- en même temps que les pouvoirs de l'Assemblée nationale ou à chaque renouvellement partiel du Sénat, selon l'assemblée à laquelle ils appartiennent ;
- lorsqu'ils cessent d'appartenir à l'Assemblée nationale ou au Sénat ;
- en cas de démission volontaire.

Art. 8 *(Mod., L. org. n° 2007-287, 5 mars 2007)*. – Le ministère public près la Cour de justice de la République est exercé par le procureur général près la Cour de cassation, assisté d'un premier avocat général et de deux avocats généraux qu'il désigne.

Art. 9. – Le greffier en chef de la Cour de cassation est, de droit, greffier de la Cour de justice de la République.

Art. 10. – Le personnel nécessaire au fonctionnement de la Cour de justice de la République est mis à la disposition de cette juridiction par le greffier en chef de la Cour de cassation.

Art. 11. – La commission d'instruction se compose de trois membres titulaires et de trois membres suppléants désignés pour trois ans parmi les magistrats du siège hors hiérarchie à la Cour de cassation par l'ensemble de ces magistrats.

Son président est choisi dans la même forme parmi les membres titulaires.

Les dispositions de l'article 6 concernant les magistrats de la Cour de cassation juges à la Cour de justice de la République sont applicables aux membres de la commission d'instruction.

CHAPITRE II. – DE LA COMMISSION DES REQUÊTES PRÈS LA COUR DE JUSTICE DE LA RÉPUBLIQUE

Art. 12. – La commission des requêtes près la Cour de justice de la République se compose de trois magistrats du siège hors hiérarchie à la Cour de cassation, de deux conseillers d'État et de deux conseillers maîtres à la Cour des comptes désignés pour cinq ans.

Les magistrats à la Cour de cassation sont élus par l'ensemble des magistrats du siège hors hiérarchie de la Cour. L'un d'entre eux est désigné dans la même forme comme président de la commission.

Les conseillers d'État sont désignés par l'assemblée générale du Conseil d'État.

Les conseillers maîtres à la Cour des comptes sont désignés par la chambre du conseil.

Dans les mêmes formes, il est procédé à la désignation par chacune de ces juridictions d'un membre suppléant.

TITRE II. – DE LA PROCÉDURE

CHAPITRE I. – DE LA MISE EN MOUVEMENT DE L'ACTION PUBLIQUE

Art. 13. – Sous peine d'irrecevabilité, la plainte portée auprès de la commission des requêtes par une personne qui se prétend lésée par un crime ou un délit commis par un membre du Gouvernement dans l'exercice de ses fonctions doit contenir le nom du membre du Gouvernement visé par ladite plainte et l'énoncé des faits allégués à son encontre ; elle doit être signée par le plaignant.

Aucune constitution de partie civile n'est recevable devant la Cour de justice de la République.

Les actions en réparation de dommages ayant résulté de crimes et délits poursuivis devant la Cour de justice de la République ne peuvent être portées que devant les juridictions de droit commun.

Art. 14. – La commission des requêtes apprécie la suite à donner aux plaintes qu'elle reçoit.

Elle avise le plaignant de la suite réservée à sa plainte.

Les actes de la commission des requêtes ne sont susceptibles d'aucun recours.

Art. 15. – En cas de plainte insuffisamment motivée ou insuffisamment justifiée par les pièces produites, la commission des requêtes peut faire procéder à toutes investigations utiles selon les formes prévues par les articles 75, 76 et 77-1 du Code de procédure pénale.

Les pouvoirs conférés par ces articles au procureur de la République sont exercés par l'un des membres de la commission, magistrat à la Cour de cassation.

Art. 16. – Lorsque la commission des requêtes ordonne la transmission de la procédure au procureur général près la Cour de cassation, elle est tenue dans sa décision de qualifier pénalement les faits à raison desquels il y a lieu de poursuivre.

Art. 17. – Le procureur général près la Cour de cassation peut aussi agir d'office, après avoir recueilli l'avis conforme de la commission des requêtes.

Ses réquisitions doivent contenir les mentions énumérées à l'article 13.

CHAPITRE II. – DE LA PROCÉDURE DEVANT LA COMMISSION D'INSTRUCTION DE LA COUR DE JUSTICE DE LA RÉPUBLIQUE

Art. 18. – Dans la mesure où il n'y est pas dérogé par le présent chapitre, la commission d'instruction procède à tous les actes qu'elle juge utiles à la manifestation de la vérité selon les règles édictées par le Code de procédure pénale et spécialement celles relatives aux droits de la défense.

Ces pouvoirs sont exercés, jusqu'à la réunion de la commission d'instruction, par le président de cette commission.

Art. 19. – La commission d'instruction informe en vertu d'un réquisitoire du procureur général près la Cour de cassation. Le réquisitoire est pris contre personne dénommée.

Le procureur général est tenu, dans son réquisitoire, de viser la décision de la commission des requêtes près la Cour de justice de la République ou, lorsqu'il agit d'office, l'avis conforme de cette commission.

Art. 20. – La commission d'instruction peut requalifier les faits qui sont soumis à son appréciation.

ANNEXE 10

Si l'instruction relève des faits nouveaux distincts de ceux ayant donné lieu à la saisine de la commission d'instruction, celle-ci ordonne communication du dossier au procureur général pour que ce magistrat prenne ses réquisitions. La commission d'instruction ne peut informer sur ces faits nouveaux que si la commission des requêtes donne un avis conforme.

Art. 21. – Les auditions et interrogatoires des membres du Gouvernement sont effectués par la commission d'instruction. Il en va de même des confrontations auxquelles ils participent.

Art. 22. – Les décisions de caractère juridictionnel sont rendues par la commission d'instruction après réquisitions du procureur général.

Art. 23. – Aussitôt que l'information lui paraît terminée, la commission d'instruction communique le dossier au procureur général pour que ce magistrat prenne ses réquisitions. Les membres du Gouvernement mis en examen et leurs avocats en sont avisés. Ils disposent d'un délai de vingt jours à compter de cet avis pour demander à la commission de statuer sur d'éventuelles nullités. La commission d'instruction peut dire qu'il n'y a pas lieu à suivre ou, si elle estime que les faits reprochés aux membres du Gouvernement constituent un crime ou un délit, ordonner le renvoi de l'affaire devant la Cour de justice de la République.

Art. 24. – Dans les conditions et formes déterminées par le titre I du livre III du Code de procédure pénale, les arrêts de la commission d'instruction peuvent faire l'objet de pourvois en cassation qui sont portés devant l'Assemblée plénière de la Cour de cassation.

Art. 25. – Lorsque la Cour de cassation annule un arrêt rendu par la commission d'instruction, elle renvoie l'affaire devant celle-ci, composée de membres titulaires ou suppléants autres que ceux qui ont rendu l'arrêt annulé. Les dispositions du second alinéa de l'article L. 131-4 du Code de l'organisation judiciaire sont applicables.

CHAPITRE III. – DES DÉBATS ET DU JUGEMENT

Art. 26. – Dans la mesure où il n'y est pas dérogé par le présent chapitre, les règles fixées par le Code de procédure pénale concernant les débats et les jugements en matière correctionnelle sont applicables devant la Cour de justice de la République.

Art. 27. – Dès que l'arrêt de renvoi est devenu définitif, le président de la Cour de justice de la République fixe, à la requête du procureur général, la date d'ouverture des débats.

Art. 28. – À la diligence du procureur général, les prévenus sont cités à comparaître dans les délais et formes prévus au titre IV du livre II du Code de procédure pénale.

Art. 29. – En cas de crime, si le prévenu ne se présente pas, il est procédé contre lui par contumace.

Art. 30. – Il est délivré à chaque prévenu une copie de toutes les pièces de la procédure.

Art. 31. – S'il y a lieu de procéder à un supplément d'information, la Cour de justice de la République commet par arrêt un de ses membres magistrats, qui procède à tous les actes d'instruction nécessaires dans les conditions prévues par le chapitre I du titre III du livre I du Code de procédure pénale.

Art. 32. – La Cour de justice de la République, après clôture des débats, statue sur la culpabilité des accusés. Il est voté séparément pour chaque accusé sur chaque chef d'accusation. Le vote a lieu par bulletins secrets à la majorité absolue.

Si l'accusé est déclaré coupable, il est voté sans désemparer sur l'application de la peine. Toutefois, après deux votes dans lesquels aucune peine n'aura obtenu la majorité des voix, la peine la plus forte proposée dans ce vote sera écartée pour le vote suivant et ainsi de suite en écartant chaque fois la peine la plus forte jusqu'à ce qu'une peine soit prononcée par la majorité absolue des votants.

Art. 33. – Dans les conditions et formes déterminées par le titre I du livre III du Code de procédure pénale, les arrêts de la Cour de justice de la République peuvent faire l'objet de pourvois en cassation qui sont portés devant l'Assemblée plénière de la Cour de cassation.

La Cour de cassation doit statuer dans un délai de trois mois.

Art. 34. – Lorsque la Cour de cassation annule un arrêt rendu par la Cour de justice de la République, elle renvoie l'affaire devant celle-ci, composée de juges titulaires ou suppléants autres que ceux qui ont rendu l'arrêt annulé.

Les dispositions du second alinéa de l'article L. 131-4 du Code de l'organisation judiciaire sont applicables.

TITRE III. – DISPOSITIONS DIVERSES

Art. 35. – Les magistrats à la Cour de cassation, les conseillers d'État et les conseillers maîtres à la Cour des comptes admis à l'honorariat en cours de mandat continuent à siéger jusqu'à l'expiration de celui-ci.

Toutefois, il n'est sursis à statuer ni lorsqu'une personne est privée de liberté à raison de l'instance ni lorsque l'instance a pour objet de mettre fin à une mesure privative de liberté.

La juridiction peut également statuer sans attendre la décision relative à la question prioritaire de constitutionnalité si la loi ou le règlement prévoit qu'elle statue dans un délai déterminé ou en urgence. Si la juridiction de première instance statue sans attendre et s'il est formé appel de sa décision, la juridiction d'appel sursoit à statuer. Elle peut toutefois ne pas surseoir si elle est elle-même tenue de se prononcer dans un délai déterminé ou en urgence.

En outre, lorsque le sursis à statuer risquerait d'entraîner des conséquences irrémédiables ou manifestement excessives pour les droits d'une partie, la juridiction qui décide de transmettre la question peut statuer sur les points qui doivent être immédiatement tranchés.

Si un pourvoi en cassation a été introduit alors que les juges du fond se sont prononcés sans attendre la décision du Conseil d'État ou de la Cour de cassation ou, s'il a été saisi, celle du Conseil constitutionnel, il est sursis à toute décision sur le pourvoi tant qu'il n'a pas été statué sur la question prioritaire de constitutionnalité. Il en va autrement quand l'intéressé est privé de liberté à raison de l'instance et que la loi prévoit que la Cour de cassation statue dans un délai déterminé.

Section II. – Dispositions applicables devant le Conseil d'État et la Cour de cassation

Art. 23-4 *(Créé à compter du 1er mars 2010, L. org. n° 2009-1523, 10 déc. 2009).* – **Dans un délai de trois mois à compter de la réception de la transmission prévue à l'article 23-2 ou au dernier alinéa de l'article 23-1, le Conseil d'État ou la Cour de cassation se prononce sur le renvoi de la question prioritaire de constitutionnalité au Conseil constitutionnel. Il est procédé à ce renvoi dès lors que les conditions prévues aux 1° et 2° de l'article 23-2 sont remplies et que la question est nouvelle ou présente un caractère sérieux.**

Art. 23-5 *(Créé à compter du 1er mars 2010, L. org. n° 2009-1523, 10 déc. 2009).* – (1) **Le moyen tiré de ce qu'une disposition législative porte atteinte aux droits et libertés garantis par la Constitution peut être**

(1) Concernant le champ d'application de l'article 23-5, V. notamment :
– CE, 14 mai 2010, n° 312305, *M. R.... : JurisData* n° 2010-006107 (exclusion des stipulations des traités et accords internationaux, de la loi autorisant la ratification d'un traité et des dispositions qui rappellent l'applicabilité de ces traités et accords) ;
– CE, 19 mai 2010, n° 330310, *Cne de Buc (exclusion des dispositions déjà déclarées conformes mais pour lesquelles un nouveau moyen est soulevé sur lequel le Conseil ne s'était pas expressément prononcé, et en l'absence de changement de circonstances survenues depuis la décision concluant à la conformité) : JurisData* n° 2010-006644 ;
– Cass. ass. plén., 15 juin 2010, n° 09-72.731, *Sté Mermoz aviation Ireland limited : JurisData* n° 2010-009535 (exclusion des dispositions dans une rédaction qui n'est plus en vigueur). – En sens contraire : Cons. const. n° 2010-16 QPC, 23 juillet 2010 (cons. 2) : *JO* 24 juill. 2010 ; CE, 10 nov. 2010, n° 340106, *Féd. nat. CGT des personnels des organismes sociaux : JurisData* n° 2010-021485 ;
– CE, 20 déc. 2011, n° 346960, *M. Briand : JurisData* n° 2011-029137 (exclusion de la méconnaissance par le législateur de sa propre compétence à l'encontre d'une disposition législative antérieure à la révision de la Constitution ayant conféré cette compétence au législateur) ;
– CE, 28 mars 2012, n° 356227, *M. et Mme Sarter* et Cons const. n° 2010-4/17 QPC : *JurisData* n° 2010-030604 (non invocabilité de la méconnaissance de l'objectif d'intelligibilité et d'accessibilité de la loi en elle-même) ;
– CE, 28 juin 2013, n° 351986, *Ass. trinationale de protection nucléaire et a. : JurisData* n° 2013-013138 ou CE, 18 déc. 2013, n° 364839, *Mme B. ... : JurisData* n° 2013 029959 (exclusion des dispositions issues d'une ordonnance non ratifiée dans les conditions prévues par l'article 38 de la Constitution, qui conservent aussi longtemps que le Parlement ne l'a pas ratifiée expressément, un caractère d'acte administratif) ;
– CE, 21 janv. 2015, n° 380339, *Mme A. ... : JurisData* n° 2015-000704 (exclusion de dispositions se bornent ainsi à délimiter le champ de l'habilitation donnée au Gouvernement sur le fondement de l'article 38 de la Constitution pour prendre par ordonnance des mesures qui sont normalement du domaine de la loi) ;
– CE, 18 juill. 2011, n° 340512, *Féd. nat. des chasseurs : JurisData* n° 2011-014677 ou CE, 19 oct. 2015, n° 392400, *Ass. pour la neutralité de l'enseignement de l'histoire turque dans les programmes scolaires : JurisData* n° 2015-023472 (exclusion des dispositions d'une loi qui sont dépourvues de portée normative, telles que celles prises sur le fondement de lois de programmation, qui se bornent à fixer des objectifs à l'action de l'État, ou celles ayant pour objet de « reconnaître » un crime de génocide). – NDLR ;
– CE, 23 nov. 2015, n° 393173, *Dpt de Paris : JurisData* n° 2015-026692 (non exclusion d'une disposition déclarée conforme mais ayant fait l'objet ultérieurement de modifications substantielles). – NDLR.

soulevé, y compris pour la première fois en cassation, à l'occasion d'une instance devant le Conseil d'État ou la Cour de cassation. Le moyen est présenté, à peine d'irrecevabilité, dans un mémoire distinct et motivé. Il ne peut être relevé d'office.

En tout état de cause, le Conseil d'État ou la Cour de cassation doit, lorsqu'il est saisi de moyens contestant la conformité d'une disposition législative, d'une part, aux droits et libertés garantis par la Constitution et, d'autre part, aux engagements internationaux de la France, se prononcer par priorité sur le renvoi de la question de constitutionnalité au Conseil constitutionnel (1).

Le Conseil d'État ou la Cour de cassation dispose d'un délai de trois mois à compter de la présentation du moyen pour rendre sa décision. Le Conseil constitutionnel est saisi de la question prioritaire de constitutionnalité dès lors que les conditions prévues aux 1° et 2° de l'article 23-2 sont remplies et que la question est nouvelle ou présente un caractère sérieux.

Lorsque le Conseil constitutionnel a été saisi, le Conseil d'État ou la Cour de cassation sursoit à statuer jusqu'à ce qu'il se soit prononcé. Il en va autrement quand l'intéressé est privé de liberté à raison de l'instance et que la loi prévoit que la Cour de cassation statue dans un délai déterminé. Si le Conseil d'État ou la Cour de cassation est tenu de se prononcer en urgence, il peut n'être pas sursis à statuer.

Art. 23-6 *(Abr., L. org. n° 2010-830, 22 juill. 2010).*

Art. 23-7 *(Créé à compter du 1er mars 2010, L. org. n° 2009-1523, 10 déc. 2009).* **– La décision motivée du Conseil d'État ou de la Cour de cassation de saisir le Conseil constitutionnel lui est transmise avec les mémoires ou les conclusions des parties. Le Conseil constitutionnel reçoit une copie de la décision motivée par laquelle le Conseil d'État ou la Cour de cassation décide de ne pas le saisir d'une question prioritaire de constitutionnalité. Si le Conseil d'État ou la Cour de cassation ne s'est pas prononcé dans les délais prévus aux articles 23-4 et 23-5, la question est transmise au Conseil constitutionnel.**

La décision du Conseil d'État ou de la Cour de cassation est communiquée à la juridiction qui a transmis la question prioritaire de constitutionnalité et notifiée aux parties dans les huit jours de son prononcé.

Section III. – Dispositions applicables devant le Conseil constitutionnel

Art. 23-8 *(Créé à compter du 1er mars 2010, L. org. n° 2009-1523, 10 déc. 2009).* **– Le Conseil constitutionnel, saisi en application des dispositions du présent chapitre, avise immédiatement le Président de la République, le Premier ministre et les présidents de l'Assemblée nationale et du Sénat. Ceux-ci peuvent adresser au Conseil constitutionnel leurs observations sur la question prioritaire de constitutionnalité qui lui est soumise.**

Lorsqu'une disposition d'une loi du pays de la Nouvelle-Calédonie fait l'objet de la question prioritaire de constitutionnalité, le Conseil constitutionnel avise également le président du gouvernement de la Nouvelle-Calédonie, le président du congrès et les présidents des assemblées de province.

Art. 23-9 *(Créé à compter du 1er mars 2010, L. org. n° 2009-1523, 10 déc. 2009).* **– Lorsque le Conseil constitutionnel a été saisi de la question prioritaire de constitutionnalité, l'extinction, pour quelque cause que ce soit, de l'instance à l'occasion de laquelle la question a été posée est sans conséquence sur l'examen de la question.**

Art. 23-10 *(L. org. n° 2009-1523, 10 déc. 2009).* **– Le Conseil constitutionnel statue dans un délai de trois mois à compter de sa saisine. Les parties sont mises à même de présenter contradictoirement leurs observations. L'audience est publique, sauf dans les cas exceptionnels définis par le règlement intérieur du Conseil constitutionnel.**

(1) Concernant les rapports entre question prioritaire de constitutionnalité et contrôle de « conventionnalité » des lois par le juges administratif et le juge judiciaire, V.

– Cons. const. n° 2010-605 DC, 12 mai 2010 : *JO* 13 mai 2010 ;

– CE, 14 mai 2010, n° 312305, *M. R.... : JurisData* n° 2010-006167 ; CE ass., 13 mai 2011, n° 316734, *Mme M'Rida : JurisData* n° 2011-008418 ;

– CJUE, 22 juin 2010, aff. C-188/10 et C-189/10, *A. Melki et S. Abdeli : JurisData* n° 2010-009985 ;

– Cass. ass. plén., 29 juin 2010, nos 10-40.001 et 10-40.002, *M... et A... c/ Préfet du Nord (deux espèces) : JurisData* n° 2010-007153. – NDLR.

Art. 23-11 *(Créé à compter du 1er mars 2010, L. org. n° 2009-1523, 10 déc. 2009).* – La décision du Conseil constitutionnel est motivée. Elle est notifiée aux parties et communiquée soit au Conseil d'État, soit à la Cour de cassation ainsi que, le cas échéant, à la juridiction devant laquelle la question prioritaire de constitutionnalité a été soulevée.

Le Conseil constitutionnel communique également sa décision au Président de la République, au Premier ministre et aux présidents de l'Assemblée nationale et du Sénat ainsi que, dans le cas prévu au dernier alinéa de l'article 23-8, aux autorités qui y sont mentionnées.

La décision du Conseil constitutionnel est publiée au *Journal officiel* et, le cas échéant, au *Journal officiel* de la Nouvelle-Calédonie.

Art. 23-12 *(Créé à compter du 1er mars 2010, L. org. n° 2009-1523, 10 déc. 2009).* – Lorsque le Conseil constitutionnel est saisi d'une question prioritaire de constitutionnalité, la contribution de l'État à la rétribution des auxiliaires de justice qui prêtent leur concours au titre de l'aide juridictionnelle est majorée selon des modalités fixées par voie réglementaire.

ANNEXE 12

MINEURS DÉLINQUANTS

Ordonnance n° 45-174 du 2 février 1945

relative à l'enfance délinquante

(Abr. et partiellement codifiée à compter du 30 sept. 2021, Ord. n° 2019-950, 11 sept. 2019)

Code de la justice pénale des mineurs

(Partie créée à compter du 30 sept. 2021, Ord. n° 2019-950, 11 sept. 2019) (1) (2)

PARTIE LÉGISLATIVE

Art. préliminaire. – Le présent code régit les conditions dans lesquelles la responsabilité pénale des mineurs est mise en œuvre, en prenant en compte, dans leur intérêt supérieur, l'atténuation de cette responsabilité en fonction de leur âge et la nécessité de rechercher leur relèvement éducatif et moral par des mesures adaptées à leur âge et leur personnalité, prononcées par une juridiction spécialisée ou selon des procédures appropriées.

TITRE PRÉLIMINAIRE. – Des principes généraux de la justice pénale des mineurs

CHAPITRE Ier. – Des principes généraux du droit pénal applicable aux mineurs

Art. L. 11-1. – Lorsqu'ils sont capables de discernement, les mineurs, au sens de l'article 388 du Code civil, sont pénalement responsables des crimes, délits ou contraventions dont ils sont reconnus coupables.

Les mineurs de moins de treize ans sont présumés ne pas être capables de discernement. Les mineurs âgés d'au moins treize ans sont présumés être capables de discernement.

Est capable de discernement le mineur qui a compris et voulu son acte et qui est apte à comprendre le sens de la procédure pénale dont il fait l'objet.

Art. L. 11-2. – Les décisions prises à l'égard des mineurs tendent à leur relèvement éducatif et moral ainsi qu'à la prévention de la récidive et à la protection de l'intérêt des victimes.

(1) Les dispositions de la partie législative du Code de la justice pénale des mineurs qui mentionnent, sans les reproduire, des dispositions soit d'autres codes, soit de textes législatifs sont de plein droit modifiées par l'effet des modifications ultérieures de ces dispositions, Ord. n° 2019-950, 11 sept. 2019.

(2) Les dispositions du Code de la justice pénale des mineurs, relatives à la procédure pénale, sont applicables aux poursuites engagées à compter du 30 septembre 2021. Les poursuites engagées avant cette date se poursuivent jusqu'à leur terme conformément aux dispositions du Code de procédure pénale et de l'ordonnance n° 45-174 du 2 février 1945 relative à l'enfance délinquante dans leur version applicable avant cette date.

Toutefois, les dispositions du Code de la justice pénale des mineurs relatives aux mesures de sûreté s'appliquent immédiatement lorsqu'elles sont plus favorables aux mineurs à l'encontre desquels ces poursuites sont engagées, Ord. n° 2019-950, 11 sept. 2019.

Art. L. 11-3. – Les mineurs déclarés coupables d'une infraction pénale peuvent faire l'objet de mesures éducatives et, si les circonstances et leur personnalité l'exigent, de peines.

Art. L. 11-4. – Aucune peine ne peut être prononcée à l'encontre d'un mineur de moins de treize ans.

Art. L. 11-5. – Les peines encourues par les mineurs sont diminuées conformément aux dispositions du présent code.

CHAPITRE II. – Des principes généraux de la procédure pénale applicable aux mineurs

Art. L. 12-1. – Les crimes, délits et contraventions de la cinquième classe reprochés à un mineur sont instruits et jugés par des juridictions et chambres spécialisées ou spécialement désignées ou composées, devant lesquelles les procédures sont adaptées.

Ces juridictions et chambres sont :

1° Le juge des enfants ;

2° Le tribunal pour enfants ;

3° Le juge d'instruction chargé spécialement des affaires concernant les mineurs ;

3° *bis* Le juge des libertés et de la détention chargé spécialement des affaires concernant les mineurs ;

4° La cour d'assises des mineurs ;

5° La chambre spéciale des mineurs de la cour d'appel ;

6° La chambre de l'instruction spécialement composée en matière d'affaires concernant les mineurs.

Le conseiller de la cour d'appel délégué à la protection de l'enfance fait partie des chambres mentionnées aux 5° et 6°.

Art. L. 12-2. – L'action publique relative à des crimes, délits ou contraventions de la cinquième classe reprochés à un mineur est exercée par des magistrats désignés chargés spécialement des affaires concernant les mineurs.

Les fonctions du ministère public sont remplies par le procureur général ou un magistrat du ministère public spécialement chargé des affaires concernant les mineurs.

Art. L. 12-3. – La publicité des audiences des juridictions statuant à l'égard des mineurs est restreinte dans les conditions déterminées par le présent code.

Art. L. 12-4. – Le mineur poursuivi ou condamné est assisté d'un avocat.

Le mineur participe au choix de son avocat ou effectue ce choix dans les conditions prévues par le présent code.

Lorsqu'un avocat a été désigné d'office, dans la mesure du possible, le mineur est assisté par le même avocat à chaque étape de la procédure.

Art. L. 12-5. – Dans les conditions fixées par le présent code, les responsables légaux reçoivent les mêmes informations que celles qui doivent être communiquées au mineur au cours de la procédure. Le mineur en est informé.

Le mineur suspecté ou poursuivi a le droit d'être accompagné par ses représentants légaux conformément aux dispositions du présent code.

Art. L. 12-6. – Le droit d'opposition, d'appel ou de recours en cassation est exercé soit par le mineur, soit par son représentant légal.

CHAPITRE III. – Dispositions communes

Art. L. 13-1 *(Mod. à compter du 1er mai 2022, Ord. n° 2022-478, 30 mars 2022)*. – Les dispositions législatives et réglementaires en matière de droit pénal et de procédure pénale, notamment celles du Code pénal, du Code de procédure pénale et du Code pénitentiaire, sont applicables aux mineurs, sauf lorsqu'il en est disposé autrement par les dispositions du présent code.

Pour l'application aux mineurs des dispositions du Code pénal, du Code de procédure pénale et du Code pénitentiaire, les références aux juridictions compétentes à l'égard des majeurs s'entendent comme des références aux juridictions compétentes à l'égard des mineurs, telles qu'elles sont définies par le présent code.

Art. L. 13-2. – À moins que le présent code n'en dispose autrement, la juridiction compétente, la procédure applicable ainsi que les mesures et peines encourues sont déterminées selon l'âge du mineur à la date des faits.

Art. L. 13-3. – En aucune circonstance, l'identité ou l'image d'un mineur mis en cause dans une procédure pénale ne peuvent être, directement ou indirectement, rendues publiques.

Art. L. 13-4. – Il peut être proposé à la victime et à l'auteur de l'infraction de recourir à la justice restaurative, conformément à l'article 10-1 du Code de procédure pénale, à l'occasion de toute procédure concernant un mineur et à tous les stades de celle-ci, y compris lors de l'exécution de la peine, sous réserve que les faits aient été reconnus.

La justice restaurative ne peut être mise en œuvre que si le degré de maturité et la capacité de discernement du mineur le permettent, et après avoir recueilli le consentement des représentants légaux.

LIVRE Ier. – Des mesures éducatives et des peines

TITRE Ier. – Des mesures éducatives

CHAPITRE Ier. – Dispositions communes

Art. L. 111-1. – Les mesures éducatives encourues par un enfant ou un adolescent à titre de sanction sont :

1° L'avertissement judiciaire ;

2° La mesure éducative judiciaire.

Art. L. 111-2. – Le juge des enfants, le tribunal pour enfants et la cour d'assises des mineurs peuvent prononcer un avertissement judiciaire et une mesure éducative judiciaire. Un avertissement judiciaire peut être prononcé cumulativement avec une mesure éducative judiciaire qui ne peut comporter que le module de réparation. Si un avertissement judiciaire a déjà été prononcé à l'égard du mineur pour une infraction identique ou assimilée au regard des règles de la récidive commise moins d'un an avant la commission de la nouvelle infraction, il ne peut être prononcé seul.

Le tribunal de police peut prononcer un avertissement judiciaire.

Art. L. 111-3. – Pour les contraventions de la cinquième classe, les délits et les crimes, une mesure éducative peut être prononcée cumulativement avec une peine.

Art. L. 111-4. – Les décisions prononçant une mesure éducative sont exécutoires par provision.

Art. L. 111-5. – Les mesures éducatives prononcées à l'égard d'un mineur ne peuvent constituer le premier terme de récidive.

Art. L. 111-6. – En matière contraventionnelle ou correctionnelle, une dispense de mesure éducative peut être accordée lorsqu'il apparaît que le reclassement du mineur est acquis, que le dommage causé est réparé et que le trouble résultant de l'infraction a cessé.

Le juge des enfants ou le tribunal pour enfants peut prononcer une déclaration de réussite éducative à l'égard du mineur qui, dans le cadre d'une mise à l'épreuve éducative, a pleinement respecté les obligations qui lui étaient alors imposées.

Ces décisions ne peuvent constituer le premier terme d'une récidive.

La juridiction qui prononce une dispense de mesure éducative ou une déclaration de réussite éducative peut décider que sa décision ne sera pas mentionnée au casier judiciaire.

CHAPITRE II. – De la mesure éducative judiciaire

Section 1. – Dispositions générales

Art. L. 112-1. – La mesure éducative judiciaire vise la protection du mineur, son assistance, son éducation, son insertion et son accès aux soins.

Art. L. 112-2 *(Mod., L. n° 2022-299, 2 mars 2022)*. – La mesure éducative judiciaire consiste en un accompagnement individualisé du mineur construit à partir d'une évaluation de sa situation personnelle, familiale, sanitaire et sociale. La juridiction peut également prononcer l'un ou plusieurs des modules, interdictions ou obligations suivants :

1° Un module d'insertion ;

2° Un module de réparation ;

3° Un module de santé ;

4° Un module de placement ;

5° Une interdiction de paraître pour une durée qui ne saurait excéder un an, dans le ou les lieux dans lesquels l'infraction a été commise et qui sont désignés par la juridiction, à l'exception des lieux dans lesquels le mineur réside habituellement ;

6° Une interdiction d'entrer en contact avec la victime ou les coauteurs ou complices, désignés par la juridiction, pour une durée d'un an maximum ;

7° Une interdiction d'aller et venir sur la voie publique entre vingt-trois heures et six heures sans être accompagné de l'un de ses représentants légaux, pour une durée de six mois maximum ;

8° L'obligation de remettre un objet détenu ou appartenant au mineur et ayant servi à la commission de l'infraction ou qui en est le produit ;

9° L'obligation de suivre un stage de formation civique, d'une durée qui ne peut excéder un mois, ayant pour objet de rappeler au mineur les obligations résultant de la loi. Ce stage peut comporter un volet spécifique de sensibilisation aux risques liés au harcèlement scolaire.

Art. L. 112-3. – Les modules mentionnés aux 1° à 4° de l'article L. 112-2 et les obligations et interdictions mentionnées aux 5° à 9° du même article L. 112-2 peuvent être prononcés alternativement ou cumulativement.

Toutefois, seuls les mineurs de plus de dix ans encourent une mesure éducative judiciaire comportant l'une ou plusieurs des interdictions et obligations mentionnées aux 5° à 9° de l'article L. 112-2.

Art. L. 112-4. – La mesure éducative judiciaire est prononcée pour une durée n'excédant pas cinq années, sans préjudice de l'application des dispositions des articles L. 112-6, deuxième alinéa, L. 112-9 et L. 112-15, troisième et quatrième alinéas.

Elle peut être prononcée même si l'intéressé est devenu majeur au jour de la décision mais prend fin au plus tard lorsqu'il atteint vingt-et-un ans, sans préjudice de l'application des dispositions des articles L. 112-6, deuxième alinéa, et L. 112-15, dernier alinéa.

Section 2. – Des modules de la mesure éducative judiciaire

Sous-section 1. – Du module d'insertion

Art. L. 112-5 *(Mod., L. n° 2022-299, 2 mars 2022)*. – La mesure éducative judiciaire consiste en un accompagnement individualisé du mineur construit à partir d'une évaluation de sa situation personnelle, familiale, sanitaire et sociale. La juridiction peut également prononcer un ou plusieurs des modules, interdictions ou obligations suivants :

1° Un module d'insertion ;

2° Un module de réparation ;

3° Un module de santé ;

4° Un module de placement ;

5° Une interdiction de paraître pour une durée qui ne saurait excéder un an, dans le ou les lieux dans lesquels l'infraction a été commise et qui sont désignés par la juridiction, à l'exception des lieux dans lesquels le mineur réside habituellement ;

6° Une interdiction d'entrer en contact avec la victime ou les coauteurs ou complices, désignés par la juridiction, pour une durée d'un an maximum ;

7° Une interdiction d'aller et venir sur la voie publique entre 22 heures et 6 heures sans être accompagné de l'un de ses représentants légaux, pour une durée de six mois maximum ;

8° L'obligation de remettre un objet détenu ou appartenant au mineur et ayant servi à la commission de l'infraction ou qui en est le produit ;

9° L'obligation de suivre un stage de formation civique, d'une durée qui ne peut excéder un mois, ayant pour objet de rappeler au mineur les obligations résultant de la loi. Ce stage peut comporter un volet spécifique de sensibilisation aux risques liés au harcèlement scolaire.

Art. L. 112-6. – L'accueil de jour du mineur consiste en une prise en charge continue en journée aux fins d'insertion sociale, professionnelle ou scolaire. Il est mis en œuvre par un établissement ou service du secteur public de la protection judiciaire de la jeunesse ou une structure habilitée.

La décision fixe la durée de la mesure, qui ne peut excéder un an, ainsi que ses modalités d'exercice. Cette mesure ne peut être prononcée, poursuivie ou renouvelée après la majorité de l'intéressé qu'avec son accord.

À l'échéance fixée, la personne ou le service auquel la mesure d'accueil de jour a été confiée informe par écrit la juridiction compétente et le service de la protection judiciaire de la jeunesse de l'exécution de la prise en charge.

Art. L. 112-7. – Les dispositions prévues à l'article L. 112-15 sont applicables au prononcé des placements mentionnés aux 2° et 3° de l'article L. 112-5.

Sous-section 2. – Du module de réparation

Art. L. 112-8. – Le module de réparation peut consister en :

1° Une activité d'aide ou de réparation à l'égard de la victime ou dans l'intérêt de la collectivité ;

2° Une médiation entre le mineur et la victime.

Art. L. 112-9. – La juridiction recueille les observations du mineur et, dans la mesure du possible, de ses représentants légaux avant de prononcer un module de réparation. Elle fixe, dans sa décision, la durée de ce module qui ne peut excéder un an.

Art. L. 112-10. – La mise en œuvre du module de réparation peut être confiée à la protection judiciaire de la jeunesse ou à un service ou une personne habilité dans des conditions fixées par décret en Conseil d'État.

L'activité d'aide ou de réparation ne peut être mise en œuvre à l'égard de la victime qu'avec l'accord de celle-ci. La médiation est mise en œuvre à la demande ou avec l'accord de la victime.

Au terme du délai fixé par la décision, le service ou la personne chargé de sa mise en œuvre informe par écrit la juridiction de l'exécution du module.

Sous-section 3. – Du module de santé

Art. L. 112-11. – Le module de santé peut consister en :

1° Une orientation du mineur vers une prise en charge sanitaire adaptée à ses besoins ;

2° Un placement dans un établissement de santé, à l'exclusion des services de psychiatrie ;

3° Un placement dans un établissement médico-social.

Art. L. 112-12. – Le placement dans un établissement de santé mentionné au 2° de l'article L. 112-11 est prononcé dans les conditions prévues à l'article L. 112-15 au vu d'un avis médical circonstancié d'un médecin extérieur à cet établissement. Lorsque le médecin de l'établissement d'accueil certifie que l'hospitalisation n'est plus nécessaire, le juge des enfants statue sans délai sur la mesure de placement.

Art. L. 112-13. – Le placement dans un établissement médico-social mentionné au 3° de l'article L. 112-11 est prononcé dans les conditions prévues à l'article L. 112-15 au vu d'une décision d'orientation de la commission des droits et de l'autonomie des personnes handicapées prise dans les conditions prévues à l'article L. 241-6 du Code de l'action sociale et des familles.

Sous-section 4. – Du module de placement

Art. L. 112-14. – Au titre du module de placement, le mineur peut être confié :

1° À un membre de sa famille ou une personne digne de confiance ;

2° À un établissement du secteur public de la protection judiciaire de la jeunesse, à l'exclusion des établissements mentionnés à l'article L. 113-7 ;

3° À une institution ou un établissement éducatif privé habilité, à l'exclusion des établissements mentionnés à l'article L. 113-7.

Art. L. 112-15. – La décision de placement est prise par la juridiction après avoir procédé à l'audition du mineur et de ses représentants légaux lors d'une audience.

Toutefois, en cas d'urgence, le juge des enfants peut prononcer un placement sans avoir procédé à l'audition des parties. Dans ce cas, il les convoque à une date qui ne peut être fixée au-delà d'un délai de quinze jours à compter de la décision.

Le placement est prononcé par une ordonnance qui détermine le lieu de placement et en fixe la durée, qui ne peut excéder un an, ainsi que les modalités du droit de visite et d'hébergement des parents.

Ce placement peut être renouvelé selon les modalités prévues au présent article.

Lorsqu'il a été prononcé à l'égard d'un mineur, le placement ne peut se poursuivre après la majorité de l'intéressé qu'avec son accord.

CHAPITRE III. – Du régime du placement

Section 1. – Dispositions générales

Art. L. 113-1. – Les père et mère du mineur bénéficiant d'une mesure de placement au titre du présent code continuent à exercer tous les attributs de l'autorité parentale qui ne sont pas inconciliables avec cette mesure. Toutefois, la personne, le service ou l'établissement auquel l'enfant est confié accomplit tous les actes usuels relatifs à sa surveillance et à son éducation.

Sans préjudice de l'alinéa précédent, le juge compétent pour statuer sur le placement peut exceptionnellement, dans tous les cas où l'intérêt de l'enfant le justifie, autoriser la personne, le service ou l'établissement auquel est confié le mineur à exercer un acte relevant de l'autorité parentale en cas de refus abusif ou injustifié ou en cas de négligence des détenteurs de l'autorité parentale, à charge pour le demandeur de rapporter la preuve de la nécessité de cette mesure.

Art. L. 113-2. – Lorsque le mineur est remis à une personne autre que les titulaires de l'autorité parentale ou la personne à laquelle il était confié, la décision détermine la part des frais d'entretien et de placement restant à leur charge.

Ces frais sont recouvrés comme frais de justice criminelle au profit du Trésor public. Les allocations familiales, majorations et allocations d'assistance auxquelles le mineur ouvre droit seront versées directement par l'organisme débiteur à la personne ou à l'établissement qui accueille le mineur le temps du placement. Toutefois, le juge des enfants peut maintenir le versement des allocations familiales à la famille lorsque celle-ci participe à la prise en charge morale ou matérielle de l'enfant, ou en vue de faciliter le retour de l'enfant dans son foyer.

Lorsque le mineur est confié à l'aide sociale à l'enfance, la part des frais d'entretien et de placement qui n'incombe pas à la famille est mise à la charge du Trésor public.

Art. L. 113-3. – Le magistrat du parquet spécialement désigné et le juge des enfants visitent au moins une fois par an les établissements publics ou privés accueillant des mineurs délinquants situés sur le ressort de la juridiction pour mineurs.

Art. L. 113-4. – Les députés et les sénateurs ainsi que les représentants au Parlement européen élus en France sont autorisés à visiter, à tout moment, les établissements publics ou privés accueillant des mineurs en application des dispositions du présent code.

Art. L. 113-5. – Les magistrats ou juridictions qui ordonnent ou assurent le suivi du placement d'un mineur en application du présent code ou les magistrats qui sont chargés de l'exécution de cette décision peuvent requérir directement la force publique pour faire exécuter cette décision, durant la minorité de l'intéressé.

Art. L. 113-6. – Toute personne souhaitant, à titre habituel, accueillir des mineurs en application du présent code doit solliciter au préalable une habilitation spéciale auprès du représentant de l'État dans le département, selon des modalités fixées par décret en Conseil d'État.

Section 2. – Des centres éducatifs fermés

Art. L. 113-7. – Les centres éducatifs fermés sont des établissements publics ou des établissements privés habilités dans des conditions prévues par décret en Conseil d'État, dans lesquels les mineurs sont placés en application d'un contrôle judiciaire, d'un sursis probatoire, d'un placement à l'extérieur ou à la suite d'une libération conditionnelle. Au sein de ces centres, les mineurs font l'objet des mesures de surveillance et de contrôle permettant d'assurer un suivi éducatif et pédagogique renforcé et adapté à leur personnalité.

Le magistrat ou la juridiction peut, durant le temps et selon les modalités qu'il détermine, autoriser l'établissement à organiser un accueil temporaire du mineur dans d'autres lieux afin de préparer la fin du placement ou de prévenir un incident grave.

La violation des obligations auxquelles le mineur est astreint en vertu des mesures qui ont entraîné son placement dans le centre, y compris en cas d'accueil temporaire dans un autre lieu, peut entraîner le placement en détention provisoire ou l'emprisonnement du mineur.

L'habilitation prévue au premier alinéa ne peut être délivrée qu'aux établissements offrant une éducation et une sécurité adaptées à la mission des centres ainsi que la continuité du service.

Le juge des enfants prend toute mesure permettant d'assurer la continuité de la prise en charge éducative du mineur en vue de sa réinsertion durable dans la société, à l'issue du placement en centre éducatif fermé ou en cas de révocation du contrôle judiciaire ou du sursis probatoire.

Lorsque la place occupée par un mineur suite à une décision de placement reste vacante pendant une durée excédant sept jours, l'établissement accueillant le mineur concerné saisit d'une demande de mainlevée spécialement motivée le magistrat chargé de l'exécution de cette décision, qui statue sans délai.

Des activités culturelles et socioculturelles sont organisées dans les établissements mentionnés au premier alinéa. Elles ont notamment pour objet de développer les moyens d'expression, les connaissances et les aptitudes des mineurs placés dans des centres éducatifs fermés. Les modalités d'application du présent alinéa sont définies par décret.

Art. L. 113-8. – A chaque entrée d'un mineur dans un établissement relevant du secteur public ou habilité de la protection judiciaire de la jeunesse, le directeur de l'établissement ou les membres du personnel de l'établissement spécialement désignés par lui peuvent procéder au contrôle visuel des effets personnels du mineur, aux fins de prévenir l'introduction au sein de l'établissement d'objets ou de substances interdits ou constituant une menace pour la sécurité des personnes ou des biens. Au sein de ces établissements, ces mêmes personnels peuvent, aux mêmes fins, procéder à l'inspection des chambres où séjournent ces mineurs. Cette inspection se fait en présence du mineur sauf impossibilité pour celui-ci de se trouver dans l'établissement. Le déroulé de cette inspection doit être consigné dans un registre tenu par l'établissement à cet effet. Ces mesures s'effectuent dans le respect de la dignité des personnes et selon les principes de nécessité et de proportionnalité.

TITRE II. – Des peines

CHAPITRE Ier. – Des peines encourues

Art. L. 121-1. – Les peines suivantes ne sont pas applicables aux mineurs :

1° La peine d'interdiction du territoire français ;

2° La peine de jour amende ;

3° Les peines d'interdiction des droits civiques, civils et de famille, d'interdiction d'exercer une fonction publique ou une activité professionnelle ou sociale, d'interdiction de séjour, de fermeture d'établissement, d'exclusion des marchés publics ;

4° Les peines d'affichage ou de diffusion de la condamnation.

Aucune interdiction, déchéance ou incapacité ne peut résulter de plein droit d'une condamnation pénale prononcée à l'encontre d'un mineur.

Art. L. 121-2. – Les articles 132-60 à 132-70-3 du Code pénal ne sont pas applicables aux mineurs, à l'exception, pour les articles 132-60 à 132-62 du même code, des procédures jugées devant le tribunal de police.

Art. L. 121-3. – Le tribunal de police qui constate que la contravention imputée à un mineur âgé d'au moins treize ans est établie peut prononcer à son encontre soit :

1° Une dispense de peine ;

2° Une peine d'amende, en faisant application des règles d'atténuation mentionnées à l'article L. 121-6.

3° Une des peines complémentaires énumérées à l'article 131-16 du Code pénal.

Art. L. 121-4. – Le juge des enfants, statuant en chambre du conseil, peut, sur réquisitions du procureur de la République, si les circonstances et la personnalité du mineur le justifient, condamner un mineur âgé d'au moins treize ans aux peines :

1° De confiscation de l'objet ayant servi à commettre l'infraction ;

2° De stage ;

3° De travail d'intérêt général, si le mineur est âgé d'au moins seize ans au moment du prononcé de la peine.

Art. L. 121-5. – Le tribunal pour enfants et la cour d'assises des mineurs ne peuvent prononcer une peine privative de liberté supérieure à la moitié de la peine encourue.

La diminution de moitié de la peine encourue s'applique également aux peines minimales prévues par l'article 132-18 du Code pénal.

Si la peine encourue est la réclusion criminelle ou la détention criminelle à perpétuité, elle ne peut être supérieure à vingt ans de réclusion criminelle ou de détention criminelle.

Les dispositions de l'article 132-23 du Code pénal relatives à la période de sûreté ne sont pas applicables aux mineurs.

Art. L. 121-6. – Il ne peut être prononcé à l'encontre d'un mineur une peine d'amende supérieure à la moitié de la peine encourue ni une peine d'amende excédant 7 500 euros.

Art. L. 121-7. – Si le mineur est âgé de plus de seize ans, le tribunal de police, le tribunal pour enfants et la cour d'assises des mineurs peuvent, à titre exceptionnel et compte tenu des circonstances de l'espèce et de la personnalité du mineur ainsi que de sa situation, décider qu'il n'y a pas lieu de faire application des règles d'atténuation des peines mentionnées aux articles L. 121-5 et L. 121-6. Cette décision ne peut être prise que par une disposition spécialement motivée.

Lorsqu'il est décidé de faire application du premier alinéa et que la peine encourue est la réclusion ou la détention criminelle à perpétuité, la peine maximale pouvant être prononcée est la peine de trente ans de réclusion criminelle ou de détention criminelle.

CHAPITRE II. – Du contenu et des modalités d'application de certaines peines

Art. L. 122-1. – Les dispositions du Code pénal relatives au travail d'intérêt général et au sursis probatoire comportant l'obligation d'effectuer un travail d'intérêt général sont applicables aux mineurs âgés de seize à dix-huit ans au moment de la décision, lorsqu'ils étaient âgés d'au moins treize ans à la date de commission de l'infraction.

Lorsque cette peine est prononcée par le juge des enfants, il ne peut être fait application des dispositions du quatrième alinéa de l'article 131-8 du Code pénal relatif au consentement différé ni des dispositions du deuxième alinéa de l'article 131-9 du même code permettant de fixer la durée maximum de l'emprisonnement ou le montant maximum de l'amende encourus en cas d'inexécution par le condamné.

Pour l'application de ces dispositions, les travaux d'intérêt général doivent être adaptés aux mineurs et présenter un caractère formateur ou être de nature à favoriser l'insertion sociale des jeunes condamnés.

Art. L. 122-2. – En cas de condamnation du mineur à une peine d'emprisonnement assortie d'un sursis probatoire, outre les mesures de contrôle et les obligations prévues aux articles 132-44 et 132-45 du Code pénal, la juridiction de jugement peut imposer au condamné l'observation de l'une ou plusieurs des obligations suivantes :

1° Se soumettre aux mesures de protection, d'assistance, de surveillance et d'éducation confiées à un service de la protection judiciaire de la jeunesse ou à un service habilité, mandaté à cette fin par le magistrat ;

2° Respecter les conditions d'un placement éducatif prévu aux articles L. 112-14 et L. 112-15 du présent code ; ce placement peut être modifié pendant toute la durée de l'exécution de la peine par le juge des enfants ;

3° Respecter, jusqu'à sa majorité, les conditions d'un placement en centre éducatif fermé ; ce placement peut être modifié pendant toute la durée de l'exécution de la peine et jusqu'à la majorité du condamné par le juge des enfants ;

4° Suivre de façon régulière une scolarité ou une formation professionnelle jusqu'à sa majorité ;

5° Accomplir un contrat de service en établissement public d'insertion de la défense mentionné aux articles L. 130-1 à L. 130-5 du Code du service national, lorsque le mineur est âgé d'au moins seize ans. Cette obligation ne peut être prononcée contre le prévenu qui la refuse ou qui n'est pas présent à l'audience. Le président du tribunal, avant le prononcé du jugement, vérifie que le prévenu a reçu l'ensemble des informations utiles à la manifestation de son engagement, l'informe de son droit de refuser l'accomplissement d'un contrat de service en établissement public d'insertion de la défense et reçoit sa réponse.

Toutefois, l'obligation prévue au 3° du présent article ne peut être ordonnée que pour une durée de six mois et ne peut être renouvelée par ordonnance motivée qu'une seule fois pour une durée au plus égale à six mois. L'obligation de placement prévue au 2° ne peut se poursuivre après la majorité de l'intéressé qu'avec son accord.

Art. L. 122-3. – En cas de condamnation à un suivi socio-judiciaire, outre les mesures de contrôle et les obligations prévues aux articles 132-44 et 132-45 du Code pénal, le mineur peut être soumis aux obligations prévues à l'article L. 122-2 du présent code, à l'exception du 3°.

Le placement sous surveillance électronique mobile à titre de mesure de sûreté n'est pas applicable aux mineurs.

Art. L. 122-4. – Lorsqu'une peine de confiscation est prononcée par le juge des enfants, il ne peut être fait application des dispositions du deuxième alinéa de l'article 131-9 du Code pénal permettant de fixer la durée maximum de l'emprisonnement ou le montant maximum de l'amende encourus en cas d'inexécution par le condamné.

Art. L. 122-5 *(Mod., L. n° 2022-299, 2 mars 2022)*. – Lorsqu'il est fait application d'une peine de stage aux mineurs, le contenu du stage est adapté à l'âge du mineur et la juridiction ne peut ordonner que ce stage soit effectué aux frais du condamné.

Lorsqu'il est prononcé pour une infraction commise dans le cadre de la scolarité, le stage de citoyenneté prévu au 1° de l'article 131-5-1 du Code pénal peut comporter un volet spécifique de sensibilisation aux risques liés au harcèlement scolaire.

Lorsque cette peine est prononcée par le juge des enfants, il ne peut être fait application des dispositions du deuxième alinéa de l'article 131-9 du Code pénal permettant de fixer la durée maximum de l'emprisonnement ou le montant maximum de l'amende encourus en cas d'inexécution par le condamné.

Art. L. 122-6. – Lorsqu'il est fait application d'une peine de détention à domicile sous surveillance électronique prévue à l'article 131-4-1 du Code pénal aux mineurs, le tribunal pour enfants et la cour d'assises des mineurs ne peuvent prononcer à son encontre une peine de détention à domicile sous surveillance électronique supérieure à la moitié de la peine d'emprisonnement encourue, sous réserve de l'application de l'article L. 121-7 du présent code.

Cette peine ne peut être prononcée sans l'accord des représentants légaux chez lesquels le mineur réside, sauf carence de ces derniers ou impossibilité de donner leur consentement.

Cette peine doit être assortie d'une mesure éducative confiée à la protection judiciaire de la jeunesse.

CHAPITRE III. – Du prononcé des peines

Art. L. 123-1. – Une peine d'emprisonnement avec ou sans sursis ne peut être prononcée par le tribunal pour enfants et la cour d'assises des mineurs qu'à la condition que cette peine soit spécialement motivée.

Art. L. 123-2. – Le juge des enfants et le tribunal pour enfants peuvent ordonner l'exécution provisoire de leur décision prononçant une peine autre qu'une peine d'emprisonnement ferme ou assortie d'un sursis partiel et qui ne fait pas l'objet d'une des mesures d'aménagement prévues aux articles 132-25 à 132-28 du Code pénal.

Lorsque le tribunal pour enfants prononce une peine d'emprisonnement ferme ou assortie d'un sursis partiel, il peut décerner mandat de dépôt ou d'arrêt contre le mineur prévenu dans les conditions prévues à l'article 465 ou à l'article 465-1 du Code de procédure pénale.

Le tribunal pour enfants peut également maintenir le mineur en détention dans les conditions prévues à l'article 464-1 du même code.

Lorsque le tribunal pour enfants statue dans les conditions prévues au troisième alinéa de l'article L. 423-4 du présent code et qu'il prononce une peine d'emprisonnement sans sursis à l'égard d'un mineur de moins de seize ans placé sous contrôle judiciaire avec obligation de respecter un placement dans un centre éducatif fermé ou d'un mineur âgé d'au moins seize ans placé sous contrôle judiciaire ou sous assignation à résidence avec surveillance électronique, il peut par décision spécialement motivée, après avoir constaté la violation de la mesure de sûreté, décerner mandat de dépôt ou d'arrêt contre le mineur, quelle que soit la durée de la peine prononcée.

CHAPITRE IV. – Du régime d'incarcération

Art. L. 124-1. – Les mineurs sont détenus, dans les conditions définies par décret en Conseil d'État, soit au sein du quartier pour mineurs d'un établissement pénitentiaire ou d'une unité spéciale pour mineures au sein d'une maison d'arrêt, soit dans un établissement pénitentiaire spécialisé pour mineurs, garantissant l'intervention continue d'un service de la protection judiciaire de la jeunesse.

Art. L. 124-2. – Les établissements ou quartiers mentionnés à l'article L. 124-1 garantissent une stricte séparation des détenus mineurs et majeurs.

À titre exceptionnel, un mineur détenu qui atteint la majorité en détention peut être maintenu dans ces établissements jusqu'à ses dix-huit ans et six mois. Il ne doit avoir aucun contact avec les détenus âgés de moins de seize ans.

LIVRE II. – De la spécialisation des acteurs

TITRE Ier. – Du ministère public

CHAPITRE UNIQUE

Art. L. 211-1. – Par dérogation à l'article L. 12-2, en cas d'urgence ou d'empêchement, les magistrats du ministère public spécialement désignés peuvent être substitués dans leurs attributions par tout magistrat du parquet au sein duquel ils exercent leurs fonctions.

Art. L. 211-2. – Le procureur de la République près le tribunal judiciaire dans le ressort duquel un tribunal pour enfants a son siège est compétent pour la poursuite des infractions commises par les mineurs, sous réserve des dispositions des articles 628-1, 704 à 705-1, 706-2, 706-17, 706-72-1 et 706-168 du Code de procédure pénale.

Toutefois, le procureur de la République compétent en application de l'article 43 du Code de procédure pénale peut procéder à tous actes urgents d'enquête et de poursuite, à charge pour lui d'en donner immédiatement avis au procureur de la République mentionné au premier alinéa et de se dessaisir de la procédure dans le plus bref délai.

Lorsqu'un mineur est mis en cause dans une procédure avec un ou plusieurs majeurs, le procureur de la République compétent en application de l'article 43 du Code de procédure pénale procède, conformément aux dispositions de l'alinéa précédent, aux actes urgents d'enquête et de poursuite, y compris l'ouverture d'une information judiciaire. Si ce procureur de la République poursuit des majeurs selon les procédures prévues aux articles 393 à 397-1-1 du Code de procédure pénale ou par voie de citation directe, il constitue un dossier spécial concernant le mineur et le transmet au procureur de la République près le tribunal du siège du tribunal pour enfants.

Art. L. 211-3. – Dans le cas d'infractions pénales dont la poursuite est réservée par la loi à l'administration, le procureur de la République a seul qualité pour exercer la poursuite contre le mineur sur plainte préalable de l'administration intéressée.

TITRE II. – Du juge d'instruction

CHAPITRE UNIQUE

Art. L. 221-1. – Lorsque, en application des deuxième et troisième alinéas de l'article L. 211-2, le procureur de la République compétent en vertu de l'article 43 du Code de procédure pénale ouvre une information judiciaire dans un tribunal judiciaire qui n'est pas le siège d'un tribunal pour enfants, le juge d'instruction peut procéder à tout acte urgent d'information, à charge pour lui de se dessaisir dans le plus bref délai au profit du juge d'instruction du siège du tribunal pour enfants, tant à l'égard du mineur que des majeurs à l'encontre desquels l'information a été ouverte.

Art. L. 221-2. – Lorsqu'une information judiciaire est ouverte dans un tribunal judiciaire autre que celui du lieu de résidence du mineur, le juge d'instruction peut également, après avoir recueilli l'avis du procureur de la République, se dessaisir au profit du juge d'instruction du siège du tribunal pour enfants dans le ressort duquel le mineur a sa résidence.

Art. L. 221-3. – Le conseiller délégué à la protection de l'enfance mentionné à l'article L. 312-6 du Code de l'organisation judiciaire siège comme membre de la chambre de l'instruction dans les affaires impliquant un mineur.

TITRE III. – Des juridictions de jugement

CHAPITRE UNIQUE

Art. L. 231-1. – Sous réserve des dispositions des articles 628-1,706-17,706-27,706-72-1 et 706-168 du Code de procédure pénale, sont compétentes les juridictions de jugement pour mineurs :

1° De la résidence du mineur ou de celle de ses représentants légaux ;

2° Du lieu où il a été placé à titre provisoire ou définitif ;

3° Du lieu de l'infraction ;

4° Du lieu où le mineur a été trouvé.

Art. L. 231-2. – Le juge des enfants connaît :

1° Des contraventions de la cinquième classe et des délits commis par les mineurs ;

2° Des contraventions des quatre premières classes commises par les mineurs, lorsqu'elles sont connexes aux infractions mentionnées au 1°.

Art. L. 231-3. – Le tribunal pour enfants connaît :

1° Des contraventions de la cinquième classe et des délits commis par les mineurs âgés d'au moins treize ans ;

2° Des crimes commis par les mineurs de moins de seize ans ;

3° Des contraventions des quatre premières classes commises par les mineurs, lorsqu'elles sont connexes aux infractions mentionnées aux 1° et 2°.

Art. L. 231-4. – Lorsqu'il siège, le tribunal pour enfants est composé d'un juge des enfants, président, et de deux assesseurs choisis conformément aux dispositions de l'article L. 251-4 du Code de l'organisation judiciaire.

Toutefois, il peut leur être adjoint un ou plusieurs assesseurs supplémentaires, si la durée ou l'importance d'un procès le rend nécessaire. Les assesseurs supplémentaires siègent aux audiences. Les assesseurs supplémentaires ne prennent part au délibéré qu'en cas d'empêchement d'un assesseur constaté par le président du tribunal pour enfants.

Art. L. 231-5. – Le nombre et le jour des audiences du tribunal pour enfants, ainsi que la composition prévisionnelle de ces audiences sont fixés conformément aux dispositions de l'article 399 du Code de procédure pénale.

Art. L. 231-6. – La chambre spéciale des mineurs de la cour d'appel mentionnée à l'article L. 312-6 du Code de l'organisation judiciaire connaît des appels formés contre :

1° Les décisions du juge des enfants et du tribunal pour enfants ;

2° Les jugements du tribunal de police rendus à l'égard des mineurs.

3° Les décisions du juge des libertés et de la détention rendues à l'égard des mineurs en matière de détention provisoire, sauf dans le cadre d'une information judiciaire.

Art. L. 231-7. – Les dispositions du Code de procédure pénale relatives à la cour d'assises sont applicables à la cour d'assises des mineurs, sous réserve des dispositions du présent code.

Art. L. 231-8. – La cour d'assises des mineurs se réunit au siège de la cour d'assises et au cours de la session de celle-ci.

Dans le cas où tous les accusés de la session auront été renvoyés devant la cour d'assises des mineurs, il sera procédé par cette juridiction conformément aux dispositions des articles 288 à 292 du Code de procédure pénale.

Dans le cas contraire, le jury de la cour d'assises des mineurs sera formé de jurés pris sur la liste arrêtée par la cour d'assises.

Sous réserve des dispositions de l'alinéa qui précède, le président de la cour d'assises des mineurs et la cour d'assises des mineurs exerceront respectivement les attributions dévolues par les dispositions du Code de procédure pénale au président de la cour d'assises et à la cour d'assises.

Les fonctions du ministère public sont remplies par le procureur général ou un magistrat du ministère public spécialement chargé des affaires de mineurs.

Art. L. 231-9. – La cour d'assises des mineurs connaît des crimes commis par les mineurs âgés de seize ans.

Elle connaît également, lorsqu'ils sont connexes ou forment un ensemble indivisible avec des crimes commis par des mineurs âgés d'au moins seize ans :

1° Des crimes et délits commis par les intéressés avant qu'ils n'aient atteint l'âge d'au moins seize ans ;

2° Des crimes et délits commis par les intéressés à compter de leur majorité ;

3° Des crimes et délits commis par leurs coauteurs ou complices majeurs.

Art. L. 231-10. – Les deux assesseurs de la cour d'assises des mineurs sont pris, sauf impossibilité, parmi les juges des enfants du ressort de la cour d'appel.

TITRE IV. – De la protection judiciaire de la jeunesse

CHAPITRE UNIQUE

Art. L. 241-1. – La mise en œuvre des décisions prises en application du présent code est confiée, sauf s'il en est disposé autrement, aux services et établissements de la protection judiciaire de la jeunesse.

Les personnels des services et établissements de la protection judiciaire de la jeunesse et du secteur associatif habilité sont, dans l'exercice des missions prévues par le présent code, soumis au secret professionnel.

Art. L. 241-2. – Les personnels des services et établissements de la protection judiciaire de la jeunesse et du secteur associatif habilité saisis concomitamment ou successivement au titre du présent code de mesures concernant un même mineur, peuvent échanger entre eux toutes informations relatives à ce mineur, à condition que ces informations soient strictement nécessaires à sa prise en charge, à son suivi judiciaire ou à la continuité de son parcours. Ils peuvent également échanger dans les mêmes conditions des informations avec les services intervenant au titre de la protection de l'enfance à l'égard des mêmes mineurs.

Ces personnels peuvent également transmettre à toute personne auprès de laquelle le mineur est placé ou scolarisé des éléments dont la connaissance est indispensable pour assurer la sécurité du mineur ou des personnes avec lesquelles il est en contact.

LIVRE III. – Dispositions communes aux différentes phases de la procédure pénale

TITRE Ier. – Du droit du mineur à l'accompagnement et à l'information

CHAPITRE UNIQUE

Art. L. 311-1. – Les représentants légaux sont informés par le ministère public ou, selon le cas, la juridiction d'instruction ou de jugement, des décisions prises à l'égard du mineur.

Cette information se fait par tout moyen sauf lorsqu'il en est disposé autrement.

Le mineur a le droit d'être accompagné par ses représentants légaux :

1° À chaque audience au cours de la procédure ;

2° Lors de ses auditions ou interrogatoires si l'autorité qui procède à cet acte estime qu'il est dans l'intérêt supérieur de l'enfant d'être accompagné et que la présence de ces personnes ne portera pas préjudice à la procédure ; au cours de l'enquête l'audition ou l'interrogatoire du mineur peut débuter en leur absence à l'issue d'un délai de deux heures à compter du moment où celles-ci ont été avisées.

Les représentants légaux du mineur sont convoqués à toutes les audiences des juridictions pour mineurs et, si nécessaire, lors de ses auditions et interrogatoires.

Lorsque l'information des représentants légaux ou l'accompagnement du mineur par ces derniers n'est pas possible ou n'est pas souhaitable, les informations mentionnées aux alinéas précédents sont communiquées à un adulte approprié et le mineur est accompagné par cet adulte, dans les cas et selon les modalités prévues par le présent code.

Art. L. 311-2. – L'information des droits dont le mineur bénéficie n'est pas délivrée aux titulaires de l'autorité parentale et le mineur n'est pas accompagné par ceux-ci lorsque cela :

1° Serait contraire à l'intérêt supérieur du mineur ;

2° N'est pas possible, parce que, après que des efforts raisonnables ont été déployés, aucun des titulaires de l'autorité parentale ne peut être joint ou que leur identité est inconnue ;

3° Pourrait, sur la base d'éléments objectifs et factuels, compromettre de manière significative la procédure pénale.

Dans les cas visés aux alinéas précédents, le mineur peut désigner un adulte approprié, qui doit être accepté en tant que tel par l'autorité compétente, pour recevoir ces informations et pour l'accompagner au cours de la procédure. Lorsque le mineur n'a désigné aucun adulte ou que l'adulte désigné n'est pas acceptable pour l'autorité compétente, le procureur de la République, le juge des enfants ou le juge d'instruction désigne, en tenant compte de l'intérêt supérieur de l'enfant, une autre personne pour recevoir ces informations et accompagner le mineur.

Cette personne peut également être un représentant d'une autorité ou d'une institution compétente en matière de protection de l'enfance, notamment un représentant ad hoc figurant sur la liste dressée en application de l'article 706-51 du Code de procédure pénale.

Art. L. 311-3. – L'adulte approprié a pour rôle de :

1° Recevoir l'information relative aux différentes mesures prononcées à l'égard du mineur et des droits qui lui sont notifiés ;

2° L'accompagner lors des audiences et le cas échéant, lors de ses auditions ou interrogatoires si l'autorité qui procède à cet acte estime qu'il est dans l'intérêt supérieur de l'enfant d'être accompagné et que la présence de ces personnes ne portera pas préjudice à la procédure. Au cours de l'enquête, l'audition ou l'interrogatoire peut débuter en l'absence de ces personnes à l'issue d'un délai de deux heures à compter du moment où celles-ci ont été avisées.

L'adulte désigné peut demander un examen médical du mineur gardé à vue. Si cet adulte n'a pas pu être joint dès le début de la garde à vue, l'examen médical du mineur est obligatoire.

Art. L. 311-4. – Si les conditions visées à l'article L. 311-2 ne sont plus réunies, pour la suite de la procédure, les informations sont données aux titulaires de l'autorité parentale et ceux-ci accompagnent le mineur.

Art. L. 311-5. – Lorsque les représentants légaux du mineur poursuivi ne déférent pas à la convocation à comparaître devant un magistrat ou une juridiction pour mineurs, ce magistrat ou cette juridiction peut, d'office ou sur réquisition du ministère public, ordonner qu'ils soient immédiatement amenés par la force publique devant lui ou devant elle pour être entendus.

Dans tous les cas, les représentants légaux qui ne défèrent pas à la convocation peuvent, sur réquisitions du ministère public, être condamnés par le magistrat ou la juridiction saisi à une amende dont le montant ne peut excéder 3 750 euros et à un stage de responsabilité parentale.

Cette amende peut être rapportée par le magistrat ou la juridiction qui l'a prononcée si les représentants légaux défèrent aux convocations ultérieures.

Les personnes condamnées en application du premier alinéa peuvent former opposition de la décision devant le tribunal correctionnel statuant à juge unique dans le ressort duquel la juridiction qui l'a prononcée a son siège, dans les dix jours à compter de sa notification.

TITRE II. – Des investigations et de la mesure éducative judiciaire provisoire

CHAPITRE Ier. – Dispositions générales

Art. L. 321-1. – La mesure judiciaire d'investigation éducative et la mesure éducative judiciaire provisoire prévues par le présent titre peuvent être prononcées cumulativement entre elles et avec les différentes mesures de sûreté applicables aux mineurs.

La mesure judiciaire d'investigation éducative et la mesure éducative judiciaire provisoire déjà prononcées se poursuivent lorsqu'une mesure de sûreté est prononcée à l'encontre d'un mineur.

CHAPITRE II. – Des informations relatives à la personnalité du mineur

Section 1. – Des investigations sur la personnalité et la situation du mineur

Art. L. 322-1. – Avant toute décision prononçant une mesure éducative ou une peine à l'égard d'un mineur déclaré coupable d'un crime, d'un délit ou d'une contravention de la cinquième classe, des investigations sont réalisées pour acquérir une connaissance suffisante de sa personnalité, de sa situation sociale et familiale et pour assurer la cohérence des décisions dont il fait l'objet.

Art. L. 322-2. – Outre l'expertise et les autres mesures d'investigation prévues par le Code de procédure pénale, les mesures suivantes peuvent être ordonnées en vue de recueillir des éléments sur la personnalité et la situation du mineur :

1° Le recueil de renseignements socio-éducatifs ;

2° La mesure judiciaire d'investigation éducative.

Art. L. 322-3 *(Mod., L. n° 2021-1729, 22 déc. 2021)*. – Le recueil de renseignements socio-éducatifs est une évaluation synthétique des éléments relatifs à la personnalité et à la situation du mineur. Il donne lieu à un rapport contenant tous renseignements utiles sur sa situation ainsi qu'une proposition éducative ou une proposition de mesures propres à favoriser son insertion sociale.

Il est ordonné par le procureur de la République, le juge d'instruction et les juridictions de jugement spécialisées.

Le mineur entendu par le service de la protection judiciaire de la jeunesse est informé, préalablement à l'entretien, de son droit de se taire sur les faits qui lui sont reprochés.

Art. L. 322-4. – Lorsque le procureur de la République saisit le juge des enfants, le juge d'instruction ou le tribunal pour enfants, il ordonne un recueil de renseignements socio-éducatifs.

Le recueil de renseignements socio-éducatifs est joint à la procédure.

Art. L. 322-5. – Le recueil de renseignements socio-éducatifs est obligatoire avant toute réquisition ou décision de placement en détention provisoire ou de prolongation de la détention provisoire d'un mineur mis en examen ou convoqué devant une juridiction de jugement.

Art. L. 322-6. – Les dispositions des articles L. 322-4 et L. 322-5 s'appliquent même lorsque l'intéressé est devenu majeur le jour où les poursuites sont exercées dès lors qu'il n'a pas atteint ses vingt-et-un ans.

Art. L. 322-7. – La mesure judiciaire d'investigation éducative consiste en une évaluation approfondie et interdisciplinaire de la personnalité et de la situation du mineur, y compris, le cas échéant, sur le plan médical.

Elle peut être ordonnée par le juge des enfants, le juge d'instruction et les juridictions de jugement pour mineurs à tous les stades de la procédure pénale.

Elle peut être mise en œuvre par les services et établissements de la protection judiciaire de la jeunesse ou du secteur associatif habilité.

Elle donne lieu à un rapport contenant tous renseignements utiles sur sa situation ainsi qu'une proposition éducative ou une proposition de mesures propres à favoriser son insertion sociale.

Section 2. – Du dossier unique de personnalité

Art. L. 322-8. – Un dossier unique de personnalité est constitué par le juge des enfants qui connaît habituellement le mineur, lorsque, à l'occasion de poursuites pénales, ce dernier fait l'objet d'une mesure de sûreté, d'une mesure éducative ou d'une mesure d'investigation autre qu'un recueil de renseignements socio-éducatifs.

Il est également ouvert, par le juge des enfants, lorsque celui-ci est saisi de l'application d'une peine ou d'une mesure éducative prononcée par une juridiction de jugement pour mineur.

Le juge d'instruction saisi d'une procédure concernant un mineur transmet au juge des enfants les pièces devant être versées au dossier unique de personnalité.

Ce dossier ne peut être utilisé que dans les procédures pénales suivies devant les juridictions pour mineurs.

Il est disponible sous format numérique.

Les conditions dans lesquelles le dossier unique de personnalité est conservé après la majorité du mineur sont précisées par décret en Conseil d'État.

Art. L. 322-9. – Le juge des enfants verse au dossier unique de personnalité :

1° Les copies des pièces relatives à la personnalité du mineur recueillies dans les procédures pénales dont ce dernier fait ou a fait l'objet, y compris dans le ressort de juridictions différentes ;

2° Le cas échéant, les copies des pièces utiles relatives à sa personnalité et à son environnement social et familial émanant des procédures d'assistance éducative dont il fait ou a fait l'objet.

Art. L. 322-10. – Outre les magistrats et les juridictions ayant à connaitre de la procédure et de la situation du mineur concerné, ont accès au dossier unique de personnalité :

1° Les avocats du mineur et de ses représentants légaux ;

2° Les avocats de la partie civile ; toutefois, le juge des enfants peut s'opposer à la communication d'informations recueillies lors des procédures d'assistance éducative dont le mineur a fait l'objet lorsqu'il estime cette communication contraire à l'intérêt du mineur ;

3° Le mineur, devenu majeur, au jour de l'audience d'une juridiction pour mineur statuant en matière d'application des mesures éducatives et des peines, à moins qu'il ne soit assisté par un avocat ;

4° Les personnels des établissements et services de la protection judiciaire de la jeunesse et du secteur associatif habilité saisi d'une mesure judiciaire concernant le mineur ;

5° Sur autorisation du juge des enfants, le psychologue ou le psychiatre désigné en qualité d'expert.

Il ne peut être délivré copie de tout ou partie des pièces du dossier qu'aux avocats. Ceux-ci ne peuvent transmettre les copies ainsi obtenues ou la reproduction de ces pièces à leur client.

Les informations contenues dans le dossier unique de personnalité sont confidentielles. Le fait, pour une partie à la procédure, de faire état auprès d'un tiers des informations contenues dans le dossier unique de personnalité est puni d'une amende de 3 750 euros.

CHAPITRE III. – De la mesure éducative judiciaire provisoire

Art. L. 323-1. – La mesure éducative judiciaire prévue aux articles L. 112-1 à L. 112-15 peut être prononcée à titre provisoire à tous les stades de la procédure avant le prononcé de la sanction.

Elle ne peut alors comporter que les modules et interdictions prévus aux 1° à 7° de l'article L. 112-2 qui peuvent être prononcés alternativement ou cumulativement.

Dans le cadre de cette mesure, le placement du mineur peut également être ordonné auprès d'un service de l'aide sociale à l'enfance jusqu'à sa majorité.

Art. L. 323-2. – Les modalités et le contenu de la mesure éducative judiciaire provisoire sont prononcés après audition du mineur assisté d'un avocat et de ses représentants légaux.

Si le mineur ou ses représentants légaux régulièrement convoqués à la dernière adresse indiquée ne comparaissent pas, les modalités ou le contenu de la mesure éducative judiciaire provisoire peuvent néanmoins être ordonnés ou modifiés.

Les décisions ordonnant la mesure éducative judiciaire provisoire et les mesures de ses modules sont exécutoires par provision et susceptibles d'appel.

À tout moment, les modalités ou le contenu de la mesure éducative judiciaire provisoire peuvent être modifiées et le juge peut en ordonner la mainlevée.

Art. L. 323-3. – La mesure éducative judiciaire provisoire peut être ordonnée alors même que l'intéressé est devenu majeur au jour où elle est prononcée. Son exécution ne peut toutefois se poursuivre au-delà de l'âge de vingt-et-un ans.

TITRE III. – Des mesures de sûreté

CHAPITRE Ier. – Du contrôle judiciaire

Art. L. 331-1. – Le mineur d'au moins treize ans peut être placé sous contrôle judiciaire par ordonnance motivée dans les conditions prévues par le Code de procédure pénale, sous réserve des dispositions du présent chapitre.

Le mineur de moins de seize ans peut être placé sous contrôle judiciaire lorsqu'il encourt une peine criminelle. Il ne peut être placé sous contrôle judiciaire en matière correctionnelle, que dans l'un des cas suivants :

1° Si la peine d'emprisonnement encourue est supérieure ou égale à sept ans ;

2° Si la peine d'emprisonnement encourue est supérieure ou égale à cinq ans et si le mineur a déjà fait l'objet d'une mesure éducative, d'une mesure judiciaire d'investigation éducative, d'une mesure de sûreté, d'une déclaration de culpabilité ou d'une peine prononcée dans le cadre d'une autre procédure et ayant donné lieu à un rapport datant de moins d'un an ;

3° Si la peine d'emprisonnement encourue est supérieure ou égale à cinq ans pour un délit de violences volontaires, d'agression sexuelle ou un délit commis avec la circonstance aggravante de violences.

Le mineur d'au moins seize ans peut être placé sous contrôle judiciaire lorsqu'il encourt une peine criminelle ou, en matière correctionnelle, une peine d'emprisonnement conformément aux dispositions du premier alinéa de l'article 138 du Code de procédure pénale.

Art. L. 331-2. – Le contrôle judiciaire astreint le mineur à se soumettre, selon la décision du juge des enfants, du tribunal pour enfants, du juge d'instruction ou du juge des libertés et de la détention, aux obligations suivantes :

1° Ne pas sortir des limites territoriales déterminées par le juge des enfants, le tribunal pour enfants, le juge d'instruction ou par le juge des libertés et de la détention ;

2° Ne s'absenter de son domicile ou de la résidence fixée par le juge des enfants, le tribunal pour enfants, le juge d'instruction ou par le juge des libertés et de la détention qu'aux conditions et pour les motifs déterminés par ce magistrat ;

3° Ne pas se rendre en certains lieux ou ne se rendre que dans les lieux déterminés par le juge des enfants, le tribunal pour enfants, le juge d'instruction ou par le juge des libertés et de la détention ;

4° Ne pas participer à des manifestations sur la voie publique dans des lieux déterminés par le juge des enfants, le tribunal pour enfants, le juge d'instruction ou le juge des libertés et de la détention ;

5° Informer le juge des enfants ou le juge d'instruction de tout déplacement au-delà de limites déterminées ;

6° Se présenter périodiquement aux services, associations habilitées ou autorités désignés par le juge des enfants, le tribunal pour enfants, le juge d'instruction ou le juge des libertés et de la détention qui sont tenus d'observer la plus stricte discrétion sur les faits reprochés au mineur ;

7° Remettre soit au greffe, soit à un service de police ou à une brigade de gendarmerie tous documents justificatifs de l'identité, et notamment le passeport, en échange d'un récépissé valant justification de l'identité ;

8° S'abstenir de conduire tous les véhicules, certains véhicules ou un véhicule qui ne soit pas équipé, par un professionnel agréé ou par construction, d'un dispositif homologué d'antidémarrage par éthylotest électronique, et, le cas échéant, remettre au greffe son permis de conduire contre récépissé ;

9° S'abstenir de recevoir ou de rencontrer certaines personnes spécialement désignées par le juge des enfants, le tribunal pour enfants, le juge d'instruction ou le juge des libertés et de la détention, ainsi que d'entrer en relation avec elles, de quelque façon que ce soit. Lorsque la personne désignée est la victime ou la partie civile, le juge procède conformément aux dispositions de l'article 138-1 du Code de procédure pénale ;

10° Se soumettre à des mesures d'examen, de traitement ou de soins, même sous le régime de l'hospitalisation, notamment aux fins de désintoxication. Une copie de l'ordonnance de placement sous contrôle judiciaire est adressée par le juge des enfants, le tribunal pour enfants ou le juge d'instruction au médecin ou au psychologue qui doit suivre le mineur. Les rapports des expertises réalisées pendant l'enquête, l'instruction ou la mise à l'épreuve éducative sont adressés au médecin ou au psychologue, à leur demande ou à l'initiative du juge des enfants ou du juge d'instruction. Celui-ci peut également leur adresser toute autre pièce utile du dossier ;

11° Ne pas exercer une activité impliquant un contact habituel avec des mineurs lorsqu'il est à redouter qu'une nouvelle infraction soit commise ;

12° Ne pas détenir ou porter une arme et, le cas échéant, remettre au greffe contre récépissé les armes dont il est détenteur ;

13° En cas d'infraction commise soit contre son conjoint ou son concubin, soit contre ses enfants ou ceux de son conjoint ou concubin, résider hors du domicile ou de la résidence du couple et, le cas échéant, s'abstenir de paraître dans ce domicile ou cette résidence ou aux abords immédiats de celui-ci, ainsi que, si nécessaire, faire l'objet d'une prise en charge sanitaire, sociale ou psychologique ; les dispositions du présent alinéa sont également applicables lorsque l'infraction est commise par l'ancien conjoint ou concubin de la victime, le domicile concerné étant alors celui de la victime. Pour l'application du présent alinéa, le juge des enfants, le tribunal pour enfants ou le juge d'instruction recueille ou fait recueillir, dans les meilleurs délais et par tous moyens, l'avis de la victime sur l'opportunité d'astreindre l'auteur des faits à résider hors du logement du couple. Sauf circonstances particulières, cette mesure est prise lorsque sont en cause des faits de violences susceptibles d'être renouvelés et que la victime la sollicite ;

14° Respecter les conditions d'une prise en charge sanitaire, sociale, éducative ou psychologique, destinée à permettre sa réinsertion et l'acquisition des valeurs de la citoyenneté ; cette prise en charge peut, le cas échant, intervenir au sein d'un établissement d'accueil adapté dans lequel la personne est tenu de résider.

La décision peut également imposer spécialement au mineur de respecter jusqu'à sa majorité, les conditions d'un placement éducatif prévu à l'article L. 112-14 ou d'un placement en centre éducatif fermé. La mesure de placement ne peut être ordonnée que pour une durée de six mois, renouvelable une seule fois par ordonnance motivée et pour une durée au plus égale à six mois.

Les manquements du mineur aux obligations qui lui ont été imposées sont signalés sans délai au magistrat mandant par le service chargé de la mise en œuvre de la mesure. Copie de ce rapport est adressée au procureur de la République par le juge.

Art. L. 331-3. – Le juge des enfants, le tribunal pour enfants, le juge d'instruction ou le juge des libertés et de la détention notifie oralement au mineur les obligations qui lui sont imposées, en présence de son avocat et de ses représentants légaux, ou ceux-ci dûment convoqués, et l'informe qu'en cas de non-respect de ces obligations, il pourra être placé en détention provisoire. Mention de cette formalité est portée au procès-verbal qui est signé par le magistrat et le mineur, ou, le cas échéant, aux notes d'audience.

Lorsque la décision de placement sous contrôle judiciaire accompagne une mise en liberté, l'avocat du mineur est convoqué par tout moyen et sans délai.

Art. L. 331-4. – En matière correctionnelle, le mineur de moins de seize ans ne peut être placé sous contrôle judiciaire qu'après la tenue d'un débat contradictoire au cours duquel le ministère public développe ses réquisitions, et la juridiction entend les observations du mineur ainsi que celles de son avocat. Le juge peut recueillir les observations des représentants légaux et du service qui suit le mineur.

Par dérogation aux dispositions de l'article L. 331-3, le juge notifie oralement au mineur les obligations qui lui sont imposées, en présence de son avocat et de ses représentants légaux ou ceux-ci dûment convoqués, et l'informe :

1° Qu'en cas de non-respect des obligations mentionnées aux 1° à 14° de l'article L. 331-2 ou de l'obligation de respecter les conditions d'un placement éducatif, le contrôle judiciaire pourra être modifié pour prévoir son placement dans un centre éducatif fermé ;

2° Qu'en cas de non-respect de l'obligation de respecter un placement dans un centre éducatif fermé, il pourra être placé en détention provisoire conformément aux dispositions du 2° de l'article L. 334-4.

Mention de ces formalités est portée au procès-verbal qui est signé par le magistrat et le mineur.

En matière correctionnelle, lorsque la juridiction envisage de placer un mineur de plus de seize ans sous contrôle judiciaire, elle sollicite les réquisitions du ministère public.

Art. L. 331-5. – Le juge des enfants ou le juge d'instruction peut ordonner la modification ou la mainlevée du contrôle judiciaire, soit d'office, soit à la demande du mineur, de ses représentants légaux ou de la personne qui en a la garde, soit du procureur de la République.

Art. L. 331-6. – Les dispositions de l'article 138-2 du Code de procédure pénale relatives au partage d'informations en matière d'infractions sexuelles sont applicables au contrôle judiciaire ordonné à l'égard d'un mineur par le juge d'instruction, le juge des libertés et de la détention, le juge des enfants ou le tribunal pour enfants.

Art. L. 331-7. – Le mineur peut être placé en rétention dans les conditions prévues à l'article 141-4 du Code de procédure pénale, lorsqu'il existe une ou plusieurs raisons plausibles de soupçonner qu'il a manqué aux obligations qui lui incombent au titre des 1°, 2°, 3°, 8°, 9°, 12° et 13° de l'article L. 331-2 du présent code ou à l'obligation de respecter les conditions d'un placement en centre éducatif fermé prévue au même article.

Le mineur retenu bénéficie des droits prévus à l'article L. 332-1.

CHAPITRE II. – De l'exécution des mandats des juridictions pour mineurs

Art. L. 332-1 *(Mod., L. n° 2021-1729, 22 déc. 2021)*. – Lorsqu'un mineur est retenu dans le cadre d'un mandat, d'amener ou d'arrêt en application de l'article 133-1 du Code de procédure pénale ou qu'il est appréhendé en exécution d'un mandat d'arrêt européen en application des articles 695-26 et suivants du même code, l'officier de police judiciaire doit, dès le début de cette rétention, en informer ses représentants légaux, la personne ou le service auquel le mineur est confié ou, dans les cas prévus dans le présent code, un autre adulte approprié.

Les dispositions des articles L. 413-1 à L. 413-15 du présent code, relatives à l'assistance par un avocat, à l'examen médical et à l'enregistrement audiovisuel des auditions sont applicables.

Art. L. 332-2. – L'audience tenue devant la chambre de l'instruction relative à l'exécution d'un mandat d'arrêt européen en application de l'article 695-30 du Code de procédure pénale n'est pas publique.

Lors de cette audience, le mineur est assisté d'un avocat. À défaut de choix d'un avocat par le mineur ou les titulaires de l'autorité parentale, le juge des enfants ou le tribunal pour enfants fait désigner par le bâtonnier un avocat commis d'office.

CHAPITRE III. – De l'assignation à résidence avec surveillance électronique

Art. L. 333-1. – Le mineur âgé d'au moins seize ans peut être assigné à résidence avec surveillance électronique par le juge des enfants, le tribunal pour enfants, le juge d'instruction ou le juge des libertés et la détention, dans les conditions et selon les modalités prévues aux articles 137 et 142-5 à 142-13 du Code de procédure pénale, lorsqu'il encourt une peine d'emprisonnement égale ou supérieure à trois ans. Ces juridictions statuent après avis du service de la protection judiciaire de la jeunesse ou du service pénitentiaire d'insertion et de probation si l'intéressé est majeur au moment de la décision.

Il peut en outre être astreint aux obligations prévues aux 1° à 14° de l'article L. 331-2 du présent code.

Les dispositions relatives au placement sous surveillance électronique mobile ne sont pas applicables.

Art. L. 333-2. – En cas d'assignation à résidence avec surveillance électronique au domicile des représentants légaux du mineur, l'accord écrit de ces derniers doit être préalablement recueilli par le juge ou la juridiction.

CHAPITRE IV. – De la détention provisoire

Art. L. 334-1. – Le mineur de moins de treize ans ne peut être placé en détention provisoire.

Art. L. 334-2. – La détention provisoire d'un mineur ne peut être ordonnée ou prolongée par le juge des enfants, le tribunal pour enfants ou le juge des libertés et de la détention, dans les cas et conditions prévus par le présent chapitre que si cette mesure est indispensable et s'il est démontré, au regard des éléments précis et circonstanciés résultant de la procédure et des éléments de personnalité préalablement recueillis, qu'elle constitue l'unique moyen de parvenir à l'un des objectifs mentionnés à l'article 144 du Code de procédure pénale et que ces objectifs ne sauraient être atteints en cas de placement sous contrôle judiciaire ou en cas d'assignation à résidence avec surveillance électronique.

Art. L. 334-3. – Lorsque le mineur est placé en détention provisoire, le juge des enfants, le tribunal pour enfants ou le juge des libertés et de la détention prononce une mesure éducative judiciaire provisoire.

Art. L. 334-4. – La détention provisoire du mineur de moins de seize ans ne peut être ordonnée que dans l'un des cas suivants :

1° S'il encourt une peine criminelle ;

2° Lorsqu'il encourt une peine correctionnelle, s'il s'est volontairement soustrait à l'obligation de respecter les conditions d'un placement dans un centre éducatif fermé prononcée dans le cadre d'un contrôle judiciaire. La détention provisoire ne peut être ordonnée qu'en cas de violation répétée ou d'une particulière gravité de cette obligation ou si cette dernière s'accompagne de la violation d'une autre obligation du contrôle judiciaire, et lorsque le rappel ou l'aggravation de ces obligations n'est pas suffisant pour atteindre les objectifs prévus à l'article 144 du Code de procédure pénale.

Art. L. 334-5. – La détention provisoire du mineur âgé d'au moins seize ans ne peut être ordonnée que dans l'un des cas suivants :

1° S'il encourt une peine criminelle ;

2° S'il encourt une peine d'emprisonnement d'une durée égale ou supérieure à trois ans ;

3° S'il s'est volontairement soustrait aux obligations d'un contrôle judiciaire ou d'une assignation à résidence avec surveillance électronique. La détention provisoire ne peut être ordonnée qu'en cas de violation répétée ou d'une particulière gravité des obligations du contrôle judiciaire ou de l'assignation à résidence avec surveillance électronique et lorsque le rappel ou l'aggravation de ces obligations ne peut suffire pour atteindre les objectifs prévus à l'article 144 du Code de procédure pénale.

Art. L. 334-6. – Par dérogation à l'article 706-71 du Code de procédure pénale, il ne peut pas être recouru à un moyen de télécommunication audiovisuelle pour statuer sur le placement en détention provisoire ou la prolongation de la détention provisoire d'un mineur, sauf si son transport paraît devoir être évité en raison de risques graves de trouble à l'ordre public ou d'évasion.

LIVRE IV. – De la procédure préalable au jugement

TITRE Ier. – De l'audition du mineur suspect

CHAPITRE Ier. – Dispositions générales

Art. L. 411-1. – Pour l'application des dispositions du présent titre, l'âge pris en compte est l'âge du mineur au jour de la mesure dont il fait l'objet.

CHAPITRE II. – De l'audition libre

Art. L. 412-1. – Lorsqu'un mineur est entendu librement en application de l'article 61-1 du Code de procédure pénale et lorsqu'il est procédé aux opérations prévues à l'article 61-3 du même code, l'officier ou l'agent de police judiciaire en informe par tout moyen ses représentants légaux, la personne ou le service auquel le mineur est confié.

Art. L. 412-2. – Lorsque l'enquête concerne un crime ou un délit puni d'une peine d'emprisonnement et que le mineur n'a pas sollicité l'assistance d'un avocat en application des articles 61-1 et 61-3 du Code de procédure pénale, cette demande peut également être faite par ses représentants légaux, qui sont alors avisés de ce droit lorsqu'ils sont informés en application de l'article L. 412-1. Lorsque le mineur ou ses représentants légaux n'ont pas sollicité la désignation d'un avocat, le procureur de la République, le juge des enfants, le juge d'instruction ou l'officier ou l'agent de police judiciaire en informe par tout moyen et sans délai le bâtonnier afin qu'il en commette un d'office.

La notification des informations données en application du présent chapitre est mentionnée au procès-verbal.

CHAPITRE III. – De la retenue et de la garde à vue

Section 1. – De la retenue

Art. L. 413-1. – À titre exceptionnel, le mineur âgé de dix à treize ans à l'encontre duquel il existe une ou plusieurs raisons plausibles de soupçonner qu'il a commis ou tenté de commettre un crime ou un délit puni d'au moins cinq ans d'emprisonnement peut, si cette mesure est l'unique moyen de parvenir à l'un au moins des objectifs mentionnés à l'article 62-2 du Code de procédure pénale, être retenu à la disposition d'un officier de police judiciaire, avec l'accord préalable et sous le contrôle du procureur de la République ou du juge d'instruction, pour une durée que ce magistrat détermine et qui ne peut excéder douze heures.

La retenue est strictement limitée au temps nécessaire à la déposition du mineur et à sa présentation devant le magistrat compétent ou à sa remise à ses représentants légaux ou à la personne ou au service auquel il est confié.

Les dispositions de l'article 803-6 du Code de procédure pénale sont applicables.

Art. L. 413-2. – À titre exceptionnel, la retenue mentionnée à l'article L. 413-1 peut être prolongée par décision motivée du procureur de la République ou du juge d'instruction pour une durée qui ne peut excéder douze heures, après présentation devant lui du mineur, sauf si les circonstances rendent cette présentation impossible.

Art. L. 413-3. – L'officier de police judiciaire informe par tout moyen les représentants légaux du mineur ainsi que la personne ou le service auquel il est confié de la mesure de retenue dont il fait l'objet.

Il ne peut être dérogé aux dispositions de l'alinéa précédent que pour permettre le recueil ou la conservation des preuves ou pour prévenir une atteinte grave à la vie, à la liberté ou à l'intégrité physique d'une personne, sur décision du procureur de la République ou du juge chargé de l'information prise au regard des circonstances de l'espèce, et pour la durée que le magistrat détermine et qui ne peut excéder douze heures.

Les représentants légaux sont informés que le mineur doit être assisté par un avocat et qu'ils peuvent désigner un avocat ou demander qu'un avocat soit commis d'office.

Art. L. 413-4. – Dès le début de la retenue, le procureur de la République ou le juge d'instruction désigne un médecin qui examine le mineur dans les conditions prévues à l'article 63-3 du Code de procédure pénale.

Art. L. 413-5. – Le mineur retenu est assisté d'un avocat dans les conditions prévues aux articles 63-3-1 à 63-4-4 du Code de procédure pénale.

Lorsque le mineur ou ses représentants légaux n'ont pas désigné d'avocat, le procureur de la République, le juge d'instruction ou l'officier de police judiciaire demande au bâtonnier par tout moyen, dès le début de la retenue, qu'il lui en soit commis un d'office.

Section 2. – De la garde à vue

Art. L. 413-6. – Le mineur âgé d'au moins treize ans peut être placé en garde à vue dans les cas et conditions prévus aux articles 62 à 66 du Code de procédure pénale sous réserve des dispositions de la présente section.

Art. L. 413-7. – Après avoir avisé le procureur de la République ou le juge d'instruction du placement en garde à vue du mineur, l'officier de police judiciaire en informe les représentants légaux et la personne ou le service auquel le mineur est confié.

Il ne peut être dérogé aux dispositions de l'alinéa précédent que pour permettre le recueil ou la conservation des preuves ou pour prévenir une atteinte grave à la vie, à la liberté ou à l'intégrité physique d'une personne, sur décision du procureur de la République ou du juge d'instruction prise au regard des circonstances de l'espèce, et pour la durée que le magistrat détermine et qui ne peut excéder vingt-quatre heures ou, lorsque la garde à vue ne peut faire l'objet d'une prolongation, douze heures.

Les représentants légaux sont informés du droit du mineur à être assisté par un avocat.

Art. L. 413-8. – Dès le début de la garde à vue d'un mineur de moins de seize ans, le procureur de la République ou le juge d'instruction désigne un médecin qui examine le mineur dans les conditions prévues par l'article 63-3 du Code de procédure pénale.

Lorsqu'un mineur d'au moins seize ans est placé en garde à vue, il est informé de son droit de demander un examen médical conformément aux dispositions de l'article 63-3 du Code de procédure pénale. Ses représentants légaux sont avisés de leur droit de demander un examen médical lorsqu'ils sont informés de la garde à vue. L'avocat du mineur peut également demander que celui-ci fasse l'objet d'un examen médical.

Art. L. 413-9. – Dès le début de la garde à vue, le mineur doit être assisté par un avocat, dans les conditions prévues aux articles 63-3-1 à 63-4-3 du Code de procédure pénale. Il doit être immédiatement informé de ce droit. Lorsque le mineur n'a pas sollicité l'assistance d'un avocat, cette demande peut également être faite par ses représentants légaux qui sont alors avisés de ce droit lorsqu'ils sont informés de la garde à vue en application de l'article L. 413-7. Lorsque le mineur ou ses représentants légaux n'ont pas désigné d'avocat, le procureur de la République, le juge d'instruction ou l'officier de police judiciaire doit, dès le début de la garde à vue, informer par tout moyen et sans délai le bâtonnier afin qu'il en commette un d'office.

Art. L. 413-10. – La garde à vue d'un mineur de moins de seize ans ne peut être prolongée que si l'infraction qu'il est soupçonné d'avoir commise ou tenté de commettre est un crime ou un délit puni d'une peine égale ou supérieure à cinq ans d'emprisonnement.

Aucune mesure de garde à vue ne peut être prolongée sans présentation préalable du mineur au procureur de la République ou au juge d'instruction compétent en application de l'article 63-9 et de l'article 154 du Code de procédure pénale.

Cette présentation peut être réalisée par l'utilisation d'un moyen de télécommunication audiovisuelle conformément aux dispositions de l'article 706-71 du Code de procédure pénale.

Art. L. 413-11. – L'article 706-88 du Code de procédure pénale, à l'exception de ses sixième à huitième alinéas, est applicable au mineur de plus de seize ans lorsqu'il existe une ou plusieurs raisons plausibles de soupçonner qu'une ou plusieurs personnes majeures ont participé, comme auteurs ou complices, à la commission de l'infraction.

Section 3. – De l'enregistrement audiovisuel des auditions

Art. L. 413-12. – Les interrogatoires des mineurs placés en garde à vue ou en retenue font l'objet d'un enregistrement audiovisuel.

Lorsque l'enregistrement ne peut être effectué en raison d'une impossibilité technique, il en est fait mention dans le procès-verbal d'interrogatoire qui précise la nature de cette impossibilité. Le procureur de la République ou le juge d'instruction en est immédiatement avisé. En l'absence d'enregistrement, que cette absence ait fait ou non l'objet d'une mention dans le procès-verbal et d'un avis au magistrat compétent, aucune condamnation ne peut être prononcée sur le seul fondement des déclarations du mineur si celles-ci sont contestées.

Art. L. 413-13. – L'enregistrement mentionné à l'article L. 413-12 ne peut être consulté, au cours de l'instruction ou devant la juridiction de jugement, qu'en cas de contestation du contenu du procès-verbal d'interrogatoire, sur décision du juge d'instruction ou de la juridiction de jugement, d'office ou à la demande du procureur de la République ou d'une des parties. Aucune copie de l'enregistrement ne peut être délivrée aux parties ou à leur avocat.

Art. L. 413-14. – Le fait, pour toute personne, de diffuser l'enregistrement audiovisuel réalisé en application de l'article L. 413-12 ou sa copie est puni d'un an d'emprisonnement et de 15 000 euros d'amende.

Art. L. 413-15. – À l'expiration d'un délai de cinq ans à compter de la date de l'extinction de l'action publique, l'enregistrement audiovisuel et sa copie sont détruits dans le délai d'un mois.

Section IV. — Des relevés signalétiques

Art. L. 413-16 *(Créé, L. n° 2022-52, 24 janv. 2022)*. – L'officier ou l'agent de police judiciaire qui envisage de procéder ou de faire procéder, en application du deuxième alinéa de l'article 55-1 du Code de procédure pénale, à une opération de prise d'empreintes digitales ou palmaires ou de photographies d'un mineur entendu en application des articles L. 412-1 et L. 413-6 du présent code doit s'efforcer d'obtenir le consentement de ce mineur.

Il informe le mineur, en présence de son avocat, des peines prévues au troisième alinéa de l'article 55-1 du Code de procédure pénale s'il refuse de se soumettre à cette opération.

Lorsque les conditions prévues à l'article L. 413-17 du présent code sont réunies, il l'informe également, en présence de son avocat, de la possibilité de procéder à cette opération sans son consentement, en application du même article L. 413-17.

Art. L. 413-17 *(Créé, L. n° 2022-52, 24 janv. 2022)*. – L'opération de prise d'empreintes digitales ou palmaires ou de photographies peut être effectuée sans le consentement du mineur, sur autorisation écrite du procureur de la République saisi par une demande motivée de l'officier de police judiciaire, lorsque les conditions ci-après sont réunies :

1° Cette opération constitue l'unique moyen d'identifier le mineur qui refuse de justifier de son identité ou qui fournit des éléments d'identité manifestement inexacts ;

2° Le mineur apparaît manifestement âgé d'au moins treize ans ;

3° L'infraction dont il est soupçonné constitue un crime ou un délit puni d'au moins cinq ans d'emprisonnement.

L'officier de police judiciaire ou, sous son contrôle, un agent de police judiciaire recourt à la contrainte de manière strictement nécessaire et proportionnée, compte tenu de la situation particulière du mineur.

L'avocat du mineur ainsi que, sauf impossibilité, ses représentants légaux ou, à défaut, l'adulte approprié mentionné à l'article L. 311-1 sont préalablement informés de cette opération.

Cette opération fait l'objet d'un procès-verbal, qui mentionne les raisons pour lesquelles elle constitue l'unique moyen d'identifier la personne ainsi que le jour et l'heure auxquels il y est procédé.

Le procès-verbal est transmis au procureur de la République, copie en ayant été remise à l'intéressé ainsi qu'aux représentants légaux ou à l'adulte approprié.

TITRE II. – De l'action publique

CHAPITRE Ier. – Dispositions générales

Art. L. 421-1. – À l'égard d'un mineur, le procureur de la République apprécie les suites à donner conformément aux dispositions de l'article 40-1 du Code de procédure pénale, en tenant compte de la personnalité du mineur et de ses conditions de vie et d'éducation.

Quelle que soit l'orientation qu'il retient sur l'action publique, le procureur de la République apprécie s'il y a lieu de saisir les autorités compétentes en matière de protection administrative ou judiciaire de l'enfance, cette saisine pouvant être considérée comme une réponse suffisante.

CHAPITRE II. – Des alternatives aux poursuites et de la composition pénale

Section 1. – Des alternatives aux poursuites

Art. L. 422-1 *(Mod., L. n° 2022-299, 2 mars 2022)*. – Lorsque le procureur de la République fait application de l'article 41-1 du Code de procédure pénale relatif aux alternatives aux poursuites à l'égard d'un mineur, la mesure prévue au 2° de cet article peut également consister en l'accomplissement d'un stage de formation civique ou en une consultation auprès d'un psychiatre ou d'un psychologue.

Lorsqu'il est prononcé pour une infraction commise dans le cadre de la scolarité, le stage de formation civique peut comporter un volet spécifique de sensibilisation aux risques liés au harcèlement scolaire.

Le procureur de la République peut également recourir aux mesures suivantes spécifiques aux mineurs :

1° Demander au mineur de justifier de son assiduité à un enseignement ou une formation professionnelle ;

2° Requiert l'établissement d'un recueil de renseignements socio-éducatifs ;

3° Sollicite du bâtonnier la désignation d'un avocat commis d'office dans le cas où le mineur ou ses représentants légaux n'ont pas désigné d'avocat. L'avocat désigné peut consulter le dossier de la procédure sur le champ et communiquer librement avec le mineur.

Lorsque le procureur de la République se fait présenter un mineur, il l'informe de son droit d'être assisté par un interprète, il constate son identité et lui notifie les faits qui lui sont reprochés et leur qualification juridique en présence de son avocat.

Le procureur de la République avertit alors le mineur de son droit de faire des déclarations, de répondre aux questions qui lui sont posées ou de se taire. Après avoir, le cas échéant, recueilli les observations du mineur ou procédé à son interrogatoire, le procureur de la République entend, s'il y a lieu, les observations de l'avocat, portant notamment sur la régularité de la procédure, sur la qualification retenue, sur le caractère éventuellement insuffisant de l'enquête, sur la nécessité de procéder à de nouveaux actes qu'il estime nécessaires à la manifestation de la vérité et sur les modalités d'engagement éventuel des poursuites.

Au vu de ces observations, le procureur de la République peut saisir une juridiction de jugement, requérir l'ouverture d'une information, ordonner la poursuite de l'enquête ou prendre toute autre décision sur l'action publique.

À peine de nullité, mention des formalités prévues au 3° et aux cinquième et sixième alinéas du présent article est faite au procès-verbal. Si le procureur de la République saisit la juridiction de jugement, la copie de ce procès-verbal est remise au mineur.

Section 2. – De la saisine de la juridiction de jugement

Sous-section 1. – Des modes de saisine

Art. L. 423-7. – Le juge des enfants ou le tribunal pour enfants est saisi soit :

1° Par convocation délivrée sur instructions du procureur de la République soit par un greffier, un officier ou agent de police judiciaire, un huissier, un délégué ou un médiateur du procureur de la République, soit, si le prévenu est détenu, par le chef de l'établissement pénitentiaire, soit, si le mineur est placé, par le directeur de l'établissement auquel il est confié ;

2° Par procès-verbal du procureur de la République établi lors d'un déferement. Dans ce cas, le procureur de la République procède conformément aux dispositions de l'article L. 423-6 et informe le mineur, en présence de son avocat, qu'il est convoqué devant le juge des enfants ou tribunal pour enfants pour y être jugé, à une audience fixée dans un délai qui ne peut être inférieur à dix jours ni supérieur à trois mois. Il lui notifie les faits qui lui sont reprochés ainsi que le lieu, la date et l'heure de l'audience. Ces formalités sont mentionnées au procès-verbal, dont copie est remise au mineur, à peine de nullité de la procédure.

Art. L. 423-8. – La convocation devant le juge des enfants ou le tribunal pour enfants et le procès-verbal établi par le procureur de la République lors du déferement mentionnent :

1° La date, le lieu et l'heure de l'audience, laquelle se tient dans un délai qui ne peut être inférieur à dix jours ni supérieur à trois mois à compter de la notification de la convocation ;

2° Le fait poursuivi ainsi que le texte de loi qui le réprime ;

3° Les dispositions de l'article L. 12-4.

Sont rappelées les dispositions des articles L. 12-5, L. 311-1 et L. 311-2.

Sont également rappelées les dispositions des articles L. 521-1 et L. 521-2, sauf lorsque le tribunal pour enfants est saisi aux fins d'audience unique en application du troisième alinéa de l'article L. 423-4.

La convocation est notifiée dans les meilleurs délais aux représentants légaux et à la personne ou au service auquel le mineur est confié.

Ces mentions sont formalisées par procès-verbal signé par le mineur et, si elles sont présentes, les personnes visées à l'alinéa précédent, qui en recevront copie. Cette convocation vaut citation à personne et entraîne l'application des délais prévus à l'article 552 du Code de procédure pénale.

Le juge des enfants ou le tribunal pour enfants en est avisé sans délai.

Sous-section 2. – Des mesures prononcées avant la comparution du mineur devant la juridiction de jugement

Art. L. 423-9 *(Mod., L. n° 2021-1729, 22 déc. 2021)*. – Aussitôt après avoir procédé aux formalités de l'article L. 423-6, le procureur de la République fait comparaître le mineur devant :

1° Le juge des enfants afin qu'il soit statué sur ses réquisitions tendant :

a) Soit, quel que soit l'âge du mineur, au prononcé d'une mesure éducative judiciaire provisoire jusqu'à l'audience d'examen de la culpabilité ;

b) Soit, pour le mineur âgé d'au moins treize ans, au placement sous contrôle judiciaire, dans les conditions prévues par l'article L. 331-1, jusqu'à l'audience d'examen de la culpabilité ;

c) Soit, pour le mineur âgé d'au moins seize ans, au placement sous assignation à résidence avec surveillance électronique, dans les conditions prévues par l'article L. 333-1, jusqu'à l'audience d'examen de la culpabilité ;

2° Le juge des libertés et de la détention, pour le mineur âgé d'au moins seize ans et lorsque le tribunal pour enfants est saisi aux fins d'audience unique en application du troisième alinéa de l'article L. 423-4, afin qu'il soit statué sur ses réquisitions tendant au placement en détention provisoire du mineur jusqu'à l'audience, dans les conditions prévues aux articles L. 334-1 à L. 334-5. Dans ce cas, l'audience de jugement doit avoir lieu dans un délai ne pouvant excéder un mois, à défaut de quoi le mineur est remis en liberté d'office.

Le mineur est informé que la décision ne pourra intervenir qu'à l'issue d'un débat contradictoire et qu'il a le droit de demander un délai pour préparer sa défense. Si le mineur ou son avocat sollicite un tel délai, le juge des libertés et de la détention statue selon les modalités prévues aux trois derniers alinéas de l'article L. 521-21.

Le procureur de la République avise sans délai le juge des enfants afin qu'il puisse communiquer au juge des libertés et de la détention tout élément utile sur la personnalité du mineur et, le cas échéant, accomplir les diligences prévues à l'article L. 423-10.

Le juge des enfants ou le juge des libertés et de la détention statue par ordonnance motivée qui doit comporter l'énoncé des considérations de droit et de fait qui constituent le fondement de la décision. Il statue en audience de cabinet, après un débat contradictoire au cours duquel il entend les réquisitions du procureur de la République, puis les observations du mineur et celles de son avocat. Le juge des enfants ou le juge des libertés et de la détention entend le cas échéant au cours de ce débat les représentants légaux du mineur et le représentant du service auquel le mineur est confié ou mandaté dans le cadre d'une précédente mesure.

La présence du procureur de la République est facultative dans les cas prévus aux a et b du 1° s'agissant du placement sous contrôle judiciaire des mineurs d'au moins seize ans.

Les représentants légaux du mineur sont avisés par tout moyen de la décision du juge des enfants et du juge des libertés et de la détention.

Art. L. 423-10. – Lorsqu'un mineur est poursuivi dans le cadre de la procédure prévue au troisième alinéa de l'article L. 423-4, le juge des enfants saisi aux fins de prononcer des mesures prévues à l'article L. 423-9 ou avisé de la saisine du juge des libertés et de la détention aux mêmes fins, qui constate qu'une mise à l'épreuve éducative est en cours, peut, d'office ou sur réquisitions du procureur de la République, faire remettre au mineur et à ses représentants légaux une convocation à comparaître devant le tribunal pour enfants à la date d'audience notifiée par le procureur de la République, pour voir statuer sur l'ensemble des procédures ayant donné lieu à une déclaration de culpabilité au cours de la période de mise à l'épreuve éducative.

Art. L. 423-11 *(Mod., L. n° 2021-1729, 22 déc. 2021)*. – Le juge des enfants est compétent, jusqu'à la comparution du mineur devant la juridiction, pour statuer sur la mainlevée, ou la modification des mesures d'investigation, éducative judiciaire provisoire et de sûreté, d'office, à la demande du mineur ou de son avocat, ou sur réquisitions du procureur de la République conformément aux dispositions des titres II et III du livre III.

Le juge des enfants peut, en cas d'incident, délivrer à l'encontre d'un mineur un mandat de comparution.

Lorsque le mineur se soustrait aux obligations et interdictions d'un contrôle judiciaire ou d'une assignation à résidence avec surveillance électronique, le juge des enfants peut également ordonner à l'encontre du mineur un mandat d'amener ou, si le mineur est en fuite ou réside à l'étranger, un mandat d'arrêt. Il est alors procédé dans les conditions prévues aux articles 123 à 134 du Code de procédure pénale. Le mineur retenu en exécution d'un mandat bénéficie des droits prévus à l'article L. 332-1 du présent code.

Lorsqu'il constate que le mineur n'a pas respecté les obligations du contrôle judiciaire ou de l'assignation à résidence avec surveillance électronique, le juge des enfants peut, si les conditions prévues aux articles L. 334-4 ou L. 334-5 sont réunies, communiquer le dossier au procureur de la République aux fins de réquisitions et saisir le juge des libertés et de la détention aux fins de révocation de la mesure de contrôle judiciaire ou d'assignation à résidence avec surveillance électronique et de placement du mineur en détention provisoire.

Le mineur est informé que la décision ne pourra intervenir qu'à l'issue d'un débat contradictoire et qu'il a le droit de demander un délai pour préparer sa défense. Si le mineur ou son avocat sollicite un tel délai, le juge des libertés et de la détention statue selon les modalités prévues aux trois derniers alinéas de l'article L. 521-21.

Le mineur placé en détention provisoire, ou son avocat, peut, à tout moment, demander sa mise en liberté. La demande est adressée au juge des libertés et de la détention, qui communique immédiatement le dossier au procureur de la République aux fins de réquisitions et demande au juge des enfants tout élément utile sur la personnalité et l'évolution de la situation du mineur. Le juge des libertés et de la détention statue dans les cinq jours suivant la communication au procureur de la République dans les conditions prévues aux troisième et avant-dernier alinéas de l'article 148 du Code de procédure pénale.

Faute pour le juge des libertés et de la détention d'avoir statué dans le délai prévu à l'avant-dernier alinéa, le mineur ou son avocat et le procureur de la République peuvent saisir la chambre spéciale des mineurs de la cour d'appel, qui statue selon les modalités prévues au second alinéa de l'article L. 521-23.

Art. L. 423-12. – En cas de révocation du contrôle judiciaire ou de l'assignation à résidence avec surveillance électronique et de placement en détention provisoire du mineur, l'audience de jugement a lieu devant le tribunal pour enfants dans un délai ne pouvant excéder un mois, à défaut de quoi le mineur est remis en liberté d'office.

Sous-section 3. – Des voies de recours contre les décisions relatives aux mesures prononcées avant la comparution du mineur devant la juridiction de jugement

Art. L. 423-13 *(Mod., L. n° 2022-52, 24 janv. 2022)*. – Les décisions relatives à la mesure éducative judiciaire provisoire et aux mesures de sûreté rendues par le juge des enfants ou le juge des libertés et de la détention en application des dispositions de la sous-section 2 peuvent faire l'objet d'un appel par le mineur ou l'un de ses représentants légaux et par le ministère public dans un délai de dix jours.

L'appel de la décision relative à une mesure éducative judiciaire provisoire, un contrôle judicaire ou une assignation à résidence avec surveillance électronique est porté devant le président de la chambre spéciale des mineurs qui statue dans le délai d'un mois.

L'appel de la décision relative au placement en détention provisoire est examiné par la chambre spéciale des mineurs dans les délais et selon les modalités prévues devant la chambre de l'instruction par les articles 194 et 199 du Code de procédure pénale.

Sous-section 4. — Du renvoi du dossier au procureur de la République lorsque la personne est majeure

Art. L. 423-14 *(Créé, L. n° 2022-52, 24 janv. 2022)*. – S'il apparaît au juge des enfants ou au juge des libertés et de la détention saisi en application de l'article L. 423-9 que la personne présentée devant lui est majeure, il renvoie le dossier au procureur de la République.

Le juge des enfants ou le juge des libertés et de la détention statue au préalable, après avoir entendu les réquisitions du procureur de la République et les observations de la personne et de son avocat, sur le placement ou le maintien de la personne en détention provisoire jusqu'à sa comparution devant le tribunal correctionnel, devant le juge des libertés et de la détention saisi en application de l'article 396 du Code de procédure pénale ou devant le juge d'instruction. Cette comparution doit avoir lieu dans un délai de vingt-quatre heures, à défaut de quoi la personne est remise en liberté d'office. Toutefois, si les faits relèvent de la compétence d'un pôle de l'instruction et qu'il n'existe pas de pôle au sein du tribunal judiciaire, cette comparution doit intervenir devant le juge d'instruction du pôle territorialement compétent dans un délai de quarante-huit heures au plus, à défaut de quoi la personne est remise en liberté d'office.

TITRE III. – De l'information judiciaire

CHAPITRE Ier. – De l'information et de la convocation des représentants légaux

Art. L. 431-1. – Le juge d'instruction avise les représentants légaux du mineur et la personne ou le service auquel le mineur est confié des poursuites dont celui-ci fait l'objet.

L'avis mentionné à l'alinéa précédent est fait verbalement avec émargement au dossier ou par lettre recommandée. Il mentionne les faits reprochés au mineur et leur qualification juridique.

Il précise également qu'à défaut de choix d'un avocat par le mineur ou ses représentants légaux, le juge d'instruction fera désigner un avocat d'office par le bâtonnier.

Art. L. 431-2. – Quel que soit l'objet de la convocation du mineur par le juge d'instruction, ses représentants légaux sont convoqués par tout moyen dans les conditions prévues à l'article L. 311-1, ainsi que la personne ou le service auquel il est confié, pour être entendus par le juge.

Art. L. 431-3. – Les représentants légaux et les personnes civilement responsables doivent déclarer au greffe du juge d'instruction leur adresse selon les modalités prévues par les deux derniers alinéas de l'article 116 du Code de procédure pénale.

CHAPITRE II. – De la mesure judiciaire d'investigation éducative et de la mesure éducative judiciaire provisoire

Art. L. 432-1. – Lorsqu'une information judiciaire est ouverte à l'encontre d'un mineur, le juge d'instruction ordonne une mesure judiciaire d'investigation éducative.

Toutefois, cette mesure est facultative lorsqu'une copie du dossier unique de personnalité du mineur, contenant un rapport d'une mesure judiciaire d'investigation éducative de moins d'un an, est versée au dossier de l'information judiciaire.

Art. L. 432-2. – Au cours de l'information judiciaire, le juge d'instruction ou le juge des libertés et de la détention saisi en application du dernier alinéa de l'article 137-1 ou du second alinéa de l'article 137-4 du Code de procédure pénale peut ordonner une mesure éducative judiciaire provisoire à l'égard du mineur mis en examen, dans les conditions prévues par les articles L. 323-1 à L. 323-3 du présent code. Le juge d'instruction peut la modifier ou en donner mainlevée à tout moment dans les mêmes conditions.

La mesure est prononcée pour une durée d'un an renouvelable.

CHAPITRE III. – Des mesures de sûreté

Art. L. 433-1. – Au cours de l'information judiciaire, les dispositions relatives au contrôle judiciaire, à l'assignation à résidence avec surveillance électronique et à la détention provisoire, prévues au titre III du livre III sont applicables, sous réserve des dispositions du présent chapitre.

Art. L. 433-2. – En matière correctionnelle, la détention provisoire ordonnée à l'égard d'un mineur de moins de seize ans, dans les conditions prévues par l'article L. 334-4, ne peut excéder :

1° Une durée de quinze jours, renouvelable une fois par ordonnance motivée, lorsque le mineur encourt une peine inférieure à dix ans d'emprisonnement ;

2° Une durée d'un mois, renouvelable une fois par ordonnance motivée, lorsque le mineur encourt une peine de dix ans d'emprisonnement.

Art. L. 433-3. – En matière correctionnelle, la détention provisoire ordonnée à l'égard d'un mineur âgé d'au moins seize ans, dans les conditions prévues par l'article L. 334-5, ne peut excéder :

1° Un mois, lorsque la peine d'emprisonnement encourue est inférieure ou égale à sept ans. Toutefois, à l'expiration de ce délai, la détention peut être prolongée par le juge des libertés et de la détention, à titre exceptionnel, pour une durée n'excédant pas un mois, par une ordonnance motivée conformément aux dispositions de l'article 137-3 du Code de procédure pénale et rendue après un débat contradictoire organisé conformément aux dispositions du sixième alinéa de l'article 145 du même code. La prolongation ne peut être ordonnée qu'une seule fois ;

2° Quatre mois, lorsque la peine d'emprisonnement encourue est supérieure à sept ans. Toutefois, à l'expiration de ce délai, la détention peut être prolongée par le juge des libertés et de la détention, à titre exceptionnel, pour une durée n'excédant pas quatre mois, par une ordonnance motivée conformément aux dispositions de l'article 137-3 du Code de procédure pénale et rendue après un débat contradictoire organisé conformément aux dispositions du sixième alinéa de l'article 145 du même code. Cette décision peut être renouvelée selon la même procédure, la durée totale de la détention ne pouvant excéder un an.

Art. L. 433-4. – En matière criminelle, la détention provisoire ne peut excéder six mois pour le mineur de moins de seize ans. Toutefois, à l'expiration de ce délai, la détention peut être prolongée par le juge des libertés et de la détention, à titre exceptionnel, pour une durée n'excédant pas six mois, par une ordonnance motivée conformément aux dispositions de l'article 137-3 du Code de procédure pénale, par référence aux 1° à 6° de l'article 144 du même code, et rendue après un débat contradictoire organisé conformément aux dispositions du sixième alinéa de l'article 145 du même code. La prolongation ne peut être ordonnée qu'une seule fois.

Art. L. 433-5. – En matière criminelle, la détention provisoire ne peut excéder un an pour le mineur âgé d'au moins seize ans. Toutefois, le juge des libertés et de la détention peut, à l'expiration de ce délai, prolonger la détention pour une durée qui ne peut être supérieure à six mois par une ordonnance motivée conformément aux dispositions de l'article 137-3 du Code de procédure pénale et rendue après un débat contradictoire organisé conformément aux dispositions du sixième alinéa de l'article 145 du même code. Cette décision peut être renouvelée selon la même procédure, la durée totale de la détention provisoire ne pouvant excéder deux ans.

Art. L. 433-6. – La durée totale de détention provisoire mentionnée au 2° de l'article L. 433-3 du présent code est portée à deux ans pour l'instruction du délit mentionné à l'article 421-2-1 du Code pénal.

La durée totale de détention provisoire mentionnée à l'article L. 433-5 du présent code est portée à trois ans pour l'instruction des crimes prévus au 1° de l'article 421-1 et aux articles 421-5 et 421-6 du Code pénal.

Art. L. 433-7. – Lorsque la détention provisoire est ordonnée à la suite d'une révocation du contrôle judiciaire ou de l'assignation à résidence avec surveillance électronique à l'encontre d'un mineur antérieurement placé en détention provisoire pour les mêmes faits, la durée cumulée des détentions ne peut excéder de plus d'un mois la durée maximale de la détention prévue au présent chapitre.

Art. L. 433-8. – Lorsqu'interviennent plusieurs révocations du contrôle judiciaire d'un mineur de moins de seize ans, la durée cumulée de la détention provisoire ne peut excéder une durée totale d'un mois dans le cas mentionné au 1° de l'article L. 433-2 et de deux mois dans le cas mentionné au 2° du même article.

CHAPITRE IV. – Du règlement de l'information judiciaire

Section 1. – Des ordonnances de règlement

Art. L. 434-1. – Lorsque l'information est terminée, après avoir procédé conformément à l'article 175 du Code de procédure pénale, le juge d'instruction rend l'une des ordonnances de règlement suivantes :

1° Soit une ordonnance de non-lieu dans les cas et conditions prévus à l'article 177 du Code de procédure pénale ;

2° Soit, s'il estime que le fait constitue une contravention des quatre premières classes, une ordonnance de renvoi devant le tribunal de police ;

3° Soit, s'il estime que le fait constitue un délit ou une contravention de la cinquième classe, une ordonnance de renvoi devant le tribunal pour enfants, ou devant le juge des enfants si le mineur est âgé de moins de treize ans ;

4° Soit, s'il estime que les faits constituent un crime, une ordonnance de mise en accusation devant la cour d'assises des mineurs s'il s'agit d'un mineur âgé d'au moins seize ans dans les cas et conditions prévus à l'article 181 du Code de procédure pénale ou une ordonnance de renvoi devant le tribunal pour enfants s'il s'agit d'un mineur de moins de seize ans.

Art. L. 434-2. – Par dérogation aux dispositions du 4° de l'article L. 434-1, lorsque les faits forment un ensemble connexe et indivisible avec un crime commis par un mineur âgé d'au moins seize ans, le juge d'instruction peut, dans l'intérêt d'une bonne administration de la justice, par décision motivée prise après réquisitions du procureur de la République et observations des parties, mettre ce mineur en accusation devant la cour d'assises des mineurs :

1° Pour un crime commis avant qu'il n'ait atteint l'âge de seize ans ;

2° Pour un crime commis à compter de sa majorité.

Art. L. 434-3. – Si le mineur a des coauteurs ou complices majeurs, la procédure, en matière correctionnelle et pour les contraventions de la cinquième classe, est disjointe et ces derniers sont renvoyés devant la juridiction compétente suivant le droit commun.

Si, en matière criminelle, le mineur a des coauteurs ou complices majeurs, le juge d'instruction peut :

1° Soit renvoyer tous les accusés âgés d'au moins seize ans devant la cour d'assises des mineurs ;

2° Soit disjoindre les poursuites et ordonner la mise en accusation des coauteurs ou complices majeurs devant la cour d'assises de droit commun.

Art. L. 434-4. – Lorsqu'il ordonne le renvoi d'un mineur devant le juge des enfants ou le tribunal pour enfants en application de l'article L. 434-1, le juge d'instruction peut, en prenant en considération les intérêts de la victime ou de la partie civile, saisir la juridiction compétente en raison de la résidence du mineur ou de celle de ses représentants légaux.

Section 2. – Du maintien de la mesure éducative et des mesures de sûreté

Art. L. 434-5. – Lorsqu'une mesure éducative judiciaire provisoire a été ordonnée à l'égard du mineur au cours de l'information, le juge d'instruction statue expressément, lors du règlement de l'information, sur le maintien de la mesure jusqu'au jugement.

Art. L. 434-6. – Par dérogation à l'article 179 du Code de procédure pénale, lorsque le juge d'instruction ordonne le renvoi devant le tribunal pour enfants d'un mineur de moins de seize ans en matière correctionnelle, ce dernier peut être maintenu en détention provisoire jusqu'à sa comparution devant la juridiction de jugement pour une durée de deux mois, renouvelable une seule fois pour une durée d'un mois.

Art. L. 434-7. – Par dérogation à l'article 179 du Code de procédure pénale, lorsque le juge d'instruction ordonne le renvoi devant le tribunal pour enfants d'un mineur âgé d'au moins seize ans en matière correctionnelle, ce dernier peut être maintenu en détention provisoire jusqu'à sa comparution devant la juridiction de jugement pour une durée de deux mois renouvelable une fois.

Art. L. 434-8. – Lorsque le juge d'instruction a ordonné le renvoi devant le tribunal pour enfants d'un mineur de moins de seize ans en matière criminelle, ce dernier peut être maintenu en détention provisoire jusqu'à sa comparution devant la juridiction de jugement pour une durée de deux mois renouvelable deux fois dans les conditions prévues par le cinquième alinéa de l'article 179 du Code de procédure pénale.

Art. L. 434-9. – Lorsque le juge d'instruction a ordonné la mise en accusation d'un mineur âgé d'au moins seize ans devant la Cour d'assises des mineurs, il est fait application des dispositions de l'article 181 du Code de procédure pénale.

Section 3. – De la mesure éducative judiciaire provisoire et des mesures de sûreté après le règlement de l'information judiciaire

Art. L. 434-10. – Lorsque le tribunal pour enfants a été saisi par ordonnance de renvoi du juge d'instruction et jusqu'à la comparution du mineur devant lui, le juge des enfants est compétent pour décider, d'office ou à la demande du procureur de la République ou des parties, le maintien ou la modification de la mesure éducative judiciaire provisoire ordonnée à l'égard du mineur ou pour en donner mainlevée.

Lorsque la cour d'assises des mineurs a été saisie par ordonnance de mise en accusation, la demande de maintien, de modification ou de mainlevée de la mesure éducative judiciaire provisoire est portée :

1° Devant cette cour, lorsque la demande est formée durant la session au cours de laquelle elle doit juger l'accusé ;

2° Dans les autres cas devant la chambre de l'instruction de cette même cour.

Art. L. 434-11. – Lorsque le tribunal pour enfants a été saisi par ordonnance de renvoi du juge d'instruction et jusqu'à la comparution du mineur devant lui, le juge des enfants est compétent pour décider, d'office ou à la demande du procureur de la République ou des parties, de la modification ou de la suppression des obligations du contrôle judiciaire ou de l'assignation à résidence avec surveillance électronique auquel le mineur est astreint, d'imposer au mineur une ou plusieurs obligations nouvelles, d'accorder une dispense occasionnelle ou temporaire d'observer certaines d'entre elles ou d'en donner mainlevée.

CHAPITRE V. – De l'appel des ordonnances rendues au cours de l'instruction et à l'issue de celle-ci

Art. L. 435-1. – Sans préjudice des dispositions de l'article 186 du Code de procédure pénale relatives à l'appel des décisions rendues au cours de l'information, le mineur mis en examen ou l'un de ses représentants légaux peut faire appel devant la chambre de l'instruction, selon les modalités prévues par cet article, des ordonnances du juge d'instruction ou du juge des libertés et de la détention relatives à la mesure éducative judiciaire provisoire.

Art. L. 435-2. – Sans préjudice des dispositions de l'article 496 du Code de procédure pénale relatives à l'appel des jugements en matière correctionnelle, le mineur ou l'un de ses représentants légaux peut faire appel devant la chambre spéciale des mineurs de la cour d'appel des décisions du juge des enfants relatives à la mesure éducative judiciaire provisoire rendues en application de l'article L. 434-10 du présent code.

LIVRE V. – Du jugement

TITRE Ier. – Dispositions générales

CHAPITRE Ier – Des débats

Art. L. 511-1. – Le juge des enfants ou le tribunal pour enfants entend :

1° Le mineur ;

2° Les témoins ;

3° Les représentants légaux et les personnes civilement responsables du mineur ;

4° La personne ou le service auquel le mineur est confié ou qui le suit ;

5° La victime ou la partie civile ;

6° Le procureur de la République. Toutefois, lorsque les débats ont lieu en chambre du conseil, sa présence n'est pas obligatoire. S'il n'est pas présent et entend requérir une des peines mentionnées à l'article L. 121-4, il adresse des réquisitions écrites au juge des enfants qui en donne lecture à l'audience.

7° L'avocat du mineur.

Le mineur ou son avocat a toujours la parole en dernier.

Art. L. 511-2. – Le juge des enfants, le président du tribunal pour enfants et le président du tribunal de police peuvent ordonner, à tout moment, que le mineur se retire pendant tout ou partie de la suite des débats.

Ils peuvent également ordonner aux autres parties de se retirer au moment de l'examen de la situation personnelle du mineur, leurs avocats restant présents.

Art. L. 511-3. – Le juge des enfants ou le président du tribunal pour enfants peut, si l'intérêt du mineur l'exige, dispenser ce dernier de comparaître à l'audience. Dans ce cas, le mineur est représenté par un avocat ou son représentant légal. La décision est réputée contradictoire.

Art. L. 511-4. – Le juge des enfants et le tribunal pour enfants peuvent entendre, à titre de simple renseignement, les coauteurs ou complices majeurs.

Art. L. 511-5. – Le déroulement des débats devant le tribunal pour enfants en matière criminelle obéit aux mêmes règles qu'en matière correctionnelle.

CHAPITRE II. – De l'action civile

Art. L. 512-1. – À l'audience, la déclaration de partie civile doit, à peine d'irrecevabilité, être faite avant les réquisitions du ministère public sur le fond ou, si le juge des enfants ou le tribunal pour enfants statue selon la procédure de mise à l'épreuve éducative, avant les réquisitions du ministère public sur la sanction.

Les victimes sont avisées et les parties civiles sont citées selon les modalités prévues par les articles 391 et 420 du Code de procédure pénale. Toutefois, lorsqu'il a été statué sur l'action civile lors de l'audience d'examen de la culpabilité, la partie civile est avisée par tout moyen de la date de l'audience de prononcé de la sanction.

Art. L. 512-2. – Lorsqu'un mineur est impliqué dans la même cause qu'un ou plusieurs majeurs, le tribunal correctionnel ou la cour d'assises compétente à l'égard des majeurs peut statuer sur l'action civile contre tous les responsables, sur saisine de la victime ou sur renvoi du juge des enfants ou du tribunal pour enfants, d'office ou à la demande de la partie civile.

Dans le cas prévu à l'alinéa qui précède, le mineur ne comparaît pas à l'audience, mais seulement ses représentants légaux. À défaut de choix d'un avocat par le mineur ou ses représentants légaux, il en est désigné un d'office. Les dispositions des articles L. 513-2 à L. 513-4 sont applicables. S'il n'a pas encore été statué sur la culpabilité du mineur, le tribunal correctionnel ou la cour d'assises peut surseoir à statuer sur l'action civile.

Art. L. 512-3. – Après avoir déclaré le mineur coupable des faits qui lui sont reprochés et statué, le cas échéant, sur la sanction, le juge des enfants ou le tribunal pour enfants peut, d'office ou à la demande du procureur de la République ou des parties, renvoyer l'affaire à une date ultérieure pour statuer sur l'action civile, même s'il n'ordonne pas de mesure d'instruction, afin de permettre à la partie civile d'apporter les justificatifs de ses demandes. Ce renvoi est de droit lorsqu'il est demandé par la partie civile. La juridiction doit alors fixer la date de l'audience à laquelle il sera statué sur l'action civile. La présence du ministère public à cette audience n'est pas obligatoire.

L'audience mentionnée au premier alinéa a lieu soit devant le juge des enfants statuant en chambre du conseil, soit, au regard de la gravité du préjudice susceptible d'être invoqué par la partie civile et de la complexité de son évaluation et de sa liquidation, devant le tribunal correctionnel composé conformément aux dispositions du quatrième alinéa de l'article 464 du Code de procédure pénale lorsqu'une ou plusieurs chambres de la juridiction, en application de l'article L. 121-3 du Code de l'organisation judiciaire, connaissent spécifiquement des actions sur intérêts civils.

Lorsque l'affaire est renvoyée devant le tribunal correctionnel, le mineur ne comparaît pas à l'audience, mais seulement ses représentants légaux. A défaut de choix d'un avocat par le mineur ou ses représentants légaux, il en est désigné un d'office. Les dispositions des articles L. 513-2 à L. 513-4 du présent code sont applicables.

Art. L. 512-4. – Les personnes civilement responsables du mineur régulièrement citées à personne sont jugées par jugement contradictoire à signifier, en application de l'article 410 du Code de procédure pénale, lorsqu'elles n'ont pas comparu.

CHAPITRE III. – De la publicité des audiences

Art. L. 513-1. – Devant le juge des enfants, l'affaire est instruite et jugée en chambre du conseil.

Art. L. 513-2. – Devant le tribunal de police, le tribunal pour enfants et la cour d'assises des mineurs, seuls sont admis à assister aux débats la victime, qu'elle soit ou non constituée partie civile, les témoins de l'affaire, les représentants légaux, les personnes civilement responsables, l'adulte approprié mentionné à l'article L. 311-1 et les proches parents du mineur, la personne ou le service auquel celui-ci est confié, les membres du barreau ainsi que les personnels des services désignés pour suivre le mineur.

Le président du tribunal de police ou du tribunal pour enfants peut, à tout moment, ordonner aux témoins de se retirer après leur audition.

Le jugement ou l'arrêt est rendu en audience publique, en présence du mineur.

Art. L. 513-3. – Par dérogation aux dispositions de l'article L. 513-2, le prévenu mineur au moment des faits, devenu majeur au jour de l'ouverture des débats devant le tribunal de police ou le tribunal pour enfants, peut demander à ce que l'audience soit publique, sauf s'il existe un autre prévenu qui est toujours mineur ou qui, mineur au moment des faits et devenu majeur au jour de l'audience, s'oppose à cette demande. S'il est fait droit à cette demande, les dispositions de l'article 400 du Code de procédure pénale sont applicables devant le tribunal.

Par dérogation aux dispositions de l'article L. 513-2, la cour d'assises des mineurs peut décider que les dispositions de l'article 306 du Code de procédure pénale sont applicables devant elle si la personne poursuivie, mineure au moment des faits, est devenue majeure au jour de l'ouverture des débats et que cette dernière, le ministère public ou un autre accusé en fait la demande. Elle ne fait pas droit à cette demande lorsqu'il existe un autre accusé toujours mineur ou que la personnalité de l'accusé qui était mineur au moment des faits rend indispensable que, dans son intérêt, les débats ne soient pas publics. Dans les autres cas, la cour statue en prenant en considération les intérêts de la société, de l'accusé et de la partie civile, après avoir entendu le ministère public et les avocats des parties, par une décision spéciale et motivée qui n'est pas susceptible de recours.

Art. L. 513-4. – La publication, par tout moyen, du compte rendu des débats devant les juridictions de jugement compétentes à l'égard des mineurs est interdite.

Toutefois, lorsque l'audience est publique en application des dispositions de l'article L. 513-3, le compte rendu des débats peut faire l'objet d'une publication mais sans que les nom et prénom du mineur ne soient indiqués, même par une initiale, sauf si l'intéressé donne son accord à cette mention.

La publication, par tout moyen, de tout texte ou de toute illustration concernant l'identité et la personnalité des mineurs délinquants est également interdite.

Le jugement ou l'arrêt rendu en audience publique à l'encontre du mineur peut être publié, mais sans que les nom et prénom du mineur soient indiqués, même par une initiale.

Toute infraction aux dispositions des quatre alinéas précédents est punie d'une amende de 15 000 euros.

Lorsque les infractions prévues par les dispositions du présent article sont commises par la voie de la presse, les directeurs des publications ou éditeurs sont, du seul fait de la publication, passibles comme auteurs principaux de la peine mentionnée au cinquième alinéa. A leur défaut, l'auteur et, à défaut de l'auteur, les imprimeurs, distributeurs et afficheurs sont poursuivis comme auteurs principaux. Lorsque l'auteur n'est pas poursuivi comme auteur principal, il est poursuivi comme complice.

Pourront être poursuivies comme complices, et dans tous les cas, toutes personnes auxquelles les articles 121-6 et 121-7 du Code pénal pourraient s'appliquer.

TITRE II. – De la procédure de jugement

CHAPITRE Ier. – Du jugement devant le juge des enfants et le tribunal pour enfants

Section 1. – Dispositions générales

Art. L. 521-1. – Sauf lorsqu'il est saisi en application du troisième alinéa de l'article L. 423-4 ou par ordonnance de renvoi du juge d'instruction, le juge des enfants ou le tribunal pour enfants statue selon la procédure de mise à l'épreuve éducative. Cette procédure comporte :

1° Une audience d'examen de la culpabilité ;

2° Une période de mise à l'épreuve éducative ;

3° Une audience de prononcé de la sanction.

Art. L. 521-2. – Par dérogation aux dispositions de l'article L. 521-1, la juridiction peut, après avoir recueilli les observations des parties présentes à l'audience et par décision motivée, statuer lors d'une audience unique sur la culpabilité du mineur et la sanction si elle se considère suffisamment informée sur sa personnalité et n'estime pas nécessaire d'ouvrir une période de mise à l'épreuve éducative au vu des faits commis par le mineur et de sa personnalité.

La juridiction statuant selon les modalités prévues au premier alinéa ne peut prononcer une peine que si le mineur a déjà fait l'objet d'une mesure éducative, d'une mesure judiciaire d'investigation éducative, d'une mesure de sûreté, d'une déclaration de culpabilité ou d'une peine prononcée dans le cadre d'une autre procédure et ayant donné lieu à un rapport datant de moins d'un an versé au dossier de la procédure.

Art. L. 521-3. – Si elle estime que l'affaire n'est pas en état d'être jugée, la juridiction peut d'office, ou à la demande d'une partie, renvoyer l'examen de l'affaire à une prochaine audience dans un délai qui ne peut excéder trois mois, en décidant, le cas échéant, de commettre le juge des enfants pour procéder à un supplément d'information. Les dispositions de l'article 463 du Code de procédure pénale sont applicables.

Lorsqu'elle ordonne le renvoi de l'affaire, la juridiction statue au préalable, par décision spécialement motivée, sur le prononcé, le maintien ou la modification d'une mesure éducative judiciaire provisoire et d'une mesure de sûreté.

Lorsque le mineur est en détention provisoire pour la cause, le jugement sur la culpabilité et, le cas échéant, sur la sanction, est rendu dans un délai d'un mois suivant le jour de sa première comparution devant la juridiction à défaut de quoi le mineur est remis en liberté d'office.

Art. L. 521-4. – Si le fait déféré sous la qualification de délit est de nature à entraîner une peine criminelle, la juridiction renvoie le ministère public à se pourvoir ainsi qu'il avisera.

Si le mineur est placé sous contrôle judiciaire, sous assignation à résidence avec surveillance électronique ou s'il bénéficie d'une mesure éducative judiciaire provisoire, la juridiction peut ordonner la prolongation de cette mesure pour une durée d'un mois. Elle demeure compétente pour assurer le suivi et le contrôle de la mesure éducative judiciaire provisoire et des mesures de sûreté jusqu'à l'ouverture de l'information judiciaire. À défaut de saisine du juge d'instruction dans un délai de sept jours, les mesures sont caduques.

Lorsqu'il est saisi en application du troisième alinéa de l'article L. 423-4, le tribunal pour enfants peut maintenir le mineur en détention ou décerner un mandat de dépôt ou un mandat d'arrêt dans les conditions prévues à l'article 469 du Code de procédure pénale.

Art. L. 521-5. – La juridiction peut, si elle estime que la complexité de l'affaire nécessite des investigations supplémentaires approfondies, renvoyer le dossier au procureur de la République.

Si le mineur est placé sous contrôle judiciaire, sous assignation à résidence avec surveillance électronique ou s'il bénéficie d'une mesure éducative judiciaire provisoire, la juridiction peut ordonner la prolongation de cette mesure pour une durée d'un mois. Elle demeure compétente pour assurer le suivi et le contrôle de la mesure éducative judiciaire provisoire et des mesures de sûreté jusqu'à l'ouverture de l'information judiciaire. À défaut de saisine du juge d'instruction dans un délai de sept jours, les mesures sont caduques.

Si le mineur est détenu, la juridiction statue au préalable sur son maintien en détention jusqu'à sa comparution devant le juge d'instruction suivant les conditions du troisième alinéa de l'article 397-2 du Code de procédure pénale.

Art. L. 521-6. – Le jugement est prononcé au plus tard dans un délai d'un mois après l'audience, sauf dans les affaires présentant une particulière complexité.

Section 2. – De la procédure de mise à l'épreuve éducative

Sous-section 1. – De l'audience d'examen de la culpabilité

Art. L. 521-7. – À l'audience d'examen de la culpabilité, la juridiction statue sur la culpabilité du mineur et, le cas échéant, sur l'action civile.

Art. L. 521-8. – Le juge des enfants peut ordonner, d'office ou à la demande du procureur de la République ou du mineur, le renvoi de l'affaire à une audience d'examen de la culpabilité devant le tribunal pour enfants si la personnalité du mineur, ou la gravité, ou la complexité des faits le justifie.

Cette décision de renvoi constitue une mesure d'administration judiciaire qui n'est pas susceptible de recours.

Lorsqu'il ordonne le renvoi de l'affaire, le juge des enfants statue au préalable, par décision spécialement motivée, sur le prononcé, le maintien ou la modification d'une mesure éducative judiciaire provisoire ou d'un placement sous contrôle judiciaire ou sous assignation à résidence avec surveillance électronique.

Une convocation à une audience du tribunal pour enfants dans un délai compris entre dix jours et deux mois est notifiée par le greffier aux parties présentes et vaut citation à personne. Les parties absentes ou non représentées sont citées conformément aux dispositions des articles 550 à 566 du Code de procédure pénale et les victimes en sont avisées.

Art. L. 521-9. – Lorsqu'elle déclare un mineur coupable des faits qui lui sont reprochés, la juridiction ordonne l'ouverture d'une période de mise à l'épreuve éducative, statue sur les mesures mentionnées à l'article L. 521-14 auxquelles le mineur est soumis durant cette période et renvoie le prononcé de la sanction à une audience ultérieure. La période de mise à l'épreuve éducative court jusqu'à l'audience de prononcé de la sanction.

Sauf s'il est fait application des dispositions de l'article L. 521-12, la juridiction fixe, dans son jugement, la date de l'audience de prononcé de la sanction qui a lieu, dans un délai compris entre six et neuf mois après la déclaration de culpabilité, devant le juge des enfants ou, si la personnalité du mineur, ou la gravité, ou la complexité des faits le justifie, devant le tribunal pour enfants de son ressort. Les parties absentes ou non représentées sont citées pour cette audience conformément aux dispositions des articles 550 à 566 du Code de procédure pénale et les victimes en sont avisées.

Une date de mise en place des mesures éducatives est communiquée à l'intéressé à l'issue de l'audience.

Art. L. 521-10. – Lorsque la juridiction constate, lors de l'audience d'examen de la culpabilité, que le mineur n'a pas respecté les obligations du contrôle judiciaire ou de l'assignation à résidence avec surveillance électronique prononcés dans la cause, elle peut, si les conditions des articles L. 334-4 ou L. 334-5 sont réunies, ordonner le placement du mineur en détention provisoire pour une durée n'excédant pas un mois.

Art. L. 521-11. – Par dérogation aux dispositions de l'article L. 521-9, lorsque la juridiction constate, à la date à laquelle elle statue, qu'une période de mise à l'épreuve éducative est en cours pour des faits antérieurs, elle n'ouvre pas, sauf décision contraire motivée, une période de mise à l'épreuve éducative pour les nouveaux faits pour lesquels le mineur est déclaré coupable. La mise à l'épreuve en cours s'étend à ces faits.

La juridiction peut modifier, d'office ou à la demande du procureur de la République ou du mineur, les mesures dont celui-ci fait l'objet afin de les adapter à son évolution.

La juridiction renvoie le mineur pour le prononcé de la sanction à l'audience déjà fixée pour le prononcé de la sanction des faits antérieurs, sous réserve que celle-ci intervienne dans un délai d'au moins dix jours.

Art. L. 521-12. – La juridiction qui déclare un mineur coupable des faits qui lui sont reprochés et ordonne l'ouverture d'une période de mise à l'épreuve éducative, peut ordonner son dessaisissement au profit du juge des enfants compétent à raison de la résidence du mineur ou de celle de ses parents ou représentants légaux.

Dans une même affaire, lorsque la juridiction qui se dessaisit demeure compétente pour l'un des mineurs concernés ou lorsqu'elle se dessaisit au profit de plusieurs juges des enfants, le dossier est disjoint.

La décision de dessaisissement constitue une mesure d'administration judiciaire qui n'est pas susceptible de recours.

Sous-section 2. – De la période de mise à l'épreuve éducative

Art. L. 521-13. – Le suivi du mineur au cours de la période de mise à l'épreuve éducative est placé sous le contrôle du juge des enfants.

Art. L. 521-14. – Dans le cadre de la période de la mise à l'épreuve éducative, les mesures suivantes peuvent être ordonnées :

1° Une expertise médicale ou psychologique ;

2° Une mesure judiciaire d'investigation éducative ;

3° Une mesure éducative judiciaire provisoire dans les conditions et selon les modalités prévues au chapitre III du titre II du livre III ;

4° Un contrôle judiciaire ou une assignation à résidence avec surveillance électronique dans les conditions et selon les modalités prévues au titre III du livre III.

Sauf à ce qu'il en soit donné mainlevée avant, ces mesures provisoires expirent à la date fixée par la décision et en tout état de cause lors du prononcé du jugement sur la sanction.

Les décisions prises en application du présent article sont exécutoires par provision et susceptibles d'appel.

Art. L. 521-15. – À tout moment au cours de la mise à l'épreuve éducative, y compris lorsqu'elle s'étend à des faits nouveaux, le juge des enfants peut prescrire, modifier ou lever la mesure éducative judiciaire provisoire ou les mesures de sûreté mentionnées à l'article L. 521-14, d'office, à la demande du mineur ou de son avocat ou sur réquisitions du procureur de la République.

Art. L. 521-16. – Le juge des enfants peut, en cas d'incident durant la période de mise à l'épreuve éducative, délivrer à l'encontre d'un mineur un mandat de comparution.

Lorsque le mineur se soustrait aux obligations et interdictions d'un contrôle judiciaire ou d'une assignation à résidence avec surveillance électronique durant la période de mise à l'épreuve éducative, le juge des enfants peut également ordonner à l'encontre du mineur un mandat d'amener ou, si le mineur est en fuite ou réside à l'étranger, un mandat d'arrêt. Il est alors procédé conformément aux dispositions des articles 123 à 134 du Code de procédure pénale.

Le mineur retenu en exécution d'un mandat bénéficie des droits prévus à l'article L. 332-1.

Art. L. 521-17. – Le juge des enfants chargé du suivi du mineur dans le cadre de la mise à l'épreuve éducative peut se dessaisir au profit du juge des enfants compétent à raison de la résidence du mineur ou de celle de ses représentants légaux.

Dans une même affaire, lorsque le juge des enfants qui se dessaisit demeure compétent pour l'un des mineurs concernés ou lorsqu'il se dessaisit au profit de plusieurs juges des enfants, le dossier est disjoint.

L'ordonnance de dessaisissement constitue une mesure d'administration judiciaire qui n'est pas susceptible de recours.

Art. L. 521-18. – Le juge des enfants au profit duquel un dessaisissement a eu lieu en application des dispositions des articles L. 521-12 et L. 521-17 est compétent pour contrôler le suivi du mineur au cours de la période de mise à l'épreuve éducative.

Il convoque le mineur, après avis du procureur de la République, à une audience de prononcé de la sanction qui a lieu dans les conditions prévues au deuxième alinéa de l'article L. 521-9. Les parties sont citées pour cette audience conformément aux dispositions des articles 550 à 566 du Code de procédure pénale et les victimes en sont avisées.

Art. L. 521-19. – Si l'évolution de la situation du mineur pendant la période de mise à l'épreuve éducative le justifie, le juge des enfants peut, dans les conditions prévues au deuxième alinéa de l'article L. 521-9, modifier la date de l'audience de prononcé de la sanction ou la juridiction de renvoi précédemment fixée, sous réserve que la nouvelle audience intervienne dans un délai d'au moins dix jours. Toutefois, lorsque le tribunal pour enfants a, lors de l'audience d'examen de la culpabilité, renvoyé le prononcé de la sanction à l'une de ses audiences, le juge des enfants ne peut pas modifier la désignation de la juridiction de renvoi.

Les parties en sont alors avisées, et elles sont citées à la nouvelle audience conformément aux dispositions des articles 550 à 566 du Code de procédure pénale.

La décision de modification de la date de l'audience ou d'orientation de la procédure, constitue une mesure d'administration judiciaire qui n'est pas susceptible de recours.

Art. L. 521-20. – Lorsque le mineur ne respecte pas le contrôle judiciaire ou l'assignation à résidence avec surveillance électronique auquel il est astreint, le juge des enfants peut décider, d'office ou sur réquisitions du procureur de la République, de le convoquer devant le tribunal pour enfants à une audience de prononcé de la sanction avant le terme de la période de mise à l'épreuve éducative dans un délai qui ne peut être inférieur à dix jours, pour l'ensemble des infractions comprises dans la procédure de mise à l'épreuve éducative en cours.

Les parties sont citées conformément aux dispositions des articles 550 à 566 du Code de procédure pénale et les victimes en sont avisées.

Le cas échéant, la date d'audience initialement fixée en vue du prononcé de la sanction est annulée.

Art. L. 521-21. – Lorsque le juge des enfants décide, d'office ou sur réquisitions du procureur de la République, de convoquer le mineur à un débat contradictoire en vue de la révocation du contrôle judiciaire ou de l'assignation à résidence avec surveillance électronique et du placement en détention provisoire en application des dispositions des articles L. 334-4 et L. 334-5, il convoque également l'avocat du mineur, ses représentants légaux et le service auquel la mesure de contrôle judiciaire ou d'assignation à résidence avec surveillance électronique est confiée et en avise le procureur de la République.

Le mineur est informé que la décision ne pourra intervenir qu'à l'issue d'un débat contradictoire et qu'il a le droit de demander un délai pour préparer sa défense.

Si le mineur ou son avocat sollicite un délai pour préparer sa défense, le juge des enfants, après avoir recueilli les observations du procureur de la République, du mineur, de son avocat et, le cas échéant, de ses représentants légaux, ordonne le renvoi à une prochaine audience qui doit avoir lieu dans un délai qui ne peut excéder quatre jours et à laquelle les représentants légaux sont convoqués s'ils n'étaient pas présents lors de l'audience à l'issue de laquelle le renvoi a été décidé. Dans l'attente, le juge des enfants peut, par ordonnance motivée et non susceptible d'appel, prescrire l'incarcération du mineur dans l'établissement pénitentiaire spécialisé pour mineurs ou l'établissement pénitentiaire doté d'un quartier des mineurs le plus proche, pour une durée déterminée, qui ne peut en aucun cas excéder quatre jours ouvrables. A défaut de débat contradictoire dans le délai de quatre jours suivant l'incarcération du mineur, celui-ci est remis en liberté s'il n'est pas détenu pour une autre cause.

Au cours du débat contradictoire et du débat différé, le juge des enfants statue sur le placement en détention provisoire du mineur après avoir recueilli l'avis du service de la protection judiciaire de la jeunesse et entendu les réquisitions du procureur de la République et les observations du mineur et de son avocat ainsi que celles de ses représentants légaux dûment convoqués. Sa décision est exécutoire par provision et susceptible d'appel.

La durée de l'incarcération provisoire prononcée dans l'attente du débat contradictoire s'impute sur la durée totale de la détention provisoire.

Art. L. 521-22. – Au cours de la mise à l'épreuve éducative, le juge des enfants qui prononce la révocation du contrôle judiciaire ou de l'assignation à résidence avec surveillance électronique dans les conditions prévues à l'article L. 521-21 ordonne le placement en détention provisoire du mineur pour une durée qui n'excède pas un mois.

Le mineur ne peut faire l'objet de plus de deux révocations de contrôle judiciaire ou d'assignation à résidence avec surveillance électronique dans le cadre des procédures relatives à une même période de mise à l'épreuve éducative.

En cas de second placement en détention provisoire au cours de la même période de mise à l'épreuve éducative, le mineur peut être convoqué devant le tribunal pour enfants en vue d'une audience de prononcé de la sanction pour l'ensemble des procédures relatives à la même période de mise à l'épreuve éducative, dans un délai qui ne peut être inférieur à dix jours à compter du débat contradictoire, quelle que soit la date d'audience de prononcé de la sanction initialement prévue, celle-ci étant alors annulée. Si l'audience de prononcé de la sanction devant le tribunal pour enfants n'a pas lieu dans un délai d'un mois suivant son incarcération, l'intéressé est remis en liberté d'office s'il n'est pas détenu pour autre cause.

Les parties sont citées pour l'audience mentionnée au troisième alinéa conformément aux dispositions des articles 550 à 566 du Code de procédure pénale et les victimes en sont avisées.

La durée de la détention provisoire prononcée durant la période de mise à l'épreuve éducative s'impute sur la durée de la peine d'emprisonnement éventuellement prononcée par le tribunal pour enfants à l'audience de prononcé de la sanction.

Art. L. 521-23. – Le mineur placé en détention provisoire au cours de la période de mise à l'épreuve éducative ou son avocat peut, à tout moment, demander sa mise en liberté. La demande est adressée au juge des enfants, qui communique immédiatement le dossier au procureur de la République aux fins de réquisitions. Le juge des enfants statue, dans les cinq jours suivant la communication au procureur de la République, en exerçant les attributions confiées au juge des libertés et de la détention par les troisième et quatrième alinéas de l'article 148 du Code de procédure pénale.

Faute pour le juge des enfants d'avoir statué dans le délai fixé par le premier alinéa, le mineur peut saisir la chambre spéciale des mineurs de la cour d'appel qui, sur les réquisitions écrites et motivées du procureur général, se prononce dans les cinq jours de sa saisine faute de quoi le mineur est mis d'office en liberté sauf si des vérifications concernant sa demande ont été ordonnées. Le droit de saisir dans les mêmes conditions la chambre spéciale des mineurs de la cour d'appel appartient également au procureur de la République.

Sous-section 3. – De l'audience de prononcé de la sanction

Art. L. 521-24. – À l'audience de prononcé de la sanction, la juridiction statue sur la sanction et, le cas échéant, sur l'action civile.

Art. L. 521-25. – Lorsqu'elle est saisie de plusieurs procédures engagées à l'encontre d'un même mineur, la juridiction peut en ordonner la jonction à l'audience de prononcé de la sanction, d'office ou sur demande du procureur de la République ou des parties.

Section 3. – De la procédure de jugement en audience unique

Art. L. 521-26. – Lorsqu'elle est saisie en application du troisième alinéa de l'article L. 423-4 ou par ordonnance de renvoi du juge d'instruction, la juridiction statue lors d'une audience unique sur la culpabilité et la sanction.

Art. L. 521-27. – La juridiction saisie dans les conditions mentionnées à l'article L. 521-26 peut, après avoir recueilli les observations des parties présentes à l'audience et par décision motivée au regard de la personnalité et des perspectives d'évolution du mineur, statuer selon la procédure de mise à l'épreuve éducative. La décision mentionne les objectifs de la période de mise à l'épreuve éducative.

Si le mineur comparait détenu, il est remis en liberté.

CHAPITRE II. – Du jugement devant la cour d'assises des mineurs

Art. L. 522-1. – Après l'interrogatoire des accusés, le président de la cour d'assises des mineurs peut, à tout moment, ordonner que l'accusé mineur se retire pendant tout ou partie de la suite des débats.

Concernant l'accusé mineur, le président pose, à peine de nullité, les deux questions suivantes :

1° Y a-t-il lieu d'appliquer à l'accusé une condamnation pénale ?

2° Y a-t-il lieu d'exclure l'accusé du bénéfice de l'atténuation de peine prévue aux articles L. 121-5 et L. 121-6 ?

TITRE III. – Des voies de recours

CHAPITRE Ier. – De l'appel

Section 1. – Dispositions générales

Art. L. 531-1. – L'appel des jugements du tribunal de police prononcés à l'égard d'un mineur, du juge des enfants et du tribunal pour enfants est porté devant la chambre spéciale des mineurs de la cour d'appel.

Art. L. 531-2. – Il est fait application des dispositions du Code de procédure pénale pour les appels portés contre les arrêts de la cour d'assises des mineurs statuant en premier ressort.

Section 2. – De l'appel de la décision sur la culpabilité et sur la sanction

Art. L. 531-3. – Il peut être interjeté appel de la décision sur la culpabilité et de la décision sur la sanction dans les délais et selon les modalités prévus par le Code de procédure pénale.

En cas d'appel portant sur une décision déclarant le mineur coupable, si la cour d'appel n'a pas statué sur l'appel de la décision sur la culpabilité avant la décision sur la sanction, l'appel est alors considéré comme portant à la fois sur la décision sur la culpabilité et sur la décision sur la sanction, sauf désistement de l'appelant.

En cas d'appel portant sur une décision de relaxe, si la cour d'appel déclare le mineur coupable des faits qui lui sont reprochés et ouvre une période de mise à l'épreuve éducative conformément aux dispositions de l'article L. 521-9 ou constate que la période de mise à l'épreuve éducative en cours s'étend à ces nouveaux faits conformément aux dispositions de l'article L. 521-11, elle statue s'il y a lieu sur les mesures provisoires et renvoie le dossier au juge des enfants compétent pour le suivi des mesures et pour la fixation de l'audience sur la sanction dans les conditions prévues aux articles L. 521-13 à L. 521-23. Toutefois, la cour d'appel statue en

audience unique lorsqu'elle fait application des dispositions de l'article L. 521-2 ou lorsque le jugement attaqué a été rendu selon les modalités prévues à l'article L. 521-26, sauf si elle décide de faire application des dispositions de l'article L. 521-27.

Section 3. – De l'appel des mesures de sûreté

Art. L. 531-4 *(Mod., L. n° 2022-52, 24 janv. 2022)*. – Le mineur ou l'un de ses représentants légaux et le ministère public peuvent faire appel des décisions rendues en matière de placement sous contrôle judiciaire, de placement sous assignation à résidence avec surveillance électronique et de placement en détention provisoire prononcées à l'audience d'examen de la culpabilité ou au cours de la période de mise à l'épreuve éducative. L'appel est examiné par la chambre spéciale des mineurs dans les délais et selon les modalités prévus devant la chambre de l'instruction aux articles 194 et 199 du Code de procédure pénale.

CHAPITRE II. – De l'opposition

Art. L. 532-1. – Les règles relatives à l'opposition mentionnées à l'article 545 du Code de procédure pénale sont applicables aux jugements du tribunal de police prononcés à l'égard d'un mineur. Celles mentionnées aux articles 489 à 493 du même code sont applicables aux jugements du juge des enfants et du tribunal pour enfants.

Dans le cas d'une opposition formée à une décision prononcée par le juge des enfants ou le tribunal pour enfants à l'audience d'examen de la culpabilité, la juridiction de jugement statue de nouveau dans les deux mois de l'opposition.

LIVRE VI. – L'application et l'exécution des mesures éducatives et des peines

TITRE Ier. – De l'application des mesures éducatives et des peines

CHAPITRE Ier. – Des juridictions de l'application des mesures éducatives et des peines

Section 1. – De la compétence des juridictions pour mineurs en matière d'application des mesures éducatives et des peines

Art. L. 611-1. – Lorsqu'une mesure éducative judiciaire est prononcée, son déroulement est placé sous le contrôle du juge des enfants. Il peut, à tout moment, modifier les modalités et le contenu de la mesure ou en ordonner la mainlevée, après l'audition du mineur, assisté de son avocat, ainsi que celle de ses représentants légaux.

Au besoin, il peut décerner un mandat de comparution contre le mineur.

Si le mineur ou ses représentants légaux régulièrement convoqués à la dernière adresse indiquée ne comparaissent pas, le juge des enfants peut néanmoins se prononcer sur les modalités ou le contenu de la mesure.

Art. L. 611-2 *(Mod. à compter du 1er mai 2022, Ord. n° 2022-478, 30 mars 2022)*. – Lorsqu'une condamnation a été prononcée à l'encontre d'un mineur, le juge des enfants exerce, à l'égard des mineurs condamnés, les fonctions dévolues au juge de l'application des peines dans les conditions prévues par les dispositions du présent titre et selon les règles du Code pénal, du Code de procédure pénale et du Code pénitentiaire jusqu'à ce que la personne condamnée ait atteint l'âge de vingt-et-un ans.

Le juge des enfants préside notamment la commission de l'application des peines lorsque celle-ci examine la situation d'un condamné relevant de la compétence de ce magistrat.

Art. L. 611-3 *(Mod. à compter du 1er mai 2022, Ord. n° 2022-478, 30 mars 2022)*. – Le tribunal pour enfants exerce, à l'égard des mineurs condamnés, les attributions dévolues au tribunal de l'application des peines dans les conditions prévues par le Code pénal, le Code de procédure pénale et le Code pénitentiaire.

Art. L. 611-4. – L'appel des décisions rendues par le juge des enfants ou le tribunal pour enfants est porté devant la chambre spéciale des mineurs de la cour d'appel ou son président, qui exerce les compétences respectivement confiées à la chambre de l'application des peines de la cour d'appel et à son président.

Art. L. 611-5. – Le juge des enfants peut se dessaisir au profit du juge de l'application des peines lorsque le condamné a atteint l'âge de dix-huit ans, en raison de la personnalité du mineur ou de la durée de la peine prononcée.

L'ordonnance par laquelle le juge des enfants se dessaisit au profit du juge de l'application des peines constitue une mesure d'administration judiciaire non susceptible de recours.

Art. L. 611-6. – Lorsque le condamné a atteint l'âge de dix-huit ans au jour de son jugement, le juge de l'application des peines est compétent pour le suivi de la condamnation, sauf si la juridiction spécialisée décide par décision spéciale que le juge des enfants reste compétent.

Cette décision constitue une mesure d'administration judiciaire non susceptible de recours.

Section 2. – De l'articulation des compétences entre plusieurs juges des enfants chargés du suivi du mineur

Art. L. 611-7. – Pour l'application des dispositions de la présente section, est considéré comme le juge des enfants qui connaît habituellement de la situation du mineur le juge du lieu de la résidence habituelle du mineur ou de ses parents qui est ou a été saisi d'une procédure en assistance éducative ou d'une procédure pénale concernant le mineur.

Art. L. 611-8. – Lorsque le juge des enfants chargé de l'application des peines territorialement compétent n'est pas le juge des enfants qui connaît habituellement la situation du mineur, il transmet à ce dernier une demande d'avis préalablement à toute décision prise en application des dispositions de l'article 712-6 du Code de procédure pénale. Il en est de même pour les décisions prises par le tribunal pour enfants en application des dispositions de l'article 712-7 du même code.

Le juge des enfants territorialement compétent peut aussi consulter le juge des enfants qui connaît habituellement la situation du mineur pour toute autre décision.

Art. L. 611-9. – Le juge des enfants chargé de l'application des peines initialement saisi peut se dessaisir au profit du juge des enfants qui connaît habituellement la situation du mineur, après avoir obtenu l'accord préalable de ce magistrat. La saisine de ce juge emporte également saisine du tribunal pour enfants correspondant.

Ce dessaisissement constitue une mesure d'administration judiciaire non susceptible de recours.

CHAPITRE II. – Des audiences d'application des peines

Art. L. 612-1. – Le mineur condamné doit être assisté d'un avocat au cours des débats contradictoires prévus par les articles 712-6 et 712-7 du Code de procédure pénale.

Il en est de même lorsque, en acceptant un aménagement de l'exécution de sa peine, le mineur est susceptible de renoncer à la tenue de ce débat conformément aux dispositions du deuxième alinéa de l'article 712-6 du même code.

Le mineur ne peut renoncer à l'assistance d'un avocat.

À défaut de choix d'un avocat par le mineur ou ses représentants légaux, le juge des enfants ou le tribunal pour enfants fait désigner par le bâtonnier un avocat commis d'office.

Art. L. 612-2. – Les représentants légaux sont convoqués pour être entendus par ces juridictions avant qu'elles ne statuent dans les conditions prévues par les articles 712-6 et 712-7 du Code de procédure pénale.

Art. L. 612-3. – Lorsque le condamné est mineur, les ordonnances et jugements du juge des enfants et du tribunal pour enfants sont notifiés aux représentants légaux.

Art. L. 612-4. – Les dispositions du présent chapitre ne sont pas applicables au condamné devenu majeur au jour du débat contradictoire.

CHAPITRE III. – Du régime de la rétention

Art. L. 613-1. – Le mineur retenu en application des dispositions des articles 709-1-1 et 716-5 du Code de procédure pénale bénéficie des droits prévus à l'article L. 332-1 du présent code.

TITRE II. – De l'aménagement des peines

CHAPITRE UNIQUE

Art. L. 621-1. – Les dispositions du Code de procédure pénale permettant la conversion d'une peine en travail d'intérêt général ou en sursis probatoire comportant l'obligation d'effectuer un travail d'intérêt général sont applicables au mineur âgé d'au moins seize ans au moment de la décision, lorsqu'il était âgé d'au moins treize ans à la date de commission de l'infraction.

Art. L. 621-2. – Pour l'exécution des peines prononcées à l'étranger et lorsque le condamné était mineur à la date des faits, le tribunal pour enfants exerce les attributions du tribunal correctionnel pour l'application des articles 728-4 à 728-7 du Code de procédure pénale et le juge des enfants exerce les attributions du président du tribunal judiciaire et du juge des libertés et de la détention pour l'application des articles 728-46,728-47 et 728-67 à 728-69 du même code.

Le juge des enfants exerce les attributions du juge de l'application des peines mentionnées aux articles 764-21 à 764-43 du Code de procédure pénale en matière de reconnaissance et de mise à exécution des condamnations et des décisions de probation prononcées par une juridiction d'un autre État membre de l'Union européenne à l'égard des personnes mineures à la date des faits.

Art. L. 621-3. – Lorsqu'il s'agit d'un aménagement de peine pour lequel le juge d'application des peines peut imposer au condamné une ou plusieurs des obligations prévues en matière de sursis probatoire, le juge des enfants peut également imposer au condamné une des mesures mentionnées à l'article L. 122-2. L'obligation de respecter les conditions d'un placement en centre éducatif fermé ne peut toutefois être prononcée que dans le cadre du placement extérieur et de la libération conditionnelle.

TITRE III. – Du casier judiciaire et des autres fichiers

CHAPITRE Ier. – Du casier judiciaire

Art. L. 631-1. – Sans préjudice des dispositions du dernier alinéa de l'article L. 111-6, les condamnations, les déclarations de culpabilité assorties d'une dispense de peine, d'une dispense de mesure éducative ou d'une déclaration de réussite éducative, les décisions prononçant des mesures éducatives rendues à l'égard d'un mineur, lors du prononcé de la sanction, ainsi que les compositions pénales sont inscrites au casier judiciaire selon les modalités prévues par le Code de procédure pénale rappelées par le présent code.

Art. L. 631-2. – Les décisions mentionnées à l'article L. 631-1 figurent au bulletin n° 1 du casier judiciaire. Elles ne figurent pas aux bulletins n° 2 et n° 3 du casier judiciaire.

Art. L. 631-3. – Les décisions relatives aux mesures éducatives, aux dispenses de mesure éducative et aux déclarations de réussite éducative prononcées à l'encontre d'un mineur sont retirées à l'expiration d'un délai de trois ans à compter du jour où la mesure est devenue définitive.

Les fiches relatives aux condamnations prononcées à l'encontre d'un mineur sont retirées dans les conditions prévues par le Code de procédure pénale.

Art. L. 631-4. – Lorsque, à la suite de la condamnation prononcée à l'encontre d'un mineur à une peine criminelle ou correctionnelle devenue définitive, le relèvement éducatif de ce mineur apparaît comme acquis, le tribunal pour enfants peut, après l'expiration d'un délai de trois ans à compter de ladite décision et même si le mineur a atteint sa majorité, décider, à sa requête, à celle du ministère public ou d'office, le retrait du casier judiciaire de la décision dont il s'agit.

Le tribunal pour enfants statue en dernier ressort. Lorsque le retrait du casier judiciaire de la décision a été prononcé, la mention de cette décision ne doit plus figurer au bulletin n° 1 du casier judiciaire du mineur.

Le tribunal de la poursuite initiale, celui du lieu du domicile actuel du mineur et celui du lieu de sa naissance sont compétents pour connaître de la requête.

CHAPITRE II. – Du fichier judiciaire national automatisé des auteurs d'infractions sexuelles ou violentes

Section 1. – De l'inscription des décisions

Art. L. 632-1. – Les décisions concernant les mineurs de moins de treize ans ne sont pas inscrites dans le fichier judiciaire national automatisé des auteurs d'infractions sexuelles ou violentes.

Art. L. 632-2. – Les décisions rendues lors du prononcé de la sanction concernant les mineurs âgés d'au moins treize ans relatives à un délit relevant de l'article 706-47 du Code de procédure pénale ne sont pas inscrites dans le fichier judiciaire national automatisé des auteurs d'infractions sexuelles ou violentes, sauf si cette inscription est ordonnée par décision expresse de la juridiction, ou dans les cas prévus aux 3° et 4° de l'article 706-53-2 du même code, par le procureur de la République.

Art. L. 632-3. – Les décisions concernant les mineurs âgés d'au moins treize ans relatives à un crime relevant de l'article 706-47 du Code de procédure pénale sont inscrites de plein droit dans le fichier judiciaire national automatisé des auteurs d'infractions sexuelles ou violentes, sauf décision contraire spécialement motivée de la juridiction de jugement.

Section 2. – De l'effacement des décisions

Art. L. 632-4. – Les informations mentionnées à l'article 706-53-2 du Code de procédure pénale sont retirées du fichier au décès de l'intéressé ou à l'expiration d'un délai de dix ans à compter du prononcé de la décision ou à compter de sa libération lorsque la personne exécute une peine privative de liberté sans sursis en application de la condamnation entraînant l'inscription.

Toutefois le mineur peut solliciter la rectification ou l'effacement des informations contenues dans le fichier dans les conditions prévues à l'article 706-53-10 du même code.

Section 3. – Du suivi des mineurs inscrits

Art. L. 632-5. – Le régime de justification semestrielle prévu par le cinquième alinéa de l'article 706-53-5 du Code de procédure pénale n'est applicable qu'aux mineurs âgés d'au moins treize ans condamnés pour un crime puni d'au moins vingt ans de réclusion.

CHAPITRE III. – Du fichier judiciaire national automatisé des auteurs d'infractions terroristes

Section 1. – De l'inscription des décisions

Art. L. 633-1. – Les décisions concernant les mineurs de moins de treize ans ne sont pas inscrites dans le fichier judiciaire national automatisé des auteurs d'infractions terroristes.

Art. L. 633-2. – Les décisions rendues lors du prononcé de la sanction concernant les mineurs âgés d'au moins treize ans ne sont pas inscrites dans le fichier, sauf si cette inscription est ordonnée par décision expresse de la juridiction ou, dans les cas prévus aux 3° et 4° de l'article 706-25-4 du Code de procédure pénale, par le procureur de la République.

Section 2. – De l'effacement des décisions

Art. L. 633-3. – Les informations mentionnées à l'article 706-25-4 du Code de procédure pénale sont retirées du fichier au décès de l'intéressé ou à l'expiration, à compter du prononcé de la décision ou à compter de sa libération lorsque la personne exécute une peine privative de liberté sans sursis en application de la condamnation entraînant l'inscription, d'un délai de dix ans ou, lorsqu'elles concernent une infraction mentionnée aux articles L. 224-1 ou L. 225-7 du Code de la sécurité intérieure, d'un délai de trois ans.

Toutefois le mineur peut solliciter la rectification ou l'effacement des informations contenues dans le fichier dans les conditions prévues à l'article 706-25-12 du Code de procédure pénale.

Section 3. – Du suivi des mineurs inscrits

Art. L. 633-4. – Les mineurs sont astreints aux obligations de justification et de présentation prévues par le Code de procédure pénale à compter du prononcé de la décision, pendant un délai de cinq ans, ou, s'il s'agit d'une infraction mentionnée à l'article L. 224-1 du Code de la sécurité intérieure, pendant un délai de trois ans.

CHAPITRE IV. – Des fichiers d'antécédents

Art. L. 634-1. – Conformément aux articles 230-6 à 230-11 du Code de procédure pénale, les infractions commises par les mineurs font l'objet d'une inscription dans les fichiers d'antécédents judiciaires qui peuvent être consultés dans le cadre des procédures pénales ainsi que dans le cadre des enquêtes administratives prévues aux articles L. 114-1 et L. 234-1 à L. 234-3 du Code de la sécurité intérieure et à l'article 17-1 de la loi n° 95-73 du 21 janvier 1995 d'orientation et de programmation relative à la sécurité.

Les mineurs peuvent demander, auprès du procureur de la République territorialement compétent ou du magistrat désigné à l'article 230-9 du Code de procédure pénale, que les données personnelles concernant ces infractions soient effacées, complétées ou rectifiées, notamment en cas de requalification judiciaire, ou qu'elles fassent l'objet d'une mention interdisant qu'elles fassent l'objet d'une consultation dans le cadre des enquêtes administratives mentionnées au premier alinéa.

Conformément à l'article 230-8 du Code de procédure pénale, ces demandes peuvent être formées à tout moment, sauf si, à la suite d'infractions commises pendant la majorité de l'intéressé, celui-ci a fait l'objet de condamnations qui sont toujours inscrites au bulletin n° 2 de son casier judiciaire. Il est statué sur ces demandes pour des raisons liées à la finalité du fichier au regard de la nature ou des circonstances de commission de l'infraction ou de la personnalité de l'intéressé.

LIVRE VII. – Dispositions relatives à l'outre-mer

TITRE Ier. – Dispositions particulières à la Guadeloupe, à la Guyane, à la Martinique, à Mayotte, à la réunion, à Saint-Barthélemy, à Saint-Martin et à Saint-Pierre-et-Miquelon

CHAPITRE Ier. – Dispositions particulières à Mayotte

Art. L. 711-1. – Pour l'application des dispositions du présent code à Mayotte les mots : « cour d'appel » et les mots : « chambre spéciale des mineurs de la cour d'appel » sont remplacés par les mots : « chambre d'appel de Mamoudzou ».

Art. L. 711-2. – Pour son application à Mayotte, l'article L. 231-10 est ainsi rédigé :

« Art. L. 231-10. – Un des assesseurs de la cour d'assises des mineurs est remplacé, sauf impossibilité, par le magistrat du siège du tribunal judiciaire exerçant les fonctions de juge des enfants. ».

Art. L. 711-3. – À Mayotte, les articles L. 412-2, L. 413-5 et L. 413-9 s'appliquent dans les conditions suivantes :

1° Lorsque le déplacement d'un avocat ou d'une personne agréée en application de l'article 879 du Code de procédure pénale paraît matériellement impossible, les attributions dévolues à l'avocat par les articles 61-1, 63-4 à 63-4-3 du Code de procédure pénale peuvent être exercées par une personne majeure, choisie par les représentants légaux du mineur ou à défaut par le mineur lui-même, qui n'est pas mise en cause pour les mêmes faits ou pour des faits connexes et qui n'a fait l'objet d'aucune condamnation, incapacité ou déchéance mentionnée au bulletin n° 2 du casier judiciaire ;

2° Les dispositions de l'article 63-4-4 du même code sont applicables à la personne choisie, qui en est informée par l'officier de police judiciaire.

CHAPITRE II. – Dispositions particulières à Saint-Pierre-et-Miquelon

Art. L. 712-1. – Pour l'application du présent code à Saint-Pierre-et-Miquelon, la commission des droits et de l'autonomie des personnes handicapées est remplacée par la commission localement compétente en matière de reconnaissance du handicap.

TITRE II. – Dispositions applicables en Nouvelle-Calédonie, en Polynésie française et dans les Îles de Wallis-et-Futuna

CHAPITRE Ier. – Dispositions applicables en Nouvelle-Calédonie

Art. L. 721-1 *(Mod., L. n° 2022-52, 24 janv. 2022 ; mod. à compter du 1er mai 2022, Ord. n° 2022-478, 30 mars 2022)*. – Les dispositions du présent code, à l'exception des articles L. 113-2 et L. 113-6 sont applicables en Nouvelle-Calédonie dans leur rédaction résultant de l'ordonnance n° 2022-478 du 30 mars 2022 portant partie législative du Code pénitentiaire, sous réserve des adaptations prévues au présent chapitre.

Art. L. 721-2. – Pour l'application des dispositions du présent code en Nouvelle-Calédonie :

1° Les mots : « protection judiciaire de la jeunesse » sont remplacés par les mots : « protection judiciaire de l'enfance et de la jeunesse » ;

2° La mise en œuvre des procédures alternatives aux poursuites et de l'accueil de jour en Nouvelle-Calédonie est déterminée selon la règlementation applicable localement ;

3° Les références aux dispositions du Code de l'action sociale et des familles sont remplacées par les références aux dispositions équivalentes applicables localement ;

4° La commission des droits et de l'autonomie des personnes handicapées est remplacée par la commission localement compétente en matière de reconnaissance du handicap.

Art. L. 721-3. – En Nouvelle-Calédonie, le juge des enfants, le président du tribunal pour enfants ou le président de la cour d'assises peut autoriser, d'office ou à la demande du ministère public ou d'une partie, et avec l'accord du mineur, de ses représentants légaux et, s'ils sont présents, de la victime ou de son représentant et du ministère public, toute personne représentant des institutions de droit coutumier dont la liste est fixée par voie réglementaire à assister aux débats et à prendre la parole aux audiences avec son autorisation, si sa présence apparait utile pour la bonne compréhension de la situation du mineur ou pour sa prise en charge éducative et sociale.

Art. L. 721-4. – En Nouvelle-Calédonie, avant d'ordonner une mesure de réparation ou un module de réparation, le procureur de la République ou la juridiction pour mineurs peut consulter toute personne représentant des institutions de droit coutumier dont la liste est fixée par voie réglementaire.

Art. L. 721-5. – En Nouvelle-Calédonie, les articles L. 412-2, L. 413-5 et L. 413-9 s'appliquent dans les conditions suivantes :

1° Lorsque l'audition libre, la retenue ou la garde à vue du mineur se déroule en dehors des communes de Nouméa, Mont-Dore, Dumbéa et Païta et que le déplacement d'un avocat paraît matériellement impossible, les attributions dévolues à l'avocat par les articles 61-1, 63-4 à 63-4-3 du Code de procédure pénale peuvent être exercées par une personne majeure, choisie par les représentants légaux du mineur ou à défaut par le mineur lui-même, qui n'est pas mise en cause pour les mêmes faits ou pour des faits connexes et qui n'a fait l'objet d'aucune condamnation, incapacité ou déchéance mentionnée au bulletin n° 2 du casier judiciaire ;

2° Les dispositions de l'article 63-4-4 du même code sont applicables à la personne choisie, qui en est informée par l'officier de police judiciaire.

CHAPITRE II. – Dispositions applicables en Polynésie française

Art. L. 722-1 *(Mod., L. n° 2022-52, 24 janv. 2022 ; mod. à compter du 1er mai 2022, Ord. n° 2022-478, 30 mars 2022)*. – Les dispositions du présent code, à l'exception des articles L. 113-2 et L. 113-6 sont applicables en Polynésie française dans leur rédaction résultant de l'ordonnance n° 2022-478 du 30 mars 2022 portant partie législative du Code pénitentiaire, sous réserve des adaptations prévues au présent chapitre.

Art. L. 722-2. – Pour l'application du présent code en Polynésie française :

1° Les références aux dispositions du Code de l'action sociale et des familles sont remplacées par les références équivalentes applicables localement ;

2° La commission des droits et de l'autonomie des personnes handicapées est remplacée par la commission localement compétente en matière de reconnaissance du handicap.

Art. L. 722-3. – En Polynésie française, les articles L. 412-2, L. 413-5 et L. 413-9 s'appliquent dans les conditions suivantes :

1° En l'absence d'avocat dans l'île où se déroule l'audition libre, la retenue ou la garde à vue du mineur et lorsque le déplacement d'un avocat paraît matériellement impossible, les attributions dévolues à l'avocat par les articles 61-1, 63-4 à 63-4-3 du Code de procédure pénale peuvent être exercées par une personne majeure, choisie par les représentants légaux du mineur ou à défaut par le mineur lui-même, qui n'est pas mise en cause pour les mêmes faits ou pour des faits connexes et qui n'a fait l'objet d'aucune condamnation, incapacité ou déchéance mentionnée au bulletin n° 2 du casier judiciaire ;

2° Les dispositions de l'article 63-4-4 du même code sont applicables à la personne choisie, qui en est informée par l'officier de police judiciaire.

CHAPITRE III. – Dispositions applicables à Wallis-et-Futuna

Art. L. 723-1 *(Mod., L. n° 2022-52, 24 janv. 2022 ; mod. à compter du 1er mai 2022, Ord. n° 2022-478, 30 mars 2022).* – Les dispositions du présent code, à l'exception des articles L. 113-2 et L. 113-6 sont applicables dans les îles Wallis-et-Futuna dans leur rédaction résultant de l'ordonnance n° 2022-478 du 30 mars 2022 portant partie législative du Code pénitentiaire, sous réserve des adaptations prévues au présent chapitre.

Art. L. 723-2. – Pour l'application du présent code à Wallis-et-Futuna :

1° Les références aux dispositions du Code de l'action sociale et des familles sont remplacées par les références équivalentes applicables localement ;

2° La commission des droits et de l'autonomie des personnes handicapées est remplacée par la commission localement compétente en matière de reconnaissance du handicap.

Art. L. 723-3. – À Wallis-et-Futuna, les articles L. 412-2, L. 413-5 et L. 413-9 s'appliquent dans les conditions suivantes : les attributions dévolues à l'avocat par les articles 61-1, 63-4 à 63-4-3 du Code de procédure pénale peuvent être exercées par une personne agréée par le président du tribunal de première instance.

PARTIE REGLEMENTAIRE

(Partie créée à compter du 31 septembre 2021, D. n° 2021-682, 27 mai 2021)

TITRE PRÉLIMINAIRE. – Des principes généraux de la justice pénale des mineurs

CHAPITRE I. – Des principes généraux du droit pénal applicable aux mineurs

Art. R. 11-1. – La capacité de discernement du mineur âgé de moins de treize ans et l'absence de capacité de discernement du mineur âgé d'au moins treize ans peuvent être établies notamment par leurs déclarations, celles de leur entourage familial et scolaire, les éléments de l'enquête, les circonstances dans lesquelles les faits ont été commis, une expertise ou un examen psychiatrique ou psychologique.

CHAPITRE II. – DES PRINCIPES GÉNÉRAUX DE LA PROCÉDURE PÉNALE APPLICABLE AUX MINEURS

Art. D. 12-1. – Lorsqu'une décision prise à l'égard d'un mineur peut faire l'objet d'un des recours mentionnés à l'article L. 12-6, le mineur et ses représentants légaux sont informés de l'existence de ce recours et du délai dans lequel il peut être exercé.

Art. D. 12-2. – La notification de ses droits à un mineur, en application des dispositions du présent code, est réalisée dans des termes simples et accessibles.

Chapitre III. — DISPOSITIONS COMMUNES

Le présent chapitre ne contient pas de dispositions réglementaires

Livre I. — DES MESURES ÉDUCATIVES ET DES PEINES

Titre I : DES MESURES ÉDUCATIVES

Chapitre I : DISPOSITIONS COMMUNES

Chapitre II : DE LA MESURE ÉDUCATIVE JUDICIAIRE

Section 1 : Dispositions générales

Sous-section 1 : De la mise en œuvre de la mesure éducative judiciaire

Art. D. 112-1. – **La juridiction qui prononce une mesure éducative judiciaire désigne le service éducatif de milieu ouvert de la protection judiciaire de la jeunesse auquel l'exécution et la coordination de cette mesure sont confiées.**

Ce service :

1° Adresse au juge des enfants, tous les six mois et au moins quinze jours avant l'échéance de la mesure, un rapport sur son exécution et sur l'évolution du mineur ;

2° Établit un rapport actualisé en vue de chaque audience concernant le mineur ;

3° Informe sans délai le juge des enfants de tout événement de nature à justifier une modification ou la cessation du ou des modules, interdictions ou obligations prononcés, ou la mainlevée de la mesure.

Art. D. 112-2. – **L'évaluation prévue à l'article L. 112-2 a pour objectifs la compréhension de la situation du mineur, la prise en compte de ses besoins fondamentaux et la construction d'un projet éducatif.**

Elle est réalisée dans un cadre pluridisciplinaire.

Elle permet de recueillir les éléments relatifs au parcours éducatif et judiciaire du mineur, à sa situation familiale, à ses conditions d'hébergement, à son environnement et à ses réseaux de socialisation, à sa santé, à sa situation sociale, à son insertion scolaire et professionnelle.

Art. D. 112-3. – **L'accompagnement individualisé du mineur consiste à soutenir son insertion sociale, scolaire et professionnelle, à prendre en compte ses besoins en matière de santé, à s'assurer de sa compréhension des décisions judiciaires qui le concernent et à engager un travail sur la responsabilisation et sur la prise en compte de la victime. Cet accompagnement associe les représentants légaux, soutient l'exercice de l'autorité parentale et aide au renforcement des liens familiaux.**

Art. D. 112-4. – **Le cas échéant, afin de répondre à des besoins identifiés en termes d'insertion, de réparation, de santé et de placement, l'accompagnement défini à l'article D. 112-3 est complété par un ou plusieurs modules prévus aux 1° à 4° de l'article L. 112-2.**

Art. D. 112-5. – **Les objectifs et les modalités de la prise en charge sont inscrits dans le document individuel de prise en charge prévu à l'article L. 311-4 du Code de l'action sociale et des familles et dans ses avenants.**

Sous-Section 2. Des interdictions et obligations de la mesure éducative judiciaire

Art. D. 112-6. – **Le service de la protection judiciaire de la jeunesse chargé de la mesure éducative judiciaire accompagne le mineur et ses représentants légaux dans la compréhension et le respect des interdictions et obligations prononcées en application des 5° à 9° de l'article L. 112-2.**

Art. D. 112-7. – **Le procureur de la République est chargé de l'exécution de l'obligation prévue au 8° de l'article L. 112-2.**

Art. D. 112-8. – **Le stage de formation civique prévu au 9° de l'article L. 112-2 a pour objet de faire prendre conscience au mineur de sa responsabilité pénale et civile, ainsi que des devoirs qu'implique la vie en société. Il vise également à favoriser son insertion sociale.**

Art. D. 112-9. – La durée du stage de formation civique est fixée par la juridiction en tenant compte des obligations scolaires du mineur et de sa situation familiale.

La durée journalière de formation effective ne peut excéder six heures. Elle est adaptée à l'âge et à la personnalité du mineur.

Art. D. 112-10. – Le stage de formation civique est organisé en sessions collectives, continues ou discontinues, composées de différents modules de formation adaptés à l'âge et à la personnalité des stagiaires.

Art. D. 112-11. – Le contenu du stage de formation civique fait l'objet d'un projet élaboré par un service de la protection judiciaire de la jeunesse ou du secteur associatif habilité à l'exercice de cette mission dans les conditions prévues par le décret n° 88-949 du 6 octobre 1988 relatif à l'habilitation des personnes physiques, établissements, services ou organismes publics ou privés auxquels l'autorité judiciaire confie habituellement des mineurs ou l'exécution de mesures les concernant.

Art. D. 112-12. – Le service de la protection judiciaire de la jeunesse ou du secteur associatif habilité peut élaborer des modules du stage de formation civique avec le concours des collectivités et établissements publics et, le cas échéant, de personnes morales de droit privé ou de personnes physiques participant à des missions d'intérêt général ou d'accès au droit.

Lorsqu'un module est élaboré en concertation avec l'une des personnes publiques ou privées mentionnées à l'alinéa précédent, il fait l'objet d'une convention qui précise son contenu, sa durée, ses objectifs particuliers, les modalités de la prestation assurée par la personne privée ou publique et les modalités de financement des frais engagés.

Art. D. 112-13. – Le directeur territorial de la protection judiciaire de la jeunesse informe le président du tribunal judiciaire et le procureur de la République de la liste des services de la protection judiciaire de la jeunesse et du secteur associatif habilité chargés de mettre en œuvre des stages de formation civique dans le ressort du tribunal, ainsi que du contenu de ces stages.

Art. D. 112-14. – Préalablement à la mise en œuvre du stage de formation civique, le service qui en a la charge reçoit le mineur et ses représentants légaux, ainsi que le responsable de l'établissement ou la personne à qui le mineur est confié.

Il leur expose les objectifs éducatifs et le contenu du stage.

Art. D. 112-15. – Le stage de formation civique se déroule sous le contrôle et en présence d'un personnel éducatif du service chargé de sa mise en œuvre.

Art. D. 112-16. – En cas de difficulté d'exécution du stage de formation civique, liée notamment au comportement du mineur, le service chargé de sa mise en œuvre peut en suspendre l'exécution. Il en informe sans délai le juge des enfants et lui adresse un rapport.

Art. D. 112-17. – Lorsque le stage de formation civique a été accompli, le service chargé de sa mise en œuvre reçoit le mineur et les représentants légaux, ainsi que le responsable de l'établissement ou la personne à qui le mineur est confié afin d'établir un bilan sur le déroulement du stage et de vérifier que les objectifs éducatifs ont été atteints.

Dans le mois suivant la fin du stage, ce service transmet un rapport de synthèse au juge des enfants.

Sous-section 3. Des frais de mise en œuvre de la mesure éducative judiciaire

Art. D. 112-18. – Sans préjudice des dispositions de l'article L. 113-2, les frais de toute nature qui résultent de la mise en œuvre de la mesure éducative judiciaire sont imputés sur le budget du ministère de la justice.

Section 2. Des modules de la mesure éducative judiciaire

Sous-section 1 : Du module d'insertion

Art. D. 112-19. – La décision ordonnant l'accueil de jour prévu à l'article L. 112-6 désigne le service ou établissement de la protection judiciaire de la jeunesse ou la structure habilitée chargé de le mettre en œuvre.

Art. D. 112-20. – Le service, l'établissement ou la structure chargé de l'accueil de jour vérifie que les responsables légaux du mineur ont souscrit une assurance garantissant leur responsabilité civile du fait des agissements de leur enfant mineur ou que le majeur a souscrit une assurance garantissant sa responsabilité civile. À défaut, le service, l'établissement ou la structure souscrit une assurance au nom du mineur ou du majeur garantissant cette responsabilité.

Art. R. 112-21. – L'accueil de jour est organisé dans le respect des obligations légales d'instruction et de formation définies par le Code de l'éducation.

Art. D. 112-22. – Le service, l'établissement ou la structure chargé de l'accueil de jour adresse au juge des enfants et au service chargé de la mesure éducative judiciaire un rapport intermédiaire sur son déroulement. Il les informe sans délai de tout événement de nature à en justifier la modification.

Art. D. 112-23. – Avant l'échéance de l'accueil de jour, le service, l'établissement ou la structure qui en est chargé dresse un bilan avec le mineur et ses représentants légaux.

Au moins quinze jours avant l'échéance, il ou elle adresse un rapport au juge des enfants et au service chargé de la mesure éducative judiciaire.

Art. D. 112-24. – La décision de placement en internat scolaire prévue au 2° de l'article L. 112-5 confie le mineur à l'établissement public local d'enseignement ou à l'établissement privé sous contrat auquel l'internat est rattaché, en accord avec l'autorité de l'État compétente en matière d'éducation dans le département.

Un mineur ne peut être confié à un établissement que durant les périodes d'ouverture de l'internat et sans excéder la durée de l'année scolaire en cours.

Art. D. 112-25. – Le chef de l'établissement public local d'enseignement ou de l'établissement privé sous contrat adresse au juge des enfants et au service chargé de la mesure éducative judiciaire un rapport après les quinze premiers jours de placement et un rapport intermédiaire sur le déroulement du placement. Il les informe sans délai de tout événement, notamment une exclusion temporaire de l'établissement ou de l'un de ses services annexes, de nature à justifier une modification du placement.

Art. D. 112-26. – Si le conseil de discipline de l'établissement auquel est rattaché l'internat scolaire prononce l'exclusion définitive du mineur, cette décision est transmise au juge des enfants qui en tire sans délai les conséquences sur la décision de placement du mineur.

Art. D. 112-27. – Au moins quinze jours avant l'échéance du placement, le chef d'établissement auquel est rattaché l'internat scolaire adresse un rapport sur son déroulement au juge des enfants et au service chargé de la mesure éducative judiciaire.

Sous-section 2. Du module de réparation

Art. D. 112-28. – L'activité d'aide ou de réparation au bénéfice de la victime ou dans l'intérêt de la collectivité prévue au 1° de l'article L. 112-8 a pour objectifs :

1° D'accompagner l'auteur dans la compréhension des causes et des conséquences de son acte ;

2° De favoriser son processus de responsabilisation ;

3° D'envisager et de mettre en œuvre les modalités de réparation des dommages commis ;

4° De prendre en considération la victime.

Art. D. 112-29. – La médiation prévue au 2° de l'article L. 112-8 vise à l'apaisement des relations entre l'auteur et la victime, ainsi qu'à l'ouverture ou à la restauration d'un dialogue. Elle consiste à rechercher, avec l'aide d'un tiers, une résolution amiable par les parties d'un différend né de la commission d'une infraction.

Art. D. 112-30. – Le service désigné construit le projet de médiation en tenant compte de la personnalité du mineur et de sa capacité à respecter les conditions de sa mise en œuvre.

À toutes les étapes de la médiation, le service chargé du module informe le juge des enfants des difficultés constatées et peut solliciter la modification du module ou sa suppression.

Art. D. 112-31. – La décision prononçant le module de réparation prévu à l'article L. 112-8 désigne le service de la protection judiciaire de la jeunesse ou du secteur associatif habilité, chargé de le mettre en œuvre.

Au sein du secteur associatif habilité, seules les structures autorisées et habilitées pour exercer la médiation selon des modalités adaptées aux mineurs peuvent être désignées par l'autorité judiciaire.

Art. D. 112-32. – Lorsqu'une structure du secteur associatif habilité est chargée de mettre en œuvre un module de réparation, le document de prise en charge conjointe fixe les modalités d'articulation, de coordination et d'échange d'informations entre cette structure et le service de la protection judiciaire de la jeunesse chargé de la mesure éducative judiciaire.

La structure du secteur associatif habilité informe ce service de la mise en œuvre du module et de tout événement de nature à justifier sa modification ou sa cessation.

Art. D. 112-33. – Au moins quinze jours avant l'échéance de l'activité de réparation ou de la médiation, le service chargé de la mise en œuvre du module adresse au juge des enfants et au service de la protection judiciaire de la jeunesse chargé de la mesure éducative judiciaire un rapport rendant compte de son déroulement.

Lorsqu'il estime que la poursuite de l'accompagnement éducatif n'est plus nécessaire, le service de la protection judiciaire de la jeunesse peut adresser au juge des enfants un rapport aux fins de mainlevée de la mesure éducative judiciaire.

Sous-section 3. Du module de santé

Art. R. 112-34. – L'orientation du mineur vers une prise en charge sanitaire prévue au 1° de l'article L. 112-11 répond à un besoin de santé identifié.

Le juge des enfants oriente le mineur vers les soins de santé adaptés à ses besoins et à sa situation.

Art. R. 112-35. – Les établissements mentionnés aux 2° et 3° de l'article L. 112-11 adressent au juge des enfants, avant l'échéance du placement, dans le respect du secret médical, un rapport sur le déroulement du placement, et en transmettent copie au service de la protection judiciaire de la jeunesse chargé de la mesure éducative judiciaire.

Sous-section 4. Du module de placement

Art. D. 112-36. – Les placements prévus aux 2° et 3° de l'article L. 112-14 sont mis en œuvre dans des établissements de placement de la protection judiciaire de la jeunesse ou du secteur associatif habilité.

Le suivi éducatif est assuré par le service de la protection judiciaire de la jeunesse chargé de la mesure éducative judiciaire, en lien avec l'établissement de placement désigné.

Art. D. 112-37. – L'établissement de placement informe sans délai le juge des enfants et le service de la protection judiciaire de la jeunesse chargé de la mesure éducative judiciaire de tout événement de nature à justifier une modification du placement ou sa mainlevée.

Il leur adresse un rapport intermédiaire sur le déroulement du placement.

Art. D. 112-38. – Au moins quinze jours avant l'échéance du placement, l'établissement adresse au juge des enfants et au service de la protection judiciaire de la jeunesse chargé de la mesure éducative judiciaire, un rapport sur le déroulement du placement.

Art. D. 112-39. – Le suivi du placement chez un membre de la famille ou une personne digne de confiance est assuré par le service de la protection judiciaire de la jeunesse chargé de la mesure éducative judiciaire.

Chapitre III : DU RÉGIME DU PLACEMENT

Section 1 : Dispositions générales

Art. D. 113-1. – En application du deuxième alinéa de l'article L. 113-2, la juridiction informe l'organisme débiteur que la part des allocations familiales, majorations et allocations d'assistance auxquelles le mineur ouvre droit est attribuée à la personne ou à l'établissement qui accueille le mineur.

Art. D. 113-2. – Dès l'arrivée du mineur dans l'établissement auquel il a été confié, un dossier est ouvert à son nom, au sein duquel est mentionné tout renseignement concernant son évolution, son comportement, son insertion scolaire et professionnelle, y compris son salaire, et ses relations avec sa famille.

Art. D. 113-3. – Chaque établissement de placement de la protection judiciaire de la jeunesse et du secteur associatif habilité recevant des mineurs au titre du présent code adresse tous les ans, avant la fin du premier trimestre, au magistrat coordonnateur du tribunal pour enfants de son ressort, un rapport sur le fonctionnement général, moral et financier de l'établissement.

Art. D. 113-4. – Les représentants du ministère de la justice chargés de contrôler le fonctionnement des établissements de placement recevant des mineurs au titre du présent code peuvent entendre les mineurs hors la présence des représentants de l'établissement.

Tous les registres et dossiers, tous documents relatifs au fonctionnement administratif et financier des établissements leur sont communiqués.

Art. D. 113-5. – Le procureur de la République et le président du tribunal judiciaire ou le magistrat qu'il délègue rendent compte annuellement aux chefs de cour des visites effectuées en application de l'article L. 113-3. Ils font part de leurs observations éventuelles aux autorités compétentes pour y donner suite.

Section 2 : Des centres éducatifs fermés

Art. R. 113-6. – Lors de la visite des centres éducatifs fermés prévue à l'article 719 du Code de procédure pénale, le directeur du centre éducatif fermé ne peut s'opposer à l'entrée des journalistes accompagnant les parlementaires que pour des motifs impératifs liés à la sécurité, au bon ordre, à l'intérêt public ou à la protection des victimes, des mineurs placés et du personnel au sein de l'établissement. Il peut mettre fin, à tout moment, à leur présence pour ces motifs.

Les parlementaires ne peuvent être accompagnés, au sein d'un centre éducatif fermé, de plus de trois journalistes, titulaires de la carte d'identité professionnelle mentionnée à l'article L. 7111-6 du Code du travail, dont un seul utilisant du matériel de prise de vue ou de son. Le nombre maximal de journalistes s'entend par visite, quel que soit le nombre de parlementaires y participant. Leur entrée est concomitante à celles des parlementaires qu'ils accompagnent dans leur parcours. Leur sortie ne peut être postérieure à celle des parlementaires.

Art. R. 113-7. – Les écrits, photographies, croquis, prises de vue et de son que les journalistes effectuent sont circonscrits au cadre de la visite du parlementaire dans le centre éducatif fermé. Le directeur du centre éducatif fermé peut interdire les enregistrements d'images et de son dans une zone de l'établissement pour des motifs tenant au bon ordre et à la sécurité. Leur diffusion ou leur utilisation ne peut permettre d'identifier les personnels présents au sein de l'établissement que si ces derniers y ont consenti par écrit.

Un mineur ne peut être filmé, enregistré ou photographié qu'avec son accord écrit préalable et l'autorisation conjointe des titulaires de l'exercice de l'autorité parentale. L'accord est donné selon les mêmes modalités qu'il s'agisse de l'utilisation de l'image ou de celle de la voix ainsi captée.

Dans tous les cas, les journalistes veillent à ce qu'aucun élément concernant l'identité ou la personnalité permettant d'identifier le mineur placé ne soit, de quelque manière que ce soit, révélé. Les obligations relatives à la diffusion des productions des journalistes mentionnées aux trois alinéas précédents s'imposent aux directeurs de publication, éditeurs et distributeurs de ces productions.

Art. D. 113-8. – Le directeur du centre éducatif fermé est chargé de l'organisation régulière d'activités socio-culturelles au sein de l'établissement. Ces activités, animées par des personnels du centre ou par des personnes extérieures autorisées par le directeur, s'inscrivent dans la continuité des activités d'insertion scolaire et professionnelle.

Les mineurs placés au sein du centre peuvent être associés à l'organisation et à l'animation de ces activités, sous le contrôle du personnel de l'établissement.

La diffusion à l'extérieur du centre éducatif fermé de productions audio-visuelles réalisées dans le cadre de ces activités est soumise, d'une part à l'accord écrit préalable du mineur et des titulaires de l'autorité parentale, et d'autre part, à l'autorisation du directeur interrégional territorialement compétent.

Art. R. 113-9. – En cas d'inspection d'une chambre d'un centre éducatif fermé où séjourne un mineur, sont consignés au registre mentionné à l'article L. 113-8 :

1° La date et l'heure de début et de fin de l'inspection ;

2° Les noms et qualités des personnels ayant procédé à l'inspection ;

3° Le motif de l'inspection ;

4° Le lieu inspecté ;

5° Si le mineur est présent, ses éventuelles observations ;

6° Si le mineur est absent, le motif de son absence et les raisons pour lesquelles l'inspection n'a pu être retardée ;

7° Les objets ou substances interdites ou constituant une menace trouvés au cours de l'inspection et le sort qui leur a été réservé.

Le registre est signé par les personnels et le mineur présents lors de l'inspection.

Titre II : DES PEINES

Chapitre I : DES PEINES ENCOURUES

Le présent chapitre ne comporte pas de dispositions réglementaires

Chapitre II : DU CONTENU ET DES MODALITÉS D'APPLICATION DE CERTAINES PEINES

Section 1 : Du travail d'intérêt général

Art. R*. 122-1 *(Mod., D. n° 2021-1743, 22 déc. 2021)*. – Pour l'habilitation des personnes morales de droit privé chargées d'une mission de service public ou des associations demandant à mettre en œuvre des travaux d'intérêt général spécifiquement adaptés aux mineurs dans les conditions prévues par les articles R. * 131-11-2 à R. 131-16 du Code pénal, la décision d'habilitation est confiée au directeur territorial de la protection judiciaire de la jeunesse, nonobstant les dispositions du décret n° 2004-374 du 29 avril 2004 relatif aux pouvoirs des préfets, à l'organisation et à l'action des services de l'État dans les régions et départements.

Le directeur territorial de la protection judiciaire de la jeunesse communique par voie dématérialisée sa décision au juge des enfants, au procureur de la République, au préfet et à l'organisme habilité.

Art. R. 122-2 *(Mod., D. n° 2021-1743, 22 déc. 2021)*. – Le directeur territorial de la protection judiciaire de la jeunesse statue sur l'inscription sur la liste prévue par l'article R. 131-36 du Code pénal des travaux d'intérêt général applicables aux mineurs dans les conditions prévues par les articles R. 131-17 à R. 131-20 du Code pénal, en tenant compte du caractère formateur du travail proposé ou de son apport à l'insertion sociale des jeunes condamnés.

Art. R. 122-3. – Le condamné au travail d'intérêt général doit se soumettre aux mesures de contrôle suivantes :

1° Répondre aux convocations du juge des enfants et de l'éducateur ou du service désigné conformément à l'article R. 122-4 ;

2° Se soumettre à l'examen médical prévu par l'article R. 131-28 du Code pénal ;

3° Informer le juge des enfants de tout changement d'emploi ou de résidence ou de tout déplacement qui ferait obstacle à l'exécution du travail d'intérêt général selon les modalités fixées.

Art. R. 122-4 *(Mod., D. n° 2021-1743, 22 déc. 2021).* – Le directeur du service de la protection judiciaire de la jeunesse compétent, par délégation du directeur territorial, s'assure, sauf décision motivée par laquelle le juge des enfants conserve sa compétence, de l'exécution du travail d'intérêt général, par l'intermédiaire d'un service de la protection judiciaire de la jeunesse qu'il désigne. Ce service lui rend compte du déroulement de la mesure, en vérifiant notamment si le travail effectué conserve un caractère formateur ou de nature à permettre l'insertion sociale du jeune condamné et s'il demeure adapté à la personnalité de celui-ci.

Le directeur du service de la protection judiciaire de la jeunesse compétent, par délégation du directeur territorial, informe le juge des enfants des modalités d'exécution de la peine de travail d'intérêt général.

Section 2 : Du sursis probatoire avec suivi renforcé et du sursis probatoire

Art. D. 122-5. – La convocation mentionnée à l'article D. 546-2 du Code de procédure pénale est remise au mineur et à ses représentants légaux.

Art. D. 122-6. – Le service de la protection judiciaire de la jeunesse mandaté qui veille à la bonne exécution de la peine de sursis probatoire adresse un rapport au procureur de la République ainsi qu'au juge des enfants en cas de non-respect par le mineur des obligations qui lui ont été imposées.

Section 3 : Du stage

Art. R. 122-7. – La durée de la peine de stage est fixée par la juridiction en tenant compte des obligations scolaires du mineur et de sa situation familiale.

La durée journalière de formation effective ne peut excéder six heures et est adaptée en fonction de l'âge et de la personnalité du mineur.

Art. R. 122-8. – Le stage est organisé conformément aux dispositions du premier alinéa de l'article R. 131-37 du Code pénal et tient compte de l'âge des mineurs.

Art. R. 122-9. – Le stage est élaboré et mis en œuvre sous le contrôle du service de milieu ouvert de la protection judiciaire de la jeunesse. Le projet de stage est transmis par le responsable de ce service au directeur territorial de la protection judiciaire de la jeunesse. Pour en autoriser la mise en œuvre, le directeur recueille l'avis du juge des enfants et l'accord du procureur de la République du lieu où se déroulera habituellement le stage.

Art. R. 122-10. – La convention prévue au dernier alinéa de l'article R. 131-38 du Code pénal est passée entre les personnes mentionnées à cet article et le service de la protection judiciaire de la jeunesse.

Le directeur territorial de la protection judiciaire de la jeunesse informe le juge des enfants et le procureur de la République de l'identité des services mettant en œuvre des stages pour les mineurs dans le département et du contenu de ces stages.

Art. R. 122-11. – Les formalités prévues à l'article R. 131-39 du Code pénal sont accomplies en présence des représentants légaux et du responsable de l'établissement ou de la personne à qui le mineur est confié, ou ceux-ci dûment convoqués.

Le stage se déroule sous le contrôle et en présence d'un personnel éducatif du service chargé de sa mise en œuvre. En cas de difficulté d'exécution du stage liée notamment au comportement du mineur, le représentant du service peut en suspendre l'exécution. Il en informe alors sans délai le juge des enfants et le procureur de la République et leur adresse un rapport.

Art. R. 122-12. – En fin de stage, le service en charge de la mesure reçoit le mineur et les représentants légaux afin d'établir un bilan du déroulement du stage et de vérifier que ses objectifs ont été atteints.

Dans le délai d'un mois suivant la fin du stage, un rapport de synthèse est adressé par le service au juge des enfants et au procureur de la République.

Section 4 : De la détention à domicile sous surveillance électronique

Art. R. 122-13 *(Mod. à compter du 1er mai 2022, D. n° 2022-479, 30 mars 2022).* – Le service de milieu ouvert de la protection judiciaire de la jeunesse recueille l'accord écrit du propriétaire ou du ou des titulaires du contrat de location des lieux où pourra être installé le récepteur, sauf s'il s'agit d'un lieu public.

Ce service assure le contrôle et le suivi des mesures ordonnées par le juge des enfants, à l'exception de la mise en œuvre du dispositif technique de surveillance électronique.

Le condamné et ses représentants légaux sont convoqués devant ce service qui prend attache avec le service pénitentiaire d'insertion et de probation aux fins d'organiser la pose du dispositif de surveillance électronique.

Lors du débat prévu par le premier alinéa de l'article D. 49-85 du Code de procédure pénale, le mineur est assisté de son avocat et ses représentants légaux y sont convoqués.

Les informations et les avis prévus par le dernier alinéa de l'article D. 49-84 du Code de procédure pénale et les deuxième et quatrième alinéas de l'article D. 49-85 du même code sont également transmis aux représentants légaux du mineur. Ceux-ci peuvent demander à tout moment qu'un médecin vérifie que la mise en œuvre du procédé décrit à l'article R. 622-1 du Code pénitentiaire ne présente pas d'inconvénient pour la santé du mineur.

Art. R. 122-14. – En cas d'impossibilité de pose du dispositif dans les délais prévus par les articles D. 49-84 et D. 49-85 du Code de procédure pénale, le service pénitentiaire d'insertion et de probation rend compte sans délai au juge des enfants ainsi qu'au service de milieu ouvert de la protection judiciaire de la jeunesse.

Chapitre III : DU PRONONCÉ DES PEINES

Art. R. 123-1. – Le mandat de dépôt à effet différé ne peut être prononcé à l'encontre d'un mineur.

Art. R. 123-2. – Le procureur de la République ne peut ramener à exécution une peine d'emprisonnement ferme prononcée par le tribunal pour enfants, que celui-ci ait ou non décerné mandat de dépôt conformément au deuxième alinéa de l'article L. 123-2, qu'après s'être fait présenter le mineur, après application, s'il y a lieu, des dispositions de l'article 716-5 du Code de procédure pénale.

Après avoir vérifié son identité et lui avoir notifié la condamnation dont il fait l'objet, ce magistrat remplit la notice prévue par l'article D. 55-1 du Code de procédure pénale puis fait procéder à l'incarcération du mineur.

Les dispositions du présent article ne sont pas applicables lorsque la mise à exécution de la peine intervient immédiatement à l'issue de l'audience.

Elles ne sont également pas applicables lorsque, conformément aux dispositions des articles 723-15 et D. 49-35 du Code de procédure pénale, l'extrait de la décision doit être adressé au juge des enfants pour que ce dernier détermine les modalités d'exécution de la peine et propose le cas échéant une mesure d'aménagement.

Chapitre IV : DU RÉGIME D'INCARCÉRATION

Section 1 : Des conditions générales de détention

Art. R. 124-1. – Le régime de détention tient compte de la personnalité du mineur détenu et des perspectives du travail éducatif, par la mise en œuvre de modalités différenciées de prise en charge.

Art. R. 124-2 *(Mod. à compter du 1er mai 2022, D. n° 2022-479, 30 mars 2022).* – Lorsqu'un mineur détenu ne peut bénéficier d'un encellulement individuel pour l'un des motifs prévus aux articles L. 213-5 et L. 213-6 du Code pénitentiaire, apprécié le cas échéant au regard de son état de santé, il ne peut être placé en cellule qu'avec un autre mineur de son âge.

Art. R. 124-3 *(Mod. à compter du 1er mai 2022, D. n° 2022-479, 30 mars 2022).* – Pour les établissements pénitentiaires dans lesquels les mineurs sont incarcérés, les dispositions communes du règlement intérieur type prévu par l'article L. 112-4 du Code pénitentiaire sont applicables sous réserve des dispositions spécifiques aux mineurs annexées à la présente section.

Le règlement intérieur de l'établissement, de même que ses éventuelles modifications, sont adressés pour information au juge des enfants.

Le règlement intérieur de chaque établissement pénitentiaire est tenu à la disposition des mineurs détenus et de leurs représentants légaux, lorsque les intéressés en font la demande.

Annexe à l'article R. 124-3
(Créé à compter du 1er mai 2022, D. n° 2022-479, 30 mars 2022)

Annexe à l'article 124-3

(Créé à compter du 1er mai 2022, D. n° 2022-479, 30 mars 2022)

Dispositions du règlement intérieur type des établissements pénitentiaires spécifiques aux mineurs détenus

Art. 1. – Les dispositions de la présente annexe sont applicables aux mineurs détenus mentionnés à l'article L. 124-1.

Art. 2. – Les détenues mineures de sexe féminin sont hébergées dans les unités prévues à cet effet sous la surveillance des personnels de leur sexe. Toutefois, l'encadrement peut comporter des personnels masculins.

Les activités organisées dans les établissements pénitentiaires accueillant des mineurs détenus peuvent admettre des détenus des deux sexes.

Art. 3. – À son arrivée, le mineur détenu est mis en mesure d'informer sa famille de son incarcération dans les meilleurs délais. Si le mineur détenu n'a pas informé l'un de ses titulaires de l'autorité parentale ou représentants légaux, le chef d'établissement procède à cette diligence et informe également les services de la protection judiciaire de la jeunesse.

Art. 4. – Le mineur détenu est reçu, dès que possible, par un agent de la protection judiciaire de la jeunesse. Au cours de cet entretien, le mineur est informé du rôle et des modalités d'organisation du service éducatif en détention.

Art. 5. – Les mineurs détenus ont l'interdiction de fumer en tout lieu, y compris dans les espaces non couverts.

Art. 6. – Les repas des mineurs détenus sont composés conformément aux principes de la diététique et servis dans des conditions permettant leur éducation à une alimentation équilibrée et régulière.

Art. 7. – L'enseignement ou la formation constituent la part la plus importante de l'emploi du temps du mineur détenu.

Un bilan pédagogique est réalisé par le personnel enseignant de l'éducation nationale auprès de chaque mineur détenu entrant. A partir des éléments recueillis, un projet individuel visant une reprise ou une poursuite de l'enseignement ou de la formation est proposé au mineur détenu.

Toutes les activités contribuant à la poursuite ou à la reprise d'un cursus scolaire ou de formation doivent être proposées aux mineurs détenus âgés d'au moins 16 ans au regard de l'obligation de formation à laquelle ils sont soumis.

Art. 8. – Le mineur détenu a également accès à des activités socio-éducatives et sportives ou de détente adaptées à son âge. Un temps est consacré aux activités de plein air.

L'emploi du temps du mineur détenu intègre l'ensemble des entretiens utiles avec les personnels et intervenants concourant à son éducation et son insertion sociale.

Art. 9. – À titre exceptionnel, le chef d'établissement, seul ou à l'initiative de l'équipe pluridisciplinaire, peut proposer des activités de travail aux mineurs détenus âgés d'au moins seize ans. Ces activités ne doivent pas se substituer aux activités d'enseignement ou de formation.

À titre exceptionnel également, le chef d'établissement peut autoriser la participation d'un mineur détenu âgé d'au moins seize ans aux activités organisées dans l'établissement pénitentiaire avec des personnes détenues majeures, si l'intérêt du mineur le justifie.

Art. 10. – Les services de la protection judiciaire de la jeunesse sont consultés par le chef d'établissement avant toute décision relative aux modalités de prise en charge d'un mineur détenu.

Les activités socio-éducatives mises en œuvre par les services de la protection judiciaire de la jeunesse auprès du mineur détenu sont obligatoires et contribuent à la préparation par la protection judiciaire de la jeunesse du projet de sortie individualisé du mineur détenu.

Art. 11. – Les titulaires de l'autorité parentale ou les représentants légaux du mineur détenu sont informés de toute demande de permis de visite faite au chef de l'établissement, de toute modification du régime de détention, ainsi que de toute procédure disciplinaire. Ils reçoivent mensuellement un état du compte nominatif du mineur détenu. Ils sont tenus informés du déroulement de sa scolarité, de sa formation ou de ses activités professionnelles. Les emplois du temps scolaires et les livrets d'attestation des parcours leur sont communiqués.

Art. 12. – Les mineurs détenus peuvent téléphoner aux membres de leur famille ou à toute personne participant effectivement à leur éducation ou à leur insertion sociale, sous réserve, en ce qui concerne les prévenus, d'y avoir été autorisées par le magistrat saisi du dossier de la procédure.

Art. 13. – Tout mineur détenu mineure peut demander à bénéficier d'une mesure de protection individuelle. Le chef d'établissement peut faire droit à cette demande s'il estime que les circonstances de la détention ou la personnalité du mineur détenu nécessitent la mise en œuvre de mesures de protection particulières. Il s'attache à recueillir préalablement l'avis de l'équipe pluridisciplinaire.

Le mineur détenu bénéficiant d'une mesure de protection individuelle fait l'objet d'un suivi éducatif renforcé et peut être momentanément dispensée de tout ou partie de la vie collective.

Cette mesure ne suspend pas l'exercice de ses droits.

La mise sous protection individuelle est d'une durée maximale de six jours, renouvelable une fois. La durée de cette mesure ne peut excéder douze jours par période de détention de quatre mois. Le chef d'établissement peut y mettre fin à tout moment après avoir entendu l'intéressé et recueilli l'avis de l'équipe pluridisciplinaire. Il est tenu d'y mettre fin si l'intéressé le demande.

La décision de mise sous protection individuelle et sa levée sont portées à la connaissance des titulaires de l'autorité parentale ou des représentants légaux du mineur détenu et du magistrat saisi du dossier de la procédure ou en charge de l'application des peines.

Art. R. 124-4. – **Au sein de chaque établissement pénitentiaire recevant des mineurs, une équipe pluridisciplinaire réunit des représentants des différents services intervenant auprès des mineurs incarcérés. Elle est chargée d'assurer la collaboration de ces services et le suivi individuel de chaque mineur détenu.**

L'équipe pluridisciplinaire est présidée par le chef d'établissement ou son représentant. Elle comprend au moins, outre son président, un représentant du personnel de surveillance, un représentant de la protection judiciaire de la jeunesse et un représentant de l'éducation nationale. Elle peut associer, en tant que de besoin, un représentant des services de santé, un représentant du service pénitentiaire d'insertion et de probation ou tout autre intervenant dans la prise en charge des mineurs détenus.

L'équipe pluridisciplinaire se réunit au moins une fois par semaine.

Art. R. 124-5. – **Des permissions de sortir prévues aux articles D. 143, D. 143-1, D. 143-4 et D. 145 du Code de procédure pénale peuvent etre accordées, quel que soit leur établissement d'affectation, aux mineurs condamnés à une ou plusieurs peines privatives de liberté à condition, si leur durée totale excède un an, que le tiers ait été exécuté.**

Les condamnés mineurs peuvent également bénéficier de permissions de sortir dans les conditions fixées aux articles D. 143-2, D. 143-3 et D. 143-5 du Code de procédure pénale.

Art. R. 124-6. – **Lorsque, en application des dispositions de l'article L. 1111-5 du Code de la santé publique, le mineur détenu se fait accompagner d'une personne majeure de son choix, celle-ci doit au préalable obtenir des autorités judiciaires ou administratives compétentes, selon que le mineur est prévenu ou condamné, l'autorisation de s'entretenir avec lui, dans le respect de la confidentialité de leurs échanges.**

Dans le cas où le mineur ne connaîtrait pas de personne majeure susceptible de l'accompagner, les services de la protection judiciaire de la jeunesse relaient sa demande auprès de personnes physiques ou morales extérieures intervenant habituellement auprès de mineurs.

Art. D. 124-7. – **Le mineur qui, à l'issue de son placement en détention provisoire dans un établissement pénitentiaire où les mineurs sont incarcérés, fait l'objet d'une des mesures prévues par l'article L. 112-2, est signalé par le chef de l'établissement pénitentiaire qui en a la garde, au procureur de la République du siège du tribunal pour enfants et à la direction de la protection judiciaire de la jeunesse au ministère de la justice aux fins d'être pris en charge et conduit sans délai par les services de la protection judiciaire de la jeunesse auprès de la personne ou de l'institution chargée de la mesure.**

Art. R. 124-8. – **Dans le cadre des visites des établissements pénitentiaires par les parlementaires accompagnés de journalistes, un mineur détenu ne peut être filmé, enregistré ou photographié qu'avec son accord écrit préalable et l'autorisation des titulaires de l'exercice de l'autorité parentale. L'accord est donné selon les mêmes modalités qu'il s'agisse de l'utilisation de l'image ou de celle de la voix ainsi captée.**

Dans tous les cas et sans préjudice des dispositions de l'article R. 57-6-17 du Code de procédure pénale, les journalistes veillent à ce qu'aucun élément concernant l'identité ou la personnalité qui permettrait d'identifier les mineurs détenus ne soit, de quelque manière que ce soit, révélé.

Les obligations relatives à la diffusion des productions des journalistes mentionnées aux deux alinéas précédents s'imposent aux directeurs de publication, éditeurs et distributeurs de ces productions.

Art. R. 124-9. – La liste des établissements pénitentiaires dans lesquels les mineurs sont incarcérés est fixée par arrêté du garde sceaux, ministre de la justice, aux articles 1 à 3 de l'annexe 1 du présent code.

Annexe 1

(Annexe créée à compter du 30 septembre 2021, A. 27 mai 2021)

Art. 1er. – La liste des établissements pénitentiaires spécialisés pour mineurs prévue à l'article R. 124-9 est fixée comme suit :

- établissement spécialisé pour mineurs de Lavaur (Tarn) ;
- établissement spécialisé pour mineurs de Marseille (Bouches-du-Rhône) ;
- établissement spécialisé pour mineurs d'Orvault (Loire-Atlantique) ;
- établissement spécialisé pour mineurs de Porcheville (Yvelines) ;
- établissement spécialisé pour mineurs de Quiévrechain (Nord) ;
- établissement spécialisé pour mineurs du Rhône (Meyzieu-Rhône).

Art. 2. – La liste des quartiers pour mineurs prévue à l'article R. 124-9 est fixée comme suit :

- quartier des mineurs du centre pénitentiaire d'Aix-Luynes (Bouches-du-Rhône) ;
- quartier des mineurs de la maison d'arrêt d'Angoulême (Charente) ;
- quartier des mineurs du centre pénitentiaire d'Avignon-Le Pontet (Vaucluse) ;
- quartier des mineurs du centre pénitentiaire de Baie-Mahault (Guadeloupe) ;
- quartier des mineurs de la maison d'arrêt de Besançon (Doubs) ;
- quartier des mineurs du centre de semi-liberté de Besançon (Doubs) ;
- quartier des mineurs de la maison d'arrêt de Bonneville (Haute-Savoie) ;
- quartier des mineurs de la maison d'arrêt de Bordeaux-Gradignan (Gironde) ;
- quartier des mineurs du centre pénitentiaire de Borgo (Haute-Corse) ;
- quartier des mineurs de la maison d'arrêt de Bourges (Cher) ;
- quartier des mineurs de la maison d'arrêt de Brest (Finistère) ;
- quartier des mineurs de la maison d'arrêt de Caen (Calvados) ;
- quartier des mineurs du Camp-Est (Nouméa) ;
- quartier des mineurs de la maison d'arrêt de Chaumont (Haute-Marne) ;
- quartier des mineurs de la maison d'arrêt de Dijon (Côte-d'Or) ;
- quartier des mineurs du centre pénitentiaire de Ducos (Martinique) ;
- quartier des mineurs de la maison d'arrêt d'Epinal (Vosges) ;
- quartier des mineurs du centre pénitentiaire de Faa'a-Nuutania (Papeete) ;
- quartier des mineurs de la maison d'arrêt de Fleury-Mérogis (Essonne) ;
- quartier des mineurs de la maison d'arrêt de Grasse (Alpes-Maritimes) ;
- quartier des mineurs de la maison d'arrêt de Grenoble-Varces (Isère) ;
- quartier des mineurs du centre pénitentiaire du Havre (Seine-Maritime) ;
- quartier des mineurs du centre pénitentiaire de Laon (Aisne) ;
- quartier des mineurs du centre pénitentiaire de Liancourt (Oise) ;
- quartier des mineurs de la maison d'arrêt de Limoges (Haute-Vienne) ;
- quartier des mineurs de la maison d'arrêt de Longuenesse (Pas-de-Calais) ;
- quartier des mineurs de la maison d'arrêt de Majicavo (Mayotte) ;
- quartier des mineurs du centre de semi-liberté de Maxéville (Meurthe-et-Moselle) ;
- quartier des mineurs du centre pénitentiaire de Metz (Moselle) ;
- quartier des mineurs du centre pénitentiaire de Moulins-Yzeure (Allier) ;
- quartier des mineurs du centre pénitentiaire de Mulhouse-Lutterbach (Haut-Rhin) ;
- quartier des mineurs du quartier de semi-liberté de la maison d'arrêt de Mulhouse (Haut-Rhin) ;

- quartier des mineurs de la maison d'arrêt de Nanterre (Hauts-de-Seine) ;
- quartier des mineurs de la maison d'arrêt de Pau (Pyrénées-Atlantiques) ;
- quartier des mineurs du centre pénitentiaire de Perpignan (Pyrénées-Orientales) ;
- quartier des mineurs de la maison d'arrêt de Reims (Marne) ;
- quartier des mineurs du centre pénitentiaire de Remire-Montjoly (Guyane) ;
- quartier des mineurs de la maison d'arrêt de Rouen (Seine-Maritime) ;
- quartier des mineurs du centre pénitentiaire de Saint-Denis (Réunion) ;
- quartier des mineurs du centre pénitentiaire de Saint-Pierre (collectivité territoriale de Saint-Pierre-et-Miquelon) ;
- quartier des mineurs du centre de semi-liberté de Souffelweyersheim (Bas-Rhin) ;
- quartier des mineurs de la maison d'arrêt de Strasbourg (Bas-Rhin) ;
- quartier des mineurs de la maison d'arrêt de Tours (Indre-et-Loire) ;
- quartier des mineurs de la maison d'arrêt de Varennes-le-Grand (Saône-et-Loire) ;
- quartier des mineurs de la maison d'arrêt de Villeneuve-lès-Maguelone (Hérault) ;
- quartier des mineurs de la maison d'arrêt de Villepinte (Seine-Saint-Denis).

Art. 3. – La liste des unités affectées à la prise en charge des mineures prévue à l'article R. 124-9 est fixée comme suit :
- unité de l'établissement spécialisé pour mineurs de Lavaur (Tarn) ;
- unité de l'établissement spécialisé pour mineurs de Quiévrechain (Nord) ;
- unité de l'établissement spécialisé pour mineurs du Rhône (Meyzieu, Rhône) ;
- unité de la maison d'arrêt des femmes de Marseille-Les Baumettes (Bouches-du-Rhône) ;
- unité de la maison d'arrêt des femmes d'Épinal (Vosges) ;
- unité de la maison d'arrêt des femmes de Fleury-Mérogis (Essonne) ;
- unité du centre pénitentiaire pour femmes de Rennes (Ille-et-Vilaine).

Section 2 : De l'intervention de la protection judiciaire de la jeunesse en détention

Art. R. 124-10. – Les services de l'administration pénitentiaire et de la protection judiciaire de la jeunesse travaillent conjointement à l'accompagnement des mineurs détenus en organisant l'individualisation de leur période de détention.

Art. R. 124-11. – Les services de la protection judiciaire de la jeunesse assurent une intervention éducative continue en détention auprès des mineurs.

Art. R. 124-12 *(Mod. à compter du 1er mai 2022, D. n° 2022-479, 30 mars 2022)*. – Les services et établissements de la protection judiciaire de la jeunesse assurent la prise en charge éducative individualisée des mineurs détenus. Ils assurent la continuité de l'action éducative en collaboration avec le service chargé du suivi du mineur en dehors de l'établissement pénitentiaire.

Ils exercent, à leur égard, les missions dévolues au service pénitentiaire d'insertion et de probation par les dispositions des articles D. 113-24, D. 113-40, D. 113-60 et D. 214-9 du Code pénitentiaire..

Art. R. 124-13. – La continuité de l'accès du mineur à l'enseignement ou à la formation est assurée, quel que soit son âge, conformément aux dispositions des livres Ier et III du Code de l'éducation.

Art. R. 124-14. – Les activités d'enseignement et de formation sont mises en œuvre par les services de l'éducation nationale.

Les services de la protection judiciaire de la jeunesse assurent la mise en œuvre des activités socio-éducatives.

Les activités sportives sont organisées par les services de l'administration pénitentiaire.

Art. R. 124-15 *(Mod. à compter du 1er mai 2022, D. n° 2022-479, 30 mars 2022)*. – Les personnels de la protection judiciaire de la jeunesse intervenant en détention ont accès, dans les conditions prévues à l'article R. 240-5 du Code pénitentiaire, au traitement automatisé de données à caractère personnel dénommé gestion nationale des personnes détenues en établissement pénitentiaire (GENESIS).

Section 3 : Du régime disciplinaire

Sous-section 1 : De la procédure disciplinaire

Art. R. 124-16 *(Mod. à compter du 1er mai 2022, D. n° 2022-479, 30 mars 2022)*. – En cas de manquement à la discipline par un mineur détenu de nature à justifier une sanction disciplinaire, le compte rendu d'incident et le rapport prévus aux articles R. 234-12 et R. 234-13 du Code pénitentiaire sont complétés par un rapport sur la situation personnelle, sociale et familiale du mineur, établi par le service de la protection judiciaire de la jeunesse, saisi par le chef d'établissement. Ce rapport fournit au chef d'établissement les éléments d'appréciation sur l'opportunité de poursuivre ou non la procédure et formule toute proposition éducative appropriée.

Art. R. 124-17. – Lorsque des poursuites disciplinaires sont engagées, le mineur détenu est obligatoirement assisté par un avocat. À défaut de choix d'un avocat par lui ou par ses représentants légaux, il est assisté par un avocat désigné par le bâtonnier.

Art. R. 124-18. – Lorsqu'un mineur détenu est convoqué devant la commission de discipline, une copie de la convocation est adressée à ses représentants légaux.

Art. R. 124-19. – Lors de la comparution devant la commission de discipline d'un mineur détenu, un personnel du service de la protection judiciaire de la jeunesse, avisé par le chef d'établissement, peut assister à la commission de discipline et présenter oralement ses observations sur la situation personnelle, sociale et familiale du mineur.

Art. R. 124-20 *(Mod. à compter du 1er mai 2022, D. n° 2022-479, 30 mars 2022)*. – Le placement préventif d'un mineur âgé d'au moins seize ans en cellule disciplinaire n'est possible que pour les fautes prévues aux 1° à 10° de l'article R. 232-4 du Code pénitentiaire.

Art. R. 124-21. – La suspension à titre préventif de l'exercice de l'activité professionnelle du mineur âgé d'au moins seize ans est limitée au strict nécessaire et ne peut excéder trois jours ouvrables. Le délai de computation de la suspension à titre préventif commence à courir le lendemain du prononcé de la suspension. Il expire le troisième jour suivant le prononcé de la sanction à vingt-quatre heures. Le délai qui expirerait un samedi, un dimanche ou un jour férié ou chômé est prorogé jusqu'au premier jour ouvrable suivant.

Art. R. 124-22. – Dans le délai de cinq jours à compter de la décision prononçant une sanction disciplinaire à l'encontre d'un mineur, le chef d'établissement transmet une copie de la décision, d'une part, au directeur interrégional des services pénitentiaires et au directeur interrégional de la protection judiciaire de la jeunesse et, d'autre part, au magistrat saisi de la procédure dans le cadre de laquelle le mineur est détenu. Il avise également les représentants légaux du mineur.

Il fait rapport à la commission d'application des peines et à l'équipe pluridisciplinaire chargée du suivi individuel du mineur de toute sanction de confinement en cellule individuelle ordinaire et de toute sanction de cellule disciplinaire prononcée à l'encontre du mineur.

Sous-section 2 : Des sanctions

Art. R. 124-23 *(Mod. à compter du 1er mai 2022, D. n° 2022-479, 30 mars 2022)*. – Les sanctions suivantes peuvent être prononcées à l'encontre du mineur détenu quel que soit son âge :

1° L'avertissement ;

2° La privation, pendant une période maximale de quinze jours, de la faculté d'effectuer en cantine tout achat autre que celui de produits d'hygiène et du nécessaire de correspondance ;

3° La privation, pendant une durée maximale de quinze jours, de tout appareil audiovisuel dont le mineur a l'usage personnel ;

4° Une activité de réparation prévue à l'article R. 124-25 ;

5° La privation ou la restriction d'activités culturelles, sportives et de loisirs pour une période maximum de huit jours ;

6° Le confinement en cellule individuelle ordinaire dans les conditions de durée maximales prévues à l'article R. 124-27.

Toutefois, le mineur âgé de moins de seize ans ne peut faire l'objet de confinement que lorsque les faits commis constituent une des fautes prévues aux 1° à 10° de l'article R. 232-4 du Code pénitentiaire.

Art. R. 124-24 *(Mod. à compter du 1er mai 2022, D. n° 2022-479, 30 mars 2022).* – Les sanctions suivantes ne peuvent être prononcées qu'à l'encontre du mineur détenu âgé d'au moins seize ans :

1° La mise en cellule disciplinaire dans les conditions de durée maximale prévues à l'article R. 124-29, lorsque les faits commis constituent :

a) Les fautes prévues aux 1° à 10° de l'article R. 232-4 du Code pénitentiaire ;

b) Les menaces prévues aux 12° et 13° de l'article R. 232-4 du même code et la faute prévue au 7° de l'article R. 57-7-2 du même code ;

2° La suspension de la décision de classement dans un emploi ou une activité de formation pour une durée maximale de trois jours lorsque la faute disciplinaire a été commise au cours ou à l'occasion du travail ou de cette activité.

Art. R. 124-25. – La sanction d'activité de réparation prévue au 4° de l'article R. 124-23 consiste en l'une des mesures suivantes :

1° Présenter oralement ses excuses à la victime de la faute ;

2° Rédiger une lettre d'excuse ;

3° Rédiger un écrit portant sur la faute commise et sur le préjudice qu'elle a occasionné ;

4° Effectuer un travail de nettoyage ou de rangement des locaux de l'établissement pour une durée globale n'excédant pas dix heures lorsque la faute disciplinaire est en relation avec un manquement aux règles de l'hygiène.

Le président de la commission de discipline détermine la nature de l'activité de réparation. Il recueille le consentement du mineur et de ses représentants légaux préalablement au prononcé de la sanction de réparation.

Les services de la protection judiciaire de la jeunesse mettent en œuvre la sanction d'activité de réparation lorsque son contenu nécessite un accompagnement éducatif particulier.

Art. R. 124-26. – Le confinement en cellule individuelle ordinaire décidé par le président de la commission de discipline à l'encontre du mineur détenu n'interrompt ni sa scolarité, ni sa formation, ni les entretiens avec les personnels de la protection judiciaire de la jeunesse.

Art. R. 124-27 *(Mod. à compter du 1er mai 2022, D. n° 2022-479, 30 mars 2022).* – La durée du confinement en cellule individuelle ordinaire du mineur détenu âgé d'au moins seize ans ne peut excéder :

1° Sept jours lorsqu'est sanctionnée une des fautes du premier degré prévues à l'article R. 232-4 du Code pénitentiaire ;

2° Cinq jours lorsqu'est sanctionnée une des fautes du deuxième degré prévues à l'article R. 232-5 du même code ;

3° Trois jours lorsqu'est sanctionnée une des fautes du troisième degré prévues à l'article R. 232-6 du même code.

Lorsqu'elle est prononcée à l'encontre d'un mineur détenu âgé de moins de seize ans, la durée du confinement est de trois jours maximum.

Art. R. 124-28. – Pour les mineurs détenus, la sanction de cellule disciplinaire n'emporte aucune restriction à leur faculté de recevoir les visites de leur famille ou de toute autre personne participant à leur éducation et à leur insertion sociale. Ils rencontrent les personnels de la protection judiciaire de la jeunesse et ont accès à l'enseignement ou à la formation.

Art. R. 124-29 *(Mod. à compter du 1er mai 2022, D. n° 2022-479, 30 mars 2022).* – La durée du placement en cellule disciplinaire des mineurs âgés d'au moins seize ans ne peut excéder :

1° Sept jours lorsqu'est sanctionnée une des fautes du premier degré prévues à l'article R. 232-4 du Code pénitentiaire ;

2° Cinq jours lorsqu'est sanctionnée une des fautes du deuxième degré prévues à l'article R. 232-5 du même code.

Sous-section 3 : Du prononcé des sanctions

Art. R. 124-30. – Les sanctions prononcées par le président de la commission de discipline à l'encontre d'un mineur détenu tiennent compte de leur âge et de leur personnalité.

Art. R. 124-31. – Le président de la commission de discipline ne peut prononcer à l'encontre d'un mineur détenu, pour une même faute, qu'une seule des sanctions prévues aux articles R. 124-23 ou R. 124-24.

Art. R. 124-32. – Lorsque la commission de discipline est amenée à se prononcer le même jour sur plusieurs fautes commises par un mineur détenu, et sauf décision contraire de son président, les durées des sanctions prononcées se cumulent. Toutefois, lorsque les sanctions sont de même nature, leur durée cumulée ne peut excéder la limite du maximum prévu pour la faute la plus grave. Pour l'application de cette disposition, sont réputés de même nature :

1° Le confinement en cellule individuelle ordinaire et le placement en cellule disciplinaire ;

2° La privation de tout appareil audiovisuel dont le mineur a l'usage personnel et la privation d'activités culturelles, sportives et de loisirs.

Art. R. 124-33 *(Mod. à compter du 1er mai 2022, D. n° 2022-479, 30 mars 2022).* – Lorsqu'il octroie le bénéfice du sursis à un mineur détenu, le président de la commission de discipline fixe un délai de suspension de la sanction ne pouvant excéder trois mois. Il appelle l'attention du mineur détenu sur les conséquences du sursis telles qu'elles sont réglées par les articles R. 234-37 et R. 234-38 du Code pénitentiaire.

Art. R. 124-34 *(Mod. à compter du 1er mai 2022, D. n° 2022-479, 30 mars 2022).* – Pour l'application de l'article R. 234-37 du Code pénitentiaire, sont considérées comme des sanctions de même nature la privation de tout appareil audiovisuel dont le mineur a l'usage personnel et la privation d'activités culturelles, sportives et de loisirs.

Art. R. 124-35 *(Mod. à compter du 1er mai 2022, D. n° 2022-479, 30 mars 2022).* – Lorsqu'il ordonne le sursis à exécution de l'une des sanctions de cellule prévues au 6° de l'article R. 124-23 et au 1° de l'article R. 124-24 prononcée à l'encontre d'un mineur âgé d'au moins seize ans, le président de la commission de discipline peut décider qu'il devra accomplir, pendant tout ou partie du délai de suspension de la sanction, des travaux de nettoyage pour une durée globale n'excédant pas vingt heures.

Le consentement du mineur détenu doit être préalablement recueilli.

Les dispositions des articles R. 234-35, R. 234-36, R. 234-37, R. 234-38 et R. 234-40 du Code pénitentiaire et des articles R. 124-33, R. 124-34 et R. 124-36 du présent code sont, pour le surplus, applicables au sursis ordonné dans les conditions prévues au présent article.

Art. R. 124-36. – Lorsque la révocation du sursis est envisagée à l'égard du mineur détenu, en cas d'inexécution totale ou partielle du travail ordonné, les observations du service de la protection judiciaire de la jeunesse sont recueillies.

Section 4 : Des procédures d'orientation et d'affectation

Art. R. 124-37. – La procédure d'orientation est obligatoirement mise en œuvre pour les condamnés mineurs dont le temps d'incarcération restant à subir est supérieur à trois mois.

Art. R. 124-38 *(Mod. à compter du 1er mai 2022, D. n° 2022-479, 30 mars 2022).* – Le chef d'établissement constitue un dossier d'orientation pour chaque condamné mineur dont le temps d'incarcération restant à subir est d'une durée supérieure à trois mois.

Outre les pièces mentionnées au premier alinéa de l'article D. 211-11 du Code pénitentiaire, le dossier d'orientation comprend l'avis du mineur, des représentants légaux ou des titulaires de l'autorité parentale, du service de la protection judiciaire de la jeunesse, et les éléments afférents aux conditions de prise en charge éducative ; il peut également comprendre l'avis de l'éducation nationale et du service de la santé et, le cas échéant, l'avis de tout service ayant à connaître de la situation du mineur.

Les condamnés mineurs ayant à subir un temps d'incarcération d'une durée inférieure ou égale à trois mois peuvent faire l'objet d'un dossier d'orientation selon les mêmes modalités lorsque le chef d'établissement estime que leur situation nécessite une orientation particulière.

Le dossier d'orientation des condamnés mineurs dont le temps d'incarcération restant à subir est égal ou supérieur à deux ans contient également les pièces visées à l'article D. 211-12 du Code pénitentiaire.

Art. D. 124-39. – Le chef d'établissement informe le magistrat et le service de la protection judiciaire de la jeunesse de la décision d'affectation ou de changement d'affectation du mineur détenu dans les plus brefs délais, ainsi que du transfert de l'intéressé à la date à laquelle ce transfert est réalisé.

Section 5 : De la commission d'incarcération

Art. D. 124-40. – Sur le ressort de l'établissement pénitentiaire dans lequel les mineurs sont incarcérés, le directeur territorial de la protection judiciaire de la jeunesse réunit au moins deux fois par an la commission d'incarcération pour déterminer la politique locale en matière de prise en charge des mineurs détenus, et de continuité de la prise en charge éducative en cas d'incarcération et en cas de libération.

Le directeur territorial de la protection judiciaire de la jeunesse transmet le compte-rendu de la commission d'incarcération au directeur interrégional de la protection judiciaire de la jeunesse.

Art. D. 124-41. – La commission d'incarcération est composée d'un représentant de l'établissement pénitentiaire, de la protection judiciaire de la jeunesse, de l'éducation nationale et des autres membres permanents de l'équipe pluridisciplinaire qui interviennent dans l'établissement pénitentiaire. Elle comprend également un représentant du service pénitentiaire d'insertion et de probation, un représentant de l'ordre des avocats, le procureur de la République ainsi que les juges des enfants et les juges d'application des peines près le tribunal judiciaire dans le ressort duquel se trouve l'établissement pénitentiaire.

Le directeur territorial de la protection judiciaire de la jeunesse peut inviter à cette instance, en tant que de besoin, les partenaires institutionnels et du secteur associatif impliqués dans l'individualisation et la continuité des parcours des mineurs détenus ainsi que le coordonnateur de l'unité de soins.

Section 6 : Du recours judiciaire visant à garantir le droit au respect de la dignité en détention

Art. R. 124-42 *(Créé à compter du 1er octobre 2021, D. n° 2021-1194, 15 sept. 2021).* – Si le placement en détention provisoire a été prononcé par un juge des libertés et de la détention spécialement chargé des affaires concernant les mineurs, la requête prévue à l'article 803-8 du Code de procédure pénale est examinée par un juge des libertés et de la détention présentant la même spécialisation. Celui-ci sollicite, le cas échéant, les observations du juge des enfants chargé du suivi de la procédure.

Si le placement en détention provisoire a été prononcé par un juge des enfants ou un tribunal pour enfants, la requête est examinée par le juge des enfants chargé du suivi de la procédure qui est compétent pour statuer.

Si la personne a été condamnée par une juridiction pour mineurs, la requête est examinée par le juge des enfants lorsque celui-ci exerce les attributions du juge d'application des peines.

Art. R. 124-43 *(Créé à compter du 1er octobre 2021, D. n° 2021-1194, 15 sept. 2021).* – Les ordonnances prévues aux articles R. 249-21 à R. 249-35 du Code de procédure pénale sont prises, selon les cas, par le juge des libertés et de la détention spécialement chargé des affaires concernant les mineurs ou par le juge des enfants saisis en application de l'article R. 124-42 du présent code. Elles sont notifiées au mineur, à son avocat et à ses représentants légaux.

Art. R. 124-44 *(Créé à compter du 1er octobre 2021, D. n° 2021-1194, 15 sept. 2021).* – Outre les personnes prévues au 4° de l'article R. 249-24 du Code de procédure pénale, le juge peut également procéder à l'audition des personnels de la protection judiciaire de la jeunesse intervenant auprès du requérant.

Art. R. 124-45 *(Créé à compter du 1er octobre 2021, D. n° 2021-1194, 15 sept. 2021).* – Lorsqu'elles sont rendues hors procédure d'information judiciaire, les ordonnances mentionnées à l'article R. 124-43 peuvent faire l'objet d'un appel devant le président de la chambre spéciale des mineurs de la cour d'appel dans les conditions prévues par les articles R. 249-36 à R. 249-39 du Code de procédure pénale.

Livre II : DE LA SPÉCIALISATION DES ACTEURS

Titre I : DU MINISTÈRE PUBLIC

Chapitre unique : De la désignation du magistrat du parquet spécialement chargé des mineurs

Art. D. 211-1. – Dans chaque tribunal judiciaire doté d'un pôle de l'instruction et dans le ressort duquel siège un tribunal pour enfants, un ou plusieurs magistrats du parquet spécialement chargés des affaires concernant les mineurs sont désignés par le procureur général de la cour d'appel compétente.

Titre II : DU JUGE D'INSTRUCTION

Chapitre unique : De la désignation du juge d'instruction spécialement chargé des mineurs

Art. D. 221-1. – Dans chaque tribunal judiciaire doté d'un pôle de l'instruction et dans le ressort duquel siège un tribunal pour enfants, un ou plusieurs juges d'instruction spécialement chargés des affaires concernant les mineurs sont désignés par le premier président de la cour d'appel compétente.

Titre III : DU JUGE DES LIBERTÉS ET DE LA DETENTION

Chapitre unique : De la désignation du juge des libertés et de la détention spécialement chargé des mineurs

Art. D. 231-1. – Dans chaque tribunal judiciaire dans le ressort duquel siège un tribunal pour enfants, un ou plusieurs juges des libertés et de la détention spécialement chargés des affaires concernant les mineurs sont désignés par le premier président de la cour d'appel compétente.

Titre IV : DES JURIDICTIONS DE JUGEMENT

Chapitre unique

Le présent chapitre ne comporte pas de dispositions réglementaires

Titre V : DE LA PROTECTION JUDICIAIRE DE LA JEUNESSE

Chapitre unique : Des services et établissements de la protection judiciaire de la jeunesse et du secteur associatif habilité

Section 1 : Des modalités de partage d'informations

Art. R. 241-1. – Le mineur et ses représentants légaux sont préalablement informés de l'échange d'informations prévu au premier alinéa de l'article L. 241-2.

Art. R. 241-2. – Les services et établissements de la protection judiciaire de la jeunesse et du secteur associatif habilité, saisis concomitamment ou successivement de mesures concernant un même mineur, inscrivent dans un document de prise en charge conjointe leurs modalités d'articulation, de coordination et d'échanges d'informations. Les services intervenant au titre de la protection de l'enfance à l'égard de ce mineur peuvent également y contribuer.

Section 2 : Des services déconcentrés de la protection judiciaire de la jeunesse

Art. R. 241-3. – Les services déconcentrés de la protection judiciaire de la jeunesse sont constitués de directions interrégionales et de directions territoriales.

Art. R. 241-4. – Le ressort territorial de chaque direction interrégionale de la protection judiciaire de la jeunesse regroupe sous l'autorité d'un directeur interrégional de la protection judiciaire de la jeunesse plusieurs circonscriptions régionales.

Les directions territoriales implantées dans les départements et les collectivités d'outre-mer sont rattachées à la même direction interrégionale.

Le ressort de chaque direction interrégionale de la protection judiciaire de la jeunesse est fixé par arrêté du garde des sceaux, ministre de la justice, aux articles 1er et 2 de l'annexe 2 du présent code.

Art. R. 241-5. – Le ressort territorial de chaque direction territoriale de la protection judiciaire de la jeunesse peut regrouper sous l'autorité d'un directeur territorial de la protection judiciaire de la jeunesse plusieurs circonscriptions départementales.

Il peut correspondre au territoire d'une ou plusieurs collectivités d'outre-mer.

Le ressort de chaque direction territoriale de la protection judiciaire de la jeunesse est fixé par arrêté du garde des sceaux, ministre de la justice.

Art. R. 241-6. – Sous l'autorité du garde des sceaux, ministre de la justice, les directeurs interrégionaux ont autorité sur les directeurs territoriaux de la protection judiciaire de la jeunesse de leur ressort

Les directeurs territoriaux ont autorité sur les directeurs des établissements et services de la protection judiciaire de la jeunesse de leur ressort.

Les directeurs des établissements et services de la protection judiciaire de la jeunesse ont autorité sur les personnels en fonction dans les établissements et services de la protection judiciaire de la jeunesse.

Art. R. 241-7. – Sous la responsabilité des directeurs interrégionaux, les directions interrégionales de la protection judiciaire de la jeunesse sont chargées de :

1° La déclinaison en objectifs stratégiques des orientations nationales de la protection judiciaire de la jeunesse sur leur territoire ;

2° La concertation entre les institutions intervenant au titre de la justice civile et pénale des mineurs ;

3° L'organisation des relations avec les autorités judiciaires et administratives ainsi qu'avec les collectivités territoriales afin d'assurer la représentation de la protection judiciaire de la jeunesse et sa contribution aux politiques publiques dans le cadre régional ;

4° L'organisation de la complémentarité des interventions des différents acteurs concourant aux missions de protection judiciaire de la jeunesse après l'évaluation des besoins de prise en charge des mineurs et des majeurs sous protection judiciaire jusqu'à l'âge de vingt-et-un ans en liaison avec les autorités compétentes ;

5° La préparation et l'exécution du budget dans le respect des attributions dévolues aux préfets de région et de département pour les investissements et la comptabilité publique ;

6° La gestion des ressources humaines, le recueil et l'analyse des besoins individuels et collectifs de formation ainsi que l'élaboration du plan interrégional de formation continue ;

7° Les relations avec les organisations représentatives des personnels notamment par la mise en place, la programmation et la tenue des organismes consultatifs interrégionaux ;

8° L'instruction pour le compte du préfet de département des procédures d'autorisation de création, d'habilitation, de tarification et de fermeture des établissements, services et lieux de vie et d'accueil prenant en charge directement des mineurs et majeurs sous protection judiciaire jusqu'à l'âge de vingt-et-un ans ;

9° La programmation et la conduite des missions de contrôle et d'audit des établissements et services, lieux de vie et d'accueil concourant à la mission de protection judiciaire de la jeunesse.

Art. R. 241-8. – Le directeur interrégional peut déléguer à la direction territoriale dont le siège correspond à celui du chef-lieu de la région la mission de représentation et de contribution aux politiques publiques confiées aux directions interrégionales par le 3° de l'article R. 241-7.

Art. R. 241-9. – Sous la responsabilité des directeurs territoriaux, les directions territoriales de la protection judiciaire de la jeunesse contribuent à la mise en œuvre des attributions confiées aux directions interrégionales par l'article R. 241-7, à l'exception de celles prévues aux 3° et 7°.

Sous la responsabilité des directeurs territoriaux, les directions territoriales de la protection judiciaire de la jeunesse sont chargées :

1° Du pilotage de la mise en œuvre des orientations de la protection judiciaire de la jeunesse déclinées au niveau interrégional, en liaison avec chaque politique départementale d'aide sociale à l'enfance ;

2° De la participation à la coordination des acteurs de la justice civile et pénale des mineurs ;

3° De l'organisation de la représentation et de la contribution de la protection judiciaire de la jeunesse aux politiques publiques de niveau infrarégional, notamment en matière de protection de l'enfance et de prévention de la délinquance ;

4° Du suivi et du contrôle de l'activité des établissements et services de la protection judiciaire de la jeunesse et du secteur associatif habilité, situés dans leur ressort, afin de garantir l'exécution des décisions judiciaires ;

5° Des relations avec les organisations représentatives des personnels, notamment par la mise en place, la programmation et la tenue des organismes consultatifs territoriaux.

Annexe 2

(Annexe créée à compter du 30 septembre 2021, A. 27 mai 2021)

Art. 1er. – Les circonscriptions régionales ainsi que les départements et collectivités d'outre-mer sont regroupés sous l'autorité de directeurs interrégionaux de la protection judiciaire de la jeunesse.

Art. 2. – Le ressort territorial des directions interrégionales de la protection judiciaire de la jeunesse est déterminé conformément au tableau ci-dessous :

DÉNOMINATION	CIRCONSCRIPTIONS RÉGIONALES
CENTRE EST (siège à Lyon)	Auvergne Rhône-Alpes
GRAND CENTRE (siège à Dijon)	Centre Val-de-Loire Bourgogne Franche-Comté
GRAND EST (siège à Nancy)	Grand Est
GRAND NORD (siège à Lille)	Hauts-de-France
GRAND OUEST (siège à Rennes)	Bretagne Pays-de-la Loire Normandie
ÎLE-DE-FRANCE-OUTRE-MER (siège à Paris)	Ile-de-France Outre-mer
SUD (siège à Toulouse)	Occitanie
SUD EST (siège à Marseille)	Provence-Alpes-Côte d'Azur Corse
SUD OUEST (siège à Bordeaux)	Nouvelle Aquitaine

Section 3 : Des services et établissements de la protection judiciaire de la jeunesse

Sous-section 1 : Définition et missions

Art. D. 241-10. – Les établissements et services de la protection judiciaire de la jeunesse du ministère de la justice exercent les missions suivantes :

1° L'aide à la préparation des décisions de l'autorité judiciaire prises en application des législations relatives à l'enfance délinquante ou à l'assistance éducative par l'apport d'éléments d'information et d'analyse relatifs à la situation de mineurs susceptibles de faire l'objet desdites décisions et par la formulation de propositions éducatives.

À ce titre, les établissements et services mettent en œuvre les mesures d'investigation ordonnées par l'autorité judiciaire en application du présent code et du Code de procédure civile et concourent à la préparation des décisions de justice à caractère pénal conformément aux dispositions du Code de procédure pénale ;

2° La mise en œuvre des décisions de l'autorité judiciaire prises en application du présent code, des législations et réglementations relatives à l'assistance éducative ou à la protection judiciaire des majeurs jusqu'à l'âge de vingt-et-un ans. À ce titre, les établissements et services assurent :

***a)* Selon les cas, la mise en œuvre et le suivi des décisions civiles et pénales de mesures d'investigation, mesures éducatives, mesures de sûreté, peines et aménagements de peines prononcées par les juridictions à l'égard des mineurs et des majeurs jusqu'à l'âge de vingt-et-un ans en application du présent code, des articles 375 à 375-8 du Code civil, du Code pénal et du décret du 18 février 1975 fixant les modalités de mise en œuvre d'une action de protection judiciaire en faveur des jeunes majeurs ;**

b) Une intervention éducative continue auprès de tous les mineurs détenus ;

c) La mise en œuvre d'actions de préformation, de formation et de préparation à la vie professionnelle et l'organisation permanente, sous la forme d'activités de jour, d'un ensemble structuré d'actions qui ont pour objectifs le développement personnel, la promotion de la santé, l'intégration sociale et l'insertion professionnelle du mineur ou du majeur jusqu'à l'âge de vingt-et-un ans ;

3° L'accueil et l'information des mineurs et des familles dont les demandes sont susceptibles de relever de la justice des mineurs ;

4° La participation aux politiques publiques visant :

a) La coordination des actions de la direction de la protection judiciaire de la jeunesse avec celles des collectivités publiques en vue d'assurer une meilleure prise en charge des mineurs délinquants ou en danger ;

b) L'organisation et la mise en œuvre d'actions de protection de l'enfance et de prévention de la délinquance.

Art. D. 241-11. – Les établissements et services de la protection judiciaire de la jeunesse garantissent l'égal accès de tous les mineurs et majeurs jusqu'à l'âge de vingt-et-un ans qui leur sont confiés par l'autorité judiciaire aux actions éducatives qu'ils conduisent.

Les établissements et services mettent en œuvre, sous l'autorité du directeur territorial, les décisions judiciaires exécutoires qui leur sont transmises à cet effet.

Afin que le mineur ou le majeur jusqu'à l'âge de vingt-et-un ans puisse disposer des conditions nécessaires à son développement et à son insertion, les établissements et services assurent la continuité de la prise en charge éducative avec le nouvel établissement ou le nouveau service éventuellement désigné par l'autorité judiciaire. Avant le terme de la mesure judiciaire, l'établissement ou le service prend toutes dispositions utiles pour mettre le mineur ou le majeur jusqu'à l'âge de vingt-et-un ans en relation avec les services susceptibles de contribuer à son insertion sociale.

Art. D. 241-12. – En application de l'article L. 312-1 du Code de l'action sociale et des familles, les établissements et services de la protection judiciaire de la jeunesse constituent des établissements et services sociaux et médico-sociaux, à l'exception des services éducatifs en établissement pénitentiaire spécialisé pour mineurs.

Sous réserve des prérogatives de l'autorité judiciaire, les établissements et services mentionnés au présent article garantissent aux mineurs et aux majeurs jusqu'à l'âge de vingt-et-un ans qu'ils prennent en charge au titre de la mise en œuvre d'une décision judiciaire les droits et libertés individuelles énoncés aux articles L. 311-3 à L. 311-5 du même code.

Art. D. 241-13. – Les établissements de la protection judiciaire de la jeunesse exercent les missions définies au 1°, aux a et c du 2° et au 4° de l'article D. 241-10. À ce titre, ils :

a) Accueillent en hébergement les mineurs et, le cas échéant, les majeurs jusqu'à l'âge de vingt-et-un ans placés par les juridictions ;

b) Évaluent la situation, notamment familiale et sociale, de chaque personne accueillie, le cas échéant aux fins d'élaborer des propositions d'orientation à l'intention de l'autorité judiciaire ;

c) Organisent la vie quotidienne des personnes accueillies ;

d) Élaborent pour chaque personne accueillie un projet individuel ;

e) Accompagnent chaque personne accueillie dans toutes les démarches d'insertion ;

f) Assurent à l'égard de chaque personne accueillie une mission d'entretien ;

g) Assurent à l'égard des mineurs accueillis une mission de protection et de surveillance ;

h) Exercent, dans le cadre de l'exécution des peines et des mesures de sûreté, le contrôle des obligations imposées aux personnes qui leur sont confiées.

Art. D. 241-14. – Les établissements de la protection judiciaire de la jeunesse sont :

1° Les établissements de placement éducatif ;

2° Les établissements de placement éducatif et d'insertion ;

3° Les centres éducatifs fermés.

Art. D. 241-15. – Les établissements de placement éducatif et les établissements de placement éducatif et d'insertion accueillent des mineurs délinquants ou en danger et des majeurs jusqu'à l'âge de vingt-et-un ans.

Art. D. 241-16. – Les centres éducatifs fermés accueillent exclusivement des mineurs délinquants conformément à l'article L. 113-7.

Art. D. 241-17. – Les services de la protection judiciaire de la jeunesse sont :

1° Les services territoriaux éducatifs de milieu ouvert ;

2° Les services territoriaux éducatifs de milieu ouvert et d'insertion ;

3° Les services éducatifs auprès des tribunaux ;

4° Les services territoriaux éducatifs d'insertion ;

5° Les services éducatifs en établissements pénitentiaires pour mineurs.

Art. D. 241-18. – Les services territoriaux éducatifs de milieu ouvert et les services territoriaux éducatifs de milieu ouvert et d'insertion assurent :

1° Sans préjudice des attributions dévolues aux services éducatifs auprès des tribunaux, une permanence éducative dans les tribunaux judiciaires pourvus d'un tribunal pour enfants, qui consiste à accueillir et informer les mineurs et leurs familles et à mettre en œuvre les prescriptions de l'autorité judiciaire ordonnées en application des dispositions des articles L. 322-4, L. 322-5, L. 422-4 et L. 423-6 ;

2° L'apport d'éléments d'information et d'analyse susceptibles d'éclairer l'autorité judiciaire dans le cadre de sa prise de décision conformément aux dispositions du 1° de l'article D. 241-10 ;

3° La mise en œuvre jusqu'à l'âge de vingt-et-un ans, des décisions civiles et pénales, autres que les mesures de placement, mentionnées à l'article D. 241-10, dans l'environnement familial et social des mineurs et des majeurs, en apportant, le cas échéant, aide et conseil à la famille du mineur ;

4° Des interventions éducatives dans les quartiers des établissements pénitentiaires spécialement réservés aux mineurs, mentionnés à l'article L. 124-1 ;

5° L'aide à l'insertion sociale et professionnelle par la mise en œuvre des actions prévues au c du 2° de l'article D. 241-10.

Art. D. 241-19. – Les services éducatifs auprès des tribunaux peuvent être institués dans les tribunaux judiciaires pourvus d'un tribunal pour enfants et comportant au moins sept emplois de juges des enfants.

Ils assurent la permanence éducative définie au 1° de l'article D. 241-18. En outre, à titre exceptionnel et dans le cadre des orientations fixées par le directeur territorial, ils peuvent mettre en œuvre les mesures mentionnées au 3° de l'article D. 241-18.

Art. D. 241-20. – Les services territoriaux éducatifs d'insertion exercent la mission définie au c du 2° de l'article D. 241-10 en organisant des activités scolaires, professionnelles, culturelles et sportives adaptées aux mineurs et aux majeurs jusqu'à l'âge de vingt-et-un ans qui font l'objet d'une décision judiciaire mise en œuvre par un établissement ou un service de la protection judiciaire de la jeunesse.

Dans l'exercice de cette mission, ils préparent les personnes qui leur sont confiées à l'accès aux dispositifs de socialisation et de formation de droit commun.

Dans les conditions fixées au deuxième alinéa de l'article D. 241-27, les services territoriaux éducatifs d'insertion peuvent également participer à la prise en charge de mineurs et de majeurs jusqu'à l'âge de vingt-et-un ans :

1° Confiés à un établissement ou suivis par un service relevant du service de l'aide sociale à l'enfance, en application de l'article L. 221-1 du Code de l'action sociale et des familles, ou habilité en application de l'article L. 313-10 du Code de l'action sociale et des familles ;

2° Ou pris en charge par un organisme concourant à l'insertion sociale et professionnelle des jeunes.

Art. R. 241-21. – Les services éducatifs en établissement pénitentiaire spécialisé pour mineurs exercent, auprès des personnes incarcérées mineures et, en cas de maintien dans l'établissement après leur majorité, jusqu'à l'expiration du sixième mois suivant leur dix-huitième anniversaire, les missions éducative, de formation et d'intégration sociale et professionnelle prévues aux b et c du 2° de l'article D. 241-10.

Ils assurent une prise en charge éducative continue de ces personnes, veillent au maintien de leurs liens familiaux et sociaux et préparent leur libération.

Sous-section 2 : De l'organisation

Art. D. 241-22. – Les unités éducatives d'un même établissement ou d'un même service peuvent être implantées sur des départements distincts dès lors qu'ils relèvent du ressort de la même direction territoriale.

Art. D. 241-23. – Pour l'accomplissement de leurs missions, les établissements de placement éducatif sont constitués d'au moins deux unités éducatives relevant d'une ou plusieurs des catégories suivantes :

1° Les unités éducatives d'hébergement collectif ;

2° Les unités éducatives d'hébergement diversifié, dans lesquelles les mineurs et les majeurs jusqu'à l'âge de vingt-et-un ans sont hébergés en famille d'accueil bénévole, en résidence éducative, en logement autonome ou en résidence sociale et bénéficient d'un accompagnement éducatif régulier de la part des professionnels de l'unité ;

3° Les unités éducatives dénommées « centre éducatif renforcé », dans lesquelles la prise en charge des personnes est organisée en hébergement collectif, sur la base d'activités intensives et au moyen d'un encadrement éducatif renforcé, aux fins d'établir une rupture temporaire du jeune tant avec son environnement qu'avec son mode de vie habituel.

Au sein de ces unités éducatives, la prise en charge des personnes est organisée en continu.

Art. D. 241-24. – Les établissements de placement éducatif et d'insertion sont constitués d'au moins une unité éducative mentionnée à l'article D. 241-23 et d'au moins une unité éducative d'activités de jour mentionnée à l'article D. 241-27.

Art. D. 241-25. – Pour l'accomplissement de leurs missions, les services territoriaux éducatifs de milieu ouvert comportent au moins deux unités éducatives, et parmi celles-ci, au moins une unité éducative de milieu ouvert.

Ils peuvent comporter une unité éducative auprès du tribunal. Cette unité peut être instituée dans les tribunaux judiciaires pourvus d'un tribunal pour enfants comportant au moins trois emplois de juge des enfants, pour assurer l'exercice de la permanence éducative définie au 1° de l'article D. 241-18.

Art. D. 241-26. – Les services territoriaux éducatifs de milieu ouvert et d'insertion sont constitués d'au moins une unité éducative mentionnée à l'article D. 241-25 et d'au moins une unité éducative d'activités de jour mentionnée à l'article D. 241-27.

Art. D. 241-27. – Pour l'accomplissement de leurs missions, les services territoriaux éducatifs d'insertion sont constitués d'au moins deux unités éducatives d'activités de jour.

Lorsqu'une unité éducative d'activités de jour accueille une personne relevant des catégories mentionnées aux troisième à cinquième alinéas de l'article D. 241-20, une convention conclue avec l'organisme chargé de la prise en charge de la personne détermine les modalités administratives, éducatives et financières de cet accueil.

Art. D. 241-28. – Pour l'accomplissement de leurs missions, les centres éducatifs fermés, les services éducatifs auprès des tribunaux et les services éducatifs en établissements pénitentiaires pour mineurs sont constitués d'une seule unité éducative, respectivement dénommée :

1° Unité éducative « centre éducatif fermé » ;

2° Unité éducative « service éducatif auprès du tribunal » ;

3° Unité éducative « service éducatif en établissement pénitentiaire spécialisé pour mineur ».

Art. D. 241-29. – À titre expérimental ou aux fins de tenir compte de particularités ou contraintes locales ou de la spécificité des publics accueillis ou des méthodes éducatives mises en œuvre, le garde des sceaux, ministre de la justice, peut déroger aux dispositions des articles D. 241-22 à D. 241-28 en déterminant des modalités particulières d'organisation d'un établissement ou d'un service, après avis du comité technique de la protection judiciaire de la jeunesse.

Sous-section 3 : Du fonctionnement

Art. D. 241-30. – Les établissements et services sont dirigés par des directeurs de service de la protection judiciaire de la jeunesse. Ils coordonnent l'action des unités éducatives placées sous leur autorité. À cet effet, ils ont autorité sur l'ensemble des personnels de la structure.

Lorsque l'établissement ou le service est constitué d'au moins deux unités éducatives, la direction pédagogique et administrative de chacune de ces unités est assurée, sous l'autorité du directeur de service de rattachement, par un responsable d'unité éducative. À cet effet, il a autorité sur l'ensemble des personnels de l'unité éducative.

Les directeurs des établissements ou services sont les interlocuteurs des autorités judiciaires dont ils reçoivent les décisions. Ils rendent compte à ces autorités de leur mise en œuvre.

Dans le respect des orientations territoriales, ils représentent les établissements ou les services qu'ils dirigent au sein des instances concourant à la mise en œuvre de la mission définie au 4° de l'article D. 241-10.

Art. D. 241-31. – Les personnes prises en charge dans les établissements et services de la protection judiciaire de la jeunesse sont associées, sous forme de consultations ou de groupe d'expression, au fonctionnement desdits établissements et services.

Sans préjudice des dispositions des articles L. 311-7 et L. 311-8 du Code de l'action sociale et des familles, cette participation a pour objet de permettre aux personnes prises en charge d'exprimer leurs avis ou d'émettre des propositions sur toute question intéressant le fonctionnement de l'établissement ou du service.

À cette fin, un groupe d'expression est réuni au moins une fois par an. Le directeur de l'établissement ou du service le convoque, le préside et en fixe l'ordre du jour.

À défaut, il est procédé, selon la même périodicité, à une consultation des usagers à l'initiative du directeur.

Les conclusions des consultations ou les délibérations des groupes d'expression sont transmises, par le directeur du service ou de l'établissement, au directeur territorial de la protection judiciaire de la jeunesse.

Les dispositions du présent article ne sont pas applicables aux services éducatifs auprès des tribunaux et aux services éducatifs en établissement pénitentiaire spécialisé pour mineurs.

Art. R. 241-32. – Le règlement de fonctionnement et le projet d'établissement prévus aux articles L. 311-7 et L. 311-8 du Code de l'action sociale et des familles sont élaborés pour chaque établissement ou service de la protection judiciaire de la jeunesse après organisation de la participation prévue à l'article D. 241-31 du présent code. L'ensemble des personnels du service ou de l'établissement participe, sous l'autorité du directeur, à l'élaboration de ces documents. Le règlement de fonctionnement et le projet d'établissement ou de service sont arrêtés par le directeur territorial, après avis du comité technique territorial compétent.

Le règlement de fonctionnement est actualisé afin de tenir compte des contraintes inhérentes aux missions de l'établissement ou du service.

Le projet de chaque établissement ou service est établi pour une durée de cinq ans. Il est actualisé chaque année pour tenir compte de l'évolution des missions de l'établissement ou du service, de son organisation, des modalités de mise en œuvre des mesures et des moyens qui lui sont alloués. Le comité technique compétent est informé de cette actualisation.

Art. R. 241-33. – Les modalités de fonctionnement des établissements et services de la protection judiciaire de la jeunesse ainsi que celles des unités éducatives qui les constituent sont précisées dans des cahiers des charges fixées par arrêté du garde des sceaux, ministre de la justice, après avis du comité de la protection judiciaire de la jeunesse.

Sous-section 4 : De la création, transformation et suppression

Art. D. 241-34. – Les établissements et services de la protection judiciaire de la jeunesse ainsi que les unités éducatives qui les composent sont créés, transformés, étendus dans leur capacité et fermés, par arrêté du garde des sceaux, ministre de la justice. Le comité technique territorial ou le comité technique interrégional compétent est consulté au préalable.

À l'exception des services éducatifs en établissement pénitentiaire spécialisé pour mineurs, la création, l'extension ou la transformation des établissements et des services de la protection judiciaire de la jeunesse est préalablement soumise à autorisation du préfet conformément aux modalités prévues aux articles L. 313-1 et suivants du Code de l'action sociale et des familles. La même autorité est compétente pour décider de leur fermeture conformément aux modalités prévues aux articles L. 313-16 et suivants du même code.

Le directeur interrégional de la protection judiciaire de la jeunesse propose la création, la transformation ou la suppression des établissements, des services et des unités éducatives ou donne son avis sur des projets ayant le même objet.

Le projet ou la proposition doit :

1° Contribuer à la mise en œuvre des orientations nationales et objectifs définis par le garde des sceaux, ministre de la justice ;

2° Répondre à une analyse des besoins à satisfaire ;

3° S'inscrire en cohérence avec les priorités et objectifs définis par les autorités administratives et judiciaires territorialement compétentes en matière de protection de l'enfance et de prévention de la délinquance.

Art. D. 241-35. – L'arrêté de création précise pour chaque établissement ou service :

1° La catégorie d'établissement ou de service dont il relève ;

2° Sa localisation, ainsi que le nombre, la nature et la localisation de chacune de ses unités éducatives.

Pour tout établissement ou service constitué d'au moins une des unités éducatives mentionnées aux articles D. 241-23, D. 241-27 ou au 1° de l'article D. 241-28, l'arrêté de création précise en outre pour chacune d'entre elles :

a) La capacité d'accueil théorique ;

b) Les conditions d'âge applicables ;

c) Si, par exception au principe de mixité, ne sont prises en charge que les personnes de l'un des deux sexes.

Les arrêtés de création, d'extension, de transformation et de fermeture sont publiés au *Journal officiel* de la République française.

Sous-section 5 : Du contrôle et de l'évaluation

Art. R. 241-36. – Le directeur de l'établissement ou du service garantit aux autorités judiciaires et administratives, investies de prérogatives de contrôle, l'accès aux locaux ainsi qu'à toutes informations permettant d'apprécier les conditions matérielles et morales de fonctionnement de l'établissement ou du service.

Art. D. 241-37. – À l'exception des services éducatifs en établissement pénitentiaire spécialisé pour mineurs, les établissements et services de la protection judiciaire de la jeunesse sont soumis aux dispositions relatives à l'évaluation prévues à l'article L. 312-8 du Code de l'action sociale et des familles.

Section 4 : Des établissements de la protection judiciaire de la jeunesse et du secteur associatif habilité

Art. D. 241-38. – Les centres éducatifs renforcés accueillent les mineurs au cours de sessions ou de façon permanente, en fonction de leur projet d'établissement.

Section 5 : Des délais de mise en œuvre des décisions exécutoires

Art. D. 241-39. – En cas de prononcé d'une décision exécutoire ordonnant une mesure judiciaire d'investigation éducative, une mesure éducative judiciaire provisoire, un contrôle judiciaire, une assignation à résidence avec surveillance électronique, une mesure éducative judiciaire ou une peine autre qu'une peine ferme privative de liberté, et notamment pour l'application de l'article L. 521-9, il est remis au mineur et à ses représentants légaux présents, à l'issue de leur audition ou de l'audience, un avis de convocation à comparaître, dans un délai maximal de cinq jours ouvrables, devant le service de la protection judiciaire de la jeunesse désigné pour la mise en œuvre de la décision.

Ce service se trouve ainsi saisi de la mise en œuvre de la mesure.

Si le mineur ne se présente pas à la date fixée, le juge des enfants ou le juge d'instruction le convoque devant lui s'il le juge utile ou, dans un délai maximal de dix jours, devant le service de la protection judiciaire de la jeunesse.

Livre III : DISPOSITIONS COMMUNES AUX DIFFÉRENTES PHASES DE LA PROCÉDURE PÉNALE

Titre I : DU DROIT DU MINEUR À L'ACCOMPAGNEMENT ET À L'INFORMATION

Chapitre unique : Du droit du mineur à être informé et accompagné d'un adulte

Art. D. 311-1. – Chaque fois qu'une information est donnée au mineur en application de l'article L. 311-1, elle est également donnée par tout moyen et dans les meilleurs délais aux représentants légaux ou à l'adulte approprié mentionnés à l'article L. 311-2.

Art. D. 311-2. – Lorsque la désignation d'un adulte approprié apparaît nécessaire pour recevoir des informations ou accompagner le mineur en application de l'article L. 311-2, l'officier de police judiciaire, le procureur de la République, le juge des enfants ou le juge d'instruction sollicite du mineur qu'il désigne cet adulte.

Si le mineur ne désigne aucun adulte ou que l'adulte qu'il a désigné n'apparaît pas approprié, le procureur de la République, le juge des enfants ou le juge d'instruction, informé le cas échéant par l'officier de police judiciaire, procède à cette désignation.

L'adulte approprié est choisi en priorité parmi les proches du mineur. Si aucun adulte ne peut être désigné, le procureur de la République, le juge des enfants ou le juge d'instruction désigne un administrateur *ad hoc* sur la liste prévue par les articles R. 53 et R. 53-6 du Code de procédure pénale. Les dispositions des 1° à 4° et 6° à 11° de l'article R. 216 du même code sont alors applicables.

Titre II : DES INVESTIGATIONS ET DE LA MESURE ÉDUCATIVE JUDICIAIRE PROVISOIRE

Chapitre I : DISPOSITIONS GÉNÉRALES

Le présent chapitre ne comporte pas de dispositions réglementaires

Chapitre II : DES INFORMATIONS RELATIVES À LA PERSONNALITÉ DU MINEUR

Section 1 : Des investigations sur la personnalité et la situation du mineur

Art. D. 322-1. – Le recueil de renseignements socio-éducatifs est établi :

1° Lorsque l'intéressé est mineur, par le service de la protection judiciaire de la jeunesse ;

2° Lorsque l'intéressé est devenu majeur, par le service de la protection judiciaire de la jeunesse ou, en cas de circonstances matérielles insurmontables, par le service pénitentiaire d'insertion et de probation ou par toute personne habilitée conformément au sixième alinéa de l'article 81 du Code de procédure pénale.

Art. D. 322-2. – Le recueil de renseignements socio-éducatifs comporte les renseignements prévus au premier alinéa de l'article L. 322-3 et permet de préparer le mineur et sa famille à la tenue de l'audience.

La proposition éducative comporte les objectifs et les modalités du projet d'accompagnement éducatif.

Quand l'incarcération du mineur est envisagée, le recueil de renseignements socio-éducatifs propose une alternative et en étudie la faisabilité socio-éducative.

Art. D. 322-3. – Le recueil de renseignements socio-éducatifs est adressé au magistrat mandant et à la juridiction de jugement dans des délais permettant le respect des droits de la défense et du principe du contradictoire. En cas de déferement, une copie de ce rapport est remise à l'avocat du mineur avant le débat contradictoire.

Art. D. 322-4. – La mesure judiciaire d'investigation éducative est ordonnée pour une durée de six mois.

Art. D. 322-5. – En cours de réalisation de la mesure judiciaire d'investigation éducative, le juge des enfants peut demander un rapport intermédiaire au service chargé de la mesure.

Art. D. 322-6. – Les éléments recueillis par le service éducatif dans le cadre de la mesure judiciaire d'investigation éducative portent notamment sur :

1° La situation matérielle et sociale de la famille, les relations en son sein ;

2° Les conditions d'éducation du mineur et d'exercice de l'autorité parentale ;

3° La prise en compte des besoins fondamentaux du mineur ;

4° La personnalité du mineur, son parcours de vie, son histoire familiale, ses réseaux de socialisation ;

5° Ses antécédents judiciaires et éducatifs, son positionnement par rapport aux faits reprochés et à la victime ;

6° Ses compétences psychosociales, son insertion scolaire et professionnelle ;

7° Son bien-être, sa santé physique et psychologique.

Art. D. 322-7. – Sur la base des éléments recueillis, le service chargé de la mesure judiciaire d'investigation éducative propose une analyse pluridisciplinaire et élabore les hypothèses de suivi.

Art. D. 322-8. – Au moins quinze jours avant l'échéance de la mesure, un rapport est adressé au juge des enfants. Il rend compte des éléments d'analyse et des propositions du service prévues à l'article L. 322-7, ainsi que du positionnement du mineur et de la famille sur les orientations proposées.

Art. D. 322-9. – En cas de dégradation de la situation, le service adresse au juge des enfants un rapport circonstancié, formulant des orientations éducatives et proposant le cas échéant la tenue d'une audience.

Art. D. 322-10. – Chaque mesure judiciaire d'investigation éducative effectuée en application du présent code par un service du secteur associatif habilité ouvre droit au profit de ce dernier à un paiement versé par le ministère de la justice selon les modalités fixées à la section II du chapitre IV du titre Ier du livre III du Code de l'action sociale et des familles.

Section 2 : Du dossier unique de personnalité

Art. R. 322-11. – Le dossier unique de personnalité est conservé jusqu'aux dix-huit ans révolus du mineur au greffe de la juridiction qui suit habituellement le mineur.

Art. R. 322-12. – Par dérogation aux dispositions de l'article R. 322-11, le dossier unique de personnalité est conservé après la majorité de l'intéressé :

1° Jusqu'à ce que la juridiction saisie ait statué définitivement par une décision rendue au fond ;

2° Jusqu'au terme du suivi d'une mesure éducative ordonnée en application de l'article L. 112-2 ;

3° Tant que le juge des enfants exerce les fonctions dévolues au juge de l'application des peines en application de l'article L. 611-2.

Art. R. 322-13. – Le dossier unique de personnalité est détruit à l'issue des délais de conservation mentionnés aux articles R. 322-11 et R. 322-12.

Chapitre III : DE LA MESURE ÉDUCATIVE JUDICIAIRE PROVISOIRE

Art. D. 323-1. – Les modalités d'application de la mesure éducative judiciaire prévues aux articles D. 112-2 à D. 113-5 sont applicables à la mesure éducative judiciaire provisoire.

Art. D. 323-2. – La juridiction qui prononce une mesure éducative judiciaire provisoire désigne le service éducatif de milieu ouvert de la protection judiciaire de la jeunesse auquel l'exécution et la coordination de cette mesure sont confiées.

Ce service :

1° Adresse au juge des enfants, au moins quinze jours avant l'échéance de celle-ci, un rapport sur l'exécution de la mesure et l'évolution du mineur ;

2° Établit un rapport actualisé en vue de chaque audience concernant le mineur ;

3° Informe sans délai le juge des enfants de tout événement de nature à justifier une modification ou la cessation du ou des modules, interdictions prononcées, ou la mainlevée de la mesure.

Titre III : DES MESURES DE SÛRETÉ

Chapitre I : DU CONTRÔLE JUDICIAIRE

Art. D. 331-1. – Le rapport mentionné au 2° de l'article L. 331-1 contient des éléments circonstanciés relatifs au suivi éducatif, à la mise en œuvre de la mesure et à l'évolution du mineur. Il comprend une proposition éducative. En cas de carence du mineur, le rapport précise les diligences effectuées par le service pour rencontrer le mineur.

Art. R. 331-2. – Lorsqu'un mineur est retenu en raison de la violation des obligations d'un contrôle judiciaire, lui sont notifiés, outre les droits prévus par l'article 141-4 du Code de procédure pénale, les droits suivants :

1° Le droit à ce que les représentants légaux ou l'adulte approprié mentionné à l'article L. 311-2 soient informés et le droit d'être accompagné par ceux-ci lors de ses auditions ou interrogatoires dans les conditions prévues par l'article L. 311-1, sauf circonstances particulières énoncées au deuxième alinéa de l'article L. 413-3 et au deuxième alinéa de l'article L. 413-7 ;

2° Le droit à la protection de sa vie privée garanti par l'interdiction de diffuser les enregistrements de ses auditions, par la tenue des audiences en publicité restreinte et par l'interdiction de publier le compte rendu des débats d'audience ou tout élément permettant son identification ;

3° Le droit d'être détenu séparément des personnes majeures détenues ;

4° Le droit à la préservation de sa santé, ainsi que le respect du droit à la liberté de religion ou de conviction.

Chapitre II : DE L'EXÉCUTION DES MANDATS DES JURIDICTIONS POUR MINEURS

Art. R. 332-1. – Lorsqu'un mineur est retenu dans le cadre d'un mandat d'amener ou d'arrêt, lui sont notifiés, outre les droits prévus par l'article 133-1 du Code de procédure pénale, les droits suivants :

1° Le droit à ce que les représentants légaux ou l'adulte approprié mentionné à l'article L. 311-2 soient informés et le droit d'être accompagné par ceux-ci lors de ses auditions ou interrogatoires dans les conditions prévues par l'article L. 311-1, sauf circonstances particulières énoncées au deuxième alinéa de l'article L. 413-3 et au deuxième alinéa de l'article L. 413-7 ;

2° Le droit à la protection de sa vie privée garanti par l'interdiction de diffuser les enregistrements de ses auditions, par la tenue des audiences en publicité restreinte et par l'interdiction de publier le compte rendu des débats d'audience ou de tout élément permettant son indentification ;

3° Le droit d'être détenu séparément des personnes majeures détenues ;

4° Le droit à la préservation de sa santé, ainsi que le respect du droit à la liberté de religion ou de conviction.

Art. R. 332-2. – Lorsqu'un mineur est appréhendé en exécution d'un mandat d'arrêt européen, lui sont notifiés, outre les droits prévus à l'article 695-27 du Code de procédure pénale, les droits suivants :

1° Le droit à ce que les représentants légaux ou l'adulte approprié mentionné à l'article L. 311-2 soient informés et le droit d'être accompagné par ceux-ci lors de ses auditions ou interrogatoires dans les conditions prévues par l'article L. 311-1, sauf circonstances particulières énoncées au deuxième alinéa de l'article L. 413-3 et au deuxième alinéa de l'article L. 413-7 ;

2° Le droit à la protection de sa vie privée garanti par l'interdiction de diffuser les enregistrements de ses auditions, par la tenue des audiences en publicité restreinte et par l'interdiction de publier le compte rendu des débats d'audience ou de tout élément permettant son indentification ;

3° Le droit d'assister aux audiences ;

4° Le droit d'être accompagné par les représentants légaux ou par l'adulte approprié mentionné à l'article L. 311-2 au cours des audiences ;

5° Le droit à une évaluation éducative personnalisée ;

6° Le droit de bénéficier de l'aide juridictionnelle dans les conditions fixées par la loi n° 91-647 du 10 juillet 1991 relative à l'aide juridique.

Chapitre III : DE L'ASSIGNATION À RÉSIDENCE AVEC SURVEILLANCE ÉLECTRONIQUE

Art. D. 333-1. – Lorsque l'assignation à résidence avec surveillance électronique concerne un mineur, elle peut être exécutée dans un établissement de placement éducatif de la protection judiciaire de la jeunesse ou dans un établissement du secteur associatif habilité, à l'exception des centres éducatifs fermés.

La décision d'assignation à résidence avec surveillance électronique est alors accompagnée d'une décision de placement au sein de l'établissement.

Les vérifications prévues par les articles D. 32-4 et D. 32-5 du Code de procédure pénale sont confiées à un service de la protection judiciaire de la jeunesse. Lorsque la personne mise en examen ou prévenue, mineure au moment des faits, a atteint l'âge de dix-huit ans, ces vérifications peuvent être confiées au service pénitentiaire d'insertion et de probation.

L'avis prévu à l'article L. 333-1 est donné par écrit dans un rapport qui contient une proposition éducative ainsi que tous éléments utiles sur la mise en œuvre du suivi éducatif dans le cadre de la mesure d'assignation à résidence avec surveillance électronique si celle-ci est prononcée.

Art. D. 333-2. – Pour l'application des dispositions des articles 142-9, D. 32-17 et D. 32-18 du Code de procédure pénale, le directeur interrégional de la protection judiciaire de la jeunesse peut exercer les attributions du directeur du service pénitentiaire d'insertion et de probation. Dans ce cadre, il peut déléguer sa signature et ses pouvoirs à l'un de ses directeurs territoriaux ou l'un de ses directeurs de service. En leur absence ou en cas d'empêchement, le directeur interrégional désigne un fonctionnaire des services déconcentrés pour exercer ces missions.

Les services de la protection judiciaire de la jeunesse assurent le contrôle et le suivi de la mesure conformément aux modalités prévues par les dispositions de l'article R. 57-22 du Code de procédure pénale ainsi que l'accompagnement éducatif auprès du mineur.

Chapitre IV : DE LA DÉTENTION PROVISOIRE

Art. R. 334-1. – Lorsque le mineur est placé en détention provisoire, le document qui lui est remis en application de l'article 803-6 du Code de procédure pénale comprend également l'information des droits suivants :

1° Le droit à ce que les représentants légaux ou l'adulte approprié mentionné à l'article L. 311-2 soient informés et le droit d'être accompagné par ceux-ci lors de ses auditions ou interrogatoires dans les conditions prévues par l'article L. 311-1 ;

2° Le droit à la protection de sa vie privée garanti par l'interdiction de diffuser les enregistrements de ses auditions, par la tenue des audiences en publicité restreinte et par l'interdiction de publier le compte rendu des débats d'audience ou de tout élément permettant son identification ;

3° Le droit à la limitation de la privation de liberté et au recours à des mesures alternatives à la détention, y compris le droit au réexamen périodique de la détention ;

4° Le droit, durant la privation de liberté, à un traitement particulier lié à sa minorité, notamment le droit à l'éducation et l'exercice effectif et régulier du droit à la vie familiale, le droit à la préservation de son développement physique et mental ;

5° Le droit d'être détenu séparément des personnes majeures détenues ;

6° Le droit à la préservation de sa santé, ainsi que le respect du droit à la liberté de religion ou de conviction.

Art. R. 334-2 *(Mod. à compter du 1er mai 2022, D. n° 2022-479, 30 mars 2022)*. – Sans préjudice des dispositions prévues aux premier et deuxième alinéas de l'article D. 211-4 du Code pénitentiaire, les mineurs placés en détention provisoire peuvent également être incarcérés dans un établissement pénitentiaire spécialisé pour mineurs.

L'équipe pluridisciplinaire mentionnée à l'article R. 124-3 peut proposer au magistrat, dans l'intérêt du mineur, de l'incarcérer dans un établissement pénitentiaire dans lesquels les mineurs sont incarcérés autre que son lieu d'incarcération initial.

Art. R. 334-3. – Les ordres nécessaires pour le jugement des mineurs, prévus par l'article D. 55 du Code de procédure pénale, peuvent être donnés par le juge des enfants à l'égard des mineurs relevant de sa juridiction.

Toute difficulté dans l'exécution de ces ordres fait l'objet d'un compte rendu transmis en urgence au juge des enfants

Art. R. 334-4. – À l'occasion de ses visites dans les établissements pénitentiaires, le juge des enfants vérifie les conditions de la détention des mineurs et peut rencontrer les prévenus mineurs relevant de sa juridiction. Il fait part de ses observations éventuelles aux autorités compétentes pour y donner suite.

Art. R. 334-5. – Dans l'hypothèse où le service pénitentiaire d'insertion et de probation est saisi de la situation d'un prévenu détenu suivi précédemment par le service de la protection judiciaire de la jeunesse, ce dernier transmet au service pénitentiaire d'insertion et de probation compétent auprès de l'établissement pénitentiaire où le prévenu est détenu les éléments ou documents recueillis à l'occasion de la mise en œuvre et du suivi des mesures provisoires.

Livre IV : DE LA PROCÉDURE PRÉALABLE AU JUGEMENT

Titre I : DE L'AUDITION DU MINEUR SUSPECT

Chapitre I : DISPOSITIONS GÉNÉRALES

Art. D. 411-1. – La présomption d'absence de capacité de discernement des mineurs âgés de moins de treize ans prévue à l'article L. 11-1 n'interdit pas leur audition au cours de l'enquête ou sur commission rogatoire dans le cadre d'une audition libre ou d'une retenue.

Chapitre II : DE L'AUDITION LIBRE

Art. R. 412-1. – Lors de l'audition libre d'un mineur, lui sont notifiés dans des termes simples et accessibles, outre les droits prévus à l'article 61-1 du Code de procédure pénale, les droits suivants :

1° Le droit à ce que les représentants légaux ou l'adulte approprié mentionné à l'article L. 311-2 soient informés et le droit d'être accompagné par ceux-ci lors de ses auditions dans les conditions prévues par l'article L. 311-1 ;

2° Le droit à la protection de sa vie privée garanti par l'interdiction de diffuser les enregistrements de ses auditions, par la tenue des audiences en publicité restreinte et par l'interdiction de publier le compte rendu des débats d'audience ou de tout élément permettant son identification.

Chapitre III : DE LA RETENUE ET DE LA GARDE À VUE

Art. R. 413-1. – Lors de la retenue ou de la garde à vue d'un mineur, lui sont notifiés dans des termes simples et accessibles, outre les droits prévus aux articles L. 413-8 et L. 413-9 du présent code ainsi qu'à l'article 63-1 du Code de procédure pénale, les droits suivants :

1° Le droit à ce que les représentants légaux ou l'adulte approprié mentionné à l'article L. 311-2 soient informés et le droit d'être accompagné par ceux-ci lors de ses auditions ou interrogatoires dans les conditions prévues par l'article L. 311-1, sauf circonstances particulières énoncées au deuxième alinéa de l'article L. 413-3 et au deuxième alinéa de l'article L. 413-7 ;

2° Le droit à la protection de sa vie privée garanti par l'interdiction de diffuser les enregistrements de ses auditions, par la tenue des audiences en publicité restreinte et par l'interdiction de publier le compte rendu des débats d'audience ou de tout élément permettant son identification ;

3° Le droit d'être détenu séparément des personnes majeures détenues ;

4° Le droit à la préservation de sa santé, ainsi que le respect du droit à la liberté de religion ou de conviction.

Art. R. 413-2. – Lorsqu'en application du premier alinéa de l'article L. 413-3 et du premier alinéa de l'article L. 413-7, l'officier de police judiciaire informe du placement en retenue ou en garde à vue d'un mineur, ses représentants légaux et la personne ou le service auquel il est confié, il leur donne connaissance de la qualification, de la date et du lieu présumés de l'infraction que le mineur est soupçonné avoir commis ou tenté de commettre ainsi que des motifs mentionnés aux 1° à 6° de l'article 62-2 du Code de procédure pénale justifiant son placement en retenue ou en garde à vue.

Lorsqu'il est fait application du deuxième alinéa de l'article L. 413-3 et du deuxième alinéa de l'article L. 413-7 du présent code, le procureur de la République ou le juge d'instruction en avise sans retard le juge des enfants territorialement compétent.

Lorsqu'elle n'est pas donnée aux représentants légaux, l'information prévue aux articles L. 413-3 et L. 413-7 est donnée à l'adulte approprié mentionné à l'article L. 311-2.

Art. R. 413-3. – Les mineurs placés en retenue et en garde à vue sont séparés des personnes majeures sauf :

1° S'il est de l'intérêt supérieur de l'enfant de ne pas en être séparé ;

2° À titre exceptionnel, si cette séparation n'apparaît pas possible, à la condition que la manière dont les mineurs sont mis en présence des personnes majeures soit compatible avec l'intérêt supérieur de l'enfant.

Art. D. 413-4. – Pour l'application des dispositions de l'article L. 413-12 relatif à l'enregistrement audiovisuel des interrogatoires des mineurs placés en garde à vue ou en retenue, l'enregistrement original est placé sous scellé fermé et une copie est versée au dossier. Cette copie peut être commune à l'ensemble des enregistrements effectués au cours de la procédure.

Sur instruction du procureur de la République ou du procureur général, l'enregistrement original et la copie versée au dossier sont détruits par le greffe de la juridiction dans le délai prévu par l'article L. 413-15.

Une copie de l'enregistrement peut être conservée par le service ou l'unité de police judiciaire chargé de la procédure, qui peut la consulter pour les nécessités des investigations. Cette copie est détruite au plus tard dans un délai de cinq ans après le dernier acte de procédure dressé par les enquêteurs.

Les modalités techniques de l'enregistrement audiovisuel sont déterminées par arrêté conjoint du garde des sceaux, ministre de la justice, et du ministre de l'intérieur.

Titre II : DE L'ACTION PUBLIQUE

Chapitre I : DISPOSITIONS GÉNÉRALES

Le présent chapitre ne comporte pas de dispositions réglementaires

Chapitre II : DES ALTERNATIVES AUX POURSUITES ET DE LA COMPOSITION PÉNALE

Section 1 : Des alternatives aux poursuites

Art. D. 422-1. – Si, à l'issue de l'enquête, le procureur de la République classe sans suite la procédure au motif que le mineur n'était pas capable de discernement au sens de l'article L. 11-1, il saisit s'il y a lieu les autorités compétentes en matière de protection administrative ou judiciaire de l'enfance.

Art. D. 422-2. – Le procureur de la République ne peut faire application, à l'égard d'un mineur de moins de treize ans, des articles L. 422-1 à L. 422-2 relatifs aux alternatives aux poursuites, que lorsqu'il ressort des éléments de la procédure que le mineur est capable de discernement au sens de l'article L. 11-1.

Art. D. 422-3. – Lorsque le procureur de la République propose au mineur la mesure de réparation prévue au 2° de l'article L. 422-1, il est fait application des dispositions de l'article D. 112-28.

Art. D. 422-4. – Lorsque le procureur de la République fait procéder à une mission de médiation prévue au 5° de l'article 41-1 du Code de procédure pénale, il est fait application des dispositions des articles D. 112-29 et D. 112-30.

Art. D. 422-5. – Lorsque le procureur de la République propose au mineur une mesure de réparation prévue au 2° de l'article L. 422-1 ou fait procéder à une mission de médiation prévue au 5° de l'article 41-1 du Code de procédure pénale, il désigne le service de la protection judiciaire de la jeunesse ou du secteur associatif habilité chargé de la mettre en œuvre.

À l'échéance de la mesure, ce service adresse au procureur de la République un rapport rendant compte de son déroulement.

Section 2 : De la composition pénale

Art. D. 422-6. – Lorsque le procureur de la République propose l'accomplissement d'un stage de formation civique prévu au 1° de l'article L. 422-3, il est fait application des articles D. 112-8 à D. 112-17.

En cas de difficulté d'exécution du stage, le service chargé de sa mise en œuvre en informe sans délai le procureur de la République et lui adresse un rapport.

Dans le délai d'un mois suivant la fin du stage, un rapport sur l'exécution de la mesure est transmis au procureur de la République.

Art. R. 422-7. – Le travail non rémunéré prévu au deuxième alinéa de l'article L. 422-3 présente un caractère formateur et est de nature à favoriser l'insertion sociale du mineur. Il est adapté aux mineurs et tient compte des contraintes liées à la poursuite ou à la recherche de scolarité et de formation.

Art. R. 422-8. – Le travail non rémunéré prévu au deuxième alinéa de l'article L. 422-3 consiste dans l'un des travaux inscrits sur la liste prévue au 1° de l'article 131-36 du Code pénal et établie selon les modalités prévues à l'article R. 122-2 du présent code.

Art. R. 422-9. – Pour l'habilitation, prévue au 6° de l'article 41-2 du Code de procédure pénale, des personnes morales de droit privé chargées d'une mission de service public ou des associations demandant à mettre en œuvre des travaux non rémunérés adaptés aux mineurs, il est fait application des dispositions de l'article R. 122-1 du présent code.

Art. R. 422-10. – Lorsque le procureur de la République propose au mineur l'accomplissement d'un travail non rémunéré en application du deuxième alinéa de l'article L. 422-3, il désigne le service de la protection judiciaire de la jeunesse ou du secteur associatif habilité chargé de le mettre en œuvre.

Art. R. 422-11. – Le service chargé de la mise en œuvre du travail non rémunéré recueille les pièces permettant au mineur d'exécuter cette mesure. Un certificat médical d'aptitude à l'affectation envisagée doit être produit par le mineur.

Art. R. 422-12. – Le service chargé de la mise en œuvre du travail non rémunéré propose une affectation adaptée à la personnalité et à la situation du mineur.

Art. R. 422-13. – Le procureur de la République fixe les modalités d'exécution du travail non rémunéré et notamment l'organisme au sein duquel le travail sera accompli.

L'ordonnance d'affectation est notifiée préalablement à l'exécution du travail non rémunéré par le procureur de la République au mineur, à ses représentants légaux, au service chargé de sa mise en œuvre, ainsi qu'à l'organisme au profit duquel le travail non rémunéré est accompli.

Art. R. 422-14. – Le travail non rémunéré est exécuté conformément aux dispositions du droit du travail encadrant le temps de travail des mineurs d'au moins seize ans.

Art. R. 422-15. – En cas de difficulté d'exécution du travail non rémunéré liée notamment au comportement du mineur, le service chargé de sa mise en œuvre en informe sans délai le procureur de la République et lui adresse un rapport.

Dans le délai d'un mois suivant la fin de l'exécution du travail non rémunéré, un rapport est adressé au procureur de la République.

Chapitre III : DE LA MISE EN MOUVEMENT DE L'ACTION PUBLIQUE

Section 1 : Des décisions sur les poursuites

Art. R. 423-1. – L'action publique ne peut être mise en mouvement contre un mineur de moins de treize ans que lorsque les éléments de la procédure font apparaître qu'il est capable de discernement au sens de l'article L. 11-1.

Art. D. 423-2. – Le juge des enfants ou le tribunal pour enfants peut ordonner des investigations supplémentaires sur la capacité de discernement du mineur, d'office, à la demande du ministère public ou des autres parties, en application de l'article L. 521-3.

Le juge d'instruction peut également ordonner des investigations à cette fin, en application de l'article 156 du Code de procédure pénale.

Art. D. 423-3. – Le rapport mentionné au a du 2° de l'article L. 423-4 contient des éléments circonstanciés relatifs au suivi éducatif, à la mise en œuvre de la mesure et à l'évolution du mineur. Il comprend une proposition éducative. En cas de carence du mineur, le rapport précise les diligences effectuées par le service pour rencontrer le mineur.

Art. D. 423-4. – Lorsqu'elles sont remises à un mineur, les convocations en justice mentionnées à l'article L. 423-8 contiennent l'information des droits suivants :

1° Le droit à ce que les représentants légaux ou l'adulte approprié mentionné à l'article L. 311-2 soient informés et le droit d'être accompagné par ceux-ci lors de ses auditions ou interrogatoires dans les conditions prévues par l'article L. 311-1, sauf circonstances particulières énoncées au deuxième alinéa de l'article L. 413-3 et au deuxième alinéa de l'article L. 413-7 ;

2° Le droit à la protection de sa vie privée garanti par l'interdiction de diffuser les enregistrements de ses auditions, par la tenue des audiences en publicité restreinte et par l'interdiction de publier le compte rendu des débats d'audience ou de tout élément permettant son identification ;

3° Le droit d'assister aux audiences ;

4° Le droit d'être accompagné par les représentants légaux ou par l'adulte approprié mentionné à l'article L. 311-2 au cours des audiences ;

5° Le droit à une évaluation éducative personnalisée ;

6° Le droit de bénéficier de l'aide juridictionnelle dans les conditions fixées par la loi n° 91-647 du 10 juillet 1991 relative à l'aide juridique.

Art. D. 423-5. – Lorsque la juridiction est saisie par procès-verbal du procureur de la République établi lors d'un déferement en application du 2° de l'article L. 423-7, la victime est avisée par tout moyen de la date d'audience.

Art. D. 423-6. – Lorsque le juge des libertés et de la détention ne fait pas droit aux réquisitions du procureur de la République aux fins de placement en détention provisoire du mineur en application du 2° de l'article L. 423-9, le juge des enfants peut modifier, dans le respect des délais prévus à l'article L. 423-8, la date de convocation devant le tribunal pour enfants notifiée préalablement par le procureur de la République.

La nouvelle convocation est notifiée à l'intéressé par le juge des enfants ou par son greffier, et dans les meilleurs délais aux représentants légaux et à la personne ou au service auquel le mineur est confié. La victime est avisée par tout moyen de la nouvelle date d'audience.

Section 2 : De la transmission d'informations du juge des enfants au juge des libertés et de la détention

Art. D. 423-7. – Dès qu'il est avisé par le procureur de la République de la mise en œuvre des dispositions du 2° de l'article L. 423-9, le juge des enfants communique au juge des libertés et de la détention tout élément utile relatif à la personnalité et à la situation du mineur.

Art. D. 423-8. – Lorsque le juge des libertés et de la détention est saisi d'une demande de mise en liberté en application de l'article L. 423-11, le juge des enfants lui communique tout élément utile relatif à l'évolution de la situation du mineur et l'informe notamment des dispositifs de scolarisation, d'insertion ou de placement envisageables pour le mineur en cas de libération.

Section 3 : De la saisine de la juridiction de jugement

Art. D. 423-9. – Lorsqu'il est fait application de l'article L. 423-10, les avis et citations des parties à la nouvelle audience de prononcé de la sanction mentionnent l'annulation de la date d'audience initialement prévue. En cas de pluralité d'auteurs dans la procédure dans laquelle une période de mise à l'épreuve éducative est déjà en cours, le dossier est disjoint pour le mineur faisant l'objet de la nouvelle convocation.

ANNEXE 12

Titre III : DE L'INFORMATION JUDICIAIRE

Chapitre I : DE L'INFORMATION ET DE LA CONVOCATION DES REPRÉSENTANTS LÉGAUX

Art. R. 431-1. – **Lors de la première comparution du mineur, lui sont notifiés dans des termes simples et accessibles, outre les droits prévus par l'article 116 du Code de procédure pénale, les droits suivants :**

1° Le droit à ce que les représentants légaux ou l'adulte approprié mentionné à l'article L. 311-2 soient informés et le droit d'être accompagné par ceux-ci lors de ses auditions ou interrogatoires dans les conditions prévues par l'article L. 311-1, sauf circonstances particulières énoncées au deuxième alinéa de l'article L. 413-3 et au deuxième alinéa de l'article L. 413-7 ;

2° Le droit à la protection de sa vie privée garanti par l'interdiction de diffuser les enregistrements de ses auditions, par la tenue des audiences en cabinet et par l'interdiction de publier le compte rendu des débats d'audience ou de tout élément permettant son identification ;

3° Le droit d'assister aux audiences ;

4° Le droit d'être accompagné par les représentants légaux ou par l'adulte approprié mentionné à l'article L. 311-2 au cours des audiences ;

5° Le droit à une évaluation éducative personnalisée ;

6° Le droit de bénéficier de l'aide juridictionnelle dans les conditions fixées par la loi n° 91-647 du 10 juillet 1991 relative à l'aide juridique.

Chapitre II : DE LA MESURE JUDICIAIRE D'INVESTIGATION ÉDUCATIVE ET DE LA MESURE ÉDUCATIVE JUDICIAIRE PROVISOIRE

Art. D. 432-1. – **Lorsqu'une mesure judiciaire d'investigation éducative ou une mesure éducative judiciaire provisoire est ordonnée dans le cadre d'une information judiciaire en application des articles L. 432-1 et L. 432-2, les références au juge des enfants relatives au suivi de ces mesures s'entendent comme des références au juge d'instruction.**

Chapitre III : DES MESURES DE SÛRETÉ

Le présent chapitre ne comporte pas de dispositions réglementaires

Chapitre IV : DU RÈGLEMENT DE L'INFORMATION JUDICIAIRE

Le présent chapitre ne comporte pas de dispositions réglementaires

Chapitre V : DE L'APPEL DES ORDONNANCES RENDUES AU COURS DE L'INSTRUCTION ET À L'ISSUE DE CELLE-CI

Le présent chapitre ne comporte pas de dispositions réglementaires

Livre V : DU JUGEMENT

Titre I : DISPOSITIONS GÉNÉRALES

Chapitre I : DES DÉBATS

Chapitre II : DE L'ACTION CIVILE

Art. D. 512-1. – **La juridiction de jugement qui, après avoir déclaré que le mineur poursuivi a commis les faits qui lui sont reprochés, constate qu'il n'est pas pénalement responsable en raison de son absence de capacité de discernement, statue sur l'action civile conformément aux articles 1240 et 1242 du Code civil. La juridiction peut décider de faire application des dispositions de l'article L. 512-3 du présent code.**

Chapitre III : DE LA PUBLICITÉ DES AUDIENCES

Le présent chapitre ne comporte pas de dispositions réglementaires

Titre II : DE LA PROCÉDURE DE JUGEMENT

Chapitre I : DU JUGEMENT DEVANT LE JUGE DES ENFANTS ET LE TRIBUNAL POUR ENFANTS

Art. R. 521-1. – **Le jugement déclarant un mineur âgé de moins de treize ans coupable d'une infraction pénale est motivé au regard de la présomption d'absence de capacité de discernement prévue à l'article L. 11-1. La motivation se fonde sur tout élément du dossier établissant qu'il était capable de discernement au moment des faits.**

Art. D. 521-2. – **Le rapport mentionné au deuxième alinéa de l'article L. 521-2 contient des éléments circonstanciés relatifs au suivi éducatif, à la mise en œuvre de la mesure et à l'évolution du mineur. Il comprend une proposition éducative. En cas de carence du mineur, le rapport précise les diligences effectuées par le service pour rencontrer le mineur.**

Art. D. 521-3. – **Lorsqu'un mineur est déclaré coupable en application des articles L. 521-7 à L. 521-12 et L. 521-27, le jugement se prononce sur la culpabilité, sur l'action civile le cas échéant, sur le renvoi du prononcé de la sanction, sur l'ouverture ou l'extension d'une période de mise à l'épreuve éducative et sur les mesures prises en application de l'article L. 521-14.**

Art. D. 521-4. – **Lorsqu'une période de mise à l'épreuve éducative est étendue, en application de l'article L. 521-11, à une ou plusieurs autres procédures, la période de mise à l'épreuve éducative ainsi que les mesures prononcées deviennent communes à l'ensemble de ces procédures.**

Art. D. 521-5. – **Lorsqu'il est fait application du premier alinéa de l'article L. 521-11, l'extension de la période de mise à l'épreuve éducative est mentionnée au dossier initial.**

Art. D. 521-6. – **Lorsqu'une période de mise à l'épreuve éducative est commune à plusieurs procédures, les décisions ordonnant le prononcé, la modification ou la mainlevée des mesures prévues à l'article L. 521-14 sont versées au dossier initial.**

Ces décisions mentionnent les références des procédures concernées par la période de mise à l'épreuve éducative.

Art. D. 521-7. – **Lorsque plusieurs mineurs sont déclarés coupables dans la même affaire et qu'ils ne sont pas renvoyés à la même audience de prononcé de la sanction, le dossier est disjoint. Un dossier est constitué pour chaque mineur.**

Art. D. 521-8. – **En cas de dessaisissement décidé en application de l'article L. 521-12 ou L. 521-17, la procédure est transmise sans délai au juge des enfants nouvellement saisi.**

Art. D. 521-9. – **Lorsqu'il est fait application des articles L. 521-19 ou L. 521-20, les avis et citations des parties à la nouvelle audience de prononcé de la sanction mentionnent l'annulation de la date d'audience initialement prévue. En cas de pluralité d'auteurs, le dossier est disjoint.**

Art. D. 521-10. – **Lorsque le juge des enfants ordonne l'incarcération provisoire du mineur en vue d'un débat différé en application de l'article L. 521-21, il peut saisir le service compétent de la protection judiciaire de la jeunesse afin qu'il soit procédé aux vérifications prévues par l'article 81 du Code de procédure pénale.**

Chapitre II : DU JUGEMENT DEVANT LA COUR D'ASSISES DES MINEURS

Le présent chapitre ne comporte pas de dispositions réglementaires

Titre III : DES VOIES DE RECOURS

Chapitre I : DE L'APPEL

Art. D. 531-1. – Pour l'application de l'article L. 531-3, les juridictions de premier degré et d'appel se transmettent réciproquement et sans délai les actes de la procédure postérieurs à la date à laquelle l'appel a été interjeté.

Art. D. 531-2. – La période de mise à l'épreuve éducative étendue à plusieurs procédures subsiste lorsqu'une relaxe est prononcée en appel dans une des affaires pour lesquelles elle est ouverte. La cour d'appel qui prononce la relaxe statue, le cas échéant, sur le maintien des mesures de sûreté prononcées.

Chapitre II : DE L'OPPOSITION

Le présent chapitre ne comporte pas de dispositions réglementaires

Livre VI : L'APPLICATION ET L'EXÉCUTION DES MESURES ÉDUCATIVES ET DES PEINES

Titre I : DE L'APPLICATION DES MESURES EDUCATIVES ET DES PEINES

Chapitre I : DES JURIDICTIONS DE L'APPLICATION DES MESURES ÉDUCATIVES ET DES PEINES

Section 1 : De la compétence des juridictions pour mineurs en matière d'application des mesures éducatives et des peines

Art. D. 611-1. – Toutes les décisions du juge des enfants relatives à la mesure éducative judiciaire sont transmises au service de la protection judiciaire de la jeunesse désigné pour exercer la mesure en application de l'article D. 112-1.

Section 2 : De l'articulation des compétences entre plusieurs juges des enfants chargés du suivi du mineur

Art. D. 611-2. – L'ordonnance par laquelle le juge des enfants se dessaisit au profit du juge de l'application des peines conformément aux dispositions de l'article L. 611-5 est portée à la connaissance du condamné par lettre recommandée si celui-ci n'est pas détenu ou par le greffe de l'établissement pénitentiaire dans le cas contraire. Le parquet du lieu de condamnation en est également avisé.

Art. D. 611-3. – L'ordonnance par laquelle le juge des enfants se dessaisit, en application du premier alinéa de l'article L. 611-9, au profit du juge des enfants qui connaît habituellement la situation du mineur, est portée à la connaissance du condamné par lettre recommandée si celui-ci n'est pas détenu ou par le greffe de l'établissement pénitentiaire dans le cas contraire. Cette ordonnance est notifiée par lettre recommandée aux représentants légaux du mineur. Le service de la protection judiciaire de la jeunesse est informé. Le parquet du lieu de condamnation en est également avisé.

Art. D. 611-4. – Pour l'application des dispositions de l'article D. 48-2-1 du Code de procédure pénale, la convocation est délivrée en premier lieu devant le juge des enfants compétent en application des dispositions de l'article L. 611-7.

Art. D. 611-5. – Lorsque le tribunal judiciaire ne comporte pas dans son ressort d'établissement pénitentiaire dans lequel sont incarcérés les mineurs, les juges des enfants et les responsables du service du tribunal pour enfants sont conviés aux réunions de la commission de l'exécution et de l'application des peines prévue par l'article D. 48-5-4 du Code de procédure pénale de la juridiction limitrophe dans laquelle se situe un tel établissement.

Section 3 : De la compétence de la protection judiciaire de la jeunesse en matière d'application des mesures éducatives et des peines

Art. D. 611-6. – La juridiction pour mineurs désigne, s'il y a lieu, le service de la protection judiciaire de la jeunesse chargé de préparer, mettre en œuvre et suivre les condamnations pénales et les mesures d'individualisation de la peine.

La juridiction pour mineurs peut également, lorsque le condamné a atteint l'âge de dix-huit ans à la date de sa condamnation, saisir le service pénitentiaire d'insertion et de probation.

Art. D. 611-7. – Les services de la protection judiciaire de la jeunesse, pour les situations relevant de leur compétence en application de l'article D. 621-2, concourent à la préparation des mesures d'individualisation de la peine. Ils peuvent être chargés de l'exécution d'investigations et de vérifications. Ils fournissent à l'autorité judiciaire compétente, à la demande de celle-ci ou de leur propre initiative, tout élément d'information sur la situation personnelle, familiale et sociale de nature à favoriser l'individualisation de la peine de la personne condamnée ou susceptible de l'être.

Lorsqu'il a été prononcé une peine privative de liberté, les services de la protection judiciaire de la jeunesse sont chargés de rechercher les moyens permettant l'élaboration d'un projet d'aménagement de peine. Ils produisent les avis ou rapports sur le condamné, détenu ou libre, dont la situation pénale est examinée par le juge des enfants ou le tribunal pour enfants.

Art. D. 611-8. – Le service de la protection judiciaire de la jeunesse désigné en application de l'article D. 611-6 assure l'accompagnement éducatif du condamné dans le cadre de la mesure qui lui a été confiée. Il lui apporte aide et soutien. Il veille au respect des obligations qui lui sont imposées dans le cadre d'une condamnation pénale ou d'une mesure d'aménagement de peine.

Il propose, en fonction de l'évolution de l'intéressé, des aménagements ou modifications des mesures de contrôle, obligations ou conditions fixées par l'autorité judiciaire.

Art. D. 611-9. – Le service de la protection judiciaire de la jeunesse désigné en application de l'article D. 611-6 adresse au juge, dans un délai de trois mois à compter de sa saisine, un rapport relatif au projet d'exécution de la peine.

Il lui adresse ensuite un rapport d'évaluation selon les échéances fixées par la juridiction ainsi qu'à l'issue du suivi.

Tout incident relatif aux obligations, conditions et mesures de contrôle auxquelles est soumis le condamné fait l'objet d'un rapport circonstancié transmis au juge dans les meilleurs délais.

Art. D. 611-10. – Pour l'exercice de ses missions d'application des peines, le service de la protection judiciaire de la jeunesse désigné en application de l'article D. 611-6 met en œuvre un accompagnement éducatif global en prenant appui sur l'ensemble des ressources des établissements et services de la protection judiciaire de la jeunesse et du secteur associatif habilité. Il inscrit son action dans le cadre des politiques publiques territoriales destinées aux jeunes en difficulté. Il vise notamment à favoriser l'accès aux droits.

Dans le cadre de la mise en œuvre et du suivi d'un aménagement de la peine, le service de la protection judiciaire de la jeunesse désigné veille à inscrire ses actions dans la continuité de l'action éducative déjà engagée auprès du condamné.

Art. D. 611-11. – Les services de la protection judiciaire de la jeunesse exercent leurs missions en matière d'application des peines en lieu et place des services pénitentiaires d'insertion et de probation.

Pour l'exercice des missions relatives à l'application des peines, les personnels de la protection judiciaire de la jeunesse bénéficient des mêmes prérogatives que les personnels du service pénitentiaire d'insertion et de probation telles que définies aux articles D. 462 et D. 463 du Code de procédure pénale.

Art. D. 611-12. – Lorsque la commission de l'application des peines examine la situation d'un condamné relevant de la compétence d'un service de la protection judiciaire de la jeunesse, ce service y est représenté par l'un de ses personnels éducatifs.

Art. D. 611-13. – Dans l'hypothèse où le service pénitentiaire d'insertion et de probation est saisi de la situation d'un condamné suivi précédemment par le service de la protection judiciaire de la jeunesse, ce dernier transmet au service pénitentiaire d'insertion et de probation compétent auprès de l'établissement pénitentiaire où le condamné est détenu ou, si le condamné n'est pas ou n'est plus détenu, au service pénitentiaire d'insertion et de probation du lieu de résidence de l'intéressé, copie des éléments ou documents recueillis à l'occasion de la mise en œuvre et du suivi des condamnations.

Art. D. 611-14. – Dans le cas prévu par le deuxième alinéa de l'article 712-13 du Code de procédure pénale, le président et les conseillers de la chambre spéciale des mineurs de la cour d'appel sont assistés par le responsable d'une association de réinsertion des condamnés et le responsable d'une association d'aide aux victimes membres de la chambre de l'application des peines de la cour d'appel. Est le cas échéant compétente la chambre des mineurs de la cour d'appel dont la compétence territoriale est étendue en application des dispositions du deuxième alinéa de l'article 712-13 du Code de procédure pénale.

Chapitre II : DES AUDIENCES D'APPLICATION DES PEINES

Art. D. 612-1. – Lorsque le juge des enfants convoque un mineur condamné à un suivi socio-judiciaire en application de l'article R. 61 du Code de procédure pénale, il convoque également ses représentants légaux.

Art. D. 612-2. – Pour la tenue du débat contradictoire prévu aux articles 712-6 et 712-7 du Code de procédure pénale, le service de la protection judiciaire de la jeunesse compétent adresse au juge des enfants ou au tribunal pour enfants un rapport comprenant sa proposition éducative.

Le juge des enfants ou le tribunal pour enfants peut demander au représentant de la protection judiciaire de la jeunesse de développer oralement sa proposition éducative lors du débat contradictoire.

Chapitre III : DU RÉGIME DE LA RÉTENTION

Le présent chapitre ne comporte pas de dispositions réglementaires

Titre II : DE L'AMÉNAGEMENT DES PEINES

Chapitre unique : De la mise en œuvre et du suivi des condamnations

Art. D. 621-1. – Lorsque le juge des enfants chargé de l'application des peines impose au condamné le respect d'une des obligations prévues aux 1° à 3° de l'article L. 122-2, il ordonne par décision séparée le prononcé ou la modification de cette obligation.

Art. D. 621-2. – Les services de la protection judiciaire de la jeunesse préparent, mettent en œuvre et assurent le suivi des condamnations prononcées par les juridictions spécialisées pour mineurs et le suivi des condamnations des personnes mineures à la date des faits, et dont l'exécution est transférée par l'autorité compétente d'un État membre de l'Union européenne et reconnue en vertu des articles 728-43, 728-46, 728-67 ou 764-22 du Code de procédure pénale et de l'article L. 621-2, hormis les hypothèses prévues aux articles L. 611-5 et L. 611-6.

Titre III : DU CASIER JUDICIAIRE ET DES AUTRES FICHIERS

Chapitre I : DU CASIER JUDICIAIRE

Art. R. 631-1. – Le retrait du casier judiciaire de la décision, ordonné par le tribunal pour enfants en application de l'article L. 631-4, se fait à la diligence du ministère public près le tribunal pour enfants qui a rendu cette décision.

Chapitre II : DU FICHIER JUDICIAIRE NATIONAL AUTOMATISÉ DES AUTEURS D'INFRACTIONS SEXUELLES OU VIOLENTES

Art. R. 632-1. – Lors de l'inscription du mineur au fichier judiciaire national automatisé des auteurs d'infractions sexuelles ou violentes, le procureur de la République en cas de condamnation ou le juge d'instruction en cas de mise en examen avise les représentants légaux ou les personnes auxquelles la garde du mineur a été confiée par décision judiciaire, de la notification faite en application de l'article R. 53-8-9 du Code de procédure pénale.

Art. R. 632-2. – La justification d'adresse ou la déclaration de changement d'adresse d'un mineur prévue à l'article 706-53-5 du Code de procédure pénale est effectuée par ses représentants légaux ou les personnes auxquelles sa garde a été confiée par décision judiciaire.

Les dispositions du septième alinéa de l'article 706-53-5 du Code de procédure pénale sont applicables.

Chapitre III : DU FICHIER JUDICIAIRE NATIONAL AUTOMATISÉ DES AUTEURS D'INFRACTIONS TERRORISTES

Art. R. 633-1. – Lors de l'inscription du mineur au fichier judiciaire national automatisé des auteurs d'infractions terroristes, le procureur de la République en cas de condamnation ou le juge d'instruction en cas de mise en examen avise les représentants légaux ou les personnes auxquelles la garde du mineur a été confiée par décision judiciaire, de la notification faite en application de l'article R. 50-38 du Code de procédure pénale.

Chapitre IV : DES FICHIERS D'ANTÉCEDENTS

Art. R. 634-1. – Les données concernant la personne mineure mise en cause sont conservées cinq ans.

Par dérogation, elles sont conservées :

1° Dix ans lorsque la personne est mise en cause pour l'une des infractions mentionnées ci-dessous :

a) Infractions contre les personnes : exploitation de la mendicité aggravée ou en bande organisée ; vol avec violences ; violence volontaire aggravée autres que celles prévues au 2° ; transport, détention, offre, cession, acquisition ou emploi illicites de stupéfiants ; traite des êtres humains autre que celle prévue au 2° ; exhibition sexuelle ;

b) Infractions contre les biens : destruction, dégradation et détérioration d'un bien appartenant à autrui par l'effet d'une substance explosive, d'un incendie ou de tout autre moyen de nature à créer un danger pour les personnes ; extorsion ; atteinte aux systèmes de traitement automatisé de données ; blanchiment ; contrefaçon, falsification de monnaies ou moyens de paiement ;

c) Atteinte à la paix publique : recel de malfaiteurs ;

2° Vingt ans lorsque la personne est mise en cause pour l'une des infractions mentionnées ci-dessous :

a) Infractions contre les personnes : administration de substances nuisibles ; détournement de moyen de transport ; empoisonnement ; enlèvement, séquestration, prise d'otage ; crime contre l'humanité, génocide ; meurtre, assassinat ; torture, acte de barbarie ; violence volontaire ayant entraîné la mort ; violence volontaire entraînant une mutilation ou une infirmité permanente ; vol avec violences aggravé ; agression sexuelle ; proxénétisme ; viol ; trafic de stupéfiants autres que ceux visés au 1° ; traite des êtres humains en bande organisée ou avec tortures et actes de barbarie ;

b) Infractions contre les biens : vol en bande organisée ; vol avec arme ;

c) Atteinte à la paix publique : acte de terrorisme ; association de malfaiteurs ; atteinte aux intérêts fondamentaux de la Nation.

Livre VII : DISPOSITIONS RELATIVES À L'OUTRE-MER

Titre I : DISPOSITIONS PARTICULIÈRES À LA GUADELOUPE, À LA GUYANE, À LA MARTINIQUE, À MAYOTTE, À LA RÉUNION, À SAINT-BARTHÉLEMY, À SAINT-MARTIN ET À SAINT-PIERRE-ET-MIQUELON

Chapitre I : Dispositions particulières à Mayotte

Art. D. 711-1. – Pour l'application de l'article R. 124-38, les titulaires de l'autorité parentale des mineurs détenus relevant du statut civil de droit local sont les personnes qui exercent de fait l'autorité parentale.

Chapitre II : Dispositions particulières à Saint-Pierre-et-Miquelon

Le présent chapitre ne comporte pas de dispositions réglementaires

Titre II : DISPOSITIONS APPLICABLES EN NOUVELLE-CALÉDONIE, EN POLYNÉSIE FRANÇAISE ET DANS LES ÎLES DE WALLIS-ET-FUTUNA

Art. R. 720. – Pour l'application du présent code en Nouvelle-Calédonie, en Polynésie française et à Wallis-et-Futuna, le mot : « préfet » est remplacé par les mots : « représentant de l'État dans le territoire ».

Chapitre I : Dispositions applicables en Nouvelle-Calédonie

Art. D. 721-1 *(Mod., D. n° 2021-1744, 22 déc. 2021 ; D. n° 2022-479, 30 mars 2022).* – Les dispositions du présent code, à l'exception des articles D. 112-18, D. 112-24 à D. 112-27, D. 113-1 et R. 241-3 à D. 241-37 sont applicables en Nouvelle-Calédonie, dans la rédaction résultant du décret n° 2022-479 du 30 mars 2022, sous réserve des adaptations prévues au présent chapitre.

Art. D. 721-2. – Les établissements et services de la protection judiciaire de l'enfance et de la jeunesse en Nouvelle Calédonie et leurs missions sont définis selon la règlementation applicable localement.

Art. D. 721-3. – Pour l'application des dispositions du présent code en Nouvelle-Calédonie, les références au directeur interrégional de la protection judiciaire de la jeunesse et au directeur territorial de la protection judiciaire de la jeunesse sont remplacées par les références au directeur de la protection judiciaire de l'enfance et de la jeunesse de la Nouvelle-Calédonie.

Art. R. 721-4. – En Nouvelle-Calédonie, le premier alinéa de l'article R. 124-14 est ainsi rédigé :

« Les activités d'enseignement sont mises en œuvre par l'éducation nationale. »

Art. D. 721-5. – En Nouvelle-Calédonie, peuvent être autorisées, conformément à l'article L. 721-3, à assister aux débats et à prendre la parole aux audiences, toute personne représentant une des institutions de droit coutumier suivantes :

1° Le Sénat coutumier ;

2° Un conseil coutumier ;

3° Une tribu.

Art. D. 721-6. – En Nouvelle-Calédonie, peuvent être consultées, conformément à l'article L. 721-4, avant le prononcé d'une mesure de réparation ou d'un module de réparation, toute personne représentant les institutions de droit coutumier suivantes :

1° Le Sénat coutumier ;

2° Un conseil coutumier ;

3° Une tribu.

Chapitre II : Dispositions applicables en Polynésie française

Art. D. 722-1 *(Mod., D. n° 2021-1744, 22 déc. 2021 ; D. n° 2022-479, 30 mars 2022).* – Les dispositions du présent code, à l'exception des articles D. 112-24 à D. 112-27, D. 113-1 et D. 241-10 à D. 241-37 sont applicables en Polynésie française, dans la rédaction résultant du décret n° 2022-479 du 30 mars 2022, sous réserve des adaptations prévues au présent chapitre.

Art. R. 722-2. – Le service déconcentré de la protection judiciaire de la jeunesse relevant du ministère de la justice en Polynésie française est la direction de la protection judiciaire de la jeunesse en Polynésie française.

Art. R. 722-3. – Dans le respect des attributions dévolues au haut-commissaire de la République en Polynésie française, le directeur de la protection judiciaire de la jeunesse en Polynésie française est chargé, en Polynésie française :

1° De mettre en œuvre la politique nationale de prise en charge des mineurs délinquants en coordination avec les services du pays d'outre-mer chargé de la protection de l'enfance ;

2° De gérer les moyens en personnel et équipements de la direction de la protection judiciaire de la jeunesse ;

3° D'assurer la direction et le contrôle de l'activité des personnels de la direction de la protection judiciaire de la jeunesse en fonction dans les établissements et services en Polynésie française ;

4° D'assurer la prévision et l'exécution des dépenses relatives au fonctionnement des établissements et services de la direction de la protection judiciaire de la jeunesse ;

5° De définir et d'évaluer les besoins de prise en charge de la jeunesse délinquante et de contribuer, en liaison avec les autorités judiciaires et administratives, à l'élaboration et au suivi des actions conduites dans ce domaine ;

6° D'assurer le contrôle pédagogique, administratif et financier des personnes physiques ou morales de droit privé exerçant des mesures ordonnées par l'autorité judiciaire au titre de la législation relative aux mineurs délinquants ;

7° De participer à l'organisation et à la mise en œuvre d'actions de prévention de la délinquance des mineurs ;

8° D'assister le directeur interrégional chargé de l'outre-mer dans l'exercice de ses missions.

Art. R. 722-4. – Le directeur de la protection judiciaire de la jeunesse en Polynésie française est placé sous l'autorité du directeur interrégional de la protection judiciaire de la jeunesse chargé de l'outre-mer.

Art. R. 722-5. – Les établissements et services chargés de la mise en œuvre des décisions judiciaires ordonnées en application de la législation relative aux mineurs délinquants et gérés par la direction de la protection judiciaire de la jeunesse en Polynésie française sont créés et dissous par arrêté du garde des Sceaux, ministre de la justice.

Chapitre III : Dispositions applicables à Wallis-et-Futuna

Art. D. 723-1 *(Mod., D. n° 2021-1744, 22 déc. 2021 ; D. n° 2022-479, 30 mars 2022)*. – Les dispositions du présent code, à l'exception des articles D. 112-18, D. 113-1 et R. 241-3 à D. 241-37 sont applicables à Wallis-et-Futuna, dans la rédaction résultant du décret n° 2022-479 du 30 mars 2022, sous réserve des adaptations prévues au présent chapitre.

Art. D. 723-2. – Pour l'application des dispositions du présent code à Wallis-et-Futuna, les références à la protection judiciaire de la jeunesse, au directeur interrégional de la protection judiciaire de la jeunesse et au directeur territorial de la protection judiciaire de la jeunesse sont remplacées, selon le cas, par les références au service localement compétent ou au responsable de ce service.

Art. R. 723-3. – À Wallis-et-Futuna, l'article R. 124-14 est ainsi rédigé :

« Art. R. 124-14. – Les activités d'enseignement sont mises en œuvre par l'éducation nationale. »

ANNEXE 13

DROIT PÉNITENTIAIRE

Loi n° 87-432 du 22 juin 1987

relative au service public pénitentiaire
(*JO* 23 juin et rect. 11 juill. 1987)
Loi Chalandon

Art. 1er *(Abr., L. n° 2009-1436, 24 nov. 2009)* (1).

Art. 2 *(Rempl., L. n° 2002-1138, 9 sept. 2002* (2) *; mod., L. n° 2012-409, 27 mars 2012 ; rempl. à compter du 1*[er] *avril 2016, Ord. n° 2015-899, 23 juill. 2015)* (3). **– Dans les établissements pénitentiaires, les fonctions autres que celles de direction, de greffe et de surveillance peuvent être confiées à des personnes de droit public ou de droit privé habilitées, dans des conditions définies par un décret en Conseil d'État. Ces personnes peuvent être choisies dans le cadre d'un marché public prévu au 5° de l'article 35 de l'ordonnance n° 2015-899 du 23 juillet 2015 relative aux marchés publics.**

Art. 3. – Les établissements pénitentiaires peuvent être érigés en établissements publics administratifs nationaux dénommés établissements publics pénitentiaires, placés sous la tutelle de l'État.

Dotés de la personnalité morale et de l'autonomie financière, les établissements publics pénitentiaires sont administrés par un conseil d'administration comprenant des représentants de l'État, majoritaires, des assemblées parlementaires et des assemblées locales, du personnel, ainsi que des personnes morales, des associations et des personnalités choisies en raison de leur compétence dans le domaine de l'exécution des peines et de la réinsertion sociale. Le garde des Sceaux, ministre de la Justice, désigne le président du conseil d'administration parmi les représentants de l'État.

Le garde des Sceaux, ministre de la Justice, affecte aux établissements publics pénitentiaires les personnels de direction, du greffe et de surveillance. Ces personnels qui relèvent de l'administration pénitentiaire demeurent soumis à leur statut spécial.

À la demande du conseil d'administration de l'établissement ou non, le garde des Sceaux peut également y affecter des personnels administratifs, socio-éducatifs et techniques relevant de l'administration pénitentiaire et demeurant soumis à leur statut spécial.

Les établissements publics pénitentiaires disposent des équipements et crédits qui leur sont attribués par l'État. Ils bénéficient des prélèvements effectués sur le pécule des détenus au titre de leur entretien et de la réparation des dommages matériels qu'ils ont causés dans l'établissement. Ils peuvent également recevoir, notamment, des dons et legs et le produit des emprunts.

---

(1) Dispositions applicables en Nouvelle-Calédonie, en Polynésie française et dans les Îles Wallis-et-Futuna, L. n° 2009-1436, 24 nov. 2009, art. 99, I.

(2) V. aussi L. n° 2002-1138, 9 sept. 2002, art. 4 et 5. – NDLR.

(3) Sous réserve de l'entrée en vigueur de l'ordonnance n° 2015-899 du 23 juillet 2015, les présentes dispositions s'appliquent aux marchés publics ainsi qu'aux contrats qui relèvent de cette ordonnance pour lesquels une consultation est engagée ou un avis d'appel public à la concurrence a été envoyé à la publication à compter du 1er janvier 2016, Ord. n° 2015-899, 23 juill. 2015, art. 103, II.

Le conseil d'administration délibère sur les questions relatives à la gestion et à l'équipement de l'établissement pénitentiaire. Ces délibérations ne peuvent pas porter sur les questions relatives au personnel affecté par l'État, au régime disciplinaire et à l'ordre public, qui sont de la seule responsabilité du chef d'établissement, sous l'autorité du garde des Sceaux. Le conseil d'administration vote le budget et approuve le compte financier.

Les établissements publics pénitentiaires sont soumis à l'ensemble des dispositions du Code de procédure pénale relatives aux établissements pénitentiaires.

Les conditions d'application du présent article sont fixées par un décret en Conseil d'État

Art. 4 *(V. C. pén., art. 42).*

Art. 5 (1) *(V. CPP, art. 122, 123, 125, 132, 135, 713-2, 717, 719, 720 et 728).*

Art. 6 *(Abr., L. n° 2011-525, 17 mai 2011)* (2).

Art. 7 *(L. n° 99-210, 19 mars 1999 ; rempl., Ord. n° 2003-918, 26 sept. 2003).* – I. – La présente loi est applicable en Nouvelle-Calédonie, à l'exception des III et IV de l'article 5 et sous réserve de l'adaptation mentionnée au II du présent article.

II. – L'article 2 est applicable en Nouvelle-Calédonie, en Polynésie française, dans les Îles Wallis-et-Futuna et à Mayotte dans la rédaction suivante :

L'État peut confier à une personne ou à un groupement de personnes, de droit public ou de droit privé, une mission portant à la fois sur la conception, la construction et l'aménagement d'établissements pénitentiaires.

L'exécution de cette mission résulte d'un marché passé entre l'État et la personne ou le groupement de personnes selon les procédures prévues par la réglementation relative aux marchés publics applicable localement. Si le marché est alloti, les offres portant simultanément sur plusieurs lots peuvent faire l'objet d'un jugement global.

Les marchés passés par l'État pour l'exécution de cette mission ne peuvent comporter de stipulations relevant des conventions mentionnées aux articles L. 34-3-1 et L. 34-7-1 du Code du domaine de l'État.

Dans les établissements pénitentiaires, les fonctions autres que celles de direction, de greffe et de surveillance peuvent être confiées à des personnes de droit public ou de droit privé habilitées, dans des conditions définies par décret en Conseil d'État. Ces personnes peuvent être choisies dans le cadre des marchés prévus au deuxième alinéa.

Loi pénitentiaire n° 2009-1436 du 24 novembre 2009 (3)

Loi pénitentiaire

TITRE PRÉLIMINAIRE. – DU SENS DE LA PEINE DE PRIVATION DE LIBERTÉ

(Titre abr. à compter du 1er oct. 2014)

Art. 1er *(Abr. à compter du 1er oct. 2014).*

TITRE I. – DISPOSITIONS RELATIVES AU SERVICE PUBLIC PÉNITENTIAIRE ET À LA CONDITION DE LA PERSONNE DÉTENUE

CHAPITRE I. – DISPOSITIONS RELATIVES AUX MISSIONS ET À L'ORGANISATION DU SERVICE PUBLIC PÉNITENTIAIRE

Rédaction antérieure. Art. 2 *(Abr. à compter du 1er mai 2022, Ord. n° 2022-478, 30 mars 2022).* – Le service public pénitentiaire participe à l'exécution des décisions pénales. Il contribue à l'insertion ou à la réinsertion des personnes qui lui

(1) Pour l'application du présent article en Polynésie française et dans les Îles Wallis-et-Futuna, V. Ord. n° 92-1149, 2 oct. 1992, art. 9 (*JO* 16 oct. 1992). – NDLR.

(2) Dispositions transitoires : V. L. n° 2011-525, 17 mai 2011, art. 120.

(3) Conformément à l'ordonnance n° 2022-478 du 30 mars 2022 portant partie législative du code pénitentiaire, la loi pénitentiaire n° 2009–1436 du 24 novembre 2009 est abrogée à compter du 1er mai 2022 date de l'entrée en vigueur de ladite ordonnance. Les dispositions de l'ordonnance sont à consultées dans le Code pénitentiaire, inclus dans ce code.

sont confiées par l'autorité judiciaire, à la prévention de la récidive et à la sécurité publique dans le respect des intérêts de la société, des droits des victimes et des droits des personnes détenues. Il est organisé de manière à assurer l'individualisation et l'aménagement des peines des personnes condamnées.

Rédaction antérieure. Art. 2-1 *(Abr. à compter du 1er mai 2022, Ord. n° 2022-478, 30 mars 2022).* – Le service public pénitentiaire est assuré par l'administration pénitentiaire sous l'autorité du garde des Sceaux, ministre de la Justice, avec le concours des autres services de l'État, des collectivités territoriales, des associations et d'autres personnes publiques ou privées.

Chacune de ces autorités et de ces personnes veille, en ce qui la concerne, à ce que les personnes condamnées accèdent aux droits et dispositifs de droit commun de nature à faciliter leur insertion ou leur réinsertion.

Des conventions entre l'administration pénitentiaire et les autres services de l'État, les collectivités territoriales, les associations et d'autres personnes publiques ou privées définissent les conditions et modalités d'accès des personnes condamnées aux droits et dispositifs mentionnés au deuxième alinéa en détention.

Sont associés à ces conventions des objectifs précis, définis en fonction de la finalité d'intérêt général mentionnée au même deuxième alinéa, ainsi que des résultats attendus, et faisant l'objet d'une évaluation régulière.

Rédaction antérieure. Art. 3 *(Abr. à compter du 1er mai 2022, Ord. n° 2022-478, 30 mars 2022).* – Les fonctions de direction, de surveillance et de greffe des établissements pénitentiaires sont assurées par l'administration pénitentiaire. Les autres fonctions peuvent être confiées à des personnes de droit public ou privé bénéficiant d'une habilitation dans des conditions définies par décret en Conseil d'État.

Rédaction antérieure. Art. 4 *(Abr. à compter du 1er mai 2022, Ord. n° 2022-478, 30 mars 2022).* – Le Contrôleur général des lieux de privation de liberté contrôle les conditions de prise en charge et de transfèrement des personnes privées de liberté confiées à l'administration pénitentiaire, afin de s'assurer du respect de leurs droits fondamentaux.

La possibilité de contrôler et de retenir les correspondances prévue par l'article 40 ne s'applique pas aux correspondances échangées entre le Contrôleur général des lieux de privation de liberté et les personnes détenues.

Rédaction antérieure. Art. 5 *(Abr. à compter du 1er mai 2022, Ord. n° 2022-478, 30 mars 2022).* – Un conseil d'évaluation est institué auprès de chaque établissement pénitentiaire afin d'évaluer les conditions de fonctionnement de l'établissement et de proposer, le cas échéant, toutes mesures de nature à les améliorer.

La composition et les modalités de fonctionnement de ce conseil sont déterminées par décret.

Art. 6 *(Abr. à compter du 31 mars 2011, L. n° 2011-334, 29 mars 2011).*

Art. 7 *(Abr., L. n° 2020-1525, 7 déc. 2020, art. 6).*

Rédaction antérieure. Art. 8 *(Abr. à compter du 1er mai 2022, Ord. n° 2022-478, 30 mars 2022).* – Les conditions dans lesquelles les représentants des collectivités territoriales et les représentants des associations et autres personnes publiques ou privées peuvent participer aux instances chargées de l'évaluation du fonctionnement des établissements pénitentiaires ainsi que du suivi des politiques pénitentiaires sont fixées par décret.

Art. 9 *(Rempl., L. n° 2011-525, 17 mai 2011 ; mod., L. n° 2013-595, 8 juill. 2013 ; abr. à compter du 1er janv. 2015, L. n° 2014-288, 5 mars 2014).*

Rédaction antérieure. Art. 10 *(Abr. à compter du 1er mai 2022, Ord. n° 2022-478, 30 mars 2022).* – Le premier président de la cour d'appel, le procureur général, le président de la chambre de l'instruction, le président du *(Mots rempl., Ord. n° 2019-964, 18 sept. 2019)* « tribunal judiciaire », le procureur de la République, le juge des libertés et de la détention, le juge d'instruction, le juge de l'application des peines et le juge des enfants visitent au moins une fois par an chaque établissement pénitentiaire situé dans leur ressort territorial de compétence.

CHAPITRE II. – DISPOSITIONS RELATIVES AUX PERSONNELS PÉNITENTIAIRE ET À LA RÉSERVE CIVILE PÉNITENTIAIRE

Section 1. – Des conditions d'exercice des missions des personnels pénitentiaires

Rédaction antérieure. Art. 11 *(Abr. à compter du 1er mai 2022, Ord. n° 2022-478, 30 mars 2022).* – L'administration pénitentiaire comprend des personnels de direction, des personnels de surveillance, des personnels d'insertion et de probation et des personnels administratifs et techniques.

Un code de déontologie du service public pénitentiaire, établi par décret en Conseil d'État, fixe les règles que doivent respecter ces agents ainsi que les agents des personnes de droit public ou privé habilitées en application de l'article 3.

Ce même décret fixe les conditions dans lesquelles les agents de l'administration pénitentiaire prêtent serment ainsi que le contenu de ce serment.

Rédaction antérieure. Art. 12 *(Abr. à compter du 1er mai 2022, Ord. n° 2022-478, 30 mars 2022).* – Les personnels de surveillance de l'administration pénitentiaire constituent, sous l'autorité des personnels de direction, l'une des forces dont dispose l'État pour assurer la sécurité intérieure.

Dans le cadre de leur mission de sécurité, ils veillent au respect de l'intégrité physique des personnes privées de liberté et participent à l'individualisation de leur peine ainsi qu'à leur réinsertion.

Ils assurent également la protection des bâtiments abritant les administrations centrales du ministère de la Justice.

Ils ne doivent utiliser la force, en se limitant à ce qui est strictement nécessaire, qu'en cas de légitime défense, de tentative d'évasion ou de résistance par la violence ou par inertie physique aux ordres donnés. Dans ces cas ainsi que dans ceux prévus aux 1° et 2° de l'article L. 435-1 du Code de la sécurité intérieure, ils peuvent faire usage d'une arme à feu en cas d'absolue nécessité et de manière strictement proportionnée.

Rédaction antérieure. Art. 12-1 *(Abr. à compter du 1er mai 2022, Ord. n° 2022-478, 30 mars 2022).* – Les personnels de surveillance de l'administration pénitentiaire affectés aux équipes de sécurité pénitentiaire et individuellement désignés par le chef d'établissement ou par le directeur interrégional des services pénitentiaires peuvent procéder, sur l'ensemble du domaine affecté à l'établissement pénitentiaire ou à ses abords immédiats, au contrôle des personnes, autres que les personnes détenues, à l'égard desquelles existe une ou plusieurs raisons sérieuses de penser qu'elles se préparent à commettre une infraction portant atteinte à la sécurité de l'établissement pénitentiaire.

Dans le cadre de ce contrôle, ils peuvent inviter la personne concernée à justifier, par tout moyen, de son identité, procéder à des palpations de sécurité, à l'inspection visuelle de ses bagages et, avec le consentement de la personne, à leur fouille. La palpation de sécurité doit être faite par une personne de même sexe que la personne qui en fait l'objet.

En cas de refus de la personne de se soumettre au contrôle ou d'impossibilité de justifier de son identité, le personnel mentionné au premier alinéa peut la retenir en utilisant le cas échéant la force strictement nécessaire. Il en rend compte immédiatement à tout officier de police judiciaire de la police nationale ou de la gendarmerie nationale territorialement compétent, qui peut alors lui ordonner sans délai de lui présenter sur-le-champ la personne ou de la retenir jusqu'à son arrivée ou celle d'un agent de police judiciaire placé sous son contrôle. La personne ne peut être retenue si aucun ordre n'est donné. Lorsque l'officier de police judiciaire décide de procéder à une vérification d'identité en application de l'article 78-3 du Code de procédure pénale, le délai prévu au troisième alinéa du même article 78-3 court à compter du début du contrôle. Les opérations de contrôle ayant donné lieu à l'application du présent alinéa font l'objet d'un rapport adressé au procureur de la République territorialement compétent par le personnel mentionné au premier alinéa du présent article.

Rédaction antérieure. Art. 13 *(Abr. à compter du 1er mai 2022, Ord. n° 2022-478, 30 mars 2022).* – Les personnels des services pénitentiaires d'insertion et de probation sont chargés de préparer et d'exécuter les décisions de l'autorité judiciaire relatives à l'insertion et à la probation des personnes placées sous main de justice, prévenues ou condamnées.

À cette fin, ils mettent en œuvre les politiques d'insertion et de prévention de la récidive, assurent le suivi ou le contrôle des personnes placées sous main de justice et préparent la sortie des personnes détenues. Ils procèdent à l'évaluation régulière de la situation matérielle, familiale et sociale des personnes condamnées et définissent, au vu de ces évaluations, le contenu et les modalités de leur prise en charge.

Rédaction antérieure. Art. 14 *(Abr. à compter du 1er mai 2022, Ord. n° 2022-478, 30 mars 2022).* – Les personnels des services déconcentrés de l'administration pénitentiaire exercent leurs droits d'expression et de manifestation dans les conditions prévues par leur statut.

Rédaction antérieure. Art. 15 *(Abr. à compter du 1er mai 2022, Ord. n° 2022-478, 30 mars 2022).* – Les personnels de l'administration pénitentiaire sont tenus de suivre une formation initiale et continue adaptée à la nature et à l'évolution de leurs missions.

Ils participent, à leur demande ou à celle de l'administration, aux actions de formation ou de perfectionnement assurées par l'École nationale d'administration pénitentiaire, les services déconcentrés ou tout autre organisme public ou privé de formation.

Rédaction antérieure. Art. 16 *(Abr. à compter du 1er mai 2022, Ord. n° 2022-478, 30 mars 2022).* – I. – La protection de l'État dont bénéficient les agents publics de l'administration pénitentiaire en vertu de l'article 11 de la loi n° 83-634 du 13 juillet 1983 portant droits et obligations des fonctionnaires couvre les préjudices qu'ils subissent à l'occasion ou du fait de leurs fonctions.

Elle est étendue à leurs enfants, leurs ascendants directs, leurs conjoints, leurs concubins ou aux personnes auxquelles ils sont liés par un pacte civil de solidarité lorsque, du fait des fonctions de ces agents, ils sont victimes de menaces, violences, voies de fait, injures, diffamations ou outrages.

Elle peut être accordée, sur leur demande, aux conjoints, enfants et ascendants directs des agents des services de l'administration pénitentiaire décédés dans l'exercice de leurs fonctions ou du fait de leurs fonctions, à raison des faits à l'origine du décès ou pour des faits commis postérieurement au décès mais du fait des fonctions qu'exerçait l'agent décédé.

II. – Au premier alinéa du I de l'article 112 de la loi n° 2003-239 du 18 mars 2003 pour la sécurité intérieure, les mots : « les agents des services de l'administration pénitentiaire, » sont supprimés.

Section 2. – De la réserve civile pénitentiaire

Rédaction antérieure. Art. 17 *(Abr. à compter du 1er mai 2022, Ord. n° 2022-478, 30 mars 2022).* – Il est créé une réserve civile pénitentiaire destinée à assurer des missions de renforcement de la sécurité relevant du ministère de la justice ainsi que des missions de formation des personnels, d'étude ou de coopération internationale. La réserve civile pénitentiaire peut également être chargée d'assister les personnels des services pénitentiaires d'insertion et de probation dans l'exercice de leurs fonctions de probation.

La réserve est exclusivement constituée de volontaires retraités, issus des corps de l'administration pénitentiaire.

Les réservistes sont soumis au Code de déontologie du service public pénitentiaire.

Un agent ayant fait l'objet d'une sanction disciplinaire pour des motifs incompatibles avec l'exercice des missions prévues au premier alinéa ne peut se porter volontaire pour entrer dans la réserve civile.

Rédaction antérieure. Art. 18 *(Abr. à compter du 1er mai 2022, Ord. n° 2022-478, 30 mars 2022).* – Les agents mentionnés à l'article 17 peuvent demander à rejoindre la réserve civile pénitentiaire dans la limite de cinq ans à compter de la fin de leur lien avec le service.

Les volontaires doivent remplir des conditions d'aptitude fixées par décret. Ceux dont la candidature a été acceptée souscrivent un engagement contractuel d'une durée minimale d'un an renouvelable. Ils apportent leur soutien aux services relevant du ministère de la justice, dans la limite de cent cinquante jours par an.

Rédaction antérieure. Art. 19 *(Abr. à compter du 1er mai 2022, Ord. n° 2022-478, 30 mars 2022).* – Les agents mentionnés à l'article 17 participent, à leur demande ou à celle de l'administration, aux actions de formation ou de perfectionnement assurées par l'École nationale d'administration pénitentiaire, les services déconcentrés ou tout autre organisme public ou privé de formation.

Rédaction antérieure. Art. 20 *(Abr. à compter du 1er mai 2022, Ord. n° 2022-478, 30 mars 2022).* – Le réserviste exerçant des fonctions salariées qui effectue les missions prévues à l'article 17 au titre de la réserve civile pénitentiaire pendant son temps de travail doit obtenir, lorsque leur durée dépasse dix jours ouvrés par année civile, l'accord de son employeur, sous réserve de dispositions plus favorables résultant du contrat de travail, de conventions ou accords collectifs de travail, ou de conventions conclues entre l'employeur et le ministre de la Justice.

Un décret détermine les conditions d'application du présent article. Il fixe notamment les conditions de forme et de délai dans lesquelles le salarié adresse sa demande d'accord à son employeur en application du présent article, l'employeur notifie au salarié son refus éventuel et le salarié informe l'administration pénitentiaire de ce refus.

Rédaction antérieure. Art. 21 *(Abr. à compter du 1er mai 2022, Ord. n° 2022-478, 30 mars 2022).* – Les périodes d'emploi des réservistes sont indemnisées dans des conditions fixées par décret.

Dans le cas où le réserviste exerce une activité salariée, son contrat de travail est suspendu pendant la période où il effectue des missions au titre de la réserve civile pénitentiaire. Toutefois, cette période est considérée comme une période de travail effectif pour les avantages légaux et conventionnels en matière d'ancienneté, d'avancement, de congés payés et de droits aux prestations sociales.

Aucun licenciement ou déclassement professionnel, aucune sanction disciplinaire ne peuvent être prononcés à l'encontre d'un réserviste en raison des absences résultant de la présente section.

Pendant la période d'activité dans la réserve, l'intéressé bénéficie, pour lui-même et ses ayants droit, des prestations des assurances maladie, maternité, invalidité et décès, dans les conditions prévues à l'article L. 161-8 du Code de la sécurité sociale, du régime de sécurité sociale dont il relève en dehors de son service dans la réserve.

CHAPITRE III. – DISPOSITIONS RELATIVES AUX DROITS ET DEVOIRS DES PERSONNES DÉTENUES

Section 1. – Dispositions générales

Rédaction antérieure. Art. 22 *(Abr. à compter du 1er mai 2022, Ord. n° 2022-478, 30 mars 2022).* – L'administration pénitentiaire garantit à toute personne détenue le respect de sa dignité et de ses droits. L'exercice de ceux-ci ne peut faire l'objet d'autres restrictions que celles résultant des contraintes inhérentes à la détention, du maintien de la sécurité et du bon ordre des établissements, de la prévention de la récidive et de la protection de l'intérêt des victimes. Ces restrictions tiennent compte de l'âge, de l'état de santé, du handicap et de la personnalité de la personne détenue.

Rédaction antérieure. Art. 23 *(Abr. à compter du 1er mai 2022, Ord. n° 2022-478, 30 mars 2022).* – Lors de son admission dans un établissement pénitentiaire, la personne détenue est informée oralement, dans une langue compréhensible par elle, et par la remise d'un livret d'accueil, des dispositions relatives à son régime de détention, à ses droits et obligations et aux recours et requêtes qu'elle peut former. Les règles applicables à l'établissement sont également portées à sa connaissance et lui sont rendues accessibles pendant la durée de sa détention.

Rédaction antérieure. Art. 24 *(Abr. à compter du 1er mai 2022, Ord. n° 2022-478, 30 mars 2022).* – Toute personne détenue doit pouvoir connaître ses droits et bénéficier, pour ce faire, d'un dispositif de consultations juridiques gratuites mis en place dans chaque établissement.

Rédaction antérieure. Art. 25 *(Abr. à compter du 1er mai 2022, Ord. n° 2022-478, 30 mars 2022).* – Les personnes détenues communiquent librement avec leurs avocats.

Rédaction antérieure. Art. 26 *(Abr. à compter du 1er mai 2022, Ord. n° 2022-478, 30 mars 2022).* – Les personnes détenues ont droit à la liberté d'opinion, de conscience et de religion. Elles peuvent exercer le culte de leur choix, selon les conditions adaptées à l'organisation des lieux, sans autres limites que celles imposées par la sécurité et le bon ordre de l'établissement.

Section 2. – De l'obligation d'activité

Rédaction antérieure. Art. 27 *(Abr. à compter du 1er mai 2022, Ord. n° 2022-478, 30 mars 2022).* – Toute personne condamnée est tenue d'exercer au moins l'une des activités qui lui est proposée par le chef d'établissement et le directeur du service pénitentiaire d'insertion et de probation dès lors qu'elle a pour finalité la réinsertion de l'intéressé et est adaptée à son âge, à ses capacités, à son handicap et à sa personnalité.

Lorsque la personne condamnée ne maîtrise pas les enseignements fondamentaux, l'activité consiste par priorité en l'apprentissage de la lecture, de l'écriture et du calcul. Lorsqu'elle ne maîtrise pas la langue française, l'activité consiste par priorité en son apprentissage. L'organisation des apprentissages est aménagée lorsqu'elle exerce une activité de travail.

Rédaction antérieure. Art. 28 *(Abr. à compter du 1er mai 2022, Ord. n° 2022-478, 30 mars 2022).* – Sous réserve du maintien du bon ordre et de la sécurité des établissements et à titre dérogatoire, des activités peuvent être organisées de façon mixte.

Rédaction antérieure. Art. 29 *(Abr. à compter du 1er mai 2022, Ord. n° 2022-478, 30 mars 2022).* – Sous réserve du maintien du bon ordre et de la sécurité de l'établissement, les personnes détenues sont consultées par l'administration pénitentiaire sur les activités qui leur sont proposées.

Section 3. – Des droits civiques et sociaux

Rédaction antérieure. Art. 30 *(Abr. à compter du 1er mai 2022, Ord. n° 2022-478, 30 mars 2022).* – Les personnes détenues peuvent élire domicile auprès de l'établissement pénitentiaire :

1° Pour l'exercice de leurs droits civiques, lorsqu'elles ne disposent pas d'un domicile personnel. Avant chaque scrutin, le chef d'établissement organise avec l'autorité administrative compétente une procédure destinée à assurer l'exercice de leur droit de vote ;

2° Pour prétendre au bénéfice des droits mentionnés aux articles L. 121-1 et L. 264-1 du Code de l'action sociale et des familles, lorsqu'elles ne disposent pas d'un domicile de secours ou d'un domicile personnel au moment de leur incarcération ou ne peuvent en justifier ;

3° Pour faciliter leurs démarches administratives.

Pour faciliter leurs démarches de préparation à la sortie, les personnes détenues peuvent également procéder à l'élection de domicile mentionnée à l'article L. 264-1 du même code soit auprès du centre communal ou intercommunal d'action sociale, soit auprès de l'organisme agréé à cet effet, le plus proche du lieu où elles recherchent une activité en vue de leur insertion ou réinsertion ou le plus proche du lieu d'implantation d'un établissement de santé ou médico-social susceptible de les accueillir.

Rédaction antérieure. Art. 31 *(Abr. à compter du 1er mai 2022, Ord. n° 2022-478, 30 mars 2022).* – Les personnes détenues dont les ressources sont inférieures à un montant fixé par voie réglementaire reçoivent de l'État une aide en nature destinée à améliorer leurs conditions matérielles d'existence. Cette aide peut aussi être versée en numéraire dans des conditions prévues par décret.

Art. 32 *(V. CPP, art. 717-3).*

Rédaction antérieure. Art. 33 *(Abr. à compter du 1er mai 2022, Ord. n° 2022-478, 30 mars 2022).* – La participation des personnes détenues aux activités professionnelles organisées dans les établissements pénitentiaires donne lieu à l'établissement d'un acte d'engagement par l'administration pénitentiaire. Cet acte, signé par le chef d'établissement et la personne détenue, énonce les droits et obligations professionnels de celle-ci ainsi que ses conditions de travail et sa rémunération.

Il précise notamment les modalités selon lesquelles la personne détenue, dans les conditions adaptées à sa situation et nonobstant l'absence de contrat de travail, bénéficie des dispositions relatives à l'insertion par l'activité économique prévues aux articles L. 5132-1 à L. 5132-17 du Code du travail, ainsi que des dispositions relatives aux entreprises adaptées prévues aux articles L. 5213-13 à L. 5213-19 du Code du travail à une date et dans des conditions fixées par décret en Conseil d'État, et au plus tard le 1er septembre 2020.

Dans le cadre de l'application du présent article, le chef d'établissement s'assure que les mesures appropriées sont prises afin de garantir l'égalité de traitement en matière d'accès et de maintien à l'activité professionnelle en faveur des personnes handicapées détenues.

Section 4. – De la vie privée et familiale et des relations avec l'extérieur

Rédaction antérieure. Art. 34 *(Abr. à compter du 1er mai 2022, Ord. n° 2022-478, 30 mars 2022).* – Les prévenus dont l'instruction est achevée et qui attendent leur comparution devant la juridiction de jugement peuvent bénéficier d'un rapprochement familial jusqu'à leur comparution devant la juridiction de jugement, après avis conforme de l'autorité judiciaire susceptible d'être contesté selon les modalités prévues au dernier alinéa de l'article 145-4-2 du Code de procédure pénale.

Rédaction antérieure. Art. 35 *(Abr. à compter du 1er mai 2022, Ord. n° 2022-478, 30 mars 2022).* – Le droit des personnes détenues au maintien des relations avec les membres de leur famille s'exerce soit par les visites que ceux-ci leur rendent, soit, pour les condamnés et si leur situation pénale l'autorise, par les permissions de sortir des établissements pénitentiaires. Les prévenus peuvent être visités par les membres de leur famille ou d'autres personnes, au moins trois fois par semaine, et les condamnés au moins une fois par semaine.

L'autorité administrative ne peut refuser de délivrer un permis de visite aux membres de la famille d'un condamné, suspendre ou retirer ce permis que pour des motifs liés au maintien du bon ordre et de la sécurité ou à la prévention des infractions.

L'autorité administrative peut également, pour les mêmes motifs ou s'il apparaît que les visites font obstacle à la réinsertion du condamné, refuser de délivrer un permis de visite à d'autres personnes que les membres de la famille, suspendre ce permis ou le retirer.

Les permis de visite des prévenus sont délivrés par l'autorité judiciaire.

Les décisions de refus de délivrer un permis de visite sont motivées.

Rédaction antérieure. Art. 36 *(Abr. à compter du 1er mai 2022, Ord. n° 2022-478, 30 mars 2022).* – Les unités de vie familiale ou les parloirs familiaux implantés au sein des établissements pénitentiaires peuvent accueillir toute personne détenue.

Toute personne détenue peut bénéficier à sa demande d'au moins une visite trimestrielle dans une unité de vie familiale ou un parloir familial, dont la durée est fixée en tenant compte de l'éloignement du visiteur. Pour les prévenus, ce droit s'exerce sous réserve de l'accord de l'autorité judiciaire compétente.

Art. 37 *(V. C. civ., art. 515-3, 515-5 et 2499).*

Rédaction antérieure. Art. 38 *(Abr. à compter du 1er mai 2022, Ord. n° 2022-478, 30 mars 2022).* – Une convention entre l'établissement pénitentiaire et le département définit l'accompagnement social proposé aux mères détenues avec leurs enfants et prévoit un dispositif permettant la sortie régulière des enfants à l'extérieur de l'établissement pour permettre leur socialisation.

Rédaction antérieure. Art. 39 *(Abr. à compter du 1er mai 2022, Ord. n° 2022-478, 30 mars 2022).* – Les personnes détenues ont le droit de téléphoner aux membres de leur famille. Elles peuvent être autorisées à téléphoner à d'autres personnes pour préparer leur réinsertion. Dans tous les cas, les prévenus doivent obtenir l'autorisation de l'autorité judiciaire.

L'accès au téléphone peut être refusé, suspendu ou retiré, pour des motifs liés au maintien du bon ordre et de la sécurité ou à la prévention des infractions et, en ce qui concerne les prévenus, aux nécessités de l'information.

Le contrôle des communications téléphoniques est effectué conformément à l'article 727-1 du Code de procédure pénale.

Rédaction antérieure. Art. 40 *(Abr. à compter du 1er mai 2022, Ord. n° 2022-478, 30 mars 2022).* – Les personnes condamnées et, sous réserve de l'article 145-4-2 du Code de procédure pénale, les personnes prévenues peuvent correspondre par écrit avec toute personne de leur choix.

Les personnes condamnées et, sous réserve que l'autorité judiciaire ne s'y oppose pas, les personnes prévenues peuvent correspondre par écrit avec toute personne de leur choix.

Le courrier adressé ou reçu par les personnes détenues peut être contrôlé et retenu par l'administration pénitentiaire lorsque cette correspondance paraît compromettre gravement leur réinsertion ou le maintien du bon ordre et la sécurité. En outre, le courrier adressé ou reçu par les prévenus est communiqué à l'autorité judiciaire selon les modalités qu'elle détermine.

Ne peuvent être ni contrôlées ni retenues les correspondances échangées entre les personnes détenues et leur défenseur, les autorités administratives et judiciaires françaises et internationales, dont la liste est fixée par décret, et les aumôniers agréés auprès de l'établissement.

Lorsque l'administration pénitentiaire décide de retenir le courrier d'une personne détenue, elle lui notifie sa décision.

Rédaction antérieure. Art. 41 *(Abr. à compter du 1er mai 2022, Ord. n° 2022-478, 30 mars 2022).* – Les personnes détenues doivent consentir par écrit à la diffusion ou à l'utilisation de leur image ou de leur voix lorsque cette diffusion ou cette utilisation est de nature à permettre leur identification.

L'administration pénitentiaire peut s'opposer à la diffusion ou à l'utilisation de l'image ou de la voix d'une personne condamnée, dès lors que cette diffusion ou cette utilisation est de nature à permettre son identification et que cette restriction s'avère nécessaire à la sauvegarde de l'ordre public, à la prévention des infractions, à la protection des droits des victimes ou de ceux des tiers ainsi qu'à la réinsertion de la personne concernée. Pour les prévenus, la diffusion et l'utilisation de leur image ou de leur voix sont autorisées par l'autorité judiciaire.

Rédaction antérieure. Art. 42 *(Abr. à compter du 1er mai 2022, Ord. n° 2022-478, 30 mars 2022).* – Toute personne détenue a droit à la confidentialité de ses documents personnels. Ces documents peuvent être confiés au greffe de l'établissement qui les met à la disposition de la personne concernée. Les documents mentionnant le motif d'écrou de la personne détenue sont, dès son arrivée, obligatoirement confiés au greffe.

Section 5. – De l'accès à l'information

Rédaction antérieure. Art. 43 *(Abr. à compter du 1er mai 2022, Ord. n° 2022-478, 30 mars 2022).* – Les personnes détenues ont accès aux publications écrites et audiovisuelles. Toutefois, l'autorité administrative peut interdire l'accès des personnes détenues aux publications contenant des menaces graves contre la sécurité des personnes et des établissements ou des propos ou signes injurieux ou diffamatoires à l'encontre des agents et collaborateurs du service public pénitentiaire ainsi que des personnes détenues.

Section 6. – De la sécurité

Rédaction antérieure. Art. 44 *(Abr. à compter du 1er mai 2022, Ord. n° 2022-478, 30 mars 2022).* – L'administration pénitentiaire doit assurer à chaque personne détenue une protection effective de son intégrité physique en tous lieux collectifs et individuels.

Même en l'absence de faute, l'État est tenu de réparer le dommage résultant du décès d'une personne détenue causé par des violences commises au sein d'un établissement pénitentiaire par une autre personne détenue.

Toute personne détenue victime d'un acte de violence caractérisé commis par un ou plusieurs codétenus fait l'objet d'une surveillance et d'un régime de détention particuliers. Elle bénéficie prioritairement d'un encellulement individuel.

Lorsqu'une personne détenue s'est donné la mort, l'administration pénitentiaire informe immédiatement sa famille ou ses proches des circonstances dans lesquelles est intervenu le décès et facilite, à leur demande, les démarches qu'ils peuvent être conduits à engager.

Section 7. – De la santé

Rédaction antérieure. Art. 45 *(Abr. à compter du 1er mai 2022, Ord. n° 2022-478, 30 mars 2022).* – L'administration pénitentiaire respecte le droit au secret médical des personnes détenues ainsi que le secret de la consultation, dans le respect des troisième et quatrième alinéas de l'article L. 6141-5 du Code de la santé publique.

Rédaction antérieure. Art. 46 *(Abr. à compter du 1er mai 2022, Ord. n° 2022-478, 30 mars 2022).* – La prise en charge de la santé des personnes détenues est assurée par les établissements de santé *(Mots rempl., Ord. n° 2017-31, 12 janv. 2017)* « dans les conditions prévues par le Code de la santé publique ».

La qualité et la continuité des soins sont garanties aux personnes détenues dans des conditions équivalentes à celles dont bénéficie l'ensemble de la population.

Un protocole signé par le directeur général de l'agence régionale de santé, le directeur interrégional des services pénitentiaires, le chef de l'établissement pénitentiaire et le directeur de l'établissement de santé concerné définit les conditions dans lesquelles est assurée l'intervention des professionnels de santé appelés à intervenir en urgence dans les établissements pénitentiaires, afin de garantir aux personnes détenues un accès aux soins d'urgence dans des conditions équivalentes à celles dont bénéficie l'ensemble de la population.

L'état psychologique des personnes détenues est pris en compte lors de leur incarcération et pendant leur détention. L'administration pénitentiaire favorise la coordination des différents intervenants agissant pour la prévention et l'éducation sanitaires.

Elle assure un hébergement, un accès à l'hygiène, une alimentation et une cohabitation propices à la prévention des affections physiologiques ou psychologiques.

Rédaction antérieure. Art. 47 *(Abr. à compter du 1er mai 2022, Ord. n° 2022-478, 30 mars 2022).* – Une prise en charge sanitaire adaptée à leurs besoins doit être assurée aux femmes détenues, qu'elles soient accueillies dans un quartier pour femmes détenues ou dans un établissement dédié.

Rédaction antérieure. Art. 48 *(Abr. à compter du 1er mai 2022, Ord. n° 2022-478, 30 mars 2022).* – Ne peuvent être demandés aux médecins et aux personnels soignants intervenant en milieu carcéral ni un acte dénué de lien avec les soins ou avec la préservation de la santé des personnes détenues, ni une expertise médicale.

Rédaction antérieure. Art. 49 *(Abr. à compter du 1er mai 2022, Ord. n° 2022-478, 30 mars 2022).* – Doivent être titulaires d'un permis de visite les autorisant à s'entretenir avec les personnes détenues, hors de la présence du personnel pénitentiaire :

1° Les personnes bénévoles intervenant auprès des personnes malades en fin de vie, visées à l'article L. 1110-11 du Code de la santé publique ;

2° *(2° mod., L. n° 2016-41, 26 janv. 2016)* Les personnes majeures accompagnant les personnes malades mineures, visées à l'article L. 1111-5 du même code ;

3° Les personnes de confiance accompagnant et assistant les personnes malades, visées à l'article L. 1111-6 du même code ;

4° Les personnes présentes lors de la consultation des informations du dossier médical des personnes malades, visées à l'article L. 1111-7 du même code ;

5° Les personnes, visées au troisième alinéa de l'article L. 2212-7 du même code, accompagnant les détenues mineures à l'occasion d'une interruption volontaire de grossesse.

Rédaction antérieure. Art. 50 *(Abr. à compter du 1er mai 2022, Ord. n° 2022-478, 30 mars 2022).* – Toute personne détenue se trouvant dans la situation de handicap prévue par l'article L. 1111-6-1 du Code de la santé publique a le droit de désigner un aidant de son choix. L'administration pénitentiaire peut s'opposer au choix de l'aidant par une décision spécialement motivée.

Rédaction antérieure. Art. 51 *(Abr. à compter du 1er mai 2022, Ord. n° 2022-478, 30 mars 2022).* – Au début de son incarcération, il est proposé à toute personne détenue un bilan de santé relatif à sa consommation de produits stupéfiants, de médicaments psychotropes, d'alcool et de tabac. Ce bilan, effectué à titre préventif, dans un but de santé publique et dans l'intérêt du patient, reste confidentiel.

À titre expérimental et jusqu'au 1er janvier 2018, dans des conditions fixées par arrêté ministériel, l'État peut autoriser une évaluation de l'état dentaire de la personne détenue au début de son incarcération, dans un nombre limité d'établissements pénitentiaires.

Rédaction antérieure. Art. 52 *(Abr. à compter du 1er mai 2022, Ord. n° 2022-478, 30 mars 2022).* – Tout accouchement ou examen gynécologique doit se dérouler sans entraves et hors la présence du personnel pénitentiaire, afin de garantir le droit au respect de la dignité des femmes détenues.

Rédaction antérieure. Art. 53 *(Abr. à compter du 1er mai 2022, Ord. n° 2022-478, 30 mars 2022).* – Une visite médicale est proposée à toute personne condamnée dans le mois précédant sa libération.

Rédaction antérieure. Art. 54 *(Abr. à compter du 1er mai 2022, Ord. n° 2022-478, 30 mars 2022).* – Dans un délai de deux ans à compter de la promulgation de la présente loi, un dossier médical électronique unique est constitué pour chaque personne détenue.

Art. 55 et 56. – *[Non reproduits].*

Section 8. – De la surveillance

Rédaction antérieure. Art. 57 *(Abr. à compter du 1er mai 2022, Ord. n° 2022-478, 30 mars 2022).* – Hors les cas où les personnes détenues accèdent à l'établissement sans être restées sous la surveillance constante de l'administration pénitentiaire ou des forces de police ou de gendarmerie, les fouilles intégrales des personnes détenues doivent être justifiées par la présomption d'une infraction ou par les risques que leur comportement fait courir à la sécurité des personnes et au maintien du bon ordre dans l'établissement. Leur nature et leur fréquence sont strictement adaptées à ces nécessités et à la personnalité des personnes détenues. Elles peuvent être réalisées de façon systématique lorsque les nécessités de l'ordre public et les contraintes du service public pénitentiaire l'imposent. Dans ce cas, le chef d'établissement doit prendre une décision pour une durée maximale de trois mois renouvelable après un nouvel examen de la situation de la personne détenue.

Lorsqu'il existe des raisons sérieuses de soupçonner l'introduction au sein de l'établissement pénitentiaire d'objets ou de substances interdits ou constituant une menace pour la sécurité des personnes ou des biens, le chef d'établissement peut également ordonner des fouilles de personnes détenues dans des lieux et pour une période de temps déterminés, indépendamment de leur personnalité. Ces fouilles doivent être strictement nécessaires et proportionnées. Elles sont spécialement motivées et font l'objet d'un rapport circonstancié transmis au procureur de la République territorialement compétent et à la direction de l'administration pénitentiaire.

Les fouilles intégrales ne sont possibles que si les fouilles par palpation ou l'utilisation des moyens de détection électronique sont insuffisantes.

Les investigations corporelles internes sont proscrites, sauf impératif spécialement motivé. Elles ne peuvent alors être réalisées que par un médecin n'exerçant pas au sein de l'établissement pénitentiaire et requis à cet effet par l'autorité judiciaire.

Rédaction antérieure. Art. 58 *(Abr. à compter du 1er mai 2022, Ord. n° 2022-478, 30 mars 2022).* – Des caméras de surveillance peuvent être installées dans les espaces collectifs présentant un risque d'atteinte à l'intégrité physique des personnes au sein des établissements pénitentiaires. Cette faculté constitue une obligation pour l'ensemble des établissements pénitentiaires dont l'ouverture est postérieure à l'entrée en vigueur de la présente loi.

Rédaction antérieure. Art. 58-1 *(Abr. à compter du 1er mai 2022, Ord. n° 2022-478, 30 mars 2022).* – La direction de l'administration pénitentiaire peut mettre en œuvre des traitements de données à caractère personnel relatifs aux systèmes de vidéosurveillance de cellules de détention au sein des établissements pénitentiaires.

Ces traitements ont pour finalité le contrôle sous vidéosurveillance des cellules de détention dans lesquelles sont affectées les personnes placées sous main de justice, faisant l'objet d'une mesure d'isolement, dont l'évasion ou le suicide pourraient avoir un impact important sur l'ordre public eu égard aux circonstances particulières à l'origine de leur incarcération et à l'impact de celles-ci sur l'opinion publique.

Ces traitements garantissent la sécurité au sein de l'établissement en cas de risque d'évasion et celle de la personne placée dans l'éventualité d'un risque de passage à l'acte suicidaire.

Ces traitements ne peuvent concerner que les cellules de détention hébergeant des personnes placées en détention provisoire, faisant l'objet d'un mandat de dépôt criminel. Ils ne peuvent être mis en œuvre qu'à titre exceptionnel.

La personne détenue est informée du projet de la décision de placement sous vidéosurveillance et dispose de la faculté de produire des observations écrites et orales, dans le cadre d'une procédure contradictoire. À cette occasion, la personne détenue peut être assistée d'un avocat.

En cas d'urgence, le garde des sceaux, ministre de la justice, peut décider du placement provisoire sous vidéosurveillance de la personne détenue si la mesure est l'unique moyen d'éviter l'évasion ou le suicide de l'intéressé. Le placement provisoire ne peut excéder cinq jours. Au-delà de cette durée, si aucune décision de placement sous vidéosurveillance, prise dans les conditions ci-dessus décrites, n'est intervenue, il est mis fin à la mesure de vidéosurveillance. La durée du placement provisoire s'impute sur la durée totale de la mesure de vidéosurveillance.

Le placement de la personne détenue sous vidéosurveillance fait l'objet d'une décision spécialement motivée prise par le garde des sceaux, ministre de la justice, pour une durée de trois mois, renouvelable. Cette décision est notifiée à la personne détenue.

L'avis écrit du médecin intervenant dans l'établissement peut être recueilli à tout moment, notamment avant toute décision de renouvellement de la mesure.

Le système de vidéosurveillance permet un contrôle en temps réel de l'intéressé. Un pare-vue fixé dans la cellule garantit l'intimité de la personne tout en permettant la restitution d'images opacifiées. L'emplacement des caméras est visible.

Est enregistré dans ces traitements l'ensemble des séquences vidéo provenant de la vidéosurveillance des cellules concernées. Il n'y a ni transmission ni enregistrement sonore.

Aucun dispositif biométrique n'est couplé avec ces traitements de vidéosurveillance.

Les images enregistrées faisant l'objet de ces traitements sont conservées sur support numérique pendant un délai d'un mois.

S'il existe des raisons sérieuses de penser que la personne détenue présente des risques de passage à l'acte suicidaire ou d'évasion, le chef d'établissement ou son représentant peut consulter les données de la vidéosurveillance pendant un délai de sept jours à compter de l'enregistrement. Au-delà de ce délai de sept jours, les données ne peuvent être visionnées que dans le cadre d'une enquête judiciaire ou administrative.

Au terme du délai d'un mois, les données qui n'ont pas fait l'objet d'une transmission à l'autorité judiciaire ou d'une enquête administrative sont effacées.

Les personnes ou catégories de personnes qui, à raison de leurs fonctions ou pour les besoins du service, ont accès aux données à caractère personnel susmentionnées sont :

1° Les agents de l'administration pénitentiaire individuellement désignés et dûment habilités par le chef d'établissement pour les données visionnées en temps réel ;

2° Le chef d'établissement ou son représentant pour la consultation, dans le délai de sept jours, des données enregistrées ;

3° Le correspondant local informatique individuellement désigné et dûment habilité par le chef d'établissement.

Le droit d'opposition prévu à l'article 56 de la loi n° 78-17 du 6 janvier 1978 relative à l'informatique, aux fichiers et aux libertés ne s'applique pas aux traitements susmentionnés.

Les droits d'accès et de rectification prévus aux articles 49 et 50 de la loi n° 78-17 du 6 janvier 1978 précitée s'exercent auprès du chef d'établissement de l'administration pénitentiaire où sont mis en œuvre les traitements de vidéosurveillance.

Une affiche apposée à l'entrée de la cellule équipée d'un système de vidéosurveillance informe de l'existence dudit système ainsi que des modalités d'accès et de rectification des données recueillies.

Le traitement fait l'objet d'une journalisation concernant les consultations, les créations et les mises à jour. Ces journalisations sont conservées pour une durée de trois mois. Le traitement fait l'objet d'une journalisation des extractions des séquences vidéo enregistrées. Cette journalisation est conservée pour une durée d'un an.

Section 9. – Des mineurs détenus

Rédaction antérieure. Art. 59 *(Abr. à compter du 1er mai 2022, Ord. n° 2022-478, 30 mars 2022).* – L'administration pénitentiaire garantit aux mineurs détenus le respect des droits fondamentaux reconnus à l'enfant.

Art. 60. – Les mineurs détenus, lorsqu'ils ne sont pas soumis à l'obligation scolaire, sont tenus de suivre une activité à caractère éducatif.

Art. 61. – Les modalités d'application du présent chapitre sont fixées par décret en Conseil d'État.

Art. 62 *(V. L. n° 2004-204, 9 mars 2004).*

Art. 63. – L'article 1er de la loi n° 87-432 du 22 juin 1987 relative au service public pénitentiaire est abrogé.

Titre II. – Dispositions relatives au prononcé des peines, aux alternatives à la détention provisoire, aux aménagements des peines privatives de liberté et à la détention

Chapitre I. – Dispositions modifiant le Code pénal

Rédaction antérieure. Art. 64 *(Abr. à compter du 1er mai 2022, Ord. n° 2022-478, 30 mars 2022).* – Le Code pénal est modifié conformément aux dispositions du présent chapitre.

Section I. – Des aménagements de peines

Art. 65 *(V. C. pén., art. 132-24).*

Art. 66 *(V. C. pén., art. 132-25 à 132-26-1 et 132-27).*

Section II. – Du travail d'intérêt général

Art. 67 *(V. C. pén., art. 131-8).*

Art. 68 *(V. C. pén., art. 131-22).*

Art. 69 *(V. C. pén., art. 132-54, 132-55 et 132-57).*

Chapitre II. – Dispositions modifiant le Code de procédure pénale

Art. 70. – **Le Code de procédure pénale est modifié conformément aux dispositions du présent chapitre.**

Section I. – De l'assignation à résidence avec surveillance électronique

Art. 71. – **I. – L'intitulé de la section 7 du chapitre Ier du titre III du livre Ier est ainsi rédigé : « Du contrôle judiciaire, de l'assignation à résidence et de la détention provisoire ».**

II ***(V. CPP, art. 137).***

III. – Les sous-sections 2 et 3 de la section 7 du chapitre Ier du titre III du livre Ier deviennent respectivement les sous-sections 3 et 4, l'article 143 devient l'article 142-4 [du Code de procédure pénale] et, après cet article 142-4, il est rétabli une sous-section 2 ainsi rédigée : ***(V. CPP, art. 142-5 à 142-13).***

Section II. – Des aménagements de peines

Sous-section 1. – Du prononcé des aménagements de peines

Art. 72 ***(V. CPP, art. 707).***

Art. 73. – **I et II** ***(V. CPP, art. 498 et 505).***

III. – L'article 548 [du Code de procédure pénale] est abrogé.

IV et V ***(V. CPP, art. 549 et 708).***

Art. 74 ***(V. CPP, art. 712-6).***

Art. 75 ***(V. CPP, art. 712-8).***

Art. 76 ***(V. CPP, art. 712-19).***

Art. 77 ***(V. CPP, art. 712-21).***

Art. 78. – **L'article 712-22 devient l'article 712-23 [du Code de procédure pénale] et, après l'article 712-21, il est rétabli un article 712-22 ainsi rédigé :** ***(V. CPP, art. 712-22).***

Art. 79. – **I et II** ***(V. CPP, art. 720-1 et 720-1-1).***

III. – Le second alinéa de l'article 712-23 [du Code de procédure pénale], tel qu'il résulte de l'article 78 de la présente loi, est complété par les mots : « , soit en cas de délivrance du certificat médical visé à la seconde phrase du deuxième alinéa de l'article 720-1-1 ».

Art. 80 ***(V. CPP, art. 720-5).***

Art. 81 ***(V. CPP, art. 723, 723-1, 723-7 et 723-11).***

Art. 82 ***(V. CPP, art. 729).***

Art. 83 ***(V. CPP, art. 712-7, 712-13 et 730).***

Sous-section 2. – Des procédures simplifiées d'aménagement des peines

Art. 84. – **I. – L'article 723-14 devient l'article 723-13-1 [du Code de procédure pénale], et l'intitulé de la section VII du chapitre II du titre II du livre V ainsi que l'article 723-15 [du Code de procédure pénale] sont remplacés par les dispositions suivantes :** ***(V. CPP, art. 723-14 à 723-15-2).***

II ***(V. CPP, art. 723-16).***

III. – 1. Après l'article 723-18, il est inséré une division paragraphe 2 intitulée : « Dispositions applicables aux condamnés incarcérés ».

2. Après l'article 723-19, la division section VIII et son intitulé sont supprimés.

3 ***(V. CPP, art. 723-19 et 723-20).***

IV. – L'article 723-21 [du Code de procédure pénale] est abrogé.

V. – L'article 723-23 [du Code de procédure pénale] est abrogé.

VI à VIII ***(V. CPP, art. 723-24, 723-25 et 723-27).***

IX. – Après l'article 723-27, il est rétabli une division [section VIII] ainsi rédigée : ***(V. CPP, art. 723-28).***

Art. 85 ***(V. CPP, art. 723-29).***

Section III. – Des régimes de détention

Art. 86 *(V. CPP, art. 723-28).*

Art. 87 *(V. CPP, art. 715-1 et 716).*

Art. 88 *(V. CPP, art. 717).*

Art. 89 *(V. CPP, art. 717-1 et 763-7).*

Art. 90 *(V. CPP, art. 717-2).*

Art. 91 *(V. CPP, art. 726).*

Art. 92 *(V. CPP, art. 726-1).*

Section IV. – Dispositions diverses et de coordination

Art. 93 *(V. CPP, art. 113-5, 138, 143-1, 144, 145-4-1, 179, 181, 186, 207, 212, 394, 396, 397-7, 495-10, 501, 569, 706-53-2, 706-53-4, 706-64 et 706-71).*

Art. 94 *(V. CPP, art. 471, 474, 702-1, 710, 712-4, 721-3, 733-1, 747-2 et 775-1).*

Art. 95. – I à III *(V. CPP, art. 709-2, 716-5 et 719).*
IV. - 1. L'article 727 [du Code de procédure pénale] est abrogé.
2 *(Modifiant L. n° 83-520, 27 juin 1983).*

Art. 96 *(V. CPP, art. 844-1, 844-2, 868-2 à 868-4, 901-2, 926-1, 934-1 et 934-2).*

Art. 97. – Le Code de procédure pénale est ainsi modifié :
I. – L'article 222 [du Code de procédure pénale] est abrogé.
II *(V. CPP, art. 727-1).*

Titre III. – Dispositions finales

Art. 98 *(V. L. n° 2007-297, 5 mars 2007, art. 5).*

Art. 99 *(Mod., L. n° 2019-222, 23 mars 2019 ; L. n° 2021-1729, 22 déc. 2021).* – I. – Sous réserve des adaptations prévues au présent article, la présente loi est applicable, dans sa rédaction résultant de la loi n° 2021-1729 du 22 décembre 2021 pour la confiance dans l'institution judiciaire, en Nouvelle-Calédonie, en Polynésie française et dans les îles Wallis-et-Futuna.

I *bis*. – Les trois derniers alinéas de l'article 21 et l'article 55 ne sont pas applicables en Nouvelle-Calédonie, en Polynésie française et dans les îles Wallis-et-Futuna.

II. – Pour l'application des articles 2-1 et 8, la Nouvelle-Calédonie est regardée comme une collectivité territoriale.

II *bis*. – Pour l'application de l'article 2-1 en Nouvelle-Calédonie et en Polynésie française, le troisième alinéa est ainsi rédigé :

« Des conventions entre l'administration pénitentiaire et les autres services de l'État, les communes, les associations et d'autres personnes publiques ou privées définissent les conditions et modalités d'accès des personnes condamnées aux droits et dispositifs mentionnés au deuxième alinéa en détention. Les autres collectivités territoriales peuvent participer à la conclusion de ces conventions. »

II *ter*. – Pour l'application de l'article 2-1 dans les îles Wallis-et-Futuna, le troisième alinéa est ainsi rédigé :

« Des conventions entre l'administration pénitentiaire et les autres services de l'État, le territoire, les circonscriptions territoriales, les associations et d'autres personnes publiques ou privées définissent les conditions et modalités d'accès des personnes condamnées aux droits et dispositifs mentionnés au deuxième alinéa en détention. »

III. – L'État peut conclure avec les autorités compétentes *[Dispositions déclarées non conformes à la Constitution par la décision du Conseil constitutionnel n° 2009-593 DC du 19 nov. 2009 : JO 25 nov. 2009]* de la Polynésie française et de la Nouvelle-Calédonie une convention afin de définir les modalités d'application de l'article 46.

IV. – Les deuxième à quatrième alinéas de l'article 21 sont applicables à Mayotte.

V. – Par dérogation à l'article 5, un conseil d'évaluation unique est institué en Polynésie française auprès de l'ensemble des établissements pénitentiaires.

VI. – Pour l'application de l'article 27 à Saint-Pierre-et-Miquelon, les mots : « et le directeur du service pénitentiaire d'insertion et de probation » sont supprimés.

VII. – Pour son application dans les îles Wallis-et-Futuna, en Polynésie française et en Nouvelle-Calédonie, le 2° et le dernier alinéa de l'article 30 sont ainsi rédigés :

« 2° Pour prétendre au bénéfice des droits et des prestations d'aide sociale prévus par la réglementation applicable localement, lorsqu'elles ne disposent pas d'un domicile de secours ou d'un domicile personnel au moment de l'incarcération ou ne peuvent en justifier ; »

« Pour faciliter leurs démarches de préparation à la sortie, les personnes détenues peuvent également procéder à l'élection de domicile nécessaire à leur accès aux prestations d'aide sociale et à l'exercice de leurs droits prévus par la réglementation applicable localement, soit auprès du centre communal ou intercommunal d'action sociale, soit auprès de l'organisme agréé à cet effet, le plus proche du lieu où elles recherchent une activité en vue de leur insertion ou réinsertion ou le plus proche du lieu d'implantation d'un établissement de santé ou médico-social susceptible de les accueillir. »

VIII. – Pour l'application de l'article 45 dans les îles Wallis-et-Futuna, en Polynésie française et en Nouvelle-Calédonie, les mots : « , dans le respect des troisième et quatrième alinéas de l'article L. 6141-5 du Code de la santé publique » sont supprimés.

IX. – L'article 37 n'est pas applicable en Polynésie française.

X. – Pour l'application de l'article 38 dans les îles Wallis et Futuna, en Polynésie française et en Nouvelle-Calédonie, les mots : « le département » sont remplacés par les mots : « les institutions compétentes de la collectivité ».

XI. – Pour l'application de l'article 46 en Polynésie française et en Nouvelle-Calédonie, les mots : « par le Code de la sante publique » et les mots : « le directeur général de l'agence régionale de santé » sont remplacés respectivement par les mots : « par la réglementation applicable localement » et par les mots : « les institutions compétentes de la collectivité ».

XI *bis*. – Pour l'application de l'article 46 dans les îles Wallis-et-Futuna, les mots : « directeur général de l'agence régionale de santé » sont remplacés par les mots : « directeur de l'agence de santé ».

XII. – Pour l'application du 1° de l'article 49 en Polynésie française et en Nouvelle-Calédonie, les mots : « , visées à l'article L. 1110-11 du Code de la santé publique » sont supprimés.

XIII. – L'article 49 est applicable à Wallis-et-Futuna dans sa rédaction résultant de la loi n° 2016-41 du 26 janv. 2016.

Rédaction antérieure. Art. 100 *(Abr. à compter du 1er mai 2022, Ord. n° 2022-478, 30 mars 2022).* – Jusqu'au 31 décembre 2022, il peut être dérogé au placement en cellule individuelle dans les maisons d'arrêt au motif tiré de ce que la distribution intérieure des locaux ou le nombre de personnes détenues présentes ne permet pas son application. Au dernier trimestre de l'année 2019, puis au troisième trimestre de l'année 2022, le Gouvernement présente au Parlement un rapport sur l'encellulement individuel, qui comprend, en particulier, une information financière et budgétaire relative à l'exécution des programmes immobiliers pénitentiaires depuis la promulgation de la présente loi et à leur impact quant au respect de l'objectif de placement en cellule individuelle.

Cependant, la personne condamnée ou, sous réserve de l'accord du magistrat chargé de l'information, la personne prévenue peut demander son transfert dans la maison d'arrêt la plus proche permettant un placement en cellule individuelle.

Recommandation du 11 janvier 2006

du Comité des Ministres aux États membres sur les Règles pénitentiaires européennes

Le Comité des Ministres, en vertu de l'article 15 *b* du Statut du Conseil de l'Europe,

Prenant en compte la Convention européenne des droits de l'Homme ainsi que la jurisprudence de la Cour européenne des droits de l'Homme ;

Prenant également en compte le travail mené par le Comité européen pour la prévention de la torture et des peines ou traitements inhumains ou dégradants et plus particulièrement les normes qu'il a développés dans ses rapports généraux ;

Réitérant que nul ne peut être privé de sa liberté, à moins que cette privation de liberté constitue une mesure de dernier recours et qu'elle soit en conformité avec des procédures définies par la loi ;

Soulignant que l'exécution des peines privatives de liberté et la prise en charge des détenus nécessitent la prise en compte des impératifs de sécurité, de sûreté et de discipline et doivent, en même temps, garantir des conditions de détention qui ne portent pas atteinte à la dignité humaine et offrir des occupations constructives et une prise en charge permettant la préparation à leur réinsertion dans la société ;

Considérant qu'il est important que les États membres du Conseil de l'Europe continuent à mettre à jour et à respecter des principes communs au regard de leur politique pénitentiaire ;

Considérant en outre que le respect de tels principes communs renforcera la coopération internationale dans ce domaine ;

Ayant noté les changements sociaux importants qui ont influencé des développements significatifs dans le domaine pénal en Europe lors des deux dernières décennies ;

Approuvant encore une fois les normes contenues dans les recommandations du Comité des Ministres du Conseil de l'Europe, qui traitent des aspects spécifiques de la politique et pratique pénitentiaires et plus spécifiquement n° R (89) 12 sur l'éducation en prison ; n° R (93) 6 concernant les aspects pénitentiaires et criminologiques du contrôle des maladies transmissibles et notamment du sida, et les problèmes connexes de santé en prison ; n° R (97) 12 sur le personnel chargé de l'application des sanctions et mesures ; n° R (98) 7 relative aux aspects éthiques et organisationnels des soins de santé en milieu pénitentiaire ; n° R (99) 22 concernant le surpeuplement des prisons et l'inflation carcérale ; Rec(2003)22 concernant la libération conditionnelle et Rec(2003)23 concernant la gestion par les administrations pénitentiaires des condamnés à perpétuité et des autres détenus de longue durée ;

Ayant à l'esprit l'Ensemble des règles minima des Nations Unies pour le traitement des détenus ;

Considérant que la Recommandation n° R (87) 3 du Comité des Ministres sur les Règles pénitentiaires européennes doit être révisée et mise à jour de façon approfondie pour pouvoir refléter les développements qui sont survenus dans le domaine de la politique pénale, les pratiques de condamnation ainsi que de gestion des prisons en général en Europe,

Recommande aux gouvernements des États membres :

– de suivre dans l'élaboration de leurs législations ainsi que de leurs politiques et pratiques des règles contenues dans l'annexe à la présente recommandation qui remplace la Recommandation n° R (87) 3 du Comité des Ministres sur les Règles pénitentiaires européennes ;

– de s'assurer que la présente recommandation et son exposé des motifs soient traduits et diffusés de façon la plus large possible et plus spécifiquement parmi les autorités judiciaires, le personnel pénitentiaire et les détenus eux-mêmes.

PARTIE I. – PRINCIPES FONDAMENTAUX

1. Les personnes privées de liberté doivent être traitées dans le respect des droits de l'homme.

2. Les personnes privées de liberté conservent tous les droits qui ne leur ont pas été retirés selon la loi par la décision les condamnant à une peine d'emprisonnement ou les plaçant en détention provisoire.

3. Les restrictions imposées aux personnes privées de liberté doivent être réduites au strict nécessaire et doivent être proportionnelles aux objectifs légitimes pour lesquelles elles ont été imposées.

4. Le manque de ressources ne saurait justifier des conditions de détention violant les droits de l'homme.

5. La vie en prison est alignée aussi étroitement que possible sur les aspects positifs de la vie à l'extérieur de la prison.

6. Chaque détention est gérée de manière à faciliter la réintégration dans la société libre des personnes privées de liberté.

7. La coopération avec les services sociaux externes et, autant que possible, la participation de la société civile à la vie pénitentiaire doivent être encouragées.

8. Le personnel pénitentiaire exécute une importante mission de service public et son recrutement, sa formation et ses conditions de travail doivent lui permettre de fournir un haut niveau de prise en charge des détenus.

9. Toutes les prisons doivent faire l'objet d'une inspection gouvernementale régulière ainsi que du contrôle d'une autorité indépendante.

Champ d'application

10. 1. Les Règles pénitentiaires européennes s'appliquent aux personnes placées en détention provisoire par une autorité judiciaire ou privées de liberté à la suite d'une condamnation.

2. En principe, les personnes placées en détention provisoire par une autorité judiciaire et privées de liberté à la suite d'une condamnation ne peuvent être détenues que dans des prisons, à savoir des établissements réservés aux détenus relevant de ces deux catégories.

3. Les Règles s'appliquent aussi aux personnes :

a) détenues pour toute autre raison dans une prison ; ou

b) placées en détention provisoire par une autorité judiciaire ou privées de liberté à la suite d'une condamnation, mais qui sont, pour une raison quelconque, détenues dans d'autres endroits.

4. Toute personne détenue dans une prison ou dans les conditions mentionnées au paragraphe 3.b. est considérée comme un détenu aux fins des présentes règles.

11. 1. Les mineurs de dix-huit ans ne devraient pas être détenus dans des prisons pour adultes, mais dans des établissements spécialement conçus à cet effet.

2. Si des mineurs sont néanmoins exceptionnellement détenus dans ces prisons, leur situation et leurs besoins doivent être régis par des règles spéciales.

12. 1. Les personnes souffrant de maladies mentales et dont l'état de santé mentale est incompatible avec la détention en prison devraient être détenues dans un établissement spécialement conçu à cet effet.

2. Si ces personnes sont néanmoins exceptionnellement détenues dans une prison, leur situation et leurs besoins doivent être régis par des règles spéciales.

13. Les présentes Règles doivent être appliquées avec impartialité, sans discrimination aucune fondée notamment sur le sexe, la race, la couleur, la langue, la religion, les opinions politiques ou toutes autres opinions, l'origine nationale ou sociale, l'appartenance à une minorité nationale, la fortune, la naissance ou toute autre situation.

PARTIE II. – CONDITIONS DE DÉTENTION

Admission

14. Aucune personne ne peut être admise ou retenue dans une prison en qualité de détenu sans une ordonnance d'incarcération valable, conformément au droit interne.

15. 1. Au moment de l'admission, les informations suivantes concernant chaque nouveau détenu doivent immédiatement être consignées :

a) informations concernant l'identité du détenu ;

b) motif de sa détention et nom de l'autorité compétente l'ayant décidée ;

c) date et heure de son admission ;

d) liste des effets personnels du détenu qui seront placés en lieu sûr conformément à la Règle 31 ;

e) toute blessure visible et toute plainte de mauvais traitements antérieurs ; et

f) sous réserve des impératifs relatifs au secret médical, toute information sur l'état de santé du détenu significative pour le bien-être physique et mental de ce détenu ou des autres.

2. Au moment de l'admission, chaque détenu doit recevoir les informations prévues à la Règle 30.

3. Immédiatement après l'admission une notification de la détention du détenu doit être faite conformément à la Règle 24.9.

16. Dès que possible après l'admission :

a) les informations relatives à l'état de santé du détenu doivent être complétées par un examen médical conformément à la Règle 42 ;

b) le niveau de sécurité applicable à l'intéressé doit être déterminé conformément à la Règle 51 ;

c) le risque que fait poser l'intéressé doit être déterminé conformément à la Règle 52 ;

d) toute information existante sur la situation sociale du détenu doit être évaluée de manière à traiter ses besoins personnels et sociaux immédiats ; et

e) concernant les détenus condamnés, les mesures requises doivent être prises afin de mettre en place des programmes conformément à la partie VIII des présentes Règles.

Répartition et locaux de détention

17. 1. Les détenus doivent être répartis autant que possible dans des prisons situées près de leur foyer ou de leur centre de réinsertion sociale.

2. La répartition doit aussi prendre en considération les exigences relatives à la poursuite et aux enquêtes pénales, à la sécurité et à la sûreté, ainsi que la nécessité d'offrir des régimes appropriés à tous les détenus.

3. Dans la mesure du possible les détenus doivent être consultés concernant leur répartition initiale et concernant chaque transfèrement ultérieur d'une prison à une autre.

18. 1. Les locaux de détention et, en particulier, ceux qui sont destinés au logement des détenus pendant la nuit, doivent satisfaire aux exigences de respect de la dignité humaine et, dans la mesure du possible, de la vie privée, et répondre aux conditions minimales requises en matière de santé et d'hygiène, compte tenu des conditions climatiques, notamment en ce qui concerne l'espace au sol, le volume d'air, l'éclairage, le chauffage et l'aération.

2. Dans tous les bâtiments où des détenus sont appelés à vivre, à travailler ou à se réunir :

a) les fenêtres doivent être suffisamment grandes pour que les détenus puissent lire et travailler à la lumière naturelle dans des conditions normales, et pour permettre l'entrée d'air frais, sauf s'il existe un système de climatisation approprié ;

b) la lumière artificielle doit être conforme aux normes techniques reconnues en la matière ; et

c) un système d'alarme doit permettre aux détenus de contacter le personnel immédiatement.

3. Le droit interne doit définir les conditions minimales requises concernant les points répertoriés aux paragraphes 1 et 2.

4. Le droit interne doit prévoir des mécanismes garantissant que le respect de ces conditions minimales ne soit pas atteint à la suite du surpeuplement carcéral.

5. Chaque détenu doit en principe être logé pendant la nuit dans une cellule individuelle, sauf lorsqu'il est considéré comme préférable pour lui qu'il cohabite avec d'autres détenus.

6. Une cellule doit être partagée uniquement si elle est adaptée à un usage collectif et doit être occupée par des détenus reconnus aptes à cohabiter.

7. Dans la mesure du possible, les détenus doivent pouvoir choisir avant d'être contraints de partager une cellule pendant la nuit.

8. La décision de placer un détenu dans une prison ou une partie de prison particulière doit tenir compte de la nécessité de séparer :

a) les prévenus des détenus condamnés ;

b) les détenus de sexe masculin des détenus de sexe féminin ; et

c) les jeunes détenus adultes des détenus plus âgés.

9. Il peut être dérogé aux dispositions du paragraphe 8 en matière de séparation des détenus afin de permettre à ces derniers de participer ensemble à des activités organisées. Cependant les groupes visés doivent toujours être séparés la nuit, à moins que les intéressés ne consentent à cohabiter et que les autorités pénitentiaires estiment que cette mesure s'inscrit dans l'intérêt de tous les détenus concernés.

10. Les conditions de logement des détenus doivent satisfaire aux mesures de sécurité les moins restrictives possible et compatibles avec le risque que les intéressés s'évadent, se blessent ou blessent d'autres personnes.

Hygiène

19. 1. Tous les locaux d'une prison doivent être maintenus en état et propres à tout moment.

2. Les cellules ou autres locaux affectés à un détenu au moment de son admission doivent être propres.

3. Les détenus doivent jouir d'un accès facile à des installations sanitaires hygiéniques et protégeant leur intimité.

4. Les installations de bain et de douche doivent être suffisantes pour que chaque détenu puisse les utiliser, à une température adaptée au climat, de préférence quotidiennement mais au moins deux fois par semaine (ou plus fréquemment si nécessaire) conformément aux préceptes généraux d'hygiène.

5. Les détenus doivent veiller à la propreté et à l'entretien de leur personne, de leurs vêtements et de leur logement.

6. Les autorités pénitentiaires doivent leur fournir les moyens d'y parvenir, notamment par des articles de toilette ainsi que des ustensiles de ménage et des produits d'entretien.

7. Des mesures spéciales doivent être prises afin de répondre aux besoins hygiéniques des femmes.

Vêtements et literie

20. 1. Tout détenu dépourvu de vêtements personnels adéquats doit recevoir des vêtements adaptés au climat.

2. Ces vêtements ne doivent être ni dégradants, ni humiliants.

3. Ces vêtements doivent être maintenus en bon état et remplacés si nécessaire.

4. Quand un détenu obtient la permission de sortir de prison, il ne doit pas être contraint de porter des vêtements faisant état de sa condition de détenu.

21. Chaque détenu doit disposer d'un lit séparé et d'une literie individuelle convenable, entretenue correctement et renouvelée à des intervalles suffisamment rapprochés pour en assurer la propreté.

Régime alimentaire

22. 1. Les détenus doivent bénéficier d'un régime alimentaire tenant compte de leur âge, de leur état de santé, de leur état physique, de leur religion, de leur culture et de la nature de leur travail.

2. Le droit interne doit déterminer les critères de qualité du régime alimentaire en précisant notamment son contenu énergétique et protéinique minimal.

3. La nourriture doit être préparée et servie dans des conditions hygiéniques.

4. Trois repas doivent être servis tous les jours à des intervalles raisonnables.

5. Les détenus doivent avoir accès à tout moment à l'eau potable.

6. Le médecin ou un(e) infirmier(ère) qualifié(e) doit prescrire la modification du régime alimentaire d'un détenu si cette mesure apparaît nécessaire pour des raisons médicales.

Contacts avec le monde extérieur

24. 1. Les détenus doivent être autorisés à communiquer aussi fréquemment que possible – par lettre, par téléphone ou par d'autres moyens de communication – avec leur famille, des tiers et des représentants d'organismes extérieurs, ainsi qu'à recevoir des visites desdites personnes.

2. Toute restriction ou surveillance des communications et des visites nécessaire à la poursuite et aux enquêtes pénales, au maintien du bon ordre, de la sécurité et de la sûreté, ainsi qu'à la prévention d'infractions pénales et à la protection des victimes – y compris à la suite d'une ordonnance spécifique délivrée par une autorité judiciaire – doit néanmoins autoriser un niveau minimal acceptable de contact.

3. Le droit interne doit préciser les organismes nationaux et internationaux, ainsi que les fonctionnaires, avec lesquels les détenus peuvent communiquer sans restrictions.

4. Les modalités des visites doivent permettre aux détenus de maintenir et de développer des relations familiales de façon aussi normale que possible.

5. Les autorités pénitentiaires doivent aider les détenus à maintenir un contact adéquat avec le monde extérieur et leur fournir l'assistance sociale appropriée pour ce faire.

6. Dès réception, l'information du décès ou de la maladie grave d'un proche parent doit être communiquée au détenu.

7. Lorsque les circonstances le permettent, le détenu doit être autorisé à quitter la prison – soit sous escorte, soit librement – pour rendre visite à un parent malade, assister à des obsèques ou pour d'autres raisons humanitaires.

8. Tout détenu doit avoir le droit d'informer immédiatement sa famille de sa détention ou de son transfèrement dans un autre établissement, ainsi que de toute maladie ou blessure grave dont il souffre.

9. En cas d'admission d'un détenu dans une prison, de décès, de maladie grave, de blessure sérieuse ou de transfèrement dans un hôpital, les autorités – sauf demande contraire du détenu – doivent informer immédiatement son conjoint ou son compagnon ou bien, si l'intéressé est célibataire, le parent le plus proche et toute autre personne préalablement désignée par le détenu.

10. Les détenus doivent pouvoir se tenir régulièrement informés des affaires publiques, en pouvant s'abonner et en lisant des journaux quotidiens, des périodiques et d'autres publications, et en suivant des émissions de radio ou de télévision, à moins qu'une interdiction n'ait été prononcée par une autorité judiciaire dans un cas individuel et pour une durée spécifiée.

11. Les autorités pénitentiaires doivent veiller à ce que les détenus puissent participer aux élections, aux référendums et aux autres aspects de la vie publique, à moins que l'exercice de ce droit par les intéressés ne soit limité en vertu du droit interne.

12. Les détenus doivent être autorisés à communiquer avec les médias, à moins que des raisons impératives ne s'y opposent au nom de la sécurité et de la sûreté, de l'intérêt public ou de la protection des victimes, des autres détenus et du personnel.

Régime pénitentiaire

25. 1. Le régime prévu pour tous les détenus doit offrir un programme d'activités équilibré.

2. Ce régime doit permettre à tous les détenus de passer chaque jour hors de leur cellule autant de temps que nécessaire pour assurer un niveau suffisant de contacts humains et sociaux.

3. Ce régime doit aussi pourvoir aux besoins sociaux des détenus.

4. Une attention particulière doit être portée aux besoins des détenus qui ont subi des violences physiques, mentales ou sexuelles.

Travail

26. 1. Le travail en prison doit être considéré comme un élément positif du régime carcéral et en aucun cas être imposé comme une punition.

2. Les autorités pénitentiaires doivent s'efforcer de procurer un travail suffisant et utile.

3. Ce travail doit permettre, dans la mesure du possible, d'entretenir ou d'augmenter la capacité du détenu à gagner sa vie après sa sortie de prison.

4. Conformément à la Règle 13, aucune discrimination fondée sur le sexe ne doit s'exercer dans l'attribution d'un type de travail.

5. Un travail incluant une formation professionnelle doit être proposé aux détenus en mesure d'en profiter et plus particulièrement aux jeunes.

6. Dans la mesure du possible, les détenus doivent pouvoir choisir le type de travail qu'ils désirent accomplir, sous réserve des limites inhérentes à une sélection professionnelle appropriée et des exigences du maintien du bon ordre et de la discipline.

7. L'organisation et les méthodes de travail dans les prisons doivent se rapprocher autant que possible de celles régissant un travail analogue hors de la prison, afin de préparer les détenus aux conditions de la vie professionnelle normale.

8. Bien que le fait de tirer un profit financier du travail pénitentiaire puisse avoir pour effet d'élever le niveau et d'améliorer la qualité et la pertinence de la formation, les intérêts des détenus ne doivent cependant pas être subordonnés à cette fin.

9 Le travail des détenus doit être procuré par les autorités pénitentiaires, avec ou sans le concours d'entrepreneurs privés, à l'intérieur ou à l'extérieur de la prison.

10. En tout état de cause, le travail des détenus doit être rémunéré de façon équitable.

11. Les détenus doivent pouvoir consacrer au moins une partie de leur rémunération à l'achat d'objets autorisés destinés à leur usage personnel et à en envoyer une autre partie à leur famille.

12. Les détenus peuvent être incités à économiser une partie de leur rémunération et doivent pouvoir récupérer cette somme à leur sortie de prison ou l'affecter à d'autres usages autorisés.

13. Les mesures appliquées en matière de santé et de sécurité doivent assurer une protection efficace des détenus et ne peuvent pas être moins rigoureuses que celles dont bénéficient les travailleurs hors de prison.

14. Des dispositions doivent être prises pour indemniser les détenus victimes d'accidents du travail et de maladies professionnelles dans des conditions non moins favorables que celles prévues par le droit interne pour les travailleurs hors de prison.

15. Le nombre quotidien et hebdomadaire maximal d'heures de travail des détenus doit être fixé conformément à la réglementation ou aux usages locaux concernant l'emploi des travailleurs libres.

16. Les détenus doivent bénéficier d'au moins une journée de repos hebdomadaire et de suffisamment de temps pour s'instruire et s'adonner à d'autres activités.

17. Les détenus exerçant un travail doivent, dans la mesure du possible, être affiliés au régime national de sécurité sociale.

Exercice physique et activités récréatives

27. 1. Tout détenu doit avoir l'opportunité, si le temps le permet, d'effectuer au moins une heure par jour d'exercice en plein air.

2. En cas d'intempérie, des solutions de remplacement doivent être proposées aux détenus désirant faire de l'exercice.

3. Des activités correctement organisées – conçues pour maintenir les détenus en bonne forme physique, ainsi que pour leur permettre de faire de l'exercice et de se distraire – doivent faire partie intégrante des régimes carcéraux.

4. Les autorités pénitentiaires doivent faciliter ce type d'activités en fournissant les installations et les équipements appropriés.

5. Les autorités pénitentiaires doivent prendre des dispositions spéciales pour organiser, pour les détenus qui en auraient besoin, des activités particulières.

6. Des activités récréatives – comprenant notamment du sport, des jeux, des activités culturelles, des passe-temps et la pratique de loisirs actifs – doivent être proposées aux détenus et ces derniers doivent, autant que possible, être autorisés à les organiser.

7. Les détenus doivent être autorisés à se réunir dans le cadre des séances d'exercice physique et de la participation à des activités récréatives.

Éducation

28. 1. Toute prison doit s'efforcer de donner accès à tous les détenus à des programmes d'enseignement qui soient aussi complets que possible et qui répondent à leurs besoins individuels tout en tenant compte de leurs aspirations.

2. Priorité doit être donnée aux détenus qui ne savent pas lire ou compter et à ceux qui n'ont pas d'instruction élémentaire ou de formation professionnelle.

3. Une attention particulière doit être portée à l'éducation des jeunes détenus et de ceux ayant des besoins particuliers.

4. L'instruction doit, du point de vue des régimes carcéraux, être considérée au même titre que le travail et les détenus ne doivent pas être pénalisés, que ce soit financièrement ou d'une autre manière, par leur participation à des activités éducatives.

5. Chaque établissement doit disposer d'une bibliothèque destinée à tous les détenus, disposant d'un fonds satisfaisant de ressources variées, à la fois récréatives et éducatives, de livres et d'autres supports.

6. Partout où cela est possible, la bibliothèque de la prison devrait être organisée avec le concours des bibliothèques publiques.

7. Dans la mesure du possible, l'instruction des détenus :

a) doit être intégrée au système d'éducation et de formation professionnelle publique, afin que les intéressés puissent poursuivre aisément leur éducation et formation professionnelle après leur sortie de prison ; et

b) doit être dispensée sous l'égide d'établissements d'enseignement externes.

Liberté de pensée, de conscience et de religion

29. 1. Le droit à la liberté de pensée, de conscience et de religion des détenus doit être respecté.

2. Le régime carcéral doit être organisé, autant que possible, de manière à permettre aux détenus de pratiquer leur religion et de suivre leur philosophie, de participer à des services ou réunions menés par des représentants agréés des dites religions ou philosophies, de recevoir en privé des visites de tels représentants de leur religion ou leur philosophie et d'avoir en leur possession des livres ou publications à caractère religieux ou spirituel.

3. Les détenus ne peuvent être contraints de pratiquer une religion ou de suivre une philosophie, de participer à des services ou des réunions religieux, de participer à des pratiques religieuses ou bien d'accepter la visite d'un représentant d'une religion ou d'une philosophie quelconque.

Information

30. 1. Lors de son admission et ensuite aussi souvent que nécessaire, chaque détenu doit être informé par écrit et oralement – dans une langue qu'il comprend – de la réglementation relative à la discipline, ainsi que de ses droits et obligations en prison.

2. Tout détenu doit être autorisé à garder en sa possession la version écrite des informations lui ayant été communiquées.

3. Tout détenu doit être informé des procédures judiciaires auxquelles il est partie et, en cas de condamnation, de la durée de sa peine et de ses possibilités de libération anticipée.

Objets appartenant aux détenus

31. 1. Les objets qui ne peuvent pas rester en possession d'un détenu, en vertu du règlement intérieur, doivent être placés en lieu sûr lors de l'admission dans la prison.

2. Tout détenu dont les objets sont placés en lieu sûr doit signer un inventaire dressé en conséquence.

3. Des mesures doivent être prises pour conserver ces objets en bon état.

4. S'il s'avère nécessaire de détruire un objet, ce fait doit être consigné et le détenu informé.

5. Les détenus doivent avoir le droit, sous réserve des restrictions et règles relatives à l'hygiène, au bon ordre et à la sûreté, de s'acheter ou d'obtenir des marchandises, y compris des aliments et des boissons, à des prix qui ne soient pas anormalement supérieurs à ceux pratiqués à l'extérieur.

6. Si un détenu est en possession de médicaments au moment de son admission, le médecin doit décider de l'usage à en faire.

7. Si les détenus sont autorisés à conserver des objets en leur possession, les autorités pénitentiaires doivent prendre des mesures permettant de garder lesdits objets en sécurité.

Transfèrement des détenus

32. 1. Au cours de leur transfert vers une prison, ainsi que vers d'autres endroits tels que le tribunal ou l'hôpital, les détenus doivent être exposés aussi peu que possible à la vue du public et les autorités doivent prendre des mesures pour protéger leur anonymat.

2. Le transport des détenus dans des véhicules mal aérés ou mal éclairés ou bien dans des conditions leur imposant une souffrance physique ou une humiliation évitables doit être interdit.

3. Le transport des détenus doit être assuré aux frais des autorités publiques et sous leur direction.

Libération des détenus

33. 1. Tout détenu doit être libéré sans tarder dès l'expiration de l'ordonnance prévoyant son incarcération ou dès qu'un tribunal ou une autre autorité en décide ainsi.

2. La date et l'heure de la libération doivent être consignées.

3. Tout détenu doit bénéficier de dispositions visant à faciliter son retour dans la société après sa libération.

4. Lors de sa libération, tout détenu doit récupérer l'argent et les objets dont il a été dépossédé et qui ont été placés en lieu sûr, à l'exception des sommes qu'il a régulièrement prélevées, ainsi que des objets qu'il a été autorisé à envoyer à l'extérieur ou qui ont dû être détruits par mesure d'hygiène.

5. Le détenu doit signer une décharge relative aux biens restitués.

6. Lorsque la libération est fixée en avance, le détenu doit se voir proposer un examen médical conformément à la Règle 42, aussi peu de temps que possible avant l'heure de sa libération.

7. Des dispositions doivent être prises pour s'assurer que chaque détenu libéré dispose des documents et pièces d'identité nécessaires, et reçoive une aide en matière de recherche d'un logement approprié et d'un travail.

8. Le détenu doit également être pourvu des moyens immédiatement nécessaires à sa subsistance, doté de vêtements convenables et appropriés au climat et à la saison, et doté des moyens suffisants pour arriver à destination.

Femmes

34. 1. Outre les dispositions des présentes Règles visant spécifiquement les détenues, les autorités doivent également respecter les besoins des femmes, entre autres aux niveaux physique, professionnel, social et psychologique, au moment de prendre des décisions affectant l'un ou l'autre aspect de leur détention.

2. Des efforts particuliers doivent être déployés pour permettre l'accès à des services spécialisés aux détenues qui ont des besoins tels que mentionnés à la Règle 25.4.

3. Les détenues doivent être autorisées à accoucher hors de prison mais, si un enfant vient à naître dans l'établissement, les autorités doivent fournir l'assistance et les infrastructures nécessaires.

Mineurs

35. 1. Lorsque des mineurs de dix-huit ans sont exceptionnellement détenus dans une prison pour adultes, les autorités doivent veiller à ce qu'ils puissent accéder non seulement aux services offerts à tous les détenus, mais aussi aux services sociaux, psychologiques et éducatifs, à un enseignement religieux et à des programmes récréatifs ou à des activités similaires, tels qu'ils sont accessibles aux mineurs vivant en milieu libre.

2. Tout mineur détenu ayant l'âge de la scolarité obligatoire doit avoir accès à un tel enseignement.

3. Une aide supplémentaire doit être octroyée aux mineurs libérés de prison.

4. Lorsque des mineurs sont détenus en prison, ils doivent résider dans une partie de la prison séparée de celles abritant des adultes, sauf si cela est contraire à l'intérêt de l'enfant.

Enfants en bas âge

36. 1. Les enfants en bas âge peuvent rester en prison avec un parent incarcéré, uniquement si tel est l'intérêt de l'enfant concerné. Ils ne doivent pas être considérés comme des détenus.

2. Lorsque des enfants en bas âge sont autorisés à rester en prison avec un parent, des mesures spéciales doivent être prises pour disposer d'une crèche dotée d'un personnel qualifié, où les enfants sont placés quand le parent pratique une activité dont l'accès n'est pas permis aux enfants en bas âge.

3. Une infrastructure spéciale doit être réservée afin de protéger le bien-être de ces enfants en bas âge.

Ressortissants étrangers

37. 1. Les détenus ressortissants d'un pays étranger doivent être informés, sans délai, de leur droit de prendre contact avec leurs représentants diplomatiques ou consulaires et bénéficier de moyens raisonnables pour établir cette communication.

PARTIE IV. – BON ORDRE

Approche générale

49. Le bon ordre dans la prison doit être maintenu en prenant en compte les impératifs de sécurité, de sûreté et de discipline, tout en assurant aux détenus des conditions de vie qui respectent la dignité humaine et en leur offrant un programme complet d'activités, conformément à la Règle 25.

50. Sous réserve des impératifs de bon ordre, de sûreté et de sécurité, les détenus doivent être autorisés à discuter de questions relatives à leurs conditions générales de détention et doivent être encouragés à communiquer avec les autorités pénitentiaires à ce sujet.

Sécurité

51. 1. Les mesures de sécurité appliquées aux détenus individuels doivent correspondre au minimum requis pour assurer la sécurité de leur détention.

2. La sécurité assurée par des barrières physiques et autres moyens techniques doit être complétée par une sécurité dynamique assurée par des membres du personnel alertes connaissant bien les détenus dont ils ont la charge.

3. Aussi rapidement que possible après son admission, chaque détenu doit être évalué afin de déterminer :

a) le risque qu'il ferait peser sur la collectivité en cas d'évasion ;

b) la probabilité qu'il tente de s'évader seul ou avec l'aide de complices extérieurs.

4. Chaque détenu est ensuite soumis à un régime de sécurité correspondant au niveau de risque identifié.

5. Le niveau de sécurité nécessaire doit être réévalué régulièrement pendant la détention de l'intéressé.

Sûreté

52. 1. Aussi rapidement que possible après son admission, chaque détenu doit être évalué afin de déterminer s'il pose un risque pour la sécurité des autres détenus, du personnel pénitentiaire ou des personnes travaillant dans la prison ou la visitant régulièrement, ainsi que pour établir s'il présente un risque pour lui-même.

2. Des procédures doivent être mises en place pour assurer la sécurité des détenus, du personnel pénitentiaire et de tous les visiteurs, ainsi que pour réduire au minimum les risques de violences et autres incidents qui pourraient menacer la sécurité.

3. Tous les efforts possibles doivent être déployés pour permettre aux détenus de participer pleinement et en toute sécurité aux activités journalières.

4. Les détenus doivent être en mesure de contacter le personnel à tout instant, y compris la nuit.

5. Le droit interne en matière de santé et de sécurité doit s'appliquer également dans les prisons.

Mesures spéciales de haute sécurité ou de sûreté

53. 1. Le recours à des mesures de haute sécurité ou de sûreté n'est autorisé que dans des circonstances exceptionnelles.

2. Des procédures claires, à appliquer à l'occasion du recours à de telles mesures pour tous détenus, doivent être établies.

3. La nature de ces mesures, leur durée et les motifs permettant d'y recourir doivent être déterminés par le droit interne.

4. L'application des mesures doit être, dans chaque cas, approuvée par l'autorité compétente pour une période donnée.

5. Toute décision d'extension de la période d'application doit faire l'objet d'une nouvelle approbation par l'autorité compétente.

6. Ces mesures doivent être appliquées à des individus et non à des groupes de détenus.

7. Tout détenu soumis à de telles mesures a le droit de déposer une plainte selon la procédure prévue à la Règle 70.

Fouilles et contrôles

54. 1. Le personnel doit suivre des procédures détaillées lorsqu'il fouille :

a) des endroits où des détenus vivent, travaillent et se rassemblent ;

b) des détenus ;

c) des visiteurs et leurs effets ; et

d) des membres du personnel.

2. Les situations dans lesquelles ces fouilles s'imposent, ainsi que leur nature, doivent être définies par le droit interne.

3. Le personnel doit être formé à mener ces fouilles en vue de détecter et de prévenir les tentatives d'évasion ou de dissimulation d'objets entrés en fraude, tout en respectant la dignité des personnes fouillées et leurs effets personnels.

4. Les personnes fouillées ne doivent pas être humiliées par le processus de fouille.

5. Les personnes peuvent uniquement être fouillées par un membre du personnel du même sexe.

6. Aucun examen des cavités corporelles ne peut être effectué par le personnel pénitentiaire.

7. Un examen intime dans le cadre d'une fouille ne peut être réalisé que par un médecin.

8. Tous les détenus doivent assister à la fouille de leurs effets personnels, à moins que les techniques de fouille ou le danger potentiel que cela représente pour le personnel ne l'interdise.

9. L'obligation de protéger la sécurité et la sûreté doit être mise en balance avec le respect de l'intimité des visiteurs.

10. Les procédures de contrôle des visiteurs professionnels – avocats, travailleurs sociaux, médecins, etc. – doivent être établies en accord avec leurs organisations représentatives, de manière à trouver un équilibre entre la sécurité et la sûreté d'une part et le droit à la confidentialité des communications entre ces praticiens et leurs clients ou patients d'autre part.

Infractions pénales

55. Toute allégation d'infraction pénale commise en prison doit faire l'objet de la même enquête que celle réservée aux actes du même type commis à l'extérieur, et doit être traitée conformément au droit interne.

Discipline et sanctions

56. 1. Les procédures disciplinaires doivent être des mécanismes de dernier ressort.

2. Dans toute la mesure du possible, les autorités pénitentiaires doivent recourir à des mécanismes de restauration et de médiation pour résoudre leurs différends avec les détenus et les disputes entre ces derniers.

57. 1. Seul un comportement susceptible de faire peser une menace sur le bon ordre, la sûreté et la sécurité peut être défini comme une infraction disciplinaire.

2. Le droit interne doit déterminer :

a) les actes ou omissions des détenus constituant une infraction disciplinaire ;

b) les procédures à suivre en matière disciplinaire ;

c) le type et la durée des sanctions disciplinaires pouvant être infligées ;

d) l'autorité compétente pour infliger ces sanctions ; et

e) l'instance pouvant être saisie d'un recours et la procédure d'appel.

58. Toute allégation de violation des règles de discipline par un détenu doit être signalée rapidement à l'autorité compétente qui doit lancer une enquête sans délai.

59. Tout détenu accusé d'une infraction disciplinaire doit :

a) être informé rapidement, dans une langue qu'il comprend et en détail, de la nature des accusations portées contre lui ;

b) disposer d'un délai et de moyens suffisants pour préparer sa défense ;

c) être autorisé à se défendre seul ou avec une assistance judiciaire, lorsque l'intérêt de la justice l'exige ;

d) être autorisé à demander la comparution de témoins et à les interroger ou à les faire interroger ;

e) bénéficier de l'assistance gratuite d'un interprète s'il ne comprend pas ou ne parle pas la langue utilisée pendant l'audience.

60. 1. Toute sanction infligée à la suite de la condamnation d'un détenu ayant commis une infraction disciplinaire doit être conforme au droit interne.

2. La sévérité de la sanction doit être proportionnelle à la gravité de l'infraction.

3. Les sanctions collectives, les peines corporelles, le placement dans une cellule obscure, ainsi que toute autre forme de sanction inhumaine ou dégradante doivent être interdites.

4. La sanction ne peut pas consister en une interdiction totale des contacts avec la famille.

5. La mise à l'isolement ne peut être imposée à titre de sanction que dans des cas exceptionnels et pour une période définie et aussi courte que possible.

6. Les moyens de contrainte ne doivent jamais être utilisés à titre de sanction.

61. Tout détenu reconnu coupable d'une infraction disciplinaire doit pouvoir intenter un recours devant une instance supérieure compétente et indépendante.

62. Aucun détenu ne peut occuper dans la prison un emploi ou un poste lui conférant des pouvoirs disciplinaires.

Double incrimination

63. Aucun détenu ne peut être puni deux fois pour les mêmes faits ou la même conduite.

Recours à la force

64. 1. Le personnel pénitentiaire ne doit pas utiliser la force contre les détenus, sauf en cas de légitime défense, de tentative d'évasion ou de résistance active ou passive à un ordre licite et toujours en dernier recours.

2. La force utilisée doit correspondre au minimum nécessaire et être imposée pour une période aussi courte que possible.

65. Des procédures détaillées doivent régir le recours à la force et préciser notamment :

a) les divers types de recours à la force envisageables ;

b) les circonstances dans lesquelles chaque type de recours à la force est autorisé ;

c) les membres du personnel habilités à appliquer tel ou tel type de recours à la force ;

d) le niveau d'autorité requis pour décider d'un recours à la force ;

e) les rapports à rédiger après chaque recours à la force.

66. Le personnel en contact direct avec les détenus doit être formé aux techniques permettant de maîtriser avec le minimum de force les individus agressifs.

67. 1. Le personnel des autres services de maintien de l'ordre ne doit intervenir sur des détenus à l'intérieur des prisons que dans des circonstances exceptionnelles.

2. Les autorités pénitentiaires et le service de maintien de l'ordre concerné doivent auparavant conclure un accord formel, à moins que ces relations ne soient déjà régies par le droit interne.

3. Ledit accord doit stipuler :

a) les circonstances dans lesquelles les membres d'autres services de maintien de l'ordre peuvent entrer dans une prison pour résoudre une situation conflictuelle ;

b) l'autorité dont dispose le service de maintien de l'ordre concerné lorsqu'il est dans la prison et ses relations avec le directeur de l'établissement ;

c) les divers types de recours à la force que les membres de ce service peuvent appliquer ;

d) les circonstances dans lesquelles chaque type de recours à la force est envisageable ;

e) le niveau d'autorité requis pour décider d'un recours à la force ;

f) les rapports à rédiger après chaque recours à la force.

Moyens de contrainte

68. 1. L'emploi de chaînes et de fers doit être prohibé.

2. Il doit être interdit d'utiliser des menottes, camisoles de force et autres entraves sauf :

a) au besoin, par mesure de précaution contre une évasion pendant un transfèrement, pourvu qu'elles soient enlevées dès que le détenu comparaît devant une autorité judiciaire ou administrative, à moins que ladite autorité en décide autrement ;

b) sur ordre du directeur, lorsque les autres méthodes de contrôle ont échoué, afin d'empêcher un détenu de se blesser, de blesser des tiers ou de provoquer de sérieux dommages matériels, à condition que le directeur prévienne immédiatement le médecin et signale les faits aux autorités pénitentiaires supérieures.

3. Les moyens de contrainte ne doivent pas être appliqués plus longtemps qu'il est strictement nécessaire.

4. Les modalités d'utilisation des moyens de contrainte doivent être précisées par le droit interne.

Armes

69. 1. Sauf urgence opérationnelle, le personnel pénitentiaire ne doit jamais porter d'armes létales dans le périmètre de la prison.

2. Le port visible d'autres armes, y compris des matraques, par des personnes en contact avec des détenus doit être interdit dans le périmètre de la prison sauf si celles-ci sont nécessaires pour la sécurité et la sûreté lors d'un incident particulier.

3. Aucun membre du personnel ne reçoit d'arme sans avoir été formé à son maniement.

Requêtes et plaintes

70. 1. Les détenus doivent avoir l'occasion de présenter des requêtes et des plaintes individuelles ou collectives au directeur de la prison ou à toute autre autorité compétente.

2. Si une médiation semble appropriée, elle devrait être envisagée en premier lieu.

3. En cas de rejet de sa requête ou de sa plainte, les motifs de ce rejet doivent être communiqués au détenu concerné et ce dernier doit pouvoir introduire un recours devant une autorité indépendante.

4 Les détenus ne doivent pas être punis pour avoir présenté une requête ou avoir introduit une plainte.

5. L'autorité compétente doit tenir compte de toute plainte écrite émanant de la famille d'un détenu lorsque ladite plainte fait état de violations des droits de l'intéressé.

6. Aucune plainte par le représentant juridique ou par une organisation défendant le bien-être de la population pénitentiaire ne peut être déposée au nom d'un détenu si l'intéressé s'y oppose.

7. Les détenus doivent avoir le droit de solliciter un avis juridique sur les procédures de plainte et d'appel internes, ainsi que les services d'un avocat lorsque l'intérêt de la justice l'exige.

PARTIE V. – DIRECTION ET PERSONNEL

La prison en tant que service public

71. Les prisons doivent être placées sous la responsabilité des autorités publiques et être séparées des services de l'armée, de police et d'enquête pénale.

72. 1. Les prisons doivent être gérées dans un cadre éthique soulignant l'obligation de traiter tous les détenus avec humanité et de respecter la dignité inhérente à tout être humain.

2. Le personnel doit avoir une idée claire du but poursuivi par le système pénitentiaire. La direction doit montrer la voie à suivre pour atteindre efficacement ce but.

3. Les devoirs du personnel excèdent ceux de simples gardiens et doivent tenir compte de la nécessité de faciliter la réinsertion des détenus dans la société à la fin de leur peine, par le biais d'un programme positif de prise en charge et d'assistance.

4. Le personnel doit exercer son travail en respectant des normes professionnelles et personnelles élevées.

73. Les autorités pénitentiaires doivent accorder une grande importance à l'observation des règles applicables au personnel.

74. La gestion des relations entre le personnel en contact direct avec les détenus et ces derniers doit faire l'objet d'une attention particulière.

75. Le personnel doit en toute circonstance se comporter et accomplir ses tâches de telle manière que son exemple exerce une influence positive sur les détenus et suscite leur respect.

Sélection du personnel pénitentiaire

76. Le personnel est soigneusement sélectionné, convenablement formé – à la fois dans le cadre de son instruction initiale et de sa formation continue – rémunéré comme une main-d'œuvre spécialisée et doté d'un statut susceptible de lui assurer le respect de la société civile.

77. Lors de la sélection de nouveaux membres du personnel, les autorités pénitentiaires doivent souligner le besoin d'intégrité, de qualités humaines et de compétences professionnelles des candidats, ainsi que les aptitudes requises pour effectuer le travail complexe qui les attend.

78. Les membres du personnel pénitentiaire professionnel doivent normalement être employés à titre permanent en qualité d'agents de la fonction publique et bénéficier, en conséquence, d'une sécurité de l'emploi ne dépendant que de leur bonne conduite, de leur efficacité, de leur aptitude physique, de leur santé mentale et de leur niveau d'instruction.

79. 1. La rémunération doit être suffisante pour permettre de recruter et de conserver un personnel compétent.

2. Les avantages sociaux et les conditions d'emploi doivent être déterminés en tenant compte de la nature astreignante de tout travail effectué dans le cadre d'un service de maintien de l'ordre.

80. Chaque fois qu'il est nécessaire d'employer du personnel à temps partiel, ces critères doivent être appliqués dans la mesure où ils sont pertinents.

Formation du personnel pénitentiaire

81. 1. Avant d'entrer en fonctions, le personnel doit suivre un cours de formation générale et spéciale, et réussir des épreuves théoriques et pratiques.

2. L'administration doit faire en sorte que, tout au long de sa carrière, le personnel entretienne et améliore ses connaissances et ses compétences professionnelles en suivant des cours de formation continue et de perfectionnement organisés à des intervalles appropriés.

3. Le personnel appelé à travailler avec des groupes spécifiques de détenus – ressortissants étrangers, femmes, mineurs, malades mentaux, etc. – doit recevoir une formation particulière adaptée à ses tâches spécialisées.

4. La formation de tous les membres du personnel doit comprendre l'étude des instruments internationaux et régionaux de protection des droits de l'homme, notamment la Convention européenne des Droits de l'Homme et la Convention européenne pour la prévention de la torture et des peines ou traitements inhumains ou dégradants, ainsi que l'application des Règles pénitentiaires européennes.

Système de gestion de la prison

82. Le personnel doit être sélectionné et nommé sur une base égalitaire et sans discrimination aucune fondée notamment sur le sexe, la race, la couleur, la langue, la religion, les opinions politiques ou autres, l'origine nationale ou sociale, l'appartenance à une minorité nationale, la fortune, la naissance ou toute autre situation.

83. Les autorités pénitentiaires doivent promouvoir des méthodes d'organisation et des systèmes de gestion propres :

a) à assurer une administration des prisons conforme à des normes élevées respectant les instruments internationaux et régionaux de protection des droits de l'homme ;

b) à faciliter une bonne communication entre les prisons et les diverses catégories de personnel d'une même prison et la bonne coordination de tous les services – internes et externes à la prison – qui assurent des prestations destinées aux détenus, notamment en ce qui concerne leur prise en charge et leur réinsertion.

84. 1. Chaque prison doit disposer d'un directeur qualifié sur le plan tant de sa personnalité, que de ses compétences administratives, de sa formation et de son expérience.

2. Les directeurs doivent être nommés à plein temps et se consacrer exclusivement à leurs devoirs officiels.

3. L'administration pénitentiaire doit s'assurer que chaque prison est, à tout moment, placée sous l'entière responsabilité du directeur, du directeur adjoint ou d'un fonctionnaire en charge.

4. Lorsqu'un directeur est responsable de plusieurs prisons, chacun des établissements concernés doit, en plus, avoir à sa tête un fonctionnaire responsable.

85. Les hommes et les femmes doivent être représentés de manière équilibrée au sein du personnel pénitentiaire.

86. Des dispositions doivent être prises afin que la direction consulte le personnel à titre collectif concernant les sujets d'ordre général et notamment les conditions de travail.

87. 1. Des dispositions doivent être prises afin d'encourager, dans toute la mesure du possible, une bonne communication entre la direction, les autres membres du personnel, les services extérieurs et les détenus.

2. Le directeur, son adjoint et la majorité des autres membres du personnel de la prison doivent pouvoir parler la langue de la plupart des détenus, ou une langue comprise par la majorité d'entre eux.

88. Dans les pays comptant des prisons gérées par des sociétés privées, ces établissements doivent appliquer intégralement les Règles pénitentiaires européennes.

Personnel spécialisé

89. 1. Le personnel doit comprendre, dans toute la mesure du possible, un nombre suffisant de spécialistes tels que psychiatres, psychologues, travailleurs sociaux, enseignants, instructeurs techniques, professeurs ou moniteurs d'éducation physique et sportive.

2. Des auxiliaires à temps partiel et des bénévoles compétents doivent être encouragés à contribuer, dans toute la mesure du possible, aux activités avec les détenus.

Recherche et évaluation

91. Les autorités pénitentiaires doivent soutenir un programme de recherche et d'évaluation portant sur le but de la prison, son rôle dans une société démocratique et la mesure dans laquelle le système pénitentiaire remplit sa mission.

PARTIE VI. – INSPECTION ET CONTRÔLE

Inspection gouvernementale

92. Les prisons doivent être inspectées régulièrement par un organisme gouvernemental, de manière à vérifier si elles sont gérées conformément aux normes juridiques nationales et internationales, et aux dispositions des présentes Règles.

Contrôle indépendant

93. 1. Les conditions de détention et la manière dont les détenus sont traités doivent être contrôlées par un ou des organes indépendants, dont les conclusions doivent être rendues publiques.

2. Ces organes de contrôle indépendants doivent être encouragés à coopérer avec les organismes internationaux légalement habilités à visiter les prisons.

PARTIE VII. – PRÉVENUS

Statut des prévenus

94. 1. Dans les présentes Règles, le terme « prévenus » désigne des détenus qui ont été placés en détention provisoire par une autorité judiciaire avant leur jugement ou leur condamnation.

2. Tout État est en outre libre de considérer comme prévenu un détenu ayant été reconnu coupable et condamné à une peine d'emprisonnement, mais dont les recours en appel n'ont pas encore été définitivement rejetés.

Approche applicable aux prévenus

95. 1. Le régime carcéral des prévenus ne doit pas être influencé par la possibilité que les intéressés soient un jour reconnus coupables d'une infraction pénale.

2. Les Règles répertoriées dans cette partie énoncent des garanties supplémentaires au profit des prévenus.

3. Dans leurs rapports avec les prévenus, les autorités doivent être guidées par les Règles applicables à l'ensemble des détenus et permettre aux prévenus de participer aux activités prévues par lesdites Règles.

Locaux de détention

96. Autant que possible, les prévenus doivent avoir le choix de disposer d'une cellule individuelle, sauf s'il est considéré comme préférable qu'ils cohabitent avec d'autres prévenus ou si un tribunal a ordonné des conditions spécifiques d'hébergement.

Vêtements

97. 1. Les prévenus doivent se voir offrir la possibilité de porter leurs vêtements personnels si ceux-ci conviennent à la vie carcérale.

2. Les prévenus ne possédant pas de vêtements adéquats doivent recevoir des vêtements différents de l'uniforme éventuellement porté par les détenus condamnés.

Conseils juridiques

98. 1. Les prévenus doivent être explicitement informés de leur droit de solliciter des conseils juridiques.

2. Les prévenus accusés d'une infraction pénale doivent se voir fournir toutes les facilités nécessaires pour préparer leur défense et rencontrer leur avocat.

Contacts avec le monde extérieur

99. À moins qu'une autorité judiciaire n'ait, dans un cas individuel, prononcé une interdiction spécifique pour une période donnée, les prévenus :

a) doivent pouvoir recevoir des visites et être autorisés à communiquer avec leur famille et d'autres personnes dans les mêmes conditions que les détenus condamnés ;

b) peuvent recevoir des visites supplémentaires et aussi accéder plus facilement aux autres formes de communication ; et

c) doivent avoir accès aux livres, journaux et autres moyens d'information.

Travail

100. 1. Les prévenus doivent se voir offrir la possibilité de travailler, mais sans y être obligés.

2. Lorsqu'un prévenu choisit de travailler, toutes les dispositions de la Règle 26 – y compris celles relatives à la rémunération – doivent s'appliquer.

Accès au régime des détenus condamnés

101. Si un prévenu demande à suivre le régime des détenus condamnés, les autorités pénitentiaires doivent satisfaire sa demande, dans la mesure du possible.

PARTIE VIII. – OBJECTIF DU RÉGIME DES DÉTENUS CONDAMNÉS

102. 1. Au-delà des règles applicables à l'ensemble des détenus, le régime des détenus condamnés doit être conçu pour leur permettre de mener une vie responsable et exempte de crime.

2. La privation de liberté constituant une punition en soi, le régime des détenus condamnés ne doit pas aggraver les souffrances inhérentes à l'emprisonnement.

Application du régime des détenus condamnés

103. 1. Le régime des détenus condamnés doit commencer aussitôt qu'une personne a été admise en prison avec le statut de détenu condamné, à moins qu'il n'ait déjà été entamé avant.

2. Dès que possible après l'admission, un rapport complet doit être rédigé sur le détenu condamné décrivant sa situation personnelle, les projets d'exécution de peine qui lui sont proposés et la stratégie de préparation à sa sortie.

3. Les détenus condamnés doivent être encouragés à participer à l'élaboration de leur propre projet d'exécution de peine.

4. Ledit projet doit prévoir dans la mesure du possible :

a) un travail,

b) un enseignement,

c) d'autres activités, et

d) une préparation à la libération.

5. Le régime des détenus condamnés peut aussi inclure un travail social, ainsi que l'intervention de médecins et de psychologues.

6. Un système de congé pénitentiaire doit faire partie intégrante du régime des détenus condamnés.

7. Les détenus qui le désirent peuvent participer à un programme de justice restauratrice et réparer les infractions qu'ils ont commises.

8. Une attention particulière doit être apportée au projet d'exécution de peine et au régime des détenus condamnés à un emprisonnement à vie ou de longue durée.

Aspects organisationnels de l'emprisonnement des détenus condamnés

104. 1. Dans la mesure du possible et sous réserve des exigences de la Règle 17, une répartition des différentes catégories de détenus entre diverses prisons ou des parties distinctes d'une même prison doit être effectuée pour faciliter la gestion des différents régimes.

2. Des procédures doivent être prévues pour établir et réviser régulièrement les projets individuels des détenus après examen des dossiers pertinents et consultation approfondie du personnel concerné et, dans la mesure du possible, participation des détenus concernés.

3. Chaque dossier doit inclure les rapports du personnel directement responsable du détenu en cause.

Travail des détenus condamnés

105. 1. Un programme systématique de travail doit contribuer à atteindre les objectifs poursuivis par le régime des détenus condamnés.

2. Les détenus condamnés n'ayant pas atteint l'âge normal de la retraite peuvent être soumis à l'obligation de travailler, compte tenu de leur aptitude physique et mentale telle qu'elle a été déterminée par le médecin.

3. Lorsque des détenus condamnés sont soumis à une obligation de travailler, les conditions de travail doivent être conformes aux normes et aux contrôles appliqués à l'extérieur.

4. Lorsque des détenus condamnés participent à des programmes éducatifs ou autres pendant les heures de travail, dans le cadre de leur régime planifié, ils doivent être rémunérés comme s'ils travaillaient.

5. Lorsque des détenus condamnés travaillent, une part de leur rémunération ou de leurs économies peut être affectée à la réparation des dommages qu'ils ont occasionnés, si un tribunal l'a ordonné ou si le détenu y consent.

Éducation des détenus condamnés

106. 1. Un programme éducatif systématique, comprenant l'entretien des acquis et visant à améliorer le niveau global d'instruction des détenus, ainsi que leurs capacités à mener ensuite une vie responsable et exempte de crime doit constituer une partie essentielle du régime des détenus condamnés.

2. Tous les détenus condamnés doivent être encouragés à participer aux programmes d'éducation et de formation.

3. Les programmes éducatifs des détenus condamnés doivent être adaptés à la durée prévue de leur séjour en prison.

Libération des détenus condamnés

107. 1. Les détenus condamnés doivent être aidés, au moment opportun et avant leur libération, par des procédures et des programmes spécialement conçus pour leur permettre de faire la transition entre la vie carcérale et une vie respectueuse du droit interne au sein de la collectivité.

2. Concernant plus spécialement les détenus condamnés à des peines de plus longue durée, des mesures doivent être prises pour leur assurer un retour progressif à la vie en milieu libre.

3. Ce but peut être atteint grâce à un programme de préparation à la libération, ou à une libération conditionnelle sous contrôle, assortie d'une assistance sociale efficace.

4. Les autorités pénitentiaires doivent travailler en étroite coopération avec les services sociaux et les organismes qui accompagnent et aident les détenus libérés à retrouver une place dans la société, en particulier en renouant avec la vie familiale et en trouvant un travail.

5. Les représentants de ces services ou organismes sociaux doivent pouvoir se rendre dans la prison autant que nécessaire et s'entretenir avec les détenus afin de les aider à préparer leur libération et à planifier leur assistance postpénale.

PARTIE IX. – MISE À JOUR DES RÈGLES

108. Les Règles pénitentiaires européennes doivent être mises à jour régulièrement.

ANNEXE 14

POLICE MUNICIPALE

Loi n° 99-291 du 15 avril 1999
relative aux polices municipales
(*JO* 16 avr. 1999)

Dispositions modifiant le Code général des collectivités territoriales et le Code des communes

Art. 1er à 12 *(V. CGCT, art. L. 2212-5 à L. 2212-9 et L. 2512-16 ; C. communes, art. L. 412-49, L. 412-51 à L. 412-53, L. 414-24, L. 441-1 et L. 441-3).*

Dispositions modifiant le Code de procédure pénale

Art. 13 à 17 *(V. CPP, art. 21-2, 62-1, 78-6 et 529-4 ; livre Ier, titre II, chap. III : intitulé ; L. 15 juill. 1845, art. 23).*

Dispositions statutaires

Art. 18 à 20 *(V. C. communes, art. L. 412-54 et L. 412-55 ; L. n° 84-594, 12 juill. 1984, art. 11).*

Dispositions diverses et transitoires

Art. 21 et 22 *(V. C. voirie routière, art. L. 116-2 ; C. route, art. L. 1er).*

Art. 23. – Dans les communes où, à la date d'entrée en vigueur de la présente loi, existe un service de police municipale comptant au moins cinq emplois d'agent de police municipale, la convention prévue à l'article L. 2212-5 du Code général des collectivités territoriales est conclue dans un délai de six mois à compter de la publication du décret en Conseil d'État déterminant les clauses d'une convention type mentionnée au même article.

Dans ces communes, les dispositions de l'avant-dernier alinéa de l'article L. 2212-6 du Code général des collectivités territoriales sont applicables à l'expiration du délai mentionné à l'alinéa précédent.

Les dispositions de l'article L. 412-51 du Code des communes ne sont applicables qu'à compter de la conclusion de la convention prévue à l'article L. 2212-6 du Code général des collectivités territoriales et, au plus tard, à l'expiration du délai mentionné au premier alinéa du présent article.

Les dispositions du présent article s'appliquent également aux communes dont le conseil municipal porte à cinq au moins le nombre d'emplois d'agent de police municipale, avant la date de publication du décret en Conseil d'État déterminant les clauses d'une convention type.

Art. 24. – Les dispositions de l'article L. 412-52 du Code des communes entreront en vigueur dix-huit mois à compter de la publication du décret en Conseil d'État prévu par cet article.

Art. 25. – Les agents de police municipale en fonction à la date d'entrée en vigueur de la présente loi doivent obtenir l'agrément du représentant de l'État dans le département mentionné à l'article L. 412-49 du Code des communes dans un délai de six mois à compter de la publication de la présente loi. Jusqu'à ce qu'il soit statué, ils exercent leurs missions dans les conditions résultant de la législation antérieure.

En cas de refus d'agrément, ils peuvent être reclassés dans un autre cadre d'emplois dans les mêmes conditions que celles qui sont prévues par la section 3 du chapitre VI de la loi n° 84-53 du 26 janvier 1984 portant dispositions statutaires relatives à la fonction publique territoriale, à l'exception de celles mentionnées au second alinéa de l'article 81.

Art. 26 *(V. C. serv. nat., art. L. 121-2).*

Art. 27 *(L. n° 99-1121, 28 déc. 1999).* – Les articles 13, 14, 15 et 16 de la présente loi sont applicables en Nouvelle-Calédonie, dans les territoires de la Polynésie française et des Îles Wallis-et-Futuna, ainsi qu'[à] Mayotte.

Code général des collectivités territoriales

DEUXIÈME PARTIE. – La commune

Livre II. – Administration et services communaux

Titre Ier. – Police

Chapitre II. – Police municipale (1)

Art. L. 2212-1. – Le maire est chargé, sous le contrôle administratif du représentant de l'État dans le département, de la police municipale, de la police rurale et de l'exécution des actes de l'État qui y sont relatifs.

Art. L. 2212-2 *(Mod., L. n° 2001-1062, 15 nov. 2001 ; L. n° 2007-297, 5 mars 2007* (2) *; L. n° 2008-1350, 19 déc. 2008).* – (3) (4) La police municipale a pour objet d'assurer le bon ordre, la sûreté, la sécurité et la salubrité publiques. Elle comprend notamment :

1° Tout ce qui intéresse la sûreté et la commodité du passage dans les rues, quais, places et voies publiques, ce qui comprend le nettoiement, l'éclairage, l'enlèvement des encombrements, la démolition ou la réparation des édifices et monuments funéraires menaçant ruine, l'interdiction de rien exposer aux fenêtres ou autres parties des édifices qui puisse nuire par sa chute ou celle de rien jeter qui puisse endommager les passants ou causer des exhalaisons nuisibles ainsi que le soin de réprimer les dépôts, déversements, déjections, projections de toute matière ou objet de nature à nuire, en quelque manière que ce soit, à la sûreté ou à la commodité du passage ou à la propreté des voies susmentionnées ;

(1) V. C. déont. pol. mun., art. 1er et s. puis CSI, art. R. 515-1 à R. 515-21.– NDLR.

(2) Dispositions applicables à Mayotte, L. n° 2007-297, 5 mars 2007, art. 82, I. – NDLR.

(3) Le Conseil d'État a jugé « qu'il résulte de ces dispositions [des articles L. 32-1, L. 34-9-1, L. 34-9-2, L. 42-1 et L. 43 du Code des postes et des communications électroniques] que le législateur a organisé une police spéciale des télécommunications confiée à l'État » et que « dans ces conditions, s'il appartient au maire, responsable de l'ordre public sur le territoire de la commune de prendre, sur le fondement des articles L. 2212-1 et L. 2212-2 du Code général des collectivités territoriales, les mesures de police générale nécessaires au bon ordre, à la sûreté, à la sécurité et à la salubrité publiques, celui-ci ne saurait, sans porter atteinte aux pouvoirs de police spéciale ainsi confiés par la loi aux autorités de l'État, adopter sur le territoire de la commune une réglementation portant sur l'implantation des antennes relais de téléphonie mobile et destinée à protéger le public contre les effets des ondes émises par ces antennes », CE ass., 26 oct. 2011, n° 329904, Cne des Pennes-Mirabeau : *JurisData* n° 2011-023109. – V. aussi CE ass., 26 oct. 2011, n° 326492, Cne de Saint-Denis : *JurisData* n° 2011-023103 et CE ass., 26 oct. 2011, n° 341767, SFR : *JurisData* n° 2011-023113. – NDLR.

(4) Le Conseil d'État a jugé « qu'il résulte de ces dispositions [C. env., art. L. 533-3, R. 553-1 à R. 533-17 et D. n° 93-1177, 18 oct. 1993] que le législateur a organisé une police spéciale de la dissémination volontaire d'organismes génétiquement modifiés, confiée à l'État, dont l'objet est, conformément au droit de l'Union européenne, de prévenir les atteintes à l'environnement et à la santé publique pouvant résulter de l'introduction intentionnelle de tels organismes dans l'environnement » et que « s'il appartient au maire, responsable de l'ordre public sur le territoire de sa commune, de prendre les mesures de police générale nécessaires au bon ordre, à la sûreté, à la sécurité et à la salubrité publiques, il ne saurait en aucun cas s'immiscer dans l'exercice de cette police spéciale par l'édiction d'une réglementation locale », CE, 24 sept. 2012, n° 342990, Cne de Valence : *JurisData* n° 2012-021153. – NDLR.

2° Le soin de réprimer les atteintes à la tranquillité publique telles que les rixes et disputes accompagnées d'ameutement dans les rues, le tumulte excité dans les lieux d'assemblée publique, les attroupements, les bruits, les troubles de voisinage, les rassemblements nocturnes qui troublent le repos des habitants et tous actes de nature à compromettre la tranquillité publique ;

3° Le maintien du bon ordre dans les endroits où il se fait de grands rassemblements d'hommes, tels que les foires, marchés, réjouissances et cérémonies publiques, spectacles, jeux, cafés, églises et autres lieux publics ;

4° L'inspection sur la fidélité du débit des denrées qui se vendent au poids ou à la mesure et sur la salubrité des comestibles exposés en vue de la vente ;

5° Le soin de prévenir, par des précautions convenables, et de faire cesser, par la distribution des secours nécessaires, les accidents et les fléaux calamiteux ainsi que les pollutions de toute nature, tels que les incendies, les inondations, les ruptures de digues, les éboulements de terre ou de rochers, les avalanches ou autres accidents naturels, les maladies épidémiques ou contagieuses, les épizooties, de pourvoir d'urgence à toutes les mesures d'assistance et de secours et, s'il y a lieu, de provoquer l'intervention de l'administration supérieure ;

6° Le soin de prendre provisoirement les mesures nécessaires contre les personnes atteintes de troubles mentaux dont l'état pourrait compromettre la morale publique, la sécurité des personnes ou la conservation des propriétés ;

7° Le soin d'obvier ou de remédier aux événements fâcheux qui pourraient être occasionnés par la divagation des animaux malfaisants ou féroces ;

8° *(Abr., L. n° 2014-1545, 20 déc. 2014).*

Art. L. 2212-2-1 *(L. n° 2007-297, 5 mars 2007 ; abrogé et recodifié à compter du 1er mai 2012, Ord. n° 2012-351,12 mars 2012. – V. CSI, art. L. 132-7 ; rétabli, L. n° 2019-1461, 27 déc. 2019 ; L. n° 2020-105, 10 févr. 2020).* – I. – Dans les conditions prévues au II, peut donner lieu à une amende administrative d'un montant maximal de 500 € tout manquement à un arrêté du maire présentant un risque pour la sécurité des personnes et ayant un caractère répétitif ou continu :

1° En matière d'élagage et d'entretien des arbres et des haies donnant sur la voie ou le domaine public ;

2° Ayant pour effet de bloquer ou d'entraver la voie ou le domaine public, en y installant ou en y laissant sans nécessité ou sans autorisation tout matériel ou objet, ou en y déversant toute substance ;

3° Consistant, au moyen d'un bien mobilier, à occuper à des fins commerciales la voie ou le domaine public soit sans droit ni titre, lorsque celui-ci est requis en application de l'article L. 2122-1 du Code général de la propriété des personnes publiques, soit de façon non conforme au titre délivré en application du même article L. 2122-1, lorsque cette occupation constitue un usage privatif de ce domaine public excédant le droit d'usage appartenant à tous ;

4° En matière de non-respect d'un arrêté de restrictions horaires pour la vente d'alcool à emporter sur le territoire de la commune, pris en application de l'article L. 3332-13 du Code de la santé publique.

II. – Le manquement mentionné au I du présent article est constaté par procès-verbal d'un officier de police judiciaire, d'un agent de police judiciaire ou d'un agent de police judiciaire adjoint.

Le maire notifie par écrit à la personne intéressée les faits qui lui sont reprochés, les mesures nécessaires pour faire cesser le manquement ainsi que les sanctions encourues. Cette notification mentionne la possibilité de présenter des observations, écrites ou orales, dans un délai de dix jours, le cas échéant assisté par un conseil ou représenté par un mandataire de son choix.

À l'expiration de ce délai de dix jours, si la personne n'a pas pris les mesures nécessaires pour faire cesser le manquement, le maire la met en demeure de se conformer à la réglementation dans un nouveau délai de dix jours.

À l'issue de ce second délai et à défaut d'exécution des mesures prescrites, le maire peut, par une décision motivée qui indique les voies et délais de recours, prononcer l'amende administrative prévue au premier alinéa du I. Le montant de l'amende est fixé en fonction de la gravité des faits reprochés.

La décision du maire prononçant l'amende est notifiée par écrit à la personne intéressée. Elle mentionne les modalités et le délai de paiement de l'amende. Cette décision est soumise aux dispositions de l'article L. 2131-1.

Le recours formé contre la décision prononçant l'amende est un recours de pleine juridiction.

L'amende administrative est recouvrée au bénéfice de la commune dans les conditions prévues par les dispositions relatives aux produits communaux.

Le délai de prescription de l'action du maire pour la sanction d'un manquement mentionné au premier alinéa du I est d'un an révolu à compter du jour où le premier manquement a été commis.

Ne peut faire l'objet de l'amende administrative prévue au premier alinéa du I le fait pour toute personne d'avoir installé sur la voie ou le domaine public les objets nécessaires à la satisfaction de ses besoins élémentaires.

III. – Après avoir prononcé l'amende mentionnée au I, le maire peut, par une décision motivée qui indique les voies et délais de recours, faire procéder d'office, en lieu et place de la personne mise en demeure et à ses frais, à l'exécution des mesures prescrites mentionnées au quatrième alinéa du II.

Art. L. 2212-2-2 *(Mod., L. n° 2019-1461, 27 déc. 2019)*. – Dans l'hypothèse où, après mise en demeure sans résultat, le maire procéderait à l'exécution forcée des travaux d'élagage destinés à mettre fin à l'avance des plantations privées sur l'emprise des voies sur lesquelles il exerce la police de la circulation en application de l'article L. 2213-1 afin de garantir la sûreté et la commodité du passage, les frais afférents aux opérations sont mis à la charge des propriétaires négligents.

Art. L. 2212-3. – La police municipale des communes riveraines de la mer s'exerce sur le rivage de la mer jusqu'à la limite des eaux.

Art. L. 2212-4. – (1) En cas de danger grave ou imminent, tel que les accidents naturels prévus au 5° de l'article L. 2212-2, le maire prescrit l'exécution des mesures de sûreté exigées par les circonstances.

Il informe d'urgence le représentant de l'État dans le département et lui fait connaître les mesures qu'il a prescrites.

Art. L. 2212-5 *(Mod., L. n° 99-291, 15 avr. 1999 ; L. n° 2002-276, 27 févr. 2002 ; L. n° 2003-239, 18 mars 2003 ; Ord. n° 2003-1212, 18 déc. 2003* (2) *; L. n° 2006-396, 31 mars 2006 ; L. n° 2009-526, 12 mai 2009* (3) *; rempl. à compter du 1er mai 2012, Ord. n° 2012-351, 12 mars 2012)* (4). – Les missions des agents de police municipale et l'organisation des services de police municipale sont régies par les dispositions du titre Ier du livre V du Code de la sécurité intérieure.

Art. L. 2212-5-1 *(Mod., Ord. n° 2012-351, 12 mars 2012)*. – Les communes et groupements de communes qui ont créé une régie de recettes pour percevoir le produit des contraventions en application de l'articles L. 511-1 et L. 512-2 du Code de la sécurité intérieure et de l'article L. 130-4 du Code de la route, et le produit des consignations prévues par l'article L. 121-4 du Code de la route, versent, au nom et pour le compte de l'État, l'indemnité de responsabilité due aux régisseurs de ces régies au vu de la décision du représentant de l'État dans le département.

Ce versement fait l'objet d'un remboursement par l'État dans des conditions prévues par voie réglementaire.

Code de la sécurité intérieure

Livre V – POLICES MUNICIPALES

Titre premier – Agents de police municipale

Chapitre 1er – Missions, recrutements et modalités d'exercice

Section 1. – Missions

Art. L. 511-1 *(Mod., Ord. n° 2020-71, 29 janv. 2020)*. – Sans préjudice de la compétence générale de la police nationale et de la gendarmerie nationale, les agents de police municipale exécutent, dans la limite de leurs attributions et sous son autorité, les tâches relevant de la compétence du maire que celui-ci leur confie en matière de prévention et de surveillance du bon ordre, de la tranquillité, de la sécurité et de la salubrité publiques.

---

(1) Concernant les mesures de démolition d'un immeuble menaçant ruine, V. CCH, art. L. 511-2 et L. 511-3 et la note attachée à ce dernier. – NDLR.

(2) Application à Mayotte : V. Ord. n° 2003-1212, 18 déc. 2003, art. 7, I.

(3) Dispositions applicables en Polynésie française, L. n° 2009-526, 12 mai 2009, art. 119, V.

(4) Dispositions applicables en Polynésie française, Ord. n° 2012-351, 12 mars 2012, art. 21.

Ils sont chargés d'assurer l'exécution des arrêtés de police du maire et de constater par procès-verbaux les contraventions auxdits arrêtés. Sans préjudice des compétences qui leur sont dévolues par des lois spéciales, ils constatent également par procès-verbaux les contraventions aux dispositions du Code de la route dont la liste est fixée par décret en Conseil d'État ainsi que les contraventions mentionnées au livre VI du Code pénal dont la liste est fixée par décret en Conseil d'État, dès lors qu'elles ne nécessitent pas de leur part d'actes d'enquête et à l'exclusion de celles réprimant des atteintes à l'intégrité des personnes.

Ils sont habilités à établir l'avis de paiement prévu à l'article L. 2333-87 du Code général des collectivités territoriales.

Ils peuvent également constater par rapport le délit prévu par l'article L. 272-4.

Ils exercent leurs fonctions sur le territoire communal, dans les conditions prévues au 2° de l'article 21 du Code de procédure pénale.

Affectés sur décision du maire à la sécurité d'une manifestation sportive, récréative ou culturelle mentionnée à l'article L. 613-3 du présent code ou à celle des périmètres de protection institués en application de l'article L. 226-1 ou à la surveillance de l'accès à un bâtiment communal, ils peuvent procéder à l'inspection visuelle des bagages et, avec le consentement de leur propriétaire, à leur fouille. Ils peuvent également procéder, avec le consentement exprès des personnes, à des palpations de sécurité. Dans ce cas, la palpation de sécurité doit être effectuée par une personne de même sexe que la personne qui en fait l'objet.

Affectés par le maire à des missions de maintien du bon ordre au sein des transports publics de voyageurs, les agents de police municipale peuvent constater par procès-verbaux les infractions mentionnées à l'article L. 2241-1 du Code des transports sur le territoire de la commune ou des communes formant un ensemble d'un seul tenant dans les conditions définies à l'article L. 512-1-1 du présent code, sans pouvoir excéder le ressort du tribunal auprès duquel ils ont prêté serment.

À cette fin, les communes contiguës desservies par un ou plusieurs réseaux de transports publics peuvent conclure entre elles une convention locale de sûreté des transports collectifs afin de permettre à leurs polices municipales d'exercer indistinctement leurs compétences sur les parties de réseaux qui les traversent. Cette convention est conclue sous l'autorité du représentant de l'État dans le département dans le respect des conventions de coordination des interventions de la police municipale et des forces de sécurité de l'État prévues à la section 2 du chapitre II du présent titre et dans le respect du contrat d'objectif départemental de sûreté dans les transports collectifs.

Section 2. – Nomination et agrément

Art. L. 511-2 *(Mod., L. n° 2021-646, 25 mai 2021)*. – Les fonctions d'agent de police municipale ne peuvent être exercées que par des fonctionnaires territoriaux recrutés à cet effet dans les conditions fixées par les statuts particuliers prévus à l'article 6 de la loi n° 84-53 du 26 janvier 1984 portant dispositions statutaires relatives à la fonction publique territoriale et, à Paris, par des fonctionnaires de la Ville de Paris recrutés à cet effet dans les conditions fixées au chapitre III du titre III du présent livre.

Ils sont nommés par le maire ou le président de l'établissement public de coopération intercommunale, agréés par le représentant de l'État dans le département et le procureur de la République, puis assermentés. Cet agrément et cette assermentation restent valables tant qu'ils continuent d'exercer des fonctions d'agents de police municipale. En cas de recrutement par une commune ou un établissement de coopération intercommunale situé sur le ressort d'un autre tribunal judiciaire, les procureurs de la République compétents au titre de l'ancien et du nouveau lieu d'exercice des fonctions sont avisés sans délai.

L'agrément peut être retiré ou suspendu par le représentant de l'État ou le procureur de la République après consultation du maire ou du président de l'établissement public de coopération intercommunale. Toutefois, en cas d'urgence, l'agrément peut être suspendu par le procureur de la République sans qu'il soit procédé à cette consultation.

Art. L. 511-3. – L'agrément mentionné à l'article L. 511-2 peut aussi être accordé à des agents titulaires de la commune habituellement affectés à des emplois autres que ceux de la police municipale ou non titulaires, chargés d'assister temporairement les agents de la police municipale dans les communes touristiques et stations classées relevant de la section 2 du chapitre III du titre III du livre Ier du Code du tourisme. Ces agents ne peuvent porter aucune arme.

Section 3. – Carte professionnelle, tenue et équipements

Art. L. 511-4. – La carte professionnelle, la tenue, la signalisation des véhicules de service et les types d'équipement dont sont dotés les agents de police municipale font l'objet d'une identification commune à tous les services de police municipale et de nature à n'entraîner aucune confusion avec ceux utilisés par la police nationale et la gendarmerie nationale. Les caractéristiques de la carte professionnelle, les caractéristiques ainsi que les catégories et les normes techniques des autres équipements sont fixées par arrêté du ministre de l'intérieur après avis de la commission consultative des polices municipales prévue à l'article L. 514-1.

Le port de la carte professionnelle et celui de la tenue sont obligatoires pendant le service.

Art. L. 511-4-1 *(Créé, L. n° 2021-646, 25 mai 2021).* – Les agents de police municipale, revêtus de leurs uniformes, peuvent faire usage de matériels appropriés pour immobiliser les moyens de transport dans les cas prévus à l'article L. 214-2. Ces matériels sont conformes à des normes techniques définies par arrêté du ministre de l'intérieur.

Section 4. – Port d'armes et règles d'usage des armes

(Intitulé mod., L. n° 2017-258, 28 févr. 2017)

Art. L. 511-5 *(Mod., L. n° 2016-987, 21 juill. 2016 ; L. n° 2019-1461, 27 déc. 2019).* – [L]es agents de police municipale peuvent être autorisés nominativement par le représentant de l'État dans le département, sur demande motivée du maire, à porter une arme, sous réserve de l'existence d'une convention de coordination des interventions de la police municipale et des forces de sécurité de l'État, prévue par la section 2 du chapitre II du présent titre.

Lorsque l'agent est employé par un établissement public de coopération intercommunale et mis à disposition de plusieurs communes dans les conditions prévues *(Mots rempl., L. n° 2019-1461, 27 déc. 2019)* « aux I et II », de l'article L. 512-2, cette demande est établie conjointement par l'ensemble des maires des communes où il est affecté.

Un décret en Conseil d'État précise, par type de mission, les circonstances et les conditions dans lesquelles les agents de police municipale peuvent porter une arme. Il détermine, en outre, les catégories et les types d'armes susceptibles d'être autorisés, leurs conditions d'acquisition et de conservation par la commune ou par l'établissement public de coopération intercommunale et les conditions de leur utilisation par les agents. Il précise les modalités de la formation que ces derniers reçoivent à cet effet.

Art. L. 511-5-1 *(L. n° 2017-258, 28 févr. 2017).* – Les agents de police municipale autorisés à porter une arme selon les modalités définies à l'article L. 511-5 peuvent faire usage de leurs armes dans les conditions prévues au premier alinéa de l'article L. 435-1 et dans les cas prévus au 1° du même article L. 435-1.

....

Chapitre II. – Organisation des services

....

Section 2. – Convention de coordination des interventions de la police municipale et des forces de sécurité de l'État

Art. L. 512-4 *(Mod., L. n° 2019-1461, 27 déc. 2019 ; L. n° 2021-646, 25 mai 2021).* – Dès lors qu'un service de police municipale comporte au moins trois emplois d'agent de police municipale, y compris d'agent mis à disposition de la commune par un établissement public de coopération intercommunale dans les conditions prévues à l'article L. 512-1-2 ou aux I et II de l'article L. 512-2, une convention de coordination des interventions de la police municipale et des forces de sécurité de l'État est conclue entre le maire de la commune, le président de l'établissement public de coopération intercommunale le cas échéant, le représentant de l'État dans le département et le procureur de la République territorialement compétent.

Cette convention peut également être conclue, à la demande du maire, lorsqu'un service de police municipale compte moins de trois emplois d'agent de police municipale.

Art. L. 512-5 *(Mod., L. n° 2019-1461, 27 déc. 2019 ; L. n° 2021-646, 25 mai 2021).* – Lorsque les agents de police municipale sont mis à disposition de plusieurs communes par un établissement public de coopération intercommunale en application des I et II de l'article L. 512-2 ou par un syndicat de communes en application de l'article L. 512-1-2, une convention intercommunale de coordination peut être conclue, à la demande de l'ensemble des maires concernés, en substitution des conventions prévues à l'article L. 512-4. L'acte est signé par les maires, le président de l'établissement ou du syndicat, le ou les représentants de l'État dans le département et le ou les procureurs de la République territorialement compétents.

Art. L. 512-6 *(Mod., L. n° 2009-1461, 27 déc. 2019 ; L. n° 2021-646, 25 mai 2021)*. – La convention de coordination des interventions de la police municipale et des forces de sécurité de l'État précise, après réalisation d'un diagnostic préalable des problématiques de sûreté et de sécurité auxquelles est confronté le territoire, les missions complémentaires prioritaires, notamment judiciaires, confiées aux agents de police municipale ainsi que la nature et les lieux de leurs interventions, eu égard à leurs modalités d'équipement et d'armement. Elle détermine les modalités selon lesquelles ces interventions sont coordonnées avec celles de la police et de la gendarmerie nationales. Elle précise la doctrine d'emploi du service de police municipale.

L'accord du président de l'établissement public de coopération intercommunale prévu aux articles L. 512-4 et L. 512-5 ne porte que sur la mise à disposition des agents de police municipale et leurs équipements.

À défaut de mention spécifique dans la convention, les missions de police municipale ne peuvent s'exercer qu'entre 6 heures et 23 heures, à l'exception des gardes statiques des bâtiments communaux et de la surveillance des cérémonies, fêtes et réjouissances organisées par la commune ou par l'établissement public de coopération intercommunale.

Art. L. 512-7. – Un décret en Conseil d'État détermine les clauses d'une convention type.

....

Chapitre V. – Déontologie des agents de police municipale

Art. L. 515-1. – Un Code de déontologie des agents de police municipale est établi par décret en Conseil d'État après avis de la commission consultative des polices municipales (1).

Titre II. – Gardes champêtres

Chapitre Ier. – Missions

Art. L. 521-1 *(Mod., L. n° 2021-646, 25 mai 2021)*. – Les gardes champêtres concourent à la police des campagnes.

Ils sont chargés de rechercher, chacun dans le territoire pour lequel il est assermenté, les contraventions aux règlements et arrêtés de police municipale.

Ils dressent des procès-verbaux pour constater ces contraventions.

Les gardes champêtres sont également autorisés à constater par procès-verbal les contraventions aux dispositions du Code de la route dont la liste est fixée par décret en Conseil d'État. À cette occasion, ils sont habilités à procéder aux épreuves de dépistage mentionnées à l'article L. 234-3 du Code de la route, dans les conditions prévues au deuxième alinéa de l'article L. 234-4 du même code, et aux épreuves de dépistage mentionnées aux deux premiers alinéas de l'article L. 235-2 dudit code, sur l'ordre et sous la responsabilité des officiers de police judiciaire, dans les conditions prévues à l'avant-dernier alinéa du même article L. 235-2.

Ils constatent également les contraventions mentionnées au livre VI du Code pénal, dont la liste est fixée par décret en Conseil d'État, dès lors qu'elles ne nécessitent pas de leur part d'actes d'enquête et à l'exclusion de celles réprimant des atteintes à l'intégrité des personnes.

Chapitre II. – Nomination, agrément et modalités d'exercice

Art. L. 522-1. – Les gardes champêtres sont nommés par le maire, agréés par le procureur de la République et assermentés.

(1) V. T. appl. : D. n° 2003-735, 1er août 2003. – NDLR.

Art. L. 522-2 *(Rempl., L. n° 2019-1461, 27 déc. 2019)*. – I. – Plusieurs communes peuvent avoir un ou plusieurs gardes champêtres en commun, compétents sur le territoire de chacune d'entre elles.

Chaque garde champêtre est de plein droit mis à la disposition des autres communes par la commune qui l'emploie, dans des conditions prévues par une convention transmise au représentant de l'État dans le département. Cette convention, conclue entre l'ensemble des communes concernées, précise les modalités d'organisation et de financement de la mise en commun des gardes champêtres et de leurs équipements.

II. – Une région, un département ou un établissement public chargé de la gestion d'un parc naturel régional peut recruter un ou plusieurs gardes champêtres compétents dans chacune des communes concernées.

Dans ces cas, leur nomination est prononcée conjointement par le maire de chacune des communes et, selon le cas, par le président du conseil régional, le président du conseil départemental ou le président de l'établissement public.

III. – Le président d'un établissement public de coopération intercommunale à fiscalité propre peut recruter, à son initiative ou à la demande des maires de plusieurs communes membres, un ou plusieurs gardes champêtres, en vue de les mettre à la disposition de l'ensemble des communes membres de l'établissement public de coopération intercommunale.

Le recrutement est autorisé par délibérations concordantes de l'organe délibérant de l'établissement public de coopération intercommunale à fiscalité propre et de deux tiers au moins des conseils municipaux des communes représentant plus de la moitié de la population totale de celles-ci ou de la moitié au moins des conseils municipaux des communes représentant les deux tiers de la population totale de celles-ci.

Le conseil municipal de chaque commune membre dispose d'un délai de trois mois, à compter de la notification au maire de la délibération de l'organe délibérant de l'établissement public de coopération intercommunale, pour se prononcer sur la décision de recrutement proposée. À défaut de délibération dans ce délai, sa décision est réputée favorable.

La nomination des gardes champêtres recrutés en application du présent III est prononcée conjointement par le maire de chacune des communes membres et le président de l'établissement public de coopération intercommunale.

IV. – Un établissement public de coopération intercommunale peut mettre à disposition d'un autre établissement public de coopération intercommunale ou d'une commune non membre de son établissement le ou les gardes champêtres qu'il a recruté en application du III, dans des conditions prévues par une convention transmise au représentant de l'État dans le département. Cette convention précise les modalités d'organisation et de financement de la mise à disposition des gardes champêtres et de leurs équipements.

V. – Les gardes champêtres recrutés en application des I à III du présent article exercent, sur le territoire de chaque commune où ils sont affectés, les compétences mentionnées à l'article L. 521-1 du présent code, sans préjudice des compétences de police judiciaire qui leur sont dévolues par le Code de procédure pénale et par les lois pénales spéciales. Pendant l'exercice de leurs fonctions sur le territoire d'une commune, ils sont placés sous l'autorité du maire de cette commune.

Leur nomination en qualité de fonctionnaire stagiaire ne fait pas obstacle à leur mise à disposition.

VI. – Le présent article est applicable dans les départements de la Moselle, du Haut-Rhin et du Bas-Rhin, sous réserve des dispositions des articles L. 523-1 et L. 523-2.

VII. – Les conditions d'application du présent article sont définies par décret en Conseil d'État.

Art. L. 522-2-1 *(Créé, L. n° 2021-646, 25 mai 2021)*. – I. – Lors d'une manifestation exceptionnelle, notamment à caractère culturel, récréatif ou sportif, ou à l'occasion d'un afflux important de population, les maires de communes limitrophes ou appartenant à un même établissement public de coopération intercommunale à fiscalité propre ou à une même agglomération peuvent être autorisés à utiliser en commun, sur le territoire d'une ou plusieurs communes, pour un délai déterminé, tout ou partie des moyens et des effectifs de leurs gardes champêtres. Cette faculté s'exerce exclusivement en matière de police administrative.

En cas de catastrophe naturelle ou technologique, les maires de communes limitrophes ou appartenant à un même département ou à des départements limitrophes peuvent être autorisés à utiliser en commun, sur le territoire d'une ou plusieurs communes, pour un délai déterminé, tout ou partie des moyens et des effectifs de leurs gardes champêtres.

Cette utilisation en commun est autorisée par arrêté du représentant de l'État dans le département, ou par arrêté conjoint des représentants de l'État dans les départements concernés, qui en fixe les conditions et les modalités au vu des propositions des maires des communes concernées.

Par dérogation au deuxième alinéa du présent I, l'utilisation en commun des services de gardes champêtres en matière administrative en cas de catastrophe naturelle ou technologique peut être autorisée par arrêtés municipaux concordants des communes concernées lorsque les modalités et conditions de cette autorisation ont fait l'objet d'une convention cadre préalable entre ces communes et le représentant de l'État dans le département.

II. – Le présent article est applicable dans les départements de la Moselle, du Haut-Rhin et du Bas-Rhin, sous réserve des articles L. 523-1 et L. 523-2.

Art. L. 522-3. – Les gardes champêtres sont au nombre des agents mentionnés au 3° de l'article 15 du Code de procédure pénale.

Ils exercent leurs fonctions dans les conditions prévues aux articles 15, 22 à 25 et 27 du même code.

Pour l'exercice des attributions fixées au dernier alinéa de l'article L. 521-1 du présent code, les gardes champêtres agissent en application des dispositions du 3° de l'article 21 du Code de procédure pénale.

Art. L. 522-4. – Les gardes champêtres sont habilités à relever l'identité des contrevenants, dans les conditions prévues à l'article 78-6 du Code de procédure pénale, pour dresser les procès-verbaux des infractions qu'ils constatent.

Art. L. 522-5 *(Créé, L. n° 2021-646, 25 mai 2021)*. – La carte professionnelle, la tenue, la signalisation des véhicules de service et les types d'équipement dont sont dotés les gardes champêtres font l'objet d'une identification commune de nature à n'entraîner aucune confusion avec ceux utilisés par la police nationale et la gendarmerie nationale. Leurs caractéristiques et leurs normes techniques sont fixées par arrêté du ministre de l'intérieur.

Le port de la carte professionnelle et celui de la tenue sont obligatoires pendant le service.

....

Titre III. – Dispositions particulières applicables à Paris

Chapitre Ier. – Agents de la ville de Paris chargés d'un service de police

Art. L. 531-1. – Les agents de la ville de Paris chargés d'un service de police, agréés par le procureur de la République et assermentés, sont autorisés à constater par procès-verbal les contraventions aux arrêtés de police du maire de Paris pris en application de l'article L. 2512-13 du Code général des collectivités territoriales ainsi que celles relatives aux permis de stationnement sur la voie publique, dans les conditions et selon les modalités fixées par décret en Conseil d'État. Ils constatent également par procès-verbal les contraventions mentionnées au livre VI du Code pénal dont la liste est fixée par décret en Conseil d'État, dès lors qu'elles ne nécessitent pas de leur part d'actes d'enquête et à l'exclusion de celles réprimant des atteintes à l'intégrité des personnes.

En outre, ces agents sont habilités à relever l'identité des contrevenants ayant commis les infractions visées au premier alinéa, dans les conditions prévues à l'article 78-6 du Code de procédure pénale.

L'article L. 1312-1 du Code de la santé publique est applicable aux inspecteurs de salubrité de la ville de Paris.

Affectés sur décision du maire à la sécurité d'une manifestation sportive, récréative ou culturelle mentionnée à l'article L. 613-3, ils peuvent procéder à l'inspection visuelle des bagages *(Mots suppr. à compter du 24 mars 2016, L. n° 2016-339, 22 mars 2016)* « ... » et, avec le consentement de leur propriétaire, à leur fouille.

Chapitre II. – Contrôleurs de la préfecture de police et agents de surveillance de Paris

(Intitulé rempl. à compter du 1er juillet 2017, L. n° 2017-257, 28 févr. 2017)

Art. L. 532-1. – *(Mots rempl. à compter du 1er juillet 2017, L. n° 2017-257, 28 févr. 2017)* « Les contrôleurs de la préfecture de police exerçant leurs fonctions dans la spécialité voie publique et les agents de surveillance de Paris » peuvent constater par procès-verbal les contraventions aux arrêtés de police du préfet de police et du maire de Paris relatifs au bon ordre, à la tranquillité, à la sécurité et à la salubrité sur la voie publique ainsi que les contraventions mentionnées au livre VI du Code pénal dont la liste est fixée par décret en Conseil d'État, dès lors qu'elles ne nécessitent pas de leur part d'actes d'enquête et à l'exclusion de celles réprimant des atteintes à l'intégrité des personnes.

(Al. créé à compter du 1er octobre 2016, L. n° 2015-991, 7 août 2015) Ils sont habilités à établir l'avis de paiement prévu à l'article L. 2333-87 du Code général des collectivités territoriales.

(Al. modifié à compter du 1er octobre 2016, L. n° 2015-991, 7 août 2015) Les dispositions du premier alinéa ne sont pas applicables aux interdictions de manifestation sur la voie publique.

ANNEXE 15

AIDE JURIDIQUE

Loi n° 91-647 du 10 juillet 1991

relative à l'aide juridique

(JO 13 juill. 1991) (1)

Art. 1er *(Mod., L. n° 93-1013, 24 août 1993 ; L. n° 98-1163, 18 déc. 1998 ; L. n° 99-515, 23 juin 1999).* **– L'accès à la justice et au droit est assuré dans les conditions prévues par la présente loi.**

L'aide juridique comprend l'aide juridictionnelle, l'aide à l'accès au droit et l'aide à l'intervention de l'avocat *(Mots rempl., L. fin. n° 2014-1654, 29 déc. 2014)* (2) **« dans les procédures non juridictionnelles ».**

PREMIÈRE PARTIE. – L'aide juridictionnelle et l'aide à l'intervention de l'avocat dans les procédures non juridictionnelles (3)

(Intitulé mod., L. fin. n° 2020-1721, 29 déc. 2020)

TITRE Ier. – L'accès à l'aide juridictionnelle et à l'aide à l'intervention de l'avocat dans les procédures non juridictionnelles

(Intitulé mod., L. fin. n° 2020-1721, 29 déc. 2020)

Art. 2 *(Mod., L. n° 2007-210, 19 févr. 2007).* **– Les personnes physiques dont les ressources sont insuffisantes pour faire valoir leurs droits en justice peuvent bénéficier d'une aide juridictionnelle. Cette aide est totale ou partielle.**

Son bénéfice peut être exceptionnellement accordé aux personnes morales à but non lucratif ayant leur siège en France et ne disposant pas de ressources suffisantes.

Aux mêmes conditions, il peut être accordé aux syndicats des copropriétaires d'immeubles soumis à la loi n° 65-557 du 10 juillet 1965 fixant le statut de la copropriété des immeubles bâtis, lorsque l'immeuble fait l'objet d'un plan de sauvegarde en application de l'article L. 615-1 du Code de la construction et de l'habitation ou lorsqu'un administrateur provisoire est désigné en application de l'article 29-1 de la loi n° 65-557 du 10 juillet 1965 précitée, pour l'exercice des actions de recouvrement des créances tant en demande qu'en défense.

L'aide juridictionnelle n'est pas accordée lorsque les frais couverts par cette aide sont pris en charge au titre d'un contrat d'assurance de protection juridique ou d'un système de protection.

Art. 3 *(Mod., L. n° 92-625, 6 juill. 1992 ; L. n° 93-1013, 24 août 1993 ; mod. à compter du 1er octobre 2004, L. n° 2004-204, 9 mars 2004* (4) *; L. n° 2007-210, 19 févr. 2007 ; mod. à compter du 1er décembre*

(1) V. T. appl. : D. n° 91-1266, 19 déc. 1991 ; Circ. 12 mars 1992 (*JO* 8 avr. 1992) ; D. n° 91-1369, 30 déc. 1991 (départements d'outre-mer et Saint-Pierre-et-Miquelon). – NDLR.

(2) Dispositions applicables en Polynésie française, L. fin. n° 2014-1654, 29 déc. 2014, art. 35, XII.

(3) V. Ord. n° 92-1143, 12 oct. 1992 relative à l'aide juridictionnelle à Mayotte ; Ord. n° 92-1147, 12 oct. 1992 relative à l'aide juridictionnelle en matière pénale dans les territoires d'outre-mer. – NDLR.

(4) Dispositions applicables en Nouvelle-Calédonie, en Polynésie française et dans les îles Wallis-et-Futuna, L. n° 2004-204, 9 mars 2004, art. 217, I à III.

2008, L. n° 2006-911, 24 juill. 2006 ; mod. à compter du 1er octobre 2010, L. n° 2010-769, 9 juill. 2010 (1) *; à compter du 18 juillet 2011, L. n° 2011-672, 16 juin 2011* (2) *; L. fin. n° 2014-1654, 29 déc. 2014 ; L. n° 2015-925, 29 juill. 2015 ; L. n° 2016-274, 7 mars 2016)* (3). – Sont admises au bénéfice de l'aide juridictionnelle les personnes physiques de nationalité française et les ressortissants des États membres de la Communauté européenne.

Les personnes de nationalité étrangère résidant habituellement et régulièrement en France sont également admises au bénéfice de l'aide juridictionnelle.

Toutefois, l'aide juridictionnelle peut être accordée à titre exceptionnel aux personnes ne remplissant pas les conditions fixées à l'alinéa précédent, lorsque leur situation apparaît particulièrement digne d'intérêt au regard de l'objet du litige ou des charges prévisibles du procès.

L'aide juridictionnelle est accordée sans condition de résidence aux étrangers lorsqu'ils sont mineurs, témoins assistés, mis en examen, prévenus, accusés, condamnés ou parties civiles, lorsqu'ils bénéficient d'une ordonnance de protection en vertu de l'article 515-9 du Code civil ou lorsqu'ils font l'objet de la procédure de comparution sur reconnaissance préalable de culpabilité, ainsi qu'aux personnes faisant l'objet de l'une des procédures prévues aux articles L. 222-1 à L. 222-6, L. 312-2, L. 511-1, L. 511-3-1, L. 511-3-2, L. 512-1 à L. 512-4, L. 522-1, L. 522-2, L. 552-1 à L. 552-10 et L. 742-4 du Code de l'entrée et du séjour des étrangers et du droit d'asile, ou lorsqu'il est fait appel des décisions mentionnées aux articles L. 512-1 à L. 512-4 du même code.

Devant la Cour nationale du droit d'asile, elle est accordée aux étrangers qui résident habituellement en France.

Art. 3-1 *(L. n° 2005-750, 4 juill. 2005)*. – Par dérogation aux deuxième et troisième alinéas de l'article 2 et à l'article 3, et pour l'application de la directive 2003/8/CE du Conseil, du 27 janvier 2003, visant à améliorer l'accès à la justice dans les affaires transfrontalières par l'établissement de règles minimales communes relatives à l'aide judiciaire accordée dans le cadre de telles affaires, l'aide juridictionnelle est accordée dans les litiges transfrontaliers en matière civile ou commerciale, et dans cette même matière définie au titre II, aux personnes qui, quelle que soit leur nationalité, sont en situation régulière de séjour et résident habituellement dans un État membre de l'Union européenne, à l'exception du Danemark, ou y ont leur domicile.

Le litige transfrontalier est celui dans lequel la partie qui sollicite l'aide a sa résidence habituelle ou son domicile dans un État membre autre que celui où siège la juridiction compétente sur le fond du litige ou que celui dans lequel la décision doit être exécutée. Cette situation s'apprécie au moment où la demande d'aide est présentée.

(Abr., L. n° 2007-210, 19 févr. 2007).

Art. 4 *(Rempl. à compter d'une date fixée par décret et au plus tard le 1er décembre 2020, L. fin. n° 2019-1479, 28 déc. 2019 ; mod., L. fin. n° 2020-1721, 29 déc. 2020)* (4). – I. – Les plafonds annuels d'éligibilité des personnes physiques à l'aide juridictionnelle et à l'aide à l'intervention de l'avocat sont fixés par décret en Conseil d'État.

II. – Le caractère insuffisant des ressources des personnes physiques est apprécié en tenant compte :

1° Du revenu fiscal de référence ou, à défaut, des ressources imposables dont les modalités de calcul sont définies par décret ;

2° De la valeur en capital du patrimoine mobilier ou immobilier même non productif de revenus ;

3° De la composition du foyer fiscal.

III. – Les biens qui ne pourraient être vendus ou donnés en gage sans entraîner un trouble grave pour les intéressés ne sont pas pris en compte dans le calcul du montant des ressources auquel s'appliquent les plafonds d'éligibilité.

Art. 5 *(Rempl. à compter d'une date fixée par décret et au plus tard le 1er décembre 2020, L. fin. n° 2019-1479, 28 déc. 2019)* (4). – L'appréciation des ressources est individualisée dans les cas suivants :

1° La procédure oppose des personnes au sein d'un même foyer fiscal ou bien il existe entre eux, eu égard à l'objet du litige, une divergence d'intérêt ;

(1) Application en Polynésie française : V. L. n° 2010-769, 9 juill. 2010, art. 37, II et IX.
(2) Dispositions applicables à Saint-Barthélemy et Saint-Martin, L. n° 2011-672, 16 juin 2011, art. 109.
(3) Dispositions applicables en Polynésie française, L. fin. n° 2014-1654, 29 déc. 2014, art. 35, XII.
(4) Dispositions applicables en Polynésie française, L. fin. n° 2019-1479, 28 déc. 2019, art. 243, III.

2° La procédure concerne une personne majeure ou mineure rattachée au foyer fiscal de ses parents ou de ses représentants légaux, lesquels manifestent un défaut d'intérêt à son égard.

Art. 6. – L'aide juridictionnelle peut, à titre exceptionnel, être accordée aux personnes ne remplissant pas les conditions fixées à l'article 4 lorsque leur situation apparaît particulièrement digne d'intérêt au regard de l'objet du litige ou des charges prévisibles du procès *(Mots aj., L. n° 2005-750, 4 juill. 2005)* « ou, dans les litiges transfrontaliers mentionnés à l'article 3-1, si elles rapportent la preuve qu'elles ne pourraient faire face aux dépenses visées à l'article 24 en raison de la différence du coût de la vie entre la France et l'État membre où elles ont leur domicile ou leur résidence habituelle ».

Art. 7 *(Mod. à compter d'une date fixée par décret et au plus tard le 1er décembre 2020, L. fin. n° 2019-1479, 28 déc. 2019).* – L'aide juridictionnelle est accordée à la personne dont l'action n'apparaît pas, manifestement, irrecevable, dénuée de fondement ou abusive en raison notamment du nombre des demandes, de leur caractère répétitif ou systématique.

Cette condition n'est pas applicable au défendeur à l'action, à la personne civilement responsable, au témoin assisté, à l'inculpé, au prévenu, à l'accusé, au condamné *(Mots aj. à compter du 1er octobre 2004, L. n° 2004-204, 9 mars 2004)* (1) « et à la personne faisant l'objet de la procédure de comparution sur reconnaissance préalable de culpabilité ».

En outre, en matière de cassation, l'aide juridictionnelle est refusée au demandeur si aucun moyen de cassation sérieux ne peut être relevé.

Lorsqu'en vertu des alinéas qui précèdent, l'aide juridictionnelle n'a pas été accordée et que cependant le juge a fait droit à l'action intentée par le demandeur, il est accordé à ce dernier le remboursement des frais, dépens et honoraires par lui exposés ou versés, à concurrence de l'aide juridictionnelle dont il aurait bénéficié compte tenu de ses ressources.

Art. 8. – Toute personne admise à l'aide juridictionnelle en conserve de plein droit le bénéfice pour se défendre en cas d'exercice d'une voie de recours.

Art. 9. – Si la juridiction saisie d'un litige pour lequel le bénéfice de l'aide juridictionnelle a été accordé est incompétente, ce bénéfice subsiste devant la nouvelle juridiction appelée à connaître du litige, sans qu'il soit besoin d'une nouvelle admission.

Art. 9-1 *(L. n° 93-22, 8 janv. 1993).* – Dans toute procédure le concernant, le mineur entendu dans les conditions mentionnées à l'article 388-1 du Code civil, s'il choisit d'être entendu avec un avocat ou si le juge procède à la désignation d'un avocat, bénéficie de droit de l'aide juridictionnelle.

Art. 9-2 *(Mod., L. n° 2019-222, 23 mars 2019).* – La condition de ressources n'est pas exigée des victimes de crimes d'atteintes volontaires à la vie ou à l'intégrité de la personne prévus et réprimés par les articles 221-1 à 221-5, 222-1 à 222-6, 222-8, 222-10, 222-14 (1° et 2°), 222-23 à 222-26, 421-1 (1°) et 421-3 (1° à 4°) du Code pénal, ainsi que de leurs ayants droit pour bénéficier de l'aide juridictionnelle en vue d'exercer l'action civile en réparation des dommages résultant des atteintes à la personne.

Les dispositions du premier alinéa sont également applicables aux victimes de crimes d'atteintes volontaires à la vie ou à l'intégrité de la personne prévus et réprimés par le 1° de l'article 421-1 et les 1° à 4° de l'article 421-3 du Code pénal ainsi qu'à leurs ayants droit en vue de leur constitution de partie civile au soutien de l'action publique. (2)

(1) Dispositions applicables en Nouvelle-Calédonie, en Polynésie française et dans les îles Wallis-et-Futuna, L. n° 2004-204, 9 mars 2004, art. 217, I à III.

(2) Selon les dispositions de l'article 64 de la loi n° 2019-222 du 23 mars 2019, ces dispositions entrent en vigueur le 1er avril 2019. À cette date, les procédures en cours devant les juridictions civiles sont transférées en l'état au tribunal de grande instance de Paris. Les affaires peuvent être renvoyées par la juridiction initialement saisie avant le 1er avril 2019 pour une audience postérieure à cette date devant le tribunal de grande instance de Paris. Il n'y a pas lieu de renouveler les actes, formalités et jugements régulièrement intervenus avant le transfert des procédures. Les parties sont informées par la juridiction antérieurement compétente qu'il leur appartient d'accomplir les actes de la procédure devant le tribunal de grande instance de Paris.

Art. 9-3 *(Créé à compter du 1er janvier 2005, L. n° 2004-439, 26 mai 2004)* (1) (2). – Lorsque le pourvoi en cassation est susceptible d'entraîner l'annulation d'une décision ayant fixé une indemnité de licenciement, le montant de cette indemnité est exclu de l'appréciation des ressources.

Art. 9-4 *(L. n° 2015-925, 29 juill. 2015 ; L. n° 2018-778, 10 sept. 2018)*. – Devant la Cour nationale du droit d'asile, le bénéfice de l'aide juridictionnelle est de plein droit, sauf si le recours est manifestement irrecevable. L'aide juridictionnelle est sollicitée dans un délai de quinze jours à compter de la notification de la décision de l'Office français de protection des réfugiés et apatrides. Lorsqu'une demande d'aide juridictionnelle est adressée au bureau d'aide juridictionnelle de la cour, le délai prévu au premier alinéa de l'article L. 731-2 du Code de l'entrée et du séjour des étrangers et du droit d'asile est suspendu et un nouveau délai court, pour la durée restante, à compter de la notification de la décision relative à l'admission au bénéfice de l'aide juridictionnelle. Ces délais sont notifiés avec la décision de l'office. Le bureau d'aide juridictionnelle de la cour s'efforce de notifier sa décision dans un délai de quinze jours suivant l'enregistrement de la demande.

TITRE II. – Le domaine de l'aide juridictionnelle et de l'aide à l'intervention de l'avocat dans les procédures non juridictionnelles

(Intitulé mod., L. fin. n° 2020-1721, 29 déc. 2020)

Art. 10 *(L. n° 93-22, 8 janv. 1993 ; mod., L. n° 98-1163, 18 déc. 1998 ; mod. à compter du 1er octobre 2004, L. n° 2004-204, 9 mars 2004* (3) *; L. n° 2005-750, 4 juill. 2005 ; mod. à compter du 1er septembre 2011, L. n° 2010-1609, 22 déc. 2010)*. – L'aide juridictionnelle est accordée en matière gracieuse ou contentieuse, en demande ou en défense devant toute juridiction ainsi qu'à l'occasion de la procédure d'audition du mineur prévue par l'article 388-1 du Code civil et de la procédure de comparution sur reconnaissance préalable de culpabilité prévue par les articles 495-7 et suivants du Code de procédure pénale.

Elle peut être accordée pour tout ou partie de l'instance ainsi qu'en vue de parvenir, avant l'introduction de l'instance, à une transaction ou à un accord conclu dans le cadre d'une procédure participative prévue par le Code civil.

(Mod., L. n° 2016-1547, 18 nov. 2016) Elle peut être accordée en matière de divorce par acte sous signature privée contresigné par avocats, déposé au rang des minutes d'un notaire.

Elle peut également être accordée à l'occasion de l'exécution sur le territoire français, d'une décision de justice ou de tout autre titre exécutoire, y compris s'ils émanent d'un autre État membre de l'Union européenne à l'exception du Danemark.

Art. 11. – L'aide juridictionnelle s'applique de plein droit aux procédures, actes ou mesures d'exécution des décisions de justice obtenues avec son bénéfice, à moins que l'exécution ne soit suspendue plus d'une année pour une cause autre que l'exercice d'une voie de recours ou d'une décision de sursis à exécution.

Ces procédures, actes ou mesures s'entendent de ceux qui sont la conséquence de la décision de justice, ou qui ont été déterminés par le bureau ayant prononcé l'admission.

Art. 11-1 *(Anc. art. 64-5 ; dénum., L. fin. n° 2020-1721, 29 déc. 2020)*. – L'avocat qui assiste une partie bénéficiaire de l'aide juridictionnelle dans le cadre d'une médiation ordonnée par le juge a droit à une rétribution.

Lorsque le juge est saisi aux fins d'homologation d'un accord intervenu à l'issue d'une médiation qu'il n'a pas ordonnée, une rétribution est due à l'avocat qui a assisté une partie éligible à l'aide juridictionnelle.

Un décret en Conseil d'État fixe les modalités d'application du présent article. Il définit également les conditions dans lesquelles une partie éligible à l'aide juridictionnelle peut obtenir la prise en charge d'une part de la rétribution due au médiateur.

(1) Application en Nouvelle-Calédonie, en Polynésie française, à Wallis-et-Futuna et à Mayotte, V. L. n° 2004-439, 26 mai 2004, art. 32, I.

(2) Dispositions transitoires : V. L. n° 2004-439, 26 mai 2004, art. 33.

(3) Dispositions applicables en Nouvelle-Calédonie, en Polynésie française et dans les îles Wallis-et-Futuna, L. n° 2004-204, 9 mars 2004, art. 217, I à III.

Art. 11-2 *(L. fin. n° 2020-1721, 29 déc. 2020).* – Sans préjudice de l'application de l'article 19-1, l'aide à l'intervention de l'avocat dans les procédures non juridictionnelles est accordée à la personne qui remplit les conditions pour bénéficier de l'aide juridictionnelle, qu'elle soit mise en cause ou victime, dans les procédures suivantes :

1° Audition, confrontation ou mesures d'enquête mentionnées aux articles 61-1 à 61-3 du Code de procédure pénale, à l'article L. 39 du Livre des procédures fiscales ou à l'article 67 F du Code des douanes ; confrontation ou reconstitution en application des articles 61-2 et 61-3 du Code de procédure pénale ; assistance d'une personne arrêtée dans l'État membre d'exécution d'un mandat d'arrêt européen dans les conditions fixées à l'article 695-17-1 du même code ;

2° Garde à vue, retenue, rétention, confrontation dans les conditions prévues par ledit code ; retenue douanière dans les conditions prévues par le Code des douanes ; retenue d'un étranger aux fins de vérification du droit de circulation ou de séjour dans les conditions prévues par le Code de l'entrée et du séjour des étrangers et du droit d'asile lorsque l'avocat est commis ou désigné d'office ;

3° Déferrement devant le procureur de la République en application de l'article 393 du Code de procédure pénale lorsque l'avocat est commis d'office ;

4° Mesures prévues au 5° de l'article 41-1 et aux articles 41-2 et 41-3 du même code ou à l'article 12-1 de l'ordonnance n° 45-174 du 2 février 1945 relative à l'enfance délinquante et ordonnées par le procureur de la République.

Un décret en Conseil d'État détermine les modalités d'application du présent article.

Art. 11-3 *(L. fin. n° 2020-1721, 29 déc. 2020).* – L'avocat assistant une personne détenue faisant l'objet d'une procédure disciplinaire en relation avec la détention a droit à une rétribution.

Il en va de même de l'avocat assistant une personne détenue faisant l'objet d'une mesure d'isolement d'office ou de prolongation de cette mesure, ou de l'avocat assistant une personne détenue placée à l'isolement à sa demande et faisant l'objet d'une levée sans son accord de ce placement.

L'avocat assistant une personne détenue devant la commission d'application des peines en application de l'article 720 du Code de procédure pénale a droit à une rétribution.

Le premier alinéa du présent article est également applicable aux missions d'assistance à une personne retenue dans un centre socio-médico-judiciaire de sûreté, s'agissant des décisions prises à son encontre pour assurer le bon ordre du centre.

TITRE III. – Les bureaux d'aide juridictionnelle

Art. 12. – L'admission à l'aide juridictionnelle est prononcée par un bureau d'aide juridictionnelle.

Art. 13 *(Mod., L. fin. n° 2020-1721, 29 déc. 2020).* – Il est institué un bureau d'aide juridictionnelle chargé de se prononcer sur les demandes d'admission à l'aide juridictionnelle relatives aux instances portées devant les juridictions du premier et du second degré à l'exécution de leurs décisions et aux transactions avant l'introduction de l'instance.

(Al. rempl. à compter d'une date fixée par décret et au plus tard le 1er décembre 2020, L. fin. n° 2019-1479, 28 déc. 2019) (1) Ce bureau est établi au siège des juridictions dont la liste et le ressort en cette matière sont définis par décret.

S'il y a lieu, le bureau comporte :

– une section statuant sur les demandes portées devant les juridictions de première instance de l'ordre judiciaire ou la cour d'assises ;

– une section chargée d'examiner les demandes relatives aux affaires portées devant le tribunal administratif et les autres juridictions administratives statuant en premier ressort ;

– une section chargée d'examiner les demandes relatives aux affaires portées devant la cour d'appel ;

– une section chargée d'examiner les demandes relatives aux affaires portées devant la cour administrative d'appel et les autres juridictions administratives statuant à charge de recours devant le Conseil d'État.

(1) Dispositions applicables en Polynésie française, L. fin. n° 2019-1479, 28 déc. 2019, art. 243, III.

Le demandeur peut déposer ou adresser sa demande au bureau du lieu de son domicile, auprès d'un agent de greffe d'une juridiction de l'ordre judiciaire ou par voie électronique. S'il n'a pas de domicile, le demandeur peut déposer ou adresser sa demande au bureau d'aide juridictionnelle dont relève le siège de l'organisme qui lui a délivré une attestation d'élection de domicile dans les conditions prévues au chapitre IV du titre VI du livre II du Code de l'action sociale et des familles. Pour les besoins de la procédure d'aide juridictionnelle, le demandeur est réputé domicilié audit organisme d'accueil.

Art. 14. – Des bureaux d'aide juridictionnelle sont institués, en outre, auprès des juridictions suivantes :

Cour de cassation ;

Conseil d'État ;

(Mots rempl., L. n° 2015-925, 29 juill. 2015) « Cour nationale du droit d'asile ».

Ces bureaux se prononcent sur les demandes relatives aux affaires portées devant chacune de ces juridictions, ainsi que, s'il y a lieu, aux actes et procédures d'exécution.

Le bureau près le Conseil d'État est également compétent pour les demandes relevant du tribunal des conflits et de la Cour supérieure d'arbitrage.

Art. 15. – Lorsque deux sections ou bureaux d'aide juridictionnelle compétents, l'un pour statuer sur les demandes portées devant les juridictions de l'ordre judiciaire, l'autre sur les demandes portées devant les juridictions de l'ordre administratif, se sont déclarés successivement incompétents pour connaître d'une demande d'aide juridictionnelle, il est statué sur cette demande par le bureau établi près le Conseil d'État, complété par le président du bureau établi près la Cour de cassation.

Art. 16 *(Mod., L. fin. n° 2020-1721, 29 déc. 2020)*. – S'il y a lieu, le bureau comporte :

– une section statuant sur les demandes portées devant les juridictions de première instance de l'ordre judiciaire ou la cour d'assises ;

– une section chargée d'examiner les demandes relatives aux affaires portées devant le tribunal administratif et les autres juridictions administratives statuant en premier ressort ;

– une section chargée d'examiner les demandes relatives aux affaires portées devant la cour d'appel ;

– une section chargée d'examiner les demandes relatives aux affaires portées devant la cour administrative d'appel et les autres juridictions administratives statuant à charge de recours devant le Conseil d'État.

Le demandeur peut déposer ou adresser sa demande au bureau du lieu de son domicile, auprès d'un agent de greffe d'une juridiction de l'ordre judiciaire ou par voie électronique. S'il n'a pas de domicile, le demandeur peut déposer ou adresser sa demande au bureau d'aide juridictionnelle dont relève le siège de l'organisme qui lui a délivré une attestation d'élection de domicile dans les conditions prévues au chapitre IV du titre VI du livre II du Code de l'action sociale et des familles. Pour les besoins de la procédure d'aide juridictionnelle, le demandeur est réputé domicilié audit organisme d'accueil.

Art. 17. – Les membres des bureaux d'aide juridictionnelle et le personnel de leurs services sont soumis au secret professionnel défini par l'article 378 [de l'ancien] Code pénal [C. pén., art. 226-13 et 226-14] (1).

TITRE IV.– La procédure d'admission à l'aide juridictionnelle et à l'aide à l'intervention de l'avocat dans les procédures non juridictionnelles (2)

(Intitulé mod., L. fin. n° 2020-1721, 29 déc. 2020)

Art. 18. – (3) L'aide juridictionnelle peut être demandée avant ou pendant l'instance.

Art. 19. – L'avocat commis ou désigné d'office dans les cas prévus par la loi peut saisir le bureau d'aide juridictionnelle compétent au lieu et place de la personne qu'il assiste ou qu'il a assistée.

Art. 19-1 *(L. fin. n° 2020-1721, 29 déc. 2020)*. – La commission ou la désignation d'office ne préjuge pas de l'application des règles d'attribution de l'aide juridictionnelle ou de l'aide à l'intervention de l'avocat. Par

(1) V. L. n° 92-1336, 16 déc. 1992, art. 333. – NDLR.
(2) V. CE, avis, 6 mai 2009, n° 322713, *M. J. Kahn : JO* 26 mai 2009 ; *JurisData* n° 2009-075422. – NDLR.
(3) V. C. étrangers, art. L. 512-1,(dispositions dérogatoires). – NDLR.

exception, l'avocat commis ou désigné d'office a droit à une rétribution, y compris si la personne assistée ne remplit pas les conditions pour bénéficier de l'aide juridictionnelle ou de l'aide à l'intervention de l'avocat, s'il intervient dans les procédures suivantes, en première instance ou en appel :

1° Procédure judiciaire de mainlevée et de contrôle des mesures de soins psychiatriques ;

2° Assistance d'une personne demandant ou contestant la délivrance d'une ordonnance de protection prévue à l'article 515-9 du Code civil ;

3° Comparution immédiate ;

4° Comparution à délai différé ;

5° Déferrement devant le juge d'instruction ;

6° Débat contradictoire relatif au placement ou au maintien en détention provisoire ;

7° Assistance d'un mineur dans le cadre d'une procédure d'assistance éducative, d'une audition libre, d'un interrogatoire de première comparution, d'une instruction ou d'une audience de jugement ;

8° Assistance d'un accusé devant la cour d'assises, la cour criminelle départementale, la cour d'assises des mineurs ou le tribunal pour enfants statuant en matière criminelle ;

9° Procédures devant le juge des libertés et de la détention relatives à l'entrée et au séjour des étrangers ;

10° Procédures devant le tribunal administratif relatives à l'éloignement des étrangers faisant l'objet d'une mesure restrictive de liberté ;

11° Procédures non juridictionnelles mentionnées aux 2° à 4° de l'article 11-2 de la présente loi.

La personne qui a bénéficié de l'intervention d'un avocat commis ou désigné d'office dans les conditions prévues aux onze premiers alinéas du présent article et qui n'est pas éligible à l'aide juridictionnelle ou à l'aide à l'intervention de l'avocat est tenue de rembourser au Trésor public les sommes exposées par l'État. Le recouvrement des sommes dues à l'État a lieu comme en matière de créances étrangères à l'impôt et au domaine.

L'avocat commis ou désigné d'office qui a perçu des honoraires au titre d'une des procédures mentionnées aux 1° à 11° du présent article perçoit une rétribution dans les conditions fixées à l'article 33 de la présente loi.

Les modalités d'application du présent article sont fixées par décret en Conseil d'État.

Art. 20 *(Mod., L. n° 2020-936, 30 juill. 2020 ; L. fin. n° 2020-1721, 29 déc. 2020).* – Dans les cas d'urgence, sous réserve de l'application des règles relatives aux commissions ou désignations d'office, l'admission provisoire à l'aide juridictionnelle peut être prononcée par la juridiction compétente ou son président.

L'admission provisoire à l'aide juridictionnelle peut également être accordée lorsque la procédure met en péril les conditions essentielles de vie de l'intéressé, notamment en cas d'exécution forcée emportant saisie de biens ou expulsion.

L'aide juridictionnelle est attribuée de plein droit à titre provisoire dans le cadre des procédures présentant un caractère d'urgence dont la liste est fixée par décret en Conseil d'État.

L'aide juridictionnelle provisoire devient définitive si le contrôle des ressources du demandeur réalisé a posteriori par le bureau d'aide juridictionnelle établit l'insuffisance des ressources.

Art. 21 *(Mod. à compter d'une date fixée par décret et au plus tard le 1er décembre 2020, L. fin. n° 2019-1479, 28 déc. 2019)* (1). – Le bureau d'aide juridictionnelle peut recueillir tous renseignements permettant d'apprécier l'éligibilité de l'intéressé à l'aide juridictionnelle.

Les services de l'État et des collectivités publiques, les organismes de sécurité sociale et les organismes qui assurent la gestion des prestations sociales sont tenus de communiquer au bureau, sans pouvoir opposer le secret professionnel, tous renseignements permettant de vérifier que l'intéressé satisfait aux conditions exigées pour bénéficier de l'aide juridictionnelle.

Les entreprises mentionnées à l'article L. 310-1 du Code des assurances sont tenues de communiquer au bureau, sans pouvoir opposer le secret professionnel, tous renseignements permettant de vérifier que l'intéressé ne bénéficie pas d'un contrat d'assurance de protection juridique ou d'un système de protection à même de prendre en charge les frais couverts par l'aide juridictionnelle.

(1) Dispositions applicables en Polynésie française, L. fin. n° 2019-1479, 28 déc. 2019, art. 243, III.

En matière pénale, le bureau d'aide juridictionnelle peut, en outre, demander au procureur de la République ou au procureur général, selon les cas, communication des pièces du dossier pénal pouvant permettre d'apprécier les ressources de l'intéressé.

Art. 22 *(Rempl., L. n° 98-1163, 18 déc. 1998).* – Le président du bureau ou de la section compétente ou, en cas d'absence ou d'empêchement du président, le vice-président peut statuer seul sur les demandes ne présentant manifestement pas de difficulté sérieuse.

Le président ou, le cas échéant, le vice-président peut, en outre, procéder aux mesures d'investigation nécessaires et rejeter la demande si le demandeur, sans motif légitime, ne communique pas dans le délai imparti les documents ou les renseignements demandés.

Art. 23 *(Mod., L. n° 2007-210, 19 févr. 2007). – (Mod., L. n° 2007-1631, 20 nov. 2007 ; mod. à compter du 1er avril 2015, L. n° 2015-177, 16 févr. 2015)* (1) Les décisions du bureau d'aide juridictionnelle, de la section du bureau ou de leur premier président peuvent être déférées, selon le cas, au président de la cour d'appel ou de la Cour de cassation, au président de la cour administrative d'appel, au président de la section du contentieux du Conseil d'État, au président du Tribunal des conflits, au président de la Cour nationale du droit d'asile ou au membre de la juridiction qu'ils ont délégué. Ces autorités statuent sans recours.

Les recours contre les décisions du bureau d'aide juridictionnelle peuvent être exercés par l'intéressé lui-même lorsque le bénéfice de l'aide juridictionnelle lui a été refusé, ne lui a été accordé que partiellement ou lorsque ce bénéfice lui a été retiré.

Dans tous les cas, ces recours peuvent être exercés par les autorités suivantes :

le garde des Sceaux, ministre de la Justice, pour ceux qui sont intentés contre les décisions du bureau institué près le Conseil d'État ;

le ministère public pour ceux qui sont intentés contre les décisions des autres bureaux ;

le président de l'ordre des avocats au Conseil d'État et à la Cour de cassation pour ceux qui sont intentés contre les décisions des bureaux institués près ces juridictions et le bâtonnier pour ceux qui sont intentés contre les décisions des autres bureaux.

TITRE V. – Les effets de l'aide juridictionnelle et de l'aide à l'intervention de l'avocat dans les procédures non juridictionnelles

(Intitulé mod., L. fin. n° 2020-1721, 29 déc. 2020)

Art. 24. – Les dépenses qui incomberaient au bénéficiaire de l'aide juridictionnelle s'il n'avait pas cette aide sont à la charge de l'État.

Toutefois, l'aide juridictionnelle partielle laisse à son bénéficiaire la charge d'un honoraire fixé par convention avec l'avocat conformément à l'article 35 ou d'un émolument au profit des officiers publics et ministériels qui prêtent leur concours.

Chapitre Ier. – Le concours des auxiliaires de justice

Art. 25. – Le bénéficiaire de l'aide juridictionnelle a droit à l'assistance d'un avocat et à celle de tous officiers publics ou ministériels dont la procédure requiert le concours.

Les avocats et les officiers publics ou ministériels sont choisis par le bénéficiaire de l'aide juridictionnelle. Ils peuvent l'être également par l'auxiliaire de justice premier choisi ou désigné.

À défaut de choix ou en cas de refus de l'auxiliaire de justice choisi, un avocat ou un officier public ou ministériel est désigné, sans préjudice de l'application des règles relatives aux commissions ou désignations d'office, par le bâtonnier ou par le président de l'organisme professionnel dont il dépend.

L'auxiliaire de justice qui prêtait son concours au bénéficiaire de l'aide juridictionnelle avant que celle-ci ait été accordée doit continuer de le lui prêter. Il ne pourra en être déchargé qu'exceptionnellement et dans les conditions fixées par le bâtonnier ou par le président de l'organisme dont il dépend.

(1) Dispositions applicables en Polynésie française, L. n° 2015-177, 16 févr. 2015, art. 25.

Art. 26. – En cas d'appel, le bénéficiaire de l'aide juridictionnelle est assisté ou représenté par l'avocat qui lui avait prêté son concours en première instance au titre de cette aide, sauf choix contraire de la partie ou refus de l'avocat.

Art. 27 *(Rempl., L. fin. n° 2020-1721, 29 déc. 2020 ; L. n° 2021-1900, 30 déc. 2021).* – L'avocat qui prête son concours au bénéficiaire de l'aide juridictionnelle ou de l'aide à l'intervention de l'avocat dans les procédures non juridictionnelles perçoit une rétribution.

L'État affecte annuellement à chaque barreau une dotation représentant sa part contributive aux missions d'aide juridictionnelle et aux missions d'aide à l'intervention de l'avocat dans les procédures non juridictionnelles accomplies par les avocats du barreau.

Le montant de la dotation affecté à l'aide juridictionnelle résulte d'une part, du nombre de missions d'aide juridictionnelle accomplies par les avocats du barreau et, d'autre part, du produit d'un coefficient par type de procédure et d'une unité de valeur de référence. Le montant, hors taxe sur la valeur ajoutée, de cette unité de valeur de référence est fixé, pour les missions dont l'admission à l'aide juridictionnelle est prononcée à compter du 1er janvier 2022, à 36 €.

Le montant de cette dotation affecté à l'aide à l'intervention de l'avocat dans les procédures non juridictionnelles est fonction du nombre de missions effectuées par les avocats.

Art. 28 *(Rempl., L. fin. rect. n° 2011-900, 29 juill. 2011 ; mod., L. fin. n° 2013-1278, 29 déc. 2013 ; rempl., L. fin. n° 2014-1654, 29 déc. 2014 ; mod. à compter du 1er janvier 2020, L. fin. n° 2019-1479, 28 déc. 2019)* (1) (2). – La dotation due au titre de chaque année donne lieu au versement d'une provision initiale, versée en début d'année et ajustée en fonction de l'évolution du nombre des admissions à l'aide juridictionnelle. Elle est liquidée en fin d'année sur la base du nombre des missions achevées, après déduction des sommes perçues au titre du même deuxième alinéa.

Art. 29 *(Mod., L. fin. n° 2020-1721, 29 déc. 2020).* – La dotation est versée par l'Union nationale des caisses des règlements pécuniaires des avocats pour le compte de l'État sur un compte spécial de la caisse des règlements pécuniaires prévue au 9° de l'article 53 de la loi n° 71-1130 du 31 décembre 1971 portant réforme de certaines professions judiciaires et juridiques. Le montant et la répartition par barreau de cette dotation sont fixés par arrêté du ministre de la justice. Elle est intégralement affectée au paiement des avocats effectuant des missions d'aide juridictionnelle et d'aide à l'intervention de l'avocat dans les procédures non juridictionnelles.

Les modalités et le montant de ce paiement et, le cas échéant, le versement de provisions sont déterminés dans chaque barreau par le règlement intérieur.

Toutefois, pour l'aide juridictionnelle partielle, la part contributive de l'État revenant à l'avocat est calculée selon les modalités qui servent à déterminer la dotation du barreau.

Le règlement intérieur peut prévoir que les avocats prêtent, à temps partiel, leur concours à l'aide juridictionnelle et à l'aide à l'intervention de l'avocat selon des modalités fixées par convention avec l'ordre.

En ce qui concerne les règles de gestion financière et comptable des fonds, le règlement intérieur doit être conforme à un règlement type établi par décret en Conseil d'État (3).

Les dispositions du règlement intérieur relatives à l'aide juridictionnelle sont communiquées pour information au conseil départemental de l'accès au droit prévu à l'article 54.

Art. 30 *(Mod., L. n° 2019-486, 22 mai 2019).* – La caisse des règlements pécuniaires désigne un commissaire aux comptes et, lorsque les conditions définies au deuxième alinéa du I de l'article L. 823-1 du Code de commerce sont réunies, un suppléant, choisis sur la liste mentionnée à l'article L. 225-219 du même code pour une durée de six exercices.

Ne peuvent être choisis comme commissaires aux comptes :

1° Les conjoints, ascendants ou descendants et collatéraux au quatrième degré inclusivement du président et des administrateurs de la caisse, du bâtonnier et des membres du conseil de l'ordre ;

(1) Dispositions applicables en Polynésie française, L. fin. n° 2014-1654, 29 déc. 2014, art. 35, XII.
(2) Dispositions applicables en Polynésie française, L. fin. n° 2019-1479, 28 déc. 2019, art. 243, III.
(3) V. T. appl. : D. n° 96-887, 10 oct. 1996. – NDLR.

2° Les personnes qui, directement ou indirectement ou par personne interposée, reçoivent de la caisse ou de son président une rémunération quelconque à raison d'une autre activité que celle de commissaire aux comptes ;

3° Les sociétés de commissaires aux comptes dont l'un des associés, actionnaires ou dirigeants, se trouve dans l'une des situations prévues aux alinéas précédents ;

4° Les conjoints des personnes qui, en raison d'une activité autre que celle de commissaire aux comptes, reçoivent de la caisse ou de son président une rémunération en raison de l'exercice d'une activité permanente ;

5° Les sociétés de commissaires aux comptes dont soit l'un des dirigeants, soit l'associé ou actionnaire exerçant les fonctions de commissaire aux comptes au nom de la société, a son conjoint qui se trouve dans l'une des situations prévues au 4° ;

6° *(Rempl., L. n° 2004-130, 11 févr. 2004)* Les avocats anciens conseils juridiques qui ont été autorisés à poursuivre les activités de commissaire aux comptes par le XI de l'article 50 de la loi n° 71-1130 du 31 décembre 1971 précitée dans sa rédaction antérieure à la loi n° 2004-130 du 11 février 2004 réformant le statut de certaines professions judiciaires ou juridiques, des experts judiciaires, des conseils en propriété industrielle et des experts en ventes aux enchères publiques.

Le commissaire aux comptes vérifie que la dotation de l'État a été versée sur un compte spécial établi chaque année à cet effet dans des conditions fixées par décret en Conseil d'État et qu'elle a été utilisée conformément à la présente loi.

Les dispositions des articles L. 820-6, L. 820-7, L. 822-17, L. 822-18, L. 823-12, L. 823-12, L. 823-14 du Code de commerce sont applicables.

Les dispositions du 1° de l'article L. 820-4 sont applicables au président de la caisse et celles du 2° du même article L. 820-4 au président de la caisse et à toute personne au service de celle-ci.

Art. 31. – L'avocat au Conseil d'État et à la Cour de cassation *(Mots suppr. à compter du 1er janvier 2012, L. n° 2011-94, 25 janv. 2011)* « ... », le notaire, l'huissier de justice, le greffier titulaire de charge, le commissaire-priseur qui prêtent leur concours au bénéficiaire de l'aide juridictionnelle perçoivent une rétribution de l'État fixée selon des barèmes établis par décret en Conseil d'État.

Art. 32. – La contribution due au titre de l'aide juridictionnelle totale à l'auxiliaire de justice est exclusive de toute autre rémunération, sous réserve des dispositions de l'article 36. Toute stipulation contraire est réputée non écrite.

Art. 33. – Les honoraires ou émoluments, ainsi que les provisions versées à ce titre avant l'admission à l'aide juridictionnelle totale par son bénéficiaire viennent en déduction de la contribution de l'État.

Lorsqu'une rémunération a déjà été versée à un auxiliaire de justice avant une demande d'aide juridictionnelle, aucune contribution n'est due par l'État au titre de l'aide juridictionnelle totale si les sommes déjà reçues à titre d'émoluments ou d'honoraires sont au moins égales à celles qu'il aurait perçues à ce titre.

Lorsque la rémunération déjà versée par le bénéficiaire de l'aide juridictionnelle totale est inférieure à la contribution de l'État prévue à ce titre, l'auxiliaire de justice ne peut prétendre à un complément qui aurait pour effet de dépasser le montant de cette contribution.

Dans le cas prévu à l'article 9, il sera tenu compte de l'ensemble des diligences effectivement exercées par l'avocat.

Art. 34. – En cas d'aide juridictionnelle partielle, la part contributive de l'État au profit du bénéficiaire est, dans des conditions déterminées par un barème fixé par décret en Conseil d'État, inversement proportionnelle aux ressources du bénéficiaire.

Art. 35. – En cas d'aide juridictionnelle partielle, l'avocat a droit, de la part du bénéficiaire, à un honoraire complémentaire librement négocié.

Une convention écrite préalable fixe, en tenant compte de la complexité du dossier, des diligences et des frais imposés par la nature de l'affaire, le montant et les modalités de paiement de ce complément d'honoraires, dans des conditions compatibles avec les ressources et le patrimoine du bénéficiaire.

La convention rappelle le montant de la part contributive de l'État. Elle indique les voies de recours ouvertes en cas de contestation. À peine de nullité, elle est communiquée dans les quinze jours de sa signature au bâtonnier qui contrôle sa régularité ainsi que le montant du complément d'honoraires.

Lorsque le barreau dont relève l'avocat établit une méthode d'évaluation des honoraires tenant compte des critères fixés ci-dessus, le montant du complément est calculé sur la base de cette méthode d'évaluation.

Les dispositions qui précèdent sont applicables à l'avocat au Conseil d'État et à la Cour de cassation ; les pouvoirs qu'elles confèrent au barreau sont exercés par l'ordre, et ceux qu'elles confèrent au bâtonnier par le président de l'ordre.

Dans le même cas, les autres officiers publics ou ministériels ont droit, de la part du bénéficiaire, à un émolument complémentaire calculé sur la base de leurs tarifs dans des limites fixées par décret en Conseil d'État.

Art. 36 *(Mod., L. fin. n° 2019-1479, 28 déc. 2019)*. – Lorsque la décision passée en force de chose jugée rendue au profit du bénéficiaire de l'aide juridictionnelle a procuré à celui-ci des ressources telles que, si elles avaient existé au jour de la demande d'aide juridictionnelle, celle-ci ne lui aurait pas été accordée, l'avocat désigné peut demander des honoraires à son client après que le bureau d'aide juridictionnelle a prononcé le retrait de l'aide juridictionnelle.

L'avocat désigné peut conclure avec son client une convention écrite préalable qui fixe le montant et les modalités de paiement des honoraires qu'il peut demander si le bureau d'aide juridictionnelle ou la juridiction saisie de la procédure prononce le retrait de l'aide juridictionnelle.

Lorsque l'avocat perçoit des honoraires de la part de son client après que l'aide juridictionnelle lui a été retirée, l'avocat renonce à percevoir sa rétribution au titre de l'aide juridictionnelle.

Art. 37 *(Mod., L. fin. n° 2019-1479, 28 déc. 2019 ; L. n° 2021-1900, 30 déc. 2021)*. – Les auxiliaires de justice rémunérés selon un tarif peuvent renoncer à percevoir la somme correspondant à la part contributive de l'État et poursuivre contre la partie condamnée aux dépens et non bénéficiaire de l'aide juridictionnelle le recouvrement des émoluments auxquels ils peuvent prétendre.

Dans toutes les instances, le juge condamne la partie tenue aux dépens, ou qui perd son procès, et non bénéficiaire de l'aide juridictionnelle, à payer à l'avocat pouvant être rétribué, totalement ou partiellement, au titre de l'aide juridictionnelle, une somme qu'il détermine et qui ne saurait être inférieure à la part contributive de l'État majorée de 50 %, au titre des honoraires et frais non compris dans les dépens que le bénéficiaire de l'aide aurait exposés s'il n'avait pas eu cette aide. Les parties peuvent produire les justificatifs des sommes qu'elles demandent et le juge tient compte de l'équité ou de la situation économique de la partie condamnée. Il peut, même d'office, pour des raisons tirées des mêmes considérations, dire qu'il n'y a pas lieu à cette condamnation.

Si l'avocat du bénéficiaire de l'aide recouvre cette somme, il renonce à percevoir la part contributive de l'État. S'il n'en recouvre qu'une partie, la fraction recouvrée vient en déduction de la part contributive de l'État.

Si, à l'issue du délai de quatre ans à compter du jour où la décision est passée en force de chose jugée, l'avocat n'a pas demandé le versement de tout ou partie de la part contributive de l'État, il est réputé avoir renoncé à celle-ci.

Un décret en Conseil d'État fixe, en tant que de besoin, les modalités d'application du présent article.

Art. 38. – (1) La contribution versée par l'État est réduite, selon des modalités fixées par décret en Conseil d'État, lorsqu'un avocat *(Mots suppr. à compter du 1er janvier 2012, L. n° 2011-94, 25 janv. 2011)* « ... » ou un avocat au Conseil d'État et à la Cour de cassation est chargé d'une série d'affaires présentant à juger des questions semblables.

Art. 39 *(Mod., L. fin. n° 2020-1721, 29 déc. 2020)*. – Pour toute affaire terminée par une transaction conclue avec le concours de l'[d'un] avocat, avant ou pendant l'instance, il est alloué à l'auxiliaire de justice une rétribution égale à celle due par l'État au titre de l'aide juridictionnelle lorsque l'instance s'éteint par l'effet d'un jugement.

Dans le cas où le bénéficiaire de l'aide juridictionnelle renonce à poursuivre l'instance engagée, il est tenu compte de l'état d'avancement de la procédure.

Lorsque l'aide a été accordée en vue de parvenir à une transaction avant l'introduction de l'instance et qu'une transaction n'a pu être conclue, le versement de la rétribution due à l'avocat, dont le montant est fixé par décret en Conseil d'État, est subordonné à la justification, avant l'expiration du délai de six mois qui suit la décision d'admission, de l'importance et du sérieux des diligences accomplies par ce professionnel.

(1) V. la note sous D. n° 91-1266, 19 déc. 1991, art. 109. – NDLR.

Lorsqu'une instance est engagée après l'échec de pourparlers transactionnels, la rétribution versée à l'avocat à raison des diligences accomplies durant ces pourparlers est fixée, dans des conditions fixées par décret en Conseil d'État.

Les modalités de rétribution des auxiliaires de justice prévues par les alinéas précédents en matière de transaction s'appliquent également en cas de procédure participative prévue par le Code civil, dans des conditions fixées par décret en Conseil d'État.

Art. 39-1 *(L. n° 2016-1547, 18 nov. 2016)*. – Dans le cas où le bénéficiaire de l'aide juridictionnelle renonce à divorcer par consentement mutuel par acte sous signature privée contresigné par avocats, déposé au rang des minutes d'un notaire, il est tenu compte de l'état d'avancement de la procédure.

Lorsque l'aide a été accordée pour divorcer par consentement mutuel par acte sous signature privée contresigné par avocats, déposé au rang des minutes d'un notaire, et que les époux reviennent sur leur engagement, le versement de la rétribution due à l'avocat, dont le montant est fixé par décret en Conseil d'État, est subordonné à la justification, avant l'expiration du délai de six mois à compter de la décision d'admission, de l'importance et du sérieux des diligences accomplies par cet avocat.

Lorsqu'une instance est engagée après l'échec de la procédure de divorce par consentement mutuel par acte sous signature privée contresigné par avocats, déposé au rang des minutes d'un notaire, la rétribution versée à l'avocat à raison des diligences accomplies durant ladite procédure s'impute, dans des conditions fixées par décret en Conseil d'État, sur celle qui lui est due pour l'instance.

Chapitre II. – Les frais couverts par l'aide juridictionnelle

Art. 40. – L'aide juridictionnelle concerne tous les frais afférents aux instances, procédures ou actes pour lesquels elle a été accordée *(Mots aj. à compter du 1er janvier 2011, L. n° 2010-1657, 29 déc. 2010)* (1) (2) « , à l'exception des droits de plaidoirie ».

Le bénéficiaire de l'aide est dispensé du paiement, de l'avance ou de la consignation de ces frais.

Les frais occasionnés par les mesures d'instruction sont avancés par l'État.

Art. 40-1 *(L. n° 2005-750, 4 juill. 2005)*. – Dans les litiges transfrontaliers mentionnés à l'article 3-1, l'aide juridictionnelle couvre les frais de traduction de sa demande et des documents exigés pour son instruction avant transmission de cette demande à l'État de la juridiction compétente sur le fond. En cas de rejet de cette demande, les frais de traduction peuvent être recouvrés par l'État.

L'aide juridictionnelle couvre pour les mêmes litiges, lorsque l'instance se déroule en France, les frais d'interprète, les frais de traduction des documents que le juge a estimé indispensable d'examiner pour apprécier les moyens soulevés par le bénéficiaire de l'aide, ainsi que les frais de déplacement des personnes dont la présence à l'audience est requise par le juge.

Art. 41. – Les dépositaires publics délivrent gratuitement au bénéficiaire de l'aide juridictionnelle les actes et expéditions nécessaires à la procédure ou à la mesure d'exécution.

Les droits et taxes dus par le bénéficiaire de l'aide juridictionnelle sont recouvrés par l'État après le jugement dans les conditions prévues aux articles 42 et suivants.

Art. 42. – Lorsque le bénéficiaire de l'aide juridictionnelle est condamné aux dépens ou perd son procès, il supporte exclusivement la charge des dépens effectivement exposés par son adversaire, sans préjudice de l'application éventuelle des dispositions de l'article 75.

Le juge peut toutefois, même d'office, laisser une partie des dépens à la charge de l'État.

Dans le même cas, le juge peut mettre à la charge du bénéficiaire de l'aide juridictionnelle partielle, demandeur au procès, le remboursement d'une fraction des sommes exposées par l'État autres que la part contributive de l'État à la mission d'aide juridictionnelle des avocats et des officiers publics et ministériels.

---

(1) Dispositions applicables en Polynésie française, L. n° 2010-1657, 29 déc. 2010, art. 74, II.

(2) Le Conseil constitutionnel a déclaré les présentes dispositions conforme à la Constitution : V. Cons. const. n° 2011-198 QPC, 25 nov. 2011 (*JO* 26 nov. 2011). – NDLR

Art. 43 *(L. n° 93-2, 4 janv. 1993).* – Lorsque la partie condamnée aux dépens ou la partie perdante ne bénéficie pas de l'aide juridictionnelle, elle est tenue de rembourser au Trésor public les sommes exposées par l'État, à l'exclusion des frais de justice criminelle, correctionnelle ou de police. Toutefois, pour des considérations tirées de l'équité ou de la situation économique de cette partie, le juge peut la dispenser totalement ou partiellement de ce remboursement.

Le bénéficiaire de l'aide juridictionnelle peut demander au juge de condamner dans les conditions prévues à l'article 75, la partie mentionnée à l'alinéa précédent au paiement d'une somme au titre des frais qu'il a exposés.

Art. 44. – Le recouvrement des sommes dues à l'État a lieu comme en matière *(Mots rempl. à compter du 1er janvier 2011, L. n° 2010-1657, 29 déc. 2010)* (1) « de créances étrangères à l'impôt et au domaine », sous réserve de dispositions particulières définies par décret.

L'action en recouvrement de toutes les sommes dues au titre de la présente loi se prescrit par cinq ans à compter de la décision de justice ou de l'acte mettant fin à la mission d'aide juridictionnelle.

Art. 45 et 46 *(Abr., L. n° 98-1163, 18 déc. 1998).*

Art. 47. – Les dispositions du présent chapitre ne sont pas applicables en matière pénale lorsque le bénéficiaire de l'aide juridictionnelle est témoin assisté, « personne mise en examen » (2), prévenu, accusé ou condamné *(Mots aj. à compter du 1er octobre 2004, L. n° 2004-204, 9 mars 2004)* (3) « ou qu'il fait l'objet de la procédure de comparution sur reconnaissance préalable de culpabilité ».

Art. 48 *(L. n° 93-2, 4 janv. 1993).* – Lorsque le bénéficiaire de l'aide juridictionnelle est partie civile au procès pénal, la juridiction de jugement met à la charge du condamné le remboursement de la contribution versée par l'État à l'avocat de la partie civile au titre de l'aide juridictionnelle. Toutefois, pour des considérations tirées de l'équité ou de la situation économique du condamné, le juge peut le dispenser totalement ou partiellement de ce remboursement.

Art. 49 *(Abr., L. n° 98-1163, 18 déc. 1998).*

TITRE VI. – Le retrait de l'aide juridictionnelle et de l'aide à l'intervention de l'avocat dans les procédures non juridictionnelles

(Intitulé mod., L. fin. n° 2020-1721, 29 déc. 2020)

Art. 50 *(Rempl. à compter d'une date fixée par décret et au plus tard le 1er décembre 2020, L. fin. n° 2019-1479, 28 déc. 2019 ; mod., L. fin. n° 2020-1721, 29 déc. 2020)* (4). – Sans préjudice des sanctions prévues à l'article 441-7 du Code pénal, le bénéfice de l'aide juridictionnelle ou de l'aide à l'intervention de l'avocat est retiré, en tout ou partie, même après l'instance ou l'accomplissement des actes pour lesquels il a été accordé, dans les cas suivants :

1° Si ce bénéfice a été obtenu à la suite de déclarations ou au vu de pièces inexactes ;

2° S'il survient au bénéficiaire, pendant cette instance ou l'accomplissement de ces actes, des ressources telles que si elles avaient existé au jour de la demande d'aide juridictionnelle ou d'aide à l'intervention de l'avocat, celle-ci n'aurait pas été accordée ;

3° Lorsque la décision passée en force de chose jugée a procuré au bénéficiaire des ressources excédant les plafonds d'admission à l'aide juridictionnelle ;

4° Lorsque la procédure engagée par le demandeur bénéficiant de l'aide juridictionnelle ou de l'aide à l'intervention de l'avocat a été jugée dilatoire, abusive, ou manifestement irrecevable ;

5° Lorsque les éléments extérieurs du train de vie du bénéficiaire de l'aide juridictionnelle ou de l'aide à l'intervention de l'avocat apparaissent manifestement incompatibles avec le montant des ressources annuelles pris en compte pour apprécier son éligibilité.

(1) Dispositions applicables en Polynésie française, L. n° 2010-1657, 29 déc. 2010, art. 74, II.
(2) L. n° 93-1013, 24 août 1993, art. 46.
(3) Dispositions applicables en Nouvelle-Calédonie, en Polynésie française et dans les îles Wallis-et-Futuna, L. n° 2004-204, 9 mars 2004, art. 217, I à III.
(4) Dispositions applicables en Polynésie française, L. fin. n° 2019-1479, 28 déc. 2019, art. 243, III.

Art. 51 *(Rempl. à compter d'une date fixée par décret et au plus tard le 1er décembre 2020, L. fin. n° 2019-1479, 28 déc. 2019 ; mod., L. fin. n° 2020-1721, 29 déc. 2020)* (1). – Le retrait de l'aide juridictionnelle ou de l'aide à l'intervention de l'avocat peut intervenir et jusqu'à quatre ans après la fin de l'instance ou de la mesure. Il peut être demandé par tout intéressé. Il peut également intervenir d'office.

Le retrait est prononcé :

1° Par le président du bureau dans les cas mentionnés aux 1° à 3° et 5° de l'article 50. Toutefois, si le retrait vise une procédure ou une mesure pour laquelle les auxiliaires de justice désignés n'ont pas perçu de rétribution, il est prononcé par le bureau ;

2° Par la juridiction saisie dans le cas mentionné au 4° du même article 50.

Art. 52 *(Mod., L. fin. n° 2020-1721, 29 déc. 2020)*. – Le retrait de l'aide juridictionnelle ou de l'aide à l'intervention de l'avocat rend immédiatement exigibles, dans les limites fixées par la décision de retrait, les droits, redevances, honoraires, émoluments, consignations et avances de toute nature dont le bénéficiaire avait été dispensé. Il emporte obligation pour le bénéficiaire de restituer les sommes versées par l'État.

Art. 52-1 *(L. n° 98-1163, 18 déc. 1998)*. – Les dispositions des articles 42 et 50 à 52 sont portées à la connaissance du bénéficiaire de l'aide juridictionnelle lors de la notification de son admission au bénéfice de celle-ci.

DEUXIÈME PARTIE. – L'aide à l'accès au droit (2)

TITRE Ier. – Définition de l'aide à l'accès au droit

(Intitulé mod., L. n° 98-1163, 18 déc. 1998)

Art. 53 *(Rempl., L. n° 98-1163, 18 déc. 1998)*. – L'aide à l'accès au droit comporte :

1° L'information générale des personnes sur leurs droits et obligations ainsi que leur orientation vers les organismes chargés de la mise en œuvre de ces droits ;

2° L'aide dans l'accomplissement de toute démarche en vue de l'exercice d'un droit ou de l'exécution d'une obligation de nature juridique et l'assistance au cours des procédures non juridictionnelles ;

3° La consultation en matière juridique ;

4° L'assistance à la rédaction et à la conclusion des actes juridiques.

Les conditions dans lesquelles s'exerce l'aide à la consultation en matière juridique sont déterminées par le conseil départemental de l'accès au droit en conformité avec les règles de déontologie des personnes chargées de la consultation et dans le respect des dispositions du titre II de la loi n° 71-1130 du 31 décembre 1971 portant réforme de certaines professions judiciaires et juridiques.

TITRE II. – Mise en œuvre de l'aide à l'accès au droit

(Intitulé mod., L. n° 98-1163, 18 déc. 1998)

Art. 54 *(Rempl., L. n° 98-1163, 18 déc. 1998 ; mod., L. n° 2016-1547, 18 nov. 2016)*. – Dans chaque département, il est institué un conseil départemental de l'accès au droit, chargé de recenser les besoins, de définir une politique locale, de dresser et diffuser l'inventaire de l'ensemble des actions menées. Le conseil est saisi, pour information, de tout projet d'action préalablement à sa mise en œuvre et, pour avis, de toute demande de concours financier de l'État préalablement à son attribution. Il procède à l'évaluation de la qualité et de l'efficacité des dispositifs auxquels il apporte son concours.

Il participe à la mise en œuvre d'une politique locale de résolution amiable des différends.

Il peut participer au financement des actions poursuivies.

Il peut développer des actions communes avec d'autres conseils départementaux de l'accès au droit.

Il établit chaque année un rapport sur son activité.

---

(1) Dispositions applicables en Polynésie française, L. fin. n° 2019-1479, 28 déc. 2019, art. 243, III.

(2) Les conseils départementaux de l'aide juridique constitués à la date d'entrée en vigueur de la loi n° 98-1163, 18 déc. 1998, peuvent poursuivre leurs activités dans les conditions prévues par la deuxième partie de la loi n° 91-647 du 10 juillet 1991 dans sa rédaction antérieure à la loi n° 98-1163, 18 déc. 1998, jusqu'à l'expiration de la durée fixée dans leur convention constitutive et au plus tard jusqu'à l'expiration d'un délai de cinq ans à compter de la promulgation de la loi n° 98-1163, 18 déc. 1998, même L., art. 17.

Art. 55 *(Rempl., L. n° 98-1163, 18 déc. 1998 ; mod. à compter du 1er janvier 2012, L. n° 2011-94, 25 janv. 2011 ; mod., L. n° 2011-525, 17 mai 2011* (1) *; L. n° 2016-1547, 18 nov. 2016).* – Sous réserve des dispositions du présent article, le conseil départemental de l'accès au droit est un groupement d'intérêt public auquel est applicable le chapitre II de la loi n° 2011-525 du 17 mai 2011 de simplification et d'amélioration de la qualité du droit.

Il est constitué de représentants :

1° De l'État ;

2° Du département *(Mots aj. à compter du 1er janvier 2018, Ord. n° 2016-1562, 21 nov. 2016)* « ou, en Corse, de la collectivité de Corse » ;

3° De l'association départementale des maires ;

4° De l'ordre ou, si le département compte plus d'un barreau, de l'un des ordres des avocats établis dans le département choisi par leurs bâtonniers respectifs ;

5° De la caisse des règlements pécuniaires de ce barreau ;

6° De la chambre départementale des huissiers de justice ;

7° De la chambre départementale des notaires ;

8° À Paris, de l'ordre des avocats au Conseil d'État et à la Cour de cassation ;

9° D'une ou de plusieurs associations œuvrant dans le domaine de l'accès au droit, de l'aide aux victimes, de la conciliation ou de la médiation, désignée conjointement par le président du *(Mots rempl., Ord. n° 2009-964, 18 sept. 2009)* « tribunal judiciaire » du chef-lieu du département, par le procureur de la République près ce tribunal et par les membres mentionnés aux 2° à 8°, sur la proposition du représentant de l'État dans le département.

Le conseil départemental de l'accès au droit est présidé par le président du *(Mots rempl., Ord. n° 2009-964, 18 sept. 2009)* « tribunal judiciaire » du chef-lieu du département, qui a voix prépondérante en cas de partage égal des voix. Le procureur de la République près ce tribunal en assure la vice-présidence.

Un magistrat du siège ou du parquet de la cour d'appel chargé de la politique associative, de l'accès au droit et de l'aide aux victimes, désigné conjointement par le premier président de la cour d'appel dans le ressort de laquelle siège le conseil départemental de l'accès au droit et par le procureur général près cette cour, exerce la fonction de commissaire du Gouvernement.

La convention constitutive détermine les modalités de participation des membres au financement des activités ou celles de l'association des moyens de toute nature mis par chacun à la disposition du groupement, ainsi que les conditions dans lesquelles ce dernier peut accueillir en son sein d'autres membres que ceux mentionnés aux 1° à 9°.

Art. 56 *(Rempl., L. n° 98-1163, 18 déc. 1998).* – Peuvent être appelés par le président à siéger au conseil départemental de l'accès au droit, avec voix consultative, des représentants :

1° Des communes ou groupements de communes du département ;

2° Si le département compte plus d'un barreau, des ordres des avocats et de leurs caisses des règlements pécuniaires n'ayant pas la qualité de membres en application de l'article 55.

Le président peut également appeler à siéger, avec voix consultative, toute personne physique ou morale qualifiée.

Art. 57 *(Rempl., L. n° 98-1163, 18 déc. 1998).* – Le conseil départemental de l'accès au droit reçoit et répartit les ressources définies à l'article 68. Il peut conclure des conventions :

1° Avec des membres des professions juridiques ou judiciaires réglementées ou leurs organismes professionnels ou avec des personnes répondant aux exigences du titre II de la loi n° 71-1130 du 31 décembre 1971 précitée, en vue de définir les modalités de leur participation aux actions d'aide à l'accès au droit ;

2° Avec les centres communaux d'action sociale ou tout autre organisme public ou privé, en vue d'obtenir leur concours pour la mise en œuvre de l'aide à l'accès au droit.

Art. 58 *(Rempl., L. n° 98-1163, 18 déc. 1998).* – Le conseil départemental de l'accès au droit décide du montant des frais de consultation qui peuvent rester à la charge du bénéficiaire selon un barème qu'il établit en fonction des ressources de l'intéressé et de la nature de la consultation.

(1) Dispositions d'application transitoires : V. L. n° 2011-525, 17 mai 2011, art. 120.

Art. 59 *(Rempl., L. n° 98-1163, 18 déc. 1998).* – Le bénéfice des mesures prises par les conseils départementaux de l'accès au droit ne peut être refusé aux Français établis hors de France en raison de leur résidence à l'étranger.

Les questions relatives à l'aide à l'accès au droit intéressant les Français établis hors de France relèvent, en l'absence de lien avec un autre département, du conseil départemental de l'accès au droit de Paris.

Art. 60 *(Rempl., L. n° 98-1163, 18 déc. 1998).* – Le ministre des affaires étrangères et les chefs des postes diplomatiques ou consulaires exercent leurs attributions en matière d'aide à l'accès au droit pour les Français établis hors de France, concurremment, le cas échéant, avec les autres aides ou mesures d'assistance prévues par les conseils départementaux de l'accès au droit.

Art. 61 *(Abr., L. n° 98-1163, 18 déc. 1998 ; rétabli dans la version suivante, L. n° 2005-750, 4 juill. 2005).* – Dans les litiges transfrontaliers mentionnés à l'article 3-1, la consultation d'un avocat, préalablement à la réception de la demande d'aide juridictionnelle par l'État de la juridiction compétente sur le fond, a lieu au titre de l'aide à l'accès au droit mise en œuvre en application de la deuxième partie de la présente loi.

Art. 62 à 64 *(Abr., L. n° 98-1163, 18 déc. 1998).*

TROISIEME PARTIE. – L'aide à l'intervention de l'avocat dans les procédures non juridictionnelles *(L. n° 93-1013, 24 août 1993 ; intitulé rempl., L. n° 98-1163, 18 déc. 1998 ; mod., L. n° 99-515, 23 juin 1999 ; rempl., L. fin. n° 2001-1275, 28 déc. 2001 ; mod., L. n° 2010-242, 10 mars 2010 ; intitulé mod. à compter du 1er juin 2011, L. n° 2011-392, 14 avr. 2011* (1) (2) *; intitulé mod., L. n° 2012-1560, 31 déc. 2012 ; intitulé rempl. à compter du 1er janvier 2015, L. n° 2014-535, 27 mai 2014)* (3)

Art. 64 *(Créé à compter du 1er janvier 2015, L. n° 2014-535, 27 mai 2014* (3) *; mod., L. fin. n° 2015-1785, 29 déc. 2015 ; mod. à compter du 15 novembre 2016, L. n° 2016-731, 3 juin 2016 ; L. n° 2019-222, 23 mars 2019).* – L'avocat assistant, au cours de l'audition, de la confrontation ou des mesures d'enquête mentionnées aux articles 61-1 à 61-3 du Code de procédure pénale, à l'article L. 39 du livre des procédures fiscales ou à l'article 67 F du Code des douanes, la personne soupçonnée qui remplit les conditions pour bénéficier de l'aide juridictionnelle a droit à une rétribution. Il en est de même de l'avocat qui intervient pour assister une victime lors d'une confrontation ou d'une reconstitution en application des articles 61-2 et 61-3 du Code de procédure pénale, lorsque la victime remplit les conditions pour bénéficier de l'aide juridictionnelle.

L'avocat assistant, dans les conditions fixées à l'article 695-17-1 du Code de procédure pénale, une personne arrêtée dans l'État membre d'exécution d'un mandat d'arrêt européen qui remplit les conditions pour bénéficier de l'aide juridictionnelle a droit à une rétribution.

Un décret en Conseil d'État détermine les modalités d'application du présent article.

Art. 64-1 *(L. n° 93-1013, 24 août 1993).* – (4) *(Al. mod. à compter du 1er juin 2011, L. n° 2011-392, 14 avr. 2011)* (1) (2) L'avocat désigné d'office qui intervient au cours de la garde à vue *(Mots aj. à compter du 1er octobre 2014, L. n° 2014-896, 15 août 2014)* (5) « , de la retenue ou de la rétention » dans les conditions prévues par le Code de procédure pénale ou au cours de la retenue douanière dans les conditions prévues par le Code des douanes *(Mots aj., L. n° 2012-1560, 31 déc. 2012)* « ou au cours de la retenue d'un étranger aux fins de vérification du droit de circulation ou de séjour dans les conditions prévues par le Code de l'entrée et du séjour des étrangers et du droit d'asile » a droit à une rétribution.

(1) Dispositions applicables dans les îles Wallis-et-Futuna, en Polynésie française et en Nouvelle-Calédonie, L. n° 2011-392, 14 avr. 2011, art. 24.

(2) Dispositions applicables aux mesures de garde à vue prises à compter du 1er juin 2011, L. n° 2011-392, 14 avr. 2011, art. 26.

(3) Dispositions applicables en Polynésie française, L. n° 2014-535, 27 mai 2014, art. 14, I.

(4) La rétribution prévue au présent article pour l'avocat commis d'office intervenant au cours d'une mesure de retenue ou de rétention est due pour les missions effectuées à compter du 1er octobre 2014, L. fin. n° 2014-1654, 29 déc. 2014, art. 35, VI.

(5) Dispositions applicables en Polynésie française, L. n° 2014-896, 15 août 2014, art. 55, II.

(Al. créé à compter du 1er juin 2011, L. n° 2011-392, 14 avr. 2011) (1) (2) Le premier alinéa est également applicable lorsque l'avocat intervient pour assister une victime lors d'une confrontation avec une personne gardée à vue.

L'État affecte annuellement à chaque barreau une dotation représentant sa part contributive aux missions ainsi assurées par les avocats.

Cette dotation est versée sur le compte spécial prévu par l'article 29.

Le montant de la dotation est calculé selon des modalités fixées par décret en Conseil d'État, en fonction du nombre des missions effectuées par les avocats désignés d'office (3).

Art. 64-1-1 *(L. fin. rect. n° 2011-900, 29 juill. 2011)*. – La personne qui a bénéficié de l'intervention d'un avocat commis d'office dans les conditions prévues à l'article 63-3-1 du Code de procédure pénale et qui n'est pas éligible à l'aide juridictionnelle est tenue de rembourser au Trésor public les sommes exposées par l'État. Le recouvrement des sommes dues à l'État a lieu comme en matière de créances étrangères à l'impôt et au domaine.

Les modalités d'application du présent article sont fixées par décret en Conseil d'État.

Art. 64-1-2 *(L. fin. n° 2014-1654, 29 déc. 2014)* (4). – (5) L'avocat commis d'office assistant une personne déférée devant le procureur de la République en application de l'article 393 du Code de procédure pénale, qui remplit les conditions pour bénéficier de l'aide juridictionnelle, a droit à une rétribution.

Art. 64-2 *(L. n° 98-1163, 18 déc. 1998 ; mod., L. n° 99-515, 23 juin 1999)* (6). – (7)*(Mod., L. fin. n° 2013-1278, 29 déc. 2013 ; L. fin. n° 2014-1654, 29 déc. 2014 ; L. n° 2019–222, 23 mars 2019)* (4) L'avocat assistant, au cours des mesures prévues au 5° de l'article 41-1 et aux articles 41-2 et 41-3 du Code de procédure pénale ou à l'article 12-1 de l'ordonnance n° 45-174 du 2 février 1945 relative à l'enfance délinquante et ordonnées par le procureur de la République, la personne mise en cause ou la victime qui remplissent les conditions pour bénéficier de l'aide juridictionnelle a droit à une rétribution.

Un décret en Conseil d'État détermine les modalités selon lesquelles l'aide est accordée par le président ou le vice-président du bureau d'aide juridictionnelle

Art. 64-3 *(L. fin. n° 2001-1275, 28 déc. 2001 ; rempl., L. n° 2007-210, 19 févr. 2007)*. – L'avocat assistant une personne détenue faisant l'objet d'une procédure disciplinaire en relation avec la détention a droit à une rétribution.

Il en va de même de l'avocat assistant une personne détenue faisant l'objet d'une mesure d'isolement d'office ou de prolongation de cette mesure, ou de l'avocat assistant une personne détenue placée à l'isolement à sa demande et faisant l'objet d'une levée sans son accord de ce placement.

(L. fin. n° 2014-1654, 29 déc. 2014) (4) L'avocat assistant une personne détenue devant la commission d'application des peines en application de l'article 720 du Code de procédure pénale a droit à une rétribution.

(L. n° 2010-242, 10 mars 2010) (8) Le premier alinéa est également applicable aux missions d'assistance à une personne retenue dans un centre socio-médico-judiciaire de sûreté, s'agissant des décisions prises à son encontre pour assurer le bon ordre du centre.

L'État affecte annuellement à chaque barreau une dotation représentant sa part contributive aux missions ainsi assurées par les avocats.

---

(1) Dispositions applicables dans les îles Wallis-et-Futuna, en Polynésie française et en Nouvelle-Calédonie, L. n° 2011-392, 14 avr. 2011, art. 24.

(2) Dispositions applicables aux mesures de garde à vue prises à compter du 1er juin 2011, L. n° 2011-392, 14 avr. 2011, art. 26.

(3) V. T. appl. : D. n° 91-1266, 19 déc. 1991, art. 132-1 et s. – NDLR.

(4) Dispositions applicables en Polynésie française, L. fin. n° 2014-1654, 29 déc. 2014, art. 35, XII.

(5) La rétribution prévue au présent article est due pour les missions effectuées à compter du 2 juin 2014, L. fin. n° 2014-1654, 29 déc. 2014, art. 35, V.

(6) Rect. *JO* 20 oct. 1999.

(7) La rétribution prévue au présent article pour l'avocat intervenant au cours de la transaction pénale en application de l'article 41-1-1 du Code de procédure pénale est due pour les missions effectuées à compter du 1er octobre 2014, L. fin. n° 2014-1654, 29 déc. 2014, art. 35, VII.

(8) Dispositions applicables sur l'ensemble du territoire de la République, sauf en ce qui concerne Mayotte, les îles Wallis-et-Futuna et la Nouvelle-Calédonie, L. n° 2010-242, 10 mars 2010, art. 22.

Art. 64-4 *(L. fin. n° 2013-1278, 29 déc. 2013).* **– Les modalités et le montant de la rétribution de l'avocat sont déterminés dans chaque barreau par le règlement intérieur.**

Ce règlement peut prévoir que les avocats désignés ou commis d'office interviennent, à temps partiel, au cours des mesures mentionnées aux articles qui précèdent, selon des modalités fixées par convention avec l'ordre.

Une évaluation de ces conventions est effectuée annuellement par le Gouvernement.

QUATRIÈME PARTIE. – L'Aide à la médiation

(Partie créée, L. fin. n° 2015-1785, 29 déc. 2015 ; abr., L. fin. n° 2020-1721, 29 déc. 2020)

Art. 64-5 ***(L. fin. n° 2015-1785, 29 déc. 2015 ; dénum., L. fin. n° 2020-1721, 29 déc. 2020. – V. art. 11-1).***

CINQUIÈME PARTIE. – Dispositions communes

(Ancienne troisième partie dénumérotée en quatrième partie, L. n° 93-1013, 24 août 1993 ; dénum., L. fin. n° 2015-1785, 29 déc. 2015)

Le Conseil national de l'aide juridique

Art. 65. – (1) **Il est créé un Conseil national de l'aide juridique chargé de recueillir toutes informations quantitatives et qualitatives sur le fonctionnement de l'aide juridictionnelle et de l'aide à l'accès au droit et de proposer aux pouvoirs publics toutes mesures propres à l'améliorer, de faire aux** ***(Mots rempl., L. n° 98-1163, 18 déc. 1998)*** **« conseils départementaux de l'accès au droit » des suggestions en vue de développer et d'harmoniser les actions menées localement, d'établir chaque année un rapport sur l'activité d'aide juridique, au vu des rapports des conseils départementaux sur l'aide juridictionnelle et sur l'aide à l'accès au droit dans leur ressort. Ce rapport est publié.**

Les études, rapports et délibérations du Conseil national de l'aide juridique doivent tenir compte de la situation particulière des Français établis hors de France en matière d'aide juridictionnelle et d'accès au droit.

Art. 66. – (1) **Un décret en Conseil d'État détermine les règles de composition et de fonctionnement du Conseil national de l'aide juridique.**

Le nombre des représentants des professions judiciaires et juridiques doit être égal à la moitié au moins du nombre des membres.

Le financement de l'aide juridique

Art. 67 *(L. n° 93-1013, 24 août 1993 ; mod., L. fin. n° 2014-1654, 29 déc. 2014* (2)*; L. fin. n° 2015-1785, 29 déc. 2015).* **– Le financement de l'aide juridictionnelle, de l'aide à l'intervention de l'avocat dans les procédures non juridictionnelles et de l'aide à la médiation est assuré par l'État.**

Art. 67-1 *(L. fin. n° 2015-1785, 29 déc. 2015).* **– L'affectation à chaque barreau des dotations mentionnées aux articles 29, 64-1 et 64-3 ne fait pas obstacle à ce que les crédits correspondants soient utilisés indifféremment pour toute dépense d'aide juridique.**

Art. 67-2 *(L. fin. n° 2015-1785, 29 déc. 2015).* **– L'Union nationale des caisses des règlements pécuniaires des avocats rend compte au ministère de la justice de l'utilisation au sein de chaque barreau des ressources affectées au financement de l'aide juridique par le biais de transmissions dématérialisées.**

Art. 68. – Le financement de l'aide à l'accès au droit est notamment assuré par :

– les participations de l'État, du département et des autres membres du groupement d'intérêt public prévues par la convention constitutive dans les conditions de l'article 55 ;

– les contributions des caisses des règlements pécuniaires des barreaux du ressort ;

– les participations des organismes professionnels des professions judiciaires et juridiques ;

(1) Sur le caractère réglementaire du présent article : V. Cons. const. n° 2015-256 L, 21 juill. 2015, art. 2 (*JO* 24 juill. 2015). – NDLR.

(2) Dispositions applicables en Polynésie française, L. fin. n° 2014-1654, 29 déc. 2014, art. 35, XII.

– les subventions accordées par les collectivités territoriales, les établissements publics, les organismes de sécurité sociale et toute autre participation.

Les fonds destinés à l'aide à l'accès au droit sont versés au *(Mots rempl., L. n° 98-1163, 18 déc. 1998)* « conseil départemental de l'accès au droit » territorialement compétent.

Art. 69. – Pour compenser les disparités entre les départements et soutenir des initiatives d'intérêt général, l'État peut, en outre, participer par voie de convention à la prise en charge d'actions mises en œuvre par *(Mots rempl., L. n° 98-1163, 18 déc. 1998)* « le conseil départemental de l'accès au droit ».

Art. 69-1 *(L. n° 98-1163, 18 déc. 1998)*. – La rétribution des personnes assurant des consultations juridiques organisées dans le cadre de la deuxième partie de la présente loi fait l'objet d'une tarification dans des conditions prévues par décret (1).

SIXIÈME PARTIE. – Dispositions applicables en Polynésie française et à Mayotte

(Ancienne cinquième partie créée, Ord. n° 2007-392, 22 mars 2007 (2) *; intitulé mod., Ord. n° 2012-395, 23 mars 2012 ; dénum., L. fin. n° 2015-1785, 29 déc. 2015)*

TITRE Ier. – Dispositions applicables en Polynésie française

(Division créée, Ord. n° 2012-395, 23 mars 2012)

Art. 69-2 *(Ord. n° 2007-392, 22 mars 2007 ; L. n° 2021-1900, 30 déc. 2021)*. – La présente loi, à l'exception du troisième alinéa de l'article 2, de l'article 3-1, du dernier alinéa de l'article 10 et de l'article 61, est applicable en Polynésie française dans sa rédaction résultant de la loi n° 2021-1900 du 30 décembre 2021 de finances pour 2022, sous réserve des adaptations suivantes.

Art. 69-3 *(Ord. n° 2007-392, 22 mars 2007)*. – Les dispositions de la présente loi mentionnant le préfet, les collectivités publiques et le tribunal judiciaire doivent être comprises comme désignant respectivement le haut-commissaire de la République, les collectivités territoriales et le tribunal de première instance.

Art. 69-4 *(Ord. n° 2007-392, 22 mars 2007)*. – Au quatrième alinéa de l'article 3, l'absence de condition de résidence est applicable aux étrangers faisant l'objet de l'une des procédures prévues aux articles 19, 34, 50 et 52 de l'ordonnance n° 2000-372 du 26 avril 2000 relative aux conditions d'entrée et de séjour des étrangers en Polynésie française.

Art. 69-5 *(Abr. à compter d'une date fixée par décret et au plus tard le 1er décembre 2020, L. fin. n° 2019-1479, 28 déc. 2019)*. (3)

Art. 69-6 *(Ord. n° 2007-392, 22 mars 2007)*. – I. – Pour l'application du premier alinéa de l'article 16, les fonctions de vice-président du bureau ou de la section chargés d'examiner les demandes d'aide juridictionnelle, relatives aux instances portées devant les juridictions de première instance de l'ordre judiciaire et la cour d'assises ou devant la cour d'appel, sont exercées par le greffier en chef de la cour d'appel.

Pour l'application du cinquième alinéa de l'article 16, les huissiers de justice et les huissiers de justice honoraires, membres du bureau d'aide juridictionnelle, sont désignés par le procureur général près la cour d'appel.

II. – Pour l'application des troisième et quatrième alinéas de l'article 25, l'officier public ou ministériel est désigné ou déchargé par le président de l'organisme professionnel dont il dépend ou, en l'absence d'un tel organisme, par le procureur général près la cour d'appel.

(1) V. T. appl. : D. n° 2000-4, 4 janv. 2000. – NDLR.

(2) Les demandes présentées antérieurement à l'entrée en vigueur de l'ordonnance n° 2007-392 du 22 mars 2007 demeurent régies par les textes en vigueur à la date à laquelle elles ont été présentées tant en ce qui concerne la procédure applicable que les effets produits par les admissions, Ord. n° 2007-392, 22 mars 2007, art. 19.

(3) Dispositions applicables en Polynésie française, L. fin. n° 2019-1479, 28 déc. 2019, art. 243, III.

Art. 69-7 *(Ord. n° 2007-392, 22 mars 2007 ; mod., Ord. n° 2009-537, 14 mai 2009 ; L. n° 2016-1547, 18 nov. 2016).* – Le conseil de l'accès au droit qui exerce les attributions dévolues au conseil départemental de l'accès au droit prévu à l'article 55 est constitué de :

1° L'État ;

2° La Polynésie française ;

3° Le syndicat de la promotion des communes ;

4° L'ordre des avocats au barreau de Papeete ;

5° La caisse des règlements pécuniaires de ce barreau ;

6° La chambre des notaires de Polynésie française ;

7° Un représentant des huissiers de justice désigné par le procureur général près la cour d'appel ;

8° D'une ou de plusieurs associations œuvrant dans le domaine de l'accès au droit, de l'aide aux victimes, de la conciliation ou de la médiation, désignée conjointement par le président du tribunal de première instance, par le procureur de la République près ce tribunal et par les membres mentionnés aux 3° à 7°, sur la proposition du haut-commissaire.

Peut en outre être admise toute autre personne morale de droit public ou privé.

Le conseil de l'accès au droit est présidé par le président du tribunal de première instance, qui a voix prépondérante en cas de partage égal des voix. Le procureur de la République près ce tribunal en assure la vice-présidence.

Un magistrat du siège ou du parquet de la cour d'appel chargé de la politique associative, de l'accès au droit et de l'aide aux victimes, désigné conjointement par le premier président de la cour d'appel et par le procureur général près cette cour, exerce la fonction de commissaire du Gouvernement.

Les dispositions du dernier alinéa de l'article 55 sont applicables.

Art. 69-8 *(Ord. n° 2007-392, 22 mars 2007).* – La référence aux articles du Code de commerce mentionnée à l'article 30 est remplacée par la référence aux dispositions de même nature applicables localement.

TITRE II. – Dispositions applicables à Mayotte

(Titre créé, Ord. n° 2012-395, 23 mars 2012)

Art. 69-9 *(Ord. n° 2012–395, 23 mars 2012 ; abr., L. n° 2015-1268, 14 oct. 2015 ; rétabli, L. n° 2019-707, 5 juill. 2019).* – La Polynésie française peut participer au financement de l'aide juridictionnelle en matière foncière par la prise en charge de la rémunération des avocats qu'elle emploie.

Art. 69-10 *(Abr., L. n° 2015-1268, 14 oct. 2015).*

Art. 69-11 *(Abr. à compter d'une date fixée par décret et au plus tard le 1er décembre 2020, L. fin. n° 2019-1479, 28 déc. 2019).* (1)

Art. 69-12 *(Abr. à compter d'une date fixée par décret et au plus tard le 1er décembre 2020, L. fin. n° 2019-1479, 28 déc. 2019).* (1)

Art. 69-13 *(Ord. n° 2012-395, 23 mars 2012).* – Pour l'application de la deuxième phrase du dernier alinéa de l'article 13, les mots : « l'organisme qui lui a délivré une attestation d'élection de domicile dans les conditions prévues au chapitre IV du livre II du Code de l'action sociale et des familles » sont remplacés par les mots : « l'organisme d'accueil choisi par lui ».

Art. 69-14 *(Ord. n° 2012-395, 23 mars 2012).* – I. – Pour l'application de l'article 16, le dernier alinéa est complété par les mots : « ou, s'agissant des huissiers de justice, en activité ou honoraires et, à défaut d'un tel organisme, par le procureur général près la cour d'appel ».

II. – Pour l'application des troisième et quatrième alinéas de l'article 25, l'officier public ou ministériel est désigné ou déchargé, lorsqu'il s'agit d'un notaire, par le procureur général près la cour d'appel et lorsqu'il s'agit d'un huissier de justice par le président de la chambre professionnelle dont il dépend ou, à défaut d'un tel organisme, par le procureur général près la cour d'appel.

(1) Dispositions applicables en Polynésie française, L. fin. n° 2019-1479, 28 déc. 2019, art. 243, III.

Art. 69-15 *(Ord. n° 2012-395, 23 mars 2012).* – Pour l'application des 6° et 7° de l'article 55, le conseil départemental de l'accès au droit est constitué par :

1° La chambre des huissiers de justice ayant son siège à La Réunion ;

2° La chambre des notaires de La Réunion.

Art. 69-16 *(Ord. n° 2012-395, 23 mars 2012).* – I. – Pour l'application du 4 de l'article 53, les mots : « et dans le respect des dispositions du titre II de la loi n° 71-1130 du 31 décembre 1971 portant réforme de certaines professions judiciaires et juridiques » sont supprimés.

II. – Pour l'application du I de l'article 57, les mots : « personnes répondant aux exigences du titre II de la loi n° 71-1130 du 31 décembre 1971 » sont remplacés par les mots : « membres de professions réglementées autorisées à pratiquer le conseil juridique. »

Titre III. — Dispositions applicables en Nouvelle-Calédonie

Art. 69-17 *(Créé, L. n° 2021-1900, 30 déc. 2021).* – La deuxième partie de la présente loi, à l'exception de l'article 61, est applicable en Nouvelle-Calédonie, sous réserve des adaptations figurant au présent titre III.

Art. 69-18 *(Créé, L. n° 2021-1900, 30 déc. 2021).* – Les dispositions de la deuxième partie de la présente loi mentionnant le représentant de l'État, les collectivités publiques et le tribunal de grande instance sont comprises comme désignant respectivement le haut-commissaire de la République, les collectivités territoriales et le tribunal de première instance.

Art. 69-19 *(Créé, L. n° 2021-1900, 30 déc. 2021).* – Les conditions dans lesquelles s'exerce l'aide à la consultation en matière juridique mentionnée au 3° de l'article 53 sont déterminées par le conseil de l'accès au droit de Nouvelle-Calédonie, en conformité avec les règles de déontologie des personnes chargées de la consultation et dans le respect de la réglementation des professions judiciaires et juridiques concernées applicable localement.

Art. 69-20 *(Créé, L. n° 2021-1900, 30 déc. 2021).* – Le rapport mentionné au dernier alinéa de l'article 54 est transmis au haut-commissaire et aux présidents des institutions de la Nouvelle-Calédonie et publié par tout moyen.

Art. 69-21 *(Créé, L. n° 2021-1900, 30 déc. 2021).* – I. – Le conseil de l'accès au droit de la Nouvelle-Calédonie qui exerce les attributions dévolues au conseil départemental de l'accès au droit prévu à l'article 55 est constitué de représentants :

1° De l'État ;

2° Des associations de maires ;

3° De l'ordre des avocats au barreau de Nouméa ;

4° De la caisse des règlements pécuniaires de ce barreau ;

5° De la chambre des notaires de Nouvelle-Calédonie ;

6° De la chambre des huissiers de justice de Nouvelle-Calédonie ;

7° De deux associations œuvrant dans le domaine de l'accès au droit, de l'aide aux victimes ou de la médiation, désignées conjointement par le président du tribunal de première instance et les membres du conseil, sur la proposition du haut-commissaire.

Les institutions de la Nouvelle-Calédonie peuvent être membres du conseil d'accès au droit, sur décision de leur assemblée délibérante. En outre, toute autre personne morale de droit public ou privé peut également être membre.

II. – Le conseil de l'accès au droit est présidé par le président du tribunal de première instance. Ce dernier a voix prépondérante en cas de partage égal des voix. Le procureur près le tribunal de première instance, membre de droit, est vice-président du conseil.

Un magistrat de la cour d'appel de Nouméa, chargé de la politique associative, de l'accès au droit et de l'aide aux victimes, désigné conjointement par le premier président et le procureur général près ladite cour d'appel, exerce la fonction de commissaire du Gouvernement.

III. – La convention constitutive détermine les modalités d'adhésion de nouveaux membres ainsi que la participation des membres au financement des activités.

Art. 69-22 *(Créé, L. n° 2021-1900, 30 déc. 2021).* – Pour son application en Nouvelle-Calédonie, le 1° de l'article 57 est ainsi rédigé :

« 1° Avec des membres des professions juridiques ou judiciaires réglementées ou leurs organismes professionnels, en vue de définir les modalités de leur participation aux actions d'aide à l'accès au droit ; » ;

2° Avant le dernier alinéa de l'article 70, il est inséré un 6° ainsi rédigé :

« 6° En Nouvelle-Calédonie, notamment les règles de composition et de fonctionnement du conseil de l'accès au droit. »

SEPTIÈME PARTIE. – Dispositions transitoires et diverses

(Ancienne quatrième partie devenue cinquième partie, L. n° 93-1013, 24 août 1993, puis devenue la présente partie, Ord. n° 2007-392, 22 mars 2007 ; dénum., L. fin. n° 2015-1785, 29 déc. 2015)

Art. 70 *(Mod., L. n° 98-1163, 18 déc. 1998 ; L. n° 2021-1900, 30 déc. 2021).* – (1) Un décret en Conseil d'État fixe les conditions d'application de la présente loi, et notamment :

1° Le montant des plafonds prévus à l'article 4 ainsi que leurs modalités de révision, les correctifs liés à la composition du foyer fiscal, les modalités d'estimation du patrimoine et des ressources imposables à prendre en compte lorsque le revenu fiscal de référence n'est pas applicable ;

2° L'organisation et le fonctionnement des bureaux d'aide juridictionnelle, les modalités de leur saisine par voie électronique, les règles de procédure ainsi que les modalités de nomination du président, des membres et de leurs suppléants ;

3° Les modalités de désignation des avocats et officiers publics ou ministériels chargés de prêter leur concours au bénéficiaire de l'aide juridictionnelle ;

4° Le règlement des conflits de compétence entre les bureaux d'aide juridictionnelle ;

5° Les barèmes mentionnés aux articles 31, 34 et 35 ;

6° Le règlement type fixant les règles de gestion financière et comptable des fonds versés au compte spécial des caisses chargées de cette gestion en application de l'article 29 ;

7° Les modalités d'exercice du contrôle des commissaires aux comptes prévus à l'article 30 ;

8° Les modalités suivant lesquelles est réduite la part contributive de l'État en cas de pluralité de parties au cas prévu par l'article 38 ;

9° Les dispositions particulières applicables au recouvrement des sommes exposées par l'État au titre de l'aide juridictionnelle, prévues par les articles 43 et 44 ;

10° Les règles de composition et de fonctionnement du conseil national de l'aide juridique et des conseils départementaux de l'accès au droit ;

11° Les vacations versées aux personnes bénéficiant de l'honorariat et exerçant les fonctions de président ou de membre d'une section ou d'un bureau d'aide juridictionnelle.

Ce décret fixe également les modalités particulières d'application de la présente loi :

1° Dans les départements du Bas-Rhin, du Haut-Rhin et de la Moselle ;

2° Dans les départements de la Guadeloupe, de la Guyane, de la Martinique et de la Réunion ainsi que dans la collectivité territoriale de Saint-Pierre-et-Miquelon, notamment les plafonds de ressources ;

3° *(Ord. n° 2007-392, 22 mars 2007 ; mod., L. fin. n° 2020-1721, 29 déc. 2020)* (2) En Polynésie française, notamment les modalités d'appréciation des ressources du foyer à défaut de pouvoir disposer de ressources imposables, les conditions de rémunération de l'avocat du bénéficiaire de l'aide juridictionnelle partielle, les règles de composition et de fonctionnement du conseil de l'accès au droit et les modalités d'indemnisation des frais de déplacement exposés par les avocats qui prêtent leur concours au bénéficiaire de l'aide juridictionnelle pour se rendre aux audiences foraines ou aux audiences des sections détachées ;

4° Dans le Département de Mayotte.

5° Dans la collectivité de Saint-Barthélemy, notamment les modalités d'appréciation des ressources du foyer à défaut de pouvoir disposer de ressources imposables ;

(1) V. T. appl. : D. n° 91-1266, 19 déc. 1991 ; Circ. 12 mars 1992 (*JO* 8 avr. 1992) ; D. n° 91-1369, 30 déc. 1991 (départements d'outre-mer et Saint-Pierre-et-Miquelon). – NDLR.

(2) Les demandes présentées antérieurement à l'entrée en vigueur de l'ordonnance n° 2007-392 du 22 mars 2007 demeurent régies par les textes en vigueur à la date à laquelle elles ont été présentées tant en ce qui concerne la procédure applicable que les effets produits par les admissions, Ord. n° 2007-392, 22 mars 2007, art. 19.

6° En Nouvelle-Calédonie, notamment les règles de composition et de fonctionnement du conseil de l'accès au droit.

Ce décret fixe également, en tant que de besoin, les modalités d'application de la présente loi aux Français établis hors de France, notamment en ce qui concerne les délais de distance.

Art. 71 et 72 *(V. L. n° 71-1130, 31 déc. 1971, art. 7 et 10).*

Art. 73 *(V. Ord. n° 45-2658, 2 nov. 1945, art. 18 bis et 24).*

Art. 74. – Dans les textes législatifs se référant à l'aide judiciaire ou à l'indemnisation des commissions et désignations d'office, les mots : « aide judiciaire ou indemnisation des commissions et désignations d'office » sont remplacés par ceux de : « aide juridictionnelle ».

De même, les références à la loi n° 72-11 du 3 janvier 1972 relative à l'aide judiciaire et à l'indemnisation des commissions et désignations d'office sont remplacées par une référence à la présente loi.

(Troisième alinéa : V. CPP, art. 706-14, al. 1.)

Art. 75 *(L. n° 2021-1900, 30 déc. 2021).* – I. – Dans toutes les instances, le juge condamne la partie tenue aux dépens ou, à défaut, la partie perdante, à payer à l'autre partie la somme qu'il détermine, au titre des frais exposés et non compris dans les dépens. Les parties peuvent produire les justificatifs des sommes qu'elles demandent et le juge tient compte de l'équité ou de la situation économique de la partie condamnée. Il peut, même d'office, pour des raisons tirées des mêmes considérations, dire qu'il n'y a pas lieu à cette condamnation.

II. – A créé les dispositions suivantes :

- Code des tribunaux administratifs et des cours administratives d'appel Art. L8-1.

L'article L. 8-1 est applicable dans les territoires de la Nouvelle-Calédonie et de la Polynésie française.

III. – A modifié les dispositions suivantes :

- Code de procédure pénale Art. 375.

IV. – A modifié les dispositions suivantes :

- Code de procédure pénale Art. 475-1.

V. – L'article 66-5 de la loi n° 71-1130 du 31 décembre 1971 portant réforme de certaines professions judiciaires et juridiques ne fait pas obstacle à la production en justice de tout élément nécessaire à la justification des sommes demandées au titre des frais exposés et non compris dans les dépens.

VI. – Le présent article est applicable dans les îles Wallis-et-Futuna, en Polynésie française et dans les Terres australes et antarctiques françaises. Il est également applicable en Nouvelle-Calédonie, en tant qu'il concerne la procédure pénale et la procédure administrative.

Art. 76. – La présente loi entrera en vigueur le 1er janvier 1992. Toutefois, les dispositions relatives à la majoration en matière d'aide juridictionnelle totale prévue au quatrième alinéa de l'article 27 n'entreront en vigueur que le 1er janvier 1993.

Les demandes d'aide judiciaire ainsi que les demandes de dispense d'honoraires d'avocat formées devant la commission prévue par le Code de la sécurité sociale en cours d'examen au 1er janvier 1992 seront transférées en l'état aux bureaux d'aide juridictionnelle désormais compétents.

Les bureaux d'aide juridictionnelle se prononceront dans les conditions prévues par les textes en vigueur à la date à laquelle les demandes ont été présentées et les admissions produiront les effets attachés à ces textes. Toutefois, les dispositions de la présente loi relatives au recouvrement des sommes exposées par l'État au titre de l'aide juridictionnelle seront applicables lorsque les missions seront achevées après le 31 décembre 1991.

Jusqu'à l'installation du conseil départemental de l'aide juridique, le représentant des usagers au sein du bureau d'aide juridictionnelle, prévu à l'article 16, est désigné par le président de ce bureau.

Art. 77. – La loi n° 72-11 du 3 janvier 1972 relative à l'aide judiciaire et à l'indemnisation des commissions et désignations d'office est abrogée.

Art. 78. – Avant le 1er juillet 1995, le Gouvernement fera un rapport au Parlement sur le bilan des trois premières années d'application de la présente loi. Il adressera au Parlement un rapport intermédiaire avant le 1er juillet 1993.

ANNEXE 16

FICHIERS

Décret n° 87-249 du 8 avril 1987

relatif au fichier automatisé des empreintes digitales géré par le ministère de l'Intérieur

(JO 9 avr. 1987)

Art. 1er *(Mod., D. n° 2005-585, 27 mai 2005 ; D. n° 2011-157, 7 févr. 2011* (1) *; rempl., D. n° 2015-1580, 2 déc. 2015).* – I. – Est autorisé, dans les conditions prévues au présent décret, le traitement automatisé de traces et empreintes digitales et palmaires :

– en vue de faciliter la recherche et l'identification, par les services de la police nationale et les unités de la gendarmerie nationale ainsi que par le service national de la douane judiciaire, des auteurs de crimes et de délits et de faciliter la poursuite, l'instruction et le jugement des affaires criminelles et délictuelles dont l'autorité judiciaire est saisie ;

– en vue de faciliter la recherche et la découverte des mineurs et majeurs protégés disparus ainsi que celles des majeurs dont la disparition présente un caractère inquiétant ou suspect eu égard aux circonstances, à l'âge de l'intéressé ou à son état de santé ;

– en vue de faciliter l'identification dans un cadre judiciaire des personnes décédées ainsi que l'identification des personnes découvertes grièvement blessées dont l'identité n'a pu être établie ;

– en vue de faciliter l'identification dans un cadre extrajudiciaire des personnes décédées.

II. – Est également autorisée, dans les conditions prévues au présent décret, la consultation du traitement automatisé des empreintes digitales :

– en vue de permettre l'identification d'un étranger dans les conditions prévues à l'article L. 611-4 du Code de l'entrée et du séjour des étrangers et du droit d'asile ;

– en vue de permettre l'identification des personnes dans le cadre de la procédure de vérification d'identité de l'article 78-3 du Code de procédure pénale.

Art. 2 *(Mod., D. n° 2020-1777, 30 déc. 2020 ; D. n° 2020-1779, 30 déc. 2020).* – Ce traitement est mis en œuvre par le service national de police scientifique au ministère de l'intérieur. Il porte la dénomination de fichier automatisé des empreintes digitales.

Art. 3 *(Mod., D. n° 2005-585, 27 mai 2005 ; rempl., D. n° 2015-1580, 2 déc. 2015).* – Peuvent être enregistrées :

1° Les traces relevées dans le cadre :

a) D'une enquête pour crime ou délit flagrant ;

b) D'une enquête préliminaire ;

c) D'une commission rogatoire ;

d) D'une enquête ou d'une information pour recherche des causes de la mort ou d'une disparition, prévue par les articles 74, 74-1 et 80-4 du Code de procédure pénale ;

(1) Dispositions applicables sur tout le territoire de la République, D. n° 2011-157, 7 févr. 2011, art. 5.

e) D'une enquête consécutive à la découverte d'une personne grièvement blessée, lorsque la cause de ses blessures est inconnue ou suspecte, prévue par l'article 74 du Code de procédure pénale ;

f) De l'exécution d'un ordre de recherche délivré par une autorité judiciaire ;

2° Les empreintes digitales et palmaires relevées dans le cadre d'une enquête pour crime ou délit flagrant, d'une enquête préliminaire, d'une commission rogatoire ou de l'exécution d'un ordre de recherche délivré par une autorité judiciaire, lorsqu'elles concernent des personnes à l'encontre desquelles il existe des indices graves ou concordants rendant vraisemblable qu'elles aient pu participer, comme auteur ou comme complice, à la commission d'un crime ou d'un délit, ou des personnes mises en cause dans une procédure criminelle ou délictuelle, dont l'identification certaine s'avère nécessaire ;

3° Les empreintes digitales et palmaires relevées sur les cadavres non identifiés et les personnes découvertes grièvement blessées dont l'identité n'a pu être établie, dans le cadre d'une enquête pour crime ou délit flagrant, d'une enquête préliminaire, d'une commission rogatoire, d'une enquête ou d'une information pour recherche des causes de la mort ou d'une enquête consécutive à la découverte d'une personne grièvement blessée, lorsque la cause de ses blessures est inconnue ou suspecte, prévue par les articles 74 et 80-4 du Code de procédure pénale ;

4° Les empreintes digitales et palmaires relevées dans les établissements pénitentiaires, en vue de s'assurer de manière certaine de l'identité des détenus qui font l'objet d'une procédure pour crime ou délit et d'établir les cas de récidive ;

5° Les traces et les empreintes digitales et palmaires transmises par des organismes de coopération internationale en matière de police judiciaire ou des services de police étrangers en application d'engagements internationaux ;

6° Les empreintes digitales et palmaires relevées en application des articles L. 2223-42 du Code général des collectivités territoriales et 87 du Code civil et du décret n° 2012-125 du 30 janvier 2012 relatif à la procédure extrajudiciaire d'identification des personnes décédées.

Art. 4 *(Mod., D. n° 2005-585, 27 mai 2005).* – Les empreintes digitales et palmaires enregistrées sont accompagnées des informations suivantes :

1° *(Rempl., D. n° 2015-1580, 2 déc. 2015)* Le sexe de la personne et, lorsqu'ils sont connus, ses nom, prénoms, date et lieu de naissance et éléments de filiation ;

2° Le service ayant procédé à la signalisation ;

3° La date et le lieu d'établissement de la fiche signalétique ;

4° La nature de l'affaire et la référence de la procédure ;

5° Les clichés anthropométriques ;

6° Pour les empreintes transmises dans le cas prévu *(Référence rempl., D. n° 2015-1580, 2 déc. 2015)* « au 5° de l'article 3 », l'origine de l'information et la date de son enregistrement dans le traitement.

Les traces d'empreintes enregistrées sont accompagnées des informations suivantes :

1° Le lieu sur lequel elles ont été relevées, ainsi que la date du relevé ;

2° Le service ayant procédé au relevé des traces ;

3° La date et le lieu d'établissement de la fiche supportant la reproduction des traces papillaires ;

4° La nature de l'affaire et la référence de la procédure ;

5° L'origine de l'information et la date de son enregistrement dans le traitement.

Art. 5 *(Rempl., D. n° 2015-1580, 2 déc. 2015).* – Les traces, empreintes digitales et palmaires et les informations liées sont conservées suivant les durées maximales détaillées ci-dessous s'il n'a pas été préalablement procédé à leur effacement dans les conditions prévues aux articles 7, 7-1 et 7-2 du présent décret.

1° Les traces mentionnées au 1° de l'article 3 et les informations liées sont conservées pendant une durée maximale de quinze ans à compter de l'établissement de la fiche signalétique.

Toutefois, la durée de conservation est portée à vingt-cinq ans :

a) Sur décision du procureur de la République ou, en cours d'information, du juge d'instruction ; ou

b) Lorsque ces traces relatives à des personnes inconnues ont été relevées dans le cadre :

– d'une enquête ou d'une instruction préparatoire relative soit à un crime, soit à un délit mentionné aux articles 706-47 ou 706-73 du Code de procédure pénale ; ou

– d'une enquête ou d'une information pour recherche des causes de la mort ou d'une disparition prévue par les articles 74, 74-1 et 80-4 du Code de procédure pénale ; ou

– d'une enquête consécutive à la découverte d'une personne grièvement blessée, lorsque la cause de ses blessures est inconnue ou suspecte, prévue par l'article 74 du Code de procédure pénale ;

2° Les empreintes digitales et palmaires mentionnées au 2° de l'article 3 du présent décret et les informations liées sont conservées durant quinze ans à compter de l'établissement de la fiche signalétique ou, si elles ont été relevées sur une personne mineure, durant dix ans ;

Toutefois lorsqu'elles ont été relevées dans le cadre d'une enquête relative soit à un crime, soit à un délit mentionné aux articles 706-47 ou 706-73 du Code de procédure pénale, la durée de conservation est portée à vingt-cinq ans ou, si elles ont été relevées sur une personne mineure, à quinze ans ;

3° Les empreintes digitales et palmaires mentionnées au 3° de l'article 3 du présent décret et les informations liées sont conservées pendant vingt-cinq ans à compter de l'établissement de la fiche signalétique ;

4° Les empreintes digitales et palmaires mentionnées au 4° de l'article 3 du présent décret et les informations liées sont conservées durant quinze ans à compter de l'établissement de la fiche signalétique ou, si elles ont été relevées sur une personne mineure, durant dix ans ;

Toutefois lorsque la personne concernée est détenue dans le cadre d'une procédure relative soit à un crime, soit à un délit mentionné aux articles 706-47 ou 706-73 du Code de procédure pénale, la durée de conservation est portée à vingt-cinq ans ou, si elles ont été relevées sur une personne mineure, à quinze ans ;

5° Les traces et empreintes digitales et palmaires mentionnées au 5° de l'article 3 du présent décret et les informations liées sont conservées durant vingt-cinq ans ou, si elles concernent une personne mineure, durant quinze ans à compter de l'établissement de la fiche signalétique ;

6° Les empreintes digitales et palmaires mentionnées au 6° de l'article 3 du présent décret et les informations liées sont conservées vingt-cinq ans à compter de leur date d'enregistrement dans le traitement.

Art. 6 *(Mod., D. n° 2020-1777, 30 déc. 2020 ; D. n° 2020-1779, 30 déc. 2020)*. – Les droits d'accès et de rectification prévus par les articles 39 et 40 de la loi n° 78-17 du 6 janvier 1978 s'exercent auprès du chef du service national de police scientifique au ministère de l'intérieur, place Beauvau, Paris (8e).

Le droit d'opposition prévu par l'article 38 de la loi du 6 janvier 1978 susvisée ne s'applique pas au présent traitement.

Art. 7 *(Rempl., D. n° 2005-585, 27 mai 2005)*. – Le présent traitement est placé sous le contrôle du procureur général près la cour d'appel dans le ressort de laquelle est situé le service gestionnaire.

Il peut d'office et sans préjudice du contrôle effectué par la Commission nationale de l'informatique et des libertés en application de la loi [n° 78-17] du 6 janvier 1978 susvisée, ordonner l'effacement des informations dont la conservation ne paraîtrait manifestement plus utile compte tenu de la finalité du traitement.

L'autorité gestionnaire du fichier adresse à ce magistrat ainsi qu'à la Commission nationale de l'informatique et des libertés un rapport annuel d'activité mentionnant notamment les résultats des opérations de mise à jour et d'apurement du fichier.

Art. 7-1 *(Rempl., D. n° 2015-1580, 2 déc. 2015)*. – I. – Sont effacées par le service gestionnaire :

1° Les traces et informations mentionnées au *d* du 1° de l'article 3, dès réception par ce service d'un avis l'informant de la découverte de la personne disparue ;

2° Les empreintes et informations mentionnées au 2° de l'article 3, dès réception par le service gestionnaire d'un avis l'informant du décès de la personne concernée ;

3° Les empreintes et informations mentionnées au 3° de l'article 3, dès réception par le service gestionnaire d'un avis l'informant de l'identification de la personne grièvement blessée ou décédée ;

4° Les traces et empreintes mentionnées au 5° de l'article 3 sur demande dudit organisme ou service ou parce que le service gestionnaire a été informé du décès de la personne en cause ou de sa découverte, lorsqu'il s'agit d'une personne disparue ;

5° Les empreintes et informations mentionnées au 6° de l'article 3, dès réception par le service gestionnaire d'un avis l'informant de l'identification de la personne décédée ;

6° Les empreintes et informations liées en cas de décision de relaxe ou d'acquittement devenue définitive, dès réception de l'avis en informant le service gestionnaire.

II. – Les empreintes et informations liées sont effacées en cas de décision de non-lieu, de classement sans suite pour absence d'infraction ou insuffisance de charges ou pour auteur inconnu, sauf si le procureur de la République estime que leur conservation apparaît nécessaire pour des raisons liées à la finalité du fichier au regard de la nature ou des circonstances de commission de l'infraction ou de la personnalité de la personne concernée.

Le procureur de la République ne peut s'opposer à l'effacement lorsque la prescription de l'action publique est acquise.

III. – Les empreintes et informations mentionnées aux 2° et 4° de l'article 3 sont effacées à la demande de l'intéressé, lorsque leur conservation n'apparaît plus nécessaire pour des raisons liées à la finalité du fichier au regard de la nature ou des circonstances de commission de l'infraction ou de la personnalité de la personne concernée.

Art. 7-2 *(D. n° 2015-1580, 2 déc. 2015).* – Toute demande d'effacement doit, à peine d'irrecevabilité, être adressée par lettre recommandée avec demande d'avis de réception ou par déclaration au greffe. Cette demande est directement adressée au procureur de la République compétent, qui est celui de la juridiction dans le ressort de laquelle a été menée la procédure ayant donné lieu à cet enregistrement. Elle peut également être adressée au procureur de la République du domicile de l'intéressé, qui la transmet au procureur de la République compétent.

Le magistrat compétent fait connaître sa décision à l'intéressé, par lettre recommandée avec demande d'avis de réception, dans un délai de trois mois à compter de la réception de la demande soit par lui-même, soit par le procureur de la République du domicile de l'intéressé.

À défaut de réponse dans ce délai, ou si le magistrat n'ordonne pas l'effacement, l'intéressé peut saisir aux mêmes fins le juge des libertés et de la détention dans un délai de dix jours, à compter de l'expiration du délai prévu à l'alinéa précédent ou de la réception par le requérant de la décision du procureur de la République, par lettre recommandée avec demande d'avis de réception ou par déclaration au greffe.

Après avoir sollicité les réquisitions écrites du procureur de la République, le juge des libertés et de la détention statue par ordonnance motivée dans un délai de deux mois, à compter de la date de réception ou de la déclaration au greffe de la demande d'effacement formée devant lui. L'ordonnance est notifiée au procureur de la République et, par lettre recommandée avec demande d'avis de réception, à l'intéressé.

Faute pour le juge des libertés et de la détention de statuer dans le délai de deux mois ou en cas d'ordonnance refusant l'effacement, l'intéressé peut, dans un délai de dix jours à compter de l'expiration du délai prévu à l'alinéa précédent ou de la notification à la personne de l'ordonnance du juge des libertés et de la détention, saisir le président de la chambre de l'instruction, par lettre recommandée avec accusé de réception ou par déclaration au greffe. À peine d'irrecevabilité, sa contestation doit être motivée.

En cas d'ordonnance prescrivant l'effacement, le procureur de la République peut également, dans un délai de dix jours à compter de la date de la notification de l'ordonnance du juge des libertés et de la détention, contester cette décision devant le président de la chambre de l'instruction. Cette contestation suspend l'exécution de la décision.

Le président de la chambre de l'instruction statue, après avoir sollicité les réquisitions écrites du procureur général, par une ordonnance motivée, dans un délai de trois mois à compter de la date de réception de la lettre recommandée ou de la déclaration au greffe par le requérant, ou de la date de la contestation par le procureur de la République de l'ordonnance du juge des libertés et de la détention. Cette ordonnance est notifiée au procureur de la République et, par lettre recommandée avec demande d'avis de réception, à l'intéressé. Elle ne peut faire l'objet d'un pourvoi en cassation que si elle ne satisfait pas, en la forme, aux conditions essentielles de son existence légale.

Art. 8 *(Mod., D. n° 2005-585, 27 mai 2005 ; rempl., D. n° 2011-157, 7 févr. 2011* (1) *; D. n° 2015-1580, 2 déc. 2015).* – Les fonctionnaires et militaires individuellement désignés et habilités des services d'identité judiciaire de la police nationale, du « service central de renseignement criminel de la gendarmerie nationale » (2) ainsi que des unités de recherches de la gendarmerie nationale peuvent seuls avoir accès aux données à caractère personnel et aux informations contenues dans le traitement :

1° Pour procéder aux opérations d'identification à la demande de l'autorité judiciaire, des officiers de police judiciaire de la police nationale ou de la gendarmerie nationale, ou des agents des douanes habilités à effectuer des enquêtes judiciaires en vertu des dispositions de l'article 28-1 du Code de procédure pénale ;

2° Pour procéder aux opérations d'identification à la demande de l'autorité judiciaire, des fonctionnaires de la police ou des militaires de la gendarmerie dans le cadre des recherches aux fins d'identification des personnes décédées

(1) Dispositions applicables sur tout le territoire de la République, D. n° 2011-157, 7 févr. 2011, art. 5.
(2) D. n° 2015-1805, 28 déc. 2015, art. 5.

prévues aux articles L. 2223-42 du Code général des collectivités territoriales et 87 du Code civil et du décret n° 2012-125 du 30 janvier 2012 relatif à la procédure extrajudiciaire d'identification des personnes décédées ;

3° Pour procéder aux opérations d'identification à la demande des officiers de police judiciaire de la police nationale ou de la gendarmerie nationale en vertu des dispositions des articles L. 611-1-1, L. 611-3 et L. 611-4 du Code de l'entrée et du séjour des étrangers et du droit d'asile ;

4° Pour procéder aux opérations d'identification à la demande des officiers de police judiciaire de la police nationale ou de la gendarmerie nationale en vertu des dispositions de l'article 78-3 du Code de procédure pénale.

Art. 8-1 *(D. n° 2015-1580, 2 déc. 2015)*. – I. – Les officiers de police judiciaire de la police nationale ou de la gendarmerie nationale et les agents des douanes mentionnés à l'article précédent sont destinataires des résultats des opérations d'identification dont ils ont demandé la réalisation en vue des finalités définies à l'article 1er dans le cadre et pour les besoins exclusifs des procédures judiciaires dont ils sont saisis.

II. – Les officiers de police judiciaire de la police nationale ou de la gendarmerie nationale sont destinataires des résultats des opérations d'identification dont ils ont demandé la réalisation à raison de leurs attributions, dans le cadre et pour les besoins exclusifs :

1° Des recherches aux fins d'identification des personnes décédées effectuées en application des articles L. 2223-42 du Code général des collectivités territoriales et 87 du Code civil et du décret n° 2012-125 du 30 janvier 2012 relatif à la procédure extrajudiciaire d'identification des personnes décédées ;

2° Des procédures d'identification prévues aux articles L. 611-1-1, L. 611-3 et L. 611-4 du Code de l'entrée et du séjour des étrangers et du droit d'asile dont ils sont saisis ;

3° Des mesures de vérification d'identité de l'article 78-3 du Code de procédure pénale.

Art. 9 *(Mod., D. n° 2015-1580, 2 déc. 2015)*. – Le fichier prévu au présent décret ne peut faire l'objet d'aucune interconnexion, rapprochement ou d'aucune autre forme de mise en relation avec un autre traitement automatisé de données à caractère personnel, à l'exception du traitement visé à l'article 48-1 du Code de procédure pénale aux seules fins d'alimentation et de mise à jour du fichier prévu par le présent décret.

Art. 9-1 *(D. n° 2011-157, 7 févr. 2011)* (1). – Par dérogation aux articles 8 et 9, les données enregistrées dans le fichier automatisé des empreintes digitales *(Mots aj., D. n° 2015-1580, 2 déc. 2015)* « , à l'exclusion de celles enregistrées au titre du 6° de l'article 3, » peuvent être consultées, en vue notamment de faire l'objet de rapprochements, par les agents d'organismes de coopération internationale en matière de police judiciaire ou par les agents des services de police ou de justice d'États étrangers, aux fins et dans les conditions prévues :

1° Par le traité relatif à l'approfondissement de la coopération transfrontalière, notamment en vue de lutter contre le terrorisme, la criminalité transfrontalière et la migration illégale, signé à Prüm le 27 mai 2005 (2) ;

2° Par tout acte pris en application du titre V du traité sur le fonctionnement de l'Union européenne et poursuivant des buts analogues, en tout ou partie, à ceux du traité mentionné au 1° ;

3° Par tout engagement liant, aux fins et dans les conditions définies *(Référence rempl., D. n° 2015-1580, 2 déc. 2015)* « à l'article L. 235-1 du Code de la sécurité intérieure », la France à des organismes internationaux ou à des États étrangers, lorsque ces organismes et ces États assurent à la vie privée, aux libertés et aux droits fondamentaux des personnes à l'égard de données à caractère personnel un niveau de protection suffisant au sens de l'article 68 de la loi n° 78-17 du 6 janvier 1978 relative à l'informatique, aux fichiers et aux libertés.

Art. 9-2 *(D. n° 2011-157, 7 févr. 2011)* (1). – Sous réserve des règles particulières prévues par les actes et accords mentionnés aux 2° et 3° de l'article 9-1, les opérations réalisées en vertu de ces dispositions :

1° Sont le fait d'agents spécialement habilités à cet effet par les organismes internationaux ou États requérants ;

2° Font l'objet, de la part de ces agents, de demandes préalables motivées ;

3° Donnent lieu à la mise en place, par le gestionnaire du traitement, d'un dispositif permettant de retracer, par enregistrement informatique, la consultation du fichier.

(1) Dispositions applicables sur tout le territoire de la République, D. n° 2011-157, 7 févr. 2011, art. 5.
(2) Traité publié par D. n° 2008-33, 10 janv. 2008. – NDLR.

Art. 9-3 *(Mod., D. n° 2020-1777, 30 déc. 2020)*. – Le présent décret, dans sa rédaction résultant du décret n° 2020-1777 du 30 décembre 2020, est applicable en Nouvelle-Calédonie, en Polynésie française et dans les îles Wallis-et-Futuna, sous réserve des adaptations suivantes :

1° Pour l'application des articles 3,8 et 8-1 en Nouvelle-Calédonie :

a) La référence à l'article L. 2223-42 du Code général des collectivités territoriales est remplacée par la référence à l'article L. 362-1 du Code des communes de la Nouvelle-Calédonie ;

b) Les références aux articles L. 611-1-1, L. 611-3 et L. 611-4 du Code de l'entrée et du séjour des étrangers et du droit d'asile sont remplacées par les références aux articles 9 et 11 de l'ordonnance n° 2002-388 du 20 mars 2002 relative aux conditions d'entrée et de séjour des étrangers en Nouvelle-Calédonie ;

2° Pour l'application des articles 8 et 8-1 en Polynésie française, les références aux articles L. 611-1-1, L. 611-3 et L. 611-4 du Code de l'entrée et du séjour des étrangers et du droit d'asile sont remplacées par les références aux articles 9 et 11 de l'ordonnance n° 2000-372 du 26 avril 2000 relative aux conditions d'entrée et de séjour des étrangers en Polynésie française ;

3° Pour l'application des articles 3,8 et 8-1 dans les îles Wallis-et-Futuna :

a) La référence à l'article L. 2223-42 du Code général des collectivités territoriales est remplacée par la référence à l'article 814-2 du Code de procédure pénale ;

b) Les références aux articles L. 611-1-1, L. 611-3 et L. 611-4 du Code de l'entrée et du séjour des étrangers et du droit d'asile sont remplacées par les références aux articles 8 et 10 de l'ordonnance n° 2000-371 du 26 avril 2000 relative aux conditions d'entrée et de séjour des étrangers dans les îles Wallis-et-Futuna.

Décret n° 2010-569 du 28 mai 2010

relatif au fichier des personnes recherchées

NOR : IOCC0918466D

(JO 30 mai 2010) (1)

Art. 1er *(Mod., D. n° 2016-1523, 10 nov. 2016 ; D. n° 2017-1219, 2 août 2017)*. – Le ministre de l'Intérieur (direction générale de la police nationale et direction générale de la gendarmerie nationale) est autorisé à mettre en œuvre un traitement automatisé de données à caractère personnel dénommé « fichier des personnes recherchées.

Ce traitement a pour finalité de faciliter les recherches, les surveillances et les contrôles effectués, dans le cadre de leurs attributions respectives, par les services de la police nationale, les unités de la gendarmerie nationale et les agents des douanes exerçant des missions de police judiciaire ou de police administrative ainsi que par les agents du service mentionné à l'article L. 561-23 du Code monétaire et financier.

Ce traitement peut faire l'objet d'une consultation lors de la réalisation des enquêtes administratives prévues aux articles L. 114-1, L. 114-2 et L. 211-11-1 du Code de la sécurité intérieure ou lors de l'instruction des demandes relatives à l'application de la réglementation relative aux étrangers, aux titres d'identité et de voyage, aux visas, aux armes et munitions et aux permis de conduire.

Art. 2 *(Mod., D. n° 2017-1219, 2 août 2017)*. – (2) I. – Sont inscrites dans le fichier les personnes faisant l'objet des décisions judiciaires mentionnées à l'article 230-19 du Code de procédure pénale.

II. – Sont inscrites dans le fichier, à la demande des services et unités de police judiciaire ou des autorités judiciaires, les personnes faisant l'objet d'une recherche pour les besoins d'une enquête de police judiciaire :

1° Soit dans le cadre d'une enquête préliminaire, d'une enquête de flagrance ou d'une commission rogatoire ;

2° Soit dans le cadre de la mission d'animation et de coordination des recherches criminelles sur tout le territoire national dévolue à la direction centrale de la police judiciaire et aux offices centraux mentionnés à l'article D. 8-1 du Code de procédure pénale ;

3° Soit en cas de disparition de personnes dans des conditions inquiétantes ou suspectes ;

4° Soit en cas de découverte de personnes décédées ou vivantes non identifiées.

---

(1) CNIL, Délib. n° 2009-587, 12 nov. 2009 : *JO* 30 mai 2010. – NDLR.

(2) V. T. appl. (Traitement de données personnelles sur interdictions de sortie du territoire) : A. 7 août 2017 (*JO* 12 août 2017). – NDLR.

III. – Peuvent être inscrits dans le fichier à la demande des autorités administratives compétentes :

1° Les étrangers pour lesquels il existe, eu égard aux informations recueillies, des éléments sérieux de nature à établir que leur présence en France constituerait une menace pour l'ordre public susceptible de justifier que l'accès au territoire français leur soit refusé dans les conditions prévues à l'article L. 213-1 du Code de l'entrée et du séjour des étrangers et du droit d'asile ;

2° Les ressortissants d'un État non membre de l'Union européenne faisant l'objet d'une mesure restrictive de voyage, interdisant l'entrée sur le territoire ou le transit par le territoire, adoptée par l'Union européenne ou une autre organisation internationale et légalement applicable en France ;

3° Les personnes mineures faisant l'objet d'une opposition à la sortie du territoire ;

4° Les personnes mineures ayant quitté leur domicile ou s'étant soustraites à l'autorité des personnes qui en ont la garde ;

5° Les personnes faisant l'objet d'un signalement en qualité de débiteurs de l'État, des collectivités locales ou de leurs établissements publics, ainsi que les redevables de pensions alimentaires faisant l'objet d'un recouvrement public en application de la loi [n° 75-618] du 11 juillet 1975 susvisée ;

6° Les personnes recherchées en vue de l'exécution d'une décision de placement d'office en établissement psychiatrique ou évadées d'un tel établissement ;

7° *(Abr., D. n° 2017-1219, 2 août 2017)* ;

8° Les personnes faisant l'objet de recherches pour prévenir des menaces graves pour la sécurité publique ou la sûreté de l'État, dès lors que des informations ou des indices réels ont été recueillis à leur égard ;

9° Les personnes faisant l'objet d'une mesure administrative d'interdiction de stade en vertu de l'article L. 332-16 du Code du sport.

IV. – Peuvent également être inscrits dans le fichier à l'initiative des autorités administratives compétentes :

1° Les personnes faisant l'objet de recherches en vue de la notification de mesures administratives concernant leur permis de conduire ;

2° Les personnes faisant l'objet d'une mesure administrative de retrait d'un permis de conduire obtenu indûment ;

3° Les personnes qui, au terme du délai prévu au III de l'article R. 223-3 du Code de la route, n'ont pas restitué au préfet du département de leur lieu de résidence leur permis de conduire invalidé pour solde de points nul en application de l'article L. 223-5 du même code ;

4° Les personnes qui font l'objet d'une décision de retrait d'une carte nationale d'identité ou d'un passeport obtenus ou détenus indûment et celles qui ont tenté d'obtenir la délivrance d'une carte nationale d'identité ou d'un passeport en violation des dispositions des décrets des 22 octobre 1955 et 30 décembre 2005 susvisés ;

5° Les étrangers faisant l'objet d'une obligation de quitter le territoire français non exécutée, en application du I de l'article L. 511-1 ou de l'article L. 511-3-1 du Code de l'entrée et du séjour des étrangers et du droit d'asile ;

6° Les étrangers faisant l'objet d'une interdiction de retour en application du III de l'article L. 511-1 du Code de l'entrée et du séjour des étrangers et du droit d'asile, pendant sa période de validité ;

7° Les étrangers faisant l'objet d'une interdiction de circulation sur le territoire français en application de l'article L. 511-3-2 du Code de l'entrée et du séjour des étrangers et du droit d'asile, pendant sa période de validité ;

8° Les étrangers faisant l'objet d'un arrêté d'expulsion pris en application du titre II du livre V du Code de l'entrée et du séjour des étrangers et du droit d'asile ;

9° Les étrangers faisant l'objet d'une assignation à résidence en application des articles L. 523-3 à L. 523-5 ou du titre VI du livre V du Code de l'entrée et du séjour des étrangers et du droit d'asile ;

10° Les personnes qui font l'objet d'une décision d'interdiction de sortie du territoire prononcée en vertu de l'article L. 224-1 du Code de la sécurité intérieure ;

11° Les personnes auxquelles a été notifiée une décision d'interdiction de sortie du territoire et qui n'ont pas procédé à la restitution de leur passeport et de leur carte nationale d'identité dans le délai prévu au huitième alinéa de l'article L. 224-1 du Code de la sécurité intérieure ;

12° Les étrangers qui font l'objet d'une interdiction administrative du territoire, prononcée en application des articles L. 214-1 ou L. 214-2 du Code de l'entrée et du séjour des étrangers et du droit d'asile.

13° Les personnes qui font l'objet d'une interdiction de séjour dans tout ou partie d'un département en application du 3° de l'article 5 de la loi n° 55-385 du 3 avril 1955 modifiée relative à l'état d'urgence ;

14° Les personnes qui font l'objet d'une assignation à résidence et, le cas échéant, d'une interdiction de se trouver en relation avec certaines personnes, en application de l'article 6 de la loi [n° 55-385] du 3 avril 1955 précitée ;

15° Les personnes qui font l'objet d'un contrôle administratif dès leur retour sur le territoire national et des obligations afférentes à cette mesure, en application des articles L. 225-1 à L. 225-3 du Code de la sécurité intérieure.

V. – En tant que de besoin et dans le respect des conditions prévues à l'article L. 235-1 du Code de la sécurité intérieure, le fichier est également constitué de données à caractère personnel issues de traitements gérés par des organismes de coopération internationale en matière de police judiciaire ou des services de police étrangers.

Art. 3 *(Mod., D. n° 2017-1219, 2 août 2017, art. 4)*. – Pour chaque personne inscrite dans le traitement, donnent lieu à enregistrement les données à caractère personnel et informations suivantes :

1° L'état civil (nom, prénom[s], date et lieu de naissance, filiation), l'alias, le sexe, la nationalité ;

2° Le signalement ;

3° *bis* Les photographies ;

4° Les motifs de la recherche ainsi que, le cas échéant, les actes administratifs ou judiciaires afférents ;

5° La conduite à tenir en cas de découverte.

La photographie ne fait pas l'objet d'un dispositif de reconnaissance faciale.

L'enregistrement, au titre du présent article, d'informations de la nature de celles mentionnées au I de l'article 8 de la loi [n° 78-17] du 6 janvier 1978 susvisée est autorisé dans les seuls cas où ces informations sont nécessairement liées au motif même de l'inscription ou se rapportent à des signes physiques particuliers, objectifs et permanents, en tant qu'éléments de signalement des personnes.

Art. 4 *(Mod., D. n° 2017-1219, 2 août 2017)*. – I. – L'inscription des personnes mentionnées au I, au II et au III de l'article 2 est effectuée par les agents des services de la police nationale et les militaires des unités de la gendarmerie nationale, individuellement désignés et spécialement habilités par les autorités mentionnées, respectivement, au 1° et au 2° du I de l'article 5.

II. – L'inscription des personnes mentionnées au IV de l'article 2 est effectuée, dans le cadre de leurs attributions respectives, par les agents mentionnés au 4° du I de l'article 5, désignés et spécialement habilités, respectivement, par leur chef de service ou par le préfet.

En cas de circonstances particulières et sur demande des autorités administratives compétentes, l'inscription peut être effectuée par les services de la police nationale ou les unités de la gendarmerie nationale.

Art. 5 *(Mod., D. n° 2013-745, 14 août 2013 ; mod. à compter du 12 mai 2014, D. n° 2014-445, 30 avr. 2014* (1) *; D. n° 2015-648, 10 juin 2015 ; D. n° 2015-1328, 21 oct. 2015 ; mod. à compter du 1er juillet 2016, D. n° 2015-1840, 29 déc. 2015* (2) *; D. n° 2016-1523, 10 nov. 2016 ; D. n° 2017-1219, 2 août 2017)*. – I. – Peuvent seuls avoir accès aux données à caractère personnel et informations enregistrées dans le fichier des personnes recherchées, dans le cadre de leurs attributions légales et pour les besoins exclusifs des missions qui leur sont confiées :

1° Les agents des services de la police nationale individuellement désignés et spécialement habilités soit par les chefs des services territoriaux de la police nationale, soit par les chefs des services actifs à la préfecture de police ou, le cas échéant, par le préfet de police, soit par les chefs des services centraux de la police nationale ou, le cas échéant, par le directeur général dont ils relèvent ;

2° Les militaires des unités de la gendarmerie nationale individuellement désignés et spécialement habilités soit par les commandants de groupement, soit par les commandants de la gendarmerie dans les départements et collectivités d'outre-mer et en Nouvelle-Calédonie, soit par les commandants de région, soit par les commandants des gendarmeries spécialisées, soit par le sous-directeur de la police judiciaire ou, le cas échéant, par le directeur général de la gendarmerie nationale ;

(1) Dispositions modifiables par décret en Conseil d'État, D. n° 2014-445, 30 avr. 2014, art. 12.

(2) Dispositions applicables en Polynésie française, dans les îles Wallis-et-Futuna et en Nouvelle-Calédonie, D. n° 2015-1840, 29 déc. 2015, art. 2

3° Les agents des services des douanes individuellement désignés et spécialement habilités soit par les directeurs régionaux des douanes, soit par le chef du service national de douane judiciaire ou, le cas échéant, par le directeur général des douanes et droits indirects ;

4° Les agents des services centraux du ministère de l'Intérieur et des préfectures et sous-préfectures individuellement désignés et spécialement habilités, respectivement, par leur chef de service ou par le préfet, et chargés :

a) De l'application de la réglementation relative aux étrangers, aux titres d'identité et de voyages, aux visas, aux armes et munitions et aux permis de conduire ;

b) De la mise en œuvre des mesures prises en application du 3° de l'article 5 et de l'article 6 de la loi n° 55-385 du 3 avril 1955 modifiée relative à l'état d'urgence ;

c) De la mise en œuvre des mesures prises en application des articles L. 225-1 à L. 225-3 du Code de la sécurité intérieure.

5° Les agents du ministère des Affaires étrangères, chargés du traitement des titres d'identité et de voyage et de l'instruction des demandes de visa, individuellement désignés et spécialement habilités par le directeur général dont ils relèvent ;

6° Les agents du Conseil national des activités privées de sécurité, individuellement désignés et spécialement habilités par le préfet compétent en application de l'article R. 632-14 du Code de la sécurité intérieure ;

7° Les agents du service à compétence nationale dénommé « Unité Information Passagers » et rattaché au ministère chargé du budget, individuellement désignés et spécialement habilités par le directeur de l'unité.

8° Les agents du service mentionné à l'article L. 561-23 du Code monétaire et financier, individuellement désignés et spécialement habilités par le directeur du service.

9° Les agents du service à compétence nationale dénommé « service national des enquêtes administratives de sécurité », individuellement désignés et spécialement habilités par le directeur général de la police nationale ;

10° Les agents du service à compétence nationale dénommé « Commandement spécialisé pour la sécurité nucléaire », individuellement désignés et spécialement habilités par le directeur général de la gendarmerie nationale.

II. – Sont destinataires des données à caractère personnel et informations enregistrées, dans le cadre de leurs attributions légales :

1° Les autorités judiciaires ;

2° Les organismes de coopération internationale en matière de police judiciaire et les services de police étrangers, dans les conditions prévues à l'article L. 235-1 du Code de la sécurité intérieure.

3° Les agents de police municipale, à l'initiative des agents des services de la police nationale ou des militaires des unités de la gendarmerie nationale aux fins et dans les limites fixées à l'article 12 des annexes IV-I et IV-II du Code général des collectivités territoriales, dans le cadre des recherches des personnes disparues.

Afin de parer à un danger pour la population, les services de la police nationale et les unités de la gendarmerie nationale peuvent, à titre exceptionnel, transmettre oralement aux agents de police municipale certaines informations relatives à une personne inscrite dans le présent fichier ;

4° Les agents du service gestionnaire du fichier judiciaire national automatisé des auteurs d'infractions sexuelles ou violentes aux fins de consultation des seules fiches concernant le fichier judiciaire national automatisé des auteurs d'infractions sexuelles ou violentes ;

5° Les agents du service gestionnaire du fichier judiciaire national automatisé des auteurs d'infractions terroristes aux fins de consultation des seules fiches concernant le fichier judiciaire national automatisé des auteurs d'infractions terroristes ;

6° Les agents des services spécialisés de renseignement du ministère de la Défense, individuellement désignés et spécialement habilités par les directeurs de ces services, aux seules fins de prévention des actes de terrorisme et dans la limite du besoin d'en connaître.

Art. 6 *(Mod., D. n° 2013-745, 14 août 2013).* – Les données contenues dans le fichier peuvent, dans le respect des conditions prévues à l'article L. 235-1 du Code de la sécurité intérieure, être transférées à des organismes de coopération internationale en matière de police judiciaire ou à des services de police étrangers.

Art. 7 *(Mod., D. n° 2015-1840, 29 déc. 2015)* (1). – Les données à caractère personnel enregistrées dans le fichier sont effacées sans délai en cas d'aboutissement de la recherche ou d'extinction du motif de l'inscription. Les données enregistrées au titre du 5° du IV de l'article 2 sont effacées, au plus tard, trois ans après la date à laquelle l'obligation de quitter le territoire français a été signée.

La mise à jour des données enregistrées est réalisée, à l'initiative de l'autorité ayant demandé l'inscription au fichier ou, le cas échéant, du gestionnaire du fichier judiciaire national automatisé des auteurs d'infractions sexuelles ou violentes et du gestionnaire du fichier judiciaire national automatisé des auteurs d'infractions terroristes, par les services ayant procédé à l'enregistrement des données en application des dispositions de l'article 4. Des vérifications périodiques sont mises en œuvre afin de garantir la fiabilité des données.

Art. 8. – Les consultations font l'objet d'un enregistrement comprenant l'identification du consultant ainsi que la date, l'heure et l'objet de la consultation. Les informations relatives aux consultations sont conservées dans le traitement pendant une durée de cinq ans.

Art. 9. – En application du dernier alinéa de l'article 41 de la loi [n° 78-17] du 6 janvier 1978 susvisée, les droits d'accès et de rectification s'exercent directement auprès du ministère de l'Intérieur (direction centrale de la police judiciaire) pour les données mentionnées aux 1° à 3° de l'article 3 du présent décret et concernant :

1° Les personnes faisant l'objet des décisions judiciaires mentionnées aux *(Références rempl., D. n° 2017-1219, 2 août 2017)* « 2° à 16° de l'article 230-19 du Code de procédure pénale » ;

2° Les personnes mentionnées aux 3°, 4°, 5°, 7° et 9° du III et au IV de l'article 2 du présent décret.

Pour toutes les autres données, les droits d'accès indirect et de rectification s'exercent auprès de la Commission nationale de l'informatique et des libertés, dans les conditions prévues aux deuxième et troisième alinéas de l'article 41 de la loi [n° 78-17] du 6 janvier 1978 susvisée.

Art. 10. – Les droits d'information et d'opposition prévus aux articles 32 et 38 de la loi [n° 78-17] du 6 janvier 1978 susvisée ne sont pas applicables au présent traitement.

Art. 11 *(Mod., D. n° 2017-1219, 2 août 2017)*. – Le présent décret est applicable sur l'ensemble du territoire de la République dans sa rédaction résultant du décret n° 2017-1219 du 2 août 2017 modifiant le décret n° 2010-569 du 28 mai 2010 relatif au fichier des personnes recherchées, sous réserve des dispositions suivantes :

1° Pour son application en Guyane, en Martinique, à Saint-Barthélemy, à Saint-Martin, à Saint-Pierre-et-Miquelon, en Nouvelle-Calédonie, en Polynésie française et dans les îles Wallis-et-Futuna, le mot : « département » est remplacé par le mot : « collectivité » ;

2° Pour son application à Saint-Barthélemy et à Saint-Martin, les références aux dispositions du Code de la route sont remplacées par les références aux dispositions applicables localement ;

3° Pour son application dans les Îles Wallis-et-Futuna :

a) Les mots : « des sous-préfectures et préfectures » sont remplacés par les mots : « des services de l'administrateur supérieur » ;

b) Les mots : « le préfet » sont remplacés par les mots : « l'administrateur supérieur » ;

c) Les références aux dispositions du Code de l'entrée et du séjour des étrangers et du droit d'asile sont remplacées par les références aux dispositions de l'ordonnance n° 2000-371 [du 26 avril 2000] relative aux conditions d'entrée et de séjour des étrangers dans les îles Wallis-et-Futuna ;

d) Les références aux dispositions du Code de la route sont remplacées par les références aux dispositions applicables localement ;

e) Au 9° de l'article 2, les mots : « en vertu de l'article L. 332-16 du Code du sport » sont supprimés ;

f) À l'article 5, le 3° du II est supprimé ;

g) À l'article 1er, la référence à l'article L. 211-11-1 du Code de la sécurité intérieure est supprimée.

4° Pour son application en Polynésie française :

a) Les mots : « des préfectures et sous-préfectures » sont remplacés par les mots : « des services du haut-commissaire de la République en Polynésie française » ;

(1) Dispositions applicables en Polynésie française, dans les îles Wallis-et-Futuna et en Nouvelle-Calédonie, D. n° 2015-1840, 29 déc. 2015, art. 2

b) Les mots : « le préfet » sont remplacés par les mots : « le haut-commissaire de la République » ;

c) Les références aux dispositions du Code de l'entrée et du séjour des étrangers et du droit d'asile sont remplacées par les références aux dispositions de l'ordonnance n° 2000-372 [du 26 avril 2000] relative aux conditions d'entrée et de séjour des étrangers en Polynésie française ;

d) Les références aux dispositions du Code de la route sont remplacées par les références aux dispositions applicables localement ;

e) Au 9° de l'article 2, les mots : « en vertu de l'article L. 332-16 du Code du sport » sont supprimés ;

5° Pour son application en Nouvelle-Calédonie :

a) Les mots : « des préfectures et sous-préfectures » sont remplacés par les mots : « des services du haut-commissaire de la République en Nouvelle-Calédonie » ;

b) Les mots : « le préfet » sont remplacés par les mots : « le haut-commissaire de la République » ;

c) Les références aux dispositions du Code de l'entrée et du séjour des étrangers et du droit d'asile sont remplacées par les références aux dispositions de l'ordonnance n° 2002-388 [du 20 mars 2002] relative aux conditions d'entrée et de séjour des étrangers en Nouvelle-Calédonie ;

d) Les références aux dispositions du Code de la route sont remplacées par les références aux dispositions applicables localement ;

e) Au 9° de l'article 2, les mots : « en vertu de l'article L. 332-16 du Code du sport » sont supprimés ;

f) Au 3° du II de l'article 5, les mots : « aux fins et dans les limites fixées à l'article 12 des annexes IV-I et IV-II du Code général des collectivités territoriales » sont remplacés par les mots : « dans le respect des dispositions de la loi [n° 78-17] du 6 janvier 1978 susvisée » ;

g) 6° Pour l'application de l'article 1er dans les Terres australes et antarctiques françaises, la référence à l'article L. 211-11-1 du Code de la sécurité intérieure est supprimée.

Art. 12. – Le décret n° 96-417 du 15 mai 1996 portant application au fichier des personnes recherchées des dispositions de l'article 31, alinéa 3, de la loi [n° 78-17] du 6 janvier 1978 relative à l'informatique, aux fichiers et aux libertés est abrogé.

CODE PÉNITENTIAIRE

PARTIE LÉGISLATIVE

Avertissement : La partie législative du Code pénitentiaire est issue de l'ordonnance n° 2022-478 du 30 mars 2022 portant partie législative du Code pénitentiaire. Les dispositions de cette ordonnance sont entrées en vigueur le 1er mai 2022.

LIVRE Ier

SERVICE PUBLIC PÉNITENTIAIRE

TITRE Ier. – ACTEURS

CHAPITRE Ier. – DISPOSITIONS GÉNÉRALES

Art. L. 111-1. – Le service public pénitentiaire est assuré par l'administration pénitentiaire sous l'autorité du garde des sceaux, ministre de la justice, avec le concours des autres services de l'État, des collectivités territoriales, des associations et d'autres personnes publiques ou privées.

Chacune de ces autorités et de ces personnes veille, en ce qui la concerne, à ce que les personnes condamnées accèdent aux droits et dispositifs de droit commun de nature à faciliter leur insertion ou leur réinsertion.

Art. L. 111-2. – Des conventions entre l'administration pénitentiaire et les autres services de l'État, les collectivités territoriales, les associations et d'autres personnes publiques ou privées définissent les conditions et modalités d'accès, pendant leur détention, des personnes condamnées aux droits et dispositifs mentionnés par les dispositions de l'article L. 111-1.

Ces conventions comportent des objectifs précis, définis en fonction de la finalité d'intérêt général mentionnée au même article, ainsi que des résultats attendus, et faisant l'objet d'une évaluation régulière.

Art. L. 111-3. – Les fonctions de direction, de surveillance et de greffe des établissements pénitentiaires sont assurées par l'administration pénitentiaire. Les autres fonctions peuvent être confiées à des personnes de droit public ou privé bénéficiant d'une habilitation dans des conditions définies par décret en Conseil d'État.

Ces personnes peuvent être choisies dans le cadre d'un marché public prévu par les dispositions du 3° de l'article L. 2171-4 du Code de la commande publique.

CHAPITRE II. – ORGANISATION

Art. L. 112-1. – Les établissements pénitentiaires reçoivent les personnes prévenues ou condamnées à une peine privative de liberté.

Les établissements pénitentiaires sont :

1° Les maisons d'arrêt, au sein desquelles sont détenues des personnes prévenues ;

2° Les établissements pour peines, au sein desquels sont détenues des personnes condamnées. Un décret en Conseil d'État détermine les différentes catégories d'établissements pour peines au regard des régimes de détention qu'ils mettent en œuvre ;

3° Les centres pénitentiaires, regroupant des quartiers distincts dont certains correspondent aux catégories d'établissements pénitentiaires mentionnées aux 1° et 2°.

Art. L. 112-2. – À titre exceptionnel, les maisons d'arrêt peuvent recevoir des personnes condamnées dans les conditions déterminées par les dispositions de l'article L. 211-3.

À titre exceptionnel, les établissements pour peines peuvent recevoir des personnes prévenues dans les conditions déterminées par les dispositions de l'article L. 211-2.

Art. L. 112-3. – Une maison d'arrêt est située près de chaque tribunal judiciaire, de chaque cour d'appel et de chaque cour d'assises, sauf auprès des tribunaux et des cours qui sont désignés par décret. Dans ce dernier cas, le décret détermine la ou les maisons d'arrêt où sont retenues les personnes prévenues, appelantes ou accusées ressortissant à chacune de ces juridictions.

Art. L. 112-4. – Des règlements intérieurs types, fixés par décret en Conseil d'État, déterminent les dispositions prises pour le fonctionnement de chacune des catégories d'établissements pénitentiaires.

Art. L. 112-5. – Dans les conditions fixées par les dispositions du 3° de l'article L. 2171-4 du Code de la commande publique, les établissements pénitentiaires peuvent être conçus, construits et aménagés par un opérateur économique, dans le cadre d'une mission globale confiée par l'État à cet opérateur.

Art. L. 112-6. – I. – Les établissements pénitentiaires peuvent être érigés en établissements publics administratifs nationaux dénommés établissements publics pénitentiaires, placés sous la tutelle de l'État.

Dotés de la personnalité morale et de l'autonomie financière, les établissements publics pénitentiaires sont administrés par un conseil d'administration comprenant des représentants de l'État, majoritaires, des parlementaires, des représentants des collectivités territoriales, du personnel, ainsi que des personnes morales, des associations et des personnalités choisies en raison de leur compétence dans le domaine de l'exécution des peines et de la réinsertion sociale. Le garde des sceaux, ministre de la justice, désigne le président du conseil d'administration parmi les représentants de l'État.

Les établissements publics pénitentiaires sont soumis à l'ensemble des dispositions du présent code relatives aux établissements pénitentiaires.

II. – Le garde des sceaux, ministre de la justice, affecte aux établissements publics pénitentiaires prévus par les dispositions du I les personnels de direction, du greffe et de surveillance. Ces personnels qui relèvent de l'administration pénitentiaire demeurent soumis à leur statut spécial.

À la demande du conseil d'administration de l'établissement ou non, le garde des sceaux, ministre de la justice, peut également y affecter des personnels administratifs, socio-éducatifs et techniques relevant de l'administration pénitentiaire et demeurant soumis à leur statut spécial.

III. – Les établissements publics pénitentiaires prévus par les dispositions du I disposent des équipements et crédits qui leur sont attribués par l'État. Ils bénéficient des prélèvements effectués sur le pécule des personnes détenues au titre de leur entretien et de la réparation des dommages matériels qu'ils ont causés dans l'établissement. Ils peuvent également recevoir, notamment, des dons et legs et le produit des emprunts.

Le conseil d'administration délibère sur les questions relatives à la gestion et à l'équipement de l'établissement pénitentiaire. Ces délibérations ne peuvent pas porter sur les questions relatives au personnel affecté par l'État, au régime disciplinaire et à l'ordre public, qui sont de la seule responsabilité du chef de l'établissement, sous l'autorité du garde des sceaux, ministre de la justice. Le conseil d'administration vote le budget et approuve le compte financier.

IV. – Les conditions d'application du présent article sont fixées par décret en Conseil d'État.

CHAPITRE III. – PERSONNELS

Section 1. – Dispositions communes

Art. L. 113-1. – L'administration pénitentiaire comprend des personnels de direction, des personnels de surveillance, des personnels d'insertion et de probation et des personnels administratifs et techniques.

Art. L. 113-2. – Les personnels de l'administration pénitentiaire participent, à leur demande ou à celle de l'administration, aux actions de formation ou de perfectionnement assurées par l'École nationale d'administration pénitentiaire, les services déconcentrés ou tout autre organisme public ou privé de formation.

Art. L. 113-3. – Conformément aux dispositions de l'article 257 du Code de procédure pénale, les fonctionnaires des services de l'administration pénitentiaire en activité ne peuvent pas exercer les fonctions de juré d'assises.

Section 2. – Missions et attributions

Sous-section 1. – Missions et attributions des personnels de surveillance

Art. L. 113-4. – Les personnels de surveillance de l'administration pénitentiaire constituent, sous l'autorité des personnels de direction, l'une des forces dont dispose l'État pour assurer la sécurité intérieure.

Dans le cadre de leur mission de sécurité, ils veillent au respect de l'intégrité physique des personnes privées de liberté et participent à l'individualisation de leur peine ainsi qu'à leur réinsertion, dans les conditions déterminées par les dispositions relatives à la gestion de la détention en établissement pénitentiaire et à la mise en œuvre des droits et obligations des personnes détenues, prévues par les livres II et III du présent code.

Ils assurent également la protection des bâtiments abritant les administrations centrales du ministère de la justice.

Sous-section 2. – Missions et attributions des personnels d'insertion et de probation

Art. L. 113-5. – Les personnels des services pénitentiaires d'insertion et de probation sont chargés de préparer et d'exécuter les décisions de l'autorité judiciaire relatives à l'insertion et à la probation des personnes placées sous main de justice, prévenues ou condamnées.

À cette fin, ils mettent en œuvre les politiques d'insertion et de prévention de la récidive, assurent le suivi ou le contrôle des personnes placées sous main de justice et préparent la sortie des personnes détenues. Ils procèdent à l'évaluation régulière de la situation matérielle, familiale et sociale des personnes condamnées et définissent, au vu de ces évaluations, le contenu et les modalités de leur prise en charge.

Art. L. 113-6. – En application des dispositions de l'article 712-1 du Code de procédure pénale, le service pénitentiaire d'insertion et de probation informe les juridictions d'application des peines du premier degré des modalités de prise en charge des personnes condamnées qu'il définit et met en œuvre.

Art. L. 113-7. – Conformément aux dispositions de l'article 774 du Code de procédure pénale, les directeurs des services pénitentiaires d'insertion et de probation peuvent être destinataires du bulletin n° 1 du casier judiciaire afin d'individualiser les modalités de la prise en charge des personnes condamnées.

Art. L. 113-8. – Les personnels des services pénitentiaires d'insertion et de probation procèdent à l'évaluation régulière de la situation matérielle, familiale et sociale des personnes condamnées et définissent, au vu de ces évaluations, le contenu et les modalités de leur prise en charge.

Art. L. 113-9. – Conformément aux dispositions de l'article 132-70-1 du Code pénal, le service pénitentiaire d'insertion et de probation peut être désigné par une juridiction de jugement pour procéder à des investigations de nature à permettre le prononcé d'une peine adaptée, à l'égard d'une personne physique dont le prononcé de la peine est ajourné.

Art. L. 113-10. – Le service pénitentiaire d'insertion et de probation met en œuvre les mesures d'aide qui ont pour objet de seconder les efforts d'une personne condamnée en vue de son reclassement social, en application des dispositions de l'article 132-46 du Code pénal.

Sous-section 3. – Contribution des personnels pénitentiaires à d'autres missions de sécurité intérieure

Art. L. 113-11. – En application des dispositions du titre V *bis* du livre VIII du Code de la sécurité intérieure, les services de l'administration pénitentiaire désignés par décret en Conseil d'État après avis de la Commission nationale de contrôle des techniques de renseignement peuvent être autorisés à recourir à des techniques de renseignement dans les conditions fixées par l'article L. 855-1 de ce code.

Art. L. 113-12. – Dans les conditions prévues par les dispositions de l'article 706-25-9 du Code de procédure pénale, les agents individuellement désignés et habilités par le chef des services mentionnés à l'article L. 113-11 ont directement accès au fichier judiciaire national automatisé des auteurs d'infractions terroristes.

Art. L. 113-13. – Dans les conditions prévues par les dispositions de l'article L. 132-10-1 du Code de la sécurité intérieure, l'administration pénitentiaire contribue aux actions de prévention et d'information définies par ce même article.

CHAPITRE IV. – RÉSERVE CIVILE PÉNITENTIAIRE

Art. L. 114-1. – La réserve civile pénitentiaire est destinée à assurer des missions de renforcement de la sécurité relevant du ministère de la justice ainsi que des missions de formation des personnels, d'étude ou de coopération internationale. La réserve civile pénitentiaire peut également être chargée d'assister les personnels des services pénitentiaires d'insertion et de probation dans l'exercice de leurs fonctions de probation.

La réserve est exclusivement constituée de volontaires retraités, issus des corps de l'administration pénitentiaire.

Les réservistes sont soumis au Code de déontologie du service public pénitentiaire. Un agent ayant fait l'objet d'une sanction disciplinaire pour des motifs incompatibles avec l'exercice des missions prévues au premier alinéa ne peut se porter volontaire pour entrer dans la réserve civile.

Art. L. 114-2. – Les agents mentionnés par les dispositions de l'article L. 114-1 peuvent demander à rejoindre la réserve civile pénitentiaire dans la limite de cinq ans à compter de la fin de leur lien avec le service.

Les volontaires doivent remplir des conditions d'aptitude fixées par décret.

Ceux dont la candidature a été acceptée souscrivent un engagement contractuel d'une durée minimale d'un an renouvelable. Ils apportent leur soutien aux services relevant du ministère de la justice, dans la limite de cent cinquante jours par an.

Art. L. 114-3. – Les agents réservistes participent, à leur demande ou à celle de l'administration, aux actions de formation ou de perfectionnement assurées par l'Ecole nationale d'administration pénitentiaire, les services déconcentrés ou tout autre organisme public ou privé de formation.

Art. L. 114-4. – Le réserviste exerçant des fonctions salariées qui effectue les missions prévues par les dispositions de l'article L. 114-1 au titre de la réserve civile pénitentiaire pendant son temps de travail doit obtenir, lorsque leur durée dépasse dix jours ouvrés par année civile, l'accord de son employeur, sous réserve de dispositions plus favorables résultant du contrat de travail, de conventions ou accords collectifs de travail, ou de conventions conclues entre l'employeur et le garde des sceaux, ministre de la justice.

Un décret détermine les conditions d'application du présent article. Il fixe notamment les conditions de forme et de délai dans lesquelles le salarié adresse sa demande d'accord à son employeur en application du présent article, l'employeur notifie au salarié son refus éventuel et le salarié informe l'administration pénitentiaire de ce refus.

Art. L. 114-5. – Les périodes d'emploi des réservistes sont indemnisées dans des conditions fixées par décret.

Dans le cas où le réserviste exerce une activité salariée, son contrat de travail est suspendu pendant la période où il effectue des missions au titre de la réserve civile pénitentiaire. Toutefois, cette période est considérée comme une période de travail effectif pour les avantages légaux et conventionnels en matière d'ancienneté, d'avancement, de congés payés et de droits aux prestations sociales.

Aucun licenciement ou déclassement professionnel, aucune sanction disciplinaire ne peuvent être prononcés à l'encontre d'un réserviste en raison des absences résultant de la présente section.

Pendant la période d'activité dans la réserve, l'intéressé bénéficie, pour lui-même et ses ayants droit, des prestations des assurances maladie, maternité, invalidité et décès, dans les conditions prévues à l'article L. 161-8 du Code de la sécurité sociale, du régime de sécurité sociale dont il relève en dehors de son service dans la réserve.

Art. L. 114-6. – La réserve civile pénitentiaire participe au dispositif de sécurité nationale mis en œuvre par le Premier ministre en cas de survenance d'une crise majeure, en application des dispositions de l'article L. 2171-1 du Code de la défense.

CHAPITRE V. – ACTEURS DE LA PRISE EN CHARGE DE LA SANTÉ DES PERSONNES DÉTENUES

Art. L. 115-1. – En application des dispositions de l'article L. 1431-2 du Code de la santé publique, les agences régionales de santé sont chargées de l'évaluation et de l'identification des besoins sanitaires des personnes détenues, ainsi que de la définition et de la régulation de l'offre de soins en milieu pénitentiaire.

Art. L. 115-2. – Dans les conditions prévues par les dispositions de l'article L. 6111-1-2 du Code de la santé publique, les établissements de santé dispensent des soins aux personnes détenues en milieu pénitentiaire et en milieu hospitalier, ainsi qu'aux personnes retenues dans les centres socio-médico-judicaires de sûreté.

Art. L. 115-3. – Les agents et collaborateurs du service public pénitentiaire transmettent aux personnels de santé chargés de dispenser des soins aux personnes détenues les informations utiles à la mise en œuvre des mesures de protection des personnes.

Art. L. 115-4. – Un protocole signé par le directeur général de l'agence régionale de santé, le directeur interrégional des services pénitentiaires, le chef de l'établissement pénitentiaire et le directeur de l'établissement de santé définit les conditions dans lesquelles est assurée l'intervention des professionnels de santé appelés à intervenir en urgence dans les établissements pénitentiaires, afin de garantir aux personnes détenues un accès aux soins d'urgence dans des conditions équivalentes à celles dont bénéficie l'ensemble de la population.

TITRE II. – DÉONTOLOGIE

Art. L. 120-1. – Le Code de déontologie du service public pénitentiaire fixe les règles que doivent respecter les personnels de l'administration pénitentiaire ainsi que les agents des personnes de droit public ou privé habilitées en application des dispositions de l'article L. 111-3. Il est établi par décret en Conseil d'État.

Préalablement à sa prise de fonctions, tout agent de l'administration pénitentiaire déclare solennellement, par une prestation de serment, servir avec dignité et loyauté la République, ses principes de liberté, d'égalité et de fraternité et sa Constitution. Le contenu du serment et les modalités de sa prestation sont fixés par décret en Conseil d'État.

CHAPITRE Ier. – DISPOSITIONS GÉNÉRALES

Le présent chapitre ne comprend pas de dispositions législatives.

CHAPITRE II. – DISPOSITIONS APPLICABLES AUX PERSONNELS DE L'ADMINISTRATION PÉNITENTIAIRE

Le présent chapitre ne comprend pas de dispositions législatives.

CHAPITRE III. – DISPOSITIONS APPLICABLES AUX PERSONNES PHYSIQUES ET AUX AGENTS DES PERSONNES MORALES CONCOURANT AU SERVICE PUBLIC PÉNITENTIAIRE

Le présent chapitre ne comprend pas de dispositions législatives.

TITRE III. – CONTRÔLE ET ÉVALUATION DES ÉTABLISSEMENTS ET SERVICES PÉNITENTIAIRES

CHAPITRE Ier. – VISITE DES ÉTABLISSEMENTS PÉNITENTIAIRES PAR LES AUTORITÉS JUDICIAIRES

Art. L. 131-1. – **Le premier président de la cour d'appel, le procureur général, le président de la chambre de l'instruction, le président du tribunal judiciaire, le procureur de la République, le juge des libertés et de la détention, le juge d'instruction, le juge de l'application des peines et le juge des enfants visitent au moins une fois par an chaque établissement pénitentiaire situé dans leur ressort territorial de compétence.**

CHAPITRE II. – VISITE DES ÉTABLISSEMENTS PÉNITENTIAIRES PAR LES PARLEMENTAIRES ET LES BÂTONNIERS

Art. L. 132-1. – **Conformément aux dispositions de l'article 719 du Code de procédure pénale, les députés et les sénateurs, les représentants au Parlement européen élus en France, les bâtonniers sur leur ressort ou leur délégué spécialement désigné au sein du conseil de l'ordre sont autorisés à visiter à tout moment les établissements pénitentiaires. Conformément aux mêmes dispositions et dans des conditions fixées par décret en Conseil d'État, les députés, les sénateurs et les représentants au Parlement européen mentionnés au premier alinéa du présent article peuvent être accompagnés par un ou plusieurs journalistes titulaires de la carte d'identité professionnelle mentionnée à l'article L. 7111-6 du Code du travail.**

CHAPITRE III. – CONTRÔLE PAR LES AUTORITÉS ADMINISTRATIVES INDÉPENDANTES

Section 1. – Contrôle par le Contrôleur général des lieux de privation de liberté

Art. L. 133-1. – **En application des dispositions de la loi n° 2007-1545 du 30 octobre 2007, le Contrôleur général des lieux de privation de liberté contrôle les conditions de prise en charge et de transfèrement des personnes privées de liberté confiées à l'administration pénitentiaire, afin de s'assurer du respect de leurs droits fondamentaux.**

Art. L. 133-2. – **La possibilité de contrôler les communications téléphoniques, les correspondances et tout autre moyen de communication ne s'applique pas aux échanges entre le Contrôleur général des lieux de privation de liberté et les personnes détenues. La méconnaissance de cette disposition constitue le délit d'atteinte au secret des correspondances passible des peines prévues par les dispositions de l'article 432-9 du Code pénal.**

Section 2. – Action du Défenseur des droits

Art. L. 133-3. – **Dans les conditions prévues par les dispositions de la loi organique n° 2011-333 du 29 mars 2011, le Défenseur des droits est chargé de veiller au respect de la déontologie du service public pénitentiaire et peut procéder à des vérifications dans des locaux de l'administration pénitentiaire, sans préjudice de l'exercice de ses autres missions au bénéfice des personnes confiées à l'administration pénitentiaire.**

CHAPITRE IV. – CONTRÔLE PAR LES AUTRES AUTORITÉS ADMINISTRATIVES

Le présent chapitre ne comprend pas de dispositions législatives.

CHAPITRE V. – VISITE DES ÉTABLISSEMENTS PÉNITENTIAIRES PAR LE COMITÉ EUROPÉEN DE PRÉVENTION DE LA TORTURE ET DES PEINES OU TRAITEMENTS INHUMAINS OU DÉGRADANTS

Art. L. 135-1. – Dans les conditions prévues par la convention européenne pour la prévention de la torture et des peines ou traitements inhumains ou dégradants du 26 novembre 1987, dont l'approbation a été autorisée par la loi n° 88-1243 du 30 décembre 1988, les membres du Comité européen pour la prévention de la torture et des peines ou traitements inhumains ou dégradants peuvent visiter les lieux de détention relevant de l'administration pénitentiaire et s'y entretenir avec les personnes qui y sont détenues.

CHAPITRE VI. – ÉVALUATION DES SERVICES PÉNITENTIAIRES

Le présent chapitre ne comprend pas de dispositions législatives.

LIVRE II

DÉTENTION EN ÉTABLISSEMENT PÉNITENTIAIRE

TITRE Ier. – PRISE EN CHARGE DES PERSONNES DÉTENUES

CHAPITRE Ier. – AFFECTATION EN DÉTENTION

Art. L. 211-1. – Les personnes prévenues sont détenues dans une maison d'arrêt.

Art. L. 211-2. – À titre exceptionnel, au regard de leur personnalité ou de leur comportement, les personnes prévenues peuvent être détenues dans un établissement pour peines lorsque cette décision apparaît nécessaire à la prévention des évasions ou au maintien de la sécurité et du bon ordre des établissements pénitentiaires.

À titre exceptionnel, les personnes mentionnées au premier alinéa ayant interjeté appel ou formé un pourvoi en cassation contre leur condamnation peuvent être détenues dans un établissement pour peines lorsque cet établissement offre des conditions de détention plus satisfaisantes eu égard à la capacité d'accueil de la maison d'arrêt où ces personnes doivent être détenues en application des dispositions de l'article L. 211-1.

Les personnes prévenues peuvent également être affectées au sein d'un établissement pour peines dans un quartier spécifique, dans les conditions prévues par les dispositions des articles L. 224-1 à L. 224-4.

Art. L. 211-3. – Les personnes condamnées exécutent leur peine dans un établissement pour peines.

Cependant, les personnes condamnées à l'emprisonnement d'une durée inférieure ou égale à deux ans peuvent, à titre exceptionnel, être maintenues en maison d'arrêt et détenues, dans ce cas, dans un quartier distinct, lorsque des conditions tenant à la préparation de leur libération, leur situation familiale ou leur personnalité le justifient.

Peuvent également, dans les mêmes conditions, être affectées, à titre exceptionnel, en maison d'arrêt, les personnes condamnées auxquelles il reste à exécuter une peine d'une durée inférieure à un an.

Toute personne condamnée détenue en maison d'arrêt à laquelle il reste à exécuter une peine d'une durée supérieure à deux ans peut, à sa demande, obtenir son transfèrement dans un établissement pour peines dans un délai de neuf mois à compter du jour où sa condamnation est devenue définitive.

Cependant, elle peut être maintenue en maison d'arrêt lorsqu'elle bénéficie d'un aménagement de peine ou est susceptible d'en bénéficier rapidement.

Les personnes condamnées peuvent également être affectées en maison d'arrêt au sein d'un quartier spécifique dans les conditions prévues par les dispositions des articles L. 224-1 à L. 224-4.

Art. L. 211-4. – La répartition des personnes condamnées dans les établissements pour peines s'effectue compte tenu de leur catégorie pénale, de leur âge, de leur état de santé et de leur personnalité.

Leur régime de détention est déterminé en prenant en compte leur personnalité, leur santé, leur dangerosité et leurs efforts en matière de réinsertion sociale.

Le placement d'une personne détenue sous un régime de détention plus sévère ne saurait porter atteinte aux droits mentionnés par les dispositions de l'article L. 6.

Art. L. 211-5. – Un parcours d'exécution de la peine est élaboré par le chef de l'établissement pénitentiaire et le directeur du service pénitentiaire d'insertion et de probation pour les personnes condamnées, en concertation avec ces dernières, dès que leur condamnation est devenue définitive. Le projet initial et ses modifications ultérieures sont portés à la connaissance du juge de l'application des peines.

Art. L. 211-6. – Conformément aux dispositions de l'article 763-7 du Code de procédure pénale, les personnes condamnées à un suivi socio-judiciaire comprenant une injonction de soins et devant exécuter une peine privative de liberté sont prises en charge par des établissements pénitentiaires permettant de leur assurer un suivi médical et psychologique adapté.

Art. L. 211-7. – L'expertise médicale à laquelle a été soumise une personne condamnée à une peine privative de liberté et réalisée en application de l'article 706-47-1 du Code de procédure pénale est communiquée à l'administration pénitentiaire afin de faciliter le suivi médical et psychologique en détention.

CHAPITRE II. – ENTRÉE EN DÉTENTION

Section 1. – Conditions préalables à la mise sous écrou

Art. L. 212-1. – Conformément aux dispositions de l'article 122 du Code de procédure pénale, l'établissement pénitentiaire où est reçue et détenue la personne à l'encontre de laquelle est décerné un mandat d'arrêt défini par les dispositions du même article, est celui indiqué sur ce mandat.

Art. L. 212-2. – Conformément aux dispositions de l'article 122 du Code de procédure pénale, l'établissement pénitentiaire où est reçue et détenue la personne à l'encontre de laquelle est décerné un mandat de dépôt défini par les dispositions du même article, est celui indiqué sur ce mandat.

Conformément aux dispositions de l'article 135-2 du même code, le chef de l'établissement pénitentiaire délivre à l'agent lui remettant la personne à l'encontre de laquelle est décerné un mandat de dépôt une reconnaissance de cette remise.

Art. L. 212-3. – Peuvent être détenues dans un établissement pénitentiaire des personnes relevant de la justice militaire dans les conditions prévues par les dispositions des articles L. 211-21, L. 212-105, L. 212-106, L. 212-119, L. 212-159 et L. 222-20 du Code de justice militaire.

Art. L. 212-4. – Lorsqu'une personne condamnée par la Cour pénale internationale est transférée sur le territoire français afin d'y exécuter sa peine d'emprisonnement, elle est conduite et détenue au sein d'un établissement pénitentiaire dans les conditions prévues par les dispositions de l'article 627-19 du Code de procédure pénale.

Art. L. 212-5. – Lorsqu'une personne détenue en exécution d'une condamnation par une juridiction étrangère est transférée sur le territoire français afin d'y exécuter le reliquat de sa peine d'emprisonnement, elle est conduite et détenue au sein d'un établissement pénitentiaire dans les conditions prévues par les dispositions de l'article 728-3 du Code de procédure pénale.

Section 2. – Formalités et registres d'écrou

Art. L. 212-6. – Un acte d'écrou est dressé pour toute personne qui est conduite dans un établissement pénitentiaire ou qui s'y présente librement.

Les conditions d'application du présent article sont fixées par décret.

Art. L. 212-7. – Conformément aux dispositions de l'article 706-25-9 du Code de procédure pénale, les agents du greffe de l'établissement pénitentiaire habilités par le chef de l'établissement enregistrent dans le

fichier judiciaire national automatisé des auteurs d'infractions terroristes la date de mise sous écrou et vérifient que la personne intéressée a fait l'objet de l'information mentionnée par les dispositions de l'article 706-25-8 du même code.

Art. L. 212-8. – Conformément aux dispositions de l'article 706-53-7 du Code de procédure pénale, les agents du greffe de l'établissement pénitentiaire habilités par le chef de l'établissement enregistrent dans le fichier judiciaire national automatisé des auteurs d'infractions sexuelles ou violentes la date de mise sous écrou et vérifient que la personne intéressée a fait l'objet de l'information mentionnée par les dispositions de l'article 706-53-6 du même code.

Section 3. – Accueil en détention

Art. L. 212-9. – Dès leur accueil dans l'établissement pénitentiaire et à l'issue d'une période d'observation pluridisciplinaire, les personnes détenues font l'objet d'un bilan de personnalité.

CHAPITRE III. – ENCELLULEMENT

Section 1. – Encellulement individuel

Art. L. 213-1. – Toute personne détenue victime d'un acte de violence caractérisé commis par une ou plusieurs personnes codétenues bénéficie prioritairement d'un encellulement individuel.

Les modalités d'application du présent article sont fixées par décret en Conseil d'État.

Art. L. 213-2. – Les personnes prévenues sont placées en cellule individuelle.

Art. L. 213-3. – Après avoir subi éventuellement une période d'observation en cellule, les personnes condamnées sont soumises :

1° Dans les maisons d'arrêt, à un encellulement individuel de jour et de nuit ;

2° Dans les établissements pour peines, à un encellulement individuel de nuit seulement.

Art. L. 213-4 *(Abr. à compter du 31 décembre 2022, Ord. n° 2022-478, 30 mars 2022)*. **– Il peut être dérogé au placement en cellule individuelle dans les maisons d'arrêt lorsque la distribution intérieure des locaux ou le nombre de personnes détenues présentes ne permet pas son application.**

Cependant, la personne condamnée ou, sous réserve de l'accord du magistrat chargé du dossier de la procédure, la personne prévenue, peut demander son transfert dans la maison d'arrêt la plus proche permettant un placement en cellule individuelle.

Art. L. 213-5. – Il ne peut être dérogé au principe de l'encellulement individuel des personnes prévenues prévu par les dispositions de l'article L. 213-2 que dans les cas suivants :

1° Si les personnes intéressées en font la demande ;

2° Si leur personnalité justifie, dans leur intérêt, qu'elles ne soient pas laissées seules ;

3° Si elles ont été autorisées à travailler ou à suivre une formation professionnelle ou scolaire et que les nécessités d'organisation l'imposent.

Lorsque les personnes prévenues sont placées en cellule collective, les cellules doivent être adaptées au nombre de personnes qui y sont hébergées. Les personnes détenues doivent être en mesure de cohabiter. Leur sécurité et leur dignité doivent être assurées.

Art. L. 213-6. – Il ne peut être dérogé au principe de l'encellulement individuel des personnes condamnées prévu par les dispositions de l'article L. 213-3 que dans les cas suivants :

1° Si les personnes intéressées en font la demande ;

2° Si leur personnalité justifie, dans leur intérêt, qu'elles ne soient pas laissées seules ;

3° En raison des nécessités d'organisation du travail.

Section 2.– Modalités d'encellulement

Art. L. 213-7. – Le placement à l'isolement judiciaire aux fins de séparation des autres personnes prévenues décidé par le magistrat compétent conformément aux dispositions de l'article 145-4-1 du Code de procédure pénale n'affecte pas l'exercice des droits prévus par les dispositions de l'article L. 6, sous réserve des aménagements qu'impose la sécurité.

Art. L. 213-8. – Toute personne détenue majeure peut être placée par l'autorité administrative, pour une durée maximale de trois mois, à l'isolement par mesure de protection ou de sécurité soit à sa demande, soit d'office. Cette mesure ne peut être renouvelée pour la même durée qu'après un débat contradictoire, au cours duquel la personne intéressée, qui peut être assistée de son avocat, présente ses observations orales ou écrites.

L'isolement ne peut être prolongé au-delà d'un an qu'après avis de l'autorité judiciaire.

Le placement à l'isolement n'affecte pas l'exercice des droits prévus par les dispositions de l'article L. 6, sous réserve des aménagements qu'impose la sécurité.

Lorsqu'une personne détenue est placée à l'isolement, elle peut saisir le juge des référés en application de l'article L. 521-2 du Code de justice administrative.

Art. L. 213-9. – Les conditions d'application de la présente section sont fixées par décret en Conseil d'État.

CHAPITRE IV. – SUIVI DE LA SITUATION PÉNALE ET ADMINISTRATIVE

Art. L. 214-1. – Les services pénitentiaires constituent et tiennent à jour pour chaque personne détenue un dossier individuel comprenant des informations de nature pénale et pénitentiaire.

Art. L. 214-2. – Les services pénitentiaires communiquent aux autorités administratives compétentes pour en connaître des informations relatives à l'identité de chaque personne détenue, à son lieu de détention, à sa situation pénale et à sa date de libération, dès lors que ces informations sont nécessaires à l'exercice des attributions desdites autorités.

Ils communiquent notamment aux services centraux ou déconcentrés du ministère de l'intérieur les informations de cette nature relative aux personnes détenues de nationalité étrangère faisant ou devant faire l'objet d'une mesure d'éloignement du territoire.

Art. L. 214-3. – Conformément aux dispositions de l'article 774 du Code de procédure pénale, le bulletin n° 1 du casier judiciaire peut être délivré :

1° Aux greffes des établissements pénitentiaires afin de compléter le dossier individuel de la personne détenue ;

2° Aux directeurs des services pénitentiaires d'insertion et de probation, afin de leur permettre d'individualiser les modalités de prise en charge des personnes condamnées et proposer notamment un aménagement de peine ou une libération sous contrainte.

Art. L. 214-4. – Le greffe de l'établissement pénitentiaire informe chaque personne condamnée, lors de son placement sous écrou, des règles afférentes à la réduction de peine prévue, des critères d'appréciation et d'attribution de cette réduction ainsi que des possibilités de retrait de tout ou partie de cette réduction, conformément aux dispositions de l'article 721 du Code de procédure pénale.

Art. L. 214-5. – Une réduction de peine peut être accordée aux personnes condamnées qui ont donné des preuves suffisantes de bonne conduite et qui ont manifesté des efforts sérieux de réinsertion au cours de leur période de détention, dans les conditions prévues par les dispositions de l'article 721 du Code de procédure pénale.

Art. L. 214-6. – En cas de mauvaise conduite d'une personne condamnée en détention, le chef de l'établissement pénitentiaire peut saisir le juge de l'application des peines aux fins de retrait de la réduction de peine, dans les conditions prévues par les dispositions de l'article 721 du Code de procédure pénale.

Art. L. 214-7. – Une réduction de peine exceptionnelle peut être accordée aux personnes condamnées ayant permis d'éviter ou de mettre fin à toute action individuelle ou collective de nature à perturber gravement

le maintien du bon ordre et la sécurité de l'établissement pénitentiaire ou à porter atteinte à la vie ou à l'intégrité physique ou psychique des membres du personnel pénitentiaire ou des personnes détenues au sein de l'établissement, dans les conditions prévues par l'article 721-4 du Code de procédure pénale.

Art. L. 214-8. – **En cas de survenance d'un décès au sein d'un établissement pénitentiaire, il est dressé un acte de décès dans les conditions et selon les formalités prévues par les dispositions des articles 79, 84 et 85 du Code civil.**

CHAPITRE V. – TRANSFEREMENTS ET EXTRACTIONS

Le présent chapitre ne comprend pas de dispositions législatives.

CHAPITRE VI. – PRISE EN CHARGE SPÉCIFIQUE DE CERTAINES CATÉGORIES DE PERSONNES DÉTENUES

Art. L. 216-1. – **La contrainte judiciaire, ordonnée en application des dispositions de l'article 749 du Code de procédure pénale, est exécutée en établissement pénitentiaire, dans le quartier à ce destiné.**

Art. L. 216-2. – **Une convention entre l'établissement pénitentiaire et le département définit l'accompagnement social proposé aux mères détenues avec leurs enfants et prévoit un dispositif permettant la sortie régulière des enfants à l'extérieur de l'établissement pour permettre leur socialisation.**

Les modalités d'application du présent article sont fixées par décret en Conseil d'État.

TITRE II. – MAINTIEN DE LA SÉCURITÉ

CHAPITRE Ier. – DISPOSITIONS GÉNÉRALES

Art. L. 221-1. – **Toute personne détenue victime d'un acte de violence caractérisé commis par une ou plusieurs personnes codétenues fait l'objet d'une surveillance et d'un régime de détention particuliers.**

Les modalités d'application du présent article sont fixées par décret en Conseil d'État.

CHAPITRE II. – AUTORISATIONS D'ACCÈS

Le présent chapitre ne comprend pas de dispositions législatives.

CHAPITRE III. – MOYENS DE CONTRÔLE ET DE SURVEILLANCE

Section 1. – Moyens de contrôle et de surveillance à l'intérieur de l'établissement pénitentiaire

Sous-section 1. – Dispositifs techniques

Art. L. 223-1. – **Aux fins de prévenir les évasions et d'assurer la sécurité et le bon ordre au sein des établissements pénitentiaires ou des établissements de santé destinés à recevoir des personnes détenues, le garde des sceaux, ministre de la justice, peut autoriser les agents individuellement désignés et habilités de l'administration pénitentiaire à :**

1° Intercepter, enregistrer, transcrire ou interrompre les correspondances de personnes détenues émises par la voie des communications électroniques et autorisées en détention, à l'exception de celles avec leur avocat, et conserver les données de connexion y afférentes ;

2° Accéder aux données stockées dans un équipement terminal ou un système informatique qu'utilise une personne détenue et dont l'utilisation est autorisée en détention, les enregistrer, les conserver et les transmettre.

Les personnes détenues et leurs correspondants sont informés au préalable des dispositions du présent article.

L'autorisation est délivrée pour une durée maximale d'un an, renouvelable.

Art. L. 223-2. – Le procureur de la République est immédiatement avisé de la découverte, dans un établissement mentionné par les dispositions de l'article L. 223-1, de tout équipement terminal, système informatique ou support de données informatiques dont la détention est illicite.

Sous réserve d'une éventuelle saisie de ces matériels par l'autorité judiciaire ouvrant à la personne détenue les voies de recours prévues par les dispositions de l'article 41-5 du Code de procédure pénale, le procureur de la République peut autoriser, par tout moyen, l'administration pénitentiaire à les conserver, s'il estime que ceux-ci ne sont pas utiles à la manifestation de la vérité.

Dans ce cas et pour les finalités mentionnées par les dispositions de l'article L. 223-1, le garde des sceaux, ministre de la justice, peut autoriser les agents individuellement désignés et habilités de l'administration pénitentiaire à mettre en œuvre les techniques mentionnées par les dispositions du 2° de l'article L. 223-1. L'autorisation est délivrée pour une durée maximale d'un an, renouvelable.

La personne concernée, lorsqu'elle est identifiée, est alors informée de la décision de l'administration pénitentiaire de mettre en œuvre ces techniques. Elle est également informée que les matériels seront détruits à l'issue du délai prévu à l'avant-dernier alinéa du présent article, sauf si l'exploitation de ces données conduit à l'ouverture d'une procédure judiciaire au dossier de laquelle ils sont alors versés.

Art. L. 223-3. – Chaque mise en œuvre d'une technique prévue par les dispositions des articles L. 223-1 ou L. 223-2, donne lieu à l'établissement d'un relevé qui mentionne les dates de début et de fin de cette mise en œuvre ainsi que la nature des renseignements collectés. Ce relevé est tenu à la disposition du procureur de la République, qui peut y accéder de manière permanente, complète et directe, quel que soit son degré d'achèvement.

La décision de mettre en œuvre les techniques prévues par les dispositions des mêmes articles L. 223-1 ou L. 223-2 est consignée dans un registre tenu par la direction de l'administration pénitentiaire. Cette décision peut faire l'objet d'un recours devant le juge administratif dans les conditions prévues par le Code de justice administrative.

Art. L. 223-4. – Les données ou les enregistrements qui ne font l'objet d'aucune transmission à l'autorité judiciaire en application du Code de procédure pénale sont détruits à l'issue d'une durée de quatre-vingt-dix jours à compter de leur recueil.

Les transcriptions ou les extractions sont détruites dès que leur conservation n'est plus indispensable à la poursuite des finalités mentionnées par les dispositions de l'article L. 223-1.

Lorsque les données ou enregistrements servent de support à une procédure disciplinaire, le délai mentionné au premier alinéa du présent article est suspendu jusqu'à l'extinction des voies de recours.

Il est dressé un procès-verbal rendant compte des opérations de destruction.

Les données, enregistrements, transcriptions, extractions et procès-verbaux mentionnés au présent article sont mis à la disposition du procureur de la République, qui peut y accéder à tout instant.

Art. L. 223-5. – Les modalités d'application de la présente sous-section sont fixées par décret en Conseil d'État.

Sous-section 2. – Vidéosurveillance

Art. L. 223-6. – Des caméras de surveillance peuvent être installées dans les espaces collectifs présentant un risque d'atteinte à l'intégrité physique des personnes au sein des établissements pénitentiaires. Cette faculté constitue une obligation pour l'ensemble des établissements pénitentiaires dont l'ouverture est postérieure au 26 novembre 2009.

Art. L. 223-7. – Les personnes prévenues faisant l'objet d'un mandat de dépôt criminel et d'une mesure d'isolement, dont l'évasion ou le suicide pourraient avoir un impact important sur l'ordre public eu égard aux circonstances particulières à l'origine de leur détention et à l'impact de celles-ci sur l'opinion publique, peuvent faire l'objet des mesures de vidéosurveillance prévues par les dispositions des articles L. 223-8 à L. 223-15.

Art. L. 223-8. – La direction de l'administration pénitentiaire peut mettre en œuvre des traitements de données à caractère personnel relatifs aux systèmes de vidéosurveillance de cellules de détention au sein des établissements pénitentiaires.

Ces traitements ont pour finalité le contrôle sous vidéosurveillance des cellules de détention dans lesquelles sont affectées les personnes placées sous main de justice, faisant l'objet d'une mesure d'isolement, dont l'évasion ou le suicide pourraient avoir un impact important sur l'ordre public eu égard aux circonstances particulières à l'origine de leur détention et à l'impact de celles-ci sur l'opinion publique.

Ces traitements garantissent la sécurité au sein de l'établissement en cas de risque d'évasion et celle de la personne placée dans l'éventualité d'un risque de passage à l'acte suicidaire.

Ces traitements ne peuvent concerner que les cellules de détention hébergeant des personnes placées en détention provisoire, faisant l'objet d'un mandat de dépôt criminel. Ils ne peuvent être mis en œuvre qu'à titre exceptionnel.

Art. L. 223-9. – Chaque personne détenue est informée du projet de la décision de son placement sous vidéosurveillance et dispose de la faculté de produire des observations écrites et orales, dans le cadre d'une procédure contradictoire. À cette occasion, elle peut être assistée d'un avocat.

En cas d'urgence, le garde des sceaux, ministre de la justice, peut décider du placement provisoire sous vidéosurveillance d'une personne détenue si la mesure est l'unique moyen d'éviter l'évasion ou le suicide de la personne intéressée Le placement provisoire ne peut excéder cinq jours. Au-delà de cette durée, si aucune décision de placement sous vidéosurveillance, prise dans les conditions ci-dessus décrites, n'est intervenue, il est mis fin à la mesure de vidéosurveillance. La durée du placement provisoire s'impute sur la durée totale de la mesure de vidéosurveillance.

Le placement de la personne détenue sous vidéosurveillance fait l'objet d'une décision spécialement motivée prise par le garde des sceaux, ministre de la justice, pour une durée de trois mois, renouvelable. Cette décision est notifiée à la personne détenue.

Art. L. 223-10. – L'avis écrit du médecin intervenant dans l'établissement peut être recueilli à tout moment, notamment avant toute décision de renouvellement de la mesure de vidéosurveillance.

Art. L. 223-11. – Le système de vidéosurveillance permet un contrôle en temps réel de la personne détenue.

Un pare-vue fixé dans la cellule garantit son intimité tout en permettant la restitution d'images opacifiées. L'emplacement des caméras est visible.

Est enregistré dans ces traitements l'ensemble des séquences vidéo provenant de la vidéosurveillance des cellules concernées.

Il n'y a ni transmission ni enregistrement sonore. Aucun dispositif biométrique n'est couplé avec ces traitements de vidéosurveillance.

Les images enregistrées faisant l'objet de ces traitements sont conservées sur support numérique pendant un délai d'un mois.

Art. L. 223-12. – S'il existe des raisons sérieuses de penser que la personne détenue présente des risques de passage à l'acte suicidaire ou d'évasion, le chef de l'établissement pénitentiaire ou son représentant peut consulter les données de la vidéosurveillance pendant un délai de sept jours à compter de l'enregistrement. Au-delà de ce délai de sept jours, les données ne peuvent être visionnées que dans le cadre d'une enquête judiciaire ou administrative.

Au terme du délai d'un mois, les données qui n'ont pas fait l'objet d'une transmission à l'autorité judiciaire ou d'une enquête administrative sont effacées.

Art. L. 223-13. – Les personnes ou catégories de personnes qui, à raison de leurs fonctions ou pour les besoins du service, ont accès aux données à caractère personnel susmentionnées sont :

1° Les agents de l'administration pénitentiaire individuellement désignés et dûment habilités par le chef de l'établissement pénitentiaire pour les données visionnées en temps réel ;

2° Le chef d'établissement ou son représentant pour la consultation, dans le délai de sept jours, des données enregistrées ;

3° Le correspondant local informatique individuellement désigné et dûment habilité par le chef de l'établissement.

Art. L. 223-14. – Le droit d'opposition prévu par les dispositions de l'article 56 de la loi n° 78-17 du 6 janvier 1978 relative à l'informatique, aux fichiers et aux libertés ne s'applique pas aux traitements prévus par les dispositions des articles L. 223-8 à L. 223-15.

Les droits d'accès et de rectification prévus par les dispositions des articles 49 et 50 de la loi n° 78-17 du 6 janvier 1978 relative à l'informatique, aux fichiers et aux libertés s'exercent auprès du chef de l'établissement pénitentiaire où sont mis en œuvre les traitements de vidéosurveillance.

Une affiche apposée à l'entrée de la cellule équipée d'un système de vidéosurveillance informe de l'existence dudit système ainsi que des modalités d'accès et de rectification des données recueillies.

Art. L. 223-15. – Le traitement fait l'objet d'une journalisation concernant les consultations, les créations et les mises à jour. Ces journalisations sont conservées pour une durée de trois mois. Le traitement fait l'objet d'une journalisation des extractions des séquences vidéo enregistrées. Cette journalisation est conservée pour une durée d'un an.

Art. L. 223-16. – Les modalités d'application de la présente sous-section sont fixées par décret en Conseil d'État.

Section 2. – Contrôle du domaine affecté à l'établissement pénitentiaire ou de ses abords immédiats

Art. L. 223-17. – Les personnels de surveillance de l'administration pénitentiaire affectés aux équipes de sécurité pénitentiaire et individuellement désignés par le chef de l'établissement pénitentiaire ou par le directeur interrégional des services pénitentiaires peuvent procéder, sur l'ensemble du domaine affecté à l'établissement pénitentiaire ou à ses abords immédiats, au contrôle des personnes, autres que les personnes détenues, à l'égard desquelles existe une ou plusieurs raisons sérieuses de penser qu'elles se préparent à commettre une infraction portant atteinte à la sécurité de l'établissement pénitentiaire.

Art. L. 223-18. – Dans le cadre du contrôle prévu par les dispositions de l'article L. 223-17, les personnels de surveillance peuvent inviter la personne intéressée à justifier, par tout moyen, de son identité, procéder à des palpations de sécurité, à l'inspection visuelle de ses bagages et, avec le consentement de la personne intéressée, à leur fouille. La palpation de sécurité doit être faite par une personne de même sexe que la personne qui en fait l'objet.

Art. L. 223-19. – En cas de refus de la personne intéressée de se soumettre au contrôle ou d'impossibilité de justifier de son identité, le personnel mentionné par les dispositions de l'article L. 223-17 peut la retenir en utilisant le cas échéant la force strictement nécessaire.

Il en rend compte immédiatement à tout officier de police judiciaire de la police nationale ou de la gendarmerie nationale territorialement compétent, qui peut alors lui ordonner sans délai de lui présenter sur-le-champ la personne ou de la retenir jusqu'à son arrivée ou celle d'un agent de police judiciaire placé sous son contrôle.

La personne intéressée ne peut être retenue si aucun ordre n'est donné.

Lorsque l'officier de police judiciaire décide de procéder à une vérification d'identité en application de l'article 78-3 du Code de procédure pénale, le délai prévu au troisième alinéa du même article 78-3 court à compter du début du contrôle. Les opérations de contrôle ayant donné lieu à l'application du présent alinéa font l'objet d'un rapport adressé au procureur de la République territorialement compétent par le personnel mentionné par les dispositions de l'article L. 223-17.

CHAPITRE IV. – PRISE EN CHARGE DANS DES QUARTIERS SPÉCIFIQUES

Art. L. 224-1. – Lorsqu'il apparaît que leur comportement porte ou est susceptible de porter atteinte au maintien du bon ordre de l'établissement ou à la sécurité publique, les personnes détenues majeures peuvent, sur décision de l'autorité administrative, être affectées au sein de quartiers spécifiques pour bénéficier d'un programme adapté de prise en charge et soumises à un régime de détention impliquant notamment des mesures de sécurité renforcée.

Art. L. 224-2. – La décision d'affectation dans ces quartiers spécifiques doit être motivée et n'intervient qu'après une procédure contradictoire au cours de laquelle la personne intéressée, qui peut être assistée de son avocat, présente ses observations orales ou écrites. Cette décision fait l'objet d'un nouvel examen régulier.

Art. L. 224-3. – La décision d'affectation au sein d'un quartier spécifique ne porte pas atteinte à l'exercice des droits de toute personne détenue prévus par les dispositions du livre III du présent code, sous réserve des aménagements qu'imposent les impératifs de sécurité.

L'exercice des activités mentionnées par les dispositions de l'article L. 411-1 par les personnes détenues affectées au sein de ces quartiers peut s'effectuer à l'écart des autres personnes détenues et sous réserve des aménagements qu'imposent les impératifs de sécurité.

Art. L. 224-4. – Les conditions d'application du présent chapitre sont fixées par décret en Conseil d'État.

CHAPITRE V. – FOUILLES

Art. L. 225-1. – Hors les cas où les personnes détenues accèdent à l'établissement pénitentiaire sans être restées sous la surveillance constante de l'administration pénitentiaire ou des forces de police ou de gendarmerie, les fouilles intégrales des personnes détenues doivent être justifiées par la présomption d'une infraction ou par les risques que leur comportement fait courir à la sécurité des personnes et au maintien du bon ordre dans l'établissement.

Leur nature et leur fréquence sont strictement adaptées à ces nécessités et à la personnalité des personnes détenues.

Elles peuvent être réalisées de façon systématique lorsque les nécessités de l'ordre public et les contraintes du service public pénitentiaire l'imposent. Dans ce cas, le chef de l'établissement pénitentiaire doit prendre une décision pour une durée maximale de trois mois renouvelable après un nouvel examen de la situation de la personne détenue.

Art. L. 225-2. – Lorsqu'il existe des raisons sérieuses de soupçonner l'introduction au sein de l'établissement pénitentiaire d'objets ou de substances interdits ou constituant une menace pour la sécurité des personnes ou des biens, le chef de l'établissement pénitentiaire peut également ordonner des fouilles de personnes détenues dans des lieux et pour une période de temps déterminés, indépendamment de leur personnalité.

Ces fouilles doivent être strictement nécessaires et proportionnées. Elles sont spécialement motivées et font l'objet d'un rapport circonstancié transmis au procureur de la République territorialement compétent et à la direction de l'administration pénitentiaire.

Art. L. 225-3. – Les fouilles intégrales ne sont possibles que si les fouilles par palpation ou l'utilisation des moyens de détection électronique sont insuffisantes.

Les investigations corporelles internes sont proscrites, sauf impératif spécialement motivé. Elles ne peuvent alors être réalisées que par un médecin n'exerçant pas au sein de l'établissement pénitentiaire et requis à cet effet par l'autorité judiciaire.

Art. L. 225-4. – Pour des motifs liés au maintien du bon ordre et de la sécurité ou à la prévention des infractions, les personnels de surveillance procèdent, en l'absence des personnes détenues, à des fouilles fréquentes et minutieuses des cellules et locaux divers où les personnes détenues séjournent, travaillent ou ont accès.

Art. L. 225-5. – Les modalités d'application du présent chapitre sont fixées par décret en Conseil d'État.

CHAPITRE VI. – USAGE DES MENOTTES ET ENTRAVES

Art. L. 226-1. – Les conditions dans lesquelles l'administration pénitentiaire peut faire usage des menottes ou entraves sont fixées par les dispositions de l'article 803 du Code de procédure pénale.

Art. L. 226-2. – Conformément aux dispositions de l'article L. 322-10, les femmes détenues accouchent ou subissent des examens gynécologiques sans entraves.

CHAPITRE VII. – USAGE DE LA FORCE ET DES ARMES

Art. L. 227-1. – Les personnels de surveillance de l'administration pénitentiaire ne doivent utiliser la force qu'aux conditions suivantes :

1° En se limitant à ce qui est strictement nécessaire ;

2° En cas de légitime défense, de tentative d'évasion ou de résistance par la violence ou par inertie physique aux ordres donnés.

Dans ces cas ainsi que dans ceux prévus par les dispositions des 1° et 2° de l'article L. 435-1 du Code de la sécurité intérieure, ils peuvent faire usage d'une arme à feu en cas d'absolue nécessité et de manière strictement proportionnée.

Art. L. 227-2. – Les dispositions de l'article L. 227-1 sont applicables aux membres des forces de l'ordre lorsqu'ils interviennent, à la demande du chef de l'établissement, pour assurer le maintien de l'ordre à l'intérieur de l'établissement pénitentiaire ou pour assurer une mission de protection et de garde dans l'établissement ou aux abords de celui-ci.

Art. L. 227-3. – Les modalités d'application du présent chapitre sont fixées par décret en Conseil d'État.

TITRE III. – RÉGIME DISCIPLINAIRE DES PERSONNES DÉTENUES

CHAPITRE Ier. – DISPOSITIONS GÉNÉRALES

Art. L. 231-1. – Le régime disciplinaire des personnes détenues placées en détention provisoire ou exécutant une peine privative de liberté est déterminé par un décret en Conseil d'État.

Ce décret précise notamment :

1° Le contenu des fautes disciplinaires, qui sont classées selon leur nature et leur gravité ;

2° Les différentes sanctions disciplinaires encourues selon le degré de gravité des fautes commises. Le placement en cellule disciplinaire ou le confinement en cellule individuelle ordinaire ne peuvent excéder vingt jours, cette durée pouvant toutefois être portée à trente jours pour tout acte de violence physique contre les personnes ;

3° La composition de la commission disciplinaire, qui doit comprendre au moins un membre extérieur à l'administration pénitentiaire ;

4° La procédure disciplinaire applicable, au cours de laquelle la personne peut être assistée par un avocat choisi ou commis d'office, en bénéficiant le cas échéant de l'aide de l'État pour l'intervention de cet avocat. Ce décret détermine les conditions dans lesquelles le dossier de la procédure disciplinaire est mis à sa disposition et celles dans lesquelles l'avocat, ou la personne intéressée si elle n'est pas assistée d'un avocat, peut prendre connaissance de tout élément utile à l'exercice des droits de la défense, sous réserve d'un risque d'atteinte à la sécurité publique ou à celle des personnes ;

5° Les conditions dans lesquelles la personne placée en cellule disciplinaire ou en confinement dans une cellule individuelle exerce son droit à un parloir hebdomadaire ;

6° Les conditions dans lesquelles le maintien d'une mesure de placement en cellule disciplinaire ou en confinement dans une cellule individuelle est incompatible avec l'état de santé de la personne détenue.

Art. L. 231-2. – En cas d'urgence, les personnes détenues peuvent faire l'objet, à titre préventif, d'un placement en cellule disciplinaire ou d'un confinement en cellule individuelle. Cette mesure ne peut excéder deux jours ouvrables.

Art. L. 231-3. – Lorsqu'une personne détenue est placée en quartier disciplinaire, ou en confinement, elle peut saisir le juge des référés en application de l'article L. 521-2 du Code de justice administrative.

CHAPITRE II. – FAUTES DISCIPLINAIRES

Le présent chapitre ne comprend pas de dispositions législatives.

CHAPITRE III. – SANCTIONS DISCIPLINAIRES

Le présent chapitre ne comprend pas de dispositions législatives.

CHAPITRE IV. – PROCÉDURE DISCIPLINAIRE

Le présent chapitre ne comprend pas de dispositions législatives.

CHAPITRE V. – EXÉCUTION DES SANCTIONS DISCIPLINAIRES

Le présent chapitre ne comprend pas de dispositions législatives.

TITRE IV. – TRAITEMENT DE DONNÉES À CARACTÈRE PERSONNEL RELATIF À LA GESTION NATIONALE DES PERSONNES DÉTENUES EN ÉTABLISSEMENT PÉNITENTIAIRE (GENESIS)

Le présent chapitre ne comprend pas de dispositions législatives.

LIVRE III

DROITS ET OBLIGATIONS DES PERSONNES DÉTENUES

TITRE Ier. – ACCÈS AU DROIT

CHAPITRE Ier. – ACCÈS À L'INFORMATION

Section 1. – Dispositions générales

Art. L. 311-1. – Lors de son admission dans un établissement pénitentiaire, chaque personne détenue est informée oralement, dans une langue compréhensible par elle, et par la remise d'un livret d'accueil, des dispositions relatives à son régime de détention, à ses droits et obligations et aux recours et requêtes qu'elle peut former.

Les règles applicables à l'établissement sont également portées à sa connaissance et lui sont rendues accessibles pendant la durée de sa détention.

Les modalités d'application du présent article sont fixées par décret en Conseil d'État.

Section 2. – Notifications aux personnes détenues

Sous-section 1. – Par le chef de l'établissement pénitentiaire

Art. L. 311-2. – Conformément aux dispositions de l'article 555-1 du Code de procédure pénale, la notification d'une décision de justice à une personne détenue effectuée par le chef de l'établissement pénitentiaire vaut signification à personne par exploit d'huissier.

Art. L. 311-3. – Les personnes prévenues se voient notifier, par le chef de l'établissement pénitentiaire, à la demande de l'autorité chargée du dossier de la procédure, les informations et documents suivants :

1° Les conclusions des experts et rapports, dans les conditions et selon les formes prévues par les dispositions de l'article 167 du Code de procédure pénale ;

2° Les avis de fin d'information, dans les conditions et selon les formes prévues par les dispositions de l'article 175 du même code ;

3° Les ordonnances de règlement et les décisions susceptibles de faire l'objet de voies de recours en application des dispositions des articles 99, 186 et 186-1 du même code, dans les conditions et selon les formes prévues par les dispositions de l'article 183 du même code ;

4° La date à laquelle leur affaire est renvoyée à l'audience, dans les conditions et selon les formes prévues par les dispositions de l'article 197 du même code ;

5° Les arrêts de mise en accusation, de non-lieu, de renvoi devant le tribunal correctionnel ou de police, les arrêts contre lesquels il est possible de former un pourvoi en cassation, dans les conditions et selon les formes prévues par les dispositions de l'article 217 du même code ;

6° Les convocations en justice, dans les conditions et selon les formes prévues par les dispositions de l'article 390-1 du même code.

Art. L. 311-4. – Lorsque la personne à l'encontre de laquelle est décerné un mandat d'amener, d'arrêt ou de recherche est détenue pour une autre cause, le chef de l'établissement pénitentiaire notifie à cette personne ce mandat s'il en a reçu instruction du procureur de la République en application de l'article 123 du Code de procédure pénale. Conformément aux dispositions du même article, le chef de l'établissement en délivre alors copie.

Sous-section 2. – Par le greffe

Art. L. 311-5. – Conformément aux dispositions de l'article 187-1 du Code de procédure pénale, le greffe de l'établissement pénitentiaire notifie aux personnes détenues mises en examen la décision de renvoi à la chambre de l'instruction, par le président de cette chambre, de l'examen de l'appel contre l'ordonnance de détention provisoire, et reçoit, le cas échéant, leur désistement.

CHAPITRE II. – POINTS D'ACCÈS AU DROIT ET DOMICILIATION

Art. L. 312-1. – Toute personne détenue doit pouvoir connaître ses droits et bénéficier, pour ce faire, d'un dispositif de consultations juridiques gratuites mis en place dans chaque établissement pénitentiaire.

Art. L. 312-2. – Les personnes détenues peuvent élire domicile auprès de l'établissement pénitentiaire :

1° Pour l'exercice de leurs droits civiques, lorsqu'elles ne disposent pas d'un domicile personnel ;

2° Pour prétendre au bénéfice des droits mentionnés aux articles L. 121-1 et L. 264-1 du Code de l'action sociale et des familles, lorsqu'elles ne disposent pas d'un domicile de secours ou d'un domicile personnel au moment de leur entrée en détention ou ne peuvent en justifier ;

3° Pour faciliter leurs démarches administratives.

Art. L. 312-3. – Les modalités d'application du présent chapitre sont fixées par décret en Conseil d'État.

CHAPITRE III. – GARANTIE DES DROITS DE LA DÉFENSE

Art. L. 313-1. – Les personnes prévenues peuvent faire connaitre l'avocat ou les avocats qu'elles ont choisis par déclaration auprès du chef de l'établissement pénitentiaire ou par déclaration de leur avocat auprès du greffier du juge d'instruction, dans les conditions et selon les formes prévues par les dispositions de l'article 115 du Code de procédure pénale.

Art. L. 313-2. – Les personnes détenues communiquent librement avec leurs avocats.

Les modalités d'application du présent article sont fixées par décret en Conseil d'État.

Art. L. 313-3. – Toutes communications et toutes facilités compatibles avec les exigences de la sécurité de l'établissement pénitentiaire sont accordées aux personnes prévenues pour l'exercice de leur défense.

CHAPITRE IV. – REQUÊTES ET PLAINTES AUPRÈS DU CHEF DE L'ÉTABLISSEMENT PÉNITENTIAIRE

Le présent chapitre ne comprend pas de dispositions législatives.

CHAPITRE V. – ACCÈS AU JUGE

Section 1. – Dispositions générales

Art. L. 315-1. – Dans les conditions prévues par les dispositions de l'article 706-71 du Code de procédure pénale, les personnes détenues peuvent comparaitre depuis l'établissement pénitentiaire par l'utilisation d'un moyen de télécommunication audiovisuelle.

Conformément à ces mêmes dispositions, les expertises leur sont par principe notifiées par les juridictions par l'intermédiaire d'un tel moyen de télécommunication.

Art. L. 315-2. – Les personnes détenues peuvent, au moyen d'une déclaration auprès du chef de l'établissement pénitentiaire :

1° Interjeter appel d'un arrêt d'assises, dans les conditions et selon les formes prévues par les dispositions de l'article 380-13 du Code de procédure pénale ;

2° Interjeter appel d'un jugement correctionnel ou de police, ou d'une décision prise en application des dispositions de l'article 803-8 du même code, dans les conditions et selon les formes prévues par les dispositions de l'article 503 du même code ;

3° Former opposition d'un jugement correctionnel ou de police, dans les conditions et selon les formes prévues par les dispositions de l'article 490-1 du même code ;

4° Former un pourvoi en cassation, dans les conditions et selon les formes prévues par les dispositions de l'article 577 du même code.

Art. L. 315-3. – Conformément aux dispositions de l'article L. 231-7 du Code de justice militaire, les personnes détenues relevant de la justice militaire peuvent faire connaitre leur volonté de se pourvoir en cassation par une lettre remise au chef de l'établissement pénitentiaire.

Art. L. 315-4. – Dans les conditions et selon les formes prévues par les dispositions de l'article 696-36 du Code de procédure pénale, les personnes détenues faisant l'objet d'une extradition par le gouvernement français peuvent déposer une requête en nullité contre la décision d'extradition au moyen d'une déclaration auprès du chef de l'établissement pénitentiaire.

Section 2. – Dispositions applicables aux personnes prévenues

Art. L. 315-5. – Les personnes prévenues mentionnées par les dispositions de l'article 81 du Code de procédure pénale peuvent saisir le juge d'instruction d'une demande d'examens ou d'actes, au moyen d'une déclaration auprès du chef de l'établissement pénitentiaire, dans les conditions et selon les formes prévues par les dispositions du même article.

Art. L. 315-6. – Les personnes prévenues mentionnées par les dispositions de l'article 397-1-1 du Code de procédure pénale peuvent saisir le président du tribunal judiciaire d'une demande d'acte nécessaire à la manifestation de la vérité, dans les conditions et selon les formes prévues par les dispositions du même article.

Art. L. 315-7. – Les personnes prévenues peuvent, au moyen d'une déclaration faite auprès du chef de l'établissement pénitentiaire :

1° Déposer une demande de mise en liberté devant la juridiction de l'instruction ou de jugement, dans les conditions et selon les formes prévues par les dispositions de l'article 148-7 du Code de procédure pénale ;

2° Saisir la chambre de l'instruction d'une demande de mise en liberté sur laquelle le magistrat compétent n'a pas statué dans les délais légaux, dans les conditions et selon les formes prévues par les dispositions de l'article 148-8 du même code.

Art. L. 315-8. – Les personnes prévenues peuvent saisir la chambre de l'instruction d'une requête en nullité au moyen d'une déclaration auprès du chef de l'établissement pénitentiaire, dans les conditions et selon les formes prévues par les dispositions de l'article 173 du Code de procédure pénale.

Section 3. – Recours judiciaire visant à garantir le droit au respect de la dignité en détention

Art. L. 315-9. – Conformément aux dispositions de l'article 803-8 du Code de procédure pénale, peuvent former un recours pour qu'il soit mis fin à des conditions de détention contraires à la dignité de la personne humaine :

1° Toute personne en détention provisoire, devant le juge des libertés et de la détention ;

2° Toute personne condamnée et détenue en exécution d'une peine privative de liberté, devant le juge de l'application des peines.

Conformément aux dispositions du même article, ce recours judiciaire ne fait pas obstacle aux recours en référé en application des dispositions des articles L. 521-1, L. 521-2 ou L. 521-3 du Code de justice administrative.

TITRE II. – HYGIÈNE, SANTÉ ET PROTECTION SOCIALE

Art. L. 320-1. – L'administration pénitentiaire assure un hébergement, un accès à l'hygiène, une alimentation et une cohabitation propices à la prévention des affections physiologiques ou psychologiques.

Les modalités d'application du présent article sont fixées par décret en Conseil d'État.

CHAPITRE Ier. – MESURES D'HYGIÈNE

Le présent chapitre ne comprend pas de dispositions législatives.

CHAPITRE II. – ACCÈS AUX SOINS

Section 1. – Dispositions générales

Art. L. 322-1. – La qualité et la continuité des soins sont garanties aux personnes détenues dans des conditions équivalentes à celles dont bénéficie l'ensemble de la population.

L'état psychologique des personnes détenues est pris en compte lors de leur entrée en détention et pendant leur détention. L'administration pénitentiaire favorise la coordination des différents intervenants agissant pour la prévention et l'éducation sanitaires.

Art. L. 322-2. – Ne peuvent être demandés aux médecins et aux personnels soignants intervenant en milieu pénitentiaire ni un acte dénué de lien avec les soins ou avec la préservation de la santé des personnes détenues, ni une expertise médicale.

Art. L. 322-3. – L'administration pénitentiaire respecte le droit au secret médical des personnes détenues ainsi que le secret de la consultation, dans les conditions prévues par les dispositions de l'article L. 6141-5 du Code de la santé publique.

Art. L. 322-4. – Chaque personne détenue a droit au respect de sa vie privée et du secret des informations la concernant, dans les conditions prévues par les dispositions des articles L. 1110-4 du Code de la santé publique relatives au secret médical et R. 4127-4 du Code de la santé publique relatives au secret professionnel des médecins.

Art. L. 322-5. – Un dossier médical électronique unique est constitué pour chaque personne détenue.

Art. L. 322-6. – Au début de sa détention, il est proposé à toute personne détenue un bilan de santé relatif à sa consommation de produits stupéfiants, de médicaments psychotropes, d'alcool et de tabac. Ce bilan, effectué à titre préventif, dans un but de santé publique et dans l'intérêt du patient, est confidentiel.

Art. L. 322-7. – Une visite médicale est proposée à toute personne condamnée dans le mois précédant sa libération.

Section 2. – Hospitalisations

Art. L. 322-8. – Conformément aux dispositions des articles L. 3214-1 et suivants du Code de la santé publique, les personnes détenues souffrant de troubles mentaux sont hospitalisées au sein d'une unité hospitalière spécialement aménagée ou au sein d'une unité adaptée dans un établissement de santé, dans des conditions distinctes selon que leur hospitalisation est réalisée avec ou sans leur consentement.

Section 3. – Soins spécifiques aux femmes détenues

Art. L. 322-9. – Une prise en charge sanitaire adaptée à leurs besoins est assurée aux femmes détenues, qu'elles soient accueillies dans un quartier pour femmes détenues ou dans un établissement pénitentiaire dédié.

Art. L. 322-10. – Tout accouchement ou examen gynécologique se déroule sans entraves et hors la présence du personnel pénitentiaire, afin de garantir le droit au respect de la dignité des femmes détenues.

Section 4. – Accompagnement des personnes détenues en situation de handicap physique

Art. L. 322-11. – Toute personne détenue se trouvant dans la situation de handicap prévue par les dispositions de l'article L. 1111-6-1 du Code de la santé publique a le droit de désigner un aidant de son choix. L'administration pénitentiaire ne peut s'opposer au choix de l'aidant que par une décision spécialement motivée.

Section 5. – Visites des accompagnants hors la présence du personnel pénitentiaire

Art. L. 322-12. – Peuvent s'entretenir avec les personnes détenues hors la presence du personnel pénitentiaire, à condition d'être titulaires d'un permis de visite les y autorisant :

1° Les personnes bénévoles intervenant auprès des personnes malades en fin de vie, en application des dispositions de l'article L. 1110-11 du Code de la santé publique ;

2° Les personnes majeures accompagnant les personnes malades mineures, en application des dispositions des articles L. 1111-5 et L. 1111-5-1 du même code ;

3° Les personnes de confiance accompagnant et assistant les personnes malades, en application des dispositions de l'article L. 1111-6 du même code ;

4° Les personnes présentes lors de la consultation des informations du dossier médical des personnes malades, en application des dispositions de l'article L. 1111-7 du même code ;

5° Les personnes accompagnant les détenues mineures à l'occasion d'une interruption volontaire de grossesse, en application des dispositions du troisième alinéa de l'article L. 2212-7 du même code.

Art. L. 322-13. – Les modalités d'application des sections 1, et 3 à 5 du présent chapitre sont fixées par décret en Conseil d'État.

CHAPITRE III. – ALIMENTATION

Le présent chapitre ne comprend pas de dispositions législatives.

CHAPITRE IV. – PROTECTION SOCIALE

Le présent chapitre ne comprend pas de dispositions législatives.

TITRE III. – PROTECTION DES BIENS ET AIDE MATÉRIELLE

CHAPITRE Ier. – DOCUMENTS PERSONNELS

Art. L. 331-1. – Toute personne détenue a droit à la confidentialité de ses documents personnels.

Ces documents peuvent être confiés au greffe de l'établissement pénitentiaire qui les met à la disposition de la personne intéressée.

Les documents mentionnant le motif de la mise sous écrou de chaque personne détenue sont, dès son arrivée, confiés au greffe.

Les modalités d'application du présent article sont fixées par décret en Conseil d'État.

CHAPITRE II. – VALEURS PÉCUNIAIRES ET NON PÉCUNIAIRES

Art. L. 332-1. – Les valeurs pécuniaires des personnes détenues, inscrites à un compte nominatif ouvert à l'établissement pénitentiaire, sont divisées en trois parts :

1° La première sur laquelle seules les parties civiles et les créanciers d'aliments peuvent faire valoir leurs droits ;

2° La deuxième, affectée au pécule de libération, qui ne peut faire l'objet d'aucune voie d'exécution ;

3° La troisième, laissée à la libre disposition des personnes détenues.

Art. L. 332-2. – Les sommes destinées à l'indemnisation des parties civiles leur sont versées directement, sous réserve des droits des créanciers d'aliments, à la demande du procureur de la République, par l'établissement pénitentiaire.

Lorsque le fonds de garantie des victimes des actes de terrorisme et d'autres infractions intervient en application des dispositions de l'article 706-11 du Code de procédure pénale, il est assimilé à une partie civile et bénéficie des mêmes droits dès lors que le prélèvement au profit des parties civiles a eu lieu.

La consistance des valeurs pécuniaires, le montant respectif des parts et les modalités de gestion du compte nominatif sont fixés par décret.

Art. L. 332-3. – L'administration pénitentiaire a la faculté d'opérer d'office sur la part disponible du compte nominatif des personnes détenues des retenues en réparation de dommages matériels causés, sans préjudice de poursuites disciplinaires et pénales, s'il y a lieu. Sont, de même, versées au Trésor les sommes trouvées en possession irrégulière des personnes détenues, à moins qu'elles ne soient saisies par ordre de l'autorité judiciaire.

Lorsque l'auteur d'une infraction a été condamné au paiement de dommages et intérêts et que la part des valeurs pécuniaires affectée à l'indemnisation des parties civiles en application des dispositions de l'article L. 332-1 n'a pas été réclamée, ces valeurs sont, lorsqu'elles sont supérieures à un montant fixé par décret et sous réserve des droits des créanciers d'aliments, versées au fonds de garantie des victimes des actes de terrorisme et d'autres infractions à la libération de la personne condamnée intéressée.

Art. L. 332-4. – En cas d'évasion d'une personne détenue, la part disponible de son compte nominatif est affectée d'office à l'indemnisation des parties civiles. Le reliquat est versé au Trésor, sauf décision de l'administration pénitentiaire qu'il soit rétabli en tout ou partie au profit de la personne détenue lorsque cette dernière a été reprise.

À l'expiration d'un délai d'un an à compter de l'évasion d'une personne détenue et si sa reprise n'a pas été signalée, les objets laissés sont remis à l'administration chargée des domaines et les valeurs pécuniaires sont versées au Trésor.

Les modalités d'application de ces dispositions sont précisées par décret.

CHAPITRE III. – AIDE MATÉRIELLE AUX PERSONNES DÉTENUES DÉPOURVUES DE RESSOURCES SUFFISANTES

Art. L. 333-1. – Les personnes détenues dont les ressources sont inférieures à un montant fixé par voie réglementaire reçoivent de l'État une aide en nature destinée à améliorer leurs conditions matérielles d'existence.

Cette aide peut aussi être versée en numéraire dans des conditions prévues par décret.

TITRE IV. – MAINTIEN DES LIENS AVEC L'EXTÉRIEUR

CHAPITRE Ier. – VISITES

Art. L. 341-1. – Le droit des personnes détenues au maintien des relations avec les membres de leur famille s'exerce notamment par les visites que ceux-ci leur rendent.

Art. L. 341-2. – Les personnes prévenues peuvent recevoir la visite des membres de leur famille ou d'autres personnes, au moins trois fois par semaine.

Art. L. 341-3. – Les personnes détenues condamnées peuvent recevoir la visite des membres de leur famille ou d'autres personnes au moins une fois par semaine.

Art. L. 341-4. – Les décisions de refus de délivrer un permis de visite sont motivées.

Art. L. 341-5. – Pour les personnes prévenues, les permis de visite sont délivrés, refusés, retirés ou suspendus par le magistrat chargé du dossier de la procédure dans les conditions prévues par les dispositions de l'article 145-4 du Code de procédure pénale.

Art. L. 341-6. – Les personnes prévenues peuvent être soumises à une interdiction de communiquer qui fait obstacle aux visites, dans les conditions prévues par les dispositions de l'article 145-4 du Code de procédure pénale.

Art. L. 341-7. – L'autorité administrative ne refuse de délivrer, suspend ou retire un permis de visite aux membres de la famille d'une personne condamnée, que pour des motifs liés au maintien du bon ordre et de la sécurité ou à la prévention des infractions.

L'autorité administrative peut également, pour les mêmes motifs ou s'il apparaît que les visites font obstacle à la réinsertion de la personne condamnée, refuser de délivrer un permis de visite à d'autres personnes que les membres de la famille, suspendre ce permis ou le retirer.

Art. L. 341-8. – Les unités de vie familiale ou les parloirs familiaux implantés au sein des établissements pénitentiaires peuvent accueillir toute personne détenue.

Toute personne détenue peut bénéficier à sa demande d'au moins une visite trimestrielle dans une unité de vie familiale ou un parloir familial, dont la durée est fixée en tenant compte de l'éloignement du visiteur.

Pour les personnes prévenues, ce droit s'exerce sous réserve de l'accord de l'autorité chargée du dossier de la procédure.

Art. L. 341-9. – Les modalités d'application du présent chapitre sont fixées par décret en Conseil d'État.

CHAPITRE II. – RAPPROCHEMENTS FAMILIAUX

Art. L. 342-1. – Les personnes prévenues dont l'instruction est achevée et qui attendent leur comparution devant la juridiction de jugement peuvent bénéficier d'un rapprochement familial jusqu'à leur comparution devant la juridiction de jugement, après avis conforme de l'autorité judiciaire susceptible d'être contesté selon les modalités prévues au dernier alinéa de l'article 145-4-2 du Code de procédure pénale.

Les modalités d'application du présent article sont fixées par décret en Conseil d'État.

CHAPITRE III. – UNIONS CÉLÉBRÉES AU SEIN DE L'ÉTABLISSEMENT PÉNITENTIAIRE

Le présent chapitre ne comprend pas de dispositions législatives.

CHAPITRE IV. – INFORMATION SUR LES ÉVÈNEMENTS FAMILIAUX

Art. L. 344-1. – Lorsqu'une personne détenue s'est donné la mort, l'administration pénitentiaire informe immédiatement sa famille ou ses proches des circonstances dans lesquelles est intervenu le décès et facilite, à leur demande, les démarches qu'ils peuvent être conduits à engager.

Les modalités d'application du présent article sont fixées par décret en Conseil d'État.

CHAPITRE V. – CORRESPONDANCES

Section 1. – Correspondances écrites

Sous-section 1. – Correspondances écrites des personnes prévenues

Art. L. 345-1. – Les personnes prévenues peuvent correspondre par écrit avec toute personne de leur choix, sous réserve des interdictions de correspondance ou retenues décidées par le magistrat chargé du dossier de la procédure, dans les conditions prévues par les dispositions de l'article 145-4-2 du Code de procédure pénale.

Sous-section 2. – Correspondances écrites des personnes condamnées

Art. L. 345-2. – Les personnes détenues condamnées peuvent correspondre par écrit avec toute personne de leur choix.

Sous-section 3. – Contrôle et retenue des correspondances

§ 1. – Dispositions communes

Art. L. 345-3. – Le courrier adressé ou reçu par les personnes détenues peut être contrôlé et retenu par l'administration pénitentiaire lorsque cette correspondance paraît compromettre gravement leur réinsertion ou le maintien du bon ordre et la sécurité. En outre, le courrier adressé ou reçu par les personnes prévenues est communiqué à l'autorité judiciaire selon les modalités qu'elle détermine.

Lorsque l'administration pénitentiaire décide de retenir le courrier d'une personne détenue, elle lui notifie sa décision.

§ 2. – Correspondances spécialement protégées

Art. L. 345-4. – Ne peuvent être ni contrôlées ni retenues les correspondances échangées entre les personnes détenues et :

1° Leur défenseur ;

2° Les autorités administratives et judiciaires françaises et internationales, dont la liste est fixée par les dispositions de l'article D. 345-10 ;

3° Les aumôniers agréés auprès de l'établissement pénitentiaire.

Section 2. – Communications téléphoniques

Art. L. 345-5. – Les personnes détenues ont le droit de téléphoner aux membres de leur famille. Elles peuvent être autorisées à téléphoner à d'autres personnes pour préparer leur réinsertion.

L'accès au téléphone peut être refusé, suspendu ou retiré, pour des motifs liés au maintien du bon ordre et de la sécurité ou à la prévention des infractions.

Le contrôle des communications téléphoniques est effectué conformément aux dispositions des articles L. 223-1 à L. 223-5.

Art. L. 345-6. – Les personnes prévenues ne peuvent téléphoner que sur autorisation du magistrat chargé du dossier de la procédure.

L'accès au téléphone peut leur être refusé, suspendu ou retiré, pour des motifs liés aux nécessités de l'information, en plus des motifs généraux de sécurité prévus par les dispositions de l'article L. 345-5.

Art. L. 345-7. – Les modalités d'application du présent chapitre sont fixées par décret en Conseil d'État.

CHAPITRE VI. – RELATIONS DE CERTAINES CATÉGORIES DE PERSONNES DÉTENUES AVEC L'EXTÉRIEUR

Le présent chapitre ne comprend pas de dispositions législatives.

TITRE V. – EXERCICE DU CULTE

CHAPITRE Ier. – DISPOSITIONS GÉNÉRALES

Art. L. 351-1. – Les personnes détenues ont droit à la liberté d'opinion, de conscience et de religion.

Elles peuvent exercer le culte de leur choix, selon les conditions adaptées à l'organisation des lieux, sans autres limites que celles imposées par la sécurité et le bon ordre de l'établissement pénitentiaire.

Les modalités d'application du présent article sont fixées par décret en Conseil d'État.

CHAPITRE II. – ASSISTANCE SPIRITUELLE

Le présent chapitre ne comprend pas de dispositions législatives.

TITRE VI. – EXERCICE DU DROIT DE VOTE

CHAPITRE Ier. – INFORMATION DES PERSONNES DÉTENUES

Le présent chapitre ne comprend pas de dispositions législatives.

CHAPITRE II. – INSCRIPTION SUR LES LISTES ÉLECTORALES

Art. L. 362-1. – Conformément aux dispositions de l'article L. 312-2, les personnes détenues qui ne disposent pas d'un domicile personnel peuvent élire domicile auprès de l'établissement pénitentiaire pour l'exercice de leurs droits civiques.

Art. L. 362-2. – Les personnes détenues sont inscrites sur la liste électorale de la commune déterminée selon les dispositions de l'article L. 12-1 du Code électoral.

Art. L. 362-3. – La demande d'inscription sur la liste électorale formée par une personne détenue est transmise au maire de la commune par le chef de l'établissement pénitentiaire, dans les conditions prévues par les dispositions de l'article L. 18-1 du Code électoral.

CHAPITRE III. – MODALITÉS DU VOTE

Art. L. 363-1. – Avant chaque scrutin, le chef de l'établissement pénitentiaire organise avec l'autorité administrative compétente une procédure destinée à assurer l'exercice de leur droit de vote.

Art. L. 363-2. – Les personnes détenues qui souhaitent voter par correspondance exercent leur droit de vote dans les conditions prévues par les dispositions de l'article L. 79 du Code électoral.

Art. L. 363-3. – Les personnes dont la période de détention a pris fin et inscrites pour voter par correspondance pendant leur détention peuvent voter personnellement ou par procuration dans les conditions prévues par les dispositions de l'article L. 80 du Code électoral.

TITRE VII. – ACCÈS AUX PUBLICATIONS ÉCRITES ET AUDIOVISUELLES

Art. L. 370-1. – Les personnes détenues ont accès aux publications écrites et audiovisuelles.

Toutefois, l'autorité administrative peut interdire l'accès des personnes détenues aux publications contenant des menaces graves contre la sécurité des personnes et des établissements ou des propos ou signes injurieux ou diffamatoires à l'encontre des agents et collaborateurs du service public pénitentiaire ainsi que des personnes détenues.

Les modalités d'application du présent article sont fixées par décret en Conseil d'État.

TITRE VIII. – PROTECTION DE L'IMAGE, DE LA VOIX ET DES PUBLICATIONS

CHAPITRE Ier. – DISPOSITIONS COMMUNES

Art. L. 381-1. – La diffusion ou l'utilisation de l'image ou de la voix des personnes détenues est subordonnée à leur consentement écrit lorsque cette diffusion ou cette utilisation est de nature à permettre leur identification.

L'administration pénitentiaire peut s'opposer à la diffusion ou à l'utilisation de l'image ou de la voix d'une personne détenue condamnée, dès lors que cette diffusion ou cette utilisation est de nature à permettre son identification et que cette restriction s'avère nécessaire à la sauvegarde de l'ordre public, à la prévention des infractions, à la protection des droits des victimes ou de ceux des tiers ainsi qu'à la réinsertion de la personne intéressée.

La diffusion ou l'utilisation de l'image ou de la voix des personnes prévenues est autorisée par l'autorité chargée du dossier de la procédure.

Les modalités d'application du présent article sont fixées par décret en Conseil d'État.

CHAPITRE II. – PROTECTION DE L'IMAGE ET DE LA VOIX DES PERSONNES PRÉVENUES

Le présent chapitre ne comprend pas de dispositions législatives.

LIVRE IV

AIDE À LA RÉINSERTION DES PERSONNES DÉTENUES

TITRE Ier. – ACTIVITÉS EN DÉTENTION

CHAPITRE Ier. – DISPOSITIONS COMMUNES

Section 1. – Obligation d'exercer au moins une activité

Art. L. 411-1. – Toute personne détenue condamnée est tenue d'exercer au moins l'une des activités qui lui sont proposées par le chef de l'établissement pénitentiaire et le directeur du service pénitentiaire d'insertion et de probation dès lors qu'elle a pour finalité sa réinsertion et est adaptée à son âge, à ses capacités, à sa personnalité et, le cas échéant, à son handicap.

Lorsque la personne détenue intéressée ne maîtrise pas les enseignements fondamentaux, l'activité consiste par priorité en l'apprentissage de la lecture, de l'écriture et du calcul. Lorsqu'elle ne maîtrise pas la langue française, l'activité consiste par priorité en son apprentissage. L'organisation des apprentissages est aménagée lorsque la personne détenue exerce une activité de travail.

Section 2. – Consultation des personnes détenues

Art. L. 411-2. – Sous réserve du maintien du bon ordre et de la sécurité de l'établissement pénitentiaire, les personnes détenues sont consultées par l'administration pénitentiaire sur les activités proposées.

Section 3. – Déroulement des activités

Art. L. 411-3. – Sous réserve du maintien du bon ordre et de la sécurité des établissements et à titre dérogatoire, des activités peuvent être organisées de façon mixte.

Art. L. 411-4. – Les modalités d'application du présent chapitre sont fixées par décret en Conseil d'État.

CHAPITRE II. – TRAVAIL

Section 1. – Dispositions générales

Art. L. 412-1. – Les activités de travail sont prises en compte pour l'appréciation des efforts sérieux de réinsertion et de la bonne conduite des personnes détenues condamnées.

Au sein des établissements pénitentiaires, toutes dispositions sont prises pour assurer une activité professionnelle aux personnes détenues qui en font la demande. À cet effet, celles-ci bénéficient de l'accès aux ressources pédagogiques nécessaires, y compris par voie numérique.

Le chef de l'établissement pénitentiaire s'assure que les mesures appropriées sont prises, en matière d'accès à l'activité professionnelle, en faveur des personnes détenues en situation de handicap.

L'administration pénitentiaire travaille en partenariat avec l'institution publique mentionnée par les dispositions de l'article L. 5312-1 du Code du travail, avec les missions locales pour l'insertion professionnelle et sociale des jeunes et avec les organismes de placement spécialisés dans l'insertion professionnelle des personnes en situation de handicap afin de favoriser la réinsertion professionnelle des personnes condamnées à l'issue de leur détention.

Art. L. 412-2. – Le travail des personnes détenues participe au parcours d'exécution des peines privatives et restrictives de liberté. Il vise à préparer l'insertion ou la réinsertion professionnelle et sociale de la personne détenue en créant les conditions de son employabilité et concourt à la mission de prévention de la commission de nouvelles infractions confiée au service public pénitentiaire.

Le travail est accompli sous le contrôle permanent de l'administration pénitentiaire, qui assure la surveillance des personnes détenues, la discipline et la sécurité sur les lieux de travail. Les conditions d'exercice de l'activité préparent la personne détenue aux relations de travail auxquelles elle pourra participer après sa sortie. Elles sont adaptées à sa personnalité et aux contraintes inhérentes à la détention. En particulier, des motifs disciplinaires ou liés au maintien du bon ordre et de la sécurité des établissements pénitentiaires peuvent conduire à tout moment l'administration pénitentiaire, dans les conditions définies par les dispositions des articles L. 412-7, L. 412-8 et L. 412-9 à suspendre temporairement l'activité de travail ou à y mettre un terme.

Art. L. 412-3. – Le travail des personnes détenues peut être accompli pour un donneur d'ordre qui est :

1° Au service général, l'administration pénitentiaire ;

2° Dans le cadre d'une activité de production, un concessionnaire, une entreprise délégataire, une structure d'insertion par l'activité économique mentionnée par les dispositions de l'article L. 5132-4 du Code du travail, une entreprise adaptée mentionnée à l'article L. 5213-13 du même code ou un service de l'État ayant pour mission de développer le travail et l'insertion professionnelle des personnes placées sous main de justice. Le donneur d'ordre peut également être notamment une personne morale de droit privé mentionnée par les dispositions de l'article 1er de la loi n° 2014-856 du 31 juillet 2014 relative à l'économie sociale et solidaire et poursuivant un but d'utilité sociale au sens des dispositions de l'article 2 de la même loi, une société commerciale mentionnée par les dispositions de l'article 1er de la même loi ou une société remplissant les conditions mentionnées par les dispositions de l'article L. 210-10 du Code de commerce.

Le travail pour un donneur d'ordre est accompli dans le cadre du contrat d'emploi pénitentiaire régi par la section 3 du présent chapitre. Les relations entre la personne détenue et le donneur d'ordre sont régies par les dispositions du présent code et par celles du Code du travail auxquelles le présent code renvoie expressément.

Art. L. 412-4. – Les personnes détenues peuvent travailler pour leur propre compte, après y avoir été autorisées par le chef de l'établissement pénitentiaire.

Section 2. – Classement au travail et affectation sur un poste de travail

Sous-section 1. – Décision

Art. L. 412-5. – Chaque personne détenue qui souhaite exercer un travail en détention pour un donneur d'ordre mentionné par les dispositions de l'article L. 412-3 adresse une demande à l'administration pénitentiaire.

Cette demande donne lieu à une décision de classement ou de refus de classement au travail prise par le chef de l'établissement pénitentiaire, après avis de la commission pluridisciplinaire unique. La décision de classement précise les régimes selon lesquels la personne détenue peut être employée : service général, concession, service de l'emploi pénitentiaire, insertion par l'activité économique, entreprise adaptée, établissement et service d'aide par le travail.

Section 2. – Avis de la commission de l'application des peines

Art. L. 423-4. – Conformément aux dispositions de l'article 712-4-1 du Code de procédure pénale et sous réserve des exceptions qu'elles prévoient, le chef de l'établissement pénitentiaire, le représentant du service pénitentiaire d'insertion et de probation, le représentant du corps de commandement ou du corps d'encadrement et d'application du personnel de surveillance siègent au sein de la commission de l'application des peines dont l'avis est requis préalablement au prononcé des décisions en matière d'application des peines.

CHAPITRE IV. – SEMI-LIBERTÉ, PLACEMENT À L'EXTÉRIEUR, PERMISSION DE SORTIR ET DÉTENTION À DOMICILE SOUS SURVEILLANCE ÉLECTRONIQUE

Section 1. – Dispositions générales

Art. L. 424-1. – Sur autorisation du juge de l'application des peines, le chef de l'établissement pénitentiaire ou le directeur des services pénitentiaires d'insertion et de probation peuvent modifier les horaires d'entrée ou de sortie de l'établissement ou de présence en un lieu déterminé des personnes condamnées bénéficiant d'une permission de sortir ou admises au régime du placement à l'extérieur, de la semi-liberté, de la détention à domicile sous surveillance électronique, dans les conditions et selon les modalités prévues par les dispositions de l'article 712-8 du Code de procédure pénale.

Art. L. 424-2 *(Mod. D. n° 2022-655, 25 avr. 2022).* – Les rémunérations des personnes condamnées bénéficiant d'un contrat de travail régi par les dispositions du code du travail sont versées directement par l'employeur sur un compte extérieur dont est titulaire la personne condamnée, sauf prescriptions contraires du juge de l'application des peines.

Section 2. – Placement à l'extérieur

Art. L. 424-3. – Conformément aux dispositions de l'article 723 du Code de procédure pénale, l'administration pénitentiaire contrôle les activités auxquelles sont astreintes les personnes condamnées bénéficiant d'un placement à l'extérieur.

Art. L. 424-4. – Les structures qui accueillent et accompagnent des personnes sous main de justice faisant l'objet d'une mesure de placement à l'extérieur dans les conditions prévues aux articles 723 à 723-2 et 723-4 du Code de procédure pénale sont agréées par l'État.

Une convention peut être conclue entre l'État et ces structures pour une durée de trois ans renouvelable. Elle définit la nature du projet de réinsertion proposé par la structure, les conditions d'accueil et d'accompagnement au sein de la structure des personnes mentionnées au premier alinéa, les droits et obligations de ces personnes ainsi que les modalités de financement de la mesure de placement.

Un décret en Conseil d'État définit les conditions d'application du présent article.

Section 3. – Permission de sortir

Art. L. 424-5. – Le chef de l'établissement pénitentiaire peut accorder une permission de sortir à une personne condamnée ayant déjà obtenu l'accord du juge de l'application des peines pour une première permission dans les conditions prévues par les dispositions de l'article 723-3 du Code de procédure pénale.

En cas de refus d'octroi de la permission de sortir par le chef de l'établissement pénitentiaire, celle-ci peut être demandée à nouveau au juge de l'application des peines dans les conditions prévues par les mêmes dispositions.

LIVRE V

LIBÉRATION DES PERSONNES DÉTENUES

TITRE Ier. – GESTION ADMINISTRATIVE DE LA LIBÉRATION

CHAPITRE Ier. – FORMALITÉS RELATIVES À LA LIBÉRATION

Section 1. – Déclarations d'adresse

Art. L. 511-1. – Pour faciliter leurs démarches de préparation à la sortie, les personnes détenues peuvent procéder à l'élection de domicile mentionnée par les dispositions de l'article L. 264-1 du Code de l'action sociale et des familles soit auprès du centre communal ou intercommunal d'action sociale, soit auprès de l'organisme agréé à cet effet, le plus proche du lieu où elles recherchent une activité en vue de leur insertion ou réinsertion ou le plus proche du lieu d'implantation d'un établissement de santé ou médico-social susceptible de les accueillir.

Les modalités d'application du présent article sont fixées par décret en Conseil d'État.

Art. L. 511-2. – Préalablement à la mise en liberté d'une personne prévenue, la déclaration d'adresse de la personne intéressée est recueillie et, le cas échéant, portée à la connaissance de l'autorité judiciaire par le chef de l'établissement pénitentiaire, conformément aux dispositions des articles 148-3, 503-1, 695-34 et 696-19 du Code de procédure pénale.

Section 2. – Documents remis au moment de la libération

Art. L. 511-3. – Préalablement à leur mise en liberté, les personnes détenues condamnées à une peine d'emprisonnement assortie pour partie du sursis probatoire reçoivent un avis de convocation à comparaître devant le service pénitentiaire d'insertion et de probation dans les conditions prévues par les dispositions de l'article 741-1 du Code de procédure pénale.

Conformément à ces dispositions, cet avis vaut saisine du service pénitentiaire d'insertion et de probation.

CHAPITRE II. – INFORMATIONS RELATIVES AUX PERSONNES LIBÉRÉES

Section 1. – Information de la victime

Art. L. 512-1. – Dans les conditions prévues par les dispositions de l'article 712-16-2 du Code de procédure pénale, le service pénitentiaire d'insertion et de probation peut être chargé d'informer les victimes ou parties civiles en ayant formé la demande de la libération des personnes condamnées pour une infraction mentionnée par les dispositions de l'article 706-47 du même code.

Section 2. – Information des forces de sécurité

Art. L. 512-2. – **Selon des modalités précisées par décret en Conseil d'État, l'identité et l'adresse des personnes condamnées à une peine d'emprisonnement égale ou supérieure à trois ans sont communiquées par l'administration pénitentiaire aux services de police ou aux unités de gendarmerie du lieu de résidence des personnes intéressées lorsque leur détention prend fin.**

Section 3. – Inscription au fichier judiciaire national automatisé des auteurs d'infractions terroristes

Art. L. 512-3. – **Dans les conditions prévues par les dispositions de l'article 706-25-9 du Code de procédure pénale, les agents du greffe de l'établissement pénitentiaire, habilités par le chef de l'établissement, enregistrent dans le fichier judiciaire national automatisé des auteurs d'infractions terroristes la date de libération et l'adresse du domicile déclaré par la personne libérée intéressée.**

Section 4. – Inscription au fichier judiciaire national automatisé des auteurs d'infractions sexuelles ou violentes

Art. L. 512-4. – **Dans les conditions prévues par les dispositions de l'article 706-53-7 du Code de procédure pénale, les agents du greffe de l'établissement pénitentiaire, habilités par le chef de l'établissement, enregistrent dans le fichier judiciaire national automatisé des auteurs d'infractions sexuelles ou violentes la date de libération et l'adresse du domicile déclaré par la personne libérée intéressée.**

CHAPITRE III. – PROTECTION SOCIALE

Art. L. 513-1. – **Les personnes libérées ayant relevé des assurances maladie et maternité du régime général de sécurité sociale durant leur détention en application des dispositions de l'article L. 381-30 du Code de la sécurité sociale retrouvent le bénéfice des droits ouverts avant leur mise sous écrou dans les conditions prévues par les dispositions de l'article L. 161-13-1 du même code.**

TITRE II. – AIDE MATÉRIELLE À LA SORTIE DE DÉTENTION

CHAPITRE Ier. – AIDE À L'HÉBERGEMENT

Art. L. 521-1. – **Conformément aux dispositions de l'article L. 345-2-6 du Code de l'action sociale et des familles, les services pénitentiaires d'insertion et de probation peuvent conclure des conventions avec les services intégrés d'accueil et d'orientation pour l'exercice des missions de ces derniers en faveur de l'hébergement ou du logement des personnes ou familles sans domicile ou éprouvant des difficultés particulières.**

CHAPITRE II. – AUTRES AIDES MATÉRIELLES

Le présent chapitre ne comprend pas de dispositions législatives.

TITRE III. – LIBÉRATION CONDITIONNELLE

Art. L. 530-1. – **Conformément aux dispositions de l'article 731 du Code de procédure pénale, le service pénitentiaire d'insertion et de probation assiste le juge de l'application des peines pour la mise en œuvre des obligations et des mesures d'assistance et de contrôle assortissant le bénéfice de la libération conditionnelle en application des articles 132-44 et 132-45 du Code pénal.**

TITRE IV. – MESURES DE SURVEILLANCE DES PERSONNES LIBÉRÉES

CHAPITRE Ier. – ACCUEIL DES PERSONNES SOUMISES À UNE RÉTENTION DE SÛRETÉ DANS UN CENTRE SOCIO-MÉDICO-JUDICIAIRE DE SÛRETÉ

Le présent chapitre ne comprend pas de dispositions législatives.

CHAPITRE II. – CONTRÔLE DU RESPECT DE L'OBLIGATION DE SOINS PRONONCÉE EN L'ABSENCE DE SUIVI SOCIO-JUDICIAIRE

Le présent chapitre ne comprend pas de dispositions législatives.

CHAPITRE III. – CONTRÔLE DU RESPECT DES MESURES DE SURVEILLANCE JUDICIAIRE ET DE SURVEILLANCE DE SÛRETÉ

Art. L. 543-1. – Conformément aux dispositions de l'article 723-33 du Code de procédure pénale, le service pénitentiaire d'insertion et de probation assiste le juge de l'application des peines pour la mise œuvre des mesures d'assistance et de contrôle et des obligations imposées aux personnes condamnées placées sous surveillance judiciaire en application des dispositions de l'article 723-29 du même code.

CHAPITRE IV. – PLACEMENT SOUS SURVEILLANCE ÉLECTRONIQUE MOBILE À TITRE DE MESURE DE SÛRETÉ

Art. L. 544-1. – Le dispositif technique de surveillance est installé sur chaque personne condamnée à une surveillance électronique mobile à titre de mesure de sûreté dans le délai prévu par les dispositions de l'article 763-12 du Code de procédure pénale.

Art. L. 544-2. – Le contrôle à distance de la localisation du condamné fait l'objet d'un traitement automatisé de données à caractère personnel, mis en œuvre conformément aux dispositions de la loi n° 78-17 du 6 janvier 1978 relative à l'informatique, aux fichiers et aux libertés.

Art. L. 544-3. – Un décret en Conseil d'État précise les conditions d'habilitation des personnes de droit privé auxquelles peuvent être confiées les prestations techniques détachables des fonctions de souveraineté concernant la mise en oeuvre du placement sous surveillance électronique mobile et relatives notamment à la conception et à la maintenance du dispositif prévu à l'article 763-12 du Code de procédure pénale et du traitement automatisé prévu à l'article L. 544-2.

Les dispositions de ce décret relatives au traitement automatisé prévu à l'article L. 544-2, qui précisent, notamment, la durée de conservation des données enregistrées, sont prises après avis de la Commission nationale de l'informatique et des libertés.

CHAPITRE V. – MESURE JUDICIAIRE DE PRÉVENTION DE LA RÉCIDIVE TERRORISTE ET DE RÉINSERTION

Art. L. 545-1. – Conformément aux dispositions de l'article 706-25-16 du Code de procédure pénale, le service pénitentiaire d'insertion et de probation assiste le juge de l'application des peines du tribunal judiciaire de Paris pour la mise en œuvre des obligations auxquelles est astreinte une personne faisant l'objet d'une mesure judiciaire de prévention de la récidive terroriste et de réinsertion.

Ces mêmes dispositions précisent la nature des informations que la personne intéressée doit communiquer au service pénitentiaire d'insertion et de probation.

LIVRE VI

INTERVENTION DE L'ADMINISTRATION PÉNITENTIAIRE AUPRÈS DE PERSONNES NON DÉTENUES

TITRE Ier. – PRÉPARATION DE DÉCISIONS JUDICIAIRES

CHAPITRE Ier. – ENQUÊTES SOCIALES

Art. L. 611-1. – Sur réquisition du procureur de la République dans les conditions prévues par les dispositions de l'article 41 du Code de procédure pénale, le service pénitentiaire d'insertion et de probation vérifie la situation matérielle, familiale et sociale d'une personne faisant l'objet d'une enquête, ou la faisabilité matérielle de certaines peines ou aménagements de peine et informe le procureur de la République sur les mesures propres à favoriser l'insertion sociale de la personne intéressée.

Sur réquisition du procureur de la République dans les conditions prévues par les dispositions du même article, le service pénitentiaire d'insertion et de probation vérifie le bien-fondé des déclarations d'une personne de nationalité étrangère quant à sa situation personnelle.

Art. L. 611-2. – Sur commission du juge d'instruction dans les conditions prévues par les dispositions de l'article 81 du Code de procédure pénale, le service pénitentiaire d'insertion et de probation vérifie la situation matérielle, familiale et sociale d'une personne mise en examen, et informe le juge d'instruction des mesures propres à favoriser son insertion sociale.

CHAPITRE II. – ENQUÊTES TECHNIQUES PRÉALABLES

Art. L. 612-1. – Dans les conditions prévues par les dispositions de l'article 142-6 du Code de procédure pénale, le service pénitentiaire d'insertion et de probation vérifie la faisabilité technique de l'assignation à résidence sous surveillance électronique, préalablement à son prononcé par le juge d'instruction.

TITRE II. – INTERVENTION AUPRÈS DE PERSONNES CONDAMNÉES

CHAPITRE Ier. – SURSIS PROBATOIRE

Art. L. 621-1. – Conformément aux dispositions de l'article 740 du Code de procédure pénale, le service pénitentiaire d'insertion et de probation peut être chargé, sur instruction du juge de l'application des peines,

de s'assurer de l'exécution des mesures de contrôle et d'aide et des obligations imposées à la personne condamnée à une peine d'emprisonnement assortie du sursis probatoire.

Art. L. 621-2. – Dans les conditions prévues par les dispositions de l'article 745 du Code de procédure pénale, lorsqu'une personne condamnée à une peine d'emprisonnement assortie du sursis probatoire est soumise à une obligation tendant à éviter tout contact ou une mise en relation avec la victime ou la partie civile, le service pénitentiaire d'insertion et de probation peut être chargé d'aviser la victime ou la partie civile de la date de fin de la période probatoire.

Art. L. 621-3. – Lorsque le tribunal a fait application de l'article 132-41-1 du Code pénal et a prononcé un sursis probatoire avec un suivi renforcé, le service pénitentiaire d'insertion et de probation évalue, de façon pluridisciplinaire, la personnalité et la situation matérielle, familiale et sociale de la personne condamnée.

À l'issue de cette évaluation, le service adresse au juge de l'application des peines un rapport comportant des propositions relatives au contenu et aux modalités de mise en œuvre des mesures de contrôle et d'assistance, des obligations et des interdictions mentionnées à l'article 132-45 du même code.

La situation matérielle, familiale et sociale de la personne intéressée est réévaluée à chaque fois que nécessaire au cours de l'exécution de la peine, et au moins une fois par an, par le service pénitentiaire d'insertion et de probation et le juge de l'application des peines.

CHAPITRE II. – DÉTENTION À DOMICILE SOUS SURVEILLANCE ÉLECTRONIQUE PRONONCÉE À TITRE DE PEINE

Art. L. 622-1. – La détention à domicile sous surveillance électronique est prononcée à titre de peine conformément aux dispositions de l'article 131-4-1 du Code pénal.

Art. L. 622-2. – Dans les conditions prévues par les dispositions de l'article 723-9 du Code de procédure pénale, l'administration pénitentiaire assure le contrôle à distance de la détention à domicile sous surveillance électronique.

Dans les conditions prévues par les dispositions du même article, pour exercer ce contrôle, les agents de l'administration pénitentiaire peuvent se rendre sur le lieu de l'assignation pour demander à rencontrer la personne condamnée.

CHAPITRE III. – PEINE DE TRAVAIL D'INTÉRÊT GÉNÉRAL

Art. L. 623-1. – Sauf si le juge de l'application des peines décide d'exercer cette compétence, les modalités d'exécution de la peine de travail d'intérêt général sont déterminées par le directeur du service pénitentiaire d'insertion et de probation ou son représentant dans les conditions prévues par les dispositions des articles 131-22 et 131-23 du Code pénal.

Art. L. 623-2. – La liste des travaux d'intérêt général pouvant être accomplis dans chaque département est établie par le directeur du service pénitentiaire d'insertion et de probation dans les conditions prévues par les dispositions de l'article 131-36 du Code pénal.

CHAPITRE IV. – PEINE DE STAGE

Le présent chapitre ne comprend pas de dispositions législatives.

CHAPITRE V. – BRACELET ANTI-RAPPROCHEMENT IMPOSÉ À UNE PERSONNE CONDAMNÉE

Le présent chapitre ne comprend pas de dispositions législatives.

CHAPITRE VI. – SUIVI SOCIO-JUDICIAIRE

Art. L. 626-1. – Conformément aux dispositions de l'article 763-1 du Code de procédure pénale, le service pénitentiaire d'insertion et de probation désigné par le juge de l'application des peines veille au respect des obligations imposées à la personne condamnée à un suivi socio-judiciaire en application des articles 131-36-1 à 131-36-8 du Code pénal.

TITRE III. – EXÉCUTION DE MESURES JUDICIAIRES DE SURVEILLANCE

CHAPITRE Ier. – BRACELET ANTI-RAPPROCHEMENT

Art. L. 631-1. – L'administration pénitentiaire concourt à la mise en œuvre des dispositifs électroniques mobiles anti-rapprochement devant être portés par des personnes ni détenues ni condamnées, en exécution :

1° Soit d'une décision prise en application des dispositions de l'article 515-11-1 du Code civil ;

2° Soit d'une décision prise en application des dispositions des articles 138 et 138-3 du Code de procédure pénale.

CHAPITRE II. – ASSIGNATION À RÉSIDENCE SOUS SURVEILLANCE ÉLECTRONIQUE

Art. L. 632-1. – Avec l'accord préalable du juge d'instruction, le chef de l'établissement pénitentiaire ou le directeur des services pénitentiaires d'insertion et de probation peuvent modifier les horaires de présence au domicile ou dans les lieux d'assignation, dans les conditions et selon les modalités prévues par les dispositions de l'article 142-9 du Code de procédure pénale.

CHAPITRE III. – CONTRÔLE JUDICIAIRE

Le présent chapitre ne comprend pas de dispositions législatives.

CHAPITRE IV. – COMPOSITION PÉNALE

Le présent chapitre ne comprend pas de dispositions législatives.

TITRE IV. – EXÉCUTION DE MESURES ADMINISTRATIVES DE SURVEILLANCE

Le présent titre ne comprend pas de dispositions législatives.

LIVRE VII

DISPOSITIONS RELATIVES À L'OUTRE-MER

TITRE Ier. – DISPOSITIONS PARTICULIÈRES AUX COLLECTIVITÉS RÉGIES PAR L'ARTICLE 73 DE LA CONSTITUTION

CHAPITRE Ier. – DISPOSITIONS COMMUNES AUX COLLECTIVITÉS RÉGIES PAR L'ARTICLE 73 DE LA CONSTITUTION

Art. L. 711-1. – Les dispositions du présent code sont applicables de plein droit en Guadeloupe, en Guyane, à la Martinique, à La Réunion et à Mayotte sous réserve des adaptations prévues au présent titre.

CHAPITRE II. – DISPOSITIONS PARTICULIÈRES À LA GUADELOUPE, LA GUYANE, LA MARTINIQUE ET LA RÉUNION

Le présent chapitre ne comprend pas de dispositions législatives.

CHAPITRE III. – DISPOSITIONS PARTICULIÈRES À MAYOTTE

Art. L. 713-1. – Pour son application à Mayotte, l'article L. 216-1 est ainsi rédigé :
« *Art. L. 216-1.* – La contrainte judiciaire est exécutée dans un établissement pénitentiaire. ».

TITRE II. – DISPOSITIONS APPLICABLES À SAINT-BARTHÉLEMY

CHAPITRE Ier. – DISPOSITIONS GÉNÉRALES

Art. L. 721-1. – Les dispositions du présent code sont applicables de plein droit à Saint-Barthélemy sous réserve des adaptations prévues au présent titre.

Art. L. 721-2. – Pour l'application du présent code à Saint-Barthélemy :

1° Les références au département sont remplacées par la référence à la collectivité ;

2° Les références au préfet et au sous-préfet sont remplacées par la référence au représentant de l'État dans la collectivité.

Art. L. 721-3. – En l'absence d'adaptation, les références faites, par des dispositions du présent code applicables à Saint-Barthélemy, à des dispositions qui n'y sont pas applicables sont remplacées par les références aux dispositions ayant le même objet applicables localement.

CHAPITRE II. – DISPOSITIONS SPÉCIFIQUES RELATIVES AU LIVRE Ier

Le présent chapitre ne comprend pas de dispositions législatives.

CHAPITRE III. – DISPOSITIONS SPÉCIFIQUES RELATIVES AU LIVRE II

Le présent chapitre ne comprend pas de dispositions législatives.

CHAPITRE IV. – DISPOSITIONS SPÉCIFIQUES RELATIVES AU LIVRE III

Le présent chapitre ne comprend pas de dispositions législatives.

CHAPITRE V. – DISPOSITIONS SPÉCIFIQUES RELATIVES AU LIVRE IV

Le présent chapitre ne comprend pas de dispositions législatives.

CHAPITRE VI. – DISPOSITIONS SPÉCIFIQUES RELATIVES AU LIVRE V

Le présent chapitre ne comprend pas de dispositions législatives.

CHAPITRE VII. – DISPOSITIONS SPÉCIFIQUES RELATIVES AU LIVRE VI

Le présent chapitre ne comprend pas de dispositions législatives.

TITRE III. – DISPOSITIONS APPLICABLES À SAINT-MARTIN

CHAPITRE Ier. – DISPOSITIONS GÉNÉRALES

Art. L. 731-1. – Les dispositions du présent code sont applicables de plein droit à Saint-Martin sous réserve des adaptations prévues au présent titre.

Art. L. 731-2. – Pour l'application du présent code à Saint-Martin :

1° Les références au département sont remplacées par les références à la collectivité de Saint-Martin ;

2° Les références au préfet et au sous-préfet sont remplacées par les références au représentant de l'État dans la collectivité.

Art. L. 731-3. – En l'absence d'adaptations prévues par le présent titre, les références faites, par des dispositions du présent code applicables à Saint-Martin à des dispositions qui n'y sont pas applicables sont remplacées par les références aux dispositions ayant le même objet applicables localement.

CHAPITRE II. – DISPOSITIONS SPÉCIFIQUES RELATIVES AU LIVRE Ier

Le présent chapitre ne comprend pas de dispositions législatives.

CHAPITRE III. – DISPOSITIONS SPÉCIFIQUES RELATIVES AU LIVRE II

Le présent chapitre ne comprend pas de dispositions législatives.

CHAPITRE IV. – DISPOSITIONS SPÉCIFIQUES RELATIVES AU LIVRE III

Le présent chapitre ne comprend pas de dispositions législatives.

CHAPITRE V. – DISPOSITIONS SPÉCIFIQUES RELATIVES AU LIVRE IV

Le présent chapitre ne comprend pas de dispositions législatives.

CHAPITRE VI. – DISPOSITIONS SPÉCIFIQUES RELATIVES AU LIVRE V

Le présent chapitre ne comprend pas de dispositions législatives.

CHAPITRE VII. – DISPOSITIONS SPÉCIFIQUES RELATIVES AU LIVRE VI

Le présent chapitre ne comprend pas de dispositions législatives.

TITRE IV. – DISPOSITIONS APPLICABLES À SAINT-PIERRE-ET-MIQUELON

CHAPITRE Ier. – DISPOSITIONS GÉNÉRALES

Art. L. 741-1. – **Les dispositions du présent code sont applicables de plein droit à Saint Pierre et Miquelon, sous réserve des adaptations prévues au présent titre.**

Art. L. 741-2. – **Pour l'application du présent code à Saint-Pierre-et-Miquelon, les références au département sont remplacées par les références à la collectivité de Saint-Pierre-et-Miquelon.**

Art. L. 741-3. – **En l'absence d'adaptations prévues par le présent titre, les références faites, par des dispositions du présent code applicables à Saint-Pierre-et-Miquelon à des dispositions qui n'y sont pas applicables sont remplacées par les références aux dispositions ayant le même objet applicables localement.**

Art. L. 741-4. – **Pour l'application du présent code à Saint-Pierre-et-Miquelon :**

1° Les références au tribunal judiciaire sont remplacées par les références au tribunal de première instance ou, le cas échéant, à la section détachée du tribunal de première instance ;

2° Les références au pôle de l'instruction sont remplacées par les références au juge d'instruction.

CHAPITRE II. – DISPOSITIONS SPÉCIFIQUES RELATIVES AU LIVRE Ier

Le présent chapitre ne comprend pas de dispositions législatives.

CHAPITRE III. – DISPOSITIONS SPÉCIFIQUES RELATIVES AU LIVRE II

Art. L. 743-1. – **Pour l'application de l'article 723-15 du Code de procédure pénale à Saint-Pierre-et-Miquelon, le chef de l'établissement pénitentiaire exerce les fonctions dévolues, selon les cas, au service pénitentiaire d'insertion et de probation ou à son directeur.**

CHAPITRE IV. – DISPOSITIONS SPÉCIFIQUES RELATIVES AU LIVRE III

Le présent chapitre ne comprend pas de dispositions législatives.

CHAPITRE V. – DISPOSITIONS SPÉCIFIQUES RELATIVES AU LIVRE IV

Art. L. 745-1. – **Pour son application à Saint-Pierre-et-Miquelon, à l'article L. 411-1, les références au directeur du service pénitentiaire d'insertion et de probation sont supprimées.**

CHAPITRE VI. – DISPOSITIONS SPÉCIFIQUES RELATIVES AU LIVRE V

Le présent chapitre ne comprend pas de dispositions législatives.

CHAPITRE VII. – DISPOSITIONS SPÉCIFIQUES RELATIVES AU LIVRE VI

Le présent chapitre ne comprend pas de dispositions législatives.

TITRE V. – DISPOSITIONS APPLICABLES DANS LES ÎLES WALLIS-ET-FUTUNA

CHAPITRE Ier. – DISPOSITIONS GÉNÉRALES

Art. L. 751-1. – **Sous réserve des dispositions applicables de plein droit, les dispositions législatives du présent code ne s'appliquent dans les îles Wallis-et-Futuna que dans la mesure et les conditions prévues par le présent titre.**

Art. L. 751-2. – **Pour l'application du présent code dans les îles Wallis-et-Futuna :**

1° Les références au département sont remplacées par les références à la collectivité de Wallis-et-Futuna ;

2° Les références au préfet et au sous-préfet sont remplacées par les références à l'administrateur supérieur des îles Wallis-et-Futuna ;

3° Les références au tribunal judiciaire sont remplacées par les références au tribunal de première instance ou, le cas échéant, à la section détachée du tribunal de première instance ;

4° Les références au pôle de l'instruction sont remplacées par les références au juge d'instruction.

Art. L. 751-3. – **En l'absence d'adaptations prévues par le présent titre, les références faites, par des dispositions du présent code applicables dans les îles Wallis-et-Futuna, à des dispositions qui n'y sont pas applicables sont remplacées par les références aux dispositions ayant le même objet applicables localement.**

Art. L. 751-4. – **Les dispositions des articles L. 1 à L. 8 sont applicables dans les îles Wallis-et-Futuna dans leur rédaction résultant de l'ordonnance n° 2022-478 du 30 mars 2022.**

CHAPITRE II. – DISPOSITIONS SPÉCIFIQUES RELATIVES AU LIVRE Ier

Art. L. 752-1. – **Sous réserve des adaptations prévues par le présent chapitre, les dispositions suivantes sont applicables dans les îles Wallis-et-Futuna dans leur rédaction résultant de l'ordonnance n° 2022-478 du 30 mars 2022 sauf mention contraire dans le tableau ci-dessous :**

Articles applicables	Dans leur rédaction résultant de
L. 111-1 à L. 115-1	
L. 115-3 à L. 135-1	

Art. L. 752-2. – Pour l'application de l'article L. 111-2 dans les îles Wallis-et-Futuna, le premier alinéa est ainsi rédigé :

« Des conventions entre l'administration pénitentiaire et les autres services de l'État, le territoire, les circonscriptions territoriales, les associations et d'autres personnes publiques ou privées définissent les conditions et modalités d'accès, pendant leur détention, des personnes condamnées aux droits et dispositifs mentionnés au deuxième alinéa. ».

Art. L. 752-3. – Pour son application dans les îles Wallis-et-Futuna, l'article L. 114-5 est ainsi rédigé :

« *Art. L. 114-5.* – Les périodes d'emploi des réservistes sont indemnisées dans des conditions fixées par décret. ».

Art. L. 752-4. – Pour son application dans les îles Wallis-et-Futuna, à l'article L. 115-4, les références au directeur général de l'agence régionale de santé sont remplacées par les références au directeur de l'agence de santé.

CHAPITRE III. – DISPOSITIONS SPÉCIFIQUES RELATIVES AU LIVRE II

Art. L. 753-1. – Sous réserve des adaptations prévues par le présent chapitre, les dispositions suivantes sont applicables dans les îles Wallis-et-Futuna dans leur rédaction résultant de l'ordonnance n° 2022-478 du 30 mars 2022 sauf mention contraire dans le tableau ci-dessous :

Articles applicables	Dans leur rédaction résultant de
L. 211-1 à L. 231-3	

CHAPITRE IV. – DISPOSITIONS SPÉCIFIQUES RELATIVES AU LIVRE III

Art. L. 754-1. – Sous réserve des adaptations prévues par le présent chapitre, les dispositions suivantes sont applicables dans les îles Wallis-et-Futuna dans leur rédaction résultant de l'ordonnance n° 2022-478 du 30 mars 2022 sauf mention contraire dans le tableau ci-dessous :

Articles applicables	Dans leur rédaction résultant de
L. 311-1 à L. 322-7	
L. 322-9 à L. 381-1	

Art. L. 754-2. – Pour son application dans les îles Wallis-et-Futuna, à l'article L. 322-3, les mots : « dans le respect des conditions prévues par les dispositions de l'article L. 6141-5 du Code de la santé publique » sont supprimés.

CHAPITRE V. – DISPOSITIONS SPÉCIFIQUES RELATIVES AU LIVRE IV

Art. L. 755-1. – Sous réserve des adaptations prévues par le présent chapitre, les dispositions suivantes sont applicables dans les îles Wallis-et-Futuna dans leur rédaction résultant de l'ordonnance n° 2022-478 du 30 mars 2022 sauf mention contraire dans le tableau ci-dessous.

Articles applicables	Dans leur rédaction résultant de
L. 411-1 à L. 424-5	

Art. L. 755-2. – Pour son application dans les îles Wallis-et-Futuna, l'article L. 412-20 est ainsi rédigé :

« *Art. L. 412-20.* – La rémunération du travail des personnes détenues ne peut être inférieure à un taux horaire fixé par décret et indexé sur le salaire minimum défini à l'article 95 de la loi n° 52-1322 du 15 décembre 1952 instituant un code du travail dans les territoires et territoires associés relevant des ministères de la France d'outre-mer. Ce taux peut varier en fonction du régime sous lequel les personnes détenues sont employées. ».

CHAPITRE VI. – DISPOSITIONS SPÉCIFIQUES RELATIVES AU LIVRE V

Art. L. 756-1. – Sous réserve des adaptations prévues par le présent chapitre, les dispositions suivantes sont applicables dans les îles Wallis-et-Futuna dans leur rédaction résultant de l'ordonnance n° 2022-478 du 30 mars 2022 sauf mention contraire dans le tableau ci-dessous :

Articles applicables	Dans leur rédaction résultant de
L. 511-1 à L. 545-1	

CHAPITRE VII. – DISPOSITIONS SPÉCIFIQUES RELATIVES AU LIVRE VI

Art. L. 757-1. – Sous réserve des adaptations prévues par le présent chapitre, les dispositions suivantes sont applicables dans les îles Wallis-et-Futuna dans leur rédaction résultant de l'ordonnance n° 2022-478 du 30 mars 2022 sauf mention contraire dans le tableau ci-dessous :

Articles applicables	Dans leur rédaction résultant de
L. 611-1 à L. 632-1	

TITRE VI. – DISPOSITIONS APPLICABLES EN POLYNÉSIE FRANÇAISE

CHAPITRE Ier. – DISPOSITIONS GÉNÉRALES

Art. L. 761-1. – Sous réserve des dispositions applicables de plein droit, les dispositions législatives du présent code ne s'appliquent en Polynésie française que dans la mesure et les conditions prévues par le présent titre.

Art. L. 761-2. – Pour l'application du présent code en Polynésie française :

1° Les références au département sont remplacées par les références à la collectivité de Polynésie française ;

2° Les références au préfet et au sous-préfet sont remplacées par les références au représentant de l'État en Polynésie française ;

3° Les références au tribunal judiciaire sont remplacées par les références au tribunal de première instance ou, le cas échéant, à la section détachée du tribunal de première instance ;

4° Les références au pôle de l'instruction sont remplacées par les références au juge d'instruction.

Art. L. 761-3. – En l'absence d'adaptations prévues par le présent titre, les références faites, par des dispositions du présent code applicables en Polynésie française, à des dispositions qui n'y sont pas applicables sont remplacées par les références aux dispositions ayant le même objet applicables localement.

Art. L. 761-4. – Les dispositions des articles L. 1 à L. 8 sont applicables en Polynésie française dans leur rédaction résultant de l'ordonnance n° 2022-478 du 30 mars 2022.

CHAPITRE II. – DISPOSITIONS SPÉCIFIQUES RELATIVES AU LIVRE Ier

Art. L. 762-1. – Sous réserve des adaptations prévues par le présent chapitre, les dispositions suivantes sont applicables en Polynésie française dans leur rédaction résultant de l'ordonnance n° 2022-478 du 30 mars 2022 sauf mention contraire dans le tableau ci-dessous :

Articles applicables	Dans leur rédaction résultant de
L. 111-1 à L. 114-6	
L. 115-3 à L. 135-1	

Art. L. 762-2. – Pour son application en Polynésie française, le premier alinéa de l'article L. 111-2 est ainsi rédigé :

« Des conventions entre l'administration pénitentiaire et les autres services de l'État, les communes, les associations et d'autres personnes publiques ou privées définissent les conditions et modalités d'accès, pendant leur détention, des personnes condamnées aux droits et dispositifs mentionnés par les dispositions de l'article L. 111-1. Les autres collectivités territoriales peuvent participer à la conclusion de ces conventions. ».

Art. L. 762-3. – Pour son application en Polynésie française, l'article L. 114-5 est ainsi rédigé :

« Les périodes d'emploi des réservistes sont indemnisées dans des conditions fixées par décret. ».

Art. L. 762-4. – Pour son application en Polynésie française, à l'article L. 115-4, les références au directeur général de l'agence régionale de santé sont remplacées par les références aux institutions compétentes de la collectivité.

Art. L. 762-5. – L'État peut conclure avec les autorités compétentes de la Polynésie française une convention afin de définir les modalités d'application de l'article L. 115-4.

CHAPITRE III. – DISPOSITIONS SPÉCIFIQUES RELATIVES AU LIVRE II

Art. L. 763-1. – Sous réserve des adaptations prévues par le présent chapitre, les dispositions suivantes sont applicables en Polynésie française dans leur rédaction résultant de l'ordonnance n° 2022-478 du 30 mars 2022 sauf mention contraire dans le tableau ci-dessous :

Articles applicables	Dans leur rédaction résultant de
L. 211-1 à L. 231-3	

CHAPITRE IV. – DISPOSITIONS SPÉCIFIQUES RELATIVES AU LIVRE III

Art. L. 764-1. – Sous réserve des adaptations prévues par le présent chapitre, les dispositions suivantes sont applicables en Polynésie française dans leur rédaction résultant de l'ordonnance n° 2022-478 du 30 mars 2022 sauf mention contraire dans le tableau ci-dessous :

Articles applicables	Dans leur rédaction résultant de
L. 311-1 à L. 381-1	

Art. L. 764-2. – L'État peut conclure avec les autorités compétentes de la Polynésie française une convention afin de définir les modalités d'application des articles L. 115-4, L. 320-1 et L. 322-1.

Art. L. 764-3. – Pour son application en Polynésie française, à l'article L. 322-3, les mots : « dans le respect des conditions prévues par les dispositions de l'article L. 6141-5 du Code de la santé publique » sont supprimés.

Art. L. 764-4. – Pour son application en Polynésie française, au 1° de l'article L. 322-12, les mots : « , en application des dispositions de l'article L. 1110-11 du Code de la santé publique » sont supprimés.

CHAPITRE V. – DISPOSITIONS SPÉCIFIQUES RELATIVES AU LIVRE IV

Art. L. 765-1. – Sous réserve des adaptations prévues par le présent chapitre, les dispositions suivantes sont applicables en Polynésie française dans leur rédaction résultant de l'ordonnance n° 2022-478 du 30 mars 2022 sauf mention contraire dans le tableau ci-dessous :

Articles applicables	Dans leur rédaction résultant de
L. 411-1 à L. 424-5	

Art. L. 765-2. – Pour son application en Polynésie française, l'article L. 412-20 est ainsi rédigé :

« *Art. L. 412-20.* – La rémunération du travail des personnes détenues ne peut être inférieure à un taux horaire fixé par décret et indexé sur le salaire minimum défini localement par les autorités compétentes de la Polynésie française ou de la Nouvelle-Calédonie. Ce taux peut varier en fonction du régime sous lequel les personnes détenues sont employées. ».

CHAPITRE VI. – DISPOSITIONS SPÉCIFIQUES RELATIVES AU LIVRE V

Art. L. 766-1. – Sous réserve des adaptations prévues par le présent chapitre, les dispositions suivantes sont applicables en Polynésie française dans leur rédaction résultant de l'ordonnance n° 2022-478 du 30 mars 2022 sauf mention contraire dans le tableau ci-dessous :

Articles applicables	Dans leur rédaction résultant de
L. 511-1 à L. 545-1	

CHAPITRE VII. – DISPOSITIONS SPÉCIFIQUES RELATIVES AU LIVRE VI

Art. L. 767-1. – Sous réserve des adaptations prévues par le présent chapitre, les dispositions suivantes sont applicables en Polynésie française dans leur rédaction résultant de l'ordonnance n° 2022-478 du 30 mars 2022 sauf mention contraire dans le tableau ci-dessous :

Articles applicables	Dans leur rédaction résultant de
L. 611-1 à L. 632-1	

TITRE VII. – DISPOSITIONS APPLICABLES EN NOUVELLE-CALÉDONIE

CHAPITRE Ier. – DISPOSITIONS GÉNÉRALES

Art. L. 771-1. – Sous réserve des dispositions applicables de plein droit, les dispositions législatives du présent code ne s'appliquent en Nouvelle-Calédonie que dans la mesure et les conditions prévues par le présent titre.

Art. L. 771-2. – Pour l'application du présent code en Nouvelle-Calédonie :

1° Les références au département sont remplacées par les références à la collectivité de Nouvelle-Calédonie ;

2° Les références au préfet et au sous-préfet sont remplacées par les références au représentant de l'État en Nouvelle-Calédonie ;

3° Les références au tribunal judiciaire sont remplacées par les références au tribunal de première instance ou, le cas échéant, à la section détachée du tribunal de première instance ;

4° Les références au pôle de l'instruction sont remplacées par les références au juge d'instruction.

Art. L. 771-3. – En l'absence d'adaptations prévues par le présent titre, les références faites, par des dispositions du présent code applicables en Nouvelle-Calédonie à des dispositions qui n'y sont pas applicables sont remplacées par les références aux dispositions ayant le même objet applicables localement.

Art. L. 771-4. – Les dispositions des articles L. 1 à L. 8 sont applicables en Nouvelle-Calédonie dans leur rédaction résultant de l'ordonnance n° 2022-478 du 30 mars 2022.

CHAPITRE II. – DISPOSITIONS SPÉCIFIQUES RELATIVES AU LIVRE Ier

Art. L. 772-1. – Sous réserve des adaptations prévues par le présent chapitre, les dispositions suivantes sont applicables en Nouvelle-Calédonie dans leur rédaction résultant de l'ordonnance n° 2022-478 du 30 mars 2022 sauf mention contraire dans le tableau ci-dessous :

Articles applicables	Dans leur rédaction résultant de
L. 111-1 à L. 114-6	
L. 115-3 à L. 135-1	

Art. L. 772-2. – Pour l'application des articles L. 111-1 et L. 111-2, la Nouvelle-Calédonie est regardée comme une collectivité territoriale.

Art. L. 772-3. – Pour son application en Nouvelle-Calédonie, le premier alinéa de l'article L. 111-2 est ainsi rédigé :

« Des conventions entre l'administration pénitentiaire et les autres services de l'État, les communes, les associations et d'autres personnes publiques ou privées définissent les conditions et modalités d'accès, pendant leur détention, des personnes condamnées aux droits et dispositifs mentionnés par les dispositions de l'article L. 111-1. Les autres collectivités territoriales peuvent participer à la conclusion de ces conventions. ».

Art. L. 772-4. – Pour son application en Nouvelle-Calédonie, l'article L. 114-5 est ainsi rédigé :

« *Art. L. 114-5.* – Les périodes d'emploi des réservistes sont indemnisées dans des conditions fixées par décret. ».

Art. L. 772-5. – Pour son application en Nouvelle-Calédonie, à l'article L. 115-4, les références au directeur général de l'agence régionale de santé sont remplacées par les références aux institutions compétentes de la collectivité.

Art. L. 772-6. – L'État peut conclure avec les autorités compétentes de la Nouvelle-Calédonie une convention afin de définir les modalités d'application de l'article L. 115-4.

CHAPITRE III. – DISPOSITIONS SPÉCIFIQUES RELATIVES AU LIVRE II

Art. L. 773-1. – Sous réserve des adaptations prévues par le présent chapitre, les dispositions suivantes sont applicables en Nouvelle-Calédonie dans leur rédaction résultant de l'ordonnance n° 2022-478 du 30 mars 2022 sauf mention contraire dans le tableau ci-dessous :

Articles applicables	Dans leur rédaction résultant de
L. 211-1 à L. 231-3	

CHAPITRE IV. – DISPOSITIONS SPÉCIFIQUES RELATIVES AU LIVRE III

Art. L. 774-1. – Sous réserve des adaptations prévues par le présent chapitre, les dispositions suivantes sont applicables en Nouvelle-Calédonie dans leur rédaction résultant de l'ordonnance n° 2022-478 du 30 mars 2022 sauf mention contraire dans le tableau ci-dessous :

Articles applicables	Dans leur rédaction résultant de
L. 311-1 à L. 381-1	

Art. L. 774-2. – L'État peut conclure avec les autorités compétentes de la Nouvelle-Calédonie une convention afin de définir les modalités d'application des articles L. 115-4, L. 320-1 et L. 322-1.

Art. L. 774-3. – Pour son application en Nouvelle-Calédonie, à l'article L. 322-3, les mots : « dans le respect des conditions prévues par les dispositions de l'article L. 6141-5 du Code de la santé publique » sont supprimés.

Art. L. 774-4. – Pour son application en Nouvelle-Calédonie, au 1° de l'article L. 322-12, les mots : « , en application des dispositions de l'article L. 1110-11 du Code de la santé publique » sont supprimés.

CHAPITRE V. – DISPOSITIONS SPÉCIFIQUES RELATIVES AU LIVRE IV

Art. L. 775-1. – Sous réserve des adaptations prévues par le présent chapitre, les dispositions suivantes sont applicables en Nouvelle-Calédonie dans leur rédaction résultant de l'ordonnance n° 2022-478 du 30 mars 2022 sauf mention contraire dans le tableau ci-dessous :

Articles applicables	Dans leur rédaction résultant de
L. 411-1 à L. 424-5	

Art. L. 775-2. – Pour son application en Nouvelle-Calédonie, l'article L. 412-20 est ainsi rédigé :

« *Art. L. 412-20.* – La rémunération du travail des personnes détenues ne peut être inférieure à un taux horaire fixé par décret et indexé sur le salaire minimum défini localement par les autorités compétentes de la Polynésie française ou de la Nouvelle-Calédonie. Ce taux peut varier en fonction du régime sous lequel les personnes détenues sont employées. ».

CHAPITRE VI. – DISPOSITIONS SPÉCIFIQUES RELATIVES AU LIVRE V

Art. L. 776-1. – Sous réserve des adaptations prévues par le présent chapitre, les dispositions suivantes sont applicables en Nouvelle-Calédonie dans leur rédaction résultant de l'ordonnance n° 2022-478 du 30 mars 2022 sauf mention contraire dans le tableau ci-dessous :

Articles applicables	Dans leur rédaction résultant de
L. 511-1 à L. 545-1	

CHAPITRE VII. – DISPOSITIONS SPÉCIFIQUES RELATIVES AU LIVRE VI

Art. L. 777-1. – Sous réserve des adaptations prévues par le présent chapitre, les dispositions suivantes sont applicables en Nouvelle-Calédonie dans leur rédaction résultant de l'ordonnance n° 2022-478 du 30 mars 2022 sauf mention contraire dans le tableau ci-dessous :

Articles applicables	Dans leur rédaction résultant de
L. 611-1 à L. 632-1	

PARTIE RÉGLEMENTAIRE

Avertissement : La partie réglementaire du Code pénitentiaire est issue du décret n° 2022-479 du 30 mars 2022 portant partie réglementaire du Code pénitentiaire. Les dispositions de décret sont entrées en vigueur le 1er mai 2022.

LIVRE Ier

SERVICE PUBLIC PÉNITENTIAIRE

TITRE Ier. – ACTEURS

CHAPITRE Ier. – DISPOSITIONS GÉNÉRALES

Le présent chapitre ne comprend pas de dispositions réglementaires.

CHAPITRE II. – ORGANISATION

Section 1. – Services centraux de l'administration pénitentiaire

Sous-section 1. – Direction de l'administration pénitentiaire

Art. D. 112-1. – **Le niveau central de l'administration pénitentiaire est constitué par la direction de l'administration pénitentiaire placée sous l'autorité du garde des sceaux, ministre de la justice.**

Sous-section 2. – Services à compétence nationale rattachés au directeur de l'administration pénitentiaire

§ 1. – Service national du renseignement pénitentiaire

Sous-paragraphe 1. – Dispositions générales

Art. R. 112-2. – **Le service qui peut être autorisé à recourir à des techniques de renseignement dans les conditions prévues par les dispositions des articles L. 855-1, R. 811-2 et R. 855-1 du Code de la sécurité intérieure est le service national du renseignement pénitentiaire.**

Art. D. 112-3. – **Le service national du renseignement pénitentiaire est un service à compétence nationale rattaché au directeur de l'administration pénitentiaire.**

Il a pour missions de rechercher, collecter, exploiter, analyser et diffuser les informations et renseignements relatifs à la défense et à la promotion des intérêts fondamentaux de la Nation mentionnés par les dispositions de l'article R. 811-2 du Code de la sécurité intérieure, ainsi qu'à la prévention des évasions et à la sécurité au sein des établissements pénitentiaires ou des établissements de santé destinés à recevoir des personnes détenues et des services pénitentiaires.

Sous-paragraphe 2. – Accès aux fichiers

Art. R. 112-4. – **Les agents individuellement désignés et habilités par le chef du service national du renseignement pénitentiaire ont directement accès au fichier judiciaire national automatisé des auteurs**

d'infractions terroristes dans les conditions prévues par les dispositions de l'article R. 50-51 du Code de procédure pénale.

§ 2. – Service national des transfèrements

Art. D. 112-5. – La direction de l'administration pénitentiaire comprend un service national des transfèrements, dirigé par un directeur des services pénitentiaires.

Ce service assure l'exécution des ordres de transfèrements émanant de l'administration centrale, sans préjudice de l'application des dispositions de l'article D. 112-10.

Sous-section 3. – Centre national d'évaluation

Art. D. 112-6. – La direction de l'administration pénitentiaire comprend un centre national d'évaluation, chargé de concourir à la procédure d'orientation prévue par l'article D. 211-9 et aux évaluations mentionnées aux articles R. 545-3 et D. 422-9.

Section 2. – Services déconcentrés

Sous-section 1. – Directions interrégionales des services pénitentiaires et mission des services pénitentiaires de l'outre-mer

§ 1. – Organisation des services déconcentrés

Art. R. 112-7. – Les services déconcentrés de l'administration pénitentiaire sont constitués de directions interrégionales et d'une mission des services pénitentiaires de l'outre-mer.

Art. R. 112-8. – Le ressort territorial de chaque direction interrégionale des services pénitentiaires s'étend sur une ou plusieurs circonscriptions régionales. Le directeur interrégional des services pénitentiaires a autorité sur les établissements pénitentiaires et services pénitentiaires d'insertion et de probation relevant de ce ressort, à l'exception des établissements qu'un texte place directement sous l'autorité de l'administration centrale.

Le ressort de la mission des services pénitentiaires de l'outre-mer correspond au territoire des collectivités des articles 73 et 74 de la Constitution et de la collectivité de Nouvelle-Calédonie. Le directeur de cette mission a autorité sur les établissements pénitentiaires et services pénitentiaires d'insertion et de probation relevant de ce ressort à l'exception des établissements qu'un texte place directement sous l'autorité de l'administration centrale.

Les ressorts mentionnés aux alinéas précédents sont fixés par arrêté du garde des sceaux, ministre de la justice.

§ 2. – Missions des directions interrégionales et des services pénitentiaires de l'outre-mer

Art. R. 112-9. – Les directions interrégionales et la mission des services pénitentiaires de l'outre-mer sont chargées dans leur ressort de :

1° La définition des objectifs stratégiques interrégionaux pour la mise en œuvre des orientations nationales de la politique définie par le directeur de l'administration pénitentiaire ; elles en pilotent la mise en œuvre et en évaluent les résultats ;

2° L'animation, le contrôle et la coordination des activités des établissements et des services pénitentiaires d'insertion et de probation ;

3° La conduite des relations avec les autorités judiciaires qui ne relèvent pas de la mise en œuvre du Code pénitentiaire ;

4° La conduite des relations avec les autorités administratives ainsi qu'avec les collectivités territoriales et leurs établissements ; à ce titre, elles s'assurent de la prise en compte des personnes placées sous main de justice dans les politiques et les dispositifs publics de l'État et des collectivités territoriales mis en œuvre dans leur ressort ; à cet effet, elles représentent la direction de l'administration pénitentiaire dans les instances et réunions et apportent leur contribution à la définition desdits politiques et dispositifs ;

5° La gestion des crédits qui leur sont alloués par le responsable de programme ; le contrôle de gestion ;

6° La participation à l'élaboration de la politique immobilière et d'investissement et leur mise en œuvre dans la limite des délégations qui leur sont consenties ;

7° La définition et le pilotage de la politique des achats dans le cadre des orientations du directeur de l'administration pénitentiaire, du responsable ministériel des achats et de la politique des achats de l'État ;

8° Le suivi de la gestion déléguée relevant des dispositions de l'article L. 111-3 dans le cadre des contrats la mettant en œuvre ;

9° Sous réserve des compétences de l'administration centrale pour la gestion de certains corps ou la coordination nationale de la gestion, dans le respect des prérogatives du directeur de l'administration pénitentiaire et du secrétariat général, la gestion des ressources humaines, le recueil et l'analyse des besoins individuels et collectifs de formation ainsi que l'élaboration du plan interrégional de formation continue ;

10° Les relations avec les organisations représentatives des personnels, notamment par la mise en place, la programmation et la tenue des instances consultatives interrégionales.

Art. D. 112-10. – Le directeur interrégional assure l'organisation des transfèrements qu'il ordonne et leur réalisation par les moyens dont il dispose.

La même charge lui incombe en ce qui concerne l'exécution d'un ordre de transfèrement émanant de l'administration centrale, lorsque ce transfèrement est prescrit entre des établissements pénitentiaires situés dans sa direction interrégionale ou lorsque des instructions lui sont données en ce sens.

Sous-paragraphe 1. – Équipes régionales d'intervention et de sécurité

Art. D. 112-11. – Des équipes régionales d'intervention et de sécurité sont implantées dans chaque direction interrégionale des services pénitentiaires et mises à la disposition du directeur interrégional des services pénitentiaires dans le cadre des missions qui sont dévolues au service public de l'administration pénitentiaire.

Les membres de ces équipes sont affectés au siège de la direction interrégionale des services pénitentiaires à laquelle l'équipe régionale d'intervention et de sécurité est rattachée.

Les équipes régionales d'intervention et de sécurité constituent des équipes de sécurité pénitentiaire au sens de l'article L. 223-17.

Art. D. 112-12. – Les équipes régionales d'intervention et de sécurité ont pour missions principales de :

1° Participer au rétablissement et au maintien de l'ordre en cas de mouvements collectifs ou individuels de personnes détenues ;

2° Participer à l'organisation de fouilles générales ou sectorielles en assurant la sécurité globale de l'opération ;

3° Dissuader et prévenir les mouvements lorsque les détentions sont fragilisées soit par les suites d'un mouvement collectif, soit par l'affaiblissement momentané du dispositif de sécurité ;

4° Réaliser, en renfort d'escorte ou en escorte principale, le transfert administratif de personnes détenues signalées violentes ou sensibles ;

5° Participer à des échanges d'expertise technique avec d'autres forces de sécurité publique.

Par ailleurs, les fonctionnaires des équipes régionales de sécurité titulaires d'une habilitation de moniteurs peuvent participer à des actions de formation des personnels exerçant en établissement pénitentiaire.

En outre, certains fonctionnaires des équipes régionales d'intervention et de sécurité disposent d'une expertise particulière en matière de réalisation de dossiers d'objectifs et opérationnels.

Sous-paragraphe 2. – Pôles de rattachement des extractions judiciaires

Art. D. 112-13. – Les pôles de rattachement des extractions judiciaires constituent des équipes de sécurité pénitentiaire au sens de l'article L. 223-17.

Ils sont placés sous l'autorité du directeur interrégional des services pénitentiaires.

Art. D. 112-14. – Les agents affectés aux pôles de rattachement des extractions judiciaires sont chargés d'exécuter des missions de prise en charge extérieures des personnes détenues, en particulier :

1° Les extractions judiciaires des personnes détenues ;

2° Les autorisations de sortie sous escorte des personnes détenues ;

3° Les transferts administratifs des personnes détenues ;

4° Les translations judiciaires des personnes détenues.

Sous-section 2. – Établissements pénitentiaires

§ 1. – Typologie

Art. R. 112-15. – Les établissements pour peines sont :

1° Les maisons centrales ;
2° Les centres de détention ;
3° Les établissements pénitentiaires spécialisés pour mineurs ;
4° Les centres de semi-liberté.

Art. R. 112-16. – Les centres pénitentiaires peuvent comporter les quartiers suivants :

1° « Quartier maison centrale » ;
2° « Quartier centre de détention » ;
3° « Quartier de semi-liberté » ;
4° « Quartier maison d'arrêt ».

Ils peuvent aussi comporter des quartiers dénommés « Structures d'accompagnement vers la sortie ».

Art. R. 112-17. – Les centres socio-médico-judiciaires de sûreté sont des structures placées sous l'autorité conjointe du ministre chargé de la santé et du garde des sceaux, ministre de la justice, qui accueillent des personnes placées en rétention de sûreté.

Art. D. 112-18. – Les maisons centrales et les quartiers maison centrale comportent une organisation et un régime de sécurité renforcé dont les modalités internes permettent également de préserver et de développer les possibilités de réinsertion sociale des personnes condamnées.

Un arrêté du garde des sceaux, ministre de la justice, fixe la liste des maisons centrales et des quartiers maison centrale. Cet arrêté est annexé au présent code.

Art. D. 112-19. – Les centres de détention et les quartiers centre de détention comportent un régime principalement orienté vers la réinsertion sociale et, le cas échéant, la préparation à la sortie des personnes condamnées.

Un arrêté du garde des sceaux, ministre de la justice, fixe la liste des centres et des quartiers centre de détention. Cet arrêté est annexé au présent code.

Art. D. 112-20. – Les centres de semi-liberté et quartiers de semi-liberté ainsi que les structures d'accompagnement vers la sortie comportent un régime essentiellement orienté vers la réinsertion sociale et la préparation à la sortie des personnes condamnées.

Les personnes condamnées faisant l'objet d'une mesure de semi-liberté sont détenues soit dans des centres de semi-liberté ou des quartiers de semi-liberté, soit dans des structures d'accompagnement vers la sortie. Les personnes condamnées faisant l'objet d'une mesure de placement à l'extérieur dans les conditions fixées par les dispositions de l'article D. 136 du Code de procédure pénale peuvent également être détenues dans ces établissements ou ces quartiers.

Les structures d'accompagnement vers la sortie peuvent recevoir les personnes condamnées dont le reliquat de peine leur restant à exécuter est inférieur à deux ans.

Un arrêté du garde des sceaux, ministre de la justice, fixe la liste des centres de semi-liberté. Cet arrêté est annexé au présent code.

Art. D. 112-21. – Les structures d'accompagnement vers la sortie favorisent la préparation à la sortie de la personne détenue par la mise en œuvre de programmes de prise en charge permettant un accompagnement global, renforcé et individualisé.

Un arrêté du garde des sceaux, ministre de la justice, fixe la liste des structures d'accompagnement vers la sortie. Cet arrêté est annexé au présent code.

§ 2. – Règlement intérieur

Art. R. 112-22 *(Mod., D. n° 2022-655, 25 avr. 2022)*. – Le règlement intérieur type pour le fonctionnement de chacune des catégories d'établissements pénitentiaires, comprenant des dispositions communes et des dispositions spécifiques à chaque catégorie, est constitué des dispositions mentionnées aux articles R. 131-1, R. 211-1, R. 212-14, R. 212-15, R. 212-16, R. 212-17, R. 212-18, R. 212-19, R. 213-3, R. 213-5, R. 213-6, R. 213-7, R. 213-8, R. 213-10, R. 213-11, R. 213-12, R. 213-13, R. 213-14, R. 213-15, R. 213-16, R. 213-17, R. 213-20, R. 221-4, R. 223-1, R. 225-5, R. 226-1, R. 231-1, R. 231-2, R. 232-1, R. 235-1, R. 235-7, R. 235-9, R. 311-2, R. 313-10, R. 313-12, R. 314-1, R. 315-2, R. 321-4, R. 321-5, R. 321-6, R. 322-11, R. 322-12, R. 323-1, R. 332-1, R. 332-2, R. 332-3, R. 332-4, R. 332-5, R. 332-33, R. 332-35, R. 332-36, R. 332-37, R. 332-38, R. 332-39, R. 332-40, R. 332-41, R. 332-43, R. 332-44, R. 332-45, R. 341-12, R. 341-17, R. 344-1, R. 345-6, R. 345-7, R. 345-8, R. 345-11, R. 351-1, R. 351-4, R. 370-1, R. 370-2, R. 370-3, R. 381-1, R. 411-7, R. 411-8, R. 412-1, R. 412-8, R. 412-51, R. 413-2, R. 413-6, R. 414-1, R. 414-7, R. 511-2 et R. 522-1.

Art. R. 112-23. – Chaque chef d'établissement pénitentiaire adapte le règlement intérieur type applicable à la catégorie dont relève l'établissement qu'il dirige en prenant en compte les modalités spécifiques de fonctionnement de ce dernier. Il recueille l'avis des personnels.

Le règlement intérieur de chaque établissement, ainsi que ses modifications le cas échéant, sont transmis pour approbation au directeur interrégional des services pénitentiaires. Il est adressé pour information au juge de l'application des peines, au président du tribunal judiciaire et au procureur de la République.

§ 3. – Construction et aménagement

Art. R. 112-24. – En application des dispositions de l'article R*. 421-8 du Code de l'urbanisme, les constructions situées à l'intérieur de l'enceinte des établissements pénitentiaires sont dispensées de toute formalité au titre du même code.

Art. R. 112-25. – En application des dispositions de l'article R*. 421-13 du Code de l'urbanisme, les travaux relatifs à la reconstruction des établissements pénitentiaires après mutinerie sont dispensés de toute formalité au titre du même code.

Art. R. 112-26. – Conformément aux dispositions de l'article R. 331-4 du Code de l'urbanisme, les constructions d'établissements pénitentiaires édifiées en vertu d'une mission globale confiée par l'État à un opérateur économique, en application des dispositions de l'article L. 2171-4 du Code de la commande publique, sont exonérées de la part communale ou intercommunale de la taxe d'aménagement.

§ 4. – Implantation

Art. D. 112-27. – Une maison d'arrêt ou un quartier maison d'arrêt est implanté auprès de chaque cour d'assises et de chaque tribunal judiciaire.

Un arrêté du garde des sceaux, ministre de la justice, fixe la liste des maisons d'arrêt et des quartiers maison d'arrêt. Cet arrêté est annexé au présent code.

Art. D. 112-28. – Toutefois, en l'absence de maison d'arrêt ou de quartier maison d'arrêt dans le ressort d'une cour d'assises ou d'un tribunal judiciaire, les personnes prévenues, accusées ou appelantes ressortissant à ces juridictions, sont détenues dans une maison d'arrêt ou un quartier maison d'arrêt d'un autre ressort.

Un décret fixe la liste des cours d'assises et des tribunaux judiciaires concernés auprès desquels il n'y a pas de maison d'arrêt ou de quartiers maison d'arrêt ainsi que les maisons d'arrêt ou quartiers maison d'arrêt où sont détenues les personnes prévenues, accusées ou appelantes ressortissant à ces juridictions, sans préjudice des dispositions de l'article D. 211-4.

§ 5. – Equipes de sécurité pénitentiaire intervenant au sein des établissements

Sous-paragraphe 1. – Equipes locales de sécurité pénitentiaire

Art. D. 112-29. – Les équipes locales de sécurité pénitentiaire constituent des équipes de sécurité pénitentiaire au sens de l'article L. 223-17.

Elles sont placées sous l'autorité du chef de l'établissement pénitentiaire.

Art. D. 112-30. – Les équipes locales de sécurité pénitentiaire sont chargées d'exécuter des missions de prise en charge extérieures des personnes détenues, en particulier :

1° Les extractions médicales des personnes détenues ;
2° Les extractions judiciaires des personnes détenues ;
3° Les autorisations de sortie sous escorte des personnes détenues ;
4° Les transferts administratifs des personnes détenues ;
5° Les translations judiciaires des personnes détenues.

Les équipes locales de sécurité pénitentiaire sont également chargées des missions de sécurisation intérieure et périmétrique des établissements pénitentiaires.

Selon l'organisation de l'établissement, les équipes locales de sécurité pénitentiaire peuvent également être amenées à réaliser toute mission normalement dévolue aux personnels de surveillance de leur corps et grade d'appartenance.

Sous-paragraphe 2. – Equipes de sécurité des unités hospitalières

Art. D. 112-31. – Les équipes de sécurité des unités hospitalières constituent des équipes de sécurité pénitentiaire au sens de l'article L. 223-17.

Elles sont placées sous l'autorité du chef de l'établissement pénitentiaire.

Art. D. 112-32. – Les équipes de sécurité des unités hospitalières sont chargées d'exécuter des missions de sécurisation des unités hospitalières sécurisées interrégionales et des unités hospitalières spécialement aménagées, en particulier :

1° Les extractions médicales des personnes détenues affectées dans les unités hospitalières ;
2° Les extractions judiciaires les concernant ;
3° Les transferts administratifs des personnes détenues rejoignant ou quittant ces unités ;
4° La sécurisation des unités hospitalières spécialement aménagées et des unités hospitalières sécurisées interrégionales ;
5° La surveillance des personnes détenues affectées en unités hospitalières sécurisées interrégionales.

§ 6. – Accessibilité des établissements aux personnes en situation de handicap

Art. D. 112-33. – L'administration pénitentiaire favorise l'accessibilité des établissements pénitentiaires aux personnes en situation de handicap, que celles-ci soient détenues, visiteuses, intervenantes ou membres du personnel.

Art. D. 112-34. – Afin d'améliorer les conditions de vie des personnes détenues en situation de handicap, l'administration pénitentiaire aménage les zones nécessaires et prévoit un nombre adapté de cellules aménagées pour les personnes en situation de handicap.

Les arrêtés interministériels fixant les règles d'accessibilité applicables aux établissements pénitentiaires et pris en application des dispositions des articles R. 162-13 et R. 164-5 du Code de la construction et de l'habitation sont annexés au présent code.

Sous-section 3. – Services pénitentiaires d'insertion et de probation

Art. D. 112-35. – Dans chaque département, un service pénitentiaire d'insertion et de probation, service déconcentré de l'administration pénitentiaire, est chargé d'exécuter les missions prévues par les dispositions des articles D. 113-36, D. 113-41, D. 113-59, D. 113-62, D. 522-3 et D. 542-1.

Le siège du service pénitentiaire d'insertion et de probation et la liste des antennes locales d'insertion et de probation sont fixés par arrêté du garde des sceaux, ministre de la justice. Cet arrêté est annexé au présent code.

Art. D. 112-36. – Chaque année, le directeur du service pénitentiaire d'insertion et de probation transmet un rapport d'activité au directeur interrégional des services pénitentiaires, au président du tribunal judiciaire et au procureur de la République près du tribunal ainsi qu'au juge de l'application des peines.

Art. D. 112-37. – Les modalités du fonctionnement financier et comptable du service pénitentiaire d'insertion et de probation sont fixées par arrêté conjoint du garde des sceaux, ministre de la justice et du ministre chargé du budget, annexé au présent code.

Il est institué auprès des services pénitentiaires d'insertion et de probation une régie de recettes par arrêté du garde des sceaux, ministre de la justice. Cet arrêté est annexé au présent code.

Art. D. 112-38. – Le service pénitentiaire d'insertion et de probation assure une permanence pour répondre aux demandes de la juridiction et à toutes mesures d'urgence nécessitées par la situation des personnes mentionnées par les dispositions des articles D. 113-36, D. 113-41, D. 522-4 et D. 542-1.

Section 3. – Agence nationale du travail d'intérêt général et de l'insertion professionnelle des personnes placées sous main de justice

Art. D. 112-39. – L'agence du travail d'intérêt général et de l'insertion professionnelle des personnes placées sous main de justice est un service à compétence nationale rattaché au garde des sceaux, ministre de la justice. Sa gestion administrative et financière est rattachée à la direction de l'administration pénitentiaire.

Art. D. 112-40. – L'agence a pour mission de développer le travail d'intérêt général ainsi que la formation professionnelle, le travail et l'insertion professionnelle par l'activité économique pour les personnes placées sous main de justice, en particulier dans les établissements pénitentiaires.

À cet effet, elle est chargée :

1° De proposer au garde des sceaux, ministre de la justice, en lien avec les autres ministères concernés, et notamment le ministère du travail, une stratégie nationale du travail d'intérêt général, de l'emploi pénitentiaire et de l'insertion professionnelle et par l'activité économique ;

2° De rechercher des structures susceptibles d'accueillir des postes de travail d'intérêt général ainsi que des types d'activités ou de fonctions pour ces postes ; de rechercher des partenaires pour développer la formation professionnelle, le travail et l'insertion professionnelle et par l'activité économique des personnes placées sous main de justice ;

3° De coordonner avec les ministères concernés, la mise en œuvre opérationnelle des offres d'activité par les structures partenaires et d'y associer les collectivités territoriales ;

4° D'administrer une plate-forme numérique au soutien de ses missions, permettant notamment de recenser et de localiser les offres d'activité ;

5° En complément du travail en concession et au service général, d'assurer la gestion en régie de l'emploi dans les établissements pénitentiaires et d'organiser la commercialisation des biens et services produits par les personnes détenues ; à ce titre, elle est chargée de gérer le compte de commerce intitulé « Régie industrielle des établissements pénitentiaires » ;

6° D'animer un réseau de partenaires publics et privés sur le territoire ;

7° D'assurer la promotion du travail d'intérêt général et de l'emploi pénitentiaire, d'établir des statistiques et d'évaluer la mise œuvre de ces dispositifs ;

8° De proposer au garde des sceaux, ministre de la justice, les évolutions législatives et réglementaires pour faciliter la mise en œuvre opérationnelle des offres d'activité par les structures partenaires.

L'agence participe à l'objectif de réinsertion des personnes placées sous main de justice notamment celles rencontrant des difficultés sociales ou professionnelles.

Art. D. 112-41. – L'agence est placée sous l'autorité d'un directeur, qui peut être assisté d'un adjoint. Ils sont nommés par arrêté du garde des sceaux, ministre de la justice.

Le directeur établit un rapport annuel sur l'activité de l'agence.

Art. D. 112-42. – Un comité d'orientation stratégique propose des orientations et délibère de toutes les missions et activités de l'agence. Le plan d'action stratégique de l'agence, élaboré par le directeur, lui est soumis pour avis.

Le comité comprend 20 membres. Il est composé de :

1° Représentants de l'État, dont le directeur de l'administration pénitentiaire et le délégué général à l'emploi et à la formation professionnelle ;

2° Représentants de collectivités publiques ;

3° Représentants d'entreprises, d'associations, de structures de l'économie sociale et solidaire et des secteurs d'activité concernés.

Les représentants mentionnés aux 2° et 3° sont désignés pour une durée de trois ans.

Un arrêté du garde des sceaux, ministre de la justice, désigne les membres et les modalités d'organisation de ce comité.

Section 4. – École nationale d'administration pénitentiaire

Sous-section 1. – Sous-section 1 : Dispositions générales

Art. R. 112-43. – L'École nationale d'administration pénitentiaire est un établissement public de l'État à caractère administratif doté de la personnalité morale et de l'autonomie financière.

Elle est placée sous la tutelle du garde des sceaux, ministre de la justice. Son siège est à Agen.

Elle est substituée à l'État dans l'ensemble des droits et obligations qui résultaient pour celui-ci des contrats et conventions conclus pour la gestion de l'École nationale d'administration pénitentiaire avant le 1er janvier 2001.

Art. R. 112-44. – L'École nationale d'administration pénitentiaire a pour missions :

1° La formation professionnelle initiale et tout au long de la vie des fonctionnaires et agents publics occupant un emploi dans l'administration pénitentiaire ainsi que la formation professionnelle continue des partenaires du service public pénitentiaire ;

2° La préparation à des concours de la fonction publique et, à ce titre, organise des préparations destinées à permettre la diversification des recrutements, dont les modalités sont définies par arrêté du garde des sceaux, ministre de la justice ;

3° La réalisation de travaux de recherches et d'études et leur diffusion ;

4° Le développement et la mise en œuvre d'actions de partenariat avec des institutions d'enseignement et de recherche ;

5° Le développement et la mise en œuvre d'actions de coopération internationale, notamment en matière de formation et de recherche.

Elle peut assurer des prestations de service à titre onéreux.

Sous-section 2. – Organisation administrative

Art. R. 112-45. – L'École nationale d'administration pénitentiaire est administrée par un conseil d'administration et dirigée par un directeur.

Art. R. 112-46. – Le conseil d'administration comprend, outre le président nommé par décret, sur proposition du garde des sceaux, ministre de la justice, pour une durée de trois ans renouvelable :

1° Six représentants de l'État, membres de droit :

a) Le directeur de l'administration pénitentiaire ou son représentant ;

b) Un représentant du ministre chargé de l'emploi et de la formation professionnelle ;

c) Un représentant du ministre chargé de la santé ;

d) Un représentant du ministre chargé de l'éducation nationale ;

e) Un représentant du ministre de l'intérieur ;

f) Le préfet du département de Lot-et-Garonne ou son représentant ;

2° Quatre fonctionnaires des services déconcentrés de l'administration pénitentiaire et quatre suppléants proposés par le directeur de l'administration pénitentiaire :

a) Un directeur interrégional des services pénitentiaires ;

b) Un directeur fonctionnel des services pénitentiaires d'insertion et de probation ;

c) Deux fonctionnaires exerçant en établissement pénitentiaire, dont un chef d'établissement pénitentiaire ;

3° Trois personnalités extérieures choisies en raison de leurs compétences, dont l'une exerce les fonctions de vice-président ; en cas d'empêchement du président, le vice-président exerce les attributions de ce dernier ;

4° Trois délégués titulaires et trois délégués suppléants élus par les élèves en cours de scolarité à l'École nationale d'administration pénitentiaire répartis en trois collèges :

a) Personnel de surveillance ;

b) Personnel pénitentiaire d'insertion et de probation ;

c) Personnel de direction ;

5° Un représentant du personnel titulaire et un représentant suppléant désignés par chacune des organisations syndicales siégeant au comité technique de l'administration pénitentiaire ; en cas de nouvelles consultations du personnel des services pénitentiaires, la liste des représentants peut faire l'objet, le cas échéant, de modifications ;

6° Deux représentants titulaires et deux représentants suppléants élus par le personnel de l'école. Les membres du conseil d'administration, à l'exception de ceux mentionnés aux 4°, 5° et 6° du présent article, sont nommés par arrêté du garde des sceaux, ministre de la justice, pour une durée de trois ans renouvelable.

Art. R. 112-47. – La durée du mandat des membres du conseil d'administration est de trois ans. Le mandat des membres désignés en raison de leurs fonctions cesse avec celles-ci.

Les modalités d'élection des représentants des élèves et de ceux du personnel de l'école sont définies par le règlement intérieur de l'école.

Lorsqu'un siège devient vacant au sein du conseil d'administration, un nouveau titulaire est désigné dans les mêmes formes que son prédécesseur et achève le mandat de celui-ci, sauf si cette vacance intervient moins de six mois avant l'expiration du mandat.

Le directeur de l'École nationale d'administration pénitentiaire, le directeur adjoint, les directeurs chargés de la formation initiale, de la formation continue, de la recherche, le secrétaire général, le contrôleur budgétaire et l'agent comptable assistent aux séances du conseil d'administration avec voix consultative.

Le représentant du bureau de l'administration centrale de l'administration pénitentiaire chargé de la formation participe au conseil d'administration sans pouvoir prendre part au vote.

Le président peut inviter à assister aux séances du conseil d'administration avec voix consultative toute personne dont il juge la présence utile.

Art. R. 112-48. – Le mandat de membre du conseil d'administration de l'École nationale d'administration pénitentiaire est exercé à titre gratuit, sous réserve du remboursement des frais de déplacement et de séjour dans les conditions prévues par la réglementation applicable aux fonctionnaires civils de l'État.

Art. R. 112-49. – Le conseil d'administration se réunit sur convocation de son président et au moins deux fois par an.

Le président est tenu de convoquer le conseil d'administration, dans le mois qui suit la réception de la demande qui lui en est faite, lorsque celle-ci émane du garde des sceaux, ministre de la justice, du directeur de l'école ou de la majorité des membres du conseil.

Le président fixe l'ordre du jour du conseil, après avis du directeur de l'école. Lorsque la convocation est de droit, l'ordre du jour doit obligatoirement comporter l'examen des questions qui ont justifié cette convocation.

Les délibérations du conseil d'administration ne sont valables que si la moitié au moins de ses membres sont présents. À défaut, il est procédé à la convocation d'une nouvelle réunion qui doit se tenir dans un délai de quinze jours. Le conseil délibère alors valablement quel que soit le nombre des membres présents.

Les délibérations du conseil sont prises à la majorité des membres présents. En cas de partage égal des voix, la voix du président est prépondérante.

Un membre du conseil peut donner pouvoir à un autre membre dans l'hypothèse où son suppléant serait lui-même empêché de siéger. Aucun membre ne peut recevoir plus d'un pouvoir.

Les avis et délibérations du conseil sont mentionnés dans des procès-verbaux signés par le président et adressés au garde des sceaux, ministre de la justice, ainsi qu'à tous les membres du conseil, dans la quinzaine qui suit la date de la séance. Le compte rendu synthétique des débats du conseil élaboré par le directeur est soumis à l'approbation du conseil lors de la séance suivante.

Après adoption, le compte rendu mentionné au précédent alinéa est porté à la connaissance des personnels et élèves de l'école par tout moyen.

Art. R. 112-50. – Le conseil d'administration délibère sur :

1° Les orientations générales de l'école, dont le programme annuel des formations après avis du conseil pédagogique et scientifique ;

2° Le catalogue annuel des actions de formation continue ainsi que le programme annuel des recherches, études et colloques après avis du conseil pédagogique et scientifique ;

3° Le rapport annuel du directeur sur l'activité de l'établissement avant sa transmission au garde des sceaux, ministre de la justice ;

4° Le budget et ses modifications ;

5° Le compte financier et l'affectation des résultats ;

6° Les acquisitions, aliénations ou échanges d'immeubles ;

7° L'exercice des actions en justice et les transactions ; il peut, dans les conditions qu'il détermine, déléguer ses attributions au directeur de l'école ;

8° Les emprunts et participations à toute forme de groupement public ou privé ;

9° Les catégories de contrats, conventions ou marchés qui devront, en raison de leur nature ou de leur montant, lui être soumis pour approbation ;

10° L'acceptation des dons et legs ;

11° Le règlement intérieur de l'école.

Il fixe son règlement intérieur.

Art. R. 112-51. – Le conseil d'administration peut désigner en son sein un comité restreint de six membres, composé notamment de son président, d'un représentant du personnel et d'un représentant des élèves. En cas de partage égal des voix, celle du président est prépondérante.

Le directeur de l'École nationale d'administration pénitentiaire, le directeur adjoint, les directeurs chargés de la formation initiale, de la formation continue, de la recherche, le secrétaire général, le contrôleur budgétaire et l'agent comptable ou leurs représentants assistent aux séances du comité restreint avec voix consultative.

Le conseil d'administration peut déléguer au comité restreint tout ou partie des attributions mentionnées aux 5°, 6°, 7°, 8° et 9° de l'article R. 112-50.

Le comité restreint rend compte à la première séance du conseil d'administration des décisions qu'il a prises en vertu de cette délégation.

Art. R. 112-52. – Sous réserve des cas prévus aux alinéas suivants, les délibérations du conseil sont exécutoires quinze jours après leur réception par le garde des sceaux, ministre de la justice, à moins que celui-ci, dans ce délai, n'y fasse opposition ou, au contraire, autorise, compte tenu de l'urgence, leur exécution immédiate. Toutefois, ce délai est porté à trente jours s'agissant du règlement intérieur de l'école et de ses modifications.

Les délibérations portant sur le budget et le compte financier sont exécutoires dans les conditions prévues par les dispositions du décret n° 2012-1246 du 7 novembre 2012 relatif à la gestion budgétaire et comptable publique.

Les délibérations portant sur les acquisitions, aliénations et échanges d'immeubles ainsi que sur les emprunts et prises de participation ne sont exécutoires qu'après approbation expresse du garde des sceaux, ministre de la justice, et du ministre chargé du budget.

Les décisions prises par le comité restreint en vertu de la délégation prévue par les dispositions de l'article R. 112-51 sont exécutoires dans les mêmes conditions.

Art. R. 112-53. – Le directeur de l'École nationale d'administration pénitentiaire est nommé par décret, sur proposition du garde des sceaux, ministre de la justice, pour une durée de trois ans renouvelable une fois. L'emploi de directeur est régi par les dispositions du décret n° 2017-99 du 27 janvier 2017 relatif au statut d'emploi de directeur fonctionnel des services pénitentiaires et du décret n° 2019-1594 du 31 décembre 2019 relatif aux emplois de direction de l'État.

Il est assisté d'un directeur adjoint, nommé par arrêté du garde des sceaux, ministre de la justice, qui le supplée en cas d'absence ou d'empêchement.

Il est également assisté d'un secrétaire général et des directeurs chargés de la formation initiale, de la formation continue et de la recherche, nommés par arrêté du garde des sceaux, ministre de la justice.

Art. R. 112-54. – Le directeur de l'École nationale d'administration pénitentiaire prépare et exécute les délibérations et décisions du conseil d'administration.

Il assure le fonctionnement et la gestion des services de l'établissement. Il recrute, nomme et gère les personnels contractuels de l'école.

Il met en œuvre la mission pédagogique et scientifique de l'école. A ce titre, il préside le conseil pédagogique et scientifique de l'école.

Il désigne les professeurs, conférenciers et intervenants et nomme à toutes les fonctions pour lesquelles aucune autre autorité n'a reçu pouvoir de nomination.

Il a autorité sur l'ensemble du personnel de l'école ou en formation dans celle-ci et est responsable de la discipline intérieure et de la sécurité au sein de l'établissement dans les conditions prévues par le règlement intérieur.

Il représente l'établissement en justice et dans tous les actes de la vie civile.

Il prend, en cas d'urgence, l'initiative d'agir en justice pour la défense des intérêts de l'établissement et en rend compte à la plus prochaine réunion du conseil d'administration.

Il est ordonnateur des recettes et des dépenses de l'établissement.

Il peut déléguer sa signature au directeur adjoint pour l'ensemble de ses attributions, au secrétaire général, aux directeurs chargés de la formation initiale, de la formation continue et de la recherche, dans la limite de leurs attributions respectives, ainsi qu'à leurs subordonnés.

Art. R. 112-55. – Sous réserve des dispositions du décret n° 97-3 du 7 janvier 1997 portant déconcentration de la gestion de certains personnels relevant du ministère de la justice, le garde des sceaux, ministre de la justice, peut déléguer, par arrêté, au directeur de l'école ses pouvoirs disciplinaires en ce qui concerne l'avertissement et le blâme des élèves appartenant aux corps de fonctionnaires effectuant leur scolarité à l'École nationale d'administration pénitentiaire.

Art. R. 112-56. – Le personnel de l'École nationale d'administration pénitentiaire comprend, outre le personnel de direction, les agents soumis aux dispositions de la loi n° 83-634 du 13 juillet 1983 portant droits et obligations des fonctionnaires affectés à l'établissement en position d'activité ou de détachement pour y exercer des fonctions administratives, techniques, d'enseignement ou de recherche et les agents contractuels recrutés selon les modalités prévues par la loi n° 84-16 du 11 janvier 1984 portant dispositions statutaires relatives à la fonction publique de l'État. Ceux de ces agents qui étaient également soumis, avant leur affectation à l'école, au statut fixé par le décret n° 66-874 du 21 novembre 1966 conservent le bénéfice du régime de rémunération et d'indemnités qui leur était applicable dans leur précédente affectation.

L'école peut, en outre, faire appel à du personnel rémunéré à la vacation pour assurer à titre accessoire un enseignement ou toute autre action relevant de ses missions. Ce personnel est recruté par le directeur de l'école.

Art. R. 112-57. – Les formateurs et les responsables de formation affectés à l'École nationale d'administration pénitentiaire sont nommés par arrêté du garde des sceaux, ministre de la justice, pour une durée de quatre ans, renouvelable dans la limite d'une durée totale de sept ans.

Sous-section 3. – Organisation pédagogique

Art. R. 112-58. – Les programmes d'enseignement et de recherche, l'organisation de la formation initiale et continue ainsi que les modalités d'évaluation de la scolarité sont fixés par arrêté du garde des sceaux, ministre de la justice, pris après avis du conseil d'administration.

Art. R. 112-59. – Les agents suivant une formation sont, pendant la durée de celle-ci, soumis au règlement intérieur de l'établissement, défini aux articles L. 112-4 et R. 112-22.

Des auditeurs libres, français et étrangers, peuvent être admis à suivre des stages sous la responsabilité du directeur de l'école.

Art. R. 112-60. – Un conseil pédagogique et scientifique est placé auprès du directeur de l'École nationale d'administration pénitentiaire.

Il contribue à la définition :

1° Des programmes d'enseignement et de recherche ;

2° Du contenu du catalogue annuel de formation ;

3° Du contenu du programme annuel des recherches, études et colloques.

Ses travaux et avis sont transmis au conseil d'administration.

La composition de ce conseil, qui doit comporter des représentants du directeur de l'administration pénitentiaire, du personnel et des personnalités qualifiées, et ses modalités de fonctionnement sont prévues par le règlement intérieur de l'école.

Le conseil pédagogique et scientifique se réunit en séance plénière, sur convocation du directeur de l'école, au moins une fois par an.

Les dispositions de l'article R. 112-48 sont applicables aux fonctions de membre du conseil pédagogique et scientifique de l'école.

Sous-section 4. – Organisation financière

Art. R. 112-61. – L'École nationale d'administration pénitentiaire est soumise aux principes et règles de gestion budgétaire et comptable prévus par les dispositions des titres Ier et III du décret n° 2012-1246 du 7 novembre 2012 relatif à la gestion budgétaire et comptable publique.

Art. R. 112-62. – Les recettes de l'École nationale d'administration pénitentiaire comprennent :

1° Les subventions, avances, fonds de concours ou participations de l'État, de l'Union européenne, des collectivités territoriales, des établissements publics ou de toutes autres personnes physiques ou morales ;

2° Les revenus des biens meubles et immeubles, fonds et valeurs ;

3° Les dons et legs faits au profit de l'établissement ;

4° Les produits de la vente des publications et documents de formation élaborés ou diffusés par l'école ;

5° Les produits de conventions et contrats portant notamment sur les travaux, études ou recherches effectués par l'école ;

6° Les produits de conventions et contrats portant sur la formation des partenaires du service public pénitentiaire ou sur la formation d'auditeurs étrangers exerçant ou ayant vocation à exercer une mission pénitentiaire ;

7° Les contributions de personnes publiques ou privées versées en contrepartie de prestations de services fournies par l'école ;

8° Les produits financiers ;

9° Les contributions aux frais de restauration et d'hébergement ou à tous autres frais des personnes séjournant à l'école ;

10° Toutes autres recettes autorisées par les lois et règlements.

Art. R. 112-63. – Les dépenses de l'École nationale d'administration pénitentiaire comprennent :

1° Les frais de rémunération des personnels titulaires et contractuels ;

2° Les frais de vacations ;

3° Les acquisitions des biens immobiliers ;

4° Les baux et locations d'immeubles ;

5° Les frais de fonctionnement et les frais d'équipement et, d'une manière générale, tous ceux qui sont nécessaires à son activité.

Art. R. 112-64. – Des régies d'avances et des régies de recettes peuvent être créées dans les conditions prévues par le décret n° 2019-798 du 26 juillet 2019 relatif aux régies de recettes et d'avances des organismes publics.

Art. R. 112-65. – Un arrêté du garde des sceaux, ministre de la justice, et du ministre chargé du budget détermine les conditions d'affectation à l'établissement des biens meubles et immeubles nécessaires à son fonctionnement. Une convention conclue entre l'État et l'établissement définit les modalités d'utilisation des biens ainsi affectés.

Art. R. 112-66. – Les objectifs que l'École nationale d'administration pénitentiaire s'engage à atteindre et les moyens que l'État met, à cette fin, à sa disposition peuvent faire l'objet d'une convention pluriannuelle.

CHAPITRE III. – PERSONNELS

Section 1. – Dispositions communes

Sous-section 1. – Composition

Art. D. 113-1. – Pour assurer leur fonctionnement, les services déconcentrés de l'administration pénitentiaire disposent des catégories de personnels suivantes :

1° Fonctionnaires des services déconcentrés de l'administration pénitentiaire placés par décret en Conseil d'État sous statut spécial :

a) Personnel de direction : corps des directeurs des services pénitentiaires, emploi de directeur fonctionnel des services pénitentiaires et emploi de directeur fonctionnel des services pénitentiaires d'insertion et de probation ;

b) Personnel de surveillance : corps des chefs des services pénitentiaires, corps de commandement et corps d'encadrement et d'application ;

c) Personnel d'insertion et de probation : corps des directeurs pénitentiaires d'insertion et de probation, corps des chefs des services d'insertion et de probation, corps des conseillers pénitentiaires d'insertion et de probation ;

d) Personnel administratif : corps des attachés d'administration de l'État, corps des secrétaires administratifs, corps des adjoints administratifs ;

e) Personnel technique de l'administration pénitentiaire : corps des directeurs techniques, corps des techniciens, corps des adjoints techniques ;

2° Fonctionnaires des corps communs du ministère de la justice affectés dans les services déconcentrés de l'administration pénitentiaire :

Personnel de service social : corps des assistants de service social du ministère de la justice, corps des conseillers techniques de service social du ministère de la justice ;

3° Fonctionnaires des corps interministériels affectés dans les services déconcentrés de l'administration pénitentiaire :

Personnel infirmier : corps interministériel des infirmières et infirmiers de l'État ;

4° Agents non titulaires de l'État affectés dans les services déconcentrés de l'administration pénitentiaire.

Art. D. 113-2. – Dans le présent code, les termes « travailleurs sociaux » s'appliquent indifféremment aux assistants sociaux et aux conseillers techniques de service social.

Art. D. 113-3. – Dans chaque direction interrégionale et dans chaque établissement ou service pénitentiaire, la composition du personnel est déterminée par le garde des sceaux, ministre de la justice, conformément aux textes fixant le recrutement et les attributions de fonctionnaires, employés et agents de l'administration pénitentiaire.

Sous-section 2. – Actions de formation

Art. D. 113-4. – Les personnels des services déconcentrés de l'administration pénitentiaire sont tenus de parfaire leurs connaissances professionnelles dans les conditions qui sont fixées par l'administration centrale.

Ils ont l'obligation de participer aux enseignements et stages de formation ou de perfectionnement assurés par l'École nationale de l'administration pénitentiaire, dans le cadre du dispositif déconcentré de formation continue, ou par tout autre organisme.

Sous-section 3. – Actions sanitaires et sociales

Art. D. 113-5. – Auprès de chaque établissement ou service, un médecin lié par convention avec l'administration pénitentiaire dispense les soins au personnel. Ce médecin assure :

1° L'examen et les soins hors vacation des agents qui en font la demande ;

2° Sur demande, la visite à domicile et hors vacation, des agents malades résidant à moins de deux kilomètres de l'établissement ou du service et se trouvant dans l'impossibilité de se déplacer.

Dans les cas prévus par les dispositions des 1° et 2°, le personnel titulaire et stagiaire des services déconcentrés de l'administration pénitentiaire a droit au remboursement intégral de ses frais médicaux, pharmaceutiques et d'hospitalisation, sauf s'il se trouve en disponibilité, en détachement, en congé annuel ou exceptionnel. Il possède le même droit lorsqu'il a recours à un médecin spécialiste, après en avoir obtenu l'autorisation de l'administration sur avis conforme du médecin lié par convention avec l'administration pénitentiaire auprès de l'établissement ou du service.

Selon l'importance de l'établissement pénitentiaire, un ou plusieurs médecins sont désignés par le directeur interrégional des services pénitentiaires pour remplir ces missions.

Les soins au personnel de l'établissement pénitentiaire ne relèvent pas des missions de l'unité sanitaire, en dehors des situations d'urgence.

Art. D. 113-6. – Le personnel bénéficie par ailleurs d'un service social assuré par l'assistant social ou l'assistante sociale attaché à l'établissement, compte tenu des règles relatives à la liaison et à la coordination des services sociaux.

Sous-section 4. – Occupation des logements

Art. D. 113-7. – Les personnels de l'administration pénitentiaire sont tenus d'occuper personnellement les logements qui leur sont attribués dans le cadre d'une concession de logement par nécessité absolue de service.

Art. D. 113-8. – Les logements prévus par les dispositions de l'article D. 113-7 doivent être situés hors de la zone où sont hébergées les personnes détenues.

Toutefois, à titre exceptionnel, les agents vivant seuls peuvent être logés au sein de cette zone. Les dispositions de l'article D. 113-9 leur sont applicables.

Art. D. 113-9. – Dans aucun cas, et sous aucun prétexte, les membres du personnel logés à l'établissement ne doivent recevoir des personnes détenues dans leur logement.

Aucun membre de leur famille ne doit pénétrer à l'intérieur de la zone mentionnée par les dispositions de l'article D. 113-8.

Sous-section 5. – Autres dispositions applicables aux personnels

Art. D. 113-10. – Indépendamment des récompenses prévues par son statut particulier, le personnel pénitentiaire peut, dans la limite des crédits budgétaires ouverts à cet effet, bénéficier de gratifications exceptionnelles attribuées en raison d'actes de courage ou de dévouement.

Art. D. 113-11. – Les agents mentionnés par les dispositions du 1° de l'article D. 113-1 exercent les fonctions définies par le statut spécial des fonctionnaires des services déconcentrés de l'administration pénitentiaire et par les textes relatifs à l'organisation et à la gestion des services de l'administration pénitentiaire.

Les agents mentionnés par les dispositions des 2°, 3° et 4° de l'article D. 113-1 exercent leurs fonctions dans les conditions et sous les obligations particulières résultant des dispositions législatives et réglementaires régissant le service public pénitentiaire.

Section 2. – Missions et attributions

Sous-section 1. – Dispositions générales

Art. R. 113-12. – Conformément aux dispositions de l'article R. 312-13 du Code de l'organisation judiciaire, les directeurs interrégionaux des services pénitentiaires peuvent être invités à participer à la conférence annuelle portant sur la justice des mineurs.

Art. R. 113-13. – Conformément aux dispositions des articles R. 212-64 et R. 312-85 du Code de l'organisation judiciaire, des représentants de l'administration pénitentiaire peuvent être membres des conseils de juridiction des tribunaux judiciaires et des cours d'appel.

Art. R. 113-14. – Conformément aux dispositions de l'article R. 131-2 du Code de l'organisation judiciaire, les directeurs interrégionaux des services pénitentiaires émettent un avis sur les projets de conventions constitutives des maisons de justice et du droit.

Art. R. 113-15. – Conformément aux dispositions de l'article R. 132-6-1 du Code de la sécurité intérieure, dans les zones de sécurité prioritaire, des représentants des services pénitentiaires d'insertion et de probation peuvent être associés à la cellule de coordination opérationnelle des forces de sécurité intérieure.

Art. R. 113-16. – Dans les limites et conditions fixées par les dispositions de l'article R. 50-52 du Code de procédure pénale, des agents de la direction de l'administration pénitentiaire et des directions interrégionales des services pénitentiaires peuvent directement interroger le fichier judiciaire national automatisé des auteurs d'infractions terroristes à partir de la seule identité d'une personne.

Art. R. 113-17. – Dans les limites et conditions fixées par les dispositions de l'article R. 53-8-24 du Code de procédure pénale, des agents de la direction de l'administration pénitentiaire et des directions interrégionales des services pénitentiaires peuvent directement interroger le fichier judiciaire national automatisé des auteurs d'infractions sexuelles ou violentes à partir de la seule identité d'une personne.

Art. D. 113-18. – Conformément aux dispositions de l'article D. 132-6 du Code de la sécurité intérieure, des représentants de l'administration pénitentiaire sont membres du conseil départemental de prévention de la délinquance et de la radicalisation et de lutte contre la drogue, les dérives sectaires et les violences faites aux femmes.

Art. D. 113-19. – Conformément aux dispositions de l'article D. 48-5-1 du Code de procédure pénale, les directeurs interrégionaux des services pénitentiaires ou leurs représentants, ainsi que les agents qu'ils désignent, participent à la conférence régionale portant sur les aménagements de peines et les alternatives à l'incarcération.

Art. D. 113-20. – Conformément aux dispositions de l'article D. 48-5-4 du Code de procédure pénale, les chefs d'établissement pénitentiaire, les responsables de greffe d'établissement pénitentiaire et le directeur des services pénitentiaires d'insertion et de probation sont membres de droit, dans sa formation élargie, de la commission de l'exécution et de l'application des peines instituée auprès de chaque tribunal judiciaire.

Sous-section 2. – Missions et attributions des personnels de surveillance

Art. D. 113-21. – Les chefs d'établissement pénitentiaire organisent régulièrement des réunions de synthèse afin de coordonner l'action des différents personnels et de faciliter l'échange d'informations sur les modalités d'application des régimes de détention.

Art. D. 113-22. – A l'exception des agents exerçant les fonctions de chef d'établissement pénitentiaire ou de ceux qui exercent une fonction définie par instruction de service, les personnels de surveillance sont tenus au port de l'uniforme pendant le service, et, en dehors du service, lorsqu'ils se trouvent dans les locaux de la détention.

Les surveillants sont tenus de consigner leurs observations concernant les différentes missions qui leur sont confiées.

Sous-section 3. – Missions et attributions des personnels d'insertion et de probation

§ 1. – Dispositions générales

Art. D. 113-23. – Le directeur du service pénitentiaire d'insertion et de probation est placé sous l'autorité du directeur interrégional des services pénitentiaires.

Art. D. 113-24. – Les personnels du service pénitentiaire d'insertion et de probation ont libre accès, aux heures de service de jour, aux locaux de détention pour les besoins de leur service.

Les entretiens avec les personnes détenues ont lieu, dans des conditions garantissant la confidentialité, soit dans un parloir ou bureau, soit dans la cellule de la personne détenue intéressée et, si elle se trouve au quartier disciplinaire, dans un local spécial.

§ 2. – Prévention de la commission de nouvelles infractions

Art. D. 113-25. – Sous l'autorité du directeur du service pénitentiaire d'insertion et de probation, le service pénitentiaire d'insertion et de probation s'assure que la personne qui lui est confiée se soumet aux mesures de contrôle et respecte les obligations qui lui sont imposées.

Art. D. 113-26. – Le service pénitentiaire d'insertion et de probation met en œuvre les mesures propres à favoriser la prévention de la récidive.

§ 3. – Suivi et contrôle des personnes confiées à l'administration pénitentiaire

Sous-paragraphe 1. – Définition des modalités de suivi

Art. R. 113-27. – Conformément aux dispositions de l'article R. 57-3 du Code de procédure pénale, le service pénitentiaire d'insertion et de probation assiste le juge d'application des peines.

Art. D. 113-28. – Les orientations générales relatives à l'exécution des mesures confiées au service pénitentiaire d'insertion et de probation sont déterminées, et leur mise en œuvre est évaluée, par les magistrats mandants mentionnés à l'article D. 576 du Code de procédure pénale dans les conditions prévues par les dispositions du même article.

Art. D. 113-29. – Conformément aux dispositions de l'article D. 577 du Code de procédure pénale, le service pénitentiaire d'insertion et de probation est destinataire, le cas échéant, d'instructions particulières sur chaque dossier de la part du juge de l'application des peines, du procureur de la République et des autres magistrats mandants.

Art. D. 113-30. – Dans les conditions prévues par les dispositions de l'article D. 577 du Code de procédure pénale, le service pénitentiaire d'insertion et de probation définit et met en œuvre les modalités de la prise en charge des personnes qui lui sont confiées en liaison avec les magistrats mandants.

Art. D. 113-31. – Conformément aux dispositions de l'article D. 49-27 du Code de procédure pénale, le service pénitentiaire d'insertion et de probation assiste le juge de l'application des peines dans la détermination des principales modalités d'exécution des peines restrictives de liberté.

Art. D. 113-32. – Dans les conditions prévues par les dispositions de l'article D. 49-81 du Code de procédure pénale, le service pénitentiaire d'insertion et de probation territorialement compétent peut être mandaté par le juge d'application des peines de Paris pour mettre en œuvre des mesures de contrôle ou veiller au respect d'obligations imposées à des personnes condamnées pour actes de terrorisme.

Art. D. 113-33. – Le directeur du service pénitentiaire d'insertion et de probation s'assure du suivi de chaque mesure dont le service est saisi et de l'exécution des instructions données par les magistrats mandants.

Il vérifie que les rapports sont régulièrement adressés aux magistrats.

Sous-paragraphe 2. – Constitution du dossier individuel

Art. D. 113-34. – Au sein du service pénitentiaire d'insertion et de probation, il est tenu un dossier pour chaque personne faisant l'objet d'une mesure prévue par les dispositions des articles D. 113-36, D. 113-41 et D. 542-1. Ce dossier comprend les pièces d'ordre judiciaire nécessaires au suivi de la mesure, les éléments relatifs au contrôle des obligations ou conditions imposées ainsi que la copie des rapports adressés au magistrat mandant.

Les documents couverts par le secret professionnel ne peuvent être consultés que par un membre du service pénitentiaire d'insertion et de probation.

En cas de changement de résidence de la personne suivie, le service transmet sous pli fermé ces documents au service compétent du lieu de la nouvelle résidence.

Le dossier est communiqué à sa demande au magistrat qui a saisi le service, sauf pour les renseignements recueillis par voie de confidences auprès des personnes prises en charge.

Art. D. 113-35. – La troisième partie du dossier individuel de la personne détenue ayant fait l'objet d'une procédure d'orientation en application des dispositions de l'article D. 214-10 correspond au dossier destiné aux membres du service pénitentiaire d'insertion et de probation compétent auprès de l'établissement pénitentiaire, dont le contenu est défini par l'article D. 214-13.

Sous-paragraphe 3. – Mise en œuvre des mesures de contrôle des personnes confiées

Art. D. 113-36. – Le service pénitentiaire d'insertion et de probation met en œuvre les mesures de contrôle et veille au respect des obligations imposées aux personnes condamnées, à l'emprisonnement avec sursis probatoire, à un suivi socio-judiciaire ou à un travail d'intérêt général, aux personnes faisant l'objet d'une mesure d'ajournement de peine avec mise à l'épreuve, aux libérés conditionnels, aux condamnés placés sous surveillance judiciaire ou faisant l'objet d'un suivi en application de l'article 721-2 ou des articles 706-25-16 à 706-25-21 du Code de procédure pénale, d'une suspension de peine, d'une semi-liberté, d'un placement extérieur, d'un placement sous surveillance électronique ou d'un placement sous surveillance électronique mobile, aux interdits de séjour et aux personnes visées à l'article L. 51 du Code du service national.

Il met également en œuvre les peines de substitution et les mesures de contrôle et de surveillance relatives aux obligations imposées aux personnes condamnées dans d'autres États membres de l'Union européenne, lorsque la condamnation ou la décision prononçant les peines ou les mesures a été reconnue par les autorités judiciaires françaises dans les conditions prévues par les articles 764-1 à 764-42 du Code de procédure pénale.

§ 4. – Evaluation des personnes confiées

Sous-paragraphe 1. – Avis au sein des instances pluridisciplinaires

Art. R. 113-37. – Conformément aux dispositions des articles R. 224-1 à R. 224-25, les personnels des services pénitentiaires d'insertion et de probation participent aux évaluations pluridisciplinaires des personnes détenues placées en unité pour personnes détenues violentes ou en quartier de prise en charge de la radicalisation.

Art. D. 113-38. – L'avis du service pénitentiaire d'insertion et de probation sur l'orientation d'une personne détenue condamnée est versé au dossier d'orientation, dans le cadre de la procédure d'orientation prévue par les dispositions des articles D. 211-9 à D. 211-31.

Art. D. 113-39. – A la demande du juge ou du tribunal de l'application des peines, dans les conditions prévues par les dispositions de l'article D. 49-24 du Code de procédure pénale, le service pénitentiaire d'insertion et de probation procède, avant la libération d'une personne détenue condamnée, à une synthèse socio-éducative de la situation de la personne intéressée.

Sous-paragraphe 2. – Aide à l'individualisation de la situation des personnes confiées

Art. D. 113-40. – Le service pénitentiaire d'insertion et de probation est chargé de rechercher les moyens propres à favoriser l'individualisation de la situation pénale des personnes détenues, notamment dans le cadre des orientations données par le juge de l'application des peines.

Chaque fois que la demande leur en est faite ou à leur initiative, personnels du service pénitentiaire d'insertion et de probation fournissent à l'autorité judiciaire et aux services de l'administration pénitentiaire les éléments permettant de mieux individualiser l'exécution de la mesure privative de liberté de chaque personne détenue ; ils élaborent notamment des avis ou rapports sur les personnes prévenues ou les personnes détenues dont la situation pénale est examinée en commission d'application des peines.

Art. D. 113-41. – Le service pénitentiaire d'insertion et de probation concourt, sur saisine des autorités judiciaires, à la préparation des décisions de justice à caractère pénal ; il peut être chargé de l'exécution des enquêtes et des mesures préalables au jugement. À cet effet, il effectue les vérifications sur la situation matérielle, familiale et sociale des personnes faisant l'objet d'enquêtes ou de poursuites judiciaires afin de permettre une meilleure individualisation des mesures ou peines et de favoriser l'insertion des personnes intéressées.

Il assure le suivi et le contrôle des personnes placées sous contrôle judiciaire. Il effectue les investigations qui lui sont demandées préalablement à l'exécution des peines privatives de liberté.

Art. D. 113-42. – Chaque fois que la demande leur en est faite ou à leur initiative, les personnels du service pénitentiaire d'insertion et de probation fournissent à l'autorité judiciaire ou aux services de l'administration pénitentiaire les éléments permettant de mieux individualiser la situation des personnes placées sous main de justice.

§ 5. – Communication avec l'autorité judiciaire

Sous-paragraphe 1. – Transmission de rapports

Art. D. 113-43. – Le service pénitentiaire d'insertion et de probation propose au magistrat mandant les aménagements de peine ou les modifications des mesures de contrôle et obligations et rend compte de leur respect ou de leur violation.

Art. D. 113-44. – Le service pénitentiaire d'insertion et de probation adresse au magistrat mandant un rapport d'évaluation dans les trois mois suivant la date à laquelle l'exécution d'une mesure de contrôle lui est confiée. Il lui transmet un rapport de fin de mesure un mois avant l'échéance de la mesure ainsi qu'un rapport annuel lorsque la durée de la mesure excède deux ans.

Il lui adresse des rapports ponctuels en cours d'exécution de la mesure :

1° En cas de difficulté dans l'application des orientations générales ou des instructions particulières données par l'autorité judiciaire ;

2° En cas de modification de la situation de la personne condamnée susceptible d'avoir des implications sur le respect de ses obligations et interdictions ;

3° En cas de changement significatif des modalités de la prise en charge de la personne condamnée ;

4° En cas d'incident dans le suivi de la mesure, et ce dans les plus brefs délais ;

5° En cas de demande du magistrat mandant.

Sous-paragraphe 2. – Échange d'informations

Art. D. 113-45. – Les personnels du service pénitentiaire d'insertion et de probation sont tenus au secret professionnel.

Dans le cadre de l'exécution des mesures prévues par les dispositions des articles D. 113-36, D. 113-41 et D. 542-1, les personnels du service pénitentiaire d'insertion et de probation ne peuvent opposer le secret professionnel aux autorités judiciaires, sauf pour les renseignements recueillis par voie de confidences auprès des personnes prises en charge.

Art. D. 113-46. – Conformément aux dispositions de l'article D. 49-18 du Code de procédure pénale, le directeur du service pénitentiaire d'insertion et de probation est destinataire d'une copie des jugements des juridictions de l'application des peines.

Art. D. 113-47. – Conformément aux dispositions de l'article D. 49-44 du Code de procédure pénale, le directeur du service pénitentiaire d'insertion et de probation est destinataire des copies des arrêts de la chambre de l'application des peines.

Art. D. 113-48. – Conformément aux dispositions de l'article D. 578 du Code de procédure pénale, le directeur du service pénitentiaire d'insertion et de probation visite chaque année, avec le juge de l'application des peines, les foyers ou organismes d'hébergement accueillant les personnes confiées.

Sous-paragraphe 3. – Traitement de données à caractère personnel relatif à l'application des peines

Art. R. 113-49. – Le traitement automatisé de données à caractère personnel dénommé « Application des Peines, Probation et Insertion » (APPI) a pour finalités de :

1° Faciliter l'évaluation de la situation des personnes placées sous main de justice, prévenues ou condamnées, pour la détermination ou l'exécution des décisions de l'autorité judiciaire relatives à leur insertion ou leur probation ;

2° Faciliter la gestion des procédures suivies devant les juridictions en charge de l'application des peines ainsi que des mesures mises en œuvre par les services pénitentiaires d'insertion et de probation en cette matière ;

3° Faciliter le suivi de l'aide apportée par les services pénitentiaires d'insertion et de probation aux personnes libérées ;

4° Faciliter la gestion et le suivi des mesures d'enquête ou de contrôle confiées aux services pénitentiaires d'insertion et de probation pour la mise en œuvre des mesures de sûreté ordonnées par les juridictions d'instruction, la juridiction des libertés et de la détention ou les juridictions de jugement ;

5° Faciliter le suivi des enquêtes confiées aux services pénitentiaires d'insertion et de probation par les autorités judiciaires préalablement aux décisions sur l'action publique et à l'exécution des peines privatives de liberté ;

6° Permettre l'exploitation des informations recueillies à des fins de recherches statistiques.

Art. R. 113-50. – Peuvent être enregistrées dans le traitement automatisé les informations et les données à caractère personnel suivantes :

1° Concernant les personnes faisant l'objet de la procédure ou de la mesure :

a) Personnes physiques :

– civilité, nom de naissance, nom d'usage, prénoms, alias, sexe, date de naissance, lieu de naissance et nationalité ;

– nom de naissance et prénoms du père et de la mère ;

– nom et prénoms du curateur ou du tuteur ;

– situation de famille, nombre d'enfants, nombre de frères et sœurs, rang dans la fratrie ;

– informations relatives aux documents suivants : carte nationale d'identité, carte de résident, carte de séjour temporaire sans ou avec autorisation de travail, passeport, permis de conduire, livret de famille, livret militaire, carte de ressortissant, certificat de participation à l'appel de préparation à la défense ;

– adresse du domicile déclaré, adresse postale pour les sans domicile fixe, coordonnées de géolocalisation, des zones d'exclusion, des zones tampon et des zones d'inclusion, ainsi que les horaires d'assignation ;

– nom, prénoms, adresse et téléphone de la personne assurant l'hébergement de la personne concernée ;

– profession, horaires de travail, situation par rapport à l'emploi, expérience professionnelle, fonction élective, code de la catégorie socioprofessionnelle, code de la nature de l'activité ;

– niveau d'étude et de formation, diplômes, distinctions ;

– ressources et charges de toute nature, existence d'une procédure de surendettement ;

– prestations sociales de toute nature dont la personne intéressée est susceptible de bénéficier ;

b) Personnes morales :

– sociale, activité, numéro SIREN et adresse du siège social ou de l'établissement ;

– actif et passif, informations relatives à l'existence d'un plan de sauvegarde, d'un redressement judiciaire ou d'une liquidation judiciaire ;

– nom, prénoms, qualité, date et lieu de naissance, adresse personnelle du représentant légal ;

2° Concernant les autres personnes :

a) Experts et personnes qualifiées : nom, prénoms, titre, grade, emploi, adresse professionnelle, numéro de téléphone, numéro de télécopie et adresse de messagerie électronique professionnels ;

b) Avocats : nom et prénoms, barreau auquel l'avocat est rattaché, adresse du cabinet, référence, adresse de messagerie électronique, numéro de téléphone et numéro de télécopie du cabinet ;

c) Victimes et parties civiles : nom, prénoms, adresse personnelle, représentant légal pour les mineurs ;

d) Personnes appelées à fournir des informations ou des prestations nécessaires à l'exécution de la mesure : nom, prénoms, profession, adresse personnelle ou professionnelle, lien de parenté avec la personne intéressée, numéro de téléphone, numéro de télécopie et adresse de messagerie électronique professionnels ou, s'il s'agit d'une personne morale, dénomination et adresse du siège social ou de l'établissement, numéro de téléphone, numéro de télécopie et adresse de messagerie électronique ;

3° Concernant la procédure et les mesures :

a) Mention de la mesure d'enquête, de contrôle ou d'aménagement de la peine prise par la juridiction en charge de l'application des peines ou mise en œuvre par le service pénitentiaire d'insertion et de probation en application des dispositions du Code pénal ou du Code de procédure pénale ;

b) Libellé du service chargé de la mise en œuvre de la mesure ;

c) Nom de naissance ou d'usage et prénom, corps et/ou grade et fonction de l'agent chargé de l'exécution de la mesure ;

d) Mentions des actes, juridictionnels ou non, se rapportant à la conduite des procédures suivies devant les juridictions de l'application des peines et aux mesures mises en œuvre par les services pénitentiaires d'insertion et de probation ;

e) Informations relatives à l'évaluation de la situation de la personne placée sous main de justice :

– suivi médical assuré dans le cadre de la mesure privative ou restrictive de liberté : existence du suivi, nature, psychiatrique ou autre, du suivi, existence d'une obligation de soins et contenu de celle-ci, caractère volontaire du suivi, existence d'un traitement médicamenteux, existence d'une évaluation du risque suicidaire, compatibilité du suivi médical avec une prise en charge par le service pénitentiaire d'insertion et de probation ;

– déroulement de la détention : lieux de détention successifs, maintien des liens familiaux, activités, postes de travail occupés, incidents ayant donné lieu à signalement au préfet ou à l'autorité judiciaire ou à poursuites disciplinaires et décision prise sur les poursuites ;

– respect par la personne faisant l'objet de la mesure privative ou restrictive de liberté des obligations mises à sa charge par l'autorité judiciaire, acceptation de la condamnation par la personne concernée ;

– conclusions de l'évaluation de la situation de la personne concernée par le service pénitentiaire d'insertion et de probation : parcours d'exécution de peine prévu, éléments favorables ou défavorables à la réinsertion, objectifs, moyens et modalités de la prise en charge par le service ;

f) Rapports établis par le service pénitentiaire d'insertion et de probation en exécution d'une mesure d'enquête, de suivi ou de contrôle décidée par les autorités judiciaires.

Art. R. 113-51. – L'enregistrement des données mentionnées par les dispositions du I de l'article 6 de la loi n° 78-17 du 6 janvier 1978 est autorisé lorsque ces données ont été recueillies par les services pénitentiaires d'insertion et de probation à la demande des autorités judiciaires pour l'évaluation de la situation de la personne suivie et qu'elles sont nécessaires à la mise en œuvre des dispositions relatives à l'application des peines.

Il est interdit de sélectionner une catégorie particulière de personnes à partir des données mentionnées au premier alinéa.

Art. R. 113-52. – Les données à caractère personnel enregistrées sont conservées cinq ans à compter de la fin de la peine, de la fin de la mesure d'aménagement de la peine ou de la mesure de sûreté dont la personne suivie fait l'objet.

Art. R. 113-53. – Peuvent seuls accéder aux données à caractère personnel enregistrées dans le traitement, lorsque cet accès est nécessaire à la conduite des procédures relatives à l'application des peines ou à la mise en œuvre de l'une des mesures mentionnées par les dispositions de l'article R. 113-49 dont ils ont la charge :

1° Les procureurs de la République, les magistrats du siège en charge de l'application des peines, les juges d'instruction et les juges des libertés et de la détention ;

2° Les directeurs des services pénitentiaires d'insertion et de probation, les directeurs pénitentiaires d'insertion et de probation et les personnels d'insertion et de probation de l'administration pénitentiaire ;

3° Les chefs d'établissement pénitentiaire ;

4° Les directeurs des services, chefs de services et éducateurs du secteur public de la protection judiciaire de la jeunesse pour la préparation, la mise en œuvre et le suivi de l'exécution, des condamnations prononcées par une juridiction spécialisée pour mineurs lorsque la personne condamnée a atteint l'âge de dix-huit ans ;

5° Les agents du greffe chargés d'assister les magistrats mentionnés par les dispositions du 1°, individuellement désignés et spécialement habilités à cet effet par les chefs de juridiction ;

6° Les personnels administratifs, les personnels de service social et les personnels de surveillance affectés dans les services pénitentiaires d'insertion et de probation, individuellement désignés et spécialement habilités à cet effet par le directeur interrégional des services pénitentiaires.

Art. D. 113-68. – En l'absence du chef de service, le directeur du service pénitentiaire d'insertion et de probation délègue sa signature à un personnel du service pénitentiaire d'insertion et de probation pour ordonner les dépenses courantes nécessaires au fonctionnement du service.

Art. D. 113-69. – Pour l'exercice des compétences définies par les dispositions du présent code, le directeur du service pénitentiaire d'insertion et de probation peut déléguer sa signature à un directeur d'insertion et de probation, à un chef de service d'insertion et de probation, et à un conseiller technique de service social.

CHAPITRE IV. – RÉSERVE CIVILE PÉNITENTIAIRE

Art. D. 114-1. – Le garde des sceaux, ministre de la justice, peut faire appel à des réservistes pour assurer les missions mentionnées par les dispositions de l'article L. 114-1.

Art. D. 114-2. – Les réservistes sont soumis aux règles régissant l'exercice du pouvoir hiérarchique dans leur service d'affectation.

Art. D. 114-3. – Dans l'accomplissement de leurs missions, les réservistes disposent de toutes les prérogatives liées aux fonctions qu'ils exercent.

Les réservistes portent, lorsque la mission le requiert, un uniforme dont ils reçoivent dotation.

Ils se voient attribuer une carte professionnelle de réserviste civil pénitentiaire.

Art. D. 114-4. – La gestion des réservistes est assurée par la direction interrégionale des services pénitentiaires dans le ressort de laquelle est situé leur domicile.

Le directeur interrégional pourvoit à leur affectation dans un service du ministère de la justice.

Les réservistes sont tenus d'avertir l'autorité de gestion de tout changement dans leur situation personnelle susceptible d'affecter l'accomplissement de leur mission.

Ils sont placés sous l'autorité du chef du service dans lequel ils sont appelés à servir.

Art. D. 114-5. – La capacité à servir des réservistes donne lieu à un contrôle dont les modalités sont fixées par arrêté du garde des sceaux, ministre de la justice.

Art. D. 114-6. – Des instructions du garde des sceaux, ministre de la justice, peuvent fixer des conditions particulières d'affectation dans certains services spécialisés.

Art. D. 114-7. – Lorsque la nature de la mission le justifie et au regard des compétences et des acquis de son expérience professionnelle antérieure, le réserviste peut être amené à suivre une formation d'adaptation.

Art. D. 114-8. – Les réservistes ne peuvent être âgés de plus de soixante-cinq ans.

Art. D. 114-9. – Les droits et obligations du réserviste volontaire sont énoncés dans un contrat d'engagement le liant à l'État. La signature de ce contrat est subordonnée à la reconnaissance préalable de la capacité et de l'aptitude de l'agent à occuper l'emploi souhaité. Le contrat rattache le réserviste à son lieu d'affectation. Celui-ci est fixé en priorité dans le département dans le ressort duquel est situé le domicile du réserviste.

Art. D. 114-10. – La durée du contrat est d'un an, renouvelable par décision expresse de l'autorité administrative, dans la limite de cinq ans. Les mentions devant figurer dans ce contrat sont précisées par arrêté du garde des sceaux, ministre de la justice. Ce contrat est modifié, en tant que de besoin, par voie d'avenant.

Art. D. 114-11. – À titre exceptionnel et sur demande de la personne intéressée, l'exécution des obligations nées du contrat d'engagement peut être suspendue pour une durée maximum de six mois, sans que cette suspension ait pour effet de proroger la durée dudit contrat.

Art. D. 114-12. – La résiliation du contrat d'engagement peut être prononcée par l'autorité administrative :

1° D'office, en cas d'inaptitude médicale de la personne intéressée à l'emploi ;

2° Sur demande justifiée de la personne intéressée.

Art. D. 114-13. – La radiation de la réserve civile est prononcée automatiquement par l'autorité administrative dans les cas suivants :

1° Atteinte par la personne intéressée de la limite d'âge fixée par les dispositions de l'article D. 114-8 ;

2° Condamnation de la personne intéressée à une peine criminelle ou correctionnelle.

Art. D. 114-14. – La radiation de la réserve civile peut être prononcée, après avis d'une commission présidée par le directeur interrégional des services pénitentiaires compétent, pour insuffisance professionnelle, inconduite ou manquement au Code de déontologie du service public pénitentiaire.

Un arrêté du garde des sceaux, ministre de la justice, précise la composition et les modalités de fonctionnement de cette commission.

Art. D. 114-15. – Les réservistes perçoivent, en rémunération des missions qui leur sont assignées, une indemnité et des frais de déplacement dont les montants sont établis selon un barème défini par arrêté conjoint du garde des sceaux, ministre de la justice, et du ministre chargé du budget. Les frais de déplacement couvrent l'aller et le retour entre le domicile du réserviste et son lieu d'affectation. Le calcul de l'indemnité part du jour de la mise en route du réserviste jusqu'au jour du retour à son domicile.

Art. D. 114-16. – Lorsque le réserviste volontaire accomplit des missions d'une durée supérieure à dix jours ouvrés par année civile alors qu'il occupe un emploi salarié, il adresse par la voie recommandée une demande d'accord à son employeur. Celui-ci dispose d'un mois à compter de la notification de la demande pour se prononcer. L'employeur notifie au salarié son refus éventuel et le salarié informe l'administration pénitentiaire de ce refus. À défaut de réponse de l'employeur dans le délai d'un mois, l'accord de celui-ci est réputé acquis.

CHAPITRE V. – ACTEURS DE LA PRISE EN CHARGE DE LA SANTÉ DES PERSONNES DÉTENUES

Section 1. – Établissements publics de santé rattachés aux établissements pénitentiaires

Art. R. 115-1. – À chaque établissement pénitentiaire d'une région est rattaché un établissement public de santé situé à proximité, dont la désignation, les missions et le fonctionnement sont déterminés par les dispositions des articles R. 6111-27, R. 6111-28, R. 6111-30, R. 6111-32 à R. 6111-34 et R. 6111-39 du Code de la santé publique. Les modalités d'intervention de chaque établissement public de santé rattaché à un établissement pénitentiaire sont fixées par un protocole, et le cas échéant, un protocole complémentaire, dans les conditions prévues par les dispositions des articles R. 6111-29, R. 6111-31, R. 6111-36 à R. 6111-38 du même code.

La prise en charge des frais afférents aux soins des personnes détenues en milieu pénitentiaire et en milieu hospitalier est organisée par les dispositions des articles R. 6111-35 et R. 6111-40 du même code.

La liste des unités hospitalières sécurisées interrégionales est établie par arrêté conjoint du garde des sceaux, ministre de la justice, du ministre en charge de la santé et du ministre en charge du budget. Cet arrêté est annexé au présent code.

Art. R. 115-2. – Les unités hospitalières spécialement aménagées au sein des établissements de santé prennent en charge les personnes détenues souffrant de troubles psychiatriques, avec ou sans leur consentement, dans les conditions prévues par les dispositions des articles R. 3214-1 et R. 3214-2 du Code de la santé publique, et selon les modalités arrêtées par la convention prévue par les dispositions de l'article R. 3214-3 du même code.

La liste des unités hospitalières spécialement aménagées est établie par arrêté conjoint du garde des sceaux, ministre de la justice, du ministre de l'intérieur et du ministre en charge de la santé. Cet arrêté est annexé au présent code.

Section 2. – Unités médicales et services médico-psychologiques

Sous-section 1. – Unités sanitaires

Art. D. 115-3. – Les missions de diagnostic et de soins en milieu pénitentiaire et la coordination des actions de prévention et d'éducation pour la santé sont assurées par une équipe hospitalière placée sous l'autorité médicale d'un praticien hospitalier, dans le cadre d'une unité sanitaire en milieu pénitentiaire (USMP), conformément aux dispositions des articles R. 6111-27 à R. 6111-38 du Code de la santé publique.

En application des dispositions de l'article R. 6122-14 du Code de la santé publique, le directeur général de l'agence régionale de santé désigne, pour chaque établissement pénitentiaire de la région, l'établissement public de santé situé à proximité de l'établissement pénitentiaire, qui est chargé de mettre en œuvre les missions décrites au premier alinéa du présent article.

En application des dispositions de l'article R. 6111-28 du Code de la santé publique, lorsque l'établissement public de santé désigné par le directeur général de l'agence régionale de santé ne comporte pas de service de psychiatrie et que l'établissement pénitentiaire n'est pas desservi par un service médico-psychologique régional mentionné par les dispositions de l'article D. 115-6, le directeur général de l'agence régionale de santé désigne en outre, dans les mêmes conditions, l'établissement public de santé ou l'établissement de santé privé, situé à proximité, qui est chargé de dispenser aux personnes détenues les soins en psychiatrie.

Art. D. 115-4. – Les modalités d'intervention de l'établissement public de santé rattaché à un établissement pénitentiaire en application des dispositions de l'article R. 6111-27 du Code de la santé publique sont fixées par un protocole signé dans les conditions prévues par les dispositions de l'article R. 6111-29 du même code.

Les modalités d'intervention de l'établissement de santé désigné en application des dispositions de l'article R. 6111-28 du même code sont fixées par un protocole complémentaire signé dans les conditions prévues par les dispositions de l'article R. 6111-29 du même code.

Art. D. 115-5. – L'administration pénitentiaire met à disposition de l'unité sanitaire des locaux spécialisés destinés aux consultations, aux examens et, le cas échéant, à une implantation de la pharmacie à usage intérieur, en application des dispositions de l'article R. 6111-32 du Code de la santé publique.

Des cellules situées à proximité de l'unité sanitaire peuvent être réservées à l'hébergement momentané des personnes détenues malades dont l'état de santé exige des soins fréquents ou un suivi médical particulier, sans toutefois nécessiter une hospitalisation. L'affectation des personnes détenues dans ces cellules est décidée par le chef de l'établissement pénitentiaire, sur proposition du praticien responsable de l'unité sanitaire.

Art. D. 115-6. – Les secteurs de psychiatrie en milieu pénitentiaire répondent aux besoins de santé mentale de la population détenue dans les établissements pénitentiaires relevant de chacun de ces secteurs, sans préjudice des actions de prévention, de diagnostic et de soins courants mises en œuvre par les secteurs de psychiatrie générale ou infanto-juvénile, en application des dispositions du Code de la santé publique.

Chaque secteur de psychiatrie en milieu pénitentiaire est rattaché à un établissement dispensant des soins aux personnes détenues en application des dispositions de l'article L. 6111-1-2 du Code de la santé publique et placé sous l'autorité d'un psychiatre, praticien hospitalier, assisté d'une équipe pluridisciplinaire. Il comporte notamment un service médico-psychologique régional aménagé dans un établissement pénitentiaire.

L'administration pénitentiaire prend à sa charge la construction, l'aménagement et l'entretien des locaux individualisés et adaptés, nécessaires au bon fonctionnement du service médico-psychologique régional, en application du décret mentionné par le précédent alinéa.

Art. D. 115-7. – L'administration pénitentiaire assure la sécurité des personnes concourant aux missions de santé dans l'enceinte de l'établissement pénitentiaire.

Des personnels de surveillance sont affectés par le chef d'établissement pénitentiaire dans les unités sanitaires mentionnées par les dispositions de l'article D. 115-3 et les secteurs de psychiatrie en milieu pénitentiaire mentionnés par les dispositions de l'article D. 115-6, après avis des médecins responsables de ces unités et secteurs.

Art. D. 115-8. – Si une intervention médicale paraît nécessaire en dehors des heures d'ouverture de l'unité sanitaire les personnels pénitentiaires appliquent les directives prévues par le protocole mentionné par les dispositions du premier alinéa de l'article D. 115-4.

Art. D. 115-9. – Le dossier médical des personnes détenues est conservé sous la responsabilité des établissements de santé comprenant une unité sanitaire ou un secteur de psychiatrie mentionnés par les dispositions des articles D. 115-3 et D. 115-6.

Quand le dossier est établi par l'établissement de santé, il est soumis aux dispositions relatives aux règles de recueil des informations des patients du Code de la santé publique.

Seul le personnel soignant peut avoir accès au dossier médical.

En cas de transfèrement ou d'extraction vers un établissement hospitalier, les informations médicales contenues dans le dossier sont transmises au médecin destinataire dans des conditions matérielles garantissant leur inviolabilité.

Art. D. 115-10. – Les établissements de santé comprenant une unité sanitaire ou un secteur de psychiatrie mentionnés par les dispositions des articles D. 115-3 et D. 115-6 établissent un rapport annuel d'activité incluant la présentation des actions de prévention et d'éducation pour la santé.

Ce rapport est transmis aux signataires des protocoles. Il est présenté à l'instance de concertation constituée en application des dispositions de l'article R. 6111-36 du Code de la santé publique ainsi qu'à la commission de surveillance.

Art. D. 115-11. – Les rapports annuels d'activité présentés en application de l'article D. 115-10 sont adressés au directeur interrégional des services pénitentiaires, qui en assure la transmission au ministère de la justice en y joignant ses éventuelles observations.

Sous-section 2. – Services médico-psychologiques régionaux

Art. R. 115-12. – Dans chaque région pénitentiaire et dans les conditions prévues par les dispositions de l'article R. 3221-5 du Code de la santé publique, les services médico-psychologiques régionaux sont aménagés au sein des secteurs de psychiatrie en milieu pénitentiaire rattachés à des établissements de santé.

Art. D. 115-13. – Conformément aux dispositions de l'article D. 312-154-1 du Code de l'action sociale et des familles, les personnes confiées au service public pénitentiaire peuvent être prises en charge en appartement de coordination thérapeutique et bénéficier d'un accompagnement médico-social adapté sur orientation d'un service médico-psychologique régional aménagé dans un établissement pénitentiaire.

Sous-section 3. – Personnels de santé

§ 1. – Habilitation du personnel hospitalier

Art. D. 115-14. – Les praticiens hospitaliers exerçant à temps plein dans les unités sanitaires ou les secteurs de psychiatrie mentionnés par les dispositions des articles D. 115-3 et D. 115-6 sont, préalablement à leur nomination, habilités par le garde des sceaux, ministre de la justice.

Les praticiens hospitaliers exerçant à temps partiel dans ces structures sont, préalablement à leur nomination ou à leur affectation, habilités par le directeur interrégional des services pénitentiaires territorialement compétent.

Les autres personnels médicaux et hospitaliers exerçant dans ces structures sont, préalablement à leur nomination ou à leur affectation, habilités par le directeur interrégional des services pénitentiaires territorialement compétent.

Art. D. 115-15. – L'habilitation est accordée, après avis du préfet de département et, à Paris, du préfet de police, pour une période de cinq ans, renouvelable par tacite reconduction.

L'habilitation ne peut être accordée aux personnes qui ont fait l'objet d'une condamnation justifiant l'inscription au bulletin n° 2 du casier judiciaire, pour des agissements contraires à l'honneur, à la probité ou aux bonnes mœurs.

L'habilitation est retirée de plein droit lorsque cette exigence cesse d'être remplie.

Art. D. 115-16. – Les personnels hospitaliers sont informés par le directeur interrégional des services pénitentiaires ou son représentant des conditions d'exercice en milieu carcéral et des obligations résultant des dispositions du présent code et du Code de la santé publique.

Le règlement intérieur, défini aux articles L. 112-4 et R. 112-22, de l'établissement pénitentiaire dans lequel ils sont amenés à exercer leur mission, doit leur être remis par le chef de l'établissement pénitentiaire.

Art. D. 115-17. – L'habilitation peut être suspendue par le directeur interrégional des services pénitentiaires pour les praticiens hospitaliers à temps plein, ou par le chef de l'établissement pénitentiaire pour les autres personnels hospitaliers, en cas de manquements graves aux dispositions du Code de procédure pénale, du Code de la santé publique, du règlement intérieur défini aux articles L. 112-4 et R. 112-22, ou du reste du présent code. Le directeur de l'établissement de santé doit en être préalablement informé.

L'autorité qui a délivré l'habilitation rend, dans le mois suivant la suspension, une décision motivée de maintien ou de retrait de l'habilitation, après avoir recueilli les observations de la personne habilitée et l'avis de l'autorité investie du pouvoir de nomination.

Art. D. 115-18. – En cas d'absence ou d'empêchement de l'une des personnes habilitées, ou en cas de nécessité de service, d'autres personnels hospitaliers relevant de l'établissement de santé signataire du protocole passé en application des dispositions de l'article R. 6111-29 du Code de la santé publique peuvent être autorisés, sur proposition du directeur de cet établissement, à pénétrer dans l'établissement pénitentiaire par le chef de l'établissement pénitentiaire.

Art. D. 115-19. – Dans le cadre des actions de prévention et d'éducation pour la santé, l'autorisation d'accès à l'établissement pénitentiaire est accordée par le chef de l'établissement aux personnes intervenant au titre des collectivités territoriales et aux membres du réseau associatif spécialisé auquel peut faire appel l'établissement de santé.

Art. D. 115-20. – Dans le cadre de la prise en charge globale des personnes présentant une dépendance à un produit licite ou illicite, l'autorisation d'accès à l'établissement pénitentiaire est accordée, par le chef d'établissement, aux personnels des structures spécialisées de soins, notamment des centres de soins d'accompagnement et de prévention en addictologie.

§ 2. – Attributions des médecins

Art. R. 115-21. – Les médecins chargés des prestations de médecine générale intervenant dans les unités sanitaires et dans les services médico-psychologiques régionaux mentionnés par les dispositions de l'article R. 3221-5 du Code de la santé publique assurent des consultations médicales, à la suite de demandes formulées par la personne détenue ou, le cas échéant, par le personnel pénitentiaire ou par toute autre personne agissant dans l'intérêt de la personne détenue.

Ces médecins sont en outre chargés de :

1° Réaliser un examen médical systématique pour les personnes détenues venant de l'état de liberté ;

2° Réaliser les visites aux personnes détenues placées au quartier disciplinaire ou confinées dans une cellule ordinaire dans les conditions prévues par les dispositions de l'article R. 234-31, chaque fois que ces médecins l'estiment nécessaire et au minimum, en tout état de cause, deux fois par semaine ;

3° Réaliser les visites aux personnes détenues placées à l'isolement, dans les conditions prévues par les dispositions de l'article R. 213-19, chaque fois que ces médecins l'estiment nécessaire et au moins deux fois par semaine ;

4° Réaliser l'examen des personnes détenues sollicitant des attestations relatives à une inaptitude au travail pour raison médicale ;

5° Réaliser l'examen médical des personnes détenues sollicitant une attestation relative à la pratique d'une activité sportive ;

6° Réaliser l'examen des personnes détenues sollicitant pour raison médicale un changement d'affectation ou une modification ou un aménagement quelconque de leur régime de détention.

Art. R. 115-22. – Les médecins mentionnés par les dispositions de l'article R. 115-21 veillent à ce que la transmission, au personnel médical du nouvel établissement, des éléments utiles à la continuité des soins des personnes détenues soit assurée à l'occasion de leur transfert en application des dispositions des articles R. 1112-1 et R. 1112-2 du Code de la santé publique.

Art. D. 115-23. – Conformément aux dispositions de l'article R. 6111-33 du Code de la santé publique, le praticien responsable de l'unité sanitaire organise le suivi médical des personnes détenues et coordonne les actions de prévention et d'éducation pour la santé mises en œuvre à leur égard.

Art. D. 115-24. – Le médecin responsable des unités sanitaires ou des secteurs de psychiatrie mentionnés par les dispositions de l'article D. 115-3 veille à l'observation des règles d'hygiène collective et individuelle dans l'établissement pénitentiaire.

À ce titre, il est habilité à visiter l'ensemble des locaux de l'établissement et à signaler aux services compétents les insuffisances en matière d'hygiène et, de manière générale, toute situation susceptible d'affecter la santé des personnes détenues ; il donne son avis sur les moyens d'y remédier.

Art. D. 115-25. – Les médecins intervenant dans les unités sanitaires ou les secteurs de psychiatrie mentionnés aux articles D. 115-3 et D. 115-6 délivrent à la personne détenue, à sa demande, des certificats ou attestations relatifs à son état de santé et, sous réserve de son accord exprès, à sa famille ou à son conseil.

Ils lui fournissent les attestations ou documents indispensables pour bénéficier des avantages qui lui sont reconnus par la sécurité sociale, et notamment de ceux prévus par la législation sur les accidents du travail et les maladies professionnelles.

Ils délivrent aux autorités pénitentiaires des attestations écrites contenant les renseignements strictement nécessaires à l'orientation de la personne détenue ainsi qu'aux modifications ou aux aménagements du régime pénitentiaire que pourrait justifier son état de santé.

En tout état de cause, si ces médecins estiment que l'état de santé d'une personne détenue n'est pas compatible avec un maintien en détention ou avec le régime pénitentiaire qui lui est appliqué, ils en avisent par écrit le chef de l'établissement pénitentiaire. Ce dernier en informe aussitôt, s'il y a lieu, l'autorité judiciaire compétente.

Un double des attestations et avis délivrés en application des alinéas 3 et 4 du présent article est remis à la personne détenue intéressée, à sa demande.

§ 3. – Attributions des personnels infirmiers

Art. D. 115-26. – Le personnel infirmier répond aux demandes de soins dans le cadre de son rôle propre, dispense les soins et administre les médicaments sur prescription médicale, en application des dispositions relatives aux règles de la profession d'infirmier ou d'infirmière prévues par le Code de la santé publique.

TITRE II. – DÉONTOLOGIE

Art. R. 120-1. – Les dispositions des chapitres I à III du présent titre constituent le Code de déontologie du service public pénitentiaire prévu par les dispositions de l'article L. 120-1.

Art. R. 120-2. – Le Code de déontologie du service public pénitentiaire s'applique :

1° Dans les conditions déterminées par les dispositions des articles R. 122-1 à R. 122-24 du chapitre II du présent titre, aux personnels, fonctionnaires et agents non titulaires, de l'administration pénitentiaire tels que définis par les dispositions de l'article L. 113-1, dans le respect des règles les régissant ;

2° Dans les mêmes conditions, à l'exclusion des articles R. 122-2, R. 122-8, R. 122-21, R. 122-24, R. 822-1, R. 832-1, R. 842-1, R. 852-4, R. 862-5 et R. 872-5, aux membres de la réserve civile pénitentiaire prévue par les dispositions de l'article L. 114-1, qui sont assimilés aux personnels pénitentiaires pour ce qui est des règles pénitentiaires auxquelles ils sont soumis ;

3° Dans les conditions déterminées par les dispositions des articles R. 123-1 à R. 123-5 du chapitre III du présent titre, aux personnes physiques et aux agents des personnes morales de droit public ou privé, concourant au service public pénitentiaire en vertu d'une habilitation ou d'un agrément.

Art. R. 120-3. – Le Code de déontologie du service public pénitentiaire est remis individuellement par l'administration pénitentiaire à chacune des personnes auxquelles il s'applique. Il est affiché dans les établissements et services pénitentiaires. Cet affichage est réalisé de telle façon que le Code de déontologie soit également porté à la connaissance des personnes placées sous main de justice.

CHAPITRE Ier. – DISPOSITIONS GÉNÉRALES

Art. R. 121-1. – Les valeurs de l'administration pénitentiaire et de ses membres résident dans la juste et loyale exécution des décisions de justice et du mandat judiciaire confié et dans le respect des personnes et de la règle de droit.

Art. R. 121-2. – L'administration pénitentiaire concourt, par sa participation à la garde et à la réinsertion des personnes qui lui sont confiées par l'autorité judiciaire, à la garantie des libertés et à la défense des institutions de la République, au maintien de l'ordre public et de la sécurité intérieure et à la protection des personnes et des biens.

Art. R. 121-3. – Tout manquement aux devoirs définis par le Code de déontologie du service public pénitentiaire expose son auteur à une sanction disciplinaire ou au retrait, dans les conditions fixées par le présent code, du titre en vertu duquel il intervient au sein des services de l'administration pénitentiaire, sans préjudice, le cas échéant, des peines prévues par la loi pénale.

Art. D. 121-4. – Indépendamment des défenses résultant de la loi pénale, il est interdit aux agents des services déconcentrés de l'administration pénitentiaire et aux personnes ayant accès aux établissements pénitentiaires :

1° De fumer dans les lieux fermés et couverts affectés à un usage collectif, ou qui constituent des lieux de travail ;

2° D'introduire ou de consommer des boissons alcoolisées dans ces établissements, à l'exception des logements des agents et des locaux affectés aux services de restauration et d'y paraître en état d'ébriété.

CHAPITRE II. – DISPOSITIONS APPLICABLES AUX PERSONNELS DE L'ADMINISTRATION PÉNITENTIAIRE

Section 1. – Devoirs généraux

Art. R. 122-1. – Le personnel de l'administration pénitentiaire est loyal envers les institutionc républicaines. Il est intègre, impartial et probe. Il ne se départit de sa dignité en aucune circonstance.

Art. R. 122-2. – Le personnel de l'administration pénitentiaire consacre l'intégralité de son activité professionnelle aux tâches qui lui sont confiées, dans les conditions fixées aux articles L. 121-1 à L. 121-11 du Code général de la fonction publique.

Art. R. 122-3. – Le personnel de l'administration pénitentiaire doit s'abstenir de tout acte, de tout propos ou de tout écrit qui serait de nature à porter atteinte à la sécurité et au bon ordre des établissements et services et doit remplir ses fonctions dans des conditions telles que celles-ci ne puissent préjudicier à la bonne exécution des missions dévolues au service public pénitentiaire.

Art. R. 122-4. – Le personnel de l'administration pénitentiaire est astreint au devoir de réserve et au respect de la discrétion et du secret professionnels, dans les conditions prévues par les lois et règlements.

Art. R. 122-5. – Les personnels de l'administration pénitentiaire se doivent mutuellement respect, aide et assistance dans l'exercice de leurs missions.

Art. R. 122-6. – Le personnel de l'administration pénitentiaire ne peut faire un usage de la force que dans les conditions et limites posées par les lois et règlements.

Art. R. 122-7. – Le personnel qui serait témoin d'agissements prohibés par le présent code doit s'efforcer de les faire cesser et les porter à la connaissance de sa hiérarchie. Si ces agissements sont constitutifs d'infractions pénales, il les porte également à la connaissance du procureur de la République.

Art. R. 122-8. – Le personnel de l'administration pénitentiaire prête serment, lors de sa première affectation au sein de l'administration pénitentiaire, en audience publique devant le président du tribunal judiciaire ou de la cour d'appel dans le ressort desquels se trouve son lieu d'affectation.

Les fonctionnaires déjà affectés au sein de l'administration pénitentiaire au 1er janvier 2011 peuvent, à leur demande, prêter serment dans les conditions prévues au premier ou au deuxième alinéa.

Art. R. 122-9. – La formule du serment est la suivante :

« Je jure de bien et loyalement remplir mes fonctions et d'observer les devoirs qu'elles m'imposent dans le strict respect des personnes confiées au service public pénitentiaire et de leurs droits. Je m'engage à me conformer à la loi et aux ordres reçus et à ne faire qu'un usage légitime des pouvoirs qui me sont confiés ».

Section 2. – Devoirs à l'égard des personnes confiées

Art. R. 122-10. – Le personnel de l'administration pénitentiaire exerce ses missions dans le respect absolu des personnes qui lui sont confiées par l'autorité judiciaire et de leurs droits. Il s'interdit à leur égard toute forme de violence ou d'intimidation. Il ne manifeste aucune discrimination. Il ne doit user ni de dénomination injurieuse, ni de tutoiement, ni de langage grossier ou familier. Il manifeste le même comportement à l'égard de leurs proches.

Art. R. 122-11. – Le personnel de l'administration pénitentiaire prend, dans le cadre de sa mission, toute mesure tendant à la sauvegarde de la vie et de la santé des personnes qui lui sont confiées, notamment en faisant appel, en tant que de besoin, au personnel de santé.

Art. R. 122-12. – Le personnel de l'administration pénitentiaire doit en toute circonstance se conduire et accomplir ses missions de telle manière que son exemple ait une influence positive sur les personnes dont il a la charge et suscite leur respect.

Art. R. 122-13. – Outre les informations auxquelles est tenue l'administration pénitentiaire à l'égard des personnes dont elle a la charge, le personnel est tenu de rappeler à ces personnes, en tant que de besoin, leurs droits et de leurs devoirs ainsi que les sanctions ou mesures dont elles peuvent faire l'objet dans les conditions prévues par les textes.

Pendant toute la durée de leur placement, il veille à permettre à ces personnes, dans le respect des lois et règlements, l'exercice de leurs droits.

Art. R. 122-14. – Le personnel de l'administration pénitentiaire ne peut occuper les personnes qui lui sont confiées à des fins personnelles, ni accepter d'elles, directement ou indirectement, des dons et avantages de quelque nature que ce soit.

Il ne peut se charger d'aucun message et d'aucune mission, acheter ou vendre aucun produit ou service pour le compte des personnes qui lui sont confiées.

Il ne peut leur remettre ni recevoir d'elles des sommes d'argent, objets ou substances quelconques en dehors des cas prévus par la loi.

Il ne doit permettre ni faciliter aucune communication non autorisée par les textes entre personnes détenues ou entre les personnes détenues et l'extérieur.

Il ne doit pas agir, que ce soit de façon directe ou indirecte, auprès des personnes qui lui sont confiées pour influer sur leurs moyens de défense ou le choix de leurs défenseurs.

Art. R. 122-15. – Le personnel de l'administration pénitentiaire ne peut entretenir sciemment avec des personnes placées par décision de justice sous l'autorité ou le contrôle de l'établissement ou du service dont il relève, ainsi qu'avec les membres de leur famille ou leurs amis, de relations qui ne seraient pas justifiées par les nécessités du service.

Cette interdiction demeure pendant une période de cinq années à compter de la fin de l'exercice de ladite autorité ou dudit contrôle matérialisée par :

1° La cessation des fonctions au sein de l'établissement ou du service du personnel ;
2° Le transfèrement dans un autre établissement ou service de la personne détenue ;
3° La levée d'écrou de la personne détenue.

Lorsqu'il a eu de telles relations avec ces personnes antérieurement à leur prise en charge par le service ou l'établissement dont il relève, ainsi qu'avec les membres de leur famille ou leurs amis, le personnel de l'administration pénitentiaire en informe le chef d'établissement ou le chef de service dès cette prise en charge.

Le personnel de l'administration pénitentiaire ayant des liens familiaux avec des personnes placées par décision de justice sous l'autorité ou le contrôle de l'établissement ou du service dont il relève doit également en informer son chef d'établissement ou son chef de service.

Section 3. – Droits et devoirs de la hiérarchie et des agents placés sous son autorité

Art. R. 122-16. – L'autorité investie du pouvoir hiérarchique exerce les fonctions de commandement et d'encadrement. À ce titre, elle prend les décisions et les fait appliquer ; elle les traduit par des ordres qui doivent être précis et assortis des explications nécessaires à leur bonne exécution.

Art. R. 122-17. – L'autorité investie du pouvoir hiérarchique est responsable des ordres qu'elle donne, de leur exécution et de leurs conséquences. Lorsqu'elle charge un subordonné d'agir en ses lieu et place, sa responsabilité demeure entière et s'étend aux actes que le subordonné accomplit régulièrement dans le cadre de ses fonctions et des ordres reçus.

L'agent doit exécuter loyalement les ordres qui lui sont donnés par l'autorité investie du pouvoir hiérarchique. Il est responsable de l'exécution des tâches qui lui sont confiées ou des conséquences de leur inexécution.

Art. R. 122-18. – L'autorité transmet ses ordres par la voie hiérarchique. Si l'urgence ne permet pas de suivre cette voie, les échelons intermédiaires en sont informés sans délai.

Hors le cas de réquisition, aucun ordre ne peut être donné à un personnel de l'administration pénitentiaire qui ne relève pas de l'autorité fonctionnelle de son auteur, si ce n'est pour faire appliquer les règles générales de la discipline.

Art. R. 122-19. – Tout agent de l'administration pénitentiaire doit se conformer aux instructions de son supérieur hiérarchique, sauf dans le cas où l'ordre est manifestement illégal et de nature à compromettre gravement un intérêt public. Si l'agent croit se trouver en présence d'un tel ordre, il a le devoir de faire part de ses objections à l'autorité qui l'a donné, en indiquant expressément la signification illégale qu'il attache à l'ordre litigieux.

Si l'ordre est maintenu et que, malgré les explications ou l'interprétation qui en ont été données par le supérieur hiérarchique, l'agent persiste dans sa contestation, il doit être pris acte de son opposition.

Il en est rendu compte à l'autorité supérieure.

Tout refus d'exécuter un ordre qui ne répondrait pas aux conditions prévues par les dispositions du présent article engage la responsabilité de l'intéressé.

Art. R. 122-20. – Tout personnel de l'administration pénitentiaire a le devoir de rendre compte à l'autorité investie du pouvoir hiérarchique, sans omission ou dissimulation, de son action et de l'exécution des missions qu'il en a reçues, ou, le cas échéant, des raisons qui ont rendu leur exécution impossible.

Il est veillé à ce que, lors des relèves de service, toutes les informations utiles soient consignées au bénéfice des agents qui reçoivent la charge des personnes qui sont confiées à l'administration pénitentiaire.

Art. R. 122-21. – L'administration pénitentiaire fournit à son fonctionnaire les moyens de remplir ses obligations de formation, telles que prévues par les dispositions de l'article L. 113-2 du présent code et L. 422-20 du Code général de la fonction publique, lors de son recrutement par la formation initiale et durant sa carrière en organisant une formation continue.

Elle veille notamment à lui assurer, avant sa prise de fonctions, une formation sur les principales règles nationales et internationales relatives à la protection des droits de l'homme et sur la déontologie.

Elle est tenue de dispenser une formation spécifique aux agents susceptibles d'avoir recours à l'usage de la force et des armes.

Le personnel de l'administration pénitentiaire est tenu d'actualiser régulièrement ses connaissances professionnelles, compte tenu notamment de l'évolution des missions, des métiers et des pratiques pénitentiaires.

Art. R. 122-22. – L'administration garantit sa protection aux personnels pénitentiaires et à leurs proches dans les conditions fixées par les dispositions des articles L. 134-1 à L. 134-12 du Code général de la fonction publique.

Art. R. 122-23. – Le personnel de l'administration pénitentiaire jouit du libre exercice du droit syndical.

Art. R. 122-24. – Le personnel de l'administration pénitentiaire exerce ses droits d'expression et de manifestation dans les conditions prévues par son statut.

CHAPITRE III. – DISPOSITIONS APPLICABLES AUX PERSONNES PHYSIQUES ET AUX AGENTS DES PERSONNES MORALES CONCOURANT AU SERVICE PUBLIC PÉNITENTIAIRE

Section 1. – Devoirs à l'égard des personnes confiées

Art. R. 123-1. – Les personnes physiques et les agents des personnes morales concourant au service public pénitentiaire ont, à l'égard des personnes placées sous main de justice auprès desquelles ils interviennent, un comportement appliquant les principes de respect absolu, de non-discrimination et d'exemplarité énoncés par les dispositions des articles R. 122-10 et R. 122-12. Ils interviennent dans une stricte impartialité vis-à-vis de ces personnes et dans le respect des règles déontologiques applicables à leur profession.

Art. R. 123-2. – Les personnes physiques et les agents des personnes morales concourant au service public pénitentiaire ne peuvent entretenir sciemment avec des personnes placées par décision de justice sous l'autorité ou le contrôle de l'établissement ou du service dans lequel ils interviennent, ainsi qu'avec les membres de leur famille ou leurs amis, de relations qui ne seraient pas justifiées par les nécessités de leur mission.

Cette interdiction cesse avec :

1° La fin de leur mission au sein de l'établissement ou du service ;

2° Le transfèrement dans un autre établissement ou service de la personne détenue ;

3° La levée d'écrou de la personne détenue.

Lorsqu'ils ont eu de telles relations avec ces personnes antérieurement à leur prise en charge par l'établissement ou le service dans lequel ils interviennent, ainsi qu'avec les membres de leur famille ou leurs amis, les personnes physiques et les agents des personnes morales concourant au service public pénitentiaire en informent le chef d'établissement ou le chef de service, dès cette prise en charge.

Les personnes physiques et les agents des personnes morales concourant au service public pénitentiaire ayant des liens familiaux avec des personnes placées par décision de justice sous l'autorité ou le contrôle de l'établissement ou du service dans lequel ils interviennent doivent également en informer le chef d'établissement ou le chef de service.

Art. R. 123-3. – Les personnes physiques et les agents des personnes morales concourant au service public pénitentiaire ne peuvent occuper les personnes auprès desquelles ils interviennent à des fins personnelles ni accepter d'elles, directement ou indirectement, des dons et avantages de quelque nature que ce soit.

Ils ne peuvent leur remettre ni recevoir d'elles des sommes d'argent, objets ou substances quelconques en dehors des cas prévus par la loi ou entrant dans le cadre de leur intervention auprès des personnes placées sous main de justice.

Ils ne doivent permettre ni faciliter aucune mission ou aucun message irréguliers entre les personnes détenues ou entre les personnes détenues et l'extérieur.

Section 2. – Conditions d'interventions

Art. R. 123-4. – Les personnes physiques et les agents des personnes morales concourant au service public pénitentiaire s'abstiennent de toute entrave au fonctionnement régulier des établissements et services déconcentrés de l'administration pénitentiaire.

Ils se conforment aux consignes imposées par l'administration pour la sécurité des établissements et services et leur propre sécurité.

Art. R. 123-5. – Les personnes physiques et les agents des personnes morales concourant au service public pénitentiaire ne divulguent, hors les cas prévus par la loi, aucune information relative à la sécurité des établissements ou services ou à l'état de santé, à la vie privée ou à la situation pénale des personnes auprès desquelles ils interviennent.

TITRE III. – CONTRÔLE ET ÉVALUATION DES ÉTABLISSEMENTS ET SERVICES PÉNITENTIAIRES

Art. D. 130-1. – Il est tenu dans chaque établissement un registre où mention doit être faite de toutes les visites ou inspections effectuées en application des dispositions du présent titre.

Ce registre est présenté obligatoirement aux autorités qui ont procédé à ces visites ou inspections, afin qu'elles puissent y consigner leurs observations.

CHAPITRE Ier. – VISITE DES ÉTABLISSEMENTS PÉNITENTIAIRES PAR LES AUTORITÉS JUDICIAIRES

Art. R. 131-1. – Chaque personne détenue peut demander à être entendue par les magistrats et fonctionnaires chargés de l'inspection ou de la visite de l'établissement, hors la présence de tout membre du personnel de l'établissement pénitentiaire.

Art. D. 131-2. – Lors de ses visites d'établissements pénitentiaires, le juge de l'application des peines vérifie les conditions dans lesquelles les personnes condamnées y exécutent leur peine.

Il lui appartient de faire part de ses observations éventuelles aux autorités compétentes pour y donner suite.

Il adresse chaque année au garde des sceaux, ministre de la justice, sous le couvert des chefs de cour et de tribunaux judiciaires, un rapport sur l'application des peines.

Art. D. 131-3. – À l'occasion de ses visites dans les établissements pénitentiaires, le président de la chambre de l'instruction vérifie la situation des personnes mises en examen en état de détention provisoire.

Il transmet ses observations éventuelles au président de la chambre d'instruction compétent à l'égard des personnes prévenues qui ne relèvent pas d'une juridiction du ressort de sa cour d'appel.

À l'occasion de ses visites dans les établissements pénitentiaires, le juge d'instruction peut également voir les personnes prévenues.

Art. D. 131-4. – Lors des visites qu'il effectue dans chaque établissement pénitentiaire, le procureur de la République entend les personnes détenues qui auraient des réclamations à présenter.

Il rend compte de ses observations éventuelles au procureur général.

Art. D. 131-5. – Un rapport conjoint du premier président et du procureur général rend compte chaque année au garde des sceaux, ministre de la justice, du fonctionnement des établissements pénitentiaires de leur ressort et du service assuré par le personnel de ces établissements.

CHAPITRE II. – VISITE DES ÉTABLISSEMENTS PÉNITENTIAIRES PAR LES PARLEMENTAIRES ET LES BÂTONNIERS

Art. R. 132-1. – Le chef d'un établissement pénitentiaire ne peut s'opposer à l'entrée des journalistes accompagnant les parlementaires que pour des motifs impératifs liés à la sécurité, au bon ordre, à l'intérêt public ou à la protection des victimes, des personnes détenues et du personnel au sein de l'établissement. Il peut mettre fin, à tout moment, à leur présence pour ces motifs.

Les parlementaires ne peuvent être accompagnés de plus de cinq journalistes, titulaires de la carte d'identité professionnelle prévue par les dispositions de l'article L. 7111-6 du Code du travail, dont deux utilisant du matériel de prise de vue ou de son. Le nombre maximal de journalistes s'entend par visite, quel que soit le nombre de parlementaires y participant. Leur entrée est concomitante à celle des parlementaires qu'ils accompagnent dans leur parcours. Leur sortie ne peut être postérieure à celle des parlementaires.

Art. R. 132-2. – Les écrits, photographies, croquis, prises de vue et de son que les journalistes effectuent sont circonscrits au cadre de la visite du parlementaire. Lorsqu'ils sont de nature à permettre l'identification des personnes détenues, celles-ci doivent consentir par écrit à la diffusion ou à l'utilisation de leur image ou de leur voix. Les enregistrements et images ne peuvent couvrir une zone interdite par le chef de l'établissement pénitentiaire pour des motifs tenant au bon ordre et à la sécurité. Leur diffusion ou leur utilisation ne peut permettre d'identifier les personnels présents au sein de l'établissement que si ces derniers y ont consenti par écrit.

Les obligations relatives à la diffusion des productions des journalistes s'imposent aux directeurs de publication, éditeurs et distributeurs de ces productions.

CHAPITRE III. – CONTRÔLE PAR LES AUTORITÉS ADMINISTRATIVES INDÉPENDANTES

Section 1. – Contrôle par le Contrôleur général des lieux de privation de liberté

Art. R. 133-1. – Dans le respect des dispositions des articles 13 et 14 du décret n° 2008-246 du 12 mars 2008 relatif au Contrôleur général des lieux de privation de liberté, l'administration pénitentiaire concourt au bon exercice des missions de cette autorité et des contrôleurs qui l'assistent.

Section 2. – Action du Défenseur des droits

Art. D. 133-2. – Les délégués du Défenseur des droits peuvent exercer leur action auprès de toutes les personnes détenues quelle que soit leur situation pénale. Toutefois, le droit de visite est suspendu à l'égard des personnes détenues placées au quartier disciplinaire et à l'égard des personnes prévenues dans les cas où ces dernières font l'objet de l'interdiction de communiquer prévue par les dispositions du premier alinéa de l'article 145-4 du Code de procédure pénale.

Les délégués du Défenseur des droits reçoivent les personnes détenues dans un local situé à l'intérieur de la détention et en dehors de la présence d'un surveillant.

CHAPITRE IV. – CONTRÔLE PAR LES AUTRES AUTORITÉS ADMINISTRATIVES

Section 1. – Dispositions générales

Art. D. 134-1. – Sans préjudice du contrôle des autorités judiciaires, prévu par les dispositions des articles D. 131-2 à D. 131-5, et celui du conseil d'évaluation prévu par les dispositions des articles D. 136-2 à D. 136-6, les établissements pénitentiaires font l'objet du contrôle général de l'inspection générale de la justice et des inspections périodiques des magistrats ou des fonctionnaires de la direction de l'administration pénitentiaire et des directeurs régionaux ou de leurs adjoints ; en outre, ils sont soumis aux inspections du préfet ou du sous-préfet, ainsi que, dans le domaine de leur compétence, de toutes autres autorités administratives investies d'un pouvoir de contrôle à l'égard des différents services de l'administration.

Les modalités selon lesquelles les directeurs régionaux et leurs adjoints effectuent leurs inspections et en dressent rapport sont définies par une instruction de service.

Art. D. 134-2. – Les administrations ou corps intéressés par certaines parties du service des établissements pénitentiaires sont habilités à en vérifier l'organisation et le fonctionnement, dans la limite des attributions que leur confèrent les lois et règlements.

Art. D. 134-3. – Les magistrats et les fonctionnaires ou autres personnes ayant autorité ou mission dans l'établissement pénitentiaire ont accès à la détention après justification de leur qualité ou présentation de leur ordre de mission et après s'être soumis aux mesures de contrôle réglementaires.

S'ils ont à s'entretenir avec les personnes détenues, ils peuvent le faire en dehors des jours et délais normaux de visite et en l'absence de tout membre du personnel ; l'entretien a lieu éventuellement dans les cellules lorsque cette façon de procéder ne présente pas d'inconvénient.

Section 2. – Contrôle par l'inspection générale de la Justice

Art. D. 134-4. – L'inspection générale de la justice exerce une mission permanente d'inspection, de contrôle, d'étude, de conseil et d'évaluation sur l'ensemble de l'administration pénitentiaire, en application des dispositions du décret n° 2016-1675 du 5 décembre 2016.

Section 3. – Contrôle de la santé des personnes détenues et de l'hygiène

Art. D. 134-5. – L'inspection générale des affaires sociales et les services des agences régionales de santé veillent à l'observation des mesures nécessaires au maintien de la santé des personnes détenues et de l'hygiène dans les établissements pénitentiaires.

Ces services contrôlent à l'intérieur des établissements pénitentiaires l'exécution des lois et règlements se rapportant à la santé publique et effectuent toutes vérifications utiles à leurs missions.

CHAPITRE V. – VISITE DES ÉTABLISSEMENTS PÉNITENTIAIRES PAR LE COMITÉ EUROPÉEN DE PRÉVENTION DE LA TORTURE ET DES PEINES OU TRAITEMENTS INHUMAINS OU DÉGRADANTS

Le présent chapitre ne comprend pas de dispositions réglementaires.

CHAPITRE VI. – ÉVALUATION DES SERVICES PÉNITENTIAIRES

Art. R. 136-1. – Un conseil d'évaluation est institué auprès de chaque établissement pénitentiaire afin d'évaluer les conditions de fonctionnement de l'établissement et de proposer, le cas échéant, toutes mesures de nature à les améliorer.

La composition et les modalités de fonctionnement de ce conseil sont déterminées par les dispositions des articles D. 136-2 à D. 136-6.

Art. D. 136-2. – Le conseil d'évaluation est présidé par le préfet du département dans lequel est situé l'établissement pénitentiaire ou, à Paris, par le préfet de police, et dans le département des Bouches-du-Rhône, par le préfet de police des Bouches-du-Rhône.

Le président du tribunal judiciaire dans le ressort duquel est situé l'établissement pénitentiaire et le procureur de la République près ledit tribunal sont désignés en qualité de vice-présidents.

Le conseil d'évaluation comprend :

1° Le président du conseil départemental ou son représentant ;

2° Le président du conseil régional ou son représentant ;

3° Les maires des communes sur le territoire desquelles est situé l'établissement pénitentiaire ou leurs représentants ;

4° Le président et le procureur de la République des juridictions, autres que celle dans le ressort de laquelle est situé l'établissement concerné, compétentes pour traiter des situations des justiciables pris en charge par l'établissement pénitentiaire ;

5° Les juges de l'application des peines intervenant dans l'établissement pénitentiaire ou leur représentant désigné par le président de chaque tribunal judiciaire concerné ;

6° Le juge des enfants exerçant les fonctions définies par l'article R. 251-3 du Code de l'organisation judiciaire et intervenant dans l'établissement, si le conseil est institué auprès d'un établissement pénitentiaire pour mineurs ou d'un établissement pénitentiaire comportant un quartier des mineurs ;

7° Le doyen des juges d'instruction du ressort du tribunal judiciaire dans lequel est situé l'établissement ;

8° Le directeur académique des services de l'Education nationale ou son représentant ;

9° Le directeur général de l'agence régionale de santé ou son représentant ;

10° Le commandant du groupement de gendarmerie du département ou son représentant ;

11° Le directeur départemental de la sécurité publique, ou le chef du service territorial de sécurité publique de la direction territoriale de la police nationale, ou son représentant ;

12° Le bâtonnier de l'ordre des avocats du ressort du tribunal judiciaire dans lequel est situé l'établissement ou son représentant ;

13° Un représentant de chaque association intervenant dans l'établissement ;

14° Un représentant des visiteurs de prisons intervenant dans l'établissement ;

15° Un aumônier agréé de chaque culte intervenant dans l'établissement.

Les membres de la commission visés aux 13° et 14° sont nommés pour une période de deux ans renouvelable par un arrêté préfectoral dont une ampliation est adressée au garde des sceaux, ministre de la justice.

La composition du conseil d'évaluation est arrêtée par le préfet.

Le premier président et le procureur général de la cour d'appel dans le ressort de laquelle est situé l'établissement pénitentiaire peuvent participer à la réunion du conseil d'évaluation ou désigner un représentant à cette fin.

Le directeur de l'établissement pénitentiaire, le directeur départemental du service pénitentiaire d'insertion et de probation, le directeur interrégional des services pénitentiaires et, le cas échéant, le directeur interrégional de la protection judiciaire de la jeunesse ou leurs représentants assistent aux travaux du conseil d'évaluation.

Art. D. 136-3. – Le conseil d'évaluation se réunit au moins une fois par an, sur convocation du président et des vice-présidents, qui fixent conjointement l'ordre du jour. Le conseil d'évaluation peut également être réuni sur un point précis à la demande du chef de l'établissement pénitentiaire ou du tiers de ses membres au moins.

Le secrétariat du conseil est assuré par les services déconcentrés de l'administration pénitentiaire.

Art. D. 136-4. – Les membres du conseil d'évaluation peuvent être délégués pour visiter l'établissement pénitentiaire aussi fréquemment que le conseil l'estime utile.

Le conseil peut procéder à l'audition de toute personne susceptible de lui apporter des informations utiles à l'exercice de sa mission.

Il auditionne à leur demande les représentants des organisations professionnelles des personnels pénitentiaires sur toute matière relevant de sa compétence.

Art. D. 136-5. – Le chef de l'établissement pénitentiaire et le directeur du service pénitentiaire d'insertion et de probation présentent chaque année au conseil d'évaluation un rapport d'activité de l'établissement.

Le conseil est également destinataire :

1° Du règlement intérieur de l'établissement défini aux articles L. 112-4 et R. 112-22 et de chacune de ses modifications ;

2° Des rapports établis à l'issue des contrôles spécialisés effectués par les administrations compétentes en matière, notamment, de santé, d'hygiène, de sécurité du travail, d'enseignement et de consommation.

Il peut solliciter toute autre information ou document utiles à l'exercice de sa mission.

Art. D. 136-6. – Le conseil d'évaluation établit un procès-verbal de ses réunions qu'il transmet au directeur interrégional des services pénitentiaires de la circonscription dans laquelle est situé l'établissement. Le directeur interrégional des services pénitentiaires transmet ce procès-verbal assorti de ses observations au garde des sceaux, ministre de la justice.

LIVRE II

DÉTENTION EN ÉTABLISSEMENT PÉNITENTIAIRE

TITRE Ier. – PRISE EN CHARGE DES PERSONNES DÉTENUES

CHAPITRE Ier. – AFFECTATION EN DÉTENTION

Section 1. – Séparation des femmes et des hommes

Art. R. 211-1. – Les femmes et les hommes sont détenus dans des établissements pénitentiaires distincts ou dans des quartiers distincts d'un même établissement.

Dans ce dernier cas, toutes dispositions doivent être prises pour qu'aucune communication entre les uns et les autres ne soit possible, à l'exception des activités organisées sur le fondement des dispositions de l'article L. 411-3.

Les femmes détenues ne sont surveillées que par des personnes de leur sexe. Toutefois, l'encadrement peut comporter des personnels masculins.

Art. D. 211-2. – Le personnel masculin n'a accès au quartier des femmes que sur autorisation du chef de l'établissement pénitentiaire.

Section 2. – Dispositions applicables aux personnes prévenues

Sous-section 1. – Affectation en établissement pénitentiaire

Art. D. 211-3. – Dans les conditions prévues par les dispositions de l'article D. 52 du Code de procédure pénale, les personnes détenues prévenues pour une cause et condamnées pour une autre sont soumises au même régime que les personnes condamnées.

Art. D. 211-4. – Sous réserve des dispositions du deuxième alinéa de l'article D. 52 du Code de procédure pénale, les personnes prévenues placées en détention provisoire sont détenues, pendant la durée de l'instruction, selon les prescriptions du mandat ou de la décision de justice dont ils font l'objet, à la maison d'arrêt ou au quartier maison d'arrêt du centre pénitentiaire de la ville où siège la juridiction d'instruction ou du jugement devant laquelle ils ont à comparaître. Lorsque la personne est mise en examen, pour des faits relevant initialement de la compétence d'un tribunal judiciaire dans lequel il n'y a pas de pôle de l'instruction, par le juge d'instruction d'une juridiction dans laquelle se trouve un pôle, elle peut également être détenue dans la maison d'arrêt ou le centre pénitentiaire de la ville où siège le tribunal dans lequel il n'y a pas de pôle.

Toutefois, au cas où il n'y a pas de maison d'arrêt ou de quartier maison d'arrêt d'un centre pénitentiaire dans cette ville ou lorsque la maison d'arrêt ne comporte pas de locaux appropriés à l'âge ou à l'état de santé des personnes détenues, ou en ce qui concerne les femmes détenues, de quartiers aménagés pour elles, les personnes prévenues sont détenues à la maison d'arrêt ou au centre pénitentiaire le plus proche disposant d'installations adaptées, d'où elles sont extraites chaque fois que l'autorité judiciaire le requiert.

Dans les cas prévus par les alinéas précédents, lorsque la maison d'arrêt n'offre pas des conditions d'accueil satisfaisantes en raison notamment de son taux d'occupation, ou des garanties de sécurité suffisantes, les personnes prévenues sont détenues dans une autre maison d'arrêt.

Pour l'application du présent article, l'administration pénitentiaire informe l'autorité judiciaire de la capacité d'accueil et du taux d'occupation de l'ensemble des maisons d'arrêt.

Sous-section 2. – Décisions de l'autorité judiciaire relatives aux modalités de la détention

Art. D. 211-5. – Conformément aux dispositions de l'article D. 55 du Code de procédure pénale, le chef de l'établissement pénitentiaire rend compte en urgence aux magistrats chargés du dossier de la procédure des difficultés auxquelles pourrait donner lieu l'exécution des ordres qu'ils ont prononcés en application des dispositions de l'article 715 du même code.

Art. D. 211-6. – Lorsqu'un placement en détention provisoire est ordonné, le titre de détention et la notice individuelle mentionnés aux articles D. 32-1-1 et D. 55-1 du Code de procédure pénale sont transmis par l'autorité chargée de la procédure au chef de l'établissement pénitentiaire dans les conditions prévues par ces mêmes articles.

Art. D. 211-7. – Conformément aux dispositions de l'article D. 56 du Code de procédure pénale, une personne prévenue peut faire l'objet de mesures d'isolement ou de séparation d'autres personnes détenues décidées par l'autorité judiciaire, ainsi que d'interdictions judiciaires temporaires de communiquer.

Art. D. 211-8. – Le chef de l'établissement pénitentiaire est destinataire des instructions du magistrat ayant ordonné la séparation de personnes prévenues en raison des nécessités de l'information dans les formes prévues par les dispositions de l'article D. 56-2 du Code de procédure pénale.

Section 3. – Dispositions applicables aux personnes condamnées

Sous-section 1. – Orientation

§ 1. – Constitution du dossier d'orientation

Art. D. 211-9. – La procédure d'orientation consiste à réunir tous les éléments relatifs à la personnalité de la personne condamnée, son sexe, son âge, ses antécédents, sa catégorie pénale, son état de santé physique et mentale, ses aptitudes, ses possibilités de réinsertion sociale et, d'une manière générale, tous renseignements susceptibles d'éclairer l'autorité compétente pour décider de l'affectation la plus adéquate.

L'affectation consiste à déterminer, sur la base de ces éléments, dans quel établissement la personne condamnée doit exécuter sa peine.

Art. D. 211-10. – La procédure d'orientation est obligatoirement mise en œuvre pour les personnes condamnées dont le temps de détention restant à exécuter est supérieur à deux ans.

Elle s'opère dans les conditions définies par les dispositions des articles D. 211-11 à D. 211-14, à l'aide des renseignements qui sont fournis par l'autorité judiciaire et par l'administration pénitentiaire sur les personnes intéressées, et, éventuellement, grâce aux examens auxquels ces dernières sont soumises au centre national d'évaluation de l'administration pénitentiaire.

Art. D. 211-11. – Le chef de l'établissement pénitentiaire constitue un dossier d'orientation pour chaque personne condamnée à laquelle il reste à exécuter un temps de détention d'une durée supérieure à deux ans. Ce dossier comprend les renseignements relatifs à la situation pénale et pénitentiaire de la personne condamnée, les éléments afférents aux conditions de prise en charge sanitaire et l'avis du service pénitentiaire d'insertion et de probation compétent auprès de l'établissement, l'avis du juge de l'application des peines et celui du juge des enfants s'il y a lieu, ainsi que la proposition du chef d'établissement.

Les personnes condamnées ayant à exécuter un temps de détention d'une durée inférieure ou égale à deux ans peuvent faire l'objet d'un dossier d'orientation selon les mêmes modalités lorsque le chef d'établissement estime que leur situation nécessite une orientation particulière.

Le dossier d'orientation des personnes condamnées visées par le premier alinéa contient également les pièces mentionnées par les dispositions de l'article D. 211-12.

Le dossier d'orientation est adressé au directeur interrégional des services pénitentiaires, qui arrête une décision d'affectation lorsque celle-ci relève de sa compétence ou communique le dossier assorti de son avis au garde des sceaux, ministre de la justice.

Art. D. 211-12. – Le ministère public près la juridiction qui a prononcé une condamnation à une peine privative de liberté adresse à l'établissement pénitentiaire où la personne condamnée est détenue ou doit être détenue l'extrait de jugement ou d'arrêt, la notice individuelle prévue par les dispositions de l'article D. 158 du Code de procédure pénale et, s'il y a lieu, la copie de la décision sur les intérêts civils conformément aux dispositions de l'article D. 332-11 du présent code.

Le ministère public adresse en outre à l'établissement pénitentiaire, les pièces suivantes :

1° La copie du rapport de l'enquête ou des enquêtes sur la personnalité, la situation matérielle, familiale ou sociale de la personne intéressée, qui auraient été prescrites conformément aux dispositions de l'article 41, alinéa 8, et de l'article 81, alinéas 6 et 7 du Code de procédure pénale ;

2° La copie du rapport de l'examen ou des examens médicaux, psychiatriques ou médico-psychologiques auxquels il aurait été éventuellement procédé en exécution d'une décision judiciaire ;

3° La copie du réquisitoire définitif et de la décision de condamnation ;

4° Et, s'il y a lieu, les avis mentionnés par les dispositions de l'article D. 211-13 ;

5° Le bulletin n° 1 du casier judiciaire de la personne condamnée.

Ces pièces doivent être envoyées dans les plus brefs délais possibles, en privilégiant la transmission par voie électronique.

L'absence de réception de l'intégralité des pièces précitées à l'expiration d'un délai d'un mois à compter du caractère définitif de la décision pénale, ne fait pas obstacle à la constitution du dossier d'orientation et à la décision d'affectation des personnes condamnées dont le temps de détention restant à exécuter est inférieur à cinq ans.

Une copie des documents prévus par le présent article est également adressée, en privilégiant la transmission par voie électronique, par le ministère public au secrétariat-greffe du juge de l'application des peines compétent pour être versé dans le dossier individuel des personnes condamnées prévu par les dispositions de l'article D. 49-29 du Code de procédure pénale.

Le ministère public près la juridiction de condamnation ou la juridiction d'application des peines qui a prononcé une interdiction de contact ou de paraître devenue exécutoire, pendant la durée de détention d'une personne, adresse au chef de l'établissement pénitentiaire où celle-ci est détenue, en privilégiant la transmission par voie électronique, copie de la décision. Il adresse également un extrait de l'ordonnance de protection prise le cas échéant pendant cette même durée, mentionnant notamment la date d'expiration de la décision ainsi que les nom et prénom des personnes intéressées et, si ces informations sont connues, leurs date et lieu de naissance.

Art. D. 211-13. – Chaque fois qu'ils l'estiment utile, le président de la juridiction qui a prononcé la condamnation ainsi que le représentant du ministère public peuvent exprimer leur avis sur l'affectation qui leur semble la mieux appropriée à la personne condamnée ou sur celle qui, au contraire, leur paraît inadaptée.

Ces avis sont joints aux documents mentionnés par les dispositions de l'article D. 211-12, en vue de leur transmission à l'établissement où la personne condamnée est détenue.

Une copie de ces avis est également adressée au secrétariat-greffe du juge de l'application des peines compétent.

Art. D. 211-14. – Afin de compléter le dossier mentionné par les dispositions de l'article D. 211-11, le garde des sceaux, ministre de la justice, ou le directeur interrégional des services pénitentiaires, peut procéder ou faire procéder, notamment par l'un des services pénitentiaires d'insertion et de probation, à toute enquête sur la situation familiale et sociale d'une personne condamnée. Le chef de l'établissement pénitentiaire peut également faire procéder à une telle enquête par le service pénitentiaire d'insertion et de probation compétent auprès de son établissement.

§ 2. – **Evaluation préalable**

Art. D. 211-15. – En cas d'admission au centre national d'évaluation, la personne condamnée est transférée dans cet établissement suivant les instructions et à la date arrêtées par le garde des sceaux, ministre de la justice. La personne intéressée est soumise aux différents examens qui semblent nécessaires.

Au vu de ces examens, du dossier qui a été constitué en application des dispositions de l'article D. 211-11 et des propositions du centre national d'évaluation, une décision d'affectation dans l'établissement qui paraît le mieux approprié à la personnalité de la personne condamnée est prise par le garde des sceaux, ministre de la justice.

Art. D. 211-16. – Indépendamment de toute demande de changement d'affectation émanant d'une personne condamnée ou du chef de l'établissement pénitentiaire, le garde des sceaux, ministre de la justice, peut charger le centre national d'évaluation d'effectuer un bilan d'évolution de la personnalité d'une personne condamnée dans la perspective, notamment, d'une libération conditionnelle ou d'une meilleure individualisation du régime de détention ou d'exécution de la peine.

Art. D. 211-17. – Lorsque le placement d'une personne condamnée aux fins d'une évaluation pluridisciplinaire de dangerosité dans le centre national d'évaluation est ordonné par l'autorité judiciaire afin d'apprécier la nécessité d'une surveillance judiciaire, la durée de ce placement est déterminée par l'administration pénitentiaire, dans les conditions prévues par les dispositions de l'article D. 147-34 du Code de procédure pénale.

§ 3. – **Décision d'affectation**

Art. D. 211-18. – Le garde des sceaux, ministre de la justice, dispose d'une compétence d'affectation des personnes condamnées dans tous les établissements pénitentiaires ou quartiers de centres pénitentiaires. Sa compétence est exclusive pour les affectations dans les maisons centrales et les quartiers maison centrale ainsi que pour décider de l'affectation :

1° Des personnes condamnées à une ou plusieurs peines dont la durée totale est supérieure ou égale à dix ans et dont la durée de détention restant à exécuter au moment où leur condamnation ou la dernière de leurs condamnations est devenue définitive est supérieure à cinq ans ;

2° Des personnes condamnées à raison d'actes de terrorisme tels que prévus et réprimés par les dispositions des articles 421-1 à 421-6 du Code pénal ;

3° Des personnes condamnées ayant fait l'objet d'une inscription au répertoire des personnes détenues particulièrement signalées, prévu par les dispositions de l'article D. 223-11.

Art. D. 211-19. – Le directeur interrégional des services pénitentiaires est compétent pour décider de l'affectation, dans les centres de détention ou quartiers centre de détention, les centres de semi-liberté ou quartiers de semi-liberté, les structures d'accompagnement vers la sortie, les maisons d'arrêt ou quartiers maison d'arrêt, les établissements spécialisés pour mineurs et les quartiers des mineurs des établissements pénitentiaires des personnes condamnées autres que celles mentionnées à l'article D. 211-18.

Art. D. 211-20. – Le directeur interrégional des services pénitentiaires peut déléguer sa compétence aux directeurs des établissements pénitentiaires comprenant un quartier maison d'arrêt et un quartier centre de détention, pour l'affectation des personnes condamnées qui y sont détenues et auxquelles il reste à exécuter, au moment où leur condamnation ou la dernière de leurs condamnations est devenue définitive, une détention d'une durée inférieure à deux ans.

Le directeur interrégional des services pénitentiaires peut également déléguer sa compétence aux directeurs des établissements pénitentiaires comprenant un quartier maison d'arrêt et une structure d'accompagnement vers la sortie, pour l'affectation des personnes condamnées qui y sont détenues et auxquelles il reste à exécuter, au moment où leur condamnation ou la dernière de leurs condamnations est devenue définitive, une détention dont la durée totale n'excède pas deux ans.

Le directeur interrégional des services pénitentiaires peut déléguer sa compétence au directeur de l'établissement comportant un quartier des mineurs ou au directeur de l'établissement pénitentiaire spécialisé

Art. D. 211-34. – Il est institué auprès du chef de chaque établissement pénitentiaire, pour une durée de cinq ans, une commission pluridisciplinaire unique.

La commission pluridisciplinaire unique est présidée par le chef de l'établissement pénitentiaire ou son représentant.

Elle comprend en outre :

1° Le directeur du service pénitentiaire d'insertion et de probation ;

2° Un responsable du secteur de détention de la personne détenue dont la situation est examinée ;

3° Un représentant du service du travail et, le cas échéant, un représentant de l'agence du travail d'intérêt général et de l'insertion professionnelle des personnes placées sous main de justice ;

4° Un représentant du service de la formation professionnelle ;

5° Un représentant du service de l'enseignement.

Assistent également, avec voix consultative, aux réunions de la commission, sur convocation du chef de l'établissement pénitentiaire établie en fonction de l'ordre du jour :

1° Le psychologue en charge du parcours d'exécution de la peine ;

2° Un membre du service de la protection judiciaire de la jeunesse ;

3° Un représentant des équipes soignantes de l'unité sanitaire en milieu pénitentiaire ou du service médico-psychologique régional désigné par l'établissement de santé de rattachement ;

4° Un représentant des personnes morales intervenant au titre de l'insertion par l'activité économique ou de l'emploi.

5° Un représentant de l'entreprise adaptée implantée, le cas échéant, dans l'établissement.

La liste des membres de la commission pluridisciplinaire unique et des personnes susceptibles d'assister à ces réunions en application des quatre alinéas précédents est arrêtée par le chef de l'établissement pénitentiaire.

Les membres de la commission et les personnes entendues par elle sont tenus à une obligation de discrétion à l'égard des informations présentant un caractère confidentiel dont ils ont connaissance dans le cadre de l'exercice de leurs missions.

Art. D. 211-35. – La commission pluridisciplinaire unique se réunit au moins une fois par mois pour examiner les parcours d'exécution de la peine.

Art. D. 211-36. – Des modalités de prise en charge individualisées peuvent, pour l'application des dispositions de l'article L. 211-4, être appliquées, au sein de chaque établissement pénitentiaire, aux personnes détenues, en tenant compte de leur parcours d'exécution de la peine et de leur capacité à respecter les règles de vie en collectivité. Les modalités de prise en charge de chaque personne détenue sont consignées dans le parcours d'exécution de la peine.

CHAPITRE II. – ENTRÉE EN DÉTENTION

Section 1. – Conditions préalables à la mise sous écrou

Art. R. 212-1. – Conformément aux dispositions de l'article R. 61-1 du Code de procédure pénale, la décision de mise à exécution de l'emprisonnement en raison de l'inobservation par la personne condamnée des obligations imposées dans le cadre du suivi socio-judiciaire en application des dispositions de l'article 131-36-1 du Code pénal vaut ordre donné au chef de l'établissement pénitentiaire désigné de recevoir et de détenir la personne condamnée.

Art. D. 212-2. – Conformément aux dispositions de l'article D. 45-2-4 du Code de procédure pénale, il peut être tenu compte du taux d'occupation de l'établissement pénitentiaire et de son évolution prévisible pour déterminer la date d'incarcération de la personne condamnée.

Art. D. 212-3. – Si le placement en détention résulte de l'exécution d'un mandat de dépôt à effet différé, la personne condamnée est reçue et détenue par l'établissement pénitentiaire désigné sur ordre de mise à exécution délivré par le procureur de la République au chef de l'établissement, dans les conditions prévues par les dispositions de l'article D. 48-2-4 du Code de procédure pénale.

Art. D. 212-4. – Pour chaque maison d'arrêt, le chef de l'établissement pénitentiaire informe chaque mois le président du tribunal judiciaire dans le ressort duquel elle se trouve, le juge de l'application des peines, le procureur de la République près ledit tribunal ainsi que le directeur interrégional des services pénitentiaires de l'état des effectifs au regard des capacités d'accueil de l'établissement.

Art. D. 212-5. – Les peines s'exécutent au fur et à mesure de la réception des extraits de décision de condamnation.

En cas de réception simultanée de plusieurs extraits, il convient de faire exécuter :

1° Les peines sanctionnant la commission d'une infraction définie au chapitre Ier du titre II du livre IV du Code pénal avant les autres peines ;

2° Les peines sanctionnant des faits commis en état de récidive légale avant les autres peines ;

3° Les peines dans l'ordre décroissant de leur quantum, la plus forte étant exécutée la première ; toutefois, si l'une des peines fait suite à une période de détention provisoire non interrompue, son exécution doit être poursuivie ;

4° La peine assortie du sursis avant celle qui a entraîné sa révocation.

Section 2. – Formalités et registres d'écrou

Art. D. 212-6. – Tout établissement pénitentiaire est pourvu d'un registre d'écrou.

Le chef de l'établissement pénitentiaire, ou sous son autorité le fonctionnaire chargé du greffe, tient ce registre et veille à la légalité de la détention des personnes incarcérées ainsi qu'à la libération des personnes libérables.

Le registre d'écrou est constitué de feuilles mobiles classées dans un fichier et sur lesquelles figurent le numéro d'écrou initial ainsi que le numéro d'écrou actuel.

Il doit être présenté aux fins de contrôle et de visa, aux différentes autorités judiciaires à chacune de leurs visites, ainsi qu'aux autorités administratives qui procèdent à l'inspection générale de l'établissement.

Art. D. 212-7. – Lors de la conduite de toute personne dans un établissement pénitentiaire en exécution d'un arrêt ou jugement de condamnation, d'un mandat de dépôt ou d'arrêt, d'un mandat d'amener lorsque ce mandat doit être suivi de détention provisoire, ou un ordre d'arrestation établi conformément à la loi, un acte d'écrou est dressé sur le registre prévu par les dispositions de l'article D. 212-6.

Le chef de l'établissement constate par cet acte la remise de la personne et inscrit la nature et la date du titre de détention, ainsi que l'autorité dont il émane. L'acte d'écrou est signé par le chef de l'établissement et par le chef d'escorte.

Art. D. 212-8. – En cas de mandat de dépôt à effet différé, le chef de l'établissement pénitentiaire qui reçoit la personne condamnée à la date fixée mentionne ce mandat sur le registre d'écrou ainsi que l'ordre de mise à exécution de ce mandat prévu par les dispositions de l'article D. 48-2-5 du Code de procédure pénale et dont une copie certifiée conforme lui a été transmise par le procureur général ou le procureur de la République.

Si la personne ne se présente pas à l'établissement pénitentiaire à la date fixée, le chef de l'établissement en avise le jour même ou le premier jour ouvrable suivant le procureur général ou le procureur de la République.

Si la personne condamnée se présente à l'établissement pénitentiaire après la date fixée, mais pendant un jour ouvrable et aux horaires permettant son placement en détention, le chef de l'établissement est tenu de le recevoir.

Art. D. 212-9. – En cas d'exécution volontaire de la peine, le chef de l'établissement pénitentiaire mentionne sur le registre d'écrou l'arrêt ou le jugement de condamnation dont l'extrait lui a été transmis par le procureur général ou par le procureur de la République.

Art. D. 212-10. – Dans les cas prévus par les dispositions des articles D. 212-7 à D. 212-9, avis de l'écrou est donné par le chef de l'établissement pénitentiaire, selon le cas, au procureur général ou au procureur de la République.

Art. D. 212-11. – La date de la sortie de chaque personne détenue, et le cas échéant, la décision ou le texte de la loi motivant la libération, font l'objet d'une mention sur l'acte d'écrou.

Art. D. 212-12. – Il n'y a pas lieu de lever l'écrou des personnes détenues faisant l'objet des mesures prévues par les dispositions de l'article D. 118 du Code de procédure pénale, mais mention de ces mesures doit être portée au registre d'écrou.

Art. D. 212-13. – Le registre d'écrou ne doit pas quitter l'établissement pénitentiaire.

Toutefois, à titre exceptionnel, la fiche d'écrou d'une personne détenue peut être déplacée en dehors de cet établissement afin de permettre soit l'écrou d'un individu hospitalisé immédiatement après son arrestation et momentanément intransportable, soit la levée d'écrou d'une personne détenue hospitalisée au moment de sa libération.

Section 3. – Accueil en détention

Art. R. 212-14. – À son arrivée et jusqu'au moment où elle peut être conduite soit dans la cellule, soit dans le quartier où elle est affectée, chaque personne détenue est placée isolément dans une cellule d'attente ou dans des locaux en tenant lieu.

Elle est soumise aux formalités de l'écrou et aux mensurations anthropométriques.

Elle est invitée à préciser les coordonnées des personnes à prévenir au cas où elle viendrait à décéder, à être frappée d'une maladie grave mettant ses jours en danger, à être victime d'un accident grave ou à être placée dans un établissement psychiatrique.

À l'issue de l'accomplissement de ces formalités, il lui est proposé une douche. Il lui est remis une trousse de toilette comprenant des produits d'hygiène corporelle. Elle peut également demander à recevoir des effets vestimentaires de première nécessité.

Elle est mise en mesure d'informer sa famille de son placement en détention dans les meilleurs délais.

Art. R. 212-15. – Toute personne détenue arrivant en cellule doit vérifier l'état du matériel et faire constater au personnel toute dégradation.

Chaque personne détenue est responsable du matériel mis à sa disposition par l'administration pénitentiaire. Elle doit en faire un usage normal et veiller à son bon entretien.

Art. R. 212-16. – Lors de son arrivée en détention, chaque personne détenue bénéficie d'un examen médical dans les plus brefs délais.

Art. R. 212-17. – À l'issue d'une phase d'accueil et d'observation pluridisciplinaire, qui ne peut excéder trois semaines, les informations relatives à la personnalité, l'état de santé et la dangerosité de chaque personne détenue sont consignées par écrit, dans un bilan de personnalité.

Section 4. – Accès aux entretiens

Sous-section 1. – Entretiens obligatoires

Art. R. 212-18. – Chaque personne détenue est reçue par le chef de l'établissement pénitentiaire ou par un directeur des services pénitentiaires, un officier, un major ou un premier surveillant le jour de son arrivée ou, au plus tard, le lendemain.

Chaque personne détenue est également reçue, dès que possible, par un personnel d'insertion et de probation.

Sous-section 2. – Entretiens facultatifs

Art. R. 212-19. – Pendant toute la durée de sa détention, chaque personne détenue peut être reçue par un membre du service pénitentiaire d'insertion et de probation soit à sa demande, soit sur convocation.

CHAPITRE III. – ENCELLULEMENT

Section 1. – Encellulement individuel

Art. D. 213-1. – Lorsque le régime de l'encellulement individuel n'est pas appliqué, il appartient au chef de l'établissement pénitentiaire de séparer :

1° Les personnes prévenues des personnes condamnées ;

2° Les personnes détenues devenues majeures en détention et âgées de moins de vingt et un ans des autres personnes détenues majeures ;

3° Les personnes détenues n'ayant pas exécuté antérieurement de peine privative de liberté de celles ayant déjà exécuté des détentions multiples ;

4° Les personnes condamnées à la contrainte judiciaire des autres personnes détenues.

Il peut être dérogé aux principes posés aux 2° à 4°, à titre exceptionnel, si la personnalité des personnes détenues le justifie.

Art. D. 213-2. – Lorsqu'il suspend l'encellulement individuel d'une personne détenue en raison de sa personnalité, le chef de l'établissement pénitentiaire en informe sans délai le directeur interrégional des services pénitentiaires, ainsi que le juge de l'application des peines s'agissant des personnes condamnées et le magistrat chargé du dossier de la procédure s'agissant des personnes prévenues.

Art. R. 213-3. – Si une personne détenue souhaite bénéficier du régime de l'encellulement individuel alors que la distribution intérieure de l'établissement et le nombre de personnes détenues ne le permettent pas, elle peut déposer auprès du chef de l'établissement pénitentiaire une requête pour être transférée dans la maison d'arrêt la plus proche permettant un tel placement.

Dans un délai de deux mois à compter du dépôt de la requête, le chef de l'établissement précise à la personne détenue la ou les maisons d'arrêt dans laquelle elle sera susceptible d'être transférée.

Si la personne détenue accepte l'une ou plusieurs des propositions, il est procédé dans les meilleurs délais à son transfèrement.

S'agissant des personnes prévenues, ces dispositions s'appliquent sous réserve de l'accord du magistrat chargé du dossier de la procédure en application de l'article 715 du Code de procédure pénale.

Art. D. 213-4. – Dans les maisons d'arrêt où, par suite de la distribution des locaux ou de leur encombrement temporaire, le régime de l'emprisonnement individuel ne peut être appliqué à toutes les personnes prévenues, celles à l'égard desquelles l'autorité judiciaire aura prescrit l'interdiction de communiquer ou la mise à l'isolement doivent être placées par priorité en cellule individuelle.

Section 2. – Modalités d'encellulement

Sous-section 1. – Temps passés en cellule et en dehors de la cellule

§ 1. – Dispositions communes à tous les établissements pénitentiaires

Art. R. 213-5. – Pendant la journée, les personnes détenues peuvent être réunies pour le travail, les activités physiques et sportives, l'enseignement, la formation professionnelle ou les activités religieuses, culturelles ou de loisirs.

La durée pendant laquelle la personne détenue est enfermée en cellule la nuit ne peut excéder douze heures.

Art. R. 213-6. – La tenue portée par les personnes détenues à l'occasion des mouvements doit faciliter, pour des raisons de sécurité, le contrôle de ces personnes ainsi que leur identification.

Les vêtements ou chaussures qui déclenchent le signal des détecteurs de masses métalliques sont déposés au vestiaire. Les personnes détenues peuvent demander à s'en défaire dans les conditions prévues par les dispositions de l'article R. 332-38.

Art. R. 213-7. – L'emploi du temps est porté à la connaissance des personnes détenues.

Les déplacements s'effectuent en ordre, dans le calme et dans le respect des horaires prévus.

Chaque personne détenue doit pouvoir justifier de son identité et de l'objet de son déplacement.

Art. R. 213-8. – Hors de sa cellule, chaque personne détenue doit conserver une tenue décente et appropriée.

Art. R. 213-9. – La règle de l'encellulement individuel ne fait pas obstacle à ce que, pendant la journée, les personnes détenues soient réunies pour le travail, les activités physiques et sportives, l'enseignement, la formation professionnelle ou les activités religieuses, culturelles ou de loisirs.

Art. R. 213-10. – Les personnes détenues sont autorisées à fumer en cellule et dans les cours de promenade.

Il est interdit de fumer en dehors de ces lieux.

§ 2. – Dispositions applicables aux maisons d'arrêt

Art. R. 213-11. – Les personnes détenues sont enfermées dans leur cellule durant la nuit. Elles ne peuvent librement sortir de leur cellule durant la journée. Les déplacements hors de celle-ci doivent être justifiés par l'accès à la promenade, par un rendez-vous qui leur est fixé, par une convocation qui leur est adressée ou par une inscription à une activité.

En fonction de son parcours de détention, de sa dangerosité et de sa personnalité, la personne détenue peut bénéficier, si le règlement intérieur de l'établissement, mentionné à l'article R. 112-23 en prévoit les conditions, de dérogations aux règles de circulation en journée mentionnées au premier alinéa afin de développer son autonomie et sa participation aux activités en détention.

Lors de chaque mouvement, chaque personne détenue doit pouvoir justifier de son identité et de l'objet de son déplacement, faute de quoi elle est reconduite en cellule.

§ 3. – Dispositions applicables aux établissements pour peines

Sous-paragraphe 1. – Dispositions communes

Art. R. 213-12. – Les personnes détenues sont autorisées à aménager leur cellule d'une façon personnelle, mais ne doivent pas dégrader les installations immobilières ou mobilières existantes. Le chef de l'établissement pénitentiaire détermine la destination à donner à ces aménagements en cas de changement de cellule, de transfèrement ou de mise en liberté.

Sous-paragraphe 2. – Dispositions applicables aux maisons centrales

Art. R. 213-13. – Dans les maisons centrales et dans les quartiers maison centrale, les personnes détenues sont enfermées dans leur cellule durant la nuit. Elles ne peuvent librement sortir de leur cellule durant la journée.

Les déplacements, hors de la cellule, doivent être autorisés par un personnel pénitentiaire et justifiés par l'accès à la promenade, par un rendez-vous qui leur est fixé, par une convocation qui leur est adressée ou par une inscription à une activité. Ils sont accompagnés par un personnel pénitentiaire.

Chaque personne détenue prend ses repas seule en cellule.

Sous-paragraphe 3. – Dispositions applicables aux centres de détention

Art. R. 213-14. – Dans les centres de détention et dans les quartiers centre de détention, les personnes détenues sont enfermées dans leur cellule pendant la nuit.

Elles accèdent aux zones de parloirs et aux services de santé sur prise de rendez-vous préalable.

Elles accèdent aux zones de travail, de formation professionnelle, d'enseignement et d'activités socioculturelles encadrées après inscription et selon les horaires fixés dans leur emploi du temps.

Elles accèdent sur demande aux douches et aux postes téléphoniques situés sur la coursive de la détention.

Elles accèdent à la cour de promenade sans inscription préalable et a ont librement accès aux postes téléphoniques qui s'y trouvent placés, pendant les horaires d'ouverture de ces équipements.

Leurs déplacements sont accompagnés par le personnel pénitentiaire.

Chaque personne détenue prend ses repas seule en cellule.

Art. R. 213-15. – Des aménagements, qui tiennent compte de la personnalité, de la santé et de la dangerosité des personnes détenues, peuvent être apportés aux dispositions de l'article R. 213-14 pour accompagner par une plus grande autonomie les efforts de celles-ci en matière de réinsertion sociale. Ils concernent notamment :

1° Les horaires de l'ouverture des portes des cellules pendant une partie de la journée ;

2° La circulation des personnes à l'intérieur de leur unité d'hébergement pendant les horaires d'ouverture des portes de cellule ;

3° L'accompagnement des mouvements en dehors de l'unité d'hébergement ;

4° L'accès aux postes téléphoniques situés sur la coursive pendant les horaires d'ouverture des portes de cellule ;

5° L'accès aux douches durant les horaires d'ouverture des portes de cellule ;

6° L'accès aux salles d'activités non encadrées situées au sein de son unité d'hébergement ;

7° La prise de repas en commun.

Lors de chaque mouvement, chaque personne détenue doit pouvoir justifier de son identité et du motif de son déplacement.

Sous-paragraphe 4. – Dispositions applicables aux structures d'accompagnement vers la sortie

Art. R. 213-16. – Chaque personne détenue circule de façon autonome au sein d'une structure d'accompagnement vers la sortie pendant les horaires d'ouverture des portes de cellule.

Elle prend ses repas soit en cellule, soit en commun.

Les horaires d'accès à la structure sont aménagés pour prendre en compte la diversité des situations pénales des personnes qui y sont détenues.

Les règles relatives à l'organisation de la détention et au régime de détention sont adaptées en fonction de la personnalité, de l'état de santé et de l'adhésion de la personne détenue au programme de prise en charge prévu à l'article D. 112-21.

Sous-section 2. – Isolement

Art. R. 213-17. – Les personnes prévenues peuvent être placées à l'isolement par l'autorité administrative ou par l'autorité judiciaire dans les conditions prévues par les dispositions des articles R. 57-5-1 à R. 57-5-8 du Code de procédure pénale. Elles sont soumises au régime de détention prévu par les articles R. 213-18, R. 213-19 et R. 213-20.

Les personnes condamnées peuvent être placées à l'isolement par l'autorité administrative.

§ 1. – Régime de la détention à l'isolement

Art. R. 213-18. – La mise à l'isolement d'une personne détenue, par mesure de protection ou de sécurité, qu'elle soit prise d'office ou sur demande de la personne détenue, ne constitue pas une mesure disciplinaire.

La personne détenue placée à l'isolement est seule en cellule.

Elle conserve ses droits à l'information, aux visites, à la correspondance écrite et téléphonique, à l'exercice du culte et à l'utilisation de son compte nominatif.

Elle ne peut participer aux promenades et activités collectives auxquelles peuvent prétendre les personnes détenues soumises au régime de détention ordinaire, sauf autorisation, pour une activité spécifique, donnée par le chef de l'établissement pénitentiaire.

Toutefois, le chef de l'établissement pénitentiaire organise, dans toute la mesure du possible et en fonction de la personnalité de la personne détenue, des activités communes aux personnes détenues placées à l'isolement.

La personne détenue placée à l'isolement bénéficie d'au moins une heure quotidienne de promenade à l'air libre.

Art. R. 213-19. – La liste des personnes détenues placées à l'isolement est communiquée quotidiennement à l'équipe de l'unité sanitaire de l'établissement.

Le médecin examine sur place chaque personne détenue au moins deux fois par semaine et aussi souvent qu'il l'estime nécessaire.

Ce médecin, chaque fois qu'il l'estime utile au regard de l'état de santé de la personne détenue, émet un avis sur l'opportunité de mettre fin à l'isolement et le transmet au chef de l'établissement pénitentiaire.

Art. R. 213-20. – Les cellules du quartier d'isolement ont un ameublement identique à celui des cellules de détention ordinaire.

Les personnes détenues accèdent aux installations sportives et aux cours de promenade propres au quartier d'isolement.

Les personnes détenues ne participent pas aux offices célébrés en détention, sauf autorisation individuelle accordée par le chef de l'établissement pénitentiaire. En accord avec les représentants des différents cultes, des offices particuliers peuvent être mis en place.

Les dispositions du règlement intérieur, défini aux articles L. 112-4 et R. 112-22, relatives à l'isolement, sont affichées dans le quartier d'isolement. Chaque personne détenue placée au quartier d'isolement en reçoit une copie.

§ 2. – Procédure de placement à l'isolement sur décision de l'administration

Art. R. 213-21. – Lorsqu'une décision d'isolement d'office initiale ou de prolongation est envisagée, la personne détenue est informée, par écrit, des motifs invoqués par l'administration, du déroulement de la procédure et du délai dont elle dispose pour préparer ses observations. Le délai dont elle dispose ne peut être inférieur à trois heures à partir du moment où elle est mise en mesure de consulter les éléments de la procédure, en présence de son avocat, si elle en fait la demande. Le chef de l'établissement pénitentiaire peut décider de ne pas communiquer à la personne détenue, ni à son avocat, les informations ou documents en sa possession qui contiennent des éléments pouvant porter atteinte à la sécurité des personnes ou de l'établissements.

Si la personne détenue ne comprend pas la langue française, les informations sont présentées par l'intermédiaire d'un interprète désigné par le chef de l'établissement. Il en est de même de ses observations, si elle n'est pas en mesure de s'exprimer en langue française.

Les observations de la personne détenue et, le cas échéant, celles de son avocat sont jointes au dossier de la procédure. Si la personne détenue présente des observations orales, elles font l'objet d'un compte rendu écrit signé par elle.

Le chef de l'établissement, après avoir recueilli préalablement à sa proposition de prolongation l'avis écrit du médecin intervenant à l'établissement, transmet le dossier de la procédure accompagné de ses observations au directeur interrégional des services pénitentiaires lorsque la décision relève de la compétence de celui-ci ou du garde des sceaux, ministre de la justice.

La décision est motivée. Elle est notifiée sans délai à la personne détenue par le chef de l'établissement.

Art. R. 213-22. – En cas d'urgence, le chef de l'établissement pénitentiaire peut décider le placement provisoire à l'isolement d'une personne détenue, si la mesure est l'unique moyen de préserver la sécurité des personnes ou de l'établissement. Le placement provisoire à l'isolement ne peut excéder cinq jours. À l'issue d'un délai de cinq jours, si aucune décision de placement à l'isolement prise dans les conditions prévues par le présent code n'est intervenue, il est mis fin à l'isolement.

La durée du placement provisoire à l'isolement s'impute sur la durée totale de l'isolement.

Art. R. 213-23. – Le chef de l'établissement pénitentiaire décide de la mise à l'isolement pour une durée maximale de trois mois. Il peut renouveler la mesure une fois pour la même durée.

Il rend compte sans délai de sa décision au directeur interrégional des services pénitentiaires.

Art. R. 213-24. – Au terme d'une durée de six mois, le directeur interrégional des services pénitentiaires peut prolonger l'isolement pour une durée maximale de trois mois.

La décision est prise sur rapport motivé du chef de l'établissement pénitentiaire.

Cette décision peut être renouvelée une fois pour la même durée.

Art. R. 213-25. – Lorsqu'une personne détenue est à l'isolement depuis un an à compter de la décision initiale, le garde des sceaux, ministre de la justice, peut prolonger l'isolement pour une durée maximale de trois mois renouvelable.

La décision est prise sur rapport motivé du directeur interrégional des services pénitentiaires saisi par le chef de l'établissement pénitentiaire selon les modalités prévues par les dispositions de l'article R. 213-21.

L'isolement ne peut être prolongé au-delà de deux ans sauf, à titre exceptionnel, si le placement à l'isolement constitue l'unique moyen d'assurer la sécurité des personnes ou de l'établissement.

Dans ce cas, la décision de prolongation doit être spécialement motivée.

Art. R. 213-26. – Lorsque la personne détenue faisant l'objet d'une mesure d'isolement d'office est transférée, le placement à l'isolement est maintenu provisoirement à son arrivée dans le nouvel établissement.

À l'issue d'un délai de quinze jours, si aucune décision d'isolement n'a été prise, il est mis fin à l'isolement.

Si la période restant à courir est inférieure à quinze jours, la mesure d'isolement prend fin à la date prévue dans la décision initiale ou de prolongation.

§ 3. – Procédure de placement à l'isolement sur demande de la personne détenue

Art. R. 213-27. – La personne détenue qui demande son placement à l'isolement ou la prolongation de son isolement adresse au chef de l'établissement pénitentiaire une demande écrite et motivée. Si la personne détenue est dans l'impossibilité de présenter une requête écrite, sa demande fait l'objet d'un compte rendu écrit signé de la personne intéressée.

Le chef de l'établissement, après avoir recueilli préalablement l'avis écrit du médecin intervenant à l'établissement, transmet la demande de la personne détenue accompagnée de ses observations au directeur interrégional des services pénitentiaires lorsque la décision relève de la compétence de celui-ci ou du garde des sceaux, ministre de la justice.

Le chef de l'établissement peut décider d'un placement à l'isolement pour une durée maximale de trois mois. Il peut renouveler la mesure une fois pour la même durée.

Au terme d'une durée de six mois, le directeur interrégional des services pénitentiaires peut prolonger l'isolement pour une durée maximale de trois mois. La décision est prise sur rapport motivé du chef de l'établissement. Cette décision peut être renouvelée une fois pour la même durée.

Lorsqu'une personne détenue est placée à l'isolement depuis un an à compter de la décision initiale, le garde des sceaux, ministre de la justice peut prolonger l'isolement pour une durée maximale de trois mois renouvelable. La décision est prise sur rapport motivé du directeur interrégional des services pénitentiaires saisi par le chef de l'établissement selon les modalités du présent article. L'isolement ne peut être prolongé au-delà de deux ans sauf, à titre exceptionnel, si le placement à l'isolement constitue l'unique moyen d'assurer la sécurité de la personne détenue.

Art. R. 213-28. – Lorsque la personne détenue est transférée, si elle renouvelle sa demande de placement à l'isolement à son arrivée dans le nouvel établissement, la mesure est maintenue provisoirement.

L'autorité compétente dispose d'un délai de quinze jours pour statuer sur la demande.

À l'issue de ce délai, si aucune décision d'isolement n'a été prise, il est mis fin à l'isolement.

Art. R. 213-29. – L'isolement est levé par le chef de l'établissement pénitentiaire dès que la personne détenue en fait la demande.

Lorsque l'autorité qui a pris la décision envisage de lever l'isolement sans l'accord de la personne détenue, la décision est prise selon les modalités mentionnées par les dispositions de l'article R. 213-21.

§ 4. – Dispositions communes

Art. R. 213-30. – Tant pour la décision initiale que pour les décisions ultérieures de prolongation, il est tenu compte de la personnalité de la personne détenue, de sa dangerosité ou de sa vulnérabilité particulière, et de son état de santé.

L'avis écrit du médecin intervenant dans l'établissement pénitentiaire est recueilli préalablement à toute proposition de renouvellement de la mesure au-delà de six mois et versé au dossier de la procédure.

Art. R. 213-31. – Lorsqu'une personne détenue a déjà été placée à l'isolement et si cette mesure a fait l'objet d'une interruption inférieure à un an, la durée de l'isolement antérieur s'impute sur la durée de la nouvelle mesure.

Si l'interruption est supérieure à un an, la nouvelle mesure constitue une décision initiale de placement à l'isolement qui relève de la compétence du chef de l'établissement pénitentiaire.

Art. R. 213-32. – L'hospitalisation de la personne détenue ou son placement en cellule disciplinaire sont sans effet sur le terme de l'isolement antérieurement décidé.

Art. R. 213-33. – Il peut être mis fin à la mesure d'isolement à tout moment par l'autorité qui a pris la mesure ou qui l'a prolongée, d'office ou à la demande de la personne détenue.

Art. R. 213-34. – Toute décision de placement, prolongation ou levée de l'isolement est consignée dans une fiche versée au dossier individuel de la personne détenue.

Il est tenu un registre des mesures d'isolement sous la responsabilité du chef de l'établissement pénitentiaire. Ce registre est visé par les autorités administratives et judiciaires lors de leurs visites de contrôle et d'inspection.

Art. R. 213-35. – Toute décision de placement ou de prolongation d'isolement est communiquée sans délai par le chef de l'établissement pénitentiaire au juge de l'application des peines s'il s'agit d'une personne condamnée ou au magistrat chargé du dossier de la procédure s'il s'agit d'une personne prévenue.

Lorsque l'isolement est prolongé au-delà d'un an, le chef de l'établissement, préalablement à la décision, sollicite l'avis du juge de l'application des peines s'il s'agit d'une personne condamnée ou du magistrat chargé du dossier de la procédure s'il s'agit d'une personne prévenue.

La personne détenue peut faire parvenir au juge de l'application des peines ou au magistrat chargé du dossier de la procédure toutes observations concernant la décision prise à son égard.

Au moins une fois par trimestre, le chef de l'établissement rend compte à la commission d'application des peines du nombre et de l'identité des personnes détenues placées à l'isolement et de la durée de celui-ci pour chacune d'elles.

CHAPITRE IV. – SUIVI DE LA SITUATION PÉNALE ET ADMINISTRATIVE

Section 1. – Registres et écritures

Art. R. 214-1. – Les actes réalisés par les agents de l'administration pénitentiaire sont enregistrés dans le dossier pénal numérique prévu par les dispositions des articles R. 249-9 et suivants du Code de procédure pénale.

Art. D. 214-2. – Outre les écritures exigées pour l'entrée en détention ou la libération et la mention des ordonnances prévues par les dispositions des articles 133, 145, 148 et 179 du Code de procédure pénale, ainsi que des jugements ou arrêts prévus par les dispositions des articles 213, 464-1 et 569 du Code de procédure pénale, des indications doivent être portées pour prévenir les fraudes, fixer l'identité des personnes détenues et faire connaître les modifications subies par la situation pénale ou administrative de celles-ci pendant leur détention ou au moment de leur mise en liberté.

Art. D. 214-3. – Indépendamment du registre d'écrou prévu par les dispositions de l'article D. 212-6, des registres ou livres prévus par la réglementation comptable, le chef de l'établissement pénitentiaire, ou, sous son autorité, le fonctionnaire chargé du greffe, tient dans chaque établissement les registres et les fichiers suivants :

1° Répertoire alphabétique des personnes détenues écrouées ;

2° Registre des demandes de mise en liberté, de saisine de la chambre d'instruction, de demandes d'actes ou de mesures utiles à l'instruction, de requêtes en annulation et de requêtes portant sur les conditions de détention ;

3° Registre des déclarations d'opposition ;

4° Registre des déclarations d'appel et de pourvoi ;

5° Registre des libérations par mois ;

6° Fichier des libérations conditionnelles ;

7° Fichier des interdits de séjour ;

8° Registre du contrôle numérique ;

9° Registre des mesures d'individualisation de la peine ;

10° Registre des inspections et carnet d'ordres de service ;

11° Registre des entrées et sorties ;
12° Registre des mesures mentionnées par les dispositions de l'article 723 du Code de procédure pénale ;
13° Fichier des réductions de peine.

Les registres mentionnés ci-dessus sont composés des copies des exemplaires numérotés des déclarations, demandes et requêtes que le chef d'établissement est appelé à recevoir et à transmettre.

Section 2. – Levées et formalités d'écrou

Art. D. 214-4. – En cas de sortie consécutive à une décision de suspension ou de fractionnement de peine, si la réintégration de la personne condamnée doit avoir lieu dans l'établissement d'origine, il est procédé à une levée d'écrou sous forme simplifiée.

De même, lors de son retour, un acte d'écrou est dressé sous forme simplifiée et la personne intéressée reprend le numéro d'écrou qui lui était attribué avant sa sortie.

Ces formalités d'écrou sous forme simplifiée sont également applicables aux personnes détenues qui font l'objet d'un transfèrement dans les conditions prévues par les dispositions de l'article D. 215-21.

Art. D. 214-5. – Dans les cas d'application de la procédure d'écrou simplifié, le chef de l'établissement pénitentiaire est dispensé de l'envoi des avis prévus par les dispositions des articles D. 212-8, D. 212-10, D. 215-19 et D. 216-16.

Section 3. – Dossiers individuels

Art. D. 214-6. – Pour toute personne détenue, il est constitué au greffe de l'établissement pénitentiaire un dossier individuel qui suit la personne intéressée dans les différents établissements où elle est éventuellement transférée.

Ce dossier contient, dans une cote spéciale, tous les renseignements tenus à jour, utiles à déterminer l'existence d'un éventuel risque suicidaire.

Indépendamment de ce dossier, des dossiers particuliers doivent être établis en outre à l'égard de certaines personnes détenues, notamment pour les personnes condamnées proposables à la libération conditionnelle, pour les personnes interdites de séjour, pour les personnes de nationalité étrangère passibles d'une mesure d'éloignement du territoire français et pour les personnes libérables qui ont à satisfaire à des obligations militaires.

Art. D. 214-7. – Le dossier individuel contient un exemplaire des documents relatifs aux relevés signalétiques et aux prélèvements dont a fait l'objet la personne détenue par les services de la police nationale et les unités de la gendarmerie nationale, dans le cadre de la mise en œuvre des fichiers d'identification institués par un texte législatif ou réglementaire.

Art. D. 214-8. – À la libération ou au décès d'une personne condamnée, ou après son évasion, les différentes parties de son dossier sont conservées au greffe de l'établissement pénitentiaire pendant la durée nécessaire à leur utilisation courante.

Passé ce délai, il appartient à l'administration pénitentiaire de procéder au versement de ces documents aux services des archives départementales.

Les modalités de consultation des archives sont fixées par les dispositions des articles L. 213-1 et suivants du Code du patrimoine.

Art. D. 214-9. – Le service pénitentiaire d'insertion et de probation est systématiquement avisé de l'identité et de la situation pénale de toute personne détenue venant d'être écrouée. Il a accès au dossier individuel de toute personne détenue.

Sous-section 1. – Dossier des personnes condamnées ayant fait l'objet d'une procédure d'orientation

Art. D. 214-10. – Un dossier spécial est ouvert pour toute personne condamnée ayant fait l'objet d'une procédure d'orientation suivant les prescriptions des dispositions des articles D. 211-10 à D. 211-14.

Ce dossier comprend les quatre parties définies par les dispositions des articles D. 214-11, D. 214-12, D. 214-13 et D. 214-14.

Art. D. 214-11. – La partie judiciaire du dossier prévu par les dispositions de l'article D. 214-10 contient l'extrait ou les extraits de jugement ou d'arrêt de condamnation, la notice individuelle mentionnée par les dispositions de l'article D. 158 du Code de procédure pénale et toutes autres pièces ou documents relatifs à l'exécution des peines, notamment ceux qui concernent les victimes.

Art. D. 214-12. – La partie pénitentiaire du dossier prévu par les dispositions de l'article D. 214-10 est constituée par le chef de l'établissement pénitentiaire dans lequel chaque personne condamnée accomplit sa peine.

Elle contient tous les renseignements tenus à jour sur son comportement en détention, au travail et pendant les activités, et sur les décisions administratives prises à son égard, outre la cote spéciale mentionnée par le premier alinéa de l'article D. 214-6.

Dans la même partie pénitentiaire du dossier prévu par les dispositions de l'article D. 214-10, sont consignées les sanctions disciplinaires prononcées ainsi que toutes les mesures visant à encourager les efforts des personnes détenues en vue de leur réinsertion sociale.

Art. D. 214-13. – La troisième partie du dossier prévue par les dispositions de l'article D. 214-10 correspond au dossier destiné aux membres du service pénitentiaire d'insertion et de probation compétent auprès de l'établissement pénitentiaire.

Contenant des éléments ou documents recueillis par les personnels d'insertion et de probation ou qui leur ont été fournis, ce dossier leur permet de suivre l'évolution de chaque personne détenue et, ainsi, de mieux individualiser sa situation pénale et la préparation de sa libération. Il a aussi pour objet de leur permettre de renseigner l'autorité judiciaire qui en fait la demande, en application de l'article D. 113-40.

Les documents couverts par le secret professionnel ne peuvent être consultés que par un membre d'un service pénitentiaire d'insertion et de probation. En cas de transfèrement, le service pénitentiaire d'insertion et de probation transmet ces documents sous pli fermé au service compétent auprès de l'établissement de destination ou, en cas de libération et s'il y a lieu, au service pénitentiaire d'insertion et de probation du lieu de résidence de la personne intéressée.

Art. D. 214-14. – Une partie du dossier individuel constitue une cote d'observation où sont assemblées les pièces et documents contenant le résultat des enquêtes, examens et expertises auxquels il a pu être procédé sur la personnalité, l'état médical, psychiatrique et psychologique, la situation matérielle, familiale ou sociale de la personne condamnée, soit au cours de l'information préalable, soit en vue de son orientation, soit ultérieurement pendant le cours de l'exécution de sa peine.

Ce dossier comprend, par conséquent, les pièces mentionnées par les dispositions des articles D. 211-13 et D. 211-14 et contient les différentes appréciations ou avis émis à l'égard de la personne condamnée intéressée, ainsi que les rapports de synthèse de l'observation.

Sous-section 2. – Dossier des autres personnes détenues

Art. D. 214-15. – Pour les personnes condamnées n'ayant pas fait l'objet de la procédure d'orientation prévue par les dispositions de l'article D. 214-10, leur dossier est constitué au fur et à mesure de l'arrivée ou de la rédaction des pièces les concernant.

Toutes dispositions doivent être prises pour assurer la protection du secret de celles d'entre elles qui ont un caractère strictement médical ou social.

Art. D. 214-16. – Le dossier mentionné par les dispositions de l'article D. 214-15 est conservé pendant la durée nécessaire à son utilisation courante au greffe de l'établissement pénitentiaire où la personne titulaire a été détenue en dernier lieu.

Passé ce délai, il appartient à l'administration pénitentiaire de procéder au versement de ces documents aux services d'archives départementales.

Les modalités de consultation des archives sont fixées par les dispositions des articles L. 213-1 et suivants du Code du patrimoine.

Art. D. 214-17. – Pour les personnes détenues de nationalité étrangère faisant l'objet d'une mesure d'éloignement du territoire, est constituée en application de l'article D. 214-6, une cote particulière où sont assemblés tous les documents et pièces comprenant des éléments d'identification et de nationalité fournis par les autorités judiciaires ou recueillis au cours de la détention.

Cette cote contient également toutes les informations relatives à la situation pénale et administrative des personnes intéressées.

Section 4. – Formalités liées au crédit de réduction de peine

Sous-section 1. – Dispositions générales

Art. D. 214-18. – Dans les conditions prévues par les dispositions de l'article D. 115 du Code de procédure pénale, la durée du crédit de réduction de peine est calculée, sous le contrôle du ministère public, par le greffe de l'établissement pénitentiaire.

Art. D. 214-19. – Dans les conditions prévues par les dispositions de l'article D. 115-2 du Code de procédure pénale, le crédit de réduction de peine est imputé sur la condamnation sur laquelle il a été calculé.

Art. D. 214-20. – Lorsqu'une personne condamnée a fait l'objet d'une ou plusieurs décisions de retrait du bénéfice de son crédit de réduction de peine, le chef de l'établissement pénitentiaire communique l'avis de date d'expiration de la peine privative de liberté au casier judiciaire national automatisé, selon les modalités prévues par les dispositions de l'article D. 115-14 du Code de procédure pénale.

Art. D. 214-21. – Conformément aux dispositions de l'article D. 147-12 du Code de procédure pénale, lorsque la personne condamnée a fait l'objet d'un placement en détention provisoire, le crédit de réduction de peine et les éventuelles réductions de peine supplémentaires susceptibles de lui être octroyées sur la partie de la condamnation exécutée en détention provisoire sont décidés par le juge de l'application des peines après avis, sauf urgence ou impossibilité, du chef de l'établissement pénitentiaire dans lequel elle était écrouée et au vu d'une synthèse socio-éducative établie par le service pénitentiaire d'insertion et de probation de cet établissement.

Sous-section 2. – Retrait du crédit de réduction de peine

Art. D. 214-22. – Conformément aux dispositions de l'article D. 147-12 du Code de procédure pénale, en cas de mauvaise conduite de la personne condamnée au cours de sa détention provisoire, le chef de l'établissement pénitentiaire peut saisir le juge de l'application des peines aux fins de retrait de tout ou partie du bénéfice du crédit de réduction de peine.

Art. D. 214-23. – Dans les conditions prévues par les dispositions de l'article D. 115-18 du Code de procédure pénale, le greffe de l'établissement pénitentiaire procède à l'information des personnes condamnées bénéficiant d'une levée d'écrou sur les possibilités de retrait du crédit de réduction de peine.

Section 5. – Transmission de renseignements aux autorités administratives et judiciaires

Art. R. 214-24. – Dans les conditions prévues par les dispositions de l'article R. 69 du Code de procédure pénale, l'avis destiné au service du casier judiciaire national automatisé s'agissant des dates de l'expiration des peines privatives de liberté et d'exécution des contraintes judiciaires est rédigé et adressé par les chefs des établissements pénitentiaires.

Art. D. 214-25. – Il appartient aux chefs d'établissement pénitentiaire de délivrer aux autorités habilitées par la loi ou les règlements des extraits ou des copies certifiées conformes de toutes pièces qui se trouvent en leur possession.

Il leur appartient pareillement de délivrer des expéditions ou extraits des actes d'écrou.

Ils peuvent également légaliser toute signature apposée par les personnes détenues en leur présence pour la gestion de leurs affaires privées.

Art. D. 214-26. – Tout incident grave touchant à l'ordre, à la discipline ou à la sécurité de l'établissement pénitentiaire doit être immédiatement porté par le chef de l'établissement pénitentiaire à la connaissance du préfet et du procureur de la République, en même temps qu'à celle du directeur interrégional des services pénitentiaires et du garde des sceaux, ministre de la justice.

Si l'incident concerne une personne prévenue, avis doit en être donné également au magistrat chargé du dossier de l'information et, si l'incident concerne une personne condamnée, au juge de l'application des peines.

Si la personne détenue intéressée appartient aux forces armées, l'autorité militaire doit en outre être avisée.

Art. D. 214-27. – Conformément aux dispositions de l'article 40 du Code de procédure pénale, le chef de l'établissement pénitentiaire dans lequel a été commis un crime ou un délit doit dresser rapport des faits et en aviser directement et sans délai le procureur de la République.

Art. D. 214-28. – En cas de décès d'une personne détenue, le chef de l'établissement pénitentiaire donne les avis prévus par les dispositions de l'article D. 214-26.

Si la personne détenue s'est suicidée ou est décédée d'une mort violente, ou encore si la cause du décès est inconnue ou suspecte, les dispositions de l'article 74 du Code de procédure pénale sont applicables.

En toute hypothèse, déclaration du décès est faite à l'officier de l'état civil, conformément aux dispositions de l'article 84 du Code civil.

Le lieu du décès ne doit être indiqué dans l'acte de l'état civil que par la désignation de la rue et du numéro de l'immeuble.

Art. D. 214-29. – Toute évasion doit être signalée sur-le-champ au chef de l'établissement pénitentiaire ou à son représentant le plus proche.

Le chef de l'établissement pénitentiaire avise immédiatement les services de police ou de gendarmerie et rend compte de l'évasion aux autorités mentionnées par les dispositions de l'article D. 214-26.

Toute tentative d'évasion doit également être portée sans délai à la connaissance de ces autorités.

Art. D. 214-30. – Des instructions de service déterminent les conditions dans lesquelles :

1° Les services de la police nationale et les unités de la gendarmerie nationale réalisent les relevés signalétiques et les prélèvements prévus par les dispositions l'article D. 214-7 ;

2° Le recto de chaque fiche pénale intitulé « fiche d'exécution des peines » est rédigé et transmis en copie au casier judiciaire, conformément aux dispositions des articles R. 69 et R. 72 du Code de procédure pénale ;

3° Les officiers de police judiciaire habilités de la police nationale et de la gendarmerie nationale reçoivent les informations relatives à l'identité des personnes détenues, dès le placement en détention, à l'occasion des permissions de sortir, et à la libération.

Art. D. 214-31. – La communication à des tiers des renseignements mentionnés par les dispositions de l'article L. 214-2 est subordonnée, d'une part, à l'appréciation de l'administration pénitentiaire ou, s'il y a lieu, du magistrat chargé du dossier de la procédure et, d'autre part, au consentement exprès de la personne détenue.

Toutefois, à défaut de ce consentement, les personnes qui auraient un intérêt légitime à obtenir de tels renseignements ont la faculté d'en solliciter la communication par une requête adressée au procureur de la République du lieu de détention ou, si ce lieu n'est pas connu des requérants, au procureur de la République de leur résidence ; ce magistrat apprécie si les renseignements demandés peuvent être donnés et, dans l'affirmative, les fait transmettre aux personnes intéressées.

Les renseignements peuvent être sollicités auprès du général commandant la région militaire.

Art. D. 214-32. – Les services de l'administration pénitentiaire peuvent établir, convertir et transmettre à l'autorité judiciaire des pièces de procédure sous format numérique, sans nécessité d'un support papier, dans les conditions prévues par les dispositions de l'article R. 589 du Code de procédure pénale.

CHAPITRE V. – TRANSFÈREMENTS ET EXTRACTIONS

Section 1. – Dispositions générales

Art. D. 215-1. – Le transfèrement consiste dans la conduite d'une personne détenue sous surveillance d'un établissement pénitentiaire à un autre.

Cette opération comporte la radiation de l'écrou à l'établissement pénitentiaire de départ et un nouvel écrou à l'établissement pénitentiaire de destination sans que la détention exécutée soit pour autant considérée comme interrompue.

Art. D. 215-2. – L'extraction est l'opération par laquelle une personne détenue est conduite sous surveillance en dehors de l'établissement pénitentiaire où elle est détenue, lorsqu'elle doit comparaître en justice, ou lorsqu'elle doit recevoir des soins qu'il n'est pas possible de lui donner dans l'établissement pénitentiaire, ou plus généralement lorsque l'accomplissement d'un acte ne pouvant être effectué dans un établissement pénitentiaire a été reconnu absolument nécessaire et compatible avec la situation de la personne intéressée.

Art. D. 215-3. – Toute réquisition ou ordre de transfèrement ou d'extraction régulièrement délivré a un caractère impératif et le chef de l'établissement pénitentiaire doit y déférer sans le moindre retard, à moins d'impossibilité matérielle ou de circonstances particulières dont il aurait alors à rendre compte immédiatement à l'autorité requérante.

Il en est notamment ainsi lorsqu'il est établi par un médecin, habilité ou autorisé à intervenir dans l'établissement pénitentiaire, que l'état de santé de la personne détenue ne permet pas son transfert ou son extraction. Le certificat délivré par ce praticien permet l'application éventuelle des dispositions de l'article 416 du Code de procédure pénale.

Au surplus, la situation de la personne détenue du point de vue judiciaire peut faire obstacle à son transfèrement ou en faire différer l'exécution ainsi qu'il est précisé par les dispositions de l'article D. 215-14.

Art. D. 215-4. – Aucun transfèrement, aucune extraction ne peut être opéré sans un ordre écrit que délivre l'autorité compétente.

Cet ordre, lorsqu'il n'émane pas de l'administration pénitentiaire elle-même, est adressé par le procureur de la République du lieu de l'autorité requérante aux services de police ou unités de gendarmerie ou, dans les zones géographiques déterminées par arrêté conjoint des ministres de la justice et de l'intérieur, à l'administration pénitentiaire, selon les distinctions prévues par les dispositions des articles D. 215-8 et D. 215-26.

Ce magistrat transmet, pour information, une copie de l'ordre d'extraction au procureur de la République du ressort du lieu de détention de la personne détenue ainsi qu'au chef de l'établissement pénitentiaire et prend toutes dispositions nécessaires pour que le transfèrement ou l'extraction ait lieu dans les conditions de sécurité prévues par les dispositions des articles D. 215-5 à D. 215-7.

L'ordre ainsi donné est conservé au greffe de l'établissement pénitentiaire.

Le chef de l'établissement pénitentiaire doit vérifier avec soin, et au besoin auprès du signataire indiqué, l'authenticité de ce document.

Si les personnes chargées de procéder au transfèrement ou à l'extraction sont inconnues des services de l'établissement pénitentiaire, elles doivent justifier de leur identité et de leur qualité.

Art. D. 215-5. – Des précautions doivent être prises en vue d'éviter les évasions et tous autres incidents lors des transfèrements et extractions de personnes détenues.

Ces personnes détenues peuvent être soumises, sous la responsabilité du chef d'escorte, au port des menottes ou, s'il y a lieu, des entraves, dans les conditions définies par les dispositions de l'article 803 du Code de procédure pénale.

Si une personne détenue est considérée comme dangereuse ou doit être surveillée particulièrement, le chef de l'établissement pénitentiaire donne tous les renseignements et avis nécessaires au chef de l'escorte.

Art. D. 215-6. – Les personnes détenues ne doivent avoir aucune communication avec des tiers à l'occasion de transfèrements ou d'extractions.

Les précautions utiles doivent être prises pour les soustraire à la curiosité ou à l'hostilité publique, ainsi que pour éviter toute espèce de publicité.

Art. D. 215-7. – Pour l'observation des principes énoncés par les dispositions de l'article D. 215-6, comme pour la sécurité des opérations, l'exécution des transfèrements et extractions est préparée et poursuivie avec la plus grande discrétion quant à la date et à l'identité des personnes détenues intéressées, au mode de transport, à l'itinéraire et au lieu de destination.

Toutefois, dès que la personne détenue transférée est arrivée à destination, sa famille ou les personnes autorisées de façon permanente à communiquer avec elle en sont informées.

Section 2. – Transfèrements

Sous-section 1. – Translations judiciaires

Art. D. 215-8. – Conformément aux dispositions de l'article D. 57 du Code de procédure pénale, les personnes placées en détention provisoire sont transférées sur la réquisition de l'autorité judiciaire compétente selon les règles édictées par le présent code.

Les services de gendarmerie ou de police opèrent la translation dans les conditions qui leur sont propres.

Dans les zones géographiques déterminées par arrêté conjoint des ministres de la justice et de l'intérieur, l'exécution de la translation incombe normalement à l'administration pénitentiaire avec le renfort, le cas échéant, des forces de police ou de la gendarmerie dans les conditions prévues par les dispositions du troisième alinéa de l'article D. 57 du Code de procédure pénale.

Les frais de l'opération sont imputables sur le chapitre budgétaire des frais de justice criminelle ou correctionnelle.

Art. D. 215-9. – Lorsqu'une personne détenue doit comparaître devant une juridiction éloignée de son lieu de détention dans une affaire pour laquelle elle n'est pas placée en détention provisoire, sa translation est exécutée dans les conditions prévues par les dispositions de l'article D. 215-8.

Cette translation est requise, selon le cas, par le magistrat chargé du dossier de la procédure, ou par le procureur de la République du lieu où la personne intéressée doit comparaître ; si cette dernière est prévenue, il ne peut être procédé à sa translation qu'avec l'accord de l'autorité judiciaire dont elle relève.

Il convient, en toute hypothèse, de ne prescrire une telle opération que si elle apparaît absolument justifiée, et sous réserve de l'application éventuelle de l'article 664 ou de l'article 712 du Code de procédure pénale.

Art. D. 215-10. – La charge de procéder éventuellement à la réintégration d'une personne détenue transférée dans les conditions prévues par les dispositions de l'article D. 215-9, qu'elle soit prévenue ou condamnée, incombe à l'administration pénitentiaire avec le renfort, le cas échéant, des forces de police ou de la gendarmerie ainsi qu'il est précisé par les dispositions du troisième alinéa de l'article D. 57 du Code de procédure pénale.

Si la personne est condamnée, dès que sa présence a cessé d'être utile, le chef de l'établissement pénitentiaire dans lequel elle a été transférée en rend compte au directeur interrégional des services pénitentiaires ou, si le transfèrement a été effectué d'une direction interrégionale à une autre, à l'administration centrale.

Si la personne est prévenue, le soin de requérir sa réintégration appartient au parquet à la diligence duquel la translation a eu lieu. Les frais du voyage de retour sont imputables comme frais de justice, de même que ceux du voyage de l'aller.

Art. D. 215-11. – Le directeur de l'administration pénitentiaire, sur saisine de l'autorité judiciaire, formalise la demande de transfèrement ou de transit dans les cas prévus par les dispositions de l'article D. 47-1-6 du Code de procédure pénale.

Sous-section 2. – Transfèrements administratifs

Art. D. 215-12. – Le garde des sceaux, ministre de la justice, ordonne les transfèrements à caractère administratif, c'est-à-dire les transfèrements autres que ceux visés par les dispositions des articles D. 215-8 à D. 215-10.

La compétence du garde des sceaux, ministre de la justice, est exclusive en ce qui concerne :

1° Le transfèrement à titre administratif de toute personne détenue du ressort d'une direction interrégionale à un autre ;

2° Les transfèrements vers ou à partir d'une maison centrale ou d'un quartier maison centrale.

S'il s'agit de personnes prévenues, il ne peut être procédé à leur transfert qu'après information du magistrat chargé du dossier de l'instruction et qu'à défaut d'opposition de celui-ci dans un délai de huit jours à compter de la réception de cette information.

Art. D. 215-13. – Sous réserve des dispositions de l'article D. 215-12 et sauf s'il s'agit de personnes détenues ayant fait l'objet d'une décision d'affectation de la part du garde des sceaux, ministre de la justice, autre qu'une mise à disposition du directeur interrégional des services pénitentiaires, ce dernier peut ordonner, dans le ressort de sa direction interrégionale, les transfèrements individuels ou collectifs qu'il estime nécessaires.

S'il s'agit de personnes prévenues, il ne peut être procédé à leur transfert qu'après information du magistrat chargé du dossier de l'instruction et qu'à défaut d'opposition de celui-ci dans un délai de huit jours à compter de la réception de cette information.

Art. D. 215-14. – Une personne condamnée ne peut être transférée si elle doit être tenue à la disposition de la juridiction dans le ressort de laquelle elle se trouve, soit parce qu'elle fait l'objet de poursuites - que celles-ci aient ou non donné lieu à la délivrance d'un mandat de justice - soit parce qu'elle est susceptible d'être entendue comme témoin.

Il appartient au ministère public de faire connaître à l'administration pénitentiaire la date à partir de laquelle la personne détenue intéressée pourra être transférée, et il en est rendu compte à l'autorité ayant délivré l'ordre de transfèrement.

Art. D. 215-15. – Les dépenses auxquelles donne lieu l'exécution des transfèrements administratifs sont prises en charge par l'administration pénitentiaire.

Aucune personne détenue n'est recevable à solliciter d'être transférée à ses propres frais.

Sous-section 3. – Exécution des transfèrements

Art. D. 215-16. – Les transfèrements s'effectuent par route ou par voie ferrée, maritime ou aérienne.

L'autorité à laquelle incombe l'organisation du transfèrement décide du moyen de transport à utiliser dans chaque cas, compte tenu de l'importance du convoi, du caractère dangereux de la personne détenue intéressée, de la distance à parcourir, de l'urgence de l'opération et de l'état de santé de la personne détenue transportée, sous réserve du cas où un transport sanitaire aura été prescrit par un médecin.

Dans ce dernier cas, l'autorité à laquelle incombe l'organisation du transfèrement décide des moyens de surveillance à mettre en œuvre.

Toutes précautions doivent être prises pour assurer aux personnes détenues transportées des conditions suffisantes de confort et d'hygiène.

Art. D. 215-17. – L'escorte des personnes détenues transférées par les soins de l'administration pénitentiaire est assurée par des membres du personnel de surveillance inscrits sur une liste dressée par le service national des transfèrements sur proposition des chefs d'établissement pénitentiaire.

L'importance de l'escorte est déterminée par l'autorité chargée de l'organisation du transfèrement, en fonction du nombre de personnes détenues transférées, des moyens de transport utilisés et de la distance à parcourir.

Le chef de l'établissement pénitentiaire à qui incombe la constitution de l'escorte désigne nommément ceux des agents figurant sur la liste précitée qui sont chargés d'exécuter la mission prescrite.

Art. D. 215-18. – Le chef de l'établissement pénitentiaire remet au chef de l'escorte les extraits de jugement ou d'arrêt et les autres pièces figurant au dossier individuel des personnes intéressées, ainsi que les effets ou objets leur appartenant, à l'exclusion de l'argent qui est transmis par virement.

Indépendamment de l'application éventuelle des dispositions de l'article R. 101 du Code de procédure pénale, le poids et le volume des objets ainsi transportés sont toutefois limités dans les conditions précisées par l'instruction de service.

Sous-section 4. – Cas particuliers

Art. D. 215-19. – La translation des personnes extradées est assimilée au transfèrement.

Les personnes remises à la France par un État étranger, dès qu'elles sont écrouées dans l'établissement pénitentiaire d'une ville frontière ou d'un port maritime ou aérien doivent être signalées d'urgence par le chef de cet établissement au service national des transfèrements.

Ce service fait alors procéder, dans les moindres délais, au transfèrement des personnes intéressées au lieu de l'exécution de leur peine ou, par dérogation aux dispositions de l'article D. 215-8, à celui de leur jugement.

Il appartient de même au service national des transfèrements de donner les instructions utiles pour assurer la conduite à la frontière ou au port d'embarquement maritime ou aérien et la remise aux autorités étrangères requérantes de toute personne dont l'extradition a été accordée par le gouvernement français.

Le service national des transfèrements assure également d'un point à l'autre de la frontière le transfèrement des personnes extradées dont le transit par la France a été autorisé.

Il lui appartient de même de faire conduire, soit à l'aller d'un établissement pénitentiaire français jusqu'à la frontière ou jusqu'au port français d'embarquement maritime ou aérien, soit au retour de la frontière ou du port français de débarquement maritime ou aérien jusqu'à un établissement pénitentiaire français, les personnes détenues dont l'envoi est demandé conformément aux dispositions de l'article 696-47 du Code de procédure pénale, ou aux dispositions analogues contenues dans des conventions internationales.

Art. D. 215-20. – Les mesures qui ont pour objet de reconduire à la frontière certaines personnes étrangères condamnées par décision de justice ou d'assurer l'exécution des arrêtés d'expulsion n'incombent pas à l'administration pénitentiaire, même lorsque les personnes intéressées y sont soumises à leur libération.

Art. D. 215-21. – Lorsque l'autorité compétente pour ordonner un transfèrement judiciaire ou administratif précise que l'absence de la personne détenue de son lieu habituel de détention n'excédera pas 72 heures, la levée d'écrou de la personne intéressée est opérée sous la forme simplifiée.

Lors de son arrivée dans l'établissement de destination, la personne détenue est écrouée selon les mêmes modalités.

Si à la date de retour initialement prévue, la réintégration de la personne détenue ne peut être assurée, son transfert définitif est effectué en régularisation.

Section 3. – Extractions et sorties sous escorte

Art. D. 215-22. – Le juge de l'application des peines requiert l'extraction des personnes condamnées par l'administration pénitentiaire dans les cas prévus par les dispositions de l'article D. 49-30 du Code de procédure pénale.

Art. D. 215-23. – L'extraction d'une personne détenue s'effectue sans radiation de l'écrou car elle comporte obligatoirement sa reconduite à l'établissement pénitentiaire.

L'autorité compétente pour ordonner ou pour autoriser l'extraction est tenue en conséquence de donner toutes instructions utiles pour que soit assurée la réintégration.

Celle-ci doit avoir lieu dans le délai le plus bref et, en toute hypothèse autre que celle d'une hospitalisation et celle de la mise à disposition de la personne détenue intéressée aux officiers de police judiciaire pour les besoins d'une enquête, le jour même de l'extraction. Lorsqu'il est nécessaire que la mesure motivant l'extraction se prolonge pendant plusieurs jours, la personne détenue intéressée est réintégrée chaque soir à l'établissement pénitentiaire.

Art. D. 215-24. – Dans l'hypothèse où la réintégration d'une personne détenue ne peut s'effectuer dans les délais prévus par les dispositions de l'article D. 215-23 sans toutefois que son absence de son établissement d'origine n'excède 72 heures, la sortie de la personne intéressée s'accompagne d'une levée d'écrou réalisée sous la forme simplifiée selon les modalités prévues par les dispositions de l'article D. 214-4.

À cette fin, l'autorité compétente précise la date exacte du retour prévu à l'établissement d'origine et donne toutes instructions utiles pour que la réintégration de la personne détenue intéressée soit assurée à la date initialement arrêtée.

Durant son absence de son lieu habituel de détention, la personne détenue, écrouée dès son arrivée sous la forme simplifiée dans l'établissement pénitentiaire de destination, est réintégrée chaque soir dans cet établissement.

Art. D. 215-25. – Dans l'hypothèse où, en application des dispositions des articles R. 6111-39 et suivants du Code de la santé publique, une personne détenue doit être hospitalisée dans un établissement de santé éloigné de l'établissement pénitentiaire dans lequel elle est écrouée, elle peut faire l'objet d'une levée d'écrou sous la forme simplifiée, nonobstant le fait que l'absence de son établissement d'origine excède soixante-douze heures.

La personne détenue intéressée est écrouée dans l'établissement pénitentiaire situé à proximité de l'établissement de santé selon les mêmes modalités.

À l'issue de l'hospitalisation, la personne détenue doit être réintégrée dans son établissement d'origine dans les délais les plus brefs. Si cette réintégration n'est pas possible, le transfert définitif de la personne détenue est effectué en régularisation.

Art. D. 215-26. – Lorsqu'une personne détenue doit comparaître devant une juridiction de l'ordre judiciaire, les réquisitions nécessaires sont délivrées par le procureur de la République dans toutes les hypothèses où elles ne relèvent pas de la compétence d'un autre magistrat en application des règles édictées par le Code de procédure pénale.

La charge de procéder aux extractions de personnes détenues qui sont requises par l'autorité judiciaire incombe normalement aux services de police lorsque celles-ci n'entraînent aucun déplacement en dehors de leur circonscription, et aux services de gendarmerie dans les autres cas. Dans les zones géographiques déterminées par arrêté conjoint des ministres de la justice et de l'intérieur, elle incombe normalement à l'administration pénitentiaire avec le renfort, le cas échéant, des forces de police ou de la gendarmerie dans les conditions prévues par les dispositions du troisième alinéa de l'article D. 57 du Code de procédure pénale.

Dans les zones géographiques mentionnées par les dispositions de l'alinéa précédent, les personnels de l'administration pénitentiaire sont habilités à exécuter les mandats d'amener délivrés par l'autorité judiciaire à l'encontre des personnes détenues, au sens de l'article D. 50 du Code procédure pénale.

Art. D. 215-27. – Le préfet apprécie si l'extraction des personnes détenues appelées à comparaître devant des juridictions ou des organismes d'ordre administratif est indispensable. Dans l'affirmative, il requiert l'extraction par les services de police ou de gendarmerie selon la distinction de l'article D. 215-26.

Art. D. 215-28. – Dans les hypothèses où, en raison des nécessités de l'enquête à laquelle ils procèdent, il n'est pas suffisant pour les officiers ou agents de police judiciaire d'user de la faculté qu'ils ont d'entendre les personnes détenues à l'intérieur des établissements pénitentiaires, les services auxquels ces fonctionnaires appartiennent peuvent être autorisés à procéder à l'extraction des personnes intéressées, sous la réserve que ces dernières demeurent sous leur responsabilité et soient réintégrées à l'issue de cette mesure ou après avoir été déférées devant un magistrat.

Lorsque des officiers de police judiciaire n'agissent pas en exécution d'une commission rogatoire ordonnant l'extraction, une autorisation spéciale doit être accordée à cet effet par le magistrat chargé du dossier de la procédure, et s'il n'y pas d'information judiciaire, par le procureur de la République du lieu de détention.

Art. D. 215-29. – Conformément aux dispositions de l'article D. 147 du Code de procédure pénale, les membres de l'administration pénitentiaire chargés de l'escorte d'une personne détenue à laquelle a été accordée une autorisation de sortie sous escorte peuvent être dispensés du port de l'uniforme.

Section 4. – Transport et escorte des personnes détenues hospitalisées dans les unités hospitalières spécialement aménagées

Art. R. 215-30. – Le transport de l'établissement pénitentiaire à l'unité spécialement aménagée d'une personne détenue devant être hospitalisée avec son consentement incombe à l'administration pénitentiaire. Si l'état de santé de la personne intéressée l'exige, et sur prescription médicale, celle-ci est accompagnée par le personnel hospitalier de l'établissement de santé siège de l'unité.

Le transport de l'établissement pénitentiaire à l'unité spécialement aménagée d'une personne détenue devant être hospitalisée sans son consentement incombe à l'établissement de santé siège de l'unité. La personne détenue est accompagnée par le personnel soignant de l'établissement de santé et escortée par le personnel pénitentiaire.

Le transport de l'unité spécialement aménagée à l'établissement pénitentiaire d'une personne détenue, hospitalisée avec ou sans son consentement, incombe à l'administration pénitentiaire. La personne détenue est accompagnée, sur prescription médicale, par le personnel soignant.

En cas de transport d'une personne détenue particulièrement signalée, il est fait appel aux forces de police ou de la gendarmerie afin de renforcer l'escorte pénitentiaire, qu'il s'agisse d'un transport vers l'unité spécialement aménagée ou d'un retour vers un établissement pénitentiaire.

À titre exceptionnel, en cas de transport d'une personne détenue présentant un risque d'atteinte très grave à l'ordre public identifié par les représentants des forces de l'ordre, un appui de l'escorte pénitentiaire peut être décidé conjointement par la direction de l'administration pénitentiaire et les directions nationales de la police et de la gendarmerie.

Art. R. 215-31. – Si l'état de santé de la personne détenue hospitalisée dans une unité spécialement aménagée nécessite une consultation ou une hospitalisation hors de l'unité pour raisons somatiques, le transport est assuré sur prescription médicale au moyen d'un véhicule sanitaire. La personne détenue est accompagnée par le personnel hospitalier et escortée par le personnel pénitentiaire.

Le retour à l'unité spécialement aménagée s'effectue dans les mêmes conditions.

En cas de transport d'une personne détenue particulièrement signalée, il est fait appel aux forces de police ou de la gendarmerie pour les consultations ou les hospitalisations pour raisons somatiques des personnes détenues afin de renforcer l'escorte pénitentiaire.

À titre exceptionnel, en cas de transport d'une personne détenue présentant un risque d'atteinte très grave à l'ordre public identifié par les représentants des forces de l'ordre, un appui de l'escorte pénitentiaire peut être décidé conjointement par la direction de l'administration pénitentiaire et les directions nationales de la police et de la gendarmerie.

Les dispositions du Code de procédure pénale relatives à la surveillance des personnes détenues en cas d'hospitalisation somatique s'appliquent.

Art. R. 215-32. – Lorsque le transport incombe à l'administration pénitentiaire, le véhicule utilisé pour le transport de la personne hospitalisée dans une unité spécialement aménagée est un véhicule pénitentiaire, sauf prescription médicale prévoyant le recours à un véhicule sanitaire léger ou à une ambulance.

CHAPITRE VI. – PRISE EN CHARGE SPÉCIFIQUE DE CERTAINES CATÉGORIES DE PERSONNES DÉTENUES

Art. D. 216-1. – Indépendamment des mesures qui ont pour objet l'individualisation du traitement pénitentiaire des personnes condamnées, et de celles mentionnées par les dispositions de l'article D. 213-4, applicables aux personnes détenues soumises à une contrainte judiciaire, certaines règles particulières doivent être appliquées à des personnes détenues appartenant à une catégorie déterminée en raison de leur situation pénale ou administrative.

Section 1. – Personnes détenues bénéficiant d'un régime spécial

Sous-section 1. – Personnes détenues admises au bénéfice du régime spécial

Art. D. 216-2. – Bénéficient, pour l'exécution d'une détention provisoire ou d'une peine privative de liberté, d'un régime spécial dont les particularités sont prévues par les dispositions des articles D. 216-5 et D. 216-6 :

1° Les personnes poursuivies ou condamnées pour infractions de presse, sauf si ces infractions constituent des outrages aux bonnes mœurs, ou des actes de chantage ou de provocations au meurtre ;

2° Les personnes poursuivies ou condamnées pour atteintes aux intérêts fondamentaux de la Nation.

Art. D. 216-3. – L'admission au régime spécial des personnes qui satisfont à l'une des conditions prévues par les dispositions de l'article D. 216-2 a lieu d'office sur l'indication que le ministère public près la juridiction saisie ou la juridiction de condamnation donne au chef de l'établissement pénitentiaire.

Sous-section 2. – Modalités du régime spécial

Art. D. 216-4. – Le bénéfice du régime spécial cesse d'être applicable aux personnes détenues qui ne remplissent plus les conditions prévues par les dispositions de l'article D. 216-2.

Art. D. 216-5. – Les personnes détenues bénéficiaires du régime spécial sont séparées des personnes détenues appartenant aux autres catégories dans toute la mesure du possible.

Les personnes détenues qui exécutent leur prévention ou leur peine au régime spécial peuvent recevoir des visites tous les jours, dans les seules limites imposées par les nécessités du service et aux heures fixées par le chef de l'établissement pénitentiaire.

Art. D. 216-6. – Les personnes détenues bénéficiaires du régime spécial, même dans les établissements pénitentiaires dont le régime ne comporte pas de telles particularités, et sauf instructions contraires du juge d'instruction en application des dispositions des articles 145-4 et D. 56 du Code de procédure pénale, ont la faculté d'être réunies aux heures de la journée fixées par le chef de l'établissement pénitentiaire.

Art. D. 216-7. – Toute personne détenue bénéficiaire du régime spécial est soumise aux mesures réglementaires prévues pour assurer l'ordre et la sécurité dans les établissements pénitentiaires. Il peut notamment faire l'objet des sanctions disciplinaires prévues par le présent code.

Sous-section 3. – Commission consultative du régime spécial

Art. D. 216-8. – La commission consultative du régime spécial institué par les dispositions de l'article D. 216-2 est composée comme suit :

1° Un conseiller à la Cour de cassation, président ;

2° Un conseiller à ladite cour, président suppléant ;

3° Un membre de l'Institut de France ;

4° Un membre du Conseil d'État et un membre dudit conseil, suppléant ;

5° Le bâtonnier de l'ordre des avocats près la cour d'appel de Paris ou son représentant ;

6° Le directeur des affaires criminelles et des grâces au ministère de la justice ou son représentant ;

7° Le directeur de l'administration pénitentiaire au ministère de la justice ou son représentant ;

8° Un conseiller référendaire à la Cour de cassation et un conseiller référendaire à ladite cour, suppléant.

Les présidents et membres mentionnés par les dispositions des 1°, 2°, 4 et 8 sont désignés par arrêté du garde des sceaux, ministre de la justice.

Art. D. 216-9. – La commission consultative du régime spécial établit son règlement intérieur.

Elle peut faire appel, à titre de rapporteurs, à des magistrats du ministère de la justice non membres de la commission, lesquels n'ont pas voix délibérative.

Section 2. – Personnes détenues de nationalité étrangère

Art. D. 216-10. – Sous réserve des particularités relatives à la libération conditionnelle, les personnes détenues de nationalité étrangère sont soumises au même régime que les personnes détenues de nationalité française appartenant à leur catégorie pénale.

Des précautions particulières s'imposent néanmoins à leur égard en ce qui concerne l'application éventuelle des mesures définies par les dispositions des articles D. 118 et D. 119 du Code de procédure pénale.

Art. D. 216-11. – Sous réserve de l'application des dispositions du deuxième alinéa de l'article R. 234-26, le recours à un interprète n'a d'objet qu'en cas de nécessité absolue, si une personne détenue ne parle ou ne comprend la langue française et s'il ne se trouve sur place aucune personne capable d'assurer la traduction.

Les visites et la correspondance des personnes de nationalité étrangère s'effectuent dans les conditions prévues par les dispositions des articles R. 341-14 et R. 345-4.

Art. D. 216-12. – Les personnes détenues écrouées à la suite d'une demande d'extradition émanant d'un gouvernement étranger sont soumises au régime des personnes prévenues.

La délivrance des permis de visite et le contrôle de la correspondance les concernant relèvent du procureur général.

Section 3. – Personnes détenues appartenant aux forces armées

Art. D. 216-13. – Les personnes détenues militaires en état de prévention devant un tribunal des forces armées ne doivent pas être placées en commun avec des personnes détenues non militaires.

Après condamnation, elles sont soumises au même régime que les autres personnes condamnées de leur catégorie, compte tenu des dispositions de l'article L. 211-4. Toutefois, les mesures prévues par les dispositions des articles 723 et 723-3 du Code de procédure pénale ne peuvent être accordées aux personnes condamnées militaires qu'avec l'accord préalable de l'autorité militaire dont relèvent les personnes intéressées.

Art. D. 216-14. – Les officiers en détention provisoire et ceux qui ont conservé leur grade malgré leur condamnation, sont placés en cellule individuelle, dans toute la mesure du possible, et effectuent leur promenade séparément.

Art. D. 216-15. – Les dispositions des articles R. 321-6 et R. 332-35 sont applicables aux personnes détenues militaires.

Art. D. 216-16. – Pour tous les militaires, des avis de détention, de prévision de levée d'écrou et de libération sont adressés à l'autorité militaire dont ils dépendent.

Il en est de même en ce qui concerne les personnes détenues civiles soumises à obligations militaires.

Art. D. 216-17. – Les personnes détenues militaires sont remises, dès leur libération et pour quelque cause que celle-ci intervienne, au représentant du bureau de la place ou, à défaut, à la gendarmerie, qui sont respectivement chargés de les faire mettre en route sur leur corps d'affectation.

Il en est de même pour les jeunes personnes détenues libérées titulaires d'un ordre d'appel ou d'un ordre de route et pour celles qui appartiennent à un contingent d'âge présent sous les drapeaux.

Art. D. 216-18. – Le médecin militaire désigné par le commandant du centre médical des armées ou, à défaut, le médecin militaire de la place, l'assistant de service social de l'armée et les aumôniers militaires ont accès, dans l'exercice de leurs fonctions et pour les besoins de leur service, auprès des personnes détenues militaires.

Section 4. – Personnes détenues majeures âgées de moins de vingt-et-un an

Art. D. 216-19. – Les personnes détenues majeures âgées de moins de vingt et un ans sont soumises à un régime particulier et individualisé qui fait une large place à l'enseignement et à la formation.

Sauf si le magistrat chargé du dossier de la procédure en dispose autrement pour les personnes prévenues, elles participent à des activités d'enseignement, de formation, de travail et socioculturelles et sportives ou de détente.

Art. D. 216-20. – Les personnes détenues majeures âgées de moins de vingt et un ans sont soumises, en principe, à l'isolement de nuit.

Toutefois, elles peuvent être placées en cellule avec d'autres personnes détenues de leur âge, soit pour motif médical, soit en raison de leur personnalité.

Section 5. – Mères détenues vivant avec leurs jeunes enfants en détention

Art. D. 216-21. – Les personnes détenues enceintes et celles qui ont gardé leur enfant auprès d'elles bénéficient de conditions de détention appropriées.

Art. D. 216-22. – Les enfants peuvent être laissés auprès de leur mère en détention jusqu'à l'âge de dix-huit mois.

Des locaux spécialement aménagés sont réservés à l'accueil des mères ayant gardé leur enfant auprès d'elles. S'il s'agit de personnes prévenues, elles ne peuvent être transférées dans un établissement doté de tels locaux qu'après accord du magistrat chargé du dossier de la procédure.

Il appartient au service pénitentiaire d'insertion et de probation compétent auprès de l'établissement pénitentiaire, en liaison avec les services compétents en matière d'enfance et de famille et avec les titulaires de l'autorité parentale, d'organiser le séjour de l'enfant auprès de sa mère détenue et les sorties de celui-ci à l'extérieur de l'établissement pénitentiaire, et de préparer, le cas échéant, la séparation de l'enfant d'avec sa mère, au mieux de son intérêt. Durant les douze mois suivant son départ, l'enfant peut être admis à séjourner pour de courtes périodes auprès de sa mère.

Art. D. 216-23. – À la demande de la mère, la limite d'âge de dix-huit mois peut être reculée, sur décision du directeur interrégional des services pénitentiaires territorialement compétent, après avis d'une commission consultative.

Avant d'émettre son avis, la commission consultative entend le défenseur de la mère détenue et, si possible, le père de l'enfant.

Art. D. 216-24. – La commission consultative prévue par les dispositions de l'article D. 216-23 comprend :

1° Le directeur interrégional des services pénitentiaires ou son représentant, président ;

2° Un médecin psychiatre ;

3° Un médecin pédiatre appartenant à un service de protection maternelle et infantile ;

4° Un psychologue ;

5° Un chef d'établissement pénitentiaire spécialement affecté à la détention des femmes ;

6° Un personnel d'insertion et de probation.

Les membres de la commission sont nommés par le directeur interrégional des services pénitentiaires pour une période de deux ans renouvelable.

TITRE II. – MAINTIEN DE LA SÉCURITÉ

CHAPITRE Ier. – DISPOSITIONS GÉNÉRALES

Art. D. 221-1. – Tout chef d'établissement pénitentiaire veille à une stricte application des instructions relatives au maintien de l'ordre et de la sécurité dans l'établissement qu'il dirige.

À ce titre, il est disciplinairement responsable des incidents ou des évasions imputables à sa négligence ou à l'inobservation des règlements, indépendamment des procédures disciplinaires susceptibles d'être engagées contre d'autres membres du personnel.

Art. D. 221-2. – La sécurité intérieure des établissements pénitentiaires incombe au personnel de l'administration pénitentiaire.

Toutefois, lorsque la gravité ou l'ampleur d'un incident survenu ou redouté à l'intérieur d'un établissement ne permet pas d'assurer le rétablissement ou d'envisager le maintien de l'ordre et de la sécurité par les seuls moyens du personnel de surveillance, le chef de l'établissement pénitentiaire doit faire appel au chef du service local de police ou de gendarmerie et en rendre compte sur-le-champ au préfet. Il en est de même dans l'hypothèse d'une attaque ou d'une menace provenant de l'extérieur.

Les modalités de l'appel aux forces préposées au maintien de l'ordre et de l'intervention de celles-ci sont déterminées par une instruction de service et précisées, en ce qui concerne chaque établissement pénitentiaire, par un plan de protection et d'intervention dressé et tenu à jour sous l'autorité du préfet.

Art. D. 221-3. – Toutes dispositions sont prises en vue de prévenir les évasions, notamment en ce qui concerne la disposition des locaux, la fermeture ou l'obturation des portes ou passages, le dégagement des couloirs et des chemins de ronde et leur éclairage. Tout aménagement ou construction de nature à amoindrir la sécurité des murs d'enceinte est interdit.

Art. R. 221-4. – Aucun objet ou substance pouvant permettre ou faciliter un suicide, une agression ou une évasion, aucun outil dangereux en dehors du temps de travail ne peuvent être laissés à la disposition d'une personne détenue.

Art. D. 221-5. – L'entrée ou la sortie des sommes d'argent, correspondances ou objets quelconques n'est régulière que si elle est conforme aux dispositions du présent code et du règlement intérieur de l'établissement, défini aux articles L. 112-4 et R. 112-22, ou si elle a été expressément autorisée par le chef de l'établissement pénitentiaire dans le cas où celui-ci est habilité à le faire.

En toute hypothèse, les sommes, correspondances ou objets doivent être soumis au contrôle de l'administration.

Indépendamment des avis prévus par les dispositions de l'article D. 214-26, il est donné connaissance à l'autorité judiciaire, en vue de l'application éventuelle des pénalités prévues par les dispositions de l'article 434-35 du Code pénal, de la découverte des sommes, correspondances ou objets qui seraient trouvés en possession des personnes détenues ou de leurs visiteurs et qui auraient été envoyés ou remis contrairement aux prescriptions des deux alinéas qui précèdent.

Art. D. 221-6. – Le chef de l'établissement pénitentiaire détermine les modalités d'organisation du service des agents.

Sous l'autorité du chef de l'établissement pénitentiaire, le chef de détention ou celui de ses collaborateurs spécialement désigné à cet effet, détermine les activités à assurer. Il arrête chaque jour les divers locaux à contrôler et la programmation des rondes à effectuer. Il consigne sur un registre prévu à cet effet les recommandations spéciales faites aux surveillants, notamment pour signaler une personne détenue dangereuse ou à observer particulièrement.

CHAPITRE II. – AUTORISATIONS D'ACCÈS

Art. R. 222-1. – Conformément aux dispositions de l'article R. 79 du Code de procédure pénale, l'administration pénitentiaire est destinataire du bulletin n° 2 du casier judiciaire des personnes appelées à intervenir au sein des établissements pénitentiaires dans les conditions prévues par les dispositions de l'article R. 80 du même code.

Art. D. 222-2. – Sous réserve des dispositions des articles D. 134-1 et D. 134-2, aucune personne étrangère au service ne peut être admise à visiter un établissement pénitentiaire sans une autorisation spéciale délivrée par le chef de l'établissement.

À moins d'une disposition expresse, cette autorisation ne confère pas à son bénéficiaire le droit de communiquer avec les personnes détenues de quelque manière que ce soit, même en présence de membres du personnel.

Sans préjudice des dispositions de l'article R. 57-6-17 du Code de procédure pénale relatives au droit à l'image des personnes prévenues, une autorisation spéciale délivrée par le chef d'établissement est nécessaire pour effectuer à l'intérieur d'un établissement pénitentiaire des photographies, croquis, prises de vues et enregistrements sonores se rapportant à la détention.

Art. D. 222-3. – Les personnes étrangères au service d'un établissement pénitentiaire ne peuvent pénétrer à l'intérieur de celui-ci qu'après avoir justifié de leur identité et de leur qualité et après s'être soumises aux mesures de contrôle réglementaires.

La pièce d'identité produite par les personnes qui n'ont pas autorité dans l'établissement pénitentiaire ou qui n'y sont pas en mission, peut être retenue pour leur être restituée seulement au moment de leur sortie.

Art. D. 222-4. – Un registre est tenu, dans chaque établissement pénitentiaire, sur lequel doivent être obligatoirement inscrits les nom et qualité de toute personne entrant ou sortant ainsi que l'heure et le motif de son entrée ou de sa sortie.

Seuls n'ont pas à figurer sur ce registre les noms des fonctionnaires logés à l'établissement ou des membres de leur famille vivant avec eux.

CHAPITRE III. – MOYENS DE CONTRÔLE ET DE SURVEILLANCE

Section 1. – Dispositifs techniques

Art. R. 223-1. – Conformément aux dispositions de l'article L. 223-1, aux fins de prévenir les évasions et d'assurer la sécurité et le bon ordre des établissements pénitentiaires ou des établissements de santé destinés à recevoir des personnes détenues, les agents individuellement désignés et habilités appartenant à l'administration pénitentiaire peuvent être autorisés à procéder à la mise en œuvre des techniques de recueil de renseignement lors de l'utilisation de matériels de communication électroniques ou de moyens informatiques par les personnes détenues, en vue d'assurer le bon ordre et notamment d'en prévenir les usages illicites prévus par les dispositions des articles R. 223-2 et suivants.

Dans les conditions prévues par les dispositions des articles R. 223-7, les personnes détenues sont informées de la possibilité de la mise en œuvre de ces techniques sur les terminaux et systèmes dont l'utilisation est autorisée.

Par une notification remise contre signature les informant également des voies de recours, les personnes détenues sont informées de la possibilité de la mise en œuvre des mêmes techniques sur des matériels et moyens dont la détention est illicite ainsi que de leur destruction, à l'issue d'une durée de quatre-vingt-dix jours, sauf si l'exploitation de ces données conduit à l'ouverture d'une procédure judiciaire au dossier de laquelle ils sont alors versés.

Art. R. 223-2. – L'autorisation prévue par les dispositions des articles L. 223-1 et L. 223-2 est délivrée par le garde des sceaux, ministre de la justice ou, par délégation, par le chef du service auquel les agents appartiennent. Elle mentionne la ou les techniques que ces agents sont autorisés à mettre en œuvre.

Art. R. 223-3. – Les réseaux de communications électroniques sur lesquels est autorisée la mise en œuvre de la technique mentionnée par les dispositions du 1° de l'article L. 223-1 sont désignés par décision du garde des sceaux, ministre de la justice.

La mise en œuvre de la technique mentionnée par les dispositions du 2° du même article fait l'objet d'une décision de l'administration pénitentiaire pour chaque équipement ou système concerné.

Art. R. 223-4. – La décision de l'administration pénitentiaire de mettre en œuvre la technique mentionnée par les dispositions du 2° de l'article L. 223-1 ainsi que la destruction du matériel découvert à l'issue du délai prévu au troisième alinéa de l'article L. 223-2 sont notifiées à la personne détenue intéressée par la détention illicite d'un matériel par un document écrit remis contre signature.

Cette décision précise :

1° La nature du support des données concernées ;

2° Le motif des mesures ;

3° Les voies et délais de recours ouvertes devant les juridictions administratives au titre de la mise en œuvre des techniques par l'administration pénitentiaire.

Art. R. 223-5. – La mise en œuvre des techniques mentionnées par les dispositions de l'article L. 223-1 et régies par la présente sous-section donne lieu à l'établissement d'un relevé mentionnant, outre les informations prévues par les dispositions de l'alinéa 1er de l'article L. 223-3, les informations suivantes :

1° La ou les techniques mises en œuvre ;

2° Le nom des agents intervenant dans la mise en œuvre et le service auquel ils appartiennent ;

3° Le ou les motifs des mesures ;

4° La ou les personnes détenues intéressées ;

5° L'information donnée à la personne intéressée ;

6° Le nom du rédacteur du relevé.

Ce relevé est conservé au sein du service mettant en œuvre la technique. Ce relevé est tenu à la disposition du procureur de la République.

Art. R. 223-6. – Les opérations de destruction des données collectées, de transcription et d'extraction sont effectuées par des agents mentionnés par les dispositions de l'article R. 223-2. Elles font l'objet d'un relevé tenu à la disposition du procureur de la République précisant :

1° La date de ces opérations ;

2° L'identité de la ou des personnes détenues intéressées ;

3° La nature du ou des supports des données concernées ;

4° Le nom des agents prenant part à la destruction et celui du rédacteur du relevé.

Art. R. 223-7. – Les dispositions des articles L. 223-1 à L. 223-5 sont affichées dans l'établissement pénitentiaire dans des conditions permettant à l'ensemble des personnes détenues d'en avoir connaissance.

Art. R. 224-8. – La durée maximale d'une décision de placement en unité pour personnes détenues violentes qui intervient moins de trois mois après le terme d'une précédente décision de placement, y compris à titre provisoire, est computée en tenant compte de la durée de ce dernier placement.

L'hospitalisation de la personne détenue ou son placement en cellule disciplinaire au cours de la prise en charge sont sans effet sur le terme du placement en unité pour personnes détenues violentes antérieurement décidé.

Art. R. 224-9. – Le transfèrement d'une personne détenue en unité pour personnes détenues violentes vers un autre établissement pénitentiaire s'opère dans l'unité pour personnes détenues violentes de cet établissement ; s'il n'en comporte pas, le transfèrement emporte fin du placement en unité pour personnes détenues violentes.

Si l'établissement de destination est situé dans le ressort d'une autre direction interrégionale des services pénitentiaires, ce placement est provisoire. Le directeur interrégional des services pénitentiaires compétent statue sur le placement dans les conditions prévues par les dispositions de l'article R. 224-5. Si aucune décision n'a été prise à l'issue d'un délai de quinze jours, la mesure prend fin.

Le cas échéant, le programme de prise en charge prévu par les dispositions du second alinéa de l'article R. 224-3 est transmis par l'unité d'origine et fait l'objet des adaptations nécessaires par la nouvelle unité.

Art. R. 224-10. – Après chaque évaluation, la commission pluridisciplinaire unique émet un avis sur l'opportunité du maintien de chaque personne détenue au sein de l'unité. Elle peut proposer une nouvelle affectation.

Le directeur interrégional des services pénitentiaires peut décider de mettre fin à tout moment au placement en unité pour personnes détenues violentes, d'office ou à la demande de la personne détenue, après avoir recueilli l'avis de la commission pluridisciplinaire unique et du chef de l'établissement pénitentiaire. Lorsque la décision de placement a été prise par un chef d'établissement, ce dernier peut également y mettre fin dans les mêmes conditions. Il informe immédiatement le directeur interrégional des services pénitentiaires de sa décision.

Art. R. 224-11. – Toute décision de placement ou de renouvellement de placement en unité pour personnes détenues violentes est communiquée sans délai par le chef de l'établissement pénitentiaire au juge de l'application des peines si la personne détenue est condamnée, ou au magistrat chargé du dossier de la procédure si la personne détenue est prévenue.

Au moins une fois par trimestre, le chef d'établissement dont l'établissement comporte une unité pour personnes détenues violentes informe la commission de l'application des peines du nombre et de l'identité des personnes détenues placées en unité pour personnes détenues violentes et de la durée du placement pour chacune d'elles.

Art. R. 224-12. – La liste des personnes détenues placées en unité pour personnes détenues violentes est communiquée à l'unité sanitaire en milieu pénitentiaire de l'établissement à chaque modification de l'effectif.

Section 2. – Prise en charge de la radicalisation

Sous-section 1. – Quartiers de prise en charge de la radicalisation

Art. R. 224-13. – Le quartier de prise en charge de la radicalisation constitue un quartier distinct au sein de l'établissement pénitentiaire.

I. – Lorsque la commission pluridisciplinaire unique, dont la composition est prévue par les dispositions de l'article D. 211-34, le juge nécessaire, une personne détenue majeure peut être placée dans un quartier de prise en charge de la radicalisation spécialisé dans l'évaluation. L'évaluation réalisée au sein de ce quartier doit déterminer si la personne détenue présente une radicalisation nécessitant une prise en charge adaptée.

II. – Lorsqu'une personne détenue majeure est dangereuse en raison de sa radicalisation et qu'elle est susceptible, du fait de son comportement et de ses actes de prosélytisme ou des risques qu'elle présente de passage à l'acte violent, de porter atteinte au maintien du bon ordre de l'établissement ou à la sécurité publique, elle peut être placée au sein d'un quartier de prise en charge de la radicalisation, dès lors qu'elle est apte à bénéficier d'un programme et d'un suivi adaptés.

Le placement en quartier de prise en charge de la radicalisation intervient à l'issue d'une évaluation de la dangerosité réalisée par une équipe pluridisciplinaire dans le cadre de la commission pluridisciplinaire unique prévue par les dispositions de l'article D. 211-34 ou, si cette instance le juge nécessaire, au sein d'un quartier de prise en charge de la radicalisation spécialisé dans l'évaluation mentionné par les dispositions du I du présent article.

Art. R. 224-14. – Le placement en quartier de prise en charge de la radicalisation spécialisé dans l'évaluation prévu par les dispositions du I de l'article R. 224-13 ne peut excéder quinze semaines.

Sous-section 2. – Régime de détention

Art. R. 224-15. – Le placement d'une personne détenue en quartier de prise en charge de la radicalisation est une décision administrative qui n'est pas une mesure disciplinaire.

Les dispositions de l'article R. 213-13 relatives aux maisons centrales sont applicables aux quartiers de prise en charge de la radicalisation quel que soit l'établissement où ils sont localisés.

Les personnes détenues placées en quartier de prise en charge de la radicalisation sont affectées en cellule individuelle.

Les cellules et les locaux des quartiers de prise en charge de la radicalisation sont spécifiquement aménagés pour garantir des conditions de sécurité renforcées.

Art. R. 224-16. – Les personnes détenues prises en charge en application des dispositions de l'article R. 224-13 font l'objet de mesures de sécurité, individualisées, qui sont régulièrement réévaluées. Ces personnes font l'objet d'évaluations régulières par une équipe pluridisciplinaire pendant toute la durée de leur placement.

Lorsqu'elles sont placées dans les quartiers visés au II de l'article R. 224-13, elles bénéficient d'un programme de prise en charge adapté à leur personnalité et à leur comportement, susceptible d'évoluer au cours du placement.

Art. R. 224-17. – Les personnes détenues placées en quartier de prise en charge de la radicalisation participent aux activités individuelles ou collectives qui leur sont proposées au sein du quartier de prise en charge de la radicalisation.

Elles conservent leurs droits à l'information, aux visites, à la correspondance écrite et téléphonique, à l'utilisation de leur compte nominatif, sous réserve des aménagements qu'imposent les impératifs de sécurité.

L'exercice du culte ainsi que les promenades s'effectuent séparément des autres personnes détenues chaque fois que des impératifs de sécurité ou de maintien du bon ordre de l'établissement l'exigent. Les personnes détenues, placées en quartier de prise en charge de la radicalisation, bénéficient d'au moins une heure quotidienne de promenade à l'air libre.

Sous-section 3. – Procédure de placement

Art. R. 224-18. – La décision de placement dans un quartier de prise en charge de la radicalisation spécialisé dans l'évaluation visé au I de l'article R. 224-13 est de la compétence exclusive du garde des sceaux, ministre de la justice.

La décision de placement dans un quartier de prise en charge de la radicalisation prévu par les dispositions du II de l'article R. 224-13 est de la compétence exclusive du garde des sceaux, ministre de la justice :

1° Lorsqu'elle concerne :

a) Des personnes condamnées à une ou plusieurs peines dont la durée totale est supérieure ou égale à dix ans et dont la durée de détention restant à exécuter au moment où la dernière condamnation est devenue définitive est supérieure à cinq ans au jour où est formée la proposition de placement ;

b) Des personnes condamnées ou prévenues à raison d'actes de terrorisme tels que prévus et réprimés par les dispositions des articles 421-1 et suivants du Code pénal ;

c) Des personnes condamnées ou prévenues ayant fait l'objet d'une inscription au répertoire des personnes détenues particulièrement signalées, prévu par les dispositions de l'article D. 223-11 ;

2° Lorsque le quartier de prise en charge de la radicalisation se situe au sein d'une maison centrale ou d'un quartier maison centrale ;

3° Lorsque le quartier de prise en charge de la radicalisation est situé dans le ressort d'une autre direction interrégionale des services pénitentiaires que celle dont relève l'établissement au sein duquel se trouve la personne détenue.

Le directeur interrégional des services pénitentiaires est compétent pour décider du placement en quartier de prise en charge de la radicalisation dans tous les autres cas. Il informe le garde des sceaux, ministre de la justice, de ses décisions.

Art. R. 224-19. – Lorsqu'au terme de l'évaluation prévue à l'article R. 224-13, une décision de placement initial en quartier de prise en charge de la radicalisation est envisagée, le chef de l'établissement pénitentiaire informe la personne détenue par écrit des motifs invoqués, résultant notamment de l'avis de la commission pluridisciplinaire unique. La même procédure est applicable lorsqu'est envisagée une décision de renouvellement de placement en quartier de prise en charge de la radicalisation prévu par les dispositions du II de l'article R. 224-13.

Il l'informe également du déroulement de la procédure et du délai dont elle dispose pour préparer ses observations écrites ou orales ; ce délai ne saurait être inférieur à soixante-douze heures à partir du moment où la personne détenue est mise en mesure de consulter les éléments de la procédure. Cette consultation peut avoir lieu en présence d'un avocat si elle en fait la demande. Les documents ou informations dont la communication pourrait porter atteinte à la sécurité des personnes ou des établissements pénitentiaires sont occultés ou retirés du dossier de la procédure avant cette consultation.

Si la personne détenue ne comprend pas la langue française, les informations sont présentées par l'intermédiaire d'un interprète désigné par le chef d'établissement. Il en est de même de ses observations, si elle n'est pas en mesure de s'exprimer en langue française. Les observations de la personne détenue et, le cas échéant, celles de l'avocat sont jointes au dossier de la procédure. Si la personne détenue présente des observations orales, elles font l'objet d'un compte rendu écrit signé par elle.

Le chef d'établissement transmet l'ensemble des éléments à l'autorité qui prend la décision de placement en quartier de prise en charge de la radicalisation. Lorsque le garde des sceaux, ministre de la justice, est compétent, le directeur interrégional des services pénitentiaires joint son avis à l'ensemble des pièces.

La décision de placement en quartier de prise en charge de la radicalisation est motivée. Elle est notifiée sans délai à la personne détenue par le chef d'établissement.

Le cas échéant, l'affectation et le transfèrement de la personne détenue sont effectués conformément aux dispositions des articles L. 112-3, L. 211-1, L. 211-2, L. 211-3, D. 112-5, D. 112-10, D. 211-18 à D. 211-31 et D. 215-12 à D. 215-18.

Art. R. 224-20. – Le placement initial au sein d'un quartier de prise en charge de la radicalisation prévu par les dispositions du II de l'article R. 224-13 est d'une durée maximale de six mois.

Au terme de ce délai, et dans les conditions décrites à la présente sous-section, ce placement peut être renouvelé par l'autorité compétente désignée par les dispositions de l'article R. 224-18 pour une nouvelle durée qui ne saurait excéder six mois.

Au terme d'une durée d'un an, le garde des sceaux, ministre de la justice, est seul compétent pour prolonger le placement par durée maximale de six mois renouvelable. Il prend sa décision après mise en œuvre de la procédure contradictoire prévue par les dispositions de l'article L. 224-2 et après avis spécialement motivé de la commission pluridisciplinaire unique, du chef de l'établissement pénitentiaire et du directeur interrégional des services pénitentiaires.

Art. R. 224-21. – L'hospitalisation des personnes détenues ou leur placement en cellule disciplinaire au cours de la prise en charge sont sans effet sur le terme du placement en quartier de prise en charge de la radicalisation antérieurement décidé.

En cas d'interruption pour un autre motif, la mesure de placement reprend pour la durée qui restait à courir au moment de l'interruption.

Toutefois, si l'interruption est supérieure à un an, le placement doit résulter d'une nouvelle décision prise conformément aux dispositions des articles R. 224-14, R. 224-18 à R. 224-20.

Art. R. 224-22. – Le transfèrement d'une personne détenue en quartier de prise en charge de la radicalisation vers un autre établissement s'opère dans le quartier de prise en charge de la radicalisation de cet établissement ; s'il n'en comporte pas, le transfèrement emporte fin du placement en quartier de prise en charge de la radicalisation.

Si l'établissement de destination est situé sur le ressort d'une autre direction interrégionale des services pénitentiaires, ce placement est provisoire. Le garde des sceaux, ministre de la justice, prend alors une nouvelle décision de placement dans les conditions prévues à la présente sous-section. Si aucune décision n'a été prise à l'issue d'un délai de quinze jours, la mesure prend fin.

Art. R. 224-23. – D'office ou à la demande de la personne détenue, l'autorité qui a prononcé le placement en quartier de prise en charge de la radicalisation peut décider ou refuser d'y mettre fin. Cette décision intervient en tenant compte notamment de l'avis de la commission pluridisciplinaire unique, du chef de l'établissement pénitentiaire et le cas échéant du directeur interrégional des services pénitentiaires.

Avant le terme de la mesure de placement, la commission pluridisciplinaire unique procède à une évaluation de la situation de la personne détenue. Après chaque évaluation, elle émet un avis sur l'opportunité du maintien au sein du quartier. Elle peut proposer une nouvelle affectation.

Art. R. 224-24. – Toute décision de placement en quartier de prise en charge de la radicalisation est communiquée sans délai par le chef de l'établissement pénitentiaire au juge de l'application des peines s'il s'agit d'une personne condamnée ou au magistrat chargé du dossier de la procédure s'il s'agit d'une personne prévenue. Il en est de même pour une décision de renouvellement de placement dans un quartier de prise en charge de la radicalisation prévu par les dispositions du II de l'article R. 224-13.

Les évaluations effectuées au titre des dispositions des articles R. 224-13 et R. 224-16 sont communiquées au magistrat chargé du dossier de la procédure.

Au moins une fois par trimestre, le chef d'établissement dont l'établissement comporte un quartier de prise en charge de la radicalisation rend compte à la commission de l'application des peines du nombre et de l'identité des personnes détenues placées et de la durée du placement pour chacune d'elles.

Art. R. 224-25. – La liste des personnes détenues placées en quartier de prise en charge de la radicalisation est communiquée à l'équipe de l'unité sanitaire de l'établissement pénitentiaire à chaque modification de l'effectif.

CHAPITRE V. – FOUILLES

Art. R. 225-1 *(Mod. D. n° 2022-655, 25 avr. 2022)*. – LLes mesures de fouilles des personnes détenues, intégrales ou par palpation, sont mises en œuvre sur décision du chef de l'établissement pénitentiaire pour prévenir les risques mentionnés par les dispositions de l'article L. 225-1. Leur nature et leur fréquence sont décidées au vu de la personnalité des personnes intéressées, des circonstances de la vie en détention et de la spécificité de l'établissement.

Lorsque les mesures de fouilles des personnes détenues, intégrales ou par palpation, sont réalisées à l'occasion de leur extraction ou de leur transfèrement par l'administration pénitentiaire, elles sont mises en œuvre sur décision du chef d'escorte. Leur nature et leur fréquence sont décidées au vu de la personnalité des personnes détenues intéressées et des circonstances dans lesquelles se déroule l'extraction ou le transfèrement.

Art. R. 225-2. – Les personnes détenues sont fouillées chaque fois qu'il existe des éléments permettant de suspecter un risque d'évasion, l'entrée, la sortie ou la circulation en détention d'objets ou substances prohibés ou dangereux pour la sécurité des personnes ou le bon ordre de l'établissement pénitentiaire.

Art. R. 225-3. – Les personnes détenues ne peuvent être fouillées que par des agents de leur sexe et dans des conditions qui, tout en garantissant l'efficacité du contrôle, préservent le respect de la dignité inhérente à la personne humaine.

Art. R. 225-4. – Lorsqu'une personne détenue est soupçonnée d'avoir ingéré des substances ou des objets ou de les avoir dissimulés dans son corps, le chef de l'établissement pénitentiaire saisit le procureur de la

République d'une demande aux fins de faire pratiquer une investigation corporelle interne par un médecin. Il joint à sa demande tout élément de nature à la justifier.

Art. R. 225-5. – L'état général de chaque cellule doit permettre aux personnels pénitentiaires d'effectuer convenablement les contrôles et fouilles réglementaires.

Les objets encombrant les cellules et, de ce fait, gênant ou retardant les contrôles de sécurité ainsi que les objets dont l'utilisation présente un risque ou qui ne sont pas conformes à la réglementation sont déposés au vestiaire. Les personnes détenues peuvent demander à s'en défaire dans les conditions prévues par les dispositions de l'article R. 332-38.

Les objets dont il est établi que les personnes détenues ne sont pas propriétaires peuvent leur être retirés afin, le cas échéant, d'être restitués à leur légitime propriétaire.

Pour des raisons de sécurité, il est interdit aux personnes détenues d'obturer les portes et les passages, d'obstruer les œilletons et d'étendre leur linge sur les barreaux des fenêtres.

Art. R. 225-6. – Les systèmes de fermetures sont périodiquement vérifiés et les barreaux contrôlés quotidiennement.

CHAPITRE VI. – USAGE DES MENOTTES ET ENTRAVES

Art. R. 226-1. – Les personnes détenues ne peuvent être soumises au port de moyens de contrainte que sur ordre du chef de l'établissement pénitentiaire et s'il n'est d'autre possibilité de les maîtriser, de les empêcher de causer des dommages ou de porter atteinte à elles-mêmes ou à autrui.

Par mesure de précaution contre les évasions, les personnes détenues peuvent être soumises au port des menottes ou, s'il y a lieu, des entraves pendant leur transfèrement ou leur extraction, ou lorsque les circonstances ne permettent pas d'assurer efficacement leur surveillance d'une autre manière.

CHAPITRE VII. – USAGE DE LA FORCE ET DES ARMES

Section 1. – Usage de la force

Art. R. 227-1. – Les personnels de surveillance et de direction de l'administration pénitentiaire, dans le cadre de l'exercice de leurs missions, peuvent faire usage de la force envers les personnes détenues en cas de stricte nécessité et de manière proportionnée :

1° Lorsque l'usage de la force est commandé par la légitime défense dans les conditions prévues par les dispositions de l'article 122-5 du Code pénal ;

2° Lorsqu'ils ne peuvent, autrement que par l'usage de la force, empêcher une tentative d'évasion ou parvenir au rétablissement de l'ordre ;

3° Lorsqu'ils ne peuvent, autrement que par l'usage de la force, remédier à la résistance d'une ou plusieurs personnes détenues, par la violence ou par inertie physique, aux ordres qui leur ont été donnés.

Section 2. – Usage des armes

Art. R. 227-2. – Les personnels de surveillance et de direction de l'administration pénitentiaire, dans le cadre de l'exercice de leurs missions, peuvent faire usage d'armes à feu en cas d'absolue nécessité et de manière strictement proportionnée :

1° Lorsque l'usage d'armes à feu est commandé par la légitime défense dans les conditions prévues par les dispositions de l'article 122-5 du Code pénal ;

2° Lorsque, immédiatement après deux sommations adressées à haute voix, ils ne peuvent, autrement que par l'usage d'armes à feu, empêcher une tentative d'évasion depuis l'établissement pénitentiaire ;

3° Lorsque, immédiatement après deux sommations adressées à haute voix, ils ne peuvent, alors que la sécurité de l'établissement est gravement menacée, autrement que par l'usage d'armes à feu, remédier à la résistance de plusieurs personnes détenues aux ordres qui leur ont été donnés ;

4° Dans les conditions prévues aux 1° et 2° de l'article L. 435-1 du Code de la sécurité intérieure.

Sous-section 1. – Armement des personnels pénitentiaires pour l'exercice de leurs missions

Art. R. 227-3. – L'administration pénitentiaire peut acquérir, détenir et conserver des armes, des éléments d'armes et des munitions en vue de leur remise aux personnels de direction et aux personnels de surveillance pour l'exercice de leurs fonctions.

Les conditions dans lesquelles les personnels de direction et les personnels de surveillance peuvent faire usage de leurs armes sont définies par les dispositions des articles R. 227-1 et R. 227-2.

Art. R. 227-4. – Les personnels de direction et les personnels de surveillance de l'administration pénitentiaire peuvent être autorisés à porter les matériels, les armes, éléments d'armes et munitions mentionnés par les dispositions de l'article R. 311-2 du Code de la sécurité intérieure suivants :

a) 2°, 3°, 4° et 7° de la catégorie A1 ;

b) 1°, 2°, 5°, 6° et 16° de la catégorie A2 ;

c) 1°, 3°, 4°, 6°, 8°, 9° et 10° de la catégorie B et *a*, *b*, *c*, *e* et *f* du 2° de la catégorie B ;

d) 1° *b*, 6° et 8° de la catégorie C ;

e) *a*, *b* et *c* de la catégorie D.

Le garde des sceaux, ministre de la justice, détermine les types d'armes autorisés selon la nature des missions visées par les dispositions de l'article R. 227-5. Pour les armes relevant du 6° de la catégorie B et du *c* de la catégorie D, un arrêté du garde des sceaux, ministre de la justice fixe les conditions de formation des personnels qui en sont dotés, ainsi que les règles, modalités et précautions particulières d'emploi. Cet arrêté organise une procédure de recueil d'informations permettant le contrôle des données recueillies lors de l'usage de ces armes et l'évaluation des conditions de leur emploi.

Art. R. 227-5. – Les missions pour lesquelles les personnels de direction et les personnels de surveillance de l'administration pénitentiaire peuvent être autorisés à porter des armes sont :

1° La surveillance et la sécurité des personnes détenues dans des établissements pénitentiaires, l'établissement public de santé national de Fresnes et les établissements de santé habilités à recevoir des personnes détenues comportant soit des unités hospitalières sécurisées interrégionales, soit des unités hospitalières spécialement aménagées ;

2° La surveillance et la sécurité des personnes détenues faisant l'objet d'un transfèrement ou d'une extraction, lorsqu'ils sont réalisés par les personnels pénitentiaires dans les cas prévus par les dispositions réglementaires en vigueur ;

3° La surveillance et la sécurité des personnes détenues faisant l'objet d'un transfèrement international ;

4° La surveillance et la sécurité des établissements pénitentiaires, sur le domaine affecté à ces établissements ou dans ses abords immédiats et des locaux de stockage des armes ainsi que celles des unités hospitalières sécurisées interrégionales, des unités hospitalières spécialement aménagées des établissements de santé habilités à recevoir des personnes détenues et de l'établissement public de santé national de Fresnes ;

5° La protection des bâtiments abritant les administrations centrales du ministère de la justice ;

6° La garde et la sécurité des armes, des munitions, des substances explosives, des produits stupéfiants et de la monnaie fiduciaire lors de leur transport par l'administration pénitentiaire et durant les séances de formation des personnels pénitentiaires ;

7° Les missions de recherche de produits stupéfiants, de substances explosives, de monnaie fiduciaire, d'armes et de munitions réalisées par les personnels pénitentiaires des unités cynotechniques.

Art. R. 227-6. – À l'intérieur des enceintes pénitentiaires, hors des locaux de détention, les personnels de direction et les personnels de surveillance sont autorisés à porter les armes et munitions qui leur sont régulièrement remises.

Dans les locaux de détention, les agents ne sont pas armés, à moins d'un ordre exprès donné par le chef de l'établissement pénitentiaire pour une intervention précisément définie. Toutefois, sur décision expresse du chef de l'établissement et lorsque les circonstances l'exigent, les membres du personnel de direction, du corps des chefs de services pénitentiaires et du corps de commandement, les majors ou premiers surveillants peuvent être armés de générateurs d'aérosols incapacitants de catégorie D, *b*.

En dehors des établissements pénitentiaires, les personnels de direction et les personnels de surveillance peuvent être autorisés individuellement, pour l'exercice des missions mentionnées par les dispositions de l'article R. 227-5, à porter les armes et munitions qui leur ont été remises. Cette autorisation est délivrée selon les cas par le directeur de l'administration pénitentiaire, le directeur de l'Ecole nationale de l'administration pénitentiaire ou par le directeur interrégional des services pénitentiaires compétent. À tout moment, elle peut être retirée par l'autorité qui l'a délivrée.

Au sein de l'établissement public de santé national de Fresnes, des unités hospitalières sécurisées interrégionales et des unités hospitalières spécialement aménagées dans les établissements de santé les agents ne sont pas armés, sauf si le chef de l'établissement pénitentiaire de rattachement leur en donne l'ordre exprès et en l'absence d'opposition du directeur de l'établissement de santé préalablement informé.

En cas d'urgence, en vue de mettre fin à un incident isolé mettant en cause un nombre limité de personnes détenues, le chef de l'établissement pénitentiaire et le directeur de l'établissement de santé peuvent, conjointement, autoriser les personnels présents à pénétrer dans les bâtiments ou les services avec des armes adaptées à la situation. Le préfet en est informé.

Art. R. 227-7. – Les personnels de direction et les personnels de surveillance de l'administration pénitentiaire reçoivent une formation initiale au maniement des armes mentionnées par les dispositions de l'article R. 227-4.

À la suite de cette formation initiale, pour le maniement des armes des catégories A ou B, des séances d'entraînement se déroulent périodiquement. La formation reçue est attestée par un carnet de tir classé au dossier de l'agent.

Une formation spécifique au maniement de certaines des armes des catégories A ou B, qui tient compte des risques particuliers liés à leur emploi, est dispensée aux personnels qui en ont l'usage. Cette formation préalable est sanctionnée par un certificat individuel classé au dossier de l'agent, qui habilite ce dernier à porter l'arme.

Pour la tenue des séances de formation au maniement des armes et au tir, les personnels sont autorisés à transporter et à utiliser les armes et munitions mentionnées par les dispositions de l'article R. 227-4.

Sous-section 2. – Acquisition, détention, transport et conservation des armes

Art. R. 227-8. – Les armes dont la détention, le port et le transport sont autorisés en application des dispositions des articles R. 227-4 à R. 227-7 et les munitions correspondantes sont acquises et détenues par l'administration pénitentiaire.

Art. R. 227-9. – Lors de leur transport, les armes mentionnées par les dispositions de l'article R. 227-4 ne doivent pas être immédiatement utilisables soit en recourant à un dispositif technique répondant à cet objectif, soit par démontage d'une de leurs pièces de sécurité.

Le transport par la voie routière d'armes ou d'éléments d'armes classés dans ces catégories doit être effectué en utilisant des véhicules fermés à clé. Les armes et éléments d'armes de catégorie A et B doivent être placés dans des caisses cerclées ou des conteneurs cadenassés. Ils doivent rester pendant toute la durée du transport sous la garde permanente d'un personnel pénitentiaire.

Art. R. 227-10. – Lorsqu'elles ne sont pas utilisées par les personnels pour l'exercice de leurs missions, les armes et munitions des catégories A et B doivent être stockées, munitions à part, dans l'un des sites définis par instruction de service du garde des sceaux, ministre de la justice, à l'intérieur d'un coffre-fort ou d'une armoire forte au sein d'une pièce sécurisée ou à l'intérieur d'un coffre ou d'une armoire plombés au sein d'un poste protégé.

Art. R. 227-11. – Sur les sites détenant des armes, éléments d'armes et munitions, il est tenu un registre d'inventaire de ces matériels permettant leur identification.

Ce registre mentionne la catégorie, le modèle, la marque et, le cas échéant, le calibre de l'arme et son numéro, le type, le calibre et le nombre de munitions détenues.

Il est également tenu un état journalier retraçant les sorties et les réintégrations des armes et munitions figurant au registre d'inventaire. Cet état mentionne, jour par jour, l'identité de l'agent auquel l'arme et les munitions ont été remises lors de la prise de service pour l'accomplissement des missions prévues par les dispositions de l'article R. 227-5.

TITRE III. – RÉGIME DISCIPLINAIRE DES PERSONNES DÉTENUES

CHAPITRE Ier. – DISPOSITIONS GÉNÉRALES

Art. R. 231-1. – Les personnes détenues doivent obéir aux fonctionnaires ou agents ayant autorité dans l'établissement pénitentiaire en tout ce qu'ils leur prescrivent pour l'exécution des dispositions législatives ou réglementaires, du règlement intérieur défini aux articles L. 112-4 et R. 112-22, ou de toute autre instruction de service.

Art. R. 231-2. – Les dispositions du règlement intérieur, défini aux articles L. 112-4 et R. 112-22, relatives à la discipline, ainsi que le tableau des avocats inscrits dans les barreaux du département sont affichées dans le quartier disciplinaire.

Art. D. 231-3. – Aucun moyen de contrainte ne doit être employé à titre de sanction disciplinaire.

CHAPITRE II. – FAUTES DISCIPLINAIRES

Art. R. 232-1. – Tout manquement aux dispositions du règlement intérieur, défini aux articles L. 112-4 et R. 112-22, ainsi qu'au reste du présent code et au Code de procédure pénale ou aux instructions de service peut entraîner des poursuites disciplinaires et pénales.

Section 1. – Dispositions générales

Art. R. 232-2. – Les fautes disciplinaires sont classées selon leur gravité, selon les distinctions prévues par les dispositions des articles R. 232-4, R. 232-5 et R. 232-6, en trois degrés.

Art. R. 232-3. – Les faits énumérés par les dispositions des articles R. 232-4, R. 232-5 et R. 232-6 constituent des fautes disciplinaires même lorsqu'ils sont commis à l'extérieur de l'établissement pénitentiaire. En ce cas, les violences, dégradations, menaces mentionnées par les dispositions des 1°, 9° et 12° de l'article articles R. 232-4 et 9° de l'article R. 232-5 peuvent être retenues comme fautes disciplinaires, quelle que soit la qualité de la personne concernée ou du propriétaire des biens en cause.

Section 2. – Fautes disciplinaires du premier degré

Art. R. 232-4. – Constitue une faute disciplinaire du premier degré le fait, pour une personne détenue :

1° D'exercer ou de tenter d'exercer des violences physiques à l'encontre d'un membre du personnel ou d'une personne en mission ou en visite dans l'établissement ;

2° D'exercer ou de tenter d'exercer des violences physiques à l'encontre d'une personne détenue ;

3° D'opposer une résistance violente aux injonctions des personnels ;

4° D'obtenir ou de tenter d'obtenir par violence, intimidation ou contrainte la remise d'un bien, la réalisation d'un acte, un engagement, une renonciation ou un avantage quelconque ;

5° De commettre intentionnellement des actes de nature à mettre en danger la sécurité d'autrui ;

6° De provoquer par des propos ou des actes à la commission d'actes de terrorisme ou d'en faire l'apologie ;

7° De participer ou de tenter de participer à toute action collective de nature à compromettre la sécurité des établissements ou à en perturber l'ordre ;

8° De participer à une évasion ou à une tentative d'évasion ;

9° De causer ou de tenter de causer délibérément aux locaux ou au matériel affecté à l'établissement un dommage de nature à compromettre la sécurité, l'ordre ou le fonctionnement normal de celui-ci ;

10° D'introduire ou tenter d'introduire au sein de l'établissement tous objets, données stockées sur un support quelconque ou substances de nature à compromettre la sécurité des personnes ou de l'établissement, de les détenir ou d'en faire l'échange contre tout bien, produit ou service ;

11° D'introduire ou tenter d'introduire au sein de l'établissement des produits stupéfiants, ou sans autorisation médicale, des produits de substitution aux stupéfiants ou des substances psychotropes, de les fabriquer, de les détenir ou d'en faire l'échange contre tout bien, produit ou service ;

12° De proférer des insultes, des menaces ou des propos outrageants à l'encontre d'un membre du personnel de l'établissement, d'une personne en mission ou en visite au sein de l'établissement pénitentiaire ou des autorités administratives ou judiciaires ;

13° De proférer des insultes ou des menaces à l'encontre d'une personne détenue ;

14° De franchir ou tenter de franchir les grillages, barrières, murs d'enceinte et tous autres dispositifs anti-franchissement de l'établissement, d'accéder ou tenter d'accéder aux façades et aux toits de l'établissement ainsi qu'aux chemins de ronde, aux zones neutres et aux zones interdites mentionnées par le règlement intérieur, défini aux articles L. 112-4 et R. 112-22, ou instruction particulière arrêtée par le chef d'établissement ;

15° De capter, fixer ou enregistrer ou tenter de capter, fixer ou enregistrer, par quelque moyen que ce soit, des images ou des sons dans un établissement ou de diffuser ou tenter de diffuser, par quelque moyen que ce soit, des images fixées ou des sons captés dans un établissement, ou de participer à ces captation, fixation, enregistrement ou diffusion ;

16° D'inciter une personne détenue à commettre l'un des manquements énumérés par le présent article ou de lui prêter assistance à cette fin.

Section 3. – Fautes disciplinaires du deuxième degré

Art. R. 232-5. – Constitue une faute disciplinaire du deuxième degré le fait, pour une personne détenue :

1° De refuser de se soumettre à une mesure de sécurité définie par une disposition législative ou réglementaire, par le règlement intérieur de l'établissement pénitentiaire, défini aux articles L. 112-4 et R. 112-22, ou par toute autre instruction de service ou refuser d'obtempérer immédiatement aux injonctions du personnel de l'établissement ;

2° D'obtenir ou de tenter d'obtenir d'un membre du personnel de l'établissement ou d'une personne en mission au sein de l'établissement un avantage quelconque par des offres, des promesses, des dons ou des présents ;

3° De mettre en danger la sécurité d'autrui par une imprudence ou une négligence ;

4° D'imposer à la vue d'autrui des actes obscènes ou susceptibles d'offenser la pudeur ;

5° De formuler des propos outrageants ou des menaces dans les lettres adressées aux autorités administratives et judiciaires ;

6° De formuler dans les lettres adressées à des tiers des menaces, des injures ou des propos outrageants à l'encontre de toute personne ayant mission dans l'établissement ou à l'encontre des autorités administratives et judiciaires, ou de formuler dans ces lettres des menaces contre la sécurité des personnes ou de l'établissement ;

7° De se soustraire à une sanction disciplinaire prononcée à son encontre ;

8° D'enfreindre ou tenter d'enfreindre les dispositions législatives ou règlementaires, le règlement intérieur de l'établissement, défini aux articles L. 112-4 et R. 112-22, ou toute autre instruction de service applicables en matière d'introduction, de détention, de circulation, ou de sortie de sommes d'argent, correspondance, objets ou substances quelconques, hors les cas prévus par les dispositions des 10° et 11° de l'article R. 232-4 ;

9° De causer délibérément un dommage aux locaux ou au matériel affecté à l'établissement, hors le cas prévu par les dispositions du 9° de l'article R. 232-4 ;

10° De causer délibérément un dommage à la propriété d'autrui ;

11° De commettre ou tenter de commettre un vol ou toute autre atteinte frauduleuse à la propriété d'autrui ;

12° De consommer des produits stupéfiants ;

13° De consommer, sans autorisation médicale, des produits de substitution aux stupéfiants, des psychotropes ou des substances de nature à troubler le comportement ;

14° De se trouver en état d'ébriété ;

15° De provoquer un tapage de nature à troubler l'ordre de l'établissement ;

16° D'inciter une personne détenue à commettre l'un des manquements énumérés au présent article ou de lui prêter assistance à cette fin.

Section 4. – Fautes disciplinaires du troisième degré

Art. R. 232-6. – **Constitue une faute disciplinaire du troisième degré le fait, pour une personne détenue :**

1° De ne pas respecter les dispositions du règlement intérieur de l'établissement pénitentiaire, défini aux articles L. 112-4 et R. 112-22, ou les instructions particulières arrêtées par le chef de l'établissement ;

2° D'entraver ou tenter d'entraver les activités de travail, de formation, culturelles, cultuelles ou de loisirs ;

3° De communiquer irrégulièrement avec une personne détenue ou avec toute autre personne extérieure à l'établissement ;

4° De négliger de préserver ou d'entretenir la propreté de sa cellule ou des locaux communs ou de prendre soin des objets mis à disposition par l'administration ;

5° De jeter tout objet ou substance par les fenêtres de l'établissement ;

6° De faire un usage abusif ou nuisible d'objets autorisés par le règlement intérieur ;

7° De pratiquer des jeux interdits par le règlement intérieur ;

8° D'inciter une personne détenue à commettre l'un des manquements énumérés au présent article ou lui prêter assistance à cette fin.

CHAPITRE III. – SANCTIONS DISCIPLINAIRES

Art. R. 233-1. – **Peuvent être prononcées à l'encontre des personnes détenues majeures les sanctions disciplinaires suivantes :**

1° L'avertissement ;

2° L'interdiction de recevoir des subsides de l'extérieur pendant une période maximum de deux mois ;

3° La privation pendant une période maximum de deux mois de la faculté d'effectuer en cantine tout achat autre que celui de produits d'hygiène, du nécessaire de correspondance et de tabac ;

4° La privation pendant une durée maximum d'un mois de tout appareil acheté ou loué par l'intermédiaire de l'administration ;

5° La privation d'une activité culturelle, sportive ou de loisirs pour une période maximum d'un mois ;

6° L'exécution d'un travail d'intérêt collectif de nettoyage, remise en état ou entretien des cellules ou des locaux communs ; cette sanction, dont la durée globale n'excède pas 40 heures, ne peut être prononcée qu'avec le consentement préalable de la personne détenue ;

7° Le confinement en cellule individuelle ordinaire assorti, le cas échéant, de la privation de tout appareil acheté ou loué par l'intermédiaire de l'administration pendant la durée de l'exécution de la sanction ;

8° La mise en cellule disciplinaire.

Art. R. 233-2 *(Mod., D. n° 2022-655, 25 avr. 2022).* – **Les sanctions disciplinaires suivantes peuvent également être prononcées à l'encontre des personnes détenues majeures :**

1° La suspension de la décision de classement au travail ou de la participation à une formation pour une durée maximum de huit jours ;

2° Le déclassement du travail, la fin de l'affectation sur un poste de travail ou l'exclusion d'une formation ;

3° La suppression de l'accès au parloir sans dispositif de séparation pour une période maximum de quatre mois lorsque la faute a été commise au cours ou à l'occasion d'une visite.

CHAPITRE IV. – PROCÉDURE DISCIPLINAIRE

Art. R. 234-1. – Pour l'exercice de ses compétences en matière disciplinaire, le chef de l'établissement pénitentiaire peut déléguer sa signature à son adjoint, à un fonctionnaire appartenant à un corps de catégorie A ou à un membre du corps de commandement du personnel de surveillance placé sous son autorité.

Pour les décisions de confinement en cellule individuelle ordinaire, de placement en cellule disciplinaire et de suspension de l'exercice de l'activité professionnelle de la personne détenue, lorsqu'elles sont prises à titre préventif, le chef d'établissement peut en outre déléguer sa signature à un major pénitentiaire ou à un premier surveillant.

Section 1. – Commission de discipline

Sous-section 1. – Dispositions générales

Art. R. 234-2. – La commission de discipline comprend, outre le chef de l'établissement pénitentiaire ou son délégataire, président, deux membres assesseurs.

Art. R. 234-3. – Les sanctions disciplinaires sont prononcées, en commission, par le président de la commission de discipline. Les membres assesseurs ont voix consultative.

Art. R. 234-4. – Chaque membre de la commission de discipline doit exercer ses fonctions avec intégrité, dignité et impartialité et respecter le secret des délibérations.

Art. R. 234-5. – Ne peuvent être désignés pour siéger à la commission de discipline :

1° Les personnes détenues ;

2° Les conjoints, concubins, parents d'une personne détenue dans l'établissement ou toute personne liée par un pacte civil de solidarité avec une personne détenue ;

3° Les personnes titulaires d'un permis de visite afin de rencontrer une personne détenue dans l'établissement.

Sous-section 2. – Assesseurs

Art. R. 234-6. – Le président de la commission de discipline désigne les membres assesseurs.

Le premier assesseur est choisi parmi les membres du premier ou du deuxième grade du corps d'encadrement et d'application du personnel de surveillance de l'établissement.

Le second assesseur est choisi parmi des personnes extérieures à l'administration pénitentiaire qui manifestent un intérêt pour les questions relatives au fonctionnement des établissements pénitentiaires, habilitées à cette fin par le président du tribunal judiciaire territorialement compétent. La liste de ces personnes est tenue au greffe du tribunal judiciaire.

Art. R. 234-7. – Ne peuvent être inscrits sur la liste prévue par les dispositions du au troisième alinéa de l'article R. 234-6 :

1° Les personnes mineures ;

2° Les personnes en situation irrégulière au regard des dispositions relatives à l'entrée et au séjour sur le territoire national ;

3° Les personnes ayant fait l'objet depuis moins de cinq ans d'une condamnation mentionnée au bulletin n° 2 du casier judiciaire ;

4° Les personnels de l'administration pénitentiaire, de la protection judiciaire de la jeunesse et les collaborateurs occasionnels du service public pénitentiaire ;

5° Les conjoints, concubins, parents ou alliés jusqu'au degré d'oncle ou de neveu inclusivement d'un personnel de l'administration pénitentiaire ou toute personne liée par un pacte civil de solidarité avec un personnel pénitentiaire ;

6° Les magistrats de l'ordre administratif ou judiciaire en exercice ;

7° Les fonctionnaires des services judiciaires en exercice ;

8° Les avocats et les avocats au Conseil d'État et à la Cour de cassation en exercice ;

9° Les fonctionnaires des services de police et de gendarmerie en exercice.

Art. R. 234-8. – Il est dressé par le chef de l'établissement pénitentiaire un tableau de roulement désignant pour une période déterminée les assesseurs extérieurs appelés à siéger à la commission de discipline.

Art. D. 234-9. – Les assesseurs extérieurs à l'administration pénitentiaire qui siègent, conformément aux dispositions de l'article R. 234-6, dans les commissions de discipline des personnes détenues perçoivent par séance une indemnité forfaitaire, exclusive de toute autre rémunération, dont le montant est fixé par arrêté conjoint du garde des sceaux, du ministre chargé du budget et du ministre chargé de la fonction publique, annexé au présent code.

Art. D. 234-10. – Chaque assesseur extérieur ne peut participer à plus de 200 séances de commission de discipline par an.

Art. D. 234-11. – L'habilitation des assesseurs extérieurs est délivrée ou retirée par le président du tribunal judiciaire dans les conditions prévues par les dispositions des articles D. 249 et D. 250 du Code de procédure pénale.

Section 2. – Poursuite disciplinaire

Art. R. 234-12. – En cas de manquement à la discipline de nature à justifier une sanction disciplinaire, un compte rendu est établi dans les plus brefs délais par l'agent présent lors de l'incident ou informé de ce dernier. L'auteur de ce compte rendu ne peut siéger en commission de discipline.

Art. R. 234-13. – À la suite de ce compte rendu d'incident, un rapport est établi par un membre du personnel de commandement du personnel de surveillance, un major pénitentiaire ou un premier surveillant et adressé au chef de l'établissement pénitentiaire. Ce rapport comporte tout élément d'information utile sur les circonstances des faits reprochés à la personne détenue et sur la personnalité de celle-ci. L'auteur de ce rapport ne peut siéger en commission de discipline.

Art. R. 234-14. – Le chef de l'établissement pénitentiaire ou son délégataire apprécie, au vu des rapports et après s'être fait communiquer, le cas échéant, tout élément d'information complémentaire, l'opportunité de poursuivre la procédure. Les poursuites disciplinaires ne peuvent être exercées plus de six mois après la découverte des faits reprochés à la personne détenue.

Art. R. 234-15. – En cas d'engagement des poursuites disciplinaires, les faits reprochés ainsi que leur qualification juridique sont portés à la connaissance de la personne détenue.

La personne détenue est informée de la date et de l'heure de sa comparution devant la commission de discipline ainsi que du délai dont elle dispose pour préparer sa défense. Ce délai ne peut être inférieur à vingt-quatre heures.

Art. R. 234-16. – Chaque personne détenue dispose de la faculté de se faire assister par un avocat de son choix ou par un avocat désigné par le bâtonnier de l'ordre des avocats et peut bénéficier à cet effet de l'aide juridique.

Art. R. 234-17. – La personne détenue, ou son avocat, peut consulter l'ensemble des pièces de la procédure disciplinaire, sous réserve que cette consultation ne porte pas atteinte à la sécurité publique ou à celle des personnes.

L'avocat, ou la personne détenue si elle n'est pas assistée d'un avocat, peut également demander à prendre connaissance de tout élément utile à l'exercice des droits de la défense existant, précisément désigné, dont l'administration pénitentiaire dispose dans l'exercice de sa mission et relatif aux faits visés par la procédure disciplinaire, sous réserve que sa consultation ne porte pas atteinte à la sécurité publique ou à celle des personnes. L'autorité compétente répond à la demande d'accès dans un délai maximal de sept jours ou, en tout état de cause, en temps utile pour permettre à la personne de préparer sa défense. Si l'administration pénitentiaire fait droit à la demande, l'élément est versé au dossier de la procédure.

La demande mentionnée à l'alinéa précédent peut porter sur les données de vidéoprotection, à condition que celles-ci n'aient pas été effacées, dans les conditions fixées par un arrêté du garde des sceaux, ministre de la justice, au moment de son enregistrement. L'administration pénitentiaire accomplit toute diligence raisonnable pour assurer la conservation des données avant leur effacement.

Par dérogation aux dispositions de l'alinéa précédent, l'administration répond à la demande d'accès dans un délai maximal de quarante-huit heures.

Les données de la vidéoprotection visionnées font l'objet d'une transcription dans un rapport versé au dossier de la procédure disciplinaire.

Art. R. 234-18. – La personne détenue intéressée est convoquée par écrit devant la commission de discipline. La convocation lui rappelle les droits qui sont les siens en application des articles R. 234-15 à R. 234-17.

Art. R. 234-19. – En application de l'article L. 231-2, le chef de l'établissement pénitentiaire ou son délégataire peut, à titre préventif et sans attendre la réunion de la commission de discipline, décider le confinement en cellule individuelle ordinaire ou le placement en cellule disciplinaire d'une personne détenue, si les faits constituent une faute du premier ou du deuxième degré et si la mesure est l'unique moyen de mettre fin à la faute ou de préserver l'ordre à l'intérieur de l'établissement.

Art. R. 234-20. – La durée du confinement en cellule individuelle ordinaire ou du placement en cellule disciplinaire, prononcés à titre préventif, est limitée au strict nécessaire et ne peut excéder deux jours ouvrables.

Le délai de computation du placement préventif commence à courir le lendemain du jour du placement en prévention. Il expire le deuxième jour suivant le placement en prévention, à vingt-quatre heures. Le délai qui expirerait un samedi, un dimanche ou un jour férié ou chômé est prorogé jusqu'au premier jour ouvrable suivant.

Art. R. 234-21. – La durée effectuée en confinement ou en cellule disciplinaire à titre préventif s'impute sur celle d'une sanction à exécuter lorsqu'est prononcée à l'encontre de la personne détenue la sanction de confinement en cellule individuelle ordinaire ou la sanction de placement en cellule disciplinaire.

Art. R. 234-22. – Le placement préventif d'une personne détenue en confinement ou en cellule disciplinaire s'exécute dans les conditions prévues par les dispositions des articles R. 235-2 à R. 235-4, R. 235-6, R. 235-8, R. 235-10 et R. 235-11.

Art. R. 234-23. – Lorsque la faute reprochée à la personne détenue a été commise au cours ou à l'occasion de l'emploi qu'elle occupe, le chef de l'établissement pénitentiaire ou son délégataire peut, à titre préventif et sans attendre la réunion de la commission de discipline, décider de suspendre l'exercice de l'activité professionnelle de cette personne jusqu'à sa comparution devant la commission de discipline, si cette mesure est l'unique moyen de mettre fin à la faute, de faire cesser le trouble occasionné au bon déroulement des activités de travail ou d'assurer la sécurité des personnes ou de l'établissement.

Art. R. 234-24. – La durée de la suspension à titre décidée en application de l'article R. 234-23 préventif est limitée au strict nécessaire et ne peut excéder huit jours ouvrables pour les personnes majeures. Le délai de computation de la suspension à titre préventif commence à courir le lendemain du prononcé de la suspension. Il expire le huitième jour suivant le prononcé de la suspension à vingt-quatre heures. Le délai qui expirerait un samedi, un dimanche ou un jour férié ou chômé est prorogé jusqu'au premier jour ouvrable suivant.

Art. R. 234-25. – La durée de la suspension effectuée à titre préventif s'impute sur celle de la sanction à exécuter lorsqu'est prononcée à l'encontre d'une personne détenue la sanction de suspension d'emploi.

Art. R. 234-26. – Lors de sa comparution devant la commission de discipline, la personne détenue présente ses observations. Elle est, le cas échéant, assistée par un avocat.

Si la personne détenue ne comprend pas la langue française, n'est pas en mesure de s'exprimer dans cette langue ou si elle est dans l'incapacité physique de communiquer, ses explications sont présentées, dans la mesure du possible, par l'intermédiaire d'un interprète désigné par le chef de l'établissement pénitentiaire.

Art. R. 234-27. – La décision sur la sanction disciplinaire est prononcée en présence de la personne détenue. Elle lui est notifiée par écrit sans délai et doit comporter, outre l'indication de ses motifs, le rappel des dispositions de l'article R. 234-43.

Art. R. 234-28. – La sanction ne peut être mise à exécution plus de six mois après son prononcé sous réserve des règles applicables en matière de sursis et de suspension définies par les dispositions des articles R. 234-35 à R. 234-42.

Art. R. 234-29. – Dans le délai de cinq jours à compter de la décision prononçant une sanction disciplinaire à l'encontre d'une personne détenue, le chef de l'établissement pénitentiaire transmet une copie de la décision, d'une part, au directeur interrégional des services pénitentiaires et, d'autre part, au juge de l'application des peines ou, le cas échéant, au magistrat chargé du dossier de la procédure sous le contrôle duquel la personne détenue est placée.

Art. R. 234-30. – Les sanctions disciplinaires prononcées sont inscrites sur un registre tenu sous l'autorité du chef de l'établissement pénitentiaire. Ce registre est présenté aux autorités administratives et judiciaires lors de leurs visites de contrôle ou d'inspection.

Les sanctions de mise en cellule disciplinaire sont, en outre, inscrites sur le registre du quartier disciplinaire tenu sous l'autorité du chef d'établissement. Ce registre est présenté aux autorités administratives et judiciaires lors de leurs visites de contrôle ou d'inspection.

Art. R. 234-31. – La liste des personnes détenues placées en confinement en cellule individuelle ordinaire et de celles présentes au quartier disciplinaire est communiquée quotidiennement à l'équipe médicale. Le médecin examine sur place chaque personne détenue au moins deux fois par semaine et aussi souvent qu'il l'estime nécessaire. La sanction est suspendue si le médecin constate que son exécution est de nature à compromettre la santé de la personne intéressée.

Section 3. – Prononcé des sanctions

Art. R. 234-32. – Le président de la commission de discipline prononce celles des sanctions qui lui paraissent proportionnées à la gravité des faits et adaptées à la personnalité de leur auteur. Les sanctions collectives sont prohibées.

Art. R. 234-33. – Le président de la commission de discipline peut, pour une même faute, prononcer l'une des sanctions prévues par les dispositions des articles R. 233-1 et R. 233-2. Il peut également compléter une sanction prévue par les dispositions de l'article R. 233-1 par une sanction prévue par les dispositions de l'article R. 233-2.

Art. R. 234-34. – Lorsque la commission de discipline est amenée à se prononcer le même jour sur plusieurs fautes commises par une personne détenue majeure, et sauf décision contraire de son président, les durées des sanctions prononcées se cumulent. Toutefois, lorsque les sanctions sont de même nature, leur durée cumulée ne peut excéder la limite du maximum prévu pour la faute la plus grave. Pour l'application de cette disposition, sont réputés de même nature :

1° Le confinement en cellule individuelle ordinaire et le placement en cellule disciplinaire ;

2° La privation de la faculté d'effectuer des achats en cantine et l'interdiction de recevoir des subsides ;

3° La privation de tout appareil acheté ou loué par l'intermédiaire de l'administration et la privation d'activités culturelles, sportives ou de loisirs.

Art. R. 234-35. – Le président de la commission de discipline peut accorder le bénéfice du sursis pour tout ou partie de l'exécution de la sanction disciplinaire soit lors du prononcé de celle-ci, soit au cours de son exécution.

Art. R. 234-36. – Lorsqu'il octroie le bénéfice du sursis, le président de la commission de discipline fixe un délai de suspension de la sanction sans que celui-ci puisse excéder six mois. Il appelle l'attention de la personne détenue sur les conséquences du sursis telles qu'elles sont réglées par les dispositions des articles R. 234-37 et R. 234-38.

Art. R. 234-37. – Si, au cours du délai de suspension de la sanction, une personne détenue commet une nouvelle faute donnant lieu à une sanction, quels que soient la nature ou le degré de cette faute, le sursis est, sauf décision contraire du président de la commission, révoqué de plein droit. La première sanction est alors exécutée cumulativement avec celle afférente à la seconde faute.

Toutefois, lorsque les deux sanctions sont de même nature, leur durée cumulée ne peut excéder la limite du maximum prévu, pour la faute la plus grave, par les dispositions des articles R. 233-1, R. 233-2, R. 235-5 et R. 235-12. Pour l'application de cette disposition, sont réputés de même nature :

1° Le confinement en cellule individuelle ordinaire et le placement en cellule disciplinaire ;

2° La privation de la faculté d'effectuer des achats en cantine et l'interdiction de recevoir des subsides ;

3° La privation de tout appareil acheté ou loué par l'intermédiaire de l'administration et la privation ou la restriction d'une activité culturelle, sportive ou de loisirs ;

En tout état de cause, la sanction de mise en cellule disciplinaire s'exécute préalablement à toute autre sanction.

Art. R. 234-38. – Si, au cours du délai de suspension de la sanction, la personne détenue n'a commis aucune faute disciplinaire donnant lieu à une sanction, la sanction assortie du sursis est réputée non avenue. Il en est fait mention sur le registre prévu par les dispositions du premier alinéa de l'article R. 234-30.

Art. R. 234-39. – Lorsqu'il ordonne le sursis à exécution de l'une des sanctions prévues par les dispositions des 7° et 8° de l'article R. 233-1, le président de la commission de discipline peut décider que la personne détenue intéressée doit accomplir, pendant tout ou partie du délai de suspension de la sanction, des travaux d'intérêt collectif pour une durée globale n'excédant pas quarante heures.

Le consentement de la personne détenue doit être préalablement recueilli.

Les dispositions des articles R. 234-35 à R. 234-38 et R. 234-40 sont, pour le surplus, applicables au sursis ordonné dans les conditions prévues au présent article.

Art. R. 234-40. – Le sursis peut être révoqué en tout ou en partie, en cas d'inexécution totale ou partielle du travail ordonné. L'inexécution doit être constatée par l'autorité disciplinaire sur rapport d'un membre du personnel, la personne détenue ayant été préalablement entendue.

Art. R. 234-41. – Le chef de l'établissement pénitentiaire ou son délégataire peut, lors du prononcé ou au cours de l'exécution de la sanction, dispenser la personne détenue de tout ou partie de son exécution soit en raison de la bonne conduite de la personne intéressée, soit à l'occasion d'une fête légale ou d'un événement national, soit pour suivre une formation ou pour passer un examen, soit pour lui permettre de suivre un traitement médical.

Il peut, pour les mêmes motifs, lors du prononcé ou au cours de l'exécution de la sanction, décider d'en suspendre ou d'en fractionner l'exécution.

Art. R. 234-42. – Lorsque la période de suspension excède six mois, la sanction ne peut plus être ramenée à exécution.

Section 4. – Voies de recours

Art. R. 234-43. – Une personne détenue qui entend contester la sanction prononcée à son encontre par le président de la commission de discipline doit, dans le délai de quinze jours à compter du jour de la notification de la décision, la déférer au directeur interrégional des services pénitentiaires préalablement à tout recours contentieux. Le directeur interrégional dispose d'un délai d'un mois à compter de la réception du recours pour répondre par décision motivée. L'absence de réponse dans ce délai vaut décision de rejet.

CHAPITRE V. – EXÉCUTION DES SANCTIONS DISCIPLINAIRES

Section 1. – Dispositions générales

Art. R. 235-1. – Chaque personne détenue en confinement en cellule individuelle ordinaire ou placée en cellule disciplinaire conserve la faculté de demander une audience ou un entretien auprès des personnels de l'établissement ou du service pénitentiaire d'insertion et de probation.

Elle peut conserver les livres, articles d'enseignement, nécessaire de correspondance et objets de pratique religieuse qu'elle avait en sa possession avant la sanction disciplinaire, sauf si ces objets présentent un risque pour les personnes.

Elle se voit proposer un choix de livres, journaux et périodiques du fonds documentaire de la médiathèque de l'établissement et peut continuer à recevoir les journaux, revues et publications auxquels elle était abonnée avant le prononcé de la sanction.

Elle conserve les produits et objets de toilette nécessaires à son hygiène quotidienne, les vêtements qu'elle porte habituellement, le tabac et les objets liés à son usage tels qu'allumettes et papier à cigarette. Cependant, les objets et vêtements laissés habituellement aux personnes détenues peuvent lui être retirés pour des motifs de sécurité.

Section 2. – Confinement en cellule ordinaire

Art. R. 235-2. – Le confinement en cellule prévu par les dispositions du 7° de l'article R. 233-1 emporte le placement de la personne détenue dans une cellule ordinaire qu'elle occupe seule.

Art. R. 235-3. – Le confinement en cellule emporte, pendant toute sa durée, la suspension de la faculté d'effectuer en cantine tout achat autre que celui de produits d'hygiène, du nécessaire de correspondance et de tabac ainsi que la suspension de l'accès aux activités, sous réserve des dispositions de l'article R. 235-4.

Art. R. 235-4. – La personne confinée en cellule bénéficie d'au moins une heure quotidienne de promenade à l'air libre. La sanction de confinement en cellule n'entraîne aucune restriction à son droit de correspondance écrite et de communication téléphonique ni à son droit de recevoir des visites. Elle conserve la possibilité d'assister aux offices religieux.

Art. R. 235-5. – La durée du confinement en cellule ne peut excéder vingt jours pour une faute du premier degré, quatorze jours pour une faute du deuxième degré et sept jours pour une faute du troisième degré.

Cette durée peut être portée à trente jours lorsque :

1° Les faits commis constituent une des fautes prévues par les dispositions des 1°, 2° et 3° de l'article R. 232-4 ;

2° Les fautes prévues par les dispositions des 4° et 7° de l'article R. 232-4 ont été commises avec violence physique contre les personnes.

Section 3. – Mise en cellule disciplinaire

Art. R. 235-6. – La mise en cellule disciplinaire prévue par les dispositions du 8° de l'article R. 233-1 consiste dans le placement de la personne détenue dans une cellule aménagée à cet effet et qu'elle doit occuper seule.

Art. R. 235-7. – Dès son arrivée au quartier disciplinaire, la personne détenue est reçue dans le cadre d'un entretien d'accueil par un personnel d'encadrement. À cette occasion, une copie des dispositions du règlement intérieur, défini aux articles L. 112-4 et R. 112-22, relatives à la discipline ainsi qu'une brochure lui rappelant ses droits et obligations lui sont remises.

Art. R. 235-8. – La sanction de cellule disciplinaire emporte pendant toute sa durée la suspension de la faculté d'effectuer en cantine tout achat autre que l'achat de produits d'hygiène, du nécessaire de correspondance et de tabac ainsi que la suspension de l'accès aux activités, sous réserve des dispositions de l'article R. 235-10.

Art. R. 235-9. – L'accès à un poste radiophonique est proposé à la personne détenue placée en cellule disciplinaire. Les briquets personnels sont interdits en cellule disciplinaire.

Les effets personnels sont limités aux besoins quotidiens du séjour au quartier disciplinaire. Le change des vêtements personnels est assuré régulièrement pour permettre à la personne détenue de se maintenir dans un état d'hygiène satisfaisant.

Art. R. 235-10. – Les personnes placées en cellule disciplinaire bénéficient d'au moins une heure quotidienne de promenade individuelle dans une cour dédiée à cet effet.

La sanction de cellule disciplinaire n'emporte aucune restriction pour les personnes détenues à leur droit de correspondance écrite.

Elles conservent la faculté d'effectuer des appels téléphoniques au cours de l'exécution de leur sanction. Toutefois, cette faculté est limitée à un appel téléphonique par période de sept jours ou à un appel si la sanction prononcée est inférieure à sept jours.

Elles peuvent rencontrer leur avocat, leur représentant consulaire, le Défenseur des droits et ses délégués, le Contrôleur général des lieux de privation de liberté et ses contrôleurs, les membres de l'équipe médicale, les personnels pénitentiaires et l'aumônier du culte de leur choix.

Elles conservent la faculté de rencontrer les titulaires de permis de visite ou le visiteur de prison en charge de leur suivi, une fois par semaine.

Art. R. 235-11. – Sous réserve des dispositions prévues par les dispositions du 3° de l'article R. 233-2, les titulaires de permis de visite rencontrent la personne placée en cellule disciplinaire dans un parloir sans dispositif de séparation.

Toutefois, dans les cas prévus par les dispositions de l'article R. 341-13, le chef de l'établissement pénitentiaire peut décider que les visites auront lieu dans un parloir avec dispositif de séparation.

Art. R. 235-12. – La durée de la mise en cellule disciplinaire ne peut excéder vingt jours pour une faute disciplinaire du premier degré, quatorze jours pour une faute disciplinaire du deuxième degré et sept jours pour une faute disciplinaire du troisième degré.

Cette durée peut être portée à trente jours lorsque :

1° Les faits commis constituent une des fautes prévues par les dispositions des 1°, 2° et 3° de l'article R. 232-4 ;

2° Les fautes prévues par les dispositions des 4° et 7° de l'article R. 232-4 ont été commises avec violence physique contre les personnes.

TITRE IV. – TRAITEMENT DE DONNÉES À CARACTÈRE PERSONNEL RELATIF À LA GESTION NATIONALE DES PERSONNES DÉTENUES EN ÉTABLISSEMENT PÉNITENTIAIRE (GENESIS)

Art. R. 240-1. – Est autorisée la création par le ministère de la justice d'un traitement automatisé de données à caractère personnel dénommé gestion nationale des personnes détenues en établissement pénitentiaire (GENESIS).

Ce traitement a pour finalité l'exécution des sentences pénales et des décisions de justice s'y rattachant, la gestion de la détention des personnes placées sous main de justice et écrouées ainsi que la sécurité des personnes détenues et des personnels et la mise en œuvre dans les meilleures conditions d'efficacité et de coordination de l'ensemble des actions relatives au parcours de la personne détenue.

À cet effet, le traitement permet :

1° La mise à exécution par le greffe pénitentiaire des décisions judiciaires ordonnant une détention et la gestion des formalités d'écrou ;

2° La prise en charge des personnes détenues afin de faciliter la mise en œuvre du parcours de détention, la prévention des comportements à risques, la tenue de la commission pluridisciplinaire unique de l'établissement pénitentiaire ainsi que la gestion des requêtes, des audiences, des rendez-vous, des visites et du courrier des personnes détenues ;

3° La gestion du compte nominatif des personnes détenues ;

4° La gestion de l'effectif, des procédures disciplinaires, des fouilles, de l'isolement, des consignes et des régimes de détention ;

5° La gestion de l'individualisation de la peine et de la réinsertion des personnes placées sous main de justice dans le cadre des missions de prévention et de lutte contre la récidive par les agents du service pénitentiaire d'insertion et de probation et du service de la protection judiciaire de la jeunesse ;

6° La mise en œuvre des activités de réinsertion dans les domaines socioculturel et sportif, du travail, de l'enseignement et de la formation professionnelle ;

7° La détermination du lieu d'affectation des personnes détenues.

Le traitement permet également la gestion des contentieux entre l'administration pénitentiaire et les personnes placées sous main de justice ou leurs ayants droit ainsi que le recueil et l'analyse de l'ensemble des informations utiles à la sécurité des établissements et services pénitentiaires.

Art. R. 240-2. – Le traitement peut enregistrer des données à caractère personnel de la nature de celles mentionnées par les dispositions du I de l'article 6 de la loi n° 78-17 du 6 janvier 1978 relative à l'informatique, aux fichiers et aux libertés, dans la stricte mesure où cet enregistrement est nécessaire aux finalités assignées audit traitement.

Art. R. 240-3. – Peuvent être enregistrées dans le traitement automatisé les informations et les données à caractère personnel suivantes :

1° Concernant l'identité des personnes détenues :

a) Identité : photographie d'identité numérisée, le traitement ne pouvant comporter de dispositif de reconnaissance faciale à partir de la photographie numérisée, état civil, nom de naissance, nom d'usage, prénoms, alias, sexe, numéro d'écrou courant, numéro d'écrou initial, date de naissance, lieu de naissance, nationalité, numéro et date de délivrance de la pièce d'identité, autorité de délivrance, ville et pays de délivrance à l'étranger, signalement ;

b) Filiation : nom et prénoms du père et de la mère, identité des enfants en détention ;

c) Situation familiale : célibataire, marié, veuf, concubin, personne liée par un pacte civil de solidarité, divorcé, séparé, nombre d'enfants y compris en détention, date de naissance des enfants en détention ; détenteur de l'autorité parentale pour les mineurs, enfant laissé à la garde de l'autorité parentale, déchéance de l'autorité parentale, nombre de frères et sœurs, place dans la fratrie ;

d) Logement : adresse avant le placement en détention ; lieux d'assignation à résidence ; noms, prénoms, qualité, lieu de résidence de la personne qui reçoit le permissionnaire ; coordonnées téléphoniques ;

e) Formation : niveau d'étude et de formation, diplômes, avec les distinctions suivantes : langues parlées, niveau d'instruction, communication orale en français, lieu de scolarité, niveau d'arrêt de la scolarité, diplôme le plus élevé, lit et écrit dans une autre langue, comportement face à un écrit en français, aptitude à l'écriture du français, test lecture population pénale, observations ; par indication oui ou non : scolarisé au moment du placement en détention ;

f) Vie professionnelle : profession avant le placement en détention, militaire, formation professionnelle, qualification professionnelle, type de contrat de travail avant l'écrou, durée du dernier emploi, expérience, contrat d'apprentissage, validation des acquis de l'expérience en cours, cours par correspondance ;

2° Concernant la situation pénale de la personne détenue :

a) Situation pénale : criminelle, correctionnelle, désignation de la juridiction et nom du magistrat référent, nature de la décision et contenu de la décision, date de signification et de notification, mode et moyen de signification, date de libération, infractions commises, mode de participation, état de récidive, numéro de parquet, numéro d'instruction, numéro d'affaire pénale, amnistie, grâce, réduction au maximum légal, voies de recours ;

b) Fiche pénale synthétique : nature des décisions et résumés, date de début et fin de peine, crédit de réduction de peine, date de fin de la période de sûreté ;

c) Procédures ou condamnations pénales sans détention ;

d) Mesures complémentaires prononcées par les autorités judiciaires : par indication oui ou non : inscription au fichier national des empreintes génétiques (FNAEG) lors de la détention, y compris la date de prélèvement ou de refus de prélèvement, par indication oui ou non : inscription au fichier judiciaire national automatisé des auteurs d'infractions sexuelles ou violentes (FIJAIS), y compris la date d'inscription, mesures de suivi socio-judiciaire, d'interdiction de séjour, d'annulation ou suspension du permis de conduire, de déchéance de l'autorité parentale, d'interdiction des droits civiques, civils et de famille, d'interdiction temporaire ou définitive du territoire français, procédure d'extradition, contrainte judiciaire ;

e) Personnes détenues particulièrement signalées (DPS) : dates de transmission de la demande d'inscription au répertoire des DPS, de la demande de maintien au répertoire des DPS, de transmission de la demande de retrait au répertoire des DPS, de transmission de la décision interministérielle d'inscription au répertoire des DPS, de la décision interministérielle de maintien au répertoire des DPS, de transmission de la décision interministérielle de retrait au répertoire des DPS ;

3° Concernant la prise en charge pluridisciplinaire de la personne détenue :

a) Suivi de la commission pluridisciplinaire unique : objet de la commission, commentaire préalable, synthèse, nom du rédacteur, date et objet de la réunion de la commission, actions et suivis, historique ;

b) Thème de la commission pluridisciplinaire unique : nouvel arrivant, prévention du suicide, personne sans ressource suffisante, activités, parcours d'exécution de peine, régimes différenciés, dangerosité/vulnérabilité ;

c) Entretien avec les services médicaux, sous la forme d'indication oui/non/ne se prononce pas : antécédents placement SMPR (services médicaux psychologiques régionaux), antécédents placement

UMD (unités pour malades difficiles), antécédents hospitalisation d'office, nécessite un suivi somatique, suivi psychologique ou psychiatrique antérieur ou en cours, régime alimentaire particulier, grève de la faim ou de la soif, prescription d'une douche médicale, automutilations graves, fumeur, addictions, aptitude au sport, aptitude au travail ;

d) Entretien avec le service pénitentiaire d'insertion et de probation ou avec le service de la protection judiciaire de la jeunesse : nom du conseiller référent, avis général, relations avec la famille, relations avec l'extérieur, situation administrative, vécu face au délit et à la peine ;

e) Entretien avec le service de l'éducation nationale : scolarisé au moment du placement en détention, lieu de scolarité, niveau d'arrêt de la scolarité, diplôme le plus élevé, formation professionnelle adulte, lit et écrit dans une autre langue, aptitude à l'écriture du français, test lecture population pénale, observations ;

f) Pré-repérage de l'illettrisme : communication orale en français, comportement face à un écrit en français ;

4° Concernant les risques de suicide de la personne détenue :

a) Facteurs familiaux, sociaux et économiques : absence de soutien ; éloignement familial ; deuil récent d'un proche ; perte/séparation dans l'enfance ; perte de logement ; situation irrégulière ; rupture conjugale ; placement récent des enfants ; perte d'emploi ; maltraitance parentale, négligence, victime d'abus physique ou sexuel ;

b) Facteurs relatifs à la situation judiciaire et pénitentiaire : atteinte aux personnes, première détention, incidents disciplinaires en détention, rupture d'aménagement de peine ou de contrôle judiciaire, événement judiciaire, notice individuelle ;

c) Facteurs sanitaires : antécédents de tentatives de suicide, antécédents familiaux de suicide ou de tentatives de suicide, addictions, signale des antécédents psychiatriques, antécédents d'automutilations, signale un problème de santé nécessitant des soins, handicap ;

d) Comportement : semble manifestement délirant, en état de choc, dépressif, anxieux, triste, agressif ; se déclare spontanément suicidaire ;

e) Évaluation de l'urgence : souffre au point de penser à se tuer ; flash, idées précises, brèves ou diffuses ; suicide envisagé comme possibilité ; idées fréquentes et quotidiennes ; solution principale ; acte dans un délai supérieur ou inférieur à quarante-huit heures ; acte dans un délai immédiat ;

f) Moyens envisagés : connaissance du moyen ; accessibilité immédiate du moyen ;

g) Mesures à prendre et durée : mise sous surveillance spéciale pour risque suicidaire, recommandation pour le placement en cellule, rendez-vous en unité de soins, favoriser l'activité travail, contact à prendre avec indication du service à contacter ; entretien conseillé avec indication du service ;

5° Concernant les risques de suicide de la personne mineure détenue :

a) Facteurs familiaux, sociaux et économiques : absence de soutien familial ; éloignement familial ; deuil récent d'un proche ; perte/séparation dans l'enfance ; rupture de scolarité ou de formation ; rupture sentimentale ; interdiction de séjour ; situation irrégulière ; perte d'emploi ; maltraitance parentale, négligence, victime d'abus physique ou sexuel ; existence d'enfants ;

b) Facteurs liés à la situation judiciaire et pénitentiaire : atteinte aux personnes ; première détention ;

c) Mandat de dépôt criminel ; mandat de dépôt correctionnel ; incidents disciplinaires en détention en tant qu'auteur ou victime, rupture d'aménagement de peine ou de contrôle judiciaire, mention particulière dans la notice individuelle ;

d) Facteurs sanitaires : antécédents de tentative de suicide, antécédents familiaux de suicide ou de tentative de suicide, addictions, signale des antécédents psychiatriques, antécédents d'automutilation, signale un problème de santé nécessitant des soins, handicap ;

e) Comportement : présente un état de prostration ou d'agitation ; ressent un sentiment de honte, de culpabilité ;

f) Évaluation de l'urgence : se déclare spontanément suicidaire ; souffre au point de penser à se suicider ; à orienter vers l'unité sanitaire en milieu pénitentiaire ou vers les services médicaux psychologiques régionaux ;

g) Moyens envisagés : connaissance du moyen ; accessibilité immédiate du moyen ;

h) Mesures à prendre et durée : mise sous surveillance spéciale pour risque suicidaire, rendez-vous en unité de soins, diversifier les activités, contact à prendre avec indication de la personne à contacter ; entretien conseillé avec indication du service ;

6° Concernant la dangerosité et la vulnérabilité de la personne détenue : sous la forme d'indication oui/ non/ ne se prononce pas :

a) Facteurs relatifs à la situation judiciaire : procédure correctionnelle ; procédure criminelle, viol, agression sexuelle ; violences graves aux personnes ; actes de tortures ou de barbarie ; assassinat, meurtre et tentative ; criminalité organisée ; terrorisme ;

b) Facteurs en rapport avec les antécédents pénitentiaires : a fait l'objet de détentions antérieures ; a eu une peine de détention avant 18 ans ; agressions physiques graves sur des personnes codétenues ; agressions physiques graves sur des personnels ; évasion ou tentative avec une complicité extérieure ; criminalité ; signalement de l'état-major de sécurité ; classé DPS ;

c) Facteurs sanitaires : addictions (alcool, médicaments psychotropes, drogues) ; suivi psychologique ou psychiatrique antérieur ou en cours ; placement antérieur en SMPR (services médicaux psychologiques régionaux) ; placement d'office antérieur ; placement antérieur en UMD (unités pour malades difficiles) ; tentatives de suicides ; automutilations graves ;

d) Facteurs sociaux : instabilité dans l'emploi avant placement en détention ; instabilité dans le logement ; absence de visites ; nie les faits objets de la condamnation ou de la détention provisoire ; accepte la détention ;

e) Facteurs relatifs à la vulnérabilité : handicap physique ; régime de protection (tutelle, curatelle) ; profession ciblée en détention (police, justice, politique) ; victime de violence en détention ; affaire médiatisée ; crime sur enfant ;

f) Facteurs complémentaires : procédure d'éloignement du territoire ; demande d'extradition ; soutien financier extérieur ;

7° Décisions du chef de l'établissement pénitentiaireconcernant une personne détenue : ensemble des décisions, par thème et par période ;

8° Concernant la détention de la personne détenue :

a) Consignes judiciaires, médicales ou pénitentiaires : prescription des autorités judiciaires, des services médicaux ou pénitentiaires, ou demande particulière de la personne détenue ; mentions particulières relatives à certaines personnes détenues, régimes alimentaires spécifiques ;

b) Affectation en cellule : décision d'affectation de la personne détenue, historique des décisions d'affectation en cellule, avis de placement en cellule, par indication oui ou non : mention dans le recueil de sécurité de l'établissement de la personne détenue ; localisation dans l'établissement, cellule d'affectation de la personne détenue, identité des personnes codétenues, description des mutations de cellule, désignation des personnes qui décident de l'affectation des personnes détenues ; demande de la personne détenue d'être seule ou de ne pas être seule en cellule ; nom et prénom de l'auteur de la décision, nom et prénom du rédacteur ;

c) Isolement : type de saisine, durée, motif du placement initial ou de la prolongation, autorité ayant pris la décision, nom de l'auteur et date de la décision ;

d) Observations : consignation des observations des personnels pénitentiaires, des agents de la protection judiciaire de la jeunesse, des membres de la commission pluridisciplinaire unique, des personnels de santé, de l'éducation nationale, ainsi que des agents des groupements privés chargés de missions de service public dans le cadre de la gestion déléguée ou de la mise en œuvre d'activités, spécialement habilités par le chef de l'établissement pénitentiaire ;

e) Fouilles des locaux et des personnes détenues : planification et rapports ;

f) Vestiaires : liste des effets personnels non autorisés en détention ;

g) Activités sportives, socioculturelles, d'enseignement, de formation professionnelle, d'insertion professionnelle et de travail des personnes détenues en établissement : désignation des activités, planification, suivi et évaluation des activités, désignation des contractants et des intervenants ;

h) Audience/rendez-vous/convocation/entretien : date, thème, personnes présentes, compte rendu ;

i) Gestion des requêtes : demande d'accès à une activité ou à une formation, demande de rendez-vous avec les services médicaux, sans précision du motif, demande de l'état du compte, par indication oui ou non : souhait de rencontrer un représentant pour l'exercice d'un culte ;

j) Gestion des correspondances postales : informations sur certains expéditeurs et destinataires des courriers postaux pour la mise en œuvre du Code de procédure pénale ;

k) Procédure contradictoire : date de convocation, de débat, de mise en œuvre et de décision, débat, motivation, décision ;

l) Procédure disciplinaire : mention d'antécédents disciplinaires, type d'antécédents ; numéro d'affaire pénitentiaire, type de faute, date de l'événement, description des faits, rapports d'enquête et d'incident, représentation par avocat référent commis d'office ou rémunéré, argumentation en défense, décisions de la commission de discipline ;

m) Commission d'application des peines : date de la commission d'application des peines, mesures d'individualisation de la peine et modalités d'aménagement ainsi que nom de l'auteur de la décision, crédit de réduction de peine, réduction de peine supplémentaire, conditionnelle ou exceptionnelle ; permissions de sortir ; obligations mises à la charge de la personne condamnée ; recours ;

n) Gestion des visites : désignation des personnes ayant obtenu un permis de visite, désignation de l'autorité qui accorde le droit de visite, jours et heures des visites, désignation des locaux de visite et des personnes chargées de la surveillance de ces locaux ;

o) Modalités d'entrée et de sortie : désignation du mouvement d'entrée/sortie, destination, date prévue et réelle d'entrée/sortie, levée d'écrou, extradition, transfert, translation judiciaire, escorte, évasion, décès, personnes prenant en charge la personne détenue lors des transfèrements ou extractions ou des hospitalisations ou des permissions de sortir : noms, prénoms, qualité, lieu de résidence de la personne qui reçoit le permissionnaire, et autorités administratives informées de ces sorties ou mesures, date de comparution devant la commission d'expulsion, mesure d'éloignement, durée d'interdiction du territoire français, date de l'arrêté d'expulsion, d'abrogation ou de relève, assigné à résidence, lieux d'assignation à résidence ;

9° Concernant la gestion du compte nominatif de la personne détenue :

a) Montant du dépôt, liste des bijoux et valeurs ; gestion des cantines et des achats extérieurs ; liste et répartition des recettes, liste et montant des dépenses, liste des achats ;

b) Saisies des éléments de paie et éléments de rémunération ;

c) Gestion des droits sociaux de la personne détenue : numéro d'inscription au répertoire national des personnes physiques, complémentaire mutuelle ;

d) Gestion des livrets d'épargne ouverts durant la détention, numéro du livret d'épargne, liste des mouvements sur le livret d'épargne ;

e) Gestion des condamnations pécuniaires et éléments des titres exécutoires : informations relatives aux montants des prélèvements obligatoires et versements volontaires effectués ; nom, prénoms, informations bancaires relatives aux bénéficiaires ;

f) Opération comptable, montant part disponible, montant pécule libération, montant parties civiles ;

g) Compto bijoux : avoir bijoux, description, quantité ;

h) Cantine : bons de cantines, montant total, dates de commande et de livraison ;

i) Achat extérieur : désignation des produits, montant total, dates de commande et de livraison, nom des fournisseurs ;

j) Blocage : désignation de la demande, date, montant ;

k) Éléments de rémunération : date de début, de fin et de travail, nombre de jours et d'heures travaillés, montant de rémunération ;

10° Concernant les magistrats : noms, prénoms, auteur de la décision ;

11° Concernant les avocats :

a) Nom, prénoms ;

b) Nom du barreau auquel l'avocat est rattaché, adresse postale du cabinet, adresse de messagerie électronique, numéro de téléphone et numéro de télécopie du cabinet ;

12° Concernant les intervenants en détention :

a) Nom, prénom, fonction ;

b) Numéro de téléphone, adresse de messagerie électronique ;

13° Concernant les personnes à prévenir en cas d'incident :

a) Nom, prénom, lien avec la personne détenue ;

b) Adresse, coordonnées téléphoniques ;

14° Concernant les personnes ayant obtenu un permis de visite :

a) Nom, prénom, sexe, date et lieu de naissance, nationalité, lien avec la personne détenue ;

b) Type et numéro du document d'identité, autorité ayant délivré le document d'identité, date de validité ;

c) Profession ;

d) Désignation de l'autorité qui accorde le droit de visite, jours et heures des visites ;

15° Concernant les personnels mentionnés par les dispositions de l'article R. 240-5 : identifiant, informations relatives aux consultations, créations, modifications ou suppressions de données.

Art. R. 240-4. – Les informations et données à caractère personnel sont conservées deux ans à compter de la date de levée d'écrou, uniquement accessibles, selon les distinctions mentionnées par les dispositions de l'article R. 240-5, aux personnels habilités de la direction de l'administration pénitentiaire et des directions interrégionales des services pénitentiaires, aux personnels en charge du greffe, aux personnels en charge de la régie des comptes nominatifs et aux personnels en charge de l'encadrement.

Tous dossiers contentieux mettant en cause la responsabilité de l'administration pénitentiaire ou engagés à l'encontre de ses agents ont pour effet la suspension des délais de conservation des informations et données à caractère personnel relatives à la personne détenue intéressée ainsi qu'aux personnes détenues ayant partagé sa cellule dans le mois du fait à l'origine du contentieux, jusqu'à l'extinction des voies de recours.

Art. R. 240-5. – Les personnes ou catégorie de personnes qui, à raison de leurs fonctions ou pour les besoins du service, peuvent directement accéder aux informations et données à caractère personnel enregistrées dans le traitement et strictement nécessaires à l'exercice de leurs attributions sont :

1° Les autorités judiciaires ainsi que les agents du greffe chargés de les assister, individuellement désignés et spécialement habilités à cet effet par les chefs de juridiction, dans le cadre de la mise à exécution des décisions judiciaires ordonnant un placement en détention ;

2° Les personnels habilités de la direction de l'administration pénitentiaire et des directions interrégionales des services pénitentiaires ;

3° Les membres de la commission pluridisciplinaire unique ;

4° Les membres de la commission de l'application des peines ;

5° Les personnels pénitentiaires en charge du greffe, individuellement désignés et spécialement habilités par le chef de l'établissement pénitentiaire, dans le cadre de la mise à exécution des décisions judiciaires ordonnant un placement en détention et de la gestion des formalités d'écrou ;

6° Les personnels en charge de la régie des comptes nominatifs, individuellement désignés et spécialement habilités par le chef de l'établissement, dans le cadre de la gestion du compte nominatif, des requêtes et observations ;

7° Les personnels pénitentiaires en charge de l'encadrement, individuellement désignés et dûment habilités par le chef d'établissement dans le cadre :

a) De la mise à exécution des décisions judiciaires ordonnant un placement en détention et la gestion des formalités d'écrou ;

b) De la mise en œuvre du parcours de détention, la prévention des comportements à risques, de la tenue de la commission pluridisciplinaire unique de l'établissement pénitentiaire ainsi que de la gestion des requêtes, des observations, des audiences, des rendez-vous, des visites et du courrier des personnes détenues ;

c) De la gestion de l'effectif, des procédures disciplinaires, des fouilles, de l'isolement, des consignes, des régimes de détention ;

d) De l'information des personnes détenues concernant les opérations comptables ;

e) De la mise en œuvre des activités de réinsertion dans les domaines socioculturel et sportif, du travail, de l'enseignement et de la formation professionnelle ;

8° Les personnels pénitentiaires en charge de fonctions de surveillance, individuellement désignés et spécialement habilités par le chef de l'établissement, dans le cadre :

a) De la gestion de la détention, des visites, des vestiaires, de l'effectif, des procédures disciplinaires, des fouilles, de l'isolement, des consignes, des régimes de détention ;

b) De la mise en œuvre du parcours de détention, la prévention des comportements à risques, de la gestion des requêtes, des observations, des audiences, des rendez-vous et du courrier des personnes détenues ;

c) De l'information des personnes détenues concernant les opérations comptables ;

d) De la mise en œuvre des activités de réinsertion dans les domaines socioculturel et sportif, du travail, de l'enseignement et de la formation professionnelle ;

9° Les agents du service pénitentiaire d'insertion et de probation, individuellement désignés et spécialement habilités par le chef de l'établissement dans le cadre :

a) De la mise en œuvre du parcours de détention, la prévention des comportements à risques, de la tenue de la commission pluridisciplinaire unique de l'établissement pénitentiaire ainsi que la gestion des requêtes, des observations, des audiences, des rendez-vous ;

b) De la tenue de la commission de l'application des peines ;

c) De la gestion de l'individualisation de la peine et de la réinsertion de la personne détenue ;

d) De la mise en œuvre des activités de réinsertion dans les domaines socioculturel et sportif, du travail, de l'enseignement et de la formation professionnelle ;

10° Les agents des services déconcentrés du secteur public de la protection judiciaire de la jeunesse, individuellement désignés et spécialement habilités par le chef de l'établissement dans le cadre :

a) De la mise en œuvre du parcours de détention, la prévention des comportements à risques, de la tenue de la commission pluridisciplinaire unique de l'établissement pénitentiaire ainsi que la gestion des requêtes, des observations, des audiences, des rendez-vous ;

b) De la tenue de la commission de l'application des peines ;

c) De la gestion de l'individualisation de la peine et de la réinsertion de la personne détenue ;

d) De la mise en œuvre des activités de réinsertion dans les domaines socioculturel et sportif, du travail, de l'enseignement et de la formation professionnelle ;

11° Les agents de l'éducation nationale, individuellement désignés et spécialement habilités par le chef de l'établissement dans le cadre :

a) De la mise en œuvre des activités de réinsertion dans les domaines de l'enseignement et de la formation professionnelle ;

b) De la gestion des requêtes et observations ;

12° Les personnels des groupements privés agissant dans le cadre de la gestion déléguée, individuellement désignés et spécialement habilités par le chef de l'établissement dans le cadre :

a) De la mise en œuvre des activités de réinsertion dans les domaines socioculturel et sportif, du travail et de la formation professionnelle ;

b) De la gestion de l'entretien et de la maintenance des établissements ;

c) De la gestion des requêtes et observations ;

d) De la gestion des cantines et achats extérieurs de la personne détenue ;

e) Des activités d'hôtellerie et de restauration ;

f) De la gestion des visites ;

13° Les personnels des entreprises privées agissant dans le cadre de la gestion d'activités, individuellement désignés et spécialement habilités par le chef de l'établissement dans le cadre :

a) De la mise en œuvre des activités de réinsertion dans les domaines socioculturel et sportif, du travail et de la formation professionnelle ;

b) De la gestion des requêtes et observations ;

14° Les personnels sanitaires des unités sanitaires en milieu pénitentiaire (USMP), des services médicaux psychologiques régionaux (SMPR), des unités hospitalières sécurisées interrégionales (UHSI), des unités hospitalières spécialement aménagées (UHSA) et de l'établissement public de santé national de Fresnes, individuellement désignés et spécialement habilités par le chef de l'établissement dans le cadre de la mise en œuvre du parcours de détention, de la prévention des comportements à risques, de la tenue de la commission pluridisciplinaire unique de l'établissement pénitentiaire ainsi que de la gestion des requêtes, des observations, des audiences et des rendez-vous ;

15° Les magistrats et personnels de la direction des affaires criminelles et des grâces individuellement désignés et dûment habilités, dans le cadre de la mise à exécution des décisions judiciaires ordonnant un placement en détention.

Art. R. 240-6. – Peuvent être destinataires dans le cadre de leurs attributions, dans la limite du besoin d'en connaître et dans les conditions définies ci-après, des informations et données à caractère personnel contenues dans le traitement :

1° Les autorités judiciaires ainsi que les agents individuellement désignés et spécialement habilités par le chef de juridiction, pour les données suivantes : identité ; compte rendu de la commission pluridisciplinaire unique ; gestion des condamnations pécuniaires et éléments des titres exécutoires ; procédure disciplinaire, isolement et visites ;

2° Le préfet de département dans lequel se situe l'établissement pénitentiaire :

a) Pour l'ensemble des personnes détenues, en ce qui concerne les informations nécessaires à la mise en œuvre des mesures de garde et d'escorte ;

b) Pour toute personne de nationalité étrangère faisant ou pouvant faire l'objet d'une mesure d'éloignement, en ce qui concerne les informations relatives à l'identité, la filiation, la catégorie pénale, le nombre de titres d'identité, le type de procédure, la situation de famille, l'adresse en France et à l'étranger et la date de libération de cette personne ;

c) Pour les éléments de signalisation relatifs à la personne détenue et les renseignements concernant le déroulement des permissions de sortir, y compris l'identité de la personne accueillant le permissionnaire ;

3° L'avocat de la personne détenue, pour les informations relatives aux procédures disciplinaires, contradictoires, et à l'isolement ;

4° Les assesseurs, pour les informations relatives aux procédures disciplinaires ;

5° Les maires, dans le cadre des modifications de l'état civil et des démarches administratives des personnes détenues, en ce qui concerne les informations relatives à l'identité et au lieu de détention ;

6° Les autorités de la police nationale et de la gendarmerie nationale :

a) Du lieu de détention et du lieu où doit se dérouler une permission de sortir, pour les éléments de signalisation relatifs à la personne détenue et les renseignements concernant le déroulement de la mesure, y compris l'identité de la personne accueillant le permissionnaire ;

b) Chargées des prélèvements biologiques destinés à permettre l'identification par les empreintes génétiques en application de l'article 706-56 du Code de procédure pénale ;

7° Les personnels individuellement désignés et spécialement habilités relevant de l'autorité militaire, en ce qui concerne les informations relatives à l'identité, la filiation, la catégorie pénale, le lieu de détention et la date de libération de tout militaire ;

8° Le service du casier judiciaire national pour les dates de l'expiration des peines privatives de liberté et d'exécution des contraintes judiciaires ;

9° Les personnels individuellement désignés et spécialement habilités relevant de l'organisme chargé du service national territorialement compétent, en ce qui concerne les informations relatives à l'identité, la filiation, le lieu de détention et la date de libération, pour tout Français âgé de seize à vingt-cinq ans ;

10° Les consulats et ambassades dans le cadre des démarches administratives des personnes détenues étrangères et dans les conditions prévues par les conventions internationales, en ce qui concerne les informations relatives à l'identité et au lieu de détention ;

11° Les juridictions étrangères et les gouvernements étrangers dans le cadre de la procédure d'extradition, d'un mandat d'arrêt européen ou d'une remise temporaire ainsi que pour les consignes judiciaires, médicales ou pénitentiaires ;

12° Les agents de Pôle emploi ainsi que, pour les jeunes majeurs de moins de 26 ans, les missions locales, dans le cadre du retour à l'emploi des personnes détenues, pour les informations suivantes : nom, prénom, numéro d'écrou, catégorie administrative du quartier d'affectation, document d'identité et date de validité, date prévisible de permission de sortir, de libération ou d'aménagement de peine ;

13° La Banque de France, pour la tenue du livret et des comptes bancaires de la personne détenue ainsi que le paiement des créances ;

14° Le titulaire de l'autorité parentale, pour les informations relatives à la mise sous écrou du mineur dont ils ont la charge, en ce qui concerne les données enregistrées au titre de la gestion du compte nominatif et de la mise en œuvre des activités de réinsertion, ainsi que les informations relatives aux procédures disciplinaires ;

15° Les directeurs régionaux des finances publiques, dans le cadre de leur mission de recette et de contrôle de la régie des comptes nominatifs, en ce qui concerne les données enregistrées au titre de la gestion du compte nominatif ;

16° Les services des douanes, dans le cadre de leurs actions de recouvrement, en ce qui concerne les informations relatives à l'identité et au lieu de détention ;

17° Les hôpitaux de rattachement des unités sanitaires en milieu pénitentiaire (USMP), des services médicaux psychologiques régionaux (SMPR), des unités hospitalières sécurisées interrégionales (UHSI), des unités hospitalières spécialement aménagées (UHSA) et de l'établissement public de santé national de Fresnes, en ce qui concerne les informations relatives à l'identité, sexe, numéro d'écrou, numéro de sécurité sociale, lieu de détention, dans le cadre de la distribution de médicaments ;

18° Les services de sécurité sociale, dans le cadre de l'affiliation obligatoire aux assurances maladie et maternité du régime général de la sécurité sociale et des versements d'indemnités journalières, pour les informations suivantes : nom, prénom, nationalité, date et lieu de naissance, situation familiale, numéro d'inscription au répertoire national des personnes physiques, situation irrégulière, adresse avant placement en détention, lieu de détention ;

19° Les caisses d'allocations familiales, pour les informations suivantes : nom, prénom, nationalité, date et lieu de naissance, situation familiale, adresse avant placement en détention, lieu de détention :

a) Pour le versement des allocations à la personne qui assume la charge effective et permanente de l'enfant ;

b) Pour le versement d'allocations aux personnes bénéficiaires ;

20° Les organismes de formation, pour les informations suivantes : nom, prénom, profession avant le placement en détention, formation professionnelle, qualification professionnelle, type de contrat de travail avant l'écrou, durée du dernier emploi, expérience, contrat d'apprentissage, validation des acquis de l'expérience en cours ;

21° Les institutions de retraite et organismes de prévoyance, pour les informations suivantes : nom, prénom, nationalité, date et lieu de naissance, situation familiale, adresse avant placement en détention, lieu de détention :

a) Dans le cadre de la déclaration annuelle des données sociales ;

b) Dans le cadre du versement des retraites.

Art. R. 240-7. – Conformément aux dispositions des articles 104 à 106 de la loi n° 78-17 du 6 janvier 1978 relative à l'informatique, aux fichiers et aux libertés, les droits d'information, d'accès, de rectification, d'effacement et de limitation des données s'exercent directement auprès du chef de l'établissement pénitentiaire.

Les droits d'accès, de rectification et d'effacement peuvent faire l'objet de restrictions en application des dispositions des 2° et 3° du II et du III de l'article 107 de la même loi, lorsqu'ils portent sur les données suivantes :

1° Dates prévues des transferts et extractions ;

2° Prescriptions d'origine judiciaire ou pénitentiaire relatives à la prise en charge et au régime de détention de la personne détenue ;

3° Désignation des locaux de l'établissement ;

4° Description des mouvements des personnes détenues.

La personne soumise à ces restrictions exerce ses droits auprès de la Commission nationale de l'informatique et des libertés dans les conditions prévues par les dispositions de l'article 108 de la même loi.

Art. R. 240-8. – Le droit d'opposition prévu par les dispositions de l'article 110 de la loi n° 78-17 du 6 janvier 1978 ne s'applique pas au présent traitement.

Art. R. 240-9. – Les consultations, créations, modifications ou suppressions de données font l'objet d'un enregistrement comprenant l'identifiant de leur auteur ainsi que la date, l'heure et l'objet de l'opération. Ces informations sont conservées pendant un délai de trois ans.

LIVRE III

DROITS ET OBLIGATIONS DES PERSONNES DÉTENUES

TITRE Ier. – ACCÈS AU DROIT

CHAPITRE Ier. – ACCÈS À L'INFORMATION

Section 1. – Dispositions générales

Art. R. 311-1. – Le règlement intérieur de l'établissement pénitentiaire, défini aux articles L. 112-4 et R. 112-22, est tenu à la disposition des personnes détenues qui en font la demande.

Art. R. 311-2. – Il est délivré à chaque personne détenue qui en fait la demande, au cours de sa détention, au moment de sa libération, ou après sa libération, un certificat attestant sa présence ou la durée de sa présence en établissement pénitentiaire sans en préciser le motif. Le certificat mentionne, s'il y a lieu, l'affiliation de la personne intéressée à la sécurité sociale et ne comporte aucune appréciation sur elle.

Art. R. 311-3. – Toute personne détenue a le droit de consulter, dans un local permettant d'en garantir la confidentialité, les documents mentionnant le motif de son écrou, déposés, dès son arrivée ou en cours de détention, au greffe de l'établissement pénitentiaire.

Art. R. 311-4. – Le greffe de l'établissement pénitentiaire tient une notice sur laquelle sont inscrites la nature de chaque document mentionné par les dispositions des articles R. 311-3 et R. 331-1 ainsi que les dates de sa remise, de sa consultation et de sa restitution par la personne détenue.

Art. R. 311-5. – Le chef de l'établissement pénitentiaire et le personnel assurent par les moyens les plus appropriés l'information des personnes détenues et recueillent les observations et suggestions que celles-ci présentent.

Section 2. – Notifications aux personnes détenues

Sous-section 1. – Par le chef de l'établissement pénitentiaire

Art. D. 311-6. – Conformément aux dispositions de l'article D. 46-2 du Code de procédure pénale, la notification valant signification mentionnée à l'article L. 311-2 peut être réalisée par tout fonctionnaire placé sous l'autorité du chef de l'établissement pénitentiaire et désigné par lui à cette fin.

Art. D. 311-7. – Conformément aux dispositions des articles D. 49-81-2 et D. 49-81-4 du Code de procédure pénale, lorsqu'est mise en œuvre la procédure prévue par les dispositions de l'article 720-5 du

même code relative à l'exécution d'une période de sûreté assortissant une condamnation pour actes de terrorisme, le chef de l'établissement pénitentiaire notifie à la personne condamnée intéressée l'avis rendu par la commission, ainsi que les conclusions du collège d'experts médicaux, mentionnés à ce même article.

Art. D. 311-8. – Lorsqu'une personne prévenue est entendue par le juge des libertés et de la détention au moyen d'un dispositif de télécommunication audiovisuelle, le chef de l'établissement pénitentiaire reçoit, par télécopie ou par un moyen de communication électronique, l'ordonnance prise par ce magistrat et la notifie à la personne intéressée selon les formes prévues par les dispositions de l'article D. 47-12-4 du Code de procédure pénale.

Sous-section 2. – Par le greffe

Art. R. 311-9. – Dans les conditions et selon les formes prévues par les dispositions de l'article R. 632-5 du Code de l'entrée et du séjour des étrangers et du droit d'asile, le greffe de l'établissement pénitentiaire remet à chaque personne détenue de nationalité étrangère convoquée devant la commission d'expulsion le bulletin de notification prévu par les dispositions de l'article R. 632-3 du même code.

Art. R. 311-10. – Les reproductions des copies de pièces ou actes d'une procédure d'instruction que l'avocat d'une personne détenue transmet à cette dernière en application des dispositions de l'article 114 du Code de procédure pénale doivent être adressées au greffe de l'établissement pénitentiaire par envoi recommandé avec demande d'avis de réception ou par remise directe contre récépissé.

Art. R. 311-11. – Dans les trois jours ouvrables suivant la réception des documents, le greffe de l'établissement pénitentiaire les remet à la personne détenue intéressée après lui avoir donné connaissance des dispositions du sixième alinéa de l'article 114 et de l'article 114-1 du Code de procédure pénale. La personne détenue atteste par écrit avoir pris connaissance de ces dispositions.

Cette attestation ainsi que la notification écrite de remise des pièces à la personne détenue sont transmises dans les meilleurs délais au juge d'instruction et à l'avocat de la personne intéressée.

Art. R. 311-12. – Par dérogation aux dispositions de l'article R. 311-11, le juge d'instruction saisi d'une demande de remise de reproductions à une partie, en application des dispositions de l'article 114 du Code de procédure pénale, peut subordonner l'autorisation de remise à la condition que ces documents soient conservés au greffe de l'établissement pénitentiaire sous réserve du droit de la personne détenue de les consulter selon les modalités définies par les dispositions de l'article R. 311-13.

Cette décision est notifiée à l'avocat conformément aux dispositions de l'article 114 du Code de procédure pénale.

Le juge d'instruction en informe sans délai l'établissement pénitentiaire. En outre, même lorsque le juge d'instruction n'a pas prescrit de conditions particulières de remise des pièces, les documents sont conservés au greffe de l'établissement pénitentiaire lorsque la personne détenue le demande et après qu'elle les a consultés.

Art. R. 311-13. – Lorsqu'il a été fait application des dispositions de l'article R. 311-12, la personne détenue peut à tout moment solliciter la consultation des reproductions des pièces ou actes de la procédure d'instruction auprès du chef de l'établissement pénitentiaire. Ce dernier organise cette consultation dans les trois jours ouvrables suivant la demande, sous réserve des exigences du bon fonctionnement de l'établissement pénitentiaire.

La consultation est organisée dans un local permettant d'en garantir la confidentialité. À l'issue de la consultation, les documents sont restitués au greffe de l'établissement.

Ces documents sont remis à la personne détenue à sa libération. Ils lui sont également restitués lorsque l'information est définitivement terminée.

CHAPITRE II. – POINTS D'ACCÈS AU DROIT ET DOMICILIATION

Art. R. 312-1. – Des dispositifs d'accès au droit sous forme de permanences et de consultations juridiques gratuites, dénommés « points d'accès au droit », sont mis en place au sein des établissements pénitentiaires par les conseils départementaux de l'accès au droit en concertation avec les chefs d'établissement pénitentiaire et les directeurs des services pénitentiaires d'insertion et de probation.

Art. R. 312-2. – Ces permanences et consultations visent à répondre à toute demande d'information juridique de la part des personnes détenues, à l'exception de celles relatives à l'affaire pénale pour laquelle la personne est détenue, à l'exécution de sa peine ou pour laquelle un avocat est déjà saisi.

CHAPITRE III. – GARANTIE DES DROITS DE LA DÉFENSE

Section 1. – Représentation

Art. R. 313-1. – Lorsqu'il est envisagé de prendre une décision individuelle défavorable à la personne détenue qui doit être motivée conformément aux dispositions des articles L. 211-2 et L. 211-3 du Code des relations entre le public et l'administration, la personne détenue peut se faire représenter ou assister par un conseil ou, dans les conditions prévues par les dispositions des articles R. 313-2 à R. 313-8 et R. 313-11 et à l'exception des décisions intervenant en matière disciplinaire ou en matière d'isolement, par un mandataire de son choix.

Art. R. 313-2. – Pour l'application des dispositions de l'article L. 122-1 du Code des relations entre le public et l'administration aux décisions mentionnées par les dispositions de l'article R. 313-1, la personne détenue dispose d'un délai pour préparer ses observations qui ne peut être inférieur à trois heures à partir du moment où elle est mise en mesure de consulter les éléments de la procédure, en présence de son avocat ou du mandataire agréé, si elle en fait la demande.

L'autorité compétente peut décider de ne pas communiquer à la personne détenue, à son avocat ou au mandataire agréé les informations ou documents en sa possession qui contiennent des éléments pouvant porter atteinte à la sécurité des personnes ou des établissements pénitentiaires.

Art. R. 313-3. – Le mandataire prévu par les dispositions de l'article L. 122-1 du Code des relations entre le public et l'administration peut être :

1° Soit le titulaire d'un permis de visite ;
2° Soit le titulaire d'un agrément préalable.

Art. R. 313-4. – Pour l'exécution du mandat qui lui a été donné par la personne détenue, le mandataire peut demander la délivrance de la copie des pièces qui ont été communiquées à cette dernière.

Art. R. 313-5. – Toute personne peut solliciter la délivrance de l'agrément mentionné par les dispositions de l'article R. 313-3 si elle remplit les conditions suivantes :

1° Ne pas être détenue ;
2° Jouir de ses droits civils et politiques ;
3° Ne pas avoir fait l'objet d'une condamnation, incapacité ou déchéance mentionnée sur le bulletin n° 2 du casier judiciaire ;
4° Ne pas exercer une activité professionnelle, à quelque titre que ce soit, au sein d'un service relevant du ministère de la justice ;
5° S'il s'agit d'une personne de nationalité étrangère, être en situation régulière sur le territoire français.

Art. R. 313-6. – Le directeur interrégional des services pénitentiaires est l'autorité compétente pour se prononcer sur la demande d'agrément, sur proposition du chef d'établissement pénitentiaire qui procède à son instruction et veille notamment à ce que celle-ci n'ait pas pour but de contourner les règles régissant l'exercice des droits de visite. Le directeur interrégional des services pénitentiaires peut, préalablement à la délivrance de l'agrément, faire diligenter une enquête administrative dans les conditions prévues par les dispositions du décret n° 2005-1124 du 6 septembre 2005.

Lorsqu'il a été choisi par une personne placée en détention provisoire, le mandataire agréé doit solliciter également la délivrance de l'autorisation prévue par les dispositions de l'article 145-4 du Code de procédure pénale.

Art. R. 313-7. – L'agrément est valable pour une période de deux ans, renouvelable, et permet à son titulaire d'exécuter dans les conditions prévues par les dispositions de l'article R. 313-11 des missions d'assistance ou de représentation qui lui sont confiées par des personnes détenues dans un ou plusieurs établissements pénitentiaires relevant d'une même direction interrégionale.

Un mandataire, préalablement bénéficiaire d'un agrément en cours de validité, peut, à sa demande, être autorisé par le directeur interrégional des services pénitentiaires d'une autre région pénitentiaire à accomplir des missions d'assistance ou de représentation, dans les conditions prévues par les dispositions de l'article R. 313-11, dans un ou plusieurs établissements pénitentiaires situés dans son ressort. Cette autorisation est valable dans le ou les établissements désignés, jusqu'à la date d'expiration de l'agrément en cours.

Art. R. 313-8. – Le directeur interrégional des services pénitentiaires est tenu de retirer l'agrément lorsque le procureur de la République en fait la demande écrite.

Il peut en outre retirer l'agrément par décision motivée prise au vu d'un rapport du chef de l'établissement pénitentiaire, notamment en cas de manquement par un mandataire aux règles relatives à la sécurité et au bon ordre de l'établissement.

En cas d'urgence et pour des motifs graves, le chef d'établissement peut suspendre provisoirement l'agrément du mandataire, dans l'attente de la décision du directeur interrégional. La durée de suspension provisoire ne peut excéder deux mois.

Art. D. 313-9. – Pour l'exercice du choix de leur défenseur par les personnes détenues, le tableau des avocats inscrits dans les barreaux du département est affiché au greffe de l'établissement pénitentiaire et tenu à la disposition des personnes détenues.

Section 2. – Confidentialité des échanges

Art. R. 313-10. – La confidentialité des entretiens des personnes détenues avec les officiers publics ou ministériels et les auxiliaires de justice est assurée lorsque le procureur de la République atteste que la nature des intérêts en cause justifie le secret de la communication. Cette attestation est jointe à la demande de permis de communiquer.

Art. R. 313-11. – L'agrément du mandataire emporte le bénéfice de la confidentialité des entretiens et de la correspondance entre le mandataire agréé et la personne détenue qui l'a désigné ainsi que l'attribution au mandataire d'un titre d'accès à la détention pour l'exercice de sa mission.

Art. R. 313-12. – Les personnes prévenues s'entretiennent avec leur avocat dans un parloir spécial garantissant la confidentialité de l'échange. Elles correspondent avec lui, de manière confidentielle, par téléphone et par courrier.

Art. D. 313-13. – Conformément aux dispositions de l'article D. 594-3 du Code de procédure pénale, les entretiens en lien direct avec un interrogatoire ou une audience et qui interviennent dans les locaux des établissements pénitentiaires entre une personne détenue et son avocat se tiennent dans des conditions qui en garantissent la confidentialité.

Section 3. – Relations des personnes détenues avec leur avocat

Art. R. 313-14. – Pour les personnes condamnées, le permis de communiquer est délivré aux avocats :

1° Par le juge de l'application des peines ou son greffier pour l'application des dispositions des articles 712-6, 712-7 et 712-8 du Code de procédure pénale ;

2° Par le chef de l'établissement pénitentiaire dans les autres cas.

Pour les personnes prévenues, le permis est délivré aux avocats par le magistrat chargé du dossier de la procédure.

Art. R. 313-15. – La communication se fait verbalement ou par écrit. Aucune sanction ni mesure ne peut supprimer ou restreindre la libre communication de la personne détenue avec son conseil.

Art. R. 313-16. – Le contrôle ou la retenue des correspondances entre les personnes détenues et leur conseil ne peut intervenir s'il peut être constaté sans équivoque que celles-ci sont réellement destinées au conseil ou proviennent de lui.

Art. D. 313-17. – Conformément aux dispositions de l'article D. 56 du Code de procédure pénale, l'interdiction temporaire de communiquer à laquelle les personnes détenues peuvent être soumises en application des dispositions de l'article 145-4 du même code ne s'applique pas à l'avocat des personnes prévenues.

CHAPITRE IV. – REQUÊTES ET PLAINTES AUPRÈS DU CHEF DE L'ÉTABLISSEMENT PÉNITENTIAIRE

Art. R. 314-1. – Toute personne détenue peut présenter des requêtes ou des plaintes au chef de l'établissement pénitentiaire qui lui accorde audience si elle invoque un motif suffisant.

CHAPITRE V. – ACCÈS AU JUGE

Section 1. – Dispositions générales

Art. D. 315-1. – Après utilisation d'un moyen de télécommunication audiovisuelle pour la comparution des personnes détenues depuis l'établissement pénitentiaire en application des dispositions de l'article 706-71 du Code de procédure pénale, un relevé de constatations techniques est dressé et signé par un fonctionnaire pénitentiaire désigné par le chef de l'établissement, sous la forme d'un procès-verbal, dans les conditions prévues par les dispositions de l'article D. 47-12-6 du même code.

Sous-section 1. – Recours administratifs

Art. R. 315-2. – Toute personne détenue à laquelle une décision administrative a fait grief peut former, conformément aux dispositions des articles L. 411-1 à L. 411-7 du Code des relations entre le public et l'administration, un recours hiérarchique :

1° Auprès du directeur interrégional des services pénitentiaires si la décision émane du chef de l'établissement pénitentiaire ;

2° Auprès du garde des sceaux, ministre de la justice, si la décision émane du directeur interrégional des services pénitentiaires.

Ce recours n'est pas suspensif.

Sous-section 2. – Modalités des recours par l'intermédiaire du chef de l'établissement pénitentiaire

Art. R. 315-3. – Conformément aux dispositions combinées des articles R. 776-19 et R. 776-31 du Code de justice administrative, les personnes détenues de nationalité étrangère demandant au tribunal administratif l'annulation d'une décision portant obligation de quitter le territoire français, d'une décision relative au délai de départ volontaire, d'une interdiction de retour sur le territoire français, d'une décision fixant le pays de renvoi ou d'une décision d'assignation à résidence peuvent déposer leur requête auprès du chef de l'établissement pénitentiaire, qui transmet la requête sans délai et par tous moyens au président du tribunal administratif.

Art. R. 315-4. – Les conditions dans lesquelles les personnes détenues peuvent présenter, à l'appui d'une demande qui peut être formée par remise au chef de l'établissement pénitentiaire, une question prioritaire de constitutionnalité sont déterminées par les dispositions de l'article R.* 49-24 du Code de procédure pénale.

Art. D. 315-5. – La déclaration d'appel formée par une personne détenue en application des dispositions de l'article 503 du Code de procédure pénale est transmise par le chef de l'établissement pénitentiaire au greffe de la juridiction ayant rendu la décision attaquée dans le délai prévu par les dispositions de l'article D. 45-26 du même code.

Art. D. 315-6. – Conformément aux dispositions de l'article D. 49-11 du Code de procédure pénale, les personnes détenues peuvent déposer une requête tendant au prononcé ou à la modification d'une mesure relevant de la compétence du juge ou du tribunal de l'application des peines, au moyen d'une déclaration auprès du chef de l'établissement pénitentiaire, dans les conditions prévues par les dispositions de l'article 148-7 du même code.

Section 2. – Dispositions applicables aux personnes prévenues

Art. D. 315-7. – Les personnes prévenues peuvent déposer une requête tendant à l'examen de l'ensemble de la procédure par la chambre de l'instruction au moyen d'une déclaration auprès du chef de l'établissement pénitentiaire, dans les conditions prévues par les dispositions de l'article D. 43-4 du Code de procédure pénale, et sont informées de la décision de la chambre de l'instruction par le chef de l'établissement, selon les formes prévues par les dispositions du même article.

Section 3. – Recours judiciaire visant à garantir le droit au respect de la dignité en détention

Art. R. 315-8. – Conformément aux dispositions de l'article R. 249-18 du Code de procédure pénale, le chef de l'établissement pénitentiaire prend toutes dispositions pour informer les personnes détenues de la possibilité de former un recours sur le fondement de l'article 803-8 du même code, tendant à ce qu'il soit mis fin à des conditions de détention contraires à la dignité de la personne humaine.

Art. R. 315-9. – Les personnes détenues peuvent, au moyen d'une déclaration auprès du chef de l'établissement pénitentiaire :

1° Former le recours judiciaire prévu par les dispositions de l'article 803-8 du Code de procédure pénale, dans les conditions et selon les formes prévues par les dispositions des articles R. 249-19 et R. 249-20 du même code ;

2° Interjeter appel d'une décision prise en application des dispositions de l'article 803-8 du même code, dans les conditions et selon les formes prévues par les dispositions de l'article 503 du même code.

Art. R. 315-10. – Pour l'application des dispositions de l'article 803-8 du Code de procédure pénale, les règles relatives à la compétence et aux modalités de saisine du juge, à la recevabilité de la requête et à l'examen des conditions de détention, à la décision sur le bien-fondé de la requête et à la mise œuvre de mesures correctives par l'administration pénitentiaire, à la décision du juge, à l'audition du requérant et aux voies de recours sont fixées par les dispositions des articles R. 249-17 à R. 249-41 du même code.

Si le juge compétent estime recevable la requête, il demande au chef de l'établissement pénitentiaire de lui transmettre des observations écrites et toute pièce permettant d'apprécier les conditions de détention, conformément aux dispositions de l'article R. 249-23 du même code :

Si le juge compétent estime que la requête est fondée :

1° L'administration pénitentiaire prend toute mesure qui lui parait appropriée pour mettre fin aux conditions de détention en cause, conformément aux dispositions de l'article R. 249-28 du Code de procédure pénale ;

2° Si le juge considère qu'il n'a pas été mis fin aux conditions indignes de détention par l'administration pénitentiaire, il prend l'une des décisions prévues par les 1° à 3° du II de l'article 803-8 du même code, dans les conditions prévues par les dispositions des articles R. 249-32 et R. 249-33 du même code.

TITRE II. – HYGIÈNE, SANTÉ ET PROTECTION SOCIALE

CHAPITRE Ier. – MESURES D'HYGIÈNE

Section 1. – Salubrité et propreté des locaux de détention

Art. R. 321-1. – Chaque personne est détenue dans des conditions satisfaisantes d'hygiène et de salubrité, tant en ce qui concerne l'aménagement et l'entretien des bâtiments, le fonctionnement des services économiques et l'organisation du travail, que l'application des règles de propreté individuelle et la pratique des exercices physiques.

Art. R. 321-2. – Les locaux de détention et, en particulier, ceux qui sont destinés au logement des personnes détenues, doivent répondre aux exigences de l'hygiène, compte tenu du climat, quant au cubage d'air, à l'éclairage, au chauffage et à l'aération.

Art. R. 321-3. – Dans tout local où les personnes détenues séjournent, les fenêtres doivent être suffisamment grandes pour que celles-ci puissent lire et travailler à la lumière naturelle. L'agencement de ces fenêtres doit permettre l'entrée d'air frais. La lumière artificielle doit être suffisante pour permettre aux personnes détenues de lire ou de travailler sans altérer leur vue.

Les installations sanitaires doivent être propres et décentes. Elles doivent être réparties d'une façon convenable et leur nombre proportionné à l'effectif des personnes détenues.

Lorsqu'une cellule est occupée par plus d'une personne, un aménagement approprié de l'espace sanitaire est réalisé en vue d'assurer la protection de l'intimité des personnes détenues.

Art. R. 321-4. – Chaque personne détenue en capacité physique de le faire entretient sa cellule ou la place qui lui est réservée dans un état constant de propreté, et fait son lit. À cet effet, l'administration pénitentiaire lui fournit les produits et objets de nettoyage nécessaires.

Les locaux communs et les lieux à usage collectif sont nettoyés chaque jour, en tant que de besoin, par les personnes détenues du service général.

Il est interdit :

1° De jeter des détritus ou tout autre objet par les fenêtres, dans les toilettes et lavabos des cellules, dans les coursives, couloirs de circulation et autres locaux ;

2° D'obstruer les bouches de ventilation, aération, chauffage ;

3° De dégrader ou salir les cellules et les espaces communs.

Section 2. – Hygiène personnelle des personnes détenues

Art. R. 321-5. – La propreté est exigée de toute personne détenue.

Les produits de la trousse de toilette remise à l'arrivée de toute personne détenue entrante sont renouvelés, selon des modalités déterminées par le chef de l'établissement pénitentiaire et au moins tous les mois, pour les personnes détenues dont les ressources sont insuffisantes, lorsqu'elles en font la demande.

Chaque personne détenue doit pouvoir se doucher au moins trois fois par semaine. Dans toute la mesure du possible, elle doit pouvoir se doucher après les séances de sport, le travail et la formation professionnelle.

Chaque personne détenue doit pouvoir effectuer une promenade d'au moins une heure à l'air libre par jour.

Chaque personne détenue doit disposer d'un lit individuel et d'une literie appropriée, entretenue convenablement et renouvelée de façon à en assurer la propreté. La literie ayant servi à une personne détenue ne peut être réutilisée sans avoir été préalablement nettoyée ou désinfectée, selon le cas.

Art. R. 321-6. – Les vêtements et sous-vêtements laissés ou fournis aux personnes détenues sont appropriés au climat et à la saison. Ils sont maintenus propres et en bon état. Les sous-vêtements sont lavés avec une fréquence suffisante pour assurer leur propreté.

Les vêtements retirés à la personne détenue qui a manifesté le désir de porter ceux fournis par l'administration sont inventoriés, nettoyés, désinfectés et remis au vestiaire de l'établissement. Au moment de sa libération, les vêtements remisés lui sont restitués contre décharge.

Aucun vêtement ayant servi à une personne détenue ne peut être réutilisé sans avoir été préalablement nettoyé ou désinfecté suivant le cas.

CHAPITRE II. – ACCÈS AUX SOINS

Section 1. – Dispositions générales

Art. R. 322-1. – Hormis les cas où elles se trouvent en dehors d'un établissement pénitentiaire en application des dispositions des articles 723 et 723-3 du Code de procédure pénale, les personnes détenues ne peuvent être examinées ou soignées par un médecin de leur choix, à moins d'une décision du directeur interrégional des services pénitentiaires territorialement compétent. Ils doivent alors assumer les frais qui leur incombent du fait de cette prise en charge.

Art. R. 322-2. – Hors le cas où l'état de santé de la personne détenue rend nécessaire un acte de diagnostic ou de soins auquel elle n'est pas à même de consentir, celle-ci doit, conformément aux dispositions de l'article R. 4127-36 du Code de la santé publique, exprimer son consentement préalablement à tout acte médical et, en cas de refus, être informée par le médecin des conséquences de ce refus.

Art. R. 322-3. – Conformément aux dispositions de l'article L. 1121-6 du Code de la santé publique, les personnes détenues ne peuvent être sollicitées pour se prêter à des recherches biomédicales que s'il en est attendu un bénéfice direct et majeur pour leur santé. Leur consentement est recueilli selon les modalités prévues par les dispositions des articles L. 1122-1 et L. 1122-1-1 du même code.

Art. R. 322-4. – Si une personne détenue se livre à une grève de la faim prolongée, elle ne peut être traitée sans son consentement, sauf lorsque son état de santé s'altère gravement et seulement sur décision et sous surveillance médicales.

Il en est rendu compte aux autorités à prévenir en cas d'incident dans les conditions prévues par les dispositions de l'article D. 214-26.

Art. R. 322-5. – Le transfèrement dans un établissement pénitentiaire mieux approprié peut être sollicité dans les conditions prévues par les dispositions de l'article D. 115-25, pour les personnes détenues qui ne bénéficient pas, dans l'établissement où elles sont écrouées, de conditions matérielles de détention adaptées à leur état de santé et pour celles qui nécessitent une prise en charge particulière.

Le directeur interrégional des services pénitentiaires fait procéder, à l'intérieur de sa région pénitentiaire et dans les conditions prévues par les dispositions de l'article D. 215-13, à tout transfèrement ayant pour objet de permettre à une personne détenue malade d'être prise en charge dans de meilleures conditions.

S'il s'agit de personnes prévenues, le magistrat chargé du dossier de la procédure doit avoir donné préalablement son accord au transfèrement, après avoir été informé de la durée probable du traitement envisagé.

Art. R. 322-6. – Des moyens de prévention et d'information sur les maladies transmissibles sont mis à la disposition des personnes détenues.

Le médecin responsable des structures mentionnées par les dispositions de l'article D. 115-3 prescrit, en liaison avec le médecin de prévention du personnel pénitentiaire, toutes les mesures nécessaires à la prophylaxie individuelle et collective des maladies transmissibles. Ces mesures sont mises en œuvre en collaboration avec l'administration pénitentiaire.

Art. R. 322-7. – La prophylaxie de la tuberculose prévue par le Code de la santé publique est assurée dans les établissements pénitentiaires par les services compétents prévus à cet effet.

Le dépistage de la tuberculose est réalisé chez toutes les personnes entrantes non détenues auparavant par un examen clinique réalisé et interprété dans les délais les plus brefs à compter de la date d'entrée en détention. Cette mesure s'applique également aux personnes détenues présentes qui n'auraient jamais bénéficié, ni lors de leur entrée en détention, ni au cours de leur détention, d'un dépistage clinique de la tuberculose. Cet examen systématique est pratiqué sur place, sauf impossibilité matérielle. Au vu des résultats de cet examen, le médecin de l'unité sanitaire en milieu pénitentiaire prescrit, si nécessaire, un examen radiologique.

Les personnes détenues dont l'état de santé le nécessite sont isolées sur avis médical. Le médecin prescrit les mesures appropriées pour éviter toute contamination des personnels et des personnes détenues.

En liaison avec le médecin responsable des structures mentionnées par les dispositions de l'article D. 115-3 et le médecin de prévention du personnel pénitentiaire, le médecin du service de lutte antituberculeuse effectue le dépistage de la tuberculose auprès des personnes ayant été en contact avec une personne détenue présentant une maladie tuberculeuse.

En application de l'article L. 3113-1 du Code de la santé publique, la déclaration obligatoire des cas de tuberculose est faite par le médecin ayant effectué le diagnostic et est transmise par le médecin responsable des structures mentionnées par les dispositions de l'article D. 115-3 au médecin de l'agence régionale de santé désigné par le directeur général.

Art. R. 322-8. – La prophylaxie des maladies vénériennes prévue par le Code de la santé publique est assurée dans les établissements pénitentiaires par les services compétents prévus à cet effet.

Art. R. 322-9. – Toute personne détenue doit pouvoir bénéficier, avec son accord, d'une information et d'un conseil personnalisé sur l'infection par le virus de l'immunodéficience humaine (VIH) et, le cas échéant, au cours de consultations médicales, de la prescription d'un test de dépistage et de la remise du résultat.

Art. R. 322-10. – Dans le cadre de la prise en charge globale des personnes présentant une dépendance à un produit licite ou illicite, les secteurs de psychiatrie générale et les secteurs de psychiatrie en milieu pénitentiaire favorisent et coordonnent, en collaboration avec les unités de consultations et de soins ambulatoires, les interventions, au sein de l'établissement pénitentiaire, des équipes des structures spécialisées de soins, notamment des centres de soins d'accompagnement et de prévention en addictologie.

Art. R. 322-11. – Au sein de l'établissement pénitentiaire, aucun stockage, cession, don ou échange de médicaments n'est autorisé. Les personnes détenues doivent pouvoir justifier la possession de médicaments par la production d'une prescription médicale.

Aucune entrée de médicaments ne peut se faire par le biais des parloirs ni par l'achat en cantine. Si une personne détenue entrante est porteuse de médicaments, le médecin en est immédiatement avisé afin de décider de l'usage qui doit en être fait.

Des matériels et appareillages médicaux peuvent être laissés à la disposition des personnes détenues selon les modalités prescrites par les médecins intervenant dans les établissements pénitentiaires, sauf décision du chef d'établissement motivée par des raisons d'ordre et de sécurité.

Section 2. – Hospitalisations

Sous-section 1. – Dispositions générales

Art. R. 322-12. – Lorsqu'une personne détenue est admise dans un établissement de santé, le règlement intérieur de son établissement pénitentiaire d'origine, défini aux articles L. 112-4 et R. 112-22, demeure applicable à son égard dans toute la mesure du possible. Il en est ainsi notamment en ce qui concerne ses relations avec l'extérieur.

Les personnes détenues peuvent être autorisées par le chef de l'établissement pénitentiaire à détenir une somme d'argent provenant de la part disponible de leur compte nominatif pour effectuer, à l'intérieur de l'établissement de santé, des dépenses courantes.

Art. R. 322-13. – Les personnes détenues qui, en raison de leur état de santé, ne peuvent être transférées dans un établissement pénitentiaire approprié ou spécialisé, sont hospitalisées dans le service spécialement aménagé d'un établissement de santé ou dans un local où un isolement est possible, dans les conditions et selon les modalités de surveillance prévues par les dispositions des articles R. 1112-30 à R. 1112-33 du Code de la santé publique.

Les personnes prévenues qui, pour les mêmes raisons, ne peuvent être éloignées des juridictions devant lesquelles elles ont à comparaître sont hospitalisées dans les mêmes conditions, conformément aux dispositions des mêmes articles.

Art. D. 322-14 – Lorsqu'une personne détenue est hospitalisée pour une pathologie autre qu'un trouble mental dans un établissement de santé éloigné de l'établissement pénitentiaire dans lequel elle est écrouée, elle peut faire l'objet d'une levée d'écrou sous la forme simplifiée, même si son absence de l'établissement pénitentiaire excède soixante-douze heures.

Une personne détenue hospitalisée dans un établissement de santé à proximité de l'établissement pénitentiaire est écrouée selon les mêmes modalités.

À l'issue de son hospitalisation, la personne détenue est réintégrée dans son établissement pénitentiaire d'origine dans les délais les plus brefs. Si cette réintégration n'est pas possible, le transfert définitif de la personne détenue est effectué en régularisation.

Sous-section 2. – Soins psychiatriques

§ 1. – Surveillance au sein des unités hospitalières spécialement aménagées

Art. R. 322-15. – La surveillance des personnes détenues hospitalisées atteintes de troubles mentaux incombe à l'administration pénitentiaire. Elle est assurée dans le respect de la confidentialité des soins, conformément aux dispositions de l'article L. 322-3.

L'administration pénitentiaire porte à la connaissance de l'établissement de santé les éléments nécessaires à l'appréciation de la dangerosité ou de la vulnérabilité des personnes détenues.

L'établissement de santé assure, par une organisation interne appropriée de l'unité hospitalière spécialement aménagée, des conditions d'hospitalisation garantissant la protection des personnes détenues hospitalisées.

Art. R. 322-16. – Les décisions de l'autorité judiciaire, notamment en matière d'isolement, de séparation de personnes détenues ou d'interdiction temporaire de communiquer, sont applicables au sein de l'unité hospitalière spécialement aménagée et sont communiquées par le chef de l'établissement pénitentiaire au directeur de l'établissement de santé qui veille à leur exécution.

Art. R. 322-17. – Aucun agent exerçant dans les unités hospitalières spécialement aménagées ne peut se charger, pour le compte des personnes détenues hospitalisées, d'un service étranger à sa mission.

Les personnels intervenant dans l'unité spécialement aménagée ne sont pas autorisés à communiquer aux membres de la famille, aux proches et aux visiteurs les dates d'entrée et de sortie des personnes détenues ainsi que les dates et les heures des examens réalisés hors de l'unité hospitalière spécialement aménagée. Sous réserve du respect de ces exigences de sécurité et dans le respect des règles déontologiques, le médecin peut communiquer des informations relatives à la santé du patient détenu hospitalisé à sa famille, à ses proches ou à la personne de confiance qu'il a désignée.

Art. R. 322-18. – La surveillance de l'enceinte et des locaux de l'unité hospitalière spécialement aménagée ainsi que le contrôle des accès à cette unité sont assurés par le personnel pénitentiaire.

Toutefois, le personnel pénitentiaire n'a accès aux locaux de soins et aux chambres des patients que pour en assurer la fouille et le contrôle des équipements et aménagements spéciaux ou, à la demande du personnel hospitalier, lorsque la sécurité des personnes ou des biens est compromise.

Art. R. 322-19. – Un dispositif de vidéoprotection est mis en œuvre pour la protection des abords et des locaux de l'unité hospitalière spécialement aménagée, à l'exception des chambres et des locaux de soins.

La demande d'autorisation est présentée par le directeur de l'établissement de santé au vu d'un dossier constitué conjointement avec le chef de l'établissement pénitentiaire.

Une convention, mentionnée par les dispositions de l'article R. 3214-3 du Code de la santé publique, précise les modalités de désignation et d'habilitation des agents destinataires des images et enregistrements du système de vidéoprotection.

Art. R. 322-20. – Toute personne entrant dans une unité spécialement aménagée justifie de son identité et se soumet aux mesures de contrôle définies par la convention mentionnée par les dispositions de l'article R. 3214-3 du Code de la santé publique.

Le personnel de l'administration pénitentiaire, chargé du contrôle des accès de l'unité, tient un registre sur lequel sont inscrits les noms et qualité de toutes les personnes entrant ou sortant ainsi que les horaires de leur entrée et de leur sortie.

Art. R. 322-21. – Sans faire obstacle au bon déroulement des soins, le personnel de l'administration pénitentiaire peut procéder aux fouilles des personnes détenues hospitalisées dans les conditions prévues par les articles L. 225-1 à L. 225-3.

Art. R. 322-22. – La fouille des locaux et le contrôle des équipements et aménagements spéciaux de l'unité hospitalière spécialement aménagée sont effectués par le personnel de l'administration pénitentiaire.

Toute fouille générale ou sectorielle de l'unité hospitalière spécialement aménagée est décidée avec l'accord du directeur de l'établissement de santé. Elle est réalisée en présence du directeur de l'établissement de santé et du médecin responsable de l'unité ou de leurs représentants.

Art. R. 322-23. – Le personnel hospitalier signale, sans délai, toute absence irrégulière d'une personne détenue au directeur de l'établissement de santé et au personnel pénitentiaire.

Le directeur de l'établissement de santé et le chef de l'établissement pénitentiaire en informent le préfet et le procureur de la République ainsi que :

1° S'il s'agit d'une personne prévenue, le magistrat chargé du dossier de la procédure ;

2° S'il s'agit d'une personne condamnée, le magistrat chargé de l'application des peines.

Art. R. 322-24. – Le directeur de l'établissement de santé et le chef de l'établissement pénitentiaire portent immédiatement à la connaissance du préfet, du procureur de la République, du directeur interrégional des services pénitentiaires et du directeur général de l'agence régionale de santé tout incident grave touchant à l'ordre ou à la sécurité de l'unité hospitalière spécialement aménagée.

Lorsque la gravité ou l'ampleur de l'incident ne permet pas que l'ordre soit rétabli par le seul personnel de l'administration pénitentiaire présent dans l'unité hospitalière spécialement aménagée, le préfet, saisi par le directeur de l'établissement de santé, peut décider de faire appel aux forces de l'ordre.

Art. R. 322-25. – Si l'incident concerne une personne prévenue, le chef de l'établissement pénitentiaire informe également le magistrat chargé du dossier de la procédure et si l'incident concerne une personne condamnée, le magistrat chargé de l'application des peines.

Si l'incident concerne une personne détenue appartenant aux forces armées, l'autorité militaire est avisée par le chef de l'établissement pénitentiaire.

§ 2. – Conditions de séjour au sein des unités hospitalières spécialement aménagées

Art. R. 322-26. – Les personnes détenues hospitalisées dans l'unité hospitalière spécialement aménagée continuent à exécuter leur peine ou leur détention provisoire.

Art. R. 322-27. – Les personnes détenues dans l'unité hospitalière spécialement aménagée restent soumises au régime disciplinaire des établissements pénitentiaires lorsqu'elles se trouvent sous la surveillance exclusive du personnel de l'administration pénitentiaire.

Le chef de l'établissement pénitentiaire informe le directeur de l'établissement de santé de tout incident disciplinaire imputable à une personne détenue alors qu'elle se trouvait sous la surveillance exclusive du personnel pénitentiaire.

Aucune sanction disciplinaire ne peut être prononcée par la commission de discipline plus d'un mois après les faits ni pendant l'hospitalisation.

Lorsque le chef d'établissement pénitentiaire envisage d'engager des poursuites disciplinaires à l'encontre de la personne détenue, il en informe le responsable du personnel médical de l'unité et, le cas échéant, du service médico-psychologique régional.

Art. R. 322-28. – Les personnes détenues hospitalisées dans une unité hospitalière spécialement aménagée peuvent recevoir des visites des personnes disposant d'un permis de visite délivré dans les conditions prévues par le présent code.

Les jours et les heures de visite, ainsi que leur durée, sont fixés par la convention mentionnée par les dispositions de l'article R. 3214-3 du Code de la santé publique.

Les visites se déroulent dans un parloir sous la surveillance du personnel pénitentiaire, qui a la possibilité d'écouter les conversations. Les entretiens des avocats et des visiteurs de prison avec les personnes détenues ont lieu en dehors de la présence du personnel pénitentiaire.

Art. R. 322-29. – L'accès au téléphone des personnes détenues est autorisé dans les conditions fixées par le présent code. Les modalités de cet accès sont fixées par la convention mentionnée par les dispositions de l'article R. 3214-3 du Code de la santé publique.

Art. R. 322-30. – Les règles applicables à la correspondance des personnes détenues sont celles définies par le présent code.

La convention mentionnée par les dispositions de l'article R. 3214-3 du Code de la santé publique prévoit l'organisation de la collecte et de la distribution du courrier au sein de la zone de soins de l'unité spécialement aménagée.

§ 3. – Suivi médico-psychologique au sein de services adaptés

Art. R. 322-31. – Les personnes condamnées à un suivi socio-judiciaire, quel qu'en soit le motif, ainsi que les personnes condamnées pour le meurtre ou l'assassinat d'un mineur de quinze ans précédé ou accompagné d'un viol, de tortures ou d'actes de barbarie ou pour toute infraction prévue par les dispositions des articles 222-23 à 222-32 et 227-25 à 227-27 du Code pénal exécutent leur peine dans les établissements pénitentiaires permettant d'assurer un suivi médical et psychologique adapté. Ces établissements sont les suivants :

1° Les établissements pénitentiaires sièges d'un service médico-psychologique régional ;

2° Les établissements pour peines dotés d'une unité fonctionnelle rattachée à un service médico-psychologique régional ;

3° Les établissements pénitentiaires dans lesquels intervient le secteur de psychiatrie générale en application des protocoles prévus par les articles R. 6111-29 et R. 6111-37 du Code de la santé publique.

Art. R. 322-32. – Le chef de l'établissement pénitentiaire signale les personnes mentionnées par les dispositions de l'article R. 322-31 au psychiatre intervenant dans l'établissement. Il met en outre à sa disposition un résumé de la situation pénale ainsi que les expertises psychologiques ou psychiatriques conservées dans le dossier individuel de la personne détenue intéressée.

Art. R. 322-33. – Avant leur libération, les personnes mentionnées par les dispositions de l'article R. 322-31 font l'objet d'un examen psychiatrique en vue de préparer, le cas échéant, une prise en charge adaptée après la fin de leur détention.

Section 3. – Soins spécifiques aux femmes détenues

Art. R. 322-34. – Toutes dispositions sont prises par les médecins des structures mentionnées par les dispositions de l'article D. 115-3 pour que les femmes détenues enceintes bénéficient d'un suivi médical adapté et que leur accouchement soit réalisé dans le service hospitalier approprié à leur état de santé.

Si la naissance a lieu dans un établissement pénitentiaire, l'acte de l'état civil mentionne seulement la rue et le numéro de l'immeuble.

Section 4. – Accompagnement des personnes détenues en situation de handicap physique

Art. R. 322-35. – L'aidant est choisi par une personne détenue en application des dispositions de l'article L. 322-11 pour permettre la réalisation des gestes liés à des soins prescrits par un médecin durant les périodes d'absence des professionnels soignants.

L'aidant choisi peut être une autre personne détenue.

La personne désignée consent expressément à devenir aidant.

Les dispositions du deuxième alinéa de l'article L. 1111-6-1 du Code de la santé publique sont applicables à la personne détenue et à l'aidant qu'elle a désigné.

Le chef de l'établissement pénitentiaire peut s'opposer à la désignation d'un aidant notamment pour des motifs liés à la sécurité des personnes ou au maintien de l'ordre au sein de l'établissement.

Section 5. – Suspension médicale de peine

Art. D. 322-36. – Les personnes détenues condamnées atteintes d'une pathologie engageant leur pronostic vital ou dont l'état de santé physique ou mentale est durablement incompatible avec la détention, peuvent bénéficier d'une suspension médicale de leur peine en application des dispositions de l'article 720-1-1 du Code de procédure pénale, selon les modalités de surveillance prévues par les dispositions des articles D. 147-1 à D. 147-3 du même code.

CHAPITRE III. – ALIMENTATION

Art. R. 323-1. – Chaque personne détenue reçoit une alimentation variée, bien préparée et présentée, répondant tant en ce qui concerne la qualité que la quantité aux règles de la diététique et de l'hygiène, compte tenu de son âge, de son état de santé, de la nature de son travail et, dans toute la mesure du possible, de ses convictions philosophiques ou religieuses.

Le régime alimentaire comporte trois distributions par jour. Les deux principaux repas sont espacés d'au moins six heures.

Les personnes détenues malades bénéficient du régime alimentaire qui leur est médicalement prescrit.

CHAPITRE IV. – PROTECTION SOCIALE

Section 1. – Prestations de sécurité sociale

Art. R. 324-1. – Les personnes détenues sont affiliées, dès leur entrée en détention, au régime général de la sécurité sociale. À ce titre, elles bénéficient, ainsi que leurs ayants droit, des prestations en nature de l'assurance maladie et maternité servies par le régime général, dans les conditions fixées par les dispositions des articles L. 381-30 à L. 381-31 et R. 381-98 à R. 381-120 du Code de la sécurité sociale.

Les personnes détenues bénéficiant d'une mesure de semi-liberté ou de placement à l'extérieur en application des dispositions de l'article 723 du Code de procédure pénale et qui exercent une activité professionnelle dans les conditions de droit commun sont affiliées au régime de sécurité sociale dont elles relèvent au titre de cette activité, dès lors que la durée de celle-ci permet l'ouverture des droits. Dans le cas contraire, elles continuent à bénéficier des prestations en nature de l'assurance maladie et maternité servies par le régime général dans les conditions fixées par les dispositions des articles L. 381-30, L. 381-30-1, L. 381-30-4 du Code de la sécurité sociale, jusqu'à ce qu'elles remplissent les conditions d'ouverture du droit aux prestations du régime d'assurance maladie dont elles relèvent au titre de leur activité.

Art. D. 324-2. – La part qui reste éventuellement à la charge des personnes détenues, après remboursement d'un appareillage ou d'une prothèse par l'assurance maladie est prise sur leur compte nominatif. Cependant, l'administration pénitentiaire peut se substituer aux personnes détenues dont les ressources sont insuffisantes.

Le financement des appareillages, prothèses, actes, traitements ou interventions chirurgicales qui ne sont pas pris en charge par l'assurance maladie est à l'entière charge des personnes intéressées, après autorisation du chef de l'établissement pénitentiaire, sous réserve des dispositions relatives aux prestations servies aux personnes détenues en application de la législation sur les accidents du travail et les maladies professionnelles.

Section 2. – Autres prestations sociales

Art. R. 324-3. – Le montant de l'allocation aux adultes handicapés dont bénéficient les personnes détenues en situation de handicap en application des dispositions des articles L. 821-1 et L. 821-6 du Code de la sécurité sociale est réduit dans les conditions et selon les modalités prévues par les dispositions de l'article R. 821-8 du même code.

Art. R. 324-4. – Le revenu de solidarité active versé aux personnes détenues est réduit ou suspendu dans les conditions prévues par les dispositions de l'article R. 262-45 du Code de l'action sociale et des familles.

TITRE III. – PROTECTION DES BIENS ET AIDE MATÉRIELLE

CHAPITRE Ier. – DOCUMENTS PERSONNELS

Art. R. 331-1. – Une personne détenue peut, à tout moment, remettre au greffe de l'établissement pénitentiaire, sous pli fermé, en vue de leur conservation et de la préservation de leur caractère confidentiel tous documents personnels, dont elle est détentrice lors de sa mise sous écrou ou qui lui sont adressés ou remis pendant sa détention. Elle peut en demander la restitution à tout moment.

Il en est de même des copies de pièces mentionnées par les dispositions de l'article R. 155 du Code de procédure pénale, dont une personne détenue a demandé la délivrance et qui sont transmises selon les modalités énoncées par les dispositions du dernier alinéa de l'article R. 165 du même code.

Art. R. 331-2. – En cas de décès d'une personne détenue, les documents confiés au greffe de l'établissement pénitentiaire sont remis à ses ayants droit ou, à défaut, joints à son dossier individuel et versés, s'il y a lieu, avec ce dossier, aux archives départementales.

CHAPITRE II. – VALEURS PÉCUNIAIRES ET NON PÉCUNIAIRES

Section 1. – Dispositions communes aux valeurs pécuniaires et non pécuniaires

Sous-section 1. – Dispositions générales

Art. R. 332-1. – Chaque personne détenue ne peut conserver en détention ni argent ni moyen de paiement.

Les sommes dont elle est porteuse lors de sa mise sous écrou sont, à sa demande, envoyées à un tiers ou consignées, et à défaut inscrites à son compte nominatif.

Chaque personne détenue peut faire verser ses allocations ou revenus extérieurs, à son choix, sur un compte bancaire personnel extérieur ou sur le compte nominatif.

Art. R. 332-2. – Chaque personne détenue conserve la gestion de ses biens patrimoniaux extérieurs. Cette gestion peut s'effectuer par l'intermédiaire d'un mandataire, étranger à l'administration pénitentiaire.

Les procurations sont envoyées dans les conditions prévues par les dispositions des articles R. 345-1 à R. 345-5.

Art. R. 332-3. – Sur autorisation du chef de l'établissement pénitentiaire, les personnes détenues peuvent faire envoyer aux membres de leur famille des sommes figurant à la part disponible de leur compte nominatif.

Les personnes détenues peuvent recevoir des subsides en argent des personnes titulaires d'un permis permanent de visite ou autorisées par le chef d'établissement. Cette faculté s'exerce dans les conditions déterminées par arrêté du garde des sceaux, ministre de la justice. La destination à donner à ces subsides est réglée conformément aux dispositions applicables à la tenue du compte nominatif.

En outre, les personnes condamnées peuvent, sur autorisation du chef d'établissement et de manière exceptionnelle, recevoir des subsides en vue d'une dépense justifiée par un intérêt particulier. À la demande des personnes détenues, le reliquat de la dépense est soit renvoyé à l'expéditeur, soit soumis à répartition.

Art. R. 332-4. – Chaque personne prévenue peut :

1° Etablir des procurations ;

2° Solliciter l'établissement d'un acte par un notaire intervenant dans l'établissement pénitentiaire.

Art. R. 332-5. – Pour l'application des dispositions des articles R. 332-3 et R. 332-4 et conformément aux dispositions de l'article 715 du Code de procédure pénale, le magistrat chargé du dossier de la procédure :

1° Contrôle, dans les conditions qu'il détermine, les procurations ;

2° Est compétent pour autoriser les notaires à intervenir dans l'établissement pénitentiaire ;

3° Est préalablement informé, dans les conditions qu'il détermine et par le chef de l'établissement, du souhait de la personne prévenue d'envoyer aux membres de sa famille des sommes d'argent ;

4° Autorise la personne prévenue à recevoir des subsides.

Art. R. 332-6. – Au sein des établissements pénitentiaires, la gestion des biens et valeurs des personnes détenues est assurée par une régie des comptes nominatifs.

Les sommes déposées sur les comptes nominatifs des personnes détenues sont intégrées dans la comptabilité de l'État en compte de tiers.

Les fonds appartenant aux personnes détenues constituent des deniers privés réglementés.

Sauf dispositions contraires du présent code, les régies des comptes nominatifs des personnes détenues sont soumises aux règles fixées par le décret n° 2019-798 du 26 juillet 2019 relatif aux régies de recettes et d'avances des organismes publics.

Le comptable assignataire de l'établissement pénitentiaire est le comptable assignataire de la régie créée en son sein.

Sous-section 2. – Information de l'autorité judiciaire

Art. D. 332-7. – Le chef de l'établissement pénitentiaire donne connaissance à l'autorité judiciaire des sommes d'argent ou objets trouvés sur les personnes détenues, apportés par elles ou qui leur sont envoyés lorsque, en raison de leur nature, de leur importance ou de leur origine, ces sommes ou objets sont susceptibles d'être retenus ou saisis.

Sous-section 3. – Gestion des biens en cas de décès ou d'évasion

Art. D. 332-8. – Après un délai de trois ans depuis le décès d'une personne détenue, si les bijoux, valeurs, vêtements et effets personnels n'ont pas été réclamés par ses ayants droit, il en est fait remise à l'administration des domaines et cette remise vaut décharge pour l'administration pénitentiaire ; l'argent est de même versé au Trésor.

Section 2. – Compte nominatif

Sous-section 1. – Dispositions générales

Art. D. 332-9. – Chaque établissement pénitentiaire tient un compte nominatif où sont inscrites les valeurs pécuniaires appartenant à chaque personne détenue et dont le fonctionnement est régi par les dispositions des articles R. 332-6 et R. 332-1 à R. 332-32.

Sous réserve que les personnes détenues n'en aient pas demandé l'envoi à un tiers ou la consignation, les sommes dont elles sont porteuses à leur entrée dans l'établissement pénitentiaire sont immédiatement inscrites à leur compte nominatif au moment de leur mise sous écrou. L'importance de ces sommes ne peut justifier le refus de la prise en charge.

Le compte nominatif est par la suite crédité ou débité de toutes les sommes dues à la personne détenue intéressée, ou par elle, au cours de sa détention, dans les conditions réglementaires.

Art. D. 332-10. – Toutes les sommes reçues par les personnes détenues sont considérées comme ayant un caractère alimentaire, si elles n'excèdent pas 200 euros chaque mois. Cette somme est doublée à l'occasion des fêtes de fin d'année.

Elles sont entièrement versées à la part disponible jusqu'à concurrence de cette provision alimentaire et, pour le surplus, elles sont soumises à répartition dans les proportions déterminées par les dispositions des articles D. 332-12 et D. 332-13, sous réserve des dispositions particulières concernant les rentes, les pensions et les indemnités.

Sous-section 2. – Part affectée à l'indemnisation des parties civiles et créanciers d'aliments

Art. D. 332-11. – L'indemnisation des parties civiles est assurée sur la première part du compte nominatif prévue par les dispositions de l'article D. 332-12.

À cette fin, le ministère public près la juridiction ayant prononcé la condamnation, dès que cette dernière a acquis un caractère définitif, informe sans délai l'établissement pénitentiaire où se trouvent les personnes détenues intéressées des créances des parties civiles et de leur montant.

Cette part ne peut être l'objet d'aucun acte de disposition émanant des personnes détenues.

Art. D. 332-12. – La première part, affectée à l'indemnisation des parties civiles et créanciers d'aliments, est déterminée en appliquant à la fraction des sommes que reçoivent les personnes détenues les taux de :
- 20 %, pour la fraction supérieure à 200 euros et inférieure ou égale à 400 euros ;
- 25 %, pour la fraction supérieure à 400 euros et inférieure ou égale à 600 euros ;
- 30 %, pour la fraction supérieure à 600 euros.

Lorsque, d'une part, les sommes inscrites sur cette part atteignent le montant de 1 000 euros, que, d'autre part, les parties civiles ont été entièrement indemnisées ou qu'il ressort de la décision définitive sur l'action publique et les intérêts civils qu'il n'y a pas de parties civiles ou qu'aucun dommage et intérêt n'a été accordé et que, enfin, aucun créancier d'aliments ne s'est prévalu de sa créance sur le fondement d'un titre exécutoire, la répartition opérée au titre de cette part a lieu au profit de la part disponible.

Toutefois, le prélèvement au titre de la part réservée à l'indemnisation des parties civiles et des créanciers d'aliments est opéré à nouveau, y compris au-delà du plafond précité, dès qu'un créancier d'aliments se prévaut de sa créance sur le fondement d'un titre exécutoire ou qu'une victime d'une infraction visée par une condamnation inscrite à l'écrou se prévaut d'une décision exécutoire de condamnation à des dommages et intérêts.

À la demande des personnes détenues, la première part, affectée à l'indemnisation des parties civiles et créanciers d'aliments, peut également être alimentée, y compris en l'absence de décision sur intérêts civils connue, par le versement de sommes figurant sur la troisième part du compte nominatif laissée à la libre disposition des personnes détenues.

Sous-section 3. – Part affectée à la constitution du pécule de libération

Art. D. 332-13. – La deuxième part, affectée à la constitution du pécule de libération, est déterminée en appliquant à la fraction des sommes que reçoivent les personnes détenues le taux de 10 %, sous réserve de la dispense prévue par les dispositions de l'article D. 424-1.

Art. D. 332-14. – Les sommes constituant le pécule de libération des personnes détenues sont inscrites à un compte spécial ; elles sont versées sur un livret A, lorsqu'elles dépassent une somme fixée par arrêté du garde des sceaux, ministre de la justice, annexé au présent code.

Une instruction de service détermine les modalités d'application de ces dispositions.

Le capital représentatif des rentes d'accidents du travail dont la conversion a été rendue obligatoire par le décret n° 59-734 du 15 juin 1959 est intégralement versé au pécule de libération.

Pendant la détention, le pécule de libération est indisponible et ne peut faire l'objet d'aucune voie d'exécution.

Sous-section 4. – Part disponible

Art. D. 332-15. – La troisième part du compte nominatif, laissée à la libre disposition des personnes détenues, correspond aux sommes restantes après que les prélèvements prévus par les dispositions des articles D. 332-10, D. 332-12 et D. 332-13 ont été opérés.

Art. D. 332-16. – Les régisseurs chargés de la gestion des comptes nominatifs bénéficient d'une remise de 2,5 % sur les sommes qui sont acquittées pour le compte des personnes détenues au titre des condamnations pécuniaires prononcées au profit de l'État ou des collectivités publiques.

Art. D. 332-17. – Tout versement effectué à l'extérieur sur la part disponible d'une personne détenue doit non seulement avoir été demandé ou consenti par cette dernière, mais aussi avoir été autorisé expressément par le magistrat chargé du dossier de la procédure s'il s'agit d'une personne prévenue, ou par le chef de l'établissement pénitentiaire.

Sous-section 5. – Retenues, transmissions et saisies sur le compte

Art. D. 332-18. – Les retenues de valeurs pécuniaires en réparation de dommages matériels causés en détention, mentionnées par les dispositions de l'article L. 332-3, sont prononcées par décision du chef de l'établissement pénitentiaire.

régisseur des comptes nominatifs de l'établissement pénitentiaire d'arrivée procède au crédit du compte nominatif au vu du certificat de transfert émis par le régisseur des comptes nominatifs de l'établissement pénitentiaire de départ ;

4° Les avances mentionnées par les dispositions des 1°, 2° et 3° sont effectuées sous réserve et dans la limite du montant des fonds dont le régisseur des comptes nominatifs dispose sur son compte de dépôt de fonds au Trésor ;

5° Les mandatements effectués par l'ordonnateur en régularisation des avances mentionnées par les dispositions des 1° et 2° interviennent au plus tard à la fin du mois suivant celui au cours duquel l'avance a été effectuée.

Art. R. 332-30. – Lors de la libération ou du transfèrement d'une personne détenue, le versement du solde de son compte nominatif est effectué par virement bancaire.

Lorsqu'une personne détenue n'est pas titulaire d'un compte bancaire ou lorsque le virement international n'est pas possible, la remise du solde de son compte nominatif est effectuée en espèces.

Art. R. 332-31. – Par dérogation aux dispositions de l'article 37 du décret n° 2012-1246 du 7 novembre 2012 relatif à la gestion budgétaire et comptable publique, toute opposition concernant des sommes appartenant aux personnes détenues doit être notifiée entre les mains du régisseur des comptes nominatifs.

Art. R. 332-32. – Chaque fin de mois, le régisseur des comptes nominatifs effectue une clôture des comptes.

Après communication au chef de l'établissement pénitentiaire, il transmet au comptable public assignataire les états comptables et pièces justificatives des opérations permettant la mise en œuvre du contrôle de la régularité de ces opérations.

Ces pièces comptables sont transmises mensuellement au directeur interrégional des services pénitentiaires.

La régie des comptes nominatifs est également soumise au contrôle interne du chef d'établissement et du référent comptable de la direction interrégionale des services pénitentiaires.

Le régisseur des comptes nominatifs ayant cessé ses fonctions peut, sur demande adressée au comptable public assignataire, obtenir un certificat de libération du cautionnement. Ce certificat ne peut être délivré au régisseur des comptes nominatifs que s'il a satisfait aux obligations fixées par la présente sous-section.

Section 3. – Valeurs non pécuniaires

Sous-section 1. – Cantine

Art. R. 332-33. – Par l'intermédiaire de la cantine, les personnes détenues peuvent acquérir divers objets, denrées ou prestations de service en supplément de ceux qui leur sont fournis gratuitement. Cette faculté s'exerce sous le contrôle du chef de l'établissement pénitentiaire. Elle peut être limitée en cas d'abus.

Les prix pratiqués à la cantine sont portés à la connaissance des personnes détenues.

Les vivres vendus en cantine comprennent seulement les denrées d'usage courant qui peuvent être consommées sans faire l'objet d'aucune préparation, sauf si les personnes détenues disposent en cellule des matériels nécessaires à leur préparation et conservation.

La vente en cantine de toute boisson alcoolisée est interdite.

À titre exceptionnel, sur autorisation du chef de l'établissement et selon les modalités qu'il définit, les personnes détenues peuvent acquérir des d'objets ne figurant pas sur la liste des objets fournis en cantine.

Art. D. 332-34. – Les prix pratiqués à la cantine sont fixés périodiquement par le chef de l'établissement pénitentiaire. Sauf en ce qui concerne le tabac, ils doivent tenir compte des frais exposés par l'administration pour la manutention et la préparation.

Sous-section 2. – Vêtements

Art. R. 332-35. – Chaque personne détenue porte les vêtements qu'elle possède, qui lui sont apportés par ses proches ou qu'elle acquiert par l'intermédiaire de l'administration, à moins qu'il n'en soit décidé autrement par le chef de l'établissement pénitentiaire pour des raisons d'ordre, de sécurité ou de propreté.

Elle peut demander à l'administration de lui fournir les effets vestimentaires nécessaires si elle craint la détérioration de ses vêtements personnels soit par un usage trop fréquent, soit à l'occasion du travail.

Lorsque ses ressources sont insuffisantes, elle peut demander à ce que des vêtements lui soient fournis.

Art. R. 332-36. – À défaut d'effets personnels appropriés, une tenue en bon état est mise à la disposition de la personne prévenue en vue de sa comparution devant les autorités judiciaires.

Sous-section 3. – Bijoux et effets personnels

§ 1. – Dispositions communes

Art. R. 332-37. – Les personnes détenues ne peuvent pas conserver de bijoux en détention, à l'exception de leur bague d'alliance, leur montre et leurs pendentifs religieux.

Les bijoux, après estimation, et les valeurs sont inventoriés, inscrits sur un registre spécial et déposés au service de la régie chargé de la gestion des comptes nominatifs de l'établissement pénitentiaire. Les personnes détenues peuvent toutefois demander à s'en défaire dans les conditions prévues par les dispositions de l'article R. 332-38.

En cas de perte par l'établissement pénitentiaire, il est remis à la personne détenue intéressée ou à ses ayants droit la valeur d'estimation de l'objet perdu.

Art. R. 332-38. – La prise en charge des objets et bijoux dont est porteuse une personne détenue à son entrée en détention peut être refusée en raison de leur prix, de leur importance ou de leur volume.

Dans ce cas, ils sont inscrits provisoirement au registre spécial précité, mais la personne détenue intéressée est invitée à s'en défaire. À sa demande, ils peuvent être remis à un membre de sa famille ou à une personne titulaire d'un permis de visite. Ils peuvent également être expédiés à un mandataire qu'elle désigne. Les frais d'expédition ou de garde sont à la charge de la personne détenue intéressée.

Art. R. 332-39. – Lorsqu'une personne détenue est transférée, les objets lui appartenant sont déposés, contre reçu, entre les mains de l'agent de transfèrement, s'ils ne sont pas trop lourds ou volumineux ; à défaut, ils sont expédiés à la nouvelle destination de la personne détenue intéressée à ses frais ou sont remis à un tiers désigné par elle, après accord du chef de l'établissement pénitentiaire.

Au moment de sa libération, les bijoux et objets lui appartenant sont remis à la personne détenue, contre décharge. Si elle refuse de les recevoir, ils sont remis à l'administration des domaines.

En cas de sortie consécutive à une décision d'aménagement ou de suspension de peine, la personne condamnée intéressée reprend les bijoux et objets lui appartenant, contre décharge.

§ 2. – Dispositions applicables aux bijoux et effets personnels des personnes prévenues

Art. R. 332-40. – Les objets et bijoux dont une personne prévenue souhaite se défaire, dans les conditions prévues par les dispositions de l'article R. 332-38, ne peuvent être remis ou envoyés à un tiers qu'elle désigne qu'avec l'accord du magistrat chargé du dossier de la procédure en application de l'article 715 du Code de procédure pénale.

Sous-section 4. – Équipements informatiques

Art. R. 332-41. – Chaque personne détenue peut acquérir, par l'intermédiaire de l'administration et selon les modalités qu'elle détermine, des équipements informatiques.

Elle ne conserve aucun document sur un support informatique, sauf ceux liés à des activités socioculturelles, d'enseignement, de formation ou professionnelles.

Les équipements informatiques, ainsi que les données qu'ils contiennent, sont soumis au contrôle de l'administration. Sans préjudice d'une éventuelle saisie par l'autorité judiciaire, tout équipement informatique appartenant à une personne détenue peut être retenu et ne lui être restitué qu'au moment de sa libération, dans les cas suivants :

1° Pour des raisons d'ordre et de sécurité ;

2° En cas d'impossibilité d'accéder aux données informatiques, du fait volontaire de la personne détenue.

Sous-section 5. – Réception et envoi d'objets

Art. R. 332-42. – Sans préjudice des dispositions applicables aux publications écrites et audiovisuelles conformément aux dispositions des articles R. 370-1 et R. 370-2, la réception d'objets de l'extérieur et l'envoi d'objets vers l'extérieur sont interdits.

Toutefois, une liste des objets ou catégories d'objets dont la réception ou l'envoi est autorisé est fixée par arrêté du garde des sceaux, ministre de la justice, annexé au présent code.

Lorsque des objets dont la réception n'est pas autorisée sont reçus de l'extérieur, le chef de l'établissement pénitentiaire le notifie à l'expéditeur. Les objets sont réexpédiés aux frais de l'expéditeur ou, à défaut, déposés au vestiaire de la personne détenue intéressée.

Lorsque des objets dont l'envoi n'est pas autorisé sont envoyés à un destinataire extérieur, le chef de l'établissement le notifie à la personne détenue intéressée. Lui sont restitués les objets autorisés en cellule. Les autres sont déposés au vestiaire.

La personne détenue intéressée peut demander à se défaire des objets déposés au vestiaire dans les conditions prévues par les dispositions de l'article R. 332-38.

Si les frais générés par la réception ou l'envoi des objets ne sont pas acquittés par l'expéditeur ou le destinataire extérieur, ces frais sont à la charge de la personne détenue intéressée.

Art. R. 332-43. – La réception et l'envoi d'objets par une personne détenue sont soumis aux contrôles de sécurité nécessaires à la prévention des évasions et au maintien de la sécurité et du bon ordre des établissements pénitentiaires.

La réception ou l'envoi d'objets autorisés par une personne détenue sont réalisés :

1° Par apport lors des visites dans le cadre d'un permis de visite ou de la venue d'un visiteur de prison agréé ;

2° Par remise directe lors des visites dans le cadre d'un permis de visite, pour tout document relatif à la vie familiale de la personne détenue intéressée et à l'exercice de son l'autorité parentale ;

3° Par colis postal si la personne détenue intéressée ne bénéficie pas des visites dans le cadre d'un permis de visite, après accord du chef de l'établissement pénitentiaire ;

4° Par dépôt à l'établissement pénitentiaire en dehors des visites, par des visiteurs de prison agréés ou des personnes titulaires d'un permis de visite, après accord du chef de l'établissement pénitentiaire.

Dans les hypothèses mentionnées par les dispositions des 1° et 4°, l'objet est remis au personnel pénitentiaire qui le transmet à la personne détenue destinataire après contrôle.

Sous-section 6. – Retrait et dépôt au vestiaire

Art. R. 332-44. – Les objets et vêtements laissés habituellement en la possession des personnes détenues peuvent leur être retirés, pour des motifs de sécurité, contre la remise d'autres objets propres à assurer la sécurité ou contre une dotation de protection d'urgence.

Les objets personnels retirés sont déposés au vestiaire. Ils sont restitués aux personnes détenues à leur sortie.

Les personnes détenues peuvent demander à se défaire de leurs objets personnels dans les conditions prévues par les dispositions de l'article R. 332-38.

Art. R. 332-45. – Les objets qui ne peuvent être laissés en possession des personnes détenues pour des raisons d'ordre et de sécurité sont déposés au vestiaire de l'établissement.

Ils sont, après inventaire, inscrits sur le registre du vestiaire, au nom de la personne détenue intéressée pour lui être restitués à sa sortie. Elle peut cependant demander à s'en défaire dans les conditions prévues par les dispositions des articles R. 332-37 à R. 332-39.

Les documents d'identité sont également interdits en détention et sont déposés au vestiaire, inventoriés et inscrits au même registre. Les personnes détenues peuvent les récupérer à l'occasion de leurs sorties de l'établissement pénitentiaire afin de réaliser les démarches nécessaires. Ils leur sont restitués lors de leur levée d'écrou.

En revanche, les personnes détenues sont autorisées à conserver en cellule des photographies de famille.

CHAPITRE III. – AIDE MATÉRIELLE AUX PERSONNES DÉTENUES DÉPOURVUES DE RESSOURCES SUFFISANTES

Art. D. 333-1. – Une personne détenue est considérée comme dépourvue de ressources suffisantes et peut, à ce titre, bénéficier des aides en nature de l'État lorsque, cumulativement :

1° La part disponible de son compte nominatif pendant le mois précédant le mois courant est inférieure à 100 euros ;

2° La part disponible de son compte nominatif pendant le mois courant est inférieure à 100 euros ;

3° Le montant de ses dépenses cumulées dans le mois courant est inférieur à 100 euros.

Pour l'appréciation du niveau de ressources d'une personne entrant en détention, la part disponible de son compte nominatif du mois précédent n'est pas prise en compte pendant le premier mois de détention.

Art. D. 333-2. – Une personne détenue dépourvue de ressources suffisantes peut bénéficier d'une aide en numéraire de l'État lorsque, cumulativement :

1° La part disponible de son compte nominatif pendant le mois précédant le mois courant est inférieure à 60 euros ;

2° La part disponible de son compte nominatif pendant le mois courant est inférieure à 60 euros ;

3° Le montant de ses dépenses cumulées dans le mois courant est inférieur à 60 euros.

Art. D. 333-3. – Les aides que reçoivent les personnes détenues dépourvues de ressources suffisantes sont attribuées par l'administration pénitentiaire. Il est tenu compte des aides attribuées à la personne détenue intéressée par toute personne physique ou morale de droit public ou privé autorisée à le faire par l'administration pénitentiaire.

TITRE IV. – MAINTIEN DES LIENS AVEC L'EXTÉRIEUR

CHAPITRE Ier. – VISITES

Section 1. – Permis de visite

Sous-section 1. – Dispositions communes

Art. R. 341-1. – Le permis délivré en application des dispositions des articles L. 341-5, R. 341-4 à R. 341-6 et R. 341-13 est soit permanent, soit valable pour un nombre limité de visites.

Il précise, le cas échéant, les modalités particulières prévues pour son application, notamment en ce qui concerne le lieu et l'heure de la visite.

Art. R. 341-2. – Pour des motifs de bon ordre, de sécurité et de prévention des infractions, et spécialement en cas de crime ou de délit relevant des dispositions de l'article 132-80 du Code pénal, le permis de visite délivré en application des dispositions des articles L. 341-5, R. 341-4 à R. 341-6 et R. 341-13 peut être refusé à la personne victime de l'infraction pour laquelle la personne prévenue ou condamnée est détenue, y compris si la victime est membre de la famille de la personne détenue.

Lorsque la personne détenue est prévenue ou condamnée du chef de l'une des infractions prévues par les dispositions des articles 222-8, 222-10, 222-12, 222-13 et 222-33-2-1 du Code pénal, aggravée par la circonstance qu'un mineur assiste aux faits et que ceux-ci sont commis par le conjoint ou le concubin de la victime ou le partenaire lié à la victime par un pacte civil de solidarité, le permis de visite peut, pour les mêmes motifs, être refusé à ce mineur, ainsi qu'aux autres enfants mineurs du couple.

Lorsque l'autorité compétente pour accorder le permis de visite est informée que la personne détenue, prévenue ou condamnée, fait l'objet d'une interdiction d'entrer en relation avec une personne, qui a été prononcée par l'autorité judiciaire et qui est toujours en cours d'exécution, elle ne peut délivrer le permis de visite à cette personne. Les dispositions du présent alinéa sont applicables en cas d'interdiction de contact prononcée en application des dispositions de l'article 138 du Code de procédure pénale, prononcée en application des dispositions des articles 131-6,131-10 ou 132-45 du Code pénal, y compris dans le cadre d'un sursis probatoire, d'un suivi-socio-judiciaire ou de tout autre peine principale ou complémentaire, le cas échéant à l'occasion d'une procédure autre que celle pour laquelle la personne prévenue ou condamnée est détenue, ou prononcée en application des dispositions de l'article 515-11 du Code civil dans le cadre d'une ordonnance de protection.

Le permis de visite peut cependant être délivré si l'interdiction de contact est expressément levée, le cas échéant à cette seule fin, par, selon les cas, le juge d'instruction en application des dispositions de l'article 139 du Code de procédure pénale, la juridiction compétente en application des dispositions de l'article 702-1 du même code, le juge de l'application des peines en application des dispositions des articles 712-8 et 739 du même code, ou le juge aux affaires familiales en application des dispositions de l'article 515-12 du Code civil.

L'autorité compétente pour accorder le permis de visite ne peut de même délivrer un permis de visite à l'enfant mineur d'une personne détenue prévenue ou condamnée lorsqu'elle est informée que l'exercice de l'autorité parentale et les droits de visite et d'hébergement de la personne détenue sont suspendus en application des dispositions de l'article 378-2 du Code civil ou dans le cadre d'une ordonnance de protection en application des dispositions de l'article 515-11 de ce même code, ou que l'autorité parentale ou son exercice, ou le droit de visite de la personne détenue sur l'enfant mineur, a été retiré en application des dispositions des articles 378, 378-1, 379 ou 379-1 de ce même code, sauf en cas de décision judiciaire ultérieure autorisant expressément un droit de visite.

Lorsqu'il s'agit d'une personne condamnée, l'information des autorités mentionnées par les dispositions des articles R. 341-5 et R. 341-6 de l'existence d'une interdiction judiciaire de contact résulte des mentions figurant dans la notice individuelle en application des dispositions de l'article D. 158 du Code de procédure pénale et de la transmission de la décision conformément aux dispositions de l'article D. 211-12.

Art. R. 341-3. – Le chef de l'établissement pénitentiaire fait droit à tout permis de visite qui lui est présenté, sauf à surseoir dans l'un des cas suivants :

1° Si des circonstances exceptionnelles l'obligent à en référer à l'autorité qui a délivré le permis ;

2° Si les personnes détenues sont matériellement empêchées ;

3° Si, placées en cellule disciplinaire, les personnes détenues ont épuisé leur droit à un parloir hebdomadaire.

Sous-section 2. – Permis de visite des personnes prévenues

Art. R. 341-4. – Sauf disposition contraire, les permis de visite délivrés aux personnes rendant visite aux personnes prévenues sont valables jusqu'au moment où la condamnation éventuelle acquiert un caractère définitif, sans qu'ait d'incidence sur cette validité un changement de l'autorité judiciaire chargée du dossier de la procédure.

Sous-section 3. – Permis de visite des personnes condamnées

Art. R. 341-5. – Pour les personnes condamnées, détenues en établissement pénitentiaire ou hospitalisées dans un établissement de santé habilité en application des dispositions de l'article L. 3214-1 du Code de la santé publique, les permis de visite sont délivrés, refusés, suspendus ou retirés par le chef de l'établissement pénitentiaire.

Art. R. 341-6. – Les permis de visite sont délivrés, refusés, suspendus ou retirés par le préfet, et à Paris par le préfet de police, lorsque les personnes condamnées sont hospitalisées dans l'une des structures suivantes :

1° Dans les établissements de santé mentionnés par les dispositions de l'article R. 6111-27 du Code de la santé publique et si l'hospitalisation présente un caractère d'urgence ou est de très courte durée ;

2° Dans les unités pour malades difficiles ;

3° Dans les hôpitaux militaires.

Art. R. 341-7. – Le procureur général près la cour d'appel saisie de la procédure est compétent pour délivrer, refuser, suspendre ou retirer les permis de visite pour les personnes détenues écrouées à la suite d'une demande d'extradition émanant d'un gouvernement étranger.

Art. R. 341-8. – Lorsque la personne condamnée est une personne majeure faisant l'objet, conformément à l'article 706-112 du Code de procédure pénale, d'une mesure de protection juridique, son curateur, son tuteur ou la personne désignée en application des articles 706-114 ou 706-117 du même code dispose de plein droit d'un permis de visite.

Section 2. – Contrôle et autorisations

Art. R. 341-9. – Le chef de l'établissement pénitentiaire ou un délégataire délivre des autorisations de visite dans les conditions prévues par les dispositions de l'article R. 113-66.

Art. R. 341-10. – Dans le ressort de sa compétence territoriale, le directeur interrégional des services pénitentiaires délivre des autorisations à portée générale qui permettent, à titre permanent ou pour un nombre limité de visites, la communication avec des personnes détenues non nominativement désignées, sous réserve des droits conférés à l'autorité judiciaire.

En dehors des cas prévus par les dispositions de l'article D. 341-20 relatives aux visiteurs de prisons, ces autorisations sont exceptionnelles.

Section 3. – Déroulement des visites et parloirs

Art. R. 341-11. – Pour des motifs liés au maintien du bon ordre et de la sécurité ou à la prévention des infractions, l'accès au parloir est subordonné aux mesures de contrôle jugées nécessaires à l'égard des visiteurs.

Art. R. 341-12. – Durant les visites, il est interdit de fumer, d'adopter des attitudes ou comportements indécents ou violents et d'apporter de la nourriture et des boissons. En cas de non-respect de ces interdictions, le parloir peut être interrompu.

Au cours des parloirs, le personnel pénitentiaire empêche toute remise d'argent, de lettres ou d'objets quelconques.

Art. R. 341-13. – Les visites se déroulent par principe dans un parloir ne comportant pas de dispositif de séparation. Toutefois, pour les personnes prévenues, le magistrat chargé du dossier de la procédure peut prescrire que les visites ont lieu dans un parloir avec dispositif de séparation.

En outre, le chef de l'établissement pénitentiaire peut décider que les visites ont lieu dans un parloir avec un tel dispositif de séparation dans l'un des cas suivants :

1° S'il existe des raisons sérieuses de redouter un incident ;

2° En cas d'incident survenu au cours d'une visite antérieure ;

3° À la demande du visiteur ou de la personne visitée.

Le chef de l'établissement pénitentiaire informe de sa décision le magistrat chargé du dossier de la procédure pour les personnes prévenues et la commission de l'application des peines pour les personnes condamnées.

Art. R. 341-14. – À l'exception des visites se déroulant dans les parloirs familiaux ou les unités de vie familiale, un personnel de surveillance pénitentiaire est présent dans les locaux. Il a la possibilité d'entendre les conversations.

Pendant les visites, les personnes détenues et leurs visiteurs s'expriment en français ou dans une langue que le personnel de surveillance est en mesure de comprendre, sauf si le permis délivré prévoit expressément que la conversation peut avoir lieu dans une langue autre que le français.

Le personnel de surveillance pénitentiaire peut mettre un terme à la visite pour des raisons tenant au maintien du bon ordre et de la sécurité ou à la prévention des infractions.

Les incidents mettant en cause les visiteurs sont signalés à l'autorité ayant délivré le permis, qui apprécie si le permis doit être suspendu ou retiré.

Art. R. 341-15. – Les parloirs familiaux sont des locaux spécialement conçus afin de permettre aux personnes détenues de recevoir, sans surveillance continue et directe, des visites des membres majeurs de leur famille ou de proches majeurs accompagnés, le cas échéant, d'un ou de plusieurs enfants mineurs, pendant une durée de six heures au plus au cours de la partie diurne de la journée.

Art. R. 341-16. – Les unités de vie familiale sont des locaux spécialement conçus afin de permettre aux personnes détenues de recevoir, sans surveillance continue et directe, des visites des membres majeurs de leur famille ou de proches majeurs accompagnés, le cas échéant, d'un ou de plusieurs enfants mineurs, pendant une durée comprise entre six heures et soixante-douze heures. La durée de la visite en unité de vie familiale est fixée dans le permis.

Section 4. – Action des visiteurs de prison

Art. R. 341-17. – Chaque personne détenue peut bénéficier de l'action d'un visiteur de prison agréé.

L'entretien entre le visiteur de prison et la personne détenue dont il s'occupe a lieu en dehors de la présence d'un personnel pénitentiaire, dans un local aménagé à cette fin à l'intérieur de l'établissement pénitentiaire.

Les visites ont lieu aux jours et heures fixés par le chef de l'établissement en accord avec les visiteurs.

Ces derniers peuvent correspondre librement avec les personnes détenues dont ils s'occupent, sous pli ouvert et sans autorisation préalable.

Art. D. 341-18. – Les visiteurs de prison contribuent, bénévolement et en fonction de leurs aptitudes particulières, à la prise en charge des personnes détenues signalées par le service pénitentiaire d'insertion et de probation, en vue de préparer leur réinsertion en leur apportant notamment aide et soutien pendant leur détention. Ils peuvent participer à des actions d'animation collective.

Art. D. 341-19. – Les visiteurs de prison peuvent exercer leur action auprès de toutes les personnes détenues écrouées dans l'établissement pénitentiaire pour lequel ils sont habilités, quelle que soit la situation pénale de ces personnes détenues.

Toutefois, le droit de visite est suspendu à l'égard des personnes prévenues dans le cas où ces dernières font l'objet de l'interdiction de communiquer prévue par les dispositions du premier alinéa de l'article 145-4 du Code de procédure pénale.

Art. D. 341-20. – Les visiteurs de prison sont agréés, pour une période de deux ans renouvelable, aux fins d'accès auprès des personnes détenues d'un ou plusieurs établissements pénitentiaires déterminés.

L'agrément est accordé par le directeur interrégional des services pénitentiaires, après avis du préfet ou, dans le département des Bouches-du-Rhône, du préfet de police des Bouches-du-Rhône.

L'agrément est retiré par le directeur interrégional des services pénitentiaires soit d'office, soit à la demande du juge de l'application des peines ou du procureur de la République.

En cas d'urgence et pour des motifs graves, l'agrément peut être suspendu par le chef de l'établissement pénitentiaire, qui en avise sans délai le directeur interrégional des services pénitentiaires, pour décision.

Art. D. 341-21. – Les visiteurs de prison interviennent en collaboration avec le service pénitentiaire d'insertion et de probation qui a pour tâche de coordonner leurs actions. Ils sont réunis chaque trimestre en présence du chef de l'établissement pénitentiaire.

Les visiteurs de prison s'engagent au respect des dispositions légales et réglementaires du présent code et du règlement intérieur de l'établissement pénitentiaire, défini aux articles L. 112-4 et R. 112-22, relatives à la discipline et à la sécurité, ainsi qu'aux obligations particulières résultant de leur qualité et de leur rôle, portées à leur connaissance lors de leur prise de fonction.

CHAPITRE II. – RAPPROCHEMENTS FAMILIAUX

Art. R. 342-1. – Le directeur interrégional des services pénitentiaires, après avis conforme du magistrat chargé du dossier de la procédure, peut faire droit à la demande de rapprochement familial de la personne prévenue répondant aux conditions prévues par les dispositions de l'article L. 342-1.

Le garde des sceaux, ministre de la justice, peut, dans les mêmes conditions, faire droit à une telle demande lorsqu'elle a pour effet le transfert d'une des personnes suivantes :

1° D'une personne détenue du ressort d'une direction interrégionale à une autre ;

2° D'une personne inscrite au répertoire des personnes détenues particulièrement signalées ;

3° D'une personne prévenue pour acte de terrorisme.

CHAPITRE III. – UNIONS CÉLÉBRÉES AU SEIN DE L'ÉTABLISSEMENT PÉNITENTIAIRE

Art. D. 343-1. – Sauf si elles obtiennent une permission de sortir en application des dispositions des articles D. 143 et D. 143-1 du Code de procédure pénale :

1° Le mariage des personnes détenues est célébré au sein de l'établissement pénitentiaire sur réquisitions du procureur de la République, telles que prévues par les dispositions de l'article 75 du Code civil ;

2° Le pacte civil de solidarité conclu par des personnes détenues est enregistré au sein de l'établissement pénitentiaire par l'officier de l'état civil, en application des dispositions deuxième alinéa de l'article 515-3 du même code.

CHAPITRE IV. – INFORMATION SUR LES ÉVÉNEMENTS FAMILIAUX

Art. R. 344-1. – Lorsque parvient à l'établissement pénitentiaire la nouvelle du décès ou de la maladie grave d'un membre de la proche famille d'une personne détenue, celle-ci en est immédiatement informée.

CHAPITRE V. – CORRESPONDANCES

Section 1. – Correspondances écrites

Sous-section 1. – Correspondances écrites des personnes prévenues

Art. R. 345-1. – Pour les personnes prévenues, le magistrat chargé du dossier de la procédure peut s'opposer à leur droit de correspondre par écrit soit de façon générale, soit à l'égard d'un ou plusieurs destinataires expressément mentionnés dans sa décision.

Les correspondances écrites par les personnes prévenues ou adressées à celles-ci sont, sauf décision contraire du magistrat, communiquées à ce dernier.

Art. R. 345-2. – La décision refusant à une personne prévenue l'exercice du droit de correspondance lui est notifiée par tout moyen.

Sous-section 2. – Correspondances écrites des personnes condamnées

Art. R. 345-3. – Les personnes détenues peuvent correspondre par écrit en application de l'article L. 345-2 avec toute personne de leur choix tous les jours et sans limitation.

Sous-section 3. – Contrôle et retenue des correspondances

§ 1. – Dispositions générales

Art. R. 345-4. – La correspondance des personnes détenues, reçue ou expédiée, doit être écrite en clair et ne comporter aucun signe ou caractère conventionnel compréhensible des seuls correspondants.

Celle écrite dans une autre langue que le français peut être traduite avant remise ou expédition.

Art. R. 345-5. – La décision de retenir une correspondance écrite, reçue ou expédiée, est notifiée à la personne détenue par le chef de l'établissement pénitentiaire au plus tard dans les trois jours. Lorsque la décision concerne une personne condamnée, le chef de l'établissement en informe la commission de l'application des peines. Lorsqu'elle concerne une personne prévenue, il en informe le magistrat chargé du dossier de la procédure.

La correspondance retenue est déposée dans le dossier individuel de la personne détenue. Elle lui est remise lors de sa libération.

TITRE V. – EXERCICE DU CULTE

CHAPITRE Ier. – DISPOSITIONS GÉNÉRALES

Art. R. 351-1. – Chaque personne détenue peut exercer le culte de son choix, à titre individuel dans sa cellule ou collectivement dans les salles prévues à cet effet, en présence des intervenants d'aumônerie.

Art. R. 351-2. – Chaque personne détenue doit pouvoir satisfaire aux exigences de sa vie religieuse, morale ou spirituelle.

À son arrivée dans l'établissement pénitentiaire, elle est avisée de son droit de recevoir la visite d'un ministre du culte et d'assister aux offices religieux et aux réunions cultuelles organisées par les personnes agréées à cet effet.

Art. R. 351-3. – Les offices religieux, les réunions cultuelles et l'assistance spirituelle aux personnes détenues sont assurés, pour les différents cultes, par des aumôniers agréés.

Art. R. 351-4. – Le port des vêtements religieux par les personnes détenues est interdit dans les lieux à usage collectif, à l'exception de la salle de culte.

Les vêtements et objets de culte doivent être transportés par les personnes détenues dans un sac de la cellule à la salle de culte.

Art. R. 351-5. – Conformément à l'article R. 323-1, chaque personne détenue reçoit une alimentation variée, compte tenu, dans toute la mesure du possible, de ses convictions philosophiques ou religieuses.

CHAPITRE II. – ASSISTANCE SPIRITUELLE

Section 1. – Intervention des aumôniers agréés

Art. D. 352-1. – L'agrément des aumôniers est délivré par le directeur interrégional des services pénitentiaires après avis du préfet du département dans lequel se situe l'établissement visité, sur proposition de l'aumônier national du culte concerné.

Lorsque la demande d'agrément porte sur des établissements pénitentiaires situés dans plusieurs départements, le préfet de région exerce la compétence dévolue au préfet de département en application des dispositions de l'alinéa précédent.

En vue de leur permettre d'assurer les missions qui leur sont confiées, une indemnité forfaitaire peut être allouée aux aumôniers agréés.

Un aumônier agréé depuis le 1er octobre 2017 ne peut bénéficier du versement d'une indemnité sur la base de vacations horaires que s'il est titulaire de l'un des diplômes de formation civile et civique figurant sur une liste déterminée selon des modalités fixées par arrêté conjoint du ministre de l'intérieur, du ministre chargé de l'enseignement supérieur et du ministre chargé de l'outre-mer.

Toutefois, un aumônier agréé depuis la même date peut bénéficier du versement de telles indemnités s'il n'est pas titulaire de l'un des diplômes précités dès lors qu'il s'engage à le devenir au cours des deux années qui suivent la décision l'agréant. Au terme de ces deux années, l'indemnité cesse d'être versée si l'aumônier n'a pas obtenu l'un de ces diplômes.

L'indemnité prévue par les dispositions du présent article n'est cumulable avec aucune autre rémunération publique versée au même titre. Un arrêté conjoint du garde des sceaux, ministre de la justice, et du ministre chargé du budget fixe son montant annuel.

Lorsque son titulaire atteint l'âge de soixante-quinze ans, l'agrément est retiré par le directeur interrégional des services pénitentiaires.

Art. D. 352-2. – Les aumôniers consacrent tout ou partie de leur temps aux fonctions définies par les dispositions de l'article R. 351-3 selon le nombre des personnes détenues qui souhaitent les rencontrer dans l'établissement pénitentiaire auprès duquel ils sont agréés.

Art. D. 352-3. – Les aumôniers peuvent être assistés dans leur mission par des auxiliaires bénévoles d'aumônerie, agréés par le directeur interrégional des services pénitentiaires après avis du préfet du département dans lequel se situe l'établissement pénitentiaire ou, lorsque la demande d'agrément porte sur des établissements situés dans plusieurs départements, du préfet de région et de l'aumônier national du culte concerné, pour une période de deux ans renouvelable. Ces derniers peuvent animer des groupes de personnes détenues en vue de la réflexion, de la prière et de l'étude. Ils ne peuvent pas avoir d'entretiens individuels avec les personnes détenues.

Art. D. 352-4. – Les aumôniers et les auxiliaires bénévoles d'aumônerie exercent auprès des personnes détenues un rôle exclusivement spirituel et moral, en se conformant aux dispositions du présent code et au règlement intérieur de l'établissement pénitentiaire, défini aux articles L. 112-4 et R. 112-22.

Art. D. 352-5. – À la demande de l'aumônier, les offices peuvent être célébrés par d'autres ministres du culte sur autorisation délivrée par le chef de l'établissement pénitentiaire.

Art. D. 352-6. – Le nom des personnes détenues qui ont déclaré leur intention de pratiquer leur religion est communiqué à l'aumônier dans les meilleurs délais.

Section 2. – Offices religieux

Art. R. 352-7. – Les jours et heures des offices sont fixés par les aumôniers en accord avec le chef de l'établissement pénitentiaire. Ils sont organisés dans un local déterminé par ce dernier.

Section 3. – Entretiens individuels

Art. R. 352-8. – Les personnes détenues peuvent s'entretenir, à leur demande, aussi souvent que nécessaire, avec les aumôniers de leur confession. Aucune mesure ni sanction ne peut entraver cette faculté.

L'entretien a lieu, en dehors de la présence d'un personnel de surveillance, soit dans un parloir, soit dans un local prévu à cet effet, soit dans la cellule de la personne détenue et, si elle se trouve au quartier disciplinaire, dans un local déterminé par le chef de l'établissement pénitentiaire.

Les personnes détenues occupées à une activité collective de travail qui demandent à s'entretenir avec un aumônier bénéficient de cet entretien en dehors des heures de travail, ou, à titre exceptionnel, en interrompant leur activité, si cette interruption n'affecte pas l'activité des autres personnes détenues.

Section 4. – Objets de culte

Art. R. 352-9. – Les personnes détenues reçoivent ou conservent en leur possession les objets de pratique religieuse et les livres nécessaires à leur vie spirituelle.

TITRE VI. – EXERCICE DU DROIT DE VOTE

CHAPITRE Ier. – INFORMATION DES PERSONNES DÉTENUES

Art. R. 361-1. – Le chef de l'établissement pénitentiaire informe, par tous moyens, les personnes détenues mentionnées par les dispositions de l'article L. 12-1 du Code électoral, des modalités de leur inscription sur les listes électorales et d'exercice de leur droit de vote, prévues par les dispositions des articles L. 12-1, L. 18-1, L. 71, L. 79 à L. 82 et L. 388-1 du même code. Cette information est délivrée dans les quinze jours suivant l'incarcération des personnes détenues.

Le chef de l'établissement pénitentiaire délivre cette information, dans les mêmes conditions que celles prévues au premier alinéa, aux personnes en âge de voter le jour du scrutin et détenues dans un quartier pour personnes mineures ou un établissement pénitentiaire spécialisé pour personnes mineures.

Art. R. 361-2. – Le chef de l'établissement pénitentiaire fournit aux personnes détenues qui souhaitent s'inscrire sur les listes électorales au titre des dispositions de l'article L. 12-1 du Code électoral les moyens nécessaires pour former leur demande d'inscription et réunir les justificatifs mentionnés à l'article R. 5 du même code. À cette occasion, il vérifie par tous moyens leur identité.

Il fournit ces moyens aux personnes en âge de voter le jour du scrutin et détenues dans un quartier pour personnes mineures ou un établissement pénitentiaire spécialisé pour personnes mineures, lorsque celles-ci souhaitent s'inscrire sur les listes électorales au titre des dispositions de l'article L. 12-1 du Code électoral.

Art. R. 361-3. – Le chef de l'établissement pénitentiaire peut désigner un adjoint, un fonctionnaire appartenant à un corps de catégorie A ou un membre du corps de commandement, un major pénitentiaire ou un premier surveillant placé sous son autorité pour l'assister dans l'exercice de ses attributions définies par les dispositions du présent chapitre et des articles R. 1 à R. 25 et R. 81 à R. 85 du Code électoral. Il peut également déléguer sa signature aux mêmes personnes pour l'exercice de ces missions.

CHAPITRE II. – INSCRIPTION SUR LES LISTES ÉLECTORALES

Le présent chapitre ne comprend pas de dispositions réglementaires.

CHAPITRE III. – MODALITÉS DU VOTE

Section 1. – Accès au vote

Art. D. 363-1. – Conformément aux dispositions de l'article D. 143-4 du Code de procédure pénale, les personnes condamnées peuvent bénéficier d'une permission de sortir pour exercer leur droit de vote.

Section 2. – Organisation du scrutin

Art. R. 363-2. – Le chef de l'établissement pénitentiaire est destinataire des listes des personnes détenues admises à voter par correspondance, dans les conditions prévues par les dispositions de l'article R. 81 du Code électoral.

Art. R. 363-3. – Le chef de l'établissement pénitentiaire réceptionne les documents nécessaires à l'exercice du droit de vote par correspondance, dans les conditions prévues par les dispositions de l'article R. 82 du Code électoral.

Art. R. 363-4. – Les opérations de vote par correspondance des personnes détenues sont organisées au sein de chaque établissement pénitentiaire avant le scrutin, dans le délai et selon les modalités prévus par les dispositions de l'article R. 83 du Code électoral.

Art. R. 363-5. – Dans les conditions prévues à l'article R. 84 du Code électoral, le chef de l'établissement pénitentiaire conserve les documents mentionnés à cet article et les remet, le jour du scrutin, au président du bureau de vote.

TITRE VII. – ACCÈS AUX PUBLICATIONS ÉCRITES ET AUDIOVISUELLES

Art. R. 370-1. – L'accès des personnes détenues aux publications écrites et audiovisuelles peut s'effectuer :

1° Dans le cadre de l'action culturelle mise en œuvre dans chaque établissement pénitentiaire ;

2° Par l'intermédiaire de la médiathèque de l'établissement pénitentiaire et des bibliothèques territoriales partenaires de l'administration pénitentiaire ;

3° Par l'intermédiaire du centre de ressources audiovisuelles et multimédia de l'établissement pénitentiaire ;
4° Par la réception de l'extérieur de telles publications ;
5° Par l'utilisation collective ou individuelle d'équipements permettant exclusivement la réception de services de radio et de télévision ;
6° Par l'utilisation collective ou individuelle d'équipements informatiques non connectés à des réseaux extérieurs ;
7° Par l'utilisation collective ou individuelle d'équipements terminaux au sens du 10° de l'article L. 32 du Code des postes et des communications électroniques.

Art. R. 370-2. – La réception ou l'envoi vers l'extérieur des publications écrites et audiovisuelles par les personnes détenues s'effectue :

1° Par apport à l'occasion des visites effectuées dans le cadre d'un permis de visite ou de la venue d'un visiteur de prison agréé ;
2° Par envoi postal de l'éditeur ou des personnes détenues ;
3° Par dépôt à l'établissement pénitentiaire, effectué par les visiteurs de prison agréés ou les personnes titulaires d'un permis de visite, en dehors des visites, après accord du chef de l'établissement ;
4° Par l'intermédiaire de l'administration pénitentiaire.

Dans les hypothèses visées aux 1° et 3°, la publication est remise au personnel pénitentiaire qui la transmet à la personne détenue destinataire.

Lorsque la réception ou l'envoi de publications écrites et audiovisuelles entraîne des frais et que ceux-ci ne sont pas acquittés par l'expéditeur extérieur ou le destinataire extérieur, ces frais sont à la charge de la personne détenue intéressée.

Art. R. 370-3. – La médiathèque met gratuitement les publications écrites et audiovisuelles de son fonds à la disposition de chaque personne détenue.

Art. R. 370-4. – Chaque personne détenue peut se procurer, par l'intermédiaire de l'administration et selon les modalités que celle-ci détermine, une radio et un téléviseur individuels. Leur utilisation ne doit pas être gênante pour les autres personnes détenues.

Les échanges et les prêts de livres personnels entre personnes détenues sont autorisés.

Art. R. 370-5. – L'interdiction pour les personnes détenues d'accéder à une publication écrite ou audiovisuelle contenant des menaces graves contre la sécurité des personnes et des établissements pénitentiaires ou des propos ou signes injurieux ou diffamatoires à l'encontre des agents et collaborateurs du service public pénitentiaire ou des personnes détenues est prise par le garde des sceaux, ministre de la justice, lorsqu'elle concerne l'ensemble des établissements pénitentiaires ou, dans les autres cas, par le directeur interrégional des services pénitentiaires territorialement compétent. Lorsque la décision d'interdiction ne s'applique qu'à un établissement pénitentiaire ou une personne détenue, le directeur interrégional peut en déléguer la signature au chef de l'établissement concerné, placé sous son autorité.

TITRE VIII. – PROTECTION DE L'IMAGE, DE LA VOIX ET DES PUBLICATIONS

CHAPITRE Ier. – DISPOSITIONS COMMUNES

Art. R. 381-1. – La sortie des écrits rédigés par une personne détenue en vue de leur publication ou de leur divulgation est autorisée par le directeur interrégional des services pénitentiaires.

Sans préjudice d'une éventuelle saisie par l'autorité judiciaire et sous réserve de l'exercice des droits de la défense, tout manuscrit rédigé en détention peut être retenu pour des raisons d'ordre public et n'être restitué à son auteur qu'au moment de sa libération.

Art. D. 381-2. – La diffusion, hors des locaux d'un établissement pénitentiaire, de productions audiovisuelles réalisées dans le cadre d'activités d'insertion est soumise à l'autorisation du directeur interrégional des services pénitentiaires territorialement compétent, sans préjudice de l'application des règles relatives au droit à l'image des personnes détenues, prévues par les dispositions des articles L. 381-1 du présent code et R. 57-6-17 du Code de procédure pénale.

CHAPITRE II. – PROTECTION DE L'IMAGE ET DE LA VOIX DES PERSONNES PRÉVENUES

Art. R. 382-1. – La diffusion de l'image et de la voix des personnes prévenues est autorisée dans les conditions prévues par les dispositions de l'article R. 57-6-17 du Code de procédure pénale.

LIVRE IV

AIDE À LA RÉINSERTION DES PERSONNES DÉTENUES

TITRE Ier. – ACTIVITÉS EN DÉTENTION

CHAPITRE Ier. – DISPOSITIONS COMMUNES

Section 1. – Obligation d'exercer au moins une activité

Art. R. 411-1. – Une personne détenue condamnée remplit l'obligation prévue par les dispositions de l'article L. 411-1 lorsqu'elle exerce au moins l'une des activités relevant de l'un des domaines suivants : travail, formation professionnelle, insertion par l'activité économique, enseignement, activités éducatives, culturelles, socioculturelles, sportives et physiques.

Section 2. – Consultation des personnes détenues

Art. R. 411-2. – Les personnes détenues sont consultées au moins deux fois par an sur les activités proposées en application de l'article R. 411-1.

Art. R. 411-3. – Sont associés à ces consultations les membres du personnel pénitentiaire dont le directeur du service pénitentiaire d'insertion et de probation, et, le cas échéant, toute personne extérieure sur invitation du chef de l'établissement pénitentiaire.

Art. R. 411-4. – Le chef de l'établissement pénitentiaire informe les personnes détenues et les membres du personnel pénitentiaire des résultats des consultations et des décisions prises pour l'organisation des activités.

Art. R. 411-5. – Le chef de l'établissement pénitentiaire communique chaque année au conseil d'évaluation mentionné par les dispositions de l'article D. 136-2 un rapport sur l'organisation et les résultats de ces consultations.

Art. R. 411-6. – Les modalités des consultations sont définies par le chef de l'établissement pénitentiaire dans le règlement intérieur de l'établissement, défini aux articles L. 112-4 et R. 112-22.

Section 3. – Déroulement des activités

Art. R. 411-7. – Aucune personne détenue ne peut occuper un emploi comportant autorité sur d'autres personnes détenues. Cette interdiction ne fait pas obstacle à ce que certaines responsabilités soient confiées à une personne détenue dans le cadre d'activités dirigées, sous le contrôle effectif du personnel de l'administration pénitentiaire.

Art. R. 411-8. – Sous le contrôle d'un personnel pénitentiaire, les personnes détenues peuvent participer à des activités collectives ou à des jeux excluant toute idée de gain.

CHAPITRE II. – TRAVAIL

Section 1. – Dispositions générales

Art. R. 412-1 *(Mod., D. n° 2022-655, 25 avr. 2022)*. – Chaque personne détenue, quelle que soit sa catégorie pénale, peut demander à être classée au travail. Elle adresse sa demande écrite au chef de l'établissement pénitentiaire.

Une fois classée au travail, la personne détenue peut adresser au chef de l'établissement pénitentiaire une demande écrite d'affectation sur un poste de travail.

Si le chef de l'établissement pénitentiaire a pris une décision de classement et une décision d'affectation sur un poste de travail, la personne détenue conclut un contrat d'emploi pénitentiaire avec le donneur d'ordre. Elle signe également une convention annexée au contrat définissant les obligations respectives de l'établissement pénitentiaire, de la personne détenue et du donneur d'ordre lorsque ce dernier n'est pas l'administration pénitentiaire.

Le règlement spécifique à chaque activité ainsi que la grille de rémunération sont affichés sur les lieux de travail.

Art. R. 412-2 *(D. n° 2022-655, 25 avr. 2022)*. – Chaque personne détenue peut bénéficier d'une découverte en milieu professionnel au sein de l'établissement pénitentiaire ayant pour objet :

1° Soit de découvrir un métier ou un secteur d'activité ;

2° Soit de confirmer un projet professionnel ;

3° Soit d'initier une démarche de recrutement.

Cette découverte en milieu professionnel peut être effectuée au service général ou dans le cadre d'une activité de production pour une durée maximale de cinq jours. Elle est prescrite par le service pénitentiaire d'insertion et de probation, une structure d'insertion par l'activité économique, une entreprise adaptée mentionnée à l'article L. 5213-13 du Code du travail ou un service de l'État ayant pour mission de développer le travail et l'insertion professionnelle des personnes placées sous main de justice.

Art. R. 412-3 *(D. n° 2022-655, 25 avr. 2022)*. – Conformément aux dispositions de l'article R. 323-1, chaque personne détenue reçoit une alimentation variée, compte tenu de la nature de son travail.

Par dérogation au deuxième alinéa du même article, les horaires des repas peuvent être adaptés au regard de l'activité de travail exercée en détention, dans la limite d'un intervalle d'au moins quatre heure entre les deux principaux repas.

Art. R. 412-4 *(D. n° 2022-655, 25 avr. 2022)*. – Conformément aux dispositions de l'article R. 221-4, aucun outil dangereux ne peut être laissé à la disposition d'une personne détenue en dehors du temps de travail.

Art. R. 412-5 *(Mod., D. n° 2022-655, 25 avr. 2022)*. – Dans toute la mesure du possible et eu égard aux contraintes propres à l'activité exercée, les personnes détenues doivent pouvoir se doucher après le travail, conformément aux dispositions de l'article R. 321-5.

Art. D. 412-6 *(D. n° 2022-655, 25 avr. 2022)*. – L'agence du travail d'intérêt général et de l'insertion professionnelle des personnes placées sous main de justice, au vu des difficultés sociales et professionnelles que peuvent rencontrer les personnes détenues qu'elle prend en charge, leur propose des activités d'insertion, de formation professionnelle et de travail, en vue de leur insertion, de la préparation de leur sortie de détention et de la lutte contre la commission de nouvelles infractions.

Art. D. 412-7 *(D. n° 2022-655, 25 avr. 2022)*. – Indépendamment de la surveillance des personnes détenues, les personnels pénitentiaires assurent le respect des règles de discipline et de sécurité sur les lieux du travail.

En production, l'encadrement technique est assuré par un représentant du donneur d'ordre mentionné par les dispositions du 2° de l'article L. 412-3.

Au service général, il doit être assuré par un personnel spécialisé ou par un représentant de l'entreprise délégataire.

Les personnes extérieures sont agréées par le chef de l'établissement pénitentiaire.

Section 2. – Classement au travail et affectation sur un poste de travail

Sous-section 1. – Décision

Art. R. 412-8 *(Mod., D. n° 2022-655, 25 avr. 2022).* – La décision par laquelle le chef de l'établissement pénitentiaire se prononce sur une demande de classement est notifiée par écrit à la personne détenue intéressée.

Une décision de refus de classement peut être prononcée pour des motifs liés au bon ordre et à la sécurité de l'établissement. Cette décision est motivée.

Art. R. 412-9 *(D. n° 2022-655, 25 avr. 2022).* – La décision d'affectation est prise par le chef de l'établissement pénitentiaire au regard du choix opéré par le donneur d'ordre et sous réserve des motifs liés au bon ordre et à la sécurité de l'établissement. Cette décision est formalisée par la signature du contrat d'emploi pénitentiaire.

La décision du chef de l'établissement pénitentiaire refusant l'affectation est motivée et notifiée au donneur d'ordre et à la personne détenue intéressée.

Art. R. 412-10 *(D. n° 2022-655, 25 avr. 2022).* – L'affectation d'une personne prévenue sur un poste de travail au service général nécessite l'accord préalable du magistrat chargé du dossier de la procédure en application des dispositions de l'article 715 du Code de procédure pénale.

Art. D. 412-11 *(D. n° 2022-655, 25 avr. 2022).* – Dans chaque établissement pénitentiaire, des personnes détenues sont affectées au service général de l'établissement.

Elles sont choisies de préférence parmi les personnes condamnées.

Aucune personne détenue ne peut être employée à la régie des comptes nominatifs, au greffe pénitentiaire ou au sein des unités sanitaires en milieu pénitentiaire.

Art. D. 412-12 *(D. n° 2022-655, 25 avr. 2022).* – Les entretiens professionnels organisés par l'administration pénitentiaire en application des dispositions de l'article L. 412-6 sont réalisés par le donneur d'ordre ou son représentant.

Art. D. 412-13 *(D. n° 2022-655, 25 avr. 2022).* – Dans le cas prévu au 3° de l'article L. 412-16, le chef de l'établissement pénitentiaire de destination classe la personne détenue transférée au travail conformément à la décision de classement par le chef de l'établissement pénitentiaire de départ, sauf pour un motif lié au bon ordre et à la sécurité de l'établissement.

Sous-section 2. – Suspension et fin

§ 1. – Suspension

Art. R. 412-14 *(D. n° 2022-655, 25 avr. 2022).* – Chaque personne détenue souhaitant suspendre son affectation en application des dispositions de l'article L. 412-8 adresse une demande écrite au chef de l'établissement pénitentiaire qui précise :

1° Les motifs justifiant la suspension de l'affectation ;

2° La durée prévue de suspension de l'affectation.

La décision par laquelle le chef de l'établissement pénitentiaire rejette la demande de suspension de l'affectation est motivée et notifiée par écrit à la personne détenue intéressée.

Le silence gardé pendant un délai de cinq jours vaut acceptation de la demande de suspension de l'affectation.

Art. R. 412-15 *(D. n° 2022-655, 25 avr. 2022).* – L'affectation sur un poste de travail est suspendue de plein droit en cas de suspension totale ou partielle de l'activité de travail en détention, notamment en cas de cessation temporaire de l'activité prévue par le contrat d'implantation ou en cas de suspension du contrat d'implantation. Cette suspension de plein droit est notifiée par écrit à la personne détenue intéressée.

Art. R. 412-16 *(D. n° 2022-655, 25 avr. 2022).* – La suspension de l'affectation sur un poste de travail pour des motifs liés au maintien du bon ordre, à la sécurité de l'établissement pénitentiaire ou à la prévention des infractions prise en application de l'article L. 412-8 est notifiée par écrit à la personne détenue.

§ 2. – Fin de l'affectation

Art. R. 412-17 *(D. n° 2022-655, 25 avr. 2022).* – Le chef de l'établissement pénitentiaire met fin à l'affectation sur un poste de travail dans le cadre d'une activité de production en cas de cessation de cette activité.

La fin de l'affectation est notifiée par écrit à la personne détenue intéressée.

§ 3. – Voies de recours

Art. R. 412-18 *(D. n° 2022-655, 25 avr. 2022).* – La personne détenue qui entend contester une décision de refus de classement, de déclassement, de refus d'affectation ou de fin d'affectation dont elle fait l'objet doit, dans le délai de quinze jours à compter de la notification de la décision, la déférer au directeur interrégional des services pénitentiaires préalablement à tout recours contentieux. Le directeur interrégional dispose d'un délai d'un mois à compter de la réception du recours pour répondre par décision motivée. L'absence de réponse dans ce délai vaut décision de rejet.

Section 3. – Contrat d'emploi pénitentiaire

Sous-section 1. – Conclusion

Art. R. 412-19 *(D. n° 2022-655, 25 avr. 2022).* – Le contrat d'emploi pénitentiaire est signé par la personne détenue intéressée au plus tard dans les deux jours ouvrables suivant la prise de poste.

Art. R. 412-20 *(D. n° 2022-655, 25 avr. 2022).* – Un contrat d'emploi pénitentiaire à durée déterminée, quel que soit son motif, ne peut avoir ni pour objet ni pour effet de pourvoir durablement un emploi lié à l'activité normale et permanente du service, de l'entreprise ou de la structure chargée de l'activité de travail.

Un contrat d'emploi pénitentiaire à durée déterminée ne peut être conclu que pour l'exécution d'une tâche précise et temporaire, et seulement dans les cas suivants :

1° Remplacement d'une personne détenue en cas d'absence ou de suspension de contrat ;

2° Accroissement temporaire de l'activité de travail concernée ;

3° Poste à caractère saisonnier.

Art. R. 412-21 *(D. n° 2022-655, 25 avr. 2022).* – Il est interdit de conclure un contrat d'emploi pénitentiaire à durée déterminée en remplacement d'une personne détenue dont le contrat a été suspendu au motif d'une baisse temporaire de l'activité.

Art. R. 412-22 *(D. n° 2022-655, 25 avr. 2022).* – Dans les trois mois suivant une résiliation pour motif économique, il est interdit de conclure un contrat d'emploi pénitentiaire à durée déterminée au titre d'un accroissement temporaire de l'activité.

Cette interdiction porte sur les postes concernés par la résiliation dans l'établissement pénitentiaire.

Art. R. 412-23 *(D. n° 2022-655, 25 avr. 2022).* – I. – Le contrat d'emploi pénitentiaire à durée déterminée comporte un terme fixé avec précision dès sa conclusion.

II. – Toutefois, le contrat peut ne pas comporter de terme précis lorsqu'il est conclu dans l'un des cas suivants :

1° Remplacement d'une personne détenue en cas d'absence ou de suspension de contrat ;

2° Poste à caractère saisonnier ;

Le contrat d'emploi pénitentiaire à durée déterminée est alors conclu pour une durée minimale. Il a pour terme la fin de l'absence de la personne remplacée ou la réalisation de l'objet pour lequel il a été conclu.

Art. R. 412-24 *(D. n° 2022-655, 25 avr. 2022).* – Le contrat d'emploi pénitentiaire peut être renouvelé par le donneur d'ordre, par avenant au contrat d'emploi pénitentiaire et après entretien avec la personne détenue intéressée.

Sous-section 2. – Contenu et exécution

§ 1. – Contenu

Art. R. 412-25 *(Mod., D. n° 2022-655, 25 avr. 2022).* – Le contrat d'emploi pénitentiaire comporte notamment les mentions suivantes :

1° Le régime de travail ;

2° Le caractère déterminé ou indéterminé de la durée du contrat ;

3° Le cas échéant, une clause de renouvellement ;

4° La date effective du début d'activité et, le cas échéant, la date de fin de contrat ;

5° La durée et les termes de renouvellement ou non de la période d'essai conformément à l'article L. 412-13 ;

6° La description du poste de travail et des missions ;

7° le cas échéant, les risques particuliers liés au poste de travail ;

8° La durée hebdomadaire ou mensuelle du travail ;

9° Les temps de pause et de repos ainsi que les jours fériés ;

10° Le cas échéant, l'organisation des périodes d'astreinte ;

11° Le montant de la rémunération et des primes éventuelles ;

12° Le montant des cotisations sociales ;

13° Les modalités de modification du contrat ;

14° Les modalités de suspension et de fin du contrat.

Lorsque le travail est accompli pour le compte de l'administration pénitentiaire, le contrat d'emploi pénitentiaire comporte également les mentions prévues par les dispositions de l'article R. 412-26.

Lorsque le travail est accompli pour le compte d'une structure d'insertion par l'activité économique ou d'une entreprise adaptée, le contrat d'emploi pénitentiaire prévoit en outre un accompagnement socioprofessionnel visant à faciliter la réinsertion et en précise les modalités.

NB : Conformément à l'article 9 du décret n° 2022-655 du 25 avril 2022, ces dispositions entrent en vigueur le 1er mai 2022. Par exception, les 8° et 10° du présent article entrent en vigueur à une date fixée par arrêté du garde des sceaux, ministre de la justice et au plus tard le 1er décembre 2023. Se reporter aux conditions d'application prévues par l'article 9 du décret n° 2022-655.

Art. R. 412-26 *(D. n° 2022-655, 25 avr. 2022).* – La convention mentionnée à l'article L. 412-11 comporte notamment les mentions suivantes :

1° Les absences autorisées ;

2° Les modalités de modification de la convention ;

3° Les voies et délais de recours.

Art. R. 412-27 *(Mod., D. n° 2022-655, 25 avr. 2022).* – I. – Lorsque le travail est accompli pour le compte d'un donneur d'ordre mentionné au 2° de l'article L. 412-3, la convention prévue à l'article L. 412-11 définit les obligations respectives du chef de l'établissement pénitentiaire, du donneur d'ordre et de la personne détenue intéressée, dans le respect des dispositions des II à IV du présent article.

II. – Le chef de l'établissement pénitentiaire prend toute décision relative :

1° Au classement, à l'affectation, à la suspension de l'affectation, à la fin de l'affectation et au déclassement du travail de la personne détenue ;

2° À l'autorisation, à la suspension ou à l'arrêt de l'activité de travail ;

3° À l'autorisation d'utilisation des équipements et outils mis à disposition par le donneur d'ordre.

III. – Dans le cadre de la convention prévue à l'article L. 412-11, le chef de l'établissement pénitentiaire :

1° Organise les mouvements pour assurer la présence de la personne détenue au travail ainsi que la surveillance et la sécurité sur les lieux de travail ;

2° Procède au versement à la personne détenue des rémunérations sur la base des éléments transmis par le donneur d'ordre et de la déclaration aux organismes de sécurité sociale.

IV. – Dans le cadre de la même convention, le donneur d'ordre :

1° Aménage les locaux mis gratuitement à sa disposition, après avoir procédé à une évaluation des risques liés à l'activité professionnelle, et intègre les équipements de travail et moyens de protection nécessaires et adaptés à l'activité qu'il souhaite mettre en œuvre dans le cadre du contrat d'emploi pénitentiaire ;

2° Organise la production, l'encadrement technique et le contrôle de la production, en prenant toute disposition utile pour les assurer directement ;

3° Garantit une formation d'adaptation à l'emploi et la formation à la sécurité de la personne détenue ;

4° Détermine le montant de la rémunération du travail de la personne détenue dans les conditions prévues à l'article D. 412-64 ainsi que celui des primes le cas échéant attribuées en application de l'article D. 412-65 ;

5° Rembourse à l'administration pénitentiaire le montant de la rémunération et des cotisations ;

6° Décide, le cas échéant, de la suspension ou de la fin du contrat d'emploi pénitentiaire.

§ 2. – Exécution

Art. R. 412-28 *(D. n° 2022-655, 25 avr. 2022)*. – La durée de la période d'essai, prévue à l'article L. 412-13, se décompte de manière calendaire.

Art. R. 412-29 *(D. n° 2022-655, 25 avr. 2022)*. – La période d'essai d'une personne détenue travaillant à temps partiel ne peut avoir une durée calendaire supérieure à celle d'une personne détenue travaillant à temps complet.

Art. R. 412-30 *(D. n° 2022-655, 25 avr. 2022)*. – La période d'essai ne peut excéder une durée calculée à raison d'un jour par semaine, dans les limites prévues par les dispositions de l'article L. 412-13.

Art. R. 412-31 *(D. n° 2022-655, 25 avr. 2022)*. – Lorsqu'il est mis fin à la période d'essai, la personne détenue ou le donneur d'ordre respecte un délai de prévenance d'au moins vingt-quatre heures.

Art. D. 412-32 *(D. n° 2022-655, 25 avr. 2022)*. – L'administration pénitentiaire veille à organiser les rendez-vous des personnes détenues en dehors des heures de travail. Néanmoins, lorsque cela n'a pas été possible, constituent notamment des motifs légitimes d'absence :

1° Les convocations judiciaires et administratives ;

2° Les motifs disciplinaires ;

3° Les convocations aux examens scolaires ou de formation professionnelle ;

4° Les temps d'allaitement ;

5° Les autorisations de sortir sous escorte ;

6° Les visites se déroulant dans les parloirs familiaux ou les unités de vie familiale ;

7° Les évènements familiaux ;

8° Les entretiens de la personne détenue avec son avocat, les services de l'administration pénitentiaire ou les personnes habilitées à intervenir en détention ;

9° Les entretiens réalisés dans le cadre de la préparation à la sortie ;

10° Les rendez-vous médicaux, y compris pour la réalisation d'actes médicaux nécessaires à une assistance médicale à la procréation ;

11° Les permissions de sortir.

Sous-section 3. – Suspension

Art. R. 412-33 *(D. n° 2022-655, 25 avr. 2022)*. – I. – Conformément à l'article L. 412-15, le contrat d'emploi pénitentiaire peut être suspendu par l'un des donneurs d'ordre mentionnés à l'article L. 412-3 pour l'un des motifs suivants :

1° Des difficultés économiques conjoncturelles ;

2° Des difficultés durables d'approvisionnement en matières premières ou en énergie ;

3° Un sinistre ou des intempéries de caractère exceptionnel ;

4° La transformation, restructuration ou modernisation de la structure, du service, de l'entreprise ou de l'établissement pénitentiaire ;

5° Toute autre circonstance de caractère exceptionnel.

II. – Au service général et conformément à l'article L. 412-15, le contrat d'emploi pénitentiaire peut être suspendu par le chef de l'établissement pénitentiaire dans les cas prévus par les dispositions des 3°, 4° et 5° du I.

Art. R. 412-34 *(D. n° 2022-655, 25 avr. 2022).* – En cas de baisse temporaire de l'activité pour l'un des motifs énoncés aux 1° à 5° de l'article R. 412-33, le donneur d'ordre adresse à l'autorité administrative une demande d'avis en vue de la suspension du ou des contrats d'emploi pénitentiaire concernés.

La demande est écrite et précise :

1° Les motifs justifiant le recours à cette suspension ;

2° La période prévisible de sous-activité ;

3° Le nombre de personnes détenues concernées.

L'autorité administrative est le chef de l'établissement pénitentiaire dans le cadre des activités de production, et la direction interrégionale des services pénitentiaires dans le cadre du service général.

L'avis de l'autorité administrative est notifié par écrit au donneur d'ordre dans un délai de cinq jours à compter de la date de réception de la demande.

Le silence gardé pendant un délai de cinq jours sur une demande de suspension vaut avis favorable.

Art. R. 412-35 *(D. n° 2022-655, 25 avr. 2022).* – Le ou les contrats d'emploi pénitentiaire peuvent être suspendus pour une durée maximale de trois mois à compter de la date de réception de l'avis de l'autorité administrative.

Par dérogation à l'alinéa précédent, dans le cas, mentionné au 3° de l'article R. 412-33, d'un sinistre ou d'intempéries de caractère exceptionnel, le ou les contrats d'emploi pénitentiaire peuvent être suspendus pour une durée maximale de six mois.

Art. R. 412-36 *(D. n° 2022-655, 25 avr. 2022).* – La suspension du contrat d'emploi pénitentiaire est notifiée par écrit à chaque personne détenue concernée.

Sous-section 4. – Résiliation

§ 1. – Procédures de résiliation

Art. R. 412-37 *(D. n° 2022-655, 25 avr. 2022).* – Le donneur d'ordre ou la personne détenue souhaitant mettre fin au contrat d'emploi pénitentiaire en application des dispositions du 1° de l'article L. 412-16 adresse une demande écrite à l'autre partie. La demande précise les motifs justifiant la résiliation du contrat.

En cas d'accord, les termes et les conditions de la résiliation sont énoncés dans un accord amiable signé par les deux parties. Chaque partie reçoit un exemplaire de l'accord.

En l'absence d'accord, et si elle est à l'origine de la demande, la personne détenue adresse au donneur d'ordre une lettre de résiliation anticipée du contrat d'emploi pénitentiaire.

Art. R. 412-38 *(D. n° 2022-655, 25 avr. 2022).* – Le donneur d'ordre qui envisage de procéder à une résiliation du contrat d'emploi pénitentiaire pour insuffisance professionnelle ou en cas de non-respect de l'accompagnement socioprofessionnel proposé en application des dispositions de l'article L. 412-17 convoque, avant toute décision, la personne détenue intéressée à un entretien préalable.

La convocation est notifiée à la personne détenue sous la forme d'une lettre. Cette lettre indique l'objet de la convocation.

L'entretien préalable ne peut avoir lieu moins de deux jours ouvrables après la notification de la lettre de convocation.

Au cours de l'entretien préalable, le donneur d'ordre indique les motifs de la décision envisagée et recueille les observations de la personne détenue.

La résiliation du contrat d'emploi pénitentiaire est notifiée à la personne détenue sous la forme d'une lettre motivée, au moins un jour ouvrable après la date de l'entretien préalable.

Art. R. 412-39 *(D. n° 2022-655, 25 avr. 2022).* – Le chef de l'établissement pénitentiaire qui envisage de procéder à une résiliation du contrat d'emploi pénitentiaire pour un motif tenant aux besoins du service en application de l'article L. 412-17 convoque, avant toute décision, la personne détenue intéressée à un entretien préalable dans les conditions fixées par les dispositions de l'article R. 412-38.

Constitue un motif tenant aux besoins du service, non inhérents à la personne détenue, de nature à justifier la résiliation du contrat d'emploi pénitentiaire :

1° La disparition des besoins du service ou la suppression du poste ayant justifié la conclusion du contrat d'emploi pénitentiaire ;

2° La transformation des besoins du service ou du poste lorsque la personne détenue n'est pas en mesure de s'adapter à cette transformation ;

3° Le refus de la personne détenue d'une modification d'un élément essentiel de son contrat d'emploi pénitentiaire, consécutive notamment à :

a) Une modification de la quotité de temps de travail de la personne détenue ;

b) Un changement de poste.

§ 2. – **Résiliation pour motif économique**

Art. R. 412-40 *(D. n° 2022-655, 25 avr. 2022).* – Toute résiliation du contrat d'emploi pénitentiaire pour motif économique est motivée.

Elle est justifiée par une cause réelle et sérieuse.

Art. R. 412-41 *(D. n° 2022-655, 25 avr. 2022).* – Constitue un motif économique de nature à justifier la résiliation du contrat d'emploi pénitentiaire tout motif non inhérent à la personne détenue, résultant d'une suppression ou transformation d'emploi ou d'une modification, refusée par la personne détenue intéressée, d'un élément essentiel de son contrat d'emploi pénitentiaire, consécutive notamment à :

1° Des difficultés économiques caractérisées soit par l'évolution significative d'au moins un indicateur économique tel qu'une baisse durable des commandes ou du chiffre d'affaires, des pertes d'exploitation ou une dégradation de la trésorerie ou de l'excédent brut d'exploitation, soit par tout autre élément de nature à justifier de ces difficultés ;

2° Des mutations technologiques ;

3° Une réorganisation du service, de l'entreprise ou de la structure chargée de l'activité de travail nécessaire à la sauvegarde de sa compétitivité ;

4° La cessation d'activité du service, de l'entreprise ou de la structure chargée de l'activité de travail.

Art. R. 412-42 *(D. n° 2022-655, 25 avr. 2022).* – Le donneur d'ordre qui envisage de procéder à une résiliation, individuelle ou collective, du contrat d'emploi pénitentiaire pour motif économique convoque, avant toute décision, les personnes détenues concernées à un entretien préalable.

La convocation est notifiée à la personne détenue intéressée sous la forme d'une lettre. Cette lettre indique l'objet de la convocation.

L'entretien préalable ne peut avoir lieu moins de deux jours ouvrables après la notification de la lettre de convocation.

Au cours de l'entretien préalable, le donneur d'ordre indique les motifs de la décision envisagée et recueille les observations de la personne détenue.

Art. R. 412-43 *(D. n° 2022-655, 25 avr. 2022).* – La résiliation du contrat d'emploi pénitentiaire est notifiée à la personne détenue intéressée sous la forme d'une lettre motivée, au moins cinq jours ouvrables après la date de l'entretien préalable.

Dans le cadre d'une résiliation de dix contrats d'emploi pénitentiaire ou plus au cours d'une même période de trente jours, ce délai est porté à dix jours à compter de la notification du projet à l'autorité administrative dans les conditions prévues par l'article R. 412-45.

L'autorité administrative est le chef de l'établissement pénitentiaire dans le cadre des activités de production, et la direction interrégionale des services pénitentiaires dans le cadre du service général.

Art. R. 412-44 *(D. n° 2022-655, 25 avr. 2022).* – Le donneur d'ordre qui procède à une résiliation de moins de dix contrats d'emploi pénitentiaire au cours d'une même période de trente jours notifie à l'autorité administrative compétente les résiliations prononcées sous la forme d'une lettre.

Art. R. 412-45 *(D. n° 2022-655, 25 avr. 2022)*. – Le donneur d'ordre qui envisage de procéder à une résiliation de dix contrats d'emploi pénitentiaire ou plus au cours d'une même période de trente jours notifie à l'autorité administrative compétente son projet de résiliation sous la forme d'une lettre.

L'autorité administrative contrôle la régularité de la procédure mise en œuvre. En cas d'irrégularité, elle adresse au donneur d'ordre un avis précisant la nature des irrégularités constatées, accompagnées de propositions et d'observations.

Le donneur d'ordre répond aux observations de l'autorité administrative. Si cette réponse intervient après le délai prévu à l'article R. 412-43, les lettres de notification de la résiliation des contrats d'emploi pénitentiaire ne peuvent être adressées aux personnes détenues qu'à compter de la date d'envoi de la réponse à l'autorité administrative.

Art. D. 412-46 *(D. n° 2022-655, 25 avr. 2022)*. – La lettre de notification des résiliations prononcées, adressée à l'autorité administrative en application des dispositions de l'article R. 412-44, précise :

1° Le nom et l'adresse du donneur d'ordre ;

2° La nature de l'activité et l'effectif du service, de l'entreprise ou de la structure chargée de l'activité de travail ;

3° Les nom, prénoms et poste du ou des personnes détenues concernées par la mesure ;

4° La date de notification de la résiliation du contrat d'emploi pénitentiaire aux personnes détenues concernées.

Art. D. 412-47 *(D. n° 2022-655, 25 avr. 2022)*. – La lettre de notification du projet de résiliation, adressée à l'autorité administrative en application des dispositions de l'article R. 412-45, précise :

1° Le nom et l'adresse du donneur d'ordre ;

2° La nature de l'activité et l'effectif du service, de l'entreprise ou de la structure chargée de l'activité de travail ;

3° Le nombre de résiliations envisagées ;

4° Le cas échéant, les modifications qu'il y a lieu d'apporter aux informations déjà transmises.

Section 4. – Temps de travail et rémunération

Sous-section 1. – Temps de travail

§ 1. – Dispositions générales

§ 2. – Durée et aménagements

§ 3. – Temps partiel

§ 4. – Astreintes

§ 5. – Repos et jours fériés

Art. R. 412-61. – Dès que le temps de travail quotidien atteint six heures, la personne détenue bénéficie d'un temps de pause d'une durée minimale de vingt minutes consécutives.

Toute personne détenue travaillant en détention bénéficie d'un repos quotidien d'une durée minimale de onze heures consécutives.

Il est interdit de faire travailler une même personne détenue plus de six jours par semaine. Le repos hebdomadaire a une durée minimale de vingt-quatre heures consécutives auxquelles s'ajoutent les heures consécutives de repos quotidien.

Dans l'intérêt des personnes détenues, le repos hebdomadaire est donné le dimanche. En cas de travaux urgents dont l'exécution immédiate est nécessaire pour prévenir des accidents imminents ou réparer des dommages survenus au matériel, aux installations ou aux bâtiments de l'établissement, le repos hebdomadaire peut être suspendu pour les personnes détenues chargées de l'exécution de ces travaux. Chacune de ces personnes détenues bénéficie d'un repos compensateur d'une durée égale au repos supprimé.

Art. R. 412-62. – Les jours fériés mentionnés aux articles L. 3133-1 et L. 3133-4 du Code du travail sont des jours chômés. Ils ne donnent pas lieu à rémunération.

Toutefois, au regard des nécessités de bon fonctionnement de l'établissement pénitentiaire, les personnes détenues affectées sur un poste de travail peuvent travailler durant les jours fériés. Ce travail ne fait pas l'objet d'une majoration de la rémunération à l'exception du jour mentionné à l'article L. 3133-4 du Code du travail qui donne droit, en plus de la rémunération correspondant au travail accompli, à une indemnité égale au montant de cette rémunération.

Sous-section 2. – Rémunération

Art. D. 412-64 *(D. n° 2022-655, 25 avr. 2022).* – La rémunération du travail accompli dans le cadre du contrat d'emploi pénitentiaire est une rémunération horaire, qui ne peut être inférieure aux taux suivants :

45 % du salaire minimum interprofessionnel de croissance pour les activités de production ;

33 % du salaire minimum interprofessionnel de croissance pour le service général, classe I ;

25 % du salaire minimum interprofessionnel de croissance pour le service général, classe II ;

20 % du salaire minimum interprofessionnel de croissance pour le service général, classe III.

Un arrêté du garde des sceaux, ministre de la justice, détermine la répartition des emplois entre les différentes classes en fonction du niveau de qualification qu'exige leur exécution.

La rémunération versée mensuellement est calculée sur la base de la durée du travail fixée dans le contrat d'emploi pénitentiaire.

Art. D. 412-65 *(D. n° 2022-655, 25 avr. 2022).* – Des primes liées à la productivité ou à l'ancienneté ou toute autre prime à caractère exceptionnel peuvent être attribuées à la personne détenue par le donneur d'ordre.

Art. D. 412-66 *(D. n° 2022-655, 25 avr. 2022).* – Les rémunérations des personnes détenues bénéficiant d'un contrat d'emploi pénitentiaire sont versées, sauf prescriptions contraires du juge de l'application des peines, à l'établissement pénitentiaire qui approvisionne le compte nominatif des personnes détenues, conformément aux dispositions de l'article D. 412-68.

Art. D. 412-67 *(D. n° 2022-655, 25 avr. 2022).* – Les rémunérations pour tout travail effectué par une personne détenue sont versées, sous réserve des dispositions des articles D. 412-66 et D. 424-2, à l'administration qui opère le reversement des cotisations sociales aux organismes de recouvrement et procède ensuite à l'inscription et à la répartition de la rémunération nette sur le compte nominatif des personnes détenues, conformément aux dispositions de l'article D. 412-68.

Ces rémunérations sont soumises à cotisations patronales et salariales selon les modalités fixées, pour les assurances maladie, maternité et vieillesse, par les articles R. 381-97 à R. 381-109 du Code de la sécurité sociale.

Les taux de rémunération sont portés à la connaissance des personnes détenues par voie d'affichage.

Art. D. 412-68 *(D. n° 2022-655, 25 avr. 2022).* – La rémunération du travail est répartie conformément aux dispositions des articles D. 332-10, D. 332-12, D. 332-13 et D. 332-15, après qu'ont été précomptées les cotisations à caractère social mises à la charge des personnes détenues.

Section 5. – Hygiène et sécurité du travail

Art. D. 412-69 *(D. n° 2022-655, 25 avr. 2022).* – Indépendamment des dispositions relatives à la prévention et à la réparation des accidents du travail et des maladies professionnelles, les prescriptions destinées à protéger la sécurité et la santé de tout travailleur doivent être observées dans les établissements pénitentiaires.

Art. D. 412-70 *(D. n° 2022-655, 25 avr. 2022).* – Sont applicables aux travaux effectués par les personnes détenues dans les établissements pénitentiaires, sur leur domaine ou à leurs abords immédiats, les mesures d'hygiène et de sécurité prévues par les livres I à V et VII de la quatrième partie du Code du travail et les décrets pris pour son application.

Art. D. 412-71 *(D. n° 2022-655, 25 avr. 2022).* – Pour l'application des règles d'hygiène et de sécurité aux travaux effectués par les personnes détenues dans les établissements pénitentiaires, sur leur domaine ou à leurs abords immédiats, le chef de l'établissement pénitentiaire compétent peut solliciter l'intervention des services de l'inspection du travail.

Cette intervention donne lieu à un rapport, adressé au chef de l'établissement pénitentiaire, qui indique, s'il y a lieu, les manquements en matière d'hygiène et de sécurité et recommande les mesures de nature à remédier à la situation.

Le chef de l'établissement pénitentiaire adresse au service de l'inspection du travail, dans les deux mois suivant la réception du rapport, une réponse motivée précisant les mesures qui lui ont fait suite ainsi que celles qui seront prises, accompagnées d'un calendrier de réalisation. Lorsque la situation du travail présente un risque grave et imminent pour la santé ou la sécurité des personnes détenues au travail, ce délai est ramené à quinze jours.

En cas de désaccord sur la nature ou le calendrier de ces mesures, l'agent de contrôle de l'inspection du travail en réfère au directeur régional de l'économie, de l'emploi, du travail et des solidarités qui saisit le directeur interrégional des services pénitentiaires compétent. Ce dernier fait connaître sa réponse dans un délai d'un mois.

Art. D. 412-72 *(D. n° 2022-655, 25 avr. 2022).* – Pour l'application des dispositions de la quatrième partie du Code du travail relatives à la santé et à la sécurité au travail, et sans préjudice de celles précisées dans la convention mentionnée à l'article L. 412-11, les obligations du donneur d'ordre et du chef de l'établissement pénitentiaire en matière de santé et sécurité au travail des personnes détenues sont les suivantes :

I. – Le donneur d'ordre prend les mesures nécessaires pour assurer la sécurité et protéger la santé physique et mentale des personnes détenues conformément à l'article L. 4121-1 du Code du travail.

Ces mesures comprennent des actions de prévention des risques professionnels, des actions d'information sur les risques pour la santé et la sécurité, des actions de formation à la sécurité ainsi que la mise en place d'une organisation et de moyens adaptés.

Le donneur d'ordre met en œuvre les principes généraux de prévention énoncés à l'article L. 4121-2 du Code du travail.

Il veille à ce que les lieux de travail soient tenus dans un état constant de propreté et présentent des conditions d'hygiène et de salubrité propres à assurer la santé des personnes détenues conformément aux dispositions de l'article L. 4221-1 du Code du travail.

Conformément au chapitre V du titre II du livre II de la quatrième partie du Code du travail relatif à l'aménagement des postes de travail, le donneur d'ordre garantit aux personnes détenues un confort à leur poste de travail et en particulier la mise à disposition de sièges.

En application du titre II du livre III de la quatrième partie du Code du travail relatif aux équipements de travail et aux moyens de protection, il met à disposition des personnes détenues les équipements de travail nécessaires, appropriés au travail à réaliser ou convenablement adaptés à cet effet, en vue de préserver leur santé et leur sécurité. Il leur met également à disposition, en tant que de besoin, les équipements de protection individuelle appropriés.

Il prend les mesures de protection liées à l'exposition des personnes détenues à certains risques pour assurer leur santé et leur sécurité tels que les risques chimiques, les risques biologiques, le bruit, les vibrations mécaniques ou les rayonnements ionisants dans les conditions prévues par le livre IV de la quatrième partie du Code du travail.

Lorsqu'il recrute une personne détenue sur un poste de travail, le donneur d'ordre, compte tenu de la nature de l'activité, prend en considération les capacités de l'intéressé à mettre en œuvre les précautions nécessaires pour la santé et la sécurité.

II. – Le chef de l'établissement pénitentiaire prend les mesures nécessaires pour assurer la sécurité et protéger la santé physique et mentale des personnes détenues conformément à l'article L. 4121-1 du Code du travail. Il veille à l'adaptation de ces mesures pour tenir compte du changement des circonstances et tendre à l'amélioration des situations existantes.

Il évalue les risques pour la santé et la sécurité des personnes détenues et élabore un document unique d'évaluation des risques professionnels en application de l'article R. 4121-1 du Code du travail.

Il met en œuvre les principes généraux de prévention énoncés à l'article L. 4121-2 du Code du travail.

Il met ainsi en place une organisation et des moyens immobiliers et mobiliers adaptés, selon les conditions prévues dans le contrat d'implantation.

Les lieux de travail sont aménagés de manière à ce que leur utilisation garantisse la sécurité des personnes détenues conformément à l'article L. 4221-1 du Code du travail.

Le chef d'établissement pénitentiaire doit maintenir l'ensemble des installations en bon état de fonctionnement. Conformément au titre II du livre II de la quatrième partie du Code du travail relatif aux obligations de l'employeur pour l'utilisation des lieux de travail, il assure le contrôle régulier de l'aération, de l'assainissement et des installations électriques, garantit les personnes détenues des risques d'incendie et d'explosion et leur procure des installations sanitaires et un point d'eau.

Section 6. – Modalités du travail

Sous-section 1. – Travail sur le domaine affecté à l'établissement pénitentiaire

Art. D. 412-73 *(D. n° 2022-655, 25 avr. 2022)*. – Pour les personnes prévenues, l'affectation sur un poste de travail situé sur le domaine affecté à l'établissement pénitentiaire et à ses abords immédiats est subordonnée à l'autorisation du magistrat en charge du dossier. Le chef de l'établissement pénitentiaire informe le préfet de département.

Pour les personnes condamnées, ce travail est subordonné à l'autorisation du chef de l'établissement pénitentiaire. Ce dernier informe le préfet de département ainsi que l'autorité judiciaire en charge du suivi de la personne détenue.

Sous-section 2. – Période de mise en situation en milieu professionnel

Art. D. 412-74 *(D. n° 2022-655, 25 avr. 2022)*. – Les modalités selon lesquelles une personne détenue effectue, en application de l'article L. 412-22, une période de mise en situation en milieu professionnel sont prévues par les articles D. 5135-1 à D. 5135-8 du Code du travail.

Section 7. – Protection sociale

Art. R. 412-75 *(D. n° 2022-655, 25 avr. 2022)*. – Lorsque les personnes détenues exécutent un travail en détention, les cotisations salariales et patronales dues au titre de l'assurance vieillesse du régime général de la sécurité sociale sont prises en charge, prélevées, précomptées ou rachetées, et les droits des personnes intéressées sont liquidés, dans les conditions prévues par les dispositions des articles R. 381-105 à R. 381-120 du Code de la sécurité sociale.

Art. R. 412-76 *(D. n° 2022-655, 25 avr. 2022)*. – Le droit à la prime d'activité des personnes détenues est suspendu ou réévalué dans les conditions prévues par les dispositions de l'article R. 846-8 du Code de la sécurité sociale.

Art. D. 412-77 *(D. n° 2022-655, 25 avr. 2022)*. – Le droit à la réparation des accidents du travail et des maladies professionnelles est reconnu aux personnes détenues exécutant un travail, selon les modalités du régime spécial établi par les dispositions du Code de la sécurité sociale.

Section 8. – Contrat d'implantation

Sous-section 1. – Conclusion et actualisation du contrat d'implantation

Art. R. 412-78 *(D. n° 2022-655, 25 avr. 2022)*. – Le travail fourni aux personnes détenues par des entreprises titulaires de marchés publics dans le cadre d'une activité de production est régi, dans le respect des dispositions du présent code, par les clauses de ces marchés.

plus particulièrement par des membres du corps enseignant affectés par le ministère en charge de l'éducation nationale et ayant reçu un agrément du directeur interrégional des services pénitentiaires.

Par ailleurs, le directeur interrégional des services pénitentiaires peut accepter le concours bénévole apporté, notamment, par des visiteurs de prison et des associations.

Section 3. – Formation professionnelle

Art. R. 413-6. – Les personnes détenues peuvent entreprendre ou poursuivre individuellement toutes actions de formation professionnelle dans des conditions compatibles avec les nécessités du maintien de l'ordre et de la sécurité.

Elles peuvent recevoir et suivre les cours par correspondance organisés par les services du ministère de l'éducation nationale.

Elles peuvent également recevoir d'autres cours par correspondance avec l'autorisation du chef de l'établissement pénitentiaire.

Les personnes détenues supportent les frais qui en découlent, sauf convention particulière entre l'administration pénitentiaire et l'organisme d'enseignement à distance.

Art. D. 413-7. – Une personne détenue susceptible de bénéficier d'une formation professionnelle peut être transférée dans l'établissement pénitentiaire où cette formation est assurée, à condition que sa situation pénale le permette.

Art. D. 413-8 *(Mod., D. n° 2022-655, 25 avr. 2022).* – Pour les personnes prévenues, la participation à une formation professionnelle accomplie sur le domaine affecté à l'établissement pénitentiaire et à ses abords immédiats est subordonnée à l'autorisation du magistrat en charge du dossier. Le chef de l'établissement pénitentiaire informe le préfet de département.

Pour les personnes condamnées, cette formation professionnelle est subordonnée à l'autorisation du chef de l'établissement pénitentiaire. Ce dernier informe le préfet de département ainsi que l'autorité judiciaire en charge du suivi de la personne détenue.

Art. D. 413-9 *(Mod., D. n° 2022-655, 25 avr. 2022).* – Les personnes détenues recevant une formation professionnelle subissent les épreuves qui la sanctionnent, dans les conditions fixées par les textes les réglementant.

Si les épreuves ne peuvent se dérouler dans l'établissement pénitentiaire, les personnes détenues candidates sont extraites de l'établissement ou, si leur situation pénale le permet, bénéficient d'une permission de sortir dans les conditions prévues par les dispositions de l'article D. 143-4 du Code de procédure pénale.

Les examens donnent lieu à la délivrance de certificats, brevets ou diplômes qui ne font pas apparaître l'état de détention des personnes intéressées.

Art. D. 413-10 *(Créé, D. n° 2022-655, 25 avr. 2022).* – Conformément aux dispositions de l'article D. 6341-24-5 du Code du travail, les personnes détenues effectuant un stage de formation professionnelle relevant de l'administration pénitentiaire à l'extérieur de l'établissement sous le régime de la semi-liberté ou du placement à l'extérieur bénéficient des modalités de rémunération prévues par les dispositions des articles D. 6341-24-1 à D. 6341-32-2 du même code.

CHAPITRE IV. – ACCÈS AUX ACTIVITÉS CULTURELLES, SOCIO-CULTURELLES ET SPORTIVES

Section 1. – Organisation des activités socio-culturelles et programmation culturelle

Art. R. 414-1. – La médiathèque, quel que soit son emplacement de la médiathèque dans l'établissement pénitentiaire et sans inscription préalable, assure un accès direct et régulier des personnes détenues aux ouvrages.

Chaque personne détenue emprunteuse des ouvrages de la médiathèque est personnellement responsable des publications empruntées dont elle prend le plus grand soin. Elle ne prête pas ces publications à une autre personne détenue et les restitue dans les délais convenus, et en tous les cas avant tout transfert ou départ de l'établissement pénitentiaire.

Art. D. 414-2. – L'approvisionnement ainsi que la formation et l'encadrement des personnes détenues affectées à la médiathèque dans le cadre d'un classement d'emploi sont assurés par un bibliothécaire ou, à défaut, le service pénitentiaire d'insertion et de probation, avec le concours des bibliothèques territoriales partenaires de l'administration pénitentiaire.

Art. D. 414-3. – Des activités socioculturelles sont organisées dans chaque établissement pénitentiaire. Elles ont notamment pour objet de développer les moyens d'expression, les connaissances et les aptitudes des personnes détenues.

Le service pénitentiaire d'insertion et de probation recherche à cet effet le concours de personnes intervenantes extérieures auxquelles peut être confiée l'animation de certaines activités.

L'emploi du temps hebdomadaire doit permettre à toute personne détenue qui le souhaite de participer à ces activités.

Art. D. 414-4. – Pour l'animation d'activités par des personnes extérieures, l'autorisation est donnée par le chef de l'établissement pénitentiaire.

Sous le contrôle du service pénitentiaire d'insertion et de probation, des personnes détenues peuvent être associées à l'organisation de ces activités et certaines d'entre elles chargées de les préparer et de les animer.

La liste des personnes détenues autorisées à participer à ces activités est établie par le chef de l'établissement après concertation avec le service pénitentiaire d'insertion et de probation et, éventuellement, avec la personne animatrice extérieure.

Art. D. 414-5. – Une programmation culturelle, résultant de la représentation la plus étendue des secteurs de la culture, est mise en œuvre dans chaque établissement pénitentiaire.

Ce programme a pour objectif de développer les moyens d'expression et les connaissances des personnes détenues.

Art. D. 414-6. – Le service pénitentiaire d'insertion et de probation, en liaison avec le chef de l'établissement pénitentiaire, est chargé de définir et d'organiser la programmation culturelle de l'établissement.

À cet effet, il sélectionne et met en œuvre, avec l'appui des services compétents de l'État et des collectivités territoriales, des projets proposés par des organismes ou des opérateurs culturels.

Section 2. – Accès aux activités physiques et sportives

Art. R. 414-7. – Toute personne détenue est admise, sauf contre-indication médicale, à pratiquer des activités physiques et sportives.

Toutefois, le chef de l'établissement pénitentiaire peut interdire ces activités à une personne détenue pour des raisons d'ordre et de sécurité.

Une tenue de sport correcte est exigée. Elle peut être fournie à la personne dépourvue de ressources suffisantes qui en fait la demande.

Art. D. 414-8. – Une programmation d'activités sportives est mise en œuvre dans chaque établissement pénitentiaire afin de favoriser l'accès de chaque personne détenue à une pratique physique. Ce programme tend au développement des capacités physiques, motrices et relationnelles des personnes détenues.

La pratique des activités physiques et sportives s'effectue en liaison avec les services compétents des ministères chargés de l'éducation nationale et de la jeunesse et des sports.

Art. D. 414-9. – Sous réserve des contraintes architecturales, les établissements pénitentiaires sont dotés d'équipements sportifs de plein air et couverts, réglementaires et polyvalents, permettant l'organisation de séances et de rencontres sportives. Dans toute la mesure du possible, la localisation des terrains de sport est différente de celle des cours de promenade.

Conformément aux mêmes dispositions, le chef de l'établissement pénitentiaire peut être représenté au sein de la commission par un membre du personnel de direction.

Section 3. – Notification des décisions

Art. D. 423-5. – Conformément aux dispositions de l'article D. 49-18 du Code de procédure pénale, si la décision de la juridiction de l'application des peines a été mise en délibéré, le jugement est notifié à la personne condamnée par le chef de l'établissement pénitentiaire qui lui en remet une copie contre émargement.

Art. D. 423-6. – Conformément aux dispositions de l'article D. 49-21 du Code de procédure pénale, les ordonnances prévues par les dispositions des articles 712-5 et 712-8 du même code sont notifiées à la personne détenue par le chef de l'établissement pénitentiaire qui lui en remet une copie contre émargement.

Art. D. 423-7. – Conformément aux dispositions de l'article D. 49-44 du Code de procédure pénale, les arrêts de la chambre de l'application des peines de la cour d'appel sont notifiés à la personne détenue par le chef de l'établissement pénitentiaire qui lui en remet une copie contre émargement.

CHAPITRE IV. – SEMI-LIBERTÉ, PLACEMENT À L'EXTÉRIEUR, PERMISSION DE SORTIR ET DÉTENTION À DOMICILE SOUS SURVEILLANCE ÉLECTRONIQUE

Section 1. – Dispositions générales

Art. D. 424-1. – Les personnes condamnées admises au régime de la semi-liberté, du placement à l'extérieur sans surveillance en application des dispositions de l'article D. 136 du Code de procédure pénale ou de la détention à domicile sous surveillance électronique en application des dispositions de l'article 723-7 du même code sont dispensées de la constitution du pécule de libération.

Elles demeurent redevables de la part réservée à l'indemnisation des parties civiles et aux créanciers d'aliments, sous réserve de prescriptions particulières déterminées par le juge de l'application des peines.

Ne sont pas dispensées du pécule de libération les personnes condamnées bénéficiaires d'une permission de sortir.

Art. D. 424-2 *(Mod., D. n° 2022-655, 25 avr. 2022)*. – Les rémunérations des personnes condamnées bénéficiant d'un contrat de travail régi par les dispositions du Code du travail sont versées directement par l'employeur sur un compte extérieur dont est titulaire la personne condamnée, sauf prescriptions contraires du juge de l'application des peines.

Art. D. 424-3. – Les personnes condamnées bénéficiant d'un aménagement de peine sous écrou peuvent, sur autorisation du chef de l'établissement pénitentiaire, disposer de tout ou partie des sommes constituant le pécule de libération afin de leur permettre de faire face aux dépenses nécessaires à la préparation de leur réinsertion.

Art. D. 424-4. – Les personnes détenues bénéficiant d'une mesure de semi-liberté ou d'un placement à l'extérieur sans surveillance en application des dispositions de l'article D. 136 du Code de procédure pénale, d'une détention à domicile sous surveillance électronique en application des dispositions de l'article 723-7 du même code ou bénéficiaires d'une permission de sortir en application des dispositions de l'article 723-3 du même code sont autorisées à détenir une somme d'argent leur permettant d'effectuer en dehors de l'établissement les dépenses nécessaires et, notamment, de payer les repas pris à l'extérieur, d'utiliser des moyens de transport et de faire face à des frais médicaux éventuels.

Le chef de l'établissement pénitentiaire apprécie, au moment de la sortie des intéressées, l'importance de la somme qui doit leur être remise, par prélèvement sur leur part disponible. Lorsqu'elles réintègrent l'établissement pénitentiaire, et à intervalles réguliers en ce qui concerne les semi-libres, les personnes détenues doivent justifier des dépenses effectuées.

S'agissant des personnes détenues bénéficiaires d'une permission de sortir, lorsque la somme rapportée est d'un montant supérieur à celui remis au départ, ce surplus est soumis à répartition dans les conditions fixées par les dispositions des articles D. 332-10, D. 332-12, D. 332-13 et D. 332-15.

Art. D. 424-5. – Les personnes détenues autorisées à sortir d'un établissement pénitentiaire en application des dispositions des articles 723, 723-3 et 723-7 du Code de procédure pénale doivent être porteuses d'un document leur permettant de justifier de la régularité de leur situation.

Outre les renseignements d'état civil, ce document doit mentionner les lieux où ces personnes sont autorisées à se rendre ainsi que la date et l'heure auxquelles elles sont dans l'obligation de réintégrer l'établissement pénitentiaire ou le lieu d'assignation désigné par le juge de l'application des peines.

Ce document doit être produit à toute réquisition de l'autorité publique.

Art. D. 424-6. – Les personnes condamnées qui se trouvent en dehors d'un établissement en vertu de l'une des autorisations prévues par les dispositions des articles 723 et 723-3 du Code de procédure pénale demeurent soumises à l'ensemble des règles disciplinaires relatives au régime des personnes détenues de leur catégorie, sous la seule réserve des dérogations édictées au présent chapitre.

Toute inobservation de ces règles, tout manquement à l'obligation de bonne conduite, tout incident, doit être signalé au juge de l'application des peines. En cas d'urgence, le chef de l'établissement pénitentiaire peut faire procéder à la réintégration immédiate de la personne détenue intéressée sauf à en rendre compte sans délai à ce magistrat.

Le juge de l'application des peines doit alors statuer dans un délai de dix jours à compter de la réintégration de la personne détenue intéressée sur l'éventuel retrait ou révocation de la mesure, conformément aux dispositions de l'article 712-6 du Code de procédure pénale.

Les dispositions du présent article sont également applicables aux personnes condamnées placées sous surveillance électronique.

Art. D. 424-7. – Les personnes détenues qui, bénéficiant d'une des autorisations prévues par les dispositions des articles 723, 723-3 et 723-7 du Code de procédure pénale, n'ont pas regagné l'établissement pénitentiaire ou le lieu d'assignation désigné par le juge de l'application des peines dans les délais fixés, doivent être considérés comme se trouvant en état d'évasion.

Les diligences prévues par les dispositions des articles D. 214-26 et D. 214-29 doivent en conséquence être effectuées, et les personnes intéressées, de même que celles qui auraient tenté de se soustraire à l'obligation de réintégrer l'établissement pénitentiaire, encourent des sanctions disciplinaires sans préjudice des poursuites pénales qui pourraient être exercées en application de l'article 434-29 du Code pénal.

Art. D. 424-8. – Les personnes condamnées bénéficiant d'une mesure de placement extérieur ou de détention à domicile sous surveillance électronique en application des dispositions des articles 723 et 723-7 du Code de procédure pénale, qui exercent une activité professionnelle dans les mêmes conditions que tout travailleur, sont affiliées au régime d'assurance maladie, vieillesse et accidents du travail dont elles relèvent au titre de cette activité.

La déclaration d'emploi est souscrite à la diligence et sous la responsabilité de l'employeur, conformément aux obligations qui lui incombent selon la nature de son entreprise.

Art. D. 424-9. – Le chef de l'établissement pénitentiaire ou le directeur du service pénitentiaire d'insertion et de probation qui modifie les horaires d'un aménagement de peine sur autorisation du juge de l'application des peines en informe ce dernier et la personne condamnée dans les conditions et selon les modalités prévues par les dispositions de l'article D. 49-21-1 du Code de procédure pénale.

Section 2. – Placement à l'extérieur

Sous-section 1. – Dispositions générales

Art. D. 424-10 *(Mod., D. n° 2022-655, 25 avr. 2022).* – En application des dispositions de l'article 723 du Code de procédure pénale, les personnes condamnées peuvent être employées en dehors du domaine pénitentiaire sous le contrôle de l'administration.

Le travail, quelle qu'en soit la nature, peut être exécuté pour le compte d'une administration, d'une collectivité publique, d'une personne physique ou morale.

Art. D. 424-11 *(Mod., D. n° 2022-655, 25 avr. 2022).* – Peuvent être désignées pour être employées sous le régime de placement à l'extérieur sous surveillance du personnel pénitentiaire, si elles présentent des garanties suffisantes pour la sécurité et l'ordre public, notamment au regard de leur personnalité, de leurs antécédents, de leur conduite en détention et des gages de réinsertion dont elles ont fait preuve :

1° Les personnes détenues ayant à subir une durée d'incarcération inférieure ou égale à cinq ans et n'ayant pas été condamnées antérieurement à une peine privative de liberté supérieure à six mois ;

2° Les personnes détenues remplissant les conditions de délai requises pour être proposées au bénéfice de la libération conditionnelle, quels que soient leurs antécédents et la durée de l'incarcération à subir ;

3° Les personnes détenues remplissant les conditions de délai requises pour être admises à la semi-liberté ;

4° Les personnes condamnées pouvant faire l'objet d'un placement extérieur sans surveillance du personnel pénitentiaire, en application des dispositions de l'article D. 424-14.

Art. D. 424-12 *(Mod., D. n° 2022-655, 25 avr. 2022).* – Le chef de l'établissement pénitentiaire informe le préfet de département de l'emploi de personnes condamnées en dehors du domaine affecté à l'établissement pénitentiaire dans les conditions prévues à l'article D. 424-10.

Art. D. 424-13 *(Mod., D. n° 2022-655, 25 avr. 2022).* – Les personnes détenues placées à l'extérieur demeurent soumises à la surveillance effective du personnel pénitentiaire. Ce dernier a la charge d'appliquer les prescriptions et règlements relatifs au régime disciplinaire, notamment en ce qui concerne les communications avec les tiers. L'employeur doit se conformer aux indications qui lui sont données à cet égard.

À la fin de chaque journée de travail, les personnes détenues sont réintégrées au sein de l'établissement pénitentiaire, à moins que, sur proposition de l'administration pénitentiaire, il n'en soit décidé autrement par le juge de l'application des peines.

Art. D. 424-14 *(Mod., D. n° 2022-655, 25 avr. 2022).* – En cas de placement à l'extérieur sans surveillance, l'administration pénitentiaire est informée de tout incident ou toute absence par l'employeur ou le directeur de l'établissement de formation ou de soins, dans les conditions prévues par les dispositions de l'article D. 136 du Code de procédure pénale.

Sous-section 2. – Agrément des structures de placement à l'extérieur

Art. R.* 424-15. – Nonobstant les dispositions du décret n° 2004-374 du 29 avril 2004 relatif aux pouvoirs des préfets, à l'organisation et à l'action des services de l'État dans les régions et départements, l'agrément prévu à l'article L. 424-4 est délivré par le directeur interrégional des services pénitentiaires de la région pénitentiaire dans laquelle se situe la structure sollicitant l'agrément, sur avis motivé du directeur fonctionnel du service pénitentiaire d'insertion et de probation.

Art. R. 424-16. – L'agrément prévu à l'article L. 424-4 est délivré au regard :

1° De la capacité des personnes chargées de l'accueil et de l'accompagnement des personnes placées à l'extérieur ;

2° De l'adaptation des moyens matériels de la structure à l'exécution de mesures de placement à l'extérieur ;

3° De sa capacité financière.

Il appartient au responsable de la structure de s'assurer qu'elle est en conformité avec les lois et règlements relatifs à l'accueil des publics.

Art. R. 424-17. – La personne responsable de la structure sollicite l'agrément par lettre recommandée avec demande d'avis de réception au directeur interrégional des services pénitentiaires. Elle fournit :

1° La liste nominative des personnes chargées de l'accueil et de l'accompagnement des personnes condamnées ainsi que toute pièce attestant de leur intérêt, de leur formation, de leur expérience et de leur capacité à assurer l'accueil et l'accompagnement de personnes placées à l'extérieur ;

2° Toutes pièces démontrant un intérêt pour l'accueil et l'accompagnement des personnes placées à l'extérieur ;

3° Le budget prévisionnel de la structure et, selon son ancienneté, le budget des deux années précédentes ;

4° L'indication des principales modalités d'accueil et d'accompagnement qu'elle entend mettre en œuvre, et notamment la localisation exacte du ou des lieux où se déroulent les principales actions de prise en charge ;

S'il s'agit d'une personne morale, elle joint ses statuts et la liste nominative de ses dirigeants.

Art. R. 424-18. – Par dérogation à l'article R. 424-17, lorsqu'une personne placée à l'extérieur doit être accueillie à bref délai au sein d'une structure qui n'accueille pas habituellement de personnes exécutant leur peine sous ce régime, les documents visés par les dispositions du 3° de l'article R. 424-17 n'ont pas à être fournis.

L'agrément ne vaut alors que pour l'accueil et l'accompagnement d'une ou plusieurs personnes nominativement désignées et pour la seule mesure de placement à l'extérieur qui doit être mise à exécution.

Art. R. 424-19. – Le directeur interrégional des services pénitentiaires rend une décision motivée dans un délai de quatre mois, ou un mois dans le cas prévu à l'article R. 424-18, à compter de la réception de la demande accompagnée de l'ensemble des pièces mentionnées à l'article R. 424-17 ; le silence gardé pendant ce délai vaut rejet de la demande. La décision d'agrément est valable cinq ans. Elle est renouvelable dans les mêmes formes et conditions que la demande initiale.

Elle mentionne la personne physique ou morale responsable de la structure, le lieu d'exécution des prestations et l'indication des principales modalités d'accueil et d'accompagnement.

Les décisions d'agrément et de retrait sont communiqués au président du tribunal judiciaire et au procureur de la République près ledit tribunal.

Pendant toute la durée de l'agrément, le directeur peut solliciter un nouvel envoi des pièces visées à l'article R. 424-17 afin de vérifier que les conditions qui ont justifié la délivrance de l'agrément sont toujours remplies.

Il appartient à la personne qui exploite la structure de tenir informé le directeur de toute modification liée à son organisation, à ses personnels, à ses locaux ou à la forme juridique de la personne responsable.

Art. R. 424-20. – Lorsque la structure ne remplit plus les conditions pour accueillir et accompagner les personnes placées à l'extérieur, le directeur interrégional des services pénitentiaires peut retirer l'agrément à tout moment après avoir mis en mesure la structure de faire valoir ses observations et sur avis motivé du directeur fonctionnel du service pénitentiaire d'insertion et de probation.

Art. R. 424-21. – Tout recours contentieux contre une décision relative à l'agrément ou au retrait d'agrément d'une structure de placement est précédé d'un recours formé auprès du garde des sceaux, ministre de la justice.

Section 3. – Permission de sortir

Art. D. 424-22. – Dans les conditions et selon les modalités prévues par les dispositions de l'article D. 142-3-1 du Code de procédure pénale, le chef de l'établissement pénitentiaire peut accorder une permission de sortir à une personne condamnée ayant déjà obtenu l'accord du juge de l'application des peines pour une première permission.

Art. D. 424-23. – Dans les conditions prévues par les dispositions de l'article D. 142 du Code de procédure pénale, les permissions de sortir emportent autorisation de se rendre en un lieu déterminé et peuvent être assorties de conditions consistant en des obligations ou des interdictions ainsi que d'un délai de route.

Art. D. 424-24. – Le chef de l'établissement pénitentiaire ayant octroyé une permission de sortir conformément aux dispositions des articles 723-3 et D. 142-3-1 du Code de procédure pénale, peut en ordonner le retrait avant ou durant son exécution, pour les motifs déterminés par les dispositions de l'article D. 142 du Code de procédure pénale.

Art. D. 424-25. – Dans les conditions prévues par les dispositions de l'article D. 144 du Code de procédure pénale, la date et les modalités d'exécution d'une permission de sortir sont fixées par le directeur du service pénitentiaire d'insertion et de probation, ou, sur sa délégation, par un directeur d'insertion et de probation.

Art. D. 424-26. – Dans les conditions prévues par les dispositions de l'article D. 142-3 du Code de procédure pénale, chaque personne détenue bénéficiaire d'une permission de sortir supporte les frais et les conditions matérielles de sa sortie.

Art. D. 424-27. – Les personnes condamnées majeures bénéficiaires d'une permission de sortir pour maintien des liens familiaux ou préparation de leur réinsertion professionnelle dans les conditions prévues par les dispositions de l'article D. 143 du Code de procédure pénale sont autorisées à sortir de l'établissement pénitentiaire pour une durée maximale de :

1° Trois jours si elles sont détenues dans une maison d'arrêt, une maison centrale, un centre de semi-liberté ou un établissement pénitentiaire spécialisé pour mineurs dans les conditions prévues par les dispositions de l'article D. 143 du même code ;

2° Cinq jours, et une fois par an dix jours, si elles sont détenues dans un centre de détention dans les conditions prévues par les dispositions de l'article D. 143-1 du même code ;

3° Cinq jours si elles sont détenues dans une structure d'accompagnement vers la sortie dans les conditions prévues par les dispositions de l'article D. 143-2 du même code.

Art. D. 424-28. – Les personnes condamnées bénéficiaires d'une permission de sortir dans les conditions et pour l'un des motifs prévus par les dispositions de l'article D. 143-4 du Code de procédure pénale sont autorisées à sortir de l'établissement pénitentiaire pour une durée maximale d'une journée, conformément aux dispositions du même article.

Art. D. 424-29. – Les personnes condamnées bénéficiaires d'une permission de sortir dans les conditions et pour l'un des motifs familiaux prévus par les dispositions de l'article D. 143-5 du Code de procédure pénale sont autorisées à sortir de l'établissement pénitentiaire pour une durée maximale de trois jours, conformément aux dispositions du même article.

Art. D. 424-30. – Les personnes condamnées bénéficiaires d'une permission de sortir dans les conditions et pour l'un des motifs administratifs ou judiciaires prévus par les dispositions de l'article D. 145 du Code de procédure pénale sont autorisées à sortir de l'établissement pénitentiaire pour une durée maximale d'une journée, conformément aux dispositions du même article.

Section 4. – Détention à domicile sous surveillance électronique

Art. R. 424-31. – L'administration pénitentiaire participe à la mise en œuvre de la détention à domicile sous surveillance électronique prononcée à titre d'aménagement de peine en application des dispositions de l'article 723-7 du Code de procédure pénale, dans les mêmes conditions et selon les mêmes modalités que celles prévues pour l'exécution de la mesure décidée à titre de peine, conformément aux dispositions des articles R. 622-1, R. 622-2, R. 622-4, R. 622-6 à R. 622-16, R. 622-19, R. 622-22 à R. 622-31 du présent code et R. 57-13, R. 57-15 à R. 57-18 du Code de procédure pénale.

LIVRE V

LIBÉRATION DES PERSONNES DÉTENUES

TITRE Ier. – GESTION ADMINISTRATIVE DE LA LIBÉRATION

Art. R. 510-1. – Le jour de leur mise en liberté, la sortie effective des personnes détenues a lieu avant midi.

CHAPITRE Ier. – FORMALITÉS RELATIVES À LA LIBÉRATION

Section 1. – Déclarations d'adresse

Art. D. 511-1. – Conformément aux dispositions de l'article D. 571 du Code de procédure pénale, préalablement à la mise en liberté d'une personne condamnée à l'interdiction de séjour, le lieu où la personne intéressée fixe sa résidence est enregistré par le greffe de l'établissement pénitentiaire et porté à la connaissance du ministère public par le chef de l'établissement.

Section 2. – Documents remis au moment de la libération

Art. R. 511-2. – Un billet de sortie est délivré à toute personne sortant de détention, qu'il s'agisse d'une sortie définitive ou d'une sortie dans le cadre d'une mesure d'aménagement de peine ou de surveillance électronique de fin de peine, hors le cas de la permission de sortir.

Le billet de sortie justifie de la régularité de la situation de la personne détenue intéressée. Celle-ci est invitée à le conserver avec soin.

Un certificat de présence destiné à Pôle emploi peut être remis à la personne détenue intéressée.

Art. D. 511-3. – Le billet de sortie remis à chaque personne sortant de détention dans les conditions prévues par les dispositions de l'article R. 511-2 mentionne les indications relatives à son état civil, son numéro d'immatriculation à la sécurité sociale, la date d'entrée et de sortie de détention, les ressources financières dont elle dispose à sa sortie et les secours, sous leurs diverses formes, dont elle a pu éventuellement bénéficier à sa sortie de détention.

Il comporte l'adresse du service pénitentiaire d'insertion et de probation ou de l'antenne locale du lieu de résidence de la personne sortant de détention.

Une copie de ce document peut être remise à Pôle emploi.

CHAPITRE II. – INFORMATIONS RELATIVES AUX PERSONNES LIBÉRÉES

Section 1. – Information de la victime

Art. D. 512-1. – À la demande du juge de l'application des peines, l'information mentionnée par les dispositions de l'article L. 512-1 ainsi que l'information relative à la libération ou la cessation temporaire de

la détention en application de l'article D. 1-11-2 du Code de procédure pénale, peuvent être transmises aux victimes ou parties civiles par le service pénitentiaire d'insertion ou de probation, dans les conditions prévues par les dispositions de l'article D. 49-66 du même code.

Section 2. – Information des forces de sécurité

Art. R. 512-2. – Pour l'application de l'article L. 512-2, le chef de l'établissement pénitentiaire communique aux services de police et unités de gendarmerie le nom, les prénoms, la date de naissance, l'adresse déclarée, et la date de la libération des personnes condamnées à une peine d'emprisonnement égale ou supérieure à trois ans.

Les informations mentionnées par les dispositions de l'alinéa précédent sont transmises par écrit au directeur départemental de la sécurité publique, au directeur territorial de la police nationale ou au commandant du groupement de gendarmerie dont relève territorialement l'adresse déclarée par la personne. Lorsque l'adresse déclarée est située à Paris ou dans l'un des départements des Hauts-de-Seine, de la Seine-Saint-Denis et du Val-de-Marne, ces informations sont adressées au directeur de la sécurité de proximité de l'agglomération parisienne et au directeur régional de la police judiciaire de Paris.

Section 3. – Inscription au fichier judiciaire national automatisé des auteurs d'infractions terroristes

Art. R. 512-3. – À la libération d'une personne détenue condamnée pour des faits mentionnés à l'article 706-25-4 du Code de procédure pénale, un agent habilité du greffe de l'établissement pénitentiaire enregistre sans délai dans le fichier judiciaire national automatisé des auteurs d'infractions terroristes, le cas échéant et sans délai, les informations mentionnées par les dispositions de l'article R. 50-34 du même code.

Art. R. 512-4. – Dans les conditions prévues par les dispositions des articles R. 50-38 et R. 50-41 du Code de procédure pénale, les personnes détenues intéressées sont informées par le greffe de l'établissement pénitentiaire de leur inscription au fichier judiciaire national automatisé des auteurs d'infractions terroristes.

L'administration pénitentiaire informe sans délai le procureur de la République des notifications réalisées, dans les conditions prévues par les dispositions de l'article R. 50-42 du même code.

Section 4. – Inscription au fichier judiciaire national automatisé des auteurs d'infractions sexuelles ou violentes

Art. R. 512-5. – À la libération d'une personne détenue condamnée pour des faits mentionnés à l'article 706-53-1 du même code, un agent spécialement habilité du greffe de l'établissement pénitentiaire enregistre sans délai dans le fichier judiciaire national automatisé des auteurs d'infractions sexuelles ou violentes les informations à son sujet dans les conditions prévues par les dispositions de l'article R. 53-8-5 du même code.

Art. R. 512-6. – Les personnes détenues intéressées sont informées par un agent habilité du greffe de l'établissement pénitentiaire de leur inscription au fichier judiciaire national automatisé des auteurs d'infractions sexuelles ou violentes, dans les conditions prévues par les dispositions des articles R. 53-8-9 et R. 53-8-12-1 du Code de procédure pénale.

Dans les conditions prévues par les dispositions de l'article R. 53-8-5 du même code, l'administration pénitentiaire informe sans délai le procureur de la République des notifications réalisées.

CHAPITRE III. – PROTECTION SOCIALE

Art. R. 513-1. – Conformément aux dispositions de l'article R. 161-4-1 du Code de la sécurité sociale, la durée, prévue à l'article L. 161-8 du même code, de maintien des droits des personnes libérées mentionnées par les dispositions de l'article L. 513-1 n'est pas suspendue par la période de mise sous écrou.

TITRE II. – AIDE MATÉRIELLE À LA SORTIE DE DÉTENTION

CHAPITRE Ier. – AIDE À L'HÉBERGEMENT

Art. D. 521-1. – Le service pénitentiaire d'insertion et de probation s'assure que les personnes sortant de détention bénéficient d'un hébergement dans les premiers temps de leur sortie de détention.

Art. D. 521-2. – Le directeur du service pénitentiaire d'insertion et de probation est consulté sur les demandes d'agrément formulées, conformément à la législation relative à l'aide sociale, par les organismes hébergeant les personnes libérées.

Ses avis sont transmis par le garde des sceaux, ministre de la justice, au ministre chargé de la santé.

CHAPITRE II. – AUTRES AIDES MATÉRIELLES

Art. R. 522-1. – Une aide matérielle peut être attribuée à toute personne détenue dépourvue de ressources au moment de sa sortie de détention afin de lui permettre de subvenir à ses besoins pendant le temps nécessaire pour rejoindre le lieu où elle a déclaré se rendre.

L'établissement pénitentiaire fournit, dans toute la mesure possible, des vêtements à toute personne détenue libérable qui n'en posséderait pas et serait dépourvue de ressources suffisantes pour s'en procurer.

L'établissement pénitentiaire peut procéder ou participer à l'acquisition d'un titre de transport pour toute personne détenue qui, à sa sortie de détention, n'aurait pas un solde suffisant sur son compte nominatif pour rejoindre le lieu où elle a déclaré se rendre.

Toute personne détenue dont la levée d'écrou a été régulièrement opérée peut, à sa demande expresse et formulée par écrit, obtenir que sa libération effective soit reportée du soir au lendemain matin, si elle n'est pas assurée d'un gîte ou d'un moyen de transport immédiat.

Art. D. 522-2. – Le service pénitentiaire d'insertion et de probation, en liaison avec les services de l'État, des collectivités territoriales et de tous organismes publics ou privés, favorise l'accès de chaque personne sortant de détention aux droits sociaux et aux dispositifs d'insertion et de santé.

Art. D. 522-3 *(Mod., D. n° 2022-655, 25 avr. 2022)*. – Le service pénitentiaire d'insertion et de probation s'assure, pour les personnes libérées, de la continuité des actions d'insertion engagées en application des dispositions des articles D. 113-63, D. 413-9 et D. 414-6.

Art. D. 522-4. – Pendant les six mois suivant sa date de libération, toute personne peut bénéficier, à sa demande, de l'aide du service pénitentiaire d'insertion et de probation du lieu de sa résidence.

Cette aide s'exerce en liaison et avec la participation, le cas échéant, des autres services de l'État, des collectivités territoriales et de tous organismes publics ou privés.

TITRE III. – LIBÉRATION CONDITIONNELLE

Art. D. 530-1. – Dans les conditions prévues par les dispositions de l'article D. 528 du Code de procédure pénale, le service pénitentiaire d'insertion et de probation chargé de suivre le bon déroulement d'une mesure de libération conditionnelle dont bénéficie une personne condamnée peut être destinataire d'instructions du juge de l'application des peines précisant les modalités pratiques d'exécution des mesures et conditions imposées à la personne intéressée.

Art. D. 530-2. – Les mesures d'aide ont pour objet de susciter et de seconder les efforts de toute personne condamnée en vue de sa réinsertion sociale, familiale et professionnelle.

Elles sont mises en œuvre par le service pénitentiaire d'insertion et de probation en liaison et avec la participation, le cas échéant, des autres services de l'État, des collectivités territoriales et de tous organismes publics ou privés.

Art. D. 530-3. – Conformément aux dispositions de l'article D. 533 du Code de procédure pénale, les personnes condamnées bénéficiant d'une libération conditionnelle se soumettent aux mesures de contrôle prévues par les dispositions de l'article 132-44 du Code pénal mises en œuvre par le service pénitentiaire d'insertion et de probation.

Art. D. 530-4. – Conformément aux dispositions de l'article D. 533-1 du Code de procédure pénale, les personnes condamnées bénéficiant d'une libération conditionnelle peuvent faire l'objet d'un suivi renforcé par le service pénitentiaire d'insertion et de probation, sur décision de la juridiction d'application des peines.

Art. D. 530-5. – Les visites que les personnes condamnées sont tenues de recevoir du personnel du service pénitentiaire d'insertion et de probation en application des dispositions du 2° de l'article 132-44 du Code pénal peuvent être faites au domicile ou à la résidence du de la personne condamnée, ainsi que, le cas échéant, sur son lieu de travail.

Les visites à domicile ne peuvent intervenir qu'entre 6 heures et 21 heures. Celles réalisées sur le lieu de travail peuvent intervenir pendant les heures de travail, et ne doivent pas gêner ou perturber l'accomplissement de ce travail, ni les relations professionnelles des personnes condamnées.

Le personnel du service pénitentiaire d'insertion et de probation n'est pas tenu de prévenir à l'avance les personnes condamnées de sa visite.

En cas de difficulté dans l'application des dispositions du présent article, le personnel du service pénitentiaire d'insertion et de probation en informe le juge de l'application des peines.

TITRE IV. – MESURES DE SURVEILLANCE DES PERSONNES LIBÉRÉES

CHAPITRE Ier. – ACCUEIL DES PERSONNES SOUMISES À UNE RÉTENTION DE SÛRETÉ DANS UN CENTRE SOCIO-MÉDICO-JUDICIAIRE DE SÛRETÉ

Section 1. – Notification de la décision de rétention de sûreté

Art. R. 541-1. – Dans les conditions prévues par les dispositions de l'article R. 53-8-40 du Code de procédure pénale, le chef de l'établissement pénitentiaire ou le directeur des services pénitentiaires du centre socio-médico-judiciaire de sûreté notifie aux personnes détenues intéressées les décisions de rétention de sûreté prises par la juridiction régionale de la rétention de sûreté.

Section 2. – Fonctionnement des centres socio-médico-judiciaires de sûreté

Art. R. 541-2. – Les centres socio-médico-judiciaires de sûreté ont pour mission :

1° De proposer aux personnes placées dans ces structures, de façon permanente, une prise en charge médicale, psychologique et sociale destinée à réduire leur dangerosité et à permettre la fin de la mesure de rétention ;

2° De retenir dans leurs locaux ces personnes, dans des conditions permettant d'assurer la sécurité et le bon ordre du centre socio-médico-judiciaire et d'éviter que ces personnes ne se soustraient à la mesure prononcée, avec la rigueur strictement nécessaire et dans le respect de leur dignité.

La prise en charge peut notamment comporter, après accord écrit de la personne, un traitement utilisant des médicaments qui entraînent une diminution de la libido.

Art. R. 541-3. – Les centres sont placés sous la responsabilité conjointe, chacun dans son domaine de compétence, d'un directeur des services pénitentiaires et d'un directeur d'établissement public de santé.

Le directeur des services pénitentiaires assure les missions de sécurité, de surveillance, de maintien de l'ordre, de greffe, d'hébergement et d'organisation de la vie quotidienne des personnes retenues. Il tient compte des prescriptions ou contre-indications médicales liées à l'état d'une personne retenue ainsi que de tout autre élément de nature à le renseigner sur sa situation. Les personnels placés sous son autorité relèvent de l'administration pénitentiaire et demeurent soumis à leur statut particulier.

Le directeur d'établissement public de santé organise la prise en charge médicale et psychologique des personnes retenues. Il peut passer des conventions avec un ou plusieurs établissements publics de santé afin qu'une prise en charge sanitaire et psychologique permanente soit assurée aux personnes retenues.

Le directeur des services pénitentiaires et le directeur d'établissement public de santé organisent conjointement la prise en charge pluridisciplinaire, dont la prise en charge socio-éducative, des personnes retenues destinée à permettre leur sortie du centre.

Le directeur des services pénitentiaires peut autoriser, sur proposition ou après avis favorable du directeur d'établissement public de santé, des intervenants extérieurs spécialisés à prendre part aux activités proposées ou à assister les personnes retenues dont la situation personnelle justifie une prise en charge spécifique, en particulier dans le domaine médico-social. À ce titre, des travailleurs sociaux peuvent être chargés d'aider les personnes retenues, notamment dans l'exercice de leurs droits sociaux, le maintien de leurs liens familiaux et leurs démarches de réinsertion.

Art. R. 541-4. – Les autorités judiciaires et le personnel relevant de l'administration pénitentiaire ne peuvent intervenir dans le déroulement des traitements décidés et mis en œuvre par le personnel médical ou soignant.

Les médecins et les psychologues délivrent les attestations permettant aux personnes retenues de justifier auprès du juge de l'application des peines mentionné par les dispositions de l'article R. 53-8-64 du Code de procédure pénale du suivi effectif dont elles font l'objet.

Lorsque l'hospitalisation d'une personne retenue est requise, le directeur des services pénitentiaires informe sans délai le juge et le préfet prescrit un dispositif de garde et d'escorte adapté à la dangerosité de la personne retenue.

Art. R. 541-5. – Le directeur des services pénitentiaires, ou sous son autorité le responsable du service du greffe, veille à la légalité de la privation de liberté des personnes accueillies dans les centres socio-médico-judiciaires de sûreté ainsi qu'à leur libération immédiate dès la fin de la mesure de rétention.

Art. R. 541-6. – Les centres socio-médico-judiciaires de sûreté comportent un service administratif de greffe au sein duquel est tenu un registre de rétention dans lequel sont mentionnées et mises à jour, pour chaque personne faisant l'objet d'une rétention de sûreté, les informations suivantes :

1° Les dates d'arrivée ou de retour dans le centre de la personne ;

2° La date prévue pour la fin de la mesure ;

3° La nature des décisions la concernant prises par la juridiction régionale de la rétention de sûreté, la juridiction nationale de la rétention de sûreté et la Cour de cassation et la date de leur notification à la personne retenue ;

4° Les recours et pourvois formés par la personne retenue contre ces décisions et la date à laquelle elle a déclaré ces recours au greffe ;

5° Les demandes formées par la personne retenue en application des dispositions de l'article 706-53-17 du Code de procédure pénale et la date de leur déclaration au greffe ;

6° Les décisions judiciaires qui affectent le déroulement de la mesure ;

7° La date et les motifs de sorties effectives du centre de la personne retenue, qu'elles soient provisoires ou définitives.

Art. R. 541-7. – Chacune des personnes retenues dans le centre socio-médico-judiciaire de sûreté fait l'objet d'un dossier individuel, destiné à rendre compte de son évolution et du déroulement de la mesure, tenu par le greffe dans lequel figurent, à l'exclusion de tout document couvert par le secret médical :

1° La décision de placement en rétention de sûreté ;

2° La copie du dossier individuel de la personne retenue établi pendant l'exécution de sa peine et du dossier de suivi des mesures de sûreté dont elle a pu faire l'objet ;

3° Les décisions judiciaires et administratives prises pendant la durée de sa rétention et de ses éventuelles détentions antérieures ;

4° Les évaluations et les expertises dont cette personne fait l'objet pendant la durée de sa rétention ;

5° Les attestations de suivi délivrées périodiquement par les médecins ou psychologues qui participent à la prise en charge de la personne retenue ;

6° Tout document utile à la connaissance de la personnalité et au suivi de l'évolution de la personne retenue.

Art. R. 541-8. – Le dossier individuel de la personne retenue est accessible :

1° Au procureur de la République, au juge de l'application des peines, aux membres de la juridiction régionale de la rétention de sûreté et de la juridiction nationale de la rétention de sûreté ;

2° Aux responsables et, dans cette limite, aux personnels du centre chargés de sa prise en charge ;

3° Aux personnes extérieures dont le concours est requis si cet accès est nécessaire à l'accomplissement de leur mission. La consultation se fait sous le contrôle du directeur des services pénitentiaires qui leur donne communication des seules pièces utiles à la prise en charge ou à l'évaluation de la personne retenue. Le bordereau des pièces communiquées est versé au dossier.

Le dossier peut être consulté par l'avocat de la personne retenue.

Art. R. 541-9. – Toute personne retenue fait l'objet d'un hébergement individuel pendant la nuit.

Dans la journée, toute personne retenue peut participer aux activités du centre, sauf décision contraire du directeur des services pénitentiaires ou du directeur d'établissement public de santé motivée par des raisons de sécurité ou médicales.

Il est institué, le cas échéant, un quartier spécifique pour les femmes.

Art. R. 541-10. – La surveillance des centres socio-médico-judiciaires de sûreté est assurée dans les conditions définies par les dispositions des articles R. 53-8-62 à R. 53-8-65 du Code de procédure pénale.

Section 3. – Régime de rétention des personnes retenues dans les centres socio-médico-judiciaires de sûreté

Art. R. 541-11. – L'exercice des droits reconnus aux personnes retenues ne peut faire l'objet d'autres restrictions que celles strictement nécessaires au maintien de l'ordre et de la sécurité dans les centres, à la protection d'autrui, à la prévention des infractions et de toute soustraction des personnes retenues à la mesure dont elles font l'objet.

Art. R. 541-12. – Toute personne retenue doit être informée dès le début de sa rétention, dans une langue qu'elle comprend, des droits et obligations liés à sa situation, y compris des recours et requêtes qu'elle peut former, de son droit à être assistée par un avocat de son choix ou commis d'office devant les juridictions de la rétention de sûreté, le juge de l'application des peines et le directeur des services pénitentiaires lors de la procédure mentionnée par les dispositions de l'article R. 541-16.

Pour la procédure prévue par l'article R. 541-16, la rétribution de l'avocat est prise en charge au titre de l'aide juridictionnelle.

Lors de son admission, les règles applicables dans le centre sont portées à la connaissance de la personne retenue. Elles lui sont également rendues accessibles pendant la durée de sa rétention.

Art. R. 541-13. – Toute personne retenue dans un centre socio-médico-judiciaire de sûreté a droit :

1° De suivre individuellement ou collectivement des actions d'éducation et de formation, au sein du centre ou par correspondance, sous la direction de professionnels habilités ;

2° D'exercer un emploi compatible avec sa présence au sein du centre soit pour son propre compte soit pour le compte d'employeurs extérieurs. Ces activités s'exercent de façon individuelle ou collective ;

3° De pratiquer, individuellement ou collectivement, des activités religieuses ou philosophiques de son choix, de recevoir les ministres du culte de son choix et de participer aux réunions qu'ils organisent ;

4° De se livrer à des activités culturelles, sportives et de loisir, dont une partie s'effectue obligatoirement en extérieur, organisées par des professionnels habilités ;

5° D'émettre ou de recevoir des correspondances avec toutes personnes de son choix. Les correspondances échangées avec son avocat ou des autorités publiques ne peuvent jamais ni être contrôlées ni être retenues ;

6° De recevoir des visites chaque jour de toute personne de son choix. Sauf décision contraire, ces visites s'effectuent sans dispositif de séparation. Elles peuvent être précédées ou suivies de fouille de la personne retenue ;

7° De téléphoner chaque jour aux personnes de son choix, à ses frais ou aux frais de son correspondant. Les communications téléphoniques échangées avec son avocat ne peuvent jamais être écoutées, enregistrées ou interrompues.

Les restrictions apportées par le directeur des services pénitentiaires à l'exercice de ces droits doivent être dûment justifiées au regard des exigences mentionnées par les dispositions de l'article R. 541-11. Sauf en cas d'urgence, le directeur des services pénitentiaires recueille l'avis du directeur d'établissement public de santé. Il informe sans délai le juge de l'application des peines de ces décisions.

Art. R. 541-14. – Conformément aux dispositions de l'article R. 53-8-71 du Code de procédure pénale, le directeur des services pénitentiaires est préalablement consulté par le juge de l'application des peines lorsqu'il accorde ou refuse une permission de sortie à une personne retenue dans un centre socio-médico-judiciaire.

Art. R. 541-15. – Lorsque le comportement des personnes retenues met en péril le bon ordre du centre, la sûreté des personnes, la sécurité des biens ou cause des désordres persistants, le directeur des services pénitentiaires prend toute mesure appropriée dans le respect des exigences mentionnées par les dispositions de l'article R. 541-11.

Sauf urgence, cette décision est prise après avis du directeur d'établissement public de santé. Elle est communiquée au juge de l'application des peines. Elle est motivée et versée au dossier individuel de la personne accompagnée de ses observations.

Art. R. 541-16. – Lorsque l'objectif recherché à l'article R. 541-15 ne peut être atteint par d'autres mesures, le directeur des services pénitentiaires peut décider, à l'égard de la personne retenue :

1° La suspension, totale ou partielle, d'activités mentionnées par les dispositions de l'article R. 541-13 pour une période maximum de vingt et un jours ;

2° Le confinement en chambre individuelle pour une durée maximale de vingt et un jours. Le confinement emporte suspension de toutes activités et de la libre circulation au sein du centre socio-médico-judiciaire de sûreté à l'exception des visites et des activités liées à la prise en charge médicale et psychologique.

La mesure est suspendue si le médecin constate que son exécution est de nature à compromettre l'état de santé de la personne retenue.

La personne retenue peut faire valoir ses observations y compris par son avocat ou par un mandataire agréé par le directeur des services pénitentiaires et remplissant les conditions mentionnées par les dispositions de l'article R. 351-3.

Section 4. – Centre socio-médico-judiciaire de sûreté de Fresnes

Art. R. 541-17. – Le centre socio-médico-judiciaire de sûreté, créé au sein de l'établissement public de santé national de Fresnes institué en application de l'article L. 6141-5 du Code de la santé publique, est placé sous la responsabilité conjointe, chacun dans son domaine de compétence, du directeur de l'établissement public de santé national de Fresnes et du directeur d'hôpital mis à la disposition de cet établissement par le ministre chargé de la santé.

Le directeur de l'établissement public de santé national de Fresnes exerce les compétences attribuées au directeur des services pénitentiaires en matière d'organisation du centre et de protection des droits des personnes retenues. Il désigne parmi les personnels sur lesquels il a autorité ceux chargés de la surveillance des personnes retenues et des missions de greffe relevant du centre.

Le directeur d'hôpital exerce les compétences attribuées au directeur d'établissement public de santé en matière d'organisation du centre et de protection des droits des personnes retenues. À ce titre, il passe des conventions entre l'établissement public de santé national de Fresnes et un ou plusieurs établissements publics de santé afin qu'une prise en charge sanitaire et psychologique permanente soit assurée aux personnes retenues.

Art. R. 541-18. – Les règles de fonctionnement du centre socio-médico-judiciaire de sûreté de Fresnes et les conditions dans lesquelles s'exercent les droits des personnes retenues prévus par les dispositions des articles R. 53-8-69 à R. 53-8-71 et R. 53-8-74 du Code de procédure pénale, et R. 541-11 à R. 541-13, R. 541-15 et R. 541-16 du présent code sont précisées par son règlement intérieur, qui est fixé par arrêté conjoint du garde des sceaux, ministre de la justice, et du ministre chargé de la santé.

CHAPITRE II. – CONTRÔLE DU RESPECT DE L'OBLIGATION DE SOINS PRONONCÉE EN L'ABSENCE DE SUIVI SOCIO-JUDICIAIRE

Art. D. 542-1. – Le service pénitentiaire d'insertion et de probation met en œuvre les mesures de contrôle et veille au respect de l'obligation de soins prononcée à titre de mesure de sûreté en l'absence de suivi socio-judiciaire en application des dispositions des articles 706-136-1 et D. 47-33 à D. 47-37 du Code de procédure pénale.

CHAPITRE III. – CONTRÔLE DU RESPECT DES MESURES DE SURVEILLANCE JUDICIAIRE ET DE SURVEILLANCE DE SÛRETÉ

Art. R. 543-1. – Conformément aux dispositions de l'article R. 53-8-49 du Code de procédure pénale, le service pénitentiaire d'insertion et de probation assiste le juge de l'application des peines pour le contrôle des personnes placées sous surveillance de sûreté.

Art. D. 543-2. – Dans les conditions prévues par les dispositions de l'article D. 147-32 du Code de procédure pénale, le greffe de chaque établissement pénitentiaire transmet au procureur de la République et au juge de l'application des peines copie de la fiche pénale des personnes condamnées susceptibles de faire l'objet d'une surveillance judiciaire à leur libération.

Art. D. 543-3. – Avant la libération de chaque personne soumise à une mesure de surveillance judiciaire, le chef de l'établissement pénitentiaire lui notifie sa convocation devant le juge de l'application des peines dans les conditions prévues par les dispositions de l'article D. 147-40-2 du Code de procédure pénale.

Art. D. 543-4. – Conformément aux dispositions de l'article D. 147-47 du Code de procédure pénale, le service pénitentiaire d'insertion et de probation assiste le juge de l'application des peines pour le contrôle du respect des obligations et interdictions auxquelles sont soumises des personnes faisant l'objet d'un suivi en application des dispositions de l'article 721-2 du même code.

Art. D. 543-5. – Lorsqu'il est fait application du I de l'article 721-2 du Code de procédure pénale, le chef de l'établissement pénitentiaire notifie à la personne intéressée sa convocation devant le juge de l'application des peines, dans les conditions prévues par les dispositions de l'article D. 147-48 du même code.

CHAPITRE IV. – PLACEMENT SOUS SURVEILLANCE ÉLECTRONIQUE MOBILE À TITRE DE MESURE DE SÛRETÉ

Section 1. – Commission pluridisciplinaire des mesures de sûreté et examen de dangerosité

Art. R. 544-1. – Conformément aux dispositions de l'article R. 61-8 du Code de procédure pénale, le directeur interrégional des services pénitentiaires, ou son représentant, est membre de la commission pluridisciplinaire des mesures de sûreté, qui peut être sollicitée avant que le juge de l'application des peines ne statue sur la durée du placement sous surveillance électronique mobile, ou sur la prolongation de la mesure en application des dispositions de l'article 763-10 du même code.

Art. R. 544-2. – Conformément aux dispositions de l'article R. 53-21-9 du Code de procédure pénale, le directeur interrégional des services pénitentiaires ou son représentant sont destinataires, en qualité de membres de la commission pluridisciplinaire des mesures de sûreté, des informations contenues dans le répertoire des données à caractère personnel collectées dans le cadre des procédures judiciaires dénommé REDEX.

Art. R. 544-3. – Le chef de l'établissement pénitentiaire porte à la connaissance de chaque personne détenue intéressée :

1° L'avis de la commission pluridisciplinaire des mesures de sûreté, dans les conditions prévues par les dispositions de l'article R. 61-9 du Code de procédure pénale ;

2° Les conclusions de l'examen de dangerosité, dans les conditions prévues par les dispositions de l'article R. 61-11 du même code.

Section 2. – Vérification de la faisabilité de la mesure

Art. R. 544-4. – Conformément aux dispositions de l'article R. 61-23 du Code de procédure pénale, le service pénitentiaire d'insertion et de probation peut être chargé par la juridiction de l'application des peines de vérifier la disponibilité du dispositif technique de placement sous surveillance électronique mobile, la faisabilité technique du projet et la situation familiale, matérielle et sociale de la personne condamnée ainsi que celle de la victime, préalablement au prononcé d'un tel placement.

Section 3. – Pose et dépose du dispositif

Art. R. 544-5. – Lors de la pose ou de la dépose du dispositif prévu par les dispositions de l'article R. 544-7, les agents de l'administration pénitentiaire peuvent être assistés par les personnes habilitées mentionnées par les dispositions des articles R. 544-11 à R. 544-17.

Durant le délai prévu à l'article 763-12 du Code de procédure pénale, il est procédé aux tests de mise en service, à l'information et à la formation de la personne condamnée intéressée sur les modalités pratiques de fonctionnement du dispositif, notamment par la remise d'un formulaire d'utilisation et de consignes. Il lui est également précisé qu'elle est tenue de respecter ces consignes et notamment de procéder à la mise en charge régulière de la batterie selon les modalités indispensables au bon fonctionnement du dispositif, et que le non-respect de cette exigence constitue une violation des obligations auxquelles elle est astreinte.

Lors de la pose, il est remis à la personne condamnée intéressée un document lui rappelant les dispositions de l'article 723-35 du Code de procédure pénale, du quatrième alinéa de l'article 763-10 ou de l'article 733 du même code, ainsi que les dispositions de l'article R. 544-26 du présent code relatif au droit d'accès et de rectification.

Art. D. 544-6. – Le personnel de l'administration pénitentiaire procède également à la pose et à la dépose du dispositif de surveillance électronique mobile dans le cadre et les conditions prévus par l'article D. 51 du Code de procédure pénale.

Section 4. – Contrôle et suivi de la mesure

Art. R. 544-7. – Pour la mise en œuvre du procédé permettant le placement sous surveillance électronique mobile, la personne intéressée porte un dispositif comportant un émetteur.

Cet émetteur transmet des signaux permettant la géolocalisation de la personne intéressée sur l'ensemble du territoire national.

Le dispositif porté par la personne intéressée est conçu de façon à ne pouvoir être enlevé par cette dernière sans que soit émis un signal d'alarme.

Il permet une communication entre le centre de surveillance et la personne intéressée, qui peut faire l'objet d'un enregistrement aux fins de contrôles complémentaires.

Ces dispositifs peuvent être complétés par d'autres procédés de surveillance électronique permettant une authentification biométrique vocale à des fins de vérification à distance de la présence de la personne intéressée.

Le procédé décrit au présent article est homologué par arrêté du garde des sceaux, ministre de la justice.

Art. R. 544-8. – Le contrôle du respect de ses obligations par la personne placée sous surveillance électronique mobile se fait notamment par vérifications téléphoniques, visites aux lieux d'assignation, convocations au service pénitentiaire d'insertion et de probation ainsi que par l'exploitation des informations enregistrées par le traitement automatisé prévu par les dispositions de l'article R. 544-18.

Art. R. 544-9. – Les agents affectés au centre de surveillance chargés de la mise en oeuvre du placement avisent sans délai le juge de l'application des peines compétent ou le magistrat du siège qui le remplace, ou en cas d'urgence et d'empêchement de ceux-ci, le procureur de la République, lorsqu'ils sont alertés notamment de ce qu'une personne placée sous surveillance électronique mobile se trouve dans une zone d'exclusion ou dans une zone tampon ou ne se trouve plus dans une zone qui lui a été assignée ou de ce que le dispositif est détérioré.

Art. R. 544-10. – Conformément aux dispositions de l'article R. 61-31 du Code de procédure pénale, les décisions relatives aux obligations des personnes condamnées en matière d'horaires d'assignation, de zones d'exclusion, de zones d'inclusion ou de zones tampon sont prises selon la procédure prévue par les dispositions de l'article 712-8 du même code.

Section 5. – Habilitation des personnes auxquelles peuvent être confiées des prestations techniques concernant la mise en œuvre du placement sous surveillance électronique mobile

Art. R. 544-11. – L'habilitation des personnes auxquelles peuvent être confiées par contrat les prestations techniques détachables des fonctions de souveraineté concernant la mise en oeuvre du placement sous surveillance électronique mobile est accordée par arrêté du garde des sceaux, ministre de la justice.

L'habilitation est accordée pour une durée de cinq ans renouvelable en fonction des compétences techniques, des garanties financières et des références qu'offrent ces personnes, appréciées au regard de la nature, de l'étendue et du coût des prestations faisant l'objet de ce contrat.

Art. R. 544-12. – Pour être habilitées les personnes physiques doivent :

1° Posséder la nationalité française ou celle de l'un des États membres de la Communauté européenne ;

2° Ne pas avoir fait l'objet d'une mesure de révocation de la fonction publique, civile ou militaire, ni d'une condamnation, incapacité ou déchéance justifiant l'inscription au bulletin n° 2 du casier judiciaire.

Art. R. 544-13. – L'habilitation ne peut être accordée à une personne morale :

1° Dont le bulletin n° 2 du casier judiciaire comporte une condamnation, une incapacité ou une déchéance ;

2° Dont la situation d'un ou plusieurs de ses dirigeants de droit ou de fait n'est pas conforme aux dispositions du 2° de l'article R. 544-12.

Art. R. 544-14. – L'habilitation peut être retirée par le garde des sceaux, ministre de la justice, selon les modalités prévues par les dispositions de l'article R. 544-17, en cas de modification substantielle de la situation des personnes au regard des dispositions des articles R. 544-11, R. 544-12 ou R. 544-13.

Art. R. 544-15. – Chaque employé d'une personne mentionnée par les dispositions des articles R. 544-11 à R. 544-14 appelé à accomplir des tâches pour l'exécution du contrat visé par les dispositions de l'article R. 544-11 fait l'objet d'une habilitation individuelle préalable du garde des sceaux, ministre de la justice.

Cette habilitation est accordée pour une durée de cinq ans renouvelable.

Art. R. 544-16. – Pour être habilitées, les personnes mentionnées par les dispositions de l'article R. 544-15 doivent :

1° Posséder la nationalité française ou celle de l'un des États membres de la Communauté européenne ;

2° Ne pas avoir fait l'objet d'une mesure de révocation de la fonction publique, civile ou militaire, ni d'une condamnation, incapacité ou déchéance justifiant l'inscription au bulletin n° 2 du casier judiciaire ;

3° Etre titulaire des diplômes ou qualifications correspondant à la nature des fonctions qu'elles sont appelées à exercer ;

4° Avoir donné leur accord écrit au projet de contrat de travail proposé par leur employeur ou à un avenant au contrat existant. Ce document rappelle l'obligation de respecter strictement le secret professionnel prévu par les dispositions des articles 226-13 et 226-14 du Code pénal. Il mentionne l'obligation d'adopter, dans l'exercice de leurs fonctions, un comportement conforme à l'honneur, à la probité et aux bonnes moeurs.

Art. R. 544-17. – L'habilitation mentionnée par les dispositions de l'article R. 544-15 peut être retirée par le garde des sceaux, ministre de la justice, après qu'ont été recueillies les observations de la personne habilitée, lorsque l'une des conditions prévues par les dispositions des 1° et 2° de l'article R. 544-16 cesse d'être remplie ou en cas d'agissements contraires à l'honneur, à la probité ou aux bonnes mœurs.

En cas d'urgence et pour motif grave, l'habilitation peut être suspendue par le garde des sceaux, ministre de la justice, qui décide, dans le mois suivant la suspension, du maintien ou du retrait de l'habilitation, dans les conditions définies par les dispositions de l'alinéa précédent.

Section 6. – Traitement automatisé relatif au contrôle des personnes placées sous surveillance électronique mobile

Art. R. 544-18. – Le traitement automatisé de données à caractère personnel prévu par les dispositions de l'article L. 544-2 est mis en œuvre par le directeur de l'administration pénitentiaire du ministère de la justice.

Ce traitement est placé sous le contrôle d'un magistrat du parquet hors hiérarchie, nommé pour trois ans par arrêté du garde des sceaux, ministre de la justice.

Il a pour finalité d'assurer le contrôle à distance, par un centre de surveillance, de la localisation, ainsi que le suivi, des personnes majeures placées sous surveillance électronique mobile dans le cadre :

1° D'une mesure d'assignation à résidence sous surveillance électronique mobile ;

2° D'une mesure de suivi socio-judiciaire, de surveillance judiciaire, de surveillance de sûreté ou de libération conditionnelle ;

3° D'une permission de sortie accordée au cours d'une rétention de sûreté ;

4° D'une décision de la chambre criminelle de la Cour de cassation ordonnant la suspension de l'exécution de la condamnation dans le cadre d'une procédure de révision ou de réexamen.

À cet effet, ce traitement permet :

1° D'alerter l'administration pénitentiaire de ce qu'une personne placée sous surveillance électronique mobile se trouve dans un lieu dont la fréquentation lui est interdite dénommé « zone d'exclusion », ou dans une zone intermédiaire dénommée « zone tampon », ou ne se trouve plus dans un lieu qui lui a été assigné, dénommé « zone d'inclusion », ou que le fonctionnement du dispositif de surveillance électronique mobile est altéré ;

2° De connaître la localisation d'une personne lorsque l'alerte prévue au 1° est intervenue, aux fins de permettre le cas échéant sa recherche et son interpellation en cas de non-respect de ses obligations ;

3° De connaître la localisation d'une personne, même en l'absence de l'alerte prévue au 1°, à la demande du procureur de la République, du juge d'instruction ou des officiers de police judiciaire spécialement habilités à l'occasion de recherches intervenant dans le cadre :

a) Soit d'une enquête de flagrance, d'une enquête préliminaire ou d'une information concernant un crime ou un délit ;

b) Soit d'une enquête ou d'une information pour recherche des causes de la mort ou d'une disparition ;

c) Soit d'une enquête en recherche des causes des blessures inconnues ou suspectes ;

d) Soit d'une procédure pour recherche des personnes en fuite ;

4° De connaître de façon différée les lieux dans lesquels s'est trouvée une personne placée sous surveillance électronique mobile ;

5° D'exploiter les données à des fins statistiques.

Art. R. 544-19. – Le traitement automatisé relatif au contrôle des personnes placées sous surveillance électronique mobile a pour finalité d'assurer, dans les conditions prévues au présent chapitre, le contrôle à distance des personnes faisant l'objet d'une décision administrative de placement sous surveillance électronique mobile prise en application :

1° Des dispositions de l'article L. 733-14 du Code de l'entrée et du séjour des étrangers et du droit d'asile ;

2° De l'article L. 228-3 du Code de la sécurité intérieure ;

3° De l'article 6 de la loi n° 55-385 du 3 avril 1955 modifiée relative à l'état d'urgence.

Art. R. 544-20. – Le magistrat mentionné par les dispositions du deuxième alinéa de l'article R. 544-18 s'assure que les conditions dans lesquelles fonctionne le traitement lui permettent de respecter les dispositions du présent chapitre.

Il peut procéder à toute vérification sur place et obtenir de l'autorité qui en est responsable tout renseignement relatif au fonctionnement du traitement, sans préjudice de ses possibilités d'accès aux informations enregistrées, conformément aux dispositions des articles R. 544-23 et R. 544-28.

Il adresse un rapport annuel au garde des sceaux, ministre de la justice, sur le fonctionnement du traitement.

Art. R. 544-21. – Les catégories d'informations enregistrées dans le traitement sont :

1° L'identité de la personne placée sous surveillance électronique mobile : nom de famille, nom d'usage, prénoms, alias, date et lieu de naissance, sexe, nationalité ;

2° La photographie du visage de face, la taille, le poids, la couleur des cheveux, la couleur des yeux, la description des tatouages ou cicatrices de la personne ;

3° L'adresse de résidence de la personne ;

4° La situation professionnelle de la personne : profession, adresse professionnelle ;

5° La décision de condamnation : désignation de la juridiction, nature et contenu de la décision, infraction commise ;

6° La décision de placement : désignation de la juridiction ou de l'autorité administrative, nature et contenu de la décision ;

7° Les décisions modificatives de placement : désignation de la juridiction ou de l'autorité administrative, nature et contenu de la décision ;

8° Le numéro d'identifiant de placement sous surveillance électronique mobile ainsi que le numéro de dossier généré par le traitement dénommé APPI créé par l'article R. 113-49 ;

9° Les dates de début et de fin de la mesure de placement sous surveillance électronique mobile ;

10° Les coordonnées de géolocalisation des zones d'exclusion, des zones tampon et des zones d'inclusion, ainsi que les horaires d'assignation ;

11° Le relevé à intervalles réguliers des positions du dispositif porté par la personne prévu par les dispositions de l'article 763-12 du Code de procédure pénale, à l'article L. 733-14 du Code de l'entrée et du séjour des étrangers et du droit d'asile, à l'article 6 de la loi n° 55-385 du 3 avril 1955 et à l'article L. 228-3 du Code de la sécurité intérieure ;

12° La liste des alarmes déclenchées, enregistrées par date, heure et position, ainsi que la gestion de ces alarmes par le centre de surveillance ;

13° L'enregistrement des communications prévues au quatrième alinéa de l'article R. 544-7 ;

14° Les données relatives à l'authentification biométrique vocale prévue au cinquième alinéa de l'article R. 544-7 ;

15° Les personnes référentes du suivi de la personne assignée : noms, prénoms, qualités et coordonnées professionnelles.

Art. R. 544-22. – Les informations enregistrées dans le traitement sont conservées pendant toute la durée de la mesure et pendant un délai de dix ans après que la surveillance électronique mobile a cessé à l'exception des données visées par les dispositions du 13° de l'article R. 544-21 qui sont conservées trois mois après leur enregistrement, de celles visées par les dispositions du 14° du même article qui ne sont conservées que jusqu'à la fin du placement sous surveillance électronique mobile et des informations enregistrées au titre de l'article R. 544-19 qui sont conservées pendant toute la durée de la mesure et pendant un délai de trois mois après que la surveillance électronique mobile a cessé. À l'issue de ce délai, l'autorité responsable du traitement procède à l'effacement des informations.

Art. R. 544-23. – Les personnes ou catégories de personnes qui, à raison de leurs fonctions ou pour les besoins du service, peuvent directement accéder aux informations enregistrées dans le traitement et strictement nécessaires à l'exercice de leurs attributions sont :

1° Les personnels habilités des services centraux et déconcentrés de la direction de l'administration pénitentiaire ;

2° Les autorités judiciaires ainsi que les agents du greffe chargés de les assister, individuellement désignés et spécialement habilités à cet effet par les chefs de juridiction ou de cour ;

3° Les officiers de police judiciaire spécialement habilités à l'occasion de recherches intervenant dans le cadre :

a) Soit d'une enquête de flagrance, d'une enquête préliminaire ou d'une information concernant un crime ou un délit ;

b) Soit d'une enquête ou d'une information pour recherche des causes de la mort ou d'une disparition ;

c) Soit d'une enquête en recherche des causes des blessures inconnues ou suspectes ;

d) Soit d'une procédure pour recherche des personnes en fuite ;

4° Le magistrat chargé de contrôler le traitement mentionné par les dispositions du deuxième alinéa de l'article R. 544-18.

Art. R. 544-24. – Peuvent être destinataires des données à caractère personnel enregistrées dans le traitement, dans le cadre de l'organisation et de la mise en œuvre d'une chaîne de permanence au sein du ministère de la justice :

1° Les magistrats de la direction des affaires criminelles et des grâces ;

2° Les agents de la direction de l'administration pénitentiaire.

Art. R. 544-25. – Peuvent être destinataires des données à caractère personnel des personnes mentionnées par les dispositions de l'article R. 544-19 dans le cas où la personne concernée ne se trouve plus dans la zone d'inclusion ou lorsque le fonctionnement du dispositif de surveillance électronique mobile est altéré, l'autorité administrative compétente et les agents des services de police et de gendarmerie compétents. L'autorité administrative peut également être destinataire d'un historique de ces événements afin d'apprécier l'opportunité du renouvellement de la mesure d'assignation à résidence relevant de l'article 6 de la loi n° 55-385 du 3 avril 1955 ou de l'obligation mentionnée par les dispositions du 1° de l'article L. 228-2 du Code de la sécurité intérieure dans les conditions prévues à l'article L. 228-3 du même code.

Art. R. 544-26. – Les droits d'information, d'accès, de rectification, d'effacement et de limitation des données prévus par les dispositions des articles 104 à 106 de la loi n° 78-17 du 6 janvier 1978 relative à l'informatique, aux fichiers et aux libertés s'exerce auprès du directeur de l'administration pénitentiaire.

Art. R. 544-27. – Le droit d'opposition prévu par les dispositions de l'article 110 de la loi n° 78-17 du 6 janvier 1978 ne s'applique pas au présent traitement.

Art. R. 544-28. – Le traitement conserve pendant une durée de trois ans les informations relatives aux créations, modifications, suppressions et consultations dont il fait l'objet, en précisant la qualité de la personne ou autorité ayant procédé à l'opération.

Ces informations ne peuvent être consultées que par le directeur de l'administration pénitentiaire ou, avec son autorisation, par les personnes qu'il habilite spécialement ainsi que par le magistrat mentionné par les dispositions du deuxième alinéa de l'article R. 544-18.

Elles peuvent donner lieu à des exploitations statistiques.

Art. R. 544-29. – Le traitement peut faire l'objet d'une interconnexion avec le traitement de données à caractère personnel dénommé « Application des Peines, Probation et Insertion » (APPI) créé par l'article R. 113-49.

CHAPITRE V. – MESURE JUDICIAIRE DE PRÉVENTION DE LA RÉCIDIVE TERRORISTE ET DE RÉINSERTION

Art. R. 545-1. – Conformément aux dispositions de l'article R. 50-70 du Code de procédure pénale, le chef de l'établissement pénitentiaire peut transmettre au procureur de la République, à la demande de ce dernier, les éléments concernant la situation pénale, personnelle, sociale et familiale de la personne condamnée à une peine pour laquelle la mesure judiciaire de prévention de la récidive terroriste et de réinsertion est encourue, ainsi que, le cas échéant, des décisions et rapports relatifs aux mesures de nature à favoriser la réinsertion dont la personne intéressée a pu bénéficier durant l'exécution de sa peine.

Art. R. 545-2. – Conformément aux dispositions des articles R. 50-72 et R. 61-8 du Code de procédure pénale, le directeur interrégional des services pénitentiaires, ou son représentant, est membre de la commission pluridisciplinaire des mesures de sûreté saisie avant le prononcé d'une mesure judiciaire de prévention de la récidive terroriste et de réinsertion en application de l'article R. 50-71 du même code.

Art. R. 545-3. – Conformément aux dispositions de l'article R. 50-73 du Code de procédure pénale, le placement prévu par le deuxième alinéa de l'article 706-25-17 du même code a lieu au centre national d'évaluation de l'administration pénitentiaire et sa durée est déterminée par l'administration pénitentiaire.

Conformément aux mêmes dispositions, à l'issue du placement de la personne intéressée, le centre national d'évaluation transmet au président de la commission un rapport d'évaluation pluridisciplinaire de dangerosité, qu'il communique également à la personne intéressée.

Art. R. 545-4. – Conformément aux dispositions de l'article R. 50-76 du Code de procédure pénale, le service pénitentiaire d'insertion et de probation compétent saisi par le tribunal de l'application des peines de Paris lui communique toute proposition de mesures propres à favoriser la réinsertion de la personne intéressée et l'acquisition des valeurs de la citoyenneté.

Art. R. 545-5. – Conformément aux dispositions de l'article R. 50-79 du Code de procédure pénale, le service pénitentiaire d'insertion et de probation compétent mandaté par le juge de l'application des peines du tribunal judiciaire de Paris veille au respect des obligations imposées à la personne soumise à une mesure judiciaire de prévention de la récidive terroriste et de réinsertion en application des dispositions de l'article 706-25-16 du même code et rend compte régulièrement à ce magistrat.

LIVRE VI

INTERVENTION DE L'ADMINISTRATION PÉNITENTIAIRE AUPRÈS DE PERSONNES NON DÉTENUES

TITRE Ier. – PRÉPARATION DE DÉCISIONS JUDICIAIRES

CHAPITRE Ier. – ENQUÊTES SOCIALES

Art. D. 611-1. – Dans les conditions prévues par les dispositions des articles D. 16 et D. 18 du Code de procédure pénale, l'enquête sociale réalisée par le service pénitentiaire d'insertion et de probation en application des dispositions de l'article L. 611-2 est versée au dossier de personnalité de la personne mise en examen.

Art. D. 611-2. – Dans les conditions prévues par les dispositions de l'article D. 32-31 du Code de procédure pénale, le service pénitentiaire d'insertion et de probation vérifie la situation matérielle, familiale et sociale de la personne prévenue en attente de débat différé devant le juge des libertés et de la détention.

CHAPITRE II. – ENQUÊTES TECHNIQUES PRÉALABLES

Art. D. 612-1. – Dans les conditions prévues par les dispositions de l'article D. 32-4 du Code de procédure pénale, le service pénitentiaire d'insertion et de probation peut être chargé de vérifier la disponibilité du dispositif technique d'assignation à résidence sous surveillance électronique, la faisabilité technique du projet ainsi que la situation familiale, matérielle et sociale de la personne mise en examen, notamment aux fins de déterminer les horaires et lieux d'assignation préalablement au prononcé d'une telle assignation.

TITRE II. – INTERVENTION AUPRÈS DE PERSONNES CONDAMNÉES

CHAPITRE Ier. – SURSIS PROBATOIRE

Section 1. – Dispositions communes

Sous-section 1. – Convocation à comparaître

Art. R. 621-1. – Pour l'application des dispositions de l'article 741-1 du Code de procédure pénale, le service pénitentiaire d'insertion et de probation situé dans le ressort de l'établissement pénitentiaire où la personne est détenue remet ou fait remettre à la personne condamnée à une peine d'emprisonnement assortie pour partie du sursis probatoire, au plus tard le jour de sa libération, un avis de convocation à comparaître devant le service pénitentiaire d'insertion et de probation territorialement compétent pour la suivre après sa libération.

Art. R. 621-2. – Le délai maximal de comparution est de huit jours à compter de la libération de la personne intéressée dans les trois cas suivants :

1° Lorsque la personne exécutait une condamnation prononcée pour l'une des infractions pour lesquelles le suivi socio-judiciaire est encouru ;

2° Lorsque figurent au bulletin n° 1 du casier judiciaire de la personne auquel le service pénitentiaire d'insertion et de probation a accès en application des dispositions du dernier alinéa de l'article 774 du Code de procédure pénale une ou plusieurs condamnations prononcées pour l'une de ces infractions ;

3° Lorsqu'a été prononcé un sursis probatoire avec suivi renforcé.

Dans les autres cas, le délai maximal de comparution est d'un mois.

Art. R. 621-3. – Copie de la convocation mentionnée à l'article R. 621-1 est adressée au juge de l'application des peines et au service pénitentiaire d'insertion et de probation territorialement compétents pour suivre la personne condamnée après sa libération.

Art. R. 621-4. – L'avis de convocation comporte une mention informant la personne condamnée que si elle ne se présente pas au service pénitentiaire d'insertion et de probation à la date prévue, le juge de l'application des peines compétent en sera informé et son sursis probatoire pourra être révoqué.

Art. R. 621-5. – Les dispositions des articles R. 621-1 à R. 621-4 sont également applicables en cas de libération d'une personne à la suite de l'exécution d'une peine d'emprisonnement non assortie pour partie du sursis probatoire, lorsque celle-ci se trouve dès sa libération placée sous le régime du sursis probatoire, en exécution d'une autre condamnation qui est mentionnée au registre d'écrou de l'établissement pénitentiaire dans lequel la personne est écrouée ou qui est enregistrée et toujours active dans le traitement automatisé de données à caractère personnel dénommé « application des peines, probation et insertion » (APPI) prévu par les dispositions des articles R. 113-49 à R. 113-58.

Sous-section 2. – Contrôle de la mesure

Art. R. 621-6. – Dans les conditions prévues par les dispositions de l'article R. 59 du Code de procédure pénale, le service pénitentiaire d'insertion et de probation peut être chargé, sur instruction du juge de l'application des peines, de convoquer la personne condamnée à une peine d'emprisonnement assortie du sursis probatoire pour lui rappeler les mesures de contrôle et les obligations auxquelles elle est soumise.

Art. R. 621-7. – Lorsque le sursis probatoire comprend l'obligation de suivre un stage, mais que ce dernier n'est pas organisé par le service pénitentiaire d'insertion et de probation, la personne condamnée remet à ce dernier l'attestation qui lui est délivrée par l'organisateur du stage, dans les conditions prévues par les dispositions de l'article R. 132-45 du Code pénal.

Sous-section 3. – Information de la victime

Art. D. 621-8. – Conformément aux dispositions de l'article D. 49-66 du Code de procédure pénale, lorsque la victime ou la partie civile doit être informée de la date de fin du sursis probatoire en application de l'article 712-16-2 du même code, le juge de l'application des peines peut demander au service pénitentiaire d'insertion et de probation saisi de la mesure de procéder à cette information.

Section 2. – Dispositions applicables au sursis probatoire renforcé

Sous-section 1. – Évaluation de la personne condamnée

Art. D. 621-9. – La personne condamnée à une peine d'emprisonnement assortie du sursis probatoire avec suivi renforcé est convoquée à comparaître devant le service pénitentiaire d'insertion et de probation dans les délais et conditions prévus par les dispositions de l'article D. 546-2 du Code de procédure pénale.

Art. D. 621-10. – Le rapport établi par le service pénitentiaire d'insertion et de probation en application de l'article L. 621-3 doit être adressé au juge de l'application des peines au plus tard trois mois après le prononcé de la condamnation ou, lorsque la personne prévenue n'était pas présente à l'audience, après sa notification. Il est communiqué sans délai au procureur de la République par le service de l'application des peines.

Ce rapport, effectué à la suite de plusieurs entretiens individuels avec la personne condamnée, propose au juge de l'application des peines un projet d'exécution et de suivi de la mesure ainsi que, s'il y a lieu, des obligations afférentes spécifiquement adaptées à la situation et la personnalité de la personne condamnée.

Art. D. 621-11. – La réévaluation de la situation de la personne condamnée prévue par le troisième alinéa de l'article L. 621-3 doit intervenir au plus tard un an après le prononcé de la condamnation ou, si la personne prévenue n'était pas présente à l'audience, après sa notification. À cette fin, le service pénitentiaire d'insertion et de probation adresse au juge de l'application des peines un rapport de synthèse sur les conditions d'exécution de la sanction. Ce rapport est communiqué sans délai au procureur de la République par le service de l'application des peines.

Sous-section 2. – Suivi renforcé

Art. D. 621-12. – La personne condamnée fait l'objet par le service pénitentiaire d'insertion et de probation d'un suivi soutenu dont l'intensité est individualisée et proportionnée à ses besoins, à la sanction et à la mesure prononcée, et évolue au fur et à mesure de l'exécution du sursis probatoire.

CHAPITRE II. – DÉTENTION À DOMICILE SOUS SURVEILLANCE ÉLECTRONIQUE PRONONCÉE À TITRE DE PEINE

Section 1. – Dispositions générales

Art. R. 622-1. – Pour la mise en œuvre du procédé permettant la détention à domicile sous surveillance électroniquo prévu par l'article 723-8 du Code de procédure pénale, la personne assignée porte un bracelet comportant un émetteur.

Cet émetteur transmet des signaux à un récepteur placé au lieu d'assignation dont le boîtier envoie par l'intermédiaire d'une ligne téléphonique, à un centre de surveillance relatifs au fonctionnement du dispositif et à la présence de la personne intéressée dans le lieu où il est assigné.

Le bracelet porté par la personne assignée est conçu de façon à ne pouvoir être enlevé par cette dernière sans que soit émis un signal d'alarme.

Le dispositif permet une communication entre le centre de surveillance et la personne assignée qui peut faire l'objet d'un enregistrement aux fins de contrôles complémentaires.

Ces dispositifs peuvent être complétés par d'autres procédés de surveillance électronique permettant une authentification biométrique vocale à des fins de vérification à distance de la présence de la personne intéressée.

Art. R. 622-2. – Le procédé décrit par les dispositions de l'article R. 622-1 est homologué par arrêté du garde des sceaux, ministre de la justice. Il est annexé au présent code.

Section 2. – Formalités préalables

Art. R. 622-3. – Conformément aux dispositions de l'article R. 57-13 du Code de procédure pénale, le service pénitentiaire d'insertion et de probation peut être chargé, par le magistrat compétent qui envisage de prononcer une mesure de détention à domicile sous surveillance électronique, de s'assurer de la disponibilité du dispositif technique et de vérifier la situation familiale, matérielle et sociale de la personne condamnée ou prévenue, notamment aux fins de déterminer les horaires et lieux d'assignation.

Art. R. 622-4. – En application des dispositions de l'article 723-7 du Code de procédure pénale, lorsque le lieu désigné par le juge de l'application des peines n'est pas le domicile de la personne condamnée, l'accord écrit du propriétaire, ou du ou des titulaires du contrat de location des lieux où pourra être installé le récepteur, est recueilli par le service pénitentiaire d'insertion et de probation, sauf si cet accord figure déjà au dossier de la procédure.

Art. D. 622-5. – Le service pénitentiaire d'insertion et de probation est saisi aux fins de pose du dispositif de surveillance électronique par la convocation remise ou adressée à la personne condamnée intéressée, dans les conditions prévues par les dispositions de l'article D. 49-84 du Code de procédure pénale.

Le service informe la personne intéressée qu'elle peut demander qu'un médecin vérifie que la mise en œuvre du dispositif ne présente pas d'inconvénient pour sa santé, dans les conditions prévues par les dispositions du même article.

Section 3. – Pose et dépose du dispositif

Art. R. 622-6. – Le personnel de l'administration pénitentiaire assure la pose et la dépose du bracelet prévu à l'article R. 622-1. Il peut être assisté des personnes habilitées dans les conditions fixées par les dispositions des articles R. 622-11 à R. 622-18.

Lorsque la décision de détention à domicile sous surveillance électronique est exécutoire, la mise en place du dispositif technique doit intervenir au plus tard, sous réserve de la disponibilité de ce dispositif, dans les cinq jours qui suivent la décision.

Art. R. 622-7. – Chaque personne condamnée à une peine privative de liberté et placée sous surveillance électronique est inscrite au registre d'écrou de l'un des établissements pénitentiaires dépendant du centre de surveillance.

Art. R. 622-8. – Le contrôle du respect des obligations de chaque personne assignée s'effectue par vérifications téléphoniques, visites au lieu d'assignation, convocations à l'établissement d'écrou ou, dans les cas prévus par les dispositions de l'article R. 622-19, au service pénitentiaire d'insertion et de probation.

Art. D. 622-9. – La pose du dispositif de surveillance électronique que doit porter la personne condamnée fait l'objet d'un procès-verbal qui est adressé au juge de l'application des peines.

La détention à domicile sous surveillance électronique dans un lieu qui n'est pas le domicile de la personne condamnée ne peut intervenir qu'avec l'accord écrit du propriétaire ou du ou des titulaires du contrat de location des lieux où pourra être installé le récepteur, sauf s'il s'agit d'un lieu public. Cet accord est recueilli par le service pénitentiaire d'insertion et de probation, sauf s'il figure déjà au dossier de la procédure.

Art. D. 622-10. – Le personnel de l'administration pénitentiaire procède également à la pose et à la dépose du dispositif de surveillance électronique mobile dans le cadre de la détention à domicile sous surveillance électronique dans les conditions prévues par l'article D. 51 du Code de procédure pénale.

Section 4. – Habilitation des personnes auxquelles peut être confiée la mise en œuvre du dispositif technique de contrôle des personnes placées en détention à domicile

Art. R. 622-11. – L'habilitation des personnes auxquelles peut être confiée par contrat la mise en œuvre du dispositif technique permettant le contrôle à distance de la détention à domicile sous surveillance électronique en application des dispositions de l'article 723-9 du Code de procédure pénale est accordée par arrêté du garde des sceaux, ministre de la justice.

Art. R. 622-12. – L'habilitation est accordée pour une durée de cinq ans renouvelable en fonction des compétences techniques, des garanties financières et des références qu'offrent ces personnes appréciées au regard de la nature, de l'étendue et du coût des prestations faisant l'objet du contrat prévu par les dispositions de l'article R. 622-11.

Art. R. 622-13. – Pour être habilitées les personnes physiques doivent :

1° Posséder la nationalité française ou celle de l'un des États membres de la Communauté européenne ;

2° Ne pas avoir fait l'objet d'une mesure de révocation de la fonction publique, civile ou militaire ni d'une condamnation, incapacité ou déchéance justifiant l'inscription au bulletin n° 2 du casier judiciaire.

Art. R. 622-14. – L'habilitation ne peut être accordée à une personne morale :

1° Dont le bulletin n° 2 du casier judiciaire comporte une condamnation, une incapacité ou une déchéance ;

2° Dont la situation d'un ou plusieurs de ses dirigeants de droit ou de fait n'est pas conforme aux dispositions du 2° de l'article R. 622-13.

Art. R. 622-15. – L'habilitation peut être retirée par le garde des sceaux, ministre de la justice, selon les modalités prévues par les dispositions de l'article R. 622-18, en cas de modification substantielle de la situation des personnes au regard des dispositions des articles R. 622-12, R. 622-13 ou R. 622-14.

Art. R. 622-16. – Chaque employé d'une personne mentionnée par les dispositions des articles R. 622-11 à R. 622-15 appelé à accomplir des tâches pour l'exécution du contrat prévu par les dispositions de à l'article R. 622-11, fait l'objet d'une habilitation individuelle préalable accordée par le garde des sceaux, ministre de la justice.

Cette habilitation est accordée pour une durée de cinq ans renouvelable.

Art. R. 622-17. – Pour être habilitées les personnes mentionnées par les dispositions de l'article R. 622-16 doivent :

1° Posséder la nationalité française ou celle de l'un des États membres de la Communauté européenne ;

2° Ne pas avoir fait l'objet d'une mesure de révocation de la fonction publique, civile ou militaire ni d'une condamnation, incapacité ou déchéance justifiant l'inscription au bulletin n° 2 du casier judiciaire ;

3° Etre titulaires des diplômes ou qualifications correspondant à la nature des fonctions qu'elles sont appelées à exercer ;

4° Avoir donné leur accord écrit au projet de contrat de travail proposé par leur employeur ou à un avenant au contrat existant. Ce document rappelle l'obligation de respecter strictement le secret professionnel prévu par les articles 226-13 et 226-14 du Code pénal. Il mentionne l'obligation d'adopter, dans l'exercice de leurs fonctions, un comportement conforme à l'honneur, à la probité et aux bonnes moeurs.

Art. R. 622-18. – L'habilitation mentionnée par les dispositions de l'article R. 622-16 peut être retirée par le garde des sceaux, ministre de la justice, après avoir recueilli les observations de la personne habilitée, lorsque l'une des conditions prévues par les dispositions des 1° et 2° de l'article R. 622-17 cesse d'être remplie ou en cas d'agissements contraires à l'honneur, à la probité ou aux bonnes mœurs.

En cas d'urgence et pour motif grave, l'habilitation peut être suspendue par le garde des sceaux, ministre de la justice, qui décide, dans le mois suivant la suspension, du maintien ou du retrait de l'habilitation, dans les conditions définies par les dispositions de l'alinéa précédent.

Section 5. – Suivi, contrôle et adaptation de la mesure

Art. R. 622-19. – Le service pénitentiaire d'insertion et de probation de l'établissement pénitentiaire mentionné par les dispositions de l'article R. 622-7 assure, le cas échéant, le contrôle et le suivi des mesures prévues par les dispositions des articles 132-43 à 132-46 du Code pénal et ordonnées par le juge de l'application des peines.

Art. D. 622-20. – Lorsque le juge de l'application des peines l'y autorise, le directeur du service pénitentiaire d'insertion et de probation modifie, les horaires d'entrée et de sortie du domicile ou du lieu d'assignation dans les conditions prévues par les dispositions de l'article D. 49-86 du Code de procédure pénale.

Art. D. 622-21. – Le service pénitentiaire d'insertion et de probation assure le contrôle et le suivi des mesures prévues par les dispositions de l'article 131-4-1 du Code pénal, décidées par la juridiction de jugement ou ordonnées par le juge de l'application des peines.

Section 6. – Traitement automatisé relatif au contrôle des personnes placées en détention à domicile sous surveillance électronique

Art. R. 622-22. – Le traitement automatisé de données à caractère personnel relatif au contrôle des personnes placées en détention à domicile sous surveillance électronique est mis en œuvre par le directeur de l'administration pénitentiaire du ministère de la justice, sous le contrôle du magistrat mentionné par les dispositions de l'article R. 544-18 et dans les conditions prévues par les dispositions de l'article R. 544-20.

Art. R. 622-23. – Le traitement automatisé de données à caractère personnel relatif au contrôle des personnes placées sous surveillance électronique a pour finalité d'assurer le contrôle à distance, par un centre de surveillance, ainsi que le suivi des personnes placées sous surveillance électronique, dans le cadre d'une mesure d'assignation à résidence sous surveillance électronique, d'aménagement de la peine d'emprisonnement, ou de libération sous contrainte.

À cet effet, ce traitement permet :

1° D'enregistrer et de suivre les décisions ordonnant ou modifiant des mesures de détention à domicile sous surveillance électronique ;

2° De contrôler, dans le cadre du suivi de la mesure, la présence de la personne placée au lieu d'assignation selon les modalités fixées par la décision de justice ;

3° D'alerter l'administration pénitentiaire qu'une personne placée sous surveillance électronique ne se trouve plus sur son lieu d'assignation ou que le fonctionnement du dispositif de surveillance électronique est altéré ;

4° De vérifier la présence de la personne placée au lieu d'assignation, même en l'absence de l'alerte prévue au 3°, à la demande du procureur de la République, du juge d'instruction ou des officiers de police judiciaire spécialement habilités à l'occasion de recherches intervenant dans le cadre soit d'une enquête de flagrance, d'une enquête préliminaire ou d'une information concernant un crime ou un délit, soit d'une enquête ou d'une information pour recherche des causes de la mort ou d'une disparition, soit d'une enquête en recherche des causes de blessures inconnues ou suspectes, soit d'une procédure pour recherche de personnes en fuite ;

5° D'exploiter les données à des fins statistiques.

Art. R. 622-24. – Les catégories d'informations et de données à caractère personnel enregistrées dans le traitement sont :

1° L'identité de la personne assignée : nom de famille, nom d'usage, prénoms, alias, date et lieu de naissance, sexe, nationalité ;

2° Le lieu d'assignation de la personne : adresse (numéro, rue, code postal, commune) et numéros de téléphone, ainsi que les horaires d'assignation ;

3° La situation professionnelle de la personne assignée : profession, adresse professionnelle ;

4° La décision de condamnation : désignation de la juridiction, nature et contenu de la décision, infraction(s) commise(s) ;

5° La décision de placement et les décisions modificatives de placement : désignation de l'autorité ayant pris la décision, nature et contenu de la décision ;

6° Le numéro d'identifiant de détention à domicile sous surveillance électronique, le numéro d'écrou à l'établissement pénitentiaire, ainsi que le numéro de dossier généré par le traitement dénommé « Application des Peines, Probation et Insertion » (APPI) prévu par les dispositions de l'article R. 113-49 ;

7° Les dates de début et de fin de la mesure de détention à domicile sous surveillance électronique ;

8° Les entrées et sorties de la personne au lieu d'assignation, ainsi que les dates et heures de celles-ci ;

9° La liste des alarmes déclenchées, enregistrées par date et heure ainsi que la gestion de ces alarmes par le centre de surveillance ;

10° L'enregistrement des communications prévues par les dispositions du quatrième alinéa de l'article R. 622-1 ;

11° Les données relatives à l'authentification biométrique vocale, prévue par les dispositions du dernier alinéa de l'article R. 622-1 ;

12° Les personnes référentes du suivi de la personne assignée : noms, prénoms, qualités et coordonnées professionnelles.

Art. R. 622-25. – Les données à caractère personnel enregistrées dans le traitement sont conservées pendant la période de douze mois suivant la date de fin de la détention à domicile sous surveillance électronique, à l'exception des données mentionnées par les dispositions du 10° de l'article R. 622-24 qui sont conservées trois mois après leur enregistrement et de celles mentionnées par les dispositions du 11° du même article qui ne sont conservées que jusqu'à la fin de la détention à domicile sous surveillance électronique. À l'issue de ces délais, l'autorité responsable du traitement procède à l'effacement de ces données.

Art. R. 622-26. – Les personnes ou catégories de personnes qui, à raison de leurs fonctions ou pour les besoins du service, peuvent directement accéder aux données enregistrées dans le traitement et strictement nécessaires à l'exercice de leurs attributions sont :

1° Les autorités judiciaires ainsi que les agents du greffe chargés de les assister, individuellement désignés et spécialement habilités à cet effet par les chefs de juridiction ou de cour ;

2° Les personnels habilités des services centraux et déconcentrés de la direction de l'administration pénitentiaire ;

3° Les personnels habilités des services déconcentrés de la direction de la protection judiciaire de la jeunesse ;

4° Les officiers de police judiciaire spécialement habilités à l'occasion de recherches intervenant dans le cadre soit d'une enquête de flagrance, d'une enquête préliminaire ou d'une information concernant un crime ou un délit, soit d'une enquête ou d'une information pour recherche des causes de la mort ou d'une disparition, soit d'une enquête en recherche des causes de blessures inconnues ou suspectes, soit d'une procédure pour recherche de personnes en fuite.

Art. R. 622-27. – Peuvent être destinataires des données à caractère personnel enregistrées dans le traitement, dans le cadre de l'organisation et de la mise en œuvre d'une chaîne de permanence au sein du ministère de la justice :

1° Les magistrats de la direction des affaires criminelles et des grâces ;

2° Les agents de la direction de l'administration pénitentiaire ;

3° Les agents de la direction de la protection judiciaire de la jeunesse.

Art. R. 622-28. Conformément aux dispositions des articles 104 à 106 de la loi n° 78-17 du 6 janvier 1978 relative à l'informatique, aux fichiers et aux libertés, les droits d'information, d'accès, de rectification, d'effacement et de limitation des données s'exercent auprès du directeur de l'administration pénitentiaire.

Art. R. 622-29. – Le droit d'opposition prévu par les dispositions de l'article 110 de la loi n° 78-17 du 6 janvier 1978 ne s'applique pas au présent traitement.

Art. R. 622-30. – Le traitement conserve pendant une durée de trois ans, dans la limite des durées définies par les dispositions de l'article R. 622-25, les informations relatives aux créations, modifications, suppressions et consultations dont il fait l'objet, en précisant la qualité de la personne ou autorité ayant procédé à l'opération.

Ces informations ne peuvent être consultées que par le directeur de l'administration pénitentiaire ou, avec son autorisation, par les personnes qu'il habilite spécialement.

Elles peuvent donner lieu à des exploitations statistiques.

Art. R. 622-31. – Le traitement peut faire l'objet d'une interconnexion avec le traitement de données à caractère personnel dénommé « Application des Peines, Probation, Insertion » (APPI) prévu par les dispositions de l'article R. 113-49.

CHAPITRE III. – PEINE DE TRAVAIL D'INTÉRÊT GÉNÉRAL

Section 1. – Modalités d'exécution

Art. R.* 623-1. – Nonobstant les dispositions du décret n° 2004-374 du 29 avril 2004 relatif aux pouvoirs des préfets, à l'organisation et à l'action des services de l'État dans les régions et départements, l'habilitation prévue au premier alinéa de l'article 131-8 du Code pénal est délivrée par le directeur du service pénitentiaire d'insertion et de probation du département dans lequel le demandeur envisage de mettre en œuvre des travaux d'intérêt général.

Art. R. 623-2. – Les personnes morales de droit privé chargées d'une mission de service public ou les associations qui désirent obtenir l'habilitation prévue au premier alinéa de l'article 131-8 du Code pénal en font la demande au directeur du service pénitentiaire d'insertion et de probation du département dans lequel elles envisagent de mettre en oeuvre des travaux d'intérêt général.

Pour les personnes morales de droit privé chargées d'une mission de service public, la demande comporte :

1° La copie des statuts de la personne morale ;

2° Le numéro unique d'identification ;

3° Une copie des comptes annuels et des bilans du dernier exercice.

Pour les associations, la demande comporte :

1° La copie du Journal officiel portant publication de la déclaration de l'association ou, pour les associations déclarées dans les départements du Bas-Rhin, du Haut-Rhin et de la Moselle, une copie du registre des associations du tribunal judiciaire ;

2° La copie des statuts de l'association ;

3° La liste des établissements de l'association avec indication de leur siège ;

4° La mention des nom, prénoms, date et lieu de naissance, nationalité des membres du bureau de l'association ainsi que, le cas échéant, ceux de leurs représentants locaux ;

5° Le dernier procès-verbal de l'assemblée générale annuelle de l'association.

Art. R. 623-3. – Le directeur du service pénitentiaire d'insertion et de probation procède à toutes diligences qu'il juge utiles. Il peut, notamment, consulter le préfet. Il sollicite par voie dématérialisée l'avis du procureur de la République et du juge de l'application des peines sur la demande d'habilitation et les éléments d'information recueillis par lui.

Au vu des avis recueillis ou un mois au plus tôt après les avoir sollicités, le directeur du service pénitentiaire d'insertion et de probation se prononce sur la demande d'habilitation.

Le directeur du service pénitentiaire d'insertion et de probation communique par voie dématérialisée sa décision d'habilitation à la structure d'accueil, au président du tribunal judiciaire, au juge de l'application des peines, au procureur de la République et au préfet.

L'habilitation accordée est valable pour une durée de cinq ans. Elle est renouvelée par le directeur du service pénitentiaire d'insertion et de probation après avoir, si nécessaire, sollicité la mise à jour des pièces mentionnées à l'article R. 623-2 et des avis mentionnés au premier alinéa.

Art. R. 623-4. – La personne morale habilitée porte à la connaissance du directeur du service pénitentiaire d'insertion et de probation de son département toute modification de l'un des éléments mentionnés à l'article R. 623-2.

Art. R. 623-5. – Le directeur du service pénitentiaire d'insertion et de probation du département sur lequel est situé un organisme habilité peut procéder au retrait de son habilitation. À cette fin, il sollicite par voie dématérialisée les avis du juge de l'application des peines, du procureur de la République du ressort concerné et du préfet du département concerné. Il joint à la demande d'avis toutes pièces utiles ainsi que les observations du représentant de la personne morale concernée.

Il prend sa décision au vu des avis recueillis ou un mois au plus tôt après avoir sollicité ceux-ci. Il notifie sa décision par voie dématérialisée à la structure d'accueil, au président du tribunal judiciaire, au juge de l'application des peines, au procureur de la République et au préfet.

Art. R. 623-6. – Par dérogation aux articles R. 623-2 à R. 623-5, l'habilitation peut être délivrée par le garde des sceaux, ministre de la justice, lorsqu'il s'agit d'une association ou d'une personne morale de droit privé chargée d'une mission de service public exerçant ou ayant vocation à exercer son activité sur l'ensemble du territoire national.

Pour les associations, la demande d'habilitation comporte la copie du Journal officiel portant publication de la déclaration de l'association, un exemplaire des statuts, ainsi que l'identité de ses dirigeants.

Pour les personnes morales de droit privé chargées d'une mission de service public, la demande comporte la copie des statuts de la personne morale ainsi que le numéro unique d'identification.

La personne morale habilitée porte à la connaissance du garde des sceaux, ministre de la justice, toute modification de l'un des éléments mentionnés aux deux alinéas précédents.

Les habilitations sont accordées pour une durée de cinq ans et pour l'ensemble du territoire national.

La liste des personnes morales habilitées est fixée par arrêté du garde des sceaux, ministre de la justice.

Art. R. 623-7. – Les collectivités publiques, les établissements publics, les personnes morales de droit privé chargées d'une mission de service public et les associations qui désirent faire inscrire des travaux d'intérêt général sur la liste prévue par l'article 131-36 du Code pénal en font la demande au directeur du service pénitentiaire d'insertion et de probation du département dans lequel ils envisagent de faire exécuter ces travaux.

Pour les collectivités publiques et les établissements publics, la demande mentionne les nom, prénoms, date et lieu de naissance ainsi que les fonctions des représentants qualifiés.

Pour les personnes morales de droit privé qui ne sont pas encore habilitées, la demande prévue par le premier alinéa du présent article est jointe à la demande d'habilitation. Pour les personnes morales de droit privé déjà habilitées, elle comporte mention de la date de cette habilitation sans qu'il soit nécessaire de demander une nouvelle habilitation.

À la demande est annexée une note indiquant la nature et les modalités d'exécution des travaux proposés, les nom, prénoms, date et lieu de naissance et qualité des responsables du poste de travail ainsi que le nombre de postes de travail susceptibles d'être offerts.

Art. R. 623-8. – Le directeur du service pénitentiaire d'insertion et de probation procède à toutes diligences et consultations utiles. À cette fin, il peut notamment adresser par voie dématérialisée copie de la demande au préfet.

Art. R. 623-9. – Après que le procureur de la République et le juge de l'application des peines ont donné leur avis par voie dématérialisée ou dix jours au plus tôt après les avoir saisis, le directeur du service pénitentiaire d'insertion et de probation prend sa décision en tenant compte de l'utilité sociale des travaux proposés et des perspectives d'insertion sociale ou professionnelle qu'ils offrent aux personnes condamnées. Il communique sa décision au procureur de la République, au juge de l'application des peines et au préfet.

Art. R. 623-10. – La radiation d'un poste de travail inscrit sur la liste peut être décidée selon la procédure prévue par l'article R. 623-9.

La suspension d'un poste de travail peut être décidée à titre provisoire par voie dématérialisée soit par le directeur du service pénitentiaire d'insertion et de probation soit par la structure d'accueil.

Art. R. 623-11. – Le directeur du service pénitentiaire d'insertion et de probation ou son représentant fixe, sauf décision par laquelle le juge de l'application des peines conserve sa compétence, les modalités d'exécution du travail d'intérêt général qui peut prendre une forme individuelle, pédagogique ou collective.

Sa décision précise :

1° L'organisme au profit duquel le travail sera accompli ;

2° Le travail ou les travaux que la personne condamnée accomplira ;

3° Les horaires de travail.

La décision prise en application du présent article peut être modifiée à tout moment.

Art. R. 623-12. – Le directeur du service pénitentiaire d'insertion et de probation choisit un travail d'intérêt général parmi ceux inscrits sur la liste de son département ou, avec l'accord du directeur du service pénitentiaire d'insertion et de probation ou son représentant territorialement compétent, sur la liste d'un autre département.

Art. R. 623-13. – Le directeur du service pénitentiaire d'insertion et de probation notifie sa décision à la personne condamnée et à l'organisme au profit duquel le travail d'intérêt général sera accompli. Il en informe par voie dématérialisée le procureur de la République et le juge de l'application des peines.

Section 2. – Contrôle de la mesure

Art. R. 623-14. – Avant d'exécuter sa peine de travail d'intérêt général, la personne condamnée est soumise à un examen médical lorsque :

1° La personne est mineure ;

2° La personne est en situation de handicap ;

3° La personne est enceinte ;

4° Le travail d'intérêt général s'effectue de nuit au sens du Code du travail ;

5° Le travail d'intérêt général s'effectue sur un poste présentant des risques particuliers au sens de l'article R. 4624-23 du Code du travail ;

6° Le travail d'intérêt général s'effectue dans un établissement ou organisme public ou privé de prévention ou de soins visé à l'article L. 3111-4 du Code de la santé publique et l'expose à un risque de contamination.

Cet examen médical a pour but de s'assurer que la personne condamnée est médicalement apte au travail auquel le directeur du service pénitentiaire d'insertion et de probation envisage de l'affecter.

Si le travail doit s'exercer dans un établissement ou organisme public ou privé de prévention ou de soins visé à l'article L. 3111-4 du Code de la santé publique et l'expose à des risques de contamination, l'examen médical doit permettre de s'assurer que la personne condamnée est immunisée contre les maladies mentionnées à cet article.

Si le directeur du service pénitentiaire d'insertion et de probation l'estime nécessaire, il peut également solliciter un examen médical pour toute autre personne condamnée à une peine de travail d'intérêt général.

Lorsque la personne condamnée fait valoir son inaptitude au travail, il lui appartient de produire un certificat médical constatant cette inaptitude.

Art. R. 623-15. – Lorsque le juge de l'application des peines décide d'exercer, à l'égard d'une personne condamnée à la peine de travail d'intérêt général, la compétence du directeur du service pénitentiaire d'insertion et de probation pour déterminer les modalités d'exécution de cette peine, il rend une ordonnance motivée notifiée à la personne condamnée ainsi qu'au directeur du service pénitentiaire d'insertion et de probation.

Les attributions confiées au directeur du service pénitentiaire d'insertion et de probation par les dispositions des articles R. 623-11 à R. 623-14, R. 623-16 et R. 623-17 sont alors exercées par le juge de l'application des peines.

Art. R. 623-16. – Lorsqu'une personne condamnée exerce une activité salariée, la durée hebdomadaire cumulée de cette activité et du travail d'intérêt général ne peut excéder de plus de douze heures la durée légale du travail.

Art. R. 623-17. – La durée du travail d'intérêt général n'inclut pas les délais de route et le temps des repas.

Art. R. 623-18. – Le juge de l'application des peines s'assure de l'exécution du travail d'intérêt général par l'intermédiaire d'un conseiller pénitentiaire d'insertion et de probation.

Le conseiller pénitentiaire d'insertion et de probation informe par voie dématérialisée le juge de l'application des peines des modalités d'exécution de la peine.

Art. R. 623-19. – Pour chaque personne condamnée, l'organisme au profit duquel le travail d'intérêt général est effectué fait connaître au conseiller pénitentiaire d'insertion et de probation l'encadrant technique désigné pour assurer la direction et le contrôle technique du travail.

Art. R. 623-20. – Le conseiller pénitentiaire d'insertion et de probation s'assure de l'exécution du travail auprès du responsable du poste de travail. Il visite, le cas échéant, la personne condamnée sur son lieu de travail.

Art. R. 623-21. – Le responsable du poste informe sans délai le conseiller pénitentiaire d'insertion et de probation de toute violation de l'obligation de travail et de tout incident causé ou subi par la personne condamnée à l'occasion de l'exécution de son travail.

Art. R. 623-22. – En cas de danger immédiat pour la personne condamnée ou pour autrui ou en cas de faute grave de la personne condamnée, le responsable du poste peut suspendre l'exécution du travail. Il en informe sans délai le conseiller pénitentiaire d'insertion et de probation.

Art. R. 623-23. – L'organisme au profit duquel le travail d'intérêt général a été accompli délivre au conseiller pénitentiaire d'insertion et de probation ainsi qu'à la personne condamnée un document attestant que ce travail a été exécuté.

CHAPITRE IV. – PEINE DE STAGE

Art. R. 624-1. – Dans les conditions prévues par les dispositions de l'article R. 131-7 du Code pénal, le service pénitentiaire d'insertion et de probation peut contrôler la mise en œuvre de la peine de stage et en élaborer le contenu.

Art. R. 624-2. – Les modules de stage peuvent être élaborés avec le concours des personnes physiques ou morales mentionnées par les dispositions de l'article R. 131-38 du Code pénal.

Art. R. 624-3. – Conformément aux dispositions de l'article R. 131-39 du Code pénal, lorsque le stage est mis en œuvre sous le contrôle du service pénitentiaire d'insertion ou de probation, ce dernier reçoit la personne condamnée et lui délivre des informations relatives aux objectifs du stage et aux conséquences du non-respect des obligations résultant de ce stage.

Art. R. 624-4. – Conformément aux dispositions de l'article R. 131-40 du Code pénal, lorsque le stage est mis en œuvre sous le contrôle du service pénitentiaire d'insertion ou de probation, la personne condamnée adresse au service l'attestation de fin de stage qui lui est délivrée.

CHAPITRE V. – BRACELET ANTI-RAPPROCHEMENT IMPOSÉ À UNE PERSONNE CONDAMNÉE

Art. R. 625-1. – Lorsque le bracelet anti-rapprochement est imposé à une personne condamnée en application des dispositions de l'article 132-45-1 du Code pénal, le personnel de l'administration pénitentiaire assure la pose et la dépose du dispositif dans les conditions prévues par les dispositions des articles R. 631-1 et R. 631-3.

Art. R. 625-2. – Dans le cadre de la mise en œuvre du dispositif du bracelet anti-rapprochement, le personnel de l'administration pénitentiaire peut être assisté par des personnes habilitées, dans les conditions prévues par les dispositions des articles R. 631-3 à R. 631-5.

Art. R. 625-3. – Le traitement automatisé des données à caractère personnel relatif au dispositif électronique mobile anti-rapprochement est régi par les dispositions des articles R. 631-6 à R. 631-14.

CHAPITRE VI. – SUIVI SOCIO-JUDICIAIRE

Art. R. 626-1. – Dans les conditions prévues par les dispositions de l'article R. 61-4 du Code de procédure pénale, les personnes condamnées à un suivi socio-judiciaire sont informées de leur convocation à comparaître devant le service pénitentiaire d'insertion et de probation en application des dispositions de l'article 763-7-1 du même code.

TITRE III. – EXÉCUTION DE MESURES JUDICIAIRES DE SURVEILLANCE

CHAPITRE Ier. – BRACELET ANTI-RAPPROCHEMENT

Section 1. – Pose et dépose du dispositif

Art. R. 631-1. – Le personnel de l'administration pénitentiaire assure la pose du bracelet anti-rapprochement.

Lors de la pose du bracelet, il est procédé aux tests de mise en service et à l'information de la personne sur les modalités pratiques de fonctionnement du dispositif.

Si la personne porte déjà un dispositif anti-rapprochement en application des dispositions de l'article 515-11-1 du Code civil, les dispositions du premier alinéa du présent article ne sont pas applicables. L'information de la personne sur les modalités pratiques de fonctionnement du dispositif peut cependant être renouvelée. Dès que la décision du juge pénal est mise en œuvre, par son enregistrement dans le traitement prévu par les dispositions des articles R. 631-6 à R. 631-14, la mainlevée de la mesure prononcée en application des dispositions de l'article 515-11-1 du Code civil est acquise de plein droit conformément aux dispositions de l'article 1136-23 du Code de procédure civile.

Le personnel de l'administration pénitentiaire assure la dépose du bracelet anti-rapprochement dans les mêmes conditions que celles de sa pose.

Art. D. 631-2. – Le personnel de l'administration pénitentiaire procède également à la pose et à la dépose du dispositif anti-rapprochement dans les conditions prévues par l'article D. 51 du Code de procédure pénale.

Section 2. – Habilitation des personnes auxquelles peuvent être confiées des prestations techniques

Art. R. 631-3. – Le personnel de l'administration pénitentiaire peut être assisté des personnes habilitées, dans les conditions prévues par les dispositions des articles R. 544-11 à R. 544-17.

Art. R. 631-4. – Les personnes privées chargées du contrôle à distance du dispositif mobile électronique anti-rapprochement sont habilitées par arrêté du garde des sceaux, ministre de la justice. Cette habilitation est accordée et peut être retirée dans les conditions prévues par les dispositions des articles R. 544-11 à R. 544-14.

Les employés des personnes privées chargées du contrôle à distance du dispositif mobile électronique anti rapprochement font l'objet d'une habilitation individuelle par arrêté du garde des sceaux, ministre de la justice. Cette habilitation est accordée et peut être retirée dans les conditions prévues par les dispositions des articles R. 544-15 à R. 544-17.

Art. R. 631-5. – Les personnes privées habilitées chargées du contrôle à distance du dispositif mobile électronique anti-rapprochement sont placées sous la supervision d'un agent de l'administration pénitentiaire.

Section 3. – Traitement des données à caractère personnel

Art. R. 631-6. – Le garde des sceaux, ministre de la justice (direction de l'administration pénitentiaire) est autorisé à mettre en œuvre le traitement automatisé de données à caractère personnel, dénommé « Bracelet anti-rapprochement », prévu par les dispositions des articles 138-3 du Code de procédure pénale, 132-45-1 du Code pénal et 515-11-1 du Code civil.

Ce traitement est placé sous le contrôle du magistrat mentionné par les dispositions de l'article R. 544-18 et dans les conditions prévues par les dispositions de l'article R. 544-20.

Il a pour finalité d'assurer le contrôle à distance des personnes placées sous dispositif électronique mobile anti-rapprochement en exécution d'une décision prise en application des articles 138 et 138-3 du Code de procédure pénale, des articles 132-45 et 132-45-1 du Code pénal ou de l'article 515-11-1 du Code civil. Il a pour objet de mettre en œuvre un dispositif technique destiné à garantir l'effectivité de l'interdiction faite à la personne porteuse d'un bracelet anti-rapprochement de rencontrer une personne protégée, victime d'une infraction commise au sein du couple.

À cet effet, ce traitement permet :

1° D'alerter les personnels habilités chargés du contrôle à distance du dispositif électronique mobile anti-rapprochement de ce que la personne porteuse du bracelet s'approche de la personne protégée et méconnaît les distances de pré-alerte ou d'alerte, ainsi qu'en cas d'altération du fonctionnement du dispositif technique ;

2° De localiser la personne protégée et la personne porteuse du bracelet, afin de prendre, lorsque l'alerte prévue à l'alinéa précédent est émise, les mesures de protection appropriées, en enjoignant notamment au porteur du bracelet de s'éloigner et en permettant, le cas échéant, selon le besoin et les procédures établies, une intervention des forces de police et de gendarmerie, afin d'assurer la protection de la personne menacée.

Le traitement poursuit également une finalité statistique.

Art. R. 631-7. – Peuvent être enregistrées, dans la stricte mesure où elles sont nécessaires à la poursuite des finalités prévues par les dispositions de l'article R. 631-6, les données à caractère personnel et les informations suivantes :

1° S'agissant de la personne porteuse du bracelet anti-rapprochement :

a) Son identité : nom de famille, nom d'usage, prénoms, alias, date et lieu de naissance, sexe, nationalité, photographie de son visage ne permettant pas une utilisation à des fins de contrôle biométrique, tout élément relatif à sa situation familiale et toutes autres caractéristiques physiques nécessaires à la pose du bracelet et, le cas échéant, à l'interpellation par les forces de police et de gendarmerie ;

b) Ses coordonnées personnelles : adresse de résidence, numéro de téléphone, adresse de messagerie électronique ;

c) Les données relatives à l'authentification biométrique vocale prévue par les dispositions de l'article R. 24-16 du Code de procédure pénale ;

d) Les données transmises sous le contrôle de l'autorité judiciaire, et relatives aux décisions ordonnant un placement sous un dispositif électronique mobile anti-rapprochement et aux décisions prolongeant ou modifiant la mesure : désignation de la juridiction, nature, contenu de la décision, et notamment de la durée du placement sous dispositif électronique mobile anti-rapprochement ;

e) Les données techniques du bracelet anti-rapprochement : numéro de série de l'unité mobile attribuée, numéro de série du bracelet attribué, numéro de série de la carte SIM attribuée, adresse IP ou MAC de l'unité mobile attribuée ;

f) Le relevé à intervalles réguliers des positions GPS du bracelet anti-rapprochement ;

g) La liste des alertes émises : dates, heures, positions GPS, circonstances et gestion de ces alertes par les personnels habilités chargés du contrôle à distance du dispositif électronique mobile anti-rapprochement ;

2° S'agissant de la personne protégée :

a) Son identité : nom de famille, nom d'usage, prénoms, date et lieu de naissance, sexe, nationalité, tout élément relatif à sa situation familiale et toutes autres caractéristiques physiques nécessaires à sa protection par les forces de police et de gendarmerie ;

b) Ses coordonnées personnelles : adresse de résidence, numéro de téléphone, adresse de messagerie électronique ;

c) Les personnes à contacter en cas d'urgence : nom de famille, nom d'usage, prénoms, sexe, adresse de résidence, coordonnées téléphoniques, adresse de messagerie électronique, liens avec la personne protégée ;

d) Les données relatives à l'authentification biométrique vocale prévue par les dispositions de l'article R. 24-16 du Code de procédure pénale, le cas échéant après recueil de son consentement ;

e) Les données transmises sous le contrôle de l'autorité judiciaire et relatives aux décisions ordonnant un placement sous un dispositif électronique mobile anti-rapprochement et aux décisions prolongeant ou modifiant la mesure : désignation de la juridiction, nature et contenu de la décision et notamment de la durée du placement sous dispositif électronique mobile anti-rapprochement ;

f) Les données techniques du dispositif de téléprotection : le numéro de série de l'unité mobile attribuée, le numéro de série de la carte SIM attribuée, l'adresse IP ou MAC de l'unité mobile attribuée ;

g) Le relevé à intervalles réguliers des positions GPS du dispositif de téléprotection ;

h) La liste des alertes émises : date, heure, positions GPS, circonstances et gestion de ces alertes par les personnels habilités chargés du contrôle à distance du dispositif électronique mobile anti-rapprochement ;

3° S'agissant des personnels habilités des services centraux et déconcentrés de l'administration pénitentiaire :

a) Leur identité : nom de famille, prénoms, qualité professionnelle, adresse de messagerie professionnelle ;

b) Leur identification technique : matricule d'identifiant SAPHIR, adresse IP ;

4° S'agissant des personnels habilités chargés du contrôle à distance du dispositif électronique mobile anti-rapprochement :

a) Leur identité : nom de famille, prénoms, qualité professionnelle, adresse de messagerie professionnelle ;

b) Leur identification technique : matricule, adresse IP ;

5° S'agissant de l'identité du magistrat chargé du suivi de la décision ordonnant un placement sous dispositif électronique mobile anti-rapprochement : nom de famille, prénoms, qualité professionnelle, coordonnées professionnelles ;

6° Sont en outre enregistrés, pour chacune des alertes mentionnées par les dispositions de l'article R. 631-6, le contenu, la date et l'heure des conversations téléphoniques entre les personnels habilités chargés du contrôle à distance du dispositif électronique mobile anti-rapprochement, la personne porteuse du bracelet, la personne protégée ainsi que, le cas échéant, les personnes à contacter en cas d'urgence mentionnées au 3° du II du présent article, ou les forces de police et de gendarmerie ;

7° Les données enregistrées dans le traitement sont susceptibles de faire apparaître des données mentionnées par les dispositions du I de l'article 6 de la loi n° 78-17 du 6 janvier 1978 relative à l'informatique, aux fichiers et aux libertés. Il est interdit de sélectionner dans le traitement une catégorie particulière de personnes à partir de ces seules données.

Art. R. 631-8. – Peuvent accéder, à raison de leurs attributions respectives et dans la limite du besoin d'en connaître, à tout ou partie des données à caractère personnel et informations mentionnées par les dispositions de l'article R. 631-7 :

1° Les personnels habilités des services centraux et déconcentrés de l'administration pénitentiaire ;

2° Les personnels habilités chargés du contrôle à distance du dispositif électronique mobile anti-rapprochement ;

3° Le magistrat chargé de contrôler le traitement mentionné par les dispositions de l'article R. 631-6.

Art. R. 631-9. – Peuvent accéder, à raison de leurs attributions respectives et dans la limite du besoin d'en connaître, à tout ou partie des données à caractère personnel et informations conservées au sein de la base d'archive intermédiaire prévue par les dispositions de l'article R. 631-11, les personnels habilités des services centraux de l'administration pénitentiaire suivants :

1° Les agents assurant la supervision des personnes privées habilitées chargées du contrôle à distance du dispositif mobile électronique anti-rapprochement mentionnés par les dispositions de l'article R. 631-5 ;

2° Les agents chargés des systèmes d'information ;

3° Les agents chargés de l'application de la réglementation informatique et libertés.

Art. R. 631-10. – Peuvent également être destinataires de tout ou partie des données et des informations mentionnées par les dispositions de l'article R. 631-7, strictement nécessaires à leur mission, à raison de leurs attributions respectives :

1° Les magistrats et fonctionnaires habilités des tribunaux judiciaires par les chefs de juridiction ;

2° Les officiers ou agents de police judiciaire habilités intervenant pour assurer la protection de la personne protégée ou appréhender la personne porteuse du bracelet anti-rapprochement ne respectant pas l'interdiction de s'approcher à moins d'une certaine distance de la personne protégée ;

3° Les magistrats et fonctionnaires habilités de la direction des affaires criminelles et des grâces, pour les informations qui leur sont transmises en application des dispositions du troisième alinéa de l'article 35 du Code de procédure pénale, et dans le seul cadre de l'organisation et de la mise en œuvre de la permanence au sein du ministère de la justice.

Art. R. 631-11. – Les données à caractère personnel et les informations mentionnées par les dispositions de l'article R. 631-7, à l'exception de celles mentionnées par le 4° du même article, sont conservées en base active pendant toute la durée du placement sous dispositif électronique mobile anti-rapprochement.

À la fin du placement, les données et informations suivantes sont conservées :

1° S'agissant des données relatives à l'authentification biométrique vocale : pendant une durée d'un mois en base active ;

2° S'agissant de l'enregistrement des conversations téléphoniques mentionnées par les dispositions du 6° de l'article R. 631-7 : pendant une durée d'un mois en base active puis de deux mois en base d'archive intermédiaire ;

3° S'agissant des données à caractère personnel et informations non mentionnées par les 1° et 2° : pendant une durée d'un mois en base active puis de cinq ans et onze mois en base d'archive intermédiaire.

Les données mentionnées par les dispositions du 4° de l'article R. 631-7 sont conservées, en base active, jusqu'au terme de l'habilitation des agents et personnels concernés.

Art. R. 631-12. – Toute opération de collecte, de modification, de consultation, de communication et d'effacement des données à caractère personnel et informations fait l'objet d'un enregistrement comprenant l'identification de l'utilisateur, la date, l'heure et la nature de l'intervention dans ce traitement. Ces informations sont conservées pendant une durée de trois ans.

Art. R. 631-13. – Conformément aux dispositions des articles 104 à 106 de la loi n° 78-17 du 6 janvier 1978 relative à l'informatique, aux fichiers et aux libertés, les droits d'information, d'accès, de rectification, d'effacement et de limitation des données s'exercent directement auprès de la direction de l'administration pénitentiaire, sans préjudice des dispositions du Code de procédure pénale et du Code de procédure civile.

Pour les motifs prévus par les dispositions des 1°, 2° et 5° du I de l'article 107 de la même loi, les droits d'accès et de rectification peuvent faire l'objet de restrictions en application, respectivement, des dispositions du 2° et du 3° du II du même article.

La personne concernée par ces restrictions exerce son droit d'accès auprès de la Commission nationale de l'informatique et des libertés dans les conditions prévues par les dispositions de l'article 108 de la même loi.

Art. R. 631-14. – Le droit d'opposition prévu par les dispositions de l'article 110 de la loi n° 78-17 du 6 janvier 1978 relative à l'informatique, aux fichiers et aux libertés ne s'applique pas aux personnes concernées par le présent traitement, à l'exception des personnes à contacter en cas d'urgence mentionnées par les dispositions de l'article R. 631-7.

CHAPITRE II. – ASSIGNATION À RÉSIDENCE SOUS SURVEILLANCE ÉLECTRONIQUE

Section 1. – Démarches préalables à la mesure

Art. D. 632-1. – Le service pénitentiaire d'insertion et de probation recueille l'accord du propriétaire ou du locataire du lieu où peut être installé le récepteur, dans les cas et selon les conditions prévues par les dispositions de l'article D. 32-5 du Code de procédure pénale.

Section 2. – Exécution de la mesure

Sous-section 1. – Pose et dépose du dispositif

Art. D. 632-2. – La personne placée sous assignation à résidence avec surveillance électronique fait l'objet d'un enregistrement dans le traitement automatisé prévu par les dispositions des articles R. 622-22 à R. 622-31.

Le personnel de l'administration pénitentiaire assure la pose et la dépose du dispositif de surveillance électronique que doit porter la personne assignée.

La pose du dispositif de surveillance électronique est effectuée, dans un délai de cinq jours au plus tard à compter de l'ordonnance de placement sous assignation à résidence avec surveillance électronique.

En cas de placement sous assignation à résidence avec surveillance électronique mobile ordonné à l'occasion d'une mise en liberté, le dispositif est installé sur la personne avant sa libération.

Il en est de même en cas de mise en liberté assortie du placement sous assignation à résidence avec surveillance électronique lorsque le magistrat a subordonné la mise en liberté à la pose de ce dispositif.

Art. D. 632-3. – Le personnel de l'administration pénitentiaire procède également à la pose et à la dépose du dispositif de surveillance électronique mobile dans le cadre d'une assignation à résidence, dans les conditions prévues par l'article D. 51 du Code de procédure pénale.

Sous-section 2. – Surveillance du dispositif

Art. D. 632-4. – Le contrôle et le suivi de la mesure d'assignation à résidence avec surveillance électronique sont assurés par le service pénitentiaire d'insertion et de probation, les dispositions de l'article R. 622-8 étant applicables.

Sous-section 3. – Modification des horaires d'assignation

Art. D. 632-5. – Le chef de l'établissement pénitentiaire ou le directeur du service pénitentiaire d'insertion et de probation peut modifier les horaires de présence au domicile ou dans les lieux d'assignation, après accord du juge d'instruction, dans les conditions et selon les formes prévues par les dispositions des articles D. 32-17 et D. 32-18 du même code.

CHAPITRE III. – CONTRÔLE JUDICIAIRE

Art. R. 633-1. – Les agents de l'administration pénitentiaire sont au nombre des autorités ou personnes susceptibles d'être désignées par le juge d'instruction ou son délégué pour contribuer à l'application du contrôle judiciaire des personnes mises en examen, dans les conditions prévues par les dispositions des articles 138 et R. 16 du Code de procédure pénale.

Ils s'assurent du respect de ses obligations par la personne mise en examen, dans les conditions prévues par les articles R. 16-1 et R. 16-2 du même code.

Art. D. 633-2. – Conformément aux dispositions de l'article D. 113-41, le suivi et le contrôle des personnes placées sous contrôle judiciaire sont assurés par le service pénitentiaire d'insertion et de probation.

CHAPITRE IV. – COMPOSITION PÉNALE

Art. R. 634-1. – Conformément aux dispositions de l'article R. 15-33-55 du Code de procédure pénale, le service pénitentiaire d'insertion et de probation s'assure, à la demande du procureur de la République, de l'exécution du travail non rémunéré prononcé dans le cadre d'une mesure de composition pénale, dans les conditions prévues par les dispositions des articles 41-2, R. 15-33-42 et R. 15-33-54 du même code.

TITRE IV. – EXÉCUTION DE MESURES ADMINISTRATIVES DE SURVEILLANCE

CHAPITRE Ier. – MESURES INDIVIDUELLES DE CONTRÔLE ADMINISTRATIF DE SURVEILLANCE

Section 1. – Enquête technique préalable

Art. R. 641-1. – Conformément aux dispositions de l'article R. 228-1 du Code de la sécurité intérieure, l'administration pénitentiaire informe le ministre de l'intérieur de la disponibilité d'un dispositif technique et de la faisabilité technique de la surveillance, préalablement au prononcé d'une mesure initiale de placement sous surveillance électronique mobile d'une personne mentionnée par les dispositions de l'article L. 228-1 du même code.

Section 2. – Pose et dépose du dispositif

Art. R. 641-2. – Le personnel de l'administration pénitentiaire procède à la pose et à la dépose du dispositif de surveillance électronique mobile, dans les conditions et selon les modalités prévues par les dispositions de l'article R. 228-3 du Code de la sécurité intérieure.

Section 3. – Surveillance de l'exécution de la mesure

Art. R. 641-3. – Le personnel de l'administration pénitentiaire informe sans délai les services de police et de gendarmerie compétents dans les cas prévus par les dispositions de l'article R. 228-5 du Code de la sécurité intérieure.

Art. R. 641-4. – Conformément aux dispositions de l'article R. 228-6 du Code de la sécurité intérieure, le dispositif de localisation à distance ne peut être mis en œuvre que par une personne habilitée dans les conditions d'habilitation prévues par les dispositions des articles R. 544-11 à R. 544-17.

CHAPITRE II. – MESURES DE SURVEILLANCE DES PERSONNES DE NATIONALITÉ ÉTRANGÈRE ASSIGNÉES À RÉSIDENCE

Section 1. – Enquête technique préalable

Art. R. 642-1. – Conformément aux dispositions de l'article R. 733-15 du Code de l'entrée et du séjour des étrangers et du droit d'asile, l'administration pénitentiaire informe l'autorité compétente de la disponibilité d'un dispositif technique et de la faisabilité technique de la surveillance, préalablement au prononcé d'une mesure de placement sous surveillance électronique mobile d'une personne de nationalité étrangère mentionnée par les dispositions de l'article L. 733-14 du même code.

Section 2. – Pose et dépose du dispositif

Art. R. 642-2. – Le personnel de l'administration pénitentiaire procède à la pose et à la dépose du dispositif de surveillance électronique mobile, dans les conditions et selon les modalites prévues par les dispositions de l'article R. 733-17 du Code de l'entrée et du séjour des étrangers et du droit d'asile.

Section 3. – Surveillance de l'exécution de la mesure

Art. R. 642-3. – Le personnel de l'administration pénitentiaire informe sans délai les services de police et les unités de gendarmerie compétents dans les cas prévus par les dispositions de l'article R. 733-19 du Code de l'entrée et du séjour des étrangers et du droit d'asile.

Art. R. 642-4. – Conformément aux dispositions de l'article R. 733-20 du Code de l'entrée et du séjour des étrangers et du droit d'asile, le dispositif de localisation à distance peut être mis en œuvre par une personne habilitée, dans les conditions prévues par les dispositions des articles R. 544-11 à R. 544-17.

LIVRE VII

DISPOSITIONS RELATIVES À L'OUTRE-MER

TITRE Ier. – DISPOSITIONS PARTICULIÈRES AUX COLLECTIVITÉS RÉGIES PAR L'ARTICLE 73 DE LA CONSTITUTION

CHAPITRE Ier. – DISPOSITIONS COMMUNES AUX COLLECTIVITÉS RÉGIES PAR L'ARTICLE 73 DE LA CONSTITUTION

Art. R. 711-1. – Les dispositions du présent code sont applicables de plein droit on Guadeloupe, en Guyane, à la Martinique, à La Réunion et à Mayotte, sous réserve des adaptations prévues au présent titre.

CHAPITRE II. – DISPOSITIONS PARTICULIÈRES À LA GUADELOUPE, LA GUYANE, LA MARTINIQUE ET LA RÉUNION

Art. D. 712-1. – Pour son application dans les départements de la Guadeloupe, de la Guyane, de la Martinique et de La Réunion, l'article D. 352-1 est applicable aux ministres du culte des services d'aumôneries si l'un des diplômes de formation civile et civique figurant sur la liste mentionnée par les dispositions du quatrième alinéa du même article peut y être obtenu, y compris à distance.

CHAPITRE III. – DISPOSITIONS PARTICULIÈRES À MAYOTTE

Art. R. 713-1. – Pour leur application à Mayotte :

1° Au 1° de l'article R. 227-5 les mots « l'établissement public de santé national de Fresnes et les établissements de santé habilités à recevoir des personnes détenues comportant soit des unités hospitalières sécurisées interrégionales, soit des unités hospitalières spécialement aménagées » sont supprimés ;

2° Au 4° de l'article R. 227-5, les mots : « ainsi que celles des unités hospitalières sécurisées interrégionales, des unités hospitalières spécialement aménagées des établissements de santé habilités à recevoir des personnes détenues et de l'établissement public de santé national de Fresnes » sont supprimés ;

3° Les quatrième et cinquième alinéas de l'article R. 227-6 sont supprimés.

Art. R. 713-2. – Pour son application à Mayotte, à l'article R. 331-2, les références aux archives départementales sont remplacées par les références au service des archives compétent.

Art. D. 713-3. – Pour son application à Mayotte, l'article D. 352-1 est applicable aux ministres du culte des services d'aumôneries situés sur le territoire de la collectivité, si l'un des diplômes de formation civile et civique figurant sur la liste mentionnée par les dispositions du quatrième alinéa du même article peut y être obtenu, y compris à distance.

Art. R. 713-4. – Pour son application à Mayotte, la première phrase du troisième alinéa de l'article R. 623-3 est ainsi rédigée :

« Le directeur du service pénitentiaire d'insertion et de probation communique par voie dématérialisée sa décision d'habilitation à la structure d'accueil, au président du tribunal judiciaire, au procureur de la République, au juge de l'application des peines et au préfet. »

Art. R. 713-5. – Pour son application à Mayotte, la deuxième phrase de l'article R. 623-8 est ainsi rédigée :

« À cette fin, il peut notamment adresser par voie dématérialisée copie de la demande au préfet ; celui-ci a un mois pour donner son avis. »

TITRE II. – DISPOSITIONS APPLICABLES À SAINT-BARTHÉLEMY

CHAPITRE Ier. – DISPOSITIONS GÉNÉRALES

Art. R. 721-1. – Les dispositions du présent code sont applicables de plein droit à Saint-Barthélemy, sous réserve des adaptations prévues au présent titre.

Art. R. 721-2. – Pour l'application des dispositions du présent code à Saint-Barthélemy, les références au préfet de département sont remplacées par les références au représentant de l'État dans la collectivité.

CHAPITRE II. – DISPOSITIONS SPÉCIFIQUES RELATIVES AU LIVRE Ier

Art. R. 722-1. – Pour son application à Saint-Barthélemy, l'article R. 122-8 est ainsi rédigé :

« *Art. 122-8.* – Le personnel de l'administration pénitentiaire prête serment, lors de sa première affectation au sein de l'administration pénitentiaire, en audience publique, devant le président du tribunal de première instance.

Les fonctionnaires déjà affectés au sein de l'administration pénitentiaire à la date d'entrée en vigueur du Code de déontologie défini par les dispositions de l'article R. 120-1 peuvent, à leur demande, prêter serment dans les conditions prévues à l'article R. 122-8 ou au premier alinéa du présent article.

La formule du serment est prévue par l'article R. 122-9. »

CHAPITRE III. – DISPOSITIONS SPÉCIFIQUES RELATIVES AU LIVRE II

Le présent chapitre ne comprend pas de dispositions réglementaires.

CHAPITRE IV. – DISPOSITIONS SPÉCIFIQUES RELATIVES AU LIVRE III

Art. D. 724-1. – Pour son application à Saint-Barthélemy, l'article D. 352-1 est applicable aux ministres du culte des services d'aumôneries situés sur le territoire de la collectivité, si l'un des diplômes de formation civile et civique figurant sur la liste mentionnée par les dispositions du quatrième alinéa du même article peut y être obtenu, y compris à distance.

CHAPITRE V. – DISPOSITIONS SPÉCIFIQUES RELATIVES AU LIVRE IV

Le présent chapitre ne comprend pas de dispositions réglementaires.

CHAPITRE VI. – DISPOSITIONS SPÉCIFIQUES RELATIVES AU LIVRE V

Le présent chapitre ne comprend pas de dispositions réglementaires.

CHAPITRE VII. – DISPOSITIONS SPÉCIFIQUES RELATIVES AU LIVRE VI

Art. R. 727-1. – Pour son application à Saint-Barthélemy, le 1° de l'article R. 623-2 est ainsi rédigé :

« 1° La copie du Journal officiel ou du Journal officiel de la collectivité portant publication de la déclaration de l'association. »

Art. R. 727-2. – Pour son application à Saint-Barthélemy, la première phrase du troisième alinéa de l'article R. 623-3 est ainsi rédigée :

« Le directeur du service pénitentiaire d'insertion et de probation communique par voie dématérialisée sa décision d'habilitation à la structure d'accueil, au président du tribunal de première instance, au juge de l'application des peines, au procureur de la République et au représentant de l'État dans la collectivité. »

Art. R. 727-3. – Pour son application à Saint-Barthélemy, la deuxième phrase de l'article R. 623-8 est ainsi rédigée :

« Il adresse copie de la demande aux organismes ou services locaux de prévention de la délinquance lorsqu'ils existent ; ceux-ci ont trois mois pour donner leur avis. »

TITRE III. – DISPOSITIONS APPLICABLES À SAINT-MARTIN

CHAPITRE Ier. – DISPOSITIONS GÉNÉRALES

Art. R. 731-1. – Les dispositions du présent code sont applicables de plein droit à Saint-Martin, sous réserve des adaptations prévues au présent titre.

Art. R. 731-2. – Pour l'application des dispositions du présent code à Saint-Martin, les références au préfet de département sont remplacées par les références au représentant de l'État dans la collectivité.

CHAPITRE II. – DISPOSITIONS SPÉCIFIQUES RELATIVES AU LIVRE Ier

Art. R. 732-1. – Pour son application à Saint-Martin, l'article R. 122-8 est ainsi rédigé :

« *Art. R. 122-8.* – Le personnel de l'administration pénitentiaire prête serment, lors de sa première affectation au sein de l'administration pénitentiaire, en audience publique, devant le président du tribunal de première instance.

Les fonctionnaires déjà affectés au sein de l'administration pénitentiaire à la date d'entrée en vigueur du Code de déontologie défini par les dispositions de l'article R. 120-1 peuvent, à leur demande, prêter serment dans les conditions prévues à l'article R. 122-8 ou au premier alinéa du présent article.

La formule du serment est prévue par l'article R. 122-9. »

CHAPITRE III. – DISPOSITIONS SPÉCIFIQUES RELATIVES AU LIVRE II

Le présent chapitre ne comprend pas de dispositions réglementaires.

CHAPITRE IV. – DISPOSITIONS SPÉCIFIQUES RELATIVES AU LIVRE III

Art. D. 734-1. – Pour son application à Saint-Martin, l'article D. 352-1 est applicable aux ministres du culte des services d'aumôneries situés sur le territoire de la collectivité, si l'un des diplômes de formation civile et civique figurant sur la liste mentionnée par les dispositions du quatrième alinéa du même article peut y être obtenu, y compris à distance.

CHAPITRE V. – DISPOSITIONS SPÉCIFIQUES RELATIVES AU LIVRE IV

Le présent chapitre ne comprend pas de dispositions réglementaires.

CHAPITRE VI. – DISPOSITIONS SPÉCIFIQUES RELATIVES AU LIVRE V

Le présent chapitre ne comprend pas de dispositions réglementaires.

CHAPITRE VII. – DISPOSITIONS SPÉCIFIQUES RELATIVES AU LIVRE VI

Art. R. 737-1. – Pour son application à Saint-Martin, le 1° de l'article R. 623-2 est ainsi rédigé :

« 1° La copie du Journal officiel ou du Journal officiel de la collectivité portant publication de la déclaration de l'association. »

Art. R. 737-2. – Pour son application à Saint-Martin, la première phrase du troisième alinéa de l'article R. 623-3 est ainsi rédigée :

« Le directeur du service pénitentiaire d'insertion et de probation communique par voie dématérialisée sa décision d'habilitation à la structure d'accueil, au président du tribunal de première instance, au juge de l'application des peines, au procureur de la République et au représentant de l'État dans la collectivité. »

Art. R. 737-3. – Pour son application à Saint-Martin, la deuxième phrase de l'article R. 623-8 est ainsi rédigée :

« À cette fin, il peut notamment adresser par voie dématérialisée copie de la demande au représentant de l'État dans le territoire ; celui-ci a un mois pour donner son avis. »

TITRE IV. – DISPOSITIONS APPLICABLES À SAINT-PIERRE-ET-MIQUELON

CHAPITRE Ier. – DISPOSITIONS GÉNÉRALES

Art. R. 741-1. – Les dispositions du présent code sont applicables de plein droit à Saint-Pierre-et-Miquelon, sous réserve des adaptations prévues au présent titre.

Art. R. 741-2. – Pour l'application des dispositions du présent code à Saint-Pierre-et-Miquelon, les références à l'administration centrale de la direction générale des finances publiques sont remplacées par les références à la direction des services fiscaux localement compétente.

Art. D. 741-3. – Pour l'application des dispositions du présent code à Saint-Pierre-et-Miquelon, sous réserve des dispositions des articles D. 742-3 à D. 742-8 :

1° Les références au service pénitentiaire d'insertion et de probation sont remplacées par les références au conseiller pénitentiaire d'insertion et de probation ;

2° Les références au directeur du service pénitentiaire d'insertion et de probation sont remplacées par les références au directeur interrégional, chef de la mission des services pénitentiaires de l'outre-mer, mentionnée aux articles R. 112-8 et R. 112-9.

CHAPITRE II. – DISPOSITIONS SPÉCIFIQUES RELATIVES AU LIVRE Ier

Art. R. 742-1. – Pour son application à Saint-Pierre-et-Miquelon, l'article R. 122-8 est ainsi rédigé :

« *Art. R. 122-8.* – Le personnel de l'administration pénitentiaire prête serment, lors de sa première affectation au sein de l'administration pénitentiaire, en audience publique, devant le président du tribunal de première instance.

Les fonctionnaires déjà affectés au sein de l'administration pénitentiaire à la date d'entrée en vigueur du Code de déontologie défini par les dispositions de l'article R. 120-1 peuvent, à leur demande, prêter serment dans les conditions prévues à l'article R. 122-8 ou au premier alinéa du présent article.

La formule du serment est prévue par l'article R. 122-9. »

Art. R. 742-2. – Pour son application à Saint-Pierre-et-Miquelon, l'article R. 113-66 est ainsi rédigé :

« *Art. R. 113-66.* – Le chef de l'établissement pénitentiaire est compétent pour délivrer les autorisations de visiter l'établissement qu'il dirige.

Pour l'exercice des compétences définies par le présent code, le chef d'établissement peut déléguer sa signature à son adjoint ou à un personnel de surveillance. »

Art. D. 742-3. – Pour leur application à Saint-Pierre-et-Miquelon :

1° L'article D. 112-35 est ainsi rédigé :

« *Art. D. 112-35.* – Un conseiller pénitentiaire d'insertion et de probation est chargé d'exécuter les missions prévues par les articles D. 113-25, D. 113-26, D. 113-36, D. 113-41, D. 113-43, D. 113-44, D. 113-59, D. 113-62, D. 421-2, D. 522-3 et D. 542-1. » ;

2° L'article D. 113-23 est ainsi rédigé :

« *Art. D. 113-23.* – Le conseiller pénitentiaire d'insertion et de probation est placé sous l'autorité du directeur interrégional, chef de la mission des services pénitentiaires de l'outre-mer, mentionnée aux articles R. 112-8 et R. 112-9. »

Art. D. 742-4. – Pour son application à Saint-Pierre-et-Miquelon, l'article D. 113-34 est ainsi rédigé :

« *Art. D. 113-34.* – Le conseiller pénitentiaire d'insertion et de probation tient un dossier pour chaque personne faisant l'objet d'une mesure mentionnée par les dispositions des articles D. 113-36, D. 113-41 et D. 542-1. Ce dossier comprend les pièces judiciaires nécessaires au suivi de la mesure, les éléments relatifs au contrôle des obligations ou conditions imposées ainsi que la copie des rapports adressés au magistrat mandant.

Les documents couverts par le secret professionnel ne peuvent être consultés que par le conseiller pénitentiaire d'insertion et de probation, et par le directeur interrégional, chef de la mission des services pénitentiaires de l'outre-mer, mentionnée aux articles R. 112-8 et R. 112-9.

En cas de changement de résidence de la personne suivie, le directeur interrégional, chef de la mission des services pénitentiaires de l'outre-mer transmet sous pli fermé ces documents au service pénitentiaire d'insertion et de probation du lieu de la nouvelle résidence.

Le dossier est communiqué à sa demande au magistrat qui a saisi le directeur interrégional, chef de la mission des services pénitentiaires de l'outre-mer, sauf pour les renseignements recueillis par voie de confidences auprès des personnes prises en charge. »

Art. D. 742-5. – Pour leur application à Saint-Pierre-et-Miquelon :

1° L'article D. 113-45 est ainsi rédigé :

« *Art. D. 113-45.* – Le conseiller pénitentiaire d'insertion et de probation est tenu au secret professionnel dans les conditions prévues par les articles 226-13 et 226-14 du Code pénal.

Dans le cadre de l'exécution des mesures mentionnées par les dispositions des articles D. 113-36, D. 113-41 et D. 542-1, le conseiller pénitentiaire d'insertion et de probation ne peut opposer le secret professionnel aux autorités judiciaires, sauf pour les renseignements recueillis par voie de confidences auprès des personnes prises en charge. » ;

2° L'article D. 113-42 est ainsi rédigé :

« *Art. D. 113-42.* – Chaque fois que la demande lui en est faite ou à son initiative, le conseiller pénitentiaire d'insertion et de probation fournit à l'autorité judiciaire ou aux services de l'administration pénitentiaire les éléments permettant de mieux individualiser la situation des personnes placées sous main de justice. »

Art. D. 742-6. – Pour son application à Saint-Pierre-et-Miquelon, à l'article D. 112-36, les références au directeur interrégional des services pénitentiaires sont remplacées par des références au directeur interrégional, chef de la mission des services pénitentiaires de l'outre-mer, mentionnée aux articles R. 112-8 et R. 112-9.

Art. D. 742-7. – Les articles D. 112-37 et D. 113-68 ne sont pas applicables à Saint-Pierre-et-Miquelon.

Art. D. 742-8. – Pour son application à Saint-Pierre-et-Miquelon, l'article D. 113-69 est ainsi rédigé :
« *Art. D. 113-69.* – Pour ses compétences définies par la partie réglementaire du présent code, le directeur interrégional, chef de la mission des services pénitentiaires de l'outre-mer, mentionnée aux articles R. 112-8 et R. 112-9, peut déléguer sa signature à un conseiller pénitentiaire d'insertion et de probation. »

CHAPITRE III. – DISPOSITIONS SPÉCIFIQUES RELATIVES AU LIVRE II

Art. R. 743-1. – Pour son application à Saint-Pierre-et-Miquelon, l'article R. 234-1 est ainsi rédigé :
« *Art. R. 234-1.* – Pour l'exercice de ses compétences en matière disciplinaire, le chef de l'établissement pénitentiaire peut déléguer sa signature à son adjoint ou à un personnel de surveillance. »

Art. R. 743-2. – Pour son application à Saint-Pierre-et-Miquelon, l'article R. 234-6 est complété par un alinéa ainsi rédigé :
« Lorsqu'il n'existe pas dans l'établissement pénitentiaire de personnel de surveillance détenant l'un des grades exigés par le deuxième alinéa, le premier assesseur peut être choisi parmi les personnels de surveillance d'un autre grade. »

Art. R. 743-3. – Pour son application à Saint-Pierre-et-Miquelon, la dernière phrase de l'article R. 234-12 est ainsi rédigée :
« Dans la mesure du possible, l'auteur de ce compte rendu ne siège pas à la commission de discipline. »

Art. R. 743-4. – Pour son application à Saint-Pierre-et-Miquelon, l'article R. 234-13 est complété par deux alinéas ainsi rédigés :
« Lorsqu'il n'existe pas dans l'établissement pénitentiaire un personnel de surveillance, autre que le chef de l'établissement, détenant l'un des grades exigés par le premier alinéa, le rapport peut être rédigé par un personnel de surveillance d'un autre grade.
Dans la mesure du possible, l'auteur de ce compte rendu ne siège pas à la commission de discipline. »

CHAPITRE IV. – DISPOSITIONS SPÉCIFIQUES RELATIVES AU LIVRE III

Art. R. 744-1. – Pour son application à Saint-Pierre-et-Miquelon ; à l'article R. 312-1, les mots : « et les directeurs des services pénitentiaires d'insertion et de probation » sont supprimés.

Art. D. 744-2. – Pour son application à Saint-Pierre-et-Miquelon, l'article D. 352-1 est applicable aux ministres du culte des services d'aumôneries situés sur le territoire de la collectivité, si l'un des diplômes de formation civile et civique figurant sur la liste mentionnée par les dispositions du quatrième alinéa du même article peut y être obtenu, y compris à distance.

CHAPITRE V. – DISPOSITIONS SPÉCIFIQUES RELATIVES AU LIVRE IV

Art. R. 745-1. – Pour son application à Saint-Pierre-et-Miquelon, à l'article R. 411-3, les références au directeur des services pénitentiaires d'insertion et de probation sont supprimées.

CHAPITRE VI. – DISPOSITIONS SPÉCIFIQUES RELATIVES AU LIVRE V

Le présent chapitre ne comprend pas de dispositions réglementaires.

CHAPITRE VII. – DISPOSITIONS SPÉCIFIQUES RELATIVES AU LIVRE VI

Art. R. 747-1. – Pour son application à Saint-Pierre-et-Miquelon, le 1° de l'article R. 623-2 est ainsi rédigé :
« 1° La copie du Journal officiel ou du Journal officiel de la collectivité portant publication de la déclaration de l'association. »

Art. R. 747-2. – Pour son application à Saint-Pierre-et-Miquelon, la première phrase du troisième alinéa de l'article R. 623-3 est ainsi rédigée :
« Le directeur du service pénitentiaire d'insertion et de probation communique par voie dématérialisée sa décision d'habilitation à la structure d'accueil, au président du tribunal de première instance, au juge de l'application des peines, au procureur de la République et au représentant de l'État dans la collectivité. »

Art. R. 747-3. – Pour son application à Saint-Pierre-et-Miquelon, la deuxième phrase de l'article R. 623-8 est ainsi rédigée :
« À cette fin, il peut notamment adresser par voie dématérialisée copie de la demande au représentant de l'État dans le territoire ; celui-ci a un mois pour donner son avis. »

TITRE V. – DISPOSITIONS APPLICABLES DANS LES ÎLES WALLIS-ET-FUTUNA

CHAPITRE Ier. – DISPOSITIONS GÉNÉRALES

Art. R. 751-1. – Sous réserve des dispositions applicables de plein droit, les dispositions réglementaires du présent code ne s'appliquent dans les îles Wallis-et-Futuna que dans la mesure et les conditions prévues par le présent titre.

Art. R. 751-2. – Pour l'application du présent code dans les îles Wallis-et-Futuna, les références énumérées ci-après sont remplacées comme suit :
1° « département » ou « région » par « collectivité d'outre-mer » ;
2° « préfet » et « sous-préfet » par « administrateur supérieur des îles Wallis-et-Futuna » ;
3° « Banque de France » par « Institut d'émission d'outre-mer » ;
4° « tribunal judiciaire » par « tribunal de première instance » ou, le cas échéant, par les termes de « section détachée du tribunal de première instance » ;
5° « procureur de la République » par « procureur de la République près le tribunal de première instance » ;
6° « greffier » par « chef du greffe » ;
7° « comptable principal de la direction générale des finances publiques » ou « comptable de la direction générale des finances publiques » par « agent chargé du recouvrement des amendes » ;
8° « régisseur des recettes » par « agent chargé du recouvrement des amendes » ;
9° « salaire minimum interprofessionnel de croissance » par « salaire minimum horaire garanti » ;
10° « conseil de prud'hommes » par « tribunal du travail » ;
11° « directeur interrégional des services pénitentiaires » par « directeur interrégional, chef de la mission des services pénitentiaires de l'outre-mer » ;
12° « sécurité sociale » par « organisme de protection sociale » ;
13° « services des agences régionales de santé » par « autorités localement compétentes en matière de santé » ;
14° « Pôle Emploi », « l'association pour l'emploi dans l'industrie et le commerce », « services sociaux, éducatifs et médicosociaux », « services de l'inspection du travail », « inspecteur du travail » par « services localement compétents » ;
15° « maire » par « chef de circonscription » ;
16° « commune » par « circonscription » ;
17° « chef d'établissement » par « l'autorité administrative compétente pour assurer le service public pénitentiaire » ;
18° « avocat », « défenseur » par « citoyen défenseur agréé par le président du tribunal de première instance en application de l'ordonnance n° 92-1147 du 12 octobre 1992 » ;
19° « juge de l'application des peines » par « président du tribunal de première instance » ;
20° « juge d'instruction » par « président du tribunal de première instance » ;

21° « service pénitentiaire d'insertion et de probation », « directeur du service pénitentiaire d'insertion et de probation », « membre du service pénitentiaire d'insertion et de probation », « personnel d'insertion et de probation », « représentant du service pénitentiaire d'insertion et de probation » par « président du tribunal de première instance » ;

22° « établissement de santé » ou établissement public de santé » par « agence de santé de Wallis-et-Futuna ».

Art. R. 751-3. – Les références à des dispositions non applicables dans les îles Wallis-et-Futuna sont remplacées par les références aux dispositions ayant le même objet applicables localement.

Art. D. 751-4. – Dans les îles de Wallis-et-Futuna, les dispositions pécuniaires prévues par les dispositions du présent code sont converties en monnaie locale compte-tenu de la contre-valeur de l'euro dans cette monnaie.

CHAPITRE II. – DISPOSITIONS SPÉCIFIQUES RELATIVES AU LIVRE Ier

Art. R. 752-1 *(Mod., D. n° 2022-655, 25 avr. 2022)*. – Sous réserve des adaptations prévues par le présent chapitre, les dispositions suivantes sont applicables dans les îles Wallis-et-Futuna dans leur rédaction résultant du décret en Conseil d'État n° 2022-479 du 30 mars 2022 sauf mention contraire dans le tableau ci-dessous :

Articles applicables	Dans leur rédaction résultant du décret
R. 112-2 à R. 112-17	
R. 112-22	Décret n° 2022-655 du 25 avril 2022
R. 112-23 à R. 113-64	
R. 115-21 à R. 136-1	

Art. R. 752-2. – Pour son application dans les îles Wallis-et-Futuna, à l'article R. 112-23, le président du tribunal de première instance exerce les fonctions dévolues au juge de l'application des peines, au tribunal de l'application des peines ou à la juridiction de l'application des peines du premier degré.

Art. R. 752-3. – Pour son application dans les îles Wallis-et-Futuna, à l'article R. 113-66, le deuxième alinéa est ainsi rédigé :

« Pour l'exercice des compétences définies par le présent code, le chef de l'établissement pénitentiaire peut déléguer sa signature à son adjoint. »

Art. R. 752-4. – Pour son application dans les îles Wallis-et-Futuna, l'article R. 122-8 est ainsi rédigé :

« *Art. R. 122-8.* – Le personnel de l'administration pénitentiaire prête serment, lors de sa première affectation au sein de l'administration pénitentiaire, en audience publique, devant le président du tribunal de première instance.

Les fonctionnaires déjà affectés au sein de l'administration pénitentiaire à la date d'entrée en vigueur du Code de déontologie défini par les dispositions de l'article R. 120-1 peuvent, à leur demande, prêter serment dans les conditions prévues à l'article R. 122-8 ou au premier alinéa du présent article.

La formule du serment est prévue par l'article R. 122-9. »

Art. D. 752-5. – Sous réserve des adaptations prévues par le présent chapitre, les dispositions suivantes sont applicables dans les îles Wallis-et-Futuna dans leur rédaction résultant du décret n° 2022-479 du 30 mars 2022 sauf mention contraire dans le tableau ci-dessous :

Articles applicables	Dans leur rédaction résultant du décret
D. 112-1 à D. 112-34	
D. 112-39 à D. 113-22	

Articles applicables	Dans leur rédaction résultant du décret
D. 113-24 à D. 113-28	
D. 113-31 et D. 113-32	
D. 113-34 à D. 113-39	
D. 113-41	
D. 113-43 et D. 113-44	
D. 113-46 à D. 113-67	
D. 114-1 à D. 136-6	

Art. D. 752-6. – Pour son application dans les îles de Wallis-et-Futuna, l'article D. 113-25 est ainsi rédigé :

« *Art. D. 113-25.* – Le président du tribunal de première instance s'assure que la personne se soumet aux mesures de contrôle et respecte les obligations qui lui sont imposées. »

Art. D. 752-7. – Pour son application dans les îles de Wallis-et-Futuna, l'article D. 113-34 est ainsi rédigé :

« *Art. D. 113-34.* – Le président du tribunal de première instance tient un dossier pour chaque personne faisant l'objet d'une mesure visée à prévue par les dispositions des articles D. 113-36, D. 113-41 et D. 542-1. Ce dossier comprend les pièces d'ordre judiciaire nécessaires au suivi de la mesure et les éléments relatifs au contrôle des obligations ou conditions imposées.

En cas de changement de résidence de la personne suivie, le président du tribunal de première instance transmet sous pli fermé ces documents au service compétent du lieu de la nouvelle résidence. »

Art. D. 752-8. – Pour son application dans les îles de Wallis-et-Futuna, l'article D. 113-64 est ainsi rédigé :

« *Art. D. 113-64.* – À titre exceptionnel, il peut être fait appel à des personnes bénévoles, agréées par le président du tribunal de première instance, dans des conditions fixées par arrêté du garde des sceaux, ministre de la justice.

Le président du tribunal de première instance peut retirer ou suspendre son agrément soit d'office, soit à la demande du procureur de la République près le tribunal de première instance. »

Art. D. 752-9. – Pour son application dans les îles de Wallis-et-Futuna, l'article D. 136-2 est ainsi rédigé :

« *Art. D. 136-2.* – Le conseil d'évaluation est présidé par l'administrateur supérieur des îles Wallis-et-Futuna.

Le président du tribunal de première instance dans le ressort duquel est situé l'établissement et le procureur de la République près ledit tribunal sont désignés en qualité de vice-présidents.

Le conseil d'évaluation comprend :

1° Un représentant désigné par l'assemblée territoriale ;

2° Le président et le procureur de la République des juridictions, autres que celle dans le ressort de laquelle est situé l'établissement concerné, compétentes pour traiter des situations des justiciables pris en charge par l'établissement ;

3° La personne exerçant localement la fonction de directeur académique des services de l'Education nationale ou son représentant ;

4° Le directeur de l'autorité localement compétente en matière de santé ;

5° Le commandant du groupement de gendarmerie de la collectivité ou son représentant ;

6° Un représentant des citoyens défenseurs ;

7° Un représentant de chaque association intervenant dans l'établissement ;

8° Un représentant des visiteurs de prisons intervenant dans l'établissement ;

9° Un aumônier de chaque culte intervenant dans l'établissement ;

Les membres de la commission visés aux 7° et 8° sont nommés pour une période de deux ans renouvelable par un arrêté de l'administrateur supérieur des îles Wallis-et-Futuna dont une ampliation est adressée au garde des sceaux, ministre de la justice.

La composition du conseil d'évaluation est arrêtée par l'administrateur supérieur des îles Wallis-et-Futuna.

Le premier président et le procureur général de la cour d'appel dans le ressort de laquelle est situé l'établissement pénitentiaire peuvent participer à la réunion du conseil d'évaluation ou désigner un représentant à cette fin.

La personne exerçant les fonctions de directeur de l'établissement pénitentiaire et le directeur interrégional, chef de la mission des services pénitentiaires de l'outre-mer, mentionnée aux articles R. 112-8 et R. 112-9, ou leurs représentants assistent aux travaux du conseil d'évaluation. »

CHAPITRE III. – DISPOSITIONS SPÉCIFIQUES RELATIVES AU LIVRE II

Art. R. 753-1 *(Mod., D. n° 2022-655, 25 avr. 2022).* – Sous réserve des adaptations prévues par le présent chapitre, les dispositions suivantes sont applicables dans les îles Wallis-et-Futuna dans leur rédaction résultant du décret en Conseil d'État n° 2022-479 du 30 mars 2022 sauf mention contraire dans le tableau ci-dessous :

Articles applicables	Dans leur rédaction résultant du décret
R. 211-1 à R. 213-20	
R. 214-1 à R. 214-24	
R. 221-4 à R. 224-25	
R. 225-1	Décret n° 2022-655 du 25 avril 2022
R. 225-2 à R. 226-1	
R. 231-1 à R. 233-1	
R. 233-2	Décret n° 2022-655 du 25 avril 2022
R. 234-1 à R. 240-9	

Art. R. 753-2. – Pour son application dans les îles Wallis-et-Futuna, l'article R. 234-1 est ainsi rédigé :

« *Art. R. 234-1.* – Pour l'exercice de ses compétences en matière disciplinaire, le chef de l'établissement peut déléguer sa signature à son adjoint ou à un personnel de surveillance d'un autre grade. »

Art. R. 753-3. – Pour leur application dans les îles Wallis-et-Futuna :

1° À l'article R. 234-6, le deuxième alinéa est ainsi rédigé :

« Le premier assesseur est choisi parmi les personnels chargés de la surveillance de l'établissement où siège la commission de discipline. » ;

2° L'article R. 234-6 est complété par un alinéa ainsi rédigé :

« Lorsqu'il n'existe pas dans l'établissement pénitentiaire de personnel de surveillance détenant l'un des grades exigés par le deuxième alinéa, le premier assesseur peut être choisi parmi les personnels de surveillance d'un autre grade. »

Art. R. 753-4. – Pour son application dans les îles Wallis-et-Futuna, à l'article R. 234-7, le 4° est ainsi rédigé :

« 4° Les personnels chargés de la surveillance de l'établissement pénitentiaire et les collaborateurs occasionnels du service public pénitentiaire de Wallis-et-Futuna ; ».

Art. R. 753-5. – Pour son application dans les îles Wallis-et-Futuna, à l'article R. 234-12, la dernière phrase est ainsi rédigée : « Dans la mesure du possible, l'auteur de ce compte rendu ne siège pas à la commission de discipline. »

Art. R. 753-6. – Pour son application dans les îles Wallis-et-Futuna, l'article R. 234-13 est ainsi rédigé :

« *Art. R. 234-13.* – À la suite de ce compte rendu d'incident, un rapport est établi par un agent chargé de la surveillance et adressé au chef de l'établissement pénitentiaire.

Ce rapport comporte tout élément d'information utile sur les circonstances des faits reprochés à la personne détenue et sur la personnalité de celle-ci.

Lorsqu'il n'existe pas dans l'établissement pénitentiaire un personnel de surveillance, autre que le chef d'établissement, détenant l'un des grades exigés par le premier alinéa, le rapport peut être rédigé par un personnel de surveillance d'un autre grade.

Dans la mesure du possible, les auteurs du compte rendu d'incident et du rapport ne siègent pas à la commission de discipline. »

Art. R. 753-7. – Pour leur application dans les îles Wallis-et-Futuna, aux articles R. 234-15, R. 234-16, R. 234-17, R. 234-26 et R. 235-10, les dispositions applicables aux avocats sont également applicables aux personnes agréées qui assistent une personne détenue en application de l'article 23-4 de l'ordonnance n° 92-1147 du 12 octobre 1992.

Art. R. 753-8. – Pour son application dans les îles Wallis-et-Futuna, à l'article R. 234-29, le président du tribunal de première instance exerce les fonctions dévolues au juge de l'application des peines, au tribunal de l'application des peines ou à la juridiction de l'application des peines du premier degré.

Art. D. 753-9. – Sous réserve des adaptations prévues par le présent chapitre, les dispositions suivantes sont applicables dans les îles Wallis-et-Futuna dans leur rédaction résultant du décret n° 2022-479 du 30 mars 2022 sauf mention contraire dans le tableau ci-dessous :

Articles applicables	Dans leur rédaction résultant du décret
D. 211-2 à D. 234-11	

Art. D. 753-10. – Pour son application dans les îles de Wallis-et-Futuna, l'article D. 211-11 est ainsi rédigé :

« *Art. D. 211-11.* – Lorsqu'il estime qu'une personne condamnée doit être transférée dans un établissement situé hors du territoire des îles de Wallis-et-Futuna, le président du tribunal de première instance constitue un dossier d'orientation. Ce dossier comprend les renseignements relatifs à la situation pénale et pénitentiaire de la personne condamnée et les éléments afférents aux conditions de sa prise en charge sanitaire.

Le dossier d'orientation est adressé au directeur interrégional, chef de la mission des services pénitentiaires de l'outre-mer, mentionnée aux articles R. 112-8 et R. 112-9, qui arrête une décision d'affectation lorsque celle-ci relève de sa compétence ou communique le dossier assorti de son avis au garde des sceaux, ministre de la justice. »

Art. D. 753-11. – Pour son application dans les îles de Wallis-et-Futuna, l'article D. 211-12 est ainsi rédigé :

« *Art. D. 211-12.* – Le dossier d'orientation comprend l'extrait de jugement ou d'arrêt, la notice individuelle visée à l'article D. 158 du Code de procédure pénale et, s'il y a lieu, la copie de la décision sur les intérêts civils conformément à l'article D. 332-11.

Le président du tribunal de première instance y annexe également les pièces suivantes :

1° La copie du rapport de l'enquête ou des enquêtes sur la personnalité, la situation matérielle, familiale ou sociale de la personne intéressée, qui auraient été prescrites conformément aux dispositions de l'alinéa 6 de l'article 41 et des alinéas 6 et 7 de l'article 81 du Code de procédure pénale ;

2° La copie du rapport de l'examen ou des examens médicaux, psychiatriques ou médico-psychologiques auxquels il aurait été éventuellement procédé en exécution d'une décision judiciaire ;

3° La copie du réquisitoire définitif et de la décision de condamnation ;

4° Et, s'il y a lieu, les avis indiqués à l'article D. 211-13 ;

5° Le bulletin n° 1 du casier judiciaire de la personne condamnée. »

Art. D. 753-12. – Pour son application dans les îles Wallis-et-Futuna, l'article D. 211-19 est ainsi rédigé :

« *Art. D. 211-19.* – Le directeur interrégional, chef de la mission des services pénitentiaires de l'outre-mer, mentionnée aux articles R. 112-8 et R. 112-9 est compétent pour décider de l'affectation, dans les centres de détention ou quartiers centre de détention, les centres de semi-liberté ou quartiers de semi-liberté, les structures d'accompagnement vers la sortie, les maisons d'arrêt ou quartiers maison d'arrêt des autres condamnés. »

Art. D. 753-13. – Pour son application dans les îles Wallis-et-Futuna, l'article D. 211-20 est ainsi rédigé :

« *Art. D. 211-20.* – Le directeur interrégional, chef de la mission des services pénitentiaires de l'outre-mer, mentionnée aux articles R. 112-8 et R. 112-9, peut déléguer sa compétence aux directeurs des établissements pénitentiaires comprenant un quartier maison d'arrêt et un quartier centre de détention, pour l'affectation des personnes condamnées qui y sont détenues et auxquelles il reste à exécuter, au moment où leur condamnation ou la dernière de leurs condamnations est devenue définitive, une détention d'une durée inférieure à deux ans.

Le directeur interrégional, chef de la mission des services pénitentiaires de l'outre-mer, peut également déléguer sa compétence aux directeurs des établissements pénitentiaires comprenant un quartier maison d'arrêt et une structure d'accompagnement vers la sortie, pour l'affectation des personnes condamnées qui y sont détenues et auxquelles il reste à exécuter, au moment où leur condamnation ou la dernière de leurs condamnations est devenue définitive, une détention dont la durée totale n'excède pas deux ans. »

Art. D. 753-14. – Pour son application dans les îles Wallis-et-Futuna, à l'alinéa 12 de l'article D. 211-34, les mots : « 3° Un représentant des équipes soignantes de l'unité sanitaire en milieu pénitentiaire ou du service médico-psychologique régional désigné par l'établissement de santé de rattachement » sont remplacés par les mots : « 3° Un membre des équipes hospitalières intervenant dans l'établissement ».

Art. D. 753-15. – Pour son application dans les îles Wallis-et-Futuna, l'article D. 212-4 est ainsi rédigé :

« *Art. D. 212-4.* – Le chef de l'établissement pénitentiaire informe chaque mois l'administrateur supérieur des îles Wallis-et-Futuna, le premier président et le procureur général près la cour d'appel, le président du tribunal de première instance, le procureur de la République près ledit tribunal, le ou les juges de l'application des peines, ainsi que le directeur interrégional, chef de la mission des services pénitentiaires de l'outre-mer, mentionnée aux R. 112-8 et R. 112-9, de l'état des effectifs au regard des capacités d'accueil des établissements. »

Art. D. 753-16. – Pour son application dans les îles Wallis-et-Futuna, le premier alinéa de l'article D. 214-6 est complété par une phrase ainsi rédigée : « Ce dossier contient également les informations relatives à l'inscription de la personne détenue sur les listes électorales et à l'exercice de son droit de vote. »

CHAPITRE IV. – DISPOSITIONS SPÉCIFIQUES RELATIVES AU LIVRE III

Art. R. 754-1. – Sous réserve des adaptations prévues par le présent chapitre, les dispositions suivantes sont applicables dans les îles Wallis-et-Futuna dans leur rédaction résultant du décret en Conseil d'État n° 2022-479 du 30 mars 2022, sauf mention contraire dans le tableau ci-dessous :

Articles applicables	Dans leur rédaction résultant du décret
R. 311-1 à R. 311-13	
R. 313-1 à R. 322-12	
R. 322-31 à R. 341-17	
R. 344-1 à R. 382-1	

Art. R. 754-2. – Pour son application dans les îles Wallis-et-Futuna, à l'article R. 313-14, le président du tribunal de première instance exerce les fonctions dévolues au juge de l'application des peines, au tribunal de l'application des peines ou à la juridiction de l'application des peines du premier degré.

Art. R. 754-3. – Pour leur application dans les îles Wallis-et-Futuna, aux articles R. 313-1, R. 313-2 et R. 313-14 à R. 313-16, les dispositions applicables aux avocats sont également applicables aux personnes agréées qui assistent une personne détenue en application de l'article 23-4 de l'ordonnance n° 92-1147 du 12 octobre 1992.

Art. R. 754-4. – Pour leur application dans les îles Wallis-et-Futuna :

1° L'article R. 341-5 est ainsi rédigé :

« *Art. R. 341-5.* – Pour les personnes condamnées, détenues en établissement pénitentiaire, les permis de visite sont délivrés, refusés, suspendus ou retirés par le chef de l'établissement pénitentiaire. » ;

2° L'article R. 341-6 est ainsi rédigé :

« *Art. R. 341-6.* – Lorsque les personnes condamnées sont hospitalisées dans un établissement de santé de la collectivité, les permis de visite sont délivrés, refusés, suspendus ou retirés par l'administrateur supérieur des îles Wallis-et-Futuna. »

Art. D. 754-5. – Sous réserve des adaptations prévues par le présent chapitre, les dispositions suivantes sont applicables dans les îles Wallis-et-Futuna dans leur rédaction résultant du décret n° 2022-479 du 30 mars 2022 sauf mention contraire dans le tableau ci-dessous :

Articles applicables	Dans leur rédaction résultant du décret
D. 311-6 à D. 381-2	

Art. D. 754-6. – Pour son application dans les îles Wallis-et-Futuna, à l'alinéa 3 de l'article D. 332-14 les mots « dont la conversion a été rendue obligatoire par le décret n° 59-734 du 15 juin 1959 » sont supprimés.

Art. D. 754-7. – Pour son application dans les îles de Wallis-et-Futuna, l'article D. 345-10 est complété par trois alinéas ainsi rédigés :

« Les autorités de la collectivité avec lesquelles les personnes détenues correspondent sous pli fermé sont les suivantes :

1° Les membres du conseil territorial ;

2° Les membres de l'assemblée territoriale. »

Art. D. 754-8. – Pour son application dans les îles Wallis-et-Futuna, l'article D. 352-1 est ainsi rédigé :

« *Art. D. 352-1.* – L'agrément des aumôniers est délivré par le directeur interrégional, chef de la mission des services pénitentiaires de l'outre-mer, mentionnée aux articles R. 112-8 et R. 112-9, après avis de l'administrateur des îles Wallis-et-Futuna, sur proposition de l'aumônier national du culte concerné.

En vue de leur permettre d'assurer les missions qui leur sont confiées, une indemnité forfaitaire peut être allouée aux aumôniers agréés.

Un aumônier agréé à compter du 1er octobre 2017 ne peut bénéficier du versement d'une indemnité sur la base de vacations horaires que s'il est titulaire de l'un des diplômes de formation civile et civique figurant sur une liste déterminée selon des modalités fixées par arrêté conjoint du ministre de l'intérieur, du ministre chargé de l'enseignement supérieur et du ministre chargé de l'outre-mer.

Toutefois, un aumônier agréé à compter de la même date peut bénéficier du versement de telles indemnités s'il n'est pas titulaire de l'un des diplômes précités dès lors qu'il s'engage à le devenir au cours des deux années qui suivent la décision l'agréant. Au terme de ces deux années, l'indemnité cesse d'être versée si l'aumônier n'a pas obtenu l'un de ces diplômes.

L'indemnité prévue par le présent article n'est cumulable avec aucune autre rémunération publique versée au même titre. Un arrêté conjoint du garde des sceaux, ministre de la justice, et du ministre chargé du budget fixe son montant annuel.

Lorsque son titulaire atteint l'âge de soixante-quinze ans, l'agrément est retiré par le directeur interrégional, chef de la mission des services pénitentiaires de l'outre-mer. »

Art. D. 754-9. – Pour son application dans les îles Wallis-et-Futuna, l'article D. 352-1, tel que rédigé à l'article D. 754-8, est applicable aux ministres du culte des services d'aumôneries situés dans les îles si l'un des diplômes de formation civile et civique figurant sur la liste mentionnée par les dispositions du troisième alinéa de l'article D. 754-8 peut y être obtenu, y compris à distance.

CHAPITRE V. – DISPOSITIONS SPÉCIFIQUES RELATIVES AU LIVRE IV

Art. R. 755-1 *(Mod., D. n° 2022-655, 25 avr. 2022)*. – **Sous réserve des adaptations prévues par le présent chapitre, les dispositions suivantes sont applicables dans les îles Wallis-et-Futuna dans leur rédaction résultant du décret en Conseil d'État n° 2022-479 du 30 mars 2022 sauf mention contraire dans le tableau ci-dessous :**

Articles applicables	Dans leur rédaction résultant du décret
R. 411-1 à R. 411-8	
R. 412-1 à R. 412-82	Décret n° 2022-655 du 25 avril 2022
R. 413-1 à R. 424-31	

Art. D. 755-2 *(Mod., D. n° 2022-655, 25 avr. 2022)*. – **Sous réserve des adaptations prévues par le présent chapitre, les dispositions suivantes sont applicables dans les îles Wallis-et-Futuna dans leur rédaction résultant du décret n° 2022-479 du 30 mars 2022 sauf mention contraire dans le tableau ci-dessous :**

Articles applicables	Dans leur rédaction résultant du décret
D. 412-6 à D. 412-77	Décret n° 2022-655 du 25 avril 2022
D. 413-3 à D. 413-7	
D. 413-8 à D. 413-10	Décret n° 2022-655 du 25 avril 2022
D. 414-2 à D. 424-1	
D. 424-2	Décret n° 2022-655 du 25 avril 2022
D. 424-3 à D. 424-9	
D. 424-10 à D. 424-14	Décret n° 2022-655 du 25 avril 2022
D. 424-22 à D. 424-30	

Art. D. 755-3. – **Pour son application dans les îles Wallis-et-Futuna, l'article D. 412-14 est ainsi rédigé :**

« *Art. D. 412-14.* – Hors les cas visés à la seconde phrase du troisième alinéa de l'article L. 412-1, la rémunération du travail effectué au sein des établissements pénitentiaires par les personnes détenues ne peut être inférieure aux taux horaires suivant :

45 % du salaire minimum horaire garanti pour les activités de production ;

33 % du salaire minimum horaire garanti pour le service général, classe I ;

25 % du salaire minimum horaire garanti pour le service général, classe II ;

20 % du salaire minimum horaire garanti pour le service général, classe III.

Un arrêté du garde des sceaux, ministre de la justice, détermine la répartition des emplois entre les différentes classes en fonction du niveau de qualification qu'exige leur exécution. »

CHAPITRE VI. – DISPOSITIONS SPÉCIFIQUES RELATIVES AU LIVRE V

Art. R. 756-1. – **Sous réserve des adaptations prévues par le présent chapitre, les dispositions suivantes sont applicables dans les îles Wallis-et-Futuna dans leur rédaction résultant du décret en Conseil d'État n° 2022-479 du 30 mars 2022 sauf mention contraire dans le tableau ci-dessous :**

Articles applicables	Dans leur rédaction résultant du décret
R. 510-1 à R. 545-5	

Art. R. 756-2. – Pour son application dans les îles Wallis-et-Futuna, l'article R. 512-2 est ainsi rédigé :

« *Art. R. 512-2.* – Pour l'application de l'article L. 512-2, le chef de l'établissement pénitentiaire communique aux services de police et unités de gendarmerie le nom, les prénoms, la date de naissance, l'adresse déclarée, et la date de la libération des personnes condamnées à une peine d'emprisonnement égale ou supérieure à trois ans.

Les informations mentionnées à l'alinéa précédent sont transmises par écrit au directeur de la sécurité publique ou au directeur territorial de la police nationale ou au commandant territorial de la gendarmerie outre-mer dont relève territorialement l'adresse déclarée par la personne. »

Art. D. 756-3 *(Mod., D. n° 2022-655, 25 avr. 2022)*. – Sous réserve des adaptations prévues par le présent chapitre, les dispositions suivantes sont applicables dans les îles Wallis-et-Futuna dans leur rédaction résultant du décret n° 2022-479 du 30 mars 2022 sauf mention contraire dans le tableau ci-dessous :

Articles applicables	Dans leur rédaction résultant du décret
D. 511-1 à D. 522-2	
D. 522-3	Décret n° 2022-655 du 25 avril 2022
D. 522-4 à D. 544-6	

CHAPITRE VII. – DISPOSITIONS SPÉCIFIQUES RELATIVES AU LIVRE VI

Art. R. 757-1. – Sous réserve des adaptations prévues par le présent chapitre, les dispositions suivantes sont applicables dans les îles Wallis-et-Futuna dans leur rédaction résultant du décret en Conseil d'État n° 2022-479 du 30 mars 2022 sauf mention contraire dans le tableau ci-dessous :

Articles applicables	Dans leur rédaction résultant du décret
R. 621-1 à R. 642-4	

Art. R. 757-2. – Pour son application dans les îles Wallis-et-Futuna, le 1° de l'article R. 623-2 est ainsi rédigé :

« 1° La copie du Journal officiel ou du Journal officiel de la collectivité portant publication de la déclaration de l'association. »

Art. R. 757-3. – Pour son application dans les îles Wallis-et-Futuna, la première phrase du troisième alinéa de l'article R. 623-3 est ainsi rédigée :

« Le directeur du service pénitentiaire d'insertion et de probation communique par voie dématérialisée sa décision d'habilitation à la structure d'accueil, au président du tribunal de première instance, au juge de l'application des peines, au procureur de la République et au représentant de l'État dans la collectivité. »

Art. R. 757-4. – Pour son application dans les îles Wallis-et-Futuna, la deuxième phrase de l'article R. 623-8 est ainsi rédigée :

« À cette fin, il peut notamment adresser par voie dématérialisée copie de la demande au représentant de l'État dans le territoire ; celui-ci a un mois pour donner son avis. »

Art. R. 757-5. – Pour son application dans les îles Wallis-et-Futuna, l'article R. 623-16 est ainsi rédigé :

« *Art. R. 623-16.* – Lorsqu'une personne condamnée exerce une activité salariée, la durée hebdomadaire cumulée de cette activité et du travail d'intérêt général ne peut excéder de plus de douze heures la durée légale de travail fixée par le Code du travail. »

Art. D. 757-6. – Sous réserve des adaptations prévues par le présent chapitre, les dispositions suivantes sont applicables dans les îles Wallis-et-Futuna dans leur rédaction résultant du décret n° 2022-479 du 30 mars 2022 sauf mention contraire dans le tableau ci-dessous :

Articles applicables	Dans leur rédaction résultant du décret
D. 611-1 à D. 633-2	

TITRE VI. – DISPOSITIONS APPLICABLES EN POLYNÉSIE FRANÇAISE

CHAPITRE Ier. – DISPOSITIONS GÉNÉRALES

Art. R. 761-1. – Sous réserve des dispositions applicables de plein droit, les dispositions réglementaires du présent code ne s'appliquent en Polynésie française que dans la mesure et les conditions prévues par le présent titre.

Art. R. 761-2 *(Mod., D. n° 2022-655, 25 avr. 2022)*. – Pour l'application du présent code en Polynésie française, les références énumérées ci-après sont remplacées comme suit :

1° « département » ou « région » par « collectivité d'outre-mer » ;

2° « préfet » et « sous-préfet » par « représentant de l'État » ;

3° « Banque de France » par « Institut d'émission d'outre-mer » ;

4° « tribunal judiciaire » par « tribunal de première instance » ou, le cas échéant, par les termes de « section détachée du tribunal de première instance » ;

5° « procureur de la République » par « procureur de la République près le tribunal de première instance » ;

6° « greffier » par « chef du greffe » ;

7° « comptable principal de la direction générale des finances publiques » ou « comptable de la direction générale des finances publiques » par « agent chargé du recouvrement des amendes » ;

8° « régisseur des recettes » par « agent chargé du recouvrement des amendes » ;

9° « salaire minimum interprofessionnel de croissance » par « salaire minimum horaire garanti » ;

10° « conseil de prud'hommes » par « tribunal du travail » ;

11° « directeur interrégional des services pénitentiaires » par « directeur interrégional, chef de la mission des services pénitentiaires de l'outre-mer » ;

12° « sécurité sociale » par « organisme de protection sociale » ;

13° « services des agences régionales de santé » par « autorités localement compétentes en matière de santé » ;

14° « Pôle Emploi », « l'association pour l'emploi dans l'industrie et le commerce », « services sociaux, éducatifs et médicosociaux », « services de l'inspection du travail », « inspecteur du travail » par « services localement compétents » ;

15° « structure d'insertion par l'activité économique » par « association pour l'aide à l'insertion ».

Art. R. 761-3. – Les références à des dispositions non applicables en en Polynésie française sont remplacées par les références aux dispositions ayant le même objet applicables localement.

Art. R. 761-4. – En Polynésie française, les dispositions pécuniaires prévues par les dispositions du présent code sont converties en monnaie locale compte-tenu de la contre-valeur de l'euro dans cette monnaie.

CHAPITRE II. – DISPOSITIONS SPÉCIFIQUES RELATIVES AU LIVRE Ier

Art. R. 762-1 *(Mod., D. n° 2022-655, 25 avr. 2022)*. – Sous réserve des adaptations prévues par le présent chapitre, les dispositions suivantes sont applicables en Polynésie française dans leur rédaction résultant du décret en Conseil d'État n° 2022-479 du 30 mars 2022 sauf mention contraire dans le tableau ci-dessous :

Articles applicables	Dans leur rédaction résultant du décret
R. 112-2 à R. 112-17	
R. 112-22	Décret n° 2022-655 du 25 avril 2022
R. 112-23 à R. 113-64	
R. 115-21 à R. 136-1	

Art. R. 762-2. – Pour son application en Polynésie française, à l'article R. 112-23, le président du tribunal de première instance exerce les fonctions dévolues au juge de l'application des peines, au tribunal de l'application des peines ou à la juridiction de l'application des peines du premier degré.

Art. R. 762-3. – Pour son application en Polynésie française, à l'article R. 113-66, le deuxième alinéa est ainsi rédigé :

« Pour l'exercice des compétences définies par le présent code, le chef de l'établissement pénitentiaire peut déléguer sa signature à son adjoint. »

Art. R. 762-4. – Pour leur application en Polynésie française, les dispositions des articles R. 115-21 et R. 115-22 relatives aux médecins des établissements de santé intervenant dans les établissements pénitentiaires et aux unités de soins implantées dans ces établissements sont applicables aux médecins des établissements de santé de la collectivité, chargés des prestations de médecine dans les établissements pénitentiaires dans les conditions fixées par la convention mentionnée par les dispositions de l'article L. 764-2.

En l'absence de convention, les dispositions des articles visés à l'alinéa précédent sont applicables aux médecins intervenant dans les établissements pénitentiaires.

Art. R. 762-5. – Pour son application en Polynésie française, l'article R. 122-8 est ainsi rédigé :

« *Art. R. 122-8.* – Le personnel de l'administration pénitentiaire prête serment, lors de sa première affectation au sein de l'administration pénitentiaire, en audience publique, devant le président du tribunal de première instance.

Les fonctionnaires déjà affectés au sein de l'administration pénitentiaire à la date d'entrée en vigueur du Code de déontologie défini par les dispositions de l'article R. 120-1 peuvent, à leur demande, prêter serment dans les conditions prévues à l'article R. 122-8 ou au premier alinéa du présent article.

La formule du serment est prévue par l'article R. 122-9. »

Art. R. 762-6. – Par dérogation à l'article R. 136-1, un conseil d'évaluation unique est institué en Polynésie française auprès de l'ensemble des établissements pénitentiaires.

Art. D. 762-7. – Sous réserve des adaptations prévues par le présent chapitre, les dispositions suivantes sont applicables en Polynésie française dans leur rédaction résultant du décret n° 2022-479 du 30 mars 2022 sauf mention contraire dans le tableau ci-dessous :

Articles applicables	Dans leur rédaction résultant du décret
D. 112-1 à D. 136-6	

Art. D. 762-8. – Pour son application en Polynésie française, l'article D. 115-3 est ainsi rédigé :

« *Art. D. 115-3.* – Les missions de diagnostic et de soins ambulatoires et l'organisation d'actions de prévention et d'éducation pour la santé sont assurées par une équipe hospitalière placée sous l'autorité médicale d'un praticien hospitalier et rattachée à un établissement de santé situé à proximité de l'établissement pénitentiaire. »

Art. D. 762-9. – Pour son application en Polynésie française, l'article D. 115-4 est ainsi rédigé :

« *Art. D. 115-4.* – Les modalités d'intervention de l'établissement public de santé mentionné par les dispositions de l'article précédent sont fixées par une convention signée par le haut-commissaire de la République, le directeur interrégional, chef de la mission des services pénitentiaires de l'outre-mer, mentionnée aux articles R. 112-8 et R. 112-9, le chef de l'établissement pénitentiaire et le directeur de l'établissement de santé concerné, après avis du conseil de surveillance. »

Art. D. 762-10. – Pour son application en Polynésie française, l'article D. 115-5 est ainsi rédigé :

« *Art. D. 115-5.* – L'administration pénitentiaire met à disposition de l'équipe hospitalière des locaux spécialisés destinés aux consultations, aux examens et, le cas échéant, à l'implantation d'une pharmacie à usage intérieur. Elle en assure la maintenance.

Des cellules situées à proximité peuvent être réservées à l'hébergement momentané des personnes détenues malades dont l'état de santé exige des soins fréquents ou un suivi médical particulier, sans toutefois nécessiter une hospitalisation. L'affectation des personnes détenues dans ces cellules est décidée par le chef de l'établissement pénitentiaire, sur proposition du praticien responsable de l'équipe hospitalière. »

Art. D. 762-11. – Pour son application en Polynésie française, l'article D. 115-6 est ainsi rédigé :

« *Art. D. 115-6.* – La prise en charge psychiatrique des personnes détenues est assurée par une équipe hospitalière placée sous l'autorité médicale d'un psychiatre, praticien hospitalier et rattachée à un établissement de santé situé à proximité de l'établissement pénitentiaire.

Les modalités d'intervention de l'équipe chargée des soins psychiatriques et de sa coordination avec l'équipe chargée des soins médicaux généraux sont fixées dans le cadre d'une convention signée par le haut-commissaire de la République, le directeur interrégional, chef de la mission des services pénitentiaires de l'outre-mer, mentionnée aux articles R. 112-8 et R. 112-9, le chef de l'établissement pénitentiaire et le directeur de l'établissement de santé concerné, après avis du conseil de surveillance.

L'administration pénitentiaire met à la disposition de l'équipe chargée des soins psychiatriques des équipements et locaux individualisés et adaptés, nécessaires au bon déroulement de sa mission. Elle en assure la maintenance. »

Art. D. 762-12. – Pour son application en Polynésie française, l'article D. 115-8 est ainsi rédigé :

« *Art. D. 115-8.* – Si une intervention médicale paraît nécessaire en dehors des heures de présence de l'équipe chargée des soins médicaux généraux, les personnels pénitentiaires appliquent les directives prévues par la convention mentionnée par les dispositions du premier alinéa de l'article D. 115-4. »

Art. D. 762-13. – Pour son application en Polynésie française, à l'alinéa 2 de l'article D. 115-10 les mots : « Ce rapport est transmis aux signataires des protocoles. Il est présenté à l'instance de concertation constituée en application des dispositions de l'article R. 6111-36 du Code de la santé publique ainsi qu'à la commission de surveillance. » sont remplacés par les mots : « Ce rapport est transmis aux signataires des conventions. Il est également adressé au conseil d'évaluation ainsi qu'aux instances délibératives et consultatives de l'établissement de santé. »

Art. D. 762-14. – Pour son application en Polynésie française, l'alinéa 1 de l'article D. 115-14 est remplacé par les dispositions suivantes :

« Les praticiens et autres personnels médicaux et hospitaliers exerçant dans les équipes visées aux articles D. 115-3 et D. 115-6 sont, préalablement à leur nomination, habilités par le haut-commissaire de la République. »

Art. D. 762-15. – Pour son application en Polynésie française, à l'article D. 115-15, les mots : « , après avis du préfet de département et, à Paris, du préfet de police, » sont supprimés.

Art. D. 762-16. – Pour son application en Polynésie française, à l'article D. 115-18, les mots : « du protocole passé en application des dispositions de l'article R. 6112-16 du Code de la santé publique » sont remplacés par les mots : « des conventions mentionnées par les dispositions des articles D. 115-4 et D. 115-6 du présent code ».

Art. D. 762-17. – Pour son application en Polynésie française, à l'article D. 115-20, les mots : « des centres de soins d'accompagnement et de prévention en addictologie » sont remplacés par les mots : « des structures spécialisées chargées de l'accompagnement et de la prévention en addictologie. »

Art. D. 762-18. – Pour son application en Polynésie française, l'article D. 115-23 est ainsi rédigé :

« *Art. D. 115-23.* – Les médecins responsables des équipes hospitalières organisent le suivi médical des personnes détenues et coordonnent les actions de prévention et d'éducation pour la santé mises en œuvre à leur égard, conformément à la réglementation locale applicable. »

Art. D. 762-19. – Pour son application en Polynésie française, à l'article D. 115-26, les mots : « en application des dispositions relatives aux règles de la profession d'infirmier ou d'infirmière prévues par le Code de la santé publique » sont remplacés par les mots : « conformément à la réglementation locale applicable ».

Art. D. 762-20. – Pour son application en Polynésie française, l'article D. 136-2 est ainsi rédigé :

« *Art. D. 136-2.* – Le conseil d'évaluation est présidé par le haut-commissaire de la République.

Le président du tribunal de première instance dans le ressort duquel est situé l'établissement et le procureur de la République près ledit tribunal sont désignés en qualité de vice-présidents.

Le conseil d'évaluation comprend :

1° Le président de la Polynésie française ou son représentant ;

2° Le président de l'assemblée de Polynésie française ou son représentant ;

3° Les maires des communes sur le territoire desquelles est situé l'établissement pénitentiaire ou leurs représentants ;

4° Le président et le procureur de la République des juridictions, autres que celle dans le ressort de laquelle est situé l'établissement concerné, compétentes pour traiter des situations des justiciables pris en charge par l'établissement ;

5° Les juges de l'application des peines intervenant dans l'établissement ou leur représentant désigné par le président de chaque tribunal de première instance concerné ;

6° Le juge des enfants exerçant les fonctions définies par l'article R. 251-3 du Code de l'organisation judiciaire et intervenant dans l'établissement, si le conseil est institué auprès d'un établissement pénitentiaire pour mineurs ou d'un établissement pénitentiaire comportant un quartier des mineurs ;

7° Le doyen des juges d'instruction du ressort du tribunal de première instance dans lequel est situé l'établissement ;

8° La personne exerçant localement la fonction de directeur académique des services de l'Education nationale ou son représentant ;

9° Le directeur de l'autorité localement compétente en matière de santé ou son représentant ;

10° Le commandant du groupement de gendarmerie de la collectivité ou son représentant ;

11° Le directeur de la sécurité publique de la collectivité ou son représentant ;

12° Le bâtonnier de l'ordre des avocats du ressort du tribunal de première instance dans lequel est situé l'établissement ou son représentant ;

13° Un représentant de chaque association intervenant dans l'établissement ;

14° Un représentant des visiteurs de prisons intervenant dans l'établissement ;

15° Un aumônier agréé de chaque culte intervenant dans l'établissement.

Les membres de la commission visés aux 13° et 14° sont nommés pour une période de deux ans renouvelable par un arrêté du haut-commissaire de la République dont une ampliation est adressée au garde des sceaux, ministre de la justice.

La composition du conseil d'évaluation est arrêtée par le haut-commissaire de la République.

Le premier président et le procureur général de la cour d'appel dans le ressort de laquelle est situé l'établissement pénitentiaire peuvent participer à la réunion du conseil d'évaluation ou désigner un représentant à cette fin. »

CHAPITRE III. – DISPOSITIONS SPÉCIFIQUES RELATIVES AU LIVRE II

Art. R. 763-1 *(Mod., D. n° 2022-655, 25 avr. 2022)*. – Sous réserve des adaptations prévues par le présent chapitre, les dispositions suivantes sont applicables en Polynésie française dans leur rédaction résultant du décret en Conseil d'État n° 2022-479 du 30 mars 2022 sauf mention contraire dans le tableau ci-dessous :

Articles applicables	Dans leur rédaction résultant du décret
R. 221-4 à R. 224-25	
R. 225-1	Décret n° 2022-655 du 25 avril 2022
R. 225-2 à R. 233-1	
R. 233-2	Décret n° 2022-655 du 25 avril 2022
R. 234-1 à R. 240-9	

Art. R. 763-2. – Pour leur application en Polynésie française, les dispositions des articles R. 213-19, R. 213-21, R. 213-27, R. 213-30, R. 234-31 et R. 235-10 relatives aux médecins des établissements de santé intervenant dans les établissements pénitentiaires et aux unités de soins implantées dans ces établissements sont applicables aux médecins des établissements de santé de la collectivité, chargés des prestations de médecine dans les établissements pénitentiaires dans les conditions fixées par la convention mentionnée par les dispositions de l'article L. 764-2.

En l'absence de convention, les dispositions des articles visés à l'alinéa précédent sont applicables aux médecins intervenant dans les établissements pénitentiaires.

Art. R. 763-3. – Pour l'application des articles R. 227-3 à R. 227-11 en Polynésie française :

1° Au 1° de l'article R. 227-5 les mots : « l'établissement public de santé national de Fresnes et les établissements de santé habilités à recevoir des personnes détenues comportant soit des unités hospitalières sécurisées interrégionales, soit des unités hospitalières spécialement aménagées » sont supprimés ;

2° Au 4° du même article, les mots : « ainsi que celles des unités hospitalières sécurisées interrégionales, des unités hospitalières spécialement aménagées des établissements de santé habilités à recevoir des personnes détenues et de l'établissement public de santé national de Fresnes » sont supprimés ;

3° Les quatrième et cinquième alinéas de l'article R. 227-6 sont supprimés.

Art. R. 763-4. – Pour son application en Polynésie française, l'article R. 234-1 est ainsi rédigé :

« *Art. R. 234-1.* – Pour l'exercice de ses compétences en matière disciplinaire, le chef de l'établissement pénitentiaire peut déléguer sa signature à son adjoint ou à un personnel de surveillance d'un autre grade. »

Art. R. 763-5. – Pour son application en Polynésie française, à l'article R. 234-6, le deuxième alinéa est ainsi rédigé :

« Le premier assesseur est choisi parmi les personnels chargés de la surveillance de l'établissement où siège la commission de discipline. »

Art. R. 763-6. – Pour son application en Polynésie française, l'article R. 234-6 est complété par un alinéa ainsi rédigé :

« Lorsqu'il n'existe pas dans l'établissement pénitentiaire de personnel de surveillance détenant l'un des grades exigés par le deuxième alinéa, le premier assesseur peut être choisi parmi les personnels de surveillance d'un autre grade. »

Art. R. 763-7. – Pour son application en Polynésie française, à l'article R. 234-12, la dernière phrase est ainsi rédigée : « Dans la mesure du possible, l'auteur de ce compte rendu ne siège pas à la commission de discipline. »

Art. R. 763-8. – Pour son application en Polynésie française, l'article R. 234-13 est ainsi rédigé :

« *Art. R. 234-13.* – À la suite de ce compte rendu d'incident, un rapport est établi par un agent chargé de la surveillance et adressé au chef de l'établissement pénitentiaire.

Ce rapport comporte tout élément d'information utile sur les circonstances des faits reprochés à la personne détenue et sur la personnalité de celle-ci.

Dans la mesure du possible, l'auteur de ce rapport ne siège pas à la commission de discipline.

Lorsqu'il n'existe pas dans l'établissement pénitentiaire un personnel de surveillance, autre que le chef d'établissement, détenant l'un des grades exigés par le premier alinéa, le rapport peut être rédigé par un personnel de surveillance d'un autre grade.

Dans la mesure du possible, l'auteur de ce compte rendu ne siège pas à la commission de discipline. »

Art. R. 763-9. – Pour leur application en Polynésie française, aux articles R. 213-21, R. 234-15, R. 234-16, R. 234-17, R. 234-26 et R. 235-10, les dispositions applicables aux avocats sont également applicables aux personnes agréées qui assistent une personne détenue en application de l'article 23-4 de l'ordonnance n° 92-1147 du 12 octobre 1992.

Art. R. 763-10. – Pour son application en Polynésie française, à l'article R. 234-29, le président du tribunal de première instance exerce les fonctions dévolues au juge de l'application des peines, au tribunal de l'application des peines ou à la juridiction de l'application des peines du premier degré.

Art. D. 763-11. – Sous réserve des adaptations prévues par le présent chapitre, les dispositions suivantes sont applicables en Polynésie française dans leur rédaction résultant du décret n° 2022-479 du 30 mars 2022 sauf mention contraire dans le tableau ci-dessous :

Articles applicables	Dans leur rédaction résultant du décret
D. 211-2 à D. 234 11	

Art. D. 763-12. – Pour son application en Polynésie française, à l'alinéa 12 de l'article D. 211-34, les mots : « 3° Un représentant des équipes soignantes de l'unité sanitaire en milieu pénitentiaire ou du service médico-psychologique régional désigné par l'établissement de santé de rattachement » sont remplacés par les mots : « 3° Un membre des équipes hospitalières intervenant dans l'établissement ».

Art. D. 763-13. – Pour son application en Polynésie française, l'article D. 212-4 est ainsi rédigé :

« *Art. D. 212-4.* – Le chef de l'établissement pénitentiaire informe chaque mois le haut-commissaire de la République, le premier président et le procureur général près la cour d'appel, le président du tribunal de première instance, le procureur de la République près ledit tribunal, le ou les juges de l'application des peines, ainsi que le directeur interrégional, chef de la mission des services pénitentiaires de l'outre-mer, mentionnée aux articles R. 112-8 et R. 112-9, de l'état des effectifs au regard des capacités d'accueil des établissements. »

Art. D. 763-14. – Pour son application en Polynésie française, le premier alinéa de l'article D. 214-6 est complété par une phrase ainsi rédigée : « Ce dossier contient également les informations relatives à l'inscription de la personne détenue sur les listes électorales et à l'exercice de son droit de vote. »

Art. D. 763-15. – Pour son application en Polynésie française, à l'alinéa 4 de l'article D. 216-24, les mots : « appartenant à un service de protection maternelle et infantile » sont supprimés.

CHAPITRE IV. – DISPOSITIONS SPÉCIFIQUES RELATIVES AU LIVRE III

Art. R. 764-1. – Sous réserve des adaptations prévues par le présent chapitre, les dispositions suivantes sont applicables en Polynésie française dans leur rédaction résultant du décret en Conseil d'État n° 2022-479 du 30 mars 2022 sauf mention contraire dans le tableau ci-dessous :

Articles applicables	Dans leur rédaction résultant du décret
R. 311-1 à R. 322-12	
R. 322-31 à R. 382-1	

Art. R. 764-2. – Pour leur application en Polynésie française, à l'article R. 311-2, les dispositions relatives à la sécurité sociale et à Pôle emploi sont applicables aux organismes et services ayant le même objet localement compétents.

Art. R. 764-3. – Pour son application en Polynésie française, l'article R. 312-1 est ainsi rédigé :

« *Art. R. 312-1.* – Les conditions dans lesquelles sont mis en place au sein des établissements pénitentiaires des dispositifs d'accès au droit sous forme de permanences et de consultations juridiques gratuites, dénommés points d'accès au droit, sont déterminées par une convention entre le représentant de l'État dans la collectivité et les institutions compétentes de la Polynésie française. »

Art. R. 764-4. – Pour son application en Polynésie française, à l'article R. 313-14, le président du tribunal de première instance exerce les fonctions dévolues au juge de l'application des peines, au tribunal de l'application des peines ou à la juridiction de l'application des peines du premier degré.

Art. R. 764-5. – Pour leur application en Polynésie française, aux articles R. 313-1, R. 313-2, R. 313-14 à R. 313-16, les dispositions applicables aux avocats sont également applicables aux personnes agréées qui assistent une personne détenue en application de l'article 23-4 de l'ordonnance n° 92-1147 du 12 octobre 1992.

Art. R. 764-6. – Pour son application en Polynésie française, à l'article R. 322-2, les mots : « , conformément aux dispositions de l'article R. 4127-36 du Code de la santé publique, » et les mots : « en application des dispositions de l'article L. 1111-5 du Code de la santé publique » sont supprimés.

Art. R. 764-7. – Pour son application en Polynésie française, à l'article R. 322-3, les mots : « conformément à aux dispositions de l'article L. 1121-6 du Code de la santé publique » et les mots : « selon les modalités prévues par les dispositions des articles L. 1122-1 et L. 1122-1-1 du même code » sont supprimés.

Art. R. 764-8. – Pour son application en Polynésie française, l'alinéa 5 de l'article R. 322-7 est remplacé par les dispositions suivantes :

« Le signalement aux autorités des cas de tuberculose est réalisé conformément aux dispositions de la réglementation locale applicable. »

Art. R. 764-9. – Pour son application en Polynésie française, l'article R. 322-8 est remplacé par les dispositions suivantes :

« La prophylaxie des maladies vénériennes est assurée dans les établissements pénitentiaires par les services compétents prévus à cet effet par la réglementation locale applicable. »

Art. R. 764-10. – Pour son application en Polynésie française, l'article R. 322-10 est ainsi rédigé :

« *Art. R. 322-10.* – Dans le cadre de la prise en charge globale des personnes détenues présentant une dépendance à un produit licite ou illicite, les établissements de santé favorisent et coordonnent, en collaboration avec les équipes hospitalières mentionnées par les dispositions des articles D. 115-3 et D. 115-6, les interventions, au sein de l'établissement pénitentiaire, des structures spécialisées de soins, notamment celles chargées de l'accompagnement et de la prévention en addictologie. »

Art. R. 764-11. – Pour son application en Polynésie française, l'article R. 324-1 est ainsi rédigé :

« *Art. R. 324-1.* – Les personnes détenues sont affiliées au régime de protection sociale dont elles relèvent conformément à la réglementation locale applicable.

Les personnes détenues bénéficiant d'une mesure de semi-liberté ou de placement à l'extérieur en application des dispositions de l'article 723 du Code de procédure pénale et qui exercent une activité professionnelle dans les conditions de droit commun sont affiliées au régime d'assurance maladie dont elles relèvent au titre de la réglementation locale applicable. »

Art. R. 764-12. – Pour leur application en Polynésie française :

1° L'article R. 341-5 est ainsi rédigé :

« *Art. R. 341-5.* – Pour les personnes condamnées, détenues en établissement pénitentiaire, les permis de visite sont délivrés, refusés, suspendus ou retirés par le chef de l'établissement pénitentiaire. » ;

2° L'article R. 341-6 est ainsi rédigé :

« *Art. R. 341-6.* – Lorsque les personnes condamnées sont hospitalisées dans un établissement de santé de la collectivité, les permis de visite sont délivrés, refusés, suspendus ou retirés par le représentant de l'État dans la collectivité. »

Art. R. 764-13. – Pour son application en Polynésie française, au 2° de l'article R. 370-1, les bibliothèques territoriales s'entendent des bibliothèques localement compétentes.

Art. D. 764-14. – Sous réserve des adaptations prévues par le présent chapitre, les dispositions suivantes sont applicables en Polynésie française dans leur rédaction résultant du décret n° 2022-479 du 30 mars 2022 sauf mention contraire dans le tableau ci-dessous :

Articles applicables	Dans leur rédaction résultant du décret
D. 311-6 à D. 381-2	

Art. D. 764-15. – Pour son application en Polynésie française, l'article D. 324-2 est ainsi rédigé :

« *Art. D. 324-2.* – Les personnes détenues malades bénéficient gratuitement des soins qui leur sont nécessaires, ainsi que de la fourniture des produits et spécialités pharmaceutiques dont l'emploi est autorisé. Le principe de la gratuité des soins s'étend à tous les examens ou traitements de spécialistes, comme aux prothèses diverses que requiert leur état de santé.

Les personnes détenues bénéficiant d'une mesure de semi-liberté ou de placement à l'extérieur en application des dispositions de l'article 723 du Code de procédure pénale continuent à bénéficier de la gratuité des soins jusqu'à ce qu'elles remplissent les conditions d'ouverture du droit aux prestations du régime d'assurance maladie.

Le financement des soins, appareillages, prothèses, traitements ou interventions chirurgicales, dont la nécessité médicale n'est pas reconnue, est à l'entière charge des personnes intéressées, après autorisation du chef de l'établissement pénitentiaire, sous réserve des dispositions relatives aux prestations servies aux personnes détenues en application de la réglementation locale sur les accidents du travail et les maladies professionnelles.

Les frais de séjour des personnes détenues hospitalisées sont imputables sur les chapitres du budget du ministère de la justice relatifs à l'entretien des personnes détenues.

Toutefois, les frais de transfèrement et de séjour des personnes détenues militaires sont à la charge du ministère de la défense lorsque les personnes intéressées sont dirigées vers un hôpital militaire. »

Art. D. 764-16. – Pour son application en Polynésie française, à l'alinéa 3 de l'article D. 332-14 les mots « dont la conversion a été rendue obligatoire par le décret n° 59-734 du 15 juin 1959 » sont supprimés.

Art. D. 764-17. – Pour son application en Polynésie française, à l'article D. 332-34, les mots : « Sauf en ce qui concerne le tabac », sont remplacés par les mots : « Sauf pour les produits dont le prix est réglementé ».

Art. D. 764-18. – Pour son application en Polynésie française, l'article D. 345-10 est complété par un alinéa ainsi rédigé :

« Les autorités de la collectivité avec lesquelles les personnes détenues correspondent sous pli fermé sont les suivantes :

1° Le président de la Polynésie française ;

2° Les membres du gouvernement et du conseil des ministres de la Polynésie française ;

3° Le président et les représentants de l'assemblée de la Polynésie française. »

Art. D. 764-19. – Pour son application en Polynésie française, l'article D. 352-1 est ainsi rédigé :

« *Art. D. 352-1.* – L'agrément des aumôniers est délivré par le directeur interrégional, chef de la mission des services pénitentiaires de l'outre-mer, après avis du préfet de département dans lequel se situe l'établissement visité, sur proposition de l'aumônier national du culte concerné.

En vue de leur permettre d'assurer les missions qui leur sont confiées, une indemnité forfaitaire peut être allouée aux aumôniers agréés.

Un aumônier agréé à compter du 1er octobre 2017 ne peut bénéficier du versement d'une indemnité sur la base de vacations horaires que s'il est titulaire de l'un des diplômes de formation civile et civique figurant sur une liste déterminée selon des modalités fixées par arrêté conjoint du ministre de l'intérieur, du ministre chargé de l'enseignement supérieur et du ministre chargé de l'outre-mer.

Toutefois, un aumônier agréé à compter de la même date peut bénéficier du versement de telles indemnités s'il n'est pas titulaire de l'un des diplômes précités dès lors qu'il s'engage à le devenir au cours des deux années qui suivent la décision l'agréant. Au terme de ces deux années, l'indemnité cesse d'être versée si l'aumônier n'a pas obtenu l'un de ces diplômes.

L'indemnité prévue par le présent article n'est cumulable avec aucune autre rémunération publique versée au même titre. Un arrêté conjoint du garde des sceaux, ministre de la justice, et du ministre chargé du budget fixe son montant annuel.

Lorsque son titulaire atteint l'âge de soixante-quinze ans, l'agrément est retiré par le directeur interrégional, chef de la mission des services pénitentiaires de l'outre-mer. »

Art. D. 764-20. – Pour son application en Polynésie française, l'article D. 352-1 tel que rédigé à l'article D. 764-19, est applicable aux ministres du culte des services d'aumôneries situés en Polynésie française si l'un des diplômes de formation civile et civique figurant sur la liste mentionnée par les dispositions du troisième alinéa de l'article D. 764-19 peut y être obtenu, y compris à distance.

CHAPITRE V. – DISPOSITIONS SPÉCIFIQUES RELATIVES AU LIVRE IV

Art. R. 765-1 *(Mod., D. n° 2022-655, 25 avr. 2022)*. – Sous réserve des adaptations prévues par le présent chapitre, les dispositions suivantes sont applicables en Polynésie française dans leur rédaction résultant du décret en Conseil d'État n° 2022-479 du 30 mars 2022 sauf mention contraire dans le tableau ci-dessous :

Articles applicables	Dans leur rédaction résultant du décret
R. 411-1 à R. 411-8	
R. 412-1 à R. 412-82	Décret n° 2022-655 du 25 avril 2022
R. 413-1 à R. 424-31	

Art. D. 765-2 *(Mod., D. n° 2022-655, 25 avr. 2022)*. – Sous réserve des adaptations prévues par le présent chapitre, les dispositions suivantes sont applicables en Polynésie française dans leur rédaction résultant du décret n° 2022-479 du 30 mars 2022 sauf mention contraire dans le tableau ci-dessous :

Articles applicables	Dans leur rédaction résultant du décret
D. 412-6 à D. 412-77	Décret n° 2022-655 du 25 avril 2022
D. 413-3 à D. 413-7	
D. 413-8 à D. 413-10	Décret n° 2022-655 du 25 avril 2022
D. 414-2 à D. 424-1	
D. 424-2	Décret n° 2022-655 du 25 avril 2022

Articles applicables	Dans leur rédaction résultant du décret
D. 424-3 à D. 424-9	
D. 424-10 à D. 424-14	Décret n° 2022-655 du 25 avril 2022
D. 424-22 à D. 424-30	

Art. D. 765-3. – Pour son application en Polynésie française, l'article D. 412-14 est ainsi rédigé :

« *Art. D. 412-14.* – Hors les cas visés à la seconde phrase du troisième alinéa de l'article L. 412-1, la rémunération du travail effectué au sein des établissements pénitentiaires par les personnes détenues ne peut être inférieure aux taux horaires suivant :

45 % du salaire minimum horaire garanti pour les activités de production ;

33 % du salaire minimum horaire garanti pour le service général, classe I ;

25 % du salaire minimum horaire garanti pour le service général, classe II ;

20 % du salaire minimum horaire garanti pour le service général, classe III.

Un arrêté du garde des sceaux, ministre de la justice, détermine la répartition des emplois entre les différentes classes en fonction du niveau de qualification qu'exige leur exécution. »

Art. D. 765-4 *(Mod., D. n° 2022-655, 25 avr. 2022).* – Pour son application en Polynésie française, à l'alinéa 2 de l'article D. 413-4, les mots : « des services compétents du ministère de l'éducation nationale » sont remplacés par les mots « des services localement compétents ».

Art. D. 765-5 *(Mod., D. n° 2022-655, 25 avr. 2022).* – Pour son application en Polynésie française, à l'alinéa 1er de l'article D. 413-5, les mots : « affectés selon les procédures en vigueur à l'éducation nationale et ayant reçu un agrément du directeur interrégional des services pénitentiaires » sont remplacés par les mots : « affectés conformément aux dispositions de la réglementation locale applicable et ayant reçu un agrément du directeur interrégional, chef de la mission des services pénitentiaires de l'outre-mer, mentionnée aux articles R. 112-8 et R. 112-9 ».

Art. D. 765-6 *(Mod., D. n° 2022-655, 25 avr. 2022).* – Pour son application en Polynésie française, à l'alinéa 2 de l'article D. 414-8, les mots « services compétents des ministères chargés de l'éducation nationale et de la jeunesse et des sports » sont remplacés par les mots « services localement compétents ».

Art. D. 765-7 *(Mod., D. n° 2022-655, 25 avr. 2022).* – Pour son application en Polynésie française, à l'alinéa 2 de l'article D. 414-10, les mots : « du garde des sceaux, ministre de la justice » sont remplacés par les mots « du haut-commissaire de la République ».

CHAPITRE VI. – DISPOSITIONS SPÉCIFIQUES RELATIVES AU LIVRE V

Art. R. 766-1. – Sous réserve des adaptations prévues par le présent chapitre, les dispositions suivantes sont applicables en Polynésie française dans leur rédaction résultant du décret en Conseil d'État n° 2022-479 du 30 mars 2022 sauf mention contraire dans le tableau ci-dessous :

Articles applicables	Dans leur rédaction résultant du décret
R. 510-1 à R. 545-5	

Art. R. 766-2. – Pour son application en Polynésie française, l'article R. 512-2 est ainsi rédigé :

« *Art. R. 512-2.* – Pour l'application de l'article L. 512-2, le chef de l'établissement pénitentiaire communique aux services de police et unités de gendarmerie le nom, les prénoms, la date de naissance, l'adresse déclarée, et la date de la libération des personnes condamnées à une peine d'emprisonnement égale ou supérieure à trois ans.

Les informations mentionnées à l'alinéa précédent sont transmises par écrit au directeur de la sécurité publique ou au directeur territorial de la police nationale ou au commandant territorial de la gendarmerie outre-mer dont relève territorialement l'adresse déclarée par la personne. »

Art. D. 766-3 *(Mod., D. n° 2022-655, 25 avr. 2022)*. – Sous réserve des adaptations prévues par le présent chapitre, les dispositions suivantes sont applicables en Polynésie française dans leur rédaction résultant du décret n° 2022-479 du 30 mars 2022 sauf mention contraire dans le tableau ci-dessous :

Articles applicables	Dans leur rédaction résultant du décret
D. 511-1 à D. 522-2	
D. 522-3	Décret n° 2022-655 du 25 avril 2022
D. 522-4 à D. 544-6	

CHAPITRE VII. – DISPOSITIONS SPÉCIFIQUES RELATIVES AU LIVRE VI

Art. R. 767-1. – Sous réserve des adaptations prévues par le présent chapitre, les dispositions suivantes sont applicables en Polynésie française dans leur rédaction résultant du décret en Conseil d'État n° 2022-479 du 30 mars 2022 sauf mention contraire dans le tableau ci-dessous :

Articles applicables	Dans leur rédaction résultant du décret
R. 621-1 à R. 642-4	

Art. R. 767-2. – Pour son application en Polynésie française, le 1° de l'article R. 623-2 est ainsi rédigé :

« 1° La copie du Journal officiel ou du Journal officiel de la collectivité portant publication de la déclaration de l'association. »

Art. R. 767-3. – Pour son application en Polynésie française, la première phrase du troisième alinéa de l'article R. 623-3 est ainsi rédigée :

« Le directeur du service pénitentiaire d'insertion et de probation communique par voie dématérialisée sa décision d'habilitation à la structure d'accueil, au président du tribunal de première instance, au juge de l'application des peines, au procureur de la République et au représentant de l'État dans la collectivité. »

Art. R. 767-4. – Pour son application en Polynésie française, la deuxième phrase de l'article R. 623-8 est ainsi rédigée :

« À cette fin, il peut notamment adresser par voie dématérialisée copie de la demande au représentant de l'État dans le territoire ; celui-ci a un mois pour donner son avis. »

Art. R. 767-5. – Pour son application en Polynésie française, le 3° de l'article R. 623-14 est ainsi rédigé :

« 3° De s'assurer, si le travail auquel le juge de l'application des peines entend l'affecter doit s'exercer dans un établissement ou organisme public ou privé de prévention ou de soins et l'expose à des risques de contamination, qu'il est immunisé contre les mêmes maladies que celles contre lesquelles doivent être immunisés les personnels exerçant leur activité dans ces établissements, en application de la réglementation applicable localement. »

Art. R. 767-6. – Pour son application en Polynésie française, l'article R. 623-16 est ainsi rédigé :

« *Art. R. 623-16.* – Lorsqu'une personne condamnée exerce une activité salariée, la durée hebdomadaire cumulée de cette activité et du travail d'intérêt général ne peut excéder de plus de douze heures la durée légale de travail fixée par le Code du travail. »

Art. D. 767-7. – Sous réserve des adaptations prévues par le présent chapitre, les dispositions suivantes sont applicables en Polynésie française dans leur rédaction résultant du décret n° 2022-479 du 30 mars 2022 sauf mention contraire dans le tableau ci-dessous :

Articles applicables	Dans leur rédaction résultant du décret
D. 611-1 à D. 633-2	

TITRE VII. – DISPOSITIONS APPLICABLES EN NOUVELLE-CALÉDONIE

CHAPITRE Ier. – DISPOSITIONS GÉNÉRALES

Art. R. 771-1. – Sous réserve des dispositions applicables de plein droit, les dispositions réglementaires du présent code ne s'appliquent en Nouvelle-Calédonie que dans la mesure et les conditions prévues par le présent titre.

Art. R. 771-2 *(Mod., D. n° 2022-655, 25 avr. 2022)*. – Pour l'application du présent code en Nouvelle-Calédonie, les références énumérées ci-après sont remplacées comme suit :

1° « département » ou « région » par « collectivité d'outre-mer » ;

2° « préfet » et « sous-préfet » par « représentant de l'État » ;

3° « Banque de France » par « Institut d'émission d'outre-mer » ;

4° « tribunal judiciaire » par « tribunal de première instance » ou, le cas échéant, par les termes de « section détachée du tribunal de première instance » ;

5° « procureur de la République » par « procureur de la République près le tribunal de première instance » ;

6° « greffier » par « chef du greffe » ;

7° « comptable principal de la direction générale des finances publiques » ou « comptable de la direction générale des finances publiques » par « agent chargé du recouvrement des amendes » ;

8° « régisseur des recettes » par « agent chargé du recouvrement des amendes » ;

9° « salaire minimum interprofessionnel de croissance » par « salaire minimum horaire garanti » ;

10° « conseil de prud'hommes » par « tribunal du travail » ;

11° « directeur interrégional des services pénitentiaires » par « directeur interrégional, chef de la mission des services pénitentiaires de l'outre-mer » ;

12° « sécurité sociale » par « organisme de protection sociale » ;

13° « services des agences régionales de santé » par « autorités localement compétentes en matière de santé » ;

14° « Pôle Emploi », « l'association pour l'emploi dans l'industrie et le commerce », « services sociaux, éducatifs et médicosociaux », « services de l'inspection du travail », « inspecteur du travail » par « services localement compétents » ;

15° « structure d'insertion par l'activité économique » les mots : « structure d'insertion par le travail » ;

16° « entreprise adaptée » par « structure d'emploi adapté ».

Art. R. 771-3. – Les références à des dispositions non applicables en Nouvelle-Calédonie sont remplacées par les références aux dispositions ayant le même objet applicables localement.

Art. R. 771-4. – En Nouvelle-Calédonie, les dispositions pécuniaires prévues par les dispositions du présent code sont converties en monnaie locale compte-tenu de la contre-valeur de l'euro dans cette monnaie.

CHAPITRE II. – DISPOSITIONS SPÉCIFIQUES RELATIVES AU LIVRE Ier

Art. R. 772-1 *(Mod., D. n° 2022-655, 25 avr. 2022).* – Sous réserve des adaptations prévues par le présent chapitre, les dispositions suivantes sont applicables en Nouvelle-Calédonie dans leur rédaction résultant du décret en Conseil d'État n° 2022-479 du 30 mars 2022 sauf mention contraire dans le tableau ci-dessous :

Articles applicables	Dans leur rédaction résultant du décret
R. 112-2 à R. 112-17	
R. 112-22	Décret n° 2022-655 du 25 avril 2022
R. 112-23 à R. 113-64	
R. 115-21 à R. 136-1	

Art. R. 772-2. – Pour son application en Nouvelle-Calédonie, à l'article R. 112-23, le président du tribunal de première instance exerce les fonctions dévolues au juge de l'application des peines, au tribunal de l'application des peines ou à la juridiction de l'application des peines du premier degré.

Art. R. 772-3. – Pour son application en Nouvelle-Calédonie, à l'article R. 113-66, le deuxième alinéa est ainsi rédigé : « Pour l'exercice des compétences définies par le présent code, le chef de l'établissement pénitentiaire peut déléguer sa signature à son adjoint. »

Art. R. 772-4. – Pour leur application en Nouvelle-Calédonie, les dispositions des articles R. 115-21 et R. 115-22 relatives aux médecins des établissements de santé intervenant dans les établissements pénitentiaires et aux unités de soins implantées dans ces établissements sont applicables aux médecins des établissements de santé de la collectivité, chargés des prestations de médecine dans les établissements pénitentiaires dans les conditions fixées par la convention mentionnée par les dispositions de l'article L. 774-2.

Art. R. 772-5. – Pour son application en Nouvelle-Calédonie, l'article R. 122-8 est ainsi rédigé :

« *Art. R. 122-8.* – Le personnel de l'administration pénitentiaire prête serment, lors de sa première affectation au sein de l'administration pénitentiaire, en audience publique, devant le président du tribunal de première instance.

Les fonctionnaires déjà affectés au sein de l'administration pénitentiaire à la date d'entrée en vigueur du Code de déontologie défini par les dispositions de l'article R. 120-1 peuvent, à leur demande, prêter serment dans les conditions prévues à l'article R. 122-8 ou au premier alinéa du présent article.

La formule du serment est prévue par l'article R. 122-9. »

Art. D. 772-6. – Sous réserve des adaptations prévues par le présent chapitre, les dispositions suivantes sont applicables en Nouvelle-Calédonie dans leur rédaction résultant du décret n° 2022-479 du 30 mars 2022 sauf mention contraire dans le tableau ci-dessous :

Articles applicables	Dans leur rédaction résultant du décret
D. 112-1 à D. 136-6	

Art. D. 772-7. – Pour son application en Nouvelle-Calédonie, l'article D. 115-3 est ainsi rédigé :

« *Art. D. 115-3.* – Les missions de diagnostic et de soins ambulatoires et l'organisation d'actions de prévention et d'éducation pour la santé sont assurées par une équipe hospitalière placée sous l'autorité médicale d'un praticien hospitalier et rattachée à un établissement de santé situé à proximité de l'établissement pénitentiaire. »

Art. D. 772-8. – Pour son application en Nouvelle-Calédonie, l'article D. 115-4 est ainsi rédigé :

« *Art. D. 115-4.* – Les modalités d'intervention de l'établissement public de santé mentionné par les dispositions de l'article précédent sont fixées par une convention signée par le haut-commissaire de la République, le directeur interrégional, chef de la mission des services pénitentiaires de l'outre-mer, mentionnée aux articles R. 112-8 et R. 112-9, le chef de l'établissement pénitentiaire et le directeur de l'établissement de santé concerné, après avis du conseil de surveillance. »

Art. D. 772-9. – Pour son application en Nouvelle-Calédonie, l'article D. 115-5 est ainsi rédigé :

« *Art. D. 115-5.* – L'administration pénitentiaire met à disposition de l'équipe hospitalière des locaux spécialisés destinés aux consultations, aux examens et, le cas échéant, à l'implantation d'une pharmacie à usage intérieur. Elle en assure la maintenance.

Des cellules situées à proximité peuvent être réservées à l'hébergement momentané des personnes détenues malades dont l'état de santé exige des soins fréquents ou un suivi médical particulier, sans toutefois nécessiter une hospitalisation. L'affectation des personnes détenues dans ces cellules est décidée par le chef de l'établissement pénitentiaire, sur proposition du praticien responsable de l'équipe hospitalière. »

Art. D. 772-10. – Pour son application en Nouvelle-Calédonie, l'article D. 115-6 est ainsi rédigé :

« *Art. D. 115-6.* – La prise en charge psychiatrique des personnes détenues est assurée par une équipe hospitalière placée sous l'autorité médicale d'un psychiatre, praticien hospitalier et rattachée à un établissement de santé situé à proximité de l'établissement pénitentiaire.

Les modalités d'intervention de l'équipe chargée des soins psychiatriques et de sa coordination avec l'équipe chargée des soins médicaux généraux sont fixées dans le cadre d'une convention signée par le haut-commissaire de la République, le directeur interrégional, chef de la mission des services pénitentiaires de l'outre-mer, mentionnée aux articles R. 112-8 et R. 112-9, le chef de l'établissement pénitentiaire et le directeur de l'établissement de santé concerné, après avis du conseil de surveillance.

L'administration pénitentiaire met à la disposition de l'équipe chargée des soins psychiatriques des équipements et locaux individualisés et adaptés, nécessaires au bon déroulement de sa mission. Elle en assure la maintenance. »

Art. D. 772-11 – Pour son application en Nouvelle-Calédonie, l'article D. 115-8 est ainsi rédigé :

« *Art. D. 115-8.* – Si une intervention médicale paraît nécessaire en dehors des heures de présence de l'équipe chargée des soins médicaux généraux, les personnels pénitentiaires appliquent les directives prévues par la convention mentionnée par les dispositions du premier alinéa de l'article D. 115-4. »

Art. D. 772-12. – Pour son application en Nouvelle-Calédonie, à l'alinéa 2 de l'article D. 115-10 les mots : « Ce rapport est transmis aux signataires des protocoles. Il est présenté à l'instance de concertation constituée en application des dispositions de l'article R. 6111-36 du Code de la santé publique ainsi qu'à la commission de surveillance. » sont remplacés par les mots : « Ce rapport est transmis aux signataires des conventions. Il est également adressé au conseil d'évaluation ainsi qu'aux instances délibératives et consultatives de l'établissement de santé. »

Art. D. 772-13. – Pour son application en Nouvelle-Calédonie, l'alinéa 1 de l'article D. 115-14 est remplacé par les dispositions suivantes :

« Les praticiens et autres personnels médicaux et hospitaliers exerçant dans les équipes visées aux articles D. 115-3 et D. 115-6 sont, préalablement à leur nomination, habilités par le haut-commissaire de la République. »

Art. D. 772-14. – Pour son application en Nouvelle-Calédonie, à l'article D. 115-15, les mots : « , après avis du préfet de département et, à Paris, du préfet de police, » sont supprimés.

Art. D. 772-15. – Pour son application en Nouvelle-Calédonie, à l'article D. 115-18, les mots : « du protocole passé en application des dispositions de l'article R. 6112-16 du Code de la santé publique » sont remplacés par les mots : « des conventions mentionnées par les dispositions des articles D. 115-4 et D. 115-6 du présent code ».

Art. D. 772-16. – Pour son application en Nouvelle-Calédonie, à l'article D. 115-20, les mots : « des centres de soins d'accompagnement et de prévention en addictologie » sont remplacés par les mots : « des structures spécialisées chargées de l'accompagnement et de la prévention en addictologie. »

Art. D. 772-17. – Pour son application en Nouvelle-Calédonie, l'article D. 115-23 est ainsi rédigé :

« *Art. D. 115-23.* – Les médecins responsables des équipes hospitalières organisent le suivi médical des personnes détenues et coordonnent les actions de prévention et d'éducation pour la santé mises en œuvre à leur égard, conformément à la réglementation locale applicable. »

Art. D. 772-18. – Pour son application en Nouvelle-Calédonie, à l'article D. 115-26, les mots : « en application des dispositions relatives aux règles de la profession d'infirmier ou d'infirmière prévues par le Code de la santé publique » sont remplacés par les mots : « conformément à la réglementation locale applicable ».

Art. D. 772-19. – Pour son application en Nouvelle-Calédonie, l'article D. 136-2 est ainsi rédigé :

« *Art. D. 136-2.* – Le conseil d'évaluation est présidé par le haut-commissaire de la République.

Le président du tribunal de première instance dans le ressort duquel est situé l'établissement et le procureur de la République près ledit tribunal sont désignés en qualité de vice-présidents.

Le conseil d'évaluation comprend :

1° Le président du gouvernement de Nouvelle-Calédonie ou son représentant ;

2° Le président du congrès de Nouvelle-Calédonie ou son représentant ;

3° Le président de l'assemblée de la province des îles Loyauté ou son représentant ;

4° Le président de l'assemblée de la province Nord ou son représentant ;

5° Un représentant du sénat coutumier ;

6° Les maires des communes sur le territoire desquelles est situé l'établissement pénitentiaire ou leurs représentants ;

7° Le président et le procureur de la République des juridictions, autres que celle dans le ressort de laquelle est situé l'établissement concerné, compétentes pour traiter des situations des justiciables pris en charge par l'établissement ;

8° Les juges de l'application des peines intervenant dans l'établissement ou leur représentant désigné par le président de chaque tribunal de première instance concerné ;

9° Le juge des enfants exerçant les fonctions définies par l'article R. 251-3 du Code de l'organisation judiciaire et intervenant dans l'établissement, si le conseil est institué auprès d'un établissement pénitentiaire pour mineurs ou d'un établissement pénitentiaire comportant un quartier des mineurs ;

10° Le doyen des juges d'instruction du ressort du tribunal de première instance dans lequel est situé l'établissement ;

11° La personne exerçant localement la fonction de directeur académique des services de l'éducation nationale ou son représentant ;

12° Le directeur de l'autorité localement compétente en matière de santé ou son représentant ;

13° Le commandant du groupement de gendarmerie de la collectivité ou son représentant ;

14° Le directeur de la sécurité publique de la collectivité ou son représentant ;

15° Le bâtonnier de l'ordre des avocats du ressort du tribunal de première instance dans lequel est situé l'établissement ou son représentant ;

16° Un représentant de chaque association intervenant dans l'établissement ;

17° Un représentant des visiteurs de prisons intervenant dans l'établissement ;

18° Un aumônier agréé de chaque culte intervenant dans l'établissement.

Les membres de la commission visés aux 16° et 17° sont nommés pour une période de deux ans renouvelable par un arrêté du haut-commissaire de la République dont une ampliation est adressée au garde des sceaux, ministre de la justice.

La composition du conseil d'évaluation est arrêtée par le haut-commissaire de la République.

Le premier président et le procureur général de la cour d'appel dans le ressort de laquelle est situé l'établissement pénitentiaire peuvent participer à la réunion du conseil d'évaluation ou désigner un représentant à cette fin.

Le directeur de l'établissement pénitentiaire, le directeur du service pénitentiaire d'insertion et de probation, le directeur interrégional, chef de la mission des services pénitentiaires de l'outre-mer, mentionnée aux articles R. 112-8 et R. 112-9, et le directeur du service chargé de la protection judiciaire de la jeunesse ou leurs représentants assistent aux travaux du conseil d'évaluation. »

CHAPITRE III. – DISPOSITIONS SPÉCIFIQUES RELATIVES AU LIVRE II

Art. R. 773-1 *(Mod., D. n° 2022-655, 25 avr. 2022)*. – Sous réserve des adaptations prévues par le présent chapitre, les dispositions suivantes sont applicables en Nouvelle-Calédonie dans leur rédaction résultant du décret en Conseil d'État n° 2022-479 du 30 mars 2022 sauf mention contraire dans le tableau ci-dessous :

Articles applicables	Dans leur rédaction résultant du décret
R. 221-4 à R. 224-25	
R. 225-1	Décret n° 2022-655 du 25 avril 2022
R. 225-2 à R. 233-1	
R. 233-2	Décret n° 2022-655 du 25 avril 2022
R. 234-1 à R. 240-9	

Art. R. 773-2. – Pour leur application en Nouvelle-Calédonie, les dispositions des articles R. 213-19, R. 213-21, R. 213-27, R. 213-30, R. 234-31 et R. 235-10, relatives aux médecins des établissements de santé intervenant dans les établissements pénitentiaires et aux unités de soins implantées dans ces établissements sont applicables aux médecins des établissements de santé de la collectivité, chargés des prestations de médecine dans les établissements pénitentiaires dans les conditions fixées par la convention mentionnée par les dispositions de l'article L. 774-2.

En l'absence de convention, les dispositions des articles visés à l'alinéa précédent sont applicables aux médecins intervenant dans les établissements pénitentiaires.

Art. R. 773-3. – Pour leur application en Nouvelle-Calédonie, aux articles R. 213-21, R. 234-15, R. 234-16, R. 234-17, R. 234-26 et R. 235-10, les dispositions applicables aux avocats sont également applicables aux personnes agréées qui assistent une personne détenue en application de l'article 23-4 de l'ordonnance n° 92-1147 du 12 octobre 1992.

Art. R. 773-4. – Pour l'application des articles R. 227-3 à R. 227-11 en Nouvelle-Calédonie :

1° Au 1° de l'article R. 227-5 les mots : « l'établissement public de santé national de Fresnes et les établissements de santé habilités à recevoir des personnes détenues comportant soit des unités hospitalières sécurisées interrégionales, soit des unités hospitalières spécialement aménagées » sont supprimés ;

2° Au 4° du même article, les mots : « ainsi que celles des unités hospitalières sécurisées interrégionales, des unités hospitalières spécialement aménagées des établissements de santé habilités à recevoir des personnes détenues et de l'établissement public de santé national de Fresnes » sont supprimés ;

3° Les quatrième et cinquième alinéas de l'article R. 227-6 sont supprimés.

Art. R. 773-5. – Pour son application en Nouvelle-Calédonie, l'article R. 234-1 est ainsi rédigé :

« *Art. R. 234-1.* – Pour l'exercice de ses compétences en matière disciplinaire, le chef de l'établissement pénitentiaire peut déléguer sa signature à son adjoint ou à un personnel de surveillance d'un autre grade. »

Art. R. 773-6. – Pour son application en Nouvelle-Calédonie, à l'article R. 234-6, le deuxième alinéa est ainsi rédigé : « Le premier assesseur est choisi parmi les personnels chargés de la surveillance de l'établissement où siège la commission de discipline. »

Art. R. 773-7. – Pour son application en Nouvelle-Calédonie, l'article R. 234-6 est complété par un alinéa ainsi rédigé : « Lorsqu'il n'existe pas dans l'établissement pénitentiaire de personnel de surveillance détenant l'un des grades exigés par le deuxième alinéa, le premier assesseur peut être choisi parmi les personnels de surveillance d'un autre grade. »

Art. R. 773-8. – Pour son application en Nouvelle-Calédonie, à l'article R. 234-12, la dernière phrase est ainsi rédigée : « Dans la mesure du possible, l'auteur de ce compte rendu ne siège pas à la commission de discipline. »

Art. R. 773-9. – Pour son application en Nouvelle-Calédonie, l'article R. 234-13 est ainsi rédigé :

« *Art. R. 234-13.* – À la suite de ce compte rendu d'incident, un rapport est établi par un agent chargé de la surveillance et adressé au chef de l'établissement pénitentiaire.

Ce rapport comporte tout élément d'information utile sur les circonstances des faits reprochés à la personne détenue et sur la personnalité de celle-ci.

Dans la mesure du possible, l'auteur de ce rapport ne siège pas à la commission de discipline.

Lorsqu'il n'existe pas dans l'établissement pénitentiaire un personnel de surveillance, autre que le chef d'établissement, détenant l'un des grades exigés par le premier alinéa, le rapport peut être rédigé par un personnel de surveillance d'un autre grade.

Dans la mesure du possible, l'auteur de ce compte rendu ne siège pas à la commission de discipline. »

Art. R. 773-10. – Pour son application en Nouvelle-Calédonie, à l'article R. 234-29, le président du tribunal de première instance exerce les fonctions dévolues au juge de l'application des peines, au tribunal de l'application des peines ou à la juridiction de l'application des peines du premier degré.

Art. D. 773-11. – Sous réserve des adaptations prévues par le présent chapitre, les dispositions suivantes sont applicables en Nouvelle-Calédonie dans leur rédaction résultant du décret n° 2022-479 du 30 mars 2022 sauf mention contraire dans le tableau ci-dessous :

Articles applicables	Dans leur rédaction résultant du décret
D. 211-2 à D. 234-11	

Art. D. 773-12. – Pour son application en Nouvelle-Calédonie, à l'alinéa 12 de l'article D. 211-34, les mots : « 3° Un représentant des équipes soignantes de l'unité sanitaire en milieu pénitentiaire ou du service médico-psychologique régional désigné par l'établissement de santé de rattachement » sont remplacés par les mots : « 3° Un membre des équipes hospitalières intervenant dans l'établissement ».

Art. D. 773-13. – Pour son application en Nouvelle-Calédonie, l'article D. 212-4 est ainsi rédigé :

« *Art. D. 212-4.* – Le chef de l'établissement pénitentiaire informe chaque mois le haut-commissaire de la République, le premier président et le procureur général près la cour d'appel, le président du tribunal de première instance, le procureur de la République près ledit tribunal, le ou les juges de l'application des peines, ainsi que le directeur interrégional, chef de la mission des services pénitentiaires de l'outre-mer, mentionnée aux articles R. 112-8 et R. 112-9, de l'état des effectifs au regard des capacités d'accueil des établissements. »

Art. D. 773-14. – Pour son application en Nouvelle-Calédonie, le premier alinéa de l'article D. 214-6 est complété par une phrase ainsi rédigée : « Ce dossier contient également les informations relatives à l'inscription de la personne détenue sur les listes électorales et à l'exercice de son droit de vote. »

Art. D. 773-15. – Pour son application en Nouvelle-Calédonie, à l'alinéa 4 de l'article D. 216-24, les mots : « appartenant à un service de protection maternelle et infantile » sont supprimés.

CHAPITRE IV. – DISPOSITIONS SPÉCIFIQUES RELATIVES AU LIVRE III

Art. R. 774-1. – Sous réserve des adaptations prévues par le présent chapitre, les dispositions suivantes sont applicables en Nouvelle-Calédonie dans leur rédaction résultant du décret en Conseil d'État n° 2022-479 du 30 mars 2022 sauf mention contraire dans le tableau ci-dessous :

Articles applicables	Dans leur rédaction résultant du décret
R. 311-1 à R. 322-12	
R. 322-31 à R. 382-1	

Art. R. 774-2. – Pour leur application en Nouvelle-Calédonie, à l'article R. 311-2, les dispositions relatives à la sécurité sociale et à Pôle emploi sont applicables aux organismes et services ayant le même objet localement compétents.

Art. R. 774-3. – Pour son application en Nouvelle-Calédonie, l'article R. 312-1 est ainsi rédigé :

« *Art. R. 312-1.* – Les conditions dans lesquelles sont mis en place au sein des établissements pénitentiaires des dispositifs d'accès au droit sous forme de permanences et de consultations juridiques gratuites, dénommés points d'accès au droit, sont déterminées par une convention entre le représentant de l'État dans la collectivité et les institutions compétentes de la Nouvelle-Calédonie. »

Art. R. 774-4. – Pour son application en Nouvelle-Calédonie, à l'article R. 313-14, le président du tribunal de première instance exerce les fonctions dévolues au juge de l'application des peines, au tribunal de l'application des peines ou à la juridiction de l'application des peines du premier degré.

Art. R. 774-5. – Pour leur application en Nouvelle-Calédonie, aux articles R. 313-1, R. 313-2 et R. 313-14 à R. 313-16, les dispositions applicables aux avocats sont également applicables aux personnes agréées qui assistent une personne détenue en application de l'article 23-4 de l'ordonnance n° 92-1147 du 12 octobre 1992.

Art. R. 774-6. – Pour son application en Nouvelle-Calédonie, à l'article R. 322-2, les mots : « , conformément aux dispositions de l'article R. 4127-36 du Code de la santé publique, » et les mots : « en application des dispositions de l'article L. 1111-5 du Code de la santé publique » sont supprimés.

Art. R. 774-7. – Pour son application en Nouvelle-Calédonie, à l'article R. 322-3, les mots : « conformément à aux dispositions de l'article L. 1121-6 du Code de la santé publique » et les mots : « selon les modalités prévues par les dispositions des articles L. 1122-1 et L. 1122-1-1 du même code » sont supprimés.

Art. R. 774-8. – Pour son application en Nouvelle-Calédonie, l'alinéa 5 de l'article R. 322-7 est remplacé par les dispositions suivantes :

« Le signalement aux autorités des cas de tuberculose est réalisé conformément aux dispositions de la réglementation locale applicable. »

Art. R. 774-9. – Pour son application en Nouvelle-Calédonie, l'article R. 322-8 est remplacé par les dispositions suivantes :

« *Art. R. 322-8.* – La prophylaxie des maladies vénériennes est assurée dans les établissements pénitentiaires par les services compétents prévus à cet effet par la réglementation locale applicable. »

Art. R. 774-10. – Pour son application en Nouvelle-Calédonie, l'article R. 322-10 est ainsi rédigé :

« *Art. R. 322-10.* – Dans le cadre de la prise en charge globale des personnes détenues présentant une dépendance à un produit licite ou illicite, les établissements de santé favorisent et coordonnent, en collaboration avec les équipes hospitalières mentionnées par les dispositions des articles D. 115-3 et D. 115-6, les interventions, au sein de l'établissement pénitentiaire, des structures spécialisées de soins, notamment celles chargées de l'accompagnement et de la prévention en addictologie. »

Art. R. 774-11. – Pour son application en Nouvelle-Calédonie, l'article R. 324-1 est ainsi rédigé :

« *Art. R. 324-1.* – Les personnes détenues sont affiliées au régime de protection sociale dont elles relèvent conformément à la réglementation locale applicable.

Lorsque les personnes détenues bénéficiant d'une mesure d'aménagement de peine ou d'exécution de fin de peine dans les conditions prévues par les dispositions du Code de procédure pénale exercent une activité professionnelle dans les mêmes conditions que tout travailleur, elles sont affiliées au régime d'assurance maladie et maternité dont elles relèvent au titre de cette activité.

Sont affiliées en application du premier alinéa du présent article, les personnes détenues mentionnées au deuxième alinéa lorsqu'elles n'exercent pas d'activité professionnelle dans les mêmes conditions que tout travailleur ou qu'elles ne remplissent pas les conditions leur permettant de bénéficier des prestations du régime de protection sociale dont elles relèvent au titre de leur activité. »

Art. R. 774-12. – Pour leur application en Nouvelle-Calédonie :

1° L'article R. 341-5 est ainsi rédigé :

« *Art. R. 341-5.* – Pour les personnes condamnées, détenues en établissement pénitentiaire, les permis de visite sont délivrés, refusés, suspendus ou retirés par le chef de l'établissement pénitentiaire. » ;

2° L'article R. 341-6 est ainsi rédigé :

« *Art. R. 341-6.* – Lorsque les personnes condamnées sont hospitalisées dans un établissement de santé de la collectivité, les permis de visite sont délivrés, refusés, suspendus ou retirés par le représentant de l'État dans la collectivité. »

Art. R. 774-13. – Pour son application en Nouvelle-Calédonie, au 2° de l'article R. 370-1, les bibliothèques territoriales s'entendent des bibliothèques localement compétentes.

Art. D. 774-14. – Sous réserve des adaptations prévues par le présent chapitre, les dispositions suivantes sont applicables en Nouvelle-Calédonie dans leur rédaction résultant du décret n° 2022-479 du 30 mars 2022 sauf mention contraire dans le tableau ci-dessous :

Articles applicables	Dans leur rédaction résultant du décret
D. 311-6 à D. 381-2	

Art. D. 774-15. – Pour son application en Nouvelle-Calédonie, l'article D. 324-2 est ainsi rédigé :

« *Art. D. 324-2.* – Les personnes détenues malades bénéficient gratuitement des soins qui leur sont nécessaires, ainsi que de la fourniture des produits et spécialités pharmaceutiques dont l'emploi est autorisé. Le principe de la gratuité des soins s'étend à tous les examens ou traitements de spécialistes, comme aux prothèses diverses que requiert leur état de santé.

Les personnes détenues bénéficiant d'une mesure d'aménagement de peine ou d'exécution de fin de peine dans les conditions prévues par les dispositions du Code de procédure pénale continuent à bénéficier de la gratuité des soins jusqu'à ce qu'elles remplissent les conditions d'ouverture du droit aux prestations du régime d'assurance maladie. La part qui reste éventuellement à leur charge, après remboursement par l'assurance maladie, et déduction faite du versement par l'administration pénitentiaire de la part des dépenses relative à la dotation annuelle de financement, est prise sur leur compte nominatif. Cependant, l'administration pénitentiaire peut se substituer aux personnes détenues dont les ressources sont insuffisantes.

Le financement des soins, appareillages, prothèses, traitements ou interventions chirurgicales, dont la nécessité médicale n'est pas reconnue, est à l'entière charge des personnes intéressées, après autorisation du chef de l'établissement pénitentiaire, sous réserve des dispositions relatives aux prestations servies en application de la réglementation locale sur les accidents du travail et les maladies professionnelles.

Les frais de séjour des personnes détenues hospitalisées sont imputables sur les chapitres du budget du ministère de la justice relatifs à l'entretien des personnes détenues.

Toutefois, les frais de transfèrement et de séjour des personnes détenues militaires sont à la charge du ministère de la défense lorsque les personnes intéressées sont dirigées vers un hôpital militaire. »

Art. D. 774-16. – Pour son application en Nouvelle-Calédonie, à l'alinéa 3 de l'article D. 332-14 les mots « dont la conversion a été rendue obligatoire par le décret n° 59-734 du 15 juin 1959 » sont supprimés.

Art. D. 774-17. – Pour son application en Nouvelle-Calédonie, à l'article D. 332-34, les mots : « Sauf en ce qui concerne le tabac », sont remplacés par les mots : « Sauf pour les produits dont le prix est réglementé ».

Art. D. 774-18. – Pour son application en Nouvelle-Calédonie, l'article D. 345-10 est complété par un alinéa ainsi rédigé :

« Les autorités de la collectivité avec lesquelles les personnes détenues correspondent sous pli fermé sont les suivantes :

1° Le président et les membres du Congrès de Nouvelle-Calédonie ;

2° Le président et les membres du gouvernement de Nouvelle-Calédonie ;

3° Les membres du sénat coutumier ;

4° Les présidents et membres des assemblées de province. »

Art. D. 774-19. – Pour son application en Nouvelle-Calédonie, l'article D. 352-1 est ainsi rédigé :

« *Art. D. 352-1.* – L'agrément des aumôniers est délivré par le directeur interrégional, chef de la mission des services pénitentiaires de l'outre-mer, après avis du préfet du département dans lequel se situe l'établissement visité, sur proposition de l'aumônier national du culte concerné.

En vue de leur permettre d'assurer les missions qui leur sont confiées, une indemnité forfaitaire peut être allouée aux aumôniers agréés.

Un aumônier agréé à compter du 1er octobre 2017 ne peut bénéficier du versement d'une indemnité sur la base de vacations horaires que s'il est titulaire de l'un des diplômes de formation civile et civique figurant sur une liste déterminée selon des modalités fixées par arrêté conjoint du ministre de l'intérieur, du ministre chargé de l'enseignement supérieur et du ministre chargé de l'outre-mer.

Toutefois, un aumônier agréé à compter de la même date peut bénéficier du versement de telles indemnités s'il n'est pas titulaire de l'un des diplômes précités dès lors qu'il s'engage à le devenir au cours des deux années qui suivent la décision l'agréant. Au terme de ces deux années, l'indemnité cesse d'être versée si l'aumônier n'a pas obtenu l'un de ces diplômes.

L'indemnité prévue par le présent article n'est cumulable avec aucune autre rémunération publique versée au même titre. Un arrêté conjoint du garde des sceaux, ministre de la justice, et du ministre chargé du budget fixe son montant annuel.

Lorsque son titulaire atteint l'âge de soixante-quinze ans, l'agrément est retiré par le directeur interrégional, chef de la mission des services pénitentiaires de l'outre-mer. »

Art. D. 774-20. – Pour son application en Nouvelle-Calédonie, l'article D. 352-1 tel que rédigé à l'article D. 774-19, est applicable aux ministres du culte des services d'aumôneries situés en Nouvelle-Calédonie si l'un des diplomes de formation civile et civique figurant sur la liste mentionnée par les dispositions du troisième alinéa de l'article D. 774-19 peut y être obtenu, y compris à distance.

CHAPITRE V. – DISPOSITIONS SPÉCIFIQUES RELATIVES AU LIVRE IV

Art. R. 775-1 *(Mod., D. n° 2022-655, 25 avr. 2022).* – Sous réserve des adaptations prévues par le présent chapitre, les dispositions suivantes sont applicables en Nouvelle-Calédonie dans leur rédaction résultant du décret en Conseil d'État n° 2022-479 du 30 mars 2022 sauf mention contraire dans le tableau ci-dessous :

Articles applicables	Dans leur rédaction résultant du décret
R. 411-1 à R. 411-8	
R. 412-1 à R. 412-82	Décret n° 2022-655 du 25 avril 2022
R. 413-1 à R. 424-31	

Art. D. 775-2 *(Mod., D. n° 2022-655, 25 avr. 2022).* – Sous réserve des adaptations prévues par le présent chapitre, les dispositions suivantes sont applicables en Nouvelle-Calédonie dans leur rédaction résultant du décret n° 2022-479 du 30 mars 2022 sauf mention contraire dans le tableau ci-dessous :

Articles applicables	Dans leur rédaction résultant du décret
D. 412-6 à D. 412-77	Décret n° 2022-655 du 25 avril 2022
D. 413-3 à D. 413-7	
D. 413-8 à D. 413-10	Décret n° 2022-655 du 25 avril 2022
D. 414-2 à D. 424-1	

Articles applicables	Dans leur rédaction résultant du décret
D. 424-2	Décret n° 2022-655 du 25 avril 2022
D. 424-3 à D. 424-9	
D. 424-10 à D. 424-14	Décret n° 2022-655 du 25 avril 2022
D. 424-22 à D. 424-30	

Art. D. 775-3 *(Mod., D. n° 2022-655, 25 avr. 2022).* – Pour son application en Nouvelle-Calédonie, l'article D. 412-67 est ainsi rédigé :

« *Art. D. 412-15.* – Les rémunérations pour tout travail effectué par une personne détenue sont versées, sous réserve des dispositions des articles D. 412-66 et D. 424-2, à l'administration qui opère le reversement des cotisations sociales aux organismes de recouvrement et procède ensuite à l'inscription et à la répartition de la rémunération nette sur le compte nominatif des personnes détenues, conformément aux dispositions de l'article D. 412-68. Les taux de rémunération sont portés à la connaissance des personnes détenues par voie d'affichage. »

Art. D. 775-4 *(Mod., D. n° 2022-655, 25 avr. 2022).* – Pour son application en Nouvelle-Calédonie, à l'alinéa 2 de l'article D. 413-4, les mots : « des services compétents du ministère de l'éducation nationale » sont remplacés par les mots : « des services localement compétents ».

Art. D. 775-5 *(Mod., D. n° 2022-655, 25 avr. 2022).* – Pour son application en Nouvelle-Calédonie, à l'alinéa 1er de l'article D. 413-5, les mots : « affectés selon les procédures en vigueur à l'éducation nationale et ayant reçu un agrément du directeur interrégional des services pénitentiaires » sont remplacés par les mots : « affectés conformément aux dispositions de la réglementation locale applicable et ayant reçu un agrément du directeur interrégional, chef de la mission des services pénitentiaires de l'outre-mer, mentionnée aux articles R. 112-8 et R. 112-9 ».

Art. D. 775-6 *(Mod., D. n° 2022-655, 25 avr. 2022).* – Pour son application en Nouvelle-Calédonie, à l'alinéa 2 de l'article D. 414-8, les mots : « services compétents des ministères chargés de l'éducation nationale et de la jeunesse et des sports » sont remplacés par les mots : « services localement compétents ».

Art. D. 775-7 *(Mod., D. n° 2022-655, 25 avr. 2022).* – Pour son application en Nouvelle-Calédonie, à l'alinéa 2 de l'article D. 414-10, les mots : « du garde des sceaux, ministre de la justice » sont remplacés par les mots « du haut-commissaire de la République ».

Art. D. 775-8. – Pour son application en Nouvelle-Calédonie, à l'alinéa 2 de l'article D. 414-10, les mots : « du garde des sceaux, ministre de la justice » sont remplacés par les mots « du haut-commissaire de la République ».

CHAPITRE VI. – DISPOSITIONS SPÉCIFIQUES RELATIVES AU LIVRE V

Art. R. 776-1. – Sous réserve des adaptations prévues par le présent chapitre, les dispositions suivantes sont applicables en Nouvelle-Calédonie dans leur rédaction résultant du décret en Conseil d'État n° 2022-479 du 30 mars 2022 sauf mention contraire dans le tableau ci-dessous :

Articles applicables	Dans leur rédaction résultant du décret
R. 510-1 à R. 545-5	

Art. R. 776-2. – Pour son application en Nouvelle-Calédonie, l'article R. 512-2 est ainsi rédigé :

« *Art. R. 512-2.* – Pour l'application de l'article L. 512-2, le chef de l'établissement pénitentiaire communique aux services de police et unités de gendarmerie le nom, les prénoms, la date de naissance, l'adresse déclarée, et la date de la libération des personnes condamnées à une peine d'emprisonnement égale ou supérieure à trois ans.

Les informations mentionnées à l'alinéa précédent sont transmises par écrit au directeur de la sécurité publique ou au directeur territorial de la police nationale ou au commandant territorial de la gendarmerie outre-mer dont relève territorialement l'adresse déclarée par la personne. »

Art. D. 776-3 *(Mod., D. n° 2022-655, 25 avr. 2022)*. – Sous réserve des adaptations prévues par le présent chapitre, les dispositions suivantes sont applicables en Nouvelle-Calédonie dans leur rédaction résultant du décret n° 2022-479 du 30 mars 2022 sauf mention contraire dans le tableau ci-dessous :

Articles applicables	Dans leur rédaction résultant du décret
D. 511-1 à D. 522-2	
D. 522-3	Décret n° 2022-655 du 25 avril 2022
D. 522-4 à D. 544-6	

CHAPITRE VII. – DISPOSITIONS SPÉCIFIQUES RELATIVES AU LIVRE VI

Art. R. 777-1. – Sous réserve des adaptations prévues par le présent chapitre, les dispositions suivantes sont applicables en Nouvelle Calédonie dans leur rédaction résultant du décret en Conseil d'État n° 2022-479 du 30 mars 2022 sauf mention contraire dans le tableau ci-dessous :

Articles applicables	Dans leur rédaction résultant du décret
R. 621-1 à R. 642-4	

Art. R. 777-2. – Pour son application en Nouvelle-Calédonie, le 1° de l'article R. 623-2 est ainsi rédigé :

« 1° La copie du Journal officiel ou du Journal officiel de la collectivité portant publication de la déclaration de l'association. »

Art. R. 777-3. – Pour son application en Nouvelle-Calédonie, la première phrase du troisième alinéa de l'article R. 623-3 est ainsi rédigée :

« Le directeur du service pénitentiaire d'insertion et de probation communique par voie dématérialisée sa décision d'habilitation à la structure d'accueil, au président du tribunal de première instance, au juge de l'application des peines, au procureur de la République et au représentant de l'État dans la collectivité. »

Art. R. 777-4. – Pour son application en Nouvelle-Calédonie, la deuxième phrase de l'article R. 623-8 est ainsi rédigée :

« À cette fin, il peut notamment adresser par voie dématérialisée copie de la demande au représentant de l'État dans le territoire ; celui-ci a un mois pour donner son avis. »

Art. R. 777-5. – Pour son application en Nouvelle-Calédonie, le 3° de l'article R. 623-14 est ainsi rédigé :

« 3° De s'assurer, si le travail auquel le juge de l'application des peines entend l'affecter doit s'exercer dans un établissement ou organisme public ou privé de prévention ou de soins et l'expose à des risques de contamination, qu'il est immunisé contre les mêmes maladies que celles contre lesquelles doivent être immunisés les personnels exerçant leur activité dans ces établissements, en application de la réglementation applicable localement. »

Art. R. 777-6. – Pour son application en Nouvelle-Calédonie, l'article R. 623-16 est ainsi rédigé :

« *Art. R. 623-16.* – Lorsqu'une personne condamnée exerce une activité salariée, la durée hebdomadaire cumulée de cette activité et du travail d'intérêt général ne peut excéder de plus de douze heures la durée légale de travail fixée par le Code du travail. »

Art. D. 777-7. – Sous réserve des adaptations prévues par le présent chapitre, les dispositions suivantes sont applicables en Nouvelle-Calédonie dans leur rédaction résultant du décret n° 2022-479 du 30 mars 2022 sauf mention contraire dans le tableau ci-dessous :

Articles applicables	Dans leur rédaction résultant du décret
D. 611-1 à D. 633-2	

Art. D. 777-8. – En leur qualité d'institutions coutumières de la Nouvelle-Calédonie et en application de l'article 712-1 A du Code pénal, le sénat coutumier et les conseils coutumiers sont habilités à mettre en œuvre des travaux d'intérêt général.

À ce titre, ils peuvent demander, conformément à l'article R. 623-7, l'inscription de travaux sur la liste prévue par l'article 131-36 du Code pénal.

Il en est de même des tribus habilitées à cet effet selon la procédure prévue à l'article R. 777-3.

La tribu sollicitant l'habilitation auprès du directeur du service pénitentiaire d'insertion et de probation compétent accompagne sa demande, des informations relatives à son lieu d'établissement, et aux nom, prénoms, date et lieu de naissance, nationalité de son responsable ou représentant. Elle l'informe de toute modification des éléments communiqués à l'occasion de sa demande.

TABLES DE CONCORDANCE DES ARTICLES DU CODE DE PROCÉDURE PÉNALE VERS LES ARTICLES DU CODE PÉNITENTIAIRE

PARTIE LÉGISLATIVE

Articles du CPP abrogés à compter du 1er mai 2022 par l'ordonnance n° 2022-478 du 30 mars 2022	Articles correspondant entrés en vigueur à partir du 1er mai 2022 dans le Code pénitentiaire
716-1-A	L. 223-7
717	L. 211-3
717-2	L. 213-3 et L. 213-6
719-1	L. 412-4
723-6-1	L. 424-4
724-1	L. 214-1 et L. 214-2
725	L. 5
726-1	L. 213-8
726-2	L. 224-1 à L. 224-4
728	L. 112-4
728-1	L. 332-1 à L. 332-4
868-3	L. 765-2
868-4	L. 775-2
901	L. 713-1
934-1	L. 743-1

PARTIE RÉGLEMENTAIRE

Articles du CPP abrogés à compter du 1er mai 2022 par le décret n° 2022-479 du 30 mars 2022	Articles correspondant entrés en vigueur à partir du 1er mai 2022 dans le Code pénitentiaire
R. 15-43	R. 311-11
R. 15-44	R. 311-12
R. 15-45	R. 311-13
R. 53-8-56	R. 541-3
R. 53-8-57	R. 541-4
R. 53-8-58	R. 541-5 et R. 541-6
R. 53-8-59	R. 541-7
R. 53-8-60	R. 541-8
R. 53-8-61	R. 541-9
R. 53-8-67	R. 541-12
R. 53-8-68	R. 541-13
R. 53-8-73	R. 541-16
R. 53-8-76	R. 541-17
R. 53-8-78	R. 541-18

Articles du CPP abrogés à compter du 1er mai 2022 par le décret n° 2022-479 du 30 mars 2022	Articles correspondant entrés en vigueur à partir du 1er mai 2022 dans le Code pénitentiaire
R. 57-4-2	R. 113-50
R. 57-4-3	R. 113-51
R. 57-4-4	R. 113-52
R. 57-4-5	R. 113-53
R. 57-4-6	R. 113-54
R. 57-4-7	R. 113-55
R. 57-4-8	R. 113-56
R. 57-4-9	R. 113-57
R. 57-4-10	R. 113-58
R. 57-4-11	R. 132-1
R. 57-4-12	R. 132-2
R. 57-6-1	R. 331-1
R. 57-6-2	R. 311-3
R. 57-6-3	R. 311-4
R. 57-6-4	R. 331-2
R. 57-6-6	R. 313-15
R. 57-6-7	R. 313-16
R. 57-6-8	R. 313-1
R. 57-6-9	R. 313-2
R. 57-6-10	R. 313-3
R. 57-6-11	R. 313-4
R. 57-6-12	R. 313-5
R. 57-6-13	R. 313-11
R. 57-6-14	R. 313-6
R. 57-6-15	R. 313-7
R. 57-6-16	R. 313-8
R. 57-6-18	R. 112-22
Annexe à R. 57-6-18	
R. 57-6-19	R. 112-23
R. 57-6-20	R. 311-1
R. 57-6-21	R. 312-1
R. 57-6-22	R. 312-2
R. 57-6-23	R. 313-65
R. 57-6-24	R. 313-66
R. 57-7	R. 232-2
R. 57-7-1	R. 232-4
R. 57-7-2	R. 232-5
R. 57-7-3	R. 232-6
R. 57-7-4	R. 232-3

Articles du CPP abrogés à compter du 1er mai 2022 par le décret n° 2022-479 du 30 mars 2022	Articles correspondant entrés en vigueur à partir du 1er mai 2022 dans le Code pénitentiaire
R. 57-7-5	R. 234-1
R. 57-7-6	R. 234-2
R. 57-7-7	R. 234-3
R. 57-7-8	R. 234-6
R. 57-7-9	R. 234-4
R. 57-7-10	R. 234-7
R. 57-7-11	R. 234-5
R. 57-7-12	R. 234-8
R. 57-7-13	R. 234-12
R. 57-7-14	R. 234-13
R. 57-7-15	R. 234-14
R. 57-7-16	R. 234-15
R. 57-7-17	R. 234-18
R. 57-7-18	R. 234-19
R. 57-7-19	R. 234-20
R. 57-7-20	R. 234-21
R. 57-7-21	R. 234-22
R. 57-7-22	R. 234-23
R. 57-7-23	R. 234-24
R. 57-7-24	R. 234-25
R. 57-7-25	R. 234-26
R. 57-7-26	R. 234-27
R. 57-7-27	R. 234-28
R. 57-7-28	R. 234-29
R. 57-7-29	R. 234-29
R. 57-7-30	R. 234-30
R. 57-7-31	R. 234-31
R. 57-7-32	R. 234-43
R. 57-7-33	R. 233-1
R. 57-7-34	R. 233-2
R. 57-7-38	R. 235-2
R. 57-7-39	R. 235-3
R. 57-7-40	R. 235-4
R. 57-7-41	R. 235-5
R. 57-7-43	R. 235-6
R. 57-7-44	R. 235-8
R. 57-7-45	R. 235-10
R. 57-7-46	R. 235-11
R. 57-7-47	R. 235-12

Articles du CPP abrogés à compter du 1er mai 2022 par le décret n° 2022-479 du 30 mars 2022	Articles correspondant entrés en vigueur à partir du 1er mai 2022 dans le Code pénitentiaire
R. 57-7-49	R. 234-32
R. 57-7-50	R. 234-33
R. 57-7-51	R. 234-34
R. 57-7-54	R. 234-35
R. 57-7-55	R. 234-36
R. 57-7-56	R. 234-37
R. 57-7-57	R. 234-38
R. 57-7-58	R. 234-39
R. 57-7-59	R. 234-40
R. 57-7-60	R. 234-41
R. 57-7-61	R. 234-42
R. 57-7-62	R. 213-18
R. 57-7-63	R. 213-19
R. 57-7-64	R. 213-21
R. 57-7-65	R. 213-22
R. 57-7-66	R. 213-23
R. 57-7-67	R. 213-24
R. 57-7-68	R. 213-25
R. 57-7-69	R. 213-26
R. 57-7-70	R. 213-27
R. 57-7-71	R. 213-28
R. 57-7-72	R. 213-29
R. 57-7-73	R. 213-30
R. 57-7-74	R. 213-31
R. 57-7-75	R. 213-32
R. 57-7-76	R. 213-33
R. 57-7-77	R. 213-34
R. 57-7-78	R. 213-35
R. 57-7-79	R. 225-1
R. 57-7-80	R. 225-2
R. 57-7-81	R. 225-3
R. 57-7-82	R. 225-4
R. 57-7-83	R. 227-1
R. 57-7-84	R. 227-2
R. 57-7-84-1	R. 224-1
R. 57-7-84-2	R. 224-2
R. 57-7-84-3	R. 224-3
R. 57-7-84-4	R. 224-4
R. 57-7-84-5	R. 224-5

Articles du CPP abrogés à compter du 1er mai 2022 par le décret n° 2022-479 du 30 mars 2022	Articles correspondant entrés en vigueur à partir du 1er mai 2022 dans le Code pénitentiaire
R. 57-7-84-6	R. 224-6
R. 57-7-84-7	R. 224-7
R. 57-7-84-8	R. 224-8
R. 57-7-84-9	R. 224-9
R. 57-7-84-10	R. 224-10
R. 57-7-84-11	R. 224-11
R. 57-7-84-12	R. 224-12
R. 57-7-84-13	R. 224-13
R. 57-7-84-14	R. 224-15
R. 57-7-84-15	R. 224-16
R. 57-7-84-16	R. 224-17
R. 57-7-84-17	R. 224-18
R. 57-7-84-18	R. 224-19
R. 57-7-84-19	R. 224-20
R. 57-7-84-20	R. 224-21
R. 57-7-84-21	R. 224-22
R. 57-7-84-22	R. 224-23
R. 57-7-84-23	R. 224-24
R. 57-7-84-24	R. 224-25
R. 57-7-85	R. 512-2
R. 57-7-86	R. 332-6
R. 57-7-87	R. 332-25
R. 57-7-88	R. 332-26
R. 57-7-89	R. 332-27
R. 57-7-90	R. 332-28
R. 57-7-91	R. 332-29
R. 57-7-92	R. 332-30
R. 57-7-93	R. 332-31
R. 57-7-94	R. 332-32
R. 57-7-95	R. 361-1
R. 57-7-96	R. 361-2
R. 57-7-97	R. 361-3
R. 57-8-1	R. 115-21
R. 57-8-2	R. 115-22
R. 57-8-3	R. 322-31
R. 57-8-4	R. 322-32
R. 57-8-5	R. 322-33
R. 57-8-6	R. 322-35
R. 57-8-8	R. 341-4

Articles du CPP abrogés à compter du 1er mai 2022 par le décret n° 2022-479 du 30 mars 2022	Articles correspondant entrés en vigueur à partir du 1er mai 2022 dans le Code pénitentiaire
R. 57-8-9	R. 341-7
R. 57-8-10	R. 341-5 et R. 341-6
R. 57-8-11	R. 341-3
R. 57-8-12	R. 341-13
R. 57-8-13	R. 341-15
R. 57-8-14	R. 341-16
R. 57-8-15	R. 341-14
R. 57-8-16	R. 345-3
R. 57-8-17	R. 345-2
R. 57-8-18	R. 345-4
R. 57-8-19	R. 345-5
R. 57-8-20	R. 345-9
R. 57-8-21	R. 345-12
R. 57-8-22	R. 345-13
R. 57-8-23	R. 345-14
R. 57-8-24	R. 223-2
R. 57-8-25	R. 223-3
R. 57-8-26	R. 223-4
R. 57-8-27	R. 223-5
R. 57-8-28	R. 223-6
R. 57-8-29	R. 223-7
R. 57-9-1	R. 411-1
R. 57-9-2	
R. 57-9-2-1	R. 411-2
R. 57-9-2-2	R. 411-3
R. 57-9-2-3	R. 411-4
R. 57-9-2-4	R. 411-5
R. 57-9-2-5	R. 411-6
R. 57-9-3	R. 351-2
R. 57-9-4	R. 351-3
R. 57-9-5	R. 352-7
R. 57-9-6	R. 352-8
R. 57-9-7	R. 352-9
R. 57-9-8	R. 370-5
R. 57-9-19	R. 240-2
R. 57-9-20	R. 240-3
R. 57-9-21	R. 240-4
R. 57-9-22	R. 240-5
R. 57-9-23	R. 240-6

Articles du CPP abrogés à compter du 1er mai 2022 par le décret n° 2022-479 du 30 mars 2022	Articles correspondant entrés en vigueur à partir du 1er mai 2022 dans le Code pénitentiaire
R. 57-9-24	R. 240-7
R. 57-9-25	R. 240-8
R. 57-9-26	R. 240-9
R. 57-12	
R. 57-20	R. 622-7
R. 57-21	
R. 57-22	R. 622-8
R. 57-23	R. 622-11
R. 57-24	R. 622-12
R. 57-25	R. 622-13
R. 57-26	R. 622-14
R. 57-27	R. 622-15
R. 57-28	R. 622-16
R. 57-29	R. 622-17
R. 57-30	R. 622-18
R. 57-30-2	R. 622-23
R. 57-30-3	R. 622-24
R. 57-30-4	R. 622-25
R. 57-30-5	R. 622-26
R. 57-30-6	R. 622-27
R. 57-30-7	R. 622-28
R. 57-30-8	R. 622-29
R. 57-30-9	R. 622-30
R. 57-30-10	R. 622-31
R. 57-31	R*. 424-15
R. 57-32	R. 424-16
R. 57-33	R. 424-17
R. 57-34	R. 424-18
R. 57-35	R. 424-19
R. 57-36	R. 424-20
R. 57-37	R. 424-21
R. 61-12-1	R. 544-19
R. 61-13	R. 544-20
R. 61-14	R. 544-21
R. 61-15	R. 544-22
R. 61-17	R. 544-23
R. 61-17-1	R. 544-24
R. 61-17-2	R. 544-25
R. 61-18	R. 544-26

Articles du CPP abrogés à compter du 1er mai 2022 par le décret n° 2022-479 du 30 mars 2022	Articles correspondant entrés en vigueur à partir du 1er mai 2022 dans le Code pénitentiaire
R. 61-18-1	R. 544-27
R. 61-19	R. 544-28
R. 61-20	R. 544-29
R. 61-28	R. 544-8
R. 61-29	R. 544-9
R. 61-36	R. 544-11
R. 61-37	R. 544-12
R. 61-38	R. 544-13
R. 61-39	R. 544-14
R. 61-40	R. 544-15
R. 61-41	R. 544-16
R. 61-42	R. 544-17
R. 61-44	R. 631-7
R. 61-45	R. 631-8
R. 61-46	R. 631-9
R. 61-47	R. 631-10
R. 61-48	R. 631-11
R. 61-49	R. 631-12
R. 61-50	R. 631-13
R. 61-51	R. 631-14
R. 61-52	R. 631-4
R. 61-53	R. 631-5
R. 288	
R. 288-2	
R. 288-3	
R. 288-4	
R. 375-1	R. 713-2

TABLES DE CONCORDANCE
DES ARTICLES DU CODE PENITENTIAIRE
LES ARTICLES DU CODE DE PROCEDURE PENALE

PARTIE LÉGISLATIVE

Articles entrés en vigueur à partir du 1er mai 2022 dans le Code pénitentiaire	Articles du CPP abrogés à compter du 1er mai 2022 par l'ordonnance n° 2022-478 du 30 mars 2022
L. 5	725
L. 112-4	728
L. 211-3	717
L. 213-3	717-2
L. 213-6	717-2
L. 213-8	726-1
L. 214-1	724-1
L. 214-2	724-1
L. 223-7	716-1-A
L. 224-1 à L. 224-4	726-2
L. 332-1 à L. 332-4	720-1
L. 412-4	719-1
L. 424-4	723-6-1
L. 713-1	901
L. 743-1	934-1
L. 765-2	868-3
L. 775-2	868-4

PARTIE RÉGLEMENTAIRE

Articles du Code pénitentiaire entrés en vigueur à partir du 1er mai 2022	Articles du CPP abrogés à compter du 1er mai 2022 par le décret n° 2022-479 du 30 mars 2022
R. 112-22	R. 57-6-18
R. 112-23	R. 57-6-19
R. 113-50	R. 57-4-2
R. 113-51	R. 57-4-3
R. 113-52	R. 57-4-4
R. 113-53	R. 57-4-5
R. 113-54	R. 57-4-6
R. 113-55	R. 57-4-7
R. 113-56	R. 57-4-8
R. 113-57	R. 57-4-9
R. 113-58	R. 57-4-10
R. 115-21	R. 57-8-1

Articles du Code pénitentiaire entrés en vigueur à partir du 1er mai 2022	Articles du CPP abrogés à compter du 1er mai 2022 par le décret n° 2022-479 du 30 mars 2022
R. 115-22	R. 57-8-2
R. 132-1	R. 57-4-11
R. 132-2	R. 57-4-12
R. 213-18	R. 57-7-62
R. 213-19	R. 57-7-63
R. 213-21	R. 57-7-64
R. 213-22	R. 57-7-65
R. 213-23	R. 57-7-66
R. 213-24	R. 57-7-67
R. 213-25	R. 57-7-68
R. 213-26	R. 57-7-69
R. 213-27	R. 57-7-70
R. 213-28	R. 57-7-71
R. 213-29	R. 57-7-72
R. 213-30	R. 57-7-73
R. 213-31	R. 57-7-74
R. 213-32	R. 57-7-75
R. 213-33	R. 57-7-76
R. 213-34	R. 57-7-77
R. 213-35	R. 57-7-78
R. 223-2	R. 57-8-23
R. 223-3	R. 57-8-24
R. 223-4	R. 57-8-25
R. 223-5	R. 57-8-26
R. 223-6	R. 57-8-27
R. 223-7	R. 57-8-28
R. 224-1	R. 57-7-84-1
R. 224-10	R. 57-7-84-10
R. 224-11	R. 57-7-84-11
R. 224-12	R. 57-7-84-12
R. 224-13	R. 57-7-84-13
R. 224-15	R. 57-7-84-14
R. 224-16	R. 57-7-84-15
R. 224-17	R. 57-7-84-16
R. 224-18	R. 57-7-84-17
R. 224-19	R. 57-7-84-18
R. 224-2	R. 57-7-84-2
R. 224-20	R. 57-7-84-19
R. 224-21	R. 57-7-84-20

Articles du Code pénitentiaire entrés en vigueur à partir du 1er mai 2022	Articles du CPP abrogés à compter du 1er mai 2022 par le décret n° 2022-479 du 30 mars 2022
R. 224-22	R. 57-7-84-21
R. 224-23	R. 57-7-84-22
R. 224-24	R. 57-7-84-23
R. 224-25	R. 57-7-84-24
R. 224-3	R. 57-7-84-3
R. 224-4	R. 57-7-84-4
R. 224-5	R. 57-7-84-5
R. 224-6	R. 57-7-84-6
R. 224-7	R. 57-7-84-7
R. 224-8	R. 57-7-84-8
R. 224-9	R. 57-7-84-9
R. 225-1	R. 57-7-79
R. 225-2	R. 57-7-80
R. 225-3	R. 57-7-81
R. 225-4	R. 57-7-82
R. 227-1	R. 57-7-83
R. 227-2	R. 57-7-84
R. 232-2	R. 57-7
R. 232-3	R. 57-7-4
R. 232-4	R. 57-7-1
R. 232-5	R. 57-7-2
R. 232-6	R. 57-7-3
R. 233-1	R. 57-7-33
R. 233-2	R. 57-7-34
R. 234-1	R. 57-7-5
R. 234-2	R. 57-7-6
R. 234-3	R. 57-7-7
R. 234-4	R. 57-7-9
R. 234-5	R. 57-7-11
R. 234-6	R. 57-7-8
R. 234-7	R. 57-7-10
R. 234-8	R. 57-7-12
R. 234-12	R. 57-7-13
R. 234-13	R. 57-7-14
R. 234-14	R. 57-7-15
R. 234-15	R. 57-7-16
R. 234-18	R. 57-7-17
R. 234-19	R. 57-7-18
R. 234-20	R. 57-7-19

Articles du Code pénitentiaire entrés en vigueur à partir du 1er mai 2022	Articles du CPP abrogés à compter du 1er mai 2022 par le décret n° 2022-479 du 30 mars 2022
R. 234-21	R. 57-7-20
R. 234-22	R. 57-7-21
R. 234-23	R. 57-7-22
R. 234-24	R. 57-7-23
R. 234-25	R. 57-7-24
R. 234-26	R. 57-7-25
R. 234-27	R. 57-7-26
R. 234-28	R. 57-7-27
R. 234-29	R. 57-7-28
R. 234-29	R. 57-7-29
R. 234-30	R. 57-7-30
R. 234-31	R. 57-7-31
R. 234-32	R. 57-7-49
R. 234-33	R. 57-7-50
R. 234-34	R. 57-7-51
R. 234-35	R. 57-7-54
R. 234-36	R. 57-7-55
R. 234-37	R. 57-7-56
R. 234-38	R. 57-7-57
R. 234-39	R. 57-7-58
R. 234-40	R. 57-7-59
R. 234-41	R. 57-7-60
R. 234-42	R. 57-7-61
R. 234-43	R. 57-7-32
R. 235-10	R. 57-7-45
R. 235-11	R. 57-7-46
R. 235-12	R. 57-7-47
R. 235-2	R. 57-7-38
R. 235-3	R. 57-7-39
R. 235-4	R. 57-7-40
R. 235-5	R. 57-7-41
R. 235-6	R. 57-7-43
R. 235-8	R. 57-7-44
R. 240-2	R. 57-9-8
R. 240-3	R. 57-9-19
R. 240-4	R. 57-9-20
R. 240-5	R. 57-9-21
R. 240-6	R. 57-9-22
R. 240-7	R. 57-9-23

Articles du Code pénitentiaire entrés en vigueur à partir du 1er mai 2022	Articles du CPP abrogés à compter du 1er mai 2022 par le décret n° 2022-479 du 30 mars 2022
R. 240-8	R. 57-9-24
R. 240-9	R. 57-9-25
R. 311-1	R. 57-6-20
R. 311-11	R. 15-43
R. 311-12	R. 15-44
R. 311-13	R. 15-45
R. 311-3	R. 57-6-2
R. 311-4	R. 57-6-3
R. 312-1	R. 57-6-21
R. 312-2	R. 57-6-22
R. 313-1	R. 57-6-8
R. 313-11	R. 57-6-13
R. 313-15	R. 57-6-6
R. 313-16	R. 57-6-7
R. 313-2	R. 57-6-9
R. 313-3	R. 57-6-10
R. 313-4	R. 57-6-11
R. 313-5	R. 57-6-12
R. 313-6	R. 57-6-14
R. 313-65	R. 57-6-23
R. 313-66	R. 57-6-24
R. 313-7	R. 57-6-15
R. 313-8	R. 57-6-16
R. 322-31	R. 57-8-3
R. 322-32	R. 57-8-4
R. 322-33	R. 57-8-5
R. 322-35	R. 57-8-6
R. 331-1	R. 57-6-1
R. 331-2	R. 57-6-4
R. 332-25	R. 57-7-87
R. 332-26	R. 57-7-88
R. 332-27	R. 57-7-89
R. 332-28	R. 57-7-90
R. 332-29	R. 57-7-91
R. 332-30	R. 57-7-92
R. 332-31	R. 57-7-93
R. 332-32	R. 57-7-94
R. 332-6	R. 57-7-86
R. 341-13	R. 57-8-11

Articles du Code pénitentiaire entrés en vigueur à partir du 1er mai 2022	Articles du CPP abrogés à compter du 1er mai 2022 par le décret n° 2022-479 du 30 mars 2022
R. 341-14	R. 57-8-14
R. 341-15	R. 57-8-12
R. 341-16	R. 57-8-13
R. 341-3	R. 57-8-10
R. 341-4	R. 57-8-7
R. 341-5	R. 57-8-9
R. 341-6	R. 57-8-9
R. 341-7	R. 57-8-8
R. 345-12	R. 57-8-20
R. 345-13	R. 57-8-21
R. 345-14	R. 57-8-22
R. 345-2	R. 57-8-16
R. 345-3	R. 57-8-15
R. 345-4	R. 57-8-17
R. 345-5	R. 57-8-18
R. 345-9	R. 57-8-19
R. 351-2	R. 57-9-2-5
R. 351-3	R. 57-9-3
R. 352-7	R. 57-9-4
R. 352-8	R. 57-9-5
R. 352-9	R. 57-9-6
R. 361-1	R. 57-7-95
R. 361-2	R. 57-7-96
R. 361-3	R. 57-7-97
R. 370-5	R. 57-9-7
R. 411-1	R. 57-8-29
R. 411-2	R. 57-9-2
R. 411-3	R. 57-9-2-1
R. 411-4	R. 57-9-2-2
R. 411-5	R. 57-9-2-3
R. 411-6	R. 57-9-2-4
R*. 424-15	R. 57-30-10
R. 424-16	R. 57-31
R. 424-17	R. 57-32
R. 424-18	R. 57-33
R. 424-19	R. 57-34
R. 424-20	R. 57-35
R. 424-21	R. 57-36
R. 512-2	R. 57-7-85

Articles du Code pénitentiaire entrés en vigueur à partir du 1er mai 2022	Articles du CPP abrogés à compter du 1er mai 2022 par le décret n° 2022-479 du 30 mars 2022
R. 541-12	R. 53-8-67
R. 541-13	R. 53-8-68
R. 541-16	R. 53-8-73
R. 541-17	R. 53-8-76
R. 541-18	R. 53-8-78
R. 541-3	R. 53-8-56
R. 541-4	R. 53-8-57
R. 541-5	R. 53-8-58
R. 541-6	R. 53-8-58
R. 541-7	R. 53-8-59
R. 541-8	R. 53-8-60
R. 541-9	R. 53-8-61
R. 544-8	R. 61-29
R. 544-9	R. 61-36
R. 544-11	R. 61-37
R. 544-12	R. 61-38
R. 544-13	R. 61-39
R. 544-14	R. 61-40
R. 544-15	R. 61-41
R. 544-16	R. 61-42
R. 544-17	R. 61-44
R. 544-19	R. 57-37
R. 544-20	R. 61-14
R. 544-21	R. 61-15
R. 544-22	R. 61-17
R. 544-23	R. 61-17-1
R. 544-24	R. 61-17-2
R. 544-25	R. 61-18
R. 544-26	R. 61-18-1
R. 544-27	R. 61-19
R. 544-28	R. 61-20
R. 544-29	R. 61-28
R. 622-7	R. 57-12
R. 622-8	R. 57-21
R. 622-11	R. 57-22
R. 622-12	R. 57-23
R. 622-13	R. 57-24
R. 622-14	R. 57-25
R. 622-15	R. 57-26

Articles du Code pénitentiaire entrés en vigueur à partir du 1er mai 2022	Articles du CPP abrogés à compter du 1er mai 2022 par le décret n° 2022-479 du 30 mars 2022
R. 622-16	R. 57-27
R. 622-17	R. 57-28
R. 622-18	R. 57-29
R. 622-23	R. 57-30
R. 622-24	R. 57-30-2
R. 622-25	R. 57-30-3
R. 622-26	R. 57-30-4
R. 622-27	R. 57-30-5
R. 622-28	R. 57-30-6
R. 622-29	R. 57-30-7
R. 622-30	R. 57-30-8
R. 622-31	R. 57-30-9
R. 631-10	R. 61-48
R. 631-11	R. 61-49
R. 631-12	R. 61-50
R. 631-13	R. 61-51
R. 631-14	R. 61-52
R. 631-4	R. 61-53
R. 631-5	R. 288
R. 631-7	R. 61-45
R. 631-8	R. 61-46
R. 631-9	R. 61-47
R. 713-2	

TABLE DES TEXTES CITÉS

Cette table regroupe l'ensemble des textes cités qu'ils soient intégralement reproduits ou qu'ils modifient les textes existants.

Textes codifiés

Textes non codifiés

INDEX ALPHABÉTIQUE DU CODE PÉNITENTIAIRE

Les numéros renvoient respectivement aux développements d'annotations qui suivent les articles de la loi ou du décret.

A

B

C

E

M

N

O

P

W

INDEX ALPHABÉTIQUE DU CODE DE PROCÉDURE PÉNALE

Les numéros renvoient respectivement aux développements d'annotations qui suivent les articles de la loi ou du décret.

A

J

L

M

Q

R

S

Composé par JOUVE SAS,
561, rue Saint Léonard,
53100 Mayenne

Certifié PEFC

Ce produit est issu de
forêts gérées durablement
et de sources contrôlées

PEFC
PEFC/04-31-0658

www.pefc-france.org

Achevé d'imprimer en juin 2022
dans les ateliers de Druckerei C.H.Beck à Nördlingen
Dépôt légal : juin 2022
Imprimé en Allemagne